본문

부록

동아
새국어사전

제5판

문학 박사 이기문 감수

동아출판

제 5 판을 기리며

이 사전은 지난 1989년에 초판을 낸 뒤에 연이어 개정판을 내어 왔는데 이제 제5판을 내게 되었다. 이렇게 자주 개정판을 내기는 전례가 드문 일이다.

이 사전의 간행을 처음 계획했을 때의 목표는, 초간본 머리말에 적힌 바와 같이, 온 국민의 언어 문자 생활의 좋은 '동반자'가 되었으면 하는 것이었다. 우리 편찬 진용이 그동안 개정 작업에 심혈을 기울여 온 것도 이 사전을 우리 국민의 더욱 친근한 벗이 되게 하려는 일념에서였다.

그동안의 개정판들이 다 그러했지만, 그중에서도 특히 제4판은 중요한 의미를 지닌 것이었다. 국어와 맞춤법의 새로운 표준화가 이루어졌음을 계기로 해서 이 사전의 내용을 전반적으로 새롭게 다듬은 것이었다. 그런데 이 제4판을 낸 뒤에 사전 편찬은 참으로 끝이 없는 일임을 새삼 깨닫게 되었다. 그렇게 온 정성을 다하였는데도 다시 손을 대고 싶은 부분들이 있음을 깨닫게 된 것이다. 이 제5판을 준비하면서 힘들인 부분들을 들면 다음과 같다. 첫째, 이 사전의 특징으로 신어, 전문어를 많이 실은 점을 들 수 있는데, 이 부분을 더욱 보강하였다. 그리고 복합어도 적잖이 추가하였다. 그 결과, 새로 2500여의 표제어가 늘게 되었다. 둘째, 흔히 표준어로 잘못 알고 쓰는 말들을 골라 표제어로 실었다. 표준어에 관한 그릇된 지식을 고쳐 주고 이 사전의 이용도를 더 높였으면 하는 바람에서였다. 여러 방언의 단어들을 싣고 표준어를 표시해 주고 싶었지만 중사전으로서는 감당하기 어려운 일이었음을 밝혀 둔다. 셋째, 뜻풀이를 전면적으로 다시 검토하여 쉽고 명확한 말로 고쳤다. 본디 뜻 외에 바뀐 뜻, 파생된 뜻도 덧붙이기에 힘썼다. 넷째, 예문을 될 수 있는 대로 많이 보태었다. 중사전으로서는 새로운 시도라 할 수 있다. 다섯째, 띄어쓰기에 ^표를 새로 썼다. 띄어 쓰는 것이 원칙이지만 붙여 쓸 수도 있는 전문 용어 등의 경우에 이 표시를 붙였다. 이 밖에도 눈길이 닿는 곳마다 고치고 다듬고 보태기에 힘쓰기는 지난 개정판들을 준비할 때와 다름이 없었다.

언어와 문자는 그 나라의 모든 문화의 기반을 이루는 것이다. 올바른 언어생활, 문자생활의 기반 위에서만 문화는 꽃을 피울 수 있는 것이다. 그런데 언어 문자 생활을 올바르게 이끄는 가장 중요한 기둥은 국어사전이다. 국어사전을 얼마나 잘 이용하느냐 하는 데 그 나라 문화의 성쇠가 달려 있는 것이다. 특히 초등학교, 중고등학교에서 사전과 잘 사귀는 일이 매우 중요하다. 그래야 나중에 성인이 되어서도 늘 국어사전과 가까이 하게 되는 것이다.

이 제5판의 간행에 즈음하여 이 사전이 온 국민의 참된 벗이 되어 생활 속에 깊이 자리 잡기를 바라 마지않는다.

2003년 8월

이 기 문

머 리 말 (초판)

국어사전이 한갓 '말의 곳집'이던 시대는 지났다. 사전은 결코 박물관에 진열된 유물들처럼 꺼져 버린 생명들의 소리 없는 집합체이어서는 안 되는 것이다. 현대의 국어사전은 현대라는 삶의 광장에서 함께 나고 죽고 변하며 발전하는 생명체의 대합창의 마당이어야 한다. 서가(書架) 속에 저만치 떨어져 꽂혀 있는 '남'이 아니라, 항상 내 곁에서 나의 언어생활을 안내하고 조언하는 '나의 동반자'일 것을 우리는 염원한다.

지금까지의 국어사전의 경향이, 단순한 자해적(字解的) 설명과 유의어(類義語)끼리의 대치(代置)에 머물러 있었다면, 이제부터의 국어사전의 방향은, 말의 깊은 뜻과 다기(多岐)한 기능을 제시하고 언어 구조에 있어서의 호응과 대응의 관계를 예시(例示)해 줌으로써 합리적이고 어법적인 현대적 언어 구사를 돕는 데 있다 하겠다.

그러기 위해서는 우선 우리말의 살아 움직이는 모습의 포착이 무엇보다 선행되어야 하며, 그것은 또한 모방과 추종을 뛰어넘은 창의성이 뒤따라야 함은 두말할 나위도 없다. 현대에 살아 있는 말의 포착은 현대적 해석으로써만 가능하기 때문이다.

사전 편찬에 대한 이러한 편자의 소신은, 1982년 5월에 이 사전을 처음 기획하던 당초부터 편찬의 기본 방침으로 구체화되어, 그 뒤 여러 번의 변동과 곡절을 겪는 가운데서도, 시종이 여일하게 편찬 내용면에 주류(主流)로서 반영(反映)되어 왔음을 자부한다.

본격적 편찬 작업에 몰두하기 6년여, 많은 난관과 애로를 신념으로써 극복하고, 요원 여러분의 건강상 장애 또한 의지로써 이겨 내면서, 이제 드디어 교료(校了)의 마지막 장을 넘김에 있어, 자자 신고(字字辛苦)의 어려움을 긍지와 기쁨으로 승화시킨 노고들을 생각할 때, 참으로 만감이 교차함을 금치 못하겠다.

이 책의 편찬상의 창의성과 활용상의 기여도(寄與度)가 과연 어느 정도 여러분의 언어생활에서 그 '동반자' 구실을 다해 줄 것인지는 오직 여러분의 판단에 맡길 일이다. 편자로서는 다만 보다 많은 이의 사랑 어린 활용을 바라는 한편, 가차 없는 질정(叱正)을 빌어, 앞으로의 쉼 없는 수정 보완(修訂補完)에 도움을 얻고자 할 따름이다.

1989년 1월 5일

편 찬 주 간 씀

제 3 판을 내면서

이 사전의 첫 개정판을 낸 것이 지난 94년 정초였는데, 이제 다시 새로운 개정판을 내게 되었다. 옥은 갈아야 빛이 나고 그릇은 닦아야 윤이 난다. 사전도 마찬가지다. 끊임없이 갈고닦아 속을 더욱 알차게 해야 싱싱한 생명력을 지니게 된다. 이번 개정 작업은 이 사전 전체에 걸친 것으로 구석구석까지 손이 미치지 않은 곳이 없다. 몇 해 안 되는 짧은 동안에 이 큰일을 한 편집부 여러분의 노고는 이루 말로 다 할 수 없다. 그 결과, 이 사전의 면목이 이처럼 새롭게 되었음을 적어, 이분들의 노고를 치하하는 바이다.

나의 오랜 소원의 하나는 우리나라의 어린 학생을 비롯한 온 국민이 말과 글에 많은 관심을 가지고 국어사전을 늘 책상머리에 놓아두고 자주 펴 보게 되었으면 하는 것이다. 표준어와 맞춤법이 확립되어 있는 현대 사회에서 국어사전에 기대지 않고 올바른 언어·문자 생활을 하기란 사실상 불가능한 것이다. 이에 가장 요긴한 것이 온 국민의 믿음직하고 정다운 벗이 될 수 있는 사전이다. 이 사전은, 초판 머리말에 적힌 바와 같이, 바로 이런 벗이 되려는 간절한 염원 속에서 만들어진 것이다. 지금까지 이 사전이 여러 판을 거듭함을 지켜보면서, 위에 적은 나의 소원이 조금씩 이루어지고 있는 듯하여 가슴 뿌듯함을 느끼기도 했지만, 참으로 좋은 책을 만들어야겠다고 마음속 깊이 굳은 다짐을 하기도 하였다.

이번 개정이 진행되는 동안 감수자로서 일을 거들면서 나는 참으로 많은 것을 깨달았다. 무엇보다도 우리나라의 사전 편찬의 역사가 길지 않은 탓으로 아직도 많은 문제들이 널려 있음을 다시금 깨달은 것이다. 과거의 국어사전들로부터 물려받은 것 중에는 참으로 보배로운 것들이 많지만 고치고 보태야 할 것들도 적지 않아서 처음부터 끝까지 다시 검토하지 않으면 안 되었다. 그 두드러진 예로서 옛말 부분에 크고 작은 문제들이 있음이 드러나 큰 폭으로 손을 댄 사실을 들 수 있다. 그러나 우리는 결코 이번 개정에 만족하지 않고 앞으로도 좀 더 좋은 사전을 만들기 위하여 개정의 일손을 쉬지 않을 것임을 여기에 밝혀 둔다.

끝으로 이 개정판이 온 국민 곁으로 한 걸음 더 가까이 갈 수 있게 되기를, 그리하여 온 나라에 국어를 사랑하는 기운이 넘치게 되기를 바라 마지않는다.

1997년 한글날에

감 수 자 씀

제 4 판을 기리며

이 제4판의 간행은 각별한 의미를 지니고 있다. 이것은 지난 두 차례의 개정판의 뒤를 이어 마련된 또 하나의 개정판이 아니다. 이 제4판에 이르러 이 사전은 비로소 진정한 의미의 표준어 사전의 면모를 갖추게 된 것이다. 최근에 국립국어연구원에 의하여 확정된 국어의 표준화가 이 사전에 전폭적으로 반영된 것이다.

돌이켜 보면, 국어의 표준화 작업은 1945년 이전으로 거슬러 올라간다. 이때 애국적 선각자들의 피땀 어린 노력으로 맞춤법(1933), 표준어(1936), 외래어 표기법(1941)이 정해졌던 것이다. 광복 이후에 우리나라의 국어 교육이 아무 혼란 없이 이루어질 수 있은 것은 이 선각자들의 정성 덕분이었다. 그런데 세월이 흐르는 동안에 고쳐야 할 점, 보태야 할 부분들이 적잖이 드러나게 되어 문교부는 국어연구소를 설치하여 1986년에 「외래어 표기법」을, 1988년에 「한글 맞춤법」과 「표준어 규정」을 고시하기에 이르렀다. 이들은 10여 년에 걸친 여러 학자의 연구와 논의를 거친 결과였다. 그러나 국어 표준화의 완성을 위해서는 더욱 많은 일을 하지 않으면 안 되었다. 국어연구소의 뒤를 이은 국립국어연구원이 이 일을 맡아서 하게 되었는데 최근에 「표준국어대사전」(3권)의 편찬을 마침으로써 이 일을 마무리한 것이다.

이 제4판은 이 표준화를 전폭적으로 반영한 최초의 중형 사전이다. 마침 국립국어연구원의 「표준국어대사전」의 간행을 우리 편집 진용이 도맡게 되어 이 제4판의 개정이 매우 순조롭게 이루어질 수 있었음을 밝혀 둔다.

이처럼 각별한 뜻을 지닌 제4판의 개정에 즈음하여 우리는 처음부터 끝까지 이 사전을 다시 찬찬히 살피면서 그 내용을 더욱 새롭고 올바르게 만들기에 정성을 다하였다. 이 사전의 어느 한 구석도 수정의 손길이 미치지 않은 곳이 없다. 사전 편찬은 끝이 없는 작업이며, 사전은 판을 거듭할수록 좋아진다는 사실을 우리는 이 제4판을 준비하면서 새삼 뼈저리게 느낄 수 있었다. 이 어려운 일을 맡아 밤낮없이 애쓰신 편집부 여러분께 진심으로 감사를 드린다.

이제 이 제4판을 바라보는 감수자의 마음은 참으로 흐뭇하다. 언제 어디서나 믿고 사귈 수 있는 국어사전을 국민 여러분께 드리고 싶었던 평생의 소원이 이제야 비로소 성취된 듯하여 가슴 뿌듯한 감격을 누를 길이 없다.

현대 국가에서 올바른 언어·문자 생활을 하는 일은 국민 된 사람의 가장 기본적인 의무의 하나인바, 이 일은 믿음직한 국어사전에 기대지 않고는 불가능하다. 이 제4판이 우리나라 온 국민의 정다운 벗이 되고 친절한 길잡이가 될 것임을 믿어 의심치 않는다.

1999년 11월

감 수 자 씀

일 러 두 기

◇ 편찬 방침(編纂方針)

(1) 백과사전적 편향을 버리고, 순 국어사전으로서의 어휘 사전을 지향하였다.

(2) 적절한 예문을 많이 넣어, 살아 숨 쉬는 현실적 언어 상태의 포착에 주력하였다.

(3) 급변하는 현대 언어생활에 대처하여, 단어 하나하나의 풀이에 있어 선인들에의 맹목적 답습을 배제하고, 현대적·독창적인 새로운 개념 정립에 힘썼다.

(4) 우리말의 맛과 멋이, 조사·어미·접사 등의 형식 형태소나 상징어 등에서 유래함이 많다는 특징을 감안하여, 이전에 소홀히 다루어졌던 점을 드러내어, 그 다양한 갈래를 발굴하고 정리하는 데 주력하였다.

◇ 표제어(標題語)

Ⅰ 표제어의 수록 범위

(1) 생활 백반에 분포하는 단어〔곧, 고유어·한자어·신어(新語)·시사어(時事語)·학술어·전문어·외래어·고어(古語) 등〕를 한 단어 한 표제어 원칙으로, 각각의 품사 표시 아래 분류·수록하였다.

〔그러나 일부 준 말은 [준]의 약호 아래, 독립 표제어로 수록한 것도 있다.〕

(2) 속담·관용구 등은 그 첫 단어의 표제어 항에, 표제어보다 한 자 들여 수록하였다.

(3) 접두사·접미사·선어말 어미·어말 어미·서술격 조사의 활용형 등, 형식 형태소도 각각의 어법적 약호 아래 독립 표제어로 수록하였다.

(4) 고유 명사는 배제함을 원칙으로 하였으나, 국어 생활의 주체적 발전에 특히 밀접한 관련이 있었던 국어 국문학 관계 사항에 대하여서는 이를 선별 수록하였다.

(5) 흔히 쓰이는 비표준어는, 1988년 1월 19일에 고시한 '표준어 규정'과 1990년 9월에 발표한 '표준어 모음'에 근거하여 선별 수록하였다.

Ⅱ 표제어의 배열(排列)

(1) 자모(字母)의 배열 순서

초성(初聲) : ㄱ ㄲ ㄴ (ㅥ) ㄷ ㄸ ㄹ (ᄛ) ㅁ (ㅱ) ㅂ (ㅲ) (ㅳ) ㅃ (ㅄ) (ㅴ) (ㅵ) (ㅶ) (ㅷ) (ㅸ) ㅅ (ㅺ) (ㅼ) (ㅽ) ㅆ (ㅾ) (ㅿ) ㅇ (ㆁ) (ㆀ) ㅈ ㅉ ㅊ ㅋ ㅌ ㅍ (ㆄ) ㅎ (ㆅ) (ㆆ)

중성(中聲) : ㅏ ㅐ ㅑ ㅒ ㅓ ㅔ ㅕ ㅖ ㅗ ㅘ ㅙ ㅚ ㅛ (ㆉ) ㅜ ㅝ ㅞ ㅟ ㅠ (ㆌ) ㅡ ㅢ ㅣ ㆍ ㆎ

종성(終聲) : ㄱ ㄲ ㄳ ㄴ (ㅧ) (ㅨ) ㄵ ㄶ ㄷ ㄹ ㄺ (ㅩ) ㄻ ㄼ ㄽ (ㅬ) ㄾ ㄿ ㅀ (ㅭ) ㅁ (ᇚ) (ㅯ) ㅂ ㅄ ㅅ (ㅺ) (ㅼ) ㅆ (ㅿ) ㅇ (ㆁ) ㅈ ㅊ ㅋ ㅌ ㅍ ㅎ

(2) 표제어의 배열

① 자모의 배열순에 따르되 고유어를 우선하고, 한자어·외래어의 차례로 벌여 놓았으며, 자립 형태소를 의존 형태소에 우선하였다.

② 표기가 같고 뜻이 다른 단어가 여럿일 경우에는 표제어의 오른쪽 어깨에 번호를 붙여 구별하였다.

③ 한 표제어 안에 품사가 둘 이상일 경우에는 원칙적으로 본디 뜻을 우선하고, 바뀐 뜻, 파생된 뜻, 변한 뜻의 차례로 벌여 놓았으며 뜻의 전이 정도에 차이가 없을 경우에는 품사 배열 차례에 따랐다.

〈예〉 대:개(大槪) Ⅰ명 풀이…….
Ⅱ부 풀이…….

Ⅲ 표제어의 구성(構成)

표제어의 구성을 보이기 위한 붙임표의 사용은 대개 다음의 기준에 따랐다.

(1) 붙임표를 붙이는 경우

① 실질 형태소와 형식 형태소가 어우러진 복합어의 경우.

〈예〉 **한-집안**명

② 실질 형태소끼리 어우러진 복합어라도 한쪽이 의존 관계일 경우.

〈예〉 **강-물**(江-)명 / **땀-나다**자

③ 실질 형태소끼리 어우러진 복합어라도, 그것들이 단독으로는 잘 쓰이지 않는 단어끼리 어우러진 경우와 이미 굳어져 한 개념을 뜻하는 경우.

〈예〉 **동서-고금**(東西古今)명 / **노른-자위**명

④ 접두사·접미사·선어말 어미·어말 어미 등에도 그 앞이나 뒤, 또는 앞뒤에 붙임표를 붙였다.

〈예〉 **가-**(假)접두 / **-가**(價)접미 / **-다**어미

⑤ 중·고등학교의 교과서에 나오는 전문어는 문교부에서 펴낸 편수 자료(인문·사회 과학, 기초 과학:1987.11.17. 간행, 응용 과학:1988.6.25. 간행)에 따라 붙임표를 붙였다.

〈예〉 **이:산화-규소**(二酸化硅素)명 / **종자-식물**(種子植物) [-싱-]명

(2) 붙임표를 붙이지 않는 경우

실질 형태소끼리 어우러진 복합어에서, 홀로 쓰이는 단어끼리 어우러진 말은 붙임표를 붙이지 않고 띄어 쓰는 것으로 대신하였다. 다만, 한글 맞춤법에서 띄어 쓰는 것이 원칙이나 붙여 쓰는 것도 허용한 전문 용어 등에는 ^표를 하여 붙여 쓸 수 있음을 밝혔다.

〈예〉 **인적 자원**(人的資源) [-쩍짜-]/**재단^법인**(財團法人)명/**방향^탐지기**(方向探知機)명

Ⅳ 표제어의 생략 또는 간략 처리

(1) 일부 명사에 접미사 '-하다'·'-되다'·'-스럽다'가 붙어서 동사나 형용사로 되는 단어는 따로 표제어로 내세우지 않고 품사 표시 자리에 하자·되자·하타·하자.타·하형·스형으로만 표시하였다.

〈예〉 **운:동**(運動)명하자 / **처:리**(處理)명하타되자 / **만족**(滿足)명하형스형

(2) '-하다'·'-스럽다' 등의 접미사와 결합한 형태로만 쓰이는 한자어는 '-하다'·'-스럽다'형을 표제어로 올리고, 어근 형태를 표제어로 따로 제시하였다.

〈예〉 **민망**(憫惘) '민망하다'의 어근.

민망-스럽다(憫惘-) [-따] [~스러우니·~스러워] 형ㅂ 풀이……. 민망스레 부.

민망-하다(憫惘-) 형여 풀이……. 민망-히 부.

(3) 형용사의 어근에 부사화 접미사 '-이'·'-히'·'-스레'가 붙어서 부사로 된 단어는 따로 표제어로 내세우지 않고 해당 표제어의 풀이 끝에 그 형태만 보였다.

〈예〉 깨끗-하다[-끄타-] 형여 풀이……. 깨끗-이 부.

달금-하다 형여 풀이……. 달금-히 부.

다정(多情) 명 하형 스형 풀이……. 다정-히 부. 다정스레 부.

(4) 일부 명사에 접미사 '-당하다'·'-받다'가 붙어서 딴 말을 이루는 경우가 있으나 그러한 어형은 표제어로 내세우지 않았다.

◘ 표기법(表記法)

(1) 한글 표기 : 모든 한글 표기는 1988년 1월 19일에 문교부에서 고시한 '한글 맞춤법'에 따랐다.

(2) 외래어 표기 : 외래어 표기는 1986년 1월 7일에 문교부에서 고시한 '외래어 표기법'에 따랐다.

(3) 전문어 : 중·고등학교의 교과서에 나오는 전문어는 문교부에서 펴낸 편수 자료(1987.11.17 간행)에 따라 정리하되 동의어(同義語)도 아울러 수록하였다.

(4) 한자 표기 : 한자는 원칙적으로 정자(正字)를 쓰되 속자(俗字)로 관용되는 것은 속자를 쓰고, 병용되는 것은 병용되는 대로 보였다.

〈예〉 암석(岩石) 명 / 훈ː련(訓鍊·訓練) [훌-] 명 하자 되자 / 창황(蒼黃·蒼皇) 명 하형

(5) 외래어의 약어 : 약어로 관용되는 것은 약어로써 표제어로 삼고, 풀이 끝에 정식 표기를 보였다.

〈예〉 시ː오ː디ː(COD) 명 화학적 산소 요구량. [chemical oxygen demand]

(6) 외래어의 조어(造語) : 외래어 가운데서 조어는 그 구성을 보이기 위하여 어원(語源)의 단어 사이에 + 기호를 질러 조어임을 밝혔다.

〈예〉 백-미러(back+mirror) 명 풀이…….

하이-칼라(high+collar) 명 풀이…….

(7) 고어(古語)의 표기 : 고어는 출전(出典)의 표기대로 실음을 원칙으로 삼고 일부 용언의 활용형을 기본형으로 고치어 실었다. 방점은 생략하였으며, 예문은 편의상 띄어쓰기를 적용하였다.

◘ 발음(發音) 및 어원(語源) 표시

I 장모음(長母音) 표시

(1) 표제어의 장모음 표시는 그 글자의 오른편에 ː로 나타내었으며, '표준 발음법'에 따라 원칙적으로 단어의 첫 음절에만 긴소리를 인정하였다.

〈예〉 가ː-없다[-업따] 형 / 영ː원(永遠) 명

* 다만, 한자어로 된 합성어 가운데서 띄어 쓴 경우나 ^표를 한 경우에는 뒤에 오는 단어의 첫 음절에도 긴소리를 인정하였다.

〈예〉 모ː두^진ː술(冒頭陳述) 명

전ː신^부ː호(電信符號) 명

(2) 비표준어·방언·고어·형식 형태소에서는 장음을 밝히지 않는 것을 원칙으로 하였다.

Ⅱ 발음 표시

(1) 표제어 가운데서 본디 음과 다르게 발음되는 음은 1988년 1월 19일에 문교부에서 고시한 '표준어 규정'의 제2부 '표준 발음법'을 따르되, '표준국어대사전'(국립국어연구원 1999)을 많이 참고하였다.

〈예〉〔같은 계열의 대표음으로 나는 경우〕 **웃-옷**[우돋]명
〔유성음 아래에서의 무성음의 된소리되기〕 **밤-길**[-낄]명
〔ㄴ음이 덧나는 경우〕 **솜ː-이불**[-니-]명
이죽-이죽[-중니-/-주기-]부하자
〔ㄹ음이 덧나는 경우〕 **물-약**(-藥)[-략]명
〔구개음화〕 **굳이**[구지]부
〔자음 동화〕 **칼-날**[-랄]명

* 다만, 순수히 연음화 현상만 적용되는 경우는 발음 표기를 따로 하지 않았다.〔(4)항의 체언과 주격 조사 '이'와의 결합형 제외〕

(2) 비표준어·방언·고어·외래어·어근에서는 발음을 밝히지 않는 것을 원칙으로 하였다.

(3) 표준어 규정에 따라 발음이 둘 이상으로 될 경우에 '/'을 이용하여 병기하되, 왼쪽에는 원칙적인 발음을, 오른쪽에는 허용되는 발음을 제시하였다.

〈예〉 **강ː의**(講義)[-의/-이]명하타 / **회전**(回傳)[회-/훼-]명하타되자

(4) 표제어 가운데서 체언 또는 용언(단일어) 어간의 끝 음절의 발음 표기가 대표음으로 끝나는 경우, 모음으로 시작되는 조사 또는 어미와 어울리게 되면 그 대표음으로 이어 나지 않고, 자음으로 시작하는 조사 또는 어미와 어울리게 되면 자음 동화 등이 일어나는 현상을 보이기 위한 정보는 풀이 끝에 실례를 들었다.

〈예〉 **구레-나룻**[-룯]명 풀이……. *구레나룻이[-루시]·구레나룻만[-룬-]
꽃-밭[꼳빧]명 풀이……. *꽃밭이[꼳빠치]·꽃밭을[꼳빠틀]·꽃밭만[꼳빤-]
밟ː다[밥따]타 풀이……. *밟아·밟ː고[밥꼬]·밟ː는[밤-]
찾다[찯따]타 풀이……. *찾아·찾는[찬-]

* 다만, 불규칙 용언은 표제어부에 활용 예가 제시됨에 따라 따로 실례를 들지 않았다.

Ⅲ 어원(語源)

(1) 한자어에는 한자, 외래어에는 그 원어를 표기하되, 한자와 영어 이외의 것은 그 언어명을 밝혔다.

〈예〉 **가교**(架橋)명 / **레코ː드**(record)명
레제드라마(Lesedrama 독)명 / **보리**(←菩提.Bodhi 범)명

(2) 한자어에서 온 말 가운데서 실제 음과 많이 달라진 말은 그 한자 앞에 ← 표를 하였다.

〈예〉 **관디**(←冠帶)명 / **추렴**(←出斂)명하타

(3) 한자어 가운데서 본음(本音)으로도 읽고 속음(俗音)으로도 읽는 것은 각각 그 소리에 따라 적었다.

〈예〉 **승낙**(承諾)명하자타/ **수락**(*受諾)명하타되자

만ː난(萬難)명 / **곤ː란**(*困難)[골-]명하형스형

(4) 외래어 가운데서 어원은 분명하나 본디의 발음에서 크게 바뀌거나 본디 어형을 줄여 쓰는 것은 본딧말 앞에 ← 표를 하였다.

〈예〉 **남포**(←lamp)명 / **노깡**(←どかん〔土管〕 일)명

에어컨(←air conditioner)명 /**인플레**(←inflation)명

◘ 어법(語法) 표시

(1) 문법 체계와 용어는 1985학년도부터 시행된 '통일 학교 문법'에 따랐다.

(2) 품사 표시, 형태소 표시, 불규칙 용언의 갈래 표시 등은 모두 약호로 나타내었다.

〈예〉 **걷ː다²**[-따][걸으니·걸어]자타ㄷ/ **날름**부하타

(3) 용언 가운데서 불규칙 용언 및 '으'·'ㄹ' 탈락 용언은 그 활용 예를 들었다.

〈예〉 **굽ː다¹**[-따][구우니·구워]타ㅂ / **하ː얗다**[-야타][하야니·하얘]형ㅎ

(4) 명사나 부사에 접미사 '-하다'가 붙어서 자동사·타동사·형용사 등으로 되는 경우도 모두 약호로 나타내었다.

〈예〉 **가공**(加工)명하타되자 / **감감**부하형

(5) 접두사·접미사·선어말 어미·어말 어미 등에는 붙임표로써 형태소의 구실을 나타내었다.

〈예〉 **가-**(假)접두 / **-사**(士)접미 / **-시-**선미 / **-다**어미

(6) 단어 가운데는 그 본디의 품사와는 달리 다른 품사의 구실을 하는 경우가 있다. 그 경우 〖의존 명사적 용법〗 등으로 갈래를 달리하여 풀이하거나 용례로써 구별해 보였다.

〈예〉 **단ː¹**명 ①짚·땔나무·푸성귀 따위의 묶음. ②〖의존 명사적 용법〗 짚·땔나무·푸성귀 따위의 묶음을 세는 단위. ¶ 짚 열 단.

◘ 어의(語義) 풀이

(1) 뜻 갈래 : 말뜻의 갈래가 여럿일 경우에는 원칙적으로 본디 뜻을 먼저 풀이한 다음, 바뀐 뜻, 파생(派生)된 뜻, 변한 뜻의 차례로 나타내었다.

〈예〉 **봉ː사**(奉仕)명하자 ①(나라나 사회 또는 남을 위하여) 자신의 이해를 돌보지 아니하고 몸과 마음을 다하여 일함. ¶ 봉사 활동. /사회에 봉사하다. ②장수가 물건을 싼값으로 파는 일. ¶ 재고품 처분을 위한 봉사 판매.

(2) 본디 뜻과 바뀐 뜻 : 본디 뜻으로는 거의 쓰이지 않고, 그 바뀐 뜻이나 변한 뜻이 널리 쓰이는 단어는, 본디 뜻을 〔 〕로 묶고 바뀐 뜻 또는 변한 뜻을 내세웠다.

〈예〉 **빙탄**(氷炭)명 ①〔얼음과 숯이라는 뜻으로〕 '성질이 서로 상반되거나 크게 차이가 나는 것'을 비유하여 이르는 말. ②…….

(3) 고사 성어(故事成語)나 성구(成句)는 그 말의 유래·어원 등의 대강을 밝혀 개념 파악에 깊이와 적확성을 더하게 하였다.

〈예〉 **어부지리**(漁父之利·漁夫之利)명 둘이 다투고 있는 사이에 엉뚱한 사람이 이익을 얻게 됨, 또는 그 이익. 〔도요새와 조개가 싸우고 있는 사이에 어부가 쉽게 둘을 다 잡았다는 고사에서 유래함.〕 어인지공(漁人之功).

(4) 용례(用例) : 뜻풀이 다음에는 될 수 있는 대로 적절한 용례를 들어 그 말의 생동하는 모습을 보였다.

〈예〉 **나-가다** Ⅰ자 ①버티다. 한결같은 태도를 취하다. ¶ 계속 강경한 태도로 나가다. ②……. Ⅱ자타 ①안에서 밖으로, 뒤에서 앞으로, 속에서 겉으로 가다(옮기다). ¶ 방에서 뜰로 나가다. /한 걸음씩 앞으로 나가다. ②딸렸던 조직체 등에서 물러나다. 있던 데서 물러나다(떠나다). ¶ 그 사람은 그 회사에서 나갔다네. /집을 비워 주고 나가다. /아버지는 조금 전에 나가셨어요. ③…….

(5) 동의어(同義語)의 풀이 : 동의어가 여럿인 경우 일일이 풀이하지 않고 그 대표적인 표제어에서 풀이하였다.

〈예〉 **송심**(松蕈)명 ☞송이(松栮).

송이-버섯(松栮-)[-섣]명 ☞송이(松栮). * 송이버섯이[-서시]·송이버섯만[-선-]

송이(松栮)명 풀이……. 송심(松蕈). 송이버섯.

(6) 순화어 : 순화 대상이 된 말에서는 뜻풀이를 순화 정보로 대신하여 순화된 말을 참고하게 하였다.

〈예〉 **닉네임**(nickname)명 '별명'·'애칭'으로 순화.

(7) 분야 또는 시기 표시 : 표제어나 말뜻의 갈래가 어떤 특수한 분야(부문)나 시대(시기)에 국한될 경우에는 풀이 앞에 그것을 밝혔다.

〔곧, '조선 시대에, 고려 시대에, 지난날, 불교에서, 기독교에서, 한방에서' 따위.〕

〈예〉 **우ː-의정**(右議政)[-의-/-이-]명 조선 시대, 의정부(議政府)의 정일품 벼슬. 참우상(右相)·우정승(右政丞).

(8) 관련어(關聯語) : 뜻풀이 끝에 여러 가지 관련어(동의어·유사어·상대어·큰말·작은말 등)를 보여 사전의 활용도를 높였다.

〈예〉 **곡식**(穀食)[-씩]명 풀이……. 곡물.

전반(前半)명 풀이……. ↔후반(後半).

도란-도란부하자 풀이……. 큰두런두런.

(9) 보충 설명과 참고 : 말뜻 이해에 도움이 되게 하기 위하여 보충 설명과 참고 부분을 (　)나 〔　〕로, 어법·문형 정보를 《　》로 묶고, 특히 말뜻의 핵심 부분을 보일 때에는 '　'표로 나타내었다.

〈예〉 **가친**(家親)명 (남 앞에서) '자기의 아버지'를 일컫는 말. 가부(家父). 가엄(家嚴).

몽치다 Ⅰ자 ①(여럿이 합쳐지거나 어울려서) 자그맣게 한 덩어리가 되다. ¶ 이불솜이 몽치다. /근육이 몽치다. ②…. ¶ 전 사원이 한마음으로 똘똘 몽치다. 큰뭉치다.

하간(何間)명 어느 때. 어느 겨를. 어느 틈. 《주로, '하간에'·'하간을'의 꼴로 쓰임.》 ¶ 하간에 천자문을 다 떼겠느냐?/하간을 막론하고 마음을 놓지 못하다.

한ː우충동(汗牛充棟)명 〔짐으로 실으면 소가 땀을 흘리고, 쌓으면 들보까지 가득 찬다는 뜻으로〕 '장서(藏書)가 매우 많음'을 이르는 말.

(10) 원소 기호·원자 번호·원자량 : 화학 원소의 풀이 끝에는 〔　〕 안에 원소 기호·원자 번호·원자량을 차례로 보이었다.

◘ 약호(略號) · 약어(略語)

Ⅰ 품사(品詞) 기타

자모	자모	조동	보조 동사
명	명사	조형	보조 형용사
의	의존 명사	접두	접두사
대	대명사	접미	접미사
수	수사	선미	선어말 어미
자	자동사	어미	어말 어미
타	타동사	하자	하다형 자동사
형	형용사	하타	하다형 타동사
관	관형사	하자.타	하다형 자동사
부	부사		하다형 타동사
감	감탄사	하형	하다형 형용사
조	조사	되자	되다형 자동사
준	준 말	스형	스럽다형 형용사
속담	속담		
관용	관용구	〈옛〉	옛말

Ⅱ 불규칙 활용(不規則活用)

ㄷ ㄷ 불규칙 활용
ㅂ ㅂ 불규칙 활용
ㅅ ㅅ 불규칙 활용
ㅎ ㅎ 불규칙 활용
러 러 불규칙 활용
르 르 불규칙 활용
여 여 불규칙 활용
우 우 불규칙 활용
거라 거라 불규칙 활용
너라 너라 불규칙 활용

Ⅲ 관련어(關聯語)

본	본딧말	여	여린말
준	준말	높	높임말
비	비슷한말	예	예사말
큰	큰말	낮	낮춤말
작	작은말	변	변한말
센	센말	↔	상대어
거	거센말	참	참고

Ⅳ 주요 기호(主要記號)

( )	원어(표제어)
〔 〕	일본어 한자(훈독) 원어
[ ]	발음 표시
[ ]	불규칙 용언, ‘으’·‘ㄹ’ 탈락 활용 예
〈 〉	관련 표제어
〔 〕	어원, 유래, 보충 설명, 참고
〘 〙	어법(용법·품사 규정)에 대한 단서
《 》	어법, 문형 정보
☞	동의어 앞에(그 말에 풀이가 있음)
◠	띄어 쓰는 것이 원칙이나 붙여 쓸 수 있는 전문 용어 등에
←	원음, 어원 앞에
▾	속음으로 읽는 한자(漢字)
+	외래어 조어(造語), 특히 일본식 조어

Ⅴ 언어 약어(言語略語)

그	그리스 어	아	아랍 어
네	네덜란드 어	이	이탈리아 어
독	독일어	일	일본어
라	라틴 어	중	중국어
러	러시아 어	포	포르투갈 어
몽	몽골 어	프	프랑스 어
범	범어	히	히브리 어
스	스페인 어		

Ⅵ 고어 출전 약어(古語出典略語)

鷄 類	鷄林類事
癸 丑	癸丑日記
古時調	古時調
救 簡	救急簡易方
救 解	救急方諺解
救 荒	救荒撮要
金 剛	金剛經諺解
金 三	金剛經三家解
龜 鑑	禪家龜鑑諺解
南 明	南明集諺解
內 訓	內訓諺解
蘆 溪	蘆溪集

老 解	老乞大諺解
論 語	論語
論 解	論語諺解
楞 解	楞嚴經諺解
大 明	大明律直解
同 文	同文類解
東 醫	東醫寶鑑
杜 重	杜詩諺解重刊本
痘 瘡	痘瘡經驗方
杜 初	杜詩諺解初刊本
孟 解	孟子諺解
牧 牛	牧牛子修心訣
蒙 法	蒙山和尙法語略錄諺解
武 藝	武藝諸譜
無 寃	增修無寃錄諺解
物 名	物名考(柳僖)
朴 新	朴通事新釋諺解
朴 解	朴通事諺解
方 藥	重訂方藥合編
飜 老	飜譯老乞大
飜 朴	飜譯朴通事
飜 小	飜譯小學
法 語	法語(四法語)
法 華	妙法蓮華經諺解
分 瘟	分門瘟疫易解方
佛 頂	佛頂心陀羅尼經諺解
四 解	四聲通解
常 解	常訓諺解
三 綱	三綱行實圖
三 解	三譯總解
書 解	書傳諺解
釋 譜	釋譜詳節
石 千	石峯千字文
小 解	小學諺解
續 三	續三綱行實圖
詩 解	詩傳諺解
新 語	捷解新語
心 經	般若波羅蜜多心經
阿 彌	佛說阿彌陀經諺解
樂 範	樂學軌範
樂 詞	樂章歌詞
語 錄	語錄解
呂 約	呂氏鄕約諺解
譯 補	譯語類解補
譯 語	朝鮮館譯語
譯 解	譯語類解
永 嘉	禪宗永嘉集諺解
靈 驗	靈驗藥草
王 郎	王郎返魂傳
五 倫	五倫行實圖
龍 歌	龍飛御天歌
圓 覺	大方廣圓覺修多羅了義經諺解
月 釋	月印釋譜
月 印	月印千江之曲
類 合	新增類合
六 祖	六祖法寶壇經諺解
恩 重	佛說父母恩重經諺解
二 倫	二倫行實圖
字 恤	字恤典則
才 物	才物譜
正 俗	正俗諺解
靑 丘	靑丘永言
漢 淸	漢淸文鑑
海 東	海東歌謠
鄕 樂	時用鄕樂譜
訓 蒙	訓蒙字會
訓 諺	訓民正音諺解
訓 解	訓民正音解例

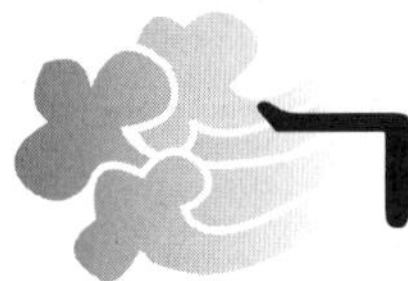

ㄱ [자모] 기역. ①한글 자모의 첫째. ②자음의 하나. 혀뿌리를 높여 뒷입천장에 붙였다가 떼면서 내는 무성 파열음. 모음 사이에서는 울림소리로 소리 나고, 받침의 경우에는 혀뿌리를 입천장에서 떼지 않음.

ㄱ [조] 〈옛〉15세기 국어 표기의 관형격 조사의 하나. 주로 한자음의 'ㆁ' 받침 뒤에 붙어, 관형격적 기능을 지님. ¶ 穰샹ㄱ字쫑(訓諺). /讓兄ㄱ뜯(龍歌99章).

-ㄱ (접미) 〈옛〉어미 '-아'·'-어'·'-고' 등에 붙어, 어세(語勢)를 더하는 구실을 함. ¶ 어드워 空이 ᄃᆞ외야(楞解2:18).

ㄱㄴ-순 (-順) [기영니은-] [명] 어떤 차례를 매길 때, 한글 자모의 차례에 따라 매긴 순서. 〔ㄱㄴㄷㄹㅁㅂㅅㅇㅈㅊㅋㅌㅍㅎ의 차례.〕 ¶ 출석자의 이름을 ㄱㄴ순으로 적어 나가다. (비)가나다순·기역니은순.

ㄱ-자 (-字) [기역짜] [명] 'ㄱ' 자처럼 생긴 모양.

ㄱ자-자 (-字-) [기역짜-] [명] 〔주로 목공(木工)에서 쓰이는〕 'ㄱ' 자 모양으로 만든 자. 곱자. 곡척(曲尺). 기역자자.

ㄱ자-집 (-字-) [기역짜-] [명] 종마루를 'ㄱ' 자 모양으로 꺾어 지은 집. 기역자집.

ㄱ자-홈 (-字-) [기역짜-] [명] 나무 그릇을 짜기 위하여, 'ㄱ' 자 모양으로 파낸 홈.

가[1] [명] 서양 음계의 칠음 체계에서, 여섯 번째 음이름. 계이름 '라'와 같음.

가ː[2] [명] ①넓이를 가진 물건의 가장 바깥쪽 부분. ¶ 책상 가. ②어떤 것을 중심으로 한 그 둘레. 주변. 주위. ¶ 마을 가. /건물 가. ③그릇의 아가리 쪽 언저리. ¶ 꿀단지 가에 묻은 꿀. ④《일부 명사 뒤에 붙어》 '주변'의 뜻을 나타내는 말. ¶ 호숫가. /강가. /냇가. /우물가.

가[3] [조] ①모음으로 끝난 체언에 붙는 격조사. ㉠앞말이 주어의 자격을 가지게 하는 주격 조사. ¶ 아기가 웃는다. ㉡《'되다'를 뒤따르게 하여》 '무엇이 변하여 그것으로 됨'을 뜻하는 보격 조사. ¶ 강물이 모여 바다가 된다. ㉢《'아니다'를 뒤따르게 하여》 그 말이 부정의 대상임을 뜻하는 보격 조사. ¶ 고래는 물고기가 아니다. ②일부 어미에 붙어, 그 말의 뜻을 강조하는 보조사. ¶ 어쩐지 처음부터 예사롭지가 않더라니. (참)이[6].

가 [조] 〈옛〉인가. ¶ 주려 죽을만명 採薇도 ᄒᆞᆫ눈것가(古時調).

가ː (可) [명] ①(하형)옳음. 좋음. ¶ 비리에 연루된 공직자는 구속 수사하는 것이 가하다. ②(하형)어떤 행위가 허용되거나 가능함을 이르는 말. ¶ 분할 상환 가. /연소자 관람 가. /대형차 통행 가. ↔불가(不可). ③(회의 따위에서의) 안건에 대한 찬성. ¶ 이번 안건에 대하여 대의원 여러분의 가와 부(否)를 묻겠습니다. ↔부(否). ④성적을 매길 때의 '수·우·미·양·가' 다섯 등급 중의 가장 아래 등급.

가 (家) [명] 같은 호적에 등록된 친족 집단. ¶ 분가하여 한 가를 이루다.

가- (假) (접두) 《일부 명사 앞에 붙어》 ①'임시의'·'정식이 아닌'·'일시적인'의 뜻을 나타냄. ¶ 가계약. /가건물. /가수요. /가석방. ②'가짜'·'거짓'의 뜻을 나타냄. ¶ 가성명(假姓名). /가어사(假御史).

-가 (家) (접미) 《일부 명사 뒤에 붙어》 ①'그 방면의 일을 전문으로 하는 사람'을 뜻함. ¶ 소설가. /은행가. ②'그 방면의 일을 능란하게 하는 사람'을 뜻함. ¶ 전략가. /사교가. ③'그러한 것을 많이 가지고 있는 사람'을 뜻함. ¶ 장서가. /자산가. ④'그러한 성질이나 경향이 두드러진 사람'을 뜻함. ¶ 노력가. /정열가. /애주가. ⑤'그러한 집안'을 뜻함. ¶ 명문가. /세도가.

-가 (哥) (접미) 《성(姓) 뒤에 붙어》 ①그 성임을 나타냄. ¶ 김가(金哥). /박가(朴哥). ②그 성을 가진 사람을 낮추어 일컫는 말. ¶ 야, 이가야. /전가가 한 짓. (참)-씨(氏).

-가 (街) (접미) 《일부 명사 뒤에 붙어》 ①(대도시에서) 큰 행정 구역을 다시 몇으로 나눈 작은 단위의 구역임을 나타냄. ¶ 종로 5가. /을지로 3가. ②'그러한 것이 주로 모인 거리', 또는 '그러한 특색을 띤 거리'임을 나타냄. ¶ 상점가. /환락가. /번화가.

-가 (歌) (접미) 《일부 명사 뒤에 붙어》 '노래 이름이나 노래 종류'를 나타냄. ¶ 애국가. /응원가.

-가 (價) (접미) ①《일부 명사 뒤에 붙어》 '값'을 뜻함. ¶ 기준가. /생산가. /판매가. ②《숫자 뒤에 붙어》 원자가(原子價)를 나타냄. ¶ 3가(三價) 알코올.

가ː가 (可呵) [명] '웃을 노릇임'의 뜻으로, 흔히 편지 글에서 쓰는 말.

가ː가 (假家) [명] ①임시로 지은 집. 가건물(假建物). ②〈가게〉의 본딧말.

가ː가-대소 (呵呵大笑) [명](하자) 껄껄거리며 한바탕 크게 웃음.

가가-례 (家家禮) [명] 집안에 따라 저마다 다른 집안 예법(禮法).

가가-문전 (家家門前) [명] 집집의 문 앞. ¶ 가가문전 다니면서 구걸하다.

가가호호 (家家戶戶) Ⅰ[명] 집집. 한 집 한 집. ¶ 가가호호에 태극기가 게양되어 있다. Ⅱ[부] 집집마다. ¶ 가가호호 찾아다니며 물건을 팔다.

가각 (街角) [명] 길모퉁이.

가각-본 (家刻本) [-뽄] [명] 개인이나 민간에서 사사로이 펴낸 책. 사가판(私家版). 사각본(私刻本). ↔관본.

가간-사 (家間事) [명] 집안일. ¶ 대소 가간사에 영일이 없으실 줄 아오나….

가감 (加減) [명] ①(하타)(되자)더하거나 뺌. 보태거나 덞. ¶ 수요(需要)에 따라 공급량을 가감하다. ②더하기와 빼기.

가감-례 (加減例) [-녜] [명] 형벌을 가중(加重)하거나 경감(輕減)하는 경우에, 그 정도의 기준이 되는 원칙.

가감-법 (加減法) [-뻡] [명] 가법(加法)과 감법(減法). 더하기와 빼기.

가감부득 (加減不得) [명] 〈가부득감부득〉의 준말.

가감승제 (加減乘除) [명] '더하기·빼기·곱하기·나누기'를 아울러 이르는 말.

가ː감지인 (可堪之人) [명] (어려운 일 따위를) 감당해 낼 만한 사람.

가ː객 (佳客) [명] 반가운 손. 귀한 손. 가빈(佳賓).

가객(歌客)명 시조 따위를 잘 짓거나 창(唱)을 잘하는 사람. 율객(律客). 비가인(歌人).

가갸명 〔한글이 '가갸거겨…'로 시작되는 데에서〕 '한글'을 이르는 말.

가갸 뒷자〔뒷다리〕도 모른다속담 ①아주 무식하다는 말. ②속내를 전혀 모르고 있다는 말.

가거(家居)명하자 ①(벼슬살이를 하지 아니하고) 집에서 지냄. ②(시집가지 아니하고) 친부모 집에서 지냄.

가ː거(假居)명하자 ☞가우(假寓).

가거(街渠)명 (길바닥의 물이 잘 빠지도록) 길 양쪽에 만들어 놓은 도랑.

가ː거지지(可居之地)명 머물러 살 만한 곳. 살기 좋은 곳.

가ː-건물(假建物)명 (허가가 난 건물이 아닌) 임시로 지은 건물. 가가(假家).

가ː-검물(可檢物)명 병원균의 유무를 검사하기 위하여 거두는 환자의 배설물 따위. ¶ 설사 환자의 가검물에서 콜레라균이 검출되었다.

가ː게(←假家)명 ①작은 규모의 상점. 가겟방. 가겟집. 전방(廛房). 점방(店房). ¶ 채소 가게. ②장터나 길거리 따위에서 물건을 벌여 놓고 파는 곳. 본가가.

가게 기둥에 입춘〔주련〕속담 '격에 어울리지 않음'을 이르는 말.

가ː게-채명 가게로 쓰는 집채.

가ː겟-방(-房)[-게빵/-겓빵]명 ①가게로 차리어 쓰는 방. ②가게.

가ː겟-집[-게찝/-겓찝]명 ①가게를 벌이고 장사하는 집. 가게. ②가게로 쓰는 집.

가격(加擊)명하타 ①때림. 침. ¶ 복부를 가격하다. ②공격을 함. ¶ 미사일로 적의 진지를 가격하다.

가격(家格)명 ①그 집안의 대대로 이어 온 품격. ②한집안으로서의 자격.

가격(價格)명 (돈으로 나타낸 상품의) 값. 금2.

가격^경기(價格景氣)[-꼉-]명 물가가 오르는데 자극되어 생산량이나 거래량이 늘어나 경기가 좋아지는 일. ↔수량 경기.

가격^연동제(價格連動制)[-경년-]명 상품 가격을, 생산비의 증감에 따라 조정하는 제도. 〔원유가(原油價) 인상에 따라 석유 제품의 가격을 인상 조정하는 따위.〕

가격^자유화(價格自由化)[-짜-]명 물가를 국가에서 직접 통제하지 아니하고 시장 기능에 맡기는 일.

가격^지수(價格指數)[-찌-]명 어떤 시기의 가격을 100으로 하여, 다른 시기의 가격의 변동을 지수로 나타낸 수치.

가격^차익(價格差益)명 물품을 사고팔 때, 값의 차에서 생기는 이익.

가격^카르텔(價格Kartell)명 〈가격 협정 카르텔〉의 준말.

가격^탄ː력성(價格彈力性)[-탈-썽]명 가격의 변동에 따라 어떤 재화(財貨)의 수요·공급량이 달라지는 정도. 가격의 변화율(變化率)에 대한 수량 변화율의 비로 나타냄.

가격-표(價格表)명 상품의 값을 적은 일람표.

가격-표(價格票)명 상품의 값을 적어, 그 상품에 매달거나 일정한 자리에 둔 쪽지.

가격^표기^우편물(價格表記郵便物)명 분실이나 손상에 대한 배상(賠償)을 받을 수 있는 특수 우편물의 한 가지. 현금·유가 증권(有價證券)·귀중품 따위의 우편물을 발송할 때, 겉봉에 그 금액을 적는 우편물.

가격^협정^카르텔(價格協定Kartell)[-겨켭쩡-]명 동업자끼리의 경쟁 방지와 시장 독점을 목적으로, 상품 판매 가격의 최저한도를 관계 기업자끼리 협정하여 규제하는 일. 준가격 카르텔.

가결(加結)명하타되자 조선 말기에, 토지에 매기는 세율을 올리던 일, 또는 그 올린 결복(結卜). 가복(加卜). ↔감결(減結).

가ː결(可決)명하타되자 제출된 의안(議案)을 좋다고 인정하여 결정함. ¶ 만장일치로 가결하다. ↔부결(否決).

가ː-결의(假決議)[-겨릐/-겨리]명하타되자 (회의에서, 결의 성립 요건이 갖추어지지 않은 경우) 뒤에 승인을 받기로 하고 우선 임시로 하는 결의.

가경(可驚) '가경하다'의 어근.

가ː경(佳景)명 좋은 경치. 비승경(勝景)·절경(絕景)·호경(好景).

가ː경(佳境)명 ①경치가 좋은 곳. ¶ 골마다 가경이다. ②재미있는 고비 또는 장면. ¶ 이야기는 차차 가경으로 접어들었다.

가경-자(嘉慶子)명 '자두'를 이르는 말.

가경-전(加耕田)명 조선 시대에, 새로 일구어서 아직 토지 대장(土地臺帳)에 올라 있지 않은 논밭을 이르던 말.

가경-절(嘉慶節)명 대종교(大倧敎)에서, '한가위'를 달리 이르는 말.

가ː경-지(可耕地)명 일구어서 농사를 지을 만한 땅.

가ː경-하다(可驚-)형여 가히 놀랄 만하다. 《주로, '가경할'의 꼴로 쓰임.》 ¶ 가경할 대사건.

가계(加計)[-계/-게]명하타 ①통화(通貨)의 액면과 시가(時價)가 다를 때, 그 차액을 계산하는 일. ②☞가산(加算).

가계(加階)[-계/-게]명하타되자 지난날, 벼슬아치의 품계(品階)를 올리던 일.

가계(加髻)[-계/-게]명하자 지난날, 부녀가 쪽을 찔 때 다리를 덧드리어 땋던 일.

가계(家系)[-계/-게]명 대대로 이어 온 한집안의 계통. 가통(家統). ¶ 지손(支孫)을 입양하여 가계를 이었다.

가계(家戒)[-계/-게]명 ☞가규(家規).

가계(家計)[-계/-게]명 ①집안 살림을 꾸려 나가는 수지(收支)의 상태. ②살아가는 방도나 형편. 살림살이. 가도(家道). 생계(生計). ¶ 쪼들리던 가계가 차차 펴지다.

가계(家契)[-계/-게]명 대한 제국 때, 관에서 발급(發給)한 집문서.

가계(家鷄)[-계/-게]명 집에서 기르는 닭. ↔멧닭·야계(野鷄).

가계^경제(家計經濟)[-계-/-게-]명 ☞가정 경제.

가계^보ː험(家計保險)[-계-/-게-]명 개인 생활의 안정을 꾀하는 인보험(人保險)과 재산 보험 등을 통틀어 이르는 말.

가계-부(家計簿)[-계-/-게-]명 집안 살림의 수입과 지출을 적는 장부.

가계-부기(家計簿記)[-계-/-게-]명 집안 살림의 수입과 지출을 기록하는 부기.

가계-비(家計費)[-계-/-게-]명 집안 살림에 드는 돈. ¶ 가계비 지출을 줄이다.

가계^수표(家計手票)[-계-/-게-]명 가계 종합 예금 계좌를 가진 사람이, 그 은행 앞으로 발행하는 소액(少額) 수표.

가ː-계약(假契約)[-계-/-게-]명하타되자 정식 계약을 맺기에 앞서, 임시로 맺는 계약.

가ː-계정(假計定)[-계-/-게-]명 부기에서, 아직 확정되지 않은 계정을 장부 정리상 임시로 기장해 두는 계정 과목(計定科目). 〔가수금(假受金)·가불금(假拂金)·미결산 계정 따위.〕
가계^조사(家計調査)[-계-/-게-]명 가계의 수지 구조를 알아보기 위한 조사. 〔수입과 지출의 명세나 균형을 측정하는 조사.〕
가계^종합^예ː금(家計綜合預金)[-계-함녜-/-게-함녜-]명 은행 예금의 한 가지. 공무원이나 봉급 생활자 또는 소상인 등이 가계 수표를 발행하는 조건으로 예입한 요구불 예금.
가계-주(-紬)[-계-/-게-]명 지난날 중국에서 나던, 아롱아롱한 뇌문(雷紋)이 있는 비단.
가고(可考) '가고하다'의 어근.
가고(家故)명 집안에 일어난 사고.
가ː고-하다(可考-)형여 ①참고할 만하다. ¶ 가고할 문헌. ②생각해 볼 만하다. 《주로, '가고할'의 꼴로 쓰임.》 ¶ 가고할 가치도 없는 의견.
가곡(歌曲)명 ①시가(詩歌) 등을 가사(歌詞)로 한 성악곡. ②예술적인 의도로 창작된 독창용의 소곡(小曲). 리트(Lied). ¶ 슈만의 가곡. ③우리나라 재래 음악의 한 가지로, 시조에 곡을 붙여 부르는 노래의 가락.
가곡-원류(歌曲源流)[-고궐-]명 조선 고종 13(1876)년에, 박효관과 안민영이 편찬한 시조 중심의 시가집. 〔'청구영언'·'해동가요'와 함께 3대 가집(歌集)으로 꼽힘.〕
가곡-집(歌曲集)[-찝]명 가곡을 모아 엮은 책이나 음반.
가ː골(假骨)명 뼈가 부러진 자리에 새로 생긴 불완전한 골조직(骨組織).
가공(加工)명하타되자 원료나 재료에 손을 더 대어 새로운 물건을 만드는 일. ¶ 목재 가공. / 우유를 가공하여 치즈를 만든다.
가공(可恐) '가공하다'의 어근.
가공(架空)명하타 ①어떤 시설물을 공중에 설치함. ②근거 없는 일. ¶ 가공의 사실. ③사실이 아니고 상상으로 지어낸 일. ¶ 가공의 이야기. /가공의 인물. ③비허구(虛構).
가공-망상(架空妄想)명 터무니없는 상상. 근거 없는 망령된 생각.
가공^무ː역(加工貿易)명 가공비를 벌 목적으로, 원자재(原資材)나 반제품(半製品)을 수입·가공하여 다시 수출하는 무역. 가공 수출(加工輸出).
가공^배상(加工賠償)명 (재화로써 배상할 수 없는 경우에) 기술이나 노력을 상대편에게 제공하는 배상.
가공-비(加工費)명 가공을 하는 데 드는 비용.
가공-사(加工絲)명 원사(原絲)에 화학적·기계적으로 특수한 가공을 하여 변화시킨 실. 〔금실·은실·실켓 따위.〕
가공^삭도(架空索道)[-또]명 공중에 건너질러 놓은 강삭(鋼索)에 차량을 매달아 사람이나 짐을 나르는 설비. 가공 케이블. 고가 삭도. 공중 삭도. 준삭도(索道).
가공-선(架空線)명 공중에 건너질러 매어 놓은 전선이나 전화선 따위. 준가선(架線).
가공^수입(加工輸入)명 가공하여 판매·수출할 목적으로 원자재나 반제품을 수입하는 일.
가공^수출(加工輸出)명 ☞가공 무역.
가공^식품(加工食品)명 농산물·축산물·수산물 등을 인공적으로 처리하여 보다 맛있고, 먹기 편하고, 저장성이 좋게 만든 식품. 〔잼·햄·마늘장아찌 따위.〕
가공^유지(加工油脂)[-뉴-]명 유지(油脂)에 화학적·물리적 처리를 가하여 만든 여러 가지 제품. 〔비누·마가린 따위.〕
가공^의ː치(架工義齒)명 빠진 이의 좌우에 있는 이를 기둥으로 삼아 그 사이에 다리를 놓듯이 걸쳐 놓는 틀니. 브리지(bridge). 준가공치(架工齒).
가공-적(架空的)관명 터무니없는 (것). 근거 없는 (것). 사실이 아닌 (것). ¶ 가공적 인물. /가공적인 공간.
가공-지(加工紙)명 가공(加工)을 하여 본디의 성질·빛깔 등을 변화시킨 종이. 〔아트지·인화지 따위.〕
가공-치(架工齒)명 〈가공 의치〉의 준말.
가공^케이블(架空cable)명 가공 삭도.
가공-품(加工品)명 (천연물이나 반제품에) 가공을 한 제품.
가ː공-하다(可恐-)형여 두려워할 만하다. 놀랄 만하다. 《주로, '가공할'의 꼴로 쓰임.》 ¶ 핵무기(核武器)의 가공할 파괴력.
가ː과(佳果)명 맛이 좋은 과실. 가실(佳實).
가ː과(假果)명 ☞헛열매.
가곽(街廓)명 가로(街路)와 가로와의 사이를 차지하는 한 구역.
가관(加冠)명하자 지난날, 관례(冠禮)를 치른 이에게 갓을 씌우던 일.
가ː관(可觀)명 ①가히 볼 만함. ¶ 설악산의 단풍이 가관이다. ②(하는 짓이나 몰골 따위가) 꼴불견임. ¶ 그 자식, 젠체하는 꼴이 정말로 가관이더라.
가ː관(假官)명 ①왕조 때, 정원(定員) 외에 임시로 채용하던 벼슬아치. ②☞사변가주서.
가ː관-스럽다(可觀-)[-따][~스러우니·~스러워]형ㅂ 가히 볼 만하다. 꼴불견이다. **가관스레**부.
가ː-관절(假關節)명 ☞위관절(僞關節).
가괴(可怪) '가괴하다'의 어근.
가ː괴-하다(可怪-)[-괴-/-궤-]형여 괴이하게 여길 만하다. 《주로, '가괴할'의 꼴로 쓰임.》 ¶ 대낮에 도깨비라니, 그것 참으로 가괴할 일이로세.
가교(可教) '가교하다'의 어근.
가교(架橋)명 ①하자다리를 놓음. ¶ 가교 공사. ②건너질러 놓은 다리. ¶ 계곡 사이에 놓인 기다란 철제(鐵製) 가교. ③서로 떨어져 있는 것을 이어 주는 사물이나 사실. ¶ 사랑의 가교 역할을 하다.
가ː교(假橋)명 임시로 놓은 다리.
가ː교(駕轎)명 ①조선 시대에, 임금이 타던 가마의 한 가지. 두 필의 말이 가마 앞뒤에서 채 끝을 안장 좌우에 걸고 감. ②☞쌍가마2.
가ː교-마(駕轎馬)명 가교(駕轎)를 메는 말.
가ː교-봉도(駕轎奉導)명 가교(駕轎)를 편안히 모시라고, 별감(別監)들이 큰 소리로 외치며 주의시키는 일.
가ː-교사(假校舍)명 임시로 쓰는 교사.
가ː-교실(假教室)명 임시로 쓰는 교실.
가ː교-하다(可教-)형여 가히 가르칠 만하다. 《주로, '가교할'의 꼴로 쓰임.》
가ː구(佳句)[-꾸]명 잘 지은 글귀.
가구(家口)명 ①(혈연관계와는 상관없이) 주거와 생계를 같이하는 단위. 각살림을 하는 생계 단위. ②〖의존 명사적 용법〗 주거와 생계를 같이하는 사람의 집단을 세는 단위. ¶ 이 골목 안에 열두 가구가 산다. 세대(世帶).

가구(家具)[명] 가정 살림에 쓰이는 온갖 세간. 〔특히, 옷장·탁자 등 목제품을 가리키는 경우가 많음.〕 집물(什物).
가구(街衢)[명] ☞길거리.
가구-경행(街衢經行)[명] 고려 시대에, 중들이 음력 이월에 개경(開京) 거리를 돌아다니며 불경을 외어 백성의 복을 빌던 일.
가구-물(架構物)[명] 여러 재료를 얽어 맞추어 만든 구조물.
가구-자(家韭子)[명] 한방에서 '부추의 씨'를 약재로 이르는 말.
가구-장이(家具-)[명] 가구 만드는 일을 업으로 삼는 사람.
가구-재(家具材)[명] 가구를 만드는 데 쓰이는 재료.
가구-점(家具店)[명] 가구를 파는 가게.
가구-주(家口主)[명] 한 가구의 주장이 되는 사람을 이르는 말.
가ː국(佳局)[명] 매우 흥미 있는 국면(局面). ¶ 이야기는 점점 가국으로 접어든다.
가국(家國)[명] ①집안과 나라. 가방(家邦). ②☞고향.
가군(家君)[명] ①남 앞에서 '자기의 아버지'를 일컫는 말. 가부(家父). ②남 앞에서 '자기의 남편'을 일컫는 말. ②가부(家夫).
가권(家券)[-꿘][명] ☞집문서.
가권(家眷)[명] ①☞가족. ②남 앞에서 '자기의 아내'를 겸손하게 일컫는 말. 가속(家屬). 권속(眷屬).
가권(家權)[-꿘][명] 집안을 거느리는 권리.
가ː귀-노름[명][하자] ☞가귀대기.
가ː귀-대기[명][하자] 투전 노름에서, 열다섯 끗을 뽑기로 하는 내기. 가귀노름.
가규(家規)[명] 집안의 규율. 가계(家戒).
가그기[부] 〈옛〉 갑자기. ¶ 가그기 브레 뻬면 즉재 주그리라(救簡1:77). [참]가マ기.
가극(加棘)[명][하자] 조선 시대에, 귀양살이하는 중죄인(重罪人)의 거처 주위에 가시나무를 둘러치던 일. 천극(栫棘).
가ː극(暇隙)[명] 여가. 짬. 겨를.
가극(歌劇)[명] 가수의 가창(歌唱)을 중심으로 전개되는 연극. 오페라.
가극-단(歌劇團)[-딴][명] 가극을 상연하기 위하여 조직된 단체.
가ː근(假根)[명] ☞헛뿌리.
가금(家禽)[명] 집에서 기르는 날짐승. 〔닭·오리·거위 따위.〕 ↔야금(野禽).
가ː금(假金)[명] 가짜 금.
가금(價金)[명] 값. 가격. 대금.
가급(加給)[명][하타][되자] (품삯 따위를) 정한 액수 외에 더 줌. ↔감급(減給).
가-급유(加給由)[명][하자] 지난날, 벼슬아치의 휴가 기간이 다 찼을 때, 휴가를 더 늘려 주던 일. [준]가유(加由).
가급인족(家給人足)[명][하형] 집집마다 생활 형편이 부족함이 없이 넉넉함.
가급^임ː금(加給賃金)[명] 기본 임금 외에 더 지급하는 임금. 〔시간 외 수당 따위.〕
가ː급-적(可及的)[-쩍] I[명] 할 수 있는 것, 또는 형편이 닿는 것. 《주로, '가급적이면'·'가급적으로'의 꼴로 쓰임.》 ¶ 가급적이면 이 일은 하지 않는 게 좋겠다.
II[부] 될 수 있는 대로. 되도록. ¶ 가급적 빨리 돌아오너라.
가긍(可矜) '가긍하다'의 어근.
가ː긍-스럽다(可矜-)[-따][~스러우니·~스러워][형ㅂ] 보기에 가긍한 데가 있다. **가긍스레**[부].
가ː긍-하다(可矜-)[형여] 불쌍하고 가엾다. ¶ 정상(情狀)이 참으로 가긍하다. **가긍-히**[부].
가기(可期) '가기하다'의 어근.
가ː기(佳氣)[명] (자연의) 상서롭고 좋은 기운. ¶ 가기 서린 지리산. [비]서기(瑞氣).
가ː기(佳期)[명] ①좋은 계절. 가절(佳節). 양신(良辰). ②〔이성과의 사랑을 처음 알게 되는〕 좋은 때.
가ː기(佳器)[명] ①좋은 그릇. ②'훌륭한 인재(人材)'를 비유하여 이르는 말.
가기(家忌)[명] 자기 조상의 기제사(忌祭祀).
가기(家基)[명] 집터.
가기(嫁期)[명] 시집가기에 알맞은 나이. [비]혼기.
가기(歌妓)[명] 소리를 잘하는 기생.
가ː기-하다(可期-)[형여] 기대(기약)할 만하다. 《주로, '가기할'의 꼴로 쓰임.》 ¶ 이번 경기는 승리를 가기할 만하다.
가マ기[부] 〈옛〉 갑자기. ¶ 가マ기 주거(救解上*24*). [참]가그기.
가곡ᄒᆞ다[형] 〈옛〉 급하다. ¶ ᄒᆞ다가 ᄆᆞ숨 뿌미 가곡ᄒᆞ면(蒙法7).
가까스로[부] ①애써서 겨우. 간신히. ¶ 냉장고를 혼자서 가까스로 주방까지 옮겨 놓았다. ②겨우 빠듯하게. ¶ 가까스로 제 시각에 가 닿았다.
가까이 I[명] 가까운 곳. ¶ 학교 가까이에 살다.
II[부] ①한 지점에서 거리가 조금 떨어져 있는 상태로. ¶ 어린아이 곁으로 가까이 다가가다. ②일정한 때를 기준으로, 그때에 약간 못 미치는 상태로. ¶ 다섯 시간 가까이 기다리다. ③사람과 사람의 사이가 친밀한 상태로. ¶ 세탁소 주인과 가까이 지낸다. ↔멀리.
가까이-하다 I[자타여] 허물없이 사귀다. ¶ 여자 친구를 가까이하다. ↔멀리하다.
II[타여] 늘 대하거나 즐기다. ¶ 책을 가까이하다. /담배와 술을 가까이하다. ↔멀리하다.
가깝다[-따][가까우니·가까워][형ㅂ] ①거리가 짧다. ¶ 바다에 가까운 마을. ②(시간상으로) 동안이 짧다. ¶ 가까운 장래. ③교분이 두텁다. 서로 정을 느끼는 사이이다. ¶ 두 사람은 퍽 가까운 사이이다. ④촌수 따위가 멀지 아니하다. ¶ 가까운 친척. ⑤(성질·모양·내용·상태 따위가) 거의 비슷하다. ¶ 생김새가 늑대에 가깝다. /그는 하는 짓이 철부지에 가깝다. ⑥어떤 기준이나 수준·수치에 미칠 듯하다. ¶ 10만에 가까운 군중이 모였다. /칠십에 가까워 보이는 노인. ⑦(생활 주변에서) 멀지 않다. ¶ 가까운 예를 든다면…. ①~④↔멀다2.
가까운 남이 먼 일가보다 낫다[속담] 이웃끼리 서로 가까이 지내다 보면, 먼 데 있는 일가보다 더 친하게 된다는 말. 먼 사촌보다 가까운 이웃이 낫다.
가까운 데 집은 깎이고 먼 데 절〔집〕은 비친다[속담] 가까운 데 것은 눈에 익어서 좋게 보이지 않고, 먼 데 것은 훌륭해 보인다는 말.
가깝디-가깝다[-띠-따][~가까우니·~가까워][형ㅂ] 매우 가깝다. ↔머나멀다.
가꾸다[타] ①식물이 잘 자라도록 보살피다. ¶ 장미를 가꾸다. /난초를 가꾸다. ②(좋은 상태로 만들려고) 잘 보살피다. ¶ 우리 고유의 문화를 잘 가꾸다. ③(몸이나 차림새를) 잘 매만져 꾸미다. ¶ 얼굴을 예쁘게 가꾸다. ④(쓸모 없거나 버려진 땅을) 쓸모 있게 바꾸다. ¶ 황무지를 옥토로 가꾸었다.

가꾸러-뜨리다타 가꾸러지게 하다. 가꾸러트리다. 큰거꾸러뜨리다. 센까꾸러뜨리다.

가꾸러-지다자 ①가꾸로 넘어지거나 엎어지다. ¶ 친구가 돌에 걸려 가꾸러졌다. ②힘을 잃고 무너지다. ¶ 부패한 정권은 언젠가는 가꾸러지게 마련이다. ③〈죽다1〉의 속된 말. ¶ 곰이 총에 맞아 가꾸러졌다. 큰거꾸러지다. 센까꾸러지다.

가꾸러-트리다타 가꾸러뜨리다. 큰거꾸러트리다. 센까꾸러트리다.

가꾸로부 차례나 방향, 또는 형편 따위가 반대로 되게. ¶ 일의 순서가 가꾸로 되다. 큰거꾸로. 센까꾸로.

가꾸로 박히다관용 머리가 바닥을 향한 채 떨어지다.

가끔부 어쩌다가. 드문드문. 때때로. 이따금. 종종. ¶ 지나다가 가끔 만나는 사람.

가끔-가끔부 '가끔'의 힘줌말. ¶ 잊지 말고 가끔가끔 찾아 주게.

가끔-가다부 〈가끔가다가〉의 준말.

가끔-가다가부 어쩌다가 가끔. ¶ 가끔가다가 네 꿈을 꾼다. 준가끔가다.

가나(かな. 假名 일)명 일본 문자. 〔한자(漢字)의 일부를 따거나 한자의 초서체를 이용한 음절 문자(音節文字)임.〕

가나다(加那陀)명 '캐나다(Canada)'의 한자음 표기.

가나다-순(-順)명 한글의 '가·나·다…'의 차례에 따라 매긴 순서. 가나다차례. ¶ 이름을 가나다순으로 배열하다. 비ㄱㄴ순·기역니은순.

가나다-차례(-次例)명 ☞가나다순.

가나안(←Canaan)명 팔레스타인의 요르단 강 서쪽 땅의 옛 이름. 〔여호와가 아브라함에게 약속한 이상향(理想鄕)으로, '젖과 꿀이 흐르는 곳'이라고 함.〕

가나-오나부 어디를 가나 마찬가지로 늘. 어디나 다름없이 항상. 오나가나. ¶ 동생은 가나오나 말썽만 피운다.

가난명하형 (재산이나 수입이 적어서) 살림살이가 넉넉하지 못하고 쪼들림, 또는 그런 상태. 빈곤(貧困). ¶ 가난에 쪼들리다. /가난에서 벗어나다. 본간난(艱難). **가난-히**부.

가난 구제는 나라〔나라님〕도 못한다속담 '하고 많은 가난한 사람을 다 구제한다는 것은 나라의 힘으로도 어려운 일인데, 하물며 개인의 힘으로 되겠느냐'는 말.

가난도 비단 가난속담 아무리 가난해도 체통을 잃지 않고 견딘다는 말.

가난이 원수속담 가난하기 때문에 고통을 당하게 되니 가난이 원수처럼 느껴진다는 말.

가난한 양반 씻나락 주무르듯속담 '어떤 일에 닥쳐 우물쭈물하기만 하면서 선뜻 결정을 내리지 못하고 있는 모양'을 비꼬아 하는 말.

가난한 집 신주 굶듯속담 줄곧 굶기만 한다는 말.

가난한 집 제사〔제삿날〕 돌아오듯속담 치르기 어려운 일만 자꾸 닥친다는 말.

가난(이) 들다관용 ①가난하게 되다. ②필요한 것이 귀해져서 구하기 어렵게 되다. ¶ 인재(人材)가 가난이 들다. ③농작물의 수확이 여느 해보다 아주 적게 되다. ¶ 가물에 가난이 든 농가 형편.

가난(家難)명 집안의 재난(불행).

가난-뱅이명 '가난한 사람'을 얕잡아 이르는 말.

가난-살이명하자 가난한 살림살이.

가납(加納)명하타되자 왕조 때, 조세나 공물 따위를 정해진 수량보다 더 바치던 일.

가:납(假納)명하타되자 ①임시로 납입(納入)함. ②피고인이 법원의 명령에 따라, 판결이 확정되기 전에 벌금이나 과료 또는 추징에 상당하는 돈을 미리 내는 일.

가납(嘉納)명하타되자 (윗사람이 아랫사람의 충고나 의견, 바치는 물품 따위를) 기꺼이 받아들임.

가:납사니[-싸-]명 되는 소리 안 되는 소리로 쓸데없이 말수가 많은 사람.

가:납-세(假納稅)[-쎄]명 납세자가 고지된 세액에 대하여 이의를 제기했을 때, 그에 대한 당국의 재정(裁定)이 내리기 전에 우선 세금을 내는 일.

가내(家內)명 ①집의 안. 가정 안. ¶ 가내 수공업. ②☞가족. ¶ 가내 두루 안녕하신지요? ③가까운 일가. 집안. ¶ 가내 여러 어른.

가내^공업(家內工業)명 자기의 살림집을 일터로 삼아 소규모로 운영하는 공업.

가내^노동(家內勞動)명 업자로부터 필요한 기구·재료·자금 등을 제공받아 가정에서 제품을 제조 또는 가공하여 업자에게 납품하고 임금을 받는 노동 형태.

가내-사(家內事)명 집안일. 가사(家事).

가내^수공업(家內手工業)명 집 안에서 소규모로 생산하는 수공업.

가냘프다[가냘프니·가냘파]형 ①몸매가 호리호리하고 연약하다. ¶ 소녀의 가냘픈 허리. ②목소리 따위가 가늘고 약하다. ¶ 가냘픈 목소리. 가녀리다.

가녀리다형 가냘프다. ¶ 해쓱한 얼굴에다 가녀린 몸매.

가년(加年)명하자 ①나이를 속여 올림. ②☞가령(加齡).

가년-스럽다[-따][~스러우니·~스러워]형ㅂ 보기에 몹시 궁상스럽다. ¶ 굶주림과 추위에 지친 이재민들이 가년스러워 성금을 기탁하였다. 큰거년스럽다. **가년스레**부.

가노(家奴)명 ☞가복(家僕).

-가뇨어미 〈옛〉-았는가. ¶ 외오 혀다가 빠ᄅᆞᆯ 삼게 ᄒᆞ가뇨(杜初16:1).

가누다타 ①(기운·정신·숨결 따위를) 가다듬어 차리다. ¶ 가쁜 숨결을 가까스로 가누다. /장내가 너무 소란하여 정신을 가눌 수가 없다. ②(몸의 자세를) 바로 가지다. ¶ 몸을 가눌 기력이 없다. ③(일 따위를) 다잡아 처리해 내다. ¶ 혼잣손으로 힘겨운 농사일을 잘도 가누어 낸다. ①②큰거누다.

가느-다랗다[-라타][~다라니·~다래]형ㅎ ①무척 가늘다. ¶ 가느다란 실버들 가지. ②약하거나 여린 느낌이 있다. ¶ 입가에 감도는 가느다란 미소. /남몰래 짓는 가느다란 한숨. ↔굵다랗다.

가느스름-하다형여 조금 가늘다. ¶ 눈을 가느스름하게 뜨다. **가느스름-히**부.

가:-늑골(假肋骨)[-꼴]명 흉골(胸骨)에 붙지 않은, 아래쪽 좌우 다섯 쌍의 늑골. 부늑골(浮肋骨). ↔진늑골(眞肋骨).

가는-귀명 작은 소리를 잘 듣지 못하는 귀.

가는귀-먹다[-따]자 작은 소리를 잘 듣지 못하게 되다. 귀가 조금 먹다. ¶ 가는귀먹었는지 초인종 소리를 듣지 못했다.

가는-눈명 조금만 뜬 눈. 실눈. ¶ 가는눈을 뜨고 기억을 더듬는다.

가는-대명 ①☞아기살. ②지난날, 적진에 격서(檄書)를 날려 보낼 때 쓰던 화살.

가는-베명 가는 올로 촘촘히 짠 고운 베. ↔굵은베.

가는베 낳겠다속담 '솜씨가 거칠고 무딤'을 비웃는 말.

가는-소금명 정제를 여러 번 하여, 보드랍고 하얀 소금. ↔굵은소금.

가는-체명 가는 올로 된, 구멍이 촘촘한 체. 참어레미.

가는-허리명 ☞잔허리.

가늘다[가느니·가늘어]형 ①기다란 것이 둘레가 작거나 너비가 좁다. ¶ 가는 다리. /가는 명수실. /눈을 가늘게 뜨다. ②(가루 따위의) 낱알이 매우 잘다. ¶ 가는 고춧가루. ③소리가 낮고 약하거나, 움직임이 미약하다. ¶ 가는 목소리. /소녀는 어깨를 가늘게 떨고 있었다. /가늘게 이어지는 병자의 숨소리. ④빛이나 연기 따위가 희미하고 약하다. ¶ 창문의 틈새로 가는 햇살이 들어왔다. /담배 연기가 가늘게 피어올랐다. ⑤(베나 천 따위의 바탕이) 곱고 촘촘하다. ¶ 올이 가는 세모시. /가는 쳇불. ↔굵다.

가늘디-가늘다[~가느니·~가늘어]형 몹시 가늘다. ¶ 가늘디가는 다리.

가늠명하타 ①목표나 기준에 맞고 안 맞음을 헤아리는 일, 또는 헤아려 보는 대중. ¶ 아무 가늠도 없이 사업에 뛰어들다. /가늠을 잘해야 단발에 명중시킬 수 있지. ②시세 따위의 기미를 헤아리는 데 대중 잡을 만한 짐작. ¶ 도무지 물가 변동을 가늠할 수가 없다.

가늠(을) 보다〔잡다〕관용 ①목표를 겨누어 거기에 맞도록 하다. ¶ 한 쪽 눈을 감고 가늠을 보아 방아쇠를 당기다. ②시세나 형편 등을 헤아리다. ¶ 상대편의 속마음을 가늠 보다. ③(물건을 달 때에) 저울눈의 바르고 아니 바름을 보다.

가늠-구멍[-꾸-]명 가늠자 윗부분에 뚫어 놓은 작은 구멍. 가늠쇠와 함께 조준선 정렬에 쓰임. 조문(照門).

가늠-쇠[-쇠/-쉐]명 총의 가늠을 보는 장치의 하나. 총구 가까이에 뾰족하게 내민 삼각형의 작은 쇳조각. 가늠구멍과 함께 조준선을 정렬하는 데 쓰임. 조성(照星).

가늠-자명 총의 가늠을 보기 위하여 총열 앞쪽의 윗부분에 붙여 놓고 가늠구멍을 만들어 놓은 장치. 조척(照尺).

가늠-좌(-座)명 총이나 포(砲)의 가늠자가 달린 밑바탕 부분.

가ː능(可能)명하형 할(될) 수 있음. ¶ 네 힘으로도 가능한 일이다. ↔불가능.

가ː능-성(可能性)[-썽]명 할(될) 수 있는 성질. ¶ 성공할 가능성이 엿보이다.

-가니어미 〈옛〉-거니. ¶ 내 너희 ᄒᆞᆫ 가지 反티 아니ᄒᆞ가니 엇뎨 날 아니 주기는다(三綱).

가닐-가닐부하자 가렵고 자릿자릿한 느낌이 잇달아 일어나는 모양. 큰그닐그닐.

가닐-거리다자 자꾸 가닐가닐하다. 가닐대다. 큰그닐거리다.

가닐-대다자 가닐거리다.

가다[1][가거라] Ⅰ자타거라 ①이곳에서 저곳으로 옮아 움직이다. ¶ 학교에 가다. ②(있던 자리를) 떠나다. ¶ 나 보기가 역겨워 가실 때에는 말없이 고이 보내 드리오리다. ③(직업·학업·복무 따위로 해서) 몸 둘 곳을 옮기다. ¶ 대학 교수로 가다. /군대에 가다. /조카가 벌써 학교를 갈 나이가 되었나? ①③↔오다[1].

Ⅱ자거라 ①(정보·기별·소식 따위가) 전하여지다. ¶ 기별이 가다. ②(움직이는 성질의 자연물이) 흘러 움직이다. ¶ 구름에 달 가듯이 가는 나그네. ③(어떤 지경이나 처지에) 이르다. ¶ 임종에 가서야 입을 열다. /사람들은 어려운 지경에 가서야 잘못을 깨닫는다. ④몫으로 돌아가다. ¶ 나한테는 세 개가 왔는데, 너에게는 다섯 개나 갔구나. ⑤(바로 서야 할 것이) 한쪽으로 쏠리다. ¶ 기둥이 왼쪽으로 좀 갔다. ⑥(시간·세월·계절 따위가) 지나다. ¶ 날이 가고 달이 가도…. /겨울이 가고 봄이 오다. ⑦(어떤 시기·처소·경우에) 이르다. 다다르다. ¶ 끝판에 가서는 비극으로 바뀐다. ⑧(어떤 통로나 목적지로) 다다르다. ¶ 통일로 가는 길. /비상 통로로 가는 길. ⑨(어느 시기·지경까지) 이어지다. 견디다. ¶ 이 구두라면 3년은 가겠지. /오래 못 갈 목숨. ⑩(손해·이익 등의 말에 이어 쓰이어) 입다. 받다. ¶ 손해가 가다. ⑪(금·얼룩·구김살·주름 따위 말에 이어 쓰이어) 생기다. ¶ 바지에 주름이 가다. /잔주름이 많이 간 얼굴. ⑫《맛·입맛·음식 이름 따위 말에 이어 쓰이어》 상하다. 변하다. ¶ 김치 맛이 갔다. ⑬(얼룩이나 때가) 지워지다. 빠지다. ¶ 이 비누를 쓰면 때가 잘 간다. ⑭(불·등불·전기 따위가) 꺼지다. ¶ 전깃불이 가다. ⑮《눈길·관심·짐작 따위 말에 이어 쓰이어》 그 방향으로 돌려지다. ¶ 자꾸 눈길이 가다. /호감이 가다. ⑯(품이나 손질이) 들다. ¶ 손이 많이 가는 제품. ⑰〈죽다[1]〉의 속된 말. ¶ 송 영감도 이젠 가고 없다네. ⑱〈까무러치다〉의 속된 말. ¶ 상대 선수의 어퍼컷 한 방을 맞고 완전히 갔다. ⑲(값이나 무게가) 그 정도에 이르다. ¶ 체중이 100 kg이나 가는 거구. /이 물건은 시가로 얼마나 가나? ⑳(차례나 등급 따위가) 그만한 정도가 되다. ¶ 동생은 성적이 중간은 간다. ①③④⑥⑭↔오다[1].

Ⅲ타거라 ①어떤 곳을 옮아 움직이다. ¶ 들길을 가다. ②(어떤 일을 하려고) 어디로 옮아 움직이다. ¶ 문병을 가다. /북극을 가다. ③내기나 노름에서 얼마의 액수를 판돈으로 걸다. ¶ 한 판에 만원을 갔다. ②↔오다[1].

가는 날이 장날속담 우연히 갔다가 공교로운 일을 만났을 때 이르는 말.

가는 말에 채찍질속담 ☞닫는 말에 채질한다.

가는 말이 고와야 오는 말이 곱다속담 자기가 먼저 남에게 잘 대해 주어야 남도 자기에게 잘 대해 준다는 말.

가는 방망이 오는 홍두깨속담 남에게 해를 끼치면 그보다 더 큰 화가 돌아온다는 말.

가자니 태산이요, 돌아서자니 숭산이라속담 이러지도 저러지도 못할 난처한 처지에 있음을 이르는 말. 진퇴유곡(進退維谷).

가다[2]조동 《보조적 연결 어미인 '-아'·'-어'·'-여' 뒤에 쓰이어》 동작이나 상태가 앞으로 진행됨을 나타내는 말. ¶ 사과가 붉게 익어 가다. /날이 어두워 가다.

가다가부 이따금. 《주로, '간혹 가다가', '가끔 가다가' 따위의 꼴로 쓰임.》 ¶ 반장도 간혹 가다가 지각을 하기도 한다. /가끔 가다가 돌아가신 아버님이 생각난다.

가다-가다부 〔'가다가'보다 조금 동안이 뜨게〕 이따금. ¶ 가다가다 고향 생각이 떠오른다.

가다귀명 (참나무 따위의) 땔나무로 쓰이는 잔가지.

가다드리다타 〈옛〉 거두어들이다. ¶ 封事ᄅᆞᆯ 가다드려든(杜初*21:11*).

가다듬다[-따]타 ①흐트러진 정신이나 마음·생각 따위를 바로 차리거나 다잡다. ¶ 정신을 가다듬어 어려움에 대처하자. /느즈러진 마음을 가다듬다. ②(목소리를 제대로 내려고) 목소리를 고르다. ¶ 목청을 가다듬다. ③숨을 안정되게 고르다. ¶ 호흡을 가다듬다. ④(몸가짐이나 옷맵시를) 바르게 하다. ⑤(느슨해진 조직이나 대오를) 다잡아 다스리다. ¶ 전열을 가다듬다.

가다랑어명 고등엇과의 바닷물고기. 몸길이 1 m 가량. 몸은 물렛가락 모양이고 주둥이가 뾰족하며, 등 쪽은 검은 청자색, 배 쪽은 은백색임.

가ː-다루다타 논밭을 갈아서 다루다.

가ː다리명하자 모낼 논을, 삯을 받고 갈아서 써레질해 주는 일.

가닥명 ①(하나로 묶이었거나 하나에서 갈려 나온) 하나하나의 올이나 줄(줄기). ¶ 가닥을 내다. /가닥이 지다. ②〖의존 명사적 용법〗 하나하나의 올이나 줄(줄기) 따위를 세는 단위. ¶ 가지런히 두 가닥으로 땋은 머리. ③아주 약간. 《주로, '한 가닥' 구성으로 쓰임.》 ¶ 한 가닥 기대를 걸다. /한 가닥의 희망.

가닥-가닥[1][-까-]부 ①가닥마다 따로따로. ¶ 가닥가닥 잘 풀리다. ②여러 가닥으로. ¶ 가닥가닥 갈리어 나간 물줄기. **가닥가닥-이**부.

가닥-가닥[2][-까-]부하형 물기나 풀기가 있는 것의 거죽이 거의 말라 있는 모양. ¶ 가뭄이 들어 논바닥이 심하게 가닥가닥 말라 있다. 큰거덕거덕. 센까닥까닥.

가단(家團)명 가족이라는 공동체를 법률상 하나의 단체로 보고 이르는 말.

가단(歌壇)명 가인(歌人)들의 사회, 또는 그 모임. ¶ 경정산(敬亭山) 가단.

가ː단-성(可鍛性)[-썽]명 쇠붙이를 두드려 다른 모양으로 만들 때, 금이 가거나 하지 않는, 질긴 성질.

가-단조(-短調)[-쪼]명 '가' 음을 으뜸음으로 하는 단조.

가ː단-주철(可鍛鑄鐵)명 열처리를 하여 탄소 함유량을 줄여서 가단성(可鍛性)이 있게 만든 주철. 가단철.

가ː단-철(可鍛鐵)명 ☞가단주철(可鍛鑄鐵).

가담(加擔)명하자되자 한편이 되어 힘을 보탬. ¶ 반핵 운동에 가담하다.

가담(街談)명 거리의 뜬소문. 가담항설. 가담항의. 가설(街說). 항설(巷說).

가담-범(加擔犯)명 ☞방조범(幫助犯).

가담-항설(街談巷說)명 ☞가담(街談).

가담-항의(街談巷議)[-의/-이]명 ☞가담(街談).

가당(可當) '가당하다'의 어근.

가당-연유(加糖煉乳)[-녀뉴]명 우유에 10%가량의 설탕을 넣고 가열하여, 본디 용량의 3분의 1에서 5분의 1 정도로 졸인 것. 당유.

가ː당찮다(可當-)[-찬타]형 〔'가당하지 아니하다'가 줄어서 된 말.〕 ①도무지 사리에 맞지 않고 엉뚱하다. 당찮다. ¶ 가당찮은 변명만 자꾸 늘어놓는다. ②(쉽사리 감당할 수 없을 만큼) 대단하다. ¶ 가당찮은 상대를 맞아 겨루게 되었다. **가당찮-이**부. * 가ː당찮아[-차나]·가ː당찮소[-찬쏘]

가ː당-하다(可當-)형여 ①합당하다. 걸맞다. ¶ 나에게는 그곳이 참으로 가당한 취직자리일세. ②《주로 '가당치'·'가당키'의 꼴로, 부정·반문의 말을 뒤따르게 하여》 정도·수준·사실 등이 비슷함을 뜻함. ¶ 네가 고시를 본다니 가당치도 않은 일이다. **가당-히**부.

가대(架臺)명 ①물건을 얹어 놓기 위하여 시렁처럼 만든 것. ②철도나 교량 등을 받치는 시설물. ③(높은 곳에서 공사를 하기 위하여) 발판이 되도록 만들어 놓은 구조물. ④화학 실험 등에서, 레토르트 같은 것을 받치는 기구.

가대(家垈)명 ①집터. ②집터와 그에 딸린 논밭이나 산림 등을 통틀어 이르는 말.

가ː대(假貸)명하타 ①(물건 따위를) 빌려 줌. ②(과오나 죄를) 너그럽게 용서함.

가대기명하타 《주로 '치다'와 함께 쓰이어》 인부들이 한 손에 쥔 갈고리로 쌀가마니 따위의 윗부분을 찍어 당기어 어깨에 메고 나르는 일.

가-대인(家大人)명 ☞가부(家父).

가댁-질[-찔]명하자 아이들이 서로 잡으려고 쫓고, 쫓기어 달아나고 하며 뛰노는 놀이.

가덕(嘉德)명 훌륭한 덕.

가덕-대부(嘉德大夫)[-때-]명 조선 시대에, 종일품 종친(宗親)의 품계.

가덕-치(加德-)명 지난날, 가덕도에서 만들던 탕건(宕巾).

가도(加賭)명하타 지난날, 도조(賭租)의 부과율을 올려서 매기던 일.

가도(呵導)명 ☞갈도(喝道).

가도(家道)명 ①집안의 도덕이나 규율. ②집안 살림을 꾸려 가는 방도. ②가계(家計).

가ː도(假渡)명하타되자 운송업자나 창고업자가 선하 증권(船荷證券) 또는 창고 증권과 교환하지 않고 운송품이나 수탁물(受託物)을 우선 내주는 일.

가ː도(假道)명하자 ①토목 공사 따위에서, 필요에 따라 임시로 낸 길. ②제삼국으로 가기 위하여 중간에 있는 나라의 길을 임시로 빌림, 또는 그 길. ③어떤 방법을 일시적으로 빌려서 씀.

가ː도(假賭)명 〈가도조(假賭租)〉의 준말.

가ː도(街道)명 ①도시의 큰 도로. 가로(街路). ②도시와 도시를 잇는 큰 도로. ¶ 경인 가도. /경춘 가도. ③'막힘이 없이 탄탄한 진로'를 비유하여 이르는 말. ¶ 출세 가도를 달리다.

가ː-도관(假導管)명 ☞헛물관.

가도-교(架道橋)명 도로나 철도 위를 높게 가로질러 놓은 다리. 구름다리. 육교(陸橋).

가도다타 〈옛〉 ①거두다. 걷다. ¶ 늜므를 쓰려 能히 가도디 몯호니(杜初*24:47*). ②가두다. ¶ 獄온 罪지슨 사름 가도는 싸히니(月釋*1:28*). /가돌 슈:囚(類合下*21*).

가ː-도련(-刀鍊)명하타 종이의 가장자리를 가지런하게 벰.

가ː-도밋국(假-)[-미꾹/-믿꾹]명 도미를 넣지 않고 쑥갓만 넣어 도밋국 맛이 나게 끓인 국.

가ː-도조(假賭租)명 지난날, 농작물을 수확하기 전에 수확량을 어림하여 미리 거두어들이던 도조. 준가도(假賭).

가독(家督)명 그 집안의 대를 이을 사람, 또는 대를 이을 맏아들의 신분.

가ː독-성(可讀性)[-썽]명 인쇄물의 활자 따위가 쉽게 읽히는 정도.

가돈(家豚)명 (남 앞에서) 자기의 아들을 '변변치 못한 자식'이란 뜻으로 이르는 말. 〔흔히, 편지 글 따위에 씀.〕 가아(家兒). 돈아(豚兒). 미돈(迷豚).

가돌리늄(gadolinium)명 희토류 원소의 하나. 사마르스키석(石)에서 발견된 흰빛의 금속으로, 화합물의 대부분이 무색임. 수은과의 합금은 충치의 구멍을 메우는 데 쓰이며, 텔레비전 화면의 형광체로도 쓰임. 〔Gd/64/157.25〕

가ː동(可動)명 《주로 관형어적으로 쓰이어》 움직일 수 있음. 이동할 수 있음. ¶ 가동 구조로 된 교량(橋梁).
가동(呵凍)명하타 언 것을 입김으로 녹임.
가동(家僮)명 〔지난날〕 ①집안에서 심부름을 하던 아이. ②한 집안의 남자 종을 이르던 말.
가동(街童)명 거리에서 노는 아이.
가동(歌童)명 조선 시대에, 장악원(掌樂院)에 딸리어 정재(呈才) 때 노래를 부르던 아이.
가동(稼動)명하자타 ①일을 함. ¶ 가동 인구. ②일을 하기 위하여 기계를 움직임. ¶ 모든 기계를 가동하여 생산량을 늘렸다.
가동-가동 Ⅰ부하타 어린아이의 겨드랑이를 잡고 쳐들었다 내렸다 하며 어를 때 아이가 다리를 오그렸다 폈다 하는 모양.
Ⅱ감 어린아이에게 가동질을 시키며 어를 때 하는 말.
가ː동가ː서(可東可西)명 〈가이동가이서(可以東可以西)〉의 준말.
가동-거리다타 자꾸 가동가동하다. 가동대다.
가ː동^관절(可動關節)명 움직일 수 있는 관절. 곧, 동물체의 운동 기능을 맡은 관절. ↔부동관절(不動關節).
가ː동-교(可動橋)명 다리의 일부 또는 전부를 움직여서 아래로 배가 지나갈 수 있게 만든 다리. 〔선개교·승개교·도개교 따위.〕 개폐교.
가동-대다타 가동거리다.
가ː동^댐(可動dam)명 ☞가동언(可動堰).
가동-력(稼動力)[-녁]명 (사람이나 기계 따위가) 일할 수 있는 능력.
가동-률(稼動率)[-뉼]명 ①가동할 수 있는 시간과 실제로 가동한 시간과의 비율. ②생산 능력에 대한 실제 생산량의 비율. ③설비의 총수에 대한 실제 가동 설비의 비율.
가ː동-성(可動性)[-썽]명 (일정한 조건 아래서) 움직일 수 있는 성질.
가ː동-언(可動堰)명 가동 장치를 갖추어, 필요에 따라 수량(水量)이나 유량(流量)을 조절할 수 있게 만든 둑. 가동 댐. 가동 언제. 가동 제언.
가ː동^언제(可動堰堤)명 ☞가동언(可動堰).
가동이-치다자타 힘차게 가동거리다.
가ː동^제언(可動堤堰)명 ☞가동언(可動堰).
가동-주졸(街童走卒)명 ①거리에서 노는 철없는 아이. ②주견 없이 떠돌아다니는 무리.
가동-질명하타 어린아이의 겨드랑이를 잡고 쳐들었다 내렸다 하며 어를 때 아이가 다리를 오그렸다 폈다 하는 짓.
가ː두(假痘)명 ①종두(種痘)를 맞은 사람이 천연두에 걸렸을 때 아주 가볍게 앓고 넘어가는 일. ②☞작은마마.
가ː두(街頭)명 거리. 시가지의 길거리. ¶ 가두로 몰려나온 환영 인파.
가두다타 ①사람이나 짐승을 일정한 곳에 있게 하고 나다니지 못하게 하다. ¶ 죄수를 감방(監房)에 가두다. ②(물·공기 또는 그 밖의 물질을) 일정한 곳에 머물러 있게 하다. ¶ 빗물을 못에 가두어 두다.
가ː-두리명 물건 가에 둘린 언저리. ¶ 가두리를 따라 무늬가 그려져 있다.
가ː두리^양ː식(-養殖)명 그물로 물에 구획을 지어, 그 안에서 물고기 따위를 양식하는 방법.
가ː두-모금(街頭募金)명 (사회봉사 등을 목적으로) 거리를 오가는 사람들로부터 성금을 모으는 일.
가ː두-선전(街頭宣傳)명 (확성기 등을 이용하여) 거리에 나서서 하는 선전.
가ː두-시위(街頭示威)명 거리에 모이거나 거리를 행진하며 하는 시위.
가ː두-연설(街頭演說)명 (어떤 선전이나 선동을 위하여) 거리에서 하는 연설.
가ː두-판매(街頭販賣)명하타되자 상품을 거리에 벌이어 놓고 팔거나 거리를 다니면서 파는 일. 준가판(街販).
가둥-가둥부하자타 (몸집이 작은 사람이) 자꾸 엉덩잇짓을 하는 모양.
가둥-거리다자타 자꾸 가둥가둥하다. 가둥대다.
가둥-대다자타 가둥거리다.
가ː드(guard)명 ①농구에서, 상대편이 자기편 바스켓에 공을 넣지 못하도록 막는 일, 또는 그 사람. ②미식 축구에서, 스크럼을 짤 때 센터의 양쪽에 있는 사람. ③권투·펜싱·총검술 따위에서, 방어하는 일, 또는 그 자세.
가드락-가드락[-까-]부하자 경솔하고 버릇없이 행동하며 잘난 체하는 모양. 준가들가들. 큰거드럭거드럭. 센까드락까드락·까뜨락까뜨락.
가드락-거리다[-꺼-]자 자꾸 가드락가드락하다. 가드락대다. 준가들거리다. 큰거드럭거리다. 센까드락거리다·까뜨락거리다.
가드락-대다[-때-]자 가드락거리다.
가ː드-레일(guardrail)명 ①철로의 보조 궤조(軌條). ②차도 가장자리에 쳐 놓은 시설물.
가ː드-펜스(guard fence)명 차도와 보도 사이, 또는 고속도로의 중앙 분리대에 쳐 놓은 철망 따위의 시설물.
가득부하형 (그릇이나 어떤 공간 따위에) 한껏 차 있는 모양. ¶ 바구니에 가득 담긴 과일. / 광장을 가득 메운 군중. 큰그득. 센가뜩. **가득-히**부. **가득-가득**부하형. **가득가득-히**부.
가득(稼得)명하타 벌어들임.
가득-률(稼得率)[-등뉼]명 가공 무역에서, 순이익으로 얻게 되는 외화 획득 비율.
가든-가든부하형 여럿이 다 가든한 모양. ¶ 모두 가든가든하게 차려입고 소풍 길에 나섰다. 큰거든거든. 센가뜬가뜬. **가든가든-히**부.
가든그-뜨리다타 '가든그리다'의 힘줌말. 가든그트리다. 큰거든그뜨리다.
가든-그리다타 가든하게 거두어 싸다. ¶ 옷 보따리를 가든그리다. 큰거든그리다.
가든그-트리다타 가든그뜨리다. 큰거든그트리다.
가ː든-파ː티(garden party)명 정원 등 건물 바깥에서 베푸는 연회. 원유회(園遊會).
가든-하다형여 ①(물건이나 차림 따위가) 알맞게 가볍고 단출하다. ②마음이 가분하고 상쾌하다. ¶ 집안에 우환이 사라지니 마음이 가든하다. 큰거든하다. 센가뜬하다. **가든-히**부.
가들-가들부하자 〈가드락가드락〉의 준말. 큰거들거들. 센까들까들.
가들-거리다자 〈가드락거리다〉의 준말. 가들대다. 큰거들거리다. 센까들거리다.
가들-대다자 가들거리다.
가들막-가들막[-까-]부하자 젠체하면서 경망스레 행동하는 모양. 큰거들먹거들먹. 센까들막까들막.
가들막-거리다[-꺼-]자 자꾸 가들막가들막하다. 가들막대다. ¶ 아무 데서나 가들막거리는 품이 정말 꼴불견이다. 큰거들먹거리다. 센까들막거리다.
가들막-대다[-때-]자 가들막거리다.

가들막-이다(자) 젠체하면서 경망스레 행동하다. (큰)거들먹이다.

가들막-하다[-마카-](형)(여) 거의 가득하다. ¶ 무엇을 넣었는지 양쪽 주머니가 가들막하다. (큰)그들먹하다. **가들막-이**(부).

가등(加等)(명)(하타) ①등급을 높임. ②조선 시대에, 형벌의 등급을 본디 정한 것보다 무겁게 매기던 일.

가등(街燈)(명) 〈가로등〉의 준말.

가ː-등기(假登記)(명)(하타) (본등기를 할 요건이 갖추어지지 않았을 때) 그 근거를 분명하게 하기 위하여 임시로 하는 등기. ↔본등기.

가디건(cardigan)(명) '카디건'의 잘못.

가디록(부) 〈옛〉갈수록. ¶ 어와 聖恩이야 가디록 罔極ᄒᆞ다(鄭澈.關東別曲).

가뜩(부) ①〈가뜩이〉·〈가뜩이나〉의 준말. ②(하형) 〈가득〉의 센말. ②(큰)그뜩.

가뜩-에(부) 가뜩이나.

가뜩-이(부) 〈가뜩이나〉의 준말. (준)가뜩.

가뜩-이나(부) (힘에 겹거나 어려운 형편인데) 그 위에 또. 그렇잖아도. 가뜩에. ¶ 가뜩이나 어려운 처지인데 또 객식구를 떠맡게 되다니. (준)가뜩·가뜩이.

가뜩-한데[-뜨칸-](부) 그렇잖아도 힘에 겹거나 견디기 어려운데 그 위에 더. ¶ 병충해만도 가뜩한데 풍수해마저 겹쳤으니 설상가상이지.

가뜬-가뜬(부)(하형) 〈가든가든〉의 센말. (큰)거뜬거뜬.

가뜬-하다(형)(여) 〈가든하다〉의 센말. ¶ 푹 잤더니 몸이 아주 가뜬하다. (큰)거뜬하다.

가라(加羅·伽羅·迦羅)(명) ☞가야(伽倻).

-가라(어미) 〈옛〉-거라. ¶ 이는 恩을 알아라 ᄒᆞ니야 恩을 갑가라 ᄒᆞ니야(蒙法*31*).

가라-간쟈-ᄉᆞ족빅이-몰(명) 〈옛〉이마와 네 발이 흰 가라말. ¶ 가라간쟈ᄉᆞ족빅이몰: 五明馬(老解下*8*).

가라-마(加羅馬)(명) ☞가라말.

가라-말(명) 털빛이 검은 말. 가라마(加羅馬).

가라몰(명) 〈옛〉가라말. ¶ 가라몰: 黑馬(譯語下*28*. 老解下*8*).

가라-빈가(迦羅頻伽)(명) ☞가릉빈가(迦陵頻伽).

가라사대(자) 말씀하시기를. 말씀하시되. ¶ 공자님 가라사대.

가라-앉다[-안따](자) ①(액체 위에 떠 있거나 섞여 있는 것이) 바닥으로 내려앉다. ¶ 폭풍에 배가 가라앉다. /녹말이 물에 가라앉다. ↔뜨다[1]. ②(아픔·괴로움·흥분 따위가 가시어) 마음이 안정되다. ¶ 통증이 가라앉다. /노여움이 가라앉다. ③(시끄럽던 것이) 조용해지다. ¶ 소란이 가라앉다. ④(기침·숨결 따위가) 순해지다. ¶ 딸꾹질이 가라앉다. ⑤(바람·물결 따위가) 잠잠해지다. ¶ 파도가 가라앉다. ⑥(부기·종기 따위가) 삭다. ¶ 부기가 가라앉다. ⑦(성하던 것이) 활기를 잃은 상태로 되다. ¶ 가라앉은 목소리. /경기(景氣)가 가라앉다. (준)갈앉다.

가라앉-히다[-안치-](타) 〖'가라앉다'의 사동〗 가라앉게 하다. (준)갈앉히다.

가라오케(からオケ일.←から+orchestra)(명) (반주에 맞추어 노래 부를 수 있도록) 반주만 녹음된 음반이나 테이프, 또는 그것을 트는 장치.

가라지[1](명) ①밭에 난 강아지풀. (준)가랒. ②성서(聖書)에서 '독보리'를 달리 이르는 말.

가라지[2](명) 전갱잇과의 바닷물고기. 몸길이 40 cm가량. 등은 녹색이고 배는 희며, 지느러미는 연한 황색임. 난바다의 난류에서 삶.

가라치(명) 조선 시대에, 정이품 이상의 벼슬아치가 출입할 때에 중요한 문서를 담아 가지고 다니던 제구, 또는 그것을 끼고 앞서 가던 하인.

가라테(からて〔唐手〕 일)(명) 일본 특유의 권법(拳法). 지르기·막기·차기를 기본기로 하는 호신술의 한 가지. 당수(唐手).

가라-한(駕羅韓)(명) ☞변한(弁韓).

가락[1](명) ①소리의 고저장단, 또는 고저장단이 이루는 조화. ¶ 국악의 아름다운 가락. ②(춤이나 몸짓의) 일정한 움직임. ¶ 춤의 가락. ③(몸에 밴) 솜씨. 기분. ¶ 옛날 가락이 되살아나네. 〔한자를 빌려 '加樂'으로 적기도 함.〕

가락(을) 떼다(관용) ①(흥이 나는 일의) 첫 몸놀림을 시작하다. ②노래나 풍악을 시작하다. ¶ 자네가 먼저 가락을 떼게.

가락(이) 나다(관용) (일을 해 나가는 데) 능률이 오르다.

가락(이) 맞다(관용) ①율동이나 장단이 잘 어울리다. ②하는 일이 서로 척척 들어맞다.

가락[2](명) ①(물레로 실을 자을 때) 실이 감기는 쇠꼬챙이. 가락꼬치. 물렛가락. ②꼬챙이에 감긴 실뭉치. ③가늘고 길게 도막을 낸 물건의 낱개. ¶ 윷의 가락. /엿의 가락. ④씨아에서, 톱니처럼 마주 돌아가게 된 두 개의 둥근 나무 중에서 위의 나무. ⑤〖의존 명사적 용법〗 가늘고 길게 도막을 낸 물건을 세는 단위. ¶ 엿 한 가락.

가락을 내다(관용) 윷을 놀 때, 윷가락을 잘 던져 마음먹은 대로 엎어지게 하기도 하고 잦혀지게 하기도 하다.

가락-가락[-까-](부) 한 가락 한 가락씩. 가락가락이.

가락가락-이[-까-](부) ☞가락가락.

가락-고동[-꼬-](명) 물레의 괴머리 기둥에 가락을 걸 수 있게 만들어 박은 고리.

가락-국(駕洛國)[-꾹](명) ①☞가야(伽倻). ②☞금관가야(金官伽倻).

가락-국수[-꾹쑤](명) 가락을 굵게 뽑은 국수의 한 가지. 또는, 그것을 삶아서 맑은장국에 만 음식.

가락-꼬치(명) ☞가락[2].

가락-엿[-랑녇](명) 가래엿. *가락엿이[-랑녀시]·가락엿만[-랑년-]

가락-옷[-라곧](명) (물레로 실을 자을 때) 가락의 아랫몸에 끼워, 실을 감아 내는 댓잎이나 종이·지푸라기 따위. *가락옷이[-라고시]·가락옷만[-라곤-]

가락-윷[-랑뉻](명) 둥글고 곧은 나무토막을 반으로 쪼개어 네 개의 가락으로 만든 윷짝. *가락윷이[-랑뉴치]·가락윷만[-랑뉸-]

가락-잡이[-짜비](명) ①굽은 물렛가락을 곧게 바로잡아 주는 사람. ②'애꾸눈이'를 조롱조로 이르는 말.

가락지[-찌](명) ①치장으로 손가락에 끼는 두 짝의 고리. 〔대개, 귀금속이나 옥 따위로 만듦.〕 지환(指環). (참)반지. ②건축에서, 꼬챙이·막대기·기둥 등에 끼우는 쇠테. 편철(片鐵).

가락짓-벌[-찌뻘/-찓뻘](명) 상투를 틀 때, 감아서 넘기는 가장 큰 고.

가락-토리(명) (물레로 실을 겹으로 드릴 때) 가락의 두 고동 사이에 끼우는 대통.

가란(家亂)(명) ①집안의 분란(풍파). ②(하형)집안이 어지러움.

가람(伽藍)(명) 〈승가람마(僧伽藍摩)〉의 준말.

가람-당(伽藍堂)(명) 가람신을 모신 집.

가람-신(伽藍神)명 절의 수호신(守護神).

가랍나모명 〈옛〉 떡갈나무. ¶ 가랍나모:柞木(四解上34).

가ː랑(佳郞)명 훌륭한 신랑. 참한 총각.

가랑-가랑[1]부하자 ①목구멍 안에 가래가 끓는 모양, 또는 가래가 끓어 숨을 쉴 때마다 나는 소리. 큰그렁그렁[1]. ②숨결이 곧 끊어질 듯한 모양, 또는 그러한 숨결 소리. ¶ 가랑가랑하며 앓는 소리를 내다.

가랑-가랑[2]부하형 ①액체가 그릇에 넘칠 듯 말 듯 차 있는 모양. ¶ 그릇에 가랑가랑 담긴 물. ②눈에 눈물이 가득 괸 모양. ¶ 눈에 눈물이 가랑가랑하며 금방 목이 멘다. ③(국 따위가) 건더기는 적고 국물이 많아서 어울리지 않는 모양. ④물 따위를 많이 마셔 배 속이 가득 찬 듯한 느낌. 큰그렁그렁[2].

가랑-거리다자 가래가 끓는 소리가 자꾸 나다. 가랑대다. 큰그렁거리다.

가랑-눈명 가루처럼 포슬포슬 잘게 내리는 눈. 분설(粉雪). 세설(細雪).

가랑-니명 서캐에서 갓 깬 새끼 이.

가랑-대다자 가랑거리다.

가랑-머리명 가랑이지게 갈라 땋아 늘인 머리.

가랑-무명 (제대로 굵게 자라지 못하고) 밑동이 가랑이진 무.

가랑-비명 (이슬비보다는 좀 굵은) 가늘게 내리는 비. 세우(細雨).

가랑비에 옷 젖는 줄 모른다속담 아무리 사소한 것이라도 거듭되면 무시하지 못할 정도로 된다는 말.

가랑-이명 ①끝이 갈라진 부분. ¶ 무 가랑이. ②다리의, 몸에서 갈라진 안쪽 부분. ③〈바짓가랑이〉의 준말. ④〈다리[1]〉의 속된 말.

가랑이(가) 찢어지다〔째지다〕관용 ①살림살이가 몹시 군색하다. ②몹시 바쁘거나 하는 일이 힘에 부치다.

가랑이-지다자 (아래쪽이나 한끝이) 가랑이로 갈라지다.

가랑이-표(-標)명 문장에서는 큰말표로 쓰이고, 수식(數式)에서는 부등호로 쓰이는 부호, 곧 '<' 표의 이름.

가랑-잎[-닙]명 ①활엽수에서 떨어진 마른 잎, 또는 가을에 잎이 진 뒤에도 더러 붙어 있는 마른 잎. ②☞떡갈잎. 준갈잎. ＊가랑잎이[-니피]·가랑잎만[-님-]

가랑잎에 불 붙듯속담 '성미가 급하고 도량이 좁은 사람이 걸핏하면 발끈 화를 내는 짓'을 이르는 말.

가랑잎이 솔잎더러 바스락거린다고 한다속담 '자기의 허물이 더 많으면서 허물이 적은 사람을 나무라거나 흉보는 경우'를 이르는 말.

가랖[-랍]명 〈가라지[1]〉의 준말. ＊가랖이[-라지]·가랖만[-란-]

가래[1]명 ①흙을 파헤치거나 떠서 던지는 데 쓰는 농구. 쇠날을 끼운 넓죽한 몸에 자루를 박고, 몸 양편 구멍에 줄을 매어 한 사람이 자루를 잡고 두 사람이 줄을 당기어 흙을 퍼 던짐. ②〖의존 명사적 용법〗 흙을 떠서 세는 단위. ¶ 흙 두 가래.

가래 터 종놈 같다속담 (가래질하는 마당의 종처럼) 무뚝뚝하고 거칠며 예의범절이라고는 도무지 모른다는 말.

가래[2]명 허파에서 후두에 이르는 사이에서 생기는 회백색이나 황록색의 끈적끈적한 분비물. 담(痰). 가래침.

가래[3]명 ①둥글고 길게 늘이어 만든 것의 도막. ¶ 떡을 가래로 뽑았다. ②《주로 '떡'·'엿' 따위의 뒤에 쓰이어》 약간의 그것이라는 뜻을 나타내는 말. ¶ 떡 가래라도 준비하자. ③〖의존 명사적 용법〗 둥글고 길게 된 도막의 수를 세는 말. ¶ 떡 열 가래. /엿 다섯 가래.

가래[4]명 가래나무의 열매. 호두 비슷하나 먹지 못함.

가ː래[5]명 가랫과의 다년초. 논이나 늪에서 흔히 자라며, 뿌리줄기가 진흙 속을 옆으로 뻗어 번식함. 잎은 길둥글고, 7~8월에 황록색 꽃이 이삭 모양으로 핌. 민간에서 포기 전체를 해독제로 씀. 준갈[4].

가래명 〈옛〉 넉가래. ¶ 가래 흠:杴(訓蒙中17).

가래-꾼명 가래질하는 사람. 가래질꾼.

가래-나무명 가래나뭇과의 낙엽 활엽 교목. 산기슭에 나는데, 높이는 20 m가량. 5월에 꽃이 피고 열매는 핵과로 10월에 익음. 재목은 '추목(楸木)'이라 하는데 가구재·조각재 등으로 쓰이고, 뿌리의 껍질은 한방에서 약재로 쓰임.

가래다타 옳으니 그르니 따지며 맞서다. ¶ 철없는 아이를 가래서 어찌 하겠소?

가래-단속곳[-꼳]명 두 가랑이로 된 속치마. 〔통치마를 두 가닥으로 갈라 꿰매어 바짓가랑이처럼 다리를 꿰어 입게 만든 것.〕 ＊가래단속곳이[-꼬시]·가래단속곳만[-꼰-]

가래-떡명 둥글고 길게 뽑아 알맞은 길이로 자른 흰떡.

가래-뢰(-耒)[-뢰/-뤠]명 한자 부수의 한 가지. '耕'·'耗' 등에서의 '耒'의 이름.

가래-바대명 단속곳·속곳 따위의 밑을 달 때에 곁에 덧대는 천.

가래-상어명 가래상엇과의 바닷물고기. 상어 무리와 달리 아가미구멍이 배 쪽에 있어 가오리 무리에 딸림. 몸길이 1 m가량. 몸빛은 황갈색이며, 지느러미는 중화요리의 재료로 쓰임.

가래-엿[-엳]명 가늘고 길게 뽑은 엿. 가락엿. ＊가래엿이[-여시]·가래엿만[-연-]

가래-질명하자 가래로 흙을 떠서 던지는 일.

가래질-꾼명 ☞가래꾼.

가래-침명 ①가래가 섞인 침. 담연. ②☞가래[2].

가래-톳[-톧]명 허벅다리와 불두덩 사이의 림프샘이 부어 생긴 멍울. ¶ 가래톳이 서다. ＊가래톳이[-토시]·가래톳만[-톤-]

가랫-날[-랜-]명 가래 끝에 끼우는, 삽 모양의 쇠로 된 둥글넓적한 날.

가랫-바닥[-래빠-/-랟빠-]명 가래의 넓죽한 몸.

가랫-밥[-래빱/-랟빱]명 가래질할 때 가래로 떠내는 흙덩이.

가랫-장[1][-래짱/-랟짱]명 고싸움에서, 고를 어깨에 메고 두 손으로 받칠 때 쓰는 나무.

가랫-장[2]명 '가랫밥'의 잘못.

가랫-장부[-래짱-/-랟짱-]명 가랫바닥과 거기에 박힌 자루를 아울러 이르는 말.

가랫-줄[-래쭐/-랟쭐]명 (잡아당길 수 있도록) 가랫바닥의 양옆에 맨 줄.

가량(佳良) '가량하다'의 어근.

가ː량(假量)명 《주로 부정하는 말과 함께 쓰이어》 어림짐작. ¶ 비용이 얼마나 더 들지 가량이 서지 않는다.

-가량(假量)접미 《수량을 나타내는 명사 또는 명사구 뒤에 붙어》 정도의 뜻을 더함. 쯤. ¶ 한 시간가량. /30세가량.

가량가량-하다형여 보기에는 야윈 듯하면서도 부드럽고 탄탄하다. ¶ 가량가량한 몸매에 싹싹한 마음씨. **가량가량-히**부.

가량-맞다[-맏따]형 조촐하지 않아서 격에 어울리지 아니하다. 가량스럽다. 큰거령맞다.

가량-스럽다[-따][~스러우니·~스러워]형ㅂ 가량맞다. 큰거령스럽다. **가량스레**부.

가:량-없다(假量-)[-업따]형 ①어림이 없다. 대중함이 없다. ¶ 네가 감히 그 사람을 이기려고 덤비다니, 가량없는 노릇이다. ②(그 정도가) 어림짐작할 수 없을 정도다. **가량없-이**부 ¶ 가량없이 높은 하늘.

가:량-통(假量-)명 지난날, 벼를 평말로 대두 열 말을 넣어 한 섬으로 만들던 섬통. ↔마당통.

가:량-하다(佳良-)형여 아름답고 착하다.

가려(可慮) '가려하다'의 어근.

가:려(佳麗)명하형 ①(자연의 경치가) 아름답고 새뜻함. ②(여자의 모습이) 곱고 아름다움.

가려-내다타 ①추려 내다. 골라내다. ¶ 불량품을 가려내다. ②잘잘못을 밝혀내다. ¶ 시시비비(是是非非)를 가려내다.

가려-듣다[-따][~들으니·~들어]타ㄷ 내용을 분간하여 알다. ¶ 항간에 떠도는 이야기는 잘 가려들어야 한다.

가려-보다타 ①분간하여 알아보다. ¶ 그 개는 주인을 가려볼 줄 안다. ②문제의 본질을 판단하여 알다. ¶ 세상 물정을 잘 가려보다.

가려워-하다자여 가려움을 느끼다.

가려-잡다[-따]타 여럿 중에서 마땅한 것을 골라 가지다. ¶ 마음에 드는 것을 가려잡아라.

가:려-하다(可慮-)형여 걱정스럽다. 염려스럽다. 《주로, '가려할'의 꼴로 쓰임.》 ¶ 실로 가려할 일이로다.

가력(家力)명 집안 살림의 형편과 정도. 터수.

가력-되다[-뙤-/-뛔-]자 사태(沙汰) 따위에 덮이어서 묻히다.

가련(可憐) '가련하다'의 어근.

가:련-하다(可憐-)형여 ①가엾고 불쌍하다. 딱하다. ¶ 늙고 병든 가련한 노인. ②(모습 따위가) 저절로 동정심이 갈 만큼 애틋하다. ¶ 가련하게 내민 거지 아이의 손길. **가련-히**부.

가렴(加斂)명 지난날, 조세(租稅) 따위를 정한 액수보다 더 거두던 일.

가:렴(苛斂)명 조세(租稅) 따위를 가혹하게 거두어들임.

가:렴-주구(苛斂誅求)명 조세 따위를 가혹하게 거두어들여, 백성을 못살게 들볶음.

가렵다[-따][가려우니·가려워]형ㅂ 살가죽을 긁고 싶은 느낌이 있다.

가려운 데를〔곳을〕 긁어 주듯〔주다〕관용 괴로움이나 불편한 점, 소망 따위를 잘 알아서 풀어 줌을 이르는 말.

가령(加齡)명하자 새해를 맞이하여 나이를 한 살 더 먹음. 가년(加年).

가:령(苛令)명 가혹한 명령.

가령(家令)명 ①지난날, 대갓집에 딸려 그 집안의 고용인을 부리며 집안일을 관리하던 사람. ②☞가법(家法).

가:령(假令)부 '가정하여 말한다면', '예컨대'의 뜻을 나타내는 접속 부사. 가사(假使). ¶ 내가 가령 큰 부자였다면….

가례(家禮)명 한 집안의 예법.

가례(嘉禮)명 ①왕의 즉위나 성혼, 왕세자·왕세손의 탄생이나 책봉 또는 성혼 등의 예식. ②경사스러운 예식.

가례-색(嘉禮色)명 왕·왕세자·왕세손의 가례에 즈음하여 두던 벼슬아치.

가례-언해(家禮諺解)명 '주자가례(朱子家禮)'를 국문으로 번역한 책. 조선 인조 10(1632)년에 신식(申湜)이 간행한 10권 4책의 목판본.

가로명 (위에서 아래로 나 있는 방향에 대해) 왼쪽에서 오른쪽으로 나 있는 방향, 또는 그 길이. ¶ 이 널빤지의 가로는 10 cm, 세로는 15 cm이다. ↔세로.

가로 뛰고 세로 뛰다관용 감정이 북받쳐 이리저리 날뛰다.

가로 지나 세로 지나관용 이렇게 되든지 저렇게 되든지 결과는 같음을 이르는 말.

가로(街路)명 도시의 넓은 길. 가도(街道).

가로-거치다자 이리저리 아무렇게나 놓여서 일에 방해가 되다. ¶ 길에 전봇대가 넘어져 있어 다니기에 가로거친다.

가로-결명 (널빤지나 종이 따위의) 가로로 난 결. ↔세로결.

가로-금명 가로로 그은 금. 가로줄. 횡선(橫線). ↔세로금.

가로-길이명 불교에서, 자기 힘과 남의 힘. 횡수(橫竪).

가로-꿰지다자 ①물건이 옆으로 꿰지다. ②터져서 속의 것이 밖으로 드러나다. ③(말이나 하는 짓 따위가) 빗나가다. ¶ 착하던 아이가 어쩌다 저토록 가로꿰졌을까. ④(제대로 되어 나가던 일이) 중도에서 잘못되다. ¶ 사업이 잘 되는가 했더니, 그만 가로꿰지고 말았다.

가로-나비명 (피륙 따위의) 가로의 길이. 횡폭(橫幅). 폭(幅).

가로-놓다[-노타]타 가로의 방향이 되게 놓다.

가로-놓이다[-노-]자 ①〖'가로놓다'의 피동〗 가로의 방향으로 놓이다. ¶ 좁은 개울에 가로놓인 외나무다리. ②(어려움이나 장애가 되는 일 따위가) 앞에 버티고 있어 거치적거리다. ¶ 앞길에 가로놓인 어려운 문제들.

가로누이다타 〖'가로눕다'의 사동〗 가로의 방향이 되도록 눕게 하다. ¶ 환자를 가로누이다.

가로-눕다[-따][~누우니·~누워]자ㅂ ①가로의 방향으로 눕다. ¶ 침대에 가로누워 잠을 자다. ②(기다란 물건이) 누운 것처럼 길게 놓여 있다. ¶ 바람에 넘어진 가로수가 보도에 가로누워 있다.

가로다자 말하다. 이르다. 〖'가로되'·'가론'의 꼴로만 쓰이는 불완전 동사.〗

가로-다지명 ①가로로 된 방향. ¶ 가로다지로 옷을 마르다. ②가로지른 물건.

가로-닫이[-다지]명 가로의 방향으로 여닫게 된 창이나 문. 참내리닫이1.

가로-대명 ①가로축. ↔세로대. ②가로지른 막대기. 가로장. ③천칭(天秤)의 가로놓인 저울대.

가로-등(街路燈)명 길거리를 밝히기 위하여 가설한 등. 준가등(街燈).

가로-딴죽명 씨름이나 태권도에서, 발로 상대의 다리를 옆으로 쳐서 쓰러뜨리는 기술.

가로-띠명 가로로 두르거나 뻗친 띠. 횡대(橫帶). ↔세로띠.

가로-막(-膜)명 ☞횡격막(橫膈膜).

가로-막다[-따]타 ①앞을 가로질러 막다. ¶ 가는 길을 가로막다. ②(어떤 일을) 못하게 방해하다. ¶ 회의 진행을 가로막다. ③앞이 보이지 않도록 가리다. ¶ 그의 시야를 가로막았다.

가로막-히다[-마키-]자 〖'가로막다'의 피동〗 가로막음을 당하다.

가로-맡다[-맏따]타 ①남이 할 일을 대신 맡다. ¶ 남의 일을 가로맡아 어려움을 겪고 있다. ②남의 일에 참견하다. ¶ 네가 왜 이 일을 가로맡고 나서느냐?

가로-무늬[-니]명 가로로 난 무늬. 횡문(橫紋). ↔세로무늬.

가로무늬-근(-筋)[-니-]명 근섬유(筋纖維)에 가로무늬가 있는 근육. 척추동물의 골격근과 심장근, 곤충의 날개를 움직이는 근육 등이 이에 해당함. 가로무늬살. 횡문근(橫紋筋).

가로무늬-살[-니-]명 ☞가로무늬근.

가로-변(街路邊)명 도시의 큰길가.

가로-새다자 ①도중에 몰래 빠져나가다. ¶ 회의 도중에 몇 사람은 가로새 버렸다. ②(비밀 따위가) 밖으로 알려지다. ¶ 새로 개발한 기계 설계도가 가로새다. ③(이야기 따위가) 본디 줄거리에서 딴 방향으로 빗나가다. ¶ 이야기가 자꾸만 가로새어 갈피를 잡을 수가 없다.

가로-서다자 ①가로 방향으로 나란히 서다. ②몹시 놀라거나 화가 나서 눈동자가 한쪽으로 쏠리다.

가로-세로명 가로와 세로를 아울러 이르는 말. ¶ 직사각형은 가로세로의 길이가 다르다. /가는 줄무늬가 가로세로로 있는 옷감.

가로-수(街路樹)명 (거리의 미관과 주민의 보건을 위하여) 큰길의 양쪽 가에 줄지어 심은 나무.

가로쓰-기명하타 글줄이 가로로 되게 글을 써 나가는 방식. 횡서(橫書). ↔세로쓰기.

가로-왈(-曰)명 한자 부수의 한 가지. '書'·'曾' 등에서의 '曰'의 이름.

가로-장명 ☞가로대.

가로-젓다[-젇따][~저으니·~저어]타ㅅ ①가로 방향으로 젓다. ②〔거절하거나 부정하거나 의심스럽다는 뜻으로〕 손이나 고개를 가로 방향으로 젓다. ¶ 그는 고개를 가로저으며 싫다고 하였다.

가로^좌:표(-座標)명 좌표 평면 위의 어느 점에서 가로축에 내리그은 수선과 가로축이 만나는 점의 좌표. 엑스 좌표. ↔세로 좌표.

가로-줄명 ①가로금. 횡선(橫線). ↔세로줄. ②(모를 심을 때) 가로로 치는 못줄.

가로-지명 ①종이를 뜬 자국이 가로로 된 종이의 결, 또는 그 종이. ②(피륙이나 종이 따위의) 가로로 넓은 조각. ↔세로지.

가로-지르다[~지르니·~질러]타르 ①가로로 건너지르다. ¶ 빗장을 가로지른 솟을대문. ②가로로 지나가다. ¶ 운동장을 가로질러 뛰어가다.

가로질리다자 〖'가로지르다'의 피동〗 가로지름을 당하다.

가로-짜기명 조판(組版)에서, 글줄이 가로로 되게 짜는 방식. 횡조(橫組). ↔세로짜기.

가로-차다타 가로채다.

가로-채다타 ①남이 가진 것을 옆에서 빼앗다. ¶ 공을 가로채어 달아나다. ②남의 것을 옳지 않은 방법으로 자기 것으로 만들다. ¶ 인감을 위조하여 남의 토지를 가로채다. ③남이 하는 말을 중간에서 가로맡아 하다. ¶ 그의 말이 마저 끝나기도 전에 가로챘다. 가로차다.

가로채-이다타 〖'가로채다'의 피동〗 가로챔을 당하다. ¶ 상대편 선수에게 공을 가로채이다.

가로-축(-軸)명 평면상의 직교 좌표에서 가로로 잡은 좌표축. 가로대. 엑스축. ↔세로축.

가로-타다타 ①몸을 모로 하여 타다. ¶ 소 등을 가로타고 가다. ②(길 따위를) 가로질러 가다.

가로-퍼지다자 ①옆으로 자라다. ¶ 가로퍼진 가지. ②살이 쪄 뚱뚱해지다. ¶ 엉덩이가 가로퍼지다.

가로-획(-畫)[-획/-훽]명 글자의 가로로 긋는 획. ↔세로획.

가로-흔들다[~흔드니·~흔들어]타 ①좌우로 흔들다. ②손이나 머리를 좌우로 흔들어 응하지 않거나 부정하다.

가록(加錄)명하타되자 ①(장부를 정리할 때, 금액 따위를) 추가로 적어 넣는 일. ②조선 시대에, 홍문관의 관원을 추천함에 있어, 빠진 사람을 의정부에서 추가로 적어 넣던 일.

가록(家祿)명 내내로 물러받는 녹. 세록(世祿).

가:롱성진(假弄成眞)명 장난삼아 한 것이 진심으로 한 것같이 됨. 농가성진(弄假成眞).

가뢰[-뢰/-뤠]명 ①가룃과의 곤충을 통틀어 이르는 말. 광택이 있는 길쭉한 갑충으로 뒷날개가 없음. 농작물의 해충임. 〔먹가뢰·왕가뢰·목람가뢰 따위.〕 ②☞길앞잡이[1].

가료(加療)명 병이나 상처를 치료하는 것. ¶ 4주의 입원 가료를 요함.

가루명 아주 잘게 부스러진 낟알. 분말(粉末). ¶ 분필 가루.

가루는 칠수록 고와지고 말은 할수록 거칠어진다속담 말이 많으면 해되는 일만 많으니, 말을 삼가라고 경계하는 말.

가루(家累)명 ①집안의 근심(걱정). ②집안의 일에서 생기는 번거로운 일.

가루-눈명 가루처럼 잘고 보드라운 눈.

가루다자타 ①(자리를) 함께 나란히 하다. ¶ 둘이 가루어 서니 쌍둥이 같군. ②맞서 겯주다. ¶ 누가 더 큰가 어깨를 가루어 보자.

가루라(迦樓羅←Garuda 범)명 불경에 나오는 상상의 새. 팔부중의 하나임. 〔머리는 새, 몸은 사람을 닮고, 날개는 금빛인데 부리로는 불꽃을 내뿜으며, 용을 잡아먹고 산다 함.〕 금시조(金翅鳥). 묘시조(妙翅鳥). 참가릉빈가(迦陵頻伽).

가루-받이[-바지]명하자 ☞수분(受粉).

가루-분(-粉)명 가루로 된 분. 참물분.

가루-붙이[-부치]명 ①가루로 만든 음식. ②음식물의 재료가 되는 갖가지 가루.

가루-비누명 ①가루로 된 비누. ②'합성 세제(合成洗劑)'를 흔히 이르는 말.

가루-약(-藥)명 가루로 된 약. 산약(散藥).

가루-우유(-牛乳)명 수분을 증발시켜 가루로 만든 우유. 분유(粉乳).

가루-자반명 메밀가루에 밀가루를 섞어 소금물로 반죽하여, 잣가루·후춧가루·석이(石栮) 따위를 이기어 소로 넣고, 넓적하게 빚어 기름에 지진 짠 반찬.

가루-좀명 삭은 나무나 메주 따위에 구멍을 뚫으며 가루를 내는 벌레.

가루-즙(-汁)명 곡식 가루를 묽게 푼 물.

가루지기-타령명 신재효가 개작한 판소리 여섯 마당 중의 하나. 〔옹녀가 동티가 나 죽은 서방 변강쇠를 장사 지내는 과정에서 생기는 괴이한 일을 판소리로 엮은 내용.〕 변강쇠가. 변강쇠타령. 횡부가(橫負歌).

가루-집명 곡식 가루나 약재에서 생기는 벌레가, 거미줄 같은 것을 분비하여 가루를 묻히어 놓고 그 속에서 사는 집.

가루-체명 가루를 치는 데 쓰이는 체.

가류(加硫)명하자 ☞가황(加黃).

가류^고무(加硫-)명 ☞가황 고무.

가르다 [가르니·갈라] [타][르] ①따로따로 나누다. ¶ 편을 셋으로 가르다. /수박을 두 조각으로 갈랐다. ②날이 선 연장으로 베다. 쪼개다. ¶ 생선의 배를 가르다. ③물체가 공기나 물을 양쪽으로 열며 움직이다. ¶ 새벽 공기를 가르며 날아가는 비행기. ④승패를 정하다. ¶ 승부를 가르는 홈런을 치다.

가르랑 [부] 목구멍에 가래가 걸려 숨 쉴 때마다 가치작거려 나는 소리. [큰]그르렁. **가르랑-가르랑** [부][하자].

가르랑-거리다 [자] 자꾸 가르랑가르랑하다. 가르랑대다. [큰]그르렁거리다.

가르랑-대다 [자] 가르랑거리다.

가르마 [명] 이마에서 정수리까지의 머리털을 갈라 빗을 때 생기는 금. ¶ 가르마를 타다.

가르마-꼬챙이 [명] 가르마를 탈 때에 쓰는 가느다란 꼬챙이.

가르새 [명] 베틀의 양쪽 채 중간쯤에 맞춘 나무.

가르치다 [타] ①(지식·기능 따위를) 일깨워서 알게 하다. 교육하다. ¶ 외국어를 가르치다. /운전 기술을 가르치다. ②(사람의 도리나 바른길을) 깨닫게 하다. ¶ 자식으로서의 도리를 가르치다. ③(그릇된 것을) 올바르게 바로잡다. 《'버릇'·'버르장머리' 따위 말과 함께 쓰임.》 ¶ 버르장머리를 가르치다. ④교육을 받게 하다. ¶ 가난 때문에 자식을 중학교밖에 못 가르쳤다. ⑤'가리키다'의 잘못.

가르친-사위 [명] '남이 시키는 대로만 하는 어리석은 사람'을 농으로 이르는 말.

가르침 [명] ①가르치는 일. ②가르치는 내용. 교훈(敎訓). ¶ 선인(先人)들의 가르침. ③종교에서 깨우치는 내용. ③교의(敎義).

가르키다 [타] ①'가르치다'의 잘못. ②'가리키다'의 잘못.

가름 [명][하타] ①따로따로 갈라놓는 일. ②서로 다름. ¶ 아내와 남편의 도리가 저마다 가름이 있어야 한다.

가름-끈 [명] ☞보람줄.

가름-대 [-때] [명] 수판의 윗알과 아래알을 갈라 가로지른 나무. 횡대.

가름-솔 [-쏠] [명] 솔기를 중심으로 하여 시접을 좌우 양쪽으로 갈라 붙인 솔기.

가름-장 [-짱] [명] (하인방·장여 따위) 기둥에 박는 촉을 두 갈래 지게 다듬은 것.

가릉-빈가 (迦陵頻伽←Kalavinka 범) [명] 불교에서, 극락정토에 살고 있다는 새. 〔미녀의 얼굴 모습에 목소리가 아름답다고 함.〕 가라빈가(迦羅頻伽). 묘음조(妙音鳥). 선조(仙鳥). [준]빈가. [참]가루라(迦樓羅).

가리1 [명] ①(단으로 묶은 곡식이나 땔나무 따위를) 차곡차곡 쌓아 둔 큰 더미. ②〖의존 명사적 용법〗 곡식이나 땔나무 따위의 더미를 세는 단위. ¶ 장작 두 가리.

가리2 [명] '갈비1'의 잘못.

가리3 [명] 물고기를 잡는 기구의 한 가지. 〔대나무를 결어 만든 것으로, 통발과 비슷하나 밑이 없음.〕

가리4 [명] ①벗긴 삼을 말리기 위하여 몇 꼭지씩 모아 한 줌 남짓하게 엮은 것. ②〖의존 명사적 용법〗 삼을 몇 꼭지씩 한데 엮은 것을 세는 단위. ¶ 삼 열 가리를 걷었다.

가리5 [명] 〈가리새1〉의 준말.

가리 (加里) [명] '칼리(Kali)'의 한자음 표기.

가:리 (苛吏) [명] 가혹한 관리. 무자비하고 횡포가 심한 관리. 혹리(酷吏).

가:리 (假吏) [명] (제 고장에서 대를 이은 아전이 아닌) 다른 고을에서 온 아전.

가리-가리 [부] 여러 가닥으로 찢어진 모양. [준]갈가리. ¶ 신문지를 가리가리 찢다. [비]갈기갈기.

가리-개 [명] 두 폭으로 꾸민 병풍. 곡병(曲屛).

가리끼다 [타] 사이에서 거치적거리다.

가리-나무 [명] 땔나무로 긁어모은 솔가리.

가리다1 [자] 가리어지다. 막히다. 가림을 당하다. ¶ 자옥한 안개에 시계(視界)가 가리다.

가리다2 [타] (바로 보이거나 통하지 않게) 막다. ¶ 커튼으로 창문을 가리다. /보지 않으려고 손으로 두 눈을 가리다.

가리다3 [타] ①(여럿 가운데서) 골라내거나 구별해 내다. ¶ 쌀에 섞인 뉘를 가리다. ②마음에 드는 것만 좋아하고 나머지는 싫어하다. ¶ 음식을 가려 먹는다. /진일 마른일 가리지 않고 일하다. ③(아이가) 낯선 사람을 대하기 싫어하다. ¶ 아이가 낯을 가려 엄마가 힘들겠다. ④(어린아이가) 똥오줌을 스스로 알아서 누게 되다. ¶ 동생은 아직도 똥오줌을 못 가리고 바지에 싼다. ⑤옳고 그름을 따져서 분간하다. ¶ 시비를 가리다. /흑백을 가리다. ⑥자기의 일을 스스로 처리하다. ¶ 자기 앞도 못 가리면서 처자식을 어떻게 책임질 수 있겠나?

가리다4 [타] (곡식단·나뭇단 따위를) 차곡차곡 쌓아 더미를 만들다. ¶ 볏가리를 가리다.

가리다5 [타] ①빚·외상값 따위를 갚다. ¶ 외상값을 가리다. ②헝클어진 머리털을 대강 빗다. ¶ 미처 머리를 가릴 겨를도 없다.

가리다 [자] 〈옛〉 갈리다. ¶ 므리 가리여 나(圓覺上一之一*23*).

가리륵 (訶梨勒←Haritaki 범) [명] 사군자과의 낙엽 교목. 줄기 높이 30 m가량. 길둥근 잎이 마주나며 이삭 모양의 흰 꽃이 피고, 초가을에 치자와 비슷한 열매를 맺음. 열매는 한방에서 '가자(訶子)'라 하여 이질 등에 약재로 쓰임.

가리마1 [명] 지난날, 부녀자들이 예복을 갖추어 입을 때, 큰머리 위에 덮어쓰던 검은 헝겊. 차액(遮額).

가리마2 [명] '가르마'의 잘못.

가리-맏 [명] 〈옛〉 가리맛. ¶ 가리맏 뎡:蟶(訓蒙上*20*).

가리-맛 [-맏] [명] 작두콩가리맛조갯과의 바닷조개. 길이 10 cm, 폭 2 cm가량의 길쭉한 모양. 썰물 때 드러나는 만(灣) 안의 모래땅 속에서 삶. 먹을 수 있음. 토화. [준]갈맛. ＊가리맛이 [-마시]·가리맛만 [-만-]

가리맛-살 [-맏쌀] [명] 가리맛의 속에 들어 있는 회백색의 살. [참]맛살.

가리-부피 [명] 곡식 가리나 나무 가리의 부피.

가리비 [명] 가리빗과에 딸린 바닷조개를 통틀어 이르는 말. 조가비는 부채 모양으로 둥글넓적한데 한쪽은 판판하고 다른 한쪽은 볼록함. 해안의 모래나 자갈밭에 사는데, 조갯살은 먹고 껍데기는 세공에 씀. 〔큰가리비·국자가리비 따위.〕 해선(海扇).

가리사니 [명] 사물을 가리어 헤아릴 실마리. ¶ 일이 너무 얽히고설키어 도저히 가리사니를 잡을 수가 없다.

가리산-지리산 [부][하자] 갈피를 못 잡아 갈팡질팡하는 모양. ¶ 암흑 속에서 가리산지리산 헤매다.

가리-새1 [명] 일의 갈피와 조리. [준]가리5.

가리-새2 [명] (도자기를 만들 때) 도자기 겉을 긁어서 모양을 내는 데 쓰는 꼬부라진 쇠.

가리-새[3] 명 ☞노랑부리저어새.
가리-새김 명 '갈비새김'의 잘못.
가리어-지다 [-어-/-여-] 자 무엇이 사이에 가리게 되다. 준가려지다.
가리온 명 털이 희고 갈기가 검은 말. 낙(駱).
가리-우다 타 '가리다[2]'의 잘못.
가리운-몰 명 〈옛〉 가리온. ¶ 가리운 물:海騮馬(譯語下28).
가리-이다 자 〖'가리다[2]'의 피동〗 가림을 당하다.
가리-질 명하자 가리로 물고기를 잡는 일.
가리키다 타 ①(말·표정·동작 따위로) 집어서 이르거나 알리다. ¶ 마을 어귀의 큰길을 손가락으로 가리키다. ②(기호나 기구 따위로) 방향이나 시각 따위를 나타내어 알리다. ¶ 시곗바늘이 정각 12시를 가리키다. ③《주로 '-을(를) 가리켜'의 꼴로 쓰이어》 '-을(를) 두고', '-을(를) 놓고'의 뜻을 나타냄. ¶ 공자를 가리켜 성인이라 일컫는다.
가리뼈 명 〈옛〉 갈비뼈. ¶ 가리뼈:肋條骨(同文上16).
가린 (←慳吝) '가린하다'의 어근.
가린길 명 〈옛〉 갈림길. ¶ 가린길 맛나디 아니콰뎌 실(楞解1:22).
가린-나무 명 건축의 자재로서 쓰임에 따라 알맞게 켜 놓은 나무.
가린-병아리 명 암수를 구별해 놓은 병아리. 감별추(鑑別雛).
가린-스럽다 (←慳吝-) [-따] [~스러우니·~스러워] 형ㅂ 다랍게 인색하다. ¶ 저 노인은 참으로 가린스럽다. **가린스레** 부.
가린-주머니 (←慳吝-) [-쭈-] 명 '가린스러운 사람'을 조롱조로 이르는 말.
가린-하다 (←慳吝-) 형여 욕심이 많고 몹시 인색하다. 본간린하다.
가림 명 〈옛〉 갈림. ¶ 가림 기:岐(類合下54).
가림-담 명 ☞차면담.
가림-색 (-色) 명 ☞보호색(保護色).
가롤 명 〈옛〉 ①갈래. ¶ 그 보비… 열네 가ᄅᆞ리니(月釋8:13). ②가랑이. ¶ 드러 내 자리롤 보니 가ᄅᆞ리 네히로새라(樂範.處容歌).
가마[1] 명 ①사람의 머리에 머리털이 소용돌이 모양으로 난 자리. ②소·말 따위 짐승의 대가리에 털이 소용돌이 모양으로 난 자리. 선모(旋毛).
가마[2] 명 질그릇·기와·벽돌·숯 따위를 구워 내는, 아궁이와 굴뚝이 있는 시설. 요(窯).
가마[3] 명 〈가마솥〉의 준말.
가마가 솥더러 검정아 한다 속담 제 흉이 더 많은 주제에 남의 흉을 본다는 말. 가마솥 밑이 노구솥 밑을 검다 한다.
가마[4] 명 〈가마니〉의 준말.
가:마[5] 명 지난날의 탈것의 한 가지. 한 사람이 들어앉고, 두 사람 또는 네 사람이 메고 다니게 된 것. 교군(轎軍). 승교(乘轎).
가마 타고 시집가기는 (다) 틀렸다 속담 일이 잘못되어 제대로의 격식을 차릴 수 없게 되었다는 말.
가마(를) 태우다 관용 얼렁뚱땅 넘어가거나 속일 목적으로 상대편을 추어올리다.
가마[6] 의 갈모·쌈지 따위의 백 개를 단위로 이르는 말. ¶ 갈모 한 가마.
가마 (加麻) 명하자 소렴(小殮) 때에 상제가 처음으로 수질(首絰)을 머리에 쓰는 일.
가마괴 명 〈옛〉 까마귀. ¶ 다솟 가마괴 디고(龍歌86章).
가마귀 명 〈옛〉 까마귀. ¶ 가마귀 검다 ᄒᆞ고 白鷺야 웃지 마라(古時調). 참가마괴.
가마노르께-하다 형여 감은빛을 띤 데다 노르께한 빛이 돌다. 큰거머누르께하다.
가마니 (←かます 일) 명 ①짚으로 쳐서 울이 깊게 섬 모양으로 만든 멱서리. 곡식·소금 따위를 담는 데 씀. ②〖의존 명사적 용법〗 곡식·소금 따위를 담은 가마니를 세는 단위. ¶ 쌀 열 가마니. 준가마[4].
가마니-때기 명 헌 가마니 조각, 또는 낡은 가마니의 낱개를 속되게 이르는 말. 준가마때기.
가마득-하다 [-드카-] 형여 〈가마아득하다〉의 준말. 센까마득하다. **가마득-히** 부.
가마-때기 명 〈가마니때기〉의 준말.
가:마-뚜껑 명 가마 위에 씌운 덮개.
-가마리 접미 《일부 명사 뒤에 붙어》 그 말이 뜻하는 대상임을 나타냄. ¶ 걱정가마리. /욕가마리. /웃음가마리.
가:마-멀미 명 가마를 타면 일어나는 어질증.
가마무트름-하다 형여 얼굴이 가무스름하고 보기 좋게 토실토실하다. ¶ 건강미가 넘쳐 보이는 가마무트름한 얼굴. 큰거머무트름하다. 센까마무트름하다. **가마무트름-히** 부.
가마반드르-하다 형여 가맣고 반드르르하다. 큰거머번드르하다. 센까마반드르하다.
가마반지르-하다 형여 가맣고 반지르르하다. 큰거머번지르하다. 센까마반지르하다.
가마-솥 [-솓] 명 크고 우묵한 솥. 준가마[3]. *가마솥이[-소치]·가마솥을[-소틀]·가마솥만[-손-]
가마솥 밑이 노구솥 밑을 검다 한다 속담 ☞가마가 솥더러 검정아 한다.
가마솥에 든 고기 관용 꼼짝없이 죽게 된 신세를 이르는 말.
가마솥-더위 [-솓떠-] 명 '달구어진 가마솥의 뜨거운 기운처럼 몹시 더운 날씨'를 비유하여 이르는 말.
가마아득-하다 [-드카-] 형여 ①(거리가) 아주 멀어서 아득하다. ¶ 저 멀리 가마아득한 수평선. ②(시간이) 매우 오래되어 아득하다. ¶ 가마아득한 옛날. ③어떻게 해야 할지 막막하다. ¶ 살아갈 길이 가마아득하다. ④전혀 모르는 것이거나 생각이 나지 않아 막막하다. ¶ 소꿉친구 얼굴이 가마아득하다. 준가마득하다. 센까마아득하다. **가마아득-히** 부.
가마오디 명 〈옛〉 가마우지. ¶ 門밧긔 가마오디 오래 오디 아니ᄒᆞ더니(杜初25:25).
가마우지 명 가마우짓과의 물새. 몸길이는 31~35 cm. 목이 길고, 부리 끝이 갈고랑이처럼 굽어 있으며, 발가락 사이에 물갈퀴가 있음. 물속으로 들어가서 물고기를 잡아먹음. 준우지[1].
가마조식 명 〈옛〉 까마종이. ¶ 가마조싓 불휘:龍葵根(救簡6:23).
가:마-채 명 가맛바탕의 양쪽 밑에 앞뒤로 지른 기다란 나무. 가마를 멜 때 멜빵을 걸고 손으로 들게 되어 있음.
가마-터 명 (질그릇·사기그릇·기와 따위를 굽는) 가마가 있던 자리.
가마-통 명 ①한 가마니에 드는 곡식의 분량. 〔대두(大斗) 닷 말 분량임.〕 ②빈 가마니.
가마푸르레-하다 형여 조금 감은 듯이 푸르다.
가마-호수 (-戶首) 명 도자기를 굽는 가마에 불을 때는 일을 맡아보는 사람.
가막가치 명 〈옛〉 까막까치. ¶ 오ᄂᆞᆳ 아참 가막가치 깃비 우루믄(杜重5:11).

가막-베도라치[-뻬-] 명 먹도라칫과의 바닷물고기. 암초가 많은 연안에 사는데, 몸길이 6 cm가량. 세 개의 등지느러미와 큰 빗비늘이 특징. 수컷은 검고 암컷은 엷은 회색임.
가막-부리[-뿌-] 명 제도(製圖) 기구의 한 가지. 끝을 강철로 까마귀 부리 모양으로 만들어, 먹물이나 물감 따위를 찍어 줄을 긋는 데 씀. 강필(鋼筆). 오구(烏口).
가막사리[-싸-] 명 국화과의 일년초. 키는 20~150 cm. 8~10월에 노란 꽃이 피며, 열매에는 갈고리 같은 가시털이 있어 다른 물체에 잘 달라붙음. 낭파초(狼把草).
가막-소(←監獄署) 명 '감옥'의 방언.
가막-쇠[-쐬/-쒜] 명 ①한쪽 끝을 감아 고리못을 달고, 다른 쪽 끝을 갈고랑쇠 모양으로 꺾어 꼬부리어 배목에 걸도록 만든 쇠. 〔문짝을 잠그거나 움직이지 못하게 할 때 걸어 끼움.〕 ②편경(編磬)이나 편종(編鐘)을 거는 틀에 경쇠를 걸기 위해 박아 놓은 쇠고리.
가막-조개[-쪼-] 명 ☞재첩.
가만 Ⅰ 부 ①(건드리거나 손을 쓰거나 상관하지 아니하고) 그냥 그대로. ¶ 그는 남의 딱한 처지를 가만 보고만 있다. ②〈가만히〉의 준말.
Ⅱ 감 남의 말이나 행동을 제지할 때 하는 말. ¶ 가만, 그 말에 가시가 있군. /가만, 저 소릴 들어 보게. 무슨 소리지?
가만-가만 부 하형 조용조용. 살그머니. ¶ 어둠 속에서 가만가만 다가갔다. **가만가만-히** 부.
가만-두다 타 (손을 대지 않고) 그대로 두어두다. (상관하지 않고) 버려 두다. ¶ 지금 손을 써야지, 가만두면 큰일 나겠다. /또 싸우면 가만두지 않겠다.
가만-있다[-마닏따] 자 ①조용히 있다. 잠자코 있다. ¶ 떠들지 말고 가만있어! /집안 살림을 축내지 말고 이젠 좀 가만있어라. ②기억이나 생각을 떠올리려고 머뭇거릴 때 별다른 뜻이 없이 하는 말. 《주로, '가만있자'·'가만있어'·'가만있어라'의 꼴로 쓰임.》 ¶ 가만있자, 그게 언제 적 일이더라. /가만있어라, 그 사람이 누구더라?
가만-하다 형 여 움직임 따위가 매우 조용하여 잘 드러나지 않다. 《주로, '가만한'의 꼴로 쓰임.》 ¶ 입가에 가만한 미소가 번지다.
가만-히 부 ①꼼짝 않고 말없이. ¶ 엄살 부리지 말고 가만히 있어라. /그녀는 미동도 않고 가만히 앉아 있었다. ②표나지 않게 조용히. ¶ 가만히 시골에 묻혀 여생을 보내고 싶소. ③남몰래 살그머니. ¶ 가만히 회의장을 빠져나왔다. ④곰곰이. 차분히. ¶ 지난 10년을 가만히 되새겨 본다. ⑤아무 대책 없이. 활동 없이. 노력 없이. ¶ 이대로 그냥 가만히 당하고만 있을 것인가. /가만히 앉아서 헛되이 세월만 보낸다. 준 가만.
가ː말다[가마니·가말아] 타 잘 헤아려 처리하다.
가맛-바가지[-마빠-/-맏빠-] 명 쇠죽을 푸는 데 쓰는, 자루가 달린 큰 나무바가지.
가ː맛-바탕[-마빠-/-맏빠-] 명 (사람이 들어가 앉게 된) 가마의 밑바탕. 승교(乘轎)의 바탕.
가ː맛-방석(-方席)[-마빵-/-맏빵-] 명 가맛바탕에 까는 방석.
가ː망 명 무당굿의 열두 거리 가운데서 둘째 거리를 할 때 무당이 부르는 노래.
가망(加望) 명 하타 되자 조선 시대에, 벼슬아치를 뽑을 때, 그 벼슬에 해당하는 품계(品階)보다 한 품계 낮은 품계의 사람을 삼망(三望)이나 삼망 밖에 더하여 추천하던 일.
가ː망(可望) 명 될성부른 희망. ¶ 합격될 가망은 충분히 있다.
가ː망-성(可望性)[-썽] 명 가망이 있는 상태나 정도. ¶ 가망성이 많다.
가ː맣다[-마타][가마니·가매] 형 ㅎ ①(빛깔이) 짙게 감다. 큰 거멓다. ②(시간이나 거리가) 오래되었거나 멀어서 아득하다. ¶ 가맣게 먼 하늘가. /가맣게 오랜 옛일. ③《'가맣게'의 꼴로, '잊다'와 함께 쓰이어》 '완전히'의 뜻을 나타냄. ¶ 신신당부하였는데도 가맣게 잊고 있다니. ④(내용, 소식 따위를) 전혀 모르다. ¶ 그 사람은 법률에 대해서는 아주 가맣다. ⑤《주로 '가맣게'의 꼴로 쓰이어》 헤아릴 수 없이 많다. ¶ 시청 앞에 사람들이 가맣게 모여 있었다. 센 까맣다.
가ː매(假埋) 명 하타 임시로 묻음.
가ː매(假寐) 명 하자 ①잠자리를 제대로 차리지 아니하고 짧은 동안을 잠, 또는 그러한 잠. ②거짓으로 자는 체함. 가수(假睡). ③'낮잠'의 궁중말.
가ː-매장(假埋葬) 명 하타 되자 ①(시체를) 임시로 묻음. ②행려병사자의 시체를 인수해 갈 사람이 없을 때, 관청에서 임시로 묻는 일.
가ː매-지다 자 빛깔이 가맣게 되다. 큰 거메지다. 센 까매지다.
가맹(加盟) 명 하자 되자 동맹이나 연맹에 듦.
가맹-점(加盟店) 명 어떤 조직이나 기관에 가맹한 가게나 상점. ¶ 카드 가맹점.
가ː면(假面) 명 ①(나무·종이·흙·박 따위로) 사람이나 짐승의 얼굴 모양을 본떠 만든 것. ②본마음이나 참모습을 감춘, 거짓 꾸밈을 비유하여 이르는 말. 탈.
가면(을) 벗다 관용 거짓된 모습을 버리고 본마음이나 참모습을 그대로 드러내다.
가면(을) 쓰다 관용 본마음이나 참모습을 감추고, 거짓 꾸민 말이나 행동을 하다.
가ː면-극(假面劇) 명 연기자가 가면을 쓰고 하는 극. 가면희(假面戲). 탈놀음.
가ː면-무(假面舞) 명 ☞탈춤.
가ː면-무도회(假面舞蹈會)[-회/-훼] 명 ☞가장무도회(假裝舞蹈會).
가ː면-적(假面的) 관 명 속마음과는 다르게, 태도나 행동을 거짓으로 꾸며서 하는 (것). ¶ 겉 다르고 속 다른 가면적 언행. /가면적인 행동.
가ː-면제(假免除) 명 하타 되자 법률에서, 어떠한 조건 아래에서 의무와 부담을 면제하는 일.
가ː-면허(假免許) 명 하타 정식으로 면허하기까지 임시로 인정하는 면허.
가ː면-희(假面戲)[-히] 명 ①가면을 쓰고 하는 놀이. ②☞가면극.
가ː멸다[가며니·가멸어] 형 재산이 많다. 살림이 넉넉하다.
가ː멸-차다 형 재산이 매우 많고 살림이 풍족하다.
가명(佳名) 명 ①좋은 이름. ②좋은 평판이나 명성. 가명(嘉名).
가명(家名) 명 집안의 명성(명예). 가성(家聲). ¶ 가명을 빛내다.
가ː명(假名) 명 ①(본이름이 아닌) 가짜 이름. ↔본명·실명(實名). ②임시로 지어 부르는 이름. ③불교에서, 실체가 없는 것에 임시로 붙여진 이름을 이르는 말.
가명(嘉名) 명 ☞가명(佳名).
가모(家母) 명 ①한 집안의 주부. ②(남 앞에서) '자기의 어머니'를 겸손하게 이르는 말.

가ː모(假冒)명하타 남의 이름을 제 이름인 것처럼 거짓으로 댐.
가모(嫁母)명 개가(改嫁)한 어머니.
가모(嘉謀·嘉謨)명 임금에게 아뢰는 좋은 의견.
가ː모-기(家母器)명 (겨울에) 어미 닭 없이 병아리를 기르는 장치.
가모티명 〈옛〉 가물치. ¶ 가모티: 火頭魚(四解上28).
가목(榎木·檟木)명 ☞개오동나무.
가묘(家廟)명 한집안의 사당(祠堂).
가ː묘(假墓)명 묏자리에 시신(屍身)을 묻지 않고 임시로 만들어 놓은 무덤.
가무(家務)명 집안의 일. 가사(家事).
가무(歌舞)명하자 노래와 춤, 또는 노래하고 춤을 춤. ¶ 가무를 즐기다.
가무끄름-하다형여 조금 짙게 가무스름하다. 큰거무끄름하다. 센까무끄름하다. **가무끄름-히**부.
가무대대-하다형여 새뜻한 느낌이 없이 가무스름하다. ¶ 가무대대한 얼굴에 유난히 흰 이. 큰거무데데하다. 센까무대대하다.
가무댕댕-하다형여 새뜻한 느낌도 없고 어울리지도 않게 가무스름하다. 큰거무뎅뎅하다. 센까무댕댕하다.
가무-뜨리다타 아주 가무려 버리다. 가무트리다.
가무라기명 ☞가무락조개.
가무락-조개[-쪼-]명 백합과(白蛤科)의 바닷조개. 길이 3 cm가량의 둥근 모양으로, 껍데기의 빛깔은 갈색이고 가장자리는 자색임. 대개 내해(內海)의 개펄 속에 삶. 가무라기. 모시조개.
가무러-지다자 ①정신이 가물가물 흐려지다. ②기력이 없어지다. ③(촛불 따위의) 불빛이 차차 약해지면서 꺼질 듯 말 듯 하게 되다. 센까무러지다.
가무러-치다자 한때 정신을 잃고 죽은 상태처럼 되다. 기절하다. 센까무러치다.
가무레-하다형여 엷게 가무스름하다. 큰거무레하다. 센까무레하다.
가무리다타 ①가뭇없이 먹어 버리다. ¶ 딸기를 따는 족족 가무리다. ②감추다. ¶ 손에 들고 있던 것을 얼른 치마폭에 가무리다. ③남의 물건을 슬그머니 제가 가지다.
가무-별감(歌舞別監)명 조선 시대에, 가무에 관한 일을 맡아보던 액정서(掖庭署)의 별감.
가무-보살(歌舞菩薩)명 극락정토에서 부처의 공덕을 찬양하며, 극락왕생한 사람을 가무로 기쁘게 해 준다는 보살.
가무숙숙-하다[-쑤카-]형여 수수하게 가무스름하다. 큰거무숙숙하다. 센까무숙숙하다. **가무숙숙-히**부.
가무스레-하다형여 가무스름하다. 큰거무스레하다. 센까무스레하다.
가무스름-하다형여 조금 감다. 가무스레하다. 준가뭇하다. 큰거무스름하다. 센까무스름하다. **가무스름-히**부.
가무-연(歌舞宴)명 노래와 춤으로 흥겹게 즐기며 노는 잔치.
가무음곡(歌舞音曲)명 노래와 춤과 음악.
가무잡잡-하다[-짜파-]형여 (얼굴 빛깔이) 깨끗한 맛이 없이 가무스름하다. 큰거무접접하다. 센까무잡잡하다.
가무족족-하다[-쪼카-]형여 (빛깔이) 고르게 맑지 못하고 가무스름하다. 큰거무죽죽하다. 센까무족족하다. **가무족족-히**부.
가무칙칙-하다[-치카-]형여 (빛깔이) 칙칙하게 감다. 큰거무칙칙하다. 센까무칙칙하다.
가무퇴퇴-하다[-퇴퇴-/-퉤퉤-]형여 (빛깔이) 탁하게 가무스름하다. 큰거무튀튀하다. 센까무퇴퇴하다.
가무-트리다타 가무뜨리다.
가문(家門)명 ①집안. 문중(門中). ¶ 김씨 가문. /훌륭한 가문에서 태어나다. ②대대로 이어 오는 그 집안의 사회적 지위.
가문 덕에 대접받는다속담 좋은 가문에 태어난 덕분에 변변하지 못한 사람이 좋은 대우를 받는다는 말.
가문을 흐리다관용 집안이나 문중의 명예를 욕되게 하다.
가문(家紋)명 한 가문의 표지(標識)로 삼는 분장(紋章). 〔옛날, 유럽의 귀족 사회나 일본 등에서 볼 수 있음.〕
가문비명 〈가문비나무〉의 준말.
가문비-나무명 소나뭇과의 상록 교목. 높이가 30 m 이상 자람. 잎은 바늘 모양. 한대성이며, 암수한그루로 6월에 황갈색 수꽃과 자홍색 암꽃이 핌. 건축재, 펄프 용재 등으로 쓰임. 준가문비.
가ː-문서(假文書)명 가짜 문서.
가물명 (땅의 물기가 마를 정도로) 오래도록 비가 내리지 않는 상태, 또는 그러한 날씨. 가뭄. 염발(炎魃). 한기(旱氣). 한발(旱魃). ¶ 가물을 타다. /가물이 들다.
가물 끝은 있어도 장마 끝은 없다속담 〔가물은 아무리 심한 경우라도 농작물의 다소의 소출은 있지만 큰물이 지면 모든 것을 쓸어가 버리므로 아무 소출도 없다는 뜻으로〕 가뭄에 의한 재난보다 장마로 인한 재난이 더 무섭다는 말.
가물에 단비속담 기다리고 바라던 일이 마침내 이루어짐을 이르는 말.
가물에 돌 친다속담 〔가물어서 물이 없을 때에 강바닥에 있는 돌을 미리 치워서 큰물 피해를 막자는 뜻으로〕 무슨 일이든지 미리 대비하는 것이 하기도 쉽고 효과도 크다는 말.
가물에 콩(씨) **나듯**속담 무슨 일이나 물건이, 어쩌다가 하나씩 드문드문 나타난다는 말.
가물-가물부하자 ①작은 불빛 따위가 사라질 듯 말 듯 약하게 움직이는 모양. ¶ 가물가물 흔들리는 등잔불. ②멀리 있는 물체가 보일 듯 말 듯 희미하게 움직이는 모양. ¶ 수평선 위에 가물가물 움직이는 고깃배. ③정신이나 기억이 오락가락하는 상태. ¶ 기억이 가물가물하다. 큰거물거물. 센까물까물.
가물-거리다자 자꾸 가물가물하다. 가물대다. 큰거물거리다. 센까물거리다.
가물다[가무니·가물어]자 땅의 물기가 바싹 마를 정도로 오래도록 비가 내리지 않다. ¶ 오래 가물어 저수지 바닥이 거북의 등처럼 갈라졌다.
가물-대다자 가물거리다.
가물음명 '가뭄'의 잘못.
가물-철명 ①가물이 계속되는 때. ②(일년 절기 중에서) 해마다 으레 가물이 드는 계절. ¶ 우리나라에서는 대개 초봄과 늦가을이 가물철이다.
가물치명 가물칫과의 민물고기. 몸길이 60 cm 가량. 몸이 둥글며, 등은 짙은 암청갈색, 배는 백색 또는 황백색이고 비늘은 뱀의 비늘 비슷함. 육식성이며, 번식기에는 물가의 얕은 곳으로 옮아 삶. 산부(産婦)의 보혈(補血)에 약으로 쓰임. 우리나라·일본·아시아 동남부 등지에 분포함. 동어(鮦魚).
가뭄명 ☞가물.

가뭄-더위 명 여름날에 가뭄으로 말미암아 더 덥게 느껴지는 더위.

가뭄-못자리 [-모짜-/-몯짜-] 명 ①가물 때에 겨우 물을 실어 만든 못자리. ②마르기 쉬운 못자리.

가뭇-가뭇 [-묻까묻] 부 하형 군데군데 감은 점이 있는 모양. ¶ 온 볼에 가뭇가뭇한 주근깨. 큰 거뭇거뭇. 센 까뭇까뭇. **가뭇가뭇-이** 부.

가뭇-없다 [-무덥따] 형 ①(사라져서) 찾을 길이 없다. ¶ 수평선에 아른거리던 배가 가뭇없게 사라졌다. ②눈에 띄지 않게 감쪽같다. **가뭇없-이** 부 ¶ 천지를 진동하는 폭발 소리와 함께 바위산이 가뭇없이 사라져 버렸다.

가뭇-하다 [-무타-] 형여 〈가무스름하다〉의 준말. 큰 거뭇하다. 센 까뭇하다.

가미 (加味) 명 하타 되자 ①음식에 다른 식료품이나 양념 따위를 넣어 맛을 더하는 일. ②한방에서, 본디의 약방문의 약 외에 다른 약재를 더 넣는 일. ¶ 가미 대보탕. ③어떤 것에 다른 것의 요소를 덧붙이거나 곁들이는 일. ¶ 대통령제에 의원 내각제를 가미하다.

가:미 (佳味·嘉味) 명 ①좋은 맛. ②맛이 좋은 음식. 진미(珍味).

가:박 (假泊) 명 하자 항해 중이던 배가 어떠한 사정으로 목적지가 아닌 항구 등에 임시로 머무름. ¶ 부산 외항에 가박하다.

가반 (加飯) 명 ①하자 (정한 몫 외에) 밥을 더 받음, 또는 그 밥. ②☞더도리.

가:반-교 (可搬橋) 명 미리 만들어 놓은 부분품으로 현장에서 맞추어 가설하기도 하고, 해체하기도 하는 응급용 다리. 흔히, 군대의 도하 작전에 씀.

가:발 (假髮) 명 (대머리를 감추거나 분장·치레를 위하여) 머리에 덧얹어 쓰는, 본래의 자기 머리가 아닌 가짜 머리. ¶ 가발을 쓰다. 참 덧머리.

가방 명 (가죽·비닐·천 따위로 만들어) 물건을 넣어 들고 다니게 만든 용구.

가방 (加枋) 명 〈가지방(加地枋)〉의 준말.

가:방 (佳芳) 명 좋은 향기. 방향(芳香).

가방 (家邦) 명 집안과 나라. 가국(家國).

가:방 (假房) 명 (주로 겨울에 외풍을 막기 위하여) 방 안에 장지를 들이어 조그맣게 막은 아랫방. 방옥.

가:-방면 (假放免) 명 하타 되자 유죄의 증거가 불충분할 때, 일시적으로 방면했다가 새로운 증거가 나타나면 다시 공소를 제기함, 또는 그런 제도.

가:배 (佳配) 명 좋은 배필.

가배 (嘉俳·嘉排) 명 신라 유리왕 때, 음력 7월 16일부터 8월 14일까지 궁중에서 하던 놀이. 길쌈으로 겨루어, 진 편에서 추석에 음식을 내고 여러 가지 놀이를 하였음.

가배-일 (嘉俳日) 명 ☞가윗날1.

가배-절 (嘉俳節) 명 한가위. 가위3.

가백 (家伯) 명 (남 앞에서) '자기의 맏형'을 겸손하게 일컫는 말. 사백(舍伯).

가-백작약 (家白芍藥) [-짜갹] 명 한방에서, 집에서 가꾼 백작약의 뿌리를 약재로 이르는 말.

가벌 (家閥) 명 ☞문벌(門閥).

가법 (加法) [-뻡] 명 덧셈. ↔감법(減法).

가:법 (苛法) 명 가혹한 법령.

가법 (家法) 명 한집안의 법도 또는 법식. 가령(家令). 가헌(家憲).

가:변 (可變) 명 하자 《주로 일부 명사 앞에 쓰이어》 변할 수 있음. ↔불변(不變).

가변 (家變) 명 집안의 변고(變故)나 재앙(災殃).

가:변^비:용 (可變費用) 명 ☞변동비(變動費).

가:변-성 (可變性) [-썽] 명 일정한 조건 아래에서 변할 수 있는 성질.

가:변익-기 (可變翼機) [-끼] 명 비행 중에 주익(主翼)의 넓이나 각도를 바꿀 수 있게 설계된 비행기.

가:변^자본 (可變資本) 명 (생산에 들인 자본 가운데서) 노동력에 대한 임금 등으로 지급되는 자본. ↔불변 자본.

가:변^저:항기 (可變抵抗器) 명 전기 저항의 값을 연속적 또는 단속적으로 바꿀 수 있는 저항기. 〔전류·전압의 조정에 이용.〕

가:변-적 (可變的) 관 명 변할 수 있는 (것). ¶ 가변적 상황. /가변적인 정세.

가:변^차로 (可變車路) 명 도로의 효율적 이용을 위해 시간이나 상황에 따라 가변적으로 운용하는 차로.

가:변^축전기 (可變蓄電器) [-쩐-] 명 전극의 한 쪽을 움직여서 전기 용량을 바꿀 수 있는 축전기. 가변 콘덴서. 바리콘.

가:변^콘덴서 (可變condenser) 명 ☞가변 축전기.

가볍다 [-따] [가벼우니·가벼워] 형ㅂ ①무게가 적다. ¶ 손에 든 짐이 가볍다. ②(성미나 성질이) 진득하지 못하다. 경솔하다. ¶ 사내가 그렇게 가벼워서 무엇에 쓰겠나? ③닿는 정도가 약하다. ¶ 어깨를 가볍게 치다. ④병세나 독기가 대단하지 아니하다. ¶ 병세가 가벼워지다. /가벼운 중독 증세. ⑤(비중이나 값어치 등이) 대단하지 아니하다. ¶ 죄가 가볍다. ⑥움직임이 날렵하다(재다). ¶ 가벼운 손놀림. /가볍게 도는 바람개비. ⑦(기분·감정·옷차림 따위가) 가뿐하다. ¶ 가벼운 마음. /가벼운 차림새. ⑧정도가 대수롭지 않고 예사롭다. ¶ 가벼운 농담. ⑨(다루기가) 힘들지 아니하고 손쉽다. ¶ 상대 선수를 가볍게 물리치다. ⑩소리나 움직임이 약하다. ¶ 코를 가볍게 골다. /볼에 가볍게 와 닿는 산들바람. 큰 거볍다. ↔무겁다. **가벼-이** 부 ¶ 결코 가벼이 볼 상대가 아니다. /질문을 가벼이 받아 넘기다.

가볍디-가볍다 [-띠-따] [~가벼우니·~가벼워] 형ㅂ 매우 가볍다. 큰 거볍디거볍다.

가보 명 민어의 부레 속에 쇠고기·오이·두부 같은 것으로 소를 넣고, 끝을 실로 잡아매어 삶아 익힌 음식.

가보 (家譜) 명 한 집안의 혈통을 적은 책. 가첩(家牒). 족보(族譜).

가보 (家寶) 명 (대를 이어 전해 내려오는) 한 집안의 보물.

가보 (←かぶ 일) 명 화투 따위로 하는 끗수 노름에서 '아홉 끗'을 이르는 말. ¶ 가보를 잡다.

가보-낭청 명 화투 따위로 하는 가보잡기 노름에서, 아홉 끗을 내놓으면서 하는 말.

가보-잡기 [-끼] 명 하자 화투 따위로 아홉 끗 잡기를 내기하는 노름.

가보트 (gavotte 프) 명 2분의2 또는 4분의2 박자의 경쾌하고 아름다운 느낌의 춤곡, 또는 그 곡에 맞추어 추는 춤. 〔17세기에 프랑스에서 유행함.〕

가복 (加卜) 명 하타 되자 ①조선 시대에, 정승을 천거할 때 임금의 마음에 드는 이가 없을 경우 다른 한두 사람을 더 천거하던 일. ②☞가결(加結).

가복 (家僕) 명 지난날, 사삿집에서 부리던 사내종. 가노(家奴).

가ː본(假本)명 고본(古本)·고서화(古書畫) 따위를 가짜로 만든 것. ↔진본(眞本).
가볼오다타 〈옛〉 까부르다. ¶ 가볼올 파:簸(訓蒙下6).
가봉(加俸)명하타 정한 봉급 외에 특별히 더 주는 일, 또는 그 봉급. ↔감봉(減俸).
가봉(加捧)명하타되자 정한 액수 외에 돈이나 곡식을 더 거두어들임.
가ː봉(假縫)명하타 시침바느질.
가봉-녀(加捧女)명 의붓딸.
가봉-자(加捧子)명 의붓아들.
가ː부(可否)명 ①옳고 그름의 여부. 가불가(可不可). ¶ 가부를 가리다. /처리 결과에 대하여 가부를 논하다. ②찬성과 반대. 찬부(贊否). ¶ 상정(上程)된 의안의 가부를 묻다.
가부(家父)명 (남 앞에서) '자기의 아버지'를 겸손하게 일컫는 말. 가군(家君). 가대인(家大人). 가친(家親).
가부(家夫)명 ①(남 앞에서) '자기의 남편'을 일컫는 말. 가군(家君). ②남편이 아내와 이야기할 때, '자기 자신'을 일컫는 말.
가부(跏趺)명 〈가부좌(跏趺坐)〉의 준말.
가부(葭莩)명 ☞갈대청.
가ː부-간(可否間)부 옳건 그르건. 찬성이건 반대건. 좌우간. 하여간. ¶ 가부간 일단 시작을 해 놓고 봅시다.
가부득-감부득(加不得減不得)[-깜-]명 더할 수도 덜할 수도 없음. 준가감부득.
가부-장(家父長)명 (고대 로마에서) 가장권(家長權)의 주체가 되어, 가족에 대하여 절대권을 가지던 사람. 〔반드시 아버지가 가부장이 되는 것은 아니었음.〕
가부장-제(家父長制)명 ①가부장이 가족의 지배권(支配權)을 행사하는 가족 형태. ②가부장이 중심이 된 가족 체계를 바탕으로 하는 사회의 지배 형태.
가부-좌(跏趺坐)명하자 ☞결가부좌. 준가부.
가부지친(葭莩之親)명 촌수가 먼 친척.
가ː부-취결(可否取決)명하타 (회의에서) 절차에 따라 가부를 결정함.
가부키(かぶき.歌舞伎 일)명 일본의 전통적인 민중 연극.
가ː분(可分)명 나눌 수 있음. ↔불가분(不可分).
가ː분(假扮)명하타 거짓으로 꾸미어 차림.
가분-가분부하형 ①(몸놀림 따위가) 매우 가분한 모양. ¶ 날아갈 듯이 가분가분 언덕을 내려가다. ②여럿이 다 가분한 모양. ¶ 모두들 가분가분 흥겹게 춤을 춘다. 큰거분거분. 센가뿐가뿐. **가분가분-히**부.
가ː분^급부(可分給付)[-뿌]명 성질이나 가치를 상하게 함이 없이 나눌 수 있는 급부. 〔돈이나 곡식으로 하는 급부 따위.〕 ↔불가분 급부.
가ː분-물(可分物)명 성질이나 가치를 상하게 함이 없이 나눌 수 있는 물건. 〔돈·곡식·토지 따위.〕 ↔불가분물.
가ː분-성(可分性)[-썽]명 아주 미세한 형태로까지 나눌 수 있는 물질의 성질.
가ː-분수(假分數)[-쑤]명 ①수학에서, 분모와 분자가 같거나 분자가 분모보다 큰 수. ↔진분수(眞分數). ②'몸집에 비하여 머리가 유난히 큰 사람'을 조롱조로 이르는 말.
가분-하다형여 ①알맞게 가볍다. ¶ 가분한 모피 외투. ②마음에 짐이 되지 아니하고 편안하다. ¶ 잘못을 털어놓고 나니 마음이 가분하다. 큰거분하다. 센가뿐하다. **가분-히**부.
가ː불(假拂)명하타 ☞가지급.
가ː불가(可不可)명 ①옳음과 그름. 가부. ②가함과 불가함. ¶ 시행 여부에 대한 가불가가 빨라서 좋다.
가불-가불부하자타 가볍게 자꾸 까부는 모양. 큰거불거불. 센까불까불.
가불-거리다자타 자꾸 가불가불하다. 가불대다. 큰거불거리다. 센까불거리다.
가ː불-금(假拂金)명 ☞가지급금.
가불-대다자타 가불거리다.
가붓-가붓[-붇까붇]부하형 여럿이 모두 가붓한 모양. 큰거붓거붓. 센가뿟가뿟. **가붓가붓-이**부.
가붓-하다[-부타-]형여 가분한 듯하다. ¶ 할 말을 다 하고 나니 마음이 아주 가붓하다. 큰거붓하다. 센가뿟하다. **가붓-이**부.
가ː빈(佳賓·嘉賓)명 (기꺼이 맞이할) 반가운 손. 귀한 손. 가객(佳客).
가빈(家貧)명하형 집이 가난함.
가빈(家殯)명하자 집 안에 빈소(殯所)를 차림, 또는 그 빈소.
가뵈야빙부 〈옛〉 가벼이. ¶ 네 미친 마롤 가뵈야빙 發하야(牧牛9).
가뵈야분형 〈옛〉〔'가뵈얍다'의 활용형〕 가벼운. ¶ 입시울 가뵈야분소리:脣輕音(訓諺).
가뵈얍다형ㅂ 〈옛〉 가볍다. ¶ ᄇᆞᄅᆞ미 가뵈야오니 힌 나비 깃거ᄒᆞ고(杜初21:6).
가빠-지다자 (힘에 겨워) 숨 쉬기가 어려워지다. ¶ 숨이 가빠지다.
가뿐-가뿐부하형 〈가분가분〉의 센말. ¶ 발걸음들이 가뿐가뿐하다. 큰거뿐거뿐.
가뿐-하다형여 〈가분하다〉의 센말. ¶ 짐을 가뿐하게 들다. /몸놀림이 가뿐하다. 큰거뿐하다.
가뿟-가뿟[-뿓까뿓]부하형 〈가붓가붓〉의 센말. 큰거뿟거뿟.
가뿟-하다[-뿌타-]형여 〈가붓하다〉의 센말. ¶ 일을 다 끝내니 마음이 가뿟하다. 큰거뿟하다.
가쁘다[가쁘니·가빠]형 ①숨이 몹시 차다. ¶ 고개를 오르자니 숨이 가쁘다. ②힘에 겹다. ¶ 힘드는 일을 가빠하지 않고 거뜬히 해내다.
가삐부 가쁘게. ¶ 숨을 가삐 쉬다.
가ᄫᆞ딕명 〈옛〉 가운데. ¶ 긼 가ᄫᆞ딕(月釋14:80).
가ː사(佳詞)명 좋은 말. 아름다운 글귀.
가사(家舍)명 사람이 들어 사는 집.
가사(家事)명 ①집안 살림에 관한 일. ¶ 가사에 매인 몸. ②한 집안의 내부의 일. 가내사. 가무(家務).
가사(袈裟←kasāya 범)명 중이 입는 법의(法衣). 장삼 위에, 왼쪽 어깨에서 오른쪽 겨드랑이 밑으로 걸쳐 입음.
가ː사(假死)명 한동안 의식이 없어지고 호흡과 맥이 멎어, 죽은 것같이 된 상태. ¶ 가사 상태에 빠지다.
가사(歌詞)명 ①(가극·가요곡·가곡 따위의) 노래 내용이 되는 글. 노랫말. ②☞가사(歌辭).
가사(嘉事)명 좋은 일. 경사스러운 일.
가사(歌辭)명 고려 말기부터 나타난, 3·4조 또는 4·4조의 운문(韻文)으로 된 긴 시가 형식. 가사(歌詞). ¶ 송강(松江)가사.
가사(稼事)명 농사일.
가ː사(假使)부 ☞가령(假令).
가사^경제(家事經濟)명 ☞가정 경제.
가사리명 ①〈우뭇가사리〉의 준말. ②〈풀가사리〉의 준말.
가사-불사(袈裟佛事)[-싸]명 절에서, 가사 짓는 일을 이르는 말.

가사^사:건(家事事件)[-껀]명 가정 법원에서 가사 심판법에 따라 조정·심판하게 되는, 가사에 관한 사건이나 분쟁.
가사-시주(袈裟施主)명 가사를 짓는 데 드는 비용을 내는 사람, 또는 그 일.
가사^심:판(家事審判)명 가족이나 친족 간의 소송 사건에 대한 가정 법원의 심판.
가사-일(家事-)명 '가사(家事)'의 잘못.
가사^조정(家事調停)명 가족이나 친족 간의 분쟁에 대한 가정 법원의 조정.
가사-체(歌辭體)명 가사의 문체. 〔4·4조를 기본으로 하되 산문에 가까운 문체임.〕
가산(加算)명 ①더하기. 가법(加法). 덧셈. 덧셈법. ②하타되자더함. 더 보태어 셈함. 가계(加計). ¶ 금융 비용을 가산한 제작 비용을 산출하다. ↔감산(減算).
가산(家山)명 ①(자기 집이 있는) 고향 산천. ②한 집안의 묘지. ②선산(先山).
가산(家産)명 집안의 재산. 가자(家資). ¶ 가산을 탕진하다.
가:산(假山)명 〈석가산(石假山)〉의 준말.
가산^국가(家産國家)[-까]명 영토와 국민을 군주의 소유물로 보고, 국가의 재정과 군주의 재정을 하나로 보는 국가.
가산-금(加算金)명 세금이나 공공 요금 따위를 납부 기한까지 내지 아니한 때에, 그 세금이나 요금에 더 보태어 내게 하는 돈.
가산-세(加算稅)[-쎄]명 납세 신고 의무자가 신고를 아니하거나, 과세 표준액을 사실보다 적게 신고하였을 때, 본디 세금에 더 보태어 물게 하는 세금.
가산-점(加算點)[-쩜]명 (특정한 조건을 갖춘 사람에 한해 부여되는) 취득한 점수 외에 더 부여되는 점수. ¶ 국가 유공자 자녀에게 가산점이 주어지다.
가산^제:도(家産制度)명 생활의 기반인 주거와 그 밖의 부동산을 특별 재산으로 하여, 채권자의 압류나 소유자의 처분을 금지하는 법률 제도. 〔미국과 유럽의 일부 국가에서 채택되기도 하였음.〕
가:살명 간사하고 얄미운 태도. ¶ 가살을 떨다. /가살을 부리다. /가살을 피우다.
가살(을) 빼다관용 거만하게 가살스러운 태도를 보이다.
가:살-스럽다[-따][~스러우니·~스러워]형ㅂ 보기에 간사하고 얄미운 데가 있다. ¶ 생긴 건 듬직한데 하는 짓은 영 가살스럽다. **가살스레**부.
가:살-이명 〈가살쟁이〉의 준말.
가:살-쟁이명 가살스러운 사람. 준가살이.
가:살-지다형 가살 부리는 태도가 있다.
가삼(家蔘)명 '밭에서 가꾼 인삼'을 산삼과 구별하여 이르는 말.
가상(家相)명 (음양오행설에 바탕을 두어) 길흉과 관계가 있는 것으로 보는 집의 위치·방위·구조 따위. 또는, 그러한 것을 보고 집의 길흉을 판단하는 일.
가:상(假相)명 ①불교에서, 현세의 덧없고 헛된 모습을 이르는 말. ②실재가 아닌 물상(物象). ↔실상.
가:상(假象)명 주관으로 그렇게 보일 뿐, 실제로는 존재하지 않는 거짓 모습. ↔실재(實在).
가:상(假想)명하자타 꼭 그렇지 않거나 또는 그런지 아닌지 또렷하지 않은 것을 그렇다고 가정하여 생각함. ¶ 가상의 세계. /외계인이 존재한다고 가상하여 만든 영화.
가:상(假像)명 ①거짓 현상. ②어떤 광물이 다른 광물의 결정형으로 되어 있는, 그 겉모양.
가상(街上)명 길거리. 노상(路上).
가상(嘉尙)명하형 ①〔흔히 윗사람이 아랫사람을 칭찬할 때 쓰이어〕 착하고 기특함. ¶ 세계에 국위를 떨친 너의 공이 참으로 가상하구나. ②〖동사적 용법〗 착하고 기특하게 여김. ¶ 나라에서 그의 공을 가상하여 크게 포상하였다.
가상-히부 ¶ 왕은 신하의 공로를 가상히 여겨 상을 내렸다.
가상(嘉祥)명 경사(慶事)스러운 징조(徵兆).
가상(嘉賞)명하타 칭찬하여 기림. **가상-히**부.
가:상-계(可想界)[-계/-게]명 (감상적 경험으로는 인식할 수 없는) 오직 사유(思惟)될 뿐인 이념적 존재의 세계. ↔감성계(感性界).
가:상-극(假想劇)명 가상적인 내용의 희곡, 또는 그러한 연극.
가:상^운:동(假象運動)명 실제로는 움직이지 아니하는 대상이, 마치 움직이고 있는 것처럼 보이는 현상. 〔전광 뉴스 따위.〕
가:상-적(假想敵)명 전투나 경기 따위의 연습에서 적으로 간주한 모형이나 사람.
가:상^적국(假想敵國)[-꾹]명 국방 정책이나 작전 계획을 세울 때, 전쟁 상대국으로 가정한 나라.
가-상지상(加上之上)명 지난날, 시문(詩文)을 끊을 때 상지상 위에 특별히 하나 더 두었던 등급(等級).
가:상-현실(假想現實)명 컴퓨터를 이용하여 어떤 상황을 실제로 겪는 것처럼 모의 실험(模擬實驗)을 할 수 있는 가상의 세계. 곧, 컴퓨터와 사람의 공유 영역.
가새-모춤명 네 움큼을 가위다리 모양으로 어긋매끼게 하여 묶은 모춤.
가새-뽕나무명 뽕나뭇과의 낙엽 활엽 교목. 잎의 양옆이 가위다리의 살 모양으로 갈라지며, 6월에 꽃이 핌. 7~8월에 달걀 모양의 핵과를 맺으며, 산이나 마을 부근에서 자람.
가새-염(-簾)명 한시의 염의 한 가지. 안짝과 바깥짝의 각 우수(偶數) 글자의 음운(音韻)의 높낮이가 가위다리 모양으로 서로 어긋매끼어 섞바뀌게 되도록 하는 법.
가새-주뢰(-周牢)[-뢰/-뤠]명 〈가새주리〉의 본딧말.
가새-주리(←-周牢)명 지난날, 죄인(罪人)을 다루던 형벌의 한 가지. 두 다리를 동여매고 정강이 사이에 두 개의 주릿대를 꿰어, 가위다리처럼 벌려 가며 잡아 젖히던 형벌. 전도주뢰(剪刀周牢). 본가새주뢰.
가새-지르다[~지르니·~질러]타르 어긋매끼어 엇갈리게 걸치다.
가새-표(-標)명 ☞가위표.
가:색(假色)명 (광물 본래의 빛깔이 아닌) 광물에 함유된 다른 물질로 말미암아 나타나는 빛깔. 〔수정의 빛깔 따위.〕
가색(稼穡)명 곡식 농사.
가샴명 〈옛〉가심. 〔'가시다'의 명사형〕 ¶ 가샴 겨샤매 오놀 다르리잇가(龍歌*26*章).
가서감 〈가설랑은〉의 준말.
가서(加敍)명하자타 ①계급이 오름. ②계급을 올림.
가:서(佳壻)명 (흠잡을 데 없이) 좋은 사위.
가서(家書)명 ①자기 집에서 온 편지. 가신(家信). ②자기 집으로 보내는 편지. ③집에 간직하고 있는 책.

가서-만금(家書萬金) 명 〔가서(家書)는 만금의 값어치가 있다는 뜻으로〕 집에서 온 편지의 반갑고 소중함을 이르는 말.
가석(可惜) '가석하다'의 어근.
가ː-석방(假釋放) [-빵] 명하타 되자 징역이나 금고형을 치르는 사람으로서, 개전의 정이 뚜렷한 사람을 형기가 끝나기 전에 행정 처분으로 미리 석방하는 일.
가ː석-하다(可惜-) [-서카-] 형여 애틋하게 아깝다. 안타깝다. ¶ 가석하게도 대단히 좋은 기회를 놓쳤다. **가석-히** 부.
가ː-선(-縇) 명 ①(옷 따위의) 가장자리를 다른 헝겊으로 좁게 싸서 돌린 선. ¶ 치마에 가선을 두르다. ②눈시울의 쌍꺼풀진 금. ¶ 두 눈에 가선이 지다.
가선(加線) 명 악보에서, 오선으로는 부족할 때에, 오선의 위나 아래에 더 긋는 짧은 선. 덧줄.
가선(架線) 명 ①송전선·전화선·삭도 따위의 선을 가설하는 일. ②〈가공선(架空線)〉의 준말.
가선-대부(嘉善大夫) 명 조선 시대에, 종이품인 종친(宗親)·의빈(儀賓)·문무관의 품계.
가설(加設) 명하타 되자 더 설치함.
가설(架設) 명하타 되자 (전선·다리·선로 따위를) 건너질러 시설함. ¶ 전선을 가설하다. /우리나라에서 최초로 가설된 철제 교량.
가ː설(假設) 명하타 되자 ①임시로 설치함. ②실제 없는 것을 있는 것으로 침. 가정(假定).
가ː설(假說) 명 경험 과학에 있어서, 어떤 현상을 설명하거나 어떤 이론을 구체적으로 펴 나가기 위하여 우선 이용하는, 아직 증명되지 아니한 이론. 〔그것이 관찰이나 증명 등으로 실증이 되면, 가설의 범위를 벗어나 보편타당한 진리가 됨.〕 가언. 가정. ¶ 가설을 검증하다. /가설을 세우다.
가설(街說) 명 사회에 떠도는 소문(평판). 가담(街談). 항설(巷說).
가ː설^공사(假設工事) 명 어떤 축조물의 공사에 앞서, 그 공사의 진행을 위한 임시 시설물(사무소·창고 따위)을 세우는 공사.
가ː설-극장(假設劇場) [-짱] 명 (영구 시설이 아닌) 임시로 꾸며 놓은 극장.
가설랑 감 〈가설랑은〉의 준말.
가설랑-은 감 글을 읽거나 수를 소리 내어 세다가 잘 내려가지 않고 막힐 때에 내는 뜻 없는 군말. ¶ 백이요, 백하나요, 백둘이요, 가설랑은 백셋이요…. 준가서·가설랑.
가ː성(苛性) 명 동식물의 조직이나 여러 가지 물질을 깎아 내거나 삭게 하는 성질.
가성(家聲) 명 한 집안의 명성. 가명(家名).
가ː성(假性) 명 《어떤 병명(病名) 앞에 쓰이어》 병인(病因)은 그것과 다르면서 증세는 비슷한 성질임을 나타내는 말. ↔진성(眞性).
가ː성(假聲) 명 ①남성(男聲)이 소리 낼 수 있는 범위에서 가장 높은 목소리. ②일부러 만들어 내는 거짓 목소리.
가성(歌聲) 명 노랫소리.
가ː성^가리(苛性加里) 명 '가성 칼리'의 한자음 표기.
가ː성^근ː시(假性近視) 명 책을 읽거나 하여 모양체근의 긴장 상태가 오래 계속되었을 때 일어나는 가벼운 근시 상태. 위근시(僞近視).
가ː-성대(假聲帶) 명 진성대(眞聲帶) 위에 좌우 한 쌍으로 되어 있는 점막. 〔소리는 내지 않고, 분비액을 내어 성대를 축축하게 하는 구실을 함.〕 참진성대.
가ː-성명(假姓名) 명 가짜 이름.
가ː-성문(假聲門) 명 좌우의 가성대(假聲帶) 사이에 있는 틈.
가ː성^석회(苛性石灰) [-서쾨/-서퀘] 명 '수산화칼슘'의 딴 이름.
가ː성^소ː다(苛性soda) 명 '양잿물'·'수산화나트륨'으로 순화.
가ː성^알칼리(苛性alkali) 명 알칼리 금속의 수산화물을 통틀어 이르는 말. 〔수산화나트륨·수산화칼륨 등으로, 물에 잘 녹으며 강한 침식성을 가진 하얀 고체.〕
가ː선^알코올(苛性alcohol) 명 98% 이상의 알코올에 금속 나트륨을 섞어 만든 흰 고형체(固形體). 부식제로 쓰임.
가ː성^칼리(苛性kali) 명 '수산화칼륨'의 딴 이름.
가ː성^크루ː프(假性croup) 명 (주로 어린이들이 홍역을 앓을 때 많이 걸리는 병으로) 목이 부어올라 숨 쉬기가 어려워지고, 개 짖는 소리와 같은 기침을 하는 병.
가성^화ː합물(加成化合物) [-함-] 명 어떤 화합물의 구조에 분자 또는 이온이 덧붙은 화합물.
가세(加勢) 명하자 힘을 보탬. 거듦. ¶ 원군(援軍)이 가세하다. /조무래기 싸움에 어른들이 가세하여 큰 싸움으로 번졌다.
가세(苛細) '가세하다'의 어근.
가ː세(苛稅) 명 가혹하게 매긴 조세(租稅).
가세(家貰) 명 ☞집세.
가세(家勢) 명 집안 살림의 형편. 터수. ¶ 가세가 기울다. /가세가 빈한하다. /가세가 펴다.
가세(嫁稅) 명하자 지난날, 천재지변 등으로 논밭이 묻히어 조세를 물릴 수 없게 되었을 때, 다른 논밭에 그만큼 더 물리던 일.
가ː세-하다(苛細-) 형여 성미가 까다롭고 하는 짓이 잘다.
가ː소(佳宵) 명 ①경치가 아름다운 저녁. ②기분이 상쾌(爽快)한 저녁. ③가인(佳人)을 만나는 좋은 저녁.
가소(苛小) '가소하다'의 어근.
가ː소(假笑) 명하자 거짓 웃음.
가ː소-롭다(可笑-) [-따] [~로우니·~로워] 형ㅂ (같잖아서) 우습다. ¶ 뭐, 날 이기겠다고? 정말 가소롭기 짝이 없구나. **가소로이** 부.
가ː소-물(可塑物) 명 〈가소성 물질〉의 준말.
가ː소-사(可笑事) 명 우스운 일. 웃음거리가 될 만한 일.
가ː소-성(可塑性) [-썽] 명 고체에 어떤 한도 이상의 힘을 가하였을 때, 고체가 부서지지 않고 모양이 달라져서 그 힘을 없애도 달라진 모양 그대로 있는 성질. 소성(塑性).
가ː소성^물질(可塑性物質) [-썽-찔] 명 가소성을 가진 물질. 〔합성수지나 셀룰로이드 따위.〕 준가소물(可塑物).
가ː소-제(可塑劑) 명 플라스틱 등에 가소성을 가지게 하거나 또는 가소성을 더하게 하는 데 쓰는 화학 재료.
가ː소-하다(苛小-) 형여 썩 작다.
가속(加速) 명하타 속도를 더함. ¶ 내리막길에서는 자전거에 가속이 붙어 위험하다. ↔감속(減速).
가속(家屬) 명 ①☞가족(家族). ¶ 딸린 가속이 많아 씀씀이도 크다. ②〈아내〉의 낮춤말. 가권.
가속-도(加速度) [-또] 명 ①물리학에서, 단위 시간 내에서 속도가 변화하는 비율을 이르는 말. ②시간이 갈수록 속도가 더해지는 일, 또는 더해지는 그 속도. ¶ 일에 가속도가 붙다.

가속도-계(加速度計) [-또계/-또게] 명 (운동하는 물체의) 가속도를 재는 계기.

가속도-병(加速度病) [-또뼝] 명 갑작스러운 속도의 변화나 동요 때문에 일어나는 몸의 이상 상태. 〔뱃멀미·차멀미·비행기 멀미 따위.〕

가속^운ː동(加速運動) 명 시간이 갈수록 속도가 더해지는 운동. ↔감속 운동.

가속^입자(加速粒子) [-짜] 명 가속 장치로써 가속된 입자. 〔양자·중성자·전자 따위.〕

가속^장치(加速裝置) [-짱-] 명 전기를 띤 입자를 인공적으로 가속하여 높은 에너지 입자가 생기도록 하는 장치. 〔사이클로트론·싱크로사이클로트론·베타트론 따위.〕

가속^펌프(加速pump) 명 내연 기관에서, 급격한 가속 운전 때 연료 보급의 부족이 일어나지 않게 하기 위하여 자동적으로 작동하는 기화기(氣化器)의 부속품.

가속^페달(加速pedal) 명 ☞액셀러레이터.

가속-화(加速化) [-소콰] 명 하자·타 되자 (일의 진행이나 현상의 변화가) 점점 빨라짐, 또는 빨라지게 함. ¶ 정계 개편을 가속화하다.

가솔(家率) 명 집안 식구.

가솔린(gasoline) 명 휘발유(揮發油).

가솔린^기관(gasoline機關) 명 가솔린을 연료로 하는 내연 기관. 자동차 등에 널리 이용됨. 가솔린 발동기. 가솔린 엔진.

가솔린^발동기(gasoline發動機) [-똥-] 명 ☞가솔린 기관.

가솔린^엔진(gasoline engine) 명 ☞가솔린 기관.

가솔린-차(gasoline車) 명 가솔린 기관으로 움직이는 차량.

가솔-송 명 철쭉과의 상록 교목. 줄기는 가로 벋으며, 잎은 선형(線形)으로 빽빽하게 나고 뒤로 말림. 7월에 자홍색 꽃이 묵은 가지의 잎겨드랑이에서 여러 개가 피고, 동글납작한 삭과가 가을에 익음. 우리나라의 동북부, 일본, 중국 동북 지방, 북미 동부, 시베리아 등지에 분포함.

가쇄(枷鎖) 명 조선 시대에, 목에 씌우던 칼과 발목에 채우던 쇠사슬, 또는 그렇게 하던 형벌.

가ː쇄(假刷) 명 하타 교정용으로 임시로 찍음, 또는 그 인쇄물. 교정쇄(校正刷).

가수(加數)[1] 명 하타 (돈이나 물품의) 액수나 수효를 늘림. ↔감수(減數).

가수(加數)[2] [-쑤] 명 어떤 수에 더 보태는 수. 덧수. ↔피가수(被加數).

가수(枷囚) 명 하타 되자 죄인의 목에 칼을 씌워서 옥에 가둠.

가수(家數) 명 ①집안의 사회적 지위. 문벌(門閥). ②집안의 운수. 가운(家運).

가ː수(假受) 명 하타 되자 (물건이나 돈 따위를) 임시로 받아 둠.

가ː수(假睡) 명 하자 ☞가매(假寐).

가ː수(假需) 명 〈가수요〉의 준말. ↔실수(實需).

가ː수(假數) 명 로그의 값에서 소수점 아랫부분의 수. ↔정수(整數).

가수(歌手) 명 노래를 부르는 일을 직업으로 삼는 사람. 〔흔히, 대중 가수를 일컬음.〕

가ː수-금(假受金) 명 임시로 받아 두는 돈.

가수^분해(加水分解) 명 ①무기 염류가 물의 작용으로 산과 알칼리로 분해되는 일. ②유기 화합물이 물과 반응하여 알코올과 유기산(有機酸)으로 분해되는 일. 가수 해리(加水解離).

가수^분해^효ː소(加水分解酵素) 명 생체(生體) 내의 가수 분해 반응의 촉매로서 작용하는 효소를 통틀어 이르는 말.

가수알-바람 명 '서풍(西風)'의 뱃사람 말.

가ː-수요(假需要) 명 (실지로 당장 쓰기 위한 것이 아니고) 물가가 오를 것을 예상하고 미리 마련해 두려는 수요. 준가수. ↔실수요.

가수^해ː리(加水解離) 명 ☞가수 분해.

가숙(家塾) 명 개인이 사사로이 설립하여 경영하는 글방. 사숙(私塾).

가ː-숭어 명 숭엇과의 바닷물고기. 등 쪽은 회청색, 배 쪽은 회백색이며 온몸에 검은 가로띠가 있음. 9~10월경 산란기를 맞아 강어귀에 모임. 우리나라와 일본·중국 근해에 분포하는데, 식용함.

가스(gas) 명 ①(일반적으로) '기체(氣體)'로 된 물질을 통틀어 이르는 말. ②연료로 쓰이는 기체. ¶ 가스가 누출되다. ③연료가 탈 때에 나오는 유독성 기체. ¶ 연탄 가스. ④〈독가스〉의 준말. ⑤음식 따위가 배 속에서 부패·발효하여 생기는 기체. 〔항문을 통하여 몸 밖으로 나온 것을 '방귀'라 함.〕 ¶ 가스가 찼는지 속이 더부룩하다.

가스-계량기(gas計量器) [-계-/-게-] 명 가스의 소비량을 재는 계기(計器).

가스-관(gas管) 명 가스를 보내는 관(管).

가스^괴저(gas壞疽) [-괴-/-궤-] 명 흙 속의 가스 괴저균이 상처에 침입하여 일어나는 괴저. 환부에 가스가 발생하며 심장이 약해짐.

가스^기관(gas機關) 명 가스를 연료로 하는 내연 기관. 가스 발동기. 가스 엔진.

가스-난로(gas煖爐) [-날-] 명 가스를 연료로 쓰는 난로. 가스스토브.

가스-등(gas燈) 명 석탄 가스 따위로 불을 켜는 등. 가스램프. 와사등(瓦斯燈).

가스라기 명 '가시랭이'의 잘못.

가스-라이터(gas-lighter) 명 액화 가스를 연료로 쓰는 라이터.

가스라이트-지(gaslight紙) 명 염화은의 유제(乳劑)를 바른 인화지. 〔발명 당시 가스등으로 인화한 데서 붙여진 이름.〕

가스-램프(gas lamp) 명 ☞가스등.

가스러-지다 자 ①성질이 거칠어지다. ¶ 장돌뱅이 생활 십 년에 성질만 가스러졌다. ②잔털 따위가 거칠게 일어나다. 큰거스러지다.

가스-레인지(gas range) 명 가스를 연료로 쓰는 조리용 가열 기구.

가스-로(gas爐) 명 가스를 연료로 쓰는 노(爐). 화학 실험이나 시금술(試金術)에서 쓰임.

가스^마스크(gas mask) 명 ☞방독면(防毒面).

가스-맨틀(gas mantle) 명 가스등의 점화구(點火口)에 씌워 강한 빛을 내게 하는, 그물 모양의 통. 맨틀.

가스^발동기(gas發動機) [-똥-] 명 ☞가스 기관.

가스^발생로(gas發生爐) [-쌩노] 명 석탄·숯·코크스 등을 불완전 연소시켜 일산화탄소를 주성분으로 하는 가연성 가스를 발생시키는 장치.

가스-버ː너(gas burner) 명 가스를 연료로 쓰는 버너.

가스-봄베(Gasbombe 독) 명 의료용 가스 따위를 넣는 긴 원통형 용기(容器). 가스통.

가스상 성운(gas狀星雲) ☞가스 성운.

가스^성운(gas星雲) 명 주로 발광성(發光性) 기체로 이루어진 은하계 내의 성운을 통틀어 이르는 말. 〔오리온 성운 따위.〕 가스상 성운. 산광 성운.

가스-스토ː브(gas stove) 명 ☞가스난로.

가스-실(gas–)명 ☞주란사실.

가스-실(gas室)명 ①(방독면이나 가스 병기를 점검하거나, 군인을 훈련시키기 위하여) 독가스를 가득 채워 둔 방. ②독가스를 넣어 사람을 처형하는 방.

가스-액(gas液)명 석탄 가스를 냉각·응축할 때 생기는 수용액. 암모니아를 함유하고 있으므로 황산암모니아를 만드는 데 쓰임.

가스^엔진(gas engine)명 ☞가스 기관.

가스^연료(gas燃料)[-열-]명 (천연가스, 석탄 가스, 프로판 가스 따위와 같이) 가스난로나 가스 기관 같은 데에 쓰는 기체 연료.

가스^온도계(gas溫度計)[-계/-게]명 가스의 팽창 또는 압력의 변화에 따라 온도를 헤아릴 수 있게 한 온도계. 가스 한란계.

가스-전(gas田)명 천연가스가 생산되는 곳.

가스^전ː구(gas電球)명 (높은 온도에서 필라멘트가 승화하는 것을 막기 위하여) 전구 속에 질소·아르곤 따위를 넣은 전구.

가스^전ː지(gas電池)명 (산소·염소 따위의 전극(電極)을 만들 수 있는) 기체의 전극 두 개를 맞추어 만든 전지. 기체 전지(氣體電池).

가스-정(gas井)명 천연가스가 나는 유정(油井).

가스^중독(gas中毒)명 유독 가스, 특히 일산화탄소를 들이마심으로써 일어나는 중독.

가스-지지미(gas+ちぢみ 일)명 주란사실로 쭈글쭈글하게 짠 직물.

가스-총(gas銃)명 최루 가스 따위의 자극성 가스를 분사하는 총.

가스^카ː본(gas carbon)명 석탄 가스를 만들 때, 가스의 일부가 열로 말미암아 분해되어 레토르트 안에 고착되는 탄소. 전극에 쓰임.

가스^코ː크스(gas cokes)명 석탄을 건류(乾溜)하여 석탄 가스를 만들 때 부산물로서 생기는 코크스.

가스-탄(gas彈)명 〈독가스탄〉의 준말.

가스-탱크(gas tank)명 도시가스나 원료 가스를 저장하는 큰 통.

가스^터ː빈(gas turbine)명 고온과 고압의 연소 가스로 터빈을 회전시키는 원동기.

가스-통(gas桶)명 ①프로판 가스나 부탄가스를 넣는 용기. ②☞가스봄베.

가스펠(gospel)명 ①복음(福音). ②신약 성서에 실린 네 복음서를 통틀어 이르는 말.

가스펠^송(gospel song)명 복음 성가.

가스^폭탄(gas爆彈)명 독가스와 화약을 함께 넣어 만든 폭탄.

가스-풍로(gas風爐)[-노]명 가스를 연료로 쓰는 풍로.

가스^한란계(gas寒暖計)[-할-계/-할-게]명 ☞가스 온도계.

가스-히터(gas heater)명 가스를 연료로 쓰는 히터.

가슬-가슬부하형 ①(성질이나 성미가) 까다로운 모양. ②물체의 거죽이나 살결이 윤기가 없고 거친 모양. ¶ 입술이 가슬가슬하게 트다. 큰거슬거슬. 센까슬까슬.

가슴명 ①(척추동물, 특히 포유류에서) 몸의 앞쪽, 배와 목 사이의 부분. ¶ 가슴에 반달 모양의 흰 털이 있는 곰. /떡 벌어진 가슴. ②(절지동물, 특히 곤충에서) 머리와 배 사이의 부분. ③마음. 생각. ¶ 가슴에 사무치는 한(恨). /선인들의 교훈을 가슴 깊이 간직하다. /가슴에 맺히다. ④심장 또는 폐. ¶ 가슴이 두근거리다. /방 안이 환기가 안 되어 그런지 가슴이 답답하다. ⑤〈옷가슴〉의 준말. ¶ 속옷이 안 보이도록 가슴을 여미다. ⑥'젖'을 에둘러 이르는 말. ¶ 가슴이 봉곳한 게 제법 처녀티가 난다.

가슴에 못(을) 박다관용 마음속 깊이 원한이 맺히게 하다. ¶ 부모님 가슴에 못을 박은 불효자식.

가슴에 불붙다관용 가슴속에 불이라도 붙은 듯이 감정이 격해지다.

가슴에 새기다관용 잊지 않도록 단단히 기억하다. ¶ 아버지 말씀을 가슴에 새기다.

가슴(을) 읾다관용 (후회나 원한이 맺혀) 마음이 편할 날이 없다.

가슴을 짓찧다관용 (가슴을 공이 같은 것으로 찧는 듯한 아픔을 느낄 정도로) 마음에 심한 고통을 받다.

가슴(을) 태우다관용 몹시 애태우다.

가슴이 내려앉다관용 (갑자기 불안한 일이나 위태로움을 당했을 때) 놀라서 맥이 탁 풀리다. ¶ 갑작스러운 비명 소리에 가슴이 내려앉았다.

가슴이 뜨끔하다관용 (나쁜 일을 하다가 들켰거나 비밀이 드러났거나 하였을 때) 양심에 찔리다.

가슴이 미어지다관용 (가슴이 꽉 막히는 듯한) 심한 고통이나 슬픔을 느끼다.

가슴(이) 벅차다관용 기쁨이나 자부심이 가슴에 가득하여 넘치는 듯하다.

가슴(이) 아리다관용 마음이 쓰라리다. 딱하고 애틋하다.

가슴-걸이명 ①말의 가슴에 걸어 안장에 매는 가죽 끈. ②소의 가슴에 걸어 길마나 멍에에 매는 끈.

가슴검은-도요명 도욧과의 새. 날개 길이 17 cm, 꽁지 6 cm, 부리 2 cm가량. 등은 흑갈색에 회백색의 무늬가 있고, 가슴과 배는 검으나 겨울에는 흰빛으로 변함. 철새로, 여름에는 시베리아·알래스카 등지에서 번식하고, 우리나라·일본·중국 남부·인도 등지에서 겨울을 남. 보호조임.

가슴-관(-管)명 파충류 이상의 척추동물의 가슴을 지나는 림프관의 주된 줄기.

가슴-동[-똥]명 활터에서, '가슴통'을 이르는 말.

가슴-둘레명 젖가슴 자리에서 등을 둘러 잰 길이. 흉위(胸圍).

가슴-등뼈명 ☞흉추(胸椎).

가슴-살[-쌀]명 가슴에 붙은 살.

가슴-샘명 가슴 한가운데의 위쪽 부분에 있는 내분비샘. 어릴 때의 신체 발육을 촉진하며, 4~5세 때부터 퇴화함. 흉선.

가슴-속[-쏙]명 마음속. 심중(心中). 흉중(胸中). ¶ 가슴속에 있는 말을 다 털어놓다.

가슴-앓이[-스마리]명 ①(위카타르나 신경 쇠약 따위가 원인이 되어) 가슴이 이따금 켕기고 쓰리며 아픈 증세. ②안타까워 마음속으로만 애달파하는 일.

가슴-지느러미명 물고기의 가슴에 붙은 지느러미. 〔유영(游泳) 또는 몸의 균형을 잡는 데 쓰임.〕 협기(頰鰭).

가슴츠레부하형 (술에 취하거나 졸리거나 하여) 눈에 정기가 풀리어 하리망당한 모양. ¶ 술기운 탓인가, 가슴츠레 감긴 눈에 세상사 온갖 풍상(風霜)이 하릴없이 이어진다. 큰거슴츠레.

가슴-통명 ①가슴 부분의 앞뒤 전체, 곧 가슴둘레의 크기. ②앞가슴의 너비.

가슴-팍명 ☞가슴패기. ¶ 아이가 엄마의 가슴팍을 파고들며 안겼다.

가슴-패기명 '가슴의 평평한 부분'을 속되게 이르는 말. 가슴팍.

가습-기(加濕器) [-끼]명 수증기를 내어 실내의 습도를 알맞게 조절하는 전기 기구.

가승(加升)명하자되자 지난날, 세곡(稅穀)을 거둘 때, 나중에 축날 것을 예상하여 한 섬에 석 되씩 더 받던 일.

가승(家乘)명 ①한 집안의 사적(事績)에 관한 기록. ②한 집안의 보첩(譜牒). 가첩(家牒). 족보(族譜).

가ː승(假僧)명 가짜 중.

가싀명 〈옛〉가시. ¶ 호 손에 막디 잡고 또 호 손에 가싀 쥐고(古時調).

가싀다자 〈옛〉가시다. 변하다. ¶ 님 向호 一片丹心이야 가싈 줄이 이시랴(古時調). 참가시다.

가시¹명 ①바늘처럼 뾰족하게 돋친 것. 침(針). ¶ 철조망의 가시에 찔려 피가 났다. ②식물의 줄기나 잎에 바늘처럼 뾰족하게 돋아난 것. ¶ 장미 가시에 찔리다. ③동물의 몸에 바늘처럼 뾰족하게 돋아난 것. ¶ 고슴도치는 적을 만나면 가시를 세운다. ④물고기의 잔뼈. ¶ 꽁치 가시가 목에 걸렸다. ⑤나무나 대 따위의 거스러미가 살에 박힌 것. ¶ 손톱 밑에 큰 가시가 박혀 아프다. ⑥〔비유적 표현으로〕 남의 마음을 찌르는, 나쁜 뜻을 품은 표현. ¶ 가시 돋친 말. /언중유골이라더니, 그 말엔 가시가 있는 듯하다.

가시(가) 박히다관용 (하는 말 속에) 남의 감정을 건드리는 날카로운 뜻이 담겨 있다. ¶ 가시가 박힌 반문(反問).

가시가 세다관용 앙칼지고 고집이 세다.

가시²명 가시나무의 열매. 도토리와 비슷함.

가시³명 된장 등 음식물에 생기는 구더기.

가ː시(可視)명 《주로 일부 명사 앞에 쓰이어》 볼 수 있음. ¶ 가시 현상. /가시 상태.

가ː시-거리(可視距離)명 ①맨눈으로 목표물을 볼 수 있는 수평 거리. ②방송 전파가 방해를 받지 않고 텔레비전 수상기에 도달할 수 있는 거리.

가시-고기명 큰가시고깃과의 바닷물고기. 등지느러미 앞쪽에 여러 개의 가시와, 배지느러미가 퇴화하여 생긴 한 개의 가시가 있음. 등은 암회색이고, 배는 흼. 몸길이 7 cm가량. 수컷은 번식기에 아름다운 홍색을 띰. 집을 짓고 알을 낳는 습성이 있음. 우리나라 북부와 일본 중부 이북의 해역에 분포함.

가시-관(-冠)명 〈가시 면류관〉의 준말.

가ː시-광선(可視光線)명 맨눈으로 볼 수 있는 보통 광선. 준가시선. ↔비가시광선.

가ː시-권(可視圈) [-꿘]명 보이는 범위. 볼 수 있는 범위. ¶ 가시권에 들어오다.

가시-나무명 ①가시가 돋친 나무를 통틀어 이르는 말. ②돌가시나무·북가시나무·종가시나무·참가시나무를 통틀어 이르는 말. ③참나뭇과의 상록 활엽 교목. 높이가 10~20 m까지 자람. 잎은 긴 타원형에 톱니가 있고, 겉면은 녹색으로 반드러우며 뒷면은 흰색. 암수한그루로, 봄에 황갈색 단성화(單性花)가 피고, '가시'라고 하는 도토리 비슷한 열매는 10월에 익는데 먹을 수 있음. 재목은 가구재로 씀.

가시내명 '계집아이'의 방언.

가시-눈명 날카롭게 쏘아보는 눈. ¶ 자식놈 흉을 좀 봤다고 가시눈을 하고 대들더라.

가시다¹자 변하거나 달라지거나 없어지다. ¶ 더위가 싹 가시다. /통증이 가시다. /이젠 제법 소녀티가 가시고 처녀티가 난다.

가시다²타 깨끗이 씻다. 부시다. ¶ 숭늉으로 입안을 가시다. /그릇들을 물로 가시다.

가시-덤불명 ①가시가 많은 덤불. ¶ 가시덤불이 우거져 길을 찾기가 어렵다. ②☞가시밭.

가시-딸기명 장미과의 낙엽 활엽 관목. 높이는 0.5~2 m가량. 잎은 세 조각의 겹잎으로 손바닥 모양인데, 가장자리에 톱니가 있고, 뒷면은 흰 솜털 같은 것으로 덮여 있음. 줄기와 잎에 갈색의 깔깔한 털과 가시가 있음. 산지에 나며, 수분이 많은 빨간 열매가 열리며 식용함.

가시랭이명 초목의 가시 부스러기.

가시리명 작자·연대 미상의 고려 가요. 이별의 애틋함을 노래한 네 연의 서정시임. 〔'악장가사'에 실려 전함.〕 귀호곡(歸乎曲).

가시^면ː류관(-冕旒冠) [-멸-]명 예수가 십자가에 못 박힐 때, 로마 병정이 예수를 조롱하기 위하여 가시나무로 만들어 씌웠던 관. 형관(荊冠). 준가시관.

가시-밭 [-받]명 ①가시덤불이 뒤얽혀 있는 곳. ②'장애나 어려움이 거듭되는 험한 처지'를 비유하여 이르는 말. 가시덤불. ¶ 가시밭 속을 헤맬지라도 그에 대한 신의를 저버릴 수는 없다. * 가시밭이 [-바치]·가시밭을 [-바틀]·가시밭만 [-반-]

가시밭-길 [-받낄]명 ①가시덤불이 뒤얽혀 있는 길. ②'장애나 어려움이 거듭되는 험한 과정, 또는 그러한 경로'를 비유하여 이르는 말. ¶ 겨레를 위한 길이라면 가시밭길이라도 내 마다하지 않으리.

가시-버시명 '부부(夫婦)'를 속되게 일컫는 말.

가시-복명 가시복과의 바닷물고기. 몸길이 40 cm가량. 몸이 짧고 둥글며, 갈색 무늬가 흩어져 있고, 온몸이 센 가시로 덮여 있는데, 배를 불리면 밤송이 모양으로 둥글게 됨. 우리나라 서남부, 일본 중부 이남 등 온대와 열대 연해에 두루 분포함.

가시-새명 벽 속을 얽을 때, 중깃에 가로 대는 가는 나무오리.

가ː시-선(可視線)명 〈가시광선〉의 준말.

가시-성(-城)명 탱자나무 등으로 된 '가시나무 울타리'를 성에 비유하여 이르는 말.

가시-섶 [-섭]명 가시가 있는 땔감. * 가시섶이 [-서피]·가시섶만 [-섬-]

가ː시^스펙트럼(可視spectrum)명 가시광선의 스펙트럼.

가ː시-신호(可視信號)명 기(旗)나 신호등 따위로 눈에 보이게 하는 신호. 참음향 신호.

가시-아비명 '장인(丈人)'을 속되게 일컫는 말.

가시-어미명 '장모(丈母)'를 속되게 일컫는 말.

가시-연(-蓮)명 수련과의 일년초. 못이나 늪에서 자라며, 온몸에 가시가 있음. 잎은 둥그스름한 방패 모양인데, 앞면에는 주름이 있고 광택이 나며, 뒷면은 암자색을 띰. 7~8월에 자줏빛 꽃이 피는데, 낮에 피고 밤에는 오므리며, 열매는 장과(漿果)로 공 모양임. 땅속줄기는 먹고 열매는 약으로 씀.

가시연-밥(-蓮-) [-빱]명 가시연의 열매.

가ː시-적(可視的)관명 눈으로 직접 확인할 수 있는 (것). ¶ 가시적 성과. /가시적인 조치를 취하다.

가시-줄명 ☞가시철사.

가시-철(-鐵)명 가시철사를 꼴 때 끼우는, 가시 모양의 쇠.

가시-철사(-鐵絲) [-싸]명 가시철을 끼워서 꼰 철사. 철조망으로 쓰임. 가시줄.

가ː시-화(可視化)명하자타되자 (어떤 현상이나 상태 등이) 실제로 드러나게 됨, 또는 드러나게 함. ¶ 그동안 은밀히 진행되어 온 작업이 가시화되었다.

가ː식(假植)명하타 (모종 따위를 제자리에 심기 전에) 임시로 심음. 한때심기. ↔정식(定植).

가ː식(假飾)명하타 (말이나 행동을) 속마음과는 달리 거짓으로 꾸밈. ¶ 가식이 없는 인품.

가ː식-적(假飾的)[-쩍]관명 (말이나 행동을) 속마음과는 달리 거짓으로 꾸미는 (것). ¶ 가식적 언행. /가식적인 웃음을 짓다.

가신(可信) '가신하다'의 어근.

가ː신(佳辰·嘉辰)명 경사스러운 날. 좋은 날. 가절(佳節).

가신(家臣)명 ①봉건 시대에, 공경대부의 집에 딸려 그들을 섬기던 사람. 배신(陪臣). ②영향력 있는 정치 지도자를 추종하여 측근에서 공적·사적 일을 보좌하는 정치인. ¶ 가신 정치.

가신(家信)명 자기 집에서 보내온 편지나 소식. 가서(家書).

가신(家神)명 집을 지킨다는 귀신. 〔성주·지신(地神)·조왕(竈王)·문신(門神)·측신(廁神)·조상신(祖上神)·삼신(三神) 따위.〕

가신-제(家神祭)명 가신(家神)에 드리는 제사.

가ː신-하다(可信-)형여 믿을 만하다.

가ː실(佳實)명 ☞가과(佳果).

가실(家室)명 ①한 집안. 한 가정. ②한 집에 사는 가족. ③(남 앞에서) '자기의 아내'를 점잖게 일컫는 말.

가심명하타 (깨끗하지 않은 것을) 가시는 일.

가심-끌명 나무에 뚫은 구멍을 다듬는 데 쓰는, 날이 길고 얇은 끌.

가심-질명하타 ①깨끗하게 가시어 내는 일. ②(나무에 구멍을 뚫을 때) 가심끌로 구멍 안을 깨끗이 다듬는 일.

가십(gossip)명 (신문·잡지 등에서) 유명한 사람에 대한 소문이나 험담 따위를 흥미 본위로 다룬 기사. ¶ 가십 기사(記事).

가숨명 〈옛〉가슴. ¶ 설믜 모도와 有德ᄒᆞ신 가ᄉᆞ매(樂範.處容歌).

가ᄉᆡ명 〈옛〉가시. ¶ 千村萬落애 가ᄉᆡ 남기 낫도다(杜重*4:2*).

가ᄉᆡ다자 〈옛〉가시다. 변하다. ¶ 몰ᄀᆞᆫ 性이 가ᄉᆡ디 아니ᄒᆞ야(月釋*1:50*).

가ᄉᆡ야부 〈옛〉다시. ¶ 하ᄂᆞᆳ 비치 가ᄉᆡ야 몰가 가ᄂᆞᆫ 줄을 울워러보고(杜重*1:7*).

가ᄭᆞᄫᅵ부 〈옛〉가까이. 가깝게. 참갓가ᄫᅵ.

가ᄯᆞ라타 〈옛〉〔'갔다'의 활용형〕 깎아라. ¶ 머리롤 가ᄯᆞ라 ᄒᆞ야시놀(月釋*7:8*). 참갔다.

가ᄉᆞ멸다형 〈옛〉가멸다. ¶ 벼슬도 노푸며 가ᄉᆞ멸며(月釋*2:23*).

가아(家兒)명 (남 앞에서) 자기의 '아들'을 겸손하게 일컫는 말. 가돈(家豚). 돈아(豚兒).

가ː아(假我)명 불교에서, 오온 화합(五蘊和合)으로 된 육신(肉身)인 '나'를 이르는 말.

가악(歌樂)명 노래와 풍악.

가안(家雁)명 ☞거위[1].

가압(加壓)명하자 압력을 가함. ↔감압(減壓).

가압(家鴨)명 ☞집오리.

가압-기(加壓機)[-끼]명 제본 공정에서, 접지(摺紙)된 인쇄물을 밀착시키기 위하여 압력을 가하는 기계.

가ː-압류(假押留)[-암뉴]명하타되자 법원이 채무자의 재산에 대한 강제 집행을 보전하기 위하여 그 재산을 임시로 확보하는 일.

가애(加愛)명하자 〔편지 글 같은 데서 상대편을 높이어〕 '스스로 몸을 돌봄'을 이르는 말.

가애(可愛) '가애하다'의 어근.

가애(嘉愛)명하타 가상히 여기어 사랑함.

가ː애-하다(可愛-)형여 사랑할 만하다.

가액(加額)[1]명하자 돈의 액수를 더함, 또는 더한 그 돈. ↔감액(減額).

가액(加額)[2]명하타 〔이마에 손바닥을 차양처럼 얹는다는 뜻으로〕 '사람을 몹시 기다림'을 이르는 말.

가액(價額)명 값.

가야(伽倻)명 ①우리나라의 고대 부족 국가. 낙동강 하류에 있던 변한의 열두 나라를 통합하여 일어난 여섯 나라. 금관가야, 대가야, 고령가야, 소가야, 아라가야, 성산가야의 여섯 가야로 이루어짐. 가라(加羅). 가락국(駕洛國). 가야국(伽倻國). 육 가야(六伽倻). ②☞금관가야.

가야-국(伽倻國)명 ☞가야(伽倻).

가야-금(伽倻琴)명 가야의 우륵(于勒)이 만들었다는, 우리나라 고유의 현악기. 오동나무로 길게 만든 공명관(共鳴管) 위에 열두 줄을 세로로 매어, 각 줄마다 기러기발로 받친 구조임.

가야미명 〈옛〉개미. ¶ 가야미 머구믈 免ᄒᆞ야(法華*6:154*).

가야지명 〈옛〉버들개지. ¶ 霏霏히 블근 곳과 힌 가야지 가비얍도다(杜初*10:5*).

가ː약(可約)명 약분(約分)할 수 있음.

가ː약(佳約)명 ①좋은 언약. ②가인(佳人)과 만날 약속. ③부부가 되기로 한 약속. 혼약(婚約). ¶ 가약을 맺다.

가얏-고(伽倻-)[-야꼬/-얃꼬]명 '가야금'을 달리 이르는 말.

가양(家釀)명 ①하타집에서 술을 빚음. ②〈가양주〉의 준말.

가양-주(家釀酒)명 집에서 빚은 술. 준가양.

가ː-어사(假御史)명 (거짓으로 어사 행세를 하는) 가짜 어사.

가언(嘉言·佳言)명 (본받을 만한) 좋은 말. 훌륭한 말. 창언(昌言).

가ː언(假言)명 ①☞가설(假說). ②거짓말.

가ː언-적(假言的)관명 어떤 조건이나 가정 아래에서 말하는 (것). 참선언적·정언적.

가ː언적 명ː령(假言的命令)[-정-녕] 논리학에서, 어떤 목적을 달성하기 위한 수단으로서 내리는 조건부의 명령. 〔'부자가 되고 싶거든 열심히 일을 해라.' 따위.〕 가언적 명법. 참정언적 명령.

가ː언적 명ː법(假言的命法)[-정-뻡] ☞가언적 명령.

가ː언적 명ː제(假言的命題)[-정-] 가언적 판단을 나타내는 명제. 참선언적 명제·정언적 명제.

가ː언적 삼단^논법(假言的三段論法)[-쌈-뻡] 가언적 판단을 전제로 하는 삼단 논법. 〔'A가 B라면 C는 D다. A는 B다. 그러므로 C는 D다.' 하는 따위의 논법.〕

가ː언적 판단(假言的判斷) 조건 또는 원인과, 귀결 또는 결과와의 관계를 나타내는 판단. 〔'A가 B라면 C는 D다.'와 같은 판단.〕 참선언적 판단·정언적 판단.

가엄(苛嚴) '가엄하다'의 어근.

가엄(家嚴)명 ☞가친(家親).

가ː엄-하다(苛嚴-)형여 가혹하고 엄격하다.

가업(家業)명 ①그 집안의 직업. ②대대로 물려받은 직업. 세업(世業). ¶ 가업을 잇다.

가업(街業)명 길거리에서 하는 영업.

가업(稼業)명하자타 ☞가행(稼行).

가ː-없다[-업따]형 끝이 없다. 한이 없다. 다함이 없다. ¶ 가없는 하늘. 가없-이부 ¶ 가없이 넓은 바다.
가여(駕輿)명 왕세자나 황태자가 타는 가마.
가ː역(可逆)명 《일부 명사 앞에 쓰이어》 다시 본디의 상태로 돌이킬 수 있음.
가역(家役)명 (개인이) 집을 짓거나 고치는 일.
가ː역(假驛)명 임시로 마련한 철도 정거장.
가ː역^반ː응(可逆反應)[-빠능]명 화학 반응에서, 역(逆)으로 진행할 수 있는 반응. 〔암모니아와 염화수소가 화합하여 염화암모늄이 생기는데, 이에 열을 가하면 다시 암모니아와 염화수소로 나뉘는 따위.〕
가ː역^변ː화(可逆變化)[-뻔-]명 어떤 물체가 A의 상태에서 B의 상태로 되었다가 다시 B에서 A의 상태로 돌아갔을 때, 주위의 상태가 최초의 상태와 똑같은 상태로 있는 성질의 변화. 〔진공에서의 진자의 진동 따위.〕 ↔불가역 변화.
가ː역^전ː지(可逆電池)[-쩐-]명 충전에 의하여 다시 원래의 상태로 되돌아갈 수 있는 전지. 축전지.
가ː연(可燃)명 불에 탈 수 있음. 〔주로, 다른 말과 어울려 복합어를 이루어 쓰임.〕
가ː연(佳宴)명 경사스러운 연회. 좋은 잔치.
가ː연(佳緣)명 ①좋은 인연. ②서로 사랑하게 되는 남녀 간의 연분.
가ː연-물(可燃物)명 불에 탈 수 있는 물건. 가연성 물질.
가ː연-성(可燃性)[-썽]명 불에 타는 성질. ↔불연성.
가열명 남사당패의 재주를 익히는 수련생.
가열(加熱)명하타되자 ①(어떤 물체에) 열을 가함. ②어떤 일에 열기를 더함. ¶ 선거 유세가 한창 가열되고 있다.
가열(苛烈) '가열(苛烈)하다'의 어근.
가ː열(假熱)명 한방에서, 몸에 열이 있어 양증(陽症) 같으나 양증이 아니고, 더운 성질의 약을 써야 내리는 열을 이르는 말.
가열(嘉悅) '가열(嘉悅)하다'의 어근.
가열-기(加熱器)명 (증기·가스·전기 따위로) 열을 가하는 기구. 히터.
가ː열-하다(苛烈-)형여 가혹하고 맹렬하다. 가열-히부.
가열-하다(嘉悅-)자타여 (손아랫사람의 좋은 일이나 착한 일에 대하여) 대견해하고 기뻐하다.
가ː엽(假葉)명 잎꼭지가 잎처럼 납작하게 변하여 잎의 작용을 하는 것. 헛잎.
가ː엽다[-따]〔가여우니·가여워〕형ㅂ ☞가엾다.
가ː엾다[-엽따]형 불쌍하다. 딱하다. 가엽다. ¶ 어미를 잃어버린 어린 새끼가 가엾다. 가엾-이부 ¶ 가엾이 여겨 보살펴 주다.
가ː-영업소(假營業所)[-쏘]명 임시로 차린 영업소.
가ː-예산(假豫算)명 예산안 심의가 늦어져 새 회계 연도가 시작될 때까지 통과가 불가능할 때, 연도 시작 후 일정한 기간 동안 잠정적으로 편성하는 예산. 잠정 예산.
가오리명 가오릿과의 바닷물고기를 통틀어 이르는 말. 몸이 가로로 넓적한 마름모꼴이고 꼬리가 긺. 근해어(近海魚)임.
가오리-연(-鳶)명 가오리 모양으로 만들어 꼬리를 단 연. 꼬빡연.
가옥(家屋)명 (사람이 사는) 집. ¶ 전통 가옥.
가ː옥(假玉)명 (인공으로 만든) 가짜 옥.
가ː옥(假屋)명 (판잣집·오두막집 따위와 같이) 임시로 지은 허술한 집.
가옥-대장(家屋臺帳)[-때-]명 가옥의 소재·번호·종류·면적·소유주 등을 적은 공용 문서.
가옥-세(家屋稅)[-쎄]명 가옥의 소유자에게 부과하던, 지방세의 한 가지. 〔재산세에 통합됨.〕
가온딗명 〈옛〉 가운데. ¶ 中은 가온딗라(訓諺).
가온딧-소리명 〈옛〉 중성(中聲). 홀소리. ¶ ㆍ는 呑ㄷ字 가온딧소리 ᄀᆞᄐᆞ니라(訓諺).
가외(加外)[-외/-웨]명 일정한 표준이나 한도의 밖. ¶ 가외로 하나 더 얹어 드리겠습니다.
가ː외(可畏)[-외/-웨]명 가히 두려워할 만함. ¶ 후생(後生)이나 가외로구나.
가욋-돈(加外-)[-외똔/-웯똔]명 가외로 드는 돈. 예상외로 드는 돈.
가욋-사람(加外-)[-외싸-/-웯싸-]명 필요한 사람 이외의 사람. 필요 없는 사람.
가욋-일(加外-)[-왼닐/-웬닐]명 필요 밖의 일, 또는 일정한 일 외에 하는 다른 일.
가요(歌謠)명 ①민요·동요·속요·유행가 따위를 통틀어 이르는 말. ②〈교방가요(敎坊歌謠)〉의 준말. ③〈대중가요〉의 준말.
가요-계(歌謠界)[-계/-게]명 대중가요의 작사자·작곡가 및 가수(歌手)들의 사회.
가요-곡(歌謠曲)명 ①지난날, 악장(樂章)에 맞추어 부르던 속요(俗謠)의 곡조. ②☞대중가요(大衆歌謠).
가요-문(哥窯紋)명 이리저리 잘게 갈라진 금처럼 나타난, 도자기의 무늬.
가요-제(歌謠祭)명 새 가요의 발표나 가수의 노래 경연 등을 베푸는 연예 행사.
가ː용(可用)명 《일부 명사 앞에 쓰이어》 사용할 수 있음. ¶ 가용 인력. /가용 자원.
가ː용(可溶)명 액체에 잘 녹음. 〔주로, 다른 말과 어울려 복합어를 이루어 쓰임.〕
가ː용(可鎔)명 (금속이) 열에 잘 녹음. 〔주로, 다른 말과 어울려 복합어를 이루어 쓰임.〕
가용(家用)명 ①하타집에서 필요하여 씀, 또는 그 물건. ¶ 가용하기 위해 냉장고를 들여놓다. ②집안 살림살이에 쓰는 비용. ¶ 가용을 줄이다.
가ː용-금(可鎔金)명 열에 잘 녹는 합금. 가융금(可融金).
가ː용-물(可溶物)명 액체에 잘 녹는 물질.
가ː용-성(可溶性)[-썽]명 액체에 잘 녹는 성질. ↔불용성(不溶性).
가ː용-인구(可容人口)명 (식량 소비면에서 본) 부양 가능한, 지구상의 인구 총수.
가ː우(假寓)명하자 임시로 거처함, 또는 그곳. 가거.
가우스(gauss)의 (독일의 물리학자 가우스가 제창한) 자기 유도(磁氣誘導)의 강도를 나타내는 전자 단위(電磁單位). 〔기호는 G〕
가운(家運)명 집안의 운수. 가수(家數). ¶ 가운이 걸려 있는 사업이다.
가운(gown)명 ①의사·간호사·과학자들이 입는 위생복. ②판검사·변호사들이 법정에서 입는 법복(法服). ③교수·학생들이 예식 때 입는 예복. ④신부(神父)·목사들이 미사나 예배 때 입는 예복. ⑤실내에서 입는 긴 겉옷.
가운데명 ①평면이나 입체 등의 가장자리나 겉이 아닌 부분. 속. ¶ 호수 가운데로 노를 저어 가다. /깊은 물 가운데로 가라앉았다. ②둘의 사이. ¶ 두 사람 가운데로 파고들어 가 싸움을 말리다. ③선으로 된 것의 양 끝에서 같은 거리에 해당하는 부분. ¶ 막대기의 가운데를 잘라 두 도막을 내다. ④일정한 무리의 안. ¶ 여러분 가운데 아는 사람은 손을 들어요. ⑤《관형사형 '-ㄴ'·'-는' 다음에 쓰이어》 일이나 상태 따위가 진행되는 범위의 안. ¶ 그는 어려운 가운데서도 남을 돕는다. ⑥순서에서, 처음이나 마지막이 아닌 중간. ¶ 성적이 반에서 가운데다. /아들 셋 중에 가운데 아이가 제일 똑똑하다. ㊂한가운데.

가운데-골명 ☞중뇌(中腦).

가운데-귀명 ☞중이(中耳).

가운데-뜰명 집채로 에워싸여 있는 뜰. 집채와 집채 사이에 있는 뜰.

가운데-톨명 세톨박이 밤송이의 한가운데에 박혀 있는 밤톨. ㊟가톨.

가운뎃-발가락[-데빨까-/-뎉빨까-]명 (다섯 발가락 중) 한가운데의 발가락.

가운뎃-소리[-데쏘-/-뎉쏘-]명 한 음절에서 가운데에 나는 모음. ['첫'의 'ㅓ' 따위.] 중성(中聲).

가운뎃-손가락[-데쏜까-/-뎉쏜까-]명 (다섯 손가락 중) 한가운데의 손가락. 장지. 중지.

가운뎃-점(-點)[-데쩜/-뎉쩜]명 대등한 관계의 단어나 같은 계열의 단어를 늘어놓을 때 그 사이에 찍는 점, 곧 '·'의 이름. 중점(中點).

가운뎃-줄[-데쭐/-뎉쭐]명 ①(여러 줄 가운데서) 한복판에 있는 줄. ②연(鳶)의 귀·꽁수·허리의 세 달이 교차되는 중심에 하나 더 맨 줄.

가운뎃-집[-데찝/-뎉찝]명 (각살림하는 삼 형제의) 둘째 사람의 집.

-가웃[-욷]접미 《수량을 나타내는 말 뒤에 붙어》 되·말·자 따위로 되거나 잴 때, 그 단위의 절반가량에 해당하는, 남는 분량을 이르는 말. ¶ 두 말가웃. /석 자가웃.

가ː-웅예(假雄蕊)명 수술이 꽃잎처럼 변형되어 꽃밥이 생기지 아니한 것. 헛수술.

가ː월(佳月)명 아름다운 달. 명월(明月).

가월(嘉月)명 '음력 삼월'을 달리 이르는 말. 도월(桃月).

가위[1]명 ①옷감·종이·가죽·머리털 따위를 자르거나 오리는 데 쓰는 쇠붙이 연장. 전도(剪刀). 협도(鋏刀). ②가위바위보에서, 집게손가락과 가운뎃손가락(또는 엄지손가락)을 벌려 내민 것. '보'에는 이기고 '바위'에는 짐.

가위[2]명 잠을 자다가(잠결에) 무서운 꿈에 질려서 몸이 마음대로 움직여지지 않고 답답한 상태. ¶ 가위에 눌리다.

가위[3]명 음력 팔월 보름의 명절. 한가위. 추석(秋夕). 가배절. ㊟가배(嘉俳).

가ː위(可謂)부 ①가히 말한다면. ②(흔히) 일러오는 그대로. 말 그대로 과연. ¶ 가위 천하의 절색이다.

가위-눌리다자 자다가 무서운 꿈에 질려서 몸을 마음대로 움직이지 못하고 답답함을 느끼다.

가위-다리명 ①가위의 손잡이. ②길이가 있는 두 물건을 '×' 모양으로 서로 어긋매껴 걸친 형상.

가위다리(를) 치다관용 '×' 모양으로 서로 어긋매끼게 걸쳐 놓다.

가위다리-양자(-養子)명하타 두 형제 중 하나만 외아들이 있고, 그 외아들이 두 아들을 낳았을 때, 그중의 하나가 종조(從祖)의 양손(養孫)으로 들어가는 일, 또는 그 양손.

가위다리-차(-車)명 장기에서, 상대편 궁(宮)에 대하여 연거푸 장군을 부를 수 있는 자리에 놓인 두 차(車).

가위바위보명 순서나 승부를 정할 때, 서로 손을 내밀어 그 손 모양으로 정하는 방법. ㊟가위[1]·바위·보.

가위-벌명 가위벌과의 곤충. 꿀벌과 비슷하나 더 크고 몸빛이 짙음. 장미 따위의 잎을 뜯어 집을 짓고 삶.

가위-벌레명 '집게벌레'의 잘못.

가위-좀명 줄점팔랑나비의 유충. 볏잎을 갉아먹는 해충으로, 한 해에 두 번 발생하여 유충으로 겨울을 남. 아시아 각지에 분포함.

가위-질명하자타 ①가위로 자르거나 오리는 일. ②'보도나 영화 따위를 검열하여 그 일부분을 삭제하는 일'을 비유하여 이르는 말.

가위-춤명 가위를 장단에 맞추어 벌렸다 오므렸다 하는 짓.

가위-톱명 ☞가회톱.

가위-표(-標)명 '×' 표의 이름. 문장에서 알면서도 일부러 드러내지 않음을 나타낼 때, 또는 틀린 것을 나타낼 때 씀. 가새표. 횡십자. ㊟숨김표.

가윗-날[1][-윈-]명 가배일. 한가윗날. 추석날.

가윗-날[2][-윈-]명 가위의 날. 물건을 자르는 부분임.

가윗-밥[-위빱/-윋빱]명 가위질할 때 생기는 부스러기.

가유(加由)명하자 〈가급유(加給由)〉의 준말.

가ː유(假有)명 불교에서, 인연 화합(因緣和合)에 의하여 현실로 나타나 있는 만유(萬有)를 이르는 말. ↔실유(實有).

가유호세(家諭戶說)명하자 집집마다 깨우쳐 일러 알아듣게 함.

가율(加律)명하자타 ☞가형(加刑).

가ː융-금(可融金)명 ☞가용금(可鎔金).

가ː융^합금(可融合金)[-끔]명 ☞이융 합금.

가으-내부 온 가을 동안 줄곧. ¶ 가으내 시골에서 농사일을 거들었다.

가을[1]명 한 해의 네 철 가운데 셋째 철. 여름과 겨울 사이의 계절로 입추에서 입동 전까지를 이름. ㊜갈[2].

가을에는 부지깽이도 덤빈다(덤벙인다)속담 추수하는 가을에는 매우 바쁘다는 말.

가을 중 싸대듯(싸다니듯)속담 '여기저기 분주하게 돌아다님'을 비유하여 이르는 말.

가을[2]명하자 가을걷이를 함.

가을-갈이명하타 가을에 논을 미리 갈아 두는 일. 추경(秋耕). ㊜갈갈이. ↔봄갈이.

가을-걷이[-거지]명하타 가을에 곡식을 거두는 일. 추수(秋收). ㊜갈걷이.

가을-꽃[-꼳]명 가을에 피는 꽃. 추화. *가을꽃이[-꼬치]·가을꽃만[-꼰-]

가을-날[-랄]명 가을철의 날.

가을-내부 '가으내'의 잘못.

가을-누에[-루-]명 가을에 치는 누에. 추잠(秋蠶). ↔봄누에.

가을-맞이명하자 가을을 맞이함. 영추.

가을-바람[-빠-]명 가을에 부는 선선하고 서늘한 바람. 추풍. ㊜갈바람[2].

가을-밤[-빰]명 가을철의 밤. 추야(秋夜). 추소(秋宵).

가을-보리명 가을에 씨를 뿌리어 이듬해 초여름에 거두어들이는 보리. 추맥(秋麥). ㊜갈보리. ↔봄보리.

가을-봄명 가을과 봄을 아울러 이르는 말. ㊜갈봄.

가을-비[-삐]명 가을철에 오는 비. 추우.

가을-빛[-삗]명 가을 기운. 가을철임을 느낄 수 있게 하는 자연의 현상. 추색(秋色). 참봄빛. *가을빛이[-삐치]·가을빛만[-삔-]
가을-살이명 가을에 입는 옷.
가을-심기[-끼]명하타 가을에 작물을 심는 일.
가을-일[-릴]명하자 가을걷이하는 일.
가을-장마[-짱-]명 가을에 여러 날 줄곧 내리는 비. 추림(秋霖).
가을-철명 가을인 철. 추계. 추기(秋期). 추절.
가을-카리명하타 '가을갈이'의 방언.
가의(加衣)[-의/-이]명 ☞책가위.
가의(加意)[-의/-이]명하자 특별히 마음에 새겨 주의함.
가의(可疑) '가의하다'의 어근.
가의(歌意)[-의/-이]명 노래의 뜻.
가의-대부(嘉義大夫)[-의-/-이-]명 조선 시대, 종이품(從二品) 문무관의 품계.
가:의-하다(可疑-)[-의-/-이-]형여 의심할 만하다.
가이거^계:수관(Geiger計數管)[-계-/-게-]명 〔방사선의 입사(入射)로 일어나는 기체 방전(放電)을 이용하여〕 방사능을 검출하는 장치.
가:이동가이서(可以東可以西)명 이렇게 할 만도 하고 저렇게 할 만도 함. 준가동가서.
가이드(guide)명 ①인도자. 안내자. ②가이드북.
가이드-라인(guideline)명 정책이나 시책(施策) 따위의 지표(指標). 지침(指針).
가이드-북(guidebook)명 여행 안내서. 관광 안내서. 가이드.
가이슬러-관(Geissler管)명 진공 방전 실험이나 내부 기체의 발광 스펙트럼을 얻는 데에 쓰이는 이극 방전관(二極放電管).
가이아(Gaea)명 그리스 신화에 나오는, 대지(大地)의 여신. 게(Ge).
가이-없다형 '가없다'의 잘못.
가:인(佳人)명 ①아름다운 여자. 미인. ②사랑의 대상자인 이성(異性).
가인(家人)[1]명 ①한집안 사람. ②집안에 딸린 사람. ③(남 앞에서) '자기의 아내'를 일컫는 말.
가인(家人)[2]명 〈가인괘(家人卦)〉의 준말.
가인(歌人)명 노래를 잘 짓거나 잘 부르는 사람. ¶ 조선 말기의 가인 박효관. 비가객(歌客).
가인-괘(家人卦)명 육십사괘의 하나. 손괘(巽卦)와 이괘(離卦)가 거듭된 괘. 바람이 불에서 남을 상징함. 준가인(家人)2.
가:인-박명(佳人薄命)[-방-]명 아름다운 여자는 수명이 짧음. 〔소식(蘇軾)의 '박명가인시(薄命佳人詩)'에서 유래함.〕 미인박명.
가:인-재자(佳人才子)명 아름다운 여자와 재주 있는 남자. 재자가인(才子佳人).
가:일(佳日·嘉日)명 경사스러운 날. 좋은 날. 가신(佳辰). ¶ 양춘(陽春) 가일.
가:일(暇日)명 한가한 날.
가-일과(加一瓜)명하타되자 지난날, 임기가 다 찬 벼슬아치를 중임(重任)시키던 일.
가-일층(加一層) Ⅰ명하타 정도 따위가 한층 더함. ¶ 여러분의 가일층의 분발을 촉구하는 바입니다.
Ⅱ부 한층 더. 더욱더. ¶ 국력 배양에 가일층 매진하다.
가임(家賃)명 ☞집세.
가입(加入)명하자되자 단체나 조직 따위에 들어감. ¶ 이 여성 단체는 주부들의 가입을 환영합니다. /보험에 가입하다. ↔탈퇴(脫退).
가입^전:신(加入電信)[-쩐-]명 전신국에서 특정인과 계약하여 설치하는 전신. 텔렉스(telex).
가입^전:화(加入電話)[-쩐-]명 전화국에서 특정인과 계약하여 설치하는 전화.
가ᄋᆞ멸다형 〈옛〉가멸다. ¶ 가ᄋᆞ멸며 貴호ᄆᆞᆫ 내게 ᄠᅳᆫ 구룸 ᄀᆞᆮᄒᆞ니라 너기놋다(杜重16:25). 참가수멸다.
가자(加資)명하타되자 조선 시대, 정삼품 통정대부(通政大夫) 이상인 당상관의 품계, 또는 그 품계를 올리던 일.
가자(架子)명 ①나뭇가지가 처지지 않도록 받치어 세운 시렁. ②편종(編鐘)·편경(編磬) 따위 악기를 달아 놓는 틀. ③☞갸자.
가자(家資)명 한 집안의 자산(資産). 가산(家產).
가자(家慈)명 (남 앞에서) '자기의 어머니'를 일컫는 말. 자친(慈親).
가:자(假子)명 ①양아들. ②의붓자식.
가자(嫁資)명 시집갈 때 드는 비용.
가자(歌者)명 정재(呈才)의 한 가지, 또는 그 정재에서 춤을 추고 노래를 부르던 사람.
가자미명 넙칫과와 붕넙칫과의 넙치가자미 따위를 통틀어 이르는 말. 몸이 위아래로 납작하여 타원형에 가까우며, 두 눈은 다 오른편에 몰리어 붙었음. 근해에 삶. 접어(鰈魚).
가자미-눈명 '화가 나서 옆으로 흘겨보는 눈'을 가자미의 눈에 비유하여 이르는 말. ¶ 가자미눈으로 노려보다.
가:-자제(佳子弟)명 〔'훌륭한 자제'란 뜻으로〕 남을 높이어, 그의 '아들'을 일컫는 말.
가자-체(加資帖)명 '가자(加資)를 내릴 때 주는 교지(敎旨)'를 이르던 말.
가:작(佳作)명 ①잘된 작품. 가편(佳篇). ②(현상 모집 등에서) 당선에 버금가는 작품. 참선외가작(選外佳作).
가작(家作)명하타 (남에게 소작을 주지 아니하고) 손수 농사를 짓는 일. 자작(自作).
가:작(假作)명하타되자 ①거짓 행동을 함, 또는 그런 행동. ②우선 임시로 만들어 보는 일. ③다른 작품을 그대로 베끼거나 모방함, 또는 그렇게 만든 작품.
가-작약(家芍藥)명 한방에서, 집에서 심어 가꾼 작약의 뿌리를 약재로 이르는 말.
가잠(家蠶)명 ☞집누에. ↔작잠(柞蠶).
가잠-나룻[-룯]명 짧고 성기게 난 구레나룻. *가잠나룻이[-루시]·가잠나룻만[-룬-]
가장부 (여럿 중에서) 으뜸으로. 첫째로. 제일로. ¶ 내가 가장 좋아하는 꽃.
가장(架藏)명하타 시렁 위에 간직함. 〔주로, 책을 서가(書架)에 간직하여 둠을 이름.〕
가장(家長)명 ①집안의 어른. 호주(戶主). 가구주(家口主). ②가족의 생활을 맡아 다스리는 사람. ③'남편'을 달리 일컫는 말.
가장(家狀)명 한 집안 조상의 행적(行跡)에 관한 기록.
가장(家藏)명하타되자 집에 간직함, 또는 간직하고 있는 그 물건.
가:장(假葬)명하타되자 ①임시로 장사 지냄, 또는 그 장사. ②(시체를 정식으로 매장하기에 앞서) 임시로 묻음. ③어린아이 시체를 묻는 일.
가:장(假裝)명하자타 ①거짓으로 꾸밈. ¶ 손님을 가장하다. ②(자기의 정체를 감추기 위하여) 얼굴이나 옷차림을 딴 모습으로 차림. ¶ 중세기의 무사로 가장하고 무도회에 나갔다.
가장(嘉奬)명하타되자 칭찬하여 권장함.

가장-권(家長權) [-꿘] 명 가장이 가족에게 행사하는 지배권(支配權).
가장귀 명 나뭇가지의 아귀.
가장귀-지다 자 나뭇가지가 갈라져서 가장귀가 생기다.
가:장-무도(假裝舞蹈) 명 ①제각기 가장을 하고 추는 춤. ②☞탈춤.
가:장-무도회(假裝舞蹈會) [-회/-훼] 명 가장무도를 하는 사교 모임. 가면무도회.
가:-장비(假張飛) 명 〔중국 삼국 시대 촉(蜀)나라의 맹장 장비와 닮았다는 뜻으로〕 '용모와 태도가 우악스러운 사람'을 가리켜 이르는 말.
가장이 명 나뭇가지의 몸.
가:장-자리 명 물건의 둘레와 그에 가까운 부분. ¶ 책상의 가장자리에 놓인 꽃병.
가:장^자본(假裝資本) 명 ☞의제 자본.
가장^제:도(家長制度) 명 가장이 절대적인 권력을 가지고 그 가족을 지배하는 대가족 제도.
가-장조(-長調) [-쪼] 명 '가' 음을 으뜸음으로 하는 장조.
가장-질 명 하자 노름판에서 패를 속이는 짓.
가장-집물(家藏什物) [-짐-] 명 집에 있는 온갖 세간. 준 가집(家什).
가:장-행렬(假裝行列) [-녈] 명 (흔히, 운동회나 축제 따위에서) 여러 사람이 갖가지 모습으로 가장하고 줄지어 가는 일, 또는 그 행렬.
가:장-행위(假裝行爲) 명 제삼자를 속이기 위하여 상대편과 짜고 거짓으로 의사 표시를 함으로써 성립되는 법률 행위. 〔실제로는 증여(贈與)한 것을 매매(賣買)로 가장하는 따위.〕
가:재 명 가잿과의 절지동물. 새우와 게의 중간형으로, 앞의 큰 발은 집게발로 되어 있으며 긴 촉각이 있고, 몸길이는 3~6 cm. 개울 상류의 돌 밑에 살며 뒷걸음질을 잘하는 특성이 있음. 우리나라, 일본의 홋카이도 등지에 분포함. 폐디스토마의 중간 숙주임. 석해(石蟹).
가재는 게 편이라 속담 됨됨이나 형편이 비슷한 사람끼리 어울리게 되어 서로 사정을 보아줌을 이르는 말.
가재(家財) 명 집안의 재물이나 재산.
가:재-걸음 명 ①뒤로 걷는 걸음. 참 게걸음. ②'퇴보'를 비유하여 이르는 말.
가재기 명 튼튼하게 만들지 못한 물건.
가재-기물(家財器物) 명 집안에서 쓰는 여러 가지 물건. 가재도구.
가재다 타 〈옛〉 가져다가. ¶ 소니 가재다 므ᄅ옵노이다(樂範. 動動).
가재-도구(家財道具) 명 ☞가재기물.
가적(家嫡) 명 집안의 적자(嫡子).
가전(加錢) 명 웃돈.
가전(家傳) 명 ①한 집안의 사적(事績)을 적은 기록. ②하자 집안에 대대로 전해 내려옴, 또는 그 물건.
가전(家電) 명 〈가전제품〉의 준말.
가전(嘉典) 명 경사스러운 의례(儀禮).
가전(駕前) 명 ①임금의 수레 앞에 서던 시위병. ↔가후(駕後). ②임금의 행차 앞.
가전(價錢) 명 값.
가전-기(駕前旗) 명 가전별초(駕前別抄)를 지휘하는 데 쓰던 기. 기의 바탕은 붉고, 가장자리는 누런색임.
가전-별초(駕前別抄) 명 임금의 행차 앞에, 가전(駕前) 이외에 따로 앞서던 군대.
가전-비방(家傳祕方) 명 그 집안에서만 대대로 전하여 내려오는 약의 처방.
가:전-성(可展性) [-썽] 명 ☞전성(展性).
가전자(價電子) 명 원자의 가장 바깥쪽의 궤도에 있는 전자. 화학 결합 등에 관여함.
가전-제품(家電製品) 명 가정용 전기 제품. 〔냉장고·선풍기·전기세탁기·텔레비전 따위.〕 준 가전(家電).
가:전-체(假傳體) 명 사물을 의인화(擬人化)하여 전기(傳記) 형식으로 적은 문학 양식. 〔고려 중기 이후부터 나타남.〕
가:전체 소:설(假傳體小說) 가전체로 쓴 소설. 〔'죽부인전(竹夫人傳)'·'국순전(麴醇傳)'·'정시자전(丁侍者傳)' 따위.〕
가절(佳絶) '가절하다'의 어근.
가:절(佳節) 명 ①좋은 때(시절). 가기(佳期). 양신. ②좋은 명절. 가신(佳辰).
가절(價折) 명 하타 되자 ①값을 깎음. ②받을 물품 대신 다른 물품을 받게 될 때, 그 값을 어림하여 대신 받을 물품의 수량을 정함. 절가.
가:절-하다(佳絶-) 형여 빼어나게 아름답다.
가점(加點) [-쩜] 명 하자 되자 ①점수를 더함, 또는 그 점수. ↔감점(減點). ②(특별히 드러내기 위하여) 글이나 글자에 점을 찍음, 또는 그 점.
가정(加定) 명 하타 (물품·비용·인원 따위를) 정한 수 이상으로 늘림.
가:정(苛政) 명 가혹한 정치. 학정(虐政). ↔관정(寬政).
가정(家丁) 명 집에서 부리는 남자 일꾼.
가정(家政) 명 집안 살림을 다스려 나가는 일.
가정(家庭) 명 가족이 함께 생활하는, 사회의 가장 작은 집단. ¶ 결혼하여 한 가정을 이루다.
가:정(假定) 명 하자타 되자 ①임시로 정함. ②논리를 진행시키기 위하여, 어떤 조건을 임시로 설정하는 일, 또는 그 조건. ③☞가설(假設).
가:정(假晶) 명 광물이 결정의 외형은 제 본디의 결정형을 유지하면서 내부는 다른 결정형을 나타내는 것.
가정(駕丁) 명 가마를 메는 사람.
가정^경제(家政經濟) 명 집안 살림을 합리적으로 꾸리어 나가기 위한 경제. 가계 경제(家計經濟). 가사 경제.
가정-과(家政科) [-꽈] 명 가정생활의 합리화를 위한 지식과 기술·태도 등의 습득을 목적으로 하는, 학교 학과의 한 가지.
가:-정관(假定款) 명 주주 총회의 의결을 거치지 아니한 회사의 정관.
가정-교사(家庭教師) 명 (일정한 보수를 받고) 남의 집에 가서 그 집의 자녀에게 학문·기예 등을 가르치는 사람.
가정-교육(家庭教育) 명 가정에서 알게 모르게 집안 어른들로부터 받는 가르침.
가정-교훈(家庭教訓) 명 ☞가훈(家訓).
가정-극(家庭劇) 명 가정의 일상생활을 소재로 한, 연극·영화·방송극 따위. 홈드라마.
가정-란(家庭欄) [-난] 명 (신문·잡지 등에서) 가정생활에 관한 기사를 다룬 특정 지면.
가:정맹어호(苛政猛於虎) 명 〔가혹한 정치는 호랑이보다 더 무섭다는 뜻으로〕 '혹독한 정치의 폐가 큼'을 비유하여 이르는 말. 〔'예기(禮記)'의 '단궁편(檀弓篇)'에 나오는 말임.〕
가정^방:문(家庭訪問) 명 (학교의 교사나 소년 보호 기관의 직원이) 교육 목적으로 가정을 방문하는 일.
가:정-법(假定法) [-뻡] 명 말하는 내용이 가정(假定) 또는 요망(要望)·원망(願望)임을 나타내는 문법 범주.

가정^법원(家庭法院)명 (이혼·상속·재산 관리·소년 범죄 등) 가정에 관계되는 사건을 심판·조정하는 하급 법원.
가정-부(家政婦)명 (일정한 보수를 받고) 남의 집 살림을 돌보아 주는 여자.
가ː-정부(假政府)명 ☞임시 정부.
가정-부인(家庭婦人)명 (직업을 가진 부인에 대하여) '가정에서 살림하는 부인'을 이르는 말.
가정-불화(家庭不和)명 한집안의 가족끼리 화목하지 않음.
가정-생활(家庭生活)명 가정을 이루어 그 안에서 하는 생활.
가정^소ː설(家庭小說)명 가정생활을 소재(素材)로 한 소설.
가정-오랑캐(家丁-)명 ①지난날, 청나라의 사신을 따라온 하인을 낮추어 이르던 말. ②'행패를 잘 부리는 사람'을 비유하여 이르는 말.
가정오랑캐 맞듯관용 '행패를 부리다가 되게 매를 맞는 일'을 비유하여 이르는 말.
가정-의(家庭醫)[-의/-이]명 가족의 건강에 관한 사항을 지속적으로 진료·상담하는 의사.
가정-의례(家庭儀禮)[-의-/-이-]명 가정에서 치르는 의례. 〔혼인·장사·제사 따위.〕
가정의례^준ː칙(家庭儀禮準則)[-의-/-이-]명 '가정의례에 관한 법률'에 따라서 의식 과정이나 절차의 허례허식과 낭비를 규제한 규칙. 〔1973년에 공포.〕
가정^쟁의(家庭爭議)[-의/-이]명 가족 간의 불화로 생기는 분쟁. 가족 쟁의.
가정-적(家庭的)관명 ①가정에서와 같은 (것). 가정에서나 있음 직한 (것). ¶ 가정적 분위기. ②가정생활에 성실한 경향. ¶ 가정적인 사람.
가정-주부(家庭主婦)명 ☞주부(主婦).
가정-집(家庭-)[-찝]명 개인의 살림집.
가정^통신(家庭通信)명 (교육 효과를 높이기 위하여) 교사와 학부모 간에 주고받는 통신.
가정-학(家政學)명 (사회생활과의 관계 아래에서) 합리적·과학적인 가정생활을 영위하기 위한 모든 문제를 연구하는 학문.
가정^학습(家庭學習)[-씁]명 학교에서 배웠거나 앞으로 배울 교과 내용을 가정에서 복습 또는 예습하는 일.
가정-환경(家庭環境)명 태어나서 자란 집안의 분위기나 조건. ¶ 어려운 가정환경 때문에 학업을 계속할 수 없었다.
가제(加除)명하타 ①보탬과 뺌. ¶ 내용을 가제정정(訂正)하다. ②가법(加法)과 제법(除法).
가제(家弟)명 (남 앞에서) '자기 아우'를 일컫는 말. 사제(舍弟).
가ː제(假製)명하타 (정식으로 만들기에 앞서) 임시로 만듦.
가ː제(假諦)명 불교의 삼제(三諦)의 하나. 만물은 모두 실체(實體)가 없는 공(空)이나, 그 형상은 뚜렷하다는 진리.
가ː제(假題)명 임시로 붙인 제목.
가제(歌題)명 노래의 제목.
가ː제(Gaze 독)명 (소독하여 의료용으로 쓰는) 부드럽고 성긴 외올 무명베. 거즈.
가ː-제본(假製本)명하타 (정식으로 제본하기에 앞서) 임시로 해 보는 제본, 또는 그 책.
가제-식(加除式)명 공책이나 장부 따위의 낱장을 필요에 따라 자유로이 끼웠다 뺐다 할 수 있도록 제본하는 방식.
가져-가다[-저-]타 ①무엇을 한 지점에서 다른 지점으로 옮겨 가다. ②(어떠한 결과나 상태로) 끌고 가다. ¶ 공적인 문제를 감정적으로 가져가서는 안 된다.
가져다-주다[-저-]타 ①무엇을 가지고 와서, 또는 가지고 가서 주다. ¶ 동생에게 도시락을 가져다주었다. ②(어떠한 결과나 상태를) 일어나게 하다. ¶ 오늘의 피땀 어린 노력이 내일의 영광을 가져다줄 것이다.
가져-오다[-저-]타 ①무엇을 한 지점에서 다른 지점으로 옮겨 오다. ②(어떠한 결과를) 나타내다. 생기게 하다. ¶ 끈질긴 노력이 마침내 성공적인 결과를 가져오다. /행복을 가져오다.
가ː조(佳兆·嘉兆)명 좋은 조짐. 경사스러운 일이 있을 조짐. 길조(吉兆). ↔흉조(凶兆).
가ː-조각(假爪角)명 비파(琵琶)를 탈 때, 줄을 짚기 위하여 오른손의 둘째·셋째·넷째 손가락에 끼우는, 뿔로 만든 두겁.
가ː-조기명 배를 갈라 넓적하게 펴서 말린 조기. 건석어(乾石魚).
가ː조-시(可照時)명 ☞가조시간.
가ː조-시간(可照時間)명 해가 떠서 질 때까지의 시간. 가조시. 참일조 시간(日照時間).
가ː-조약(假條約)명 (비준이나 재가를 거치지 아니한) 임시로 체결한 조약. 잠정 조약.
가ː-조인(假調印)명하자타 약정된 문서에 정식으로 조인하기에 앞서, 그 초안(草案)에 우선 임시로 하는 조인.
가족(家族)명 ①(어버이와 자식, 형제자매, 부부 등) 혈연과 혼인 관계 등으로 한집안을 이룬 사람들의 집단. 가권(家眷). 가내. 가속(家屬). 권속(眷屬). ②한집안의 친족. 일가. 일문(一門). ③'이해관계나 뜻을 같이하여 맺어진 사람들'을 비유하여 이르는 말. ¶ 우리 회사에 입사하신 여러분은 이제 한 가족입니다.
가족^경제(家族經濟)[-꼉-]명 생산에서 소비까지의 모든 경제 행위가 한 가족 안에서 이루어지는 경제 상태. 참국민 경제.
가족-계획(家族計畫)[-꼐획/-께휙]명 부부, 특히 아내의 건강과 집안의 경제를 생각하여 자식의 수와 터울을 계획적으로 조절하는 일.
가족^관계^등록부(家族關係登錄簿)[-꽌계-녹뿌/-꽌게-녹뿌]명 등록 기준지, 개인의 성명·생년월일 등 신분에 관한 사항, 가족 관계에 관한 사항 따위를 기록한 공문서. 2008년 호적법 폐지에 따라 호적을 대체하기 위해 마련한 문서임.
가족^국가(家族國家)[-꾹까]명 국가는 하나의 큰 가정이라는 주장 아래 가정을 국가 지배의 바탕으로 하는 국가 유형.
가족-묘(家族墓)[-종-]명 한집안 식구들의 여러 무덤이 같은 장소에 있는 형태의 묘지.
가족-법(家族法)[-뻡]명 민법의 '친족법'과 '상속법'을 흔히 이르는 말.
가족-사진(家族寫眞)[-싸-]명 가족이 함께 찍은 사진.
가족-석(家族席)[-썩]명 (극장이나 어떤 모임 같은 데서) 가족끼리 모여 앉도록 마련된 자리.
가족^수당(家族手當)[-쑤-]명 (근로자의 생활비 보조를 위하여) 부양가족의 수에 따라, 본봉 이외에 따로 더 지급되는 수당.
가족^쟁의(家族爭議)[-쨍의/-쨍이]명 ☞가정쟁의.
가족-적(家族的)[-쩍]관명 한 가족에 관한 (것). 한 가족처럼 친근한 (것). ¶ 가족적 분위기.
가족^제ː도(家族制度)[-쩨-]명 사회 제도에 따라서 규정되는 가족의 형태. 〔대가족 제도·소가족 제도 따위.〕

가족-탕(家族湯)명 (영업용 목욕탕에서) 한 가족끼리만 함께 쓰도록 되어 있는 목욕탕.
가족-회의(家族會議)[-조쾨의/-조퀘이]명 가족에 관련된 문제를 논의하기 위한 가족의 모임.
가존(家尊)명 〈아버지〉의 높임말.
가좌(家座)명 집터의 위치와 경계.
가죄(加罪)[-죄/-줴]명하자·타되자 ①죄에 죄가 더함. ②죄를 더하여 매김.
가죄(嫁罪)[-죄/-줴]명하자 죄를 남에게 덮어씌움.
가ː주(佳酒·嘉酒)명 좋은 술. 미주(美酒).
가주(家主)명 집주인.
가ː주(假主)명 ①신주(神主) 대신으로 만든 신위(神位). ②지난날, 국상(國喪) 때 쓰던, 뽕나무로 만든 임시 신주를 이르던 말.
가ː주(假株)명 〈가주권〉의 준말.
가ː-주권(假株券)[-꿘]명 (나중에 본주권과 바꾸어 주기로 하고) 임시로 주는 주권 증서. 준가주.
가ː-주소(假住所)명 ①임시 주소. ②거짓으로 대는 주소. ③법률에서, 어떤 특정 행위의 당사자가 그 행위에 대하여 주소에 대신할 것으로 선정한 처소를 이르는 말.
가죽명 ①동물의 몸의 껍질을 이룬 질긴 물질. ②짐승의 몸의 껍질을 다루어서 정제(精製)한 것. 피혁(皮革). ¶ 가죽 가방. /가죽 제품. ③《주로 합성어의 꼴로 쓰여》 사람의 피부를 얕잡아 이르는 말. ¶ 뱃가죽. /살가죽.
가죽-나무[-중-]명 소태나뭇과의 낙엽 활엽 교목. 잎은 깃 모양의 겹잎. 6월경에 연두색 꽃이 피고, 선상(線狀)의 시과(翅果)가 열림. 뿌리껍질은 약재로 쓰임. 저목(樗木).
가죽-숫돌[-쑫똘]명 면도칼의 날을 세우는 데 쓰는 가죽 띠. 혁지(革砥).
가죽-신[-씬]명 가죽으로 만든 신. 갖신.
가죽-위(-韋)명 한자 부수(部首)의 한 가지. '韌'·'韜' 등에서의 '韋'의 이름. 다룸가죽위.
가죽-피(-皮)명 한자 부수(部首)의 한 가지. '皰'·'皺' 등에서의 '皮'의 이름.
가죽-혁(-革)[-주켝]명 한자 부수(部首)의 한 가지. '靴'·'鞋' 등에서의 '革'의 이름.
가중(加重)명하타되자 ①더 무겁게 함. 더 무거워짐. ¶ 부담이 가중되다. ②누범(累犯) 등의 경우에 법정형(法定刑)의 범위를 넘어서 형벌을 더 무겁게 함.
가중(苛重) '가중하다'의 어근.
가중(家中)명 온 집안. 한 가정의 안.
가중-감경(加重減輕)명 법정형을 법률상 또는 재판상 더 무겁게 하거나 가볍게 하는 일.
가중^산ː술^평균(加重算術平均)명 각 수치(數値)에 가중치(加重値)를 가하였을 때의 평균. 준가중 평균. ↔단순 산술 평균.
가중^처ː벌(加重處罰)명 〔형(刑)의 선고에 있어서〕 형량을 더 보태어 선고하는 처벌.
가중-치(加重値)명 ①평균치를 산출할 때, 개별치(個別値)에 부여되는 중요도. ②어떤 상품이 경제생활에서 차지하는 중요도.
가중^평균(加重平均)명 〈가중 산술 평균〉의 준말.
가ː중-하다(苛重-)형여 부담이 가혹하게 무겁다. ¶ 세금이 가중하다. **가중-히**부.
가중-형(加重刑)명 법정 사유에 따라 법에서 정한 범위를 넘어 더 무겁게 지우는 형벌.
가즈런-하다형여 '가지런하다'의 잘못.
가즈럽다[-따][가즈러우니·가즈러워]형ㅂ 아무것도 없으면서 온갖 것을 다 가진 체하며 뻐기는 태도가 있다.
가즉이부 〈옛〉정제(整齊)하게. 가지런히. ¶ 禮義廉恥로 가즉이 녜여시니(古時調).
가증(加症)명 ①하자어떤 병이 있는데 딴 증세가 또 일어남. ②하타되자어떤 병이 이제까지와는 다른 증세를 보임.
가증(加增)명하자·타되자 더 보탬. 더 보태어짐.
가증(可憎) '가증하다'의 어근.
가증-률(加增率)[-뉼]명 유가 증권(有價證券)의 매매 가격이 액면 가격이나 불입 금액을 초과하였을 때, 그 초과분의 전체 금액에 대한 비율.
가ː증-맞다(可憎-)[-맏따]형 몹시 괘씸하고 얄밉다. ¶ 가증맞게도 그가 우리를 배반하다니.
가ː증-스럽다(可憎-)[-따][~스러우니·~스러워]형ㅂ 보기에 가증한 데가 있다. **가증스레**부.
가ː증-하다(可憎-)형여 괘씸하고 얄밉다. 밉살스럽다. ¶ 생각할수록 원통하고 가증한 일이다.
가지[1]명 ①식물의 원줄기에서 갈라져 벋은 줄기. ¶ 감나무 가지 끝에 달린 까치밥. ②'근원에서 갈라져 나간 것'을 비유하여 이르는 말. ¶ 대수학은 수학의 가지이다.
가지 많은 나무에 바람 잘 날이 없다속담 자식을 많이 둔 어버이에게는 근심이 끊일 때가 없다는 말.
가지(를) 치다관용 하나의 근본에서 딴 갈래가 생기다.
가지[2]명 ①가짓과의 일년초. 줄기의 높이는 60~100 cm. 줄기와 잎은 자줏빛이고, 잎은 어긋맞게 나며 달걀 모양임. 잎겨드랑이에서 담자색·남색·백색 등의 꽃이 피며 흑자색의 길둥근 열매를 맺음. 원산지는 인도. 세계 여러 나라에서 식용으로 널리 재배되며 품종이 많음. ②가지의 열매.
가지 나무에 목을 맨다속담 워낙 딱하고 서러워서 목맬 나무의 크고 작음을 가리지 않고 죽으려고만 한다는 뜻으로, 이것저것 가릴 처지가 아니라는 말.
가ː지[3]명 남을 천대하고 업신여기는 뜻으로 욕하는 말. ¶ 나 원, 별 가지 같은 놈을 다 보겠구나. 큰거지.
가지[4]의 ①사물을 종류별로 구별하여 헤아릴 때 하는 말. ¶ 세 가지 방법. /예를 몇 가지 들어 설명하다. ②제기차기할 때, 차기 시작하고서 땅에 떨어지기까지의 동안. ¶ 이번 가지에는 스무 번을 넘게 찼다.
가지(加持)명하자 ①〔부처의 가호(加護)를 받아〕 중생이 부처와 하나가 되는 경지(境地)로 들어가는 일. ②민간에서, 병이나 재난을 면하려고 부처에게 올리는 기도. ¶ 가지 기도.
가ː지(可知)명 알 만함. 알 수 있음. ¶ 만인 가지의 평범한 질문. /불문(不問)가지.
가지-가지[1]명 여러 종류. 가지각색. 각양각색. 각가지. ¶ 사람의 성격도 가지가지다. 준갖가지·갖갖.
가지-가지[2]명 낱낱의 나뭇가지. ¶ 대추가 가지가지에 열려 있다.
가지-각색(-各色)[-쌕]명 여러 가지. 각양각색. 종종색색. 형형색색. ¶ 세상에는 인종도 가지가지요, 풍습도 가지각색이다.
가지-고비고사리명 고사릿과의 다년생 양치류. 고비고사리와 비슷하나, 잎이 단단하고 그물맥이 있음. 줄기 높이 50~60 cm. 잎 뒷면에 홀씨주머니가 배열되어 있음. 산이나 들의 나무 그늘에서 자라는데, 우리나라·일본·중국 등지에 분포함.

가지-굴[명] 곰칫과의 바닷물고기. 몸이 가늘고 긴데, 양쪽 턱에 큰 구멍이 있으며, 몸빛은 자줏빛. 등지느러미와 뒷지느러미는 폭이 넓고 가에 흰빛이 둘리어 있음. 제주도·일본·동인도 제도 등의 근해에 분포함.

가ː-지급(假支給)[명][하타][되자] (정식으로 치르거나 내어 주기로 정한 날보다 앞당겨) 임시로 미리 하는 지급. 가불.

가ː지급-금(假支給金)[-끔][명] 가지급한 돈. 가불금.

가지기[명] 이혼녀로서 정식 혼인은 아니하고 다른 남자와 사는 여자. 가직(家直).

가지-김치[명] 가지에 두세 갈래의 칼집을 내고 살짝 데치어 물기를 꼭 짠 뒤, 파·마늘·다홍고추 다진 것을 소금으로 간한 소를 넣어 차곡차곡 담고 국물을 해 부은 김치.

가지다[1][타] ①손에 쥐다. 몸에 지니다. ¶ 네 손에 가진 게 뭐냐? ②마음속에 두다. 마음먹다. ¶ 소년들이여, 대망(大望)을 가져라. ③자기 것이 되게 하다. 소유하다. ¶ 인간은 법 앞에 평등한 권리를 가지고 있다. ④(알·새끼·아이 등을) 배 속에 지니다. 잉태하다. ¶ 개가 새끼를 가지다. ⑤거느리다. 세력(관할) 아래에 두다. ¶ 100여 개의 지점을 가진 큰 회사. ⑥〔어떤 일을 나타내는 말 뒤에 쓰이어〕 그러한 일을 하다. 벌이다. 베풀다. ¶ 모임을 가지다. /상담회를 가지다. ⑦관계(연계)를 맺다. ¶ 깊은 유대를 가진 두 나라 사이. ⑧《'-을(를) 가지고'의 꼴로 쓰이어》 ㉠'-을 써서'·'-으로'·'-으로써'의 뜻을 나타냄. ¶ 낫을 가지고 풀을 벤다. ㉡'-을 대상으로 하여'의 뜻을 나타냄. ¶ 왜 나를 가지고 모두들 이렇게 야단이냐? [준]갖다[1].

가지다[2][조동] 《용언 어미 '-아'·'-어' 뒤에서 '가지고'의 꼴로 쓰이어》 앞말이 뜻하는 동작이나 상태가 그대로 유지되거나, 또는 그럼으로써 뒷말의 동작이나 상태가 유발됨을 뜻함. ¶ 책을 사 가지고 왔다. /저 사람은 워낙 약아 가지고 손해 보는 짓은 절대 안 한다.

가지런-하다[형여] (들쭉날쭉하지 않고) 끝이 고르다. ¶ 하얀 이가 가지런하다. 가지런-히[부].

가지런할-제(-齊)[명] 한자 부수의 한 가지. '齋'·'齎' 등에서의 '齊'의 이름.

가지무늬^토기(-土器)[-니-][명] 겉면에 검은빛 가지 무늬가 돌려 있는 청동기 시대의 토기. 채문 토기.

가-지방(加地枋)[명] 문설주 안으로 덧댄 문지방. [준]가방(加枋).

가지-번호(-番號)[명] 일정한 차례로 매긴 번호에서 다시 가지를 치듯 갈라져 나가는 차례에 매겨 나간 번호. 〔1, 2, 3, 4-1, 4-2, 5…에서 '4-1·4-2' 따위.〕

가지-접(-椄)[명] 접가지를 접본에 접붙이는 일.

가지-줄[명] 낚싯줄의 본줄에서 가지를 내어 낚싯바늘을 매는 줄.

가지-치기[명][하타] 과수 등 재배 식물의 나무 모양을 고르고, 웃자람을 막으며, 결실을 조절하기 위하여 곁가지 따위를 자르고 다듬는 일. 전정(剪定). 전지(剪枝).

가직(家直)[명] ☞가지기.

가직다[-따][형] 〈가직하다〉의 준말.

가직-하다[-지카-][형여] 거리가 조금 가깝다. [준]가직다. ↔멀찍하다. 가직-이[부].

가질(家秩)[명] 지난날, 벼슬아치의 집에 내리던 녹봉(祿俸).

가ː질(假質)[명] (병자호란 이후에) 대신들의 아들을 대신하여 청나라에 인질로 잡혀 갔던 사람.

가ː집(佳什)[명] 아름답게 잘 지은 시가(詩歌).

가집(家什)[명] 〈가장집물〉의 준말.

가집(家集)[명] 한집안 사람들의 시문(詩文) 따위를 모아 엮은 책.

가집(歌集)[명] 시가(詩歌)를 모아 엮은 책.

가ː-집행(假執行)[-지팽][명][하타][되자] 민사 소송에서, 승소자의 불이익을 막기 위하여 법원이 직권으로 또는 소송 관계자의 신청에 따라 미확정인 판결의 취지를 우선 집행하는 일.

가ː짓-말[-진-][명][하자] 사실과 다르게 꾸며서 하는 말. [큰]거짓말.

가ː짓말-쟁이[-진-][명] 가짓말을 잘하는 사람. [큰]거짓말쟁이.

가ː짓-부렁[-짇뿌-][명] 〈가짓부렁이〉의 준말. [큰]거짓부렁.

가ː짓-부렁이[-짇뿌-][명] 〈가짓말〉의 속된 말. [준]가짓부렁. [큰]거짓부렁이.

가ː짓-부리[-짇뿌-][명] 〈가짓말〉의 속된 말. [준]가짓불. [큰]거짓부리.

가ː짓-불[-짇뿔][명] 〈가짓부리〉의 준말. [큰]거짓불.

가짓-수(-數)[-지쑤/-짇쑤][명] 여러 가지의 수효. ¶ 반찬의 가짓수가 많은 한정식.

가징(加徵)[명][하타][되자] (처음에 정한 수량보다) 더 늘리어 거둠.

가줄비다[타] 〈옛〉비교하다. 견주다. ¶ 가줄벼 니르시니(月印125章).

가ː짜(假-)[명] ①거짓으로 만든 것. 위조한 것. ¶ 가짜 수표. ②참이 아닌 것을 참인 체한 것. 사이비(似而非). ¶ 가짜 사장. ↔진짜.

가ː차(假借)[명] ①[하타] 임시로 빌리거나 꿈. ②《주로 '없다'와 함께 쓰이어》 사정을 보아줌. ¶ 법을 어긴 사람을 가차 없이 처단하다. ③한자의 육서(六書)의 하나. 어떤 뜻을 나타내는 한자가 없을 때, 뜻은 다르나 음이 같은 글자를 빌려 쓰는 방법. 〔본디 '세상을 떠난 아버지'를 뜻하는 '考' 자를 '생각하다'의 글자로 쓰는 따위.〕

가ː찬(佳饌·嘉饌)[명] 맛 좋은 반찬(음식).

가ː찰(苛察)[명][하타] 까다롭게 따지어 살핌.

가찹다[형] '가깝다'의 방언.

가창(街娼)[명] 길거리에서 호객 행위를 하는 창녀.

가창(歌唱)[명][하자] 노래를 부름. 창가(唱歌).

가창-력(歌唱力)[-녁][명] 노래를 부르는 능력.

가창-오리[명] 오릿과의 물새. 몸길이 30 cm, 날개 길이 20 cm가량. 특히, 수컷의 얼굴빛은 황색과 녹색이 반반인데 검은색의 띠가 경계를 이루어 아름다우며, 암수 사이가 매우 좋음. 시베리아 중동부에 살며, 가을에 우리나라·중국·일본으로 날아옴.

가ː채(可採)[명] 《일부 명사 앞에 쓰이어》 채굴하거나 채취할 수 있음. ¶ 가채 광석.

가ː채-점(假採點)[-쩜][명][하타][되자] 임시로 하는 채점. ¶ 가채점 결과 작년보다 평균이 10점 정도 오를 것으로 예상된다.

가ː책(呵責)[명][하타][되자] (잘못을) 꾸짖어 나무람. ¶ 양심의 가책을 받다.

가ː책(苛責)[명][하타] 매우 심하게 꾸짖음.

가ː-처분(假處分)[명][하타][되자] ①임시로 어떤 사물을 처분함. ②법률에서, 금전 채권 이외의 받을 권리가 있는 특정물이 계쟁(係爭) 중에 있을 때, 장차의 강제 집행을 보전하기 위하여, 법원의 결정에 따라 그 동산·부동산을 상대편이 처분하지 못하도록 금지하는 잠정적 처분.

가:처분^소:득(可處分所得)명 어떤 해의 개인의 전 소득액에서 모든 세금을 뺀 소득. 곧, 개인의 의사에 따라 자유로이 쓸 수 있는 소득.

가척(歌尺)명 ☞노래자이.

가:철(假綴)명하타 (서류 따위를) 임시로 책처럼 매어 둠.

가:철-본(假綴本)명 (완전하게 만든 책이 아닌) 임시로 대강 매어 놓은 책.

가첨(加添)명하타되자 덧붙임. 첨가(添加).

가첨-밥(加添-)[-빱]명 먹을 만큼 먹은 위에 또 더 먹는 밥.

가첨-석(加檐石)명 비석 위에 지붕 모양으로 만들어 얹는 돌. 개두(蓋頭). 개석(蓋石). 비개석(碑蓋石).

가첨-잠(加添-)[-짬]명 잘 만큼 잔 다음에 또 더 자는 잠.

가첩(家牒)명 한 집안의 보첩(譜牒). 가보(家譜). 가승(家乘).

가:청(可聽)명 들을 수가 있음. ¶ 가청 지역. / 가청 주파수.

가:청-음(可聽音)명 사람의 귀로 들을 수 있는 범위의 음. 〔주파수 20~2만 헤르츠(Hz), 음의 크기 0~130폰(phon)의 소리.〕

가체(加髢)명하자 지난날, 부인이 성장(盛裝)할 때 머리에 큰머리나 어여머리를 얹던 일.

가촌(街村)명 큰길가를 따라 집들이 길게 늘어서 있는 마을.

가:추(假椎)명 척추 끝과 미저골(尾骶骨).

가-추렴(←加出斂)명하타되자 (추렴한 금품이 모자랄 때) 다시 더하는 추렴. 본가출렴.

가축명하타 ①알뜰하게 매만져서 간직하는 일. ¶ 할머님이 쓰시던 반닫이를 잘 가축하여 가보처럼 아끼다. ②잘 매만져 가꿈. ¶ 옷맵시는 가축하기에 달렸지.

가축(家畜)명 집에서 기르는 짐승. 〔소·말·개·돼지·닭·거위 따위.〕 집짐승.

가축^법정^전염병(家畜法定傳染病)[-뻡쩡-뼝]명 가축 전염병 예방법에 따라서 특별히 지정한 가축의 전염병. 〔우역(牛疫)·광견병(狂犬病) 따위.〕

가:축-성(可縮性)[-썽]명 오그라들거나 줄어들 수 있는 성질.

가출(家出)명하자 (정신 질환이나 가정불화, 그 밖의 불평·불만 등으로 해서) 자기 집을 뛰쳐나감. ¶ 가출 소년.

가:-출렴(加出斂)명 〈가추렴〉의 본딧말.

가:-출소(假出所)[-쏘]명하자 교도소에서 가석방되어 나옴.

가:-출옥(假出獄)명하자되자 '가석방'의 구용어.

가취(加取)명하타 물건을 살 때 덤으로 더 받음, 또는 그 물건.

가취(可取) '가취하다'의 어근.

가:취(佳趣)명 ①좋은 취미. ②재미있는 흥취.

가취(嫁娶)명하자 시집가는 일과 장가드는 일. 취가(娶嫁).

가취(歌吹)명하자 노래를 부르고 관악기를 붊.

가취지례(嫁娶之禮)명 혼인의 예식. 혼례.

가:취-하다(可取-)형여 취할 만하다. 쓸 만하다. 《주로, '가취할'의 꼴로 쓰임.》 ¶ 사람이 좀 고지식하지만 성실한 점만은 가취할 만하다.

가:측-치(可測値)명 실제로 측정(測定)할 수 있는 수치.

가치명 〈옛〉까치. ¶ ᄃᆞ리 ᄀᆞᄂᆞ라 가치 ᄂᆞᄃᆡ 아니ᄒᆞ놋다(杜初11:46).

가:치(假齒)명 ☞의치(義齒).

가치(價値)명 ①값. 값어치. ②어떤 사물이 지니고 있는 의의나 중요성. ¶ 이용 가치가 있다. / 생각해 볼 가치도 없다. ③〔철학에서〕 ㉠인간의 감정이나 요구나 관심의 대상이 되는 것. 〔호오(好惡)·선악 따위.〕 ㉡인간 정신의 목표가 되는 보편타당의 당위. 〔진·선·미 따위.〕 ¶ 예술적 가치. ④경제학에서, 어떠한 욕망을 채워 주는 정도에 따라 그 물건에 대하여 인정되는 의의. 사용 가치와 교환 가치가 있음.

가치^감:정(價値感情)명 (쾌·불쾌·미·추·선·악 따위의) 가치 인식에 따라 일어나는 감정.

가치-관(價値觀)명 사람이 자신을 포함한 세계나 만물에 대하여 가지는 평가의 근본적인 태도, 또는 견해. ¶ 가치관의 혼란. / 낡은 가치관.

가치-노을명 〈옛〉까치놀. ¶ 天地 寂寞 가치노을 ᄯᅥᆺᄂᆞ듸(古時調).

가치-론(價値論)명 ①☞가치 철학. ②재화(財貨)의 가치, 특히 재화의 교환 가치를 다루는 경제학의 한 영역.

가치^법칙(價値法則)명 마르크스 경제학에서, 상품의 가치를 결정하는 경제 법칙.

가치^분석(價値分析)명 제품의 기능이나 사용 가치를 높이면서, 제조 비용을 되도록 줄이기 위한 조직적인 분석 방법.

가치^생산물(價値生産物)명 경제학에서, 생산 과정에서 새로 형성된 가치. 〔생산 과정에서 들인 노동력 가치의 보상 부분과 잉여 가치 부분을 합한 것.〕

가치-설(價値說)명 ☞가치 학설.

가치작-가치작[-까-]부하자 일에 방해가 되게 이리저리 자꾸 걸리는 모양. 큰거치적거치적. 센까치작까치작.

가치작-거리다[-꺼-]자 자꾸 가치작가치작하다. 가치작대다. ¶ 가치작거리지 말고 저리 비켜라. 큰거치적거리다. 센까치작거리다.

가치작-대다[-때-]자 가치작거리다.

가치^척도(價値尺度)[-또]명 상품 가치를 재는 기준. 〔화폐가 그 대표적인 것임.〕

가치^철학(價値哲學)명 철학적 인식의 대상은 사실(事實)의 문제가 아니고, 당위(當爲) 또는 보편타당적 가치의 탐구·확립에 있다고 보는 관점(觀點). 가치론(價値論).

가치^판단(價値判斷)명 ①어떤 사물의 값어치를 정하는 일. ②철학에서, 대상에 대한 주관의 시인(是認) 또는 배척(排斥)을 나타내는 판단. 〔'이 꽃은 아름답다.', '도둑질은 나쁘다.' 하는 따위.〕

가치^학설(價値學說)[-썰]명 경제학에서, 경제 가치의 본질 및 그 결정을 설명하는 학설. 가치설(價値說).

가치^형태(價値形態)명 경제학에서, 어떤 상품의 가치를 다른 상품의 가치로 나타내는 것. 〔구두 한 켤레 값을 쌀 몇 말로 나타내는 따위.〕

가친(家親)명 (남 앞에서) '자기의 아버지'를 일컫는 말. 가부(家父). 가엄(家嚴).

가칠(加漆)명하타되자 칠한 위에 더 칠함.

가:칠(假漆)명하타 ①(옻나무의 진으로 만든 칠이 아니고) 다른 물질로 만든 칠. ②(건물의 단청에서) 애벌로 우선 채색함, 또는 그 채색.

가칠-가칠부하형 여러 군데가 가칠한 모양. ¶ 면도를 하지 못해 얼굴이 가칠가칠하다. 큰거칠거칠. 센까칠까칠.

가칠-하다형여 (살갗 따위가) 거칠고 윤기가 없다. ¶ 며칠을 앓고 나더니 얼굴이 가칠하다. 큰거칠하다. 센까칠하다.

가칫-가칫 [-친까친] 부 하자 살갗 따위에 자꾸 조금씩 가볍게 걸리고 닿는 모양. ¶ 손바닥으로 털을 문지르니, 조금 자란 수염이 가칫가칫한다. 큰 거칫거칫. 센 까칫까칫.
가칫-거리다 [-친꺼-] 자 자꾸 가칫가칫하다. 가칫대다. 큰 거칫거리다. 센 까칫거리다.
가칫-대다 [-친때-] 자 가칫거리다.
가칫-하다 [-치타-] 형여 야위고 윤기가 없어 좀 거친 느낌이 있다. 큰 거칫하다. 센 까칫하다.
가:칭 (假稱) 명 하타 되자 ①임시로 이름 지어 부름, 또는 그 이름. ②거짓으로 일컬음.
가쾌 (家儈) 명 ☞집주릅.
가타 (伽陀←Gāthā 범) 명 부처의 공덕을 찬미하거나 교리를 나타낸 운문(韻文). 게(偈).
가:타-부타 (可-否-) 명 옳다거나 그르다거나, 찬성한다거나 반대한다거나 함. ¶ 그는 가타부타 말이 없었다.
가:탁 (假託) 명 하타 ①거짓 핑계를 댐. ¶ 몸이 아프다고 가탁하여 조퇴하다. ②표현법의 한 가지로, 다른 사물을 끌어다 사상·감정을 나타내는 일. ¶ 자기의 외로운 마음을 접동새에 가탁하여 노래한 '정과정곡'.
가탄 (可歎) '가탄하다'의 어근.
가탄 (嘉歎) 명 하타 가상(嘉尙)히 여기어 감탄함.
가:탄-가탄 (可歎可歎) 명 매우 탄식할 만함.
가:탄-스럽다 (可歎-) [-따] [~스러우니·~스러워] 형ㅂ 탄식할 만한 데가 있다.
가:탄-하다 (可歎-) 형여 어떤 일이나 상황이 잘못되어 탄식할 만하다. 《주로, '가탄할'의 꼴로 쓰임.》 ¶ 조금만 서둘렀어도 아내를 만날 수 있었는데…. 참으로 가탄할 일이다.
가탈 명 ①일이 순편하게 나아가지 못하게 방해가 되는 일. ¶ 첫 사업이라 가탈도 많다. ②억지 트집을 잡아 까다롭게 구는 일. ¶ 가탈을 부리다. 센 까탈.
가탈-가탈 부 하자 말이 자꾸 가탈걸음을 걷는 모양.
가탈-거리다 자 자꾸 가탈가탈하다. 가탈대다. ¶ 말이 어찌나 가탈거리는지 차라리 걷는 편이 낫겠다.
가탈-걸음 명 불안정하게 비틀거리며 걷는 말의 걸음걸이.
가탈-대다 자 가탈거리다.
가탈-스럽다 형ㅂ ①조건이 복잡하고 엄격하여 적용하기에 어려운 데가 있다. ②성미가 원만하지 않고 별스러워 맞춰 주기 어려운 데가 있다.
가탈-지다 자 가탈이 생기다. 센 까탈지다.
가택 (家宅) 명 사람이 사는 집. ¶ 가택 연금.
가택^수색 (家宅搜索) [-쑤-] 명 압수 수색 영장을 발부받은 경찰관 등이, 형사 사건의 범인이나 증거물을 찾기 위하여 집 안에 들어가 뒤지는 일.
가택^침:입 (家宅侵入) 명 '주거 침입'의 구용어.
가택^침:입죄 (家宅侵入罪) [-쬐/-쮀] 명 '주거침입죄(住居侵入罪)'의 구용어.
가:터-뜨기 (garter-) 명 뜨개질에서, 대바늘뜨기의 한 가지. 겉뜨기 한 줄, 안뜨기 한 줄을 반복하여, 안팎이 없이 뜨는 방법.
가토 (加土) 명 하타 ①초목의 밑동에 흙을 북돋아 줌, 또는 그 흙. 북주기. ②무덤 위에 흙을 더 얹음, 또는 그 흙.
가토 (家兔) 명 ☞집토끼.
가토리 명 〈옛〉 까투리. ¶ 매게 뽀친 가토리 안과 …(古時調).
가:-톨 명 세톨박이 밤송이의 양쪽 가에 박혀 있는 밤톨. 참 가운데톨.
가톨릭 (Catholic) 명 ①가톨릭교. ②가톨릭교 교회, 또는 신자(信者).
가톨릭-교 (Catholic敎) 명 ①(개신교에 대하여) '로마 가톨릭교'를 이르는 말. 천주교(天主敎). ②(넓은 뜻으로) 로마 가톨릭교와 그리스 정교(正敎)를 아울러 이르는 말. 구교(舊敎).
가통 (加痛) 명 하자 나아 가던 병이 다시 더쳐서 딴 증상이 나타나거나, 열이 다시 올라서 몹시 앓음.
가통 (可痛) '가통하다'의 어근.
가통 (家統) 명 한 집안의 계통. 가계(家系).
가:통-하다 (可痛-) 형여 통분할 만하다. 《주로, '가통할'의 꼴로 쓰임.》 ¶ 실로 가통할 일이로다. **가통-히** 부.
가투 (歌鬪) 명 하자 시조나 노래를 적은 딱지, 또는 그것을 가지고 하는 놀이.
가트 (GATT) 명 관세 및 무역에 관한 일반 협정. 세계 무역 기구의 출범으로 1995년 소멸함. [General Agreement on Tariffs and Trade]
가티노올 명 〈옛〉 사나운 바닷물결. ¶ 가티노올: 白頭波(物譜下編).
가파르다 [가파르니·가팔라] 형르 몹시 비탈지다. 강파르다. ¶ 가파른 고갯길.
가판 (架版) 명 하타 되자 인쇄하기 전에 연판을 쪽 순서대로 인쇄기 판 위에 벌여 놓아, 인쇄할 수 있도록 하는 일.
가:판 (街販) 명 하타 되자 〈가두판매〉의 준말.
가:판-대 (街販臺) 명 가두판매하는 물건을 올려놓기 위하여 설치한 대.
가팔-막 명 〈가풀막〉의 본딧말.
가:편 (可便) 명 (의안 따위를 표결할 때) 찬성하는 편. ↔부편(否便).
가편 (加鞭) 명 하자 걸음을 재촉하느라고 채찍질을 더함. ¶ 주마(走馬)가편.
가:편 (佳篇) 명 잘된 작품. 가작(佳作).
가:평 (苛評) 명 하타 가혹한 비평. 혹평(酷評).
가평 (嘉平) 명 '섣달'을 달리 이르는 말. 극월.
가평-절 (嘉平節) 명 '납일(臘日)'을 명절로 이르는 말.
가:표 (可票) 명 찬성표. ↔부표(否票).
가표 (加標) 명 '덧셈 부호'의 구용어.
가풀막 명 가파르게 비탈진 곳. 본 가팔막.
가풀막-지다 [-찌-] 형 땅이 가파르게 비탈져 있다. ¶ 가풀막진 언덕.
가풀-지다 형 '가풀막지다'의 잘못.
가:품 (佳品) 명 품질이 썩 좋은 물건.
가품 (家品) 명 ①☞가풍(家風). ②한집안 사람들의 공통된 성품.
가풍 (家風) 명 한 집안에 전하여 내려오는 풍습이나 범절(凡節). 가품(家品). ¶ 사람마다 개성이 다르듯이 가정마다 가풍도 다르다.
가풍 (歌風) 명 (어떤 작가 또는 어떤 시대의) 시가(詩歌)에서 풍기는 일관된 특징이나 품격.
가플 명 〈옛〉 칼집. ¶ 가플 쇼:鞘(訓蒙中*18*).
가피 (加被) 명 하타 부처나 보살이 자비를 베풀어 중생(衆生)을 이롭게 함.
가피 (痂皮) 명 부스럼 딱지.
가피-력 (加被力) 명 부처나 보살이 중생에게 자비를 베푸는 힘.
가피-병 (痂皮病) [-뼝] 명 부스럼 딱지가 앉는 피부병.
가필 (加筆) 명 하자·타 되자 ①문서를 고치거나 보충하거나 함. ②글이나 그림 등의 일부를 지우거나 보태거나 하여 고침.

가필(呵筆)명하자 언 붓을 입김으로 녹임.

가하(加下)명하타 ①돈을 정한 액수보다 더 내어 줌. ②돈을 정한 액수보다 더 씀. ③공금을 사사로이 씀.

가-하다(加-)타여 ①(수량이나 정도 따위를) 더하다. 보태다. ¶ 주행 속도를 가하다. ↔감하다. ②(어떤 동작이나 작용을) 다른 것에 미치게 하다. ¶ 열을 가하다. /압력을 가하다. /제재를 가하다. ③(병이나 결함을) 손을 써서 고치다. ¶ 수술을 가하다.

가ː-하다(可-)형여 (안건 따위가) 자기의 뜻과 맞아 좋다. ¶ 그 안건은 나도 가하다고 생각한다.

가하-지다(加下-)자 돈을 정한 액수보다 더 쓰게 되어 빚을 지다.

가학(加虐)명하타 학대를 함.

가ː학(苛虐)명하타 가혹하게 학대함.

가학(家學)명 ①집안에 대대로 전하여 오는 학문. ②집에서 배운 학문.

가학^성애(加虐性愛)[-썽-]명 ☞사디즘.

가학-애(加虐愛)명 ☞사디즘.

가합(加合)명하타 더하여 합침.

가합(可合) '가합하다'의 어근.

가ː합-하다(可合-)[-하파-]형여 마음에 맞다. ¶ 가합한 혼처(婚處)가 나타났다. **가합-히**부.

가ː항(可航)명 운항할 수 있음.

가항(街巷)명 길거리.

가ː항-성(可航性)[-썽]명 선박이 다닐 수 있는 가능성.

가해(加害)명하자 남의 생명·신체·재산·명예 따위에 해를 끼침. ¶ 가해 행위. ↔피해(被害).

가해-자(加害者)명 남의 생명·신체·재산·명예 따위에 해를 끼친 사람. ↔피해자.

가행(加行)명하자 불교에서, 힘을 더하여 계행(戒行)을 닦음.

가행(家行)명 한 집안의 품행.

가행(嘉行)명 갸륵한 행동.

가행(稼行)명하자.타 광산에서, 채광 작업을 함. 가업(稼業).

가행^탄ː전(稼行炭田)명 현재 채광 작업을 하고 있는 탄전. ↔봉쇄 탄전(封鎖炭田).

가ː향(佳香)명 좋은 향기. ¶ 매화꽃은 청초하면서도 가향이 그윽한 꽃이다.

가향(家鄕)명 자기 집이 있는 고향.

가헌(家憲)명 ☞가법(家法).

가ː현(假現)명하자 신이나 부처가 사람의 형상으로 잠시 이 세상에 나타남.

가ː현-설(假現說)명 〈기독 가현설〉의 준말.

가ː현^운ː동(假現運動)명 심리학에서, 실지로는 움직이지 않는 대상이 어떤 조건 아래에서 움직이는 것같이 보이는 현상.

가형(加刑)명하자.타되자 형벌을 더함. 가율(加律).

가형(家兄)명 (남 앞에서) '자기의 형'을 일컫는 말. 사형(舍兄). 참사백(舍伯).

가형-토기(家形土器)명 ☞집토기.

가호(加號)명 '덧셈 부호'의 구용어.

가호(加護)명하타되자 ①보살피고 돌봄. ②신불(神佛)이 돌보아 줌. ¶ 신의 가호가 있기를 빕니다.

가호(家戶) Ⅰ명 호적상의 집.
Ⅱ의 세대(世帶)를 세는 단위. ¶ 스무 가호.

가ː-호적(假戶籍)명 임시로 본적지(本籍地)를 설정하여 만든 호적(戶籍).

가ː혹(苛酷)명하형 매우 모질고 독함. ¶ 가혹 행위. /가혹한 처사. **가혹-히**부.

가홀오다타 〈옛〉 거우르다. ¶ 낫과 바미 곳다온 酒樽을 가홀오노라(杜初*8:25*). 참거후로다.

가ː화(佳話)명 좋은 이야기. 재미있는 이야기. 아름다운 이야기.

가화(家禍)명 집안의 재앙.

가ː화(假花)명 ☞조화(造花).

가화(嫁禍)명하자 화(禍)를 남에게 넘겨씌움.

가화(嘉禾)명 낟알이 많이 달린 벼. [상서로운 것으로 여겼음.] 대화(大禾).

가ː-화류(假樺榴)명 화류의 빛과 같게, 붉게 칠한 목재.

가화-만사성(家和萬事成)명 집안이 화목하면 모든 일이 다 잘되어 나간다는 뜻.

가환(家患)명 집안의 우환.

가ː환(假鬟)명 ☞어여머리.

가ː-환부(假還付)명하타 법원에서 압수한 물건을, 소유자나 보관자의 청구에 따라, 법의 결정에 의하여 임시로 돌려줌.

가ː-환지(假換地)명 토지 구획 정리 사업을 하는 과정에서, 임시로 하는 환지.

가황(加黃)명하자 ①생고무에 황을 섞어서 가열하여, 고무의 탄성과 저항력을 크게 하고, 용매(溶媒)에도 용해되지 않게 하는 일. ②면실유·어유 등의 유지(油脂)에 황을 가하여 열처리를 하는 일. 가류(加硫).

가황^고무(加黃-)명 생고무에 황을 넣어서 열처리함으로써 탄성도를 높인 고무. 가류 고무.

가ː회(佳會·嘉會)[-회/-훼]명 즐거운 모임. 좋은 모임.

가회-톱[-회-/-훼-]명 포도과의 낙엽 활엽 다년생 만목(蔓木). 잎은 겹잎이며, 잎자루에 날개 같은 살이 붙어 있음. 5~6월에 황록색 꽃이 피고, 열매는 장과(漿果)임. 우리나라와 중국 동북 지방 등지에 분포함. 뿌리는 '백렴(白蘞)'이라 하여 한약재로 쓰임. 가위톱.

가획(加畫)[-획/-훽]명하타되자 글자의 원 획 이외의 획수를 더함. ↔감획(減畫).

가ː효(佳肴·嘉肴)명 맛 좋은 안주. 미효(美肴). ¶ 옥반(玉盤) 가효는 만성고(萬姓膏)라(烈女春香守節歌).

가후(駕後)명 임금의 행차 때 수레 뒤를 따르던 시위병. ↔가전(駕前).

가훈(家訓)명 ①집안 어른이 그 자녀들에게 주는 교훈. 가정교훈. ②선대부터 그 집안의 도덕적 실천 기준으로 삼은 가르침. ¶ 우리 집안의 가훈은 '경천애인(敬天愛人)'이다.

가휘(家諱)명 자기 조상의 이름을 직접 부르는 일을 불경(不敬)하다 하여 꺼리는 일. 또는, 그렇게 하는 조상의 이름.

가ː흥(佳興)명 좋은 흥취.

가ː희(佳姬)[-히]명 아름다운 아가씨. 미희(美姬).

가희(歌姬)[-히]명 여자 가수.

가희톱명 〈옛〉 가회톱. ¶ 가희톱: 白蘞(方藥*24*).

가히명 〈옛〉 개. ¶ 가히는 佛性이 잇ᄂᆞ니잇가(蒙法*11*).

가ː히(可-)부 ①《주로 '-ㄹ 만하다', '-ㄹ 수 있다', '-ㅁ직하다' 따위와 호응하여》 '능히', '넉넉히', '크게 틀림없이'의 뜻을 나타냄. ¶ 한글의 우수성은 가히 세계에 자랑할 만하다. /자식 잃은 자네 슬픔은 가히 짐작할 수 있겠네. ②《주로 '못하다'·'없다'·'아니하다' 따위 부정하는 말과 함께 쓰이어》 '마땅히'의 뜻을 나타냄. ¶ 이런 즐거운 날에 어찌 가히 한잔 술이 없을쏘냐.

각(角)[1]명 ①뿔. ②뿔로 만든, 옛날의 피리.
각(角)[2]명 ①모. ¶ 각이 진 모자. ②〈각도〉의 준말. ③수학에서, 한 점에서 벋어 나간 두 반직선이 이루는 도형.
각(角)[3]명 〈각성(角星)〉의 준말.
각(角)[4]명 동양 음악의 오음(五音) 음계의 셋째 음. 참궁상각치우.
각(刻)[1]명하타 (나무·돌·쇠붙이 따위에) 글자나 그림을 새기는 일.
각(刻)[2]의 시헌력에서 하루의 12분의 1인 한 시(時)를 여덟으로 나눈 하나. 곧, 15분.
각(脚)명 잡은 짐승의 몸을 몇 부분으로 가를 때의 그 한 부분.
각(을) 뜨다관용 잡은 짐승의 몸을 몇 부분으로 가르다.
각(殼)명 껍데기.
각(閣)명 높고 큰 집.
각(覺)명 불법(佛法)의 본체(本體)와 마음의 본원(本源)을 깨달아 아는 경지. ¶ 각을 얻다. / 각에 이르다.
각(各)관 각각의. 따로따로의. 낱낱의. ¶ 다음 문장의 각 낱말은 띄어 쓴다.
-각(閣)접미 《일부 명사 뒤에 붙어》 '높다랗게 지은 큰 집'임을 나타냄. ¶ 임해각(臨海閣).
각-가속도(角加速度)[-까-또]명 물리학에서, 각속도가 단위 시간에 변하는 정도.
각-가지(各-)[-까-]명 ☞가지가지[1]. 각종(各種). 갖가지.
각각(各各)[-깍] Ⅰ명 사람이나 물건의 하나하나. ¶ 회의 참석자들은 각각의 의견을 자유롭게 이야기했다.
Ⅱ부 제각기. 따로따로. 몫몫이. ¶ 자기의 물건은 각각 챙겨라.
각각(刻刻)[-깍]명 매 시각. 낱낱의 시각. ¶ 시험 날짜가 임박해지자 각각으로 초조한 마음이 생겼다.
각간(角干)[-깐]명 ☞이벌찬(伊伐飡).
각감(閣監)[-깜]명 조선 시대에, 규장각에서 임금의 글·글씨·초상화 및 고명(顧命) 등을 지키던 잡직(雜職)의 한 가지.
각개(各個)[-깨]명 하나하나. 낱낱. 각기. 각자. ¶ 이천만 각개가 인(人)마다 방촌(方寸)의 인(刃)을 회(懷)하고….
각개^격파(各個擊破)[-깨-]명하타 적을 분산시켜 낱낱을 따로따로 상대하여 쳐부숨.
각개^약진(各個躍進)[-깨-찐]명 지형(地形) 등을 이용하여 병사가 개별적으로 돌진함.
각개^전:투(各個戰鬪)[-깨-]명 각 개인의 전투력을 기준으로 하는 전투.
각개^점호(各個點呼)[-깨-]명 군대에서, 각 개인을 상대로 하는 점호. 주로, 정확한 인원을 파악하기 위하여 실시함.
각거(各居)[-꺼]명하자 (가족 관계에 있는 사람이) 따로따로 거처함. ¶ 부부가 각거하다.
각-거리(角距離)[-꺼-]명 물리학에서, 관측자로부터 두 물체에 이르는 두 직선이 이루는 각도를 이름.
각건(角巾)[-껀]명 ①정재(呈才) 때 무동(舞童)이 쓰던 건(巾). ②향교 같은 데 딸린 사내종이 행례(行禮) 때 쓰던 건.
각경-증(脚硬症)[-꼉쯩]명 한방에서, 다리가 냉하여 운동이 부자유스럽게 되는 증세를 이르는 말. 참각연증(脚軟症).
각계(各界)[-꼐/-께]명 사회의 여러 분야. ¶ 각계의 저명인사들.
각계-각층(各界各層)[-꼐-/-께-]명 사회의 여러 분야와 여러 계층. ¶ 각계각층을 망라한 모임.
각고(刻苦)[-꼬]명하자 고생을 견디며 몹시 애씀. ¶ 각고의 노력을 기울이다.
각고-면려(刻苦勉勵)[-꼬멸-]명하자 고생을 무릅쓰고 열심히 노력함.
각고-정려(刻苦精勵)[-꼬-녀]명 고생을 무릅쓰고 정성을 다하여 힘씀.
각골(刻骨)[-꼴]명하자 ①남으로부터 입은 은혜가 마음속 깊이 새겨짐. ②원한 따위가 마음속 깊이 새겨짐.
각골(脚骨)[-꼴]명 ☞다리뼈.
각골-난망(刻骨難忘)[-꼴란-]명하타 (입은 은혜에 대한 고마움이) 뼈에 깊이 사무치어 결코 잊히지 아니함. ¶ 그동안 보살펴 주신 은혜는 실로 각골난망입니다.
각골-명심(刻骨銘心)[-꼴-]명하타 (뼈에 새기고 마음에 새겨) 영원히 잊지 않음.
각골지통(刻骨之痛)[-꼴찌-]명 ☞각골통한.
각골-통한(刻骨痛恨)[-꼴-]명 뼈에 사무치도록 마음속 깊이 맺힌 원한. 각골지통. ¶ 비복등이 천대함을 각골통한하여 심사를 정치 못하더니…(洪吉童傳).
각공(刻工)[-꽁]명 ☞각수(刻手).
각과(殼果)[-꽈]명 ☞견과(堅果).
각-괄호(角括弧)[-꽐-]명 ☞꺾쇠묶음. 대괄호.
각광(脚光)[-꽝]명 무대의 앞면 아래쪽에서 배우를 환하게 비추는 조명(照明).
각광(을) 받다〔입다〕관용 널리 대중적인 찬사나 기대로 주목을 받다. ¶ 연극계에서 각광을 받고 있는 배우.
각국(各國)[-꾹]명 각 나라. ¶ 세계 각국의 정상들이 한곳에 모였다.
각궁(角弓)[-꿍]명 쇠뿔이나 양뿔·물소뿔 같은 것으로 장식한 활.
각궁-반장(角弓反張)[-꿍-]명 ①물건이 뒤틀어진 형태. ②척추가 가슴 쪽으로 휘어들어 반듯이 누울 때 머리와 발뒤축만 바닥에 닿고 등이 들리는 증상. 경풍·파상풍·뇌염 따위로 인하여 나타남.
각근(恪勤)[-끈]명하타 정성을 다하여 부지런히 일함. **각근-히**부.
각근(恪謹)[-끈]명하타 조심함. 삼감.
각근-면려(恪勤勉勵)[-끈멸-]명하자 정성을 다하여 부지런히 힘씀.
각급(各級)[-끕]명 여러 급으로 되어 있는 조직체의 각각의 급, 또는 여러 급. ¶ 각급 학교.
각기(各其)[-끼] Ⅰ명 저마다의 사람이나 사물. ¶ 각기의 소망을 말하라.
Ⅱ부 각각. 저마다. ¶ 준비물은 각기 챙겨라.
각기(角旗)[-끼]명 조선 시대의 대기치(大旗幟)의 한 가지. 진중(陣中)에서 방위를 표시하던 군기(軍旗).
각기(刻期)[-끼]명하자 기한을 정함. 각한(刻限).
각기(脚氣)[-끼]명 비타민 비 원(B_1)의 부족에서 오는 영양실조 증세의 한 가지로, 다리가 붓고 마비되어 걸음을 제대로 걷지 못하게 되는 병증. 각기병. 각질(脚疾).
각-기둥(角-)[-끼-]명 한 직선에 평행하는 셋 이상의 평면과 이 직선과 만나는 두 개의 평행한 평면으로 둘러싸인 다면체.
각기-병(脚氣病)[-끼뼝]명 ☞각기(脚氣).
각기소장(各其所長)[-끼-]명 저마다 지니고 있는 장기(長技).

각기-입복(脚氣入腹) [-끼-뽁] 명 한방에서, 각기가 심해져서 해로운 독이 심장을 범하게 된 병을 이르는 말.

각기-충심(脚氣衝心) [-끼-] 명 한방에서, 각기로 말미암은 급성 심장 장애를 이르는 말. 〔가슴이 답답하고 치미는 것 같은 증세.〕

각내^내:각(閣內內閣) [강-] 명 전시나 비상사태 아래서, 내각의 주요 각료 몇몇 사람이 선출되어 최고 정책을 심의·결정하는 형태.

각다귀 [-따-] 명 ①각다귓과의 곤충. 몸길이 20 mm가량. 모기와 비슷하나 더 크며 몸빛은 대체로 회색. 유충(幼蟲)은 '머루'라 하는데, 크기나 모양이 구더기 비슷함. 벼나 보리의 뿌리를 잘라 먹는 해충. 꾸정모기. ②'남의 것을 착취하는 사람'을 비유하여 일컫는 말.

각다귀-판 [-따-] 명 서로 남의 것을 사정없이 뜯어먹으려는 사람이 모여드는 곳.

각다분-하다 [-따-] 형여 일을 해 나가기가 몹시 힘들고 고되다.

각단 [-딴] 명 사물의 갈피와 실마리. ¶ 사세가 복잡하여 각단을 잡을 수가 없다.

각단(角端) [-딴] 명 ①하루에 만 리를 가고, 사람의 말이 통한다는 전설상의 동물. ②뿔의 끝.

각담 [-땀] 명 논밭의 돌이나 풀을 추려 쌓아 놓은 무더기.

각담(咯痰) [-땀] 명하자 ☞객담(咯痰).

각대(角帶) [-때] 명 ☞각띠.

각대(角臺) [-때] 명 〈각뿔대〉의 준말.

각대(脚帶) [-때] 명 ①다리에 동여매는 띠. ②다른 것과 구별하기 위하여, 가금류(家禽類)나 날짐승의 발에 두르는 띠. 〔대개, 얇은 알루미늄 판을 씀.〕

각도(角度) [-또] 명 ①각의 크기. 〔원둘레의 360분의 1을 1°로, 1°의 60분의 1을 1′으로 함.〕 준각(角)2. ②사물을 보거나 생각하는 방향. 관점(觀點). ¶ 여러 각도로 검토해 보다.

각도(角壔) [-또] 명 '각기둥'의 구용어.

각도(刻刀) [-또] 명 ☞새김칼.

각도(閣道) [-또] 명 ☞복도(複道).

각도-계(角度計) [-또계/-또게] 명 ①각도를 재는 데 쓰는 기계. ②천체(天體)의 고도(高度)를 재는 데 쓰는 기구.

각도-기(角度器) [-또-] 명 각도를 재는 기구.

각-도장(角圖章) [-또-] 명 ①뿔로 만든 도장. ②네모난 도장.

각동(閣童) [-똥] 명 조선 시대에, 규장각(奎章閣)에서 심부름하는 아이를 이르던 말.

각두(殼斗) [-뚜] 명 깍정이.

각두-정(角頭釘) [-뚜-] 명 대가리가 둥글지 아니하고 모가 난 못.

각-둘(各-) [-뚤] 명 윷놀이에서, 양편이 다 두 동임을 이르는 말.

각득(覺得) [-뜩] 명하타 깨달아서 앎.

각등(角燈) [-뜽] 명 들고 다니게 만든 네모진 등. 랜턴.

각-띠(角-) 명 지난날, 벼슬아치가 예복에 두르던 띠를 통틀어 이르는 말. 각대(角帶).

각려(刻勵) [강녀] 명하자 고생을 무릅쓰고 부지런히 힘씀. ¶ 각려 십 년의 성과.

각력(角力) [강녁] 명 ①하자 서로 힘을 겨룸. ②☞씨름.

각력(脚力) [강녁] 명 ①다리의 힘. 다릿심. ②걷는 힘. ③☞각부(脚夫).

각력-암(角礫岩) [강녀감] 명 모난 자갈이 많이 들어 있는 역암(礫岩).

각령(閣令)1 [강녕] 명 내각(內閣)에서 발포(發布)한 법규(法規)인 명령.

각령(閣令)2 [강녕] 명 지난날, 도자기를 만드는 일을 맡아보던 공방(工房). 도자기를 굽는 일터.

각로(却老)1 [강노] 명하자 늙음을 물리침. 젊어지려고 노력함.

각로(却老)2 [강노] 명 ☞구기자나무.

각로(脚爐) [강노] 명 (이불 밑에 넣어) 다리를 따뜻하게 하는 화로.

각론(各論) [강논] 명 〔논설문 따위에서〕 각각의 부문이나 항목에 대한 논설. ↔총론(總論).

각료(閣僚) [강뇨] 명 내각의 구성원인 각부 장관. 각원(閣員).

각루(刻漏) [강누] 명 ☞물시계. 준누(漏).

각루(刻鏤) [강누] 명하타 (나무나 쇠붙이 따위에) 글자나 그림을 파서 새김.

각리(各離) [강니] 명하자 뿔뿔이 갈라져 흩어짐.

각리(榷利) [강니] 명하자 정부가 물품을 전매(專賣)하여 그 이익을 독차지하는 일.

각립(各立) [강닙] 명하자 ①서로 갈라져 따로 섬. ②지난날, 관아의 하례(下隷)들이나 한 도중(都中)을 이루던 사람들이 불평을 품고 떼를 지어 탈퇴하던 일.

각립(角立) [강닙] 명하자 ①유별나게 나타남. 뛰어남. ②서로 버티고 굴복하지 않음.

각립-대좌(角立對坐) [강닙때-] 명하자 서로 굴복하지 않고 맞서서 버팀.

각립-독행(各立獨行) [강닙또캥] 명하자 (무슨 일을) 저마다 따로따로 함.

각-막(各-) [강-] 명 윷놀이에서, 양편이 각각 막동임을 이르는 말.

각막(角膜) [강-] 명 눈알의 앞쪽 중앙에 있는, 둥근 접시 모양의 투명한 막(膜). 안막(眼膜).

각막(殼膜) [강-] 명 곡식의 낟알을 덮고 있는 아주 얇은 꺼풀.

각막^궤:양(角膜潰瘍) [강-꿰-] 명 삼눈의 한 가지. 각막의 겉껍질이 헐어 뿌옇게 되고 그 언저리가 충혈되는 눈병.

각막^백반(角膜白斑) [강-빽빤] 명 각막에 생기는, 광선이 전혀 통하지 못할 정도의 흰 얼룩점.

각막-염(角膜炎) [강망념] 명 삼눈의 한 가지. 각막에 염증이 생겨 각막이 흐려지는 눈병.

각막-예(角膜翳) [강망녜] 명 각막이 뿌옇게 흐려지는 눈병.

각막^이식(角膜移植) [강-] 명 각막이 흐려져서 시력 장애가 심한 사람에게 다른 사람의 성한 각막을 이식하는 일.

각명(刻銘) [강-] 명하타 ①나무나 돌·쇠붙이 따위에 글자나 그림을 새김, 또는 새긴 그 글자나 그림. 명각(銘刻). ②화살의 깃과 깃 사이에 임자의 이름을 쓰거나 새김, 또는 그 이름.

각모(角帽) [강-] 명 〈사각모자〉의 준말.

각목(角木) [강-] 명 네모지게 켠 나무.

각목(刻木) [강-] 명하자 나무에 새김.

각목^문자(刻木文字) [강몽-짜] 명 간단한 수효 따위를 나무에 새기어 나타낸, 원시 시대에 쓰던 글자의 한 가지.

각문(閣門) [강-] 명 ☞합문(閤門).

각물(各物) [강-] 명 갖가지 물건.

각물(殼物) [강-] 명 연체동물 가운데 조가비를 갖춘 동물.

각박(刻薄) '각박하다'의 어근.

각박-성가(刻薄成家) [-빡썽-] 명하자 몰인정하게 인색한 짓을 해서 부자가 됨.

각박-하다 (刻薄-) [-빠카-] 형여 모질고 박정하다. ¶ 각박한 세상. /인심이 각박하다. **각박-히** 부.
각반 (各般) [-빤] 명 여러 범위에 걸쳐 빠짐이 없는 하나하나.
각반 (脚絆) [-빤] 명 (걸음을 걸을 때 아랫도리를 가든하게 하기 위하여) 무릎 아래 다리에 감는, 헝겊으로 만든 띠. ¶ 각반을 차다. /각반을 풀다. 참행전.
각반-병 (角斑病) [-빤뼝] 명 식물의 잎에 갈색 또는 회색의 다각형 병반(病斑)이 생기는 병. 〔주로, 오이·우엉·감나무·강낭콩·보리 따위에 생김.〕
각방 (各方) [-빵] 명 ①여러 방면. ¶ 각방의 의견을 수렴하다. ②각각의 편. ¶ 각방의 이해를 따지다.
각방 (各房) [-빵] 명 각각의 방. 여러 방. ¶ 각방을 쓰다.
각방-거처 (各房居處) [-빵-] 명 (부부 또는 가족이) 각각 딴 방에서 거처함.
각-배 (各-) [-빼] 명 ①동물의 한 암컷이 때를 달리하여 낳았거나 깐 새끼들. ②배다른 형제 또는 자매. 곧, '이복(異腹)'을 속되게 일컫는 말. ↔한배1.
각배 (各拜) [-빼] 명하자 ①여러 사람에게 따로따로 절함. ②불교에서, 시왕(十王)이나 나한(羅漢)의 각위(各位)에게 따로따로 절함.
각배 (角杯) [-빼] 명 짐승의 뿔로 만든 잔.
각-벌 (各-) [-뻘] 명 (의복이나 서류 따위에서) 각각의 한 벌.
각별 (各別) [-뼐] 명하형 ①유달리 특별함. ¶ 각별한 사이. /각별한 당부. ②깍듯함. ¶ 손님을 맞는 태도가 각별하다. **각별-히** 부 ¶ 각별히 유념하다.
각보 (却步) [-뽀] 명하자 ☞퇴보(退步).
각본 (刻本) [-뽄] 명 새긴 판목(板木)으로 인쇄한 책. 판각본(板刻本).
각본 (脚本) [-뽄] 명 ①영화·연극 등의 대사·동작·무대 장치 등을 자세히 적은 대본(臺本). ②'어떤 일을 위해 미리 꾸며 놓은 계획'을 비유하여 이르는 말. ¶ 일이 각본대로 잘되어 갔다.
각본-가 (脚本家) [-뽄-] 명 각본을 쓰는 사람. 각본 작가.
각봉 (各封) [-뽕] 명하타 따로따로 봉함, 또는 그 봉한 것. ↔동봉(同封).
각-봉투 (角封套) [-뽕-] 명 네모진 봉투. ¶ 계약서를 각봉투에 넣다.
각부 (各部) [-뿌] 명 ①각각의 부분. ②불교에서, 시왕과 나한을 각각 하나씩 그린 탱화.
각부 (刻符) [-뿌] 명 한자의 팔체서(八體書)의 하나. 중국 진(晉)나라 때 부신(符信)에 쓰던 글씨체임.
각부 (脚夫) [-뿌] 명 품삯을 받고 먼 길을 걸어서 심부름하는 사람. 각력(脚力).
각부 (脚部) [-뿌] 명 (동물의) 다리 부분.
각분 (各分) [-뿐] 명하타되자 각각 나눔. ¶ 짐을 각분해서 들다.
각분 (角粉) [-뿐] 명 뿔을 찐 다음, 말려서 부순 가루. 비료로 쓰임.
각불-때다 (各-) [-뿔-] 자 〔따로따로 아궁이에 불을 지핀다는 뜻에서〕 각기 따로 살림을 하다.
각-뿔 (角-) 명 다각형과 그 각 변을 밑변으로 하고, 다각형의 평면 밖에 있는 한 점을 공통의 꼭짓점으로 삼는 여러 삼각형으로 에워싼 다면체. 모뿔.
각뿔-대 (角-臺) 명 각뿔을 그 밑면에 평행된 평면으로 잘라 버리고 난 나머지의 입체. 모뿔대. 준각대.
각사 (各司) [-싸] 명 〈경각사(京各司)〉의 준말.
각-사탕 (*角沙糖) [-싸-] 명 설탕을 조그만 육면체의 덩어리로 굳힌 것. 각설탕. 모당. 모사탕.
각삭 (刻削) [-싹] 명하타 ①새기고 깎음. ②남에게 몹시 가혹하게 함.
각산 (各產) [-싼] 명하자 ☞각살림.
각산 (各散) [-싼] 명하자 저마다 뿔뿔이 흩어짐.
각산-진비 (各散盡飛) [-싼-] 명하자 저마다 뿔뿔이 흩어져 가 버림.
각-살림 (各-) [-쌀-] 명하자 (한가족이면서) 각기 따로 차린 살림. 각산(各產). ¶ 각살림을 내다.
각상 (各床) [-쌍] 명 ①한 사람분씩 따로 차린 음식상. 비독상(獨床). 참겸상(兼床). ②육류(肉類)·채류(菜類) 따위를 각각 따로 차린 음식상.
각색 (各色) [-쌕] 명 ①여러 가지 빛깔. ②여러 가지. 온갖 종류. 각종(各種). ¶ 각색 나물.
각색 (脚色) [-쌕] 명하타되자 시·소설·실화 따위를 각본으로 고쳐 쓰는 일.
각색-가 (脚色家) [-쌕까] 명 각색을 업으로 하는 사람.
각색-각양 (各色各樣) [-쌕까걍] 명 ☞각양각색.
각생 (各生) [-쌩] 명하자 바둑에서, 다투던 양편의 말이 다 같이 삶.
각생-약 (脚生葯) [-쌩냑] 명 수꽃술의 줄기 끝에 붙어 있는 꽃밥. 〔삿갓사초의 꽃밥 같은 것.〕 ↔정자형 약(丁字形葯).
각서 (覺書) [-써] 명 ①약속을 지키겠다는 내용을 적은 문서. ¶ 각서를 받다. ②상대국에 대하여 자기 나라의 희망이나 의견 따위를 적은 약식의 외교 문서. ¶ 양해 각서.
각-석 (各-) [-썩] 명 윷놀이에서, 양편이 다 석 동임을 이르는 말.
각석 (角石) [-썩] 명 사각형으로 떠내거나 잘라 낸 석재.
각석 (刻石) [-썩] 명하타 글자나 그림 따위를 돌에 새김, 또는 그 돌.
각-선 (脚線) [-썬] 명 다리의 윤곽을 나타내는 선.
각선-미 (脚線美) [-썬-] 명 주로, 여자의 다리 곡선에서 느끼는 아름다움.
각설 (各設) [-썰] 명하타되자 ①따로따로 베풂. ②따로따로 설치함.
각설 (却說) [-썰] Ⅰ 명하자 화제(話題)를 돌림. 《주로, '각설하고'의 꼴로 쓰임.》 ¶ 자, 각설하고 본론으로 들어갑시다.
Ⅱ 부 소설 따위에서, 화제를 돌려 다른 줄거리로 접어들려고 할 때 그 첫머리에 쓰는 말. 차설(且說). 화설.
각설-이 (却說-) [-써리] 명 〈장타령꾼〉의 속된 말.
각설이^타:령 (却說-) [-써리-] 명 ☞장타령.
각-설탕 (*角雪糖) [-썰-] 명 ☞각사탕.
각섬-석 (角閃石) [-썸-] 명 화강암·안산암 따위에 들어 있는 규산염 광물. 흑갈색 또는 녹색의 길쭉한 결정체를 이루며, 쪼갠 단면은 진주 광택이 강함.
각성 (各姓) [-썽] 명 ①각각 다른 성씨(姓氏). ②☞각성바지.
각성 (角星) [-썽] 명 이십팔수의 하나. 동쪽의 첫째 별자리. 준각(角)3.

각성(覺醒) [-썽] 명 하자타 되자 〔깨어나 정신을 차린다는 뜻에서〕 ①정신적 방황에서 자기의 갈 바를 깨달음. ¶ 지금이야말로 민족적 각성이 요구되는 때다. ②잘못을 깨달아 정신을 차림. ¶ 자기의 과오를 각성하고 성실하게 살아갔다.

각성-바지(各姓-) [-썽-] 명 ①어머니는 같으나 아버지가 각각 다른 형제. 각아비자식. ②성(姓)이 각각 다른 사람. 각성(各姓). ¶ 각성바지들이 모여 사는 동네.

각성-제(覺醒劑) [-썽-] 명 중추 신경계를 흥분시켜 잠이 오는 것을 억제하고 피로를 느끼지 못하게 하는 약물.

각-세공(角細工) [-쎄-] 명 뿔로 여러 가지 물품을 만드는 세공.

각소(各所) [-쏘] 명 ①여러 군데. 각처(各處). ②하자 형제가 서로 다른 과장(科場)에서 과거를 치르던 일.

각소(角素) [-쏘] 명 ☞케라틴(keratin).

각-속도(角速度) [-쏙또] 명 원운동을 하고 있는 물체의 속도를 나타내는 양. 운동하는 물체의 한 점과 회전의 중심을 연결한 직선이 단위 시간에 회전하는 각도로 나타냄. 〔단위는 라디안/초.〕

각수(刻手) [-쑤] 명 조각을 업으로 하는 사람. 각공(刻工). 조각사(彫刻師).

각수(角數) [-쑤] 의 돈을 셀 때, 원으로 세어서 남는 몇 전이나 몇십 전을 이르는 말. ¶ 오 원 각수.

각수-장(刻手匠) [-쑤-] 명 ☞각수장이.

각수-장이(刻手-) [-쑤-] 명 '각수(刻手)'를 속되게 이르는 말. 각수장.

각승(角勝) [-씅] 명 하자 승부를 겨룸.

각시 [-씨] 명 ①'아내'를 달리 이르는 말. 한자를 빌려 '閣氏'로 적기도 함. ②새색시. ③새색시 모양으로 조그맣게 만든 인형.

각시 명 〈옛〉 ①어린 여자. ¶ 이 각시 당다이 轉輪聖王올 나ᄒᆞ시리로다 ᄒᆞ야ᄂᆞᆯ(月釋*2:23*). ②각각의 씨(氏). ¶ 각시 시:氏(訓蒙上*32*).

각시-노리 [-씨-] 명 가래의 양편 군둣구멍을 꿴 군두새끼가 가랫장부의 목을 감아 돌아간 부분.

각시-놀음 [-씨-] 명 하자 (주로 여자 아이들이) 각시 인형을 가지고 노는 놀음.

각시-방(-房) [-씨-] 명 ①새색시가 거처하는 방. ②조그맣게 만든 여자 인형을 두는 곳.

각시-붓꽃 [-씨붇꼳] 명 붓꽃과의 다년초. 높이 10~15 cm. 우리나라 산야에 흔히 나며, 잎은 두세 조각으로 폭이 좁고 끝이 뾰족함. 꽃은 자주색 또는 황색으로 봄에 피며, 열매는 작은 공 모양의 삭과임. 관상용으로 가꾸기도 함. 산난초. ＊각시붓꽃이[-씨붇꼬치]·각시붓꽃만[-씨붇꼰-]

각시-씨(-氏) [-씨-] 명 한자 부수의 한 가지. '民'·'氐' 등에서의 '氏'의 이름. 성씨(姓氏)[2].

각-시차(角視差) [-씨-] 명 물체가 있는 실제의 방향과 눈에 보이는 방향과의 사이에 생기는 각(角). 〔광선의 굴절로 말미암아 생김.〕

각식^기뢰(角式機雷) [-씩끼뢰/-씩끼뤠] 명 여러 개의 뿔이 달려 있어서, 함선이 이에 닿으면 뿔이 부러지면서 폭발하도록 되어 있는 기뢰.

각신(閣臣) [-씬] 명 조선 시대에, 규장각(奎章閣)의 벼슬아치를 일컫던 말.

각심(各心) [-씸] 명 ①각자의 마음. ②하자 각각 마음을 달리함. ¶ 각심을 먹다.

각심-소원(各心所願) [-씸-] 명 사람마다 원하는 바가 다름. 사람마다 지니고 있는 소망.

각심-소위(各心所爲) [-씸-] 명 사람마다 딴마음으로 하는 행동.

각아비-자식(各-子息) 명 어머니는 같으나 아버지가 각각 다른 형제. 각성바지.

각안(擱岸) 명 하자 배가 해안의 암초에 얹힘.

각암(角岩) 명 규암의 한 가지. 석영질의 갈색 또는 짙은 회색의 단단하고 치밀한 수성암.

각암(擱岩) 명 하자 선박이 잘못되어 좌초(坐礁)함. 각좌(擱坐).

각양(各樣) 명 갖가지 모양. 여러 가지.

각양-각색(各樣各色) [-쌕] 명 여러 가지. 가지가지[1]. 가지각색. 각색각양. ¶ 각양각색의 사람들. /각양각색의 국기.

각양-각식(各樣各式) [-씩] 명 갖가지 양식 또는 방식. ¶ 각양각식의 건축물.

각역(刻役) 명 하자 조각하는 일. 각수(刻手)가 하는 일.

각연-증(脚軟症) [-쯩] 명 다리의 힘이 풀려 걸음걸이에 어려움을 느끼는 증세. 행지증(行遲症). 참 각경증(脚硬症).

각-연초(刻煙草) 명 ☞살담배.

각염-법(榷塩法) [-뻡] 명 고려 시대에, 소금을 전매(專賣)하던 법.

각영(各營) 명 조선 시대, 서울 안의 각 군영.

각오(覺悟) 명 하자타 ①번뇌에서 벗어나 불교의 도리를 깨달음. ②(앞으로 닥칠 일에 대비하여) 마음의 준비를 함, 또는 그 준비. ¶ 죽을 각오로 싸워라. /고생을 각오하여라.

각왕(覺王) 명 '불타(佛陀)'를 달리 일컫는 말.

각외^협력(閣外協力) [가괴협녁/가궤협녁] 명 (각료 아닌 사람이) 내각 밖에서 정부의 일에 협력함.

각우(角隅) 명 에워싼 구역의 모퉁이. 구석.

각운(脚韻) 명 시가(詩歌)에서, 시구(詩句)의 끝에 다는 동일한 운(韻). ↔두운(頭韻).

각-운동(角運動) 명 물체가 한 정직선(定直線)의 주위로 언제나 같은 거리를 지속하면서 도는 운동.

각운동-량(角運動量) [-냥] 명 물체가 각운동(角運動)을 할 때, 그의 질량과 원의 중심으로부터의 거리와 속도를 서로 곱한 것으로 나타내는 물리학적 양.

각원(各員) 명 (어느 모임이나 단체에 딸린) 각각의 사람. 각인(各人).

각원(閣員) 명 내각을 구성하는 각 장관. 각료.

각위(各位) 명 ①《주로 '무리'를 뜻하는 일부 명사와 함께 쓰이어》 여러분. ¶ 회원 각위께서는 빠짐없이 참석해 주십시오. ②각각의 신위(神位). ③각각의 자리 또는 직위.

각유소장(各有所長) 명 사람마다 장점이나 장기(長技)를 지니고 있음.

각유일능(各有一能) [-릉] 명 사람마다 한 가지씩의 재주를 가지고 있음.

각응(角鷹) 명 ☞매[6].

각의(閣議) [가긔/가기] 명 내각(內閣)이 그 직무와 직권을 행하기 위한 회의. ¶ 각의를 소집하다.

각이(各異) '각이하다'의 어근.

각이-하다(各異-) 형여 각각 다르다. ¶ 나라마다 생활과 풍습이 각이하다.

각인(各人) 명 각각의 사람. 각원(各員).

각인(刻印) 명 하자 ①도장을 새김. 새긴 도장. ②되자 (마음속이나 머릿속에 뚜렷하게 기억되어) 오래 잊히지 않게 됨.

각인-각색(各人各色)[-색]명 사람마다 각각 다름. 각인각양. ¶ 걸음걸이도 각인각색이다.
각인-각설(各人各說)[-썰]명 사람마다 주장하는 바가 서로 다름.
각인-각성(各人各姓)[-썽]명 사람마다 각각 성이 다름.
각인-각양(各人各樣)명 ☞각인각색.
각-일각(刻一刻)부 시간의 흐름에 따라 점점. 시시각각으로. ¶ 결전의 때는 각일각 다가오고 있었다.
각자(各自)[-짜] Ⅰ명 각각의 자기. 제각기. ¶ 각자가 맡은 업무.
Ⅱ부 저마다 따로따로. ¶ 도시락은 각자 준비할 것.
각자(刻字)[-짜]명하자 글자를 새김.
각자(覺者)[-짜]명 불교에서, 우주와 인생의 진리를 깨달은 사람, 곧 부처를 이름.
각자-도생(各自圖生)[-짜-]명하자 제각기 살아 나갈 방도를 꾀함.
각자-무치(角者無齒)[-짜-]명 〔뿔이 있는 짐승은 날카로운 이가 없다는 뜻에서〕 '한 사람이 모든 재주나 복을 다 가질 수 없음'을 이르는 말.
각자^병:서(各自竝書)[-짜-]명 같은 자음을 가로로 나란히 쓰는 법. 〔'ㄲ·ㄸ·ㅃ·ㅆ·ㅉ' 따위.〕 ↔합용 병서(合用竝書).
각자-위심(各自爲心)[-짜-]명하자 제각기 딴 마음을 먹음. 서로 다른 생각을 함.
각잠(刻簪)[-짬]명 무늬를 아로새긴 비녀.
각장(各葬)[-짱]명하타 죽은 부부를 각각 딴 곳에 매장함. ↔합장(合葬).
각장(角壯)[-짱]명 보통 것보다 두꺼운 장판지.
각재(角材)[-째]명 네모지게 켠 재목.
각저(角觝·角抵)[-쩌]명하자 씨름. 각희(角戲).
각적(角笛)[-쩍]명 뿔로 만든 피리.
각전(角錢)[-쩐]명 지난날, 큰돈이 아닌 일 전짜리나 십 전짜리 따위의 잔돈을 이르던 말.
각-전궁(各殿宮)[-쩐-]명 왕과 왕비·동궁(東宮)·제빈(諸嬪) 등을 두루 일컫던 말.
각종(各種)[-쫑]명 여러 가지 종류. 여러 가지. 각가지. 갖가지. 각색(各色). ¶ 각종 도서. /각종 운동 경기.
각-좆(角-)[-쫀]명 뿔이나 가죽 따위로 남자의 성기처럼 만든 장난감. *각좆이[-쪼지]·각좆만[-쫀-]
각좌(擱坐)[-좌]명하자 ☞각암(擱岩).
각주(角柱)[-쭈]명 ①네모진 기둥. ②'각기둥'의 구용어.
각주(脚註·脚注)[-쭈]명 본문의 어떤 부분을 설명하거나 보충하기 위하여 본문의 아래쪽에 따로 베푼 풀이. 주각(註脚). ¶ 각주를 달다. ↔두주(頭註).
각주구검(刻舟求劍)[-쭈-]명 '어리석고 미련하여 융통성이 없음'을 비유하여 이르는 말. 〔'여씨춘추(呂氏春秋)'의 '찰금편(察今篇)'에 나오는 말로, 배에서 물속에 빠뜨린 칼을 찾을 속셈에서, 빠뜨린 자리를 뱃전에 표시해 놓았다가 나중에 그 표시를 보고 칼을 찾으려 했다는 고사(故事)에서 유래함.〕
각죽(刻竹)[-쭉]명 무늬를 새긴 담뱃대.
각준(恪遵)[-쭌]명하타 정성껏 좇아서 지킴.
각지(各地)[-찌]명 각 지방. 여러 곳. 각처. ¶ 전국 각지를 여행하다.
각지(各紙)[-찌]명 각 신문. 여러 신문. ¶ 각지에 널리 보도된 사건.
각지(各誌)[-찌]명 각 잡지. 여러 잡지.
각지(却之)'각지하다'의 어근.
각지(角指)[-찌]명 ☞깍지[2].
각지(覺知)[-찌]명하타 깨달아 앎.
각-지기(閣-)[-찌-]명 조선 시대에, 규장각(奎章閣)에서 심부름하던 사람. 각직(閣直).
각지-하다(却之-)[-찌-]타여 주는 것을 받지 아니하고 물리치다. ¶ 하찮은 것이지만 저희들의 성의이오니 각지하지 말고 거두어 주십시오.
각직(閣直)[-찍]명 ☞각지기.
각질(角質)[-찔]명 동물의 몸을 보호하는 비늘·털·뿔·손톱·발톱·등딱지 따위를 이루는, 각소(角素)로 된 물질.
각질(脚疾)[-찔]명 ①다리가 아픈 병. ②☞각기(脚氣).
각질-층(角質層)[-찔-]명 각질화한 편평 세포로 이루어진 피부 맨 위층의 얇은 켜. 준각층(角層).
각질-판(角質板)[-찔-]명 각질로 이루어진 판.
각질^해:면(角質海綿)[-찔-]명 뼈라고 할 만한 것이 없고, 해면질(海綿質)의 섬유만이 발달한 해면동물. 〔주로, 열대 지방의 바다에서 남.〕
각질-화(角質化)[-찔-]명하자 되자 ☞각화(角化).
각찬(角粲)명 ☞이벌찬(伊伐飡).
각처(各處)명 여러 곳. 모든 곳. 각지. 방방곡곡(坊坊曲曲). ¶ 각처에서 몰려온 지원자들.
각체(各體)명 〔자체(字體)·문체(文體)·서체(書體) 따위〕 여러 가지 체(體).
각추(角錐)명 '각뿔'의 구용어.
각추-대(角錐臺)명 '각뿔대'의 구용어.
각-추렴(←各出斂)명하타 (모임이나 놀이 따위의 비용으로) 각 사람에게서 돈이나 물품을 거둠. ¶ 각추렴으로 비용을 마련하다.
각축(角逐)명하자 (서로 이기려고) 맞서 다툼. ¶ 선수들이 우승을 놓고 각축을 벌이다. 참축록(逐鹿).
각축-장(角逐場)[-짱]명 각축을 벌이는 곳. 승부를 겨루는 곳. ¶ 강대국의 각축장.
각축-전(角逐戰)[-쩐]명 승부를 겨루는 싸움.
각출(各出)명 ①하자각각 나옴. ②하타각각 내놓음. ¶ 불우 이웃 돕기 성금을 각출하다.
각-출렴(各出斂)명 '각추렴'의 잘못.
각출-물(咯出物)명 (내어 뱉는) '침'이나 '가래' 따위를 이르는 말.
각층(各層)명 각각의 계층. 여러 계층. ¶ 사회 각층의 인사.
각층(角層)명 〈각질층(角質層)〉의 준말.
각치다타 ①(손톱 따위로) 할퀴다. ②남에게 이러니저러니 마음에 거슬리는 말을 하여 화를 내게 만들다.
각칙(各則)명 ①여러 가지 법칙. 온갖 법칙. ②(법률·명령·규칙·조약 따위에서) 다른 부분에는 적용되지 아니하고, 특정한 경우에만 적용되는 것으로 규정한 부분. ②↔총칙(總則).
각침(角針·刻針)명 ☞분침(分針).
각타(覺他)명하타 불교에서, 스스로 깨달은 불법을 남에게 가르쳐 남도 깨닫게 하는 일. ↔자각.
각태(角胎)명 뿔 속의 살.
각-테(角-)명 뿔로 만든 안경테. ¶ 각테 안경.
각통(各通)명 (문서나 편지 따위의) 각벌.
각통(脚痛)명 다리의 아픔.
각통-질명하타 소 장수가 소를 크게 보이게 하려고 소에게 억지로 풀과 물을 먹이는 짓.

각퇴(角槌)[-퇴/-퉤]명 (편종·편경 따위의) 악기를 치는 데 쓰는 뿔방망이.

각파(各派)명 각각의 유파(流派)나 계파(系派), 또는 당파.

각파(脚婆)명 ☞탕파(湯婆).

각판(刻板)명 ①판각(板刻)하는 데 쓰는 널조각. ②하타☞판각(板刻).

각판(刻版)명 〈각판본(刻版本)〉의 준말.

각판-본(刻版本)명 서화(書畫) 따위를 목판에 새겨서 인쇄한 책. 판각본(板刻本). 준각판.

각패(角牌)명 조선 시대에, 정삼품 이하의 문무관이 차던, 검은 뿔로 만든 호패(號牌).

각피(角皮)명 표피 세포(表皮細胞)의 거죽을 싸고 있는 얇고 단단한 막.

각피-소(角皮素)명 각피(角皮)의 주성분.

각필(閣筆·擱筆)명하자 (편지 따위를) 다 쓰고 붓을 놓음. ¶ 이만 각필합니다.

각하(却下)[가카]명하타되자 ①(관청이나 공공 단체에서) 원서(願書)나 신청을 받지 않고 물리침. ②민사 소송에서, 형식이 법규에 맞지 않다 하여 소장이나 신청을 물리침, 또는 그 처분. 참기각(棄却).

각하(刻下)[가카]명 시각을 다투는 이때.

각하(閣下)[가카]명 특정한 고급 관료에 대한 경칭. ¶ 대통령 각하.

각하-성(脚下聲)[가카-]명 ☞다리아랫소리.

각한(刻限)[가칸]명하자 ☞각기(刻期).

각항(各項)[가캉]명 ①각 항목. 각 사항. ②각가지.

각해(覺海)[가캐]명 불교의 세계.

각행(却行)[가캥]명 뒤로 물러남. 뒷걸음질 침.

각행(覺行)[가캥]명 불교에서, 스스로 깨닫고 남으로 하여금 깨닫게 하는 보살의 불도 수행을 이름.

각혈(咯血)[가켤]명하자 ☞객혈(喀血).

각형(角形)[가켱]명 ①각(角)이 진 모양. ②〈사각형(四角形)〉의 준말.

각호(各戶)[가코]명 ①각 집. ②각 가구(家口).

각-혼(各-)[가콘]명 윷놀이에서, 양편이 다 혼동임을 이르는 말.

각혼(覺魂)[가콘]명 가톨릭에서, 동물의 감각 기능을 이르는 말.

각화(角化)[가콰]명하자되자 ①동물 조직의 일부, 특히 표층(表層)의 세포가 각질(角質)을 이루는 현상. 각질화(角質化). ②식물의 잎·줄기·열매 따위의 껍질이 굳어지는 현상.

각화(刻花)[가콰]명하자 도자기에 꽃무늬를 새김, 또는 그 새긴 꽃무늬.

각화-증(角化症)[가콰쯩]명 (손바닥에 생기는 티눈이나 못처럼) 피부의 각질층이 두껍고 단단하게 굳어지는 피부병.

각희(角戲)[가키]명하자 ☞각저(角觝).

각희(脚戲)[가키]명 ①서로 상대편의 다리를 한 발로 차서 넘어뜨리는 경기. 태견. ②☞씨름.

간[1]명 ①음식의 짠맛을 내는 데 쓰이는 재료. 〔소금·간장 따위.〕 ②(음식의) 짠맛의 정도. ¶ 간을 보다. /간을 맞추다.

간도 모르다관용 일의 속내에 대해서 짐작도 못하다.

간[2]명 〈깐〉의 본딧말.

간(干)명 ①〔지난날, 간척무(干戚舞)나 일무(佾舞)에서〕 악생(樂生)들이 무무(武舞)를 출 때 왼손에 들던, 널조각에 용(龍)을 그린 방패 모양의 기구. ②방패. ③한방에서, 약방문(藥方文)이나 약봉지에 '새앙'이란 뜻으로 쓰는 말. ④오행(五行)을 음양(陰陽)으로 가른 십간(十干). ⑤고대 부족 사회에서, 족장이나 국왕을 이르던 말.

간(刊)명 〈간행(刊行)〉의 준말. ¶ 2004년 간 백과사전.

간ː(艮)명 ①〈간괘(艮卦)〉의 준말. ②〈간방(艮方)〉의 준말. ③〈간시(艮時)〉의 준말.

간ː(肝)명 ①〈간장(肝臟)〉의 준말. ②(회를 쳐서 먹거나 요리 재료로 하는) 짐승의 간장.

간 빼 먹고 등치다속담 겉으로는 잘해 주는 척하면서 남의 재산을 옳지 못한 방법으로 빼앗다.

간에 붙었다 쓸개에 붙었다 하다속담 자기에게 미치는 이익에 따라 줏대 없이 이편에 붙었다 저편에 붙었다 하다.

간이 뒤집혔나 허파에 바람이 들었나속담 ①'아무 까닭 없이 웃기만 하는 사람'을 나무라는 말. ②'하는 짓이나 말이 허랑한 사람'을 나무라는 뜻으로 이르는 말.

간이라도 빼어〔뽑아〕 먹이겠다속담 아주 친하여서 아무리 소중한 것을 주어도 아깝지 않다는 말.

간에 기별도 안 가다관용 먹은 음식의 양이 매우 적어서 먹은 것 같지 않다. 간에 차지 않다.

간(에) 바람 들다관용 쓸데없이 자꾸 웃다. 행동이 실없다. 허파에 바람 들다.

간에 차지 않다관용 ①☞간에 기별도 안 가다. ②흡족하다는 느낌을 전혀 느끼지 못하다.

간을 녹이다관용 ①몹시 애를 태우다. ②사람을 홀딱 반하게 하다.

간(이) 떨어지다관용 (간이라도 떨어질 만큼) 몹시 놀라다. ¶ 깜짝이야! 간 떨어지겠네.

간(이) 붓다관용 (언행이 넘칠 정도로) '대담해지다'를 속되게 이르는 말.

간이 오그라들다관용 ☞간이 콩알만 해지다.

간이 콩알만 해지다관용 몹시 두려워지다. 간이 오그라들다. ¶ 요란한 천둥소리에 간이 콩알만 해졌다.

간(이) 크다관용 매우 대담하다. ¶ 어린애가 간도 크지, 어떻게 그 먼 길을 혼자 왔을까.

간(間)[1]명 '칸'의 잘못.

간(間)[2]의 ①한 대상에서 다른 대상까지의 사이. ¶ 서울과 광주 간 열차. ②《일부 명사 뒤에 쓰이어》 둘의 사이임을 뜻함. ¶ 부모 자식 간. ③어느 경우든지 관계없이. 《주로, '-고 -고 간에', '-거나 -거나 간에', '-든지 -든지 간에'의 꼴로 쓰임.》 ¶ 이러나저러나 간에. /음식을 다 먹든지 말든지 간에 돈은 내야 한다. ④여섯 자를 단위로 한 길이를 세는 말. 〔여섯 자는 1.82m에 해당함.〕

간(澗)수관 구(溝)의 1만 배, 정(正)의 1만분의 1이 되는 수(의). 곧, 10^{36}.

-간(間)접미 ①《기간을 나타내는 일부 명사 뒤에 붙어》 '동안'을 뜻함. ¶ 다년간. /이틀간. /삼십 일간. ②《일부 명사 뒤에 붙어》 '장소'를 뜻함. ¶ 대장간. /마구간. /방앗간.

간가(間架)명 ①집의 칸살의 얽이. ②글자 획의 짜임새.

간각명 사물을 깨닫는 힘.

간각(刊刻)명하타 글자나 그림을 새김.

간간(侃侃) '간간(侃侃)하다'의 어근.

간ː간(衎衎)명하형 ①기쁘고 즐거움. ¶ 어화둥둥 내 사랑아, 어화 내 간간, 내 사랑이로구나 (烈女春香守節歌). ②강하고 날램. **간간-히**부.

간ː간(間間)부 〈간간이〉의 준말. ¶ 소식은 간간 듣고 있다.

간ː간-대소(衎衎大笑)명하자 크게 소리 내어 자지러지게 웃음.
간ː간-이(間間-)부 ①(시간적으로) 드문드문. 때때로. 이따금. ¶ 지나는 길에 간간이 들르곤 한다. ②(공간적으로) 듬성듬성. 띄엄띄엄. ¶ 대개가 양복 차림인데 한복을 입은 사람이 간간이 눈에 띈다. 준간간(間間).
간간짭짤-하다형여 음식의 맛이 입에 맞게 조금 짭짤하다. ¶ 간간짭짤하게 조린 쇠고기. 큰건건찝찔하다. **간간짭짤-히**부.
간간-하다[1]형여 (음식이) 짭짤하여, 먹기에 알맞을 정도로 간이 배어 있다. ¶ 생선을 간간하게 조리다. 큰건건하다. **간간-히**부.
간간-하다[2]형여 ①심심찮게 아기자기하고 재미있다. ②아슬아슬하게 위태롭다. **간간-히**부.
간ː간-하다(侃侃-)형여 성품이나 행실이 꼬장꼬장하다. **간간-히**부.
간객(看客)명 구경꾼. 관객(觀客).
간ː-거르다(間-)[~거르니·~걸러]타르 하나씩 사이를 거르다.
간ː-거리(間-)명하타 일정한 사이를 거름. ¶ 사흘 간거리로 장을 보다.
간ː거리-장사(間-)명 지난날, 정해진 때를 한 차례씩 걸러서 하는 장사를 이르던 말.
간ː걸(懇乞)명하자 간절히 빎.
간검(看檢)명하타 두루 살펴 검사함.
간ː격(間隔)명 ①공간적인 사이. 떨어진 거리. 틈. ¶ 두 팔을 벌린 간격으로 늘어서다. ②시간적으로 떨어진 사이. ¶ 간격을 두고 들려오는 종소리. 참동안. ③사람 사이의 정분의 틈. ¶ 두 사람은 어딘지 모르게 서로 간격을 느꼈다.
간ː격-범(間隔犯)[-뻠]명 행위와 결과의 사이에 장소나 시간의 간격이 있는 범죄.
간결(簡潔) '간결하다'의 어근.
간결-미(簡潔美)명 (복잡하지 않고) 간결한 데서 느껴지는 아름다움. ¶ 석가탑의 아름다움은 간결미에 있다.
간결-성(簡潔性)[-썽]명 간단하고 깔끔한 성질. 간결한 특성.
간결-체(簡潔體)명 문장의 길이에 따라 분류한 문체의 한 가지. 요약된 표현으로 선명한 인상을 나타내는, 흐름이 빠른 문체. ↔만연체.
간결-하다(簡潔-)형여 간단하고 깔끔하다. ¶ 간결한 설명. /문장이 간결하다.
간경(刊經)명하타 불경을 간행함.
간ː경(肝經)명 ①간장(肝臟)에 붙은 인대(靭帶)를 통틀어 이르는 말. ②한방에서, 간장에 딸린 경락(經絡)을 이르는 말.
간경(看經)명하자 불경을 소리 내지 아니하고 읽음. ↔독경(讀經).
간ː경(間頃)명 이마적. 요사이.
간경(簡勁) '간경하다'의 어근.
간경-도감(刊經都監)명 조선 세조 7(1461)년에, 불경을 언해해서 간행하기 위하여 설치한 기관.
간ː경변-증(肝硬變症)[-쯩]명 간장의 실질 세포의 장애와 결체 조직(結締組織)의 증가에 따라 간장이 굳어지면서 커지거나 오그라드는 병.
간ː경-풍(肝經風)명 한방에서, 간경의 열(熱)과 허(虛)로 말미암아 일어나는 병을 이르는 말. 손발이 뒤틀리고 눈이 뒤집히는 따위의 경련을 일으킴.
간경-하다(簡勁-)형여 (글이나 글씨가) 간결하고 힘차다. ¶ 필치(筆致)가 간경하다.
간계(奸計)[-계/-게]명 간사한 꾀. 간교한 계략. 간모(奸謀). 간책(奸策). ¶ 간계를 꾸미다.
간ː계(諫戒)[-계/-게]명하타 간(諫)하여 경계함. ¶ 임금에게 관리들의 비리를 간계하다.
간고(艱苦)명하형스형 가난하고 고생스러움. 몹시 고생스러움. 고간(苦艱). ¶ 간고한 형편. **간고-히**부. **간고스레**부.
간곡(懇曲) '간곡하다'의 어근.
간ː곡-하다(懇曲-)[-고카-]형여 간절하고 곡진(曲盡)하다. ¶ 하도 간곡하게 부탁해서 거절할 수가 없었다. **간곡-히**부.
간곡ᄒᆞ다형 〈옛〉 간사하다. ¶ 간곡ᄒᆞᆫ 톳기를 ᄉᆞ랑ᄒᆞᄂᆞᆫ 돗고(杜初*16:45*).
간곤(艱困) '간곤하다'의 어근.
간곤-하다(艱困-)형여 가난하고 어렵다. ¶ 간곤한 환경에서도 학문에 힘쓰다. **간곤-히**부.
간곳-없다[-고덥따]형 갑자기 자취를 감추어 온데간데없다. ¶ 예전의 울창하던 숲은 간곳없고, 대신에 고층 빌딩이 들어서 있었다. 비간데없다. **간곳없-이**부.
간과(干戈)명 〔'방패와 창'이란 뜻에서〕 ①'병장기(兵仗器)'를 통틀어 이르는 말. ②전쟁(戰爭). ¶ 10년이나 계속되는 간과.
간과(看過)명하타되자 ①대강 보아 넘김. ②깊이 관심을 두지 않고 예사로이 보아 내버려 둠. ¶ 간과할 수 없는 문제.
간ː과(諫果)명 〔충고의 말과 같은 과실이라는 뜻으로〕 '감람(橄欖)'을 기리어 이르는 말. 〔처음에는 맛이 쓰나, 오래 씹으면 단맛이 나는 것이, 흡사 간언(諫言)과 같다는 뜻에서 이르는 말.〕
간ː관(肝管)명 간세포의 분비액을 쓸개로 나르는 간장 조직 안의 가는 관(管).
간관(間關) '간관하다'의 어근.
간ː관(諫官)명 조선 시대에, 사간원(司諫院)과 사헌부(司憲府)의 벼슬아치를 통틀어 일컫던 말. 간신(諫臣). 참언관(言官).
간ː관-하다(間關-)형여 ①(길이) 험하다. ②(새의 우짖는 소리가) 아름답다. ③(수레바퀴 소리가) 요란하다. ④(문장이) 부드럽지 못하고 딱딱하다.
간ː괘(艮卦)명 ①팔괘(八卦)의 하나. 상형(象形)은 '☶'로 산(山)을 상징함. ②육십사괘의 하나. 상형은 '䷳'을 둘 포갠 것으로, 아래위에 산이 거듭됨을 상징함. 준간(艮).
간교(刊校)명하타 ☞교정(校正).
간교(奸巧)명하형스형 간사하고 교활함. ¶ 사기꾼의 간교에 넘어가다. **간교-히**부. **간교스레**부.
간구(干求)명하타 구함. 바람.
간ː구(懇求)명하타 간절히 요구함.
간구(艱苟) '간구하다'의 어근.
간구-하다(艱苟-)형여 가난하고 구차하다. ¶ 살림이 간구하다. **간구-히**부.
간-국[-꾹]명 짠맛이 우러난 물. 간물.
간국(幹局)명 (일을 능숙하게 처리하는) 재간과 국량. 재주와 도량.
간군(艱窘) '간군하다'의 어근.
간군-하다(艱窘-)형여 가난하고 군색하다.
간ː권(諫勸)명하타 잘못을 간(諫)하여 옳은 일을 하도록 권함.
간균(桿菌)명 막대 모양이나 타원형으로 생긴, 분열하는 세균. 〔결핵균·티푸스균·대장균·디프테리아균·백일해균·페스트균 따위.〕
간ː극(間隙)명 ①사물 사이의 틈. ¶ 간극을 메우다. /간극이 생기다. ②시간 사이의 틈. ¶ 세월의 간극. ③사건이나 현상 사이의 틈. ¶ 이론과 현실 사이의 간극.

간근(幹根)명 줄기와 뿌리. 근간(根幹).
간:급(間級)명 규정되어 있는 급과 급 사이에 임시로 매겨 정한 중간의 급(級).
간-기(-氣)[-끼]명 간이 든 기운. 짠맛.
간기(刊記)명 간행물(刊行物)의, 간행 시일·간행처·간행자·편저자 등 간행에 관계되는 사항을 적은 부분.
간기(肝氣)명 ①간의 정기(精氣). ②간의 기능. ③한방에서, 어린아이가 젖에 체하여, 얼굴이 해쓱해지면서 푸른 젖을 토하고 푸른 똥을 누는 증세를 이르는 말.
간:기(間氣)명 여러 세대를 통하여 드물게 있는 기품. 세상에 드문, 뛰어난 기품.
간:기(懇祈)명하타 간절히 빎.
간:기(癎氣)[-끼]명 '지랄병'의 딴 이름.
간:기-인물(間氣人物)명 썩 뛰어난 기품을 타고난, 세상에 드문 인물.
간나위명 '간사한 사람'을 얕잡아 일컫는 말.
간나히명 〈옛〉계집아이. ¶ 간나히 가는 길홀 스나히 에도ᄃᆞ시(古時調). 참갓나히.
간난(艱難)명하형 ①(하는 일이) 힘들고 고생스러움. ¶ 온갖 간난을 견디어 내다. ②〈가난〉의 본딧말. ①**간난-히**부.
간난-신고(艱難辛苦)명하자 어려움을 겪으며 고생함. 어려움과 괴로움. ¶ 간난신고 끝에 드디어 성공을 거두다.
간:납(干納·肝納)명 (제사에 쓰는) 쇠간·처녑·어육(魚肉) 따위로 만든 저냐. 변간랍.
간녀(奸女)명 간악한 여자.
간:년(間年)명하자 한 해를 거름.
간:년-경(間年耕)명하자 (일정한 논밭에, 일정한 작물을) 한 해씩 걸러 경작하는 일.
간:념(懇念)명 간절한 생각.
간녕(奸佞) '간녕하다'의 어근.
간녕-하다(奸佞-)형여 간교(奸巧)스럽고 아첨이 많다.
간:-농양(肝膿瘍)명 간장이 곪는 병.
간:뇌(肝腦)[-뇌/-눼]명 ①간장과 뇌수. ②'육체와 정신'을 달리 이르는 말.
간:뇌(間腦)[-뇌/-눼]명 척추동물 뇌의 한 부분으로, 대뇌와 소뇌 사이에서 내장과 혈관의 활동을 조절하는 기관.
간:뇌-도지(肝腦塗地)[-뇌-/-눼-]명하자 〔간장과 뇌수로 땅바닥을 칠한다는 뜻으로〕 ①'끔찍하게 죽은 모습'을 이르는 말. ②'나라를 위하여 목숨을 돌보지 아니하고 힘씀'을 이르는 말.
간능(幹能)[1]명 재간과 능력.
간:능(幹能)[2]명 〈간릉〉의 본딧말.
간:-니명 젖니가 빠진 다음에 대신 나는 이. 대생치(代生齒). 영구치(永久齒). ↔젖니.
간다개명 말 머리에서 고삐에 매는 끈.
간닥-간닥[-깐-]부하자타 가로로 조금씩 움직이거나 움직이게 하는 모양. 큰근덕근덕. 센깐닥깐닥·깐딱깐딱.
간닥-거리다[-꺼-]자타 자꾸 간닥간닥하다. 간닥대다. ¶ 고개를 간닥거리다. 큰근덕거리다. 센깐닥거리다·깐딱거리다.
간닥-대다[-때-]자타 간닥거리다.
간닥-이다자타 가로로 조금씩 움직이다, 또는 그렇게 되게 하다. ¶ 바람에 나뭇가지가 간닥이다. 큰근덕이다.
간:단(間斷)명하자 계속되던 것이 한동안 끊임. 잠시 끊이는 동안. 참간단없다.
간단(簡單) '간단하다'의 어근.
간단명료(簡單明瞭) '간단명료하다'의 어근.
간단명료-하다(簡單明瞭-)[-뇨-]형여 간단하고 분명하다. ¶ 답변이 간단명료해서 좋구나. 준간명하다. **간단명료-히**부.
간단-반응(簡單反應)명 단일한 자극에 대하여 단일한 동작을 하는 반응. 〔감각 반응·근육 반응·자연 반응의 세 가지가 있음.〕
간단-스럽다(簡單-)[-따][~스러우니·~스러워]형ㅂ 간단한 듯하다. **간단스레**부 ¶ 형은 복잡한 문제를 간단스레 풀었다.
간:단-없다(間斷-)[-다넙따]형 끊임없다. ¶ 간단없는 노력. **간단없-이**부 ¶ 간단없이 계속되다.
간단-하다(簡單-)형여 ①(사물의 내용이나 얼개가) 까다롭지 않고 단순하다. 간략하다. ¶ 간단한 도형./설명은 간단하게 해라. ②번거롭지 않고 손쉽다. 단출하다. ¶ 점심은 간단한 것으로 하자./간단한 복장. **간단-히**부.
간:담(肝膽)명 ①간과 쓸개. ②'속마음'을 달리 이르는 말.
간담이 내려앉다관용 몹시 놀라다. 간담이 떨어지다.
간담이 떨어지다관용 ☞간담이 내려앉다.
간담이 서늘하다관용 몹시 놀라서 마음이 섬뜩해지다.
간:담(懇談)명하자 정답게 차근차근히 이야기를 나눔. ¶ 간담을 나누다.
간:담-상조(肝膽相照)명하자 〔서로의 간과 쓸개를 꺼내 보인다는 뜻으로〕 속마음을 터놓고 가까이 사귐을 이르는 말. '한유(韓愈)'의 '유자후묘지명(柳子厚墓誌銘)'에 나오는 말임.
간:담-회(懇談會)[-회/-훼]명 (어떤 일정한 주제를 가지고) 서로 터놓고 정답게 이야기를 나누는 모임. ¶ 기자 간담회를 열다.
간답다형ㅂ 〈옛〉시원하다. ¶ 뭀고 간다ᄫᅳᆫ 道理로(月釋*1:18*).
간당(奸黨)명 간사한 무리. 간도(奸徒). ¶ 간당의 모함.
간당(看堂)명하자 선실(禪室)에서 참선하는 사람들의 마음을 다잡으려고 행하는 의식.
간대(竿-)[-때]명 〈간짓대〉의 준말.
간대명 〈옛〉망령. ¶ 간대옛 禍福올 닐어든 곧 두리본 쁘들 내야(月釋*9:57*).
간:대(懇待)명하타 후히 대접함. 환대(歡待).
간대로부 《주로 '아니다'·'않다' 따위 부정하는 말과 함께 쓰이어》 그리 쉽사리. ¶ 하늘의 먹구름을 보아하니, 간대로 비가 멎지는 않겠다.
간대로부 〈옛〉함부로. 망령되이. ¶ 有志ᄒᆞᆫ 士ᄂᆞᆫ 간대로 뮈요ᄆᆞᆯ 앗기건마ᄅᆞᆫ(杜初*23:33*).
간댕-간댕부하자 가늘게 붙은 물체가 조금 찬찬히 흔들리는 모양. 큰근뎅근뎅.
간댕-거리다자 자꾸 간댕간댕하다. 간댕대다. ¶ 나뭇잎이 바람결에 간댕거린다. 큰근뎅거리다.
간댕-대다자 간댕거리다.
간댕-이다자 가늘게 붙은 물체가 조금 찬찬히 자꾸 흔들리다. 큰근뎅이다.
간:-덩이(肝-)[-떵-]명 〈간(肝)〉의 속된 말.
간덩이(가) 붓다관용 격에 맞지 않게 배짱이 두둑하다. ¶ 간덩이가 부었나, 돈을 물 쓰듯 마구 써 버리게.
간덩이(가) 크다관용 웬만한 일에는 놀라지 아니하다. 배짱이 두둑하다.
간데라(カンデラ일.←kandelaar 네)명 '촉'·'촉광'으로 순화.

간데-없다[-업따]형 (지금까지 있던 것이) 어디로 갔는지 사라지고 없다. 비간곳없다. **간데없-이**부 ¶ 연필이 간데없이 사라졌네.
간데온데-없다[-업따]형 어디로 갔는지 알 길이 없다. 온데간데없다. **간데온데없-이**부.
간도(奸徒)명 ☞간당(奸黨).
간도(奸盜)명 간악한 도둑. 간적(奸賊).
간ː도(間道)명 샛길.
간ː도(懇到)명하타 갖은 정성을 다하여 빈틈없이 마음을 씀.
간독(奸毒) '간독(奸毒)하다'의 어근.
간독(懇篤) '간독(懇篤)하다'의 어근.
간ː독(簡牘)명 ①편지틀. ②여러 가지 편지를 본보기로 모아 엮은 책. 서간문집.
간독-하다(奸毒-)[-도카-]형여 간사하고 독살(毒殺)스럽다. **간독-히**부.
간ː독-하다(懇篤-)[-도카-]형여 정성스럽고 정이 도탑다. **간독-히**부.
간동-간동부하타 자꾸 간동그리는 모양. ¶ 옷장의 옷가지를 간동간동 정리했다. 큰건둥건둥. 센깐동깐동.
간동-그리다타 간동하게 마무르다. 큰건둥그리다. 센깐동그리다.
간ː-동맥(肝動脈)명 내장 동맥으로부터 오른편으로 꼬부라져 간장 안으로 들어간 동맥망.
간동-하다형여 잘 정돈되어 단출하다. 큰건둥하다. 센깐동하다. **간동-히**부.
간두(竿頭)명 ①장대나 막대기의 끝. ②〈백척간두(百尺竿頭)〉의 준말.
간ː-두다타 〈그만두다〉의 준말. ¶ 장난 좀 간두지 못할까!
간두지세(竿頭之勢)명 〔막대기 끝에 선 형세라는 뜻으로〕 '매우 위태로운 지경에 놓인 형세'를 이르는 말.
간드랑-간드랑부하자 가늘게 달려 있는 물체가 가볍고 부드럽게 자꾸 흔들리는 모양. 큰근드렁근드렁.
간드랑-거리다자 자꾸 간드랑간드랑하다. 간드랑대다. 큰근드렁거리다.
간드랑-대다자 간드랑거리다.
간드러-지다형 음성이나 몸놀림이 애교 있고 멋들어지다. 산드러지다. ¶ 웃음소리가 간드러지다. 큰건드러지다.
간드작-간드작[-깐-]부하자 (무엇에 기대거나 걸려 있는 물체가) 자꾸 흔들리는 모양. 큰근드적근드적.
간드작-거리다[-꺼-]자 자꾸 간드작간드작하다. 간드작대다. 큰근드적거리다.
간드작-대다[-때-]자 간드작거리다.
간들-간들부 ①하자타(작은 물체가) 좀 가볍게 흔들거리는 모양. ¶ 처마 끝에 달린 풍경이 산들바람에도 간들간들한다. ②하자바람이 보드랍고 가볍게 부는 모양. ¶ 간들간들 부는 봄바람. ③하자경망스럽게 자꾸 움직이는 모양. 큰건들건들. ①참근들근들.
간들-거리다자타 자꾸 간들간들하다. 간들대다. 큰건들거리다.
간들-대다자타 간들거리다.
간ː-디스토마(肝distoma)명 〈간장디스토마〉의 준말.
간디즘(Gandhiism)명 〔인도의 간디가 반영(反英) 항쟁의 방법으로 내세웠던〕 불복종·비협력·비폭력의 무저항주의.
간ː랍(←干納·肝納)[갈-]명 〈간납〉의 변한말.
간략(簡略) '간략하다'의 어근.
간략-하다(簡略-)[갈랴카-]형여 간단하고 단출하다. ¶ 글의 요점을 간략하게 설명하다. **간략-히**부.
간련(干連)[갈-]명하자 남의 범죄에 관련됨.
간ː로(間路)[갈-]명 샛길. 지름길.
간류(幹流)[갈-]명 ☞주류(主流).
간ː릉(←幹能)[갈-]명하형스형 (남의 환심을 사려고) 엉너리치는 솜씨가 좋음. 본간능[2]. **간릉스레**부.
간리(奸吏)[갈-]명 간사한 관리.
간린-하다(慳吝-)[갈-]형여 〈가린하다〉의 본딧말.
-간마ᄂᆞᆫ어미 〈옛〉-건마는. ¶ 애긋븐 소리를 ᄃᆞ더니 너기고져 ᄒᆞ간마ᄂᆞᆫ(杜重*5:27*).
-간마ᄅᆞᆫ어미 〈옛〉-건마는. ¶ 靑眼ᄋᆞ로 보간마ᄅᆞᆫ 오직 길히 窮迫ᄒᆞ얘라(杜初*8:61*).
간막-국[-꾹]명 소의 머리·꼬리·족·등·가슴·볼기·뼈·염통·허파·간·처녑·콩팥 따위를 한 도막이나 한 점씩 고루고루 넣어서 끓인 국.
간-막이(間-)명 '칸막이'의 잘못.
간만(干滿)명 간조(干潮)와 만조(滿潮). 밀물과 썰물. 만간(滿干). ¶ 간만의 차(差).
간ː망(懇望)명하타 간절히 바람. ¶ 조속히 해결해 주시길 간망합니다.
간ː명(肝銘)명하타 마음속에 깊이 새겨 잊지 아니함. 깊이 명심(銘心)함.
간명(簡明) '간명하다'의 어근.
간명-하다(簡明-)형여 〈간단명료(簡單明瞭)하다〉의 준말. **간명-히**부.
간모(奸謀)명 ☞간계(奸計).
간목(刊木)명하타 ☞벌목(伐木).
간목-수생(乾木水生)[-쑤-]명 〔마른나무에서 물이 나게 한다는 뜻으로〕 '아무것도 없는 사람한테 무엇을 내라고 무리하게 요구함'을 이르는 말. 강목수생(剛木水生). 건목수생(乾木水生).
간ː-무침(肝-)명 쇠간을 저며 번철에 지진 뒤 깨소금을 넣고 무친 반찬.
간묵(簡默) '간묵하다'의 어근.
간ː묵-하다(簡默-)[-무카-]형여 말수가 적고 몸가짐이 진득하다. ¶ 간묵한 사람이어서 믿음이 간다. **간묵-히**부.
간ː문-맥(肝門脈)명 척추동물의 위·장·췌장·비장 등에서 나온 혈액을 모아 간장으로 보내는 혈관계.
간-물명 ①소금기가 섞인 물. ¶ 배추에 간물이 고루 스며들었다. ②☞간국.
간물(奸物)명 간사한 인물. 간인(奸人).
간물(乾物)명 〈건물〉의 본딧말.
간물-때명 썰물의 가장 낮은 때. ↔찬물때.
간박(簡朴·簡樸) '간박하다'의 어근.
간박-하다(簡朴-·簡樸-)[-바카-]형여 간소하고 꾸밈이 없다. ¶ 간박하게 지은 건축물. **간박-히**부.
간ː반(肝斑)명 부녀자의 이마·볼·눈언저리 등 얼굴 양쪽에 마주 생기는, 갈색 또는 황갈색의 반점. 〔여성 호르몬의 이상이 원인임.〕 기미.
간ː발(間髮)명 아주 잠시 또는 아주 적음을 이르는 말.
간발의 차이관용 서로 엇비슷할 정도의 아주 작은 차이. ¶ 달리기에서 간발의 차이로 1위를 했다.
간ː발(簡拔)명하타되자 (여러 사람 가운데서) 골라 뽑음. 간탁(簡擢).
간-밤명 지난밤. 어젯밤. ¶ 간밤에 내린 눈으로 나뭇가지마다 눈꽃이 만발했다.

간:방(艮方)명 ①이십사방위의 하나. 북동을 중심으로 한 15도 범위 이내의 방위. 축방(丑方)과 인방(寅方)의 사이. ②팔방(八方)의 하나. 북동(北東)을 중심으로 한 45도 범위 이내의 방위. 준간(艮). ↔곤방(坤方).

간:방(間方)명 정동·정남·정서·정북 네 방위의, 각각의 사이의 방위. 곧, 건(乾)·곤(坤)·간(艮)·손(巽)의 방위. ¶ 동남 간방. /서북 간방.

간:벌(間伐)명하타 수풀의 주요한 나무를 잘 자라게 하기 위하여, 쓸모없는 나무를 솎아 베는 일. 솎아베기. 비선벌(選伐).

간빌찬(干伐湌)명 ☞이벌찬(伊伐湌).

간범(干犯)명 ①하타 되자남의 일에 간섭하여 그 권리를 침범함. ②간련(干連)된 범죄.

간:법(簡法)[-뻡]명 간편한 방법.

간:벽(癇癖)명 신경질을 잘 부리는 버릇.

간병(看病)명하타 환자를 보살핌. 병구완. 시병(侍病). 비간호(看護).

간:병(癎病)명하자 ☞경풍(驚風).

간병-인(看病人)명 환자를 보살피는 사람.

간본(刊本)명 목판본과 활자본을 통틀어 이르는 말. 간행본. 인본(印本). 판본(版本). ↔필사본.

간:봉(杆棒)명 몽둥이.

간부(奸婦)명 간악한 여자. 독부(毒婦).

간:부(姦夫)명 간통한 남자.

간:부(姦婦)명 간통한 여자.

간:부(間夫)명 ☞샛서방.

간부(幹部)명 회사나 단체 등 조직의 중심이 되는, 지도적인 자리에 있는 사람. ¶ 간부 회의. /학급 간부.

간부^후보생(幹部候補生)명 (정규 사관학교 이외의 교육 기관에서) 군대의 장교가 되기 위해 일정한 교육을 받고 있는 생도.

간:불용발(間不容髮)명 〔머리카락 한 올이 들어갈 만한 틈이 없다는 뜻으로〕 ①'사태가 매우 급박함'을 이르는 말. ②'매우 치밀하여 조금도 빈틈이 없음'을 이르는 말.

간:빙-기(間氷期)명 빙하기와 빙하기 사이에 기후가 온화해져서 빙하가 고위도(高緯度) 지방까지 물러갔던 시기.

간사(奸邪) '간사하다'의 어근.

간사(奸詐)명하형스형 간교(奸巧)하여 남을 잘 속이는 데가 있음. ¶ 간사를 떨다. /간사를 부리다. **간사-히**부. **간사스레**부.

간사(幹事)명 (어떤 모임이나 단체에서) 중심이 되어 사무를 맡아 처리하는 사람, 또는 그 직무. ¶ 종친회 간사.

간:사(諫死)명하자 죽음을 각오하고 간(諫)함.

간사-성(幹事性)[-썽]명 일을 맡아서 처리하는 솜씨나 소질.

간사-스럽다(奸邪-)[-따][~스러우니·~스러워]형ㅂ 간교하고 바르지 않은 데가 있다. **간사스레**부.

간:사위명 ①치밀하고 변통성 있는 수단. ②자신의 이익을 위하여 쓰는 교묘한 수단. ¶ 간사위가 있다. /간사위가 좋다.

간사지(干瀉地)명 '간석지(干瀉地)'의 잘못.

간사-하다(奸邪-)형여 성질이 능갈치고 행실이 바르지 못하다. **간사-히**부.

간:삭(間朔)명하자 ☞격월(隔月).

간산(看山)명하자 ①묏자리를 잡으려고 산을 돌아봄. ②☞성묘(省墓).

간살명 간사스럽게 아양을 떠는 태도. ¶ 간살을 떨다.

간살(間-)명 '칸살'의 잘못.

간살-부리다자 간사스럽게 아양을 떨다.

간살-스럽다[-따][~스러우니·~스러워]형ㅂ 간사스럽게 아양을 부리는 태도가 있다. **간살스레**부.

간살-쟁이명 '간살을 부리는 사람'을 놀림조로 이르는 말.

간삼-조이(干三召二)명 〔한방에서, 약첩이나 약방문에 쓰는 말로〕 '생강 세 쪽과 대추 두 개'를 이르는 말.

간상(奸狀)명 간사한 짓을 하는 모양.

간상(奸商)명 간사한 방법으로 부당한 이익을 취하는 상사, 또는 그러한 장수.

간:-상련(艮上連)[-년]명 팔괘 중, 간괘(艮卦)는 위의 막대만 이어졌다는 뜻으로 '☶'의 모양을 이르는 말. ↔태상절(兌上絕).

간상-배(奸商輩)명 간사한 방법으로 부당한 이익을 얻는 장사치의 무리.

간상-세포(杆狀細胞)명 (명암을 식별하는 작용을 하는) 눈의 망막에 있는 막대 모양의 세포. 간상체(杆狀體). 간체(杆體).

간상-체(杆狀體)명 ☞간상세포.

간색(看色)명 ①하타 물건의 품질을 알아보기 위하여 본보기로 그 일부를 봄. 감색(監色). ②(전체 상품의) 본보기로 보이는 상품, 또는 그 일부. ③여러 가지를 두루 갖추어서 보이기 위해 구색으로 조금씩 내어 놓는 물건의 일부. ②③견본(見本).

간:색(間色)명 ①적·황·청·백·흑의 다섯 가지 색을 제외한 모든 색. ↔정색(正色)[1]. ②미술에서, 명암의 변화를 부드럽게 하여 화면의 조화를 꾀하려고 사용하는 중간색.

간색-대(看色-)[-때]명 ☞색대.

간서(刊書)명하자 책을 간행함. 또는 간행한 책.

간서(看書)명하자 소리 내지 않고 눈으로 책을 읽음.

간:서(簡書)명 편지의 글.

간:-서리목(肝-)명 쇠간을 넓게 저며서 꼬챙이에 꿰어 재었다가 구운 음식.

간서-벽(看書癖)명 (지나칠 정도로) 글 읽기를 좋아하는 버릇.

간석(竿石)명 장명등(長明燈)의 밑돌과 가운데 돌 사이에 있는, 받침대 모양의 돌.

간:-석기(-石器)[-끼]명 돌을 갈아서 만든 신석기 시대의 석기. 마제 석기.

간석-지(干潟地)[-찌]명 바닷물이 드나드는 개펄.

간선(看-)명하타 선을 봄.

간:선(間選)명하타 〈간접 선거〉의 준말. ↔직선(直選).

간:선(揀選)명하타 분간하여 뽑음. 비간택.

간선(幹線)명 (도로·철도·수로·전신 따위에서) 중심이 되는 선. 본선. ↔지선(支線).

간선-거(幹線渠)명 여러 하수관으로부터 흘러드는 하수를 한목 흘려 보내는 큰 하수도.

간선^도:로(幹線道路)명 주요 지역을 잇는 중요한 도로.

간:선-제(間選制)명 〈간접 선거 제도〉의 준말. ↔직선제(直選制).

간섭(干涉)명 ①하자타 남의 일에 참견함. ¶ 간섭을 받다. /남의 일에 이래라저래라 간섭하는 것은 실례이다. ②음파나 광파 등 둘 이상의 같은 종류의 파동이 한 지점에서 만났을 때, 그 둘이 겹쳐져 서로 강해지기도 하고 약해지기도 하는 현상.

간섭-계(干涉計) [-꼐/-께]명 광파(光波)의 간섭 현상을 이용하여, 빛의 파장이나 파장 분포, 물체의 길이나 굴절률 등을 재는 광학 기구.
간섭^굴절계(干涉屈折計) [-꿀쩔계/-꿀쩔게]명 빛의 간섭 현상을 이용하여 빛의 굴절률을 측정하는 장치.
간섭-무늬(干涉-) [-섬-니]명 단색광(單色光)을 이용하여 빛의 간섭을 실험할 때, 빛의 강도의 극대·극소에 따라 명암이 생겨 이루는 동심원(同心圓) 모양의 무늬.
간섭^분광기(干涉分光器) [-뿐-]명 간섭무늬를 이용하여 분광(分光)하는 특수 분광기. 〔주로, 스펙트럼선의 미세 구조 연구에 이용됨.〕
간섭-색(干涉色) [-쌕]명 두 개의 백색광이 간섭할 때 광파(光波)의 조성(組成)이 변하기 때문에 나타나는 빛깔.
간성(干城)명 〔방패와 성벽이라는 뜻으로〕 '나라를 지키는 군인'을 이르는 말. ¶ 호국의 간성인 국군 용사.
간ː성(間性)명 ①암수딴몸, 또는 암수딴그루인 생물의 한 개체에서, 암수의 두 형질(形質)이 혼합되어 나타나는 일. ②종(種)이 다른 동물을 교배(交配)시켜 태어나게 한 동물. 〔노새 따위.〕 중성(中性).
간ː성(懇誠)명하형 간곡하고 정성스러움.
간성지재(干城之材)명 나라를 지킬 만한 믿음직한 인재.
간세(奸細)명하형 간사하고 도량이 적음, 또는 그런 사람. **간세-히**부.
간ː세(間世)명하자 여러 세대를 통하여 드물게 있음. ¶ 간세의 영웅.
간ː세(間稅)명 〈간접세(間接稅)〉의 준말.
간세(簡細)명하형 간략하고 세밀함. **간세-히**부.
간세지배(奸細之輩)명 간사한 짓을 하는 사람의 무리.
간ː세지재(間世之材)명 여러 세대를 통하여 드물게 있는 인재.
간ː-세포(間細胞)명 동물체의 조직을 이루고 있는 조직 세포 사이에서, 저마다 별도의 기능을 지니는 특수 세포. 〔정소(精巢)의 정충(精蟲) 사이에서 내분비 작용을 하는 세포 따위.〕 간질 세포(間質細胞). 중간 세포(中間細胞).
간ː소(諫疏)명하타 간(諫)하여 상소(上疏)함.
간소(簡素) '간소하다'의 어근.
간소-하다(簡素-)형여 (생활이나 차림새 따위가) 간략하고 소박하다. 간단하고 수수하다. ¶ 간소한 생활. /간소한 차림새. **간소-히**부.
간소-화(簡素化)명하타되자 복잡한 것을 간략하게 함. 복잡한 것이 간략해짐. ¶ 생활의 간소화. /사무 절차의 간소화.
간솔(簡率) '간솔하다'의 어근.
간솔-하다(簡率-)형여 단순하고 솔직하다. 꾸밈이 없이 솔직하다. **간솔-히**부.
간수명하타 (물건을) 잘 거두어 돌봄. 건사. ¶ 소중한 물건이니 잘 간수해 두어라.
간수(-水)명 소금이 습기에 녹아 저절로 흐르는 물. 두부의 응고제 따위로 쓰임. 고염(苦鹽). 노수(滷水).
간수(看守)명 ①하타되자 보살피고 지킴. ②'교도관(矯導官)'의 구용어. ③철도의 건널목 안내원.
간수(間數)명 '칸수'의 잘못.
간ː수(澗水)명 산골짜기에 흐르는 물.
간슈ᄒᆞ다타 〈옛〉 간수하다. ¶ 保ᄒᆞ야 가지며 두퍼 간슈ᄒᆞ야(楞解9:8).
간ː승(間繩)명 일정한 간격으로 눈표를 붙인 긴 노끈. 모종을 하거나, 씨를 뿌리거나, 모를 심을 때 쓰임.
간-승법(簡乘法) [-뻡]명 곱셈을 쉽게 하는 방법. 참간제법(簡除法).
간ː시(艮時)명 이십사시의 넷째 시. 상오 2시 30분부터 3시 30분까지의 동안. 준간(艮).
간ː시(間時)명 십이지(十二支)로 나타내는 십이시를 이십사시로 나눌 때, 십이지 사이사이에 들어가는 각 시. 곧, 계(癸)·간(艮)·갑(甲)·을(乙)·손(巽)·병(丙)·정(丁)·곤(坤)·경(庚)·신(辛)·건(乾)·임(壬)의 열두 시.
간ː식(間食)명하자 끼니와 끼니 사이에 음식을 먹음, 또는 그 음식. ¶ 간식으로 삶은 고구마를 먹다.
간식(墾植)명하타 개간하여 작물을 심음.
간ː식-거리(間食-) [-꺼-]명 끼니와 끼니 사이에 요기가 되도록 먹는 간단한 음식물.
간신(奸臣)명 육사(六邪)의 하나. 간사(奸詐)한 신하.
간ː신(諫臣)명 ①임금에게 간(諫)하는 신하. ②☞간관(諫官).
간신(艱辛) '간신하다'의 어근.
간신-적자(奸臣賊子) [-짜]명 간악(奸惡)한 신하와 어버이에게 거역하는 자식.
간신-하다(艱辛-)형여 힘들고 고생스럽다. **간신-히**부 ¶ 간신히 호구(虎口)를 빠져나오다.
간실-간실부하자 남의 비위를 살살 맞추면서 간살을 부리는 모양. 센깐실깐실.
간심(奸心)명 간악한 마음.
간심(看審)명하타 자세히 살펴봄.
간악(奸惡)명하형스형 간사(奸邪)하고 악독함. ¶ 간악한 무리. /간악한 수법. **간악-히**부. **간악스레**부.
간ː악(侃諤)명하자 성품이 꼿꼿하여 거리낌 없이 바른말을 함.
간ː악-골(間顎骨) [-꼴]명 위턱의 앞부분에 있는 한 쌍의 뼈.
간악-무도(奸惡無道) [가낭-]명하형 간악하고 무지막지함. 간악하고 도리에 어긋남.
간ː암(肝癌)명 '간에 생기는 암'을 통틀어 이르는 말.
간양-록(看羊錄) [-녹]명 조선 중기의 학자 강항(姜沆)이 임진왜란 때 일본에 잡혀 가서 겪은 일과, 그때의 시편(詩篇)들을 모아 엮은 책.
간ː어제초(間於齊楚)명 '약한 이가 강한 이들 틈에 끼여 괴로움을 받는 일'을 이르는 말. 〔주나라 말기에, 등나라가 두 큰 나라인 제·초 사이에 끼여 괴로움을 받았다는 데서 유래함.〕
간ː언(間言)명 이간(離間)하는 말. ¶ 간언을 놓다. **간언(이) 들다**관용 (잘되어 가는 참인데) 이간하는 말이 끼어들다.
간ː언(諫言)명하타 간(諫)하는 말.
간여(干與)명하자 ☞관여.
간역(看役)명하자 건축·토목 공사 따위에서, 역사(役事)를 보살핌.
간ː연(間然)명하타 남의 결점을 지적하여 비난함. 남의 실수를 들춤.
간ː열(肝熱)명 한방에서, 어린아이가 소화 불량으로 열이 나고 피부가 이완되는 증세를 이르는 말.
간ː열(簡閱)명하타 (많은 수를) 낱낱이 검열함.
간ː염(肝炎)명 간에 염증을 일으키는 병을 통틀어 이르는 말.
간ː엽(肝葉)명 ☞간잎.

간ː엽(間葉)명 척추동물의 발생 과정에서 형성되어 기관의 사이를 채우는 조직. 〔중배엽(中胚葉)에서 생겨남.〕 간충직(間充織).
간예(干預)명하자 ☞관여.
간옹(肝癰)명 한방에서, 습열(濕熱)과 열독(熱毒)으로 간에 생긴 종기를 이르는 말.
간요(奸妖)명하형스형 간사하고 요망함. **간요-히**부. **간요스레**부.
간요(肝要) '간요하다'의 어근.
간요(簡要)명 ①하형 간단하고 요령이 있음. ②간략한 요점. ①**간요-히**부.
간ː요-하다(肝要-)형여 매우 긴요하다. **간요-히**부.
간운보월(看雲步月)명하자 〔낮에는 구름을 바라보고 밤에는 달빛 아래 거닌다는 뜻에서〕 '객지에서 가족이나 집 생각을 함'을 이르는 말.
간웅(奸雄)명 간사한 영웅.
간ː원(諫院)명 〈사간원(司諫院)〉의 준말.
간ː원(懇願)명하타 간절히 원함.
간ː월(間月)명하자 ☞격월.
간위(奸僞)명하형 간사하고 거짓됨.
간ː^위축증(肝萎縮症)[-쯩]명 간의 조직이 갑자기 심하게 파괴되어 간의 용적이 줄어드는 병.
간ː유(肝油)명 (대구·명태·상어 따위) 생선의 간에서 뽑아낸 기름. 비타민 A·D가 많아 영양제로 쓰임. 어간유(魚肝油).
간ː음(姦淫·姦婬)명하자 부부가 아닌 남녀가 서로 성적(性的) 관계를 맺는 일. 참간통.
간ː음(間音)명 ☞사잇소리.
간음(幹音)명 (피아노·오르간의 흰 건반에 해당하는) '다·라·마·바·사·가·나'로 된 음. 원음(原音).
간ː음-범(姦淫犯)명 간음죄에 해당하는 범행, 또는 그 범인.
간ː음-죄(姦淫罪)[-쬐/-쮀]명 간음으로 인하여 성립되는 죄. 〔강간죄·준강간죄·간통죄 및 혼인 빙자 간음죄 따위.〕 준간죄(姦罪).
간ː음-화(間音化)명하자타되자 한 단어나 어절 안의 두 모음이 서로 영향을 주고받아 중간음으로 변하는 현상. 〔'사이'가 '새', '오이'가 '외'로 변하는 따위.〕
간ː의(簡儀)[가늬/가니]명 조선 세종 때, 이천(李蕆)·장영실(蔣英實) 등이 만든, 천체의 운행과 현상을 관측하던 기계.
간ː의-대(簡儀臺)[가늬-/가니-]명 조선 시대에, 간의를 설치하고 천체의 운행과 현상을 관측하던 대(臺).
간ː이(簡易)명《일부 명사 앞에 쓰이어》 간단하고 편리함. 간편함. ¶ 간이 진료소. /간이 휴게소.
간ː이-식당(簡易食堂)[-땅]명 간편한 시설에서, 간단한 음식을 파는 식당.
간ː이-역(簡易驛)명 일반 역과는 달리 역무원이 없고 정차만 하는 역.
간ː이-화(簡易化)명하자타되자 (복잡한 것을) 쉽고 간단하게 함. 쉽고 간단해짐.
간인(刊印)명하타되자 출판물을 인쇄함, 또는 간행함.
간인(奸人)명 간사한 사람. 간물(奸物).
간인(竿引)명 신라 지증왕 때, 천상욱개자(川上郁皆子)가 지었다는 노래. 〔가사는 전하지 않음.〕
간ː인(間人)명 ☞간첩(間諜).
간ː인(間印)명하자 한데 맨 서류의 종잇장 사이에 걸쳐 도장을 찍음, 또는 그 도장.
간ː일(間日)명하자 ①며칠씩 거름. ②☞격일(隔日).
간ː일-학(間日瘧)명 ☞하루거리.
간ː-잎(肝-)[-닙]명 우엽(右葉)·좌엽(左葉)으로 나뉜 간장의 그 한쪽 부분. 간엽(肝葉). *간ː잎이[-니피]·간ː잎만[-님-]
간자명 ①어른을 높이어, 그의 '숟가락'을 이르는 말. ②〈간자숟가락〉의 준말.
간ː자(間者)[1]명 이사이. 이마적.
간ː자(間者)[2]명 ☞간첩(間諜). 첩자(諜者).
간ː자(諫子)명 어버이에게 옳지 못한 일을 고치도록 말하는 자식.
간자-말명 이마와 뺨이 흰 말.
간자미명 가오리의 새끼.
간자-숟가락[-까-]명 두껍고 곱게 만든 숟가락. 준간자. ↔잎숟가락.
간ː작(間作)명하타 ①☞사이짓기. ②〈간접 소작〉의 준말.
간잔지런-하다형여 ①(졸리거나 술에 취하여) 눈이 게슴츠레하여 눈시울이 맞닿을 듯하다. ②매우 가지런하다. **간잔지런-히**부.
간잡이-그림(間-)명 건축의 설계도.
간장(-醬)명 음식의 간을 맞추는 데 쓰는, 짠맛이 있는 흑갈색의 액체. 소금물에 메주를 담가 30~40일 우려서 만듦. 준장(醬).
간장(肝腸)명 ①간과 창자. ②마음. 애. 속.
  간장을 끊다관용 간장이 끊어지는 듯이 몹시 괴롭고 슬프다.
  간장을 녹이다관용 ①무엇에 몹시 반하여 마음이 사그라지는 듯하다. ¶ 미모와 아양으로 뭇 남성의 간장을 녹이다. ②몹시 애가 타다.
  간장을 태우다관용 애를 태우다. 조바심과 걱정으로 안절부절못하다.
간ː장(肝臟)명 횡격막의 아래, 복강(腹腔)의 오른편 위쪽에 있는 장기(臟器). 〔담즙과 글리코겐의 생성, 양분의 저장, 해독 작용 따위를 하는 소화샘.〕 준간(肝).
간ː장(諫長)명 〔간관(諫官)의 우두머리란 뜻으로〕 '대사간(大司諫)'을 일컫던 말.
간ː장-디스토마(肝臟distoma)명 후고흡충과의 편형동물. 몸길이 6~20 mm로 긴 나뭇잎 모양임. 사람·개·고양이·돼지 등의 간장에 기생하며, 유충은 우렁이·민물고기 따위의 중간 숙주(宿主)에 기생함. 우리나라를 비롯하여 동남아시아·중국·일본 등지에 분포함. 간흡충(肝吸蟲). 준간디스토마.
간ː장디스토마-병(肝臟distoma病)명 디스토마가 간장에 기생하여 일으키는 병. 간장의 비대, 조직의 파괴, 복수(腹水) 등의 증상을 보임. 간토질(肝土疾).
간장-비지(-醬-)명 간장을 달이고 남은 찌꺼기.
간ː장^엑스(←肝臟extract)명 짐승이나 어류의 간장에서 유효 성분을 뽑아 만든 가루나 액체. 영양제로 쓰임. 간정(肝精).
간ː장^제ː제(肝臟製劑)명 동물의 간장을 낮은 온도에서 건조시켜 만든 가루. 빈혈 치료제·강장제 등으로 쓰임.
간ː-장지(←間障子)명 ☞샛장지.
간ː-장지(簡壯紙)명 간지(簡紙)로 쓰이는, 두껍고 품질이 좋은 한지(韓紙).
간장-쪽박(-醬-)[-빡]명 (간장독 안에 늘 띄워 놓고) 간장을 떠낼 때 쓰는 쪽박. 준장쪽박.
간재(奸才)명 간사한 재주, 또는 그런 재주를 지닌 사람.
간ː쟁(諫爭·諫諍)명하타 강경하게 간(諫)함.
간쟈믈명 〈옛〉 간자말. ¶ 간쟈믈:破臉馬(老解下*8*).

간쟈ᄉᆞ죡빅명 〈옛〉 오명마(五明馬). ¶ 간쟈ᄉᆞ죡빅: 五明馬(譯語下*28*).

간적(奸賊)명 간악한 도적. 간도(奸盜).

간전(墾田)명하자 개간(開墾)하여 밭을 만듦, 또는 그 밭.

간절(懇切) '간절하다'의 어근.

간ː절-하다(懇切-)형여 지성스럽고 절실하다. ¶ 간절한 소망. /간절한 충고. **간절-히**부.

간ː점-선(間點線)명 (지도의 경계선 따위에 쓰이는, —·—·—나, +·+·+처럼) 직선이나 '十' 자 모양의 사이에 점(·)을 찍어 가면서 이은 선.

간ː접(間接)명 사이에 든 다른 것을 통하여 연결되는 관계. ¶ 간접 투자. ↔직접(直接).

간ː접^강ː제(間接強制)[-깡-]명 (채무자가 채무를 이행하지 아니하는 경우) 법원이, 일정 기간 안에 채무를 이행하지 아니하면 손해 배상의 지불을 명령함으로써, 채무자를 심리적으로 강제하여 채무를 이행하게 하는 일.

간ː접^경험(間接經驗)[-꼉-]명 언어나 문자, 또는 그 밖의 시청각을 통하여 간접으로 얻는 경험. ↔직접 경험.

간ː접^국세(間接國稅)[-꾹쎄]명 〔주세(酒稅)·물품세 등과 같이〕 간접적으로 소비자에게 부담시키는 국세. ↔직접 국세.

간ː접^군주제(間接君主制)[-꾼-]명 군주가 자기의 대리인이나 대리 기관을 통하여 권능을 행사하는 군주 정치 체제. ↔직접 군주제.

간ː접^금융(間接金融)[-끔늉/-끄뮹]명 자금의 수요자와 공급자 사이에 금융 기관이 개재하는 금융 방식.

간ː접^기관(間接機關)[-끼-]명 직접 기관으로부터 위임된 권한을 행사하는 기관. ↔직접 기관.

간ː접^논증(間接論證)[-점-]명 ☞귀류법(歸謬法).

간ː접^높임말(間接-)[-점-]명 높임말의 한 갈래. 말하는 이가 듣는 이를 높이기 위하여, 그 인물과 관련되는 사람이나 사물을 높이는 말. 〔'진지·말씀·치아·댁' 따위.〕 참직접 높임말.

간ː접^대ː리(間接代理)[-때-]명 (위탁 매매의 경우처럼) 다른 사람의 계산에 있어서, 자기의 이름으로 법률 행위를 하는 일.

간ː접^매매(間接賣買)[-점-]명 대리업자나 중개자를 통하여 하는 매매.

간ː접^무ː역(間接貿易)[-점-]명 제삼국의 중개로 이루어지는 무역.

간ː접^민주^정치(間接民主政治)[-점-]명 국민의 정치 참여가 대표 기관을 통하여 이루어지는 민주 정치.

간ː접^민주제(間接民主制)[-점-]명 국민이 선출한 대표를 통하여 간접적으로 국민의 최고 권력을 행사하는 정치 형태. ↔직접 민주제.

간ː접^발생(間接發生)[-빨쌩]명 변태의 과정을 거치는 발생. ↔직접 발생.

간ː접^발행(間接發行)[-빨-]명 주식이나 사채(社債) 따위 유가 증권을 발행함에 있어, 발행자가 증권 회사 따위의 제삼자를 중개로 하여 응모자를 모집하는 일. ↔직접 발행.

간ː접-범(間接犯)[-뻠]명 스스로 범죄를 실행하지 아니하고, 남을 이용하여 간접적으로 범죄를 실행한 범죄 및 범죄자. 〔교사범·간접 정범·공모에 의한 간접 정범 따위.〕

간ː접^보ː상(間接補償)[-뽀-]명 간접 손해에 대한 보상. ↔직접 보상.

간ː접^분석(間接分析)[-뿐-]명 화학 분석에서, 시료(試料)와 시약(試藥)과의 화학 반응을 간접으로 관찰하거나 간접적인 조작 등으로 물질을 분석·정량(定量)하는 일.

간ː접^분열(間接分裂)[-뿌녈]명 ☞유사 분열.

간ː접-비(間接費)[-삐]명 몇 가지 종류의 제품에 공통으로 드는 비용. 원가 계산 때 각 제품에 배정됨. ↔직접비.

간ː접^비ː료(間接肥料)[-삐-]명 (작물이 자라는 데 직접적으로 양분이 되지는 않고) 땅속에서 유기물의 분해를 빠르게 하거나, 양분의 흡수를 촉진시켜 간접적으로 작물의 성장을 돕는 비료. 〔석회·소금·숯가루·망간·요오드 따위.〕 ↔직접 비료.

간ː접^사격(間接射擊)[-싸-]명 건조물이나 언덕 따위의 장애물을 사이에 두고 그 너머에 있는 목표물을 사격하는 일.

간ː접^사ː인(間接死因)[-싸-]명 죽음에 관계되는 간접적인 원인. ↔직접 사인.

간ː접^선ː거(間接選擧)[-썬-]명 선거인이 선출한 선거 위원에 의한 선거, 또는 그러한 제도. 〔미국의 대통령 선거 따위.〕 준간선(間選). ↔직접 선거.

간ː접^선ː거^제ː도(間接選擧制度)[-썬-]명 간접 선거의 방식으로 피선거인을 뽑는 제도. 준간선제. ↔직접 선거 제도.

간ː접-세(間接稅)[-쎄]명 상품에 부과되는 세금을 그 제조업자 또는 판매업자에게 부과하되, 실제로는 그 상품의 소비자가 부담하게 되는 조세. 준간세(間稅). ↔직접세.

간ː접^소권(間接訴權)[-쏘꿘]명 ☞채권자 대위권(債權者代位權).

간ː접^소ː작(間接小作)[-쏘-]명 소작권을 얻은 사람한테서 다시 소작권을 얻어서 하는 소작. 준간작(間作).

간ː접^손ː해(間接損害)[-쏜-]명 화재나 그 밖의 보험 사고로 인해 보험 계약자가 간접적으로 입은 손해.

간ː접^심ː리주의(間接審理主義)[-씸니-의/-씸니-이]명 소송을 접수한 법원이 직접 변론을 듣거나 증거를 조사하지 아니하고, 따로 다른 기관을 설치하여 심리하게 하고, 그 결과에 따라 재판을 하는 주의. ↔직접 심리주의.

간ː접^인ː용(間接引用) 문장에서, 다른 사람의 말이나 글 따위를 자기의 말로 바꾸어 나타내는 일. 〔'모두들 그곳은 경치가 좋다고 한다.'에서, '그곳은 경치가 좋다'가 간접 인용임.〕 참직접 인용.

간ː접-적(間接的)[-쩍]관명 바로 대하지 않고 매개를 통하여 연결하거나 그렇게 되는 (것). ¶ 간접적 표현. /간접적인 사과로는 피해자가 용서하지 않을 것이다. ↔직접적.

간ː접^전염(間接傳染)[-쩌념]명 (병원균의 전염에서) 물·공기 따위를 매개(媒介)로 하는 전염.

간ː접^점유(間接占有)[-쩌뮤]명 소유자가 물건의 점유를 이전한 경우, 본 소유자에게 간접적으로 인정되는 점유. ↔직접 점유.

간ː접^정ː범(間接正犯)[-쩡-]명 형법상의 책임 능력이 없거나 범의(犯意)가 없는 사람을 이용하여 범죄를 실행하는 일, 또는 그 범인. ↔직접 정범.

간ː접^조ː명(間接照明)[-쪼-]명 빛을 천장이나 벽에 비추어, 그 반사광을 이용하는 조명 방법. ↔직접 조명.

간ː접^조ː준(間接照準) [-쪼-] 명 직접 바라볼 수 없는 목표물을 사격할 때, 조준점을 따로 정하여 하는 조준.

간ː접^증명법(間接證明法) [-쯩-뻡] 명 ☞귀류법(歸謬法).

간ː접^책임(間接責任) 명 주식회사의 주주나 유한 회사의 사원이 회사 자본에 대한 출자 의무만을 지고, 채권자에 대해서는 간접적으로만 지게 되는 책임.

간ː접^추리(間接推理) 명 (삼단 논법에서와 같이) 둘 또는 그 이상의 판단을 전제로 하여 그늘 상호 관계로부터 새로운 판단을 이끌어 내는 추리.

간ː접^침ː략(間接侵略) [-냑] 명 (무력에 의하지 아니하고) 간첩의 침투, 파괴적인 선동, 내란의 책동 등 사회적인 혼란 조성에 의한 침략. ↔직접 침략.

간ː접^화법(間接話法) [-저퐈뻡] 명 (언어 표현법에 있어) 남의 말을 옮길 때, 그 말뜻을 풀어서 자기의 말로 바꾸어 전하는 화법. 참직접 화법.

간ː접-환(間接換) [-저퐌] 명 두 나라 사이에 직접 환거래(換去來)를 하지 아니하고, 다른 나라와의 환거래를 거쳐서 그 두 나라의 대차(貸借)를 결제하는 방법.

간ː접^효ː용(間接效用) [-저표-] 명 화폐와 같이, 사람의 욕망을 직접 만족시키지 못하고, 다른 것과 교환함으로써 욕망을 만족시킬 수 있는 재화(財貨)의 효용. ↔직접 효용.

간ː접-흡연(間接吸煙) [-저프변] 명 흡연자의 담배 연기를 비흡연자가 흡연자 주위에서 들이마시게 되는 것.

간정 명 되자 앓던 병이나 소란하던 일이 가라앉음. ¶ 병세가 간정되다. 참진정(鎭靜).

간ː정(肝精) 명 ☞간장 엑스.

간정(艱貞) 명 하자 어려움을 견디어 정절(貞節)을 굳게 지킴.

간정(簡淨) '간정하다'의 어근.

간ː-정맥(肝靜脈) 명 간장에 분포된 정맥.

간정-하다(簡淨-) 형 여 간략하고 깨끗하다.

간-제법(簡除法) [-뻡] 명 나눗셈을 쉽게 하는 방법. 〔어떤 수를 72로 나눌 때, 먼저 8로 나누고 다시 9로 나누는 따위.〕 참간승법.

간조(干潮) 명 썰물로 해면의 높이가 가장 낮아진 상태. 저조(低潮). ↔만조(滿潮).

간조(乾燥) 명 〈건조(乾燥)〉의 본딧말.

간조-선(干潮線) 명 간조 때의 바다와 뭍과의 경계선. 저조선(低潮線). ↔만조선(滿潮線).

간종-간종 부 하타 자꾸 간종그리는 모양. 큰건중건중.

간종-그리다 타 (흐트러진 사물을) 가닥가닥 골라서 가지런하게 하다. 간종이다. ¶ 서랍 속의 서류들을 간종그렸다. 큰건중그리다.

간종-이다 타 간종그리다. 큰건중이다.

간ː좌(艮坐) 명 (집터나 묏자리 따위가) 간방(艮方)을 등진 좌향, 또는 그런 자리.

간ː좌-곤향(艮坐坤向) 명 (집터나 묏자리 따위가) 간방(艮方)을 등지고 곤방(坤方)을 향한 좌향.

간ː죄(姦罪) [-쬐/-쮀] 명 〈간음죄〉·〈간통죄〉의 준말.

간주(看做) 명 하자·타 되자 《주로 '이라고'·'로(으로)'·'다고' 뒤에 쓰이어》 그렇다고 봄. 그렇게 여김. ¶ 무승부로 간주하다. /참석하지 않았으니 일단 기권으로 간주하겠다.

간ː주(間柱) 명 본디의 기둥 두 개 사이에 세우는 조금 가는 기둥.

간ː주(間奏) 명 ①어떤 곡(曲)의 도중에 끼워 연주하는 부분, 또는 그 연주. ②〈간주곡〉의 준말.

간ː주-곡(間奏曲) 명 ①극이나 가극(歌劇)의 막간에 연주하는 짧은 악곡. ②두 악곡 사이에 끼워 연주하는 짧은 기악곡. 간주악. 인테르메조. 준간주(間奏).

간ː주-악(間奏樂) 명 ☞간주곡.

간ː-주지(簡周紙) 명 편지지로 쓰는 두루마리.

간ː죽(竿竹·間竹·簡竹) 명 담배설대.

간증(干證) 명 ①지난날, 범죄에 관련된 증인을 뜻하던 말. ②하타 되자 기독교에서, 자신의 종교적 체험을 고백함으로써, 하나님의 존재를 증언하는 일.

간ː증(馯黯) 명 기미.

간ː증(癎症) [-쯩] 명 ☞지랄병.

간지(干支) 명 천간(天干)과 지지(地支). 십간(十干)과 십이지(十二支).

간지(奸智) 명 간사한 지혜.

간ː지(間紙) 명 ①장장이 접어서 맨 책의 종이가 얇아 힘이 없을 때, 접은 각 장 속에 넣어 받치는 딴 종이. ②건조가 잘 안 된 인쇄면이 다른 지면에 붙지 아니하게 책장과 책장 사이에 끼워 두는 종이. ③☞속장.

간ː지(諫止) 명 하타 (윗사람에게) 하지 말도록 말하여 말림.

간ː지(懇志) 명 간곡한 뜻.

간ː지(簡紙) 명 장지(壯紙)로 된 편지지.

간-지다 형 ①붙은 데가 가늘어서 곧 끊어질 듯하다. ¶ 토담 위 덩굴에 간지게 매달린 둥근 박. ②간드러진 멋이 있다. ¶ 간지게 넘어가는 노랫가락.

간지라기 명 남의 몸이나 마음을 잘 간질이는 사람.

간지럼 명 간지러운 느낌. ¶ 간지럼을 타다.

간지럽다 [-따] [간지러우니·간지러워] 형 ㅂ ①(무엇이 살갗에 가볍게 닿아 살살 움직일 때) 몸이 옹송그려지도록 자리자리한 느낌이 있다. ¶ 발바닥이 간지럽다. /겨드랑이가 간지럽다. ②(매우 위태롭거나 단작스러운 일을 볼 때) 마음에 자리자리함을 느끼다. ¶ 아첨에 귀가 간지럽다. ③어떤 일을 하고 싶어 참고 견디기 어렵다. ¶ 말하고 싶어 입이 간지럽다.

간지럽-히다 [-러피-] 타 간질이다.

간지르다 타 '간질이다'의 잘못.

간ː지-봉(簡紙封) 명 간지를 넣는 봉투.

간ː지-석(間知石) 명 석축을 쌓는 데 쓰이는, 방추형(方錐形)의 돌. 견치석.

간지-숟가락 명 '간자숟가락'의 방언.

간직 명 하타 되자 ①잘 간수하여 둠. ¶ 귀중품을 금고 속에 간직하다. ②마음속에 새겨 둠. ¶ 아픔을 간직하고 살다.

간ː질(肝蛭) 명 간질과의 편형동물. 암수한몸이며 몸길이 20～30 mm, 폭 4～13 mm. 소·양·염소 따위 초식 가축의 간장에 기생하는 디스토마의 한 가지.

간ː질(癎疾) 명 ☞지랄병.

간질-간질 부 하자·타 ①간지러운 느낌이 있는 상태. ¶ 목덜미가 간질간질하다. ②참기 어려울 정도로 어떤 일을 자꾸 하고 싶어 하는 상태. ¶ 놀고 싶어서 온몸이 간질간질하다. 큰근질근질.

간질간질-하다 형 여 ①자꾸 또는 매우 간지럽다. ②어떤 일을 매우 하고 싶어 참기가 어렵다. 큰근질근질하다.

간질-거리다 자타 자꾸 간질간질하다. 자꾸 간질이다. 간질대다. 큰근질거리다.
간질-대다 자타 간질거리다.
간ː질-병(肝蛭病) [-뼝] 명 간질(肝蛭)이 소나 양의 간에 기생하여 생기는 가축병. 〔간장 비대·빈혈·수종(水腫)·복수(腹水) 등의 증상이 나타남.〕
간ː질^세ː포(間質細胞) 명 ☞간세포(間細胞).
간질-이다 타 (남의 살갗을 건드려) 간지럽게 하다. ¶ 겨드랑이를 간질이다.
간짓-대(竿-) [-지때/-짇때] 명 긴 대로 만든 장대. ¶ 깃발을 간짓대에 매달다. 준간대.
간ː찰(簡札) 명 간지(簡紙)에 쓴 편지.
간책(奸策) 명 ☞간계(奸計).
간ː책(簡策·簡冊) 명 옛날에, 글을 적는 데 쓰던 대쪽, 또는 그것으로 엮어 맨 책.
간ː-처녑(肝-) 명 (소나 양 따위의) 간과 처녑.
간척(干拓) 명하타 호수나 바닷가에 둑을 쌓아 그 안의 물을 빼내고 농경지 등으로 만드는 일. ¶ 서해안 간척 사업. 참개간(開墾).
간척-지(干拓地) [-찌] 명 간척 공사를 하여 경작지로 만들어 놓은 땅.
간ː첩(間諜) 명 적대(敵對) 관계에 있는 상대편의 내부에 침투하여 그 기밀을 알아내는 사람. 간인(間人). 간자(間者)[2]. 세인(細人). 세작(細作). 첩자(諜者). 스파이.
간첩(簡捷) '간첩하다'의 어근.
간ː첩-죄(間諜罪) [-쬐/-쮀] 명 간첩 행위를 하거나, 간첩을 도와준 범죄.
간첩-하다(簡捷-) [-처파-] 형여 간편하고 빠르다. **간첩-히** 부.
간ː청(懇請) 명하자타 간곡히 청함, 또는 그러한 청. 간촉(懇囑). ¶ 간청을 들어주다.
간체(杆體) 명 ☞간상세포(杆狀細胞).
간체-자(簡體字) 명 중국의 문자 개혁에 따라 자형(字形)을 간략하게 고친 한자. 〔'雲'을 '云'으로 쓰는 따위.〕
간초(艱楚) '간초하다'의 어근.
간초-하다(艱楚-) 형여 고생이 심하다.
간ː촉(懇囑) 명하타 ☞간청(懇請).
간추(看秋) 명하자 지난날, 배메기를 할 때 지주가 소작인의 추수 상황을 살펴보던 일. 비간평(看坪).
간-추리다 타 ①흐트러진 것을 가지런히 정돈하다. ¶ 흩어진 종이들을 간추려서 묶다. ②(글 등에서) 중요한 점만 따서 줄이다. 요약하다. ¶ 글의 요점을 간추려 적다. 비추리다.
간출(刊出) 명하타되자 (책을) 펴냄.
간ː출(簡出) 명하타되자 추려 냄. 가려냄.
간ː충-직(間充織) 명 ☞간엽(間葉).
간취(看取) 명하타되자 보아서 그 속내를 알아차림. ¶ 음흉한 속셈을 재빨리 간취하다.
간측(懇惻) '간측하다'의 어근.
간ː측-하다(懇惻-) [-츠카-] 형여 ①간절하고 지성스럽다. ②몹시 측은하다. ¶ 노숙자의 처지가 간측하다. **간측-히** 부.
간ː친(懇親) 명하자 서로 다정하고 친근하게 사귀며 지냄.
간ː친-회(懇親會) [-회/-훼] 명 서로 다정하게 사귈 목적으로 조직한 모임. 친목회.
간ː탁(簡擢) 명하타되자 (여러 사람 가운데서) 가려 뽑아 씀. 간발(簡拔).
간ː탄(懇歎) 명하타 간절히 탄원함.
간ː태(杆太) 명 강원도 간성(杆城) 앞바다에서 잡히는 명태.
간ː택(揀擇) 명하타되자 ①분간하여 고름. ②왕이나 왕자, 왕녀의 배우자를 고르는 일. ¶ 세자빈으로 간택되다. 비간선.
간ː택(簡擇) 명하타되자 (여럿 중에서) 골라냄.
간ː-토질(肝土疾) 명 한방에서, '간장디스토마병'을 이르는 말.
간ː통(姦通) 명하자 배우자가 있는 사람이 배우자 이외의 이성과 성적 관계를 가지는 일. 통간.
간ː통^쌍벌주의(姦通雙罰主義) [-의/-이] 명 (남녀 평등의 관점에서) 간통한 남녀를 똑같이 처벌하는 법률상의 주의.
간ː통-죄(姦通罪) [-쬐/-쮀] 명 간통으로 성립되는 죄. 〔배우자의 고소로 구성되는 친고죄임.〕 준간죄.
간ː투-사(間投詞) 명 ☞감탄사.
간특(奸慝) '간특하다'의 어근.
간특-하다(奸慝-) [-트카-] 형여 간사(奸邪)하고 사특하다. ¶ 간특한 무리. **간특-히** 부.
간파(看破) 명하타되자 (상대편의 속내를) 꿰뚫어 보아 알아차림. ¶ 약점을 간파하다.
간판(幹-) 명 일을 능숙하게 처리하는 배포.
간판(看板) 명 ①상점·영업소 따위에서, 상호·상품명·업종 따위를 써서 밖에 내건 표지(標識). ¶ 간판을 내리다./간판을 떼다. ②(남에게 내세울 만한) '학벌'을 속되게 이르는 말. ¶ 명문대 출신이니 간판이야 좀 좋은가? ③'얼굴'·'생김새'를 속되게 이르는 말. ¶ 간판은 훤한데 속은 개차반이야. ④'내세울 만한 대표적인 사람이나 사물'을 비유하여 이르는 말. ¶ 우리 팀 간판 타자.
간ː판(間判) 명 사진 건판의 한 가지. 가로 10 cm, 세로 12.7 cm 크기.
간ː-팥 [-팓] 명 (밥에 넣어 먹으려고) 맷돌에 갈아 부순 팥. 참통팥. ＊간ː팥이[-파치]·간ː팥만[-판-]
간편(簡便) '간편하다'의 어근.
간편-산(簡便算) 명 '간편셈'의 구용어.
간편-셈(簡便-) 명 간편하게 하는 셈.
간편-하다(簡便-) 형여 간단하고 편리하다. ¶ 간편한 옷차림. **간편-히** 부.
간평(看坪) 명하타 〔지난날, 도조(賭租)를 매기기 위하여〕 지주가 추수 전에 농작물의 잘되고 못 됨을 실지로 살펴보던 일. 검견(檢見). 비간추(看秋).
간평^도조(看坪賭租) 명 ☞잡을도조.
간포(刊布) 명하타 되자 발간하여 세상에 널리 폄.
간품(看品) 명하타 품질의 좋고 나쁨을 살펴봄.
간ː풍(癎風) 명 한방에서, 지랄병을 일으키는 풍증을 이르는 말.
간ː필(簡筆) 명 편지 쓰기에 알맞은 크기의 붓. 〔초필(抄筆)보다 조금 굵음.〕
간핍(艱乏) '간핍하다'의 어근.
간핍-하다(艱乏-) [-피파-] 형여 몹시 가난하다.
간-하다 타여 ①음식에 짠맛을 내기 위하여 간을 치다. ¶ 알맞게 간한 국물. ②생선이나 채소 등을 간으로 절이다. ¶ 간한 조기.
간-하다(奸-) 형여 간사하다.
간ː-하다(諫-) 자타여 (임금이나 윗사람에게) 옳지 못한 일을 고치도록 말하다.
간한(奸漢) 명 간악한 사나이.
간행(刊行) 명하타 되자 (책 따위를) 인쇄하여 펴냄. 공간(公刊). 인행(印行). 출판. ¶ 사보(社報)를 간행하다. 준간(刊). 참상재(上梓).

간행(奸行)명 간사한 행동.
간ː행(間行)명하자 ☞미행(微行).
간행-물(刊行物)명 간행한 출판물.
간행-본(刊行本)명 간행한 책. 간본(刊本).
간ː헐(間歇)명하자 그쳤다 이어졌다 함. 쉬었다 일어났다 함.
간ː헐-동작(間歇動作)명 얼마 동안의 시간 간격을 두고 되풀이하여 행하였다 쉬었다 하는 동작.
간ː헐-류(間歇流)명 큰비가 내려야만 물이 흐르는 내.
간ː헐성^파행증(間歇性跛行症)[-썽-쯩]명 (다리의 동맥 경화로 말미암아) 걸음을 좀 걸으면 아프고, 쉬면 곧 낫곤 하는 병. 준간헐파행증.
간ː헐-열(間歇熱)[-렬]명 (말라리아열처럼) 간헐적으로 일어나는 신열(身熱).
간ː헐^온천(間歇溫泉)명 일정한 기간을 두고 주기적으로 분출하는 온천. 준간헐천.
간ː헐^유전(間歇遺傳)명 ☞격세 유전.
간ː헐-적(間歇的)[-쩍]관명 얼마의 시간 간격을 두고 되풀이하는 (것). ¶ 간헐적 사격. /멀리서 간헐적으로 들려오는 대포 소리. ↔연속적(連續的).
간ː헐-천(間歇泉)명 〈간헐 온천〉의 준말.
간ː헐^파행증(間歇跛行症)[-쯩]명 〈간헐성 파행증〉의 준말.
간험(奸險) '간험(奸險)하다'의 어근.
간험(艱險) '간험(艱險)하다'의 어근.
간험-하다(奸險-)형여 간악하고 음험하다.
간험-하다(艱險-)형여 몹시 험난하다.
간협(姦俠)명 간특한 무뢰한.
간호(看護)명하타 환자나 노약자를 보살펴 돌보아 줌. 비간병(看病).
간호-법(看護法)[-뻡]명 간호하는 방법.
간호-사(看護師)명 (일정한 법정 자격을 갖추고) 의사의 진료 보조와 환자의 간호에 종사하는 사람.
간호-원(看護員)명 '간호사'의 이전 일컬음.
간호-장(看護長)명 '수간호사(首看護師)'의 이전 일컬음.
간호^장ː교(看護將校)명 위생과 간호에 종사하는 여군 장교.
간호-조무사(看護助務士)명 (일정한 법정 자격을 갖추고) 의사나 간호사의 진료 보조와 환자의 간호에 종사하는 사람.
간호-학(看護學)명 간호에 관한 이론과 실기를 연구하는 학문.
간ː혹(間或)부 이따금. 어쩌다가. 간간이. 혹간. ¶ 그런 일이 간혹 있다. 준혹(或).
간ː혼(間婚)명하자 남의 혼사를 중간에서 이간질함.
간활(奸猾) '간활하다'의 어근.
간활-하다(奸猾-)형여 간사하고 교활하다. 간활-히부.
간ː회(諫誨)[-회/-훼]명하타 타일러 가르침.
간휼(奸譎) '간휼하다'의 어근.
간휼-하다(奸譎-)형여 간사하고 음흉하다. ¶ 간휼한 술책.
간흉(奸凶)명하형 간사하고 흉악함, 또는 그런 사람.
간흘(間歇)명 '간헐(間歇)'의 잘못.
간ː-흡충(肝吸蟲)명 ☞간장디스토마.
간힐(奸黠) '간힐하다'의 어근.
간힐-하다(奸黠-)형여 간사하고 꾀바르다.

간-힘명 내쉬는 숨을 억지로 참으며 괴로움을 이겨 내려고 애쓰는 힘. ¶ 간힘을 쓰다.
갇명 〈옛〉갓. ¶ 갇:笠(訓解26).
갇다자 〈옛〉걷히다. ¶ 구루미 갇고 ᄀᆞᄅᆞ미 몱고 (金三4:29).
갇히다[가치-]자 〖'가두다'의 피동〗 가둠을 당하다. ¶ 감옥에 갇히다. /승강기에 갇히다. /폭설에 갇히어 길을 떠날 수가 없다.
갈[1]명 〈갈대〉의 준말.
갈ː[2]명 〈가을[1]〉의 준말. ¶ 산에는 꽃 피네. 꽃이 피네 갈 봄 여름 없이 꽃이 피네.
갈ː[3]명 기둥의 사개나 인방(引枋)의 가름장 따위의 갈래.
갈(을) 타다관용 기둥의 사개나 인방의 가름장의 갈을 만들다.
갈ː[4]명 〈가래[5]〉의 준말.
갈ː[5]명 〈갈나무〉의 준말.
갈[1]명 〈옛〉칼[1](刀). ¶ 갈:刀(訓解). 참갏.
갈[2]명 〈옛〉칼[2](枷). ¶ 갈 가:枷(訓蒙中5).
갈(碣)명 가첨석(加檐石)을 얹지 아니하고, 머리 부분을 둥글게 만든 작은 비석.
갈-(褐)접두 《일부 명사 앞에 붙어》 '갈색'의 뜻을 나타냄. ¶ 갈고등어. /갈돔.
갈ː-가리부 〈가리가리〉의 준말.
갈-가마귀명 '갈까마귀'의 방언.
갈가위명 몹시 인색하게 굴며 제 실속만 차리려는 사람.
갈가치다자 '가치작거리다'의 잘못.
갈갈부하자 몹시 얌치가 없이 갈근거리는 모양. 큰걸걸.
갈갈-거리다자 자꾸 얌치가 없이 갈근거리다. 갈갈대다. 큰걸걸거리다.
갈갈-대다자 갈갈거리다.
갈ː-갈이명하타 〈가을갈이〉의 준말.
갈강-갈강부하자 목구멍에서 가래가 끓는 소리. 큰글겅글겅. 참갈그랑갈그랑.
갈강-거리다자 자꾸 갈강갈강하다. 갈강대다. 큰글겅거리다.
갈강-대다자 갈강거리다.
갈강-병(褐殭病)[-뼝]명 누에의 전염병의 한 가지. 병균이 붙은 자리가 거무스름해지면서, 입으로 수분을 흘리고 설사를 하다가 몸이 누렇게 되어 죽음.
갈개명 (괸 물을 빠지게 하거나, 어떤 경계를 짓거나 하기 위해서) 얕게 판 작은 도랑.
갈개-꾼명 ①(종이의 원료인) 닥나무 껍질을 벗기는 사람. ②남의 일에 훼방 놓는 사람.
갈개-발명 ①연의 아래쪽 두 귀퉁이에 붙이는 쐐기 모양의 긴 종잇조각. ②'세도가(勢道家)에 붙어서 덩달아 권세를 부리는 사람'을 조롱조로 이르는 말.
갈갸갈갸-하다형여 (얼굴이나 몸이 야위었으나) 강기가 있고 단단해 보이다.
갈-거미명 갈거밋과의 절지동물. 몸길이 2 cm 가량. 다리가 길며 넓적다리 마디에 잔털이 나 있음. 등은 황갈색이고 배는 황백색임. 인가 가까이에 둥글게 그물을 치고 곤충을 잡아먹고 삶.
갈건(葛巾)명 갈포로 만든 두건.
갈건-야복(葛巾野服)[-냐-]명 〔갈건과 베옷이라는 뜻으로〕 '처사(處士)나 은사(隱士)들의 소박한 옷차림'을 이르는 말.
갈ː-걷이[-거지]명하타 〈가을걷이〉의 준말.
갈-게명 갈대가 자라는 개펄이나 물가에 사는 방게.

갈겨니 명 잉엇과의 민물고기. 피라미 비슷하나 비늘이 작고 눈이 크며, 몸 중앙에 회미한 세로띠가 있음. 몸길이 10~16 cm. 5~6월경 산란기(產卵期)가 되면 수컷의 혼인색(婚姻色)이 두드러지게 아름다워짐. 우리나라·일본·중국 등지에 분포함.

갈겨-먹다[-따] 타 남의 재물이나 음식을 가로채어 먹다.

갈겨-쓰다[~쓰니·~써] 타 글씨를 아무렇게나 마구 쓰다. ¶ 알아볼 수가 없도록 마구 갈겨쓴 편지.

갈고(羯鼓) 명 아악(雅樂)의 타악기의 한 가지. 장구와 비슷하나, 양쪽 마구리를 다 말가죽으로 메어, 대(臺) 위에 올려놓고 좌우 두 개의 채로 치도록 되어 있음.

갈ː고-닦다[-닥따] 타 학문이나 재주 따위를 힘써 배우고 익히다. ¶ 갈고닦은 실력을 발휘하다.

갈-고등어(褐-) 명 전갱잇과의 바닷물고기. 몸길이 40 cm가량. 몸은 둥근 통 모양이고, 몸빛은 등이 청록색, 배는 은백색이며 가운데에 적갈색의 세로띠가 있음. 일본과 우리나라 연해에 분포함.

갈고랑-막대기[-때-] 명 끝이 갈고랑이 모양으로 생긴 막대기.

갈고랑-쇠[-쇠/-쉐] 명 ①끝이 갈고랑이 모양으로 된 쇠. ②'성질이 괴팍스러운 사람'을 비유하여 이르는 말.

갈고랑-이 명 ①끝이 뾰족하며 꼬부라진 물건. ②긴 나무 막대 끝에 갈고랑쇠를 박은 무기의 한 가지. 준갈고리.

갈고리 명 〈갈고랑이〉의 준말.

갈고리-궐(-亅) 명 한자 부수의 한 가지. '了'·'事' 등에서의 '亅'의 이름.

갈고리-나방 명 갈고리나방과의 곤충. 날개 길이 4 cm가량. 몸빛은 갈색이며 앞뒤 날개에 톱날 모양의 암갈색 가로줄이 다섯 개씩 있음. 유충은 오리나무 따위의 잎을 갉아 먹는 해충임.

갈고리-눈 명 눈초리가 위로 치켜 올라간 눈.

갈고리-달 명 〔갈고리처럼 생긴 달이란 뜻으로〕 '초승달'이나 '그믐달'을 이르는 말.

갈고리-촌충(-寸蟲) 명 '유구조충'의 구용어.

갈고쟁이 명 가장귀진 나무의 옹이 밑과 우듬지를 잘라 버리고 만든 갈고랑이. 준갈고지.

갈고지 명 〈갈고쟁이〉의 준말.

갈골(渴汨) '갈골하다'의 어근.

갈골-하다(渴汨-) 형여 일에 파묻혀 몹시 바쁘다.

갈공막대 명 〈옛〉 손잡이가 갈고랑이 모양으로 된 지팡이. ¶ 갈공막대 괘: 枴(訓蒙中*19*).

갈구(渴求) 명하타 애타게 구함. ¶ 자유를 갈구하다.

갈-구슬(葛-) 명 칡의 열매.

갈그랑-갈그랑 부하자 목구멍에서 가래가 자꾸 끓는 소리. 큰글그렁글그렁. 참갈강갈강.

갈그랑-거리다 자 자꾸 갈그랑갈그랑하다. 갈그랑대다. ¶ 숨을 쉴 때마다 가래가 갈그랑거린다. 큰글그렁거리다. 참갈강거리다.

갈그랑-대다 자 갈그랑거리다.

갈근(葛根) 명 칡뿌리. 〔한방에서, 갈증·두통·요통 및 상한(傷寒) 등의 해열제로 쓰임.〕 건갈.

갈근-갈근 부하자 ①음식이나 남의 재물에 탐을 내어 자꾸 욕심 부리는 모양. ②목구멍에 가래가 걸리어 간질간질하게 자꾸 가치작거리는 모양. 큰걸근걸근.

갈근-거리다 자 자꾸 갈근갈근하다. 갈근대다. 큰걸근거리다.

갈근-대다 자 갈근거리다.

갈급(渴急) 명하형 부족하여 조급하게 몹시 바람. ¶ 돈에 갈급이 들다. **갈급-히** 부.

갈급령-나다(渴急令-)[-금녕-] 자 몹시 조급한 마음이 일어나다.

갈급-증(渴急症)[-쯩] 명 (속이 탈 정도로) 무언가를 몹시 조급하게 바라는 마음. ¶ 갈급증을 내다. 준갈증(渴症).

갈ː기 명 말이나 사자 따위 짐승의 목덜미에 난 긴 털.

갈기-갈기 부 여러 가닥으로 찢어진 모양. ¶ 옷이 갈기갈기 찢기다. 비가리가리.

갈기다 타 ①후려치다. ¶ 회초리로 종아리를 세게 갈기다. /뺨을 한 대 갈기다. ②총포 따위를 냅다 쏘다. ¶ 밀려오는 적을 향하여 소총을 냅다 갈기다. ③(낫이나 칼 따위로) 후려쳐서 베다. ¶ 낫으로 덩굴을 갈겨 길을 내며 나아갔다. ④글씨를 아무렇게나 급하게 마구 쓰다. ¶ 갈긴 글씨라 잘 알아보지 못하겠다. ⑤똥오줌을 아무 곳에서나 마구 누다. ¶ 개가 전봇대에다 오줌을 갈기고 있다. ⑤센깔기다.

갈깃-머리[-긷-] 명 ①(상투·낭자·땋머리 따위에서) 원머리에 껴 잡히지 아니하고 아래로 따로 처지는 머리털. ②'갈기'의 방언.

갈-까마귀 명 까마귓과의 새. 목과 배만 희고 그 밖의 부분은 검으며 까마귀보다 작음. 중국 동북 지방이나 시베리아에 살며 늦가을부터 봄까지 우리나라에서 겨울을 남. 곡식에 해를 끼침.

갈-꽃[-꼳] 명 〈갈대꽃〉의 준말. * 갈꽃이[-꼬치]·갈꽃만[-꼰-]

갈ː-나무[-라-] 명 〈떡갈나무〉의 준말. 준갈[5].

갈다[1][가니·갈아] 타 먼젓것 대신에 새것으로 바꾸다. ¶ 투수를 다른 선수로 갈다. /베갯잇을 새것으로 갈다.

갈다[2][가니·갈아] 타 ①어떤 물체를 다른 물체에 대고 문질러 닳게 하다. ¶ 먹을 벼루에다 갈다. /인조석 면을 갈아 매끄럽게 하다. ②낫·칼 같은 연장을 숫돌에 문질러 날이 서게 하다. ¶ 칼을 숫돌에 갈다. ③옥(玉) 같은 광석을 문질러 광택이 나게 하다. ¶ 옥도 갈아야만 빛이 난다네. ④잘게 부수기 위하여 단단한 물건에 대고 문지르거나 맷돌 같은 데 넣어 바수다. ¶ 무를 강판에 갈다. /콩을 갈아 두부를 만든다. ⑤윗니와 아랫니를 소리가 나도록 맞대어 세게 문지르다. ¶ 뽀도독뽀도독 이를 가는 소리.

갈ː다[3][가니·갈아] 타 ①논밭을 쟁기 따위로 파서 흙을 뒤집은 뒤 고르게 해 놓다. ¶ 경운기로 밭을 갈다. ②곡식이나 채소를 심어 농사짓다. ¶ 뒷밭에는 보리를 갈고, 텃밭에는 약초를 심었다.

갈-대[-때] 명 볏과의 다년초. 습지나 냇가에 흔히 숲을 이루어 자람. 줄기는 곧고 단단하며 속이 비어 있음. 잎은 가늘고 긴데, 끝이 뾰족하며 억셈. 8~9월에 줄기 끝에 회백색의 잔꽃이 핌. 줄기는 발·삿갓·삿자리 등을 만드는 데 쓰이고, 뿌리줄기는 한방에서 약재로 쓰임. 준갈[1].

갈대-꽃[-때꼳] 명 갈대의 꽃. 흰 털이 많아 매우 부드러움. 노화(蘆花). 준갈꽃. * 갈대꽃이[-때꼬치]·갈대꽃만[-때꼰-]

갈대-발[-때-] 명 가는 갈대의 줄기를 질긴 노나 실로 엮어 만든 발.

갈대-밭[-때받]명 갈대가 우거진 벌. 노전(蘆田). 준갈밭. ＊갈대밭이[-때바치]·갈대밭을[-때바틀]·갈대밭만[-때반-]
갈대-청[-때-]명 갈대의 줄기 안쪽에 대청같이 붙어 있는 매우 얇고 흰 막. 가부(葭莩). 준갈청.
갈댓-잎[-때닙/-땐닙]명 갈대의 잎. 준갈잎. ＊갈댓잎이[-때니피/-땐니피]·갈댓잎만[-때님-/-땐님-]
갈데-없다[-떼업따]형 오직 그렇게밖에는 달리 될 수 없다. 《주로, '갈데없는'의 꼴로 쓰임.》 ¶ 행색이 갈데없는 거지다. **갈데없-이**부
갈도(喝道)[-또]명 ①하타 지난날, 지체 높은 사람이 행차할 때, 구종(驅從)이 소리를 질러 일반인의 통행을 금하던 일, 또는 그 일을 맡은 하인. ②사간원이나 옥당(玉堂)의 관원이 출근할 때, 앞에 서서 길을 치우며 인도하던 하례. 가도(呵導). 변알도.
갈도-성(喝道聲)[-또-]명 갈도하는 소리.
갈-돔(褐-)명 갈돔과의 바닷물고기. 몸길이 50 cm가량. 몸빛은 노란빛을 띤 회갈색이고 배는 연한 갈색이며 머리와 지느러미는 황색임. 다른 물고기나 조개 따위를 잡아 먹으며 바위가 많은 곳에 삶. 일본의 오키나와·대만·우리나라 등지의 연해에 분포함.
갈동(褐銅)[-똥]명 ☞청동(靑銅).
갈등(葛藤)[-뜽]명 ①〔칡 덩굴과 등나무 덩굴이 서로 얽히는 것과 같이〕 견해·주장·이해관계 따위가 서로 달라 적대시하거나 불화를 일으키는 상태. ¶ 계파 간의 갈등. ②정신 내부에서 일어나는, 서로 다른 두 가지의 욕구가 충돌하는 상태. ¶ 심리적인 갈등. /선과 악의 갈등. ③소설이나 희곡에서, 등장인물 사이의 대립과 충돌을 이르는 말.
갈라-내다타 합쳐 있는 것을 따로 떼어 내다.
갈라-놓다[-노타]타 ①(어떤 관계 따위를) 떼어 놓다. ¶ 두 연인 사이를 갈라놓다. ②각각 떼어 둘 이상으로 구분하다. ¶ 우리 문법에서는 품사를 아홉 가지로 갈라놓았다.
갈라디아-서(←Galatia書)명 신약 성서 중의 한 편. 사도 바울이 기독교의 복음을 옹호하려고 갈라티아 지방의 여러 교회에 보낸 6장으로 된 목회 서간(牧會書簡).
갈라-땋다[-따타]타 머리채 따위를 갈라서 가닥을 내어 땋다. ¶ 머리를 두 갈래로 갈라땋다.
갈라-붙이다[-부치-]타 ①둘 또는 그 이상으로 갈라서 여기저기에 나누어 주다. ¶ 논밭을 갈라붙이다. ②함부로 나누어 주다.
갈라-서다자 ①둘 이상으로 갈려서 맞서다. ¶ 우리들은 청군과 백군으로 갈라섰다. ②(서로의 관계를 끊고) 각각 따로 되다. ¶ 부부가 남남으로 갈라섰다. ③서로 다른 방향으로 나뉘어 헤어지다. ¶ 친구와 교문 앞에서 갈라섰기 때문에 어디로 갔는지 알 수 없어요.
갈라-지다자 ①금이 가거나 쪼개지다. ¶ 지진으로 땅이 갈라지다. /발뒤꿈치가 갈라지다. ②둘 이상으로 나누어지다. ¶ 두 편으로 갈라져 응원을 한다. /휴전선을 경계로 해서 남북으로 갈라지다. ③서로의 관계에 금이 가서 멀어지다. ¶ 재산 분배 문제로 형제 사이가 갈라지다. ④목소리가 날카롭게 되거나 거칠게 되다. ¶ 감기에 걸려 목소리가 갈라졌다.
갈락토오스(galactose)명 단당류의 한 가지. 물에 잘 녹는, 빛깔이 없는 결정상 물질. 포도당과 결합하여 젖당을 만드는데, 젖이나 다당류 등의 성분으로 널리 있음.
갈래명 ①갈라져 나간 가닥(부분). ¶ 한국 문학의 갈래. ②〔의존 명사적 용법〕 갈라진 낱낱을 세는 단위. ¶ 저 모퉁이를 돌면 이 길은 두 갈래로 갈라진다.
갈래-갈래부 여러 가닥으로. ¶ 갈래갈래 흩어진 상투머리.
갈래-꽃[-꼳]명 꽃잎이 서로 떨어져 있는 꽃. 〔매화·벚꽃·뽕나무의 꽃 따위가 이에 딸림.〕 이판화(離瓣花). ↔통꽃. ＊갈래꽃이[-꼬치]·갈래꽃만[-꼰-]
갈래-꽃받침[-꼳삗-]명 꽃잎이 여러 가닥으로 갈라져 있는 꽃의 꽃받침. 이판화악(離瓣花萼). ↔통꽃받침.
갈래-꽃부리[-꼳뿌-]명 꽃잎이 서로 떨어져 갈려 있는 꽃부리. 〔벚꽃·살구꽃 따위가 이에 딸림.〕 이판화관(離瓣花冠). ↔통꽃부리.
갈래다자 ①정신이 섞갈려 종잡을 수가 없다. ②길이 섞갈려 바른 길을 찾기 어렵게 되다. ③짐승이 갈 바를 모르고 우왕좌왕하다.
갈력(竭力)명하자 있는 힘을 다하여 애씀.
갈륨(gallium)명 드물게 있는 금속 원소의 한 가지. 회백색의 무른 고체로, 성질은 알루미늄과 비슷함. 염화물의 전해(電解) 따위로 얻어짐. 〔Ga/31/69.72〕
갈리다[1]자 〖'가르다'의 피동〗 ①가름(나눔)을 당하다. ¶ 형제끼리 의(誼)가 갈리다. /길은 여기서 두 갈래로 갈린다. ②가른(나눈) 형편으로 되다. ¶ 두 파로 갈리다.
갈-리다[2]자 〖'갈다1'의 피동〗 바뀌다. 교체되다. ¶ 반장이 갈리다.
갈-리다[3]자 〖'갈다2'의 피동〗 갊을 당하다. ¶ 분해서 이가 갈리다. /숫돌이 좋아서 칼이 잘 갈린다.
갈-리다[4]자 〖'갈다3'의 피동〗 흙이 뒤집어지다. ¶ 흙이 부드러워서 논이 잘 갈린다.
갈리다[5]자 목이 잠기어 쉰 목소리가 나다. ¶ 목이 갈리도록 응원을 하다.
갈-리다[6]타 〖'갈다1'의 사동〗 먼젓것 대신에 갈게 하다. ¶ 동생에게 연탄불을 갈리다.
갈-리다[7]타 〖'갈다2'의 사동〗 갈게 하다. ¶ 칼장수에게 칼을 갈리다.
갈-리다[8]타 〖'갈다3'의 사동〗 논밭을 갈게 하다. ¶ 아들에게 밭을 갈렸다.
갈ː릭(garlic)명 마늘 가루로 만든 조미료.
갈림-길[-낄]명 ①갈라진 길. ②어느 한쪽을 선택해야 할 처지. ¶ 인생 행로의 갈림길. /전공 분야 선택의 갈림길. 기로(岐路).
갈림-목명 여러 갈래로 갈라지는 길목.
갈마(羯磨←karma 범)명 〔불교에서〕 ①☞업(業). ②수계(受戒)나 참회(懺悔) 때의 의식.
갈마-들다[~드니·~들어]자 갈음하여 들다. 번갈아 들다. ¶ 가뭄과 장마가 갈마들다.
갈마들-이다타 〖'갈마들다'의 사동〗 갈마들게 하다.
갈마-바람명 '남서풍'의 뱃사람 말.
갈마-보다타 이것저것을 번갈아 보다. ¶ 그는 두 사람을 갈마보며 동의를 구하였다.
갈마-쥐다타 ①한 손에 쥔 것을 다른 손에 바꾸어 쥐다. ②쥐고 있던 것을 놓고 다른 것으로 갈아 쥐다.
갈-말명 ☞학술어(學術語).
갈-맛[-맏]명 〈가리맛〉의 준말. ＊갈맛이[-마시]·갈맛만[-만-]
갈망명하타 일을 감당하여 해냄. ¶ 스스로 갈망도 못할 것을 왜 시작을 했던고.

갈망(渴望)명하타 (목마른 이가 물을 찾듯이) 간절히 바람. 열망(熱望). ¶ 조국 통일을 갈망하는 온 겨레의 외침.
갈매명 ①갈매나무의 열매. 팥알만 한데, 둥글고 짙은 초록빛이며, 하제(下劑)로 쓰임. 서리자. ②짙은 초록빛. 심녹색(深綠色). 청록. ¶ 눈부신 햇빛 속에 갈매 등성이를 드러내는 여름 산.
갈매기명 갈매깃과의 바닷새. 날개의 길이는 35~38 cm, 꽁지 길이 15 cm가량. 몸빛은 등과 날개가 푸른 회색, 부리와 다리는 연두색, 나머지는 흼. 물갈퀴가 있어 헤엄을 잘 치며 조개·물고기·해조(海藻) 따위를 먹고 삶. 백구(白鷗).
갈매기-살명 돼지의 가로막 부위에 있는 살.
갈매-나무명 갈매나뭇과의 낙엽 관목. 높이는 5 m 안팎이며 가지 끝이 가시로 변함. 5~6월에 황록색 꽃이 피고, 둥근 열매는 9~10월에 검은빛으로 익음. 골짜기나 개울가에 나는데, 열매는 하제(下劑), 나무껍질은 염료로 쓰임. 서리(鼠李). 저리(楮李).
갈맷-빛[-매삗/-맫삗]명 짙은 초록빛. 갈매. ＊갈맷빛이[-매삐치/-맫삐치]·갈맷빛만[-매삔-/-맫삔-]
갈-멍덕명 갈대로 만든 삿갓의 한 가지.
갈모(-帽)명 기름종이로 만들어, 비가 올 때 갓 위에 덮어 쓰는 것. 〔접으면 쥘부채처럼 되고, 펴면 고깔 비슷함.〕 입모(笠帽).
갈모 형제라속담 '동생이 잘나고 형이 동생만 못한 형제'를 이르는 말.
갈모-지(-帽紙)명 갈모를 만드는 종이. 환지.
갈모-테(-帽-)명 갓 없이 갈모를 쓸 때, 갓 대신 갈모를 받치기 위하여 머리에 쓰던 물건. 〔둥근 테 위에 붙인 네 개의 살이 꼭대기에서 모이도록 되어 있음.〕
갈-목명 갈대의 이삭.
갈목-비[-삐]명 갈목을 매어서 만든 비. 준갈비3.
갈무리명하타되자 ①잘 챙기어 간수함. ¶ 도구들을 잘 갈무리하여 두다. ②마무리. ¶ 복잡한 일을 잘 갈무리하다.
갈ː-묻이[-무지]명하타 논밭을 갈아엎어 묵은 그루터기 따위가 묻히게 하는 일.
갈ː-물명 떡갈나무 껍질에서 나는 물감. 〔빛깔이 검붉음.〕
갈ː미명 광삼과의 극피동물. 얕은 바다에 사는데, 해삼과 비슷하고 길둥근꼴임. 몸빛이 회갈색인데 불규칙한 갈색 무늬가 있음. 광삼(光蔘).
갈민대우(渴民待雨)명 〔가뭄을 만난 백성들이 비를 몹시 기다린다는 뜻으로〕 '아주 간절히 기다림'을 이르는 말. ¶ 칠 년 대한(七年大旱) 가문 날에 갈민대우 기다린들…(烈女春香守節歌).
갈바니^전ː기(Galvani電氣)명 종류가 다른 금속끼리 또는 금속과 전해질 용액이 서로 맞닿을 때 일어나는 전기.
갈ː-바람1[-빠-]명 '남서풍' 또는 '서풍'의 뱃사람 말.
갈ː-바람2[-빠-]명 〈가을바람〉의 준말. ¶ 갈바람에 낙엽 지는 소리.
갈ː-바래다타 (흙 속의 벌레 알 따위를 죽이려고) 논밭을 갈아 햇볕과 바람에 바래다.
갈반(褐斑)명 갈색의 반점.
갈반-병(褐斑病)[-뼝]명 식물의 잎이나 줄기에 갈색을 띤 둥근 반점(斑點)이 생기는 병.
갈-밭[-받]명 〈갈대밭〉의 준말. ＊갈밭이[-바치]·갈밭을[-바틀]·갈밭만[-반-]
갈-범(葛-)명 '칡범'의 잘못.
갈변(褐變)명하자 과일 따위를 칼로 깎았을 때, 그 부분이 갈색으로 변하는 일.
갈병(暍病)[-뼝]명 ☞일사병(日射病).
갈보명 '웃음과 몸을 팔며 천하게 행동하는 여자'를 속되게 이르는 말. 논다니. 매소부. 매음부. 매춘부. 유녀(遊女).
갈ː-보리명 〈가을보리〉의 준말.
갈ː-봄명 〈가을봄〉의 준말.
갈분(葛粉)명 칡뿌리를 짓찧어 물에 앙금을 앉혀 말린 가루. 갈증과 주독을 풀며, 이뇨에도 효험이 있다 함.
갈분-죽(葛粉粥)명 멥쌀가루나 쌀무리에 갈분을 섞어 쑨 죽.
갈-붙이다[-부치-]타 남을 헐뜯어 이간 붙이다.
갈비1명 ①☞늑골. 갈비뼈. ②'쇠갈비'를 요리의 재료로 이르는 말. ③☞갈비씨.
갈비2명 (앞 추녀 끝에서 뒤 추녀 끝까지의) 지붕의 넓이.
갈비3명 〈갈목비〉의 준말.
갈비4명 '솔가리'의 잘못.
갈비-구이명 소나 돼지의 갈비를 도막을 쳐서 양념하여 구운 음식.
갈비-뼈명 ☞늑골(肋骨). 갈비1.
갈비-새김명 소·돼지의 갈비에서 발라낸 고기.
갈비-씨(-氏)명 '몸이 바싹 마른 사람'을 놀림조로 이르는 말. 갈비1.
갈비-찜명 쇠갈비를 양념하여 만든 찜.
갈비-탕(-湯)명 쇠갈비를 도막 내어 푹 삶아 청장을 친 국.
갈빗-대[-비때/-빋때]명 갈비의 낱낱의 뼈대.
갈빗대(가) 휘다관용 (갈빗대가 휘어질 정도로) 일이 힘에 겹다.
갈사(暍死)[-싸]명하자 더위를 먹어 죽음.
갈-산(←gallic酸)명 배당체로서 식물계에 분포되어 있는 무색의 결정체. 몰식자·오배자 등의 속에 산(酸) 또는 에스테르의 형태로 들어 있는데, 환원력이 강하며 맛이 시고 떫음. 잉크의 제조, 염색 또는 피혁 가공에 쓰임.
갈-삿갓[-삳깓]명 쪼갠 갈대를 결어서 만든 삿갓. 노립(蘆笠). 우립(雨笠). ＊갈삿갓이[-삳까시]·갈삿갓만[-삳깐-]
갈색(褐色)[-쌕]명 거무스름한 주황빛. 다색(茶色). 밤색. ¶ 갈색 머리카락.
갈색-고미(褐色苦味)[-쌕꼬-]명 꿀벌이 유충의 먹이에 쓰려고, 벌집 안에 모아 재어 놓은 꽃가루.
갈색-목탄(褐色木炭)[-쌩-]명 아주 검어지기 전에 불을 꺼서 갈색이 되게 구운 숯. 갈색 화약의 원료로 쓰임.
갈색^인종(褐色人種)[-쌔긴-]명 살갗의 빛깔이 갈색인 인종. 머리털이 검고, 코가 납작하며 턱이 앞으로 나온 것이 특징임. 말레이 인등이 이에 딸림.
갈색-제비(褐色-)[-쌕쩨-]명 제빗과의 새. 여름새로 우리나라에서는 4~10월에 볼 수 있음. 편 날개 길이 10 cm가량. 깃은 갈색이고 꽁지와 어깨깃은 흼. 개천가의 흙벽이나 모래밭에 구멍을 뚫고 삶. 개천제비.
갈색^조류(褐色藻類)[-쌕쪼-]명 '갈조식물(褐藻植物)'을 통틀어 이르는 말. 준갈조·갈조류.
갈색-쥐(褐色-)[-쌕쮜]명 쥣과의 동물. 몸길이 15~23 cm, 꼬리 길이 15~25 cm. 몸빛은 적갈색이며, 등마루에는 검은 줄이 서고 배는 청회색임. 페스트균을 전염시키며, 세계 각지에 분포함. 〔'이집트쥐'라고도 함.〕

갈색^화:약(褐色火藥)[-쌔콰-]명 초석·황·갈색 목탄을 혼합하여 만든 갈색의 화약.
갈-서다자 나란히 서다. ¶ 신랑과 신부가 갈서서 식장 안으로 들어왔다.
갈수(渴水)[-쑤]명 가물어서 물이 마름.
갈수-기(渴水期)[-쑤-]명 가뭄으로 하천의 물이 마르거나 가장 적어지는 시기. 〔우리나라에서는 겨울이 이에 해당함.〕 ↔풍수기(豐水期).
갈수록[-쑤-]부 점점 더. 더욱더. ¶ 희망자가 갈수록 늘어난다.
갈수록 태산이다관용 점점 상황이 나빠짐을 이르는 말.
갈수-위(渴水位)[-쑤-]명 한 해 중, 하천의 물이 가장 적게 흐를 때의 수면의 높이.
갈신-쟁이명 '걸신쟁이'의 잘못.
갈쌍부하자타 눈에 눈물이 넘칠 듯이 가득하게 고이는 모양. ¶ 승리의 소식을 듣고 눈물이 갈쌍했다. 큰글썽. **갈쌍-갈쌍**부하자타.
갈쌍갈쌍-하다형여 눈에 눈물이 넘칠 듯이 자꾸 가득하다. 큰글썽글썽하다.
갈쌍-거리다자타 자꾸 갈쌍갈쌍하다. 갈쌍대다. 큰글썽거리다.
갈쌍-대다자타 갈쌍거리다.
갈쌍-이다자타 눈에 눈물이 가득하게 고이다. 또는 그렇게 되게 하다. 큰글썽이다.
갈쌍-하다형여 눈에 눈물이 넘칠 듯이 가득하게 고이다. 큰글썽하다.
갈씬-갈씬부하자 겨우 닿을락 말락 하는 모양. 조금 닿을 듯한 모양. 큰걸씬걸씬.
갈씬-거리다자 자꾸 갈씬갈씬하다. 갈씬대다. ¶ 발걸음을 옮길 때마다 치맛자락이 땅에 갈씬거리다. 큰걸씬거리다.
갈씬-대다자 갈씬거리다.
갈씬-하다자여 겨우 조금 닿고 말다. 큰걸씬하다.
갈아-대다타 (묵은 것을 갈아 내고) 새것으로 대신 가져다 대다. ¶ 구두창을 갈아대다.
갈아-들다[~드니·~들어]자 묵은 것이 나간 자리에 새것이 대신 들어오다.
갈아들-이다타 〖'갈아들다'의 사동〗 갈아들게 하다. ¶ 일꾼을 갈아들이다.
갈아-매다타 감거나 싸맸던 것을 풀고 새것으로 바꾸어서 매다.
갈아-먹다[-따]타 '농사짓다'를 비유하여 이르는 말. ¶ 감자나 옥수수를 갈아먹다.
갈아-붙이다[-부치-]타 독한 마음으로 이를 바짝 갈다. ¶ 어디 두고 보자며 이를 갈아붙이다.
갈아-서다자 묵은 것이 나간 자리에 새것이 대신 들어서다.
갈아세우다타 〖'갈아서다'의 사동〗 갈아서게 하다. ¶ 회장을 갈아세우다.
갈아-엎다[-업따]타 (논밭 따위를) 갈아서 흙을 뒤집어엎어 놓다. ¶ 논을 갈아엎다.
갈아-입다[-따]타 다른 옷으로 바꾸어 입다. ¶ 철 따라 갈아입는 옷. /설빔으로 갈아입다.
갈아-주다타 (장수에게 이익이 되도록) 물건을 사 주다. ¶ 피륙 장수에게 모시 한 필을 갈아주다.
갈아-타다자타 (타고 있던 것에서 내려) 다른 것으로 바꾸어 타다. ¶ 지하철을 갈아타다.
갈-앉다[가란따]자 〈가라앉다〉의 준말.
갈앉-히다[가란치-]타 〈가라앉히다〉의 준말.
갈앙(渴仰)명하타 ①목마르게 사모함. 우러러 사모함. ②불도를 깊이 숭상함.
갈애(渴愛)명하타 ①애타게 사랑함. ②불교에서, 목이 말라 물을 찾듯이, 범부(凡夫)가 오욕(五慾)을 몹시 탐하여 집착함을 이름.
갈열(渴熱)명 (미숙아, 허약아에게 일과성으로 일어나는 병으로) 수분의 결핍으로 말미암은 발열 증세.
갈-웜명 〈옛〉 칡범. ¶ 갈웜 호:虎(訓蒙上*18*).
갈음명하타 (본디 것 대신에) 다른 것으로 바꾸어 대신함. 대체(代替). ¶ 여러분의 가정에 행운이 가득하기를 기원하는 것으로 치사를 갈음할까 합니다.
갈음-옷[가르몯]명 ①일한 뒤에 갈아입는 옷. ②나들이할 때나 특별히 차려입을 때를 위하여 따로 마련해 두는 옷. ＊갈음옷이[가르모시]·갈음옷만[가르몬-]
갈음-질명하자 연장 따위를 숫돌에 가는 일.
갈-이[1]명 다른 것으로 바꾸어 대는 일.
갈-이[2]명 갈이틀이나 갈이 기계 따위로, 나무 그릇 따위를 깎아 만드는 일.
갈-이[3] Ⅰ명 논밭을 가는 일. ¶ 갈이를 마치다. Ⅱ의 《하루·이틀·사흘 따위 낱말과 함께 쓰이어》 한 마리 소가 하루에 갈 수 있는 논밭의 넓이. ¶ 하루 갈이. /사흘 갈이.
갈이-공장(-工場)명 갈이틀이나 갈이 기계로 나무 그릇 따위를 깎아 만드는 공장.
갈이-그릇[-륻]명 갈이틀이나 갈이 기계로 깎아 만든 나무 그릇. ＊갈이그릇이[-르시]·갈이그릇만[-른-]
갈이^기계(-機械)[-계/-게]명 갈이틀을 개량하여 만든 공작 기계의 한 가지. 참선반(旋盤).
갈이-박명 갈이틀이나 갈이 기계로 깎아 만든 나무 바가지.
갈이-방(-房)명 지난날, 갈이틀을 놓고 나무 그릇 따위를 만들어 팔던 집.
갈이-소리명 ☞마찰음(摩擦音).
갈이-장이명 갈이틀로 나무 그릇 따위를 만들어 파는 일을 업으로 하는 사람.
갈이-질[1]명하타 논밭을 가는 일.
갈이-질[2]명하타 갈이칼로 나무 기구를 깎아 만드는 일.
갈이-칼명 갈이틀의 부속품의 한 가지. 나무를 갈이하는 데 쓰이는 쇠로 된 연장.
갈이-틀명 굴레가 도는 대로 틀이 따라 돌면서 공작 재료가 갈리도록 하는 틀. 〔목기용 갈이틀, 도자기용 갈이틀 따위가 있음.〕 목선반.
갈:-잎[-립]명 ①〈가랑잎〉의 준말. ②〈떡갈잎〉의 준말. ③〈갈댓잎〉의 준말. ＊갈:잎이[-리피]·갈:잎만[-림-]
갈:잎-나무[-림-]명 ☞낙엽수.
갈:잎-떨기나무[-립-]명 ☞낙엽 관목.
갈:잎-큰키나무[-립-]명 ☞낙엽 교목.
갈장(渴葬)[-짱]명하타 지난날, 예월(禮月)을 기다리지 아니하고 서둘러 장사 지내던 일.
갈-전갱이(褐-)명 전갱잇과의 바닷물고기. 몸길이 40 cm가량. 몸은 길둥글고 옆으로 납작함. 몸빛은 등이 푸르고 배는 은백색임. 요릿감으로 많이 쓰임.
갈조(褐藻)[-쪼]명 〈갈색 조류〉의 준말.
갈조-류(褐藻類)[-쪼-]명 〈갈색 조류〉의 준말.
갈조-소(褐藻素)[-쪼-]명 갈색 조류의 색소체 속에 엽록소와 함께 많이 들어 있는 갈색의 색소. 광합성에 관여함.
갈조-식물(褐藻植物)[-쪼싱-]명 (다시마·미역 따위와 같이) 엽록소 외에 갈색의 색소를 가진, 녹갈색 또는 담갈색을 띤 바닷말.

갈증(渴症)[-쯩]명 ①〈갈급증〉의 준말. ②목이 말라 물을 마시고 싶은 느낌. ¶ 갈증이 나다.

갈-지개명 사냥용으로 기르는 한 살 된 매. 갈색 바탕에 어두운 빛깔의 세로무늬가 있음.

갈지자-걸음(-之字-)[-찌짜-]명 ①좌우로 비틀거리며 걷는 걸음. ¶ 술에 취해서 갈지자걸음으로 걸어가다. ②발을 좌우로 내디디며 거만하게 걷는 걸음.

갈지자-형(-之字形)[-찌짜-]명 '之' 자 모양으로 꺾여 나간 형상. 지그재그. ¶ 갈지자형으로 구불구불한 고갯길.

갈진(竭盡)[-찐]명하자 (바닥이 드러나게) 죄다 없어짐. 다하여 없어짐.

갈쭉-하다[-쭈카-]형여 액체가 묽지 아니하고 좀 걸다. ¶ 국이 갈쭉해서 좋다. 큰걸쭉하다. **갈쭉-히**부.

갈-참나무명 참나뭇과의 낙엽 활엽 교목. 산이나 들에 저절로 나는데, 높이는 25 m가량. 꽃은 5월경에 피고, 길둥근 삭과(蒴果)가 10월경에 익는데 먹을 수 있음. 나무는 건축재·가구재 등으로 쓰임.

갈채(喝采)명하자 박수를 치거나 소리를 지르면서 찬양이나 환영의 뜻을 나타냄. ¶ 연주가 끝나자 청중은 일제히 일어서서 갈채를 보냈다.

갈철-광(褐鐵鑛)명 '갈철석'의 구용어.

갈철-석(褐鐵石)[-썩]명 〔제철 또는 채료(彩料) 원료로 쓰이는〕 황갈색 또는 흑갈색의 철.

갈-청명 〈갈대청〉의 준말.

갈ː-초(-草)명 겨울 동안 마소에게 먹이려고, 초가을에 베어다 말린 풀. 준초(草)[2].

갈충-보국(竭忠報國)명하자 충성을 다하여 나라의 은혜에 보답함. 진충보국(盡忠報國).

갈취(喝取)명하타 으름장을 놓아 억지로 빼앗음. ¶ 금품을 갈취하다.

갈치명 갈칫과의 바닷물고기. 몸길이 1.5 m가량. 몸이 가늘고 긴 띠 모양임. 배지느러미와 꼬리지느러미가 없고 비늘도 없음. 몸빛은 은백색. 참도어(刀魚).

갈치-자반명 소금에 절인 갈치를 도막 내어 찌거나 굽거나 한 반찬.

갈퀴명 낙엽·검불·솔가리 따위를 긁어모으는 데 쓰는 기구. 〔대쪽이나 굵은 철사 등의 끝을 갈고리지게 휘어, 부챗살 모양으로 펴서 긴 자루를 단 것.〕

갈퀴-나무명 낙엽이나 검불 따위를 갈퀴로 긁어모은 땔나무.

갈퀴-나물명 콩과의 다년생 만초. 높이 1.5 m가량. 깃 모양의 겹잎이 어긋맞게 나거나 마주나며, 끝에 갈라진 덩굴손이 있음. 6~9월에 나비 모양의 자줏빛 꽃이 피고, 가을에 길둥근 협과(莢果)가 익음. 어린잎과 줄기는 먹을 수 있고, 가축의 먹이로도 씀.

갈퀴-눈명 (화가 나서) 눈시울에 모가 난 험상궂은 눈. ¶ 갈퀴눈을 하고 노려보다.

갈퀴다타 갈퀴로 긁어모으다.

갈퀴-덩굴명 꼭두서닛과의 이년생 만초. 높이 90 cm가량. 가늘고 긴 잎이 6~8개씩 돌려나고, 줄기는 가늘게 땅바닥으로 벋으며, 몸에 잔가시가 있어 다른 물건에 잘 엉기어 붙음. 5~6월에 연둣빛의 작은 네잎꽃이 잎겨드랑이에서 피고, 길둥근 열매에는 갈고리 모양의 털이 나 있음.

갈퀴-질명하타 ①갈퀴로 낙엽이나 솔가리 따위를 긁어모으는 일. ②'토색질'을 비유하여 이르는 말.

갈퀴-코명 갈퀴 자루의 앞 끝을 에어 원몸에 잡아맨 부분.

갈큇-밑[-퀸믿]명 갈큇발의 꼬부라지지 않은 끝 부분. 곧, 자루에 매이는 부분. * 갈큇밑이[-퀸미치]·갈큇밑을[-퀸미틀]·갈큇밑만[-퀸민-]

갈큇-발[-퀴빨/-퀸빨]명 갈퀴의 몸을 이룬, 갈고랑이진 하나하나의 살.

갈탄(褐炭)명 탄화(炭化) 작용이 불충분한 갈색의 유연탄.

갈탕(葛湯)명 갈분과 설탕을 넣어 끓인 물.

갈-통(-筒)명 굵은 갈대 줄기로 결어 만든 상자의 한 가지.

갈파(喝破)명하타 ①큰 소리로 꾸짖음. ②잘못을 바로잡고 진실을 설파함.

갈-파래명 ☞청태(青苔).

갈팡-질팡부하자 갈피를 잡지 못하여 이리저리 헤매는 모양. ¶ 길을 잃고 갈팡질팡하다./여러 사람이 다그치는 통에 대답이 갈팡질팡한다.

갈포(葛布)명 칡의 섬유로 짠 베. ¶ 갈포 벽지.

갈ː-풀명 모를 낼 논에 거름이 되도록 베어 넣는, 나뭇잎이나 풀 따위. 준풀[3].

갈ː풀-하다자여 ①갈풀로 쓰기 위하여 나뭇잎이나 풀을 베다. ②갈풀을 베어다가 논에 넣다. 준풀하다.

갈-품명 (아직 피지 않은) 막 피려고 하는 갈꽃이나 갈목.

갈피명 ①사물의 갈래가 구별되는 어름. ¶ 무슨 일부터 시작해야 할지 갈피를 못 잡겠다. ②겹쳐졌거나 포개어진 물건의 한 겹(장) 한 겹(장)의 사이. ¶ 책 갈피에 끼워 둔 꽃잎.

갈피(葛皮)명 칡의 껍질.

갈피-갈피 Ⅰ명 낱낱의 여러 갈피. ¶ 내 일기장 갈피갈피에는 지나온 시절의 추억이 담겨 있다. Ⅱ부 갈피마다. ¶ 갈피갈피 찢어져 나간 책.

갈-피리명 갈대의 줄기나 잎을 말아서 만든 피리.

갈필(渴筆)명 ①빳빳한 털로 맨 붓. ②붓에 먹물을 많이 묻히지 아니하고 글씨를 쓰거나 그림을 그리는 일.

갈필(葛筆)명 칡뿌리를 잘라 끝을 두드려 붓 대신으로 쓰는 것.

갈-하다(渴-)형여 목이 마르다.

갈호(葛戶)명 칡덩굴로 엮은 문짝을 단 집. 〔사냥꾼들이 머무르기 위하여 산속에 임시로 지어 놓은 집.〕

갈화(葛花)명 한방에서, '칡의 꽃'을 이르는 말. 〔주독을 풀고, 하혈을 멎게 하는 데 약으로 씀.〕

갉다[각따]타 ①날카롭고 뾰족한 끝으로, 바닥이나 거죽을 박박 문지르다. ¶ 칼끝으로 마룻바닥을 갉아 때를 벗기다. ②(갈퀴 따위로) 흩어진 것을 살살 긁어모으다. ¶ 갈퀴로 검불을 갉아 모아 태우다. ③남을 좀스럽게 헐뜯다. ④남의 재물을 더러운 방법으로 훑어 들이다. 큰긁다. * 갉아·갉고[갈꼬]·갉는[강-]

갉아먹-기[-끼]명 돈치기를 할 때, 맞히는 대로 따먹는 내기. ↔모두먹기.

갉아-먹다[-따]타 ①사물이나 시간 따위를 헛되이 소모하다. ②남의 재물을 더러운 방법으로 빼앗아 가지다. ¶ 백성의 재물을 갉아먹는 탐관오리. 큰긁어먹다.

갉이명 금속 세공을 할 때, 갉아서 광이 나게 하는, 쇠붙이로 만든 연장.

갉작-갉작[각짝깍짝]부하타 잇달아 자꾸 갉는 모양. 큰긁적긁적.

갉작-거리다[각짝꺼-]타 자꾸 갉작갉작하다. 갉작대다. ¶ 쥐가 바가지를 갉작거리는 소리가 난다. 큰긁적거리다.

갉작-대다[각짝때-]타 갉작거리다.

갉죽-갉죽[각쭉깍쭉]부하타 잇달아 둔하고 무디게 자꾸 갉는 모양. 큰긁죽긁죽.

갉죽-거리다[각쭉꺼-]타 자꾸 갉죽갉죽하다. 갉죽대다. ¶ 멧돼지가 이를 갈기 위해 나무 밑동을 갉죽거렸다. 큰긁죽거리다.

갉죽-대다[각쭉때-]타 갉죽거리다.

갉-히다[갈키-]자 〖'갉다'의 피동〗 갉음을 당하다. ¶ 손톱에 갉히어 살갗이 벗겨지다. 큰긁히다.

갊다타 〈옛〉 ①감추다. 간직하다. ¶ 鳳이 갈무니 불근 하ᄂᆞᆳ 나조히오(杜初*16:3*). ②염습(殮襲)하다. ¶ 갈믈 렴:殮(訓蒙中*35*).

갏명 〈옛〉 칼[1]〔刀〕. ¶ 白帝 ᄒᆞᆫ 갈해 주그니(龍歌*22*章).

감ː[1]명 감나무의 열매. 풋것은 푸르고 떫으나, 익으면 붉고 단맛이 남.

감ː[2]명 ①일정한 물건을 만드는 데 본바탕으로 쓰이는 재료. ¶ 이 감은 여름옷을 짓는 데 알맞겠다. ②《옷을 뜻하는 명사 뒤에 붙어》 '옷을 만드는 재료'의 뜻을 나타내는 말. ¶ 한복감. ③《일부 명사 뒤에 붙어》 '일정한 자격에 알맞은 대상자'의 뜻을 나타내는 말. ¶ 며느릿감. ④《일부 명사 뒤에 붙어》 대상이 되는 도구·사람·사물·재료의 뜻을 나타내는 말. ¶ 웃음감. /안줏감. ⑤〖의존 명사적 용법〗 재료나 바탕으로서의 사물의 수량을 세는 단위. ¶ 저고리 한 감. /두루마기 두 감.

감이 재간이다속담 재료가 좋아야 일의 성과가 좋다는 말.

감ː[3]명 ①〈감돌〉의 준말. ②〈감흙〉의 준말.

감ː(坎)명 ①〈감괘(坎卦)〉의 준말. ②〈감방(坎方)〉의 준말.

감(疳)명 〈감병(疳病)〉의 준말.

감ː(感)명 ①느낌. 생각. ¶ 이대로 헤어지면 영영 못 만날 것 같은 감이 드오. ②〈감도(感度)〉의 준말. ¶ 감이 멀다.

감(을) 잡다관용 눈치로 대충 알아채거나 확신을 가지다.

감(監)명 ①통일 신라 시대의 관직. 〔17등 관제 중의 10~11등위.〕 ②고려 시대의 관직. 〔종삼품과 정사품.〕 ③조선 시대의 관직. 〔종친부의 정육품과 숭의전(崇義殿)의 종육품.〕

감ː(龕)명 〈감실(龕室)〉의 준말.

-감(感)접미 《일부 명사 뒤에 붙어》 '느낌'을 뜻함. ¶ 의무감. /우월감. /생동감.

감가(坎坷·坎軻·轗軻) '감가하다'의 어근.

감ː가(減價)[-까]명하타 값을 감(減)함.

감ː가-상각(減價償却)[-까-]명 토지를 제외한 고정 자산에 생기는 가치의 소모를 각 회계 연도에 할당해서 계산하여, 그 자산 가격을 감(減)해 가는 일. 감가 소각. 준상각(償却).

감ː가^소각(減價消却)[-까-]명 ☞감가상각.

감ː가-하다(坎坷-·坎軻-·轗軻-)형여 ①일이 뜻대로 되지 않아 마음이 답답하다. ②길이 험하여 다니기 고통스럽다.

감ː각(減却)명하타 덜어 버림. ¶ 예산 감각.

감ː각(感覺)명하타 ①되자눈·귀·코·혀·살갗 등을 통하여 어떤 자극을 알아차림. ¶ 손이 얼어붙어 감각이 없다. /감각이 예민하다. ②사물의 가치나 변화 등을 알아내는 정신 능력. ¶ 미적(美的) 감각. /시대 감각.

감ː각^감ː정(感覺感情)[-깜-]명 감각에 따라 일어나는 상쾌함과 상쾌하지 않은 감정.

감ː각-기(感覺器)[-끼]명 〈감각 기관〉의 준말.

감ː각^기관(感覺器官)[-끼-]명 자극을 받아 의식을 일으키게 하는 신체 기관. 〔촉각 기관·후각 기관·미각 기관 따위.〕 감촉 기관. 준감각기·감관.

감ː각^기능(感覺機能)[-끼-]명 감각하는 기능.

감ː각-령(感覺領)[-강녕]명 감각 작용을 일으키는 대뇌 피질(大腦皮質)의 영역.

감ː각-론(感覺論)[-강논]명 일체의 인식의 원천은 감각에 있으므로, 원래부터 감성(感性) 속에 없었던 것은 지성(知性) 속에 존재하지 않는다고 주장하는 철학적 학설.

감ː각^마비(感覺痲痹)[-강-]명 지각(知覺) 신경의 장애로 일어나는 병.

감ː각-모(感覺毛)[-강-]명 포유동물의 눈·입·털 등에 있는 털, 또는 식충 식물의 잎에 있는 털. 감각 작용이 예민함.

감ː각^묘ː사(感覺描寫)[-강-]명 문학이나 미술 등의 한 기법으로, 특히 감각에 의한 인상에 중점을 두는 묘사.

감ː각^상실(感覺喪失)[-쌍-]명 자극을 받아도 감각이 일어나지 아니하는 상태.

감ː각^세ː포(感覺細胞)[-쎄-]명 여러 가지의 감각 자극에 반응을 나타내도록 특수화된 상피 세포.

감ː각^식물(感覺植物)[-씽-]명 외계의 자극이 있으면 곧 반응 운동을 일으키는 기능이 있는 식물. 〔미모사 따위.〕

감ː각^신경(感覺神經)[-씬-]명 감각 세포의 여러 가지 자극을 감각 중추에 전달하는 신경. 지각 신경.

감ː각^실어증(感覺失語症)[-씨러쯩]명 언어 이해에 장애가 있는 실어증. 스스로는 말할 수 있으나, 남의 말뜻을 이해하지 못하는 언어 장애 현상.

감ː각^온도(感覺溫度)명 ☞체감 온도.

감ː각^잔류(感覺殘留)[-짤-]명 자극이 없어진 뒤에도 그 감각이 계속되는 현상. 〔잔상 현상(殘像現象) 따위.〕

감ː각-적(感覺的)[-쩍]관명 감각 기관을 자극하는 (것). ¶ 감각적 소설. /감각적인 표현.

감ː각적 인식(感覺的認識)[-쩌긴-] 감각 또는 감성에 의한 인식. 감관적(感官的) 인식.

감ː각-점(感覺點)[-쩜]명 피부에 분포되어 압력·온도·통증 등에 반응을 나타내는 점. 〔통점·압점·온점·냉점 따위.〕

감ː각^중추(感覺中樞)[-쭝-]명 (고등 동물의 대뇌 피질에 분포되어 있는) 감각의 바탕이 되는 신경 중추(中樞).

감감부하형 ①아주 멀어서 아득한 모양. ¶ 감감한 수평선. /감감하여 잘 보이지 않는다. ②(어떤 일을) 전혀 모르거나 가맣게 잊어버리고 있는 모양. ¶ 친구와의 점심 약속을 감감 잊고 있었다. ③응답이나 소식이 전혀 없는 모양. ¶ 벌써 몇 해째 소식이 감감하다. ②③센깜깜.

감감-히부.

감감-무소식(-無消息)명 소식이 아주 없음. 소식이 감감함. 감감소식. ¶ 남편은 집을 떠난 지 닷새가 넘었는데도 감감무소식이다. 센깜깜무소식.

감감-소식(-消息)명 소식이 아주 없음. 소식이 감감함. 감감무소식. 일무소식. 센깜깜소식.

감갑-창(嵌甲瘡)명 ☞갑저창(甲疽瘡).

감ː개(感慨)명하자 마음속에 사무치는 깊은 느낌. ¶ 오랜만에 고향에 돌아오니 감개가 새롭다.
감ː개-무량(感慨無量)명하형 마음에 사무치는 느낌이 한이 없음. ¶ 그의 유작을 이렇게 직접 대하니 새삼 감개무량합니다.
감겨-들다[~드니·~들어]자 가까이로 바싹 감기어 오다. ¶ 겨울바람이 그녀의 몸에 감겨든다.
감ː격(感激)명하자 ①고마움을 깊이 느낌. ¶ 감격의 눈물을 흘리다. ②마음속에 깊이 느껴 격동됨. ¶ 조국 광복의 감격.
감ː격-스럽다(感激-)[-쓰-따][~스러우니·~스러워]형ㅂ 마음에 깊이 느끼어 크게 감동이 되는 듯하다. ¶ 합격 통지서를 받고 감격스러워 눈물을 흘렸다. **감격스레**부.
감ː격-적(感激的)[-쩍]관명 감격스러운 (것). ¶ 감격적 장면. /이산 가족의 감격적인 만남.
감결(甘結)명 조선 시대에, 상급 관아에서 하급 관아에 보내던 공문.
감결(勘決)명하타 잘 조사하여 결정함.
감ː결(減結)명하타되자 지난날, 결복(結卜)을 감하여 주던 일. ↔가결(加結).
감ː경(減輕)명하타되자 ①줄이어 가볍게 함. 경감(輕減). ②지난날, 본형(本刑)보다 더 가벼운 형으로 처벌하던 일.
감계(鑑戒)[-계/-게]명 지난 잘못을 거울삼아 다시는 그런 잘못을 되풀이하지 않도록 하는 경계(警戒). 본받을 만한 훈계.
감고(甘苦)명 〔'단맛과 쓴맛'이란 뜻에서〕 ①즐거움과 괴로움. 고락(苦樂). ②고생을 달게 여김. ¶ 감고의 노력.
감고(監考)명 ①조선 시대에, 궁가(宮家)나 관아에서 금은·곡물 등의 출납과 간수를 맡아보던 관리. ②조선 시대에, 봉화간(烽火干)을 감독하던 관원. ③〈말감고〉의 준말.
감공(嵌工)명 상감 세공(象嵌細工), 또는 그것을 업으로 하는 사람.
감공(嵌空)명 ①깊게 뚫린, 속이 빈 굴. ②깊은 산골짜기.
감과(甘瓜)명 ☞참외.
감과(坩堝)명 ☞도가니[2].
감과(柑果)명 장과(漿果)의 한 가지. 내과피(內果皮)의 일부가 주머니처럼 생기고, 그 속에 액즙(液汁)이 있으며, 외과피와 중과피가 해면 모양인 과실. 〔귤·감자(柑子)·유자(柚子) 따위가 이에 딸림.〕
감곽(甘藿)명 ☞미역[2].
감ː관(感官)명 ①외부로부터의 자극에 반응하는 생체의 기관. ②〈감각 기관〉의 준말.
감관(監官)명 조선 시대에, 궁가(宮家)나 관아에서 돈이나 곡식 따위의 출납을 맡아보던 관리.
감ː관적 감ː정(感官的感情)[-깜-] ☞정조(情調).
감ː관적 인식(感官的認識) ☞감각적 인식.
감ː관^표상(感官表象)명 외계의 자극에 따라 직접 일어나는 의식적인 표상.
감ː광(減光)명하자.타되자 지구의 대기(大氣)에 별이나 해의 빛이 흡수되는 현상.
감ː광(感光)명하자되자 물질이 빛을 받아 화학적 변화를 일으키는 일.
감ː광-계(感光計)[-계/-게]명 감광 재료의 빛에 대한 감도(感度)를 재는 기계.
감ː광-도(感光度)명 감광 재료의 감광 능력을 나타내는 수치(數値).
감ː광-막(感光膜)명 감광제의 얇은 막. 〔사진 건판이나 인화지 겉면의 감광성 유제가 말라서 생긴 얇은 막 따위.〕
감ː광-약(感光藥)[-냑]명 빛을 받으면 화학적 변화를 일으키는 약품. 〔요오드화은·염화은 따위.〕
감ː광^유리(感光琉璃)[-뉴-]명 감광성 금속인 금·은·구리 같은 콜로이드 착색제가 들어 있는 특수 유리.
감ː광^유제(感光乳劑)[-뉴-]명 ☞감광제.
감ː광^재료(感光材料)명 사진용 감광제를 발라 말린 제품. 〔사진 건판·필름·인화지 따위.〕
감ː광-제(感光劑)명 사진의 건판이나 필름·인화지 따위의 감광성을 높이거나 부여하는 약제. 〔감광약에 젤라틴이나 갖풀 따위를 섞은 것임.〕 감광 유제. 사진 유제.
감ː광-지(感光紙)명 감광제를 바른 종이. 주로, 양화(陽畫)를 만드는 데 쓰임.
감ː광-판(感光板)명 감광제를 바른 유리판이나 셀룰로이드 판. 〔사진의 건판·습판·필름 따위.〕
감ː광^필름(感光film)명 얇은 셀룰로이드 판에 감광제를 바른 사진 촬영용 필름.
감ː괘(坎卦)명 ①팔괘의 하나. 상형은 '☵'로, 물을 상징함. ②육십사괘의 하나. '☵'을 위아래로 포개 놓은 괘. 물이 거듭됨을 상징함. 준감(坎).
감ː구(感球)명 하등 척추동물의 피부에 있는 감각 세포의 집단. 촉각을 맡음.
감ː구지회(感舊之懷)[-회/-훼]명 지난 일을 회상하며 느끼는 회포. ¶ 고향 친구를 만나니 감구지회가 새롭다. 준감회.
감국(甘菊)명 ①국화과의 다년초. 높이 60~90 cm. 줄기는 보통 검붉은 빛을 띠며, 잎은 어긋맞게 나고 깃 모양으로 깊이 갈라져 있음. 10~11월에 가지 끝에 향기로운 노란 꽃이 핌. 꽃은 약재·향료 및 국화주(菊花酒)를 만드는 데 쓰임. ②한방에서, '감국의 꽃'을 약재로 이르는 말.
감ː군(減軍)명하자 군사를 줄임. ↔증군(增軍).
감군(監軍)명 조선 시대에, 밤중에 도성의 안팎을 돌며, 군사의 순찰을 감독하던 임시 벼슬.
감ː-군은(感君恩)명 조선 초기의 악장. 임금의 은덕을 사해(四海)와 태산(泰山)에 비유하여 찬양한 내용. 작자와 연대는 분명하지 않음. 〔'악장가사'와 '고금가곡'에 실려 전함.〕
감ː-궂다[-굳따]형 ①(태도나 외모 따위가) 불량하고 험상궂다. ¶ 감궂은 사내 여러 명이 들어와 행패를 부리고 있다. ②(논이나 밭 따위가) 일하기 힘들 정도로 거칠고 험하다. ¶ 언덕 위의 감궂은 밭.
감귤(柑橘)명 '귤'과 '밀감'을 아울러 이르는 말.
감금(監禁)명하타되자 가두어서 신체의 자유를 속박함. ¶ 불법 감금.
감ː급(減給)명하타되자 (급료나 급여를) 정한 것보다 줄여서 줌. ↔가급(加給).
감기명 〈신감기〉의 준말.
감기(疳氣)명 ☞감병(疳病).
감ː기(感氣)명 몸이 오슬오슬 추워지며 열이 나고, 기침 또는 콧물이 나는, '호흡기 계통의 염증성 질환'을 통틀어 이르는 말. 고뿔. 감모(感冒). 감수(感祟). ¶ 감기 기운이 있다. /감기가 들다. /감기에 걸리다.
감기 고뿔도 남을 안 준다속담 감기까지도 남을 안 줄 정도로 몹시 인색하다는 말.

감-기다[1] 자 〖'감다[1]'의 피동〗 눈이 감음을 당하다. 눈이 감아지다. ¶ 졸음에 겨워 눈이 자꾸만 감긴다.

감-기다[2] 자 ①〖'감다[2]'의 피동〗 실·끈 따위가 감음을 당하다. 감아지다. ¶ 실패에 감긴 실. ②(사람·동물 따위가) 곁을 떠나지 않고 잘 따르다. ¶ 어린 놈들이 어찌나 감기는지 문밖 출입을 못하겠다. ③음식 따위를 너무 먹어 몸을 잘 가누지 못하다. ¶ 술에 감기어 비틀거린다. ④(음식 따위가) 감칠맛이 있다. ¶ 조청이 혀에 착착 감긴다.

감-기다[3] 타 〖'감다[1]'의 사동〗 눈을 감게 하다.

감-기다[4] 타 〖'감다[2]'의 사동〗 실·끈 따위를 감게 하다. ¶ 아이에게 실을 감기다.

감-기다[5] 타 ①〖'감다[3]'의 사동〗 감게 하다. 머리나 몸을 씻게 하다. ¶ 멱을 감기다. ②머리나 몸을 씻어 주다. ¶ 아기의 머리를 감기다.

감:-꼬치 명 곶감을 꿰는 나무 꼬챙이.

감꼬치 빼먹듯 속담 있는 재물을 (늘리기는커녕) '하나씩 하나씩 축내며 살아가는 모양'을 이르는 말.

감:-나무 명 감나뭇과의 낙엽 교목. 과실나무의 한 가지로 높이는 10 m가량. 5~6월에 황백색 꽃이 피고 열매는 10월에 주황색으로 익음. 단감과 떫은 감의 구별이 있으며, 홍시가 되기 전에 껍질을 벗겨 곶감을 만들기도 함. 재목은 조각·가구재로 쓰임.

감나무 밑에 누워도 삿갓 미사리를 대어라 속담 아무리 좋은 기회라 하더라도 그것을 놓치지 않으려는 노력이 있어야 한다는 말.

감나무 밑에 누워서 홍시〔연시〕(입 안에) 떨어지기를 기다린다〔바란다〕 속담 아무런 노력도 하지 않고 좋은 결과가 이루어지기만 바람을 비유하여 이르는 말.

감낙(甘諾) 명 하타 기꺼이 승낙함.

감:납(減納) 명 하타 (세금·납부금 따위를) 정액보다 덜 냄.

감내(堪耐) 명 하타 참고 견딤. ¶ 고통을 감내하다. /네가 능히 그 일을 감내할 수 있겠느냐?

감:-내기 명 밭일을 할 때 부르는, 황해도 지방의 민요.

감:념(感念) 명 느끼어 일어나는 생각. 사물에 대하여 느끼는 마음.

감:-노랗다[-라타] [~노라니·~노래] 형ㅎ 감은빛을 약간 띠면서 노랗다. 큰검누렇다.

감:-노르다[~노르니·~노르러] 형러 감은빛을 약간 띠면서 노르다. 큰검누르다.

감농(監農) 명 ①하타 농사일을 보살피고 감독함. ②지주로부터 농사짓는 일을 감독하도록 위임받은 직책, 또는 그 직책을 맡은 사람. 농감(農監).

감능(堪能) 명 하형 일을 잘 감당할 만한 능력(재능)이 있음.

감:다[1][-따] 타 아래위의 눈시울을 한데 붙이다. ¶ 눈을 감고 생각에 잠기다. ↔뜨다[7].

감:다[2][-따] 타 ①실·끈 따위를 무엇에 두르다. ¶ 실을 실패에 감다. /밧줄을 허리에 감고 절벽을 타다. ②서리서리 사리다. ¶ 구렁이가 긴 몸을 서리어 감다. ③씨름 따위에서, 다리를 상대편 다리에 걸다. ¶ 다리를 감아 보기 좋게 넘어뜨리다. ④'옷을 입다'를 속되게 이르는 말. ¶ 돈 많은 걸 자랑을 하나, 비단을 친친 감고 다니게.

감:다[3][-따] 타 머리나 몸을 물에 담그고 씻다. ¶ 멱을 감다. /머리를 창포물에 감다.

감:다[4][-따] 형 빛깔이 새뜻하고 짙게 검다. 큰검다[2]. 센깜다.

감단(勘斷) 명 하타 되자 죄를 심리(審理)하여 처단함. 감처(勘處).

감당(堪當) 명 하타 ①능히 맡아서 해냄. ¶ 맡은 일을 감당해 내다. ②능히 견디어 냄. ¶ 대부대의 막강한 공격력을 이런 소부대가 감당해 낼 수 있을까?

감:도(感度) 명 ①자극에 대하여 느끼는 정도. ②필름이나 전신기 따위가 빛이나 전파 등에 대하여 나타내는 반응의 정도. ¶ 필름의 감도가 아주 좋다. ③계측 기계(計測器械)의 민감한 정도. 준감(感).

감독(監督) 명 ①하타 보살피고 지도·단속함, 또는 그렇게 하는 사람. ②하타 법률에서, 어떤 사람이나 기관이 다른 사람이나 기관을 감시하고 지휘·명령하거나 제재를 가하는 일. ③감리교에서, 교회를 관할하고 신도를 보호하는 등의 일을 맡은 교직자. ④연극·영화에서, 배우의 연기·조명·진행 등을 지휘·관리하는 사람. ⑤운동 경기에서, 선수의 훈련과 실전(實戰)을 직접 지도·단속하는 사람. ⑥각종 공사장에서, 인부의 배치·지도와 작업 진행을 지휘하는 사람. ¶ 현장 감독.

감독-관(監督官)[-꽌] 명 (감독관청의 한 사람으로) 감독의 직무를 맡은 관리.

감독-관청(監督官廳)[-꽌-] 명 ①하급 관청에 대한 감독권을 가진 상급 관청. ②지방 자치 단체나 민간 단체에 대하여 감독권을 가진 행정 관청. 준감독청.

감독^교:회(監督敎會)[-꾜회/-꾜훼] 명 (감리교나 성공회 등과 같이) 감독을 두어 교회를 관할하는 조직의 기독교회.

감독-권(監督權)[-꿘] 명 ①감독하는 권리. ②〔공법상으로〕 상급 관청이 하급 관청을 지휘·명령하여 그 비위(非違)를 교정하는 권리. ③〔사법상으로〕 친권자나 후견인이 자식이나 피후견인에 대하여 감독하는 권리.

감독-청(監督廳) 명 〈감독관청〉의 준말.

감돈-탈장(嵌頓脫腸)[-짱] 명 장이나 자궁 따위 복부의 기관 일부가 조직의 틈으로 빠져나온 채 제자리로 돌아가지 못하는 상태.

감:-돌[-똘] 명 유용 광물을 일정한 정도 이상 지닌 광석. 준감[3]. ↔버력[2].

감:-돌다[~도니·~돌아] Ⅰ 자타 ①둘레를 여러 번 빙빙 돌다. ¶ 물이 수챗구멍으로 감돌며 빠져나간다. ②(기체나 기운 따위가) 가득 차서 떠돌다. ¶ 긴장이 감돌다. /전운이 감돌다. ③(생각 따위가) 마음속에서 사라지지 않고 자꾸 아른거리다. ¶ 귓가에 감도는 아름다운 음률. /불길한 예감이 머릿속을 감돌다.

Ⅱ 타 (길이나 물굽이 따위가) 모퉁이를 따라 돌다. ¶ 산기슭을 감돌아 흐르는 물줄기.

감:돌아-들다[~드니·~들어] 타 감돌아서 들어오다.

감:돌-이 명 '사소한 이익을 탐내어 덤벼드는 사람'을 얕잡아 일컫는 말.

감:동(感動) 명 하자 깊이 느끼어 마음이 움직임. ¶ 감동을 받다. /감동을 자아내다.

감:동-사(感動詞) 명 ☞감탄사(感歎詞).

감동-유(-油)[-뉴] 명 곤쟁이젓에서 짜낸 기름.

감:동-적(感動的) 관 명 감동할 만한 (것). ¶ 감동적 사랑. /그 이야기는 매우 감동적이다.

감동-젓[-젇] 명 푹 삭힌 곤쟁이젓. 감동해.
* 감동젓이[-저시]·감동젓만[-전-]

감동-해(甘冬醢)명 ☞감동젓.

감ː득(感得)명하타되자 ①깊이 느끼어 앎. ②영감(靈感)으로 깨달아 앎.

감ː등(減等)명하타되자 ①등급을 낮춤. ②은전(恩典) 등으로 형벌을 감함.

감ː때-사납다[-따][~사나우니·~사나워]형ㅂ 몹시 감사납다. ¶ 퉁방울눈에 창대 같은 수염을 기른 감때사나운 모습.

감ː-떡명 찹쌀가루와 잘게 썬 곶감을 섞어 찐 다음, 잣과 호두를 으깨어 넣고 경단처럼 만들어서 꿀을 바른 떡.

감ː-또개명 꽃과 함께 떨어진 어린 감. 준감똑.

감ː-똑명 〈감또개〉의 준말.

감란(戡亂)[-난]명하타 난리를 평정(平定)함. 감이(戡夷). 감정(戡定).

감람(甘藍)[-남]명 '양배추'로 순화.

감ː람(橄欖)[-남]명 감람나무의 열매. 푸른빛이 나는 타원형 핵과로, 맛이 좀 쓰고 떫음. 먹을 수 있으며 기름도 짬. 청과(靑果). 충과(忠果). 본감람과(橄欖果). 참간과(諫果).

감ː람-과(橄欖果)[-남-]명 〈감람〉의 본딧말.

감ː람-나무(橄欖-)[-남-]명 ①감람과의 상록 교목. 높이 40 m가량. 두툼하고 거칠거칠한 길둥근 잎이 어긋맞게 나고, 봄에 황백색의 꽃이 핌. 열매는 핵과(核果). 아시아 열대 지방에 분포함. 감람수(橄欖樹). ②성서(聖書)의 '올리브'를 번역한 이름.

감ː람-녹색(橄欖綠色)[-남-쌕]명 ①(감람나무 잎의 빛깔과 같이) 약간 누른빛을 띤 녹색. ②올리브색. 준감람색.

감ː람-색(橄欖色)[-남-]명 〈감람녹색〉의 준말.

감ː람-석(橄欖石)[-남-]명 사방 정계(斜方晶系)의 철·마그네슘 따위의 규산염으로 된 광물. 감람색·백색·회색·황색 등이 있는데, 빛깔이 곱고 투명한 것은 보석으로 쓰임.

감ː람-수(橄欖樹)[-남-]명 ☞감람나무.

감ː람-암(橄欖岩)[-나맘]명 감람석을 주성분으로 하는 암석.

감ː람-원(橄欖園)[-나뭔]명 감람나무를 심은 밭.

감ː람-유(橄欖油)[-남뉴]명 ①감람의 씨로 짠 기름. 식용·약용 및 기계유 등을 만드는 데에 쓰임. ②'올리브유'를 잘못 번역하여 쓰는 말.

감ː량(減量)[-냥]명 ①하자타분량이나 중량을 줄임. ¶ 쓰레기 감량./체중 감량. ↔증량(增量). ②물건을 매매할 때, 전체 분량에서 빼야 할, 포장 따위의 분량이나 중량.

감ː량(感量)[-냥]명 계기(計器)가 잴 수 있는 가장 적은 양.

감ː량^경영(減量經營)[-냥-]명 기업체가 불황이나 경제 성장의 둔화에 따라 기업 규모를 알맞게 줄이어 조절하는 일.

감로(甘露)[-노]명 ①하늘이 상서(祥瑞)로 내린다는 이슬. ②도리천(忉利天)에 있다는 감미로운 영액(靈液). ③여름에 단풍나무·팽나무·떡갈나무 따위의 나뭇잎에서 떨어지는 달콤한 즙. 〔진드기가 분비하는 것임.〕 ④〈감로수〉의 준말.

감로-다(甘露茶)[-노-]명 정(淨)하게 달여서 부처 앞에 올리는 차(茶).

감로-수(甘露水)[-노-]명 ①설탕을 타서 끓인 물. ②정갈하고 맛이 좋은 물. 준감로.

감로-주(甘露酒)[-노-]명 소주에 용안육·대추·포도·살구 씨·구기자·두충·숙지황 따위를 넣고 오래도록 우린 술.

감루(疳瘻)[-누]명 한방에서, 잔구멍이 나서 고름이 자꾸 흐르며 잘 낫지 않는 부스럼을 이르는 말. 누창(漏瘡).

감ː루(感淚)[-누]명 마음에 깊이 느끼어 흘리는 눈물. 감격(감동)의 눈물.

감류(柑類)[-뉴]명 밀감이나 등자나무 열매 따위의 종류.

감률(甘栗)[-뉼]명 ①맛이 단 밤. 단밤. ②구운 밤의 한 가지. 뜨겁게 달군 모래 안에 넣고 저어서 익힌 밤.

감리(監吏)[-니]명 감독하는 일을 맡은 아전.

감리(監理)[-니]명 ①하타되자감독하고 관리함. ¶ 공사 감리. ②조선 시대, 감리서(監理署)의 으뜸 벼슬.

감리-교(監理敎)[-니-]명 개신교의 한 교파. 18세기 초 영국의 웨슬리가 자유 의지와 성결을 주창하여 창시함.

감리-사(監理師)[-니-]명 감리 교회의 교직(敎職)의 한 가지, 또는 그 직에 있는 사람. 〔한 지방의 여러 교회를 감독·관리함.〕

감리-서(監理署)[-니-]명 조선 말기에, 개항장이나 개시장의 통상(通商) 사무를 관리하던 관아.

감림(監臨)[-님]명하자 감독의 임무를 띠고 현장에 나감, 또는 그 사람.

감ː마(減磨)명 ①하자닳아서 줄어듦. ②하타마찰을 적게 함.

감마(gamma 그) Ⅰ명 ①그리스 어(語)의 셋째 자모(字母)인 '$\Gamma(\gamma)$'의 이름. ②(금속·합금 따위의) 상(相)을 나타내는 기호. ③유기 화합물에서, 탄소 원자의 위치를 나타내는 기호.
Ⅱ의 100만분의 1 g을 나타내는 질량의 단위.

감마^글로불린(gamma 그 globulin)명 혈청(血淸) 중에 녹아 있는 단백질 성분의 한 가지. 항체가 풍부하여 홍역·백일해의 예방에 쓰임.

감마-선(gamma線)명 방사성 물질에서 방출되는 방사선의 한 가지. X선보다 파장이 짧은 전자기파로 투과력은 X선보다 큼. 의료용으로, 또는 금속 재료의 결함을 탐지하는 데 이용됨.

감ː마-유(減磨油)명 ☞윤활유(潤滑油).

감ː마-제(減磨劑)명 ☞윤활제(潤滑劑).

감ː마^합금(減磨合金)[-끔]명 주석이나 납을 주성분으로 하는 화이트 메탈, 또는 아연이나 구리를 주성분으로 하는 합금. 기계의 베어링 등 마찰이 심한 부분에 쓰임.

감ː면(減免)명하타되자 ①형벌이나 조세 따위를 감해 주거나 면제함. ¶ 세금을 감면하다. ②등급을 낮추어 면제함.

감ː면^소ː득(減免所得)명 중요 산물의 증산을 목적으로, 전액 또는 일부에 대하여 세금을 면제해 주는 소득.

감ː명(感銘)명하자되자 깊이 느끼어 마음에 새김. ¶ 위인 전기를 읽고 깊은 감명을 받다.

감ː모(減耗)명하자 줄어듦. 닳아서 축이 남.

감ː모(感冒)명 ☞감기(感氣).

감ː모(感慕)명하타 마음에 느끼어 사모함.

감목(監牧)명 ①〈감목관〉의 준말. ②가톨릭에서, 정식 자립 교구로 설정되지 않은 임시 교구의 교구장(敎區長)을 일컫는 말.

감목-관(監牧官)[-꽌]명 조선 시대에, 종육품의 외직 무관으로 나라의 목장을 감독하던 벼슬아치. 준감목.

감목-법(-法)[-뻡]명 ☞자격법(資格法).

감무(監務)명 ①주지(住持) 밑에서, 절의 사무를 총감독하는 승직(僧職). ②고려 말기부터 조선 초기까지, '작은 현(縣)의 원'을 일컫던 말.

감:-물명 날감의 떫은 즙. 섬유류의 방부제로 쓰임.
감미(甘味)명 단맛. ↔고미(苦味).
감미-롭다(甘味-)[-따][~로우니·~로워]형ㅂ ①단맛이 있다. 달콤하다. ¶ 감미로운 과일. ②(정서적으로) 달콤한 느낌이 있다. ¶ 감미로운 선율. **감미로이**부.
감미-료(甘味料)명 단맛을 내는 데 쓰이는 조미료. 〔포도당·과당·맥아당·사카린 따위.〕
감:바리명 〈감발저뀌〉의 준말.
감:-발명 발감개, 또는 발감개를 한 차림새. ¶ 석 자 감발 새 짚신에 한삼 고의 산뜻 입고 (烈女春香守節歌).
감:발(感發)명하자 감동(감격)하여 분발(奮發)함. 감분(感奮).
감:발-저뀌명 이익을 노리어 남보다 먼저 약빠르게 달라붙는 사람. 준감바리.
감:방(坎方)명 팔방(八方)의 하나. 정북(正北)을 중심으로 한 45도 범위 이내의 방위. 이십사 방위의 임(壬)·자(子)·계방(癸方)을 합쳐 이르는 말. 준감(坎). ↔이방(離方).
감방(監房)명 교도소(矯導所)에서 죄수를 가두어 두는 방.
감:배(減配)명하타 배당이나 배급을 정한 양보다 줄여서 줌. ↔증배(增配).
감:법(減法)[-뻡]명 뺄셈. ↔가법(加法).
감벽(紺碧)명 검은빛을 띤 짙은 남빛.
감별(鑑別)명하타되자 잘 살펴보고 값어치, 참과 거짓, 종류 등을 판단하여 구별함. ¶ 고서화의 감별. /병아리 암수의 감별.
감별-사(鑑別師)[-싸]명 병아리의 암수를 가려내거나 골동품·보석 따위의 가치를 가려내는 일을 전문적으로 하는 사람.
감별-추(鑑別雛)명 암수를 가려 놓은 병아리. 가린병아리.
감병(疳病)[-뼝]명 한방에서 이르는 어린아이의 병의 한 가지. 얼굴이 누렇게 뜨고 몸이 여위며, 목이 마르고, 영양 장애나 만성 소화 불량 증세 따위가 나타나는 병. 감기(疳氣). 감질(疳疾). 준감(疳).
감:복(感服)명하자 감동하여 진심으로 탄복함. ¶ 그의 지극한 정성에 감복했다.
감:-복숭아[-쑹-]명 장미과의 낙엽 교목. 높이 6 m가량. 톱니가 있는 버들잎 모양의 잎이 어긋맞게 나며, 이른 봄에 담홍색 꽃이 핌. 열매는 납작감 비슷한데, 익으면 갈라지고 씨가 드러남. 씨는 기름을 짜서 화장품 원료나 기침약 등으로 씀. 지중해 지방이 원산지임. 고편도(苦扁桃).
감:봉(減俸)명하타되자 ①봉급의 액수를 줄임. ↔가봉(加俸)·증봉(增俸). ②공무원에 대한 징계 처분의 한 가지. 일정 기간 동안 봉급의 3분의 1 이하를 줄여서 지급하는 일. 벌봉(罰俸). ③군인·군속에 대한 중징계(重懲戒)의 한 가지. 1개월 이상 3개월 이내, 봉급의 3분의 2를 줄여서 지급하는 일.
감:분(感憤)명하자 분함을 느낌.
감:분(感奮)명하자 감동(감격)하여 분발함. 감발(感發).
감:불생심(敢不生心)명 감히 엄두를 내지 못함. 감불생의(敢不生意). ¶ 그 병약한 몸으로 감불생심이지 어찌 저 험한 산을 오르려는가?
감:불생의(敢不生意)[-의/-이]명 ☞감불생심.
감:-빛[-삗]명 익은 감과 같은 붉은 빛깔. 시색(柿色). ＊감:빛이[-삐치]·감:빛만[-삔-]
감:-빨다[~빠니·~빨아]타 ①감칠맛 있게 빨다. 야무지게 먹다. ¶ 사탕을 감빨다. ②이익을 탐내다.
감:빨-리다자 ①〖'감빨다'의 피동〗 감빨림을 당하다. ②입맛이 당기다. ③이익을 탐하는 마음이 생기다.
감사명 '고추장'의 심마니말.
감사(甘死)명하자 죽기를 달게 여김. 기꺼이 죽음.
감:사(減死)명하타되자 지난날, 사형에 해당하는 형벌을 감하여 주던 일.
감:사(敢死)명하자 〔충성이나 의(義)를 위하여〕 두려움 없이 기꺼이 죽음.
감:사(感謝)명 ①고마움을 나타내는 인사. ¶ 감사 편지. ②하자·타고맙게 여김, 또는 그런 마음. ¶ 감사의 뜻을 전하다. /감사하는 마음.
감사(監史)명 고려 시대에, 소부시(小府寺)·군기시(軍器寺)에 딸려 있던 관원.
감사(監司)명 ☞관찰사(觀察使).
감사 덕분에 비장 나리 호사한다속담 남의 덕으로 엉뚱한 사람이 호강한다는 말.
감사(監寺)명 선종(禪宗)에서, 절의 사무를 도맡아 보는 사람. 감주(監主).
감사(監事)명 ①공공 단체의 서무(庶務)를 맡아 보는 직책, 또는 그 직책의 사람. ②〔법률에서〕 ㉠민법상, 법인의 감독 기관으로서 재산 상태나 업무 상태를 감사(監査)하는 임의(任意) 기관, 또는 그 직책의 사람. ㉡상법상, 주식회사의 회계 감사를 직무로 하는 상설 기관이나, 유한 회사의 회계 및 업무 감시를 직무로 하는 임의 기관, 또는 그 직책의 사람. ③절에서의 삼직(三職)의 하나. 감무(監務)와 주지(住持)를 도와 절의 재산을 관장하는 승직(僧職). ④조선 시대, 춘추관(春秋館)의 정일품 벼슬.
감사(監査)명하타 감독하고 검사함. ¶ 국정 감사.
감사(瞰射)명하타 (총이나 활 따위를) 높은 데서 내려다보고 쏨.
감사(鑑査)명하타 사물을 검사하여 그 우열·적부(適否)·진위(眞僞) 따위를 가림. 감정(鑑定).
감사-관(鑑査官)명 물품을 검사하고 감정(鑑定)하는 관리.
감사^기관(監査機關)명 ①행정 기관의 사무 집행을 감독·검사하여 그 비위(非違)를 적발하고 시정하는 일을 임무로 하는 국가 기관. 〔감사원(監査院) 따위.〕 ②법인의 재산 상황이나 업무 집행에 대하여 감독하고 검사하는 기관. 〔감사(監事) 따위.〕
감:-사납다[-따][~사나우니·~사나워]형ㅂ ①생김새나 성질이 휘어잡기 힘들게 억세고 사납다. ¶ 일꾼이 너무 감사나워 부리기가 힘들다. ②(논밭 따위가) 손을 대기 힘들 정도로 바닥이 거칠고 험하다. ¶ 잡초가 우거진 감사나운 밭.
감:사^도배(減死島配)명 사형에 처할 죄인의 형을 감하여 섬으로 귀양을 보냄. 감사 정배.
감:사-만만(感謝萬萬)명 ☞감사천만.
감:사-무지(感謝無地)명 ☞감사천만.
감:사-심(敢死心)명 〔충성이나 의(義)를 위하여〕 두려움 없이 죽기를 각오한 마음.
감사-역(監査役)명 (주식회사의) '감사(監事)'의 구용어.
감사-원(監査院)명 대통령 직속의 정부 기관의 하나. 국가의 세입·세출의 결산 및 공무원의 직무에 대한 감사 등의 사무를 맡아봄.

감사-원(鑑査員)명 감사(鑑査)를 하는 사람.
감ː사-일(感謝日)명 ①기독교에서, 하나님의 은혜에 대하여 감사를 드리는 날. ②☞추수 감사절.
감ː사-장(感謝狀)[-짱]명 (공이 있는 사람에게) 감사의 뜻을 적어 인사로 주는 글장. ¶ 감사장을 수여하다.
감ː사-절(感謝節)명 〈추수 감사절〉의 준말. 감사일.
감ː사^정ː배(減死定配)명 사형에 처할 죄인의 형을 감하여 귀양을 보냄. 감사 도배.
감ː사지졸(敢死之卒)명 죽기를 두려워하지 아니하는 용감한 병졸.
감ː사-천만(感謝千萬)명 그지없이 감사함. 감사만만. 감사무지.
감ː사-패(感謝牌)명 (공이 있는 사람에게) 감사의 뜻을 쓰거나 새기어 인사로 주는 패.
감ː사-하다(感謝—)형여 고마운 마음이 있다. ¶ 성원해 주셔서 감사합니다. **감사-히**부 ¶ 감사히 받겠습니다.
감ː삭(減削)명하타되자 ☞삭감(削減).
감산(甘酸)명 ①하형맛이 달고 심. ②즐거움과 고통스러움.
감ː산(減産)명하자.타 생산량이 줆, 또는 생산량을 줄임. ¶ 재고가 늘어나 감산이 불가피하다. ↔증산(增産).
감ː산(減算)명 ①빼기. 감법(減法). 뺄셈. 뺄셈법. ②하타빼어 셈함. ↔가산(加算).
감ː상(感想)명 마음에 느끼어 일어나는 생각. ¶ 외국을 둘러보고 온 감상이 어떻습니까?
감ː상(感傷)명하자 ①대상에서 받은 느낌으로 마음 아파하는 일. ¶ 그것은 이지적 판단이 아니라, 하나의 감상일세. ②하찮은 사물에도 쉽게 슬픔을 느끼는 마음. ¶ 감상에 빠지다.
감ː상(感賞)명하타 감동하여 칭찬함.
감상(監床)명하타 귀한 사람에게 올릴 음식상을 미리 검사함.
감상(鑑賞)명하타 예술 작품을 음미하여 이해하고 즐김. ¶ 그림을 감상하다.
감ː상-록(感想錄)[-녹]명 감상을 적은 기록.
감ː상-문(感想文)명 감상을 적은 글.
감ː상-벽(感傷癖)명 하찮은 일에도 쉬이 감동하고 슬퍼하는 버릇.
감상^비ː평(鑑賞批評)명 감상을 바탕으로 하는, 문예 작품의 비평. 〔작품의 미적 특징·가치 등을 음미하는 것을 주로 함.〕
감상-안(鑑賞眼)명 (예술 작품 따위를) 감상하는 안목(眼目).
감ː상-적(感傷的)관명 하찮은 일에도 쉽게 감동하고 슬퍼하는 경향인 (것). ¶ 감상적 기분. /감상적인 소녀.
감ː상-주의(感傷主義)[-의/-이]명 이성이나 의지보다 감정, 특히 슬픔의 감정을 서정(抒情)의 본질로서 표현하려는, 낭만주의적 문예 경향. 센티멘털리즘.
감-색(-色)명 잘 익은 감의 빛깔과 같이 붉은색.
감색(紺色)명 ☞반물.
감ː색(減色)명하자.타되자 빛이 바램. 변색(變色).
감색(監色)명 ①하타☞간색(看色). ②조선 시대, 감관(監官)과 색리(色吏).
감ː색-성(感色性)[-썽]명 사진 건판이나 필름이, 파장이 각각 다른 여러 가지 빛에 대하여 감광(感光)하는 성질.
감ː생(減省)명하타 (경비·물자 따위를) 덜어서 줄임.
감ː선(減膳)명하자 나라에 변고가 있을 때, 임금이 몸소 근신하는 뜻으로, 수라상에 오르는 음식의 가짓수를 줄이던 일.
감선(監膳)명하타 임금에게 올리는 수라상을 미리 검사하던 일.
감ː선^철악(減膳撤樂)명 나라에 변고가 있을 때, 임금이 몸소 근신하는 뜻으로, 수라상의 음식의 가짓수를 줄이고 음악과 춤 따위를 금지하던 일.
감성(減省)명 '감생(減省)'의 잘못.
감ː성(感性)명 ①느낌을 받아들이는 성질. 감수성. ¶ 감성이 무디다. /감성이 섬세하다. ②〔이성(理性)과 대립되는 말로〕 대상으로부터 감각되고 지각되어 표상(表象)을 형성하게 되는, 인간의 인식 능력. 참오성(悟性).
감ː성-계(感性界)[-계/-게]명 '감성적 지각(知覺)을 통하여 얻어지는 사물'을 통틀어 이르는 말. ↔가상계(可想界).
감성-돔명 도밋과의 바닷물고기. 몸길이 40 cm 가량. 몸은 길둥근 모양이며 등 쪽이 약간 위로 솟음. 몸빛은 암회색이나 배 쪽은 조금 연함. 4년생까지는 암수한몸이고 5년이 지나면 암수딴몸이 됨. 우리나라의 중부 이남과 일본 및 중국 동남부 연안의 수심 40∼50 m 되는 만(灣)에 사는데, 식용함. 먹도미.
감ː성-론(感性論)[-논]명 감성적 인식에 관한 이론.
감ː성-적(感性的)관명 감성이 작용하는 (것). 감성이 예민한 (것). ¶ 감성적 사고방식. /감성적인 표현을 하다.
감ː성^지수(感性指數)명 자기의 감정을 다스리고 남의 감정을 이해하는 능력을 수치로 나타낸 것. 이큐(EQ). 참지능 지수.
감ː세(減稅)명하자 조세의 액수를 줄이거나 세율을 낮춤. 감조(減租). ↔증세(增稅).
감ː세(減勢)명하자 권세·병세(病勢)·풍세(風勢) 따위의 세력이 줄거나 약해짐.
감ː세^국채(減稅國債)명 감세의 특전(特典)이 붙은 국채.
감ː소(減少)명하자.타되자 ①줄어서 적어짐. ¶ 인구 감소. ②덜어서 적게 함. ¶ 충격을 감소하다. ↔증가(增加).
감ː소-함수(減少函數)[-쑤]명 독립 변수의 값이 증가함에 따라 이에 대응하는 함수의 값이 감소하는 함수, 또는 함수의 값이 증가하지 않는 함수.
감ː속(減速)명하타 속도를 줄임. ↔가속(加速)·증속(增速).
감ː속-동(減速動)[-똥]명 〈감속 운동〉의 준말.
감ː속^운ː동(減速運動)명 시간이 지날수록 속도가 점점 줄어지는 운동. 준감속동(減速動). ↔가속 운동.
감ː속^장치(減速裝置)[-짱-]명 회전축의 회전 운동을 줄이는 장치.
감ː속-재(減速材)[-째]명 열중성자를 사용하는 원자로에서, 우라늄 235의 핵분열로 생긴 고속 중성자를 열중성자로까지 감속시키기 위한 물질. 〔흑연·경수(輕水)·중수(重水) 따위.〕 감속체. 완속(緩速) 물질. 완속체.
감ː속-체(減速體)명 ☞감속재.
감ː속^톱니바퀴(減速-)[-톱-]명 감속 장치에 사용하는 톱니바퀴.
감ː손(減損)명하자.타되자 줄어짐. 줄임.
감ː쇄(減殺)명하자.타되자 줄어서 없어짐. 덜어서 없앰.

감ː쇠(減衰)[-쇠/-쉐]명하자 (힘이나 세력 따위가) 점차 약해짐.

감ː쇠-기(減衰器)[-쇠-/-쉐-]명 전압이나 전류를 일정한 비(比)만큼 작게 하는 측정용 장치.

감ː쇠^전도(減衰傳導)[-쇠-/-쉐-]명 민무늬근이나 무척추동물의 근육의 한 끝에 자극을 가할 때, 자극부에서 멀어질수록 흥분이 감쇠되어 전달되는 현상.

감ː쇠^진ː동(減衰振動)[-쇠-/-쉐-]명 시간이 지날수록 진폭이 차차 줄어드는 진동.

감수(甘水)명 맛이 단 물. (정갈하고 맛이 좋은) 먹는 물.

감수(甘受)명하타되자 (질책·고통·모욕 따위를) 군말 없이 달게 받음. ¶ 비난을 감수하다.

감수(甘遂)명 대극과의 다년초. 높이 30 cm가량. 줄기는 홍자색을 띠는데, 자르면 흰 유즙이 나옴. 6~7월에 녹황색 꽃이 피고 열매는 삭과(蒴果)임. 뿌리는 부증·적취(積聚) 및 외과(外科)의 약재로 쓰임. 개감수.

감수(淦水)명 배의 바닥에 괴는 물.

감수(勘收)명하타 문초(問招)하여 압수함.

감수(酣睡)명하자 곤히 달게 잠, 또는 그렇게 자는 잠. 단잠.

감ː수(減水)명하자되자 강이나 호수의 물이 줄어듦. ¶ 가뭄으로 인한 감수. ↔증수(增水).

감ː수(減收)명하자되자 수입이나 수확이 줆. ¶ 태풍으로 인한 농작물의 감수. ↔증수(增收).

감ː수(減壽)명하자되자 수명이 줄어듦. ¶ 십년 감수. /지나친 흡연은 감수의 원인이 된다.

감ː수(減數)명 ①하타수를 줄임. ↔가수(加數). ②뺄셈에서, 빼내려는 수. 〔10－3＝7에서 '3'이 감수임.〕 ↔피감수.

감ː수(感受)명하타되자 외부의 자극을 감각 신경을 통해 받아들임.

감ː수(感祟)명 ☞감기(感氣).

감수(監守)명하타 감독하고 지킴, 또는 그러한 일을 맡은 사람.

감수(監修)명하타 책의 저술·편찬을 지도·감독하는 일, 또는 그러한 일을 맡은 사람.

감ː수^분열(減數分裂)명 생식 세포인 정자(精子)나 난자가 형성될 때, 염색체의 수가 반감(半減)되는 특수한 세포 분열.

감ː수-성(感受性)[-썽]명 외부의 자극을 받아 느낌을 일으키는 성질이나 능력. 감성. ¶ 풍부한 감수성. /감수성이 예민하다.

감숭-감숭부하형 ①매우 감숭한 모양. ②군데군데가 감숭한 모양. ¶ 젊은이의 턱에 감숭감숭하게 나 있는 수염. 큰검숭검숭.

감숭-하다형여 (성기게 난 짧은 털 같은 것이) 가무스름하다. 큰검숭하다.

감시(甘柿)명 ☞단감.

감시(監視)명하타되자 경계하며 지켜봄. ¶ 감시를 받다. /감시를 당하다.

감시(監試)명 ①〈국자감시〉의 준말. ②조선 시대에, 생원과 진사를 뽑던 과거. 사마시. 소과(小科).

감시(瞰視)명하타되자 높은 데서 아래를 내려다봄. 부감(俯瞰).

감시-관(監試官)명 고려·조선 시대에, 과장(科場)을 감독하던 관원.

감시-대(監視臺)명 감시자가 그 위에 올라가서 감시하도록 만들어 놓은 높은 대.

감시-병(監視兵)명 감시하는 병사.

감시-원(監視員)명 감시하는 사람.

감시-초(監視哨)명 감시를 위하여 마련된 초소, 또는 그 초소의 초병(哨兵).

감식(甘食)명하타되자 음식을 맛있게 먹음.

감ː식(減食)명하타 음식의 양을 줄여 먹음.

감식(鑑識)명하타되자 ①(사물의 가치나 진위 등을) 감정하여 식별함, 또는 그 식견. ②범죄 수사에서, 필적·지문·혈액 따위에 관한 감정(鑑定). ¶ 지문 감식을 의뢰하다. ③(항공기·선박·잠수함 따위의) 항적(航跡)에 관하여 보고된 첩보를 해석함, 또는 그 과정.

감식-력(鑑識力)[-싱녁]명 사물을 감정하여 식별하는 능력.

감ː식^요법(減食療法)[-싱뇨뻡]명 (소화 불량이나 지방 과다증 등의 경우) 음식의 섭취량을 알맞게 줄여서 치료하는 방법.

감ː식-주의(減食主義)[-쭈의/-쭈이]명 (건강 유지 등을 위하여) 음식의 섭취량을 알맞게 줄이자는 주의.

감ː실(芡實)명 한방에서, '가시연밥'을 약재로 이르는 말. 참감인.

감실(監室)명 군에서, 참모 총장의 지휘를 받는 특별 참모 부서. 〔의무감실·법무감실 따위.〕

감ː실(龕室)명 ①사당 안의, 신주(神主)를 모셔 두는 장(欌). 준감(龕). ②☞닫집. ③가톨릭에서, 제대(祭臺) 위에 성체를 모셔 두는 방.

감실-감실[1]부하자 (어떤 물체가) 먼 곳에서 어렴풋이 자꾸 움직이는 모양. ¶ 언덕 너머에서 연기가 감실감실 피어올랐다. 큰검실검실[1].

감실-감실[2]부하형 (잔털 따위가) 군데군데 약간 가뭇가뭇한 모양. 큰검실검실[2].

감실-거리다자 먼 곳에서 어떤 물체가 자꾸 감실감실하다. 감실대다. ¶ 멀리서 감실거리는 고깃배. 큰검실거리다.

감실-대다자 감실거리다.

감심(甘心)명하타 (괴로움·책망·모욕 따위를) 달게 여김, 또는 그런 마음.

감ː심(感心)명하자 감동을 받아 깊이 마음에 느낌.

감ː싸고-돌다[~도니·~돌아]타 흉허물이나 약점을 두둔하여 불리한 상황에서 벗어나도록 돕다. ¶ 막내라고 계속 감싸고돌면 버릇이 나빠진다.

감ː-싸다타 ①휘감아 싸다. ¶ 아기를 포대기로 감싸 안다. ②편들거나 두둔하다. ¶ 어머니는 언제나 막내만 감싼다. ③흉허물이나 약점 따위를 덮어 주다. ¶ 너그럽게 허물을 감싸다.

감ː-씹다[-따]타 감칠맛이 나게 맛있게 씹다. ¶ 마른오징어를 질겅질겅 감씹어 먹다.

감아-쥐다타 손이나 팔로 감듯이 움켜잡다. ¶ 두 사람은 머리채를 감아쥐었다.

감안(疳眼)명 헐어서 짓무른 눈.

감안(勘案)명하타되자 참작하여 생각함. 헤아려 살핌. ¶ 딱한 사정을 감안하다.

감ː압(減壓)명하자·타 압력이 줆. 압력을 줄임. ↔가압(加壓).

감ː압^반ː사(減壓反射)[-빤-]명 신체 각 부분의 자극에 의하여 자동적·반사적으로 혈압이 내려가는 반사 작용.

감ː압^증류(減壓蒸溜)[-쯩뉴]명 1기압 이하의 낮은 압력에서 하는 증류. 진공 증류(眞空蒸溜).

감ː액(減額)명하타되자 액수를 줄임, 또는 그 줄인 액수. ↔가액(加額)[1]·증액(增額).

감언(甘言)명 (남의 비위를 맞추기 위하여) 듣기 좋게 하는 달콤한 말. 첨밀(甜蜜). ¶ 감언으로 꾀어내다. ↔고언(苦言).

감언-이설(甘言利說)[-니-]명 남의 비위를 맞추는 달콤한 말과 이로운 조건만 들어 그럴듯하게 꾸미는 말. ¶ 감언이설에 속아 넘어가다.

감ː언지지(敢言之地)명 거리낌 없이 말할 만한 자리. 거리낌 없이 말해야 할 자리.
감여(堪輿)명 하늘과 땅. 천지. 건곤(乾坤).
감여-가(堪輿家)명 풍수지리에 관한 학문을 연구한 사람.
감역(監役)명 ①〈감역관〉의 준말. ②하타 역사(役事)를 감독함.
감역-관(監役官)[-꽌]명 조선 시대에, 선공감(繕工監)에 딸리어 건축에 관한 일을 맡아보던 종구품 벼슬, 또는 그런 벼슬아치. 준감역(監役).
감연(欿然) '감연(欿然)하다'의 어근.
감연(敢然) '감연(敢然)하다'의 어근.
감ː연-하다(欿然-)형여 마음에 차지 아니하여 좀 언짢다. **감연-히**부.
감ː연-하다(敢然-)형여 과단성이 있고 용감하다. **감연-히**부 ¶ 감연히 맞서 싸우다.
감ː열(感咽)명하자 감동하여 목메어 욺.
감ː열(感悅)명하자 감동(감격)하여 기뻐함.
감ː염(感染)명하자되자 ①병원체가 몸에 옮음. ¶ 전염병에 감염되다. ②(남의 나쁜 버릇이나 다른 풍습 따위가) 옮아서 그대로 따라 하게 됨. ¶ 퇴폐 풍조에 감염되다.
감ː염^면ː역(感染免疫)명 동물이 그 몸 안에 병원체를 지니고 있는 동안, 그 병원체의 침입에 대하여 면역의 힘을 가지는 일.
감ː염-식(減塩食)명 (병의 치료를 위하여) 소금기를 줄인 음식물.
감ː염식^요법(減塩食療法)[-싱뇨뻡]명 환자에게 감염식을 먹게 함으로써 병을 다스리는 치료법. 신장병·고혈압증 등에 이용됨.
감ː염-증(感染症)[-쯩]명 병원체가 생물체에 정착하여 증식함으로써 일어나는 모든 증세를 통틀어 이르는 말.
감영(監營)명 조선 시대에, 각 도(道)의 감사가 직무를 보던 관아. 영문(營門).
감영-도(監營道)명 지난날, 감영이 있던 곳.
감ː오(感悟)명하타 마음에 느끼어 깨달음.
감옥(監獄)명 ①조선 말기에, '감옥서(監獄署)'를 고친 이름. ②'교도소'를 이전에 이르던 말. 형옥(刑獄). 준옥(獄).
감옥-살이(監獄-)[-싸리]명하자 ①감옥(교도소)에 갇히어 지내는 생활. 영어 생활(囹圄生活). ②'자유를 구속당하는 생활'을 비유하여 이르는 말. 준옥살이.
감옥-서(監獄署)[-써]명 조선 말기에, 형벌의 집행에 관한 일을 맡아보던 관아.
감옥-소(監獄所)[-쏘]명 〈감옥〉의 속된 말.
감우(甘雨)명 때맞추어 알맞게 내리는 비. 단비. 비희우(喜雨)·호우(好雨).
감ː원(減員)명하타되자 (일정한 조직에 딸린) 인원을 줄임. ¶ 감원 대상자. ↔증원(增員).
감원(監院)명 불교에서, 암자나 교당을 감찰하는 중을 일컫는 말.
감ː위(敢爲)명하타 과감히 함. 감행(敢行).
감ː은(感恩)명하자 은혜에 감사함.
감은-약(-藥)[-냑]명 〈아편〉의 속된 말.
감음(酣飮)명하자 한창 흥겹게 술을 마심.
감ː-음정(減音程)명 완전 음정이나 단음정보다 반음 낮춘 음정. 〔감 1도에서 감 8도까지 여덟 가지가 있음.〕 참완전 음정·단음정.
감ː읍(感泣)명하자 감격(감동)하여 욺. ¶ 은혜에 감읍하다. /성원에 감읍하다.
감ː응(感應)명하자되자 ①마음에 느끼어 반응함. ¶ 감응이 일어나다. ②신심(信心)이 부처나 신령에게 통함. ¶ 신불의 감응. ③☞유도(誘導).
감ː응^기전기(感應起電機)명 ☞유도 기전기.
감ː응^기전력(感應起電力)[-절-]명 ☞유도 기전력.
감ː응^도ː체(感應導體)명 유도 전류가 통하는 도체.
감ː응^유전(感應遺傳)명 어떤 동물의 암컷이 다른 계통의 수컷과 교미하여 수태(受胎)한 경험이 있으면, 그 다음에 같은 계통의 수컷과 교미하더라도 먼젓번 수컷의 특징을 새끼에게 유전한다는 설(說).
감ː응^전ː기(感應電氣)명 자장(磁場)의 변화에 따라 생기는 전기. 유도 전기.
감ː응^전ː동기(感應電動機)명 ☞유도 전동기.
감ː응^전ː동력(感應電動力)[-녁]명 전자(電磁) 감응에 따라 생기는 전동력.
감ː응^전ː류(感應電流)[-절-]명 ☞유도 전류.
감ː응^정신병(感應精神病)[-뼝]명 심인성 반응(心因性反應)의 한 가지. 지능이 낮거나 암시를 받기 쉬운 사람이 정신병자의 이상한 언동이나 환각·망상 또는 종교적 광신 따위에 감응하여, 그와 같은 정신 상태에 빠져드는 병증.
감ː응-초(感應草)명 ☞미모사.
감ː응^코일(感應coil)명 ☞유도 코일.
감이(戡夷)명하자 적을 물리치고 난리를 평정함. 감란(戡亂). 감정(戡定).
감이-상투명 상투를 짜는 방법의 한 가지. 머리의 아랫벌부터 감아 올라가다가, 그 끝을 고속으로 넣어 아래로 빼내어 짠 상투.
감ː인(芡仁)명 한방에서, '가시연밥의 껍질을 벗긴 알맹이'를 약재로 이르는 말. 〔요통(腰痛)·유정(遺精)·대하(帶下) 및 소변 불금(小便不禁) 등에 쓰임.〕 참감실.
감입(嵌入)명하타 (장식 따위를) 박아 넣음.
감자명 가짓과의 다년초. 식용 작물의 한 가지. 줄기 높이는 60~100 cm. 초여름에 흰빛 또는 자줏빛 꽃이 핌. 땅속의 덩이줄기를 '감자'라 하는데, 전분이 많아 널리 식용되며, 알코올 원료 등으로도 쓰임. 마령서(馬鈴薯). 북감저(北甘藷). 본감저(甘藷).
감자(甘蔗)명 ☞사탕수수.
감자(柑子)명 한방에서, '감자나무의 열매'를 약재로 이르는 말. 〔주갈과 주독을 푸는 데 쓰임.〕
감ː자(減資)명하자 기업이 자본금의 액수를 줄이는 일. ↔증자(增資).
감자-나무(柑子-)명 운향과(芸香科)의 상록 활엽 교목. 높이 2 m가량. 잎은 길둥근 모양인데 가에 톱니가 있음. 6월에 흰 꽃이 피며, 신맛이 나는 열매는 장과(漿果)로서 납작한 구형(球形)인데, 한방에서 약재로 씀. 홍귤(紅橘)나무.
감자-당(甘蔗糖)명 사탕수수로 만든 설탕.
감자-밥명 ①껍질을 벗기고 썬 감자를 쌀과 함께 섞어 지은 밥. ②껍질을 벗기어 통째로 삶은 감자를 뜸이 들기 시작하는 밥에 으깨어 넣으면서 고루 섞어 지은 밥.
감자-튀김명 감자를 썰어 기름에 튀겨 낸 음식.
감ː작(減作)명하자 작물의 수확량이 줆.
감ː작(感作)명하타 ①생물체에 어떤 항원을 넣어 그 항원에 대해 예민한 상태로 만드는 일. 〔말의 혈청을 기니피그에 주사하여 과민증의 상태로 되게 하는 따위.〕 ②항원(抗原)과 항체(抗體)가 특이하게 결합하는 일.
감작-감작[-깜-]부하형 감은 점이나 얼룩 따위가 여기저기 잘게 박혀 있는 모양. 큰검적검적. 센깜작깜작.

감ː작^백신(感作vaccine)명 배양한 세균을 죽이거나 독의 힘을 약하게 한 것에 면역 혈청을 가하여 만든 백신. 보통 백신보다 반응이 가볍고 작용이 빠르며 예방·치료의 효과도 높아서, 장티푸스·홍역 등에 쓰임.

감ː-잡이[1]명 ①기둥과 들보를 겸쳐 대고 못을 박는 쇳조각. ②대문의 문장부에 감아 박는 쇠. ③해금(奚琴)의 맨 아래 원산(遠山) 밑에 'ㄴ' 자로 구부려 붙인 쇠붙이. ④'낫'의 심마니 말.

감ː-잡이[2]명 방사(房事) 후에 쓰는 수건.

감ː잡히다[-자피-]사 남과 시비할 때, 약점을 잡히다. ¶ 상대편에게 감잡혀서 아무 말도 하지 못하다.

감장[1]명하타 (어떤 일을 하는 데) 남의 도움 없이 혼자 힘으로 꾸리어 나감. ¶ 이쪽 일은 내가 감장할 테니, 자네는 저쪽 일을 맡게.

감장[2]명 감은빛. 큰검정. 센깜장.

감장(甘醬)명 맛이 단 간장.

감장(勘葬)명하타 장사 지내는 일을 끝냄.

감장(監葬)명하타 장사 지내는 일을 보살핌.

감장-이명 가만 물건. 큰검정이. 센깜장이.

감저(甘藷)명 ①☞고구마. ②〈감자〉의 본딧말.

감적(疳積)명 한방에서 이르는, 감병(疳病)의 한 가지. 영양 불량이나 기생충으로 말미암아 생기는데, 소화가 잘 안 되고 얼굴이 푸르게 변하며, 열이 나고 배가 아픈 것이 주된 증세임.

감적(監的)명하자 화살이나 총알이 과녁에 맞고 안 맞음을 살피는 일.

감적-관(監的官)[-꽌]명 ①지난날, 무과의 활쏘기 시험장에서, 화살이 과녁에 맞고 안 맞음을 검사하던 관원. ②군대에서, 감적수들을 지휘하거나 감독하는 장교나 부사관.

감적-수(監的手)[-쑤]명 군에서, 실탄 사격 연습 때 표적을 조정하고 통제하는 사람.

감적-호(監的壕)[-저코]명 군에서, 실탄 사격 연습 때 감적수가 들어가 있는 호(壕).

감전(酣戰)명하자 한창 치열하게 벌어진 싸움.

감ː전(敢戰)명하자 죽음을 각오하고 싸움. 비감투(敢鬪).

감ː전(感傳)명하자되자 감응(感應)하여 전달됨.

감ː전(感電)명하자되자 전기가 통하고 있는 도체(導體)에 몸의 일부가 닿아 충격을 느끼는 일. ¶ 감전 사고.

감ː전-사(感電死)명하자 감전되어 죽음.

감ː전^전ː류(感傳電流)[-절-]명 ☞유도 전류.

감ː점(減點)[-쩜]명하타되자 점수를 줄임, 또는 줄인 그 점수. ↔가점(加點).

감ː-접(-椄)명 감나무 가지를 다른 나무의 그루에 접붙이는 일.

감접-이명 피륙을 짤 때, 처음과 끝의 올이 풀리지 아니하게 휘갑친 부분.

감정(甘精)명 ☞사카린.

감정(戡定)명하자타되자 난리를 평정함. 감란(戡亂). 감이(戡夷).

감ː정(感情)명 ①느끼어 일어나는 심정. 마음. 기분. ¶ 미묘한 감정의 변화. /감정에 호소하다. ②어떠한 대상이나 상태에 따라 일어나는, 기쁨·노여움·슬픔·두려움·쾌감·불쾌감 따위 마음의 현상. ¶ 불쾌한 감정을 얼굴에 드러내다.

감ː정(憾情)명 언짢게 여기는 마음. 원망하거나 성내는 마음. ¶ 감정이 나다. /감정을 품다. /그는 그녀에게 감정이 있다. /감정을 풀고 화해하다.
감정(을) 사다관용 남의 감정을 언짢게 만들다. ¶ 서로 감정을 살 일은 삼가자.

감정(鑑定)명하타 ①사물의 값어치, 좋고 나쁨, 진짜와 가짜 등을 살펴서 판정함. 감사(鑑查). ¶ 보석 감정. /골동품 감정. ②소송 과정에서, 특수한 사실의 판정이 필요할 때, 법원의 명령에 따라 그 전문가로 하여금 사물의 진위·양부(良否)·가치 등에 대한 판단을 진술하게 하는 일.

감ː정-가(感情家)명 감정에 좌우되기 쉬운 사람. 감정을 쉬이 드러내는 사람.

감정-가(鑑定家)명 감정을 전문으로 하는 사람.

감정-가(鑑定價)[-까]명 〈감정 가격〉의 준말.

감정^가격(鑑定價格)[-까-]명 ①은행이나 보험 회사 등에서 자금을 대여할 때, 담보가 될 물건에 대하여 매기는 가격. ②골동품 따위를 감정하여 매긴 가격. 준감정가(鑑定價).

감ː정^감ː각(感情感覺)명 신체적인 감각에 따라 일어나는 쾌·불쾌 등의 정조(情調).

감ː정^교ː육(感情敎育)명 감정의 순화와 융화를 꾀하고, 심미적·도덕적 정조(情操)의 발달과 향상을 목적으로 하는 교육.

감ː정^논리(感情論理)[-놀-]명 논리적인 듯하면서, 실제로는 감정에 따라서 생각이나 판단 등이 좌우되는 일.

감ː정^능력(感情能力)[-녁]명 쾌·불쾌 따위를 느끼는 정신 능력. ↔인식 능력.

감ː정^도ː착(感情倒錯)명 슬퍼해야 할 때에 기뻐하는 경우처럼, 감정이 보통 때나 또는 보통 사람들과 다른 상태인 것.

감ː정-론(感情論)[-논]명 (이성을 벗어나) 감정에 치우친 의론(議論).

감정-료(鑑定料)[-뇨]명 감정해 준 대가로 지급하는 수수료.

감ː정^미ː학(感情美學)명 미의식(美意識) 활동의 근원이 감정에 있다고 하는 학설.

감정-서(鑑定書)명 ①골동품, 보석 따위의 진위나 품질을 보증하는 문서. ②감정을 의뢰받은 사람이 법원에 보고하기 위하여 감정의 경과 및 결과를 적은 문서.

감ː정^수입(感情收入)명 ☞감정 이입.

감ː정-실금(感情失禁)명 감정 조절 장애의 한 가지. 하찮은 외부의 자극에도 곧잘 울거나 웃거나 하는 따위.

감ː정-싸움(感情-)명 서로 미워하는 마음으로 벌이는 싸움. ¶ 농담으로 건넨 말이 감정싸움으로 번졌다.

감정-아이명 몸엣것 없이 밴 아이. 첫번 배란 때에 수정(受精)이 되어 밴 아이. 준감정애.

감정-애명 〈감정아이〉의 준말.

감ː정^이입(感情移入)명 예술 작품이나 자연물에 자신의 감정이나 정신을 투사(投射)하여 자기와 그 대상과의 융화를 의식하는 정신 작용. 감정 수입.

감정-인(鑑定人)명 ①감정하는 사람. ②소송(訴訟)에서, 법원의 명령에 따라 감정을 맡아 하는 전문가.

감ː정-적(感情的)관명 쉽게 감정에 좌우되는 (것). 감정에 치우친 (것). ¶ 감정적 처리. /감정적으로 행동하다. ↔이성적(理性的).

감정^평ː가(鑑定評價)[-까]명 동산·부동산·기타 재산의 경제적 가치를 판단하여 그 결과를 가격으로 표시하는 일.

감제(監製)명하타되자 감독하여 만듦.

감제-고지(瞰制高地)명 적의 활동을 살피기에 적합한 고지.

감제-풀명 ☞호장(虎杖).

감ː조(減租)명하자되자 ☞감세(減稅).

감ː조^하천(感潮河川)명 밀물과 썰물의 영향을 받는 하천 및 그 부근.
감죄(勘罪)[-죄/-쥌]명하타되자 죄인을 심문하여 처분함.
감ː죄(減罪)[-죄/-쥌]명하타되자 죄를 감함.
감주(甘酒)명 ☞단술.
감주(監主)명 ☞감사(監寺).
감죽(甘竹)명 ☞솜대.
감ː-중련(坎中連)[-년]명 팔괘 중, 감괘(坎卦)는 가운데의 막대만 이어졌다는 뜻으로 '☵'의 모양을 이르는 말.
감ː지(感知)명하타되자 (직감적으로) 느끼어 앎. ¶ 지진이 일어날 것을 감지하다.
감ː지-기(感知器)명 소리·빛·온도·압력 따위의 물리량을 검출하는 소자(素子), 또는 그 소자를 갖춘 기계 장치. 센서.
감ː지덕지(感之德之)[-찌]부하자타 분에 넘치는 듯싶어 매우 고맙게 여기는 모양. ¶ 그는 배가 고파 찬밥도 감지덕지 먹었다.
감ː진-기(感震器)명 지진의 유무(有無)나 진동의 정도 등을 검사하는 기계.
감진-어사(監賑御使·監賑御史)명 조선 시대에, 흉년에 굶주리는 백성을 구휼하는 일을 감독하기 위하여 파견되던 어사.
감질(疳疾)명 ①☞감병(疳病). ②먹고 싶거나 갖고 싶어 몹시 애타는 마음. ¶ 감질이 들다.
감질-나다(疳疾-)[-라-]형 ①그리 되어 가기를 바라는 마음으로 애가 타다. ¶ 감질나서 못 견디겠네. ②사물이 되어 나가는 꼴이나 정도가 성에 차지 아니하여 답답해지다. ¶ 비가 감질나게 내리는군.
감질-내다(疳疾-)[-래-]자 감질을 일으키다. 감질나게 하다.
감ᄌᆞ명 〈옛〉 감자(柑子). ¶ 감ᄌᆞ 감:柑(訓蒙上*11*).
감-쪼으다(鑑-)[~쪼으니·~쪼아]타 감(鑑)하게 하다. 웃어른이 보시게 하다.
감쪽-같다[-깓따]형 (꾸민 일이나 고친 물건이) 전혀 알아차릴 수 없을 만큼, 아무 표가 없다. ¶ 모조품을 진품같이 만들어 내는 그의 솜씨가 감쪽같다. **감쪽같-이**부 ¶ 감쪽같이 속아 넘어가다.
감차(甘茶)명 '단술'을 절에서 이르는 말.
감ː차(減差)명하자 병이 조금씩 나아져 차도가 있음, 또는 그 차도.
감찰명 〈옛〉 고동색. 다갈색.
감찰(監察)명 ①하타감시하고 감독함, 또는 그 직무. ②하타공무원의 비위(非違)에 관한 조사와 정보 수집 및 고발 따위를 내용으로 하는 정부 감사 기관의 직무 행위. ③하타단체의 규율과 단원의 행동을 살피고 감독하는 일, 또는 그 직무. ④조선 시대, 사헌부의 정육품 벼슬.
감찰(鑑札)명 관청에서, 어떤 영업을 허가하는 표로 내어 주는 증표.
감찰(鑑察)명하타 〔흔히, 한문 투의 편지 글에서 쓰는 말로〕 '살펴보심'의 뜻.
감찰-관(監察官)명 감찰의 임무를 맡은 관리.
감찰-료(鑑札料)명 감찰에 대한 수수료.
감찰-사(監察司)[-싸]명 고려 시대에, '어사대(御史臺)'를 고친 이름.
감ː-참외[-차뫼/-차뭬]명 참외의 한 가지. 속이 익은 감빛 같고 맛이 좋음.
감창(疳瘡)명 〔한방에서〕 ①매독으로 말미암아 음부(陰部)에 부스럼이 생기는 병. ②어린아이의 감병(疳病)의 한 가지. 결핵성 또는 피부 영양 장애로, 피부에 자꾸 헌데가 생기는 병증.
감창(感愴) '감창하다'의 어근.
감ː창-하다(感愴-)형여 느껍고 비창(悲愴)하다. ¶ 감창한 심회(心懷).
감채(甘菜)명 ☞사탕무.
감ː채(減債)명하자 빚을 조금씩 갚아서 줄임.
감ː채^기금(減債基金)명 국채나 사채를 갚기 위하여 적립하는 기금. 감채 적립금.
감ː채^적립금(減債積立金)[-정닙끔]명 ☞감채 기금.
감처(勘處)명하타되자 ☞감단(勘斷).
감천(甘泉)명 물맛이 썩 좋은 샘.
감ː천(感天)명하자 (지극한 정성에) 하늘이 느껴 감동함. ¶ 지성이면 감천이라.
감청(紺青)명 파랑과 남색의 중간색.
감ː청(敢請)명하타 (스스러움이나 어려움을 무릅쓰고) 감히 청함.
감ː청(監聽)명하타 수사·정보 기관에서 어떤 사람을 감시하거나 정보를 얻기 위하여 전화 통화 따위의 통신 내용을 몰래 듣는 일.
감ː체(感涕)명하자 감격(감동)하여 눈물을 흘림. 감읍(感泣).
감ː체(感滯)명 감기와 겹쳐서 든 체증.
감쳐-물다[-처-][~무니·~물어]타 아래위 두 입술을 조금 겹치도록 하면서 입을 꼭 다물다. ¶ 결의를 다지는 듯 입술을 감쳐물었다.
감초(甘草)명 ①콩과의 다년초. 시베리아·몽골·중국 북부 등지에서 나는 약용 식물의 한 가지. 줄기 높이 1m가량. 뿌리가 땅속 깊이 길게 벋는데, 빛깔이 누르고 단맛이 있음. ②한방에서, '감초의 뿌리'를 약재로 이르는 말. 비위를 돕거나 다른 약재의 작용을 순하게 하는 데 쓰임. ③〔감초가 모든 약첩에 끼인다는 데서〕 '어떤 일에나 빠지지 않고 한몫 끼는 사람'을 비유하여 이르는 말.
감초(甘蕉)명 ①☞파초(芭蕉). ②☞바나나.
감ː촉(感觸)명하타되자 외부의 자극을 피부 감각으로 느끼는 일, 또는 그런 느낌. 촉감(觸感). ¶ 감촉이 부드러운 털가죽.
감ː촉^기관(感觸器官)[-끼-]명 ☞감각 기관.
감추다타 ①찾지 못하도록 숨기다. ¶ 나무꾼이 선녀의 옷을 감추었다. ②남이 모르도록 비밀로 하다. ¶ 비위 사실을 감추다. ③어떤 사물이나 현상 따위가 없어지거나 사라지다. ¶ 자취를 감추다.
감ː축(減縮)명하타되자 덜어서 줄임, 또는 덜리어서 줆. 축감(縮減). ¶ 예산 감축.
감ː축(感祝)명하자 ①경사(慶事)를 축하함. ②(고마운 일에 대하여) 충심으로 감사함.
감춘(酣春)명 한창 무르익은 봄.
감출혜-몸(-匸-)[-혜-/-헤-]명 한자 부수의 한 가지. '匹'·'區' 등에서의 '匸'의 이름. 터진에운담.
감취(酣醉)명하자 술에 몹시 취함.
감치(監置)명하타 법정의 질서를 어지럽힌 사람을 법에 따라 구치소에 가두는 일.
감ː치다[1]자 ①잊혀지지 아니하고 늘 마음속에 감돌다. ②음식의 맛이 맛깔스러워 당기다. ¶ 술맛이 입에 감칠 듯하다.
감ː-치다[2]타 ①(홑것인 바느질감의 맨 가장자리를) 옷감의 올이 풀리지 아니하도록 용수철 모양으로 감아 꿰매다. ¶ 치맛단을 감치다. ②두 헝겊의 가장자리를 마주 대고 감아 매다. ¶ 치마를 감치며 일어서다.
감ː칠-맛[-맏]명 ①음식을 먹은 뒤에까지도 혀에 감기듯이 남는 맛깔스러운 뒷맛. ¶ 알맞게 삭아 감칠맛 나는 어리굴젓. ②사람의 마음에 휘감기어 여운을 남기는, 사물에 담긴 묘미. ¶ 우리 고유의 감칠맛을 영절스럽게도 잘 살려 쓴 송강(松江)의 작품들. ＊감ː칠맛이[-마시]·감ː칠맛만[-만-]

감ː침-질 명하타 바늘로 감치는 일.

감ː탄(感歎) 명하자 감동(감격)하여 찬탄함. 마음에 깊이 느끼어 탄복함. ¶ 놀라운 솜씨에 감탄하지 않는 사람이 없다.

감탄고토(甘呑苦吐) 명하자 〔달면 삼키고 쓰면 뱉는다는 뜻으로〕 '제 비위에 맞으면 좋아하고 틀리면 싫어함'을 이르는 말.

감ː탄^기원설(感歎起源說) 명 언어의 기원이 감탄사에 있다고 하는 학설.

감ː탄-문(感歎文) 명 서술어에 따른 문장 갈래의 한 가지. 말하는 이가 듣는 이를 의식함이 없이 자기의 느낌을 나타낸 문장. 용언의 감탄형 종결 어미로 문장을 끝맺는 형식임. 〔'네가 벌써 고등학생이 되는구나!', '오늘은 달도 참 밝구나!' 따위.〕

감ː탄-법(感歎法)[-뻡] 명 문장에서, 느낌을 감탄형 종결 어미로 나타내는 서술법. 〔'세월이 빨리도 흘러가는구나!' 따위.〕

감ː탄-부(感歎符) 명 〈감탄 부호〉의 준말.

감ː탄^부ː호(感歎符號) 명 ☞느낌표. 준감탄부.

감ː탄-사(感歎詞) 명 ①말하는 이의 놀람·느낌·응답 등을 나타내는 말. 〔아아·아이고·얼씨구·야·예·그래·허허 따위.〕 느낌씨. 간투사(間投詞). 감동사(感動詞). ②감동을 나타내는 말. ¶ 감탄사를 연발하다.

감ː탄-스럽다(感歎-)[-따][~스러우니·~스러워] 형ㅂ 마음속 깊이 느끼어 탄복할 만하다. ¶ 나는 그의 한없는 효성이 감탄스럽다.

감ː탄-형(感歎形) 명 느낌을 나타내는, 용언의 종결 어미. 〔'-구나'·'-도다'·'-로다' 따위.〕 느낌꼴.

감탕 명 ①새를 잡을 때나 나무쪽을 맞붙일 때 쓰는, 갖풀과 송진을 한데 끓여서 만든 풀. ②곤죽같이 된 진흙.

감탕(甘湯) 명 ①엿을 고아 낸 솥을 가시어 낸 단물. ②메주를 쑤어 낸 솥에 남은 진한 물.

감탕-나무(甘湯-) 명 감탕나뭇과의 상록 활엽 교목. 높이 10 m가량. 잎은 길둥근 모양이며 혁질(革質)임. 3~4월에 황록색 꽃이 피며 열매는 둥근 핵과임. 재목이 단단하여 도장·조각 등 세공재로 쓰이며, 껍질에서는 끈끈이를 채취함.

감탕-밭[-받] 명 곤죽같이 된 진흙땅. ＊감탕밭이[-바치]·감탕밭을[-바틀]·감탕밭만[-반-]

감탕-질 명하자 방사(房事)할 때, 여자가 음탕한 몸짓을 하며 울부짖는 짓.

감태(甘苔) 명 ☞김3.

감태기 명 〈감투〉의 속된 말.

감토 명 〈옛〉 감투. ¶ 감토: 小帽(訓蒙中22).

감ː통(感通) 명하자 생각이나 느낌이 상대편에게 통함. ¶ 신령(神靈)의 감통.

감ː퇴(減退)[-퇴/-퉤] 명하자 되자 (체력이나 의욕·기운·세력 따위가) 줄어져 약해짐. ¶ 기력(氣力) 감퇴. ↔증진(增進).

감투 명 ①지난날, 벼슬하는 사람이 머리에 쓰던 것. 〔말총·가죽·헝겊 등으로 만드는데, 탕건과 비슷하되 턱이 없음.〕 ②〈탕건〉의 속된 말. ③〈복주감투〉의 준말. ④벼슬이나 직위를 속되게 이르는 말. 〔한자를 빌려 '甂頭'로 적기도 함.〕

감투(를) 쓰다 관용 '벼슬자리나 높은 직위에 오름'을 속되게 이르는 말.

감ː투(敢鬪) 명하자 (운동 경기나 전투에서) 과감하게 싸움. ¶ 감투 정신. 비감전(敢戰).

감투-거리 명하자 방사(房事) 때, 남자가 아래에 눕고 여자가 위에 엎드리어 하는 짓.

감투-밥 명 그릇 위까지 올라오도록 수북하게 담은 밥.

감ː투-상(敢鬪賞) 명 운동 경기에서, 감투 정신을 발휘하여 자기편이 승리하는 데 크게 기여한 선수에게 주는 상.

감투-싸움 명 벼슬자리를 서로 차지하려고 벌이는 다툼.

감투-쟁이 명 '감투를 쓴 사람'을 얕잡아 일컫는 말.

감투-해파리 명 감투해파릿과의 자포동물. 몸길이 10 cm가량. 몸이 감투 모양인데, 몸 밑에 날개 모양의 돌기가 있음.

감ː-파랗다[-라타][~파라니·~파래] 형ㅎ 감은빛을 띠면서 파랗다. 큰검퍼렇다.

감ː-파르다[~파르니·~파르러] 형러 약간 감은빛을 띠면서 파랗다. 큰검푸르다.

감ː파르잡잡-하다[-짜파-] 형여 감은빛을 띠면서 짙게 파르스름하다. 큰검푸르접접하다.

감ː파르족족-하다[-쪼카-] 형여 감은빛을 띠면서 고르지 않게 파르스름하다. 큰검푸르죽죽하다.

감패(甘霈) 명 때맞추어 흡족하게 내리는 비.

감ː패(感佩) 명하타 감사하여 잊지 않음.

감ː-편 명 침감의 즙에 녹말과 꿀을 넣고 조리어 만든 떡. 시병(柿餠).

감ː편(減便) 명하타 (항공기·열차·버스 따위의) 정기 운항(운행) 횟수를 줄임. ↔증편(增便).

감ː표(減票) 명하자 표를 줄임. ¶ 부정 축재는 감표의 원인이 된다.

감ː표(減標) 명 '빼셈 부호'의 구용어.

감표(監票) 명하자 투표·개표를 감시·감독함.

감표(鑑票) 명하타 표의 진짜와 가짜를 감정함.

감표-인(監票人) 명 투표나 개표에서, 감표의 책임을 맡은 사람.

감풀 명 밀물 때는 보이지 않고 썰물 때만 보이는, 비교적 넓고 평평한 모래톱.

감피(柑皮) 명 밀감이나 감자(柑子)의 껍질. 한방에서 진피(陳皮) 대용으로 쓰며, 대변을 부드럽게 하고 기침과 담(痰)을 다스리는 데 쓰임.

감ː필(減筆) 명 ①하타 한자를 쓸 때, 글자의 획수를 줄여서 쓰는 일. ②수묵화(水墨畫)에서, 사물의 본질을 극도의 생략 수법으로 간결하게 그리는 화법(畫法).

감ᄑᆞᄅᆞ다 형 〈옛〉 감파르다. 감파랗다. ¶ 눉ᄌᆞᄉᆡ 감ᄑᆞᄅᆞ며(月釋2:41).

감ː하(減下) 명하타 되자 ①(분량·수량을) 줄여서 적게 함. ②지난날, 현직 관원의 수를 줄이던 일.

감ː하(感荷) 명하타 입은 은혜를 감사히 여김.

감하(瞰下) 명하타 내려다봄.

감ː-하다(減-) Ⅰ 자여 줄다. 적어지다. Ⅱ 타여 (수량이나 정도 따위를) 줄이다. 덜다. ¶ 1할을 감하다. ↔가하다.

감-하다(鑑-) 타여 〈살펴보다〉의 높임말.

감합(勘合) 명 조선 시대에, 공문서를 발송할 때 그 한쪽 끝을 원부(原簿)에 대고 그 위에 얼러 찍던 도장.

감합(嵌合) 명하타 되자 기계 따위를 조립할 때 잘 맞물리도록 끼워 맞춤.

감항-능력(堪航能力) [-녁] 명 선박이 안전한 항해(航海)를 위하여 인적·물적 준비를 갖추고 있는 능력.

감:행(敢行) 명 하타 되자 (어려움을 무릅쓰고) 과감하게 실행함. 감위(敢爲). ¶ 빙벽 등반을 감행하다.

감:형(減刑) 명 하타 되자 ①형벌을 감하여 가볍게 함. ②대통령의 사면권(赦免權)에 의하여 특정 범죄인의 확정된 형의 일부를 덜어 주는 일.

감:호(減號) 명 '뺄셈 부호'의 구용어.

감호(監護) 명 ①하타 되자 감독하고 보호함. ②〈보호 감호〉의 준말.

감홍(甘汞) 명 약학(藥學)에서, '염화 제일수은'을 흔히 이르는 말.

감홍-로(甘紅露) [-노] 명 ①평양 특산의 소주. 〔내릴 때 지치 뿌리를 꽂고 꿀을 넣어 받은 것으로, 빛이 붉고 맛이 닮.〕 ②소주에 온갖 약재를 넣어 우린 술. 감홍주(甘紅酒).

감홍^전:극(甘汞電極) 명 표준 전극의 한 가지. 유리그릇의 밑에 수은을 넣고, 그 위에 풀처럼 끈적한 감홍을 넣은 다음, 다시 그 위에 포화(飽和)시킨 염화칼륨을 채움. 칼로멜 전극.

감홍-주(甘紅酒) 명 ☞감홍로(甘紅露).

감:화(感化) 명 하자타 되자 남에게서 받는 정신적 영향으로 마음이나 행동이 바람직하게 변화함, 또는 그렇게 남을 변화시킴. ¶ 선생님의 감화를 받다. /불량소년을 덕(德)으로 감화하다.

감:화(鹼化) 명 하자타 되자 ☞비누화.

감:화^교:육(感化教育) 명 불량한 성벽(性癖)의 소년·소녀를, 일정한 시설에 수용하여 감화시켜 선도하는 교육.

감:화-력(感化力) 명 감화하는 힘.

감화문-기(嵌花文器) 명 꽃무늬 따위의 그림 무늬를 새긴 도자기.

감화보금 명 농어나 숭어 같은 생선의 살을 잘게 썬 뒤, 그 위에 양념한 채소를 놓아 말아서 찐 것을, 가로로 토막토막 썰어 놓은 음식.

감:화-원(感化院) 명 보호 처분을 받은 소년·소녀를 수용하여 감화·선도하는 시설.

감:환(感患) 명 상대편을 높이어, 그가 앓는 '감기'를 이르는 말. ¶ 감환은 좀 어떠하신지요?

감:회(感懷) [-회/-훼] 명 ①(지난 일을 회상할 때) 마음에 느끼어 일어나는 회포. ¶ 고향에 온 감회가 깊다. /감회가 새롭다. ②〈감구지회(感舊之懷)〉의 준말.

감:회(憾悔) [-회/-훼] 명 하타 잘못을 한탄하고 뉘우침.

감:획(減畫) [-획/-훽] 명 하타 글자, 특히 한자의 획수를 줄임. ↔가획(加畫).

감:흙 [-흑] 명 (사금광 따위에서 파낸) 금이 섞인 흙. 준감[3]. *감:흙이[-흘기]·감:흙만[-흥-]

감흥(酣興) 명 한껏 즐거워진 흥취.

감:흥(感興) 명 느끼어 일어나는 흥취. ¶ 색다른 감흥이 일다.

감:희(感喜) [-히] 명 하자 고맙게 여기며 기뻐함.

감:희-하다(感喜-) [-히-] 형여 고맙고 기쁘다.

감:-히(敢-) 부 ①두려움(송구함)을 무릅쓰고. ¶ 소인이 죽기를 각오하고 감히 아뢰옵니다. ②《흔히 '어찌'를 앞세우기도 하여》 주제넘게. 분수도 모르게. ¶ 제가 어찌 감히 어른을 속이리까? /뉘 앞이라고 감히 거짓말을 하느냐? ③《주로 '못하다'·'없다'와 함께 쓰이어》 함부로. 만만하게. ¶ 감히 대들지 못하다.

갌돌다 자 〈옛〉 감돌다. ¶ 올흔 녀그로 세볼 갌도숩고(釋譜6:21).

갑(甲) 명 ①십간(十干)의 첫째. ②(십간의 차례로 등급이나 차례를 매길 때) '첫째'를 뜻하는 말. ③〈갑방(甲方)〉의 준말. ④〈갑시(甲時)〉의 준말. ⑤〈갑옷〉의 준말. ⑥〈갑각(甲殼)〉의 준말. ⑦둘 이상의 사람(사물)이 있을 때, 그 하나의 이름에 대신하여 이르는 말. ¶ 이하, 가옥주를 갑, 입주자를 을(乙)이라 칭한다.

갑(匣) Ⅰ명 ①작은 상자. ②형체가 다 만들어진 도자기를 구울 때 담아 넣는 큰 그릇. Ⅱ의 작은 상자를 세는 단위. ¶ 담배 두 갑. /성냥 한 갑.

갑(岬) 명 ☞곶.

갑가(甲家) [-까] 명 문벌이 높은 집안.

갑각(甲殼) [-깍] 명 게·새우 따위의 단단한 껍데기. 준갑.

갑각-류(甲殼類) [-깡뉴] 명 절지동물의 한 강(綱). 몸이 많은 마디로 되어 있고, 대체로 물에서 삶. 아가미로 숨 쉬며, 자라면서 껍데기를 여러 번 벗어서 바꿈. 〔게·가재·새우·거북다리·갯강구 따위.〕

갑각-소(甲殼素) [-깍쏘] 명 갑충·갑각류 따위의 껍데기를 이룬 주성분. 키틴(chitin).

갑각-질(甲殼質) [-깍찔] 명 갑각소로 이루어진 물질.

갑갑궁금-하다 [-깝꿍-] 형여 갑갑하고도 궁금하다.

갑갑-증(-症) [-깝쯩] 명 가슴속이 갑갑한 증세. ¶ 집 안에만 있으니 갑갑증이 나서 견딜 수가 없다.

갑갑-하다 [-까파-] 형여 ①(시원스럽게 트이지 아니하고) 비좁아서 답답하다. ¶ 방은 넓은데 마당이 좀 갑갑한 편이다. ②(옷 따위가) 여유 없이 달라붙거나 압박하여 답답하다. ¶ 옷이 작아서 갑갑하다. ③너무 더디거나 지루하여 견디기 힘들다. ¶ 기다리기가 몹시 갑갑하다. ④(소식·결과 따위를 몰라서) 궁금하다. ¶ 합격했는지 알 수 없어서 갑갑하다. ⑤(속이 언짢거나 체하거나 하여) 배 속이 무겁고 답답하다. ¶ 체증으로 배 속이 갑갑하다. ⑥지능이 모자라서 상대하기에 지겹다. ¶ 그것도 모르다니, 정말 갑갑한 친구로군. **갑갑-히** 부.

갑계(甲契) [-꼐/-께] 명 〈동갑계〉의 준말.

갑골(甲骨) [-꼴] 명 거북의 등딱지와 짐승의 뼈.

갑골(胛骨) [-꼴] 명 〈견갑골〉의 준말.

갑골^문자(甲骨文字) [-꼴-짜] 명 거북의 등딱지나 짐승의 뼈에 새긴, 중국 고대의 상형 문자. 은허 문자(殷墟文字).

갑골-학(甲骨學) [-꼴-] 명 갑골 문자를 연구하는 학문.

갑과(甲科) [-꽈] 명 조선 시대에, 과거의 복시(覆試) 합격자에게 전시(殿試)를 보여, 성적순에 따라 갑·을·병으로 분류하던 중의 첫째 등급. 참을과(乙科)·병과(丙科).

갑근-세(甲勤稅) [-끈쎄] 명 〈갑종 근로 소득세(甲種勤勞所得稅)〉의 준말.

갑남을녀(甲男乙女) [감-려] 명 (신분이나 이름이 특별히 알려지지 아니한) '평범한 보통 사람들'을 일컫는 말. 장삼이사(張三李四). 비필부필부(匹夫匹婦).

갑년(甲年) [감-] 명 예순한 살이 되는 해. 회갑(回甲)이 되는 해.

갑노다 형 〈옛〉 값이 비싸다. ¶ 갑노다:價貴(同文下27).

갑론을박(甲論乙駁) [감노늘-] 명 하자 서로 자기의 주장을 내세워 상대편의 주장을 반박함.

갑리(甲利)[감니][명] 곱쳐서 받는 이자. 갑변(甲邊).
갑문(閘門)[감―][명] 운하나 선거(船渠) 등에서, 선박을 통과시키기 위하여 수위(水位)를 조절하는 장치. 물문.
갑문식^운:하(閘門式運河)[감―][명] 갑문 장치로 수위(水位)를 조절하여 선박을 통행시키는 방식의 운하. 〔파나마 운하 따위.〕
갑문-항(閘門港)[감―][명] 갑문 시설이 되어 있는 항구. 〔인천항 따위.〕
갑반(甲班)[―빤][명] ☞갑족(甲族).
갑방(甲方)[―빵][명] 이십사방위의 하나. 동북동에서 동쪽으로 15도까지의 방위. 인방(寅方)과 묘방(卯方)의 사이. [준]갑(甲). ↔경방(庚方).
갑배(甲褙)[―빼][명][하타] 배접한 종이로 바름.
갑번(甲番)[―뻔][명] 지난날, 두 편이 번갈아 일할 때 먼저 일을 맡던 번. [참]을번(乙番).
갑번(甲燔)[―뻔][명] 지난날, 왕실에 바치려고 특별히 굽던, 특제 버금가는 도자기를 이르던 말.
갑변(甲邊)[―뻔][명] ☞갑리(甲利).
갑병(甲兵)[―뼝][명] 갑옷을 입은 병사. 갑사(甲士). 갑졸.
갑부(甲部)[―뿌][명] ☞경부(經部).
갑부(甲富)[―뿌][명] 첫째가는 큰 부자. 수부(首富). ¶ 한양 갑부. /당대의 갑부.
갑사(甲士)[―싸][명] ①☞갑병(甲兵). ②조선 시대에, 각 고을에서 뽑혀 와 서울의 수비(守備)를 맡던 의흥위(義興衛)의 군사.
갑사(甲紗)[―싸][명] 품질이 좋은, 얇고 성긴 비단.
갑사-댕기(甲紗―)[―싸―][명] 갑사로 만든 댕기.
갑-삼지(甲衫紙)[―쌈―][명] 쌈지를 만드는 데 쓰는 두꺼운 종이.
갑-삼팔(甲三八)[―쌈―][명] 품질이 아주 좋은 삼팔주(三八紬).
갑상(甲狀)[―쌍][명] 갑옷과 같은 형상.
갑상-선(甲狀腺)[―쌍―][명] 내분비샘의 한 가지. 후두(喉頭)의 앞쪽 아랫부분, 기관(氣管)의 양쪽에 있으며, 신진대사에 필요한 호르몬인 티록신을 분비함. 목밑샘.
갑상선-암(甲狀腺癌)[―쌍―][명] 갑상선에 생기는 암.
갑상선-염(甲狀腺炎)[―쌍―념][명] 갑상선에 생기는 염증. 〔후두·상기도의 감염으로 일어남.〕
갑상선-종(甲狀腺腫)[―쌍―][명] 갑상선이 붓는 병.
갑상^연:골(甲狀軟骨)[―쌍년―][명] 후두(喉頭)의 앞쪽 부분과 좌우의 벽(壁)을 이루는, 넓적하고 모난 연골. 후두 결절(喉頭結節).
갑-생초(甲生綃)[―쌩―][명] ☞곡생초(曲生綃).
갑석(―石)[―썩][명] 돌 위에 뚜껑처럼 포개어 얹어 놓은 납작한 돌.
갑술(甲戌)[―쑬][명] 육십갑자의 열한째.
갑시(甲時)[―씨][명] 이십사시(二十四時)의 여섯째 시. 〔상오 4시 30분부터 5시 30분까지의 동안.〕 [준]갑(甲).
갑시다[―씨―][자] 물이나 바람이 갑자기 목구멍으로 들어갈 때, 숨이 막히다. ¶ 바람에 갑시어 얼굴이 붉어졌다.
갑신(甲申)[―씬][명] 육십갑자의 스물한째.
갑신-정변(甲申政變)[―씬―][명] 조선 고종 21(1884.갑신)년에, 김옥균·박영효 등의 개화당이 민씨(閔氏) 일파의 사대당(事大黨)을 물리치고 혁신 정부를 세우기 위해 일으킨 정변.
갑야(甲夜)[명] 하루의 밤을 갑·을·병·정·무의 다섯으로 나눈 첫째 시각. 하오 8시경. 일경(一更). 초경(初更).
갑연(甲宴)[명] 〈회갑연(回甲宴)〉의 준말.
갑엽(甲葉)[명] ☞갑옷미늘.
갑오(甲午)[명] 육십갑자의 서른한째.
갑오-개혁(甲午改革)[명] 조선 고종 31(1894.갑오)년에, 김홍집 등의 개화파(開化派) 정권이 민씨(閔氏) 일파의 사대(事大) 정권을 물리치고 정치 제도를 근대적으로 개혁한 일.
갑오-경장(甲午更張)[명] '갑오개혁'의 구용어.
갑오-혁신(甲午革新)[―씬][명] '갑오개혁'의 구용어.
갑-옷(甲―)[가볻][명] 지난날, 적과 싸울 때 창검이나 화살을 막기 위하여 입던 옷. 〔가죽이나 쇳조각으로 만든 미늘을 거죽에 입힌 옷.〕 갑의(甲衣). 개갑(介甲). 혁갑(革甲). [준]갑(甲).
 * 갑옷이[가보시]·갑옷만[가본―]
갑옷-미늘(甲―)[가본―][명] 갑옷에 입힌, 비늘 모양의 가죽 조각이나 쇳조각. 갑엽(甲葉). [준]미늘.
갑을(甲乙)[명] ①십간(十干)의 이름으로서의 갑(甲)과 을(乙). ②(순서나 우열을 나타낼 때의) 첫째와 둘째. ③(이름을 모르는 사람을 지칭할 때나, 사물을 가정해서 말할 때의) 이 사람 저 사람, 또는 이것저것. ¶ 갑을을 가리지 않고 다 거두어들이다.
갑의(甲衣)[가븨/가비][명] ☞갑옷.
갑-이별(―離別)[감니―][명][하자] 서로 사랑하다가 갑자기 하는 이별.
갑인(甲寅)[명] 육십갑자의 쉰한째.
갑인-자(甲寅字)[명] 조선 세종 16(1434.갑인)년에 만든 구리 활자. 〔이전 것보다 한결 다듬어진 필서체(筆書體)임.〕
갑일(甲日)[명] ①일진(日辰)의 천간(天干)이 갑(甲)으로 된 날. 〔갑자(甲子)·갑술(甲戌) 따위.〕 ②회갑(回甲) 날.
갑자(甲子)[―짜][명] 육십갑자의 첫째.
갑자기[―짜―][부] 별안간. 급히. 뜻하지 아니하게. 불시로. ¶ 갑자기 소나기가 쏟아졌다. /갑자기 배가 아프다. [큰]급자기.
갑자-사화(甲子士禍)[―짜―][명] 조선 연산군(燕山君) 10(1504.갑자)년에 일어난 사화. 〔연산군이 어머니 윤 씨의 폐위(廢位) 사실을 알고, 성종의 후궁들과 왕자, 그리고 김굉필, 윤필상 등 십여 명의 신하를 죽인 사건.〕
갑작(匣作)[―짝][명] 독을 굽는 데 쓰는 갑(匣)을 만드는 공장. 모기작(冒器作).
갑작-스럽다[―짝쓰―따][∼스러우니·∼스러워][형][ㅂ] 매우 급하게 일어났거나 이루어진 느낌이다. ¶ 갑작스러운 죽음. [큰]급작스럽다. **갑작스레**[부].
갑잡-골[―짭꼴][명] 골패로 하는 가보잡기 노름.
갑장(甲仗)[―짱][명] ☞병갑(兵甲).
갑장(甲長)[―짱][명] ☞동갑(同甲).
갑-장지문(←甲障子門)[―짱―][명] 장지문의 덧문으로, 안팎을 아무렇게나 바른 장지.
갑저-창(甲疽瘡)[―쩌―][명] 손톱눈이나 발톱눈이 상하여 곪는 부스럼. 감갑창(嵌甲瘡).
갑절[―쩔][명] 어떤 수나 양을 두 번 합친 것. 배(倍). ¶ 8은 4의 갑절이다. [참]곱절.
갑제(甲第)[―쩨][명] 아주 잘 지은 큰 집.
갑족(甲族)[―쪽][명] 문벌이 좋은 집안. 가계(家系)가 아주 훌륭한 집안. 갑반(甲班).
갑졸(甲卒)[―쫄][명] ☞갑병(甲兵).

갑종(甲種)[-쫑]명 갑·을·병 등으로 차례나 등급을 매길 때, 그 첫째 종류. ¶ 갑종 합격.

갑종^근로^소:득(甲種勤勞所得)[-쫑글-]명 근로의 대가로 받는 소득. 〔봉급·급료·보수·수당·상여금·연금·퇴직금 등과 이와 비슷한 성질의 급여로서, 근로 소득세를 원천 징수(源泉徵收) 하는 근로 소득.〕

갑종^근로^소:득세(甲種勤勞所得稅)[-쫑글-쎄]명 갑종 근로 소득에 대하여 원천 징수(源泉徵收) 하는 세금. 준갑근세(甲勤稅).

갑좌(甲坐)[-쫘]명 (집터나 묏자리 따위가) 갑방(甲方)을 등진 좌향, 또는 그런 자리.

갑좌-경향(甲坐庚向)[-쫘-]명 (집터나 묏자리 따위가) 갑방을 등지고 경방을 향한 좌향.

갑주(甲冑)[-쭈]명 갑옷과 투구.

갑주(甲紬)[-쭈]명 품질이 썩 좋은 명주.

갑주어(甲冑魚)[-쭈-]명 고생대의 데본기에 번성했던 화석 어류. 〔머리와 몸통 부분이 갑옷과 같은 외골격(外骨格)으로 덮였음.〕

갑진(甲辰)[-찐]명 육십갑자의 마흔한째.

갑찰(甲刹)명 으뜸가는 큰 절.

갑창(甲窓)명 (찬바람이나 강한 빛을 막기 위하여) 안팎으로 두껍게 발라, 미닫이 안쪽에 덧끼워 다는 미닫이.

갑철(甲鐵)명 ①물건의 겉에 덮어, 화살이나 탄환을 막는 철판. ②☞병갑(兵甲).

갑철-판(甲鐵板)명 '장갑판'의 구용어.

갑철-함(甲鐵艦)명 '장갑함'의 구용어.

갑충(甲蟲)명 딱정벌레목에 딸린 곤충을 통틀어 이르는 말. 온몸이 딱딱한 껍데기로 덮여 있음. 〔개똥벌레·딱정벌레·풍뎅이 따위.〕 개충(介蟲).

갑판(甲板)명 (군함·기선 따위) 큰 배 위의, 나무나 철판으로 깔아 놓은 넓은 바닥.

갑판-실(甲板室)명 갑판 위에 있는 방들을 통틀어 이르는 말.

갑판-원(甲板員)명 갑판 위의 잡일을 맡아 하는 선원(船員).

갑판-장(甲板長)명 갑판원을 지휘·감독하여 갑판 작업을 책임지고 하는 선원(船員).

갑피(甲皮)명 창을 대지 아니한 구두의 울.

갑피-병(甲皮餠)명 '개피떡'의 잘못.

갑화(-火)명 '도깨비불'의 잘못.

갑회(甲膾)[가푀/가풰]명 소의 내포(內包)로 만든 회.

값[갑]명 ①사고팔기 위하여 정한 금액. 가격. 가액(價額). 금². ¶ 값이 비싸다. /값이 내리다. ②어떤 사물·사실과 바꿀 만한 것. 대가(代價). ¶ 금메달은 피나는 노력이라는 값을 치른 결과다. ③사물(사실)이 지니고 있는 중요성. 가치(價值). 의의. ¶ 그는 참으로 값이 있는 죽음을 택하였소. ④물건을 사고팔 때에 주고받는 돈. 가전(價錢). 대가(代價). ¶ 값을 치르다. /피륙을 팔고 값을 받았다. ⑤수 또는 수량. ¶ 56은 8에 7을 곱한 값이다. /방정식의 값을 구하다. *값이[갑씨]·값만[감-]

값도 모르고 싸다 한다속담 속내도 잘 모르면서 이러니저러니 참견을 하려 든다.

값(을) 놓다관용 (주로, 살 사람이) 값을 정하여 말하다. ¶ 값 놓는 사람만 간혹 있을 뿐이지, 정작 살 사람은 없네.

값(을) 보다관용 사려는 물건의 값을 어림하여 보다. ¶ 값 보아 가며 적당하거든 사 오너라.

값(을) 부르다관용 사거나 팔기에 알맞다고 생각되는 값을 말하다.

값(이) 닿다관용 기대할 만한 값에 이르다. ¶ 값 닿으면 팔겠소.

값-가다[갑까-]자 〈값나가다〉의 준말.

값-나가다[감-]자 값이 많은 액수에 이르다. ¶ 값나가는 물건을 선물로 받다. 준값가다.

값-나다[감-]자 ☞금나다.

값-비싸다[갑삐-]형 ①값이 비싸다. 값이 높다. ¶ 값비싼 냉장고. ↔값싸다. ②(무슨 일의) 뜻이나 값어치가 크다. 또는, 들이는 노력이나 공이 적지 아니하다. ¶ 값비싼 교훈. /값비싼 경험. /값비싼 대가를 치르다.

값-싸다[갑-]형 ①값이 싸다. 헐하다. ¶ 값싼 물건. ↔값비싸다. ②(무슨 일의) 뜻이나 값어치가 적고 보잘것없다. ¶ 값싼 동정. /값싼 눈물.

값싼 갈치자반 (맛만 좋다)속담 값이 싸서 좋을 뿐더러 쓰기에도 괜찮다는 말.

값-어치[가버-]명 일정한 값에 해당하는 분량이나 정도. 가치. ¶ 돈을 받았으면 받은 만큼의 값어치를 해야지. /이 물건은 만 원 값어치는 있다.

값-없다[가법따]형 ①너무 천하거나 흔하여 값어치가 없다. ¶ 허랑방탕하여 값없는 삶을 살아가다. ②너무 훌륭하거나 고귀하여 그 값어치를 헤아릴 수가 없다. ¶ 세상에 하나밖에 없는 값없는 물건. ③보람이나 의의가 없다. ¶ 값없는 일로 시간을 보내다. **값없-이**부.

값-있다[가빋따]형 ①물건 따위가 상당히 가치가 있다. ¶ 시계가 값있어 보인다. ②보람이나 의의가 있다. ¶ 값있는 시간을 보내다.

값-지다[갑찌-]형 ①값이 많이 나갈 만한 가치가 있다. ¶ 값진 보석. /집 안에 값진 것이라고는 하나도 없다. ②어떤 일에 보람이나 의의가 있다. ¶ 값진 희생.

값-하다[가파-]자여 그 값어치에 어울리는 일을 하다. ¶ 은혜에 값하는 행동.

갓¹[갇]명 ①지난날, 어른이 된 남자가 머리에 쓰던, 말총으로 만든 쓰개의 한 가지. 입자(笠子). ②갓 모양으로 된 물건. 〔등이나 전등의 갓 따위.〕 *갓이[가시]·갓만[간-]

갓²[갇]명 십자화과의 이년초. 채소의 한 가지로 줄기 높이 1m가량. 잎은 자줏빛인데 약간 매운맛이 있음. 씨는 겨자씨처럼 쓰나, 매운맛은 겨자씨보다 덜함. *갓이[가시]·갓만[간-]

갓³[갇]명 〈말림갓〉의 준말. *갓이[가시]·갓만[간-]

갓⁴[갇]의 비웃·굴비 같은 것의 열 마리, 또는 고사리·고비 같은 것의 열 모숨을 한 줄로 엮은 것을 셀 때 이르는 단위. ¶ 굴비 한 갓. /고사리 두 갓. *갓이[가시]·갓만[간-]

갓⁵[갇]부 이제 막. 금방. ¶ 갓 태어난 아기. /산지(產地)에서 갓 올라온 신선한 채소.

갓 마흔에 첫 보살(버선)속담 오래 기다리던 일이 뒤늦게 이루어졌을 때 이르는 말.

갓¹명 〈옛〉 아내. ¶ 妻는 가시라(月釋*1:12*).

갓²명 〈옛〉 가죽. ¶ 갓과 솔쾌 보드랍고 믯믯ᄒᆞ야(月釋*2:40*). 참갗.

갓³명 〈옛〉 물건. 것. ¶ 갓 믈:物(訓蒙下*2*).

갓가비부 〈옛〉 가까이. ¶ 王이 맛드러 갓가비 ᄒᆞ거시늘(月釋*2:5*). 참가까비.

갓가ᄉᆞ로부 〈옛〉 가까스로. ¶ 섧고 애완븐 쁘들 머거 갓가ᄉᆞ로 사니노니(釋譜*6:5*).

갓갑다형ㅂ 〈옛〉 가깝다. ¶ 즘승에 갓가오릴씨(小解*1:9*).

갓갓관 〈옛〉 가지가지. 여러 가지. ¶ 샹녜 갓갓 奇妙ᄒᆞᆫ 雜色鳥ㅣ(月釋*7:66*).

갓고로 부 〈옛〉 거꾸로. 반대로. ¶ 邪曲을 信ᄒᆞ야 갓고로 볼씨(月釋9:57).

갓고로디다 자 〈옛〉 거꾸러지다. ¶ 서리엔 半만 모새 蓮이 갓고로뎃도다(杜初9:24).

갓-골[갇꼴] 명 갓을 만드는 데 쓰는 골.

갓골다 자 〈옛〉 거꾸러지다. ¶ 어즈러이 뼷는 긴 소리 갓골고(杜初6:2). 참갓ᄀᆞᆯ다.

갓ː-길[가낄/갇낄] 명 고속도로나 자동차 전용 도로 등의 양쪽 가장자리 부분. ¶ 갓길 운행.

갓-김치[갇낌-] 명 갓의 잎과 줄기로 담근 김치.

갓ᄀᆞ로 부 〈옛〉 거꾸로. ¶ 이 ᄆᆞᅀᆞ멘 오히려 오ᄉᆞᆯ 갓ᄀᆞ로 닙놋다(杜初24:48).

갓ᄀᆞᆯ다 자 〈옛〉 거꾸러지다. 거꾸로 되다. ¶ 衆生ᄋᆡ 닐며 갓ᄀᆞ로ᄆᆞᆯ 므던히 너기고(金三5:48). / 웃 對答ᄋᆞᆫ 갓ᄀᆞᆯ오 이 對答ᄋᆞᆫ 正ᄒᆞ니(楞解4:127).

갓ᄀᆞᆯ오다 타 〈옛〉 거꾸러뜨리다. ¶ 곳다온 酒樽을 갓ᄀᆞᆯ오리로다(杜初21:23).

갓-끈[갇-] 명 갓에 달린 끈. 입영(笠纓).

갓-나무[갇-] 명 의자 뒷다리의 맨 위에 가로질러 댄 나무.

갓나희 명 〈옛〉 계집아이. ¶ 그 갓나희도 양지 ᄀᆞ장고와(飜朴上45).

갓난-것[간-걷] 명 〈갓난아이〉의 속된 말. ＊갓난것이[간-거시]·갓난것만[간-건-]

갓난-아기[간-] 명 '갓난아이'를 귀엽게 이르는 말.

갓난-아이[간-] 명 낳은 지 얼마 되지 아니한 아이. 갓난이. 준갓난애.

갓난-애[간-] 명 〈갓난아이〉의 준말.

갓난-이[간-] 명 갓난아이.

갓대[갇때] 명 볏과의 다년생 목본. 줄기 높이 1~2 m. 잎은 버들잎과 비슷한 모양인데 표면은 광택이 있고 뒷면은 흰빛을 띰. 지리산의 특산종으로, 죽세공 특히 조리를 만드는 데 쓰임.

갓-두루마기[갇뚜-] 명 ①갓과 두루마기. ②하자갓을 쓰고 두루마기를 입음, 또는 그런 차림의 사람.

갓-망건(-網巾)[간-] 명 ①갓과 망건. ②하자갓과 망건을 씀.

갓-머리[간-] 명 한자 부수의 한 가지. '守'·'宋'·'家' 등에서의 '宀'의 이름.

갓모[간-] 명 사기그릇을 만들 때 쓰는 물레의 밑구멍에 끼우는, 자기(瓷器)로 된 고리.

갓-모자(-帽子)[간-] 명 갓양태 위로 불쑥 나온 부분. 준모자(帽子).

갓-무[간-] 명 잎은 갓잎처럼 생기고, 뿌리는 배추 뿌리 비슷한 무의 한 가지.

갓-밝이[갇빨기] 명 날이 막 밝을 무렵. 여명.

갓-방(-房)[갇빵] 명 갓을 만들어 파는 집.

갓-버섯[갇뻐섣] 명 송이과의 버섯. 자루가 긴 우산 모양임. 갓의 표면은 엷은 갈색이며, 줄기는 가늘고 속이 비었는데 아래쪽이 굵음. 늦여름부터 가을에 걸쳐 산과 들에 나는데, 먹을 수 있음. ＊갓버섯이[갇뻐서시]·갓버섯만[갇뻐선-]

갓-벙거지[갇뻥-] 명 〔융복(戎服)을 입을 때 쓰던 것으로〕 갓모자가 벙거지처럼 둥글게 된 갓.

갓붑 명 〈옛〉 가죽으로 만든 북. ¶ 갓붑 소리 쇠붑 소리 바올 소리(釋譜19:14).

갓블 명 〈옛〉 갖풀. ¶ 膠는 갓브리라(月釋21:85).

갓-상자(-箱子)[갇쌍-] 명 갓을 넣는 상자. 갓집.

갓블 명 〈옛〉 갖풀. ¶ 갓블 교:膠(訓蒙中12).

갓-싸개[갇-] 명하타 갓의 겉을 바르는 얇은 모시베, 또는 그것으로 바르는 일.

갓-양[갇냥] 명 〈갓양태〉의 준말.

갓-양태[갇냥-] 명 갓모자가 박힌 둥글넓적하게 된 부분. 입첨(笠檐). 준갓양·양태[1].

갓옷 명 〈옛〉 갖옷. 가죽옷. ¶ 프른 뫼쇠 갓오시로다(杜初22:38).

갓-장이[갇짱-] 명 갓을 만드는 일을 업으로 하는 사람.

갓-쟁이[갇쨍-] 명 '갓 쓴 사람'을 낮추어 일컫는 말.

갓-전(-廛)[갇쩐] 명 갓을 파는 가게.

갓-집[갇찝] 명 ☞갓상자.

갓-창옷(-氅-)[갇-옫] 명 ①갓과 소창옷. ②하자갓을 쓰고 소창옷을 입음. ＊갓창옷이[갇-오시]·갓창옷만[갇-온-]

갓-철대[갇-때] 명 갓양태의 테두리에 두른 테. 준철대.

갓-털[갇-] 명 ①새의 대가리에 난 길고 더부룩한 털. ¶ 꿩이 갓털을 세우고 싸운다. ②씨방의 맨 끝에 붙어 있는 솜털 같은 것. 〔꽃받침이 변해서 된 것으로, 민들레·버들개지 따위에서 볼 수 있음.〕 관모(冠毛).

갔다 타 〈옛〉 깎다. ¶ 머리를 가ᇝ라 ᄒᆞ야시놀(月釋7:8).

강(江) 명 넓고 길게 흐르는 내.

강 건너 불구경 관용 '자기에게 직접 이해관계가 없다 하여 방관함'을 이르는 말.

강(炕) 명 중국의 가옥 구조에서, 우리의 온돌과 비슷한 난방 장치.

강(腔) 명 ①몸 안에서 비어 있는 곳. 〔구강(口腔)·복강(腹腔) 따위.〕 ②옛 악곡에서, 하나의 단락·가락·장단 등을 뜻하는 말. 〔전강(前腔)·후강(後腔) 따위.〕

강(綱) 명 생물 분류상의 한 단계. 문(門)의 아래, 목(目)의 위. 〔척추동물문의 포유강(哺乳綱)·파충강(爬蟲綱) 따위.〕

강(鋼) 명 ☞강철(鋼鐵).

강ː(講) 명하타 ①지난날의 서당식 교육에서, 배운 글을 선생 앞에서 외던 일. ②〈강의〉의 준말.

강- 접두 ①《일부 명사 앞에 붙어》 '억지의', '부자연스러운'의 뜻을 나타냄. ¶ 강주정. /강다짐. ②《일부 명사 앞에 붙어》 '그것만으로 이루어진'의 뜻을 나타냄. ¶ 강보리밥. /강조밥. ③《일부 명사나 형용사 앞에 붙어》 '호된', '심한'의 뜻을 나타냄. ¶ 강마르다. /강추위.

강-(強) 접두 《일부 명사 앞에 붙어》 '매우 센', '무리함을 무릅쓴' 등의 뜻을 나타냄. ¶ 강타자. /강펀치. /강행군.

강-가(江-)[-까] 명 강의 가장자리에 잇닿아 있는 땅. 강반(江畔). 강변.

강ː가(降嫁) 명하자 지체 높은 집의 처녀가 그만 못한 이에게 시집감.

강ː간(強姦) 명하타 폭행·협박 그 밖의 불법 수단으로 부녀의 몸을 빼앗는 일. 강음(強淫). 겁간(劫姦). 겁탈(劫奪). 참화간(和姦).

강ː간(強諫) 명하타 강력하게 간함.

강ː간-죄(強姦罪)[-쬐/-쮀] 명 부녀자를 강간함으로써 성립되는 죄. 〔친고죄(親告罪)임.〕

강강(剛剛) '강강하다'의 어근.

강강-수월래(強羌水越來) 명 '강강술래'의 잘못.

강강-술래 명 전라도 지방에 전해 내려오는 민속춤, 또는 그 노래. 마을 부녀자들이 손을 잡고 원을 그려 돌며 '강강술래'를 부르면서 추는 춤.

강강-하다(剛剛-) 형여 ①성정이나 기력이 굽힘이 없이 꿋꿋하다. ¶ 강강한 기개. ②(겨울의) 날씨가 매우 차다. ③풀기가 너무 세어 빳빳하다. ④목소리가 높고 날카롭다. ¶ 화가 난 누나의 강강한 소리에 동생은 겁에 질려 있었다. **강강-히**부.
강ː개(慷慨) 명하형 (불의나 불법을 보고) 의기가 북받치어 원통하고 슬픔, 또는 그 마음. ¶ 강개를 이기지 못하다.
강ː개-무량(慷慨無量) 명하형 한탄하고 분개함이 끝이 없음.
강ː개지사(慷慨之士) 명 (불의에 대하여) 의분을 느끼어 한탄하고 분개하는 사람.
강건(剛健) '강건(剛健)하다'의 어근.
강건(剛蹇) '강건(剛蹇)하다'의 어근.
강건(剛蹇) '강건(剛蹇)하다'의 어근.
강건(康健) '강건(康健)하다'의 어근.
강건(強健) '강건(強健)하다'의 어근.
강건-체(剛健體) 명 표현의 강유(剛柔)에 따라 나눈 문체의 한 가지. 웅혼(雄渾)·침중(沈重)·호방(豪放)·강직(剛直) 등을 특징으로 하는 남성적 문체. ↔우유체(優柔體).
강건-하다(剛健-) 형여 ①기상이나 기개가 꿋꿋하고 굳세다. ¶ 강건한 성품. ②필력(筆力)이나 문세(文勢)가 강하고 씩씩하다. ¶ 강건한 문체(文體). **강건-히**부.
강건-하다(剛蹇-) 형여 강직하고 입바르다. **강건-히**부.
강건-하다(剛蹇-) 형여 성품이 꿋꿋하여 굽히지 아니하다. ¶ 강건한 성품. **강건-히**부.
강건-하다(康健-) 형여 〔대개 나이 지긋한 윗사람에게 쓰는 말로〕 기력(氣力)이 좋고 몸이 건강하다. ¶ 옥체 강건하신지요? **강건-히**부.
강건-하다(強健-) 형여 몸이 튼튼하고 굳세다. ¶ 강건한 체력. ↔병약(病弱)하다. **강건-히**부.
강견(剛堅) '강견하다'의 어근.
강견(強肩) 명 어깨의 힘이 셈. 〔특히, 야구에서 공을 멀리 그리고 세게 던질 수 있는 어깨를 이르는 말.〕
강견-하다(剛堅-) 형여 굳세고 단단하다. 세고 탄탄하다. **강견-히**부.
강경(剛勁·剛硬) '강경(剛勁)하다'의 어근.
강경(強勁·強硬) 명하형 《일부 명사 앞에 쓰이어》 굳세게 버티어 굽히지 않음. ¶ 강경 대응. /강경 발언. /강경한 주장. **강경-히**부.
강ː경(講經) 명하자 ①지난날, 강경과에 응시한 사람이 시관(試官) 앞에서 경서 가운데의 지정된 몇 구절을 강송(講誦)하던 일. 명경(明經). ②불경(佛經)을 강독함.
강경(疆境) 명 ☞강계(疆界).
강ː경-과(講經科) [-꽈] 명 조선 시대에, 경서(經書)에 통달한 사람을 뽑기 위하여 시행하던 과거. 준강과(講科)·경과(經科).
강ː경-급제(講經及第) [-쩨] 명 강경과(講經科)에 급제하는 일.
강ː경-꾼(講經-) 명 '강경생(講經生)'을 홀하게 일컫는 말.
강ː경-문관(講經文官) 명 강경과에 급제하여 임명된 문관.
강ː경-생(講經生) 명 강경과의 과거를 보는 유생(儒生). 준강생(講生).
강경-책(強勁策) 명 강경한 방책이나 대책. ¶ 범법자는 다 잡아들이겠다는 강경책을 쓰다.
강경-파(強勁派) 명 강경하게 나가자고 주장하는 파. 경파(硬派). ↔온건파(穩健派).
강경-하다(剛勁-·剛硬-) 형여 성품이 단단하고 꿋꿋하다. **강경-히**부.
강ː계(降階) [-계/-게] 명하타되자 벼슬의 품계(品階)를 낮춤. 강자(降資).
강계(疆界) [-계/-게] 명 강토의 경계. 강경(疆境).
강고(強固) '강고하다'의 어근.
강고도리 명 물치의 살을 오이 모양으로 뭉쳐서 말린 식료품.
강고-하다(強固-) 형여 굳세고 단단하다. ↔연약(軟弱)하다. ¶ 결심이 강고하다. **강고-히**부.
강골(強骨) 명 ①굳세고 단단한 기골(氣骨). ②〈강골한〉의 준말. ↔약골.
강골-한(強骨漢) 명 기골이 단단하고 굳센 사나이. 준강골(強骨).
강공(強攻) 명하타 (희생을 무릅쓰고) 적극적으로 공격함.
강공-책(強攻策) 명 적극적 공격으로 나가는 방책. ¶ 소극적인 수비 위주의 경기 운영에서 벗어나 강공책을 쓰다.
강과(剛果) '강과하다'의 어근.
강ː과(講科) 명 〈강경과〉의 준말.
강과-하다(剛果-) 형여 굳세고 과감하다. ¶ 배수진(背水陣)을 친 강과한 결정. **강과-히**부.
강관(鋼管) 명 강철로 된 관(管). 강철관.
강ː관(講官) 명 지난날, 경연(經筵)에서 임금에게 경서를 강론하던 벼슬아치.
강괴(鋼塊) [-괴/-궤] 명 녹인 강철을 거푸집에 부어서 굳힌 덩어리.
강교(江郊) 명 강이 흐르는, 도시의 변두리.
강ː교-점(降交點) [-쩜] 명 행성·위성·혜성이 북에서 남으로 향하여 황도면을 지나는 점. 중교점(中交點). ↔승교점(昇交點).
강구(江口) 명 ①강물이 바다로 흘러 들어가는 어귀. 강어귀. 하구(河口). ¶ 낙동강의 강구. ②나루.
강구(江鷗) 명 강에서 노는 갈매기.
강구(康衢) 명 사방팔방으로 통하는 번화한 큰 거리.
강ː구(強求) 명하타되자 ①(구하기 어려운 것을) 억지로 구함. ②☞강요(強要).
강구(鋼球) 명 강철로 된 알.
강ː구(講求) 명하타되자 조사하여 구함.
강ː구(講究) 명하타되자 알맞은 방법이나 방책을 연구함. ¶ 비상 대책을 강구하다.
강구-연월(康衢煙月) 명 〔번화한 큰 길거리에서 달빛이 연기에 은은하게 비치는 모습을 나타내는 말로〕 태평한 시대의 평화로운 거리 풍경을 이르는 말. ¶ 강구연월 동요 듣던 요임금 성덕이라(烈女春香守節歌).
강국(強國) 명 세력이 강한 나라. 강대국(強大國). 강방(強邦) ↔약국(弱國).
강군(強軍) 명 강한 군대.
강-굴 명 (물을 타지 아니한) 순수한 살만을 모은 굴.
강궁(強弓) 명 ①탄력이 매우 세고 큰 활. ↔연궁(軟弓). ②(활의 세기에서) 탄력이 가장 센 등급의 각궁. 참실궁(實弓).
강ː권(強勸) 명하자타 억지로 권함. ¶ 부모의 강권에 못이겨 법대에 갔다.
강권(強權) [-꿘] 명 ①강한 권력. ②국가가 행사할 수 있는 강력한 권력.
강권^발동(強權發動) [-꿘-똥] 명 (법령이 제대로 시행되지 아니할 때에) 강제적으로 사법권이나 행정권을 행사하는 일.

강권-주의(強權主義) [-꿘-의/-꿘-이] 명 강권으로 모든 일을 처리하려는 주의.
강근지족(強近之族) 명 ☞강근지친.
강근지친(強近之親) 명 (도움을 줄만한) 가까운 일가 친척(親戚). 강근지족.
강기(剛氣) 명 굳센 기상.
강기(強記) 명 오래도록 잘 기억함. 기억력이 뛰어남.
강기(綱紀) 명 법강(法綱)과 풍기(風紀). 나라의 법규와 사회의 도덕. 기강(紀綱). ¶ 나라의 강기를 세우다.
강기-숙정(綱紀肅正) [-쩡] 명하자 법상(法綱)과 풍기를 바로잡음.
강-기슭(江-) [-끼슥] 명 강 양편의 가장자리 땅. 강반(江畔). 강안(江岸). 하안(河岸). ＊강기슭이[-끼슬기]·강기슭만[-끼승-]
강-나루(江-) 명 배가 건너다니는, 강가의 일정한 곳. 강두(江頭). 나루.
강남(江南) 명 ①강의 남쪽. ②(중국의) 양쯔 강(揚子江) 이남 지역. ③(서울의) 한강의 남쪽 지역. ↔강북(江北).
강남-상어(江南-) 명 강남상엇과의 바닷물고기. 몸무게 75 kg 이상. 주로 일본 근해에 분포함. 지느러미는 요리의 재료로 쓰임.
강남조 명 개맨드라미의 씨. 한방에서 '청상자(靑葙子)'라 하여 강장제로 쓰임.
강남-콩(江南-) 명 '강낭콩'의 잘못.
강낭-콩(←江南-) 명 콩과의 일년초. 줄기는 넌출지며, 잎은 세 개의 작은 잎으로 된 겹잎. 여름에 나비 모양의 흰빛 또는 자줏빛 꽃이 피고, 열매는 긴 깍지 속에서 흰빛이나 황갈색, 또는 검은빛으로 익음.
강냉이 명 ☞옥수수.
강녕(康寧) '강녕하다'의 어근.
강녕-하다(康寧-) 형여 〔대개 나이 지긋한 윗사람에게 쓰는 말로〕 몸이 건강하고 마음이 편안하다. ¶ 그동안 할머님께서도 강녕하신지요?
강녕-히 부.
강노(強弩) 명 센 쇠뇌.
강-놈(江-) 명 지난날, 서울 주변의 '강가 마을에 사는 사람'을 얕잡아 일컫던 말.
강ː님-도령 명 무당이 섬기는 신(神)의 한 가지. 〔숭례문을 지은 도편수의 이름이라 함.〕
강다리 Ⅰ 명 ①물건이 넘어지지 아니하도록 어긋맞게 괴는 나무. ②도리 바깥쪽으로 내민 추녀 끝이 처지지 않도록, 추녀 안쪽 위의 끝에 비녀장을 하는 단단한 나무.
Ⅱ 의 쪼갠 장작을 셀 때, 백 개비를 단위로 이르는 말. ¶ 장작 다섯 강다리.
강-다짐 명하타 ①밥을 먹을 때, 술적심이 없이 그냥 먹음. ②까닭 없이 남을 억누르며 꾸짖음. ③품삯도 주지 않고 남을 억눌러 마구 부리는 일. ④억지로 또는 강압적으로 함. ¶ 강다짐으로 한 일이라 무리가 많았다.
강ː단(降壇) 명하자 단(壇)에서 내려옴. 하단(下壇). ↔등단(登壇).
강단(剛斷) 명 ①강기 있게 결단하는 힘. ②어려움을 꿋꿋이 견디어 나가는 힘. ¶ 강단 있게 일을 처리하다.
강ː단(講壇) 명 강의·연설·설교 때 올라서도록 약간 높게 만든 자리.
강단에 서다 관용 교직 생활을 하다.
강단-성(剛斷性) [-썽] 명 강단이 있는 성질.
강단-지다(剛斷-) 형 강단성이 있다.
강달어(江達魚) 명 ☞강달이.
강달-이(江達-) 명 민어과의 바닷물고기. 몸길이 10 cm가량. 눈이 크고 등이 밋밋함. 산란기에는 강을 거슬러 올라감. 서해안에 분포하는데, 어유(魚油)는 눈병에 효험이 있음. 강달어.
강-담 명 흙을 쓰지 않고 돌로만 쌓은 담.
강담(剛膽) 명하형 담력이 강함.
강ː담(講談) 명하자 강의나 강연하는 말투로 이야기함, 또는 그런 이야기.
강담-돔 명 돌돔과의 바닷물고기. 몸길이 40 cm 가량. 몸 전체에 검은 무늬가 배게 덮여 있음. 우리나라 중남부, 특히 울산만에 흔함.
강ː당(講堂) 명 ①학교 등에서 강연·강의·의식 등을 하기 위하여 특별히 마련한 큰 방. ②불교에서, 경(經)·논(論)을 연구·학습하는 곳을 이르는 말.
강-대(江-) 명 지난날, 서울 주변의 '강가에 있는 마을'을 이르던 말.
강대(強大) '강대하다'의 어근.
강대-국(強大國) 명 ☞강국(強國). ↔약소국.
강대-하다(強大-) 형여 조직이나 나라의 세력이 강하고 판도(版圖)가 넓다. ¶ 강대한 나라.
강대-히 부.
강-더위 명 오랫동안 비는 내리지 않고 볕만 내리쬐는 심한 더위. 참강추위.
강도(剛度) 명 쇠붙이 따위가 끊어지지 않고 버티는 힘의 정도.
강도(強度) 명 ①강한 정도. ¶ 빛의 강도. ②☞경도(硬度). ③전장·전류·방사능 따위의 양의 세기.
강ː도(強盜) 명 폭행·협박 등 강제 수단으로 남의 금품을 빼앗는 일, 또는 그러한 도둑.
강ː도(講道) 명하타 ①도(道)를 강설함. ②교리(教理)를 강설함.
강-도끼장이(江-) 명 지난날, 강대에서 뗏목을 젓거나 장작을 패어 주는 일을 업으로 삼던 사람.
강-도래(江-) 명 ①메추리강도래·민강도래 따위를 통틀어 이르는 말. ②강도랫과의 곤충. 몸길이 14~18 mm, 몸빛은 흑갈색인데 머리에 황갈색 무늬가 두 개 있음. 촉각은 앞부분이 흑갈색, 뒷부분이 황색임. 6~7월에 성충이 되며, 유충은 시냇물의 돌 틈에서 사는데, 낚시의 미끼로 쓰임.
강ː도-범(強盜犯) 명 강도질을 한 범인, 또는 그 범죄.
강ː도-사(講道師) 명 개신교에서, 교회를 관리할 권한은 없이 전도에만 종사하는 교직.
강ː도-상(講道床) [-쌍] 명 강도할 때, 책이나 원고를 놓고 보기 위하여 앞에 놓는 상.
강ː독(講讀) 명하타 글을 읽고 그 뜻을 밝힘. ¶ 원서(原書) 강독.
강동-강동 부하자 ①짧은 다리로 자꾸 가볍게 뛰는 모양. ②(침착하지 못하고) 채신없이 경솔하게 행동하는 모양. 큰겅둥겅둥. 센깡똥깡똥.
강동-거리다 자 자꾸 강동강동하다. 강동대다. 큰겅둥거리다. 센깡똥거리다.
강동-대다 자 강동거리다.
강동-하다 형여 (입은 옷이) 아랫도리가 드러날 정도로 짧다. 큰겅둥하다. 센깡똥하다.
강두(江頭) 명 강나루. 나루 근처.
강-둑(江-) [-뚝] 명 강물이 넘치지 않도록 쌓은 둑.
강ː등(降等) 명하자타 되자 등급이나 계급이 내려감, 또는 등급이나 계급을 낮춤. ¶ 사고의 책임을 물어 1계급을 강등하다. 비낙등(落等).
강-똥 명 몹시 된 똥.

강락(康樂) [-낙]명하형 편안하고 즐거움.
강력(強力) '강력하다'의 어근.
강력-범(強力犯) [-녁뻠]명 폭행이나 협박을 수단으로 하는 범죄, 또는 그 범인. 〔살인범·강도범·폭력범 따위.〕 실력범.
강력-분(強力粉) [-녁뿐]명 글루텐의 함량에 따라 나눈 밀가루 종류의 한 가지. 찰기가 강한 밀가루로, 주로 빵이나 국수 따위를 만드는 데 쓰임. 참박력분·중력분.
강력-인견(強力人絹) [-녀긴-]명 비스코스 레이온의 섬유 가운데서 그 강도가 특히 큰 화학 섬유의 한 가지. 타이어 코드·낙하산·벨트·천막 따위를 만드는 데 쓰임.
강력-하다(強力-) [-녀카-]형여 ①힘이 굳세다. ¶ 강력한 발동기. ②(약 따위의) 효과나 작용이 강하다. ¶ 강력한 접착제. /강력한 대책. ③가능성이 크다. ¶ 강력한 우승 후보. ①②**강력-히**부 ¶ 강력히 주장하다.
강렬(強烈) '강렬하다'의 어근.
강렬-비료(強烈肥料) [-녈-]명 효력이 강한 비료. 〔황산암모늄 따위.〕
강렬-하다(強烈-) [-녈-]형여 강하고 세차다. ¶ 강렬한 자극. /강렬한 첫인상. **강렬-히**부.
강ː령(降靈) [-녕]명하자 신(神)의 영(靈)이 인간에게 내림.
강령(綱領) [-녕]명 ①일의 으뜸이 되는 줄거리. ②정당·단체 등에서, 그 기본 목표·정책·운동 규범 등을 정한 것. ¶ 행동 강령.
강ː론(講論) [-논]명하타되자 ①(학술이나 종교 등에 관한) 어떤 문제를 강설(講說)하고 토론함. ②가톨릭에서, '신자에게 교리를 설명하여 가르치는 일'을 이르는 말.
강류(江流) [-뉴]명 강물의 흐름. 하류(河流).
강류-석부전(江流石不轉) [-뉴-뿌-]명 〔강물은 흘러도 돌은 구르지 않는다는 뜻으로〕 '환경의 변화에 함부로 휩쓸리지 아니함'을 비유하여 이르는 말.
강ː류어(降流魚) [-뉴-]명 ☞강하어(降河魚).
강리(江籬) [-니]명 강리과의 홍조류(紅藻類). 높이 30 cm가량. 몸빛은 암적색. 가느다란 실 모양의 수많은 가지가 있으며, 삶으면 녹색으로 변함. 난해(暖海)의 얕은 바다에 나며, 우무를 만들 때 우뭇가사리와 섞어서 씀.
강린(強隣) [-닌]명 강한 이웃 나라.
강ː림(降臨) [-님]명하자 신불(神佛)이 인간 세상에 내려옴. 하림(下臨).
강ː림-절(降臨節) [-님-]명 ☞대림절.
강ː마(講磨·講劘)명하타 학문을 강구하고 지식과 덕성을 연마함. 학문이나 지식을 익힘.
강-마르다 [~마르니·~말라]형르 ①(물기나 윤기가 없이) 바싹 마르다. ¶ 오랜 가뭄으로 강마른 논바닥. ②성미가 부드럽지 못하고 드세다. ¶ 강마른 성미. ③살이 없이 몹시 마르다. ¶ 강마른 얼굴. ③센깡마르다.
강만(江灣)명 강과 만.
강만(岡巒)명 언덕과 산. 구산(丘山).
강ː매(強買)명하타되자 (남의 물건을) 억지로 삼. 늑매(勒買). 억매(抑買).
강ː매(強賣)명하타되자 (남에게 물건을) 억지로 팖. 늑매(勒賣). 억매(抑賣).
강ː멱(降冪)명 '내림차'의 구용어. ↔승멱.
강명(剛明) '강명하다'의 어근.
강ː명(講明)명하타되자 강구(講究)하여 밝힘.
강명-하다(剛明-)형여 성품이 강직하고 두뇌가 명석하다. **강명-히**부.
강-모명 마른논을 호미나 꼬챙이로 파서 심는 모. 참호미모·꼬창모.
강모(剛毛)명 ①포유동물의 털 가운데서 단단하고 빳빳한 털. ②환형동물이나 절지동물에 있는, 털 모양의 빳빳한 돌기. ③식물체에서, 표피 세포가 변하여 생긴, 끝이 뾰족하고 빳빳한 털. 센털2.
강-모래(江-)명 강에서 나는 모래. 강사(江沙).
강-모음(強母音)명 ☞양성 모음. ↔약모음.
강목명 ①광석을 캘 때, 감돌이 나오지 아니하여 소득이 없게 된 작업. ②'소득이 없이 헛물만 켬'을 비유하여 이르는 말.
강목(을) 치다관용 ①광석을 캘 때, 감돌이 나오지 아니하여 헛일만 하다. ②아무 소득이 없이 헛물만 켜다.
강목(綱目)명 사물의 대강(大綱)과 세목(細目).
강ː목(講目)명 불교에서, 강독(講讀)하는 경전의 명목(名目).
강목-수생(剛木水生) [-쑤-]명 ☞간목수생.
강ː무(講武)명하자 ①무예를 강습함. ②조선 시대에, 1년에 서울에서는 네 번, 시골에서는 두 번, 임금의 주관 아래 사냥을 하며 무예를 닦던 행사.
강-물(江-)명 강에 흐르는 물. 강수(江水).
강물도 쓰면 준다속담 많다고 헤프게 쓰지 말고 아껴 쓰라는 말.
강미(強蝆)명 ☞바구미.
강ː미(講米)명 지난날, 글방 선생에게 보수로 주는 곡식을 이르던 말. 공량(貢糧). 학세(學稅). 학채(學債).
강ː밋-돈(講米-) [-미똔/-믿똔]명 지난날, 글방 선생에게 강미 대신으로 내던 돈.
강-바닥(江-) [-빠-]명 강의 밑바닥. ¶ 가뭄으로 강바닥이 드러났다.
강-바람명 (비는 몰아오지 아니하고) 심하게 불어 대는 바람.
강-바람(江-) [-빠-]명 강물 위에서 부는 바람, 또는 강에서 불어오는 바람. 강풍(江風).
강ː박(強迫)명하자타 ①남의 뜻을 무리하게 꺾거나, 자기 뜻에 억지로 따르게 함. ②남에게 해를 끼칠 것 같은 언행으로 공포심을 일으키게 하는 일.
강박(強薄) '강박하다'의 어근.
강ː박-감(強迫感) [-깜]명 마음을 짓누르거나 쫓기는 느낌. ¶ 일류 대학에 들어가야 한다는 강박감에 시달리다.
강ː박^관념(強迫觀念) [-꽌-]명 아무리 떨쳐 버리려 해도 자꾸 마음에 떠오르는 불쾌하거나 불안한 생각. 강박 사고.
강ː박^사고(強迫思考) [-싸-]명 ☞강박 관념.
강ː박^상태(強迫狀態) [-쌍-]명 어떤 불쾌한 생각이 마음속에 박혀 있어, 그것을 생각하지 아니하려고 하면 할수록 더욱 의식에 떠오르는 정신 상태.
강ː박^신경증(強迫神經症) [-씬-쯩]명 신경증의 한 가지. 스스로도 알 수 있는 불합리한 생각이 머리에 떠올라서, 떨쳐 버리려 해도 자꾸 강박 관념에 사로잡히게 되는 증세.
강박-하다(強薄-) [-바카-]형여 강포하고 야박하다. ¶ 인심이 강박하다.
강반(江畔)명 강기슭. 강가.
강-밥명 (국이나 찬이 없이) 맨밥으로 먹는 밥.
강방(強邦)명 ☞강국(強國).
강-밭다 [-받따]형 몹시 야박하고 인색하다.
강변(江邊)명 강가. 하반(河畔).

강ː변(強辯)명하자타 (논리에 어긋나는 것을) 억지 주장을 하거나 굳이 변명함. ¶ 정의를 위하여 한 짓이라고 강변하다.
강변-도로(江邊道路)명 강가로 난 큰길. 준강변로.
강변-로(江邊路)[-노]명 〈강변도로〉의 준말.
강-병(-病)명 꾀병.
강병(剛兵)명 굳센 군사. 강병(強兵).
강병(強兵)명 굳센 병정. 강한 군대. 부병(富兵). 강병(剛兵). ¶ 강병을 물리치다.
강보(襁褓)명 포대기. ¶ 강보에 싸인 아이.
강보-유아(襁褓幼兒)명 아직 포대기에 싸여 자라는 시기에 있는 어린아이.
강-보합(強保合)명 주가 따위의 시세가 약간 상승하여 보합 상태를 유지하는 일. ↔약보합.
강ː복(降服)명하자 복제(服制)에 규정된 복보다 복을 입는 등급이 낮아짐, 또는 그 복(服). 〔양자로 간 아들이나 시집간 딸이 생가 부모에 대하여 입는 복 따위.〕
강ː복(降福)명하자 가톨릭에서, 천주(天主)가 인간에게 복을 내리는 일을 이름.
강복(康福) '강복하다'의 어근.
강복-하다(康福-)[-보카-]형여 건강하고 행복하다.
강북(江北)명 ①강의 북쪽. ②(중국의) 양쯔 강(揚子江) 이북 지역. ③(서울의) 한강의 북쪽 지역. ↔강남(江南).
강분(薑粉)명 생강즙을 가라앉혀 그 앙금을 말린 가루. 양념으로 씀.
강비(糠粃)명 〔겨와 쭉정이라는 뜻에서〕 '거친 음식'을 이르는 말.
강사(江沙)명 ☞강모래.
강ː사(講士)명 강연하는 사람.
강ː사(講師)명 ①학교의 촉탁을 받아 강의를 하는 교원. 〔시간 강사와 전임 강사의 구별이 있음.〕 ②모임에서 강의를 맡은 사람. ③학원(學院)에서 수업을 맡은 사람. ④☞경스승.
강ː사-포(絳紗袍)명 임금이 조하(朝賀) 때 입던 붉은빛의 예복. 홍포(紅袍).
강삭(鋼索)명 여러 가닥의 강철 철사를 꼬아서 만든 굵고 튼튼한 줄. 삭조(索條). 와이어로프.
강삭^철도(鋼索鐵道)[-또]명 ☞케이블카.
강산(江山)명 ①〔강과 산이라는 뜻에서〕 자연의 경치를 이르는 말. ¶ 아름다운 강산. ②☞강토.
강산(強酸)명 전리도(電離度)가 크고, 산(酸)의 특성인 수소 이온을 많이 내는 산. ↔약산(弱酸).
강산지조(江山之助)명 산수의 아름다운 풍경이 사람의 시정(詩情)을 북돋움.
강산-풍월(江山風月)명 자연의 아름다운 풍경.
강살(降殺)명 '강쇄(降殺)'의 잘못.
강삼(江蔘)명 강원도에서 생산되는 인삼.
강상(江上)명 ①강의 위. ②강의 기슭.
강ː상(降霜)명하자 서리가 내림, 또는 내린 그 서리.
강상(綱常)명 삼강(三綱)과 오상(五常). 곧, 사람이 지켜야 할 근본적인 도리. ¶ 강상을 바로잡다. /강상을 지키다.
강ː상(講床)[-쌍]명 절에서, 불경을 강독할 때에 쓰는 책상.
강상-죄인(綱常罪人)[-죄-/-줴-]명 삼강(三綱)과 오상(五常)에 어긋나는 행위를 한 사람.
강상지변(綱常之變)명 삼강(三綱)과 오상(五常)의 도리에 어그러진 변고.
강색(鋼色)명 〈강청색〉의 준말.
강-샘명하자 (부부간이나 서로 사랑하는 이성 사이에서, 상대자가 자기 아닌 다른 이성을 사랑하는 데 대한) 강한 샘. 질투. 투기(妬忌). ¶ 강샘이 나다. /강샘을 부리다. 비샘2.
강ː생(降生)명하자되자 신(神)이 인간으로 태어남. 강세(降世). 강탄(降誕). ¶ 예수 그리스도의 강생.
강ː생(講生)명 〈강경생(講經生)〉의 준말.
강ː생^구속(降生救贖)명 예수 그리스도가 인류 사회에 강생하여, 십자가의 보혈(寶血)로 인류의 죄악을 대속(代贖)함으로써 인류를 구제한 일.
강ː서(講書)명하자 글의 뜻을 강론함.
강ː서-원(講書院)명 〈세손강서원〉의 준말.
강ː석(講席)명 강의·강연·설교 등을 하도록 마련한 자리. 강연(講筵). 강좌(講座).
강ː석(講釋)명하타 글의 뜻을 강론하여 알기 쉽게 풀이함.
강선(腔線·腔綫)명 (탄알이 회전하면서 나가게 하기 위하여) 총신(銃身)이나 포신(砲身) 내면에 나사 모양으로 파 놓은 홈.
강선(鋼船)명 강철로 만든 배.
강선(鋼線)명 강철로 만든 철사.
강선-포(鋼線砲)명 포강(砲腔)에서 발생한 가스의 압력에 견딜 수 있도록, 강철선으로 포신(砲身)을 감은 포(砲).
강ː설(降雪)명하자 눈이 내림, 또는 내린 눈.
강설(強雪)명 세차게 내리는 눈.
강ː설(講說)명하타되자 강론하여 설명함.
강ː설-량(降雪量)명 (일정한 곳에, 일정한 동안) 내린 눈의 분량. 눈을 녹여 측정함. 〔단위는 mm임.〕
강-섬(江-)명 강에 있는 섬.
강성(剛性)명 물체가 외부의 압력에 대하여 그 모양이나 부피가 변하지 아니하고 견디는 성질, 또는 그 정도. 고성(固性).
강성(強性)명 강한 성질. ¶ 강성 발언.
강성(強盛) '강성하다'의 어근.
강ː성(講聲)명 글을 강하는(외는) 소리.
강성-률(剛性率)[-뉼]명 물질의 탄성률(彈性率)의 한 가지. 외부의 압력에 대한 물질의 저항 크기를 수치로 나타낸 것.
강성-하다(強盛-)형여 (세력이) 강하고 왕성하다. ¶ 국력이 강성한 나라.
강성^헌ː법(剛性憲法)[-뻡]명 ☞경성 헌법.
강ː세(降世)명하자되자 ☞강생(降生).
강세(強勢)명 ①강한 세력이나 기세. ②물가나 시세가 올라가는 기세. ¶ 원유가(原油價)가 강세를 보이다. ③㉠한 낱말에서, 어떤 음절의 발음에 특히 힘을 주는 일. ㉡어떤 낱말의 뜻을 더 강하게 하기 위하여 음절이나 음소를 첨가하는 일. ④악센트. ①②↔약세.
강세-어(強勢語)명 ☞힘줌말.
강셩황명 〈옛〉 감국(甘菊). ¶ 강셩황:甘菊花(東醫).
강-소주(-燒酒)명 안주 없이 먹는 소주. ¶ 강소주를 마셨더니 속이 쓰리다.
강-소풍(強素風)명 ☞강쇠바람.
강-속구(強速球)[-꾸]명 야구에서, 투수가 던지는 강하고 빠른 공.
강ː송(強送)명하타되자 강제로 보냄.
강ː송(講誦)명하타되자 글의 뜻을 밝히며 읽음.
강ː쇄(降殺)명하자되자 등급을 깎아내림.
강ː쇠(降衰)[-쇠/-쉐]명하자되자 (국력·문화·체력 따위가) 차차 쇠하여 감.

강쇠-바람[-쇠-/-쉐-]명 초가을에 부는 동풍. 강소풍.

강수(江水)명 강물.

강ː수(降水)명 비·눈 또는 안개·우박 따위로 지상(地上)에 내린 물.

강ː수(講修)명하타되자 연구하여 몸과 마음을 닦음.

강ː수(講授)명하타 강의하여 가르침.

강ː수-량(降水量)명 비·눈·우박 따위가 일정 기간 동안 일정한 곳에 내린 것을 물로 환산(換算)한 총량. 〔단위는 mm임.〕

강-술명 안주 없이 마시는 술. ¶ 생때같은 자식을 잃고 허구한 날 강술을 마셨다.

강ː술(講述)명하타되자 강의하여 설명함.

강습(強襲)명하자타 세차게 습격함. 습격을 강행함. ¶ 적의 진지를 강습하다. /태풍의 강습으로 큰 피해를 입다.

강ː습(講習)명하타 일정 기간, 학문·기예·실무 따위를 배우고 익힘, 또는 그 지도를 하는 일. ¶ 서예 강습.

강ː습-생(講習生)[-쌩]명 강습을 받는 사람.

강ː습-소(講習所)[-쏘]명 강습을 하는 곳.

강ː습-회(講習會)[-스푀/-스풰]명 강습을 하기 위한 모임. ¶ 요리 강습회. /꽃꽂이 강습회.

강ː시(僵屍·殭屍)명 얼어 죽은 송장. 동시(凍屍).
강시(가) 나다관용 날씨가 추워 얼어 죽은 사람이 생기다.

강ː식(強食)명하타 (건강이나 기력을 돕기 위하여) 억지로 먹음.

강ː신(降神)명하자 ①제사 절차의 한 가지. 신이 내리게 한다는 뜻으로, 초헌(初獻)에 앞서 향을 피우고 술을 잔에 따라 모사(茅沙) 위에 붓는 일. ②(기도나 주문으로) 신을 청하여 내리게 함.

강ː신-굿(降神-)[-굳]명하자 ☞내림굿. ＊강ː신굿이[-구시]·강ː신굿만[-군-]

강ː신-론(降神論)[-논]명 육체가 없어진 뒤에도 영혼은 남아, 여러 가지 방법으로 그 존재를 알린다고 하는 설(說). 심령론(心靈論).

강ː신-술(降神術)명 (기도나 주문 등으로) 몸에 신이 내리게 하는 술법.

강심(江心)명 강의 한가운데. 하심(河心).

강심-수(江心水)명 조선 시대에, 한강의 한가운데서 길어다가 대궐에 바치던 물.

강-심장(強心臟)명 (여간 일에는 겁을 먹거나 부끄러워하는 일이 없는) 배짱 좋고 유들유들한 성격, 또는 그런 사람. ¶ 강심장의 사나이.

강심-제(強心劑)명 심장 기능이 병 따위로 쇠약해졌을 때 그 기능을 강하게 하는 데 쓰는 약제. 〔디기탈리스·캠퍼·아드레날린 따위.〕

강아지명 ①개의 새끼. ②어린 자식이나 손자를 귀엽게 이르는 말. ¶ 우리 강아지, 밥은 먹었니?
강아지 똥은 똥이 아닌가속담 다소의 차이는 있을지라도 그 본질은 다를 것이 없다는 말.

강아지-풀명 볏과의 일년초. 높이 30~70 cm. 잎은 가늘고 길며, 여름에 강아지 꼬리 모양의 초록색 꽃이 핌. 구미초(狗尾草)·낭미초(狼尾草).

강악(強惡) '강악하다'의 어근.

강악-하다(強惡-)[-아카-]형여 억세고 악하다.

강안(江岸)명 강기슭. 하안(河岸).

강-알칼리(強alkali)명 강염기(強塩基).

강ː압(降壓)명하타되자 전압을 낮춤. ↔승압(昇壓).

강ː압(強壓)명하타되자 ①강한 힘으로 누름, 또는 그 압력. ②함부로 억누름.

강ː압-설(強壓說)[-썰]명 강자가 약자를 억눌러 강제로 따르게 하는 것이 사회의 한 법칙이라는 설(說).

강ː압-적(強壓的)[-쩍]관명 억눌러 강제로 따르게 하는 (것). ¶ 강압적 수사.

강애(江艾)명 한방에서, '강화도에서 나는 약쑥'을 이르는 말.

강약(強弱)명 ①강함과 약함. ¶ 진동의 강약을 측정하다. ②강자와 약자.

강약부동(強弱不同)[-뿌-]명하형 (두 편의 힘이나 역량이) 강하고 약한 정도가 같지 아니함. ¶ 강약부동이라 서로 상대가 되지 않는다.

강약^부ː호(強弱符號)[-뿌-]명 ☞셈여림표.

강어(江魚)명 강에서 나는 고기.

강-어귀(江-)명 ☞강구(江口).

강역(疆域)명 한 나라의 통치권이 미치는 지역. 참영역(領域).

강ː연(講筵)명 ①☞강석(講席). ②지난날, 임금 앞에서 경서(經書)를 강의하던 일.

강ː연(講演)명하타 ①☞강의(講義). ②일정한 주제로 많은 청중 앞에서 연설을 함, 또는 그 연설.

강연사(強撚絲)명 면이나 양털 따위를 원료로 하여 특별히 많이 꼬아 깔깔하고 딱딱하게 뽑은 실.

강ː연-회(講演會)[-회/-훼]명 강연을 하기 위한 모임.

강염(薑塩)명 한방에서, 강즙(薑汁)에 버무리어 볶은 소금을 약재로 이르는 말. 〔곽란에 쓰임.〕

강-염기(強塩基)[-념-]명 전리도(電離度)가 크고, 같은 농도에서 수산화 이온을 많이 내는 염기. 〔가성 소다 따위.〕 강알칼리.

강옥(鋼玉)명 〈강옥석〉의 준말.

강옥-석(鋼玉石)[-썩]명 육방 정계(六方晶系)의 광물로, 천연의 산화알루미늄. 경도(硬度)가 금강석에 버금감. 붉은 것을 루비, 푸른 것을 사파이어, 녹·황·흑색의 것을 에머리라 하며, 보석으로 또는 정밀 기계의 연마재로 쓰임. 준강옥(鋼玉).

강왕(康旺) '강왕하다'의 어근.

강왕-하다(康旺-)형여 건강하고 기력이 왕성하다. **강왕-히**부.

강ː요(強要)명하자타되자 무리하게 요구함. 강구(強求). ¶ 기부금을 내도록 강요하다.

강요(綱要)명 강령(綱領)이 되는 요점.

강-요주(江瑤珠)명 ①☞꼬막. 살조개. ②☞건강요주(乾江瑤珠).

강용(江茸)명 한방에서, '강원도에서 나는 녹용'을 이르는 말.

강용(剛勇) '강용(剛勇)하다'의 어근.

강용(強勇) '강용(強勇)하다'의 어근.

강용-하다(剛勇-)형여 굳세고 용맹하다.

강용-하다(強勇-)형여 강하고 용맹하다.

강ː우(降雨)명하자 비가 내림, 또는 내린 비.

강ː우-기(降雨期)명 (일 년 중) 비가 많이 내리는 시기.

강ː우-량(降雨量)명 (일정한 곳에, 일정한 동안) 내린 비의 분량. 〔단위는 mm임.〕

강운(江韻)명 〔'강(江)' 자에 딸린 운(韻)이라는 뜻으로, 한시(漢詩)를 지으려면 이러한 글자를 다 외어야 되는 데서〕 '하기 어려운 일'을 비유하여 이르는 말.

강-울음명 억지로 우는 울음.

강ː원(講院)명 불경(佛經)을 학습하거나 연구하는 도량.
강월(江月)명 강물에 비친 달.
강유(剛柔)명 굳셈과 부드러움.
강유-겸전(剛柔兼全)명 굳셈과 부드러움을 아울러 지니고 있음.
강-유전체(強誘電體)[-뉴-]명 전장(電場)을 가하지 아니하여도 자연의 상태로 이미 분극(分極)을 일으키고 표면 상의 전하(電荷)가 일어나는 물질. 〔인산칼륨 따위.〕
강음(強音)명 ①세게 내는 음. ②경음(硬音)과 격음(激音). 〔ㄲ·ㄸ·ㅃ ㅆ·ㅆ·ㅈ·ㅋ·ㅌ·ㅍ 따위.〕
강ː음(強淫)명하타 ☞강간(強姦).
강ː음(強飮)명하타 (술 따위를) 억지로 마심.
강의(剛毅) '강의하다'의 어근.
강ː의(講義)[-의/-이]명하타 학문·기술 따위를 설명하여 가르침. 강연. ¶ 철학 강의. 준강(講).
강ː의-록(講義錄)[-의-/-이-]명 ①강의의 내용을 모아 엮은 책. ②통신 교육용 재료로, 마치 강의실에서 강의하는 것과 같은 내용으로 엮어 낸 교재.
강ː의-실(講義室)[-의-/-이-]명 강의를 하는 방(교실).
강의-하다(剛毅-)[-의-/-이-]형여 강직(剛直)하여 굽힘이 없다. **강의-히**부.
강인(強靭) '강인하다'의 어근.
강ː인(強忍)명하타 억지로 참음.
강인-성(強靭性)[-썽]명 굳세고 질긴 성질. ¶ 고난을 견디어 온 그의 강인성.
강인-하다(強靭-)형여 굳세고 질기다. ¶ 강인한 정신력. **강인-히**부.
강일(剛日)명 일진(日辰)의 천간(天干)이 갑(甲)·병(丙)·무(戊)·경(庚)·임(壬)인 날. 〔양(陽)의 날이라 하여 바깥일은 이날에 하는 것이 좋다고 함.〕 척일(隻日).
강ː잉(降孕)명하자 가톨릭에서, 성자(聖子)가 마리아의 배 속에 잉태됨을 이름.
강ː잉(強仍)명하자 마지못하여 그대로 함. **강잉-히**부 마지못하여. 부득이.
강ː자(降資)명하타되자 ☞강계(降階).
강자(強者)명 힘이나 세력이 강한 사람(생물·집단). ↔약자(弱者).
강-자성(強磁性)명 자장(磁場) 내에서 강하게 자화(磁化)하여, 자장이 없어진 뒤에도 그대로 자성을 띠는 성질.
강자성-체(強磁性體)명 자계에 의하여 강하게 자화되어, 자계를 없애도 자기가 남는 물체.
강ː작(強作)명하타 억지로 함(지음).
강장(強壯)명하형 심신이 튼튼하고 기력이 왕성함. ¶ 강장 식품.
강장(強將)명 강한 장수. 비맹장(猛將).
강장(腔腸)명 자포동물의 체강(體腔). 두 층의 세포층으로 둘러싸인, 주머니 모양의 빈 곳. 〔고등 동물의 체강과 소화관을 겸한 것.〕
강ː장(絳帳)명 ①붉은 빛깔의 휘장. ②〔후한(後漢)의 학자인 마융(馬融)이 붉은 휘장을 둘러 놓고 제자들을 가르쳤다는 데서〕 스승의 자리, 또는 학자의 서재.
강장-강장부하자 짧은 다리를 모으고 가볍게 자꾸 뛰는 모양. ¶ 아이들이 강장강장 뛰며 놀고 있었다. 큰경정경정.
강장-거리다자 자꾸 강장강장하다. 강장대다. 큰경정거리다.
강장-대다자 강장거리다.
강장-동물(腔腸動物)명 '자포동물'의 구용어.
강장-제(強壯劑)명 쇠약한 체질을 좋은 상태로 만들고, 체력을 돕는 약제. 〔소화제·보혈제·자양제 따위.〕
강장지년(強壯之年)명 원기가 한창 왕성한, 삼사십대의 나이.
강재(江材)명 한방에서, '강원도에서 나는 약재'를 이르는 말.
강재(鋼材)명 (공업 제품 따위의 재료로 쓰기 위하여) 판자 모양, 막대 모양, 관 모양 등으로 가공한 강철.
강재(鋼滓)명 강철을 제련할 때에 생기는 광물의 찌꺼기.
강재^반ː성품(鋼材半成品)명 강괴(鋼塊)를 압연하여 일정한 크기로 잘라 놓은 것.
강적(強敵)명 강한 적(상대). 만만찮은 적(상대). 경적(勁敵). ¶ 초반에 강적을 만나다.
강전(強電)명 발전기·전동기·변압기 등 비교적 강한 전류를 다루는 전기 부문을 두루 이르는 말. ↔약전(弱電).
강-전해질(強電解質)명 수용액 중에서 전부 또는 대부분이 이온으로 전리(電離)되는 전해질. 〔소금·염산 따위.〕 ↔약전해질.
강ː-절도(強竊盜)[-또]명 강도와 절도.
강ː점(強占)명하타되자 (남의 영토나 물건 따위를) 강제로 빼앗아 차지함. ¶ 남의 땅을 강점하다.
강점(強點)[-쩜]명 남보다 우세한(유리한) 점. ¶ 어려움에도 흔들리지 않음이 그의 강점이다. ↔약점.
강-점결탄(強粘結炭)명 경도(硬度)가 높고, 황(黃)·인(燐)·회분 따위의 함량이 적은 석탄. 주로, 제철 공업용으로 쓰임.
강정명 ①찹쌀가루에 술을 치고, 끓는 물로 반죽하여 길이 4 cm, 폭 2 cm가량으로 썰어 말린 다음, 기름에 튀겨서 꿀이나 조청을 바르고, 깨·콩가루·잣가루·송홧가루 등을 묻혀 만든 재래식 과자. 한자를 빌려 '羌飣'으로 적기도 함. ②깨·콩·잣 따위를 조청에 버무려 만든 재래식 과자.
강정(江亭)명 강가의 정자.
강ː정(降定)명하타되자 지난날, 무관에 대한 징벌의 한 가지. 벼슬을 낮추어 군역(軍役)을 시키던 일.
강정-밥명 강정을 만들기 위하여 찹쌀을 찐 지에밥.
강정-속[-쏙]명 가루를 묻히기 전의 강정.
강정-제(強精劑)명 (남성의) 정력(精力)을 강하게 하는 약제.
강ː제(強制)명하타되자 본인의 의사를 무시하고 우격으로 따르게 함. ¶ 강제 노역.
강제(鋼製)명 강철로 만든 제품.
강ː제^가격(強制價格)[-까-]명 수요자나 공급자 중의 어느 한쪽이 강제적으로 결정한 가격. 〔공정 가격 따위.〕
강ː제^격리(強制隔離)[-경니]명 전염병의 예방을 목적으로, 환자의 주거의 자유를 제한하여 일반인으로부터 격리시키는 일.
강ː제^경ː매(強制競賣)명 부동산에 대한 강제 집행의 한 가지. 채무자의 부동산을 경매하여, 그 대가를 채권자에 대한 판제(辦濟)에 충당하는 방법.
강ː제^경제(強制經濟)명 국가나 지방 자치 단체가 법적 강제력으로 징수한 세금을 재원(財源)으로 하여 영위하는 경제.

강ː제^공채(強制公債)명 국가의 비상시나 재정 악화의 상황에서, 국가가 강제적으로 모집하는 공채. 교부 공채(交付公債). ↔임의 공채·자유 공채.

강ː제^관리(強制管理)[-괄-]명 부동산에 대한 강제 집행의 한 가지. 법원이 임명한 관리인이 채무자의 부동산을 관리하여 얻은 수익으로 채무를 판제하게 하는 방법.

강ː제-권(強制權)[-뀐]명 강제 수단을 쓰는 행정상의 권리.

강ː제-력(強制力)명 ①강제하는 힘. ②상대가 의무를 이행하지 않을 때 행정청에서 의무를 이행하게 할 수 있는 힘.

강ː제^매ː매(強制賣買)명 법률의 규정이나 행정 처분에 따라 강제적으로 하는 매매.

강ː제^변ː호(強制辯護)명 형사 사건에서, 피고인의 의사와 상관없이, 법원이 직권으로 국선(國選) 변호인을 선정하여 시키는 변호. 필요적 변호.

강ː제^보ː험(強制保險)명 법률 규정에 따라 일정한 사람들에게 의무적으로 가입시키는 보험. 〔의료 보험·자동차 보험 등의 사회 보험이 이에 딸림.〕

강ː제^소각(強制消却)명 회사가, 주주의 의사와 관계없이 일방적으로 행하는 주식의 소각. ↔임의 소각.

강ː제^송ː환(強制送還)명 밀입국자나 범법 외국인을 강제로 특정 국가로 돌려보내는 일.

강ː제^수사(強制搜查)명 강제 처분으로 행하여지는 수사. ↔임의 수사.

강ː제^수용(強制收用)명 ☞공용 수용.

강ː제^수용(強制收容)명 ①환자·광인(狂人)·중독자·부랑인(浮浪人) 등을 일정한 기관에 강제적으로 수용하는 일. ②정치적 반대파나 교전 상대국의 국민을 일정한 구역 안에 수용하는 일.

강ː제^이ː행(強制履行)명 채무자가 자발적으로 채무 판제(辦濟)를 하지 아니할 경우, 채권자의 고소를 받아들인 법원이 강제적으로 채무를 이행하게 하는 일.

강ː제-적(強制的)관명 강제로 하는 (것). ¶ 강제적 제재. /강제적으로 이루어진 계약.

강ː제^절차(強制節次)명 강제 처분에 관한 절차. 〔사람에 대한 구류나 물건에 대한 압수·수색 등의 절차.〕

강ː제^조정(強制調停)명 분쟁 당사자에게 조정에 응해야 할 의무를 지우거나, 쟁의 조정 기관이 작성한 조정안에 따라야 할 의무를 지워, 강제적으로 분쟁 해결을 꾀하는 조정. ↔임의 조정.

강ː제^조합(強制組合)명 국가가 일정한 국민에 대하여 그 설립이나 가입을 강제하는 공공 조합의 한 가지. 〔토지 개량 조합 따위.〕

강ː제^집행(強制執行)[-지팽]명 ①민사 소송법에서, 판결로써 확정한 사법상(私法上)의 청구권을 국가 권력에 의하여 강제적으로 실행시키는 절차. ②행정법에서, 의무의 불이행에 대하여 행정 주체가 권력으로써 강제적으로 그 의무를 이행시키는 일. ㊄집행.

강ː제^징수(強制徵收)명 공법상의 금전 급부 의무가 이행되지 않을 경우, 그것을 강제로 징수하는 행정상의 집행 방법.

강ː제^처ː분(強制處分)명 ①형사 소송 절차에서, 법원이나 수사 기관이 증거 또는 피고인의 보전(保全)을 위하여 소환·구류·압수 등의 강제적인 처분을 하는 일. ②☞집행 처분.

강ː제^추행죄(強制醜行罪)[-쬐/-쮀]명 폭행·협박으로 남에게 추행을 함으로써 성립되는 죄.

강ː제^카르텔(強制Kartell)명 법률로써 그 성립을 강제하는 카르텔.

강ː제^통용력(強制通用力)[-녁]명 법률로 제정한 화폐가, 유통 수단으로서 통용될 수 있는 힘. 〔우리나라의 경우, 지급 수단으로서 한국은행권을 사용하며, 수취인은 그것을 거절할 수 없음.〕

강ː제^통화(強制通貨)명 금(金)의 태환(兌換) 준비가 없거나, 표기된 만큼의 실제 가치가 없으면서, 국가에 의하여 강제 통용력을 가지게 된 통화.

강ː조(強調)명하자타되자 ①어떤 부분을 특별히 힘주어 주장함. ¶ 평화적인 통일을 강조하다. ②음악이나 그림 등에서, 어떤 부분을 특히 두드러지게 표현함. ¶ 명암(明暗)을 강조하다.

강-조밥명 좁쌀로만 지은 밥.

강ː조-법(強調法)[-뻡]명 수사법의 한 가지. 표현하려는 내용을 강하고 뚜렷하게 나타내어 읽는 이에게 뚜렷한 인상이 느껴지게 하는 표현 방법. 〔과장법·반복법·영탄법 등이 이에 딸림.〕

강졸(強卒)명 강한 병졸. ↔약졸(弱卒).

강ː종(強從)명하자 마지못하여 따름.

강ː좌(講座)명 ①대학에서, 각 교수가 맡아 강의하는 학과목. ②일정한 주제에 따른 강의 형식을 취하여, 체계적으로 편성한 강습회나 출판물·방송 따위. ¶ 동호인들을 위한 꽃꽂이 강좌. ③☞강석(講席).

강주(強酒)명 독한 술.

강주(薑酒)명 생강주.

강-주정(-酒酊)명하자 일부러 술에 취한 체하며 부리는 주정. 건주정(乾酒酊).

강죽(糠粥)명 ☞겨죽.

강-줄기(江-)[-쭐-]명 강물이 뻗어 흐르는 선. ¶ 굽이굽이 흘러가는 강줄기.

강중(江中)명 ①강의 가운데. ②강물 속.

강중-강중부하자 짧은 다리를 모으고 자꾸 위로 솟구어 뛰면서 가는 모양. ㊀겅중겅중.

강중-거리다자 자꾸 강중강중하다. 강중대다. ㊀겅중거리다.

강중-대다자 강중거리다.

강중-증(強中症)[-쯩]명 한방에서, 지나친 성교(性交)나 광물성 약제의 중독 등으로 말미암아 몸이 여위고, 오줌이 걸어지며, 가끔 정액(精液)이 저절로 흘러나오는 병증을 이르는 말.

강즙(薑汁)명 생강즙.

강ː지(降旨)명하자되자 교지(敎旨)를 내림.

강지(剛志)명 굳센 의지.

강직(江直)명 강원도에서 생산되는 직삼(直蔘).

강ː직(降職)명하자타되자 직위를 낮춤. 직위가 낮아짐. ↔승직(昇職).

강직(剛直) '강직하다'의 어근.

강직(強直)명 관절의 움직임이나 근육이 뻣뻣해지는 일. 경직(硬直).

강직성^경련(強直性痙攣)[-썽-년]명 오랜 시간 동안 계속되는 심한 경련. 〔간질이나 파상풍 등에서 볼 수 있음.〕

강직-하다(剛直-)[-지카-]형여 굳세고 꼿꼿하다. 항직(伉直)하다. ¶ 청렴하고 강직한 인물. **강직-히**부.

강진(強陣)명 튼튼한 진지.

강진(強震)명 ①강한 지진. ②진도 5의 지진. 벽이 갈라지고, 비석 등이 넘어지며, 돌담이 무너질 정도의 지진.
강진-계(強震計)[-계/-게]명 지진동(地震動)의 폭이 큰 진동을 기록할 수 있도록 특별히 설계하여 만든 지진계.
강집(薑什)명 '강즙'의 잘못.
강짜명하자 〈강샘〉의 속된 말. ¶ 강짜를 부리다.
강ː착(降着)명하자되자 비행기나 비행체가 착륙함.
강-참숯[-숟]명 다른 나무의 숯이 조금도 섞이지 아니한 참숯. *강참숯이[-수시]·강참숯만[-순-]
강천(江天)명 강물과 하늘이 맞닿아 보이는 어름.
강철(鋼鐵)명 ①무쇠를 열처리하여 강도(強度)와 인성(韌性)을 높인 쇠. 〔무쇠보다 탄소량이 훨씬 적음.〕 강(鋼). 철강(鐵鋼). ②'심신이 단단하고 굳셈'을 비유하여 이르는 말. ¶ 강철 같은 투지.
강철-관(鋼鐵管)명 ☞강관(鋼管).
강철-봉(鋼鐵棒)명 강철 막대기.
강철-사(鋼鐵絲)[-싸]명 ☞강철선.
강철-선(鋼鐵線)[-썬]명 강철로 만든 철사. 강철사(鋼鐵絲).
강철-이(強鐵-)명 지나가기만 하면 초목이 다 말라 죽는다는 상상(想像)의 용.
강철이 간 데는 가을도 봄(이라)속담 '운이 나빠 하는 일마다 실패를 거듭함'을 이르는 말.
강철-차(鋼鐵車)명 강철로 만든 차량.
강철-판(鋼鐵板)명 강철로 만든 철판. 강판(鋼板).
강ː청(強請)명하타 무리하게 청함.
강청-색(鋼青色)명 강철색과 같은 검푸른 색. 준강색(鋼色).
강체(剛體)명 어떠한 힘을 가하여도 그 모양이나 부피가 변하지 아니하는 가상(假想)의 고체.
강체^역학(剛體力學)[-여칵]명 강체에 작용하는 힘과 그 운동과의 관계를 연구하는 역학(力學)의 한 부문.
강체^진ː자(剛體振子)명 ☞복진자(複振子).
강촌(江村)명 강가의 마을.
강촌-별곡(江村別曲)명 조선 선조 때 차천로(車天輅)가 지은 가사. 자연 속에서의 한가로운 생활을 노래한 내용. 〔'청구영언(青丘永言)'에 실려 전함.〕
강-추위명 눈도 오지 않고 바람도 불지 않으면서 몹시 매운 추위.
강-추위(強-)명 눈이 오고 매운바람이 부는 심한 추위.
강충이명 줄강충잇과의 곤충을 통틀어 이르는 말. 몸길이 6~7 mm. 몸빛은 대체로 담황색임. 매미와 비슷하며 볏과 곡식의 진을 빨아 먹는 해충임.
강ː취(強取)명하타되자 ☞강탈(強奪).
강치명 강칫과의 바다짐승. 수컷의 몸길이는 3 m가량이고, 암컷은 조금 작음. 몸빛은 흑갈색이나 배와 가슴은 연한 갈색임. 물고기·오징어·낙지 따위를 잡아먹음. 태평양 서남 근해에 분포함. 해려(海驢). 해룡(海龍).
강타(強打)명하타 ①세게 침. ¶ 도전자가 챔피언의 턱을 강타하다. ②큰 타격을 끼침. ¶ 태풍이 남해안을 강타하다. ③야구·배구 등에서, 타자나 공격수가 공을 세게 침. ¶ 직구를 강타하다.
강-타자(強打者)명 〔야구에서〕 ①장타를 잘 치는 선수. 슬러거. ②타율이 높은 타자.
강ː탄(降誕)명하자되자 거룩한 분이 태어남. 강생(降生). 탄강(誕降).
강ː탄-일(降誕日)명 거룩한 분이 태어난 날.
강ː탄-절(降誕節)명 부처님 오신 날.
강ː탄-제(降誕祭)명 ①거룩한 분의 생일을 축하하는 잔치. ②☞크리스마스.
강ː탈(強奪)명하타되자 남의 것을 강제로 빼앗음. 강취(強取). 늑탈(勒奪).
강태(江太)명 강원도 앞바다에서 잡히는 명태.
강-태공(姜太公)명 '낚시질을 유난히 좋아하는 사람'을 비유하여 이르는 말. 〔태공망(太公望)의 고사에서 유래함.〕
강태공이 세월 낚듯 한다속담 '어떤 일을 매우 느리게 함'을 비유하여 이르는 말.
강토(疆土)명 나라의 영토. 국경 안에 있는 땅. 강산(江山). 경토(境土).
강파(江波)명 강물의 물결.
강파르다[강파르니·강팔라]형르 ①몸에 살이 적고 파리하다. ②성미가 깔깔하다. ¶ 강파른 성미. ③☞가파르다.
강파리-하다형여 (몸이나 성미 따위가) 강파른 듯하다.
강ː판(降板)명하자되자 야구에서, 투수가 상대 타자들에게 맹타를 당하거나 하여 경기 도중에 투수판에서 내려오는 일. ↔등판(登板).
강판(鋼板)명 ①☞강철판. ②☞줄판.
강판(鋼版)명 강철판에 새긴 인쇄용 요판(凹版).
강판(薑板)명 생강·과일·무의 즙(汁)을 내거나 잘게 가는 데 쓰는 부엌용 기구.
강팔-지다형 성미가 까다롭고 고집이 세며 너그럽지 못하다.
강퍅(剛愎) '강퍅하다'의 어근.
강퍅-하다(剛愎-)[-퍄카-]형여 성미가 깔깔하고 고집이 세다. **강퍅-히**부.
강ː평(講評)명하타 ①강습·실습·훈련 따위가 끝난 뒤, 그 성과를 강론하고 비평함, 또는 그 비평. ②문예 작품이나 연기·연출 등을 심사자가 총괄하여 비평함, 또는 그 비평.
강포(江布)명 강원도에서 나는 베.
강포(強暴) '강포하다'의 어근.
강포-하다(強暴-)형여 우악스럽고 포악하다. ¶ 강포한 행동. **강포-히**부.
강폭(江幅)명 강의 너비.
강-풀명 물을 타서 개지 아니한 풀. 된풀.
강풀(을) 치다관용 풀을 먹인 위에 또 된풀을 칠하다.
강풍(江風)명 강바람.
강풍(強風)명 ①세차게 부는 바람. ②☞센바람.
강-피명 피의 한 가지. 가시랭이가 없고 빛깔이 붉음.
강피-밥명 강피쌀로 지은 밥.
강피-쌀명 강피의 껍질을 벗기어 낸 쌀.
강피-죽(-粥)명 강피쌀로 쑨 죽.
강필(鋼筆)명 ☞가막부리.
강하(江河)명 ①강과 큰 내. ②중국에서, '양쯔강(揚子江)'과 '황허 강(黃河江)'을 아울러 이르는 말.
강ː하(降下)명하자타되자 ①위에서 아래로 내림, 또는 내려감. 높은 데서 낮은 데로 내려감, 또는 내려옴. ¶ 비행기가 강하하다. ②공중에서 아래로 뛰어내림. ¶ 낙하산 강하 훈련. ③(기온 따위가) 내려감. 하강(下降). ¶ 기온이 강하하다.

강-하다(剛-)형여 ①(지조 따위가) 굳다. ¶ 겉보기보다 성격이 강한 편이다. ②(물질 따위가) 억세고 단단하다. ↔유(柔)하다.
강-하다(強-)형여 ①힘이 세다. 세력이 크다. ¶ 체력이 강하다./상대가 우리보다 강하다. ②튼튼하다. ¶ 몸이 강하다. ③의지 따위가 굳세다. ¶ 강한 정신력. ④잘하다. ¶ 접근전에 강하다. ⑤견디는 힘이 크다. ¶ 더위에 강하다. ↔약(弱)하다.
강ː하어(降河魚)명 민물에서 살다가 알을 낳을 때 바다로 내려가는 물고기를 통틀어 이르는 말. 바다에서 깬 새끼는 다시 강으로 올라옴. 〔뱀장어·숭어 따위.〕 강류어. ↔소하어(溯河魚).
강ː학(講學)명하자 (사제나 동배들이 모여) 학문을 닦고 연구함.
강한(強悍) '강한하다'의 어근.
강한-하다(強悍-)형여 성품이 매우 굳세고 강하다. 강한-히부
강항(江港)명 강가 또는 강어귀에 있는 항구. 하항(河港).
강항(強項) '강항하다'의 어근.
강항-령(強項令)[-녕]명 〔올곧은 현령(縣令)이란 뜻으로〕 '올곧은 사람'을 일컫는 말. 목곧이.
강항-하다(強項-)형여 올곧아 여간하여서는 굽힘이 없다.
강해(江海)명 강과 바다. 하해(河海).
강ː해(講解)명하타되자 (문장·학설 따위를) 강론하여 해석함, 또는 그 해석.
강ː행(強行)명하타되자 ①힘들거나 어려움을 무릅쓰고 실행함. ¶ 국토 종단을 강행하다./혹한에도 행사를 강행하다. ②강제로 시행함. 억지로 함. ¶ 무허가 건물의 철거를 강행하다.
강ː-행군(強行軍)명하자 ①무리함을 무릅쓰고 하는 먼 거리의 행군. ②'어떤 일을 기일 안에 기어이 끝내려고 무리하게 함'을 비유하여 이르는 말.
강ː행^규정(強行規定)명 당사자의 의사를 불문하고 강제적으로 시행할 수 있는 법의 규정. 〔헌법·형법 따위의 규정.〕 ↔임의 규정(任意規定).
강ː행-법(強行法)[-뻡]명 (헌법·형법 등과 같이) 공익(公益)을 위하여 절대 복종을 요구하는 법규. 강행 법규. ↔임의법(任意法).
강ː행^법규(強行法規)[-뀨]명 ☞강행법. ↔임의 법규(任意法規).
강혈(腔血)명 몸 안에 들어 있는 피.
강호(江湖)명 〔강과 호수라는 뜻에서〕 ①은자(隱者)나 시인 등이 현실을 도피하여 지내던 자연이나 시골. ¶ 강호에 묻혀 살다. ②세상. 일반 사회. 호해(湖海). ¶ 강호 제현(諸賢).
강호(強豪)명 굳세고 강함. 세력(실력)이 뛰어남, 또는 그런 사람(집단). ¶ 세계 강호들과 실력을 겨루다.
강호-가(江湖歌)명 속세를 떠나 자연에 묻혀 사는 삶을 읊은 시조나 가사.
강호-객(江湖客)명 '각처를 방랑하는 사람'을 풍류스럽게 일컫는 말.
강-호령(-號令)명하자 까닭 없이 하는 호령. 함부로 지르는 호령. 생호령.
강호리명 ☞강활(羌活).
강호-사시가(江湖四時歌)명 조선 세종 때 맹사성(孟思誠)이 지은 연시조. 모두 4수로, 강호의 생활을 네 절기로 나누어 읊은 내용. 사시한정가(四時閑情歌).
강호-연군가(江湖戀君歌)명 조선 선조 때 장경세(張經世)가 지은 연시조. 모두 12수로, 전(前) 6수는 임금을, 후(後) 6수는 성현(聖賢)을 경모(敬慕)하는 내용.
강호-연파(江湖煙波)명 ①강이나 호수 위에 안개처럼 보얗게 이는 기운, 또는 그 수면의 잔물결. ②자연의 풍경.
강호지락(江湖之樂)명 자연을 벗 삼아 살아가는 즐거움.
강호지인(江湖之人)명 벼슬하지 아니하고 은거하는 사람.
강ː혼(降婚)명하자 지체가 높은 집이 지체가 낮은 집과 하는 혼인. 낙혼(落婚). ↔앙혼(仰婚).
강ː화(降火)명하자 한방에서, 몸 안의 화기(火氣)를 약을 써서 풀어 내리는 요법.
강ː화(降話)명 천도교에서, '한울님이 세상 사람들에게 내리는 말씀'을 이르는 말.
강화(強化)명하타되자 모자라는 점을 보완하여 이제까지보다 더 튼튼하게 함, 또는 튼튼하여짐. ¶ 군사력을 강화하다. ↔약화(弱化).
강화(強火)명 불길이 센 불.
강ː화(講和)명하자 서로 전쟁 상태에 있던 나라가 전투를 중지하고, 조약을 맺어 평화로운 상태로 되돌아가는 일. 구화(媾和). ¶ 강화 협상.
강ː화(講話)명하타 (어떤 주제의 내용에 대하여) 강의하듯이 쉽게 풀어서 이야기함, 또는 그 이야기. ¶ 문장 강화.
강ː화^담판(講和談判)명하자 전쟁 상태에 있던 나라끼리 서로 강화하기 위하여 담판함, 또는 그 담판.
강화도^조약(江華島條約)명 운요호(雲揚號) 사건을 계기로, 조선 고종 13(1876)년에 우리나라와 일본 사이에 맺어진 12개 항목의 조약. 〔일본의 강압으로 맺어진 불평등 조약임.〕 병자수호조규. 병자수호조약.
강화-목(強化木)명 베니어합판에 베이클라이트액(液)을 침투시켜 가열한 뒤, 수천 톤의 무거운 압력을 가하여 만든 목재(木材). 가벼우면서 단단하여 정밀 기계 부품 따위에 쓰임.
강화-미(強化米)명 인조미의 한 가지. 비타민이나 무기질 따위를 첨가하여 영양가를 높인 쌀.
강화-식품(強化食品)명 칼슘이나 비타민 따위의 영양소를 인공적으로 첨가하여 영양가를 높인 식품.
강화^유리(強化琉璃)명 판유리를 연화(軟化) 온도인 500~600℃로 가열한 뒤 급히 식혀, 충격이나 급격한 온도 변화에 대한 강도를 높인 유리.
강ː화^조약(講和條約)명 전쟁 상태에 있던 나라끼리 전쟁의 종료와 평화의 회복을 선언하며, 포로의 인도, 영토의 할양, 배상금 지급 등의 강화 조건을 내용으로 체결하는 조약.
강ː화^회ː의(講和會議)[-회의/-훼이]명 전쟁 상태에 있던 나라끼리 강화 조약을 맺기 위하여 당사국의 전권 대사가 모여서 여는 회의.
강활(羌活)명 ①산형과의 다년초. 산골짜기에 절로 나는데, 줄기 높이 2 m가량. 잎이 멧미나리 비슷하며, 8~9월에 흰 꽃이 피고, 날개가 있는 길둥근 열매를 맺음. 뿌리는 도라지와 비슷함. 강호리. ②한방에서, '강활의 뿌리'를 약재로 이르는 말.
강활-채(羌活菜)명 강활의 순을 데치어 소금과 기름으로 무친 나물.
강황(薑黃)명 ①생강과의 다년초. 높이 1 m가량. 늦은 봄에 싹이 트면서 15~20 cm의 꽃줄기가 나오고, 약간 불그스름한 흰빛의 꽃이 이삭 모양으로 핌. ②한방에서, '강황의 뿌리줄기'를 약재로 이르는 말.

강황-지(薑黃紙)명 강황의 뿌리줄기를 말려서 만든 종이. 알칼리를 만나면 붉은 갈색으로 변하므로 화학 실험용 시험지로 쓰임.

강-회(-膾)[-회/-훼]명 미나리나 파를 데쳐서 상투 모양으로 감아 초고추장에 찍어 먹는 회.

강회(剛灰)[-회/-훼]명 ☞생석회(生石灰).

강ː회(講會)[-회/-훼]명 불교에서, 신도들이 모여서 여는 법회(法會).

강희-자전(康熙字典)[-히-]명 중국 청(淸)나라 제4대 성조(聖祖)가, 장옥서(張玉書)·진정경(陳廷敬) 등에 명하여 만들게 한 자전. 〔강희 55(1716)년 간행. 총 4만 9030자 수록. 42권.〕

갖명 〈옛〉가지[1]. ¶ 즘겟 가재 연ᄌᆞ니(龍歌7章).

갖가지[갇까-]명 〈가지가지[1]〉의 준말. 각가지. ¶ 갖가지 음식. /갖가지를 다 준비하다.

갖-갖[갇깓]명 〈가지가지[1]〉의 준말.

갖다[1][갇따]타 〈가지다[1]〉의 준말. ¶ 새로운 직업을 갖다. /손에 갖고 있는 것이 무엇이냐?

갖다[2][갇따]준 '가지어다가'가 줄어든 말. ¶ 갖다 맞추어 보다.

갖-두루마기[갇뚜-]명 짐승의 털가죽으로 안을 댄 두루마기.

갖-바치[갇빠-]명 지난날, 가죽신을 만드는 일을 업으로 삼던 사람.

갖바치 내일 모레속담 '약속한 날짜를 자꾸 미룸'을 이르는 말.

갖-신[갇씬]명 가죽신.

갖-옷[가돋]명 가죽이나 털가죽으로 지은 옷. 모의(毛衣). ＊갖옷이[가도시]·갖옷만[가돈-]

갖은관 고루 다 갖춘. 온갖. 가지가지의. ¶ 갖은 심부름. /갖은 고생.

갖은 황아다〔**황아라**〕속담 〔여러 가지를 다 갖추어 가지고 다니는 황아장수라는 뜻으로〕'나쁜 성격이나 질병 따위를 많이 지녔음'을 이르는 말.

갖은-것[-걷]명 고루고루 다 갖춘 것. 온갖 것. ＊갖은것이[-거시]·갖은것만[-건-]

갖은-그림씨명 ☞완전 형용사. ↔안갖은그림씨.

갖은-남움직씨명 ☞완전 타동사. ↔안갖은남움직씨.

갖은돼지시-변(-豸邊)명 한자 부수의 한 가지. '豺'·'豹' 등에서의 '豸'의 이름.

갖은-등글월문(-攴)명 한자 부수의 한 가지. '段'·'殺'·'殿' 등에서의 '殳'의 이름.

갖은-떡명 격식과 모양을 갖추어 잘 만든 산병(散餠).

갖은-삼거리(-三-)명 말안장에 꾸민 가슴걸이와 그에 딸린 물건. 준삼거리.

갖은-색떡(-色-)명 갖가지 물건의 모양을 만들어 붙인 색떡. ↔민색떡.

갖은-소리명 ①온갖 말. ¶ 갖은소리를 다 해 가며 보채는 아이를 달래다. ②가즈러운 말. 고루고루 다 갖추고 있는 체하는 말. ¶ 빌려 쓰는 주제에 무슨 갖은소리냐?

갖은-움직씨명 ☞완전 동사. ↔안갖은움직씨.

갖은-자(-字)명 한자에서, 흔히 쓰이는 글자보다 획이 더 많고 구성을 달리한 글자를 이르는 말. 〔'一'에 대한 '壹', '三'에 대한 '參' 따위.〕

갖은-제움직씨명 ☞완전 자동사. ↔안갖은제움직씨.

갖은-책받침(←-辵-)[-빧-]명 한자 부수의 한 가지. 책받침 '辶'의 갖은자인 '辵'의 이름.

갖은-폿집(-包-)[-포찝/-폳찝]명 재래식 한옥에서, 공포(栱包)를 여러 겹으로 받친 집.

갖-저고리[갇쩌-]명 짐승의 털가죽으로 안을 대어 지은 저고리.

갖추[갇-]부 갖게. 고루고루 다 갖추어. 빠짐없이 갖추어. ¶ 음식을 갖추 장만하다.

갖추-갖추[갇-갇-]부 여럿이 모두 있는 대로. ¶ 혼수를 갖추갖추 다 준비하다.

갖추다[갇-]타 ①(필요한 것들을) 고루고루 지니거나 차려 가지다. ¶ 예복을 갖추어 입다. /회원의 자격을 갖춘 사람. /제물(祭物)을 갖추어 차려 놓다. ②자세를 바로잡다. ¶ 자세를 갖추다.

갖추-쓰다[갇-][~쓰니·~써]타 한자(漢字)를 쓸 때, 약자(略字)로 쓰지 않고 정자(正字)로 쓰다.

갖춘-꽃[갇-꼳]명 꽃받침·꽃부리·암수의 꽃술을 두루 갖춘 꽃. 〔벚꽃·무궁화 따위.〕 완전화(完全花). ↔안갖춘꽃. ＊갖춘꽃이[갇-꼬치]·갖춘꽃만[갇-꼰-]

갖춘-마디[갇-]명 첫 마디에서 끝 마디까지 정해진 박자 수가 모두 들어 있는 마디. ↔못갖춘마디.

갖춘-잎[갇-닙]명 잎몸·잎자루·턱잎의 세 가지를 두루 갖춘 잎. 〔벚꽃·제비꽃 따위.〕 완전엽(完全葉). ↔안갖춘잎. ＊갖춘잎이[갇-니피]·갖춘잎만[갇-님-]

갖-풀[갇-]명 쇠가죽을 진하게 고아서 식혀 굳힌 것. 목재를 붙이는 접착제로 쓰임. 아교(阿膠). 아교풀.

갗명 〈옛〉가죽. ¶ 엿의 갗:狐皮(訓解).

같다[갇따]형 ①다르지 아니하다. ¶ 형과 아우의 키가 같다. /그와 나는 고향이 같다. ↔다르다. ②(변동이나 변화가 없이) 한결같다. ¶ 그가 어머니 섬기기는 정성은 10년이 하루 같다네. ③《조사가 붙지 않은 체언에 바로 이어지거나, '-ㄴ(은·는) 것', 또는 '-ㄹ(을·를) 것'에 이어져》 추측이나 불확실한 단정을 나타냄. ¶ 저기 가는 저분이 김 선생 같습니다. /내일이면 다 마칠 것 같다. /지금 비가 내리고 있는 것 같다. /이제 다 올라온 것 같다. ④《서술성이 없는 관형사형 '같은'의 꼴로 쓰이어》'다르지 않은', '동일한'의 뜻을 나타냄. ¶ 같은 배를 타고 가는 나그네들. /같은 또래의 소년들. ⑤《'같은'의 꼴로 쓰이어》 비교·비유의 뜻을 나타냄. ¶ 꾀꼬리 같은 목소리. /성자 같은 인품. ⑥《'같은'의 꼴로, 같은 명사 사이에 끼이어》 어떤 기준을 나타냄. ¶ 어디, 사람 같은 사람이라야 상대를 하지. /물건 같은 물건이 있어야 값이라도 물어보지. ⑦《'같으면'·'같다면'의 꼴로 쓰이어》 조건이나 가정을 나타냄. ¶ 그런 상황에서 너 같으면 어떻게 하겠느냐?/외국 같다면 그런 인사법이 통할지 모르지만. ⑧《'같으니(라고)'의 꼴로 쓰이어》 ㉠혼잣말 투로 남을 욕하거나, 손아랫사람을 꾸짖는 뜻으로 명사에 붙여 쓰는 말. ¶ 나쁜 놈 같으니. /후레아들 같으니라고. ㉡(친한 사이에서) 가볍게 핀잔을 주거나, 농하여 놀리는 뜻으로 명사에 붙여 쓰는 말. ¶ 지키지 못할 약속을 하긴 왜 했는가! 실없는 사람 같으니라고. ⑨《'같아서(는)'의 꼴로, '마음'·'생각' 따위의 명사나 시간을 나타내는 일부 명사 뒤에 쓰이어》 '지금의 마음이나 형편에 따르자면'의 뜻으로, 실제로는 그렇지 못함을 나타내는 말. ¶ 마음 같아서는 술 한잔 하고 싶었지만, 그럴 처지가 아니었다. /생각 같아서는 오늘 이 일을 끝내고 싶지만, 무리하지 않기로 했다.

같은 값이면 과부 집 머슴살이속담 이왕이면 조건이 좋은 쪽 일을 하는 것이 낫다는 말.

같은 값이면 다홍치마속담 이왕이면 더 좋은 쪽을 택하는 것이 낫다는 말.

같은 값에관용 이왕 할 바에. 이러나저러나 마찬가지인데. ¶ 같은 값에 우리말로 된 상품명을 쓰지, 왜 외국말을 쓸까?

같은 값이면관용 이왕이면. 이왕 할 바에는. 이러나저러나 마찬가지일 것 같으면. ¶ 배를 타고 가느니 같은 값이면 비행기를 타고 갑시다.

같아-지다자 같게 되다. 닮게 되다. 동화(同化)하다. ¶ 부부가 오래 함께 살다 보면 성격뿐 아니라 얼굴 모습까지 같아지게 마련이야.

같은-자리명 ☞동격(同格).

같음-표(-標)명 ☞등호(等號).

같이[1][가치]부 ①같게. 한 모양으로. ¶ 이 그림과 같이 그려 보아라. /이 서식(書式)을 보고 나서 이와 같이 쓰시오. ②(시간적·공간적으로) 함께. ¶ 한집에서 같이 사는 한 식구. /3년 동안 같이 고생하였다. /셋이 같이 먹어라. ③(어떤 사실과) 어긋남이 없이. 그대로. ¶ 예상했던 바와 같이 사태는 심각하다.

같이[2][가치]조 ①체언에 붙어, '그 정도로'의 뜻을 나타냄. ¶ 꽃같이 아름다운 얼굴. /성인같이 착한 인품. ②특히, 시간에 관계되는 일부 명사에 붙어, 그 시간성을 강조하는 뜻을 가짐. ¶ 새벽같이 떠나다. /기별을 듣고 벼락같이 달려왔다.

같이-하다[가치-]타여 함께하다. 같은 사정에 처하다. ¶ 나와 일생을 같이할 사람. /생사를 같이한 전우(戰友). /선장이 배와 운명을 같이하다. ↔달리하다.

같잖다[갇짠타]형 〔'같지 아니하다'가 줄어서 된 말.〕 ①하는 짓이나 꼴이 어이없다. 눈꼴사납다. ¶ 그 주제에도 같잖게 구네. /노는 양이 아주 같잖다. ②너무 사소하여 상대할 거리가 못 되다. 하찮다. 《주로, '같잖은'의 꼴로 쓰임.》 ¶ 그런 같잖은 일로 입씨름할 시간이 없다네. **같잖-이**부.

같-지다[갇찌-]자 씨름에서, 겨루던 두 사람이 같이 넘어지다.

갚다[갑따]타 ①빌리거나 꾸거나 한 금품을 돌려주다. ¶ 빚을 갚다. ②입은 은혜 등에 대하여 상대에게 행동이나 사물로써 고마움의 뜻을 나타내다. ¶ 은혜를 갚다. ③몹쓸 짓을 한 상대에게, 그 원한을 풀기 위한 어떤 행동을 하다. ¶ 나라의 원수를 갚다. ＊갚아·갚는[감-]

갚음명하타 (은혜·원한 따위를) 갚는 일. 대갚음. ¶ 남의 신세를 졌으면 마땅히 그 갚음을 해야지.

개[1]명 강어귀의 바닷물이 드나드는 곳.

개[2]명 ①윷놀이에서, 윷짝이 두 개는 엎어지고, 두 개는 잦혀진 경우를 이름. 〔말밭을 두 자리 갈 수 있음.〕 ②윷판의 둘째 자리, 곧 도와 걸의 사이.

개ː[3]명 ①갯과의 동물. 사람을 잘 따라, 예부터 가축으로 기름. 용맹스럽고 영리하며 냄새를 잘 맡고 귀가 밝아, 사냥용·경비용·수색용·목양용(牧羊用)·애완용 따위로 쓰임. ②'권력자나 부정한 사람의 앞잡이'를 비유하여 이르는 말. 주구(走狗). ③'성질이 못된 사람이나 함부로 몸을 굴리는 사람'을 비유하여 이르는 말. ¶ 술만 먹으면 개가 되는 사람.

개가 똥을 마다한다속담 '평소에 좋아하던 것을 짐짓 사양함'을 보고 비꼬아 이르는 말.

개가 웃을 일이다속담 말 같지도 않은 같잖은 일이다.

개같이 벌어서 정승같이 산다속담 돈을 벌 때에는 궂은일을 가리지 않고 벌고, 번 돈을 쓸 때에는 어엿하고 보람 있게 쓴다는 말.

개 꼬락서니 미워서 낙지 산다속담 자기가 미워하는 사람이 좋아할 일은 하지 않는다는 말.

개 꼬리 삼 년 묵어도〔두어도〕 황모 못 된다속담 본디 질이 나쁜 것은 아무리 오래 두어도 끝내 좋아지지 않는다.

개 눈에는 똥만 보인다속담 ①평소에 가까이하고 좋아하던 것이 먼저 눈에 띄는 법이다. ②질이 낮은 사람에게는 질이 낮은 것밖에 보이지 않는다.

개도 나갈 구멍을 보고 쫓아라속담 남을 너무 되게 몰아세우면, 도리어 해를 입게 됨을 이르는 말.

개도 닷새가 되면 주인을 안다속담 배은망덕한 사람을 개만도 못하다고 비꼬아 이르는 말.

개도 무는 개를 돌아본다속담 온순하기만 해서는 오히려 대접을 못 받고, 당당히 요구를 하고 나서야 정당한 대접을 받는다는 말.

개도 손 들 날이 있다속담 ☞거지도 손 볼 날이 있다.

개 머루〔약과〕 먹듯속담 ①'뜻도 모르면서 아는 체함'을 이르는 말. ②'내용이 틀리거나 말거나 건성건성 일을 해치움'을 이르는 말.

개 못된 것은 들에 가서 짖는다속담 '제 할 일도 못하면서 쓸데없는 짓만 하고 다니는 사람'을 비꼬아 이르는 말.

개 못된 것은 부뚜막에 올라간다속담 제 구실도 제대로 못하는 사람이 오히려 미운 짓만 골라서 한다.

개 발에 (주석) 편자속담 〔개 발에 주석으로 만든 좋은 편자를 단다는 뜻으로〕 '제격에 어울리지 않게 호사스러운 것을 즐기는 꼴'을 비꼬아 이르는 말.

개 보름 쇠듯 (한다)속담 잘 먹고 잘 입을 명절 같은 때에도 잘 먹지 못하고 지낼 때 이르는 말.

개 뼈다귀 은(銀) 올린다속담 '쓸데없는 데에 돈을 들여 치레함'을 이르는 말.

개 쇠 발괄 누가 알꼬속담 개와 소의 발괄인 양 '두서없이 마구 지껄여 대는 이'를 두고 빈정대어 이르는 말.

개 팔자가 상팔자라속담 놀고 있는 개가 부럽다는 뜻으로, 분주하고 고생스러울 때 하는 말.

개하고 똥 다투랴속담 상대하여 말할 가치도 없을 때, 멸시하는 투로 이르는 말.

개 발싸개 같다관용 보잘것없다. 아무 가치도 없다.

개 방귀 같다관용 있는지조차 알 수 없을 정도로 작고 시시하다.

개 콧구멍으로 알다관용 상대할 가치도 없는 시시한 것으로 치다.

개 패듯 하다관용 함부로 몹시 때리다.

개ː(蓋)명 ①음식 그릇의 뚜껑. ②지난날, 사(紗)로 양산(陽繖)같이 만들어 쓰던 의장(儀仗)의 한 가지.

개(個·介·箇)의 ①낱으로 된 물건을 셀 때, 수관형사 뒤에 쓰는 말. ¶ 사과 한 개. ②지금(地金) 열 냥쭝을 한 단위로 이르는 말. ¶ 지금 두 개.

개-접두 《일부 명사 앞에 붙어》 '참 것이 아닌', '좋은 것이 아닌', '함부로 된', '값어치 없는' 등의 뜻을 나타냄. ¶ 개꿈. /개꽃. /개떡. /개머루. /개죽음.

-개 접미 ①《일부 동사 어근 뒤에 붙어》 그다지 크지 아니한 기구임을 뜻함. ¶ 깔개. /덮개. /지우개. /가리개. ②어떤 사람임을 놀리어 이르거나 낮추어 이르는 말. ¶ 오줌싸개. /졸개.

개:가(改嫁) 명 하자 시집갔던 여자가, 남편이 죽거나 남편과 이혼하거나 하여 다른 남자에게 다시 시집가는 일. 재가. 후가(後嫁). 후살이.

개가(開架) 명 하타 도서관이나 도서실에서, 열람자가 자유로이 도서를 열람할 수 있도록 서가를 개방하는 일.

개:가(凱歌) 명 ①〈개선가〉의 준말. ②경기 등에서 이겼을 때 터져 나오는 환성.

개가를 올리다 관용 큰 성과를 거두다. ¶ 원정 경기에서 전승의 개가를 올리다.

개가-식(開架式) 명 ☞개가제(開架制).

개가-제(開架制) 명 도서관에서, 서가를 개방하는 제도. 개가식. ↔폐가제.

개:-가죽 명 〈낯가죽〉의 속된 말.

개:각(介殼) 명 연체동물의 외투막(外套膜)에서 분비된 석회질이 단단하게 굳어져 된 겉껍데기. 〔굴·전복·조개 따위의 껍데기.〕

개:각(改刻) 명 하타 (도장·판각·조각 따위를) 다시 고치어 새김.

개:각(改閣) 명 하자 내각(內閣)을 개편함.

개:각-충(介殼蟲) 명 ☞깍지벌레.

개:간(改刊) 명 하타 되자 책 따위의 원판을 다시 고쳐서 발간함. 개판(改版).

개간(開刊) 명 하타 되자 책을 처음으로 펴냄.

개간(開墾) 명 하타 되자 버려 둔 거친 땅을 새로 일구어 논밭을 만듦. 기간(起墾). ¶ 척박한 황무지를 개간하다.

개간-지(開墾地) 명 개간한 땅. ↔미개간지.

개:-감수(-甘遂) 명 ☞감수(甘遂).

개감-스럽다 [-따] [~스러우니·~스러워] 형 ㅂ 음식을 욕심 사납게 마구 먹어 대는 꼴이 보기에 흉하다. 큰 게검스럽다. 개감스레 부.

개:갑(介甲) 명 ①(게·거북 따위의) 단단한 겉껍데기. ②☞갑옷.

개:갑(鎧甲) 명 쇠로 된 미늘을 단 갑옷.

개강(開講) 명 하자타 강의·강좌 따위를 시작함. ↔종강(終講)·폐강(閉講).

개:개(個個·箇箇) 명 하나하나. 낱낱. ¶ 국민 개개가 경각심을 가지자.

개:개^고찰(個個考察) 명 ①낱낱이 살핌. ②지난날, 죄인을 매질할 때, 형리를 엄중히 닦달하여 낱낱이 살펴 가며 몹시 치게 하던 일.

개개다 자 ①서로 맞닿아서 닳거나 해지거나 하다. ②성가시게 달라붙어 손해를 끼치다.

개개비 명 휘파람샛과의 새. 날개 길이 9 cm가량. 몸빛은 담갈색이고 꽁지 끝은 회백색임. 5월경부터 물가의 갈대밭에서 살며 '개개개' 하고 욺.

개개비-사촌(-四寸) 명 개개비사촌과의 작은 새. 개개비와 비슷하나 몸이 매우 작고, 날개 길이는 4.5~5.7 cm, 꽁지는 5.5 cm가량임. 몸빛은 대체로 담갈색이고 꽁지의 끝은 희며, 여름에는 머리가 검게 변함.

개개-빌다 [~비니·~빌어] 자 (자기가 저지른) 잘못을 용서하여 달라고 간절히 빌다.

개:개-승복(個個承服) 명 하타 죄를 낱낱이 자백함.

개:개-인(個個人) 명 하나하나의 사람. 한 사람 한 사람. ¶ 사회 구성원 개개인이 자기가 맡은 바 임무를 다하다.

개:개-풀리다 자 개개풀어지다.

개:개-풀어지다 자 ①끈끈하던 것이 녹아서 다 풀어지다. ②(술에 취하거나 졸음이 와서) 눈에 정기가 없이 흐리멍덩해지다. ②개개풀리다.

개갱(開坑) 명 하자 광산에서, 광물을 파내기 위하여 굴을 뚫는 일.

개거(開渠) 명 위를 덮지 아니하고 터놓은 수로(水路). 명거(明渠). ↔암거(暗渠).

개:걸(丐乞) 명 ①하자 동냥질함. ②거지.

개:-견(-犬) 명 한자 부수의 한 가지. '狀'·'獻' 등에서의 '犬'의 이름. 〔이를 변으로 쓸 때는 '犭(개사슴록변)'이 됨.〕

개:견(概見) 명 하타 대충 살펴봄.

개결(介潔) '개결하다'의 어근.

개:결-하다(介潔-) 형 여 성질이 아주 꼿꼿하고 깔끔하다. 개결-히 부.

개경(開京) 명 '개성(開城)'의 고려 시대 이름.

개:고(改稿) 명 하타 원고를 고치어 씀, 또는 고치어 쓴 원고.

개:-고기 명 ①개의 고기. 구육(狗肉). ②'성질이 검질기고, 체면을 모르는 막된 사람'을 낮잡아 일컫는 말.

개:-골 명 '공연스레 내는 성'을 조롱조로 이르는 말. ¶ 싱겁게 무슨 개골이야?

개골-개골 부 하자 개구리가 우는 소리. 큰 개굴개굴.

개골-산(皆骨山) [-싼] 명 겨울철의 '금강산(金剛山)'을 이르는 이름. 참 봉래산·풍악산.

개-골창 명 수채 물이 흐르는 작은 도랑. 구거(溝渠).

개:과(改過) 명 하자 잘못을 고침. 잘못을 뉘우침.

개:과(蓋果) 명 과피(果皮)가 익으면 수평으로 갈라져, 위쪽이 모자 모양으로 떨어지는 열매. 〔채송화·쇠비름 따위.〕 개열과(開裂果). 건조열과. 열과(裂果). ↔폐과(閉果).

개:과-자신(改過自新) 명 하자 잘못을 고치어 스스로 새로워짐. 비 개과천선.

개:과-천선(改過遷善) 명 하자 잘못을 고치어 착하게 됨. ¶ 천하에 둘도 없던 망나니가 개과천선하여 자선 사업가가 되었다. 비 개과자신.

개:관(改棺) 명 하타 이장(移葬)하기 위하여 관을 새것으로 바꿈.

개관(開棺) 명 하타 시체를 들어내려고 관의 뚜껑을 엶.

개관(開管) 명 양쪽 끝의 마구리가 열리어 있고, 속이 빈 관(管).

개관(開館) 명 하자타 되자 ①(도서관·박물관·영화관·회관 따위) '관(館)' 자가 붙는 기관이나 시설을 신설하여 그 업무를 시작함. ¶ 개관 10주년. ↔폐관(廢館). ②'관(館)' 자가 붙는 기관이나 시설이 그날의 업무를 시작함. ②↔폐관(閉館).

개:관(蓋棺) 명 하자 시체를 관에 넣고 관의 뚜껑을 덮음.

개:관(概觀) 명 ①하타 전체를 대강 살펴봄. ¶ 고려사 개관. ②그림에서, 색채·윤곽·명암·구도 등의 대체적인 모양.

개:관-사정(蓋棺事定) 명 시체를 관에 넣고 관 뚜껑을 덮은 뒤에야 비로소 그 사람의 인간적 가치를 알 수 있다는 말.

개:괄(概括) 명 하타 되자 ①대강을 간추려, 요점이나 줄거리를 뭉뚱그림. ¶ 책 전체를 개괄하다. ②논리학에서, 어떤 개념의 외연(外延)으로 확대하여, 보다 많은 사물을 포괄하는 개념을 만드는 일. 〔감나무·밤나무·미루나무 등에 공통된 성질을 추상(抽象)하여 '나무'라는 개념을 만드는 따위.〕 ②↔한정(限定).

개광(開鑛)명하자 광산에서, 채굴을 시작함.
개ː교(改敎)명하자 ☞개종(改宗).
개교(開校)명하자타 새로 학교를 세워 교육 업무를 처음 시작함. ↔폐교(廢校).
개교-기념일(開校記念日)명 매해 개교일과 같은 날짜에 맞추어 개교를 기념하는 날.
개ː구(改構)명하타 ①(구조물을) 다시 구축함. ②(단체나 조직을) 다시 구성함.
개구(開口)명하자 ①입을 벌림. ②입을 열어 말함. ↔겸구(箝口)·함구(緘口).
개구-도(開口度)명 발음할 때 입을 벌리는 정도.
개구리명 양서강(兩棲綱) 개구리목의 참개구릿과·청개구릿과·무당개구릿과·송장개구릿과·맹꽁잇과 등의 동물을 통틀어 이르는 말. 올챙이가 자란 것으로, 발가락 사이에 물갈퀴가 있으며 피부로 호흡함. 수컷은 울음주머니를 부풀려 소리를 냄. 주로 논이나 못·늪 등에서 삶.
　개구리 낯짝에 물 붓기속담 〔물에 사는 개구리의 낯에 물을 끼얹어 보아야 개구리가 놀랄 일이 아니라는 뜻으로〕'어떤 자극을 주어도 그 자극이 조금도 먹혀들지 않음'을 이르는 말.
　개구리도 옴쳐야 뛴다속담 '아무리 급하더라도 일을 이루려면 마땅히 그 일을 위하여 준비할 시간이 있어야 함'을 이르는 말.
　개구리 올챙이 적 생각 못한다속담 (잘되고 나서) '지난날의 미천하거나 어렵던 때의 일을 생각지 않고 행동하는 경우'를 경계하여 이르는 말.
개구리-미나리명 미나리아재빗과의 이년초. 줄기 높이 70 cm가량. 줄기는 곧고 가지를 치며, 줄기 아래에 나는 잎은 세 가닥으로 갈라지는데, 끝에 성긴 톱니가 있음. 6~7월에 가지 끝에서 노란 꽃이 핌. 유독(有毒) 식물임.
개구리-밥명 개구리밥과의 다년생 수초(水草). 늪이나 연못의 물 위에 떠서 자라는 풀. 몸은 둥글거나 길둥근 세 가닥의 잎으로 이루어져 있는데, 윗면은 녹색이고 아랫면은 자줏빛임. 물속으로 실 같은 뿌리를 많이 드리워 떠 있음. 여름에 담녹색의 작은 꽃이 핌. 뿌리는 한방에서 강장제·발한제·이뇨제·해독제 등으로 쓰임. 부평초(浮萍草). 수평(水萍).
개구리-자리명 미나리아재빗과의 이년초. 줄기 높이 50 cm가량. 근생엽(根生葉)은 무더기로 나고 잎자루가 길며, 깊게 갈라진 줄기잎은 어긋맞게 나고 잎자루가 짧음. 6월경에 노란 다섯잎꽃이 핌. 유독(有毒) 식물임.
개구리-젓[-젇]명 개구리의 다리 살로 담근 젓. ＊개구리젓이[-저시]·개구리젓만[-전-]
개구리-참외[-차뫼/-차뭬]명 박과의 일년초. 참외와 비슷한데, 줄기에 털이 있음. 살이 감참외같이 붉고 맛이 좋음. 껍질 거죽은 개구리 등처럼 푸른 바탕에 얼룩얼룩한 무늬가 많음.
개구리-헤엄명 (개구리가 헤엄치듯) 두 다리를 함께 오므렸다 뻗쳤다 하며 치는 헤엄. 평영.
개ː-구멍명 담이나 울타리 또는 대문짝 밑에 개가 드나들도록 터놓은 작은 구멍.
　개구멍에 망건 치기속담 '남이 빼앗을까 봐 겁을 내어 막고 있다가, 막던 그 물건까지 잃게 됨'을 이르는 말.
　개구멍으로 통량갓을 굴려 내다속담 '교묘한 수단으로 남을 잘 속이는 것'을 두고 이르는 말.
개ː구멍-바지명 (오줌이나 똥을 누기에 편하도록) 밑을 터서 만든 어린아이의 바지.
개ː구멍-받이[-바지]명 〔남이 개구멍으로 들이민 것을 받았다는 뜻으로〕 버려진 것을 거두어 기른 아이.
개ː구멍-서방(-書房)명 (떳떳이 예식을 치르지 아니하고) 남몰래 드나들면서 여자와 부부처럼 지내는 남자.
개구쟁이명 '지나치게 짓궂은 장난을 하는 아이'를 일컫는 말.
개국(開局)명하자타 ①방송국·우체국 등이 사무소를 설치하여 업무를 처음 시작함. ②바둑 대국(對局)을 시작함.
개국(開國)명하자타 ①나라를 처음으로 세움. 건국(建國). ②외국과 처음으로 국교를 시작함. ②↔쇄국(鎖國).
개국^공신(開國功臣)[-꽁-]명 나라를 새로 세울 때 공훈이 많은 신하.
개국^공신전(開國功臣田)[-꽁-]명 조선 태조가 44명의 개국 공신에게 준 논밭.
개국-시조(開國始祖)[-씨-]명 나라를 처음으로 세운 시조.
개국-주의(開國主義)[-쭈의/-쭈이]명 나라의 문호(門戶)를 열고 외국과의 통상과 교류를 주장하는 주의. ↔쇄국주의(鎖國主義).
개굴(開掘)명하타 (광물 따위를) 헤쳐서 파냄.
개굴-개굴부하자 개구리가 우는 소리. 작개골개골.
개권(開卷)명하타 책을 폄.
개ː귀-쌈지명 아가리를 접으면 개의 귀 모양의 넓적한 조각이 앞으로 넘어와 덮이게 된 쌈지.
개그(gag)명 (연극·영화·텔레비전 등에서) 관객을 웃기려고 하는 말이나 우스갯짓.
개그-맨(gagman)명 개그를 직업적으로 하는 사람. 익살꾼.
개근(皆勤)명하자타 (일정 기간에) 휴일 이외에는 하루도 빠짐없이 출석하거나 출근함.
개근-상(皆勤賞)명 개근한 사람에게 주는 상.
개ː금(改金)명하타 불상에 다시 금칠을 올림.
개금(開金)명 열쇠.
개금(開襟)명하자 ①속마음을 털어놓음. ②옷섶을 열어 가슴을 헤쳐 놓음.
개ː금-불사(改金佛事)[-싸]명 절에서, 개금(改金)할 때에 올리는 의식.
개-금정(開金井)명하자 금정틀을 놓고, 관을 묻을 구덩이를 팜.
개기(皆旣)명 〈개기식〉의 준말.
개기(開基)명하타 ①터를 닦기 시작함. ②절을 새로 세우거나, 한 종파를 일으킬 기틀을 마련함.
개기다자 시키는 말을 듣지 않고 버티거나 반항함.
개ː-기름명 얼굴에 번질번질하게 끼는 기름. ¶ 개기름이 번지르르 흐르다.
개기-식(皆旣蝕)명 '개기 일식' 또는 '개기 월식'을 이르는 말. 준개기(皆旣). ↔부분식(部分蝕).
개기^월식(皆旣月蝕)[-씩]명 달이 지구의 그림자에 완전히 가리어 햇빛을 전혀 받지 못하게 되는 월식 현상. ↔부분 월식(部分月蝕).
개기^일식(皆旣日蝕)[-씩]명 해가 달의 그림자에 완전히 가리어져 보이지 않게 되는 일식 현상. ↔부분 일식(部分日蝕).
개ː-꼴명 체면이 엉망이 된 꼬락서니.
개ː-꽃[-꼳]명 ①국화과의 일년초. 높이는 30~60 cm. 잎은 깃 모양으로 갈라진 겹잎이고, 줄기는 가지가 많이 갈라져 나왔으며, 7~8월에 흰 꽃이 줄기 끝에 핌. ②〔'진달래'를 '참꽃'이라 하는 데 대하여〕'철쭉'을 달리 이르는 말. ＊개ː꽃이[-꼬치]·개ː꽃만[-꼰-]

개ː-꿀명 벌집에 들어 있는 그대로의 꿀. 소밀(巢蜜).

개ː-꿈명 '대중할 수 없는 어수선한 꿈'을 하찮게 여기어 이르는 말.

개ː-나리[1]명 물푸레나뭇과의 낙엽 활엽 관목. 높이 3 m가량. 이른 봄에 노란 꽃이 잎보다 먼저 핌. 관상용으로 많이 심으며, 씨는 한방에서 '연교(連翹)'라 하여 연주창이나 부스럼 등에 약재로 쓰임. 망춘(望春). 연교(連翹).

개ː-나리[2]명 〔'참나리'에 상대되는 말로〕 '야생(野生)하는 나리'를 통틀어 이르는 말.

개나리-봇짐명 '괴나리봇짐'의 잘못.

개ː-나무좀명 개나무좀과의 곤충. 몸길이는 5~6 mm. 몸빛은 검고, 촉각·수염·날개 끝·발목마디는 적갈색이며, 촉각의 끝 세 마디는 나뭇잎 모양임. 감나무의 해충임.

개ː-나발(←-喇叭)명 '사리에 전혀 맞지 않는 허튼소리'를 욕으로 이르는 말.

개ː-날명 ☞술일(戌日).

개납(皆納)명하타되자 (세금 따위를) 남김없이 다 냄. 완납(完納).

개년(個年)의 《숫자 다음에 쓰이어》 '햇수'를 나타내는 말. ¶ 경제 개발 5개년 계획.

개ː념(概念)명 ①여러 관념 속에서 공통적 요소를 뽑아 종합하여 얻은 하나의 보편적인 관념. ②어떤 사물에 대한 대강의 뜻이나 내용. ¶ 개념을 파악하다.

개ː념^도ː구설(概念道具說)명 개념은 환경에의 적응 수단으로서 도구와 같은 구실을 하며, 불변적·선천적인 것이 아니라 생활 경험에 따라 변화한다는 인식 이론. 기구주의(器具主義).

개ː념-력(概念力)[-녁]명 여러 관념 속에서 공통적 요소를 추려 뽑아, 하나의 개념으로 종합할 수 있는 능력.

개ː념-론(概念論)[-논]명 ①개념에 대한 논리학상·인식론상의 이론. ②스콜라 철학의 보편 논쟁(普遍論爭)에서, 유명론(唯名論)과 실념론(實念論)과의 중간 처지를 취하여 보편의 문제를 해명하려 하는 이론.

개ː념^법학(概念法學)[-버팍]명 제정법(制定法)의 무결함성(無缺陷性)과 형식적 논리의 완결성을 예정하고, 법률학의 임무를 형식 논리에 의한 법률 개념 체계의 구성으로 보는 법학. ↔자유 법학(自由法學).

개ː념^실재론(概念實在論)[-째-]명 ☞실념론.

개ː념^인식(概念認識)명 개념에 의하여 깨치게 되는 인식.

개ː념-적(概念的)관명 ①(실제가 아니라) 순 이론적인 (것). ②(구체적·현실적이 아니라) 개략적인 (것). ¶ 개념적 이해. /개념적으로 파악하다.

개ː념적 판단(概念的判斷) ①개념을 주사(主辭)로 하는 판단. ②개념과 개념 사이의 관계에 관한 판단.

개ː-놈명 악감정이 있는 사람이나 아주 못된 사람을 욕하여 이르는 말. ¶ 개놈의 자식.

개ː다[1]자 ①흐리거나 궂은 날씨가 맑아지다. 청명(淸明)해지다. ¶ 날씨가 개다. ②'우울하거나 언짢은 마음이 홀가분해지다'를 비유하여 이르는 말. ¶ 마음이 활짝 개다.

개ː다[2]타 (흙이나 밀가루 따위) 가루 모양의 것에 액체를 쳐서 으깨거나 이기다. ¶ 가루약을 물에 개어서 먹이다.

개ː다[3]타 (종이·옷·이부자리 따위를) 겹치거나 포개어 접다. ¶ 이불을 개어 장 속에 넣었다. 본개키다.

개ː-다래명 개다래나무의 열매. 먹기도 하고 약으로도 씀.

개ː다래-나무명 다래나뭇과의 낙엽 활엽 만목. 잎은 길둥근 꼴로 톱니가 있으며, 6~7월에 흰 꽃이 핌. 장과(漿果)는 8~9월에 적황색으로 익는데, '개다래'라고 하여 먹기도 하고 약으로도 쓰며, 나무는 관상용으로 심기도 함.

개다리-밥상(-床)명 '개다리소반'의 잘못.

개ː다리-상제(-喪制)명 '예절에 벗어난 행동을 하는 상제'를 욕하여 일컫는 말.

개ː다리-소반(-小盤)명 다리를 개의 다리처럼 구부정하게 만든, 원형이나 사각형 또는 다각형의 막치 소반.

개ː다리-질명하자 '채신없이 방정맞고 얄밉게 행동하는 짓'을 욕으로 이르는 말.

개ː다리-참봉(-參奉)명 지난날, '돈으로 참봉 벼슬을 사서 거드름 피우는 사람'을 욕으로 일컫던 말.

개ː다리-출신(-出身)[-씬]명 지난날, '총 쏘는 기술로 무과에 급제한 사람'을 하찮게 일컫던 말.

개ː다리-헌함(-軒檻)명 살을 곧게 세우지 아니하고 구부정한 받침대를 대어 윗부분이 기둥 밖으로 나가게 한 난간.

개답(開畓)명하타 ☞논풀이.

개더(gather)명 호아서 만든 주름.

개더-스커트(←gathered skirt)명 허리 둘레 부분을 호아서 주름을 잡은 스커트.

개도(開道)명하자 ☞개로(開路).

개도(開導)명하타 깨우쳐 인도함.

개도-국(開途國)명 〈개발도상국〉의 준말.

개독(開櫝)명하타 제사 지낼 때, 신주를 모신 독을 여는 일. 계독(啓櫝).

개동(開冬)명 ①초겨울. ②'음력 시월'을 달리 이르는 말.

개동(開東)명하자 먼동이 틈.

개동-군령(開東軍令)[-굴-]명 ①지난날, 군대에서 이른 새벽에 내리던 행동 명령. ②'새벽부터 시작하는 일'을 비유하여 이르는 말.

개ː-돼지명 ①개와 돼지. ②〔개나 돼지 같다는 뜻으로〕 '사람답지 않은 사람'을 욕할 때 이르는 말. 견돈(犬豚).

개ː두(蓋頭)명 ①☞가첨석(加檐石). ②☞너울[1]. ③왕조 때, 국상을 당하여 왕비 이하 나인들이 머리에 쓰던 쓰개의 한 가지. 여립모(女笠帽).

개ː-두량(改斗量)명하타 말이나 되로 한 번 된 곡식을 다시 됨.

개ː-두릅명 엄나무 가지에 돋은 새순. 〔나물로 만들어 먹음.〕

개ː두-포(蓋頭布)명 가톨릭에서, 사제(司祭)가 미사 때 입는 제의(祭衣) 밑에, 목이나 어깨에 걸치는 긴 네모꼴의 흰 아마포(亞麻布). 〔초기에는 머리에 썼음.〕

개ː두환면(改頭換面)명하자 일의 근본은 고치지 아니하고, 사람만 갈아서 그 일을 그대로 시킴.

개듐나모명 〈옛〉 가죽나무. ¶ 개듐나모 뎌ː樗(訓蒙上*10*).

개ː-떡명 ①노깨나 메밀의 속나깨 또는 거친 보리 싸라기 따위를 반죽하여 아무렇게나 반대기를 지어 밥 위에다 얹어 찐 떡. ②'못생기거나 나쁘거나 마음에 들지 않는 것'을 비유하여 이르는 말. ¶ 어디서 개떡 같은 것만 사 가지고 오니?

개ː떡-수제비[-쑤-]명 노깨나 보릿겨를 반죽하여 만든 수제비.

개ː-똥명 ①개의 똥. ②'보잘것없는 것'을 비유하여 이르는 말.

개똥도 약에 쓰려면 없다속담 아주 흔하던 것도 정작 필요해서 찾으려니까 구하기가 어렵다.

개ː똥-갈이명하자 ①개똥 거름을 주어 밭을 가는 일. ②☞개똥밭.

개ː똥-밭[-받]명 ①땅이 건 밭. 개똥갈이. ②개똥이 여기저기 많이 널려 있는 더러운 땅. *개ː똥밭이[-바치]·개ː똥밭을[-바틀]·개ː똥밭만[-반-]

개똥밭에 굴러도 이승이 좋다속담 천하고 고생스럽게 살더라도 죽는 것보다는 사는 것이 낫다는 말.

개똥밭에도 이슬 내릴 날이 있다속담 역경에 처해 있는 사람도 좋은 때를 만날 때가 있다는 말. 쥐구멍에도 볕 들 날이 있다.

개똥밭에서 인물 난다속담 변변하지 못한 집안에서도 훌륭한 인물이 난다는 말. 개천에서 용 난다.

개ː똥-번역(-飜譯)명 '이중(二重) 번역' 또는 '엉터리 번역'을 속되게 이르는 말.

개ː똥-벌레명 개똥벌렛과의 곤충. 몸길이는 12~18 mm. 몸빛은 등판이 검고, 앞가슴판은 붉음. 대부분의 성충은 배 끝에 발광기(發光器)가 있어, 여름 밤에 날아다니며 빛을 냄. 물가의 풀숲에 삶. 반디. 반딧불이.

개ː똥-불명 ①'반딧불'의 방언. ②'개똥벌레'의 방언.

개ː똥-상놈(-常-)명 '말이나 행실이 버릇없고 고약한 사람'을 욕으로 이르는 말.

개ː똥-지빠귀명 딱샛과의 새. 날개 길이는 12~14 cm, 꽁지 길이 8~10 cm. 암수가 같은 몸빛인데, 등 쪽은 암갈색이고 가슴은 담갈색이며, 날갯죽지 밑으로 얼룩무늬가 많음. 10월경에 남쪽으로 날아와 낮은 산·평지·풀밭 등에서 곤충·식물의 씨 따위를 먹고 삶. 백설조(百舌鳥). 티티새. 준지빠귀.

개ː똥-참외[-차뫼/-차뭬]명 길가나 들 같은 데에 저절로 자라서 열린 참외.

개똥참외는 먼저 맡는 이가 임자라속담 임자 없는 물건은 먼저 발견한 사람이 차지하게 마련이라는 말.

개ː똥-철학(-哲學)명 대수롭지 아니한 생각을 철학인 듯 내세우는 것을 낮잡아 이르는 말.

개ː-띠명 ☞술생(戌生).

개ː략(槪略)명하타 대강 간추려 줄임, 또는 간추려 줄인 것. 개요(槪要). ¶ 사업 계획의 개략을 설명해 주다.

개ː략-적(槪略的)[-쩍]관명 대강 간추려 간략하게 줄인 (것). ¶ 개략적 설명. /개략적인 내용.

개ː량(改良)명하타되자 (질이나 성능 따위를) 고치어 좋게 함. ¶ 농기구 개량. /품종 개량. /농사 방법의 개량에 힘쓰다. 참개선(改善).

개ː량(改量)명하타되자 (토지를) 다시 측량함, 또는 그 일.

개ː량^목재(改良木材)[-째]명 천연의 나무에 어떤 기계적·화학적 처리를 한 목재를 통틀어 이르는 말.

개ː량-저(改良苧)명 무명실로 모시처럼 성기게 짠 여름 옷감.

개량-조개명 개량조갯과의 바닷조개. 겉모양은 대합과 비슷한데, 누른 갈색 바탕에 굵고 둥근 바퀴살 모양의 띠가 여러 개 있으며 안쪽이 흼.

개ː량-종(改良種)명 (종래의 농작물이나 가축 따위를) 개량한 품종. ↔재래종.

개ː량-주의(改良主義)[-의/-이]명 (자본주의의 테두리 안에서) 급격한 변혁을 피하고 점진적으로 사회를 개혁·개량하려고 하는 주의. 사회 개량주의.

개ː량-책(改良策)명 나쁜 점을 고치어 좋게 하기 위한 방책(方策).

개ː량-품(改良品)명 (종래의 것을) 개량한 물품.

개ː량^행위(改良行爲)명 재산의 성질을 바꾸지 아니하는 범위 안에서, 재산의 가치를 증가시키는 관리 행위. 〔황무지를 개간하여 기름진 땅으로 만드는 따위.〕

개런티ː(guarantee)명 출연할 때에 계약에 따라 받는 금액. 사례금. ¶ 개런티가 높은 배우.

개ː력(改曆)명하자 ①역법(曆法)을 고침. ②묵은해를 보내고 새해를 맞음. ②환세(換歲).

개력-하다[-려카-]자여 산천이 무너지고 변하여 옛 모습이 없어지다.

개ː렴(改殮)명하타 다시 염(殮)을 함. ¶ 육진 장포 개렴하여 조촐한 상여 위에 덩그렇게 실은 후에…(烈女春香守節歌).

개ː령(改令)명하타 한 번 내렸던 명령을 다시 고치어 내림, 또는 고치어 내린 그 명령.

개로(皆勞)명하자 모두 다 일함. ¶ 국민 개로의 기풍을 진작하자.

개로(開路)명하자 ①길을 틈(냄). ②어떤 사업이나 일을 새로 트기 시작함. 개도(開道).

개ː론(槪論)명하타 내용을 대강 간추리어 논설함, 또는 그 논설. ¶ 문학 개론. /법학 개론. 비개설(槪說).

개ː르다[개르니·갤러]형르 〈개으르다〉의 준말. 큰게르다.

개ː름명 〈개으름〉의 준말. 큰게름.

개ː름-뱅이명 〈개으름뱅이〉의 준말. 큰게름뱅이.

개ː름-쟁이명 〈개으름쟁이〉의 준말. 큰게름쟁이.

개리명 오릿과의 새. 기러기만 하며, 편 날개 길이는 140 cm가량. 뒷목과 날개는 적갈색이고 가슴은 연한 살색이며, 배는 흼. 겨울에 호수·해안·풀밭·습지·논밭 등에 떼 지어 살며 풀·조개 등을 먹음. 우리나라에서는 10월에서 이듬해 4월에 볼 수 있는 철새임.

개ː린(介鱗)명 ①갑각(甲殼)과 비늘. ②조개와 물고기.

개ː립(介立)명하자 ①(남의 도움 없이) 혼자의 힘으로 일을 함. ¶ 몇 차례 실패하고 난 뒤에 스스로 개립하다. ②☞개재(介在).

개립(開立)명하타 〈개입방(開立方)〉의 준말.

개ː마(介馬·鎧馬)명 갑옷을 입힌 말. 무장(武裝)한 말.

개막(開幕)명하자타되자 ①(연극·음악회 따위를 시작할 때) 막을 열거나 올림. ②(회의나 행사 따위를) 시작함. ¶ 전국 체전의 개막이 며칠 앞으로 다가왔다. ③'어떤 시대나 상황이 시작됨'을 비유하여 이르는 말. ¶ 정보화 시대의 개막. /21세기가 개막되다. ↔폐막(閉幕).

개막-식(開幕式)[-씩]명 일정 기간 동안 행사를 치를 때 그 행사의 시작을 알리기 위해 베푸는 의식. ¶ 올림픽 개막식. ↔폐막식.

개ː-망나니명 '하는 짓이나 성질이 아주 못된 사람'을 욕으로 이르는 말.

개ː-망신(-亡身)명하자 아주 심한 망신. 개코망신. ¶ 개망신을 당하다.

개ː-맨드라미명 비름과의 일년초. 줄기는 40~80 cm로 곧게 자람. 잎은 버들잎 모양이며, 7~8월에 가지 끝에 연붉은 작은 꽃이 핌. 씨는 '강남조' 또는 '청상자'라 하여 약재로 쓰임.

개맹이명 똘똘한 기운이나 정신. 〔소극적·부정적으로만 쓰임.〕 ¶ 개맹이가 없다.

개ː-머루명 포도과의 낙엽 활엽 만목. 산이나 들에 절로 남. 가지에 털이 없고 나무껍질은 갈색. 6~7월에 녹색의 꽃이 피고 열매는 가을에 푸른색으로 익음.

개ː-머리명 총의 밑동을 이룬, 나무나 플라스틱 따위로 된 넓적한 부분. 개머리판.

개ː머리-쇠[-쇠/-쉐]명 총의 개머리 밑바닥에 댄 쇠.

개ː머리-판(-板)명 ☞개머리.

개ː-먹명 품질이 나쁜 먹. ↔침먹.

개-먹다[-따]자 개개어서 닳거나 상하다. ¶ 삭고 개먹은 밧줄.

개면(開綿)명하자되자 면사 방적 공정에서, 면화(棉花)의 섬유를 펴서 짧은 섬유와 티끌을 떨어 내는 일.

개ː명(改名)명하타되자 이름을 고침, 또는 고친 이름.

개명(開明)명하자 사람의 지혜가 열리고 문화가 발달함. 개화(開化). ¶ 개명 천지.

개명-꾼(開明-)명 개화기에, 개명한 사람을 이르던 말.

개명-먹(開明-)명 향료를 섞어서 먹통이나 병에 넣어 파는 먹물. 개명묵(開明墨).

개명-묵(開明墨)명 ☞개명먹.

개모(開毛)명하자 소모(梳毛) 방적 공정에서, 덩어리 모양으로 되어 있는 원모(原毛)를 풀어서 토사(土砂)나 불순물을 없애는 일.

개ː모(概貌)명 대강의 겉모양, 또는 형편.

개-모음(開母音)명 ☞저모음(低母音).

개무(皆無) '개무하다'의 어근.

개무-하다(皆無-)형여 조금도 없다. 전혀 없다. 절무(絕無)하다. 참전무(全無).

개문(開門)[1]명 술가(術家)의 팔문(八門) 가운데 길한 문의 하나.

개문(開門)[2]명하자타 문을 엶. ↔폐문(閉門).

개문-납적(開門納賊)[-쩍]명하자 〔문을 열어 도둑이 들어오게 한다는 뜻으로〕 '제 스스로 화를 불러들임'을 비유하여 이르는 말.

개문-영입(開門迎入)[-녕-]명하자 문을 열어 (손을) 반가이 맞아들임.

개ː물(個物)명 ☞개체(個體).

개물-성무(開物成務)명하자 만물의 뜻을 깨달아 모든 일을 이룸.

개미[1]명 (연줄을 질기고 세게 하려고 먹이는) 사기나 유리의 고운 가루를 부레풀에 탄 것.

개ː미[2]명 개밋과의 곤충을 통틀어 이르는 말. 몸길이 1 mm인 작은 것에서부터 13 mm 이상인 것 등 종류가 많음. 몸빛은 검거나 갈색이고, 머리·가슴·배로 구분되며, 허리가 잘록함. 여왕개미를 중심으로 질서 있는 집단적 사회생활을 이루며, 땅 또는 썩은 나무 속에 삶.

개미가 정자나무 건드린다속담 '힘없는 이가 큰 세력에 맞서 덤빔'을 비유하여 이르는 말.

개미 금탑 모으듯속담 '재물 따위를 조금씩 조금씩 알뜰하게 모음'을 이르는 말.

개미 메 나르듯속담 〔개미가 먹이를 물어 나르듯 한다는 말로〕 '조금씩 가져다 나른 일이 마침내는 매우 많은 것을 가져다 모은 결과가 되었음'을 이르는 말.

개미 쳇바퀴 돌듯속담 변화나 진보가 없이 늘 제자리에 머무르고 있다는 말.

개미 새끼 하나도 얼씬 못하다관용 (경계가 삼엄하거나 출입·접근이 금지되어 있어) 아무도 가까이 다가갈 수 없다.

개미 새끼 하나 볼 수 없다관용 아무도 찾아 볼 수 없다.

개미(開眉)명 눈살을 폄. 곧 근심을 풀고 마음을 놓음.

개ː미-구멍명 ①개미가 뚫은 구멍. ②☞개미집.

개ː미-굴(-窟)명 ①개미가 뚫은 굴. 의혈(蟻穴). ②개미집.

개ː미-귀신(-鬼神)명 명주잠자리의 유충. 모래밭에 깔때기 모양의 함정을 파 놓고, 그 밑에 숨어 있다가 미끄러져 떨어지는 개미 따위의 작은 곤충을 큰 턱으로 물어 잡아먹음.

개ː미-누에명 알에서 갓 깨어난 누에. 털누에. 의잠(蟻蠶).

개ː미-붙이[-부치]명 개미붙잇과의 곤충. 몸빛은 검고 배는 적갈색이며 겉날개에 흰 털이 나 있음. 나무굼벵이 따위의 해충을 잡아먹으므로 임업에 도움을 줌. 곽공충.

개ː미-산(-酸)명 ☞포름산.

개ː미살이-좀벌명 개미살이좀벌과의 곤충. 몸길이 5~6 mm. 몸빛은 검거나 금속광택이 나는 청록색임. 불개미의 유충에 기생하는데, 우리나라·일본 등지에 분포함.

개ː미-손님명 개미집에서 개미의 유충이나 분비물을 먹으며 기생하는 곤충을 통틀어 이르는 말.

개ː미-자리명 석죽과의 이년초. 밭이나 길가의 볕이 잘 드는 곳에 절로 남. 줄기는 무더기로 나고 잎은 버들잎 모양이며, 6~8월에 흰 꽃이 핌. 한방에서 온 포기를 약재로 씀.

개ː미-지옥(-地獄)명 개미귀신이 마루 밑이나 양지바른 모래땅에 파 놓고 숨어 있는 깔때기 모양의 구멍.

개ː미-집명 개미가 모여 사는 굴. 개미구멍. 개미굴.

개ː미-취명 국화과의 다년초. 산지에 절로 나는데 관상용으로도 가꿈. 높이는 1.5~2 m. 잎은 버들잎과 비슷한 모양이거나 길둥근 모양임. 7~10월에 자줏빛 꽃이 핌. 뿌리는 약용, 어린 잎은 식용함.

개ː미-탑(-塔)명 ①개미탑과의 다년초. 줄기 높이 10~25 cm. 잎은 갸름하게 둥근 모양이며, 7~8월에 황갈색의 잔꽃이 이삭 모양으로 피고, 반들반들한 열매를 맺음. ②개미나 흰개미가 개미집 어귀에 흙과 낙엽 따위를 이용하여 높이 1 m가량의 원추형 탑을 쌓아 놓은 것. 열대 지방에는 높이가 3~4 m나 되는 것도 있음.

개ː미^투자자(-投資者)명 주식 시장에서, '개인 투자자'를 비유하여 이르는 말.

개ː미-핥기[-할끼]명 개미핥깃과의 포유동물. 머리가 길고 뾰족함. 몸길이 1.5 m가량. 회흑색의 털로 덮여 있고, 특히 꼬리에는 긴 털이 많아 몸에 붙은 벌레를 쓸기도 함. 앞발톱으로 개미집을 파헤쳐 긴 혀로 개미를 잡아먹음. 중앙아메리카 및 남아메리카에 분포함.

개ː미-허리[1]명 개미의 허리처럼 가는 허리.

개ː미-허리[2]명 한자 부수의 한 가지. '巡'·'巢' 등에서의 '巛'의 이름. 〔'巛'은 '川'의 고자(古字).〕

개ː-밀명 볏과의 다년초. 높이 70 cm가량. 밀과 비슷하나 줄기와 잎이 붉은 갈색을 띠고 잎에는 털이 없음. 들이나 길가에 절로 나는데, 5~6월에 적자색 또는 녹색의 꽃이 핌.

개ː밋-둑[-미뚝/-믿뚝]명 개미가 땅속에 집을 짓기 위하여 땅 위로 날라 놓은 흙가루가 쌓여서 된 둑. 의봉(蟻封).

개-바자명 갯버들 가지로 엮어 만든 바자.
개ː-박하(-薄荷)[-바카]명 꿀풀과의 다년초. 산과 들에 절로 나는데, 높이는 60~90 cm. 회백색 잔털로 덮여 있고 향기가 있음. 잎은 달걀 모양인데 톱니가 있음. 7월경에 백자색(白紫色) 꽃이 피며, 열매는 수과(瘦果)임.
개발(開發)명하타되자 ①천연자원 따위를 인간 생활에 도움이 되게 하는 일. ¶ 수자원 개발. ②새로운 것을 생각해 내어 실용화(實用化)하는 일. ¶ 신제품의 개발. ③산업이나 경제 따위를 발전하게 함. ¶ 첨단 산업을 개발하고 육성하다. ④잠재된 재능 등을 살리어 발달하게 함. ¶ 능력 개발.
개발^교ː육(開發教育)명 학습자가 본래 지니고 있는 능력을 자력에 의하여 개발하도록 하는 교육. 계발 교육(啓發教育). ↔주입 교육.
개ː발-나물[-라-]명 산형과의 다년초. 높이는 1 m가량. 미나리와 비슷하나 잎과 줄기가 더 크고 털이 없음. 잎은 깃모양 겹잎이며, 8월에 흰 꽃이 줄기 끝에 핌. 유독 식물임.
개발도상-국(開發途上國)명 경제 발전이 선진 공업국보다 뒤떨어진 상태에 있는 나라. 발전도상국. 저개발국. 준개도국.
개발-비(開發費)명 기업이 새 기술의 도입, 새 경영 조직의 채용, 자원 개발, 시장 개척 등을 위하여 들인 비용.
개ː발-사슴명 발이 개의 발처럼 생긴 큰 고라니.
개ː발-새발부 〔개의 발과 새의 발이라는 뜻으로〕 글씨를 되는대로 아무렇게나 써 놓은 모양.
개발-은행(開發銀行)명 개발에 필요한 자금을 대어 주는 은행.
개발-주의(開發主義)[-의/-이]명 개발 교육의 방법에 의하여 아이들의 지능을 열어 주자는 교육상의 주의. ↔주입주의.
개ː발-코명 개의 발처럼 너부죽하고 뭉툭하게 생긴 코.
개ː-밥명 개의 먹이.
개밥에 도토리속담 '축에 끼지 못하고 따돌림을 당하는 외로운 처지'를 두고 이르는 말.
개ː밥-바라기[-빠-]명 저녁때 서쪽 하늘에 보이는 '금성(金星)'을 속되게 이르는 말. 어둠별.
개방(開方)명하자 제곱근이나 세제곱근을 계산하여 구함, 또는 그 일.
개방(開房)명하자 교도소에서, 아침에 일을 시키기 위하여 모든 재소자를 감방에서 내보내는 일.
개방(開放)명하타되자 ①문을 열어 놓음. ¶ 고궁(古宮)의 개방 시간. ②금하던 것을 풀고 열어 놓음. ¶ 문호 개방. /시장을 개방하다. ↔폐쇄.
개방^경제(開放經濟)명 외국과의 상품·환(換)·자본 따위의 거래에 있어, 아무 제한이 없는 자유로운 경제.
개방^대ː학(開放大學)명 대학 교육을 받지 못한 사람에게 재교육 및 평생 교육의 기회를 주기 위해 설치한 대학.
개방^도시(開放都市)명 (국제법상 공격이 금지된) 방비 시설이 없는 도시. 무방비 도시. ↔방수 도시(防守都市).
개방-법(開方法)[-뻡]명 제곱근이나 세제곱근을 계산하여 그 답을 구하는 방법. 준개법(開法).
개방성^결핵(開放性結核)[-썽-]명 환자의 배설물 속에 결핵균이 섞이어 나오는 결핵증. 〔전염 가능성이 큼.〕 ↔폐쇄성 결핵.
개방^요법(開放療法)[-뇨뻡]명 정신병 환자를 가두지 아니하고, 병원 안에서 자유로이 생활하도록 하면서 치료하는 방법.
개방-적(開放的)관명 있는 그대로를 남에게 보이는 (것). 숨기지 않는 (것). ¶ 개방적 운영. /개방적인 성격.
개방^정책(開放政策)명 외국과 수교하여 문호를 개방하는 정책. ↔쇄국 정책.
개방-주의(開放主義)[-의/-이]명 금제(禁制)되던 것을 자유롭게 개방하자는 주의.
개방^혈관계(開放血管系)[-계/-게]명 동맥이 정맥으로 이어지지 않아 혈액이 근육 조직 속으로 들어가게 되어 있는 혈관계. 절지동물·연체동물 등 하등 동물의 혈관계가 이에 딸림. ↔폐쇄 혈관계.
개방-화(開放化)명하자타되자 금하던 것을 풀고 열게 됨, 또는 그렇게 함. ¶ 개방화 시대. /금융 시장의 개방화.
개ː-백장[-짱]명 ①개를 잡는 일을 업으로 삼는 사람. ②'언행이 막된 사람'을 욕으로 이르는 말. 개백정.
개ː-백정(-白丁)[-쩡]명 ☞개백장.
개버딘(gaberdine)명 날에 소모사(梳毛絲), 씨에 소모사나 면사를 써서 능직으로 짠, 광택이 있는 모직물. 춘추복이나 레인코트 감으로 쓰임.
개벌(皆伐)명하타되자 산림의 나무를 한꺼번에 모두 베어 냄.
개벌(開伐)명하타 산림의 나무를 베어 냄, 또는 베어 내기 시작함.
개범(開帆)명하자 ☞출범(出帆).
개법(開法)[-뻡]명 〈개방법(開方法)〉의 준말.
개ː-벼룩명 벼룩과의 곤충. 몸길이 1~3 mm. 벼룩과 비슷하나 뛰는 힘이 약함. 개의 몸에 붙어삶.
개벽(開闢)[1]명하자 ①천지가 처음 열림. ¶ 세상이 개벽하다. ②천지가 어지럽게 뒤집힘. ③'새로운 시대가 시작됨' 또는 '새로운 큰 상황이 비롯됨'을 비유하여 이르는 말.
개벽(開闢)[2]명 1920년에 김기진(金基鎭)·박영희(朴英熙) 등이 참여한 최초의 월간 종합지. 천도교 기관지로 출발하여 신경향파 작가들이 주로 활약했음. 1949년 3월까지 통권 81호를 내고 폐간됨.
개ː벽(蓋甓)명 전각(殿閣)의 바닥에 까는 벽돌.
개ː변(改變)명하타되자 ☞변혁(變革).
개ː별(個別)명 따로따로임. 하나하나 따로의 것. ¶ 개별 학습. /개별 심사.
개ː별^개ː념(個別概念)명 한 사물에만 적용되는, 낱낱으로 구별된 개념. 〔사람·집·책 따위의 개념.〕 개체 개념. 개체 명사(個體名辭). 단독 개념. ↔일반 개념·집합 개념.
개ː-별꽃[-꼳]명 석죽과의 다년초. 숲 속에 절로 나는데, 가는 줄기가 한두 개 곧게 자람. 잎은 마주나며 밑 부분이 좁아 마치 잎꼭지처럼 보임. 5월에 작은 꽃꼭지 끝에 흰 꽃이 한 송이씩 핌. 어린순은 나물로 먹을 수 있고, 다 자란 것은 한방에서 간장약(肝臟藥)으로 쓰임. * 개ː별꽃이[-꼬치]·개ː별꽃만[-꼰-]
개ː별^링크제(個別link制)명 특정 물자의 수출에 대하여, 그에 관련되는 특정 물자의 수입을 허가하는 링크제의 한 형태. 면사·면직물의 수출에 대하여, 면화의 수입을 허가하는 따위. 상품별 링크제. ↔종합 링크제.
개ː별-적(個別的)[-쩍]관명 하나씩 따로 나뉘어 있는 (것). ¶ 개별적 문제. /개별적으로 만나다.
개ː별^지도(個別指導)명 피교육자의 처지나 특성에 따라 개별적으로 가르치는 일.

개병(皆兵)명 국민 모두가 병역의 의무를 가지는 것. ¶ 국민 개병 제도.
개병-주의(皆兵主義)[-의/-이]명 국민 모두가 병역의 의무를 지게 하자는 주의.
개ː-보수(改補修)명하타되자 개수(改修)와 보수(補修)를 아울러 이르는 말. ¶ 아파트 개보수 공사.
개ː-복(-福)명 '남의 식복(食福)'을 욕으로 이르는 말. ¶ 개복이 터지다.
개ː복(改服)명하자 ①지난날, 의식(儀式) 때에 관복을 바꿔 입던 일. ②☞변복(變服).
개복(開腹)명하자 복강 안의 기관을 수술하려고 배를 짼.
개ː복(蓋覆)명하타 덮개를 덮음, 또는 덮개로 덮음.
개복^수술(開腹手術)[-쑤-]명 배를 째고 복강(腹腔) 안에 있는 기관(器官)을 치료하거나 혹 따위를 제거하는 수술. 준개복술.
개복-술(開腹術)[-쑬]명 〈개복 수술〉의 준말.
개ː복-청(改服廳)명 지난날, 의정(議政)이나 감사(監司) 등을 만나려고 찾아간 사람이 옷을 갈아입던 곳.
개ː-복치명 개복칫과의 바닷물고기. 몸길이 2~4 m. 몸은 길둥근 모양이고 납작함. 몸빛은 등 쪽은 푸르고 배 쪽은 흼. 바다의 표면 가까이를 헤엄쳐 다님.
개ː봉(改封)명하타 ①봉한 것을 고쳐 다시 봉함. ②고대 중국에서, 제후(諸侯)의 영지(領地)를 바꾸어 봉하던 일.
개봉(開封)명하타되자 ①봉한 것을 떼어 엶. 개탁. 탁봉. ¶ 편지를 개봉하다. /봉서(封書)를 개봉하다. ↔함봉(緘封). ②새로 만들거나 새로 수입한 영화를 처음으로 상영함. ¶ 개봉 박두. /영화는 개봉을 앞두고 마무리 작업이 한창이다.
개봉-관(開封館)명 새로 만들거나 새로 수입한 영화만을 상영하는 영화관. ¶ 시내 주요 개봉관에서 절찬리에 상영되고 있는 영화.
개ː-봉축(改封築)명하타 무덤의 봉분을 고치어 쌓음.
개-부심명하자 장마로 큰물이 난 뒤, 한동안 멎었다가 다시 비가 내려 명개를 부시어 냄, 또는 그 비.
개ː-불명 개불과의 환형동물(環形動物). 몸길이 10~30 cm. 주둥이는 짧은 원뿔 모양이고, 몸빛은 황갈색을 띰. 바다 밑의 모래 속에 'U' 자 모양의 구멍을 파고 삶. 우리나라 중부 이남이나 태평양 연안에 분포함.
개ː-불상놈(-常-)명 '언행이 아주 고약한 사람'을 욕으로 이르는 말.
개ː불알-꽃[-꼳]명 난초과의 다년초. 산속의 풀밭에 나는데, 줄기는 40 cm가량 자라며 성긴 털이 있음. 길둥근 잎은 끝이 뾰족하고 어긋맞게 남. 5~7월에 연한 홍자색 꽃이 꽃줄기 끝에 한 송이씩 핌. *개ː불알꽃이[-꼬치]·개ː불알꽃만[-꼰-]
개비[1]명 ①가늘게 쪼갠 나무토막이나 기름한 토막의 낱개. ②〖의존 명사적 용법〗 가늘고 짤막하게 쪼개진 도막을 세는 단위. ¶ 성냥 다섯 개비. /담배 한 개비.
개비[2]명 도자기를 구울 때, 가마 문 앞에 놓아 그릇을 덮는 물건. 개피(蓋皮).
개ː비(改備)명하타되자 헌것을 버리고 새것을 장만하여 갖춤. ¶ 새로 이사하면서 가구 일체를 개비하다.
개ː-비름명 비름과의 일년초. 높이 30 cm가량. 밑동에서 가지가 갈라지고, 달걀 모양의 잎이 어긋맞게 나는데 잎자루가 깂. 6~7월에 녹색의 잔꽃이 이삭 모양으로 피며, 열매는 포과(胞果)임. 논밭이나 길가에 나는데, 어린잎은 먹을 수 있음.
개ː-비자나무(-榧子-)명 주목과의 상록 침엽 관목. 높이는 2 m가량. 가늘고 긴 잎은 양옆에 흰 줄이 있으며 마주남. 암수딴그루로 4월에 꽃이 피며, 길둥근 열매가 10월경에 붉게 익음. 우리나라의 특산종임. 열매는 먹거나 기름을 짬.
개빙(開氷)명하자 지난날, 봄이 되어 빙고(氷庫)를 처음 열던 일.
개빙^사한제(開氷司寒祭)명 지난날, 음력 이월 춘분날에, 빙고(氷庫)를 처음 열면서 지내던 제사. 개빙제(開氷祭).
개빙-제(開氷祭)명 ☞개빙 사한제.
개ː-뼈다귀명 ①개의 뼈다귀. ②별 볼 일 없으면서 끼어드는 사람을 경멸하여 속되게 이르는 말. ¶ 이건 또 어디서 굴러먹던 개뼈다귀야?
개ː-뿔명 '아무 가치도 없는 것'을 속되게 이르는 말. ¶ 개뿔 같은 소리.
개뿔도 모르다관용 '아무것도 모르다'를 속되게 이르는 말.
개뿔도 없다관용 돈이나 명예·능력 따위가 전혀 없음을 비유하여 이르는 말.
개사(開士)명 불법을 열어 중생을 인도하는 이. 곧, '보살'의 딴 이름.
개사(開肆)명하자타 가게를 엶.
개ː-사망명하자 남이 뜻밖에 이득을 보거나 재수가 생겼을 때 욕하여 이르는 말.
개ː사슴록-변(-鹿邊)[-녹뼌]명 한자 부수의 한 가지. '狂'·'狗' 등에서의 '犭'의 이름.
개ː-사초(改莎草)명하타 (흙이 드러난 무덤의) 떼를 갈아입힘.
개ː산(改刪)명하타 문장의 잘못된 곳을 고침.
개산(開山)명 ①하자타절을 처음으로 세움. ②〈개산조사(開山祖師)〉의 준말.
개ː산(概算)명하타 어림으로 계산함. ↔정산(精算).
개산-기(開山忌)명 개산조사(開山祖師)의 기일(忌日), 또는 그날의 법회(法會).
개산-날(開山-)명 절을 처음으로 세운 날. 개산일.
개산-당(開山堂)명 개산조사(開山祖師)의 초상이나 위패를 모셔 둔 당.
개산^법회(開山法會)[-버푀/-버풰]명 개산날을 기념하여 베푸는 법회.
개산-일(開山日)명 ☞개산날.
개산-조사(開山祖師)명 새로운 종파를 처음 열었거나, 어떤 절을 처음으로 세운 사람. 준개산(開山)·개조(開祖).
개산-탑(開山塔)명 개산조사(開山祖師)의 뼈나 사리(舍利)를 넣어 둔 탑.
개ː-살구명 개살구나무의 열매.
개살구도 맛 들일 탓속담 〔시고 떫은 개살구도 자꾸 맛을 들이면 그런대로 먹을 수 있게 된다는 뜻에서〕 모든 일은 자기가 하기 나름이라는 말.
개살구 지레 터진다속담 능력도 없고 되지 못한 사람이 오히려 먼저 하려고 덤빈다는 말.
개ː살구-나무명 장미과의 낙엽 활엽 교목. 높이 5~7 m. 잎은 달걀 모양인데 가장자리에 톱날이 있고, 꽃은 4월에 잎보다 먼저 불그스름하게 피며, 살구와 비슷한 열매가 6월에 누렇게 익음. 열매는 '개살구'라 하여 더러 먹기도 하는데 맛은 시고 떫음. 씨는 한방에서 약재로 쓰임.

개ː-살이 (改-) 명 하자 〈개가(改嫁)〉의 속된 말.

개ː상 (-床) 명 볏단을 태질하는 데 쓰는 농기구. 굵은 서까래 같은 통나무 네댓 개를 가로 대어 엮고 다리를 박은 것.

개ː상-질 (-床-) 명 하자 벼·보리·밀 등의 단을 태질하여 낟알을 떠는 일.

개ː-새끼 명 '성질이나 행실이 못된 사람'을 욕으로 이르는 말. 개자식.

개ː색 (改色) 명 하자·타 ①빛깔을 마음에 드는 것으로 바꿈. ②물건을 같은 종류 가운데서 마음에 드는 것으로 바꿈.

개ː서 (改書) 명 하타 쓴 글이나 글씨를 다시 고쳐 서 씀.

개서 (開書) 명 하타 편지의 겉봉을 뜯음.

개석 (開析) 명 풍화 작용이나 침식 작용으로 지표의 일부가 깎이어 여러 가지 새로운 지형으로 바뀌는 일.

개ː석 (蓋石) 명 ①무덤의 석실(石室) 위에 덮는 돌. ②☞가첨석(加檐石).

개석^대지 (開析臺地) [-때-] 명 침식 작용으로 말미암아 여러 개의 골짜기가 생긴 대지.

개석^삼각주 (開析三角洲) [-쌈-쭈] 명 하천의 침식을 받아 부챗살 모양으로 팬 삼각주.

개ː선 (改善) 명 하타 되자 부족하거나 잘못된 점을 고치어 잘 되게 함. 좋은 방향으로 고침. ¶ 체질 개선. /처우를 개선하다. ↔개악(改惡).

개ː선 (改選) 명 하타 되자 새로 선출함.

개ː선 (疥癬) 명 ☞옴[1].

개ː선 (凱旋) 명 하자 (전쟁이나 경기에서) 이기고 돌아옴. ¶ 개선 장병. /개선 행진.

개ː선-가 (凱旋歌) 명 개선의 노래. 승리의 노래. 준개가(凱歌).

개-선거 (開船渠) 명 (조수가 자유로이 드나들도록) 출입구를 터놓은 선거.

개ː선-관 (改善觀) 명 인간이 노력함으로써 추악을 개선하고 선미(善美)를 실현하여 점차 이상(理想) 세계에 이를 수 있다고 보는 인생관.

개ː선-론 (改善論) [-논] 명 개선관(改善觀)을 주장하는 이론.

개ː선-문 (凱旋門) 명 전쟁에 이긴 일을 기념하거나 개선군을 환영하기 위하여 세운 문.

개ː선-장군 (凱旋將軍) 명 ①전쟁에서 이기고 돌아온 장군. ②'어떤 일에 크게 성공한 사람'을 비유하여 이르는 말.

개ː선-책 (改善策) 명 잘못된 점을 고치어 더 좋게 하는 방법. ¶ 입시 제도에 대한 개선책을 강구하다.

개ː선-충 (疥癬蟲) 명 옴진드깃과의 절지동물. 몸길이 0.3~0.4 mm. 몸빛은 유백색. 사람의 피부에 파고 들어가 살면서 옴을 일으킴. 전 세계에 분포함. 옴벌레.

개ː설 (改設) 명 하타 (시설이나 기구 따위를) 고치어 설치함.

개설 (開設) 명 하타 되자 ①(어떤 시설을) 새로 설치하여 업무를 시작함. ¶ 특약점 개설. /영어 강좌를 개설하다. ②은행 등에서, 새로운 계좌(計座)를 마련함. ¶ 예금 계좌를 개설하다.

개ː설 (概說) 명 하타 내용을 개략적으로 설명함, 또는 그런 내용의 글이나 책. 범설. ¶ 고전 문학 개설. 비개론.

개ː성 (改姓) 명 하자 성(姓)을 바꿈.

개ː성 (個性) 명 ①사람마다 지닌, 남과 다른 특성. 개인성(個人性). ¶ 개성이 뚜렷한 인물. ②개체(個體)가 지닌 고유의 특성.

개성 (開城) 명 하자 ①성문을 엶. ②(성문을 열고) 적에게 항복함.

개ː성^교ː육 (個性敎育) 명 피교육자의 개성을 존중하고, 그 타고난 재질을 계발하려는 교육. ↔획일 교육.

개성^부ː기 (開城簿記) 명 ☞사개다리치부.

개성-불도 (皆成佛道) [-또] 명 누구든지 삼생(三生)을 통하여 불법(佛法)을 행하고 불도(佛道)를 닦으면 부처가 될 수 있다는 말.

개ː성^심리학 (個性心理學) [-니-] 명 ☞차이 심리학(差異心理學). ↔일반 심리학.

개ː성-적 (個性的) 관명 개성이 두드러진 (것). ¶ 개성적 문체. /개성적인 표현.

개ː세 (改歲) 명 하자 ☞환세(換歲).

개세 (開歲) 명 '음력 정월'을 달리 이르는 말.

개ː세 (慨世) 명 하자 세상 형편을 개탄함.

개ː세 (蓋世) 명 기개(氣槪)나 기력(氣力)이 온 세상을 뒤덮을 만큼 왕성함. ¶ 개세의 영웅.

개ː세 (槪勢) 명 대강의 형세(형편).

개ː세지재 (蓋世之才) 명 온 세상을 뒤덮을 만큼 뛰어난 재능, 또는 그런 재능을 가진 인물.

개ː세지풍 (蓋世之風) 명 온 세상을 뒤덮을 만큼 뛰어난 풍모.

개소 (開所) 명 하자·타 되자 (연구소·사무소·연락소·출장소 등) 이름에 '소(所)' 자가 붙는 업소나 기관을 새로 설치하여 처음으로 업무를 시작함.

개소 (開素) 명 하자 소식(素食)만 하던 사람이 육식(肉食)을 하기 시작함.

개소 (個所·箇所) 의 군데. 곳. ¶ 이 부근에 놀이터가 몇 개소나 있습니까?

개ː-소년 (改少年) 명 하자 ☞갱소년(更少年).

개ː-소리 명 하자 '허투루 지껄여 대는, 당치 않은 소리나 쓸데없는 말'을 욕으로 이르는 말.

개소리(를) 치다 관용 조리도 없는 당치 않은 말을 마구 지껄여 대다.

개ː소리-괴소리 [-괴-/-궤-] 명 '조리 없이 아무렇게나 지껄여 대는 말'을 욕으로 이르는 말.

개ː-소주 (-燒酒) 명 개를 잡아 여러 가지 약재를 넣고 고아서 짠 물.

개수 명 〈개숫물〉의 준말.

개ː수 (改修) 명 하타 되자 (길·제방·건물 따위를) 고치어 닦거나 지음. ¶ 고궁(古宮)의 개수 공사.

개수 (個數·箇數) [-쑤] 명 낱으로 셀 때의 물건의 수. ¶ 트럭에 실은 짐의 개수.

개수-대 (-臺) 명 설거지하는 작업대.

개ː-수염 (-鬚髥) 명 곡정초과의 일년초. 가늘고 긴 잎이 뿌리에서 무더기로 나며, 줄기는 없음. 여름에 잎보다 길게 뻗은 10~30 cm의 꽃줄기 끝에 홍백색의 동글동글한 꽃이 핌.

개ː-수작 (-酬酌) 명 하자 '사리에 맞지 않는 쓸데없는 말이나 행동'을 욕으로 이르는 말.

개수-통 (-桶) 명 개숫물을 담는 통. 설거지를 할 때 쓰는 그릇. 설거지통.

개ː술 (槪述) 명 하타 줄거리만 대강 말함, 또는 대강의 진술. ↔상술(詳述).

개숫-물 [-순-] 명 설거지하는 물. 음식 그릇을 씻을 때 쓰는 물. 설거지물. 준개수.

개시 (開市) 명 하자·타 ①시장을 처음 열어 거래가 시작됨. ↔폐시(閉市). ②그날 처음으로, 또는 가게 문을 연 뒤 처음으로 이루어지는 거래. 마수걸이.

개시(開示)명하타 ①열어 보임. ②가르쳐 타이름. ③분명히 나타냄.
개시(開始)명하타되자 행동이나 일 따위를 처음 시작함. ¶ 행동 개시. /공격을 개시하다.
개시(皆是)부 모두. 다. 죄다.
개시-장(開市場)명 고려·조선 시대에, 다른 나라와의 통상을 허가하던 시장.
개식(開式)명하자 의식(儀式)을 시작함. ↔폐식.
개식-사(開式辭)[-싸]명 의식을 시작할 때에 하는 인사말. ↔폐식사.
개ː신(改新)명하자되자 (제도·관습 따위를) 고치어 새롭게 함. ¶ 교육 제도의 개신.
개신(開申)명하타 ①일의 내용이나 사정을 밝혀 말함. ②자기가 한 일을 윗사람에게 보고함.
개신-개신부하자 개으르거나 가냘픈 사람이 힘없이 움직이는 모양. ¶ 아직도 병 끝이라 가까스로 개신개신 움직인다. 큰기신기신.
개신-거리다자 자꾸 개신개신하다. 개신대다. 큰기신거리다.
개ː신-교(改新教)명 16세기에, 종교 개혁의 결과로 가톨릭에서 갈라져 나온 기독교의 여러 파를 통틀어 이르는 말. 신교(新教). 프로테스탄트. ↔구교.
개신-대다자 개신거리다.
개ː심(改心)명하자 마음을 바르게 고침. ¶ 개심하여 좋은 사람이 되기로 맹세하다.
개심(開心)명하자 지혜를 일깨워 줌.
개-싸리명 각산호류의 자포동물. 군체(群體)의 높이 7~20 cm. 침엽수와 비슷하며, 줄기와 가지는 흑갈색이고 작은 가지는 흼. 만(灣)의 안쪽 얕은 바위에 붙어삶. 줄기는 파이프·비녀 등의 세공 재료로 쓰임.
개ː-싸움명 ①☞투견(鬪犬). ②'옳지 못한 행동으로 더러운 욕망을 채우려는 싸움'을 욕으로 이르는 말.
개ː-씨바리명 핏발이 서고 눈곱이 끼며 눈이 몹시 부신 눈병을 속되게 이르는 말.
개ː씹-단추[-딴-]명 헝겊 오리를 좁게 접어 감친 다음, 여자의 쪽 찐 머리 모양과 비슷하게 결어 만든 단추. 적삼 같은 데에 닮.
개ː씹-머리[-씸-]명 양즙(胖汁)에 쓰는, 양(胖)에 붙은 고기의 한 가지.
개ː씹-옹두리명 소의 옹두리뼈.
개ː아(個我)명 개인으로서의 자아(自我).
개ː악(改惡)명하타되자 (좋게 고친다는 것이) 본디보다 더 나쁘게 고침. ↔개선.
개안(開眼)명하자 ①먼눈이 보이게 됨. ②〔불교에서〕 ㉠불상을 만들어, 처음 불공을 드리는 의식. ㉡불도의 진리를 깨달아 앎. ¶ 불도에 개안하다.
개안^수술(開眼手術)명 각막 이식 따위로 먼눈을 볼 수 있게 하는 수술.
개안-처(開眼處)명 (먼눈이 번쩍 뜨일 정도로) 몹시 반가운 지경.
개암[1]명 (속살이 찌지 않게 하려고) 매의 먹이 속에 넣는 솜뭉치.
　개암(을) 도르다관용 매가, 먹었던 먹이에서 고기는 삭이고 넣어 두었던 개암만 뱉어 내다.
　개암(을) 지르다관용 매의 먹이에 솜뭉치를 넣어 주다.
개암[2]명 개암나무의 열매. 진자(榛子).
개암-나무명 자작나뭇과의 낙엽 관목. 산이나 들에 절로 자라는데, 높이 2~3 m. 잎은 둥글납작하고, 꽃은 3월경에 잎보다 먼저 핌. 둥근 열매는 가을에 갈색으로 익는데 먹을 수 있음.
개암-들다[~드니·~들어]자 해산 뒤에 후더침이 생기다.
개암-사탕(*-沙糖)명 개암에 밀가루와 설탕을 발라 만든 과자.
개암-장(-醬)명 개암을 넣어서 오래 묵혔다가 먹는 진간장.
개암-죽(-粥)명 개암을 갈아 만든 즙에 쌀가루를 넣고 쑨 죽.
개야미명 〈옛〉 개미. ¶ 그듸 이 굼긧 개야미 보라(釋譜6:37). 참가야미.
개양(開陽)명 북두칠성에 딸린 별의 한 가지. 자루 쪽에서 둘째 별. 2등성임.
개ː-양귀비(-楊貴妃)명 양귀비과의 이년초. 높이 50~60 cm로 전체에 털이 있고, 잎은 깃 모양인데 어긋맞게 나며, 5월에 붉은색·자주색·흰색 등의 꽃이 핌. 열매는 삭과. 유럽 원산이며 관상용으로도 심음. 우미인초(虞美人草).
개-어귀명 강물이나 냇물이 바다로 흘러 들어가는 어귀.
개ː언(概言)명하타 내용을 대강 간추려서 말함, 또는 그 말.
개업(開業)명 ①하자타 영업을 처음 시작함. ¶ 개업을 축하하다. ↔폐업(廢業). ②하자 영업을 하고 있음. ¶ 식당이 개업 중이다. ②↔폐업(閉業).
개업-의(開業醫)[-어븨/-어비]명 의사 면허증을 가지고, 자기의 의원이나 병원을 경영하는 의사.
개ː-여뀌명 여뀟과의 일년초. 높이 40~60 cm. 홍자색 가지가 많이 갈라져 나며, 버들잎 모양의 잎이 어긋맞게 남. 6~9월에 홍자색 꽃이 피며, 열매는 수과(瘦果)임. 마료(馬蓼). 말여뀌.
개ː역(改易)명하타되자 딴 것으로 고치어 바꿈.
개ː역(改譯)명하타되자 (번역한 것을) 다시 고치어 번역함, 또는 그 번역.
개ː연(開演)명하타 연극·연설·연주 따위를 시작함.
개ː연(蓋然)명 확실하지는 않으나 대개 그럴 것 같음을 이르는 말. 참필연.
개ː연-량(蓋然量)[-냥]명 ☞확률.
개ː연-론(蓋然論)[-논]명 철학에서, 인간의 지식은 절대적인 확실성에 도달할 수 없으므로, 개연적인 지식으로 만족해야 한다는 생각.
개ː연-성(蓋然性)[-썽]명 절대적으로 확실하지는 않으나 대개 그럴 것으로 생각되는 성질. ¶ 개연성이 많다. /개연성이 없다. /개연성이 크다.
개ː연-율(蓋然率)[-뉼]명 ☞확률(確率).
개ː연-적(蓋然的)관명 (어떤 일이나 판단이) 개연성을 가진 (것).
개ː연적 판단(蓋然的判斷) 주개념(主概念)과 빈개념(賓概念)의 관계가 다만 가능하다는 사실만을 나타내는 판단. 〔'A는 B일 수 있다.' 하는 따위.〕 참실연적 판단(實然的判斷)·필연적 판단.
개열(開裂)명하자타 (열매 따위가) 벌어져 터짐. 터뜨려 엶.
개열-과(開裂果)명 ☞개과(蓋果).
개염명 시새워서 탐내는 욕심. ¶ 개염이 나다. /개염을 내다. /개염을 부리다. 큰게염.
개염-스럽다[-따][~스러우니·~스러워]형ㅂ 개염 내는 마음이 있어 보이다. 큰게염스럽다.
개염스레부.
개-영역(開塋域)명하타 묏자리를 만들기 위하여 산을 파헤침.
개ː오(改悟)명하자 잘못을 뉘우쳐 깨달음. 개전(改悛). ¶ 개오의 정.

개오(開悟)[명][하자] 지혜를 열어 불도(佛道)를 깨달음. 해오(解悟).

개오다[타] 〈옛〉 게우다. ¶ 개올 구:嘔(訓蒙中*32*).

개ː-오동(-梧桐)[명] 〈개오동나무〉의 준말.

개ː-오동나무(-梧桐-)[명] 능소화과의 낙엽 활엽 교목. 마을 부근에 흔히 심는데, 높이는 6∼9 m. 잎은 넓은 달걀 모양. 초여름에 황백색 꽃이 피고, 열매는 가을에 익음. 열매와 나무껍질은 한방에서 약재로 쓰임. 가목(榎木). 노나무. [준]개오동.

개-올리다[타] ①상대편을 높이어 대하다. ¶ 손님을 개올리다. ②몸을 낮추어 말하다.

개옴[명] 〈옛〉 개암. ¶ 개옴 진:榛(訓蒙上*11*).

개ː-옻나무[-온-][명] 단풍나뭇과의 낙엽 활엽 교목. 높이 3∼5 m. 잎은 깃모양 겹잎인데, 양면에 가는 털이 있음. 6∼7월에 황록색 꽃이 피며, 10월에 억센 털이 빽빽이 난 핵과(核果)가 익음. 즙액은 약으로 쓰임.

개ː와(蓋瓦)[명][하타] 기와로 지붕을 임.

개ː와-장(蓋瓦匠)[명] ☞기와장이. [준]와장(瓦匠).

개ː요(概要)[명] 대강의 요점. 개략. 대략. ¶ 사건의 개요를 설명하다.

개ː요-도(概要圖)[명] 구조나 내용 등의 개요를 나타낸 도면.

개운(開運)[명][하자] 운수가 트임. 행운이 옴.

개운-하다[형][여] ①(기분이나 몸이) 상쾌하고 가볍다. ¶ 잠을 푹 잤더니 몸이 개운하다. ②(음식 따위에서 느끼는) 입맛이 산뜻하다. ¶ 조개탕 맛이 개운하다. ③(바람이나 공기 따위가) 깨끗하고 맑아 상쾌하다. ¶ 개운한 공기. **개운-히**[부].

개울[명] 골짜기나 들에 흐르는 작은 물줄기. ¶ 개울에서 가재를 잡다. [참]시내·도랑.

개울-가[-까][명] 개울의 언저리.

개울-물[명] 개울의 물. 개울에 흐르는 물.

개ː원(改元)[명][하자] ①연호(年號)를 고침. 개호(改號). ②왕조나 임금이 바뀜.

개원(開院)[명][하자타] ①(병원·학원 등) 그 이름에 '원(院)' 자가 붙는 업소나 기관을 새로 설립하여 처음으로 업무를 시작함. ②국회(國會)의 회의를 엶. ↔폐원(閉院).

개원(開園)[명][하자타] ①(동물원·식물원·유치원 등) 그 이름에 '원(園)' 자가 붙는 시설이나 기관을 새로 설립하여 처음으로 업무를 시작함. ②이름에 '원(園)' 자가 붙는 기관이나 시설에서, 업무를 시작함.

개원-의(開院醫)[-워늬/-워니][명] 병원을 개원한 의사.

개월(個月)[의] 《숫자 뒤에 쓰이어》 달의 수를 나타내는 말. ¶ 3년 10개월 만에 준공되다.

개위(開胃)[명][하자] 한방에서, 약을 써서 위의 활동을 도와 식욕이 나게 함을 이르는 말.

개유(開諭)[명][하타] 알아듣도록 깨우쳐 타이름. ¶ 공이 그 형상을 보고 측은히 여겨 개유하여 가로되…(洪吉童傳).

개으르다[개으르니·개을러][형][르] 일하기 싫어하는 버릇이 있다. [준]개르다. [큰]게으르다.

개으름[명] 일하기 싫어하는 태도나 버릇. ¶ 개으름을 부리다./개으름을 피우다. [준]개름. [큰]게으름.

개으름-뱅이[명] ☞개으름쟁이. [준]개름뱅이. [큰]게으름뱅이.

개으름-쟁이[명] 개으른 사람. 개으름뱅이. [준]개름쟁이. [큰]게으름쟁이.

개을러-빠지다[형] 몹시 개으르다. 개을러터지다. [준]갤러빠지다. [큰]게을러빠지다.

개을러-터지다[형] 개을러빠지다. [준]갤러터지다. [큰]게을러터지다.

개을리[부] 개으르게. ¶ 일을 개을리 하다. [준]갤리. [큰]게을리.

개-음절(開音節)[명] 모음으로 끝나는 음절. 〔'아'·'와'·'위' 따위.〕 ↔폐음절.

개ː의(介意)[-의/-이][명][하자타] (언짢은 일 따위를) 마음에 두어 생각함. ¶ 당신과는 상관없는 일이니 개의하지 마시오.

개ː의(改衣)[-의/-이][명][하자] 옷을 갈아입음. 개착(改着).

개ː의(改議)[-의/-이][명][하타] ①고치어 논의함. ②회의에서, 발의(發議)된 의안(議案)이나 동의(動議)를 수정함, 또는 그 의안이나 동의.

개의(開議)[-의/-이][명][하자타] 의안(議案)의 토의를 시작함. 회의를 엶.

개ː의(概意)[-의/-이][명] 내용의 개략적인 뜻.

개ː-이[명] 개잇과의 기생 곤충. 몸길이 1.5∼2 mm, 개의 몸에 붙어삶.

개이다[자] '개다¹'의 잘못.

개ː인(改印)[명][하타][되자] ①도장을 고쳐 새김. ②신고된 인감(印鑑)을 바꿈.

개ː인(個人)[명] 집단(단체)의 구성 요소로서의 한 사람. 개체(個體). ¶ 사회는 개인의 집합체다.

개ː인(蓋印)[명][하자] (문서 등에) 관인(官印)을 찍음. 답인(踏印).

개ː인^경ː기(個人競技)[명] 개인의 기량이나 힘으로 승패나 우열을 겨루는 경기. ↔단체 경기. [참]개인전(個人戰).

개ː인^교ː수(個人教授)[명] 개인을 대상으로 하여 가르치는 일, 또는 그 사람. ¶ 개인 교수를 받다.

개ː인-기(個人技)[명] 개인 기술, 특히 단체 경기에서의 개인의 기량. ¶ 개인기가 뛰어나다./개인기가 좋다.

개ː인^기업(個人企業)[명] 개인이 자금을 들여 경영하는 기업.

개ː인^단위설(個人單位說)[명] 개인이 사회의 기본적인 구성단위임을 주장하는 학설.

개ː인-상(個人賞)[명] 개인에게 주는 상. ↔단체상.

개ː인-성(個人性)[-썽][명] ☞개성.

개ː인-세(個人稅)[-쎄][명] 소득세와 개인에 대한 영업세 따위를 흔히 이르는 말.

개ː인^소ː득(個人所得)[명] 개인이 번 소득. 〔임금·이윤·이자·지대(地代)·연금 따위〕

개ː인^신고(改印申告)[명] (신고된 인감을 잃어버리거나 하여) 새 인감으로 바꿀 때 하는 신고.

개ː인^어음(個人-)[명] ①개인이 은행 또는 다른 개인 앞으로 발행하는 어음. 상업 어음. ↔은행 어음. ②외국환 거래에서, 신용장(信用狀)에 의하지 아니하고 발행한 어음.

개ː인-연금(個人年金)[-년-][명] 생명 보험 회사나 신탁 은행이 개인을 대상으로 취급하는 연금 지급형의 보험이나 신탁.

개ː인-영업(個人營業)[-녕-][명] 한 사람의 기업인이 단독으로 경영하는 영업.

개ː인용 컴퓨터(個人用computer)[-뇽-] (사무실이나 가정 등에서) 개인이 이용하기에 편리하게 만든 소형 컴퓨터. 퍼스널 컴퓨터. 피시(PC).

개ː인-위생(個人衛生)[명] 개인을 대상으로 하는 위생. ↔공중위생.

개ː인^윤리(個人倫理) [-뉼-] 명 도덕 원리가 개인적 생활에 적용되었을 때의 윤리. ↔사회 윤리.

개ː인-적(個人的) 관명 개인을 중심으로 한 (것). 공적(公的)이 아니고 사적(私的)인 (것). ¶ 개인적 의견. /개인적으로는 싫어하는 음식이다.

개ː인적 쾌락설(個人的快樂說) [-썰] 행위의 목적은 개인의 쾌락에 있으며, 개인의 보존·이익·쾌락이 모든 행위의 표준이라고 주장하는 학설.

개ː인-전(個人展) 명 한 개인의 작품만을 모아서 전시하는 전람회. ¶ 개인전을 열다.

개ː인-전(個人戰) 명 개인끼리 하는 운동 경기. ↔단체전.

개ː인-주의(個人主義) [-의/-이] 명 ①(모든 면에서) 국가나 사회·단체보다 개인을 우선으로 하는 주의. ↔전체주의. ②개인의 생활을 남으로부터 침해받지 않으려고 하는 주의.

개ː인-차(個人差) 명 개인 사이의 정신적·신체적 능력이나 특질의 차이.

개ː인-택시(個人taxi) 명 회사 조직에 딸리지 않은 개인이 영업 목적으로 부리는 택시.

개ː인^표상(個人表象) 명 개인이 가지고 있는 의식 내용. 〔개인 표상이 융합하여 집단 표상을 이룸.〕 ↔집단 표상·집합 표상.

개ː인-플레이(個人play) 명 (전체의 조화를 생각지 아니하고) 각 개인이 저마다 제 마음대로 행동하는 일.

개ː인-행동(個人行動) 명 단체 경기나 조직에서 개인의 목적이나 용무를 위하여 전체에서 떨어져 혼자 따로 하는 행동. ¶ 단체 생활에서 개인행동은 금물이다.

개ː인^회ː사(個人會社) [-회-/-훼-] 명 회사 자본이나 주식의 대부분이 개인 소유로 되어 있는 회사.

개인^휴대^통신^서ː비스(個人携帶通信service) 명 음성·데이터·화상 정보를 전달하는 이동 통신 서비스. 피시에스(PCS).

개ː입(介入) 명하자되자 어떤 일에 끼어들어 관계함. ¶ 두 나라의 분쟁에 제삼국이 개입하다.

개ː입-권(介入權) [-꿘] 명 ①상업 사용인이 경업(競業) 금지 의무를 위반한 거래 행위를 하였을 때, 영업주나 회사가 자기를 위하여 행한 것으로 간주하여, 이득의 양도를 청구할 수 있는 권리. ②위탁을 받은 위탁 매매인이 위탁 사무를 처리하는 방법으로, 스스로 거래의 상대편이 될 수 있는 권리.

개-입방(開立方) [-빵] 명하타 ☞세제곱근 풀이. 준개립(開立).

개자(芥子) 명 ①'겨자씨와 갓 씨'를 이르는 말. ②'겨자'의 잘못.

개-자리¹ 명 ☞거여목.

개ː-자리² 명 ①(불기를 빨아들이고, 연기를 머무르게 하기 위하여) 방구들 윗목에 깊이 파 놓은 고랑. ②(사람이 들어앉아 화살이 맞고 안 맞음을 살필 수 있도록) 과녁 앞에 파 놓은 구덩이. ③강이나 내의 바닥에 푹 패어 깊은 곳.

개자리(가) 지다 관용 모를 낼 때, 한쪽은 성기게 심어지고, 한쪽은 배게 심어져 층이 지다.

개ː-자식(-子息) 명 ☞개새끼.

개자-유(芥子油) 명 겨자씨나 갓 씨로 짠 기름.

개자-정(芥子精) 명 개자유를 알코올과 1:9의 비율로 섞은 피부 자극제.

개ː자-하다 형여 〈개제(愷弟)하다〉의 변한말.

개ː작(改作) 명하타되자 (작품이나 원고 따위를) 고치어 새로 지음(만듦), 또는 그 작품. ¶ 원작을 개작하다.

개ː-잘량 명 (방석처럼 쓰기 위하여) 털이 붙은 채로 손질하여 만든 개 가죽. 준잘량.

개ː-잠 명 ①(개가 자는 모습처럼) 머리와 팔다리를 오그리고 옆으로 누워 자는 잠. ②'깊이 잠들지 못하고 설치는 잠'을 비유하여 이르는 말.

개ː-잠(改-) 명 아침에 깨었다가 다시 자는 잠. 두벌잠.

개ː잠-자다 자 (개가 자는 모습처럼) 머리와 팔다리를 오그리고 옆으로 누워 자다.

개ː잠-자다(改-) 자 아침에 깨었다가 다시 잠을 자다.

개ː-잡년(-雜-) [-잠-] 명 '행실이 아주 더럽고 못된 여자'를 욕으로 이르는 말.

개ː-잡놈(-雜-) [-잠-] 명 '행실이 아주 더럽고 못된 남자'를 욕으로 이르는 말.

개ː-장(-醬) 명 〈개장국〉의 준말.

개ː장(改葬) 명하타 장사 지냈던 이의 무덤을 옮기어 다시 장사 지냄. 이장(移葬).

개ː장(改裝) 명하타되자 ①꾸밈새를 다시 함. ¶ 건물의 개장 공사. /장정(裝幀)을 개장하다. ②군함 등의 장비를 새롭게 고침.

개장(開仗) 명하자 전쟁을 개시함. 개전(開戰).

개장(開張) 명하타 넓게 벌여 놓음.

개장(開場) 명하자타되자 ①〔이름에 '장(場)' 자가 붙는 사업체나 시설물·처소 등의〕 ㉠업무를 처음 시작함(처음 공개함). ¶ 수영장을 개장하다. ㉡그날의 업무를 시작함. ¶ 개장 시간. ②증권 거래소나 시장을 열어 업무(장사)를 시작함. ③과거(科擧)를 보임. ①②↔폐장(閉場).

개ː-장국(-醬-) [-꾹] 명 개고기를 고아 끓인 국. 구장(狗醬). 준개장. 참보신탕.

개장-마니 명 '계집'의 심마니 말.

개ː-장수 명 개를 사고파는 사람.

개장수도 올가미가 있어야 한다 속담 무슨 일에나 거기에 필요한 준비와 기구가 있어야 한다.

개ː재(介在) 명하자되자 사이에 끼여 있음. 개립. ¶ 공적인 인사에 정실이 개재되면 안 된다.

개ː전(改悛) 명하자 잘못을 뉘우치고 마음을 바르게 고쳐먹음. 개오(改悟). 전개(悛改). ¶ 개전의 정이 보이다. 비회전(悔悛).

개전(開戰) 명하자되자 ①전쟁을 시작함. 싸움의 개시. 개장(開仗). ↔종전(終戰). ②구세군에서, 전도(傳道) 등의 사업을 시작함을 이르는 말.

개전-법(開展法) [-뻡] 명 ☞원통 도법.

개절(剴切) '개절하다'의 어근.

개ː절-하다(剴切-) 형여 꼭 알맞다. 아주 적절하다.

개점(開店) 명하자타 ①가게를 내어 영업을 처음 시작함. ¶ 개점 인사. ②그날의 영업을 하려고 가게의 문을 엶. ¶ 평일은 10시에 개점한다. ↔폐점(閉店).

개점-휴업(開店休業) 명 〔장사를 하고 있으나 휴업 상태라는 뜻으로〕 '장사가 잘 안되거나, 사무(업무)가 별로 없는 상태'를 비유하여 이르는 말.

개정(介淨) '개정하다'의 어근.

개ː정(改正) 명하타되자 (그르거나 알맞지 않은 것을) 고치어 바르게 함. ¶ 헌법 개정. /악법의 개정에 힘쓰다. /회칙을 개정하다.

개ː정(改定) 명하타되자 (한번 정한 것을) 고치어 다시 정함. ¶ 개정 요금.

개ː정 (改訂) 명 하타 되자 책의 잘못된 내용을 바로잡음. ¶ 개정 신판.
개정 (開廷) 명 하자 되자 〔법정을 연다는 뜻으로〕 재판을 시작함. ↔폐정(閉廷). 참 휴정(休廷).
개ː정-안 (改正案) 명 개정한(할) 안(案).
개ː정-판 (改訂版) 명 전에 출판한 책의 내용을 개정하여 다시 낸 책. 개판(改版).
개ː정-표 (改正表) 명 내용이 바뀌었거나 틀린 곳을 바르게 고친 표.
개ː정-하다 (介淨—) 형 여 산뜻하고 깨끗하다.
개ː제 (改題) 명 하타 되자 제목을 달리 고침, 또는 그 고친 제목.
개제 (皆濟) 명 하타 ①갚아야 할 것을 죄다 갚음. ②모든 일이 깨끗이 정리됨.
개제 (開除) 명 하타 ①(장애물 따위를) 열어서 헤침. ②헤치어 없앰.
개제 (開霽) 명 하자 비가 멎고 하늘이 갬.
개제 (愷悌·豈弟) '개제하다'의 어근.
개ː-제비쑥 명 ☞맑은대쑥.
개ː-제주 (改題主) 명 하자 신주(神主)의 글자를 고쳐 씀.
개ː제-하다 (愷悌—·豈弟—) 형 여 (용모나 기상이) 단아하고 화락하다. 변 개자하다.
개ː조 (改造) 명 하타 되자 고치어 다시 만듦. ¶ 의식의 개조. /군함을 개조하다.
개ː조 (改組) 명 하타 되자 조직이나 구성을 다시 짬. ¶ 내각(內閣) 개조.
개ː조 (個條·箇條) 의 낱낱의 조목을 셀 때의 단위. ¶ 열두 개조로 된 법조문.
개조 (開祖) 명 ①어떤 일을 처음 시작하여 그 일파의 원조(元祖)가 되는 사람. ②〈개종조(開宗祖)〉의 준말. ③〈개산조사(開山祖師)〉의 준말.
개ː종 (改宗) 명 하자 믿던 종교를 바꾸어 다른 종교를 믿음. 개교(改教).
개종 (開宗) 명 하자타 불교에서, 한 종파를 처음으로 세워 여는 일을 이름. 개산(開山).
개ː종-자 (改宗者) 명 개종한 사람.
개종-조 (開宗祖) 명 불교에서, 한 종파를 처음으로 세워 연 사람. 준 개조(開祖).
개ː좆-부리 [-존뿌-] 명 〈고뿔〉의 속된 말. 준 개좆불.
개ː좆-불 [-존뿔] 명 〈개좆부리〉의 준말.
개좌 (開座·開坐) 명 하자 지난날, 벼슬아치들이 모여 사무를 보던 일.
개ː주 (介冑·鎧冑) 명 갑옷과 투구.
개ː주 (改鑄) 명 하타 다시 주조(鑄造)함.
개ː주지사 (介冑之士) 명 갑옷과 투구로 무장한 병사(兵士).
개ː-죽 (-粥) 명 죽같이 만든 개의 먹이.
개ː-죽음 명 하자 아무 보람 없이 죽는 죽음. 낭사(浪死). ¶ 개죽음을 당하다.
개준 (改悛) 명 '개전(改悛)'의 잘못.
개ː중 (個中·箇中) 명 여럿 가운데. 그 가운데. 《주로, '개중에'의 꼴로 쓰임.》 ¶ 개중에 쓸 만한 물건이 더러 있다.
개ː지 명 ①〈버들개지〉의 준말. ②사월 초파일에 다는 등(燈)에, 모양을 내기 위하여 모서리나 밑에 달아 늘어뜨리는 색종이 조각.
개ː지 (改紙) 명 하자 종이에 쓴 글씨나 그림이 잘못되어, 새 종이에 다시 쓰거나 그림.
개지 (開地) 명 개간한 땅.
개ː-지네 명 지넷과의 벌레. 몸길이 4 cm가량. 몸은 23마디로 되어 있고, 각 마디에 한 쌍씩의 발이 있음. 몸빛은 황갈색. 마을 가까이나 그늘진 곳에 살며 작은 곤충을 잡아먹음.
개ː-지랄 명 하자 〔개가 하는 지랄이라는 뜻으로〕 '남이 하는 미운 짓'을 욕으로 이르는 말.
개ː진 (改進) 명 하자타 되자 ①개선되어 발전함. ②낡은 것을 고치어 문명을 발전시킴.
개진 (開陳) 명 하타 자기의 의견이나 생각 등을 말함. ¶ 여러 사람 앞에서 소신을 개진하다.
개진 (開進) 명 하자 개화하여 진보함. 문물이 발달하고 사람의 지혜가 열림.
개ː진 (凱陣) 명 하자 싸움에 이기고 자기의 진영으로 돌아옴. 참 개선(凱旋).
개짐 명 월경을 할 때, 헝겊 따위로 기저귀처럼 만들어 샅에 차는 것. 생리대. 월경대.
개ː-짐승 명 〔개 따위 짐승이라는 뜻으로〕 '언행이 몹시 좋지 않은 사람'을 비유하여 이르는 말. ¶ 하는 짓이 개짐승만도 못하다.
개ː-집 명 ①개가 들어가 사는 작은 집. ②아주 작고 누추한 집을 비유하여 이르는 말.
개ː-찜 명 개고기의 찜. 구증(狗蒸).
개ː차 (改差) 명 하타 벼슬아치를 갊.
개ː차 (蓋車) 명 지붕이 있는 차(車). 유개차(有蓋車). ↔무개차(無蓋車).
개ː-차반 명 〔개가 먹는 차반, 곧 '똥'이란 뜻으로〕 '언행이 더럽고 막된 사람'을 욕으로 이르는 말.
개ː착 (改着) 명 하타 ☞개의(改衣).
개착 (開鑿) 명 하타 (도로나 운하 따위를 내기 위하여) 산을 뚫거나 땅을 팜.
개ː찬 (改撰) 명 하타 책이나 글을 고쳐서 다시 엮거나 지음.
개ː찬 (改竄) 명 하타 되자 《흔히 일부러 하는 경우에 쓰이어》 글귀나 문의(文意) 따위를 뜯어고침. ¶ 증서(證書)를 개찬하다.
개ː찰 (改札) 명 하타 승차권이나 입장권 따위를 들어가는 입구에서 확인함. 비 개표(改票).
개찰 (開札) 명 하타 입찰(入札) 결과를 조사함.
개ː찰-구 (改札口) 명 '개표소'의 구용어.
개ː창 (疥瘡) 명 ☞옴[1].
개창 (開倉) 명 하타 지난날, 관아의 창고를 열고 공곡(公穀)을 내던 일.
개창 (開創·開剏) 명 하자타 처음으로 창설함.
개창-지 (開創地) 명 처음으로 개척한 땅.
개창-지 (開敞地) 명 앞이 훤하게 트이어 전망이 좋은 땅.
개ː채 (改彩) 명 하타 불상(佛像)에 채색을 다시 올림.
개ː채 (芥菜) 명 겨자와 갓.
개척 (開拓) 명 하타 되자 ①거친 땅을 일구어 논밭을 만듦. ¶ 황무지를 개척하다. ②아무도 손대지 않은 새로운 분야를 열어 그 부문의 길을 닦음. ¶ 해외 시장 개척. ③(어려움을 이기고) 나아갈 길을 헤쳐 엶. ¶ 진로를 개척하다.
개척-민 (開拓民) [-청-] 명 개척을 목적으로 일정 지역에 거주지를 옮긴 사람.
개척-사 (開拓史) [-싸] 명 개척의 역사.
개척-자 (開拓者) [-짜] 명 개척한 사람.
개척-지 (開拓地) [-찌] 명 개척한 땅.
개천 (-川) 명 ①개골창 물이 흘러가도록 길게 판 내. ②☞내[3].
개천에 나도 제 날 탓이라 속담 미천한 집안에 태어나더라도 저만 잘나면 훌륭한 사람이 될 수 있다는 말.
개천에 내다 버릴 종 없다 속담 아무리 못난 사람도 다 쓰일 데가 있다는 말.
개천에서 용 난다 속담 미천한 집안이나 변변하지 못한 부모에게서 훌륭한 인물이 난다는 말.

개천-가(-川-)[-까]명 개천이 흐르는 부근.
개천-절(開天節)명 단군의 고조선 건국을 기념하는 국경일. 〔10월 3일.〕
개천-제비명 ☞갈색제비.
개청(開廳)명하타 관청을 새로 설립하여 첫 업무를 시작함.
개:체(改替)명하타 고치어 바꿈.
개:체(個體·箇體)명 ①따로따로 떨어진 낱낱의 물체. 개물(個物). ↔집합체. ②생명 현상을 영위하는 데 필요한 기관을 완전히 갖추고 독립하여 생활하는 최소 단위의 생물체. ②↔군체(群體).
개체(開剃)명하타 고려 말기에, 머리의 둘레는 깎고 정수리 부분의 머리털만 남겨 땋아 늘이던 머리 모양새. 〔몽고의 풍속임.〕
개:체^개:념(個體槪念)명 ☞개별 개념.
개:체-군(個體群)명 같은 곳에서 함께 살아가는 생물 개체의 집단.
개:체^명사(個體名辭)명 ☞개별 개념.
개:체^발생(個體發生)[-쌩]명 생물의 개체가 알에서 발생하여 완전한 개체로 되기까지의 과정. ↔계통 발생.
개:체^변:이(個體變異)명 같은 종류의 생물의 각 개체 사이에 일어나는, 유전하지 않는 변이. 방황 변이(彷徨變異).
개:체^접합(個體接合)[-저팝]명 단세포 생물에서, 영양체가 그대로 생식 세포가 되어 서로 접합하는 일. ↔배우자 접합.
개:체-주의(個體主義)[-의/-이]명 개체를 실체적(實體的)·제일의적(第一義的)인 것으로 보고, 보편 또는 전체를 비본질적·제이의적인 것으로 보는 주장. ↔보편주의.
개:초(蓋草)명 ①하타이엉으로 지붕을 임. 참개와(蓋瓦). ②☞이엉.
개:초-장이(蓋草-)명 개초하는 일을 업으로 삼는 사람.
개최(開催)[-최/-췌]명하타되자 어떤 모임이나 행사 따위를 엶. ¶ 회의를 개최하다.
개:축(改築)명하타되자 (축조물을) 새로 고치어 쌓거나 지음. ¶ 낡은 건물의 개축 공사.
개:춘(改春)명 ①봄이 다시 돌아옴, 또는 돌아온 그 봄. ②새해.
개춘(開春)명하자되자 봄철이 시작됨. 봄이 됨. ¶ 지금은 너무 추우니 개춘이나 하면 그때 이사하자.
개:충(介蟲)명 ☞갑충(甲蟲).
개:치(改置)명하타되자 ☞대치(代置).
개치네-쒜감 재채기를 한 뒤에 외치는 소리. 〔이 소리를 외치면 고뿔이 물러간다고 함.〕
개:칙(槪則)명 개략의 규칙.
개:칠(改漆)명하타 ①한 번 칠한 것을 다시 고치어 칠함. ②(붓글씨를 쓸 때) 한 번 그은 획에 다시 붓을 대어 더 칠함. 참개획(改畫).
개:칭(改稱)명하타되자 칭호(稱號)를 고침, 또는 그 고친 칭호.
개컬-간(-間)명 윷놀이에서, 개나 걸 중의 어느 것. ¶ 개컬간에 다 좋다.
개컬-뜨기명 윷놀이에서, 개나 걸로 상대편 말을 잡을 수 있는 판세.
개:코-같다[-갇따]형 '하찮고 보잘것없다'를 속되게 이르는 말. ¶ 글씨가 개코같다. **개코같-이**부.
개:코-망신(-亡身)명하자 형편없는 망신. 개망신. ¶ 이기면 본전이고 지면 개코망신이다.
개:코-원숭이명 ☞비비(狒狒).
개키다타 (옷·이부자리·넓은 천이나 종이 따위를) 접어서 포개다. ¶ 옷장에 옷을 개켜 넣었다. /이불을 개켜 놓았다. 준개다³.
개탁(開坼)명하타 (주로 손아랫사람에게 보내는 편지 따위의 겉봉에 쓰는 말로) 봉한 것을 뜯어 봄. 개봉(開封). ¶ 봉투에는 '김철수 개탁'이라고 쓰여 있다.
개:탄(慨歎·慨嘆)명하자타스형 분하게 여기어 탄식함, 또는 그 탄식. ¶ 도덕성의 쇠퇴를 개탄하다.
개탕(開鐋)명 ①장지·빈지·판자 따위를 끼우기 위하여 낸 홈. ②〈개탕대패〉의 준말.
개탕(을) 치다관용 개탕을 만들다.
개탕-대패(開鐋-)명 개탕을 치는 데에 쓰는 대패. 준개탕.
개:-털명 ①개의 털. ②죄수들의 은어로, 돈이나 뒷줄이 없는 사람을 이르는 말.
개:털-니[-리]명 짐승털닛과의 기생 곤충. 몸길이 1.5 mm가량. 잔털이 난 육각형의 머리가 달려 있음. 개에 붙어사는데, 전 세계에 분포함.
개토(開土)명하자 (뫼를 쓰거나 집을 짓거나 할 때) 땅을 파기 시작함.
개토-제(開土祭)명 개토하기 전에 토신(土神)에게 올리는 제사.
개통(開通)명하타되자 새로 시설(건설)한 도로·교량·항로·전신·전화 따위가 처음으로 이용할 수 있는 상태로 됨. ¶ 중부 고속도로의 개통.
개통-식(開通式)명 개통을 기념하기 위하여 베푸는 의식(儀式).
개:-판명 (행동·상태·진행 따위가) 몹시 난잡하고 무질서하여 엉망인 상태. ¶ 개판을 치다. / 회의라는 게 질서도 없이 온통 개판이다.
개:-판(改-)명하자 (씨름 등의 경기에서) 승부가 나지 않거나 불분명할 때, 다시 판을 벌여 겨루는 일, 또는 그 다시 하는 판.
개:판(改版)명하타 ①조판을 다시 함. ②책의 내용을 고치어 다시 출판함, 또는 그 책. 개간(改刊). 개정판.
개판(開版)명하타 (지난날의 목판 인쇄에서) 책을 처음으로 찍어 냄.
개:판(蓋板)명 ①서까래·목반자·부연(附椽) 따위의 위에 까는 널빤지. ②(모양을 내기 위하여) 책장·옷장 따위의 맨 위에 대는 나무로 된 판.
개:판-널(蓋板-)명 개판으로 쓰는 널빤지.
개펄명 갯가의 개흙이 깔린 벌. 준펄. 참갯벌.
개:편(改編)명하타되자 ①(책 따위를) 다시 엮어서 냄. ¶ 교과서를 개편하다. ②(인적 기구나 조직 따위를) 고치어 다시 짬. ¶ 인사 개편. / 기구를 개편하다.
개편(開片)명〈개편열〉의 준말.
개편-열(開片裂)[-녈]명 도자기 거죽에 올린 잿물에 잘게 난 금. 준개편(開片).
개평명 (노름이나 내기 따위에서) 남이 가지게 된 것 중에서 공으로 조금 얻어 가지는 것.
개평(을) 떼다관용 개평을 얻어 가지다.
개평(을) 뜯다관용 졸라서 억지로 개평을 받아내다.
개평(開平)명하타〈개평방〉의 준말.
개:평(槪評)명하타 개략적으로 비평함, 또는 그렇게 하는 비평.
개평-근(開平根)명 ☞제곱근풀이.
개평-꾼명 개평을 떼는 사람.
개평-방(開平方)명하타 ☞제곱근풀이. 준개평.

개평방-법 (開平方法) [-뻡] 명 개법(開法)의 한 가지. 제곱근을 계산하여 그 답을 구하는 방법. 준개평법(開平法).
개평-법 (開平法) [-뻡] 명 〈개평방법〉의 준말.
개:폐 (改廢) [-폐/-페] 명하타되자 고치는 일과 아주 없애는 일. ¶ 규정의 개폐를 심의하다.
개폐 (開閉) [-폐/-페] 명하타되자 열거나 닫거나 하는 일. 여닫이. 개합(開闔). ¶ 개폐 장치.
개폐-교 (開閉橋) [-폐-/-페-] 명 ☞가동교.
개폐-기 (開閉器) [-폐-/-페-] 명 전기 회로를 이었다 끊었다 하는 장치. 스위치.
개폐-문 (開閉門) [-폐-/-페-] 명하자 조선 시대에, 감영(監營)과 각 고을의 삼문(三門)을 날마다 파루(罷漏)에 열고 인정(人定)에 닫던 일.
개폐^세:포 (開閉細胞) [-폐-/-페-] 명 ☞공변세포.
개폐^운:동 (開閉運動) [-폐-/-페-] 명 (식물체 안의 물기를 조절하는) 공변세포의 내압(內壓)의 변화에 따라서 일어나는, 기공(氣孔)의 여닫는 운동.
개:표 (改票) 명하자 차표나 입장권 따위를 입구에서 검사하는 일. 비개찰(改札).
개:표 (改標) 명하자타 ①증서를 고쳐 씀. ②표지(標紙)를 고쳐 씀.
개표 (開票) 명하타 투표함을 열고, 투표의 결과를 점검하는 일. ¶ 개표 상황. /개표 장소.
개표-구 (開票區) 명 개표하기 위하여 정해 놓은 단위 구역.
개:표-소 (改標所) 명 개표(改標)를 하는 장소.
개표-소 (開票所) 명 개표(開票)를 하는 장소.
개-풀 명 갯가에 난 풀.
개:-피[1] 명 볏과의 이년초. 높이 30~60 cm. 잎은 넓은 선형(線形)으로 끝이 뾰족함. 4~5월에 꽃이 피고, 길둥근 영과(穎果)를 맺음. 열매는 먹을 수 있음.
개피[2] 명 '개비[1]'의 잘못.
개피 (蓋皮) 명 ☞개비[2].
개피-떡 명 콩소나 팥소를 넣고 반달 모양으로 빚은 떡.
개학 (開學) 명하자 학교에서 방학·휴교 따위로 한동안 쉬었다가 수업을 다시 시작함.
개함 (開函) 명하타 함(函)을 엶.
개합 (開闔) 명하타되자 ☞개폐(開閉).
개항 (開港) 명하자타되자 ①(외국과 통상하기 위하여) 항구를 외국에 개방함. ②항구(또는 공항)로서의 구실을 처음으로 시작함. ③〈개항장〉의 준말.
개항-장 (開港場) 명 외국과 통상하기 위하여 개방한 항구. 개항지. 준개항.
개항-지 (開港地) 명 ☞개항장.
개:항-포 (蓋項布) 명 '개두포'의 구용어.
개:-해 명 ☞술년(戌年).
개:헌 (改憲) 명하타되자 헌법을 고침.
개:헌-안 (改憲案) 명 고치려 하는 헌법의 초안(草案). ¶ 국회에 개헌안을 내다.
개:-헤엄 명 (개가 헤엄치듯이) 팔을 앞쪽으로 내밀고 손바닥을 엎어 물을 끌어당기면서 나아가는 헤엄.
개:혁 (改革) 명하타되자 (정치 체제나 사회 제도 등을) 새롭게 고침. ¶ 교육 개혁. /의식 개혁. /종교 개혁. /낡은 제도를 개혁하다.
개:혁파^교:회 (改革派教會) [-회/-훼] 명 종교 개혁의 결과로 유럽 각국에서 일어난 '신교(新教) 교회'를 통틀어 이르는 말.

개:혈 (改血) 명하타 (가축 품종 개량의 한 방법으로) 품종이 다른 동물을 교배하여 혈통을 개량함.
개:호 (改號) 명하타되자 ①호(號)를 고침, 또는 고친 그 호. ②☞개원(改元).
개호 (開戶) 명하자 지게문을 엶.
개호주 명 범의 새끼.
개혼 (開婚) 명하자 (여러 명의 자녀가 있는 집안에서) 자녀의 혼인을 처음으로 치름, 또는 그 혼인. 초혼. ↔필혼(畢婚).
개화 (開化) 명하자되자 사람들의 지식이 깨어 문화가 진보함. 개명(開明).
개화 (開花) 명하자되자 ①꽃이 핌. ②'문화의 발달'을 비유하여 이르는 말. ¶ 영·정 시대에 이르러 평민 문학이 개화하였다.
개화-경 (開化鏡) 명 개화기(開化期)에, '안경'을 이르던 말.
개화-기 (開化期) 명 강화도 조약 체결 이후, 서구 문물의 영향으로 봉건적인 사회 질서에서 벗어나 근대적인 사회로 개화하던 시기.
개화-기 (開花期) 명 ①꽃이 피는 시기. ②'학문이나 예술 등 문화가 한창 발달한 시기'를 비유하여 이르는 말.
개화-당 (開化黨) 명 조선 고종 때, 민씨(閔氏) 일족의 수구파에 대항하여 개혁을 주장하던 당파. 〔김옥균을 중심으로 갑신정변을 일으켰으나 삼일천하(三日天下)로 끝남.〕 ↔수구당.
개화-사상 (開化思想) 명 낡은 제도나 풍습 등을 물리치고, 새롭고 진보된 제도나 문물을 받아들여 근대화를 꾀하려는 사상.
개화^운:동 (開化運動) 명 조선 고종 때, 개화당이 주동이 되어, 종래의 봉건적 사상과 풍속 따위를 타파하고 새로운 문화를 일으키고자 한 정치적·사회적 운동.
개화-인 (開化人) 명 개화한 사람.
개화-장 (開化杖) 명 개화기에 '단장(短杖)'을 이르던 말.
개화-파 (開化派) 명 조선 말기에, 개혁을 주장하던 사람들의 집단.
개활 (開豁) '개활하다'의 어근.
개활-지 (開豁地) [-찌] 명 앞이 시원하게 탁 트인 너른 땅.
개활-하다 (開豁-) 형여 ①앞이 탁 트이어 시원하게 넓다. ②도량이 넓고 원만하다.
개황 (開荒) 명하타 황무지를 개척함.
개:황 (概況) 명 대략의 상황. ¶ 사건 당시의 개황 설명. /일기(日氣) 개황.
개:회 (改悔) [-회/-훼] 명하타 ☞회개(悔改).
개회 (開會) [-회/-훼] 명하자타되자 회의나 회합 따위를 시작함. ¶ 개회를 선언하다. ↔폐회.
개회-사 (開會辭) [-회-/-훼-] 명 개회할 때에 그 모임의 취지·성격·목적 따위를 곁들이어 하는 인사말. ↔폐회사.
개회-식 (開會式) [-회-/-훼-] 명 개회할 때에 거행하는 의식. ↔폐회식.
개:획 (改畫) [-획/-훽] 명하자 (붓글씨를 쓸 때) 한 번 그은 획에 다시 붓을 대어 고침. 참개칠.
개흉 (開胸) 명하자 흉곽 외과 등에서 흉강 안의 기관 등을 수술하려고 가슴을 째어 여는 일.
개흉-술 (開胸術) 명 가슴을 째고 하는 수술.
개:-흘레 명 (칸살을 늘리거나 벽장을 달아 낼 때처럼) 집의 벽 밖으로 새로 물리어 조그맣게 달아 낸 칸살.
개-흙 [-흑] 명 갯가나 늪 바닥 등에 있는 거무스름하고 미끈미끈한 흙. * 개흙이[-흘기]·개흙만[-흥-]

객(客)명 ①찾아온 사람. 손². ¶ 낯선 객이 찾아오다. ↔주인. ②나그네.

-객(客)접미 《일부 명사 뒤에 붙어》 '그러한 사람'임을 나타냄. ¶ 관람객./풍류객./불청객.

객거(客居) [-꺼]명하자 객지에 머물러 있음. 객지에서 삶. 여우(旅寓).

객고(客苦) [-꼬]명하자 ①객지에서 겪는 고생. ②공연히 겪게 되는 고생. ¶ 객고를 치르다.

객공(客工) [-꽁]명 ①임시로 일하는 직공. ②〈객공잡이〉의 준말.

객공-잡이(客工-) [-꽁-]명 시간에 따라, 또는 능률에 따라 얼마씩 정한 임금을 받으며 일하는 직공. 준객공.

객관(客官) [-꽌]명 〔지난날〕 ①관아의 사무에 직접적인 책임을 지지 않던 벼슬아치. ②다른 관아에서 임시로 와서 일을 보던 벼슬아치.

객관(客館) [-꽌]명 ☞객사(客舍).

객관(客觀) [-꽌]명 ①인식 주체에 대한 인식 내용이나 대상. ②정신적·육체적 자아(自我)에 대한 공간적 외계(外界). 〔세계·자연 따위.〕 ③자기 혼자만의 생각에서 벗어나, 제삼자의 처지에서 사물을 보거나 생각하는 일. ↔주관(主觀).

객관^가치설(客觀價値說) [-꽌-]명 상품의 가치는 그 상품을 생산하는 데 필요한 노동량 또는 노동 시간에 따라서 결정된다는 가치 학설(價値學說). ↔주관 가치설.

객관^묘:사(客觀描寫) [-꽌-]명 대상을 있는 그대로 관찰하여 사실적(寫實的)으로 묘사하는, 문예 창작상의 한 수법.

객관-성(客觀性) [-꽌썽]명 주관의 작용이나 영향을 받지 아니한 보편타당성. 제삼자적 처지에 서는 성질. ↔주관성.

객관-식(客觀式) [-꽌-]명 〈객관식 고사법〉의 준말. ↔주관식.

객관식 고:사법(客觀式考査法) [-꽌-꼬-뻡] 진위법·결합법·선택법 등과 같이 채점자의 주관에 좌우됨이 없이 기계적으로 채점될 수 있도록 하는 시험 방법. 객관적 테스트. 준객관식. ↔주관식 고사법.

객관-적(客觀的) [-꽌-]관명 ①(개인적 주관을 떠나) 보편타당성을 가진 (것). ¶ 객관적 시각./객관적으로 판단하다. ②객관으로 존재하는 (것). ¶ 객관적 대상./객관적인 사실. ↔주관적.

객관적 가치(客觀的價値) [-꽌-까-] (주관적 의사와는 관계없이) 객관적으로 결정되는 재화(財貨)의 가치. ↔주관적 가치.

객관적 관념론(客觀的觀念論) [-꽌-꽌-논] 세계의 본질을 주관적 의식과는 독립하여 존재하는 정신적·관념적인 것으로 보고, 모든 현상(現象)은 이 관념의 나타남이라고 보는 형이상학적 인식론. ↔주관적 관념론.

객관적 도:덕(客觀的道德) [-꽌-또-] ①(개인의 도덕적 자각과 대비하여) 기성 도덕에 가치를 두는 도덕. ②(주관적 도덕에 대하여) 행위의 결과에 가치를 두는 도덕.

객관적 비:평(客觀的批評) [-꽌-삐-] 예술 작품에 대하여 일정한 표준을 정하고, 그 객관적 기준에 따라서 작품의 가치를 판단하는 비평. ↔주관적 비평.

객관적 타:당성(客觀的妥當性) [-꽌-썽] 어떤 판단이 한 개인의 주관을 초월하여 보편적 가치를 가지는 것. 모든 것(사람)에 두루 미쳐 옳다고 인정되는 성질.

객관적 테스트(客觀的test) [-꽌-] ☞객관식 고사법.

객관-주의(客觀主義) [-꽌-의/-꽌-이]명 ①실재(實在)·가치·진리는 주관적 인식과 독립하여 존재하거나 실현된다고 보는 주장. ②실험·통계 등의 객관적 방법으로 개인의 독단적 견해를 배제해야 한다는 생각. ③형법 이론에서, 범죄의 본질적 의의를 외부적 행위 및 결과로 판단하고, 행위는 행위자를 떠나 그 자체가 독자적 가치를 가진다고 하는 주장. 〔고전학파의 사상임.〕 ↔주관주의.

객관-화(客觀化) [-꽌-]명하타되사 ①주관적인 것을 객관적인 것이 되게 하는 일. ②경험을 조직하고 통일하여 보편타당성을 가지는 지식을 만드는 일.

객귀(客鬼) [-뀌]명 ①객지에서 죽은 사람의 혼령. ②☞잡귀.

객금(客衾) [-끔]명 손을 위하여 마련해 둔 이부자리. 참객침(客枕).

객기(客氣) [-끼]명 객쩍게 부리는 혈기. 분수를 모르는 협기(俠氣). ¶ 객기를 부리다.

객-꾼(客-)명 (어떤 모임 따위에) 관계도 없으면서 참석한 사람.

객년(客年) [갱-]명 지난해. 객세(客歲).

객-님(客-) [갱-]명 절에서, '객승(客僧)'을 높이어 일컫는 말.

객담(客談) [-땀]명하자 실없는 말. 객쩍은 말. 객소리. 객론(客論). 객설(客說). ¶ 객담이나 하며 시간을 보내다.

객담(喀痰) [-땀]명하자 담을 뱉음. 각담(咯痰).

객동(客冬) [-똥]명 지난겨울. 거동(去冬).

객랍(客臘) [갱납]명 ☞구랍(舊臘).

객려(客慮) [갱녀]명 쓸데없는 생각(근심). 잡념.

객례(客禮) [갱녜]명 손에 대한 예의.

객로(客路) [갱노]명 ☞여로(旅路).

객론(客論) [갱논]명하자 ☞객담(客談).

객리(客裏) [갱니]명 ☞객중(客中).

객몽(客夢) [갱-]명 객지에서 꾸는 꿈.

객-물(客-) [갱-]명 ①뜨거운 물에 타는 찬물. ②죽이나 미음 같은 것의 위에 따로 떠도는 물. 군물. ③국이나 찌개 따위에 덧타는 맹물. ¶ 국이 짜서 객물을 탔더니 감칠맛이 없어졌다.

객미(客味) [갱-]명 객지에서 겪는 쓰라린 맛.

객반위주(客反爲主) [-빠뉘-]명하자 손이 도리어 주인 행세를 함. 주객전도(主客顚倒).

객방(客房) [-빵]명 손이 묵는 방.

객병(客兵) [-뼝]명 다른 곳에서 온 병졸.

객비(客費) [-삐]명 ①안 써도 될 일에 쓰는 돈. ②객지에서 쓰는 비용.

객사(客死) [-싸]명하자 객지에서 죽음.

객사(客舍) [-싸]명 ①나그네를 치거나 묵게 하는 집. 객관. ②고려·조선 시대에, 궐패를 모시어 두고, 왕명으로 내려오는 벼슬아치를 묵게 하던 집.

객사(客思) [-싸]명 객지에서 느끼는 생각.

객상(客床) [-쌍]명 ①본디 식구 것 이외에 따로 차린 밥상. ②손을 위해 차린 상.

객상(客狀) [-쌍]명 객지에서 지내는 형편.

객상(客商) [-쌍]명 제 고장을 떠나, 다른 고장에 가서 장사하는 장수.

객석(客席) [-썩]명 연극·영화·운동 경기 따위를 구경하는 사람들이 앉는 자리.

객선(客船) [-썬]명 ①여객을 실어 나르는 배. 여객선. ②다른 나라(지방)에서 온 배.

객설(客說) [-썰]명하자 ☞객담(客談).

객설-스럽다(客說-)[-썰-따][~스러우니·~스러워]형ㅂ 객쩍은 말과 다를 바 없다. **객설스레**부.
객성(客星)[-썽]명 (항성이 아닌) 한때 잠깐 나타나는 별. 〔혜성·신성(新星) 따위.〕
객세(客歲)[-쎄]명 지난해. 객년(客年).
객-소리(客-)[-쏘-]명하자 ☞객담(客談).
객수(客水)[-쑤]명 ①바라지 않는 때에 내리는 비. ②다른 데서 들어온 겉물. ③끼니때 이외에 마시는 물.
객수(客愁)[-쑤]명 객지에서 느끼게 되는 쓸쓸한 느낌. 객한(客恨). 여수(旅愁). ¶ 객수를 달래다.
객-숟가락(客-)[-쑫까-]명 ①손을 접대할 때 쓰기 위하여 마련한 숟가락. ②남의 음식을 빼앗아 먹으려고 들이미는 숟가락. 준객술.
객-술(客-)[-쑬]명 〈객숟가락〉의 준말.
객-스럽다(客-)[-쓰-따][~스러우니·~스러워]형ㅂ 보기에 객쩍다. **객스레**부.
객승(客僧)[-씅]명 다른 절에서 손으로 와 있는 중. 높객님.
객-식구(客食口)[-씩꾸]명 본디 식구 이외에 같은 집에서 함께 지내는 딴 식구. 더부살이하는 사람. 군식구.
객신(客神)[-씬]명 ☞잡귀.
객실(客室)[-씰]명 ①(집에서) 손을 접대하거나 거처하게 하려고 마련한 방. ②(여관·선박·열차 따위에서) 손이 드는(타는) 칸이나 방.
객심(客心)[-씸]명 ①나그네의 쓸쓸한 마음. ②엉뚱한 생각. 딴마음. ¶ 괜스레 객심 품다가 혼나지 말고 시키는 대로 해라.
객심-스럽다(客甚-)[-씸-따][~스러우니·~스러워]형ㅂ 보기에 매우 객쩍다. ¶ 가끔가다 객심스러운 말을 해서 듣기에 민망하다. **객심스레**부.
객아(客我)명 의식(意識)하는 자아(自我)의 대상이 되는 객관적인 자기. ↔자아.
객어(客語)명 ①☞목적어. ②☞빈사(賓辭).
객연(客演)명하자 전속이 아닌 배우가 임시로 고용되어 출연함.
객열(客熱)명 객증(客症)으로 말미암아 일어나는 신열(身熱).
객요(客擾)명 손의 출입이 잦아서 몹시 바쁘고 마음이 어수선함.
객용(客用)명 손에게 쓰임, 또는 그런 물건.
객우(客寓)명 ①하자남의 집 손이 되어 지냄. ②손이 되어 한동안 거처하는 집.
객우(客遇)명하타 손으로 대우함.
객원(客員)명 ①직접적인 관계없이 참석한 사람. ②어떤 기관이나 모임에서, 거기에 딸린 직원이나 회원이 아니고, 손으로 대우를 받으며 참여한 사람. ¶ 객원 지휘자.
객원^교:수(客員教授)명 ☞초빙 교수.
객월(客月)명 지난달. 거월(去月). 작월(昨月).
객유(客遊)명하자 객지로 돌아다니며 노닒.
객의(客意)[개긔/개기]명 ☞객회(客懷).
객인(客人)명 ①☞손[2]. 나그네. ②객쩍은 사람.
객장(客裝)[-짱]명 여행하기 위한 몸차림.
객장(客場)[-짱]명 은행이나 증권사 따위의 점포에서 고객이 업무를 볼 수 있도록 마련한 공간.
객-적다(客-)형 '객쩍다'의 잘못.
객점(客店)[-쩜]명 지난날, 길손이 음식이나 술 따위를 사 먹고 쉬어 가거나 묵어 가는 집을 이르던 말. 여점(旅店).
객정(客情)[-쩡]명 ☞객회(客懷).
객정(客程)[-쩡]명 ☞여정(旅程).
객좌(客座)[-쫘]명 손의 좌석.
객주(客主)[-쭈]명 조선 시대에, 상인의 물품을 맡아 팔기도 하고, 매매를 거간하기도 하며, 또 그 상인들을 치기도 하던 영업, 또는 그런 영업을 하던 사람.
객주(客酒)[-쭈]명 손을 접대하기 위해 마련한 술.
객주리[-쭈-]명 쥐칫과의 바닷물고기. 몸길이 60 cm가량. 몸은 길둥근꼴이며 몸빛은 엷은 회색. 우리나라 남해안 및 세계 각지의 난해(暖海)에 분포함.
객죽(客竹)[-쭉]명 손을 위하여 마련해 둔 담뱃대. 공죽(空竹).
객줏-집(客主-)[-쭈찝/-쭏찝]명 지난날, 객주 영업을 하던 집. 여각(旅閣).
객줏집 칼도마 같다속담 '이마와 턱이 툭 불거져 나오고 코 부근이 움푹 들어간 얼굴'을 비유하여 이르는 말.
객중(客中)[-쭝]명 여행하는 동안. 객지에 있는 동안. 객리(客裏). 교중(僑中). 여중(旅中).
객중(客衆)[-쭝]명 많은 손.
객중-보체(客中寶體)[-쭝-]명 〔주로 한문 투의 편지 글에서, 여행 중에 있는 귀한 몸이란 뜻으로〕 '객지에 있는 사람'을 높이어 일컫는 말.
객증(客症)[-쯩]명 본래의 병에 더하여 일어나는 다른 병. 합병증.
객지(客地)[-찌]명 자기가 살던 고장을 떠나 임시로 머무르는 곳. 한창(寒窓). 비객향(客鄕)·타향.
객지-살이(客地-)[-찌-]명하자 객지에서 살아가는 생활. ¶ 객지살이를 오래 해서 살림도 곧잘 한다.
객-쩍다(客-)[-따]형 말이나 하는 짓이 실없고 싱겁다. ¶ 객쩍은 소리 그만 하고 속마음을 털어놓아라. **객쩍-이**부.
객차(客車)명 여객을 실어 나르는 철도 차량. ↔화차(貨車).
객창(客窓)명 〔객사(客舍)의 창이란 뜻에서〕 나그네가 객지에서 묵는 방. 여창(旅窓).
객청(客廳)명 제사 때, 손이 거처하도록 마련해 놓은 대청이나 방.
객체(客體)명 ①객지에 있는 몸. 〔편지 글에서 흔히 쓰는 말.〕 여체(旅體). ②법률에서, 의사(意思)나 행위가 미치는 목적물을 이르는 말. ③철학에서, 작용의 대상이 되는 것을 이르는 말. ②③↔주체.
객체-계(客體界)[-계/-게]명 ☞현상계.
객체^높임법(客體-法)[-뻡]명 문장의 주어의 행위가 미치는 대상을 높이는 법. 〔'보다'·'주다'·'말하다' 따위에 대하여 '뵙다'·'드리다'·'여쭈다'를 씀.〕
객초(客草)명 손을 대접하기 위해 마련해 둔 담배. ¶ 손님에게 객초를 권하다.
객추(客秋)명 지난가을. 거추(去秋).
객춘(客春)명 지난봄. 거춘(去春).
객출(喀出)명하타 뱉어 냄.
객침(客枕)명 ①손을 위해 마련해 둔 베개. 참객금(客衾). ②객지에서의 외로운 잠자리.
객토(客土)명하자 토질을 개량하기 위하여 성질이 다른 흙을 다른 곳에서 가져다 논밭에 섞는 일, 또는 그 흙. ¶ 객토로 땅심을 높이다.
객하(客夏)[개카]명 지난여름. 거하(去夏).
객한(客恨)[개칸]명 ☞객수(客愁).
객한(客寒)[개칸]명 객증(客症)으로 말미암아 일어나는 오한(惡寒).
객향(客鄕)[개컁]명 ☞타향(他鄕).

객혈(咯血·咯血)[개결]명하자 (결핵이나 폐암 따위로) 피를 토함, 또는 그 피. 각혈(咯血). 폐출혈.
객호(客戶)[개코]명 다른 고장에서 옮아와서 사는 사람의 집.
객화(客火)[개콰]명 병중에 생기는 울화.
객-화차(客貨車)[개콰-]명 객차(客車)와 화차(貨車)를 아울러 이르는 말.
객황(客況)[개쾅]명 객지에서 지내는 형편.
객회(客懷)[개쾨/개퀘]명 객지에서 느끼는 외롭고 쓸쓸한 심정. 객의(客意). 객정(客情). 여정(旅情). 여회(旅懷).
갤러리(gallery)명 ①화랑(畫廊). ②골프장에서 골프 경기를 관람하는 사람.
갤ː러-빠지다형 〈개을러빠지다〉의 준말.
갤ː러-터지다형 〈개을러터지다〉의 준말.
갤런(gallon)의 액체 용적의 단위. 〔영국 1갤런은 약 4.54 *l*, 미국 1갤런은 약 3.785 *l*임.〕
갤럽(gallop)명 마술(馬術)에서, 말이 걸음마다 네 발을 모두 땅에서 떼고 뛰는 일. 〔가장 빨리 달리는 방법임.〕 습보(襲步).
갤럽(galop)명 4분의2 박자의 경쾌하고 빠른 춤곡, 또는 그 춤.
갤ː리부 〈개을리〉의 준말.
갬ː-대[-때]명 (풀·나물 따위를 캐는 데 쓰는) 나무로 만든 조그만 칼.
갬-상추명 (쌈을 싸 먹을 수 있게) 잎이 다 자란 상추.
갭(gap)명 ①서로 다른 차이. ¶ 세대 간의 갭이 크다. ②산등성이 사이의 깊이 갈라져 들어간 골짜기.
갭직-갭직[-찍깹찍]부하형 ①몹시 갭직한 모양. ②모두가 다 갭직한 모양. **갭직갭직-이**부.
갭직-하다[-찌카-]형여 (생각만큼 무겁지 아니하고) 조금 가볍다. ¶ 무거워 보였는데, 들어보니 갭직하다. 참묵직하다. **갭직-이**부.
갯-가[개까/갣까]명 ①바닷물이 드나드는 강이나 내의 가. 포변(浦邊). ②물이 흐르는 가장자리.
갯-가재[개까-/갣까-]명 갯가재과의 절지동물. 새우와 비슷하나 더 납작하고 머리 위에 낫 모양의 다리 한 쌍이 있음. 몸길이 15 cm가량. 몸빛은 잿빛 바탕에 푸른 빛깔을 띰. 얕은 바다의 모래흙에 구멍을 파고 삶.
갯ː-값[개깝/갣깝]명 '아주 싼 값'을 속되게 이르는 말. 똥값. ¶ 갯값으로 넘기다. ＊갯ː값이[개깝씨/갣깝씨]·갯ː값만[개깜-/갣깜-]
갯-강구[개깡-/갣깡-]명 갯강굿과의 절지동물. 몸길이 3 cm가량. 몸빛은 황갈색 또는 암갈색. 제2촉각이 특히 길고 채찍 모양이며, 가슴 쪽의 다리가 잘 발달하였음.
갯-고둥[개꼬-/갣꼬-]명 갯고둥과의 고둥. 몸길이는 큰 것이 33 mm, 작은 것이 20 mm 이하인데, 몸빛은 대체로 회색임. 염분이 적은 자갈밭이나 진흙 속에 사는데, 식용하며, 으깨어서 닭의 모이나 비료로도 씀.
갯-고랑[개꼬-/갣꼬-]명 갯가의 고랑. 준갯골.
갯-골[개꼴/갣꼴]명 〈갯고랑〉의 준말.
갯-나리[갠-]명 용골갯고사릿과의 극피동물. 모양이 나리 비슷함. 160～400 m 깊이의 따뜻한 바다 밑의 바위에 붙어사는데, 더러는 자유로이 헤엄치는 것도 있음. 고생대에 많이 번성한 원시 동물임.
갯-내[갠-]명 갯가에서 나는 비릿하고 짭조름한 냄새.
갯-논[갠-]명 개펄에 만든 논.
갯다자 〈옛〉가 있다. 갔다. 돌아가 있다. 돌아갔다. ¶ 흔번 주거 하늘해 갯다가 또 人間애 느려오면(月釋2:19).
갯-다슬기명 '갯고둥'의 잘못.
갯-대[개때/갣때]명 저인망(底引網)을 끌 때, 벼리와 활개 끝점이 엉키지 않도록 대는 나무.
갯-돌[개똘/갣똘]명 ①개천에 있는 큼직하고 둥근 돌. ②재래종 벌의 벌통 밑을 받치는 돌.
갯-둑[개뚝/갣뚝]명 바닷물을 막기 위해 바닷가에 쌓아 놓은 둑.
갯-마을[갠-]명 갯가에 있는 마을. 어촌. 포촌(浦村).
갯-물[갠-]명 바닷물이 드나드는 곳에 흐르는 물.
갯-바닥[개빠-/갣빠-]명 개천이나 개의 바닥.
갯-바람[개빠-/갣빠-]명 바다에서 육지로 향해 부는 바람. 바닷바람.
갯-바위[개빠-/갣빠-]명 갯가에 있는 바위.
갯-밭[1][개빧/갣빧]명 윷판의 도밭 다음인 둘째의 밭. ＊갯밭이[개빠치/갣빠치]·갯밭을[개빠틀/갣빠틀]·갯밭만[개빤-/갣빤-]
갯-밭[2][개빧/갣빧]명 갯가의 개흙밭. ＊갯밭이[개빠치/갣빠치]·갯밭을[개빠틀/갣빠틀]·갯밭만[개빤-/갣빤-]
갯-버들[개뻐-/갣뻐-]명 버드나뭇과의 낙엽 활엽 관목. 들이나 물가에 흔히 나는데 높이 2 m가량. 뿌리 근처에서 많은 가지가 나오고 길둥근 잎이 어긋맞게 남. 꽃은 이른 봄에 잎보다 먼저 피는데, 비늘로 둘러싸여 있음. 땅버들.
갯-벌[개뻘/갣뻘]명 바닷물이 드나드는 모래톱. 참개펄.
갯-보리[개뽀-/갣뽀-]명 볏과의 다년초. 줄기 높이 50 cm가량. 바닷가에 절로 나는데, 잎은 길이 30 cm, 폭 1 cm 안팎의 갸름한 잎임. 6～8월에 꽃이 피며, 열매는 길둥근 모양인데 까끄라기가 있음.
갯-사상자(-蛇床子)[개싸-/갣싸-]명 산형과의 이년초. 높이 30～60 cm가량. 바닷가의 모래땅에 절로 나는데, 뿌리잎은 무더기로 나고, 줄기잎은 깃 모양으로 어긋맞게 남. 8월경에 흰 꽃이 줄기 끝과 가지 끝에서 피며, 열매는 납작하고 길둥근 모양임. 뿌리는 한방에서 강장제로 씀.
갯-산호(-珊瑚)[개싼-/갣싼-]명 산호류의 자포동물. 몸빛은 붉은빛 또는 노란빛임. 골축(骨軸)은 나뭇가지 모양을 이루고 있으며, 바위가 많은 해안 바위에 붙어서 삶. 몸이 말라도 빛깔이 변하지 않아 관상용으로 쓰임.
갯-솜[개쏨/갣쏨]명 ☞해면(海綿).
갯솜^조직(-組織)[개쏨-/갣쏨-]명 ☞해면 조직(海綿組織).
갯-완두(-豌豆)[개돤-]명 콩과의 다년초. 길이 60 cm가량. 완두와 비슷하나 좀 작으며, 줄기는 땅 위에 깔리고, 잎은 덩굴손이 있는 깃 모양의 겹잎임. 5～6월에 자줏빛 꽃이 피며, 열매는 협과(莢果)임. 바닷가 모래땅에 남. 어린 싹은 약으로 쓰임.
갯-장어(-長魚)[개짱-/갣짱-]명 갯장어과의 바닷물고기. 몸길이 1.2～2 m. 뱀장어처럼 주둥이가 길고 입은 크며 앞쪽에 날카로운 송곳니가 있음. 배지느러미와 비늘이 없으며, 등은 회갈색, 배는 은백색임. 자라면서 탈바꿈을 함. 주로 밤에 활동하는 야행성 어류인데, 허리 아픈 데 약으로도 쓰임.
갯-지네[개찌-/갣찌-]명 ☞갯지렁이.

갯-지렁이[개찌-/갣찌-]명 갯지렁잇과의 환형 동물. 몸길이 5~12 cm. 지렁이와 비슷하나 몸 양쪽에 지네 다리 같은 강모(剛毛)가 많음. 몸빛은 담홍색이고 잔등과 배에 굵은 혈관이 뻗어 있으며 피의 순환이 드러나 보임. 바닷가의 개펄 속에 사는데, 낚시의 미끼로 쓰임. 갯지네. 사잠(沙蠶).

갯-질경이[개찔-/갣찔-]명 질경잇과의 이년초. 높이 30~60 cm. 길둥근 잎이 뿌리에서 무더기로 남. 9~10월에 위는 노랗고 아래는 흰 원뿔 모양의 꽃이 핌. 바닷가 모래땅에 남.

갱(坑)명 ①구덩이. ②〈갱도(坑道)〉의 준말. ③사금광에서, 퍼낸 물을 빼기 위하여 만든 도랑.

갱ː(羹)명 제사 지낼 때, 메 옆에 놓는 국. 〔무와 다시마 따위를 넣고 끓임.〕 메탕.

갱(gang)명 강도. 강도의 무리.

갱구(坑口)명 갱도(坑道)의 들머리. 굿문.

갱기명 〈신갱기〉의 준말.

갱ː기(更起)명하자타 ①다시 일어남. 재기(再起). ②다시 일으킴.

갱ː기(羹器)명 ☞갱지미.

갱내(坑內)명 갱 속. 굴속. ↔갱외.

갱내-부(坑內夫)명 광산 노동자 가운데서 갱내에서 일하는 인부. ↔갱외부.

갱내^채ː굴(坑內採掘)명 갱도를 파고 그 안에 들어가 광물을 캐내는 일.

갱ː년-기(更年期)명 사람의 몸이 노년기로 접어드는 시기. 〔보통 마흔에서 쉰 살 무렵인데, 여성의 경우는 이 시기에 월경이 폐쇄됨.〕

갱ː년기^장애(更年期障礙)명 갱년기에 일어나는 신체적·생리적 장애. 〔이명(耳鳴)·발한(發汗)·두통·신경통 따위의 증상이 나타남.〕

갱ː단(gang團)명 범죄를 목적으로 조직된 폭력 조직.

갱도(坑道)명 ①땅속으로 뚫은 길. 지도(地道). ②광산에서, 갱내에 뚫은 길. 갱로. 준갱(坑).

갱도(秔稻·粳稻)명 ☞메벼.

갱ː독(更讀)명하타 다시 읽음.

갱동(炕洞)명 ☞방고래.

갱로(坑路)[-노]명 ☞갱도(坑道).

갱목(坑木)명 ①(갱이 무너지지 않도록) 갱내나 갱도에 버티어 대는 통나무. 동바리. ②철로를 놓을 때, 밑에 파묻어 철로를 고정시키는 나무.

갱무(更無) '갱무하다'의 어근.

갱ː무-꼼짝(更無-)명하형 ☞갱무도리.

갱ː무-도리(更無道理)명하형 다시는 더 어찌할 도리가 없음. 갱무꼼짝.

갱ː무-하다(更無-)형여 그 이상 더는 없다.

갱문(坑門)명 ☞굿문.

갱ː문(更問)명하타 다시 물음.

갱ː문(更聞)명하타 다시 들음.

갱미(秔米·粳米)명 '멥쌀'로 순화.

갱ː발(更發)명하자 다시 발생함.

갱ː봉(更逢)명하타 다시 만남.

갱부(坑夫)명 갱내에서 채굴 작업에 종사하는 인부. 광부.

갱사(坑舍)명 ☞굿막.

갱살(坑殺)명하타 구덩이에 산 채로 넣고 묻어서 죽임.

갱ː생(更生)명하자 ①(거의 죽은 상태에서) 다시 살아남. 갱소(更蘇). ②(죄악의 구렁에서 벗어나) 바른 삶을 되찾음. ¶ 갱생의 길을 걷다. ③소용없게 된 물건을 다시 쓸 수 있도록 함. ①②비재생.

갱ː생-고무(更生-)명 ☞재생고무.

갱ː생^보ː호(更生保護)명 전과자에 대하여, 선행을 장려하고 재범의 방지와 자활을 위한 직업 지도 및 취업을 알선하는 직접 보호 등을 베푸는 일.

갱ː생-사위(更生-)명 죽을 고비를 벗어나서 다시 살아날 수 있는 운명의 기회.

갱ː생^지도(更生指導)명 신체장애자나 범죄자가 사회에서 잘 적응할 수 있도록 물리적·의학적·심리적·경제적인 지도를 베푸는 일.

갱ː선(更選)명하타되자 다시 선출(선거)함.

갱ː소(更蘇)명하자 ☞갱생(更生).

갱ː-소년(更少年)명하자 늙은이의 몸과 마음이 다시 젊어짐. 개소년(改少年).

갱신명하타 《주로 '없다'·'못하다' 등의 부정적인 말과 어울려 쓰이어》 몸을 가까스로 움직이는 일. ¶ 기운이 없어 갱신을 못한다.

갱ː신(更新)명하타되자 ①다시 새로워짐, 또는 다시 새롭게 함. ¶ 해어진 도서 목록을 갱신하다. ②법률에서, 계약 기간이 만료되었을 때, 그 기간을 연장하는 일. ¶ 면허 갱신. /비자 갱신. /주택 임대 계약을 갱신하다. 참경신(更新).

갱연(鏗然) '갱연하다'의 어근.

갱연-하다(鏗然-)형여 쇠붙이 따위의 부딪는 소리나 거문고 따위를 타는 소리가 짜랑짜랑하게 맑고 곱다. **갱연-히**부.

갱-엿[-녇]명 ☞검은엿. *갱엿이[-녀시]·갱엿만[-년-]

갱외(坑外)[-외/-웨]명 갱의 밖. ↔갱내(坑內).

갱외-부(坑外夫)[-외-/-웨-]명 광산 노동자 가운데서 갱 밖에서 일하는 인부. ↔갱내부(坑內夫).

갱ː위(更位)명하자 (왕좌에서 물러났던 임금이) 다시 왕위에 오름.

갱유(坑儒·阬儒)명하자 진(秦)나라 시황제(始皇帝)가 수많은 학자를 산 채로 구덩이에 묻어 죽인 일. 참분서갱유(焚書坑儒).

갱유-분서(坑儒焚書)명 ☞분서갱유.

갱정(坑井)명 (광석의 운반이나 통풍 등을 위하여) 수평 갱도와 연결되도록 판 수직 갱도.

갱정(更正)명하타 '경정(更正)'의 잘못.

갱정(更定)명하타 '경정(更定)'의 잘못.

갱정(更訂)명하타 '경정(更訂)'의 잘못.

갱ː죽(羹粥)명 시래기 따위 채소류를 넣고 멀겋게 끓인 죽.

갱ː즙(羹汁)명 국의 국물.

갱ː지(更紙)명 (주로 신문지·시험지 따위로 쓰이는) 면이 좀 거칠고 빛깔이 약간 거무스름한 양지(洋紙). 참백로지(白鷺紙).

갱ː-지미(羹-)명 놋쇠로 만든, 반병두리보다 좀 작은 국그릇. 갱기(羹器).

갱ː진(更進)명 ①하자 다시 앞으로 나아감. ②하타 다시 드림(바침).

갱ː짜(更-)명 ①한 논다니와 두 번째 관계를 가지는 일. 참도지기. ②두 번째, 또는 두 번째에 해당하는 일.

갱참(坑塹)명 깊고 길게 판 구덩이.

갱충-맞다[-맏따]형 ☞갱충쩍다.

갱충-쩍다[-따]형 아둔하고 조심성이 없다. 갱충맞다.

갱ː탕(羹湯)명 국.

갱판(坑-)명 광산에서, 배수를 위하여 파 놓은 수로(水路).

갱함(坑陷)명 땅이 꺼져서 생긴 구덩이.

갸기명 얄미울 만큼 교만한 태도. 교기(驕氣). ¶ 갸기를 부리다.

갸:륵-하다[-르카-]형여 하는 일이 착하고 장하다. 기특하다. ¶ 갸륵한 마음씨. **갸륵-히**부 ¶ 그의 효성을 갸륵히 여기지 않는 이가 없었다.
갸름-갸름부하형 여럿이 다 보기 좋을 정도로 조금 가늘고 긴 듯한 모양. 큰기름기름.
갸름-하다형여 (보기 좋을 정도로) 조금 가늘고 긴 듯하다. ¶ 갸름한 얼굴. 큰기름하다.
갸ᄉᆞ명 〈옛〉그릇붙이. 세간. ¶ 갸ᄉᆞ롤 몯 다 설어젯더이다(月釋*23:74*). 〔중국어의 '家事'에서 유래함.〕
갸우듬-하다형여 조금 갸웃하다. ¶ 고개를 갸우듬하게 숙이며 인사하다. 큰기우듬하다. 센꺄우듬하다. **갸우듬-히**부.
갸우뚱부 ①하자타갸우듬히 기울이는 모양. ¶ 고개를 갸우뚱하다. ②하형한쪽으로 갸우듬히 기울어진 모양. ¶ 갸우뚱하게 매달려 있다. 큰기우뚱. 센꺄우뚱. **갸우뚱-갸우뚱**부하자타하형.
갸우뚱-거리다자타 자꾸 갸우뚱갸우뚱하다. 갸우뚱대다. 큰기우뚱거리다.
갸우뚱-대다자타 갸우뚱거리다.
갸울다[갸우니·갸울어] Ⅰ자 한쪽으로 처지거나 내려앉다. 큰기울다. 센꺄울다.
Ⅱ형 반듯하지 않고, 한쪽이 조금 낮다. ¶ 석탑이 좀 갸울다. 큰기울다. 센꺄울다.
갸울어-뜨리다타 갸울어지게 하다. 갸울어트리다. 큰기울어뜨리다. 센꺄울어뜨리다.
갸울어-지다자 한쪽으로 갸울게 되다. 큰기울어지다. 센꺄울어지다.
갸울어-트리다타 갸울어뜨리다. 큰기울어트리다. 센꺄울어트리다.
갸울-이다타 〖'갸울다'의 사동〗 갸울게 하다. 큰기울이다. 센꺄울이다.
갸웃[-욷]부 ①하타(무엇을 보려고) 고개나 몸을 조금 갸울이는 모양. ¶ 고개를 갸웃 숙이다. ②하형조금 갸운 모양. 큰기웃. 센꺄웃. **갸웃-이**부. **갸웃-갸웃**부하타하형.
갸웃-거리다[-욷꺼-]타 자꾸 갸웃갸웃하다. 갸웃대다. ¶ 아이는 잘 모르겠다는 듯이 고개를 갸웃거린다. 큰기웃거리다.
갸웃-대다[-욷때-]타 갸웃거리다.
갸자(←架子)명 (두 사람이 앞뒤에서 들도록 된) 음식을 나르는 들것. 가자.
갸ᄌᆞ명 〈옛〉선반. 시렁. ¶ 매 갸ᄌᆞ:鷹架(同文下*12*). 〔중국어의 '架子'에서 유래함.〕
갸품명 〈옛〉솔기를 꾸미는 오라기. ¶ 금션 람비단 갸품 ᄢᅵ고(翻朴上*26*).
갹금(醵金)[-끔]명하자 여러 사람이 저마다 돈을 얼마씩 냄, 또는 그 돈. 거금(醵金). 비갹출. 참추렴.
갹음(醵飮)명하자 ☞술추렴.
갹출(醵出)명하자타 한 가지 목적을 위하여 여러 사람이 저마다 얼마씩 금품을 냄. ¶ 야유회 비용을 갹출하다. 거출(醵出). 비갹금.
걀걀부하형 ①암탉이 알겯는 소리. ②갈매기가 우는 소리.
걀쭉-걀쭉[-쨜-]부하형 여럿이 모두가 걀쭉한 모양. 큰길쭉길쭉.
걀쭉스름-하다[-쓰-]형여 보기 좋을 만큼 알맞게(조금) 걀쭉하다. 큰길쭉스름하다.
걀쭉-하다[-쭈카-]형여 너비보다 길이가 좀 길다. 큰길쭉하다. **걀쭉-이**부.
걀쯔막-하다[-마카-]형여 좀 넉넉히 걀쯤하다. 큰길쯔막하다.
걀쯤-걀쯤부하형 모두 한결같이 걀쯤한 모양. 큰길쯤길쯤.
걀쯤-하다형여 꽤 갸름하다. 큰길쯤하다. **걀쯤-이**부.
걀찍-걀찍[-쨜-]부하형 모두 한결같이 걀찍한 모양. 큰길찍길찍.
걀찍-하다[-찌카-]형여 (길이가) 알맞게 긴 듯하다. 큰길찍하다. **걀찍-이**부.
걔:준 '그 아이'가 줄어든 말. ¶ 걔가 뭐라고 그러더냐?
거[1]의 〈것〉의 준말. ¶ 가진 거라곤 아무것도 없는 빈털터리다.
거[2]대 ①거기. ¶ 문밖에 거 뉘시오? ②그것. ¶ 거 좀 보여 주게.
거[3]감 생각이 얼른 떠오르지 않을 때 뜻 없이 하는 말. ¶ 거, 누구더라.
거(距)명 ①(봉숭아꽃·제비꽃 따위의) 꽃잎 뒷면에 있는, 닭의 며느리발톱같이 생긴 것. ②☞며느리발톱.
거:가(巨家)명 ①문벌이 높은 집안. ②☞거가대족.
거가(車駕)명 ①임금이 타는 수레. 왕가(王駕). ②임금의 행차. 거둥.
거가(居家)명하자 자기 집에 있음.
거:가(擧家)명 온 집안. 전가(全家).
거:가-대족(巨家大族)명 대대로 번창한, 높은 문벌의 집안. 거가. 거실(巨室). 거실세족(巨室世族). 대가. 준거족.
거가지락(居家之樂)명 집에서 시서(詩書) 등을 벗삼아 세월을 보내는 즐거움.
거:각(去殼)명하타 껍데기를 벗김.
거:각(巨閣)명 크고 높은 집. 웅장한 집.
거:각(拒却)명하타되자 거절하여 물리침.
거:간(巨姦)명 큰 죄를 지은 간악한 사람.
거간(居間)명 ①하자사이에 들어 흥정을 붙임. ②〈거간꾼〉의 준말.
거간-꾼(居間-)명 거간하는 일을 업으로 삼는 사람. 아쾌(牙儈). 중매인(仲買人). 준거간.
거갑(居甲)명하자 으뜸의 자리를 차지함. 거괴(居魁). 거수(居首).
거:개(擧皆) Ⅰ명 거의 모두. 대부분. ¶ 이 동네 사람들은 거개가 농민이다.
Ⅱ부 대체로 모두. ¶ 큰불이 나서 거개 불타 버렸다.
거거(車渠·硨磲)명 거거과의 바닷조개. 길이 1m가량. 무게가 300kg에 이르는 것도 있어, 조개 가운데서 가장 큼. 껍데기는 부채를 펼쳐 놓은 모양인데, 겉은 회백색이고 속은 광택 있는 젖빛임. 껍데기는 그릇 또는 어항으로 쓰이거나, 여러 가지 장식품으로 쓰이며 예부터 칠보(七寶) 중의 하나로 침. 산호 군락에 사는데, 태평양이나 인도양의 난해에 분포함.
거:거-년(去去年)명 ☞그러께.
거:거-번(去去番)명 ☞지지난번.
거:거-월(去去月)명 ☞지지난달.
거:거-익심(去去益甚)[-씸]명하형 갈수록 더욱 심함. 거익심언(去益甚焉).
거:거-일(去去日)명 ☞그저께.
거:경(巨鯨)명 큰 고래.
거:골(距骨)명 ☞복사뼈.
거:공(擧公)명하타 공적(公的)인 규칙에 따라 드러내어 처리함.
거:관(巨款)명 ☞거액(巨額).
거:관(巨觀)명 큰 구경거리나 썩 좋은 경치.
거관(居官)명하자 벼슬살이를 하고 있음.
거:관-포(擧棺布)명 (출구하거나 하관할 때) 관을 걸어서 드는 베.

거ː괴(巨魁)[-괴/-궤]명 거물인 괴수(魁首). 큰 악당(惡黨)의 두목.

거괴(居魁)[-괴/-궤]명하자 ☞거갑(居甲).

거ː구(巨軀)명 큰 몸뚱이. 거체(巨體).

거ː국(去國)명하자 자기 나라를 떠남. 왕도(王都)를 떠남. ¶ 쇼양강 ᄂᆞ린 믈이 어드러로 든단 말고. 고신거국(孤臣去國)에 빅발도 하도 할샤…(鄭澈.關東別曲).

거ː국(擧國)명 온 나라. 전국.

거ː국^내ː각(擧國內閣)[-궁-]명 특정한 정당·정파를 배경으로 하지 않는 내각. 중립 내각. 초연내각.

거ː국-일치(擧國一致)명하자 온 국민이 한마음 한뜻으로 뭉침.

거ː국일치^내ː각(擧國一致內閣)명 전쟁이나 경제 공황 따위 국가적 위기를 극복하기 위해 모든 당파를 초월하여 구성하는 내각.

거ː국-적(擧國的)[-쩍]관명 온 국민이 함께 참여하는 (것). ¶ 거국적 환영 행사. /거국적인 화해.

거ː근(去根)명하타 ①(식물의) 뿌리를 뽑아 없앰. ②(병·근심 따위의) 근원을 없앰.

거ː근(擧筋)명 (무엇을) 들어 올리는 작용을 하는 근육.

거ː금(巨金)명 많은 돈. 큰돈. ¶ 거금을 들여 학교를 세우다.

거ː금(醵金)명하자 ☞갹금(醵金).

거ː금(距今)관 《시간을 나타내는 말 앞에 쓰이어》 '지금으로부터 거슬러 올라가서'의 뜻을 나타내는 말. ¶ 거금 300년 전.

거긔[1]대 〈옛〉 거기. ¶ 거긔나 가 잇는가(鄭澈.關東別曲).

거긔[2]조 〈옛〉 게. 에게. ¶ ᄒᆞ나 아닌 거긔 둘 아닌 고돌 볼길씨(月釋*8:30*). 참그에[2].

거기대 ①(앞에서 가리킨) 그곳. 그것. 그 점. ¶ 거기에는 없는 것이 없다. /거기에 대해 해명하라. ②듣는 이를 조금 낮잡아 이르는 말. ¶ 나는 이 마을 이장인데, 거기는 어디서 온 뉘시오. 준게[2]. 작고기[2].

거ː기(倨氣)명 거만한 태도. 거드름.

거꾸러-뜨리다타 거꾸러지게 하다. 거꾸러트리다. 작가꾸러뜨리다. 센꺼꾸러뜨리다.

거꾸러-지다자 ①거꾸로 넘어지거나 엎어지다. ②(세력이나 집단 따위가) 꺾이거나 무너지다. ③〈죽다[1]〉의 속된 말. 작가꾸러지다. 센꺼꾸러지다.

거꾸러-트리다타 거꾸러뜨리다. 작가꾸러트리다. 센꺼꾸러트리다.

거꾸로부 차례나 방향, 또는 형편 따위가 반대로 바뀌게. ¶ 신발을 거꾸로 신다. /기습 공격을 하려다가 거꾸로 기습을 당하고 말았다. 작가꾸로.

거꾸로 박히다관용 머리를 바닥으로 향한 상태로 떨어지다.

거꿀-가랑이표(-標)명 '>' 표의 인쇄 용어. 〔문장에서는 '작은말표'이고 수식(數式)에서는 부등호(不等號)임.〕 참부등호.

거꿀-달걀꼴명 달걀을 거꾸로 세운 꼴. 도란형(倒卵形).

거꿀-삼발점(-三-點)[-쩜]명 문장·수식(數式)·인쇄 등에서 '왜냐하면'의 뜻으로 쓰이는 ∵의 이름. 까닭표. 이유표.

거나조 모음으로 끝난 체언에 쓰이되, 둘 이상 열거된 체언마다 붙어서 그중 어느 것(쪽)이든 가리지 아니함을 나타내는 연결형 서술격 조사. 〔강조할 때에는 '간에'와 어울려 쓰이기도 하며, 체언이 '아무'·'어느' 따위일 때는 다른 체언이 열거되지 않기도 함.〕 ¶ 우유거나 음료수거나 마실 것 좀 다오. 참이거나.

-거나어미 용언의 어간 또는 높임의 '-시-'나 시제의 '-았(었)-' 등에 붙는 종속적 연결 어미. '-든지'의 뜻으로, 어느 것(쪽)이 되든 가리지 아니함을 나타냄. 〔뜻을 강조하기 위하여, '간에'를 덧붙여 쓰기도 함.〕 ¶ 가거나 오거나 내버려 두어라. /크거나 작거나 간에 다 가져오너라. 준 -건.

거나-하다형여 술에 취한 정도가 기분이 좋을 만큼 알맞다. ¶ 거나하게 취하여 흥겹게 노래하다. 준건하다. **거나-히**부.

거ː납(拒納)명하타 세금 따위를 내기를 거부함.

거ː냉(←去冷)명하타되자 약간 데워서 찬 기운을 가시게 함. ¶ 거냉한 술. 본거랭(去冷).

거ː년(去年)명 지난해. 구년(舊年). 작년(昨年).

거년-스럽다[-따][~스러우니·~스러워]형ㅂ 보기에 몹시 궁상스럽다. 작가년스럽다. **거년스레**부.

-거뇨어미 〈옛〉-었느냐. -으냐. -느냐. ¶ 어듸사 됴흔 ᄯᅡ리 양ᄌᆞ ᄀᆞᄌᆞ니 잇거뇨(釋譜*6:13*).

거누다타 ①(기운이나 정신 따위를) 가다듬어 차리다. ②(휘청거리거나 떨리는 몸을) 겨우 바로 가지다. ¶ 취해서 몸을 거누지 못하다. 작가누다.

거느니다타 〈옛〉 데리다. 통솔하다. ¶ 거느닐 통: 統(訓蒙下*32*).

거느리다타 ①손아래에 데리고 있다. ¶ 처자(妻子)를 거느리다. ②(부하나 군대 따위를) 통솔하여 이끌다. 지배 아래 두다. ¶ 백만 대군을 거느리다. /부하를 거느리다. ③짐승이 새끼를 데리고 있다(살다). ¶ 암탉이 병아리들을 거느리다.

거느리다타 〈옛〉 건지다. 구제하다. ¶ 거느릴 제: 濟(訓蒙下*32*).

거느리치다타 〈옛〉 건지어 내다. 구제하다. ¶ 乾坤을 고텨 時世ㅣ 거느리츄믈 몯도다(杜重*4:17*).

거느림-채명 원채나 사랑채에 딸려 있는 작은 집채.

거늑-하다[-느카-]형여 흡족하고 느긋하다.

거늘조 모음으로 끝난 체언에 붙는 연결형 서술격 조사. ①'사실이 이러이러하기에 그에 따라서'의 뜻을 나타냄. ¶ 뜻밖의 해후거늘 이대로 헤어질 수야 있나? ②앞의 사실로 미루어 뒤의 사실이 마땅하다는 뜻을 나타냄. 〔대개 반어적 의문의 말이 따름.〕 ¶ 피를 나눈 형제거늘 그 정도 돈이야 빌려 주지 않겠느냐. 참이거늘.

-거늘어미 용언의 어간 또는 높임의 '-시-'나 시제의 '-았(었)-'·'-겠-' 등에 붙는 종속적 연결 어미. ①'사실이 이러이러한데 그와는 딴판으로'의 뜻을 나타냄. ¶ 그리하라 일렀거늘 왜 하지 않았느냐? ②'사실이 이러이러하기에 그에 응하여'의 뜻을 나타냄. ¶ 문득 들으니 가마귀 세 번 울고 가거늘, 길동이 괴이히 여겨…(洪吉童傳). ③앞의 사실로 미루어 뒤의 사실이 마땅함을 되묻는 투로 끝맺게 하는 말. ¶ 새도 제집을 찾거늘, 하물며 사람이 어찌 제 고향을 모른다 하겠는가.

-거늘어미 〈옛〉 ①-거늘. -(으)매. -(으)므로. ¶ ᄆᆞᄅᆞ매 비 업거늘(龍歌*20*章). ②-거늘. -ㄴ(는)데. -(으)나. ¶ 앞은 쁜 다ᄃᆞ거늘 나라해 도라오시고(龍歌*24*章).

거니조 모음으로 끝난 체언에 붙는 연결형 서술격 조사. ①'사실이 이러이러한데'의 뜻을 나타냄. 〔대개 반어적 의문의 말이 뒤따름.〕 ¶ 그는 실력자거니 무슨 일인들 못하랴. ②혼자 속으로 추측하는 뜻을 나타냄. ¶ 다정스레 배웅하기에 그의 아내거니 했는데. 참이거니.

-거니어미 용언의 어간 또는 높임의 '-시-'나 시제의 '-았(었)-'·'-겠-' 등에 붙는 종속적 연결 어미(또는 종결 어미). Ⅰ〔연결 어미〕 ㉠이미 그러한 조건임을 나타냄. 〔대개 반어적 의문의 말이 뒤따름.〕 ¶ 우리는 젊었거니 돌인들 무거우랴. ㉡상대가 동작이 빈복되거나 빗날음을 나타냄. ¶ 듣거니 보거니 느낄 일도 많구나. /주거니 받거니 술잔을 비우다. Ⅱ〔종결 어미〕 경험한 사실에 바탕한 인정 또는 추측의 뜻을, 스스로에게 다짐하듯이 나타냄. ¶ 핏줄의 정이란 다 그러하거니.

-거니어미 〈옛〉-았느냐. ¶ 어즈버 이 江山風月을 누를 주고 니거니(古時調).

거니와조 모음으로 끝난 체언에 붙는 연결형 서술격 조사. ①서로 맞서거나 상반되는 사실을 이어 줌. ¶ 이것은 내 시계거니와 저것은 누가 풀어 놓은 시계인고. ②이미 있는 사실(현상)을 인정하되, 그보다 더하거나 그와 다른 사실이 있음을 나타냄. ¶ 나는 멍청이거니와 너는 더한 천치다. 참이거니와.

-거니와어미 용언의 어간 또는 높임의 '-시-'나 시제의 '-았(었)-'·'-겠-' 등에 붙는 종속적 연결 어미. '-지마는'의 뜻. ①대립 또는 상반되는 사실을 이어 줌. ¶ 장마철이라 비야 으레 내리겠거니와 바람은 또 무슨 일인고. ②이미 있는 사실(현상)을 인정하되, 그보다 더하거나 그와 다른 사실이 있음을 나타냄. ¶ 산수도 좋거니와 인심 또한 그만일세. /보기도 탐스럽거니와 맛도 좋다.

거니-채다자 기미를 알아채다.

거:닐다[거니니·거닐어]자타 이리저리 한가로이 걷다. ¶ 공원을 거닐며 사색에 잠기다.

거ᄂᆞ리다타 〈옛〉거느리다. ¶ 뻬구름 거ᄂᆞ리고 눈조차 모라오니(鄭澈.星山別曲).

-거ᄂᆞᆯ어미 〈옛〉-거늘. ¶ 니르거ᄂᆞᆯ 듣노니(杜重 *2:2*).

-거다어미 〈옛〉-었다. ¶ 오늘도 다 새거다 호미 메오 가쟈ᄉᆞ라(古時調).

거:담(祛痰·去痰)명하자되자 가래를 없앰.

거:담-제(祛痰劑)명 가래를 삭게 하는 약.

거:당(擧黨)명 한 정당의 전체.

거:대(巨大)명하형 《일부 명사 앞에 쓰이어》 엄청나게 큼. ¶ 거대 규모. /거대 기업. /조직이 거대하다. ↔미소(微小).

거:대^도시(巨大都市)명 인구 수백만에서 천만 정도에 이르는 현대적인 큰 도시. 한 나라의 정치·경제·문화 등에 결정적인 영향력을 미치는 지역을 이름. 메트로폴리스.

거:대^분자(巨大分子)명 ①유기 화합물 중, 분자량이 1만 이상인 분자. ②화학 결합에 의하여 거의 무한 개수(無限個數)의 원자가 집합한 분자. 고분자(高分子).

거:대-증(巨大症)[-쯩]명 발육기의 어린이가 뇌하수체의 기능 항진(亢進)으로 말미암아 팔다리, 특히 하반신이 비정상으로 발육하여 거대해지는 병.

거덕-거덕[-꺼-]부하형 거죽의 풀기나 물기가 조금 마른 모양. ¶ 빨래가 거덕거덕 마르기 시작한다. 작가닥가닥2. 센꺼덕꺼덕.

거덕-치다형 (모양·차림새 따위가) 상스럽거나 거칠어 어울리지 아니하다. 센꺼덕치다.

거덜1명 《주로 '나다'·'내다'와 함께 쓰이어》 ①재산이나 살림 따위가 여지없이 허물어지거나 없어지는 것. ¶ 노름으로 살림이 거덜 났다. ②하던 일이 여지없이 결딴이 나는 것. ¶ 사업을 거덜 내다. ③(옷·신 따위가) 다 해지거나 닳아 떨어지는 것. ¶ 양말이 거덜 나다.

거덜2명 조선 시대에, 사복시(司僕寺)에서 말을 맡아 거두던 하인. 〔한자를 빌려 '거달(巨達)'로 적기도 함.〕

거덜-거덜부하형 살림이나 사업 따위가 금방 거덜 날 듯 위태위태한 모양. ¶ 빚더미에 눌리어 살림이 거덜거덜하다.

거덜-마(-馬)명 ①조선 시대에, 거덜이 타던 말. ②걸을 때에 몸을 몹시 흔드는 말.

거:도(巨盜)명 큰 도둑. 거적(巨賊). 대도(大盜).

거:도(巨濤)명 큰 파도.

거:도(鋸刀)명 (혼자서 켜도록) 자루를 한쪽에만 박은 톱. 톱칼.

거도-선(居刀船·艍舠船)명 ①지난날, 거룻배 모양으로 만든 작고 빠른 병선. ②☞거룻배.

거:독(去毒)명하타되자 한방에서, 약재(藥材)의 독기를 없애는 일.

거:동(去冬)명 지난겨울. 객동. 작동(昨冬).

거:동(擧動)명하자 ①몸을 움직이는 짓이나 태도. 행동거지(行動擧止). 동지(動止). ¶ 거동이 불편한 노인. /저 낯선 사람의 거동이 수상쩍다. ②〈거둥〉의 본딧말.

거-동궤(車同軌)명 〈거동궤서동문〉의 준말.

거동궤-서동문(車同軌書同文)명 〔각 지방의 수레의 너비가 같고, 글도 같은 글자를 쓴다는 뜻으로〕 '여러 지방을 하나로 통일함'을 이르는 말. 준거동궤·동문동궤·서동문.

거:동-범(擧動犯)명 결과의 발생 유무에 관계없이 외부적 거동만으로 성립되는 범죄. 〔위증죄·주거 침입죄 따위.〕 형식범. ↔결과범(結果犯).

거두부 〈옛〉거두어. 걷어. ¶ 朔風이 거두 부러(鄭澈.星山別曲).

거:두(巨頭)명 어떤 방면에서 큰 힘을 가진 지도급 인물. 유력한 우두머리. ¶ 낭만파의 거두. /정계의 거두. /거두 회담.

거:두(去頭)명하타 머리를 잘라 없앰.

거:두(擧頭)명하자 ①머리를 듦. ②굽죄임이 없이 머리를 들고 태연히 남을 대함.

거두다타 ①(널리거나 흩어져 있는 것을) 모으다. ¶ 시험지를 거두다. ②기르거나 가꾸거나 하여 뒤를 보살피다. ¶ 자식들을 거두어 먹이다. /돼지를 잘 거두다. ③어떤 결과나 성과 따위를 얻거나 올리다. ¶ 성과를 거두다. /승리를 거두다. ④(몸이나 신변의 일을) 손질하고 보살피다. ¶ 집안일을 알뜰히 거두다. ⑤하던 일을 그만두기로 하고 정리하다. ¶ 객지 살림을 거두어 고향으로 내려갔다. ⑥(숨·말·웃음·생각 따위를) 멈추어 끝내거나 그만두다. ¶ 끝내 숨을 거두다. /웃음을 거두고 정색을 하다. /제발 떠나시겠다는 말씀만은 거두어 주십시오. ⑦(곡식이나 열매 따위를) 수확하다. ¶ 벼를 거두다. /고추를 거두다. ⑧(여러 사람으로부터 돈이나 물건 따위를) 받아들이다. ¶ 기부금을 거두다. /세금을 거두다. ⑨(시체·유해 따위를) 수습하다. ¶ 시신을 거두다. ①⑤⑧준걷다1.

거:두-대면(擧頭對面)명 머리를 들어 서로 얼굴을 마주함, 또는 그런 만남.

거두들다타 〈옛〉 걷어 들다. ¶ 오슬 거두드러 츤비롤 봆ᄂᆞ다(杜初9:9).

거두어-들이다타 ①(널리거나 흩어져 있는 것을) 모아 들이다. ¶ 노획품을 거두어들이다. ②기르거나 가꾸거나 하여 뒤를 보살피다. ¶ 고아를 거두어들이다. ③어떤 결과나 성과 따위를 얻어 내다. ¶ 만족할 만한 성과를 거두어들였다. ④벌여 놓거나 내놓은 것을 들이다. ¶ 손을 거두어들이다. ⑤하던 일을 멈추거나 끝내다. ¶ 발길질을 거두어들이다. ⑥말·생각·제안 따위를 취소하다. ¶ 내뱉은 말은 거두어들일 수 없다. ⑦(곡식이나 열매 따위를) 모으거나 수확하다. ¶ 오이를 거두어들이다. ⑧(여러 사람으로부터 돈이나 물건 따위를) 받아서 들여오다. ¶ 세금을 거두어들이다. ⑨(시체·유해 따위를) 수습하여 들이다. 준거둬들이다.

거ː두-절미(去頭截尾)명하타 〔머리와 꼬리를 잘라 버린다는 뜻으로〕 요점만을 남기고 앞뒤의 사설을 빼어 버림. 《주로, '거두절미하고'의 꼴로 쓰임.》 ¶ 거두절미하고 요점만 말하다.

거두쥐다타 〈옛〉 오그라들다. 죄어들다. ¶ 또 우흐로 거두쥐디 아니ᄒᆞ며(月釋17).

거둠-질명하자 농작물을 거두어들이는 일.

거ː둥(←擧動)명하자 임금의 나들이. 임금의 행차. 거가(車駕). 본거동.

거둥에 망아지 (새끼) 따라다니듯속담 '요긴하지 않은 사람이 쓸데없이 이곳저곳 따라다님'을 빈정대는 말.

거둥-그리다타 '거든그리다'의 잘못.

거ː둥-길(←擧動-) [-낄]명 임금이 거둥하는 길. 어로(御路).

거둥길 닦아 놓으니까 깍정이가〔미친년이〕 먼저 지나간다속담 ①애써서 이루어 놓은 공이 하찮은 일로 하여 전혀 보람 없이 되었을 때 이르는 말. ②간절히 기다리던 사람은 오지 않고 반갑지도 않은 사람이 나타나 기분을 망쳐 놓는 경우를 이르는 말.

거둬-들이다타 〈거두어들이다〉의 준말.

-거드란어미 〈옛〉 -거들랑. -거들랑은. ¶ 草堂에 곳지 픠거드란 나도 자네를 請ᄒᆞ옴세(古時調).

거드럭-거드럭 [-꺼-]부하자 자꾸 잘난 체하며 거드름 부리는 모양. 준거들거들. 작가드락가드락. 센꺼드럭꺼드럭·꺼뜨럭꺼뜨럭.

거드럭-거리다 [-꺼-]자 자꾸 거드럭거드럭하다. 거드럭대다. 준거들거리다. 작가드락거리다. 센꺼드럭거리다·꺼뜨럭거리다.

거드럭-대다 [-때-]자 거드럭거리다.

거ː드렁이명 장기를 둘 때의 약속의 하나로, 한번 집어 들었거나 만진 장기짝은, 도로 놓지 못하고 꼭 써야 한다는 규정.

거ː드름명 거만스러운 태도. 거기(倨氣). ¶ 거드름을 부리다./거드름을 빼다./거드름을 피우다.

거ː드름-스럽다 [-따] [~스러우니·~스러워]형ㅂ 보기에 거드름 부리는 데가 있다. **거드름스레**부.

거ː드름-쟁이명 '거드름 부리는 사람'을 얕잡아 이르는 말.

-거드면어미 '-거든'과 '-으면'이 합쳐서 된 말. 용언의 어간 또는 높임의 '-시-'나 시제의 '-았(었)-'·'-겠-' 등에 붙어, 그리 추측함을 나타내는 종속적 연결 어미. ¶ 조자룡(趙子龍)의 월강(越江)하던 청총마(青驄馬)가 있거드면 금일로 가련마는(烈女春香守節歌).

거든조 모음으로 끝난 체언에 붙는 서술격 조사. ①㉠가정하여 말하는 내용이 뒷말의 조건이 됨을 나타내는 연결형 서술격 조사. ¶ 빈털터리거든 들어갈 생각일랑 아예 마라. ㉡앞말을 인정함으로써, 뒷말이 앞말에 매이는 뜻을 나타내는 연결형 서술격 조사. 《흔히, '-거든 어찌 ~랴'와 같은 반어적 의문문의 꼴로 쓰임.》 ¶ 닭도 새거든 어찌 급하면 날지 못하랴. ②신기하거나 이상함을 스스로 영탄하는 투로 나타내는 종결형 서술격 조사. ¶ 도대체 어찌된 영문인지 알 수 없는 경우거든. 참이거든.

-거든어미 ①용언의 어간 또는 높임의 '-시-'나 시제의 '-았(었)-'·'-겠-' 등에 붙는 종속적 연결 어미. ㉠가정하여 말하는 내용이 뒤의 말의 조건이 됨을 뜻함. ¶ 작거든 큰 것으로 바꾸어라./오시거든 방으로 모셔라./청소를 다 하였거든 돌아가거라. 준-건. ㉡그것을 인정함으로써 다음 말이 그것에 구속됨을 뜻함. '-는데'의 뜻. 《흔히, '-거든 어찌 ~랴'와 같은 반어적 의문문의 형식을 취하기도 함.》 ¶ 어린 학생이 해냈거든, 어찌 큰 학생이 못 해낼까. ②용언의 어간 또는 높임의 '-시-'나 시제의 '-았(었)-'·'-겠-' 등에 붙는 종결 어미. ㉠까닭을 밝히거나 다짐하는 뜻을 나타냄. ¶ 왜 밥을 안 먹느냐고? 조금 아까 떡을 많이 먹었거든. ㉡이상하거나 납득할 수 없다는 느낌을 나타냄. ¶ 아무리 생각해도 그 까닭을 알 수 없거든.

-거든어미 〈옛〉 ①-매. -므로. -지라. -는데. ¶ 商德이 衰ᄒᆞ거든 天下롤 맛ᄃᆞ시릴써(龍歌6章). ②-에도 불구하고. ¶ 사ᄅᆞ미 구지즈며 티거든 다 ᄎᆞ마 佛道 求ᄒᆞᄂᆞᆫ 양도 보며(釋譜13:22).

거든-거든부하형 여럿이 모두 거든한 모양. 작가든가든. 센거뜬거뜬. **거든거든-히**부.

거든그-뜨리다타 '거든그리다'의 힘줌말. 거든그트리다. 작가든그뜨리다.

거든-그리다타 거든하게 거두어 싸다. 작가든그리다.

거든그-트리다타 거든그뜨리다. 작가든그트리다.

거든-하다형여 ①(물건 따위가) 생각보다 가볍고 쓰기에 간편하다. ②기분이나 몸이 상쾌하고 개운하다. 작가든하다. 센거뜬하다. **거든-히**부.

거ː들(girdle)명 배와 허리의 몸매를 예쁘게 보이기 위해 입는 여자용 속옷의 한 가지.

거들-거들부하자 〈거드럭거드럭〉의 준말. 작가들가들. 센꺼들꺼들.

거들-거리다자 〈거드럭거리다〉의 준말. 거들대다. 작가들거리다. 센꺼들거리다.

거ː들다 [거드니·거들어]타 ①남이 하는 일을 도와주다. ¶ 어머니가 하시는 일을 거들다. ②남의 일에 참견하다. ¶ 자네가 거들고 나설 일이 아닐세.

거들-대다자 거들거리다.

거들떠-보다타 《주로 부정어 앞에 쓰이어》 눈을 거들뜨고 아는 체하거나 관심 있게 보다.

거들떠보지도 않다관용 ①(거만한 태도로) 아는 체도 하지 아니하다. ②무관심하다.

거들-뜨다 [~뜨니·~떠]타 눈을 위로 크게 치켜뜨다.

거들랑조 '거든'과 '을랑'이 합쳐서 된 말. 모음으로 끝난 체언에 붙어, 앞말이 뒷말의 전제 조건이 됨을 나타내는 연결형 서술격 조사. ¶ 혼자거들랑 친구들과 함께 와라. 참이거들랑. 준걸랑[2].

-거들랑 어미 '-거든'과 '을랑'이 합쳐서 된 말. 용언의 어간 또는 높임의 '-시-'나 시제의 '-았(었)-'·'-겠-' 등에 붙는 종속적 연결 어미. '-거든','-(으)면'의 뜻. ¶ 꽃이 피거들랑 꽃놀이를 함께 갑시다. /마음에 드시거들랑 가지세요. 준 -걸랑.

거들먹-거들먹[-꺼-] 부 하자 신이 나서 도도하게 행동하는 모양. 작 가들막가들막. 센 꺼들먹꺼들먹.

거들먹-거리다[-꺼-] 자 자꾸 거들먹거들먹하다. 거들먹대다. ¶ 칭찬 좀 받았다고 거들먹거리는 꼴이라니! 작 가들막거리다. 센 꺼들먹거리다.

거들먹-대다[-때-] 자 거들먹거리다.

거들먹-이다 자 신이 나서 잘난 체하며 함부로 거만하게 행동하다. 작 가들막이다.

거듬-거듬 부 하타 (흩어지거나 널려 있는 것을) 대강대강 거두어 나가는 모양. ¶ 벌레 먹지 않은 낙과(落果)만을 거듬거듬 주워 바구니에 담았다.

거듭 부 되풀이하여. ¶ 거듭 말하거니와 다시는 그런 일이 없도록 해라.

거듭-거듭[-꺼-] 부 다시(여러 번) 되풀이하여. ¶ 거듭거듭 사과하다. /그는 같은 말을 거듭거듭 되뇌었다.

거듭-나다[-듬-] 자 ①새사람이 되다. ¶ 매일 술만 마시던 삼촌이 거듭날 수 있었던 것은 할머니의 헌신적인 사랑이 있었기 때문이다. ②원죄 때문에 죽었던 영이 예수를 믿음으로써 영적으로 새사람이 되다.

거듭-남[-듬-] 명 ☞중생(重生).

거듭-닿소리[-따쏘-] 명 ☞복자음(複子音).

거듭-되다[-뙤-/-뛔-] 자 자꾸 되풀이되다. ¶ 실수가 거듭되다. /거듭된 실패를 극복하다.

거듭-월 명 ☞중문(重文).

거듭-제곱[-쩨-] 명 하타 같은 수나 식을 거듭 곱함, 또는 그 값. 〔세제곱·네제곱 따위.〕 멱(冪).

거듭-제곱근(-根)[-쩨-끈] 명 제곱근·세제곱근·네제곱근 따위를 통틀어 이르는 말. 멱근(冪根).

거듭-하다[-드파-] 타 여 자꾸 되풀이하다. ¶ 해를 거듭할수록 두고 온 고향 생각이 간절하다.

거듭-홀소리[-드폴쏘-] 명 ☞이중 모음.

거뜬-거뜬 부 하형 〈거든거든〉의 센말. 작 가뜬가뜬. **거뜬거뜬-히** 부.

거뜬-하다 형 여 〈거든하다〉의 센말. ¶ 한잠 푹 자고 나니 몸이 아주 거뜬하다. 작 가뜬하다. **거뜬-히** 부.

-거라 어미 '오다'를 제외한 동사 어간에 붙는 해라체의 명령형 종결 어미. '-어라'보다 예스러운 느낌. ¶ 학교에 빨리 가거라. /그만 물러가거라.

거라^벗어난끝바꿈[-끋빠-] 명 ☞거라 불규칙 활용.

거라^변:칙^활용(-變則活用)[-치콸룡] 명 ☞거라 불규칙 활용.

거라^불규칙^활용(-不規則活用)[-치콸룡] 명 동사의 명령형 어미로, '-아라'나 '-어라'로 되어야 할 말이 '-거라'로 되는 불규칙 활용. 〔가아라→가거라 따위.〕 거라 벗어난끝바꿈. 거라 변칙 활용.

거란(←契丹) 명 5세기 중엽부터 내몽골 시라무렌 강 유역에 살았던 몽골계와 퉁구스계의 유목 민족.

거:란지 명 〈거란지뼈〉의 준말.

거:란지-뼈 명 소의 꽁무니뼈. 준 거란지.

거랑 명 하자 남의 광구(鑛區)나 버력탕 같은 데서 감돌을 고르거나 사금을 채취하여 조금씩 돈을 버는 일. 본 걸량(乞糧).

거랑-금(-金)[-끔] 명 거랑하여 모은 금. 본 걸량금.

거랑^금점(-金店)[-끔-] 명 거랑꾼이 모여들어 채굴하는 금광. 본 걸량금점.

거랑-꾼 명 거랑하는 사람. 본 걸량꾼.

거:래(去來)[1] 명 ①하타 되자 상품을 사고파는 일. 돈을 주고받는 일. ¶ 상품 거래. /거래가 이루어지다. ②하타 오고가는 일. 왕래. ¶ 이웃과 거래가 잦다. ③하자 지난날, 사건이 일어나는 대로 아랫사람이 윗사람이나 관아에 가서 알리던 일. ¶ 거래를 드리다.

거:래(去來)[2] 명 불가(佛家)에서, 과거와 미래를 아울러 이르는 말.

거:래금(去來今) 명 불가(佛家)에서, 과거·미래·현재를 아울러 이르는 말.

거:래-법(去來法)[-뻡] 명 경제 거래에 관한 모든 법을 통틀어 이르는 말.

거:래-선(去來先) 명 ☞거래처.

거:래-소(去來所) 명 상품·유가 증권 따위를 대량으로 거래하는 상설 기관.

거:래-처(去來處) 명 계속적으로 거래하는 상대쪽. 거래선.

거:랭(去冷) 명 하타 〈거냉(去冷)〉의 본딧말.

거:량(巨量) 명 ①매우 많은 분량. ②음식을 먹는 양이 대단함.

거:량(←擧揚) 명 하타 불가에서, 설법할 때 죽은 사람의 영혼을 부르는 일. 청혼(請魂).

거러치 명 〈옛〉 가라치. 종. 하인(下人). ¶ 거러치 예:隷(訓蒙中*1*).

거:레 명 하자 괜히 어정거리면서 느리게 움직이는 일. ¶ 빨리 하지 않고 무슨 거레를 이리도 하는고?

거려(居廬) 명 하자 지난날, 상제(喪制)가 여막(廬幕)에서 거처하던 일.

거령-맞다[-맏따] 형 조촐하지 못하여 격에 어울리지 아니하다. 거령스럽다. 작 가량맞다.

거령-스럽다[-따][~스러우니·~스러워] 형 ㅂ ☞거령맞다. 작 가량스럽다. **거령스레** 부.

거:례-법(擧例法)[-뻡] 명 자기의 이론을 증명하기 위하여 실례를 들어 설명하는 문장 수사법.

거:로(去路) 명 떠나가는 길.

거:론(擧論) 명 하타 되자 어떤 사항을 논제(論題)로 삼기 위하여 초들어 말함. ¶ 행락철을 맞아 자연보호 문제를 거론하다.

거루 명 〈거룻배〉의 준말.

거루다 타 배를 강(내)의 기슭에 대다.

거:룩-하다[-루카-] 형 여 성스럽고 위대하다. 위대하고 훌륭하다. ¶ 거룩하신 하느님. /열사의 거룩한 뜻. **거룩-히** 부.

거룻-배[-루빼/-룯빼] 명 돛을 달지 아니한 작은 배. 거도선(居刀船). 소선(小船). 준 거루.

거:류(去留) 명 ①떠남과 머무름. ②죽음과 삶. ③일의 되고 아니 됨.

거류(居留) 명 하자 ①(어떤 곳에) 임시로 머물러 삶. ②외국의 거류지에 삶. ¶ 해외 거류 동포.

거류-민(居留民) 명 임시로 머물러 살고 있는 외국인. 재류민(在留民).

거류민-단(居留民團) 명 남의 나라에서 사는 같은 민족끼리 조직한 자치 단체. 준 민단.

거류-지(居留地) 명 (조약이나 관례에 따라) 한 나라가 그 영토의 일부를 한정하여, 외국인의 거주와 영업을 허가한 지역.

거르다[1] [거르니·걸러] 타르 건더기나 찌꺼기 따위가 섞인 액체를 체 따위에 밭쳐서 액체만 받다. ¶ 술을 체에 거르다.

거르다[2] [거르니·걸러] 타르 정해진 차례를 빼고 그 다음 차례로 건너뛰다. ¶ 끼니를 거르다.

거름 명 땅을 걸게 하거나 식물이 잘 자라게 하기 위하여 땅에 뿌리거나 흙에 섞거나 하는 영양 물질. 비료. ¶ 거름을 주어 지력을 높이다.

거름 명 〈옛〉 걸음. ¶ 거름 보:步(訓蒙下27).

거름-기(-氣) [-끼] 명 거름의 기운. ¶ 땅에 거름기가 없어 곡식이 더디 자란다.

거름-발 [-빨] 명 (식물에 나타나는) 거름의 효과 또는 기운.

거름발 나다 관용 거름의 효과가 나타나다.

거름-종이 명 찌꺼기나 건더기가 있는 액체를 거르는 종이. 여과지(濾過紙).

거름-통(-桶) 명 거름을 퍼 나르는 데 쓰는 통.

거름-풀 명 거름으로 쓸 풀이나 나뭇잎.

거름-하다 자타여 거름을 주다. 시비(施肥)를 하다.

거름-흙 [-흑] 명 ①기름진 흙. 비토(肥土). ②거름 더미 밑이나 거름을 놓았던 자리에서 그러모은 흙. * 거름흙이 [-흘기]·거름흙만 [-흥-]

거리[1] 명 〈길거리〉의 준말.

거리[2] 의 ①《명사 뒤에 붙거나 어미 '을' 뒤에 쓰이어》 내용이 될 만한 재료. ¶ 매운탕 거리. /반찬을 만들 거리. ②《주로 수를 나타내는 말 뒤에 쓰이어》 제시한 수가 처리할 만한 것. ¶ 한 사람 거리의 일. /한 입 거리밖에 안 되는 과일. ③《주로 시간의 길이를 나타내는 명사 뒤에 쓰이어》 제시한 시간 동안 해낼 만한 일. ¶ 한 시간 거리도 안 되는 일.

거리[3] 의 ①무당의 굿의 한 장을 이루는 단위. 〔대감 거리·성주 거리 따위.〕 ②남사당놀이에서, 한 마당을 다시 몇 부분으로 나눈, 그 부분을 이르는 단위. ③지난날의 연극 용어로, 극의 한 막, 또는 그 한 막의 각본을 이르는 단위.

거리[4] 의 오이·가지 따위의 수효를 셀 때 50개를 한 단위로 이르는 말. 〔두 거리가 한 접, 곧 100개가 됨.〕

거:리(巨利) 명 많은 이익. 큰 이익.

거:리(距離) 명 ①서로 떨어져 있는 두 곳 사이의 길이. ¶ 거리가 멀다. /십 리 거리를 쉬지 않고 달려왔다. ②수학에서, 두 점을 잇는 직선의 길이. ③인간관계에서, 서먹한 사이. 친밀하지 못한 사이. ¶ 요즘 그들 부부는 서로 어떤 거리를 느끼는 것 같았다. ④어떤 기준에서 본 서로의 차이나 구별. ¶ 두 사람의 견해에는 상당한 거리가 있다. ⑤《시간의 길이를 나타내는 명사 뒤에 쓰이어》 일정한 시간 동안 이동할 만한 공간적 간격. ¶ 집에서 10분 거리. /한 시간 거리.

-거리 접미 날·달·해 등을 뜻하는 말 뒤에 붙어, 그 시간 단위를 주기(週期)로 하여 일어남을 뜻함. ¶ 달거리. /해거리. /하루거리.

거:리-감(距離感) 명 사이가 뜬 느낌. ¶ 거리감을 느끼다. /거리감이 있다.

거리-거리 명 여러 길거리, 또는 각각의 길거리. ¶ 거리거리를 청소하다.

거:리^경:주(距離競走) 명 스키에서, 노르딕 경기 종목의 한 가지. 일정한 거리를 경주하여 시간을 측정함으로써 승부를 가리는 스키 경기를 통틀어 이르는 말.

거:리-계(距離計) [-계/-게] 명 (사진기·측량기 따위에 쓰이는) 거리를 재는 광학 기계.

거리끼다 자타 ①거치적거려 방해가 되다. ¶ 사업을 하자니 거리끼는 것이 많다. ②꺼림칙하게 마음에 걸리다. ¶ 양심에 거리끼는 일은 하지 말자.

거리다 타 〈옛〉 건지다. ¶ 撈는 므레 거릴 씨오(月釋序8).

-거리다 접미 의성어·의태어 뒤에 붙어, 같은 동작을 잇달아 되풀이함을 뜻함. -대다. ¶ 소곤거리다. /출렁거리다.

거리씨다 자 〈옛〉 거리끼다. ¶ 긴 길히 므슨매 거리씨니(杜初7:3).

거리-제(-祭) 명 ①음력 정월에, 길거리의 장승에게 지내는 제사. ②운상(運喪) 도중에, 친척이나 친지가 상여 옆에 제상(祭床)을 차려 놓고 거리에서 지내는 제사. ②노전(路奠)·노제(路祭).

거리치다 타 〈옛〉 구제하다. 건지다. ¶ 주으린 사르몰 거리치며(月釋2:31).

거:리-표(距離標) 명 ①철도 선로의 기점(起點)으로부터의 거리를 나타내는 표지. ②☞이정표.

거림낄 명 〈옛〉 갈림길. ¶ 거림낄:岔路(譯語上6).

거릿다 타 〈옛〉 구제하다. 건지다. ¶ 天下ㅅ 이롤 經綸ᄒᆞ야 屯難ᄒᆞᆫ 時節을 거리츨씨라(月釋17:18).

거릿-송장 [-리쏭-/-린쏭-] 명 길거리에서 죽은 이의 송장.

거룸 명 〈옛〉 걸음. ¶ 즉시 발을 년ᄒᆞ야 ᄒᆞᆫ 거룸 나아가(武藝圖譜1).

거마(車馬) 명 수레와 말.

거마-비(車馬費) 명 〔차나 말을 타는 비용이라는 뜻으로〕 '교통비'를 달리 이르는 말.

거:막(巨瘼) 명 ①고치기 어려운 큰 병. ②큰 폐해.

거:만(巨萬·鉅萬) 명 매우 많은 액수 또는 재산.

거:만(倨慢) 명하형스형 잘난 체하며 남을 업신여기는 데가 있음. 교만. 오만(傲慢). ¶ 거만을 떨다. /거만을 부리다. ↔겸손(謙遜). **거만-히** 부. **거만스레** 부.

거:만-대금(巨萬大金) 명 매우 많은 액수의 돈.

거:맥(去脈) 명하타 한방에서, 복령(茯苓) 따위의 살 속에 박힌 누르스름한 줄기를 긁어 냄을 이르는 말.

거망 명 〈거망빛〉의 준말.

거망-빛 [-삗] 명 매우 검붉은 빛깔. 짙은 적갈색. 준거망. * 거망빛이 [-삐치]·거망빛만 [-삔-]

거머누르께-하다 형여 검은빛을 띠면서 누르스름하다. 작가마노르께하다.

거머-당기다 타 힘차게 휘감아 당기다. ¶ 머리채를 거머당기다. /그물을 거머당기다.

거머-들이다 타 힘차게 휘몰아 들이다.

거:머리[1] 명 어린아이의 두 눈썹 사이의 살 속에 파랗게 내비치는 힘줄.

거:머리[2] 명 ①거머릿과의 환형동물. 몸길이 3~4 cm. 몸은 가늘고 길며 많은 주름이 잡혀 있음. 몸의 양 끝에 빨판이 있어 동물의 살에 붙어 피를 빨아 먹음. 거머리의 침에서 나오는 헤파린(heparin)은 의약품으로 쓰임. 수질(水蛭). ②'바짝 달라붙어 남을 괴롭히는 사람'을 비유하여 이르는 말.

거:머리-말 명 거머리말과의 다년초. 얕은 바다에서 자라는데, 땅속줄기는 길게 벋으며 마디에서 수염뿌리가 내림. 가늘고 긴 잎은 어긋맞게 나고, 4~5월에 녹색 꽃이 핌.

거머-먹다[-따]타 욕심스럽게 급히 걷어 먹다.
거머무트름-하다형여 (얼굴이) 거무스름하고 살이 쪄서 투실투실하다. 작가마무트름하다. 센꺼머무트름하다. 거머무트름-히부.
거머번드르-하다형여 거멓고 번드르르하다. 작가마반드르하다. 센꺼머번드르하다.
거머번지르-하다형여 거멓고 번지르르하다. 작가마반지르하다. 센꺼머번지르하다.
거머-삼키다타 욕심스럽게 마구 휘몰아 삼키다. ¶ 저렇게 거머삼키다가는 탈이 나지.
거머-안다[-따]타 힘 있게 마구 휘몰아 안다. ¶ 빼앗기지 않으려고 공을 거머안다.
거머-잡다[-따]타 힘 있게 움키어 잡다. ¶ 머리채를 거머잡다. /덜미를 거머잡다. 준검잡다.
거머-쥐다타 힘 있게 싸잡아 쥐다. ¶ 옷자락을 세게 거머쥐다. 준검쥐다.
거머-채다타 힘차게 잡아채다.
거ː멀명하자타 〈거멀장〉의 준말.
거ː멀-못[-몯]명 나무 그릇 따위의 벌어지거나 금 간 데에 거멀장처럼 걸쳐 박는 못. *거ː멀못이[-모시]·거ː멀못만[-몬-]
거ː멀-쇠[-쇠/-쉐]명 목재를 한데 대어 붙일 때, 더 단단하게 하기 위하여 걸쳐 박는 쇠.
거ː멀-장명 ①나무 그릇 따위의, 사개를 맞추어 짠 모퉁이에 걸쳐 대는 쇳조각. ②하자타두 물건 사이를 연결시키어 벌어지지 않게 쇳조각을 대는 일. ②준거멀.
거ː멀-장식(-裝飾)명 나무 그릇 따위의, 사개나 연귀를 맞춘 자리가 벌어지지 않도록 걸쳐 대는 쇠 장식. 참거멀·거멀장.
거ː멀-접이명 찰수수 가루를 물에 반죽하여, 반대기를 지어 끓는 물에 익혀 낸 것에 팥고물을 묻힌 떡.
거ː멓다[-머타][거머니·거메]형ㅎ 조금 검다. 작가맣다. 센꺼멓다.
거ː메-지다자 빛이 거멓게 되다. 작가매지다. 센꺼메지다.
거ː명(擧名)명하타되자 어떤 사람의 이름을 초들어 말함. ¶ 대출 압력을 행사한 인물로 고위 공무원의 이름이 거명되고 있다.
거ː목(巨木)명 ①매우 큰 나무. ②'큰 인물'을 비유하여 이르는 말. ¶ 경제계의 거목.
거ː목(去目)명하타 한약재로 쓰는 산초 따위의 알맹이를 발라내는 일.
거무끄름-하다형여 조금 짙게 거무스름하다. 작가무끄름하다. 센꺼무끄름하다. 거무끄름-히부.
거무데데-하다형여 지저분하게 거무스름하다. 작가무대대하다. 센꺼무데데하다.
거무뎅뎅-하다형여 보기에 칙칙하도록 거무스름하다. 작가무댕댕하다. 센꺼무뎅뎅하다.
거무레-하다형여 엷게 거무스름하다. 작가무레하다. 센꺼무레하다.
거무숙숙-하다[-쑤카-]형여 수수하게 거무스름하다. 작가무숙숙하다. 센꺼무숙숙하다. 거무숙숙-히부.
거무스레-하다형여 거무스름하다. 작가무스레하다. 센꺼무스레하다.
거무스름-하다형여 짙지 않고 조금 검다. 거무스레하다. 준거뭇하다. 작가무스름하다. 센꺼무스름하다. 거무스름-히부.
거무슥-하다형 '거뭇하다'의 잘못.
거무접접-하다[-쩌파-]형여 (얼굴 빛깔이) 칙칙하게 거무스름하다. 작가무잡잡하다. 센꺼무접접하다.
거무죽죽-하다[-쭈카-]형여 (빛깔이) 우중충하게 거무스름하다. 작가무족족하다. 센꺼무죽죽하다. 거무죽죽-히부.
거무충충-하다형여 (빛깔이) 맑지 않고 검으면서 우중충하다.
거무칙칙-하다[-치카-]형여 (빛깔이) 우중충하게 검다. 작가무칙칙하다. 센꺼무칙칙하다.
거무튀튀-하다형여 (빛깔이) 탁하고 거칠게 거무스름하다. 작가무퇴퇴하다. 센꺼무튀튀하다.
거무하(居無何)명 있은 지 얼마 아니 됨. 《주로, '거무하에'의 꼴로 쓰임.》 ¶ 사랑으로 안내하자, 거무하에 백발이 성성한 주인이 들어섰다.
거문-고명 밤나무 판 위에 오동나무의 긴 널을 속이 비게 짜 넣고, 그 위에 여섯 줄을 걸어 놓은 우리나라 전래의 현악기. 현학금.
거문고 인 놈이 춤을 추면 칼 쓴 놈도 춤을 춘다속담 자기는 도저히 할 만한 처지가 아닌데도 남이 하는 짓을 덩달아 흉내 내다가 웃음거리가 됨을 비유적으로 이르는 말.
거ː문불납(拒門不納)[-랍]명하타 (사람이나 물건 따위를) 문에서 물리치어 안으로 들이지 아니함.
거ː문-성(巨門星)명 구성(九星) 가운데 둘째 별.
거ː물(巨物)명 ①거창한 물건. ②사회적으로 큰 영향력을 가진 뛰어난 인물. ¶ 정계의 거물. /거물 경제인.
거물-거리다자 자꾸 거물거물하다. 거물대다. 작가물거리다. 센꺼물거리다.
거물-거물부하자 ①희미한 불빛 같은 것이 사라질락 말락 하며 자꾸 일렁이는 모양. ②멀리 있는 물체가 희미하게 보일 듯 말 듯 어른거리는 모양. ¶ 먼 바다 위에 거물거물 움직이는 돛배들. ③의식이 희미하여 정신이 들었다 나갔다 하는 모양. ¶ 정신이 거물거물하다. 작가물가물. 센꺼물꺼물.
거ː물-급(巨物級)[-끕]명 거물의 수준. 거물이라 일컬을 만한 사람. ¶ 그는 재계(財界)에서는 거물급에 속한다.
거물-대다자 거물거리다.
거뭇-거뭇[-묻꺼묻]부하형 군데군데가 거뭇한 모양. 작가뭇가뭇. 센꺼뭇꺼뭇. 거뭇거뭇-이부.
거뭇-하다[-무타-]형여 〈거무스름하다〉의 준말. 작가뭇하다. 센꺼뭇하다.
거믄고명 〈옛〉 거문고. ¶ 堂앤 單父의 거믄괴 빗노햇도다(杜初21:35).
거믜명 〈옛〉 거미. ¶ 거믜 줄이 얼것고(杜初21:4). /거믜 듀:蛛(訓蒙上21).
거미명 거미목의 절지동물을 통틀어 이르는 말. 몸길이 5~15 mm. 머리와 가슴은 한몸이나, 길둥근 배와 잘록하게 경계를 이루고 있음. 가슴에는 양옆으로 각각 4개의 긴 다리가 붙어 있으며, 몸빛은 검음. 배의 밑면에 있는 두세 쌍의 방적 돌기에서 실을 뽑아 그물을 치고, 그 그물에 걸리는 곤충을 잡아먹고 삶. 지주(蜘蛛).
거미도 줄을 쳐야 벌레를 잡는다속담 준비가 있어야 결과를 얻을 수 있다는 말.
거미 새끼 흩어지듯〔헤어지듯〕관용 '많은 사람이나 물건이 순식간에 사방으로 흩어지는 모양'을 형용하는 말.
거미-발명 (노리개·반지·비녀 따위에서) 보석이나 진주의 알이 빠지지 않도록 물리고 겹쳐서 오그리게 된, 거미의 발처럼 생긴 삐죽삐죽한 부분.

거미-줄명 ①거미가 뽑아내는 가는 줄, 또는 그 줄로 친 그물. 지주망(蜘蛛網). ②방구들을 놓을 때, 구들장과 구들장 사이의 틈을 진흙으로 발라 나간 줄. ③'범인을 잡기 위하여 쳐 놓은 수사망'을 비유하여 이르는 말.
거미줄(을) 누르다관용 방구들을 놓을 때, 구들장 사이의 틈을 진흙으로 바르다.
거미줄(을) 늘이다관용 범인을 잡기 위하여 여러 곳에 수사망(搜査網)을 펴다.
거미줄(을) 치다관용 범인을 잡기 위하여 수사망을 펴다.
거미-집명 거미가 알을 슬거나 들어 사는 보금자리.
거미-치밀다[~치미니·~치밀어]자 게염스러운 욕심이 치밀어 오르다.
거민(居民)명 그 지방에 살고 있는 사람. 주민.
거ː반(去般)명 지난번.
거반(居半) Ⅰ명 〈거지반(居之半)〉의 준말. ¶ 그의 말은 거반이 거짓이다.
Ⅱ부 〈거지반(居之半)〉의 준말. ¶ 올해도 거반 다 가버렸다.
거ː방-지다형 ①허우대가 큼직하다. ②점잖고 무게가 있다. ③매우 푸지다. ¶ 거방지게 놀다.
거ː배(擧杯)명하자 잔을 듦. 술을 마심.
거ː백(去白)명하타 한방에서, 귤껍질 따위의 안쪽의 흰 부분을 긁어 버리는 일.
거ː번(去番)명 지난번. 저번.
거ː-베명 부대(負袋) 따위를 만드는, 발이 아주 굵은 베.
거ː베라(gerbera)명 국화과의 다년생 숙근초(宿根草). 땅속에 있는 단축된 줄기에서 짙은 녹색의 근생엽(根生葉)이 생기는데, 뒷면에는 긴 털이 있음. 5~9월에 적·황·백색의 꽃이 핌. 남아프리카 원산임.
거ː벽(巨擘)명 학식이나 전문 기술 따위가 매우 뛰어난 사람. ¶ 문단의 거벽.
거ː벽-스럽다(巨擘-)[-쓰-따][~스러우니·~스러워]형ㅂ 드레지고 기승스럽다. **거벽스레**부.
거볍다[-따][거벼우니·거벼워]형ㅂ ①무겁지 않다. ②점잖지 못하다. 경솔하다. ¶ 거볍게 행동하지 마라. ③별로 대단하지 않다. 가치가 적다. ④부담이 적어 홀가분하다. ¶ 거벼운 마음으로 여행을 떠나다. 작가볍다. **거벼-이**부.
거볍디-거볍다[-띠-따][~거벼우니·~거벼워]형ㅂ 아주 거볍다. 작가볍디가볍다.
거ː병(擧兵)명하자 군사를 일으킴.
거ː보(巨步)명 ①위대한 업적의 자취. ¶ 신문화 개척사에 거보를 남기다. ②(일정한 목표를 향하여) 크고 힘차게 내딛는 걸음. ¶ 새 역사 창조의 거보를 내디디다.
거ː봉(巨峯)명 ①크고 높은 봉우리. ②'크고 뛰어난 인물'을 비유하여 이르는 말. ¶ 언어학계의 거봉.
거-봐감 〈거봐라〉의 준말.
거-봐라감 '그것 보아라'가 줄어서 된 말. 일이 자기 말대로 되었을 때, 아랫사람에게 하는 소리. ¶ 거봐라, 내가 말한 대로지. 준거봐.
거ː부(巨富)명 아주 대단한 부자. 장자(長者).
거ː부(拒否)명하타 승낙하지 않음. 동의하지 아니하고 물리침. ¶ 합병 제의를 거부하다. 비거절. ↔수락(受諾)·승인(承認).
거ː부-감(拒否感)명 어떤 대상을 선선히 받아들이지 못하고 꺼리거나 싫어하는 마음. ¶ 거부감을 갖다./거부감을 느끼다.
거ː부-권(拒否權)[-꿘]명 ①거부할 수 있는 권리. ¶ 거부권을 행사하다. ②입법부인 국회나 의회에서 가결한 법률안에 대하여, 행정부인 대통령이나 군주가 거부할 수 있는 권리. ③유엔 안전 보장 이사회의 5개 상임 이사국에 부여된, 결의 성립을 방해·거부할 수 있는 권한. 비토(veto).
거ː부^반ː응(拒否反應)명 조직이 잘 맞지 않는 장기(臟器)가 이식(移植)되었을 때, 그것을 배제하려고 일어나는 생체 반응. 거절 반응.
거ː-부형(擧父兄)명하자 (나쁜 마음에서) 남의 부형을 들추어 화제에 올림.
거북명 파충류 거북목을 통틀어 이르는 말. 몸은 거의 타원형으로 납작하고 딱딱한 등딱지에 싸여 있음. 짧은 머리·꼬리와 네 다리를 등딱지 안으로 움츠려 감출 수 있음. 이는 없고 발은 지느러미 모양임. 바다 또는 뭍에서 물고기·조개·식물 따위를 먹고 삶.
거북-귀(-龜)[-뀌]명 한자 부수의 한 가지. '穐'·'鬮' 등에서의 '龜'의 이름.
거북-놀이[-붕-]명 ①추석날 밤에 어린이들이 하는 민속놀이의 한 가지. 장수·무병을 축원하고 잡귀를 쫓는 뜻에서, 어린이들이 수숫대를 벗겨 거북 모양을 만들고, 서너 사람이 그 속에 들어가 집집마다 찾아다니며 노는 놀이. ②안성(安城) 지방에서, 상원(上元)날 또는 입춘날이나 추석날 하던 농경 의례의 한 가지. 수신(水神)인 거북을 즐겁게 해 줌으로써 흡족한 비를 내리게 해 달라고 비는 의식.
거북-다리[-따-]명 부처손과의 절지동물. 바닷가의 바위틈에 떼를 지어 삶. 몸길이 4 cm가량. 몸의 위쪽은 거북의 다리 모양으로 생겼는데, 삼각뿔 같은 자루에 연결되어 있음. 자루의 겉껍질은 비늘 모양이며 석회질로 덮여 있음. 석회질의 비료로 쓰이고, 먹기도 함. 거북손. 석겁(石蜐).
거북-딱지[-찌]명 거북의 등과 배에 붙어 있는 단단한 딱지.
거북-복(-鰒)[-뽁]명 거북복과의 바닷물고기. 몸길이 40 cm가량. 몸은 사각형인데 노란 갈색이며, 표면에 거북딱지 무늬가 있음. 독은 없으나 식용하지 않음. 흔히 수족관의 관상용으로 쓰임.
거ː북살-스럽다[-쌀-따][~스러우니·~스러워]형ㅂ 매우 거북스럽다. ¶ 창피해서 더 이상 앉아 있기가 거북살스러웠다. **거북살스레**부.
거북-선(-船)[-썬]명 조선 시대에, 거북 모양을 본떠 만들었다는, 세계 최초의 철갑선(鐵甲船). 귀선(龜船).
거북-손[-쏜]명 ☞거북다리.
거ː북-스럽다[-쓰-따][~스러우니·~스러워]형ㅂ 거북한 느낌이 있다. ¶ 점심을 많이 먹었더니 저녁까지 속이 거북스럽다. **거북스레**부.
거북-이명 '거북'을 흔히 이르는 말.
거북이 잔등의 털을 긁는다속담 '도저히 구할 수 없는 것을 애써 구하려 하는 어리석음'을 이르는 말.
거북이-걸음명 ①'거북이처럼 아주 느리게 걷는 걸음'을 비유하여 이르는 말. ②'매우 느리고 굼뜨게 진행되는 일이나 그 속도'를 비유하여 이르는 말. ¶ 폭설로 차들이 거북이걸음을 하다.
거북-점(-占)[-쩜]명 ①거북딱지를 불에 태워 그 갈라지는 금을 보고 길흉을 판단하는 점. ②거북패로 길흉을 판단하는 점. 귀점(龜占).
거북-패(-牌)명 골패 서른두 짝을 다 엎어 거북 모양으로 벌여 놓고, 혼자 젖히어 패를 맞추어 보는 놀이.

거ː북-하다[-부카-]형여 ①몸이 찌뿌드드하고 괴로워 움직임이 자유롭지 못하다. 불편하다. ¶ 다리를 다쳐 걷기가 거북하다. /어른 앞이라 행동이 거북하다. ②마음이 겸연쩍어 어색하고 불편하다. ¶ 옛 애인을 만나기가 거북해 동창회에 나가지 않았다. ③말이나 행동을 하기가 딱하다. ¶ 부탁을 거절하기가 거북하다.

거분-거분부하형 ①(말이나 동작이) 매우 거분한 모양. ¶ 발걸음이 아주 거분거분하다. ②여럿이 다 조금 거볍거나, 또는 매우 거벼운 모양. 작가분가분. 센거뿐거뿐. **거분거분-히**부.

거분-하다형여 ①알맞게 조금 거볍다. ②마음에 짐이 되지 아니하고 편안하다. 작가분하다. 센거뿐하다. **거분-히**부.

거불-거리다자타 자꾸 거불거불하다. 거불대다. 작가불거리다. 센꺼불거리다.

거불-거불부하자타 거볍게 자꾸 까부는 모양. 작가불가불. 센꺼불꺼불.

거불-대다자타 거불거리다.

거불-지다자 둥글고 불룩하게 나오다. ¶ 거불진 아랫배.

거붑명 〈옛〉거북. ¶ 거부븨 터리와 톳긔 쁠 곤거니(楞解1:17).

거붓-거붓[-붇꺼붇]부하형 여럿이 다 거붓하거나, 또는 매우 거붓한 모양. 작가붓가붓. 센거뿟거뿟. **거붓거붓-이**부.

거붓-하다[-부타-]형여 거분한 듯하다. 작가붓하다. 센거뿟하다. **거붓-이**부.

거ː비(巨費)명 많은 비용.

거뿐-거뿐부하형 〈거분거분〉의 센말. 작가뿐가뿐.

거뿐-하다형여 〈거분하다〉의 센말. 작가뿐하다.

거뿟-거뿟[-뿓꺼뿓]부하형 〈거붓거붓〉의 센말. 작가뿟가뿟.

거뿟-하다[-뿌타-]형여 〈거붓하다〉의 센말. 작가뿟하다.

거ː사(←乞士)명 지난날, 창기(娼妓)를 데리고 다니며 소리와 춤과 재주를 팔던 사람.

거ː사(巨事)명 매우 거창한 일.

거사(居士)명 ①벼슬하지 아니하고 일반 사회를 멀리하여 살아가는 선비. 처사(處士). ②속인(俗人)으로서 불교의 법명(法名)을 가진 남자. 우바새(優婆塞). 신사(信士).

거ː사(擧沙)명하자 (큰물이 지거나 하여 논이나 밭에 덮인) 모래를 걷어 냄.

거ː사(擧事)명하자 큰일을 일으킴. ¶ 거사를 모의하다.

거ː사-비(去思碑)명 지난날, 감사(監司)나 원(員)이 갈려 간 뒤에, 지방민들이 그 선정(善政)을 기리어 세운 비.

거ː산(巨山)명 크고 높은 산.

거산(居山)명하자 산속에서 삶. 산에서 지냄.

거ː산(擧散)명하자 가족이나 집단원이 뿔뿔이 흩어짐. 이산(離散).

거ː상(巨商)명 ①규모가 거창한 장사. ②거래 규모가 대단한 장수.

거상(居常)명 ☞평상시(平常時).

거상(居喪)명 ①하자 상중(喪中)에 있음. 준상(喪). ②〈상복〉의 속된 말. ¶ 거상을 입다.

거ː상(擧床)명하자 지난날, 잔치 때나 귀한 손을 접대할 때, 큰상을 올리기에 앞서 풍류와 가무를 먼저 아뢰던 일.

거상(을) 치다관용 거상하는 풍악을 아뢰다.

거생(居生)명하자 일정한 곳에 머물러 살아감.

거서간(居西干)명 신라 시조 박혁거세(朴赫居世)의 왕호. 거슬한(居瑟邯).

거ː석(巨石)명 매우 큰 돌덩이.

거ː석-렬(巨石列)[-성녈]명 선돌 따위가 엇비슷한 간격으로 몇 줄씩 길게 늘어선 거석 기념물.

거ː석-문화(巨石文化)[-성-]명 고인돌·선돌 등 거대한 돌덩이를 사용한 건축물을 특징으로 하는 선사 시대의 문화.

거ː선(巨船)명 매우 큰 배.

거ː설(鋸屑)명 톱밥.

거ː성(巨姓)명 ☞대성(大姓).

거ː성(巨星)명 ①지름과 광도가 큰 항성(恒星). 〔카펠라·미라·베텔규스 따위.〕 ↔왜성(矮星). ②(어떤 방면에 큰 업적을 남긴) '위대한 인물'을 비유하여 이르는 말. ¶ 문단의 거성.

거ː성(去姓)명하타 조선 시대에, 대역죄(大逆罪)를 지은 사람을 부를 때, 성은 빼고 이름만을 부르던 일.

거ː성(去聲)명 ①사성(四聲)의 하나. 가장 높은 소리. ②15세기 국어의 사성(四聲)의 하나. 훈민정음 등에서 글자 왼쪽에 점 하나로 나타내었음. ¶ 文문字·쫑·와·로(訓正1). 참방점.

거ː성(拒性)명 ☞애찬성(礙竄性).

거ː-성명(擧姓名)명하자 성(姓)과 이름을 초들어서 말함.

거ː섶[-섭]명 ①(물이 둑에 바로 스쳐서 개개지 못하도록) 냇둑의 가에 말뚝을 박고 가로로 결은 나뭇가지. ②삼굿 위에 덮는 풀. ③비빔밥에 섞는 갖은 나물. *거ː섶이[-서피]·거ː섶만[-섬-]

거ː세(巨細)명 거대함과 세소함. 크고 작음.

거ː세(巨勢)명 매우 큰 세력.

거ː세(去勢)명하타되자 ①동물의, 수컷의 불알을 발라내거나 암컷의 난소를 들어내어 생식을 못하게 하는 일. ②저항하거나 반대하는 세력을 꺾어 버림. ¶ 반대파를 거세하다.

거ː세(去歲)명 지난해. 거년(去年).

거ː세(擧世)명 온 세상.

거세다형 몹시 거칠고 세차다. ¶ 거센 항의. /불길이 거세게 타오르다.

거ː-세사(巨細事)명 큰 일과 작은 일. 크고 작은 온갖 일.

거세-차다형 몹시 세차다. ¶ 바람이 거세차게 분다.

거센-말명 뜻은 같으나 어감을 거세게 하기 위하여 거센소리를 쓰는 말. 〔'가랑가랑'에 대한 '카랑카랑', '두덜두덜'에 대한 '투덜투덜', '뱅뱅'에 대한 '팽팽' 따위.〕

거센-소리명 거세게 소리나는 자음. 파열음인 'ㅋ·ㅌ·ㅍ'과 파찰음인 'ㅊ'이 이에 딸림. 격음(激音). 기음(氣音). 유기음(有氣音).

거센소리-되기[-되-/-뒈-]명 예사소리(ㄱ·ㄷ·ㅂ·ㅈ)가 거센소리(ㅋ·ㅌ·ㅍ·ㅊ)로 바뀌는 현상. 〔'곶→꽃(ㅈ→ㅊ)', '녁→녘(ㄱ→ㅋ)' 따위.〕 격음화.

거소(居所)명 ①거주하는 처소. 거처. ②법률에서, 생활의 본거지는 아니고, 다만 '얼마 동안 머물러 있는 곳'을 이르는 말.

거ː송(巨松)명 매우 큰 소나무.

거ː수(巨樹)명 매우 큰 나무.

거수(居首)명하자 ☞거갑(居甲).

거ː수(擧手)명하자 회의에서, 어떤 의안에 대한 찬성의 표시로, 또는 경례의 한 방법으로 손을 위로 듦.

거ː수-가결(擧手可決)명 표결에서, 투표 대신에 손을 들어 가부(可否)를 결정하는 일. ¶ 안건을 거수가결로 결정하다.

거:수-경례(擧手敬禮)[-녜]명하자 오른손을 모자챙의 끝, 모자를 벗었을 때는 눈썹 높이까지 올려서 하는 경례의 한 가지. 준거수례(擧手禮).

거:수-기(擧手機)명 〔손을 드는 기계라는 뜻으로〕 표결에서, '일정한 주견(主見)이 없이 남이 시키는 대로 손을 드는 사람'을 비꼬아 이르는 말.

거:수-례(擧手禮)명하자 〈거수경례〉의 준말.

거스러미명 ①손톱의 뿌리가 박힌 자리에 가시처럼 얇게 터져 일어난 것. ②나뭇결 같은 것이 얇게 터져 일어나서 가시처럼 된 것. ③기계 부품 따위에서, 가공 후에 그대로 제품에 붙어 있는 쇳밥.

거스러-지다자 ①성질이 거칠어지다. ②잔털 따위가 거칠게 일어나다. 작가스러지다.

거스르다¹[거스르니·거슬러]타르 ①자연스러운 형세나 흐름에 반대되는 방향을 취하다. ¶ 불어오는 바람을 거슬러 가다./그것은 민주주의의 흐름을 거스르는 행위다. ②자연의 뜻이나 남의 뜻을 거역하다. ¶ 명령을 거스르다./천리(天理)를 거스르다. ③(('비위'·'신경' 따위의 명사와 함께 쓰이어)) 남의 마음을 언짢게 하거나 기분을 상하게 하다. ¶ 할아버지의 비위를 거스르다.

거스르다²[거스르니·거슬러]타르 셈할 돈을 빼고 나머지 돈을 돌려주거나 돌려받다. ¶ 만 원에서 물건 값 팔천 원을 제하고 이천 원을 거슬러 받다.

거스름명 〈거스름돈〉의 준말.

거스름-돈[-똔]명 거슬러 주거나 받는 돈. 우수리. 잔돈. 준거스름.

거스리부 〈옛〉거슬러. 거스르게. ¶ ᄇᆞᄅᆞ미 거스리 부니 짓과 터리왜 ᄒᆞ야디놋다(杜初7:15).

거스리왇다타 〈옛〉거스르다. 어기다. ¶ 捍은 거스리와ᄃᆞᆯ 씨라(法華5:13).

거슬-거슬부하형 ①성질이 거친 모양. ②(물건의 표면이나 살결 따위가) 윤기가 없어 곱거나 부드럽지 못한 모양. 작가슬가슬. 센꺼슬꺼슬.

거슬다타 〈옛〉거스르다. ¶ 天意를 小人이 거스러(龍歌74章). 거스디 아니ᄒᆞ노니(月釋1:12).

거슬리다자 마음에 맞지 않아 기분이 상하다. ¶ 말이 귀에 거슬리다./남의 눈에 거슬리는 행동./비위에 거슬리다.

거슬쁘다자 〈옛〉거스르다. ¶ 하ᄂᆞᆯ콰 싸콰 ᄉᆞ시예 順ᄒᆞ며 거슬쁜 이리 잇도다(杜初7:25).

거슬한(居瑟邯)명 ☞거서간(居西干).

거슳쁘다자 〈옛〉거슬리다. ¶ 거슳쁜 일 맛나도 怒티 아니ᄒᆞ야(月釋9:24).

거슴츠레부하형 눈에 정기가 풀리어 흐리멍덩한 모양. 게슴츠레. 작가슴츠레.

거:승(巨僧)명 불도를 깊이 닦은 높은 중.

거:시(巨視)명 ((주로 일부 명사 앞에 쓰이어)) 어떤 대상을 전체적으로 크게 봄. ↔미시(微視).

거:시(擧示)명하타 구체적으로 예를 들어 보임.

거:시^경제학(巨視經濟學)명 경제 사회의 구조를 거시적 이론과 분석에 따라 설명하려는 근대 경제학의 분야. ↔미시 경제학.

거시기 Ⅰ대 말하는 도중에, 사람이나 사물의 이름이 얼른 떠오르지 않거나 바로 말하기 곤란할 때, 그 이름 대신으로 내는 말. ¶ 이 급한 때에 저 거시기는 어디 가고 없지?
Ⅱ감 말하는 도중에, 갑자기 말이 막힐 때 내는 군말. ¶ 방송을 듣는데, 저 거시기 뭐라더라….

-거시늘어미 〈옛〉-시거늘. -으시거늘. ¶ 太子ㅿ位 다ᄅᆞ거시늘(龍歌101章).

-거시니어미 〈옛〉-시거니. -으시거니. ¶ 구믈구믈ᄒᆞᄂᆞᆫ 衆生이 다 佛性이 잇거시니(蒙法13).

-거시니와어미 〈옛〉-시거니와. -으시거니와. ¶ 受苦ᄅᆞᆯ 아니ᄒᆞ거시니와(月釋1:12).

-거시ᄂᆞᆯ어미 〈옛〉-시거늘. -으시거늘. ¶ 普光佛이 世界예 나거시ᄂᆞᆯ(月釋1:8).

-거시든어미 〈옛〉-시거든. -으시거든. ¶ 王이 보비ᄅᆞᆯ 얻고져 ᄒᆞ거시든(月釋1:27).

-거시ᄃᆞᆫ어미 〈옛〉-시거든. -으시거든. ¶ 父母愛ᄒᆞ거시ᄃᆞᆫ 喜ᄒᆞ야 忘티 아니ᄒᆞ고(孟解).

거시시-하다형여 눈이 흐리고 침침하다.

-거시아어미 〈옛〉-시어야. -어야. ¶ 그 바미 우미 도다 삭 나거시아(樂詞.鄭石歌).

거:시-적(巨視的)관명 ①인간의 보통 감각으로 식별할 수 있는 정도의 크기를 가진 (것). ¶ 거시적 물체./거시적인 현상. ②사회 현상이나 경제 현상 따위를 전체적·종합적으로 파악하려는 태도(방법). ¶ 거시적 안목으로 본 세계 경제 현황./거시적인 차원. ↔미시적(微視的).

거:시적 분석(巨視的分析)[-뿐-] 경제 분석 방법의 한 가지. 국민 소득이나 소비·투자와 같은 사회 전체의 집단적, 총체적인 경제 법칙을 발견하여 경제 현상을 해명하려는 것. ↔미시적 분석.

거:시적 세:계(巨視的世界)[-쎄계/-쎄게] ①인간의 감각으로 식별할 수 있는 현상계(現象界). ↔미시적 세계. ②전체를 포착하여 대국적(大局的)으로 바라본 세계.

거시키대감 '거시기'의 잘못.

거:식(擧式)명하자 식을 올림.

거:식-증(拒食症)[-쯩]명 정신 분열증 환자에게 흔히 나타나는 정신 장애 현상의 한 가지. 음식 먹기를 극단적으로 거부하거나 두려워하는 증상.

거식-하다[-시카-] Ⅰ자 말하는 도중에, 표현하려는 알맞은 동사가 얼른 떠오르지 아니할 때 그 대신 쓰는 말. ¶ 그 일은 거식하면 안 되겠니?
Ⅱ형여 말하는 도중에, 표현하려는 알맞은 형용사가 얼른 떠오르지 아니할 때 그 대신 쓰는 말. ¶ 이 꽃은 빛깔이 참 거식하지?

-거신어미 〈옛〉-신. -으신. ¶ 紅桃花ᄀᆞ티 븕거신 모야해(樂範.處容歌).

-거신디어미 〈옛〉-신지. -으신지. ¶ 聖人 업거신디 오라면(月釋9:7).

-거신마ᄅᆞᆫ어미 〈옛〉-시건마는. -으시건마는. ¶ 微妙ㅅ웃드미 ᄒᆞ마 ᄀᆞᆽ거신마ᄅᆞᆫ(釋譜13:63).

거:실(巨室)명 ☞거가대족.

거실(居室)명 ①거처하는 방. 거처방. ②서양식 집에서 가족이 모여 생활하는 공간. ¶ 식구들이 모두 모여 거실에서 텔레비전을 보고 있다.

거:실(據實)명하자 일정한 사실에 근거를 둠.

거:실-세족(巨室世族)명 ☞거가대족.

거:심(去心)명하타되자 한방에서, 약초의 줄기나 뿌리의 심을 발라 버리는 일을 이르는 말.

거ᄉᆞ리부 〈옛〉거스르게. 거슬러. ¶ 萬古人物을 거ᄉᆞ리 혜여ᄒᆞ니(鄭澈.星山別曲).

-거ᅀᅡ어미 〈옛〉-어야. -어서야. ¶ 니거ᅀᅡ ᄌᆞᄆᆞ니이다(龍歌67).

거쉬명 〈옛〉지렁이. ¶ 거쉬 곡:蚰(訓蒙上21). 참것위.

거싀부 〈옛〉거의. ¶ 너비 濟渡호ᄆᆞᆯ 거싀 ᄆᆞᄎᆞ면(釋譜11:10).

거ː악-생신(去惡生新)[-쌩-]명하자 (종기에 고약 따위를 써서) 궂은살을 없애고 새살이 돋게 함.

거ː안(擧案)명하자 ①지난날, 공회(公會)에 참여하는 벼슬아치가 임금이나 상관에게 명함을 올리던 일, 또는 그 명함. ②밥상을 듦.

거ː안-제미(擧案齊眉)명하자 〔밥상을 눈썹 높이까지 들어 올려 남편에게 바친다는 뜻으로〕 '남편을 깍듯이 공경함'을 이르는 말. '후한서(後漢書)'의 '양홍전(梁鴻傳)'에 나오는 말임.

거ː암(巨岩)명 썩 큰 바위.

거ː애(擧哀)명하자 ☞발상(發喪).

거ː액(巨額)명 많은 액수의 돈. 큰돈. 거관(巨款). ¶ 거액을 자선 사업에 희사하다. ↔소액.

거ː야(去夜)명 지난밤.

-거야어미 〈옛〉-어야. -어서야. ¶ 늙거야 므스 일로 외오 두고 그리ᄂᆞᆫ고(鄭澈.思美人曲).

거ː약(距躍)명하자 ①뛰어오름. ②뛰어넘음.

거ː양(擧揚)명하타 ①높이 들어 올림. ②칭찬하여 높임.

거ː업(擧業)명 과거를 보는 일.

거여목명 콩과의 이년생초. 높이 30~60 cm. 줄기는 땅으로 기거나 위로 비스듬히 뻗으며, 잎은 심장 모양인데 어긋맞게 남. 5월에 노란 꽃이 피며 열매는 협과임. 녹비나 사료용으로 재배하며, 나물로도 먹음. 개자리[1]. 금지초. 준게목.

거ː역(巨役)명 거창한 역사(役事). 큰 공사.

거ː역(拒逆)명하자타 윗사람의 뜻이나 명령을 어기어 거스름. ¶ 상부의 지시를 거역하다.

거연(居然)부하형 ①심심하고 무료한 상태. ②평안하고 조용한 상태.

거연-히(遽然-)부 깊이 생각할 겨를도 없이. 문득. 갑자기. ¶ 거연히 일어나는 그리운 정.

거염-벌레명 밤나방의 유충. 몸길이 3~4 cm. 배추·양배추 등 채소의 해충으로, 낮에는 흙 속에 숨어 있다가 밤에 나와서 활동함.

거엽다형 〈옛〉 큼직하고 너그럽고 꿋꿋하다. ¶ 光中에 金剛ㅅ 거여운 양ᄌᆞ(楞解7:29).

거오(倨傲) '거오하다'의 어근.

거오다타 〈옛〉겨루다. 대적(對敵)하다. 거우다. ¶ 제 반ᄃᆞ시 나롤 거오리라 ᄒᆞ여 잇더니(三解4:10). 참거우다.

거ː오-스럽다(倨傲-)[-따][~스러우니·~스러워]형ㅂ 거만하고 오만해 보이는 데가 있다. 거오스레부.

거ː오-하다(倨傲-)형여 거드름을 피우고 남을 낮추보는 갸기가 많다.

거ː용(擧用)명하타 ☞등용(登用).

거우(居憂)명 상중(喪中)에 있음. 기중(忌中).

거우다타 건드리어 성나게 하다.

거우다타 〈옛〉건드리다. 거우다. ¶ ᄂᆞᄎᆞᆯ 거우ᅀᆞᄫᆞᆯ(月印62章). /그릇ᄒᆞ여 놉흔 얼굴을 거워시니(三解6:16).

거우듬-하다형여 조금 기울어진 듯하다. 준거운하다. 거우듬-히부.

거우로명 〈옛〉거울. ¶ 늘거 ㅂ료므란 볼곤 거우로애 아노니(杜初21:41). 참거우루.

거우로다타 〈옛〉기울이다. ¶ 金樽에 가득ᄒᆞᆫ 술을 슬커시 거우로고(古時調). 참거후로다.

거우루명 〈옛〉거울. ¶ 거우뤼 비취욤 ᄇᆞᆰ듯ᄒᆞ야(楞解10:1).

거우룻집명 〈옛〉거울집. 경대(鏡臺). ¶ 거우룻집:鏡奩(四解下86).

거우르다[거우르니·거울러]타르 (속에 든 물건이 쏟아지도록) 기울어지게 하다.

거우-법(擧隅法)[-뻡]명 수사법의 한 가지. 제유법과 환유법을 아울러 이르는 말.

거운-하다[-우타-]형여 〈거우듬하다〉의 준말.

거울명 ①(빛의 반사를 이용하여) 얼굴이나 여러 가지 모습을 비추어 보는 기구. 〔옛날에는 구리나 쇠로 만들었으나, 오늘날은 유리로 만듦.〕 ②모범이나 교훈이 될 만한 사실. 귀감. ¶ 실패를 거울로 삼다.

거울-삼다[-따]타 어떤 일을 본보기로 하거나 교훈으로 삼다. ¶ 이번 사건을 거울삼아 다시는 이런 일이 일어나지 않도록 조치해야 한다.

거울^전ː류계(-電流計)[-절-계/-절-게]명 (전기 장치로 거울을 돌게 하여) 거울이 빛을 반사하는 각도로써 전류의 강약을 재는 전류계.

거울-집[-찝]명 ①거울의 둘레와 뒷면을 막은 틀. ②거울을 넣어 두는 물건. ③거울을 만들거나 파는 집.

거웃[1][-욷]명 ①논이나 밭을 쟁기로 갈아 넘긴 골. ②〖의존 명사적 용법〗 논이나 밭을 갈아 넘긴 골을 세는 단위. ¶ 두 거웃. /네 거웃. *거웃이[-우시]·거웃만[-운-]

거웃[2][-욷]명 사람의 외부 생식기 주위, 곧 음부(陰部)에 난 털. 음모(陰毛). *거웃이[-우시]·거웃만[-운-]

거웃명 〈옛〉수염. ¶ 거웃 염:髥(訓蒙上28).

거ː월(去月)명 지난달. 객월(客月). 작월(昨月).

거위[1]명 오릿과의 물새. 기러기의 변종(變種)으로, 몸빛은 희고 부리는 누르며, 목이 길고 이마에 혹이 있음. 발가락 사이에 물갈퀴가 있어 헤엄은 잘 치나 멀리 날지는 못함. 고기와 알은 먹음. 가안(家雁). 백아(白鵝). 아조(鵝鳥).

거위[2]명 ☞회충(蛔蟲).

거위명 〈옛〉지렁이. ¶ 거위 인:蚓(類合上15). 참것위.

거위-걸음명 거위가 걷는 것처럼 어기적어기적 걷는 걸음걸이.

거위-배명 배 속의 회충으로 말미암아 일어나는 배앓이. 충복통(蟲腹痛). 회충증(蛔蟲症). 회통(蛔痛). 횟배.

거위-벌레명 거위벌렛과의 곤충. 몸길이 1 cm 가량으로 온몸이 흑색임. 암컷은 나뭇잎을 말아 집을 짓고 그 안에 알을 낳음. 유충은 마른 밤을 파먹고 자람.

거위-영장명 '몸이 여위고 목이 길며 키가 큰 사람'을 놓으로 이르는 말.

거위-침명 가슴 속이 느글거리며 목구멍으로 치밀어 오르는 군침.

거유명 〈옛〉거위[1]. ¶ 거유 아:鵝(訓蒙上16).

거ː유(去油)명하타되자 한방에서, 약물의 독성을 완화하기 위하여 약재의 기름기를 빼 버리는 일.

거ː유(巨儒·鉅儒)명 학문과 덕이 높은 이름난 선비. 대유(大儒). 석유(碩儒). 홍유(鴻儒). ¶ 퇴계(退溪) 선생은 동방(東方)의 거유이다.

거의[-의/-이] Ⅰ명 어느 한도에 매우 가까운 정도. 《주로, '거의가'의 꼴로 쓰임.》 ¶ 학생들 거의가 학원에 다닌다.

Ⅱ부 어느 한도에 가까울 정도로. 거지반. ¶ 모내기도 거의 끝나 간다. /그가 한 짓이 거의 틀림없다. /형은 저녁때가 거의 다 되어서야 집으로 돌아왔다.

거ː의(擧義)[-의/-이]명하자 의병(義兵)을 일으킴.

거의-거의[-의-의/-이-이]부 어느 한도에 매우 가깝게. ¶ 방학도 거의거의 끝나 간다.

-거이고어미 〈옛〉-것이냐. -것인가. ¶ 어와 뎌 디위를 어이ᄒᆞ면 알거이고(鄭澈.關東別曲).
거:익(巨益)명 매우 큰 이익.
거:익(去益)부 갈수록 더욱.
거:익-심언(去益甚焉)[-씨먼]명하형 ☞거거익심(去去益甚).
거:익-심조(去益深造)[-씸-]명하타 갈수록 더욱 깊어짐, 또는 깊어지게 함. ¶ 영원히 화동(和同)할 수 없는 원구(怨溝)를 거익심조하다.
거:인(巨人)명 ①보통 사람보다 몸이 유난히 큰 사람. 대인(大人). ②신화·전설·동화 등에 나오는, 초인간적인 힘을 가진 거대한 인물. ③품성(品性)·재학(才學)·기예(技藝) 따위가 뛰어난 인물. 위인. ¶ 유학계의 거인 면암(勉庵) 선생.
거:인(擧人)명 과거를 보는 사람. 거자(擧子).
거:일(去日)명 '지난날'로 순화.
거:자(巨資)명 매우 많은 자본(자금). ¶ 거자가 투입된 대규모 공사.
거:자(擧子)명 ☞거인(擧人).
거:자막추(去者莫追)명 떠나가는 사람은 붙잡지 말고 가도록 내버려 두라는 말. ↔내자물거(來者勿拒).
거자-수(-水)명 곡우(穀雨) 무렵에, 자작나무에 상처를 내어 받는 부유스름한 수액(樹液). 민간에서 관절이나 이뇨(利尿)에 쓰임.
거:자일소(去者日疎)[-쏘]명 〔죽은 사람에 대해서는 날이 갈수록 점점 잊게 된다는 뜻으로〕 '서로 멀리 떨어져 있으면 점점 사이가 소원해짐'을 이르는 말.
거:작(巨作)명 ①규모가 웅대한 작품. ②뛰어나게 훌륭한 작품. 비대작(大作)[1].
거:장(巨匠)명 어떤 전문 분야에서 그 기능이 특히 뛰어난 사람. 〔주로, 예술에 대해서 이름.〕 대가. ¶ 영화계의 거장.
거:재(巨材)명 ①매우 큰 재목. ②위대한 재능을 가진 사람.
거:재(巨財)명 매우 많은 재물.
거:재(去滓)명하타되자 찌끼를 추려 버림.
거재(居齋)명하자 지난날, 학업을 닦기 위하여 성균관이나 향교에서 생활하는 일을 이르던 말.
거재-두량(車載斗量)명 〔수레에 싣고 말로 된다는 뜻으로〕 '물건이나 인재 따위가 아주 흔하여 귀하지 않음'을 이르는 말.
거재^유생(居齋儒生)명 지난날, 성균관이나 향교에서 생활하면서 학업을 닦던 선비. 준재유(齋儒)·재생(齋生).
거저부 ①치르는 값이나 조건 없이. 힘들임이 없이. 공으로. 무료로. ¶ 값은 내지 말고 거저 가져라. ②아무것도 가지지 아니하고. 빈손으로. ¶ 돌 잔치에 거저 갈 수야 없지.
거저(居諸)명 〈일거월저(日居月諸)〉의 준말.
거저리명 거저릿과의 곤충. 딱정벌레와 비슷하며, 몸빛은 검되 광택이 있는 갈색을 띠고 있음. 유충은 썩은 나무 속이나 땅속에 사는데 곡물의 해충임.
거저먹-기[-끼]명 힘들이지 않고 할 수 있거나 쉽게 이룰 수 있음, 또는 그런 일. ¶ 이런 일쯤은 거저먹기다.
거저-먹다[-따]타 (어떤 것을) 치르는 값이나 조건 없이 공으로 차지하다. 힘들이지 않고 차지하다. ¶ 남의 재산을 거저먹으려 든다.
거적명 ①새끼로 날을 하여 짚으로 두툼하게 쳐서 자리처럼 만든 물건. ¶ 거적을 깔고 앉았다. ②〈섬거적〉의 준말.
거:적(巨跡·巨迹)명 큰 업적. 훌륭한 일을 해낸 자취. ¶ 거적을 남기다.
거:적(巨賊)명 ☞거도(巨盜).
거적-눈[-정-]명 윗눈시울이 축 처져 늘어진 눈.
거적-때기명 거적의 낱개, 또는 그 조각.
거적-문(-門)[-정-]명 문짝 대신 거적을 친 문.
거적문에 (국화) 돌쩌귀속담 '제 격에 맞지 않아 어울리지 아니함'을 이르는 말.
거적문(에) 드나들던 버릇속담 문을 드나들 때 문을 닫지 않고 다니는 나쁜 버릇을 이르는 말.
거적-송장[-쏭-]명 널 대신에 거적으로 싼 송장. 거적시체. 거적주검.
거적-시체(-屍體)[-씨-]명 ☞거적송장.
거적-자리[-짜-]명 깔개로 쓰는 거적, 또는 거적을 깔아 놓은 자리.
거적-주검[-쭈-]명 ☞거적송장.
거:전(拒戰)명하자 적(敵)을 막아 싸움.
거:절(拒絶)명하타되자 (남의 제의나 요구 따위를) 받아들이지 아니하고 물리침. ¶ 청탁을 거절하다. 비거부.
거:절^반:응(拒絶反應)명 ☞거부 반응.
거:절-증(拒絶症)[-쯩]명 정신 분열증 환자에게 흔히 나타나는 정신 장애 현상의 한 가지. 남의 명령이나 요구·제의 등에 대하여, 반항하는 태도를 나타내는 증상.
거:절^증서(拒絶證書)명 수표나 어음의 지급이나 인수(引受)를 거절당한 경우에, 그 사실을 증명하고 그 수표나 어음에 대한 권리 행사 및 보전(保全)을 위하여 공증인(公證人)이나 집행관에게 청구하여 작성하게 하는 공정 증서(公正證書).
거:점(據點)[-쩜]명 활동의 근거지로 삼는 곳. ¶ 간첩들의 거점을 덮치다.
거접(居接)명하자 임시로 머물러 지냄.
거접(巨接)명 조선 시대에, 글방 학생들이 여름철에 누대(樓臺)나 절에 모여 시문(詩文) 짓기를 겨루던 일, 또는 그렇게 모인 동아리. 〔관학(官學)에서의 거접은 과거의 일부이기도 하였음.〕 접(接).
거제(居第)명 들어 사는 집.
거:제(擧祭)명하자 제사를 올림.
거:조(擧措)명 ①말이나 행동의 태도. 《주로, '거조가'의 꼴로 쓰임.》 행동거지. ¶ 거조가 달라지다. /요즈음 그의 거조가 좀 이상하다. ②큰일을 저지름.
거:조(擧條)명 임금에게 아뢰는 조항.
거:조(擧朝)명 온 조정(朝廷), 또는 조정의 모든 벼슬아치.
거:조-해망(擧措駭妄)명 행동거지가 해괴망측함.
거:족(巨足)명 (발전·진보의) 두드러진 자취. 《주로, '거족의'의 꼴로 쓰임.》 ¶ 거족의 발전을 이룩하다.
거:족(巨族)명 〈거가대족(巨家大族)〉의 준말.
거:족(擧族)명 온 겨레. 민족 전체.
거:족-적(擧族的)[-쩍]관명 겨레 모두가 참가하거나 관계되는 (것). ¶ 거족적 행사. /3·1 운동은 거족적인 항일 독립 운동이었다.
거:종(巨鐘)명 매우 큰 종.
거:좌(踞坐)명하자 걸터앉음.
거:죄(巨罪)[-죄/-줴]명 큰 죄. 대죄(大罪).
거:주(去週)명 지난주.
거주(居住)명하자 일정한 곳에 자리를 잡고 머물러 삶, 또는 그곳. 주거(住居). ¶ 거주 구역.
거:주(擧主)명 조선 시대에, 벼슬아치를 임명할 때에 삼망의 후보자를 천거하던 사람.

거주-민(居住民)명 일정한 곳에 자리를 잡고 사는 주민(국민). 준주민(住民).

거주-소(居住所)명 ☞거주지(居住地). 준주소.

거주-자(居住者)명 일정한 곳에 자리를 잡고 사는 사람.

거주^제:한(居住制限)명 일정한 지역 밖에서는 거주하지 못하도록 제한하는 일.

거주-지(居住地)명 사람이 자리를 잡아 살고 있는 곳. 거주소. 준거지(居地).

거죽명 물체의 겉 부분.

거죽-감[-깜]명 옷이나 이불 따위의, 거죽으로 쓰이는 천(피륙).

거중(居中)명하자 ①(누 편의) 중간에 들어 있음. ②고려·조선 시대에, 벼슬아치가 도목정사(都目政事)에서 중등(中等)을 맞던 일.

거:중-기(擧重器)명 지난날, 무거운 물건을 들어 올리는 데 쓰던 기중기.

거중^조정(居中調停)명 국제 분쟁에서, 제삼국이 사이에 들어 화해를 붙임.

거:즈(gauze)명 ☞가제.

거즈말명 〈옛〉거짓말. ¶ 다문 거즈마롤 잘 니르ᄂᆞ니(初朴上35). 참거즛말.

거즛명 〈옛〉거짓. ¶ 眞實와 거즛 이롤 골히시고(月釋2:71). /거즛 무:誣(訓蒙下29).

거즛말명 〈옛〉거짓말. ¶ 모딘 말 아니ᄒᆞ며 거즛말 아니ᄒᆞ며(月釋9:7).

거:증(擧證)명하타되자 증거를 듦. 사실을 들어 논증함. 입증(立證).

거:증^책임(擧證責任)명 소송에서, 자기에게 유리한 사실을 주장하기 위하여 법원을 설득할 만한 증거를 제출하는 책임. 입증 책임.

거:지명 ①남에게서 돈이나 음식을 얻어먹고 사는 사람. 개걸(丐乞). 걸개(乞丐). 걸인(乞人). 낮비렁뱅이. ②남을 업신여겨 욕하는 말. 작가지[3]. ¶ 거지 같은 게 어디서 행패야.

거지가 도승지를 불쌍타 한다속담 불쌍한 처지에 있는 사람이 도리어 자기보다 나은 사람을 동정할 때 이르는 말.

거지가 말 얻은 격속담 〔먹이기 힘든 말까지 가지게 되었다는 뜻으로〕 괴로운 중에 더욱 괴로운 일이 겹쳐졌을 때 이르는 말.

거지끼리 자루 찢는다속담 (서로 도와야 할 처지에 있는 사람들이) 대수롭지 않은 어떤 결과를 놓고 서로 그 공을 따지며 제각기 더 많이 차지하려고 다툴 때 이르는 말.

거지도 손 볼 날이 있다속담 〔아무리 가난한 집이라도 손님 맞을 때가 있다는 뜻으로〕 어렵게 지내더라도 깨끗한 옷가지를 준비해 두어야 한다는 말. 개도 손 들 날이 있다.

거지 옷〔베 두루마기〕 해 입힌 셈친다속담 ①대가나 보답을 바라지 않고 은혜를 베풂을 이르는 말. ②마음에 없는 사람에게 무엇을 주었거나, 뜻하지 않은 손해를 보았을 때 자기 위안 삼아 이르는 말.

거:지(巨指)명 ☞엄지손가락.

거지(居地)명 〈거주지(居住地)〉의 준말.

거:지(拒止)명하타 항거하여 막음.

거:지(擧止)명 〈행동거지〉의 준말.

거:-지게명 길마 양옆에 하나씩 덧얹어 새끼로 묶어 놓고 짐을 싣는 지게.

거:지-꼴명 (거지와 같은) 너절하고 지저분한 몰골. 몹시 초라한 몰골.

거:지-덩굴명 포도과의 다년생 만초. 땅속줄기가 벋으며 싹을 냄. 줄기는 자주색이고 잎은 어긋맞게 나며 덩굴손은 잎자루와 마주남. 7~8월에 황록색의 작은 꽃이 피며, 열매는 장과(漿果)로 까맣게 익음. 오렴매(烏蘞莓). 오룡초(五龍草).

거지반(居之半) Ⅰ명 거의 절반. 준거반(居半). Ⅱ부 절반 이상. 거의. ¶ 모심기도 거지반 끝났다. 준거반(居半).

거:지-발싸개명 '몹시 지저분하거나 너절한 물건이나 사람'을 낮잡아 이르는 말. ¶ 이 거지발싸개 같은 놈아. 그렇게 술이 좋으냐!

거:지-주머니명 '여물지 못한 과실의 헛껍데기'를 이르는 말.

거지중천(居之中天)명 ☞허공(虛空).

거:진(巨鎭)명 조선 시대에, 절제사(節制使)와 첨절제사(僉節制使)의 진영(鎭營).

거:집(據執)명하자타 거짓 꾸민 문서를 내세워 남의 것을 돌려주지 아니함.

거:짓[-짇]명 사실과 다른 것. 사실이 아닌 것을 사실같이 꾸민 것. 허위(虛僞). ¶ 거짓과 참. /거짓을 아뢰다. ↔참[1]. * 거:짓이[-지시]·거:짓만[-진-]

거:짓-되다[-짇뙤-/-짇뛔-]형 사실과 어긋남이 있다. 참되지 않다. ¶ 거짓된 정보. ↔참되다.

거:짓-말[-진-]명 ①하자사실과 다르게 꾸며서 하는 말. 가언(假言). 망어(妄語). 허언(虛言). ↔정말·참말. ②전과 딴판임. 《주로, '거짓말같이'·'거짓말처럼'의 꼴로 쓰임.》 ¶ 여드름이 거짓말같이 없어졌다. 작가짓말.

거짓말도 잘만 하면 논 닷 마지기보다 낫다속담 거짓말도 잘하면 처세(處世)에 도움이 된다는 뜻.

거짓말을 밥 먹듯 하다관용 거짓말을 자주 하다.

거:짓말-쟁이[-진-]명 거짓말을 잘하는 사람. 작가짓말쟁이.

거:짓말^탐지기(-探知機)[-진-]명 (사람의 정서 상태에 따라 일어나는 생리적인 변화를 측정하여) 거짓인지 아닌지를 알아내는 데 쓰이는 장치.

거:짓-부렁[-짇뿌-]명 〈거짓부렁이〉의 준말. 작가짓부렁.

거:짓-부렁이[-짇뿌-]명 〈거짓말〉의 속된 말. 준거짓부렁. 작가짓부렁이.

거:짓-부리[-짇뿌-]명 〈거짓말〉의 속된 말. 준거짓불. 작가짓부리.

거:짓-불[-짇뿔]명 〈거짓부리〉의 준말. 작가짓불.

거:찰(巨刹)명 큰 절. 대찰(大刹).

거:-참감 '그것참'의 준말. 탄식하거나 어이없을 때 먼저 나오는 말. ¶ 거참, 일이 딱하게 됐군.

거창(巨創) '거창하다'의 어근.

거:창-스럽다(巨創-)[-따][~스러우니·~스러워]형ㅂ (사물의 모양이나 규모가) 엄청나게 큰 느낌이 있다. **거창스레**부.

거:창-하다(巨創-)형여 (사물의 모양이나 규모가) 엄청나게 크다. ¶ 거창한 규모의 공장 시설. /사업 계획이 거창하다. **거창-히**부.

거:처(去處)명 간 곳이나 갈 곳. ¶ 거처를 분명히 하다. 비행방(行方).

거처(居處)명 ①☞거소(居所). ②하자한 군데 자리 잡고 삶, 또는 그곳. ¶ 여기가 내가 거처하는 방이오. /거처하시기 불편하지 않으십니까?

거처-방(居處房)[-빵]명 거처하는 방. 거실.

거:천(擧薦)명하타되자 ①☞천거(薦擧). ②무슨 일에 관계하기 시작함.

거:첨(去尖)명하타되자 한방에서, 약재로 쓰기 위하여 살구 씨나 복숭아씨 따위의 뾰족한 끝을 떼어 버리는 일.
거청-숫돌[-숟똘]명 거센 숫돌.
거:체(巨體)명 큰 몸뚱이. 거구(巨軀).
거초(裾礁)명 섬 둘레를 에워싸듯이 발달한 산호초(珊瑚礁).
거:촉(巨燭)명 매우 큰 초.
거:촉(炬燭)명 횃불과 촛불.
거:촉(擧燭)명하자 초에 불을 켜서 듦.
거촌(居村)명 살고 있는 마을.
거총(据銃) Ⅰ명하자 사격 자세에서, 목표를 겨누기 위하여 개머리판을 어깨에 댐, 또는 그렇게 하는 동작.
Ⅱ감 '거총' 하라는 구령.
거:추(去秋)명 지난가을. 객추(客秋). 작추(昨秋).
거추-꾼명 일을 거추하여 주는 사람.
거추-없다[-업따]형 하는 짓이 싱거워 어울리지 아니하다. **거추없-이**부.
거:추장-스럽다[-따][~스러우니·~스러워]형ㅂ ①물건 따위가 크거나 무겁거나 하여 다루기에 거북하다. ¶ 가방이 커서 거추장스럽다. ②일 따위가 성가시고 귀찮다. **거추장스레**부.
거추-하다타여 보살펴 거두다. 도와서 주선하다. ¶ 보모(保姆)가 아이들을 거추했다.
거:춘(去春)명 지난봄. 객춘(客春). 작춘(昨春).
거:출(醵出)명하타 ☞갹출(醵出).
거춤-거춤부 일을 대강대강 하는 모양. ¶ 방 안을 거춤거춤 치우다. /거춤거춤 보고 다니다.
거충-거충부 쉽고 빠르게 대충대충 하는 모양. ¶ 거충거충 설거지를 마치다.
거:취(去取)명 버리기와 취하기. 버림과 취함.
거:취(去就)명 ①(사람이) 어디로 나다니는 움직임. ¶ 거취가 수상하다. ②어떤 직무나 직위 등에 머무를 것인가 떠날 것인가에 관하여 자기의 처지를 정하는 태도. 진퇴(進退). ¶ 거취를 분명히 하다.
거츠리부 〈옛〉거칠게. ¶ 所見을 거츠리 보아(楞解*4:27*). /거츠리 아라(楞解*1:3*).
거츨다형 〈옛〉거칠다. ¶ 미햇 힛비츤 거츤듸 볼갯고(杜初*10:4*).
거치(据置)명하타 ①손을 대거나 변경하지 않고 그대로 둠. ②공채·사채(社債)·저금·연금 따위를 일정 기간 동안 상환 또는 지급하지 아니함. ¶ 5년 거치, 10년 분할 상환.
거:치(鋸齒)명 ☞톱니.
거치다 Ⅰ자 ①(무엇에) 걸려 스치다. ¶ 돌멩이에 거치어 넘어지다. ②마음에 거리끼거나 꺼리다. ¶ 어려운 문제를 해결했으니 이제 거칠 것이 없다.
Ⅱ타 ①어떤 처소를 지나거나 잠깐 들르다. ¶ 우체국을 거쳐서 학교로 가다. ②어떤 일을 겪다. 경험하다. ¶ 수많은 병란을 거친 우리의 역사. ③어떤 단계나 과정을 밟다. ¶ 서류 심사를 거치다. /대학을 거쳐 대학원에 진학하다.
거치렁이명 벼나 보리의 낟알에 붙어 있는 까끄라기.
거치^배:당금(据置配當金)명 일정 기간 동안 거치해 두고 지급하지 않는 이익 배당금.
거:치상-엽(鋸齒狀葉)명 가장자리가 톱니 모양으로 생긴 식물의 잎. 〔민들레의 잎 따위.〕
거:치-연(鋸齒緣)명 잎의 가장자리가 톱니처럼 들쭉날쭉하게 생긴 것. 참전연(全緣).
거치^예:금(据置預金)명 일정 기간 지급하지 않는 예금.
거치적-거리다[-꺼-]자 자꾸 거치적거치적하다. 거치적대다. ¶ 가로수가 넘어져 있어 다니기에 거치적거린다. 작가치작거리다. 센꺼치적거리다.
거치적-거치적[-꺼-]부하자 움직이는 데 방해가 되게 자꾸 걸리고 닿는 모양. ¶ 젖은 치마가 걸을 때마다 거치적거치적한다. 작가치작가치작. 센꺼치적꺼치적.
거치적-대다[-때-]자 거치적거리다.
거치^주권(据置株券)[-꿘]명 이익 배당을 일정 기간 정지하거나, 또는 보통 주권을 가진 이에게 소액의 배당을 주는 주권.
거친무늬^거울[-니-]명 문양이 거칠고 선이 굵은 청동 거울. 청동기 시대 초기에 사용되었음. 조문경(粗紋鏡).
거칠-거칠부하형 여러 군데가 (부드럽지 않고) 거친 모양. 작가칠가칠. 센꺼칠꺼칠.
거칠다[거치니·거칠어]형 ①(가루·모래·흙 따위의) 알갱이가 굵다. ¶ 가루가 매우 거칠다. ②(베나 천의 결이) 성기고 굵다. ¶ 거친 삼베. ③(살갗이나 판자 따위의) 겉면이 매끄럽지 아니하다. ¶ 손이 거칠다. ④(하는 짓이나 일이) 차분하거나 꼼꼼하지 못하다. ¶ 솜씨가 거칠다. ⑤(행동이나 성질, 말·글 따위가) 거세거나 막되다. 차분하거나 고상하지 못하다. ¶ 성미가 거칠다. /거친 문장. ⑥(산야나 농토 따위가) 가꾸지 아니하여 메마르다. ¶ 거친 땅을 일구다. ⑦(물결·바람·날씨 따위가) 사납다. ¶ 거친 파도. /거친 숨결. /날씨가 거칠다. ⑧손버릇이 나쁘다. 물건을 훔치는 버릇이 있다. ¶ 손버릇이 거친 소년. ⑨음식이나 먹이가 영양분이 적거나 부드럽지 아니하다. ¶ 거친 음식. ⑩(숨소리나 기침 소리 따위가) 고르지 않고 세다. ¶ 거친 숨을 내쉬다. ①~⑤↔곱다[4].
거칠-하다형여 (살갗이나 털이) 윤기가 없고 거칠다. ¶ 병고에 시달린 거칠한 모습. 작가칠하다. 센꺼칠하다.
거침-새명 일이 진행되는 도중에 막히거나 걸리는 상태. ¶ 숙련공의 거침새 없는 일솜씨.
거침-없다[-치멉따]형 ①걸리거나 막히는 것이 없다. ②거리낌 없다. **거침없-이**부 ¶ 푸른 하늘을 거침없이 나는 항공기.
거칫-거리다[-칟꺼-]자 자꾸 거칫거칫하다. 거칫대다. 작가칫거리다. 센꺼칫거리다.
거칫-거칫[-칟꺼칟]부하자 살갗 따위에 자꾸 가볍게 걸리고 닿는 모양. 작가칫가칫. 센꺼칫꺼칫.
거칫-대다[-칟때-]자 거칫거리다.
거칫-하다[-치타-]형여 여위고 윤기가 없어 보기에 부스스하고 거칠다. 작가칫하다. 센꺼칫하다.
거쿨-지다형 몸집이 크고, 언행이 시원시원하다. ¶ 사람이 거쿨져서 일하는 것도 시원스럽다.
거:탄(巨彈)명 ①큰 탄환(폭탄). ②《주로 '던지다'와 함께 쓰이어》 '큰 파문을 일으킬 만한 놀라운 의견이나 주장'을 비유하여 이르는 말. ¶ 그의 선언은 정계(政界)에 거탄을 던졌다.
거탈명 (실속이 아닌) 겉으로 드러난 태도. ¶ 사람을 볼 때는 거탈만 보지 마라.
거택(居宅)명 ☞주택(住宅).
거:통명 ①당당하고 드레진 태도. ②지위는 높으나 실권이 없는 처지.
거트(gut)명 장선(腸線).
거티다자 〈옛〉①(다리를) 절다. ¶ 오직 앏 거티더라(初朴上*63*). /거틸 궐:蹶(訓蒙下*27*). ②거리끼다. ¶ 거티다:礙(語錄*5*).

거ː판(擧板)명하자되자 판들어 버림. 가산(家産)을 탕진(蕩盡)함.
거ː편(巨篇)명 ①무게 있는 내용을 담은 저술. ②내용이 방대한 작품.
거ː폐(巨弊)[-폐/-페]명 매우 큰 폐해(弊害).
거ː폐(去弊)[-폐/-페]명하자 폐해(弊害)를 없앰.
거ː폐-생폐(去弊生弊)[-폐-폐/-페-페]명 어떤 폐단을 없애려다가 도리어 다른 폐단(弊端)이 생김.
거ː폐-스럽다(巨弊-)[-폐-따/-페-따][~스러우니·~스러워]형ㅂ 큰 폐단이 될직하다. 거폐스레부.
거ː포(巨砲)명 ①매우 큰 대포. ②'야구나 배구 등에서, 강타자 또는 강력한 공격력을 가진 선수'를 비유하여 이르는 말.
거ː포(巨逋)명하타 벼슬아치가 거액의 공금(公金)을 사사로이 소비함.
거푸부하타 잇달아 거듭. ¶ 큰 잔으로 거푸 두 잔을 마시다.
거푸-거푸부 여러 번 거푸. ¶ 맥주를 거푸거푸 마시다.
거푸-뛰기명 무용에서, 한 발을 들고 한 발로만 거푸 뛰는 동작.
거푸-집명 ①주물(鑄物)을 만들 때, 녹인 쇠붙이를 부어 넣는 틀. 주형(鑄型). ②풀칠하여 붙인 종이나 천 따위에서, 공기가 들어가 들떠 있는 자리. 콩풀. 참압형. ③'몸의 겉모양'을 속되게 이르는 말. ¶ 거푸집 하나 큼직한 게 좋다.
거푼-거리다자 자꾸 거푼거푼하다. 거푼대다.
거푼-거푼부하자 (물체의 한 부분이) 바람에 떠들리어 가볍게 자꾸 날리는 모양.
거푼-대다자 거푼거리다.
거풀-거리다자 자꾸 거풀거풀하다. 거풀대다.
거풀-거풀부하자 (물체의 한 부분이) 바람에 떠들리어 좀 느리고 크게 자꾸 날리는 모양.
거풀-대다자 거풀거리다.
거품명 ①액체 속에 공기가 들어가 둥글게 부푼 방울. 기포(氣泡). ¶ 비누 거품. ②입가로 비어져 나오는, 속이 빈 침방울. ¶ 입에 거품을 물고 대든다. ③실체가 없는데도 가격이 상승하고 투기를 유발하는 등 거품처럼 부풀어오르는 경제 현상을 이르는 말. ¶ 금융권 일각에서 심상치 않은 거품이 조성되어 국민 경제 전반으로 퍼지고 있다.
　거품(을) 물다관용 감정이 몹시 격해진 상태로 말하다. ¶ 입에 거품을 물고 대들다.
　거품(을) 치다관용 (찬 공기 따위를 쐬어) 거품을 없애다.
거품^유리(-琉璃)[-뉴-]명 유리 가루에 탄소와 같은 거품제를 넣고 높은 열을 가하여 부풀어오르게 한 유리. 방음(防音) 등에 쓰임.
거품-제(-劑)명 거품을 일어나게 하는 약제.
거풋-거리다[-푿꺼-]자 자꾸 거풋거풋하다. 거풋대다.
거풋-거풋[-푿꺼푿]부하자 (물체의 한 부분이) 바람에 떠들리어 가볍고 빠르게 자꾸 날리는 모양.
거풋-대다[-푿때-]자 거풋거리다.
거ː풍(巨風)명 팔풍(八風)의 하나.
거ː풍(擧風)명하타되자 (밀폐된 곳에 두었던 물건에) 바람을 쐼. ¶ 고서를 거풍하다.
거플명 〈옛〉①꺼풀. ¶ 차빠던 됴회와 나무 거플을 섯거(五倫2:30). ②거푸집. ¶ 模는 鑄物ㅎ는 거플이오(龜鑑上30).
거ː피(去皮)명하타되자 껍질을 벗김.
거피(guppy)명 송사릿과의 민물고기. 몸길이는 암컷이 6cm, 수컷은 3cm가량. 몸은 가늘고 길며 송사리와 비슷함. 몸빛은 암컷이 담갈색이고 수컷은 여러 가지 빛깔을 띰. 관상용 열대어로, 형태와 색채가 다양한 품종이 인공적으로 많이 만들어지고 있음.
거ː피-떡(去皮-)명 〈거피팥떡〉의 준말.
거ː피-입본(去皮立本)[-뽄]명하자 병든 소를 잡아 그 가죽을 팔아서 송아지를 사는 일.
거ː피-팥(去皮-)[-팓]명 ①검푸르고 아롱진 점이 있는 팥. ②(물에 불리어) 껍질을 벗긴 팥. *거ː피팥이[-파치]·거ː피팥을[-파틀]·거ː피팥만[-판-]
거ː피팥-떡(去皮-)[-팓-]명 껍질을 벗긴 팥으로 고물을 한 떡. 준거피떡.
거ː하(去夏)명 지난여름. 객하(客夏). 작하(昨夏).
거ː-하다형여 산세(山勢)가 웅대하고 수목(樹木)이 무성하다. ¶ 산세가 거한 지리산.
거-하다(居-)자여 (어떤 곳에) 살고 있다. 머물러 있다.
거ː한(巨漢)명 몸집이 매우 큰 사나이.
거ː할-마(巨割馬)명 주둥이가 흰 말.
거ː함(巨艦)명 큰 군함.
거ː해(巨海)명 큰 바다. 대해(大海).
거ː해-궁(巨蟹宮)명 ☞게자리.
거ː핵(去核)명 ①하타 (과실·목화 따위의) 씨를 바름. ②씨를 발라낸 솜.
거ː행(擧行)명하타되자 ①명령에 따라 시행함. ②행사나 의식(예식)을 차리어 치름. ¶ 결혼식을 거행하다. /기념 행사를 거행하다. /장례식이 거행되다.
거ː행지-법(擧行地法)[-뻡]명 혼인(婚姻)을 거행한 곳(나라)의 법률. 〔국제 사법상 혼인의 형식적 성립 요건의 준거법(準據法)으로서 인정됨.〕
거향(居鄕)명하자 시골에서 삶.
거헐몰명 〈옛〉거할마(巨割馬). ¶ 거헐몰:粉嘴馬(譯解下28).
거ː화(炬火)명 횃불.
거ː화(擧火)명하자 ①횃불을 켬. ②조선 시대에, 백성이 임금에게 직간(直諫)할 일이 있을 때 이를 알리는 뜻으로, 서울 남산 위에서 횃불을 켜던 일.
거후로다타 〈옛〉기울이다. 거우르다. ¶ 滄海水 부어내여 저 먹고 날 머겨놀 서너 잔 거후로니(鄭澈.關東別曲). 참가홀오다.
거훔명 〈옛〉잇몸. ¶ 거훔 악:腭(訓蒙上26).
걱실-거리다[-씰-]자 서글서글한 태도로 언행을 활발하게 하다. 걱실대다.
걱실-걱실[-씰-씰]부하형 (성품·언동·생김생김 따위가) 서글서글하고 활발한 모양.
걱실-대다[-씰-]자 걱실거리다.
걱정[-쩡]명하타되자 ①속을 태우거나 마음을 끓이는 일. 근심. ¶ 부모는 자나깨나 자식 걱정이다. ②아랫사람의 잘못을 나무라는 말. ¶ 나쁜 짓을 하면 할아버지께 걱정을 듣는다.
　걱정도 팔자(다)속담 아니하여도 될 걱정을 하는 것을 농조로 이르는 말.
　걱정이 태산이다관용 해결해야 할 일이 많거나 복잡해서 걱정이 큼을 이르는 말.
걱정-가마리[-쩡까-]명 항상 꾸중을 들어 마땅한 사람.
걱정-거리[-쩡꺼-]명 걱정이 되는 일. ¶ 걱정거리가 있으신지 어머니의 낯빛이 어둡다.

걱정-꾸러기 [-쩡-] 명 ①늘 걱정거리가 많은 사람. ②늘 남에게 걱정을 많이 끼치는 사람. 걱정덩어리.

걱정-덩어리 [-쩡떵-] 명 ①큰 걱정거리. ②걱정꾸러기.

걱정-스럽다 [-쩡-따] [~스러우니·~스러워] 형ㅂ 걱정이 되어 마음이 편하지 않다. ¶ 선생님의 건강이 걱정스럽다. **걱정스레** 부.

건[1] 조 〈이거나〉의 준말. ¶ 우유건 음료수건 마실 것을 다오.

건[2] 준 ①'것은'이 줄어든 말. ¶ 내 건 이것이고 네 건 저것이다. ②'그것은'이 줄어든 말. ¶ 건 분명히 잘못된 일이다.

건(巾) 명 ①헝겊 같은 것으로 만들어 머리에 쓰는 물건을 통틀어 이르는 말. ②〈두건〉의 준말.

건(件) Ⅰ 명 사건. 조항. 안건. ¶ 그 건은 미해결로 남아 있다.
Ⅱ 의 사건·안건·조항 따위의 수효를 세는 단위. ¶ 사고 두 건 발생. /서류 다섯 건 접수.

건(乾) 명 ①〈건괘(乾卦)〉의 준말. ②〈건방(乾方)〉의 준말. ③〈건시(乾時)〉의 준말.

건:(腱) 명 힘줄.

건:(鍵) 명 풍금·피아노 따위에서 손가락으로 치는 부분.

건:(蹇) 명 〈건괘(蹇卦)〉의 준말.

건-(乾) 접두 《일부 명사 앞에 붙어》 ①'마른'·'말린'의 뜻을 나타냄. ¶ 건어물. /건포도. ②'액체를 쓰지 않은'의 뜻을 나타냄. ¶ 건전지. /건삶이. ③'사실은 그렇지 않으면서 겉으로만 그러한 듯함'의 뜻을 나타냄. ¶ 건주정.

-건 어미 ①〈-거나〉의 준말. ¶ 울건 말건 내가 알 바 아니다. ②〈-거든〉의 준말. ¶ 좋건 가지고, 싫건 버려라. /비가 멎건 떠나라.

-건 어미 〈옛〉 -ㄴ. -은. ¶ 過去는 디나건 뉘오(月釋2:21).

건:가(建價) [-까] 명 거래소에서의 매매 약정 가격(約定價格).

건가(乾價) [-까] 명 일꾼들에게 술을 베풀 때에, 술을 못 먹는 이에게 술 대신 주는 돈.

건:각(健脚) 명 걸음을 잘 걷거나 잘 달릴 수 있는 튼튼한 다리, 또는 그런 다리를 가진 사람. ¶ 오 백의 건각들이 참가한 마라톤 대회.

건:각(蹇脚) 명 ☞절뚝발이. 절름발이.

건:간-망(建干網) 명 바닷가에 말뚝을 박고 둘러치는 그물. 〔밀물 때에 들어온 고기가 썰물 때에 걸리도록 되어 있음.〕

건갈(乾葛) 명 한방에서, 칡의 뿌리, 곧 '갈근(葛根)'을 이르는 말.

건-갈이(乾-) 명하타 '마른갈이'의 방언.

건강(乾薑) 명 한방에서, '새앙 말린 것'을 이르는 말.

건강(健剛) '건강하다'의 어근.

건:강(健康) 명하형 ①육체가 아무 탈 없이 정상적이고 튼튼함. ②의식(意識)이나 사상이 바르고 건실함. ¶ 몸도 건강, 마음도 건강. **건강-히** 부.

건:강-관리(健康管理) [-괄-] 명 건강의 유지와 증진, 질병 예방 따위를 꾀하는 일. ¶ 건강할 때 건강관리에 힘써야 한다.

건강-말(乾薑末) 명 한방에서, '말린 새앙가루'를 이르는 말.

건:강-미(健康美) 명 (사람의) 건강한 육체에서 나타나는 아름다움. ¶ 건강미 넘치는 몸.

건:강^보:균자(健康保菌者) 명 병원체(病原體)에 감염되었으면서도 겉으로는 증세가 나타나지 않는 사람.

건:강^보:험(健康保險) 명 질병·상해(傷害)·분만(分娩) 등으로 말미암아 드는 비용이나 수입 감소에 대한 보상(補償)을 목적으로 하는 보험.

건:강-식(健康食) 명 건강의 유지·증진을 위하여 여러 가지 영양소나 칼로리를 알맞게 맞추어 마련한 음식(식품).

건:강-식품(健康食品) 명 사람의 건강 유지에 좋다는 여러 가지 식품을 두루 이르는 말. 〔농약을 쓰지 않고 가꾼 채소, 버섯·현미 따위.〕

건-강요주(乾江瑤珠) 명 꼬막의 살을 꼬챙이에 꿰어 말린 것. 강요주(江瑤珠).

건:강^진:단(健康診斷) 명 건강한 상태인지 아닌지를 의사가 자세히 검사하는 일.

건:강-체(健康體) 명 튼튼한 몸.

건:강-하다(健剛-) 형여 몸과 마음이 다부지고 굳세다.

건개(乾疥) 명 ☞마른옴.

건건사사(件件事事) [-껀-] Ⅰ 명 ☞사사건건.
Ⅱ 부 ☞사사건건.

건건-이 명 간단한 반찬.

건건-이(件件-) [-꺼니] 부 건(件)마다. 일마다. ¶ 건건이 끼어들어 간섭하다.

건건찝찔-하다 형여 ①감칠맛이 없이 싱거운 듯하면서도 조금 찝찔하다. 작간간짭짤하다. ②촌수가 멀거나 관계가 가깝지 않은 사이를 놓으로 이르는 말. ¶ 건건찝찔한 사이. **건건찝찔-히** 부.

건건-하다 형여 (음식에) 감칠맛이 없고 싱겁지나 않을 정도로 간이 배어 있다. ¶ 국물이 많아서인지 맛이 좀 건건하다. 작간간하다[1]. **건건-히** 부.

건견(乾繭) 명하자 (저장이나 품질 향상 등을 위하여) 말린 누에고치, 또는 누에고치를 말리는 일. ↔생견(生繭).

건견-기(乾繭器) 명 누에고치를 말리는 기구.

건경(健勁) '건경하다'의 어근.

건:경-하다(健勁-) 형여 씩씩하고 굳세다.

건계(乾季) [-계/-게] 명 (강우량의 많고 적음에 따라 구별할 때의) 비가 적게 내리는 계절. ↔우계(雨季).

건:고(建鼓) 명 조선 초기 이후, 조회나 연회 때에 쓰이던 아악기의 한 가지. 발 달린 받침 위에 통이 긴 북을 얹고, 그 위에 나무로 네모지게 이층으로 꾸며, 꼭대기에 날아가는 학 모양의 장식을 세웠음.

건고(乾固) 명하자 말라서 굳어짐.

건고(乾枯) 명하자타 나무 따위의 물기가 마름, 또는 물기를 말림.

건곡(乾谷) 명 물이 마른 골짜기.

건곡(乾穀) 명 (제철에 거두어) 말린 곡식.

건곤(乾坤) 명 ①하늘과 땅. 천지. 감여(堪輿). ②하늘과 땅을 상징하는 '☰'과 '☷' 두 괘의 이름. ③☞음양(陰陽). ④남성과 여성. ⑤건방(乾方)과 곤방(坤方). ⑥지난날, 두 권으로 된 책의 순서를 매길 때, '상하(上下)'나 '기일(其一), 기이(其二)' 등의 뜻으로 쓰던 말.

건곤-가(乾坤歌) 명 '죽지사(竹枝詞)'의 잘못.

건곤-일색(乾坤一色) [-쌕] 명 (눈이 내려) 천지가 온통 같은 빛깔임.

건곤-일척(乾坤一擲) 명 〔주사위를 던져 승패를 건다는 뜻으로〕 운명을 걸고 단판걸이로 승부를 겨룸. 한유(韓愈)의 시 '과홍구(過鴻溝)'에 나오는 말임.

건:공(建功) 명하자 공을 세움.

건공(乾空) 명 〈건공중〉의 준말. 반공(半空).

건공-대매(乾空-)명 ①아무 근거도 없이 무턱대고. 《주로, '건공대매로'의 꼴로 쓰임.》 ¶ 도망친 도둑을 어디 가 찾지? 건공대매로 나서 보아야 헛수고만 한다니까. ②겨루기 또는 내기의 결과가 무승부임.

건:공-장군(建功將軍)명 ①나라에 공이 많은 장군. ②조선 초기, 종삼품 벼슬에 해당하던 무관(武官)의 품계(品階). 〔병마 첨절제사(兵馬僉節制使)·수군 첨절제사(水軍僉節制使) 등이 이에 해당하였음.〕

건-공중(乾空中)명 ☞반공중(半空中). 준건공.

건:공지신(建功之臣)명 공을 세운 신하.

건과(乾果)명 익으면 껍질이 마르는 과실. 〔콩·나팔꽃 열매 따위의 열과(裂果)와 보리·단풍 열매·호두 따위의 폐과(閉果)가 있음.〕 건조과(乾燥果). ↔액과(液果).

건과(愆過)명 ☞허물[2]. 건우(愆尤).

건-곽란(乾霍亂)[-광난]명 게우거나 설사 증세가 없이 일어나는 곽란.

건괘(乾卦)명 ①팔괘의 하나. 상형은 '☰', 하늘을 상징함. ②육십사괘의 하나. 상형은 건괘 '☰'을 위아래로 놓은 괘. 하늘 위에 하늘이 거듭됨을 상징함. 준건(乾). ↔곤괘(坤卦).

건:괘(蹇卦)명 육십사괘의 하나. 감괘(坎卦)와 간괘(艮卦)를 위아래로 놓은 괘. 산 위에 물이 있음을 상징함. 준건(蹇).

건-교자(乾交子)명 마른 술안주를 주로 하여 차린 교자. 참식교자·얼교자.

건-교자상(乾交子床)[-쌍]명 마른 술안주를 주로 하여 차린 교자상.

건:구(建具)명 건축물에 쓰이는 문짝·장지 따위의 물건.

건구(乾球)명 건습구 습도계의 두 개의 구부(球部) 중, 젖은 헝겊으로 싸지 않은 구부.

건:구-상(建具商)명 건구(建具)를 파는 일을 업으로 하는 사람, 또는 그러한 직업이나 가게.

건-구역(乾嘔逆)명 헛구역.

건구^온도계(乾球溫度計)[-계/-게]명 건습구 습도계의 두 개의 수은 온도계에서, 젖은 헝겊으로 구부(球部)를 싸지 않은 온도계.

건:국(建國)명하자타되자 새로 나라가 세워짐, 또는 세움. 개국(開國). 조국(肇國). 창업(創業). ¶ 고구려의 건국.

건국(乾局)명 (묏자리·집터 따위를 볼 때) '땅에 물기가 없는 판국'을 이르는 말.

건:국^신화(建國神話)[-씬-]명 국가의 기원(起源)에 대한 신화.

건:국-이념(建國理念)명 건국의 근본 정신.

건:국^훈장(建國勳章)[-구쿤-]명 대한민국의 건국에 공적이 뚜렷하거나, 국기(國基)를 튼튼히 하는 데 이바지한 공이 뚜렷한 사람에게 주는 훈장. 〔대한민국장·대통령장·독립장·애국장·애족장의 다섯 등급이 있음.〕

건:군(建軍)명하자 군대를 창설함. 창군(創軍).

건:극(建極)명하타되자 모든 사람이 따라야 할 도덕의 기준을 세우는 일.

건기(件記)[-끼]명 ☞발기.

건기(乾期)명 〈건조기〉의 준말. ↔우기(雨期).

건-기와(乾-)명 재래식 한옥에서, 지붕을 일 때 밑에 흙을 깔지 않고 이는 일, 또는 그렇게 인 기와.

건-깡깡이(乾-)명 ①일을 하는 데 아무 기술이나 기구도 없이 맨손으로 함, 또는 그런 사람. ②아무 목표도, 별다른 재주도 없이 건성건성 살아가는 사람.

건내뛰다타 〈옛〉 건너뛰다. ¶ 千古ㅅ 사ᄅᆞ미게 건내뛰도소니(杜初25:48). 참건내뛰다.

건:너명 ①(일정한 공간을 사이에 둔) 맞은편. 마주 보이는 쪽. ¶ 강 건너 마을. ②공간적으로나 시간적으로 뛰어넘은 장소나 때. ¶ 이틀 건너 한 번.

건:너-가다자타 일정한 공간을 건너서 맞은쪽으로 가다. ¶ 헤엄을 쳐서 강을 건너가다. ↔건너오다.

건:너-긋다[-귿따][~그으니·~그어]타ㅅ 한쪽에서 맞은쪽까지 가로질러 죽 긋다.

건:너다타 ①㉠(내·강·바다, 그 밖의 공간을 지나서) 저편으로 가거나 이편으로 오다. ¶ 강을 건너다. /길을 건너다. /다리를 건너다. ㉡(끼니·당번·차례 따위를) 거르다. ¶ 배탈이 나서 두 끼를 건넜다. ㉢일정한 주기(週期) 따위를 지나다. 《주로, '건너'의 꼴로 쓰임.》 ¶ 사흘 건너 한 번씩 들르다. ②(입·손·사람 등을 통하여) 전하여지다. ¶ 소문은 한 입 건너고 두 입 건너 삽시간에 퍼져 나갔다.

건:너-다니다타 어떤 곳을 건너 왔다 갔다 하다. ¶ 매일 버스를 타고 한강을 건너다닌다.

건:너다-보다타 ①(공간을 사이에 두고) 한쪽에서 맞은편 쪽을 바라보거나 살피다. ¶ 강 저편 마을을 건너다보다. ②남의 것을 탐내어 넘겨다보다. ¶ 남의 재산을 건너다보다. 준건너보다.

건너다보니 절터(라)속담 ①욕심을 내보아야 자기 것이 될 수 없다는 뜻으로, 마음에는 있으나 불가능할 때 이르는 말. ②내용을 다 보지 않고 겉으로만 보아도 대강 짐작할 수 있다는 말.

건:너-대다자 물을 건너서 맞은편에 (배를) 대다.

건:너-뛰다자타 ①맞은편까지 뛰다. ¶ 도랑을 건너뛰다. ②거르다. ¶ 차례를 건너뛰다. ③중간 단계를 거치지 아니하고 오르거나 내리다. ¶ 그는 이번 공로로 5급에서 4급을 건너뛰어 3급으로 승진되었다.

건:너-막다[-따]타 한쪽에서 다른 쪽까지 질러서 막다.

건:너-보다타 〈건너다보다〉의 준말.

건:너-서다자타 건너서 맞은편에 서다. ¶ 큰길을 건너서서 작은 길로 접어들었다.

건:너-오다자타 건너서 이편으로 오다. ↔건너가다.

건:너-지르다[~지르니·~질러]타르 (긴 물건, 또는 길게 느껴지는 것을) 이쪽에서 저쪽에 이르게 가로놓다. ¶ 개천에 통나무를 건너질러 외나무다리를 놓다. /문틈으로 새어 나온 한 가닥 불빛이 마당을 건너질러 맞은편 담장을 비추다.

건:너-지피다자 (강물이나 호수가) 이쪽에서 저쪽 끝까지 꽉 얼어붙다. 건너질리다.

건:너질리다자 ①건너지피다. ②〖'건너지르다'의 피동〗 건너지름을 당하다.

건:너-짚다[-집따]타 ①(중간의 것을 건너거나 넘어서) 팔을 내밀어 짚거나 발로 디디다. ②(어떤 속내를) 앞질러서 짐작하다. ¶ 알지도 못하면서 괜히 건너짚어 말하지 마시오.

건:너-편(-便)명 마주 향한 저쪽 편. 맞은편. 월편(越便).

건:넌-방(-房)명 대청을 사이하여 안방의 맞은편에 있는 방.

건:널-목명 ①철로와 도로가 엇걸린 곳. ¶ 철도의 건널목을 지날 때는 좌우를 잘 살펴라. ②(강·내·길 따위를) 건너다니게 된 일정한 곳.

건:넛-마을[-넌-]명 건너편에 있는 마을.

건ː넛-방(-房)[-너빵/-넏빵]명 건너편에 있는 방.

건ː넛-산(-山)[-너싼/-넏싼]명 건너편에 있는 산.

건넛산 보고 꾸짖기속담 '당자가 없는 데서 그를 헐뜯거나 욕하는 짓'을 이르는 말.

건ː넛-집[-너찝/-넏찝]명 건너편에 있는 집.

건ː네다타 ①〖'건너다'의 사동〗 건너게 하다. ②남에게 말을 붙이다. ¶ 농담을 건네다. ③(금품·책임·권리 따위를) 남에게 옮기어 주다. ¶ 소유권을 건네다. /중도금을 건네다.

건ː네-받다[-따]타 (돈·물건 따위를) 남으로부터 옮기어 받다. ↔건네주다.

건ː네-주다타 ①건너게 하여 주다. ¶ 나룻배로 손님을 건네주다. ②(돈·물건 따위를) 남에게 옮기어 주다. ↔건네받다.

건달(乾達)명 ①하는 일 없이 빈둥거리고 돌아다니며, 남의 일에 트집잡기를 잘하는 짓, 또는 그런 사람. ②밑천을 다 잃고 빈털터리가 된 사람. ¶ 사업에 실패하고 하루아침에 건달이 되었다.

건달-꾼(乾達-)명 늘 건달 노릇을 하는 사람.

건달-패(乾達牌)명 건달의 무리.

건ː담(健啖)명하자 음식을 무엇이나 맛있게, 또 많이 먹음. 건식(健食).

건ː담-가(健啖家)명 음식을 무엇이나 맛있게, 또 많이 먹는 사람. 건식가(健食家). 대식가.

건답(乾畓)명 조금만 가물어도 물이 잘 마르는 논. 마른논. ↔골답.

건답^직파(乾畓直播)[-찍-]명 (볏모를 옮겨 심지 않고) 건답에 볍씨를 바로 뿌리는 일.

건대(-袋)명 중이 동냥하는 데 쓰는 종이 주머니.

건대(巾帶)명 상복(喪服) 차림에 쓰는, 삼베로 만든 두건과 띠.

-건대어미 《주로 '보다'·'듣다'·'바라다' 따위의 동사 어간에 붙어》 뒤에서 하려는 말의 확실성을 다져 놓기 위하여, 자기의 견문한(또는, 바라던) 바를 미리 내세워 보이는 뜻을 나타내는 연결 어미. ¶ 내가 보건대 그 일은 이미 틀린 것 같다. /바라건대 부디 소원 성취하소서.

건-대구(乾大口)명 말린 대구.

-건댄어미 〈옛〉'-ㄹ진대. -건대. ¶ 울워라 聿追ᄅᆞᆯ ᄉᆞ랑ᄒᆞ건댄(月釋序*17*).

건더기명 ①국·찌개 따위의 국물에 잠겨 있는 고기나 채소 따위. ②액체에 있는 풀리지 않은 덩어리. ③'내세울 만한 일의 내용'을 속되게 이르는 말. ¶ 말할 건더기가 없다. 변건지[2].

건덕(乾德)명 임금의 덕. 성덕(聖德).

건데부 〈그런데〉의 준말. ¶ 건데, 이 소리는 또 무슨 소리냐?

건ː도(建都)명하자 되자 나라의 수도(首都)를 세움, 또는 정함. 정도(定都).

건-독(乾dock)명 바닷물을 빼었다 들였다 할 수 있게 설비하여, 큰 배를 수리하거나 청소할 때에 그 배를 들여놓는 구조물. 수선거. 건선거. ↔습독(濕dock).

건둥-건둥부하타 ①건둥그리는 모양. 작간동간동. ②(일을 꼼꼼하게 하지 않고) 대충대충 빠르게 해치우는 모양. 건성건성. 건정건정. 센껀둥껀둥.

건둥-그리다타 건둥하게 정돈하다. 작간동그리다. 센껀둥그리다.

건둥-하다형여 흐트러짐이 없이, 정돈되어 단출하다. 작간동하다. 센껀둥하다. **건둥-히**부.

건드러-지다형 음성이나 몸놀림이 흥겹고 신나도록 멋있다. ¶ 건드러지게 뽑아 넘기는 노랫가락. 작간드러지다.

건드렁-타령[1]명 술에 취하여 건들거리는 몸짓.

건드렁-타령[2]명 서울 지방 민요의 한 가지. 처녀들이 돈벌이 나가는 내용임.

건드레-하다형여 술이 거나하게 취하여 정신이 흐릿하다. ¶ 건드레하게 술이 취한 젊은이 몇이 노래를 부르며 지나간다.

건ː드리다타 ①손이나 발 따위로 만지거나 대거나 하다. ¶ 머리를 건드리다. ②(말이나 행동으로) 남의 마음을 상하게 하다. ¶ 비위를 건드리다. /자존심을 건드리다. /아픈 상처를 건드리다. ③(어떤 일에) 손을 대어 관계하다. ¶ 여러 사업을 건드려서 어려움을 겪다. ④(부녀자를 꾀거나 하여) 육체관계를 맺다. 준건들다.

건듣부 〈옛〉문득. 잠깐. ¶ 東風이 건듣 부니 믉결이 고이 닌다(尹善道.漁父四時詞). 참건듯.

건들-거리다자타 자꾸 건들건들하다. 건들대다. 작간들거리다. 참근들거리다.

건들-건들부하자타 ①(비교적 큰 물체가) 가볍게 흔들거리는 모양. ¶ 바람이 부는 대로 줄에 매달린 허수아비가 건들건들한다. ②바람이 가볍고 시원스럽게 부는 모양. ¶ 초여름의 훈풍이 건들건들 분다. ③(사람이 암팡지거나 찌바르지 못하고) 싱겁고 멋없게 구는 모양. ¶ 좀 건들건들하는 편이지만 본바탕은 더할 나위 없이 성실한 사람일세. ④(몸 따위를) 자꾸 움직이는 모양. ¶ 글을 소리 내어 읽으면서 몸을 건들건들한다. ⑤하는 일 없이 빈둥거리는 모양. ¶ 건들건들 놀지만 말고 일 좀 해라. 작간들간들. 참근들근들.

건ː들다[건드니·건드려]타 〈건드리다〉의 준말.

건들-대다자타 건들거리다.

건들-마명 초가을에 남쪽에서 불어오는 시원한 바람. 참건들바람.

건들-바람명 ①초가을에 선들선들 부는 바람. 참건들마. ②풍력 계급의 4등급에 해당하는 바람. 풍속 5.5~7.9 m. 〔먼지가 일고 종잇장이 날며, 나무의 잔가지가 움직임.〕 화풍(和風).

건들-장마명 초가을에 비가 내리다가는 개고, 또 내리다가는 개곤 하는 장마.

건들-팔월(-八月)명 〔건들건들하는 사이에 한 달이 지나간다는 뜻으로〕 '음력 팔월'을 이르는 말. 참어정칠월.

건듯[-듣]부 ①(정성을 들이지 않고) 대충 빨리 해치우는 모양. ②바람이 가볍게 슬쩍 부는 모양. ¶ 바람이 건듯 불다. 센건뜻.

건듯부 〈옛〉문득. 잠깐. ¶ 南風이 건듯 부러 綠陰을 헤텨내니(鄭澈.星山別曲). 참건듯.

건듯-건듯[-듣껀듣]부 ①(정성 들여 하지 않고) 대충대충 빨리 해치우는 모양. ②바람이 가볍게 슬쩍슬쩍 부는 모양. ¶ 봄바람이 건듯건듯 불다. 센건뜻건뜻.

건등명 광맥(鑛脈)이 지표 가까이에 있는 부분.

건등(乾等)명 산통계(算筒契)에서, 본래의 등수의 알을 뺀 다음에 덤으로 또 뽑는 알.

-건디어미 〈옛〉-ㄴ지. -은지. ¶ 하ᄂᆞᆯ해 나건디 오ᄂᆞᆯ 사ᄋᆞ리 디나니(月釋*21:28*). /軍울 조차 ᄃᆞ니건디 열히 나므니(杜重*5:29*).

건디다타 〈옛〉건지다. ¶ 건딜 로:撈(訓蒙下*23*).

건디쥐다타 〈옛〉속여 빼앗다. ¶ ᄀᆞ장 ᄂᆞᆷ의 것 건디쥐기 ᄒᆞᄂᆞ니(朴解中*3*).

건둣부 〈옛〉문득. 잠깐. ¶ 和風이 건둣 부러 綠水를 건너오니(丁克仁.賞春曲).

건ː-땅명 흙이 기름진 땅.
건뜻[-뜯]부 〈건듯〉의 센말.
건뜻-건뜻[-뜯껀뜯]부 〈건듯건듯〉의 센말.
건락(乾酪)[걸-]명 동물의 젖에 들어 있는 단백질을 응고·발효시킨 식품. 치즈.
건락-소(乾酪素)[걸-쏘]명 동물의 젖의 주성분인 단백질. 카세인(casein). 준낙소(酪素).
건량(乾量)[걸-]명 (곡물·과일 같은) 마른 물건의 양(量). ↔액량(液量).
건량(乾糧)[걸-]명 ①먼 길을 가는 데 지니고 다니기에 간편하게 만든 양식. ②지난날, 흉년에 가난한 사람들을 구호하기 위해 죽 대신에 주던 곡식. ③지난날, 중국에 가는 사신이 가지고 가던 양식.
건류(乾溜)[걸-]명하타 고체 유기물을, 공기를 차단하고 가열·분해하여 휘발성 물질과 비휘발성 물질로 가르는 처리. 〔석탄에서 석탄 가스·타르·코크스를 얻는 따위.〕
건ː립(建立)[걸-]명하타되자 ①탑·동상·건물 따위를 만들어 세움. ¶ 마을 회관을 건립하다. ②기관·조직체 따위를 새로 조직함. ¶ 동창회 건립.
건마는조 모음으로 끝난 체언에 붙는 연결형 서술격 조사. 앞의 사실을 정해진 또는 당연한 사실로 인정하거나 미루어 짐작하면서, 뒤의 사실이 이와 어긋난다는 뜻을 나타냄. ¶ 힘은 장사건마는 꾀가 없다. 준건만. 참이건마는.
-건마는어미 용언의 어간이나 '이다'의 어간 또는 높임의 '-시-'나 시제의 '-았(었)-'·'-겠-' 등에 붙는 종속적 연결 어미. 앞의 사실을 기정 사실, 또는 당연한 사실로 인정하거나 미루어 짐작하면서, 뒤의 사실을 이에 맞서게 하는 뜻을 나타냄. ¶ 가진 돈은 많건마는 인색하기 짝이 없다. 준 -건만.
-건마른어미 〈옛〉 -건마는. ¶ 일훔도 업건마른(月釋2:53). 참 -언마른.
건ː막(腱膜)명 막처럼 얇고 넓은 힘줄.
건만조 〈건마는〉의 준말.
-건만어미 〈-건마는〉의 준말.
건망(乾網)명하자 (바빠서) 미처 낯도 씻지 못하고 망건을 씀, 또는 그 망건.
건ː망(健忘)명 ①잘 잊어버림. ②〈건망증(健忘症)〉의 준말.
건ː망-증(健忘症)[-쯩]명 기억력이 부실하여, 잘 잊어버리는 병증. ¶ 건망증이 심하다. 준건망(健忘).
건면(乾麵)명 ☞마른국수.
건명(件名)명 ①일이나 물건의 이름. ②서류의 제목.
건명(乾命)명 ①불교에서, 축원문(祝願文)에 쓰는 '남자'를 이르는 말. ②'남자의 생년(生年)'을 이르는 말. ↔곤명(坤命).
건-명태(乾明太)명 말린 명태. 북어(北魚).
건-모(乾-)명 ①마른논에 못자리를 하였다가, 물을 대거나 비가 내린 뒤에 뽑아서 내는 모. ②마른논에 내는 모.
건목명 (정성 들여 다듬지 않고) 거칠게 대강 만드는 일, 또는 그렇게 만든 물건.
　건목(을) 치다관용 대강 짐작하여 정하다.
건목(乾木)명 (베어서) 바짝 말린 재목.
건목-수생(乾木水生)[-쑤-]명 ☞간목수생.
건목-재(-材)[-째]명 산에서 도끼나 톱으로 대강 다듬은 거친 목재.
건몰(乾沒)명하타되자 ①남의 금품을 거저 빼앗음. ②법에 어긋나는 물건을 관청에서 몰수함.
건몰다[건모니·건몰아]타 어떤 일을 건성건성 빨리 해 나가다.
건-몸명 공연히 혼자서 헛애를 쓰며 안달하는 일.
　건몸(을) 달다관용 공연히 혼자서 헛애를 쓰며 몸이 달다. ¶ 본인은 태연한데 네가 왜 건몸을 달아 하느냐?
건-물명 〔유정(遺精)·몽정(夢精) 등의 병증으로 말미암아〕 성교(性交)하지 않는데도 저절로 나오는 정액(精液).
건-물(乾-)명 《주로 '건물로'의 꼴로 쓰이어》 ①쓸데없이. 공연히. ¶ 건물로 속을 썩이고 있다. ②힘을 안 들이고. ¶ 남의 재산을 건물로 삼키려 한다. ③까닭도 모르고 건으로. ¶ 건물로 날뛰다.
건ː물(建物)명 '사람이 들어 살거나, 일을 하거나, 물건을 넣어 두기 위하여 지은 집'을 통틀어 이르는 말. 건축물(建築物).
건물(乾物)명 마른 식품(食品). 본간물(乾物).
건-미역(乾-)명 '마른미역'으로 순화.
건ː민(健民)명 건전한 국민. 굳센 국민.
건반(乾飯)명 마른밥. ↔수반(水飯).
건ː반(鍵盤)명 피아노·오르간 따위의 앞부분에 건(鍵)을 늘어놓은 면.
건ː-반사(腱反射)명 건(腱)의 기계적 자극에 따라 근육이 연축(攣縮)을 일으키는 반사.
건ː반^악기(鍵盤樂器)[-끼]명 피아노나 오르간과 같이 '건반이 있는 악기'를 통틀어 이르는 말.
건-밤명 한숨도 자지 않고 뜬눈으로 새운 밤. ¶ 건밤을 새웠다.
건방명 젠체하는 주제넘은 태도. ¶ 건방을 떨다. /건방을 부리다. /건방을 피우다.
건방(乾方)명 ①이십사방위의 하나. 북서(北西)를 중심으로 한 15도 범위 이내의 방위. 술방(戌方)과 해방(亥方)의 사이. ②팔방(八方)의 하나. 북서(北西)를 중심으로 한 45도 범위 이내의 방위. 준건(乾). ↔손방(巽方).
건방-지다형 당치 않게 젠체하며 주제넘은 데가 있다. ¶ 어른 앞에서 함부로 건방지게 굴지 마라.
건배(乾杯)명하자 여러 사람이 경사를 축하하거나 건강을 기원하면서 함께 술잔을 들어 술을 마시는 일. ¶ 건배를 들다. /승리를 축하하며 건배하다. 참거배(擧杯).
건ː백(建白)명하타 지난날, 임금이나 조정에 대하여 의견을 진술하던 일. 건언(建言).
건ː백-서(建白書)[-써]명 건백의 사유를 적은 문서.
건ː보(健步)명 잘 걷는 걸음.
건복(乾鰒)명 〈건전복(乾全鰒)〉의 준말.
건부-병(乾腐病)[-뼝]명 저장 중의 알뿌리나 감자 따위가, 갈색으로 썩어서 건조·수축하는, 부패병의 한 가지.
건-부종(乾付種)명하타 ☞건파(乾播).
건ː비(建碑)명하자 비(碑)를 세움.
건-빨래(乾-)명 '마른빨래'의 잘못.
건-빵(乾-)명 좀 오래 두거나 가지고 다니기에 편리하도록 딱딱하게 만든 밀가루 과자의 한 가지. 흔히, 군대의 야전 식량으로 쓰임.
건사명하타 ①일을 시킬 때, 일거리를 만들어 모아 대어 줌. ②자신의 일을 잘 돌보아 수습함. ¶ 제 몸 하나 건사도 못하면서 남의 일을 간섭하려 든다. ③잘 거두어 보호함. 간수. ¶ 귀중한 물건이니 잘 건사해 두어라.
건ː삭(腱索)명 심장의 방실(房室) 입구의 판막에 붙어 있는 힘줄. 〔심실이 수축할 때 판막이 심방 쪽으로 밀리지 않게 하는 구실을 함.〕

건-살포(乾-)명 일도 하지 않으면서 살포만 가지고 다니는 사람.
건-삶이(乾-)명하타 (써레로 썰거나, 나래로 고르거나 하여) 물 없이 마른논을 삶는 일. ↔무삶이.
건삼(乾蔘)명 잔뿌리와 줄기를 자르고 겉껍질을 벗기어 말린 인삼. ↔수삼(水蔘).
건-삼련(乾三連)[-년]명 팔괘 중, 건괘(乾卦)는 세 막대가 모두 이어졌다는 뜻으로 '☰'의 모양을 이르는 말. ↔곤삼절(坤三絕).
건삽(乾澁) '건삽하다'의 어근.
건삽-하다(乾澁-)[-사파-]형여 말라서 윤기가 없다. 건삽-히부.
건상(乾象)명 천체(天體)의 현상. 일월성신(日月星辰)이 돌아가는 이치. 천기(天氣). 천상(天象).
건-상어(乾-)명 말린 상어.
건색(乾色)명 ①☞건재(乾材). ②손질하거나 가공하지 아니한 본디 그대로의 재료. 《주로, '건색으로'의 꼴로 쓰임.》 ¶ 건색으로 지은 오두막집.
건생(乾生)명하자 (식물이) 건조한 곳에서 자람. 건성(乾性). ↔습생(濕生).
건생^식물(乾生植物)[-싱-]명 (사막·모래밭·바위·나무 위 등) 건조한 곳에서 잘 자라는 식물. 〔보리사초·선인장·석곡 따위.〕 건성 식물. ↔습생 식물.
건-석어(乾石魚)명 ①☞가조기. ②☞굴비.
건선(乾癬)명 ☞마른버짐.
건:선(健羨)명하타 몹시 부러워함.
건-선거(乾船渠)명 ☞건독.
건-선명(乾仙命)명 점술에서 이르는, 죽은 남자의 태어난 해. ↔곤선명(坤仙命).
건:설(建設)명하타되자 ①건물이나 그 밖의 시설물을 만들어 세움. ¶ 교량 건설./건설 사업. ↔파괴. ②어떤 조직체를 이룩하여 꾸려 나감. ¶ 그는 우리 당 건설의 핵심 요원이었다.
건:설^공채(建設公債)명 철도·도로·항만의 건설이나 전원(電源) 개발 사업 같은, 건설 사업의 자금 마련을 위하여 발행하는 공채.
건설방명 지난날, 가진 돈도 없이 오입판 같은 데 다니면서 '허랑한 짓이나 일삼는 추잡한 사람'을 이르던 말.
건:설-업(建設業)명 토목·건축에 관한 공사 및 그에 따르는 업무를 맡아 하는 사업.
건:설^이:자(建設利子)명 주식회사가 설립 등기(設立登記) 후 완전 개업까지 2년 이상이 걸릴 때, 정관(定款)의 약정에 따라, 영업에 의한 이익에 앞서서 특히 주주에게 배당하는 이자.
건:설-적(建設的)[-쩍]관명 어떤 일이 보다 잘 되어 가도록 하려고 하는 (것). ¶ 건설적 비판./건설적인 의견을 말하다. ↔파괴적.
건성명 ①진심으로 하지 아니하고 겉으로만 함. ¶ 너는 왜 그렇게 매사에 건성이니? ②진지한 자세나 성의 없이 대충하는 태도. 《주로, '건성으로'의 꼴로 쓰임.》 ¶ 건성으로 대답하다./그는 건성으로 인사하였다./그의 말을 건성으로 넘겨 버렸다.
건성(虔誠)명 경건한 정성.
건성(乾性)명 ①건조한 성질. 건조하기 쉬운 성질. ¶ 건성 피부. ↔습성(濕性). ②☞건생.
건성-건성부 잇달아 건성으로 하는 모양. 건둥건둥. 건정건정.
건성-꾼명 건성으로 아무 일에나 끼어들어 덤벙이는 사람.
건성^늑막염(乾性肋膜炎)[-능망념]명 늑막 사이에 섬유소가 스며 나와 하얀 혼탁을 남기고 늑막에 흡수되거나 붙는 늑막염. ↔습성 늑막염.
건성드뭇-하다[-무타-]형여 비교적 많은 수효의 것이 성기게 흩어져 있다.
건성^식물(乾性植物)[-싱-]명 ☞건생 식물.
건성-울음명 (정말 우는 것이 아니고) 건성으로 우는 울음. 건울음.
건성-유(乾性油)[-뉴]명 공기 중에 두면 산소를 빨아들여 말라서 굳는 식물성(植物性) 기름. 〔동유(桐油)·아마인유(亞麻仁油)·들기름 따위.〕 건조유. 준건유(乾油). ↔불건성유(不乾性油).
건성-지(乾性脂)명 공기 중에 두면 산소를 빨아들여 말라서 굳는 지방(脂肪).
건:송(健訟)명하자 대수롭지 않은 일을 가지고도 소송하기 좋아함.
건수(件數)[-쑤]명 ①사물·사건 따위의 수(數). ¶ 신고 건수. ②'업적이나 실적 따위의 수'를 속되게 이르는 말. ¶ 건수를 올리다.
건수(乾水)명 (늘 솟는 물이 아니고) 비가 내린 뒤에만 땅속에 스몄던 물이 한때 솟아올라 괴는 물.
건수(乾嗽)명 마른기침.
건숙(虔肅) '건숙하다'의 어근.
건:숙-하다(虔肅-)[-수카-]형여 경건하고 엄숙하다. 건숙-히부.
건순(乾脣)명 윗입술이 늘 다물려 있지 않고 들려 올라간 입술.
건순-노치(乾脣露齒)명 윗입술이 늘 들려 올라가 있어 이가 드러남.
건습(乾濕)명 마름과 젖음. 건조와 습기.
건습-계(乾濕計)[-꼐/-께]명 〈건습구 습도계〉의 준말.
건습구^습도계(乾濕球濕度計)[-꾸-또계/-꾸-또게]명 물이 증발하는 정도의 차이를 재어, 공기 중의 습도를 알아낼 수 있도록, 건구(乾球)와 습구(濕球) 두 개의 수은 온도계를 나란히 장치한 습도계. 준건습계.
건습^운:동(乾濕運動)명 식물의 세포벽이 공기가 건조하거나 습함에 따라 부풀어지거나 옴츠러드는 일. 〔콩깍지가 마르면 저절로 벌어지는 따위.〕
건:승(健勝)명하형 몸에 탈이 없이 건강함. 몸이나 마음이 건전함. ¶ 건승을 빕니다.
건시(乾柹)명 곶감.
건시(乾時)명 이십사시의 스물두째 시. 하오 8시 30분부터 9시 30분까지의 동안. 준건(乾).
건식(乾式)명 (어떤 작업 과정에서) 액체나 용제(溶劑)를 쓰지 않는 방식. ↔습식(濕式).
건식(乾食)명하자타 ①음식물을 말려서 먹음. ②(물이나 국이 없이) 마른반찬만으로 밥을 먹음.
건:식(健食)명하자 음식을 가리지 않고 잘(많이) 먹음. 건담(健啖).
건:식-가(健食家)[-까]명 음식을 잘(많이) 먹는 사람. 건담가(健啖家). 대식가(大食家).
건식^구조(乾式構造)[-꾸-]명 물이나 흙을 쓰지 않고 짜 맞추기만 하는 건축상의 구조. ↔습식 구조.
건실(健實) '건실하다'의 어근.
건:실-하다(健實-)형여 건전하고 착실하다. ¶ 건실한 청년./재정이 건실한 회사. 건실-히부.
건:아(健兒)명 씩씩하고 굳센 사나이. ¶ 용감한 대한의 건아들아, 힘차게 나아가 싸워 이기자!

건ː양(建陽)명 조선 시대에 처음 쓴 연호. 고종 33년부터 대한제국 수립 직전까지 1년 8개월 동안 씀. 〔1896~1897〕 참광무·융희.
건어(乾魚)명 〈건어물〉의 준말.
건-어물(乾魚物)명 말린 물고기. 준건어.
건ː언(建言)명하타 ☞건백(建白).
건열(乾裂)명하자 진흙 따위의 거죽이 말라서 거북의 등처럼 갈라져 터짐.
건용(健勇) '건용하다'의 어근.
건ː용-하다(健勇―)형여 튼튼하고 용감하다.
건우(愆尤)명 잘못. 허물. 건과(愆過).
건-울음명 ☞건성울음.
건ː원(建元)명하자 나라의 연호를 정함.
건위(乾位)명 남자의 신주나 무덤. ↔곤위(坤位).
건ː위(健胃)명 ①튼튼한 위. ②하자 위를 튼튼하게 함. ¶ 건위 소화제.
건ː위-제(健胃劑)명 소화를 돕고, 식욕이 나게 하며, 위의 기능을 촉진하는 약제.
건유(乾油)명 〈건성유(乾性油)〉의 준말.
건육(乾肉)명 말린 고기.
건율(乾栗)명 말린 밤을 한방에서 이르는 말.
건-으로(乾―)부 ①터무니없이. 턱없이. ¶ 이 일이 결코 건으로 그리된 것은 아닐 것이오. ②건깡깡이로. 매나니로. ¶ 아무 준비도 없이 건으로 하겠다는 거냐? ③공연히 실속이 없이 건성으로. ¶ 아버지는 어머니의 눈치를 살피며 건으로 동생을 야단치고 있었다.
건ː의(建議)[거늬/거니]명하타되자 (어떤 문제에 대하여) 의견이나 희망 사항을 냄, 또는 그 의견이나 희망 사항. ¶ 건의 사항. /건의를 받아들이다.
건ː의-권(建議權)[거늬꿘/거니꿘]명 의회가 정부에 대하여 건의할 수 있는 권리.
건ː의-문(建議文)[거늬-/거니-]명 ☞건의서.
건ː의-서(建議書)[거늬-/거니-]명 건의의 내용을 적은 문서. 건의문.
건ː의-안(建議案)[거늬-/거니-]명 건의하려는 초안(草案), 또는 의안(議案).
-건이어미 〈옛〉-았느냐. -었느냐. ¶ 門 밧긔 귀큰 王孫은 三顧草廬ᄒᆞ건이(古時調). 참-거니.
건ː-자재(建資材)명 ☞건축 용재.
건잠명 곡식의 뿌리를 해치는 벌레의 한 가지.
건잠-머리명하자 일을 시킬 때에, 일의 대강의 방법을 일러 주고, 그에 필요한 제반 도구를 준비하여 주는 일.
건장(健壯) '건장하다'의 어근.
건장(乾醬)명 마른장.
건ː장-하다(健壯―)형여 몸이 크고 굳세다. ¶ 건장한 사나이들. 건장-히부.
건ː재(建材)명 〈건축 용재〉의 준말.
건ː재(健在)명하형 힘이나 능력이 약화되지 않고 그대로 있음. ¶ 건재를 과시하다. /할머니는 여든이 넘으셨지만 여전히 건재하시다.
건재(乾材)명 〔한방에서〕 ①아직 조제하지 아니한 약재. ②법제(法製)하지 아니한 원료로서의 약재. 건색(乾色).
건재-국(乾材局)명 조제하지 않은 약재를 파는 약국.
건ː재-상(建材商)명 건축 재료를 파는 장사나 장수, 또는 가게.
건ː전(健全)명하형 ①(몸이나 정신이) 튼튼하고 온전함. ¶ 건전한 정신은 건전한 신체에 깃든다. ②(조직 따위의 활동이나 상태가) 건실하고 정상임. ¶ 건전 가요. /기업을 건전하게 운영하다. 건전-히부.
건-전복(乾全鰒)명 말린 전복. 준건복(乾鰒).
건ː전^재정(健全財政)명 경상(經常) 세출입으로 운영되어 나가는 재정. 균형 재정. ↔적자 재정.
건-전지(乾電池)명 탄소봉(炭素棒)을 양극, 아연을 음극으로 하고, 그 사이에 염화암모늄·이산화망간·탄소립 등을 섞어 넣은 전지. ↔습전지.
건정부 대강. 대충. ¶ 설거지를 건정 해치우다.
건정(乾淨) '건정하다'의 어근.
건정-건정부하자 일을 대강대강 쉽고 빠르게 해치우는 모양. 건등건등. 긴싱건싱.
건정-하다(乾淨―)형여 ①깨끗하고 말끔하다. 참정결(淨潔). ②일 처리를 잘하여 뒤끝이 깨끗하다. 건정-히부.
건ː제(建制)명하타 설치하고 제정함.
건제(乾製)명하타 물기 없이 제조함.
건제(乾劑)명 〈건조제〉의 준말.
건제^비ː료(乾製肥料)명 닭똥, 고기의 비늘이나 바다의 풀, 또는 게나 새우의 껍데기 따위를 말려서 만든 비료. 건조 비료(乾燥肥料).
건제-품(乾製品)명 식품 따위를 오래 둘 수 있도록 말린 제품. 건조품.
건ː조(建造)명하타되자 건물이나 배 따위를 세우거나 만듦. ¶ 유조선(油槽船) 건조.
건조(乾棗)명 말린 대추.
건조(乾燥)[1]명하형 ①습기나 물기가 없는 마른 상태. ¶ 공기가 건조하다. ②(분위기·정신·환경 등이) 여유나 윤기가 없이 메마름. 무미건조. ¶ 예술적인 훈기가 없는 건조한 작품. /리듬과 생기가 없는 건조한 생활. 본간조.
건조(乾燥)[2]명하자타되자 ①물기가 증발하여 없어짐. ②물기를 없앰. 말림. ¶ 목초를 건조하여 저장하다. 본간조.
건조-과(乾燥果)명 ①익으면 껍질이 단단하게 마르는 과실. 〔콩·나팔꽃 열매 따위의 열과(裂果) 종류와 보리·단풍 열매·호두·메밀 따위의 폐과(閉果) 종류가 있음.〕 건과. ↔액과. ②햇볕이나 열에 말린 과실. 〔곶감·건포도 따위.〕
건조-기(乾燥期)명 기후가 건조한 시기. 준건기.
건조-기(乾燥器·乾燥機)명 물기 있는 물건을 말리는 장치. 드라이어(dryer).
건조^기후(乾燥氣候)명 기후형의 한 가지. 강우량이 증발량보다 적은 지방의 기후. 연 강수량은 500 mm 미만임. ↔습윤 기후(濕潤氣候). 참열대 기후·온대 기후.
건조-란(乾燥卵)명 달걀을 말려서 가루로 만든 것.
건조-롭다(乾燥―)[-따][~로우니·~로워]형ㅂ 메마른 느낌이 있다.
건조-림(乾燥林)명 기후·토질이 건조한 곳에 이루어진 숲. 〔회양목이나 야자의 숲 따위.〕
건조-맥아(乾燥麥芽)명 부패균의 번식을 억제하기 위하여 바짝 말린 엿기름.
건조-무미(乾燥無味)명하형 ☞무미건조.
건ː조-물(建造物)명 '지어 만든 건물'을 통틀어 이르는 말.
건ː조-보험(建造保險)명 선박 건조 중에 일어나는 여러 가지 위험에 대비하는 보험.
건조^비ː료(乾燥肥料)명 ☞건제 비료.
건조-세탁(乾燥洗濯)명 ☞드라이클리닝.
건조^엑스(←乾燥extract)명 동물성·식물성의 유효 성분만을 말려서 굳힌 약제(藥劑).
건조-열과(乾燥裂果)명 ☞개과(蓋果). ↔건조 폐과(乾燥閉果).
건조-유(乾燥油)명 ☞건성유(乾性油).

건조^윤회(乾燥輪廻) [-회/-훼] 명 건조 기후 지방에서 일어나는 지형의 윤회적 변화. 〔주로, 온도의 급변과 풍력(風力)의 작용에 따름.〕 참지형 윤회·침식 윤회.

건조-장(乾燥場) 명 물건을 말리기 위하여 일정한 시설을 갖춘 곳.

건조-제(乾燥劑) 명 ①물기 있는 물질의 물기를 없애기 위하여 쓰는 흡습성이 강한 물질. 〔오산화인, 짙은 황산, 수산화나트륨 따위.〕 ②건성유 또는 반건성유(半乾性油)의 공기 산화를 촉진시켜 건조성을 높이려고 섞는 물질. 〔코발트·납·망간 따위.〕 준건제(乾劑).

건조^주:의보(乾燥注意報) [-의-/-이-] 명 기상 주의보의 한 가지. 실효 습도가 50% 이하이고, 그날의 최소 습도가 30% 이하인 상태가 2일 이상 계속되리라고 예상될 때, 화재의 예방을 위하여 기상청에서 알리는 예보.

건조-증(乾燥症) [-쯩] 명 몸에 수분이 적어지며 땀·침·대소변 따위가 잘 나오지 않는 증세.

건조-지(乾燥地) 명 토질이 건조한 땅. 마른땅.

건조^지형(乾燥地形) 명 건조한 기후로 인하여 내륙 지방에 생기는 지형.

건조-채소(乾燥菜蔬) 명 날것 그대로 살균하여 말린 채소.

건조-체(乾燥體) 명 문장의 수식 정도에 따라 나눈 문체의 한 가지. 화려한 수식을 피하고, 오직 내용의 완전한 전달만을 목적으로 하는 이지적인 문체. ↔화려체(華麗體).

건조-폐과(乾燥閉果) [-폐-/-페-] 명 ☞폐과(閉果). ↔건조열과(乾燥裂果).

건조-품(乾燥品) 명 ☞건제품(乾製品).

건조^혈장(乾燥血漿) [-짱] 명 여러 사람의 혈액을 섞어 가라앉혀서 위에 뜬 혈장을 냉동 건조시킨 뒤 가루로 만든 것. 〔증류수에 녹여 주사하는데, 혈액형에 관계없이 수혈할 수 있음.〕

건조^효:모(乾燥酵母) 명 말린 효모. 담황색 또는 담갈색으로, 비타민 B가 풍부함. 영양제·정장제(整腸劑) 등으로 쓰임.

건:졸(健卒) 명 건장한 병졸.

건좌(乾坐) 명 (집터나 묏자리 따위가) 건방(乾方)을 등진 좌향, 또는 그런 자리.

건좌-손향(乾坐巽向) 명 (집터나 묏자리 따위가) 건방(乾方)을 등지고 손방(巽方)을 향한 좌향.

건:주(建株) 명 주식 거래에서, 현재 매매가 약정되어 있는 주(株), 또는 거래소에 상장(上場)된 주.

건:주^야:인(建州野人) 명 지난날, '여진족(女眞族)'을 일컫던 말.

건-주정(乾酒酊) 명 하자 ☞강주정.

건중-건중 부 하타 건중그리는 모양. 작간종간종.

건중-그리다 타 (흐트러진 사물을) 대강 간추리어 가지런하게 하다. 건중이다. 작간종그리다.

건중-이다 타 건중그리다. 작간종이다.

건즐(巾櫛) 명 ①수건과 빗. ②하자 세수하고 머리를 빗음.

건즐(을) 받들다 관용 여자가 아내로서 남편을 받들다.

건지¹ 명 물의 깊이를 재려고 돌을 매단 줄.

건지² 명 '건더기'가 줄어서 변한말.

건지다 타 ①(액체 속에 들어 있는 것을) 밖으로 집어내다. ¶ 국에서 건더기를 건지다. ②어려운 경우에 처한 것을 도와서 벗어나게 하다. ¶ 백성을 도탄에서 건지다. ③(투자한 것을) 날리지 않고 도로 거두다. ¶ 사업의 실패로 본전도 못 건지다. ④물에 빠진 사람의 원혼을 굿이나 푸닥거리 따위로 달래 주다. ¶ 원혼들의 넋을 건지다.

건-지황(乾地黃) 명 〈생건지황〉의 준말.

건-직파(乾直播) 명 하타 ☞건파(乾播).

건짐-국수 [-쑤] 명 삶아 건진 칼국수를 맑은장국에 만 음식.

건착-망(巾着網) [-창-] 명 고기잡이 그물의 한 가지. 고기 떼를 수직으로 둘러막고, 밑에 달린 금속 고리에 꿴 밧줄을 죄어서 차차 오그라들게 하여 배 옆에 바짝 붙이고 고기를 퍼내어 잡게 만든 그물.

건착-선(巾着船) [-썬] 명 건착망으로 고기를 잡도록 설비한 배.

건채(乾菜) 명 말린 나물과 채소를 통틀어 이르는 말.

건:책(建策) 명 하자 방책(方策)을 세움.

건천(乾川) 명 조금만 가물어도 이내 물이 마르는 내.

건-청어(乾靑魚) 명 말린 청어. 관목(貫目).

건체(愆滯) 명 하자·타 되자 ☞연체(延滯).

건초(乾草) 명 ①베어 말린 풀. 마른풀. ②말린 꼴. 준초(草)². ↔생초(生草).

건:초(腱鞘) 명 칼집 모양으로 건(腱)을 둘러싸고 있는, 활막층(滑膜層)과 섬유층(纖維層)의 안팎 두 층으로 된 점액낭(粘液囊).

건초-열(乾草熱) 명 갑자기 나타나는 코 카타르의 증세. 〔신열이 오르며 심한 재채기와 콧물이 남.〕

건:축(建築) 명 하타 되자 건물을 만드는 일, 또는 그 건물. ¶ 석조 건축. /아파트를 건축하다.

건축(乾縮) 명 하자 되자 저장한 곡식 따위가 말라서 양이 축남, 또는 축난 양.

건:축-가(建築家) [-까] 명 건축 설계나 건축 공사의 지휘·감독 따위를 전문으로 하는 사람.

건:축^공학(建築工學) [-꽁-] 명 건축학(建築學)의 한 분야로서, 건축의 구조·자재·계획·시공법 따위를 연구하는 학문.

건:축^구조^역학(建築構造力學) [-꾸-여칵] 명 건축물의 뼈대에 생기는 응력(應力)이나 변형에 대하여 연구하는 학문.

건:축^면적(建築面積) [-충-] 명 ☞건평(建坪).

건:축-물(建築物) [-충-] 명 '건축한 구조물'을 통틀어 이르는 말. 건물(建物).

건:축-비(建築費) [-삐] 명 건축에 드는 비용.

건:축-사(建築士) [-싸] 명 (국가에서 인정하는 면허를 받아) 건축물의 설계와 공사 감리 등의 일을 맡아 하는 사람.

건:축-선(建築線) [-썬] 명 (공원·도로·광장 따위를 침범하지 못하도록 제정한) 건축물을 지을 수 있는 계선(界線).

건:축^설계(建築設計) [-썰계/-썰게] 명 건축에 관한 설계. 건축물을 도면 위에 표시하는 기술적·예술적 작업 행위.

건:축^설비(建築設備) [-썰-] 명 건축물의 효용을 완전하게 하기 위한 제반 설비. 〔조명·난방·급수·배수 따위.〕 ↔건축 주체.

건:축^양식(建築樣式) [-충냥-] 명 건축물의 양식. 〔시대별·지역별·국가별·효용별, 그 밖에 미적(美的)인 구별 등 여러 가지 양식으로 구별됨.〕

건:축-업(建築業) 명 건축 공사를 맡아 하여 소득을 얻는 직업.

건:축^용:재(建築用材) [-충뇽-] 명 건축에 쓰이는 자재. 〔시멘트·벽돌·석회·목재·철강재·유리·흙·자갈·모래 따위.〕 건자재(建資材). 준건재(建材)·건축재(建築材).

건ː축^의ː장(建築意匠)명 건축물 내부와 외부의 형태를 미적(美的)으로 특수하게 설계하는 고안(考案).
건ː축-재(建築材)[-째]명 〈건축 용재〉의 준말.
건ː축^주체(建築主體)[-쭈-]명 건축물 성립의 근간(根幹)이 되는 주체. 〔온돌·벽·기둥 따위.〕 ↔건축 설비.
건ː축-학(建築學)[-추칵]명 건축물의 설계·건립 및 유지를 위한 이론과 기술적 체계를 과학적으로 연구하는 학문.
건치(乾雉)명 신부가 시부모를 처음 뵐 때, 폐백으로 올리는 말린 꿩고기.
건칠(乾漆)명 옻나무 즙(汁)을 말려 만든 약제. 한방에서 속병·기침·살충(殺蟲)·통경(通經) 등의 치료에 쓰임.
건침(乾-)명 마른침.
건침(乾浸)명하타 생선에 소금을 쳐서 간을 하는 일, 또는 그 간.
건탕(巾宕)명 망건과 탕건.
건토^효ː과(乾土效果)명 흙을 건조시킴으로써 식물의 발육이 좋아지고 수확이 느는 일.
건ː투(健鬪)명하자 씩씩하게 잘해 나감. 씩씩하게 싸움. ¶ 건투를 빌다.
건파(乾播)명하타 마른논에 볍씨를 뿌리어 밭곡식처럼 가꾸다가 뒤에 물을 대어 주는 농사 방법. 건부종(乾付種). 건직파(乾直播).
건판(乾板)명 ①사진에 쓰는 감광판(感光板)의 한 가지. 유리·셀룰로이드 따위의 투명한 판에 감광액을 얇게 발라 암실에서 말린 것. ↔습판(濕板). ②활판 인쇄용 지형(紙型)을 눌러 만드는 기계.
건ː평(建坪)명 건물이 자리잡은 터의 평수. 건축 면적. 참대지(垈地)·연건평(延建坪).
건ː폐-율(建蔽率)[-폐-/-페-]명 대지(垈地)의 면적에 대한 건평(建坪)의 비율. 참용적률.
건포(乾布)명 마른 수건(헝겊).
건포(乾脯)명 고기를 얇게 저미어 말린 것. 〔육포(肉脯)·어포(魚脯) 따위.〕 참장포(醬脯).
건-포도(乾葡萄)명 말린 포도.
건포-마찰(乾布摩擦)명 (혈액 순환을 돕기 위하여) 마른 수건(헝겊)으로 살갗을 고루 문지르는 일. 참냉수마찰.
건풍(乾風)명 습기가 없는 바람.
건피(乾皮)명 말린 짐승 가죽.
건ː필(健筆)명 ①힘 있게 쓴 글씨, 또는 그런 글씨를 쓰는 사람. 건호(健毫). ②시문(詩文)을 잘 지음, 또는 그 사람.
건하(乾苄)명 ☞생건지황(生乾地黃).
건하(乾蝦)명 말린 새우.
건ː-하다형여 ①넉넉하다. ¶ 이젠 살림이 제법 건하게 되었다. ②〈거나하다〉의 준말. ③〈흥건하다〉의 준말. **건-히**부.
건-하다(乾-)형여 〈한건(旱乾)하다〉의 준말. **건-히**부.
건ː학(建學)명하자 학교를 일으켜 세움.
건학(乾涸)명하자되자 ①내나 못의 물이 졸아서 마름. ②(물건을) 말려서 굳게 함.
건ː함(建艦)명하자 군함을 만듦.
건-합육(乾蛤肉)명 말린 조갯살.
건-해삼(乾海蔘)명 말린 해삼.
건해-풍(乾亥風)명 건방(乾方)이나 해방(亥方)에서 불어오는 바람. 〔북서풍이나 북북서풍을 이름.〕
건현(乾舷)명 (배에 짐을 가득 실었을 때) 수면에서 상갑판까지의 수직 거리.
건현^갑판(乾舷甲板)명 배가 짐을 실을 수 있는 최고 한계를 규정하는 데 기초로 삼는 갑판. 〔보통, 상갑판(上甲板)을 말함.〕
건혈(乾血)명 짐승의 피를 모아 가열하여 혈병을 분리하고, 압축기로 수분을 없애어 말린, 흑갈색의 가루. 속효성 질소 비료로 쓰임.
건혈^비ː료(乾血肥料)명 비료로 쓰는 건혈.
건혜(乾鞋)[-혜/-헤]명 마른신.
건ː호(健毫)명 ☞건필.
건-호궤(乾犒饋)명하타 지난날, 군사들을 위로하기 위하여 음식을 베푸는 대신 돈을 주던 일.
건혼-나다(乾魂-)자 (놀라지 아니할 일에) 괜히 놀라서 혼나다.
건-홍합(乾紅蛤)명 말린 홍합의 살.
걷ː-기[-끼]명 ①일정한 규정에 따라 걷는 운동. ②무용에서, 발뒤꿈치로 내디디어 다리를 굽혔다 폈다 하면서 걷는 동작.
걷나가다타 〈옛〉건너가다. ¶ 뎌녁 ᄀᆞᇫ애 걷나가샤 일후미 너비 들여(釋譜*13:4*).
걷나다타 〈옛〉건너다. ¶ ᄆᆞᄅᆞᆯ 걷나샤도 ᄆᆞ리뮈디 아니ᄒᆞ고(月釋*1:28*).
걷내뛰다타 〈옛〉건너뛰다. ¶ 아홉 큰 劫을 걷내뛰여 成佛ᄒᆞ시니라(月釋*1:52*).
걷니다자 〈옛〉거닐다. ¶ 밧긔 나아 걷니더시니(釋詳*6:20*).
걷다[1][-따]타 ①㉠감아서 올리거나, 감아서 위에 걸다. ¶ 저고리 소매를 걷다. /늘어뜨렸던 발을 걷다. ㉡깔려 있는 것을 접거나 개키다. 또는, 주워 모아 정리하다. ¶ 마당에 깐 멍석을 걷다. /널려 있는 책을 다 걷어 가방에 챙겼다. ㉢늘어 있는 줄 따위를 서리어 치우다. ¶ 빨랫줄을 걷어 치우다. ㉣흩어져 있는 무리를 한곳으로 모으다. ¶ 각지의 군사를 걷어서 본국으로 돌아가다. ㉤물건·돈 따위를 받아들이다. ¶ 세금을 걷다. /회비를 걷다. ㉥하던 일을 끝내거나 그만두다. ¶ 벌여 놓은 사업들을 다 걷어 버렸다. ②〈거두다〉의 준말.
걷ː다[2][-따][걸으니·걸어]자타ㄷ ①바닥에서 발을 번갈아 떼면서 나아가다. ¶ 술에 취해 비틀거리며 걷다. /좀 더 빨리 걸어라. ②일정한 방향으로 나아가다. ¶ 우리 경제는 이제 바야흐로 향상 일로를 걷기 시작하였다. ③전문직에 종사하다. ¶ 평생 군인의 길만 걸었다.
걷기도 전에 뛰려고 한다속담 쉽고 작은 일도 못하면서 더 어렵고 큰일을 하려 한다.
걷ː다[3][-따]자 ①구름이나 안개 따위가 흩어져 없어지다. ¶ 구름이 걷고 맑은 하늘이 보이기 시작했다. ②비가 그치고 맑게 개다. ¶ 장마가 걷고 햇빛이 내리쬐었다.
걷-몰다[건-][~모니·~몰아]타 거듬거듬 빨리 몰다.
걷어-들다[~드니·~들어]타 ①늘어진 것을 추켜올려 들다. ¶ 바지를 걷어들다. ②흩어진 것을 거두어 들다. ¶ 그물을 걷어들다.
걷어-매다타 일을 중간에서 대충 끝맺다.
걷어-붙이다[-부치-]타 (소매나 바짓가랑이를) 걷어 올리다. ¶ 소매를 걷어붙이고 나서다.
걷어-안다[-따]타 거두어서 품에 안다. ¶ 아이를 품에 걷어안다.
걷어-입다[-따]타 옷을 되는대로 입다.
걷어-잡다[-따]타 ①걷어 올려서 잡다. ¶ 치맛자락을 걷어잡다. ②정신을 차려 마음을 다잡다. ¶ 황망한 경우지만 이럴 때일수록 마음을 걷어잡고 용기를 내길 바라네.
걷어-쥐다타 걷어서 단단히 쥐다.

걷어-지르다[~지르니·~질러]타르 ①(길게 드리워진 것을) 걷어 올려서 흘러내리지 않게 꽂아 놓다. ¶ 치맛자락을 걷어지르다. ②발로 내질러 차다. ¶ 강아지를 걷어지르다.

걷어-질리다자 ①눈이 껄떡해지다. ②〖'걷어지르다'의 피동〗 걷어지름을 당하다. 차이다.

걷어-차다타 ①발길로 세게 차다. ¶ 덤벼드는 상대를 발길로 걷어차다. ②일방적으로 관계를 끊거나 저버리다. ¶ 실컷 이용하고는 걷어차다.

걷어채다자 〖'걷어차다'의 피동〗 걷어참을 당하다. ¶ 말의 뒷발질에 걷어채다.

걷어-치다타 '걷어치우다'의 잘못.

걷어-치우다타 ①(물건 따위를) 걷어서 다른 곳으로 치우다. ¶ 빨랫줄에 널린 빨래를 걷어치워라. ②(하던 일을) 중도에서 그만두다. ¶ 학업을 걷어치우다.

걷-잡다[-짭따]타 《주로 '없다'·'못하다'와 함께 쓰이어》 ①(잘못 치닫거나 기우는 형세 따위를) 붙들어 바로잡다. ¶ 번지는 불길을 걷잡지 못하다. ②진정하거나 억제하다. ¶ 쏟아지는 눈물을 걷잡을 수 없다.

걷-히다[거치-]자 ①〖'걷다1'의 피동〗 걷음을 당하다. ¶ 외상값이 잘 걷히다. ②〖'걷다3'의 피동〗 걷음을 당하다. ¶ 안개가 걷히다.

걸1명 ①윷놀이에서, 한 가락만 윷등을 보이고, 나머지 세 가락은 윷배를 보였을 경우를 이름. 〔윷판의 말을 세 밭을 나아가게 함.〕 ②윷판의 셋째 자리. 〔곧, 개와 윷의 사이.〕 ②걸밭.

걸2준 '것을'이 줄어든 말. ¶ 거기 있는 걸 이리 다오. /그가 떠나는 걸 보지 못했다.

걸명 〈옛〉개울. 도랑. ¶ 그듸 能히 ᄀᆞᄂᆞᆫ 돌ᄒᆞ로 거를 밍ᄀᆞ노니(杜初7:17).

걸가(乞暇)명하자 ①휴가를 얻음. ②휴가원을 제출함. ③물건을 빌려 씀.

걸개(乞丐)명 ①☞거지. ②거지 노릇. 물건이나 돈을 빌리는 일.

걸ː개-그림명 벽 따위에 걸 수 있도록 괘도(掛圖) 비슷하게 꾸며 만든 그림.

걸객(乞客)명 지난날, 몰락한 양반으로서 의관(衣冠)을 갖추고 다니며 얻어먹던 사람. ¶ 춘향이 고개 들어 대상을 살펴보니 걸객으로 왔던 낭군 어사또로 뚜렷이 앉았구나(烈女春香守節歌).

걸걸부하자 염치없이 걸근거리는 모양. 작갈갈.

걸걸(傑傑) '걸걸(傑傑)하다'의 어근.

걸걸-거리다자 자꾸 염치없이 걸근거리다. 걸걸대다. 작갈갈거리다.

걸걸-대다자 걸걸거리다.

걸걸-하다형여 목소리가 좀 갈라진 듯하면서 우렁차다. **걸걸-히**부.

걸걸-하다(傑傑-)형여 외양이 헌칠하고 성격이 쾌활하다. ¶ 걸걸한 성격. **걸걸-히**부.

걸ː고-넘어지다타 아무 상관도 없는 사람을 얽아 넣다. ¶ 사사건건 남을 걸고넘어지다.

걸과(乞科)명하자 지난날, 소과(小科)에 낙방한 나이 많은 선비가 자기의 실력을 믿고 시관(試官) 앞에서 실력을 시험해 달라고 청하던 일.

걸교(乞巧)명하자 칠석날 저녁에, 부녀자들이 견우와 직녀에게 길쌈과 바느질을 잘하게 해 달라고 비는 일.

걸구(乞求)명하타 ☞구걸(求乞).

걸구(傑句)[-꾸]명 썩 잘 지은 시구(詩句).

걸군(乞郡)명하자 조선 시대에, 문과에 급제한 선비가 임금에게 늙은 부모를 모신 가난한 처지를 아뢰어, 고향의 수령(守令) 자리를 청하던 일.

걸귀(乞鬼)명 ①새끼를 낳은 암퇘지. ②(새끼를 낳은 암퇘지가 음식을 탐하듯) '음식을 지나치게 탐하는 사람'을 속되게 이르는 말. ¶ 걸귀가 들린 듯이 밥을 먹다.

걸ː-그물명 고기가 지나다니는 바다 속에 띠처럼 길게 쳐서, 고기가 그물코에 걸리도록 장치한 그물.

걸근-거리다자 자꾸 걸근걸근하다. 걸근대다. 작갈근거리다.

걸근-걸근부하자 ①음식이나 재물 따위를 지나치게 탐을 내어 자꾸 염치없이 욕심 부리는 모양. ②(목구멍에 가래 따위가 걸리어) 근질근질하게 자꾸 거치적거리는 모양. 작갈근갈근.

걸근-대다자 걸근거리다.

걸ː-기명 유도에서, 상대를 발로 걸어서 넘어뜨리는 기술을 통틀어 이르는 말.

걸기(傑氣)[-끼]명 호걸스러운 기상.

걸-기대(乞期待)명 기대하기 바람. ¶ 개봉(開封) 박두, 걸기대.

걸ː기-질명하자 논밭의 바닥을 평평하게 고르는 일.

걸까리-지다형 걸때가 크다. 몸이 크고 실팍하다.

걸껑-쇠[-쇠/-쉐]명 보습의 쇠코 위에 둘러 대어 앞면에 겹치도록 된 좁고 긴 쇠.

걸ː낭(-囊)[-랑]명 ①(차고 다니지 아니하고) 걸어 두는 큰 주머니나 큰 담배쌈지. ②걸망. ③바랑.

걸ː다1[거니·걸어]타 ①물건을 걸쳐 놓거나 드리워지게 하다. ¶ 모자를 벽에 걸다. /목도리를 목에 걸다. /안경다리를 귓바퀴에 걸다. ②문이 열리지 않도록 쇠·못·고리 따위를 꽂거나 지르다. 잠그다. ¶ 자물쇠를 걸다. /문고리를 걸다. ③이용할 수 있도록 차려 놓다. ¶ 냄비를 걸다. /베틀을 걸다. ④계약이나 내기의 조건으로 내놓다. 담보로 맡기다. ¶ 승부에 금품을 걸다. /현상금을 걸다. /목숨을 걸고 싸우다. ⑤의논이나 토의의 내용으로 삼다. 상정(上程)하다. ¶ 문제를 전체 토의에 걸다. ⑥기대나 희망을 가지다. ¶ 국가의 장래를 청소년에게 걸다. ⑦상대편에게 영향이 미치는 행동을 하다. ¶ 싸움을 걸다. /농을 걸다. ⑧기계 따위에 올려 작업이 되게 하다. ¶ 인쇄물을 윤전기에 걸다. ⑨기계 따위가 작동되도록 하다. ¶ 자동차의 시동을 걸다. ⑩어떤 단체에 소속되어 있다고 이름을 내세우다. ¶ 문단에 이름을 걸어 놓다. ⑪어떤 상태에 빠지도록 하다. ¶ 마술을 걸다. /최면을 걸다. ⑫전화를 하다. ¶ 친구에게 전화를 걸다. ⑬《다리·발 따위를 이용하여》 상대편을 넘어뜨리려는 동작을 취하다. ¶ 발을 걸어 넘어뜨리다. ⑭내걸다. 게양(揭揚)하다. ¶ 국기를 걸다.

걸ː다2[거니·걸어]형 ①흙에 영양분이 많다. ¶ 땅이 아주 걸어서 곡식이 잘된다. ↔메마르다. ②액체가 묽지 않고 바특하다. ¶ 죽을 걸게 쑤다. /국물이 걸다. ③차려 놓은 음식의 가짓수가 많아 푸짐하다. ¶ 잔칫상이 걸다. ④말씨나 솜씨가 거리낌이 없고 푸지다. ¶ 말이 걸다.

걸ː-대[-때]명 ①물건을 높이 걸 때에 쓰는 장대. ②물건을 걸거나 매달도록 가로놓은 장대.

걸ː동[-똥]명 (갱도를 뚫을 때) 두 군데의 광구덩이가 거의 통하게 되고도 아직 덜 통하고 남은 부분.

걸때명 사람의 체격. 몸피의 크기. ¶ 동생은 형보다 걸때가 커서 옷을 물려 입을 수 없다오.

걸:-뜨다[~뜨니·~떠]자 (가라앉지도 않고, 물 위에 뜨지도 않고) 중간에 뜨다.

걸:랑¹명 소의 갈비를 싸고 있는 고기.

걸랑²조 〈거들랑〉의 준말. ¶ 누나한테 온 전화걸랑 안부를 전하여라.

-걸랑어미 〈-거들랑〉의 준말. ¶ 아프걸랑 쉬어라.

걸량(-兩)명 지난날, '엽전 꿰미에 백 문마다 짚으로 매듭을 지어 놓은 표'를 이르던 말.

걸량(乞糧)명하자 〈거랑〉의 본딧말.

걸량-걸다(-兩-)[~거니·~걸어]타 걸량을 헤아려 보아, 돈의 액수를 짐작하다. 걸량짚다.

걸량-금(乞糧金)[-끔]명 〈거랑금〉의 본딧말.

걸량-금점(乞糧金店)[-끔-]명 〈거랑금점〉의 본딧말.

걸량-꾼(乞糧-)명 〈거랑꾼〉의 본딧말.

걸량-짚다(-兩-)[-집따]타 걸량걸다.

걸러-내기명하타 ☞배설(排泄).

걸러-뛰다자타 차례를 다 거치지 않고 중간 단계를 걸러서 가다. ¶ 대리에서 부장으로 걸러뛰다.

걸레명 ①더러운 것을 닦거나 훔쳐 내는 데 쓰는 헝겊. ②〈걸레부정〉의 준말.

걸레-받이[-바지]명 걸레질을 할 때 굽도리가 더러워지지 않도록, 장판방 벽의 굽도리 밑으로 돌려 가며 좁게 오려 바른 장판지.

걸레-부정(-不淨)명 〔걸레처럼 더럽다는 뜻으로〕 '너절한 물건이나 사람'을 비유하여 이르는 말. 준걸레.

걸레-질명하타 걸레로 닦거나 훔치는 일.

걸레-쪽명 걸레의 찢어진 쪼가리.

걸레-통(-桶)명 걸레를 넣어 두거나 빠는 데 쓰는 통.

걸려-들다[~드니·~들어]자 ①그물·낚시 등에 잡히다. ¶ 그물에 물고기가 걸려들다. ②꾸며 놓은 구렁에 빠지다. ¶ 덫에 걸려들다. /계략에 걸려들다. ③붙들리다. ¶ 싸움패에 걸려들다.

걸력가(乞力枷)[-까]명 ☞백출(白朮).

걸로준 '것으로'가 줄어든 말. ¶ 이왕이면 다홍치마라고 예쁜 걸로 골라라.

걸-리다¹자 ①〖'걸다'의 피동〗 '걸음'을 당하다. ¶ 모자가 벽에 걸리다. ②어떤 것이 장애물 때문에 거기에 멈추어져 있다. ¶ 연이 전깃줄에 걸리다. /생선뼈가 목에 걸리다. /돌부리에 걸려 넘어지다. /빗장이 걸린 대문. ③그물·낚시·덫 따위에 잡히다. ¶ 고기가 낚시에 걸리다. /산토끼가 덫에 걸리다. ④(미리 정하거나 꾸며진) 법·계략 따위의 테두리 안에 들어가게 되다. ¶ 음주 운전 단속에 걸리다. /사기에 걸리다. /계략에 걸리다. /이놈, 내 손에 걸리기만 해 봐라. ⑤상대편의 행동 대상에 잡힌 바 되다. ¶ 깡패에게 걸리다. ⑥어떤 병이 들다. ¶ 감기에 걸리다. ⑦필요한 만큼 시간이 소요되다. ¶ 학교까지 20분 걸리다. /대학을 졸업하기까지 십 년이 걸렸다. ⑧《주로 '체언+에' 형에 이어 쓰이어》 쉽사리 지워지지 않아서 마음이 편치 못하게 되다. ¶ 시집간 딸이 눈에 걸리다. /빈정거리는 말이 귀에 걸려 꺼림칙하다. /마음에 걸리다. ⑨(해·달 등이) 하늘에 떠 있다. ¶ 저녁 해가 서산마루에 걸려 있다. /중천에 걸린 반달. ⑩(양심·체면·규칙 등에) 벗어나다. 어긋나다. ¶ 양심에 걸리는 부끄러운 짓.

걸리다²타 〖'걷다'의 사동〗 ①걸음을 걷게 하다. ¶ 두 아이는 걸리고 한 아이는 업었다. ②(잘 걷지 못하는 사람에게) 걸음 연습을 시키다.

걸리다³타 윷놀이에서, 돗밭이나 갯밭의 말을 걸밭으로 옮겨 놓다.

걸리적-거리다[-꺼-]자 ①거추장스럽게 자꾸 여기저기 걸리거나 닿다. ②거추장스럽거나 성가시어 자꾸 거슬리거나 방해가 되다. 걸리적대다.

걸리적-대다[-때-]자 걸리적거리다.

걸림-돌[-똘]명 〔발길에 거치적거리는 돌이라는 뜻으로〕 '무슨 일의 진행을 가로막는 것(일)'을 비유하여 이르는 말. ¶ 수교의 걸림돌.

걸림-씨명 ☞관계언(關係言).

걸:립(乞粒)명 ①무당이 굿할 때 위하는 낮은 급의 귀신. 참화주걸립. ②하자동네의 경비를 마련하기 위하여, 무리를 지어 집집마다 다니며 풍악을 울리고 전곡(錢穀)을 얻는 일, 또는 그 일행. ③하자(불사에 경비가 필요할 때) 중들이 집집을 돌아다니며 전곡을 탁발하는 일, 또는 그 일행. ③참시주걸립.

걸립(을) 놀다관용 ①걸립 귀신을 위하는 굿거리를 하다. ②'걸립'의 행사를 하다.

걸립(傑立)명하자 뛰어나게 우뚝 높이 솟음.

걸:립-굿(乞粒-)[-꾿]명 ①걸립패들이 노는 굿. 〔문굿·성줏굿·조왕굿·샘굿·마당굿 따위.〕 ②(무당굿 열두 거리의 하나로) 무당이 '걸립 귀신'을 위해 하는 굿. ＊걸:립굿이[-꾸시]·걸:립굿만[-꾼-]

걸:립-꾼(乞粒-)명 걸립패에 들어 있는 사람.

걸:립-상(乞粒床)[-쌍]명 무당굿 열두 거리 중 걸립굿을 할 때, 걸립 귀신을 위하여 차려 놓는 허름한 전물상(奠物床).

걸:립-짚신(乞粒-)[-찝씬]명 무당이 걸립굿을 할 때 걸립 귀신 앞에 내놓는 짚신.

걸:립-패(乞粒牌)명 걸립을 하는 패거리. 〔화주(化主)를 정점으로 고사꾼·보살 등 15명 정도로 조직됨.〕

걸말명 〈옛〉 횃대. ¶ 걸말 휘:楎(訓蒙中*14*).

걸:-망(-網)명 등에 걸머지고 다닐 수 있게, 망태기처럼 얽어 만든 바랑. 걸낭.

걸:-맞다[-맏따]형 ①두 편이 거의 비슷하다. ¶ 걸맞은 맞수. /부부가 걸맞다. ②격에 맞다. ¶ 분위기에 걸맞은 옷차림.

걸머-맡다[-맏따]타 (남의 일이나 채무 따위를) 대신 하기로 하거나 책임지기로 하다. ¶ 동생의 빚을 형이 걸머맡다.

걸머-메다타 짐을 줄로 걸어서 어깨에 메다. 준걸메다.

걸머메-이다 Ⅰ자 〖'걸머메다'의 피동〗 걸머멤을 당하다.

Ⅱ타 〖'걸머메다'의 사동〗 걸머메게 하다.

걸머-잡다[-따]타 이것저것을 한데 걸치어 붙잡다.

걸머-쥐다타 걸치어 움켜잡다. ¶ 삼촌은 외투를 걸머쥐고 일어섰다.

걸머-지다타 ①줄로 짐을 걸어서 등에 지다. ¶ 배낭을 걸머지다. ②(임무·사명·책임 따위를) 맡아 지다. ¶ 무거운 책무를 두 어깨에 걸머진 우리 청년들. 짊어지다.

걸머지-우다타 〖'걸머지다'의 사동〗 걸머지게 하다.

걸-먹다[-따]자 〈언걸먹다〉의 준말.

걸-메다타 〈걸머메다〉의 준말.

걸물(傑物)명 ①뛰어난 사람. 〔비꼬는 투로 쓰이기도 함.〕 ②훌륭한 물건.

걸:방-석(-石)명 무덤의 상석(床石) 뒤를 괴어 놓은 긴 돌.

걸-밭[-빧]명 윷판에서, 돗밭으로부터 셋째의 말밭. 걸¹. ＊걸밭이[-빠치]·걸밭을[-빠틀]·걸밭만[-빤-]

걸불병행(乞不竝行)명 〔비럭질은 여럿이 함께 하는 게 아니라는 뜻으로〕 요구하는 사람이 많으면 얻기가 힘들다는 말.
걸사(乞士)[-싸]명 '중'을 일컫는 말.
걸사(傑士)[-싸]명 뛰어난 인사(人士).
걸ː-상(-床)[-쌍]명 ①(여러 사람이 걸터앉을 수 있도록) 가로 길게 만든 의자. ②의자.
걸ː-쇠[-쐬/-쒜]명 ①문을 걸어 잠글 때, 빗장으로 쓰는 'ㄱ' 자 모양의 쇠. ②타자기의 단(段)을 바꿀 때 제1단·제2단을 걸어 놓는 건(鍵). ③☞들쇠. ④☞다리쇠.
걸ː^스카우트(Girl Scouts)명 1912년 미국에서 창설되어 세계 각국에 보급되어 있는 국제적인 소녀 단체. 소녀단. 참보이 스카우트.
걸식(乞食)[-씩]명하자 음식을 남에게 빌어먹음. ¶ 이집 저집 돌아다니며 걸식하다.
걸신(乞身)[-씬]명하자 ☞걸해(乞骸).
걸신(乞神)[-씬]명 〔빌어먹는 귀신이란 뜻으로〕 '염치없이 음식을 지나치게 탐하는 일'을 비유하여 이르는 말. ¶ 걸신이 나다.
걸신-들리다(乞神-)[-씬-]자 굶주리어 음식을 탐하는 마음이 몹시 나다. ¶ 그는 몹시 배가 고팠던지 걸신들린 듯이 밥을 먹어 치웠다.
걸신-스럽다(乞神-)[-씬-따][~스러우니·~스러워]형ㅂ 굶주리어 음식을 지나치게 탐하는 듯하다. **걸신스레**부.
걸신-쟁이(乞神-)[-씬-]명 걸신들린 듯이 음식을 지나치게 탐하는 사람.
걸-싸다형 동작이 매우 날쌔다.
걸쌍-스럽다[-따][~스러우니·~스러워]형ㅂ ①일하는 품이 거쿨지고 먹음새가 푸짐하다. ②성미가 별나고 억척스럽다. **걸쌍스레**부.
걸씬-거리다자 자꾸 걸씬걸씬하다. 걸씬대다. 작갈씬거리다.
걸씬-걸씬부하자 닿을락 말락 하는 모양. 조금 닿을 듯한 모양. 작갈씬갈씬.
걸씬-대다자 걸씬거리다.
걸씬-하다자여 (어떤 일이나 물건에) 조금 관계하거나 닿고 말다. ¶ 얼굴만 걸씬하고는 어디로 갔는지 없다. 작갈씬하다.
걸ː-앉다[거란따]자 〈걸어앉다〉의 준말.
걸앉다자 〈옛〉걸터앉다. ¶ 師子床애 걸안자(法華2:194).
걸어-가다 Ⅰ자 (뛰어가지 아니하고, 또는 탈것을 타지 아니하고) 다리를 번갈아 옮겨 저리로 나아가다. ↔걸어오다.
Ⅱ타 ①목적지에 이르기 위하여 어떤 길을 지나가다. ¶ 밤길을 걸어가다. ↔걸어오다. ②(어떤 분야의 일을) 계속 해 나가다. ¶ 오로지 학문의 길만을 걸어가다.
걸어-앉다[-안따]자 높은 곳에 궁둥이를 대고 두 다리를 늘어뜨려 앉다. 준걸앉다.
걸어앉-히다[-안치-]타 〖'걸어앉다'의 사동〗 걸어앉게 하다. ¶ 아이를 의자 위에 걸어 앉히다.
걸어-오다[1] Ⅰ자 (뛰거나 탈것을 이용하지 아니하고) 다리를 번갈아 옮겨 이편으로 오다. ↔걸어가다.
Ⅱ타 ①목적지에 이르기 위하여 어떤 길을 지나오다. ¶ 그는 먼 길을 걸어왔다. ↔걸어가다. ②지내 오거나 발전하여 오다. ¶ 국문학이 걸어온 길.
걸어-오다[2]타 상대편에서 먼저 말이나 수작 따위를 붙여 오다. ¶ 친구가 나에게 싸움을 걸어왔다. /상대편이 먼저 나에게 말을 걸어왔다.
걸어-총(-銃) Ⅰ명 소총 세 자루를 세울 때, 한 자루를 기준 삼아 세우고 그 총의 멜빵 아래 고리와 조임쇠 사이에 나머지 총의 총열을 끼워 세모꼴로 벌여 세워 놓는 일.
Ⅱ감 '걸어총' 하라는 구령.
걸오명 〈옛〉거룻배. ¶ 즁 걸오와 낙 걸오며(漢陽歌).
걸위다타 〈옛〉거리끼다. ¶ 解脫은 버슬 씨니 아모되도 마군 되 업서 듣긇 삐 걸위디 몯홀 씨라(月釋序8).
걸음명 ①두 발을 번갈아 떼어 옮기는 동작. 발걸음. ②내왕하는 일. ¶ 걸음이 뜸하다. ③〖의존 명사적 용법〗 발을 떼어 옮기는 동작의 횟수(回數)를 세는 단위. ¶ 두어 걸음 앞서서 가다.
걸음아 날 살려라관용 달아날 때, '조급한 마음으로 발걸음을 재촉함'을 이르는 말.
걸음을 떼다관용 걷기 시작하다. ¶ 돌이 지나면서 아기가 걸음을 떼었다.
걸음-걸음명 한 걸음 한 걸음, 또는 모든 걸음. ¶ 낙엽이 걸음걸음마다 밟힌다.
걸음걸음-이부 걸음을 걸을 때마다.
걸음-걸이명 걸음을 걷는 모양새. 걸음발. 걸음새. 보법(步法). ¶ 뒤뚱거리는 걸음걸이.
걸음-마 Ⅰ명 어린아이가 처음 걸음을 배울 때의 걸음걸이.
Ⅱ감 어린아이에게 걸음을 익히게 할 때 발을 떼어 놓으라고 하는 말.
걸음마-찍찍감 어린아이에게 걸음을 익히게 할 때, 발을 떼어 놓으라고 재촉하는 말.
걸음-발[-빨]명 ①걸음을 걷는 발. ②걸음걸이.
걸음발-타다[-빨-]자 어린아이가 처음으로 걸음을 익히기 시작하다.
걸음-새명 ①걸음걸이. ②우리나라의 민속 무용의 기본 동작인 발 동작. 〔중진걸음·장진걸음·잔걸음 따위.〕
걸음-쇠[-쐬/-쒜]명 ☞양각기(兩脚器).
걸음-장명 동자기둥을 들보 허리에 세울 때, 그 아래 촉을 대각(對角)의 두 가랑이로 만드는 방식.
걸음-짐작명하타 걸음으로 길이나 거리를 미루어 헤아림, 또는 그 일. 보측(步測).
걸-이명 씨름에서, 다리로 상대편의 오금을 걸어서 내미는 기술.
걸이다자 〈옛〉걸리다. ¶ 또 엇뎨 걸이리오(永嘉下34).
걸인(乞人)명 거지. ¶ 네의 원전에 여쭈어라, 먼데 있는 걸인이 좋은 잔치에 당하였으니, 주회 좀 얻어먹자고 여쭈어라(烈女春香守節歌).
걸인(傑人)명 걸출(傑出)한 사람.
걸인-연천(乞人憐天)[-년-]명 〔거지가 하늘을 불쌍히 여긴다는 뜻으로〕 '격에 맞지 않는 걱정을 함'을 이르는 말.
걸ː-입다[-립따]자 〈언걸입다〉의 준말.
걸작(傑作)[-짝]명 ①매우 뛰어난 작품. 달작(達作). 비명작(名作). ↔졸작. ②'익살스럽고도 시원스러운 말이나 행동, 또는 그런 말이나 행동을 하는 사람'을 비꼬는 투로 이르는 말. ¶ 노는 꼴이 참으로 걸작이군.
걸-주(桀紂)[-쭈]명 〔중국 하나라의 걸왕(桀王)과 은나라의 주왕(紂王)을 일컫는 말로〕 '천하의 폭군(暴君)'을 비유하여 이르는 말.
걸짜(傑-)명 '걸작으로 노는 사람'을 속되게 이르는 말. ¶ 저 친구 참 걸짜야.
걸쩍-거리다[-꺼-]자 자꾸 걸쩍걸쩍하다. 걸쩍대다.

걸쩍-걸쩍[-껄-]부하자 성질이 쾌활하여, 어떤 일에나 시원스레 행동하는 모양.
걸쩍-대다[-때-]자 걸쩍거리다.
걸쩍지근-하다[-찌-]형여 음식을 닥치는 대로 먹거나 말을 함부로 하여, 입이 매우 걸다. ¶ 걸쩍지근하게 잘도 먹는다./걸쩍지근한 사설을 늘어놓다. **걸쩍지근-히**부.
걸쭉-하다[-쭈카-]형여 ①(액체 속에 건더기가 많아서) 묽지 아니하고 매우 걸다. ¶ 걸쭉하게 쑨 팥죽. 작갈쭉하다. ②말 따위가 매우 푸지고 외설스럽다. ¶ 걸쭉한 농담. ③음식 따위가 매우 푸짐하다. ¶ 걸쭉한 잔칫판. ④노래 따위가 구성지고 분위기에 어울리다. ¶ 노랫가락이 걸쭉하다. **걸쭉-히**부.
걸ː-차다형 ①땅이 매우 걸다. ②다기지다. 다기차다.
걸ː채명 소의 길마 위에 덧얹어 볏단이나 보릿단 등을 싣는 'ㅍ' 자 모양의 기구.
걸ː챗-불[-채뿔/-챋뿔]명 걸채의 앞뒤 마구리와 베리줄과 세장의 사방으로 대여섯 가닥씩 줄을 매어, 그 늘어뜨린 끝을 서로 엇걸어 짜서 방석같이 바닥이 되게 한 물건.
걸출(傑出)명하형 남보다 훨씬 우뚝하게 뛰어남, 또는 그런 사람.
걸ː치다 Ⅰ자 ①긴 것의 양 끝이 높은 것에 얹히게 놓이다. ¶ 긴 장대가 가로 걸치어 있다. ②긴 것의 중간이 높은 데에 얹히고 그 양 끝이 드리워지게 놓이다. ¶ 호박 넝쿨이 담에 걸치어 있다. ③지는 해·달, 또는 구름 따위가 산마루 위에 떠 있다. ¶ 달이 서산마루에 걸치어 있다. ④시간적으로 어느 시점에서 어느 시점까지 걸리다. ¶ 세 시간에 걸친 지루한 회의. ⑤공간적으로, 어느 범위에서 어느 범위까지 미치다. ¶ 독감이 전국에 걸쳐 번지고 있다.
Ⅱ타 ①긴 것의 양 끝을 높은 데에 올려놓다. ¶ 도랑에 긴 나무를 걸치어 사람들이 건너가게 하다. ②긴 것의 중간을 높은 데 얹고, 그 양 끝을 늘어뜨리다. ¶ 빨랫줄에 빨래를 걸쳐 널다. ③옷·이불 따위를 아무렇게나 입고 덮고 하다. ¶ 누더기를 걸치다. ④일을 벌이다(손대다). ¶ 각 방면에 걸쳐 놓은 사업. ⑤바둑에서, 귀에 있는 상대편 돌을 공격하기 위해 돌을 놓다. ¶ 백이 화점에 놓자, 흑은 곧 날일 자로 걸쳐 들어갔다. ⑥'술을 마시다'를 속되게 이르는 말. ¶ 한잔 걸치다.
걸태-질명하타 탐욕스럽게 마구 재물을 긁어모으는 짓.
걸터-들이다타 걸터듬어 휘몰아들이다.
걸터듬다[-따]타 무엇을 찾느라고 이것저것 되는 대로 마구 더듬다.
걸터-먹다[-따]타 이것저것 닥치는 대로 휘몰아 먹다. ¶ 저렇게 걸터먹으니 살이 찌지.
걸ː터-앉다[-안따]자 궁둥이를 걸치고 앉다. 걸어앉다. ¶ 계단에 걸터앉다.
걸ː터-타다자 (마소의 등이나 어떤 물체의 위에) 두 다리를 늘어뜨리고 모로 걸어앉아 타다.
걸티다타 〈옛〉 걸치다. ¶ 걸틸 탑:搭(訓蒙下*20*).
걸판-지다형 ①매우 푸지다. ②동작이나 모양이 크고 어수선하다.
걸핏-하면[-피타-]부 조금이라도 무슨 일이 있기만 하면 이내. 툭하면. 쩍하면. ¶ 저 앙숙들은 걸핏하면 싸움이다.
걸해(乞骸)명하자 지난날, 늙은 재상이 벼슬 자리에서 물러나기를 임금에게 청원하던 일. 걸신(乞身). 걸해골(乞骸骨).
걸-해골(乞骸骨)명하자 ☞걸해(乞骸).
걸행(傑行)명 남보다 뛰어난 행위.
검ː명 ☞신(神). 신령(神靈).
검ː(劍)명 (양쪽에 날이 있는) ①무기(武器)로 쓰이는 길고 큰 칼. ②지난날, 군인들이 허리에 차던 칼. 운검(雲劍).
검ː객(劍客)명 검술에 능한 사람. 검사(劍士).
검ː거(檢擧)명하타되자 수사 기관에서 범법 용의자를 잡아가는 일.
검ː견(檢見)명하타 ☞간평(看坪).
검ː경(檢鏡)명하타 현미경으로 검사함.
검ː공(劍工)명 쇠붙이를 불리어 도검(刀劍)을 만드는 사람.
검ː관(檢官)명 조선 시대에, 형조에 딸리어 시체를 검사하던 임시 벼슬.
검ː광(劍光)명 칼날의 번쩍거리는 날카로운 빛. ¶ 자서(子胥)의 겸인지용(兼人之勇)도 검광에 죽어 있고(鼈主簿傳).
검ː극(劍戟)명 칼과 창.
검ː극(劍劇)명 칼싸움을 내용으로 하는 극(劇).
검ː기(劍器)명 향악(鄕樂)의 칼춤에 쓰는 칼.
검-기다타 ①검게 더럽히다. ②그림을 그릴 때 윤곽에서부터 안쪽으로 차차 짙게 칠하여 들어오다.
검ː기-무(劍器舞)명 칼춤.
검ː-기울다[~기우니·~기울어]자 검은 구름이 퍼져 해를 가리고 날이 차차 어둠침침해지다.
검ː난(劍難)명 도검(刀劍)에 찔려 죽거나 다치거나 하는 재난.
검ː납(檢納)명하타 검사하여 수납(收納)함.
검ː뇨(檢尿)명하자 오줌을 검사함. 〔오줌의 빛깔, 탁한 정도 및 단백질·당(糖)·세균·혈구(血球) 따위의 있고 없음을 검사하는 일.〕
검ː-누렇다[-러타][~누러니·~누레]형ㅎ 검은 빛을 띠면서 누렇다. 작감노랗다.
검ː-누르다[~누르니·~누르러]형러 검은빛을 띠면서 누르다. 작감노르다.
검ː다[1][-따]타 흩어져 있는 물건을, 손이나 갈퀴 따위로 긁어모으다.
검ː다[2][-따]형 ①빛깔이 숯빛이나 먹빛 같다. 작감다[4]. 센껌다. ↔희다. ②'마음이 정직하지 못하고 엉큼하다'를 비유하여 이르는 말. ¶ 뱃속이 검다.
검은 고기 맛 좋다〔있다〕 한다속담 '겉모양만 가지고 내용을 속단하지 마라'는 훈계의 말.
검은 고양이 눈 감은 듯속담 〔검은 고양이가 눈을 떴는지 감았는지 얼른 알아보기 어렵듯이〕 '경계가 뚜렷하지 않아 분간하기 어려울 때'를 이르는 말.
검은 머리 파뿌리 되도록〔될 때까지〕관용 〔검은 머리가 파뿌리처럼 허옇게 셀 때까지의 뜻으로〕 '부부가 의좋게 오래 삶'을 이르는 말.
검ː담(檢痰)명 가래를 검사하여 균의 유무를 조사하는 일.
검ː당-계(檢糖計)[-계/-게]명 용액 중의 당(糖)의 농도를 재는 계기. 사카리미터.
검ː대(劍帶)명 군도(軍刀) 따위를 차기 위하여 허리에 두르는 띠.
검댕명 연기나 그을음 따위가 맺혀서 된 검은 빛깔의 물질.
검ː덕(儉德)명 검소한 행실이나 마음가짐.
검ː덕-귀신(-鬼神)[-뀌-]명 '용모나 의복이 몹시 더럽고 지저분한 사람'을 얕잡아 이르는 말.
검ː도(劍道)명 ①검술(劍術)을 하나의 인간 수양(修養)의 도(道)로 보고 이르는 말. ②스포츠의 한 가지. 죽도(竹刀)로 상대편의 머리·손목·허리를 치거나 찔러서 승부를 겨루는 경기. 검술. 격검.

검ː독(檢督)명하타 (어떤 일의 진행 상황을) 검사하고 독려(督勵)함.

검-독수리[-쑤-]명 수릿과의 새. 날개 길이 60 cm, 꽁지 길이 33 cm가량. 온몸이 암갈색이고 꽁지깃은 흰 바탕에 검은 가로무늬가 있음. 우리나라와 아시아·유럽·아프리카 등지에 분포함.

검둥-개명 털빛이 검은 개.

검둥개 돼지 편이다속담 인연이 있는 데로 따르게 마련이라는 말.

검둥개 멱 감듯〔감기듯〕속담 ①어떤 일의 보람이 나타나지 않을 때 이르는 말. ②'악인이 끝내 제 잘못을 뉘우치지 못함'을 이르는 말.

검-둥이명 ①'흑인'을 속되게 이르는 말. ②'검둥개'를 귀엽게 이르는 말. ③'살빛이 검은 사람'을 속되게 이르는 말. 센껌둥이.

검듸영명 〈옛〉검댕. ¶ 가마 미틧 검듸영(救解上 *16*).

검ː디-검다[-띠-따]형 매우 검다.

검ː-뜯다[-따]타 ①거머잡고 쥐어뜯다. ¶ 가슴을 검뜯다. ②바득바득 조르다.

검ː란(檢卵)[-난]명하자 알이 부화(孵化)에 적합한지 어떤지를 가리는 일.

검ː량(檢量)[-냥]명하타 공공 기관에서, 적하(積荷)의 양 또는 무게를 검사함. 참검수(檢數).

검ː량-인(檢量人)[-냥-]명 (화물을 인도하거나 인수할 때) 화물의 중량이나 용량을 계산하고 증명하는 사람. 참검수인(檢數人).

검ː룡(劍龍)[-농]명 중생대(中生代) 쥐라기(紀)의 공룡. 몸길이 6 m가량. 네 발로 걸으며 앞다리가 뒷다리에 비해 연약함. 등에 두 줄로 난 삼각 골판(骨板)과 꼬리에 긴 가시를 가진 초식 동물임.

검ː루-기(檢漏器)[-누-]명 송전(送傳) 중인 전선의 누전(漏電) 유무와 그 정도를 검사하는 계기. 검지기(檢地器).

검ː류(檢流)[-뉴]명하타 전류(電流)나 조류(潮流) 따위의, 흐름의 속도나 세기 등을 측정·검사함, 또는 그 검사.

검ː류-계(檢流計)[-뉴계/-뉴게]명 전류의 유무(有無)나 전류의 세기를 재는 데 쓰는 실험용 계기.

검ː류-의(檢流儀)[-뉴의/-뉴이]명 밀물·썰물의 흐르는 속도를 측정하는 계기(計器).

검ː림-지옥(劍林地獄)[-님-]명 불교에서, 불효자나 무자비한 자가 떨어진다는 16소지옥의 하나. 〔시뻘겋게 단 쇠알의 과실이 열리고, 잎이 칼로 된 숲 속에서 죄인이 단련을 받게 된다고 함.〕 검수지옥(劍樹地獄).

검ː맥(檢脈)명하자 한방에서, 맥을 짚어 보는 일. 진맥(診脈).

검ː무(劍舞)명 칼춤. ¶ 검무를 추다.

검ː문(檢問)명하타 (범법자인가 아닌가를) 검사하고 심문함. ¶ 불심 검문에 걸리다.

검ː문-검ː색(檢問檢索)명 (경찰관·헌병 등이) 검사하기 위하여 따져 묻고 검사하여 찾아냄. ¶ 탈영병을 찾기 위해 검문검색을 철저히 하다.

검ː문-소(檢問所)명 군경(軍警) 등이 통행인을 검문하도록 마련한 곳.

검박(儉朴) '검박하다'의 어근.

검ː박-하다(儉朴-)[-바카-]형여 검소하고 질박(質朴)하다. **검박-히**부.

검ː-버섯[-섣]명 늙은이의 살갗에 생기는 거무스름한 점. *검ː버섯이[-서시]·검ː버섯만[-선-]

검ː법(劍法)[-뻡]명 검도에서, 칼을 쓰는 법식. 검술(劍術). ¶ 검법을 쓰다. /검법을 익히다.

검ː변(檢便)명하자 (병균, 기생충의 알, 혈액 등의 유무를 알아보기 위해) 대변을 검사함.

검-보라색(-色)명 검은빛을 띤 보라색. 흑자색(黑紫色).

검ː복명 참복과의 바닷물고기. 몸길이 50 cm가량. 몸은 가시가 없고 매끄러우며 화가 나면 공기나 물을 마셔서 배를 부풀게 함. 몸빛은 등이 검은 녹색이며 좀 어린 고기는 흰 무늬가 있음. 복어 요리에 쓰임.

검ː봉(劍鋒)명 칼의 뾰족한 끝. 칼날의 끝.

검ː봉(檢封)명하타 ①내용물을 검사하여 그 봉투의 부리를 붙이는 일. ②봉투에 찍힌 봉인(封印)을 검사하는 일.

검ː봉-금(劍鋒金)명 육십갑자의 임신(壬申)과 계유(癸酉)에 붙이는 납음(納音). 참산두화(山頭火).

검부-나무명 검불로 된 땔나무.

검부러기명 검불의 부스러기.

검부-잿불[-재뿔/-잳뿔]명 검불이 타고 난 뒤의 잿불.

검부저기명 먼지나 잡물이 섞인 검부러기.

검ː분(檢分)명하타 입회하여 검사함.

검불명 마른 풀이나 낙엽·지푸라기 따위를 통틀어 이르는 말.

검불-덤불부 서로 한데 뒤섞이고 얼크러져 갈피를 잡을 수 없이 어수선한 모양. ¶ 사건이 검불덤불 뒤얽혀 실마리를 찾을 수가 없다.

검ː-붉다[-북따]형 검은빛을 띠면서 붉다. ¶ 검붉은 피.

검ː-붕장어(-長魚)명 붕장어과의 바닷물고기. 몸길이 1.4 m가량. 몸이 가늘고 길며 입이 큼. 몸빛은 흑갈색이고 생김새가 뱀장어와 비슷함. 일본 남부와 우리나라의 부산·제주도 연해에 분포함.

검ː비(劍鼻)명 ☞칼코등이.

검ː-뿌옇다[-여타][~뿌여니·~뿌예]형ㅎ 검은빛을 띠면서 뿌옇다.

검ː사(劍士)명 ☞검객(劍客).

검ː사(檢事)명 검찰권을 행사하는 단독제 관청인 국가 사법 기관. 형사 소송의 원고로서, 형사 사건의 공소를 제기하여 법률의 적용을 청구하고, 형벌의 집행을 감독함.

검ː사(檢査)명하타 옳고 그름, 좋고 나쁨 따위의 사실을 살피어 검토하거나 조사하여 판정함, 또는 그런 일. 사검(查檢). ¶ 품질 검사. /숙제 검사.

검ː사-관(檢查官)명 (어떤 일에 관하여) 검사를 맡은 공무원.

검ː사-소(檢查所)명 검사를 주관하는 곳. ¶ 농산물(農產物) 검사소.

검ː사-원(檢查員)명 검사하는 사람.

검ː사-인(檢查人)명 주식회사의 설립 절차, 또는 주식회사와 유한 회사의 업무 및 재산 상황에 관한 조사를 직무로 하는 임시적인 감사 기관.

검ː사-장(檢事長)명 고등 검찰청과 지방 검찰청의 으뜸 직위.

검ː사-필(檢查畢)명 검사를 다 마침.

검ː사^항ː소(檢事抗訴)명 검사가 제기(提起)하는 항소.

검:산(檢算)명하타 계산의 맞고 안 맞음을 검사함, 또는 그 검사하는 계산. 험산(驗算).
검:상^돌기(劍狀突起)명 앞가슴 아래쪽에 툭 불거진 돌기.
검새(鈐璽)명하자 옥새를 찍음.
검:색(檢索)명하타 ①검사하고 수색함. ¶ 가두(街頭) 검색. ②책이나 컴퓨터에서, 필요한 자료를 찾아내는 일.
검:색^엔진(檢索engine)명 인터넷에서 원하는 정보를 검색하기 위한 프로그램. 찾고자 하는 주제의 키 워드를 입력하면 그 정보가 있는 사이트를 찾아 줌.
검:-세다형 심실기고 억세다.
검:소(儉素)명하형 치레하지 않고 수수함. 꾸밈이 없이 무던함. ¶ 검소와 절약의 미덕. /검소한 옷차림. **검소-히**부.
검:속(檢束)명하타되자 예전에, 경찰권에 의하여 범법(犯法)의 혐의가 있는 사람의 신체의 자유를 속박하고, 경찰서 등의 일정한 곳에 가두어 두던 일.
검수(黔首)명 〔'관을 쓰지 않은, 검은 머리'라는 뜻에서〕 일반 백성. 서민. 여민(黎民).
검:수(檢水)명하자 수질(水質)이나 수량(水量) 등을 검사하는 일.
검:수(檢數)명하타 (짐을 싣거나 부릴 때) 물건의 개수를 검사하고 헤아려 확인함, 또는 그 일. 참검량(檢量).
검:수-기(檢水器)명 수질을 검사하는 기계.
검:수-인(檢數人)명 (화물을 인수하거나 인도할 때) 화물의 개수를 검사하고 증명하는 사람. 참검량인(檢量人).
검:수-지옥(劍樹地獄)명 ☞검림지옥.
검:술(劍術)명 ①검을 쓰는 기술. 검법. ②죽도(竹刀)로 승부를 겨루는 경기의 한 가지. 검도(劍道).
검:술-사(劍術師)[-싸]명 ☞검객(劍客).
검숭-검숭부하형 ①매우 검숭한 모양. ②군데군데 검숭한 모양. 작감숭감숭.
검숭-하다형여 (성기게 난 짧은 털 따위가) 거무스름하다. 작감숭하다.
검:습-기(檢濕器)[-끼]명 ☞습도계(濕度計).
검:시(檢屍)명하타 변사자(變死者)의 시체를 검사함.
검:시(檢視)명하타 ①사실을 조사하여 봄. ②시력(視力)을 검사함. ③'검시(檢屍)'로 순화.
검:시-관(檢視官)명 검시를 하는 관리.
검:시^조서(檢視調書)명 검시관이 검시한 결과를 기록한 문서.
검실(芡實)명 '감실(芡實)'의 잘못.
검실-거리다자 먼 곳에서 어떤 물체가 자꾸 어렴풋이 움직이다. 검실대다. 작감실거리다.
검실-검실[1]부하자 (어떤 물체가) 먼 곳에서 자꾸 어렴풋이 움직임, 또는 그 모양. 작감실감실[1].
검실-검실[2]부하형 (드물게 난 털 따위가) 군데군데 약간 거뭇거뭇한 모양. 작감실감실[2].
검실-대다자 검실거리다.
검:-쓰다[~쓰니·~써]형 ①(맛이) 비위에 거슬릴 만큼 몹시 거세고 쓰다. ②(일 따위가) 마음에 들지 아니하여 언짢고 씁쓰레하다.
검:안(檢案)명하타 ①형적(形迹)이나 상황을 조사하고 따짐. ②형사 소송의 수사나 검증에 관하여, 검찰관이나 사법 경찰관의 의뢰에 의해서 특별한 지식·경험을 가진 사람이 임의로 하는 감정(鑑定).
검:안(檢眼)명하타 시력(視力)을 검사함.
검:안-경(檢眼鏡)명 시력 장애를 검사하기 위하여, 수정체나 안저(眼底)를 관찰하는 기구.
검:안-기(檢眼器)명 시력을 검사하는 데 쓰이는 기기(器機).
검:안-서(檢案書)명 의사의 치료를 받지 않고 죽은 사람의 사망을 확인하는 의사의 증명서.
검:압(檢壓)명하자 압력의 정도를 검사함.
검:압-기(檢壓器)[-끼]명 ①☞압력계. ②☞기압계(氣壓計). ③송전선의 전압을 검사하는 전기 계기의 한 가지.
검:약(儉約)명하타 (낭비하지 않고) 검소하며 절약함. 절약(節約).
검:약-가(儉約家)[-까]명 검약하는 사람.
검:역(檢疫)명하타 (전염병의 예방을 위하여) 선박·항공기·차량 및 그 승객·승무원·짐 등에 대하여, 전염병의 유무를 검사하고 소독하는 일.
검:역-관(檢疫官)[-꽌]명 검역에 관한 일을 맡아 처리하는 관리.
검:역-권(檢疫圈)[-꿘]명 검역을 실시하는 구역의 범위.
검:역-기(檢疫旗)[-끼]명 검역을 필요로 하는 선박이 검역항에 들어올 때 내거는 누른빛의 기.
검:역-선(檢疫船)[-썬]명 검역항(檢疫港)에서 검역에 종사하는 배.
검:역-소(檢疫所)[-쏘]명 검역에 관한 일을 맡아보는 기관.
검:역-원(檢疫員)명 (검역관을 도와서) 검역에 종사하는 사람.
검:역-의(檢疫醫)[거며긔/거며기]명 검역에 종사하는 의사.
검:역^전염병(檢疫傳染病)[-쩌념뼝]명 검역의 대상이 되는 전염병. 〔콜레라·페스트·천연두·발진티푸스·재귀열·황열(黃熱) 따위.〕
검:역-항(檢疫港)[거며캉]명 전염병이 유행하는 외지(外地)로부터 들어오는 선박·항공기 및 그 승객·승무원·짐 등에 대하여 검역과 소독을 하는 설비를 갖춘 항구나 공항(空港).
검:열(檢閱)[1][검녈/거멸]명하타되자 ①검사하고 열람함. ¶ 위생 검열을 받다. ②사상 통제나 치안 유지 등의 목적으로, 언론·출판·보도·연극·영화·우편물 따위의 내용을 강권적으로 사전에 검사하여 그 발표를 통제함, 또는 그 일. ③군사상의 기강·교육·근무·작전 및 장비의 상태 따위를 점검함, 또는 그 일. ¶ 내무반 검열.
검:열(檢閱)[2][검녈/거멸]명 조선 시대, 예문관에서 사초(史草)를 맡아보던 정구품 벼슬.
검:염-기(檢塩器)명 물속의 염분 함유량을 검사하는 장치.
검:온(檢溫)명하타 온도 또는 체온을 잼.
검:온-기(檢溫器)명 체온을 재는 온도계. 체온계.
검:유-기(檢乳器)명 젖의 좋고 나쁨이나 비중 따위를 측정·검사하는 장치.
검은가슴-물떼새명 물떼샛과의 철새. 날개 길이 15~17 cm, 꽁지 길이 5~6 cm. 몸빛은 등 전체가 황갈색 얼룩이고, 가슴과 배는 검은색이며, 그 경계는 흰색임. 우리나라에서는 3~5월경과 8~11월경에 볼 수 있음. 논·밭·초원 등에서 삶.
검은-간토기(-土器)명 겉면에 흑연 따위의 광물질을 발라 검고 반들반들하게 간 청동기 시대의 토기. 흑도(黑陶).
검은-그루명 지난겨울에 아무 농작물도 심지 않은 땅. 참휴한지(休閑地).
검은-깨명 검은 참깨. 흑임자(黑荏子). 흑호마.
검은꼬리-돈피(-獤皮)명 날담비의 털가죽.

검은-담비명 족제빗과의 산짐승. 족제비보다 좀 더 크며 다리가 짧음. 몸빛은 담갈색에서 자람에 따라 흑갈색으로 변하며, 목덜미에는 황갈색의 반점이 있음. 검정 가죽은 '잘'이라고 불림. 산달(山獺).

검은-데기명 조〔粟〕의 한 가지. 수염이 짧고 줄기가 붉으며 낟알이 검음.

검은-돈명 (뇌물 따위와 같이) 정당하지 못한 방법으로 주고받는 돈을 이르는 말. ¶ 검은돈의 출처를 조사하다.

검은-돌비늘[-삐-]명 ☞흑운모(黑雲母).

검은등-할미새명 참샛과의 새. 몸 크기는 참새만 하며 꽁지가 긺. 몸빛은 전체적으로 검고 이마와 가슴 아래는 흰색임. 날개는 흰색과 검은색의 얼룩으로 되어 있으며, 겨울에는 등이 잿빛으로 됨. 야산의 개울 가까이에 살며 벌레를 잡아먹음.

검은머리-물떼새명 물떼샛과의 새. 몸길이 40 cm, 부리 길이 7 cm가량. 머리·가슴·등은 짙은 흑청색, 날개·배·허리·꽁지의 일부는 흰색임. 바닷가의 모래밭이나 갯벌 등에 둥지를 틀고, 4, 5마리씩 떼를 지어 삶. 여름을 우리나라에서 지내는 철새로 시베리아·중국 북부 등지에 분포함. 천연기념물 제326호.

검은머리-방울새[-쌔]명 되샛과의 새. 날개 길이 7 cm, 꽁지 길이 4.5 cm가량. 등 쪽이 노란색을 띤 초록, 배 쪽이 진노랑인데, 수컷은 머리가 검음. 울음소리가 아름다워 애완용으로도 기르는 익조(益鳥)임. 금시작(金翅雀).

검은목-두루미[-뚜-]명 두루밋과의 새. 날개 길이 60 cm, 꽁지 길이 20 cm가량. 몸빛은 옅은 회색이며, 머리 위와 눈 앞쪽은 벗겨져 있음. 논·호수 등지에 살며, 우리나라에는 11월에 와서 이듬해 3월에 날아가는 겨울새로 보호조임.

검은-빛[-빋]명 먹빛 같은 빛깔. 검은색. 흑색. ↔흰빛. ＊검은빛이[-비치]·검은빛만[-빈-]

검은-색(-色)명 검은빛.

검은-손명 남을 속이거나 해치는 음험한 손길. 마수(魔手). ¶ 검은손을 뻗치다. /검은손을 드러내다.

검은-약(-藥)[-냑]명 ①'아편(阿片)'의 변말. ②☞고약.

검은-엿[-엳]명 검붉은 빛깔의 엿. 갱엿. ＊검은엿이[-녀시]·검은엿만[-년-]

검은-자명 〈검은자위〉의 준말. ↔흰자.

검은-자위명 눈알의 검은 부분. 흑정(黑睛). 준검은자. ↔흰자위.

검은-지빠귀명 딱샛과의 새. 날개 길이는 10~12 cm, 꽁지 길이 7 cm가량. 등 쪽은 갈색 또는 흑색, 배 쪽은 흰빛에 검은 무늬가 있음. 일본 특산으로 우리나라에서는 4~10월에 볼 수 있는 여름새이며, 겨울철은 대만·인도 등지에서 남.

검은-콩명 낟알 껍질의 빛깔이 검은빛인 콩. 검정콩. 흑대두.

검은-팥[-팓]명 낟알 껍질의 빛깔이 검은빛인 팥. 흑두(黑豆). ＊검은팥이[-파치]·검은팥을[-파틀]·검은팥만[-판-]

검을-현(-玄)명 한자 부수의 한 가지. '玆'·'率' 등에서의 '玄'의 이름.

검을-흑(-黑)명 한자 부수의 한 가지. '默'·'黨' 등에서의 '黑'의 이름.

검인(芡仁)명 '감인(芡仁)'의 잘못.

검인(鈐印)명하자 관인(官印)을 찍음.

검:인(檢印)명 ①서류나 물건을 검사한 표시로 찍는 도장. ②저자(著者)가 자기 저서의 발행을 승인하는 뜻으로 판권장(版權張)에 찍는 도장.

검인-관(鈐印官)명 지난날, 과거(科擧)에서 부정을 막기 위하여, 글을 지어 올린 종이에 관인을 찍는 임무를 맡아보던 관원.

검:-인정(檢認定)명하타 검정(檢定)과 인정(認定).

검:인정^교:과서(檢認定敎科書)명 (교육 과학 기술부에서 실시하는 교과서 사열 과정에서) 검정이나 인정을 받은 교과서.

검:인정-필(檢認定畢)명 (교육 과학 기술부에서 실시하는 교과서 사열 과정에서) 검정이나 인정 과정을 마침.

검:인-증(檢印證)[-쯩]명 검사하였다는 표시로 도장을 찍어 증명함, 또는 그런 도장을 찍은 종이.

검:자(檢字)[-짜]명 (부수에 따르지 아니하고 획수만으로 찾아볼 수 있도록) 한자 자전(字典)에 수록된 모든 표제자(標題字)를 총획수(總畫數)에 따라 크게 가르고, 다시 부수순(部首順)으로 배열한 색인(索引).

검:-잡다[-따]타 〈거머잡다〉의 준말.

검:장(劍匠)명 도검(刀劍) 만드는 일을 업으로 하는 사람.

검적-검적[-껌-]부하형 검고 굵은 점이나 얼룩 따위가 여기저기 박혀 있는 모양. 작감작감작. 센껌적껌적.

검:전-기(檢電器)명 물체나 전기 회로 중의 전기의 유무나 전기량 따위를 검사하기 위하여 사용하는 계기나 장치를 통틀어 이르는 말. 〔검류계·금박 검전기·전기 진자 따위.〕 험전기(驗電器).

검:점(檢點)명하타 ☞점검(點檢).

검:접-하다[-저파-]자여 검질기게 달라붙어 떨어지지 아니하다. 꼭 달라붙다.

검정명 검은빛, 또는 검은 물감. 작감장². 센껌정. ↔하양.

검:정(檢定)명 ①하타검사하여 그 자격을 정하는 일. ②〈검정고시〉의 준말. ③교과서(敎科書)의 적부(適否)를 심사·판정하는 과정.

검:정-고시(檢定考試)명 어떤 자격을 얻는 데 필요한 지식이나 기술의 유무를 검정하기 위하여 실시하는 시험. 준검정.

검정-말¹명 털 빛깔이 검은 말. 흑마(黑馬).

검정-말²명 자라풀과의 다년초. 늪이나 흐르는 물 가운데 모여남. 줄기는 무더기로 나고, 잎은 가늘고 길며, 잔 톱니가 있음. 8~9월에 물 위로 연한 자줏빛 꽃이 핌.

검정-말벌명 말벌과의 곤충. 몸길이 18~20 mm. 몸의 앞부분은 진한 적갈색, 뒷부분은 검정색이고, 날개는 갈색을 띰. 우리나라·일본 등지에 분포함.

검정-망둑명 망둑엇과의 물고기. 몸길이 8~12 cm. 머리와 볼 부분이 볼록하고, 몸빛은 흑색이며, 가슴지느러미의 몸 쪽 가까이에 옅은 황색 줄이 있음. 민물과 염분이 적은 바닷물에 삶.

검정-이명 검정 빛깔로 된 물건. 작감장이. 센껌정이.

검:정-증(檢定證)[-쯩]명 검정에 합격하였다는 표로 주는 증서나 증표.

검정-콩명 ☞검은콩.

검정-콩알명 '총알'의 변말.

검정-풍뎅이명 검정풍뎅잇과의 곤충. 몸길이 20 mm가량. 몸빛은 밤색 또는 흑갈색이고, 아래쪽 가슴에 긴 털이 많이 나 있음. 유충은 묘목(苗木)의 뿌리를 먹고, 성충은 벚나무·배나무·사과나무 따위의 잎을 먹음.

검ː정-필(檢定畢)명하타 검정 절차를 마침.

검정-하늘소[-쏘]명 하늘솟과의 곤충. 몸길이 12~23 mm. 겉날개는 원통 모양으로 끝이 둥긂. 다리와 촉각이 짧으며 염주 모양임. 몸빛은 까맣고 광택이 나며, 몸 아래쪽에는 황갈색 털이 많이 나 있음. 유충은 소나무·편백나무 따위의 해충임.

검ː조-의(檢潮儀)[-의/-이]명 밀물과 썰물에 따른 바다 수면의 오르내림을 재는 장치.

검ː-쥐다타 〈거머쥐다〉의 준말.

검ː증(檢證)명하타되자 ①검사하여 증명함. ¶ 사상 검증. ②법관이 직접 자기의 감각으로 물체의 성질과 모양 또는 사물의 현상을 조사하여 증거의 자료로 삼는 일. ②참현장 검증.

검ː증^조서(檢證調書)명 법관이 검증의 과정과 결과를 적은 문서.

검ː증^처ː분(檢證處分)명 검증하는 데 따르는 법규상의 처분. 〔사체 해부·분묘 발굴 따위.〕

검ː지(-指)명 ☞집게손가락.

검ː지(檢地)명하타 전선(電線)과 땅과의 절연(絕緣) 상태를 검사함.

검ː지(檢知)명하타 검사하여 알아냄.

검ː지-기(檢地器)명 ☞검루기(檢漏器).

검ː진(檢眞)명하타 민사 소송에서, 사문서 성립의 진정(眞正)을 입증하기 위하여 필적·인영(印影) 따위의 대조로써 행하는 증거 조사.

검ː진(檢診)명하타 병의 유무를 검사하기 위한 진찰. ¶ 정기 검진.

검ː진-기(檢震器)명 ☞지진계(地震計).

검ː-질기다형 (성질·행동 따위가) 몹시 끈기 있게 질기다. ¶ 검질기게 달라붙다.

검ː차(檢車)명하자 차량의 고장 유무나 정비 상태를 검사함.

검ː-차다형 검질기고 세차다.

검ː찰(檢察)명하타되자 ①조사하여 사정을 밝힘. ②형사 사건에서, 범죄의 형적을 수사하여 증거를 모으는 일. ③〈검찰청〉의 준말.

검ː찰-관(檢察官)명 ①군사 법원에서 검찰 직무를 맡아보는 법무 장교. ②'검사(檢事)'를 일반에서 이르는 말.

검ː찰-청(檢察廳)명 법무부에 딸린 중앙 행정 기관의 하나. 검찰에 관한 사무를 통괄함. 준검찰.

검ː찰^총ː장(檢察總長)명 대검찰청의 사무를 총괄하고 하급 검찰청을 감독하는 대검찰청의 으뜸 직위.

검ː척(劍尺)명 곱자 한 자 두 치를 8등분하여 나타낸 자. 불상(佛像)이나 도검(刀劍) 등을 잴 때 씀.

검ː척(檢尺·撿尺)명하타 윤척(輪尺)으로 통나무의 지름을 잼.

검ː첨(劍尖)명 검(劍)의 앞 끝. 칼끝.

검ː체(檢體)명 시험 재료로 쓰이는 생물.

검ː출(檢出)명하타되자 ①검사하여 찾아냄. ②화학적 분석에서, 시료 속의 어떤 원소나 이온 화합물의 유무를 알아냄. ¶ 독이 검출되다.

검ː측-스럽다[-쓰-따][~스러우니·~스러워]형ㅂ 검측하게 보이다. 검침하다. ¶ 검측스럽게 웃다. **검측스레**부.

검ː측측-하다[-츠카-]형여 마음이 음침하고 흉측하다. **검측측-이**부.

검ː측-하다[-츠카-]형여 ①빛깔이 산뜻하게 밝지 않고 검다. ②마음이 음침하고 욕심이 많다. **검측-이**부.

검ː치다타 ①모서리를 중심으로 하여 좌우 양쪽으로 걸치게 휘거나 접어 붙이다. ②두 물체를 맞대어 걸치고 떨어지지 않게 붙이다.

검ː침(檢針)명하타 〔계량기 따위의 바늘이 가리키는 눈금을 검사한다는 뜻으로〕 전기·수도·가스 따위의 사용량을 검사함.

검침(黔沈) '검침하다'의 어근.

검침-하다(黔沈-)형여 마음이 검고 음침하다. 검측스럽다.

검탄(黔炭)명 품질이 낮아 화력이 약한 숯. ↔백탄(白炭).

검ː토(檢討)명하타되자 내용을 자세히 살펴 가면서 따져 봄. ¶ 안건을 하나하나 검토하다.

검ː투사(劍鬪士)명 고대 로마 때, 원형 경기장에서 칼 따위 무기를 가지고 상대편이나 맹수와 싸우던 사람.

검특(黔慝) '검특하다'의 어근.

검특-하다(黔慝-)[-트카-]형여 마음이 음흉(陰凶)하고 간사하다. **검특-히**부.

검ː파(劍把)명 칼자루.

검ː파(檢波)명하타되자 ①전파의 있고 없음을 검사함. ②고주파 전류에서 신호 전류나 음성 전류를 포착해 내는 일.

검ː파-기(檢波器)명 검파(檢波)에 쓰이는 장치나 회로. 〔광석 검파기·진공관 검파기 따위가 있음.〕

검-팽나무명 느릅나뭇과의 낙엽 활엽 교목. 잎은 달걀 모양인데, 끝이 뾰족함. 5월에 꽃이 피며, 10월에 핵과(核果)가 검게 익음. 우리나라 특산종임. 과실은 먹을 수 있으며, 나무는 땔나무나 숯의 재료로 쓰임.

검ː-퍼렇다[-러타][~퍼러니·~퍼레]형ㅎ 검은빛을 조금 띠면서 퍼렇다. 작감파랗다.

검ː표(檢票)명하타되자 차표·배표·비행기표 따위를 검사함.

검ː-푸르다[~푸르니·~푸르러]형러 검은빛이 나면서 푸르다. ¶ 검푸른 바다. 작감파르다.

검ː푸르접접-하다[-쩌파-]형여 검은빛을 띠면서 약간 짙게 푸르스름하다. 작감파르잡잡하다.

검ː푸르죽죽-하다[-쭈카-]형여 검은빛을 띠면서 고르지 않게 푸르다. 작감파르족족하다.

검ː품(檢品)명하타 (상품·제품 따위의) 품질을 검사함.

검ː험(檢驗)명하타 조선 시대에, 검관이 현장에 가서 변사체를 검사하던 일.

검ː협(劍俠)명 의협심이 있는 검객(劍客).

검ː호(劍豪)명 검술에 통달한 사람.

검ː화명 ☞백선(白鮮).

검ː환(劍環)명 ☞칼코등이.

검ː-흐르다[~흐르니·~흘러]자르 물 따위가 언덕이나 그릇의 전을 넘쳐흐르다.

겁(劫)명 〔'천지가 한 번 개벽한 때부터 다음 번에 개벽할 때까지의 동안'이란 뜻으로〕 매우 길고 오랜 시간. 본겁파(劫簸). ↔찰나.

겁(怯)명 무서워하거나 두려워하는 마음. ¶ 겁을 내다. /겁이 많다. /겁을 먹다.

겁(에) 질리다관용 잔뜩 겁을 먹어서 기를 못 쓰다.

겁간(劫姦)[-깐]명하타 부녀자를 강제로 간음(姦淫)함. 강간(強姦).

겁겁(劫劫) '겁겁하다'의 어근.

겁겁-하다(劫劫-)[-꺼파-] 형여 ①☞급급(汲汲)하다. ②성미가 급하고 참을성이 없다. **겁겁-히** 부.

겁-결(怯-)[-껼] 명 겁이 나서 어쩔 줄 몰라 당황하는 참. 《주로, '겁결에'의 꼴로 쓰임.》 ¶ 겁결에 '악!' 하고 소리를 질렀다.

겁기(劫氣)[-끼] 명 ①궁한 사람의 얼굴에 드러나는 언짢고 근심스러운 기색(氣色). ②험한 산의 무시무시하고 궂은 기운.

겁-꾸러기(怯-) 명 몹시 심한 겁쟁이.

겁나(怯懦) '겁나하다'의 어근.

겁-나다(怯-)[검-] 자 무섭거나 두려운 마음이 생기다. ¶ 그의 얼굴을 대하기가 겁나서 밖으로 나가기가 망설여진다.

겁나-하다(怯懦-)[검-] 형여 겁이 많고 나약하다. 겁약(怯弱)하다. **겁나-히** 부.

겁-내다(怯-)[검-] 타 무서워하거나 두려워하는 마음을 가지다. ¶ 뱀을 겁낸다.

겁년(劫年)[검-] 명 액운이 닥친 해. 액년(厄年).

겁략(劫掠·劫略)[검냑] 명 하타 위협하여 억지로 남의 것을 빼앗음. 약탈(掠奪).

겁-먹다(怯-)[검-따] 자 무서워하는 마음을 가지다. ¶ 겁먹은 얼굴.

겁박(劫迫)[-빡] 명 하타 위력으로 협박함.

겁-보(怯-)[-뽀] 명 겁쟁이.

겁부(怯夫)[-뿌] 명 겁이 많은 사내. 나부(懦夫).

겁살(劫煞)[-쌀] 명 삼살방(三煞方)의 한 방위에 끼는 독하고 모진 기운. 〔이 살(煞)이 낀 방위를 범하면 살해(殺害)의 변이 있다고 함.〕

겁성(怯聲)[-썽] 명 겁이 나서(겁결에) 지르는 소리.

겁수(劫水)[-쑤] 명 불교에서, 세상이 파멸할 때에 진다고 하는 큰물. 참 겁풍(劫風)·겁화(劫火).

겁수(劫囚)[-쑤] 명 하타 ☞겁옥(劫獄).

겁심(怯心)[-씸] 명 무서워하거나 두려워하는 마음.

겁약(怯弱) '겁약하다'의 어근.

겁약-하다(怯弱-)[거뱌카-] 형여 겁이 많고 마음이 약하다. 겁나(怯懦)하다. **겁약-히** 부.

겁옥(劫獄) 명 하타 옥에 갇힌 죄수를 강제 수단으로 빼냄. 겁수(劫囚).

겁운(劫運) 명 겁살이 낀 액운(厄運). 겁회(劫會).

겁-쟁이(怯-)[-쨍-] 명 겁(怯)이 많은 사람. 무서움을 잘 타는 사람. 겁보.

겁-주다(怯-)[-쭈-] 자타 겁을 먹도록 하다. ¶ 겁준다고 호락호락 꺾일 사람이 아니다.

겁질 명 〈옛〉 껍질. ¶ 겁질이 열워(痘瘡44).

겁초(劫初) 명 불교에서 이르는, 세상의 시초.

겁탁(劫濁) 명 불교에서 이르는, 오탁(五濁)의 하나. 기근과 질병과 전쟁이 잇달아 닥치는 일.

겁탈(劫奪) 명 하타 되자 ①남을 위협하여 그 사람의 것을 함부로 빼앗음. ②☞강간(強姦).

겁파(劫簸←kalpa 범) 명 〈겁(劫)〉의 본딧말.

겁풍(劫風) 명 불교에서, 세상이 파멸할 때에 인다고 하는 큰 바람. 참 겁수(劫水)·겁화(劫火).

겁화(劫火)[거퐈] 명 불교에서, 세상이 파멸할 때에 난다고 하는 큰불. 참 겁수·겁풍.

겁회(劫會)[거푀/거풰] 명 ☞겁운(劫運).

것[걷] 의 ①사물·현상·사상·존재 등의 이름 대신으로 쓰는 말. ¶ 먹을 것은 있다. /모든 것은 하늘에 달렸다. /낡은 것을 버려라. ②'사람'을 얕잡아 일컫는 말. ¶ 젊은 것이 버릇이 없군. /저 따위 것이 뭘 안다고. ③소유물임을 뜻함. 해[3]. ¶ 자네 것은 어느 것인가? /이 강토는 우리 모두의 것이다. ④내용·정도·수준을 뜻함. ¶ 생각한다는 것이 고작 그 정도냐? ⑤확신·결심·결정을 뜻함. ¶ 고향이란 참으로 좋은 것이다. /기어이 해내고야 말 것이다. ⑥전망·추측·예상을 뜻함. ¶ 이미 도착했을 것이다. /내일은 비가 올 것이다. ⑦《끝맺는 말로 쓰이어》 명령이나 부탁을 뜻함. ¶ 공사 중이니 주의할 것. /이곳에서 담배를 피우지 말 것. /점심은 각자 준비할 것. 준 거[1]. * 것이[거시]·것만[건-]

것가 준 〈옛〉 '것인가'가 줄어든 말. ¶ 山林에 뭇쳐 이셔 至樂을 모롤 것가(丁克仁.賞春曲).

것고 자타 〈옛〉 〔'걺다'의 활용형〕 꺾고. ¶ 檻을 것고 雲臺로셔 나오라(朴解3:7). 참 걺다.

것곶다 타 〈옛〉 꺾꽂이하다.

것구러디다 자 〈옛〉 거꾸러지다. ¶ 상 우희 것구러뎌 코고오고 자거늘(朴解中47).

것구리티다 타 〈옛〉 거꾸러뜨리다. ¶ 엇디ᄒᆞ여 것구리티리오(老解上32).

것그니 자타 〈옛〉 〔'걺다'의 활용형〕 꺾어지니. 꺾으니. ¶ 두 갈히 것그니(龍歌36章). 참 걺다.

것다[걷따] 조 모음으로 끝난 체언에 붙어, 원인이나 조건 등이 충분하다는 뜻을 나타내는 연결형 서술격 조사. ¶ 부자것다, 미남이것다, 뭐가 맘에 안 차서 마다느냐? 참 이것다.

-것다[걷따] 어미 용언의 어간 또는 높임의 '-시-'나 시제의 '-았(었)-' 등에 붙는 종결 어미. ①㉠인정된 사실을 다시 확인하는 뜻을 나타냄. ¶ 분명히 네가 그랬것다. ㉡과거의 경험으로 보아 사실이 응당 그러하거나 그리 됨을 추측하여 인정하는 뜻을 나타냄. ¶ 이맘때면 꼭 뻐꾸기가 와서 울것다. ②원인·조건 등이 충분함을 열거하는 뜻을 나타냄. ¶ 건강하것다, 돈도 있것다, 무엇이 걱정인가.

것ᄆᆞᄅᆞ죽다 자 〈옛〉 까무러치다. 기절하다. ¶ 太子ㅣ 듣고 것ᄆᆞᄅᆞ주거 싸해 디옛더라(月釋21:215).

것바ᅀᅵ 명 〈옛〉 거지. ¶ 太子ㅣ 것바ᅀᅵ ᄃᆞ외야(釋譜24:52).

것위 명 〈옛〉 지렁이. ¶ 것위ᄂᆞᆫ 기픈 지븨 오ᄅᆞᄂᆞ다(杜中13:42). 참 거위.

것-지르다[걷찌-][~지르니·~질러] 타르 (아래에서 위로) 거슬러 지르다.

걺다 자타 〈옛〉 꺾어지다. 꺾다. ¶ 두 갈히 것그니(龍歌36章). /雜草木 것거다가(月印62).

겅그레 명 솥에 무엇을 찔 때, 찌려는 것이 바닥의 물에 닿지 않도록 솥 바닥에 놓는 댓조각이나 나뭇개비 따위.

겅금 명 '황산 제일철($FeSO_4$)'이 검정 물감의 매염제로 쓰일 때 이르는 말.

겅더리-되다[-되-/-뒈-] 자 고생이나 병 따위로 몸이 몹시 파리하고 뼈가 앙상하게 드러나다. 센 껑더리되다.

겅둥-거리다 자 자꾸 겅둥겅둥하다. 겅둥대다. 작 강동거리다. 센 껑뚱거리다.

겅둥-겅둥 부 하자 ①긴 다리로 자꾸 가볍게 뛰는 모양. ②(침착하지 못하고) 치신없이 경솔하게 행동하는 모양. ¶ 계약서를 겅둥겅둥 보지 말고 꼼꼼하게 검토하게. 작 강동강동. 센 껑뚱껑뚱.

겅둥-대다 자 겅둥거리다.

겅둥-하다 형여 (입거나 걸친 것이) 아랫도리가 너무 드러날 정도로 짧다. 작 강동하다. 센 껑뚱하다.

겅성드뭇-하다[-무타-] 형여 많은 수효가 듬성듬성 흩어져 있다. ¶ 길가에 개나리가 겅성드뭇하게 피어 있다. **겅성드뭇-이** 부.

경정-거리다[자] 자꾸 경정경정하다. 경정대다. [작]강장거리다.
경정-경정[부][하자] 긴 다리를 모으고 거볍게 자꾸 뛰는 모양. ¶ 기뻐서 경정경정 뛰다. [작]강장강장.
경정-대다[자] 경정거리다.
겅중-거리다[자] 자꾸 겅중겅중하다. 겅중대다. [작]강종거리다.
겅중-겅중[부][하자] 긴 다리를 모으고 자꾸 위로 솟구어 뛰면서 가는 모양. ¶ 사슴이 겅중겅중 달아나다. [작]강종강종.
겅중-대다[자] 겅중거리다.
겇[명] 〈옛〉겉. 거죽. ¶ 열본 썩 ᄀᆞ톤 쌋 거치 나니(月釋*1:43*).
겉[걷][명] 밖으로 드러나 보이는 쪽의 면(面). 겉면. 외면(外面)1. 표면(表面). ↔속. ＊겉이[거치]·겉을[거틀]·겉만[건-]
겉 다르고 속 다르다[관용] 말과 행동이 같지 아니하다.
겉-[걷][접두] ①《양이나 정도를 나타내는 말 앞에 붙어》 '건성으로 대강'의 뜻을 나타냄. ¶ 겉가량. /겉대중. /겉짐작. ②《일부 명사나 용언 앞에 붙어》 '실속은 그렇지 않은데 겉으로만 그러함'의 뜻을 나타냄. ¶ 겉멋. /겉치레. /겉늙다. /겉바르다. /겉약다. ③《일부 동사나 명사 앞에 붙어》 '어울리거나 섞이지 아니하고 따로'의 뜻을 나타냄. ¶ 겉놀다. /겉돌다. /겉물. ④《낟알이나 과실을 나타내는 말 앞에 붙어》 '껍질을 벗기지 않은 채로 그냥'의 뜻을 나타냄. ¶ 겉밤. /겉보리. /겉수수.
겉-가량(-假量)[걷까-][명][하타] 겉만 보고 어림잡아 하는 셈. ¶ 겉가량으로 한 되 가웃은 되겠다. [참]속가량.
겉-가루[걷까-][명] 곡식이나 고추 따위를 빻을 때 먼저 나오는 가루. ↔속가루.
겉-가죽[걷까-][명] 겉을 싸고 있는 가죽. 외피(外皮). 표피(表皮). [참]속가죽.
겉-갈이[걷까리][명][하타] 추수 뒤에 잡초 등을 없애기 위하여 논밭을 갈아엎는 일.
겉-감[걷깜][명] (옷이나 이불 따위의) 겉에 대는 감. ↔안감.
겉-겨[걷껴][명] 곡식의 겉에서 벗겨진 거칠고 굵은 겨. ↔속겨. [참]왕겨.
겉-고름[걷꼬-][명] 〈겉옷고름〉의 준말. ↔안고름.
겉-고삿[걷꼬삳][명] 짚 따위로 지붕을 일 때 이엉 위에 걸쳐 매는 새끼. ↔속고삿. ＊겉고삿이[걷꼬사시]·겉고삿만[걷꼬산-]
겉-고춧가루[걷꼬추까-/걷꼬춛까-][명] ①고추를 빻을 때, 고추의 속살로서 맨 먼저 가루가 되는 것. ②(곱지 않게) 대강 빻은 고춧가루.
겉-곡(-穀)[걷꼭][명] 〈겉곡식〉의 준말.
겉-곡식(-穀-)[걷꼭씩][명] 겉껍질을 벗겨 내지 아니한 곡식. 피곡(皮穀). [준]겉곡. ↔속곡식.
겉-귀[걷뀌][명] ☞외이(外耳). ↔안귀.
겉-깃[걷낃][명] 겉으로 드러난 옷깃. ↔안깃. ＊겉깃이[걷끼시]·겉깃만[걷낀-]
겉-꺼풀[걷-][명] 겉으로 드러난 꺼풀. ↔속꺼풀.
겉-껍데기[걷-떼-][명] 겉으로 드러난 껍데기. 외각(外殼). ↔속껍데기.
겉-껍질[걷-찔][명] 겉을 싸고 있는 껍질. 외피(外皮). 표피(表皮). ↔속껍질.
겉-꾸리다[걷-] [I][자] 속의 언짢은 점을 숨기고 겉만을 잘 꾸미다.
[II][타] 겉모양을 좋게 꾸미다. 겉치레하다.
겉-꾸림[걷-][명][하타] 겉만 그럴듯하게 꾸미는 일.
겉-나깨[건-][명] 메밀 껍질 속에 있는 거친 나깨. ↔속나깨.
겉-날리다[건-][타] 겉으로만 어름어름 되는대로 날려서 하다. ¶ 바쁘다고 맡은 일을 겉날려 하다.
겉-넓이[건-][명] 물체 겉면의 넓이. 표면적.
겉-놀다[건-][~노니·~놀아][자] ①다른 것과 잘 어울리지 않고 따로 놀다. [비]겉돌다. ②박아 놓은 나사나 못 따위가 꼭 맞지 않고 움직이다.
겉-눈1[건-][명] 곱자를 'ㄱ' 자 형으로 반듯하게 놓았을 때, 위에서 보이는 쪽에 새겨져 있는 눈금. ↔속눈1.
겉눈2[건-][명] 조금 떴으나 겉으로 보기에는 감은 것처럼 보이는 눈. ¶ 겉눈을 감고 자는 체했다.
겉-눈썹[건-][명] 양쪽 눈두덩 위에 가로 난 눈썹. ↔속눈썹.
겉-늙다[건늑따][자] ①나이에 비하여 더 늙은 티가 나다. ¶ 고생을 많이 해서 겉늙어 보인다. ②보람 있는 일을 해 놓은 것도 없이, 나이만 헛되이 많이 먹다. ¶ 육십 평생을 겉늙었다.
겉-대[걷때][명] ①푸성귀의 겉쪽에 있는 줄기나 잎. ②댓개비의 거죽을 이루고 있는 단단한 부분. ↔속대.
겉-대중[걷때-][명][하타] 겉으로만 보고 미루어 헤아리는 짐작. ¶ 겉대중으로도 만 명은 넘는다. [참]속대중.
겉-더께[걷떠-][명] 몹시 찌든 물체의 맨 겉에 앉은 때. ↔속더께.
겉-돌다[걷똘-][~도니·~돌아][자] ①서로 다른 액체·기체 따위를 섞어도 섞이지 아니하고 따로 있다. ¶ 물에 기름이 겉돌다. ②다른 사람과 서로 어울리지 못하고 따로 배돌다. [비]겉놀다. ③기계·바퀴 따위가 제구실을 못하고 헛돌다. ¶ 진창에 빠진 차의 바퀴가 겉돌다.
겉-뜨기[걷-][명][하타] 뜨개질에서의 기초 뜨기의 한 가지. 메리야스의 겉쪽 모양과 같은 코가 겉으로 나오게 뜨는 법.
겉-뜨물[걷-][명] (쌀이나 보리 따위의) 곡식을 처음 씻은 부연 물. ↔속뜨물.
겉량(-兩)[명] '결량'의 잘못.
겉량-걸다(-兩-)[타] '결량걸다'의 잘못.
겉량-짊다(-兩-)[타] '결량짊다'의 잘못.
겉-마르다[건-][~마르니·~말라][자르] ①속에는 물기가 남아 있고 겉만 대강 마르다. ¶ 빨래가 겉마르다. ②(어떤 피해로) 식물·곡식 따위가 제대로 자라거나 여물기 전에 마르다. ¶ 날이 가물어서 그런지 벼가 겉마른다.
겉-마음[건-][명] 겉으로만 드러나는 진실되지 않은 마음. ↔속마음.
겉-막(-膜)[건-][명] ☞표막(表膜).
겉-말[건-][명][하자] 겉으로 꾸며서 하는 말. ↔속말.
겉-맞추다[건맏-][타] 속마음으로는 꺼리면서 겉으로만 슬슬 발라맞추다.
겉-멋[건먿][명] 실속은 없이 겉으로만 멋을 부리는 태도나 모습. ¶ 겉멋을 부리다. /겉멋이 들다. ＊겉멋이[건머시]·겉멋만[건먼-]
겉-면(-面)[건-][명] 바깥으로 드러나 보이는 면(面). 겉. 외면(外面)1. 표면(表面).
겉-모습[건-][명] 겉에 나타난 모습이나 용모. 외모(外貌).
겉-모양(-模樣·-貌樣)[건-][명] 겉으로 드러나 보이는 모양. 외관(外觀). 외면(外面)1. 외양(外樣). 외형(外形). ¶ 겉모양을 보다.

겉-묻다[건-따]자 (스스로 마음이 내켜서 하는 것이 아니고) 남이 하는 운김에 덩달아 하다.

겉-물[건-]명 액체가 잘 섞이지 못하고 위로 떠서 겉도는 물. 웃물.

겉물(이) 돌다관용 (액체의 위에) 겉물이 떠서 따로 돌다. ¶ 죽이 상했는지, 겉물이 돈다.

겉-바르다[겉빠-][~바르니·~발라]타르 (속은 그대로 둔 채) 겉만 보기 좋게 하다.

겉-발림[건빨-]명하자 겉만 그럴듯하게 발라맞추는 일. ¶ 겉발림으로 하는 말에 솔깃해지다.

겉-밤[걷빰]명 껍질을 벗기지 아니한 밤. 피율(皮栗). ↔속밤.

겉-버선[걷뻐-]명 솜버선을 신은 위에 덧신는 홑버선. ↔속버선.

겉-벌[걷뻘]명 겉에 입는 옷의 각 벌. ↔속벌.

겉-벽(-壁)[걷뼉]명 겉으로 드러나 보이는 벽. 겉에 있는 벽. ↔안벽.

겉-보기[걷뽀-]명 겉으로 드러나 보이는 모양새. 외관(外觀). 외양(外樣). ¶ 겉보기와는 아주 딴판이다.

겉-보리[걷뽀-]명 ①까락이 길고, 찧어도 껍질이 잘 벗겨지지 않는 보리의 한 가지. ↔쌀보리. ②껍질을 벗기지 않은 보리. 피맥(皮麥).

겉보리 서 말만 있으면 처가살이 하랴속담 ①오죽하면 처가살이를 하겠느냐는 말. ②처가살이는 할 것이 못 됨을 이르는 말.

겉볼-안[걷뽀란]명 겉을 보면 속은 안 보아도 짐작할 수 있다는 말. ¶ 아무리 겉볼안이라지만, 사람은 사귀어 보아야 진심을 알 수 있다.

겉-봉(-封)[걷뽕]명 ①편지를 봉투에 넣은 다음 다시 싸서 봉한 종이. 외봉(外封). 피봉(皮封). ②봉투의 거죽.

겉-봉투(-封套)[걷뽕-]명 두 겹으로 된 봉투의 겉쪽 봉투. ↔안봉투.

겉-불꽃[걷뿔꼳]명 연소(燃燒)가 완전하며 온도가 가장 높은, 불꽃의 맨 바깥 부분. 산화염(酸化焰). 외염(外焰). ↔속불꽃. * 겉불꽃이[걷뿔꼬치]·겉불꽃만[걷뿔꼰-]

겉-뼈대[걷-]명 ☞외골격(外骨格).

겉-사주(-四柱)[걷싸-]명 통혼(通婚)할 때 임시로 적어 보내는 신랑의 사주(四柱). ↔속사주.

겉-살¹[걷쌀]명 (얼굴이나 손과 같이) 옷에 가려지지 않고 늘 겉으로 드러나 있는 부분의 살. ↔속살².

겉-살²[걷쌀]명 절부채의 양쪽 가에 든든하게 댄 살. ↔속살¹.

겉-섶[걷썹]명 저고리나 두루마기의 겉자락에 댄 섶. ↔안섶. * 겉섶이[걷써피]·겉섶만[걷썸-]

겉-수수[걷쑤-]명 겉껍질을 벗기지 않은 수수.

겉-수작(-酬酌)[걷쑤-]명 겉만을 그럴듯하게 꾸며 발라맞추는 수작.

겉-싸개[걷-]명 여러 겹으로 싼 물건의 맨 겉을 싼 싸개. ↔속싸개.

겉-씨껍질[걷-찔]명 씨를 싸고 있는 두 겹의 껍질 중 바깥쪽에 있는 두꺼운 껍질. 외종피(外種皮). ↔속씨껍질.

겉씨-식물(-植物)[걷-싱-]명 꽃식물에 딸리는 한 식물군(植物群). 밑씨가 씨방 안에 들어 있지 않고 드러나 있어, 꽃가루가 바로 밑씨 위에 붙음. 〔소나무류와 은행나무·소철 따위.〕 나자식물(裸子植物). ↔속씨식물.

겉-아가미[거다-]명 겉에 있는 아가미. 〔올챙이 따위의 어릴 때, 머리 양쪽에 있으며, 차차 자람에 따라 속아가미로 탈바꿈함.〕 ↔속아가미.

겉-약다[건냑따]형 겉보기에는 약으나 실상은 그러하지 아니하다.

겉-어림[거더-]명하타 겉만 보고 하는 어림. 겉짐작. ↔속어림.

겉-언치[거던-]명 길마 양쪽에 붙인 짚방석.

겉-여물다¹[건녀-][~여무니·~여물어]자 곡식의 낟알이 속은 덜 여물고 겉보기로만 여물다.

겉-여물다²[건녀-][~여무니·~여물어]형 사람이 겉보기로는 올차고 여무진 것 같으나 실상은 무르다.

겉^열매껍질[건녈-찔]명 ☞외과피(外果皮).

겉-옷[거돋]명 겉에 입는 옷. 외의(外衣). 표의(表衣). ↔속옷. * 겉옷이[거도시]·겉옷만[거돈-]

겉-옷고름[거돋꼬-]명 겉깃을 여미어 매는 옷고름. 준겉고름. ↔안옷고름.

겉-웃음[거두슴]명 마음에도 없이 겉으로만 웃는 웃음. ¶ 겉웃음을 치다.

겉-잎[건닙]명 나무나 풀의 우듬지 속잎의 겉에 붙은 잎. ↔속잎. * 겉잎이[건니피]·겉잎만[건님-]

겉-자락[걷짜-]명 ①기둥머리의 단청 따위에 그리는 무늬의 한 부분. ↔속자락. ②치마나 저고리 따위를 여몄을 때, 겉으로 나오는 옷자락. ②↔안자락.

겉-잠[걷짬]명 ①겉눈을 감고 거짓으로 자는 체하는 일. ②선잠. 헛잠.

겉-잡다[걷짭따]타 ①겉가량으로 대강 어림잡다. ¶ 겉잡아 두 말은 되겠다. ②'걷잡다'의 잘못.

겉-잣[걷짣]명 껍질을 벗기지 않은 잣. ↔실백잣. * 겉잣이[걷짜시]·겉잣만[걷짠-]

겉-장(-張)[걷짱]명 ①포개거나 말아 놓은 여러 장 가운데서 맨 겉의 장. ②책의 맨 겉의 껍데기. 표지(表紙). ↔속장.

겉-재목(-材木)[걷째-]명 통나무의 심재(心材)를 둘러싼 겉의 흰 부분. 변재(邊材). ↔속재목.

겉-저고리[걷쩌-]명 (여자가 저고리를 껴입을 때) 맨 겉에 입는 저고리. ↔속저고리.

겉-절이[걷쩌리]명 배추나 열무 따위를 절여 무쳐서 바로 먹을 수 있게 만든 반찬.

겉-절이다[걷쩌리-]타 ①김치를 담글 때, 배추 따위의 억센 잎을 부드럽게 하기 위하여 우선 소금을 뿌려 애벌로 절이다. ②겉절이를 하다.

겉-조[걷쪼]명 껍질을 벗기지 아니한 조.

겉-짐작(←-斟酌)[걷찜-]명하자 겉으로만 보고 헤아리는 짐작. 겉어림. 참속짐작.

겉-창(-窓)[걷-]명 영창(影窓) 겉에 덧대어 단 문짝. 덧문. 덧창.

겉-치레[걷-]명하자 겉으로만 보기 좋게 꾸민 치레. 외면치레. 외식(外飾). 허식(虛飾). ¶ 겉치레만 번지르르하고 실속은 없다. ↔속치레.

겉-치마[걷-]명 맨 겉에 입는 치마. ↔속치마.

겉-치장(-治粧)[걷-]명하자 겉을 꾸밈, 또는 그 꾸밈새. 분식(粉飾). ↔속치장.

겉-칠(-漆)[걷-]명하타 겉에만 칠을 함, 또는 그 칠.

겉-켜[걷-]명 여러 켜로 된 것의 맨 겉을 이루고 있는 켜. 표층.

겉-탈명 '거탈'의 잘못.

겉-포장(-包裝)[걷-]명 거죽을 싼 포장.

겉-피[걷-]명 껍질을 벗기지 아니한 피.

겉-핥다[거탈따]타 내용을 제대로 파악하지 아니하고 겉만 대강 보다.

겉-허울[거터-]명 겉으로 드러나 보이는 모양새.

겉-흙[거특]명 땅의 맨 위층의 흙. 표토(表土). ＊겉흙이[거틀기]·겉흙만[거틍-]

게:[1]명 갑각류(甲殼類) 십각목(十脚目)의 절지동물을 통틀어 이르는 말. 몸은 납작하며 둥글거나 세모난 등딱지로 덮여 있음. 몸의 양옆으로 각각 다섯 개의 발이 있는데 첫째 발은 집게발로 되어 있고, 딱지 안으로 옴츠릴 수 있는 겹눈이 있음. 물속에 살며 옆으로 김. 〔꽃게·농게·칠게 따위.〕

게 새끼는 집고, 고양이 새끼는 할퀸다속담 '천성(天性)이나 본능은 어쩔 수 없음'을 이르는 말.

게 잡아 물에 넣는다〔놓았다〕속담 '소득도 없이 헛수고만 함'을 이르는 말.

게 눈 감추듯관용 '음식을 허겁지겁 빨리 먹어 치움'을 비유하여 이르는 말.

게도 구럭도 다 잃었다〔놓쳤다〕관용 소득을 얻기는커녕 가진 것마저 잃어버렸다는 말.

게[2]대 ①〈거기〉의 준말. ¶ 게 누구 있느냐? ②상대를 조금 얕잡아 보고 일컫는 말. ¶ 게가 너를 만나고 싶대. /게가 어디 삽나(烈女春香守節歌).

게[3]조 내, 네, 제 따위 모음으로 끝난 일부 체언에 붙어 '에게'의 뜻을 나타내는, 부사격 조사. ¶ 그 일은 네게 맡기겠다.

게[4]준 '것이'가 줄어든 말. ¶ 차린 음식은 많은데 입에 맞는 게 없다.

게:(偈)명 ☞가타(伽陀).

게(Ge)명 그리스 신화에 나오는 대지의 여신(女神). 가이아(Gaea).

게부 〈옛〉 그곳에. 거기. ¶ 게 가 몯 나시리라(月釋*2:11*). 참그에[1]·그어긔.

게조 〈옛〉 에게. ¶ 믈게 볼이며(救簡*1:79*).

-게어미 ①동사 어간이나 높임의 '-시-'에 붙는, 하게체의 명령형 종결 어미. ¶ 가까이 오게. /많이 먹게. 《일부 형용사 뒤에서 쓰이기도 함.》 ¶ 부디 침착하게. /좀 조용하게. ②용언이나 '이다'의 어간 또는 높임의 '-시-'나 시제의 '-았(었)-'에 붙는, 해체 또는 하게체의 의문형 종결 어미. ㉠앞의 사실에 따라 그러한 일이 응당 뒤따르게 됨을 나타냄. ¶ 그러다가는 나만 골탕먹게? ㉡그 사실이 그리되기 어렵다는, 또는 그러할 필요가 없다는 반어적인 뜻을 지님. ¶ 그걸 해서 무엇하게?/이제 떠나서 언제 닿게?/어느 천년에 다 읽게? ③용언의 어간에 붙어, '-도록'의 뜻을 나타내는 종속적 연결 어미. 그것이 뒤에 오는 동작(상태)에 대한 목표(이유·기준·조건)가 됨을 나타냄. ¶ 다 알아듣게 큰 소리로 읽어라. /모두가 다 먹을 수 있게 많이 만들자. ④용언의 어간에 붙어, 일의 진행(상태·성질)의 한계(정도)를 나타내는 보조적 연결 어미. ¶ 멋지게 해내다. /훌륭하게 되다.

게:-감정명 게의 등딱지를 떼고, 그 속에 갖은 양념을 한 소를 넣어 찌거나 지진 음식.

게:-거품명 ①게의 입에서 나오는 거품. ②사람이나 짐승이 괴롭거나 흥분했을 때, 입에서 부걱부걱 나오는 거품 같은 침. ¶ 입에다가 게거품을 물고 덤비다.

게걸명 체면 없이 마구 먹으려 하거나 가지고 싶어 하여 탐내는 마음. ¶ 게걸이 들다.

게걸(을) 떼다관용 마음껏 먹고 싶은 대로 먹게 되거나 하고 싶은 대로 하게 되어서 탐욕이 없어지게 되다.

게걸-거리다자 자꾸 게걸게걸하다. 게걸대다. ¶ 그렇게 게걸거리다가 선생님께 발각되면 어쩌려고 그래.

게걸-게걸부하자 천격스러운 말로 불평을 털어놓으며 자꾸 떠드는 모양.

게걸-대다자 게걸거리다.

게걸-들리다자 마구 먹고 싶거나 가지고 싶어 탐내는 마음이 일어나다.

게걸-스럽다[-따][~스러우니·~스러워]형ㅂ 체면을 차림이 없이 마구 먹으려 하거나 가지고 싶어 하는 태도가 있다. **게걸스레**부.

게:-걸음명 게처럼 옆으로 걷는 걸음. 해행(蟹行).

게걸음(을) 치다관용 ①게처럼 옆으로 걷다. ②걸음이 몹시 느리거나 하는 일이 잘 진척되지 아니하다.

게걸-쟁이명 '몹시 게걸스러운 사람'을 얕잡아 이르는 말.

게검-스럽다[-따][~스러우니·~스러워]형ㅂ 음식을 욕심사납게 마구 먹어 대는 꼴이 보기에 매우 흉하다. ¶ 밥을 게검스럽게 먹다. 작개감스럽다. **게검스레**부.

게게부 ①침이나 콧물 따위를 보기 싫게 노상 흘리는 모양. ¶ 침을 게게 흘리다. ②(눈이나 몸에) 기운이 없어 축 늘어진 모양. ¶ 몸살이 나서 하루종일 게게 늘어져 있었다.

게:구(偈句)[-꾸]명 가타(伽陀)의 글귀. 〔불경(佛經)을 한 구 다섯 글자나 일곱 글자로 하고, 네 구를 한 게(偈)로 하여, 한시(漢詩)처럼 만든 글.〕

게:-구이명 게딱지 속에서 긁어 낸 게장에 다진 게의 살을 한데 버무린 뒤에 갖은 양념을 하여 중탕한 음식.

게:기(揭記)명하타 써서 붙이거나 걸어 두어서 여러 사람이 보게 함, 또는 그 기록.

게:-꽁지명 '아주 보잘것없거나 몹시 짧은 것'을 비유하여 이르는 말. ¶ 게꽁지만 한 지식.

-게끔어미 연결 어미 '-게'의 힘줌말. ¶ 뒤탈이 없게끔 잘 다스려라.

-게나어미 하게체의 명령형 종결 어미 '-게'를 은근하게 이르는 말. ¶ 비록 하찮은 것이지만 성의로 주는 것이니 받아 두게나.

게나-예나부 '거기나 여기나'가 줄어서 된 말. ¶ 게나예나 사람 살기는 마찬가지야.

게-네대 삼인칭 복수 대명사 '그네들'을 더 얕잡아 이르는 말. ¶ 게네가 한 짓일 거야.

게놈(Genom 독)명 생물의 생존에 필요한 최소한의 염색체로서, 낱낱의 생물체가 가진 염색체의 한 조(組).

게:-눈명 재래식 한옥의 박공(牔栱)이나 추녀 끝에 장식으로 새기는 소용돌이 모양의 무늬.

게다[1]타 '게우다'의 잘못.

게다[2]부 〈게다가〉의 준말.

게다(げた〔下駄〕 일)명 ☞왜나막신.

게다가부 ①거기에다가. ¶ 가져온 짐은 게다가 두고 가거라. ②그런데다가. 그 위에. 또 더하여. ¶ 공부 잘하고, 게다가 품행까지 방정하다. 준게다[2].

게두덜-거리다자 자꾸 게두덜게두덜하다. 게두덜대다. ¶ 삼촌은 방이 차다고 게두덜거렸다.

게두덜-게두덜부하자 (굵고 거친 목소리로) 게걸거리며 두덜거리는 모양.

게두덜-대다자 게두덜거리다.

게:-딱지[-찌]명 ①게의 등딱지. ②(집 따위가) 아주 허술하고 작다. ¶ 산비탈에는 게딱지만 한 판잣집들이 다닥다닥 붙어 있었다.

게뚜더기명 헌데나 상처 따위로 말미암아 눈두덩 위의 살이 찍어맨 것처럼 된 눈, 또는 그런 눈을 가진 사람.
게라(ケラ일.←galley)명 ①활판(活版) 인쇄에서, 조판해 놓은 활자판을 담아 두는 나무상자. 목판. ②'교정쇄'로 순화.
-게라어미 〈옛〉-어라. -겠네.
게레치명 게레칫과의 바닷물고기. 몸길이 20 cm 가량. 몸은 길둥근꼴이며 입이 작음. 등지느러미의 아래 줄이 비늘에 싸여 있음. 몸빛이 은백색인데, 등 쪽은 회청색이고 배 쪽은 담색임. 우리나라·일본 등지에 분포함.
게:류(憩流)명 전류(轉流)에 앞서 바닷물이 거의 흐르지 않을 때의 조수(潮水). 게조(憩潮).
게:르다[게르니·겔러]형르 〈게으르다〉의 준말. 작개르다.
게르마늄(Germanium 독)명 석탄을 태울 때 생기는 그을음이나 연기에서 얻는, 회백색의 푸슬푸슬한 희유(稀有) 금속 원소. 반도체로서 결정 정류기(結晶整流器)나 트랜지스터 따위의 주요 재료로 쓰임. 〔Ge/32/72.59〕
게르만(German 독)명 ①아리안 족(Aryan族)에 딸리는 백색 인종. ②독일 민족.
게르치명 게르칫과의 바닷물고기. 몸길이 60 cm 가량. 몸이 가늘고 길며, 아래턱이 위턱보다 길고 입이 뾰족함. 몸빛은 담황색인데 자라면서 흑자색으로 변함. 깊은 바다에서 살다가 알을 낳기 위해 얕은 곳으로 나옴. 상피리.
게르트너-균(Gärtner菌)명 식중독을 일으키는 병원균의 한 가지. 가축이나 야생 동물에 옮아 퍼짐. 장염균(腸炎菌).
게:름명 〈게으름〉의 준말. 작개름.
게:름-뱅이명 〈게으름뱅이〉의 준말. 작개름뱅이.
게:름-쟁이명 〈게으름쟁이〉의 준말. 작개름쟁이.
게리맨더링(gerrymandering)명 자기 정당에 유리하게 선거구 구분을 부자연스럽게 변경하는 일.
게릴라(guerrilla 스)명 정규군이 아닌, 소규모의 무장 집단이 적의 후방을 교란하는 전법, 또는 그 부대. 유격대.
게릴라-전(guerrilla戰)명 유격전(遊擊戰).
게마인샤프트(Gemeinschaft 독)명 공동 사회. ↔게젤샤프트.
게-먹다[-따]자 상대편에게 따지고 들다. ¶ 이 놈이 감히 누구한테 게먹는 거야.
게:목명 〈거여목〉의 준말.
게:목-나물[-몽-]명 거여목의 줄기를 살짝 데쳐 껍질을 벗기고 잘라서 양념하여 무친 나물.
게발-새발명 '괴발개발'의 잘못.
게:발톱-점(-點)[-쩜]명 ☞큰따옴표.
게:발톱-표(-標)명 ☞큰따옴표.
게:방(揭榜)명하타 방문(榜文)을 내걸어 붙임, 또는 내건 그 방문.
게:-살명 게의 살, 또는 게의 살을 말린 것.
게-서조 〈에게서〉의 준말. ¶ 내게서 빌려간 책을 다오.
게서준 '거기에서'가 줄어든 말. ¶ 방에 들어오지 말고 게서 놀아라.
게:-성운(-星雲)명 은하계 안에 있는 가스 성운의 한 가지. 팽창 속도가 매우 크고, 전질량이 태양의 15배나 됨.
게:송(偈頌)명 부처의 공덕을 기린, 게구(偈句)로 된 노래.
게슈타포(Gestapo 독)명 (반나치스 운동 단속을 담당하던) 나치스 독일의 비밀 경찰.
게스트(guest)명 ①(모임 따위에) 초대받은 손. 객. 손[2]. ②(텔레비전 방송 등에 초대된) 특별 출연자.
게슴츠레부하형 ☞거슴츠레.
게:시(揭示)명하타되자 여러 사람에게 알리기 위하여 써서 내붙이거나 내걸어 두루 보게 함, 또는 그 글.
-게시리어미 '-게끔'의 잘못.
게:시-문(揭示文)명 게시한 글.
게:시-판(揭示板)명 게시하는 글·그림·사진 따위를 붙이는 판(板).
게:-아재비명 장구애빗과의 곤충. 몸길이 4 cm 가량. 몸이 가늘고 길며, 앞다리는 낫 모양으로 생겼고, 배의 끝에 긴 숨관이 있음. 몸빛은 회갈색 또는 황갈색임. 늪의 물속에서 어린 물고기나 곤충의 유충 따위를 잡아먹음. 맑은 날에는 공중을 날기도 함.
게:알-젓[-젇]명 게의 알로 담근 젓. *게:알젓이[-저시]·게:알젓만[-전-]
게:알-탕건(-宕巾)명 아주 곱게 떠서 만든 탕건.
게:양(揭揚)명하타되자 높이 겲. ¶ 국경일에 국기를 게양하다.
게:양-대(揭揚臺)명 기(旗) 따위를 게양하기 위하여 높이 만들어 놓은 대(臺).
게여목명 〈옛〉거여목. ¶ 붉게여목 먹고 술지니 (杜初*21:24*).
게염명 시새워서 탐내는 마음. 작개염.
게염-나다자 게염이 생기다. ¶ 나도 모르게 자꾸 친구의 자전거에 게염났다.
게염내다자 〖'게염나다'의 사동〗 게염이 생기게 하다.
게염-스럽다[-따][~스러우니·~스러워]형ㅂ 시새워서 탐내는 마음이 있다. 작개염스럽다.
게염스레부.
게엽다형 〈옛〉큼직하고 너그럽고 꿋꿋하다. ¶ 雄毅논 게엽고 놀날씨라(楞解*8:70*). 참거엽다.
게우다타 ①먹은 것을 도로 입 밖으로 내어 놓다. ¶ 갓난아이가 젖을 게우다. ②부당하게 차지했던 금품·재물 따위를 도로 내어 놓다. ¶ 받았던 뇌물을 게우다. 토하다.
게으르다[게으르니·게을러]형르 행동이 느리고 일하기 싫어하는 성미와 버릇이 있다. ¶ 게으른 성품. 준게르다. 작개으르다. ↔부지런하다.
게으른 놈〔일꾼〕 밭고랑 세듯속담 게으름을 피우며 그 일에서 빨리 벗어날 궁리만 한다는 말. 게으른 선비 책장 넘기기.
게으른 선비 책장 넘기기속담 ☞게으른 놈〔일꾼〕 밭고랑 세듯.
게으름명 일하기 싫어하는 성미나 버릇. ¶ 게으름을 부리다. 준게름. 작개으름.
게으름-뱅이명 게으름쟁이. 준게름뱅이. 작개으름뱅이.
게으름-쟁이명 게으른 사람. 게으름뱅이. 준게름쟁이. 작개으름쟁이.
게으쭈루감 조선 시대에, 병조 판서나 각 영문(營門)의 대장·각 관찰사·병마절도사·수군절도사, 그 밖의 병권(兵權)이 있는 높은 벼슬아치의 행차 때에 호위하는 순령수(巡令手)가 지나는 사람들에게 길을 비키라고 외치던 소리.
게을러-빠지다형 몹시 게으르다. 게을러터지다. 준겔러빠지다. 작개을러빠지다.
게을러-터지다형 게을러빠지다.

게을리부 게으르게. ¶ 공부를 게을리 하다. 준겔리. 작개을리.

게을이부 〈옛〉 게을리. 게으르게. ¶ 두 하ᄂᆞ론 너무 게을이 便安ᄒᆞ고(釋譜6:36).

게이(gay)명 남자를 사랑하는 남자. 남성 동성애자. ↔레즈비언.

게이뤼삭-탑(Gay-Lussac塔)명 연실법(鉛室法)에 의한 황산 제조에서, 마지막 연실로부터의 가스 속의 질소 산화물을 회수하기 위하여 마련한, 납을 입힌 탑.

게이지(gauge)명 ①표준 치수. 포(砲)의 표준 구경(口徑), 철판의 표준 두께, 철도의 표준 궤간(軌間) 따위. ②치수·용적·수량·압력 따위를 측정하는 계기. 〔우량계·유력계(流力計)·풍력계·압력계·각도계 따위.〕 ③편물에서, 일정한 치수 내에 있는 코와 단의 수. ④활자 조판에서, 조판의 치수를 결정하는 기준.

게이지^글라스(gauge glass)명 (증기 기관 따위) 용기 안에 들어 있는 액체의 수위를 알기 위하여 장치하는 유리로 된 관.

게이트(gate)명 ①승마에서, 문 모양으로 된 장애물을 통틀어 이르는 말. ②경마에서, 출발 순간까지 말을 가두어 두는 공간. ③입력 단자, 출력 단자, 제어 단자를 하나씩 가지며, 제어 신호가 특정한 조건을 만족한 경우에만 입력 신호가 출력 단자에 나타나는 회로. ④일부 명사 뒤에 쓰이어, 그것과 관련된 추문을 이르는 말. ¶ ○○○ 게이트로 정계가 시끄럽다.

게이트-볼ː(gate+ball)명 크리켓을 바탕으로 고안된 구기의 한 가지. 다섯 사람씩으로 된 두 편이 공을 나무망치로 쳐서 제한된 시간에 세 개의 문을 통과한 인원수 또는 통과한 문의 수를 겨룸.

게임(game)명 ①놀이. 유희(遊戲). 오락. ②경기. ③〖의존 명사적 용법〗 ㉠경기의 횟수를 세는 단위. ¶ 당구 한 게임. ㉡테니스 따위에서, 승부에 이기기 위해 필요한 점수. 4점이 한 게임임.

게임-기(game機)명 소형 컴퓨터를 이용하여 게임을 할 수 있도록 만든 전자 장치.

게임-메이커(game maker)명 운동 경기 따위에서, 실마리를 풀어 가는 중심적인 선수를 이르는 말.

게임^포인트(game point)명 테니스 등의 경기에서, 한 게임의 승부를 결정짓는 마지막 한 점. 참매치 포인트.

게ː-자리명 황도 십이궁의 하나. 쌍둥이자리와 사자자리 사이에 있는 별자리. 이른 봄에 보이며, 3월 하순에 자오선을 통과함. 거해궁. 게좌.

게ː-장(-醬)명 ①☞게젓. ②게젓을 담근 간장. ③암게의 딱지 속에 붙은 노란 장.

게ː재(揭載)명하타되자 신문·잡지 등에 글이나 그림 따위를 실음. 등재(登載). ¶ 월간지에 평론을 게재하다.

게ː재비-구멍명 가래·보습 따위의 날에 나무 바탕을 끼워 맞추는 구멍. 위쪽으로 벌어져 홈처럼 되어 있음.

게저분-하다형여 몹시 지저분하다. 센께저분하다. **게저분-히**부.

게적지근-하다[-찌-]형여 어딘지 모르게 게저분한 느낌이 있다. 약간 게저분하다. ¶ 대청소를 했는데도 집이 여전히 게적지근하다. 센께적지근하다. **게적지근-히**부.

게접-스럽다[-쓰-따][~스러우니·~스러워]형ㅂ 약간 지저분하고 더럽다. 조금 구접스럽다. **게접스레**부.

게ː-젓[-젇]명 끓이어 식힌 간장에 산 게를 넣어 삭힌 다음 양념을 하여 담근 것. 게장. *게ː젓이[-저시]·게ː젓만[-전-]

게정명 불평을 품고 하는 말이나 짓. ¶ 게정을 부리다. /게정을 피우다.

게정-거리다자 자꾸 게정게정하다. 게정대다.

게정-게정부하자 자꾸 불평스러운 말이나 짓을 하는 모양.

게정-꾼명 자꾸 게정을 부리는 사람.

게정-내다자 불평스러운 말이나 행동을 나타내다.

게정-대다자 게정거리다.

게정-스럽다[-따][~스러우니·~스러워]형ㅂ 게정을 부리는 티가 있다. **게정스레**부.

게젤샤프트(Gesellschaft 독)명 이익 사회. ↔게마인샤프트.

게ː조(憩潮)명 ☞게류(憩流).

게ː-좌(-座)명 ☞게자리.

게ː-줄명 줄다리기에서, 여러 사람이 잡아당길 수 있도록, 굵은 줄의 양쪽에 맨 여러 가닥의 작은 줄.

게ː줄-다리기명 게줄을 잡고 하는 줄다리기.

-게콰라어미 〈옛〉-게 하였노라. ¶ 내 前生애 여러 가짓 罪 이실씨 아ᄃᆞ리 이런 受苦ᄅᆞᆯ ᄒᆞ게콰라(月釋21:219).

게토(ghetto)명 ①지난날, 유대 인의 강제 거주 구역. ②미국의 흑인 빈민 구역.

게ː-트림명하자 거드름을 피우며 하는 트림.

게ː판(揭板)명 누각에 걸어 두는, 시문(詩文)을 새긴 나무 판.

게ː휴(憩休)명하자 ☞휴게(休憩).

겐준 ①'거기는'·'거기에는'이 줄어든 말. ¶ 겐 사정이 어떻더냐? ②조사 '에게'와 '는'이 합하여 줄어든 말. ¶ 네겐 벅찬 상대다.

-겐준 ①접미사 '-게'와 조사 '는'이 합하여 줄어든 말. ¶ 그런 풍속은 내겐 없다. ②정도를 한정하는 어미 '-게'와 조사 '는'이 합하여 줄어든 말. ¶ 마음이 어떨지는 몰라도 예쁘겐 생겼다.

겔(Gel 독)명 콜로이드 입자나 고분자 등이 유동성을 잃고 집합하여 고체나 반고체로 된 것. 〔우무·젤라틴·셀룰로이드·두부 같은 것.〕 ↔졸(Sol).

겔ː러-빠지다형 〈게을러빠지다〉의 준말.

겔렌데(Gelände 독)명 스키를 연습하는 곳.

겔ː리부 〈게을리〉의 준말.

겟세마네(←Gethsemane)명 예루살렘의 동쪽, 감람산의 서쪽 기슭에 있는 동산. 예수가 처형당하기 전날, 최후로 기도를 드리고 잡혀 간 곳임.

겟투ː(get+two)명 ☞더블 플레이.

-겠-[겓]선미 ①동사 어간이나 '이다'의 어간에 붙어, 미래 시제를 나타냄. ¶ 곧 시제품을 보시게 되겠습니다. ②용언 어간이나 '이다'의 어간 또는 높임의 '-시-'나 시제의 '-았(었)-' 등에 붙어, 추측을 나타냄. ¶ 아주 재미있었겠다. /내일은 비가 많이 오겠다. ③동사 어간이나 '이다'의 어간에 붙어, 일인칭 주체의 의지를 나타냄. ¶ 월말까지는 꼭 갚아 드리겠습니다. ④동사 어간이나 '이다'의 어간에 붙어, 가능성을 나타냄. ¶ 네 힘으로 그 일을 할 수 있겠니?

겨명 볏과의 곡식을 찧어서 벗겨 낸 껍질을 통틀어 이르는 말.

겨 묻은 개가 똥 묻은 개를 흉본다〔**나무란다**〕속담 자기에게 결점이 있는 것은 모르고, 남의 결점만 흉본다(나무란다).

겨 주고 겨 바꾼다[속담] '보람 없는(쓸데없는) 짓을 함'을 이르는 말.
겨끔-내기[명] 서로 번갈아 하기. 《주로, '겨끔내기로'의 꼴로 쓰임.》 ¶ 두 사람이 겨끔내기로 짐을 날랐다.
겨ː냥[명] ①[하타] 목적물을 겨눔. ②어떤 물건에 겨누어 정한 치수와 본새.
 겨냥(을) 대다[관용] ①목적물을 겨누어 보다. ②(활이나 총 따위로) 겨누어서 목표에 맞도록 어림을 잡다.
 겨냥(을) 보다[관용] ①목적물을 겨누어 어림을 보다. ②(치수·본새 따위를 정하기 위하여) 실물에 겨누어 맞추어 보다.
겨ː냥-내다[타] 실물에 겨누어 치수와 본새를 정하다.
겨ː냥-대[-때][명] 겨냥내는 데 쓰는 막대기.
겨ː냥-도(-圖)[명] 건물 따위의 모양·배치를 알기 쉽게 그린 그림.
겨누다[타] ①(활이나 총 따위를 쏠 때) 목적물의 방향과 거리를 똑바로 잡다. ¶ 적을 향하여 총을 겨누다. ②어떤 물체의 길이·넓이 따위를 알기 위하여, 다른 물체로써 마주 대어 보다. 견주다. ③'겨루다'의 잘못.
겨드랑[명] 〈겨드랑이〉의 준말.
겨드랑-눈[명] ☞곁눈².
겨드랑이[명] ①가슴 양쪽 옆, 어깨 밑의 오목하게 들어간 부분. 액와(腋窩). ②옷의 겨드랑이에 닿는 자리. (준)겨드랑.
겨레[명] 한 조상의 피를 이어받은 자손들. 동포. 민족. ¶ 배달 겨레.
겨레-말[명] 한 겨레가 공통으로 쓰는 말.
겨레-붙이[-부치][명] 같은 겨레를 이룬 사람.
겨루기[명] 태권도에서, 기본 기술과 품세 기술을 바탕으로 두 사람이 서로 기량을 겨루는 일. 대련(對鍊).
겨루다[타] 서로 버티어 승부를 다투다. ¶ 팔씨름으로 힘을 겨루다.
겨룸[명][하타] 겨루는 일.
겨르로ᄫᅵ[부] 〈옛〉 한가로이. 한가롭게. ¶ ᄒᆞ오사 겨르로ᄫᅵ 이셔 經을 즐겨 외오리도 보며(釋譜*13:20*).
겨르로이[부] 〈옛〉 한가로이. ¶ 괴외히 겨르로이 사라(法華*2:143*). (참)겨르로ᄫᅵ.
겨르ᄅᆞᄫᅵ다[형] 〈옛〉 한가롭다. ¶ 뷘 겨르ᄅᆞᄫᅵᆫ ᄡᅡ히어나(釋譜*19:1*).
겨르ᄅᆞ외다[형] 〈옛〉 한가롭다. ¶ 朝와 野왜 겨르ᄅᆞ왼 나리 젹도다(杜重*1:1*). (참)겨르ᄅᆞᄫᅵ다.
겨르롭다[형ㅂ] 〈옛〉 한가롭다. ¶ 阿蘭若ᄂᆞᆫ 겨르롭고 寂靜ᄒᆞᆫ 處所ㅣ라 ᄒᆞᆫ ᄠᅳ디라(月釋*7:6*).
겨를[의] 《어미 '-을' 뒤에 쓰이어》 바쁜 가운데서 달리 활용할 수 있는 시간이나 동안. 가극. 틈. 짬. 여가(餘暇). ¶ 눈코 뜰 겨를도 없다. (준)결⁴.
겨를[명] 〈옛〉 결.
겨를ᄒᆞ다[형] 〈옛〉 한가하다. ¶ 겨를ᄒᆞ다: 迭當(漢淸*1:20*).
겨릅[명] 〈겨릅대〉의 준말.
겨릅-단[-딴][명] 겨릅대를 묶은 단.
겨릅-대[-때][명] 껍질을 벗긴 삼대. 마골(麻骨). (준)겨릅.
겨릅-문(-門)[-름-][명] 겨릅발 또는 겨릅을 엮어서 만든 사립문.
겨릅-발[-빨][명] 겨릅대를 엮어서 만든 발.
겨릅-이엉[-름니-][명] 겨릅대로 엮은 이엉.
겨릅-호두(←-胡桃)[-르포-][명] 껍데기가 얇은 호두.
겨리[명] 소 두 마리가 끄는 큰 쟁기. (참)호리.
겨리-질[명][하자타] 겨리로 논밭을 가는 일.
겨린(←切隣)[명] 지난날, 살인 사건이 났을 때 그 범인의 이웃에 사는 사람을 이르던 말.
 겨린(을) 잡다[관용] 살인 사건이 났을 때, 겨린과 범죄 현장 근처를 지나던 사람까지 증인으로 데려가다.
 겨린(을) 잡히다[관용] 살인 사건이 났을 때, 겨린과 범죄 현장 근처를 지나던 사람이 증인으로 불려 가다.
겨릿-소[-리쏘/-릳쏘][명] 겨리를 끄는 소.
겨ᄅᆞᄅᆞ외다[형] 〈옛〉 한가하다. 한가롭다. ¶ 고온 노ᄂᆞᆫ 나비ᄂᆞᆫ 겨ᄅᆞᄅᆞ왼 帳ᄋᆞ로 디나가고(杜初*11:11*). (참)겨르ᄅᆞᄫᅵ다.
겨-반지기(-半-)[명] 겨가 많이 섞인 쌀.
겨-범벅[명] 쌀겨에 호박을 썰어 넣고 찐 음식.
겨시다[자] 〈옛〉 계시다. ¶ 四祖ㅣ 便安히 몯 겨샤(龍歌*110*章).
겨슬[명] 〈옛〉 겨울. ¶ 모미 겨스렌 덥고(月釋*1:26*).
겨우[부] ①어렵게 힘들이어. 가까스로. 근근(僅僅). ¶ 시험에 겨우 합격했다./몸이 아파서 겨우 출근했다. ②넉넉하지 못하게. ¶ 그동안 한 일이 겨우 이거야?/한 시간 동안 겨우 두 장밖에 못 읽었다. ②(비)고작²·기껏. ①**겨우-겨우**[부] ¶ 학자금을 겨우겨우 마련하다.
겨우-내[부] 온 겨울 동안 죽. ¶ 겨우내 방에만 박혀 있었다.
겨우-살이¹[명] ①겨울 동안 입고 먹고 지낼 옷이나 양식 따위. ②[하자] 겨울을 남. 겨울을 넘김. ②과동(過冬)·월동(越冬).
겨우-살이²[명] 겨우살잇과의 상록 기생 관목. 참나무·팽나무·밤나무·자작나무 등에 기생하여 새의 둥지 모양으로 둥글게 자람. 3월경에 가지 끝에 노란 꽃이 피고, 열매는 10월경에 노랗게 익음. 한방에서 잎과 줄기를 요통·동맥경화·동상 등에 약재로 씀.
겨우살이-덩굴[명] ☞인동덩굴.
겨우살이-풀[명] ☞맥문동(麥門冬).
겨울[명] 한 해의 네 철 가운데 넷째 철. 가을과 봄 사이의 계절로 입동부터 입춘 전까지를 이름. ¶ 겨울을 나다. (준)결³.
 겨울이 다 되어야 솔이 푸른 줄 안다[속담] 사람은 위급하거나 어려운 때를 당해 보아야 비로소 어떤 사람인지를 알 수 있다는 말.
 겨울이 지나지 않고 봄이 오랴[속담] '급하다고 해서 무슨 일이나 억지로 할 수 없음'을 이르는 말.
겨울-나다[-라-][자] 월동하다.
겨울-날[-랄][명] 겨울철의 날이나 날씨. 동일(冬日). 동천(冬天).
겨울-눈[-룬][명] 가을에 나서 겨울을 넘기고 그 이듬해 봄에 싹이 트는 나무눈. 동아(冬芽). ↔여름눈.
겨울-딸기[명] 장미과의 낙엽 활엽 관목. 줄기는 땅 위로 뻗으며 곳곳에서 뿌리가 내리고, 온몸에 잔털이 많음. 잎은 꼭지가 길며 손바닥 모양임. 6~7월에 흰 꽃이 피고, 열매는 겨울에 빨갛게 익는데, 먹을 수 있음.
겨울-맞이[명] 다가올 겨울철을 맞는 일.
겨울-바람[-빠-][명] 겨울철에 부는 아주 맵고 찬 바람.
 겨울바람이 봄바람보고 춥다 한다[속담] '자기 허물을 생각지 않고 오히려 남의 작은 허물을 나무람'을 이르는 말.

겨울-밤[-빰]명 겨울날의 긴 밤. 동야.

겨울^방:학(-放學)[-빵-]명 학교에서, 겨울철의 한창 추운 시기에 일정 기간 수업을 쉬는 일. 동기 방학(冬期放學). ↔여름 방학.

겨울-비[-삐]명 겨울에 내리는 비.

겨울-빛[-삗]명 겨울의 기운. 겨울철임을 느낄 수 있게 하는 자연의 현상. ¶ 겨울빛이 완연하다. ＊겨울빛이[-삐치]·겨울빛만[-삔-]

겨울-새[-쌔]명 가을철에 북쪽에서 날아와 우리나라에서 겨울을 나고 봄철에 다시 북쪽으로 날아가 번식하는 철새. 〔고니·기러기·물오리·두루미 따위.〕 한금(寒禽). ↔여름새.

겨울-옷[-우롣]명 동복. ＊겨울옷이[-우로시]·겨울옷만[-우론-]

겨울-잠[-짬]명 (양서류 따위의 냉혈 동물에서 보는 것처럼) 동물이 겨울철에 활동을 멈추고 봄이 올 때까지 땅속이나 물 밑에서 잠자는 상태로 있는 현상. 동면(冬眠). ↔여름잠.

겨울-철명 겨울인 철. 동계(冬季). 동기(冬期). 동절(冬節).

겨울-털명 계절에 따라 털을 가는 동물의 몸에, 가을에서 초겨울에 걸쳐 털갈이를 하고, 이듬해 봄까지 그대로 있는 털. 길고 촘촘함. 동모(冬毛). ↔여름털.

겨워-하다타여 힘겹게 여기다. ¶ 자기가 겨워하는 벅찬 일을 남에게 억지로 맡기다.

겨월명 〈옛〉겨울. ¶ 江湖에 겨월이 드니 눈 기픠 자히 남다(古時調).

겨을명 〈옛〉겨울. ¶ 雪片이 흔 겨으레 기펫도다(杜初21:15). 참겨슬.

겨-이삭명 볏과의 이년초. 높이 30 cm가량. 잎은 실처럼 길며 빳빳함. 5월경 10 cm가량의 가는 이삭이 나와 여러 갈래로 갈라지며 엷은 자줏빛 혹은 푸른빛의 잔꽃이 피어, 마치 겨를 뿌린 것과 같이 보임. 가축 사료로 씀.

겨올명 〈옛〉겨울. ¶ 겨올에 산고기를 먹고져 ᄒᆞ여(五倫1:29). 참겨슬.

겨자명 ①십자화과의 일년 또는 이년초. 재배 식물로, 높이 1~2 m. 봄에 십자 모양의 노란 꽃이 핌. 씨는 매우면서도 향기가 있어 가루로 하여 양념이나 약재로 쓰며, 잎과 줄기는 채소로서 먹을 수 있음. ②겨자의 씨를 물에 불리어 갈아서 만든 양념.

겨자-선(-膳)명 배추·무·도라지·다시마·파·편육·돼지고기·전복·해삼·배·밤 등을 잘게 채쳐서 식초와 겨자와 갖은 양념을 하여 버무린 술안주.

겨자-씨명 ①겨자의 씨. 양념·약재로 쓰임. ②'매우 작은 것'을 비유하여 이르는 말. ¶ 겨자씨만 한 게 까분다.

겨자-채(-菜)명 겨자 양념을 한 냉채.

겨-죽(-粥)명 쌀 속겨로 쑨 죽. 강죽(糠粥).

겨집명 〈옛〉①여자. 계집. ¶ 女子ᄂᆞᆫ 겨지비라(月釋1:8). ②아내. ¶ 남진과 겨집괘 ᄀᆞᆯᄒᆡ요미 이시며(內訓序3).

겨집얼이다타 〈옛〉장가들이다. ¶ 겨집 남진얼이며 남진 겨집얼이노라(佛頂上3).

겨집ᄒᆞ다자 〈옛〉①장가들다. ¶ 각각 겨집ᄒᆞ야도 서르 ᄉᆞ랑ᄒᆞ야(二倫9). ②계집질하다. ¶ 형 언운이 겨집ᄒᆞ기 ᄒᆞ며(二倫21).

격(格) Ⅰ명 ①환경(조건·사정)에 어울리는 분수나 품위. ¶ 격에 어울리다. /격에 맞다. ②문장 속에서, 체언이나 용언의 명사형이 다른 말에 대하여 가지는 자격. 〔주격·서술격·목적격·보격·관형격·부사격·호격 따위.〕 ③삼단 논법에서, 대소 전제(前提)에 포함된 매개념(媒槪念)의 위치에 따라 결정되는 형식.
Ⅱ의 ①《주로 어미 '-ㄴ'·'-은'·'-는' 뒤에 쓰이어》 '셈'·'식'의 뜻을 나타냄. ¶ 칼 물고 뜀뛰는 격이다. /소 잃고 외양간 고치는 격이네. ②화투나 윷놀이에서의 끗수. ¶ 다섯 격. /여섯 격. ③《일부 명사 뒤에 쓰이어》 자격. 신분. 지위. ¶ 저이가 이 회사의 사장 격이지.

격(隔)명 사이를 가로막는 간격.
격(을) 두다관용 일정한 간격을 두다. ¶ 사장은 최근에 직원들에게 격을 두고 대한다.

격(檄)명 ☞격문(檄文).

격감(激減)[-깜]명하자되자 급격하게 줆. ↔격증(激增).

격강(隔江)[-깡]명하자 강을 사이에 두고 서로 떨어져 있음.

격강-천리(隔江千里)[-깡철-]명 강 하나를 사이에 두고 있으나 자주 내왕을 할 수가 없어 천릿길이나 떨어져 있음과 다름없다는 뜻.

격검(擊劍)[-껌]명 ①하자검(劍)을 쓰는 법을 익히는 일. ②☞검도(劍道).

격고(擊鼓)[-꼬]명하자 ①북을 침. ②지난날, 임금의 거둥 때에, 원통한 일을 직소하기 위하여 북을 쳐서 하문(下問)을 기다리던 일.

격고-명금(擊鼓鳴金)[-꼬-]명 북을 치고 징을 울림. 〔옛날 전장에서, 북을 치면 앞으로 나아가고, 징을 울리면 물러났음.〕

격구(擊毬)[-꾸]명 ①무예 이십사반의 하나. 말을 타고 달리며 작대기로 공을 치던 무예. 격방(擊棒). ②☞타구(打毬).

격기(隔期) '격기하다'의 어근.

격기-하다(隔期-)[-끼-]형여 기일까지의 동안이 가깝다.

격납-고(格納庫)[경-꼬]명 비행기 따위를 넣어 두는 창고.

격년(隔年)[경-]명하자 ①(사람 사이의 접촉이) 한 해 이상을 서로 통하지 못함. ②한 해 또는 한 해씩을 거름. 해거리. ¶ 격년으로 행사를 치르다.

격년-결과(隔年結果)[경-]명 ☞해거리.

격노(激怒)[경-]명하자 격렬하게 성냄. 격분.

격단(激湍)[-딴]명 빠르고 거세게 흐르는 여울.

격담(格談)[-땀]명 격에 어울리는 말.

격담(膈痰)[-땀]명 한방에서, 가래가 가슴에 차는 증세, 또는 그 가래를 이르는 말.

격돌(激突)[-똘]명하자 격렬하게 부딪침. ¶ 적의 주력 부대와 격돌하다.

격동(激動)[-똥]명하자타 ①급격하게 변동함. ¶ 격동하는 세계 정세. ②몹시 흥분하고 감동함. ¶ 일본의 패망 소식을 들은 군중들은 격동하여 거리로 몰려 나왔다.

격-뜨기(格-)명하자 골패나 화투 따위로, 끗수를 맞추어 승부를 내는 노름의 한 가지.

격랑(激浪)[경낭]명 ①거센 물결. 격파(激波). ②'모진 시련'을 비유하여 이르는 말. ¶ 격랑을 헤쳐 나온 반생(半生).

격려(激勵)[경녀]명하타되자 남의 용기나 의욕을 북돋우어 힘을 내게 함. ¶ 격려의 편지. /격려를 아끼지 않다.

격려-문(激勵文)[경녀-]명 격려하는 글.

격려-사(激勵辭)[경녀-]명 격려하는 말.

격렬(激烈) '격렬하다'의 어근.

격렬-하다(激烈-)[경녈-]형여 몹시 세차다. ¶ 격렬한 논쟁을 벌이다. **격렬-히**부.

격례(格例)[경녜]명 오래전부터의 관례(慣例).

격론(激論)[경논]명하자 격렬히 논쟁함, 또는 그 논쟁. ¶ 격론을 벌이다.

격류(激流)[경뉴]명 ①빠르고 세차게 흐르는 물. ¶ 격류에 휘말리다. ②사조나 정세 따위의 '급격히 변하는 기세'를 비유하여 이르는 말. ¶ 시대 변화의 격류에 휩쓸리다.

격률(格率)[경뉼]명 ①☞준칙(準則). ②논리학이나 수학에서, '공리(公理)'를 이르는 말.

격리(隔離)[경니]명하타되자 ①서로 통하지 못하게 사이를 막거나 떼어 놓음. ②(전염병 환자 등을) 일정한 처소에 따로 옮겨 놓음. ¶ 콜레라 환자를 격리하다. ③(지리적 요인 등으로) 생물 개체의 생식(生殖)의 범위가 한정되어 있는 일.

격리^병:사(隔離病舍)[경니-]명 전염병 환자를 격리해서 치료하기 위하여 특별히 시설한 병사(病舍).

격리^병:원(隔離病院)[경니-]명 전염병 환자만을 따로 격리하여 치료하는 병원.

격리^처:분(隔離處分)[경니-]명 전염병 환자나 범죄인을 강제적으로 격리시키는 행정 처분.

격린(隔隣)[경닌]명하자 가까이 이웃함, 또는 그러한 이웃.

격막(隔膜)[경-]명 전기 분해에서 양극(兩極)의 반응물과 생성물의 혼합을 막기 위하여 두 극 사이에 놓인 막.

격막(膈膜)[경-]명 ①<횡격막>의 준말. ②동물체의 기관이나 조직 따위를 가르고 있는 막.

격멸(擊滅)[경-]명하타되자 (적이나 상대편을) 쳐서 멸망시킴.

격몽-요결(擊蒙要訣)[경-뇨-]명 조선 선조 10(1557)년에 이이(李珥)가 지은, 어린이용 학습서. 한문으로 된 2권 1책의 인본(印本).

격무(激務)[경-]명 몹시 바쁘고 고된 직무. 극무(劇務). ¶ 격무에 시달리다.

격문(檄文)[경-]명 ①널리 세상 사람들을 선동하거나 의분을 고취시키려고 쓴 글. 격(檄). ②급히 여러 사람에게 알리려고 여러 곳에 보내는 글. 격서(檄書). ¶ 격문을 띄우다. ③군병을 모집하거나, 적군을 달래거나 꾸짖기 위한 글. ¶ 적장에게 격문을 보내 항복을 권유했다.

격물(格物)[경-]명하자 ①주자학에서, 사물의 이치를 철저히 연구하여 밝힘. ②양명학에서, 사물에 의지가 있다고 보아 그에 의하여 마음을 바로잡음을 이름.

격물-치지(格物致知)[경-]명하자 실제 사물의 이치를 연구하여 지식을 완전하게 함. '대학'의 '팔조목(八條目)'에 나오는 말. ㊟격치(格致).

격발(激發)[-빨]명하자타되자 ①(기쁨·분노 따위의 감정이) 격렬하게 일어남. ②격동하여 일으킴.

격발(擊發)[-빨]명하자타되자 총포의 탄환을 쏘려고 방아쇠를 당겨 화약에 점화함.

격방(擊棒)[-빵]명 ☞격구(擊毬).

격벽(隔壁)[-뻑]명 ①하자벽을 사이에 두어 막히게 함. ②칸을 막은 벽.

격변(激變)[-뻔]명하자 급격하게 변함. ¶ 격변하는 세계.

격^변화(格變化)[-뻔-]명 ①인도 게르만 어족에서 볼 수 있는, 어미에 의한 격(格)의 변화. ②우리말에서, 체언에 여러 가지 격조사가 붙어 격(格)이 변하는 일. 곡용(曲用). 자리바꿈.

격분(激忿)[-뿐]명하자 몹시 성을 냄. 격렬한 분노. 격노(激怒).

격분(激憤)[-뿐]명하자 몹시 분개함. 격렬한 분개. 분격(憤激). ¶ 격분에 찬 목소리.

격분(激奮)[-뿐]명하자 몹시 흥분함. 격렬한 흥분.

격살(擊殺)[-쌀]명하타되자 쳐 죽임.

격상(格上)[-쌍]명하자타되자 (자격·지위·품계 등의) 격(格)을 올림(높임). ↔격하(格下).

격상(擊賞)[-쌍]명하타 <격절탄상(擊節歎賞)>의 준말.

격색(隔塞)[-쌕]명하자 멀리 떨어져 왕래가 막힘.

격서(檄書)[-써]명 ☞격문(檄文).

격설(鴃舌)[-썰]명 〔때까치의 혀놀림이라는 뜻으로〕'외국인이나 야만인이, 알아들을 수 없이 지껄이는 말'을 얕잡아 이르는 말.

격성(激聲)[-썽]명 몹시 흥분하여 외치는 소리.

격세(隔世)[-쎄]명하자 ①세대(世代)를 거름. ②'많은 진보나 변화를 겪어서 딴 시대처럼 달라짐'을 비유하여 이르는 말.

격세(隔歲)[-쎄]명하자 ①한 해를 거름. 해가 바뀜. ②해가 바뀌도록 서로 통하지 못함.

격세-안면(隔歲顔面)[-쎄-]명 해가 바뀌도록 오래 만나지 못한 얼굴.

격세^유전(隔世遺傳)[-쎄-]명 체질·성질 따위의 열성 형질(劣性形質)이, 한 대 또는 여러 대를 걸러서 후손에게 나타나는 현상. 간헐 유전(間歇遺傳). 잠복 유전(潛伏遺傳).

격세지감(隔世之感)[-쎄-]명 많은 진보·변화를 겪어서 딴 세상처럼 여겨지는 느낌.

격쇄(擊碎)[-쐐]명하타 때려 부숨.

격수-벽(隔水壁)[-쑤-]명 선박의 좌초·충돌에 의한 침수(浸水)를 최대한으로 막기 위하여, 배의 내부에 설치한 벽.

격식(格式)[-씩]명 격에 어울리는 일정한 법식(法式). ¶ 격식을 갖추다. /격식을 제대로 차리다.

격실(隔室)[-씰]명 따로 떨어져 있는 방.

격심(隔心)[-씸]명 ☞격의(隔意).

격심(激甚) '격심하다'의 어근.

격심-하다(激甚-)[-씸-]형여 매우 심하다. ¶ 홍수로 격심한 피해를 입다. **격심-히**부.

격안(隔岸)명하자 언덕을 사이에 두고 서로 떨어짐, 또는 그 언덕.

격앙(激昂)명되자 감정이 격해짐. 몹시 흥분함. ¶ 격앙된 말투.

격야(隔夜)명하자 하룻밤을 거름. ¶ 격야 근무.

격양(激揚)명하자되자 감정·기운 따위가 세차게 일어남. ¶ 격양된 목소리.

격양(擊攘)명하타되자 ☞격퇴(擊退).

격양-가(擊壤歌)명 〔중국 상고의 요(堯)임금 때, 늙은 농부가 땅을 두드리며 천하가 태평함을 기리어 불렀다는 노래로〕'세월이 태평함'을 기리는 노래.

격어(激語)명 감정이 몹시 격하여 하는 말.

격언(格言)명 사리에 꼭 맞아, 인생에 대한 교훈이나 경계가 되는 짧은 말. 〔속담이나 금언 따위.〕

격외(格外)[겨괴/겨궤]명 격식이나 관례·규격에서 벗어남, 또는 그 사물.

격원(隔遠) '격원하다'의 어근.

격원-하다(隔遠-)형여 (사이가) 동떨어져 있다. 절원(絕遠)하다.

격월(隔月)명하자 한 달씩 거르거나 한 달을 거름. 간삭(間朔). 간월(間月). ¶ 격월로 모임을 갖다.

격월-간(隔月刊)명 한 달씩 걸러, 두 달에 한 번 간행함, 또는 그 간행물.

격음(激音)명 ☞거센소리. 유기음(有氣音).
격음-화(激音化)명 ☞거센소리되기.
격의(隔意)[겨긔/겨기]명 서로 털어놓지 않는 속마음. 격심(隔心). ¶ 격의 없는 대화를 나누다.
격일(隔日)명하자 ①하루씩 거르거나 하루를 거름. ¶ 격일 근무. ②☞간일(間日).
격자(格子)[-짜]명 ①대나무 도막을 이어 만든 갓끈에서 도막 사이에 꿴 둥근 구슬. ②대오리나 나무오리 또는 쇠 오리 따위를 가로세로 일정한 간격으로 직각이 되도록 성기게 짠 물건, 또는 그러한 형식. ③평면 또는 입체에서, 가로세로 같은 간격으로 규칙 있게 반복된 무늬나 구조. ④☞결정격자(結晶格子). ⑤☞회절격자(回折格子).
격자(擊刺)[-짜]명하자 (칼이나 창 따위로) 치거나 찌름.
격자-무늬(格子-)[-짜-니]명 바둑판처럼 가로세로의 선이 일정한 간격으로 직각이 되게 만든 무늬. 석쇠무늬.
격자-문(格子門)[-짜-]명 문살을 격자로 짠 문.
격자-창(格子窓)[-짜-]명 창살을 격자로 짠 창.
격장(隔墻)[-짱]명하자 담을 사이에 두고 서로 이웃함.
격장(激奬)[-짱]명하타 크게 장려함.
격장-가(隔墻家)[-짱-]명 담을 사이에 둔 이웃집.
격장지린(隔墻之隣)[-짱-]명 담을 사이에 둔 가까운 이웃.
격쟁(擊錚)[-쨍]명하자 ①징이나 꽹과리를 침. ②조선 시대에, 원통한 일이 있는 사람이 임금에게 하소연하기 위하여 거둥하는 길가에서 징이나 꽹과리 따위를 쳐서 하문(下問)을 기다리던 일.
격전(激戰)[-쩐]명하자 격렬하게 싸움, 또는 그런 전투. ¶ 격전의 싸움터. /격전을 벌이다.
격전-장(激戰場)[-쩐-]명 ☞격전지.
격전-지(激戰地)[-쩐-]명 격전이 벌어진 곳. 격전이 벌어졌던 곳. 격전장.
격절(隔絕)[-쩔]명하자 서로 멀리 떨어져 있어 연락이 끊어짐.
격절(擊節)[-쩔]명하자 두드려 박자를 맞춤.
격절-칭상(擊節稱賞)[-쩔-]명하타 ☞격절탄상(擊節歎賞).
격절-탄상(擊節歎賞)[-쩔-]명하타 무릎을 치면서 탄복하며 칭찬함. 격절칭상(擊節稱賞). 준격상(擊賞).
격정(激情)[-쩡]명 격렬한 감정. ¶ 솟구치는 격정을 누르지 못하다.
격정-적(激情的)[-쩡-]관명 감정이 세차게 일어난 (것). ¶ 격정적 흥분. /격정적으로 울분을 토하다.
격조(格調)[-쪼]명 ①(예술 작품에서) 내용과 구성의 조화로 이루어지는 예술적 품위(운치). ¶ 격조 높은 작품. ②(사물·인품·분위기 따위의) 품격. ¶ 격조 있는 언행.
격조(隔阻)[-쪼]명하자되자 ①멀리 떨어져 있어서 서로 통하지 못함. ②오랫동안 서로 소식이 끊김. 적조(積阻). ¶ 오랫동안 격조하였습니다. 그동안 평안하시온지요? **격조-히**부.
격^조사(格助詞)[-쪼-]명 체언 또는 용언의 명사형에 붙어, 그 말의 다른 말에 대한 자격을 나타내는 조사. 〔주격·서술격·목적격·보격·관형격·부사격·호격 조사 따위.〕 자리토씨.
격주(隔週)[-쭈]명하자 한 주일씩 거르거나 한 주일을 거름.
격증(激增)[-쯩]명하자되자 갑자기 많아지거나 불어남. ¶ 도시 인구의 격증. ↔격감(激減).
격지[-찌]명 ①여러 겹으로 쌓이어 붙은 켜. ②몸돌에서 떼어 낸 돌 조각. ②박편(剝片).
격지명 〈옛〉 나막신. ¶ 뫼홀 촛던 격지오(杜初 *16:22*).
격지(隔地)[-찌]명 멀리 떨어져 있는 고장.
격지(隔紙)[-찌]명 (물건을 포개어 쌓을 때) 켜와 켜 사이에 끼우는 종이.
격지-격지[-찌-찌]부 ①여러 켜로. ②각 켜마다.
격-지다(隔-)[-찌-]자 뜻이 맞지 않거나 틈이 나서 서로의 사이가 멀어지다.
격지-자(隔地者)[-찌-]명 민법에서, 의사 표시가 전달되기까지에 시간이 걸리는 곳, 또는 그런 상태에 있는 사람. ↔대화자(對話者).
격진(激震)[-찐]명 진도 7의 지진. 집이 30% 이상 무너지고 산사태가 일어나며, 땅이 갈라지고 단층이 생길 정도의 격심한 지진. 극진(劇震).
격차(隔差)명 수준이나 품질·수량 따위의 차이. ¶ 소득 격차. /빈부의 격차가 심화되다.
격찬(激讚)명하타 매우 칭찬함. ¶ 격찬을 받다. /격찬을 아끼지 않다.
격철(擊鐵)명 ☞공이치기.
격추(擊追)명하타 ☞추격(追擊).
격추(擊墜)명하타되자 (총포나 미사일 따위로) 비행 물체를 쏘아 떨어뜨림.
격치(格致)명 ①하자 〈격물치지(格物致知)〉의 준말. ②품격(品格)과 운치(韻致).
격침(擊沈)명하타되자 적의 함선(艦船)을 공격하여 가라앉힘.
격침(擊針)명 ☞공이.
격탁(擊柝)명 ①딱따기[1]. ②하자딱따기를 침.
격통(激痛)명 심한 통증. ¶ 복부에 격통을 느끼다.
격퇴(擊退)[-퇴/-퉤]명하타되자 적을 쳐서 물리침. 격양(擊攘).
격투(格鬪)명하자 맨몸으로 맞붙어 치고받고 하며 싸움. ¶ 격투를 벌이다. /강도를 격투 끝에 체포하다.
격투(激鬪)명하자 격렬하게 싸움.
격투-기(格鬪技)명 격투의 우열을 겨루는 경기. 〔권투·유도·레슬링·태권도 따위.〕
격파(激波)명 거센 물결. 격랑(激浪).
격파(擊破)명하타되자 ①쳐부숨. ②벽돌·기왓장 따위를 맨손이나 머리로 쳐서 깨뜨리는 일.
격판(隔板)명 배에 실은 짐이 흔들려 움직이는 것을 막기 위하여 선창 안에 설치한 칸막이 판자.
격하(格下)[겨카]명하자·타되자 자격이나 등급·지위 따위를 낮춤. ↔격상(格上).
격-하다(激-)[겨카-] Ⅰ자여 갑작스럽게 화를 내다. 몹시 흥분하다. ¶ 격한 나머지 소리를 버럭 지르다.
Ⅱ형여 (성질 따위가) 급하고 거세다. ¶ 격한 성격. /감정이 격하다.
격-하다(檄-)[겨카-]자여 격문(檄文)을 보내어 떨쳐 일어날 것을 호소하다.
격-하다(隔-)[겨카-]타여 (시간적·공간적으로) 사이를 두다. ¶ 담장을 격한 이웃. /한 시간을 격하여 오는 기차.
격화(激化)[겨콰]명하자되자 격렬해짐. 격렬하게 됨. ¶ 무역 전쟁이 격화되다.
격화-소양(隔靴搔癢)[겨콰-]명 〔신을 신은 위로 가려운 데를 긁는다는 뜻으로〕 어떤 일을 할 때, 그 정통을 찌르지 못하고 겉돌기만 하여 안타깝다는 뜻. 격화파양(隔靴爬癢).

격화-일로(激化一路)[겨콰-]명 자꾸 격렬해져 감. ¶ 격화일로에 있는 여야(與野)의 대립.
격화-파양(隔靴爬癢)[겨콰-]명 ☞격화소양.
격회(隔灰)[겨쾨/겨퀘]명하자 관을 묻을 때에, 관을 앉을 자리에 넣고 그 둘레를 석회로 메우는 일.
겪다[격따]타 ①당하여 치르다. 경험하다. ¶ 그는 어려서부터 갖은 고생을 다 겪었다. ②사람들에게 음식을 차리어 대접하다. ¶ 손을 겪다. ③사람을 사귀어 지내다. ¶ 겪어 보니 성격이 호방한 사람이더군. ＊겪어·겪는[경-]
겪이명 음식을 차리어 남을 대접하는 일.
견(絹)명 ①얇고 성기게 짠 무늬 없는 깁. 밑에 종이를 배접하여, 족자·병풍·부채 따위를 만드는 데 쓰임. ②〈견본(絹本)〉의 준말. ③누에고치에서 얻은 섬유.
견가(繭價)[-까]명 누에고치의 값.
견ː각(見却)명하자되자 거절을 당함. 견퇴.
견갑(肩胛)명 어깨뼈가 있는 자리.
견갑(堅甲)명 ①튼튼하게 만든 갑옷. ②(게나 새우 따위의) 단단한 겉껍데기.
견갑-골(肩胛骨)[-꼴]명 ☞어깨뼈. 준갑골·견골.
견갑^관절(肩胛關節)[-꽌-]명 ☞견관절(肩關節).
견갑-근(肩胛筋)[-끈]명 어깨뼈가 있는 자리에 붙어 있는 근육.
견갑-이병(堅甲利兵)[-감니-]명 ①튼튼한 갑옷과 날카로운 병기. ②강한 병력. 정병(精兵).
견강(堅剛·堅強) '견강하다'의 어근.
견강-부회(牽強附會)[-회/-훼]명하자 가당치도 않은 말을 억지로 끌어다 대어 자기에게 유리하도록 함.
견강-하다(堅剛-·堅強-)형여 성질이 매우 굳세고 단단하다. ¶ 견강한 나무. **견강-히**부.
견개(狷介) '견개하다'의 어근.
견개-하다(狷介-)형여 고집이 세고 지조가 굳다. ¶ 견개한 선비.
견결(堅決) '견결하다'의 어근.
견결-하다(堅決-)형여 (태도나 심성이) 결기 있고 굳세다. **견결-히**부.
견ː경(見輕)명하자 남에게 업신여김을 당함.
견경(堅勁·堅硬) '견경하다'의 어근.
견경-하다(堅勁-·堅硬-)형여 (물질이) 굳고 단단하다. **견경-히**부.
견고(堅固) '견고하다'의 어근.
견고-하다(堅固-)형여 굳고 튼튼하다. 공고(鞏固)하다. ¶ 견고한 요새. **견고-히**부.
견ː곤(見困)명하자 곤란(곤궁)을 당함.
견골(肩骨)명 〈견갑골(肩胛骨)〉의 준말.
견공(犬公)명 '개'를 사람 부르듯이 높여 이르는 말.
견과(堅果)명 건조폐과(乾燥閉果)의 한 가지. 단단한 껍데기에 싸여 보통 한 개의 씨가 들어 있는 나무 열매를 통틀어 이르는 말. 〔밤·은행·호두·도토리 따위.〕 각과(殼果).
견-관절(肩關節)명 견갑골과 상박골 사이에 있는 구관절(球關節). 견갑 관절(肩胛關節).
견광(狷狂)명 (뜻만 커서 과장이 심하거나, 식견이 부족하여 의리만 고집하는 따위) 극단에 치우친 행동을 하는, 부족함이 있는 사람을 이르는 말. 광견(狂狷).
견권(繾綣) '견권하다'의 어근.
견권지정(繾綣之情)명 마음속에 깊이 서리어 잊히지 않는 정.
견권-하다(繾綣-)형여 살뜰한 정의(情誼)가 못내 잊히지 아니하다.
견ː기(見機)명하자 ①(그 일의 기틀을 보아) 낌새를 알아챔. ②기회를 엿봄.
견ː기이작(見機而作)명하자 (그 일의 기틀을 보아) 낌새를 알아채고 미리 조처함.
견ː기지재(見機之才)명 기회를 잘 알아채는 재주, 또는 그런 사람.
견대(肩帶)명 ①☞전대. ②☞상지대(上肢帶).
견대미명 실꾸리를 결을 때에, 실의 가락을 가로 걸치는 자그마한 틀.
견대-팔(肩帶-)명 어깻죽지와 팔꿈치 사이의 부분.
견돈(犬豚)명 개와 돼지. 개나 돼지. 개돼지.
견두(肩頭)명 어깨, 또는 어깨 끝.
견디다 자타 ①《기간을 나타내는 부사어와 함께 쓰이어》 열이나 압력 따위의 외부 작용을 받으면서도 원래의 상태를 잘 유지하다. 현재대로 지속하다. ¶ 나일론 양말이라 오래 견디겠다. ②사람이나 생물이 어려운 환경에 굴복하거나 죽지 않고 계속해서 버티는 상태가 되다. ¶ 벌이는 넉넉지 않으나 알뜰한 살림으로 잘 견디는 집이다. /더위를 견디다. /학정에 견디지 못하고 반란을 일으키다.
견딜-성(-性)[-썽]명 잘 참아 견디어 내는 성질. 인내성.
견딜-힘명 잘 참아 견디어 내는 힘. 인내력.
견련(牽連·牽聯)[결-]명하자타되자 ①서로 얽히어 관련됨. ②서로 끌어당기어 관련시킴.
  견련(을) 보다관용 ①서로가 은근히 꺼리거나 겁내다. ②서로가 원수처럼 미워하다.
견련-범(牽連犯)[결-]명 범죄의 수단이나 결과인 행위가 다른 죄명에도 관련되는 행위.
견뢰(堅牢) '견뢰하다'의 어근.
견뢰-하다(堅牢-)[결뢰-/결뤠-]형여 단단하여 쉽게 부서지지 아니하다.
견루(堅壘)[결-]명 견고하여 쳐부수기 어려운 보루(堡壘).
견ː리-망의(見利忘義)[결-의/결-이]명하자 이끗만 보고 의리를 생각지 아니함. ↔견리사의.
견ː리-사의(見利思義)[결-의/결-이]명하자 이끗이 보일 때 의리를 먼저 생각함. ↔견리망의.
견마(犬馬)명 ①개와 말. 개나 말. ②〔개나 말처럼 천하고 보잘것없다는 뜻으로〕 윗사람에 대하여 '자기 자신'을 낮추어 이르는 말. 《주로, '견마의'의 꼴로 쓰임.》 ¶ 견마의 정성.
견마(牽馬)명 '경마'의 잘못.
견마-배(牽馬陪)명 ☞견마부.
견마-부(牽馬夫)명 조선 시대, 사복시(司僕寺)에 딸리어 긴경마 또는 경마를 잡던 거덜. 견마배.
견마지년(犬馬之年)명 ☞견마지치(犬馬之齒).
견마지로(犬馬之勞)명 〔개나 말 정도의 하찮은 힘이란 뜻으로〕 '윗사람(임금 또는 나라)을 위하여 바치는 자기의 노력'을 겸손하게 이르는 말.
견마지류(犬馬之類)명 〔개나 말 같은 부류란 뜻으로〕 '비천한 사람들'을 비유하여 이르는 말.
견마지성(犬馬之誠)명 〔개나 말의 정성이란 뜻으로〕 '윗사람(임금 또는 나라)에게 바치는 자기의 정성'을 겸손하게 이르는 말.
견마지심(犬馬之心)명 〔개나 말이 주인을 위하는 마음이란 뜻으로〕 '임금(나라)에 대한 충성심'을 비유하여 이르는 말.

견마지치(犬馬之齒)명 〔개나 말의 나이라는 뜻으로〕 남에게 '자기의 나이'를 겸손하게 이르는 말. 견마지년(犬馬之年).
견ː맥(見脈)명하타 ①맥을 진찰함. ②보기만 하여 맥의 상태를 앎.
견면(繭綿)명 고치솜.
견ː모(見侮)명하자되자 업신여김을 당함.
견모(絹毛)명 ①견사와 모사. ②견직물과 모직물.
견묘(犬猫)명 개와 고양이.
견ː문(見聞)명 ①하타보고 들음. ¶ 이국에 나가 많은 것을 견문하다. ②보고 들어서 얻은 지식. 문견(聞見). ¶ 견문이 넓다. /견문을 쌓다.
견ː문각지(見聞覺知)[-찌]명 불교에서, 보고 듣고 깨달아 앎을 이르는 말.
견ː문-록(見聞錄)[-녹]명 보고 들은 것을 기록한 글.
견ː문-발검(見蚊拔劍)명하자 〔모기를 보고 검을 뺀다는 뜻으로〕 하찮은 일에 너무 거창하게 덤빈다는 말. 모기 보고 칼 빼기.
견ː문-일치(見聞一致)명하자 보고 들은 바가 서로 꼭 같음.
견ː물생심(見物生心)명 물건을 보면 그것을 가지고 싶은 욕심이 생김.
견박(肩膊)명 어깨의 바깥쪽, 상박(上膊)의 윗머리 부분.
견ː반(見盤)명 지난날, 갱(坑) 속에서 사용하던 나침반.
견방(絹紡)명 〈견사 방적〉의 준말.
견백-동이(堅白同異)[-똥-]명 중국 전국 시대 공손룡(公孫龍)의 궤변. 〔단단하고 흰 돌은 눈으로 보아 희다는 것은 알 수 있으나 단단함은 알 수 없으며, 손으로 만져 보아 단단하다는 것은 알 수 있으나 빛깔은 알 수 없으므로, 단단한 돌과 흰 돌은 동일물이 아니라는 것.〕
견ː본(見本)명 (전체 상품의 품질이나 상태 등을 알아볼 수 있도록) 본보기로 보이는 상품의 일부, 또는 그러한 목적으로 만든 물건. 간색(看色).
견본(絹本)명 서화(書畫)에 쓰는 깁, 또는 깁에 쓰거나 그린 서화. 준견(絹).
견ː본^매매(見本賣買)명 견본을 보고서 상품을 사고팔 것을 결정하는 거래.
견ː본-쇄(見本刷)명 견본으로 사용하기 위한 인쇄, 또는 그 인쇄물.
견ː본-시(見本市)명 〈견본 시장〉의 준말.
견ː본^시ː장(見本市場)명 선전이나 소개를 위하여, 각종 상품의 견본을 전시하여 거래를 하는 임시 시장. 준견본시.
견ː본^주ː택(見本住宅)명 ☞모델 하우스.
견부(肩部)명 어깨 부분.
견ː불(見佛)명하자 〔신앙의 힘으로 부처를 본다는 뜻으로〕 불성(佛性)을 깨달음.
견ː불-문법(見佛聞法)[-뻡]명 눈으로 대자대비한 부처를 보고, 귀로는 오묘한 교법(敎法)을 들음.
견비(肩臂)명 어깨와 팔.
견비-통(肩臂痛)명 어깨에서 팔까지의 부분이 아프고 저린 신경통.
견빙(堅氷)명 단단한 얼음.
견사(絹紗)명 견(絹)과 사(紗).
견사(絹絲)명 비단을 짜는 명주실을 통틀어 이르는 말. 깁실. 비단실.
견사(繭絲)명 ①누에고치와 실. ②고치실. 생명주실.
견사^방적(絹絲紡績)명 지스러기 고치나 풀솜을 원료로 하여 실을 잣는 일. 준견방(絹紡).
견ː사생풍(見事生風)명하자 〔일거리를 대하면 손바람이 난다는 뜻으로〕 '일을 시원시원하게 빨리 처리해 냄'을 이르는 말.
견사-선(絹絲腺)명 나비·나방 따위의 곤충에 발달해 있는 한 쌍의 분비선. 고치나 집을 만들기 위해 실을 분비함.
견새(堅塞)명 방비가 튼튼한 요새.
견설고골(犬齧枯骨)명 〔개가 말라 빠진 뼈를 핥는다는 뜻으로〕 '아무 맛도 없음'을 이르는 말.
견성(犬星)명 남쪽 하늘에 있는 큰개자리와 작은개자리의 두 별자리.
견ː성(見成)명하자 ☞현성(現成).
견ː성(見性)명하자 불교에서, '모든 망념과 미혹을 버리고 자기 본디의 타고난 불성(佛性)을 깨달음'을 이르는 말.
견ː성^성공(見性成功)명 자기의 불성을 깨달아 불과(佛果)를 얻음.
견ː성-성불(見性成佛)명 자기의 불성을 깨달아 부처가 됨.
견수(堅守)명하타 튼튼하게 지킴. 고수(固守).
견순(繭脣)명 한방에서, 입술이 오그라져서 마음대로 입을 벌리지 못하는 급성병을 이르는 말. 긴순(緊脣).
견ː습(見習)명 '수습(修習)'으로 순화.
견ː습-공(見習工)[-꽁]명 '수습공'으로 순화.
견ː습-생(見習生)[-쌩]명 '수습생'으로 순화.
견ː식(見識)명 ☞식견(識見).
견실(堅實) '견실하다'의 어근.
견실-주의(堅實主義)[-의/-이]명 모든 일을 늘 견실하게 하려는 주의.
견실-하다(堅實-)형여 (사상이나 심성 따위가) 미덥고 확실하다. ¶ 견실한 생활을 하다. 견실-히부.
견아(犬牙)명 ①〔개의 이빨이란 뜻에서〕 '잘 맞지 않고 서로 어긋남'을 비유하여 이르는 말. ②☞낭아(狼牙).
견아^방해석(犬牙方解石)명 개의 이빨처럼 뾰족한 결정을 가진 방해석. 견아석(犬牙石).
견아-상제(犬牙相制)명하자 땅의 경계가 일직선이 되지 못하고, 개의 이빨처럼 들쭉날쭉 서로 어긋남. 견아상착(犬牙相錯).
견아-상착(犬牙相錯)명하자 ☞견아상제(犬牙相制).
견아-석(犬牙石)명 ☞견아 방해석(犬牙方解石).
견ː양(見樣)명 '서식'·'보기'·'본보기'로 순화.
견양지질(犬羊之質)명 〔개나 양과 같은 소질이란 뜻으로〕 '재능이 없는 바탕'을 비유하여 이르는 말.
견여-금석(堅如金石)명 (언약·맹세 따위가) 금석같이 굳음.
견여-반석(堅如盤石)명 기초가 반석같이 튼튼함. 비완여반석(完如盤石).
견예(牽曳)명하타 ☞견인(牽引).
견ː욕(見辱)명하자 욕(辱)을 당함. 봉욕(逢辱).
견용-동물(牽用動物)명 수레나 농구(農具) 등을 끄는 데 이용되는 소·말 따위의 동물.
견우(牽牛)명 ①〈견우성〉의 준말. ②☞나팔꽃.
견우-성(牽牛星)명 은하수 서쪽 가에 있는 독수리자리의 수성(首星)인 알타이르(Altair)의 딴 이름. 칠석(七夕)에 오작교 위에서 직녀성을 만난다는 전설이 있음. 준견우. 참하고(河鼓)·하고성(河鼓星).

견우-자(牽牛子)명 한방에서, '나팔꽃의 씨'를 약재로 이르는 말. 〔부종 등에 쓰임.〕 초금령(草金鈴).
견우-직녀(牽牛織女)[-징-]명 ①견우와 직녀. ②견우성과 직녀성.
견우-화(牽牛花)명 ☞나팔꽃.
견-운모(絹雲母)명 명주실과 같은 윤이 나는 비늘 모양의 백운모(白雲母). 도자기·내화 벽돌·도료 등의 재료로 쓰임.
견원(犬猿)명 〔개와 원숭이라는 뜻으로〕 '서로 사이가 나쁜 두 사람'을 비유하여 이르는 말.
견원지간(犬猿之間)명 〔개와 원숭이의 사이라는 뜻으로〕 '서로 사이가 나쁜 두 사람의 관계'를 비유하여 이르는 말.
견ː위치명(見危致命)명 나라가 위태로울 때 자기의 목숨을 나라에 바침.
견유(犬儒)명 ①키니크학파에 딸리는 사람. ②기성의 권위와 가치를 멸시하여, 세상을 냉소적으로 보는 학자.
견유-주의(犬儒主義)[-의/-이]명 ☞시니시즘.
견유-학파(犬儒學派)명 ☞키니크학파.
견ː이불식(見而不食)[-씩]명하타 〔'보고도 못 먹는다'는 뜻으로〕 아무리 탐나는 것이 있어도, 이용할 수 없거나 차지할 수 없음을 이르는 말.
견ː이지지(見而知之)명하타 실지로 보고 깨달아 앎.
견인(牽引)명하타되자 끌어당김. 견예(牽曳).
견인(堅忍)명하타 굳게 참고 견딤.
견인(堅靭) '견인하다'의 어근.
견인-력(牽引力)[-녁]명 (차량 등을) 끌어당기는 힘. ¶ 증기 기관차의 견인력.
견인불발(堅忍不拔)명하자 굳게 참고 견디어 마음이 흔들리지 아니함.
견인-자동차(牽引自動車)명 다른 차량을 끄는 원동력을 갖추고 있는 자동차. 견인차.
견인-주의(堅忍主義)[-의/-이]명 온갖 욕정을 의지(意志)의 힘으로 억제하려는 도덕적·종교적 주의 주장. 금욕주의(禁慾主義).
견인-지구(堅忍持久)명하타 굳게 참고 오래 버팀.
견인-차(牽引車)명 ①짐을 실은 여러 대의 차량을 끄는 기관차. ②☞견인자동차. ③'선두에 서서 여러 사람을 이끄는 사람'을 비유하여 이르는 말. ¶ 그는 우리 팀이 승리하는 데 견인차 역할을 했다.
견인-통(牽引痛)명 근육이 켕기어 쑤시고 아픈 증세.
견인-하다(堅靭-)형여 단단하고 질기다.
견잠(繭蠶)명 고치를 지은 누에.
견장(肩章)명 (군인이나 경찰관 등이) 제복의 어깨에 붙여 관직의 종류나 계급 따위를 나타내는 표장(標章).
견ː적(見積)명하타 어떤 일을 하는 데 필요한 비용 등을 미리 어림잡아 계산함, 또는 그런 계산. ¶ 견적을 뽑다.
견ː적-서(見積書)[-써]명 견적 내용을 구체적으로 적은 서류.
견ː전(遣奠)명 〈견전제(遣奠祭)〉의 준말.
견ː전-제(遣奠祭)명 발인(發靷)할 때, 문 앞에서 지내는 제사. 준견전(遣奠). 참거리제.
견제(牽制)명하타되자 ①지나치게 세력을 펴거나 자유행동을 하지 못하도록 억누름. ¶ 견제를 당하다. ②군사 작전에서, 아군의 공격이 수월하도록 적을 특정한 곳에 묶어 두는 전술적 행동. 견철(牽掣).
견제-구(牽制球)명 야구에서, 주자의 도루를 막거나 또는 주자를 아웃시키기 위해, 투수나 포수가 주자가 있는 베이스의 내야수에게 던지는 공. ¶ 견제구에 걸리다.
견족(繭足)명 손바닥이나 발바닥이 꽈리처럼 부르터서 생긴 물집.
견주(繭紬)명 ☞산동주(山東紬).
견주다타 (둘 이상의 사물의 질·양 따위를) 서로 마주 대어 보다. 겨누다. ¶ 키를 견주다. / 수학 실력을 견주다.
견줄-비(-比)명 한자 부수의 한 가지. '毘'·'毖' 등에서의 '比'의 이름.
견줌자리-토씨명 ☞비교격 조사.
견ː중(見重)명하자 남에게서 소중히 여김을 받음.
견ː증(見憎)명하자 남에게서 미움을 받음.
견지명 낚싯줄을 감았다 풀었다 하는 데 쓰는 외짝 얼레.
견ː지(見地)명 사물을 관찰·판단하는 처지. 관점(觀點). ¶ 교육적 견지.
견지(堅持)명하타 주의 주장이나 태도 따위를 굳게 지니거나 지킴. 견집(堅執). ¶ 자기 주장을 끝까지 견지하다.
견지(繭紙)명 ①고려 시대에 사용하던, 매우 질긴 종이의 한 가지. ②누에가 알을 슬어 놓은 종이.
견지-낚시[-낙씨]명 강에서, 견지를 사용하여 낚싯줄을 풀었다 감았다 하면서 낚는 낚시.
견지-질명하자 견지로 물고기를 낚는 일.
견직(絹織)명 〈견직물〉의 준말.
견직-물(絹織物)[-징-]명 명주실로 짠 피륙. 비단. 준견직(絹織).
견진(堅振)명 ☞견진 성사.
견진^성ː사(堅振聖事)명 가톨릭에서 이르는 칠 성사의 하나. 영세받은 신자에게 주교가 성신(聖神)의 은총을 주기 위하여 그 신자의 이마에 성유(聖油)를 바르는 성사. 견진(堅振).
견집(堅執)명하타 ①☞견지(堅持). ②꽉 잡고 있음.
견짓-살[-지쌀/-짇쌀]명 닭의 겨드랑이에 붙어 있는 살.
견ː책(見責)명하자 책망을 당함.
견책(譴責)명 ①하타되자허물이나 잘못을 꾸짖음. ¶ 직장 상사에게 견책을 당하다. ②공무원에 대한 징계 처분의 한 가지. 잘못을 꾸짖고, 다시 그런 일이 없도록 주의시키는 가벼운 벌.
견ː척(見斥)명하자되자 배척을 당함.
견철(牽掣)명하타되자 ☞견제(牽制).
견ː축(見逐)명하자되자 내쫓김을 당함.
견ː출(見黜)명하자되자 내쫓김.
견ː출-지(見出紙)[-찌]명 분류의 표지로 삼기 위하여, 책이나 서류 따위의 가장자리에 밖으로 삐죽이 내밀도록 붙이는 작은 종이.
견치(犬齒)명 ☞송곳니.
견치-석(犬齒石)명 ☞간지석(間知石).
견ː탁(見濁)명 불교에서 이르는 오탁(五濁)의 하나. 보는 것으로 하여 생기는 더러움.
견ː탈(見奪)명하타 빼앗김.
견토지쟁(犬兎之爭)명 두 사람의 싸움에서 제삼자가 이익을 봄을 이르는 말. 〔'전국책(戰國策)'의 '제책(齊策)'에 나오는 말로, 개가 토끼를 쫓다가 둘 다 지쳐서 죽자 농부가 이것을 얻었다는 고사에서 유래함.〕 방휼지쟁(蚌鷸之爭).
견ː퇴(見退)[-퇴/-퉤]명하자 거절을 당함. 견각(見却).

견파(譴罷)명하타 지난날, 관원을 징벌의 뜻으로 파면하던 일.
견ː패(見敗)명하자 패배(실패)를 당함.
견폐성^해수(犬吠性咳嗽)[-폐썽-/-페썽-]명〔'개가 짖는 것 같은 기침'이란 뜻으로〕목을 길게 빼고 목젖 아래서 나오는 듯하게 하는 기침.
견포(絹布)명 ①비단과 포목. ②비단.
견ː학(見學)명하타 (구체적인 지식을 얻기 위하여) 실제로 보고 배움. ¶ 공장 견학.
견ː해(見害)명하자되자 해를 입음. 손해를 봄.
견ː해(見解)명 어떤 사물이나 현상에 대한 의견이나 생각. ¶ 개인적인 견해. /견해의 차이.
견ː해-차(見解差)명 둘 이상의 사람 사이에서 나타나는 견해의 차이. ¶ 견해차가 크다.
견호다타 〈옛〉①겨누다. 재다. ¶ 五色線 플텨 내여 금자히 견화이셔 님의 옷 지어 내니(鄭澈.思美人曲). ②견주다. ¶ 幽閑景致ᄂᆞᆫ 견홀ᄃᆡ 뇌야 업ᄂᆡ(朴仁老.獨樂堂).
견혼-식(絹婚式)명 결혼기념식의 한 가지. 서양 풍속으로, 결혼 45주년을 맞아서 부부가 비단 옷을 선물로 주고받으며 기념함. 참금혼식.
견확(堅確) '견확하다'의 어근.
견확-하다(堅確-)[-화카-]형여 굳고 확실하다. **견확-히**부.
견ː회-요(遣懷謠)[-회-/-훼-]명 조선 광해군 때, 윤선도(尹善道)가 함경도 경원(慶源)에서 귀양살이하며 지은 다섯 수의 연시조.
겯명 〈옛〉곁. ¶ 누는 앏과 겯과를 보고 뒤흘 몯 보며(釋詳19:10).
겯ː거니-틀거니[-꺼-]부 서로 겨루느라고 이리저리 겯고틀고 하는 모양.
겯ː고-틀다[-꼬-][~트니·~틀어]타 (시비나 승부를 다툴 때 지지 않으려고) 서로 버티어 겨루다.
겯ː다[1][-따][결으니·결어] Ⅰ자ㄷ (일·기술 따위가) 손에 익다. 몸에 배다. ¶ 손에 겯은 익숙한 솜씨.
Ⅱ자타ㄷ 기름 따위가 흠씬 배다. ¶ 땀에 겯은 옷. /장판지를 기름에 겯다.
겯ː다[2][-따][결으니·결어]타ㄷ ①(대·갈대·싸리 따위의 오리로) 어긋매끼게 엮어 짜다. ¶ 대오리로 바구니를 겯다. ②(실을) 어긋매끼게 감다. ¶ 실꾸리를 겯다. ③(풀어지거나 자빠지지 않도록) 서로 어긋매끼게 끼거나 걸치다. ¶ 둘이 서로 어깨를 겯다. /비계를 겯다.
겯다[3][-따][결으니·결어]타ㄷ 암탉이 알을 낳을 무렵에 소리를 골골 내다.
겯아래명 〈옛〉겨드랑이. ¶ 겯아래 쭘 나며 뎡바기옛 光明이 업스며(月釋2:13).
겯-지르다[-찌-][~지르니·~질러]타르 ①서로 엇결리게 걸다. ¶ 각목을 문을 겯질러 잠그다. ②엇결어서 다른 쪽으로 지르다. ¶ 상자를 겯질러 묶다.
겯-질리다[-찔-]자 ①어떤 일이 이리저리 엇결리어 서로 거리끼다. ②어떤 일이 힘에 겨워 기운이 결리고 질리다. ③〖'겯지르다'의 피동〗겯지름을 당하다.
결[1]명 (나무·돌·살갗 따위에서) 조직의 굳고 무른 부분이 모이어 켜를 이루면서 짜인 바탕의 상태. 또는, 바탕에 나타나 보이는 켜가 이루는 무늬. ¶ 결이 고운 비단. /나무의 결.
결[2]명 ①〈성결〉의 준말. ¶ 결이 고운 아가씨. ②〈결기〉의 준말. ¶ 결을 내며 대들다.
결(이) 바르다관용 성결이 곱다. 성미가 곧다. 마음씨가 바르다. ¶ 대쪽같이 결이 바른 선비.
결을 삭이다관용 성이 난 마음을 가라앉히다.
결ː[3]명 〈겨울〉의 준말.
결[4]의 ①사이. 때. 짬. 《주로, '결에'의 꼴로 쓰임.》 ¶ 어느 결에 그 많은 일을 다 했느냐? ②〈겨를〉의 준말. ¶ 머뭇거릴 결이 없다.
결명 〈옛〉①물결. ¶ 바ᄅᆞᆳ 므를 텨 겨를 니르왇ᄂᆞ니라(釋譜13:9). ②꿈결. 잠결. ¶ 결의 니러 안자 窓을 열고 ᄇᆞ라보니(鄭澈.續美人曲).
결(缺)명 빠져서 부족함. ¶ 60명 정원에 한 명 결이다. 참결(缺)하다.
결(結)[1]명 〈결전(結錢)〉의 준말.
결(結)[2]명 〈결구(結句)〉의 준말. 참기승전결.
결(結)[3]의 지난날, 조세를 매기기 위한 논밭의 면적 단위. 목[3].
결가(決價)[-까]명하타 값을 결정함, 또는 결정한 값. 절가(折價).
결가(結跏)명하자 〈결가부좌(結跏趺坐)〉의 준말.
결가(結價)[-까]명 ☞결금.
결-가부좌(結跏趺坐)명하자 불가의 앉는 법의 한 가지. 먼저 오른발의 발바닥을 위로 하여 왼편 넓적다리 위에 얹고, 왼발을 오른편 넓적다리 위에 얹는 앉음새. 연화좌. 가부좌. 준결가.
결각(缺刻)명하자 (무·가새뽕 따위의 잎처럼) 잎의 가장자리가 후미지게 깊이 패어 들어간 잎, 또는 그런 형상.
결강(缺講)명하자타 ①예정되어 있던 강의를 쉼. ②강의 시간에 빠짐.
결격(缺格)[-껵]명하자 필요한 자격이 모자라거나 빠져 있음. ¶ 그는 색맹이기 때문에 자동차 운전사로는 결격이다. /결격 사유가 있어서 반품하다. ↔적격(適格).
결결-이부 ①그때그때마다. ¶ 어른을 뵙는 결결이 부모님 생각이 난다. ②때때로.
결곡-하다[-고카-]형여 생김새나 마음씨가 빈틈이 없고 야무지다. **결곡-히**부.
결과(缺課)명하자 ①과업을 쉼. ②수업(강의) 시간에 빠짐.
결과(結果)명하자 ①열매를 맺음, 또는 그 열매. ②어떤 까닭으로 말미암아 이루어지는 결말이 생김, 또는 그 결말의 상태. ¶ 좋은 결과를 기대합니다. /시작이 좋아야 결과도 좋은 법이오. ②↔원인(原因).
결과(結裹)명하타 ①꾸러미를 싸서 동여맴. ②줄기직 따위로 싼 관을 삼 겹질로 꼬아 만든 밧줄로 밤얽이를 쳐서 동임. ②결관(結棺).
결과-기(結果期)명 열매를 맺는 시기.
결과-론(結果論)명 행위의 원인이나 경과는 생각하지 않고, 오직 결과만을 가지고 펼치는 의론(議論).
결과-범(結果犯)명 범죄의 구성 요건으로서, 실행된 일정한 외부적 행위뿐만 아니라 발생된 일정한 결과까지를 필요로 하는 범죄. 〔살인죄 따위.〕 실질범(實質犯). ↔거동범.
결과-설(結果說)명 (행위의 동기와는 상관없이) 행위의 결과나 그 행위가 다른 사람에게 미치는 영향을 도덕적 판단의 기준으로 삼는 도덕설. ↔동기설.
결과-적(結果的)관명 어떤 까닭으로 말미암아 결말의 상태로 되는 (것). ¶ 결과적으로 생태계 파괴의 근본적인 책임은 인류에게 있다.
결과적 가중범(結果的加重犯)[-까-] 일정한 범죄 행위에서, 행위자가 예견하지 못한 중한 결과를 발생시켰을 때, 그 중한 결과로 말미암아 형(刑)이 가중되는 범죄.

결과-지(結果枝)명 ☞열매가지.
결과-표(結果標)명 ☞귀결부(歸結符).
결관(結棺)명하타 ☞결과(結裹).
결관-바(結棺-)[-빠]명 관을 동일 때 쓰는 바. 〔잿물에 담갔다가 솥에 쪄 낸 삼 껍질로 굵게 꼬아 만듦.〕 결관삭(結棺索).
결관-삭(結棺索)명 ☞결관바.
결관-포(結棺布)명 결관바가 없을 때 대신 쓰는 외올베.
결괴(決壞)[-괴/-궤]명하자 ☞결궤(決潰).
결교(結交)명하자 서로 교분을 맺음. 서로 사귐.
결구(結句)[-꾸]명 ①문장이나 편지 따위의 끝을 맺는 어구. 끝구. ②한시(漢詩)에서, 절구(絕句)의 끝인 넷째 구. 곧, '기승전결'의 결(結). 준결(結)2.
결구(結球)명하자 양배추 따위 채소의 잎이 여러 겹으로 겹쳐져 둥글게 속이 드는 상태. ¶ 결구한 배추.
결구(結構)명 ①하타어떤 형태가 되도록 얽거나 짜서 만듦, 또는 그렇게 만든 것의 모양새. ②문학에서 이르는, 주요한 줄거리. 전체의 얼거리. 플롯(plot). ¶ 그 소설은 아름다운 결구로 끝을 맺는다.
결구-배추(結球-)명 배추의 한 품종. 자라면서 잎이 여러 겹으로 겹쳐서 둥글게 속이 드는 것이 특징임.
결국(結局)명 ①일의 마무리 단계. 끝 판국. 결말. ¶ 결국은 마찬가지다. ②하자형국(形局)을 완전히 갖춤. ③〖부사적 용법〗 결말에 가서. 끝장에는. ¶ 결국 우리가 이겼다.
결권(結卷)명 경전(經典)이나 책의 마지막 권.
결궤(決潰)명하자되자 물에 밀리어 둑 따위가 터져 무너짐. 결괴(決壞). 궤결(潰決).
결근(缺勤)명하자타 근무해야 할 날에 출근하지 않고 빠짐. ¶ 무단(無斷) 결근. ↔출근(出勤).
결근-계(缺勤屆)[-계/-게]명 결근의 사유를 적어 소속 기관에 제출하는 문서.
결금(結-)[-끔]명 조선 시대의 조세 제도에서, 토지의 한 결(結)에 대하여 매기던 세금의 액수. 결가(結價).
결기(-氣)[-끼]명 ①발끈하기 잘하는 급한 기질. 몹시 급한 성질. ¶ 그만 일로 왜 결기를 내고 그래. ②부정·불의 따위를 보고만 있지 못하고 과단성 있게 맞서는 성미. ¶ 결기 있는 사나이. 준결2.
결-나다[-라-]자 결기가 일어나다. ¶ 저렇게 결나서 설치니 그냥 넘어갈 것 같지가 않다.
결-내다[-래-]자 결기를 내다.
결뉴(結紐)[-류]명하타 얽어맴. 띠를 맴. ¶ 아(我)의 자족(自足)한 독창력을 발휘하야…민족적 정화를 결뉴할지로다(己未獨立宣言書).
결단(決斷)[-딴]명하자타 딱 잘라 결정하거나 단안을 내림, 또는 그 결정이나 단안. 단결(斷決). ¶ 할 것이냐 안 할 것이냐의 결단을 내리다.
결단(結團)[-딴]명하타되자 단체를 결성함. ¶ 결단식을 거행하다. ↔해단(解團).
결단-성(決斷性)[-딴썽]명 결단을 내리는 성질. 맺고 끊는 듯한 성질.
결단-코(決斷-)[-딴-]부 딱 잘라 말해서. 절대로. 《흔히, 부정하는 말이 뒤따름.》 ¶ 결단코 용서하지 않겠다. 참결코.
결당(結黨)[-땅]명하자되자 ①도당(徒黨)을 맺음. ②정당(政黨)을 결성함.
결-대전(結代錢)[-때-]명 조선 말기에, 논밭의 조세로 곡식 대신에 내던 돈.
결두-전(結頭錢)[-뚜-]명 조선 말기에, 경복궁을 다시 고치는 데 드는 비용을 채우기 위하여 논밭의 조세에 덧붙여 받던 돈.
결-딱지[-찌]명 〈결증〉의 속된 말.
결딴명 어떤 일이나 물건이 완전히 망가져서 아주 쓸모 없이 된 상태.
결딴-나다자 어떤 일이나 물건 따위가 망가져서 아주 쓸모 없는 상태가 되다. ¶ 번창하던 사업이 결딴나다.
결딴내다타 〖'결딴나다'의 사동사〗 결딴나게 하다. 망치다. ¶ 노름으로 살림을 결딴내다./네가 우리 집안을 아주 결딴낼 작정이냐?
결락(缺落)명하자되자 (당연히 있어야 할) 한 부분이 없어짐.
결련(結連)명하자타되자 ①서로 맺어져 하나로 이어짐. ②☞연결(連結).
결련(結聯)명 ☞미련(尾聯).
결련-태(結連-)명 〈결련 태껸〉의 준말.
결련^태껸(結連-)명 여러 사람이 편을 갈라 승부를 겨루는 태껸. 준결련태.
결렬(決裂)명하자되자 ①갈래갈래 찢어짐. ②교섭이나 회담 따위에서, 의견이 맞지 않아 서로 그간의 관계를 끊고 갈라짐. ¶ 남북 정상 회담이 결렬되다.
결렴(結斂)명하타 조선 시대에, 결세(結稅)에 덧붙여 돈이나 곡식을 거두어들이던 일.
결렴(潔廉) '결렴하다'의 어근.
결렴-하다(潔廉-)형여 결백하고 청렴하다.
결례(缺禮)명하자 예의범절에 벗어남, 또는 그런 행동. 실례(失禮). ¶ 결례를 무릅쓰고 불쑥 찾아왔습니다.
결로(結露)명하자 이슬이 맺힘. 〔내부의 온도가 이슬점 이하로 떨어져, 물체의 거죽에 공기 중의 수증기가 물방울이 되어 달라붙는 현상.〕
결론(決論)명하타 어떤 의론에서, 그 가부와 시비를 따지어 결정함, 또는 그 결정된 의론.
결론(結論)명 ①말이나 글에서 끝맺는 부분. 맺음말. ¶ 결론을 맺다. ②하자판단을 내림, 또는 그 판단. ¶ 결론이 나다./결론을 내리다. ③논리학에서, 어떤 판단 또는 가정으로부터 다른 판단을 이끌어 낼 때, 그 이끌어 낸 판단. 귀결(歸結). 단안(斷案). ¶ 결론을 얻다.
결론-적(結論的)관명 말·글·판단 따위를 마무리하는 (것). ¶ 결론적으로 이야기하자면 자원을 아껴 써야 한다는 것이다.
결론-짓다(結論-)[-짇따][~지으니·~지어]타ㅅ 결론을 내리다. 말이나 글을 끝맺다. ¶ 결론지어 말하면 그 일은 실패했다.
결료(結了)명하타 완전히 끝을 맺음. 뒤끝을 맺어 마무름. 종결(終結).
결루(缺漏)명하자되자 (여럿 가운데 함께 들어 있던 것이) 빠져서 없어짐. 궐루(闕漏).
결리다자 ①(숨을 크게 쉬거나 움직일 때) 몸의 어떤 부분이 당기어서 뜨끔한 아픔을 느끼다. ¶ 옆구리가 결리다. ②남에게 억눌리어 기를 펴지 못하다. ¶ 그 사람한테 뭐 결리는 데라도 있나?
결막(結膜)명 눈꺼풀 안과 눈알의 겉을 싸고 있는 무색투명한 얇은 막(膜).
결막^반ː사(結膜反射)[-빤-]명 결막에 자극을 주면 눈꺼풀이 닫히는 반사.
결막-염(結膜炎)[-망념]명 결막에 생기는 염증. 〔결막이 발갛게 붓고 눈곱이 낌.〕

결말(結末)명 어떤 일이 마무리되는 끝. 끝장. 결국(結局). 결미(結尾).
결말-나다(結末-)[-라-]자 끝장이 나다. 해결이 나다. ¶ 너무 쉽게 결말난 승부였다.
결말-내다(結末-)[-래-]타 끝장이 나게 하다. 해결이 나게 하다.
결말-짓다(結末-)[-짇따][~지으니·~지어]타ㅅ 끝장이 나도록 하다. 해결이 되도록 만들다.
결맹(結盟)명하자 ①맹약을 맺음. ②연맹이나 동맹을 맺음. 체맹(締盟).
결 머리명 〈결증〉의 속된 말.
결명-자(決明子)명 한방에서 '결명차의 씨'를 약재로 이르는 말.
결명-차(決明茶)명 콩과의 일년초. 북미가 원산지인 재배 식물로, 줄기 높이 1m가량. 잎은 깃 모양의 겹잎이며, 작은 잎은 2~4쌍으로 거꿀달걀꼴임. 여름에 노란 꽃이 피고, 꽃이 진 뒤에 길쭉한 꼬투리가 여는데, 그 속에 든 씨를 '결명자'라 하며, 한방에서 약재로 쓰임.
결목(結木)명 조선 시대에, 결세(結稅)로 거두어들이거나 바치던 무명.
결묵(結墨)명하타 목재를 다듬을 때, 먹으로 치수를 매기는 일.
결문(結文)명 문장의 끝을 맺는 글. 끝맺는 글. 말문.
결미(結米)명 조선 시대에, 결세(結稅)로 거두어들이거나 바치던 쌀.
결미(結尾)명 글·말·일 등의 끝. 결말(結末).
결박(結縛)명하타되자 몸이나 손 따위를 마음대로 움직이지 못하게 단단히 동이어 묶음.
결박(을) 짓다관용 단단히 동이어 묶다.
결발(結髮)명하자 쪽을 찌거나 상투를 틂.
결발-부부(結髮夫婦)명 숫총각과 숫처녀가 혼인하여 맺은 부부.
결백(潔白)명하형 ①깨끗하고 흼. ②행동이나 마음 따위가 조촐하고 깨끗하여 허물이 없음. ¶ 결백한 인물./결백을 증명하다. **결백-히**부.
결번(缺番)명하자되자 ①당번을 거름, 또는 그 거른 번(番). ②중간에서 번호가 빠짐, 또는 그 빠진 번호. ¶ 전학 간 학생이 있어 결번이 생겼다.
결벽(潔癖)명 ①남달리 깨끗함을 좋아하는 성벽(性癖). ②부정이나 악 따위를 극단적으로 미워하는 성질. ¶ 그는 결벽이 심해서 친구가 없다.
결벽-증(潔癖症)[-쯩]명 병적으로 깨끗한 것에 집착하는 증상.
결별(訣別)명하자 ①기약 없는 이별을 함, 또는 그런 이별. ②관계나 교제를 영원히 끊음. ¶ 결별을 선언하다.
결복(結卜)명 조선 시대에, 토지세 징수의 기준이 되는 논밭의 면적에 매기던 단위인 목·짐·뭇을 통틀어 이르던 말. 본결부(結負).
결복(闋服)명하자 부모의 삼년상을 마침. 해상(解喪). 탈상(脫喪).
결본(缺本)명되자 질(帙)로 된 책 가운데서 낱권이 빠져 나감, 또는 그 빠져 나간 낱권. 궐본. 낙질.
결부(結付)명하타되자 서로 관련지어 붙임. ¶ 나를 그 사건과 결부하여 말하지 마라.
결부(結負)명 〈결복(結卜)〉의 본딧말.
결빙(結氷)명하자되자 물이 얼어서 얼음이 됨. 얼어붙음. 동빙(凍氷). ↔해빙(解氷).
결빙-기(結氷期)명 물이 어는 시기.
결빙-점(結氷點)[-쩜]명 ☞빙점(氷點).
결사(決死)[-싸]명하자 (어떤 일을 위하여) 죽음을 각오함. ¶ 결사 항전.
결사(訣辭)[-싸]명 결별(訣別)의 말.
결사(結社)[-싸]명하타 여러 사람이 공동의 목적을 이루기 위하여 사회적인 결합 관계를 맺음, 또는 그 단체. ¶ 비밀 결사.
결사(結辭)[-싸]명 끝맺는 말.
결사-대(決死隊)[-싸-]명 (어떤 일을 위하여) 죽음을 각오한 사람들로 조직된 부대(무리). 정신대(挺身隊).
결사-반대(決死反對)[-싸-]명하자타 목숨을 내걸고 반대함. ¶ 신탁 통치 결사반대.
결사-보국(決死報國)[-싸-]명하자 목숨을 내걸고 나라의 은혜에 보답함.
결사-적(決死的)[-싸-]관명 죽기를 각오하고 나서는 (것). ¶ 결사적 투쟁./결사적으로 덤비다.
결사-죄(結社罪)[-싸쬐/-싸쮀]명 반국가적인 목적으로 결사를 조직·가입하거나 그 목적을 위해 벌이는 행위 등으로 성립되는 죄.
결산(決算)[-싼]명하타 ①계산을 마감함. ②공공 기관이나 기업체 등에서, 일정 기간의 수입과 지출을 계산하는 일. ③일정 기간 동안의 활동이나 업적을 정리하거나 마무리하는 일. ¶ 올해 한국 영화의 결산.
결산-기(決算期)[-싼-]명 공공 기관이나 기업체 등에서, 결산을 하는 시기.
결산^보:고(決算報告)[-싼-]명 기업체 등이 결산 결과를 주주와 채권자 및 일반에게 보고하는 일, 또는 그 보고.
결산-서(決算書)[-싼-]명 기업체 등에서, 일정한 영업 기간의 영업 개황이나 재정 상태 등을 기록한 문서.
결상(結像)[-쌍]명하자 어떤 물체에서 나온 광선 따위가 반사·굴절한 다음 다시 모여 그 물체와 닮은꼴의 상(像)을 맺는 일.
결석(缺席)[-썩]명하자타 (출석해야 할 자리에) 출석하지 않음. 궐석. ↔출석(出席).
결석(結石)[-썩]명 몸 안의 장기(臟器) 속에 생기는 돌같이 단단한 고형물. 〔담석(膽石)·요석(尿石) 따위.〕
결석-계(缺席屆)[-썩꼐/-썩께]명 결석의 사유를 적어 제출하는 문서.
결석-신고(缺席申告)[-썩씬-]명 결석의 사유를 적어 제출하는 일.
결석^재판(缺席裁判)[-썩째-]명 결석 판결을 내리는 재판. 궐석 재판.
결석^판결(缺席判決)[-썩-]명 당사자의 한쪽이 구두 변론 기일에 결석했을 경우, 출석 당사자의 주장(신청)에 따라 하는 판결. 궐석 판결. ↔대석 판결.
결선(決選)[-썬]명하타 ①결선 투표로 당선자를 결정함, 또는 그 선거. ②일등 또는 우승자를 가리는 마지막 겨룸. ¶ 결선에 오르다./결선에 진출하다. 참본선·예선(豫選).
결선(結船)[-썬]명하타 여러 척의 배를 한데 잇달아 맴.
결선^투표(決選投票)[-썬-]명 재투표의 한 가지로, 처음의 투표에서 피선거인들이 당선에 필요한 표를 얻지 못했을 경우, 두 사람 이상의 상위(上位) 득표자를 대상으로 하여 다시 한 번 마지막으로 하는 투표.
결성(結成)[-썽]명하타되자 (단체 따위를) 맺어 이룸. 짜서 만듦. ¶ 친목 단체를 결성하다.
결세(結稅)[-쎄]명 지난날, 토지의 결복에 따라서 매기던 조세.

결속(結束) [-쏙] 명 하자타 되자 ①출전(出戰)하거나 여행하기 위하여 몸을 단속하는 일, 또는 그 몸단속. ②뜻이 같은 사람끼리 하나로 뭉침. ¶ 회원의 결속을 다지다.

결손(缺損) [-쏜] 명 ①모자람. 한 부분이 없어서 불완전함. ¶ 자재의 결손을 채우다. /기계에 결손이 있다. ②수입보다 지출이 많아서 생기는 금전상의 손실. 흠손(欠損). ¶ 결손을 메우다.

결손^가정(缺損家庭) [-쏜-] 명 미성년자가 있는 가정에서 사망·이혼 등으로 말미암아 양친 또는 그중 어느 한쪽이 없는 가정.

결손-금(缺損金) [-쏜-] 명 일정한 기간 동안 수입보다 지출이 많아서 생긴 손실 금액.

결손-액(缺損額) [-쏘낵] 명 계산상으로 결손을 본 돈의 액수.

결수(結手) [-쑤] 명 하자 ☞결인(結印).

결순(缺脣) [-쑨] 명 ☞언청이.

결승(決勝) [-씅] 명 ①하자 운동 경기 등에서, 이기고 짐을 마지막으로 가림. ②〈결승전〉의 준말. ¶ 결승에서 만나다. /결승에 오르다.

결승(結繩) [-씅] 명 끈이나 새끼 따위로 매듭을 지음, 또는 그 매듭.

결승^문자(結繩文字) [-씅-짜] 명 끈이나 새끼 따위로 일정하게 매듭을 맺어 기호로 삼던 고대 문자.

결승-선(決勝線) [-씅-] 명 달리기 따위에서, 결승점에 가로 치거나 그은 선(線).

결승-전(決勝戰) [-씅-] 명 운동 경기 등에서, 이기고 짐을 판가름하기 위하여 마지막으로 겨루는 경기. ¶ 결승전에 진출하다. 준결승(決勝).

결승-점(決勝點) [-씅쩜] 명 ①달리기나 경영(競泳) 따위에서, 등수를 판가름하는 마지막 지점. ¶ 결승점에 1위로 들어오다. ②승부를 결정짓는 점수. ¶ 결승점을 뽑다.

결승지정(結繩之政) [-씅-] 명 〔새끼의 매듭으로 의사소통을 하던 정치라는 뜻에서〕 '유사(有史) 이전의 중국 고대 정치'를 이르는 말.

결시(缺試) [-씨] 명 하자 시험에 빠짐.

결식(缺食) [-씩] 명 하자 (살림이 어려워) 끼니를 거름. 궐식(闕食).

결식-아동(缺食兒童) [-씨가-] 명 (살림이 어려워) 끼니를 거르는 아동.

결신(潔身) [-씬] 명 하자 몸을 더럽히지 않고 깨끗하게 지님.

결실(結實) [-씰] 명 하자 ①열매를 맺음. ¶ 가을은 결실의 계절. ②일의 결과가 잘 맺어짐. ¶ 성공은 노력의 결실이다.

결실-기(結實期) [-씰-] 명 열매를 맺는 시기.

결심(決心) [-씸] 명 하자타 (어떻게 하기로) 마음을 굳게 작정함, 또는 그 작정한 마음. 결의(決意). ¶ 굳은 결심. /결심이 서다. /담배를 끊기로 결심하다.

결심(結審) [-씸] 명 하타 되자 ①민사 소송에서, 구두 변론을 종결지음. ②형사 소송에서, 심리를 결말지음. 참예심(豫審).

결심^공판(結審公判) [-씸-] 명 소송 사건의 심리를 끝내는 공판.

결심-육력(結心戮力) [-씸뉵녁] 명 하자 마음으로 서로 돕고 힘을 합함.

결안(結案) 명 지난날, '사법(司法) 사건의 처리가 끝난 문서' 또는 '사형(死刑)을 결정한 문서'를 이르던 말.

결약(結約) 명 하타 약속을 맺음.

결어(結語) 명 끝맺는 말. 맺음말.

결에 명 〈옛〉 겨레. ¶ 결에 족: 族(類合上*13*).

결여(缺如) 명 하타 되자 《주로 추상적인 말과 함께 쓰이어》 마땅히 있어야 할 것이 모자라거나 빠져서 없음. ¶ 객관성의 결여. /정신력의 결여.

결연(決然) '결연(決然)하다'의 어근.

결연(缺然) '결연(缺然)하다'의 어근.

결연(結緣) 명 하자 되자 ①인연을 맺음. ②불문(佛門)에 귀의하는 인연을 맺음.

결연-하다(決然-) 형여 (마음가짐이나 행동에) 결의에 찬 꿋꿋한 태도가 있다. **결연-히** 부 ¶ 정의를 위해 결연히 일어서다.

결연-하다(缺然-) 형여 모자라서 서운하다. **결연-히** 부.

결옥(決獄) 명 하타 지난날, '범죄인에 대한 형사 판결'을 이르던 말.

결원(缺員) 명 하자 되자 정원(定員)에서 사람이 빠져 모자람, 또는 그 모자라는 인원. ¶ 결원을 보충하다. /결원이 생기다.

결원(缺圓) 명 ☞활꼴.

결원(結怨) 명 하자 서로 원수가 되거나 원한을 품음.

결은-신 명 (물이 스미지 못하게) 기름을 발라 결은 가죽신.

결의(決意) [겨릐/겨리] 명 하자타 뜻을 정하여 굳게 가짐, 또는 그 뜻. 결심(決心). ¶ 꼭 해내고야 말겠다는 굳은 결의.

결의(決議) [겨릐/겨리] 명 하타 회의에서, 의안이나 제의 등의 가부를 결정함, 또는 그 결정.

결의(結義) [겨릐/겨리] 명 하자 남남끼리 의리로써 형제·자매·남매와 같은 관계를 맺음. ¶ 도원(桃園)결의.

결의-권(決議權) [겨릐꿘/겨리꿘] 명 ☞의결권.

결의^기관(決議機關) [겨릐-/겨리-] 명 ☞의결기관.

결의-문(決議文) [겨릐-/겨리-] 명 결의 사항을 적은 글.

결의-안(決議案) [겨릐-/겨리-] 명 결의에 붙일, 또는 붙인 의안. ¶ 결의안 심의.

결의-형제(結義兄弟) [겨릐-/겨리-] 명 남남끼리 의리로써 형제 관계를 맺음, 또는 그런 형제. 준의형제(義兄弟).

결인(結印) 명 하자 진언종(眞言宗)에서, 수행자가 손가락을 여러 모양으로 구부려 불보살의 힘이나 깨달음을 상징적으로 나타내는 일, 또는 그 형식. 결수(結手).

결자(缺字) [-짜] 명 인쇄 교정지나 인쇄물 같은 데서 빠진 글자.

결-자웅(決雌雄) 명 하자 자웅(雌雄)을 결함. 승부를 겨룸.

결자해지(結者解之) [-짜-] 명 하자 〔맺은 사람이 풀어야 한다는 뜻으로〕 '일을 저지른 사람이 그 일을 해결해야 함'을 이르는 말.

결장(決杖) [-짱] 명 하타 지난날, 곤장의 형벌을 집행하던 일.

결장(缺場) [-짱] 명 하자타 (운동 선수 등이) 으레 출장해야 할 자리에 나오지 않음. ¶ 결승전에 부상으로 결장하다.

결장(結腸) [-짱] 명 맹장과 직장을 잇는 큰창자의 한 부분. 작은창자에서 소화된 음식물에서 수분을 흡수하는 구실을 함.

결장-염(結腸炎) [-짱념] 명 결장에 생기는 염증.

결재(決裁) [-째] 명 하타 상관이 부하가 제출한 의안을 헤아려 승인함. ¶ 부장의 결재를 받다.

결재-권(決裁權) [-째꿘] 명 결재(決裁)할 수 있는 권한.

결재-투표(決裁投票) [-째-] 명 ☞결정투표.

결전(決戰)[-쩐]명하자 승부를 결판내는 싸움. ¶ 드디어 결전의 날이 왔다.
결전(結錢)[-쩐]명 지난날, 전결(田結)의 부가세로 받던 돈. 준결(結)[1].
결절(結節)[-쩔]명 ①맺힌 마디. ②도토리만 한 크기로 단단하게 맺혀서, 피부 위에 볼록하게 도드라진 것. 망울.
결점(缺點)[-쩜]명 잘못되거나 완전하지 못한 점. 단점. 결함. ¶ 남을 헐뜯는 버릇이 그의 결점이다. ↔장점(長點).
결정(決定)[-쩡]명 ①하자타되자 결단을 내려 확정함, 또는 그 확정한 것이나 내용. ¶ 결정을 짓다. ②법원이 행하는, 판결 및 명령 이외의 재판.
결정(結晶)[-쩡]명하자되자 ①일정한 평면으로 둘러싸인 물체 내부의 원자 배열이 규칙적으로 이루어짐, 또는 그렇게 이루어진 고체. ②'애써 노력하여 보람 있는 결과를 얻음'을 비유하여 이르는 말. ¶ 이 한 톨의 쌀도 농민이 흘린 땀의 결정이다.
결정-격자(結晶格子)[-쩡-짜]명 결정 구조를 형성할 때, 같은 종류의 원자나 분자가 공간적으로 만드는 규칙적·주기적인 격자 모양의 배열 구조. 격자(格子).
결정-계(結晶系)[-쩡계/-쩡게]명 결정체를 결정축의 수·위치·길이에 따라 종류별로 나눈 것. 〔등축(等軸)·정방(正方)·삼방(三方)·사방(斜方)·단사(單斜)·삼사(三斜)·육방(六方)의 일곱 정계(晶系)로 나뉨.〕 준정계(晶系).
결정^광학(結晶光學)[-쩡-]명 결정 내부의 빛의 전파 방법 및 그에 따른 결정의 광학적 성질을 연구하는 학문.
결정^구조(結晶構造)[-쩡-]명 결정을 이루고 있는 원자나 분자 등의 배열 상태.
결정-권(決定權)[-쩡꿘]명 ①결정할 수 있는 권한. ②합의체의 의결에서, 가부(可否)가 같은 수인 경우에 이를 결정하는 권한.
결정-도(結晶度)[-쩡-]명 화성암이 암장(岩漿)으로부터 이루어질 때 냉각에 따라 결정되는 정도. 곧, 화성암 중의 결정질 광물과 유리질(琉璃質) 물질과의 비율.
결정-론(決定論)[-쩡논]명 자연의 현상이나 인간의 의지 등 모든 것은 반드시 일정한 인과 관계에 따른 법칙에 의하여 결정되는 것일 뿐, 선택의 자유에 의한 것이 아니라고 하는 이론. 규정론(規定論). 정도론(定道論). 필연론(必然論). ↔비결정론.
결정-립(結晶粒)[-쩡닙]명 금속 재료에 있어서, 현미경으로나 볼 수 있는 크기의 불규칙한 형상의 집합으로 되어 있는 결정 입자.
결정-면(結晶面)[-쩡-]명 결정의 바깥쪽을 이루는 면(面).
결정^삼극관(結晶三極管)[-쩡-꽌]명 ☞트랜지스터.
결정-수(結晶水)[-쩡-]명 염류(塩類)의 결정 속에 화합되어 들어 있는 물.
결정-시(決定視)[-쩡-]명하타 결정적인 것으로 봄(여김).
결정-적(決定的)[-쩡-]관명 ①(일의 경과나 상황이) 움직일 수 없이 확실한 (것). ¶ 그것은 이미 결정적 사실이 되고 말았다. /이제 우리의 승리는 결정적이다. ②최후의 판가름이 나는 (것). ¶ 결정적 시기. /결정적인 순간.
결정^정:류기(結晶整流器)[-쩡-뉴-]명 특수한 반도체(半導體)와 금속과의 접촉부가 정류 작용을 지니는 것을 이용한 정류기.
결정-질(結晶質)[-쩡-]명 결정을 이루고 있는 물질.
결정-짓다(決定-)[-쩡짇따][~지으니·~지어]자타ㅅ 결정되도록 만들다. 결정을 내리다. ¶ 계획대로 밀고 나가기로 결정짓다.
결정-체(結晶體)[-쩡-]명 ①결정하여 일정한 형체를 이룬 물체. ②'노력의 결과로 얻어진 훌륭한 보람'을 비유하여 이르는 말. ¶ 첨단 기술의 결정체.
결정-축(結晶軸)[-쩡-]명 결정면의 위치를 나타내기 위하여 결정체의 중심을 뚫어 내부에 상정(想定)하는 좌표축.
결정-타(決定打)[-쩡-]명 ①(적을 패배시킨) 결정적인 타격. ¶ 히로시마에 대한 원자탄 투하는 일본을 패배시킨 결정타였다. ②야구·배구 등에서, 승패를 판가름 낸 타구(打球). ③권투에서, 상대편을 재기 불능 상태로 빠뜨린 타격. ¶ 결정타 한 대에 나가떨어지다. ④'일의 결과에 결정적인 영향을 주는 행동이나 사건'을 비유하여 이르는 말. ¶ 결정타를 가하다.
결정-투표(決定投票)[-쩡-]명 가부(可否)나 양쪽의 득표수가 같을 때, 의장(위원장) 또는 제삼자가 어느 한쪽에 더 보태어 결정짓는 투표. 결재투표(決裁投票). 캐스팅 보트.
결정-판(決定版)[-쩡-]명 출판에서, 더 이상 수정(修正)·증보(增補)할 여지가 없도록 완벽하게 다듬어 내는 출판, 또는 그런 출판물. ¶ 법률 용어 사전의 결정판.
결정-형(結晶形)[-쩡-]명 결정이 나타내는 겉모양. 정형(晶形).
결정-화(結晶化)[-쩡-]명하자타되자 용액이나 융해물(融解物) 등으로부터 결정성 물질을 형성하거나 형성하게 함.
결제(決濟)[-쩨]명하타되자 ①일을 처리하여 끝을 냄. ②증권 또는 대금의 수불(受拂)에 의하여 매매 당사자 간의 거래 관계를 끝냄. ¶ 납품 대금의 결제. /어음의 결제.
결제(結制)[-쩨]명하자 불교에서, 안거를 시작하는 일을 이르는 말. 결하(結夏). ↔해제(解制).
결제(駃騠)[-쩨]명 ①☞버새. ②걸음을 잘 걷는 잡종 말의 한 종류.
결제(闋制)[-쩨]명하자 삼년상을 마침. 해상(解喪).
결제-금(決濟金)[-쩨-]명 결제하는 데 쓰이는 돈.
결제^통화(決濟通貨)[-쩨-]명 국제간 거래의 결제에 실제로 이용되는 통화.
결-증(-症)[-쯩]명 결기로 말미암아 일어나는 화증(火症).
결진(結陣)[-찐]명하자 ①진(陣)을 침. ②많은 사람이 한곳에 모여 기세(氣勢)를 합침. ¶ 강 건너에 1만의 군사가 결진하고 있다.
결집(結集)[-찝]명 ①하자타되자 한데 모여 뭉침, 또는 모아 뭉치게 함. ②석가가 죽은 뒤에 제자들이 모여 석가의 언행을 결합·집성하여 경전(經典)을 만든 일.
결찌명 어찌어찌하여 연분이 닿는 먼 친척.
결착(決着·結着)명하자되자 완전히 결말이 남. ¶ 결착을 보다. /결착을 짓다.
결창명 '내장(內臟)'을 상스럽게 이르는 말. ¶ 결창이 꼬이다.
　결창(이) 터지다관용 ①'내장이 터지다'의 뜻으로, 욕할 때 하는 말. ②'몹시 분하여 속이 터지다'를 상스럽게 이르는 말.
결책(決策)명하자 책략(策略)을 결정함.

결처(決處)명하타되자 ①결정하여 조처함. 처결(處決). ②지난날, 형벌을 집행하던 일.
결체(結滯)명하자 심장의 장애나 쇠약으로 말미암아 맥박이 불규칙하게 되거나 잠깐 동안 멈추는 증세.
결체(結締)명하타 맺어서 졸라맴.
결체(結體)명하자 형체를 결합함, 또는 그 결합한 형체.
결체^조직(結締組織)명 ☞결합 조직.
결체-질(結締質)명 내장의 각 기관에 널리 퍼져 있어, 그 기초가 되거나 간충직(間充織) 또는 지주(支柱)가 되는 조직. 〔결체 조직·탄력 조직·지방 조직·연골 조직·경골 조직 등으로 나뉨.〕
결초-보은(結草報恩)명하자 죽어 혼령이 되어서라도 은혜를 잊지 않고 갚는다는 뜻. 〔은혜를 입은 사람이 혼령이 되어, 풀포기를 묶어 놓아 적이 걸려 넘어지게 함으로써, 은인을 구해 주었다는 중국 춘추 시대, 진(晉)나라 위과(魏顆)의 고사에서 유래함.〕
결초-심(結草心)명 은혜를 잊지 않고 갚는 마음. 참결초보은.
결친(結親)명하자 ①친분을 맺음. 서로 사귐. ②사돈 관계를 맺음.
결-코(決-)부 《'아니다'·'없다'·'못하다' 따위의 부정어와 함께 쓰이어》 어떤 경우에도 절대로. ¶ 아무리 어려워도 결코 물러서지 않으리라. 참결단코.
결탁(結託)명하자되자 ①마음을 결합하여 서로 의탁함. ②(주로 부정적인 어떤 일을 꾸미려고) 서로 배가 맞아 한통속이 됨. ¶ 둘이 결탁하여 흉계를 꾸미다.
결투(決鬪)명하자 ①승패를 결정하거나 상대편을 제압하기 위하여 하는 싸움. ¶ 경찰이 칼을 든 강도와 결투를 벌이다. ②서로의 원한이나 갈등을 풀기 어려울 때, 미리 합의한 방법으로 승부를 결판내는 일.
결투-장(決鬪狀)[-짱]명 결투를 신청하는 도전장(挑戰狀).
결판(決判)명하타 승부나 시비의 판정을 내림, 또는 그 판정. ¶ 너하고 나하고 누가 옳은지 당장 결판을 짓자.
결판-나다(決判-)자 승부나 시비의 결정이 끝나다.
결판-내다(決判-)타 승부나 시비의 결정을 끝내다. ¶ 단판으로 결판내다.
결핍(缺乏)명하자되자 ①축나서 모자람. ②있어야 할 것이 없거나 모자라거나 함. ¶ 비타민 B_1의 결핍 증세.
결하(結夏)명 〔불교에서〕 ①☞결제(結制). ②하안거의 첫날인 음력 사월 보름을 이르는 말.
결-하다(決-)타여 (가부·시비·승부 따위를) 결단하거나 결정하다. ¶ 최후의 승부를 결하다.
결-하다(缺-) Ⅰ타여 빠지다. ¶ 강의를 결하다./근무를 결하다.
Ⅱ형여 (있어야 할 것이) 빠져 있다. 없다. 부족하다. ¶ 구비 조건을 결한 서류.
결하지세(決河之勢)명 〔큰물이 둑을 터뜨리고 넘쳐흐르는 기세라는 뜻으로〕 '걷잡을 수 없는 세찬 기세'를 비유하여 이르는 말.
결함(缺陷)명 부족하거나 완전하지 못하여 흠이 되는 점. 결점(缺點). 흠. ¶ 성격상의 결함.
결합(結合)명하자타되자 둘 이상의 것이 서로 관계를 맺고 합쳐서 하나로 됨.
결합-률(結合律)[-함뉼]명 ☞결합 법칙.
결합-범(結合犯)[-뻠]명 각각 독립하여 죄가 될 둘 이상의 행위를 결합하여, 법률상 하나의 죄로 다루는 범죄. 〔폭행·협박과 강취(強取)를 결합한 강도죄 따위.〕
결합^법칙(結合法則)[-뻡-]명 덧셈이나 곱셈에서, 수나 식을 어떤 방식으로 묶어 셈하더라도 그 값은 같다는 법칙. 〔$(a+b)+c=a+(b+c)$ 따위.〕 결합률(結合律).
결합^생산(結合生産)[-쌩-]명 서로 다른 두 종류 이상의 생산물이 동일한 공정(工程)에서 생산되는 일.
결합-선(結合線)[-썬]명 ☞붙임줄.
결합-수(結合水)[-쑤]명 토양이나 생체에서 물질과 결합 상태에 있는 물.
결합^조직(結合組織)[-쪼-]명 동물체의 기관 및 조직의 사이에 있어, 이것들을 결합하고 받쳐 주는 조직. 결체 조직.
결합-체(結合體)명 둘 이상의 개체가 결합하여 이룬 하나의 조직체.
결항(缺航)명하자 비행기나 선박이 정기적인 운항(운행)을 거름.
결핵(結核)명 ①〈결핵병〉의 준말. ②수성암이나 응회암의 용액이 핵(核) 주위에 침전하여 생긴 혹 모양 또는 불규칙한 모양의 덩이.
결핵-균(結核菌)[-뀬]명 결핵병을 일으키는 병원균. 〔간균(杆菌)으로, 빛·열 등에는 약하나 저항력과 번식력이 셈.〕
결핵-병(結核病)[-뼝]명 결핵균의 감염으로 일어나는 만성 전염병. 〔폐·콩팥·창자 따위 내장이나 뼈·관절·피부·후두 등에 감염되며, 결핵성 뇌막염·복막염·늑막염 따위를 일으키고 온몸에 퍼지기도 함.〕 준결핵.
결행(決行)명하타되자 결단하여 실행함. 단행(斷行). ¶ 암벽 등반을 결행하다.
결혼(結婚)명하자 남녀가 정식으로 부부 관계를 맺음. 혼인(婚姻). ↔이혼(離婚).
결혼-관(結婚觀)명 결혼에 관한 견해나 주장.
결혼-기념식(結婚紀念式)명 결혼 생활을 기념하는 의식. 〔결혼한 뒤의 햇수에 따라 은혼식·금혼식 따위의 구별이 있음.〕
결혼-기념일(結婚記念日)명 결혼한 날을 기념하며 함께 축하하는 날.
결혼-반지(結婚半指)명 결혼의 표상으로 결혼 상대에게 주는 반지.
결혼^비행(結婚飛行)명 곤충의 암컷과 수컷이 공중으로 날아올라서 교미하는 일.
결혼-사진(結婚寫眞)명 결혼을 기념하기 위하여, 결혼식 때 찍는 사진.
결혼-상담소(結婚相談所)명 결혼·중매 따위의 결혼에 관한 상담에 응하고, 그에 상당하는 보수를 받는 곳.
결혼-식(結婚式)명 남녀가 부부 관계를 맺는 서약을 하는 의식. 혼례식(婚禮式). 화촉지전.
결혼^연령(結婚年齡)[-녈-]명 ①결혼할 자격이 있는 나이. 〔우리나라의 민법에서는 남자 만 18세, 여자 만 16세 이상임.〕 ②결혼한 때의 나이.
결혼-정략(結婚政略)[-냑]명 결혼으로써 맺어지는 관계를 자기 쪽에 이롭게 이용하려는 정략.
결혼^행진곡(結婚行進曲)명 결혼식에서, 신랑·신부의 입장과 퇴장 때에 연주하는 행진곡.
결획(缺畫)[-획/-휙]명하자타 ①글자를 쓸 때, 획을 빠뜨림. ②임금이나 귀인의 이름을 한자로 쓸 때, 두려워하는 뜻으로, 글자의 마지막 한 획을 빠뜨리고 쓰던 일. 궐획(闕畫).

결효-미수범(缺效未遂犯)명 ☞실행 미수범.
결효-범(缺效犯)명 ☞실행 미수범.
결후(結喉)명 성년 남자의 턱 아래, 목 중간쯤에 후두의 연골이 조금 튀어나온 부분. 울대뼈. 후골.
겸(謙)명 〈겸괘(謙卦)〉의 준말.
겸(兼)의 ①둘 이상의 명사 사이에 쓰이어, 그 명사들이 나타내는 용도나 직무 따위를 아울러 지님을 뜻함. ¶ 이 방을 서재 겸 침실로도 쓴다. ②《어미 '-ㄹ' 뒤에 쓰이어》 두 가지 이상의 행위나 동작을 아울러 함을 뜻함. ¶ 임도 볼 겸 뽕도 딸 겸.
겸공(謙恭)명하형 남을 높이고 자기를 낮추는 태도가 있음. 비겸손(謙遜).
겸관(兼官)명하타 ①☞겸직(兼職). ②조선 시대에, 한 고을 원의 자리가 비어 있을 때, 이웃 고을의 원이 임시로 그 직무를 겸하여 맡아보던 일.
겸관(兼管)명하타 맡고 있는 관직 이외에 다른 관직을 겸하여 주관함. 관섭(管攝).
겸괘(謙卦)명 육십사괘의 하나. 곤괘(坤卦) '☷'과 간괘(艮卦) '☶'을 위아래로 놓은 괘. 〔땅 밑에 산이 있음을 상징함.〕 준겸(謙).
겸구(箝口·拑口·鉗口)명하자 ☞함구(緘口). ↔개구(開口).
겸구-고장(箝口枯腸)명 〔입에 재갈을 물리고 창자를 말린다는 뜻으로〕 '궁지에 몰려 말을 못함'을 이르는 말.
겸구-물설(箝口勿說)[-썰]명하타 입을 다물고 말하지 말라는 뜻. 함구물설(緘口勿說).
겸근(謙謹)명하자 겸손하고 삼감.
겸금(兼金)명 보통 금보다 값이 배가 나가는, 정제한 좋은 황금.
겸-내취(兼內吹)명 조선 시대에, 궁중에서 군악을 연주하던 악대. 또는, 오군영(五軍營)에서 군악을 연주하던 사람. 준내취.
겸년(歉年)명 ☞흉년(凶年).
겸노-상전(兼奴上典)명 지난날, 종이 할 일까지 몸소 하는 가난한 양반을 이르던 말.
겸달(兼達)명하형 어느 것에나 두루 익숙함.
겸대(兼帶)명하타 (한 사람이) 두 가지 이상의 일을 겸하여 봄. 겸임(兼任).
겸덕(謙德)명 겸손한 덕(德).
겸두-겸두부 '겸사겸사(兼事兼事)'의 잘못.
겸렴(謙廉) '겸렴하다'의 어근.
겸렴-하다(謙廉-)[-념-]형여 겸손하고 청렴하다.
겸령(兼領)[-녕]명하타 한데 아울러 영유함.
겸무(兼務)명하타 맡은 직무 외에 다른 직무를 겸하여 맡아봄, 또는 그 직무.
겸-방어사(兼防禦使)명 ①조선 시대에, 수령(守令)으로서 방어사의 직무를 겸하여 맡아보던 일. ②'한 사람이 두 가지 일을 맡아 함'을 비유하여 이르는 말.
겸병(兼倂)명하타 둘 이상의 것을 한데 합침, 또는 합치어 가짐.
겸보(兼補)명하타 본디의 직책 이외에 다른 직책을 겸하여 맡김.
겸비(兼備)명하타되자 두 가지 이상의 좋은 점을 함께 갖추어 가짐. ¶ 재색(才色)을 겸비하다.
겸비(謙卑)명하자 제 몸을 겸손하게 낮춤. 겸하(謙下).
겸사(謙辭)명 ①겸손한 말. 겸어(謙語). ¶ 아무 도움이 안 됐다는 말은 지나친 겸사다. ②하자타 겸손하게 사양함. ¶ 초대에 정중히 겸사하다.
겸사-겸사(兼事兼事)부하자 한꺼번에 여러 가지 일을 아울러 하는 모양. ¶ 자네도 보고 볼 일도 보고, 겸사겸사 왔지.
겸사-말(謙辭-)명 ①☞겸양어. ②겸손하게 사양하는 말.
겸상(兼床)명하자 한 상(床)에서 둘이 마주 앉아 먹도록 음식을 차린 상, 또는 그렇게 차려 먹음. ¶ 겸상을 차리다. 참각상(各床)·독상(獨床)·외상.
겸섭(兼攝)명하타 맡은 직무 이외의 다른 직무를 겸하여 처리함.
겸손(謙遜·謙巽)명하형 남을 높이고 자기를 낮추는 태도가 있음. ¶ 겸손한 몸가짐. 비겸공(謙恭). ↔거만(倨慢)·교만. **겸손-히**부.
겸손-법(謙遜法)[-뻡]명 ☞겸양법.
겸-수익(謙受益)명 (모든 일에) 겸손하면 이익을 보게 된다는 말.
겸애(兼愛)명하자 (자기 부모나 남의 부모나 차별 없이 또는 친하고 친하지 않은 구별이 없이) 모든 사람을 하나같이 두루 사랑함.
겸애-교리설(兼愛交利說)명 중국 전국 시대의 사상가인 묵자(墨子)가 주장한 윤리설(倫理說). 만인을 차별 없이 사랑하고 이롭게 하자는 학설. 겸애설.
겸애-설(兼愛說)명 ☞겸애교리설.
겸양(謙讓)명하자타 겸손하게 사양함. 겸억(謙抑). ¶ 겸양의 미덕(美德).
겸양-법(謙讓法)[-뻡]명 겸양함으로써 상대를 높이는 말법. 《공손 선어말 어미 '-잡-·-삽-·-옵-' 등을 써서, '받잡고'·'적삽고'·'가옵고'와 같이 쓰는 따위.》 겸손법. 공손법.
겸양-사(謙讓辭)명 ☞겸양어.
겸양^선어말^어:미(謙讓先語末語尾)명 ☞공손 선어말 어미.
겸양-어(謙讓語)명 자기를 낮춤으로써 결과적으로 상대를 높이는 뜻의 말. 〔'저희·말씀·여쭈다' 따위.〕 겸사말. 겸양사.
겸어(箝語)명하타 입을 다물게 함. 입을 막고 말을 못하게 함.
겸어(謙語)명 겸손한 말. 겸사(謙辭).
겸억(謙抑)명하자타 ☞겸양(謙讓).
겸업(兼業)명하타 본업(本業) 이외에 다른 업종을 겸하여 가짐, 또는 그 업종.
겸업-농가(兼業農家)[겨멈-]명 농업 이외에 부업을 겸하여 가지고 있는 농가.
겸연(慊然·歉然) '겸연하다'의 어근.
겸연-스럽다(慊然-·歉然-)[-따][~스러우니·~스러워]형ㅂ 좀 겸연한 데가 있다. ¶ 겸연스러운지 해해 웃기만 한다. **겸연스레**부.
겸연-쩍다(慊然-·歉然-)[-따]형 몹시 미안하여 낯이 화끈거리는 느낌이 있다. 변계면쩍다. **겸연쩍-이**부.
겸연-하다(慊然-·歉然-)형여 미안하여 면목이 없다. ¶ 늦게 온 것이 겸연하여 술을 대접했다.
겸영(兼營)명하타 본업(本業) 이외에 다른 사업을 겸하여 경영함.
겸-영장(兼營將)명 조선 시대에, 수령(守令)이 겸하여 맡아보던 진영장(鎭營將).
겸용(兼用)명하타되자 하나를 가지고 두 가지 이상의 목적에 사용함. ¶ 냉난방 겸용.
겸용(兼容)명하형 도량이 넓음.
겸용-종(兼用種)명 가축·가금으로서 두 가지 이상의 용도를 겸할 수 있는 품종. 〔털과 고기를 겸하여 공급해 주는 면양 따위.〕
겸유(兼有)명하타 여러 가지를 겸하여 가짐.

겸인지력(兼人之力)명 혼자서 능히 몇 사람을 당해 낼 만한 힘.
겸인지용(兼人之勇)명 혼자서 능히 몇 사람을 당해 낼 만한 용기. ¶ 자서(子胥)의 겸인지용도 검광(劍光)에 죽어 있고(鼈主簿傳).
겸임(兼任)명하타 (한 사람이) 두 가지 이상의 직무를 겸하여 맡아봄, 또는 그 직무. 겸대(兼帶). ↔전임(專任).
겸임-국(兼任國)명 한 나라에 주재하는 외교관이 그 나라 외의 외교 업무를 겸하고 있는 나라.
겸임-지(兼任地)명 관리가 다른 지방의 직무를 겸임할 때의 그 지방.
겸자(鉗子)명 외과 수술 용구의 한 가지. 기관·조직·기물 따위를 고정시키거나 압박하는 데 쓰는, 가위 모양의 날이 없는 금속제 용구.
겸장(兼將)명 〈겸장군〉의 준말.
겸장(兼掌)명하타 (한 사람이) 두 가지 이상의 일을 겸하여 맡아봄.
겸-장군(兼將軍)명 장기에서, 한 수를 두어 두 군데로 동시에 '장군'이 되게 하는 일. 겹장군. 준겸장(兼將).
겸전(兼全)명하타 이것저것을 온전히 갖춤.
겸전-하다(兼全-)형여 이것저것이 다 온전하다. ¶ 심신(心身)이 겸전하다.
겸제(箝制·拑制·鉗制)명하타 자유를 억누름. ¶ 이민족(異民族) 겸제의 통고(痛苦).
겸지-겸지(兼之兼之)부하자 '겸사겸사(兼事兼事)'의 잘못.
겸지우겸(兼之又兼)명하타 둘 이상을 겸한 위에 또 더 겸함.
겸직(兼職)명하타 본직(本職) 이외에 다른 직무를 겸함, 또는 그 직무. 겸관(兼官). 겸함(兼銜). ¶ 그는 현재 서너 가지 일을 겸직하고 있다.
겸찰(兼察)명하타 (한 사람이) 여러 가지 일을 겸하여 보살핌.
겸-치다(兼-) Ⅰ자 (두 가지 이상의 일이) 함께 생기다.
Ⅱ타 ①(여러 개를) 겸하여 합치다. ②(두 가지 이상의 일을) 겸하여 하다.
겸칭(謙稱)명하타 겸손하게 일컬음, 또는 그런 뜻을 나타내는 말.
겸퇴(謙退)[-퇴/-퉤]명하자 겸손하게 사양하여 물러남.
겸하(謙下)명하자 ☞겸비(謙卑).
겸-하다(兼-)타여 ①어떤 일 외에 다른 일을 함께 맡다. ¶ 코치가 선수를 겸하다. ②두 가지 이상의 것을 함께 지니다. ¶ 재색(才色)을 겸하다. /문무를 겸하다.
겸학(兼學)명하타 여러 가지 학문을 함께 배움.
겸함(兼銜)명하타 ☞겸직(兼職).
겸행(兼行)명하타 ①여러 가지 일을 겸하여 함. ¶ 집안일과 회사일을 겸행하다. ②쉴 시간이나 일할 시간을 가리지 않고 바쁘게 일함. ¶ 주야(晝夜)겸행.
겸허(謙虛)명하형 아는 체하거나 잘난 체하지 않고, 겸손하며 삼가는 태도가 있음. ¶ 정치가는 겸허하게 국민의 소리에 귀를 기울여야 한다. **겸허-히**부.
겹명 ①《주로 '겹으로'의 꼴로 쓰이어》 ㉠넓고 얇은 물건이 포개진 것, 또는 그러한 켜. ¶ 겹으로 지은 옷과 이불. /겹으로 싸다. ↔홑. ㉡사물이나 일이 거듭된 상태. ¶ 집안에 경사가 겹으로 생겼다. ②〔의존 명사적 용법〕'넓고 얇은 물건이 그 수만큼 거듭됨'을 나타내는 말. ¶ 여러 겹으로 접다.
겹-간통(-間通)[-깐-]명 겹으로 지은 집의 앞 칸과 뒤 칸이 서로 통하게 된 것.
겹-것[-껏]명 ①겹으로 된 것을 통틀어 이르는 말. ②겹옷. ＊겹것이[-꺼시]·겹것만[-껀-]
겹-겹[-껍]명 여러 겹. 《주로, '겹겹으로'의 꼴로 쓰임.》 ¶ 겹겹으로 에워싸다.
겹겹-이[-껴비]부 여러 겹으로 거듭된 모양. ¶ 겹겹이 쳐 놓은 경계망.
겹-경사(-慶事)[-꼉-]명 둘 이상 겹친 기쁜 일. ¶ 겹경사가 나다.
겹-글자(-字)[-끌짜]명 같은 자가 겹쳐서 된 글자. 〔ㄲ·ㄸ·ㅃ·ㅆ·ㅉ 및 林·磊 따위.〕
겹-꽃[-꼳]명 수술이 꽃잎으로 변하여, 꽃잎이 여러 겹으로 겹쳐 피는 꽃. 중판화(重瓣花). ↔홑꽃. ＊겹꽃이[-꼬치]·겹꽃만[-꼰-]
겹-낫표(-標)[겸낟-]명 따옴표의 한 가지. 세로쓰기에서 쓰이는 '『 』' 표의 이름.
겹-눈[겸-]명 많은 홑눈이 벌집 모양으로 모여서 이루어진 눈. 〔곤충이나 갑각류 따위에서 볼 수 있음.〕 복안(複眼). ↔홑눈.
겹:다[-따][겨우니·겨워]형ㅂ ①정도에 지나쳐 감당하기 어렵다. ¶ 힘에 겹다. ②어떤 감정이나 기분에 흠뻑 젖어 있다. ¶ 흥에 겹다.
겹-닿소리[-따쏘-]명 ☞복자음(複子音).
겹-대패[-때-]명 날 위에 덧날을 끼운 대패. 〔나무가 매우 곱게 깎임.〕 ↔홑대패.
겹-도르래[-또-]명 몇 개의 고정 도르래와 움직 도르래를 결합시킨 도르래. 복활차(複滑車).
겹-말[겸-]명 같은 뜻의 말이 겹쳐서 된 말. 〔'양옥집'·'처갓집'·'고목나무' 따위.〕
겹-문자(-文字)[겸-짜]명 같은 뜻의 말이나 문자가 겹쳐져 이루어진 말. 〔'일락서산(日落西山) 해 떨어지다.' 하는 따위.〕
겹-문장(-文章)[겸-]명 홑문장이 다른 문장의 한 성분으로 안기어 있거나, 홑문장끼리 서로 이어진 문장. 〔안은문장과 이어진문장으로 나뉨.〕 복문(複文). ↔홑문장.
겹-바지[-빠-]명 솜을 두지 않고 겹으로 지은 바지. ↔홑바지.
겹-받침[-빧-]명 두 가지 자음으로 이루어진 받침. 〔ㄳ·ㄵ·ㄻ·ㄽ 따위.〕
겹-버선[-뻐-]명 솜을 두지 않고 겹으로 지은 버선. ↔홑버선.
겹-벚꽃[-뻗꼳]명 꽃잎이 여러 겹으로 피는 벚꽃. ＊겹벚꽃이[-뻗꼬치]·겹벚꽃만[-뻗꼰-]
겹-사돈(-査頓)[-싸-]명하자 사돈 관계에 있는 사람끼리 또다시 사돈이 된 관계.
겹-사라지[-싸-]명 헝겊이나 종이를 겹쳐 만들어서 기름에 결은 담배쌈지.
겹-살림[-쌀-]명하자 ①한 가족이 서로 나뉘어 따로 차리는 살림. ②본처와 살림을 하면서, 따로 첩을 얻어 겹으로 하는 살림.
겹-새끼[-쌔-]명 여러 겹으로 꼰 새끼.
겹-세로줄[-쎄-]명 오선(五線) 위에 겹으로 그은 세로줄. 굵기가 같은 것은 박자나 조(調)가 바뀌는 곳을 표시하고, 오른쪽이 굵은 것은 마침을 표시함.
겹-소리[-쏘-]명 ☞복음(複音).
겹-손톱묶음표(-標)[-쏜톱-]명 이중 괄호(二重括弧) '《 》'의 이름.
겹-실[-씰]명 두 올 이상으로 드린 실. 복사(複絲).
겹-씨명 ☞복합어(複合語).
겹-씨방(-房)명 여러 개의 방으로 된 합생(合生) 씨방. 〔난초·산나리 따위의 씨방.〕 복실자방(複室子房). 복자방(複子房). ↔홑씨방.

겹-옷[겨볻]명 솜을 두지 않고 겹으로 지은 옷. 겹것. ↔홑옷. *겹옷이[겨보시]·겹옷만[겨본-]

겹-이불[겸니-]명 솜을 두지 않고 겹으로 지은 이불. ↔홑이불.

겹-잎[겸닙]명 한 잎꼭지에 여러 개의 낱잎이 붙어 이룬 잎. 복엽(複葉). ↔홑잎. *겹잎이[겸니피]·겹잎만[겸님-]

겹-자락[-짜-]명 양복 윗옷의 앞여밈을 깊게 겹치게 하고, 두 줄로 단추를 단 상의나 외투. 더블브레스트. ↔홑자락.

겹-장군(-將軍)[-짱-]명 ☞겸장군(兼將軍).

겹-저고리[-쩌-]명 솜을 두지 않고 겹으로 지은 저고리.

겹점^음표(-點音標)[-쩌믐-]명 점음표에 또 한 개의 점이 붙은 음표. 복부점 음부(複附點音符).

겹-주름위(-胃)[-쭈-]명 반추위(反芻胃)의 제3실. 벌집위에서 입으로 되넘긴 것을 씹어 보내어 넣는 위. 중판위(重瓣胃).

겹-질리다[-찔-]자타 몸의 근육이나 관절이 제 방향대로 움직이지 않거나 너무 빨리 움직여서 다치다. ¶ 발목이 겹질리다.

겹-집[-찝]명 ①여러 채가 겹으로 된 집. ②한 개의 종마루 밑에 두 줄로 칸을 겹쳐서 지은 집. ↔홑집.

겹-집다[-찝따]타 여러 개를 겹쳐서 집다.

겹-창(-窓)명 겹으로 된 창. 덧창을 단 창. 복창(複窓). ↔홑창.

겹-처마명 처마 끝의 서까래 위에 짧은 서까래를 잇대어 달아낸 처마. ↔홑처마.

겹첩명 〈경첩〉의 본딧말.

겹-체명 두 올씩으로 짠 쳇불로 메운 체. ↔홑체.

겹쳐-지다[-처-]자 여럿이 서로 포개지거나 덧놓이다. ¶ 멀리 보이는 몇 개의 겹쳐진 능선 너머에 마을이 있다.

겹치-기명 두 가지 이상의 일을 한꺼번에 맡아서 함. ¶ 세 편의 영화에 겹치기로 출연하다.

겹-치다 Ⅰ자 ①여럿이 서로 포개지거나 덧놓이다. ②여러 가지 일이나 현상 따위가 한꺼번에 생기다. ¶ 불운이 겹치다.
Ⅱ타 둘 이상을 서로 포개거나 덧놓다. ¶ 신문지를 겹치다.

겹-치마명 안을 받쳐 겹으로 지은 치마. ↔홑치마.

겹-혼인(-婚姻)[겨포닌]명 사돈의 관계에 있는 사람끼리 다시 맺는 혼인. 비덤불혼인.

겹-홑소리[겨폳쏘-]명 ☞이중 모음(二重母音). ↔홑홑소리.

겻구다타 〈옛〉겨루다. ¶ 뎌와 지조 겻구면(月釋 *2:71*).

겻기명 〈옛〉겨이. 손을 겪는 일. ¶ 그위예서 겻깃 虛費롤 免ㅎ고(杜初*24:24*).

겻-불[겨뿔/겯뿔]명 겨를 태우는 불.

겻-섬[겨썸/겯썸]명 겨를 담은 섬.

겻칼명 〈옛〉장도(粧刀). ¶ 大緞 치마 蜜花珠 겻칼(古時調).

겻다타 〈옛〉겪다. ¶ 無量衆을 조래 겻그니(月釋 *7:26*). /날론 가난흔 苦롤 겻더니(金三*5:45*).

경(更)명 하루의 밤을 5등분한 시각의 이름. 〔초경(初更)·이경(二更) 따위.〕

경(庚)명 ①십간(十干)의 일곱째. ②〈경방(庚方)〉의 준말. ③〈경시(庚時)〉의 준말.

경(景)명 ①〈경치(景致)〉의 준말. ②〈경황(景況)〉의 준말. ③〖의존 명사적 용법〗 연극이나 그림 따위에서 장면을 세는 단위. ¶ 1막 2경.

경(卿) Ⅰ명 ①대한 제국 때, 궁내부에 속한 각 원(院)의 으뜸 벼슬. ②영국에서, 나이트(knight)의 작위(爵位)를 받은 이의 성 뒤에 붙여서 그를 높이어 일컫는 말. ¶ 이든 경. /처칠 경.
Ⅱ대 임금이 이품(二品) 이상의 관원을 부를 때 일컫던 호칭.

경(經)[1]명 ①〈경서(經書)〉의 준말. ②〈불경(佛經)〉의 준말. ③판수가 외는 기도문이나 주문.

경(經)[2]명 ①베나 천의 날. ②〈경도(經度)[1]〉의 준말. ③〈경선(經線)〉의 준말. ↔위(緯).

경(境)명 지경. 경황.

경ː(磬)명 ☞경쇠.

경(黥)명 ①몹시 호된 꾸지람. ②지난날, 도둑을 다스리던 호된 형벌의 한 가지.

경(頃)의 ①☞정보(町步). ②중국의 지적(地積) 단위의 한 가지. 〔100묘(畝)가 1경임.〕

경(京)수관 조(兆)의 1만 배, 해(垓)의 1만분의 1이 되는 수(의). 곧, 10^{16}.

경-(輕)접두 《일부 명사 앞에 붙어》 '가벼운'·'간편한' 등의 뜻을 나타냄. ¶ 경공업. /경금속. /경음악. /경양식. /경노동.

-경(頃)접미 ①《시간·날짜 따위를 나타내는 명사 뒤에 붙어》 '께'·'쯤'·'무렵'을 뜻함. ¶ 12시경. /초순경. /시월경. ②《절차를 나타내는 한자어 뒤에 붙어》 '그 일에 걸리는 정도의 시간'을 뜻함. ¶ 일식경(一食頃). /탄지경(彈指頃).

경가(耕稼)명하타 ☞경작(耕作).

경ː가(鏡架)명 ☞경대(鏡臺).

경-가극(輕歌劇)명 내용이나 형식이 단순하고 통속적인 가극. 오페레타.

경가-파산(傾家破産)명하자 재산을 모두 털어 없애어 집안 형편이 결딴남.

경각(頃刻)명 아주 짧은 동안. 경각간(頃刻間). ¶ 경각을 다투는 일. /목숨이 경각에 달렸다.

경각(傾角)명 ①일정한 기준 방향에서 다른 방향으로의 기울기를 나타내는 각도. 편각(偏角). ②☞복각(伏角). ③기상학에서, 기압 경도(氣壓傾度)와 풍향이 이루는 각도.

경ː각(警覺)명하타 ①(도리를) 스스로 깨달아 앎. ②깨우쳐 깨닫게 함.

경각-간(頃刻間)[-깐]명 ☞경각(頃刻).

경-각사(京各司)[-싸]명 조선 시대에, 서울에 있는 관아를 통틀어 이르던 말. 준각사(各司)·경사(京司).

경-각사(京各寺)[-싸]명 서울 가까이에 있는 절을 통틀어 이르는 말.

경ː각-심(警覺心)[-씸]명 정신을 가다듬어 경계하는 마음. ¶ 경각심을 불러일으키다.

경간(徑間)명 건물이나 교량(橋梁) 따위의 기둥과 기둥 사이의 거리.

경간(耕墾)명하타 땅을 일구어 농사를 지음.

경간(驚癎)명 한방에서, 주로 어린아이들이 놀라 발작하는 간질(癎疾)을 이르는 말.

경감(輕勘)명하타 죄인을 가볍게 처분함.

경감(輕減)명하타되자 (부담이나 고통 따위를) 덜어서 가볍게 함. 감경. ¶ 세금을 경감하다. /사형이 종신형으로 경감되다.

경ː감(警監)명 경찰 공무원 계급의 한 가지. 경정(警正)의 아래, 경위(警衛)의 위임.

경강(京江)명 ①지난날, 서울의 뚝섬에서 양화나루에 이르는 한강 일대를 이르던 말. ②경기도와 강원도를 아울러 이르는 말.

경강(硬鋼)명 탄소의 함유량이 0.5% 이상인 강철. 기계·공구·용수철·피아노선 따위의 제조에 쓰임.

경개(更改)명 채무를 변경하는 일. 이미 있는 채무를 소멸시키고 새로운 채무를 발생시키는 일. ¶ 채무 경개.

경개(耿介) '경개하다'의 어근.

경개(梗概)명 (소설·희곡 따위의) 전체의 내용을 간추린 대강의 줄거리.

경개(景概)명 ☞경치(景致). ¶ 경개 무진(無盡) 좋을씨고.

경개(傾蓋)명하자 우연히 만나는 일, 또는 잠시 만나고서도 곧 친근해지는 일을 뜻함. 〔공자가 길에서 정본(程本)을 만나, 수레의 포장을 젖히고 정답게 이야기를 나누었다는 고사(故事)에서 유래함.〕

경개-여구(傾蓋如舊)명하형 처음으로 잠시 만났는데도, 정답기가 오래 사귄 친구와 같음.

경ː개-하다(耿介-)형여 대세에 휩쓸리지 않고 지조가 굳다.

경거(輕擧)명하자 경솔하게 행동함, 또는 경솔한 행동.

경거-망동(輕擧妄動)명하자 (깊이 생각해 보지도 않고) 경솔하게 함부로 행동함, 또는 그런 행동. 조동(躁動). ¶ 경거망동을 삼가다.

경건(勁健) '경건(勁健)하다'의 어근.

경건(敬虔) '경건(敬虔)하다'의 어근.

경ː건-주의(敬虔主義)[-의/-이]명 18세기 초에, 독일의 신교(新敎)가 교의(敎義)와 형식에 치우치는 것에 반대하여 일어난 신앙 운동. 경건한 생활을 통한 믿음을 으뜸으로 삼았음.

경건-하다(勁健-)형여 ①굳세고 건장하다. ②(글씨나 그림 따위의) 필력(筆力)이 매우 힘차다. **경건-히**부.

경ː건-하다(敬虔-)형여 공경하는 마음으로 삼가며 조심성이 있다. ¶ 경건한 마음으로 옷깃을 여미다. **경건-히**부.

경겁(經劫)명하자 액운이 지나감.

경겁(驚怯)명하자 놀라서 겁을 냄.

경ː견(競犬)명하자 길들인 개들을 일정한 거리를 달리게 하여 그 빠르기를 겨루는 일.

경결(硬結)명하자 ①단단하게 굳음. ②의학에서, 염증이나 울혈(鬱血) 따위로 그 부분이 단단해지는 일.

경경(耕境)명 농작물의 경작이 가능한 지리적·경제적인 한계.

경ː경(耿耿)명하자 ①불빛이 깜박거림. ②잊히지 않고 늘 걱정이 됨.

경경(輕輕) '경경하다'의 어근.

경ː경-고침(耿耿孤枕)명 근심에 싸여 있는 외로운 잠자리.

경ː경불매(耿耿不寐)명 마음에 염려되고 잊히지 아니하여 잠을 이루지 못함.

경경열열(哽哽咽咽)명하자 슬픔으로 목메어 욺.

경경-하다(輕輕-)형여 말이나 행동이, 신중하지 못하고 아주 경솔하다. **경경-히**부.

경계(經界)[-계/-게]명 ①사물의 옳고 그름이 분간되는 한계. ②☞경계(境界).

경ː계(敬啓)[-계/-게]명 〔편지 첫머리에 쓰는 말로〕 '삼가 말씀 드립니다.'의 뜻.

경계(境界)[-계/-게]명 ①지역이 갈라지는 한계. 임계. ¶ 이웃 나라와의 경계. ②사물이 어떠한 기준에 의하여 분간되는 한계. 경계(經界). ¶ 꿈과 현실의 경계. ③불교에서, 과보에 의하여 각자에게 주어진 지위나 처지를 이르는 말.

경ː계(警戒)[-계/-게]명하타 ①범죄나 사고 따위 좋지 않은 일이 일어나지 않도록 미리 마음을 가다듬어 조심함. ¶ 간첩의 침투를 경계하다. ②잘못을 저지르지 않도록 미리 타일러 조심하게 함. ¶ 사치에 물들지 않도록 아이들에게 경계하다.

경계(驚悸)[-계/-게]명 〔한방에서〕 ①걸핏하면 놀라는 증세. ②놀란 것처럼 가슴이 두근거리는 증세.

경ː계-경보(警戒警報)[-계-/-게-]명 닥쳐오는 위험을 경계하라고 알리는 경보. 적기(敵機)의 공습(空襲)이 예측될 때 발령됨.

경ː계-관제(警戒管制)[-계-/-게-]명 적의 야간 공습에 대비하여, 불빛이 바깥에 비치지 않도록 하는 등화관제.

경ː계-망(警戒網)[-계-/-게-]명 경계를 위하여 곳곳에 그물처럼 펼쳐 놓은 조직.

경ː계-색(警戒色)[-계-/-게-]명 다른 동물이 함부로 자기를 해치지 못하도록 경계하기 위하여, 동물이 가지는 유난히 뚜렷한 몸 빛깔. 〔나비나 독사의 몸 빛깔 따위.〕 참보호색.

경계-석(境界石)[-계-/-게-]명 경계의 표지로 세운 돌.

경계-선(境界線)[-계-/-게-]명 경계가 되는 선. 경계를 나타내는 선.

경ː계-선(警戒線)[-계-/-게-]명 ①하천에서, 홍수의 위험 수위(水位)를 나타내는 선. ②경계하기 위하여 설정한 지대나 지역. ¶ 경계선을 뚫다.

경ː계-심(警戒心)[-계-/-게-]명 경계하여 조심하는 마음. ¶ 경계심을 늦추지 마라.

경계-인수(境界因數)[-계-/-게-]명 한 나라의 경계선의 길이를, 그 영토와 같은 넓이인 정사각형의 둘레의 길이로 나눈 몫.

경계-표(境界標)[-계-/-게-]명 경계를 나타내는 표지(標識).

경ː계-표지(警戒標識)[-계-/-게-]명 도로 표지의 한 가지. 교차점, 공사 구간, 굴곡이 심한 곳, 차선이 좁아지는 곳 등에 대해 경계하라는 표지.

경고(更鼓)명 지난날, 초경(初更)에서 오경(五更)까지의 각 시각을 알리기 위하여 치던 북.

경고(硬膏)명 보통 온도에서는 녹지 않으나 체온에는 녹아서 붙게 되는, 연고보다 굳은 고약.

경ː고(警告)명 ①하자타 조심하거나 삼가도록 미리 주의를 줌, 또는 그 말. ¶ 접근하지 말라는 경고를 받다. ②운동 경기에서 반칙을 범했을 때, 심판이 주는 벌칙의 하나. ¶ 경고를 받다. /경고를 주다.

경골(脛骨)명 ☞정강이뼈.

경골(硬骨)명 ①척추동물의 뼈 중 굳고 단단한 뼈. 굳뼈. ②'의지나 신념이 강하여 남에게 쉽사리 굽히지 않는 일, 또는 그런 사람'을 비유하여 이르는 말. ↔연골(軟骨).

경골(頸骨)명 ☞목뼈.

경골(鯁骨)명 물고기의 뼈.

경골(鯨骨)명 고래의 뼈.

경골-어류(硬骨魚類)명 뼈가 주로 경골로 이루어진 어류. 부레와 아감딱지가 있으며, 대부분의 물고기가 이에 딸림. ↔연골어류(軟骨魚類).

경골-한(硬骨漢)명 의지나 신념이 강하여 쉽사리 남에게 굽히지 않는 사람. 고집이 센 사람. ↔연골한(軟骨漢).

경-공양(經供養)명하자 불교에서, 경문(經文)을 베껴서 불전(佛前)에 바치고 법회를 여는 일.

경-공업(輕工業)명 섬유·식품·제지·잡화 등 주로 소비재를 생산하는 공업. ↔중공업(重工業).

경-공장(京工匠)명 조선 시대에, 서울 안의 여러 궁(宮)이나 각사(各司)에 딸리어 병기나 귀족들의 장식품을 만들던 장인(匠人).
경과(京果)명 중화요리에서, 맨 먼저 상에 오르는 호박씨·땅콩·호두 따위를 두루 이르는 말.
경과(京科)명 〔지난날, 전시(殿試)·회시(會試) 등〕 서울에서 보이는 과거를 두루 이르던 말.
경과(經科)명 〈강경과(講經科)〉의 준말.
경과(經過)명 ①하자타 되자 시간이 지나감. ¶ 10년이 경과하다. ②하타 되자 어떤 곳이나 단계를 거침. ¶ 디긔 잎을 경과하다. ③시간이 지남에 따라 진행되고 변화되는 상태. ¶ 수술 후의 경과가 매우 좋다.
경과(輕科)명 ①가벼운 형벌. ②☞경죄(輕罪).
경:과(慶科)명 조선 시대에, 나라에 경사가 있을 때 임시로 보이던 과거.
경과^규정(經過規定)명 ☞경과법(經過法).
경과-법(經過法)[-뻡]명 법령의 제정이나 개폐(改廢)가 있을 때, 구법(舊法)에서 신법(新法)으로 원활히 이행하기 위하여 필요한 과도적 조처를 정한 법률이나 규정. 경과 규정.
경과-보고(經過報告)명 어떠한 일의 활동 상황이나 진행 상황 등에 대한 보고.
경-과실(輕過失)명 어떤 직업이나 직위에 있는 사람이, 일반적으로 요구되는 보통 정도의 주의를 게을리 함으로써 일어나는 가벼운 과실. ↔중과실(重過失).
경과-음(經過音)명 ☞지남음.
경관(京官)명 조선 시대에, 서울에 있던 각 관아의 관원 및 개성·강화·수원·광주(廣州) 등의 유수(留守). 경관직. ↔외관(外官).
경관(景觀)명 ①☞경치(景致). ¶ 빼어난 경관. ②지표(地表) 위의 풍경을 특징짓는 여러 요소를 종합한 것. 〔자연 경관과 문화 경관으로 나뉨.〕
경:관(警官)명 〈경찰관(警察官)〉의 준말.
경관-직(京官職)명 ☞경관(京官). 준경직(京職)
경광(景光)명 ①☞경치(景致). ②☞효상(爻象).
경교(京校)명 〈경포교(京捕校)〉의 준말.
경교(景教)명 당나라 때, 중국에 전해진 네스토리우스파의 기독교. 〔왕실의 보호로 융성했다가 당나라 말에 거의 소멸되었음.〕
경교(經教)명 경문(經文)의 가르침.
경-교육(硬教育)명 엄격한 훈련을 중시하고, 노력의 부족에 대해서는 체벌까지도 인정하는 교육 방법.
경구(耕具)명 농경(農耕)에 쓰이는 기구.
경구(硬球)명 야구나 테니스 따위에서 쓰는, 고무 또는 코르크 위에 펠트나 가죽을 씌운 단단한 공. ↔연구(軟球).
경구(經口)명 ①약 따위를 입으로 먹는 일. ②세균 따위가 입을 통하여 몸속으로 들어가는 일.
경:구(敬具)명 편지 글 끝에, '삼가 말씀 드립니다'의 뜻으로 덧붙이는 인사말. 〔경계(敬啓)·근계(謹啓)·배계(拜啓) 등과 대응해서 씀.〕 경백(敬白).
경:구(警句)[-꾸]명 어떤 사상이나 진리를 간결하고도 날카롭게 나타낸 문구.
경구(驚句)[-꾸]명 〈경인구(驚人句)〉의 준말.
경구^감:염(經口感染)명 병원체가 입을 통해 몸속에 침입하여 일어나는 감염.
경-구개(硬口蓋)명 입천장 앞쪽의, 속에 뼈가 있는 단단한 부분. 센입천장. 참연구개(軟口蓋).
경구개-음(硬口蓋音)명 혓바닥과 경구개 사이에서 나는 소리. 〔'ㅈ·ㅉ·ㅊ' 따위가 이에 딸림.〕 구개음. 센입천장소리. 입천장소리. 참연구개음.
경구^면:역(經口免疫)명 내복(內服) 백신을 복용함으로써 직접 장벽(腸壁)에서 얻는 면역. 〔소아마비의 백신 따위.〕
경:구-법(警句法)[-꾸뻡]명 수사법상 변화법의 한 가지. 독자의 주의를 불러일으키는 속담·격언·금언 등을 인용하여 문장에 변화 효과를 나타내는 표현 방법. 〔'헤엄 잘 치는 놈이 물에 빠져 죽는다.' 하는 따위.〕
경구-비마(輕裘肥馬)명 〔가벼운 가죽 옷과 살진 말이란 뜻으로〕 '부귀한 사람의 차림새'를 이르는 말.
경국(傾國)명 〈경국지색〉의 준말. 경성(傾城).
경국(經國)명 나라를 경영하는 일. 나라를 다스리는 일. ¶ 경국의 대업(大業).
경국-대전(經國大典)[-때-]명 조선 시대에, 통치의 기준이 된 최고의 법전. 세조 때 최항(崔恒)을 중심으로 노사신(盧思愼)·강희맹(姜希孟) 등이 집필을 시작하여 성종 7(1476)년에 완성함. 6권 3책.
경국-제세(經國濟世)[-쩨-]명하자 나라를 다스리고 백성을 구제함.
경국지색(傾國之色)[-찌-]명 〔임금이 혹하여 국정을 게을리 함으로써 나라를 위태롭게 할 정도의〕 썩 뛰어난 미녀. 경성지색(傾城之色). 준경국(傾國).
경국지재(經國之才)[-찌-]명 나랏일을 경영할 만한 능력, 또는 그런 능력을 가진 사람.
경군(京軍)명 조선 시대에, 서울의 각 영문(營門)에 딸려 있던 군사.
경궁(勁弓)명 센 활.
경궁지조(驚弓之鳥)명 ☞상궁지조.
경권(經卷)명 ①사서삼경(四書三經) 등의 경서(經書). 경전(經典). ②불교의 경문(經文)을 적은 두루마리.
경극(京劇)명 중국 고전극의 한 가지. 호궁(胡弓)·월금(月琴)·징·저 등의 반주를 곁들인 음악극. 피황희(皮黃戲).
경:근(敬謹)명하타 공경하여 삼감.
경근(頸筋)명 목에 있는 근육을 통틀어 이르는 말.
경-금속(輕金屬)명 비중이 4~5 이하인 비교적 가벼운 금속. 〔알루미늄·베릴륨·마그네슘 따위.〕 ↔중금속(重金屬).
경:급(警急)명 경계해야 할 매우 급한 변(變).
경기(耕起)명하타 땅을 갈아 일으킴.
경기(景氣)명 매매나 거래 따위에 나타난 경제 활동의 상황. 〔호황(好況)·불황(不況) 따위.〕 ¶ 경기의 변동. /경기가 좋지 않다.
경기(輕機)명 〈경기관총(輕機關銃)〉의 준말.
경기(輕騎)명 ☞경기병(輕騎兵).
경:기(競技)명하자 ①기술의 낫고 못함을 서로 겨루는 일. ¶ 암산과 주산으로 경기를 벌이다. ②운동이나 무예 등의 기술·능력을 겨루어 승부를 가리는 일. ¶ 마라톤 경기. /태권도 경기.
경:기(競起)명하자 서로 앞을 다투어 일어남.
경기(驚起)명하자타 놀라서 일어남. 놀라게 하여 일으킴.
경기(驚氣)[-끼]명하자 ☞경풍(驚風). ¶ 경기를 일으키다.
경-기관총(輕機關銃)명 혼자서 조작할 수 있고, 운반할 수 있는 소형 기관총. 엘엠지(LMG). 준경기(輕機). ↔중기관총(重機關銃).
경-기구(輕氣球)명 ☞기구(氣球).
경기-까투리(京畿-)명 경기 지방 사람을, 몹시 약다는 뜻으로 일컫는 말.
경기^변:동(景氣變動)명 ☞경기 순환.

경-기병(輕騎兵)명 장비를 가볍게 차린 기병. 경기.

경기^순환(景氣循環)명 자본주의 경제 아래서, 경기가 호황(好況)·후퇴·불황(不況)·회복의 여러 국면을 주기적으로 되풀이하는 일. 경기 변동.

경기^예ː측(景氣豫測)명 경기 변동에 관한 객관적 자료를 바탕으로 하여 장래의 경기 변동을 예측하는 일.

경기^입창(京畿立唱)명 서울·경기 지방을 중심으로 발전한 선소리. 〔앞산 타령·뒷산 타령·도라지 타령 따위.〕

경ː기-자(競技者)명 경기를 하는 사람.

경기^잡가(京畿雜歌)[-까]명 조선 말기에, 서울·경기 지방을 중심으로 공예인·상인·기녀들 사이에서 즐겨 불리던 잡가. 〔유산가(遊山歌)·적벽가(赤壁歌) 등 12곡으로 되어 있어 '십이잡가'라고도 함.〕

경ː기-장(競技場)명 여러 가지 운동 경기를 하기 위한 시설.

경기적 실업(景氣的失業)[-씨럽] 경기의 변동에 따른 경제 활동의 침체로 생기는 전형적인 실업 형태.

경기^정책(景氣政策)명 경기 변동을 인위적으로 조정하여 불황의 여러 가지 원인을 없애기 위한 국가 시책.

경기^좌ː창(京畿坐唱)명 서울·경기 지방을 중심으로 발전한, 앉은소리인 민요나 잡가.

경기^지수(景氣指數)명 여러 가지 경제 통계를 이용하여, 경기를 파악하고 예측하기 위하여 작성되는 지수.

경기체-가(景幾體歌)명 고려 중기부터 조선 초기까지 학자들 사이에서 불려진 장가(長歌)의 한 형식. 끝에 '景幾何如' 또는 '景긔엇더ᄒᆞ니잇고'란 후렴이 붙는 것이 특징임. 〔한림별곡(翰林別曲)·죽계별곡(竹溪別曲) 따위.〕

경낙(輕諾)명하타 너무 쉽게 승낙함.

경난(經難)명하자 어려움을 겪음. ¶ 아버지는 오랜 세월 동안 경난을 겪으셨다.

경난(輕煖) '경난하다'의 어근.

경난-꾼(經難-)명 여러 가지 어려움을 겪어 낸 경험이 많은 사람.

경난-하다(輕煖-)형여 (옷 따위가) 가볍고 따뜻하다. **경난-히**부.

경내(境內)명 일정한 지경의 안. 구역의 안. ¶ 사찰(寺刹)의 경내. ↔경외(境外).

경년(頃年)명 ☞근년(近年).

경년(經年)명하자 해를 지냄.

경년-열세(經年閱歲)[-녈쎄]명 여러 해를 지냄.

경노(勁弩)명 강한 쇠뇌. 참쇠뇌.

경-노동(輕勞動)명 체력을 크게 필요로 하지 않는 비교적 가벼운 노동. ↔중노동.

경농(耕農)명하자 (논밭을 갈아) 농사를 지음.

경농(經農)명하자 농업을 경영함. 영농(營農).

경뇌-유(鯨腦油)[-뇌-/-눼-]명 고래의 머릿골 기름기를 압축·냉각하여 뽑아낸 기름. 기계의 윤활유(潤滑油)로 쓰였음.

경ː단(瓊團)명 찹쌀·수수 따위의 가루를 반죽하여 밤톨만 한 크기로 동글게 빚어, 끓는 물에 삶아 건져 고물을 묻힌 떡.

경-단백질(硬蛋白質)[-찔]명 물이나 염류의 수용액에 잘 녹지 않고, 산·알칼리·효소 등에 의하여 잘 분해되지 않는 단순 단백질을 통틀어 이르는 말.

경달(驚怛)명하자 남의 부모나 집안의 가까운 어른의 부고를 받고 깜짝 놀람.

경답(京畓)명 〈경인답(京人畓)〉의 준말.

경당(扃堂)명 고구려 때, 각 지방에 두어 평민층의 자제들에게 경학(經學)·문학·무예 등을 가르치던 사학(私學).

경당(經堂)명 ☞경장(經藏).

경ː대(敬待)명하타 공경하여 대접함.

경ː대(鏡臺)명 거울을 달아 세운 화장대(化粧臺). 경가(鏡架). 장경(粧鏡). ¶ 세수하고 나서 경대 앞에 앉아 머리를 곱게 빗다.

경대-시(經帶時)명 지구 표면을 경도 15°로 나눈 각각의 지역에서 본초 자오선을 기준으로 하여 정한 표준시.

경도(京都)명 서울.

경도(硬度)명 ①물체의 단단한 정도. 〔특히, 금속이나 광물에 대하여 이름.〕 강도(強度). 굳기. ¶ 니켈의 경도. ②물에 녹아 있는 칼슘염·마그네슘염의 함유량의 정도. ③엑스선이 물체를 투과하는 정도.

경도(經度)[1]명 지구상의 위치를 나타내는 좌표의 한 가지. 그리니치 자오선의 자오면과 다른 자오선의 자오면이 이루는 각도로 나타냄. 〔지구의 표면을 동서로 각각 180°로 나누고, 동경 몇 도, 서경 몇 도 따위로 부름.〕 날도. 준경(經)[2]. ↔위도(緯度).

경도(經度)[2]명하자 ☞월경(月經).

경도(傾度)명 ☞경사도.

경도(傾倒)명하자되자 ①기울어 넘어짐. ②어떤 일에 열중하여 온 정신을 쏟음. 또는, 어떤 인물이나 사상 따위에 마음을 기울여 열중함. ¶ 사르트르의 실존주의에 경도하다. /불교 철학에 경도하다.

경도(鯨濤)명 큰 물결. 큰 파도. 경랑(鯨浪). 경파(鯨波).

경도(驚倒)명하자되자 (까무러칠 정도로) 몹시 놀람. ¶ 엄청난 소식에 모두 경도했다.

경도-계(硬度計)[-계/-게]명 광물(鑛物)의 경도를 재는 계기(計器).

경도-선(經度線)명 ☞경선(經線).

경도-시(經度時)명 본초 자오선과 다른 지점과의 경도의 차를 시·분·초로 환산한 시간.

경도-풍(傾度風)명 공기 운동에 대한 저항이 없을 때 등압선(等壓線)에 따라서 부는 것으로 생각되는 이론상의 바람.

경독(耕讀)명하자 농사를 지으면서 틈틈이 글을 읽음, 또는 농사짓기와 글 읽기.

경독(經讀)명하자 불경(佛經)을 읽음.

경ː-돌(磬-)[-똘]명 ☞경석(磬石).

경동(傾動)명 단층(斷層)에 의하여 땅덩이가 솟아오를 때, 그 정도가 고르지 못하여 땅덩이의 한쪽이 보다 크게 솟아오름으로써 일어나는 운동. 〔가파른 단층애(斷層崖)와 그 뒤쪽으로 완만한 비탈이 이루어짐.〕

경동(輕動)명하자 경솔하게 행동함.

경ː동(鏡胴)명 망원경·사진기 따위의 몸통.

경ː동(鏡銅)명 구리와 주석의 비율이 2:1로 된 합금인 청동의 한 가지. 〔옛날에 거울로 사용하였음.〕

경ː동(警動)명하타 타이르고 격려함.

경동(驚動)명하타 (뜻밖의 일에) 놀라서 술렁거림.

경-동맥(頸動脈)명 척추동물의 목의 좌우에 있어, 얼굴이나 머리에 혈액을 보내는 동맥.

경동-성(傾動性)[-썽]명 식물의 꽃이나 잎·덩굴 따위가 접촉하거나 빛·열·화학 물질 따위의 양적(量的)인 차로 자극을 받아 움직이는 현상.

경동^지괴(傾動地塊)[-괴/-궤]명 땅덩이의 한 쪽이 단층면을 따라서 솟아올라 가파른 단층애(斷層崖)를 이루고, 반대쪽은 완만한 비탈로 되어 있는 지형. 〔우리나라는 동쪽이 솟아오르고, 서쪽으로 완만히 비탈진 경동 지괴임.〕

경라(輕羅)[-나]명 얇고 가벼운 비단.

경ː라(警邏)[-나]명하타 순시하며 경계함.

경락(京洛)[-낙]명 〔옛날 중국의 서울〔京〕이 낙양(洛陽)이었던 데서〕 서울. 수도(首都).

경락(經絡)[-낙]명 한의학에서, 침을 놓거나 뜸을 뜨는 자리인 경혈(經穴)과 경혈을 연결한 선을 이름. 〔몸과 팔다리를 세로 방향으로 달리는 선으로, 좌우에 12쌍이 있다고 함.〕

경ː락(競落)[-낙]명 경매(競賣)에서, 그 목적물인 동산이나 부동산의 소유권을 차지하는 일.

경ː락-물(競落物)[-낭-]명 경매(競賣)에서, 경락이 결정된 물건.

경ː락-인(競落人)[-나긴]명 경락에 따라 목적물의 권리를 차지한 사람. 경락자.

경ː락-자(競落者)[-낙짜]명 ☞경락인.

경랍(硬鑞)[-납]명 구리·금·은·황동 등을 주성분으로 한, 융점(融點)이 높은 납땜용 합금을 통틀어 이르는 말. 참연랍(軟鑞).

경랍(鯨蠟)[-납]명 고래의 머릿골에서 채취한 기름을 냉각·압착하여 만든 납(蠟). 양초·화장품 등의 원료로 쓰임.

경랑(鯨浪)[-낭]명 ☞경도(鯨濤).

경략(經略)[-냑]명하타 ①나라를 경영하여 다스림. ②(천하를 경영하기 위하여) 남의 나라 땅을 공략하여 다스림. ¶ 북방을 경략하다.

경략-사(經略使)[-냑싸]명 조선 시대에, 함경북도와 평안북도의 국경 지방을 다스리기 위하여 임시로 둔 벼슬.

경량(輕量)[-냥]명 가벼운 무게. ↔중량(重量).

경량-급(輕量級)[-냥끕]명 체급에 따른 운동 경기에서의 가벼운 체급. 참중량급(重量級).

경량-품(輕量品)[-냥-]명 ①무게가 가벼운 물품. ②하물 수송에서, 부피에 비하여 무게가 가벼워서, 그 부피에 따라 운임이 계산되는 물품. ↔중량품(重量品).

경력(經力)[-녁]명 불교에서, '경전의 공력(功力)' 또는 '간경(刊經) 및 독경(讀經)의 공력'을 이르는 말.

경력(經歷)[-녁]명 ①이제까지 거쳐온 학업·직업·지위 따위의 내용. 열력(閱歷). 이력(履歷). ¶ 다양한 경력을 가진 사람. ②하타 겪어 옴. 거쳐옴. ¶ 갖은 풍상을 경력하다.

경력-담(經歷談)[-녁땀]명 이제까지 겪어 온 여러 가지 일에 대한 이야기.

경력-자(經歷者)[-녁짜]명 어떤 경력(經歷)을 가진 사람. ¶ 경력자 우대.

경력직^공무원(經歷職公務員)[-녁찍꽁-]명 국가 공무원의 구분의 한 가지. 실적과 자격에 따라 임용되며 그 신분이 보장되는 공무원. 일반직·특정직·기능직으로 나뉨. 참특수 경력직 공무원.

경련(痙攣)[-년]명하자 근육이 발작적으로 수축(收縮)하는 현상. ¶ 경련이 일어나다.

경련(頸聯)[-년]명 한시의 율시(律詩)에서, 제5·6구, 곧 제3연. 참함련·미련.

경련-증(痙攣症)[-년쯩]명 몸의 일부나 온몸에 경련을 일으키는 증세.

경ː례(敬禮)[-녜] Ⅰ명하자 공경의 뜻을 나타내기 위하여 인사하는 일, 또는 그 인사. ¶ 경례를 받다. /경례를 붙이다.
Ⅱ감 군대에서, 상급자나 국기 등에 경의를 표하라는 구령.

경로(經路)[-노]명 ①지나는 길. ②사람이나 사물이 거쳐온 길, 또는 거쳐간 길. ¶ 범인이 달아난 경로를 알아내다.

경ː로(敬老)[-노]명하자 노인을 공경함.

경ː로-당(敬老堂)[-노-]명 노인을 공경하는 뜻에서, 노인들이 모여 여가를 선용할 수 있도록 지어 놓은 집.

경ː로-석(敬老席)[-노-]명 지하철이나 버스 등에서, 노인들을 위하여 마련한 좌석.

경ː로-회(敬老會)[-노회/-노훼]명 노인을 공경하고 위로하는 모임.

경론(硬論)[-논]명 강경한 태도의 논의나 논설.

경론(經論)[-논]명 불교에서, 삼장(三藏) 중의 경장(經藏)과 논장(論藏)을 이름.

경루(更漏)[-누]명 조선 시대에, 밤 사이의 시간을 알리던 물시계.

경루(經漏)[-누]명 월경이 그치지 않는 병.

경ː루(瓊樓)[-누]명 ①'궁궐'을 아름답게 이르는 말. ②아름답게 지은 높은 전각(殿閣).

경륜(經綸)[-뉸]명하타 ①일정한 포부를 가지고 일을 조직적으로 계획함, 또는 그 계획. ¶ 경륜을 쌓다. ②나라를 다스림, 또는 그 방책.

경ː륜(競輪)[-뉸]명 직업 선수들에 의한 자전거 경주. 경주권을 발매하여 도착 순서를 맞힌 사람에게 환급금을 지불함.

경륜-가(經綸家)[-뉸-]명 정치적·조직적인 일에 수완이 좋은 사람. 경륜지사.

경륜지사(經綸之士)[-뉸-]명 ☞경륜가.

경률-론(經律論)[-뉼-]명 ☞삼장(三藏).

경리(經理)[-니]명 회계나 급여(給與)에 관한 사무, 또는 그러한 사무를 보는 부서나 사람.

경린(硬鱗)[-닌]명 철갑상어 따위에서 볼 수 있는 단단한 비늘. 굳비늘.

경마(←牽馬)명 남이 탄 말을 몰기 위하여 잡는 고삐.
경마를 잡다관용 남이 탄 말의 고삐를 잡고 그 말을 몰다.
경마를 잡히다관용 경마를 잡게 하다.

경마(耕馬)명 논밭을 가는 데 부리는 말.

경ː마(競馬)명하자 사람이 탄 말이 일정 거리를 달려 그 순위를 겨루는 일. 마권을 발매하여 도착 순서를 맞힌 사람에게 환급금을 지불함.

경ː마-장(競馬場)명 일정한 시설을 갖추고 경마를 하는 경기장. 마장(馬場).

경망(輕妄)명하형스형 언행이 가볍고 방정맞음. ¶ 경망을 떨다. **경망-히**부. **경망스레**부.

경ː매(競買)명하타 팔려는 사람이 많을 경우, 그들을 서로 경쟁시켜 가장 싸게 팔겠다는 사람에게서 물건을 사들이는 일.

경ː매(競賣)명하타되자 ①사려는 사람이 많을 경우, 그들을 서로 경쟁시켜 가장 비싸게 사겠다는 사람에게 물건을 파는 일. 박매(拍賣). ¶ 경매에 붙이다. ②권리자의 신청에 따라 법원이나 집행관이 동산이나 부동산을 경쟁 체결 방식에 의하여 구두로 하는 매매.

경ː-매매(競賣買)명 물건을 사고파는 방법의 한 가지. 사는 쪽과 파는 쪽이 모두 복수로서 서로 경쟁하여 매매가 이루어짐. 〔특히, 증권 거래소에서의 매매를 가리킴.〕

경ː매-물(競賣物)명 경매에 부친 물건.

경ː매-인(競賣人)명 경매를 하는 사람.

경맥(硬脈)명 고혈압 등으로 긴장도가 높아진 맥박. ↔연맥(軟脈).

경ː면(鏡面)명 거울의 비치는 면.
경ː면-지(鏡面紙)명 경면처럼 반들반들하고 광택이 있는 종이.
경멸(輕蔑)명하타 남을 깔보고 업신여김. ¶ 경멸의 눈길을 보내다.
경명(傾命) '경명하다'의 어근.
경ː명(敬命)명하타 삼가고 공경함.
경명-하다(傾命-)형여 너무 늙어 목숨이 얼마 남지 않다.
경명행수(經明行修)명 경학(經學)에 밝고 행실이 착함. 준경행(經行).
경ː모(景慕)명하타 우러러 그리워함. 마음을 기울여 사모함. 경앙(景仰).
경모(傾慕)명하타 마음을 다하여 사모함.
경ː모(敬慕)명하타 존경하고 사모함. 경앙(敬仰). ¶ 선생의 인격과 학문을 경모하다.
경모(輕侮)명하타 남을 깔보아 업신여김.
경목(耕牧)명 농경과 목축.
경ː몽(警蒙)명하타 어린아이나 어리석은 사람을 깨우쳐 줌.
경묘(輕妙) '경묘하다'의 어근.
경묘-하다(輕妙-)형여 (글이나 말 따위가) 경쾌하고 재치 있다. ¶ 경묘한 글 솜씨. **경묘-히**부.
경ː무(警務)명 경찰에 관한 사무.
경ː무-관(警務官)명 경찰 공무원 계급의 하나. 치안감의 아래, 총경의 위임.
경ː무-호(警霧號)명 바다 위에 안개가 짙을 때, 안개의 위치를 배에 알리기 위하여 울리는 음향 신호. 참무적(霧笛).
경ː문(景門)명 술가(術家)의 팔문(八門) 가운데 길한 문의 하나.
경문(經文)명 ①민간에서, 고사를 지내거나 푸닥거리할 때 외는 주문. ②(종교의) 경전(經典)의 문장.
경문(驚門)명 술가(術家)의 팔문(八門) 가운데 흉한 문의 하나.
경-문학(硬文學)명 표현이나 내용이 읽는 이에게 딱딱한 느낌을 주는, 논리성이나 사상성이 강한 문학. ↔연문학(軟文學).
경-문학(輕文學)명 가벼운 마음으로 읽을 수 있는, 딱딱하지 않은 문학 작품.
경물(景物)명 계절에 따라 달라지는 자연의 경치.
경물-시(景物詩)명 계절에 따라 달라지는 경치를 읊은 시.
경미(粳米)명 멥쌀.
경미(輕微) '경미하다'의 어근.
경미-토(粳米土)명 모래흙.
경미-하다(輕微-)형여 정도가 가볍다. 아주 작다. 경소(輕小)하다. ¶ 피해가 경미하다.
경ː민(警民)명하자 백성을 깨우침.
경ː민-가(警民歌)명 ☞훈민가(訓民歌).
경박(輕薄) '경박하다'의 어근.
경박-부허(輕薄浮虛)[-뿌-]명하형 ☞경조부박.
경박-스럽다(輕薄-)[-쓰-따][~스러우니·~스러워]형ㅂ (언행이) 신중하지 못하고 가벼운 데가 있다. ¶ 경박스러운 행동.
경박-자(輕薄子)[-짜]명 언행이 방정맞고 신실(信實)하지 못한 사람.
경박-재자(輕薄才子)[-째-]명 재주는 있으나 경박한 사람.
경박-하다(輕薄-)[-바카-]형여 사람됨이 진중하지 못하고 가볍다. 참경조부박. **경박-히**부.
경발(警拔) '경발하다'의 어근.
경ː발-하다(警拔-)형여 ①뛰어나게 총명하다. ②문장이나 착상 따위가 기발하고 뛰어나다.
경방(庚方)명 이십사방위의 하나. 서남서에서 서쪽으로 15도까지의 방위. 신방(申方)과 유방(酉方)의 사이. 준경(庚). ↔갑방(甲方).
경ː방(警防)명하타 위험이나 재해 따위를 경계하여 막음.
경ː배(敬拜)명 ①하자 공경하여 공손히 절함. ②하자타 신불 등을 숭배함. ¶ 하나님을 경배하라. ③'공경하여 절합니다'의 뜻. 〔주로, 편지 끝에 쓰임.〕
경ː백(敬白)명 ☞경구(敬具).
경벌(輕罰)명 가벼운 벌(罰). ↔중벌(重罰).
경범(輕犯)명 〈경범죄〉의 준말.
경-범죄(輕犯罪)[-쬐/-쮀]명 가벼운 범죄. 경범죄 처벌법에 규정된 범죄. 준경범(輕犯).
경범죄^처ː벌법(輕犯罪處罰法)[-쬐-뻡/-쮀-뻡]명 비교적 가벼운 범죄 및 일상생활에서 나타나는 반도의적(反道義的)인 침해 행위에 대한 처벌을 규정한 법률. 즉결 재판(卽決裁判)을 통하여 구류(拘留)나 과료(科料) 등 가벼운 형벌이 과해짐.
경법(經法)[-뻡]명 ①〈대경대법(大經大法)〉의 준말. ②불경(佛經)에 나타난 석가의 가르침.
경변(硬便)명 된똥.
경변(輕邊)명 헐한 이자(利子). 저변(低邊).
경변-증(硬變症)[-쯩]명 어떤 장기(臟器)가 만성적인 자극으로 딱딱하게 굳어지면서 오그라드는 병증.
경보(頃步)명 ☞반걸음.
경ː보(競步)명 육상 경기의 한 가지. 일정한 거리를 어느 한쪽 발이 반드시 땅에 닿은 상태로 하여 걸어서 빠르기를 겨루는 경기.
경ː보(警報)명 위험 또는 재해가 닥쳐올 때, 사람들에게 경계하도록 알리는 일, 또는 그 보도. ¶ 태풍 경보. /경보를 발하다.
경ː보-기(警報器)명 어떤 사고나 재해 등을 음향이나 광선 따위를 이용하여 알리는 기기. ¶ 도난 경보기. /경보기가 울리다.
경ː복(景福)명 크나큰 복. 경조(景祚).
경복(傾覆)명하자타되자 〔'기울어져 쓰러짐' 또는 '뒤집어 엎음'의 뜻으로〕 '나라나 집안 등이 결딴나서 망하는 일, 또는 망하게 하는 일'을 흔히 이르는 말.
경ː복(敬服)명하자 존경하여 진심으로 복종함. ¶ 고결한 인품에 경복하다.
경ː복(敬復·敬覆·敬扑)명 〔한문 투의 편지 답장 첫머리에 쓰이어〕 '공경하여 답장드림'의 뜻을 나타냄. 배복(拜復). 복계(復啓).
경복(輕服)명 소공(小功)·시마(緦麻) 따위와 같은, 기간이 짧은 복제. ↔중복(重服).
경ː복(慶福)명 경사스럽고 복됨, 또는 그런 일.
경본(京本)명 〔지난날〕 ①'서울에서 유행되는 차림새'를 이르던 말. ②'서울에서 간행된 책'을 이르던 말.
경부(京府)명 서울. 수도(首都).
경부(經部)명 중국 고전을 경(經)·사(史)·자(子)·집(集)의 사 부로 분류한 것 중에서 '경'에 딸린 부류. 〔사서삼경(四書三經) 따위.〕 갑부(甲部).
경부(輕浮)명하형 〈경조부박(輕佻浮薄)〉의 준말. **경부-히**부.
경부(頸部)명 ①목 부분. ②목처럼 가늘게 되어 있는 부분. ¶ 자궁 경부에 암이 생기다.
경ː부(警部)명 ①대한 제국 때, 경무청을 독립시켜 고친 이름. ②일제 강점기에, 경찰관직의 하나. 지금의 '경감'에 해당함.

경분(輕粉) 명 한방에서, '염화 제일수은'을 이르는 말. 매독이나 매독성 피부병, 또는 외과용 살충제 등으로 쓰임. 홍분(汞粉).
경ː분(競奔) 명하자 앞을 다투어 달림.
경비(經費) 명 ①어떠한 일을 하는 데 드는 비용. ¶ 영업 활동에 필요한 경비. /많은 경비가 들다. ②일정하게 정해진 평소의 비용. ¶ 경비를 삭감하다.
경ː비(警備) 명 ①하타 만일에 대비하여 경계하고 지킴. ¶ 건물 둘레를 경비하다. ②〈경비원〉의 준말.
경ː비-대(警備隊) 명 경비 임무를 수행하기 위하여 조직된 부대. ¶ 경비대를 파견하다.
경ː비-망(警備網) 명 경비를 위하여 곳곳에 펴 놓은 조직 체계. ¶ 특공대가 삼엄한 경비망을 뚫고 잠입하였다.
경ː비-병(警備兵) 명 경비 임무를 맡은 병사. ¶ 경비병을 배치하다.
경비-사(經費司) 명 조선 시대에, 서울 각 관아(官衙)의 경비 지출 및 부산에 거주(居住)하는 왜인(倭人)에게 주는 양식 따위를 관리하던 호조(戶曹)의 한 분장.
경ː비-선(警備船) 명 국토의 연안 해상을 경비하는 데 쓰이는 경찰 선박.
경ː비-원(警備員) 명 경비 임무를 맡은 사람. ¶ 경비원을 고용하다. 준경비(警備).
경ː비-정(警備艇) 명 국토의 연안 해상을 경비하는 소형의 함정.
경ː비-함(警備艦) 명 국토의 연안 해상을 경비하는 군함.
경-비행기(輕飛行機) 명 스포츠나 연락·훈련 등에 쓰이는, 소형의 프로펠러 비행기.
경사(京司) 명 〈경각사(京各司)〉의 준말.
경사(京師) 명 서울. 수도(首都).
경사(經史) 명 경서(經書)와 사기(史記).
경사(經師) 명 ☞경스승.
경사(經絲) 명 피륙의 날을 이루는 실. 날실[1]. ↔위사(緯絲).
경사(傾斜) 명 ①비스듬히 기울어짐, 또는 그 정도나 상태. ¶ 경사가 지다. /경사가 심하다. ②지층면과 수평면이 어떤 각도를 이룸, 또는 그 각도. ¶ 경사를 이루다.
경사(傾瀉) 명하타 화학에서, 침전물을 가라앉히고 웃물을 따라 버리는 일.
경ː사(慶事) 명 매우 즐겁고 기쁜 일. 가사(嘉事). ¶ 경사가 나다.
경ː사(警査) 명 경찰 공무원 계급의 하나. 경위의 아래, 경장의 위임.
경ː사(競射) 명하자 활쏘기나 총 쏘기를 겨룸.
경사-계(傾斜計) [-계/-게] 명 ①항공기와 지면에 대한 경사나 가속 방향에 대한 경사도를 측정하는 계기. ②☞클리노미터.
경-사대부(卿士大夫) 명 조선 시대에, 영의정·좌의정·우의정 이외의 모든 벼슬아치를 통틀어 이르던 말.
경사-도(傾斜度) 명 기울어진 정도. 경도(傾度). 기울기.
경ː사-롭다(慶事-) [-따] [~로우니·~로워] 형ㅂ 경사스럽다. **경사로이** 부.
경사-면(傾斜面) 명 경사를 이루고 있는 면.
경사-생산(傾斜生産) 명 기초 산업의 생산을 회복한 뒤에 다른 산업의 생산을 꾀하는 방식. 원자재나 노동력이 부족할 때, 석탄·철·비료 따위의 기초 물자 생산을 우선적으로 확보한 다음 다른 부문의 물자를 생산하는 방식임.
경ː사-스럽다(慶事-) [-따] [~스러우니·~스러워] 형ㅂ (어떤 일이) 즐겁고 기뻐할 만하다. 경사롭다. **경사스레** 부.
경사^습곡(傾斜褶曲) [-꼭] 명 습곡을 만드는 좌우의 압력이 달라, 습곡 축면(軸面)이 어떤 각도로 기울어진 습곡.
경사-의(傾斜儀) [-의/-이] 명 ☞클리노미터.
경사자집(經史子集) 명 중국 고전의 경서·사서·제자류(諸子類)·시문집을 통틀어 이르는 말.
경사-지(傾斜地) 명 비탈진 땅.
경사-지다(傾斜-) 자 한쪽으로 기울어지다. ¶ 경사진 땅.
경사-칭(傾斜秤) 명 경사진 지레의 원리를 이용한 저울. 저울 끝에 달린 갈고리에 물건을 걸어 무게를 닮.
경산(經産) 명 아이를 낳은 경험이 있음. 참초산(初産).
경산-부(經産婦) 명 아이를 낳은 경험이 있는 산부(産婦). 참초산부(初産婦).
경산-절(京山-) [-쩔] 명 지난날, 서울 근처의 산에 있는 절을 이르던 말.
경산-중(京山-) [-쭝] 명 지난날, 서울 근처의 산에 있는 절의 중을 이르던 말.
경ː삼(慶蔘) 명 경상도에서 생산되는 인삼.
경삼(驚蔘) 명 옮겨 심어서 기른 산삼.
경ː삿-날(慶事-) [-산-] 명 경사가 있거나 경사가 있는 것처럼 기쁜 날.
경상(景狀) 명 좋지 못한 몰골이나 광경.
경상(卿相) 명 ①☞재상. ②육경(六卿)과 삼상(三相).
경상(經常) 명 늘 일정하여 변함이 없는 일. ¶ 경상 사업비. ↔임시(臨時).
경상(輕傷) 명하자 조금 다침, 또는 가벼운 상처. ¶ 경상을 입다. ↔중상(重傷).
경상^거ː래(經常去來) 명 국제간의 거래에서, 자본 거래 이외의 거래. 〔상품의 수출입이나 서비스 요금의 수불(受拂) 따위.〕
경상^계ː정(經常計定) [-계-/-게-] 명 기업 따위가, 일상적으로 반복해서 실시하는 거래의 수지(收支)를 나타내는 계정.
경상-비(經常費) 명 매년 계속해서 지출되는 일정한 경비. ↔임시비.
경상^수입(經常收入) 명 매년, 또는 매 회계 연도마다 일정하게 들어오는 수입.
경상^수지(經常收支) 명 국제간의 거래에서, 경상 거래에 의한 수지. 기업의 경우 통상의 영업 활동 과정에서 계속적으로 생기는 수입과 지출의 차액을 이름.
경ː상-참(境上斬) 명하타 지난날, 두 나라에 관계되는 죄인을 두 나라의 국경에서 처형하던 일.
경-새(更-) 명 밤마다 정한 시간에 우는 새.
경색(哽塞) 명하자 지나치게 울어서 목이 멤.
경색(梗塞) 명하자되자 ①응고된 혈액이나 이물질 따위로 혈관이 막혀서 조직의 일부가 괴사하는 일. ¶ 심근 경색. ②사물이 소통되지 못하고 막힘. ¶ 경색된 정국. /금융 시장이 경색되다. /분위기가 경색되다.
경색(景色) 명 ☞경치(景致).
경서(經書) 명 사서오경 등 유교의 가르침을 적은 서적. 경적(經籍). 전경(典經). 준경(經)[1].
경ː서(慶瑞) 명 경사스러운 조짐. 상서(祥瑞).
경석(輕石) 명 ☞속돌.
경ː석(磬石) 명 경쇠를 만드는 데 쓰이는 안산암(安山岩)의 한 가지. 검은빛이 나고, 단단하여 정으로 치면 맑은 소리가 남. 경돌.

경-석고(硬石膏)[-꼬][명] 결정수(結晶水)를 함유하지 않은 석고. 흰색이나 회색을 띠며, 보통 석고보다 단단함.
경선(經線)[명] 지구의 양극을 세로로 연결한 가상적인 선. 날금. 날줄. 경도선(經度線). 자오선(子午線). [준]경(經)2. ↔위선(緯線).
경선(徑先·輕先) '경선하다'의 어근.
경선(頸腺)[명] 목 언저리의 림프샘.
경선(鯨船)[명] ☞포경선(捕鯨船).
경ː선(競選)[명] 둘 이상의 후보가 경쟁하는 선거. ¶ 대통령 후보 경선에 나서다.
경선^벡터(徑線vector)[명] 점의 위치를 나타낼 때, 기준점에서 그 점까지 그은 직선을 벡터로 사용한 것. 동경(動徑).
경선^종ː창(頸腺腫脹)[명] 여러 가지 병독으로 목에 있는 림프샘이 붓는 나력(瘰癧)의 한 가지. [참]연주창(連珠瘡).
경선-하다(徑先-·輕先-)[형여] 경솔하게 앞질러 하는 성질이 있다. **경선-히**[부].
경성(京城)[명] ①도읍의 성. 서울. ②일제 강점기에, '서울'의 이름.
경성(硬性)[명] 단단한 성질. ¶ 경성 세제. ↔연성(軟性).
경ː성(景星)[명] ☞서성(瑞星).
경성(傾性)[명] 식물이 외부로부터 자극을 받았을 때, 그 자극 방향과 상관없이 일정한 방향으로 굽는 성질.
경성(傾城)[명] 〈경성지색(傾城之色)〉의 준말. 경국.
경ː성(警省)[명][하타] (스스로) 깨치어 되살펴 봄. 깨달아 반성함.
경ː성(警醒)[명][하타] 정신을 차려 그릇된 행동을 하지 않도록 타일러 깨닫게 함.
경-성분(硬成分)[명] 방사선이나 우주선의, 물질을 투과하는 힘이 강한 부분. ↔연성분(軟成分).
경성지색(傾城之色)[명] ☞경국지색(傾國之色). [준]경성(傾城).
경성^하ː감(硬性下疳)[명] 매독균의 전염으로 음부(陰部)에 생기는 피부병. 단단하고 조그마한 종기가 생기어 차차 헐게 됨. ↔연성 하감(軟性下疳).
경성^헌ː법(硬性憲法)[-뻡][명] 개정 절차가 보통 법률보다 까다롭게 되어 있는 헌법. 강성 헌법(剛性憲法). ↔연성 헌법(軟性憲法).
경세(經世)[명][하자] 세상을 다스림.
경ː세(警世)[명][하자] 세상 사람들을 경계(警戒)하여 깨우침.
경세-가(經世家)[명] 세상을 다스리는 사람.
경세-제민(經世濟民)[명][하자] 세상을 다스리고 백성을 구제함. [준]경제(經濟).
경세지재(經世之才)[명] 세상을 다스릴 만한 재주, 또는 그런 인재(人材).
경세지책(經世之策)[명] 세상을 다스려 나갈 만한 방책.
경세-치용(經世致用)[명] 학문은 세상을 다스리는 데에 유용한 것이어야 한다는 유교의 한 주장.
경소(京所)[명] 고려·조선 시대에, 각 지방에서 영향력 있는 사람을 서울로 불러들여 그 지방의 일을 주선하고 의논하게 하던 곳.
경소(輕少) '경소하다'의 어근.
경소(輕笑)[명][하타] ①가볍게 웃음. ②대수롭지 않게 여겨 웃음.
경-소리(經-)[-쏘-][명] 불경(佛經)을 읽거나 외는 소리.
경소-하다(輕少-)[형여] 아주 적다. 경미(輕微)하다. ¶ 경소한 피해. **경소-히**[부].
경속(粳粟)[명] ☞메조. ↔나속(糯粟).
경솔(輕率)[명][하형] 언행이 조심성이 없고 가벼움. ¶ 저의 경솔을 용서하십시오./행동이 경솔하다. **경솔-히**[부].
경ː-쇠(磬-)[-쇠/-쉐][명] ①옥이나 돌로 만든 아악기(雅樂器)의 한 가지. 경(磬). [참]편경(編磬). ②판수가 경을 읽을 때 흔드는 작은 방울. ③예불(禮佛)을 드릴 때 흔드는 작은 종.
경수(硬水)[명] ☞센물. ↔연수(軟水).
경수(經水)[명][하자] 한방에서, '월경(月經)'을 이르는 말.
경수(輕水)[명] 보통의 물을 중수(重水)와 구별하여 이르는 말.
경수(輕囚)[명] 죄가 가벼운 죄수. ↔중수(重囚).
경수(頸髓)[명] 척수(脊髓)의 경부(頸部).
경수-로(輕水爐)[명] 천연수를 감속재와 냉각재로 사용하는 원자로. [참]중수로.
경ː수-소(警守所)[명] 조선 시대에, 순라군(巡邏軍)이 밤에 거처하던 곳.
경-수필(輕隨筆)[명] 잡다한 생각이 중심이 되고, 개인적 문제를 주로 다루며, 주관적·감성적 표현을 중심으로 다룬 수필. 연수필(軟隨筆). [참]중수필.
경숙(經宿)[명][하자] 지난날, 임금이 대궐 밖에서 밤을 지내던 일.
경-순양함(輕巡洋艦)[명] 소형의 순양함.
경술(庚戌)[명] 육십갑자의 마흔일곱째.
경술(經術)[명] 경서(經書)를 연구하는 학문.
경술-국치(庚戌國恥)[명] ☞국권 피탈.
경-스승(經-)[-쓰-][명] 불경의 경문의 뜻을 풀어 가르치는 법사(法師). 강사(講師). 경사(經師).
경승(景勝)[명] 경치가 좋음, 또는 그런 곳. [비]명승(名勝).
경-승용차(輕乘用車)[명] 작고 가벼운 승용차. 엔진 배기량 800 cc 이하의 승용차를 이름. [준]경차(輕車).
경승-지(景勝地)[명] 경치가 좋은 곳. 경승지지(景勝之地). 보승지(保勝地).
경승지지(景勝之地)[명] ☞경승지.
경시(更始)[명][하타] 고쳐 다시 시작함.
경시(庚時)[명] 이십사시의 열여덟째 시. 하오 4시 30분부터 5시 30분까지의 동안. [준]경(庚).
경시(京試)[명] 조선 시대에, 3년마다 서울에서 보이던 소과(小科)의 초시(初試).
경시(輕視)[명][하타][되자] 대수롭지 않게 여김. 가볍게 봄. ¶ 경쟁자를 경시하다. ↔중시(重視).
경ː시(警視)[명] ①대한 제국 때, 경시청과 각 도의 관찰부에 두었던 경찰관의 고등관. ②일제 강점기에, 지금의 총경(總警)에 해당하는 경찰관의 직위.
경시-관(京試官)[명] 조선 시대에, 3년마다 각 도에서 과거를 보일 때에 서울에서 파견하던 시험관.
경시-서(京市署)[명] 고려·조선 시대에, 서울의 시전(市廛)을 관리·감독하던 관아.
경ː시-종(警時鐘)[명] 지정한 시각에 종을 울려 잠이 깨게 해 주는 시계. 성종(醒鐘). 파면종(破眠鐘).
경식(耕食)[명][하자] 농사를 지어 살아 나감.
경식(硬式)[명] 야구·테니스 따위에서, 단단한 공을 사용하는 방식. ↔연식(軟式).
경식^야ː구(硬式野球)[-싱냐-][명] 경구(硬球)를 사용하는 야구. ↔연식 야구(軟式野球).

경신(更新)명하타되자 ①(이제까지 있던 제도나 기구 따위를) 고쳐 새롭게 함, 또는 새롭게 고침. ②종전의 기록을 깨뜨림. ¶ 세계 기록을 경신하다. /수출 실적이 날로 경신되다. 참갱신(更新).
경신(庚申)명 육십갑자의 쉰일곱째.
경신년 글강 외듯속담 ①'거듭 신신당부함'을 이르는 말. ②'하지 않아도 될 말을 거듭 되풀이함'을 이르는 말.
경신(을) 새다관용 경신일에 밤을 새우다.
경신(京信)명 지난날, '서울에서 온 편지나 소식'을 이르던 말.
경:신(敬信)명하타 존경하고 믿음.
경:신(敬神)명하자 신을 공경함.
경신(輕信)명하타 경솔히 믿음.
경:신-숭조(敬神崇祖)명 신을 공경하고 조상을 숭상하는 일.
경:실(苘實)명 한방에서, 어저귀의 씨를 약재로 이르는 말. 〔강장제로 쓰임.〕
경심(傾心)명 ①(배 따위의) 떠 있는 물체가 기울어진 상태에 있을 때의 중심(中心). 메타센터. ②하자마음을 기울임. 마음을 쏟음.
경아(驚訝)명하자 놀라고 의아하게 여김.
경-아리(京-)명 지난날, 서울 사람을 약고 간사하다 하여 욕으로 이르던 말.
경-아문(京衙門)명 지난날, 서울에 있는 각 관아를 이르던 말.
경-아전(京衙前)명 조선 시대에, 중앙 관아에 소속되었던 이속(吏屬).
경악(經幄)명 ☞경연(經筵).
경악(驚愕)명하자 깜짝 놀람. ¶ 경악을 금치 못하다. /급작스러운 비보(悲報)에 경악하다.
경악-스럽다(驚愕-)[-쓰-따][~스러우니·~스러워]형ㅂ 깜짝 놀랄 만하다. **경악스레**부.
경안(經眼)명 불경(佛經)을 보고 이해할 만한 안목.
경:앙(景仰)명하타 덕망이 높은 사람을 우러러 따름. 경모(景慕).
경:앙(敬仰)명하타 존경하여 우러러봄. 경모(敬慕).
경:애(敬愛)명하타 존경하고 사랑함. 애경(愛敬). ¶ 경애하는 벗.
경애(境涯)명 살아가는 처지나 환경.
경:야(竟夜)명하자 밤을 새움. 달야(達夜).
경야(經夜)명하자 ①장사 지내기 전에, 근친이나 친구들이 관 옆에서 밤샘을 하는 일. ②밤을 지냄.
경-양식(輕洋食)명 간단한 서양식 일품요리.
경:어(敬語)명 듣는 사람이나 제삼자에게 존경의 뜻을 나타내기 위하여 사용하는 말. 공대말. 높임말. 존경어.
경언(鯁言)명 무서워하거나 거리낌이 없이 바르게 하는 말.
경:업(競業)명하자 영업상 경쟁함.
경:업^금:지(競業禁止)[-끔-]명 대리상이나 지배인 등 특정한 지위의 사람이 그 지위를 가지게 해 준 사람과 경쟁되는 성질의 영업을 하지 못하게 하는 일.
경-없다(景-)형 '경황없다'의 잘못.
경역(境域)명 ①경계 지역. ②어떤 범위 안의 지역. 준역(域).
경연(硬軟)명 단단함과 무름.
경연(硬鉛)명 5~10%의 안티몬을 섞어 만든 납의 합금. 납보다 굳고 강하며, 황산에 대한 저항이 큼.
경연(經筵)명 ①고려·조선 시대에, 임금 앞에서 경서를 강론하던 자리. 경악(經幄). ②〈경연청(經筵廳)〉의 준말.
경:연(慶宴)명 경사스러운 잔치.
경:연(慶筵)명 경사스러운 잔치를 벌인 자리.
경:연(競演)명하타 개인이나 단체가 모여서 연기나 기능 따위를 겨룸. ¶ 무용 경연 대회.
경연-관(經筵官)명 고려·조선 시대에, 경연에 참여하던 관원.
경-연극(輕演劇)명 오락과 풍자를 위주로 하는 대중 연극.
경연-원(經筵院)명 대한 제국 때, 경적(經籍)과 문한(文翰)을 보관하고, 시강(侍講)과 제찬(制撰)에 관한 일을 맡아보던 관아.
경연-청(經筵廳)명 조선 시대에, 경연의 일을 맡아보던 관아. 준경연(經筵).
경열(庚熱)명 삼복의 심한 더위. 복열(伏熱). 복염(伏炎). 경염(庚炎).
경열(哽咽)명하자 몹시 슬프거나 서러워 목이 메이도록 느껴 욺.
경염(庚炎)명 ☞경열(庚熱).
경염(硬塩)명 ☞돌소금.
경:염(競艶)명하자 여자들이 모여 서로의 아름다움을 겨룸.
경-염불(經念佛)[-념-]명하자 경문을 읽으며 부처의 공덕을 생각함.
경엽(莖葉)명 줄기와 잎.
경엽^식물(莖葉植物)[-씽-]명 관다발이 발달하여 줄기와 잎이 분화된 식물. 유관 식물(有管植物). ↔엽상 식물(葉狀植物).
경영(京營)명 조선 시대에, 서울에 있던 훈련도감·금위영·어영청·수어청·총융청·용호영을 통틀어 이르던 말. 경영문(京營門).
경영(經營)명하타되자 ①방침 따위를 정하고 연구하여 일을 해 나감. ¶ 국가의 경영에 관여하다. ②이익이 나도록 회사나 사업 따위를 운영함. ¶ 소유와 경영을 분리하다. /중소기업을 경영하다.
경:영(競泳)명하자 일정한 거리를 헤엄쳐 그 빠르기를 겨룸, 또는 그 경기.
경영^관리(經營管理)[-괄-]명 기업 경영에서, 최대의 이윤을 올릴 수 있도록 각종 업무의 수행 상태를 관리하는 일.
경영-권(經營權)[-꿘]명 기업의 경영자가 자기의 기업을 경영·관리하는 권리.
경영-난(經營難)명 기업이나 사업 따위의 경영상의 어려움. ¶ 경영난에 허덕이다. /경영난을 겪다.
경-영문(京營門)명 ☞경영(京營).
경영^분석(經營分析)명 대차 대조표나 손익 계산서 따위의 재무제표를 자료로 기업의 경영 상태를 분석·판단하는 일.
경영-자(經營者)명 기업을 경영하는 사람.
경영^전:략(經營戰略)[-절-]명 기업이 안정되게 성장하기 위해 기업 환경의 변화에 따라 능동적으로 대응하는 기본 지침.
경영-주(經營主)명 상점 또는 기업 따위를 경영하는 주인.
경영-진(經營陣)명 기업의 경영을 책임지고 있는 사람들의 진용(陣容).
경영^참가(經營參加)명 기업 경영의 의사 결정에, 그 기업의 근로자 또는 노동조합이 어떠한 형식으로 참가하는 일.
경영-학(經營學)명 합리적인 기업 경영 방법을 연구하는 학문.

경영^합리화(經營合理化)[-함니-]명 경영 활동의 상태를 수익성(收益性)을 높이는 방향으로 개선하는 일.
경:영^환:각(鏡映幻覺)명 ☞자체 환각.
경오(庚午)명 육십갑자의 일곱째.
경옥(硬玉)명 알칼리 휘석의 한 가지. 규산·산화알루미늄·소다로 된 광물로, 보통 비취(翡翠)를 이름.
경:옥(鏡玉)명 사진기·망원경·안경 따위에 쓰이는 렌즈.
경:옥(瓊玉)명 아름다운 구슬.
경:옥-고(瓊玉膏)[-꼬]명 한방에서, 혈액의 순환을 고르게 하는 데 쓰는 보약의 한 가지.
경외(京外)[-외/-웨]명 ①서울의 바깥. ②서울과 지방. 경향(京鄕).
경:외(敬畏)[-외/-웨]명하타 공경하면서 두려워함. 외경(畏敬).
경외(境外)[-외/-웨]명 어떤 경계의 밖. ↔경내.
경:외-감(敬畏感)[-외-/-웨-]명 공경하면서 두려워하는 감정.
경외-서(經外書)[-외-/-웨-]명 〈경외 성경(經外聖經)〉의 준말.
경외^성:경(經外聖經)[-외-/-웨-]명 전거가 불확실하여 '성경'에 수록되지 못한 30여 편의 문헌. 위경(僞經). 준경외서.
경:외-심(敬畏心)[-외-/-웨-]명 공경하면서 두려워하는 마음.
경외-장(京外匠)[-외-/-웨-]명 지난날, 서울과 지방에서 사기(沙器)를 만들던 장인(匠人).
경용(經用)명 (정상적으로) 늘 쓰는 비용.
경우(耕牛)명 논밭을 가는 데 부리는 소.
경우(境遇)명 ①놓이게 되는 조건이나 때, 또는 놓여 있는 사정이나 형편. ¶ 만약의 경우. /비가 올 경우에는 경기를 다음 날로 연기한다. /그의 경우는 우리의 그것과는 전혀 다르다. ②사리나 도리. ¶ 경우가 밝은 사람. /경우에 어긋나는 행동은 하지 마라.
경운(耕耘)명하타 논밭을 갈고 김을 맴.
경운-기(耕耘機)명 땅을 갈아 일구는 데 쓰이는 농업용 기계.
경원(耕園)명 경작하는 밭이나 과수원.
경원(經援)명 〈경제 원조〉의 준말.
경:원(敬遠)명하타 ①공경하되 가까이하지는 아니함. ¶ 감독관을 경원하다. ②(꺼리어) 멀리함. ¶ 서로 경원하는 사이. 경이원지(敬而遠之). ③야구에서, 투수가 고의로 사구(四球)를 던지는 일.
경:원-시(敬遠視)명하타 겉으로는 친한 체하면서 실제로는 꺼리어 멀리함. ¶ 잘난 척하는 반장을 경원시하다.
경위(涇渭)명 〔중국의 경수(涇水)는 항상 흐리고, 위수(渭水)는 항상 맑아 구별이 분명한 데서〕 '사리의 옳고 그름과 시비의 분간'을 이르는 말. ¶ 경위가 바르다.
경위(經緯)명 ①피륙의 날과 씨. ②〈경위도〉의 준말. ③〈경위선〉의 준말. ④일이 전개되어 온 과정. ¶ 사건의 경위를 알아보다.
경위(頸圍)명 목의 둘레.
경:위(警衛)명 ①하타경계하고 지킴, 또는 그렇게 하는 사람. ②경찰 공무원 계급의 하나. 경감의 아래, 경사의 위임.
경-위도(經緯度)명 경도와 위도. 준경위(經緯).
경:위-병(警衛兵)명 지난날, 임금을 경위하던 병사.
경위-서(經緯書)명 ☞전말서(顚末書).
경-위선(經緯線)명 경선과 위선. 준경위(經緯).
경:위-원(警衛院)명 대한 제국 때, 대궐 안팎의 경비를 맡아보던 관아.
경위-의(經緯儀)[-의/-이]명 천체나 땅 위에 있는 물체의 고도·방위각·올려본각을 재는 기계.
경유(經由)명하타되자 거쳐 지나감. ¶ 대전 경유 부산행 열차.
경유(輕油)명 ①원유를 분류(分溜)할 때 나오는, 비점(沸點) 250~350°C의 기름. ②콜타르를 증류하여 얻게 되는, 비점 80~170°C의 기름. 참중유(重油).
경유(鯨油)명 고래 고기나 고래 뼈를 짠 기름.
경유-지(經由地)명 거쳐 지나는 곳. ¶ 대전이 중간 경유지이다.
경육(鯨肉)명 고래의 고기.
경음(硬音)명 ☞된소리.
경음(鯨飮)명하자 (고래가 물을 들이마시듯) 술을 많이 마심.
경:음(競飮)명하자 (술 따위) 음료를 많이 마시기를 겨룸.
경-음악(輕音樂)명 악단의 연주에 의한, 가벼운 기분으로 즐길 수 있는 대중음악.
경음-화(硬音化)명 ☞된소리되기.
경읍(京邑)명 서울.
경의(更衣)[-의/-이]명하자 옷을 갈아입음.
경의(經義)[-의/-이]명 경서(經書)의 뜻.
경:의(敬意)[-의/-이]명 존경의 뜻. 예의(禮意). ¶ 경의를 표하다.
경의(輕衣)[-의/-이]명 ①가벼운 옷. ②경쾌한 옷차림.
경의-비마(輕衣肥馬)[-의-/-이-]명 〔가벼운 비단옷과 살진 말이라는 뜻으로〕 '호사스러운 차림새'를 이르는 말.
경이(輕易) '경이하다'의 어근.
경이(驚異)명하자 놀라 이상스럽게 여김, 또는 놀라움. ¶ 자연계의 경이. /경이에 찬 눈.
경이-감(驚異感)명 경이로운 느낌.
경이-롭다(驚異-)[-따][~로우니·~로워]형ㅂ 놀랍고 이상스럽다. ¶ 경이로운 성과. **경이로이**부.
경:이원지(敬而遠之)명하타 ☞경원(敬遠).
경이-적(驚異的)관명 놀랍고 이상스럽게 여길 만한 (것). ¶ 경이적 기록. /경이적인 사실.
경이-하다(輕易-)형여 매우 손쉽다. **경이-히**부.
경인(京人)명 서울 사람.
경인(京仁)명 서울과 인천. ¶ 경인 지방.
경인(庚寅)명 육십갑자의 스물일곱째.
경인-구(驚人句)[-꾸]명 사람을 놀라게 할 만큼 뛰어나게 잘 지은 시구(詩句). 준경구(驚句).
경인-답(京人畓)명 지난날, 서울 사람이 시골에 가지고 있는 논을 이르던 말. 준경답(京畓). 참경인전.
경인-전(京人田)명 지난날, 서울 사람이 시골에 가지고 있는 밭을 이르던 말. 준경전(京田). 참경인답.
경:일(敬日)명 대종교(大倧教)에서, 단군에게 경배하는 날인 일요일을 이르는 말.
경:일(慶日)명 경사스러운 날.
경-입자(輕粒子)[-짜]명 전자·중성미자·미크론 중간자·미크론 중성미자 및 그 반입자(反粒子) 등, 질량이 작은 소립자를 통틀어 이르는 말.
경자(庚子)명 육십갑자의 서른일곱째.
경자-마지명 조의 한 가지. 줄기가 푸르고 이삭이 짧으며 까끄라기가 없음.

경자-자(庚子字)명 조선 세종 2(1420.경자)년에 만든 구리 활자.
경작(耕作)명하타되자 논밭을 갈아 농사를 지음. 경가(耕稼).
경작-권(耕作權)[-꿘]명 농민이 농지를 경작할 수 있는 권리. 보통, 소작인의 소작권을 이름.
경작^면:적(耕作面積)[-장-]명 실제로 경작하는 땅의 면적.
경작-물(耕作物)[-장-]명 경작하는 농작물.
경작-자(耕作者)[-짜]명 논밭을 갈아 농사를 짓는 사람.
경작-지(耕作地)[-찌]명 경작하는 땅. 준경지(耕地).
경작^지주(耕作地主)[-찌-]명 직접 경작하는 지주.
경작^한:계지(耕作限界地)[-자칸계-/-자칸게-]명 생산액이 생산비와 거의 맞먹어 경작 가치가 없는 토지.
경장(更張)명하타 〔거문고 줄을 고쳐 팽팽하게 맨다는 뜻으로〕 ①사물이 해이(解弛)된 것을 고쳐 긴장하게 함. ②정치적·사회적으로 낡은 제도를 고쳐 새롭게 함.
경장(經藏)명 ①삼장(三藏)의 하나. 석가의 설법을 기록한 경전. ②절에서 불경을 넣어 두는 곳집. 경당(經堂).
경장(輕裝)명하자 홀가분하게 차려입음, 또는 그런 옷차림.
경:장(警長)명 경찰 공무원 계급의 하나. 경사의 아래, 순경의 위임.
경재(硬材)명 공예품 따위를 만드는 데 쓰이는, 느티나무나 계수나무 따위 단단한 목재.
경재(卿宰)명 ☞재상(宰相).
경재-소(京在所)명 조선 시대에, 지방 각 관아가 중앙에 두었던 출장소. 참경저리.
경:쟁(競爭)명하자 서로 앞서거나 이기려고 다툼. ¶ 생존 경쟁. /경쟁이 심하다.
경:쟁^가격(競爭價格)[-까-]명 ①시장에서, 수요와 공급 간의 경쟁에 따라 이루어지는 가격. ↔독점 가격. ②경쟁 입찰에서의 가격.
경:쟁^계:약(競爭契約)[-계-/-게-]명 계약을 체결할 때 여러 사람을 경쟁시켜 가장 좋은 조건을 제시한 사람과 맺는 계약. ↔수의 계약(隨意契約).
경:쟁-국(競爭國)명 국제적으로, 서로 우위에 서려고 다투는 상대국.
경:쟁-력(競爭力)[-녁]명 경쟁할 만한 힘이나 능력. ¶ 경쟁력을 갖추다. /경쟁력을 키우다.
경:쟁-률(競爭率)[-뉼]명 경쟁의 비율. ¶ 50대 1의 치열한 경쟁률. /경쟁률이 높다.
경:쟁^매매(競爭賣買)명 경쟁 계약에 따라 이루어지는 매매. 〔입찰 매매·경매·경매매 따위.〕
경:쟁-사(競爭社)명 서로 경쟁하는 관계에 있는 회사.
경:쟁-시험(競爭試驗)명 많은 지원자 중에서 일정한 사람을 뽑는 시험.
경:쟁-심(競爭心)명 경쟁에서 이기려는 마음. ¶ 경쟁심을 불러일으키다.
경-쟁이(經-)명 지난날, 남의 집의 재앙을 물리치기 위하여 경을 읽어 주는 사람을 이르던 말.
경:쟁^입찰(競爭入札)명 여러 입찰자 가운데서 가장 적당한 조건을 제시한 사람에게 낙찰되는 입찰.
경:쟁-자(競爭者)명 ①경쟁하는 사람. ¶ 경쟁자가 많다. ②경쟁하는 상대자. ¶ 경쟁자를 물리치다. /새로운 경쟁자가 나타나다.
경:쟁-적(競爭的)관명 서로 앞서거나 이기려고 다투는 (것). ¶ 경쟁적 분위기. /경쟁적으로 신제품을 개발하다.
경:쟁적 공:존(競爭的共存)[-꽁-] 둘 이상의 세력이 경쟁을 하며 공존함.
경저-리(京邸吏)명 고려·조선 시대에, 서울에 머무르면서 지방 관아의 사무를 연락하고 대행하던 사람. 경주인(京主人). 공주인(貢主人).
경적(勁敵·勍敵)명 ☞강적(強敵).
경적(經籍)명 ☞경서(經書).
경적(輕敵)명하자타 적을 얕봄.
경:적(警笛)명 위험을 알리거나 경계를 위하여 울리는 고동, 또는 그 소리. ¶ 경적을 울리다.
경적-필패(輕敵必敗)명 적을 얕잡아 보면 반드시 패배함.
경전(京田)명 〈경인전(京人田)〉의 준말.
경전(京錢)명 대한 제국 때, 서울에서 1전을 닷돈, 2전을 한 냥으로 셈하던 일.
경전(勁箭)명 센 화살.
경전(耕田)명하자 논밭을 갊.
경전(經典)명〔영원히 변치 않는 법식과 도리를 적은 서적이라는 뜻으로〕 '성인(聖人)의 가르침이나 행실, 또는 종교의 교리들을 적은 책'을 이르는 말.
경전(經傳)명 ①경서(經書)와 경서를 주석한 책. ②〈성경현전(聖經賢傳)〉의 준말.
경전(輕箭)명 가벼운 화살.
경:전(慶典)명 경사스러운 식전(式典).
경:전(競傳)명하타 앞다투어 전함.
경-전기(輕電機)명 전기 기계나 기구의 편의적인 구별의 한 가지. 주로, 가정용 전기 기구를 이름. ↔중전기(重電機).
경전-착정(耕田鑿井)[-쩡]명 〔밭을 갈고 우물을 판다는 뜻으로〕 '백성들이 생업에 종사하며 평화롭게 지냄'을 이르는 말.
경-전철(輕電鐵)명 수송량과 운행 거리가 일반 지하철의 절반 수준인 경량 전철.
경:절(慶節)명 한 나라의 온 국민이 경축하는 날. 참국경일.
경점(更點)[-쩜]명 ①조선 시대에, 북과 징을 쳐서 시각을 알리던 경(更)과 점(點). 〔하루의 밤을 오경으로 나누고, 경(更)을 다시 다섯 점으로 나누어 경에는 북을, 점에는 징을 쳤음.〕 ②절에서, 초경·이경·삼경·사경·오경에 맞추어 치는 종(鐘).
  경점 치고 문지른다속담 '일을 그르쳐 놓고 그 잘못을 얼버무리려 함'을 이르는 말.
경점^군사(更點軍士)[-쩜-]명 조선 시대에, 경(更)과 점(點)을 알리던 군사.
경정(更正)명하타 잘못된 내용을 바르게 고침. ¶ 기재 사항의 오류를 경정하다.
경정(更定)명하타 고치어 정함. 개정함.
경정(更訂)명하타되자 책의 내용 따위를 바르게 고침. ¶ 내용을 경정하다.
경:정(敬呈)명하타 공경하는 마음으로 드림.
경정(輕艇)명 가볍고 속력이 빠른 배.
경:정(警正)명 경찰 공무원 계급의 하나. 총경의 아래, 경감의 위임.
경:정(警政)명 〈경찰 행정〉의 준말.
경:정(競艇)명 ☞조정 경기(漕艇競技).
경-정맥(頸靜脈)명 목의 좌우에 있는 정맥.
경정^예:산(更正豫算)[-네-]명 어떤 연도의 예산안이 국회에서 통과된 다음, 경비의 총액을 늘리지 않는 한도 내에서 필요에 따라 고치어 책정한 예산.

경정-직행(徑情直行) [-지캥] 명 하타 (예의범절에 구애되지 않고) 곧이곧대로 행동함. 직정경행(直情徑行). 준 경행(徑行).

경제(經濟) 명 하자 ①인간이 공동생활을 하는 데에 필요한 재화(財貨)를 획득·이용하는 활동을 함, 또는 이를 통하여 이루어지는 사회관계. ¶ 경제의 활성화. /경제 활동이 위축되다. ②비용이나 시간 따위를 적게 들이는 일. ③〈경세제민(經世濟民)〉의 준말.

경제-가(經濟家) 명 ①경제에 밝은 사람. ②돈이나 물건을 낭비하지 아니하고, 살림을 규모 있게 잘하는 사람.

경제^개발(經濟開發) 명 산업을 일으켜 국가 경제를 발전시키는 일. ¶ 경제 개발 5개년 계획.

경제^객체(經濟客體) 명 경제 활동의 대상이 되는 모든 재화(財貨) 및 용역. ↔경제 주체.

경제-계(經濟界) [-계/-게] 명 사회에서 경제 활동이 활발히 이루어지고 있는 분야. 특히, 실업가들의 사회를 이름. ¶ 경제계의 실력자. /경제계 동향을 살피다. 비 재계(財界).

경제^계ː획(經濟計畫) [-계획/-게훽] 명 한 나라의 경제를 어떤 목표에 도달하도록 하기 위하여 세우는 종합적인 계획.

경제^공ː황(經濟恐慌) 명 자본주의 경제 체제에서, 상품 생산의 과잉, 수요의 저하, 가격의 폭락, 실업의 격증, 기업의 도산 등으로 한때 모든 경제 활동이 혼란에 빠지는 상태. 준 공황.

경제-관념(經濟觀念) 명 재화나 노력·시간 따위를 경제적으로 쓰려는 생각. ¶ 경제관념이 희박하다.

경제-권(經濟圈) [-꿘] 명 국제적·국내적으로 경제 활동이 뚜렷하게 교류(交流)되는 일정한 지역 범위. ¶ 동남아(東南亞) 경제권.

경제-권(經濟權) [-꿘] 명 경제 행위를 맡아서 다루는 권리.

경제^기구(經濟機構) 명 경제에 관한 여러 가지 문제를 맡아 다루는, 정치적·사회적 기구.

경제-난(經濟難) 명 경제상의 어려움. ¶ 경제난에 허덕이는 후진국.

경제^단위(經濟單位) 명 사회 전체의 경제 활동을 이루는 하나하나의 경제 주체.

경제^도시(經濟都市) 명 경제가 중심이 되어 일어나고 발전한 도시.

경제-력(經濟力) 명 개인이나 국가가 지닌 경제적인 힘. ¶ 경제력을 바탕으로 하는 과감한 투자.

경제-림(經濟林) 명 주로, 임산물의 수익을 목적으로 가꾸는 산림. 공용림(供用林).

경제-면(經濟面) 명 ①경제에 관계되는 방면. ¶ 경제면에 있어서의 성장은 괄목할 만하다. ②신문 따위에서, 경제에 관한 기사를 싣는 지면. ¶ 신문의 경제면.

경제^백서(經濟白書) [-써] 명 정부가 경제의 실태와 앞으로의 동향, 경제 정책의 방향 등을 국민에게 알리기 위하여 내놓는 연차(年次) 경제 보고서.

경제-범(經濟犯) 명 ☞경제 사범(經濟事犯).

경제-법(經濟法) [-뻡] 명 ①경제에 관한 모든 법. ②국가의 경제 정책 목표의 달성을 위한 모든 법.

경제^변ː동(經濟變動) 명 경제의 성장 과정에서 발생하는 경제 활동 수준의 상하 변동. 〔계절적인 것과 주기적인 것이 있음.〕

경제^봉쇄(經濟封鎖) 명 어떤 나라와의 경제상의 교류를 제한 또는 금지하는 일.

경제^블록(經濟bloc) 명 경제적으로 관계가 특히 깊은 나라들로 이루어진 배타적인 경제권(經濟圈).

경제-사(經濟史) 명 경제 현상의 역사적인 발전 과정을 연구하는 학문.

경제^사ː범(經濟事犯) 명 개인, 공공 단체 또는 국가의 경제적 법익을 침해하였거나 침해하려 함으로써 성립되는 죄, 또는 그런 죄를 범한 사람. 경제범.

경제^사ː절(經濟使節) 명 국가가 국제적으로 경제 문제를 해결하기 위하여 보내는 사절.

경제^사회^이ː사회(經濟社會理事會) [-회-회/-훼-훼] 명 국제 연합의 상설 기관의 하나. 국제적인 경제·사회·교육·위생 문제 등에 관한 연구·보고·제안 등을 함.

경제-성(經濟性) [-썽] 명 경제의 목적을 합리적으로 추구하는 행위, 또는 경제상으로 본 합리성. ¶ 경제성이 떨어지다. /경제성이 없는 사업.

경제^성장(經濟成長) 명 시간이 지남에 따라 국민 소득·국민 총생산 같은 국민의 경제 규모가 점점 확대되어 가는 일.

경제^성장률(經濟成長率) [-뉼] 명 일정 기간의 국민 총생산(總生產) 또는 국민 소득의 실질적인 증가율.

경제-속도(經濟速度) [-또] 명 항공기나 자동차·선박 등이 연료를 가장 적게 소비하여 가장 많은 거리를 갈 수 있는 속도. 경제속력.

경제-속력(經濟速力) [-송녁] 명 ☞경제속도.

경제^수역(經濟水域) 명 연안국이 생물 자원 및 해저의 광물 자원 등을 보유·관할할 수 있는 해역. 보통 연안에서 200해리 까지임. 참 전관수역(專管水域).

경제^순환(經濟循環) 명 경제 활동에서의 생산·분배·지출의 순환.

경제^원ː조(經濟援助) 명 강대국이 약소국이나 개발도상국에 대하여 경제적으로 도와주는 일. 준 경원(經援).

경제^원칙(經濟原則) 명 가장 적은 비용으로 가장 큰 효과를 얻으려는 경제적 원칙.

경제-인(經濟人) 명 ①경제계에서 활약하는 사람. ②인간 유형의 한 가지. 순전히 자신의 경제적인 이득만을 위하여 행동하는 사람.

경제-재(經濟財) 명 경제적 가치가 있으며 경제 행위의 대상이 되는 재화(財貨). ↔자유재(自由財).

경제-적(經濟的) 관 명 ①경제에 관한 (것). ¶ 경제적 제재(制裁). /경제적인 기회균등. ②금전상의 융통에 관계되는 (것). ¶ 경제적 곤란. /경제적으로 어려움을 겪고 있다. ③비용이나 노력 따위가 더 적게 드는 (것). ¶ 경제적 투자. /경제적인 소비 생활을 합시다.

경제-전(經濟戰) 명 국제간에 경제적인 문제로 벌이는 다툼.

경제^정책(經濟政策) 명 정부나 지방 공공 단체 등이 국가나 지방의 경제적인 이익을 위하여 일정한 목표를 세우고 실시하는 정책.

경제^제ː재(經濟制裁) 명 특정 국가에 대하여 가하는 경제적인 압박 수단.

경제^주체(經濟主體) 명 경제 활동을 하는 단위. 〔가계·기업·정부 따위.〕 ↔경제 객체.

경제^지리학(經濟地理學) 명 경제 현상과 지리적인 자연 조건과의 관계를 비교·연구하는 학문.

경제^차ː관(經濟借款) 명 경제 개발 사업을 위한 차관.

경제^철학(經濟哲學)명 경제학의 방법적인 전제를 명백히 하고 근본적으로 경제의 의미를 밝히는 과학 철학의 한 분야.

경제^통:제(經濟統制)명 국가가 필요에 따라, 개개의 경제 주체의 경제 활동에 대하여 규제하고 간섭하는 일.

경제^투쟁(經濟鬪爭)명 근로자가 임금 인상이나 노동 조건 개선 등 경제적 이익을 얻기 위하여 벌이는 투쟁.

경제-특구(經濟特區)[-꾸]명 (다른 지역과 달리) 경제적으로 특별 우대 정책이 적용되는 지역.

경제-학(經濟學)명 경제 현상을 대상으로 하여 생산과 교환, 분배와 소비 등의 법칙을 연구하는 학문. 이재학(理財學).

경제학-사(經濟學史)[-싸]명 경제 이론의 발생과 발전 과정을 기술한 역사.

경제^행위(經濟行爲)명 (개인이나 국가 또는 기업이) 생산이나 교환에 의하여 재화(財貨)를 얻고 소비하는 일.

경제^협력(經濟協力)[-혐녁]명 선진국이 개발도상국의 경제 개발을 돕기 위하여 연불 수출(延拂輸出)·차관 제공·기술 협력 등을 하는 일. 준경협(經協).

경제^협력^개발^기구(經濟協力開發機構)[-혐녁깨-]명 개발도상국의 원조, 경제 성장, 세계 무역의 확대 등을 목적으로 1961년에 창설된 국제 협력 기구. 오이시디(OECD).

경조(京兆)명 서울. 수도(首都).

경조(京造)명 〈경조치〉의 준말.

경조(京調)[-쪼]명 ①서울의 풍습. ②서울 특유의 시조 창법. 참영조(嶺調)·완조(完調).

경:조(景祚)명 ☞경복(景福).

경조(硬調)[-쪼]명 ①분위기나 어조(語調)·색조(色調) 따위가 딱딱한 것. ②사진의 원판이나 인화에서 흑백의 대조가 뚜렷한 일.

경:조(敬弔)명하타 삼가 조상함.

경조(輕佻) '경조(輕佻)하다'의 어근.

경조(輕燥) '경조(輕燥)하다'의 어근.

경조(輕躁) '경조(輕躁)하다'의 어근.

경:조(慶弔)명 ①경사스러운 일과 불행한(흉한) 일. ②하타경축하는 것과 조문하는 일.

경:조(慶兆)명 경사가 있을 징조.

경:조(競漕)명하자 ☞조정 경기(漕艇競技).

경조부박(輕佻浮薄)명하형 사람됨이 진중하지 못하고 날리고 가벼움. 경박부허(輕薄浮虛). 준경부(輕浮). 참경박(輕薄)하다.

경:조-사(慶弔事)명 경사스러운 일과 불행한 일.

경:조-상문(慶弔相問)명하자 서로 경사에 축하하고 흉사에 위문함.

경조-윤(京兆尹)명 '한성부 판윤'의 딴 이름.

경조-치(京造-)명 지난날, 지방의 특산물을 서울에서 본떠서 만든 물건을 이르던 말. 준경조(京造).

경조-토(輕燥土)명 갈기에 별로 힘이 들지 않는 푸석푸석한 흙.

경조-하다(輕佻-)형여 언행이 신중하지 못하고 가볍다. **경조-히**부.

경조-하다(輕燥-)형여 물기가 없고 가볍다.

경조-하다(輕躁-)형여 행동이 가볍고 성미가 급하다.

경종(京種)명 ①서울에서 나는 채소의 종자. ②☞서울내기.

경종(耕種)명하타 논밭을 갈고 씨를 뿌리거나 모를 내어 가꿈.

경종(經宗)명 불교에서, 경전(經典)에 따라서 종지(宗旨)를 세운 종파를 이르는 말. 〔화엄종(華嚴宗)·천태종(天台宗)·법화종(法華宗) 등이 이에 딸림.〕

경:종(警鐘)명 ①(비상사태나 위험 등을 알리어) 경계하기 위하여 치는 종. ②경계하기 위한 주의나 충고.

경종을 울리다관용 위험을 알리거나 잘못됨을 일깨우기 위하여 주의를 불러일으키다.

경종^방식(耕種方式)명 농사에서, 작물의 선택이나 배치, 재배의 순서 등을 자연이나 경제적 조건에 맞추어 정하는 방식. 〔화전식(火田式)·혼작식(混作式) 따위.〕

경좌(庚坐)명 (집터나 묏자리 따위가) 경방(庚方)을 등진 좌향, 또는 그런 자리.

경좌(鯨座)명 ☞고래자리.

경좌-갑향(庚坐甲向)[-가팡]명 (집터나 묏자리 따위가) 경방(庚方)을 등지고 갑방(甲方)을 향한 좌향.

경죄(輕罪)[-죄/-줴]명 가벼운 죄. 경과(輕科). 참중죄(重罪).

경주(傾注)명하타되자 ①(액체가 들어 있는 그릇 따위를) 기울여 붓거나 쏟음. ②정신이나 힘을 한곳에만 기울임. ¶ 경제 발전에 국력을 경주하다.

경주(輕舟)명 가볍고 작은 배.

경:주(競走)명하자 일정한 거리를 달음질하여 그 빠르기를 겨루는 운동. ¶ 단거리 경주. /100미터 경주.

경:주-로(競走路)명 육상 경기·경마 따위에서, 달리거나 나아가는 길.

경:주-마(競走馬)명 경마를 위해 특별히 훈련된 말.

경-주인(京主人)명 ☞경저리(京邸吏).

경중(京中)명 서울 안.

경:중(敬重)명하타 존경하고 중히 여김.

경중(輕重)명 ①가벼움과 무거움, 또는 그 정도. ¶ 병세의 경중을 가려 치료하다. ②중요한 것과 중요하지 않은 것. ¶ 사안의 경중을 따지다. /일의 경중을 가리다.

경:중(警衆)명하자 많은 사람을 깨우침.

경:중-미인(鏡中美人)명 〔'거울에 비친 미인'이라는 뜻으로〕 '실속 없는 일'을 비유하여 이르는 말.

경증(輕症)[-쯩]명 가벼운 병의 증세. ¶ 경증 환자. /경증 당뇨병. ↔중증(重症).

경증(驚症)[-쯩]명 말이나 나귀의 깜짝깜짝 잘 놀라는 성질.

경지(京址)명 서울이었던 자리.

경지(耕地)명 〈경작지(耕作地)〉의 준말. ¶ 경지를 정리하다.

경지(境地)명 ①경계 안의 땅. ②자신의 특성과 연구로 이룩한 독자적 방식이나 세계. ¶ 새로운 경지에 도달하다. ③처지나 환경. ¶ 매우 어려운 경지에 놓이다. ④어떠한 단계에 이른 상태. ¶ 무아(無我)의 경지.

경지^면:적(耕地面積)명 경작지의 면적.

경지-산(硬脂酸)명 '스테아르산'을 흔히 이르는 말.

경지^정:리(耕地整理)[-니]명 토지의 이용 가치를 높이기 위하여, 경지의 구획 정리나 배수 시설·관개 시설·객토 작업·농로 개설 등을 공동으로 시행하는 일.

경직(京職)명 〈경관직(京官職)〉의 준말.

경직(勁直·硬直) '경직하다'의 어근.

경직(耕織)명하자 농사짓는 일과 길쌈하는 일.
경직(硬直)명하자되자 ①굳어서 꼿꼿해짐. 강직(強直). ¶ 사후(死後) 경직. ②생각이나 태도 등이 융통성이 없고 엄격함. ¶ 경직된 사고. / 우스갯소리로 경직된 분위기를 풀다.
경직-성(硬直性)[-썽]명 ①굳어서 꼿꼿해지는 성질. ②생각이나 태도 등이 융통성이 없고 엄격한 성질. ¶ 관료주의 체제의 경직성.
경직-하다(勁直-·硬直-)[-지카-]형여 의지가 굳고 곧다.
경진(庚辰)명 육십갑자의 열일곱째.
경진(輕震)명 진도(震度) 계급 2에 해당하는 지진. 몸으로 느낄 수 있고, 창문이 조금 흔들리는 정도의 가벼운 지진.
경:진(競進)명하자 ①서로 다투어 앞으로 나아감. ②생산품이나 제품 따위의 우열(優劣)을 겨룸. ¶ 경진 대회.
경:진-회(競進會)[-회/-훼]명 ☞공진회.
경질(更迭·更佚)명하타되자 어떤 직위에 있는 사람을 갈아 내고 다른 사람으로 바꿈.
경질(硬質)명 단단하고 굳은 성질. ¶ 경질 고무. ↔연질(軟質).
경질^도기(硬質陶器)명 1200℃ 정도의 열로 구운 다음에 유약을 입히어 다시 1000℃ 정도의 열로 구워 만든 도기. 〔위생 변기나 타일 따위.〕
경질-유(輕質油)[-류]명 휘발유와 같이, 비중이 가볍고 품질이 좋은 기름. 비중 측정 단위가 35도 이상이어야 함.
경질^유리(硬質琉璃)[-류-]명 규산이나 붕산을 많이 함유하여 보통 유리보다 경도(硬度)가 높은 유리. 이화학용(理化學用) 유리 기구로 쓰임. ↔연질 유리.
경질^자:기(硬質瓷器)명 900℃ 정도의 열로 구운 다음 유약을 입히어 다시 1400℃ 정도의 열로 구워 만든 자기. 〔식기·장식품 따위.〕
경차(經差)명 두 지점 사이의 경도(經度)의 차.
경차(傾差)명 ☞복각(伏角).
경차(輕車)명 〈경승용차〉의 준말. ¶ 경차에는 여러 혜택이 주어진다.
경:차-관(敬差官)명 조선 시대에, 지방에 임시로 보내어 전곡(田穀)의 손실을 조사하고 민정을 살피게 하던 벼슬.
경-착륙(硬着陸)[-창늑]명하자되자 경기(景氣)의 하강이나 후퇴가 급격하게 이루어지는 현상. 주가 폭락, 실업자 급증 등이 일어남. ↔연착륙(軟着陸).
경:찰(警察)명 ①사회 공공의 질서를 유지하고 국민의 안전과 재산을 보호하는 일, 또는 그런 일을 하는 조직. ②〈경찰관〉의 준말.
경:찰-견(警察犬)명 경찰관이 범죄의 수사나 목표물의 수색 또는 순찰 등에 쓰는 개.
경:찰-관(警察官)명 경찰에 관한 임무를 수행하는 공무원. 준경관(警官)·경찰(警察).
경:찰^관서(警察官署)명 경찰 명령을 내리고 경찰 처분을 하는 권한을 가진 관청.
경:찰-국가(警察國家)[-까]명 통치권자가 경찰권을 마음대로 행사하여 국민 생활을 감시하고 통제하는 국가.
경:찰-권(警察權)[-꿘]명 공공의 질서 유지를 위하여, 경찰이 명령하고 강제하여 국민의 자유를 제한하는 공권력.
경:찰^명:령(警察命令)[-녕]명 경찰 법규를 내용으로 하는 행정 명령.
경:찰-범(警察犯)명 경찰 법규나 경찰 명령을 어기는 행위, 또는 그 사람.
경:찰^법규(警察法規)[-뀨]명 경찰 행위의 목적을 위하여 제정된 법률과 규칙.
경:찰-봉(警察棒)명 경찰이 실외 근무 때 지니고 다니는, 나무 따위로 만든 방망이.
경:찰-서(警察署)[-써]명 일정한 구역 안의 경찰 사무를 맡아보는 관청. 준서(署).
경:찰-의(警察醫)[-차릐/-차리]명 경찰에 소속되어 위생 사무나 검시 등의 일을 맡아보는 의사.
경:찰^처:분(警察處分)명 경찰에 의해 행하여지는 명령이나 금지, 허가나 인가, 취소 등의 처분.
경:찰-청(警察廳)명 행정 안전부에 딸린 중앙 행정 기관의 하나. 치안에 관한 사무를 총괄하는 중앙 경찰 기관.
경:찰^파출소(警察派出所)[-쏘]명 경찰서의 관할 지역 안에 있는 동(洞)마다 경찰관을 파견하여 경찰 업무를 일차적으로 처리하도록 만든 곳. 준파출소.
경:찰^행정(警察行政)명 경찰의 목적을 이루기 위한 행정. 준경정(警政).
경:찰^허가(警察許可)명 경찰의 목적을 위한 일반적 금지를 해제하여 특정의 행위를 할 수 있게 하는 행정 처분.
경창(京倉)명 조선 시대에, 서울의 한강 가에 있던 각종 창고(倉庫).
경창(京唱)명 지난날, 서울에서 불리던 노래나 그 창법을 이르던 말.
경채(硬彩)명 짙고 선명하게 나타낸, 도자기에 그린 그림의 빛깔. 오채(五彩). ↔연채(軟彩).
경채(莖菜)명 주로 줄기 부분을 먹는 채소. 〔죽순·두릅·아스파라거스 따위.〕 줄기채소. 참근채(根菜)·엽채(葉菜).
경채-류(莖菜類)명 주로 줄기 부분을 먹는 채소류를 통틀어 이르는 말. 참근채류(根菜類)·엽채류(葉菜類).
경책(輕責)명하타 가볍게 꾸짖음.
경:책(警責)명하타 정신을 차리도록 꾸짖음.
경처(景處)명 경치가 뛰어나게 아름다운 곳.
경척(鯨尺)명 피륙을 재는 자의 한 가지. 그 길이는 곡척(曲尺)의 한 자 두 치 닷 푼.
경:천(敬天)명하자 하늘을 공경함.
경:천-근민(敬天勤民)명하자 하늘을 공경하고 백성을 다스리기에 부지런함.
경천-동지(驚天動地)명하자 〔하늘이 놀라고 땅이 흔들린다는 뜻으로〕 세상을 크게 놀라게 함. ¶ 경천동지의 대사건.
경:천-애인(敬天愛人)명하자 하늘을 공경하고 사람을 사랑함.
경천-위지(經天緯地)명하자 온 천하를 다스림.
경철(輕鐵)명 〈경편 철도(輕便鐵道)〉의 준말.
경:철(鏡鐵)명 15~30%의 망간을 함유한 선철(銑鐵). 〔절단면이 거울처럼 빛남.〕
경:철-석(鏡鐵石)[-썩]명 ☞휘철석(輝鐵石).
경첩명 돌쩌귀처럼 문짝을 다는 데 쓰는 장식. 두 쇳조각을 맞물려 만듦. 본겹첩.
경첩(驚蟄)명 '경칩(驚蟄)'의 잘못.
경첩(勁捷) '경첩(勁捷)하다'의 어근.
경첩(輕捷) '경첩(輕捷)하다'의 어근.
경첩-하다(勁捷-)[-처파-]형여 굳세고 날래다.
경첩-하다(輕捷-)[-처파-]형여 ①가뿐하고 재빠르다. ②차림새가 단출하고 가볍다.
경:청(敬請)명하타 삼가 청함.
경:청(敬聽)명하타 공경하는 마음으로 들음.
경청(傾聽)명하타 귀를 기울여 주의해 들음. 귀담아들음. ¶ 설법을 경청하다.
경청(輕淸) '경청하다'의 어근.

경청-하다(輕淸-) 형여 ①(빛깔이) 짙지 않고 산뜻하게 맑다. ¶ 경청한 가을 하늘. ②곡조 따위가 맑고 가볍다. ¶ 경청한 가락. ③음식의 맛이 깨끗하고 시원하다.
경체(徑遞) 명하자 지난날, '임기가 차기 전에 다른 벼슬로 갈려 감'을 이르던 말.
경-체조(輕體操) 명 가벼운 기구를 사용하거나 맨손으로 하는 체조.
경초(勁草) 명 〔눈이나 비바람에 견디는 억센 풀이라는 뜻으로〕 어떠한 어려운 처지에서도 뜻을 굽히지 않는, '사상이나 지조가 꿋꿋한 사람'을 비유하여 이르는 말.
경추(頸椎) 명 ☞목등뼈.
경ː축(慶祝) 명하타 경사로운 일을 축하함. ¶ 광복절 경축 행사. 비경하(慶賀).
경ː축-사(慶祝辭)[-싸] 명 경사로운 일을 축하하는 모임에서 공식적으로 하는 인사말.
경취(景趣) 명 경치와 아취(雅趣).
경측(傾仄) 명하자하형 (물건 따위가) 한쪽으로 기울어져 쏠림, 또는 쏠려 있음.
경치(景致) 명 (산이나 강 따위) 자연의 아름다운 모습. 경개(景槪). 경관(景觀). 경광(景光). 경색(景色). 풍경(風景). 풍광(風光). 풍물(風物)[1]. 준경(景).
경-치다(黥-) 자 ①호되게 꾸지람을 듣다. 아주 단단히 벌을 받다. ②아주 심한 상태를 못마땅하게 여겨 이르는 말.《주로, '경치게'의 꼴로 쓰임.》 ¶ 날씨 한번 경치게 덥군.
경치고 포도청 간다 속담 〔곤욕을 당하고 또 포도청에 잡혀가 벌을 받는다는 뜻으로〕 매우 혹독한 벌을 받음을 이르는 말.
경칩(驚蟄) 명 이십사절기(二十四節氣)의 하나. 우수(雨水)와 춘분(春分) 사이로, 3월 5일경. 이 무렵에 땅속의 벌레들이, 얼음이 풀리고 우레가 울며 비가 오는 데 놀라 겨울잠에서 깨어나 꿈틀거린다고 함.
경ː칭(敬稱) 명 ①이름이나 관직명 따위에 붙여 그 사람에 대한 경의를 나타내는 말. 〔폐하·각하·귀하·씨 따위이며, 단독으로 쓰기도 함.〕 ②하타존대하여 일컬음. 비존칭. ↔비칭.
경쾌(輕快) '경쾌하다'의 어근.
경쾌-하다(輕快-) 형여 ①마음이 가든하고 상쾌하다. ②몸놀림이 가볍고 날래다. ¶ 경쾌한 걸음걸이. **경쾌-히** 부.
경ː탄(敬歎) 명하자 공경하고 탄복함.
경탄(驚歎) 명하자타 ①몹시 감탄함. ¶ 경탄해 마지 않다. ②놀라고 탄식함.
경탑(經塔) 명 ①불경을 넣고 쌓은 탑. ②경문을 새긴 탑.
경토(耕土) 명 농사짓기에 알맞은 땅.
경토(輕土) 명 모래 성분이 많고 차진 기운이 적어 갈기 쉬운 흙.
경토(境土) 명 ☞강토(疆土).
경통(經痛) 명 한방에서, 월경 때 배와 허리가 아프고 몸이 고달픈 증세를 이르는 말.
경퇴(傾頹)[-퇴/-퉤] 명하자 되자 (건물 등이 낡고 헐어서) 기울어져 무너짐. 쏠리어 넘어짐.
경파(硬派) 명 강경한 의견을 내세워 굽히지 않는 사람, 또는 그런 사람의 무리. 강경파(強勁派). ↔연파(軟派). 참매파.
경파(鯨波) 명 〔고래 같은 파도라는 뜻으로〕 큰 파도. 경도(鯨濤).
경판(京板) 명 서울에서 판각(板刻)한 각판(刻板). ¶ 경판 춘향전.
경판(經板) 명 경서(經書)의 각판(刻板).
경판-각(經板閣) 명 조선 시대에, 교서관(校書館) 안에 두어, 경판을 보관하던 곳. 준판각(板閣).
경판-본(京板本) 명 조선 시대에, 서울에서 간행된 목판본을 이르던 말. 참완판본(完板本).
경편(經-) 명 판수가 경(經)을 읽을 때 차려 놓는 떡.
경편(輕便) 명하형 가뜬하여 쓰기에 손쉽고 편함. **경편-히** 부.
경편^철도(輕便鐵道)[-또] 명 궤도(軌道)가 좁고 규모가 작은 철도. 준경철(輕鐵).
경폐-기(經閉期)[-폐-/-페-] 명 ☞월경 폐쇄기.
경포(京捕) 명 〈경포교(京捕校)〉의 준말.
경포(輕砲) 명 구경(口徑) 105 mm 이하의 야포(野砲). ↔중포(重砲).
경ː포(警砲) 명 경고나 위협을 하려고 쏘는 대포.
경포(驚怖) 명하타 놀라고 두려워함.
경-포교(京捕校) 명 조선 시대에, 좌우 포도청(捕盜廳)의 포교. 준경교(京校)·경포(京捕).
경-포수(京砲手) 명 조선 시대에, 서울의 각 군영에 딸린 포수로서 시골에 나가 있던 사람.
경-폭격기(輕爆擊機)[-껵끼] 명 기체가 작고 행동 반경이 1000마일 이하인 폭격기. 〔주로, 전술 폭격에 사용됨.〕
경ː품(景品) 명 ①상품에 곁들여 고객에게 거저 주는 물건. ¶ 경품 제공. /경품을 걸다. ②어떤 모임의 여흥으로 참가한 사람에게 제비를 뽑거나 하여 선물로 주는 물건.
경ː품-권(景品券)[-꿘] 명 경품을 탈 제비를 뽑는 표. 복권.
경풍(京風) 명 서울의 풍습.
경풍(景風) 명 ☞마파람.
경풍(輕風) 명 ①가볍게 살살 부는 바람. ②☞남실바람.
경풍(驚風) 명하자 한방에서, 어린아이가 경련을 일으키는 병을 이르는 말. 간병. 경기(驚氣).
경피^전염병(經皮傳染病)[-뼝] 명 피부를 통하여 병원체가 들어가는 전염병.
경필(勁筆) 명 힘찬 필력(筆力).
경필(硬筆) 명 모필에 대하여, 끝이 딱딱한 필기 용구를 이르는 말. 〔펜·연필 따위.〕
경ː필(警蹕) 명하타 지난날, 임금의 거둥 때 경호를 위하여 통행을 금하던 일.
경ː하(敬賀) 명하타 공경하여 축하함.
경하(輕霞) 명 (아침이나 저녁때의) 엷은 놀.
경ː하(慶賀) 명하타 경사스러운 일을 축하함. 비경축(慶祝).
경-하다(輕-) 형여 ①가볍다. ②대수롭지 아니하다. ③말이나 행동이 침착하지 못하다. 진득하지 못하다. ¶ 언행이 경한 사람. /사람됨이 좀 경하다. ④책임이나 부담이 적다. ⑤(죄나 병 따위가) 대단하지 않다. ¶ 증상이 경하다. ↔중하다. **경-히** 부.
경학(經學) 명 경서를 연구하는 학문, 곧 유교의 정통 학문.
경학-원(經學院) 명 '성균관(成均館)'의 딴 이름.
경한(勁悍) '경한하다'의 어근.
경한(輕汗) 명 조금 나는 땀. 미한(微汗). 박한(薄汗).
경한(輕寒) 명 가벼운 추위.
경한-하다(勁悍-) 형여 굳세고 사납다. **경한-히** 부.
경ː합(競合) 명 ①하자(실력이 비슷한 둘 이상이) 맞서 겨룸. ¶ 경합을 벌이다. ②㉠사법(私法)에서, 동일한 대상에 대해 같은 효력을 가지는 권리 따위가 중복되는 일. ㉡형법에서, 한 행위가 몇 가지 죄명에 해당하는 일.

경-합금(輕合金)[-끔]명 마그네슘 합금이나 알루미늄 합금 등 경금속을 주성분으로 하는, 비중이 3.5 이하인 가벼운 합금.
경:합-범(競合犯)[-뻠]명 판결이 확정되지 않은 몇 가지의 죄, 또는 판결이 확정된 죄와 그 판결 확정 전에 지은 죄.
경:해(謦欬·謦咳)명하자 (윗사람에게 뵙기를 청할 때) 자기가 있음을 알리는 헛기침.
경해(驚駭)명하타 (뜻밖의 일로) 몹시 놀람.
경행(京行)명하자 서울에 감.
경행(經行)명 ①하자불도를 닦는 일. 행도(行道). ②〈경명행수(經明行修)〉의 준말.
경:행(慶幸)명 경사스럽고 다행한 일.
경행(徑行)명하타 〈경정직행(徑情直行)〉의 준말.
경향(京鄕)명 서울과 시골. 경외(京外). 도비(都鄙). ¶ 경향 각지(各地).
경향(傾向)명 (마음이나 형세 따위가) 어떤 방향으로 기울어 쏠림, 또는 그런 방향. ¶ 인구가 차차 감소되는 경향을 나타내다.
경향-극(傾向劇)명 어떤 주의(主義)나 사상을 선전하는 수단으로 상연하는 연극. 〔흔히, 사회주의적인 연극을 이름.〕
경향^문학(傾向文學)명 어떤 주의나 사상을 선전하려는 의도가 뚜렷한 문학. 〔흔히, 사회주의적인 문학을 이름.〕
경향^소:설(傾向小說)명 (순수 문학에서 벗어나) 의도적으로 어떤 주의나 사상을 중심 내용으로 다룬 소설. 〔흔히, 사회주의적인 소설을 이름.〕
경험(經驗)명 ①하타실지로 보고 듣고 겪는 일, 또는 그 과정에서 얻는 지식이나 기능. ¶ 경험을 얻다. /풍부한 경험을 쌓다. ②감각이나 내성(內省)을 통하여 얻게 되는 주관적 의식(意識).
경험-가(經驗家)명 경험이 많은 사람.
경험^과학(經驗科學)명 경험적인 사실에 근거를 둔 과학. 곧, 자연 과학이나 사회 과학 등 모든 실증적인 과학.
경험-담(經驗談)명 몸소 겪어 본 이야기.
경험-론(經驗論)[-논]명 ①인식이나 지식의 근원을 경험에서만 찾는 철학적 경향. 경험주의. ②경험을 중요시하는 견해.
경험-방(經驗方)명 한방에서, 실지로 많이 써서 경험하여 본 약방문을 이르는 말.
경험-자(經驗者)명 어떤 일에 경험이 있는 사람. 경험해 본 사람.
경험-적(經驗的)관명 경험에 기초한 (것). ¶ 경험적 사실. /경험적 판단.
경험적 개:념(經驗的概念)[-깨-] 순수 개념에 대하여, '사람'·'하늘' 등과 같이 감각적인 경험을 통해서 얻어지는 개념.
경험적 법칙(經驗的法則)[-뻡-] ①경험한 사실에 의하여 얻은 법칙. ②인과(因果)의 필연적 관계는 확실하지 않으나, 경험상으로 그러하다고 하는 법칙.
경험-주의(經驗主義)[-의/-이]명 ①☞경험론. ②사물을 경험에 의하여서만 생각하려는 태도.
경험^철학(經驗哲學)명 경험이 지식의 기초이며 유일한 근원이라고 주장하는 철학. ↔사변철학(思辨哲學).
경험^커리큘럼(經驗curriculum)명 학생의 현실적 생활 경험을 기초로 하여 구성하는 교육 과정. ↔교과 커리큘럼.
경혈(經穴)명 한방에서, 14경맥의 혈을 이르는 말. 경락(經絡)의 기혈이 신체 표면에 모여 통과하는 부위로, 침을 놓거나 뜸을 뜨면 효과가 있는 자리. 준혈(穴).
경혈(驚血)명 한방에서, '피하 출혈(皮下出血)'을 이르는 말. 멍든 피.
경협(經協)명 〈경제 협력〉의 준말.
경형(黥刑)명 지난날, 죄인의 살에 먹실로 죄명을 써 넣던 형벌.
경호(京湖)명 ①경기도와 충청도를 아울러 이르는 말. ②경기도·충청도·전라도를 아울러 이르는 말. ¶ 경호 역전(驛傳) 마라톤 대회.
경:호(警號)명 경계의 신호.
경:호(警護)명하타 경계하고 보호함. ¶ 요인(要人)에 대한 경호.
경:호-원(警護員)명 다른 사람의 신변의 안전을 돌보는 일을 임무로 하는 사람.
경혹(驚惑)명하자 되자 놀라서 어찌할 바를 모름.
경혼(驚魂)명 ①몹시 놀라서 얼떨떨해진 정신. ②죽은 사람의 넋.
경홀(輕忽) '경홀하다'의 어근.
경홀-하다(輕忽-)형여 경박하고 소홀하다. 경홀-히부.
경화(京華)명 ①번화한 서울. ②서울의 번화함.
경화(硬化)명하자되자 ①단단하게 굳어짐. ¶ 동맥 경화. ②(온건하던 의견이나 태도 따위가) 강경해짐. ↔연화(軟化).
경화(硬貨)명 ①금속으로 주조한 화폐. 〔금화·백동화 따위.〕 ②금이나 외국의 통화와 항시 바꿀 수 있는 통화. 〔달러·마르크 따위.〕 ↔연화(軟貨).
경화-고무(硬化-)명 ☞에보나이트.
경-화기(輕火器)명 보병의 화기 중에서 비교적 무게가 가벼운 화기. 〔소총·경기관총 따위.〕 ↔중화기.
경화-병(硬化病)[-뼝]명 곤충류에 사상균(絲狀菌)이 기생하여 생기는 병. 죽으면 굳어짐. 〔누에의 백강병(白殭病) 따위.〕
경:화-수월(鏡花水月)명 〔거울 속의 꽃이나 물에 비친 달처럼〕 '눈에는 보이나 손으로 잡을 수는 없는 것'을 비유하여 이르는 말.
경화-유(硬化油)명 액상(液狀)의 기름에 수소를 첨가하여 만든 고체의 인조 지방(人造脂肪). 마가린이나 비누 등의 원료로 쓰임.
경화-자제(京華子弟)명 〔번화한 서울에서 곱게 자란 젊은이라는 뜻으로〕 주로, '부잣집 자녀들'을 이르는 말.
경환(輕患)명 가벼운 질환. ↔중환(重患).
경-환자(輕患者)명 가벼운 질환에 걸린 사람. ↔중환자(重患者).
경황(景況)명 정신적·시간적인 여유나 형편. ¶ 경황이 없다. 준경(景).
경황(驚惶)명하자 놀라고 두려워함.
경황-망조(驚惶罔措)명하자 놀라고 두려워서 어찌할 바를 모름.
경황-없다(景況-)[-업따]형 몹시 바쁘거나 괴롭거나 하여 다른 일을 생각할 여유가 없다. 경황없-이부.
경훈(經訓)명 경서의 뜻풀이.
경-흘수(輕吃水)[-쑤]명 화물이나 선원·연료·음료수 등을 싣지 않은 상태의 선박의 흘수.
경:희(慶喜)[-히]명하자 ①경사스럽게 여기어 기뻐함. ②불법을 듣고 극락세계에 왕생할 것을 믿고 기뻐함.
경희(驚喜)[-히]명하자 (뜻밖의 좋은 일로) 몹시 기뻐함.

경희-작약(驚喜雀躍)[-히-]명하자 뜻밖의 좋은 일로 날뛰며 기뻐함.

경-힘(經-)명 불교에서 이르는, 경문(經文)의 공덕(功德). 경을 읽은 힘.

곁[견]명 ①사람이나 사물에 딸린 어느 한쪽. 옆. ¶ 어머니 곁으로 바싹 다가앉다. ②가까이에서 보호해 주거나 도와줄 만한 사람. ¶ 곁이 없다. *곁이[겨치]·곁을[겨틀]·곁만[견-]

곁(을) 비우다관용 보관하거나 보호해야 할 것의 곁을 떠나다.

곁(이) 비다관용 가까이서 지켜 주거나 도와줄 사람이 없다.

곁-가닥[견까-]명 원가닥에서 곁으로 갈라진 가닥.

곁-가지[견까-]명 ①원가지에서 곁으로 돋은 작은 가지. ②(어떤 사물이나 일에서) 덜 중요하거나 덜 본질적인 부분. ¶ 토론이 곁가지로 흘렀다.

곁-간[견깐]명 ①집의 주체가 되는 칸에 딸려 붙은 칸살. ②☞곁방.

곁-간(-肝)[견깐]명 소의 간장 옆에 붙은 작은 간.

곁-고름[견꼬-]명 저고리나 두루마기의 안쪽에 달려 있는 짧은 옷고름. 곁옷고름.

곁-길[견낄]명 ①큰길 옆에 곁으로 나 있는 좁은 길. ②기본 방향에서 벗어난 딴 방향. ¶ 이야기가 곁길로 빠지다.

곁-꾼[견-]명 일하는 데 곁에서 거들어 주는 사람.

곁-노(-櫓)[견-]명 배의 옆쪽에 걸고 젓는 노.

곁노-질(-櫓-)[견-]명하자 곁노를 젓는 일.

곁-눈[1][견-]명 (얼굴을 돌리지 아니하고) 눈알만 굴려서 보는 눈.

곁눈(을) 주다관용 곁눈으로 보며 상대에게 은밀한 뜻을 알리다.

곁눈(을) 팔다관용 엉뚱한 데를 보다. 관심을 딴 데로 쏟다. 한눈(을) 팔다.

곁-눈[2][견-]명 식물의 줄기나 가지의 겨드랑이에서 나는 싹. 겨드랑눈. 액아. 측아. ↔꼭지눈.

곁눈-질[견-]명하타 ①곁눈으로 보는 짓. ②곁눈으로 뜻을 알리는 짓.

곁-다리[견따-]명 ①덧붙어 딸린 것. ②그 일에 관계가 없는 사람. ¶ 곁다리들이 더 극성이다.

곁다리 끼다관용 ☞곁다리(를) 들다.

곁다리(를) 들다관용 그 일에 관계가 없는 사람이 참견을 하다. 곁다리 끼다.

곁-달다[견딸-][~다니·~달아]타 덧붙이어 달다.

곁-동[견똥]명 활터에서, '겨드랑이'를 이르는 말.

곁-두리[견뚜-]명 (농사일 등 힘든 일을 하는 사람이) 끼니 외에 참참이 먹는 음식. 사이참.

곁-들다[견뜰-][~드니·~들어] Ⅰ자 (어떤 공간이나 상황 따위에) 끼어들다. ¶ 사무실 구석에 간이 침실이 곁들어 있다.

Ⅱ타 ①곁에서 붙잡아 부축하여 들다. ②곁에서 거들어 주다.

곁들-이다[견뜨리-]타 ①『'곁들다'의 사동』 곁에서 거들게 하다. ②주된 음식에 다른 음식을 서로 어울리게 내어 놓다. ¶ 고기에다 채소를 곁들이다. ③주로 하는 일 외에 다른 일을 겸하여 하다. ¶ 노래에 춤을 곁들이다.

곁-따르다[견-][~따르니·~따라]자타 어떤 것에 덧붙어 곁을 따르다.

곁-땀[견-]명 ①겨드랑이에서 나는 땀. ②겨드랑이에서 늘 땀이 나는 병. 액한(腋汗).

곁땀-내명 '암내'의 잘못.

곁-마(-馬)[견-]명 ①곁에 따라가는 말. ②장기에서, 궁밭 안의 궁의 자리 좌우에 놓인 말.

곁-마기[견-]명 ①삼회장저고리의 겨드랑이에 덧붙인 자주색의 천. ②☞삼회장저고리.

곁-마름[견-]명 농토가 넓어서 마름이 혼자 관리하기 어려울 때 마름을 돕도록 두는 사람.

곁-마부(-馬夫)[견-]명 원마부를 따라다니며 곁에서 도와주는 사람.

곁-말[견-]명 말을 바로 하지 않고 다른 말로써 빗대어 하는 말. 〔'희떱다'를 '까치 배때기 같다'고 하는 따위.〕

곁-매[견-]명 싸움판에서, 제삼자가 곁에서 한 쪽을 편들어 치는 매.

곁매-질[견-]명하타 곁매로 치는 짓.

곁-목밑샘[견몽믿쌤]명 ☞부갑상선(副甲狀腺).

곁-바대[견빠-]명 홑옷의 겨드랑이 안쪽에 덧대는 'ㄱ' 자 모양의 헝겊 조각.

곁-반(-盤)[견빤]명 수라상에 딸린, 물그릇 따위를 놓는 작은 상.

곁-방(-房)[견빵]명 ①안방 또는 주가 되는 방에 딸린 방. 협방(夾房). 협실(夾室). ②(빌려 쓰는) 남의 집의 한 부분. 곁간.

곁방-살이(-房-)[견빵-]명하자 남의 곁방을 빌려 사는 살림.

곁-방석(-方席)[견빵-]명 〔주인의 곁에 앉는 자리라는 뜻으로〕 '세도 있는 사람에게 붙어다니는 사람'을 비유하여 이르는 말.

곁-부축[견뿌-]명하타 ①겨드랑이를 붙들어 걸음을 돕는 일. 부액(扶腋). 준부축. ②곁에서 말이나 일을 거들어 줌.

곁-붙이[견뿌치]명 촌수가 먼 일가붙이. ¶ 그 학생은 곁붙이조차 하나 없는 고아이다.

곁-뿌리[견-]명 원뿌리에서 갈라져 나온 뿌리. 측근(側根).

곁-사돈(-査頓)[견싸-]명 친사돈과 같은 항렬인 방계(傍系)의 사돈. 참친사돈.

곁-상(-床)[견쌍]명 한 상에 다 차리지 못할 때에 그 곁에 덧붙여 차리는 작은 상.

곁-쇠[견쐬/견쒜]명 제짝의 열쇠가 아닌 대용 열쇠.

곁쇠-질[견쐬-/견쒜-]명하타 (자물쇠를) 곁쇠로 여는 일.

곁-수[견쑤]명 〈계시〉의 본딧말.

곁-순(-筍)[견쑨]명 식물의 원줄기 곁에서 돋아 나오는 순.

곁-쐐기[견-]명 쐐기에 곁들여 박는 쐐기.

곁-옷고름[겨돋꼬-]명 ☞곁고름.

곁-자리[견짜-]명 주가 되는 자리 곁의 자리.

곁-줄기[견쭐-]명 원줄기 곁에서 벋은 줄기.

곁-집[견찝]명 이웃하여 있는 집.

곁집 잔치에 낯을 낸다속담 제 물건은 쓰지 않고 남의 물건으로 생색을 낸다는 말.

곁-쪽[견-]명 가까운 일가붙이.

곁-채[견-]명 몸채 곁에 딸린 작은 집채.

곁-콩팥[견-팓]명 ☞부신(副腎). *곁콩팥이[견-파치]·곁콩팥을[견-파틀]·곁콩팥만[견-판-]

곁-피(-皮)[견-]명 활의 줌통을 싼 벚나무의 껍질.

계ː(系)[계/게]명 수학에서, 어떤 정리(定理)로부터 바로 유도되는 명제를 본디의 정리에 대하여 이르는 말.

계ː(戒·誡)[계/게]명 ①죄악을 범하지 못하게 하는 규정. ②불교에서, 불문에 귀의한 사람이 지켜야 할 모든 행동 규범을 이르는 말. 삼학(三學)의 하나임. ③한문 문체의 한 가지. 훈계를 목적으로 하는 글.

계ː(界)[계/게]명 생물 분류상의 한 단계. 문(門)의 위로 가장 큰 단위.
계ː(計)[계/게]명 〈합계〉·〈총계〉의 준말.
계ː(係)[계/게]명 과(課)를 나눈 사무 분담의 갈래, 또는 그 갈래를 맡은 사람.
계ː(癸)[계/게]명 ①십간(十干)의 열째. ②〈계방(癸方)〉의 준말. ③〈계시(癸時)〉의 준말.
계ː(契)[계/게]명 ①예부터 있어 온 상호 협조 조직의 한 가지. 여럿이 일정한 목적 아래 돈이나 물품을 추렴하여 운용함. 〔상포계(喪布契)·혼인계 따위.〕 ②금전의 융통을 목적으로 일정한 인원으로 구성된 조직.
계 타고 집 판다속담 처음에는 이(利)를 보았다가 나중에는 도리어 손해를 입는다는 말.
계(를) 타다관용 (계의 자기 차례가 되어서) 곗돈을 받다.
계ː(啓)[계/게]명 한문 문체의 한 가지. 윗사람에게 올리는 글.
계(階)[계/게]명 벼슬의 등급, 또는 품계.
-계(系)[계/게]접미 《일부 명사 뒤에 붙어》 '같은 계통에 딸림'을 뜻함. ¶ 동양계. /한국계. /야당계. /기독교계.
-계(屆)[계/게]접미 《일부 한자어 뒤에 붙어》 '신고(申告)하는 문서'를 뜻함. ¶ 결근계. /결석계.
-계(係)[계/게]접미 《일부 명사 뒤에 붙어》 사무나 작업 분담의 단위임을 뜻함. ¶ 서무계. /인사계.
-계(界)[계/게]접미 일부 명사 뒤에 붙어, 그 사회나 그 분야임을 뜻함. ¶ 언론계. /출판계.
-계(計)[계/게]접미 일부 한자어 뒤에 붙어, 그것을 재는 계기임을 뜻함. ¶ 습도계. /온도계.
계ː가(計家)[계-/게-]명하타 바둑을 다 둔 뒤에, 집 수를 계산하는 일.
계ː간(季刊)[계-/게-]명 (잡지 따위를) 1년에 네 번, 철따라 발간하는 일, 또는 그 간행물.
계간(溪澗)[계-/게-]명 산골짜기에 흐르는 시냇물.
계간(鷄姦)[계-/게-]명하자 ☞비역.
계간^공사(溪澗工事)[계-/게-]명 계곡의 침식을 막기 위하여 양쪽 기슭을 고정시키는 공사.
계ː간-지(季刊誌)[계-/게-]명 계간으로 펴내는 잡지. 계보(季報).
계ː감(計減)[계-/게-]명하타 셈을 따져 덜어낼 것을 덜어 냄. 계제(計除).
계ː거-기(計距器)[계-/게-]명 차바퀴에 장치하여, 달린 거리가 자동적으로 나타나도록 한 계기.
계견(鷄犬)[계-/게-]명 닭과 개.
계견-상문(鷄犬相聞)[계-/게-]명 〔닭이 우는 소리와 개가 짖는 소리가 여기저기서 들린다는 뜻으로〕 '인가(人家)가 잇대어 있음'을 비유하여 이르는 말.
계ː계승승(繼繼承承)[계계-/게게-]명하자 ①자자손손이 대를 이어 감. ②앞사람이 하던 일을 뒷사람이 이어받음.
계ː고(戒告)[계-/게-]명 ①하타 행정상의 의무 이행을 재촉하는 행정 기관의 통고. ②공무원의 의무 위반에 대한 징계 처분.
계ː고(啓告)[계-/게-]명하타 ☞상신(上申).
계고(階高)[계-/게-]명 ①층계나 층단의 높이. ②건물의 층 사이의 높이. ③품계가 높음.
계ː고(稽古)[계-/게-]명하타 옛일을 자세히 알아봄.
계ː고(稽考)[계-/게-]명하타 자세히 알아봄.
계ː고-장(戒告狀)[계-짱/게-짱]명 행정상의 의무 이행을 촉구하는 문서.
계고-직비(階高職卑)[계-삐/게-삐]명하형 품계는 높고 벼슬은 낮음. ↔계비직고(階卑職高).
계곡(溪谷)[계-/게-]명 물이 흐르는 골짜기. 계학(溪壑).
계ː관(桂冠)[계-/게-]명 ☞월계관(月桂冠).
계관(鷄冠)[계-/게-]명 ①닭의 볏. ②☞맨드라미. 계두.
계관-석(鷄冠石)[계-/게-]명 비소(砒素)와 황(黃)과의 화합물로 된 붉은 광석. 불꽃놀이의 재료 또는 채색 따위에 쓰임.
계ː관^시인(桂冠詩人)[계-/게-]명 영국 왕실이 영국의 뛰어난 시인에게 내리는 명예 칭호.
계ː관-없다(係關-)[계과넙따/게과넙따]형 ①상관이 없다. 관계없다. ②거리낄 것이 없다. 계관없-이부.
계관-초(鷄冠草)[계-/게-]명 ☞맨드라미.
계관-화(鷄冠花)[계-/게-]명 맨드라미의 꽃.
계ː교(計巧)[계-/게-]명 이리저리 생각하여 짜낸 꾀. ¶ 계교에 말려들다.
계ː교(計較)[계-/게-]명하타 비교하여 서로 견주어 봄. 교계(較計).
계ː구(戒具)[계-/게-]명 (죄인이나 수용자의 도주 또는 난동 따위를 막기 위하여) 몸을 구속하는 도구. 〔수갑이나 포승 따위.〕
계구(鷄口)[계-/게-]명 〔닭의 부리라는 뜻으로〕 '작은 단체의 우두머리'를 비유하여 이르는 말.
계구-우후(鷄口牛後)[계-/게-]명 〔소의 꼬리보다는 닭의 부리가 되라는 뜻으로〕 큰 단체의 꼴찌보다는 작은 단체의 우두머리가 되는 편이 낫다는 말.
계군(鷄群)[계-/게-]명 〔닭의 무리라는 뜻으로〕 '범인(凡人)들'을 비유하여 이르는 말.
계군-일학(鷄群一鶴)[계-/게-]명 ☞군계일학.
계ː궁(計窮)[계-/게-]명하자 계책이 다함.
계궁(階窮)[계-/게-]명하자 〔당하관(堂下官)의 품계가 다시 더 올라갈 자리가 없다는 뜻으로〕 '당하 정삼품(堂下正三品)이 됨'을 이르는 말.
계ː궁-역진(計窮力盡)[계-녁찐/게-녁찐]명하자 꾀와 힘이 다하여 더는 어찌할 도리가 없이 됨.
계ː-그릇(戒-)[계-른/게-른]명 불교에서, 계(戒)를 받을 자격을 갖춘 사람을 이르는 말. 계기(戒器). ＊계ː그릇이[계-르시/게-르시]·계ː그릇만[계-른-/게-른-]
계급(階級)[계-/게-]명 ①지위나 관직 등의 등급. ¶ 계급이 한 단계 오르다. ②신분이나 직업·재산 등이 비슷한 사람들로 이루어지는 사회적 집단, 또는 그것을 기준으로 구분되는 계층. ¶ 지식 계급. /무산 계급.
계급^국가(階級國家)[계-꾹까/게-꾹까]명 국가의 권력과 기능은 일부 지배 계급의 이익을 위하여 존재한다고 보는 국가관.
계급^독재(階級獨裁)[계-똑째/게-똑째]명 어떤 계급이 그 사회에서 특권을 가지고 그 사회를 지배하는 일.
계급^문학(階級文學)[계금-/게금-]명 계급의식을 바탕으로 하는 문학.
계급-의식(階級意識)[계그븨-/게그비-]명 ①일정한 계급에 딸리는 사람이 가지는 심리와 사고의 경향 및 관념의 형태. ②자기 계급의 지위나 성질·사명 따위에 대한 자각.

계급-장(階級章)[계-짱/게-짱][명] 계급을 나타내는 표. ¶ 전투모에 계급장을 달다.

계급^제ː도(階級制度)[계-쩨-/게-쩨-][명] ①신분이나 지위 등 계급의 엄격한 구별에 의하여 조직이 움직여지는 제도. ②서로 대립하는 계급이 있어서 지배와 피지배, 착취와 피착취 등의 관계로 이루어지는 사회 제도.

계급-주의(階級主義)[계-쭈의/게-쭈이][명] ①자신이 딸린 계급의 이념에만 충실하고 다른 계급에 대해서는 배타적인 태도. ②계급을 중시하는 사상이나 태도.

계급-투쟁(階級鬪爭)[계-/게-][명](하자) 계급 사회의 지배 계급과 피지배 계급 사이에서 이해관계의 대립으로 일어나는 투쟁.

계ː기(戒器)[계-/게-][명] ☞계그릇.

계ː기(計器)[계-/게-][명] 길이·면적·무게·양 따위나 온도·속도·시간·강도(強度) 따위를 재는 기계나 기구를 통틀어 이르는 말.

계ː기(契機)[계-/게-][명] ①어떤 일이 일어나거나 변화·결정되도록 하는 근거나 기회. 동기. ¶ 사건의 계기. ②철학에서, 사물의 운동·변화·발전의 과정을 결정하는 본질적인 사정을 이르는 말.

계ː기(繼起)[계-/게-][명](하자) (시간적으로) 잇달아 일어남. ¶ 같은 시기에 계기하는 복잡한 사건들.

계ː기-반(計器盤)[계-/게-][명] ☞계기판.

계ː기^비행(計器飛行)[계-/게-][명] 항공기가 계기(計器)에만 의존하여 비행하는 일. 맹목비행(盲目飛行).

계ː기^속도(計器速度)[계-또/게-또][명] 항공기의 속도계에 나타난 속도.

계ː기-판(計器板)[계-/게-][명] 기계 장치의 작동 상태를 보이거나 재는, 눈금이 새겨진 판. 계기반.

계ː녀(季女)[계-/게-][명] 막내딸.

계ː녀-가(誡女歌)[계-/게-][명] 영남 지방에 전하는 작자·연대 미상의 가사의 한 가지. 외동딸을 시집보내는 어머니가 딸에게 시집살이에 대해 훈계를 하는 내용으로 되어 있음.

계다[자] 〈옛〉 지나다. 넘다. ¶ 훈 삐 계도록 긷다가 몯ㅎ야(月釋7:9). /낫 계다:晌午劉(譯解上5).

계ː단(戒壇)[계-/게-][명] 중이 계를 받는 단. 〔흔히, 흙과 돌로 쌓음.〕

계단(階段)[계-/게-][명] ①☞층계. ②일을 하는 데 밟아야 할 순서. 단계(段階).

계단-갈이(階段-)[계-/게-][명] ☞계단 경작.

계단^경작(階段耕作)[계-/게-][명] 비탈진 땅에 층층으로 논밭을 만들어 농사짓는 일. 계단갈이.

계단^농업(階段農業)[계-/게-][명] 비탈진 땅을 층(層)이 지게 만들어 짓는 농사.

계단^단ː층(階段斷層)[계-/게-][명] 같은 종류의 단층이 평행으로 발달하여, 지반(地盤)이 계단 모양을 이룬 것.

계단-만(階段灣)[계-/게-][명] 침강 등의 원인으로 바다 밑이 계단 모양으로 된 만. ↔함몰만.

계단-석(階段席)[계-/게-][명] 계단 모양으로, 뒤로 갈수록 높아지게 만든 좌석.

계단-식(階段式)[계-/게-][명] ①계단 모양을 본뜬 방식. ¶ 계단식 논. ②계단을 오르듯이 한 단계씩 차례를 밟아서 하는 방식. ¶ 계단식 학습.

계단-참(階段站)[계-/게-][명] 긴 층계의 중간쯤에 있는, 조금 넓은 공간. 층계참.

계단^채ː굴(階段採掘)[계-/게-][명] 광상(鑛床) 안을 계단형으로 파 들어가며 채광하는 일.

계ː달(啓達)[계-/게-][명](하타) 임금에게 의견을 아뢰. 계품(啓稟).

계ː당-주(桂當酒)[계-/게-][명] 계피와 당귀(當歸)를 소주에 담가 만든 술.

계ː당-주(桂糖酒)[계-/게-][명] 계피와 꿀을 소주에 넣어 만든 술.

계ː대(繼代)[계-/게-][명](하타) 대를 이음. ¶ 계대를 세우다.

계ː도(系圖)[계-/게-][명] 대대의 계통을 나타낸 도표. 성계(姓系).

계ː도(啓導)[계-/게-][명](하타) 깨우치어 이끌어 줌.

계ː-도가(契都家)[계또-/게또-][명] 계(契)의 일을 도맡아서 처리하는 집.

계ː도^소ː설(系圖小說)[계-/게-][명] 한 가문(家門)이나 사회를 역사적·전기적(傳記的)으로 다룬 장편 소설.

계ː독(啓櫝)[계-/게-][명](하타) ☞개독(開櫝).

계돈(鷄豚)[계-/게-][명] ①닭과 돼지. ②가축.

계ː동(季冬)[계-/게-][명] ①늦겨울. 만동(晩冬). ②'섣달'의 딴 이름. [참]중동(仲冬)·맹동(孟冬).

계두(鷄頭)[계-/게-][명] ☞계관.

계ː라(啓螺)[계-/게-][명](하타) 지난날, 임금의 거둥 때 취타(吹打)를 연주하던 일, 또는 그 음악.

계ː라-차지(啓螺次知)[계-/게-][명] 지난날, 임금이 거둥할 때 겸내취(兼內吹)를 영솔하던 선전관.

계ː락(界樂)[계-/게-][명] 계면조에 딸린 우리나라 고유 가곡의 한 가지.

계란(鷄卵)[계-/게-][명] 달걀.

계란-골(鷄卵骨)[계-/게-][명] 달걀처럼 이마와 뒤통수가 툭 튀어나온 머리뼈.

계란-덮밥(鷄卵-)[계-덥빱/게-덥빱][명] 일본식 요리의 한 가지. 삶은 닭고기·버섯 따위에 달걀을 풀어 익혀서 밥 위에 씌운 음식.

계란-말이(鷄卵-)[계-/게-][명] 계란을 부쳐서 돌돌 말아 놓은 음식.

계란-밥(鷄卵-)[계-/게-][명] 밥이 끓을 때 달걀을 깨뜨려 넣고 익힌 밥.

계란-선(鷄卵膳)[계-/게-][명] 푼 달걀과 다져서 볶은 쇠고기를 번갈아 여러 켜로 놓고 중탕하여 익힌 음식.

계란-유골(鷄卵有骨)[계-뉴-/게-뉴-][명] 〔달걀에도 뼈가 있다는 뜻으로〕 늘 일이 잘 안 되는 사람이 모처럼 좋은 기회를 만났으나 역시 잘 안 될 때를 이르는 말.

계란-장(鷄卵醬)[계-/게-][명] 달걀이나 오리알을 넣어 삭힌 간장.

계란-주(鷄卵酒)[계-/게-][명] 술에 달걀을 풀고 설탕을 넣어, 달걀이 완전히 익지 않도록 약한 불에 데운 술. 〔몸이 허할 때 마심.〕

계란-지(鷄卵紙)[계-/게-][명] 인화지의 한 가지. 달걀흰자와 염화암모니아의 혼합물을 발라 말린 양지(洋紙).

계란-포(鷄卵包)[계-/게-][명] ☞알쌈.

계ː략(計略)[계-/게-][명] 계획과 책략. 계모(計謀). ¶ 계략에 걸리다. /계략에 빠지다.

계ː량(計量)[계-/게-][명](하타) 분량이나 무게 따위를 잼. [참]계측(計測).

계ː량(繼糧)[계-/게-][명](하자) 그해에 추수한 곡식으로 다음 해 추수할 때까지 양식을 이어 나감.

계:량-기(計量器)[계-/게-]명 계량하는 데 쓰이는 여러 가지 기구. ¶ 수도 계량기.

계:량-스푼:(計量spoon)명 조리를 할 때에, 가루나 조미료·액체 따위의 용량을 재는 기구.

계:량-컵(計量cup)명 조리를 할 때에, 가루나 조미료·액체 따위의 용량을 재는 컵.

계:려(計慮)[계-/게-]명하타 헤아려 생각함.

계:련(係戀)[계-/게-]명하타 몹시 그리워하며 잊지 못함.

계:료(計料)[계-/게-]명하타 헤아려 봄.

계:루(繫累·係累)[계-/게-]명 ①하자되자 어떤 사물에 얽매이어 누(累)가 됨. ¶ 송사에 계루되다. ②(양친·처자·형제 등) 딸린 식구로 말미암아 얽매이는 누(累).

계류(溪流·谿流)[계-/게-]명 산골짜기에 흐르는 시냇물.

계:류(稽留)[계-/게-]명하타 머무르게 함.

계:류(繫留)[계-/게-]명하자타되자 ①붙잡아 매어 놓음. ②(어떤 사건이 해결되지 않고) 매이어 있음. 걸려 있음. ¶ 민사 소송에 계류된 사건.

계:류-기구(繫留氣球)[계-/게-]명 줄로 일정한 곳에 잡아매어 공중에 띄워 두는 경기구.

계:류^기뢰(繫留機雷)[계-뢰/게-뤠]명 강철 줄로 일정한 곳에 매어 두는 기뢰. ↔부유 기뢰(浮遊機雷).

계:류-부표(繫留浮標)[계-/게-]명 일정한 곳에 매어 띄워 두는 부표.

계:류-선(繫留船)[계-/게-]명 ①부두나 잔교에 배를 대는 일을 돕는 배. ②부두나 바닷가에 매어 놓은 배.

계:류-열(稽留熱)[계-/게-]명 신열(身熱)이 날 때, 하루의 체온 고저 차가 1℃ 이하를 유지하며 계속되는 상태.

계:류-장(繫留場)[계-/게-]명 선박 따위를 대고 매어 놓는 곳.

계:류-탑(繫留塔)[계-/게-]명 비행선이나 기구를 매어 두기 위한 높은 탑.

계륵(鷄肋)[계-/게-]명 ①'큰 소용은 못 되나 버리기는 아까운 사물'을 이르는 말. 〔'후한서(後漢書)'의 '양수전(楊修傳)'에 나오는 말로, 중국 후한 말 조조가 한중에서 철군하며, 그곳을 닭의 갈비처럼 먹을 거리는 못 되나 그냥 버리기도 아까운 곳이라고 한 고사에서 유래함.〕 ②'몹시 허약한 몸'을 비유하여 이르는 말. 〔'진서(晉書)'의 '유령전(劉伶傳)'에 나오는 말로, 중국 진(晉)나라 유령(劉伶)이 말다툼을 벌이던 중 상대가 주먹으로 치려 하자 자신을 닭의 갈비처럼 연약한 몸이라고 해 위기를 모면한 고사에서 유래함.〕

계:리(計理)[계-/게-]명하타 계산하여 정리함.

계:리-사(計理士)[계-/게-]명 '공인 회계사'의 구용어.

계:림(桂林)[계-/게-]명 ①계수나무의 숲. ②아름다운 숲. ③문인(文人)들의 사회.

계림(鷄林)[계-/게-]명 ①'경주(慶州)'의 딴 이름. ②'신라'의 딴 이름. ③'우리나라'의 딴 이름.

계림-유사(鷄林類事)[계-뉴-/게-뉴-]명 중국 송(宋)나라 손목(孫穆)이 지은 백과서(百科書). 〔이 책에 고려 시대의 우리말 356단어를 추려 한자로 그 음을 적어 놓은 것이 있음.〕

계림-잡전(鷄林雜傳)[계-쩐/게-쩐]명 신라 성덕왕 때 김대문(金大問)이, 삼국 시대의 설화를 모아 엮은 책. 〔지금은 전하지 않음.〕

계림-팔도(鷄林八道)[계-또/게-또]명 '우리나라 전토(全土)'를 달리 이르는 말. 삼천리 강산.

계:마(桂馬)[계-/게-]명 바둑에서, 대각선 방향으로 한 칸 또는 두 칸을 건너뛴 곳에 돌을 놓는 일. 〔'日' 자로 놓는 것을 소계마(小桂馬), '目' 자로 놓는 것을 대계마(大桂馬)라 함.〕

계:말(桂末)[계-/게-]명 ☞계핏가루.

계:면(界面)[계-/게-]명 ①경계를 이루는 면. ②〈계면조(界面調)〉의 준말.

계:면(誡勉)[계-/게-]명하타 훈계하고 격려함.

계:면-놀이[계-/게-]명 무당이 단골집이나 일반 가정을 상대로 계면돌며 하는 굿.

계:면-돌다[계-/게-][~도니·~돌아]자 무당이 돈이나 쌀을 얻으려고 집집이 돌아다니다.

계:면-떡[계-/게-]명 굿이 끝난 뒤 무당이 구경꾼에게 돌라주는 떡.

계:면^반:응(界面反應)[계-/게-]명 두 상(相)의 계면에서 일어나는 화학 반응.

계:면^장력(界面張力)[계-녁/게-녁]명 ☞표면 장력(表面張力).

계:면-조(界面調)[계-쪼/게-쪼]명 우리나라 속악 음계의 한 가지. 〔서양 음악의 단조(短調)에 가까움.〕 준계면.

계면-쩍다[계-따/게-따]형 〈겸연쩍다〉의 변한말.

계:면^화:학(界面化學)[계-/게-]명 계면에 관한 현상과 성질을 연구하는 화학의 한 분과.

계:면^활성제(界面活性劑)[계-썽-/게-썽-]명 계면에 잘 달라붙어서 계면의 표면 장력(表面張力)을 크게 떨어뜨리는 작용을 하는 물질. 〔비누·합성 세제 따위.〕

계:명(戒名)[계-/게-]명 ①중이 계(戒)를 받을 때 스승에게서 받는 이름. ②불가에서 죽은 사람에게 지어 주는 이름. 법명(法名).

계명(階名)[계-/게-]명 ①계급이나 품계의 이름. ②음계(音階)의 이름. ②계이름.

계:명(誡命)[계-/게-]명 도덕상 또는 종교상 지켜야 하는 규정. 〔기독교의 십계명 따위.〕

계명(鷄鳴)[계-/게-]명 닭의 울음.

계명-구도(鷄鳴狗盜)[계-/게-]명 '점잖은 사람이 배울 것이 못 되는 천한 기능', 또는 '그런 기능을 가진 사람'을 이르는 말. 〔'사기'의 '맹상군열전'에 나오는 말로, 중국 춘추 시대에 맹상군(孟嘗君)의 식객(食客)들이 닭 울음소리와 좀도둑질로 맹상군을 위기에서 구했다는 고사에서 유래함.〕

계:명-성(啓明星)[계-/게-]명 새벽에 동쪽 하늘에 보이는 금성(金星). 샛별.

계명워리[계-/게-]명 행실이 단정하지 못한 계집.

계명-주(鷄鳴酒)[계-/게-]명 찐 차좁쌀로 빚은 술. 〔담근 다음 날, 닭이 우는 새벽녘이면 먹을 수 있게 된다 하여 붙여진 이름.〕

계명-창법(階名唱法)[계-뻡/게-뻡]명 계명에 의해 소리의 높이나 선율을 나타내는 방법. 계이름부르기.

계명-축시(鷄鳴丑時)[계-씨/게-씨]명 첫닭이 울 무렵인 축시(丑時). 〔새벽 1시~3시.〕

계:모(季母)[계-/게-]명 맨 끝의 작은아버지의 아내. 계부(季父)의 아내.

계:모(計謀)[계-/게-]명 계획과 모책. 계략.

계:모(繼母)[계-/게-]명 아버지의 후처. 의붓어머니. 후모(後母).

계ː목(繫牧) [계-/게-] 명 가축의 목에 끈을 매어, 일정한 범위 안에서 먹이를 먹고 운동을 하게 하는 사육법. 매어기르기.

계ː몽(啓蒙) [계-/게-] 명하타되자 ①어린아이나 무식한 사람을 깨우쳐 줌. ②인습에 젖거나 바른 지식을 가지지 못한 사람을 일깨워, 새롭고 바른 지식을 가지도록 함. 계발(啓發).

계ː몽-대(啓蒙隊) [계-/게-] 명 계몽하기 위하여 나선 사람들로 조직된 무리.

계ː몽^문학(啓蒙文學) [계-/게-] 명 ①낡은 인습에서 벗어나도록 계발하여, 새로운 시식과 비평 정신을 길러 주려는 문학. ②18세기 유럽에서 일어난, 이지를 중히 여긴 합리주의 문학.

계ː몽-사상(啓蒙思想) [계-/게-] 명 18세기 영국·독일·프랑스 등의 사상계를 휩쓸었던 사상으로, 철리(哲理)를 쉽게 풀이하여 일반 민중을 교화하고 인문을 계발(啓發)하려던 사상.

계ː몽^운ː동(啓蒙運動) [계-/게-] 명 ①전통적 낡은 인습을 깨뜨리고, 학술적인 견지에서 합리적인 판단력을 갖게 하려는 운동. ②계몽주의를 실천하는 운동.

계ː몽^전제^군주(啓蒙專制君主) [계-/게-] 명 계몽주의 사상에 따라 선정(善政)을 베풀려고 한 절대 전제 군주. 〔흔히, 프러시아의 프리드리히 대왕 등을 가리킴.〕

계ː몽-주의(啓蒙主義) [계-의/게-이] 명 15세기 말에 네덜란드와 영국에서 일어나, 18세기 후반에 프랑스에서 전성기를 이루었던 사상으로, 봉건적인 낡은 사상을 혁신적인 사상으로 유도하려던 주의.

계ː몽^철학(啓蒙哲學) [계-/게-] 명 17~18세기에 영국·독일·프랑스 등의 사상계를 휩쓸었던 철학적 경향으로, 심원한 철리(哲理)를 간단명료하게 풀어, 대중적인 보급과 교화(教化)에 힘쓰던 철학.

계ː묘(癸卯) [계-/게-] 명 육십갑자의 마흔째.

계ː무소출(計無所出) [계-/게-] 명 〔헤아려도 나오는 바가 없다는 뜻으로〕 알맞은 계책이 없음을 이름. 백계무책(百計無策).

계ː문(戒文) [계-/게-] 명 계율(戒律)의 조문(條文).

계ː문(契文) [계-/게-] 명 계약의 내용을 적은 문서.

계ː문(啓門) [계-/게-] 명하자 제사 지낼 때에 유식(侑食) 뒤에 합문(闔門)한 것을 여는 일.

계ː문(啓聞) [계-/게-] 명하타 (관찰사·어사 등이) 임금에게 글로써 아룀.

계ː문-왕생(戒門往生) [계-/게-] 명 계율을 잘 지킨 공덕으로 극락에 태어남.

계ː미(癸未) [계-/게-] 명 육십갑자의 스무째.

계ː미-자(癸未字) [계-/게-] 명 조선 태종(太宗) 3(1403.계미)년에 만든 동활자(銅活字).

계ː박(繫泊) [계-/게-] 명하타 배를 매어 둠.

계ː박(繫縛) [계-/게-] 명하타 얽어맴. 결박.

계반(溪畔) [계-/게-] 명 시냇가.

계ː발(啓發) [계-/게-] 명하타되자 ①지능을 깨우쳐 열어 줌. ¶ 창의력 계발. ②☞계몽(啓蒙). ③문답을 통하여 자발적으로 깨달아 알게 하고, 창의와 자발성을 길러 주는 교육 방법.

계ː발^교ː육(啓發教育) [계-/게-] 명 창의와 자발성을 자극하고, 자주적인 학습 태도와 습관을 길러 주려는 교육. 〔주로, 문답식을 활용함.〕 개발 교육(開發教育). ↔주입 교육.

계ː방(季方) [계-/게-] 명 남자 동생.

계ː방(癸方) [계-/게-] 명 이십사방위의 하나. 북북동에서 북쪽으로 15도까지의 방위. 자방(子方)과 축방(丑方)의 사이. 준계(癸). ↔정방(丁方).

계ː방(契房) [계-/게-] 명하타 〔지난날〕 ①부역(賦役)의 면제를 받기 위하여 관아의 하리(下吏)에게 돈이나 곡식을 주던 일. ②나루 근처에 사는 이들이 뱃삯으로 사공에게 곡식을 거두어 주던 일.

계ː방-형(季方兄) [계-/게-] 명 남을 높이어 그의 '남자 동생'을 일컫는 말.

계ː배(計杯) [계-/게-] 명하타 (술잔을 세어) 술값을 계산함.

계ː배(繼配) [계-/게-] 명 ☞후실(後室).

계ː법(戒法) [계-/게-] 명 계율(戒律)의 규범.

계ː변(計邊) [계-/게-] 명하타 변리를 계산함.

계ː보(系譜) [계-/게-] 명 ①조상 때부터의 혈통이나 집안의 역사를 적은 책. ②사람의 혈연관계(血緣關係)나 학문·사상 등의 계통 또는 순서의 내용을 나타낸 기록. ¶ 기호 학파(畿湖學派)의 계보.

계ː보(季報) [계-/게-] 명 ☞계간지.

계ː보-기(計步器) [계-/게-] 명 걸을 때의 걸음 수를 자동적으로 세는 기구. 측보기(測步器).

계ː부(季父) [계-/게-] 명 아버지의 막내아우.

계ː부(繼父) [계-/게-] 명 ☞의붓아버지.

계ː부-모(繼父母) [계-/게-] 명 계친자(繼親子)의 관계에 있는 아버지나 어머니.

계ː분(契分) [계-/게-] 명 ☞친분(親分).

계분(鷄糞) [계-/게-] 명 닭똥. 〔질소·인산분이 많아 말려서 거름으로 씀.〕

계ː불입량(計不入量) [계부림냥/게부림냥] 명하자 꾀나 계획이 들어맞지 아니함.

계ː비(繼妃) [계-/게-] 명 임금의 후취인 비(妃).

계비(鷄肥) [계-/게-] 명 거름으로 사용하는 닭똥.

계비직고(階卑職高) [계-꼬/게-꼬] 명하형 품계(品階)는 낮고 벼슬은 높음. ↔계고직비(階高職卑).

계ː빈(啓殯) [계-/게-] 명하자 발인할 때, 출구(出柩)하려고 빈소를 엶. 파빈(破殯).

계ː-빠지다(契-) [계-/게-] 자 ①계알을 뽑을 때, 곗돈을 탈 수 있는 알이 나오다. ②뜻하지 않은 횡재를 하다.

계ː사(戒師) [계-/게-] 명 불교에서 자기에게 계법을 준 중을 이르는 말.

계ː사(癸巳) [계-/게-] 명 육십갑자의 서른째.

계ː사(啓事) [계-/게-] 명하타 지난날, 임금에게 사실을 적어 올리던 일, 또는 그 서면(書面).

계ː사(啓辭) [계-/게-] 명 지난날, 죄를 논할 때 임금에게 올리던 글.

계ː사(繫辭) [계-/게-] 명 ①본문에 딸려 그것을 설명하는 말. 〔주역(周易)의 괘(卦) 아래에 써 넣은 설명의 말 따위.〕 ②명제(命題)의 주사(主辭)와 빈사(賓辭)를 연결하여 긍정이나 부정을 나타내는 말. 〔'사람은 동물이다.'에서 '이다'와 같은 말.〕 ②연사(連辭).

계ː사(繼嗣) [계-/게-] 명하자 ☞계후(繼後).

계사(鷄舍) [계-/게-] 명 ☞닭의장.

계ː삭(計朔) [계-/게-] 명하타 달수를 셈. 계월(計月).

계ː삭(繫索) [계-/게-] 명 ①물건을 매어 두는 밧줄. ②하타 물건을 붙들어 맴.

계ː산(計算) [계-/게-] 명하타 되자 ①수량을 셈. ②식을 연산(演算)하여 수치를 구하여 내는 일. 셈. ③어떤 일을 예상하거나 고려함. ¶ 전철로 갈아타는 시간을 계산에 넣고 도착 시간을 맞춰라. ④값을 치름. ¶ 계산을 치르고 나니 만 원이 남았다. ⑤이해득실을 따짐. ¶ 계산에 밝다. /계산이 빠르다.

계:산(桂酸)[계-/게-][명] ☞계피산(桂皮酸).

계:산-기(計算器·計算機)[계-/게-][명] 각종 계산을 빠르고 정확하게 할 수 있도록 만든 기기(機器).

계:산-대(計算臺)[계-/게-][명] 은행이나 상점 등에서 계산을 위해 마련한 대.

계:산^도표(計算圖表)[계-/게-][명] ☞노모그래프.

계:산-서(計算書)[계-/게-][명] ①물건 값의 청구서. ②계산을 밝힌 서류. ¶ 세금 계산서.

계:산^서류(計算書類)[계-/게-][명] 주식회사의 영업·수익 상태·재산 내용 등을 명백히 하기 위한 서류. 〔재산 목록·대차 대조표·손익 계산서 따위.〕

계:산-자(計算-)[계-/게-][명] 대수(對數)의 원리를 이용하여 곱하기·나누기·제곱근풀이·세제곱근풀이 따위의 복잡한 계산을 기계적 조작으로 간단히 할 수 있는, 자 모양의 기구. 계산척(計算尺).

계:산-적(計算的)[계-/게-][관][명] ①수를 셈하는 것에 관한 (것). ¶ 계산적 착오. ②이해득실을 따지는 (것). ¶ 계산적인 사람.

계:산-척(計算尺)[계-/게-][명] ☞계산자.

계삼-탕(鷄蔘湯)[계-/게-][명] 영계의 내장을 빼고 인삼을 넣어 곤 보양식. 삼계탕.

계:상(計上)[계-/게-][명][하타][되자] ①예산 편성에 넣음. ②전체의 셈에 넣음.

계:상(啓上)[계-/게-][명][하타] 윗사람에게 말씀을 드림.

계상(階上)[계-/게-][명] 층계 위. ↔계하(階下).

계:상(稽顙)[계-/게-][명][하자] ①(겸손의 뜻으로) 머리를 조아림. ②〈계상재배(稽顙再拜)〉의 준말. [비]계수(稽首)·돈수(頓首).

계:상-금(計上金)[계-/게-][명] 예산에 올린 금액.

계:상-재배(稽顙再拜)[계-/게-][명] 머리를 조아려 두 번 절함. 〔거상(居喪) 중인 사람이 편지를 쓸 때, 글의 첫머리나 자기의 이름 다음에 쓰는 말.〕 [준]계상(稽顙).

계:색(戒色)[계-/게-][명][하자] 여색(女色)을 경계함. 색욕(色慾)을 삼감.

계:서(繼序)[계-/게-][명][하자] 뒤를 이음.

계서-야담(溪西野談)[계-/게-][명] 조선 순조(純祖) 때, 이희준(李羲準)이 우리나라 고금의 기사(奇事)·이문(異聞)·잡설(雜說) 등을 모아 기록한 책. 6권 6책.

계:석(計石)[계-/게-][명][하타] 곡식의 섬 수를 셈함.

계:석(界石)[계-/게-][명] 경계를 나타내기 위하여 세워 놓은 돌.

계:선(戒善)[계-/게-][명][하자] 계(戒)를 지켜 좋은 과보(果報)를 낳게 하는 일.

계:선(界線)[계-/게-][명] 한계나 경계를 나타낸 선.

계:선(繫船)[계-/게-][명][하자] 배를 매어 둠.

계:선-거(繫船渠)[계-/게-][명] ☞계선 독.

계:선^독(繫船dock)[계-/게-][명] 간만(干滿)의 차가 큰 곳에 수문(水門)을 설치하고 둘레를 막아, 그 안에 배를 띄워 짐을 싣거나 부리며, 승객이 타고 내리는 데 편리하도록 만든 시설. 계선거. 습독. 습선거.

계:선-료(繫船料)[계-뇨/게-뇨][명] 부두나 잔교에 선박을 대었을 때에 그 값으로 치르는 돈.

계:선^부표(繫船浮標)[계-/게-][명] 항만 안에서 배가 닻을 내리지 않을 때 잡아매려고 바닷물에 띄운 부표. 부이(buoy).

계:선-안(繫船岸)[계-/게-][명] 배를 매어 두는 강이나 바다의 기슭.

계:선-주(繫船柱)[계-/게-][명] 배를 매어 두기 위하여 부두나 잔교·계선안 등에 마련해 둔 기둥. [준]계주(繫柱).

계:선-환(繫船環)[계-/게-][명] 배를 매어 두기 위해 안벽(岸壁)의 앞부분에 설비해 둔 쇠고리.

계설-향(鷄舌香)[계-/게-][명] ☞정향(丁香).

계성(鷄聲)[계-/게-][명] 닭의 울음소리. 계명.

계:성-사(啓聖祠)[계-/게-][명] 공자(孔子)·안자(顔子)·자사(子思)·증자(曾子)·맹자(孟子)의 아버지를 모신 사당. 〔서울 문묘(文廟)에 있음.〕

계:세(季世)[계-/게-][명] ☞말세(末世).

계:세-징인(戒世懲人)[계-/게-][명][하자] 세상 사람을 경계하고 징벌함.

계:속(繫屬·係屬)[계-/게-][명][하자][되자] ①남에게 매이어 딸림. ②소송 사건의 처리가 법원에서 진행 중에 있음. 소송 계속.

계:속(繼續)[계-/게-] [I][명][하자.타][되자] ①끊이지 아니하고 잇대어 나아감. ¶ 장마가 한 달 동안이나 계속되다. ②끊어졌던 행위나 상태를 다시 이어 나감. ¶ 중단했던 사업을 다시 계속하다.

[II][부] 끊이지 않고 잇달아. ¶ 인구가 계속 감소하는 국가도 있다.

계:속^계:산(繼續計算)[계-께-/게-께-][명] 상인이 단골과의 거래에서, 거래 내용을 장부에만 적어 두었다가 일정한 시일이 지난 뒤에 한꺼번에 계산하는 일.

계:속-범(繼續犯)[계-뻠/게-뻠][명] 범죄 행위가 이미 이루어진 뒤에도 그 상태가 계속되는 것. 〔불법 감금죄 따위.〕

계:속^변:이(繼續變異)[계-뻐니/게-뻐니][명] 일시 변이가 마치 유전처럼 여러 세대에 걸쳐 나타나는 현상. 영속 변이(永續變異).

계:속-비(繼續費)[계-삐/게-삐][명] 여러 연도에 걸친 사업의 경비로, 최초 연도에 그 총액 및 연 지출액 등을 일괄하여 국회의 의결을 얻어 계속 지출하는 경비.

계:속^심:의(繼續審議)[계-씨믜/게-씨미][명] 국회 등에서, 의결되지 않은 안건을 폐회(閉會) 중에 위원회 심의를 거쳐 다음 회기에 그대로 넘기는 일.

계:속-적(繼續的)[계-쩍/게-쩍][관][명] 끊이지 않고 이어 나가는 (것).

계:속-치(繼續齒)[계-/게-][명] 천연 치근을 기초로 하여 거기에 인공 치관(齒冠)을 씌운 의치.

계:속-회(繼續會)[계소쾨/게소퀘][명] 주주 총회에서, 의사(議事)를 중지하고 뒷날에 다시 열 것을 결의한 경우, 그 다음에 계속하는 총회.

계:손(系孫)[계-/게-][명] 먼 혈통의 손자. 말손(末孫). 원손(遠孫).

계:쇄(繫鎖)[계-/게-][명][하타] 쇠사슬로 매어 둠.

계수[계-/게-][명] '이불'의 궁중말.

계:수(季嫂)[계-/게-][명] 아우의 아내. 제수.

계ː수(係數)[계-/게-]명 ①대수식의 기호 문자와 숫자로써 이루어지는 곱에서, 숫자를 기호 문자에 대하여 이르는 말. ②하나의 수량을 여러 다른 양의 함수(函數)로써 나타내는 관계식에서, 물질의 종류에 따라 달라지는 비례 상수(比例常數).

계ː수(計數)[계-/게-]명 수를 계산함. 계산해서 얻은 값. ¶ 계수에 밝다.

계ː수(桂樹)[계-/게-]명 ☞계수나무.

계수(溪水)[계-/게-]명 골짜기에 흐르는 물.

계ː수(稽首)[계-/게-]명 (남을 공경하는 태도로) 머리를 조아림. 비계상(稽顙)·돈수(頓首).

계ː수(繫囚)[계-/게-]명 옥에 갇힌 죄수.

계ː수(繼受)[계-/게-]명 이어받음. 넘겨받음. ¶ 오랜 과업의 계수.

계ː수-관(計數管)[계-/게-]명 방사선을 검출하거나 재는 장치. 〔방사선의 전리 작용을 이용하는 가이거·뮐러 계수관 따위.〕

계ː수-기(計數器)[계-/게-]명 ①수의 기본 관념을 교육하기 위한 아동 학습 용구. ②〔주화(鑄貨) 따위의〕 수효를 측정하는 기계.

계ː수-나무(桂樹-)[계-/게-]명 ①계수나뭇과의 낙엽 교목. 중국 남부, 동인도 등지에 나는데 높이는 7~10 m. 길둥근 잎은 마주나고 나무껍질은 암갈색. 5~6월에 잎보다 먼저 희고 작은 꽃이 핌. 나무껍질은 계피(桂皮)라 하여 과자의 원료, 향료나 한약재로 씀. 계수(桂樹). ②전래 동화에서, 달 속에 있다고 하는 상상의 나무.

계ː수-법(繼受法)[계-뻡/게-뻡]명 외국의 법률을 채용하거나, 그것에 의거하여 만든 법률. ↔고유법(固有法).

계수-변(溪水邊)[계-/게-]명 시냇가.

계ː수-씨(季嫂氏)[계-/게-]명 '계수'를 대접하여 이르는 말. 제수씨.

계ː수-재배(稽首再拜)[계-/게-]명하자 머리를 조아려 두 번 절함. 〔흔히, 한문 투의 편지 첫머리에 쓰는 말.〕

계ː수-주인(界首主人)[계-/게-]명 조선 시대에, 서울에 있으면서 각 도 감영의 일을 맡아보던 사람.

계ː수^화ː폐(計數貨幣)[계-폐/게-페]명 일정한 순도(純度)·분량·모양으로 주조하여 그 표면에 가격을 표시한 화폐. ↔칭량(稱量) 화폐.

계ː술(繼述)[계-/게-]명하타되자 ①조상의 하던 일이나 뜻을 이어 감. ②조상의 업적을 이어받아 그것을 바탕으로 서술함.

계숫-잇[계순닏/게순닏]명 '이불잇'의 궁중말. *계숫잇이[계순니시/게순니시]·계숫잇만[계순닌-/게순닌-]

계ː습(繼襲)[계-/게-]명하타되자 조상이나 선인(先人)의 뜻 또는 사업을 받아 이음.

계승(階乘)[계-/게-]명 수학에서, n이 하나의 자연수(自然數)일 때, 1에서 n까지의 모든 자연수의 곱을 n에 대하여 이르는 말. $n!$로 표시함.

계ː승(繼承)[계-/게-]명하타되자 조상이나 선임자의 뒤를 이어받음. 수계(受繼).

계시[계-/게-]명 공장(工匠) 밑에서 일을 배우는 사람. 장색(匠色)의 제자. 본결수.

계ː시(計時)[계-/게-]명하자 경기나 바둑 따위에서, 경과한 시간을 잼, 또는 그 시간.

계ː시(癸時)[계-/게-]명 이십사시의 둘째 시(時). 상오 0시 30분부터 1시 30분까지의 동안. 준계(癸).

계ː시(啓示)[계-/게-]명하자 ①나아갈 길을 가르쳐 알려 줌. ②사람의 지혜로는 알 수 없는 진리를 신이 영감(靈感)으로 알려 줌. ¶ 신(神)의 계시를 받다. ②참묵시(默示).

계ː시다[1][계-/게-]자 ①〈있다[1]〉의 높임말. ¶ 어머니는 방에 계시다. ②《연결 어미 '-(으)러'·'-(으)려' 등과 어울려 쓰이어》 목적 또는 의도하는 뜻을 나타냄. ¶ 할아버지는 작은집에 계시러 시골에 가셨다. 높겝시다.

계ː시다[2][계-/게-] Ⅰ조동 〈있다[2]〉의 높임말. 《보조적 연결 어미 '-고' 뒤에 쓰이어, 그 동작이 현재 진행되고 있음을 뜻함.》 ¶ 책을 읽고 계시다.

Ⅱ조형 〈있다[2]〉의 높임말. 《보조적 연결 어미 '-아(어)' 뒤에 쓰이어, 본용언이 뜻하는 그대로의 상태임을 나타냄.》 ¶ 할머니가 평상에 앉아 계시다./자리에 누워 계시다.

계ː시-록(啓示錄)[계-/게-]명 ☞요한 계시록.

계ː시^문학(啓示文學)[계-/게-]명 후기 유대교 및 초기 가톨릭에서 이루어진 종교적 저작. 〔다니엘서·계시록 따위.〕

계시-백(鷄屎白)[계-/게-]명 한방에서, '닭똥의 흰 부분'을 약재로 이르는 말.

계ː시^종교(啓示宗教)[계-/게-]명 신의 은총을 기초로 하는 종교. ↔자연 종교(自然宗教).

계ː신(戒愼)[계-/게-]명하자 경계하여 삼감.

계신(鷄晨)[계-/게-]명 닭이 새벽을 알림.

계ː실(繼室)[계-/게-]명 ☞후실(後室). 낮후처(後妻).

계ː심(戒心)[계-/게-]명하자 마음을 놓지 않고 경계함, 또는 경계하는 마음.

계ː심(桂心)[계-/게-]명 한방에서, '계피의 겉껍질을 벗기고 남은 속의 얇은 부분'을 약재로 이르는 말. 〔허한증·종기·풍병 따위에 쓰임.〕

계ː심-통(悸心痛)[계-/게-]명 한방에서, 신경성으로 심장이 울렁거리고 가슴이 답답한 증세를 이르는 말.

계ː씨(季氏)[계-/게-]명 '남의 아우'를 높이어 일컫는 말. 제씨(弟氏).

계안-창(鷄眼瘡)[계-/게-]명 한방에서, '티눈'을 이르는 말.

계ː-알(契-)[계-/게-]명 산통계(算筒契)나 자빠계에서 쓰는, 둥글게 깎아 만든 알. 〔그 위에 계원의 번호와 이름을 씀.〕

계ː약(契約)[계-/게-]명 ①하타되자㉠약정(約定). 약속. ㉡사법상(私法上)의 일정한 법률적 효과의 발생을 목적으로 하는, 두 사람 이상의 의사의 합의에 따라 성립하는 법률 행위. ¶ 계약을 체결하다. ②하나님이 구령(救靈)의 업(業)을 이루려고 인간에게 표시한 특별한 의사. 언약(言約).

계ː약-금(契約金)[계-끔/게-끔]명 〈계약 보증금(契約保證金)〉의 준말.

계ː약-급(契約給)[계-끕/게-끕]명 근로자와 사용자 사이에 일정한 노동 조건에 따라 정한 임금.

계ː약^농업(契約農業)[계양-/게양-]명 소비자·상사 등과 농민 사이에 생산이나 판매 계약을 맺고 그 계약에 따라 농산물을 생산하는 농업.

계ː약^보증금(契約保證金)[계-뽀-/게-뽀-]명 계약 이행의 보장을 위하여 당사자의 한쪽이 상대편에게 미리 주는 돈. 약조금. 준계약금.

계ː약-서(契約書)[계-써/게-써]명 계약의 조항들을 적은 서면(書面).

계:약-설(契約說)[계-썰/게-썰]명 〈사회 계약설(社會契約說)〉의 준말. 참민약설(民約說).
계:약^해:제(契約解除)[계야캐-/게야캐-]명 법률상 효력을 발생하고 있는 계약을 소멸시키는 행위.
계:엄(戒嚴)[계-/게-]명 전쟁이나 비상 사태가 발생하였을 때, 군대로써 어떤 지역을 경계하며, 그 지역의 사법권과 행정권을 계엄 사령관이 관할하는 일.
계:엄-령(戒嚴令)[계-녕/게-녕]명 국가 원수가 계엄 실시를 선포하는 명령.
계:엄-법(戒嚴法)[계-뻡/게-뻡]명 계엄의 선포 요건·종류·방법·효력·해제 등을 규정한 법률.
계:엄^사령관(戒嚴司令官)[계-/게-]명 계엄 지역 내의 계엄에 관한 모든 임무를 수행하는 사령관.
계:엄^지구(戒嚴地區)[계-/게-]명 계엄이 실시되는 지구.
계역(鷄疫)[계-/게-]명 닭의 돌림병.
계:열(系列)[계-/게-]명 ①서로 관계가 있거나, 공통되거나, 유사한 점에서 연결되는 계통이나 조직. ¶ 보수 계열의 정당./실증주의 계열의 학파. ②대기업 상호간 또는 대기업과 중소 기업 사이에 맺어진 기업 결합.
계:열^금융(系列金融)[계-금늉/게-그뭉]명 어떤 재벌 계열의 은행이 그 재벌의 계열 회사 중심으로 융자를 하고, 그 외의 기업에 대해서는 별로 융자를 하지 않는 일.
계:열^기업(系列企業)[계-/게-]명 같은 계열에 딸린 기업의 집단.
계:열-사(系列社)[계-싸/게-싸]명 특정 대기업과 긴밀한 관계를 갖고 특별한 거래를 하며, 그 지배하에 있는 회사.
계:열^융자(系列融資)[계-륭-/게-륭-]명 한 기업에 대한 융자의 효과를 다른 기업에도 미치게 하려고, 은행이 원자재의 구입처 또는 제품의 판매처 등을 지정하여 융자해 주는 일.
계:영(繼泳)[계-/게-]명하자 이어달리기식 수영 경기.
계:영-배(戒盈杯)[계-/게-]명 과음을 경계하기 위해, 술이 일정한 한도에 차면 구멍으로 새어 나가도록 만든 잔. 절주배(節酒杯).
계오부 〈옛〉겨우. ¶ 東洲밤 계오 새와 北寬亭의 올나ᄒᆞ니(鄭澈.關東別曲).
계오다타 〈옛〉이기지 못하다. 힘에 넘치다. ¶ 處容 아비 즈이여 滿頭挿花 계오샤 기울어신 머리예(樂範.處容歌).
계:옥(桂玉)[계-/게-]명 〔땔나무는 계수나무와 같고, 쌀은 옥과 같다는 뜻으로〕'땔나무와 쌀이 매우 귀함'을 이르는 말.
계:옥(繫獄)[계-/게-]명하타 옥에 가두어 둠.
계:옥지수(桂玉之愁)[계-찌-/게-찌-]명 〔계옥으로 살아가는 근심이라는 뜻으로〕'타국에서 사는 괴로움'을 이르는 말.
계:-외가(繼外家)[계외-/게웨-]명 계모(繼母)의 친정.
계요부 〈옛〉겨우. ¶ ᄒᆞᆫ간 방에 다ᄉᆞᆺ 사ᄅᆞᆷ이 계요 안ᄂᆞᆫ 거시여(朴解上37).
계우(溪友)[계-/게-]명 일반 사회를 멀리하여 산중에서 은거하는 벗.
계우다타 〈옛〉못 이기다. 지다. ¶ 藥이 하ᄂᆞᆯ 계우니(龍歌90章)./春氣ᄅᆞᆯ 못내 계워(丁克仁.賞春曲).
계:원(係員)[계-/게-]명 (사무를 갈라 맡은) 계(係) 단위의 부서에서 일을 하는 사람.
계:원(契員)[계-/게-]명 계에 든 사람. ¶ 계주가 계원들이 매달 낸 곗돈을 들고 도망갔다.
계:원필경(桂苑筆耕)[계-/게-]명 신라 말기, 최치원(崔致遠)이 여러 가지 글을 모아 엮은 시문집(詩文集). 20권 4책.
계:월(季月)[계-/게-]명 ①일 년의 마지막 달. 음력 십이월. ②각 계절의 마지막 달. 〔음력 삼월·유월·구월·섣달을 두루 이르는 말.〕
계:월(計月)[계-/게-]명하타 달수를 셈함. 계삭.
계:월(桂月)[계-/게-]명 ①'달'을 운치 있게 이르는 말. ②'음력 팔월'을 달리 이르는 말. ②계추.
계:위(繼位)[계-/게-]명하자 왕위를 계승함.
계:유(癸酉)[계-/게-]명 육십갑자의 열째.
계:유-정난(癸酉靖難)[계-/게-]명 조선 단종 원년(1453)에 수양 대군이 김종서(金宗瑞)·황보인(皇甫仁) 등 여러 고명(顧命) 대신을 없애고 정권을 잡은 사건.
계육(鷄肉)[계-/게-]명 닭고기.
계:율(戒律)[계-/게-]명 ①중이 지켜야 할 규율. 참율법. ②지난날, 불교의 각 종파 내의 질서를 유지하기 위하여, 교단 당국이 설정한 규칙과 처벌 조항. 준율(律).
계:율-장(戒律藏)[계-짱/게-짱]명 불교의 삼장(三藏)의 하나인 율장(律藏).
계:율-종(戒律宗)[계-/게-]명 부처의 계율을 실천함을 위주로 하는 불교의 한 종파. 남산종(南山宗). 율종(律宗).
계:음(戒飮)[계-/게-]명하자 술 마시기를 삼감. 계주(戒酒).
계-이름(階-)[계-/게-]명 음악에서, 음(音)을 음계 중의 상대적인 위치로 규정한 이름. 〔양악의 '도레미파솔라시'와 국악의 '궁상각치우'.〕 계명.
계이름-부르기(階-)[계-/게-]명 (흔히 악곡의 정확한 음정을 익히기 위하여) 계이름으로 소리의 높낮이나 선율을 노래 부르는 일, 또는 그 방법. 계명창법(階名唱法). 솔파.
계:인(契印)[계-/게-]명하자 두 장의 지면에 걸쳐 찍어 그 관련을 증명하는, '계(契)' 자를 새긴 도장. 비할인(割印).
계:일(計日)[계-/게-]명하타 날수를 셈함.
계:일(癸日)[계-/게-]명 일진(日辰)의 천간(天干)이 '계(癸)'로 된 날. 〔계유(癸酉)·계축(癸丑)·계해(癸亥) 따위.〕
계:자(季子)[계-/게-]명 막내아들.
계:자(界磁)[계-/게-]명 발전기나 전동기에서 자계(磁界)를 만드는 전자석.
계:자(啓字)[계짜/게짜]명 '啓' 자를 새긴 나무 도장. 〔임금의 재가를 맡은 서류에 찍음.〕
계:자(繼子·系子)[계-/게-]명 ①☞양자(養子). ②☞의붓자식.
계:장(係長)[계-/게-]명 (사무를 갈라 맡은) 계(係) 단위의 부서의 책임자.
계:장(契長)[계-/게-]명 계의 사무를 맡아보는 책임자.
계:장(繼葬)[계-/게-]명하타 조상의 묘지 아래에 잇대어 자손의 묘를 씀.
계장-초(鷄腸草)[계-/게-]명 ☞닭의장풀.
계:쟁(係爭)[계-/게-]명하자 소송에서 당사자 간에 다투는 일. 어떤 목적물의 권리를 얻기 위한 싸움.
계:쟁-물(係爭物)[계-/게-]명 소송에서 다툼의 대상이 되는 목적물.

계저주면(鷄猪酒麪)[계-/게-]명 한방에서, 풍증(風症)에 금하는 네 가지 상극되는 음식물인 닭고기·돼지고기·술·밀가루 음식을 아울러 이르는 말.

계:적(繼蹟)[계-/게-]명하타 조상이나 부모의 훌륭한 업적과 행적을 이어나감.

계:전(契錢)[계-/게-]명 ☞곗돈.

계전(階前)[계-/게-]명 층계의 앞. 뜰 앞.

계:전(繼傳)[계-/게-]명하타 이어 전함.

계:전-기(繼電器)[계-/게-]명 어떤 회로의 전류의 단속(斷續)에 따라 회로를 여닫는 장치.

계:절(季節)[계-/게-]명 한 해를 날씨에 따라 나눈 그 한 철. 〔온대(溫帶)의 경우 봄·여름·가을·겨울의 네 철이 있고, 열대(熱帶)에는 건계(乾季)와 우계(雨季)가 있음.〕 철1.

계절(階節)[계-/게-]명 무덤 앞의 평평하게 닦은 땅. 변제절(除節).

계:절(繼絕)[계-/게-]명하자 끊어진 대(代)를 다시 이음.

계:절^관세(季節關稅)[계-/게-]명 (흔히 계절품에 대하여) 그 계절에 높은 세율을 매기는 관세.

계:절-노동(季節勞動)[계-로-/게-로-]명 계절에 따라서 그 일의 바쁘고 한가함이 크게 차이가 있는 노동. 〔과수 재배·양잠 따위.〕

계:절^변:동(季節變動)[계-/게-]명 해마다 계절적 원인으로 생기는 거의 규칙적인 물가 지수의 변동.

계:절-병(季節病)[계-뼝/게-뼝]명 계절에 따라 정해진 것처럼 으레 잘 생기는 유행병.

계:절-상품(季節商品)[계-/게-]명 일 년 중에서 특정한 계절에만 팔리는 물품.

계:절^예:보(季節豫報)[계-례-/게-례-]명 천기 예보의 한 형식. 장기 예보로서, 다가오는 일정한 계절의 일기를 미리 헤아려서 알리는 일.

계:절-적(季節的)[계-쩍/게-쩍]관명 계절에 따라 영향을 받거나 변화하는 (것). ¶ 계절적 특성.

계:절적 실업(季節的失業)[계-쩍씨럽/게-쩍씨럽] 계절에 따라 상품의 생산이나 수요가 한정된 사업에서 생기는 실업. 〔제빙업 따위에서 생김.〕

계:절적 취:락(季節的聚落)[계-쩍-/게-쩍-] 산업 관계로 한 해 동안의 어떤 계절에 한하여 사람이 모여 살게 되는 마을.

계:절-존망(繼絕存亡)[계-/게-]명하자타 대(代)를 이을 자식이 없는 집안에서, 양자를 얻어 대를 이음.

계:절-품(季節品)[계-/게-]명 어떤 특정한 계절에만 시장에 나오는 상품.

계:절-풍(季節風)[계-/게-]명 계절에 따라 일정한 지역에 일정한 방향으로 불어오는 바람. 〔여름에는 해양에서 대륙으로, 겨울에는 대륙에서 해양으로 방향을 바꾸어 붊.〕 계후풍(季候風). 몬순(monsoon).

계:절풍^기후(季節風氣候)[계-/게-]명 계절풍의 영향으로 특징지어지는 기후. 〔여름에는 덥고 강우량이 많아 습하며, 겨울에는 춥고 강우량이 적어 건조함.〕

계:절풍-대(季節風帶)[계-/게-]명 계절풍의 영향을 받는 지역.

계:절^회유(季節回游)[계-회-/게-훼-]명 물의 온도가 철에 따라 변할 때, 물고기가 살기 좋은 온도의 물을 따라 옮겨 다니는 일.

계:정(計定)[계-/게-]명 기업의 자산·부채·자본의 증감 변화와, 수익·비용의 발생을 종류별·성질별로 원장에 기록 계산하기 위하여 설정한 계산 단위.

계:정(啓程)[계-/게-]명하자 길을 떠남. 발정(發程).

계:정-계좌(計定計座)[계-계-/게-게-]명 부기에서, 계정마다 금액의 증감을 차변과 대변으로 나누어 기록 계산하는 자리. 준계좌(計座).

계:정^과목(計定科目)[계-/게-]명 부기 정리의 편의상, 여러 가지 계정을 종류에 따라 유별(類別)한 과목.

계:정-구좌(計定口座)[계-/게-]명 '계정계좌'의 구용어.

계:제(計除)[계-/게-]명하타 ☞계감(計減).

계제(階梯)[계-/게-]명 〔층계와 사닥다리라는 뜻에서〕 ①일이 되어 가는 순서나 절차. ¶ 공부에는 밟아야 되는 계제가 있다. ②일의 좋은 기회. ¶ 이 계제에 다 해 버리자. /이것저것 가릴 계제가 아니다. ③스웨덴식 체조 기구의 한 가지. 천장의 들보에 수직으로 매단 사닥다리.

계제-직(階梯職)[계-/게-]명 이력에 따라 계급이 차차 올라가는 벼슬.

계:종(繼蹤)[계-/게-]명하타 뒤를 이음.

계:좌(癸坐)[계-/게-]명 (집터나 묏자리 따위가) 계방(癸方)을 등진 좌향, 또는 그런 자리.

계:좌(計座)[계-/게-]명 ①〈계정계좌〉의 준말. ②〈예금 계좌〉의 준말.

계:좌-정향(癸坐丁向)[계-/게-]명 (집터나 묏자리 따위가) 계방(癸方)을 등지고 정방(丁方)을 향한 좌향.

계:주(戒酒)[계-/게-]명하자 ☞계음(戒飮).

계:주(季主)[계-/게-]명 무당이 단골집의 주부(主婦)를 부를 때 쓰는 호칭. ↔대주(大主).

계:주(契主)[계-/게-]명 계를 조직하고 주관하는 사람.

계:주(契酒)[계-/게-]명 계의 모임에서 마시는 술. 곗술.

계:주(啓奏)[계-/게-]명 ☞계품(啓稟).

계:주(繫柱)[계-/게-]명 〈계선주(繫船柱)〉의 준말.

계:주(繼走)[계-/게-]명 〈계주 경기〉의 준말.

계:주^경:기(繼走競技)[계-/게-]명 ☞이어달리기. 준계주(繼走).

계:주-생면(契酒生面)[계-/게-]명하자 〔곗술로 생색을 낸다는 뜻으로〕 여러 사람의 것으로 제 생색을 냄을 이름. 참곗술.

계:주-자(繼走者)[계-/게-]명 이어달리기의 선수. 릴레이 선수.

계:중(契中)[계-/게-]명 ①계원 전체. ¶ 곗날을 계중에 알리다. ②계의 조직 안. ¶ 계중의 회칙.

계:지(季指)[계-/게-]명 새끼손가락, 또는 새끼발가락.

계:지(繫止)[계-/게-]명하타 붙들어 매어 놓음.

계:지(繼志)[계-/게-]명하자 앞 사람의 뜻을 이음.

계:진-기(計塵器)[계-/게-]명 대기 중에 떠 있는 먼지의 양을 재는 계기.

계:집[계-/게-]명 ①'여자'를 속되게 이르는 말. ¶ 계집과 사내. ②'아내'를 속되게 이르는 말. 여편네. ¶ 제 계집 위할 줄도 모른다. ↔사내.

계:집-녀(-女)[계짐-/게짐-]명 한자 부수의 한 가지. '妃'·'姿' 등에서의 '女'의 이름.

계ː집-년[계짐-/게짐-]명 '계집'을 욕으로 이르는 말.
계ː집-붙이[계-뿌치/게-뿌치]명 '모든 계층의 여자'를 속되게 이르는 말.
계ː집-아이[계-/게-]명 (시집가지 않은) 어린 여자. 여아(女兒). 준계집애. 낮아이년.
계ː집-애[계-/게-]명 〈계집아이〉의 준말.
계ː집-자식(-子息)[계-짜-/게-짜-]명 ①'처자(妻子)'를 속되게 이르는 말. ②'딸자식'을 속되게 이르는 말.
계ː집-종[계-쫑/게-쫑]명 여자 종. 하녀. ↔사내종.
계ː집-질[계-찔/게-찔]명하자 남자가 아내가 아닌 다른 여자와 정을 통하는 일. ↔서방질.
계차(階次)[계-/게-]명 계급의 차례.
계ː착(係着)[계-/게-]명하자 ①늘 마음에 걸려 있음. ②마음에 두고 잊지 아니함.
계ː책(戒責)[계-/게-]명하타 ①견책함. ②과오가 다시 없도록 경계하여 각성하도록 함.
계ː책(計策)[계-/게-]명하타 꾀나 방책을 생각해 냄, 또는 그 꾀나 방책. ¶ 계책을 꾸미다.
계ː처(繼妻)[계-/게-]명 (아내가 죽거나 아내와 이혼한 뒤) 다시 맞아들인 아내.
계천(溪川)[계-/게-]명 '시내'와 '내'를 아울러 이르는 말.
계천(溪泉)[계-/게-]명 골짜기에서 솟는 샘.
계ː철(繼鐵)[계-/게-]명 주강(鑄鋼)으로 만든 전동기나 발전기의 기체를 이루는 부분.
계ː첩(戒牒)[계-/게-]명 불교에서, 계(戒)를 받았다는 증명서를 이르는 말.
계ː청(啓請)[계-/게-]명하타 임금에게 아뢰어 청함. 주청(奏請).
계ː체(計體)[계-/게-]명 ☞계체량.
계ː체(稽滯)[계-/게-]명하자타 일이 밀리어 늦어지거나, 늦어지게 함.
계ː체(繼體)[계-/게-]명하자 임금의 자리를 이음.
계ː체-량(計體量)[계-/게-]명 체급 경기에서, 경기를 하기 전에 선수들의 몸무게를 재는 일, 또는 그 몸무게. 계체(計體).
계체-석(階砌石)[계-/게-]명 무덤 앞의 층계에 놓는, 길쭉하게 다듬은 돌.
계ː촌(計寸)[계-/게-]명하타 촌수를 따짐.
계ː추(季秋)[계-/게-]명 ①늦가을. 만추(晩秋). ②'음력 구월'의 딴 이름. 참중추(仲秋)·맹추(孟秋).
계ː추(桂秋)[계-/게-]명 '음력 팔월'을 달리 이르는 말. 참수성(壽星).
계ː추리[계-/게-]명 삼 껍질의 겉을 긁어 버리고 뽑은 실로 짠 삼베의 한 가지. 황저포.
계ː축(癸丑)[계-/게-]명 육십갑자의 쉰째.
계ː축-일기(癸丑日記)[계-/게-]명 조선 광해군(光海君) 4(1613.계축)년에, 광해군이 어린 동생 영창 대군(永昌大君)을 역모로 몰아 죽일 때, 대군의 생모 인목 대비(仁穆大妃)가 겪은 정경들을 어느 궁녀가 일기체로 기록한 글. '서궁록(西宮錄)'이라고도 함.
계ː축-자(癸丑字)[계-짜/게-짜]명 조선 성종(成宗) 24(1493.계축)년에 구리로 만든 활자. 〔중국에서 들여온 자체(字體)를 모방하여 만들었음.〕
계ː춘(季春)[계-/게-]명 ①늦봄. 만춘(晩春). ②'음력 삼월'의 딴 이름. 참중춘(仲春)·맹춘(孟春).
계ː취(繼娶)[계-/게-]명 ☞재취(再娶).
계ː측(計測)[계-/게-]명하타 부피·무게·길이·속도·압력·온도·강도(強度) 따위를 기계나 기구로써 헤아려 봄. 참계량(計量).
계층(階層)[계-/게-]명 사회적 지위가 비슷한 사람들의 층. 준층(層).
계ː칙(戒飭)[계-/게-]명하타 경계하고 타이름.
계ː친(繼親)[계-/게-]명 계부(繼父) 또는 계모(繼母).
계ː친-자(繼親子)[계-/게-]명 전처의 자식과 후처, 또는 전남편의 자식과 현재의 남편이 같은 적(籍)에 있을 때의 친자 관계(親子關係).
계ː칩(啓蟄)[계-/게-]명하자 동면(冬眠)하던 벌레가 봄철을 맞아, 나와서 움직이게 됨.
계ː칩(繫蟄)[계-/게-]명하자 자유를 구속당하여 집 안에 들어앉아 있음.
계탕(鷄湯)[계-/게-]명 닭국.
계ː통(系統)[계-/게-]명 ①일정한 체계에 따라 서로 관련되어 있는 부분들의 통일적 조직. ¶ 소화기 계통. ②하나의 공통적인 것에서 갈려 나간 갈래. ¶ 황인종 계통의 민족. /몽골어와 만주어는 같은 계통의 언어이다. ③같은 방면이나 같은 종류 등에 딸려 있는 것. ¶ 행정 계통의 업무. /만생종 계통의 볍씨. ④일의 체계나 순서. ¶ 계통을 밟다. ⑤같은 조상에 같은 유전자형을 가진 개체의 모임.
계ː통(繼統)[계-/게-]명하자 임금의 계통(系統)을 이음.
계ː통-도(系統圖)[계-/게-]명 사물의 계통 관계를 나타낸 도표.
계ː통^발생(系統發生)[계-쌩/게-쌩]명 어떤 생물이 원시 상태로부터 현재까지 거쳐온 진화의 과정. ↔개체 발생.
계ː통^분류(系統分類)[계-불-/게-불-]명 생물의 종(種) 따위에 따라 유연(類緣) 관계를 연구하여 생물을 분류하는 일.
계ː통-수(系統樹)[계-/게-]명 생물의 계통 발생의 관계(진화의 순서)를 한 그루의 나무에 비유하여 나타낸 그림. 〔1886년 독일의 헤켈이 처음으로 동물의 계통 나무를 만든 데서 비롯함.〕
계ː통^재ː배(系統栽培)[계-/게-]명 품종 개량법의 한 가지. 생물의 유전적 조성을 순수하게 하기 위하여, 교배를 관리해서 다른 계통의 생물과는 교배되지 않도록 재배하는 일.
계ː통^출하(系統出荷)[계-/게-]명 농어민이 협동조합의 계통 조직을 통해 생산물을 판매하는 일. 〔농산물을 단위 농협, 농협 공판장, 슈퍼마켓의 유통 과정으로 출하하는 따위.〕
계ː투(繼投)[계-/게-]명하자 야구에서, 이제까지 투구하던 투수가 물러나고, 다른 투수가 등판하여 이어 투구하는 일.
계ː파(系派)[계-/게-]명 정당이나 조직 내부에서 출신이나 연고, 이권 등에 의해 결합된 배타적인 모임. ¶ 계파 사이의 갈등으로 당정이 마비되었다.
계ː표(計票)[계-/게-]명하자 표를 정리하여 그 수를 셈.
계ː표(界標)[계-/게-]명 경계(境界)를 나타낸 표지(標識). 경계 표지.
계ː품(啓稟)[계-/게-]명하타 조선 시대에, 신하가 임금에게 글로 아뢰던 일. 계달(啓達). 계주(啓奏).
계ː피(桂皮)[계-/게-]명 한방에서, '계수나무의 껍질'을 약재로 이르는 말.
계ː피-말(桂皮末)[계-/게-]명 ☞계핏가루.

계:피-산(桂皮酸) [계-/게-] 명 계피유를 산화시켜 만든, 빛깔과 냄새가 없는 결정체로 된 산(酸). 계산(桂酸).
계:피-수(桂皮水) [계-/게-] 명 증류수(蒸溜水)에 계피유를 탄 액체.
계:피-유(桂皮油) [계-/게-] 명 계피에 물을 붓고 증류해 낸 무거운 휘발성 기름.
계:피-정(桂皮精) [계-/게-] 명 계피유와 알코올의 혼합 액체. 건위제로 쓰임.
계피-학발(鷄皮鶴髮) [계-빨/게-빨] 명 〔닭의 살갗, 학의 머리털이란 뜻으로〕 '살갗이 수름지고 머리털이 하얗게 센 노인'을 비유하여 이르는 말.
계:핏-가루(桂皮-) [계피까-/게핀까-] 명 육계(肉桂)를 곱게 빻은 가루. 음식의 향료로 쓰임. 계말. 계피말.
계:하(季夏) [계-/게-] 명 ①늦여름. 만하(晩夏). ②'음력 유월'의 딴 이름. 참중하(仲夏)·맹하(孟夏).
계:하(啓下) [계-/게-] 명하타 임금의 재가(裁可)를 받음.
계하(階下) [계-/게-] 명 층계 아래. ↔계상(階上).
계학(溪壑) [계-/게-] 명 ☞계곡(溪谷).
계:한(界限) [계-/게-] 명 땅의 경계. 한계.
계:합(契合) [계-/게-] 명하자되자 ☞부합.
계:해(癸亥) [계-/게-] 명 육십갑자의 맨 마지막 간지(干支).
계:행(戒行) [계-/게-] 명하자 불교에서, 계율을 지켜 닦는 일을 이르는 말.
계:행(啓行) [계-/게-] 명하자 ①여행길을 떠남. ②앞서서 인도함.
계:행(繼行) [계-/게-] 명 ①하자 계속해서 감. ②하타 계속해서 행함.
계혈-석(鷄血石) [계-썩/게-썩] 명 ☞주자석(朱子石).
계:호(戒護) [계-/게-] 명 ①하타 경계하여 지킴. ②하자 교도소 안의 치안을 확보하는 일.
계:화(桂花) [계-/게-] 명 계수나무의 꽃.
계:-화상(戒和尙) [계-/게-] 명 출가자나 재가 불교도에게 계를 주는 중.
계:회(契會) [계회/게훼] 명하자 계 모임.
계:획(計劃·計畫) [계획/게훽] 명하타되자 어떤 일을 함에 앞서, 방법·차례·규모 등을 미리 생각하여 얽이를 세움, 또는 그 세운 내용. ¶ 작업 계획. /경제 개발 5개년 계획.
계:획^경제(計劃經濟) [계획꼉-/게훽꼉-] 명 정부가 세운 계획에 따라서 생산 활동 및 생산물의 분배가 행하여지는 경제 제도. ↔자유 경제. 참시장 경제.
계:획-량(計劃量) [계횡냥/게휑냥] 명 계획한 분량.
계:획-성(計劃性) [계획썽/게훽썽] 명 모든 일을 계획하여 처리하려는 성질.
계:획-안(計劃案) [계회간/게훼간] 명 계획에 대한 구상. 계획을 적어 놓은 서류.
계:획^자본(計劃資本) [계획짜-/게훽짜-] 명 기업가가 사업을 계획하고 실행할 때 필요로 하는 자본.
계:획-적(計劃的) [계획쩍/게훽쩍] 관명 미리 세워 놓은 계획에 따르는 (것). 계획을 세워서 하는 (것). ¶ 계획적 개발. /이 일은 처음부터 계획적이었다.
계:획-표(計劃表) [계획-/게훽-] 명 계획을 적은 표.
계:후(季候) [계-/게-] 명 계절과 기후.
계:후(繼後) [계-/게-] 명하자 양자(養子)를 맞아 뒤를 잇게 함. 계사(繼嗣).
계:후-풍(季候風) [계-/게-] 명 ☞계절풍.
계:-힘(戒-) [계-/게-] 명 불교에서, 계율(戒律)에 공을 쌓은 힘을 이름.
곕:시다 [곕씨-/겝씨-] 자 〈계시다〉의 높임말.
곗:-날(契-) [겐-/겐-] 명 계원들이 일정한 기간마다 한 번씩 모여서 결산을 하는 날.
곗:-돈(契-) [계똔/겐똔] 명 ①계에 들어서 다거나 내는 돈. ②계에서 소유하고 있는 돈. 계전(契錢).
곗:-술(契-) [계쑬/겐쑬] 명 계의 모임에서 마시는 술. 계주(契酒).
곗술에 낯 내기 속담 공동의 소유물을 가지고, 마치 자기가 베푸는 것처럼 생색을 낸다는 말.
고[1] 명 ①(옷고름이나 끈 따위를 서로 잡아맬 때) 매듭이 풀리지 않게 하기 위하여, 한 가닥을 고리 모양으로 잡아 뺀 것. ②상투를 틀 때 머리털을 고리처럼 감아 넘긴 것. ¶ 고를 틀다.
고[2] 관 ①말하는 대상을 얕잡는 뜻으로 가리키거나, 또는 귀엽게 여기는 뜻으로 가리킬 때 쓰는 말. ¶ 고 자식, 참으로 발칙한 자식이군. /고 녀석, 참으로 귀엽게 생겼구나. ②가리키는 범위를 좁혀 가리키거나, 확실한 범위를 밝히지 않고 가리킬 때 쓰는 말. ¶ 겨우 고 정도냐?/사건이 일어난 것은 고 며칠 전 일이다.
고[3] 조 모음으로 끝난 체언에 붙는 조사. ①두 가지 이상의 사실을 대등하게 벌여 놓는 뜻을 나타내는 대등적 서술격 조사. ¶ 이것은 나무고, 저것은 꽃이다. ②물음이나 항의하는 뜻을 나타내는 의문형 서술격 조사. ③두 가지 이상의 사물(사실)을 벌여 놓는 뜻을 나타내는 접속 조사. ¶ 사과고 배고 과일이라면 무엇이든지 좋다. 참이고.
고[1] 명 〈옛〉 코. ¶ 고 버힐 의:劓(訓蒙下*29*). 참공.
고[2] 명 〈옛〉 공이. ¶ 고 저:杵(訓蒙中*11*).
고[3] 명 〈옛〉 금(琴). ¶ 고 금:琴(訓蒙中*32*).
고[4] 명 〈옛〉 휘. 〔곡식이 스무 말 또는 열닷 말 드는 말.〕 ¶ 고 곡:斛(訓蒙中*11*).
고[5] 조 〈옛〉 인고. ¶ 그 닐온 거슨 무스고(圓覺序*12*). /賢良은 또 몃 사룸고(杜初*19:10*).
고(股) 명 ①〈고본(股本)〉의 준말. ②직각 삼각형에서, 직각을 낀 두 변 가운데서 긴 변. 참구(勾)·현(弦).
고(苦) 명 ①괴로움. ②불교에서, 전세에 지은 나쁜 업으로 인하여 겪는 몸과 마음의 괴로움. 〔심신이 괴로워 불안한 상태로, 사고(四苦) 또는 팔고(八苦)가 있음.〕
고(庫) 명 곳간.
고(高) 명 높이. ¶ 폭은 50 cm, 고는 2 m의 대리석 비석.
고(鼓) 명 ☞북[1].
고(膏) 명 식물을 끓여서 고아 엉기게 한 즙(汁).
고(蠱) 명 〈고괘(蠱卦)〉의 준말.
고(孤) 대 왕후(王侯)가 스스로를 일컬을 때 겸양의 뜻으로 쓰던 말.
고:(故) 관 《죽은 사람의 성명 앞에 쓰이어》 '이미 죽은'의 뜻을 나타냄. ¶ 고 진선미 선생의 유택.
고-(古) 접두 《일부 한자어 앞에 붙어》 '오래된'·'헌'의 뜻을 나타냄. ¶ 고전장(古戰場). /고문서(古文書).
고-(高) 접두 《일부 한자어 앞에 붙어》 '높은'·'훌륭한'의 뜻을 나타냄. ¶ 고성능(高性能). /고소득(高所得). /고금리(高金利).
-고(高) 접미 ☞-액(額).

-고어미 ①용언 어간이나 높임의 '-시-' 등에 붙는 연결 어미. ㉠여러 가지 사실을 대등적으로 벌여 놓는 뜻을 나타냄. ¶ 먹고 마시고 하다. /하늘이 맑고 높다. /집이 깨끗하고 조용하다. ㉡상반되는 사실을 나란히 맞세우는 뜻을 나타냄. ¶ 크고 작은 사람들. /기차에 오르고 내리는 여행객. /길고 짧은 것은 대 봐야지. ㉢《문장이, 반문하는 투로 끝맺는 꼴을 취하여》 뒤의 사실의 조건으로 됨을 나타냄. ¶ 그렇게 게으름을 피우고 어찌 꾸중을 안 들었을까? /그렇게 사납게 굴고 어찌 무사하였을라고. ㉣'-고 -ㄴ(은)'의 꼴로 쓰이어, 동사 뒤에서는 행동의 반복을 나타내고, 형용사 뒤에서는 그 성질이나 상태·상황을 강조하는 뜻을 나타냄. ¶ 오르고 또 오르면…. /길고 긴 여름. /넓고 넓은 바다. ②동사 어간에 붙는 연결 어미. ㉠위의 사실이 뒤의 사실에 대하여 시간적으로 선행(先行)하는 조건이 됨을 나타냄. ¶ 시장한데 밥을 먹고 떠나자. /이불을 펴고 잠자리에 들다. ㉡아래 사실의 원인·이유가 됨을 나타냄. ¶ 상한 음식을 먹고 배탈이 났다. /그가 쓴 글을 읽고 생각이 달라졌다. ㉢앞의 동작의 상태를 유지한 채로 다음 동작이 진행됨을 나타냄. ¶ 비가 와서 우산을 쓰고 왔다. /책가방을 메고 학교에 간다. ㉣'-고 있다'·'-고 나다'·'-고 싶다'·'-고 보다' 등의 꼴로 쓰이어, '있다' 앞에서는 동작의 진행을, '나다' 앞에서는 동작의 끝남을, '싶다' 앞에서는 동작(상태)에의 욕망을, '보다' 앞에서는 동작을 시험함을 나타냄. ¶ 원고를 쓰고 있다. /실컷 울고 나니 속이 시원하다. /시집간 누님이 보고 싶다. ③㉠동사 어간에 붙어, '-고지고'·'-고지라' 등 예스러운 꼴로 쓰이어, 그렇게 됨을 염원하는 뜻을 나타내는 종결 어미. ¶ 천년만년 살고지고. /보고지라 보고지라 우리 임이 보고지라. ㉡동사 어간에 붙어, 상대의 의사에 항변하는 투로 되묻는 뜻을 나타내는, 해체의 종결 어미. ¶ 다 떠나 버리면 남은 일은 누가 하고?

고ː가(古家)명 지은 지 퍽 오래된 집. 고옥(古屋). 구옥(舊屋).

고ː가(古歌)명 옛 노래. 옛 가사(가요).

고ː가(告暇)명하자 휴가를 얻음. 휴가를 청함.

고ː가(故家)명 여러 대(代)를 지체 높게 잘살아 온 집안.

고가(高架)명 (땅 위에) 높다랗게 건너질러 가설하는 것.

고가(高價)[-까]명 값이 비쌈. 비싼 값. ¶ 고가의 사치품. ↔저가(低價).

고가(雇價)[-까]명 품삯.

고가-교(高架橋)명 땅 위로 높다랗게 놓은 다리. 구름다리.

고ː가-대족(故家大族)명 대대로 벼슬과 재산·덕망 따위가 훌륭한 집안. 고가세족(故家世族).

고가^도ː로(高架道路)명 땅 위에 높직이 지대(支臺)를 세우고, 그 위로 가설한 도로.

고가^삭도(高架索道)[-또]명 ☞가공 삭도.

고가-선(高架線)명 ☞고가 철도.

고ː가-세족(故家世族)명 ☞고가대족.

고가^철도(高架鐵道)[-또]명 땅 위에 높이 다리를 놓고, 그 위에 가설한 철도. 고가선(高架線).

고각(高角)명 ☞올려본각.

고각(高閣)명 높은 누각(집).

고각(鼓角)명 군중(軍中)에서 호령할 때 쓰던, 북과 나발.

고각-대루(高閣大樓)[-때-]명 높고 큰 누각. 고루거각(高樓巨閣).

고각-함성(鼓角喊聲)[-가캄-]명 전쟁터에서 사기를 돋우려고 북을 치고 나발을 불며 아우성치는 소리.

고간(股間)명 ☞샅.

고간(固諫)명하타 기어이(굳이) 간함.

고간(苦諫)명하타 고충을 무릅쓰고 간절히 간함.

고간(苦艱)명하형 ☞간고(艱苦).

고간(苦懇)명하타 몹시 간절히 청함.

고간(庫間)명 '곳간'의 잘못.

고ː-간독(古簡牘)명 옛날 명현(名賢)들의 편지를 수록한 책.

고갈(枯渴)명되자 ①물이 말라서 없어짐. ¶ 식수가 고갈되다. ②물자나 자금이 달림. ¶ 지원금의 고갈. ③인정이나 정서 따위가 메마르게 됨. 메마름. ¶ 인정이 고갈되어 가는 현대인.

고ː-갑자(古甲子)[-짜]명 옛적 간지(干支)의 이름. 곧, 알봉(閼逢;甲)·전몽(旃蒙;乙)·유조(柔兆;丙)·강어(強圉;丁)·저옹(著雍;戊)·도유(屠維;己)·상장(上章;庚)·중광(重光;辛)·현익(玄黓;壬)·소양(昭陽;癸), 곤돈(困敦;子)·적분약(赤奮若;丑)·섭제격(攝提格;寅)·단알(單閼;卯)·집서(執徐;辰)·대황락(大荒落;巳)·돈장(敦牂;午)·협흡(協洽;未)·군탄(涒灘;申)·작악(作噩;酉)·엄무(閹茂;戌)·대연헌(大淵獻;亥).

고개[1]명 ①산이나 언덕의, 넘어 오르내리게 된 비탈진 곳. ②사람의 나이를 뜻하는 숫자 뒤에 쓰이어, 그 나이를 비탈진 언덕에 비유하는 말. ¶ 내 나이 40 고개를 넘어선 지도 오래됐네.

고개[2]명 ①목의 뒤쪽 부분. ②'머리[1]'를 달리 이르는 말. ¶ 고개를 돌리다.

고개가 수그러지다관용 존경하는 마음이 생기다.

고개(를) 들다〔쳐들다〕관용 ①생각이나 의사가 떠오르다. ¶ 저것까지 전부 다 차지해야 되겠다는 욕심이 고개를 들다. ②차차 세력이 생겨 일어나다. 대두하다. ¶ 변두리로 밀려났던 잔당들이 다시 고개를 들고 중앙을 넘보게 되었다.

고개(를) 숙이다관용 굴복하다. 항복하다. ¶ 치명타를 입은 적은 드디어 고개를 숙이고 들어왔다.

고개 하나 까딱하지 않다관용 꼼짝하지 않다. 조금도 놀라지 않다. 마음의 동요를 조금도 보이지 않다.

고개(孤介) '고개하다'의 어근.

고개-턱명 고개의 등성이 부분. 고갯마루.

고개-티명 고개를 넘는 비탈길.

고개-하다(孤介—)형여 절개가 굳어 속세에 물들지 않다.

고객(孤客)명 외로운 손.

고객(苦客)명 귀찮은(싫은, 미운) 손.

고객(顧客)명 영업을 하는 사람에게 대상자로 찾아오는 손(사람). 화객(華客).

고갯-길[-개낄/-갣낄]명 고개를 오르내리는 길.

고갯-놀이[-갠-]명 농악(農樂)에서, 벙거지에 달린 상모를 돌리는 연기를 이르는 말.

고갯-마루[-갠-]명 고개턱.

고갯-심[-개씸/-갣씸]명 고개의 힘.

고갯-장단[-개짱-/-갣짱-]명 고갯짓으로 맞추는 장단. ¶ 친구가 고갯장단을 맞추며 흥얼댄다.

고갯-짓[-개찓/-갣찓]명하자 고개를 움직이는 짓. ¶ 고갯짓으로 찬성의 뜻을 나타내다. *고갯짓이[-개찌시/-갣찌시]·고갯짓만[-개찐-/-갣찐-]

고갱이명 ①초목의 줄기 속에 있는 연한 심. 목수(木髓). ¶ 배추 고갱이로 국을 끓이다. ②사물의 알짜가 되는 속내. ②비핵심(核心).
고-거대 〈고것〉의 준말. 큰그거.
고거(考據)명하타 참고하여 근거로 삼음.
고거리명 소의 앞다리에 붙은 살.
고ː-건물(古建物)명 ①옛날의 건물. ②지은 지 오래된, 헌 건물.
고검(考檢)명하타 상고하여 조사함.
고검(高檢)명 〈고등 검찰청〉의 준말.
고-것[-걷]대 '그것'을 얕잡아, 또는 귀엽게 이르는 말. ¶ 고것도 말이라고 하는 거냐?/고것이 무얼 알겠니?/고것 참, 귀엽게 웃는구나. 준고거. 큰그것. ＊고것이[-거시]·고것만[-건-]
고-게준 '고것이'가 줄어든 말. 큰그게.
고ː격(古格)명 옛 격식.
고견(高見)명 ①훌륭한(뛰어난) 의견. 탁견(卓見). ②상대편을 높이어 그의 '의견'을 이르는 말. ¶ 귀하의 고견을 듣고 싶습니다.
고견(顧見)명하타 ①돌이켜 봄. 지난 일을 다시 생각해 봄. ②☞고호(顧護).
고결(固結)명하자되자 뭉치어 굳어짐.
고결(高潔)명하형 고상하고 깨끗함. ¶ 고결한 성품으로 제자들의 존경을 받다. **고결-히**부.
고ː경(古經)명 ①옛 경전 또는 경문. ②가톨릭 교리와 '창세기'를 한글로 필사한 책.
고ː경(告更)명하자 조선 시대에, 대궐 안에서 밤에 누수기(漏水器)를 보고 시간을 알리던 일.
고경(苦境)명 괴로운 처지. ↔낙경(樂境).
고계(苦界)[-계/-게]명 불교에서, 괴로움이 있는 세계. 곧, 지옥·아귀·축생·수라·인간·천상의 육도 생사의 세계를 뜻함.
고고(考古)명하타 유물·유적에 의하여 옛일을 연구함.
고고(呱呱)명 아이가 막 태어나며 처음으로 우는 소리.
고고(孤高) '고고하다'의 어근.
고고(枯槁)명하형 ①나무나 풀이 말라서 물기가 없음. ②야위고 파리함. ③신세 따위가 형편없게 됨. **고고-히**부.
고고(苦苦)명 불교에서 이르는, 삼고(三苦)의 하나. 고(苦)의 인연으로 받는 괴로움.
고ː고ː(go-go)명 로큰롤 음악에 맞추어 몸을 흔들며 열광적으로 추는 춤. 참디스코.
고고리명 〈옛〉꼭지. ¶ 비는 불휘와 고고리 업고(杜初*16:19*).
고고지성(呱呱之聲)명 〔태어나면서 처음으로 우는 소리라는 뜻에서〕'사물이 처음으로 이룩(시작)되는 기척'을 비유하여 이르는 말. 참고고(呱呱).
고고-하다(孤高-)형여 홀로 세속에 초연(超然)하여 고상하다. ¶ 고고한 성품. **고고-히**부.
고ː고-학(考古學)명 유물·유적에 의하여 고대 인류에 관한 일을 연구하는 학문. ↔고현학.
고ː곡(古曲)명 옛 가곡.
고골(枯骨)명 살이 썩어 없어진, 시체의 뼈.
고곰명 〈옛〉고금(학질). ¶ 고곰 학:瘧(訓蒙中*34*). 참고봄.
고공(高空)명 ①높은 공중. ↔저공(低空). ②높이 1500~2000 m 위의 하늘.
고공(雇工)명 ①머슴. ②품팔이. ③고용살이하는 직공(職工).
고공-가(雇工歌)명 조선 중종 때, 허전(許塼)이 지었다는 가사. 벼슬아치들의 부패상을 은유적으로 폭로한 내용.
고공-답주인가(雇工答主人歌)[-쭈-]명 조선 선조 때, 이원익(李元翼)이 허전(許塼)의 '고공가'에 답하여 지은 가사.
고공-병(高空病)[-뼝]명 고공 기상의 격변 및 산소의 결핍으로 말미암아 생기는 병증. 고도병(高度病). 참항공병(航空病).
고공-비행(高空飛行)명하자 비행기 따위로 지상(地上) 1만 5000~2만 m의 상공을 나는 일. ↔저공비행(低空飛行).
고공-사(考功司)명 고려·조선 시대에, 무관의 공과(功過)·근태(勤怠)·휴가(休暇) 등에 관한 사무를 맡아보던 관아.
고공-살이(雇工-)명하자 ①머슴살이. ②품팔이를 하는 생활.
고공-심리(高空心理)[-니]명 비행하는 동안에 일어나는, 평상시와 다른 특수한 심리 상태.
고공-품(藁工品)명 짚이나 풀줄기 등으로 만든 수공품. 〔가마니·돗자리 따위.〕
고ː과(考課)명하타 공무원이나 회사원의 근무 성적을 자세히 따져 우열을 정하는 일. 고적(考績). ¶ 인사 고과.
고ː과(告課)명하타 하급 관리가 자기의 상사나 상급 기관에 신고함.
고과(孤寡)Ⅰ명 ①고아와 과부. ②외로운 과부. Ⅱ대 제후가 스스로를 일컬을 때, 겸손의 뜻으로 쓰던 말. 참과인(寡人).
고과(苦果)명 불교에서, 고뇌를 받는 과보, 또는 악업의 과보로서 받는 고뇌를 이르는 말.
고ː과-장(考課狀)[-짱]명 은행·회사의 대차 대조표·손익 계산서·재산 목록 등을 포함한 영업 보고서.
고ː과-표(考課表)명 고과에 관하여 기록한 표.
고관(考官)명 지난날, 무과와 강경과(講經科)를 주관하던 시관(試官).
고ː관(告官)명하타 관청에 고함.
고관(苦觀)명하타 ①불교에서, 이 세상을 고(苦)의 세계로 보는 일을 이르는 말. ②염세관(厭世觀)을 가짐.
고관(高官)명 높은 벼슬 자리, 또는 그런 지위에 있는 관리. 달관(達官).
고관-대작(高官大爵)명 높고 큰 벼슬 자리, 또는 그 벼슬아치. ↔미관말직.
고-관절(股關節·髖關節)명 ☞비구관절.
고광-나무명 범의귓과의 낙엽 활엽 관목. 산골짜기에 나는데 높이는 2~4 m. 잎은 끝이 뾰족한 달걀 모양이며 마주남. 늦봄에 흰 꽃이 피고, 둥근 열매는 초가을에 익음.
고괘(蠱卦)명 육십사괘의 하나. 간괘(艮卦)와 손괘(巽卦)를 위아래로 놓은 괘. 산 아래에 바람이 있음을 상징함. 준고(蠱).
고괴(古怪) '고괴하다'의 어근.
고ː괴-하다(古怪-)[-괴-/-궤-]형여 예스럽고 괴상하다. **고괴-히**부.
고굉(股肱)[-굉/-궹]명 ①팔과 다리. ②〈고굉지신(股肱之臣)〉의 준말.
고굉지신(股肱之臣)[-굉-/-궹-]명 〔다리와 팔같이 중요한 신하라는 뜻으로〕 임금이 가장 믿고 중히 여기는 신하. 준고굉(股肱).
고ː교(古敎)명 ☞모세교.
고ː교(故交)명 ☞고구(故舊).
고교(高校)명 〈고등학교〉의 준말.
고교(高敎)명 상대편을 높이어 그의 '가르침'을 이르는 말.
고ː구(考究)명하타 자세히 살펴 연구함. 비참구(參究).

고ː구(故舊)명 오래 사귀어 온 친구. 고교(故交). 고우(故友).

고구려(高句麗)명 우리나라 고대 왕국 중의 하나. 북부여의 주몽(朱蒙)이 한반도 북쪽과 중국 동북 지방 일대에 자리잡아 세운 나라로, 보장왕(寶藏王) 때 나당(羅唐) 연합군에게 패망함. 〔B.C.37～A.D.668〕

고구려^오ː부(高句麗五部)명 고구려에 있던 다섯 부족. 곧, 계루부·순노부·소노부·관노부·절노부를 이르는 말.

고ː구마명 메꽃과의 다년초. 줄기는 땅 위로 길게 벋고 땅속뿌리의 일부가 살이 쪄서 덩이뿌리를 이룸. 덩이뿌리는 달고 전분이 많아 식용이나 공업용으로 쓰임. 감저(甘藷).

고ː구마-술명 고구마를 고아서 만든 소주.

고ː구마-엿[-엳]명 고구마를 고아서 만든 엿. *고ː구마엿이[-여시]·고ː구마엿만[-연-]

고ː구마-잎벌레[-입뻘-]명 잎벌렛과의 딱정벌레. 몸은 둥글고 길이 6 mm가량. 몸빛은 흑갈색. 고구마의 해충.

고ː국(故國)명 ①(남의 나라에 가 있는 사람의 처지에서) '자기 나라'를 이르는 말. 본국. 향국. ②역사가 오래된, 옛 나라. ③이미 망한 나라.

고ː국-산천(故國山川)[-싼-]명 〔고국의 산과 물이라는 뜻으로〕 '고국'을 정겹게 이르는 말.

고군(孤軍)명 후원이 없는 고립된 군사.

고ː군(故君)명 ①죽은 군주. ②죽은 남편.

고군(雇軍)명 ①☞삯꾼. ②☞용병(傭兵).

고군-분투(孤軍奮鬪)명하자 ①수가 적고 후원이 없는 외로운 군대가, 힘에 겨운 적과 용감하게 싸움. ②적은 인원의 힘으로, 도움도 받지 않고 힘겨운 일을 그악스럽게 해냄.

고군-약졸(孤軍弱卒)[-냑쫄]명 ①후원이 없고 고립된 약한 병사. ②'도움도 받을 수 없는 힘없고 약한 사람'을 비유하여 이르는 말.

고ː궁(古宮·故宮)명 옛 궁궐.

고궁(固窮)명하자 곤궁한 것을 본디의 분수로 여기어 잘 견뎌 냄. **고궁-히**부.

고궁(孤窮) '고궁하다'의 어근.

고궁-독서(固窮讀書)[-써]명하자 가난함을 분수로 여기면서 글 읽기를 즐겨 함.

고궁-하다(孤窮-)형여 외롭고 곤궁하다. **고궁-히**부.

고ː귀(告歸)명하자 작별하고 돌아감.

고귀(高貴) '고귀하다'의 어근.

고귀-하다(高貴-)형여 ①인품이나 지위가 높고 귀하다. ②값이 비싸다. ③훌륭하고 귀중하다. ¶ 고귀한 희생 정신. **고귀-히**부.

고ː규(古規)명 옛날의 법도나 규칙.

고규(孤閨)명 (여자, 특히 젊은 과부가) 홀로 자는 방. 외로운 잠자리.

고극(苦劇) '고극하다'의 어근.

고극(高極)명 장기간에 걸쳐 나타난 기온이나 그 밖의 기상 요소의 최고치. ↔저극(低極).

고극-하다(苦劇-)[-그카-]형여 매우 심하다. 지독하다. **고극-히**부.

고근(菰根)명 한방에서, '줄의 뿌리'를 약재로 이르는 말. 〔위장병·소갈(消渴) 등에 쓰임.〕

고근-약식(孤根弱植)[-냑씩]명 〔외로운 뿌리, 약한 식목이라는 뜻으로〕 '친척이나 돌보아 주는 이가 없는 사람'을 비유하여 이르는 말.

고글(goggles)명 먼지나 강한 빛 따위로부터 눈을 보호하기 위하여 쓰는 안경. 주로, 오토바이나 스키를 타거나 등산을 할 때 씀.

고금명 한방에서, '말라리아'를 이르는 말.

고ː금(古今)명 옛날과 지금을 아울러 이르는 말. 고왕금래(古往今來). 왕고내금(往古來今).

고금(孤衾)명 홀로 자는, 외로운 잠자리.

고ː금-가곡(古今歌曲)명 조선 시대에, 송계연월옹(松桂烟月翁)이 편찬한 시조·가사집. 편찬 연대 미상. 〔가사 11편과 시조 294수가 실려 있음.〕

고ː금-독보(古今獨步)[-뽀]명 〔고금을 통하여 홀로 나아간다는 뜻으로〕 옛날부터 지금까지 따를 사람이 없을 만큼 뛰어남.

고ː금-동서(古今東西)명 〔예와 이제, 동양과 서양의 뜻으로〕 이제까지의 모든 시대와 모든 지역. ¶ 고금동서를 통하여 없었던 일이다.

고ː금-동연(古今同然)명 예나 이제나 마찬가지임. 아무런 변동이나 변화가 없음.

고-금리(高金利)[-니]명 높은 금리(金利). 비싼 이자. 고리(高利).

고ː금-상정예문(古今詳定禮文)[-녜-]명 고려 의종 때, 최윤의(崔允儀)가 고금의 예문(禮文)을 모아 편찬한 책. 〔오늘날에는 전하지 않으나 우리나라 최초의 활자본으로 추정됨.〕 준상정예문(詳定禮文).

고ː금-석림(古今釋林)[-성님]명 조선 정조 때, 이의봉(李義鳳)이 편찬한 사서(辭書). 〔약 1500종의 책에서 동방 여러 나라의 말 수만(數萬)을 뽑아 주석을 한, 모두 40권으로 된 사본(寫本).〕

고ː금-주(古今注)명 중국 진(晉)나라 최표(崔豹)가 엮은 책. 〔여복(輿服)·도읍(都邑)·음악(音樂)·조수(鳥獸)·어충(魚蟲)·초목(草木)·잡주(雜注)·문답 석의(問答釋義)의 8편 3권으로 되어 있으며, 고조선(古朝鮮) 때의 '공무도하가(公無渡河歌)'에 대한 내용이 실려 있음.〕

고ː금-천지(古今天地)명 옛날부터 지금까지의 온 세상.

고ː급(告急)명하자 급함을 알림.

고급(高級)명하형 ①신분·지위·수준 등이 높음. ¶ 고급 관리. /고급한 문화. ②품질이 뛰어나고 값이 비쌈. ¶ 고급 만년필. ↔저급.

고급(高給)명 많은 액수의 급료. 높은 봉급.

고급^개ː념(高級概念)[-깨-]명 ☞상위 개념. ↔저급 개념.

고급^상징(高級象徵)[-쌍-]명 작자의 높은 사상이나 깊은 정신 세계의 상징.

고급-스럽다(高級-)[-쓰-따][~스러우니·~스러워]형ㅂ 품질이 뛰어나고 값이 비싼 듯하다. ¶ 고급스러운 옷.

고급^언어(高級言語)명 컴퓨터에서, 사용자가 쉽게 이해하고 구사할 수 있는, 회화 언어에 가까운 프로그래밍 언어. 〔베이식·포트란·코볼 따위가 있음.〕

고급^장ː교(高級將校)[-짱-]명 군대의 영관급(領官級) 이상의 장교.

고기[1]명 ①(식품으로서의) 동물의 살. ¶ 고기 두 근. ②〈물고기〉의 준말.

고기는 씹어야 맛을 안다속담 겉으로 핥는 것처럼, 일을 건성 보아서는 그 참뜻을 모른다는 말.

고기는 씹어야 맛이요, 말은 해야 맛이라속담 말도 할 말이면 시원히 해버려야 좋다는 말.

고기도 저 놀던 물이 좋다속담 낯익은 곳이 역시 좋다는 말.

고기 맛본 중속담 뒤늦게 쾌락을 맛본 사람이 제정신을 못 차리는 경우를 두고 하는 말.

고기 값을 하다관용 지니고 있는 힘이나 체격으로 제구실을 하다.

고기[2]대 고 곳. 고것. 고 점. ¶ 고기에는 언제 갈 거니?/고기에 대해서는 할 말이 없다. 큰거기.

고기(古奇) '고기하다'의 어근.
고ː기(古記)명 옛날 기록.
고ː기(古氣)명 예스러운 기품(운치).
고ː기(古基)명 오래된 터전. 옛터.
고ː기(古器)명 옛적에 쓰던 그릇. 오래된 그릇.
고ː기(故基)명 예전에 자기가 살던 터.
고기(顧忌)명하타 뒷일을 염려하고 꺼림.
고기-구이명 (쇠고기·돼지고기 따위의) 고기를 구운 음식.
고기다자타 ①고김살이 생기다. ②종이나 헝겊 따위를 비비어 잔금이 생기게 하다. ¶ 신문시를 고기다. 큰구기다. 센꼬기다.
고기-닭[-닥]명 (주로) 고기를 이용하려고 기르는 닭. 육계(肉鷄). ＊고기닭이[-달기]·고기닭만[-당-]
고기-돼지명 (주로) 고기를 이용하려고 기르는 돼지. 육돈(肉豚).
고기-반찬(-飯饌)명 고기로 만든 반찬.
고기-받이[-바지]명 장사꾼이 고깃배에서 부리는 물고기를 두름으로 받는 일.
고기-밥명 ①미끼. ②물고기의 먹이.
고기밥(이) 되다관용 물에 빠져 죽다.
고기-붙이[-부치]명 먹을 수 있는 여러 가지 동물의 고기를 두루 이르는 말.
고기-서리목명 쇠고기 조각을 꼬챙이에 꿰고 양념을 발라 가며 구운 반찬.
고기-소[1]명 다진 고기에 두부·파 그 밖의 양념을 다져 섞어서 만든 소.
고기-소[2]명 (주로) 고기를 이용하려고 기르는 소. 육우(肉牛). 참비육우(肥肉牛).
고기-쌈명 얇게 저민 쇠고기와 넓게 썬 처녑에 양념을 치고 주무른 것에 밥을 싸서 먹는 음식. 육포(肉包).
고-기압(高氣壓)명 주위의 기압보다 높은 기압. ↔저기압(低氣壓).
고기-육(-肉)명 한자 부수의 한 가지. '胔'·'腐' 등에서의 '肉'의 이름. 참육달월.
고기작-거리다[-꺼-]타 자꾸 고기작고기작하다. 고기작대다. 큰구기적거리다. 센꼬기작거리다.
고기작-고기작[-꼬-]부하타 고김살이 지게 자꾸 고기는 모양. 큰구기적구기적. 센꼬기작꼬기작.
고기작-대다[-때-]타 고기작거리다.
고기-잡이명 ①하자고기를 잡는 일. ②고기를 잡는 사람. ②어부(漁夫).
고기잡이-배명 ☞어선.
고ː기-하다(古奇-)형여 예스럽고 기이하다.
고김-살[-쌀]명 고겨져서 생긴 금. 큰구김살. 센꼬김살.
고깃-간(-間)[-기깐/-긷깐]명 쇠고기나 돼지고기를 파는 가게. 푸주. 푸줏간.
고깃-거리다[-긷꺼-]타 자꾸 고깃고깃하다. 고깃대다. 큰구깃거리다. 센꼬깃거리다.
고깃-고깃[-긷꼬긷]부 ①하타고김살이 지게 자꾸 고기는 모양. ②하형고김살이 많이 져 있는 모양. 센꼬깃꼬깃.
고깃-관(-館)명 '고깃간'의 잘못.
고깃-국[-기꾹/-긷꾹]명 고기를 넣어 끓인 국. 육탕(肉湯).
고깃-깃[-기낃/-긷낃]명 (잡을 고기가 그곳에 모여들도록) 물속에 넣어 두는 풀이나 나뭇가지 따위. ＊고깃깃이[-기끼시/-긷끼시]·고깃깃만[-기낀-/-긷낀-]
고깃-대다[-긷때-]타 고깃거리다.
고깃-덩어리[-기떵-/-긷떵-]명 ①덩어리로 된 짐승의 고기. 육괴. ②'사람의 육체'를 속되게 이르는 말. 고깃덩이.
고깃-덩이[-기떵-/-긷떵-]명 고깃덩어리.
고깃-배[-기빼/-긷빼]명 ☞어선.
고깃-점(-點)[-기쩜/-긷쩜]명 고기의 작은 조각.
고ː까명 꼬까. 때때.
고ː까-신명 꼬까신. 때때신.
고ː까-옷[-옫]명 꼬까옷. 때때옷. ＊고ː까옷이[-오시]·고ː까옷만[-온-]
고까워-하다타여 고깝게 여기다. ¶ 충고를 고까워하지 마라.
고-까지로부 겨우 고만한 정도로. ¶ 고까지로 할 바에는 그만둬라. 큰그까지로.
고-까짓[-짇]관 겨우 고만한 정도의. ¶ 고까짓 돈쯤이야 나도 낼 수 있다. 준고깟. 큰그까짓.
고깔명 중이 쓰는 건(巾)의 한 가지. 베 조각으로 세모지게 접어 만듦.
고깔-모자(-帽子)명 고깔 모양으로 생긴 모자.
고깔-제비꽃[-꼳]명 제비꽃과의 다년초. 산에서 자라며 높이 10 cm가량. 봄에 붉은 자줏빛의 꽃이 핌. ＊고깔제비꽃이[-꼬치]·고깔제비꽃만[-꼰-]
고깔-해파리명 고깔해파릿과의 해파리. 몸의 위쪽에 지름 10 cm가량 되는 두건 모양의 기포체가 달려 있어 물 위에 뜨고 아래쪽에는 끈 모양의 줄기가 달려 있음. 난해(暖海)에서 삶.
고깝다[-따][고까우니·고까워]형ㅂ 섭섭하고 야속하다. ¶ 내 말을 고깝게 생각하지 말게. 고까이부.
고-깟[-깓]관 〈고까짓〉의 준말. 큰그깟.
고꾸라-뜨리다타 고꾸라지게 하다. 고꾸라트리다. 센꼬꾸라뜨리다.
고꾸라-지다자 ①고부라져 쓰러지다. ②〈죽다〉의 속된 말. 센꼬꾸라지다.
고꾸라-트리다타 고꾸라뜨리다. 센꼬꾸라트리다.
-고나어미 〈옛〉-구나. ¶ 됴흔 거슬 모르는돗ᄒ고나(翻朴上73).
고난(苦難)명 괴로움과 어려움. 고초(苦楚). ¶ 고난에 빠지다. /고난을 이겨 내다.
고-난도(高難度)명 (피겨 스케이팅이나 체조 따위에서) 기술적으로 해내기가 매우 어려운 정도. ¶ 고난도의 기술. /고난도의 묘기.
고난-스럽다(苦難-)[-따][~스러우니·~스러워]형ㅂ 어지간히 고난이 많다. **고난스레**부.
고내기명 자배기보다 운두가 높은 오지그릇의 한 가지.
고-냥부 ①고 모양 고대로. ¶ 고기에 고냥 두어라. ②고대로 줄곧. ¶ 아이는 아무 말 없이 고냥 있었다. 큰그냥.
고너리명 멸칫과의 바닷물고기. 몸길이 20 cm가량. 정어리와 비슷하나 주둥이가 둥글지 않음. 기름이 많음.
고녀(高女)명 〈고등 여학교〉의 준말.
고녀(雇女)명 고용살이하는 여자.
고녀(鼓女)명 생식기가 완전하지 못한 여자.
고녀(睾女)명 ☞남녀추니.
고녀(瞽女)명 여자 소경. 눈이 먼 여자.
고-년대 '그년'을 얕잡아, 또는 귀엽게 이르는 말. ¶ 고년 여간 독종이 아냐. /고년 참 예쁘게 생겼다.
고년(高年)명 ☞고령(高齡).
고념(顧念)명하타 ①보살펴 줌. 권념(眷念). ②남의 허물을 덮어 줌. 고시(顧視).

고-논명 ①봇도랑에서 맨 먼저 물이 들어오는 물꼬가 있는 논. ②바닥이 깊고 물길이 좋아 기름진 논. 고래실.

고-놈대 '그놈'을 얕잡아, 또는 귀엽게 이르는 말. ¶ 고놈 때문에 일이 엉망이 되었다.

고농(高農)[1]명 고려 시대, 윷놀이의 한 가지.

고농(高農)[2]명 지난날, '고등 농림학교' 또는 '고등 농업학교'를 줄여서 이르던 말.

고농(雇農)명 고용살이하는 농민.

고뇌(苦惱)[-뇌/-눼]명하타 괴로워하고 번뇌함. 고환(苦患). ¶ 고뇌에 찬 표정. 비고민.

고누명 말밭을 그려 놓고 두 편으로 나뉘어 말을 많이 따거나 말길을 막는 것을 다투는 놀이의 한 가지.

고누-판(-板)명 고누의 말밭을 그린 판.

-고는[1]어미 동사 어간이나 높임의 '-시-' 뒤에 붙어, 같은 동작을 자꾸 되풀이함을 뜻하는 연결 어미. ¶ 어렸을 때는 아버지와 일요일마다 공원에 가고는 하였다. 준-곤[1].

-고는[2]어미 '-고'의 힘줌말. ¶ 책을 보고는 있지만 정신은 딴 데 있다. 준-곤[2].

고니명 오릿과의 물새. 날개 길이는 50~55 cm. 몸빛은 전체가 흰색이고 눈 밑으로는 노란색의 피부가 드러나 있음. 부리는 노란색이며 다리는 검은색임. 물속의 풀이나 곤충을 먹고 삶. 시베리아 동부에서 번식하며 겨울에 중국과 일본, 우리나라에 날아옴. 백조(白鳥). 천아(天鵝). 황곡(黃鵠).

고ː다타 ①뭉그러지도록 푹 삶다. ¶ 고기를 고다. ②진액만 남도록 푹 끓이다. ¶ 엿을 고다. ③(술 따위를 얻기 위하여) 김을 내어 증류시키다.

고다리명 지겟다리 위에 내뻗친 가지.

고-다음명 고것에 뒤미처 오는 때나 자리. ¶ 고다음 사람. 준고담. 큰그다음.

고-다지부 고러하게까지. 고러하도록. ¶ 고다지도 모질게 굴더냐? 큰그다지.

고단(孤單) '고단하다'의 어근.

고단(高段)명 (유도·바둑·장기 등 단수가 있는 기예에서) 높은 단위(段位). 〔특히, 5단 이상을 이름.〕

고-단수(高段數)명 수단이나 술수를 쓰는 재간의 정도가 높은 것, 또는 그런 사람.

고단-하다형여 (병이나 과로로) 몸이 나른하다. 피곤하다. **고단-히**부.

고단-하다(孤單-)형여 (집안이 번창하지 못하여) 외롭다. ¶ 처자식도 없는 고단한 처지.

고달[1]명 ①거만을 떠는 짓. ¶ 아들이 장관이 되었다고 고달이 대단하군. ②아직 말을 하지 못하는 어린아이가 화를 내며 몸부림을 치는 짓.

고달[2]명 ①칼·송곳 따위의 몸뚱이가 자루에 박힌 부분. ②대롱으로 된 물건의 부리. 〔물부리나 담배통 등의 설대가 들어가는 부분과 같은 것.〕

고-달이명 물건을 들거나 걸어 놓기 좋도록, 노끈 따위로 고리처럼 만들어 물건에 달아 놓은 것. ¶ 액자 고달이가 떨어지다.

고달프다[고달프니·고달파]형 몸이나 처지가 몹시 고단하다. ¶ 고달픈 신세.

고달피부 고달프게. ¶ 고달피 살아온 지난날.

고-담명 〈고다음〉의 준말. 큰그담.

고ː담(古談)명 옛날이야기.

고담(枯淡) '고담하다'의 어근.

고담(高談)명 ①거리낌 없이 큰 소리로 말함. ②상대편을 높이어 그가 하는 '말'을 이르는 말. ¶ 선생의 고담을 경청하였습니다.

고담-방언(高談放言)명하자 남을 꺼리거나 두려워하지 않고, 저 하고 싶은 대로 소리 높여 떠드는 말.

고담-준론(高談峻論)[-줄-]명하자 ①고상하고 준엄한 언론. ②잘난 체하고 과장하여 떠벌리는 말.

고담-하다(枯淡-)형여 (글·그림·글씨·인품 따위가) 속되지 아니하고 아취가 있다. ¶ 세속에 물들지 아니한 고담한 인품.

고답(高踏)명하형 (지위나 명리를 바라지 않고) 속세에 초연함.

고답-적(高踏的)[-쩍]관명 실사회와 동떨어진 것을 고상한 것으로 여기는 태도를 가지거나, 그런 경향을 띠는 (것). ¶ 고답적 수단. /고답적인 자세에 거부감을 느끼다.

고답-주의(高踏主義)[-쭈의/-쭈이]명 세상의 범속(凡俗)과 접촉을 피하려는 주의.

고답-파(高踏派)명 프랑스에서 비롯된 근대시의 한 유파. 1860년대, 낭만파 시에 대한 반동으로 생겨났으며, 형식을 중시함. 파르나시앵.

고ː당(古堂)명 낡은 당(집).

고당(高堂)명 ①높게 지은 좋은 집. ②남의 '부모'를 높여 일컫는 말. ¶ 고당의 건승을 기원합니다. ③상대편을 높이어 그의 '집'을 이르는 말. ¶ 고당의 만복을 비나이다.

고당-명기(高唐名妓)명 이름난 기생.

고대[1]명 〈깃고대〉의 준말.

고대[2]부 ①이제 막. 금방. ¶ 고대 왔다 갔다. ②바로 곧. ¶ 전화를 받고는 고대 나갔다.

고ː대(古代)명 ①옛 시대. 고세(古世). ②역사의 시대 구분의 한 가지. 중세의 앞 시대. 〔국사에서는 통일 신라 시대까지가 이에 해당함.〕

고대(苦待)명하타 몹시 기다림.

고대(高大)명하형 높고 큼.

고대(高臺)명 높이 쌓은 대.

고대-광실(高臺廣室)명 규모가 굉장히 크고 잘 지은 집.

고ː대^국가(古代國家)[-까]명 ①원시 공산 사회와 중세 봉건 사회의 중간에 해당하는 국가. ②역사상 첫 번째 출현한 중앙 집권적인 통일 국가.

고ː대^국어(古代國語)명 (국어의 역사에서) 고려 건국 이전의 국어. 삼국 시대 및 통일 신라 시대의 국어. 참중세 국어·근대 국어.

고ː대-극(古代劇)명 ①고대에 있었던 고전극. ②고대를 제재로 한 극.

고-대로부 고것과 같이. 고 모양으로 변함없이. ¶ 책을 고대로 베끼다. /고대로 서 있어라. 큰그대로.

고ː대^사회(古代社會)[-회/-훼]명 원시 사회와 봉건 사회와의 중간 단계에 있는 사회.

고ː대^소ː설(古代小說)명 옛 시대에 씌어진 소설. 〔국문학사상으로는 갑오개혁 이전까지의 소설을 이름.〕

고ː덕(古德)명 덕행이 높은 옛 중. 옛 고승(高僧).

고덕(高德)명하형 덕이 높음.

고데(こて〔鏝〕 일)명 ①머리를 지져 다듬는 가위 모양의 기구. ②하자고데를 사용하여 머리를 다듬는 일.

고도명 '흰 겹저고리'의 궁중말.

고ː도(古刀)명 ①옛날에 만든 칼. ②헌 칼.

고ː도(古都)명 옛 도읍.

고ː도(古道)명 ①옛날에 다니던 길. ②옛날의 도의(道義).

고도(孤島)명 외딴 섬.

고도(高度)명 ①높이의 정도. ¶ 비행 고도 3000 m. ②지평면에서 천체까지의 각거리(角距離). 천체에 대한 올려본각 또는 내려본각. ¶ 태양의 고도는 남중시에 가장 높다. ③하형 수준이나 정도가 높거나 뛰어남, 또는 그런 정도. ¶ 고도의 기술.

고도(高跳)명하자 높이 뜀.

고도(高蹈)명하자 ①먼 곳으로 감. ②은거(隱居)함.

고도-계(高度計)[-계/-게]명 (항공기 등에서) 높낮이를 측정하는 계기.

고도리¹명 고등어의 새끼.

고도리²명 조선 시대에, 포도청에서 자리개미하는 일을 맡아 하던 사내종.

고도-병(高度病)[-뼝]명 ☞고공병(高空病).

고도-성장(高度成長)명하자 발전의 규모나 속도가 높은 정도로 빨리 이루어짐.

고도^자본주의(高度資本主義)[-의/-이]명 중상주의 시대의 통제 보호 정책이 자유방임 정책으로 바뀌면서 생산력이 고도로 발달한 자본주의.

고도-화(高度化)명하자타되자 높은 정도로 되거나, 되게 함. ¶ 정보 통신 기술의 고도화.

고독(孤獨)명 ①하형 외로움. ¶ 고독을 느끼다. ②어려서 부모를 여읜 아이와 자식 없는 늙은이.

고독(苦毒)명 ☞신고(辛苦).

고독(蠱毒)명 뱀·지네·두꺼비 따위의 독, 또는 그 독이 든 음식물을 먹고 생긴 병.

고독-감(孤獨感)[-깜]명 외로움을 느끼는 마음.

고독-경(孤獨境)[-꼉]명 외로운 경지.

고독-단신(孤獨單身)[-딴-]명 도와주는 사람이 없는 외로운 몸. 고종.

고독-지옥(孤獨地獄)[-찌-]명 지옥에 홀로 떨어짐과 같은 고독. 지독한 고독경.

고동명 ①일의 진행에 있어, 가장 요긴한 점이나 계기. ¶ 고동만 잘 잡으면 일은 순조롭게 진행된다. ②기계 따위를 움직여 활동시키는 장치. ③기적 따위의 소리. ¶ 고동 소리 아득히 멀어지는 배.

고동(을) 틀다관용 기계 따위를 움직이게 하는 장치를 돌리다. ¶ 수도 고동을 틀어 물을 받다.

고ː동(古銅)명 낡은 구리쇠.

고동(鼓動)명 혈액 순환에 따라 심장이 뛰는 일. ¶ 심장의 고동.

고ː-동기(古銅器)명 구리쇠로 만든 옛날 그릇.

고-동맥(股動脈)명 ☞대퇴 동맥.

고ː동-색(古銅色)명 ①검누른 색. ②적갈색.

고동-치다(鼓動-)자 ①피의 급격한 순환으로 가슴이 뛰다(울리다). ②기쁨이나 희망이 가득 차 마음이 약동하다.

고-되다[-되-/-뒈-]형 하는 일이 힘에 겨워서 고단하다. ¶ 고된 훈련.

고두(叩頭)명하자 (경의를 나타내기 위해) 머리를 조아림. 고수(叩首).

고두리명 ①물건 끝의 뭉툭한 곳. ②〈고두리살〉의 준말. ③고두리살을 갖춘 활.

고두리에 놀란 새속담 (고두리살에 맞은 새처럼) 놀랍고 두려워 어찌할 바를 모르고 떨고 있는 경우를 두고 이르는 말.

고두리-뼈명 넓적다리뼈의 머리빼기.

고두리-살명 작은 새를 잡는 데 쓰는 화살. 준고두리.

고두-머리명 도리깨 머리에 가로질러, 도리깻열을 매는 짧은 나무.

고두-밥명 몹시 된 밥.

고두-사죄(叩頭謝罪)[-죄/-줴]명하자 머리를 조아려 사죄함. 고사(叩謝).

고두-쇠[-쇠/-쉐]명 ①작두나 협도 따위의 머리에 가로 끼우는 쇠. ②두 쪽으로 된 장식 따위를 맞추어 끼우는 쇠. ③〔명이 길기를 바라는 뜻으로〕 어린아이의 주머니 끈에 다는, 은으로 만든 장식품.

고둥명 소라·우렁이 따위와 같이 생긴 복족강을 통틀어 이르는 말.

고드래명 〈고드랫돌〉의 준말.

고드래-뽕명 ①'일이 끝남'을 구어적으로 이르는 말. ¶ 진저리나던 일이 오늘에야 고드래뽕이다. ②술래잡기에서, 술래를 정할 때 세는 맨 끝말. ¶ 하날때, 두알때, 사마중, 날때, 육낭거지, 팔때, 장군, 고드래뽕.

고드랫-돌[-래똘/-랟똘]명 발이나 돗자리 따위를 엮을 때, 날을 감아 매는 돌. 준고드래.

고드러-지다자 물기가 말라서 빳빳하게 굳어지다. ¶ 떡이 고드러져서 딱딱하다. 큰구드러지다. 센꼬드러지다.

고드름명 물이 위에서 아래로 흘러내리다가 땅에 떨어질 사이 없이 길게 얼어붙어 공중에 매달린 얼음. 빙주(氷柱).

고드름-똥명 고드름처럼 뾰족하게 눈 똥.

고드름똥 싸겠다〔**싸게 춥다**〕관용 고드름똥을 눌 만큼 방이 몹시 춥다.

고드름-장아찌명 '언행이 싱거운 사람'을 놓조로 이르는 말.

고들개¹명 ①안장의 가슴걸이에 다는 방울. ②채찍의 열 끝에 굵은 매듭이나 추(錘)같이 달린 물건. ③말 굴레의 턱 밑으로 돌아가는, 방울이 달린 가죽.

고들개²명 소의 처녑에서, 너털너털하게 생긴 부분. 주로, 회(膾)에 씀.

고들개-머리명 소의 처녑에서, 고들개가 두툼히 붙은 부분.

고들개-채찍명 고들개를 단 채찍.

고들개-철편(-鐵鞭)명 지난날, 포교(捕校)가 쓰던, 고들개가 달린 철편. 준철편(鐵鞭).

고들-고들부하형 (밥알이나 밤알 따위가) 속은 무른 채 겉이 오돌오돌하게 말라 있는 상태. ¶ 밥이 고들고들하다. 큰구들구들. 센꼬들꼬들.

고들-빼기명 국화과의 이년초. 씀바귀와 비슷한 풀인데 산이나 들에 절로 남. 줄기는 곧게 자라며 가지를 많이 치고, 씀바귀보다 잎이 좀 넓음. 어린순은 식용함. 고채(苦菜).

고듭-싸리명 싸리의 한 종류. 마디가 많고 잎이 자잘하며, 나무의 질이 단단하고 질김.

고등(孤燈)명 호젓한 곳에 외따로 켜 있는 등불.

고등(高等)명하형 《주로 명사 앞에 쓰이어》 등급이 높음. ¶ 고등 기술. /고등 지식. ↔하등(下等).

고등(高騰)명하자 물건 값이 뛰어오름.

고등^감ː각(高等感覺)명 여러 감각 중, 특히 '시각과 청각'을 이르는 말. 고등 감관(感官). ↔하등 감각.

고등^감ː관(高等感官)명 ☞고등 감각.

고등^검ː찰청(高等檢察廳)명 고등 법원에 대응하여 설치한 검찰청. 준고검(高檢).

고등^고ː시(高等考試)명 '사법 시험'·'행정 고등 고시'·'외무 고등 고시'·'기술 고등 고시'의 구용어. 준고시(高試).

고등^공민학교(高等公民學校)[-꾜]명 초등학교나 공민학교를 졸업하고 중학교에 진학하지 못한 사람에게 중학교 과정의 교육을 베푸는 학교. 〔수업 연한은 1~3년임.〕

고등^교ː육(高等敎育)명 정도가 높은 교육. 대학 이상의 교육. 참보통 교육.

고등^군사^법원(高等軍事法院)명 군사 법원의 한 가지. 국방부 및 각군(各軍) 본부에 설치하며, 보통 군사 법원의 판결에 대한 항소·항고 사항 등을 심판함.

고등^동ː물(高等動物)명 진화의 정도가 높은 동물. 일반적으로 무척추동물에 상대하여 척추동물을 이르는 말로, 대개 호흡기·소화기·순환기·생식기·신경·배설기 등 여러 기관이 분화되어 있음. ↔하등 동물.

고등-룸펜(高等Lumpen)명 지식층·부유층의 실직자. 고등유민.

고등^무ː관(高等武官)명 일제 강점기에, 육·해·공군의 영관급(領官級) 이상의 군인.

고등^법원(高等法院)명 지방 법원의 위이고 대법원의 아래인 중급 법원. 지방 법원의 판결에 대한 항소·항고 사건을 다룸. 〔서울·부산·대전·대구·광주에 있음.〕 준고법(高法).

고등^보ː통학교(高等普通學校)[-꾜]명 일제 강점기에, 한국인에게 중등 교육을 베풀던 4~5년제의 남자 중학교. 준고보(高普).

고등^비행(高等飛行)명 특수한 기술로써 하는 비행. 〔급상승·급강하·경사 선회 비행 따위.〕

고등^선원(高等船員)명 선장·항해사·기관장·기관사 등의 선박 직원.

고등^수ː학(高等數學)명 고등 대수학·미적분·함수론·해석 기하학·추상 대수학 따위를 통틀어 이르는 말.

고등^식물(高等植物)[-싱-]명 뿌리·잎·줄기의 세부를 갖추어 체제가 복잡하게 발달한 식물. ↔하등 식물.

고등어명 고등엇과의 바닷물고기. 몸은 방추형(紡錘形)으로, 길이 40~50 cm임. 몸빛은 등 쪽이 녹색 바탕에 흑색의 물결 무늬가 있고, 배 쪽은 은백색임. 사할린·일본·중국·우리나라 근해에 분포함. 청어(鯖魚).

고등^여학교(高等女學校)[-녀-꾜]명 일제 강점기 때의 여자 중등 교육 기관. 〔지금의 여자 중·고등학교에 해당함.〕 준고녀(高女).

고등-유민(高等遊民)[-뉴-]명 고등 교육을 받고도 일자리가 없어서 놀며 지내는 사람.

고등^재ː배(高等栽培)명 온실 등을 이용하여 품질이 좋고 값이 비싼 작물을 가꾸는 일.

고등^판무관(高等辦務官)명 피보호국·피점령국·종속국 등에 파견되어 특별한 외교 사무를 다루는 공무원. 〔외교 사절의 직무와 같은 일을 함.〕

고등-학교(高等學校)[-꾜]명 중학교 교육을 기초로 하여 중등 교육 및 실업 교육을 베푸는 학교. 준고교.

고등-학생(高等學生)[-쌩]명 고등학교에 다니는 학생.

고디식ᄒᆞ다형 〈옛〉 진실하다. ¶ 이제 고디식ᄒᆞᆫ 갑슬 네ᄃᆞ려 니롤 써시니(飜老下*10*).

고딕(Gothic)명 ①인쇄에서, 선이나 획의 굵기가 같고, 살을 굵게 만든 활자. 흑자체 활자(黑字體活字). ②☞고딕식.

고딕^건ː축(Gothic建築)명 12세기 중엽에 생긴 서양 건축 양식의 한 가지. 〔높은 첨탑(尖塔)으로 된 직선적 구성과, 창과 출입구의 위가 뾰족한 아치형으로 된 것이 특색임.〕

고딕-식(Gothic式)명 로마네스크에 이어 르네상스까지 프랑스를 중심으로 하여 유럽에서 유행하던 미술 양식. 고딕. 참고딕 건축.

고딕-체(Gothic體)명 고딕으로 된 활자체(活字體).

고라명 〈고라말〉의 준말.

고라명 〈옛〉 소라. ¶ 고라 불고 바라 티고(朴解下*42*).

-고라어미 〈옛〉 -고자 하노라. -고 싶어라. ¶ 내 願을 일티 아니케 ᄒᆞ고라(月釋*1:13*).

고라니명 사슴과의 짐승. 노루와 비슷하나 암수 모두 뿔이 없고 털은 거침. 등은 담황색, 배는 흰색, 앞다리는 적색임. 송곳 모양으로 길게 자란 견치로 나무뿌리를 캐어 먹음. 무성한 관목림에 살며 건조한 곳을 좋아함. 우리나라와 중국 동북부에 분포함. 마록(馬鹿).

고라리명 〈시골고라리〉의 준말.

고라-말명 등에 검은 털이 난, 누런 말. 준고라.

-고라쟈어미 〈옛〉 -게 하고 싶구나. ¶ 뎌긔 셧ᄂᆞᆫ 뎌 소나모 길ᄀᆞ의 셜줄엇디 져근덧 드리혀 뎌 굴헝에 서고라쟈(古時調).

고락명 ①낙지의 배. ②낙지 배 속의 검은 물, 또는 그 주머니. ②묵즙낭(墨汁囊).

고락(苦樂)명 괴로움과 즐거움. 감고(甘苦). ¶ 고락을 함께 한 친구.

고락간-에(苦樂間-)[-까네]부 괴롭거나 즐겁거나 가릴 것 없이. ¶ 고락간에 정이 들었다.

고란-초(皐蘭草)명 고란초과의 다년생 상록 양치식물. 그늘진 바위틈이나 낭떠러지에서 자람. 뿌리줄기는 가로 벋고, 잎은 홑잎이며 끝이 뾰족함. 홀씨주머니가 잎 뒤쪽에 두 줄로 벌여 있음.

고람(高覽)명하타 상대편을 높이어 그가 '보아 줌'을 이르는 말. ¶ 제 그림을 고람하여 주십시오.

고랑[1]명 '툇마루'의 궁중말.

고랑[2] Ⅰ명 (밭이나 논의) 두둑의 사이. 두두룩한 두 땅 사이의 낮은 곳. 준골[5].
Ⅱ의 밭 따위를 세는 단위.

고랑[3]명 〈쇠고랑〉의 준말.

고랑-못자리[-모짜-/-몯짜-]명 처음에는 물을 대다가 나중에는 고랑에만 물을 대어 모를 키우는 못자리.

고랑-배미[-빼-] Ⅰ명 물길이나 고랑이 있는 논.
Ⅱ의 밭고랑이나 논배미를 세는 단위. ¶ 보리밭 한 고랑배미를 매다.

고랑-창명 폭이 좁고 깊은 고랑. 준골창.

고랑-틀명 〈차꼬〉의 속된 말.

고래[1]명 ①고래류의 포유동물을 통틀어 이르는 말. 바다에 살며 물고기와 비슷한 모양임. 가끔 물 위에 떠서 폐호흡을 하며, 동물 중에서 가장 큼. ②'술을 많이 먹는 사람'을 비유하여 이르는 말.

고래 그물에 새우가 걸린다속담 큰 것을 목적하였는데 결국 얻은 것은 하찮은 것이었음을 뜻함.

고래 싸움에 새우 등 터진다속담 '세력 있거나 강한 자들의 싸움에 공연히 약한 자가 중간에 끼여 해를 입음'을 비유하여 이르는 말.

고래 등 같다관용 집이 크고 드높아 웅장하다.

고래[2]명 〈방고래〉의 준말.

고래[3]준 '고리하여' 또는 '고러하여'가 줄어든 말. ¶ 고래 가지고야 어찌 남을 따라가겠느냐? 큰그래[2].

고ː래(古來)부 〈자고이래(自古以來)〉의 준말.

고래-고래부 화가 나서 큰 소리를 지르는 모양. ¶ 고래고래 아우성을 치다.

고래-답(-畓)명 '고래실'의 잘못.

고래도 준 '고리하여도' 또는 '고려하여도'가 줄어든 말. ¶ 아무리 고래도 편지 한 통 없니? 큰그래도.

고ː래-로(古來-) 부 예부터 지금까지(에). 본자고이래로.

고래-상어 명 고래상엇과의 바닷물고기. 몸길이 18 m가량, 몸무게 4500 kg으로 상어 가운데 가장 큼. 흑갈색 바탕에 흰 점이 있음.

고래서 준 '고리하여서' 또는 '고려하여서'가 줄어든 말. ¶ 점잖은 사람이 고래서 되겠느냐? 큰그래서.

고래-수염(-鬚髥) 명 고래의 입 가장자리 양쪽에 빗살처럼 나란히 돋아 있는, 섬유성 각질판.

고래-실 명 바닥이 깊숙하고 물길이 좋아 기름진 논. 고논.

고래-자리 명 양(羊)자리와 물고기자리의 남쪽 춘분점 가까이에 있는 별자리. 경좌(鯨座). 참미라성.

고래-작살[-쌀] 명 던지거나 대포로 쏘아 고래를 잡는 작살.

고래-잡이 명하자 고래를 잡는 일. 포경(捕鯨).

고ː래지풍(古來之風) 명 예부터 전하여 내려오는 풍속.

고랫-당그래[-래땅-/-랟땅-] 명 방고래의 재를 치는 작은 고무래.

고랫-등[-래뜽/-랟뜽] 명 방고래의 두덩.

고랫-재[-래째/-랟째] 명 방고래에 쌓여 있는 재.

고랭-증(痼冷症)[-쯩] 명 장결핵·만성 장카타르 등을 통틀어 이르는 말. 〔배 속에 뭉치가 있어 늘 배가 차고 아픈 증세.〕

고랭-지(高冷地) 명 표고(標高)가 600 m 이상으로 높고 한랭한 지방.

고랭지^농업(高冷地農業) 명 표고(標高)가 높은 고원(高原)이나 산지에서 하는 농업. 참한랭지 농업.

고량(考量) 명하타 생각하여 헤아림.

고량(高粱) 명 ☞수수.

고량(膏粱) 명 〈고량진미(膏粱珍味)〉의 준말.

고량-목(-木) 명 광석을 꿯는 방아에 방앗공이가 서로 부딪치지 않도록 방앗공이 사이에 끼운 나무.

고량-미(高粱米) 명 ☞수수쌀.

고량-자제(膏粱子弟) 명 고량진미만 먹고 귀염을 받으며 자라서, 전혀 고생을 모르는 부귀한 집안의 젊은이.

고량-주(高粱酒) 명 수수로 빚은 소주. 배갈.

고량-진미(膏粱珍味) 명 기름진 고기와 곡식으로 만든 맛있는 음식. 준고량(膏粱).

고량-토(高粱土) 명 ☞고령토(高嶺土).

고러고러-하다 형여 여럿이 모두 고러루하다. 큰그러그러하다.

고러다 자 '고리하다'가 줄어서 된 말. 고렇게 말하거나 행동하거나 생각하다. ¶ 대들지 마라. 고러다 나한테 맞는다. /자꾸 영화 보러 가자고 고러면 너랑 놀지 않겠다. 큰그러다.

고러루-하다 형여 여럿이 모두 비슷비슷하다. 큰그러루하다.

고러-하다 형여 고와 같다. 준고렇다. 큰그러하다.

고렇다[-러타][고러니·고래] 형ㅎ 상태·모양·성질 따위가 고와 같다. ¶ 고렇고 조렇고 간에. /다 고렇고 고런 아이들만 모였다.

고려(考慮) 명하타되자 생각하여 헤아림. ¶ 직업은 자기의 소질과 능력과 취향을 고려해서 선택해야 한다.

고려(苦慮) 명하타되자 애써 생각함. 고심(苦心).

고려(高慮) 명 상대편을 높이어, 그의 '생각함'을 이르는 말.

고려(高麗) 명 우리나라 중세 왕조의 하나. 태봉의 장수 왕건(王建)이 개성(開城)에 도읍하여 세운 나라. 후백제를 멸하고 신라를 항복시켜 후삼국을 통일했으나 공양왕(恭讓王) 때 이성계(李成桂)에게 멸망함. 〔918～1392〕

고려(顧慮) 명하타되자 ①(이미 지난 일을) 다시 돌이켜 생각함. ②앞일을 잘 헤아림.

-고려 어미 〈옛〉 구려. ¶ 벗 지이 기고려(老解上7).

고려^가사(高麗歌詞) 명 ☞고려 가요.

고려^가요(高麗歌謠) 명 고려 시대의 속요(俗謠). 구전(口傳)하여 오던 고려 평민의 노래. 〔여러 절(節)로 나뉘고, 각 절마다 후렴이 붙는 것이 특징임. 한글이 제정된 후에 문자로 기록되어 전함.〕 고려 속요(高麗俗謠). 고려 가사(高麗歌詞). 준여요(麗謠).

고려^대ː장경(高麗大藏經) 명 고려 시대에, 불교의 삼장(三藏)을 한역(漢譯)한 것. 경판이 합천 해인사에 보관되어 있는데, 모두 8만 1258판(板)임. 고려 장경. 팔만대장경.

고려-밤떡(高麗-) 명 황밤가루와 쌀가루를 꿀에 반죽하여 찐 떡. 고려율병(高麗栗餠).

고려-사(高麗史) 명 조선 세종 때, 정인지(鄭麟趾) 등이 편찬한 고려의 역사. 전 139권 100책.

고려-석(高麗石) 명 괴석(怪石)의 한 가지. 좀먹은 것처럼 자디잔 구멍이 많음.

고려^속요(高麗俗謠) 명 ☞고려 가요.

고려-양(高麗樣) 명 원(元)나라에서 유행되던 고려의 의복·음식·풍속 등을, 원나라에서 이르던 말.

고려-율병(高麗栗餠) 명 ☞고려밤떡.

고려-자기(高麗瓷器) 명 고려 시대에 만든 자기. 〔무늬와 빛깔 등이 다양한데, 그중 청자가 가장 유명함.〕

고려-장(高麗葬) 명 ①하타 고구려 때에, 늙어서 쇠약한 이를 산 채로 묘실(墓室)에 옮겨 두었다가, 죽은 뒤에 그곳에서 장사 지내던 풍습. ②〈고분〉의 속된 말.

고려^장경(高麗藏經) 명 ☞고려 대장경.

고ː력(古曆) 명 옛적 달력.

고력-자기(高力瓷器)[-짜-] 명 유약을 입히지 않고 약간 구운 도기(陶器)에 합성수지를 스며들게 하여, 최고도의 열과 압력을 가해서 만든 경질(硬質)의 오지그릇. 〔철관(鐵管)·연관(鉛管) 등에 대용함.〕

고련(苦楝) 명 ☞소태나무.

고련-근(苦楝根) 명 한방에서, '소태나무의 뿌리'를 약재로 이르는 말. 〔구충제·지혈제 등에 쓰임.〕

고련-실(苦楝實) 명 한방에서, '소태나무의 열매'를 약재로 이르는 말. 〔열성(熱性)의 병·방광병·산기 등에 쓰임.〕 금령자(金鈴子).

고령(高嶺) 명 높은 고개. ¶ 고령 준봉.

고령(高齡) 명 나이가 많음. 많은 나이. 고년(高年). 고수(高壽). 퇴령(頹齡).

고령-가야(←古寧伽倻) 명 육가야(六伽倻)의 하나. 경상북도 상주(尙州)의 함창(咸昌) 부근에 자리했다는 고대 군장 국가(君長國家).

고령-자(高齡者) 명 나이가 많은 사람.

고령-토(高嶺土) 명 ①도자기를 만드는 데 쓰이는 흙. 카올린. ②장석(長石)이 분해되어 생긴 흙. 고량토(高粱土).

고령-화(高齡化)명 (사회에서의) 노인의 인구 비율이 높은 상태로 나타난 것.
고령화 사회(高齡化社會)[-회/-훼] 총인구에 서의 노인의 비율이 차차 높아져 가는 사회.
고:례(古例)명 예로부터 내려오는 관례(慣例).
고:례(古隷)명 〔한자 글씨체에서, 새로운 예서체(隷書體)인 팔분(八分)에 대하여〕 보통의 예서를 이르는 말. ↔금례(今隷).
고:례(古禮)명 옛날의 예절.
고로명 〈옛〉 능(綾). 비단의 한 가지. ¶ 고로 릉: 綾(訓蒙中30).
고:로(古老)명 ①많은 경험을 쌓아 옛일을 잘 아는 노인. ②그 지역에 오래 살아, 예부터의 그 지방 사정에 밝은 노인. ¶ 마을 고로의 말에 의하면, 옛날에는 여기에 연못이 있었다 한다. 고로(故老).
고로(孤老)명 의지할 데 없는 외로운 늙은이.
고:로(故老)명 ①낡은 인습에 젖은 노인. ②☞고로(古老).
고로(高爐)명 제철 공장에서 철광석을 제련하여 선철(銑鐵)을 만들어 내는, 지름 10~25 m 크기의 원통형 용광로.
고-로(故-)부 ①그러므로. ¶ 나는 생각한다. 고로 존재한다. ②〖의존 명사적 용법〗 용언의 어미 '-ㄴ'·'-는' 뒤에 쓰이어, '때문에'·'까닭에'의 뜻. ¶ 눈이 어두운 고로 책을 읽을 수 없다.
고로롱-거리다자 자꾸 고로롱고로롱하다. 고로롱대다.
고로롱-고로롱부하자 몸이 약하거나 늙어서 늘 골골하는 모양. 준고롱고롱.
고로롱-대다자 고로롱거리다.
고로롱-팔십(-八十)[-씹]명 병으로 고로롱거리면서도 여든까지 삶을 이름. 〔곧, 예상보다 오래 산다는 뜻.〕
고:로-상전(古老相傳)명하자 늙은이들의 말에 의해 전함. ¶ 고로상전하여 오는 전설.
고로쇠-나무[-쇠-/-쉐-]명 단풍나뭇과의 낙엽 활엽 교목. 산지의 숲 속에 나는데 높이는 20 m 가량. 잎은 손바닥 모양으로 갈라지며 끝이 뾰족하고 마주남. 5월경에 담황색 꽃이 핌. 수액은 한방에서 위장병이나 폐병 등에 약으로 쓰임.
고로-여생(孤露餘生)명 어려서 부모를 잃은 사람.
고로-재(高爐滓)명 용광로에서 철광석을 철로 제련할 때에 생기는 광재(鑛滓).
고로케(←コロッケ 일)명 '크로켓'으로 순화.
고로-표(故-標)명 ☞귀결부(歸結符).
고론(高論)명 ①정도나 내용이 높은 차원의 언론. ②상대편을 높이어 그의 '언론'을 이르는 말.
고롬명 〈옛〉 고름. ¶ 고롬: 膿水(訓蒙上30).
고롭다(苦-)형ㅂ 〈옛〉 괴롭다. 고생스럽다. ¶ 여러 가지 고롭고 셜움을 받느니라 ᄒᆞᄂᆞ니(小解5:55).
고롱-고롱부하자 〈고로롱고로롱〉의 준말.
고료(稿料)명 〈원고료(原稿料)〉의 준말.
고루부 더하고 덜하거나 많고 적음이 없이. 고르게. ¶ 고루 나누다. /고루 부담하다.
고:루(古壘)명 낡은 보루(堡壘).
고루(固陋) '고루(固陋)하다'의 어근.
고루(孤陋) '고루(孤陋)하다'의 어근.
고루(孤壘)명 외따로 떨어져 있는 보루(堡壘).
고루(高樓)명 높은 다락집. 높은 누각(樓閣).
고루(鼓樓)명 절에서, 큰 북을 달아 놓은 다락집. 〔종루(鐘樓)와 마주 보고 서 있음.〕
고루-거각(高樓巨閣)명 높고 큰 누각. 고각대루(高閣大樓).
고루-고루부 여럿이 모두 고르게. ¶ 모든 과목에서 점수를 고루고루 잘 받았다. 준골고루.
고루-하다(固陋-)형여 낡은 사상이나 풍습에 젖어 고집이 세고 변통성이 없다. ¶ 고루한 생각. **고루-히**부.
고루-하다(孤陋-)형여 세상과 동떨어져 자라거나 살아서, 보고 들은 것이 적고 마음이 좁다. **고루-히**부.
고륜(苦輪)명 불교에서, 생사(生死)에 대한 고뇌가 수레바퀴처럼 쉴 새 없이 굴러서 그침이 없음을 이르는 말.
고륜지해(苦輪之海)명 불교에서, 고뇌가 끊임없이 돌고 있는 인간 세상을 이르는 말.
고르다[1][고르니·골라]타르 여럿 중에서 가려내다. ¶ 돌을 고르다. /물건을 고르다.
고르다[2][고르니·골라]타르 ①울퉁불퉁한 것을 평평하게 하다. ¶ 길바닥을 고르다. ②(붓이나 악기 등이) 제 기능을 하도록 다듬거나 손질하다. ¶ 목소리를 고르다.
고르다[3][고르니·골라]형르 ①높고 낮거나 많고 적음이 한결같다. ¶ 생활 정도가 고르다. ②정상적이고 순조롭다. ¶ 엔진 소리가 고르다. /고르지 못한 날씨에 몸조심하여라.
고른-값[-갑]명 ☞평균값. ＊고른값이[-갑씨]·고른값만[-감-]
고른-쌀명 돌이나 뉘 따위를 골라낸 쌀.
고름[1]명 〈옷고름〉의 준말.
고름[2]명 곪은 곳에서 생기는 끈끈한 액체. 농(膿). 농액(膿液). 농즙(膿汁).
고름-소리명 ☞조음소(調音素).
고름-집[-찝]명 곪아 고름이 생긴 곳.
고리[1]명 ①가늘고 긴 금속 따위를 굽혀서 동그랗게 만든 것. 〔문고리·귀고리 따위.〕 ②'어떤 조직이나 현상을 서로 관련짓는 개개의 구성 부분이나 이음매'를 비유하여 이르는 말. ¶ 사건의 연결 고리.
고리[2]명 ①껍질을 벗겨 낸 고리버들의 가지. 고리나 키 따위를 만드는 데 쓰임. ②고리버들의 가지나 대오리 따위로 결어서 만든 상자 같은 물건. 옷 등을 넣어 두는 데 쓰임. 고리짝. 유기.
고리[3]명 ①〈소줏고리〉의 준말. ②〖의존 명사적 용법〗 소주를 사발에 담은 것을 세는 단위. 한 고리는 소주 열 사발임. ¶ 소주 두 고리.
고리[4]부하자되자 상태·성질·모양 따위가 고러한 모양. 《'고리도'의 꼴로도 쓰임.》 ¶ 아니, 누가 고리도 못되게 구느냐?/고리하다가는 오늘 안에 못 끝낼걸. /고리되는 날에는 목숨을 부지하기 어려울 걸세. 큰그리[1].
고리[5]부 고곳으로. 고쪽으로. ¶ 고리 가시오. /고리 가면 시장이다. 큰그리[2].
고리(高利)명 ①비싼 이자. 법정 이자(法定利子)를 초과하는 높은 이자. ¶ 고리로 돈을 빌리다. ↔저리(低利). ②큰 이익.
고리-개명 고리눈을 가진 개.
고리-눈명 ①눈동자의 둘레에 흰 테가 둘린 눈. ②동그랗게 생긴 눈. 환안(環眼).
고리눈-말명 눈이 고리눈으로 된 말.
고리눈-이명 고리눈을 가진 사람이나 짐승.
고리다형 ①깨끗하지 못한 발 따위에서 나는 고약한 냄새와 같다. ②마음씨나 하는 짓이 좀스럽고 다랍다. ¶ 일마다 미주알고주알 따지는 고린 성미.

고리-대(高利貸)[명] 〈고리대금〉의 준말.
고리-대금(高利貸金)[명] ①비싼 이자를 받는 돈놀이. ②이자가 비싼 돈. [준]고리대.
고리대금-업(高利貸金業)[명] 고리대금을 업으로 삼는 일.
고리대금업-자(高利貸金業者)[-짜][명] 고리대금업을 하는 사람.
고리대^자본(高利貸資本)[명] 고리대금에 의하여 이득을 얻는 자본.
고리-마디[명] ☞환절(環節).
고리-못[-몯][명] 대가리가 고리로 된 못. *고리못이[-모시]·고리못만[-몬-]
고리-받이[-바지][명] 기둥과 문설주 사이에 가로지른 나무. 〔문을 열어 젖힐 때 걸 문고리가 닿는 벽의 중턱.〕
고리-백장[-짱][명] ①〈고리장이〉의 속된 말. ②'시기에 맞게 해야 할 것을 때가 지난 뒤까지 하고 있는 사람'을 조롱하여 이르는 말. 〔특히, 정월 보름을 지나서 연 날리는 사람을 이름.〕
고리-버들[명] 버드나뭇과의 낙엽 관목. 냇가나 들의 축축한 땅에 나는데, 가지의 껍질을 벗겨 버들고리나 키 따위를 만듦.
고리-삭다[-따][형] (젊은이가) 마치 늙은이처럼 성미가 삭고 맥이 없다.
고리-잠(-簪)[명] 부인들의 쪽찐 머리에 꽂는 뒤꽂이의 한 가지. 〔이쑤시개와 귀이개가 한데 달려 있음.〕
고리-장이[명] 고리짝이나 키를 만들어 파는 것을 업으로 하는 사람. 유기장. 유기장이.
고리-점(-點)[명] 세로쓰기 글에 찍는 마침표 '。'의 이름.
고리-짝[명] ①☞고리2. ②(상자 모양으로 만든) 고리의 낱개.
고리-채(高利債)[명] 고리로 얻은 빚. ↔저리채.
고리타분-하다[형][여] ①냄새가 고리고 타분하다. ②하는 짓이나 생각하는 것이 고리삭고 시원한 맛이 없이 따분하다. ¶ 젊은 사람의 생각이 왜 그리 고리타분하냐? [준]고타분하다·골타분하다. [큰]구리터분하다.
고리탑탑-하다[-타파-][형][여] 매우 고리타분하다. ¶ 샌님처럼 고리탑탑한 사람. [준]고탑탑하다·골탑탑하다. [큰]구리텁텁하다.
고린-내[명] 고린 냄새.
고린도-서(←Korinthos書)[명] 신약 성서 중의 한 편. 사도 바울이 고린도 지방의 신자들에게 보낸 목회 서간. 〔전서와 후서로 되어 있음.〕
고릴라(gorilla)[명] 유인원과의 동물. 키는 2 m, 몸무게 250 kg가량으로 유인원 가운데서 가장 큼. 팔이 길고 다리는 짧음. 주로, 과실이나 나무뿌리 따위를 먹으며 30년가량 삶. 아프리카 적도 부근의 숲에 분포함. 대성성(大猩猩).
고림-보[명] ①몸이 성하지 못하여 늘 골골하는 사람. ②마음이 너그럽지 못하고 하는 짓이 푼푼하지 못한 사람.
고립(孤立)[명][하자][되자] ①홀로 외따로 떨어져 있음. ¶ 사회로부터 고립하여서는 살 수 없다. ②남과 어울리지 못하고 외톨이가 됨. ¶ 친구 사이에서 고립되다.
고립(雇立)[명][하타] 남을 대신 보내어 공역(公役)을 치르게 함.
고립^경제(孤立經濟)[-껑-][명] 국제간의 통상 무역이 없이 자급자족하는 경제. ↔사회 경제.
고립-꾼(雇立-)[명] 남을 대신하여 공역(公役)을 치르는 사람.
고립-무원(孤立無援)[-림-][명] 고립되어 도움을 받을 데가 없음. ¶ 고립무원의 궁지에 빠지다.
고립-무의(孤立無依)[-림-의/-림-이][명] 고립되어 의지할 데가 없음.
고립-어(孤立語)[명] 언어의 형태적 분류의 한 가지. 단어는 실질적 의미를 나타낼 뿐 어미 변화나 접사(接辭)가 없고, 문법적 기능은 주로 어순(語順)에 따라 나타내는 언어. 〔중국어·티베트 어·타이 어 등이 대표적임.〕
고립^의:무(孤立義務)[명] 권리와 대립하지 않는 절대 의무. 곧, 병역·납세 등과 같은 의무. ↔대립 의무(對立義務).
고립-주의(孤立主義)[-주의/-쭈이][명] 다른 나라와 동맹 관계를 맺지 않고 자기 나라의 권리와 이익을 지키려는 주의. 〔먼로주의 등 미국의 전통적 외교 정책의 원칙이었음.〕
고립지세(孤立之勢)[-찌-][명] 고립되어 있는 형세.
고릿-적[-리쩍/-릳쩍][명] 옛날의 때. ¶ 왜 갑자기 고릿적 얘기는 꺼내니?
고ᄅᆞ다(골아)[형][르] 〈옛〉 고르다3. ¶ 고ᄅᆞᆯ 균:均(類合下*60*). /情想이 골아 ᄀᆞᆮᄒᆞ면(楞解*8:74*).
고마(雇馬)[명] 조선 시대에, 지방 관아에서 백성으로부터 징발하여 쓰던 말.
고마[명] 〈옛〉 첩(妾). ¶ 고마 첩:妾(訓蒙上*31*).
고마리[명] 여뀟과의 일년초. 각지의 물가나 개울가에 군생(群生)함. 줄기 높이 30~90 cm. 줄기에는 모서리가 나 있는데 작은 가시가 많음. 가을에 가지 끝에 담홍색의 작은 꽃이 피고, 수과(瘦果)는 메밀과 비슷함. 줄기와 잎은 지혈제로 쓰임.
고마문령(瞽馬聞鈴)[-물-][명] 〔눈먼 망아지가 워낭 소리만 듣고 따라간다는 뜻으로〕 '덮어놓고 남이 하는 대로 따라 함'을 이르는 말.
고:마워-하다[자][타][여] 고맙게 여기다. ¶ 수재민들은 자원 봉사자들에게 무척 고마워했다.
고마-청(雇馬廳)[명] 조선 말기에, 백성으로부터 징발한 말을 관리하던 관아.
고막[명] '꼬막'의 잘못.
고막(鼓膜)[명] 청각 기관의 한 가지. 귓구멍 안쪽에 있는 갓 모양의 둥글고 얇은 막. 외이(外耳)와 중이(中耳)의 경계를 이루며, 공기의 진동에 따라 이 막이 울리어 소리를 내이(內耳) 쪽으로 전하여 듣게 함. 귀청.
고막(痼瘼)[명] ☞고폐(痼弊).
고막-염(鼓膜炎)[-망념][명] 추위나 유행성 감기·약물 자극 등의 원인으로 일어나는 고막의 염증. 듣는 데는 큰 지장이 없으나 물집이 생기고 귀가 막힌 것 같은 느낌이 있음.
고-막이[명] ①화방(火防) 밑에 놓는 돌. ②[하자] 마루 아래 터진 곳을 돌과 흙 따위로 쌓는 일, 또는 그렇게 쌓은 곳.
고-만1[관] '고만한'이 줄어서 된 말. ¶ 고만 일로 성을 내다니. [큰]그만1.
고-만2[부] ①고 정도까지만. ¶ 공부는 고만 하고 운동 좀 해라. ②고대로 곧. ¶ 시간이 없어 고만 가겠습니다. ③달리 어찌할 도리가 없이. ¶ 친구가 밀어서 고만 물에 빠지고 말았어요. ④자신도 모르는 사이에. ¶ 너무 무서워서 고만 눈을 감고 말았다. [큰]그만2.
고만(高慢)[명][하형] 건방짐.
고만고만-하다[형][여] ①서로 비슷비슷하다. ¶ 실력이 모두 고만고만하다. ②사실이나 내용이 고렇고 고렇다. ¶ 고만고만해서 늦었다. [큰]그만그만하다.

고만-두다타 ①(하던 일을) 중도에서 그치다. ②(하려고 하던 일을) 안 하다. 준관두다. 큰그만두다.

고만-이다형 ①마지막이다. 그것뿐이다. ¶ 편지 한 장 보내더니 그것으로 고만이다. ②마음에 넉넉하다. ¶ 돈만 있으면 고만인 줄 아느냐? ③더할 나위 없이 좋거나 딱 알맞다. ¶ 맏며느릿감으로는 고만이다. 큰그만이다.

고만-하다형여 ①상태나 수량 따위의 정도가 그것만 하다. ②그 정도에 그치고 더 심하지 않다. ¶ 병이 고만하여 불행 중 다행이다. 큰그만하다.

고-말고조 모음으로 끝난 체언에 붙어, 상대편의 물음에 대하여 긍정하는 뜻을 강조하여 나타내는 종결형 서술격 조사. ¶ 암, 부자고말고. 참이고말고.

-고말고어미 용언의 어간이나 높임의 '-시-'에 붙어, 상대편의 물음에 대하여 긍정하거나 자기의 의지를 강조하는 종결 어미. -다마다. ¶ 아, 좋고말고. /암, 꼭 하고말고. /암, 그렇고말고.

고맘-때명 꼭 고만큼 된 때. ¶ 작년 고맘때 비가 몹시 많이 내렸다. 큰그맘때.

고:맙다[-따][고마우니·고마워]형ㅂ 남의 은혜나 신세를 입어 마음이 느껍고 흐뭇하다. ¶ 고마워서 눈물을 흘리다.

고:매(故買)명하타 훔쳐낸 물건인 줄 알면서 사는 일. ¶ 장물(贓物) 고매.

고매(高邁) '고매하다'의 어근.

고매-하다(高邁-)형여 (품위·인격·학식 등이) 높고 뛰어나다. ¶ 고매한 인격.

고:면(故面)명 ☞구면(舊面).

고면(顧眄)명하타 돌아다봄. 돌이켜 봄.

고명명 모양과 맛을 더하기 위하여 음식 위에 뿌리거나 덧놓는 것을 통틀어 이르는 말.

고:명(古名)명 옛날 이름.

고:명(告明)명하자타 '고백'의 구용어.

고명(高名)명 상대편을 높이어 그의 '이름'을 이르는 말.

고명(高明)명 ①하형 고상하고 현명함. ②하형 식견이 높고 사물에 밝음. ③〔식견이 높고 사물에 밝은 사람이라는 뜻으로〕 상대편을 높여 이르는 말.

고명(顧命)명하타 (임금이 신하에게) 유언으로 뒷일을 부탁함.

고명-대신(顧命大臣)명 고명을 받은 대신.

고명-딸명 아들이 많은 집의 외딸. 〔아들만 여럿 있는 집에 고명처럼 딸이 하나 섞여 있다는 데서 생긴 말.〕

고명사의(顧名思義)[-의/-이]명하자 (어떤 일을 당하여) 명예를 더럽히는 일이 아닌지 돌이켜 보고, 의리에 어긋나는 일이 아닌지 생각함.

고명지신(顧命之臣)명 고명을 받은 신하.

고명-하다(高名-)형여 이름이나 평판이 높다. ¶ 고명한 학자.

고모(姑母)명 아버지의 누이.

고모도적명 〈옛〉 좀도둑. 절도(竊盜). ¶ 고모도적: 竊盜(同文下*30*. 漢淸*7*:*59*).

고모-부(姑母夫)명 고모의 남편. 고숙(姑叔). 인숙(姻叔).

고-모음(高母音)명 단모음의 한 갈래. 입을 조금 벌려 혀의 위치가 입천장에 가장 가까운 상태에서 발음되는 모음. 〔'ㅣ·ㅟ·ㅡ·ㅜ'가 이에 딸림.〕 폐모음(閉母音).

고:목(古木)명 오래 묵은 나무. 노수(老樹).

고목(枯木)명 말라죽은 나무.

고목-생화(枯木生花)[-쌩-]명 〔고목에서 꽃이 핀다는 뜻으로〕 '불우했던 사람이 뜻밖의 행운을 만나게 됨'을 비유하여 이르는 말.

고:묘(古墓)명 옛 무덤.

고:묘(古廟)명 옛 사당. 오래된 사당.

고:묘(告廟)명하타 나라나 왕실 또는 집안에 큰 일이나 변고가 있을 때, 이를 종묘나 사당에 아뢰는 일.

고묘(高妙) '고묘하다'의 어근.

고묘-하다(高妙-)형여 신묘(神妙)하리만큼 아주 고상하고 묘하다. **고묘-히**부.

고무(鼓舞)명하타되자 〔북을 쳐서 춤을 추게 한다는 뜻으로〕 남을 격려하여 힘이 나게 함. ¶ 우레와 같은 박수로 선수들을 고무하다. /그의 말에 크게 고무되었다.

고무(←gomme 프)명 ①고무나무에서 나오는 수액(樹液)으로 만든 물질. 탄력성이 강하며, 고무줄·타이어 등을 만듦. ②식물의 분비액에서 얻어지는 무정형(無定形)의 고분자 다당류. 〔아라비아고무 따위.〕 ③고무지우개.

고무-공명 고무로 만든 공.

고무-나무명 껍질에 칼자국을 내어 고무의 원료를 채취하는 열대 식물을 통틀어 이르는 말. 〔관상용으로도 널리 가꿈.〕

고무-다리명 고무로 만든 의족(義足).

고무-도장(-圖章)명 고무로 만든 도장.

고무-딸기명 ☞복분자딸기.

고무-뜨기명 뜨개질의 기초 뜨기의 한 가지. 겉뜨기와 안뜨기를 한 단에서 번갈아 떠 나가 세로로 골이 지게 함. 신축성이 있어야 하는 옷단이나 주머니 단 등에 쓰임.

고무라기명 떡의 부스러기.

고무락-거리다[-꺼-]자타 자꾸 고무락고무락하다. 고무락대다. ¶ 발가락을 고무락거리다. 큰구무럭거리다. 센꼬무락거리다.

고무락-고무락[-꼬-]부하자타 매우 느리게 조금씩 움직이는 모양. 큰구무럭구무럭. 센꼬무락꼬무락.

고무락-대다[-때-]자타 고무락거리다.

고무래명 곡식을 그러모으거나 펴거나 또는 논밭의 흙을 고르거나 아궁이의 재를 긁어 내는 데 쓰는, 나무로 만든 기구. 'ㅜ' 자 모양으로 되어 있음.

고무래-바탕명 고무래의 자루 끝에 끼우는 직사각형의 널빤지.

고무-보:트(-boat)명 속에 공기를 넣으면 물에 뜨도록 만든, 고무로 만든 작은 배.

고무-신명 고무로 만든 신.

고무-장갑(-掌匣)명 고무로 만든 장갑. 의료나 취사 또는 진일 등에 씀.

고무-적(鼓舞的)관명 힘을 내도록 격려하여 용기를 북돋우는 (것). ¶ 고무적 현상./고무적인 사건.

고무-종(-腫)명 제3기 매독에서 나타나는 증상으로 여러 장기(臟器)에 발생하는, 탄력성 있고 탄탄한 결정성(結晶性) 종양.

고무-줄명 고무로 만든 줄.

고무줄-놀이[-로리]명 주로 여자 아이들이, 양쪽으로 잡은 고무줄을 노래에 맞추어 넘으면서 하는 놀이.

고무-지우개명 연필 따위로 쓴 것을 지우는 데 쓰는 고무로 만든 지우개. 고무.

고무-창명 고무로 만든 구두의 창.

고무-총(-銃)명 고무줄로 만든 장난감 총.

고무-풀명 아라비아고무를 녹여서 만든 풀.

고무-풍선(-風船)명 탄력성이 강한 얇은 고무 주머니 속에 공기나 수소 가스를 넣어 부풀게 만든 장난감.
고무-호스(-hose)명 고무로 만든 호스. 또는, 강도를 높이기 위하여 고무 사이에 천 따위를 넣어서 만든 호스.
고ː묵(古墨)명 ①오래된 먹. ②옛날 먹.
고문(叩門)명하자 남을 방문하여 문을 두드림.
고ː문(古文)명 ①옛 글. ↔현대문. ②고대 중국의 문자인 과두 문자. ③한문체(漢文體)의 한 가지. 진·한(秦漢) 이전의 실용적인 산문.
고문(拷問)명하타 피의자에게 여러 가지 신체적 고통을 주어 강제로 자백하게 하는 일. ¶ 전기 고문.
고문(高文)명 ①격조(格調) 높은 문장. 알차고 고상한 글. ②상대편을 높이어 그의 '문장'을 이르는 말. ③일제 강점기 때의 '고등 문관 시험(高等文官試驗)'의 준말.
고문(高門)명 지체 높은 가문(家門). 이름 있는 집안. 좋은 가문.
고문(顧問)명 ①하타의견을 물음. ②(어떤 분야에 전문적인 지식·경험 등을 가지고) 자문에 응하여 의견을 말하는 직책, 또는 그 직책에 있는 사람. ¶ 법률 고문. /고문 변호사.
고문-관(顧問官)명 ①자문(諮問)에 응하여 의견을 말하는 직책을 가진 관직. ②〔미 군정 때 파견 나온 미군 고문관들이 우리말을 못하고 어리숙하게 행동한 데서〕 주로 군대에서, '어리숙한 사람'을 놀림조로 이르는 말.
고문-대책(高文大册)명 ①웅장한 문장. ②☞고문전책(高文典册).
고ː-문서(古文書)명 옛날의 문서.
고문-전책(高文典册)명 임금의 명으로 지은 국가적인 귀중한 저술. 고문대책(高文大册).
고문-치사(拷問致死)명 지나친 고문으로 사람을 죽게 함.
고ː-문헌(古文獻)명 옛날의 문헌.
고물[1]명 배의 뒤쪽이 되는 부분. 꽁지부리. 선미(船尾). 선로(船艫). ↔이물.
고물[2]명 인절미나 경단 따위의 겉에 묻히거나 시루떡의 켜와 켜 사이에 뿌리는 팥·콩·녹두·참깨 따위의 가루.
고물[3]명 우물마루의 귀틀 두 개 사이의 구역.
고ː물(古物·故物)명 ①옛날 물건. ②낡고 헌 물건. ¶ 고물 자동차. ③'오래된 물건이나 사람'을 홀하게 이르는 말.
고물-거리다자타 자꾸 고물고물하다. 고물대다. 큰구물거리다. 센꼬물거리다.
고물-고물부하자타 몸을 좀스럽고 느리게 자꾸 움직이는 모양. 큰구물구물. 센꼬물꼬물.
고물-대[-때]명 두대박이 배의 고물 쪽에 있는 돛대. ↔이물대.
고물-대다자타 고물거리다.
고ː물-상(古物商)[-쌍]명 ①고물을 사고파는 장사, 또는 그 장수. ②고물을 사고파는 가게.
고미명 반자의 한 가지. 고미받이를 걸어서 고미혀를 건너지르고, 그 위에 산자를 엮어 진흙을 두껍게 바른 것.
　고미(를) 누르다관용 고미를 만들다.
고ː미(古米)명 '묵은쌀'로 순화.
고미(苦味)명 쓴맛. ↔감미(甘味).
고미가^정책(高米價政策)[-까-]명 농촌 경제의 안정을 위하여 양곡의 수매 가격(收買價格)을 올리려는 정부의 정책.
고미-다락명 고미와 보꾹 사이의 빈 곳. 다락방.
고미-받이[-바지]명 고미를 만들기 위하여 천장 복판에 세로로 놓는 장여 같은 나무.
고미-장지(←-障子)명 고미다락의 맹장지.
고미-제(苦味劑)명 쓴맛이 나는 약제. 주로, 건위제(健胃劑)로 쓰임.
고미-집명 고미다락이 있는 집.
고미-혀명 고미받이와 월간보나 도리 사이에 걸쳐 놓는 평고대나 서까래.
고민(苦悶)명하자타 괴로워하고 속을 태움. ¶ 진학 문제로 고민이 많다. 비고뇌.
고민-거리(苦悶-)[-꺼-]명 고민하게 하는 일. ¶ 친구는 무슨 고민거리가 있는지 얼굴이 어두워 보였다.
고민-스럽다(苦悶-)[-따][~스러우니·~스러워]형ㅂ 고민하는 느낌이 있다. 고민이 되는 점이 있다. ¶ 진로 선택이 고민스럽다. **고민스레**부.
고밀도^집적^회로(高密度集積回路)[-또-쩌쾨-/-또-쩌퀘-]명 여러 개의 집적 회로를 한 장의 바탕에 모은 것. 엘에스아이(LSI).
고몰명 〈옛〉고물(배의 꼬리 쪽). ¶ 빗고몰 쵸:艄. 빗고몰 튝:舳(訓蒙中26).
고박(古朴·古樸) '고박하다'의 어근.
고ː박-하다(古朴-·古樸-)[-바카-]형여 예스러운 맛이 있고 질박(質朴)하다. ¶ 고박한 질그릇. **고박-히**부.
고ː발(告發)명하타되자 ①세상에 알려지지 않은 잘못이나 비리 따위를 드러내어 알림. 발고. ②고소권자인 피해자 이외의 사람이, 수사 기관에 범죄 사실을 신고하고 수사 및 범인의 기소를 요구하는 일. 참고소.
고ː발^문학(告發文學)명 사회의 모순을 지적하는 데 주안(主眼)을 둔 문학.
고ː발-인(告發人)명 범죄 사실을 고발한 사람.
고ː발-장(告發狀)[-짱]명 범죄 사실을 고발하기 위하여 수사 기관에 제출하는 서류.
고ː발-정신(告發精神)명 사회의 비리를 들추어 적극적으로 고발하려는 정신, 또는 그것을 널리 알리려는 태도로 문학을 실천하는 정신.
고ː방(古方)명 ①예부터 전하여 오는, 권위가 있는 약방문. ②옛날에 하던 방법.
고방(庫房)명 살림집에서, 살림살이나 그 밖의 온갖 물건을 넣어 두는 방.
고배(苦杯)명 〔쓴 액체가 든 잔이란 뜻으로〕 '쓰라린 경험'을 비유하여 이르는 말.
　고배를 들다〔마시다〕관용 쓰라린 경험을 하다. ¶ 낙선의 고배를 마시다.
고배(高排)명하타 과일·과자·떡 같은 음식을 그릇에 높이 올려서 굄.
고ː백(告白)명하자타 마음속에 숨기고 있던 것을 털어놓음. ¶ 그녀에게 사랑한다고 고백했다.
고ː백^문학(告白文學)[-뱅-]명 자기의 체험이나 마음속 같은 것을 숨김없이 털어놓는 문학.
고-백반(枯白礬)[-빤]명 불에 태워 결정수(結晶水)를 없앤 백반. 건조제로 씀.
고ː백^성ː사(告白聖事)[-썽-]명 가톨릭에서 이르는 칠성사의 하나. 세례 신자가 죄를 뉘우치고 고백하여 용서받는 일. 고해. 참칠성사.
고ː백-체(告白體)명 고백하는 형식의 문체.
고범(孤帆)명 외롭게 떠 있는 배. 고주(孤舟).
고ː범(故犯)명 일부러 저지른 죄.
고ː법(古法)명 옛날의 법률 또는 법식.
고법(高法)명 〈고등 법원〉의 준말.
고벽(痼癖)명 아주 굳어져서 고치기 어려운 버릇. 인이 박힌 버릇.

고ː변(告變)명하자타 ①변고(變故)를 알림. ②역모(逆謀)를 고발함.
고ː별(告別)명하자 서로 헤어지게 됨을 알림. ¶ 고별 기자 회견. /고별 잔치를 베풀다.
고ː별-사(告別辭)[-싸]명 ①전근이나 퇴직 등으로 그 자리를 떠나는 사람의 인사말. ②죽은 사람의 영혼에 대하여 친척이나 친지 등이 영결(永訣)을 고하는 말.
고ː별-식(告別式)명 ①전근(轉勤)이나 퇴직 등으로 작별을 고하는 의식. ②죽은 사람의 영혼에 대하여 친척이나 친지 등이 영결(永訣)을 고하는 의식. ②영결식.
고ː병(古兵)명 ①경험과 무공(武功)이 많은 병사. ↔신병(新兵). ②경험이 많은 사람.
고병(雇兵)명 ☞용병(傭兵).
고보(高普)명 〈고등 보통학교〉의 준말.
고복(皐復)명하자 (사람이 죽은 뒤에) 초혼(招魂)하고 발상(發喪)하는 의식.
고복(顧復)명하타 부모가 항시 자식에 대하여 걱정하며 마음을 쓰는 일.
고ː본(古本)명 ①같은 책의 구판본. ②오래된 책. 옛 책.
고본(股本)명 공동으로 하는 사업에 각각 내던 밑천. 준고(股).
고본(稿本)명 초고(草稿) 또는 필사본(筆寫本).
고본-계(股本契)[-계/-게]명 여러 사람이 일정한 기간에 일정액을 나누어 내고, 그 돈으로 이자를 늘린 뒤 예정된 날짜에 나누어 갖는 저축계.
고본-금(股本金)명 밑천이 되는 돈.
고본-주(股本主)명 고본의 소유권을 가진 사람.
고봄명 〈옛〉고금(학질). ¶ 나를 隔ᄒᆞᆫ 고봄 곧ᄒᆞ니(楞解5:2). 참고곰.
고봉(孤峯)명 외따로 떨어져 있는 산봉우리.
고봉(庫封)명하타되자 물건을 곳집에 넣고 문을 잠근 뒤에 남이 열지 못하도록 자물쇠 구멍에 종이를 붙여 도장을 찍는 일.
고봉(高峯)명 높은 산봉우리.
고봉(高捧)명 (그릇에 밥을 담거나 되질 따위를 할 때에) 전 위로 수북하게 담는 일.
고봉-밥(高捧-)[-빱]명 그릇에 수북이 담은 밥.
고봉-절정(高峯絕頂)[-쩡]명 높이 솟은 산봉우리의 맨 꼭대기.
고봉-준령(高峯峻嶺)[-줄-]명 높이 솟은 산봉우리와 험한 산마루.
고ː부(告訃)명하자 사람의 죽음을 남에게 알림. 부고. 통부(通訃).
고부(姑婦)명 시어머니와 며느리. 고식(姑媳). 어이며느리.
고부-간(姑婦間)명 시어머니와 며느리 사이. ¶ 고부간의 갈등.
고ː부-단사(告訃單使)명 지난날, 국상이 났을 때, 이를 알리기 위하여 중국에 보내던 사신.
고부라-들다[~드니·~들어]자 점점 안쪽으로 고붓하게 되다. 큰구부러들다. 센꼬부라들다.
고부라-뜨리다타 '고부리다'의 힘줌말. 아주 고부라지게 하다. 고부라트리다. 큰구부러뜨리다. 센꼬부라뜨리다.
고부라-지다자 한쪽으로 고붓하게 되다. 큰구부러지다. 센꼬부라지다.
고부라-트리다타 고부라뜨리다. 큰구부러트리다. 센꼬부라트리다.
고부랑-고부랑부하형 여럿이 또는 여러 군데가 다 고부랑한 모양. 큰구부렁구부렁. 센꼬부랑꼬부랑.
고부랑-이명 고부라진 물건. 큰구부렁이. 센꼬부랑이.
고부랑-하다형여 한쪽으로 조금 고붓하다. 큰구부렁하다. 센꼬부랑하다.
고부리다타 한쪽으로 고붓하게 굽히다. 큰구부리다. 센꼬부리다.
고부스름-하다형여 조금 고부라진 듯하다. 큰구부스름하다. 센꼬부스름하다. 준고부슴하다. **고부스름-히**부.
고부슴-하다형여 〈고부스름하다〉의 준말. 큰구부슴하다. 센꼬부슴하다. **고부슴-히**부.
고부장-고부장부하형 여럿이 또는 여러 군데가 다 고부장한 모양. 큰구부정구부정. 센꼬부장꼬부장.
고부장-하다형여 조금 휘움하게 고부라져 있다. 큰구부정하다. 센꼬부장하다. **고부장-히**부.
고-부조(高浮彫)명 입체의 조각처럼 썩 두껍게 도드라진 부조.
고부탕이명 피륙 따위의 필을 지을 때 꺾이어 겹쳐 넘어간 자리. 준고붙.
고ː분(古墳)명 옛 무덤. ¶ 고분 발굴.
고분(鼓盆·叩盆)명 '아내를 여읨'을 이르는 말. 〔아내가 죽자, 물동이를 두드렸다는 '장자'의 고사에서 온 말.〕
고분-고분부하형 ①시키는 대로 순순히 잘 듣는 모양. ¶ 아무 소리도 않고 고분고분 따라나섰다. ②말이나 태도가 공손하고 부드러운 모양. ¶ 말이 고분고분하다. **고분고분-히**부.
고-분자(高分子)명 ☞거대 분자(巨大分子).
고분자^화ː학(高分子化學)명 고분자 화합물을 연구 대상으로 하는 화학의 한 분야.
고분자^화ː합물(高分子化合物)[-함-]명 분자량이 큰 화합물을 통틀어 이르는 말. 〔녹말·단백질·합성수지 따위.〕 ↔저분자 화합물.
고분지탄(鼓盆之歎)명 〔물동이를 두드리며 한탄한다는 뜻으로〕 '아내를 여읜 한탄'을 이르는 말.
고분지통(鼓盆之痛)명 〔물동이를 두드리며 서러워한다는 뜻으로〕 '아내를 여읜 설움'을 이르는 말. 참붕성지통.
고ː불(古佛)명 ①오래된 불상(佛像). ②나이 많고 덕이 높은 중, 곧 노장중을 높이어 일컫는 말. ③〈명사고불(名士古佛)〉의 준말.
고불-거리다자 요리조리 고부라지다. 고불대다. 큰구불거리다. 센꼬불거리다.
고불-고불부하자하형 요리조리 고불거리거나 고부라져 있는 모양. 큰구불구불. 센꼬불꼬불.
고불-대다자 고불거리다.
고ː불-심(古佛心)[-씸]명 〔오랜 부처의 마음이라는 뜻으로〕 어린아이와 같이 아주 순진하고 참된 마음을 가진 사람의 도심(道心)을 이르는 말.
고불탕-고불탕부하형 여러 군데가 다 고불탕한 모양. 큰구불텅구불텅. 센꼬불탕꼬불탕.
고불탕-하다형여 굽이가 나슨하게 고부라져 있다. 큰구불텅하다. 센꼬불탕하다.
고불-통(-桶)명 흙으로 구워 만든 담배통.
고붓-고붓[-붇꼬붇]부하형 여러 군데가 다 고붓한 모양. 큰구붓구붓. 센꼬붓꼬붓. **고붓고붓-이**부.
고붓-하다[-부타-]형여 좀 곱은 듯하다. 큰구붓하다. 센꼬붓하다. **고붓-이**부.
고붙[-붇]명 〈고부탕이〉의 준말. * 고붙이[-부치]·고붙을[-부틀]·고붙만[-분-]
고붙-치다[-붇-]타 꺾인 자리가 나게 접다.

고블랭(Gobelins 프)명 색실로 인물이나 풍경 따위를 나타낸 호화로운 장식용 직물(織物). 〔프랑스의 고블랭 공장에서 만드는데, 벽걸이 따위로 쓰임.〕

고비[1]명 고빗과의 다년생 양치식물. 줄기 높이 1 m가량. 산과 들에 절로 나는데, 보통의 잎 외에 포자엽(胞子葉)이 있음. 어린잎은 갈색 또는 담갈색의 솜털에 싸여 태엽 모양으로 감겨 있음. 어린잎과 줄기는 식용하고, 뿌리는 한약재로 쓰임.

고비[2]명 편지 따위를 꽂아 두는 물건. 〔종이 따위로 만들어 벽에 붙임.〕

고비[3]명 일이 되어 가는 데 있어서의 요긴한 기회, 또는 한창 막다른 때나 상황. ¶ 대한 때가 겨울 추위의 고비다. /죽을 고비를 여러 번 넘기다.

고비(叩扉)명하타 〔문을 두드린다는 뜻으로〕 남의 집을 '방문(訪問)함'을 이르는 말.

고:비(古碑)명 옛 비석.

고:비(考妣)명 돌아가신 아버지와 어머니.

고비(高批)명 상대편을 높이어 그의 '비평(批評)'을 이르는 말.

고비(高庇)명 상대편을 높이어 그의 '비호(庇護)'를 이르는 말.

고비(高卑)명 고귀함과 비천함.

고비(高飛)명하자 높이 낢.

고비-고사리명 고사릿과의 다년생 양치식물. 줄기 높이 30 cm가량. 깊은 산의 나무 그늘에 나는데, 우리나라와 일본 등지에 분포함.

고비-나물명 고비를 데쳐서 갖은 양념을 하여 볶은 나물. 미채(薇菜).

고비-늙다[-늑따]형 지나치게 늙다.

고비-원주(高飛遠走)명하자 (자취를 감추려고) 남몰래 멀리 달아남.

고비-판명 요긴한 고비 가운데서도 가장 아슬아슬한 때나 형세.

고빗-사위[-비싸-/-빋싸-]명 요긴한 고비 가운데서도 가장 아슬아슬한 순간.

고빙(雇聘)명하타되자 (학술이나 기술이 높은 이를) 예를 갖추어 모셔 옴.

고빅명 〈옛〉굽이. 골짜기. ¶ 陵寢은 뷘 고빅예 서리여시니(杜初6:25).

고뿔명 감기(感氣).

고삐명 소의 코뚜레나 말의 재갈에 매어, 몰거나 부릴 때 손에 잡고 끄는 줄.

고삐 놓은〔풀린〕 말〔망아지〕관용 굴레 벗은 말. 참굴레.

고삐를 늦추다관용 감독이나 감시의 정도를 느슨하게 늦추어 주다.

고봄형 〈옛〉〔'곱다'의 명사형〕 고움. ¶ 내 겨지븨 고보미 사룸 中에도 빡 업스니(月釋7:11).

고빙부 〈옛〉고이. 곱게. ¶ 고빙 너기면 당다이 제 모미 더러보며(月釋7:18).

고:사명 석간주(石間硃)에 먹을 섞어 만든 검붉은 색.

고:사(古史)명 옛날 역사.

고:사(古寺)명 오래된 절. 옛 절. 고찰(古刹).

고:사(古祠)명 옛 사당. 오래된 사당.

고:사(古楂)명 고목의 그루터기. 묵은 등걸.

고사(叩謝)명하자 ☞고두사죄(叩頭謝罪).

고:사(考査)명 ①하타자세히 생각하고 조사함. ②학교에서 학생의 학업 성적을 시험함, 또는 그 시험. ¶ 중간 고사.

고:사(告祀)명하자 (액운을 쫓고 행운을 맞게 해 달라고) 음식을 차려 놓고 신령에게 제사를 지냄, 또는 그 제사.

고:사(告詞·告辭)명 의식 때 글로 써서 읽어 축하하거나 훈유(訓諭)하는 말. 〔졸업식 때의 학교장 고사 따위.〕

고사(孤寺)명 (주민이 사는 마을에서 멀리 떨어져) 외딴 곳에 있는 절.

고사(固辭)명하타 굳이 사양함. ¶ 총선 출마 권유를 고사하다.

고사(枯死)명하자 나무나 풀이 말라 죽음.

고:사(故事)명 ①옛날의 일, 옛날에 있었던 일. ②옛날부터 전해 내려오는, 내력 있는 일, 또는 그것을 나타낸 어구(語句). ¶ 고사 성어.

고사(苦辭)명하타 간절히 사양함.

고사(高士)명 ①고결한 선비. ②뜻이 높고 세속에 물들지 않은 사람. 고인(高人).

고사(庫舍)명 창고로 쓰는 집. 곳집.

고사(庫紗)명 감이 두껍고 깔깔하며 윤이 나는 사(紗)의 한 가지.

고사^기관총(高射機關銃)명 항공기를 쏘는 데 쓰이는 올려본각이 큰 기관총.

고:-사당(告祠堂)명하자 집안에 큰일이 있을 때 그 일을 사당에 고하는 일.

고사리명 고사릿과의 다년생 양치식물. 산이나 들의 양지바른 곳에 나는데, 줄기는 1 m가량. 굵은 땅속줄기가 벋으면서 잎이 나오는데, 꼬불꼬불 말렸던 어린잎이 다 자라면 깃 모양의 겹잎이 됨. 어린잎은 삶아서 말렸다가 나물로 씀. 궐채(蕨菜).

고사리 (같은) 손관용 '어린아이의 여리고 포동포동한 손'을 비유하여 이르는 말.

고사리-삼명 고사리삼과의 다년생 양치식물. 산이나 들의 나무 밑에 나는데, 보통 한 잎과 한 이삭이 함께 자람. 높이는 50 cm가량. 황록색의 잎은 새의 깃 모양으로 갈라지며, 식용함.

고:사-반(告祀盤)명 걸립패(乞粒牌)에게 베풀어 주는 물건을 차려 놓은 소반.

고:-사본(古寫本)명 옛날의 필사본(筆寫本).

고사-새끼명 초가 지붕을 이을 때 미리 지붕 위에 매는 벌이줄.

고-사이명 (시간적으로) 어느 때로부터 다른 어느 때까지의 짧은 사이. ¶ 고사이를 못 참다니. /고사이 어디서 지냈니? 준고새. 큰그사이.

고:사-장(考查場)명 시험을 보는 곳.

고사-지(-紙)명 굽도리를 바르는 종이.

고사-포(高射砲)명 항공기를 공격하는 데 쓰이는 올려본각이 큰 대공포(對空砲).

고사-하고(姑捨-)부 《주로 '-은'·'-기는' 뒤에 쓰이어》 그만두고. 더 말할 나위도 없고. ¶ 일등은 고사하고 꼴찌나 면했으면.

고삭명 가구를 짤 때, 사개를 맞춘 구석을 더욱 튼튼하게 하려고 덧붙여 대는 나무.

고삭-부리[-뿌-]명 ①'음식을 많이 먹지 못하는 사람'을 놀리어 이르는 말. ②늘 병치레를 하는 허약한 사람을 이르는 말.

고산(孤山)명 외따로 떨어져 있는 산.

고:산(故山)명 고향에 있는 산, 또는 고향.

고산(高山)명 높은 산.

고산-구곡가(高山九曲歌)[-까]명 조선 선조 11년에 이이(李珥)가 지은 10수의 연시조. 해주 수양산의 경치를 읊은 내용.

고산^기후(高山氣候)명 기후대의 한 가지. 표고가 높은 산악 지방의 기후로, 중위도 지방의 경우, 표고 2000 m 이상의 산악 기후를 이름.

고산-대(高山帶)명 식물의 수직 분포(垂直分布)의 한 구역. 삼림 한계선(森林限界線) 이상의 지역으로, 고산 식물 등 한정된 식물만이 자람.

고산-병(高山病)[-뼝]명 ☞산악병(山岳病).
고산^식물(高山植物)[-싱-]명 고산대에 절로 자라는 식물. 낮은 기온과 강풍 등의 모진 환경 때문에 작은 다년초나 관목이 많음. 대체로 뿌리가 발달하고, 꽃은 또렷한 빛깔을 지님.
고산-유고(孤山遺稿)[-뉴-]명 고산(孤山) 윤선도(尹善道)의 문집. 모두 6권으로 되어 있음.
고산-유수(高山流水)[-뉴-]명 ①높은 산과 그곳에 흐르는 물. 〔맑은 자연을 형용하는 말.〕 ②〔'열자(列子)'에 나오는 고사(故事)에서〕 ㉠'아주 미묘한 음악, 특히 거문고 소리'를 비유하여 이르는 말. ㉡'지기(知己)'를 비유하여 이르는 말.
고ː살(故殺)명하타 고의로 사람을 죽임.
고살래명 배의 품종의 한 가지. 모양이 기름하고 꼭지 부분이 뾰족함.
고삼(苦蔘)명 한방에서, '말린 쓴너삼의 뿌리'를 약재로 이르는 말. 맛이 쓰고 성질이 찬데, 건위제·구충제 따위로 쓰임.
고삼-자(苦蔘子)명 쓴너삼의 씨.
고샅[-삳]명 지붕을 일 때에 쓰는 새끼. 참걸고샅·속고샅. ＊고샅이[-사시]·고샅만[-산-]
고ː샅-고기(告祀-)[-사꼬-/-삳꼬-]명 '여러 사람이 저지른 허물을 혼자 뒤집어쓰고 희생되는 억울한 사람'을 이르는 말.
고상(固相)명 (물질이) 고체로 된 상태. 참기상(氣相)2·액상(液相).
고ː상(故上)명 죽은 귀족의 부인.
고상(苦狀)명 고생스러운 형편.
고상(苦像)명 〈십자고상(十字苦像)〉의 준말.
고상(高尙) '고상하다'의 어근.
고상(高翔)명하자 높이 날아오름.
고상(翺翔)명하자 ①새가 하늘 높이 날아다님. ②'하는 일 없이 놀며 돌아다님'을 비유하여 이르는 말.
고상-고상부하자 잠이 오지 않아 누운 채로 이 생각 저 생각을 하며 애태우는 모양.
고상-하다(高尙-)형여 (인품이나 학문·취미·몸가짐 따위가) 정도가 높으며 품위가 있다. ¶ 고상한 인격. **고상-히**부.
고샅[-삳]명 ①마을의 좁은 골목. 고샅길. ②좁은 골짜기 사이. ＊고샅이[-사치]·고샅을[-사틀]·고샅만[-산-]
고샅-고샅[-삳꼬삳]부 고샅마다. 구석구석마다.
고샅-길[-삳낄]명 ☞고샅.
고-새명 〈고사이〉의 준말. ¶ 고새를 못 참아서 나와. /고새 가 버렸니?
고ː색(古色)명 ①(오랜 세월이 지나서) 낡은 빛깔. ②고풍스러운 정치(情致).
고색(枯色)명 마른풀이나 나뭇잎의 빛깔.
고색(苦色)명 싫어하는 눈치. 달갑게 여기지 않는 눈치.
고ː색-창연(古色蒼然)명하형 (퍽 오래되어) 예스러운 정치(情致)가 그윽함. ¶ 고색창연한 성벽./고색창연한 산사(山寺).
고생(苦生)명하자 되자 스형 ①(가난이나 불행 따위) 괴롭고 힘드는 일을 겪음. ¶ 고생을 모르고 자라다. ②어렵고 힘드는 생활을 함, 또는 그런 생활. ¶ 객지에서 고생해 봐야 집이 좋은 줄을 안다. **고생스레**부.
고생 끝에 낙이 온다〔있다〕관용 괴롭고 힘드는 일을 겪은 뒤에는 반드시 즐겁고 좋은 일이 생긴다는 말.
고생-길(苦生-)[-낄]명 고생스러운 생활. ¶ 고생길이 훤하다.
고ː생-대(古生代)명 지질 시대의 구분의 한 가지. 원생대(原生代)와 중생대(中生代) 사이의 시대로, 약 5억 7000만 년 전부터 2억 4000만 년 전까지임. 원생대에 나타난 생물이 급속히 번성하였으며, 육상 식물이 나타났음.
고생-문(苦生門)명 ①고생을 당할 운명. ②고생의 시작. ¶ 고생문이 훤하다. /고생문이 열리다.
고ː-생물(古生物)명 화석으로 짐작할 수 있는 지질 시대의 생물. 〔공룡·매머드 따위.〕
고ː생물-학(古生物學)명 고생물을 연구 대상으로 하는 학문. 화석을 통하여 고생물의 구조·분포·계통·진화 등을 연구함.
고생-살이(苦生-)명하자 고생스럽게 겨우 꾸려 가는 살림살이.
고생-주머니(苦生-)[-쭈-]명 '늘 고생만 하는 사람이나 고생스러운 일이 많은 사람'을 속되게 이르는 말. ¶ 고생주머니를 차다.
고생-티(苦生-)명 얼굴이나 몸에 배어 있는, 고생한 흔적.
고ː서(古書)명 ①옛 책. 고서적. ②헌 책.
고서(高書)명 상대편을 높이어 그의 편지나 저서(著書)를 이르는 말.
-고서어미 동사 어간이나 높임의 '-시'에 붙어, 두 가지 이상의 동작이 차례로 이어질 때, 한 동작을 끝내고 다른 동작으로 이어 가는 뜻을 나타내는 연결 어미. ¶ 밥이나 먹고서 구경합시다. /하던 일을 다 마치고서 놀든지 해라.
고ː-서적(古書籍)명 ☞고서(古書).
고ː-서화(古書畫)명 옛날의 글씨와 그림.
고ː석(古石)명 ①이끼가 덮인 오래된 돌덩이. ②☞괴석(怪石).
고ː석(古昔)명 오랜 옛날. 옛적.
고석(鼓石)명 ☞북석.
고석(蠱石)명 ☞속돌.
고선(考選)명하타 되자 고사(考査)하여 뽑음. 골라 뽑음.
고ː설(古說)명 ①'옛이야기'로 순화. ②옛적의 학설.
고설(高說)명 ①훌륭한 의견이나 학설. ②상대편을 높이어 그의 '의견·학설'을 이르는 말.
고ː성(古城)명 옛 성.
고ː성(古聖)명 옛 성인.
고성(固性)명 ☞강성(剛性).
고성(孤城)명 ①외딴 곳에 떨어져 있는 성. ②적군에 포위되어 고립된 성.
고성(高聲)명 높은 목소리. 큰 소리. ¶ 고성이 오가다. ↔저성(低聲).
고성(鼓聲)명 북소리.
고성-기(高聲器)명 ☞확성기(擴聲器).
고성-낙일(孤城落日)명 〔적군 속에 고립된 성과 서산으로 지는 해라는 뜻으로〕 '세력이 다하여 의지가지없이 된 외로운 처지'를 비유하여 이르는 말.
고-성능(高性能)명 성능이 높음. 높은 성능. ¶ 고성능 폭약. /고성능 기계.
고성-대규(高聲大叫)명하자 목청을 높여 크게 부르짖음. 고성대호.
고성-대독(高聲大讀)명하타 목청을 높여 큰 소리로 글을 읽음.
고성-대질(高聲大叱)명하타 목청을 높여 큰 소리로 꾸짖음.
고성-대호(高聲大呼)명하자 ☞고성대규.
고성-방가(高聲放歌)명 거리에서 큰 소리를 지르거나 노래를 부르는 짓.
고ː-성소(古聖所)명 ☞림보.

고성-준론(高聲峻論)[-줄-]명하자 목청을 높여 날카롭게 따져 논함.
고샆[-섭]명 물건을 넣어 두는 곳이나 그릇 같은 것이 놓인 곳의 가장 앞쪽, 곧 손쉽게 찾을 수 있는 곳. ¶바로 고샆에 두고도 못 찾는다. *고샆이[-서피]·고샆만[-섬-]
고:세(古世)명 ☞고대(古代).
고세(庫稅)명 창고를 빌려 쓴 대가로 내는 돈.
고:소(古巢)명 ☞구소(舊巢).
고:소(告訴)명하타되자 범죄의 피해자나 법정 대리인이 수사 기관에 범죄 사실을 신고하여 수사 및 범인의 소추(訴追)를 요구함.
고소(苦笑)명하자 쓴웃음. ¶고소를 금치 못하다.
고소(高所)명 높은 곳. 고처(高處).
고소^공:포증(高所恐怖症)[-쯩]명 강박 신경증(強迫神經症)의 한 가지. 높은 곳에 오르면, 자기가 뛰어내리거나 떨어지는 것이 아닌가 하고 무서워하는 증세.
고:소권-자(告訴權者)[-꿘-]명 고소할 수 있는 권리를 가진 사람. 범죄의 피해자나 그의 법정 대리인을 이름.
고-소득(高所得)명 높은 소득. 벌이가 많음. ↔저소득(低所得).
고소원(固所願)명 본디 바라는 바.
고소원이나 불감청(不敢請)**이라**관용 본디부터 바라는 바이나, 감히 청하지는 못하는 터이라. 불감청이언정 고소원이라. 참불감청.
고:소-인(告訴人)명 고소를 한 사람, 또는 그의 법정 대리인.
고:소-장(告訴狀)[-짱]명 고소인이 고소의 내용을 적어서 수사 기관에 제출하는 서류.
고소-하다형여 ①볶은 참깨나 땅콩 따위의 맛이나 냄새와 같다. ¶고소한 참기름. ②(미운 사람이 잘못되거나 할 때) 기분이 좋고 흐뭇하다. 속이 시원하고 재미있다.
고:속(古俗)명 옛 풍속.
고속(高速)명 〈고속도(高速度)〉의 준말. ¶고속 버스. ↔저속(低速).
고-속도(高速度)[-또]명 아주 빠른 속도. 준고속(高速). ↔저속도(低速度).
고속도-강(高速度鋼)[-또-]명 금속을 고속도로 자르거나 깎거나 하는 공구의 재료로 쓰이는 특수강. 〔철에 텅스텐·코발트·크롬·몰리브덴 등을 함유하며, 보통의 강철보다 내열성이 강함.〕
고속-도로(高速道路)[-또-]명 고속으로 달릴 수 있도록 만든 자동차 전용 도로.
고속도^영화(高速度映畫)[-또-]명 고속도로 촬영한 영화. 〔이 영화를 보통 속도로 상영하면 빠른 동작이나 운동도 느리게 보여 분석적으로 볼 수 있음.〕
고속도^촬영(高速度撮影)[-또-]명 영화에서, 카메라의 회전 속도를 표준 속도보다 몇 배에서 몇천 배 정도 빨리 회전시켜서 찍는 일.
고속-버스(高速bus)[-뻐-]명 고속도로를 이용하여 빠른 속도로 운행하는 버스.
고:-속요(古俗謠)명 옛날의 속요.
고속-정(高速艇)[-쩡]명 작고 속력이 매우 빠른 배.
고속^철도(高速鐵道)[-또]명 전용 노선을 이용하여, 시속 200 km 이상으로 달리는 철도.
고손(高孫)명 ☞현손(玄孫).
고송명 약으로 제독(除毒)하여 다시 전염할 염려가 없는 매독(梅毒).
고:송(古松)명 오래 묵은 소나무. 노송(老松).
고송(孤松)명 외따로 서 있는 소나무.
고송(枯松)명 말라 죽은 소나무.
고수(叩首)명하자 머리를 조아림. 고두(叩頭).
고수(固守)명하타되자 굳게 지킴. 단단히 지킴. 견수(堅守). ¶강경한 태도를 고수하다. 비묵수.
고수(高手)명 수가 높음, 또는 그 사람. 상수(上手). ¶무예(武藝)의 고수.
고수(高壽)명 ☞고령(高齡).
고수(鼓手)명 북을 치는 사람.
고수-공사(高水工事)명 홍수를 막기 위한 하천(河川)의 제방 공사(堤防工事).
고수레[1]명하자 흰떡 따위를 만들기 위하여 반죽할 때, 쌀가루에 끓는 물을 뿌려 섞어서 물기가 고루 퍼지게 하는 일.
고수레[2] I명하자 들에서 음식을 먹을 때나 무당이 굿을 할 때, 귀신에게 먼저 바친다고 하여 음식을 조금 떼어 던지는 일.
II감 고수레를 할 때 외치는 소리.
고수레-떡명 고수레한 멥쌀가루를 시루에 안쳐 찐 떡. 〔메로 쳐서 흰떡을 만듦.〕 섬떡.
고수련명하타 병구완을 함, 또는 병후(病後)의 조리를 도와줌.
고-수로(高水路)명 큰물이 질 때에만 물이 흐르는, 높은 하천 바닥.
고수-머리명 곱슬곱슬 꼬부라진 머리, 또는 그런 머리를 가진 사람. 곱슬머리.
고수-부지(高水敷地)명 '둔치'로 순화.
고-수위(高水位)명 홍수 따위로 말미암아 높아진 하천의 수위.
고수-증(高水症)[-쯩]명 한방에서, 아랫배로부터 차차 위로 부어오르는 부종(浮腫)을 이르는 말.
고숙(姑叔)명 고모부.
고스란-하다형여 축나거나 변하거나 하지 않고 그대로 온전하다. **고스란-히**부 ¶용돈을 고스란히 저축하다. /옛모습을 고스란히 간직하고 있다.
고스러-지다자 (거둘 때가 지난 벼·보리 등의) 이삭이 꼬부라져 앙상하게 되다.
고:-스톱(go+stop)명 화투 놀이의 한 가지. 주로, 세 사람이 어울려 하는데 일정한 점수를 얻은 사람에 의해 놀이의 계속 여부가 결정됨.
고슬-고슬부하형 (밥이) 질지도 되지도 않고 알맞게 된 모양. 큰구슬구슬.
고슴도치명 고슴도칫과의 짐승. 몸길이 20～30 cm. 짧고 몽톡한 몸집인데, 얼굴과 배·꼬리·네 다리 이외는 짧고 굵은 가시로 덮여 있음. 몸빛은 암갈색이며 주둥이가 길고 꼬리는 짧음. 밤에만 활동하며 주로 곤충·지렁이·나무 열매 따위를 먹음.
고슴도치도 제 새끼가 함함하다면 좋아한다 속담 '칭찬 받을 만한 일이 못 되더라도 칭찬해 주면 기뻐함'을 이르는 말.
고슴도치도 제 새끼는 함함하다고 한다속담 누구나 제 자식은 귀여워한다는 뜻.
고슴도치 외 따 지듯속담 '여기저기에서 빚을 많이 짊어짐'을 이르는 말. 고슴도치 외 걸머지듯.
고슴도치 외 걸머지듯속담 ☞고슴도치 외 따 지듯.
고:습(故習)명 옛날부터의 습관. 오랜 습관.
고습(高濕)명하형 습도가 높음. 축축한 기운이 많음.
고승(高僧)명 ①학덕이 높은 중. ②지위가 높은 중.
고:시(古時)명 옛날. 옛적.
고:시(古詩)명 ①옛날의 시. ②〈고체시(古體詩)〉의 준말.

고ː시(考試)명 ①(공무원 따위의) 지원자의 학력이나 자격을 검사하여 그 합격 여부를 판정하는 시험. ②하타 지난날, 과거(科擧)에서 성적을 꼲아 등수를 매기던 일.
고ː시(告示)명하타되자 일반에게 널리 알림. 특히, 국가 기관 따위에서 어떤 일을 일반에게 널리 알리는 일. ¶ 행정 안전부 고시.
고시(高試)명 〈고등 고시(高等考試)〉의 준말.
고시(顧視)명하타 ①돌아다봄. ②☞고념(顧念).
고ː시-가(告示價)[-까]명 ☞고시 가격.
고ː시^가격(告示價格)[-까-]명 정부에서 지정한 가격. 고시가.
-고시라어미 〈옛〉-시라. -시오. ¶ 혀고시라 밀오시라 鄭少年하(樂詞.翰林別曲).
고시랑-거리다자 자꾸 고시랑고시랑하다. 고시랑대다. 큰구시렁거리다.
고시랑-고시랑부하자 군소리를 좀스럽게 자꾸 늘어놓는 모양. 큰구시렁구시렁.
고시랑-대다자 고시랑거리다.
고ː-시조(古時調)명 옛시조. 〔국문학사상으로는 갑오개혁(甲午改革) 이전까지의 시조를 이름.〕
고ː식(古式)명 옛날의 법식 또는 형식.
고식(姑息)명 (근본적인 해결이 아닌) 일시적인 임시변통.
고식(姑媳)명 ☞고부(姑婦).
고식-적(姑息的)[-쩍]관명 일시적이며 임시변통인 (것). ¶ 고식적 방법. /고식적인 조처를 취하다.
고식지계(姑息之計)[-찌계/-찌게]명 근본적인 해결책이 아닌, 임시변통의 계책. 고식책.
고식-책(姑息策)명 ☞고식지계(姑息之計).
고ː신(告身)명 지난날, 조정에서 내리던 벼슬아치의 임명장. 직첩(職牒).
고신(孤臣)명 임금의 사랑이나 신임을 얻지 못하는 신하. ¶ 고신원루(寃淚).
고신(孤身)명 외로운 몸
고신(苦辛) '고신하다'의 어근.
-고신뎐어미 〈옛〉-건대. -니까. ¶ 雙花店에 雙花사라 가고신뎐(樂詞.雙花店).
고신-얼자(孤臣孼子)[-짜]명 임금에게서 버림받은 신하와 자식 대접을 받지 못하는 서자(庶子). 준고얼(孤孼).
고신-척영(孤身隻影)명 몸 부칠 곳 없이 떠도는 외로운 홀몸.
고신-하다(苦辛-)형여 괴롭고 쓰라리다.
고ː실(故實)명 ①예전에 있었던 일. ②옛 법으로서 후세에 본이 되는 것. 전고(典故).
고실(鼓室)명 중이(中耳)의 한 부분. 외벽이 고막으로 되어 있으며, 외이(外耳)가 받은 음향을 내이(內耳)로 전하는 작용을 함.
고심(苦心)명하자타 몹시 애씀. 몹시 마음을 태움. 고려(苦慮). ¶ 고심 끝에 내려진 결정. /방침을 세우느라 고심하다.
고ː심-사단(故尋事端)명하자 짐짓 말썽거리가 될 일을 일으킴.
고심-참담(苦心慘憺)명하자 (어떤 일을 하거나 생각해 내기에) 몹시 마음을 썩이며 애를 쓰고 걱정함.
고-싸움명 ☞고싸움놀이.
고싸움-놀이명 정월 대보름을 전후하여 전남에서 행하는 민속놀이의 한 가지. 양편으로 나뉘어 타원형의 고가 달린 굵은 줄을 여러 사람이 메고, 상대편 고를 짓눌러 먼저 땅에 닿게 한 편이 이김. 고싸움.
고아(古雅) '고아(古雅)하다'의 어근.
고아(孤兒)명 부모가 없는 아이. ¶ 고아를 입양하다. /고아로 자라다.
고아(高雅) '고아(高雅)하다'의 어근.
고아-원(孤兒院)명 ☞보육원(保育院).
고ː아-하다(古雅-)형여 예스럽고 우아하다. ¶ 고아한 정취를 풍기다. **고아-히**부.
고아-하다(高雅-)형여 고상하고 우아하다. ¶ 그 분의 고아한 인품에 심취하다. **고아-히**부.
고ː악(古樂)명 고대의 음악. 옛 풍류.
고악(高嶽)명 높고 험한 산.
고안(考案)명하타되자 새로운 방법이나 물건을 연구하여 생각해 냄, 또는 그것.
고안(孤雁)명 외기러기.
고안(苦顔)명 불쾌한 얼굴빛.
고압(高壓)명 ①강한 압력. ②높은 전압. ¶ 고압의 전류. ↔저압(低壓).
고압-계(高壓計)[-계/-께]명 액체나 기체의 큰 압력을 재는 장치.
고압-선(高壓線)[-썬]명 고압의 전류를 보내는 전선. ↔저압선.
고압-적(高壓的)[-쩍]관명 위압하는 태도로 남을 억누르려고 하는 (것). ¶ 고압적 태도를 취하다. /고압적인 자세로 나오다.
고애-자(孤哀子)대 한문 투의 글에서, 부모를 모두 여읜, 바깥상제(喪制)가 자기를 가리켜 일컫는 말. 참고자(孤子)·애자(哀子).
고액(高額)명 많은 금액. 큰돈. ¶ 고액 납세자. ↔저액(低額).
고액-권(高額券)[-꿘]명 액면 금액이 고액인 지폐. ↔소액권(小額券).
-고야어미 동사 어간이나 높임의 '-시-'에 붙어, 그 말의 뜻을 강조하는 연결 어미. ¶ 오늘 안으로 다 읽고야 말겠다.
-고야어미 〈옛〉-구나. ¶ 白玉樓 남은 기동 다만 네히 셔 잇고야(鄭澈.關東別曲).
고약(膏藥)명 헌데나 곪은 데에 붙이는 끈끈한 약. 〔약제를 유지에 개어 만듦.〕 검은약.
고ː약-스럽다[-쓰-따][~스러우니·~스러워]형ㅂ 고약한 데가 있다. **고약스레**부.
고ː약-하다[-야카-]형여 ①맛·냄새·소리·모양 따위가 비위에 거슬리고 좋지 않다. ¶ 고약한 냄새. /맛이 고약하다. ②성질·행동·인심 따위가 괴팍하거나 좋지 않다. ¶ 고약한 인심. /성질이 고약하다. ③일이 몹시 꼬이거나 빗나가다. ¶ 일이 고약하게 되어 가다. ④날씨가 고르지 못하고 사납다. ¶ 고약한 날씨. **고약-히**부.
고ː얀관 '고약한'이 줄어서 된 말. ¶ 고얀 녀석.
고양(羔羊)명 '어린양'의 구용어.
고양(高揚)명하타되자 정신이나 기분 따위를 드높임. ¶ 선수들의 사기를 고양하다.
고양(膏壤)명 기름진 땅.
고양-미(←供養米)명 〈공양미〉의 변한말.
고ː양-생제(枯楊生稊)명 〔시들었던 버드나무에 다시 싹이 돋아난다는 뜻으로〕 '늙은 남자가 젊은 아내를 맞아서 능히 함께 살아갈 수 있음'을 비유하여 이르는 말.
고양이명 고양잇과의 동물. 몸길이 50 cm가량. 뒷발이 길어 뛰어오르거나 사뿐히 내려앉기를 잘 함. 눈동자가 낮에는 작아지고 밤에는 커지므로 어두운 곳에서도 물체를 잘 볼 수 있음. 흔히, 애완용으로 기름. 준괭이[2].
고양이 달걀 굴리듯속담 '어떤 일을 재치 있게 해 나감'을 이르는 말.
고양이 목에 방울 달기속담 '실행하기가 매우 어려운 일을 공연히 의논함'을 이르는 말.

고양이 보고 반찬 가게 지키라는 격(이다)㉮속담 지켜 달라고 부탁했다가 도리어 도둑을 맞을 일이라는 뜻.
고양이 앞에 고기반찬㉮속담 '제가 워낙 좋아하는 것이라 남이 손댈 겨를도 없이 후딱 차지해 버림'을 이르는 말.
고양이 앞에 쥐걸음㉮속담 '강자 앞에서 꿈쩍도 못하는 약자의 모습'을 이르는 말.
고양이 쥐 생각㉮속담 '속으로는 해칠 생각이면서도 겉으로는 생각해 주는 척함'을 이르는 말.
고양이 낯짝만 하다㉮관용 '매우 좁음'을 비유하여 이르는 말. 고양이 이마빼기만 하다.
고양이 소리㉮관용 겉으로 발라맞추는 말.
고양이와 개㉮관용 서로 앙숙인 관계.
고양이 이마빼기만 하다㉮관용 ☞고양이 낯짝만 하다.
고양이-소(-素)㉮명 '욕심꾸러기가 청백한 체하거나, 나쁜 사람이 착한 체함'을 비유하여 이르는 말.
고양-주(←供養主)㉮명 〈공양주〉의 변한말.
고:어(古語)㉮명 ①옛말. ¶ 고어 사전. ↔현대어. ②옛사람이 한 말. 고언(古言).
고어(苦語)㉮명 ☞고언(苦言).
고:언(古言)㉮명 옛사람이 한 말. 고어(古語). ¶ 고언에 이르기를….
고:언(古諺)㉮명 예부터 전해 오는 속담.
고언(苦言)㉮명 듣기에는 거슬리나, 유익한 충고의 말. 고어(苦語). ↔감언(甘言).
고언(高言)㉮명 뱃심 좋게 장담하는 큰소리.
고얼(孤孼)㉮명 〈고신얼자(孤臣孼子)〉의 준말.
고역(苦役)㉮명 몹시 힘들고 고된 일. ¶ 고역을 치르다.
고연(固然) '고연하다'의 어근.
고연-하다(固然-)㉮형여 본디부터 그러하다. 고연-히㉮부.
고열(考閱)㉮명㉮하타 상고(詳考)하여 살펴봄.
고열(苦熱)㉮명 매우 심한 더위. 고염(苦炎).
고열(高熱)㉮명 ①높은 열. ↔저열(低熱). ②높은 신열(身熱). 대열(大熱). ¶ 독감에 걸려 며칠 동안 고열에 시달렸다.
고열^반:응(高熱反應)㉮명 어떤 물질을 높은 온도로 가열하였을 때 일어나는 반응.
고염(固塩)㉮명 굳어 덩어리진 소금.
고염(苦炎)㉮명 ☞고열(苦熱).
고염(苦塩)㉮명 ☞간수.
고엽(枯葉)㉮명 마른 잎.
고엽-제(枯葉劑)[-쩨]㉮명 식물의 잎을 일부러 떨어뜨리게 하려고 쓰는 약제를 통틀어 이르는 말.
고영(孤影)㉮명 외롭고 쓸쓸한 그림자, 또는 그러한 모습.
고영(庫英)㉮명 비단의 한 가지. 지난날, 중국에서 나던 영초(英綃)의 상등품으로 품질이 썩 좋았음.
고:옥(古屋)㉮명 지은 지 오래되어 낡은 집. 고가(古家). 구옥(舊屋).
고온(高溫)㉮명 높은 온도. ¶ 고온 다습한 열대 지방. ↔저온(低溫).
고온-계(高溫計)[-계/-게]㉮명 높은 온도를 재는 데 쓰이는 온도계.
고:와(古瓦)㉮명 ①옛 기와. ②오래되어 낡은 기와.
고와(高臥)㉮명㉮하자 〔베개를 높이 하여 편히 눕는다는 뜻으로〕 '세속을 떠나 은거하면서 마음 편히 지냄'을 이르는 말.
고:왕-금래(古往今來)[-내]㉮명 ☞고금(古今).
고외㉮명 〈옛〉 아랫도리옷. 고의. ¶ 내 眞實로 옷고 외 ㅎ오치로다(杜重1:19). ㉮참ㄱ외.
고요㉮명 ①잠잠하고 조용한 상태. ¶ 깊은 고요 속에 잠기다. ②풍력 0급(級)에 해당하는 바람. 초속 0.0~0.2 m. 연기가 곧게 위로 올라감.
고:요(古謠)㉮명 고대의 가요.
고요-하다㉮형여 ①잠잠하고 조용하다. ¶ 고요한 바다. ②조용하고 평화롭다. ¶ 고요한 아침의 나라. 고요-히㉮부 ¶ 고요히 귀를 기울이나.
고욕(苦辱)㉮명 견디기 어려운 고통과 치욕. ¶ 고욕을 당하다.
고욤㉮명 고욤나무의 열매. 소시(小柿).
고욤 일흔이 감 하나만 못하다㉮속담 자질구레한 것이 아무리 많아도 큰 것 하나만 못하다는 말.
고욤-나무㉮명 감나뭇과의 낙엽 활엽 교목. 높이 10 m가량. 잎은 길둥글고 끝이 뾰족하며, 5~6월에 연녹색의 잔꽃이 핌. 감과 비슷한 작고 둥근 열매는 황색이나 암자색으로 익는데, 먹을 수 있음. 한방에서, 열매 말린 것을 '군천자(桾櫏子)'라 하여 약재로 씀.
고용(雇用)㉮명㉮하타㉮되자 보수를 주고 사람을 부림. ¶ 근로자를 고용하다.
고용(雇傭)㉮명㉮하타㉮되자 보수를 받고 남의 일을 하여 줌. ¶ 고용 계약을 맺다.
고용^보:험(雇傭保險)㉮명 실직 근로자의 생활 안정 및 재취업을 지원하는 사회 보험 제도. 실업 예방·고용 촉진·근로자의 직업 능력 개발 등을 꾀함.
고용-살이(雇傭-)㉮명㉮하자 ①남에게 고용되어 지내는 생활. ②남의 집 일을 돌보아 주면서 그 집에서 함께 사는 일. 남의집살이. ¶ 고용살이에서 벗어나 독립하다.
고용-원(雇傭員)㉮명 근로 계약에 따라 상대편에게 노무(勞務)를 제공하는 사람.
고용-인(雇用人)㉮명 보수를 주고 사람을 부리는 사람. 사용자(使用者).
고용-인(雇傭人)㉮명 보수를 받고 남의 일을 해주는 사람. 사용인(使用人). ¶ 고용인을 두고 가게를 운영하다.
고용^조건(雇傭條件)[-껀]㉮명 일의 종류나 취업의 방법, 임금 등 근로 계약에서 규정한 당사자간의 권리·의무의 표시.
고용-주(雇用主)㉮명 보수를 주기로 하고 남을 채용하여 부리는 사람. 사용자(使用者). ㉮준고주(雇主).
고용-직(雇傭職)㉮명 특수 경력직 공무원의 한 갈래. 단순한 노무(勞務)에 종사하는 공무원. 고원(雇員).
고용-체(固溶體)㉮명 어떤 결정체에 다른 결정체가 녹아 고르게 섞인 상태에 있는 고체 혼합물. 운모·휘석 및 대부분의 합금 따위.
고우(苦雨)㉮명 〔사람을 괴롭히는 비라는 뜻으로〕 '궂은비'나 '장마'를 달리 이르는 말.
고:우(故友)㉮명 ①사귄 지 오래된 벗. 고인(故人). 구우(舊友). ②고인이 된 벗. 세상을 떠난 벗.
고우(膏雨)㉮명 농작물이 잘 자라게 제때에 내리는 비.
고운(孤雲)㉮명 ①외롭게 떠 있는 구름. ②'세속을 떠난 선비'를 비유하여 이르는 말.
고:운-대㉮명 토란 줄기의 밑동 부분. 곤대.
고:운-때㉮명 보기에 그리 흉하지 않게 조금 묻은 때. ¶ 고운때가 묻다.

고운-야학(孤雲野鶴) [-냐-] 명 〔외롭게 떠 있는 구름과 무리에서 벗어난 학이라는 뜻으로〕 '벼슬을 하지 않고 한가롭게 지내는 선비'를 이르는 말.
고:원(古園) 명 오래된 정원.
고:원(故園) 명 ①옛 뜰. ②☞고향(故鄕).
고원(高原) 명 높은 산지에 펼쳐진 넓은 벌판. 대지(臺地).
고원(雇員) 명 ☞고용직(雇傭職).
고원(高遠) '고원하다'의 어근.
고원-하다(高遠-) 형여 ①높고 멀다. ②뜻이 높고 원대하다.
고월(孤月) 명 외롭게 떠 있는 달.
고위(考位) 명 돌아간 아버지로부터 그 위의 각 대 할아버지의 위(位). ↔비위(妣位).
고위(孤危) '고위하다'의 어근.
고위(高位) 명 ①높은 지위. ¶ 고위 당직자. ②높은 위치. ↔저위(低位)·하위(下位).
고위-급(高位級) [-끕] 명 높은 지위에 해당하는 급, 또는 그 급에 해당되는 사람. ¶ 고위급 인사.
고-위도(高緯度) 명 위도가 높은 곳, 곧 남극과 북극에 가까운 곳.
고위-직(高位職) 명 높은 직급, 또는 그 직급에 해당되는 사람. ¶ 고위직 공무원.
고위-층(高位層) 명 높은 지위에 있는 층, 또는 그런 사람.
고위-하다(孤危-) 형여 고립되어 위태롭다.
고:유(告由) 명하타 사삿집에서나 나라에서, 큰 일이 있을 때 사당(또는 종묘나 신명)에 고하는 일.
고:유(告諭) 명하타 일러서 깨우쳐 줌.
고유(固有) 명하형 본디부터 지니고 있거나 그 사물에만 특별히 있음. ¶ 우리나라 고유의 문화. /거문고 고유의 음색.
고유(膏腴) '고유하다'의 어근.
고유^명사(固有名詞) 명 어떤 특정한 사람이나 사물의 이름을 나타내는 낱말. 〔금강산·서울·김유신 따위.〕 토박이말. 참보통 명사.
고유^문자(固有文字) [-짜] 명 본디부터 그 나라 국민이나 그 민족만이 쓰는 문자.
고유-문화(固有文化) 명 어떤 나라나 민족만이 지닌 독특한 문화. ¶ 고유문화를 계승하고 발전시켜 나가다.
고유-법(固有法) [-뻡] 명 어떤 나라나 민족의 고유한 풍속·관습 등에 바탕을 두고 자연 발생적으로 발달해 온 법. ↔계수법(繼受法).
고유-색(固有色) 명 그 물체가 지닌 본디의 색.
고유-성(固有性) [-썽] 명 어떤 사물이나 겨레가 본디부터 가지고 있는 성질.
고유^식물(固有植物) [-싱-] 명 어떤 지방에서만 특별히 나서 자라는 식물.
고유-어(固有語) 명 ①그 나라나 민족의 역사와 함께 변천·발달해 온 고유의 언어. 〔우리말의 나라·하늘·사람 따위.〕 토박이말. 토착어. ②그 고장 고유의 독특한 말.
고유^운:동(固有運動) 명 항성이 태양과의 상대 운동으로 인하여 각각 고유의 방향으로 위치를 바꾸는 운동.
고유^재산(固有財産) 명 상속이나 양도 등으로 가지게 된 재산과 구별되는, 본디부터 자기가 가지고 있던 재산.
고유-종(固有種) 명 분포가 어떤 특정한 지역에만 국한되어 있는 동식물의 종류.
고유^진:동(固有振動) 명 ☞자유 진동.
고유-하다(膏腴-) 형여 ①살지고 기름지다. ②땅이 걸다.
고육(股肉) 명 넓적다리의 살.
고육지계(苦肉之計) [-찌계/-찌게] 명 적을 속이기 위해서, 또는 어려운 사태에서 벗어나기 위한 수단으로 제 몸을 괴롭히면서까지 짜내는 계책. 〔일반적으로는 괴로운 나머지 어쩔 수 없이 쓰는 계책을 이름.〕 고육지책. 고육책(苦肉策).
고육지책(苦肉之策) [-찌-] 명 ☞고육지계.
고육-책(苦肉策) 명 ☞고육지계(苦肉之計). ¶ 고육책을 써서 반발을 무마하다.
고율(高率) 명 (어떤 표준보다) 높은 비율. ¶ 고율의 수익을 보장하다. ↔저율(低率).
고은(孤恩) 명하자 은혜를 저버림. 배은(背恩).
고은(高恩) 명 큰 은혜. 홍은(鴻恩).
고을 명 ①조선 시대에, 주(州)·부(府)·군(郡)·현(縣) 등을 이르던 말. ②지난날, 군아(郡衙)가 있는 곳을 이르던 말. 성읍(城邑). 준골[5].
고을-모둠 명하자 지난날, 글 읽는 아이들의 놀이의 한 가지. 주로, 책을 펴 놓고, 거기에 있는 글자가 들어가는 고을 이름을 누가 가장 많이 찾아내는가에 따라 승부를 겨루었음. 준골모둠.
고을-살이 명하자 고을의 원으로 지내는 생활. 준골살이.
고을-읍(-邑) 명 한자 부수의 한 가지. '邑'에서의 '邑'의 이름. 〔'邑'이 '邦'·'郞' 따위와 같이 방으로 쓰일 때의 '阝'는 '우부방'이라 함.〕
고음(高吟) 명하타 높은 소리로 읊음. ↔저음(低吟).
고음(高音) 명 높은 소리. 높은음. ¶ 고음 처리가 아주 능란한 가수. ↔저음(低音).
고-음계(高音階) [-계/-게] 명 높은 음계.
고음부^기호(高音部記號) 명 ☞높은음자리표. ↔저음부 기호.
고:읍(古邑) 명 옛 고을, 특히 군아(郡衙)가 있던 곳.
고의 [-의/-이] 명 남자의 여름 홑바지. 한자를 빌려 '袴衣'로 적기도 함. 단고(單袴). 중의(中衣).
고:의(古義) [-의/-이] 명 옛 뜻.
고의(固意) [-의/-이] 명하자 뜻을 굳게 함, 또는 굳게 먹은 뜻.
고:의(故意) [-의/-이] 명 ①(딴 뜻을 가지고) 일부러 하는 생각이나 태도. ¶ 결코 고의는 아니다. ②법률에서, 남에게 대하여 권리 침해 행위를 하고자 하는 의사. ②↔과실. ②참범의(犯意).
고:의(故誼) [-의/-이] 명 대를 이어서 오래 두고 사귀어 온 정의(情誼).
고의(苦衣) [-의/-이] 명 가톨릭에서, 수사(修士)가 고행의 수단으로 맨몸에 입는 옷. 〔산양이나 낙타의 털로 짜서 만듦.〕
고의(高意) [-의/-이] 명 ①높은 뜻. ②상대편을 높이어 그의 '뜻'을 이르는 말.
고의(高義) [-의/-이] 명 ①뛰어난 덕행. ②상대편을 높이어 그의 '의리'를 이르는 말.
고의(高誼) [-의/-이] 명 ①특별히 도타운 정의. ②상대편을 높이어 그의 '정의(情誼)'를 이르는 말.
고의믿 명 〈옛〉 속잠방이. ¶ 고의믿 당:襠(訓蒙中 *23*).
고:의-범(故意犯) [-의-/-이-] 명 죄를 범할 뜻을 가지고 저지른 행위에 의해 성립되는 범죄. 유의범(有意犯). ↔과실범.

고ː의-적(故意的)[-의-/-이-]관명 일부러 하는 (것). ¶ 고의적 반칙. /고의적으로 한 말.

고의-적삼[-의-쌈/-이-쌈]명 고의와 적삼.

고의-춤[-의-/-이-]명 고의의 접어 여민 허리 부분과 몸과의 사이. 준괴춤.

고ː이부 ①곱게. ¶ 어려서부터 고이 자라다. ②정성을 다하여. ¶ 고이 간직하다. ③그대로 고스란히. ¶ 고이 돌려보내다. ④편안히. ¶ 고이 잠드소서.

고ː이-고이부 '고이'의 힘줌말. ¶ 고이고이 기른 아들.

고이다[1]자 ☞괴다[1].

고이다[2]타 ☞괴다[3].

고이-댕기명 재래식 혼례 때 신부를 꾸미던, 십장생(十長生)을 수놓은 비단 댕기.

고이ᄒᆞ다형 〈옛〉 이상하다. ¶ 오ᄅᆞ디 못ᄒᆞ거니 ᄂᆞ려가미 고이홀가(鄭澈.關東別曲).

고ː인(古人)명 옛날 사람. 석인(昔人). ↔금인(今人).

고ː인(故人)명 ①죽은 사람. ¶ 고인의 명복을 빌다. /고인이 되다. ②사귄 지 오래된 벗. ②고우(故友).

고인(高人)명 ①고결한 선비. 고사(高士). ②지위가 높은 사람.

고인(雇人)명 고용되어 품팔이하는 사람.

고인(賈人)명 장수.

고인(瞽人)명 소경.

고인-돌명 선사 시대의 무덤의 한 가지. 큰 돌을 두서너 개 세우고, 그 위에 넓적한 돌을 얹었음. 지석묘(支石墓). 돌멘.

고일(高逸) '고일하다'의 어근.

고일-계(高日季)[-계/-게]명 적도 부근 지대의, 해가 높이 있을 때의 계절.

고일-하다(高逸-)형여 고상하고 뛰어나다.

고임명 ☞굄[2].

고임(苦任)명 힘들고 귀찮은 임무.

고-임금(高賃金)명 높은 임금.

고임-돌[-똘]명 ☞굄돌.

고임-목(-木)명 ☞굄목.

고임-새명 ☞굄새.

고임-질명하자 ☞굄질.

고입(高入)명 '고등학교 입학'을 줄여 이르는 말. ¶ 고입 검정고시.

고입(庫入)명하타 화물을 보통 창고 또는 보세 창고(保稅倉庫)에 보관시키는 일.

고옳명 〈옛〉 고을. ¶ 고올홀 ᄇᆞ리고(翻小*9:30*). 참ᄀᆞ옳.

고자명 ①〈활고자〉의 준말. ②〈고자잎〉의 준말.

고ː자(古字)명 옛 체(體)의 글자.

고ː자(告者)명 남의 잘못이나 비밀을 일러바치는 사람. 고자질하는 사람.

고자(孤子)대 한문 투의 글에서, 아버지는 세상을 떠나고 어머니만 살아 있는, 상중에 있는 바깥상제가 자기를 가리켜 일컫는 말. 참고애자(孤哀子)·애자(哀子).

고자(庫子)명 조선 시대에, 각 군아(郡衙)에서 물품을 둔 창고의 출납을 맡아보던 하급 관리.

고자(鼓子)명 생식기가 불완전한 남자. 화자(火者).

고자(瞽者)명 ☞소경.

-고자어미 동사 어간이나 '있다'·'없다', '계시다'의 어간 또는 높임의 '-시-'에 붙어, 소망의 뜻을 나타내는 연결 어미. ¶ 선생의 연구에 도움이 되어 드리고자 이 자료를 보내 드립니다. 참 -려고.

고자누룩-하다[-루카-]형여 ①요란하거나 사납던 기세가 수그러져 잠잠하다. ¶ 한참 몰아치던 비바람이 좀 고자누룩해졌다. ②괴롭고 답답하던 병세가 좀 수그러든 듯하다. **고자누룩-이**부.

고자리명 '구더기'의 방언.

고-자세(高姿勢)명 상대편에게 도도하게 대하는 태도. ¶ 고자세로 맞이하다. ↔저자세.

고자-잎[-입]명 활의, 도고지에서 양냥고자까지의 부분. 준고자. ＊고자잎이[-이피]·고자잎만[-임-]

고ː자-쟁이(告者-)명 고자질을 잘하는 사람.

고자쟁이가 먼저 죽는다속담 남에게 해를 입히려고 고자질을 하는 사람이 남보다도 먼저 해를 입게 된다는 말.

고자-좆(鼓子-)[-졷]명 바둑에서, 찌를 구멍이 있으나 찌르면 되잡히어 찌르지 못하는 경우의 말밭. ＊고자좆이[-조지]·고자좆만[-존-]

고ː자-질(告者-)명하자타 남의 잘못이나 비밀을 몰래 일러바치거나 헐뜯어 말하는 짓.

고작[1]명 '상투'를 속되게 이르는 말.

고작[2]부 기껏하여. ¶ 고작 한다는 소리가 그거야? 비기껏·겨우.

고장명 ①사람이 많이 사는 일정한 지방. ¶ 낯선 고장. ②어떤 물건이 특징적으로 많이 나거나 있는 곳. ¶ 사과의 고장. /인삼의 고장.

고장(枯腸)명 빈창자. 빈속.

고장(苦杖)명 ☞호장(虎杖).

고장(苦障)명 불교에서 이르는, 지옥·아귀(餓鬼)·축생(畜生)의 괴로움.

고ː장(故障)명 ①기계나 설비 따위의 기능에 이상이 생기는 일. ¶ 차가 고장이 나다. ②'몸에 탈이 생기는 일'을 비유하여 이르는 말. ¶ 팔이 고장이 나다.

고장(高張)명 어떤 용액의 삼투압이 딴 용액의 삼투압에 비하여 높은 것. ↔저장(低張).

고장(藁葬)명하타 시체를 거적에 싸서 장사 지냄, 또는 그렇게 지내는 장사.

고장-난명(孤掌難鳴)명 〔외손뼉은 울릴 수 없다는 뜻으로〕 ①'혼자서는 일을 이루지 못함'을 이르는 말. ②'맞서는 사람이 없으면 싸움이 되지 않음'을 이르는 말. 독장난명(獨掌難鳴).

고장-물명 ①무엇을 빨거나 씻거나 하여 더러워진 물. ¶ 고장물을 버리다. ②헌데에서 고름이 빠진 뒤에 흐르는 진물. 큰구정물.

고-장애(高障礙)명 〈고장애물 경주〉의 준말.

고장애물^경ː주(高障礙物競走)명 남자 육상 경기 종목의 한 가지. 110 m의 코스에 높이 1.06 m의 장애물 10개를 놓고 빨리 뛰어넘기를 겨루는 경기. 하이 허들(high hurdle). 준고장애. ↔저장애물 경주.

고재명 〈옛〉 고자. 활고자. ¶ 고재 미ː弭(訓蒙中*28*). /고재 더ᄅᆞ다(老解下*28*).

고재(高才)명 뛰어난 재주, 또는 재주가 뛰어난 사람. 고재(高材).

고재(高材)명 ①☞고재(高才). ②키가 큰 사람.

고잿ᄂᆞᆫ타 〈옛〉〔'곶다'의 활용형〕 꽂아 놓은. 꽂은. ¶ 붇 고잿ᄂᆞᆫ 架子앤 窓앳 비 저지고(杜初*7:31*).

고쟁이명 한복에 입는 여자 속옷의 한 가지. 가랑이와 통이 넓으며, 속곳 위 단속곳 밑에 입음.

고쟈명 〈옛〉 고자(鼓子). ¶ 고쟈 엄ː閹, 고쟈 환ː宦(訓蒙中*2*).

-고쟈 어미 〈옛〉-고자. ¶ 고국 산천을 써나고쟈 ᄒᆞ랴마ᄂᆞᆫ(古時調).

고저 (高低) 명 높고 낮음. 높낮이. ¶ 고저가 심한 지형. /음의 고저와 장단.

고저 (高著) 명 상대편을 높이어, 그의 '저서'를 이르는 말. ¶ 보내 주신 고저는 감명 깊게 읽었습니다.

-고저 어미 '-고자'의 잘못.

고저-각 (高低角) 명 사격 목표와 사수(射手)를 이은 선이 지평선과 이루는 각.

고저-자 (高低字) 명 ☞평측자(平仄字).

고저-장단 (高低長短) 명 높고 낮음과 길고 짧음. 높낮이와 길이.

고저-파 (高低波) 명 ☞횡파(橫波).

고ː적 (古跡·古蹟) 명 남아 있는 옛적 건물이나 시설물, 또는 그런 것이 있었던 터. 역사상의 유적. ¶ 고적 답사.

고적 (考績) 명하타 관리의 성적을 상고(詳考)함. 고과(考課).

고적 (孤寂) 명하형 외롭고 쓸쓸함. ¶ 고적한 나날을 보내다. **고적-히** 부.

고적-대 (鼓笛隊) [-때] 명 북과 피리로 이루어진 행진용의 악대.

고적-운 (高積雲) 명 중층운(中層雲)의 한 가지. 잿빛이나 흰빛을 띠고 둥글둥글하게 덩어리져 비교적 하늘 높이 뜬 구름. 높쌘구름. 적권운(積卷雲).

고ː전 (古典) 명 ①옛날의 법식이나 의식. ②고대의 전적(典籍). ③시대를 대표하는 것으로서, 후세 사람들의 모범이 될 만한 가치를 지닌 작품. 특히, 문예 작품을 이름. ¶ 동양의 고전./문학의 고전.

고ː전 (古殿) 명 옛 궁전.

고ː전 (古篆) 명 '전자(篆字)'를 달리 이르는 말.

고ː전 (古磚) 명 옛날의 벽돌이나 기와.

고ː전 (古錢) 명 옛날 돈.

고전 (苦戰) 명하자 몹시 고생스럽고 힘들게 싸움, 또는 그 싸움. 고투(苦鬪). ¶ 보급로가 차단되어 고전하다. /자금난으로 고전을 하다.

고ː전-극 (古典劇) 명 ①고전의 내용을 주제로 하는 연극. ②고대 그리스·로마에서 발달한 연극. ③16~18세기에 이탈리아·프랑스 등지에서 일어난 고전주의 연극.

고ː전-기 (告傳旗) 명 활터의 과녁 가까이에서, 화살의 맞음과 떨어지는 방향을 알리는 기.

고ː전^문학 (古典文學) 명 ①고전주의의 문학. ②고전으로서 전하여 오는 문학 작품.

고ː전^물리학 (古典物理學) 명 양자론을 토대로 한 현대 물리학에 대하여, 뉴턴 역학 등 종래의 물리학을 이르는 말.

고ː전-미 (古典美) 명 고전적인 아름다움.

고ː전^발레 (古典ballet) 명 (모던 발레 등에 대하여) 유럽의 전통적 발레를 이르는 말.

고ː전-어 (古典語) 명 고전에 쓰이어, 후세 언어의 규범이 된 언어. 〔유럽의, 그리스 어·라틴어 따위.〕

고ː전^음악 (古典音樂) 명 ①〔경음악(輕音樂)에 대하여〕 서양의 전통적·예술적인 음악을 이르는 말. ②서양의 고전파의 음악. 클래식.

고ː-전장 (古戰場) 명 옛 싸움터.

고ː전-적 (古典的) 관명 ①고전을 중히 여기는 (것). ¶ 고전적 경향. /고전적인 기풍. ②고전으로서 가치가 있는 (것). ¶ 고전적 내용과 형식. /고전적인 작품. ③전통적이며 형식적인 (것). ¶ 고전적 창작 태도. /고전적인 분위기.

고ː전-주의 (古典主義) [-의/-이] 명 고전을 중히 여기고, 그 형식을 규범으로 하는 예술상의 사조. 일반적으로는 17~18세기에 유럽에서 일어난 예술 사조를 이름. 의고주의.

고ː전-파 (古典派) 명 고전주의를 주장하고 실천하는 유파(流派), 또는 그러한 경향의 사람들.

고절 (孤節) 명 고고(孤高)한 절개.

고절 (苦節) 명 어떤 고난을 당해도 변하지 아니하고 끝내 지켜 나가는 굳은 절개.

고절 (高絕) '고절하다'의 어근.

고절 (高節) 명 높은 절개. 고결한 절개.

고절-하다 (高絕-) 형여 더할 수 없이 높고 뛰어나다. **고절-히** 부.

고점 (高點) [-쩜] 명 높은 점수. 많은 점수.

고정 (考訂) 명하타 옛 문헌을 고증하고 정정함.

고정 (固定) 명 ①하타 되자 일정한 곳이나 상태에서 변하지 아니함. ¶ 고정 인원. /시선을 고정하다. /벽에 고정된 액자. ②조직이나 세포 등을 관찰할 때, 가능한 한 살아 있는 상태를 보존하기 위하여 원형질(原形質)을 응고시키는 일.

고정 (固精) 명하타 병자나 허약한 사람의 정력을 강하게 함.

고정 (苦情) 명 괴로운 심정. 괴로운 사정.

고정 (孤亭) 명 외따로 있는 정자.

고정 (孤貞) '고정(孤貞)하다'의 어근.

고ː정 (故情) 명 오랜 정분. 묵은 정의(情誼).

고정-간첩 (固定間諜) 명 (교체되거나 이동하거나 하지 않고) 일정한 곳에 붙박여 임무를 수행하는 간첩.

고정-관념 (固定觀念) 명 그 사람의 마음속에 늘 자리하여 흔들리지 아니하는 관념. 고착 관념. ¶ 고정관념을 깨다. /고정관념에서 벗어나다.

고정-급 (固定給) 명 일의 성과나 근로 시간 등과는 상관없이 일정한 금액이 고정적으로 지급되는 임금.

고정^도르래 (固定-) 명 축이 고정되어 이동하지 않는 도르래. 고정 활차. ↔움직 도르래.

고정도^창ː법 (固定do唱法) [-뻡] 명 계이름 부르기의 한 가지. 어떤 조(調)의 곡이든지 항상 '시' 음을 도(do)로 정하여 노래하는 방법.

고정-란 (固定欄) [-난] 명 신문이나 잡지 따위에서, 어떤 종류의 비슷한 기사가 고정적으로 게재되는 난.

고-정맥 (股靜脈) 명 ☞대퇴 정맥.

고정-배기 (孤貞-) 명 '마음이 외곬으로 곧은 사람'을 얕잡아 이르는 말.

고정^부수 (固定部數) 명 정기 간행물에서, 과거의 통계로 보아 틀림없이 팔리어 나가는 최저의 부수.

고정불변 (固定不變) 명하형 고정하여 변함이 없음. ¶ 고정불변의 규칙을 세우다.

고정-비 (固定費) 명 조업도나 생산량의 증감과는 관계없이, 항상 일정하게 지출되는 비용. 고정 비용. 불변 비용. ↔변동비(變動費).

고정^비ː용 (固定費用) 명 ☞고정비.

고정-스럽다 (孤貞-) [-따] [~스러우니·~스러워] 형ㅂ 마음이 외곬으로 곧은 데가 있다. **고정스레** 부.

고정-식 (固定式) 명 한곳에 붙박아 놓아 움직이지 않게 하는 방식.

고정^악상 (固定樂想) [-쌍] 명 표제 음악에서, 어떤 고정된 관념을 나타내는 선율.

고정-액 (固定液) 명 조직이나 세포 등을 살아 있는 상태대로 보존하기 위하여 원형질을 응고시키는 액체.

고정^자본(固定資本)명 생산과 수익에 사용되며, 유통을 목적으로 하지 않는 자본. ↔유동 자본(流動資本).
고정^자산(固定資産)명 사업 경영의 활동 수단으로서, 기업 내부에서 장기간에 걸쳐 보유하고 사용되는 자본적인 자산. 고정 재산. ↔유동 자산.
고정^재산(固定財産)명 ☞고정 자산.
고정-적(固定的)관명 고정하거나 고정되어 있는 (것). ¶ 고정적 상태. /고정적인 수입.
고정-주(固定株)명 주주가 바뀌지 아니하고 고정되어 있는 주식. ↔부동주(浮動株).
고정-지(藁精紙)명 귀리의 짚으로 만든 종이. 함경북도에서만 나며 옛날부터 우리나라의 명산임. 황지(黃紙).
고정-표(固定票)명 선거 때에, 항상 어떤 특정 정당이나 후보자를 지지하는 사람의 표. ↔부동표(浮動票).
고정-하다자여 〔주로 윗사람에게 쓰이어〕 노여움이나 흥분 따위를 가라앉히다. ¶ 고정하시고 천천히 말씀하십시오.
고정-하다(孤貞-)형여 마음이 외곬으로 곧다. **고정-히**부.
고정-화(固定化)명하자타되자 (제도·사물 따위를) 고정시키거나 고정되게 함.
고정^환ː율제(固定換率制)[-쩨]명 환율을 고정시켜, 평가(平價)의 상하 변동을 일정한 범위 안에서 억제하는 제도. ↔변동 환율제.
고정^활차(固定滑車)명 ☞고정 도르래.
고ː제(古制)명 옛 제도.
고ː제(告祭)명하자타 신에게 고하며 제사 지내는 일.
고제(苦諦)명 불교에서 이르는 사제의 하나. 중생계의 과보가 모두 '고(苦)'라고 하는 이치.
고제(高弟)명 〈고족제자(高足弟子)〉의 준말.
-고져어미 〈옛〉-고자. ¶ 내 ᄆᆞ옴 버혀내여 뎌 ᄃᆞᆯ을 밍ᄀᆞᆯ고져(古時調).
고조명 〈옛〉 술주자. ¶ 고조 조:槽(訓蒙中*12*).
고ː조(古祖)명 옛 조사(祖師).
고ː조(古調)명 ①예스러운 곡조. ②옛날부터 전해 내려오는 가락.
고조(枯凋)명하자되자 ①마르고 시듦. ②사물이 쇠퇴함.
고조(苦潮)명 플랑크톤이 갑자기 번식하여 바닷물이 변색하는 현상. 참적조(赤潮).
고조(高祖)명 ①조부(祖父)의 조부모. ②〈고조부(高祖父)〉의 준말.
고조(高調)명하자되자 ①가락이 높음, 또는 높은 가락. ②어떤 분위기나 감정 같은 것이 한창 무르익거나 높아짐. ¶ 감정이 고조에 달했다. /분위기가 고조되다.
고조(高潮)명 ①밀물이 들어차서 해면의 높이가 가장 높아지는 상태. 만조(滿潮). ②'감정이나 기세가 가장 고양된 상태'를 비유하여 이르는 말. ¶ 감동이 고조에 달하다. ↔저조(低潮).
고조(高燥) '고조하다'의 어근.
고조(顧助)명하타 보살피며 도와줌.
고-조고(高祖考)명 돌아가신 고조부.
고-조모(高祖母)명 고조할머니.
고-조부(高祖父)명 고조할아버지. 준고조(高祖).
고-조비(高祖妣)명 돌아가신 고조모.
고ː-조선(古朝鮮)명 우리나라 최초의 군장(君長) 국가. 한사군(漢四郡)이 설치되기 전까지 대동강 이북에 자리 잡아 단군(檀君)·위만(衛滿) 등의 자손이 다스렸음.
고조-선(高潮線)명 ☞만조선(滿潮線). ↔저조선(低潮線).
고조-시(高潮時)명 만조(滿潮)가 절정에 이르렀을 때의 시각.
고조-파(高調波)명 기본 주파수의 정수배(整數倍)의 진동수를 가진 사인파(sine波).
고조-하다(高燥-)형여 땅이 높고 메마르다. ¶ 고조한 산간 지대라서 벼농사는 할 수 없다.
고조-할머니(高祖-)명 할아버지의 할머니. 고조모.
고조-할아버지(高祖-)명 할아버지의 할아버지. 고조부.
고족(孤族)명하형 일가가 적어서 외로움, 또는 그런 집안.
고족(高足)명 〈고족제자(高足弟子)〉의 준말.
고족-사기(高足沙器)[-싸-]명 굽이 높은 사기그릇.
고족-상(高足床)[-쌍]명 (흔히 잔치 같은 때에 쓰이는) 다리가 높은 상.
고족-제자(高足弟子)[-쩨-]명 많은 제자 가운데 특히 뛰어난 제자. 준고제(高弟)·고족(高足).
고졸(古拙) '고졸하다'의 어근.
고졸(高卒)명 '고등학교 졸업'을 줄여 이르는 말. ¶ 고졸 이상의 학력.
고ː졸-하다(古拙-)형여 치졸한 듯하면서도 고아한 멋이 있다. **고졸-히**부.
고ː종(古鐘)명 옛날 종.
고종(考終)명하자 〈고종명(考終命)〉의 준말.
고종(姑從)명 고모의 아들이나 딸. 고종 사촌. 내종(內從). 참이종(姨從).
고종(孤宗)명 자손이 번성하지 못한 종가(宗家).
고종(孤蹤)명 ☞고독단신(孤獨單身).
고ː종(故縱)명하타 교도소에서 교도관이 고의로 죄수를 놓아줌.
고종-매(姑從妹)명 자기보다 나이가 아래인, 고모의 딸. 내종매(內從妹).
고종-명(考終命)명하자 오복(五福)의 하나. 제명대로 살다가 편히 죽음. 영종(令終). 준고종(考終).
고종^사ː촌(姑從四寸)명 ☞고종(姑從).
고종-시(高宗柹)명 감의 한 가지. 보통 감보다 잘고 씨가 없으며 맛이 닮.
고종-씨(姑從氏)명 상대편을 높이어, 그의 '고종 사촌'을 일컫는 말.
고종-자(姑從姊)명 자기보다 나이가 위인, 고모의 딸. 내종자(內從姊).
고종-제(姑從弟)명 자기보다 나이가 아래인, 고모의 아들. 내종제(內從弟).
고종-형(姑從兄)명 자기보다 나이가 위인, 고모의 아들. 내종형(內從兄).
고좌(孤坐)명하자 외로이(또는 외따로) 혼자 앉아 있음. 단좌(單坐).
고ː죄(告罪)[-죄/-줴]명하자 기독교에서, 자신이 지은 죄를 고백하는 일.
고ː죄-경(告罪經)[-죄-/-줴-]명 '고백의 기도'를 이전에 이르던 말.
고주명 〈고주망태〉의 준말.
고ː주(古注·古註)명 옛 주석.
고주(孤主)명 실권이 없는 외로운 임금.
고주(孤舟)명 외롭게 떠 있는 배. 고범(孤帆).
고주(孤注)명하타 노름꾼이 남은 밑천을 다 걸고 마지막 승부를 겨룸.
고ː주(故主)명 옛 주인.
고주(苦主)명 가까운 일가가 살해당했을 때 이를 고소(告訴)하는 사람.

고주(苦酒)명 ①독한 술. ②〔쓴 술이라는 뜻으로〕 남에게 술을 권할 때 그 '권하는 술'을 겸손하게 이르는 말.

고주(高柱)명 한옥에서, 여러 기둥 가운데 특별히 높게 세운 기둥. 〔주로, 대청마루의 한가운데에 세운 것을 이름.〕

고주(雇主)명 〈고용주〉의 준말.

고주^대ː문(高柱大門)명 ☞솟을대문.

고주-망태명 술을 많이 마셔 정신을 차리지 못하는 상태. ¶ 고주망태가 되도록 마시다. ㊟고주.

고주알-미주알부 속속들이 캐어묻는 모양. 미주알고주알. ¶ 고주알미주알 캐어묻다.

고주^오ː량(高柱五樑)명 중간에 높은 기둥을 세우고 그것을 동자주(童子柱)로 삼아 짠 오량.

고-주파(高周波)명 주파수가 큰 전파나 전류. ¶ 고주파 변성기. ↔저주파(低周波).

고주파-로(高周波爐)명 고주파 전류를 이용한 전기로. 고주파 전기로.

고주파^발전기(高周波發電機)[-쩐-]명 고주파 전류를 발생하는 발전기.

고주파^요법(高周波療法)[-뻡]명 고주파 전류를 이용한 전기 요법. 신경통·관절통·근육통 등의 치료에 응용함.

고주파^전ː기로(高周波電氣爐)명 ☞고주파로.

고죽(苦竹)명 ☞왕대.

고준(考準)명하타되자 필사본을 원본과 대조하여 봄.

고준(高峻) '고준하다'의 어근.

고준-하다(高峻-)형여 산이 높고 험하다. **고준-히**부.

고줏-집(高柱-)[-주찝/-준찝]명 높은 기둥을 세워 지은 집. 한가운데가 한층 높음.

고즈넉-하다[-너카-]형여 ①잠잠하고 호젓하다. ¶ 고즈넉한 정적이 흐르다. ②잠잠하고 다소곳하다. ¶ 고즈넉하게 고개를 숙이고 앉아 있다. **고즈넉-이**부 ¶ 고즈넉이 앉아 있다가 조용히 입을 열기 시작하였다.

고증(考證)명하타되자 옛 문헌이나 유물 등을 상고하여 증거를 대어 설명함. ¶ 왕조 실록과 대비하여 일일이 고증하다.

고증-학(考證學)명 옛 문헌에서 확실한 증거를 찾아 실증적으로 연구하려고 하였던 학문. 송나라 때의 관념적인 학풍에 만족하지 못하여 명나라 말기에 일어나 청나라 때에 성행하였음.

고지[1]명 호박이나 가지 따위를 납작하게 썰거나 길게 오려서 말린 것. ¶ 고구마 고지.

고지[2]명 누룩이나 메주 따위를 디디어 만들 때에 쓰는 나무틀.

고지[3]명 명태의 이리·알·내장을 아울러 이르는 말.

고지[4]명 논 한 마지기에 얼마의 값을 정하여, 모내기로부터 김매기까지의 일을 해 주기로 하고 미리 받아 쓰는 삯, 또는 그 일.

고지(를) 먹다관용 고지를 해 주기로 하고 삯을 미리 받아 쓰다.

고ː지(告知)명하타 어떤 사실을 관계자에게 알림. ¶ 세금 납부 기일을 고지하다.

고지(固持)명하타 자기의 의견이나 태도 등을 바꾸지 아니하고 굳게 지님. ¶ 자기의 의견을 계속 고지하다.

고지(枯枝)명 시들어 말라 죽은 가지.

고ː지(故地)명 전에 살던 곳. 연고(緣故)가 있는 곳.

고ː지(故址)명 옛날에 구조물이나 성곽 같은 것이 있었던 터, 또는 그 자취.

고지(高地)명 ①평지보다 높은 땅. ¶ 한랭한 고지에서 재배되는 채소. ↔저지(低地). ②전략적으로 유리한 높은 곳의 진지. ③이루고자 하는 목표, 또는 그 수준에 이른 단계. ¶ 100억 불 수출 고지.

고지(高志)명 ①고상한 뜻. ②상대편을 높이어 그의 '뜻'을 이르는 말.

고-지기(庫-)명 지난날, 관아의 창고를 보살피고 지키던 사람. 고직(庫直).

고지-논명 고지로 내놓은 논.

고-지대(高地帶)명 높은 지대. ↔저지대.

고지랑-물명 더러운 것이 섞여 깨끗하지 못한 물. ㊔구지렁물.

고지-새명 참샛과의 새. 참새보다 약간 큼. 몸빛은 전체적으로 갈색이고 허리와 날개 끝은 흼. 부리는 짧고 단단함. 봄부터 여름 사이에 우는데 울음소리가 고와 애완용으로 기름. 청작(青雀). 청조.

고ː지-서(告知書)명 관공서에서 일정한 일을 민간에게 알리는 서장(書狀). ¶ 납세 고지서.

고지식-하다[-시카-]형여 성질이 외곬으로 곧아 융통성이 없다. ¶ 강직하고 고지식한 인품.

고지-자리품명 논을 마지기로 떼어, 돈을 받고 농사를 지어 주는 일. ㊟자리품.

고지-혈증(高脂血症)[-쯩]명 혈청 속에 지방질이 많아서 혈청이 뿌옇게 흐려진 상태. 동맥 경화증을 촉진시키는 요인 가운데 하나임.

고진-감래(苦盡甘來)[-내]명하자 〔쓴 것이 다하면 단 것이 온다는 뜻으로〕 '고생 끝에 낙이 옴'을 이르는 말. ㊟흥진비래(興盡悲來).

고-진공(高眞空)명 진공의 정도가 높은 상태. 〔보통 10^{-6}~10^{-3}mmHg을 가리킨다.〕

고질(姑姪)명 ☞인질(姻姪).

고질(固質)명 단단한 성질.

고질(痼疾)명 ①오래되어 고치기 어려운 병. 숙병(宿病). 지병(持病). 폐질. ¶ 고질인 해수(咳嗽)에 시달리다. ②오래되어 바로잡기 어려운 나쁜 버릇. ¶ 고질인 주벽(酒癖). 고질병.

고질-병(痼疾病)[-뼝]명 ☞고질(痼疾).

고질-적(痼疾的)[-쩍]관명 ①오래되어 고치기 어려운 (것). ¶ 고질적 질병. /고질적인 천식. ②오래되어 바로잡기 어려운 (것). ¶ 고질적인 교통 체증.

고집(固執)명하자타 자신의 생각이나 의견만을 내세워 굽히지 아니함, 또는 그러한 성질. ¶ 고집이 세다. /쓸데없이 고집을 부린다.

고집멸도(苦集滅道)[-짐-또]명 불교의 근본 교리를 나타내는 말. '고(苦)'는 인생의 괴로움인 사고팔고(四苦八苦), '집(集)'은 괴로움의 원인인 번뇌의 모임, '멸(滅)'은 그 번뇌에서 벗어난 열반, '도(道)'는 깨달음의 경지에 이르는 방법인 팔성도(八聖道)를 이름. 사제(四諦).

고집불통(固執不通)[-뿔-]명 성질이 고집스럽고 융통성이 없음, 또는 그러한 사람. ¶ 고집불통인 영감을 겨우 설득하다.

고집-스럽다(固執-)[-쓰-따][~스러우니·~스러워]형ㅂ 고집을 부리는 태도가 있다. ¶ 자신의 의견을 고집스럽게 내세우다.

고집-쟁이(固執-)[-쨍-]명 고집이 지나치게 센 사람. 고집통이.

고집통-머리(固執-)명 '고집통이'를 속되게 이르는 말.

고집통-이(固執-)명 ①고집만 내세우고 융통성이 없는 성질. ②☞고집쟁이.

고ᄌᆞ명 〈옛〉①먹통. ¶ 뭇 지위 고ᄌᆞ 자 들고 헤 쁘다가 말려ᄂᆞ다(古時調). ②기름틀. ¶ 기름 ᄧᆞ는 고ᄌᆞ: 油搾(譯語下*14*).

고ᄌᆞ기부 〈옛〉①골똘히. 극진히. ¶ 더 부텻 일후믈 고ᄌᆞ기 念ᄒᆞ야 恭敬ᄒᆞ야(釋譜*9:25*). ②반듯이. ¶ 모몰 고ᄌᆞ기 ᄒᆞ야쇼ᄆᆞᆫ 간곡ᄒᆞᆫ 톳기를 ᄉᆞ랑ᄒᆞᄂᆞᆫ 듯고(杜初*16:45*).

고죽ᄒᆞ다형 〈옛〉극진하다. 지극하다. ¶ 精誠이 고죽ᄒᆞ니 밤누니 번ᄒᆞ거늘(釋譜*6:19*).

고-쪽대 ①듣는 이에게 비교적 가까운 곳이나 방향을 가리키는 말. ¶ 고쪽 자리에 앉아라. ②말하는 이와 듣는 이가 이미 알고 있는 곳이나 방향을 가리키는 말. 큰그쪽.

고-쯤 Ⅰ명 고만한 정도. ¶ 고쯤은 우리도 할 수 있겠다.

Ⅱ부 고만한 정도로. ¶ 고쯤 하고 용서해 줘라. /고쯤 항의했으면 됐다.

고차(高次)명 수학의 방정식에서 높은 차수(次數). 보통, 3차 이상의 차수를 이름.

고차^방정식(高次方程式)명 차수가 높은 방정식. 보통, 3차 이상의 방정식을 이름.

고-차원(高次元)명 정신적 또는 내용적으로 정도가 높은 것. 높은 차원. ¶ 고차원의 문제.

고차원-적(高次元的)관명 정신적·내용적으로 정도가 높은 (것). ¶ 고차원적 기술. /고차원적인 문제.

고차-적(高次的)관명 차원이 높은 (것). 정도가 높은 (것). ¶ 고차적 인간. /고차적인 문제.

고착(固着)명하자타되자 ①(물건 같은 것이) 굳게 들러붙음. ②어떤 상황이나 현상이 굳어져 변하지 않음. ¶ 분단의 고착을 막아야 한다. /나쁜 생활 습관이 고착되다.

고착^관념(固着觀念)[-꽌-]명 마음속에 잠재하여 있으면서 자주 의식에 떠올라, 그 사람의 정신 생활을 지배하는 관념. 고정관념.

고착^생활(固着生活)[-쌩-]명 어떤 일정한 곳이나 물건, 또는 생물체(生物體)에 들러붙어 살아가는 생활.

고착-제(固着劑)[-쩨]명 염색에서, 섬유에 염료나 매염제(媒染劑) 따위를 고착시키는 약제.

고착-화(固着化)[-차콰]명하자타되자 (어떤 상황이나 현상이) 굳어져 변하지 않는 상태가 됨. ¶ 분단의 고착화.

고ː찰(古刹)명 ☞고사(古寺).

고찰(考察)명하타되자 사물을 뚜렷이 밝히기 위하여, 깊이 생각하여 살핌. ¶ 고찰하여 밝히다. /원주민의 생활양식을 고찰하다.

고찰(高察)명 상대편을 높이어 그의 '헤아려 살피는 일'을 이르는 말.

고ː참(古參)명 오래전부터 그 일에 종사하여 온 사람. ¶ 고참 사원. ↔신참(新參).

고ː참-병(古參兵)명 군대에서 오래 복무한 병사.

고창(高敞) '고창하다'의 어근.

고창(高唱)명하타되자 ①노래나 구호 따위를 큰 소리로 부르거나 외침. ②자신의 의견 등을 강하게 내세움.

고창(鼓脹)명 〈단복고창(單腹鼓脹)〉의 준말.

고창-하다(高敞-)형여 지대가 높고 사방이 시원하게 탁 트이다. **고창-히**부.

고채(苦菜)명 ①☞씀바귀. ②☞고들빼기.

고채-목명 자작나뭇과의 낙엽 활엽 교목. 고산 지대에 자라며 잎은 끝이 뾰족한 달걀 모양임. 이른 봄에 단성화(單性花)가 이삭 모양으로 핌.

고처(高處)명 높은 곳. 고소(高所).

고ː천(告天)명하타 하느님에게 아뢰.

고ː천-문(告天文)명 예식 따위를 올릴 때, 하느님에게 아뢰는 글.

고ː천-자(告天子)명 ☞종다리.

고ː철(古哲)명 옛 철인.

고ː철(古鐵)명 낡은 쇠. 헌쇠.

고ː체(古體)명 ①고문의 문체. ②한시에서, 절구(絕句)·율시(律詩) 등의 근체시(近體詩) 이전의 시체(詩體)를 이르는 말.

고체(固滯) '고체하다'의 어근.

고체(固體)명 일정한 모양과 부피를 가지고 있어 쉽게 변형되지 않는 물체. 참기체(氣體)·액체(液體).

고ː체-시(古體詩)명 한시에서, 절구(絕句)·율시(律詩) 따위 근체시(近體詩) 이전의 시를 이르는 말. 준고시. ↔근체시(近體詩).

고체-하다(固滯-)형여 성질이 고집스럽고 너그럽지 못하다.

고체-화(固體化)명하자타되자 액상(液狀)의 물질이 고체로 변함, 또는 변하게 함. 고화(固化).

고쳐-먹다[-처-따]타 달리 생각하거나 다른 마음을 가지다. ¶ 그 사람은 생각을 고쳐먹고 새 출발했다.

고초부 〈옛〉곧추. 아래위가 곧게. ¶ 고초 드듸여 셔샤(月釋*1:52*). /긴 바몰 고초 안자(鄭澈.思美人曲).

고초(枯草)명 마른풀.

고초(苦椒)명 〈고추〉의 본딧말.

고초(苦楚)명 ☞고난(苦難). ¶ 고초를 겪다.

고초(藁草)명 볏짚.

고초-균(枯草菌)명 간균과(桿菌科)의 막대 모양의 균. 자연계에 널리 분포하는 세균으로, 마른풀·하수(下水)·토양 등에서 볼 수 있음. 병을 일으키지는 않으나, 우유를 굳게 하고 전분을 당화(糖化)하며 유지 따위를 분해시킴.

고초다타 〈옛〉①곧추세우다. ¶ 부텨 向ᄒᆞᅀᆞ바 손 고초샤(月釋*1:52*). ②지극히 하다. 한결같이 하다. ¶ 눉믈 흘려 精誠 고초아(楞解*5:3*).

고초-만상(苦楚萬狀)명 갖은 고초.

고촉(孤燭)명 쓸쓸히 켜 있는 촛불.

고촉(高燭)명 도수(度數)가 높은 촉광(燭光).

고촌(孤村)명 외딴 마을.

고ː총(古塚)명 오래된 무덤.

고총(固寵)명하자 변함이 없는 총애를 받음.

고쵸명 〈옛〉후추. ¶ 고쵸 쵸:椒(訓蒙上*12*).

고추(←苦椒)명 ①가짓과의 일년초. 줄기 높이 60~90 cm로 가지가 많이 갈라짐. 잎은 긴 달걀 모양인데 여름에 흰 꽃이 잎겨드랑이에서 핌. 초록빛의 열매는 원뿔꼴로 익어 가면서 차차 빨갛게 변함. 매운맛이 있어 양념으로 쓰임. 열대와 온대에서 널리 재배됨. 당초(唐椒). 번초(蕃椒). ②〈고추자지〉의 준말. 본고초(苦椒).

고추는 작아도 맵다속담 '몸집이 작아도 힘이 세거나 하는 짓이 야무진 사람'을 비유하여 이르는 말.

고추 먹은 소리관용 못마땅하게 여겨 불만스러운 투로 하는 말.

고추(考推)명하타 살펴서 짐작함.

고추-감명 작은 뾰주리감.

고추-기름명 ☞라유.

고추-나물명 물레나물과의 다년초. 각지의 산야에 나는데, 잎은 길둥근꼴로 마주나고, 여름철에 노란 꽃이 핌. 어린잎은 나물로 먹고 줄기와 잎은 약재로 씀.

고추-냉이[명] 십자화과의 다년초. 울릉도에 자라며, 잎자루는 밑 쪽이 넓고 줄기잎은 달걀 모양 또는 염통 모양임. 매운맛이 있어 향신료로 쓰임. 산규(山葵).
고추-바람[명] 몹시 찬 바람.
고추-박이[명] '미천한 여자의 남편'을 얕잡아 이르는 말.
고추-뿔[명] 양쪽 다 곧게 선 쇠뿔.
고추-상투[명] 고추같이 작은, 노인의 상투.
고추-씨[명] 고추의 씨.
고추-자지[명] (고추처럼 작은) '어린아이의 자지'를 귀엽게 이르는 말. [준]고추.
고추-잠자리[명] 잠자릿과의 곤충. 수컷은 몸이 붉고 암컷은 누르스름함. 초가을에 볼 수 있음.
고추-장(-醬)[명] 메줏가루에 질게 지은 밥이나 떡가루를 익혀 버무리고, 고춧가루와 소금을 넣어서 담근 매운 장.
고추장-볶이(-醬-)[명] 찹쌀고추장에 참기름, 설탕 등을 섞어서 되직하게 볶은 반찬.
고추-짱아[명] '고추잠자리'의 어린이 말.
고ː축(告祝)[명][하타] 신명(神明)에게 고하며 빎.
고-출력(高出力)[명] 높은 출력.
고춧-가루[-추까-/-춘까-][명] 고추를 말려서 빻은 가루.
고춧-잎[-춘닙][명] 고추의 잎사귀. * 고춧잎이[-춘니피]·고춧잎만[-춘님-]
고충(孤忠)[명] (동조하는 사람 없이) 혼자서 바치는 외로운 충성.
고충(苦衷)[명] ①괴로운 심정. ¶ 고충을 털어놓다. ②어려운 사정. ¶ 고충이 있다.
고취(鼓吹)[명][되자] ①[하자]북을 치고 피리를 붊. ②[하타](사상 따위를) 열렬히 주장하여 널리 알림. ¶ 애국심을 고취하다. /민족의식을 고취하다. ③[하타](용기를) 북돋움. ¶ 사기를 고취하다.
고층(高層)[명] ①(여러 층으로 높이 겹쳐 있는) 건물의 높은 층, 또는 그 건물. ¶ 고층 아파트. ②상공(上空)의 높은 곳.
고층^습원(高層濕原)[명] 무기 염류의 공급이 부족하며 춥고 습기가 많아 물이끼로 덮인 지대.
고층-운(高層雲)[명] 중층운(中層雲)의 한 가지. 2~7 km 상공에 널리 깔리는, 회색 또는 짙은 회색의 구름. 날씨가 크게 궂을 전조로 나타남. 높층구름. 층권운.
고치[1][명] 누에가 실을 토하여 제 몸을 둘러싸서 만든 타원형의 집. 명주실을 뽑아내는 원료가 됨. 누에고치. 잠견(蠶繭).
고치[2][명] 물레로 실을 자으려고 솜을 고칫대에 말아 뺀 솜 대롱.
고치(高値)[명] 비싼 값.
고치(膏雉)[명] 살진 꿩.
고치다[타] ①못 쓰게 된 것을 손질하여 쓸 수 있게 만들다. 수리하다. 수선하다. ¶ 시계를 고치다. ②병을 낫게 하다. ¶ 속병을 고치다. ③잘못된 일이나 마음을 바로잡다. ¶ 틀린 답을 고치다. /버릇을 고치다. ④바꾸다. 변경하다. ¶ 이름을 고치다. ⑤모양이나 위치를 바르게 하다. ¶ 비뚤어진 자세를 고치다.
고치-솜[명] 누에가 고치를 만들 때 토사공(吐絲孔)에서 토해 내는 물질. 견면(繭綿).
고치-실[명] 누에가 번데기로 변할 때, 머리의 토사공(吐絲孔)에서 토하여 제 몸을 둘러싸는 실. 생사의 원료가 됨.
고치-적(苦恥的)[관][명] 괴롭고 수치(羞恥)스러운 (것).
고치^틀기[명] 누에가 실을 토하여 고치를 만드는 짓.
고ː친(故親)[명] 오래전부터 사귀어 온 친지 또는 친구. 옛 친구.
고침(孤枕)[명] (홀로 자는) 외로운 잠자리.
고침(高枕)[명] 높은 베개.
고침-단금(孤枕單衾)[명] (홀로 자는 젊은 여자의) 외로운 잠자리.
고침-단면(高枕短眠)[명] 베개를 높이 베면 오래 자지 못한다는 말.
고침-단명(高枕短命)[명] 베개를 높이 베면 오래 살지 못한다는 말.
고침-사지(高枕肆志)[명] 〔높은 베개를 베고 마음대로 한다는 뜻으로〕 '편안히 누워 마음대로 즐기며 지냄'을 이르는 말.
고침-안면(高枕安眠)[명] '근심 없이 편안히 잘 지냄'을 이르는 말. 〔'사기'의 '장의열전(張儀列傳)'에 나오는 말로, 위나라 장의가 진나라를 섬기면 '베개를 높이 하여 편히 잘 수 있다'고 왕을 설득한 고사에서 유래함.〕
고침-한등(孤枕寒燈)[명] 〔외로운 베개와 쓸쓸한 등불이라는 뜻으로〕 '홀로 자는 쓸쓸한 밤'을 이르는 말.
고칫-대[-치때/-칟때][명] 실을 자을 고치를 만드는 데 쓰는 수수깡.
고ː칭(古稱)[명] 옛날에 일컫던 이름.
고칭(高秤)[명] 저울을 세게 다는 일.
고코으다[자] 〈옛〉코 골다. ¶ 고코을 한:鼾(訓蒙上*30*).
고콜[명] 관솔불을 올려놓을 수 있도록 방 안의 벽에 뚫어 놓은 구멍.
고콜-불[-뿔][명] 고콜에 켜는 관솔불.
고키리[명] 〈옛〉코끼리. ¶ 고키리 샹:象(訓蒙上*18*).
고타(拷打)[명][하타] 고문(拷問)하여 때림.
고타분-하다[형여] 〈고리타분하다〉의 준말. [큰]구터분하다. **고타분-히**[부].
고ː탑(古塔)[명] 옛 탑.
고탑(高塔)[명] 높은 탑.
고탑지근-하다[-찌-][형여] 좀 고리탑탑하다. [큰]구텁지근하다. **고탑지근-히**[부].
고탑탑-하다[-타파-][형여] 〈고리탑탑하다〉의 준말. [큰]구텁텁하다. **고탑탑-히**[부].
고ː태(古態)[명] 예스럽고 수수한 모습.
고ː태(故態)[명] 옛 모습. 지난날의 자태.
고태의연(古態依然) '고태의연하다'의 어근.
고ː태의연-하다(古態依然-)[-의-/-이-][형여] 예스러운 모습 그대로이다. [참]구태의연하다. **고태의연-히**[부].
고ː택(古宅)[명] 오래된 집.
고ː택(故宅)[명] 예전에 살던 집. [참]구택(舊宅).
고택(膏澤)[명] ①남의 은혜나 덕택. ②비나 이슬의 혜택. ③☞고혈(膏血).
고텨[부] 〈옛〉다시. 고쳐. ¶ 고텨 아니 볼 게이고. /고텨 올나 안존 마리(松江.關東別曲).
고토(苦土)[명] '산화마그네슘'을 이르는 말.
고ː토(故土)[명] 고향의 땅. 고국(故國)의 땅.
고토(膏土)[명] 기름진 땅.
고통(苦痛)[명] (몸이나 마음이) 괴롭고 아픔. 통고(痛苦). ¶ 정신적 고통.
고통-스럽다(苦痛-)[-따][~스러우니·~스러워][형ㅂ] (몸이나 마음이) 괴롭고 아픈 느낌이 있다. **고통스레**[부].
고투(苦鬪)[명][하자] 몹시 힘들게 싸우거나 일함. 고전(苦戰). ¶ 고투 끝에 얻은 성공.

고틀란드-기(Gottland紀)명 ☞실루리아기.
고티명 〈옛〉 고치. ¶ 고티:繭(訓解).
고티다타 〈옛〉 고치다. ¶ 田制를 고티시니(龍歌 73章).
고:판(古版)명 ①옛날에 간행한 책. ②오래된 판목.
고:판-본(古版本)명 ①지난날의 목판본(木版本)을 통틀어 이르는 말. ②신판본(新版本)에 대한, 그 이전의 판본.
고패명 (두레박이나 깃발 따위의) 물건을 높은 곳에 달아 올렸다 내렸다 하는 줄을 걸치는 도르래나 고리. 녹로(轆轤).
고팻-줄[-패쭐/-팯쭐]명 고패에 걸친 줄.
고팽이명 ①새끼 따위를 사리어 놓은 한 돌림. 사리. ②단청에서, 나선형 무늬를 이르는 말. ③〖의존 명사적 용법〗 (두 지점 사이의) 한 차례의 왕복. ¶ 시장까지 두 고팽이나 물건을 날랐소.
고편(苦鞭)명 수도자 등이 극기(克己)하기 위하여, 제 손으로 제 몸을 때리는 채찍.
고-편도(苦扁桃)명 ☞감복숭아.
고평(考評)명하타 시문(詩文) 등의, 잘 짓고 못 지은 것을 평정(評定)함.
고평(高評)명 남을 높이어 그의 '비평'을 이르는 말. ¶ 고평을 듣고 싶습니다.
고폐(痼弊)[-폐/-페]명 오래되어 바로잡기 어려운 폐단. 고막(痼瘼).
고푸리다타 몸을 앞으로 고부리다. 큰구푸리다. 센꼬푸리다.
고:품(古品)명 낡은 물품. 옛 물품.
고:풍(古風)명 ①옛 풍속. ②예스러운 모습. ¶ 고풍이 배어 있는 전통 가옥. ③한시(漢詩)의 한 체(體).
고풍(高風)명 ①높은 곳의 바람. ②고상한 풍채나 품성. ③남을 높이어 그의 '풍채'를 이르는 말.
고:풍-스럽다(古風-)[-따][~스러우니·~스러워]형ㅂ 고풍이 많이 있어 보이다. ¶ 고풍스러운 사찰(寺刹). **고풍스레**부.
고프다[고프니·고파]형 《'배'를 주어로 하여》 배 속이 비어 음식을 먹고 싶다. ¶ 배는 고픈데 밥맛은 없고….
고:필(古筆)명 ①오래된 붓. ②옛사람의 필적.
고하(高下)명 ①(지위나 등급·신분 등의) 높고 낮음이나 귀하고 천함. ¶ 지위의 고하를 막론하고…. ②(값의) 많고 적음. ¶ 값의 고하를 불문하고 사겠다. ③(내용이나 품질 따위의) 좋고 나쁨.
고하-간(高下間)명 《주로 '고하간에'의 꼴로 쓰이어》 ①(값의) 많고 적음을 따지지 아니함. ②(등급·신분의) 높고 낮음을 따지지 아니함. ③(내용이나 품질 따위의) 좋고 나쁨을 따지지 아니함.
고:-하다(告-)타여 ①아뢰다. ¶ 어른께 사실대로 고하다. ②알리다. 말하다. ¶ 동포에게 고하는 글. /청년 학생들에게 고함. ③(아퀴를) 짓다. ¶ 종말을 고하다.
고:-하다(誥-)타여 (아랫사람에게) 일러 깨우쳐 주다. ¶ 자손 만대에 고하야 민족자존의 정권(正權)을 영유케 하노라.
고하-자(高下字)[-짜]명 ☞평측자(平仄字).
고학(苦學)명하자 학비를 스스로 벌어 고생하며 배움.
고-학년(高學年)[-항-]명 높은 학년. ¶ 고학년 학생. ↔저학년.
고-학생(苦學生)[-쌩]명 (집안 사정이 어려워) 학비를 스스로 벌어 고생하며 공부하는 학생.
고한(枯旱)명하자 가물어서 식물이 마름.
고한(苦寒)명 ①모진 추위. ②추위로 말미암은 괴로움.
고한^노동(苦汗勞動)명 좋지 않은 노동 조건 아래에서 혹사당하는 반노예적 노동.
고한^제:도(苦汗制度)명 고한 노동에 의한 극도의 노동 착취 제도.
고함(高喊)명 크게 외치는 목소리.
고함(鼓喊)명하자 북을 울리며 여럿이 한꺼번에 소리를 지름.
고함-지르다(高喊-)[~지르니·~질러]자르 큰 소리로 부르짖다.
고함-치다(高喊-)자 크게 소리치다.
고항(高亢) '고항하다'의 어근.
고항-하다(高亢-)형여 뜻이 높아 남에게 굽실거리지 않다.
고:해(告解)명하타 ☞고백 성사.
고해(苦海)명 불교에서, '괴로움이 많은 속세(俗世)'를 바다에 비유하여 이르는 말.
고해명 〈옛〉 고니. ¶ 고해 곡:鵠(訓蒙上15).
고:해-바치다(告-)타 어떤 일을 윗사람에게 말하여 알게 하다.
고:해^성:사(告解聖事)명 '고백 성사'의 구용어.
고행(苦行)명 ①하자불교에서, 깨달음에 이르기 위하여 육신을 고통스럽게 하면서 그것을 견디어 내는 수행을 함. ②(중이 되기 위하여) 절에서 심부름하는 일, 또는 그 사람.
고향(故鄕)명 ①태어나서 자란 곳. ②조상 때부터 대대로 살아온 곳. 가국(家國). 고원(故園). 시골. 향국(鄕國). 향리(鄕里).
고:허(古墟)명 오랜 세월을 지낸 폐허.
고:허(故墟)명 지난날에 성곽 따위가 있었던 자리. 참폐허[1].
고헐(苦歇)명 오래 앓는 중에, 병이 더했다 덜했다 하는 일.
고헐(高歇)명 ①(값의) 비쌈과 쌈. ②(값이) 올랐다 내렸다 함.
고험(考驗)명하타 생각하여 조사함.
고험(高險)명하형 높고 험함.
고:현(古賢)명 옛 현인. 석현(昔賢).
고현-학(考現學)명 현대의 풍속이나 세태를 계통적으로 조사·연구하여 현대의 진상을 구명함으로써 장래의 발전에 바탕이 되게 하려는 학문. ↔고고학(考古學).
고혈(孤孑) '고혈하다'의 어근.
고혈(膏血)명 〔사람의 '기름과 피'라는 뜻으로〕 고생하여 얻는 수익, 또는 그렇게 모은 재산을 이르는 말. 고택(膏澤).
고혈을 짜다〔**짜내다**〕관용 가혹하게 착취하거나 징수하다.
고혈-단신(孤孑單身)명 혈육(血肉)이 없는 외로운 몸.
고혈당-증(高血糖症)[-땅쯩]명 혈액 중에 포도당이 너무 많은 병증.
고-혈압(高血壓)명 ①혈압이 정상보다 높은 현상. ②고혈압증. ↔저혈압.
고혈압-증(高血壓症)[-쯩]명 심장이 수축할 때의 혈압과 확장할 때의 혈압이 정상보다 이상(異常) 상태로 높은, 심장 혈관계의 병적(病的)인 상태. 최고 혈압 160 mmHg 이상, 최저 혈압 95 mmHg 이상을 말함. 고혈압.
고혈-하다(孤孑-)형여 가족이나 친척이 없어 외롭다. **고혈-히**부.

고형(固形)명 질이 단단하고, 일정한 모양과 부피를 가지고 있는 것. ¶ 고형 물질.

고형^사료(固形飼料)명 비타민이나 무기 염류 등을 섞어 단단한 알갱이로 만든 사료.

고형^알코올(固形alcohol)명 (휴대용 연료 등으로 쓰기 위하여) 비누 따위에 흡수시켜 굳힌 알코올.

고ː호(古號)명 (사람이나 땅 등의) 옛 이름.

고호(顧護)명하타 돌보아 줌. 고견(顧見).

고혹(蠱惑)명하자 (아름다움이나 요염한 자태 등으로) 호려서 마음이 쏠리게 함.

고혹-적(蠱惑的)[-쩍]관명 아름다움이나 요염한 자태 따위에 호려서 마음이 쏠리는 (것). ¶ 고혹적인 여인의 자태.

고혼(孤魂)명 의지할 곳 없는 외로운 넋.

고ː화(古畫)명 옛 그림.

고화(固化)명하자타 ☞고체화(固體化).

고화(枯花)명 시든 꽃. 마른 꽃.

고화(鼓花)명 ☞인화(印花).

고-화질(高畫質)명 (텔레비전 등의) 화면 바탕이 아주 섬세하고 선명한 것. ¶ 고화질 텔레비전.

고환(苦患)명하타 ☞고뇌(苦惱).

고환(睾丸)명 불알.

고환-염(睾丸炎)[-념]명 불알에 생기는 염증. 전염병에 걸려 있을 때 생기기 쉬움.

고황(苦況)명 고생스러운 상황.

고황(膏肓)명 〔'고(膏)'는 심장의 아랫부분, '황(肓)'은 횡격막의 윗부분을 뜻하는 말로〕 '사람 몸의 가장 깊은 곳'을 이르는 말.

고황에 들다관용 병이 몸속 깊이 들어 고치기 어렵게 되다.

고황지질(膏肓之疾)명 〔'고황에 생긴 병'이란 뜻으로〕 고치기 어려운 병. 비말증(末症).

고ː훈(古訓)명 옛사람의 교훈.

고훼(枯卉)명 말라 죽은 풀.

고휼(顧恤)명하타 불쌍히 여겨 돌봄.

고흥(高興)명 ①한창 도도히 일어나는 흥. ②품위 있는 흥취.

고ː희(古稀)[-히]명 사람의 나이 '일흔 살' 또는 '일흔 살이 된 때'를 달리 이르는 말. 〔두보(杜甫)의 시 '곡강(曲江)'에 나오는 '人生七十古來稀(사람의 나이 일흔은 예부터 드문 일)'라는 말에서 유래함.〕

고ː희-연(古稀宴)[-히-]명 일흔 살이 되는 생일에 베푸는 잔치.

곡(曲)명 ①〈곡조(曲調)〉의 준말. ②〔의존 명사적 용법〕 악곡이나 노래를 세는 단위. ¶ 노래를 한 곡 부르다.

곡(哭)명하자 (사람이 죽었을 때나 제사 때에) 소리 내어 우는 일, 또는 그 울음.

-곡어미 〈옛〉-고서. ¶ 그를 스곡 子細히 議論호미 됴토다(杜初21:6).

-곡(曲)접미 '어떤 종류의 노래나 악곡임'을 나타냄. ¶ 합주곡. /합창곡.

곡가(穀價)[-까]명 곡식 값.

곡간(谷澗·谷磵)[-깐]명 산골의 시내.

곡경(曲徑)[-꼉]명 ①꼬불꼬불한 좁은 길. ②☞사경(私徑).

곡경(曲境)[-꼉]명 몹시 힘들고 어려운 처지.

곡곡(曲曲)[-꼭]명 ①(굴곡이 많은 산·내·길 따위의) 굽이굽이. ②〈방방곡곡〉의 준말.

곡관(曲管)[-꽌]명 굽은 팔꿈치 모양의 관.

곡-괭이[-꽹-]명 황새 부리처럼 한쪽 또는 양쪽으로 길게 날을 내고 가운데에 자루를 박은 괭이의 한 가지. 단단한 땅을 파는 데 쓰임.

곡괭이^버력[-꽹-]명 화약을 쓰지 않고 곡괭이만으로 파낼 수 있는 버력.

곡굉이침지(曲肱而枕之)[-꾕-/-꿩-]명 〔팔을 구부려 베개 삼아 잠을 잔다는 뜻으로〕 '가난한 생활', '간소한 생활'을 비유하여 이르는 말.

곡귀(穀貴) '곡귀하다'의 어근.

곡귀-하다(穀貴-)[-뀌-]형여 시장에서 곡식이 달리어 값이 비싸다. ↔곡천하다.

곡균(*麯菌)[-뀬]명 ☞누룩곰팡이.

곡기(穀氣)[-끼]명 '곡식으로 만든 음식'을 통틀어 이르는 말. 낟알기.

곡기를 끊다관용 음식을 먹지 아니하다. 음식을 먹지 못하다. ¶ 곡기를 끊은 지 여러 날이 되었다.

곡다(曲茶·穀茶·*麯茶)[-따]명 ☞곡차(穀茶).

곡달(穀疸)[-딸]명 한방에서, 곡류로 만든 음식만 주로 먹어서 생긴 황달을 이르는 말.

곡도(穀道)[-또]명 대장(大腸)과 항문(肛門).

곡도명 〈옛〉①곡두. ¶ 幻은 곡되라(楞解2:7). ②꼭두각시. ¶ 곡도 노룻ᄒᆞ야(月釋10:14).

곡두[-뚜]명 실제로는 눈앞에 없는 사람이나 물건이 마치 있는 것처럼 보이다가 사라져 버리는 현상. 환영(幻影).

곡두-선(曲頭扇)[-뚜-]명 ☞곱장선.

곡론(曲論)[공논]명하자 이치에 어긋난 이론. 곡설(曲說).

곡류(曲流)[공뉴]명하자 물이 굽이쳐 흘러감, 또는 그 흐름.

곡류(穀類)[공뉴]명 쌀·보리·밀 따위의 곡식.

곡률(曲律)[공뉼]명 악곡(樂曲)의 선율.

곡률(曲率)[공뉼]명 곡선이나 곡면의 굽은 정도. 〔그 값은 곡률 반지름의 역수(逆數)임.〕

곡률^반ː지름(曲率半-)[공뉼-]명 곡률의 역수(逆數). 〔곡률원의 반지름과 같음.〕

곡률-원(曲率圓)[공뉴뤈]명 평면 곡선에 접하는 접선을 공통 접선으로 하며, 이 접선에 대하여 곡선과 같은 쪽에 있고 곡률 반지름을 반지름으로 하는 원.

곡륭-산지(曲隆山地)[공늉-]명 지각(地殼)의 만곡(彎曲)으로 말미암아 넓은 지역이 완만하게 높아진 산지.

곡림(哭臨)[공님]명하자 지난날, 임금이 죽은 신하를 몸소 조문(弔問)하던 일.

곡마(曲馬)[공-]명 말을 타고 부리는 여러 가지 재주. 서커스.

곡마-단(曲馬團)[공-]명 곡마를 중심으로 여러 가지 곡예를 보여 주는 흥행 단체.

곡마-사(曲馬師)[공-]명 곡마를 업으로 삼는 사람.

곡면(曲面)[공-]명 ①평탄하지 아니하고 곡선으로 이루어진 면. 〔원기둥이나 공의 표면 따위.〕 ↔평면. ②해석 기하학에서, 평면을 포함한 일반적인 면을 이르는 말.

곡면^인쇄(曲面印刷)[공-]명 연필이나 접시 따위 곡면체에 하는 인쇄.

곡면-체(曲面體)[공-]명 표면의 일부가 곡면으로 된 입체 도형.

곡명(曲名)[공-]명 악곡의 이름. 곡목(曲目).

곡목(曲目)[공-]명 ①연주할 악곡 또는 곡명을 적어 놓은 목록. ②☞곡명(曲名).

곡물(穀物)[공-]명 곡식.

곡물-상(穀物商)[공-쌍]명 ①곡물을 매매하는 장사 또는 장수. ②곡물을 파는 가게. 준곡상.

곡물-식(穀物式)[공-]명 주로, 곡물을 재배하는 경종(耕種) 방식. 주곡식(主穀式).

곡물^한:계(穀物限界) [공-계/공-게] 명 땅 위에서 곡물을 재배할 수 있는 한계.

곡미(曲眉) [공-] 명 〔초승달 모양의 눈썹이란 뜻으로〕 '미인의 눈썹'을 이르는 말.

곡반(哭班) [-빤] 명 지난날, 국상(國喪) 때 곡하던 벼슬아치의 반열.

곡배(曲拜) [-빼] 명 하자 임금을 뵐 때 하던 절. ¶ 곡배를 올리다.

곡법(曲法) [-뻡] 명 하자 법의 본디 취지를 따르지 않고, 법을 마음대로 왜곡함.

곡변(曲辯) [-뼌] 명 하타 틀린 것을 옳다고 주장함, 또는 곡론(曲論)으로 변명함.

곡병(曲屛) [-뼝] 명 ①☞머릿병풍. ②가리개.

곡보(曲譜) [-뽀] 명 ☞악보(樂譜).

곡복-사신(穀腹絲身) [-뽁싸-] 명 먹는 것과 입는 것. 사신곡복(絲身穀腹).

곡분(穀粉) [-뿐] 명 곡물을 빻아서 만든 가루.

곡비(曲庇) [-삐] 명 하타 ①힘껏 보호함. 곡호(曲護). ②사실을 감추거나 곱새김하여 남을 편들고 감쌈.

곡비(哭婢) [-삐] 명 지난날, 장례 때 행렬 앞에서 곡을 하며 가던 여자 종.

곡-빙하(谷氷河) [-삥-] 명 골짜기를 따라 흘러내리는 빙하.

곡사(曲射) [-싸] 명 하타 목표물을 가로막는 장애물이 앞에 있을 때, 탄환이 굽은 탄도(彈道)로 높이 올라갔다가 목표물에 떨어지게 하는 사격.

곡사-포(曲射砲) [-싸-] 명 곡사를 하는 데 쓰이는 화포. 〔박격포 따위.〕

곡삼(曲蔘) [-쌈] 명 굵은 꼬리를 꼬부려서 말린 백삼. 참직삼(直蔘).

곡상(穀商) [-쌍] 명 〈곡물상(穀物商)〉의 준말.

곡-생초(曲生綃) [-쌩-] 명 빛깔이 다른 두 가지 흰 씨실로 절반씩 섞바꾸어 짠, 문채(文彩) 있는 명주붙이의 여름 옷감. 갑생초(甲生綃).

곡선(曲線) [-썬] 명 ①부드럽게 굽은 선. ↔직선(直線). ②점이 평면 상이나 공간 내를 연속적으로 움직일 때 생기는 선.

곡선-계(曲線計) [-썬계/-썬게] 명 지도 상의 교통로나 하천 등 곡선의 길이를 재는 기구.

곡선-미(曲線美) [-썬-] 명 ①건축이나 조각·회화 등에서 곡선으로 표현된 아름다움. ②육체의 곡선에서 나타나는 아름다움.

곡선-식(曲線式) [-썬-] 명 같은 표고(標高)를 연결하는 곡선을 써서 땅의 높낮이를 나타내어 지도를 그리는 법.

곡선^운:동(曲線運動) [-써눈-] 명 (물체 따위가) 곡선을 그리면서 움직이는 운동. 〔원운동(圓運動) 따위.〕

곡선-자(曲線-) [-썬-] 명 곡선을 그리는 데 쓰이는 자. 운형자.

곡선-표(曲線標) [-썬-] 명 철도 선로의 구부러진 곳에 세우는 표지(標識).

곡설(曲說) [-썰] 명 편벽되고 그른 이론. 곡론(曲論).

곡성(曲城) [-썽] 명 굽이지게 쌓은 성벽. 곱은성.

곡성(哭聲) [-썽] 명 곡소리.

곡-소리(哭-) [-쏘-] 명 곡하는 소리. 곡성(哭聲).

곡-쇠(曲-) [-쐬/-쒜] 명 ☞곡철(曲鐵).

곡수(曲水) [-쑤] 명 굽이굽이 휘돌아 흐르는 물.
 곡수(를) 놓다 관용 곡수를 수놓다.
 곡수(를) 틀다 관용 곡수를 그리다.

곡수(谷水) [-쑤] 명 골짜기의 물.

곡수-연(曲水宴) [-쑤-] 명 지난날, 선비들이 정원의 곡수에 술잔을 띄우고 시를 읊으며 즐기던 잔치. 참곡수유상.

곡수-유상(曲水流觴) [-쑤-] 명 〔곡수에 술잔을 띄워 보낸다는 뜻으로〕 '곡수연(曲水宴)'을 달리 이르는 말. 유상곡수.

곡식(穀食) [-씩] 명 양식이 되는 쌀·보리·조·콩 따위를 통틀어 이르는 말. 곡물.

곡식-알(穀食-) [-씨갈] 명 곡식의 낟알.

곡신(穀神) [-씬] 명 곡식을 맡아본다는 신(神).

곡심(曲心) [-씸] 명 하자 마음이 곱지 아니하고 비뚦.

곡연(曲宴) 명 지난날, 궁중(宮中)에서 베풀던 작은 규모의 잔치.

곡예(曲藝) 명 줄타기나 재주넘기·곡마·요술 따위 신기한 재주를 부리는 연예(演藝). 서커스.

곡예-단(曲藝團) 명 곡예를 전문으로 하는 단체.

곡예^댄스(曲藝dance) 명 흥미 본위로 곡예를 섞어서 추는 춤.

곡예-비행(曲藝飛行) 명 공중에서 비행기로 하는 여러 가지 재주.

곡예-사(曲藝師) 명 곡예를 업으로 하는 사람.

곡옥(曲玉) 명 상고 때에, 옥을 반달 모양으로 다듬어서 끈에 꿰어 장식으로 쓰던 구슬. 구옥(勾玉).

곡용(曲用) 명 인도·유럽 어에서 나타나는 명사·대명사·수사·형용사 등의 격(格)·수(數)·성(性)에 의한 굴절. 국어에서는 체언에 격 조사(格助詞)가 붙어서 어형(語形)이 바뀌는 것을 가리키기도 하지만, 학교 문법에서는 인정하지 않음. 격 변화. 참활용(活用).

곡우(穀雨) 명 이십사절기의 하나. 청명(淸明)과 입하(立夏) 사이로, 4월 20일께. 이 무렵에 곡식이 자라는 데 이로운 비가 내리기 시작한다고 함.

곡읍(哭泣) 명 하자 소리 내어 슬피 욺.

곡인(穀人) 명 '농민'을 달리 이르는 말.

곡일(穀日) 명 그해 농사를 점치는 날로, '음력 정월 초여드렛날'을 이르는 말.

곡자(曲子·*麴子) [-짜] 명 '누룩'으로 순화.

곡장(曲墻) [-짱] 명 능(陵)이나 원(園)의 무덤 뒤에 둘러쌓은 나지막한 담.

곡재아(曲在我) [-째-] 명 잘못이 나에게 있음.

곡재피(曲在彼) [-째-] 명 잘못이 남에게 있음.

곡적(穀賊) [-쩍] 명 한방에서, 곡식의 까끄라기가 목구멍에 걸려 열이 나며 붓고 아픈 병증(病症)을 이르는 말.

곡절(曲折) [-쩔] 명 ①복잡한 사연이나 내용. ¶ 많은 곡절을 겪다. /그가 우는 데는 무슨 곡절이 있다. ② 까닭. ¶ 곡절을 알아야지. ③ (문맥 따위가) 단조롭지 않고 변화가 많은 것.

곡절(曲節) [-쩔] 명 곡조의 마디.

곡정(曲釘) [-쩡] 명 대가리가 'ㄱ' 자처럼 꼬부라진 못.

곡정(穀精) [-쩡] 명 곡식의 자양분.

곡정-수(穀精水) [-쩡-] 명 ①멥쌀을 고아서 밭친 미음. ②밥물.

곡정-초(穀精草) [-쩡-] 명 곡정초과의 일년초. 얕은 연못이나 논밭에 나는데, 수염뿌리가 나고 줄기는 없음. 가늘고 긴 잎이 뿌리에서 무더기로 나며, 늦여름에 흰 꽃이 핌. 한방에서 줄기와 잎을 말려 약재로 씀.

곡제-화주(穀製火酒) [-쩨-] 명 곡식으로 만든 독한 술. 〔위스키 따위.〕

곡조(曲調) [-쪼] 명 ①음악이나 가사의 가락. ¶ 흥겨운 곡조. ②〖의존 명사적 용법〗 음악적 통일을 이루는 음의 연속이나 노랫가락을 세는 단위. ¶ 시조 한 곡조. /가야금 몇 곡조를 뜯다. 준곡(曲)·조(調).

곡종(穀種)[-쫑]명 ①곡식의 종류. ②곡식의 씨앗.

곡좌(曲坐)[-쫘]명하자 〔윗사람 앞에 앉을 때 상대편을 공경하는 마음을 나타내는 뜻에서〕 마주 앉지 않고 옆으로 조금 돌아앉음.

곡주(穀酒)[-쭈]명 곡식으로 빚은 술.

곡직(曲直)[-찍]명 ①굽음과 곧음. ②사리의 옳고 그름. ¶ 곡직을 논하다.

곡진(曲盡) '곡진하다'의 어근.

곡진-기정(曲盡其情)[-찐-]명하자 앞뒤 사정을 자세히 말함.

곡진-하다(曲盡-)[-찐-]형여 ①마음과 정성이 지극하다. ¶ 대접이 곡진하다. ②자세하고 간곡하다. **곡진-히**부.

곡차(穀茶·*麯茶·曲茶)명 〔곡식으로 빚은 술이라는 뜻으로〕 불교에서, '술'을 이르는 말. 곡다(穀茶). 반야탕.

곡창(穀倉)명 ①곡식을 쌓아 두는 창고. ②곡식이 많이 나는 곳. 곡향(穀鄕). ¶ 곡창 지대.

곡창(穀脹)명 한방에서, 음식을 많이 먹어 소화가 안 되고 헛배가 불러 오는 위장병을 이르는 말.

곡척(曲尺)명 ☞곱자.

곡천(穀賤) '곡천하다'의 어근.

곡천-하다(穀賤-)형여 (생산이 많이 되어) 곡식 값이 뚝 떨어져 헐하다. ↔곡귀하다.

곡철(曲鐵)명 ①직각형으로 된 쇳조각. 곡쇠. ②양금(洋琴)의 줄을 고르는 기구.

곡초(穀草)명 이삭을 떨어낸 곡식 풀의 줄기. 〔볏짚이나 밀짚 따위.〕

곡초-식(穀草式)명 땅심에 따라서 곡식과 목초를 번갈아 가꾸는 영농 방식.

곡총(穀總)명 ①국고에 들어오는 곡식의 총액. ②곡식의 총수(總數).

곡출(穀出)명 추수한 곡식의 수량.

곡풍(谷風)명 ①골바람. ②☞동풍(東風).

곡피(穀皮)명 곡물의 껍질.

곡필(曲筆)명하타 (바른 대로 쓰지 않고) 사실을 그릇되게 씀, 또는 그 글. ¶ 곡필과 과장을 일삼다. 참직필.

곡-하다(曲-)[고카-]형여 ①사리가 바르지 않다. ②고깝다.

곡학(曲學)[고칵]명 바른 길에서 벗어난 학문.

곡학-아세(曲學阿世)[고카가-]명하자 바른 길에서 벗어난 학문으로 시세(時勢)나 권력자에게 아첨하여 인기를 얻으려는 언행(言行)을 함. 〔'사기'의 '유림전(儒林傳)'에 나오는 말로, 중국 한나라의 원고생(轅固生)이 공손홍(公孫弘)에게 학문의 정도(正道)는 학설을 굽혀 세상 속물에 아첨하는 게 아니라고 한 고사에서 유래함.〕

곡해(曲解)[고캐]명하타되자 사실을 본래의 뜻과 다르게 잘못 해석하거나 이해함, 또는 그런 해석이나 이해. ¶ 동료의 호의를 곡해하다.

곡향(穀鄕)[고컁]명 곡식이 많이 나는 고장. 곡창(穀倉).

곡형(曲形)[고켱]명 굽은 형상.

곡호(曲護)[고코]명하타 ☞곡비(曲庇).

곡호-대(曲號隊)[고코-]명 지난날, 곡호수만으로 조직된 부대.

곡호-수(曲號手)[고코-]명 지난날, 군대에서 나팔을 불던 병정.

곡화(曲畫)[고콰]명 정상이 아닌 방법으로 그린 그림. 붓 대신 종이·손가락 등을 사용하거나 왼손이나 발·입 등으로 그린 것.

곤명 〈옛〉 고니. ¶ 곤:天鵝(訓蒙上*16*).

곤:(困)명 〈곤괘(困卦)〉의 준말.

곤(坤)명 ①〈곤괘(坤卦)〉의 준말. ②〈곤방(坤方)〉의 준말. ③〈곤시(坤時)〉의 준말.

-곤[1]어미 〈-고는[1]〉의 준말. ¶ 그는 경기 때마다 훈련을 치곤 했다.

-곤[2]어미 〈-고는[2]〉의 준말.

곤:갈(困竭·困渴)명하자 어렵고 가난하여 재물이 다 없어짐. 비곤절.

곤:경(困境)명 곤란한 처지. 딱한 사정. ¶ 곤경에 처하다. /곤경에 빠지다. /곤경을 딛고 일어서다.

곤고(困苦) '곤고하다'의 어근.

곤:고-하다(困苦-)형여 어렵고 고생스럽다. **곤고-히**부.

곤곤(滾滾) '곤곤하다'의 어근.

곤:곤-하다(滾滾-)형여 많은 물이 넘실넘실 흘러 세차다. **곤곤-히**부.

곤골(滾汩) '곤골하다'의 어근.

곤:골-하다(滾汩-)형여 몹시 바쁘다. **곤골-히**부.

곤:괘(困卦)명 육십사괘의 하나. 태괘(兌卦)와 감괘(坎卦)를 위아래로 놓은 괘. 못에 물이 없음을 상징함. 준곤(困).

곤괘(坤卦)명 ①팔괘(八卦)의 하나. 상형은 '☷'로 땅을 상징함. ②육십사괘의 하나. 곤괘 '☷'를 위아래로 놓은 괘. 땅 아래에 땅이 거듭됨을 상징함. 준곤(坤). ↔건괘(乾卦).

곤군(困窘) '곤군하다'의 어근.

곤:군-하다(困窘-)형여 어렵고 군색(窘塞)하다. **곤군-히**부.

곤:궁(困窮)명하형스형 ①가난하고 구차함. 궁곤(窮困). ¶ 곤궁한 생활. ↔부유(富裕). ②처지가 난처하고 딱함. ¶ 곤궁에 처하다. **곤궁-히**부. **곤궁스레**부.

곤궁(坤宮)명 왕후의 궁전.

곤급(困急) '곤급하다'의 어근.

곤:급-하다(困急-)[-그파-]형여 곤란하고 위급하다. ¶ 곤급한 처지에 놓이다. **곤급-히**부.

곤난(困難)명 '곤란'의 잘못.

곤뇌(困惱) '곤뇌하다'의 어근.

곤:뇌-하다(困惱-)[-뇌-/-눼-]형여 가난한 살림살이에 시달리어 고달프다. **곤뇌-히**부.

곤:-대명 ☞고운대.

곤댓-짓[-대찟/-댇찟]명하자 뽐내어 하는 고갯짓. *곤댓짓이[-대찌시/-댇찌시]·곤댓짓만[-대찐-/-댇찐-]

곤돌라(gondola 이)명 ①(이탈리아의) 베네치아의 명물인 작은 배. ②기구나 비행선 등에 매달린, 바구니 모양의 객실. ③고층 건물의 옥상에서 늘어뜨려 오르내리게 하는 하물 운반기.

곤두명 ☞곤두박질.

곤:두-곤두감 어린아이를 손바닥 위에 세울 때에 가락을 맞추기 위하여 하는 말.

곤두-박다[-따]자 높은 데서 거꾸로 떨어지다.

곤두박-이다자 〖'곤두박다'의 피동〗 곤두박음을 당하다.

곤두박이-치다자 높은 데서 머리를 아래로 하여 떨어지다.

곤두박-질[-찔]명하자 ①몸을 번드치어 갑자기 거꾸로 떨어지는 짓. 곤두. ②(수치 따위가) 좋지 못한 단계로 급격히 떨어지는 일.

곤두박질-치다[-찔-]㉯ ①몸을 번드치어 갑자기 거꾸로 내리박히다. ②(수치 따위가) 좋지 못한 단계로 급격히 떨어지다. ¶ 주가가 곤두박질치다.
곤두-서다㉯ ①(수평을 이루거나 아래를 향하던 것이) 위쪽으로 꼿꼿이 서다. ¶ 머리카락이 곤두서다. ②(신경 따위가) 날카롭게 긴장하다. ¶ 신경이 곤두서다.
곤두세우다㉰ 〖'곤두서다'의 사동〗 곤두서게 하다. ¶ 라디오 소리에 신경을 곤두세우다.
곤드기-장원(-壯元)명 노름판에서, 승부를 내지 못하고 서로 비긴 노름.
곤드라-지다㉯ ①술에 취하거나 몹시 지쳐서 정신없이 쓰러져 자다. ②곤두박질해 쓰러지다. 큰군드러지다.
곤드레-만드레부하자 (술이나 잠에 몹시 취하여) 정신을 차리지 못하고 몸을 가누지 못하는 모양.
곤들-매기명 연어과의 민물고기. 몸길이 30 cm 가량. 몸은 가늘고 길며 옆으로 납작함. 몸빛은 등 쪽이 황갈색이고 배 쪽은 희며 옆줄 밑에 작고 붉은 점이 섞여 있음. 우리나라·일본·미국 등지에 분포함.
곤:란(*困難)[골-]명하형스형 ①처리하기 어려움. ¶ 곤란한 질문. ②생활이 쪼들림. ¶ 살림이 곤란하다. ③괴로움. **곤란-히**부. **곤란스레**부.
곤로(こんろ. 焜爐 일)명 '풍로(風爐)'로 순화.
곤:룡포(袞龍袍)[골-]명 임금이 입던 정복. 곤복(袞服). 준용포(龍袍).
곤:마(困馬)명 ①(사람이 오래 타서) 지친 말. ②바둑에서, 살기 어렵게 된 돌.
곤명(坤命)명 ①불교의 축원문(祝願文)에서, '여자'를 이르는 말. ②'여자의 생년(生年)'을 이르는 말. ↔건명(乾命).
곤박(困迫) '곤박하다'의 어근.
곤:박-하다(困迫-)[-바카-]형여 (어찌할 수 없을 정도로) 사세(事勢)가 급하다. 사세가 절박하다. **곤박-히**부.
곤방(坤方)명 ①이십사방위의 하나. 남서(南西)를 중심으로 한 15도 범위 이내의 방위. 미방(未方)과 신방(申方)의 사이. ②팔방(八方)의 하나. 남서(南西)를 중심으로 한 45도 범위 이내의 방위. 준곤(坤). ↔간방(艮方).
곤방(棍棒)명 십팔기(十八技) 또는 무예 이십사반의 하나, 또는 그에 쓰이는 막대기. 〔다섯 자 가량의 둥글고 단단한 막대기로 여러 가지 기술을 부림.〕
곤:보(困步)명 힘없이 걷는 걸음걸이.
곤복(悃愊) '곤복하다'의 어근.
곤:복(袞服)명 ☞곤룡포.
곤:복-하다(悃愊-)[-보카-]형여 참되고 정성스럽다.
곤봉(棍棒)명 ①짤막한 몽둥이. ②곤봉 체조(體操)에 쓰이는 운동 기구. 단단한 나무로, 길이는 35~60 cm, 무게 0.5~0.75 kg의 길둥근 병 모양으로 만듦.
곤봉^체조(棍棒體操)명 곤봉을 가지고 하는 체조. 양손에 곤봉을 쥐거나 손가락 사이에 끼고 전후 좌우로 휘두름.
곤비(困憊) '곤비하다'의 어근.
곤:비-하다(困憊-)형여 괴롭고 지치다. 곤궁하고 피로하다. 곤핍하다. 비허비(虛憊)하다.
곤-삼절(坤三絕)명 팔괘 중, 곤괘(坤卦)는 세 막대 모두 끊어졌다는 뜻으로 '☷'의 모양을 이르는 말. ↔건삼련(乾三連).
곤색(-色. こん〔紺〕 일)명 '감색(紺色)'·'검남색'·'진남색'으로 순화.
곤색(困塞) '곤색하다'의 어근.
곤:색-하다(困塞-)[-새카-]형여 ①돈의 융통이 막히다. ②운수가 막히어 살기가 어렵다. **곤색-히**부.
곤-선명(坤仙命)명 점술에서 이르는, 죽은 여자의 태어난 해. ↔건선명(乾仙命).
곤손(昆孫)명 육대 손. 내손(來孫)의 아들. 현손(玄孫)의 손자.
곤쇠아비-동갑(-同甲)[-쇠-/-쉐-]명 '나이 많고 흉측한 사람'을 속되게 이르는 말.
곤:수(困睡)명하자 곤히 잠. 곤히 든 잠.
곤시(坤時)명 이십사시의 열여섯째 시. 하오 2시 30분부터 3시 30분까지의 동안. 준곤(坤).
곤신-풍(坤申風)명 곤방(坤方)이나 신방(申方)에서 불어오는 바람, 곧 남서풍.
곤:액(困厄)명 뜻밖에 당하는 불행한 일.
곤약(崑蒻)명 ①'구약나물'·'구약감자'로 순화. ②구약나물의 땅속줄기를 가루를 내어, 거기에 석회유를 섞어 끓여서 만든 식품.
곤:와(困臥)명하자 고단하여 드러누움, 또는 고단하여 깊이 든 잠.
곤:욕(困辱)명 심한 모욕. 또는 참기 힘든 일. ¶ 곤욕을 치르다.
곤:욕-스럽다(困辱-)[-쓰-따][~스러우니·~스러워]형ㅂ 곤욕을 느끼게 하는 데가 있다. ¶ 곤욕스러운 표정.
곤위(坤位)명 죽은 여자의 무덤, 또는 신주(神主). ↔건위(乾位).
곤위(壼位·坤位)명 곤궁(壼宮), 또는 그 지위.
곤이(鯤鮞)명 ①물고기의 배 속에 있는 알. ②물고기의 새끼.
곤:이지지(困而知之)명 ☞곤지(困知).
곤자소니명 소의 창자 끝에 달린, 기름기가 많은 부분.
곤:작(困作)명하타 (글을) 힘들여 더디 지음.
곤:-잠(困-)명 고단하여 깊게 든 잠. ¶ 곤잠이 들다.
곤장(棍杖)명 지난날, 죄인의 볼기를 치던 형구(刑具). 〔버드나무로 길고 넓적하게 만드는데, 대곤·중곤(中棍)·소곤·중곤(重棍)·치도곤의 다섯 가지가 있음.〕 형장(刑杖).
곤장(을) 내다관용 〔곤장을 치는 것처럼〕 왕창 때려 부수다.
곤쟁이명 새우의 한 가지. 보리새우와 비슷하나 더 작고 몸이 부드러움. 자하(紫蝦).
곤쟁이-젓[-젇]명 곤쟁이로 담근 젓. 참감동젓. *곤쟁이젓이[-저시]·곤쟁이젓만[-전-]
곤전(坤殿)명 '왕후(王后)'를 높이어 일컫던 말. 중궁전(中宮殿).
곤:절(困絕)명하형 가난하여 몹시 고생스러움. 비곤갈(困竭).
곤:정(壼政)명 지난날, '내전(內殿)을 다스리는 일'을 이르던 말.
곤제(昆弟)명 ☞형제(兄弟).
곤좌(坤坐)명 (집터나 묏자리 따위가) 곤방(坤方)을 등진 좌향, 또는 그런 자리.
곤좌-간향(坤坐艮向)명 (집터나 묏자리 따위가) 곤방(坤方)을 등지고 간방(艮方)을 향한 좌향.
곤죽(-粥)명 ①매우 질어서 질척질척한 것. ¶ 장마로 곤죽이 된 길. ②일이 얽혀 갈피를 못 잡게 됨을 이르는 말. ③(주색에 빠지거나 몸이 상하여) '힘없이 늘어진 모양'을 비유하여 이르는 말. ¶ 술에 곤죽이 되다.

곤줄-박이명 박샛과의 새. 날개 길이는 8 cm가량. 몸빛은 짙은 회색이며 가슴과 배는 적갈색임. 뒷머리에 'V' 자 모양의 검은 무늬가 있고 부리는 암갈색임. 우리나라와 동북아시아 일대에 널리 분포하는 익조로 보호조임. 산작(山雀).

곤지명 (시집가는 새색시가 단장할 때) 이마에 연지로 찍는 붉은 점.

곤:지(困知)명 삼지(三知)의 하나. 도(道)를 애써서 깨침. 곤이지지(困而知之).

곤지-곤지 Ⅰ명하자 젖먹이가 왼손 손바닥에 오른손 집게손가락을 댔다 뗐다 하는 동작. Ⅱ감 젖먹이에게 왼손 손바닥에 오른손 집게손가락을 댔다 뗐다 하라고 어르는 말.

곤:직(袞職)명 〔지난날〕 ①임금의 직책. ②임금을 보좌하던 삼공(三公)의 직책.

곤충(昆蟲)명 ①벌레를 흔히 이르는 말. ②곤충류에 딸린 동물.

곤충-류(昆蟲類)[-뉴]명 절지동물의 한 강(綱). 몸은 많은 마디로 되어 있으며, 머리·가슴·배의 세 부분으로 나뉨. 날개가 있는 것과 없는 것의 두 종류가 있고, 암수딴몸으로 난생(卵生)하며 대개 탈바꿈함. 메뚜기목·딱정벌레목·파리목 따위로 나뉨.

곤:침(困寢)명하자 고단하여 잠이 깊이 듦.

곤포(昆布)명 ☞다시마.

곤:포(梱包)명하타 (거적이나 새끼로) 짐을 꾸려 포장함, 또는 그 짐.

곤핍(困乏) '곤핍하다'의 어근.

곤:핍-하다(困乏-)[-피파-]형여 ☞곤비(困憊)하다.

곤:-하다(困-)형여 ①(힘을 많이 써) 기운이 없이 느른하다. ②(졸음이 오거나 하여) 정신이 가물가물하다. ③(몹시 고단하여 든 잠이) 깊다. **곤-히**부 ¶ 곤히 자다.

곤형(棍刑)명 ☞장형(杖刑).

곤:혹(困惑)명하자 (곤란한 일을 당하여) 어찌할 바를 몰라 난처해함. 쩔쩔맴.

곤:혹-스럽다(困惑-)[-쓰-따][~스러우니·~스러워]형ㅂ 곤혹을 느끼게 하는 점이 있다. ¶ 곤혹스러운 질문. **곤혹스레**부.

곧[1]부 ①즉시. 바로. 즉변(卽便). ¶ 곧 떠나라. ②머지않아서. ¶ 그도 곧 오겠지. ③즉. 다시 말하면. ¶ 민심이 곧 천심이다. ④다름 아닌 바로. ¶ 이곳이 곧 천국이다.

곧[2]조 체언에 붙어, 앞말을 강조하는 뜻을 나타내는 보조사. ¶ 해곧 지면 우는 새. /날곧 새면 장난만 치오.

곧명 〈옛〉 곳. ¶ 이 곧 뎌 고대(龍歌*26*章).

곧날-대패[곧-]명 날을 90도로 곧게 끼워 단단한 나무를 깎는 대패.

곧다[-따]형 ①(휘지 않고) 똑바르다. ¶ 곧게 뻗은 고속도로. ②(마음이) 바르다. 정직하다. ¶ 곧은 절개.

곧은 나무 쉬〔먼저〕 꺾인다〔찍힌다〕속담 똑똑한 사람이 쉬 죽거나 먼저 따돌림을 당한다는 말.

곧-바로[-빠-]부 ①즉시. ¶ 인부들은 일을 끝내자 곧바로 돌아갔다. ②곧은 방향으로. ¶ 곧바로 가면 학교가 있다. ③다른 곳을 거치거나 들르지 않고 바로. ¶ 일이 끝나면 곧바로 집으로 와라. ④바로 가까이에. ¶ 학교 정문 옆에 곧바로 문방구가 있다.

곧-뿌림명하타 (옮겨 심지 않고) 씨앗을 논이나 밭에 바로 뿌리는 일. 직파(直播).

곧은-결명 결이 곧은 나무를 나이테와 직각으로 켠 판면에 나타난 결.

곧은-금명 ☞직선(直線).

곧은-길명 곧게 뻗어나간 길.

곧은-바닥명 수직으로 파 내려가는 광 구덩이. 곧은쌤. 수갱(竪坑).

곧은-불림명하타 자기의 죄상을 사실대로 말함. 직초(直招).

곧은-뿌리명 줄기에서 땅속으로 곧게 뻗은, 크고 긴 뿌리. 명근(命根). 직근(直根).

곧은-쌤명 ☞곧은바닥.

곧은-줄기명 땅 위로 곧게 자라는 줄기. 직립경(直立莖).

곧은-창자명 ①☞직장(直腸). ②고지식한 사람. ③'음식을 먹고서 바로 화장실에 가는 사람'을 농조로 이르는 말.

곧-이[고지]부 바로 그대로. ¶ 곧이 여기다.

곧이-곧대로[고지-때-]부 꾸밈이나 거짓이 없이. 바른 대로. 바로 그대로. ¶ 사실을 곧이곧대로 말하다. /그의 말을 곧이곧대로 믿다.

곧이-듣다[고지-따][~들으니·~들어]타ㄷ (남의 말을) 그대로 믿다. ¶ 농담을 곧이듣다.

곧-이어부 바로 뒤따라. ¶ 곧이어 뉴스가 방송됩니다.

곧잘[-짤]부 ①제법 잘. ¶ 그는 운동도 곧잘 한다. ②가끔 잘. ¶ 곧잘 들르던 친구가 요즈음 발걸음도 않는다.

곧장[-짱]부 ①옆길로 빠지지 않고 곧바로. ¶ 곧장 집으로 가자. ②곧이어 바로. ¶ 연락받고 곧장 왔다.

곧추부 (굽히거나 구부러지지 않고) 곧게.

곧추다타 (굽은 것을) 곧게 하다.

곧추-들다[~드니·~들어]타 위를 향하여 곧게 쳐들다.

곧추-뛰기명 그 자리에 선 채로 곧게 뛰어오르는 운동.

곧추-뜨다[~뜨니·~떠]타 ①눈이 위로 향하게 뜨다. ②눈을 부릅뜨다.

곧추-서다자 꼿꼿이 서다.

곧추세우다타 〖'곧추서다'의 사동〗 꼿꼿이 서게 하다.

곧추-안다[-따]타 어린아이를 곧게 세워서 안다.

곧추-앉다[-안따]자 꼿꼿이 앉다.

골[1]명 ①〈머릿골[1]〉의 준말. ¶ 골이 터지게 아프다. ②☞골수(骨髓).

골(이) 비다관용 아는 것이 없거나 지능이 모자라다. 어리석다. ¶ 골 빈 사람.

골[2]명 (무엇이 비위에 거슬리거나 하여) 벌컥 내는 성. ¶ 골을 잘 낸다.

골(을) 올리다관용 골이 나게 하다.

골(이) 오르다관용 화가 치밀어 오르다.

골(이) 틀리다관용 마음이 비꼬여 부아가 나다.

골[3]명 만들려고 하는 물건의 모양을 잡거나 만든 물건의 모양을 바로잡는 틀. 〔망건골·짚신골·구둣골 따위.〕 형틀.

골(을) 박다관용 ①일정한 범위 밖으로 나가지 못하게 하다. ②☞골(을) 치다.

골(을) 치다관용 골을 박아서 제 모양으로 바로잡다. 골(을) 박다.

골[4]명 (종이·피륙·얇은 나무 따위) 물건을 길이로 똑같이 나누어 오리거나 접는 금.

골:[5]명 ①〈고을〉의 준말. ②〈골짜기〉의 준말. ③〈고랑[2]〉의 준말. ④깊은 구덩이.

골(을) 지르다관용 밭을 세 번째로 갈다.

골(을) 켜다관용 나무를 통째 세로로 켜서 골을 만들다.
골(骨)명 ①뼈. ②신라 때의 골품 제도에서 '혈연'을 이르던 말. 〔성골(聖骨)·진골(眞骨) 등.〕
골ː(goal)명 축구·농구·하키 따위에서, 그곳에 공을 넣으면 득점이 되는 곳, 또는 그곳에 공을 넣어 득점하는 일. ¶ 연달아 골이 터지다.
골명 〈옛〉꼴. 모양. ¶ 뭀 골 아라우히 샌디 아니ᄒᆞ샤(月釋2:41).
골각-기(骨角器)[-끼]명 석기 시대에, 짐승의 뼈나 뿔·엄니로 만들어 쓰던 기구. 〔바늘·송곳·빗·화살촉·낚싯바늘·작살 따위가 있음.〕 ⓑ뼈연장.
골간(骨幹)명 ①뼈대. 골격. ②사물의 중심이 되는 부분. ¶ 논문의 골간을 이루는 대목.
골ː-감명 감의 한 품종. 꽃이 붙어 있던 배꼽 자리에서 꼭지를 향해 네 갈래로 골이 진 감.
골강(骨腔)명 골수가 차 있는 관상골(管狀骨) 속의 빈 부분.
골갱이명 ①물질 속에 있는 단단한 부분. ②말이나 일의 중심이 되는 요점이나 핵심.
골ː-걷이[-거지]명하타 곡식을 심은 밭고랑의 풀을 뽑아 없애는 일.
골검(骨檢)명 지난날, 살인 사건의 수사 과정에서, 이미 백골(白骨)이 된 시체를 검시(檢屍)하던 일.
골ː^게터(goal getter)명 ☞골잡이.
골격(骨格·骨骼)명 ①고등 동물에서, 몸을 지탱하는 여러 가지 뼈의 조직. 뼈대. 골간(骨幹). ②사물의 주요 부분을 이루는 것. ¶ 고층 건물의 골격을 세우다.
골격-근(骨格筋)[-끈]명 (내장근에 상대하여) 골격을 움직이는 근육. 양쪽 끝은 건(腱)이 되어 골격에 붙어 있으며, 운동 신경의 지배에 따라 마음대로 움직일 수 있음. 가로무늬근임. 뼈대근.
골-결핵(骨結核)명 골조직이 결핵균에 감염되어 생기는 질환.
골경(骨鯁)명 〔목에 걸린 생선 가시라는 뜻으로〕 '임금에게 직간(直諫)을 서슴지 않는 강직한 신하'를 비유하여 이르는 말.
골계(滑稽)[-계/-게]명 ☞익살.
골계-극(滑稽劇)[-계-/-게-]명 익살스럽게 꾸민 연극.
골계-미(滑稽美)[-계-/-게-]명 (예술 작품 따위의) 익살스러움에서 느껴지는 아름다움.
골계^소ː설(滑稽小說)[-계-/-게-]명 익살스러운 이야기를 내용으로 한 소설.
골계-화(滑稽畫)[-계-/-게-]명 익살스럽고 재치 있게 그리어, 보는 사람의 웃음을 자아내게 하는 그림.
골고다(←Golgotha)명 (신약 성서에 나오는) 예루살렘 근교에 있는 언덕. 그리스도가 십자가에 못박힌 곳.
골ː-고래명 불길이 몇 갈래로 갈라져서 따로따로 들게 놓은 방고래.
골고루부 〈고루고루〉의 준말.
골ː-곡(-谷)명 한자 부수의 한 가지. '谿'·'豁' 등에서의 '谷'의 이름.
골골[1]부하자 오랜 병으로 시름시름 앓는 모양.
골골[2]부하자 암탉이 알을 겯는 소리.
골골-거리다[1]자 오랜 병으로 시름시름 자꾸 앓다. 골골대다[1].
골골-거리다[2]자 암탉이 자꾸 골골 소리를 내다. 골골대다[2].
골골-대다[1]자 ☞골골거리다[1].
골골-대다[2]자 ☞골골거리다[2].
골골무가(汨汨無暇)명 ☞골몰무가.
골ː골샅샅-이[-삳싸치]부 한 군데도 빼놓지 않고 갈 수 있는 곳은 어디든지.
골-관절(骨關節)명 뼈의 관절. 뼈마디.
골-국[-꾹]명 ☞골탕.
골기(骨氣)명 ①뼈대와 기질. ②억센 기질(氣質). ③힘찬 필세(筆勢)를 이르는 말.
골기(骨器)명 ①뼈로 만든 기물. ②☞뼈연장.
골-김[-낌]명 골이 난 김. 홧김. 《주로, '골김에'·'골김으로'의 꼴로 쓰임.》 ¶ 골김에 한 대 쥐어박았다.
골-나다[-라-]자 골이 나다. 성이 나다.
골-내다[-래-]자 골을 내다. 성을 내다.
골ː-네트(goal net)명 축구·하키 등에서, 골의 위·옆·뒤에 치는 그물.
골ː다[고니·골아]타 잘 때에 숨이 콧구멍을 울려 드르렁거리는 소리를 내다. ¶ 코를 골며 자다.
골다공-증(骨多孔症)[-쯩]명 뼈의 무기질과 단백질이 줄어들어 골조직이 엉성해지는 증상.
골담-초(-草)명 콩과의 낙엽 관목. 줄기는 가늘고 무더기로 나는데, 높이는 2 m가량. 잎은 어긋맞게 나고, 봄에 나비 모양의 꽃이 황적색으로 피며, 꼬투리로 된 열매는 9월에 익음. 뿌리는 한약재로 씀.
골ː-답(-畓)명 물이 흔하고 기름진 논. ↔건답.
골ː-대(goal-)명 ☞골포스트(goalpost).
골덴명 '코르덴'의 잘못.
골독(汨篤) '골독하다'의 어근.
골독-하다(汨篤-)[-또카-]형여 〈골똘하다〉의 본딧말.
골동(骨董)[-똥]명 ①자질구레한 것을 한데 섞은 것. ②☞골동품(骨董品).
골동-반(骨董飯)[-똥-]명 비빔밥.
골동-탄(骨董炭)[-똥-]명 ☞등걸숯.
골동-품(骨董品)[-똥-]명 ①희소가치(稀少價値)나 미술적인 가치가 있는, 오래된 세간이나 미술품. 골동(骨董). ②'오래되었을 뿐, 가치가 없고 쓸모도 없이 된 물건, 또는 그와 같은 사람'을 빗대어 이르는 말. ¶ 이젠 나도 골동품이야.
골ː든-골ː(golden goal)명 축구의 서든 데스 방식에서, 상대 팀보다 먼저 넣는 골.
골ː든^디스크(golden disk)명 백만 장 이상 팔린 레코드. 〔미국 레코드 협회에서, 백만 장 이상 팔린 레코드에 대해 금빛 레코드를 기념으로 준 데서 유래함.〕
골ː든-아워(golden+hour)명 라디오나 텔레비전 방송에서, 청취율이나 시청률이 가장 높은 시간.
골-딱지[-찌]명 〈골2〉의 속된 말.
골-땅땅이명 골패 노름의 한 가지.
골똘-하다형여 어떤 한 가지 일이나 한 가지 생각에 푹 파묻혀 딴 일이나 생각을 할 겨를이 없다. ¶ 골똘하게 생각하다. 본골독(汨篤)하다.
골똘-히부.
골ː라-내다타 여럿 가운데서 어떤 것을 골라 집어 내다.
골ː-라인(goal line)명 ①축구·하키 등에서, 골포스트를 따라 그은 선. ②결승선.
골ː라-잡다[-따]타 여럿 가운데서 마음에 드는 것을 골라서 가지다.
골락-새[-쌔]명 ☞크낙새.

골로새-서(←Colossae書)[명] 신약 성서 중의 한 편. 사도 바울이 로마의 옥중(獄中)에서 골로새 지방의 초대 교회에 보낸 목회 서간(牧會書簡). 이단(異端) 사상을 논박한 내용임.

골류(骨瘤)[명] ☞골혹.

골리다[타] 상대편을 놀리어 약을 올리거나 골이 나게 하다. ¶ 그녀는 동생을 골려 놓고는 도망가기 일쑤였다.

골린(骨鱗)[명] 경골어류(硬骨魚類)의 비늘.

골ː-마루[명] ①(안방이나 건넌방에 딸린) 골방 모양의 좁은 마루. ②☞복도(複道).

골마지[명] (간장이나 술·김치 따위) 물기 있는 식료품의 겉면에 생기는 곰팡이 같은 흰 물질.

골막(骨膜)[명] 뼈의 거죽을 싸고 있는 얇고 튼튼한 흰 막. 신경과 혈관이 분포하며, 뼈의 성장과 영양을 지배함.

골막-골막[-꼴-][부][하형] 여러 그릇에 담긴 것이 다 골막한 모양. [큰]굴먹굴먹.

골막-염(骨膜炎)[-망념][명] 주로, 세균의 감염으로 일어나는 골막의 염증.

골-막이[명][하타] 도리 위의 서까래와 서까래 사이를 흙으로 막는 일, 또는 그 흙.

골막-하다[-마카-][형][여] 그릇에 다 차지 않고 좀 모자라는 듯하다. [큰]굴먹하다.

골-머리[명] 〈머릿골[1]〉의 속된 말.

골머리(를) 앓다[관용] 어찌해야 좋을지 몰라 머리가 아플 정도로 생각에 몰두하다. 골치를 앓다.

골ː-모둠[명][하자] 〈고을모둠〉의 준말.

골ː-모판(-板)[명] 골이 있는 모판.

골ː목[명] 동네 가운데의 좁은 길. 큰길에서 동네로 들어가는 좁은 길. 골목길.

골ː목-골목[-꼴-] [I][명] 각각의 골목, 또는 모든 골목. ¶ 골목골목마다 쓰레기 천지다. [II][부] 골목마다 모두. ¶ 골목골목 외치고 다니다.

골ː목-길[-낄][명] 골목.

골ː목-대장(-大將)[-때-][명] 골목에서 노는 어린아이들 가운데서 우두머리 노릇을 하는 아이.

골목-자기[명] '골목쟁이'의 잘못.

골ː목-쟁이[-쨍-][명] 골목에서 더 깊숙이 들어간 좁은 곳.

골몰(汨沒)[명][하자] 다른 생각을 할 겨를이 없이 오로지 어떤 한 가지 일에만 파묻힘. ¶ 시험 공부에 골몰하다. **골몰-히**[부].

골몰-무가(汨沒無暇)[명] 일에 파묻혀서 쉴 겨를이 없음. 골골무가(汨汨無暇).

골무[명] 바느질할 때 손가락 끝에 끼는, 가죽이나 헝겊으로 만든 물건.

골무-떡[명] ①가락을 짧게 자른 흰떡. ②색떡의 밑받침으로 만든 흰떡.

골ː-문(goal門)[명] 축구나 핸드볼 등에서, 골 라인 위에 세운 골대와 크로스바 사이를 이르는 말.

골ː-밀이[명] ①등에 골이 지게 골변탕으로 밀어서 만든 문살이나 미닫이 틀. ②☞골변탕.

골밑-샘[-민쌤][명] ☞뇌하수체(腦下垂體).

골ː-바ː(goal bar)[명] 축구장의 골포스트 위에 가로지른, 나무나 쇠로 된 막대. 크로스바.

골ː-바람[-빠-][명] 산기슭이나 산골짜기에서 산 위로 부는 바람. 곡풍(谷風).

골반(骨盤)[명] 고등 척추동물의 허리 부분을 이루며 하복부의 장기(臟器)를 떠받치고 있는, 깔때기 모양의 크고 납작한 뼈. 〔엉치등뼈와 미골(尾骨), 좌우의 무명골(無名骨)로 이루어짐.〕 엉덩뼈.

골ː-방(-房)[명] (안방이나 건넌방 따위) 큰 방의 뒤쪽에 딸린 작은 방.

골ː-배질[명][하자] 나루터에서 얼음이 얼기 시작하거나 풀릴 때, 얼음을 깨고 통로를 만들어 배를 건너게 하는 일.

골-백번(-百番)[-뻔][명] '여러 번'을 강조하여 이르는 말. ¶ 골백번도 넘게 일러 줘도 소용없다.

골뱅이[명] ①연체동물 복족강에 속하는, 몸이 나선형 껍데기 속에 들어 있는 동물을 통틀어 이르는 말. 〔고둥류·우렁이류·다슬기류 따위.〕 ②'@'를 가리키는 말. 인터넷 주소에서 'at' 표시로, 그 모양을 본뜬 것임.

골ː-변탕(-邊鐋)[명] 대패의 한 가지. 골을 파는 데 쓰는 변탕. 골밀이.

골-병(-病)[명] 속으로 깊이 든 병.

골병-들다(-病-)[~드니·~들어][자] 좀처럼 고치기 어렵게 속으로 깊이 병이 들다.

골-부림[명][하자] 함부로 골을 내는 짓.

골분(骨粉)[명] ①지방을 뽑아낸 동물의 뼈로 만든 가루. 사료 또는 과일나무나 담배 따위의 인산 비료(燐酸肥料)로 쓰임. ②사람을 화장한 후 그 남은 뼈를 갈아 만든 가루. 뼛가루.

골분^비ː료(骨粉肥料)[명] 골분으로 만든 비료. [준]골비(骨肥).

골비(骨肥)[명] 〈골분 비료〉의 준말.

골ː-뿌림[명][하타] 밭에 고랑을 치고 줄이 지게 씨를 뿌리는 일.

골산(骨山)[-싼][명] (나무가 없고) 바위로만 이루어진 산.

골ː-살이[명][하자] 〈고을살이〉의 준말.

골상(骨相)[-쌍][명] ①골격(骨格)의 모양. ②주로, 얼굴이나 두골(頭骨)에 나타난, 그 사람의 성질이나 운명.

골상-학(骨相學)[-쌍-][명] 얼굴이나 머리뼈의 모양을 보고 그 사람의 성질이나 운명 따위를 판단하는 학문.

골-샌님(骨-)[명] 샌님 티가 몸에 밴 사람. 골생원.

골-생원(骨生員)[명] ①'옹졸하고 고리타분한 사람'을 농조로 이르는 말. 골샌님. ②'잔병치레로 늘 골골하는 사람'을 농조로 이르는 말.

골-선비(骨-)[명] 선비 티가 몸에 밴 사람.

골-세포(骨細胞)[명] 골조직(骨組織)을 이루고 있는 기본 세포.

골-속[-쏙][명] ①머릿골의 속. ②골풀의 속. ③〈왕골속〉의 준말.

골ː-쇠[-쇠/-쉐][명] 골짜기의 밑바닥에 있는 사금(沙金)의 층.

골수(骨髓)[-쑤][명] ①뼈의 내강(內腔)에 차 있는 누른빛 또는 붉은빛의 연한 조직. 골[1]. ¶ 골수 이식 수술. ②마음속. ¶ 원한이 골수에 맺히다. ③요점(要點) 또는 골자(骨子). ④(사상이나 종교 따위에) 철저히 빠져 있는 사람을 이르는 말. ¶ 골수 개혁파. ①②뼛골·뼛속.

골수에 맺히다[관용] 잊히지 않고 마음속에 깊이 맺히어 있다.

골수에 사무치다[관용] 잊을 수 없을 만큼 마음속에 깊이 박히어 있다.

골수-분자(骨髓分子)[-쑤-][명] 조직체의 이념을 철저히 신봉하거나 조직의 상사에게 절대적인 충성을 바치는 사람을 속되게 이르는 말.

골수-염(骨髓炎)[-쑤-][명] 화농(化膿)을 일으키는 세균의 감염(感染)에 따라 일어나는 골수(骨髓)의 염증.

골습(骨濕)[-씁]명 한방에서, 습기(濕氣)로 말미암아 정강이뼈 속이 저리고 아픈 병을 이르는 말.
골-싸다타 피륙을 두 쪽 길이가 같게 접다.
골싹-골싹[-꼴-]부하형 여러 그릇에 담긴 것이 다 골싹한 모양. 큰굴썩굴썩.
골싹-하다[-싸카-]형여 좀 골막하다. 큰굴썩하다.
골ː-안개명 새벽에 골짜기에 보얗게 끼는 안개.
골없다형 〈옛〉꼴사납다. ¶ 고ᄋ며 골업스며(圓覺上一之二13). /됴커나 골업거나(法華6:15).
골ː^에어리어(goal area)명 축구·하키 등에서, 골 앞에 네모지거나 반원으로 그은 일정한 구역.
골연-증(骨軟症)[-쯩]명 석회분의 부족으로 뼈가 연화(軟化)하여 일어나는 가축병의 한 가지.
골연화-증(骨軟化症)[-련-쯩]명 임산부(姙産婦)에게서 흔히 볼 수 있는, 비타민 D 결핍이나 신장 장애 따위로 일어나는 만성 질환. 뼈가 물러져 골격의 변형을 가져오게 됨.
골열(骨熱)명 한방에서, 뼛속이 화끈거리는 증상을 이르는 말.
골오부 〈옛〉고루. ¶ 等은 골오 니르실씨라(釋譜6:45).
골와라명 〈옛〉소라고둥. ¶ 골와랏 소리 갓붑 소리(釋譜19:14).
골유(骨油)명 골지(骨脂)를 냉각·압착하여 만든 액체의 기름. 비누·양초 등의 원료로 쓰임.
골육(骨肉)명 ①뼈와 살. ②〈골육지친(骨肉之親)〉의 준말. ②혈육(血肉).
골육-상잔(骨肉相殘)[-쌍-]명하자 ①부자(父子)나 형제 등 혈연관계에 있는 사람끼리 서로 해치며 싸우는 일. ②같은 민족끼리 해치며 싸우는 일. 골육상쟁(骨肉相爭).
골육-상쟁(骨肉相爭)[-쌍-]명하자 ☞골육상잔(骨肉相殘).
골육-수(骨肉水)[-쑤]명 무덤이 있는 산의 아래로 흐르는 물.
골-육종(骨肉腫)[-륙쫑]명 뼈에 생기는 악성 종양.
골육지친(骨肉之親)[-찌-]명 부모와 자식 또는 형제자매 등의 가까운 혈족. 준골육(骨肉).
골ː인(goal+in)명하자 ①경주 등에서, 결승점에 들어섬. ¶ 1등으로 골인하다. ②'골(goal)'의 잘못.
골자(骨子)[-짜]명 (일정한 내용에서) 가장 요긴한 부분. 가장 중요한 곳. 요점(要點). ¶ 사설(社說)의 골자를 파악하다.
골ː-잡이(goal-)명 (축구·농구·하키 등에서) 득점을 많이 올리는 선수. 골 게터.
골재(骨材)[-쨔]명 콘크리트나 모르타르에 쓰이는 모래나 자갈을 이르는 말.
골저(骨疽)[-쩌]명 ☞카리에스.
골절(骨折)[-쩔]명하자 뼈가 부러짐. 절골.
골절(骨節)[-쩔]명 뼈마디.
골절-상(骨折傷)[-쩔-]명 뼈가 부러지는 부상, 또는 그 상처. ¶ 골절상을 입다.
골조(骨彫)[-쪼]명 동물의 뼈나 상아(象牙)에 새긴 조각.
골조(骨組)[-쪼]명 건물의 주요 구조체가 되는 뼈대. ¶ 골조 공사.
골-조직(骨組織)명 뼈를 구성하는 조직. 〔골세포(骨細胞)와 골질(骨質)로 이루어짐.〕
골조-풍(骨槽風)[-쪼-]명 한방에서, 충치로 말미암아 잇몸 주위가 붓고 염증이 생겨 턱뼈까지 몹시 아프게 되는 병을 이르는 말.
골지(骨脂)[-찌]명 소·말 따위의 뼈에서 골탄(骨炭) 같은 것을 만들 때 그 부산물로서 얻어지는 지방. 동물의 골수(骨髓) 속에 들어 있는데, 질이 낮은 비누의 원료나 윤활유 따위로 쓰임.
골질(骨質)[-찔]명 ①동물의 뼈와 같은 단단한 물질, 또는 그와 같은 성질. ②동물의 경골(硬骨)을 구성하는 물질. 뼈 중에서 골막(骨膜)과 골수(骨髓)를 제외한 부분.
골-집명 '순대'의 잘못.
골짜기명 두 산 사이에 깊숙하게 패어 들어간 곳. 준골[5]·골짝.
골짝명 〈골짜기〉의 준말.
골창명 〈고랑창〉의 준말.
골채명 골짜기에 있는, 물을 대기가 좋은 논.
골초(-草)명 ①질이 낮은 담배. ②'담배를 심하게 피우는 사람'을 농조로 이르는 말. ②용고뚜리.
골치명 〈머릿골[1]〉의 속된 말.
　골치(가) 아프다관용 몹시 성가시고 귀찮다.
　골치(를) 앓다관용 ☞골머리(를) 앓다.
골침(骨針)명 석기 시대에 쓰던, 동물의 뼈로 만든 바늘.
골칫-거리[-치꺼-/-칟꺼-]명 ①성가신 일거리, 혹은 난처한 문제를 짜증스럽게 이르는 말. ②다루기가 귀찮고 걱정거리가 되는 사람을 이르는 말. 두통거리.
골칫-덩어리[-치떵-/-칟떵-]명 ☞골칫덩이.
골칫-덩이[-치떵-/-칟떵-]명 '애를 먹이는 일이나 사람'을 속되게 이르는 말. 골칫덩어리.
골ː-키ː퍼(goal keeper)명 축구·하키 등에서, 골을 지키는 선수. 준키퍼.
골ː-킥(goal kick)명 ①축구에서, 상대편 선수가 골라인 밖으로 차낸 공을 자기편 에어리어에 갖다 놓고 차는 일. ②럭비에서, 트라이를 한 후 득점을 노리고 차는 일.
골타분-하다형여 〈고리타분하다〉의 준말. **골타분-히**부.
골탄(骨炭)명 ①활성탄(活性炭)의 한 가지. 동물의 뼈를, 공기를 차단하고 가열하여 숯이 되게 한 것. 목탄보다 흡착성(吸着性)이 강하여 제당 공업(製糖工業)의 탈색제(脫色劑) 따위로 쓰임. 등걸숯. ②☞코크스.
골탑탑-하다[-타파-]형여 〈고리탑탑하다〉의 준말. **골탑탑-히**부.
골탕명 되게 손해를 보거나 곤란을 당하는 일.
　골탕(을) 먹다관용 되게 손해를 보거나 곤란을 받다.
　골탕(을) 먹이다관용 되게 손해를 입히거나 곤란을 당하게 하다.
골-탕(-湯)명 소의 등골이나 머릿골에 밀가루나 녹말을 묻혀 기름에 지진 다음 맑은장국에 넣어 끓인 국. 골국.
골통명 ①〈머리[1]〉의 속된 말. ②'말썽꾸러기나 머리가 나쁜 사람'을 속되게 이르는 말.
골통(骨痛)명 한방에서, 과로로 말미암아 열이 오르내리면서 뼈에 무지근한 아픔을 느끼는 병을 이르는 말.
골통-대명 나무나 흙 따위를 구워서 대통을 만든 담뱃대의 한 가지. 대통이 약간 굵다랗고 길이가 몽톡함.
골ː-파명 파의 한 가지. 밑동이 마늘쪽처럼 붙고 잎이 여러 갈래로 남.
골판-문(骨板門)명 문짝의 틀에 마루청을 끼워서 만든 문.

골ː-판지(—板紙)명 판지의 한쪽 또는 두 장의 판지 사이에, 골이 진 종이를 완충재(緩衝材)로 붙인 판지의 한 가지. 물품의 포장용 상자로 많이 쓰임.

골패(骨牌)명 노름 기구의 한 가지. 납작하고 네모진 검은 나무 바탕에 흰 뼈를 붙여, 여러 가지 수효의 구멍을 새긴 것.

골패-하다(骨牌—)자여 골패로 노름을 하다.

골편(骨片)명 뼈의 부스러진 조각.

골ː-편사(—便射)명 지난날, 구역 대항으로 하던 활쏘기. 동편사(洞便射).

골ː-포스트(goalpost)명 축구·럭비·핸드볼 등에서, 골 양쪽의 기둥. 골대.

골-풀명 골풀과의 다년초. 들의 물가나 습지에 나는데, 줄기는 25~100 cm로 긴 송곳처럼 밋밋함. 5~7월에 녹갈색 꽃이 피고, 세모진 열매는 갈색으로 익음. 줄기는 돗자리의 재료로 쓰이고, 줄기의 속을 말린 것을 한방에서 '등심초(燈心草)'라 하여 이뇨제(利尿劑)로 씀.

골ː-풀무명 풀무의 한 가지. 땅바닥에 네모지게 골을 파서 중간에 굴대를 가로 박고, 그 위에 골에 맞는 널빤지를 걸쳐 놓은 것으로, 두 발로 번갈아 널빤지의 양 끝을 디디어서 바람을 일으킴. 발풀무.

골-풀이명하자 화를 참지 못하고 아무에게나 풀어 버리는 짓.

골품(骨品)명 신라 때의 신분 계급 제도. 〔성골(聖骨)·진골(眞骨)·육두품(六頭品)·오두품(五頭品) 따위가 있었음.〕

골프(golf)명 골프장에서 경기자가 정해진 자리에서 공을 골프채(클럽)로 쳐서, 잔디밭에 배치된 18개의 구멍(홀)에 차례로 넣어 가는 구기. 〔공을 친 횟수가 적은 사람이 이김.〕

골프-장(golf場)명 골프 경기를 하는 곳. 넓은 잔디밭에 언덕·나무·연못 따위를 배치해서 일정한 코스를 마련한 곳.

골프-채(golf—)명 골프공을 치는 채. 클럽.

골필(骨筆)명 끝이 동물의 뼈 따위로 된 필기 도구. 먹지를 용지 사이에 끼우고 여러 장을 한꺼번에 복사할 때 씀.

골ᄑᆞ다형 〈옛〉 고프다. ¶ 골폰 비도 브르며(月釋 *8:95*).

골ː-함석명 골이 죽죽 지게 만든 함석. 주로, 지붕을 이는 데 씀.

골해(骨骸)명 몸을 이루고 있는 온갖 뼈.

골-혹(骨—)명 뼈에 생기는 혹. 해면같이 연한 것과 상아같이 단단한 것이 있음. 골류(骨瘤).

골화(骨化)명하자 뼈나, 뼈와 비슷한 물질로 변함. 화골(化骨).

골화^연령(骨化年齡)[—열—]명 뼈의 발달 정도에 따라서 정하는 연령.

골회(骨灰)[—회/—훼]명 아교질이나 지방질을 채취하고 난 동물의 뼈를 태워서 하얀 가루로 만든 것.

골회명 〈옛〉 고리. ¶ 골회 환:環(訓蒙中*27*).

곪기다자 '곰기다'의 잘못.

곪ː다[곰따]자 ①상처에 염증이 생겨 고름이 들다. ¶ 이가 아프더니 잇몸까지 곪았다. ②내부에 부패나 모순이 쌓이고 쌓여 터질 정도에 이르다. ¶ 갈등이 곪아 터지다. * 곪아·곪ː고[곰꼬]·곪ː는[곰—]

곬[골]명 ①한쪽으로 트이어 나가는 방향이나 길. ¶ 마음을 한 곬으로 모으다. ②물고기들이 몰려다니는 일정한 길. ¶ 조기의 곬. * 곬이[골씨]·곬만[골—]

곯다¹[골타]자 ①속이 물크러져 상하다. ②(크게 드러나지는 않으나) 속으로 골병이 들다. * 곯아[고라]·곯는[골른]·곯소[골쏘]

곯다²[골타]타 음식을 양에 차게 먹지 못하거나 굶다. ¶ 배를 곯다. * 곯아[고라]·곯는[골른]·곯소[골쏘]

곯다³[골타]형 (그릇에 담긴 것이) 가득 차지 아니하고 좀 비다. 큰굻다. * 곯아[고라]·곯소[골쏘]

곯-리다¹[골—]타 〖'곯다¹'의 사동〗 ①속이 물크러져서 상하게 하다. ②속으로 골병이 들게 하다.

곯-리다²[골—]타 〖'곯다²'의 사동〗 먹는 것이 모자라 늘 배고프게 하다. ¶ 배를 곯리다.

곯아-떨어뜨리다[고라—]타 곯아떨어지게 하다. 곯아떨어트리다.

곯아-떨어지다[고라—]자 술이나 잠에 몹시 취하여 정신을 잃고 자다.

곯아-떨어트리다[고라—]타 곯아떨어뜨리다.

곰ː¹명 〈곰팡〉·〈곰팡이〉의 준말. ¶ 믿는 나무에 곰이 핀다더니.

곰ː²명 고기나 생선을 푹 삶은 국. ¶ 곰을 고다.

곰ː³명 ①곰과의 동물을 통틀어 이르는 말. 몸길이 1~3 m. 몸이 뚱뚱하며 네 다리는 짧음. 온몸이 긴 털로 덮여 있고, 눈은 작으며 귀는 짧고 둥긂. 몸빛은 흑색. 나무에 잘 오르고 굴을 잘 파며 헤엄도 잘 침. 산속에 살며 겨울에는 동굴 속에서 겨울잠을 잠. 전 세계에 분포함. ②'미련한 사람'을 농조로 이르는 말.

　곰 가재 뒤듯속담 '느릿느릿하게 행동함'을 이르는 말.

　곰이라 발바닥(을) 핥으랴속담 먹을 것이라고는 아무것도 없다는 말.

　곰 창날 받듯속담 '우둔하고 미련하여, 자기에게 해가 되는 일을 스스로 함'을 비유하여 이르는 말.

-곰접미 〈옛〉 ① -씩. ¶ 銀돈 ᄒᆞᆫ 낟곰 받ᄌᆞᄫᆞ니라(月釋*1:9*). ②《용언이나 부사 뒤에 붙어》 소리 가락을 부드럽게 하고 뜻을 강조하는 말. ¶ 이리곰 火災호ᄆᆞᆯ 여듧 번 ᄒᆞ면(月釋*1:49*). /돌하 노피곰 도ᄃᆞ샤(井邑詞).

곰ː-거리[—꺼—]명 곰국의 재료가 되는 고기나 뼈.

곰ː곰부 곰곰이.

곰ː곰-이부 여러모로 깊이 생각하는 모양. 곰곰. ¶ 앞일을 곰곰이 생각하다.

곰ː-국[—꾹]명 소의 뼈와 양지머리·사태·양·곱창 따위를 푹 곤 국. 곰탕.

곰기다자 곪은 자리에 딴딴한 멍울이 생기다.

곰바지런-하다형여 (일을 시원스럽게 하지는 못하나) 꼼꼼하고 바지런하다. 센꼼바지런하다. **곰바지런-히**부.

곰방-대명 짧은 담뱃대. 단죽(短竹). 짜른대.

곰방-메명 흙덩이를 깨뜨리거나 씨를 묻는 데 쓰는 농기구. 둥근 나무토막에 긴 자루를 끼워 'T' 자 모양으로 만든 것.

곰배명 〈곰배팔이〉의 준말.

곰배-말명 등이 굽은 말.

곰배-팔명 꼬부라져서 펼 수 없게 된 팔.

곰배팔-이명 팔이 꼬부라져 붙어 펴지 못하거나 팔뚝이 없는 사람. 준곰배.

곰ː-보명 얼굴이 얽은 사람.

곰ː보-딱지[—찌]명 '곰보'를 조롱하여 이르는 말.

곰봇-대[—보때/—볻때]명 뇌관을 다이너마이트 속에 넣을 때 다이너마이트의 한쪽에 구멍을 뚫는 나무 꼬챙이, 또는 다이너마이트를 남폿구멍 속으로 밀어 넣는 나무 꼬챙이.

곰븨님븨부 〈옛〉자꾸자꾸. 계속하여. ¶ 곰븨님븨 님븨곰븨 천방지방 지방천방 즌듸 무른듸 굴희지 말고(古時調). 참곰비님비.

곰비-임비부 물건이 거듭 쌓이거나 일이 겹치는 모양. ¶ 경사스러운 일이 곰비임비 일어나다.

곰빅명 〈옛〉뒤. ¶ 德으란 곰빅예 받줍고 福으란 림빅예 받줍고(樂範.動動).

곰빅님빅부 〈옛〉자꾸자꾸. 계속하여. ¶ 날은 느져 가고 어셔 내라 곰빅님빅 지촉ᄒᆞ고(癸丑日記上98).

곰ː-삭다[-따]자 ①오래된 옷 따위가 삭아서 푸슬푸슬해지다. ②담가 둔 젓갈 따위가 오래되어 푹 삭다. ¶ 새우젓은 곰삭아야 제 맛이 난다.

곰ː-살갑다[-따][~살가우니·~살가워]형ㅂ 성질이 싹싹하고 살갑다. 큰굼슬겁다.

곰-살곱다형ㅂ '곰살갑다'의 잘못.

곰ː-살궂다[-굳따]형 ①성질이 싹싹하고 다정하다. ¶ 곰살궂게 굴다. ②꼼꼼하고 자세하다. ¶ 그는 곰살궂게 집안일에 참견한다.

곰상-곰상부하형 성질이나 행동 따위가 잘고 꼼꼼한 모양.

곰상-스럽다[-따][~스러우니·~스러워]형ㅂ 성질이나 행동 따위가 잘고 꼼꼼하다. **곰상스레**부.

곰ː-솔명 소나뭇과의 상록 침엽 교목. 우리나라 중부 이남의 바닷가에 나는데, 높이는 30 m가량. 껍질은 검은 회색이며 거북의 등처럼 갈라지고, 잎은 두 잎씩 붙어 남. 암수한그루로 5월경에 꽃이 핌. 정원수나 방풍림으로 심고, 나무는 건축재·토목재·펄프재 따위로 쓰임. 해송(海松). 흑송(黑松).

곰실-거리다자 자꾸 곰실곰실하다. 곰실대다. 큰굼실거리다. 센꼼실거리다.

곰실-곰실부하자 작은 벌레 같은 것이 느릿느릿 곰틀거리는 모양. 큰굼실굼실. 센꼼실꼼실.

곰실-대다자 곰실거리다.

곰작부하자타 느린 몸짓으로 좀스럽게 움직이는 모양. 큰굼적. 센꼼작·꼼짝. **곰작-곰작**부하자타.

곰작-거리다[-꺼-]자타 자꾸 곰작곰작하다. 곰작대다. 큰굼적거리다.

곰작-대다[-때-]자타 곰작거리다.

곰-장어(-長魚)명 ①'먹장어'로 순화. ②'갯장어'의 잘못.

곰지락부하자타 약하고 둔한 몸짓으로 천천히 움직이는 모양. 큰굼지럭. 센꼼지락. **곰지락-곰지락**부하자타.

곰지락-거리다[-꺼-]자타 자꾸 곰지락곰지락하다. 곰지락대다. 큰굼지럭거리다.

곰지락-대다[-때-]자타 곰지락거리다.

곰질부하자타 매우 여리고 느린 몸놀림으로 한 번 조금 움직이는 모양. 큰굼질. 센꼼질. **곰질-곰질**부하자타.

곰질-거리다자타 자꾸 곰질곰질하다. 곰질대다. 큰굼질거리다.

곰질-대다자타 곰질거리다.

곰ː-탕(-湯)명 ☞곰국.

곰틀부하자타 몸을 이리저리 고부리거나 비틀며 움직이는 모양. 큰굼틀. 센꼼틀. **곰틀-곰틀**부하자타.

곰틀-거리다자타 자꾸 곰틀곰틀하다. 곰틀대다. 큰굼틀거리다.

곰틀-대다자타 곰틀거리다.

곰ː-파다타 일의 내용을 알려고 꼼꼼하게 따져 보다.

곰ː팡명 〈곰팡이〉의 준말. 준곰1.

곰ː팡-내명 곰팡이에서 나는 매캐한 냄새. ¶ 눅눅한 곰팡내가 풍기다.

곰ː팡-스럽다[-따][~스러우니·~스러워]형ㅂ 생각이나 행동이 케케묵고 고리타분하다. **곰팡스레**부.

곰ː팡-이명 하등 균류(下等菌類)에 딸린 미생물의 한 가지. 몸은 균사(菌絲)로 되어 있으며 일정한 형태가 없음. 동식물에 유해한 것과 발효(醱酵)나 약품 제조 등에 이용되는 것 등이 있음. 매기(霉氣). 준곰1·곰팡.

곰ː팡이-류(-類)명 ☞균류(菌類).

곰ː-피다자 곰팡이가 피다.

곱1명 ①〈곱절〉의 준말. ¶ 비용이 곱으로 들다. ②수학에서, 둘 이상의 수나 식을 곱하여 얻은 수, 또는 식.

곱2명 부스럼이나 헌데에 끼는 골마지 모양의 물질. ¶ 곱이 끼다.

곱-걸다[-껄-][~거니·~걸어]타 ①두 번 겹치어 얽다. ②노름에서, 돈을 곱으로 걸다.

곱걸-리다[-껄-]자 〖'곱걸다'의 피동〗 ①두 번 겹치어 얽히다. ②노름에서 돈이 곱으로 걸리다.

곱-꺾다[-꺽따]타 ①뼈마디를 꼬부렸다 폈다 하다. ②(노래를 부를 때) 꺾이는 목에서 소리를 낮추었다 다시 돋우다.

곱꺾-이명 ①뼈마디를 꼬부렸다 폈다 하는 일. ②소리를 꺾어 넘기는 일.

곱꺾-이다자 〖'곱꺾다'의 피동〗 ①뼈마디가 꼬부라졌다 펴지다. ②꺾이는 목에서 소리가 낮추어졌다 다시 돋아지다.

곱-끼다자 종기나 부스럼이 생기다.

곱-나들다[곰-][~나드니·~나들어]자 (종기나 부스럼 따위가) 자꾸 곪다.

곱-놓다[곰노타]타 노름에서, 돈을 곱절로 태우다.

곱다1[-따]자 이익을 보려다가 도리어 손해를 보다. ¶ 주식에 손을 대었다가 곱고 말았다.

곱다2[-따]형 한쪽으로 조금 휘어 있다. 고부라져 있다. ¶ 등이 곱은 할머니. 큰굽다3.

곱다3[-따]형 ①신 것이나 찬 것을 먹은 뒤에 이 뿌리가 저리다. ②추위 때문에 손가락이나 발가락이 차서 잘 움직여지지 아니하다. ¶ 손이 곱아서 글씨를 쓸 수 없어요.

곱ː다4[-따][고우니·고와]형ㅂ ①보기에 또는 듣기에 아름답다. ¶ 고운 목소리. /빛깔이 곱다. ↔밉다. ②부드럽고 순하다. ¶ 마음씨가 곱다. ③바탕이 보드랍다. ¶ 고운 살결. ④가루가 아주 잘고 보드랍다. ¶ 고운 소금. ⑤(피륙이나 국수 따위의) 발이 썩 가늘다. ¶ 세모시의 올이 곱다. ⑥축이 나거나 상하거나 하지 않고 온전하다. 《주로, '곱게'의 꼴로 쓰임.》 ¶ 곱게 간직하다. ⑦편안하다. 《주로, '곱게'의 꼴로 쓰임.》 ¶ 곱게 자라다. /곱게 잠들다. ②~⑤↔거칠다.

곱다자 〈옛〉곱절이 되다. ¶ 倍는 고볼씨라(月釋 *1:48*). /구버 졉ᄌᆞ 먹더니 數를 혜면 千萬이 고ᄇᆞ니이다(月釋*21:54*).

곱ː-다랗다[-따라타][~다라니·~다래]형ㅎ ①아주 곱다. ②축나거나 변하지 않고 그대로 온전하다. ¶ 처녀 시절의 얼굴을 곱다랗게 간직하다. 준곱닿다.

곱ː다래-지다[-따-]자 곱다랗게 되다.

곱ː다시[-따-]부 ①무던히 곱게. ¶ 불만을 곱다시 듣고만 있다. ②그대로 고스란히. ¶ 곱다시 뜬눈으로 밤을 새웠다.

곱:-닿다[-따타][~다니·~다아]형ㅎ 〈곱다랗다〉의 준말.
곱-돌[-똘]명 ☞납석(蠟石).
곱돌-솥[-똘솓]명 곱돌로 만든 솥. *곱돌솥이[-똘소치]·곱돌솥을[-똘소틀]·곱돌솥만[-똘손-]
곱돌조대명 〈옛〉곱돌을 깎아서 만든 담뱃대. ¶ 곱돌조대 넌짓 들어…화로에 푹 질러 담배를 먹는데…(烈女春香守節歌).
곱드러-지다[-뜨-]자 걷어채거나 무엇에 부딪혀서 고꾸라져 엎어지다.
곱-들다[-뜰-][~드니·~들어]자 비용이나 재료가 갑절로 들다. 곱먹다. ¶ 차비가 곱들었다.
곱:디-곱다[-띠-따][~고우니·~고와]형ㅂ 매우 곱다. ¶ 곱디고운 얼굴.
곱-디디다[-띠-]타 발을 접질리게 디디다. ¶ 발을 곱디뎌 넘어졌다.
곱-똥명 곱이 섞여서 나오는 똥.
곱-먹다[곰-따] Ⅰ자 곱들다.
Ⅱ타 곱절로 먹다.
곱-바[-빠]명 지게의 짐을 얽는 긴 밧줄.
곱-배기명 '곱빼기'의 잘못.
곱-빼기명 ①(음식의) 두 그릇 몫을 한 그릇에 담은 분량. ②두 번 거듭하는 일.
곱사[-싸]명 ①곱사등. ②곱사등이.
곱사-등[-싸-]명 뼈의 발육 장애로 말미암아, 등뼈가 고부라져 큰 혹과 같은 뼈가 불쑥 나온 등. 곱사.
곱사등-이[-싸-]명 곱사등인 사람. 곱사. 꼽추. 타배.
곱사등이-춤[-싸-]명 등에 방석을 넣거나 하여, 곱사등이 시늉을 하며 추는 춤.
곱-사위[-싸-]명 (산대놀음 따위에서) 장구 앞에서 뒷걸음치면서 추는 춤.
곱살-끼다[-쌀-]자 몹시 보채다.
곱:살-스럽다[-쌀-따][~스러우니·~스러워]형ㅂ 얼굴 모습이 보기에 곱살하다. **곱살스레**부.
곱:살-하다[-쌀-]형여 생김새가 곱고 얌전하다. 곱상하다.
곱-삶다[-삼따]타 거듭 삶다. 다시 삶다. ¶ 빨래를 곱삶다.
곱삶-이[-쌀미]명 ①두 번 삶아 짓는 밥. ②'꽁보리밥'을 달리 이르는 말.
곱삿-병(-病)[-싸뼝/-싿뼝]명 ☞구루병.
곱:-상(-相)[-쌍]명 곱게 생긴 얼굴, 또는 그런 사람. ¶ 그렇게 밉상은 아니었지만 그렇다고 곱상도 아니었다. ↔밉상.
곱:상-하다(-相-)[-쌍-]형여 곱살하다.
곱-새기다[-쌔-]타 ①되풀이하여 곰곰이 생각하다. ②남의 말이나 행동을, 그 본의(本意)대로 생각하지 않고 좋지 않게 꼬아 생각하다. 곡해(曲解)하다.
곱새-치기[-쌔-]명하타 돈을 곱걸어 하는 노름.
곱-셈[-쎔]명하타 둘 이상의 수를 곱함, 또는 그런 셈법. ↔나눗셈.
곱셈-법(-法)[-쎔뻡]명 곱셈을 하는 법. 승법(乘法). ↔나눗셈법.
곱셈^부호(-符號)[-쎔-]명 곱하기의 기호 '×'의 이름. 곱셈표.
곱셈-표(-標)[-쎔-]명 곱셈 부호. ↔나눗셈표.
곱-소리[-쏘-]명 가늘고 부드러운 코끼리의 꼬리털. 망건(網巾)이나 탕건 등을 떠서 만드는 데 쓰였음. 준곱솔[1].
곱솔[1][-쏠]명 〈곱소리〉의 준말.
곱-솔[2][-쏠]명 꺾어 박은 솔기를 다시 한 번 더 꺾어 박는 일, 또는 그렇게 박은 솔기. 〔박이옷을 지을 때의 바느질법임.〕
곱송-그리다[-쏭-]타 놀라거나 겁이 나서 몸을 잔뜩 움츠리다. ¶ 절도범은 몸을 곱송그리며 경찰서로 들어왔다.
곱-수(-數)[-쑤]명 ☞승수(乘數).
곱수-머리명 '곱슬머리'의 잘못.
곱슬-곱슬[-쓸-쓸]부하형 털이나 실 따위가 고불고불하게 말려 있는 모양. 큰굽슬굽슬.
곱슬-머리[-쓸-]명 ☞고수머리.
곱실[-씰]부 ①하자 남의 비위를 맞추려고 비굴하게 행동하는 모양. ②하타 고개나 허리를 가볍게 고부렸다 펴는 모양. 큰굽실. 센꼽실. **곱실-곱실**부하자타.
곱실-거리다[-씰-]자타 자꾸 곱실곱실하다. 곱실대다. 큰굽실거리다.
곱실-대다[-씰-]자타 곱실거리다.
곱쌈-솔명 한 번 박은 솔기를, 시접이 싸이도록 접어 위에서 눌러 박은 솔기.
곱-써레명 써레질한 논밭을 가로로 한 번 더 써는 일.
곱-씹다[-따]타 ①거듭해서 씹다. ②말이나 생각 따위를 거듭 되풀이하다. ¶ 곱씹어 생각하다.
곱은-성(-城)명 성문 밖으로 빙 둘러서 곱게 쌓은 성벽. 곡성(曲城).
곱이-곱이부 여러 굽이로 굽이진 모양. 큰굽이굽이.
곱-자[-짜]명 나무나 쇠로 'ㄱ' 자 모양으로 만든 자. ㄱ자자. 곡척(曲尺). 구(矩).
곱작[-짝]부하타 머리를 숙이고 몸을 고부리는 모양. 큰굽적. 센꼽작. **곱작-곱작**부하타.
곱작-거리다[-짝꺼-]타 자꾸 곱작곱작하다. 곱작대다. 큰굽적거리다.
곱작-대다[-짝때-]타 곱작거리다.
곱-잡다[-짭따]타 곱절로 쳐서 헤아리다. ¶ 공사 예산을 곱잡아 세웠다.
곱장-다리[-짱-]명 무릎은 밖으로 벌어지고, 정강이는 안으로 휜 다리.
곱-쟁이[-쨍-]명 곱절이 되는 수량.
곱-절[-쩔]명 ①하타 같은 수량이나 분량을 몇 번이고 거듭 합치는 일, 또는 그 셈. ¶ 어떤 수를 곱절로 셈하는 셈법. ②〖의존 명사적 용법〗 일정한 수나 양이 그 수만큼 거듭됨을 이르는 말. ¶ 소득이 세 곱절로 늘다. 준곱[1].
곱-창명 소의 소장(小腸).
곱추명 '꼽추'의 잘못.
곱-치다타 ①반으로 접어 합치다. ②곱절을 하다. 센꼽치다.
곱-하기[고파-]명하타 곱셈을 하는 일. ↔나누기.
곱-하다[고파-]타여 (어떤 수를) 곱으로 셈하다. ↔나누다.
곳[곧]명 ①어떤 한정된 공간. ¶ 높은 곳. /가려운 곳. /밝은 곳. ②추상적인 일정한 자리나 지역. ¶ 잘못된 곳. /아무 데도 의지할 곳이 없다. ③〖의존 명사적 용법〗 일정한 자리나 지역을 세는 단위. ¶ 한 곳. /다섯 곳. *곳이[고시]·곳만[곤-]
곳[1]명 〈옛〉꽃. ¶ 곳 디고 속닙 나니(古時調). 참곶.
곳[2]조 〈옛〉만. 곧. ¶ 이 고대 ᄒᆞ다가 아논 ᄆᆞ숨곳 내면(蒙法42).
곳간(庫間)[고깐/곧깐]명 물건을 간직하여 두는 곳.
곳간-차(庫間車)[고깐-/곧깐-]명 〈유개차(有蓋車)〉의 속된 말.

곳갈명 〈옛〉 고깔. ¶ 힌 곳갈 스고(杜初22:57).
곳고리명 〈옛〉 꾀꼬리. ¶ 가지예서 우는 곳고리는(杜初3:25).
곳-곳[곧꼳]명 군데군데. 이곳저곳. 여기저기. 처처(處處). ¶ 곳곳에서 사고가 일어나다. ＊곳곳이[곧꼬씨]·곳곳만[곧꼰-]
곳곳-이[곧꼬시]부 곳곳마다. ¶ 곳곳이 다 절경(絕景)이다. /곳곳이 만발한 개나리.
곳나모명 〈옛〉 꽃나무. ¶ 곳나모 가지마다 간딕 족족 안니다가…(鄭澈.思美人曲).
곳답다형 〈옛〉 꽃답다. 향기롭다. ¶ 비 저즌 블근 蓮ㅅ 고즌 冉冉히 곳답도다(杜初7:2).
곳디타 〈옛〉〔'곶다'의 활용형〕 꽂지. ¶ 머리예 곳디 아니ᄒᆞ고(杜初8:66).
곳므ᄅᆞ명 〈옛〉 콧마루. ¶ 곳므ᄅᆞ 쥰:準(訓蒙上26).
곳-집(庫-)[고찝/곧찝]명 ①곳간으로 지은 집. 고사(庫舍). 창고(倉庫). 창름(倉廩). ②☞상엿집.
곳초부 〈옛〉 곧추. 똑바로. ¶ 啓明星 돗도록 곳초 안자 ᄇᆞ라보니 白蓮花 ᄒᆞᆫ 가지롤 뉘라셔 보내신고(鄭澈.關東別曲). 참고초.
공:명 ①고무나 가죽 따위로 둥글게 만들어 속에 공기 또는 다른 물질을 넣은 운동 기구. ¶ 구르는 공. /공을 던지다. ②☞구(球). ③당구를 칠 때 사용하는, 상아로 만든 알.
공(工)명 〈공업(工業)〉의 준말.
공(公)명 ①개인적인 것이 아니고, 사회 일반의 많은 사람에게 관계되는 것. ¶ 공과 사를 엄격히 구별하다. ↔사(私). ②〈공작(公爵)〉의 준말.
공(功)명 ①〈공로(功勞)〉의 준말. ¶ 공을 세우다. ②〈공력(功力)〉의 준말. ¶ 공을 들이다.
공:(供)명 ☞불공(佛供). ¶ 공을 드리다.
공(空)명 ①속이 텅 빈 것. 아무것도 없는 것. ②불교에서, 세상의 모든 것은 인연(因緣)에 따라 생긴 가상(假相)이며, 영구불변의 실체(實體)가 없음을 이르는 말. 참무(無). ③아라비아 숫자 0(영)을 흔히 이르는 말. ④숫자 대신 쓰는 부호 '○'의 이름. ¶ 모집 인원 남녀 ○명.
공:(貢)명 ①하타〈공납(貢納)〉·〈공상(貢上)〉의 준말. ②〈공물(貢物)〉의 준말.
공(公) Ⅰ의 주로 남자의 성이나 성명 뒤에 쓰이어, 그 사람을 높여 부르거나 이르는 말. ¶ 김공. /김철수 공.
Ⅱ대 ①상대편 남자를 높여서 부르는 말. 당신. ¶ 공의 능력을 믿겠소. ②남자 삼인칭의 공대말. 그분. ¶ 공은 지성으로 임금을 섬겼다.
공(gong)명 권투에서, 경기의 시작과 종료를 알리는 종. ¶ 3라운드의 공이 울리다.
공-(空)접두 ①일부 명사 앞에 붙어, ㉠힘이나 돈을 들이지 아니함을 뜻함. ¶ 공것. /공돈. /공술. ㉡비어 있음을 나타냄. ¶ 공가교. ②《일부 동사 앞에 붙어》 '헛'·'허탕'의 뜻을 나타냄. ¶ 공돌다. /공치다.
-공(工)접미 일부 명사 뒤에 붙어, 그 일에 종사하는 직공임을 나타냄. ¶ 인쇄공. /기능공. /용접공. /전기공.
-공(公)접미 《고유 명사를 포함하는 일부 명사 뒤에 붙어》 높여 부르는 칭호임을 나타냄. ¶ 충무공. /충정공(忠正公).
공가(工價)[-까]명 ☞공전(工錢).
공가(公家)명 중이 '절'을 이르는 말.
공가(公暇)명 (공무원에게) 공식으로 인정되어 있는 휴가.
공가(空家)명 빈집.
공:가(拱架)명 홍예문(虹霓門)을 쌓아 올릴 때, 석재(石材) 따위를 떠받치기 위하여 가설(架設)하는 아치형의 틀.
공-가교(空駕轎)명 거둥 때, 임금이 탄 정가교(正駕轎)보다 앞서서 가게 하던 빈 가교.
공각(空殼)명 곡식이나 열매 따위의 빈 껍질이나 조개 따위의 빈 껍데기.
공간(公刊)명하타 ①공개적으로 간행함. ②공적으로 간행함. 간행(刊行).
공간(空間)명 ①아무것도 없이 비어 있는 칸. ¶ 지면(紙面)의 공간. /건물의 공간. ②(어떤 물질이나 물체가 존재할 수 있거나 어떤 일이 일어날 수 있는) 물리적으로나 심리적으로 널리 퍼져 있는 범위. ¶ 우주 공간. /휴식 공간. ③영역이나 세계를 이르는 말. ¶ 삶의 빈 공간을 채우다. ④물리학에서, 물질이 존재하고 여러 현상이 일어나는 장소. ⑤철학에서, 시간과 함께 세계를 성립시키는 기본 형식.
공간(空簡)명 지난날, 선물 또는 예물(禮物)이 딸리지 않은 편지를 이르던 말.
공간-격자(空間格子)[-짜]명 결정체(結晶體)를 이루고 있는 원자·이온·분자 따위의 집단이 일정한 계열에 따라 공간에 배열(配列)된 것.
공간^도형(空間圖形)명 ☞입체 도형.
공간-미(空間美)명 공간적으로 형성되는 조각·건축 따위의 미.
공간-역(空間閾)[-녁]명 심리학에서, 감각 기관의 두 점에 동시에 주어진 두 가지 자극을 각각 분별하여 느낄 수 있는 최소의 거리를 이르는 말.
공간^예:술(空間藝術)[-녜-]명 그림·조각·건축 등 물질적인 소재로써 일정한 공간을 구성하여 형상화하는 예술. 조형 예술. ↔시간 예술.
공간-적(空間的)관명 ①공간에 관계되거나 그에 딸리는 (것). ②공간의 성질을 지닌 (것). ↔시간적.
공간^지각(空間知覺)명 상하·좌우·전후의 공간적 관계를 감각을 통하여 파악하는 지각. 시각·청각·촉각 등과의 공동 작용으로 위치·방향·크기·형태·거리 등을 느끼어 앎.
공간-파(空間波)명 송신 안테나로부터 나와, 땅에 닿지 않고 전리층(電離層)에서 반사되어 수신 안테나에 이르는 전파.
공:갈(恐喝)명 ①하자타(금품을 뜯어내거나 하기 위하여) 남의 약점이나 비밀 따위를 이용하여 윽박지르고 을러댐. 공하(恐嚇). ②하자〈거짓말〉의 속된 말.
공:갈-죄(恐喝罪)[-쬐/-쮀]명 남을 공갈하여 금품을 뜯어내거나 재산상의 이익을 얻음으로써 성립하는 죄.
공:갈-치다(恐喝-)자 공갈을 하다.
공:감(共感)명하자타 (남의 생각이나 의견·감정 등에 대하여) 자기도 그러하다고 느낌, 또는 그런 감정. ¶ 누구나 공감할 수 있는 내용.
공:-감각(共感覺)명 어떤 자극에 응하여 일어나는 감각이, 동시에 다른 영역의 감각을 불러일으키는 일. 〔'푸른 종소리'라는 표현처럼, 종소리를 들었을 때 푸른 빛깔로도 감각되는 따위.〕
공:감-대(共感帶)명 서로 공감하는 부분. ¶ 국민적 공감대를 형성하다.
공개(公開)명하타되자 (마음대로 보거나 듣거나 할 수 있도록) 일반에게 개방(開放)함. ¶ 고궁(古宮)을 공개하다. /비밀이 공개되다.
공개-경쟁(公開競爭)명 공개된 자리에서 같은 조건으로 서로 겨루는 일.

공개^방:송(公開放送)명 (방송국의 스튜디오나 극장·강당 등에서) 관객이나 방청객(傍聽客)을 모아 놓고, 방송 실황을 드러내 보이면서 제작하는 방송.
공개^법인(公開法人)명 주식(株式)을 주식 시장에 내놓고 있는 법인.
공개^선:거(公開選擧)명 공개 투표로 하는 선거. ↔비밀 선거.
공개-수사(公開搜査)명 (전국적 조직으로 수사할 필요가 있는 사건에 대하여) 범인의 사진 따위를 일반인에게 공개해서, 민간인의 협력을 얻으려는 경찰의 수사 방법.
공개^시:장(公開市場)명 누구나 자유로이 참가하여 유가 증권(有價證券)을 매매하며, 수급(需給)의 실세(實勢)가 반영되어 가격이 성립하는 상태에 있는 시장. 〔증권 시장 따위.〕
공개^심리주의(公開審理主義)[-니-의/-니-이]명 ☞공개주의.
공개-장(公開狀)[-짱]명 어떤 개인이나 단체에게 알리는 사실이나 의견을 신문이나 잡지에 실어서 공중에게 널리 알리는 글. 〔일반의 비판을 구하기 위해서 함.〕
공개^재판(公開裁判)명 재판의 과정을 일반에게 공개하여 누구나 방청할 수 있도록 허락되어 있는 재판. 공심판(公審判).
공개-적(公開的)관명 공개하거나 또는 공개하다시피 하는 (것). ¶ 공개적 방식. /공개적인 비난(非難).
공개-주의(公開主義)[-의/-이]명 ①무엇이나 비밀로 하지 않고 일반인에게 공개하는 주의. ②소송의 심리(審理)를 공개하여, 재판의 방청(傍聽)을 국민에게 인정하는 주의. ②공개 심리주의(公開審理主義).
공개^투표(公開投票)명 투표자의 투표 내용을 제삼자가 알 수 있는 투표 방법. 〔기명 투표(記名投票)나 기립(起立)·거수(擧手)·구두(口頭)에 의한 투표 따위.〕 ↔비밀 투표.
공개-회의(公開會議)[-회의/-훼이]명 누구에게나 방청을 허락하는 회의.
공:거(貢擧)명 고대 중국에서, 제후나 지방 장관이 그 지방의 유능한 인재를 뽑아 천자에게 추천하던 제도.
공건(空件)[-껀]명 쓸데없는 물건.
공검(恭儉) '공검하다'의 어근.
공검-하다(恭儉-)형여 공손하고 검소하다. 공검-히부.
공겁(空劫)명 불교의 사겁(四劫)의 하나. 이 세계가 파멸하여 일체가 공으로 돌아가 공허의 상태로 계속되는 동안.
공-것(空-)[-껃]명 노력이나 대가 없이 거저 얻은 것. *공것이[-꺼시]·공것만[-껀-]
공것 바라기는 무당의 서방(이라)속담 '공것이라면 무엇이든지 좋아하는 사람'을 빗대어 이르는 말.
공것이라면 양잿물도 먹는다속담 〔공짜라면, 먹으면 죽는 양잿물까지도 먹는다는 뜻으로〕 '공짜라면 무엇이든 가리지 않고 거두어들이는 것'을 비꼬아 이르는 말.
공:격(攻擊)명하타 ①나아가 적을 침. ②말로 상대편을 논박하거나 비난함. ③운동 경기 따위에서, 상대편을 수세에 몰아넣고 강하게 밀어붙임. ①③↔방어·수비.
공:격-력(攻擊力)[-경녁]명 공격하는 힘.
공:격-수(攻擊手)[-쑤]명 (주로 구기 등에서) 공격을 주로 맡고 있는 선수. ↔수비수.
공:격-적(攻擊的)[-쩍]관명 공격하는 태도를 취하는 (것). ¶ 공격적인 질문.
공:격-진(攻擊陣)[-찐]명 공격을 하는 편의 진, 또는 그 군사나 선수. ↔수비진.
공결(公決)명하타되자 공정(公正)하게 결정함, 또는 그러한 결정.
공겸(恭謙)명하자 공손하고 겸손함.
공경(公卿)명 지난날, 삼공(三公)과 구경(九卿)을 아울러 이르던 말.
공경(恭敬)명하타 공손히 받들어 섬김. ¶ 어른을 공경하다. 공경-히부.
공경-대부(公卿大夫)명 〔지난날〕 ①삼공(三公)과 구경(九卿) 및 대부(大夫)를 아울러 이르던 말. ②'벼슬이 높은 사람'을 이르던 말.
공-경제(公經濟)명 국가나 지방 공공 단체 등이 영위하는 경제. ↔사경제(私經濟).
공경제적 수입(公經濟的收入)[-쑤-] 국가나 지방 자치 단체가 사경제(私經濟)로부터 보상 없이 강제로 거두어들이는 수입.
공계(空界)[-계/-게]명 불교에서 이르는, 아무것도 없는 공의 세계.
공:계(貢契)[-꼐/-께]명 지난날, 나라에 공물을 바친 뒤에 값을 타 내는 계를 이르던 말.
공고(工高)명 〈공업 고등학교〉의 준말.
공고(公告)명하자타되자 관청이나 공공 단체 등에서, 어떠한 일을 관보(官報)·신문·게시(揭示) 따위를 통하여 일반에게 널리 알리는 일. ¶ 선거일을 공고하다.
공고(鞏固) '공고하다'의 어근.
공고라(←qongqor 몽)명 누른 빛깔에 주둥이가 검은 말.
공고-문(公告文)명 공고하는 내용의 글.
공고-하다(鞏固-)형여 굳고 흔들림이 없다. ¶ 공고한 의지. /공고한 방어벽. 공고-히부.
공곡(公穀)명 나라 소유의 곡식. ↔사곡(私穀).
공곡-공음(空谷跫音)[-꽁-]명 〔사람이 없는 빈 골짜기에 울리는 발자국 소리란 뜻으로〕 '쓸쓸할 때에 손이나 기쁜 소식이 오는 것, 또는 그 손이나 소식'을 비유하여 이르는 말. 공곡족음.
공곡-족음(空谷足音)[-쪼금]명 ☞공곡공음.
공골-말명 털 빛깔이 누른 말.
공골-차다형 '옹골차다'의 잘못.
공공(公共)명 사회 일반이나 공중(公衆)에 관계되는 것. ¶ 공공 기관. /공공의 이익.
공공(空空)[1]명 ①하형 불교에서 이르는, 만유(萬有)는 공(空)이라는 사상. ②이름이나 숫자 대신으로 쓰는 부호 '○○'의 이름. ¶ ○○ 부대. /모집 인원은 남녀 ○○명.
공공(空空)[2] '공공하다'의 어근.
공공-건물(公共建物)명 공공용의 건물.
공공^기업체(公共企業體)명 국가나 지방 공공 단체의 소유 또는 지배 하에 있어, 공공의 복지와 밀접한 관계를 가진 기업체.
공공^단체(公共團體)명 국가의 감독 아래 공공의 업무를 수행하는 법인 단체. 공법인(公法人).
공공-물(公共物)명 공중(公衆)이 다 같이 사용하는 물건이나 공원·도로·기념물 따위.
공공^방:송(公共放送)명 공공을 위하여 하는 방송. 〔영리를 목적으로 하지 않음이 특색.〕 ↔민간 방송(民間放送).
공공-복지(公共福祉)[-찌]명 구성원 전체에 공통되는 복지.
공공-사업(公共事業)명 공공의 이익을 목적으로 하는 사업.

공공-성(公共性)[-썽]명 사회 일반이나 여러 단체에 두루 관련되거나 영향 따위를 미치는 성질.
공공-시설(公共施設)명 공공의 편의나 복지 따위를 위하여 베풀어 놓은 시설.
공공-심(公共心)명 공공의 행복과 이익을 위하는 마음. ↔이기심(利己心).
공공연(公公然) '공공연하다'의 어근.
공공연-하다(公公然-)형여 사실을 숨김없이 버젓하게 드러내 놓은 상태에 있다. ¶ 소문이 공공연하게 나돌다. **공공연-히**부.
공공-요금(公共料金)[-뇨-]명 (철도·우편·전신·전화·수도·전기 따위) 공익사업(公益事業)에 대한 요금.
공공용-물(公共用物)[-뇽-]명 (도로나 하천·공원 따위와 같이) 공중이 공동으로 사용하는 것. 공공물(公共物). 참공용물.
공공-장소(公共場所)명 공중(公衆)이 공동으로 이용하는 장소.
공공^재산(公共財産)명 공공 단체의 소유로 되어 있는 재산.
공공적적(空空寂寂) '공공적적하다'의 어근.
공공적적-하다(空空寂寂-)[-쩌카-]형여 〔불교에서〕 ①우주 만상은 실체(實體)가 없는 공(空)이며, 사유(思惟)를 초월해 있다. ②아무것에도 사로잡히지 아니하고 무아무심(無我無心)하다. **공공적적-히**부.
공공^조합(公共組合)명 공공의 이익을 목적으로 특수한 사업을 하는 법인체의 조합.
공공-질서(公共秩序)[-써]명 국가나 공중(公衆)에 두루 관계되는 질서. ¶ 공공질서를 지키다.
공공^투자(公共投資)명 (도로·항만·교량 등) 공공적인 사회 시설을 정비하거나 확충하기 위하여 국가의 재정 자금으로 하는 투자(投資).
공공-하다(空空-)형여 아무것도 없이 텅 비어 있다.
공과(工科)[-꽈]명 공학에 관한 학문을 배우거나 연구하는 학과.
공과(工課)명 공부하는 과정.
공과(公課)명 국가나 지방 자치 단체에서 국민에게 부과하는 세금이나 그 밖의 공법상의 부담.
공과(功過)명 공로와 과실. 공죄. ¶ 공과를 따지다.
공과-금(公課金)명 관청에서 매긴 세금.
공과^대:학(工科大學)[-꽈-]명 공학에 관한 전문적인 교육을 베푸는 대학. 준공대(工大).
공과-상반(功過相半)명 공로와 과실이 반반임.
공관(公館)명 ①공공의 건물. ②정부 고관의 관저(官邸). ¶ 총리 공관. ③대사관·공사관·영사관 등을 통틀어 이르는 말. ¶ 해외 공관.
공관(空館)명하자 조선 시대에, 성균관 유생들이 어떤 불평이 있을 때에 단결하여 일제히 관에서 물러나던 일.
공관(空罐)명 빈 깡통.
공:관^복음서(共觀福音書)명 신약 성서(新約聖書) 가운데서 마태복음·마가복음·누가복음의 세 복음서를 아울러 이르는 말.
공관-장(公館長)명 (대사·공사·영사 등) 해외에 주재하고 있는 공관의 장.
공교(工巧) '공교하다'의 어근.
공교-롭다(工巧-)[-따][~로우니·~로워]형ㅂ 생각지 않았던 우연한 사실과 마주치게 된 것이 이상하다. 공교하다. ¶ 공교롭게도 일이 그렇게 되었다. **공교로이**부.
공-교육(公教育)명 국가나 공공 단체 등이 베푸는 교육. ↔사교육.
공교-하다(工巧-)형여 ①솜씨 따위가 재치 있고 교묘하다. ¶ 공교한 솜씨. ②공교롭다. ¶ 일이 공교하게 되었다. **공교-히**부.
공-교회(公教會)[-회/-훼]명 '가톨릭 교회'를 달리 이르는 말.
공구(工具)명 기계 따위를 만들거나 분해·조립하는 데 쓰이는 기구.
공구(工區)명 공사를 하는 구역. ¶ 제1공구.
공:구(攻究)명하타 학문·기예 따위를 연구함.
공:구(恐懼)명하형 심히 두려움. ¶ 공구하여 몸 둘 바를 모름. **공구-히**부.
공구-강(工具鋼)명 기계 기공 용구의 재료가 되는, 경도·절삭력·내마모성이 높은 특수강.
공국(公國)명 유럽에서, 공(公)의 칭호를 가진 세습 군주가 통치하는 작은 나라. 〔리히텐슈타인·모나코 따위.〕
공군(空軍)명 항공기를 사용하여 공중 전투와 폭격 등의 공격·방어 임무를 맡은 군대. 참육군·해군.
공군-기(空軍機)명 공군에 딸린 항공기.
공군^본부(空軍本部)명 국방부에 딸린, 공군의 최고 통수 기관.
공군^사:관학교(空軍士官學校)[-꾜]명 공군의 초급 장교가 될 사람에게 필요한 정규 교육을 베푸는 군사 학교. 준공사(空士).
공권(公權)[-꿘]명 공법상 인정된 권리. 국가나 공공 단체가 가지는, 개인에 대한 국가적 공권〔납세·병역 의무를 이행시키는 권리 따위〕과 국가에 대한 개인적 공권〔참정권·수익권·자유권 따위〕이 있음. ↔사권(私權).
공권(空拳)명 맨주먹. 빈주먹.
공권-력(公權力)[-꿘녁]명 국가나 공공 단체가 국민에 대하여 명령·강제하는 권력, 또는 그 권력을 행사하는 국가. ¶ 공권력의 발동.
공권^박탈(公權剝奪)[-꿘-]명 사형·무기형의 판결을 받은 자에 대해서 일체의 공권을 빼앗는 일.
공권적 해:석(公權的解釋)[-꿘저캐-] 국가 기관이 공식으로 내리는 법률 해석. 유권 해석.
공궐(空闕)명 임금이 없는 빈 대궐.
공:궤(供饋)명하타 윗사람에게 음식을 드림.
공규(空閨)명 오랫동안 남편이 없이 여자 혼자 지내는 방. 공방(空房).
공그르다[공그르니·공글러]타르 헝겊의 시접을 접어 맞대고 바늘을 번갈아 넣어 가며 실 땀이 겉으로 나오지 않도록 속으로 떠서 꿰매다.
공:극(孔隙)명 구멍. 빈틈.
공극(孔劇) '공극하다'의 어근.
공극(空隙)명 빈틈. ¶ 공극을 메우다.
공:극-하다(孔劇-)[-그카-]형여 몹시 심하고 지독하다. **공극-히**부.
공근(恭勤) '공근(恭勤)하다'의 어근.
공근(恭謹) '공근(恭謹)하다'의 어근.
공근-하다(恭勤-)형여 공손하고 부지런하다. **공근-히**부.
공근-하다(恭謹-)형여 공손하고 삼가다. **공근-히**부.
공글리다타 ①(땅바닥 따위를) 단단하게 다지다. ¶ 바닥을 잘 공글리다. ②(일 따위를) 확실하게 매듭을 짓다. 틀림없이 마무리하다.
공금(公金)명 ①국가나 공공 단체의 소유로 되어 있는 돈. ②(개인의 돈이 아닌) 단체나 회사의 돈.
공금^유용(公金流用)[-뉴-]명 공금을 본디의 용도 외의 곳에 사사로이 돌려쓰는 일.

공금^횡령(公金橫領) [-횡녕/-휑녕] 명 공금을 불법으로 가로채어 차지하는 일.

공ː급(供給) 명 하타 되자 ①요구나 필요에 따라 물품 따위를 제공함. ¶ 식량의 공급. /공장에 자재를 공급하다. ②판매나 교환을 위하여 상품을 시장에 내놓음. ¶ 수요가 공급을 웃돌다. ↔수요(需要).

공ː급^계ː약(供給契約) [-께-/-께-] 명 앞으로 일정 시기에 목적물의 소유권을 이전할 것을 약속하는 계약.

공ː급-원(供給源) 명 공급하는 원천이 되는 곳. ¶ 영양소의 공급원. /원료의 공급원이 막히다. 준급원(給源).

공ː급^함수(供給函數) [-그팜쑤] 명 재화(財貨)의 가격과 공급량과의 관계를 나타내는 함수.

공ː기 명 하자 ①다섯 개의 작은 돌을 땅바닥에 놓고, 일정한 규칙에 따라 집고 받고 하는 아이들의 놀이, 또는 그 돌. ②헝겊에 콩 따위를 싸서 만든 공 두 개 이상을 가지고, 땅에 떨어지지 않게 잇달아 올렸다 받았다 하는 계집아이들의 놀이, 또는 그 공.

공기(를) 놀다 관용 공기를 가지고 놀다.

공기(를) 놀리다〔**놀리듯 하다**〕 관용 어떤 일이나 사람을 제멋대로 놀리거나 수월하게 다루다.

공기(工期) 명 공사하는 기간. ¶ 공기를 단축하다.

공기(公器) 명 ①공공의 물건. ②사회 개개인 모두에게 영향을 미치는, 공공성을 띤 기관. 〔신문이나 방송 따위.〕

공기(空氣) 명 ①지구 대기의 하층 부분을 이루고 있는 무색·투명한 기체. 〔산소와 질소를 주성분으로 하여 소량의 아르곤·헬륨 등 불활성 가스와 이산화탄소가 포함되어 있음.〕 대기(大氣). ②주위의 기분이나 상태. 분위기. ¶ 무거운 공기. /공기가 심상치 않다.

공기(空器) 명 ①빈 그릇. ②위가 벌어지고 밑이 좁은 작은 그릇. 흔히, 밥을 덜어 먹는 데 씀. ③〖의존 명사적 용법〗 밥 따위를 공기에 담아 그 분량을 세는 단위. ¶ 밥 세 공기.

공기-가스(空氣gas) 명 공기에 적당한 양의 휘발유 증기 따위를 혼합하여 만든 가스.

공기^공구(空氣工具) 명 압축 공기의 팽창력을 이용한 공구.

공기-구멍(空氣-) 명 흐린 공기를 빼고 맑은 공기로 바꾸기 위하여 만든 구멍. 통풍구.

공기^기관(空氣機關) 명 공기를 매개로 하여 열에너지를 운동 에너지로 변화시키는 기관. 〔증기 기관의 증기 대신 압축 공기를 사용함.〕

공기^냉ː각(空氣冷却) 명 내연 기관의 과열을 막기 위해 실린더와 공기와의 접촉 면적을 넓게 만들어 열을 발산·냉각시키는 것. 준공랭(空冷).

공ː기-놀이 명 하자 공기를 가지고 노는 아이들의 놀이.

공기^망치(空氣-) 명 압축 공기를 동력으로 하여, 철판·못 따위를 내려치는 작업에 쓰는 망치.

공기^브레이크(空氣brake) 명 ☞공기 제동기.

공기-뿌리(空氣-) 명 ☞기근(氣根).

공기^색전증(空氣塞栓症) [-쩐쯩] 명 정맥으로 공기가 들어가서 발생하는 색전증.

공기^세ː척기(空氣洗滌器) [-끼] 명 공기 중에 물을 내뿜어 먼지를 없애는 기계.

공기-압(空氣壓) 명 자동차 등의 타이어의 압력.

공기^압축기(空氣壓縮機) [-끼] 명 공기를 대기압 이상의 압력으로 압축하여 압축 공기를 만드는 기계.

공기-액(空氣液) 명 ☞액체 공기.

공-기업(公企業) 명 국가 또는 공공 단체 등이 경영하는 기업. 〔철도·우편·수도 따위의 공익 사업류.〕 ↔사기업(私企業).

공기^요법(空氣療法) [-뻡] 명 호흡기 질환에 이용되는 요법의 한 가지. 신선한 자연 속에서 생활하는 대기 요법과 공기욕(空氣浴)이 있음.

공기-욕(空氣浴) 명 하자 공기 요법의 한 가지. 온몸을 대기 중에 노출시켜 일정 시간 동안 공기를 쐬는 일.

공기^저ː항(空氣抵抗) 명 공기 중에서의 물체의 운동에 대하여, 공기가 그것을 저지하는 현상.

공기^전염(空氣傳染) 명 공기 중에 있는 병원체가 피부·점막 등에 붙거나 체내에 들어가거나 하여 일으키는 전염.

공기^제ː동기(空氣制動機) 명 압축 공기의 힘을 이용하여 차량의 속도를 조절하거나 멈추게 하는 장치. 공기 브레이크. 에어 브레이크.

공기-주머니(空氣-) 명 조류의 가슴 속에 있어 폐와 통하는 얇은 막의 주머니. 기낭(氣囊).

공기^청정기(空氣淸淨器) 명 공기 속의 먼지를 없애는 장치.

공기-총(空氣銃) 명 압축 공기의 작용으로 탄환이 발사되도록 만든 총.

공기^컨베이어(空氣conveyer) 명 고속(高速)으로 흐르는 공기의 힘으로 곡식 같은 입상물(粒狀物)을 관(管) 속으로 운반할 수 있게 한 장치.

공기^펌프(空氣pump) 명 ①용기 속의 공기를 뽑아내는 펌프. ②용기 같은 데에 공기를 압축하여 넣는 펌프.

공ː깃-돌 [-기똘/-긷똘] 명 공기할 때 쓰는, 밤톨만 한 돌.

공깃-밥(空器-) [-기빱/-긷빱] 명 공기에 담은 밥.

공납(公納) 명 국고로 들어가는 조세(租稅).

공ː납(貢納) 명 하타 지난날, 백성이 지방에서 나는 특산물을 현물로 조정에 바치던 일. 납공(納貢). 준공(貢).

공납-금(公納金) [-끔] 명 ①관공서에 의무적으로 납부하는 돈. ②학생이 학교에 정기적으로 내는 돈. ¶ 공납금을 납부하다.

공낭(空囊) 명 ①(돈이 들어 있지 않은) 빈 주머니. ②'몸에 돈을 지니고 있지 않음'을 비유하여 이르는 말.

공녀(工女) 명 공장에서 일하는 여자. 여직공.

공ː녀(貢女) 명 고려·조선 시대에, 중국 원나라·명나라의 요구에 따라 여자를 바치던 일, 또는 그 여자.

공ː노(共怒) 명 하자 함께 노함. ¶ 천인이 공노할 비인도적인 만행.

공-노비(公奴婢) 명 지난날, 관아에서 부리던 사내종과 계집종.

공ː-놀이 명 하자 공을 가기고 노는 놀이.

공능(功能) 명 ①공적과 재능. ②공들인 보람을 나타내는 능력.

공다리 명 무·배추의 씨를 떨고 남은 장다리.

공단(工團) 명 〈공업 단지〉의 준말. ¶ 구로 공단.

공단(公團) 명 일정한 국가적 사업을 수행하기 위하여 설립한 특수 법인. ¶ 의료 보험 관리 공단.

공ː단(貢緞) 명 감이 두껍고 무늬가 없는 비단.

공-담(空-) 명 빈 터에 둘러막은 담.

공담(公談) 명 하자 ①공평(公平)한 말. ②공무(公務)에 관한 말. ↔사담(私談).

공담(空談) 명 하자 ①쓸데없는 이야기. ②실행이 불가능한 이야기.

공답(公畓)명 지난날, 나라 소유의 논을 이르던 말. ↔사답(私畓).
공당(公堂)명 지난날, 공무(公務)를 맡아보던 곳을 이르던 말.
공당(公黨)명 정치적 주의·주장을 만천하에 버젓이 밝히고 있는 정당. 사회적·국가적으로 인정을 받고 있는 정당.
공대(工大)명 〈공과 대학〉의 준말.
공대(空垈)명 ①울 안의 빈 터. ②집을 지을 수 있는 터.
공대(恭待)명 ①하타 공손히 대접함. ②하자 (상대편에게) 높임말을 씀. ¶ 오래 사귄 사이인데도 서로 공대를 하다. ↔하대(下待).
공-대공(空對空)명 공중에서 공중에 있는 것을 상대로 함.
공대공^미사일(空對空missile)명 항공기에 장착(裝着)한 대공 공격 미사일.
공대-말(恭待-)명 공대하는 말. 경어(敬語). ↔예사말.
공-대지(空對地)명 공중에서 지상에 있는 것을 상대로 함. ↔지대공(地對空).
공대지^미사일(空對地missile)명 항공기에 탑재한 지상 공격 미사일. ↔지대공 미사일.
공덕(公德)명 공중(公衆)을 위하는 도덕. 공중도덕.
공덕(功德)명 ①공적과 덕행. ¶ 공덕을 기리다. ②불교에서, 현재 또는 미래에 행복을 가져올 선행(善行)을 이르는 말. ¶ 공덕을 쌓다. /공덕을 베풀다. 준덕(德).
공덕-문(功德文)[-뭉-]명 시주를 받으려고 집집마다 돌리는, 종이로 만든 주머니와 부적. 공덕을 기린 글이 적혀 있음.
공덕-심(公德心)[-씸]명 공중 도덕을 존중하고 지키려는 마음.
공덕-심(功德心)[-씸]명 불교에서, 남을 위하여 좋은 일을 많이 하려는 마음을 이르는 말.
공도(公盜)명 공무원이 그 직권을 이용하여 사사로이 이익을 꾀하는 일, 또는 그런 사람. 공적(公賊).
공도(公道)명 ①사회 일반에게 통용되는 바른 도리. ②공중의 통행을 위하여 공공 단체 등에서 만들어, 관리·유지하는 길. 공로(公路). ↔사도(私道).
공도(公稻)명 지난날, 관아에서 수납하던 벼.
공ː도(孔道)명 공자가 가르친 도(道).
공ː도-동망(共倒同亡)명하자 〔넘어져도 같이 넘어지고, 망해도 같이 망한다는 뜻으로〕 '운명을 같이함'을 이르는 말.
공-돈(空-)[-똔]명 힘들이지 아니하고 공으로 생긴 돈. ¶ 공돈이 생기다.
공-돌다(空-)[~도니·~돌아]자 ①쓰지 않고 남아서 이리저리 굴러다니다. ②성과 없이 헛돌다. ¶ 차바퀴가 빙판에서 공돌았다.
공ː동(共同)명하타 ①둘 이상의 사람이나 단체가 일을 같이함. ¶ 공동 제작. ②둘 이상의 사람이나 단체가 동등한 자격으로 결합함.
공ː동(共動)명 〈공동 운동〉의 준말.
공동(空洞)명 ①아무것도 없이 텅 빈 굴. ②염증이나 괴사(壞死)로 인하여 장기(臟器)의 어느 한 부분에 생긴 구멍. ¶ 허파에 공동이 생기다.
공ː동(恐動)명하타 위험한 말로 사람의 마음을 두렵게 함.
공ː동^가입^전ː화(共同加入電話)[-쩐-]명 두 사람 이상의 가입자가 한 개의 전화 회선을 공동으로 사용하는 방식의 전화.
공ː동-격(共同格)[-껵]명 '함께함'을 나타내는 조사가 붙는 자리. 〔'과·와·하고' 따위의 조사가 붙음.〕 여동격(與同格).
공ː동-견(共同繭)명 ☞쌍고치.
공ː동^관리(共同管理)[-괄-]명 둘 또는 그 이상이 공동으로 하는 관리.
공ː동^기업(共同企業)명 두 사람 이상이 공동으로 경영하는 기업.
공ː동^담보(共同擔保)명 ①동일한 채권의 담보로서 몇 개의 물건 위에 담보권을 설정하는 일. ②거래원(去來員)의 위약(違約) 행위로 인하여 발생한 손해의 배상을 공동으로 하는 담보. 참특별 담보(特別擔保).
공ː동-답(共同畓)명 두 사람 이상이 공동으로 부치고 있는 논.
공ː동^대ː리(共同代理)명 몇 사람의 대리인이 공동하여야만 비로소 대리권을 행사할 수 있는 대리.
공ː동^대ː표(共同代表)명 몇 사람이 공동(共同)하여야만 비로소 법인(法人)을 대표할 수 있는 경우의 대표.
공ː동^모의(共同謀議)[-의/-이]명 법률에서, 두 사람 이상이 공동으로 범죄의 실행을 모의하는 일을 이름. 준공모(共謀).
공ː동^못자리(共同-)[-모짜-/-몯짜-]명 몇 집 또는 한 마을에서 쓸 모를 공동으로 기르는 못자리.
공ː동-묘지(共同墓地)명 일정한 곳에, 여러 사람이 공동으로 무덤을 쓸 수 있도록 마련한 묘지.
공ː동^방위(共同防衛)명 공동의 적에 대하여 두 나라 이상이 공동으로 하는 방위.
공동^벽돌(空洞甓-)[-똘]명 속이 비게 만든 벽돌. 〔무게가 가볍고, 방열·방습 효과가 있음.〕
공ː동-변소(共同便所)명 ☞공중변소.
공ː동-보조(共同步調)명 공동의 목적을 위하여, 여러 사람이나 관계자들이 모두 뜻을 모아 행동을 함께하는 일. ¶ 공동보조를 취하다.
공ː동^보증(共同保證)명 동일한 채무에 대하여 두 사람 이상이 공동으로 보증하는 일.
공ː동^사회(共同社會)[-회/-훼]명 가족·촌락 등과 같이, 이해관계에 의해서가 아니라 혈연(血緣)·지연(地緣) 등에 의해서 자연적으로 맺어진 사회. 공동체(共同體). ↔이익 사회.
공ː동^상속(共同相續)명 재산 상속에서, 동일한 순위에 있는 둘 이상의 상속인이 공동으로 유산을 상속하는 일. ↔단독 상속.
공ː동^상속인(共同相續人)명 공동 상속을 하는 사람.
공ː동-생활(共同生活)명 두 사람 이상이 모여서 서로 협력하여 사는 생활.
공ː동-선(共同線)명 하나의 회선에 둘 이상의 전화기를 접속하여 쓰는 전화선.
공ː동^선언(共同宣言)명 둘 이상의 개인·국가·단체가 공동으로 발표하는 선언.
공ː동^성명(共同聲明)명 둘 이상의 개인·국가·단체가 공동으로 내는 성명. ¶ 양국 국가 원수가 공동 성명을 발표하다.
공ː동^소ː유(共同所有)명 동일물에 대하여 두 사람 이상 또는 둘 이상의 법인이나 단체 따위가 공동으로 소유권을 가지는 일. ¶ 공동 소유로 되어 있는 임야.
공ː동^영지(共同領地)[-녕-]명 두 나라 이상이 공동으로 소유하여 관리·통치하는 영지.

공ː동^운ː동(共同運動)명 ①두 사람 이상이 어떤 목적을 달성하기 위하여 공동으로 하는 운동. ②의지의 작용에 따른 운동을 할 때에 덩달아 일어나는, 다른 무의식 운동. 준공동(共動).

공ː동^원고(共同原告)명 두 사람 이상이 같은 사건의 원고(原告)가 되었을 때의 그 원고. ↔공동 피고.

공ː동^위원회(共同委員會)[-회/-훼]명 한 문제를 공동으로 심의·검토하기 위하여, 두 단체 또는 두 국가 이상이 각각 위원을 내어 조직한 위원회. ¶ 미·소 공동 위원회. 준공위(共委).

공ː동^의ː무(共同義務)명 동일한 일에 대하여 두 사람 이상이 공동으로 지는 의무.

공ː동^작전(共同作戰)[-쩐]명 ①둘 이상의 부대나 국가가, 또는 육해공군이 합동으로 벌이는 작전. ②서로 힘을 합하여 어떠한 일을 함께하는 일. ¶ 공동 작전을 펴다.

공ː동^저ː당(共同抵當)명 동일 채권의 담보로서 몇 개의 부동산 위에 설정된 저당권.

공ː동-전(共同栓)명 공동으로 쓰는 수도전.

공ː동^전ː선(共同戰線)명 ①두 나라 이상이 공동으로 펴는 전선. ②둘 이상의 단체가 공통된 목적이나 이익을 위하여 펴는 협력 태세. ¶ 공동 전선을 펴다.

공ː동^전ː지식(共同電池式)명 전화국의 전지 하나를 모든 가입자 전화기의 송화·신호용으로 공동 사용하는 방식. 준공전식.

공ː동^점유(共同占有)명 하나의 물건을 몇 사람이 공동으로 점유하는 일. ↔단독 점유.

공ː동^정ː범(共同正犯)명 몇 사람이 공모하여 공동으로 저지른 범죄, 또는 그 사람. 〔범행에 관여한 형식에 따라 공동 정범·교사범·종범(從犯)의 세 가지로 나뉨.〕 준공범(共犯). ↔단독 정범. 참공모범(共謀犯).

공ː동^조계(共同租界)[-계/-게]명 지난날, 중국에 있던 조계 가운데, 여러 나라가 공동으로 권리를 가지고 있던 지역. ↔전관 조계. 참조계(租界).

공ː동^주ː택(共同住宅)명 한 건물에 두 세대 이상이 각각 독립하여 살 수 있게 만들어진 주택. 참단독 주택.

공ː동-체(共同體)명 ①공동 사회. ¶ 공동체 생활. ②생활이나 운명을 같이하는 조직체.

공ː동^출자(共同出資)[-짜]명 둘 이상의 자연인이나 법인체가 어떤 사업을 하기 위하여 공동으로 자본을 내는 일, 또는 그 자본.

공ː동-탕(共同湯)명 ☞대중목욕탕. ↔독탕.

공ː동^판매(共同販賣)명 ①판매 조합을 통하여 공동으로 하는 판매. ②기업체가 스스로 판매하지 않고 공동 판매장을 거쳐 하는 판매. 준공판(共販).

공ː동^피ː고(共同被告)명 두 사람 이상이 같은 사건의 피고가 되었을 때의 그 피고. ↔공동 원고.

공ː동^해ː손(共同海損)명 해난을 당했을 때, 선장이 선박과 화물에 대한 공동의 안전을 위하여 선박이나 화물을 고의로 처분함으로써 생긴 손해나 그 비용. ↔단독 해손.

공ː동^행위(共同行爲)명 두 사람 이상의 합치된 의사로 이루어진 행위.

공동-화(空洞化)명하자되자 (으레 있어야 할 것이 없어져) 텅 비게 됨. ¶ 산업화로 인하여 농촌의 공동화 현상이 일어나다.

공득(空得)명하타 힘들이지 아니하고 거저 얻음. 대가 없이 공으로 얻음.

공득지물(空得之物)[-찌-]명 힘들이거나 대가를 치르지 아니하고 거저 얻은 것. 공것.

공-들다(功-)[~드니·~들어]자 무엇을 이루는 데 정성과 노력이 많이 들다.

공든 탑이 무너지랴속담 정성을 기울여 이룩해 놓은 일은 그리 쉽게 무너지지 않는다는 말.

공-들이다(功-)자 무엇을 이루는 데 정성과 노력을 많이 들이다. ¶ 공들여 만든 작품.

공-떡(空-)명 〔공으로 생긴 떡이란 뜻으로〕 대가를 치르거나 힘들이지 않고 거저 얻은 이익이나 좋은 일. ¶ 공떡이 생기다.

공-뜨다(空-)[~뜨니·~떠]자 ①어떤 것이 임자 없이 남다. ¶ 계획이 취소되어 차표가 공뜨다. ②말이나 소문 따위가 근거 없이 떠돌다. ¶ 공뜬 소문. ③마음이 공연히 들뜨다. ¶ 공떠 있는 마음.

공ː락(攻落)[-낙]명하타되자 성이나 성채 따위를 공격하여 함락시킴. ¶ 성채(城砦)를 공락하다.

공란(空欄)[-난]명 지면(紙面)의 빈 난. 빈칸. ¶ 공란으로 비워 두다.

공ː람(供覽)[-남]명하타 여러 사람이 돌려 봄. ¶ 사업 계획서를 공람하다.

공랑(公廊)[-낭]명 조선 시대에, 서울 종로 양쪽에 있던 시전(市廛).

공랭(空冷)[-냉]명하타 〈공기 냉각〉의 준말.

공랭-식(空冷式)[-냉-]명 총포나 엔진 따위를 공기로 냉각시키는 방식. ¶ 공랭식 엔진. /공랭식 기관총. 참수랭식(水冷式).

공ː략(攻略)[-냑]명하타되자 적의 영토 따위를 공격하여 빼앗음. ¶ 적의 후방을 공략하다.

공ː략(攻掠)[-냑]명하타되자 쳐들어가서 남의 것을 약탈함.

공ː량(貢糧)[-냥]명 ☞강미(講米).

공력(工力)[-녁]명 공부(工夫)를 하여 쌓은 실력, 또는 공부함으로써 갖게 되는 힘.

공력(公力)[-녁]명 개인이나 단체를 강제로 복종시키는 국가나 사회의 권력.

공력(功力)[-녁]명 ①애써 들인 힘. ¶ 공력을 들인 작품. /많은 공력이 들다. 준공(功). ②불교에서 이르는 공덕의 힘.

공력(空力)[-녁]명 헛되이 들인 힘. 헛심.

공ː력-근(共力筋)[-녁끈]명 서로 같은 방향으로 운동하는 근육. ↔길항근(拮抗筋).

공ː렬(孔裂)[-녈]명 꽃밥의 정수리에 구멍이 뚫리어 꽃가루를 날리는 일.

공렬(功烈)[-녈]명 뛰어난 공적. 공업(功業). 훈업(勳業).

공로(公路)[-노]명 공중(公衆)이 다니는 길. 공도(公道).

공로(功勞)[-노]명 어떤 일에 이바지한 공적과 노력. 공훈(功勳). ¶ 공로를 들이다. /그간의 공로를 치하하다. /건국에 이바지한 공로로 훈장을 받다. 준공(功).

공로(空老)[-노]명하자 아무 일도 해 놓은 것 없이 헛되이 늙음.

공로(空路)[-노]명 〈항공로〉의 준말. ¶ 정상적인 공로를 이탈하다.

공로-주(功勞株)[-노-]명 주식회사에서, 회사에 크게 공헌한 사람에게 무상 또는 평가(平價)로 주는 주(株).

공론(公論)[-논]명 ①사회 일반의 여론. 세론(世論). ¶ 공론에 따라 문제를 해결하다. ②하타되자공정하게 의논함, 또는 그 의논. 공의(公議). ③하타되자여럿이 의논함, 또는 그 의논. ¶ 공론에 부치다. ↔사론(私論).

공론(空論)[-논]명하자 실제와는 동떨어진 쓸데없는 논의. ¶ 공론만 되풀이하다.
공론-가(空論家)[-논-]명 공론만을 일삼는 사람.
공론-공담(空論空談)[-논-]명 쓸데없는 이야기. 헛된 이야기. ¶ 공론공담으로 시간을 보내다.
공:룡(恐龍)[-뇽]명 중생대의 쥐라기에서 백악기에 걸쳐 살았던 거대한 파충류를 통틀어 이르는 말.
공루(空淚)[-누]명 슬픈 체하며 거짓으로 흘리는 눈물.
공류(公流)[-뉴]명 ①공공의 이해에 관계되는 유수(流水). ②여러 사람이 자유롭게 사용할 수 있는 유수.
공륜(空輪)[-뉸]명 ①☞상륜(相輪). ②불교에서 이르는 사륜(四輪)의 하나. 삼륜(三輪)의 아래에서 이 세상을 떠받치는 허공(虛空).
공리(公吏)[-니]명 ①관리가 아니면서 공무를 맡아보는 사람.〔공증인·집행관 등.〕②공공 단체의 일을 맡아보는 사람.
공리(公利)[-니]명 공공의 이익. ↔사리(私利).
공리(公理)[-니]명 ①널리 일반에 통용되는 도리. ②수학이나 논리학 따위에서, 증명이 없이 자명한 진리로 인정되며, 다른 명제를 증명하는 데 전제가 되는 원리. ②참격률.
공리(功利)[-니]명 ①어떤 행위에 의하여 얻어지는 공명과 이익. ¶ 공리를 추구하다. ②철학에서, 다른 목적을 실현하는 데 도움이 되는 것.
공리(空理)[-니]명 실제와는 동떨어진 쓸데없는 이론.
공:리(貢吏)[-니]명 지난날, 공물(貢物)을 상납하던 관리.
공리-공론(空理空論)[-니-논]명 실천이 뒤따르지 않는 쓸데없는 이론. ¶ 공리공론을 일삼다.
공리-설(功利說)[-니-]명 ☞공리주의.
공리-성(功利性)[-니썽]명 ①딴 목적을 실현하는 데 쓸모 있는 성질. ②이익만을 추구하는 성질.
공리-적(功利的)[-니-]관명 그 행위가 이익이 되는가 어떤가를 첫째로 생각하는 (것). ¶ 공리적 태도. /공리적인 생각.
공리-주의(功利主義)[-니-의/-니-이]명 ①자신의 이익만을 추구하는 주의. ②쾌락·행복·이익 따위를 가치의 기준, 도덕의 기초 또는 인생의 지상 목표로 삼는 학설. 공리설. 실리주의.
공립(公立)[-닙]명 지방 공공 단체가 설립하여 운영하는 일, 또는 그 시설. 참사립(私立).
공:립(共立)[-닙]명 ①하자나란히 섬. ②하타공동으로 설립함.
공립-학교(公立學校)[-니팍꾜]명 지방 공공 단체가 설립하여 운영하는 학교. 참사립학교.
공막(空漠) '공막하다'의 어근.
공막(鞏膜)명 눈알의 바깥벽을 둘러싸고 있는 흰 섬유막. 눈의 흰자위. 백막(白膜).
공막-염(鞏膜炎)[-망념]명 눈의 흰자위에 생기는 염증.
공막-하다(空漠-)[-마카-]형여 ①아무것도 없이 아득히 넓다. ¶ 공막한 황야. ②(이론 따위가) 막연하여 종잡을 수 없다.
공매(公賣)명하타 공공 기관이 압류한 재산이나 물건 따위를 경매나 입찰 등의 방법으로 일반에게 공개하여 팖. ¶ 공매에 부치다.
공매^처:분(公賣處分)명 관공서에서 세금 체납자(滯納者)의 재산을 강제 집행하여 공매(公賣)에 부치는 처분.
공:맹(孔孟)명 공자와 맹자.
공:맹지도(孔孟之道)명 공자와 맹자의 가르침인 인의(仁義)의 도.
공:맹-학(孔孟學)명 ☞유학(儒學).
공:멸(共滅)명하자 함께 사라지거나 멸망함. ¶ 공멸의 위기에 처하다.
공명(公明) '공명하다'의 어근.
공명(功名)명 ①공을 세워 널리 알려진 이름. ¶ 공명을 떨치다. ②하자공을 세워 널리 이름을 떨치는 일. ¶ 공명을 바라다.
공:명(共鳴)명하자 ①남의 사상이나 의견 따위에 동감함. ¶ 공명하는 사람이 많다. ②발음체가 외부로부터의 음파에 자극되어 그와 동일한 진동수의 소리를 냄, 또는 그러한 현상.
공명(空名)명 실제와 들어맞지 않는 명성. 실제 이상의 평판. 허명(虛名).
공:명-관(共鳴管)명 관 속에 들어 있는 공기를 진동시킴으로써 소리를 더 크게 하는 관.
공:명-기(共鳴器)명 공명의 원리를 응용하여, 특정한 주파수 소리에 공명시키는 장치.
공:명^상자(共鳴箱子)명 일정한 진동수를 가진 소리에만 공명(共鳴)하도록 만들어진, 속이 빈 상자.
공명-선거(公明選擧)명 부정이 없는, 공평하고 명백한 선거.
공명-심(功名心)명 공을 세워 이름을 떨치려는 데 급급한 마음.
공명-욕(功名慾)[-뇩]명 공을 세워 이름을 떨쳐 보려는 욕심.
공명-장(空名帳)[-짱]명 ☞공명첩(空名帖).
공명정대(公明正大) '공명정대하다'의 어근.
공명정대-하다(公明正大-)형여 마음이 공명하며, 조금도 사사로움이 없이 바르다. ¶ 공명정대한 태도. /공명정대하게 처리하다. **공명정대-히**부.
공명-지(空名紙)명 지난날, 과거를 볼 때에 예비로 가지고 가던 시험지.
공명-첩(空名帖)명 관직명과 성명을 적지 않은 사령장(辭令狀).〔조선 시대에, 명예직의 증서로 이용되었음.〕공명장.
공명-하다(公明-)형여 사사로움이나 편벽됨이 없이 공정하고 명백하다. ¶ 공명한 판결. **공명-히**부.
공모(公募)명하타 일반에게 널리 공개하여 모집함. ¶ 모니터를 공모하다.
공:모(共謀)명하자·타 〈공동 모의〉의 준말.
공:모-범(共謀犯)명 두 사람 이상이 공동으로 범죄를 계획하고 그 가운데 한 사람에게 범죄를 저지르게 하였을 경우의 공범.
공-모선(工母船)명 배 안에 수산물 가공 설비를 갖춘 어선.
공:모-자(共謀者)명 범죄를 구성하는 행위에 공모한 사람.
공모-전(公募展)명 공개 모집한 작품의 전시회. ¶ 사진 공모전.
공모-주(公募株)명 일반에게 널리 투자자(投資者)를 모집하여 발행하는 주식.
공목(空木·空目)명 활자 조판 때에 자간(字間)이나 행간(行間) 따위를 메우기 위하여 끼우는 나무나 납 조각.
공몽(空濛·涳濛) '공몽하다'의 어근.
공몽-하다(空濛-·涳濛-)형여 이슬비가 많이 내리거나 안개가 몹시 끼어 보얗고 자욱하다. **공몽-히**부.
공:묘(孔廟)명 공자를 모신 사당.
공무(工務)명 ①토목·건축에 관한 일. ②공장에 관한 사무.

공무(公務)명 ①공적인 일. ¶ 공무로 매우 바쁘다. ②국가나 공공 단체의 사무. 공무원의 직무. ¶ 공무 수행. ↔사무(私務).
공무-국(工務局)명 신문사·출판사 등에서 인쇄 따위의 제작 일을 맡은 부서.
공무도하-가(公無渡河歌)명 고조선 때, 백수광부(白首狂夫)의 아내가 지었다는, 4언 4구체의 노래. 물에 빠져 죽은 남편의 죽음을 애도하는 내용. 〔한문으로 적힌 가사가 '해동역사(海東繹史)'에 실려 전함.〕 공후인(箜篌引).
공무-아문(工務衙門)명 조선 시대에, 공사(工事)에 관계된 모든 일을 맡아보던 관아.
공무-원(公務員)명 국가나 지방 공공 단체의 공무를 맡아보는 사람.
공무^집행^방해죄(公務執行妨害罪)[-지팽-쬐/-지팽-쮀]명 공무원의 공무 집행을 방해함으로써 성립되는 죄.
공문(公文)명 ☞공문서(公文書). ¶ 공문이 오다./공문을 발송하다.
공:문(孔門)명 공자의 문하. 성문(聖門).
공:문(孔紋)명 생물의 세포막에 있는 구멍. 세포 상호 간의 연락을 함.
공문(空文)명 ①실생활에 아무 쓸모도 없는 글. ②실제로는 전혀 효력이 없는 법률이나 규칙의 조문. 지상공문(紙上空文).
공:문(拱門)명 윗부분을 반원형으로 만든 문. 참아치(arch).
공-문서(公文書)명 공무원이 직무상 작성한 문서. 공무에 관한 모든 서류. 공문(公文). 공첩(公貼). ¶ 공문서 발송. 준공서(公書). ↔사문서(私文書).
공문서^위조죄(公文書僞造罪)[-쬐/-쮀]명 공문서를 위조하거나 변조함으로써 성립되는 죄.
공물(公物)명 국가나 지방 공공 단체가 직접 제공하고 있는 공공용의 유체물(有體物).
공:물(供物)명 신불 앞에 바치는 물건.
공:물(貢物)명 지난날, 백성이 궁중이나 나라에 세금으로 바치던 지방의 특산물. 폐공. 준공.
공:물-방(貢物房)명 지난날, 공물을 바치는 일을 대신해 주고, 백성에게서 그 값을 받을 때 이자까지 쳐서 받던 곳. 준공방(貢房).
공:물-지(貢物紙)명 지난날, 영남 지방에서 나라에 공물로 바치던 종이.
공:미(供米)명 신불(神佛)에게 바치는 쌀.
공:미(貢米)명 지난날, 공물로 바치던 쌀.
공미리명 ☞학꽁치.
공민(公民)명 ①국가의 일원으로서 독립 생활을 하는 자유민. ②지방 자치 단체의 구성원으로서 공민권을 가진 사람.
공민^교:육(公民敎育)명 공민으로서 필요한 교양을 가르치는 교육.
공민-권(公民權)[-꿘]명 공민으로서의 권리. 〔국회와 지방 자치 단체의 의회에 관한 선거권·피선거권을 통해, 정치에 참여할 수 있는 지위나 자격.〕
공민-학교(公民學校)[-꾜]명 학령이 지났거나 또는 그 밖의 사정으로 초등 교육을 받지 못한 사람에게 초등 교육을 베풀던 학교.
공바기명 씨도리배추를 잘라낸 뿌리.
공박(公拍)명하타 대한 제국 때, '경매(競賣)'의 뜻으로 쓰이던 말.
공:박(攻駁)명하타 남의 잘못을 초들어 따지며 공격함.
공-밥(空-)[-빱]명 (마땅한 값을 치르지 않거나 일을 하지 않고) 거저먹는 밥.
공방(工房)명 ①조선 시대, 승정원과 지방 관아의 육방(六房)의 하나. 공전(工典)에 관한 일을 맡아보았음. ②조선 시대, 지방 관아의 공방의 아전. ③공예가의 작업실.
공:방(孔方)명 ☞공방형(孔方兄).
공:방(攻防)명하타 서로 공격하고 방어함. ¶ 공방을 벌이다.
공방(空房)명 ①비워 둔 방. ②(특히 여자의) 혼자 자는 방. 공규(空閨).
공:방(貢房)명 〈공물방(貢物房)〉의 준말.
공방-살(空房煞)[-쌀]명 부부간의 사이가 나쁜 살. ¶ 공방살이 들다.
공:방-전(孔方傳)명 고려 중기에 임춘(林椿)이 지은 가전체(假傳體) 작품. 돈을 의인화하여 인간 생활에서의 돈의 존재를 다룬 내용. 〔'동문선(東文選)'에 실려 전함.〕
공:방-전(攻防戰)명 서로 공격하고 방어하는 싸움. 공격과 방어가 뒤섞인 전투. ¶ 적과 치열한 공방전을 벌이다.
공:방-형(孔方兄)명 지난날, '엽전(葉錢)'을 달리 이르던 말. 공방(孔方).
공배(空排)명 바둑에서, 양편의 득점에 영향이 없는 빈 밭. ¶ 공배를 메우다.
공-배수(公倍數)명 두 개 이상의 정수(整數)나 정식(整式)에 공통되는 배수. 참공약수.
공백(空白)명 ①아무것도 없이 비어 있음. ②☞여백(餘白).
공백-기(空白期)[-끼]명 활동과 실적이 없는 기간.
공번되다형 〈옛〉 공변되다. ¶ 妾이 능히 私로뻐 公번되욤을 蔽티 몯ᄒᆞ야(內訓*2:19*).
공:벌(攻伐)명하타 공격하여 정벌함.
공:범(共犯)명하자 〈공동 정범〉의 준말. ↔단독범.
공:범-자(共犯者)명 공모하여 함께 죄를 지은 사람.
공:범-죄(共犯罪)[-쬐/-쮀]명 두 사람 이상이 공모하여 범한 죄.
공법(工法)[-뻡]명 공사(工事)하는 방법.
공법(公法)[-뻡]명 ①국가의 조직이나 국가 간 또는 국가와 개인 간의 관계를 규정하는 법률. 〔헌법·형법·행정법·국제법 따위.〕 ↔사법(私法). ②기하학의 작도제(作圖題)의 기초가 되는 가장 단순한 작도법.
공법(空法)[-뻡]명 ☞항공법(航空法).
공-법인(公法人)[-뻐빈]명 공공의 사무를 처리할 목적으로 공법의 규정에 따라서 인격이 주어진 법인. 〔지방 자치 단체나 공공 조합 따위 공공 단체(公共團體).〕 ↔사법인.
공법-학(公法學)[-뻐팍]명 공법의 법리(法理)나 본질을 연구하는 학문.
공변-되다[-되-/-뒈-]형 사사롭지 않고 정당하다. 치우침이 없이 공평하다. **공변되-이**부.
공:변-세포(孔邊細胞)명 식물체 안의 기공(氣孔)을 개폐(開閉)하여 물기의 발산을 조절하고 내부를 보호하는, 반달 모양으로 된 두 개의 세포. 개폐 세포. 주변 세포.
공병(工兵)명 ①군대에서, 다리를 놓거나 길을 닦는 등 군사상의 토목 건축의 임무를 맡은 병과. ②공병대에 딸린 병사.
공:병(共病)명 아내가 임신하면 남편도 따라서 구토(嘔吐)·발한(發汗) 따위의 임신 증세를 일으키는 병. 아내가 해산하면 자연 낫게 됨.
공병(空甁)명 빈 병.
공병-단(工兵團)명 육군의 건설 공병단과 야전 공병단을 아울러 이르는 말.

공병-대(工兵隊)[명] 공병으로 편성된 부대.
공-보(空-)[-뽀][명] 기둥과 기둥 사이의 벽을 치지 아니한 곳에 얹는 보.
공보(公報)[명] ①관청에서 국민 일반에게 알리는 일. ↔사보(私報). ②관청끼리의 보고.
공보-관(公報館)[명] 국가 기관에서 국민 일반에게 알릴 각종 자료를 전시하거나 보도하는 건물.
공보-원(公報院)[명] 국가 또는 지방 자치 단체가 국민 일반에게 일정한 상황이나 정보를 알리기 위하여 마련한 기관.
공보지기(公輔之器)[명] 재상(宰相)이 될 만한 기량, 또는 그것을 갖춘 인재.
공복(公服)[명] 지난날, 벼슬아치의 제복. 관복(官服). 조의(朝衣).
공복(公僕)[명] 〔국민에 대한 봉사자라는 뜻으로〕 '공무원'을 달리 이르는 말.
공복(功服)[명] 상복(喪服)의 '대공(大功)'과 '소공(小功)'을 아울러 이르는 말.
공복(空腹)[명] ①아침에 아무것도 먹지 않은 배. ②빈속. ¶ 공복에 먹는 약. [비]공장(空腸).
공부(工夫)[명][하자타] 학문이나 기술을 배우거나 닦음.
공부(工部)[명] 고려 시대의 육부(六部) 하나. 산택(山澤)·공장(工匠)·영조(營造)에 관한 일을 맡아보았음.
공부(公簿)[명] 관공서가 법령의 규정에 따라 작성·비치하는 장부.
공ː부(貢賦)[명] 지난날, 백성이 나라에 바치던 공물과 세금.
공부-방(工夫房)[-빵][명] 공부를 하기 위하여 따로 마련해 놓은 방.
공부-승(工夫僧)[명] 불경을 배우는 중.
공ː-부자(孔夫子)[명] '공자(孔子)'를 높이어 일컫는 말.
공분(公憤)[명] ①공적인 일로 느끼는 분노. ②공중(公衆)의 분노. ↔사분(私憤).
공ː분(共分)[명][하타][되자] 여러 사람이 같이 분담하거나 나눔.
공-분모(公分母)[명] ☞공통분모.
공붓-벌레(工夫-)[-부뻘-/-붇뻘-][명] '지나치게 공부를 많이 하거나 열심히 하는 사람'을 빗대어 이르는 말. ¶ 반장은 전철 안에서도 책을 읽는 공붓벌레다.
공비(工費)[명] ☞공사비(工事費).
공비(公比)[명] 등비급수나 등비수열에서, 어떤 항의 그 앞의 항에 대한 비.
공비(公費)[명] 관청이나 공공 단체에서 쓰는 경비. 공용(公用). ↔사비(私費).
공ː비(共沸)[명] 액체 혼합물을 증류할 때, 특정한 온도와 조성(組成)에서, 용액과 증기의 조성이 일치하여 비점(沸點)이 극대나 극소를 나타내는 현상. 〔에탄올과 물 등에서 일어남.〕
공ː비(共匪)[명] 〔중국에서, 공산당의 지도 아래 활동하던 게릴라를 비적(匪賊)이라고 욕하던 데서〕 '공산당의 유격대'를 이르는 말.
공비(空費)[명] 쓸데없는 비용.
공사(工事)[명][하자] 토목이나 건축 등에 관한 일. 공역(工役).
공사(工師)[명] 공인(工人)이나 공장(工匠)의 우두머리.
공사(公私)[명] ①공적인 일과 사사로운 일. ¶ 공사를 분명히 하다. ②정부와 민간(民間).
공사(公舍)[명] ☞관사(官舍).
공사(公事)[명] 관청의 일, 또는 공공에 관계되는 일. ↔사사(私事).
공사(公使)[명] '특명 전권 공사(特命全權公使)'를 흔히 일컫는 말.
공사(公社)[명] 정부가 설립한 공공 기업체로서, 경제상 독립되어 있는 공법상의 법인. ¶ 한국 도로 공사./한국 방송 공사./수자원 공사.
공사(空士)[명] 〈공군 사관학교(空軍士官學校)〉의 준말. [참]육사(陸士)·해사(海士).
공사(空事)[명] 헛일.
공ː사(供辭)[명][하타] 지난날, 범인이 범죄 사실을 진술하던 말. 초사(招辭).
공ː사(貢使)[명] 지난날, 공물을 바치는 일을 맡아보던 사신.
공사-관(公使館)[명] 공사가 주재지에서 사무를 맡아보는 공관. 국제법상 본국의 영토로 인정되어 주재국의 주권이 미치지 못함.
공사-다망(公私多忙)[명][하형] 공적·사적인 일 등으로 아주 바쁨.
공-사립(公私立)[명] 공립과 사립.
공사-비(工事費)[명] 공사를 하는 데 드는 비용. 공비(工費). ¶ 공사비가 과다하게 책정되다.
공사-장(工事場)[명] 공사를 하고 있는 곳. 공사가 벌어진 곳. 현장(現場).
공-사채(公社債)[명] '공채'와 '사채'를 아울러 이르는 말.
공-사천(公私賤)[명] 지난날, 관가와 사삿집의 종을 통틀어 일컫던 말.
공사-판(工事-)[명] ①공사가 진행되는 일판. ②공사에 종사하는 사람들의 사회.
공산(工産)[명] 〈공산물〉의 준말.
공산(公算)[명] 확실성의 정도. 확률. ¶ 시험에 합격할 공산이 크다.
공ː산(共産)[명] ①재산을 공동으로 관리하고 소유함. ②〈공산주의〉의 준말.
공산(空山)[명] ①사람이 없는 산중. ②화투짝의 하나. 산을 그린, 8월을 상징하는 딱지.
공ː산^국가(共產國家)[-까][명] 공산주의를 신봉하고 그 주의에 따라 정치를 하는 나라.
공ː산-군(共產軍)[명] 공산주의 국가의 군대, 또는 공산당으로 조직된 군대.
공ː산-권(共產圈)[-꿘][명] 제2차 세계 대전 이후 소련의 영향 밑에서 공산주의 정권을 세운 나라들.
공ː산-당(共產黨)[명] 공산주의의 실현을 목표로 하는 정당.
공산-명월(空山明月)[명] ①사람이 없는 적적한 산에 외로이 비치는 밝은 달. ②'대머리'를 농조로 이르는 말.
공산-물(工產物)[명] 공업 생산물. [준]공산.
공ː산-주의(共產主義)[-의/-이][명] 재산의 사유(私有)를 부인하고, 자본주의(資本主義)의 붕괴와 계급투쟁에 의한 프롤레타리아 혁명을 주장하는 주의. [준]공산. [참]마르크스주의.
공산-품(工產品)[명] 공업 생산품.
공ː살(攻殺)[명][하타] (적군을) 공격하여 죽임.
공ː삼(貢蔘)[명] 지난날, 평안북도 강계(江界)에서 공물로 바치던 산삼.
공ː삼-차사(貢蔘差使)[명] 지난날, 공삼을 거두기 위하여 보내던 차사.
공상(工商)[명] ①공업과 상업. ¶ 공상을 일으키다. ②장인(匠人)과 장수.
공상(公相)[명] 삼공(三公)과 재상.
공상(公傷)[명] 공무 수행을 하다가 입은 부상. ↔사상(私傷).
공상(功狀)[명] 공적(功績)의 내용(실상).
공상(空床)[명] 등받이와 팔걸이가 없는 걸상.

공상(空相)명 불교에서, '모든 것이 공(空)인, 그 모습'을 이르는 말.
공상(空想)명하자타 (실행할 수 없거나 실현될 수 없는) 헛된 생각을 함, 또는 그런 생각. ¶ 공상에 빠지다./공상에 잠기다.
공ː상(供上)명하타 조선 시대에, 토산물(土産物)을 진상하던 일. 진공(進供).
공ː상(貢上)명하타 공물을 바침. 준공(貢).
공상-가(空想家)명 헛된 생각을 늘 하는 사람.
공상^과학^소ː설(空想科學小說)[-쏘-]명 과학적 공상으로 상식을 초월한 세계를 그린 소설. 과학 소설. 에스에프(SF).
공상^과학^영화(空想科學映畫)[-항녕-]명 특수한 촬영법을 써서 지구의 미래나 천체에 관한 공상적인 세계를 사실처럼 나타낸 영화.
공상-볼기명 동무들끼리 모여 장난삼아 치는 볼기.
공상-적(空想的)관명 현실에서 동떨어진 (것). 실현될 가망이 없는 (것).
공ː상-차사(貢上差使)명 지난날, 공물(貢物)을 거두기 위하여 지방에 보내던 차사.
공ː생(共生)명하자 ①서로 도우며 함께 생활함. ②딴 종류의 생물이 서로 이익을 주고받으며 한곳에서 사는 일. 〔소라게와 말미잘의 관계 따위.〕 ③어떤 광물이 딴 광물과의 관련으로 형성되어 함께 산출되는 일. 〔웅황(雄黃)과 계관석(鷄冠石)의 관계 따위.〕
공ː생^식물(共生植物)[-싱-]명 이익을 서로 주고받으며 함께 사는 식물. 〔콩과 식물과 뿌리혹박테리아 따위.〕
공-생애(公生涯)명 공인(公人)으로서의 생애. ↔사생애(私生涯).
공서(公書)명 〈공문서(公文書)〉의 준말.
공서(公署)명 ①공공 단체가 그 직무를 맡아보는 사무소. 관서(官署). ②☞마을[2].
공ː서(共棲)명하자 (종류가 서로 다른 동물이) 한곳에 모여 삶.
공서^양속(公序良俗)명 (법률 행위를 판단하는 기준으로서의) 사회의 질서와 선량한 풍속.
공석(公席)명 ①공무를 보는 자리. ②공적인 일로 모인 자리. ②↔사석(私席).
공ː석(孔釋)명 공자와 석가모니.
공ː석(共析)명하타 〈공석 변태〉의 준말.
공석(空石)명 (벼를 담지 않은) 빈 섬.
공석(空席)명 비어 있는 좌석이나 직위. 공위(空位). 빈자리.
공ː석^변ː태(共析變態)[-뻔-]명 고용체(固溶體)에서 두 종류 이상의 서로 다른 결정(結晶)을 분석하여 분리해 내는 일. 준공석(共析).
공선(公船)명 ①국가의 공권(公權)을 행사하는 배. 〔군함이나 경비선 따위.〕 ②공용(公用)에 쓰이는 배. ↔사선(私船).
공선(公選)명 ①공평한 선거. ②하타되자일반 국민이 선거로 뽑음.
공선(空船)명 (짐이나 여객을 싣지 않은) 빈배.
공설(公設)명하타 국가나 공공 단체에서 공중을 위하여 시설함. ¶ 공설 운동장. ↔사설(私設).
공ː성(孔性)명 모든 물질의 분자(分子) 사이에 빈틈이 있는 성질.
공ː성(孔聖)명 '공자(孔子)'를 성인이라는 뜻으로 일컫는 말.
공성(功成)명하자 공이 이루어짐.
공ː성(攻城)명하자 성을 공격함.
공성(空性)명 불교에서, 제법(諸法)이 공(空)이라는 이치를 체득할 때 나타나는 본성을 이르는 말.
공성(空城)명 (사는 사람이나 지키는 군사가 없는) 빈 성.
공성-명수(功成名遂)명하자 공을 이루어 명성을 떨침.
공성-신퇴(功成身退)[-퇴/-퉤]명하자 공을 이룬 뒤에 그 자리에서 물러남.
공ː성-약지(攻城略地)[-냑찌]명하자 성을 공격하고 땅을 빼앗음.
공세(公稅)명 나라에 바치는 조세.
공ː세(攻勢)명 공격하는 세력이나 태세. ¶ 공세를 취하다. ↔수세(守勢).
공ː세(貢稅)명 ☞조세(租稅).
공소(公訴)명하타 검사가 형사 사건에 관하여 법원에 재판을 청구하는 일. ¶ 공소를 제기하다. 참사소(私訴).
공소(空疎)'공소하다'의 어근.
공ː소(控訴)명하자 '항소(抗訴)'의 구용어.
공소-권(公訴權)[-꿘]명 검사가 법원에 대하여 공소를 제기할 수 있는 권리.
공소^기각(公訴棄却)명 법원이 공소를 부적당하다고 인정하여 이를 무효로 하는 재판이나 결정.
공소^사ː실(公訴事實)명 검사가 공소장에 써넣어 심판을 구하는 범죄 사실.
공소^시효(公訴時效)명 일정한 기간이 지나면 검사의 공소권이 소멸되어 공소를 제기할 수 없는 시한(時限).
공-소유권(公所有權)[-꿘]명 공물(公物)에 대한 공법상의 지배권.
공소-장(公訴狀)[-짱]명 공소를 신청할 때 관할 법원에 내는 서면. 기소장.
공소-하다(空疎-)형여 ①내용이 빈약하고 엉성하다. ¶ 보고 내용이 너무 공소하다. ②텅 비고 드문드문 떨어져 있다.
공손(公孫)명 ①임금이나 제후의 손(孫). ②귀족의 혈통.
공손(恭遜)'공손하다'의 어근.
공손-법(恭遜法)[-뻡]명 공손 선어말 어미를 써서 상대를 높이는 법. 겸양법.
공손^선어말^어ː미(恭遜先語末語尾)명 용언의 어간과 어말 어미 사이에 쓰이어, 공손의 뜻을 나타내는 선어말 어미. '받잡고'·'읽삽고'·'가옵고'·'받자옵고'·'있사옵고' 따위에서 '-잡-'·'-삽-'·'-옵-'·'-자옵-'·'-사옵-' 따위. 〔주로, 문어체나 옛글에서 쓰임.〕 겸양 선어말 어미.
공손-수(公孫樹)명 ☞은행나무.
공손-하다(恭遜-)형여 예의 바르고 겸손하다. ¶ 공손한 태도. **공손-히**부.
공수명 무당이, 죽은 사람의 넋이 말하는 것이라고 하여 전하는 말.
공수(公水)명 공공 목적으로 사용되는 물. ↔사수.
공수(公需)명 지난날, 지방 관아에서 쓰던 공적인 비용.
공ː수(攻守)명 공격과 수비.
공수(空手)명 맨손. 빈손.
공수(空輸)명하타되자 〈항공 수송〉의 준말.
공ː수(供水)명 물의 공급.
공ː수(供需)명 절에서, 손에게 거저 대접하는 음식.
공ː수(拱手)명하자 ①(공경의 뜻을 나타내기 위하여) 오른손 위에 왼손을 포개어 잡음. ②팔짱을 끼고 아무일도 하지 않고 있음. 비차수(叉手).
공ː수-간(供需間)[-깐]명 절에서, 음식을 만드는 곳을 이르는 말.

공:수^동맹(攻守同盟)[명] 제삼국과의 전쟁 때, 공격이나 방어를 공동으로 하기 위하여 나라 사이에 맺은 군사 동맹.

공수래-공수거(空手來空手去)[명] 〔빈손으로 왔다가 빈손으로 간다는 뜻으로〕 불교에서, 재물에 대한 욕심을 부릴 필요가 없음을 이르는 말.

공수-받이[-바지][명] (무당으로부터) 공수를 받는 일.

공:수-병(恐水病)[-뼝][명] 〔물을 보기만 해도 공포를 느끼는 증세가 발작한다는 데서〕 사람에게 전염된 '광견병(狂犬病)'을 이르는 말.

공수^부대(空輸部隊)[명] ①(항공기로 수송되어) 공중으로부터 낙하산을 타고 전투 지역이나 후방에 침투하여 작전하는 부대. 낙하산 부대. 공정 부대(空挺部隊). ②항공기로 병력이나 군수 물자 따위를 수송하기 위하여 편성한 수송기(輸送機) 부대.

공:수-시립(拱手侍立)[명][하자] 〔두 손을 맞잡고 옆에 선다는 뜻으로〕 웃어른을 공손히 모심을 이르는 말.

공수^작전(空輸作戰)[-쩐][명] 항공기로 병력과 물자를 수송하는 작전.

공수-전(公須田)[명] 지난날, 지방 관아의 여러 가지 경비에 충당할 수 있도록 나누어 주었던 토지.

공수^특전단(空輸特戰團)[-쩐-][명] 항공기로부터 낙하산으로 적지에 내려 싸우는 특수 부대.

공-수표(空手票)[명] ①☞부도 수표. ②빈말. ¶ 공수표만 뗀다.

공순(恭順) '공순하다'의 어근.

공순-하다(恭順-)[형][여] 성격이 공손하고 고분고분하다. **공순-히**[부].

공-술(空-)[-쑬][명] 공으로 얻어먹는 술.

공:술(供述)[명][하타] ☞진술(陳述).

공:술-서(供述書)[-써][명] 공술을 듣고 적은 문서.

공술-인(公述人)[명] 공청회에서, 이해관계가 있거나 학식·경험 등이 있어서 의견을 진술하는 사람.

공:습(攻襲)[명][하타] 갑자기 공격하여 침. ¶ 적의 공습을 받다.

공습(空襲)[명][하타] 군용 비행기로 적진이나 적의 영토를 공중에서 공격하는 일.

공습-경보(空襲警報)[-꼉-][명] 적의 공습이 있을 때 알리는 경보.

공시(公示)[명][하타][되자] ①일반에게 널리 알림. ②공공 기관이 어떤 일에 이해관계가 있는 제삼자에게 그 사실을 알리는 일.

공시(公試)[명] ①공개하여 실시하는 시험. ②국가에서 실시하는 시험.

공시-가(公示價)[-까][명] 정부나 공공 기관에서 공시한 값.

공:시-당상(貢市堂上)[명] 조선 시대에, 각 공계(貢契)와 시전(市廛)에 관한 사무를 맡아보던 벼슬아치.

공시^송:달(公示送達)[명] 민사 소송에서, 서류를 송달하기 어려울 경우에 게시판이나 신문에 송달의 뜻을 게시하는 일.

공:시^언어학(共時言語學)[명] 어떤 특정한 시기에 있어서의 언어 요소간의 관계를 횡적으로 연구하는 언어학. 〔기술(記述) 문법이나 방언 연구 따위.〕 ↔통시 언어학.

공시^지가(公示地價)[-까][명] 국토 해양부에서 공시한 표준지의 단위 면적당 가격.

공시^최고(公示催告)[명] 법원이 불분명한 이해관계자의 권리나 청구의 신고를 공고(公告)의 방법으로 최고하는 일. 기간 안에 신고를 하지 않으면 권리를 잃게 됨.

공식(公式)[명] ①공적(公的)으로 규정한 형식. ¶ 공식 회담. ②틀에 박힌 방식. ③수학에서, 계산의 법칙 따위를 기호로써 나타낸 것. ③범식(範式).

공:식(共食)[명] 원시 종교의 의식에서, 제물로 바쳤던 희생(犧牲)을 공동으로 나누어 먹는 일.

공식(空食)[명][하타] ①힘들이지 않고 재물을 얻거나 음식을 먹음. ②셈에서, 거저 손에게 음식을 먹임.

공:식-건축(拱式建築)[-껀-][명] 출입문의 위를 반원형으로 만든 건축 양식.

공식-어(公式語)[명] ①정치상 또는 국민 교육상 표준으로 삼는 말. ②여러 사람이 두루 쓰는 말.

공식-적(公式的)[-쩍][관][명] ①공식의 방식을 취하는 (것). ②틀에 박힌 방식인 (것). ¶ 공식적 이해. /공식적인 질문.

공식-주의(公式主義)[-쭈의/-쭈이][명] (공식적 원칙에 얽매여) 상황의 변화에 따른 적절한 조치를 취하지 않고 사물을 기계적으로 처리하려는 경향, 또는 그런 태도.

공식-화(公式化)[-시콰][명][하타][되자] 공식적인 것으로 됨, 또는 그렇게 되게 함.

공신(公信)[명] ①공공의 신용. ②공적으로 부여하는 신용.

공신(功臣)[명] 나라에 공로가 있는 신하.

공:신(貢臣)[명] 공물(貢物)을 바치는 신하.

공신-력(公信力)[-녁][명] ①공공의 신용을 널리 얻을 수 있는 힘. ¶ 공신력이 있는 기관. ②실제로는 권리관계가 없는데도, 있는 것으로 여겨지는 외형적 사실을 믿고 거래한 사람을 보호하기 위해 권리관계가 있는 것과 같은 법률 효과를 부여하는 효력.

공-신용(公信用)[명] 국가의 신용.

공신-전(功臣田)[명] 조선 시대에, 공신에게 주던 세습의 논밭.

공:신-포(貢身布)[명] 조선 시대에, 관아의 노비가 노역(勞役) 대신 바치던 베나 무명.

공실(空室)[명] 사람이 거처하지 않는 빈방.

공심(公心)[명] 공평한 마음. 공지(公志).

공심(空心)[명] 빈 배 속. 공복(空腹).

공-심판(公審判)[명] ①공개 재판. ②가톨릭에서, '최후의 심판'을 이르는 말.

공아(公衙)[명] ☞관아(官衙).

공안(公安)[명] 공공(公共)의 안녕질서.

공안(公案)[명] ①공무에 관한 안(案). ②공론에 따라 결정된 안. ③불교에서, '석가모니의 언어와 행동'을 아울러 이르는 말. ④선종(禪宗)에서, '도를 깨치게 하기 위하여 내는 과제'를 이르는 말. ④화두.

공안(公眼)[명] 여럿이 공정하게 보는 눈.

공:안(供案)[명] 조선 시대에, '죄인을 문초한 내용을 적은 문서'를 이르던 말.

공:안(貢案)[명] 조선 시대에, '공물(貢物)의 내역을 적은 장부'를 이르던 말.

공안^소:설(公案小說)[명] 고대 소설의 한 가지. 억울한 일을 당한 백성이 관장(官長)의 올바른 처결로 구원받는다는 줄거리로 되어 있음. 〔장화홍련전 따위.〕

공:알[명] ☞음핵(陰核).

공:액(共軛)[명] ☞켤레[1].

공:액-각(共軛角)[-깍][명] ☞켤레각.

공ː액-점(共軛點)[-쩜]명 ☞켤렛점.
공ː액^초점(共軛焦點)[-쩜]명 ☞켤레 초점.
공약(公約)명 ①하자타사회 공중에 대한 약속을 함, 또는 그 약속. ¶ 선거 공약. ②공법에 있어서의 계약.
공약(空約)명하타 헛된 약속을 함, 또는 그런 약속.
공-약수(公約數)[-쑤]명 둘 이상의 정수(整數) 또는 다항식에 공통되는 약수. 참공배수(公倍數).
공ː양(供養)명하타 ①웃어른에게 음식을 드림. ②〔불교에서〕 ㉠부처나 보살에게 음식물이나 꽃 따위를 바치는 일. ㉡중이 하루 세 끼 음식을 먹는 일. ㉢절에서 식사하는 일.
공ː양-드리다(供養-)자 '공양하다'의 높임말.
공ː양-미(供養米)명 부처에게 공양으로 드리는 쌀. 변고양미. 참마지쌀.
공ː양-주(供養主)명 ①절에 시주하는 사람. ②절에서 밥을 짓는 사람. 변고양주.
공ː양-탑(供養塔)명 부처에게 공양하는 뜻으로 세운 탑.
공언(公言)명 ①하자타공개하여 말함, 또는 그런 말. ¶ 합격을 공언하기는 이르다. ②공평한 말. ③공식으로 하는 말.
공언(空言)명하자 ①근거나 현실성이 없는 빈말. ②실천이 따르지 않는 빈말.
공언-무시(空言無施)명 빈말만 하고 실행이 따르지 아니함.
공-얻다(空-)[-따]타 (힘들이거나 값을 치르지 않고) 공으로 얻다. 거저 얻다.
공업(工業)명 원료에 인공을 가하여 새로운 물품을 만드는 산업. 준공(工).
공업(功業)명 공적이 뚜렷한 큰 사업. 공렬(功烈). 훈업(勳業).
공업-계(工業界)[-꼐/-께]명 공업 방면에 딸린 사회 분야(分野).
공업^고등학교(工業高等學校)[-꼬-꾜]명 공업에 관한 학문과 기술을 전문으로 가르치는 실업 고등학교. 준공고(工高).
공업-국(工業國)[-꾹]명 공업이 발달하여 산업의 주를 이룬 나라.
공업^규격(工業規格)[-뀨-]명 '산업 규격'의 구용어.
공업^단지(工業團地)[-딴-]명 국가나 지방 자치 단체가 구획한 토지에 계획적으로 공장을 유치하여 만든 공장의 집단지. 준공단.
공업^디자인(工業design)명 공업 제품의 기능적인 면과 미적인 면을 고루 만족시키기 위한 디자인. 산업 디자인.
공업^부ː기(工業簿記)[-뿌-]명 공업의 회계 처리에 쓰이는 부기.
공업^센서스(工業census)명 제조 공업에 관한 기본적인 사항을 전면적·장기적·주기적으로 실시하는 조사. 넓은 의미의 공업 통계에 속함.
공업^소ː유권(工業所有權)[-쏘-꿘]명 공업상의 의장(意匠)이나 발명 등을 독점하여 이용하는 권리. 특허권·의장권·실용신안권·상표권의 네 가지로 나뉨.
공업^약품(工業藥品)[-엄냑-]명 공업용으로 많이 쓰이는 약품. 〔황산·염산·수산화나트륨 따위.〕
공업-용(工業用)[-엄뇽]명 공업에 쓰임.
공업-용수(工業用水)[-엄뇽-]명 공업의 생산 과정에 쓰이는 물.
공업용 텔레비전(工業用television)[-엄뇽-] 공장·병원·교통 기관 등에서 상황의 관찰이나 감시 등에 널리 이용되는 텔레비전. 대개, 유선으로 전송됨. 아이티브이(ITV).
공업^입지(工業立地)[-찌]명 공업을 경영하는 곳의 자연적·사회적 조건, 또는 그것에 따라 지역을 선정하는 일.
공업^지대(工業地帶)[-찌-]명 많은 공장이 집중적으로 모여, 공업 생산이 활발한 지역.
공업^표준^규격(工業標準規格)명 '산업 표준 규격'의 구용어.
공업-학교(工業學校)[-어팍꾜]명 ①공업에 종사하는 사람에게 필요한 지식과 기능을 가르치는 실업학교. ②지난날, 실업학교의 한 가지. 지금의 공업 고등학교에 해당함. ③'공업 고등학교'를 흔히 이르는 말.
공업-화(工業化)[-어퐈]명하자타되자 산업의 중점이 농업이나 광업에서 제조 공업으로 발달하여 가는 현상.
공업^화ː학(工業化學)[-어퐈-]명 화학 제품의 공업화를 연구하는 응용 화학의 한 분야.
공ː여(供與)명하타 어떤 물건이나 이익 따위를 상대편에게 제공함.
공역(工役)명하자 ☞공사(工事).
공역(公役)명 국가나 공공 단체가 부과하는 부역(賦役)이나 병역(兵役).
공ː역(共譯)명하타 (두 사람 이상이) 공동으로 번역함, 또는 그 번역.
공역(空域)명 공중의 영역(領域).
공역^주권설(空域主權說)[-쭈꿘-]명 국토와 영해(領海)의 상공(上空)도 영토의 주권이 미친다고 주장하는 학설.
공연(公然) '공연(公然)하다'의 어근.
공연(公演)명하타되자 (연극이나 음악·무용 등을) 공개된 자리에서 해 보임. 상연(上演).
공ː연(共演)명하자 (연극이나 영화에) 함께 출연함. ¶ 외국 배우와 공연하다.
공연(空然) '공연(空然)하다'의 어근.
공연-스럽다(空然-)[-따][~스러우니·~스러워]형ㅂ 까닭이나 필요가 없어 보이다. ¶ 공연스러운 걱정을 하다. 준괜스럽다. **공연스레**부.
공연-장(公演場)명 (연극·콘서트 따위의) 공연을 하는 장소. ¶ 공연장을 가득 메운 관객.
공연-하다(公然-)형여 숨김없고 떳떳하다. **공연-히**부 ¶ 그는 누구에게나 공연히 대한다.
공연-하다(空然-)형여 까닭이나 필요가 없다. ¶ 공연한 트집을 잡다. 준괜하다. **공연-히**부.
공-염불(空念佛)[-념-]명하자 ①신심(信心) 없이 입 끝으로만 외는 염불. ②아무리 타일러도 허사가 되는 말. ③실행이나 내용이 따르지 않는 주장이나 선전.
공영(公營)명하타 공공 단체 또는 지방 자치 단체에서 경영함. ↔사영(私營).
공ː영(共榮)명하자 서로 함께 번영함. ¶ 민족 공영에 이바지하다.
공ː영(共營)명하타 공동으로 경영함.
공영^기업(公營企業)명 지방 자치 단체가 경영하는 기업. 〔지하철 따위.〕
공영^방ː송(公營放送)명 국가 기관으로부터 독립하여 방송 사업을 경영하되, 영리를 직접적인 목적으로 삼지 않는 방송 기관.
공영^선ː거(公營選擧)명 ☞선거 공영.
공영^주ː택(公營住宅)명 국가나 지방 자치 단체에서 지어 분양하거나 임대하는 주택.
공예(工藝)명 실용적인 물건에 본래의 기능을 살리면서 조형미를 조화시키는 솜씨, 또는 그 제품. 〔도자기 공예나 매듭 공예 따위.〕

공예-가(工藝家)명 공예에 관한 전문적인 기술과 지식을 가진 사람.
공예^미:술(工藝美術)명 실용물에 예술적 가공(加工)을 하는 기술, 또는 그 작품. 〔도예나 목공예 따위.〕
공예^작물(工藝作物)[-장-]명 제조 또는 가공한 후에야 쓰이게 되는 작물. 〔삼이나 담배·차(茶) 따위 작물.〕
공예-품(工藝品)명 예술적인 조형미를 조화시켜서 만든 공작품. 〔도자기나 칠기 따위.〕
공:옥(攻玉)명 〔옥을 간다는 뜻으로〕 '힉덕을 닦음'을 이르는 말.
공용(公用)명 ①관청이나 공공 단체의 비용. 공비(公費). ②공적인 용무. 공무. ③하타공공의 목적으로 사용함. ②③↔사용(私用).
공용(功用)명 ☞공효(功效).
공:용(共用)명하타되자 공동으로 씀. ↔전용.
공:용(供用)명하타되자 마련하여 두었다가 씀.
공:용-림(供用林)[-님]명 임산물의 이용 등 수익을 목적으로 경영하는 산림. 경제림.
공용^면적(共用面積)명 공동 주택 따위에서, 각 가구가 공동으로 사용하는 부분의 바닥 면적. 〔계단·엘리베이터·출입구 따위.〕 참전용 면적.
공용-물(公用物)명 국가나 지방 자치 단체 자체의 사용에 제공되는 공물(公物). 〔정부 청사나 교사(校舍)·병사(兵舍)·교도소 따위.〕 참공공용물.
공:용-물(共用物)명 (두 사람 이상이) 공동으로 이용하는 물건.
공:용-벽돌(拱用甓-)[-똘]명 홍예문에 쓰이는 쐐기 모양의 벽돌.
공용^부:담(公用負擔)명 (공공사업의 목적을 달성하기 위한 행정 수단으로서) 국가가 국민에게 부과하는 강제적 부담. 〔부담금 부과나 공용 수용·공용 제한 따위.〕
공용^수용(公用收用)명 공용 부담의 한 가지. 국가가 공익사업에 쓰기 위하여 배상을 하고 개인의 재산권을 강제로 국가에 귀속시키는 일. 강제 수용. 공용 징수.
공용-어(公用語)명 ①국제회의나 기구에서 공식으로 쓰이는 언어. ②(한 나라에 여러 언어가 있을 때) 정식 국어로 인정되어 있는 공통어(共通語).
공용^재산(公用財産)명 공용에 쓰이는 재산으로, 국유인 공용물(公用物).
공용^제:한(公用制限)명 공용 부담의 한 가지. 국가가 공익사업을 위하여 특정물에 대한 개인의 소유권을 제한하는 일.
공용-증(公用證)[-쯩]명 공용의 임무를 띠고 있음을 증명하는 서류.
공용^징수(公用徵收)명 ☞공용 수용.
공운(空運)명 항공기를 이용한 여객 및 화물의 운송. 참해운(海運)·육운(陸運).
공원(工員)명 공장의 노동자.
공원(公園)명 공중(公衆)의 휴식과 유락(遊樂)·보건 등을 위한 시설이 되어 있는 큰 정원이나 지역.
공원-묘지(公園墓地)명 공원의 기능을 갖춘 집단 묘지.
공위(功位)명 ①공훈과 지위. ②공에 따라서 주는 벼슬자리.
공:위(共委)명 <공동 위원회>의 준말.
공:위(攻圍)명하타 에워싸서 공격함.
공위(空位)명 ①빈자리. 공석(空席). ②실권이 없고 이름뿐인 지위. 허위(虛位).
공유(公有)명 국가 또는 공공 단체의 소유. ↔사유(私有).
공:유(共有)명하타 (두 사람 이상이 한 물건을) 공동으로 소유함.
공:유^결합(共有結合)명 화학 결합의 한 가지. 두 원자가 서로 원자가 전자(原子價電子)를 내어, 그것을 공유함으로써 생기는 결합. 등극결합(等極結合). 무극성 결합(無極性結合).
공유-권(公有權)[-꿘]명 유체물(有體物)을 공법적으로 완전히 지배하는, 국가의 절대권
공유-림(公有林)명 지방 자치 단체나 공공 단체 소유의 산림. ↔사유림.
공유-물(公有物)명 국가나 공공 단체 소유의 물건. ↔사유물.
공:유-물(共有物)명 (두 사람 이상이) 공동으로 소유하고 있는 물건. ↔전유물(專有物).
공유^수면(公有水面)명 공공의 용도에 쓰이는 국가 소유의 수면. 〔바다·호수·강 따위.〕
공유^재산(公有財産)명 국가나 공공 단체가 소유하는, 공공의 목적에 쓰이는 재산.
공유-지(公有地)명 국가 또는 공공 단체가 소유하는 토지. 공유토(公有土). ↔사유지.
공:유-지(共有地)명 (두 사람 이상이) 공동으로 소유하고 있는 토지.
공유-토(公有土)명 ☞공유지. 준공토(公土).
공:융-성(共融性)[-썽]명 한 용매(溶媒) 속에서 다른 물질과 함께 용해되는 성질.
공:융^혼:합물(共融混合物)[-함-]명 혼합 액체로부터 동시에 정출(晶出)되는 두 가지 이상의 결정의 혼합물.
공-으로(空-)부 힘이나 돈을 들이지 않고 거저. 공짜로. ¶ 단골이라고 돈도 안 받고 공으로 수리해 주었다.
공은(公恩)명 가톨릭에서, 모든 사람에게 베푸는 천주(天主)의 은혜를 이르는 말.
공음(蛩音)명 귀뚜라미 소리. 벌레의 소리.
공음-전(功蔭田)명 고려 시대에, 공신과 오품(五品) 이상의 벼슬아치에게 공을 따져 지급하던 토지.
공의(公義)[-의/-이]명 선악의 제재를 공평하게 하는 하느님의 적극 품성의 한 가지.
공의(公儀)[-의/-이]명 공적(公的)인 의식, 또는 공개적인 의식.
공의(公醫)[-의/-이]명 지난날, 관청의 위탁으로 일정한 지역의 진료와 전염병 예방에 종사하던 의사.
공의(公議)[-의/-이]명하타되자 ☞공론(公論).
공의-롭다(公義-)[-의-따/-이-따][~로우니·~로워]형ㅂ 공평하고 의롭다. **공의로이**부.
공-의무(公義務)[-의-/-이-]명 개인이 국가에 지는 의무. 〔국방·납세·교육·근로의 의무.〕 ↔사의무.
공의-회(公議會)[-의회/-이훼]명 가톨릭에서, 교회를 사목(司牧)할 책임을 진 주교들이 신앙과 도덕에 관한 교리 문제 등을 협의 결정하는 공식적인 종교 회의. 〔중요 사항의 결정에는 만장일치제를 택하는 것이 특징임.〕
공이명 ①방아 찧는 기구. 절굿공이나 방앗공이. ②탄환의 뇌관을 쳐서 폭발하게 하는 송곳 모양의 장치. ②격침(擊針).
공이-치기명 총이나 포의 격발 장치. 방아쇠를 당기면 용수철이 늘어나 공이를 치게 되어 있음. 격철(擊鐵).
공익(公益)명 공공의 이익. ↔사익(私益).
공:익(共益)명 공동의 이익.

공익^광ː고(公益廣告) [-꽝-] 명 (기업이나 단체 등에서) 공공의 이익을 목적으로 하는 광고.
공ː익-권(共益權) [-꿘] 명 사원권(社員權)의 한 가지. 법인의 목적을 달성하기 위하여 법인의 목적 사업에 참여할 수 있는 사원의 권리. ↔자익권(自益權).
공익^근ː무^요원(公益勤務要員) [-끈-] 명 군 복무를 대신하여 일정 기간 동안 공공의 이익을 위해 봉사하는 사람.
공익^단체(公益團體) [-딴-] 명 공공의 이익을 목적으로 하는 단체. 〔적십자사 따위.〕
공익^법인(公益法人) [-뻐빈] 명 영리를 도모하지 않고 사회 공중을 위한 사업을 목적으로 하는 법인. 종교나 자선 및 학술 따위를 위한 법인. ↔영리 법인.
공ː익-비(共益費) [-삐] 명 ①집단 주택 등에서, 공용(共用) 부분의 유지를 위하여 세대마다 내는 돈. ②☞공익 비용.
공ː익^비ː용(共益費用) [-삐-] 명 한 사람의 채무자에 대하여 채권자가 여럿일 때, 공동 이익을 위하여 쓴 비용. 공익비.
공익-사업(公益事業) [-싸-] 명 공익을 위주로 하는 독점성이 강한 사업. 〔철도나 우편·수도 따위의 산업.〕
공익^신ː탁(公益信託) [-씬-] 명 종교나 자선·학술 등 공익을 위한 신탁. ↔사익 신탁.
공익^전ː당포(公益典當鋪) [-쩐-] 명 (공중의 편의나 영세민의 편익을 위하여) 자치 단체나 공익 법인에서 운영하는 전당포.
공인(工人) 명 조선 시대에, 악기를 연주하던 사람. 악생(樂生)과 악공(樂工).
공인(公人) 명 ①국가 또는 사회를 위하여 일하는 사람. ②공직에 있는 사람. ↔사인(私人).
공인(公印) 명 관공서나 어떤 단체에서 공적인 일에 쓰는 도장.
공인(公認) 명하타되자 국가·공공 단체·사회 등이 인정함. ¶ 태권도 공인 3단.
공인(恭人) 명 조선 시대, 외명부의 한 품계. 정·종오품 문무관의 아내에게 내리던 봉작.
공ː인(貢人) 명 조선 후기 대동법 실시 이후, 대동미를 대가로 받고 중앙 관청에서 필요로 하는 물품을 사서 납품하던 상인.
공인-교(公認敎) 명 (불교·천주교·개신교 등과 같이) 국가로부터 공인을 받은 종교.
공인^노무사(公認勞務士) 명 국가가 인정하는 자격을 얻어, 기업의 노무 관리 업무를 맡아 하는 사람.
공-인수(公因數) [-쑤] 명 ☞공통 인수.
공인^중개사(公認仲介士) 명 부동산 거래의 중개를 업으로 하는 사람. 특별시장·광역시장·도지사가 시행하는 시험에 합격하여야 자격이 주어짐.
공인^회ː계사(公認會計士) [-회계-/-훼게-] 명 국가가 인정하는 자격을 얻어, 위촉받은 회계 감사나 감정, 세무 대리 등의 업무를 맡아 하는 사람.
공-일(空-) [-닐] 명 ①품삯을 받지 않고 하는 일. ↔삯일. ②쓸데없는 일.
공일(空日) 명 쉬는 날, 곧 일요일.
공임(工賃) 명 ☞공전(工錢).
공임(公任) 명 공무에 관한 직임(職任).
공자(公子) 명 지체 높은 집안의 젊은 자제.
공자-왕손(公子王孫) 명 왕이나 높은 지위에 있는 사람들의 자손.
공작(工作) 명하타 ①물건을 만드는 일. ②어떤 목적을 위하여 미리 일을 꾸밈. ¶ 공작을 펴다.
공작(公爵) 명 오등작(五等爵)의 첫째 작위. 〔후작(侯爵)의 위.〕 준공(公).
공ː작(孔雀) 명 꿩과의 새. 수컷은 머리에 10 cm 가량의 관모가 있고, 긴 꼬리를 펴면 부채 모양을 이루는데, 둥글고 잔무늬가 많음. 암컷은 그보다 좀 작고 꼬리가 짧음. 인도 원산으로 밀림의 물가에 즐겨 사는데, 나무 열매나 벌레를 먹음.
공작-금(工作金) [-끔] 명 어떤 일을 꾀하여 이루는 데 드는 돈.
공작^기계(工作機械) [-끼계/-끼게] 명 기계를 제작하거나 기계 부품을 가공하는 기계. 〔선반(旋盤)·연마반(研磨盤) 따위.〕
공작-대(工作隊) [-때] 명 어떤 공작 임무를 수행하기 위하여 조직된 부대나 집단.
공ː작-명왕(孔雀明王) [-장-] 명 불교의 밀교(密敎)에서, 모든 재앙을 물리치고 비를 오게 한다고 하여 높이 받드는 명왕. 〔머리 하나에 팔이 넷이며, 공작의 날개와 연꽃 등을 들고 공작의 등에 타고 있음.〕
공작-물(工作物) [-장-] 명 ①재료에 기계적 가공을 하여 짜 만든 물건. ②땅 위나 땅속에 인공으로 만든 온갖 물건. 〔건물·교량·터널·철탑(鐵塔) 따위.〕
공ː작-부인(孔雀夫人) [-뿌-] 명 '양장(洋裝)으로 화려하게 꾸민 아름다운 여자'를 달리 이르는 말.
공ː작-석(孔雀石) [-썩] 명 단사 정계의 광물. 대개 덩이 모양을 이루며, 산뜻한 초록색 광택이 있음. 장식용이나 안료로 쓰임. 참석록(石綠).
공작-선(工作船) [-썬] 명 ①☞공작함(工作艦). ②공작 임무를 수행하기 위하여 공작원이 쓰는 배.
공ː작-선(孔雀扇) [-썬] 명 조선 시대의 의장(儀仗)의 한 가지. 붉은빛으로 공작을 화려하게 그린 큰 부채.
공작-실(工作室) [-씰] 명 간단한 기구나 물품을 만들 수 있는 시설을 갖추어 놓은 방.
공작-원(工作員) 명 (주로 정당이나 단체의 지령을 받아) 어떤 목적을 이루기 위하여 자기 쪽에 유리하도록 일을 미리 꾸미어 활동하는 사람.
공작-함(工作艦) [-자캄] 명 함대를 따라다니거나 전진 기지(前進基地)로 나아가 선체·기관·병기 등을 정비하거나 수리하는 군함. 공작선.
공장(工匠) 명 (공방에서 연장을 가지고) 물품 만드는 일을 전문으로 하는 사람.
공장(工場) 명 근로자가 기계 등을 사용하여 물건을 가공·제조하거나 수리·정비하는 시설, 또는 그 건물.
공장(公狀) 명 지난날, 수령이나 찰방(察訪)이 공식으로 감사·병사·수사를 만날 때 관직명을 적어서 내던 편지.
공장(公葬) 명 공공 단체나 기관에서 주관하는 장례식.
공장(空腸) 명 ①아무것도 먹지 않은 빈 창자. 비공복(空腹). ②십이지장에 이어지는 소장(小腸)의 일부로, 회장(回腸)까지의 부분을 이르는 말.
공장-공해(工場公害) 명 공장의 설치나 가동으로 말미암아 인근의 주민이나 자연환경에 끼치는 여러 가지 피해.
공장^관리(工場管理) [-괄-] 명 공장의 시설·기계·조직 등을 능률적으로 활용하여 생산 능력을 올리기 위한 체계적이고 합리적인 여러 세칙, 또는 그러한 운영.

공장^노동자(工場勞動者)명 공장에서 생산에 종사하는 노동자.
공장-도(工場渡)명 제품을 공장에서 거래자에게 직접 인도하는 거래 방식. ¶ 공장도 가격.
공장-법(工場法)[-뻡]명 공장 노동자를 안전하게 보호하기 위하여 제정한 여러 법률을 통틀어 이르는 말.
공장-장(工場長)명 공장의 책임자.
공장^재단(工場財團)명 공장 저당법에 따라 공장에 딸린 토지·건물·기계 등을 일괄하여 담보로 등기함으로써 저당권의 설정이 인정되는 재단.
공장^진:단(工場診斷)명 산업의 합리화와 통제 경제의 수행 등을 위하여, 공장의 실태를 조사하여 공장 경영 전반에 대한 비판과 지도를 하는 일.
공장^폐:쇄(工場閉鎖)[-폐-/-페-]명 ①공장의 문을 닫고 일을 쉼. ②쟁의 행위의 한 가지. 사용자가 공장을 폐쇄하고 근로자들의 주장을 거부하는 행위. 〔사용자가 취할 수 있는 유일한 쟁의 행위임.〕
공장^폐:수(工場廢水)[-폐-/-페-]명 공장의 제품 생산 과정에서 생기는 더러운 물.
공:재(共在)명하자 두 가지 이상의 대등한 것이 함께 존재함. 구재(俱在).
공재(空財)명 (밑천이나 특별한 힘을 들이지 않고) 공으로 얻은 재물.
공저(公邸)명 고급 공무원이 그 직위에 있는 동안 머물러 살 수 있게 나라에서 제공한 저택. ↔사저(私邸).
공:저(共著)명하타 한 책을 두 사람 이상이 함께 지음, 또는 그렇게 지은 책. 합저(合著).
공적(公賊)명 공금이나 공물(公物)을 훔친 도둑. 공도(公盜).
공적(公敵)명 국가나 사회 또는 공공 대중의 적.
공적(功績)명 쌓은 공로. 공로의 실적.
공적(空寂)명하형 불교에서, 만물이 모두 실체가 없어 생각하고 분별할 것도 없음을 이르는 말.
공-적(公的)[-쩍]관명 ①국가나 소속된 단체, 또는 사회 일반에 관련된 (것). 공공(公共)에 관한 (것). ¶ 공적 임무. /공적인 처지에서 견해를 말하다. ②공변된 (것). ↔사적(私的).
공적 부조(公的扶助)[-쩍뿌-] 국가 또는 지방 자치 단체가 국민의 최저 한도의 생활을 보장하기 위하여 생활이 곤궁한 국민에게 생활비 보조나 공공 시설 이용의 편의를 제공하는 일. 국가 부조. 사회 부조.
공적 자금(公的資金)[-쩍짜-] 금융 기관이 기업에 빌려 준 돈을 회수하지 못해 부실해질 때, 국가가 금융 기관에 투입하는 자금.
공전(工錢)명 물품을 만들거나 수리한 데 대하여 보수로 치르는 돈. 공가(工價). 공임(工賃).
공전(公田)명 ①국유(國有)의 논밭. ↔사전(私田). ②중국의 옛 정전법(井田法)에서, 한복판에 위치해 있던 공유(公有)의 토지.
공전(公典)명 공평하게 만든 법률.
공전(公電)명 국가나 기관끼리 하는 전보. ↔사전(私電).
공전(公轉)명하타 한 천체가 다른 천체의 둘레를 주기적으로 도는 일. 〔행성이 일정한 주기로 태양 둘레를 도는 일 따위.〕 ↔자전.
공전(功田)명 고려·조선 시대에, 나라에 훈공이 있는 사람에게 내리던 논밭.
공:전(攻戰)명하자 공격하여 싸움, 또는 그런 전투.
공전(空前)명 비교할 만한 것이 전에는 없었음. 《주로, '공전의'의 꼴로 쓰임.》 ¶ 공전의 대성황을 이루다.
공전(空電)명 대기 속의 방전 현상으로 생기는 잡음(雜音) 전파. 〔무선을 수신할 때 들리는 소음 따위.〕 참공중 전기.
공전(空戰)명 〈공중전(空中戰)〉의 준말.
공전(空轉)명하자되자 ①바퀴나 기계 따위가 헛돎. ②일이나 행동이 헛되이 진행됨. ¶ 몇 차례의 회담이 공전을 거듭하다.
공전^법규(空戰法規)[-뀨]명 공중전(空中戰)에 관한 국제법상의 법규를 통틀어 이르는 말.
공:전-식(共電式)명 〈공동 전지식〉의 준말.
공전-절후(空前絶後)명하형 ☞전무후무(前無後無).
공전^주기(公轉週期)명 공전 운동을 하는 천체가 한 바퀴 도는 데 걸리는 기간. ↔자전 주기(自轉週期).
공-절선(公切線)[-썬]명 '공통 접선'의 구용어.
공-접선(公接線)[-썬]명 '공통 접선'의 구용어.
공정(工程)명 ①작업이 되어 가는 정도. ②근대 기계 공업에서, 계획적인 대량 생산을 위하여 여러 가지로 나눈 가공 단계의 하나하나.
공정(公正)명하형 공평하고 올바름. ¶ 공정한 거래. /공정한 판결. **공정-히**부.
공정(公定)명하타 ①일반의 공론(公論)에 따라 정함. ②관청에서 정함.
공정(空庭)명 빈 뜰.
공정-가(公定價)[-까]명 〈공정 가격(公定價格)〉의 준말.
공정^가격(公正價格)[-까-]명 공평하고 정당한 가격.
공정^가격(公定價格)[-까-]명 국민 생활의 안정을 위하여, 정부 또는 지방 자치 단체가 일정한 품목을 지정하여 결정하거나 통제하는 가격. 〔공공요금 등이 이에 딸림.〕 준공정가.
공정^거:래(公正去來)명 독점 거래나 암거래가 아닌 공정한 거래.
공정^거:래^위원회(公正去來委員會)[-회/-훼]명 국무총리 직속 기관의 하나. '독점 규제 및 공정 거래에 관한 법률'에 의거하여, 독과점 사업자의 시장 지배 행위, 경제력 집중, 불공정 거래 행위 등을 규제하며 경제 촉진 정책 등에 관한 사무를 맡아봄.
공정^관리(工程管理)[-괄-]명 대량 생산 방식에서, 공정도(工程圖)나 공정표(工程表)에 따라 계획적으로 생산 공정을 관리하는 일.
공정^금리(公定金利)[-니]명 ☞공정 이율.
공정^기록(公正記錄)명 법률상 공인된 효력이 있는 기록.
공정-도(工程圖)명 한 공정에서 할 가공의 정도를 나타낸 도면.
공정^부대(空挺部隊)명 ☞공수 부대. 낙하산 부대.
공정^이:율(公定利率)[-니-]명 중앙은행이 거래처인 금융 기관에 어음 할인이나 대부 등을 해줄 때 적용하는 이자의 율(率). 공정 금리(公定金利).
공정^증서(公正證書)명 ①공무원이 그 권한 내에서 작성하는 모든 문서. ②공증인이 법률 행위나 기타 사권(私權)에 대하여 작성하는 증서. 〔법률상 완전한 증거로 인정됨.〕 ↔사서 증서(私署證書).
공정^증서^유언(公正證書遺言)명 증인 2인의 입회하에 공증인(公證人)이 작성한 유언서.

공정^지가(公正地價)[-까]명 토지 대장에 등재된 토지의 가격.
공정-표(工程表)명 하나의 제품을 만들어 나가는 과정이나 일정을 나타낸 도표.
공정^환:율(公定換率)명 정부가 인위적으로 정하여 고정시킨 환시세(換時勢). 〔주로, 국제 통화 기금의 평가와 관련된 외환율임.〕 ↔변동 환율(變動換率).
공:제(共濟)명하타 ①힘을 같이하여 일함. ②서로 힘을 합하여 도움.
공제(空諦)명 불교에서 이르는 삼제(三諦)의 하나. 만물은 모두 공(空)이며 고정불변의 것은 아무것도 없다고 하는 진리.
공:제(控除)명하자타 (받을 금액이나 수량에서 물거나 덜어야 할 것을) 빼어 냄. 뗌. ¶ 회비를 월급에서 공제하다.
공:제^조합(共濟組合)명 같은 종류의 직업이나 사업에 종사하는 사람들이 상호 부조를 목적으로 출자하여 만든 조합.
공조(工曹)명 고려·조선 시대의 육조(六曹)의 하나. 산택(山澤)·공장(工匠)·영조(營造) 등에 관한 일을 맡아보던 관아. 참수부(水府).
공조(公租)명 ☞조세(租稅).
공:조(共助)명하자 여러 사람이 함께 도와줌, 또는 서로 도움.
공:조(貢租)명 공물(貢物)로 바치던 조세.
공:조(貢調)명하자 공물을 바침.
공조^판서(工曹判書)명 고려·조선 시대의 공조의 으뜸 벼슬. 품계는 정삼품·정이품.
공:존(共存)명하자 (둘 이상의 서로 성질이 다른 것이) 함께 살아감. 함께 존재함. ¶ 신구 문화가 공존하다. /평화 공존을 모색하다.
공:존-공영(共存共榮)명 함께 살고 함께 번영함. 함께 잘 살아감.
공:존동생-권(共存同生權)[-꿘]명 함께 살아가는 권리. ¶ 전 인류의 공존동생권.
공:존^용액(共存溶液)[-뇽-]명 두 종류의 액체를 충분히 섞어도 다시 두 가지의 액상(液相)으로 나누어지는 용액.
공:존-의식(共存意識)[-조늬-/-조니-]명 공존하고 있다는, 또는 공존하여야 한다는 의식.
공졸(工拙)명 ☞교졸(巧拙).
공죄(公罪)[-죄/-줴]명 국가의 공익(公益)을 해친 죄. ↔사죄(私罪).
공죄(功罪)[-죄/-줴]명 (사람이 한 일이나 어떤 사물의 존재가 그 사회나 조직 등에 끼친) 잘한 일과 잘못한 일. 좋은 점과 나쁜 점. 공과(功過).
공죄-상보(功罪相補)[-죄-/-줴-]명하자 ①공적(功績)이 있으나 죄과(罪過)도 있어 서로 에낌. ②죄가 있으나 그것을 보충할 만큼 공이 있어 너그러이 용서해 줄 정도가 됨.
공주(公主)명 왕후가 낳은 임금의 딸. 참옹주.
공주(空株)명 실제로 주고받지 않고 거래되는 주(株). ↔실주(實株).
공-주련(空柱聯)명 그림이나 글씨 없이 꾸민 주련(柱聯).
공:-주인(貢主人)명 ☞경저리.
공죽(空竹)명 ☞객죽(客竹).
공준(公準)명 공리(公理)처럼 확실하지는 않으나, 원리로 인정되어 어떤 이론 전개에 기초가 되는 근본 명제.
공중(公衆)명 사회의 여러 사람. 일반 사람들.
공중(空中)명 지구 표면을 둘러싸고 있는 공간. 하늘과 땅 사이의 빈 곳.
공중을 쏘아도 알과녁만 맞힌다속담 별로 애쓰지 않고 한 일이 제대로 잘 이루어지게 됨을 이름.
공중^광:고(空中廣告)명 공중에서 항공기로 광고 전단을 뿌리거나, 기구(氣球) 등을 올려서 하는 광고.
공중-권(空中權)[-꿘]명 공간의 소유 권리. 〔토지 소유권의 범위를 넓힌 것으로, 햇빛·공기·광고 가치 등의 보호를 목적으로 함.〕
공중^급유(空中給油)명 비행 중인 항공기에 다른 항공기가 파이프를 통하여 연료를 보급하는 일. 공중 보급.
공중-누각(空中樓閣)명 근거나 현실적 토대가 없는 사물이나 생각을 이르는 말. 신기루.
공중-도덕(公衆道德)명 공중의 복리를 위하여 서로 지켜야 할 덕의(德義). 공덕(公德).
공중-물(空中-)명 한데에 놓은 그릇 같은 것에 괸 빗물.
공중^방:전(空中放電)명 구름과 대지 사이의 심한 전위차(電位差)로 말미암아 일어나는 방전 현상. 〔번개와 천둥은 이 현상으로 일어남.〕
공중-변소(公衆便所)명 공중을 위하여 길거리나 공원 따위에 만들어 놓은 변소. 공동변소.
공중^보:급(空中補給)명 ①☞공중 급유(空中給油). ②육상으로의 보급이 불가능한 장소에, 항공기로 물자를 투하하여 보급하는 일.
공중-분해(空中分解)명 ①비행 중인 항공기가 바람의 압력 또는 고장 따위의 원인으로 공중에서 분해·파괴되는 일. ②계획 따위가 진행 도중에 무산되는 일.
공중-사진(空中寫眞)명 ☞항공사진.
공중^삭도(空中索道)[-또]명 ☞가공 삭도.
공중-선(空中線)명 ☞안테나.
공중^소추주의(公衆訴追主義)[-의/-이]명 형사 사건의 소추권을 일반 공중에 맡기는 주의.
공중-위생(公衆衛生)명 공중의 건강을 위한 위생. ↔개인위생.
공중유사(公中有私)[-뉴-]명 공적인 일에도 개인적인 정실(情實)이 있음.
공중-전(空中戰)명 공중에서 항공기끼리 벌이는 전투. 항공전(航空戰). 준공전(空戰). 참지상전(地上戰)·해전(海戰).
공중^전:기(空中電氣)명 대기 속에 있는 전장(電場)·이온·전류 등의 현상을 통틀어 이르는 말.
공중-전화(公衆電話)명 공중이 요금을 내고 그때그때 쓸 수 있도록 사람의 왕래가 많은 곳에 설치해 놓은 전화.
공중^정찰(空中偵察)명 항공기로 적의 동태를 살피는 일. 항공 정찰.
공중-제비(空中-)명 ①양손을 땅에 짚고 두 다리를 공중으로 쳐들어서 반대쪽으로 넘어감, 또는 그런 재주. ②공중에서 거꾸로 나가떨어짐.
공중^청음기(空中聽音機)명 항공기가 내는 음파를 포착하여 그 위치나 항로 등을 탐지하는 장치. 〔레이더 발명 이전에 쓰였음.〕
공중^촬영(空中撮影)명 항공기를 타고 지상의 시설이나 지형 따위를 촬영하는 일.
공중^투하(空中投下)명 항공기에서 인원이나 물자를 지상에 투하하는 일.
공중파^방:송(公衆波放送)명 ☞지상파 방송.
공중^폭격(空中爆擊)[-껵]명 폭격기로 적진을 공중에서 폭격하는 일.
공중-회전(空中回轉)[-회-/-훼-]명 ①(체조·곡예 따위에서) 허공에서 한 바퀴 이상 재주를 넘는 일. ②(비행기 따위가) 비행 중에 회전하는 일.

공즉시색(空卽是色) [-씨-] 명 '반야심경(般若心經)'에 나오는 말로, 이 세상의 모든 사물은 실체가 없는 현상에 불과하지만 그 현상의 하나 하나가 그대로 이 세상의 실체라는 말. 참색즉시공(色卽是空).
공증(公證) 명하타 되자 특정한 법률 사실이나 법률 관계의 존부(存否)를 공식으로 증명하는 일, 또는 그 증서.
공증^문서(公證文書) 명 문서 작성의 권한이 있는 국가나 공공 기관이 그 직권으로 어떤 사실을 증명하기 위하여 작성하는 문서. 〔공증인이 작성하는 공정 증서나 시·읍·면장이 발급하는 호적 등·초본 등이 이에 딸림.〕
공증-인(公證人) 명 당사자 또는 그 밖의 관계인의 의뢰에 따라 민사(民事)에 관한 공정 증서를 작성하거나, 사서 증서(私署證書)나 정관(定款)에 인증(認證)을 하는 권한을 가진 사람.
공지(公志) 명 ☞공심(公心).
공지(公知) 명하자.타 세상 사람이 다 앎, 또는 알도록 함.
공ː지(共知) 명하타 여러 사람이 다 같이 앎.
공지(空地) 명 ①빈 땅. 빈 터. 공처(空處). 공터. 공한지. ②하늘과 땅. 공중과 지상.
공지(空紙) 명 아무것도 쓰지 않은 종이. 백지(白紙).
공직(公直) '공직하다'의 어근.
공직(公職) 명 국가나 지방 공공 단체 등의 공적인 직무. ¶ 공직 생활.
공직-자(公職者) [-짜] 명 공직에 종사하는 사람. 〔공무원·국회의원 따위.〕
공직-하다(公直-) [-지카-] 형여 공변되고 정직하다.
공ː진(共振) 명 ①하자한 진동체가 다른 진동체에 이끌리어 그와 같은 진동수로 진동함, 또는 그런 현상. ②전기 진동의 공명 현상.
공ː진-소(供進所) 명 조선 시대에, 궁내부에 딸리어 식료품에 관한 일을 맡아보던 관아.
공ː진-회(共進會) [-회/-훼] 명 산물이나 제품을 모아 진열하여 놓고 일반 공중에게 널리 관람시켜 그 우열을 품평·사정(査定)하는 모임. 경진회(競進會).
공ː진^회로(共振回路) [-회-/-훼-] 명 ☞동조회로(同調回路).
공-집기(空-) [-찝끼] 명하자 돈을 모아서 무엇을 사다 먹는 내기의 한 가지. 사람 수대로 쪽지에 금액을 적어서 섞어 놓고, 각자 집은 쪽지에 적힌 액수에 따라 돈을 내며, '○' 표를 집은 사람은 돈을 내지 않음.
공-집합(空集合) [-지팝] 명 원소(元素)가 전혀 없는 집합. 영집합(零集合).
공징-이 명 귀신의 소리라 하여, 이상한 휘파람 소리를 내며 점을 치는 여자 점쟁이.
공짜(空-) 명 ①거저 생긴 물건. ②거저 얻는 일.
공짜-배기(空-) 명 '공짜'를 홀하게 이르는 말.
공차(公差)[1] 명 지난날, 관아나 궁가(宮家)에서 파견하던 관원이나 사자(使者)를 일컫던 말.
공차(公差)[2] 명 ①등차급수나 등차수열에서 서로 이웃하는 두 항의 차. ②근삿값에 대한 오차의 한계나 범위. ③기계 부품이나 도량형기(度量衡器) 등을 제작할 때 설계상 정해진 치수에 대해 실용상 허용되는 범위의 오차.
공차(空車) 명 ①빈 차. ②(요금을 내지 않고) 공으로 타는 차.
공ː-차반(供次飯) 명 절에서, '반찬'을 달리 이르는 말.
공ː찬(供饌) 명하타 절에서, '음식을 신불에게 바치는 일'을 이르는 말.
공찰(公札) 명 ☞공함(公函). ↔사찰(私札).
공참(孔慘) '공참하다'의 어근.
공ː참-하다(孔慘-) 형여 매우 참혹하다.
공창(工廠) 명 ①철공 제품을 만드는 공장. ②무기·탄약 따위의 군수품을 만드는 공장.
공창(公娼) 명 '관청의 허가를 얻어 매음 행위를 영업으로 하던 여자'를 이르는 말. ↔사창.
공ː-채 명 ①공을 치는 채를 통틀어 이르는 말. 〔탁구나 테니스의 라켓 따위.〕 ②장치기할 때 쓰는 끝이 좀 구붓한 막대기.
공채(公採) 명 공개적인 방법으로 사람을 뽑아 씀.
공채(公債) 명 ①국가나 지방 자치 단체가 재정 자금을 마련하기 위하여 임시로 지는 부채(負債). ②〈공채증권(公債證券)〉의 준말.
공-채무(公債務) 명 공금 유용이나 공과금 미납 등으로 진 빚.
공채-비(公債費) 명 공채 모집이나 이자 지급 및 상환 등에 드는 비용.
공채-증권(公債證券) [-꿘] 명 국가나 지방 자치 단체가 공채의 채권자에게 발행 교부하는 증권. 공채증서. 준공채(公債).
공채-증서(公債證書) 명 ☞공채증권.
공책(空冊) 명 글씨를 쓸 수 있게 백지로 매어 놓은 책.
공처(空處) 명 ①임자가 없는 빈 땅. ②☞공지(空地).
공ː처-가(恐妻家) 명 아내한테 쥐어(눌려) 지내는 사람. 처시하(妻侍下).
공천(公薦) 명하타 되자 ①여러 사람의 합의에 따라서 천거함. ②공변되고 정당하게 추천함. ③정당에서 공식적으로 후보자를 내세움. ¶ 당의 공천을 받다.
공첩(公貼) 명 ☞공문서(公文書).
공첩(公牒) 명 공사(公事)에 관한 편지나 서류.
공청(公廳) 명 (관청 등을) '공무(公務)를 보는 집'이라는 뜻으로 이르는 말.
공청(空青) 명 금동광(金銅鑛)에서 나는, 빛이 푸른 광물. 염료나 약재로 쓰임.
공청(空廳) 명 헛간.
공청-회(公聽會) [-회/-훼] 명 국가나 공공 단체가 중요 안건을 의결함에 앞서, 일반 국민이나 이해 당사자 및 전문가 등으로부터 공개 석상에서 의견을 듣는 제도, 또는 그런 모임.
공ː초(供招) 명하자.타 조선 시대에, 죄인이 범죄 사실을 진술하던 일.
공총(倥傯) '공총하다'의 어근.
공총-하다(倥傯-) 형여 일이 많아서 몹시 바쁘다. **공총-히** 부.
공ː축(恭祝) 명하타 삼가 축하함.
공ː축(恐縮) 명하자 (몸이 옴츠러들 만큼) 황공히 여김. 죄송하게 여김. 비황축(惶蹙).
공ː출(供出) 명하타 지난날, 일제(日帝)가 전쟁을 치를 목적으로 민간의 물자나 식량을 강제로 바치게 하던 일.
공출-물(空出物) 명하자 ①밑천이나 힘을 들이지 않고 남의 일에 거저 끼어듦. ②밑천이나 힘을 낼 필요가 없는데 공연히 냄.
공ː취(攻取) 명하타 쳐서 차지함.
공ː-치기 명하자 ①공을 치고 받는 운동을 통틀어 이르는 말. ②장치기.
공-치다(空-) 자타 (하려던 일을 못해서) 허탕치다. ¶ 비가 와서 하루벌이를 공치다.

공-치사(功致辭)명하자타 (남을 위하여 수고한 것을) 낯을 내려고 스스로 자랑함. ¶ 그는 거듭 자기 공치사를 늘어놓았다.

공-치사(空致辭)명하자타 빈말로 하는 치하의 말.

공칙-스럽다[-쓰-따][~스러우니·~스러워]형ㅂ 공교롭게 잘못된 데가 있다. **공칙스레**부.

공칙-하다[-치카-]형여 공교롭게 잘못되다. **공칙-히**부.

공칭(公稱)명하타 ①공적(公的)으로 이름, 또는 그런 이름. ②일반에 널리 터놓고 일컬음.

공칭^능력(公稱能力)[-녁]명 일반에 널리 알려진 기계나 병기 따위의 능력.

공칭^마ː력(公稱馬力)명 기관(機關)이나 기관(汽罐) 따위를 과세(課稅)하거나 매매할 때 부르는 마력의 수.

공칭^자본(公稱資本)명 은행이나 회사 등이 정관(定款)에 기재하여 등기한 자본의 총액. 등기 자본(登記資本).

공ː탁(供託)명하타 ①물건을 맡김. ②법의 규정에 따라 금전·유가 증권 그 밖의 물품 따위를 지정된 은행이나 공탁소에 맡겨 두는 일.

공ː탁-금(供託金)[-끔]명 공탁한 돈.

공ː탁-물(供託物)[-탕-]명 공탁한 물건.

공ː탁-법(供託法)[-뻡]명 공탁금의 이자, 공탁물의 수령과 회수, 보관료, 공탁 공무원의 처분 등에 관한 것을 규정한 법률.

공ː탁-서(供託書)[-써]명 공탁물에 첨부하여 공탁소에 내는 서류.

공ː탁-소(供託所)[-쏘]명 공탁 사무를 맡아보는 국가 기관. 〔지방 법원이나 지원(支院)의 소재지에 둠.〕

공ː탈(攻奪)명하타되자 무력을 써서 빼앗음.

공-터(空-)명 ☞공지(空地).

공토(公土)명 〈공유토(公有土)〉의 준말.

공ː통(共通)명하자되자 여럿 사이에 두루 통용되거나 관계됨. ¶ 공통의 목적.

공ː통^내ː접선(共通內接線)[-썬]명 두 원이 공통 접선에 대하여 서로 반대쪽에 있을 때의 접선. ↔공통 외접선.

공ː통-분모(共通分母)명 ①분모가 다른 분수들을 통분한 분모(分母). 공분모(公分母). 비동분모(同分母). 참통분(通分). ②'둘 이상의 사람이나 사물 사이에 두루 통하는 점'을 비유하여 이르는 말. ¶ 형과 나는 외모는 비슷하지만 취미 생활에서는 공통분모가 없다.

공ː통-성(共通性)[-썽]명 공통되는 성질.

공ː통-어(共通語)명 (몇 가지의 다른 언어가 쓰이는 지역에서) 공통으로 통용되는 언어.

공ː통^외ː접선(共通外接線)[-외-썬/-웨-썬]명 두 원이 공통 접선에 대하여 같은 쪽에 있을 때의 접선. ↔공통 내접선.

공ː통^인수(共通因數)[-쑤]명 둘 이상의 정수(整數)나 단항식 또는 다항식에 공통으로 포함되어 있는 인수. 공인수.

공ː통-적(共通的)관명 여럿 사이에 두루 통용되거나 관계되는 (것). ¶ 공통적 관심사./공통적인 특징.

공ː통-점(共通點)[-쩜]명 여럿 사이에 두루 통하는 점. ↔차이점(差異點).

공ː통^접선(共通接線)[-썬]명 두 원이 공유(共有)하는 접선.

공ː통-집합(共通集合)[-지팝]명 ☞교집합.

공ː통-항(共通項)명 ☞공항(公項).

공ː통-현(共通弦)명 두 원이 만날 때 생기는 교점(交點)을 이은 선분.

공ː파(攻破)명하타 무력을 써서 쳐부숨.

공판(公判)명하자 법원이 공개된 법정에서 형사 사건의 재판을 하는 일, 또는 그 소송 절차.

공ː판(共販)명 〈공동 판매〉의 준말.

공ː판-인쇄(孔版印刷)명 형지(型紙)에 구멍을 뚫어 판을 만들고, 판의 구멍에서 잉크가 배어 나오게 하여 인쇄하는 방식. 〔등사판·스크린 인쇄 따위.〕

공ː판-장(共販場)명 '공동 판매장'을 줄여 이르는 말. ¶ 농산물 공판장.

공판-정(公判廷)명 공판을 하는 법정.

공판^조서(公判調書)명 공판의 중요 사항에 관하여 법원 서기가 기록·작성하는 조서.

공편(公便) '공편하다'의 어근.

공편-하다(公便-)형여 공평하고 편리하다. **공편-히**부.

공평(公平)명하형 어느 한쪽에 치우치지 않고 공정함. **공평-히**부.

공평(公評)명하타되자 ①치우침이 없는 올바른 비평. ②일반 대중의 비평.

공평-무사(公平無私)명하형 공평하고 사사로움이 없음. **공평무사-히**부.

공포(公布)명하자타되자 ①널리 알림. ②새로 제정된 법령이나 조약 등을 국민에게 두루 알림, 또는 그 절차.

공포(功布)명 관(棺)을 묻을 때, 관을 닦는 데 쓰는 삼베 헝겊. 〔발인할 때 명정(銘旌)과 같이 앞에 세우고 감.〕

공포(空包)명 실탄 대신에 나무나 종이로 마개를 하여 쏘는, 소리만 나게 만든 탄약(彈藥).

공포(空胞)명 식물의 원형질 안에 있는, 속이 빈 세포. 액포.

공포(空砲)명 ①실탄을 재지 않고 쏨. 헛총. ②위협하려고 공중에 대고 쏘는 총질.
  공포(를) 놓다관용 ①공포를 쏘다. ②공갈하다. 을러대다.

공ː포(栱包·貢包)명 처마 끝의 무게를 받치려고 기둥머리 같은 데에 짜 맞추어 댄 나무쪽.

공ː포(貢布)명 조선 시대에, 결세(結稅)로 바치던 베.

공ː포(恐怖)명 ①무서움. ¶ 공포에 떨다. ②장차 고통이나 재앙을 받을 것이라고 생각할 때 일어나는 정서적 반응.

공ː포-감(恐怖感)명 무서운(두려운) 느낌.

공ː포-심(恐怖心)명 무서워하는 마음.

공ː포^정치(恐怖政治)명 ①폭력적인 수단으로 반대자를 탄압하여 정치상의 목적을 달성하는 정치. 공하 정치(恐嚇政治). ②프랑스 혁명 때, 과격파인 자코뱅당의 탄압 정치를 이르는 말.

공ː포-증(恐怖症)[-쯩]명 강박 신경증의 한 가지. 공포감이 특정 대상에 결부되어 행동을 저해하는 병증.

공포-탄(空砲彈)명 화약은 들어 있으나 탄알이 없는 탄약. 흔히, 신호·예포·훈련 등에 쓰임.

공표(公表)명하자타되자 세상에 널리 알림.

공표(空票)명 ①(값을 치르지 않고) 거저 얻은 표. ②추첨 등에서 아무 벼름이 없는 표.

공표(空標)명 ☞동그라미표.

공ː피-병(鞏皮病)[-뼝]명 살갗이 굳어져서 딱딱해지는 피부병.

공ː하(恭賀)명하타 삼가 축하함.

공ː하(恐嚇)명하타 ☞공갈. 위협.

공ː-하다(貢-)타여 공물(貢物)로 바치다.

공ː하-신년(恭賀新年)명 ☞근하신년(謹賀新年).

공ː하^정치(恐嚇政治)명 ☞공포 정치(恐怖政治).

공학(工學) 명 자연 과학적 방법과 성과에 따라 공업 생산 기술을 연구하는 학문.

공:학(共學) 명 하자 이성(異性) 또는 이민족(異民族)의 학생이 한 학교나 같은 학급에서 함께 공부하는 일. ¶ 남녀 공학.

공한(公翰) 명 공적(公的)인 편지. ↔사한(私翰).

공한-지(空閑地) 명 ①공지(空地). ②(농사를 짓거나 건물을 지을 수 있는데도) 활용하지 않고 놀리는 땅.

공한지-세(空閑地稅)[-쎄] 명 (도시의 토지 이용률을 높이기 위하여) 지상에 건조물이 없는 토지나 잡종지에 매기는 세금.

공함(公函) 명 지난날, 공사(公事)에 관하여 주고받던 편지. 공찰(公札). ↔사함(私函).

공함(空函·空緘) 명 ①빈 상자나 빈 함. ②빈 봉투.

공항(公項) 명 급수 일반에 공통되는 항. 공통항.

공항(空港) 명 지상(地上) 또는 수상(水上)에 민간 항공기가 뜨고 내릴 수 있도록 여러 가지 시설을 갖춘 곳. 항공항. 비 비행장.

공해(公害) 명 산업 활동이나 교통량의 증가 등으로 말미암아 공중의 건강이나 생활환경에 미치는 여러 가지 해(害).

공해(公海) 명 어느 나라의 주권에도 딸리지 않아 모든 나라가 공통으로 사용할 수 있는 바다.

공해(空海) 명 ①하늘처럼 가없는 바다. ②바다와 같은 창공(蒼空).

공해-병(公害病)[-뼝] 명 대기 오염이나 수질 오탁 등 공해로 말미암아 생기는 병.

공해^산:업(公害產業) 명 공해의 주된 원인이 되는 산업.

공해^어업(公海漁業) 명 공해에서 하는 어업.

공해-전(公廨田) 명 고려·조선 시대에, 중앙의 여러 관아와 지방 관서의 경비를 충당하게 하기 위하여 나누어 주던 논밭.

공행(公行) 명 ①하자 공무(公務)로 다님, 또는 그런 여행. ②하타 거리낌 없이 공공연히 행함. ③하타 널리 행함.

공행(空行) 명 하자 헛걸음.

공허(公許) 명 하타 ☞관허(官許).

공허(空虛) '공허하다'의 어근.

공허-감(空虛感) 명 텅 빈 듯한 허전한 느낌.

공허-하다(空虛-) 형여 ①아무것도 없이 텅 비다. ¶ 마음이 공허하다. ②헛되다.

공:헌(貢獻) 명 하자 ①지난날, 공물(貢物)을 나라에 바치던 일. ②이바지함. ¶ 지역 사회 발전에 공헌하다. ② 비 기여(寄與).

공현(空弦) 명 시위에 화살을 먹이지 않고 빈 활을 쏨, 또는 빈 활을 쏘아 놀라게 함.

공:혈(供血) 명 하자 수혈에 쓰일 피를 제공함. 헌혈.

공형(公兄) 명 〈삼공형(三公兄)〉의 준말.

공-형벌(公刑罰) 명 국가가 범죄에 대하여 사인(私人)의 법익(法益)을 박탈하는 형벌.

공:화(共和) 명 하타 ①여러 사람이 함께 어울려 일함. ②두 사람 이상이 화합하여 공동으로 정무(政務)를 펴 나감. ③☞공화제. 참 전제(專制).

공:화(供華·供花) 명 하자 ①죽은 이에게 꽃을 바침, 또는 그 꽃. ②불전(佛前)에 그 계절에 핀 꽃을 바침, 또는 그 꽃.

공:화-국(共和國) 명 주권이 다수의 국민에게 있는 나라. 공화제의 나라.

공:화^정체(共和政體) 명 공화 정치를 하는 정치 체제. 참 전제 정체.

공:화^정치(共和政治) 명 국가의 주권이 국민에게 있고, 국민의 합의체 기관에서 국정(國政)을 다루는 정치. 참 전제 정치.

공:화-제(共和制) 명 국가의 의사가 다수의 국민에 의해 결정되는 정치 형태. 공화. 공화 제도. 참 군주제.

공:화^제:도(共和制度) 명 ☞공화제(共和制).

공환(空還) 명 하자 (목적을 이루지 못하고) 헛되이 돌아옴.

공활(空豁) '공활하다'의 어근.

공활-하다(空豁-) 형여 텅 비고 너르다. ¶ 가을 하늘 공활한데 ….

공:황(恐惶) 명 (웃어른에게 송구함을 느낄 때) 두려워서 어찌할 바를 모름.

공:황(恐慌) 명 ①(갑자기 닥치거나 변한 사태에) 놀랍고 두려워서 어찌할 바를 모름. ②〈경제 공황〉의 준말.

공회(公會)[-회/-훼] 명 ①공사(公事)로 모이는 모임. ②공중(公衆)의 모임. ③중대 문제를 토의·의결하기 위하여 열리는 국제 회의.

공회-당(公會堂)[-회-/-훼-] 명 공중의 모임을 위하여 지은 집.

공-회전(空回轉)[-회-/-훼-] 명 기계 따위가 헛도는 일. ¶ 엔진의 공회전.

공효(功效) 명 공을 들인 보람. 공용(功用).

공후(公侯) 명 ①☞제후(諸侯). ②'공작과 후작'을 아울러 이르는 말.

공후(箜篌) 명 지난날, 동양 각국에서 쓰이던 현악기의 한 가지. 현(絃)이 열석 줄, 스물한 줄, 스물세 줄로 된 것 등이 있음.

공후-인(箜篌引) 명 ☞공무도하가(公無渡河歌).

공훈(功勳) 명 (나라나 회사 등에) 드러나게 세운 공로. 훈공(勳功).

공휴(公休) 명 〈공휴일〉의 준말.

공휴-일(公休日) 명 ①공적(公的)으로 정해진 휴일. 〔국경일이나 일요일 따위.〕 ②동업자끼리 약속하여 정기적으로 쉬는 날. 준 공휴.

공:희(供犧)[-히] 명 지난날, 신에게 희생물을 바치던 일.

공:-히(共-) 부 다 같이. 모두. 함께. ¶ 명실 공히. /남녀 공히.

공쟝바치 명 〈옛〉 장색. 기술자. ¶ 공쟝바치 공:工(訓蒙中3).

곶 명 〈옛〉 꽃. ¶ 곶 됴코 여름 하ᄂᆞ니(龍歌2章).

곶(串)[곧] 명 바다나 호수로 가늘게 뻗어 있는 육지의 끝 부분. 갑(岬). 지취(地嘴). ＊곶이[고지]·곶만[곤-]

-곶(串)[곧] 접미 《지명(地名) 뒤에 붙어》 바다로 뻗어 나온 곶임을 나타냄. ¶ 동외곶. /장기곶. /장산곶.

곶-감[곧깜] 명 껍질을 벗겨 꼬챙이에 꿰어 말린 감. 건시(乾柿). 관시(串柿). 백시.

곶감 꼬치에서 곶감 빼〔뽑아〕 먹듯 속담 '애써 모아 둔 것을 조금씩 쉽게 헐어 써 버림'을 이르는 말.

곶다 타 〈옛〉 꽂다. ¶ 고즐 삽:揷(訓蒙下5). /芙蓉을 고잣ᄂᆞᆫ 돗(鄭澈.關東別曲).

곻 명 〈옛〉 코. ¶ 고ᄒᆞ로 맏ᄂᆞᆫ 거슬(釋譜13:39). /이 香이 고해셔 낪딘댄(楞解3:24).

과 조 《자음으로 끝난 체언에 붙어》 ①비교되는 대상을 나타내는 부사격 조사. ¶ 다음과 같다. ②상대가 되는 대상을 나타내는 부사격 조사. ¶ 고난과 싸워 이기다. ③함께함의 뜻을 나타내는 부사격 조사. ¶ 형과 같이 놀다. ④둘 이상의 사물을 같은 자격으로 이어 주는 접속 조사. ¶ 하늘과 땅. 참 와[5].

과:(果) 명 ①결과. ↔인(因). ②불교에서, 인연으로 생긴 모든 법을 이르는 말.

과(科)명 ①생물 분류상의 한 단계. 〔목(目)의 아래, 속(屬)의 위에 둠.〕 ②학과. 과목. ¶ 우리 과는 전망이 아주 밝다. ③《일부 명사 뒤에 붙어》 그것을 전문적으로 연구하거나 다루는 분야임을 나타냄. ¶ 국어과. /수학과. /내과. /소아과. ④〈과거(科擧)〉의 준말.

과ː(過)명 과실. 잘못됨. ¶ 過도 허물도 千萬 업소이다(樂範.鄭瓜亭).

과(課)명 ①교과서 따위의 내용상의 작은 구분. ¶ 첫째 과를 복습하다. ②관공서나 회사 등의 기구상(機構上)의 한 단위. 〔'국(局)·부(部)'의 아래, '계(係)'의 위에 해당함.〕

과-(過)접두 ①《일부 명사 앞에 붙어》 '지나친', '너무한'의 뜻을 나타냄. ¶ 과보호(過保護). /과적재(過積載). ②화합물의 이름 앞에 붙어, 원소가 표준 또는 보통의 관계 이상의 비율로 결합하고 있음을 나타냄. ¶ 과산화수소.

-과(課)접미 《일부 명사 뒤에 붙어》 한 단위의 부서임을 나타냄. ¶ 총무과. /인사과.

과갈이부 〈옛〉 갑자기. 급히. ¶ 과갈이 님자 엇기 어렵고(老解下*56*). 참과굴이.

과감(果敢) '과감(果敢)하다'의 어근.

과감(過感) '과감(過感)하다'의 어근.

과ː감-스럽다(果敢─) [─따] [~스러우니·~스러워]형ㅂ 과감한 데가 있다. **과감스레**부.

과ː감-하다(果敢─)형여 과단성이 있고 용감하다. ¶ 과감한 행동. **과감-히**부.

과ː감-하다(過感─)형여 지나칠 정도로 고맙다. **과감-히**부.

과객(科客)명 과거를 보러 오거나 보고 돌아가는 선비.

과ː객(過客)명 지나가는 나그네.

과ː객-질(過客─) [─찔]명하자 노자 없이 먼 길을 나서서, 남의 집을 찾아다니며 끼니를 공으로 대접받거나 묵거나 하는 짓.

과거(科擧)명 왕조 때, 벼슬아치를 뽑기 위하여 보이던 시험. 과목. 과시(科試). 과제(科第). ¶ 과거를 보다. 준과(科).

과ː거(過去)명 ①지나간 때. 지난날. ②지난 일. 지난날의 생활. ¶ 과거를 돌이켜 생각하다. /과거를 청산하다. ③지나간 동작이나 상태를 나타내는 어법(語法). ③참과거 시제.

과거(가) 있다관용 (혼전의 이성 관계 등의) 복잡하고 어두운 경험을 가지고 있다.

과ː거(寡居)명하자 과부로 지냄.

과거리부 〈옛〉 갑자기. 급히. ¶ 과거리 언제 또 除홈을 어드리오(朴解中*46*). 참과굴이.

과ː거^분사(過去分詞)명 영어·독일어·프랑스어 등의 동사 변화형의 한 가지. 형용사의 성질을 띠며, 완료형과 수동형을 만듦.

과ː거-사(過去事)명 지나간 일. 이미 겪은 일. 과거지사(過去之事).

과ː거-세(過去世)명 ☞전세(前世).

과ː거^시제(過去時制)명 활용어의 시제의 한 갈래. 사건이나 동작이 일어난 시간이, 말하는 이가 말한 시간보다 앞서 있는 시제. 〔활용어의 종결형 선어말 어미와 관형사형 어미로 나타냄.〕

과ː거^완료(過去完了) [─왈─]명 완료상(完了相) 시제(時制)의 한 가지. 과거 어느 때에 이미 동작이 완료되었음을 나타내는 시제. 〔'-아(어) 있었다' 따위로 표현됨.〕 지난적끝남.

과ː거-장(過去帳) [─짱]명 절에서, 죽은 신도들의 법명·속명·죽은 날짜 등을 적어 두는 장부. 귀부(鬼簿). 귀적(鬼籍). 점귀부(點鬼簿).

과ː거지사(過去之事)명 ☞과거사(過去事).

과ː거^진ː행(過去進行)명 진행상(進行相) 시제(時制)의 한 가지. 과거 어느 때에 동작이 진행 중이었음을 나타냄. 〔'-고 있었다' 따위로 표현됨.〕 지난적나아가기.

과ː거^진ː행^완료(過去進行完了) [─왈─]명 완료상(完了相) 시제(時制)의 한 가지. 진행되던 동작이 과거의 어느 때에 이미 끝났음을 보이는 시제. 〔'-고 있었었다'의 꼴로 나타냄.〕

과걸리부 〈옛〉 갑자기. 별안간. 문득. ¶ 과걸리: 急且(譯解下*49*).

과격(過激) '과격하다'의 어근.

과ː격-파(過激派)명 극단에 치우친 과격한 방법으로 주의나 이상을 실현하려는 파.

과ː격-하다(過激─) [─겨카─]형여 (말이나 행동이) 지나치게 격렬하다. ¶ 과격한 운동. **과격-히**부.

과겸(過謙) '과겸하다'의 어근.

과ː겸-하다(過謙─)형여 정도에 지나치게 겸손하다. **과겸-히**부.

과ː경-에(過頃─)부 아까. 조금 전에.

과ː계(過計) [─계/─게]명하자 계획을 잘못 세움. 실책함.

과골(踝骨)명 ☞복사뼈.

과공(科工)명 지난날, '과문(科文)에 대한 공부'를 이르던 말.

과ː공(過恭)명하형 정도에 지나치게 공손함. **과공-히**부.

과ː공(誇功)명하자 공로를 자랑함.

과공(課工)명 날마다 정해 놓고 규칙적으로 하는 공부.

과구(科具)명 지난날, 과장(科場)에서 쓰던 여러 가지 도구.

과ː군(寡君)명 지난날, 다른 나라 임금이나 고관에게 대하여 자기 나라 임금을 낮추어 일컫던 말.

과그르다형 〈옛〉 과격하다. 급하다. 심하다. ¶ 小人돌히 과그른 누치 서르 보와셔(老解上*37*).

과글이부 〈옛〉 갑자기. 급하게. ¶ 과글이 비롤 알하 믄득 니러 안자(月釋*10:24*). 참과굴이.

과ː급-기(過給器) [─끼]명 내연 기관에서, 흡입 공기를 압축해서 기화기(氣化器)로 보내어 기관의 출력(出力)을 높이는 장치.

과ː긍(誇矜)명하타 자랑함. 뽐냄.

과기(瓜期)명 ①기한이 참. ②여자의 15~16세 때 나이. ③지난날, '벼슬의 임기(任期)'를 이르던 말.

과기(科期)명 과거를 보는 시기. 과시(科時).

과굴이부 〈옛〉 갑자기. 급히. ¶ 과굴이 色올 變커늘(法華*7:52*).

과ː-꽃 [─꼳]명 국화과의 일년초. 줄기 높이는 30~100 cm. 초가을에 하양·분홍·남자색 등의 꽃이 핌. 한랭한 지방의 산지에 나는데, 관상용으로도 재배함. 추금(秋錦). 추모란(秋牧丹). 취국. ＊과ː꽃이[─꼬치]·과ː꽃만[─꼰─]

과남-풀명 용담과의 다년초. 줄기 높이 30~80 cm. 가을에 나팔 모양의 하늘색 꽃이 줄기 끝에 다닥다닥 핌. 산지에 나는데, 뿌리는 약재로 쓰임.

과ː납(過納)명하타 (세금·요금 등을) 정하여진 액수보다 더 많이 냄.

과ː-냉각(過冷却)명하타되자 ①액체가 응고점 이하의 온도에서도 고체화하지 않고 액상(液相) 그대로 있음, 또는 그런 현상. ②증기의 온도가 내려서 이슬점 이하로 되어도 액화(液化)하지 않고, 증기압이 포화 기압(飽和氣壓)보다 크게 됨, 또는 그런 현상. 과랭(過冷).

과ː녀(寡女)[명] 남편을 여의고 혼자 사는 여자. 과부.
과ː녁[명] 활이나 총 따위를 쏠 때 표적으로 삼는 물건. 사적(射的). [본]관혁(貫革).
과ː녁-빼기[명] 조금 먼 거리에 똑바로 건너다보이는 곳.
과ː녁빼기-집[명] 조금 먼 거리에 똑바로 건너다보이는 곳에 있는 집.
과년(瓜年)[명] ①여자가 혼기에 이른 나이. ②지난날, '벼슬의 임기(任期)가 다한 해'를 이르던 말.
과년(이) 차다[관용] 여자가 혼인할 나이에 꽉 차다.
과ː년(過年)[명][하형] 여자의 나이가 보통의 혼기를 지남. ¶ 과년한 딸.
과년(課年)[명][하자] 해마다 빠짐없이 꼭꼭 함.
과ː-년도(過年度)[명] 지난 연도. 작년도.
과ː년도^수입(過年度收入)[명] 지난 연도의 수입으로서 금년도 예산에 편입된 수입.
과ː년도^지출(過年度支出)[명] 지난 연도에 딸린 경비를 금년도 예산에서 치르는 일.
과ː념(過念)[명][하타] 지나치게 염려함, 또는 그런 염려.
과ᄂᆞᆫ[조] 〈옛〉과는. ¶ 福과 힘과ᄂᆞᆫ 하ᄂᆞᆯ과 ᄀᆞ토ᄃᆡ (月釋*1:14*).
과ː다(過多)[명][하형] 지나치게 많음. ¶ 과다 노출./과다한 금전 지출. ↔과소(過少). **과다-히**[부] ¶ 경비를 과다히 지출하다.
과다(夥多)[명][하형] 퍽 많음. **과다-히**[부].
과ː다-증(過多症)[-쯩][명] 정도에 지나쳐 너무 많은 증상. ¶ 위산(胃酸) 과다증.
과ː단(果斷)[명][하타] 일을 딱 잘라서 결정함.
과단(科斷)[명][하타] 지난날, 법에 비추어 죄를 판정하던 일.
과ː단-성(果斷性)[-썽][명] 일을 딱 잘라서 결정하는 성질. ¶ 업무를 과단성 있게 처리하다.
과ː당(果糖)[명] 꿀이나 단 과일 속에 들어 있는 당분. 〔흰 가루로 물에 잘 녹는데, 발효하면 알코올이 됨.〕
과ː당(過當)[명][하형] 정도가 보통보다 지나침. ¶ 과당한 요구.
과ː당^경ː쟁(過當競爭)[명] 같은 업종의 기업 사이에 투자·생산·판매 등의 경쟁이 지나칠 정도로 치열해지는 일.
과ː대(過大)[명][하형] 지나치게 큼. ↔과소(過小). **과대-히**[부].
과ː대(誇大)[명][하타] 작은 것을 사실 이상으로 크게 불림.
과ː대-광고(誇大廣告)[명] 광고 대상물을 실제보다 과대하여 선전하는 광고.
과ː대-망상(誇大妄想)[명] 자기의 능력·용모·지위 등을 과대하게 평가하여 사실인 것처럼 믿는 일, 또는 그런 생각.
과ː대-평가(過大評價)[-까][명][하타][되자] 실제보다 높게 평가함. ¶ 자신의 실력을 과대평가하다. ↔과소평가.
과ː대-황장(過大皇張)[명][하타] (사물을) 사실보다 지나치게 떠벌림.
과ː댁(寡宅)[-땍][명] 〈과수댁〉의 준말.
과ː덕(寡德)[명][하형] 덕이 적음.
-과뎌[어미] 〈옛〉-고자. -고 싶어. ¶ 厄이 스러디과뎌 ᄒᆞ노니(月釋序*25*).
과ː도(果刀)[명] 과일을 깎는 칼.
과ː도(過度)[명][하형] 정도에 지나침. ¶ 과도한 운동. **과도-히**[부] ¶ 과도히 요구하다.
과ː도(過渡)[명] (어떤 단계에서 다른 단계로, 또는 묵은 것에서 새것으로) 옮아가거나 바뀌어 가는 도중. ¶ 과도 내각.
과ː도-기(過渡期)[명] ①어떤 단계에서 다른 단계로 옮아가는 시기. ②사회의 사상이나 제도·질서 등이 확립되지 않고, 인심이 안정되지 못한 시기. ¶ 과도기 현상.
과ː도기-적(過渡期的)[관][명] 과도기의 특징을 나타내는 (것). ¶ 과도기적 병폐./과도기적인 사회 현상.
과ː도^정부(過渡政府)[명] 한 정치 체세에서 다른 정치 체제로 넘어가는 과정에 임시로 조직된 정부. [준]과정(過政).
과ː동(過冬)[명][하자] 겨울을 남. 겨우살이[1]. 월동(越冬).
과ː동-시(過冬柴)[명] 겨울 땔감으로 쓸 나무.
과두(裹肚)[명] 염할 때 시체의 배를 싸는 베.
과두(裹頭)[명] ①염할 때 시체의 머리를 싸는 베. ②중이 가사로 머리를 싸는 일.
과ː두(寡頭)[명] 몇 안 되는 우두머리.
과두(蝌蚪)[명] ☞올챙이.
과두^문자(蝌蚪文字)[-짜][명] 중국 고대의 전자(篆字). 〔글자의 모양이 올챙이 같다는 데서 붙여진 이름.〕
과두-시절(蝌蚪時節)[명] 〔개구리가 올챙이였던 시절이라는 뜻으로〕 많이 발전되어 있는 현재로 보아, '아직 발전의 초기 단계였던 때'를 이르는 말.
과ː두^정치(寡頭政治)[명] 몇몇 사람이 국가의 지배권을 장악한 정치.
과두-체(蝌蚪體)[명] 과두 문자의 글씨체.
과ː-똑똑이(過-)[명] '지나치게 똑똑한 사람'을 놓으로 이르는 말.
-과라[어미] 〈옛〉-았(었)노라. ¶ 다른 나래 싸해 브리과라(杜初*7:15*).
과락(科落)[명] 〈과목낙제〉의 준말.
과란[조] 〈옛〉과는. ¶ 舍利와 經과 佛像과란(月釋*2:73*).
과ː람(過濫)[명][하형] 분수에 넘치게 큼. ¶ 과람한 칭찬.
과ː랭(過冷)[명][하타][되자] ☞과냉각.
과ː량(過量)[명][하형] 양이 지나치게 많음, 또는 그런 양. ¶ 과량 섭취.
과ː려(過慮)[명][하타] 지나치게 염려함.
과ː로(過勞)[명][하자] 몸이 고달플 정도로 지나치게 일함, 또는 그로 인한 피로. ¶ 과로로 쓰러지다.
과ː로-사(過勞死)[명][하자] (주로 근로자가) 지나치게 일을 많이 하여 쌓인 피로 등이 빌미가 되어 갑자기 죽는 일.
과료(科料)[명] 경범죄(輕犯罪)에 과하는 재산형(財産刑). ¶ 과료 처분.
과ː료(過料)[명] '과태료(過怠料)'의 구용어.
과루(瓜蔞)[명] ☞하눌타리.
과ː류(過謬)[명] 잘못. 과실(過失).
과ː린(果鱗)[명] 솔방울 따위 구과(毬果)의 겉면의 비늘처럼 두툴두툴한 것.
과립(顆粒)[명] ①동글고 잔 알갱이. ②한방에서, 마마나 홍역 등이 발반(發斑)하여 피부에 돋은 것을 이르는 말.
과ᄅᆞᆯ[조] 〈옛〉과를. ¶ 香과 곳과ᄅᆞᆯ(月釋*1:37*).
과만(瓜滿)[명][하자] ①여자가 혼인할 나이가 다 됨. ②벼슬의 임기가 다 참.
과망(科望)[명] 과거에 급제하리라는 여러 사람의 신망(信望).

과메기 명 겨울철에, 얼렸다 녹였다 하면서 말린 청어나 꽁치(방언).
과명(科名) 명 동식물 분류상의 '과(科)'의 이름.
과:목(果木) 명 과실나무. 과수(果樹).
과목(科目) 명 ①(분야별로 나눈) 학문의 구분, 또는 교과를 구성하는 단위. ¶ 전공 과목. ②☞과거(科擧).
과목-낙제(科目落第) [-몽-쩨] 명 (여러 과목 중에서) 어떤 과목의 점수가 기준 점수에 미치지 못하는 일. 준과락(科落).
과:목-묘(果木苗) [-몽-] 명 과실나무의 묘목.
과:목-밭(果木-) [-빧] 명 ☞과수원(果樹園). ＊과:목밭이[-빠치]·과:목밭을[-빠틀]·과:목밭만[-빤-]
과목^출신(科目出身) [-씬] 명 고려·조선 시대에, 과거에 급제하여 벼슬아치가 된 사람을 이르던 말.
과:묵(寡默) 명하형 말수가 적고 침착함. ¶ 과묵한 성품. **과묵-히**부.
과문(科文) 명 지난날, 과거의 문과(文科)에서 보이던 여러 가지 문체(文體)의 글.
과:문(寡聞) 명하형 보고 들은 것이 적음. 견문이 좁음. ¶ 과문한 탓인지 잘 모르겠다. ↔다문(多聞).
과:문불입(過門不入) 명하자 (아는 사람 집의) 문 앞을 지나면서도 들르지 않음.
과문^육체(科文六體) [-뉵-] 명 과거의 문과에서 짓게 하던 여섯 가지 문체. 〔시(詩)·부(賦)·표(表)·책(策)·의(義)·의(疑).〕
과:문-천식(寡聞淺識) 명하형 견문이 적고 학식이 얕음.
과:물(果物) 명 '과일'로 순화.
과:물-전(果物廛) 명 여러 가지 과일을 파는 가게. 모전(毛廛).
과:민(過敏) 명하형 지나치게 예민함. ¶ 신경이 과민하다. **과민-히**부.
과:민성^체질(過敏性體質) [-썽-] 명 선천적으로 알레르기 현상이 두드러지게 나타나는 사람의 체질.
과:민-증(過敏症) [-쯩] 명 어떤 자극에 대하여 지나치게 예민한 반응을 일으키는 증세.
과:밀(過密) 명하형 (인구 따위가) 한곳에 지나치게 모여 있음. ¶ 과밀 학급. ↔과소(過疎).
과:밀^도시(過密都市) 명 인구와 산업이 지나치게 많이 몰리어 기업 활동이나 시민의 사회생활이 매우 불편한 상태에 이른 도시.
과박(寡薄) '과박하다'의 어근.
과:박-하다(寡薄-) [-바카-] 형여 덕이 적고 엷다.
과:반(果盤) 명 과일을 담는 쟁반.
과:반(過半) 명 반이 더 됨. 반을 넘음.
과:반(過般) 명 지난번. 접때.
과:반-수(過半數) 명 반이 넘는 수. ¶ 투표 인원의 과반수 찬성.
과:방(果房) 명 잔치 때 음식을 차리기 위하여 임시로 마련한 곳. 숙설간(熟設間).
과방(을) 보다 관용 과방의 일을 맡아서 하다.
과방(科榜) 명 ☞금방(金榜).
과:방(過房) 명 일갓집 아이를 양자로 삼는 일.
과:방-자(過房子) 명 양자.
과:병(果柄) 명 열매의 꼭지.
과:병(寡兵) 명 적은 병력.
과:보(果報) 명 〈인과응보(因果應報)〉의 준말.
과:-보호(過保護) 명하타 (피보호자를) 정도에 지나치게 감싸고 보호함. 과잉 보호.
과:부(寡婦) 명 남편이 죽어 혼자 사는 여자. 과녀. 과수. 홀어미. 미망인. 높과부댁.
과부 사정[설움]은 과부가 안다 속담 남의 사정은 그와 비슷한 처지에 있는 사람이라야 안다는 말.
과:부-댁(寡婦宅) [-땍] 명 〈과부〉의 높임말. 과수댁.
과:부적중(寡不敵衆) [-쭝] 명하자 ☞중과부적.
과:-부족(過不足) 명 남음과 모자람.
과:-부하(過負荷) 명 전기의 규정량을 초과하는 부하. ¶ 과부하가 걸리다.
과분(過分) '과분하다'의 어근.
과:분-하다(過分-) 형여 분수에 넘치다. ¶ 과분한 대접을 받다. **과분-히**부.
과:불(過拂) 명하타 한도를 넘어서 지급함.
과:불급(過不及) 명하형 지나치거나 모자람. 딱 맞지 아니함. 참과유불급(過猶不及).
과비(科費) 명 과거를 보는 데 드는 비용.
과:-산화(過酸化) 명 산소 화합물에서, 보통 것보다 산소가 다량(多量)으로 결합되어 있음을 나타내는 말.
과:산화-나트륨(過酸化Natrium) 명 나트륨의 과산화물. 물을 만나면 분해되어 산소가 생김. 산화제나 표백제로 쓰임.
과:산화-망간(過酸化Mangan) 명 ☞이산화망간.
과:산화-물(過酸化物) 명 여느 산화물보다 산소가 더 많은 화합물. 산을 작용시키면 과산화수소가 발생함. 〔과산화나트륨이나 과산화바륨 따위.〕
과:산화-바륨(過酸化barium) 명 바륨의 과산화물. 무색·무정형의 고체로 표백제와 과산화수소의 제조 등에 쓰임.
과:산화-소다(過酸化soda) 명 '과산화나트륨'을 흔히 이르는 말.
과:산화-수소(過酸化水素) 명 수소의 과산화물. 무색의 액체로 산화 작용(酸化作用)이 강하여 표백제나 소독제 또는 로켓의 연료 따위로 쓰임. 이산화수소.
과:산화수소-수(過酸化水素水) 명 과산화수소를 물에 푼 액체. 〔상품명은 옥시풀.〕
과산화-질소(過酸化窒素) 명 '이산화질소'의 잘못.
과:산화^효:소(過酸化酵素) 명 피산화성 기질(被酸化性基質)을 산화시키는 효소.
과:상(過賞) 명하자 지나친 상을 줌, 또는 그 상.
과:석(-石) 명 땅 위에 드러난 광맥에서 노출된 광석.
과:석(過石) 명 〈과인산 석회〉의 준말.
과:선-교(跨線橋) 명 철도 선로의 위를 건너질러서 놓은 다리.
과:세(過歲) 명하자 설을 쇰.
과:세(寡勢) 명 적은 인원으로 편성된 미약한 군세(軍勢).
과세(課稅) 명하타되자 세금을 매김, 또는 그 세금.
과세^가격(課稅價格) [-까-] 명 과세하는 대상물(對象物)의 가격. 참과세 표준.
과세-권(課稅權) [-꿘] 명 통치권에 의하여 조세(租稅)를 부과·징수하는 권리.
과세^단위(課稅單位) 명 과세 표준의 일정한 수량 또는 일정한 액수.
과세^물건(課稅物件) 명 과세의 대상이 되는 것. 〔소득세에 있어서의 소득, 상속세에 있어서의 상속 재산 따위.〕
과세-율(課稅率) 명 과세 표준에 따라서 세액을 산정하는 법정 비율. 준과율·세율.

과세^표준(課稅標準)명 세액 산정의 기초가 되는 과세 물건의 수량·가격·품질 따위의 수치(數値). 〔지세(地稅)에 있어서의 땅값이나 소득세에 있어서의 소득액 따위.〕 준과표.
과:소(過小)명하형 지나치게 작음. ↔과대(過大). 과소-히부.
과:소(過少)명하형 지나치게 적음. ↔과다(過多). 과소-히부.
과:소(過疎)명하형 지나치게 성김. ¶ 농촌 인구의 과소 현상. ↔과밀(過密). 과소-히부.
과:소(寡少)명하형 아주 적음. 과소-히부.
과:-소비(過消費)명하자 분에 넘치게 소비함. 씀씀이가 지나치게 헤픔.
과:소-평가(過小評價)[-까]명하타 실제보다 작게 평가함. ↔과대평가.
과:속(過速)명하자 속도를 너무 빠르게 함, 또는 그 속도. ¶ 과속 운전.
과:송(果松)명 ☞잣나무.
과:수(果樹)명 과실나무. 과목(果木).
과:수(過手)명 바둑이나 장기 등에서, 지나치게 욕심을 낸 수.
과:수(過數)명하자 일정한 수를 넘음.
과:수(寡守)명 ☞과부. 높과수댁.
과수(夥數)명 ☞다수(多數).
과:수-댁(寡守宅)[-땍]명 〈과수(寡守)〉의 높임말. 과부댁. 준과댁(寡宅).
과:수-원(果樹園)명 과실나무를 재배하는 농원. 과원(果園). 과목밭.
과:숙(過熟)명하자 지나치게 익음. 농익음.
과시(科時)명 ☞과기(科期).
과시(科試)명 ☞과거(科擧).
과시(科詩)명 과거에서 짓는 시.
과:시(誇示)명하타 ①자랑하여 보임. ¶ 수영 솜씨를 과시하다. ②실제보다 크게 나타내어 보임.
과시(課試)명하자 일정한 때에 보이는 시험.
과:시(果是)부 과연. ¶ 과시 그 이름에 걸맞은 실력이로다.
과:식(過食)명하타 지나치게 많이 먹음. ¶ 과식으로 배탈이 나다.
과:신(過信)명하타 지나치게 믿음. ¶ 자기의 능력을 과신하다.
과:실(果實)명 ①열매. ②먹을 수 있는, 나무의 열매. 〔주로, 재배하는 식물의 열매를 이름.〕 과일. ③원물(元物)에서 생기는 수익물. 〔과수의 열매 및 우유·양털 등의 천연 과실과, 집세·지대(地代)·이자 등의 법정 과실이 있음.〕
과:실(過失)명 ①잘못이나 허물. 과오. 과류(過謬). 허물[2]. ②법률에서, 어떤 사실을 인식할 수 있었음에도 부주의로 말미암아 인식하지 못한 일을 이르는 말. ②↔고의(故意).
과:실-나무(果實-)[-라-]명 과실이 열리는 나무. 과수. 과목.
과:실-범(過失犯)명 과실로 말미암아 성립되는 범죄, 또는 그 범인. 무의범(無意犯). ↔고의범.
과:실^상계(過失相計)[-계/-게]명 손해를 입은 사람에게도 과실이 있을 경우, 손해 배상의 정도와 범위를 줄이는 일.
과:실-상규(過失相規)명 향약의 네 덕목 중의 하나. 나쁜 행실을 서로 규제함.
과:실-주(果實酒)[-쭈]명 과실즙을 발효시켜 만들거나 소주 따위에 과실을 담가 우려서 만든 술.
과:실-즙(果實汁)명 과실에서 짜낸 즙. 실과즙.
과:실^책임(過失責任)명 과실로 말미암아 생긴 손해에 대하여 지는 배상 책임.
과:실^치:사(過失致死)명 과실 행위로 말미암아 사람을 죽임.
과:실^치:사죄(過失致死罪)[-쬐/-쮀]명 과실로 말미암아 남을 죽음에 이르게 함으로써 성립되는 죄.
과:심(果心)명 과실 속에 씨를 싸고 있는 딱딱한 부분. 열매 속.
과:안(過雁)명 하늘을 날아가는 기러기.
과:액(寡額)명 적은 액수. 소액.
과:야(過夜)명하자 밤을 새움. 밤을 지냄.
과:약(寡弱)명하형 적고 약함.
과:약기언(果若其言)[-끼-]명 (어떤 사실이) 과연 미리 말한 바와 같음.
과:언(過言)명하자 정도에 지나친 말. 일구(逸口). ¶ 제2의 금강산이라 해도 결코 과언이 아니다.
과:언(寡言)명하형 말수가 적음. 과묵(寡默)함. ↔다언(多言).
과업(課業)명 ①하여야 할 일. ¶ 민족적인 과업. ②정하여 놓은 업무 또는 학업.
과:연(果然)부 ①알고 보니 정말. 과시(果是). ¶ 소문에 듣던 대로 과연 경치가 뛰어나더군. ②결과에 있어서도 참으로. ¶ 과연 우리가 무사히 이곳을 빠져나갈 수 있을까?
과:열(過熱)명하자되자 ①지나치게 뜨거워짐, 또는 그 열. ¶ 난로의 과열로 일어난 화재. ②액체 따위를 끓는점 이상으로 가열하여도 끓지 않음, 또는 그런 현상. ③경기(景氣)가 지나치게 상승함. ④경기(競技)나 선거 따위에서의 경쟁이 지나치게 치열해짐.
과:열-기(過熱器)명 보일러 안의 증기의 온도를 비등점 이상으로 높이는 장치.
과:열^증기(過熱蒸氣)명 불포화(不飽和) 증기 또는 비등점보다 높은 온도의 증기.
과:-염소산(過塩素酸)명 과염소산칼륨을 진한 황산과 함께 진공 중에서 증류하여 만든 물질. 산화력이 강하여 폭약 등의 제조에 쓰임.
과:오(過誤)명 잘못. 허물[2]. 과실(過失). ¶ 과오를 범하다.
과외(課外)[-외/-웨]명 ①정하여진 교육 과정 밖. ¶ 과외 학습. ②정하여진 근무 시간 밖. ¶ 과외 근무. ③〈과외 수업〉의 준말.
과외^독본(課外讀本)[-외-뽄/-웨-뽄]명 교과서 이외의 보조 학습용 도서.
과외^수업(課外授業)[-외-/-웨-]명 정한 과정 이외에 하는 수업. 준과외(課外).
과외^지도(課外指導)[-외-/-웨-]명 정하여진 과정 이외의 학습이나 특별 활동 등을 지도하는 일.
과외^활동(課外活動)[-외-똥/-웨-똥]명 학교의 정규 학습 이외의 학생들의 활동.
과욕(科慾)명 과거에 급제하려는 욕망.
과:욕(過慾)명하형 욕심이 지나침, 또는 지나친 욕심. ¶ 언제나 과욕이 화근이다.
과:욕(寡慾)명하형 욕심이 적음, 또는 적은 욕심.
과:용(過用)명하타 지나치게 많이 씀. ¶ 약물을 과용하다.
과:우(寡雨)명하형 비가 적게 옴, 또는 적게 오는 비. ↔다우(多雨).
과:원(果園)명 ☞과수원(果樹園).
과원(課員)명 과(課)의 직원.
과유(科儒)명 과거를 보는 선비.
과:유불급(過猶不及)명 〔지나침은 미치지 못함과 같다는 뜻으로〕 '중용(中庸)이 중요함'을 이르는 말. '논어'의 '선진편(先進篇)'에 나오는 말임. 참과불급(過不及).

과ː육(果肉)명 ①과실의 살. ②과실과 고기.
과율(課率)명 〈과세율(課稅率)〉의 준말.
과ː음(過淫)명하자 성교를 지나치게 자주 함.
과ː음(過飮)명하타 술을 지나치게 마심. 비다음(多飮).
과의(果毅) '과의하다'의 어근.
과ː의-하다(果毅-)[-의-/-이-]형여 결단성이 있고 굳세다.
과인(過人) '과인하다'의 어근.
과ː인(寡人)대 〔덕이 적은 사람이란 뜻으로〕 임금이 자신을 낮추어 일컫던 제일인칭 대명사.
과ː인산^석회(過燐酸石灰)[-서쾨/-서퀘]명 인산을 주성분으로 하는 화학 비료의 한 가지. 산성 비료로, 인광석(燐鑛石) 가루에 황산을 반응시켜 만듦. 준과석(過石).
과ː인지력(過人之力)명 남보다 훨씬 센 힘.
과ː인-하다(過人-)형여 (덕망이나 학식·힘 따위가) 보통 사람보다 훨씬 뛰어나다.
과ː일명 먹을 수 있는, 과실나무의 열매. 과실.
과일(科日)명 과거를 보는 날.
과ː일(過日)명 지난날.
과ː잉(過剩)명하자되자 (필요 이상으로) 많음. 지나침. ¶ 과잉 보호./과잉 친절.
과ː잉^방위(過剩防衛)명 정당방위로서 허용되는 정도를 넘어선 반격 행위.
과ː잉-보호(過剩保護)명하타 ☞과보호.
과ː잉^생산(過剩生産)명 수요(需要)의 정도를 넘어선 생산.
과ː잉-수(過剩數)[-쑤]명 자체(自體)를 제외한 모든 약수의 합이 자체보다 큰 자연수. 〔12는 그 약수(1, 2, 3, 4, 6)의 합이 12보다 크므로 과잉수가 됨.〕 ↔부족수.
과ː잉^인구(過剩人口)명 지나치게 많은 인구.
과ː잉^투자(過剩投資)명 설비의 확장이나 신설에 한도 이상으로 투자하는 일.
과ː잉^피ː난(過剩避難)명 긴급 피난에서, 법률상 허용된 한도를 지나 남에게 손해를 끼치는 행위.
과자(菓子)명 밀가루·쌀가루·설탕·우유·버터 따위의 재료를 써서 만든 간식용 식품.
과ː작(寡作)명하타 (작품 등을) 양적으로 적게 제작함. ↔다작(多作).
과장(科場)[1]명 과거를 보는 곳.
과장(科場)[2]명 탈놀음에서, 판소리의 '마당'의 뜻으로 쓰는 말. 참마당.
과ː장(誇張)명하타되자 사실보다 지나치게 떠벌려 나타냄. ¶ 과장 선전.
과장(課長)명 과(課)의 책임자.
과ː장-법(誇張法)[-뻡]명 수사법상 강조법의 한 가지. 어떤 사물을 실제보다 훨씬 더하게, 또는 훨씬 덜하게 나타내는 표현 방법. 〔'눈물의 홍수', '쥐꼬리만 한 월급' 따위.〕
과ː장-증(誇張症)[-쯩]명 병적(病的)으로 과장하는 증세.
-과저어미 〈옛〉-고자. ¶ 님 계신 窓 밧게 불면서 쑤리과저(古時調).
과ː적(過積)명하타되자 〈과적재〉의 준말. ¶ 과적 차량.
과ː-적재(過積載)[-째]명하타되자 (화물의) 정량(定量)을 초과하여 실음. 준과적.
과전(瓜田)명 외밭.
과전(科田)명 지난날, 과전법(科田法)에 따라 관원에게 나누어 주던 토지.
과전-법(科田法)[-뻡]명 고려 말기와 조선 초기에 시행되었던 토지 제도의 한 가지.
과전-불납리(瓜田不納履)[-람니]명 〔남의 외밭에서 신을 고쳐 신으려고 몸을 구부리지 말라는 뜻으로〕 남의 의심을 받기 쉬운 일은 하지 말라는 말. '문선(文選)'의 '고악부(古樂府)'에 나오는 말임.
과ː-전압(過電壓)명 전류가 흐르고 있을 때의 단순 전극 전위와, 전류가 흐르지 않아 전극 반응이 평형일 때의 전극 전위와의 차.
과ː점(寡占)명 어떤 상품 시장의 대부분을 소수의 기업이 독점하는 일. 참독점.
과ː정(過政)명 〈과도 정부〉의 준말.
과ː정(過程)명 일이 되어 가는 경로.
과정(課程)명 ①과업(課業)의 정도. ②학년의 정도에 따른 과목.
과정-표(課程表)명 학년에 따라 배울 과정을 배당한 표.
과제(科第)명 ①☞과거(科擧). ②하자과거에 급제함. ②등제(登第).
과제(科題)명 과거를 볼 때 내주던 글의 제목.
과제(課題)명 주어진 문제나 임무. ¶ 학교 과제.
과제-장(課題帳)[-짱]명 ①어떤 학과의 연구나 학습 등에 관한 문제를 실은 책. ②과제를 기록하는 공책.
과ː조(寡照)명 농작물에 일조 시간이 적은 일.
과조(課租)명하자 조세를 부과함.
과족(裹足)명하자 ①〔발을 싸맨다는 뜻으로〕 '앞으로 나가지 못함' 또는 '일의 진전이 없음'을 이르는 말. ②걸어서 멀리 여행함.
과종(瓜種)명 오이나 호박·참외 따위의 씨.
과ː종(果種)명 ①과실의 종류. ②과줄의 종류.
과종(踝腫·髁腫)명 발뒤축과 복사뼈 사이에 나는 종기.
과죄(科罪)[-죄/-줴]명하타 죄를 처단함.
과줄명 ①약과·다식·강정·정과 따위를 통틀어 이르는 말. ②☞약과(藥菓).
과줄-판(-板)명 과줄을 박는 데 쓰이는 기구.
과ː중(過中)명하자 도(度)를 넘음.
과중(過重) '과중하다'의 어근.
과ː중-하다(過重-)형여 ①힘에 겹다. 벅차다. ¶ 과중한 부담. ②지나치게 무겁다. **과중-히**부.
과ː즙(果汁)명 과실의 즙.
과ː지(果枝)명 과수(果樹)의 가지.
과ː징(過徵)명하타 (세금 따위를) 지나치게 많이 거둠.
과징-금(課徵金)명 규약 위반에 대한 제재로 징수하는 돈. ¶ 과징금을 물다.
과차(科次)명 과거에 급제한 사람의 성적의 차례.
과ː차(過次)명 지나가는 길. 지날결.
과ː찬(過讚)명하타 정도에 지나치게 칭찬함. 과칭(過稱).
과ː채(果菜)명 과실과 채소.
과채(科債)명 과거를 보기 위하여 얻어 쓴 빚.
과ː채-류(果菜類)명 채소 가운데서 그 열매를 식생활에 이용하는 식물을 통틀어 이르는 말. 열매 채소. 〔오이·토마토·가지 따위.〕
과ː추(過秋)명하자 가을을 남. 가을을 지냄.
과ː춘(過春)명하자 봄을 남.
과ː취(過醉)명하자 몹시 취함.
과ː칭(過稱)명하타 지나친 칭찬. 과찬(過讚).
과ː칭(誇稱)명하타 ①뽐내어 말함. ②사실보다 더 불려서 말함. ¶ 세계 제일이라고 과칭하다.
과ː태(過怠)명하형 ☞태만(怠慢).
과ː태-료(過怠料)명 공법상의 의무 이행, 질서의 유지 등을 위하여 위반자에게 과하는 금전상의 벌.

과ː태^약관(過怠約款)[-꽌]명 채권자와 채무자 사이에 손해 배상의 액수를 정하는 계약.
과ː판명 여자의 머리에 꽂는, 국화 모양의 장식이 달린 꽂이. 본국화판.
과ː판(-版)명 국화 모양을 새긴 쇠나 나무의 판. 국화 모양을 찍어 내는 데 쓰임.
과폐(科弊)[-폐/-페]명 과거로 말미암아 일어나는 여러 가지 폐단.
과ː-포화(過飽和)명 ①용액이 어떤 온도에서, 용해도 이상의 용질을 함유하고 있는 상태. ②증기가 어떤 온도에서, 포화 증기압보다 큰 압력을 가진 상태.
과표(課標)명 〈과세 표준(課稅標準)〉의 준말.
과ː품(果品)명 여러 가지의 과실.
과ː피(果皮)명 과실의 껍질.
과ː하(過夏)명하자 여름을 남.
과-하다(科-)타여 형벌을 지우다.
과ː-하다(過-)형여 정도에 지나치다. 분에 넘치다. ¶ 술이 과하신 것 같은데 그만 일어나시지요. 과-히부.
과-하다(課-)타여 ①세금 따위를 매겨서 내게 하다. ②일이나 책임 따위를 맡겨서 하게 하다.
과ː하마(果下馬)명 ①〔몸집이 작아서 사람을 태우고서 과수나무 밑으로 지나갈 수 있는 말이라는 뜻으로〕'키가 몹시 작은 말'을 이르는 말. ②제주도 조랑말의 한 품종. 천연기념물 제347호.
과ː하-시(過夏柴)명 여름에 쓸 땔나무.
과학(科學)명 어떤 영역의 대상을 객관적인 방법으로, 계통적으로 연구하는 활동, 또는 그 성과의 내용. 특히, 자연 과학을 가리키는 경우가 많음.
과학-만능주의(科學萬能主義)[-항-의/-항-이]명 모든 문제는 과학에 의해서만 해결할 수 있다는 주장.
과학-박물관(科學博物館)[-빵-]명 자연 과학 또는 그 응용에 관한 표본이나 자료를 진열하여, 조사·연구 및 교육을 돕는 박물관.
과학^병기(科學兵器)[-뼝-]명 현대 과학을 응용한 고성능의 병기를 통틀어 이르는 말.
과학^소ː설(科學小說)[-쏘-]명 ☞공상 과학 소설.
과학^수사(科學搜査)[-쑤-]명 과학의 힘을 빌려 범죄 수사를 하는 일. 〔지문(指紋)의 감식, 컴퓨터의 이용 등.〕
과학^위성(科學衛星)명 지구 및 우주 공간의 과학적 관측을 목적으로 여러 가지 관측 기기와 송신 장치 등을 실어 궤도에 쏘아 올려 놓은 인공위성.
과학-자(科學者)[-짜]명 과학, 특히 자연 과학을 전문으로 연구하는 사람.
과학-적(科學的)[-쩍]관명 ①과학의 면에서 본 정확성이나 타당성이 있는 (것). ¶ 과학적 설명. /과학적인 사고. ②과학의 본질에 근거한 (것).
과학적 사회주의(科學的社會主義)[-쩍-회-의/-쩍-훼-이] 역사나 사회를 사회 과학적으로 분석하여 이끌어 낸 이론을 바탕으로 한 사회주의. 〔마르크스·엥겔스가 주장한 사회주의.〕
과학-전(科學戰)[-쩐]명 과학 병기를 가지고 싸우는 전쟁.
과학-화(科學化)[-하콰]명하자,타되자 과학적으로 체계화하는 일. ¶ 영농 기술의 과학화.
과ː한(過限)명하자되자 기한이 지남.
과혁지시(裹革之屍)[-찌-]명 〔말가죽에 싼 시체라는 뜻으로〕 전사자(戰死者)의 시체.
과혹(過酷) '과혹하다'의 어근.
과ː혹-하다(過酷-)[-호카-]형여 지나치게 참혹하다.
과ː화-숙식(過火熟食)[-씩]명 〔지나가는 불에 밥이 익는다는 뜻으로〕 '저절로 은혜를 입게 됨'을 이르는 말.
과ᄒᆞ다타 〈옛〉 칭찬하다. ¶ 奇才를 과ᄒᆞᅀᆞᄫᆞ니(龍歌57章).
곽(槨)명 관(棺)을 넣는 궤. 외관(外棺).
곽공(郭公)[-꽁]명 ☞뻐꾸기.
곽공-충(郭公蟲)[-꽁-]명 ☞개미붙이.
곽란(癨亂 霍亂)[광난]명 한방에서, 음식이 체하여 토하고 설사를 하는 급성 위장병을 이르는 말.
곽이(藿耳)명 ☞미역귀.
곽전(藿田)[-쩐]명 바닷가의 미역을 따는 곳.
곽ː쥐(←郭走)[-쮜]명 어린아이가 울거나 보챌 때, 을러서 달래는 말. 〔옛날에 세력을 떨쳤다는 곽준(郭趍) 등 여덟 형제의 별명.〕 ¶ 울지 마라, 저기 곽쥐 온다.
곽탕(藿湯)명 미역국.
관(官)명 국가나 정부, 또는 관청.
관(冠)명 ①지난날, 검은 머리카락이나 말총으로 엮어 만든 머리쓰개. ②족보에서, 결혼한 남자를 달리 이르는 말. ②↔동(童).
관(貫)[1]명 〈관향(貫鄕)〉·〈본관(本貫)〉의 준말.
관ː(貫)[2]명 과녁의 한가운데.
관(棺)명 시체를 넣는 궤. 관구(棺柩). 안찝.
관ː(款)명 ①법률이나 조문(條文) 따위의 조목. ②예산서나 결산서의 한 과목. 장(章)의 아래, 항(項)의 위.
관(管)명 ①속이 비고 둥글며 긴 물건. 기체나 액체를 보내는 데 쓰임. ②아악기의 한 가지인, 오죽(烏竹)으로 만든 피리.
관(館)명 ①〈성균관(成均館)〉의 준말. ②지난날 서울에서, 쇠고기·돼지고기 따위를 파는 가게를 달리 이르던 말.
관(關)명 지난날, 국경이나 국내 요지의 통로에 두어, 통행하는 사람과 물건 등을 조사하던 곳.
관(罐·鑵)명 양철로 만든 작은 통.
관(觀)명 ①〈관괘(觀卦)〉의 준말. ②도교(道敎)의 사원(寺院).
관(貫)의 무게의 단위. 〔1관은 3.75 kg.〕 쾌.
-관(官)접미 《일부 명사 뒤에 붙어》 '공적인 직책을 맡은 사람'의 뜻을 나타냄. ¶ 감독관. /소방관.
-관(館)접미 ①《한자어로 된 일부 명사 뒤에 붙어》 그러한 기관이나 건물의 이름을 나타냄. ¶ 도서관. /기념관. /체육관. /영화관. ②《일부 고유 명사 뒤에 붙어》 '음식점'의 뜻을 나타냄. ¶ 한국관. /명월관.
-관(觀)접미 《한자어로 된 일부 명사 뒤에 붙어》 '체계화된 나름대로의 견해'를 뜻함. ¶ 인생관. /역사관. /시국관.
관가(官家)명 〔지난날〕 ①나랏일을 보던 집. ②지방에서, 그 고을의 원을 이르던 말.
관가 돼지 배 앓는 격속담 '근심이 있으나 누구 하나 알아주는 사람이 없이 끙끙 앓음'을 비유하여 이르는 말.
관각(館閣)명 조선 시대에, 홍문관(弘文館)·예문관(藝文館)·규장각(奎章閣)을 아울러 이르던 말.
관각(觀閣)명 ☞망루(望樓).
관각^당상(館閣堂上)[-땅-]명 조선 시대에, 홍문관(弘文館)·예문관(藝文館)·규장각(奎章閣)의 대제학(大提學)과 제학(提學)을 아울러 이르던 말.

관감(觀感)명하타 눈으로 보고 마음으로 느낌.
관ː개(灌漑)명하자 농사에 필요한 물을 논밭에 끌어 대는 일. 관수(灌水).
관ː개-용수(灌漑用水)명 관개하는 데 쓰이는 물.
관ː개-지(灌漑地)명 농사에 필요한 물을 수로(水路)를 이용하여 끌어 쓰는 땅.
관객(觀客)명 구경하는 사람. 구경꾼. ¶ 관객이 꽉 차다.
관객-석(觀客席)[-썩]명 구경꾼이 구경하는 자리. 객석(客席).
관건(關鍵)명 ①문빗장과 자물쇠. ②문제를 해결하기 위하여 꼭 있어야 하는 것. ¶ 성공을 위한 관건.
관격(關格)명 한방에서, 음식이 급하게 체하여 먹지도 못하고 대소변도 못 보며 정신을 잃는 위급한 병을 이르는 말.
관견(管見)명〔대롱 구멍으로 사물을 본다는 뜻으로〕'좁은 소견'이나 '자기의 의견'을 겸손하게 이르는 말. '장자'의 '추수편(秋水篇)'에 나오는 말임.
관결(官決)명 관가의 처분.
관계(官界)[-계/-게]명 국가의 각 기관, 또는 관리들로 이루어진 사회. ¶ 관계에 진출하다.
관계(官契)[-계/-게]명 지난날, 관가에서 증명한 문서.
관계(官階)[-계/-게]명 벼슬의 등급. 관등(官等). 관품(官品).
관계(關係)[-계/-게]명 ①사람과 사람, 사람과 사물, 사물과 사물 등 둘 이상이 서로 관련을 맺거나 관련이 있음. ¶ 교우 관계. /선후배 관계. /관계를 맺다(끊다). ②어떤 것이 다른 것에 영향을 미치는 일. 《주로, '관계로'의 꼴로 쓰임.》 ¶ 기상 관계로 항공기의 이착륙이 불가능해지다. ③하자 어떠한 부분이나 방면에 관련이 있음, 또는 그 부분이나 방면을 뜻함. ¶ 건설 관계에 종사하다. /국문학 관계의 자료를 모으다. ④하자 특히, 부부 아닌 남녀가 성적(性的) 접촉을 가지는 일.
관계-관(關係官)[-계-/-게-]명 그 일에 관계되는 공무원.
관계^관념(關係觀念)[-계-/-게-]명 ☞관계 망상.
관계^대ː명사(關係代名詞)[-계-/-게-]명 영어 등 구미(歐美) 언어에서, 접속사와 대명사의 구실을 겸한 말. 선행하는 어구를 받아 종속되는 문절(文節)을 접속시키는 일을 함.〔영어의 who·that 따위.〕
관계-되다(關係-)[-계되-/-게뒈-]자 연관이 되다. 영향을 미치다. ¶ 회사의 운명과 관계되다.
관계^망ː상(關係妄想)[-계-/-게-]명 자기 주위에서 일어나는 여러 가지 일을 모두 자기에게 관계 지으려는 생각.〔남들이 자기 흉을 보고 있다고 생각하는 일 따위.〕 관계 관념.
관계^부ː사(關係副詞)[-계-/-게-]명 영어 등 구미(歐美) 언어에서, 접속사와 부사의 구실을 겸한 말. 뒤의 문절(文節)을 선행하는 어구에 접속시켜 곳·때·방법·이유 등의 관계를 나타냄.〔영어의 when·how 따위.〕
관계-사(關係詞)[-계-/-게-]명 ☞조사(助詞).
관계-식(關係式)[-계-/-게-]명 수학 및 과학에서, 여러 대상 사이의 관계를 나타내는 식.〔공식·조건식·등식·부등식·방정식 따위.〕
관계-어(關係語)[-계-/-게-]명 ☞조사(助詞).
관계-언(關係言)[-계-/-게-]명 문장에서, 자립 형태소에 붙어 그 말과 다른 말과의 문법적 관계를 나타내거나 뜻을 더하는 의존 형태소. 걸림씨. 참의존 형태소.
관계-없다(關係-)[-계업따/-게업따]형 ①서로 관계되는 것이 없다. ②염려할 것 없다. 상관없다. 《주로, '-어도' 절과 함께 쓰임.》 ¶ 돈은 얼마가 들어도 관계없다. **관계없-이**부.
관계-있다(關係-)[-계읻따/-게읻따]형 서로 관계되는 것이 있다. 상관있다. ¶ 그 일은 나와 관계있다.
관계-자(關係者)[-계-/-게-]명 어떤 일에 관계를 가진 사람. ¶ 관계자 외 출입 금지.
관고(官庫)명 관가의 곳간.
관고(官誥)명 ☞교지(敎旨).
관곡(官穀)명 관가의 곡식.
관곡(款曲) '관곡하다'의 어근.
관ː곡-하다(款曲-)[-고카-]형여 정답고 친절하다. **관곡-히**부.
관골(←髖骨)명 ☞궁둥이뼈.
관골(顴骨)명 ☞광대뼈.
관골-구(←髖骨臼)명 ☞비구(髀臼).
관골-근(←髖骨筋)명 궁둥이뼈를 덮고 넓적다리뼈의 위쪽에 붙은 근육.
관골-근(顴骨筋)명 아래위 턱뼈의 뒤쪽에서 빰을 거쳐 입아귀에 이르는 근육의 다발.
관-공리(官公吏)[-니]명 관리와 공리. 공무원.
관-공립(官公立)[-닙]명 관립과 공립.
관-공서(官公署)명 관청과 공서.
관곽(棺槨)명 시체를 넣는 속 널과 겉 널.
관곽-장이(棺槨-)[-짱-]명 관곽을 만들거나 파는 일을 업으로 삼는 사람.
관광(觀光)[1]명하타 다른 지방이나 다른 나라에 가서 그곳의 풍물·풍속을 구경함.
관광(觀光)[2]명하자 과거(科擧)를 보러 감.
관광-객(觀光客)명 관광하러 다니는 사람.
관광-국(觀光國)명 관광 사업에 의한 수입이 국가 수입의 주요 부분을 이루는 국가.
관광-단(觀光團)명 관광을 목적으로 하여 짜여진 여행 단체.
관광-단지(觀光團地)명 관광지를 중심으로 구획 조성된 지역.
관광-버스(觀光bus)명 관광객을 태우고 다니는 버스.
관광^사ː업(觀光事業)명 관광에 관한 여러 가지 사업.
관광^산ː업(觀光產業)명 관광 자원을 바탕으로 하고, 서비스 부문을 중심으로 하는 여러 가지 산업.
관광^시ː설(觀光施設)명 관광에 필요한 교통이나 숙박·오락 따위의 모든 시설.
관광^자원(觀光資源)명 관광객에게 보일 만한 아름다운 자연이나 문화적 대상물.
관광-지(觀光地)명 명승지나 유적지가 많아 관광의 대상이 되는 곳.
관광-특구(觀光特區)[-꾸]명 관광지 가운데에서, 일정한 범위를 정하여 일반 관광지와 달리 특권을 부여하는 구역.
관광-호텔(觀光hotel)명 관광지에 지어 놓은 호텔.
관괘(觀卦)명 육십사괘의 하나. 손괘(巽卦)와 곤괘(坤卦)를 위아래로 놓은 괘. 바람이 땅 위로 행(行)함을 상징함. 준관(觀).
관교(官敎)명 ☞교지(敎旨).
관구(棺柩)명 ☞관(棺).
관구(管區)명 <관할 구역>의 준말.

관국(觀菊)명하자 국화를 보고 즐김.
관군(官軍)명 정부의 군대. 관병(官兵). 정부군(政府軍). ↔적군(賊軍).
관권(官權)[-꿘]명 ①정부의 권력. ②관청 또는 관리의 권한(권력). ¶관권을 행사하다.
관귀(官鬼)명 점괘의 육친(六親)의 하나. 〔관귀가 발동하면 재앙이나 궂은일이 생긴다 함.〕
관규(官規)명 관청의 규율. 관리에 대한 규칙.
관극(觀劇)명하자 연극을 관람함.
관금(官金)명 관청의 금전.
관금(官禁)명하타 관청에서 금지함.
관급(官給)명하타 관청에서 줌.
관기(官妓)명 지난날, 관청에 딸렸던 기생.
관기(官紀)명 관청의 규율. 관리가 복무상 지켜야 할 규율.
관기(官記)명 지난날, 임관된 벼슬아치에게 주던 사령서.
관기-숙정(官紀肅正)[-쩡]명하자 (해이해진) 관청의 규율을 바로잡음.
관남(關南)명 마천령(摩天嶺)의 남쪽 지방, 곧 함경남도 일대를 이르는 말.
관납(官納)명하타되자 관청에 납품함.
관내(管內)명 관할 구역의 안. ↔관외(管外).
관념(觀念)명 ①(어떤 일에 대한) 생각이나 견해. ¶시간 관념. ②현실과 동떨어진 추상적이고 공상적인 생각. ¶관념에 빠지다. ③대상을 나타내는 의식의 내용. 〔선악의 관념이나 죽음의 관념 따위.〕 ④하타불교에서, 마음을 가라앉혀 제법(諸法)의 진리를 관찰하는 일.
관념-론(觀念論)[-논]명 이념이나 자아(自我) 따위 정신적 존재를 본원적인 존재로 보고, 물질적 존재는 오로지 그 현상이나 가상(假象)에 불과하다고 주장하는 철학적 견지. 관념주의(觀念主義). ↔실재론(實在論).
관념론-적(觀念論的)[-논-]관명 관념론 특유의 (것). 관념론에 근거한 (것).
관념-사(觀念詞)명 ☞실질 형태소.
관념^소ː설(觀念小說)명 주제의 예술적 형상화에 의하지 아니하고, 작가가 품고 있는 어떤 관념이나 사상을 뚜렷이 나타내는 유형의 소설.
관념-시(觀念詩)명 주관적 관념으로 이상과 감정을 읊은 시.
관념^연합(觀念聯合)[-년-]명 한 관념이 다른 관념을 상기시키는 작용. 연상(聯想).
관념^유희(觀念遊戲)[-뉴히]명 실질의 추구보다 관념적인 이론만으로 만족해하는 일.
관념-적(觀念的)관명 ①관념에 관한 (것). ②현실성이 없고 추상에 흐르는 (것). ¶관념적 사랑. /관념적인 표현. ↔현실적(現實的).
관념-주의(觀念主義)[-의/-이]명 ①객관적인 대상을 주관적 가치에 따라 표현하려는 예술상의 주의. ②☞관념론.
관념^형태(觀念形態)명 ☞이데올로기.
관노(官奴)명 〈관노비〉의 준말. ↔사노(私奴).
관-노비(官奴婢)명 지난날, 관가에서 부리던 노비. 준관노. ↔사노비(私奴婢).
관능(官能)명 ①생물의 생명을 영위하는 여러 기관의 기능. ②생물의 감각기의 작용. ③육체적 쾌감을 자극하는 작용.
관능-검사(官能檢査)명 식료품이나 화장품 따위의 품질을 사람의 오감(五感)으로 평가하는 일.
관능-미(官能美)명 관능적인 미.
관능^장애(官能障礙)명 생물 기관에 장애를 일으켜 활동을 할 수 없는 일.
관능-적(官能的)관명 육체적 쾌감이나 욕망을 자아내는 (것). 성적(性的)인 감각을 자극하는 (것). ¶관능적 자태. /관능적인 묘사.
관능-주의(官能主義)[-의/-이]명 ☞향락주의.
관능-파(官能派)명 감각적인 미를 가장 중시하는 예술상의 유파. 〔감각적(感覺的)인 미(美)를 표현하는 것을 예술상 가장 값진 것으로 여김. 좁은 뜻으로는, 감각상 강렬한 자극과 관능의 쾌락을 추구하는 유파를 이름.〕
관-다발(管-)명 양치식물과 종자식물의 뿌리·줄기·잎 속에 있는 중요 조직의 한 가지. 양분의 통로인 체관과 물의 통로인 물관으로 이루어져 있음. 유관속(維管束). 관속.
관ː담(款談)명하자 마음을 터놓고 하는 말.
관-당상(館堂上)명 조선 시대에, 성균관의 당상(堂上)을 이르던 말.
관대(冠帶)명 〈관디〉의 본딧말.
관ː대(款待)명하타 정성껏 대접함. 친절히 대접함. 비환대(歡待).
관대(寬大) '관대하다'의 어근.
관대(寬貸)명하타 너그럽게 용서함. 관서(寬恕). 관유(寬宥).
관대(寬待)명하타 너그럽게 대접함.
관대-장자(寬大長者)명 사람을 대하는 태도가 너그러운 사람. 참관후장자(寬厚長者).
관대-하다(寬大-)형여 (마음이) 너그럽다. 관대-히부 ¶관대히 처분하다.
관데조 모음으로 끝난 체언에 붙어 쓰이어, 어떤 원인이나 근거 등을 따져 묻는 뜻을 나타내는, 예스러운 말투의 연결형 서술격 조사. ¶네가 누구관데 함부로 여기를 들어오는고? 참이관데.
-관데어미 용언의 어간 또는 높임의 '-시-'나 시제의 '-았(었)-' 등에 붙어, 원인·근거·까닭 등을 묻는 뜻을 나타내는, 예스러운 말투의 연결 어미. 〔대개, '얼마나'·'어찌'·'무엇이(을)' 등의 의문사와 호응하여 쓰임.〕 ¶무엇을 보았관데 그다지도 놀라느뇨?/그대가 나를 어찌 생각하였관데 이다지도 무례히 구느뇨?
관도(官途)명 관리가 되는 길.
관ː-돈(貫-)[-똔]명 지난날, '돈 열 냥' 또는 '엽전 천 닢'을 이르던 말. 꿴돈.
관동(冠童)명 관례를 치른 남자 어른과 관례를 치르지 아니한 남자 아이를 아울러 이르는 말.
관동(關東)명 대관령 동쪽의 지방, 곧 강원도 지방을 이르는 말. 영동(嶺東). ↔관서(關西).
관동-별곡(關東別曲)명 ①고려 시대에, 안축(安軸)이 지은 경기체가. 〔관동 지방의 경치를 읊은 내용.〕 ②조선 선조 때, 정철(鄭澈)이 지은 기행 가사. 〔금강산과 동해 일대의 경치를 읊은 내용.〕
관동-삼(關東蔘)명 강원도에서 나는 인삼.
관동-속별곡(關東續別曲)[-뻘-]명 조선 선조 때, 조우인(曺友仁)이 지은 기행 가사. 〔관동 지방의 경치를 읊은 내용.〕
관동^팔경(關東八景)명 강원도 동해안에 있는 여덟 군데의 명승지. 간성의 청간정(淸澗亭), 강릉의 경포대(鏡浦臺), 고성의 삼일포(三日浦), 삼척의 죽서루(竹西樓), 양양의 낙산사(洛山寺), 통천의 총석정(叢石亭), 울진의 망양정(望洋亭), 평해의 월송정(越松亭). 〔월송정 대신에 흡곡의 시중대(侍中臺)를 치기도 함.〕 영동 팔경(嶺東八景).
관ː동-화(款冬花)명 한방에서, 머위의 꽃봉오리 말린 것을 약재로 이르는 말. 해수·담 등의 약으로 쓰임.

관두(官斗)명 지난날, 나라에서 녹(祿)을 줄 때 곡식을 되던 말.
관두(關頭)명 가장 중요한 갈림길. 고비. ¶ 성패의 관두. /생사의 관두에 서다.
관ː-두다타 〈고만두다〉의 준말. ¶ 과일 장사를 관두고 식당을 차렸다.
관-둔전(官屯田)명 고려·조선 시대에, 각 지방 관아에 딸렸던 논밭.
관등(官等)명 관직의 등급. 관계(官階). ¶ 관등이 낮다. /관등 성명을 밝히다.
관등(觀燈)명하자 ①초파일 밤에 등불을 달고 석가모니의 탄생을 축하하는 일. ②절의 주요 행사 때 등을 밝히는 일. 참연등(燃燈).
관등-놀이(觀燈-)명하자 초파일에 하는 민속놀이. 집집마다 등을 달았으며, 불꽃놀이, 제등 행렬 등을 하였음.
관등-연(觀燈宴)명 관등할 때 베푸는 잔치.
관등-절(觀燈節)명 불가에서, 석가가 탄생한 초파일을 '관등하는 명절'이라 하여 이르는 말.
관등-회(觀燈會)[-회/-훼]명 관등절 행사를 위한 모임.
관디(←冠帶)명 지난날, 벼슬아치들이 입던 공복(公服). 〔오늘날에는 전통 혼례 때에 신랑이 예복으로 입음.〕 본관대(冠帶).
관디목-지르다(←冠帶-)[-찌-][~지르니·~질러]타르 벼슬이 낮은 사람이 높은 사람에게 경례를 하다.
관디-벗김(←冠帶-)[-번낌]명 신랑이 초례를 마치고 관디를 벗을 때에 갈아입도록 신부의 집에서 마련한 옷. 길복벗김.
관디-판(←冠帶板)명 관디를 담는 그릇. 관복판.
관딗명 〈옛〉관디. ¶ 관딗옷 포:袍(訓蒙中22).
-관딕어미 〈옛〉-관데. -건대. -기에. ¶ 엇던 行願을 지스시관딕(月釋21:18).
관람(觀覽)[괄-]명하타 연극·영화·운동 경기 따위를 구경함. ¶ 연극을 관람하다.
관람-객(觀覽客)[괄-]명 관람하는 손님.
관람-권(觀覽券)[괄-꿘]명 관람할 수 있는 표.
관람-료(觀覽料)[괄-뇨]명 관람하기 위하여 내는 요금. 관람을 위한 요금.
관람-석(觀覽席)[괄-]명 관람하는 좌석.
관력(官力)[괄-]명 국가 기관의 힘. 관청의 권력.
관련(關聯·關連)[괄-]명하자되자 어떤 사물과 다른 사물이 내용적으로 이어져 있음. 서로 어떠한 관계에 있음. 연관. ¶ 올림픽 경기에 관련된 행사. /그와 관련된 사건.
관련-성(關聯性)[괄-썽]명 서로 관련되는 성질이나 경향. ¶ 기후와 인간 생활과의 관련성.
관련-짓다(關聯-·關連-)[괄-짇따][~지으니·~지어]타ㅅ 서로 관련되게 하다. ¶ 두 사건을 관련지어 생각해 보자.
관령(官令)[괄-]명 관청의 명령.
관령(管領)[괄-]명하타 도맡아 다스림.
관례(官隷)[괄-]명 지난날, 관가에서 부리던 하인. 관하인(官下人).
관례(冠禮)[괄-]명하자 지난날, 아이가 어른이 될 때에 올리던 예식. 남자는 갓을 쓰고, 여자는 쪽을 졌음.
관례(慣例)[괄-]명 이전부터 해 내려와서 관습처럼 되어 버린 일. ¶ 관례에 따르다.
관례-법(慣例法)[괄-뻡]명 ☞관습법(慣習法).
관례-옷(冠禮-)[괄-옫]명 풀보기하는 날에, 새색시가 시부모를 뵐 때 입는 옷. ＊관례옷이[괄-오시]·관례옷만[괄-온-]
관록(官祿)[괄-]명 관리에게 주는 녹봉. 관봉.
관ː록(貫祿)[괄-]명 경력·지위 등에 의하여 갖추어진 위엄이나 권위. ¶ 중견 정치가로서의 관록.
관료(官僚)[괄-]명 ①같은 관직에 있는 동료. ②정부의 관리. 특히, 정치적인 영향력을 지닌 고급 관리.
관료-적(官僚的)[괄-]관명 ①관료주의의 경향이 있는 (것). ②상대편의 의향이나 처지 등을 무시한 형식적·권위주의적인 태도나 경향이 있는 (것). ¶ 관료적 권위주의. /관료적인 태도.
관료-전(官僚田)[괄-]명 통일 신라 시대에, 관료에게 녹봉 대신 주던 토지, 또는 그런 토지 제도.
관료^정치(官僚政治)[괄-]명 ①어떤 특권층에 있는 소수의 관료가 권력을 쥐고 행하는 정치. ②권위적·독선적·형식적·비민주적인 정치.
관료-제(官僚制)[괄-]명 특권을 가진 관료가 권력을 쥐고 있는 지배 구조, 또는 그 정치.
관료-주의(官僚主義)[괄-의/괄-이]명 (관료가 국민에게 봉사하는 본연의 자세를 떠나) 국민의 의사를 무시하고 독선적·권위적·억압적 태도를 취하는 주의.
관ː류(貫流)[괄-]명하타 ①(하천 따위가 어떤 지역을) 꿰뚫고 흐름. ¶ 평야 한가운데를 관류하는 하천. ②'어떤 사실이나 현상 따위가 밑바탕에 깔림'을 비유하여 이르는 말. ¶ 전편에 걸쳐 인본주의 사상이 관류하는 작품.
관리(官吏)[괄-]명 관직에 있는 사람. 벼슬아치. 공무원. 관헌.
관리(管理)[괄-]명하타되자 ①어떤 일을 맡아 관할하고 처리함. ¶ 아파트를 관리하다. ②물자나 설비의 이용·보존·개량 따위 일을 맡아 함. ¶ 품질 관리에 힘쓰다. ③사람을 통솔하고 감독함. ¶ 인사 관리. ④건강을 유지하도록 보살핌. ¶ 건강 관리에 유의하다.
관리^가격(管理價格)[괄-까-]명 어떤 독과점 기업 따위가 수요나 생산 원가 같은 것을 무시하고, 그 제품에 항상 일정한 높은 이윤이 따르도록 정한 가격.
관리-관(管理官)[괄-]명 일반직 1급 공무원의 직급. 이사관(理事官)의 위로 가장 높은 직급임.
관리-권(管理權)[괄-꿘]명 남의 재산을 관리하는 권리.
관리-농(管理農)[괄-]명 농지 소유자가 관리인을 두고 경영하는 농업.
관리^대ː상^종ː목(管理對象種目)[괄-]명 사고팔 수는 있으나 신용 거래가 안 되고 대용 증권으로 활용할 수 없도록 지정한 증권 종목. 상장 폐지 기준에 해당하는 종목 가운데 특별히 일반 투자자의 주의를 환기시키기 위하여 지정함. 준관리 종목.
관리^무ː역(管理貿易)[괄-]명 ☞보호 무역.
관리-법(管理法)[괄-뻡]명 (어떤 일을) 관리하는 방법. ¶ 재산 관리법.
관리-비(管理費)[괄-]명 관리하는 데 드는 비용. ¶ 아파트 관리비.
관리-서(管理署)[괄-]명 조선 말기에, 사찰·산림·성보(城堡)에 관한 사무를 맡아보던 관아.
관리-인(管理人)[괄-]명 ①사법상(私法上), 남의 재산을 관리하는 사람. ②소유자로부터 위임을 받아 시설 따위를 관리하는 사람.
관리^종ː목(管理種目)[괄-]명 〈관리 대상 종목〉의 준말.
관리-직(管理職)[괄-]명 기업 따위에서, 관리나 감독을 하는 지위에 있는 직종, 또는 그런 사람.

관리^통화^제:도(管理通貨制度)[괄-]명 통화 당국이 금의 보유량과는 관계없이 자유로이 통화량을 조절할 수 있는 제도.
관림(官林)[괄-]명 〈관유림(官有林)〉의 준말.
관립(官立)[괄-]명 관청에서 세움. ¶ 관립 학교.
관마(官馬)명 지난날, 관아에서 기르던 말.
관망(冠網)명 ①갓과 망건을 아울러 이르는 말. ②하자갓과 망건을 갖추어 씀.
관망(觀望)명하타 ①형세 따위를 넌지시 바라봄. ¶ 대세를 관망하다. ②☞조망(眺望).
관맥(關脈)명 한방에서, 병을 진찰하는 맥.
관-머리(棺-)명 시체의 머리가 놓이는 관의 위쪽.
관-멤(棺-)명하자 관 속에 시체를 넣은 뒤, 빈 곳을 딴 물건으로 메움.
관면(冠冕)명 지난날, '벼슬하는 일'을 이르던 말.
관면(慣面)명 여러 번 보아서 낯익은 얼굴. 비숙면(熟面).
관면(寬免)명하타 죄나 허물 따위를 너그럽게 용서함. 관서(寬恕).
관명(官名)명 벼슬 이름. 관직의 이름.
관명(冠名)명 관례를 치르고 어른이 된 다음에 새로 지은 이름. 참아명(兒名).
관모(官帽)명 관리가 쓰는 제모(制帽).
관모(冠毛)명 ☞갓털.
관목(貫目)명 알배기 청어를 간하지 않고 껍질을 벗겨서 반으로 갈라 말린 것. 건청어(乾靑魚).
관목(關木)명 문의 빗장.
관:목(灌木)명 나무의 키가 작고, 원줄기가 분명하지 아니하며 밑동에서 가지를 많이 치는 나무. 〔무궁화·진달래·앵두나무 따위.〕 떨기나무. ↔교목(喬木).
관:목-대(灌木帶)[-때]명 식물의 수직 분포대의 한 가지. 교목대의 바로 위, 초본대의 아래 지대.
관몰(官沒)명하타 지난날, 관가에서 물건을 몰수하던 일.
관무량수-경(觀無量壽經)명 불교에서 이르는 정토종 삼부경(三部經)의 하나. 석가모니가 설법한 극락왕생의 가르침을 모은 경전. 〔'관무량수불경'·'무량수관경'·'십륙관경'이라고도 하며, 줄여서 '관경(觀經)'이라고도 함.〕
관-무재(觀武才)명 조선 시대, 무과(武科)의 한 가지. 초시(初試)와 복시(覆試)의 두 단계 시험으로, 복시에서 합격하면 군관으로 임명되었음.
관문(官文)명 〈관문서(官文書)〉의 준말.
관문(慣聞)명하타 (귀에) 익히 들음.
관문(關文)명 조선 시대에, 상급 관아에서 하급 관아에 보내던 공문. 관자(關子).
관문(關門)명 ①지난날, 국경이나 교통의 요소 같은 데 설치했던 관(關), 또는 그 문. ②그곳을 지나야만 드나들 수 있는 중요한 길목. ¶ 나라의 관문. ③어떤 일을 하려면 반드시 거쳐야 하는 중요한 대목. ¶ 어려운 관문을 통과하다.
관-문서(官文書)명 관공서에서 작성한 서류. 관문자(官文字). 준관문(官文).
관-문자(官文字)[-짜]명 ☞관문서.
관물(官物)명 ①관의 소유로 되어 있는 물건. ②나라에서 지급하는 물건. ↔사물(私物).
관-물때(鑵-)명 ☞관석(鑵石).
관민(官民)명 관청과 민간. 공무원과 민간인. ¶ 관민이 협동하여 풍수해를 극복하다.
관-박쥐(冠-)[-쮜]명 관박쥣과의 박쥐. 비교적 큰 종류로 몸빛은 칙칙한 적갈색임. 귀는 크나 꼬리는 가늘고 짧음. 코에 복잡한 비엽(鼻葉)이 붙어 있어 관을 쓴 것 같음. 너덜코박쥐.
관반-사(館伴使)명 고려 시대에, 서울에 묵고 있는 외국 사신을 접대하기 위하여 임시로 차출했던 관원. 〔정삼품 이상의 관원 가운데서 임명했음.〕
관방(官房)명 지난날, 벼슬아치가 일을 보거나 숙직하던 방.
관방(關防)명하자 국경을 방비함.
관방-학(官房學)명 16~18세기에 독일·오스트리아에서 일어난 재정·행정·경제 등의 정책에 관한 포괄적인 학문.
관 배자(←官牌子)명 지난날, 나라에서 발부하던 체포 영장.
관벌(官閥)명 ①벼슬자리의 등급. ②관작(官爵)과 문벌.
관법(觀法)명하자 ①불교에서, 불법의 진리를 관찰하고 생각함. ②인상(人相)을 보는 방법.
관변(官邊)명 ①관청 측. 정부 측. ¶ 관변 소식통. ②조선 시대에, 나라에서 정한 변리.
관병(官兵)명 ☞관군(官軍). ↔사병(私兵).
관병(觀兵)명하자 ①군의 위세를 보임. ②☞열병(閱兵).
관보(官報)명 ①정부가 일반 국민에게 널리 알릴 사항을 실어서 발행하는 인쇄물. ¶ 관보에 고시되다. ②관공서에서 발송하는 공용 전보. ¶ 관보를 치다.
관복(官服)명 ①관리의 제복. ②☞공복(公服).
관복을 벗다관용 공무원직을 그만두다. ¶ 관복을 벗고 귀향하다.
관복(官福)명 관리로서 출세할 복.
관복-판(官服板)명 ☞관디판.
관본(官本)명 ①지난날, 중앙 및 지방 관아에서 펴낸 책. 관판(官版). ↔가각본(家刻本)·사각본(私刻本). ②정부나 관청에서 관리하는 장서.
관봉(官封)명하타되자 지난날, 관가에서 도장을 찍어 봉하던 일.
관봉(官俸)명 ☞관록(官祿).
관부(官府)명 ①지난날, '조정이나 정부'를 이르던 말. ②☞마을[2].
관부(官簿)명 지난날, '관청의 장부(帳簿)'를 이르던 말.
관북(關北)명 마천령 이북의 지방, 곧 함경북도 지방을 이르는 말.
관:분(盥盆)명 지난날, 나라의 제사 때 제관(祭官)이 손을 씻던 물그릇.
관:불(灌佛)명 ①하자불교에서, 초파일에 불상에 감차(甘茶)나 향수를 뿌리는 일. 욕불(浴佛). ②〈관불회(灌佛會)〉의 준말.
관:불-회(灌佛會)[-회/-훼]명 초파일에, 꽃으로 꾸민 조그만 집에 불상을 모시고 감차(甘茶)를 뿌리며 공양하는 행사. 준관불(灌佛).
관비(官費)명 관청에서 부담하는 비용. ¶ 관비 유학생. ↔사비(私費).
관비(官婢)명 지난날, 관가에서 부리던 계집종. 참관노(官奴).
관비(館婢)명 조선 시대에, 성균관 재실(齋室)에서 다탕(茶湯)을 드리던 계집종.
관비-생(官費生)명 관청에서 대어 주는 학비로 공부하는 학생. ↔사비생. 참국비생.
관사(官司)명 ☞관아(官衙).
관사(官舍)명 관리가 살도록 관에서 지은 집. 공사(公舍).
관사(冠詞)명 〔영어·독일어·프랑스 어 등에서〕 명사 앞에 놓여 정(定)·부정(不定)·단수·복수·성(性)·격(格) 등을 나타내는 품사.
관사(館舍)명 지난날, 외국 사신을 머물게 하던 집.

관-사람(館-)[-싸-]명 조선 시대에, 대대로 성균관에 딸려 있던 사람들.〔주로 쇠고기 장사를 하는 사람이 많았음.〕반인(泮人).

관산(關山)명 ①고향의 산. ②고향. ③관문(關門) 주변의 산.

관삼(官蔘)명 지난날, 관가에서 재배하여 쪄서 만들던 삼. ↔사삼(私蔘).

관상(管狀)명 대롱처럼 생긴 모양. ¶ 관상 조직.

관상(觀相)명하타 사람의 얼굴 등을 보고 그 사람의 재수나 운명 등을 판단하는 일, 또는 판단 대상이 되는 얼굴. ¶ 관상을 보다. /관상이 좋다.

관상(觀象)명하자 천문이나 기상을 관측함.

관상(觀賞)명하타 동식물이나 자연 따위를 보고 기리며 즐김.

관상-가(觀相家)명 사람의 상을 보고 그 사람의 운명 등을 판단하는 것을 업으로 하는 사람.

관상-감(觀象監)명 조선 시대에, 천문·지리·역수(曆數)·측후(測候)·각루(刻漏) 등의 일을 맡아보던 관아. 참관상소.

관상-대(觀象臺)명 '기상대'의 이전 일컬음.

관상^동ː맥(冠狀動脈)명 심장 벽에 붙어 심장에 영양을 공급하는 좌우 두 줄기의 동맥.

관상-서(觀相書)명 관상을 보는 방법 따위를 적은 책. 준상서(相書).

관상-소(觀象所)명 조선 말기에, '관상감(觀象監)'을 고치어 부르던 이름.〔1907년에 다시 측후소로 바뀌었음.〕

관상-수(觀賞樹)명 관상할 목적으로 심어 가꾸는 나무.

관상-술(觀相術)명 관상하는 방법.

관상-식물(觀賞植物)[-싱-]명 관상할 목적으로 심어 가꾸는 나무나 풀.

관상-어(觀賞魚)명 관상용으로 기르는 물고기.〔금붕어·열대어 따위.〕

관상-용(觀賞用)[-뇽]명 두고 보면서 즐기는 데 씀, 또는 그런 물건. ¶ 관상용 물고기.

관상-쟁이(觀相-)명 '관상가'를 홀하게 이르는 말. 상자(相者). 준상쟁이.

관상^정맥(冠狀靜脈)명 심장 벽에 분포하여 우심방(右心房)으로 열려 있는 정맥.

관상-화(管狀花)명 꽃부리가 대롱 모양으로 된 꽃.〔백일홍이나 국화 따위.〕통상화(筒狀花).

관서(官署)명 관청과 그 보조 기관을 통틀어 이르는 말. 공서(公署). ¶ 행정 관서.

관서(寬恕)명하타 너그럽게 용서함. 관대(寬貸). 관면(寬免). 관유(寬宥).

관서(關西)명 마천령 서쪽의 지방, 곧 평안도 와 황해도 북부 지역을 이르는 말. ↔관동(關東).

관서-별곡(關西別曲)명 조선 명종 때, 백광홍(白光弘)이 지은 가사.〔관서 지방의 경치를 읊은 내용.〕

관서^팔경(關西八景)명 평안도에 있는 여덟 군데의 명승지. 강계의 인풍루(仁風樓), 의주의 통군정(統軍亭), 선천의 동림폭(東林瀑), 안주의 백상루(百祥樓), 평양의 연광정(練光亭), 성천의 강선루(降仙樓), 만포의 세검정(洗劍亭), 영변의 약산 동대(藥山東臺).

관석(鑵石)명 기관(汽罐) 따위의 안벽에 가라앉아 말라붙은 고체의 더껑이. 관물때.

관선(官船)명 관청 소유의 선박.

관선(官線)명 국가나 공공 단체에서 설치한 전선이나 철도. ↔사선(私線).

관선(官選)명하타되자 관에서 뽑음. ¶ 관선 의원. ↔민선(民選).

관선^변ː호인(官選辯護人)명 '국선 변호인'의 이전 일컬음.

관설(官設)명하타 관에서 설립하거나 설치함. ↔사설(私設).

관섭(管攝)명하타 ☞겸관(兼管).

관섭(關涉)명하자 ①무슨 일에 관계함. ②무슨 일에 참견하거나 간섭함.

관ː성(款誠)명 극진한 정성.

관성(慣性)명 물체가 외부의 작용을 받지 않는 한, 정지 또는 운동의 상태를 계속 유지해 나가려고 하는 성질. 타성(惰性).

관성-자(管城子)명 '붓'을 달리 이르는 말.〔중국 당나라 때의 한유가 그의 작품 '모영전(毛穎傳)'에서 의인화한 이름.〕

관성-장(管城將)명 조선 말기에, 북한산성을 지키던 정삼품 벼슬.

관세(冠歲)명 남자 나이 20세를 이르는 말.

관세(關稅)명 한 나라의 세관을 통과하는 상품에 대하여 부과하는 세금. ¶ 관세를 인하하다.

관세(觀勢)명 형세를 관망함.

관세^경ː찰(關稅警察)명 밀수입(密輸入)이나 기타 관세법에 저촉되는 범죄의 방지 및 예방 활동을 위한 행정 경찰.

관세^동맹(關稅同盟)명 둘 이상의 나라가 서로 협정하여 관세의 철폐나 경감으로 상호 간의 무역을 자유롭게 하고, 그 밖의 나라에 대해서는 공통된 관세를 부과하는 국제간의 동맹.

관세-사(管稅司)명 조선 말기에, 조세나 그 밖의 세입의 징수 등을 맡아보던 관아.

관세음-보살(觀世音菩薩)명 보살의 하나. 괴로울 때 중생이 그의 이름을 외면 대자대비(大慈大悲)를 내리고, 해탈하게 해 준다고 함. 관자재보살(觀自在菩薩). 준관음보살·관음.

관세^장벽(關稅障壁)명 외국 상품의 수입을 억제하기 위하여 관세율을 높이거나 관세 부과 품목을 늘리거나 하는 일.

관세^전ː쟁(關稅戰爭)명 관세 정책으로 서로 외국 상품의 수입을 억제하는 데서 생기는 국제간의 알력.

관세^정ː률(關稅定率)[-뉼]명 관세가 부과·징수되는 비율.

관세^정책(關稅政策)명 관세 제도에 관한 국가의 정책. 국내 산업의 보호, 재정 수지 따위를 고려하여 결정함.

관세-청(關稅廳)명 기획 재정부에 딸린 중앙 행정 기관의 하나. 관세의 부과와 징수, 수출입 물품의 통관, 밀수 단속 등의 업무를 맡아봄.

관속(官屬)명 지난날, 지방 관아의 아전과 하인을 이르던 말. ¶ 육방 관속.

관속(管束)명 ☞관다발.

관ː솔명 송진이 많이 엉긴 소나무의 가지나 옹이.

관ː솔-불[-뿔]명 관솔에다 붙인 불. 송명(松明). 준솔불.

관쇄(關鎖)명하타 문을 잠금. 문의 자물쇠.

관-쇠(館-)[-쐬/-쒜]명 지난날, 푸줏간을 내고 쇠고기를 팔던 사람.

관수(官修)명하타 ①정부에서 책을 편수함, 또는 그 책. ②정부에서 어떤 것을 수리하거나 수선함.

관수(官需)명 관청(官廳)의 수요, 또는 그 물자. ¶ 관수 자재. ↔민수(民需).

관수(管守)명하타 어떤 것을 맡아 지킴.

관ː수(盥水)명하자 손을 씻음.

관ː수(灌水)명하자 농작물 등에 물을 댐. 관개(灌漑).

관수-미(官需米) 명 지난날, 수령(守令)의 양식으로 일반에게서 거두어들이던 쌀.

관수-왜(館守倭) 명 조선 시대에, 부산 왜관(倭館)을 관리하던 일본인.

관수-해(冠水害) 명 농작물이 물속에 잠기어 입는 피해.

관숙(慣熟) '관숙하다'의 어근.

관숙-하다(慣熟-) [-수카-] 형여 ①몸에 밴 듯 매우 익숙하다. ¶ 일이 손에 익어 관숙하다. ②가장 친밀하다.

관습(慣習) 명 일정한 사회에서 오랫동안 지켜 내려와, 일반적으로 인정되고 습관화되어 온 질서나 규칙. ¶ 낡은 관습.

관습-법(慣習法) [-뻡] 명 불문법의 한 가지. 사회의 관습이 일반으로부터 법률과 동일시되어 법적 규범이 된 것. 관례법. 습관법.

관시(串柿) 명 곶감.

관식(官食) 명 유치장 같은 곳에 갇혀 있는 사람에게, 관청에서 지급하는 음식. ↔사식(私食).

관심(關心) 명하자타 어떤 사물에 마음이 끌리어 주의를 기울이는 일. ¶ 사회사업에 관심을 가지다./고대사에 깊은 관심을 쏟다.

관심(觀心) 명하자 불교에서, 자기 마음의 본성을 밝히어 살피는 일을 이름.

관심-거리(關心-) [-꺼-] 명 ☞관심사.

관심-사(關心事) 명 관심을 끄는 일. 관심거리. ¶ 결과가 어떻게 나타날 것인지 관심사다.

관아(官衙) 명 지난날, 관원이 모여서 공무를 보던 곳. 관사(官司). 마을². 공아(公衙).

관악(管樂) 명 관악기로 연주하는 음악. 취주악(吹奏樂). ¶ 관악 연주.

관-악기(管樂器) [-끼] 명 입으로 불어서 관 속의 공기를 진동시켜 소리를 내는 악기. 목관 악기와 금관 악기의 두 가지가 있음. 취주 악기(吹奏樂器).

관악-대(管樂隊) [-때] 명 금관 악기를 주체로 하고 드럼과 작은북을 곁들여서 편성한 악대. 브라스 밴드. 취주 악대.

관안(官案) 명 조선 시대에, 벼슬아치의 관등 성명을 적었던 책.

관액(官厄) 명 ☞관재(官災).

관약(管籥) 명 생황(笙簧)·단소(短簫) 등의 관악기를 이르는 말.

관약(管鑰) 명 지난날, 궁문(宮門)이나 성문(城門)의 자물쇠를 이르던 말.

관억(寬抑) 명하타 격한 감정 따위를 너그러운 마음으로 억제함. 너그럽게 생각함.

관엄(寬嚴) '관엄하다'의 어근.

관엄-하다(寬嚴-) 형여 너그러우면서도 엄격하다.

관업(官業) 명 정부에서 경영하는 영리 사업. 관영사업. ↔민업(民業).

관여(關與) 명하자 어떤 일에 관계함. 간여(干與). 간예(干預). ¶ 정치 활동에 관여하다.

관역(官役) 명 관에서 시키는 부역.

관:역(灌域) 명 강물을 관개하는 지역.

관엽^식물(觀葉植物) [-씽-] 명 잎사귀의 아름다운 모양이나 빛깔 등을 보고 즐기기 위하여 가꾸는 식물. 〔고무나무 따위.〕

관영(官營) 명 사업 따위를 정부에서 경영하는 일, 또는 그 경영. 국영. ¶ 관영 통신. ↔민영(民營)·사영(私營).

관영-사업(官營事業) 명 ☞관업(官業).

관영^요:금(官營料金) [-뇨-] 명 정부에서 경영하는 기업체에서 정하여 받는 요금. 〔전기 요금, 철도 요금, 체신 요금 따위.〕

관옥(冠玉) 명 ①관의 앞면을 꾸미는 옥. 면옥(面玉). ②'남자의 아름다운 얼굴'을 비유하여 이르는 말.

관외(管外) [과뇌/과눼] 명 관할하는 구역의 밖. ↔관내.

관요(官窯) 명 고려·조선 시대에, 관아에서 쓰이는 도자기를 구워 대던 가마, 또는 그런 가마에서 만든 도자기.

관욕(官辱) 명 (체포되거나 귀양살이를 가는 일과 같이) 관가로부터 받는 욕.

관:욕(灌浴) 명하자 불교에서, 재(齋)를 올릴 때 영혼을 정화시키는 일.

관용(官用) 명 정부나 관에서 사용함. ¶ 관용 차량.

관용(慣用) 명하타되자 습관적으로 자주 씀. 습관이 되어 일반이 널리 씀.

관용(寬容) 명하타 너그럽게 받아들이거나 용서함. ¶ 관용을 베풀다.

관용-구(慣用句) [-꾸] 명 둘 이상의 단어로 이루어져 있으면서 그 단어들의 의미만으로는 전체의 의미를 알 수 없는, 관용적으로 쓰이는 구. 관용어.

관용-어(慣用語) 명 ①일반 대중이 관습적으로 널리 쓰는 말. ②☞관용구.

관용-음(慣用音) 명 본래의 음은 아니나 일반적으로 쓰이는 한자의 자음(字音). 〔'諾(낙)'을 '락'으로 읽는 따위.〕

관용-적(慣用的) 관명 습관적으로 늘 쓰는 (것). ¶ 관용적 표현.

관운(官運) 명 벼슬을 할 운수. 관리로서의 운수. ¶ 관운이 트이다.

관원(官員) 명 관리(官吏). 벼슬아치.

관위(官位) 명 ①관직과 위계(位階). ②관직의 등급.

관유(官有) 명 관청의 소유.

관유(寬宥) 명하타 ☞관서(寬恕).

관유(寬裕) 명하형 마음이 크고 너그러움.

관유(館儒) 명 조선 시대에, 성균관에서 기숙하던 유생.

관유-림(官有林) 명 관청 소유의 산림. ㊤관림.

관음(觀音) 명 〈관세음보살〉의 준말.

관음-경(觀音經) 명 불경의 한 가지. 묘법연화경 제7권 제25품의 관세음보살 보문품(普門品)을 달리 이르는 말. 보문품.

관음경-언해(觀音經諺解) 명 조선 성종 16(1485)년에, 간경도감(刊經都監)에서 펴낸, 관음경을 한글로 번역한 책.

관음-보살(觀音菩薩) 명 〈관세음보살(觀世音菩薩)〉의 준말.

관음-상(觀音像) 명 관세음보살의 상(像).

관음-전(觀音殿) 명 관세음보살을 모신 불전.

관음-죽(觀音竹) 명 야자과의 상록 관엽 식물. 중국 남부 지방 원산으로 높이는 1~2 m. 줄기는 종려나무처럼 섬유질의 잎집에 싸여 있음. 잎은 긴 잎자루 끝에 손바닥 모양으로 깊게 갈라져 있음. 암수딴그루임.

관음-증(觀淫症) [-쯩] 명 변태 성욕의 한 가지. 이성의 알몸이나 성교하는 것을 몰래 봄으로써 성적 쾌감을 얻는 증세.

관음-찬(觀音讚) 명 관세음보살의 공덕을 기리어 부르는 가사.

관이 명 투전·화투·골패 따위 노름에서, 먼저 시작하는 사람.

관인(官人) 명 관직에 있는 사람. ↔민간인.

관인(官印) 명 관청에서 사용하는 기관장 명의의 도장. ↔사인(私印).

관인(官認)[명][하타] 관청에서 인가함. ¶ 관인 요금. /관인 학원.
관인(寬仁) '관인하다'의 어근.
관인(寬忍)[명][하타] 너그러운 마음으로 참음.
관인-대도(寬仁大度)[명] 마음이 너그럽고 인자하며 도량이 큼.
관인-하다(寬仁-)[형][여] 마음이 너그럽고 어질다.
관ː입(貫入)[명][하자] ①꿰뚫어 들어감. 꿰뚫어 넣음. ②지하의 마그마가 다른 암석의 갈라진 틈이나 지층(地層) 속을 뚫고 들어가는 현상.
관ː입-암(貫入岩)[명] 마그마가 다른 암석의 갈라진 틈으로 들어가서 응고된, 화성암의 한 가지.
관자(冠者)[명] 관례를 치른 남자.
관자(貫子)[명] 망건에 달아, 망건당줄을 꿰는 고리.
관자(關子)[명] ☞관문(關文).
관자-놀이(貫子-)[명] 귀와 눈 사이의 태양혈(太陽穴)이 있는 곳. 섭유(顳顬).
관-자재(觀自在)[명] ①불교에서, 번뇌와 집착에서 벗어난 경지에서 사물의 모습이 자유자재로 바르게 보임을 이르는 말. ②〈관자재보살〉의 준말.
관자재-보살(觀自在菩薩)[명] ☞관세음보살. [준]관자재(觀自在).
관작(官爵)[명] 관직과 작위(爵位). ¶ 관작을 받다. /관작을 삭탈하다.
관장(官長)[명] 지난날, 시골 사람들이 고을 원을 높이어 일컫던 말.
관장(管掌)[명][하타] 일을 맡아서 다룸. 맡아봄. 장관(掌管). ¶ 업무 관장 능력. /사무를 관장하다.
관장(館長)[명] ①학관·도서관·박물관 등과 같이 '관(館)' 자가 붙은 기관의 장. ②조선 시대에, 성균관의 우두머리 벼슬을 이르던 말.
관ː장(灌腸)[명][하자] 변통(便通)을 촉진하거나 영양분을 보충하기 위하여, 항문으로 약물을 직장이나 대장에 집어넣음.
관ː장-제(灌腸劑)[명] 관장하는 데 쓰이는 약제.
관재(官災)[명] 관청으로부터 받는 재앙. 관액(官厄). ¶ 관재가 따를 운수.
관재(棺材)[명] 관으로 쓸 재목. 널감. 판재.
관재(管財)[명][하자] 재산을 관리하는 일.
관재-인(管財人)[명] 남의 재산, 특히 파산당한 재단 따위의 재산을 관리하는 사람. 재산 관리인.
관저(官邸)[명] 고관들의 거처로서 정부가 빌려주는 저택. 공관(公館). ↔사저(私邸).
관ː적(貫籍)[명] ①☞본적지(本籍地). ②☞관향(貫鄕).
관전(官前)[명] 지난날, 아전이나 하인이 벼슬아치를 존대하여 일컫던 말.
관전(官錢)[명] 〔지난날〕 ①나라에서 만든 돈. ②관부(官府)의 돈.
관전(觀戰)[명][하타] ①싸우는 광경을 직접 살펴봄. ②운동 경기나 바둑·장기 따위의 대국을 직접 가서 봄. ¶ 국수전(國手戰)을 관전하다. /많은 사람이 양 팀의 공방전을 관전하며 손에 땀을 쥐었다.
관전-기(觀戰記)[명] 관전한 내용과 느낌 따위를 쓴 기록.
관전자[명] 지난날, 수라상에 오르던 요리의 한 가지. 꿩고기에 오이·전복·해삼·배 등을 섞고 양념한 다음 꿩고기 국물을 붓고 실백을 띄운 음식.
관전-평(觀戰評)[명] 관전하고 나서 하는 평.
관절(冠絕) '관절하다'의 어근.
관ː절(貫節)[명] ☞면마(綿馬).
관절(關節)[명] 뼈와 뼈가 서로 움직일 수 있도록 연결되어 있는 부분.
관절-강(關節腔)[명] 관절에서, 두 뼈 사이에 활액(滑液)이 차 있는 공간.
관절^강직(關節強直)[명] 관절이 굳어져 운동이 불가능하게 되는 병.
관절^결핵(關節結核)[명] 결핵성 관절염.
관절^류ː머티즘(關節rheumatism)[명] 감기나 습기 따위가 원인이 되어 발생하는 류머티즘. 〔관절이 붓고 쑤시며 운동 장애를 일으킴.〕
관절^신경통(關節神經痛)[명] 관절 부위에 일어나는 신경통.
관절-염(關節炎)[-렴][명] 세균이 들어가거나 외상 등으로 하여 일어나는 관절의 염증. 〔붓거나 열이 나거나 통증을 일으키거나 함.〕
관절-하다(冠絕-)[형][여] 비할 바가 없을 정도로 매우 뛰어나다.
관점(觀點)[-쩜][명] 사물을 관찰하거나 고찰할 때, 그것을 보거나 생각하는 각도. 견지(見地).
관정(官庭)[명] 관청의 뜰.
관정(管井)[명] 둥글게 판 우물. 또는, 둘레가 대롱 모양으로 된 우물.
관정(寬政)[명] 관대한 정치. 너그럽게 다스리는 정치. ↔가정(苛政).
관ː정(灌頂)[명][하자] 불교에서, 수계하여 불문에 들어갈 때 향수를 정수리에 끼얹는 의식.
관제(官制)[명] 국가 행정 기관의 조직·명칭·설치·권한 등을 정한 규칙. 직제(職制).
관제(官製)[명][하타] 정부에서 만드는 일, 또는 만든 그 물건. ↔사제(私製).
관제(官題)[명] 지난날, 소송이나 청원 등에 대하여 관아에서 내리던 지령.
관제(管制)[명][하타] 관할하여 통제함. 특히, 어떤 사항을 강제적으로 관리하고 제한함. ¶ 공항의 최첨단 관제 시설.
관제-염(官製塩)[명] 정부에서 제조한 소금.
관제-엽서(官製葉書)[-써][명] 정부에서 만들어 파는 우편 엽서. ↔사제엽서.
관제-탑(管制塔)[명] 비행장에서, 항공기의 이착륙에 관한 지시나 비행장 내의 정리 따위 항공 교통을 관제하는 탑. 항공 관제탑.
관조(觀照)[명][하타] ①불교에서, 참된 지혜로 개개의 사물이나 이치를 비추어 봄. ②대상의 본질을 주관을 떠나서 냉정히 응시(凝視)함. ¶ 인생을 관조하다. ③미학에서, 미(美)를 직접적으로 지각함.
관ː조(鸛鳥)[명] ☞황새.
관조-적(觀照的)[관][명] ①대상의 본질을 주관을 떠나서 냉정히 응시(凝視)하는 (것). ¶ 관조적 견지. /관조적인 태도. ②행동력이 없이 무관심하게 보거나 수수방관하는 (것). ¶ 관조적 성격. /젊은 사람이 인생에 대하여 그렇게 관조적이어서야 되겠느냐?
관족(管足)[명] 극피동물의 수관계(水管系)에 붙은 발. 〔이것을 놀리어 숨을 쉬기도 하고 몸을 이동하기도 함.〕
관존-민비(官尊民卑)[명] 관리는 높고 귀하며 백성은 낮고 천하다는 사고방식.
관ː주(貫珠)[명] 지난날, 시문(詩文) 따위를 꼲을 때 잘된 시구 옆에 치던 동그라미.
관-주인(館主人)[-쭈-][명] 지난날, 성균관에 응시하려고 시골에서 올라온 선비가 성균관 근처에서 유숙하던 집, 또는 그 집의 주인. 반주인(泮主人).

관-죽전(官竹田)[-쩐]명 조선 말기에, 나라의 소유로 되어 있던 대밭.
관중(關重) '관중하다'의 어근.
관중(觀衆)명 구경거리를 보려고 모인 군중. 구경꾼. ¶ 관중이 운집하다.
관중-석(觀衆席)명 관중이 앉는 자리.
관중-하다(關重-)형여 중대한 관계가 있다.
관:지(款識)명 〔'款'은 음각한 글자를, '識'는 양각한 글자를 이른 데서〕 지난날, 종이나 솥 따위 금속 제품에 글자를 새기던 일, 또는 그 글자.
관지(關知)명 어떤 일에 관계하고 있어 그 일을 알고 있음.
관직(官職)명 (관리로서) 국가로부터 위임받은 일정한 범위의 직무, 또는 그 직위. ¶ 관직에서 물러나다. 준직(職).
관진(關鎭)명 지난날, 국경을 지키던 군영.
관진(觀診)명하타 환자의 얼굴을 보고 병증(病症)을 진찰함.
관차(官次)명 관직의 석차(席次).
관차(官差)명 지난날, 관아에서 보내던 군뢰(軍牢)·사령(使令) 따위의 아전.
관찬(官撰)명하타 정부에서 편찬(編纂)함, 또는 편찬한 그 책.
관찰(觀察)[1]명하타되자 ①사물의 동태 따위를 주의 깊게 살펴봄. ¶ 시세를 관찰하다. ②사물의 있는 그대로의 현상을 주의 깊게 살펴봄. ¶ 벌의 생태를 관찰하다.
관찰(觀察)[2]명 〈관찰사(觀察使)〉의 준말.
관찰-도(觀察道)[-또]명 조선 고종 33(1896)년에 행정 구역을 13도로 나누었을 때, 관찰부가 있던 각 도.
관찰-력(觀察力)명 사물이나 현상을 주의 깊게 살펴보는 능력. ¶ 관찰력을 기르다.
관찰-부(觀察府)명 조선 시대에, 관찰사가 직무를 보던 관아.
관찰-사(觀察使)[-싸]명 조선 시대에, 외직 문관의 종이품 벼슬로 각 도의 으뜸 벼슬. 감사(監司). 도백(道伯). 방백(方伯). 준관찰[2].
관찰-안(觀察眼)명 사물을 잘 관찰할 수 있는 식견이나 능력.
관:천(貫穿)명하타 〔꿰뚫는다는 뜻으로〕 널리 사물에 통달함. 학문에 정통(精通)함.
관:철(貫徹)명하타되자 자신의 주의 주장이나 방침 따위를 처음부터 끝까지 일관하여 밀고 나감. ¶ 노조의 의견이 관철되다.
관철(觀徹)명하타 사물을 꿰뚫어 봄.
관첨(觀瞻)명하타 ①여러 사람이 다 같이 봄. ②우러러봄.
관청(官廳)명 ①법률로 정해진 국가적인 사무를 취급하는 국가 기관. ¶ 행정 관청. ②국가 기관의 사무를 실제로 맡아보는 곳.
관청-색(官廳色)명 조선 시대에, 각 지방 수령의 음식물을 맡아보던 아전.
관측(觀測)명되자 ①하타자연현상의 변화 따위를 관찰하여 측정함. ¶ 기상 관측. /천체를 관측하다. ②하자타어떤 상황 등을 잘 관찰하여 그 장래를 추측함. ¶ 희망적인 관측.
관측-기(觀測器)[-끼]명 천체나 자연계의 현상 등을 관측하는 데 쓰이는 기기.
관측-기구(觀測氣球)[-끼-]명 ①기상 관측에서, 고공에서의 대기 상태를 조사하기 위하여 띄우는 기구. ②군에서, 적정이나 포탄의 탄착 상태 등을 관측하기 위하여 쓰이는 기구.
관측-소(觀測所)[-쏘]명 ①천문·기상 따위의 자연현상을 관찰하여 이들의 움직임을 측정하는 곳. ②군에서, 적의 동태 따위를 살피고, 목표물을 관측하여 사격을 지휘하는 곳.
관측^장:교(觀測將校)[-짱-]명 군 포병대에서, 적의 진지를 관측하여 아군 포의 탄착점을 목표물에 유도하는 임무를 띤 장교.
관측-통(觀測通)명 〔언론 기관에서 흔히 쓰는 말로〕 어떤 방면의 동정(動靜)을 잘 관측하는 사람, 또는 그런 기관. ¶ 정확한 관측통을 통해 들어온 소식. 참소식통.
관치(官治)명 〈관치행정〉의 준말. ↔자치.
관치^금융(官治金融)[-금늉/-그뮹]명 정부가 행정 기관을 통해 금융 기관의 자금 배분이나 중요 인사 결정 등을 간섭하여, 금융 기관의 경영에 직접 개입하는 것.
관치-행정(官治行政)명 국가의 행정 기관에 의하여 직접 이루어지는 행정. 준관치.
관통(官桶)명 지난날, 곡식을 담던 섬의 한 가지. 관두(官斗)로 열다섯 말이 들어갔음.
관:통(貫通)명하타되자 이쪽에서 저쪽 끝까지 꿰뚫음. 통관(通貫). ¶ 산중턱을 관통한 터널. /총알이 어깨를 관통하다.
관:통-상(貫通傷)명 총탄 따위가 몸을 꿰뚫고 나간 상처. ¶ 복부에 관통상을 입다.
관판(官版)명 ☞관본(官本).
관판(棺板)명 관을 만드는 데 쓰는, 넓고 긴 널빤지.
관폐(官弊)[-폐/-페]명 관리들의 잘못이나 부정으로 말미암은 폐단.
관포지교(管鮑之交)명 매우 친한 친구 사이의 사귐을 이르는 말. 〔중국 춘추 시대, 관중(管仲)과 포숙아(鮑叔牙)의 사귐이 매우 친밀하였다는 고사에서 유래함.〕
관품(官品)명 ☞관계(官階).
관풍-찰속(觀風察俗)[-쏙]명하자 풍속을 자세히 살펴봄.
관하(管下)명 어떤 관서나 기관 따위가 관할하는 구역이나 범위 안. ¶ 관하 각 기관.
관-하기(官下記)명 지난날, '지방 관원의 회계 장부'를 이르던 말.
관-하다(關-)자여 ①대하다. 《주로, '관하여'의 꼴로 쓰임.》 ¶ 업무에 관하여 협의하다. ②관계되다. 《주로, '관한'의 꼴로 쓰임.》 ¶ 건강에 관한 문제. /학교 급식에 관한 공청회.
관-하다(觀-)타여 살펴보다. ¶ 양 민족 간에 영원히 화동할 수 없는 원구(怨溝)를 거익심조(去益深造)하는 금래 실적(今來實績)을 관하라.
관-하인(官下人)명 ☞관례(官隷).
관학(官學)명 관립의 학교.
관학^유생(館學儒生)[-항뉴-]명 조선 시대에, 성균관과 사학(四學)에 기숙하던 유생.
관학-파(官學派)명 ☞훈구파.
관-한량(館閑良)[-할-]명 조선 시대에, 모화관(慕華館)에서 활쏘기를 익히던 무관의 자제들.
관할(管轄)명하타 권한을 가지고 지배함, 또는 그 권한이 미치는 범위. ¶ 시(市)에서 관할하는 업소(業所).
관할^구역(管轄區域)명 관할권이 미치는 범위 안의 지역. 준관구(管區).
관할-권(管轄權)[-꿘]명 권한을 가지고 지배할 수 있는 권리.
관할^법원(管轄法院)명 특정한 사건에 대하여 관할권을 가지는 법원.
관할-지(管轄地)[-찌]명 관할권이 미치는 지역.
관함(官銜)명 관원의 직함(職銜).
관함-식(觀艦式)명 국가의 원수(元首) 등이 해군 함정을 모아 놓고 그 위용을 검열하는 의식.

관ː항(款項)명 〔'관'은 가장 큰 분류, '항'은 관을 세분한 것으로〕 관과 항을 아울러 이르는 말.

관해(官海)명 '관리들의 사회'를 바다에 비유하여 이르는 말. 환해(宦海).

관행(官行)명 지난날, 위의(威儀)를 갖추고 길을 가는 관원의 일행을 이르던 말.

관행(慣行)명하타 ①예전부터 관례에 따라 행하여지는 일. ¶ 관행을 따르다. ②평소부터 늘 되풀이하여 함. 또는, 익숙하여 잘함.

관-행차(官行次)명 지난날, '관행(官行)'을 높이어 이르던 말.

관ː향(貫鄕)명 (한 가계(家系)의) 시조(始祖)가 난 땅. 시조의 고향. 관적. 본관(本貫). 선향(先鄕). 성향(姓鄕). 향관(鄕貫). 준관(貫)[1].

관향-사(管餉使)명 조선 말기에, 평안도의 군량을 관리하던 벼슬. 평안 감사가 겸직하였음.

관허(官許)명하타 정부에서 허가함, 또는 정부의 허가. 공허(公許). ¶ 관허 사업.

관헌(官憲)명 ①정부나 관의 법규. ②지난날, '관청'을 이르던 말. ③☞관리(官吏). 〔특히, 경찰 관리를 가리킴.〕

관ː혁(貫革)명 <과녁>의 본딧말.

관현(管絃)명 관악기와 현악기.

관현-악(管絃樂)명 관악기·현악기·타악기에 의한 합주, 또는 그 악곡.

관현악-단(管絃樂團)[-딴]명 관현악을 연주하는 단체. 오케스트라(orchestra).

관형(觀形)명 모습을 살펴봄.

관형-격(冠形格)[-껵]명 문장에서, 앞에 오는 체언이 뒤에 오는 체언의 관형어임을 나타내는 격. 매김자리.

관형격^조ː사(冠形格助詞)[-껵쪼-]명 문장에서 체언의 뒤에 붙어, 그 체언을 관형어가 되게 하는 조사. 〔'의' 하나뿐임.〕 매김자리토씨.

관형-사(冠形詞)명 수식언의 하나로, 체언 앞에서 그 체언의 내용을 구체적으로 꾸미는 말. 문장에서 관형어(冠形語) 구실을 함. 조사가 붙지 않고 활용하지 않으며, 쓰임에 따라 성상 관형사·지시 관형사·수 관형사로 나뉨. 〔'새 옷', '순 우리말'에서의 '새'·'순' 따위.〕 매김씨. 참수식언.

관형사-구(冠形詞句)명 문장에서, 관형사처럼 체언을 꾸미는 구실을 하는 구. 〔'크고 붉은 꽃이 활짝 피었다.'에서의 '크고 붉은' 따위.〕 참관형어구.

관형사-형(冠形詞形) 용언의 활용 형태의 한 가지. 관형어의 구실을 하는 형태. 〔'책을 읽을 시간이 없다.', '철수가 지은 시가 일등으로 당선되었다.'에서의 '읽을'·'지은' 따위.〕 관형형.

관형사형 어ː미(冠形詞形語尾) 용언의 어간에 붙어, 관형어 구실을 하게 하는 어말 어미. 〔'오는 사람', '떠난 손님', '읽은 책', '갈 사람'에서의 '-는'·'-ㄴ'·'-은'·'-ㄹ' 따위.〕

관형-어(冠形語)명 문장에서, 체언 앞에서 체언의 내용을 꾸미는 구실을 하는 말. 관형사, 체언, 체언에 관형격 조사가 붙은 말, 체언에 서술격 조사의 관형사형이 붙은 말, 용언의 관형사형, 용언의 명사형에 관형격 조사가 붙은 말 등이 이에 딸림. 매김말. 참부사어.

관형어-구(冠形語句)명 문장에서, 기능상 관형어의 구실을 하는 구. 명사구에 관형격 조사가 붙은 구, 동사구·형용사구의 관형사형 등이 이에 딸림. 〔'열심히 공부하는 학생이 많다.'에서의 '열심히 공부하는' 따위.〕

관형-절(冠形節)명 문장에서, 체언을 꾸미어 관형어 구실을 하는 절. 종결 어미로 끝난 문장에 관형사형 어미 '-는'이 붙어 긴 관형절이 되기도 하고, 종결 어미가 나타날 자리에 관형사형 어미 '-ㄹ'·'-ㄴ'이 붙어 짧은 관형절이 되기도 함. 〔'네가 깜짝 놀랄 일이 생겼다.'에서의 '네가 깜짝 놀랄' 따위.〕 매김마디.

관형-찰색(觀形察色)[-쌕]명하타 ①잘 모르는 사물을 자세히 살펴봄. ②남의 심정을 떠보기 위하여 안색을 자세히 살펴봄.

관형-형(冠形形)명 ☞관형사형.

관혼(冠婚)명 관례와 혼례.

관혼상제(冠婚喪祭)명 관례·혼례·상례·제례의 사례(四禮)를 통틀어 이르는 말.

관화(官話)명 지난날 중국에서, 관계나 상류 사회에서 쓰는 표준어를 이르던 말. 〔북경 관화(北京官話), 남경 관화(南京官話), 서방 관화(西方官話) 따위.〕 참백화(白話).

관활(寬闊) '관활하다'의 어근.

관활-하다(寬闊-)형여 도량이 넓고 성질이 활달하다. ¶ 우리 형은 관활한 사람이야.

관후(寬厚) '관후하다'의 어근.

관후장-자(寬厚長者)명 관후하고 점잖은 사람을 일컫는 말. 참관대장자(寬大長者).

관후-하다(寬厚-)형여 마음이 너그럽고 온후하다. ¶ 관후한 인품. **관후-히**부.

괄괄-하다형여 ①성질이 호탕하면서 드세고 급하다. ¶ 성격이 괄괄하다. ②목소리가 굵고 거세다. ¶ 괄괄한 목소리. ③풀이 세다. 준괄하다. **괄괄-히**부.

괄ː다형 ①불기운이 매우 세다. ¶ 관 불에 약을 달이다. ②누긋하거나 부드럽지 못하고 꽛꽛하다. ¶ 결이 관 피륙. ③성미가 진득하거나 누긋한 맛이 없이 팔팔하다. ¶ 성미가 너무 괄다. ④나무의 옹이 부분에 뭉쳐 엉긴 진이 많다. ¶ 빨갛게 관 관솔이라서 불이 잘 붙는다.

괄대(恝待)[-때]명하타 업신여겨 푸대접함. 괄시. ¶ 괄대를 받다. 비홀대(忽待).

괄목(刮目)명하자 (짐작했던 것보다 발전한 정도가 매우 대단하여) 눈을 비비고 다시 봄. 주의하여 잘 봄. ¶ 괄목할 만한 업적.

괄목-상대(刮目相待·刮目相對)[-쌍-]명 〔주로 손아랫사람의 학식이나 재주 따위가 놀랍도록 향상된 경우에, 이를 놀라워하는 뜻으로 쓰이어〕 눈을 비비고 다시 봄.

괄발(括髮)명하자 상(喪)을 당한 사람이 성복(成服) 전에 풀었던 머리를 묶어 맴.

괄선(括線)[-썬]명 여러 개의 글자나 숫자를 다른 자와 구별하기 위하여 일괄해서 그 위쪽에 긋는 선.

괄세명 '괄시(恝視)'의 잘못.

괄시(恝視)[-씨]명하타 업신여겨 하찮게 대함. 괄대(恝待). ¶ 없이 산다고 괄시하다.

괄약(括約)명하타 ①끝갈망을 함. 매듭을 지음. ②모아서 한데 묶음.

괄약-근(括約筋)[-끈]명 수축과 이완으로 생체 기관의 개폐(開閉)를 조절하는 고리 모양의 근육. 항문이나 요도의 주위, 위의 유문부(幽門部) 같은 곳에 있음.

괄태-충(括胎蟲)명 ☞민달팽이.

괄ː-하다형여 <괄괄하다>의 준말. ¶ 괄한 목소리. /성미가 매우 괄하다.

괄호(括弧)명 ☞묶음표.

괏조 <옛>-과의. ¶ 身과 心괏 相이 다아(圓覺下二之一*19*).

광ː명 세간이나 그 밖의 여러 가지 물건을 넣어 두는 곳간.
광에서 인심 난다속담 먹고살 만큼 넉넉해야만 남을 동정하게 된다는 말.
광(光)명 ①빛. ②번지르르하게 빛나는 윤기. 윤. 광택. ¶ 구두에 광을 내다. ③화투의 스무 끗짜리 패.
광ː(廣)명 너비. ¶ 광이 넓다.
광ː(壙)명 시체를 묻기 위하여 판 구덩이.
광ː(鑛)명 광물을 파내기 위하여 뚫은 구덩이. 광갱(鑛坑)
-광(狂)접미 《일부 명사 뒤에 붙어》 열광적인 성벽, 또는 그런 사람임을 뜻함. ¶ 야구광. /독서광. /낚시광.
-광(鑛)접미 《일부 명사 뒤에 붙어》 광산이나 광석임을 뜻함. ¶ 금광. /우라늄광.
광각(光角)명 물체의 한 점과 두 눈을 잇는 광선이 이루는 각도. 〔그 크기로 물체의 원근(遠近)을 판단할 수 있음.〕
광각(光覺)명 빛의 자극에 의하여 일어나는 감각.
광ː각(廣角)명 넓은 각도, 특히 사진에서 렌즈의 빛을 모으는 각도가 넓은 것을 이름.
광ː각^렌즈(廣角lens)명 표준 렌즈보다 초점 거리가 짧고 촬영 각도가 넓은 사진용 렌즈.
광간(狂簡) '광간하다'의 어근.
광간-하다(狂簡-)형여 뜻하는 바는 크나 행동은 이에 따르지 못하고 소홀하며 거칠다.
광객(狂客)명 언행이 미친 사람처럼 상규(常規)에 벗어난 사람.
광ː갱(鑛坑)명 광물을 파내기 위하여 뚫은 구덩이. 광(鑛). 광점(鑛店).
광ː겁(曠劫)명 불교에서, '아주 오랜 세월'을 뜻하는 말. 영겁(永劫).
광견(狂犬)명 미친개.
광견(狂狷)명 ☞견광(狷狂).
광견-병(狂犬病)[-뼝]명 개에게 유행되는 바이러스성 전염병. 개가 미쳐서 사나워지고 배회하게 되는데, 사람이나 다른 동물이 물리면 전염되고 치명적임. 참공수병(恐水病).
광경(光景)명 어떤 일이나 현상이 벌어지는 장면이나 모습. ¶ 무서운 광경. /눈물겨운 광경.
광ː고(廣告)명하자타 ①세상에 널리 알림, 또는 그 일. ②상품 등의 상업 선전, 또는 그것을 위한 글이나 그림. ¶ 신문에 광고를 내다. /신제품을 광고하다.
광고(曠古) '광고하다'의 어근.
광ː고^대ː리업(廣告代理業)명 신문·잡지·방송 등에 내는 광고에 대한 업무를, 광고주를 대신해서 하는 직업.
광ː고-란(廣告欄)명 신문·잡지 따위에서 광고를 싣는 지면.
광ː고^매체(廣告媒體)명 광고를 소비자에게 전하기 위한 수단이 되는 것. 〔신문·잡지·라디오·텔레비전·포스터·광고지 따위.〕
광ː고-문(廣告文)명 광고의 내용이 되는 글.
광ː고-주(廣告主)명 광고를 낸 사람.
광ː고-지(廣告紙)명 광고하는 글이나 그림 등이 실린 종이.
광ː고-탑(廣告塔)명 광고를 위하여 탑처럼 높게 만들어 세운 구조물.
광ː고-판(廣告板)명 광고하는 글이나 그림 등을 붙이는 판.
광ː고-하다(曠古-)형여 전례(前例)가 없다. 참미증유(未曾有).
광ː-공업(鑛工業)명 광업과 공업.
광관(光冠)명 구름에 가려진 태양이나 달의 주위에 나타나는 빛의 테. 햇빛이나 달빛이 구름의 미세한 물방울에 의하여 회절(回折)하기 때문에 일어남. 광환(光環). 코로나(corona).
광ː괴(鑛塊)[-괴/-궤]명 광석의 덩이.
광구(光球)명 지구에서 보아서 둥글게 보이며 빛을 내고 있는 태양의 표면. 연속 스펙트럼을 내는 부분의 가장 바깥쪽에 해당하는데, 가스체로서 두께는 수백 km임.
광구(匡救)명하타 ☞광제(匡濟).
광ː구(廣求)명 (인재 등을) 널리 구함.
광ː구(鑛口)명 광물을 파내는 구덩이의 입구.
광ː구(鑛區)명 ①광상을 채굴하는 일정 구역. ②광물 채굴이 허가된 구역.
광ː궤(廣軌)명 궤도의 폭이, 표준인 1.435 m보다 넓은 철도 선로. ↔협궤(狹軌).
광ː궤^철도(廣軌鐵道)[-또]명 광궤로 된 철도. ↔협궤 철도.
광귤-나무(-橘-)[-라-]명 운향과(芸香科)의 상록 활엽 교목. 과실나무의 한 가지로, 높이는 7 m가량. 초여름에 흰빛의 다섯잎꽃이 피고, 가을에 둥글넓적한 열매가 황갈색으로 익음. 열매는 신맛이 나는데, 향수의 원료로 쓰기도 하고 한방에서 약재로 쓰기도 함.
광기(狂氣)[-끼]명 ①미친 증세. ¶ 광기가 서리다. ②함부로 날뛰는 성질. ¶ 광기를 부리다.
광ː-꾼(鑛-)명 ①☞광부(鑛夫). ②'광업에 종사하는 사람'을 홀하게 이르는 말.
광-나다(光-)자 ①빛이 나다. ②윤이 나다.
광-나무명 물푸레나뭇과의 상록 활엽 교목. 산기슭의 낮은 곳에 나는데 높이는 3~5 m. 여름에 흰 꽃이 피고, 가을에 둥근 열매가 검게 익음. 한방에서는, 열매를 '여정실(女貞實)'이라 하며 강장약 따위로 씀. 여정목(女貞木).
광ː내(壙內)명 무덤의 구덩이 속. 광중. 지중(地中).
광-내다(光-)타 〖'광나다'의 사동〗 ①빛이 나게 하다. ②윤이 나게 하다.
광녀(狂女)명 미친 여자.
광년(光年)의 천문학에서, 천체와 천체 사이의 거리를 나타내는 단위. 1광년은 빛이 1년 동안에 나아가는 거리인데, 9조 4670억 7782만 km에 해당함. 〔기호는 ly 또는 lyr.〕
광ː-다회(廣多繪)[-회/-훼]명 끈목의 한 가지. 조붓하고 납작하게 평직(平織)으로 짠 끈목. 대님·허리띠 따위로 쓰임. 참동다회.
광달-거리(光達距離)명 등댓불을 사람이 육안(肉眼)으로 식별할 수 있는 가장 먼 거리.
광ː-달다[~다니·~달아]자 연(鳶)에 무색 종이로 위를 표시하는 꼭지를 붙이다.
광담(狂談)명하자 이치에 크게 벗어나는 말. 광언(狂言).
광담-패설(狂談悖說)명 이치에 맞지 않고 도의에 어그러진 말. 광언망설(狂言妄說).
광당-마(光唐馬)명 ☞덜렁말.
광ː당-포(←廣東布)명 〈광둥포(廣東布)〉의 변한말.
광ː당-포(廣唐布)명 광목과 당목을 아울러 이르는 말.
광ː대[1]명 '얼굴'을 속되게 이르는 말.
광ː대[2]명 ①지난날, 줄타기나 판소리·가면극 따위를 하던 사람을 통틀어 이르던 말. 한자를 빌려 '廣大'로 적기도 함. 배우(俳優). 배창(俳倡). 창우(倡優). ②춤을 추거나 연극을 하려고 얼굴에 물감을 칠하던 일. ③탈.

광ː대(廣大)명하형 넓고 큼. ¶ 광대한 대륙. **광대-히**부.
광ː대-나물명 꿀풀과의 일년초 또는 이년초. 논밭에 나는데, 줄기는 모가 지고, 높이 25 cm가량이며, 잎은 동글납작함. 봄에 홍자색의 꽃이 피는데, 어린잎과 줄기는 식용함.
광ː대-놀음명 ①정월 대보름날 호남 지방에서 하는 놀이. 농악대들이 호랑이·토끼 등 동물의 가면을 쓰고 악기를 치면서 마을을 돌아다님. ②창극·판소리·가면극 따위에서 배우가 하는 연기.
광ː대-등걸명 ①거칠고 흉하게 생긴 나뭇등걸. ②몹시 파리해져서 뼈만 앙상한 얼굴.
광ː대-머리명 소의 처녑에 얼러붙은 고기.
광ː대-무변(廣大無邊)명하형 한없이 넓고 커서 끝이 없음. ¶ 광대무변한 우주 공간.
광ː대-뼈명 빰과 관자놀이 사이에 내민 뼈. 관골(顴骨). 협골(頰骨).
광덕(光德)명 고려 광종 때 사용한 연호.
광도(光度)명 ①광원(光源)의 빛의 강도(強度). 단위는 촉광(燭光) 또는 칸델라(candela). ②눈으로 느끼는 별의 밝기를 나타내는 말. 일등성(一等星)에서 육등성(六等星)까지의 광도 계급으로 나타냄.
광도(狂濤)명 미친 듯이 거칠게 이는 물결. 광란(狂瀾).
광도-계(光度計)[-계/-게]명 광원(光源)의 광도를 재는 장치.
광도^계급(光度階級)[-계-/-게-]명 천체의 광도를 나타내는 계급. 육안으로 볼 수 있는 가장 희미한 별을 6등급, 가장 밝은 빛을 내는 별을 1등급으로 하여 밝기가 2.512배 더할 때마다 1등급씩 줄여 나타냄.
광ː독(鑛毒)명 광물의 채굴이나 제련 때에 생기는 폐기물로 말미암은 해독.
광ː둥-포(廣東布)명 중국 광둥(廣東)에서 나는 베. 변광당포.
광등(狂騰)명하자 걷잡을 수 없는 기세로 시세(時勢)가 오름.
광-디스크(光disk)명 숫자화한 화상이나 문자 등을 레이저 광선으로 기록·재생하는 원반.
광ː-뜨다[~뜨니·~떠]자 연의 가운데 구멍을 도려내다.
광란(狂亂)[-난]명하자 미쳐 날뜀. ¶ 광란의 도가니.
광란(狂瀾)[-난]명 ☞광도(狂濤).
광ː량(廣量)[-냥]명하형 도량(度量)이 넓음, 또는 넓은 도량.
광ː량(鑛量)[-냥]명 땅속에 묻혀 있는 광물의 양.
광력(光力)[-녁]명 빛의 강도. 등불의 밝기.
광련(狂戀)[-년]명 미친 듯이 하는, 지나치게 격렬한 연애.
광림(光臨)[-님]명하자타 상대편을 높이어, 그가 찾아옴을 이르는 말. ¶ 광림하여 주시기 바랍니다.
광막(廣漠) '광막하다'의 어근.
광ː막-풍(廣漠風)명 ☞북풍(北風).
광ː막-하다(廣漠-)[-마카-]형여 끝없이 넓다. 아득하게 넓다. ¶ 광막한 초원. **광막-히**부.
광망(光芒)명 퍼지어 나가는 빛살. 빛.
광망(狂妄) '광망(狂妄)하다'의 어근.
광망(曠茫) '광망(曠茫)하다'의 어근.
광망-하다(狂妄-)형여 미친 사람처럼 망령스럽다.
광ː망-하다(曠茫-)형여 한없이 너르다.
광ː맥(鑛脈)명 암석의 갈라진 틈을 채우고 있는 널 모양의 광상(鑛床). 광분(鑛分)을 함유하는 물이 암석의 틈에 스며들어 광분이 가라앉음으로써 이루어짐. 광혈(鑛穴). 쇳줄. 준맥(脈).
광면(廣面) '광면하다'의 어근.
광ː면-하다(廣面-)형여 교제가 넓어 아는 사람이 많다.
광명(光明)명 ①'앞날의 밝은 희망'을 비유하여 이르는 말. ¶ 앞길에 광명이 비치다. ②부처나 보살의 몸에서 나는 빛. ③하형밝고 환함. ¶ 광명한 천지. ③↔암흑(暗黑). ③**광명-히**부.
광명-두명 나무로 만든 등잔걸이.
광명-정대(光明正大)명하형 언행(言行)이 밝고 바르며 큼. **광명정대-히**부.
광명-주(光明珠)명 환히 빛나는 구슬.
광모(狂慕)명하타 미칠 듯이 사모함.
광ː목(廣木)명 무명실로 당목보다 좀 거칠게 짠, 폭이 넓은 베. 왜포(倭布).
광ː목-천(廣目天)명 ☞광목천왕(廣目天王).
광ː목천-왕(廣目天王)명 사천왕(四天王)의 하나. 제석(帝釋)의 외장(外將)으로서 수미산(須彌山) 중턱의 서쪽에 살며, 서방(西方)을 지킨다고 함. 광목천(廣目天).
광무(光武)명 대한 제국(大韓帝國) 고종의 연호. 〔1897~1907〕 참융희(隆熙).
광ː무(鑛務)명 광업에 관한 사무.
광ː문(廣問)명하타 ①여러 사람에게 물어봄. ②여러 사람에게 선물을 보냄.
광ː문자-전(廣文者傳)명 조선 영·정조 때, 박지원(朴趾源)이 지은 한문 소설. 광문의 훌륭한 사람됨을 그려, 서민이나 양반이 다를 바 없음을 시사한 내용.
광ː물(鑛物)명 지각(地殼) 속에 섞여 있는 천연의 무기물(無機物). 일반적으로 질이 고르고 화학 성분이 일정함. 〔금·철·석탄 따위.〕
광ː물성^색소(鑛物性色素)[-썽-쏘]명 광물을 성분으로 한 색소. 〔붉은빛의 진사(辰砂), 초록빛의 공작석(孔雀石) 따위.〕
광ː물성^섬유(鑛物性纖維)[-썽-]명 천연의 자원에서 얻어지는 광물질의 섬유. 주로, 단열재·방음재 등으로 쓰임. 〔석면·암면 따위.〕
광ː물성^염ː료(鑛物性染料)[-썽-뇨]명 천연 또는 인조(人造)의 무기 화합물로 된 염료. 〔암록청(岩綠青)·대자(代赭)·크롬황 따위.〕
광ː물-유(鑛物油)[-류]명 석유와 같은 광물성 기름. 준광유(鑛油).
광ː물-질(鑛物質)[-찔]명 광물로 된 물질.
광ː물질^비ː료(鑛物質肥料)[-찔-]명 무기물을 성분으로 하는 비료. 〔과인산 석회·초석(硝石) 따위.〕
광ː물-학(鑛物學)명 자연 과학의 한 분야. 광물의 성인(成因)·형태·종류·성질·용도 등을 연구하는 학문. 금석학.
광ː미(鑛尾)명 ☞복대기[2].
광배(光背)명 불상(佛像)의 뒤에 세워 부처의 초인성(超人性)을 나타내는 장식. 후광(後光).
광배^효ː과(光背效果)명 평가 행위에서, 대상(對象)의 어느 방면의 특질이 다른 방면의 특질에까지 미치는 효과.
광범(廣範) '광범하다'의 어근.
광ː-범위(廣範圍)명 ①하형범위가 넓음. 참광범하다. ②넓은 범위. ¶ 광범위에 걸친 연구.
광ː범-하다(廣範-)형여 범위가 넓다. ¶ 연관 자료를 광범하게 수집하다. 참광범위. **광범-히**부.
광병(狂病)[-뼝]명 미친 병.

광복 (光復) 명 하자타 되자 잃었던 국권을 도로 찾음. ¶ 광복을 맞이하다.

광복-절 (光復節) [-쩔] 명 우리나라가 일본의 압정에서 벗어난 것을 기념·경축하는 날. 8월 15일.

광부 (狂夫) 명 미친 사내. 광한(狂漢).

광ː부 (曠夫) 명 (사별하거나 이혼하여) 아내가 없는 사내. 홀아비.

광ː부 (鑛夫) 명 광산에서 광석을 캐는 노동자. 갱부(坑夫). 광꾼.

광분 (狂奔) 명 하자 ①목적을 이루려고 미친 듯이 날뜀. ②어떤 일에 열중하여 정신없이 뛰어다님. ¶ 선거 운동에 광분하다.

광ː분 (鑛分) 명 광물의 성분.

광-분해 (光分解) 명 물질이 빛의 작용을 받아서 두 가지 이상의 성분으로 분해되는 일.

광비 (光比) 명 광도(光度)가 한 등급 다른, 두 천체의 광도의 비. 〔일등성(一等星)과 이등성의 광비는 2.5118:1임.〕

광ː사 (鑛舍) 명 광석이나 석탄 따위를 저장해 두는 창고.

광ː사 (鑛砂) 명 광산에서, 광석을 채광(採鑛)·선광(選鑛)·제련(製鍊)할 때 생기는 부스러기.

광ː산 (鑛山) 명 광석을 캐내는 곳.

광ː산 (鑛產) 명 광업(鑛業)에 의한 생산, 또는 그 생산물.

광ː산-가 (鑛山家) 명 ☞광업가(鑛業家).

광ː산-물 (鑛產物) 명 광업에 의한 생산물.

광-산업 (光產業) 명 광학 기술을 중심으로 한 광통신·광계측(光計測)·광정보 등의 산업 분야.

광ː산-촌 (鑛山村) 명 광산 관계 종사자들이 이룬 마을.

광삼 (光蔘) 명 광삼과의 극피동물. 해삼과 비슷한데 길이 15~20 cm의 긴 타원형이며, 입 언저리에 10개의 촉수가 있고, 체벽(體壁)은 육질(肉質), 골편은 톱니면이 있는 천공판(穿孔板)임. 우리나라·일본 등지의 얕은 바다에 분포함. 중화요리에 많이 쓰임. 갈미.

광상 (匡牀) 명 편안한 침상(寢牀). 잠자리[1].

광ː상 (鑛床) 명 땅속의, 유용 광물(有用鑛物)이 한곳에 많이 모여 있는 곳.

광상-곡 (狂想曲) 명 일정한 형식이 없이, 기분에 따라 자유로이 변화하는 경쾌한 기악곡. 기상곡(奇想曲). 카프리치오(capriccio).

광색 (光色) 명 ☞광채(光彩).

광ː석 (鑛石) 명 유용한 금속이 많이 섞여 있는 광물. 광석광물.

광ː석^검ː파기 (鑛石檢波器) [-껌-] 명 천연의 광석, 또는 반도체 정류기(整流器)를 사용한 검파 장치. 〔트랜지스터 라디오 등의 수신 회로에 널리 사용됨.〕 크리스털 검파기.

광ː석-광물 (鑛石鑛物) [-꽝-] 명 ☞광석.

광ː석^라디오 (鑛石radio) 명 광석 수신기.

광ː석^수신기 (鑛石受信機) [-쑤-] 명 동조 회로(同調回路), 광석 검파 회로, 이어폰으로 이루어지는 가장 간단한 수신 장치. 광석 라디오.

광ː석-차 (鑛石車) 명 ☞광차(鑛車).

광선 (光線) 명 빛살. ¶ 태양 광선.

광선-속 (光線束) 명 (한데 모여 공간을 통과한다고 보는) 광선의 다발. 광속(光束).

광선^요법 (光線療法) [-뇨뻡] 명 자외선·적외선·가시광선(可視光線) 등을 쬐는 치료법.

광선-총 (光線銃) 명 탄알 대신으로 적외선(赤外線)을 사용한 사격 경기용의 총. 발사음 및 반동이 일반 총과 같고 광선이 표적에 닿으면 명중 위치가 표시됨.

광설 (狂雪) 명 ①바람에 휘날리어 어지럽게 내리는 눈. ②철 늦게 내리는 눈.

광-섬유 (光纖維) 명 광통신의 전송로(傳送路)로 이용되는 섬유. 〔주로, 석영(石英) 유리를 재료로 함.〕 광파이버.

광섬유^케이블 (光纖維cable) 명 가는 유리 섬유로 된 전선(케이블). 〔전기 신호가 광선 신호로 바뀌어 이 케이블로 흐름.〕 준광케이블.

광세 (曠世) '광세하다'의 어근.

광ː세-영웅 (曠世英雄) 명 세상에 드문 영웅.

광ː세지재 (曠世之才) 명 세상에서 보기 드문 뛰어난 재주, 또는 그런 재주를 가진 사람.

광ː세-하다 (曠世-) 형여 세상에 다시 없다. ¶ 광세한 영주(英主).

광소 (光素) 명 (뉴턴의 가설에 의한) 빛의 최소 단위로서의 빛의 입자(粒子). 광입자(光粒子).

광속 (光束) 명 ①광선의 다발. 광선속. ②빛의 진행 방향에 수직인 단위 면적을 단위 시간에 통과하는 빛의 양. 〔단위는 루멘(lumen).〕 참조도(照度).

광속 (光速) 명 <광속도(光速度)>의 준말.

광-속도 (光速度) [-또] 명 진공 속에서의 빛의 속도. 1초에 약 30만 km. 준광속(光速).

광쇠 [-쇠/-쉐] 명 중이 염불할 때 치는 쇠.

광-쇠 (光-) [-쇠/-쉐] 명 쇠붙이에 광을 내는 데 쓰이는 연장.

광ː수 (廣袖) 명 통이 너른 소매. 활수(闊袖). ↔첨수(尖袖).

광ː수 (鑛水) 명 ①광물질을 다량으로 함유하고 있는 물. 광천(鑛泉)의 물. ②광산 따위에서 배출되는 광독(鑛毒)을 가진 물.

광ː순 (廣詢) 명 하타 여러 사람의 의견을 널리 물음.

광시-곡 (狂詩曲) 명 민족적·서사적인 느낌을 가진 비교적 자유로운 형식의 기악곡. 랩소디(rhapsody).

광신 (狂信) 명 하타 어떤 사상이나 종교 따위를, 미치다시피 덮어놓고 믿음. ¶ 내세 사상을 광신하다.

광신-도 (狂信徒) 명 ☞광신자.

광신-자 (狂信者) 명 이성(理性)을 잃고, 어떤 사상이나 종교에 지나치게 심취해 있는 사람. 광신도.

광신-적 (狂信的) 관명 이성(理性)을 잃고, 미치다시피 덮어놓고 믿는 (것). ¶ 광신적 국수주의자. /광신적으로 따르다.

광심 (光心) 명 렌즈로 들어가는 광선과 렌즈를 지나서 나가는 광선이 평행이 될 때, 그 광선이 광축(光軸)과 서로 만나는 점.

광압 (光壓) 명 빛이나 전자파 따위가, 그것을 흡수하거나 반사하거나 하는 물체에 주는 압력.

광ː야 (曠野·廣野) 명 아득하게 너른 벌판. 광원(曠原).

광약 (光藥) [-냑] 명 물건을 광내는 데 쓰는 약품.

광약 (狂藥) 명 〔사람을 미치게 하는 약이란 뜻으로〕 '술'을 이르는 말.

광-양자 (光量子) [-냥-] 명 빛을 입자(粒子)의 모임으로 보았을 경우의 그 입자. 준광자.

광ː어 (廣魚) 명 ①☞넙치. ②짜개어 말린 넙치.

광ː어-눈이 (廣魚-) 명 ☞넙치눈이.

광언 (狂言) 명 하자 ☞광담(狂談).

광언-망설 (狂言妄說) 명 ☞광담패설(狂談悖說).

광ː업 (鑛業) 명 광물을 채굴(採掘)하거나 그것을 제련(製鍊)하거나 하는 산업.

광ː업-가 (鑛業家) [-까] 명 광업을 경영하는 사람. 광산가(鑛山家).

광ː업-권(鑛業權) [-꿘]명 일정한 광구(鑛區)에서 광물을 채굴할 수 있는 권리.
광ː업-소(鑛業所) [-쏘]명 광물의 채굴권자가 그 사업에 관한 사무를 보는 곳.
광ː역(廣域)명 넓은 구역(지역).
광ː역^경제(廣域經濟) [-꼉-]명 몇 개의 나라나 식민지 따위가 하나의 경제권을 형성하여, 그 범위 안에서 자급자족하는 경제. 블록 경제(bloc經濟).
광ː역^도시(廣域都市) [-또-]명 인구 및 산업의 과밀 현상을 막고, 도시 주변의 저개발 지역을 개발하기 위하여 넓은 지역에 걸쳐 조성된 도시.
광ː역-시(廣域市) [-씨]명 지방 자치 단체의 한 가지. 이전의 직할시가 시역(市域)을 확장하면서 광역시로 됨.
광ː역^자치^단체(廣域自治團體) [-짜-]명 특별시·광역시·도의 상급 지방 자치 단체. 참기초 자치 단체.
광ː역-화(廣域化) [-여콰]명하자 되자 지역이 넓어짐, 또는 넓어지게 함.
광열(光熱)명 빛과 열. 등불과 연료.
광열(狂熱)명 미친 듯한 열정(熱情), 또는 어떤 일에 미친 듯 열중하는 일.
광열-비(光熱費)명 전등을 켜고 난방을 하는 데 드는 비용.
광염(光焰)명 빛과 불꽃. 타올라 밝게 빛나는 불꽃.
광염(狂炎)명 세차게 타오르는 불꽃.
광영(光榮)명 ☞영광(榮光).
광예(光譽)명 빛나는 영예.
광요(光耀)명 ☞광휘(光輝).
광우리명 '광주리'의 잘못.
광우-병(狂牛病) [-뼝]명 주로 4, 5년생 소에게 일어나는 뇌병. 변형 단백질인 프리온(prion)이 함유된 육골분(肉骨粉)이나 골분 사료에 의해서 감염되며, 뇌에 스펀지처럼 구멍이 생겨 미친 듯이 사나워지고 거동 불안 등의 증상을 보임.
광ː운(廣韻)명 중국의 음운서(音韻書). 북송(北宋)의 진종(眞宗)의 명에 의하여, 그때까지의 운서(韻書)를 집대성한 것임. 〔1008년에 간행.〕
광원(光源)명 태양·전구·촛불 등, 빛을 내는 근원. 발광체. ¶ 전등을 광원으로 한 환등기.
광원(廣遠) '광원하다'의 어근.
광ː원(曠原)명 ☞광야(曠野).
광ː원-하다(廣遠-)형여 넓고 멀다.
광ː유(鑛油)명 〈광물유(鑛物油)〉의 준말.
광음(光陰)명 〔해와 달이라는 뜻으로〕 시간, 또는 세월.
광음(狂飮)명하타 술 따위를 정신없이 마구 마심.
광음-여류(光陰如流) [-녀-]명 '세월이 흐르는 물과 같이 한번 지나면 되돌아오지 않음'을 비유하여 이르는 말.
광음-여전(光陰如箭) [-녀-]명 '세월이 쏜 화살과 같아 한번 지나면 되돌아오지 않음'을 비유하여 이르는 말.
광ː의(廣義) [-의/-이]명 어떤 말의 뜻을 넓은 범위로 확대해서 해석했을 때의 뜻. 넓은 뜻. ¶ 광의로 해석하다. ↔협의(狹義).
광ː익(廣益)명하자 널리 일반에게 이익을 베풂. 비홍익(弘益).
광인(狂人)명 미친 사람. 광자(狂者). 미치광이.
광ː일(曠日)명하자 하는 일 없이 헛되이 많은 날을 보냄.
광ː일-미구(曠日彌久)명하자 헛되이 세월을 보내며 일을 오래 끎.
광-입자(光粒子) [-짜]명 ☞광소(光素).
광자(光子)명 〈광양자(光量子)〉의 준말.
광자(狂者)명 ☞광인(狂人).
광자^로켓(光子rocket)명 강력한 광속(光束)의 방사(放射)를 추진력으로 하는 로켓. 핵반응에 의한 광원(光源)을 반사경으로 반사시켜 그 반동으로 추진하는 것. 광파 로켓.
광자위명 장(欌)이나 농(籠)의 마대(馬臺) 앞과 옆에 붙인 널빤지.
광ː작(廣作)명하자 많이 짓는 농사, 또는 농사를 많이 지음.
광ː장(廣場)명 ①넓은 곳. 특히 도시 안의, 건물이 없이 넓게 비어 있는 곳. ¶ 역전 광장. ②'의사 소통을 꾀할 수 있는 공통의 장소'를 비유하여 이르는 말. ¶ 대화의 광장.
광ː재(鑛滓)명 광물을 제련할 때 금속에서 분리된 찌꺼기.
광저기명 ☞동부.
광적(光跡)명 빛을 내고 있는 것을 보았을 때 눈에 비치는 빛의 줄기나 띠, 또는 그것을 찍었을 때 사진에 나타나는 빛의 궤적(軌跡).
광적(狂的) [-쩍]관명 정상이 아니고 미치광이와 같은 상태인 (것). ¶ 광적 애정. /광적인 집착.
광전-관(光電管)명 빛의 강약을 전류의 강약으로 바꾸는 진공관. 〔전송 사진·텔레비전 따위에 이용됨.〕
광전^변ː환^소자(光電變換素子)명 빛의 신호를 전기 신호로 바꾸는 소자를 통틀어 이르는 말. 〔광전관·광전지·태양 전지 따위.〕
광-전자(光電子)명 광전 효과에 의하여 방출되는 전자.
광-전지(光電池)명 광전 효과를 이용하여 빛의 에너지를 전류로 바꾸는 장치. 〔조도계(照度計)·노출계(露出計) 등에 이용됨.〕
광전^효ː과(光電效果)명 금속 또는 반도체를 진공 속에 봉입(封入)하여 빛을 비추면, 그 표면에서 전자가 방출되는 현상.
광점(光點) [-쩜]명 빛을 내는 점.
광ː점(廣占)명하타 땅을 넓게 차지함.
광ː점(鑛店)명 ☞광갱(鑛坑).
광정(匡正)명하타 잘못된 일이나 부정 따위를 바로잡음. 비확정(廓正).
광제(匡濟)명하타 잘못된 일을 바로잡고 흐트러진 세상을 구제함. 광구(匡救).
광ː제(廣濟)명하타 세상 사람을 널리 구제함.
광조(狂躁)명하자 미친 듯이 떠들며 날뜀. 미쳐서 날뜀.
광조리명 〈옛〉광주리. ¶ 광조리 광:筐(訓蒙中*13*).
광ː좌(廣座)명 ①많은 사람이 앉아 있는 자리. ②넓은 자리.
광ː주(鑛主)명 광산의 광업권 소유자.
광주리명 대오리나 싸리·버들가지 따위로 결어서 만든 그릇.
광주리-장수명 광주리에 채소·어물 따위를 담아 이고 다니며 파는 사람.
광주-성(光週性) [-썽]명 생물이 일조 시간(日照時間)의 변화에 대하여 반응하는 성질. 〔식물의 꽃눈의 형성이나 개화(開花)에서 뚜렷이 볼 수 있음.〕
광ː중(壙中)명 시체를 묻는 구덩이. 광내(壙內). 지실(地室).
광-중합(光重合)명 특정한 빛을 조사(照射)함으로써 일어나는 중합 반응.

광증(狂症) [-쯩]명 미친 증세. ¶ 광증이 다시 발작하다.

광ː지(壙誌)명 ☞묘지(墓誌).

광질(狂疾)명 미친 병. 정신병.

광차(光差)명 어떤 천체에 어떤 현상이 일어난 시각과, 그 현상을 지구 상에서 관찰하는 시각과의 차이.

광ː차(鑛車)명 광산에서, 캐낸 광석을 실어 나르는 지붕 없는 화차(貨車). 광석차.

광채(光彩)명 ①찬란한 빛. 광색(光色). ¶ 보석에서 광채가 나다. ②정기 어린 밝은 빛. ¶ 광채를 발하는 눈.

광ː천(鑛泉)명 광물성 물질이 많이 들어 있는 샘. 섭씨 25°C 이하를 냉천(冷泉), 그 이상을 온천이라 하는데, 특히 냉천을 뜻하는 경우가 많음.

광ː천-수(鑛泉水)명 광천의 특성을 지닌 물.

광ː천-염(鑛泉塩) [-념]명 광천의 물을 증발시켜서 얻은 염류(塩類).

광체(光體)명 ☞발광체(發光體).

광축(光軸)명 ①등축 정계가 아닌 결정체(結晶體)에서 빛이 복굴절(複屈折)을 하지 않는 입사 방향의 축. ②렌즈나 구면경(球面鏡) 따위의 광학계(光學系)에서, 각 면(面)의 중심과 곡률(曲率) 중심을 연결한 직선.〔이 직선과 일치한 입사 광선은 굴절되지 않고 똑바로 통과함.〕

광취(狂醉)명하자 몹시 술에 취함.

광ː층(鑛層)명 주로, 바다나 호수의 밑바닥에 물속의 광물 성분이 침전하여 이루어진 층상(層狀)의 광상(鑛床).

광치(狂痴)명 미치광이와 멍청이.

광-케이블(光cable)명 〈광섬유 케이블〉의 준말.

광-탄성(光彈性)명 투명한 탄성체(彈性體)에 외력(外力)을 가했을 때, 내부에 생기는 변형의 분포 상태에 따라, 편광 장치(偏光裝置)에 아름다운 줄무늬가 나타나는 현상.

광ː탐(廣探)명하타 널리 알아보거나 찾음.

광탑(光塔)명 ☞등대(燈臺).

광태(狂態)명 정상이 아닌, 미치광이 같은 태도나 행동. ¶ 광태를 보이다.

광택(光澤)명 (빛의 반사에 의하여) 물체의 표면에서 번쩍거리는 빛. 광(光). 윤(潤). ¶ 광택이 나도록 닦다.

광택-기(光澤機) [-끼]명 마찰에 의하여 종이나 직물 따위의 표면에 광택을 내는 기계.

광택-지(光澤紙) [-찌]명 아트지 따위와 같이 한쪽 또는 양쪽에 광택을 낸 종이.

광^통신(光通信)명 (텔레비전이나 전화 따위의) 전기 신호를 레이저 광선에 실어 광섬유 케이블을 통해서 보내는 통신.

광파(光波)명 빛의 파동, 곧 파동으로서의 빛을 이르는 말.

광ː파(廣播)명하타 널리 퍼뜨림(뿌림).

광파^로켓(光波rocket)명 ☞광자 로켓.

광-파이버(光fiber)명 광섬유(光纖維).

광ː판(廣板)명 폭이 넓은 판자.

광패(狂悖) '광패하다'의 어근.

광패-하다(狂悖-)형여 말이나 행동이 몰상식(沒常識)하고 도의에 어긋나다. ¶ 광패한 행동.

광포(狂暴)명하형 미치광이처럼 행동이 사납고 난폭함. ¶ 광포한 행동. **광포-히**부.

광ː포(廣布)[1]명 폭이 넓은 삼베.

광ː포(廣布)[2]명하자.타되자 세상에 널리 펴서 알림.

광ː폭(廣幅)명 ①넓은 폭. ¶ 광폭 타이어. /광폭 텔레비전. ②하자 까닭 없이 남의 일에 간섭함.

광-표백(光漂白)명하타 형광 물질의 수용액(水溶液)을 써서 섬유를 표백함.

광풍(光風)명 ①비가 갠 뒤에 맑은 햇살과 함께 부는 시원하고 상쾌한 바람. ②화창한 봄날에 부는 바람.

광풍(狂風)명 미친 듯이 휘몰아치는 거센 바람.

광풍-제월(光風霽月)명 〔시원한 바람과 맑은 달이란 뜻으로〕 '아무 거리낌이 없는 맑고 밝은 인품'을 비유하여 이르는 말. 제월광풍.

광학(光學)명 빛의 성질이나 그 현상을 연구하는 물리학의 한 부문.

광학-계(光學系) [-꼐/-께]명 광선을 굽히거나 모으거나 흩뜨리거나 하기 위하여 광원(光源)·렌즈·거울·프리즘 따위를 짜 맞춘 체계.

광학^기계(光學機械) [-끼계/-끼게]명 빛의 반사·굴절 따위의 여러 가지 성질을 응용한 기계.〔거울·렌즈·프리즘 등을 써서 만든 망원경·현미경·사진기 따위.〕

광학^마ː크^판독기(光學mark判讀機) [-끼]명 연필이나 펜으로 표시한, 기호로 된 컴퓨터 입력 자료를 광전 변환 소자를 이용하여 읽는 장치. 오엠아르(OMR).

광학^문자^판독기(光學文字判讀機) [-항-짜-끼]명 컴퓨터에 입력할 문서에 인자(印字)된 문자를, 광전 변환 소자를 이용하여 읽는 장치. 오시아르(OCR).

광학^병기(光學兵器) [-뼝-]명 병기로 이용되는 광학 기계.〔잠망경(潛望鏡)·망원경·조준 장치 따위.〕

광학^유리(光學琉璃) [-항뉴-]명 광학 기계의 렌즈·프리즘 따위에 쓰이는 무색투명한 균질(均質)의 유리.

광학적 이ː중성(光學的二重星) [-쩌기-] ☞복성(複星).

광한(狂漢)명 ☞광부(狂夫).

광ː한-전(廣寒殿)명 달 속에, 항아(姮娥)가 산다는 가상적인 궁전.〔'광한부(廣寒府)'·'광한궁(廣寒宮)'이라고도 함.〕

광-합성(光合成) [-썽]명 녹색 식물이 빛의 에너지를 이용하여 이산화탄소와 수분으로 전분(澱粉)·당(糖) 등의 유기 화합물을 합성하는 일.〔탄소 동화 작용의 한 형식.〕

광ː해(鑛害)명 광물의 채굴이나 제련의 과정에서 생기는 공해.

광행-차(光行差)명 지구 상에서 별을 관측할 때, 광속에 대한 지구의 공전이나 자전의 속도로 말미암아 별의 위치가 좀 벗어나 보이는 일.

광ː혈(壙穴)명 시체를 묻는 구덩이. 묘혈.

광ː혈(鑛穴)명 ☞광맥(鑛脈).

광ː협(廣狹)명 넓음과 좁음.

광ː협-장단(廣狹長短) [-짱-]명 넓고 좁음과 길고 짧음. 폭과 길이.

광ː혜-원(廣惠院) [-혜-/-헤-]명 조선 고종 22(1885)년에 일반 백성의 병을 치료하기 위하여 미국인 선교사 앨런이 정부의 후원을 받아 세운 우리나라 최초의 근대식 병원.

광혹(狂惑)명하자 (엉뚱한 일에) 미쳐서 정신이 팔림.

광ː화(鑛化)명하자되자 마그마로 말미암은 고온의 기체나 액체의 침투를 받아, 암석 중에 여러 가지 광물이 형성되는 일.

광-화학(光化學)명 빛과 물질의 성질 및 화학 변화와의 관계를 연구하는 물리 화학의 한 부문.

광화학^반ː응(光化學反應) [-빠능]명 빛의 에너지에 의하여 일어나는 화학 반응.

광화학^스모그(光化學smog)명 자동차의 배기 가스 등에 포함된 탄화수소와 질소의 산화물 등이, 상공에서 태양의 강한 자외선을 받아 광화학 반응을 일으킴으로써 생기는 스모그.
광환(光環)명 ☞광관(光冠).
광활(廣闊) '광활하다'의 어근.
광ː활-하다(廣闊-)형여 훤하게 너르다. ¶ 광활한 평야. **광활-히**부.
광휘(光輝)명하형 환하게 빛남, 또는 그 빛. 광요(光耀).
광흥(狂興)명하자 몹시 흥겨워함, 또는 그 흥.
광ː흥-창(廣興倉)명 고려·조선 시대에, 관원의 녹봉(祿俸)에 관한 일을 맡아보던 관아.
광희(狂喜)[-히]명하자 미칠 듯이 기뻐함.
괘조 〈옛〉'과'에 '이'가 겹친 조사. ¶ 솔콰 갓괘 잇디 아니토다(杜初8:2).
괘(卦)명 ①주역의 골자로서, 음양으로 나뉜 효(爻)를 세 개 또는 여섯 개씩 어울러 놓은 것. 어우르는 차례를 바꾸는 데 따라 3효가 어울러 8괘를 이루고, 6효가 어울러 64괘를 이룸. 참효. ②〈점괘(占卦)〉의 준말.
　괘(가) 그르다관용 일이 뜻대로 되지 않다.
괘(棵)명 거문고·비파·월금 따위의 줄을 괴는 납작한 나무토막. 〔악기의 몸에 고착되어 있어 가야금의 '기러기발'처럼 움직일 수는 없음.〕
괘간(掛竿)명 '바지랑대'의 잘못.
괘경(掛鏡)명 기둥이나 벽에 걸 수 있게 된 거울.
괘관(掛冠)명하자 벼슬을 내놓음. 〔관을 벗어 성문(城門)에 걸어 놓고 떠났다는 중국의 고사(故事)에서 유래함.〕
괘괘-떼다타 〈괘괘이떼다〉의 준말.
괘괘이-떼다타 딱 잘라 거절하다. 준괘괘떼다.
괘꽝-스럽다[-따][~스러우니·~스러워]형ㅂ 말과 행동이 엉뚱하게 괴이하다. **괘꽝스레**부.
괘념(掛念)명하자타 마음에 두고 걱정하거나 잊지 않음. 괘의(掛意). ¶ 그 일에 괘념하지 마십시오.
괘다리-적다[-따]형 ①멋없고 거칠다. ②무뚝뚝하고 퉁명스럽다.
괘달머리-적다[-따]형 〈괘다리적다〉의 속된 말.
괘도(掛圖)명 (여러 사람 앞에서 설명할 때 쓰는) 벽에 걸게 된 지도나 도표·그림 같은 것. ¶ 사람의 혈관 분포를 나타낸 괘도.
괘등명 산등성이에 드러난 광맥의 노두(露頭).
괘등(掛燈)명 전각이나 누각(樓閣)의 천장에 매다는 등.
괘라조 〈옛〉'과'에 '이라'가 겹친 말. ¶ 三寶는 佛와 法과 僧괘라(釋譜序6).
-괘라어미 〈옛〉-았(었)노라. -겠노라. ¶ 桃李야 곳이온 양 마라 님의 뜻을 알괘라(古時調).
괘력(掛曆)명 벽에 걸어 두고 보는 일력(日曆)이나 달력. 양달력.
괘면(掛麵)명 ☞마른국수.
괘방(掛榜)명하자 ①방(榜)을 내겲. ②익명(匿名)으로 방을 내겲.
　괘방(을) 치다관용 비밀을 드러내다.
괘범(掛帆)명하자 돛을 닮.
괘불(掛佛)명 ①불상을 그려 큰 괘도처럼 만들어 놓은 것. 괘불탱(掛佛幀). ②하자 불상을 그려 내거는 일.
괘불-탱(←掛佛幀)명 큰 괘도처럼 만든 탱화(幀畫). 괘불.
괘사명 우습고 변덕스럽게 엇가는 말이나 짓. ¶ 괘사를 떨다. /괘사를 부리다.
괘사(卦辭)명 점괘(占卦)를 알기 쉽게 풀이한 글이나 말.
괘사(絓絲)명 누에고치의 겉가죽에서 뽑아낸, 질이 나쁜 견사(絹絲).
괘사-스럽다[-따][~스러우니·~스러워]형ㅂ 괘사를 부리는 태도가 있다. ¶ 하는 짓이 워낙 괘사스러워 진심을 알 수가 없다. **괘사스레**부.
괘사-증(喎斜症)[-쯩]명 ☞구안괘사.
괘사-직(絓絲織)명 괘사로 짠 직물(織物).
괘상(卦象)명 길흉을 나타내는 괘(卦)의 모양. 효상(爻象).
괘서(卦筮)명하자 〔괘와 산가지를 보는 일이라는 뜻으로〕 점치는 일. 복서(卜筮). 점서(占筮).
괘서(掛書)명하자 익명(匿名)으로 게시함, 또는 그런 글.
괘ː선(罫線)명 ①편지지나 공책 따위에, 같은 간격으로 칸을 지어 그어 놓은 선. ②인쇄물에서, 윤곽이나 경계를 나타내는 선.
괘씸-스럽다[-따][~스러우니·~스러워]형ㅂ (남이 도리에 어긋나는 말이나 행동을 하여) 못마땅하고 밉살스러운 데가 있다. **괘씸스레**부.
괘씸-죄(-罪)[-쬐/-쮀]명 아랫사람이 윗사람의 눈 밖에 나는 행동을 하여 받는 미움. ¶ 괘씸죄에 걸리다.
괘씸-하다형여 (남이 도리에 어긋나는 말이나 행동을 하여) 못마땅하고 밉살스럽다. ¶ 괘씸한 녀석 같으니라고. **괘씸-히**부.
괘의(掛意)[-의/-이]명하자타 ☞괘념(掛念).
괘이름-간(卦-艮)명 한자 부수의 한 가지. '良'·'艱' 등에서의 '艮'의 이름. 그칠간.
괘장명 처음에는 그럴듯이 하다가 갑자기 딴전을 부리는 일. ¶ 금방 돌아갈 듯이 서둘다가 그냥 주저앉아 버리니 무슨 괘장인지 모르겠다.
　괘장(을) 부치다관용 처음에는 승낙하였다가, 갑자기 엉뚱한 말을 끄집어내어 일이 안 되게 하다.
괘조(卦兆)명 점괘에 나타난 것. 점괘에 나타난 길흉의 내용.
괘종(掛鐘)명 벽이나 기둥 따위에 걸어 놓는 시계. 괘종시계.
괘종-시계(掛鐘時計)[-계/-게]명 ☞괘종.
괘ː지(罫紙)명 괘선(罫線)이 그어져 있는 종이. 인찰지(印札紙). ¶ 양면(兩面) 괘지.
괘ː판(罫版)명 괘지를 박기 위하여 만든 판.
괘효(卦爻)명 주역(周易)의 괘와 효.
괜ː-스럽다[-따][~스러우니·~스러워]형ㅂ 〈공연스럽다〉의 준말. **괜스레**부.
괜시리부 '괜스레'의 잘못.
괜찮다[-찬타]형 ①그만하면 쓸 만하다. 별로 나쁘지 않다. ¶ 모양과 색이 괜찮다. ②《'-어도' 따위와 함께 쓰이어》 상관없다. 무방하다. ¶ 들어가도 괜찮을까요? **괜찮-이**부. *괜찮아[-차나]·괜찮소[-찬쏘]
괜ː-하다형여 〈공연하다〉의 준말. 《주로, '괜한'의 꼴로 쓰임.》 ¶ 괜한 이야기로 평지풍파를 일으키다. **괜-히**부 ¶ 괜히 화를 낸다.
괠ː다형 광맥 노석(露石)이 치밀하지 못하여 금분(金分)의 함유량이 적은 듯하다.
괭이[1]명 땅을 파거나 흙을 고르는 데 쓰는 농구의 한 가지.
괭ː이[2]명 〈고양이〉의 준말.
괭ː이-갈매기명 갈매깃과의 물새. 중간 크기의 갈매기로 몸길이 46 cm가량. 몸빛은 흰색이고 날개와 등은 짙은 회색. 꽁지 끝에는 검은 띠가 있음. 섬·포구 따위에 모여 살며 울음소리가 고양이와 비슷함. 중국·일본 연해와 우리나라에 분포함.

괭ː이-눈명 범의귓과의 다년초. 산이나 들의 습지에 나며, 높이는 60 cm. 벋는 가지는 꽃이 진 다음에 자라면서 몇 쌍의 잎이 달리며, 가지 마디에서 뿌리가 내림. 4~5월에 꼭대기에 연두색의 작은 꽃이 무더기로 피고, 고양이 눈처럼 동그랗고 둘로 갈라진 열매가 맺힘.
괭ː이-밥명 괭이밥과의 다년초. 들이나 길가에 나는데 줄기 높이는 10~30 cm. 잎은 긴 잎자루 끝에 세 개의 작은 잎이 나는데, 햇빛이 있을 때에는 오므라듦. 봄부터 가을에 걸쳐 노란 꽃이 핌. 줄기와 잎은 먹을 수 있음.
괭ː이-잠명 깊이 들지 못하고 자주 깨면서 자는 잠. 비노루잠.
괭이-질명하자 괭이로 땅을 파는 일.
괭잇-날[-인-]명 괭이의 날.
괭-하다형여 물체가 맑고 투명하여, 환히 비쳐 보이다. 센꽹하다.
괴명 〈옛〉고양이. ¶ 괴 쥐 자봄 ᄀᆞ티 ᄒᆞ며(法語3).
괴(塊)[괴/궤]명 ①덩이. ②한방에서, 여자 배 속에 덩어리가 뭉쳐서 생기는 병을 이르는 말.
괴(를) 배다관용 여자의 배 속에 덩어리가 뭉치는 병이 들다.
괴(魁)[괴/궤]명 북두칠성의 머리 쪽에 있는 네 개의 별.
괴ː걸(怪傑)[괴-/궤-]명하형 괴이한 재주가 있음, 또는 그런 사람.
괴ː겁(壞劫)[괴-/궤-]명 불교에서 이르는 사겁(四劫)의 하나. 세상이 괴멸하는 동안.
괴경(塊莖)[괴-/궤-]명 ☞덩이줄기.
괴ː고(壞苦)[괴-/궤-]명 불교에서의 삼고의 하나. 즐거운 일이 깨어진 결과로 받는 고통.
괴괴(怪怪) '괴괴(怪怪)하다'의 어근.
괴괴-망측(怪怪罔測)[괴괴-/궤궤-]명하형 말할 수 없을 만큼 이상야릇함.
괴괴-하다[괴괴-/궤궤-]형여 쓸쓸할 정도로 아주 고요하고 잠잠하다. ¶ 겨울 밤이 깊어지자 온 마을이 괴괴하다. **괴괴-히**부.
괴괴-하다(怪怪-)[괴괴-/궤궤-]형여 괴상하다. 괴이하다. 이상야릇하다. **괴괴-히**부.
괴교(怪巧) '괴교하다'의 어근.
괴ː교-하다(怪巧-)[괴-/궤-]형여 괴상하고 교묘하다.
괴ː귀(怪鬼)[괴-/궤-]명 도깨비.
괴근(塊根)[괴-/궤-]명 ☞덩이뿌리.
괴금(塊金)[괴-/궤-]명 흙이나 돌 속에서 나는 금덩이.
괴ː기(怪奇)[괴-/궤-]명하형스형 괴상하고 기이함. 기괴함. **괴기스레**부.
괴기(魁奇)[괴-/궤-]명하형 진귀하고 빼어남. 남보다 뛰어나고 아주 희귀함.
괴ː기^소ː설(怪奇小說)[괴-/궤-]명 기이한 사건이나 무시무시한 내용을 제재로 하여 괴기한 분위기를 나타낸 소설.
괴-까다롭다[괴-따/궤-따][~까다로우니·~까다로워]형ㅂ 괴이하고도 까다롭다. 괴까닭스럽다. 센꾀까다롭다. **괴까다로이**부.
괴-까닭스럽다[괴-닥쓰-따/궤-닥쓰-따][~까닭스러우니·~까닭스러워]형ㅂ ☞괴까다롭다. **괴까닭스레**부.
괴깔[괴-/궤-]명 실이나 피륙 또는 종이나 나무 따위의 겉에 보풀보풀하게 일어난 섬유. 산모섬유(散毛纖維).
괴꼴[괴-/궤-]명 타작할 때 나오는 벼알이 섞인 짚북데기.
괴나리[괴-/궤-]명 〈괴나리봇짐〉의 준말.
괴나리-봇짐(-褓-)[괴-보찜/궤-본찜]명 걸어서 먼 길을 갈 때 걸머지는 조그마한 봇짐. 준괴나리.
괴난-하다(愧赧-)형여 '괴란하다'의 잘못.
괴ː다[1][괴-/궤-]자 우묵한 곳에 물 따위가 모이다. 고이다[1]. ¶ 눈에 눈물이 괴다.
괴ː다[2][괴-/궤-]자 ①술이 익으려고 거품이 부걱부걱 솟아오르다. ②억울하거나 화가 나거나 하여 속이 부글부글 끓는 듯하다. ¶ 속에서 부글부글 괴고 있는 울분을 참다. ③사람이 많이 모여 북적거리다. ¶ 마당에 사람이 괴는 것을 보니 잔치가 있는 모양이다.
괴ː다[3][괴-/궤-]타 ①밑을 받치어 안정시키다. ¶ 손으로 턱을 괴다. ②(음식을) 그릇에 차곡차곡 쌓아 올리다. ¶ 접시에 떡을 괴다. ③웃어른의 직함(職銜)을 받들어 쓰다. 고이다[2].
괴다타 〈옛〉사랑하다. ¶ 나 ᄒᆞ나 졈어잇고 님 ᄒᆞ나 날 괴시니(鄭澈.思美人曲).
괴ː담(怪談)[괴-/궤-]명 괴상한 이야기.
괴ː담-이설(怪談異說)[괴-니-/궤-니-]명 괴상한 말과 이상야릇한 이야기.
괴당(乖當) '괴당하다'의 어근.
괴당-하다(乖當-)[괴-/궤-]형여 정당하지 않다.
괴대(拐帶)[괴-/궤-]명하타 남이 맡겨 놓은 물건을 가지고 몰래 도망함.
괴덕[괴-/궤-]명 수선스럽고 실없는 말이나 행동.
괴덕-부리다[괴-뿌-/궤-뿌-]자 수선스럽고 실없는 말이나 행동을 하다.
괴덕-스럽다[괴-쓰-따/궤-쓰-따][~스러우니·~스러워]형ㅂ 말이나 행동이 보기에 수선스럽고 실없다. **괴덕스레**부.
괴ː도(怪盜)[괴-/궤-]명 괴상한 도둑.
괴ː동(怪童)[괴-/궤-]명 괴상한 재주를 가진 아이.
괴ː락(壞落)[괴-/궤-]명하자 허물어져 떨어짐.
괴란(乖亂) '괴란(乖亂)하다'의 어근.
괴란(←愧赧) '괴란(愧赧)하다'의 어근.
괴ː란(壞亂)[괴-/궤-]명하타되자 (풍속 따위를) 무너뜨려 어지럽게 함. ¶ 공공 질서를 괴란하다.
괴ː란-쩍다(←愧赧-)[괴-따/궤-따]형 보고 듣기에 창피하여 얼굴이 뜨겁다. **괴란쩍-이**부.
괴란-하다(乖亂-)[괴-/궤-]형여 이치에 어긋나 어지럽다.
괴ː란-하다(←愧赧-)[괴-/궤-]형여 부끄러워서 얼굴이 붉어지다.
괴려(乖戾) '괴려하다'의 어근.
괴려-하다(乖戾-)[괴-/궤-]형여 사리에 어그러져 온당하지 않다.
괴ː력(怪力)[괴-/궤-]명 (괴상할 만큼) 뛰어나게 센 힘. ¶ 괴력의 소유자.
괴로움[괴-/궤-]명 ①몸이나 마음이 아프거나 편하지 아니함. ②힘들고 어려움. ③귀찮음. 성가심. 준괴롬.
괴로워-하다[괴-/궤-]자타여 괴로움을 느끼다. ¶ 죄책감으로 괴로워하다.
괴롬[괴-/궤-]명 〈괴로움〉의 준말.
괴롭다[괴-따/궤-따][괴로우니·괴로워]형ㅂ ①몸이나 마음이 편하지 않고 고통스럽다. ¶ 감기 때문에 열이 나서 몸이 괴롭다. ②힘들고 어렵다. ③성가시다. 귀찮다. ¶ 괴롭게 굴지 마라. **괴로이**부.
괴롭-히다[괴로피-/궤로피-]타 〖'괴롭다'의 사동〗 괴롭게 하다.

괴ː뢰(傀儡)[괴뢰/궤뤠]명 ①꼭두각시. ②망석중이. ③남의 앞잡이로 이용당하는 사람. ③허수아비.
괴ː뢰-군(傀儡軍)[괴뢰-/궤뤠-]명 괴뢰 정부의 군대.
괴ː뢰-사(傀儡師)[괴뢰-/궤뤠-]명 꼭두각시를 놀리는 사람.
괴ː뢰^정부(傀儡政府)[괴뢰-/궤뤠-]명 자주성이 없이 다른 나라의 지령을 받아, 그 나라가 조종하는 대로 움직이는 정부.
괴리(乖離)[괴-/궤-]명하자되자 서로 등지어 떨어짐. 어그러져 동떨어짐. ¶ 현실과 이상(理想)의 괴리.
괴리-개념(乖離槪念)[괴-/궤-]명 개념이 그 내포에 있어서 아무런 공통점이 없어 동일 유개념(類槪念)에 넣을 수 없는 개념. 〔인격과 수(數) 따위.〕 이류개념(異類槪念).
괴ː망(怪妄)[괴-/궤-]명하형스형 말이나 행동이 괴상하고 망측함. ¶ 괴망을 떨다./괴망을 부리다. 참괴벽(乖僻)하다. **괴망스레**부.
괴ː머리[괴-/궤-]명 물레에 가락을 꽂는 부분.
괴ː멸(壞滅)[괴-/궤-]명하타되자 파괴되어 멸망함.
괴목(槐木)[괴-/궤-]명 ☞회화나무.
괴ː몽(怪夢)[괴-/궤-]명 괴상한 꿈.
괴ː문(怪聞)[괴-/궤-]명 괴상한 소문.
괴ː물(怪物)[괴-/궤-]명 ①괴상하게 생긴 물건. ②괴상한 사람이나 동물.
괴밑-대[괴믿때/궤믿때]명 방앗공이를 괴어 놓는 나무. 〔'괴'는 '공이'의 함경남도 방언.〕
괴반(乖反)[괴-/궤-]명하형 어그러짐. 벗어남.
괴ː발-개발[괴-/궤-]부 〔고양이 발자국과 개 발자국이라는 뜻으로〕 글씨를 함부로 이리저리 갈겨 써 놓은 모양.
괴방(魁榜)[괴-/궤-]명 지난날, 과거의 갑과(甲科)에 첫째로 급제한 사람. 장원랑(壯元郞).
괴벽(乖僻) '괴벽하다'의 어근.
괴ː벽(怪癖)[괴-/궤-]명 괴이한 버릇.
괴벽-스럽다(乖僻-)[괴-쓰-따/궤-쓰-따] [~스러우니·~스러워]형ㅂ 성격 따위가 괴상하고 까다로운 데가 있다. ¶ 괴벽스러운 성미. **괴벽스레**부.
괴벽-하다(乖僻-)[괴벼카-/궤벼카-]형여 성격 따위가 괴상하고 까다롭다. **괴벽-히**부.
괴ː변(怪變)[괴-/궤-]명 괴이한 변고.
괴ː병(怪病)[괴-/궤-]명 ☞괴질(怪疾).
괴ː불[괴-/궤-]명 〈괴불주머니〉의 준말.
괴ː불-주머니[괴-쭈-/궤-쭈-]명 색 헝겊에 솜을 넣고 수를 놓아 예쁘게 만든 조그만 노리개. 〔어린아이들이 주머니끈 끝에 차고 다님.〕 준괴불.
괴ː사(怪事)[괴-/궤-]명 괴상한 일.
괴ː사(壞死)[괴-/궤-]명 몸의 어느 부분의 조직이 생활력을 잃고 죽는 상태.
괴상(乖常) '괴상하다'의 어근.
괴ː상(怪狀)[괴-/궤-]명 기괴한 모양.
괴상(怪常)[괴-/궤-]명하형스형 괴이하고 이상함. **괴상-히**부. **괴상스레**부.
괴상(塊狀)[괴-/궤-]명 덩어리로 된 모양. 괴형(塊形).
괴상망측(怪常罔測) '괴상망측하다'의 어근.
괴상망측-하다(怪常罔測-)[괴-츠카-/궤-츠카-]형여 말할 수 없이 괴이하고 이상하다. 괴상하기 짝이 없다. ¶ 괴상망측한 옷차림.
괴상야릇(怪常-) '괴상야릇하다'의 어근.
괴상야릇-하다(怪常-)[괴-냐르타-/궤-냐르타-]형여 퍽 괴상하고 야릇하다.
괴상-하다(乖常-)[괴-/궤-]형여 도리에 어긋나 있다. **괴상-히**부.
괴상-하다(怪常-)[괴-/궤-]형여 괴이하고 이상하다. ¶ 모양이 괴상하다. **괴상-히**부.
괴ː색(愧色)[괴-/궤-]명 부끄러워하는 얼굴빛. 참색(慙色).
괴ː석(怪石)[괴-/궤-]명 괴상하게 생긴 돌. 희귀한 돌. 고석(古石). ¶ 괴석기초(奇草).
괴석(塊石)[괴-/궤-]명 돌멩이.
괴ː-선박(怪船舶)[괴-/궤-]명 국적이 불분명한 괴상한 선박. ¶ 괴선박이 출현하다.
괴ː설(怪說)[괴-/궤-]명 기괴한 설. 이상한 소문.
괴ː성(怪聲)[괴-/궤-]명 괴상한 소리.
괴ː손(壞損)[괴-/궤-]명하타 ☞훼손(毁損).
괴ː수(怪獸)[괴-/궤-]명 괴상하게 생긴 짐승.
괴수(魁首)[괴-/궤-]명 악당의 두목. 수괴.
괴실(槐實)[괴-/궤-]명 회화나무의 열매. 한방에서 살충과 타태제(墮胎劑)로 씀.
괴악(怪惡) '괴악하다'의 어근.
괴악망측(怪惡罔測) '괴악망측하다'의 어근.
괴악망측-하다(怪惡罔測-)[괴앙-츠카-/궤앙-츠카-]형여 도리에 벗어나서 말할 수 없이 괴악하다.
괴악-스럽다(怪惡-)[괴-쓰-따/궤-쓰-따][~스러우니·~스러워]형ㅂ 보기에 괴이하고 흉악한 데가 있다. **괴악스레**부.
괴악-하다(怪惡-)[괴아카-/궤아카-]형여 언행이 괴이하고 흉악하다.
괴ː암(怪岩)[괴-/궤-]명 모양이 괴상하게 생긴 바위.
-괴야어미 〈옛〉-구나. ¶ 그저 간대로 혜아리는 이로괴야(老解下*11*).
괴ː어(怪魚)[괴-/궤-]명 이상야릇하게 생긴 물고기. 보기 드문 물고기.
괴어-들다[괴어-/궤여-][~드니·~들어]자 모여들다.
괴어-오르다[괴어-/궤여-][~오르니·~올라] 자르 ①(술·초 따위가) 익으려고 거품이 부걱부걱 솟아오르다. ②울분 따위의 감정이 속에서 끓어오르다. ¶ 괴어오르는 분노를 참다.
괴ː열(壞裂)[괴-/궤-]명하자 ①부서져 갈라짐. ②일이 중도에서 깨짐. 궤열(潰裂).
괴오다타 〈옛〉괴다3. ¶ 平牀을 괴오니(杜初*10:38*)./北極을 괴왓ᄂᆞᆫ 듯(鄭澈.關東別曲).
괴옴명 〈옛〉〔'괴다'의 명사형〕 굄. ¶ 그스기 고온 양ᄒᆞ야 괴오ᄆᆞᆯ 取ᄒᆞᄂᆞ니(龜鑑下*51*).
괴외히부 〈옛〉고요히. ¶ 괴외히 좀좀ᄒᆞ시니라(圓覺上*1-2:199*).
괴외ᄒᆞ다형 〈옛〉고요하다. ¶ 나랏ᄀᆞᄉᆡ 괴외ᄒᆞ고(月釋序*25*).
괴ː우(怪雨)[괴-/궤-]명 회오리바람으로 말려 올라간 흙·벌레·물고기 등이 섞여 내리는 비.
괴운(怪雲)[괴-/궤-]명 모양이 괴상한 구름.
괴위(魁偉) '괴위하다'의 어근.
괴위-하다(魁偉-)[괴-/궤-]형여 생김생김이 썩 우람하다.
괴이(怪異) '괴이하다'의 어근.
괴-이다[괴-/궤-]자 〖'괴다3'의 피동〗 굄을 당하다.
괴이다타 〈옛〉사랑을 받다. ¶ 효ᄀᆞᆫ 臣下 님금씌 괴이ᅀᆞ와(杜初*3:70*).
괴이-쩍다(怪異-)[괴-따/궤-따]형 괴이한 느낌이 있다. ¶ 괴이쩍은 생각이 들다.

괴이찮다(怪異-)[괴-찬타/궤-찬타]형 '괴이하지 아니하다'가 줄어서 된 말. 준괴찮다. ＊괴이찮아[괴-차나/궤-차나]·괴이찮소[괴-찬쏘/궤-찬쏘]

괴이-하다(怪異-)[괴-/궤-]형여 ①이상야릇하다. ②이상야릇하여 알 수 없다. **괴이-히**부.

괴임-새명 '굄새'의 잘못.

괴ᅇᅵ다자 〈옛〉굄을 받다. 사랑을 받다. ¶ 괴ᅇᅧ: 人愛我(訓解).

괴재(瑰才)[괴-/궤-]명 뛰어난 재주, 또는 그런 재주를 가진 사람.

괴ː저(壞疽)[괴-/궤-]명 신체 조직의 일부가 썩어 기능을 잃는 병.

괴ː저-병(壞疽病)[괴-뼝/궤-뼝]명 비브리오 벌니퍼커스라는 균이 일으키는 질병. 물고기나 조개의 날것, 또는 상처난 피부를 통해 옮는데, 병에 걸리면 살점이 썩어 떨어져 나가는 증상이 나타남.

괴ː조(怪鳥)[괴-/궤-]명 괴상하게 생긴 새.

괴좆-나무명 '구기자나무'의 잘못.

괴ː증(壞症·壞證)[괴쯩/궤쯩]명 한방에서, 상한(傷寒)에 온독(溫毒) 등이 병발한 증세를 이르는 말.

괴ː질(怪疾)[괴-/궤-]명 ①원인을 알 수 없는 이상야릇한 병. ¶ 괴질이 창궐하다. ②〈콜레라(cholera)〉의 속된 말. 괴병(怪病).

괴ː짜(怪-)[괴-/궤-]명 '괴상한 사람'을 홀하게 이르는 말.

괴ː찮다(怪-)[괴찬타/궤찬타]형 〈괴이찮다〉의 준말. ＊괴ː찮아[괴차나/궤차나]·괴ː찮소[괴찬쏘/궤찬쏘]

괴철(塊鐵)[괴-/궤-]명 쇠의 덩어리.

괴ː-춤[괴-/궤-]명 〈고의춤〉의 준말.

괴ː탄(怪誕)[괴-/궤-]명하형 괴상하고 헛됨, 또는 그런 소리.

괴탄(塊炭)[괴-/궤-]명 덩이진 석탄. ↔분탄.

괴토(塊土)[괴-/궤-]명 덩이로 된 흙.

괴-통[괴-/궤-]명 창·삽·괭이·쇠스랑 따위의 자루를 박는 부분. 참고달[2].

괴팍(←乖愎) '괴팍하다'의 어근.

괴팍-스럽다(←乖愎-)[괴-쓰-따/궤-쓰-따][~스러우니·~스러워]형ㅂ 괴팍한 데가 있다. ¶ 괴팍스러운 성격. **괴팍스레**부.

괴팍-하다(←乖愎-)[괴파카-/궤파카-]형여 성미가 까다롭고 별나서 붙임성이 없다.

괴패(乖悖) '괴패하다'의 어근.

괴ː패(壞敗)[괴-/궤-]명하자 헐고 무너짐.

괴패-하다(乖悖-)[괴-/궤-]형여 이치에 어긋나 있다.

괴팩-하다(←乖愎-)형여 '괴팍하다'의 잘못.

괴퍅-하다(←乖愎-)형여 '괴팍하다'의 잘못.

괴ː-하다(怪-)[괴-/궤-]형여 ①성질이나 행동이 괴상하거나 수상하다. ②보기 흉하거나 이상하다. 참이물스럽다. **괴-히**부.

괴ː한(怪漢)[괴-/궤-]명 행동이 수상한 사나이.

괴ː행(怪行)[괴-/궤-]명 괴이한 행동.

괴ː-현상(怪現象)[괴-/궤-]명 괴상하여 알 수 없는 현상.

괴ː혈-병(壞血病)[괴-뼝/궤-뼝]명 비타민 C가 모자라서 생기는 병. 기운이 없고, 잇몸이나 피부 등에서 피가 나며 빈혈을 일으킴.

괴형(塊形)[괴-/궤-]명 덩어리로 된 모양. 괴상(塊狀).

괴ː화(怪火)[괴-/궤-]명 까닭을 알 수 없이 일어난 불.

괴ː후(怪候·乖候)[괴-/궤-]명 변덕이 심한 날씨.

괵(←斛)[괵/궥]명 ☞휘[1].

괵량(←斛量)[굉냥/궹냥]명하타 곡식을 휘로 되는 일.

괵수(馘首)[괵쑤/궥쑤]명하타되자 ☞참수(斬首).

괵실(←槲實)[괵씰/궥씰]명 ☞도토리.

괵약(←槲藥·槲若)[괴갹/궤갹]명 한방에서, '떡갈나무의 잎사귀'를 약재로 이르는 말. 치질·혈리(血痢)·구충(驅蟲) 따위의 약재로 쓰임.

괸ː돌명 '고인돌'의 방언.

굄ː[1][굄/궴]명 유달리 귀엽게 여겨 사랑함. 총애(寵愛). ¶ 굄을 받다.

굄ː[2][굄/궴]명 물건의 밑을 받쳐서 괴는 일, 또는 그 괴는 물건. 고임.

굄ː-돌[굄똘/궴똘]명 ①밑을 괴는 돌. ②북방식 고인돌에서, 덮개돌을 받치고 있는 넓적한 돌. 고임돌. 지석(支石).

굄ː-목(-木)[굄-/궴-]명 밑을 괴는 나무. 고임목.

굄ː-새[굄-/궴-]명 ①굄질하는 솜씨. ②그릇에 음식을 괴어 놓은 모양. 고임새.

굄ː-질[굄-/궴-]명하자 그릇에 떡이나 과일 등을 높이 쌓아 올리는 일. 고임질.

굉걸(宏傑) '굉걸하다'의 어근.

굉걸-하다(宏傑-)[굉-/궹-]형여 굉장하고 웅대하다.

굉굉(轟轟)[굉굉/궹궹]명하형 소리가 몹시 요란함. ¶ 굉굉한 폭음. **굉굉-히**부.

굉대(宏大) '굉대하다'의 어근.

굉대-하다(宏大-)[굉-/궹-]형여 굉장히 크다. ¶ 굉대한 목표.

굉도(宏圖)[굉-/궹-]명 굉장한 계획. 큰 계획.

굉렬(轟烈) '굉렬하다'의 어근.

굉렬-하다(轟烈-)[굉녈-/궹녈-]형여 (울리는 소리가) 몹시 사납고 세차다.

굉모(宏謀·宏謨)[굉-/궹-]명 큰 계획.

굉업(宏業)[굉-/궹-]명 큰 사업.

굉연(轟然) '굉연하다'의 어근.

굉연-하다(轟然-)[굉-/궹-]형여 소리가 엄청나게 크고 요란하다. **굉연-히**부.

굉원(宏遠) '굉원하다'의 어근.

굉원-하다(宏遠-)[굉-/궹-]형여 ①썩 넓고 멀다. ②생각이나 논리 따위가 심오하다.

굉음(轟音)[굉-/궹-]명 몹시 요란하게 울리는 소리.

굉장(宏壯) '굉장하다'의 어근.

굉장-하다(宏壯-)[굉-/궹-]형여 매우 크고 훌륭하다. 많고 대단하다. ¶ 그 정도면 굉장한 발전이다. **굉장-히**부.

굉재(宏才)[굉-/궹-]명 뛰어난 재주.

굉재(宏材)[굉-/궹-]명 뛰어난 인물.

굉재-탁식(宏才卓識)[굉-씩/궹-씩]명 큰 재능(才能)과 뛰어난 견식(見識).

굉홍(宏弘) '굉홍하다'의 어근.

굉홍-하다(宏弘-)[굉-/궹-]형여 도량이 너르고 크다.

굉활(宏闊) '굉활하다'의 어근.

굉활-하다(宏闊-)[굉-/궹-]형여 매우 너르다. **굉활-히**부.

교ː(校)의 인쇄 교정의 횟수를 세는 단위. ¶ 3교./오 교.

교ː(教)명 ①〈종교〉의 준말. ②불교에서 이르는 삼문(三門)의 하나. 중생을 인도하는, 신앙의 근본이 되는 경론(經論). ②참선(禪)·율(律).

교(驕)[명][하형] 〈교만〉의 준말. ¶ 그 친구 재주는 많은데 교가 있어서 탈이다.

교(絞)[의]《수(數) 뒤에 쓰이어》몇 '매끼', 또는 꼰 줄의 몇 '가닥'을 나타내는 말. 〔삼 교(三絞), 사 교(四絞) 따위.〕

교ː가(校歌)[명] 그 학교의 기풍을 발양(發揚)하기 위하여 제정한 노래.

교가(橋架)[명] 다리의 기둥과 기둥 사이에 가로질러 걸치는 들보.

교각(交角)[명] 면 또는 선이 서로 교차하여 이루는 각. 만난각.

교각(橋脚)[명] 다리의 몸체를 받치는 기둥.

교각-살우(矯角殺牛)[-싸루][명] 〔소의 뿔을 바로잡으려다가 소를 죽인다는 뜻으로〕 '결점이나 흠을 고치려다가 수단이 지나쳐서 도리어 일을 그르침'을 이르는 말.

교간(喬幹)[명] 높은 나무의 줄기.

교감(交感)[명][하자] ①서로 접촉되어 감응(感應)함. ②최면술(催眠術)을 쓰는 사람이 상대자를 최면시키는 관계.

교ː감(校監)[명] 학교장을 보좌하여 교무(教務)를 감독하는 직책, 또는 그 사람.

교감(矯監)[명] 교정직 6급 공무원의 직급. 교정관(矯正官)의 아래, 교위(矯衛)의 위.

교감^신경(交感神經)[명] 고등 동물의 척추 양쪽에서 허리로 이어지는 줄기와 그에 딸린 여러 갈래로 이루어진 신경. 〔심장과 혈관, 땀샘과 소화선 등에 분포하여 호흡·순환·소화 따위를 조절함.〕 [참]부교감 신경.

교갑(膠匣)[명] 아교로 만든 작은 갑. 먹기 어려운 가루약 따위를 넣어 쉽게 삼킬 수 있게 하는 데 씀. 교낭(膠囊). 캡슐(capsule).

교객(嬌客)[명] 상대편을 높이어 그의 '사위'를 일컫는 말.

교거(僑居)[명][하자] 남의 집에 붙어서 삶. 임시로 거주함. 우거(寓居).

교거(攪車)[명] ☞씨아.

교거(驕倨) '교거하다'의 어근.

교거-하다(驕倨-)[형][여] 교만하고 거만하다.

교격(矯激) '교격하다'의 어근.

교격-하다(矯激-)[-겨카-][형][여] 성질이 괄괄하고 굳세다.

교결(皎潔) '교결하다'의 어근.

교ː결-하다(皎潔-)[형][여] ①밝고 맑다. ¶ 교결한 달빛. ②조촐하고 깨끗하다. ¶ 그는 교결한 성품을 지녔다. **교결-히**[부].

교계(交界)[-계/-게][명] 땅의 경계. 접경(接境).

교계(交契)[-계/-게][명] ☞교분(交分).

교ː계(教界)[-계/-게][명] 종교 사회.

교ː계(較計)[-계/-게][명][하타] ☞계교(計較).

교고(巧故)[명] 교묘한 거짓.

교고(膠固)[명][하형] ①(아교로 붙인 것처럼) 매우 굳음. ②융통성이 없음.

교곤(攪棍)[명] ☞사침대.

교ː과(教科)[명] 가르치는 과목(科目). 교과목.

교ː과^과정(教科課程)[명] ☞교육 과정.

교ː과-목(教科目)[명] ☞교과(教科).

교ː과-서(教科書)[명] 학교의 각 교육 과정에 맞도록 편찬된 도서. 교본(教本).

교ː과-안(教科案)[명] 학습 지도 요령.

교ː과^커리큘럼(教科curriculum)[명] 교과별로 구성된 교재(教材)의 체계에 따라서 구성하는 교육 과정. ↔경험 커리큘럼.

교관(交款)[명][하자] 서로 사귀어 즐김. 교환(交歡).

교ː관(教官)[명] ①학교에서 교련을 맡은 교사. ②군대에서 군사 교육 및 훈련을 맡아보는 장교. ③학술을 가르치는 관리.

교교(皎皎) '교교하다'의 어근.

교ː교-백구(皎皎白駒)[-꾸][명] ①희고 깨끗한 말. ②성현(聖賢)이 타는 말.

교ː교-월색(皎皎月色)[-쌕][명] 매우 맑고 밝은 달빛. 휘영청 밝은 달빛.

교ː교-하다(皎皎-)[형][여] ①(달빛이) 썩 맑고 밝다. ¶ 달빛이 교교하게 흐르다. ②희고 깨끗하다. **교교-히**[부] ¶ 흰 눈 위에 교교히 비치는 달빛.

교구(交媾)[명][하자] ☞성교(性交).

교구(狡寇)[명] 교활한 도적.

교ː구(校具)[명] 학교에서 쓰는 모든 기구.

교ː구(教具)[명] 학습을 효과 있게 하기 위하여 쓰이는 온갖 기구. 교구재(教具材).

교ː구(教區)[명] 종교의 전파, 신자의 지도나 감독의 편의상 나눈 구역.

교ː구-재(教具材)[명] ☞교구(教具).

교ː국(教國)[명] 일정한 종교를 국교로 삼은 나라.

교군(轎軍)[명] ①☞가마[5]. ②[하자]가마를 멤. ③〈교군꾼〉의 준말.

교군-꾼(轎軍-)[명] 가마를 메는 사람. 교부(轎夫). 교자꾼. 교정(轎丁). [준]교군.

교ː궁(校宮)[명] 각 고을의 향교(鄕校)에 있는 문묘(文廟). 재궁(齋宮).

교ː권(教勸)[명][하타] 가르쳐 권함.

교ː권(教權)[-꿘][명] ①교사로서의 권위와 권리. ¶ 교권 확립. ②종교상의 권위와 권력.

교ː권-주의(教權主義)[-꿘-의/-꿘-이][명] ☞교황 황제주의(教皇皇帝主義).

교ː규(校規)[명] 학교의 규칙. 학규(學規).

교ː규(教規)[명] ☞교칙(教則).

교극(交戟)[명][하자] 〔창 끝이 서로 오간다는 뜻으로〕 '싸움'을 이르는 말. 교전(交戰).

교근(咬筋)[명] 턱의 위에 있는, 아래턱을 앞쪽으로 당기는 작용을 하는 근육.

교긍(驕矜)[명][하타] 교만하게 자부(自負)함.

교기(巧技)[명] 교묘한 재주.

교ː기(校旗)[명] 학교를 상징하는 기.

교기(嬌氣)[명] 아양 부리는 태도. 교태(嬌態).

교기(驕氣)[명] 남을 업신여기어 낮추보는 교만한 태도. 갸기. ¶ 교기를 부리다.

교ː난(教難)[명] 종교에 대한 박해, 또는 그로 인한 고난.

교남(嶠南)[명] ☞영남(嶺南).

교낭(膠囊)[명] ☞교갑(膠匣).

교ː내(校內)[명] 학교 안. ¶ 교내 체육 대회. ↔교외(校外).

교녀(嬌女)[명] 교태를 부리는 여자.

교니(膠泥)[명] 석회나 시멘트에 모래를 섞고 물을 부어 갠 것. 모르타르.

교ː단(教團)[명] 같은 교의(教義)를 믿는 사람끼리 모여 만든 종교 단체.

교ː단(教壇)[명] ①교실에서 교사가 강의할 때 올라서는 단. ②교육 기관. ¶ 선생님께서는 올해로 교단에 계신 지 50년이 되셨다.

　교단에 서다[관용] 교사 생활을 하다.

　교단을 떠나다[관용] 교사 생활을 그만두다.

교ː단^문학(教壇文學)[명] ①교단에서 추상적 설명을 위주로 하여 강의하는 문학. ②교원(교육자)들이 창작한 문학.

교담(交談)[명][하자] 말을 주고받음. 서로 이야기를 나눔.

교:당(教堂)명 종교 단체의 신자들이 모여 예배를 보거나 포교(布教)를 하는 집.
교대(交代)명하자타 서로 번갈아 듦. 대거리. 체대(替代).
교대(絞帶)명 상복(喪服)에 띠는 삼띠.
교대(絞臺)명 〈교수대(絞首臺)〉의 준말.
교:대(教大)명 〈교육 대학(教育大學)〉의 준말.
교대(橋臺)명 다리 양쪽 끝의 받침. 다리받침.
교대^광:상(交代鑛床)명 암석의 일부가 고열로 녹은 마그마(magma) 때문에 용해·유출되어 생긴 구멍 속에, 다시 녹은 광물이 침전(沈澱)·결정(結晶)하여 이루어진 광상.
교대^본위(交代本位)명 화폐의 복본위제(複本位制)를 실제의 유통면에서 이르는 말.
교대-식(交代式)명 두 변수의 위치를 서로 바꾸어 놓았을 때, 절댓값은 바뀌지 않고 음양의 부호만을 바꾼 식.
교대^작용(交代作用)명 광물이나 암석이 가스나 수용액의 침투 등으로 화학 작용을 받아 화학 성분이 달라지는 일.
교도(交道)명 벗과 사귀는 도리.
교:도(教徒)명 종교를 믿는 사람. 신도. 신자. 종도.
교:도(教導)명 ①하타가르쳐 지도함. 교유(教諭). ②하자학생의 생활을 지도함.
교:도(矯導)명 ①하타바로잡아 인도함. ②교정직 9급 공무원의 직급. 교사(矯士)의 아래.
교:도-관(矯導官)명 교정직(矯正職) 공무원을 통틀어 이르는 말.
교:도-소(矯導所)명 징역형이나 금고형 또는 노역 유치나 구류 처분을 받은 수형자(受刑者), 재판 중에 있는 사람 등을 수용하는 행형(行刑) 기관. 감옥.
교독(交讀)명하타 기독교에서, 예배를 볼 때 성경 구절 따위를 목사와 신도가 한 대문씩 번갈아 가며 읽는 일.
교:동(狡童)명 교활한 아이.
교동(嬌童)명 귀엽고 사랑스러운 사내아이.
교동(驕童)명 교만한 아이.
교두-보(橋頭堡)명 ①다리를 엄호하기 위하여 쌓은 보루. ②적군이 점령하고 있는 해안 등지의 한 지역을 점거하여 아군의 상륙을 돕거나 작전의 기반이 되게 하는 거점. ¶ 교두보를 확보하다. ③'침략하기 위한 발판'을 비유하여 이르는 말.
교란(攪亂)명하타되자 뒤흔들어 어지럽게 함. ¶ 적의 통신망을 교란하다.
교:량(較量)명 견주어 헤아림.
교량(橋梁)명 ☞다리[2].
교:련(教鍊)명하타 ①가르쳐 단련시킴. ②전투에 적응하도록 가르치는 기본 훈련. 조련(操鍊). ③학생에게 가르치는 군사 훈련.
교:련-관(教鍊官)명 조선 말기, 현대식 군제(軍制)에 의하여 군대를 교련하던 장교.
교령(交靈)명하자 죽은 이의 영혼이 살아 있는 이와 서로 통함.
교:령(教令)명 임금의 명령.
교:령(教領)명 천도교에서, 교를 대표하는 으뜸 직위, 또는 그 직위에 있는 사람.
교:료(校了)명하타되자 인쇄물의 교정을 끝냄. 오케이(O.K.). 완준(完準).
　교료(를) 놓다관용 교정을 끝낸 교정지에 '교료'라고 표시하거나 도장을 찍다.
교:료-지(校了紙)명 교정을 끝낸 교정지.
교룡(交龍)명 ☞용틀임.
교룡(蛟龍)명 ①모양이 뱀과 같고 넓적한 네 발이 있다고 믿었던 상상의 동물. 〔물속에 살며 큰 비를 만나면 하늘에 올라 용이 된다 함.〕 ②'때를 못 만나 뜻을 이루지 못하는 영웅호걸'을 비유하여 이르는 말.
교룡-기(交龍旗)명 지난날, 임금의 거둥 때 의장(儀仗)의 하나로 세우던 큰 기.
교류(交流)명 ①☞교류 전류. ↔직류(直流). ②하타문화나 사상 따위가 서로 오가며 섞임. ③하자되자서로 교체됨. ¶ 인사(人事) 교류.
교류-기(交流機)명 〈교류 발전기〉의 준말.
교류^라디오^수신기(交流radio受信機)명 교류 전류를 전원(電源)으로 하는 라디오 수신기.
교류^발전기(交流發電機) [-쩐-]명 전자(電磁) 감응을 응용하여 교류를 발생하는 발전기. 준교류기(交流機).
교류^장치(交流裝置)명 교류 전원(電源)으로부터 전류를 정류(整流)시켜 직류 전원을 얻게 함으로써 전지(電池)의 역할을 하게 하는 장치.
교류^전:동기(交流電動機)명 교류에 의하여 동력을 발생하는 전동기.
교류^전:류(交流電流) [-절-]명 일정한 시간마다 번갈아 반대 방향으로 흐르는 전류. 교번 전류. 교류(交流). ↔직류 전류.
교:리(校理)명 〔조선 시대〕 ①홍문관의 정오품 벼슬. ②교서관(校書館)과 승문원(承文院)의 종오품 벼슬.
교:리(教理)명 종교상의 원리나 이치.
교:리^문:답(教理問答)명 ①종교상의 원리나 이치를 서로 묻고 대답함. ②기독교에서, 세례나 영세를 받을 때 주고받는, 교리에 대한 문답.
교:리^신학(教理神學)명 ☞교의학(教義學).
교린(交隣)명 이웃 나라와의 교제.
교린^정책(交隣政策)명 ①이웃 나라와 화평하게 지내는 정책. ②조선 시대에, 이웃한 여진과 일본에 대하여 화친을 꾀하던 정책.
교림(喬林)명 키가 큰 종류의 나무들로 이루어진 숲. ↔왜림(矮林).
교마(轎馬)명 가마와 가마를 끄는 말.
교만(驕慢)명하형스형 잘난 체하여 뽐내고 버릇이 없음. 거만. ¶ 교만을 부리다. 준교(驕). ↔겸손. **교만-히**부. **교만스레**부.
교맥(蕎麥)명 '메밀'로 순화.
교면(嬌面)명 교태를 부리는 얼굴.
교:명(校名)명 학교 이름.
교:명(教命)명 조선 시대에, 왕비나 세자 등을 책봉하던, 임금의 명령.
교명(嬌名)명 기생 등의 교태로 알려진 명성.
교:명-문(教命文)명 조선 시대에, 교명을 내리면서 훈유(訓諭)하던 글.
교:모(校帽)명 ☞학생모(學生帽). 학모(學帽).
교:모(教母)명 천주교의 수녀.
교:목(校牧)명 학교에서, 종교에 관한 교육을 맡아보는 목사.
교목(喬木)명 줄기가 곧고 굵으며 높이 자라고 비교적 위쪽에서 가지가 퍼지는 나무. 〔느티나무·감나무·소나무·전나무 따위.〕 큰키나무. ↔관목(灌木).
교목-대(喬木帶) [-때]명 식물의 수직 분포대의 한 가지. 산록대의 바로 위, 관목대의 아래 지대.
교목-세가(喬木世家) [-쎄-]명 여러 대에 걸쳐 중요한 벼슬을 지내고 내려와, 그 나라와 운명을 같이하는 집안. 참교목세신.

교목-세신(喬木世臣) [-쎄-] 명 여러 대에 걸쳐 중요한 지위에 있어 나라와 운명을 같이하는 신하. 참교목세가.
교묘(巧妙) '교묘하다'의 어근.
교묘-하다(巧妙-) 형여 ①솜씨나 재치가 있고 약삭빠르다. ¶ 교묘한 수단. ②매우 잘되고 묘하다. ¶ 교묘한 공예품. **교묘-히** 부.
교ː무(校務) 명 학교의 운영에 관한 여러 사무.
교ː무(教務) 명 ①학교의 수업에 관한 사무. ②종교상의 사무.
교ː무-금(教務金) 명 가톨릭에서, 교회의 유지·발전을 위하여 신자들이 의무적으로 바치는 돈을 이르는 말.
교ː무-실(教務室) 명 교사들이 수업 준비를 하거나 사무를 보는 방.
교ː무^주임(教務主任) 명 학교에서 교무의 일을 주관하는 교원.
교ː문(校門) 명 학교의 정문.
교문을 나서다〔나오다〕 관용 학교를 졸업하다.
교ː문(教門) 명 〔불교에서〕 ①〔생사해탈의 가르침에 들어가는 문이라는 뜻으로〕 부처의 가르침을 이르는 말. ②교의(教義)를 체계적으로 연구하는 분야를 이름.
교미(交尾) 명하자 (생식을 하기 위하여) 동물의 암수가 교접하는 일. 흘레.
교미(嬌媚) 명 아리따운 태도로 아양을 부림.
교미교취-제(矯味矯臭劑) 명 ☞교정약(矯正藥).
교미-기(交尾期) 명 동물이 교미하는 시기.
교민(僑民) 명 외국에 나가 살고 있는 자기 나라 사람. ¶ 재외 교민.
교반(攪拌) 명하타 휘저어 한데 섞음.
교반-기(攪拌機·攪拌器) 명 (어떤 물건을 섞거나 부수거나 또는 열을 골고루 전달시키기 위하여) 뒤섞어 휘젓는 기구나 장치.
교ː방(教坊) 명 조선 시대에, 장악원(掌樂院)의 아악(雅樂)을 맡았던 좌방(左坊)과 속악(俗樂)을 맡았던 우방(右坊)을 아울러 이르던 말.
교ː방-가요(教坊歌謠) 명 조선 시대에, 임금을 환영하는 노상 정재 때 교방에서 베풀던 노래와 춤. 준가요.
교배(交拜) 명하자 혼례식에서, 신랑 신부가 서로 절을 하는 일.
교배(交配) 명하타 생물의 암수를 인공적으로 수정(受精)시키는 일.
교배-종(交配種) 명 종류가 서로 다른 생물을 교배하여 만든 새로운 종자.
교번(交番) 명하자 번을 서로 바꿔 듦. 체번.
교번^전ː류(交番電流) [-절-] 명 ☞교류 전류(交流電流).
교ː범(教範) 명 모범으로 삼아 가르치는 법식. ¶ 태권도 교범.
교ː법(教法) 명 ①교의(教義), 특히 부처의 가르침. ②가르치는 방법.
교변(巧辯) 명 재치 있는 말.
교병(交兵) 명하자 ☞교전(交戰).
교병(驕兵) 명 (싸움에 이기고) 뽐내는 군사.
교ː보(校報) 명 학교 안팎의 소식, 또는 그것을 다룬 인쇄물.
교ː복(校服) 명 학생들이 입는 제복. 비학생복.
교ː본(校本) 명 교정을 다 보아 틀리거나 빠진 글자가 없이 된 책. 본교열본(校閱本).
교ː본(教本) 명 ①교재로 쓰는 책. ②교과서.
교봉(交鋒) 명하자 ☞교전(交戰).
교부(交付·交附) 명하타되자 ①내어 줌. ¶ 증명서 교부. ②물건의 인도(引渡).
교ː부(教父) 명 〔초기 기독교에서〕 ①덕망이 있는 성직자를 일컫던 말. ②저술에 종사한 정통 신학자를 일컫던 말.
교ː부(教婦) 명 (방직 공장 같은 데서) 직공에게 기술을 가르치고 지도하는 여자.
교부(轎夫) 명 ☞교군꾼.
교부^공채(交付公債) 명 ☞강제 공채. ↔모집 공채.
교부-금(交付金) 명 ①내어 주는 돈. ②☞보조금(補助金).
교ː부^철학(教父哲學) 명 1~8세기의 초기 기독교회에서, 그리스 철학을 원용하여, 교리(教理)를 합리적·철학적으로 조직하려고 하였던 교부들의 철학. 〔아우구스티누스가 그 대표임.〕
교분(交分) 명 친구 사이의 사귄 정분. 교계(交契). 교의(交誼). ¶ 교분이 두텁다.
교붕(交朋) 명 ①여자의 동성애. ②☞교우(交友).
교ː비(校費) 명 학교에서 쓰는 비용.
교ː비-생(校費生) 명 교비로 공부하는 학생.
교빙(交聘) 명하자 나라와 나라 사이에 서로 사신(使臣)을 보내는 일.
교사(巧詐) 명하타 교묘한 수단으로 그럴듯하게 속이는 모양.
교사(郊祀) 명 고려·조선 시대에, 임금이 서울의 백 리 밖 교외에서 동지와 하지 때 지내던 제사.
교ː사(校舍) 명 학교의 건물.
교ː사(教師) 명 유치원·초등학교·중학교·고등학교 등에서, 소정의 자격을 가지고 학생을 가르치거나 돌보는 사람.
교ː사(教唆) 명하타 남을 부추겨 못된 일을 하게 함.
교사(絞死) 명하자 목을 매어 죽음.
교사(膠沙) 명 바다 밑의 개흙이 섞인 모래.
교사(矯士) 명 교정직 8급 공무원의 직급. 교위(矯衛)의 아래, 교도(矯導)의 위.
교사(矯詐) 명하타 ☞교위(矯僞).
교사(驕奢) '교사(驕奢)하다'의 어근.
교사(驕肆) '교사(驕肆)하다'의 어근.
교ː사-범(教唆犯) 명 남을 교사하여 범죄를 실행하게 한 사람, 또는 그 범죄.
교ː사-스럽다(巧詐-) [-따] [~스러우니·~스러워] 형ㅂ 보기에 교묘하게 남을 속이는 데가 있다. **교사스레** 부.
교ː사-죄(教唆罪) [-쬐/-쮀] 명 남을 교사하여 범죄를 실행하게 한 죄.
교사-하다(驕奢-) 형여 교만하고 사치스럽다. 교치(驕侈)하다.
교사-하다(驕肆-) 형여 교만하고 방자하다.
교살(絞殺) 명하타되자 목을 매어 죽임. 교수(絞首).
교상(咬傷) 명하자·타되자 짐승이나 독사(毒蛇) 따위에 물려서 상함, 또는 그 물린 상처.
교ː상(教相) 명 〔불교에서〕 ①부처가 일대(一代)에 설한 교법(教法)의 형태. ②각 종(宗)의 교의(教義) 이론.
교상(膠狀) 명 (물질의) 끈끈한 상태.
교상-질(膠狀質) 명 (물질의) 아교와 같은 끈끈한 상태의 바탕.
교색(驕色) 명 교만한 낯빛.
교ː생(校生) 명 조선 시대에, 향교에 다니던 생도.
교ː생(教生) 명 〈교육 실습생〉의 준말.
교ː생^실습(教生實習) [-씁] 명 ☞교육 실습.
교ː서(校書) 명하타 도서를 검열함.

교ː서(敎書)명 ①대통령이나 국왕이 의회 또는 국민에게 보내는 정치상의 의견서. ¶ 연두 교서. ②가톨릭에서, 교황이 공식으로 내는 서한. ③지난날, 임금이나 제후(諸侯)가 내던 명령서.

교ː서-관(校書館)명 조선 시대에, 경적(經籍)의 인쇄와 교정, 향축(香祝)과 인전(印篆) 따위를 맡아보던 관아.

교ː서-권(敎書權)[-꿘]명 미국 대통령의 입법(立法) 참여권의 한 가지로, 교서를 의회에 보내는 권리.

교ː설(敎說)명하타 가르치어 설명함.

교섭(交涉)명하자타되자 ①어떤 일을 이루기 위하여 상대편과 의논함. ¶ 교섭이 타결되다. ②관계를 가짐.

교섭^단체(交涉團體)[-딴-]명 국회의 의사 진행을 원활히 하기 위하여 일정한 정당의 의원들로 구성하여 안건(案件)을 협의하는 의원의 단체. ¶ 원내(院內) 교섭 단체.

교성(嬌聲)명 (여자의) 간드러지는 목소리.

교성-곡(交聲曲)명 하나의 줄거리를 가진 내용을 몇 개의 악장으로 나누어 구성한 큰 규모의 성악곡. 칸타타(cantata).

교ː세(敎勢)명 종교의 형세, 또는 그 세력. ¶ 교세를 떨치다.

교세(矯世)명하자 세상의 나쁜 일을 바로잡음.

교소(巧笑)명 ①귀염성 있는 웃음. ②아양 떠는 웃음. 요염한 웃음.

교수(巧手)명 교묘한 수단. 묘수(妙手).

교ː수(敎授)명 ①대학에서 학술을 가르치는 사람을 통틀어 이르는 말. 대학 교수. ②대학에서 급수가 가장 높은 교원. ③조선 시대에, 사학(四學)에서 유생을 가르치던 벼슬아치. ④하타(학문이나 기예를) 가르침.

교수(絞首)명 ①하타되자☞교살(絞殺). ②중한 범죄자의 목을 옭아 죽이는 형벌.

교ː수-단(敎授團)명 교수들로 구성된 단체.

교수-대(絞首臺)명 사형수를 교수하여 죽이는 대(臺). 준교대(絞臺).

교ː수-법(敎授法)[-뻡]명 아동이나 학생을 교육하는 방법. 교육의 목적을 달성하기 위한 체계적인 방법.

교ː수-안(敎授案)명 ☞교안(敎案).

교수-형(絞首刑)명 사형수의 목을 옭아매어 죽이는 형벌. 준교형(絞刑).

교ː수-회(敎授會)[-회/-훼]명 대학의 자치적인 의사 결정 기관. 〔조교수 이상으로 구성됨.〕

교순(交詢)명하자 신실(信實)로써 교제함.

교ː습(敎習)명하타 가르쳐서 익히게 함.

교ː시(校是)명 그 학교의 교육상의 근본 정신을 나타내는 표어(標語).

교ː시(校時)의 학교의 수업 시간의 단위. ¶ 5교시 국어 시간.

교ː시(敎示)명하타되자 (지식이나 방법 등을) 가르쳐서 보임, 또는 그 가르침의 내용.

교식(矯飾)명하타 겉만 꾸미어 치레함.

교식-의(交食儀)[-시긔/-시기]명 조선 시대에, 일식(日蝕)과 월식(月蝕)을 관측하던 기계.

교신(交信)명하자 통신을 주고받음.

교신(驕臣)명 교만한 신하.

교ː실(敎室)명 ①학교에서 주로 수업에 쓰는 방. ②대학의 연구실을 달리 이르는 말. ¶ 병리학 교실. ③어떤 것을 배우는 모임. ¶ 꽃꽂이 교실.

교심(驕心)명 교만한 마음.

교아(驕兒)명 버릇없는 아이.

교악(狡惡) '교악하다'의 어근.

교악-하다(狡惡-)[-아카-]형여 교활하고 간악하다. **교악-히**부.

교ː안(敎案)명 교수에 필요한 교재의 단원을 전개·실천·정리 등의 단계로 나누어 짠 예정안. 교수안. 학습 지도안.

교ː양(敎養)명 ①하타되자가르쳐 기름. ②사회생활이나 학식을 바탕으로 이루어지는 품행과 문화에 대한 지식. ¶ 교양이 높다. /교양이 있다. /교양이 풍부하다.

교ː양^과목(敎養科目)명 전공(專攻) 이외에 일반교양을 위하여 배우는 과목.

교ː양-물(敎養物)명 교양을 위한 읽을거리나 볼거리.

교ː양-미(敎養美)명 교양이 있는 데서 저절로 풍기는 아름다움.

교ː양-서적(敎養書籍)명 교양을 쌓는 데 도움이 되는 서적.

교ː양^소ː설(敎養小說)명 보다 높은 정신적 경지로의 자기 형성 과정을, 주인공의 유년 시절부터 성년기까지의 역사를 통하여 펼쳐 보임으로써 독자의 인간 형성에 이바지하고자 하는 소설.

교ː양-인(敎養人)명 교양이 있는 사람.

교어(巧語)명하자 ☞교언(巧言).

교어(鮫魚)명 ☞상어.

교언(巧言)명하자 (실상이 없이) 교묘하게 꾸며 대는 말. 교어(巧語).

교언-영색(巧言令色)[-녕-]명 (남의 환심을 사려고) 번지르르하게 발라맞추는 말과 알랑거리는 낯빛.

교여(轎輿)명 〔가마와 수레라는 뜻으로〕 탈것을 통틀어 이르는 말.

교역(交易)명하타되자 물건을 서로 사고파는 일. 〔주로, 국가 사이의 교환 무역을 이르는 말.〕

교ː역(敎役)명 (설교나 전도 따위) 종교적 사업을 책임지고 맡아서 하는 일.

교ː역-자(敎役者)[-짜]명 개신교에서, 교역에 종사하는 목사나 전도사 등을 통틀어 이르는 말.

교역^조건(交易條件)[-쪼껀]명 수출 상품의 한 단위와 교환으로 수입할 수 있는 외국 상품의 단위 수(교환 비율).

교열(咬裂)명하타 입으로 물어뜯어 찢음.

교ː열(校閱)명하타 문서나 책의 어구 또는 글자의 잘못을 살피어 교정하고 검열함.

교ː열-본(校閱本)명 〈교본(校本)〉의 본딧말.

교영(郊迎)명하타 성문 밖에서 마중함.

교오(驕傲)명하형 교만하고 건방짐. **교오-히**부.

교왕(矯枉)명하타 굽은 것을 바로잡음.

교왕-과직(矯枉過直)명하자 〔구부러진 것을 바로잡으려다가 지나치게 곧게 한다는 뜻으로〕 잘못을 바로잡으려다가 지나쳐서 오히려 나쁘게 됨을 이르는 말.

교외(郊外)[-외/-웨]명 도시나 마을 주변의, 들이나 논밭이 비교적 많은 곳. 비야외(野外).

교ː외(校外)[-외/-웨]명 학교 밖. ¶ 교외 생활 지도. ↔교내(校內).

교ː외^교ː육(校外敎育)[-외-/-웨-]명 (학생의) 교외에서의 견학·조사·실습 등 직접 경험을 통하여 이루어지는 교육.

교ː외-별전(敎外別傳)[-외-쩐/-웨-쩐]명 선종(禪宗)에서, 석가가 말이나 문자를 쓰지 않고 마음으로써 따로 심원한 뜻을 전하여 준 일을 이름.

교ː외-생(校外生) [-외-/-웨-] 명 통학하지 않고, 통신 교수나 강의록(講義錄) 따위로 교육을 받는 학생.

교ː외^지도(校外指導) [-외-/-웨-] 명 학생들의 학교 밖에서의 생활을 지도하고 단속하는 일.

교용(嬌容) 명 교태를 띤 모습.

교우(交友) 명하자 벗과 사귐, 또는 그 사귀는 벗. 교붕(交朋). ¶ 교우 관계를 맺다.

교ː우(校友) 명 ①같은 학교를 다니는(다닌) 벗. 동창(同窓)의 벗. ②학교에서, 그 학교의 '졸업생·재학생·직원'을 통틀어 이르는 말.

교ː우(敎友) 명 같은 종교를 믿는 친구.

교우이신(交友以信) 명 세속 오계의 하나로, 벗은 믿음으로써 사귀어야 한다는 계율.

교ː우-지(校友誌) 명 교우들의 글을 모아 엮어 발간한, 잡지 형식의 책.

교ː우-회(校友會) [-회/-훼] 명 같은 학교의 재학생이나 졸업생으로 조직된 단체, 또는 그 모임. 동창회.

교ː원(敎員) 명 교사(敎師)와 교수 등 각급 학교에서 학생을 가르치는 사람을 통틀어 이르는 말.

교ː원^검ː정(敎員檢定) 명 〈교원 자격 검정〉의 준말.

교원-병(膠原病) [-뼝] 명 온몸의 결체 조직(結締組織)이 계통적으로 침해를 받는 증후군(症候群). 〔류머티즘이나 경피증 따위.〕

교ː원^자격^검ː정(敎員資格檢定) [-껌-] 명 교원이 되려고 지원하는 사람의 인격·학력·신체 등을 검사하여 그 자격이 있는 사람을 선정하는 일. 준교원 검정.

교ː원^자격증(敎員資格證) [-쯩] 명 교원의 자격을 인정하는 증서.

교원-질(膠原質) 명 경단백질의 한 가지. 동물의 결체 조직이나 뼈·피부 등에 함유되어 있음. 물과 함께 끓이면 젤라틴이 됨.

교ː월(皎月) 명 희고 밝은 달.

교위(巧違) 명하타되자 공교롭게 기회를 놓침.

교위(巧僞) 명하타 교묘하게 속임.

교위(矯僞) 명하타 속임. 교사(矯詐).

교위(矯衛) 명 교정직 7급 공무원의 직급. 교감(矯監)의 아래, 교사(矯士)의 위.

교유(交遊) 명하자 서로 사귀어 놀거나 왕래함.

교ː유(敎誘) 명하타 달래어 가르침.

교ː유(敎諭) 명하타 올바른 방향으로 가르치고 타이름. 교도(敎導).

교ː육(敎育) 명하타되자 ①지식을 가르치고 품성과 체력을 기름. ②성숙하지 못한 사람의 심신을 발육시키기 위하여 일정한 기간 동안 계획적·조직적으로 행하는 교수적(敎授的) 행동. 〔가정교육, 학교 교육, 사회 교육 등이 있음.〕

교ː육-가(敎育家) [-까] 명 ①교육에 종사하는 사람. 교육자. ②육영 사업을 하는 사람.

교ː육-감(敎育監) [-깜] 명 특별시와 광역시 및 각도의 교육 위원회의 사무를 총괄하여 처리하는 공무원.

교ː육^강령(敎育綱領) [-깡녕] 명 교육의 목적과 순서 및 방법에 관한 근본 요강(要綱).

교ː육-계(敎育界) [-꼐/-께] 명 교육이나 육영(育英) 사업에 관계하는 사람들의 사회.

교ː육^공무원(敎育公務員) [-꽁-] 명 국립이나 공립의 교육 기관 또는 교육 행정 기관에 근무하는 교원 및 사무직원을 통틀어 이르는 말.

교ː육^과정(敎育課程) [-꽈-] 명 교육 목표를 달성하는 데 필요한 교재를 학습자의 발달 단계에 맞추어 체계적으로 배열·조직한 전체 계획. 교과 과정. 커리큘럼. 학과 과정.

교ː육^기관(敎育機關) [-끼-] 명 교육에 관한 일을 수행하는 조직체.

교ː육^대ː학(敎育大學) [-때-] 명 초등학교 교원(敎員)의 양성을 목적으로 하는 대학. 준교대(敎大).

교ː육^방ː송(敎育放送) [-빵-] 명 라디오나 텔레비전을 매체로 하여 실시하는 시청각 교육의 한 가지. 참방송 교육.

교ː육-법(敎育法) [-뻡] 명 교육에 관한 기본법.

교ː육-부(敎育部) [-뿌] 명 중앙 행정 기관의 하나. 교육·학술 및 국가 인적 자원 개발, 과학 기술 진흥 등에 관한 사무를 맡아봄.

교ː육-비(敎育費) [-삐] 명 ①교육을 시키는 데 드는 돈. ②교육의 비용으로 교육 재정에 의해서 정부나 단체에서 지출하는 돈.

교ː육-세(敎育稅) [-쎄] 명 의무 교육비의 정상적인 조달을 목적으로 한 조세(租稅).

교ː육^실습(敎育實習) [-씰씁] 명 교직 과정(敎職課程)을 이수하는 사람이 실지로 학교에 나가서 실습하고 체험하는 과정. 교생 실습.

교ː육^실습생(敎育實習生) [-씰씁쌩] 명 교육 실습을 하는 학생. 준교생(敎生).

교ː육^심리학(敎育心理學) [-씸니-] 명 교육에 응용하는 응용 심리학. 인간의 정신 발달과 학습 과정, 학습 성과의 측정과 평가 등이 주요 연구 영역임.

교ː육-애(敎育愛) 명 피교육자에 대한 교육자의 사랑. 〔교육 활동의 기본 요소로 침.〕

교육^연령(敎育年齡) [-융녈-] 명 피교육자의 교육 수준을 표시하는 나이.

교ː육-열(敎育熱) [-융녈] 명 교육에 대한 열성. ¶ 교육열이 높다.

교ː육^영화(敎育映畫) [-융녕-] 명 지식의 전달이나 교화(敎化)를 목적으로 하는, 교육적 가치가 있는 영화.

교ː육^위원회(敎育委員會) [-회/-훼] 명 특별시·광역시·도(道)에 설치되어 그 지방 자치 단체 안의 교육과 학예(學藝)에 관한 중요 사항을 심의·의결하는 기관.

교ː육-자(敎育者) [-짜] 명 교원(敎員)으로서 교육에 종사하는 사람.

교ː육-장(敎育長) [-짱] 명 교육청의 책임자.

교ː육^재정(敎育財政) [-쩨-] 명 국가나 지방 자치 단체가 공공 자금으로 교육비를 지급하는 재정.

교ː육^지수(敎育指數) [-찌-] 명 학력 검사에서 얻어진 교육 연령을 생활 연령으로 나누어 100을 곱한 수. 〔학력의 발달 정도를 나타냄.〕

교ː육^철학(敎育哲學) 명 교육학의 한 부문으로, 교육의 기본 원리를 연구하는 철학.

교ː육-청(敎育廳) 명 지방 교육 행정 기관. 특별시·광역시·도(道)에 설치되어 있고, 한 개 또는 그 이상의 시·군 자치구의 교육 행정을 맡아보는 지역 교육청이 있음.

교ː육^측정(敎育測定) [-쩡] 명 교육의 효과를 객관적·수량적(數量的)으로 측정하는 일. 성적·지능·성격·체력·적성(適性) 등의 영역에서 실시됨.

교ː육^평ː가(敎育評價) [-까] 명 교육의 목표에 비추어 교육의 성과를 판정하는 일.

교ː육-학(敎育學) [-유칵] 명 교육의 본질·목적·내용·방법 등에 관한 이론을 연구하는 학문.

교ː육-한자(教育漢字)[-유칸짜]명 '한문 교육용 기초 한자'를 줄여 이르는 말로, 중·고등학교 학생이 배우도록, 교육부에서 선정한 1800자의 한자.

교ː육^헌ː장(教育憲章)[-유컨-]명 〈국민 교육 헌장〉의 준말.

교ː육형-론(教育刑論)[-유켱논]명 형벌은 범죄에 대한 보복이 아니고, 다시는 죄를 저지르지 않게 하기 위한 교육이라고 하는 학설. 목적형론(目的刑論). 참응보형론(應報刑論).

교의(交椅)[-의/-이]명 ①의자(椅子). ②신주(神主)나 혼백 상자(魂帛箱子) 등을 모시는 의자.

교의(交誼)[-의/-이]명 ☞교분(交分).

교ː의(校醫)[-의/-이]명 〈학교의〉의 준말.

교ː의(教義)[-의/-이]명 (그 종교에서 진리로 여기고 있는) 종교상의 가르침. 교법(教法). ¶ 비전 밀교(祕傳密教)의 교의.

교ː의-학(教義學)[-의-/-이-]명 어떤 종교의 교의를 체계적으로 조직화한 학문. 교리 신학.

교인(交印)명하자 ☞연판(連判).

교ː인(教人)명 종교를 믿는 사람. 신자(信者).

교일(驕佚·驕逸) '교일하다'의 어근.

교일-하다(驕佚-·驕逸-)형여 ☞교자하다.

교자(交子)명 ①☞교자상(交子床). ②교자상에 차려 놓은 음식.

교자(嬌姿)명 ☞교태(嬌態).

교자(轎子)명 〈평교자(平轎子)〉의 준말.

교자(驕恣) '교자하다'의 어근.

교자-꾼(轎子-)명 ☞교군꾼.

교자-상(交子床)[-쌍]명 음식을 차려 내는 장방형의 큰 상. 교자(交子).

교자-하다(驕恣-)형여 교만하고 방자하다. 교일(驕佚)하다.

교잡(交雜)명되자 ①하자여러 가지 종류가 한데 뒤섞임. ②하타다른 종류의 생물을 교배(交配)시켜 잡종을 만듦. ②잡교(雜交).

교잡-종(交雜種)[-쫑]명 품종이 다른 것을 교배(交配)하여 새로이 생겨난 품종.

교장(巧匠)명 솜씨가 교묘한 장인(匠人).

교ː장(校長)명 〈학교장(學校長)〉의 준말.

교ː장(教場)명 ①가르치는 곳. 교실(教室). ②군(軍)과 같은 집단에서 가르치는 시설을 해 놓은 곳. ¶ 각개 전투 교장.

교ː재(教材)명 교수 및 학습에 쓰이는 재료.

교ː재-비(教材費)명 교수하는 데 쓰이는 교구(教具)·비품 등을 마련하는 데 드는 경비.

교ː재-원(教材園)명 교육에 필요한 동식물을 기르거나 가꾸거나 하여 학생들의 학습에 도움이 되게 하는 곳.

교전(交戰)명 ①하자서로 싸움. 서로 병력을 동원하여 전투를 함. 교극(交戟). 교병(交兵). 교봉(交鋒). 교화(交火). ¶ 교전 상태. ②십팔기(十八技) 또는 무예 이십사반의 하나. 두 사람이 각기 짧은 칼로 맞서서 하는 검술.

교ː전(教典)명 종교상의 가르침을 적은 책.

교전^구역(交戰區域)명 교전국의 병력이 적대 행위(敵對行爲)를 할 수 있는 지역. 〔보통, 교전국의 영토, 공해 및 그 상공을 가리킴.〕

교전-국(交戰國)명 ①교전의 당사자인 국가. ②전쟁 상태에 있는 상대국.

교전-권(交戰權)[-꿘]명 ①전쟁 당사국으로서 전쟁을 할 수 있는 권리. ②국가가 교전국으로서 가지는 국제법상의 여러 권리.

교전^단체(交戰團體)명 국제법에서, 교전국과 같은 교전권을 인정받은 정치 단체.

교전-비(轎前婢)명 지난날, 혼례 때 신부를 따라가던 계집종.

교절(交截)명 ①두 개의 도형 또는 물체가 서로 겹쳐서 공통의 부분을 가지는 일. ②두 개념이 부분적으로 공통의 외연을 가지는 일.

교점(交點)[-쩜]명 ①수학에서, 둘 이상의 선이 서로 만나는 점. ②천문학에서, 행성이나 혜성 등의 궤도면이 황도면과 만나는 점. 만난점.

교점-월(交點月)[-쩌뭘]명 달의 외관상의 위치가, 하나의 교점을 출발해서 천구(天球)를 일주하여 인례의 교점으로 돌아오기까지의 시간. 〔27일 5시간 5분 35.8초〕 참분점월.

교접(交接)명하자되자 ①서로 닿아 접촉함. ¶ 외계와 교접하다. ②남녀 또는 암수의 성적인 접촉. ②성교(性交). ②참교미(交尾)·흘레.

교접(膠接)명하자타 (아교로 붙인 것처럼) 단단히 붙음, 또는 붙임. 교착(膠着).

교접-기(交接器)[-끼]명 ☞생식기(生殖器).

교접-완(交接腕)명 문어·오징어 등 두족류(頭足類)의 수컷의 교미 기관.

교정(交情)명 서로 사귀는 정분(情分).

교ː정(校正)명하타되자 교정지와 원고를 대조하여 틀린 글자나 빠진 글자 따위를 바로잡는 일. 간교(刊校). 교준(校準). 준(準).

교ː정(校訂)명하타되자 책의 잘못된 글자나 어구(語句) 따위를 고치는 일.

교ː정(校庭)명 학교의 운동장.

교ː정(教正)명하타 가르쳐서 바로잡음.

교ː정(教程)명 무엇을 가르칠 때의 일정한 순서나 방식, 또는 그에 따른 교과서.

교ː정(矯正)명하타되자 좋지 않은 버릇이나 결점 따위를 바로잡아 고침. 교직(矯直).

교정(矯情)명하자 감정을 억눌러 겉으로 나타내지 않음.

교정(轎丁)명 ☞교군꾼.

교ː정-감(矯正監)명 교정직 4급 공무원의 직급. 교정 부이사관의 아래, 교정관(矯正官)의 위.

교ː정-관(矯正官)명 교정직 5급 공무원의 직급. 교정감(矯正監)의 아래, 교감(矯監)의 위.

교ː정^기호(校正記號)명 인쇄물을 교정할 때 쓰는 기호.

교ː정-도감(教定都監)명 고려 시대에, 최충헌이 설치한 무신 독재 정치 기관. 관리의 임면(任免) 및 감찰 업무를 맡아보던 최고의 권력 기관이었음.

교ː정-료(校正料)[-뇨]명 출판물의 교정을 보아 주고 받는 삯.

교ː정-보다(校正-)타 인쇄물의 오자·배열·색 따위를 바로잡다.

교ː정-본(校訂本)명 고서(古書)를 후세 사람이 교정해서 펴낸 책.

교ː정^부ː이사관(矯正副理事官)명 교정직 3급 공무원의 직급. 교정 이사관(矯定理事官)의 아래, 교정감(矯定監)의 위.

교ː정-쇄(校正刷)명 인쇄물의 교정을 보기 위하여 한두 장 찍어 내는 일, 또는 그렇게 찍어 낸 종이. 가쇄(假刷). 교정지.

교ː정-술(矯正術)명 ①기계적 작용을 이용하여 사지(四肢)의 기형이나 변형을 교정하는 방법. ②몸의 자세를 바로잡기 위한 운동.

교정-시력(矯正視力)명 (근시·난시 따위를) 안경이나 렌즈로 교정한 시력.

교ː정-약(矯正藥)[-냑]명 약품의 불쾌한 맛이나 냄새를 없애고 먹기 좋게 조절하는 약. 〔박하·계피 따위.〕 교미교취제(矯味矯臭劑).

교ː정-원(校正員)명 인쇄소나 출판사에서 교정을 전문으로 보는 사람.
교ː정^이ː사관(矯正理事官)명 교정직 2급 공무원의 직급. 교정 부이사관의 위.
교ː정-지(校正紙)명 교정쇄, 또는 교정을 본 교정쇄. 준장(準張). 준지(準紙). 비대장(臺狀).
교ː정-직(矯正職)명 일반직 공무원의 직렬(職列)에 의한 분류의 한 가지. 교도소에서 재소자의 교정(矯正)에 관한 일을 맡아봄.
교ː정^체조(矯正體操)명 신체의 변형이나 운동 장애 등을 정상적인 형태로 바로잡기 위하여 하는 체조.
교ː정-침(校正針)명 ☞지속침(遲速針).
교제(交際)명하자 사람과 사람이 서로 사귐. ¶ 교제가 넓다. /교제를 끊다.
교제(膠劑)명 아교처럼 진득진득하여 피막(被膜)으로 피부를 보호하거나 압박하는 약제.
교제-가(交際家)명 교제가 넓은 사람. 교제에 능한 사람. 사교가(社交家).
교제-비(交際費)명 교제하는 데 드는 비용.
교제-술(交際術)명 교제하는 수단이나 재주.
교ː조(教祖)명 어떤 종교나 종파를 처음으로 일으킨 사람. 교주(教主). 종조(宗祖).
교ː조(教條)명 ①기독교에서, 교회가 공인한 교의(教義), 또는 그 교의의 조목(條目). ②특정한 권위자의 교의나 사상.
교ː조-주의(教條主義)[-의/-이]명 ①특정한 권위자의 교의(教義)나 사상을 절대적인 것으로 여겨, 현실을 무시하고 이를 기계적으로 적용하려는 생각. 〔특히, 수정 사회주의자가 전통적 마르크스주의에 대하여 이름.〕 ②원리 원칙에 묶여 이를 융통성 있게 응용하려 하지 않는 사고방식.
교족-상(交足床)[-쌍]명 혼례(婚禮) 때, 나조반을 올려놓는 상.
교졸(巧拙)명 익숙함과 서투름. 공졸(工拙).
교ː졸(校卒)명 조선 시대에, 군아(郡衙)에 딸렸던 장교와 나졸.
교ː종(教宗)명 ①선종(禪宗)에 상대하여 불교의 교리를 중심으로 하여 불도를 터득하려는 종파. 선종은 교외별전(教外別傳)인데, 교종은 경론(經論)의 문자·어구로 교의(教義)를 풀이하는 데서 이르는 말. ②조선 세종 때, 자은종(慈恩宗)·화엄종(華嚴宗)·시흥종(始興宗)·중신종(中神宗)이 어울려 된 종파. ↔선종.
교ː종^본산(教宗本山)명 교종의 가장 중심이 되는 절.
교죄(絞罪)[-죄/-줴]명 교수형에 처하는 범죄.
교주(交奏)명하타 향악(鄕樂)과 당악(唐樂)을 섞바꾸어 연주함.
교ː주(校主)명 사립학교의 경영자.
교ː주(校註·校注)명하타 책의 자구(字句) 등을 교정하여 주석을 보탬, 또는 그 주석.
교ː주(教主)명 ①종교 단체의 최고 지도자. ②☞교조(教祖).
교주고슬(膠柱鼓瑟)명 〔비파나 거문고의 기둥을 아교풀로 고착시켜 버리면 한 가지 소리밖에 나지 않는다는 뜻으로〕 '변통성이 없이 소견이 꼭 막힌 사람'을 이르는 말. '사기'의 '인상여전(藺相如傳)'에 나오는 말임.
교ː준(校準)명하타되자 ☞교정(校正).
교중(僑中)명 ☞객중(客中).
교지(巧智)명 교묘한 지혜.
교지(巧遲) '교지하다'의 어근.
교지(狡智)명 간사한 지혜. 약은 꾀.
교ː지(校地)명 학교가 들어앉은 땅. 학교 터.
교ː지(校誌)명 학생들이 교내에서 편집·발행하는 잡지.
교ː지(教旨)명 ①조선 시대에, 임금이 사품(四品) 이상의 문무관에게 내리던 사령(辭令). 관고(官誥). 관교(官教). 왕지(王旨). ②종교의 취지(趣旨).
교ː-지기(校-)명 향교(鄕校)를 지키는 사람. 교직(校直).
교지-하다(巧遲-)형여 솜씨가 빼어나기는 하나 속도가 느리다.
교직(交織)명하타 (무명과 명주, 명주와 털 따위와 같이) 종류가 다른 두 가지 이상의 실을 섞어서 짜는 일, 또는 그 직물.
교ː직(校直)명 ☞교지기.
교ː직(教職)명 ①학생을 가르치는 직무. ¶ 교직에 종사하다. ②교회에서 교인(教人)을 지도하는 직무.
교직(矯直)명하타되자 ☞교정(矯正).
교ː직^과목(教職科目)[-꽈-]명 교직(教職)에 관한 전문 과목. 〔교육 원리·교육 심리학·교육 실습 따위.〕
교ː직-원(教職員)명 교원과 학교에서 교육 관계의 업무에 종사하는 사무 직원.
교질(膠質)명 기체·액체·고체 가운데 흩어진 상태로 있는 미립자, 또는 그 미립자가 흩어져 있는 상태. 콜로이드(colloid).
교질^화ː학(膠質化學)명 ☞콜로이드 화학.
교-집합(交集合)[-지팝]명 수학에서, 둘 이상의 집합에서 각 집합에 공통으로 들어 있는 원소 전체의 집합을 이르는 말. 공통집합.
교차(交叉)명하자되자 가로세로로 엇갈림. ¶ 남북 교차 승인. /도로가 교차하다.
교차(較差)명 최고와 최저와의 차. 흔히, 기온의 최고와 최저를 이름. 〔일교차·연교차 따위.〕
교차^개ː념(交叉概念)명 외연(外延)의 일부가 서로 합치하는 둘 이상의 개념. 〔'학자와 교육자', '청년과 미남' 따위.〕 교호 개념(交互概念).
교차-로(交叉路)명 도로와 도로, 또는 도로와 선로가 서로 엇갈린 길.
교차-점(交叉點)[-쩜]명 도로나 선로 따위가 '十' 자로 교차되어 있는 곳.
교착(交着)명하자되자 서로 붙음.
교착(交錯)명하자되자 복잡(複雜)하게 엇갈려서 뒤섞임.
교착(膠着)명하자되자 ①단단히 달라붙음. 교접(膠接). ②어떤 상태가 그대로 고정되어 좀처럼 변화가 없게 됨. ¶ 회담이 교착 상태에 빠지다.
교착-어(膠着語)명 언어의 형태상 유형의 한 가지. 실질적인 의미를 가진 단어 또는 어간에 문법적인 기능을 가진 요소가 일정한 순서로 결합하여 문장 속에서의 문법적 역할이나 문법적 관계를 나타내는 언어. 〔한국어·일본어·터키 어 등이 이에 딸림.〕 부착어(附着語). 첨가어(添加語).
교창(交窓)명 분합문(分閤門) 위에 가로로 길게 짜서 끼우는 창. 횡창(橫窓).
교창(咬創)명 동물에게 물린 상처.
교천(交淺) '교천하다'의 어근.
교천-하다(交淺-)형여 사귐이 얕다.
교체(交替·交遞)명하타되자 (자리나 구실 같은 것을) 다른 사람 또는 다른 것과 바꿈, 또는 바뀜. 체대(替代). ¶ 정권 교체. /선수를 교체하다.
교체(橋體)명 다리의 몸체가 되는 부분, 곧 물 위에 가로지른 부분.
교치(巧緻) '교치(巧緻)하다'의 어근.

교치(咬齒)명하자 소리를 내어 이를 갊.
교치(驕侈) '교치(驕侈)하다'의 어근.
교치-하다(巧緻─)형여 정교하고 치밀하다.
교치-하다(驕侈─)형여 ☞교사(驕奢)하다.
교:칙(校則)명 학교의 규칙. 학규(學規).
교:칙(教則)명 ①가르치는 데 있어서의 규칙. ②종교상의 규칙. 교규(教規).
교칠(膠漆)명 〔아교와 옻칠이라는 뜻으로〕'두 사람 사이가 떨어질 수 없을 정도로 매우 친밀한 사이'임을 비유하여 이르는 말. ¶ 교칠 같은 교분(交分).
교칠지교(膠漆之交)[-찌-]명 서로 떨어질 수 없는 매우 친밀한 교분. 〔중국 당나라 때의 시인인 백거이가 친구 원미지(元微之)에게 보낸 편지에서 유래함.〕
교침(膠枕)명 화각(畫角)을 대어 꾸며 만든 베갯모.
교:탁(教卓)명 교수할 때 책 따위를 놓는 교단 앞의 탁자.
교태(嬌態)명 여자의 요염한 자태(姿態). 교기(嬌氣). 교자(嬌姿). ¶ 교태를 부리다.
교태(驕態)명 교만한 태도.
교토-기(攪土器)명 농기구의 한 가지. 겉흙을 뒤섞고 흙덩이를 부수는 등 땅을 보드랍게 하는 데 쓰임.
교통(交通)명 ①(자동차·배·비행기 따위) 탈것을 이용하여 사람이나 짐이 한곳에서 다른 곳으로 오가는 일. ¶ 해상 교통의 중심지. /교통이 편리하다. ②탈것, 특히 자동차 따위가 이동하는 일. ¶ 차량 증가로 교통이 매우 혼잡하다. /폭우로 교통이 마비되다. ③하자 사람과 사람, 나라와 나라가 서로 왕래하며 의사를 통하는 일.
교통-경찰(交通警察)명 교통의 안전과 질서의 유지를 목적으로 하는 경찰.
교통^기관(交通機關)명 도로·철도 등의 시설과, 차량·선박·항공기 등의 운수 기관.
교통-난(交通難)명 교통 기관이 모자라거나 도로가 혼잡하여 통행이 원활하게 이루어지지 않는 일. ¶ 대도시의 출퇴근 시간에는 교통난이 심각하다.
교통-도덕(交通道德)명 교통상 마땅히 지켜야 할 공중도덕.
교통^도시(交通都市)명 교통상 중요한 위치에 있고, 교통 기관이 발달하여 교통의 중심지를 이룬 도시.
교통-량(交通量)[-냥]명 어떤 도로를, 일정한 시간에 통과하는 차량이나 사람의 수량.
교통-로(交通路)[-노]명 교통에 이용되는 도로, 또는 수로(水路)·항공로(航空路) 따위.
교통-마비(交通痲痹)명 눈이나 폭우(暴雨) 또는 사고 등으로 교통 기관이 제 기능을 발휘하지 못하는 상태.
교통-망(交通網)명 여러 교통로가 그물처럼 이리저리 벋어 있는 상태.
교통^법규(交通法規)[-뀨]명 사람이나 차가 길을 왕래할 때 지켜야 할 법령 및 규칙.
교통-비(交通費)명 찻삯·뱃삯 등 교통 기관을 이용하는 데드는 비용. 참거마비.
교통-사고(交通事故)명 육상의 교통 기관이 충돌하거나 사람을 치거나 하는 사고.
교통-수단(交通手段)명 사람이나 짐을 옮기는 데 쓰는 수단.
교통-순경(交通巡警)명 거리에서 교통정리를 하고 교통질서를 바로잡는 일을 하는 순경.
교통^신:호(交通信號)명 교차로나 횡단로·건널목 따위에 설치해 놓은 빨간불·녹색불 따위의 신호. 〔'가라'·'서라'·'주의' 따위의 뜻을 나타냄.〕
교통-안전(交通安全)명 교통질서와 교통 법규를 잘 지켜 사고를 미연에 방지하는 일.
교통안전^표지(交通安全標識)명 교통상의 안전 확보를 위하여 쓰이는 여러 가지 표지. 〔주의 표지·규제 표지·지시 표지 따위.〕
교통-정리(交通整理)[-니]명 교통의 흐름이 정체(停滯)되거나 혼란을 일으키지 않도록 정리하는 일.
교통-지옥(交通地獄)명 '심한 교통난'을 비유하여 이르는 말. ¶ 출근 시간의 교통지옥.
교통-질서(交通秩序)[-써]명 사람이나 차가 통행하는 데 마땅히 지켜야 하는 질서.
교통^차:단(交通遮斷)명 일정한 지역이나 일정한 통로의 교통을 막아 버리는 일.
교통-편(交通便)명 한 장소에서 다른 장소로 이동하기 위하여 이용하는 기차·선박·자동차·항공기 따위의 교통수단.
교:파(教派)명 종교의 분파. 종파(宗派).
교:편(教鞭)명 학생을 가르칠 때 교사가 쓰는 가느다란 막대기.
　교편(을) 놓다관용 교사로서의 생활을 그만두다. ¶ 건강이 좋지 않아서 교편을 놓고 잠시 쉬고 있다.
　교편(을) 잡다관용 교사가 되어서 학생을 가르치다. ¶ 한 학교에서 30년 동안 교편을 잡고 있다.
교:편-생활(教鞭生活)명 교사로서의 생활.
교폐(矯弊)[-폐/-페]명하자 폐단을 바로잡음.
교포(絞布)명 ☞염포(殮布).
교포(僑胞)명 외국에 가서 사는 동포. ¶ 일본에서 사는 교포. /사할린 교포.
교:풍(校風)명 그 학교의 특색으로 되어 있는 기풍(氣風).
교풍(矯風)명하자 좋지 않은 풍습을 바로잡음.
교-하다(巧─)형여 ①물건을 만드는 솜씨가 아주 좋다. ②언행을 그럴듯하게 하여 남을 속이는 데가 있다.
교:하-생(教下生)명 ☞문하생(門下生).
교:학(教學)명 ①교육과 학문. ②가르치는 일과 배우는 일.
교한(驕悍) '교한하다'의 어근.
교한-하다(驕悍─)형여 교만하고 사납다.
교합(交合)명하자 ☞성교(性交).
교합(咬合)명 ①입을 다물었을 때에 생기는 아랫니와 윗니의 접촉 상태. ②아래턱과 위턱의 놓인 상태.
교항(驕亢) '교항하다'의 어근.
교항-하다(驕亢─)형여 교만(驕慢)하고 자존심이 강하다.
교향-곡(交響曲)명 관현악을 위하여 만들어진 소나타 형식의 규모가 큰 악곡. 보통, 4악장으로 이루어짐. 심포니(symphony).
교향-시(交響詩)명 표제 음악의 한 가지. 시적(詩的)·회화적 내용을 가지는 자유로운 형식의 관현악곡.
교향-악(交響樂)명 교향곡·교향시 등 관현악을 위한 음악을 통틀어 이르는 말.
교향악-단(交響樂團)[-딴]명 교향곡의 연주를 목적으로 조직된 연주가의 집단. 심포니 오케스트라.
교형(絞刑)명 〈교수형(絞首刑)〉의 준말.
교혜(巧慧) '교혜하다'의 어근.

교혜-하다(巧慧-) [-혜-/-헤-] ⓗⓨ 교묘하고 도 슬기가 있다.
교호(交互) 명하자되자 ①서로 엇바꿈. 서로 번갈아 함. ¶ 두 사람이 교호하여 발언하다. ②서로 어긋나게 맞춤. ¶ 흑백이 교호된 무늬.
교호(交好) 명하자 사이좋게 지냄.
교호^개ː념(交互槪念) 명 ☞교차 개념.
교화(交火) 명하자 ☞교전(交戰).
교ː화(敎化) 명하타되자 ①(주로 교양·도덕 따위를) 가르치어 감화시킴. ¶ 문제아에 대한 교화 사업. ②불법(佛法)으로 사람을 가르치어 착한 마음을 가지게 함.
교환(交換) 명하타되자 ①서로 바꿈. 서로 주고받음. ¶ 예물 교환. /선물을 교환하다. ②〈전화 교환〉의 준말. ③전화 교환원.
교환(交歡·交驩) 명하자 서로 가까이 사귀며 즐거움을 나눔.
교환^가격(交換價格) [-까-] 명 화폐를 재화(財貨)와 교환할 때의 그 화폐의 실질적인 가치. 화폐의 구매력(購買力).
교환^가치(交換價値) 명 ①일정량의 물품을 다른 종류의 물품과 교환할 수 있는 상대적인 가치. ②화폐를 다른 나라의 화폐와 교환할 때의 가치. ¶ 달러에 대한 원화의 교환 가치.
교환^경ː기(交換競技) 명 친선을 목적으로 외국 선수를 초청하여 벌이는 경기.
교환^경제(交換經濟) 명 화폐 경제, 상품 경제 등 재화의 교환에 의하여 이루어지는 경제. ↔자연 경제.
교환^공문(交換公文) 명 넓은 뜻에서의 조약의 한 가지로, 국가 간의 합의를 약정한 문서.
교환^교ː수(交換敎授) 명 두 나라 사이, 또는 두 학교 사이에서, 일정 기간 서로 교수를 교환해서 강의하는 일, 또는 그 교수.
교환-기(交換機) 명 〈전화 교환기〉의 준말.
교환-끝(交換-) [-끋] 명 어음 교환소에서 어음을 교환하고, 서로 채권(債權)을 상쇄했을 때 생기는 차액. *교환끝이[-끄치]·교환끝을[-끄틀]·교환끝만[-끈-]
교환^수혈(交換輸血) 명 환자의 혈액을 일정량 뽑아내고, 같은 양의 건강한 혈액을 대신 수혈하는 일.
교환-원(交換員) 명 〈전화 교환원〉의 준말.
교활(狡猾) '교활하다'의 어근.
교활-하다(狡猾-) ⓗⓨ 간사하고 음흉하다. ¶ 교활한 꾀. **교활-히** 부.
교ː황(敎皇) 명 가톨릭 교회의 가장 높은 지도자로서의 성직자. 법왕. 로마 교황. 법황(法皇).
교ː황-령(敎皇領) [-녕] 명 로마 교황이 다스리는 세속적인 영역.
교ː황-청(敎皇廳) 명 가톨릭에서, 교황을 중심으로 하여 온 세계의 가톨릭 신자와 교회를 다스리는 교회 행정의 중앙 기관. 〔로마의 바티칸 시국에 있음.〕 법왕청(法王廳).
교ː황^황제주의(敎皇皇帝主義) [-의/-이] 명 교황의 교권(敎權)이 황제의 권능보다 우월하다는 주의. 교권주의(敎權主義).
교ː회(敎會) [-회/-훼] 명 어떤 종교, 특히 기독교의 교의(敎義)를 가르치고 펴며, 또 예배나 미사를 보기 위한 건물, 또는 그 조직. ¶ 나는 주일마다 빠지지 않고 교회에 나간다.
교ː회(敎誨) [-회/-훼] 명하타 (나쁜 짓을 한 사람을) 가르치고 일깨움.
교ː회-당(敎會堂) [-회-/-훼-] 명 기독교에서, 예배나 미사를 보는 건물. 교회의 건물.
교ː회^학교(敎會學校) [-회-꾜/-훼-꾜] 명 주일마다 교회에서 신자들에게 성경을 가르치고 종교 교육을 베푸는 모임.
교ː훈(校訓) 명 그 학교의 교육 이념을 간명하게 표현한 말.
교ː훈(敎訓) 명하자타 (사람으로서 나아갈 길을 그르치지 않도록) 가르치고 깨우침, 또는 그 가르침. ¶ 선생님의 교훈을 한평생 잊지 않다.
교힐(狡黠) '교힐하다'의 어근.
교힐-하다(狡黠-·巧黠-) ⓗⓨ 능글맞고 매우 약다. **교힐-히** 부.
구(勾·句) 명 직각 삼각형의 직각을 낀 두 변 중에서 짧은 변. 참고(股)·현(弦).
구(句) 명 ①둘 또는 그 이상의 단어로 이루어져 절(節)이나 문장의 한 성분이 되는 말. 〔'따뜻한 봄이 돌아왔다.'에서 '따뜻한 봄'(명사구) 따위.〕 이은말. ②시조나 시구의 어절(語節).
구ː(灸) 명 ☞뜸4.
구ː(姤) 명 〈구괘(姤卦)〉의 준말.
구(矩) 명 ①☞곱자. ②지구에서 볼 때 외행성(外行星)이 태양과 직각의 방향에 있는 일.
구(毬) 명 격구(擊毬)나 타구(打毬)에 쓰이는 공. 채구(彩毬).
구(球) 명 ①공 모양으로 생긴 둥근 물체, 또는 그런 모양. ②수학에서, 한 점에서 같은 거리에 있는 모든 점의 자취에 의하여 이루어지는 둥근 입체를 이르는 말. 공.
구(區) 명 ①특별시·광역시 및 인구 50만 이상 되는 시(市)의 행정 구역의 한 가지. ②〈구역(區域)〉의 준말. ③〖의존 명사적 용법〗 넓은 범위의 것을 일정한 기준에 따라 나눈 하나하나의 구획. ¶ 전국을 몇 구로 나누면 될까? ④《일부 명사 뒤에 붙어》 '법령 집행을 위하여 정한 구획'의 뜻을 나타냄. 〔선거구(選擧區)·투표구(投票區) 따위.〕
구(具) 의 시체의 수효를 세는 단위. ¶ 다섯 구의 시체가 발견되다.
구(九) Ⅰ 수 아홉.
Ⅱ 관 《수량을 나타내는 말 앞에 쓰이어》 ①그 수량이 아홉임을 나타내는 말. ¶ 구 년. /구 미터. ②그 순서가 아홉 번째임을 나타내는 말. ¶ 구 호. /구 조 선수들은 출발하십시오.
구(溝) 수관 양(穰)의 1만 배, 간(澗)의 1만분의 일이 되는 수(의). 곧, 10^{32}.
구(舊)- 접두 《일부 명사 앞에 붙어》 '묵은'·'낡은'·'전날의'·'오래된' 따위의 뜻을 나타냄. ¶ 구시대. /구건물. /구정치인. ↔신(新)-.
-구- 접미 《일부 동사의 어간 뒤에 붙어》 주동사를 사동사로 만듦. ¶ 달구다. /돋구다.
-구(口) 접미 《일부 명사 뒤에 붙어》 ①사람이 드나드는 곳임을 뜻함. ¶ 승강구(乘降口). /출입구. /집표구(集票口). ②작은 구멍이 나 있는 곳임을 뜻함. ¶ 하수구. /접수구. /투약구(投藥口).
-구(具) 접미 《일부 명사 뒤에 붙어》 '무슨 일을 하는 데 쓰는 기구'임을 나타냄. ¶ 구명구. /운동구. /문방구.
구가(謳歌) 명하타 ①많은 사람이 입을 모아 칭송함. ¶ 선정(善政)을 구가하다. ②행복한 처지나 기쁜 마음 따위를 거리낌 없이 나타냄. ¶ 청춘을 구가하다. /자유를 구가하다.
구ː가(舊家) 명 ①옛날에 살던 집. ②대대로 오래 이어 온 집안. ③한곳에 오랫동안 살아온 집안.
구가(衢街) 명 대도시의 큰 길거리.

구가마-하다타여 쌀 가마니 따위를 법식대로 묶다.
구:각(口角)명 입아귀.
구각(晷刻)명 때. 시각(時刻). 짧은 시간.
구:각(舊殼)명 케케묵은 제도나 관습. ¶ 구각을 벗어나다.
구:각-춘풍(口角春風)명 좋은 말재주로 남을 칭찬하여 즐겁게 해 줌, 또는 그런 말.
구간(苟艱) '구간하다'의 어근.
구간(球竿)명 길이 약 1.5 m의 나무 막대기 양쪽 끝에 공 모양의 나무를 끼운 체조 용구.
구간(區間)명 어떤 지점과 다른 지점과의 사이. ¶ 통행이 제한된 구간.
구간(軀幹)명 포유동물의 머리와 사지를 제외한 몸통 부분. 동부(胴部).
구:간(舊刊)명 전에 간행된 출판물. ↔신간.
구간-골(軀幹骨)명 몸통 부분을 이루는 골격. 몸통뼈.
구간-하다(苟艱-)형여 매우 가난하다. **구간-히**부.
구:갈(口渴)명하형 목이 마름.
구:갈-증(口渴症)[-쯩]명 목이 마르는 증세.
구:감(口疳)명 입 안이 헐고 터지는 병.
구감(龜鑑)명 '귀감(龜鑑)'의 잘못.
구-감초(灸甘草)명 한방에서, '구운 감초'를 약재로 이르는 말.
구:강(口腔)명 입 안, 곧 입에서 목까지의 공간. 입속. ¶ 구강 검진 외과(外科).
구:강-염(口腔炎)[-념]명 구강에 생긴 염증.
구:강^위생(口腔衛生)명 구강과 구강의 점막 및 이와 잇몸 따위의 질병 예방과 치료.
구:개(口蓋)명 입천장.
구:개-골(口蓋骨)명 경구개(硬口蓋)에 있는 한 쌍의 납작한 뼈.
구:개-음(口蓋音)명 자음의 한 갈래. 혓바닥과 경구개 사이에서 나는 소리. 〔'ㅈ·ㅉ·ㅊ' 따위가 이에 딸림.〕 경구개음. 센입천장소리. 입천장소리.
구:개음-화(口蓋音化)명하자 되자 끝소리가 'ㄷ·ㅌ'인 형태소가 'ㅣ' 또는 반모음 'ㅣ'로 시작되는 형태소와 만나면 구개음인 'ㅈ·ㅊ'으로 발음되는 현상. 〔'굳이'가 '구지'로 발음되는 따위.〕 입천장소리되기.
구거(鉤距)명 ☞미늘.
구거(溝渠)명 ☞개골창. 도랑.
구걸(求乞)명하자타 남에게 돈·물건·곡식 따위를 거저 달라고 빎. 걸구(乞求).
구검(拘檢)명하타되자 언행을 함부로 하지 못하도록 타이름.
구겨-지다자 〖'구기다'의 피동〗 구김살이 생기다. ¶ 옷이 구겨지다.
구격(具格)명 격식을 갖춤.
구:결(口訣)명 한문의 구절 끝에 다는 토를 약호(略號)로 나타낸 것. 〔'㠯(하고)'·'匕(하니)'·'厂(에)' 따위.〕
구:경명하타 어떤 곳 또는 어떤 일을 보고 즐기는 일. ¶ 구경을 가다. /연극을 구경하다.
구경(九卿)명 조선 시대에, 육조의 판서, 좌우 참찬(參贊), 한성판윤(漢城判尹)의 아홉 벼슬아치를 통틀어 이르던 말.
구경(九經)명 중국의 고전인 아홉 가지 경서(經書). 주역(周易)·시경(詩經)·서경(書經)·예기(禮記)·춘추(春秋)·효경(孝經)·논어(論語)·맹자(孟子)·주례(周禮)를 이르기도 하고, 주례·의례(儀禮)·예기·좌전(左傳)·공양전(公羊傳)·곡량전(穀梁傳)·주역·시경·서경을 이르기도 함.
구:경(口徑)명 총포(銃砲)나 카메라 등 원통형으로 된 것의 안지름. ¶ 구경 100 mm의 망원경.
구경(究竟)명 ①사물을 궁구(窮究)해 가다가 마침내 도달한 곳. ¶ 진리의 구경. ②〖부사적 용법〗 끝에 가서는. 결국. ¶ 구경 포기할 수밖에 없었다.
구경(俱慶)명 부모가 모두 살아 있음. 구존(俱存).
구경(球莖)명 '알줄기'로 순화.
구:경-가마리[-까-]명 행동거지가 남과 달라서 남의 웃음거리가 되는 사람을 얕잡아 이르는 말.
구:경-감[-깜]명 구경할 만한 것. 구경거리.
구:경-거리[-꺼-]명 구경감.
구:경-꾼명 구경하는 사람.
구:경-나다자 구경거리가 생기다.
구:경-비(口徑比)명 렌즈의 직경과 초점 거리와의 비. 〔렌즈로 만들어지는 상(像)의 밝기는 구경비의 제곱에 비례함.〕
구:경-스럽다[-따][~스러우니·~스러워]형ㅂ 구경할 만하다. **구경스레**부.
구:경-증(口硬症)[-쯩]명 한방에서, 입과 혀가 뻣뻣해지고 차가워지는 어린아이의 병을 이르는 말.
구경-하(俱慶下)명 부모가 모두 살아 있는 처지(환경). 부모의 시하(侍下).
구계(九界)[-계/-게]명 불교의 십계(十界)에서 불계(佛界)를 뺀 아홉 경계(境界).
구계(拘繫)[-계/-게]명하타 붙잡아 맴.
구고(勾股·句股)명 '직각 삼각형'의 구용어.
구고(究考)명하타 깊이 생각함. 끝까지 연구함.
구고(舅姑)명 ☞시부모(媤父母).
구:고(舊故)명 오래전부터의 연고.
구:고(舊稿)명 전에 써 둔 묵은 원고.
구고-전(勾股田·句股田)명 직각 삼각형 모양으로 생긴 논이나 밭.
구고-현(勾股弦)명 구(勾)와 고(股)와 현(弦), 곧 직각 삼각형의 세 변.
구곡(九穀)명 수수·옥수수·조·벼·콩·팥·보리·참밀·깨의 아홉 가지 곡식.
구:곡(舊穀)명 묵은 곡식. 작년에 거둔 곡식. 진곡(陳穀). ↔신곡(新穀).
구곡-간장(九曲肝腸)[-깐-]명 〔굽이굽이 깊이 서린 창자라는 뜻으로〕 '깊은 마음속' 또는 '시름이 쌓인 마음속'을 비유하여 이르는 말.
구공(九空)명 아득하고 먼 하늘. 구만리장천(九萬里長天). 만리장천.
구:공(口供)명하타 죄를 자백함.
구:공(舊功)명 전날에 이룬 공.
구:공-서(口供書)명 자백한 내용을 적은 글.
구공-탄(九孔炭)명 ①구멍이 여럿 뚫린 원기둥 모양의 연탄을 두루 이르는 말. 구멍탄. ②〈십구공탄(十九孔炭)〉의 준말.
구:과(口過)명 ①☞실언(失言). ②☞구취(口臭).
구과(毬果)명 소나뭇과 식물에서 볼 수 있는, 둥글거나 원추 모양의 열매.
구관(句管·勾管)명하타 일을 맡아서 처리함.
구관(球冠)명 구를 한 평면에 의하여 잘랐을 때의 잘린 구의 구면(球面) 부분.
구:관(舊官)명 (새로 온 벼슬아치에 대해) 앞서 그 자리에 있었던 벼슬아치. 〔특히, 수령(守令)에 대해서 이르는 말.〕 ↔신관(新官).
구관이 명관(名官)이다관용 ①경험 많은 사람이 더 낫다는 말. ②나중 사람을 겪어 봄으로써 먼저 사람이 좋은 줄 알게 된다는 말.
구:관(舊慣)명 옛 관례(慣例).

구ː관(舊館) 명 (새로 세운 건물이 아닌) 전부터 있었던 건물. ↔신관(新館).

구ː관(舊觀) 명 원래의 모양. 전날의 형편. ¶ 거리 풍경이 변하여 구관을 떠올릴 수가 없다.

구-관복(具官服) 명 하자 벼슬아치가 관복을 갖추어 입음.

구관-조(九官鳥) 명 찌르레깃과의 새. 생김새는 까마귀와 비슷하며 날개 길이 16 cm가량. 몸빛은 검으나 눈 아래에 노란 띠가 있고 날개에 커다란 흰무늬가 있음. 부리와 발은 등황색임. 사람의 말이나 다른 동물의 울음소리를 흉내 냄.

구ː괘(姤卦) 명 육십사괘의 하나. 건괘(乾卦)와 손괘(巽卦)를 위아래로 놓은 괘. 하늘 아래에 바람이 있음을 상징함. 준구(姤).

구교(溝橋) 명 ①운하·둑·도로 따위의 아래를 가로지르는 터널 모양의 지하 수로. ②철도 아래의 배수용 수로에 놓은 작은 다리.

구ː교(舊交) 명 오래된 교제. 오랜 친구.

구ː교(舊敎) 명 '가톨릭'을 개신교(改新敎)에 대하여 이르는 말. ↔신교·개신교.

구ː교-도(舊敎徒) 명 '가톨릭 신자'를 달리 이르는 말. ↔신교도(新敎徒).

구ː교지간(舊交之間) 명 오래전부터 사귀어 온 사이.

구구 Ⅰ 부 닭이나 비둘기가 우는 소리.
Ⅱ 감 닭이나 비둘기를 부를 때 하는 소리.

구구(九九) 명 〈구구법(九九法)〉의 준말.

구구(區區) '구구하다'의 어근.

구구-단(九九段) 명 '구구법'을 흔히 이르는 말.

구구-법(九九法)[-뻡] 명 곱셈에 쓰는 기초 공식, 또는 그 하나하나를 외는 방법. 〔오팔사십(5×8=40), 구구팔십일(9×9=81) 따위.〕 준구구.

구구불일(區區不一) 명 하형 각각 달라서 한결같지 아니함.

구구-사정(區區私情) 명 사소한 개인 사정.

구구-생활(區區生活) 명 가까스로 생계를 이어 나가는 일.

구구-이(句句-) 부 구절마다.

구구절절(句句節節) 명 모든 구절. ¶ 그래 네 말이 구구절절 다 옳다.

구구절절-하다(句句節節-) 형여 편지 글 따위에서 사연이나 내용이 매우 상세하고 간곡하다. **구구절절-이** 부.

구구-표(九九表) 명 구구법의 공식을 차례에 따라 적은 표.

구구-하다(區區-) 형여 ①각각 다르다. ¶ 의견이 구구하다. ②잘고 구차하다. ¶ 구구한 변명을 늘어놓다. **구구-히** 부.

구ː국(救國) 명 하자 나라를 위기에서 구함.

구ː군(舊軍) 명 어떤 일에 오래 종사하여 아주 익숙한 사람.

구-군복(具軍服) 명 하자 지난날, 무관들이 군복을 갖추어 입던 일. 〔조선 시대에는 벙거지를 쓰고 전대띠를 띠며 목화(木靴)를 신고 환도를 차며 등채를 손에 들었음.〕

구궁(九宮) 명 팔괘의 방위와 그 중앙의 방위를 이르는 말.

구ː권(舊券)[-꿘] 명 부동산을 매매할 때, 매도 증서에 첨부하는 이전 소유주의 매도 증서.

구ː궐(久闕) 명 하자 오랫동안 빠짐.

구귀-가(九歸歌) 명 주산의 나눗셈을 외는 문구. '이일 첨작오(二一添作五)'와 같이 다섯 자로 된 45개의 문구를 이름.

구귀-법(九歸法)[-뻡] 명 구귀가를 이용해서 주산의 나눗셈을 하는 방법. 준귀법(歸法).

구규(九竅) 명 사람이나 포유동물의 몸에 있는 아홉 개의 구멍. 〔두 눈과 두 귀, 두 콧구멍과 입, 음부(陰部)와 항문.〕 구혈(九穴).

구ː규(舊規) 명 옛날의 규정. 이전부터 있어 온 규칙.

구균(球菌) 명 둥근 모양을 한 세균. 〔화농균·폐렴균 따위.〕 구상 균.

구극(仇隙) 명 서로 원수처럼 지내는 사이.

구극(究極) 명 ☞궁극(窮極).

구극(駒隙) 명 〈백구과극(白駒過隙)〉의 준말.

구ː근(久勤) 명 하자 ①한 직장에 오래 근무함. ②한 가지 일에 오래 힘써 옴.

구근(球根) 명 '알뿌리'로 순화.

구근-류(球根類)[-뉴] 명 달리아·튤립·글라디올러스·수선화 등 구근을 가진 식물을 통틀어 이르는 말. 구근 식물.

구근^식물(球根植物)[-싱-] 명 ☞구근류.

구금(拘禁) 명 하타 되자 피고인 또는 피의자를 공소(公訴)에 따라 구치소나 교도소에 감금(監禁)하는 일. 참구류(拘留)·구속(拘束).

구금-장(拘禁場) 명 형사 피고인이나 피의자 등을 감금해 두는 곳.

구ː급(救急) 명 하타 위급한 처지에 놓여 있는 사람을 구하는 일. 특히, 위급한 병자나 부상자에게 응급 치료를 하는 일.

구ː급-낭(救急囊)[-금-] 명 구급약을 넣어 보관해 두는 주머니.

구ː급-방(救急方)[-빵] 명 ①위급한 상황에 대처하는 방법. 구급책(救急策). ②한방에서, 위급한 병에 쓰는 약방문.

구ː급-법(救急法)[-뻡] 명 응급 처치하는 방법.

구ː급-상자(救急箱子)[-쌍-] 명 구급약품과 간단한 의료 용구를 넣어 두는 상자.

구ː급-약(救急藥)[-금낙] 명 응급 치료에 필요한 약품.

구ː급-차(救急車) 명 위급한 환자나 부상자를 신속히 병원으로 실어 나르는 차. 앰뷸런스.

구ː급-책(救急策) 명 ☞구급방(救急方).

구ː급^치료(救急治療) 명 ☞응급 치료.

구기 명 ①술·죽·기름 따위를 풀 때 쓰는, 국자와 비슷한 기구. 작자(杓子). ②〖의존 명사적 용법〗 술·죽·기름 따위를 구기에 담아 그 분량을 세는 단위. ¶ 기름 세 구기. /호박죽 한 구기.

구기(九氣) 명 기(氣)의 변화에 따라 생기는 아홉 가지 감정의 상태. 〔노여움·기쁨·슬픔·두려움·한기(寒氣)·열기(熱氣)·놀람·그리움·피로.〕

구ː기(口器) 명 곤충 등 하등 동물의 입 주위에 있어, 먹이를 섭취하거나 씹는 구실을 하는 기관을 통틀어 이르는 말.

구기(拘忌) 명 하타 (불길한 것을) 꺼림. 사위함.

구기(球技) 명 공을 사용하는 운동 경기. 〔야구·축구·배구·농구·탁구 따위.〕

구기(嘔氣) 명 ☞토기(吐氣).

구ː기(舊記) 명 옛날의 기록. 옛날의 일을 기록하여 놓은 문서.

구ː기(舊基) 명 ①옛 도읍(都邑)의 터. ②성(城)이나 건물이 있던 터.

구기다 자타 ①구김살이 생기다. ¶ 새로 입고 나온 양복이 구길까 봐 내내 조심했다. ②비비어 구김살이 생기게 하다. ¶ 종이를 구기다. ③운수가 막혀 일의 진행이나 살림이 꼬여만 가다. ④마음이 언짢게 되다. ¶ 구겼던 기분을 풀다. ①②작고기다. ①②센꾸기다.

구기박-지르다[-찌-][~지르니·~질러][타르] 몹시 구기지르다. [준]구박지르다.
구기-자(枸杞子)[명] 구기자나무의 열매.
구기자-나무(枸杞子-)[명] 가짓과의 낙엽 관목. 둑이나 냇가에 흔히 나는데 줄기는 4m가량 자람. 여름에 자줏빛 꽃이 피고, 가을에 길둥근 열매가 붉게 익음. 어린순은 나물이나 차를 만들어 먹고, 한방에서 열매는 '구기자', 뿌리껍질은 '지골피'라 하며 약재로 쓰임. 각로(却老)[2].
구기적-거리다[-꺼-][타] 자꾸 구기적구기적하다. 구기적대다. [작]고기작거리다. [센]꾸기적거리다.
구기적-구기적[-꾸-][부][하타] 구김살이 생기게 마구 구기는 모양. [작]고기작고기작. [센]꾸기적꾸기적.
구기적-대다[-때-][타] 구기적거리다.
구기-지르다[~지르니·~질러][타르] 함부로 구기어서 비비다.
구기-차(枸杞茶)[명] 구기자나무의 열매 또는 어린잎을 말려서 달인 차.
구김[명] 〈구김살〉의 준말. [센]꾸김.
구김-살[-쌀][명] ①구겨서 생긴 금. ¶ 구김살이 펴지다. [작]고김살. ②《주로 '없다'와 함께 쓰이어》 마음속이나 표정에 서린 어두운 그늘. ¶ 구김살이 없이 밝은 표정. ③순조롭지 못한 상태. ¶ 친밀하던 우호 관계에 구김살이 지다. [준]구김. [센]꾸김살.
구김-새[명] ①구겨진 정도나 모양. ¶ 구김새가 심하다. ②풀이 죽은 태도나 기색. ③말이나 글이 이치에 닿지 않아 막히는 모양. ¶ 구김새 없는 연설. [센]꾸김새.
구깃-거리다[-긷꺼-][타] 자꾸 구깃구깃하다. 구깃대다. [작]고깃거리다. [센]꾸깃거리다.
구깃-구깃[-긷꾸긷][부] ①[하타]구김살이 지게 자꾸 구기는 모양. ②[하형]구김살이 진 모양. [작]고깃고깃. [센]꾸깃꾸깃.
구깃-대다[-긷때-][타] 구깃거리다.
구나[조] ☞이구나. 이로구나. 로구나.
구나(拘拿)[명][하타] 죄인을 잡음.
구나(驅儺)[명] 지난날, 궁중에서 세모(歲暮)에 역귀(疫鬼)를 쫓던 일, 또는 그런 의식.
-구나[어미] ①형용사의 어간이나 시제의 '-았(었)-·-겠-' 등에 붙어, 새삼스러운 느낌을 나타내는, 해라체의 감탄형 종결 어미. ¶ 좋구나. / 크구나. /이겼구나. ②〈-로구나〉의 준말. [준]-군.
구나방[명] 말이나 행동이 거칠고 사나운 사람.
구ː난(救難)[명][하타] 재난을 구제함.
구ː난-부표(救難浮標)[명] ☞구명부표.
구날(構捏)[명][하타] 〈구허날무〉의 준말.
구내(口內)[명] 입 안. 입속.
구내(區內)[명] 구역의 안. 구의 안.
구내(構內)[명] 큰 건물이나 시설 따위의 울안. ¶ 구내 이발소. /역(驛) 구내. ↔구외(構外).
구내-매점(構內賣店)[명] 구내에 있는 매점.
구내-선(構內線)[명] 역 구내에 있는 본선(本線) 이외의 선로(線路).
구내-식당(構內食堂)[-땅][명] 구내에 있는 식당. ¶ 많은 직장인이 구내식당에서 점심을 먹는다.
구ː내-염(口內炎)[명] 입 안의 점막(粘膜)에 일어나는 세균성 염증.
구내-전화(構內電話)[명] 어떤 건축물이나 시설물 안에서의 전화 통화에 쓰이는 간단한 유선 전화.
구ː년(久年)[명] 오랜 해. 오랜 세월.
구ː년(舊年)[명] 지난해. 작년. 거년(去年).
구ː년-묵이(舊年-)[명] 여러 해 동안 묵은 물건. 오래된 물건.
구년지수(九年之水)[명] 오랫동안 계속되는 홍수. 〔중국 요나라 때 9년 동안 계속된 홍수에서 유래한 말로, '칠년대한(七年大旱)'과 짝을 이루어 쓰임.〕
구ː년-친구(舊年親舊)[명] ①오랫동안 헤어져 있는 친구. ②오랫동안 사귀어 오는 친구.
구눌(口訥) '구눌하다'의 어근.
구ː눌-하다(口訥-)[형여] ☞어눌하다.
구ː능[명] 열두 거리 굿에 아홉째로 나오는, 무당이 섬기는 귀신의 하나.
구능 놀다[관용] 구능이 나와서 놀아나다.
구니(拘泥)[명][하자][되자] 어떤 일에 얽매임.
구ː닥-다리(舊-)[-따-][명] 오래되어 낡았거나, 유행에 뒤떨어진 사람·사물·생각 등을 홀하게 이르는 말. ¶ 구닥다리 책상.
구단(球團)[명] 프로 야구나 프로 축구 등 구기(球技)를 사업으로 하는 단체.
구단-주(球團主)[명] 구단을 운영하는 사람.
구ː달(口達)[명][하타] 구두로 전달함.
구ː담(口談)[명] ①이야기. ②☞언변(言辯).
구담(瞿曇)[명] 출가(出家) 전까지의 석가여래의 본성(本姓).
구ː답(口答)[명][하자] 받은 질문에 대하여 말로 대답함.
구ː답(舊畓)[명] 이전부터 가지고 있던 논.
구대(球帶)[명] ☞구띠.
구ː대(舊代)[명] 예전 시대.
구ː-대륙(舊大陸)[명] 아메리카 대륙이 발견되기 전부터 알려진 대륙, 곧 유럽·아시아·아프리카의 세 대륙. 구세계(舊世界). ↔신대륙.
구ː대-인(舊代人)[명] ①선대(先代)부터 부리던 종. ②한 동네에 대대로 이어 사는 사람.
구더기[명] 파리의 유충. ¶ 구더기가 끓다.
구더기 무서워 장 못 담글까[속담] 다소의 장애가 있더라도, 해야 할 일이나 하고 싶은 일은 하게 마련이라는 뜻.
구ː덕(口德)[명] ①말에 덕기(德氣)가 있음. ②성실한 말씨.
구덕(具德)[명][하자] 덕을 갖춤.
구ː덕(舊德)[명] 예전에 베푼 덕.
구덕-구덕[-꾸-][부][하형] 물기 있는 물체의 거죽이 약간 마른 모양. [센]꾸덕꾸덕.
구덥다[-따][구더우니·구더워][형ㅂ] (굳건하고 확실하여) 아주 미덥다.
구덩-무덤[명] 구덩이를 파고 별도의 시설 없이 시체를 묻은 무덤. 토장묘.
구덩-식(-式)[명] 위에서 아래로 주검을 넣게 되어 있는 무덤 양식. 수혈식.
구덩이[명] ①땅이 움푹하게 팬 곳, 또는 땅을 우묵하게 파낸 곳. ¶ 진흙 구덩이. ②(광물을 캘 목적으로) 땅속을 파 들어간 굴. ②갱(坑).
구ː도(口到)[명] 독서삼도(讀書三到)의 하나. 글을 읽을 때에는, '입으로 말을 하지 않고 글만 읽어야 함'을 이르는 말.
구도(求道)[명][하자] ①도(道)를 구함. ②불법의 정도(正道)를 구함. 안심입명(安心立命)의 길을 구함.
구도(構圖)[명] ①작품의 미적(美的) 효과를 얻기 위하여, 예술 표현의 여러 요소를 전체적으로 조화 있게 배치하는 도면 구성의 요령. ②'어떤 일이나 현상 따위의 전체적인 짜임새나 양상'을 비유하여 이르는 말. ¶ 정계 구도 개편.
구ː도(舊都)[명] 옛날의 서울. 옛 도읍. ↔신도(新都).
구ː도(舊道)[명] 예전의 도로.

구독(購讀)명하타 책이나 신문·잡지 따위를 사서 읽음. ¶ 문학 잡지를 정기 구독하다.
구독-료(購讀料)[-동뇨]명 신문·잡지 등을 정기적으로 받아 보기 위하여 치르는 돈.
구동(九冬)명 겨울철의 90일 동안. 비삼동(三冬).
구동(驅動)명하타 (기계의 바퀴나 축에) 동력을 가하여 움직이게 함. ¶ 구동 장치.
구동-축(驅動軸)명 원동기의 회전 동력을 기계의 작동 기구 등에 전달하는 주축(主軸).
구두[1]명 주로, 가죽을 원료로 하여 발등을 덮게 만든 서양식 신. 양화(洋靴). 양혜(洋鞋).
구두[2]명 〈구두쇠〉의 준말.
구:두(口頭)명 마주 대하여 입으로 하는 말. ¶ 구두로 보고하다.
구두(句讀)명 〈구두법(句讀法)〉의 준말.
구:두^계:약(口頭契約)[-계-/-게-]명 (증서 따위를 만들지 않고) 말로써 맺는 계약. ↔서면 계약.
구두-끈명 구두가 벗겨지지 않게 매는 끈.
구두-닦이명 구두 닦는 일을 업으로 하는 사람.
구두덜-거리다자 자꾸 구두덜구두덜하다. 구두덜대다.
구두덜-구두덜부하자 못마땅하여 혼자서 군소리하는 모양.
구두덜-대다자 구두덜거리다.
구두-법(句讀法)[-뻡]명 구두점의 사용법, 또는 사용법에 대한 규칙. 준구두(句讀).
구:두^변:론(口頭辯論)[-별-]명 법정에서 소송(訴訟) 당사자가 직접 말로 하는 변론.
구:두^삼매(口頭三昧)명 불교에서, 경문(經文)을 읽기만 할 뿐 진정으로 불도를 수행하지 않는 일. 구두선(口頭禪).
구:두-선(口頭禪)명 ①☞구두 삼매(口頭三昧). ②실행이 따르지 않는 빈말.
구두-쇠[-쇠/-쉐]명 (마음이 굳튼튼하여) 몹시 인색한 사람. 준구두[2].
구:두-시험(口頭試驗)명 시험관의 물음에 말로 대답하는 시험. 구술시험. 참면접시험.
구:두^심리(口頭審理)[-니]명 말로 묻고 말로 답변하는 심리. ↔서면 심리(書面審理).
구두-약(-藥)명 구두의 가죽이 오래 견디고 윤이 나게 하려고 바르는 약. 준약.
구:두^위임(口頭委任)명 (따로 위임장을 내주지 않고) 말로써 하는 위임.
구두-점(句讀點)[-쩜]명 ①마침표와 쉼표. ②문장 부호를 통틀어 이르는 말.
구:두-주의(口頭主義)[-의/-이]명 ☞구술주의.
구:두-질명하자 방고래에 쌓인 재를 구둣대로 쑤셔 내는 일.
구두-창명 구두의 밑바닥에 대는 창. 준창[1].
구둔(口鈍) '구둔하다'의 어근.
구:둔-하다(口鈍-)형여 어둔하다.
구:둣-대[-두때/-둗때]명 굴뚝이나 방고래의 검댕이나 재 따위를 그러내는 제구. 〔장대 끝에 짚수세미나 솔 따위를 매어서 만듦.〕
구둣-발[-두빨/-둗빨]명 구두를 신은 발. ¶ 구둣발로 차다.
구둣-발길[-두빨낄/-둗빨낄]명 구둣발로 차는 발길.
구둣-방(-房)[-두빵/-둗빵]명 구두를 만들거나 고치거나 파는 가게.
구둣-솔[-두쏠/-둗쏠]명 구두를 닦는 솔.
구둣-주걱[-두쭈-/-둗쭈-]명 구두를 신을 때, 발이 잘 들어가도록 뒤축에 대고 신는 도구. 준주걱.

구드러-지다자 (식거나 말라서) 뻣뻣하게 굳어지다. 작고드러지다. 센꾸드러지다.
구득(求得)명하타 구하여 얻음.
구들명 〈방구들〉의 준말.
구들-고래명 '방고래'의 잘못.
구들-구들부하형 밥 같은 것이 되어서 속은 무르고 겉은 오돌오돌한 모양. 작고들고들. 센꾸들꾸들.
구들-더께명 '늙고 병들어서 나다니지 못하고 늘 방 안에만 붙어 있는 사람'을 농조로 이르는 말. 참구들직장.
구들-돌[-똘]명 구들장.
구들-동티명 '이렇다 할 아무 동티도 없이 죽은 것'을 농조로 이르는 말. ¶ 구들동티가 나다.
구들-미명 방구들을 뜯어고칠 때 나오는 탄 흙이나 재. 거름으로 씀.
구들-바닥[-빠-]명 장판이나 자리를 깔지 않은 구들의 맨바닥.
구들-방(-房)[-빵]명 구들장을 놓아 만든 방. 온돌방.
구들-장[-짱]명 방고래 위에 깔아 방바닥을 만드는 얇고 넓은 돌. 구들돌.
　구들장(을) 지다관용 ①구들방에 눕다. ②병으로 앓아눕다. ③죽다.
구들-재[-째]명 ☞구재.
구들-직장(-直長)[-짱]명 '바깥 출입을 하지 않고 방에만 들어앉아 있는 사람'을 농조로 이르는 말. 참구들더께.
구듭명 귀찮은 남의 뒤치다꺼리.
구듭-치기명 귀찮은 남의 뒤치다꺼리를 하는 일.
구등(球燈)명 둥근 제등(提燈).
구등(篝燈)명 (바람을 막기 위하여) 불어리를 씌운 등.
구디부 〈옛〉굳이. 굳게. ¶ 門돌홀 다 구디 좀겨 뒷더시니(釋譜6:2).
구뜰-하다형여 변변찮은 음식의 맛이 제법 구수하여 먹을 만하다. ¶ 시래깃국이 꽤 구뜰하다.
구-띠(球-)명 구(球)를 평행한 두 평면으로 자를 때, 그 두 평면 사이에 끼인 구면(球面)의 부분. 구대(球帶).
구라파(歐羅巴)명 '유럽'의 한자음 표기.
구락부(俱樂部)[-뿌]명 (오락·취미·친목 등 공통의 목적을 위한 모임인) '클럽(club)'의 한자음 표기.
구:랍(舊臘)명 지난해의 마지막 달. 객랍(客臘).
구:래(舊來)명 예부터 내려옴. ¶ 구래의 관습.
구:량(口糧)명 지난날, 관아에서 식구의 수에 따라 주던 양식(糧食).
구량-각(九樑閣)명 들보 아홉 개를 써서 네 칸 넓이로 지은 큰 전각.
구러디다자 〈옛〉거꾸러지다. ¶ 구러뎟ᄂᆞᆫ 버드른 절로 가지 냇도다(杜初24:61).
구럭명 새끼로 그물처럼 눈을 성기게 떠서 만든 물건. 쟁이나 섬처럼 씀.
구렁명 ①땅이 움쑥하게 팬 곳. ¶ 산행 도중에 구렁에 빠지다. ②'빠지면 헤어나기 어려운 환경'을 비유하여 이르는 말. ¶ 범죄의 구렁에 빠지다.
구렁-말명 털 빛깔이 밤빛인 말.
구렁이명 ①뱀의 한 종류. 몸길이 150~180 cm. 몸통이 굵고 몸빛은 황적색이며 동작이 매우 느림. 집 근처의 담이나 돌무덤에서 나타나며, 쥐나 작은 새 따위를 잡아먹음. 준구리[2]. ②'마음이 음흉하거나 능글맞은 사람'을 비유하여 이르는 말.

구렁이 담 넘어가듯(속담) '일 처리를 분명하고 깔끔하게 하지 못하고 슬그머니 얼버무려 버림'을 탓하여 하는 말.
구렁-찰(명) 철 늦게 익는 찰벼.
구렁-텅이(명) ①매우 험하고 깊은 구렁의 모퉁이. ②'빠지면 벗어나기가 몹시 힘든 주변 환경'을 비유하여 이르는 말. ¶ 죄악(罪惡)의 구렁텅이에 빠지다.
구레-나룻[-룯](명) 귀밑에서 턱까지 잇따라 난 수염. *구레나룻이[-루시]·구레나룻만[-룬-]
구레미(명) '벌'의 심마니말.
구렛-들[-레뜰/-렏뜰](명) 바닥이 낮고 물이 늘 있거나 물길이 좋은 기름진 들.
구려(조) 〈로구려〉의 준말. ¶ 참으로 뛰어난 재주구려.
-구려(어미) ①형용사 어간이나 시제의 '-았(었)-'·'-겠-' 등에 붙어, 새삼스러운 느낌을 감탄조로 나타내는 하오체의 종결형 어미. ¶ 솜씨도 참 좋구려. ②동사 어간이나 높임의 '-시-' 등에 붙어, 상대편에게 좋도록 시키는 뜻을 나타내는 하오체의 종결 어미. ¶ 당신 편할 대로 하구려. /다녀오시구려.
구력(球歷)(명) (당구·볼링 따위) 구기(球技)에 관계해 온 경력.
구:력(舊曆)(명) 태음력을 태양력에 대하여 이르는 말. ↔신력(新曆).
구:령(口令)(명)(하자) 단체 행동의 몸 동작을 한결같이 하도록 호령함, 또는 그 호령. ¶ 교관의 구령 소리에 우리는 일사불란하게 움직였다.
구:령(救靈)(명) 신앙으로 영혼을 구원함.
구:령(舊領)(명) 지난날의 영토.
구:례(舊例)(명) 예부터 내려오는 관례(慣例).
구:례(舊禮)(명) 예부터 내려오는 예법.
구로(劬勞)(명) 자식을 낳아 기르는 수고.
구:로(舊路)(명) (새로 낸 길에 대하여) 이전부터 있던 길.
구로(鷗鷺)(명) '갈매기'와 '해오라기'를 아울러 이르는 말.
구로-일(劬勞日)(명) 〔부모가 자기를 낳아서 애쓰기 시작한 날이라는 뜻으로〕 '자기의 생일'을 달리 이르는 말.
구로지감(劬勞之感)(명) 부모의 은덕을 생각하는 마음.
구로지은(劬勞之恩)(명) 부모의 은혜.
구록(具錄)(명)(하타) 빠짐없이 모두 적음.
구:록(舊錄)(명) 오래된 기록. 묵은 기록.
구록-피(狗鹿皮)(명) 사슴의 가죽처럼 부드럽게 다룬 개의 가죽.
구:론(口論)(명)(하자) 말로써 논쟁함.
구롱(丘壟)(명) ①산언덕. ②조상의 산소.
구료(조) '구려'의 잘못.
구:료(救療)(명)(하타) 병을 치료할 능력이 없는 빈민(貧民)을 돌보아 병을 고쳐 주는 일.
-구료(어미) '-구려'의 잘못.
구루(佝僂·傴僂·痀瘻)(명) ①곱사등이. ②(하자)늙거나 병들어 등이 앞으로 꼬부라짐.
구루마(くるま〔車〕 일)(명) '수레'·'달구지'로 순화.
구루-병(佝僂病)[-뼝](명) 골연화증(骨軟化症)으로 등뼈나 가슴뼈 따위가 굽는 병. 곱삿병.
구룸(명) 〈옛〉 구름. ¶ 구룸과 비와롤 어든 듯ᄒᆞ며 (杜初21:7).
구류(拘留)(명)(하타)(되자) ①잡아서 가둠. ②자유형의 한 가지. 1일 이상 30일 미만의 기간 동안 구치소에 가두어 자유를 속박하는 형벌.
구류^신:문(拘留訊問)(명) 사법 기관에서, 범죄 혐의가 있는 사람을 구치소에 가두어 두고 하는 신문.
구류-장(拘留狀)[-짱](명) 법관이 범죄 혐의가 있는 사람을 구류할 때 발부하는 영장.
구류-장(拘留場)(명) 구류에 처한 범인을 수용하는 시설.
구륙(九六)(명) ①'양(陽)'인 아홉과 '음(陰)'인 여섯을 아울러 이르는 말. ②음양이 합하여 만물이 생기는 도리.
구륜(九輪)(명) ☞상륜(相輪).
구르다[1][구르니·굴러](자타)(르) ①데굴데굴 돌면서 옮겨 가다. ¶ 언덕에서 굴러 떨어지다. /진흙탕을 구르며 훈련하다. ②총포를 쏠 때, 반동으로 그 총포가 뒤로 되튀다. (준)굴다[1].
구르는 돌에 이끼가 안 낀다(속담) 꾸준하게 노력하는 사람은 침체되지 않고 계속 발전한다는 말.
굴러 온 돌이 박힌 돌 뺀다(속담) 딴 곳에서 들어온 사람이 본디부터 있던 사람을 내쫓거나 해치려 한다는 말.
구르다[2][구르니·굴러](타)(르) 바닥이 울리도록 발을 들었다가 힘주어 내리밟다. ¶ 마루를 구르며 뛰놀다. /애가 타서 발을 동동 구르다.
구르티다(타) 〈옛〉 거꾸러뜨리다. ¶ 아히를 구르티디 말라(朴解中48).
구륵(鉤勒)(명) ☞구륵법.
구륵-법(鉤勒法)[-뻡](명) 동양화에서, 물체의 윤곽을 가늘고 엷은 쌍선으로 그리고, 그 가운데를 채색하는 기법. 구륵. 쌍구법. ↔몰골법.
구름(명) 대기 중의 수분이 엉기어 미세한 물방울이나 빙정(氷晶)의 상태로 떠 있는 것.
구름(을) 잡다(관용) 막연하고 허황한 짓을 하려고 하다.
구름-결[-껼](명) ①구름처럼 슬쩍 지나는 겨를. (참)바람결. ②(풀솜을 펼쳐 놓은 것처럼) 엷고 고운 구름의 결.
구름-금[-끔](명) 구름판의 맨 앞 선.
구름-다리(명) (험한 지대나 길의 교차 등을 피하려고) 공중에 놓은 다리. 가도교. 고가교.
구름-마찰(-摩擦)(명) 물체가 어떤 면 위를 굴러갈 때, 그 물체의 운동에 대한 면의 저항력. 회전마찰.
구름-모임(명) 불교에서, 법회(法會)에 대중(大衆)이 구름같이 많이 모여드는 일.
구름-무늬[-니](명) 구름 모양으로 된 무늬.
구름-문(-紋)(명) 구름무늬. 운문(雲紋).
구름-바다(명) 바다처럼 넓게 깔린 구름. 운해(雲海).
구름-장[-짱](명) 넓게 퍼진 두꺼운 구름 덩이. ¶ 구름장 사이를 뚫고 비치는 한 줄기 햇살.
구름-집(명) 중들이 수도하는 집. 중들이 있는 산중의 집. (참)운당(雲堂).
구름-차일(-遮日)(명) 공중에 높이 친 차일.
구름-판(-板)(명) 멀리뛰기 같은 도약 운동에서, 발을 굴러 뛰는 판. 도약판(跳躍板).
구릅(명) 마소의 아홉 살.
구릉(丘陵)(명) 언덕.
구릉-지(丘陵地)(명) 해발 고도 200~600m의 완만한 경사면과 골짜기가 있는 지역.
구리[1](명) 전연성(展延性)과 가공성이 뛰어난 적색 광택의 금속 원소. 자연동(自然銅) 또는 화합물로서 산출됨. 은(銀) 다음가는 열(熱) 및 전기의 양도체(良導體)로서 널리 쓰임. 동(銅). 적금(赤金). 〔Cu/29/63.546〕
구리[2](명) 〈구렁이〉의 준말.
구:리(久痢)(명) 오래된 이질.

구리(究理)명하타 사물의 이치를 캐어 밝힘.
구리(具利)명하타 ☞구본변(具本邊).
구리가라-용왕(俱梨伽羅龍王)명 불교에서, 부동명왕(不動明王)의 변화신인 용왕을 이르는 말. 〔칼을 휘감아 삼키려는 흑룡(黑龍)의 형상을 하고 있음.〕
구리-귀신(-鬼神)명 '구두쇠'를 얄밉게 여겨 이르는 말.
구리다형 ①똥이나 방귀 냄새와 같다. ②하는 짓이 지저분하다. ③말이나 태도에 어딘가 떳떳하지 못한 데가 있다. ¶ 변명을 늘어놓지만 구린 데가 있어.
구리-종(-鐘)명 ☞동종(銅鐘).
구리-줄명 구리로 길게 만든 줄. 동선(銅線).
구리-철사(-鐵絲)[-싸]명 구리로 가늘게 만든 철사. 동사(銅絲).
구리터분-하다형여 ①냄새가 구리고 터분하다. ②하는 짓이나 생각하는 것이 깔끔하지 못하고 구저분하다. 준구터분하다·굴터분하다. 작고리타분하다.
구리텁텁-하다[-터파-]형여 매우 구리터분하다. 준구텁텁하다·굴텁텁하다. 작고리탑탑하다.
구린-내명 구린 냄새.
구린내(가) 나다관용 (언행에) 수상쩍은 데가 있다.
구:림(久霖)명 오랜 장마.
구릿-대[-리때/-릳때]명 산형과의 다년초. 산골짜기의 냇가에서 자라며, 줄기 높이 1~2 m. 근경은 살지고 수염뿌리가 많음. 6~8월에 흰 꽃이 피며 열매는 타원형이고 어린잎은 식용함. 뿌리는 '백지'라 하여 한약재로 쓰임.
구릿-빛[-리삗/-릳삗]명 (구리의 빛깔과 같은) 검붉은 빛깔. 적동색. ¶ 구릿빛 살결. *구릿빛이[-리삐치/-릳삐치]·구릿빛만[-리삔-/-릳삔-]
구마(驅魔)명 마귀를 내쫓음.
구만조 '구먼'의 잘못.
-구만어미 '-구먼'의 잘못.
구만-리(九萬里)[-말-]명 '아득히 먼 거리'를 비유하여 이르는 말. ¶ 앞길이 구만리 같은 젊은이.
구만리-장천(九萬里長天)[-말-]명 아득히 높고 먼 하늘. 구공(九空). 만리장천.
구매(毆罵)명하타 때리며 욕을 함.
구매(購買)명하타 (물건을) 사들임. 구입(購入). ↔판매(販賣).
구매^동:기(購買動機)명 소비자가 어떤 상품을 사려고 마음먹게 되는 동기.
구매-력(購買力)명 상품을 사들일 수 있는 재력(財力). ¶ 소비자의 구매력.
구매-자(購買者)명 물건을 사는 사람 또는 업체. ↔판매자.
구매^조합(購買組合)명 조합원에게 필요한 일용품이나 원재료 등을 공동으로 구매하기 위하여 설립된 조합.
구매-처(購買處)명 보급품이나 용역을 구매하는 기능을 가진 시설이나 부서.
구맥(瞿麥)명 한방에서, '패랭이꽃의 꽃'을 약재로 이르는 말. 파혈(破血)·통경 따위에 쓰임.
구먼조 〈로구먼〉의 준말. ¶ 대단한 솜씨구먼.
-구먼어미 형용사 어간이나 시제의 '-았(었)-'·'-겠-' 등에 붙어, 새삼스러운 느낌을 혼잣말처럼 나타내는 해체의 감탄형 종결 어미. ¶ 꽤 크구먼. /일찍 왔구먼. /참 좋겠구먼. 준-군.
구멍명 파내거나 뚫어진 자리. ¶ 구멍이 나다.
구멍 보아 가며 말뚝〔쐐기〕 깎는다속담 형편을 보아 가며 알맞게 일을 꾸려 나간다는 말.
구멍은 깎을수록 커진다속담 허물은 감싸고 얼버무리려고 하면 할수록 더 드러난다는 말.
구멍-가게명 조그맣게 벌인 가게.
구멍-구멍명 여러 구멍, 또는 각각의 구멍.
구멍-새명 구멍의 생긴 모양. ¶ 구멍새가 크다.
구멍-탄(-炭)명 구멍이 여러 개 뚫린 원기둥 모양의 연탄. 구공탄.
구멍-혈(-穴)명 한자 부수의 한 가지. '究'·'空' 등에서의 '穴'의 이름.
구메-구메부 남모르게 틈틈이. 새새틈틈. ¶ 외로운 이웃 노인을 구메구메 도와주다.
구메-농사(-農事)명 ①작은 규모로 짓는 농사. ②농형(農形)이 고르지 않아서, 고장에 따라 풍흉(豊凶)이 다른 농사. 혈농(穴農).
구메-밥명 죄수에게 옥문(獄門)의 구멍으로 몰래 주는 밥.
구:면(苟免)명하타 (재난이나 위험 따위에서) 간신히 벗어남.
구면(球面)명 ①구의 표면. ②일정한 점에서 일정한 거리에 있는 점의 자취.
구:면(舊面)명 이전부터 안면이 있는 사람. 고면(故面). ↔초면(初面).
구면-각(球面角)명 한 구면에서 두 대원(大圓)이 이루는 각.
구면-경(球面鏡)명 구면의 한쪽이 공 모양의 반사면(反射面)으로 된 거울. 〔요면경(凹面鏡)과 철면경(凸面鏡)이 있음.〕
구면-계(球面計)[-계/-게]명 구면의 곡률 반지름이나 얇은 판의 두께를 재는 기계. 구척(球尺).
구면^기하학(球面幾何學)명 구면 위의 기하학적 도형에 관하여 연구하는 기하학의 한 분야.
구면^다각형(球面多角形)[-가켱]명 세 개 이상의 대원(大圓)의 열호(劣弧)로 둘러싸인 구면의 한 부분.
구면^삼각법(球面三角法)[-뻡]명 삼각 함수를 써서 구면 삼각형의 변과 각과의 관계 및 구면 도형의 기하학적 성질을 연구하는 삼각법. 참평면 삼각법.
구면^삼각형(球面三角形)[-가켱]명 세 개의 대원(大圓)의 열호(劣弧)로 둘러싸인 구면 위의 삼각형.
구면^수차(球面收差)명 렌즈 따위의 광학계(光學系)에서, 색 수차(色收差)를 제외한 수차를 통틀어 이르는 말.
구면^천문학(球面天文學)명 천구(天球) 상에 투영된 각 천체의 위치·운동·크기 등을 연구하는 천문학의 한 분야. 위치 천문학.
구면-파(球面波)명 공간의 한 점에서 모든 방향으로 한결같이 퍼져 나가는 파동.
구명(究明)명하타되자 (사리나 원인 따위를) 깊이 연구하여 밝힘. ¶ 본질을 구명하다.
구:명(救命)명하타되자 사람의 목숨을 구함. ¶ 구명 운동을 펼치다.
구명(軀命)명 ☞신명(身命).
구:명(舊名)명 고치기 전의 이름. 전에 부르던 이름. 옛 이름.
구:명-구(救命具)명 물에 빠진 사람을 구하는 데 쓰는 기구.
구:명-기(救命器)명 유독 가스가 있거나 산소가 부족한 곳에서 일하는 사람이 안전하게 호흡하기 위하여 착용하는 장치.
구:명-대(救命帶)명 〈구명부대〉의 준말.

구ː명-도생(苟命圖生)명하자 구차스럽게 겨우 목숨만 이어 나감. 근근이 살아감.
구ː명-동의(救命胴衣)[-의/-이]명 (배나 비행기 등의 사고로) 물에 빠졌을 때 입는 구명구의 한 가지. 조끼 모양으로, 공기를 불어 넣고 입으면 물에 뜨게 됨.
구ː명-보ː트(救命boat)명 ☞구명정(救命艇).
구ː명-부대(救命浮帶)명 몸을 물 위에 뜨게 하는 구명구의 한 가지. 고무나 코르크 따위로 만들어 어깨에 걸치거나 허리에 두름. 준구명대.
구ː명-부이(救命buoy)명 ☞구명부표.
구ː명-부표(救命浮標)명 몸을 물 위에 뜨게 하는 구명구의 한 가지. 코르크를 방수포(防水布)로 싼 바퀴 모양의 기구. 구난부표. 구명부이.
구ː명-삭(救命索)명 ①선박이 항행하는 동안 풍파로 말미암아 선체가 심하게 흔들릴 때, 붙잡고 걷거나 물에 빠지지 않게 하려고 갑판 위에 가로세로 쳐 놓은 줄. ②구명정의 둘레나 잠수부의 몸에 매는 줄.
구ː명-정(救命艇)명 본선(本船)에 싣고 다니면서 본선이 사고를 당했을 때 인명을 구하는 데 쓰는 보트. 구명보트.
구ː명-조끼(←救命チョッキ 일)명 물에 빠졌을 때 몸이 뜰 수 있게 만든 조끼.
구목(丘木)명 무덤 주변에 가꾸어 놓은 나무. 묘목(墓木).
구몰(俱沒)명하자 부모가 다 세상을 떠남. ↔구존(俱存).
구묘(丘墓)명 무덤.
구묘지향(丘墓之鄕)명 선산(先山)이 있는 시골. 추향(楸鄕).
구무[굼기·굼긔]명 〈옛〉 구멍. 굶. ¶ 如來ㅅ 모매 터럭 구무마다 放光ᄒᆞ샤(釋譜11:1).
구무(構誣)명하타 터무니없는 일을 꾸며 남을 모함함.
구무럭-거리다[-꺼-]자타 자꾸 구무럭구무럭하다. 구무럭대다. 작고무락거리다. 센꾸무럭거리다.
구무럭-구무럭[-꾸-]부하자타 느리게 자꾸 움직이는 모양. 작고무락고무락. 센꾸무럭꾸무럭.
구무럭-대다[-때-]자타 구무럭거리다.
구ː문(口文)명 흥정을 붙여 주고, 그 보수로 사고판 양쪽으로부터 받는 돈. 구전(口錢). 두전(頭錢).
구ː문(口吻)명 ①입술. 입 끝. ②주둥이. 부리[1]. ③말투.
구문(究問)명하타 캐어물음. 따져 물음.
구문(具文)명하자타 (실속은 없이) 문서로 형식만 갖춤.
구문(構文)명 글의 짜임. 문장의 구성.
구문(歐文)명 유럽 사람들이 쓰는 글자나 글.
구ː문(舊聞)명 전에 들은 소문이나 이야기. ↔초문(初聞).
구문-권(求問權)[-꿘]명 민사 소송의 구두 변론 중에, 당사자가 상대편의 진술 취지를 확인하기 위해 재판장에게 필요한 질문을 할 수 있는 권리.
구문-론(構文論)[-논]명 ☞문장론(文章論).
구ː물(舊物)명 ①옛 물건. 예전 것. ②대대로 물려 오는 물건.
구물-거리다자타 자꾸 구물구물하다. 구물대다. 작고물거리다. 센꾸물거리다.
구물-구물부하자타 몸을 느리게 자꾸 움직이는 모양. 작고물고물. 센꾸물꾸물.
구물-대다자타 구물거리다.
구ː미(口味)명 입맛. ¶ 구미에 맞는 음식.
구미가 당기다관용 ☞구미가 동하다.
구미가 돌다관용 욕심이나 흥미가 생기다.
구미가 동하다관용 무엇을 차지하고 싶은 마음이 생기다. 구미가 당기다.
구미를 돋우다관용 관심을 가지게 하다.
구ː미(口糜)명 입 안이 허는 일.
구미(歐美)명 ①유럽 주와 아메리카 주. ②유럽과 미국. 서양(西洋). 비서구(西歐).
구ː미(舊米)명 묵은쌀. ↔신미(新米).
구미-속초(狗尾續貂)명 〔담비의 꼬리가 모자라 개 꼬리로 잇는다는 뜻으로〕 ①'벼슬을 함부로 줌'을 비유하여 이르는 말. ②훌륭한 것에 보잘것없는 것이 뒤따름을 이름.
구미-초(狗尾草)명 ☞강아지풀.
구미-호(九尾狐)명 ①오래 묵어서 꼬리가 아홉 개나 달렸다고 하는 여우. 〔사람을 잘 호린다고 함.〕 ②'교활한 사람'을 비유하여 이르는 말.
구민(區民)명 한 구(區) 안에 사는 사람.
구ː민(救民)명하자 백성을 구제함.
구ː밀-복검(口蜜腹劍)[-껌]명 〔입으로는 달콤한 말을 하면서 배 속에는 칼을 지녔다는 뜻으로〕 '겉으로는 친절한 체하나 속으로는 해칠 생각을 지님'을 비유하여 이르는 말.
구박(驅迫)명하타 (고의적으로) 못 견디게 괴롭힘. 들볶음. ¶ 며느리를 구박하다. 비학대(虐待).
구박-지르다[-찌-][~지르니·~질러]타르 〈구기박지르다〉의 준말.
구ː방(舊邦)명 건국한 지 오래된 나라.
구배(勾配)명 ①'물매[1]'로 순화. ②'기울기'로 순화.
구배-표(勾配標)명 ☞기울기표.
구법(句法)[-뻡]명 시문(詩文)의 구절을 만들거나 배열하는 방법.
구법(求法)명하자 불법(佛法)을 구함.
구ː법(舊法)[-뻡]명 예전의 법률. ↔신법.
구ː벽(口癖)명 입버릇. 말버릇.
구ː-벽토(舊壁土)명 오래된 바람벽의 흙. 논밭의 거름으로 쓰임.
구ː변(口邊)명 입가.
구ː변(口辯)명 말솜씨. 언변(言辯). ¶ 구변이 뛰어나다.
구변(具邊)명하타 〈구본변(具本邊)〉의 준말.
구ː변-머리(口辯-)명 〈구변(口辯)〉의 속된 말.
구별(區別)명하타되자 ①종류에 따라 갈라 놓음. ¶ 동식물을 구별하다. ②차별을 둠. ¶ 아들딸 구별 말고 하나만 낳아 잘 기르자.
구ː병(救兵)명 ☞원병(援兵).
구ː병(救病)명하타 병구완을 함.
구보(狗寶)명 한방에서, '병든 개의 쓸개 속에 든 담석'을 약재로 이르는 말. 중풍(中風)이나 악창(惡瘡) 따위에 쓰임.
구보(驅步)명하자 뛰어감. 달음박질.
구ː복(口腹)명 (음식을 먹는) 입과 배.
구복이 원수(라)속담 먹고살기 위하여 어쩔 수 없이 잘못을 저질렀음을 이르는 말. 참목구멍이 포도청.
구-복색(具服色)[-쌕]명하자 옷을 절차에 맞게 갖춰 입음.
구ː복지계(口腹之計)[-찌계/-찌게]명 ☞생계.
구-본변(具本邊)명하타 본전과 이자를 합함. 구리(具利). 병본리(竝本利). 준구변(具邊).
구부득-고(求不得苦)[-꼬]명 불교에서 이르는 팔고(八苦)의 하나. 얻으려고 하여도 얻지 못하는 고통.

구부러-들다[~드니·~들어][자] 점점 안쪽으로 구붓하게 되다. [작]고부라들다. [센]꾸부러들다.
구부러-뜨리다[타] 아주 구부러지게 하다. 구부러트리다. ¶ 철근을 구부러뜨리다. [작]고부라뜨리다. [센]꾸부러뜨리다.
구부러-지다[자] 한쪽으로 구붓하게 되다. [작]고부라지다. [센]꾸부러지다.
구부러-트리다[타] 구부러뜨리다. [작]고부라트리다. [센]꾸부러트리다.
구부렁-구부렁[부][하형] 여럿이, 또는 여러 군데가 다 구부렁한 모양. [작]고부랑고부랑. [센]꾸부렁꾸부렁.
구부렁-이[명] 구부렁하게 생긴 물건. [작]고부랑이. [센]꾸부렁이.
구부렁-하다[형][여] 한쪽으로 조금 구붓하다. [작]고부랑하다. [센]꾸부렁하다.
구부리다[타] 한쪽으로 구붓하게 굽히다. ¶ 허리를 구부려 인사하다. [작]고부리다. [센]꾸부리다.
구부스름-하다[형][여] 조금 굽은 듯하다. [준]구부슴하다. [작]고부스름하다. [센]꾸부스름하다. **구부스름-히**[부].
구부슴-하다[형][여] 〈구부스름하다〉의 준말. [작]고부슴하다. [센]꾸부슴하다. **구부슴-히**[부].
구부정-구부정[부][하형] 여럿이, 또는 여러 군데가 다 구부정한 모양. [작]고부장고부장. [센]꾸부정꾸부정.
구부정-하다[형][여] 조금 휘움하게 굽어 있다. [작]고부장하다. [센]꾸부정하다. **구부정-히**[부].
구ː-북구(舊北區)[-꾸][명] 생물 지리학상의 한 구역. 〔히말라야 산맥 이북의 아시아·유럽 대륙, 사하라 사막 이북의 아프리카 대륙을 포함하는 지역.〕
구분(區分)[명][하타][되자] 따로따로 갈라서 나눔. ¶ 공사(公私)를 구분하다.
구분^구적법(區分求積法)[-뻡][명] 도형의 넓이나 부피를 구할 때, 도형을 몇 개의 작은 부분으로 나누어 넓이나 부피의 총화를 구한 다음, 그 극한으로써 계산하는 방법.
구ː분-전(口分田)[명] 고려 시대에, 자손이 없는 나이 많은 군인, 전사한 군인의 아내, 자손이 없이 죽은 관리의 아내 등에게 품등에 따라 나누어 주던 토지.
구불-거리다[자] 이리저리 구부러지다. 구불대다. [작]고불거리다. [센]꾸불거리다.
구불-구불[부][하자][하형] 이리저리 구불거리거나 구부러져 있는 모양. ¶ 구불구불한 오솔길. [작]고불고불. [센]꾸불꾸불.
구불-대다[자] 구불거리다.
구불텅-구불텅[부][하형] 여러 군데가 다 구불텅한 모양. [작]고불탕고불탕. [센]꾸불텅꾸불텅.
구불텅-하다[형][여] (굽이가) 느슨하게 굽다. [작]고불탕하다. [센]꾸불텅하다.
구붓-구붓[-붇꾸붇][부][하형] 여러 군데가 다 구붓한 모양. [작]고붓고붓. [센]꾸붓꾸붓. **구붓구붓-이**[부].
구붓-하다[-부타-][형][여] 좀 굽은 듯하다. [작]고붓하다. [센]꾸붓하다. **구붓-이**[부].
구븓ᄒᆞ다[형] 〈옛〉 구붓하다. 조금 굽다. ¶ 구븓홀 궁:穹. 구븓홀 륭:窿(訓蒙下*1*).
구ː비(口碑)[명] 〔비석에 새긴 것처럼 오래도록 전해 내려온 말이라는 뜻에서〕 옛날부터 두고두고 전해 오는 말.
구비(具備)[명][하타][되자] (필요한 것을) 빠짐없이 갖춤. 두루 갖춤. ¶ 구비 서류.
구비(廐肥)[명] 외양간에서 나는 두엄. 쇠두엄.
구ː비^동ː화(口碑童話)[명] 민간에 전승되어 말로 전해 내려오는 동화.
구ː비^문학(口碑文學)[명] (문자의 힘을 빌리지 않고) 옛날부터 말로 전승되어 온 문학. 〔설화·민요·수수께끼 등이 이에 딸림.〕 구승 문학. 구전 문학(口傳文學). 전승 문학(傳承文學).
구ː빈(救貧)[명][하자] 가난한 사람을 구제함.
구ᄫᅵ[명] 〈옛〉 굽이. ¶ 銀河水 한 구ᄫᅵ롤 촌촌이 버혀내어(鄭澈.關東別曲).
구ᄫᅵ구ᄫᅵ[부] 〈옛〉 굽이굽이. ¶ 千年老龍이 구ᄫᅵ구ᄫᅵ 서려 이셔(鄭澈.關東別曲).
구쁘다[구쁘니·구뻐][형] (음식이) 먹고 싶어 입맛이 당기다.
구ː사(口四)[명] 불교에서 이르는 십악(十惡) 가운데, 망어(妄語)·기어(綺語)·악구(惡口)·양설(兩舌)의 네 가지 구업(口業).
구사(求仕)[명][하타] 벼슬을 구함.
구사(求嗣)[명][하타] (첩을 두어서) 대(代) 이을 아들을 얻으려고 함.
구사(鳩舍)[명] 비둘기의 집.
구사(廐舍)[명] ☞마구간.
구ː사(舊師)[명] 옛 스승.
구사(驅使)[명][하타][되자] ①사람이나 동물을 마구 몰아쳐 부림. ②(말이나 수사법·기교 따위를) 능숙하게 마음대로 다루어 씀. ¶ 외국어를 유창하게 구사할 수 있는 실력을 기르자.
구ː-사상(舊思想)[명] ①옛적 사상. ②낡은 사상. ↔신사상.
구사-일생(九死一生)[-쌩][명][하자] 여러 차례 죽을 고비를 겪고 겨우 살아남. 《주로, '구사일생으로'의 꼴로 쓰임.》 백사일생(百死一生). 십생구사(十生九死). ¶ 구사일생으로 목숨을 건지다.
구산(九山)[명] ☞구산문.
구ː산(口算)[명][하타] 입으로 셈함, 또는 그 셈.
구산(丘山)[명] ①언덕과 산. 강만(岡巒). ②'물건이 많이 쌓인 모양'을 비유하여 이르는 말.
구산(求山)[명][하자] 좋은 묏자리를 잡으려고 찾음.
구ː산(舊山)[명] ①조상의 무덤이 있는 곳. ②오래된 무덤 자리.
구산-대(丘山臺)[명] 물건을 높다랗게 쌓아 올린 더미.
구산-문(九山門)[명] 불교에서, 달마(達磨)의 선법(禪法)을 이어 그 종풍(宗風)을 크게 떨친 아홉 교파를 오교(五敎)에 상대하여 이르는 말. 구산. 구산선문.
구산-선문(九山禪門)[명] ☞구산문.
구산^조사(九山祖師)[명] 통일 신라 시대에, 구산(九山)을 개창한 아홉 사람의 중.
구살(構殺)[명][하타] 없는 일을 꾸며서 죄로 몰아 죽임.
구살(毆殺)[명][하타] 때려죽임. 타살(打殺).
구상(臼狀)[명] 절구처럼 우묵하게 생긴 모양.
구상(求償)[명][하자] 배상 또는 상환을 청구함.
구상(具象)[명] ☞구체(具體). ↔추상(抽象).
구상(球狀)[명] 공같이 둥근 모양.
구상(鉤狀)[명] 갈고리처럼 꼬부라진 모양.
구상(構想)[명][하타] ①무슨 일에 대하여 그 전체의 내용이나 규모, 실현하는 방법 등에 대해서 이리저리 생각하는 일, 또는 그 생각. ②예술 작품을 창작할 때에 내용이나 표현 형식 등에 대하여 생각을 정리하는 일. ¶ 장편 역사 소설을 구상하다.
구상(毆傷)[명][하타] 때려서 상처를 냄.
구상^개ː념(具象概念)[명] ☞구체적 개념.

구상^관절(球狀關節)명 가동(可動) 관절의 한 가지. 한쪽은 공처럼, 다른 한쪽은 확처럼 생긴 것이 서로 맞물려 있어 운동이 자유로운 관절. 〔견갑(肩胛) 관절 따위.〕
구상-권(求償權)[-꿘]명 채무자를 대신하여 채무를 변제한 연대 채무자나 보증인 등이, 그 채무자에 대해 가지는 반환 청구의 권리.
구상^균(球狀菌)명 ☞구균(球菌).
구상-나무명 소나뭇과의 상록 침엽 교목. 산허리 이상에 나는데, 정원수로도 심음. 높이는 18 m 가량. 6월에 짙은 자줏빛 꽃이 핌. 나무는 건축 및 펄프재 등에 쓰임. 우리나라 특산 식물임.
구상^명사(具象名詞)명 ☞구체 명사.
구상^무:역(求償貿易)명 두 나라 사이에 협정을 맺어, 일정 기간 동안 수출과 수입을 균등하게 하여 결제 자금이 필요하지 않도록 결정한 무역. 바터제(barter制).
구:상-서(口上書)명 외교 문서 형식의 한 가지. 상대국에 대한 의사를 구두로 전하는 대신 글로 적어서 전하는 것.
구상-성(具象性)[-썽]명 ☞구체성(具體性). ↔추상성(抽象性).
구상^성단(球狀星團)명 은하계의 주위에 수십만 개의 별이 빽빽하게 모여 공 모양을 이룬 성단. ↔산개 성단(散開星團).
구상-어(具象語)명 형체를 갖춘 구체적인 사물을 나타내는 말.
구상^예:술(具象藝術)[-녜-]명 형체가 있는 구체적인 사물을 표현 대상으로 하는 예술. ↔추상 예술(抽象藝術).
구:상유취(口尙乳臭)[-뉴-]명 〔입에서 아직 젖내가 난다는 뜻으로〕 '말이나 하는 짓이 유치함'을 이르는 말.
구상-화(具象化)명하자.타되자 ☞구체화.
구상-화(具象畫)명 실제로 있거나 또는 그렇게 상상할 수 있는 사물을 사실적으로 표현하는 그림. ↔추상화(抽象畫).
구상^화:산(臼狀火山)명 폭발성의 분화(噴火)로 말미암아 생긴 화산. 〔산의 높이에 비하여 화구(火口)의 지름이 큼.〕 호마테.
구새[1]명 광석 사이에 산화되어 끼어 있는 딴 광물질의 가는 알갱이.
구새[2]명 <구새통>의 준말.
　구새(가) 먹다관용 살아 있는 나무의 속이 썩어서 구멍이 나다.
구새-통명 ①속이 썩어서 구멍이 난 통나무. ②나무로 만든 굴뚝. 준구새[2].
구색(求索)명하타 애를 써서 찾아냄.
구색(究索)명하타 연구하고 사색함.
구색(具色)명하타 (물건 따위를) 골고루 갖춤, 또는 그런 모양새.
　구색(을) 맞추다관용 여러 가지가 골고루 갖추어지게 하다.
　구색이 맞다관용 여러 가지가 고루 갖추어지다. ¶ 자, 반주가 있으니까 노래를 해야 구색이 맞지.
구:생(苟生)명하자 구차하게 삶.
구생(舅甥)명 ①외삼촌과 생질. ②장인과 사위.
구서(九暑)명 여름철 90일 동안의 더위.
구:서(口書)명 ①붓을 입에 물고 쓴 글씨. ②죄를 자백할 때, 그 자백을 받아서 적은 것.
구서(具書)명하자 (한자를 쓸 때) 글자의 획을 빼지 않고 갖추어 씀.
구서(驅鼠)명하자 쥐를 잡아 없앰.
구석명 ①모퉁이의 안쪽. ¶ 냉장고를 한쪽 구석에 놓다. ②잘 드러나지 아니하고 외진 곳. ¶ 시골 구석에서 살다. ③마음이나 사물의 한 부분. ¶ 믿는 구석이 있다. /고장난 구석이 있다.
구석-건넌방(-房)[-껀-]명 건넌방 뒤로 마루가 있고, 거기에 달려 있는 방.
구석-구석[-꾸-]명 이 구석 저 구석. ¶ 집안의 구석구석까지 뒤지다.
구석구석-이[-꾸-]부 구석구석마다. ¶ 젓갈 냄새가 방 안 구석구석이 배어들다.
구:-석기(舊石器)[-끼]명 구석기 시대에 인류가 만들어 쓰던 석기.
구:석기^시대(舊石器時代)[-끼-]명 석기 시대의 전기(前期). 구석기 및 골각기를 사용하던 시대. 참신석기 시대.
구석-방(-房)[-빵]명 집의 한구석에 있는 방.
구석-장(-欌)[-짱]명 방구석에 놓을 수 있도록 세모지게 만든 장.
구석-지다[-찌-]형 ①한쪽 구석으로 치우치다. ¶ 구석진 자리. ②멀리 떨어져 외지다.
구:설(口舌)명 시비하거나 헐뜯는 말. ¶ 구설을 들어 가면서도 기어이 계획대로 일을 추진하다.
구:설(久泄)명 오래도록 낫지 않는 설사.
구:설-수(口舌數)[-쑤]명 구설을 들을 운수. ¶ 구설수에 오르다.
구성(九成)명 황금의 품질을 10등분할 때의 둘째 등급. 참십성.
구성(九星)명 ①음양가가 사람의 길흉 판단에 쓰는 아홉 별. 〔일백(一白)·이흑(二黑)·삼벽(三碧)·사록(四綠)·오황(五黃)·육백(六白)·칠적(七赤)·팔백(八白)·구자(九紫)를 이름. 이에 팔괘·오행·방위·간지(干支) 등을 배당하여 길흉을 헤아림.〕 ②민속에서, 탐랑성·거문성·녹존성·문곡성·염정성·무곡성·파군성·좌보성·우필성을 통틀어 이르는 말. 그 방위를 괘효에 배당하여 풍수·택일의 길흉을 헤아림.
구:성(久成)명 '오랜 시일을 두고 닦아야만 불도(佛道)를 깨달을 수 있음'을 이르는 말.
구성(構成)명하타되자 ①몇 개의 부분이나 요소를 얽어서 하나로 만드는 일, 또는 그렇게 해서 짜여진 것. ②예술 작품에서, 작품을 이루는 여러 요소를 결합하여 전체적인 통일을 꾀하는 일. 플롯.
구성^개:념(構成概念)명 과학적인 처리에 의해서 조작적(操作的)으로 만들어진 개념.
구-성명(具姓名)명하자 (성이나 이름만 쓰지 않고) 성과 이름을 다 갖추어 씀.
구성^심리학(構成心理學)[-니-]명 복잡한 의식 내용을 요소별로 나누고, 그 요소를 결합하여 정신 현상을 설명하려는 심리학.
구성-없다[-업따]형 격에 맞지 않다. 멋없다.
　구성없-이부 ¶ 구성없이 까분다.
구성-원(構成員)명 어떤 조직을 이루고 있는 사람. 성원(成員).
구성^작가(構成作家)[-까]명 다큐멘터리·교양·오락 등의 프로그램을 기획하고, 그 내용이 되는 대본이나 출연자들의 대사 원고를 쓰는 방송 작가.
구성-주의(構成主義)[-의/-이]명 제1차 세계 대전 후 러시아에서 일어난 전위적인 추상 예술 운동. 〔사실주의를 배격하고, 주로 기하학적 구성에 의한 새로운 미(美)를 추구함.〕
구성-지다형 천연덕스럽고 구수하다. ¶ 구성진 목소리. /제 흥에 겨워 구성진 가락을 뽑다.
구성-파(構成派)명 20세기 초에 구성주의적 경향을 띠고 조형 예술에 참가한 예술가들의 한 파.

구세[명] (해면처럼) 구멍이 숭숭 뚫린 광석.

구ː세(救世)[명](하자) ①세상 사람을 구제함. ②불교에서, 중생을 고통에서 구하는 일. ③기독교에서, 인류를 악마의 굴레와 죄악에서 구하는 일.

구ː세(舊歲)[명] 지난해.

구ː-세계(舊世界)[-계/-게][명] ☞구대륙(舊大陸). ↔신세계.

구ː세-군(救世軍)[명] 기독교의 한 교파. 중생(重生)·성결(聖潔)·봉사를 중히 여기고, 군대식 조직 밑에서 전도·교육·사회 사업 등을 함.

구ː-세대(舊世代)[명] 옛 세대. 낡은 세대.

구세-동거(九世同居)[명] 〔9대가 한집에 산다는 뜻으로〕 '집안이 화목함'을 이르는 말.

구ː-세력(舊勢力)[명] ①옛 세력. ②수구적(守舊的)인 세력.

구ː세-제민(救世濟民)[명](하자) 세상 사람을 어려움에서 벗어나게 함(구제함).

구ː세-주(救世主)[명] ①인류를 죄악에서 구원(救援)하는 주(主)로서의 '예수'를 일컫는 말. 구주. 메시아(Messiah). ②중생을 고통에서 구원해 준 '석가모니'를 일컫는 말. ③'어려움이나 고통에서 구해 주는 사람'을 비유하여 이르는 말.

구소(灸所)[명] ☞구혈(灸穴).

구ː소(舊巢)[명] ①새들의 옛 둥우리. ②옛 보금자리. 옛집. 고소(古巢).

구ː-소설(舊小說)[명] 갑오개혁(甲午改革) 이전에 나온 소설을 흔히 이르는 말. 〔대부분이 비현실적인 공상의 세계를 다루었음.〕 ↔신소설.

구속(拘束)[명](하타)(되자) ①마음대로 못하게 얽어맴. ¶ 구속을 받다. /구속을 당하다. (비)속박(束縛). ②형사 소송법에서, 피의자나 피고인을 구금 또는 구인하는 강제 처분.

구속(球速)[명] 야구에서, 투수가 던지는 공의 속도.

구ː속(救贖)[명](하자) 기독교에서, 예수가 십자가에 못 박혀 인류의 죄를 대속(代贖)하여 구원하는 일을 이름.

구ː속(舊俗)[명] 옛 풍속. 낡은 풍속.

구속-력(拘束力)[-송녁][명] 법률·규칙·조약 등에 의하여 자유로운 행동을 구속하는 효력.

구속성^예ː금(拘束性預金)[-썽녜-][명] ☞꺾기[2].

구속^시간(拘束時間)[-씨-][명] 노동자가 직장에 정시 출근하여 정시 퇴근할 때까지의 노동 시간. 〔쉬거나 대기하는 시간도 이에 포함됨.〕

구속^영장(拘束令狀)[-송녕짱][명] 피의자나 피고인을 일정한 장소에 구인할 수 있는 영장. 〔검사나 사법 경찰관의 신청에 따라 판사가 발부함.〕 ¶ 구속 영장을 발부하다.

구속^적부^심사(拘束適否審査)[-쩍뿌-][명] 피의자의 구속이 적법한가 적법하지 아니한가를 법원에서 심사하는 일. 적부 심사.

구속-형(拘束形)[-소켱][명] 용언 연결 어미의 한 갈래. 문장에서 주어의 서술어 구실을 하면서, 뒤에 말하는 사실에 꼭 매는 힘이 미치게 됨을 나타냄. 〔'-(으)면·-거든·-(으)기에·-아(어)야' 따위.〕 (참)방임형.

구ː송(口誦)[명](하타) 소리 내어 욈(읽음).

구ː송-체(口誦體)[명] 운율(韻律)이 있어 소리 내어 읽거나 외기 좋게 된 문체. ¶ 구송체 소설.

구숑ᄒᆞ다(타) 〈옛〉 꾸중하다. ¶ 내 죵을 구숑ᄒᆞ야 ᄆᆞᄋᆞᆫ 거슬 글우라(杜初17:15).

구ː수(口受)[명](하타) 상대편의 말을 직접 듣고 가르침을 받음. 구수(口授)를 받음.

구ː수(口授)[명](하타) (학문이나 지식 등을) 말로써 전함, 또는 말로써 가르쳐 줌.

구수(仇讎)[명] ☞원수(怨讎).

구수(丘首)[명] 〔여우는 죽을 때에 자기가 본디 살던 언덕 쪽으로 머리를 두고 죽는다는 뜻으로〕 ①'근본을 잊지 않음'을 비유하여 이르는 말. ②'고향을 생각함'을 비유하여 이르는 말.

구수(拘囚)[명](하타)(되자) ☞수금(囚禁).

구수(寇讎)[명] ☞원수(怨讎).

구수(鳩首)[명] 〔비둘기들이 모여 머리를 맞대듯이〕 몇 사람이 모여 머리를 맞대다시피 하여 논의하는 일.

구수-닭[-닥][명] 얼룩점이 박힌 닭. * 구수닭이[-달기]·구수닭만[-당-]

구수-응의(鳩首凝議)[-의/-이][명](하타) ☞구수회의.

구ː수-죽(口數粥)[명] 섣달 스무닷새 날 밤에 쑤어 먹는 붉은 팥죽.

구수지간(仇讎之間)[명] 서로 원수를 진 사이.

구수-하다(형)(여) ①맛이나 냄새가 비위에 당기도록 좋다. ¶ 구수한 된장찌개 냄새. /숭늉이 구수하다. ②마음을 끄는 은근한 맛이 있다. ¶ 구수한 옛이야기. **구수-히**(부).

구수-회의(鳩首會議)[-회의/-훼이][명](하타) 〔비둘기들이 모여 머리를 맞대듯이〕 몇 사람이 머리를 맞대다시피 하여 의논함, 또는 그런 회의. 구수응의(鳩首凝議).

구ː순(口脣)[명] ①입과 입술. ②입술.

구ː순-기(口脣期)[명] 정신 분석학에서, 성 본능이 나타나는 첫 단계로, 생후 18개월까지의 시기를 이르는 말. 〔젖을 빠는 동작으로 구순 점막이 자극을 받아 쾌감을 느끼게 된다고 함.〕

구ː순-성격(口脣性格)[-껵][명] 정신 분석학에서, 성장한 뒤에도 정신적·성적인 발달이 그대로 구순기에 머물러 있는 사람의 성격을 이르는 말. 〔매사에 수동적이고 의존적인 경향이 두드러짐.〕 구애적 성격.

구순-하다(형)(여) (서로 사귀거나 지내는 데) 의가 좋아 화목하다. **구순-히**(부).

구ː술(口述)[명](하타) 입으로 말함. 구진(口陳). ¶ 구술 고사. (비)구연(口演).

구술(灸術)[명] 한방에서, 뜸으로써 병을 다스리는 의술을 이름.

구ː술-시험(口述試驗)[명] ☞구두시험(口頭試驗). ↔필기시험.

구ː술-주의(口述主義)[-의/-이][명] 소송 심리의 방식에서, 당사자나 법원이 변론이나 증거 조사 등을 말로써 해야 한다는 주의. 구두주의(口頭主義). ↔서면 심리주의.

구스베리(gooseberry)[명] 범의귀과의 낙엽 관목. 높이는 약 1 m. 가시가 많으며 봄에 흰 꽃이 피고 공 모양의 장과(漿果)가 황록색으로 익음. 열매는 날로 먹거나 잼을 만들어 먹음.

구슬[명] ①보석붙이로 둥글게 만든 물건. 흔히, 꾸미개나 패물로 쓰임. ②진주. ③어린아이들의 장난감의 한 가지. 사기나 유리 따위로 눈깔사탕만 하게 만듦.

구슬이 서 말이라도 꿰어야 보배(라)(속담) 아무리 좋은 것이라도 쓸모 있게 만들어 놓아야 가치가 있다는 말.

구슬-감기[명] 〈구슬갱기〉의 본딧말.

구슬-갓끈[-갇-][명] 구슬을 꿰어 만든 갓끈.

구슬-갱기[명] 짚신 총갱기의 한 가지. (본)구슬감기.

구슬-구슬(부)(하형) 밥이 알맞게 잘되어 질지도 되지도 않은 모양. (작)고슬고슬.

구슬-덩명 오색(五色) 구슬발로 꾸민 덩.
구슬-땀명 구슬처럼 방울방울 맺힌 땀. ¶ 구슬땀을 흘리다.
구슬려-내다타 그럴듯한 말로 꾀어내다.
구슬리다타 ①(남을) 그럴듯한 말로 꾀어 마음이 움직이게 하다. ②(끝난 일을) 이리저리 헤아려 자꾸 생각하다.
구슬려 삶다관용 자꾸 구슬려서 말을 잘 듣게 하다.
구슬려 세우다관용 구슬려서 추어올리다.
구슬-발명 구슬을 실에 꿰어 만든 발. 수렴.
구슬-사탕(▾-沙糖)명 '알사탕'의 잘못.
구슬-양피(-羊皮) [-량-]명 털이 곱슬곱슬하여 구슬 모양으로 동글동글하게 말리어 오그라든 양털 가죽.
구슬-옥(-玉)명 한자 부수의 한 가지. '瑩'·'璧' 등에서의 '玉'의 이름. '珍'·'現' 등에서 쓰일 때는 자형이 '王'으로, 명칭은 '구슬옥변'으로 바뀜.
구슬옥-변(-玉邊) [-뻔]명 한자 부수의 한 가지. '珍'·'現' 등에서 '구슬옥(玉)'이 '王'으로 쓰일 때의 이름.
구슬-치기명하자 구슬을 가지고 노는, 어린아이들의 놀이.
구슬프다 [구슬프니·구슬퍼]형 처량하고 슬프다. ¶ 구슬픈 피리 소리.
구슬피부 구슬프게. ¶ 구슬피 울다.
구:습(口習)명 ①입버릇. ②말버릇.
구:습(舊習)명 예부터 내려오는 낡은 관습. ¶ 구습을 타파하다.
구:승(口承)명하타 말로 전하여 내려옴.
구:승(舊升)명 신승(新升)에 대하여, '이전에 쓰던 장되'를 이르는 말.
구:승^문학(口承文學)명 ☞구비 문학.
구시(仇視)명하타 원수(怨讎)로 여김.
구:시(舊時)명 옛적. 왕시(往時).
구:-시가(舊市街)명 신시가(新市街)에 대하여 그전부터 있던 시가.
구:-시대(舊時代)명 옛 시대. 낡은 시대. ¶ 구시대의 유물. ↔신시대(新時代).
구시렁-거리다자 자꾸 구시렁구시렁하다. 구시렁대다. 작고시랑거리다.
구시렁-구시렁부하자 못마땅하다는 듯 군소리를 자꾸 늘어놓는 모양. 작고시랑고시랑.
구시렁-대다자 구시렁거리다.
구:시심비(口是心非)명하자 말로는 옳다 하면서 마음속으로는 그르게 여김.
구시-월(←九十月)명 구월과 시월.
구시월 세단풍(細丹楓)〔고운 단풍〕속담 '당장 보기는 좋아도 곧 흉하게 될 것'을 비유하는 말.
구:식(舊式)명 ①옛 격식. 그전 형식. ¶ 구식 결혼. /구식 양복. ②케케묵어 시대에 뒤떨어짐, 또는 그런 것. ¶ 구식 생각.
구:식-쟁이(舊式-) [-쨍-]명 '구식을 지나치게 따르거나 지키는 사람'을 홀하게 이르는 말.
구신(具申)명하타 자기의 의견이나 사정을 자세히 아룀. ¶ 상관에게 구신하다.
구신(具臣)명 육사(六邪)의 하나. 아무 구실도 못하고 단지 수효만 채우는 신하.
구신(狗腎)명 한방에서, '개의 자지'를 약재로 이르는 말. 음위증과 대하증에 약으로 씀.
구:신(舊臣)명 옛 신하.
구실명 ①지난날, ㉠공공(公共)이나 관아의 직무를 이르던 말. ¶ 구실을 다니다. ㉡'조세(租稅)'를 통틀어 이르던 말. ¶ 구실을 물다. ②(어떤 자격으로, 또는 어떤 처지에서) 마땅히 해야 할 일. 맡아서 해야 할 일. 역할(役割). ¶ 며느리 구실. /책임자 구실. /사람 구실.
구:실(口實)명 핑곗거리. 변명할 재료. 탁언(託言). ¶ 짐짓 구실을 만들어 쉬다.
구실-길 [-낄]명 지난날, 구실아치가 공사(公事)로 가던 길.
구실-아치명 지난날, 각 관아의 벼슬아치 밑에서 일을 보던 사람.
구실재아(咎實在我)명 남의 허물이 아니라 자기의 잘못이라고 스스로 인정하는 말.
구심(求心)명 ①하자 불교에서, 참된 마음을 찾아 참선(參禪)하는 일. ②회전하는 물체가 중심을 향하여 가까워지려고 하는 작용. ②↔원심(遠心).
구심(球心)명 구(球)의 중심.
구심(球審)명 야구 경기의 주심(主審). 포수 뒤에서 스트라이크·볼 등의 판정 및 경기 진행을 주관함.
구심-력(求心力) [-녁]명 물체가 원운동을 할 때 중심으로 쏠리는 힘. 향심력. ↔원심력.
구심^신경(求心神經)명 말초 신경으로부터 중추부에 자극을 전달하는 신경.
구심-운동(求心運動)명 중심을 향하여 쏠리는 물체나 정신의 운동.
구심-점(求心點) [-쩜]명 ①구심력의 중심이 되는 점. ②'중심적 역할을 하는 사람·사상' 따위를 비유하여 이르는 말.
구십(九十·九拾) Ⅰ수 십의 아홉 배가 되는 수. 아흔.
Ⅱ관 《일부 단위를 나타내는 명사 앞에 쓰이어》 ①그 수량이 아흔임을 나타내는 말. ¶ 구십 년. ②그 순서가 아흔 번째임을 나타내는 말. ¶ 책의 구십 쪽.
구십-춘광(九十春光)명 ①봄의 석 달 동안. ②석 달 동안의 화창한 봄 날씨.
구ᅀᅵ명 〈옛〉 구유. ¶ 구ᅀᅵ에 ᄀᆞᄃᆞ기 여믈 주고(飜朴上*21*).
구아(球芽)명 백합과 식물의 잎겨드랑이에서 생기는 거무스름한 둥근 눈. 〔땅에 떨어지면 싹이 남.〕
구아노(guano)명 해조(海鳥)의 똥이 바닷가의 바위 위에 쌓여서 된 덩어리. 주로, 인산 비료로 쓰임. 조분석(鳥糞石). 해조분(海鳥糞).
구아닌(guanine)명 핵단백질의 분해 산물. 〔물고기의 비늘, 양서류의 색소 세포, 포유류의 간장이나 췌장 등에 들어 있음.〕
구:악(舊惡)명 ①이전에 저지른 죄악. ②예전 사회의 여러 가지 악습이나 병폐. 숙악(宿惡).
구:악(舊樂)명 (서양 음악에 상대하여) 아악(雅樂) 따위의 전통 음악을 이름.
구안(具案)명하자 ①초안(草案) 등을 세움. ②일정한 수단 방법을 갖춤.
구안(具眼)명하자 안목(眼目)을 갖춤.
구:안(苟安)명하자 한때의 편안을 꾀함.
구:안-괘사(口眼喎斜)명 한방에서, 입과 눈이 한쪽으로 쏠리어 비뚤어지는 병, 곧 '안면 신경 마비'를 이르는 말. 괘사증.
구안-마(具鞍馬)명 안장을 갖춘 말.
구안-와사(口眼喎斜)명 ☞구안괘사.
구-안장(具鞍裝)명하자 말에 안장을 갖춤.
구안지사(具眼之士)명 사물의 시비나 선악을 판단할 수 있는 견식(見識)이 있는 사람.
구:안-투생(苟安偸生)명 한때의 편안을 꾀하며 헛되이 살아감.

구애(求愛)명하자 이성에게 자기의 사랑을 고백하여 상대편도 자기를 사랑해 주기를 바라는 일.
구애(拘礙)명하자되자 거리끼거나 얽매임. ¶ 여론에 구애하지 않고 소신껏 일하다.
구ː애적 성ː격(口愛的性格)[-쎵껵] ☞구순성격(口脣性格).
구ː액(口液)명 침.
구ː약(口約)명하타 말로 약속함, 또는 그 약속.
구ː약(舊約)명 ①옛 약속. ②기독교에서, 예수가 나기 전에 하나님이 그 선민인 이스라엘 민족에게 했다는 약속. ③〈구약 성서〉의 준말.
구약-구(蒟蒻球)[-꾸]명 구약나물의 알줄기.
구약-나물(蒟蒻-)[-양-]명 천남성과의 다년초. 재배 식물로 땅속에 알줄기가 있고, 높이는 1 m가량. 여름에 자갈색의 꽃이 핌. 알줄기로 곤약(菎蒻)을 만듦. 곤약.
구약-분(蒟蒻粉)[-뿐]명 구약구(蒟蒻球)를 말려 곱게 빻은 가루. 풀·칠감·곤약 따위의 재료로 쓰임.
구ː약^성서(舊約聖書)[-썽-]명 기독교의 성전의 한 가지. 예수가 나기 전의 이스라엘 민족의 역사와 하나님의 계시 등을 모은 경전. 모두 39권임. 구약 전서. 준구약. 참신약 성서(新約聖書).
구ː약^시대(舊約時代)[-씨-]명 기독교에서, 여호와가 천지를 창조한 뒤부터 예수가 나기 전까지의 율법 시대(律法時代).
구ː약^전서(舊約全書)[-쩐-]명 ☞구약 성서.
구ː어(口語)명 음성으로 나타내는 말. 일상 회화에 쓰는 말. 입말. ↔문어(文語).
구ː어-문(口語文)명 구어체(口語體)의 문장. ↔문어문(文語文).
구어-박다[-따]타 ①(사람을) 마음대로 움직이지 못하도록 한군데나 같은 상태로 있게 하다. ②쐐기 따위를 단단히 끼어 있게 하기 위하여 불김을 쐬어 박다.
구어박-히다[-바키-]자 〖'구어박다'의 피동〗 구어박음을 당하다.
구ː어-체(口語體)명 구어로 쓴 글체. ↔문어체(文語體).
구언(求言)명하타 (나라에 재앙 따위의 큰일이 있을 때) 임금이 신하의 직언(直言)을 구하던 일.
구ː업(口業)명 불교에서 이르는 삼업(三業)의 하나. 입에서 비롯되는 모든 죄업을 이르는 말.
구ː업(舊業)명 ①예전부터 해 오던 사업. ②예전부터 모은 재산.
구역(區域)명 갈라놓은 지역. ¶ 출입 금지 구역. 준구(區).
구역(嘔逆)명 속이 메스꺼워 토할 듯한 느낌. 욕지기.
구ː역(舊譯)명 새로 한 번역에 대하여, 그 전에 한 번역.
구역-나다(嘔逆-)[-영-]자 메스꺼워 토할 듯한 느낌이 생기다.
구역-증(嘔逆症)[-쯩]명 속이 메스꺼워 구역이 나려는 증세. 토할 듯한 증세.
구역-질(嘔逆-)[-찔]명하자 속이 메스꺼워 욕지기를 하는 짓. ¶ 구역질이 나다.
구ː연(口演)명하타되자 ①(동화·야담·만담 따위를) 여러 사람 앞에서 말로써 연기하는 일. ¶ 동화를 구연하다. ②문서에 의하지 아니하고 입으로 사연을 말함. 비구술.
구ː연(舊緣)명 옛 인연. 오래전부터 맺어 온 인연.
구ː연-동화(口演童話)명 이야기 내용을 말로써 연기하듯 하며 들려주는 동화.
구연-산(枸櫞酸)명 레몬이나 감귤 같은 데 들어 있는 염기성의 산. 무색무취의 결정체로 알코올과 물에 녹으며, 청량음료나 의약품 등에 쓰임. 레몬산. 시트르산.
구연산-동(枸櫞酸銅)명 녹색의 결정성(結晶性) 가루약. 트라코마 등의 눈병에 쓰임.
구ː연-세월(苟延歲月)명하자 구차하게 세월을 보냄.
구연-유(枸櫞油)[-뉴]명 레몬 껍질에서 짜낸 기름. 향미료로 쓰임.
구ː연-증(口軟症)[-쯩]명 한방에서, 어린아이가 말을 또렷또렷하게 하지 못하는 증세를 이르는 말. 어지증(語遲症).
구ː열(口熱)명 입 안의 열.
구ː-열대구(舊熱帶區)[-때-]명 생물 지리학상의 한 지역. 아시아·아프리카 대륙의 열대 지방을 주로 하는 지역.
구-영자(鉤纓子)명 조선 시대에, 벼슬아치의 갓끈을 다는 데 쓰던 고리. 〔보통, 은으로 만들고, 종이품 이상은 도금한 것을 썼음.〕 준영자(纓子).
구ː오(舊誤)명 지난날의 잘못.
구오-사미(驅烏沙彌)명 삼사미(三沙彌)의 하나. 7세에서 13세까지의 어린 중.
구옥(勾玉·句玉)명 ☞곡옥(曲玉).
구ː옥(舊屋)명 지은 지 오래된 집. 고가(古家). 고옥(古屋).
구완(←救援)명하타 아픈 사람이나 해산(解產)한 사람의 시중을 드는 일. ¶ 병든 할머니를 구완하다. 본구원(救援).
구ː왕(舊王)명 옛 임금. 전의 임금.
구ː-왕궁(舊王宮)명 조선 왕조 때의 궁전.
구외(構外)[-외/-웨]명 어떤 건물이나 시설 등의 울 밖. ↔구내(構內).
구요-성(九曜星)명 낙서(洛書)의 수(數)에 따른 아홉 개의 별, 곧 일백(一白)·이흑(二黑)·삼벽(三碧)·사록(四綠)·오황(五黃)·육백(六白)·칠적(七赤)·팔백(八白)·구자(九紫)를 이름.
구ː우(舊友)명 옛 친구. 사귄 지 오래된 벗. 고우(故友).
구우-일모(九牛一毛)명 〔아홉 마리의 소 가운데 박힌 하나의 털이란 뜻으로〕 '썩 많은 가운데 섞인 아주 적은 것'을 비유하여 이르는 말.
구운몽(九雲夢)명 조선 숙종 때, 김만중(金萬重)이 지은 국문 소설. 〔주인공 성진(性眞)이 여덟 선녀와 함께 인간으로 환생하여 부귀영화를 누리다가 깨어 보니 헛된 꿈이었다는 내용.〕
구운-석고(-石膏)[-꼬]명 생석고에 열을 가해서 결정수를 없앤 가루 석고. 물기가 있으면 다시 굳어지며, 모형이나 분필 따위를 만드는 데 쓰임.
구움-일[-닐]명하자 목재를 구움판에 넣고 말리는 일. 준굼일.
구움-판명 목재를 구워 말리는 구덩이. 준굼판.
구워-박다타 '구어박다'의 잘못.
구워-삶다[-삼따]타 아주 그럴듯한 방법을 써서 상대편을 자기의 뜻대로 움직이게 만들다. ¶ 친구를 구워삶아 함께 떠났다.
구ː원(久遠)명하형 아득히 멀고 오램. 영원함. ¶ 모나리자의 구원의 미소. **구원-히**부.
구원(仇怨)명 ☞원수(怨讎).
구ː원(救援)명하타되자 ①위험이나 곤란에 빠져 있는 사람을 구하여 줌. ¶ 구원의 손길을 뻗치다. ②기독교에서, 인류를 죄악과 고통과 죽음에서 건져 내는 일. ③〈구완〉의 본딧말.

구ː원(舊怨)명 예부터 쌓인 오래된 원한. ¶ 구원을 풀다.
구ː원-겁(久遠劫)명 불교에서 이르는, 먼 옛날. 한없이 멀고 오랜 과거.
구ː원-병(救援兵)명 구원하는 군사(군병). 원병. ¶ 구원병을 요청하다.
구ː원-불(久遠佛)명 불교에서, 오랜 옛날부터의 부처, 곧 아미타여래(阿彌陀如來)를 이르는 말.
구ː원^투수(救援投手)명 야구에서, 지쳤거나 불리한 상태에 있는 투수를 구원하기 위하여 등판하는 투수. 릴리퍼.
구월(九月)명 한 해의 아홉째 달. 참술월·계추·모추.
구위명 〈옛〉 관청(官廳). ¶ 구윗 므롤 구위에 도로 보내요므로브터(杜初25:40). 참그위.
구위(球威)명 야구에서, 투수가 던지는 공의 위력. ¶ 구위가 떨어지다.
구위실명 〈옛〉 구실. ¶ 구위실 마로미 쏘 사르므 테어눌(杜初10:29). 참그위실.
구유명 마소의 먹이를 담아 주는 큰 그릇. 〔흔히, 큰 나무토막이나 돌을 길쭉하게 파내어서 만듦.〕
구유(具有)명하타 (성질이나 재능·자격 따위를) 갖추고 있음. ¶ 높은 지성을 구유하다.
구ː유(舊遊)명 ①예전에 놀던 일. ②옛날에 사귄 친구. 옛날의 교우(交友).
구유-배명 통나무를 파서 구유처럼 만든 자그마한 배.
구육(狗肉)명 개고기. ¶ 양두(羊頭)구육.
구은(九垠)명 천지의 끝. 구천(九天)의 끝.
구은(求恩)명하자 은총을 기구(祈求)함.
구ː은(舊恩)명 예전에 입은 은혜.
구을다자 〈옛〉 구르다. ¶ 구을 뎐:轉(石千20).
구ː음(口音)명 입으로 나오는 소리. 입소리. 참비음(鼻音).
구ː읍(舊邑)명 예전에 관아(官衙)가 있던 고을. 옛 고을.
구의명 〈옛〉 관청. ¶ 구의에 오미 쉰나리 몯호딕(杜初25:36). 참그위.
구의(柩衣)[-의/-이]명 출관(出棺)할 때 관을 덮는 긴 베.
구ː의(舊誼)[-의/-이]명 예전에 가까이 지내던 정의. 옛 정분. ¶ 구의를 잊지 못하다.
구의ᄒᆞ다타 〈옛〉 소송(訴訟)하다. ¶ 구의홀 송:訟(訓蒙下32).
구이명 ①고기나 생선에 양념을 하여 구운 음식. ②《일부 명사 뒤에 붙어》 구운 음식의 뜻을 나타냄. ¶ 생선구이. /참새구이.
구이명 〈옛〉 관청(官廳). ¶ 집안히 쇽쇽ᄒᆞ야 구이 ᄉᆡ 굿더라(二倫31). 참그위.
구이(九夷)명 옛날 중국에서, 흑수(黑水)에서 한강 이남까지의 지역에 살고 있던 아홉 이민족을 이르던 말. 구족(九族).
구이-가마명 고기나 생선 따위를 굽는 데 쓰이는 가마.
구ː이지학(口耳之學)명 남에게 들은 바를 새기지 못한 채, 그대로 남에게 전할 정도밖에 되지 않는 천박한 학문.
구이-통(-筒)명 구이가마의 연기를 빼내는 연통.
구인(仇人)명 원수진 사람.
구인(求人)명하타 필요한 사람을 구함. ¶ 일간지에 구인 광고를 내다.
구인(拘引)명하타되자 ①사람을 강제로 잡아 끌고 감. ②용의자나 피고인 등이 소환에 불응할 때, 일정한 장소로 끌고 가는 강제 처분.
구ː인(救人)명하자 어려운 처지에 놓인 사람을 돕는 일, 또는 도와주는 사람.
구인(蚯蚓)명 지렁이.
구인(鉤引)명하타 갈고리로 걸어 잡아당김.
구ː인(舊人)명 ①예전부터 알고 지내는 사람. ②(인류의 진화 과정에서의) 원인(猿人)과 신인(新人)의 중간 형태의 화석 인류.
구ː인(舊因)명 오래전부터 맺어 온 인연.
구인-난(求人難)명 일할 사람을 구하기가 어려운 일, 또는 그러한 상태.
구인-란(求人欄)[-난]명 신문 따위의 구인 광고를 싣는 난.
구-인마(具人馬)명하자 마부와 말을 갖춤.
구인-장(拘引狀)[-짱]명 법원이 피고인이나 증인 등을 구인하기 위하여 발부하는 영장.
구일(九日)명 예전 명절이었던 음력 구월 구일. 〔이날 남자들은 시를 짓고 각 가정에서는 국화전을 만들어 먹고 놀았음.〕 중구(重九). 중양(重陽).
구일-장(九日葬)명 죽은 지 9일 만에 지내는 장사.
구입명하자 겨우 벌어먹음, 또는 겨우 되는 밥벌이.
구입(購入)명하타 ☞구매(購買).
구입-장생[-짱-]명하자 겨우 벌어먹고 살아감.
구자(九紫)명 음양가가 이르는 구성(九星)의 하나, 곧 화성(火星)을 이름.
구자(韮子)명 한방에서, '부추의 씨'를 약재로 이르는 말.
구ː자-탕(口子湯)명 〈열구자탕〉의 준말.
구ː작(舊作)명 (소설이나 그림 등) 전에 지었거나 그린 작품. ↔신작(新作).
구잠-정(驅潛艇)명 적의 잠수함을 공격하는 임무를 띤 소형의 쾌속정.
구장(九章)명 조선 시대에, 임금의 면복(冕服)에 놓았던 아홉 가지의 수. 〔의(衣)에는 산·용(龍)·화(火)·화충(華蟲)·종이(宗彝)의 다섯 가지, 상(裳)에는 마름·분미(粉米)·보(黼)·불(黻)의 네 가지를 수놓았음.〕
구장(九臟)명 심장(心臟)·비장(脾臟)·간장(肝臟)·신장(腎臟)·폐(肺)·위(胃)·방광(膀胱)·대장(大腸)·소장(小腸)의 아홉 가지 내장.
구ː장(口帳)명 지난날, 호수(戶數)와 인구수를 기록한 책.
구장(狗醬)명 개장국.
구장(毬杖)명 지난날, 격구(擊毬)를 할 때 쓰던 공채.
구장(毬場)명 지난날, 격구를 하던 경기장.
구장(區長)명 지난날, 시·읍·면 등에 딸렸던 구의 장. 지금의 통장·이장(里長)에 해당함.
구장(球場)명 구기(球技)를 하는 경기장. ¶ 넓은 잔디 구장.
구장(鳩杖)명 지난날, 중신(重臣)에게 사궤장(賜几杖)을 할 때 내리던 지팡이. 〔머리에는 비둘기를 새겼음.〕
구장-복(九章服)명 조선 시대에, 구장(九章)을 수놓은 임금의 대례복(大禮服). 종묘 제례, 즉위, 원단(元旦) 및 비(妃)를 맞을 때에 입었음.
구ː재명 방고래에 낀 철매와 재. 구들재.
구재(九齋)명 ①고려 문종 때에, 최충(崔沖)이 사학(私學)을 일으켜 제자를 가르치던 학당(學堂). ②조선 세조 12(1446)년에, 경학(經學)을 가르치기 위하여 성균관에 두었던 아홉 개의 전문 강좌.
구ː재(口才)명 ①말재주. 변재(辯才). ②노래 부르는 재주.

구재(俱在)명하자 두 가지 이상의 대등한 것이 함께 존재함. 공재(共在).
구ː재(救災)명하타 재난을 당한 사람을 구함.
구ː저(舊著)명 예전에 쓴 저서.
구저분-하다형여 더럽고 지저분하다. ¶ 헛간이 몹시 구저분하다. **구저분-히**부.
구적명 돌이나 질그릇 따위가 삭아서 겉에 일어나는 얇은 조각.
구적(仇敵)명 ☞원수(怨讐).
구적(求積)명 ①〈구적법〉의 준말. ②하타면적이나 체적을 셈하여 냄.
구적(寇賊)명 국토를 침범하는 외적(外賊).
구ː적(舊跡·舊蹟)명 역사에 남을 만한 사건이나 사물이 있었던 곳.
구적-계(求積計)[-꼐/-께]명 도면 위의 면적을 재는 계기.
구적-법(求積法)[-뻡]명 면적이나 체적을 계산하는 방법. 준구적(求積).
구ː전(口傳)명하자타되자 말로 전함, 또는 말로 전해 옴. ¶ 구전하여 온 민요.
구ː전(口錢)명 ☞구문(口文). ¶ 구전을 뜯다.
구전(俱全) '구전하다'의 어근.
구ː전(舊典)명 ①예전의 법전. 옛 제도. ②옛날의 서적. 고전(古典).
구ː전(舊錢)명 옛날 돈.
구전문사(求田問舍)명 〔논밭이나 살림할 집을 구하여 산다는 뜻으로〕 '논밭이나 집 따위 재산에만 마음을 쓸 뿐 원대한 뜻이 없음'을 이르는 말.
구ː전^문학(口傳文學)명 ☞구비 문학.
구ː전^민요(口傳民謠)명 말로 전하여 내려온 민요.
구ː전성명(苟全性命)명하자 구차하게 목숨을 보전함.
구ː전-심수(口傳心授)명하타 말로 전하고 마음으로 가르친다는 뜻으로, 일상생활을 통하여 자기도 모르는 사이에 몸에 익도록 가르치는 것을 이르는 말.
구전지훼(求全之毁)명 '심신을 수양하여 온전하게 하려다가 뜻밖에 남으로부터 비방(誹謗)을 당함'을 이르는 말.
구ː전^하ː교(口傳下敎)명 왕조 때, 말로써 왕명을 전하던 일.
구전-하다(俱全-)형여 모두 갖추어서 온전하다.
구절(句節)명 (긴 글의 한 부분인) 토막 글(말).
구절-양장(九折羊腸)[-량-]명 〔아홉 번 꼬부라진 양의 창자라는 뜻으로〕 '산길 따위가 몹시 험하게 꼬불꼬불한 것'을 이르는 말.
구절-죽장(九節竹杖)[-짱]명 중이 짚는, 마디가 아홉인 대지팡이.
구절-초(九節草)명 국화과의 다년초. 산과 들에 절로 나는데, 줄기 높이는 50 cm가량. 가을에 홍·백색의 꽃이 핌. 한방에서 온 포기를 치풍·부인병·위장병 등에 약재로 씀.
구절-판(九折坂)명 구절판찬합에 담은 음식. 가의 여덟 칸에 색색의 여덟 가지 음식을 담고, 가운데 칸에는 밀전병을 담아, 가의 음식을 조금씩 골고루 밀전병에 싸서 먹음. 구절포.
구절판-찬합(九折坂饌盒)명 구절판을 담는 찬합. 가운데 칸을 둥글게 하고, 그 둘레를 여덟 칸으로 나누었음.
구절-포(九折包)명 ☞구절판(九折坂).
구ː점(口占)명하자 ①즉석에서 시를 지어 읊음. ②문서에 의하지 아니하고 말로써 전달함.
구점(句點)[-쩜]명 구절 끝에 찍는 점.
구ː점(灸點)[-쩜]명 ①경락(經絡)에 따라 뜸을 뜰 수 있는 자리. 구혈(灸穴). ②뜸을 뜰 자리에 먹으로 찍은 점.
구점-원(九點圓)[-쩌뭔]명 삼각형의 각 변의 중점과, 정점에서 대변(對邊)에 그은 수선의 밑점과, 각 접점과 수심(垂心)을 잇는 중점을 합한 아홉 개의 점을 통하는 원.
구접명 ①지저분하고 더러움. ②하는 짓이 지저분함.
구접-스럽다[-쓰-따][~스러우니·~스러워]형ㅂ ①지저분하고 더럽다. ②하는 짓이 지저분하다. ¶ 구접스럽게 굴다. **구접스레**부.
구-젓명 '굴젓'의 잘못.
구정(九井)명 상여 밑 좌우에 줄을 걸고, 한쪽에 18명씩 메는 큰 상여.
구ː정(舊正)명 ①음력 설. ¶ 구정을 쇠다. ②음력 정월. ↔신정(新正).
구ː정(舊情)명 옛정. 전정(前情).
구정-물명 ①무엇을 빨거나 씻거나 하여 더러워진 물. ②헌데에서 고름이 빠진 뒤에 흐르는 물. 작고장물.
구정-체(球晶體)명 ①달리아나 우엉 따위의 뿌리 세포 속에 있는 구형의 결정. ②세포 속의 단백질의 작은 알맹이 속에 들어 있는 구상의 결정.
구ː제(救濟)명하타되자 ①어려운 처지에 있는 사람을 도와줌. ¶ 난민을 구제하다. ②불교에서, 고통받는 사람들을 제도(濟度)하는 일.
구제할 것은 없어도 도둑 줄 것은 있다속담 ①아무리 가난한 집이라도 도둑맞을 것은 있다는 말. ②남을 구제할 생각만 있다면 얼마간이라도 도와줄 것은 있다는 말.
구ː제(舊制)명 〈구제도〉의 준말. ↔신제.
구제(驅除)명하타되자 해충 따위를 몰아내어 없앰. ¶ 기생충 구제.
구ː제-권(救濟權)[-꿘]명 권리를 침해당하였을 때, 법원에 구제를 청구하는 권리. ↔원권(原權).
구ː제-금융(救濟金融)[-금늉/-그뭉]명 거래하는 기업의 도산을 막기 위하여 금융 기관이 정책적으로 지원하는 금융.
구ː-제도(舊制度)명 옛 제도. 준구제(舊制).
구ː제-비(救濟費)명 구제하는 데 드는 비용.
구제비-젓[-젇]명 생선의 내장으로 담근 젓. ＊구제비젓이[-저시]·구제비젓만[-전-]
구ː제-역(口蹄疫)명 소나 돼지 따위 동물에게 잘 걸리는 바이러스성 전염병. 주로, 입 안의 점막이나 발톱 사이의 피부에 물집이 생겨 짓무름.
구ː제-책(救濟策)명 구제할 대책.
구ː제-품(救濟品)명 어려운 처지에 있는 사람들을 돕기 위하여 보내는 물품.
구ː조(久阻)명하자 오랫동안 소식이 막힘.
구ː조(救助)명하타되자 위험한 상태에 있는 사람을 도와서 구원함. ¶ 인명을 구조하다.
구조(構造)명 어떤 물건이나 조직체 따위의, 전체를 이루고 있는 부분들의 서로 짜인 관계나 그 체계. ¶ 기계의 구조. /사회의 구조.
구-조개명 굴과 조개.
구조-곡(構造谷)명 습곡 운동(褶曲運動)이나 단층 운동(斷層運動)에 의한 지질 구조로 생긴 골짜기. ↔침식곡(浸蝕谷).
구조^단구(構造段丘)명 지각 변동으로, 지반이 불룩하게 솟거나 해면이 낮아짐으로써 하천의 침식이 부활되어 생긴 단구.

구ː조-대(救助隊)명 일정한 장비를 갖추고 위험에 빠진 사람이나 물건 등을 구하는 사람들로 조직된 단체.

구ː조-대(救助袋)명 불이 났을 때, 고층 건물 안에 있는 사람을 구조하는 데 쓰이는 긴 부대. 〔사람이 이 속으로 미끄러져 내려오게 됨.〕

구조-물(構造物)명 건물·다리·축대·터널 등과 같은 여러 가지 재료를 얽어서 만든 물건.

구ː조-사다리(救助-)명 화재 때, 고층 건물에 있는 사람을 구출하는 데 쓰이는 사다리.

구ː조-선(救助船)명 해상에서 조난을 당한 사람이나 선박 등을 구조하는 배.

구조-선(構造線)명 지각 운동 등으로 생긴 대규모의 단층선(斷層線).

구조-식(構造式)명 분자 안에 들어 있는 각 원자 간의 결합 상태를 도식화한 화학식.

구조-적(構造的)관명 구조에 관계되는 (것). ¶ 사회 체제의 구조적 모순. /구조적으로 튼튼한 건물.

구조적 실업(構造的失業)[-씨럽] 자본주의의 경제 구조에 따라 일어나는 만성적·장기적인 실업. 만성적 실업.

구조^조정(構造調整)명 기업 또는 산업의 불합리한 구조를 개편하거나 조정하는 일.

구조-주의(構造主義)[-의/-이]명 사회적·문화적 현상을 각각의 요소가 아닌, 심층적인 구조의 틀 속에서 파악하려고 하는 지적 경향.

구조^지진(構造地震)명 단층 운동으로 생기는 지진.

구조^평야(構造平野)명 지각의 변동에 의해서 생긴 낮고 평탄한 평야.

구조-호(構造湖)명 지각의 일부가 가라앉아 생긴 분지에 물이 괴어서 된 호수.

구족(九族)명 ①고조로부터 증조·조부·부·자기·자·손·증손·현손까지의 직계친(直系親)을 중심으로, 방계친으로는 고조의 사대손이 되는 형제·종형제·재종형제·삼종형제를 포함하는 동종(同宗) 친족의 범위를 이르는 말. ②자기의 동족·자매의 자녀, 딸의 자녀, 고모의 자녀, 외조부·외조모·이모의 자녀, 장인·장모를 아울러 이르는 말. ③☞구이(九夷).

구족(具足) '구족하다'의 어근.

구ː족(舊族)명 예부터 이어져 내려온 지체 높은 집안.

구족-계(具足戒)[-꼐/-께]명 불교에서, 비구와 비구니가 지켜야 할 계율을 이르는 말.

구족-하다(具足-)[-조카-]형여 ☞구존하다.

구존(具存) '구존하다'의 어근.

구존(俱存)명하자 부모가 다 살아 있음. 구경(俱慶). ↔구몰(俱沒).

구존-하다(具存-)형여 어떤 사물이나 형태 등이 다 갖추어져 있다. 구족하다.

구종(驅從)명 지난날, 벼슬아치를 모시고 다니던 하인. ¶ 구종을 거느리다.

구종(을) 들다관용 구종이 되어 말고삐를 잡다.

구ː좌(口座)명 '계좌'로 순화.

구종ᄒᆞ다타 〈옛〉 꾸중하다. ¶ 힌 갈홀 구종ᄒᆞ야 헤티디 몯호라(杜重2:52).

구주(九州)명 통일 신라 시대에, 전국을 아홉 지역으로 나누었던 주.

구주(九疇)명 〈홍범구주(洪範九疇)〉의 준말.

구ː주(救主)명 ☞구세주(救世主).

구주(歐洲)명 ☞유럽.

구ː주(舊主)명 ①〈구주인〉의 준말. ②예전에 섬기던 임금.

구ː주(舊株)명 주식회사가 자본금을 늘리기 위하여 발행한 신주에 대하여, 이전에 발행된 주식. 묵은 주. ↔신주(新株).

구ː-주인(舊主人)명 옛 주인. 준구주.

구죽명 바닷가에 쌓여 있는 굴 껍데기.

구죽-바위[-빠-]명 구죽으로 이루어진 바위.

구중(九重)명 ①아홉 겹. 여러 겹. ②〈구중궁궐〉의 준말.

구ː중(口中)명 ①입 안. ②'입'의 궁중말.

구중-궁궐(九重宮闕)명 (문이 겹겹이 달린) 깊은 대궐. 구중심처. 준구중(九重).

구중 심처(九重深處)명 ☞구중궁궐.

구ː중-약(口中藥)[-냑]명 입속의 병이나 구강 위생에 쓰이는 약.

구중중-하다형여 ①(괴어 있는 물, 시궁창 따위가) 더럽고 지저분하다. ¶ 개울물이 구중중하다. ②(사람이나 물건 따위의 모양새가) 지저분하다. ¶ 구중중한 옷차림.

구즈기부 〈옛〉 우뚝이. ¶ 머리롤 구즈기 셰오(蒙法24).

구ː증(口證)명하타 말로 하는 증명.

구증(狗蒸)명 개찜.

구증구포(九蒸九曝)명 한방에서 약재를 만들 때, 아홉 번 찌고 아홉 번 말리는 일.

구ː지(舊地)명 전에 차지하고 있던 땅.

구ː지(舊址)명 예전에 어떤 구조물 따위가 있었던 터. ¶ 황룡사(皇龍寺)의 구지.

구지-가(龜旨歌)명 원시 시가의 한 가지. 가락국 추장들이 구지봉(龜旨峯)에 모여서 김수로왕을 맞이하기 위해 불렀다는 노래. '가락국기(駕洛國記)'에 실려 전함. 영신군가(迎神君歌).

구지내명 새매의 한 가지.

구지렁-물명 썩어서 더러운 물. 작고지랑물.

구지레-하다형여 지저분하게 더럽다. ¶ 구지레한 옷차림.

구지부득(求之不得)명하타 구하려 해도 얻지 못함.

구지-심(求知心)명 지식을 갈구하는 마음.

구지좀명 〈옛〉 꾸짖음. ¶ 일ᄏᆞ롬과 구지좀과(圓覺上 二之一12).

구직(求職)명하자 일자리를 구함. ¶ 구직난(難). /구직 광고.

구ː진(久陳)명하자 ①음식이 오래되어 맛이 변함. ②약재가 오래되어 못 쓰게 변함.

구ː진(口陳)명하타 ☞구술(口述).

구진(丘疹)명 살갗에 돋아나는 발진.

구진(具陳)명하타 의견 따위를 상세하게 진술함. 현황 따위를 상세하게 보고함.

구ː진(舊陳)명 오래 묵힌 땅(논밭).

구짇다타 〈옛〉 꾸짖다. ¶ 무렛 衆을 구지드며(楞解9:108).

구질(九秩)명 아흔 살.

구ː질(久疾)명 앓은 지 오래되어 고치기 어려운 병.

구질(丘垤)명 작은 언덕.

구질(球質)명 야구·탁구·테니스 등에서, 선수가 던지거나 친 공의 성질. ¶ 구질이 무겁다.

구질-구질부하형 ①어떤 상태나 하는 짓 등이 더럽고 구저분한 모양. ¶ 구질구질한 골목길. ②날씨가 맑게 개지 못하고 비나 눈이 내려 구저분한 모양. ¶ 날씨가 구질구질하다.

구차(柩車)명 〈영구차〉의 준말.

구ː차(苟且)명하형스형 ①살림이 매우 가난함. ¶ 집안이 매우 구차하다. ②말이나 행동이 떳떳하거나 버젓하지 못함. ¶ 구차한 변명을 늘어놓다. **구차-히**부. **구차스레**부.

구ː창(口瘡)명 입 안에 생긴 부스럼.

구ː창(灸瘡)명 뜸 뜬 자국이 헐어 생긴 부스럼.
구ː채(舊債)명 전에 진 빚. 묵은 빚. ¶ 구채를 다 갚다.
구책(咎責)명하타 잘못을 나무람.
구처(區處)명하타 ①사물을 구분하여 처리함. ②변통하여 처리함. ¶ 한 푼 구처가 어렵다.
구척(矩尺)명 곱자.
구척(球尺)명 ☞구면계(球面計).
구척-장신(九尺長身)[-짱-]명 〔'아홉 자나 되는 큰 키'라는 뜻으로〕 '아주 큰 키, 또는 그러한 사람'을 이르는 말.
구천(九天)명 ①하늘의 가장 높은 곳. ¶ 구천에 사무치다. ②고대 중국에서, 하늘을 아홉 방위(方位)로 나누어 이르던 말. 〔중앙을 균천, 동쪽을 창천, 동북쪽을 변천, 북쪽을 현천, 서북쪽을 유천, 서쪽을 호천, 서남쪽을 주천, 남쪽을 염천, 동남쪽을 양천이라 이름.〕 ③불교에서, 대지를 중심으로 하여 도는 아홉 천계(天界)를 이르는 말.
구천(九泉)명 〔땅속 깊은 밑바닥이라는 뜻으로〕 죽은 뒤에 넋이 돌아가는 곳을 이르는 말. ¶ 구천을 떠돌다.
구ː천(久喘)명 한방에서, 오랜 기침으로 폐가 상하여 숨이 차고 가쁜 증세를 이르는 말.
구첩(口捷) '구첩하다'의 어근.
구첩-반상(九-飯床)[-빤-]명 반찬 수에 따른 상 차리기의 한 가지. 밥·탕·김치·간장(초간장·초고추장)·조치류(찌개 1·찜 1) 등의 기본에다 숙채·생채(두 가지)·구이(두 가지)·조림·전류·마른반찬·회류의 아홉 가지 반찬을 갖추어 차리는 상차림. 참오첩반상·칠첩반상.
구ː첩-하다(口捷-)[-처파-]형여 말솜씨가 좋다.
구청(區廳)명 구의 행정 사무를 맡아보는 관청. ¶ 종로 구청.
구청-장(區廳長)명 구의 행정을 맡아보는 으뜸 직위, 또는 그 직위에 있는 사람.
구ː체(久滯)명 묵은 체증. 오래된 체증. 구체(舊滯).
구체(具體)명 사물이 실제로 뚜렷한 모양이나 형태를 갖추고 있는 것. 구상(具象). ↔추상(抽象).
구체(球體)명 공 모양을 한 물체.
구ː체(舊滯)명 ☞구체(久滯).
구체^개ː념(具體概念)명 ☞구체적 개념.
구체^명사(具體名詞)명 구체적 개념을 나타내는 명사. 〔사람·나무·자동차 따위와 같은 명사.〕 구상 명사. ↔추상 명사.
구체-성(具體性)[-썽]명 구체적인 성질. 구상성(具象性). ¶ 구체성을 띠다.
구체-안(具體案)명 구체적인 방안.
구체^음악(具體音樂)명 ☞뮈지크 콩크레트.
구체-적(具體的)관명 ①어떤 사물이 뚜렷한 실체를 갖추고 있는 (것). ¶ 구체적 모습. ②실제적이고 세밀한 부분까지 포함하고 있는 (것). ¶ 구체적 근거를 제시하다. /구체적 대안. ↔추상적.
구체적 개ː념(具體的概念)[-깨-] ①추상 개념에 대하여, 구체적인 대상에 대한 개념. ②일반 개념에 대하여, 개개의 특수한 사물에 대한 단독 개념. 구상 개념. 구체 개념. ↔추상적 개념(抽象的概念).
구체-화(具體化)명하자타되자 ①구체적으로 되거나 구체적인 것으로 되게 함. ¶ 시안의 구체화를 서두르다. ②계획 등을 실행함. 구상화.
구ː초(口招)명하타 죄인이 하는 진술.
구ː초(舊草)명 ①오래 묵은 담배. ②오래전에 쓴 초고.
구촌(九寸)명 ①삼종 숙질(三從叔姪) 간의 촌수. ②아홉 치.
구추(九秋)명 ①가을철의 90일 동안을 달리 이르는 말. 삼추(三秋). ②'음력 구월'을 가을이라는 뜻으로 이르는 말.
구축(構築)명하타되자 큰 구조물이나 진지 등을 쌓아 올려 만듦. ¶ 진지를 구축하다.
구축(驅逐)명하타되자 (어떤 세력이나 해로운 것을) 몰아냄. 쫓아냄. ¶ 악화(惡貨)가 양화(良貨)를 구축하다.
구축-함(驅逐艦)[-추캄]명 해군 함선의 한 가지. 어뢰를 주무기로 하여, 주로 적의 주력함이나 잠수함 따위를 공격함. 수뢰 구축함.
구춘(九春)명 봄철의 90일 동안을 달리 이르는 말. 삼춘(三春).
구ː출(救出)명하타되자 위험한 상태에서 구하여 냄. ¶ 인질을 구출하다. /조난자를 구출해 내다.
구출(驅出)명하타되자 쫓아 몰아냄.
구충(鉤蟲)명 구충과의 기생충을 두루 이르는 말.
구충(驅蟲)명하타 (약품 등을 사용하여) 해충이나 기생충 따위를 없앰. 제충(除蟲).
구충-제(驅蟲劑)명 ①몸속의 기생충 따위를 없애는 데 쓰는 약. ②농작물 따위의 해충을 없애는 데 쓰는 약. ②살충제.
구ː취(口臭)명 입에서 나는 좋지 않은 냄새. 구과(口過). 입내[2]. ¶ 구취가 나다.
구치(臼齒)명 어금니.
구ː치(灸治)명하자 한방에서, 뜸으로 병을 고치는 일.
구치(拘置)명하타되자 피의자나 범죄자 등을 일정한 곳에 가둠. ¶ 피의자를 구치하다.
구치(驅馳)명하타 ①말을 몰아 빨리 달림. ②남의 일을 위하여 분주하게 돌아다님.
구치-소(拘置所)명 사형수나 피의자, 또는 이미 기소되어 있는 형사 피고인 가운데 구속 영장에 의해서 구속되어 있는 사람 등을 수용하는 시설.
구침(鉤針)명 끝이 갈고리처럼 생긴 바늘.
구ː칭(口稱)명하타 입으로 '나무아미타불' 따위를 외는 일.
구ː칭(舊稱)명 전에 일컫던 이름. 옛 칭호.
구ː칭-염불(口稱念佛)[-념-]명 입으로 외는 염불.
구타(毆打)명하타 사람을 함부로 때림. ¶ 집단 구타 사건. /안면을 구타하다.
구태부 〈구태여〉의 준말.
구ː태(舊態)명 뒤떨어진 예전 그대로의 모습이나 상태. ¶ 구태에서 벗어나다.
구태-여부 《부정하는 말과 어울려 쓰이거나 반문하는 문장에 쓰이어》 일부러. 굳이. ¶ 구태여 말할 필요가 없다. /구태여 네가 떠날 것까지는 없다. 준구태.
구태의연(舊態依然) '구태의연하다'의 어근.
구ː태의연-하다(舊態依然-)[-의-/-이-]형여 변하였거나 진보·발전한 데가 없이, 옛 모습 그대로이다. ¶ 구태의연한 학습 태도. 참고태의연하다. 구태의연-히부.
구ː택(舊宅)명 ①전에 살던 집. ②여러 대에 걸쳐 살아온 집.
구터분-하다형여 〈구리터분하다〉의 준말. 작고타분하다. 구터분-히부.
구텁지근-하다[-찌-]형여 좀 구리텁텁하다. ¶ 구텁지근한 냄새가 난다. 작고탑지근하다. 구텁지근-히부.

구텁텁-하다 [-터파-] 형여 〈구리텁텁하다〉의 준말. 작고탑탑하다. **구텁텁-히** 부.

구토 (嘔吐) 명하자 먹은 음식물을 토함. 게움. 토역(吐逆). ¶ 구토가 일어나다.

구:투 (舊套) 명 예전 양식이나 방식. 구식(舊式).

구트나 부 〈옛〉구태여. ¶ 구트나 울고 가고 그리는 대를 심어 무슴ᄒᆞ리오(古時調).

구틔야 부 〈옛〉구태여. ¶ 구틔야 노ᄒᆞ야 말라(老解下*18*).

구티다 타 〈옛〉굳히다. ¶ 하놀히 구티시니(龍歌*30*章).

구ᄐᆞ야 부 〈옛〉구태여. ¶ 구ᄐᆞ야 六面은 므ᄉᆞ슬 象톳던고(鄭澈.關東別曲).

구:파 (舊派) 명 ①재래의 형식이나 전통을 따르는 파. ②이전에 이루어진 파. ↔신파(新派).

구:판 (舊版) 명 새로 개정했거나 증보한 판에 대하여, 그 이전에 나온 판, 또는 그 출판물. ↔신판.

구판-장 (購販場) 명 조합 같은 데서, 생활용품 등을 공동으로 구입하여 싸게 파는 곳.

구:폐 (舊弊) [-폐/-페] 명 이전부터 내려온 폐단. 오래된 폐단. ¶ 구폐를 일소하다.

구포 (臼砲) 명 대포의 한 가지. 구경에 비하여 포신이 짧고 사각(射角)이 큼.

구푸리다 타 몸을 앞으로 굽히다. ¶ 허리를 구푸리다. 작고푸리다. 센꾸푸리다.

구품 (具稟) 명하타 웃어른께 일의 내용과 사유를 갖추어 아룀.

구풍 (颶風) 명 ①몹시 세게 부는 바람. ②태풍·선풍·허리케인 따위의 열대성 저기압을 통틀어 이르는 말. 돌개바람.

구:풍 (舊風) 명 예부터 전해 오는 풍습.

구풍-제 (驅風劑) 명 한방에서, 장(腸)의 연동(蠕動)을 촉진하고, 소화관 내에 찬 가스를 배설시키는 작용을 하는 약제를 이르는 말.

구피 (狗皮) 명 개의 가죽.

구:필 (口筆) 명 붓을 입에다 물고 쓰는 글씨. 구호(口毫). ¶ 구필화(畫).

구하 (九夏) 명 여름철의 90일 동안을 이르는 말. 비삼하(三夏).

구-하다 (求-) 타여 ①상대편이 어떻게 해 주기를 바라다. ¶ 양해를 구하다. ②필요한 것을 찾거나 얻다. ¶ 인재를 구하다. ③물건을 사다.

구-하다 (灸-) 타여 ①쑥으로 뜸을 뜨다. ②불에 굽다.

구:-하다 (救-) 타여 어렵거나 위태로운 처지에 있는 사람을 그곳에서 벗어나도록 도와주다. ¶ 목숨을 구해 주다.

구학 (丘壑) 명 언덕과 골짜기.

구학 (求學) 명하자 배움의 길을 찾음.

구학 (溝壑) 명 구렁.

구:학 (舊學) 명 〈구학문〉의 준말.

구:-학문 (舊學問) [-항-] 명 지난날, 서구에서 들어온 새로운 학문에 대하여, 재래의 한학(漢學)을 이르던 말. 준구학. ↔신학문.

구:한 (舊恨) 명 오래전부터 품어 온 원한.

구:한-감우 (久旱甘雨) 명 오랜 가뭄 끝에 내리는 단비.

구:-한국 (舊韓國) 명 조선 말기에 국호를 '대한 제국'이라 고쳐 일컫던 시대를 뒷사람들이 이르는 말. 참대한 제국(大韓帝國).

구:-한말 (舊韓末) 명 조선 말기에서 대한 제국까지의 시기.

구:한-신감 (舊恨新感) 명 예전에 품었던 원한과 지금의 새로운 감회. ¶ 구한신감이 가슴에 와 닿아 어찌할 줄을 모르겠나이다.

구함 (具銜) 명하자 지난날, 직함과 수결(手決)을 나란히 적던 일.

구함 (構陷) 명하타되자 계획적으로 남을 모략하여 죄에 빠지게 함.

구:합 (苟合) 명하자되자 ①구차스레 남의 비위를 맞춤. ②겨우 모임.

구합 (媾合) 명하자 ☞성교(性交).

구핵 (究覈) 명하타 깊이 살피어 밝힘.

구:향 (舊鄕) 명 여러 대를 한 고장에서 살아온 향족(鄕族).

구허 (丘墟) 명 ①황폐한 유적(遺跡). ②예전에는 번창하였으나 뒤에 쓸쓸하게 변한 곳.

구허-날무 (構虛捏無) 명하타 터무니없는 말을 꾸며 냄. 준구날(構捏). 참날조·허구.

구험 (口險) '구험하다'의 어근.

구:험-하다 (口險-) 형여 입이 상스럽고 험하다. 말이 거칠고 막되다. **구험-히** 부.

구현 (具現·俱現) 명하타되자 어떤 사실을 뚜렷한 모양으로 또는 구체적인 모양으로 나타냄. ¶ 민주주의의 구현. /자신의 이상을 구현하다.

구현-금 (九絃琴) 명 줄이 아홉 가닥인 거문고.

구혈 (九穴) 명 ☞구규(九竅).

구:혈 (灸穴) 명 몸에서 뜸을 뜰 수 있는 일정한 자리. 구소(灸所). 구점(灸點).

구:혐 (舊嫌) 명 오래된 혐의.

구:협 (口峽) 명 구강(口腔)에서 인두(咽頭)에 이르는 부분.

구형 (求刑) 명하타되자 형사 재판에서, 피고인에게 어떤 형을 과하도록 검사가 판사에게 요구함. ¶ 사형을 구형하다. 참언도(言渡).

구형 (矩形) 명 '직사각형'으로 순화.

구형 (球形) 명 공같이 둥근 모양. 공 모양.

구형 (鉤形) 명 갈고리처럼 생긴 모양.

구:형 (舊型) 명 구식 형틀 또는 본새. ¶ 구형 세탁기. ↔신형(新型).

구형-강 (溝形鋼) 명 단면이 'ㄷ' 자 모양으로 된 강철.

구:호 (口毫) 명 ☞구필(口筆).

구:호 (口號) 명 ①☞군호(軍號). ②대중 집회나 시위 등에서, 어떤 요구나 주장 따위를 나타내는 짤막한 호소, 또는 그것을 나타낸 글. ¶ 구호를 외치다. ③지난날, 정재(呈才) 때 부르던 치어(致語)의 한 토막. 곧, 여문(儷文)의 한 단이 끝나고 다음에 딸리는 시(詩).

구:호 (救護) 명하타 어려움에 처해 있는 사람, 특히 재난을 당한 사람이나 병자·부상자 등을 도와 보호함. ¶ 구호 물자. /이재민을 구호하다.

구:호 (舊好) 명 옛날의 정분, 또는 전부터 다정하게 지내던 사이.

구:호-반 (救護班) 명 비상시에, 이재민·부상자 등을 구호하기 위해 임시로 편성한 소규모의 조직.

구:호-양곡 (救護糧穀) 명 극빈자나 이재민 등에게 정부가 무상으로 주는 양곡.

구:호-책 (救護策) 명 구호할 방책.

구:호-품 (救護品) 명 재해나 재난 따위로 어려움에 처해 있는 사람을 도와주기 위하여 보내는 물품. ¶ 이재민에게 구호품을 보내다.

구혼 (求婚) 명하자 ①상대편에게 결혼을 청함. 청혼. ②결혼할 상대자를 구함.

구:화 (口話) 명 농아(聾啞)들이 교육을 받아, 남이 말하는 것을 입술 모양 따위로 알아듣고 자기도 소리 내어 말하는 일. 참수화(手話).

구화 (毬花) 명 긴 원추형의 꽃. 〔소나무·노송나무의 꽃 따위.〕

구화 (媾和) 명하자 ☞강화(講和).

구화(構禍)명하자 화근을 만듦.
구ː화(舊貨)명 (새로 발행된 화폐에 대하여) 이전에 발행된 화폐. 예전 돈.
구화-반자(←菊花-)명 국화 무늬의 반자.
구ː화-법(口話法)[-뻡]명 농아 교육에서, 구화를 가르치거나 구화로써 대화하는 방법. 독순술(讀脣術).
구화-장지(←菊花障子)명 국화 무늬의 장지.
구ː활(久闊)명하자 오랫동안 소식이 없거나 만나지 못함.
구ː황(救荒)명하타 흉년 때, 빈민들을 굶주림에서 벗어나도록 도와줌.
구ː황-방(救荒方)명 흉년으로 먹을 것이 모자랄 때, 대용 식물로 굶주림에서 벗어나는 방법.
구ː황^식물(救荒植物)[-싱-]명 흉년 때, 곡식 대신 먹을 수 있는 식물. 〔피·쑥 따위.〕 비황 식물.
구ː-황실(舊皇室)명 대한 제국의 황실.
구ː황^작물(救荒作物)[-장-]명 흉년 때, 곡식 대신 가꿀 수 있는 작물. 〔감자·메밀 따위.〕
구ː황-촬요(救荒撮要)명 조선 명종 9(1554)년에 간행된 책. 목판본 1권. 〔명종 때, 영·호남 지방에 기근이 심하여 이를 구제하기 위해, 세종이 지은 한문본 '구황벽곡방(救荒辟穀方)'을 요약·번역한 것임.〕
구ː회(舊懷)[-회/-훼]명 지난 일을 그리는 마음. 지난날의 회포.
구획(區劃)[-획/-훽]명하타되자 어떤 토지나 처소 따위를 경계를 지어 가름, 또는 그 가른 구역의 하나하나. ¶ 구획을 짓다.
구획^어업(區劃漁業)[-회거-/-훼거-]명 일정한 수면(水面)을 구획하여, 그 구역 내에서 하는 허가 어업.
구획^정ː리(區劃整理)[-획쩡니/-훽쩡니]명 토지 이용의 효율을 높이기 위하여, 토지 이용 계획이나 구획 따위를 변경하는 일.
구ː휼(救恤)명하타 빈민이나 이재민 등을 돕고 보살핌. ¶ 구휼 사업. 비무휼(撫恤).
구희(球戲)[-히]명 공을 가지고 하는 놀이. 〔특히, '당구'를 가리킴.〕
국명 ①고기나 채소 따위에 물을 부어 끓인 음식. ②〈국물〉의 준말.
국에 덴 놈 물〔냉수〕 보고도 분다〔놀란다〕속담 한 번 혼이 나면 그와 비슷한 것만 보아도 겁부터 낸다는 말.
국(局)[1] Ⅰ명 관청이나 회사 등에서, 일을 분담하기 위하여 몇 개로 가른 부서의 한 가지. 부(部)의 위임.
Ⅱ의 바둑이나 장기 따위에서, 승부를 내는 판을 세는 단위. ¶ 제1국에서는 이기고, 제2국에서는 지다.
국(局)[2]명 풍수지리에서, 혈(穴)과 사(砂)가 합하여 이룬 자리.
-국(局)접미 일부 명사 뒤에 붙어, 그러한 일을 하는 부서임을 뜻함. ¶ 출판국. /공무국.
-국(國)접미 일부 명사 뒤에 붙어, 그러한 나라임을 뜻함. ¶ 강대국. /중립국.
국가(國家)[-까]명 일정한 영토와 그곳에 사는 일정한 주민들로 이루어져, 주권에 의한 통치 조직을 지니고 있는 사회 집단. 나라. 방국(邦國).
국가(國歌)[-까]명 나라를 상징하며 대표하는 것으로서, 나라에서 제정한 노래.
국가-고시(國家考試)[-까-]명 국가에서 실시하는 시험. 국가시험.
국가^공무원(國家公務員)[-까-]명 국가에 고용되어 공무에 종사하는 사람.
국가-관(國家觀)[-까-]명 국가를 통일적인 전체로 보아, 그 목적·의의·가치 등에 대하여 가지는 견해나 주장.
국가^관리(國家管理)[-까괄-]명 국가 기관이 사기업이나 그 밖의 어떤 단체 등의 경영이나 운영에 개입하여 직접 관리하는 일.
국가^권력(國家權力)[-까궐-]명 국가가 합법적으로 행사할 수 있는 물리적인 강제력.
국가^기관(國家機關)[-까-]명 국정을 시행하기 위하여 설치한 입법·사법 및 행정 따위의 여러 기관.
국가^기본권(國家基本權)[-까-꿘]명 국가가 당연히 가지는 국제법상의 기본적 권리. 〔독립권·자기 보존권·자위권·긴급 방위권·평등권·국제 교통권 따위.〕
국가^긴급권(國家緊急權)[-까-꿘]명 전시 또는 국가의 존립에 중대한 위협이 되는 비상사태가 발생하였을 때, 이를 수습하기 위한 비상 수단의 발동권.
국가^배상(國家賠償)[-까-]명 공무원의 잘못으로 국민이 손해를 입었을 때, 국가나 공공 단체가 책임지는 손해 배상.
국가^법인설(國家法人說)[-까-]명 국가를 하나의 법인으로 보는 학설.
국가^보ː상(國家補償)[-까-]명 국가의 행정 행위로 말미암아 생긴 국민의 손실을 국가에서 보상하는 일.
국가^보ː안법(國家保安法)[-까-뻡]명 국가의 안전과 국민의 생존 및 자유를 확보하기 위하여 제정한 법. 준보안법.
국가^보ː훈처(國家報勳處)[-까-]명 국무총리 소속의 중앙 행정 기관의 하나. 국가 유공자와 그 유족에 대한 보훈, 제대 군인의 지원 및 군인 보험, 기타 법령이 정하는 보훈에 관한 사무를 맡아봄.
국가^부조(國家扶助)[-까-]명 국가나 공공 단체가 생활 능력이 없는 사람에게 최저 한도의 생활을 할 수 있도록 보호 또는 보조하여 주는 일. 공적 부조. 사회 부조.
국가^비상사태(國家非常事態)[-까-]명 큰 재해나 사변·소요 등으로, 사회가 혼란에 빠져 그 존립마저 위태롭게 될 위험이 있는 사태.
국가-사업(國家事業)[-까-]명 국가에서 직접 경영하는 사업.
국가^사회주의(國家社會主義)[-까-회-의/-까-훼-이]명 기존의 자본주의 체제 안에서, 국가의 간섭으로 사회주의적인 욕구의 일부를 실현시키고자 하는 주의.
국가^소추주의(國家訴追主義)[-까-의/-까-이]명 국가 기관(검사)이 당사자가 되어 공소(公訴)를 제기하고 유지하는 주의.
국가-시험(國家試驗)[-까-]명 ☞국가고시.
국가^안전^보ː장^회ː의(國家安全保障會議)[-까-회의/-까-훼이]명 대통령의 자문 기관의 하나. 국가 안전 보장에 관련되는 제반 정책 수립에 관한 자문을 맡아봄.
국가^연합(國家聯合)[-까-]명 국제법상의 조약에 의한 여러 국가의 평등한 결합의 한 가지.
국가^유ː공자(國家有功者)[-까-]명 (순국선열·애국지사·전몰군경·상이군인 등) 나라를 위하여 공헌하거나 희생한 사람.
국가^의ː사(國家意思)[-까-]명 국가가 그 목적을 달성하기 위하여 가지는 의사. 국가 기관을 통하여 표현되며, 이를 결정하는 최고의 원동력을 주권이라 함.

국가^자본(國家資本)[-까-]명 국가가 국영 기업이나 정부 투자 기관에 투자한 자본과 사기업이나 외국의 기업 등에 대부한 자본.
국가^자본주의(國家資本主義)[-까-의/-까-이]명 국가가 대자본과 결합하여, 권력으로 국민의 경제 생활에 통제를 가하는 자본주의 경제 제도.
국가-적(國家的)[-까-]관명 ①국가에 관련되는 (것). ¶ 국가적 문제. /국가적인 이익. ②국가 전체의 범위나 규모에서 하는 (것). ¶ 국가적 사업. /국가적인 행사.
국가^정보원(國家情報院)[-까-]명 중앙 행정 기관의 하나. 대통령 직속으로 국가 안전 보장에 관련되는 정보 수집, 기밀의 보안 유지, 범죄 수사 등에 관한 업무를 맡아봄.
국가^주권설(國家主權說)[-까-꿘-]명 주권이 군주(君主)나 국민에게 속하는 것이 아니고 국가 자신에 귀속한다는 학설.
국가-주의(國家主義)[-까-의/-까-이]명 국가를 인간 사회 지상의 조직체로 생각하고, 국가 권력이 사회생활 전역에 걸쳐 통제력을 발휘하는 것을 인정하는 주의. 참내셔널리즘.
국가^책임(國家責任)[-까-]명 국가가 국제법상의 의무를 위반하였을 때 발생하는 국가의 책임.
국가^파:산(國家破産)[-까-]명 국가가 채무의 전부 또는 일부를 이행할 수 없게 된 상태.
국감(國監)[-깜]명 〈국정 감사〉의 준말.
국-거리[-꺼-]명 ①국을 끓이는 데 들어가는 재료. 〔어류·육류·채소 따위.〕 ②곰국을 끓이는 데 들어가는 재료. 〔쇠고기와 내장 따위.〕
국견(局見)[-껸]명 좁은 견해. 좁은 소견.
국경(國境)[-꼉]명 나라와 나라 사이의 경계. 국계(國界). ¶ 압록강을 중국과의 국경으로 삼다.
국경^관세(國境關稅)[-꼉-]명 국경을 통과하는 수입 화물에 부과하는 조세.
국경^무:역(國境貿易)[-꼉-]명 ①국경을 맞대고 있는 국가 간의 무역. ②국경 지대의 주민끼리 하는 필수품 따위의 교환 행위.
국경^분쟁(國境紛爭)[-꼉-]명 국경선이 잘못되었거나 명백하지 않은 데서 생기는 이웃 나라 간의 분쟁. ¶ 국경 분쟁이 잦다.
국경-선(國境線)[-꼉-]명 나라와 나라 사이의 경계선.
국경-일(國慶日)[-꼉-]명 국가적인 경사를 축하하기 위하여, 법으로 정하여 온 국민이 기념하는 날.
국계(國界)[-꼐/-께]명 ☞국경(國境).
국고(國庫)[-꼬]명 ①재산권의 주체로서의 국가의 지위. ②국가가 소유하는 화폐를 보관하며, 수입·지출을 관리하는 기관. 중앙 금고(中央金庫). ¶ 벌과금을 국고에서 수납하다.
국고-금(國庫金)[-꼬-]명 국고에 속하는 현금. 나랏돈. ¶ 국고금으로 충당하다.
국고^보:조(國庫補助)[-꼬-]명 국고에서 경비를 보조하는 일. ¶ 국고 보조로 행사를 치르다.
국고^잉:여금(國庫剩餘金)[-꼬-]명 국가 재정 가운데, 세계(歲計) 잉여금에서 용도가 확정된 금액을 뺀 나머지 금액.
국고^준:비금(國庫準備金)[-꼬-]명 국가에서 위급할 때 쓰려고 항시 국고에 준비하여 둔 돈.
국고^차:입금(國庫借入金)[-꼬-끔]명 국고에 채워 두어야 할 돈이 일시적으로 부족하여 중앙은행에서 빌리는 자금.
국고-채(國庫債)[-꼬-]명 〈국고 채권〉의 준말.
국고^채:권(國庫債權)[-꼬-꿘]명 국가가 임시 특별 경비를 조달하기 위하여 발행하는 단기의 공채(公債). 준국고채.
국-공립(國公立)[-꽁닙]명 국립과 공립.
국광(國光)[1][-꽝]명 나라의 영광. 나라의 영예.
국광(國光)[2][-꽝]명 사과 품종의 한 가지. 좀 늦게 익으며 다른 사과보다 비교적 신맛이 덜함. 푸른빛을 띤 붉은빛으로, 단단하여 오래 저장해 두기에 적당함.
국교(國交)[-꾜]명 나라와 나라 사이의 교제. 국가 간의 외교 관계. 방교(邦交). ¶ 국교의 정상화.
국교(國教)[-꾜]명 국가에서 특별히 시정하여, 온 국민이 믿도록 하는 종교.
국교^단:절(國交斷絶)[-꾜-]명 나라와 나라 사이의 외교 관계를 끊는 일.
국교-죄(國交罪)[-꾜쬐/-꾜쮀]명 국가 간의 화친을 해치는 죄. 〔외국의 국가 원수나 외교 사절에 대한 폭행·위협, 외국 국기나 국장(國章)에 대한 모독 행위 따위.〕
국구(國舅)[-꾸]명 '왕비의 아버지'를 일컫던 말. 참부원군(府院君).
국군(國君)[-꾼]명 한 나라의 군주. 국왕.
국군(國軍)[-꾼]명 ①나라의 군대. ②우리나라의 군대. ¶ 국군 장병. /국군을 파견하다.
국군-묘:지(國軍墓地)[-꾼-]명 '국립묘지(國立墓地)'의 구용어.
국궁(國弓)[-꿍]명 ①양궁(洋弓)에 대하여, 우리나라 재래의 활. ②우리나라 제일의, 활쏘기의 명수.
국궁(鞠躬)[-꿍]명하자 존경하는 뜻으로 몸을 굽힘. ¶ 국궁 재배(再拜).
국궁-진췌(鞠躬盡瘁)[-꿍-]명하자 몸과 마음을 다하여 나랏일에 이바지함.
국권(國權)[-꿘]명 ①국가의 주권. ¶ 국권을 수호하다. ②국가의 통치권. ¶ 국권을 발동하다.
국권^피:탈(國權被奪)[-꿘-]명 1910년에 일제가 한일 병합 조약에 따라 우리나라의 통치권을 강제로 빼앗고 식민지로 삼은 일.
국균(麴菌)[-뀬]명 ☞누룩곰팡이.
국-그릇[-끄륻]명 국을 담는 그릇. *국그릇이[-끄르시]·국그릇만[-끄른-]
국극(國劇)[-끅]명 한 나라 특유의 전통적인 연극. 〔우리나라의 창극(唱劇) 따위.〕
국금(國禁)[-끔]명하타 나라의 법으로 금함.
국기(國忌)[-끼]명 임금이나 왕비의 제삿날. 국기일.
국기(國技)[-끼]명 한 나라 특유의 전통적인 운동이나 기예. 〔우리나라의 씨름이나 태권도 따위.〕
국기(國紀)[-끼]명 나라의 기강(紀綱).
국기(國記)[-끼]명 나라에 관한 기록, 또는 나라의 역사를 기록한 책.
국기(國基)[-끼]명 나라의 기초(바탕). 국본(國本). 국초(國礎).
국기(國旗)[-끼]명 한 나라를 상징하는 기(旗).
국기(國器)[-끼]명 나라를 다스릴 만한 기량(器量), 또는 그러한 기량을 가진 사람.
국기-일(國忌日)[-끼-]명 ☞국기(國忌).
국난(國難)[궁-]명 나라의 재난. ¶ 국난을 극복하다.
국내(局內)[궁-]명 ①묘(墓)의 구역 안. ②관청이나 회사의 국(局)의 안.
국내(國內)[궁-]명 나라 안. 국중. ¶ 국내 정세. ↔국외.
국내^관세(國內關稅)[궁-]명 국내의 어떤 한정된 지역을 출입하거나 통과하는 화물에 대하여 부과 징수하는 관세.

국내-법(國內法)[궁-뻡]명 한 나라의 주권이 행사되는 범위 안에서 효력을 가지며, 주로 그 나라의 내부 관계를 규정짓는 법률. 내국법. ↔국제법(國際法).
국내-산(國內產)[궁-]명 ☞국산(國產).
국내-선(國內線)[궁-]명 국내의 교통과 통신에만 이용되는 각종의 선(線). ↔국제선.
국내^소비세(國內消費稅)[궁-쎄]명 국내에서 소비되는 용역과 물건에 매기는 세금. 내국 소비세.
국내^시:장(國內市場)[궁-]명 (상품의 판로로서의) 자기 나라 안의 시장. ↔국제 시장.
국-내외(國內外)[궁-외/궁-웨]명 나라의 안과 밖. ¶ 국내외의 긴박한 정세.
국내^우편(國內郵便)[궁-]명 주고받는 사람이 다 국내에 있는 우편. ↔국제 우편.
국내^총:생산(國內總生產)[궁-]명 일정한 기간(보통 1년)에 한 나라 안에서 생산한 최종 재화와 용역의 합계. 〔약호는 GDP〕
국-대부인(國大夫人)[-때-]명 조선 초기에, 임금의 외조모나 왕비의 어머니에게 내리던 봉작(封爵). 〔뒤에 부부인(府夫人)으로 고침.〕
국도(國都)[-또]명 ☞수도(首都).
국도(國道)[-또]명 정부가 관리하는 도로. ↔지방도(地方道).
국-둔전(國屯田)[-뚠-]명 지난날, 수자리 사는 군사가 경작하여 그 수확을 군자(軍資)에 충당하던 토지. 국둔토.
국-둔토(國屯土)[-뚠-]명 ☞국둔전(國屯田).
국란(國亂)[궁난]명 ①나라가 어지러움. ②나라에 닥친 변란. ¶ 국란을 평정하다.
국량(局量)[궁냥]명 ☞도량(度量).
국력(國力)[궁녁]명 (주로 경제력과 군사력 분야에서의) 나라의 힘. ¶ 국력 신장.
국련(國聯)[궁년]명 〈국제 연합〉의 준말.
국련-군(國聯軍)[궁년-]명 〈국제 연합군〉의 준말.
국로(國老)[궁노]명 나라의 원로.
국록(國祿)[궁녹]명 나라에서 주는 녹봉.
국록지신(國祿之臣)[궁녹찌-]명 나라에서 주는 녹봉을 받는 신하.
국론(國論)[궁논]명 나라 안의 공론(公論).
국리(國利)[궁니]명 나라의 이익. 국익(國益).
국리-민복(國利民福)[궁니-]명 나라의 이익과 국민의 행복.
국립(國立)[궁닙]명 나라 예산으로 세우고 관리함. 참사립(私立).
국립-공원(國立公園)[궁닙꽁-]명 규모가 크고 경관이 뛰어난 지역을 골라서, 자연을 보호하고 국민의 휴양과 보건 및 정서 생활에 이용하도록 국가에서 지정하여 관리하는 공원.
국립-대학(國立大學)[궁닙때-]명 국가에서 설립하여 관리·운영하는 대학.
국립-묘지(國立墓地)[궁닙-]명 호국 영령과 국가 유공자를 안장하여 국가에서 관리하는 묘지.
국립^은행(國立銀行)[궁니븐-]명 국가가 설립하여 경영하는 은행.
국-말이[궁-]명 ①(밥이나 국수를) 국에 만 것. ②국에 말아서 끓인 음식. 참국밥.
국면(局面)[궁-]명 ①일이 되어 가는 형편. 일이 벌어진 상황. ¶ 국면 전환. /파업 사태가 새로운 국면으로 접어들었다. ②바둑이나 장기를 둘 때의 승부의 형세. ②반면(盤面).
국명(國名)[궁-]명 나라의 이름. 국호.
국명(國命)[궁-]명 ①나라의 사명. ②나라의 명령. ¶ 국명을 받들다.
국모(國母)[궁-]명 임금의 아내, 또는 임금의 어머니.
국모(麴母)[궁-]명 ☞누룩밑.
국무(國巫)[궁-]명 〈국무당〉의 준말.
국무(國務)[궁-]명 국정(國政)에 관한 사무(事務).
국-무당(國-)[궁-]명 고려·조선 시대에, 나라의 굿을 하던 무당. 나랏무당. 준국무(國巫).
국무-원(國務院)[궁-]명 〔구헌법(舊憲法)에서〕 국무총리와 국무 위원으로 조직되는 합의체로서 국가의 행정권을 담당하던 최고 기관. 참내각(內閣).
국무^위원(國務委員)[궁-]명 국무 회의를 구성하는 정무직 공무원. 〔행정 각부의 장관과 처장이 이에 해당됨.〕
국무^조정실(國務調整室)[궁-]명 국무총리 직속의 보좌 기관. 국무총리를 보좌하기 위하여 각 중앙 행정 기관 및 국무총리 소속 기관에 대한 지휘·감독, 정책의 조정 및 심사 평가, 기타 국무총리가 특별히 지시하는 사항 등에 관한 사무를 맡아봄.
국무-총리(國務總理)[궁-니]명 대통령을 보좌하며 대통령의 명을 받아 행정 각부를 통할하는 정무직 공무원. 〔국회의 동의를 얻어 대통령이 임명함.〕 준총리.
국무^회:의(國務會議)[궁-회의/궁-훼이]명 정부의 권한에 속하는 중요 정책을 심의하는 회의. 〔대통령을 의장, 국무총리를 부의장으로 하여 전 국무 위원으로 구성됨.〕
국문(國文)[궁-]명 ①자기 나라에서 쓰는 고유의 글자, 또는 그것으로 쓴 글. ②〈국문학〉의 준말.
국문(鞫問·鞠問)[궁-]명하타 지난날, 중죄인을 국청(鞫廳)에서 심문하던 일.
국-문법(國文法)[궁-뻡]명 〈국어 문법〉의 준말.
국문^연:구소(國文硏究所)[궁-년-]명 광무 11(1907)년 7월에 학부 안에 설치하였던 국문 연구 기관. 〔주시경·지석영·어윤적 등이 위원이었음.〕
국-문자(國文字)[궁-짜]명 ①자기 나라의 글자. ②우리나라의 글자, 곧 한글.
국문-정리(國文正理)[궁-니]명 1897년에 이봉운(李鳳雲)이 지은, 우리나라 최초의 국어 연구서. 〔띄어쓰기·된소리·장단음·시제 등을 다룸.〕
국-문학(國文學)[궁-]명 ①그 나라의 문학. ②우리나라의 말과 글로써 된 고유의 문학, 또는 이를 대상으로 하는 학문. 준국문(國文).
국문학-사(國文學史)[궁-싸]명 국문학의 발달 과정의 역사, 또는 국문학의 역사를 적은 책.
국-물[궁-]명 ①어떤 음식의 건더기가 들어 있거나 우린 물. 준국. ②'일에 대한 약간의 이득' 또는 '부수입'을 속되게 이르는 말.
국물도 없다관용 아무 이득도 없다.
국민(國民)[궁-]명 한 나라의 통치권 아래에 결합하여 국가를 구성하고 있는 사람. 그 나라의 국적을 가지고 있는 사람. 국인(國人). 인민.
국민-가요(國民歌謠)[궁-]명 국민 전체가 널리 부를 수 있게 지은 노래.
국민-감정(國民感情)[궁-]명 국민 전반에 공통된 감정.
국민-개병(國民皆兵)[궁-]명 국민 전부가 병역 의무를 지는 일.

국민^경제(國民經濟) [궁-] 명 국가를 단위로 하여 종합적으로 파악한 국민 전체의 경제 활동. 사회 경제(社會經濟). 참가족 경제.
국민^교ː육(國民敎育) [궁-] 명 ①국가가 국민에게 국민으로서의 자질을 갖추게 할 목적으로 실시하는 교육. ②☞의무 교육.
국민^교ː육^헌ː장(國民敎育憲章) [궁-유컨-] 명 우리나라 교육의 지표를 제시한 헌장. 〔1968년 12월 5일에 선포.〕 준교육 헌장.
국민^국가(國民國家) [궁-까] 명 동일 민족 또는 국민이라는 의식을 바탕으로 한 중앙 집권 국가.
국민-대표(國民代表) [궁-] 명 〔국민의 대표자라는 뜻에서〕 국회의원을 이르는 말.
국민^대ː회(國民大會) [궁-회/궁-훼] 명 국민의 총의(總意)를 나타내기 위하여 여는 대회.
국민^도ː덕(國民道德) [궁-] 명 ①국민으로서 다 같이 지켜야 할 도덕. ②한 국민이 이어 온 고유한 도덕.
국민^문학(國民文學) [궁-] 명 ①한 나라의 국민성이나 국민 문화가 표현된, 그 국민 특유의 문학. ②근대적 국민 국가의 성립에 따라 그 국가 의식을 반영하여 다수 국민 속으로 침투한 문학.
국민^발안제(國民發案制) [궁-] 명 일정 수 이상의 국민이 직접 헌법 개정안이나 중요한 법률안을 국회에 제출할 수 있는 제도.
국민^복지^연금(國民福祉年金) [궁-찌-] 명 국민 생활의 안정과 복지 증진을 위한 사회 보장 제도의 한 가지. 노령·질병·사망 등에 대해 일정액의 연금을 지급함. 준복지 연금.
국민-성(國民性) [궁-썽] 명 한 나라의 국민에게 공통된 고유한 특성.
국민^소ː득(國民所得) [궁-] 명 국민 전체가 일정한 기간에 생산·분배·지출한 재화(財貨) 및 서비스를 화폐로 환산하여 평가한 총액.
국민^소환제(國民召喚制) [궁-] 명 국회의원 또는 국민이 선출한 공직자를, 국민의 발의에 의하여 파면시킬 수 있는 제도.
국민-시(國民詩) [궁-] 명 ①그 나라 고유의 국민감정을 읊은 시. ②그 나라 국민 문학의 대표적인 시.
국민^연금^제ː도(國民年金制度) [궁-년-] 명 가입자가 노령·질병·사망 등으로 소득 능력을 상실한 경우에 연금을 지급하도록 정부가 관장·운영하는 제도. 군인·공무원·사립학교 교원 등을 제외한 18세 이상 60세 미만의 국민을 가입 대상으로 함.
국민^외ː교(國民外交) [궁미뇌-/궁미눼-] 명 ①국민의 여론을 중시하는 처지에서 하는 외교. ②국민 각자가 자기의 활동 범위 안에서 하는 외교.
국민-운동(國民運動) [궁-] 명 (국민적 목적을 이루기 위하여) 뜻을 같이하는 국민의 전체 또는 일부가 일으키는 운동.
국민-의례(國民儀禮) [궁미늬-/궁미니-] 명 의식(儀式)이나 예식(禮式)에서, 국민으로서 갖추어서 해야 할 의례. 〔국기 배례와 애국가 제창, 순국 선열에 대한 묵념 따위.〕
국민^의ː무(國民義務) [궁-] 명 국민이 공법상 부담하여야 할 납세·교육·병역·근로의 의무. 참공의무(公義務).
국민^의회(國民議會) [궁-회/궁-훼] 명 국민의 대표자로 조직된 합의체.
국민-장(國民葬) [궁-] 명 국가와 사회에 현저한 공훈을 남기고 죽은 사람에게, 국민 전체의 이름으로 베푸는 장례.
국민-적(國民的) [궁-] 관명 국민 모두와 관련되는 (것). ¶ 국민적 관심사. /국민적인 환영.
국민^정부(國民政府) [궁-] 명 중화민국의 '국민당 정부'를 이르는 말. 준국부(國府).
국민-정신(國民精神) [궁-] 명 ①한 나라 국민에게 공통되는 고유한 정신. ②국민으로서 나라에 충성을 다하는 정신.
국민^주권설(國民主權說) [궁-꿘-] 명 국가의 주권이 국민에게 있다고 하는 주장.
국민-주의(國民主義) [궁-의/궁-이] 명 민족을 바탕으로 한 나라를 실현할 것을 지상 목표로 삼는 사상, 또는 그 운동.
국민-주택(國民住宅) [궁-] 명 국가가 무주택자에게 싼값으로 임대·분양하기 위하여, 지방 자치 단체나 은행 등에서 조달한 자금으로 짓는 전용 면적 25.7평 이하의 아파트.
국민-차(國民車) [궁-] 명 경제적으로 부담 없이 살 수 있도록, 국민 대다수를 위하여 만든 경승용차.
국민^총ː생산(國民總生產) [궁-] 명 한 나라에서 일정 기간(보통 1년간)에 생산된 재화(財貨)와 용역(用役)의 총생산액에서 중간 생산물을 뺀 액수. 〔약호는 GNP〕
국민^투표(國民投票) [궁-] 명 선거 이외의 국정상(國政上) 중요한 사항에 관하여 국민이 행하는 투표. 일반 투표.
국민^포장(國民褒章) [궁-] 명 정치·경제·사회·교육·학술 등의 분야에 많은 기여를 한 사람, 또는 국민의 복리 증진을 위하여 많은 재산을 기부한 사람에게 수여하는 포장.
국민-학교(國民學校) [궁-꾜] 명 '초등학교'의 이전 일컬음.
국민^훈장(國民勳章) [궁-] 명 정치·경제·사회·교육·학술 등의 분야에 공을 세워 국민 복지 향상과 국가 발전에 이바지한 공적이 뚜렷한 사람에게 수여하는 훈장. 〔무궁화장·모란장·동백장·목련장·석류장 따위.〕
국반-절(菊半截) [-빤-] 명 ☞국반판.
국반-판(菊半版) [-빤-] 명 책의 판형의 한 가지. 국판의 절반 크기의 규격. 국반절.
국-밥 [-빱] 명 국에 만 밥. 참국말이.
국방(國防) [-빵] 명 (외적에 대한) 국가의 방비.
국방^경ː비대(國防警備隊) [-빵-] 명 1946년 1월 미군정하(美軍政下)에 창설된 우리나라 군대. 〔오늘날의 국군의 모체임.〕
국방^대ː학원(國防大學院) [-빵-] 명 군·정부 기관 등에서 선발된 사람에게 국가 안전 보장에 관한 자질을 부여하기 위하여 설치한 연구 기관. 국방부 장관의 관장하에 운영되며, 국가 안전에 관한 학술을 교육하고 이에 관한 사항을 분석·연구함.
국방-부(國防部) [-빵-] 명 중앙 행정 기관의 하나. 국방에 관련된 군정(軍政) 및 군령(軍令)과 기타 군사에 관한 사무를 맡아봄.
국방-비(國防費) [-빵-] 명 국방에 필요한 육군·해군·공군의 유지비. ¶ 국방비를 늘리다.
국방-상(國防相) [-빵-] 명 일부 국가의 '국방부 장관'을 이르는 말.
국방-색(國防色) [-빵-] 명 육군의 군복 빛깔인 '누른 빛깔을 띤 푸른색'을 이르는 말.
국방-성(國防省) [-빵-] 명 미국·영국·프랑스 등 일부 국가에서, 국방에 관한 일을 맡아보는 행정 부서.
국방^심리학(國防心理學) [-빵-니-] 명 국방에 관한 각종 심리학적 문제를 연구하는 학문.

국방^의원(局方醫員)[-빵-]명 지난날, 나라에서 제정한 의학을 배운 의원(醫員).
국번(局番)[-뻔]명 〈국번호〉의 준말.
국-번호(局番號)[-뻔-]명 전화 교환국의 국의 이름을 나타내는 번호. 준국번.
국법(國法)[-뻡]명 나라의 법률과 법규를 통틀어 이르는 말. 방헌(邦憲).
국변(國變)[-뻔]명 나라의 변란.
국보(局報)[-뽀]명 ①우체국 사이에 서로 주고받는 전보. ②국(局) 자가 붙은 이름으로 된 기관에서 하는 보도. 〔방송국의 방송에 관한 보도 따위.〕
국보(國步)[-뽀]명 나라의 운명. 비국운(國運).
국보(國寶)[-뽀]명 ①나라의 보배. 특히, 가치가 높은 것으로 평가되어 국가가 보호·관리하는 문화재. ②'국새(國璽)'의 딴 이름.
국보-간난(國步艱難)[-뽀-]명 나라의 운명이 매우 어지럽고 어려움.
국보-적(國寶的)[-뽀-]관명 국보가 될 만한 (것). ¶ 국보적 존재. /국보적인 인물.
국본(國本)[-뽄]명 ☞국기(國基).
국부(局部)[-뿌]명 ①전체 가운데의 한 부분. 국소(局所). ②☞음부(陰部).
국부(國父)[-뿌]명 ①임금. ②건국에 큰 공로를 세워 국민으로부터 숭앙(崇仰) 받는 지도자.
국부(國府)[-뿌]명 〈국민 정부〉의 준말.
국부(國富)[-뿌]명 한 나라의 부(富). 한 나라의 경제력.
국부^마취(局部痲醉)[-뿌-]명 수술할 자리만을 마취시키는 일. 〔코카인 따위를 주로 씀.〕 국소 마취. 참전신 마취.
국부-적(局部的)[-뿌-]관명 전체 가운데 어느 한 부분에만 한정되는 (것). ¶ 국부적 현상.
국부^전:류(局部電流)[-뿌절-]명 전지의 극판(極板)이 고르지 않아 작은 전지가 성립될 때 그곳에 흐르는 전류.
국비(國費)[-삐]명 국고에서 내는 경비.
국비-생(國費生)[-삐-]명 정부에서 학비를 대어 주는 학생. 참관비생.
국빈(國賓)[-삔]명 나라의 귀한 손으로 우대를 받는 외국 사람. 주로, 외국의 국가 원수 또는 그에 준하는 사람을 이름. ¶ 국빈 대우를 받다.
국사(國士)[-싸]명 온 나라에서 높이 받드는 선비.
국사(國史)[-싸]명 ①나라의 역사. 국승(國乘). ②우리나라의 역사.
국사(國使)[-싸]명 나라의 명을 받아 외국으로 가는 사신(使臣).
국사(國事)[-싸]명 나라의 중대한 일. 나라 전체에 관련되는 일. 〔흔히, 정치적인 일을 이름.〕 나랏일.
국사(國師)[-싸]명 ①한 나라의 스승. ②고려 말기에서 조선 초기에, 덕행이 높은 중에게 주던 최고의 승직(僧職).
국사-범(國事犯)[-싸-]명 국가 권력이나 정치 질서를 침해함으로써 성립되는 범죄, 또는 그 범인. 정치범.
국산(國產)[-싼]명 ①자기 나라에서 생산함. 국내산. ¶ 국산 자동차. ②〈국산품〉의 준말.
국산-품(國產品)[-싼-]명 자기 나라에서 생산되는 물품. 준국산. ↔외래품.
국산-화(國產化)[-싼-]명하타 되자 물건이나 물품 따위를 수입에 의존하지 않고 자기 나라에서 생산하게 함. ¶ 레이저 장비의 국산화에 성공하다.
국상(國喪)[-쌍]명 국민 전체가 복상(服喪)하던 왕실의 초상. 국휼(國恤). ¶ 국상이 나다.
국새(國璽)[-쌔]명 ①임금의 인장(印章). 국보(國寶). 어새(御璽). 옥새(玉璽). ②한 나라의 표상으로서의 인장. 준새(璽).
국색(國色)[-쌕]명 ①나라 안에서 제일 아름다운 여자를 이르는 말. 국향(國香). ②'모란꽃'을 아름답게 이르는 말.
국서(國書)[-써]명 ①한 나라의 원수가 다른 나라에 보내는 문서. ②한 나라의 역사와 문장 등에 관한 책.
국서(國壻)[-써]명 ①임금의 사위. 부마도위(駙馬都尉). ②여왕의 남편.
국석(菊石)[-썩]명 ☞암모나이트.
국선(國仙)[-썬]명 '화랑(花郞)'의 딴 이름.
국선(國選)[-썬]명하타 나라에서 뽑음. ↔민선(民選).
국선-도(國仙徒)[-썬-]명 ☞화랑도(花郞徒).
국선^변:호인(國選辯護人)[-썬-]명 형사 사건에서 피고인이 변호인을 선임할 수 없는 경우, 법원이 직권으로 선정하는 변호인. ↔사선 변호인.
국선생-전(麴先生傳)[-썬-]명 고려 시대 이규보(李奎報)가 지은 가전체 작품. 술을 의인화하여, 술과 인간과의 관계와 인간의 성쇠를 그린 내용.
국성(國姓)[-썽]명 성(姓)과 본(本)이 임금과 같은 성(姓).
국세(局勢)[-쎄]명 어떤 판국의 형세.
국세(國稅)[-쎄]명 국가의 경비로 쓰기 위하여, 국민으로부터 징수하는 세금. 〔소득세·법인세·상속세·주세(酒稅)·관세(關稅) 따위.〕 ↔지방세.
국세(國勢)[-쎄]명 나라의 형편과 힘.
국세^조사(國勢調査)[-쎄-]명 국세의 현황을 알기 위하여, 일정한 시기에 일정한 곳에서 인구·산업·문화 기타의 사항을 일제히 조사하는 일. 센서스.
국세-청(國稅廳)[-쎄-]명 기획 재정부에 딸린 중앙 행정 기관의 하나. 내국세의 부과·감면 및 징수에 관한 사무를 맡아봄.
국세^체납^처:분(國稅滯納處分)[-쎄-]명 국세를 기일 안에 완납하지 아니하였을 때, 의무자의 재산을 압류하여 공매하는 등의 행정상의 강제 징수.
국소(局所)[-쏘]명 ①☞국부(局部). ②몸의 관절이 꺾이는 곳.
국소^마취(局所痲醉)[-쏘-]명 ☞국부 마취.
국속(國俗)[-쏙]명 ☞국풍(國風).
국수[-쑤]명 밀가루나 메밀가루 따위를 반죽하여 얇게 밀어 가늘게 썰거나 국수틀에 눌러 빼낸 식품, 또는 그것으로 만든 음식. 면(麵). 면자(麵子). ¶ 국수를 빼다.
국수 먹은 배속담 실속 없고 헤프다는 뜻.
국수 잘하는 솜씨가 수제비 못하랴속담 어려운 일을 잘하는 사람이면 쉬운 일은 못할 리가 없다는 말.
국수(를) 먹다관용 흔히, '결혼식을 올리다'의 뜻으로 이르는 말.
국수(國手)[-쑤]명 ①이름난 의사. 명의(名醫). ②장기나 바둑 따위의 기량이 한 나라에서 으뜸가는 사람.
국수(國粹)[-쑤]명 그 나라나 민족 고유의 정신상·물질상의 장점이나 아름다운 점.
국수(國讎)[-쑤]명 나라의 원수.
국수-물[-쑤-]명 ①국수 내린 물에 메밀가루를 풀어서 끓인 물. ②국수를 삶은 물.

국수-버섯[-쑤-섣]명 싸리버섯과의 버섯. 높이 3~6 cm로 산야의 숲 속에 더부룩하게 남. 자실체(子實體)가 누렇고 가지가 없으며 썰어 놓은 국수 같음. 먹을 수 있음. *국수버섯이[-쑤-서시]·국수버섯만[-쑤-선-]

국수-사리[-쑤-]명 삶은 국수를 적당한 분량으로 사려 놓은 뭉음.

국수-원밥숭이[-쑤-쑹-]명 흰밥과 가래떡을 썰어 넣고 끓인 국에 국수를 만 음식.

국수-장국(-醬-)[-쑤-꾹]명 더운 장국에 만 국수.

국수-장국밥(-醬-)[-쑤-꾹빱]명 장국밥에 국수를 만 음식. 면장탕반(麵醬湯飯).

국수-전(國手戰)[-쑤-]명 한 나라에서 장기나 바둑의 기량이 으뜸가는 사람을 뽑는 대국.

국수-주의(國粹主義)[-쑤-의/-쑤-이]명 자기 나라의 전통적 특수성만을 우수한 것으로 믿는 배타적이고 보수적인 주의.

국수-틀[-쑤-]명 국수를 눌러 빼는 기계. 제면기(製麵機).

국순-전(麴醇傳)[-쑨-]명 고려 중기에 임춘(林椿)이 지은 가전체(假傳體) 작품. 술을 의인화(擬人化)하여 당시의 정치 현실을 풍자하고 술로 인한 타락을 경계한 내용.

국숫-발[-쑤빨/-쑫빨]명 국수의 가락. 면발. ¶ 국숫발이 굵다.

국숫-분통(-粉桶)[-쑤뿐-/-쑫뿐-]명 국수틀의 가루 반죽을 넣는 통.

국숫-집[-쑤찝/-쑫찝]명 ①가루로 국수를 빼 주고 삯을 받는 집. ②국수를 파는 음식점. ②면옥(麵屋).

국승(國乘)[-씅]명 그 나라의 역사. 국사(國史).

국시(國是)[-씨]명 (국민 전체의 의사로 결정된) 국정(國政)의 근본 방침.

국악(國樂)명 ①자기 나라 고유의 음악. ②우리나라 고유의 음악.

국악-기(國樂器)[-끼]명 국악을 연주하는 데 쓰는 악기.

국약^헌ː법(國約憲法)[구갹컨뻡]명 연방 국가나 복합 국가에서, 여러 국가의 국제적 조약에 따라 제정한 헌법. 참민정 헌법·협정 헌법·흠정 헌법.

국어(國語)명 ①자기 나라의 말. 나라말. 방어(邦語). ②우리나라의 언어. 한국어.

국어^계ː통론(國語系統論)[-계-논/-게-논]명 국어가 기원적으로 어떤 언어와 계통을 같이하는가 하는 문제를 연구하는 학문.

국어^국문학(國語國文學)[-궁-]명 국어학과 국문학을 아울러 이르는 말.

국어^문법(國語文法)[-뻡]명 ①국어의 문법. 준국문법. ②1910년에 주시경(周時經)이 지은 국어 문법책. 내용은 소리갈〔음성학〕·기난갈〔품사론〕·짬듬갈〔구문론〕의 세 부분으로 이루어져 있음. 〔1911년에 책 이름을 '조선어 문법'으로 고쳤음.〕

국어-사(國語史)명 국어의 형성(形成)과 발달에 관한 역사, 또는 그것을 연구하는 학문.

국어-사전(國語辭典)명 국어의 단어들을 일정한 차례로 배열하여, 각 단어의 표기·어원·발음·문법 범주·뜻 등을 국어로 풀이한 책.

국어-학(國語學)명 국어를 연구 대상으로 하는 학문.

국어학-사(國語學史)[-싸]명 국어학의 발달과 변천 과정의 역사, 또는 그것을 연구하는 학문.

국얼(麴櫱)명 ☞누룩.

국역(國役)명 나라의 역사(役事).

국역(國譯)명하타 다른 나라의 글을 자기 나라 말로 번역함.

국역-본(國譯本)[-뽄]명 외국어로 된 책(특히 한문본)을 국어로 번역하여 낸 책.

국영(國營)명하타 나라에서 경영함. 관영(官營). ¶ 국영 기업. ↔민영(民營)·사영(私營).

국영^기업(國營企業)명 국가가 설립하여 경영하는 기업.

국영^방ː송(國營放送)명 국가 재원으로 국가에서 경영하는 방송 사업.

국왕(國王)명 나라의 임금. 국군(國君).

국외(局外)[구괴/구궤]명 어떤 일에 관계되는 그 테두리의 밖. 그 일에 관계없는 처지.

국외(國外)[구괴/구궤]명 한 나라의 영토 밖. ↔국내(國內).

국외-범(國外犯)[구괴-/구궤-]명 자기 나라의 영역(領域) 밖에서 행하여지는 범죄.

국외-인(局外人)[구괴-/구궤-]명 ☞국외자.

국외-자(局外者)[구괴-/구궤-]명 그 일에 관계가 없는 사람. 국외인(局外人).

국외^주권(國外主權)[구괴-꿘/구궤-꿘]명 한 국가가 자기 나라의 영역 밖에서 행하는 주권.

국외-중립(局外中立)[구괴-닙/구궤-닙]명 교전국 또는 교전 단체의 어느 쪽에도 가담하지 않는 일.

국욕(國辱)명 나라의 치욕. 국치(國恥).

국용(國用)명 ①나라의 비용. ②나라의 소용.

국운(國運)명 나라의 운수. 국조(國祚). ¶ 국운이 기울다. 비국보(國步).

국원(局員)명 한 국(局)에 소속된 직원.

국월(菊月)명 〔국화가 피는 달이라는 뜻으로〕 '음력 9월'을 달리 이르는 말.

국위(國威)명 나라의 위력. 방위(邦威). ¶ 체육 진흥으로 국위를 선양하다.

국유(國有)명 국가의 소유. ↔사유(私有)·민유(民有).

국유-림(國有林)명 국가 소유의 산림. ↔사유림(私有林).

국유^재산(國有財産)명 국가 소유의 재산. ↔사유 재산.

국유-지(國有地)명 국가 소유의 토지. ↔사유지(私有地).

국유^철도(國有鐵道)[-또]명 국가가 소유·경영하는 철도. 준국철(國鐵).

국유-화(國有化)명하타되자 (국가 소유가 아닌 것을) 국가 소유로 함.

국육(鞠育)명하타 어린이를 사랑하여 기름.

국-으로부 제 생긴 그대로. 잠자코. ¶ 국으로 가만히 있기나 해.

국은(國恩)명 나라의 은혜. ¶ 국은을 입다.

국음(國音)명 그 나라 고유의 말소리.

국익(國益)명 국가의 이익. 국리(國利). ¶ 국익에 기여하다.

국인(國人)명 한 나라의 사람. 인민. 국민.

국자[-짜]명 긴 자루가 달린, 국을 뜨는 기구.

국자(國字)[-짜]명 그 나라의 국어를 적는 데 쓰이는 글자. 〔우리나라의 '한글'이나 일본의 '가나' 등.〕 나라 글자.

국자-감(國子監)[-짜-]명 ①고려 시대에, 유학을 가르치던 최고의 교육 기관. ②'성균관'의 딴 이름.

국자감-시(國子監試)[-짜-]명 고려 시대에, 국자감에서 진사(進士)를 뽑던 시험. 준감시(監試).

국자-학(國子學) [-짜-] 명 고려 시대에, 높은 벼슬아치의 자제를 가르치던, 국자감 소속의 학교.

국장(局長) [-짱] 명 (관공서나 회사 등 조직체의) 국(局)의 최고 책임자.

국장(國章) [-짱] 명 '국가의 권위를 상징하는 휘장'을 통틀어 이르는 말. 〔국기(國旗)·군기(軍旗)·문장(紋章) 따위.〕

국장(國葬) [-짱] 명 하자 ①나라에 큰 공을 세운 사람이 죽었을 때 국비(國費)로 지내는 장례. ②왕조 때의 왕실의 장례. ②인산(因山).

국재(國災) [-째] 명 나라의 재변(災變).

국재(國財) [-째] 명 국가의 재산.

국재(國齋) [-째] 명 죽은 임금을 천도(薦度)하기 위하여 왕실에서 그 비용을 내어 지내던 재(齋).

국저(國儲) [-쩌] 명 '태자(太子)'의 딴 이름.

국적(國賊) [-쩍] 명 ①나라를 망치거나 어지럽힌 역적. ②국경을 침범하는 도둑.

국적(國籍) [-쩍] 명 ①국가의 구성원으로서의 자격·신분. ¶ 미국 국적을 취득하다. ②선박이나 비행기 따위가 어떤 나라에 소속됨을 이르는 말. ¶ 국적 불명의 비행기가 영공에 나타나다.

국적-법(國籍法) [-쩍뻡] 명 국적을 얻거나 잃는 것에 관하여 규정한 법률.

국적^변ː경(國籍變更) [-쩍뼌-] 명 국적을 바꿈. 종래의 국적을 버리고 다른 국적을 얻음.

국적^상실(國籍喪失) [-쩍쌍-] 명 국적을 잃음. 국민으로서의 공법상·사법상의 권리와 의무를 잃음.

국적^이탈(國籍離脫) [-쩌기-] 명 본인이나 보호자의 지망에 따라 국적을 잃는 일.

국적^증명서(國籍證明書) [-쩍쯩-] 명 본국의 관청에서 발행하는, 국적을 확인하는 증명서.

국적^증서(國籍證書) [-쩍쯩-] 명 선박의 국적·선적항(船籍港)·적선량(積船量) 등에 관한 증서.

국적^취ː득(國籍取得) [-쩍-] 명 (국적법의 조건을 갖춤으로써) 한 국가의 국민으로서의 자격과 신분을 얻는 일.

국적^회복(國籍回復) [-쩌쾨-/-쩌퀘-] 명 잃었던 국적을 다시 얻음. 재귀화(再歸化).

국전(國典) [-쩐] 명 ①나라의 법전(法典). ②나라의 의식이나 제도.

국전(國展) [-쩐] 명 〔정부가 주최하는 전람회라는 뜻으로〕 이전에 '대한민국 미술 전람회'를 약칭으로 이르던 말.

국정(國定) [-쩡] 명 하타 《일부 명사 앞에 쓰이어》 나라에서 정함.

국정(國政) [-쩡] 명 나라의 정사(政事).

국정(國情) [-쩡] 명 나라의 형편. ¶ 국정 불안. /국정을 살피다.

국정^감사(國政監査) [-쩡-] 명 국회가 행정부에서 실행한 국정에 대하여 하는 감사. 준국감.

국정^감사권(國政監査權) [-쩡-꿘] 명 국회가 행정부에서 실행한 국정에 대하여 감사할 수 있는 권한.

국정^관세(國定關稅) [-쩡-] 명 한 나라의 법률에 의해서 자유로이 세율이나 과세 품목을 정하고 변경할 수 있는 관세.

국정^교ː과서(國定教科書) [-쩡-] 명 교육 과학기술부에서 편찬한 교과서. 참검인정 교과서.

국정^세ː율(國定稅率) [-쩡-] 명 국내법에 의하여 정하여진 관세율. 참협정 세율(協定稅率).

국정^조사(國政調査) [-쩡-] 명 국회가 특정의 국정(國政)에 대하여 하는 조사.

국제(國制) [-쩨] 명 ①나라의 제도. ②국상(國喪)의 복제(服制).

국제(國際) [-쩨] 명 《일부 명사 앞에 쓰이어》 ①나라와 나라 사이의 관계. ¶ 최근의 국제 정세. ②세계 여러 나라에 공통적인 것. ¶ 국제 규격. ③여러 나라를 포괄하는 것. ¶ 국제 올림픽.

국제^가격(國際價格) [-쩨까-] 명 국제 무역에서 거래되는 가격.

국제-간(國際間) [-쩨-] 명 나라와 나라 사이. ¶ 국제간 협정. /국제간의 경쟁이 치열하다.

국제^개발^협회(國際開發協會) [-쩨-혀푀/-쩨-혀풰] 명 개발도상국의 경제 개발을 원조하기 위한 자금을 융자해 주는 국제 금융 기관. 아이디에이(IDA).

국제^견ː본시(國際見本市) [-쩨-] 명 일정한 기간에 각국이 상품의 견본을 진열하여 상담(商談)을 하며 이에 의하여 후일의 실물 매매를 꾀하는 시장.

국제-결혼(國際結婚) [-쩨-] 명 국적을 달리하는 남녀가 결혼하는 일.

국제^경ː기(國際競技) [-쩨-] 명 두 나라 이상이 겨루는 운동 경기.

국제^경제(國際經濟) [-쩨-] 명 국제간에 행하여지는 여러 가지 경제적인 상호 교섭 및 경제 운용의 상황.

국제-경찰군(國際警察軍) [-쩨-] 명 ①국제법상의 범죄를 막기 위하여 여러 나라가 협력하여 조직한 경찰력. ②국제 연합 안전 보장 이사회의 지휘 아래, 침략에 대한 다국 간(多國間)의 공동 방지 행위를 위하여 준비된 군사력. 참국제 연합군.

국제^공법(國際公法) [-쩨-뻡] 명 ☞국제법.

국제-공항(國際空港) [-쩨-] 명 국제간을 운항하는 항공기가 이착륙(離着陸)할 수 있도록 정부에서 지정한 공항.

국제-관례(國際慣例) [-쩨괄-] 명 국제적으로 널리 통용되는 관례.

국제^관세^협정(國際關稅協定) [-쩨-쩡] 명 관세와 무역에 관한 일반 협정. 가트(GATT).

국제^관ː습법(國際慣習法) [-쩨-뻡] 명 대다수의 국가 사이에서 법적 구속력이 있는 것으로 인정되고 있는 국제 관행.

국제^관ː행(國際慣行) [-쩨-] 명 법적 구속력은 없으나 대다수 국가 사이에서 관례대로 실행하고 있는 일.

국제-균형(國際均衡) [-쩨-] 명 국제간의 수입과 지출의 균형.

국제^금리(國際金利) [-쩨-니] 명 국제 금융의 중심지에서의 대표적 금리.

국제^금융^시ː장(國際金融市場) [-쩨금늉-/-쩨그뮹-] 명 국제적인 단기 자금(短期資金)에 대한 수요와 공급이 경합(競合)되는 시장. 〔뉴욕과 런던이 대표적임.〕

국제-기구(國際機構) [-쩨-] 명 국제적인 목적이나 활동을 위해서 두 나라 이상의 회원국으로 구성하는 조직체. 참국제단체.

국제^기능^올림픽^대ː회(國際技能Olympic大會) [-쩨-회/-쩨-훼] 명 기능자의 기능 향상과 국제 친선을 목적으로 하는 경기 대회. 1950년 스페인에서 처음 열렸음. 〔정식 명칭은 '국제 직업 훈련 경기 대회'.〕 기능 올림픽.

국제^노동^기구(國際勞動機構) [-쩨-] 명 세계 노동자의 노동 조건의 개선 등을 목적으로 활동하고 있는 국제 연합의 전문 기구. 아이엘오(ILO).

국제^노동^헌ː장(國際勞動憲章) [-쩨-]명 국제 노동 기구의 구성과 지도 원칙을 명시한 헌장. 1948년 발효됨.

국제-단위(國際單位) [-쩨-]명 (비타민·호르몬·항생제 등의 효력을) 국제적으로 통일해서 표시하기 위하여 정한 실용 단위. 아이유(IU).

국제-단체(國際團體) [-쩨-]명 여러 국가가 조약에 의하지 아니하고 자발적으로 조직한 단체. 〔국제 올림픽 위원회 따위.〕 참국제기구.

국제^대ː차(國際貸借) [-쩨-]명 일정한 시점에서, 한 나라가 국제적으로 가지고 있는 채권과 채무 관계를 대조한 것.

국제-도시(國際都市) [-쩨-]명 외국인이 많이 살거나 외국인의 왕래가 잦은 도시.

국제-무대(國際舞臺) [-쩨-]명 국제적으로 활동하는 분야(국면). ¶ 국제무대에 진출하다.

국제^무ː역(國際貿易) [-쩨-]명 다수의 국가나 국민 사이에 행하여지는 무역. 세계 무역.

국제^민간^항ː공^기구(國際民間航空機構) [-쩨-]명 국제 민간 항공의 안전 유지와 기술의 발달을 목적으로 설립된 국제 연합의 전문 기구. 이카오(ICAO).

국제^민법(國際民法) [-쩨-뻡]명 국제 사법 중, 민사에 관한 사항을 규정한 법률.

국제^방ː송(國際放送) [-쩨-]명 ①국제간의 우호 증진 또는 해외 거주 자국민에게 모국 소식을 전할 목적 등으로 하는 방송. 해외 방송. ②나라와 나라 사이에 서로 프로그램을 교환하여 하는 방송.

국제^범ː죄(國際犯罪) [-쩨-죄/-쩨-줴]명 국제 관습법상, 국적에 관계없이 적발한 나라에서 처벌할 수 있는 범죄. 〔해적 행위나 마약 밀매 따위.〕

국제-법(國際法) [-쩨뻡]명 국가 간의 합의에 따라 국가 간의 관계를 규정짓는 법. 조약(條約)이나 국제 관습에 의하여 성립함. 국제 공법(國際公法). ↔국내법(國內法).

국제^부ː흥^개발^은행(國際復興開發銀行) [-쩨-]명 제2차 세계 대전 후에 경제를 부흥하고 개발 도상국을 개발하기 위하여 설립한 국제 은행. 아이비아르디(IBRD).

국제^분업(國際分業) [-쩨-]명 둘 이상의 국가가 함께 하는 분업. 각국이 자기 나라의 자연적·경제적 조건에 알맞은 상품을 집중적으로 생산함.

국제^분쟁(國際紛爭) [-쩨-]명 나라와 나라 사이에 특정한 문제에 관한 의견의 충돌로 일어나는 분쟁.

국제^사법^재판소(國際司法裁判所) [-쩨-째-]명 국제적 법률 분쟁을 재판하는 상설 재판소로, 네덜란드의 헤이그에 있는 국제 연합의 사법 기관(司法機關).

국제^사회(國際社會) [-쩨-회/-쩨-훼]명 다수의 나라가 상호 교통과 상호 의존으로 국제적 공동생활을 영위하는 사회.

국제^상업^통신^위성^기구(國際商業通信衛星機構) [-쩨-]명 통신 위성의 공동 설계·개발·운용 등으로, 통신 위성에 의한 국제 상업 통신망의 확립을 목적으로 설립된 국제적인 상업 통신 기구. 1964년 미국, 일본 등 11개국이 참가하여 조직하였음. 인텔샛(Intelsat).

국제^상품(國際商品) [-쩨-]명 세계 시장에서 거래되는 상품.

국제-색(國際色) [-쩨-]명 여러 나라의 사람이나 그 특색이 뒤섞여서 이루어지는 분위기.

국제-선(國際線) [-쩨-]명 국제 교통과 통신에 이용되는 각종의 선(線). ↔국내선(國內線).

국제-성(國際性) [-쩨썽]명 국제적 성질.

국제^수로(國際水路) [-쩨-]명 조약이나 관습에 따라, 외국 선박의 자유 항행이 인정되어 국제적으로 개방된 하천이나 운하·해협 따위의 수로.

국제^수지(國際收支) [-쩨-]명 한 나라가 일정 기간(대개 1년)에 다른 여러 나라와의 경제 거래를 통하여 주고받은 금액의 총액, 또는 차액. ¶ 국제 수지 흑자. /국제 수지가 악화되다.

국제^시ː장(國際市場) [-쩨-]명 상품의 수요와 공급이 국제적인 규모로 행하여지는 시장. 세계 시장. ↔국내 시장.

국제^신문인^협회(國際新聞人協會) [-쩨-혀푀/-쩨-혀풰]명 언론의 자유, 뉴스의 자유로운 교류, 언론 상호 간의 협조 등을 위하여 자유 진영 언론인들이 구성한 국제적인 언론 단체. 아이피아이(IPI).

국제^심사(國際審査) [-쩨-]명 국제적인 분쟁 문제를 심사하여 밝힘.

국제-어(國際語) [-쩨-]명 ①세계적으로 널리 쓰이는 말. 〔영어 따위.〕 ②국제간에 공통으로 사용할 목적으로 만든 말. 〔에스페란토가 그 대표임.〕 세계어(世界語).

국제^어음(國際-) [-쩨-]명 ①국제간에 유통되는 어음. ②☞외국환 어음.

국제^연맹(國際聯盟) [-쩨-]명 세계 평화의 확보와 국제 협력의 촉진을 목적으로 1920년 1월에 설립한 국제 기구. 국제 연합의 성립으로 1946년에 해체되었음.

국제^연합(國際聯合) [-쩨-]명 제2차 세계 대전 후 세계 평화의 유지와 인류 복지의 향상을 목적으로 설립한 국제 기구. 유엔(UN). 준국련(國聯).

국제^연합^교ː육^과학^문화^기구(國際聯合教育科學文化機構) [-쩨-교-꽈항-]명 ☞유네스코.

국제^연합군(國際聯合軍) [-쩨-꾼]명 국제 연합의 목적 달성을 위하여 가맹국의 군대들로써 조직된 군대. 유엔군(UN軍). 준국련군.

국제^연합^식량^농업^기구(國際聯合食糧農業機構) [-쩨-싱냥-끼-]명 세계 각국의 식량 및 농업 문제의 해결, 생활 수준의 향상 등을 위하여 설립한 국제 연합의 전문 기구. 에프에이오(FAO).

국제^연합^아동^기금(國際聯合兒童基金) [-쩨-]명 ☞유니세프.

국제^연합^안전^보ː장^이ː사회(國際聯合安全保障理事會) [-쩨-회/-쩨-훼]명 국제 평화와 안전을 유지하기 위하여 필요한 행동을 취할 책임과 권한을 가진 국제 연합의 주요 기구. 준안전 보장 이사회·안보 이사회·안보리.

국제^연합^총ː회(國際聯合總會) [-쩨-회/-쩨-훼]명 모든 가맹국으로 구성되어 1년에 한 번 9월에 열리는 국제 연합의 최고 기관.

국제^연합^헌ː장(國際聯合憲章) [-쩨-하펀-]명 국제 연합의 근본 조직과 활동의 원칙을 정한 기본법.

국제^영화제(國際映畫祭) [-쩨-]명 영화를 통한 국제간의 교류, 영화 예술의 향상, 영화 산업의 발전 등을 목적으로 세계 각국에서 출품한 영화를 평가하여 시상하는 행사.

국제^올림픽^위원회(國際Olympic委員會) [-쩨-회/-쩨-훼]명 올림픽 경기 대회를 주관하고 운영하는 위원회. 아이오시(IOC).

국제^우편(國際郵便)[-쩨-]명 국제간에 왕래하는 우편. ↔국내 우편.
국제^운ː하(國際運河)[-쩨-]명 조약에 의하여 선박의 자유 항행이 인정된 운하. 〔수에즈 운하와 파나마 운하 따위.〕
국제^원자력^기구(國際原子力機構)[-쩨-끼-]명 원자력의 평화적 이용을 촉구하는 국제 연합의 전문 기구. 아이에이이에이(IAEA).
국제^유동성(國際流動性)[-쩨-썽]명 무역 등의 국제 결제(決濟)를 원활히 하기 위하여 필요한 외화(外貨)의 준비 보유액과 대외 지급액의 비율.
국제^음성^기호(國際音聲記號)[-쩨-]명 국제 음성학 협회에서 정한 음성 기호. 일음 일자(一音一字) 주의로, 각국의 말소리를 지면(紙面)에 기록하는 방법을 국제적으로 표준화한 것임. 만국 음성 기호.
국제^의회^연맹(國際議會聯盟)[-쩨-회-/-쩨-훼-]명 의회 활동으로 해결할 수 있는 국제 문제 등을 연구하기 위한 각국 국회의원의 연합체. 아이피유(IPU).
국제^이ː해(國際理解)[-쩨-]명 세계 인권 선언의 정신에 따라, 각 국민 사이의 인종·종교·성별의 차이를 초월하여 발현되는, 올바른 인간으로서의 이해.
국제^재판(國際裁判)[-쩨-]명 국제 분쟁을 국제법에 따라서 평화적으로 해결하기 위하여 국제 재판소가 제삼자의 처지에서 판결을 내리는 재판. 〔국제 중재 재판과 국제 사법 재판의 구별이 있음.〕
국제^재판소(國際裁判所)[-쩨-]명 국제 분쟁을 해결하기 위하여 국가 간에 설치하는 재판소. 〔국제 사법 재판소·상설 중재(仲裁) 재판소 등.〕
국제-적(國際的)[-쩨-]관명 ①여러 나라 사이에 관계가 있는 (것). ¶ 국제적 지위. /국제적인 분쟁. ②세계적인 규모인 (것). ¶ 국제적 학술 대회. /국제적인 규모.
국제^적십자(國際赤十字)[-쩨-씹짜]명 적십자 국제 위원회, 적십자 연맹, 각국의 적십자사를 통틀어 이르는 말. 아이아르시(IRC).
국제^전ː화(國際電話)[-쩨-]명 국제간에 유선 또는 무선으로 연락하는 전화.
국제^조약(國際條約)[-쩨-]명 나라와 나라 사이에 맺는 조약.
국제^조정(國際調停)[-쩨-]명 국제 조정 위원회 등 제삼자가 분쟁 당사국 사이에 들어 평화적으로 분쟁을 해결하는 절차.
국제-주의(國際主義)[-쩨-의/-쩨-이]명 국제간의 협력을 바탕으로 하여 세계 평화를 실현시키고자 하는 생각.
국제^중재^재판소(國際仲裁裁判所)[-쩨-]명 국제간의 분쟁을 평화적으로 해결하기 위하여 설치된 국제 재판소.
국제^지구^관측년(國際地球觀測年)[-쩨-층-]명 ☞국제 지구 물리 관측년.
국제^지구^물리^관측년(國際地球物理觀測年)[-쩨-층-]명 세계 각국이 협력하여 전 세계적 규모로 지구 물리학상의 관측 사업을 벌였던 1957년 7월부터 1958년 12월까지를 이르는 말. 국제 지구 관측년. 아이지와이(IGY).
국제^철도(國際鐵道)[-쩨-또]명 국경을 넘어 둘 이상의 나라로 통하고 있는 철도.
국제^축구^연맹(國際蹴球聯盟)[-쩨-꾸-]명 세계 축구를 통괄하는 국제 조직. 피파(FIFA).
국제^카르텔(國際Kartell)[-쩨-]명 국제 상품 시장의 독점을 목적으로 하여, 몇몇 나라의 같은 종류의 기업 또는 몇몇 나라의 국내 카르텔이 결성하는 국제적 기업 연합.
국제^통신(國際通信)[-쩨-]명 국제간에 이루어지는 유선 및 무선의 통신 연락. 만국 통신.
국제^통화(國際通貨)[-쩨-]명 국제간 거래의 결제(決濟)에 이용되는 통화. 〔미국의 달러, 영국의 파운드 따위.〕 기축 통화(基軸通貨).
국제^통화^기금(國際通貨基金)[-쩨-]명 국제 금융 기관의 한 가지. 국제 연합의 전문 기관으로 가입국이 자금을 내어 기금(基金)을 만들고, 이의 이용에 의하여 국제 무역의 증대나 통화의 안정을 꾀함. 아이엠에프(IMF).
국제^투자(國際投資)[-쩨-]명 ☞해외 투자.
국제^펜클럽(國際PEN Club)[-쩨-]명 ☞펜클럽(PEN Club).
국제^표준^도서^번호(國際標準圖書番號)[-쩨-]명 도서나 자료 등에 매기어 국제적으로 통용하는 고유 번호. 국별 번호, 발행자 번호, 서명 식별 번호, 체크 기호로 이루어지는 열 자리 숫자. 아이에스비엔(ISBN).
국제^표준화^기구(國際標準化機構)[-쩨-]명 1946년 나라마다 다른 산업 규격을 국제적으로 조정하고 표준화하기 위하여 런던에서 설립한 국제기구. 우리나라는 1963년에 가입하였으며, 본부는 제네바에 있음. 아이에스오(ISO)·이소(ISO).
국제^하천(國際河川)[-쩨-]명 여러 나라의 국경을 이루거나 또는 여러 나라의 영토를 거쳐 흐르는 하천. 연안국(沿岸國)의 조약에 따라서 선박의 자유 항행이 인정되어 있음. 〔다뉴브 강·라인 강 같은 하천.〕
국제-항(國際港)[-쩨-]명 외국의 선박들이 많이 드나드는 큰 항구.
국제^해ː협(國際海峽)[-쩨-]명 공해(公海)와 공해가 연결되어 선박이나 항공기의 국제적인 통항(通航)에 이용되는 해협. 〔연안국의 영해 범위 밖을 자유로이 다닐 수 있음.〕
국제^형사^경ː찰^기구(國際刑事警察機構)[-쩨-]명 국제적인 형사 범죄의 방지 및 해결을 위한 기구. 아이시피오(ICPO). 인터폴.
국제-호(國際湖)[-쩨-]명 두 나라 이상의 영토에 걸쳐 있는 호수.
국제-화(國際化)[-쩨-]명하자타되자 국제적으로 되거나 되게 함.
국제-환(國際換)[-쩨-]명 ☞외국환(外國換).
국제-회의(國際會議)[-쩨회의/-쩨훼이]명 국제적인 이해(利害) 사항을 토의·결정하기 위하여 여러 나라의 대표자가 모여서 여는 회의.
국조(國祖)[-쪼]명 나라의 시조(始祖).
국조(國祚)[-쪼]명 ☞국운(國運).
국조(國鳥)[-쪼]명 그 나라의 상징으로 정한 새. 〔미국의 흰머리독수리, 영국의 울새, 일본의 꿩 따위.〕 참국화(國花).
국조(國朝)[-쪼]명 자기 나라의 왕조(王朝).
국조-악장(國朝樂章)[-쪼-짱]명 조선 영조(英祖)의 명을 받아, 홍계희(洪啓禧)·서명응(徐明膺) 등이 종묘악장(宗廟樂章)·문소전악장(文昭殿樂章)·열조악장(列朝樂章) 및 그 밖의 서적을 한 권으로 편찬·간행한 책.
국족(國族)[-쪽]명 임금과 같은 본(本)의 성(姓)을 가진 사람.
국졸(國卒)명 '국민학교(지금의 초등학교) 졸업'을 줄여서 이르는 말.
국주(國主)[-쭈]명 나라의 임금.

국주한종-체(國主漢從體)[-쭈-]명 국한문체의 한 가지. 국문이 주가 되고 한문이 보조적으로 쓰인 문체. 참한주국종체.
국중(國中)[-쭝]명 나라 안. 국내(國內).
국지(-紙)[-찌]명 도련을 치고 남은 부스러기 종이. 제지(蹄紙).
국지(局地)[-찌]명 일정하게 한정된 지역.
국지-적(局地的)[-찌-]관명 일정한 지역에 한정된 (것). ¶ 국지적 전투. /국지적으로 소나기가 내렸다.
국지-전(局地戰)[-찌-]명 〈국지 전쟁〉의 준말.
국지^전:쟁(局地戰爭)[-찌-]명 제한 전쟁의 한 형태. 전투가 일부 지역에 한정되어 행해지는 전쟁. 준국지전. ↔전면 전쟁.
국지-풍(局地風)[-찌-]명 산풍(山風)·곡풍(谷風)·해륙풍(海陸風) 등과 같이 지형적인 영향으로 비교적 좁은 범위에서 일어나는 바람.
국채(國債)명 세입(歲入)의 부족을 메우기 위하여 국가가 지는 금전상의 채무(債務), 또는 그것을 나타내는 채권(債券). 내국채.
국채^증권(國債證券)[-꿘]명 국채에 대한 권리를 나타내기 위하여 발행하는 증권.
국책(國策)명 (어떤 목적을 위해서 세운) 나라의 정책이나 시책. ¶ 국책 사업.
국책^회:사(國策會社)[-채쾨-/-채퀘-]명 산업 정책을 추진하기 위하여, 국가가 원조해서 만든 반관반민(半官半民)의 특수 회사.
국척(國戚)명 임금의 인척(姻戚).
국척(跼蹐)명하자 ☞국축(跼縮).
국철(國鐵)명 〈국유 철도〉의 준말. ↔사철(私鐵).
국청(鞫廳·鞠廳)명 조선 시대에, 역적 등 중죄인을 심문하기 위하여 임시로 두었던 관아.
국체(國體)명 ①국가의 체면 또는 존엄(尊嚴). ②주권이 어디 있느냐에 따라 구별되는 국가의 정치 형태. 〔군주국·공화국 등으로 나뉨.〕
국초(國初)명 ①나라를 세운 때의 처음. 건국의 초기. ②본조(本朝)의 처음.
국초(國礎)명 ☞국기(國基).
국축(跼縮)명하자 황송하여 몸을 굽힘. 두려워 몸을 옴츠림. 국척(跼蹐).
국치(國恥)명 나라의 부끄러움. 국가적인 수치. 국욕(國辱). 참민욕(民辱).
국치-민욕(國恥民辱)명 나라의 부끄러움과 국민의 욕됨. 〔외적에게 국권이 농락되는 경우 따위를 이르는 말.〕
국치-일(國恥日)명 1910년 8월 29일, 일본에 국권을 강탈당한 치욕적인 날.
국-태공(國太公)명 '흥선 대원군(興宣大院君)'을 높여서 부르던 칭호. 준태공(太公).
국태-민안(國泰民安)명하형 나라가 태평하고 국민의 생활이 평안함.
국토(國土)명 나라의 땅, 곧 국가의 통치권이 미치는 지역. 방토(邦土). ¶ 국토 통일.
국토-방위(國土防衛)명 적의 침공으로부터 국토를 지키는 일.
국토^종합^개발^계:획(國土綜合開發計劃)[-깨-계획/-깨-게훽]명 국가가 국토의 종합적인 이용·개발·보전을 꾀하기 위해 세운 계획.
국토^해:양부(國土海洋部)명 중앙 행정 기관의 하나. 국토 종합 건설 계획의 수립·조정, 수자원의 보전·이용·개발, 해양 자원 개발 및 육운(陸運)·해운·철도·항공 등에 관한 사무를 맡아봄.
국판(菊版)명 ①종이의 규격판의 한 가지. 가로 636 mm, 세로 939 mm로 A1판보다 조금 큼. 참에이판(A版). ②책의 판형의 한 가지. 국판 전지(全紙)를 열여섯 겹으로 접은, 가로 150 mm, 세로 220 mm로 A5판보다 조금 큰 판형.
국폐(國弊)[-폐/-페]명 나라에 해를 끼치는 일.
국풍(國風)명 ①그 나라 특유의 풍속이나 습관. 국속(國俗). ②중국의 '시경(詩經)' 가운데 민요 부분을 이르는 말.
국학(國學)[1][구칵]명 자기 나라의 전통적인 민속·사상·문화 등을 연구하는 학문. 〔우리나라에서는 국어·국문학·국사 등이 이에 딸림.〕
국학(國學)[2][구칵]명 ①신라 때, 교육을 맡아보던 기관. ②고려 시대에, '국자감(國子監)'의 고친 이름. ③조선 시대에, '성균관(成均館)'의 예스러운 이름.
국학-자(國學者)[구칵짜]명 국학을 연구하는 학자.
국한(局限)[구칸]명하타되자 범위를 일정 부분에 한정함. 한국(限局). ¶ 응시 자격을 고졸 이상으로 국한하다.
국-한문(國漢文)[구칸-]명 ①한글과 한자. ②한글과 한자가 섞인 글.
국한문-체(國漢文體)[구칸-]명 한글과 한자를 섞어 쓴 문체.
국한문^혼:용(國漢文混用)[구칸-]명 (글을 쓸 때) 한글과 한자를 섞어서 쓰는 일.
국향(國香)[구컁]명 ①'난초'를 달리 이르는 말. ②나라에서 으뜸가는 미인. ②국색(國色).
국헌(國憲)[구컨]명 나라의 근본이 되는 법률, 곧 헌법. ¶ 국헌 문란. /국헌을 준수하다.
국호(國號)[구코]명 (공식적인) 나라의 이름. 국명(國名). ¶ 국호를 대한민국으로 정하다.
국혼(國婚)[구콘]명 왕실(王室)의 혼인. 또는, 왕실과의 혼인.
국화(國花)[구콰]명 한 나라의 상징으로, 그 나라 사람이 가장 사랑하고 아끼는 꽃. 〔우리나라의 무궁화, 영국의 장미, 일본의 벚꽃 따위.〕 나라꽃. 참국조(國鳥).
국화(菊花)[구콰]명 ①국화과의 다년초. 관상용으로 널리 가꾸며, 품종이 아주 많아 꽃의 빛깔이나 모양도 여러 가지임. 가을의 대표적인 꽃임. 약용·양조용·향료로도 쓰임. ②화투짝의 한 가지. 국화를 그린, 9월을 상징하는 딱지.
국화-동(菊花童)[구콰-]명 ☞국화 동자못.
국화^동자못(菊花童子-)[구콰-몯]명 판문이나 난간에 박는, 국화 모양으로 된 장식 못. 국화동. *국화 동자못이[구콰-모시]·국화 동자못만[구콰-몬-]
국화-석(菊花石)[구콰-]명 ☞암모나이트.
국화-송곳(菊花-)[구콰-곧]명 나사못 대가리가 들어갈 자리를 파는, 날 끝이 국화 모양인 송곳. *국화송곳이[구콰-고시]·국화송곳만[구콰-곤-]
국화-잠(菊花簪)[구콰-]명 대가리에 국화 모양의 장식이 붙은 비녀.
국화-전(菊花展)[구콰-]명 여러 가지 품종의 국화를 보이는 전시회.
국화-주(菊花酒)[구콰-]명 감국의 꽃, 생지황, 구기자나무 뿌리의 껍질에 찹쌀을 섞어 빚은 술.
국화-판(菊花瓣)[구콰-]명 〈과판〉의 본딧말.
국회(國會)[구쾨/구퀘]명 ①국민이 선출한 의원(議員)으로 구성되는 합의체의 입법 기관. 〔나라에 따라 단원제 또는 양원제로 구성되었음.〕 ②국회의원들이 국회 의사당에 모여서 하는 회의. ¶ 임시 국회를 소집하다.
국회-법(國會法)[구쾨뻡/구퀘뻡]명 국회의 조직이나 운영에 관하여 규정한 법률.
국회^상임^위원회(國會常任委員會)[구쾨-회/구퀘-훼]명 ☞상임 위원회.

국회^의사당(國會議事堂) [구쾨-/구퀘-] 명 국회의 회의가 열리는 건물.
국회-의원(國會議員) [구쾨의-/구퀘이-] 명 국민의 대표로서 국회를 구성하는 의원(議員).
국회^의장(國會議長) [구쾨-/구퀘-] 명 국회의 의장. 국회의 질서를 유지하고 사무를 감독하며, 국회를 대표함. 〔국회에서 선출함.〕
국회^해ː산(國會解散) [구쾨-/구퀘-] 명 의원 내각 제도(議員內閣制度)의 국가에서, 국회가 정부에 대해 불신임을 결의하였을 때 정부가 이에 맞서서 국회를 해산하는 일.
국휼(國恤) [구귤] 명 ☞국상(國喪).
국희(局戲) [구키] 명 판을 차리고 마주 앉아서 하는 놀이. 〔장기·바둑 따위.〕
군 조 ☞이군. ¶ 이것이 고려 청자군.
군(君) 명 조선 시대에, 왕의 서자(庶子)를 비롯한 가까운 종친(宗親)이나 공이 있는 신하에게 내리던 존호(尊號).
군(軍) 명 ①〈군대(軍隊)〉의 준말. ¶ 군 경력. /군이 동원되다. ②〈군부(軍部)〉의 준말. ③육군의 최고 편성 단위. 군단(軍團)의 위. 〔1군·2군 따위.〕 ④일부 명사 뒤에 붙어, 그러한 '군대'임을 나타냄. ¶ 연합군. /독립군. /의용군.
군ː(郡) 명 ①지방 행정 구역의 한 가지. 도(道)의 아래, 읍(邑) 또는 면(面)의 위. ②〈군청(郡廳)〉의 준말.
군(君) Ⅰ 의 손아랫사람이나 친구를 부를 때 성이나 이름 뒤에 쓰는 말. ¶ 김 군. /영수 군. Ⅱ 대 자네. 그대. ¶ 군의 활약을 크게 기대하겠네.
군- 접두 《일부 명사 앞에 붙어》 '쓸데없는', '가외로 더한'의 뜻을 나타냄. ¶ 군말. /군소리. /군식구. /군음식.
-군 접미 '-꾼'의 잘못.
-군 어미 ①〈-구나〉의 준말. ¶ 아주 재미있군. ②〈-구먼〉의 준말. ¶ 날씨가 참 좋군.
군가(軍歌) 명 군대의 사기(士氣)를 돋우기 위하여 지어 부르는 노래.
군감(軍監) 명 ☞군자감(軍資監).
군거(群居) 명하자 ①떼를 지어 있음. 떼를 지어 삶. ②☞군서(群棲).
군ː-것 [-걷] 명 그리 요긴하지 않은 것. 쓸데없는 것. 없어도 좋은 것. ＊군ː것이[-거시]·군ː것만[-건-]
군ː것-지다 [-걷찌-] 형 없어도 좋은 것이 쓸데없이 있다. 필요 없는 것이 거추장스럽게 있다.
군ː것-질 [-걷찔] 명하자 군음식을 먹는 일. 주전부리.
군견(軍犬) 명 〈군용견(軍用犬)〉의 준말.
군경(軍警) 명 군대와 경찰을 아울러 이르는 말. ¶ 군경 합동 작전.
군ː경(窘境) 명 살기가 몹시 어려운 지경.
군경검(軍警檢) 명 '군대와 경찰과 검찰'을 아울러 이르는 말.
군ː계(郡界) [-계/-게] 명 한 군(郡)과 딴 군과의 경계.
군계-일학(群鷄一鶴) [-계-/-게-] 명 〔닭의 무리 속에 있는 한 마리의 학이라는 뜻으로〕 '평범한 여러 사람 가운데의 뛰어난 한 사람'을 비유하여 이르는 말. '진서'의 '혜소전(嵇紹傳)'에 나오는 말임. 계군일학(鷄群一鶴).
군ː-계집 [-계-/-게-] 명 아내 이외에 몰래 상관하는 여자.
군고(軍鼓) 명 군대에서 쓰는 북.
군ː-고구마 명 불에 구워 익힌 고구마.
군공(軍功) 명 전투에서 세운 공적. 전공(戰功).
군-관(軍官) 명 ☞장교(將校).
군-관구(軍管區) 명 군의 관할 구역.
군교(軍校) 명 ☞장교(將校).
군국(君國) 명 ①임금과 나라. ②군주가 다스리는 나라. 참 민국(民國).
군국(軍國) 명 ①전쟁을 하고 있는 나라. ¶ 군국의 후방을 든든히 하다. ②군사(軍事)를 중히 여기는 나라. 군국주의의 나라.
군국-기무처(軍國機務處) [-끼-] 명 조선 말기, 갑오개혁 이후에 일본의 강압으로 설치한 임시 기관. 정치와 군사에 관한 모든 사무를 관장(管掌)하였음. 준 기무처.
군국-주의(軍國主義) [-쭈의/-쭈이] 명 정치·경제·교육 등 모든 조직을 전쟁을 위해 활용하며, 군사력에 의하여 국가의 발전을 이루려는 주의.
군권(君權) [-꿘] 명 군주(君主)로서의 권력. ¶ 군권을 강화하다.
군규(軍規) 명 군대의 규율(規律). 군율(軍律).
군규(軍窺) 명 군사 기밀을 정탐(偵探)하는 일.
군ː-글자(-字) [-짜] 명 문장에서, 필요 없이 더 있는 글자. 준 군자.
군기(軍紀) 명 군대를 통제하기 위한 규율이나 풍기(風紀). ¶ 군기 문란. /군기를 확립하다.
군기(軍氣) 명 군대의 사기(士氣). ¶ 군기를 진작하다.
군기(軍記) 명 전쟁에 관한 이야기를 적은 책. 군서(軍書). 전기(戰記).
군기(軍旗) 명 군의 각 단위 부대를 표상(表象)하는 기. 〔군단기·사단기·연대기 따위.〕
군기(軍器) 명 군용의 기구. 병기(兵器).
군기(軍機) 명 군사상의 기밀.
군기(群起) 명하자 ①많은 사람이 떼를 지어 일어남. 봉기. ②여러 가지 일이 한꺼번에 일어남.
군기-고(軍器庫) 명 ☞병기고(兵器庫).
군기-시(軍器寺) 명 조선 시대에, 병기(兵器) 만드는 일을 맡아 하던 관아.
군ː-기침 명하자 버릇이 되어 괜히 하는 기침.
군납(軍納) 명하타 (인가를 받은) 민간 업자가 군대에 필요한 물자를 납품하는 일.
군납-품(軍納品) 명 군에 납품하는 물품.
군ː-내 명 제 맛이 아닌, 다른 냄새. 오래되어 구진한 냄새. ¶ 군내 나는 김치.
군ː내(郡內) 명 군의 구역 안. 고을 안.
군노(軍奴) 명 군아(軍衙)에 딸린 종.
군ː-눈 명 쓸데없는 일에 주의를 돌리는 눈.
　군눈(을) 뜨다 관용 외도(外道)를 알게 되다.
군다리(←軍荼利. kundali 범) 명 오대 명왕(五大明王)의 하나. 머리 하나에 여덟 개의 팔로 남쪽을 지키며, 늘 성난 표정을 하고 모든 악귀를 항복시킨다는 명왕.
군ː-다리미질 명하타 다리미질할 때에 옷의 후미진 부분이나 끝 부분 따위를 따로 잡고 다리는 일.
군단(軍團) 명 육군의 편성 단위의 한 가지. 군(軍)의 아래, 사단(師團)의 위. 〔둘 이상의 사단으로 편성됨.〕
군단-장(軍團長) 명 군단을 지휘·통솔하는 지휘관. 〔보통, 중장(中將)으로 임명함.〕
군-단지럽다 [-따] [~단지러우니·~단지러워] 형ㅂ 마음이나 행동이 다랍고 너저분하다. 큰 군던지럽다.
군-달 명 '윤달'의 잘못.
군달(莙薘) 명 ☞근대.
군담(軍談) 명 전쟁에 관한 이야기.

군담^소ː설(軍談小說)[명] 전쟁에 관한 이야기를 소재로 한 고대 소설의 한 종류.
군답(軍畓)[명] 군영(軍營)에 딸린 논.
군당(群黨)[명] ①떼를 이룬 무리. ②여러 당파.
군대(軍隊)[명] 일정한 규율과 질서 아래 조직 편제된 군인의 집단. [준]군(軍).
군대-식(軍隊式)[명] 군대처럼 조직적이고 명령 계통이 절대적이며 규율이 엄한 방식.
군ː-더더기[명] 쓸데없이 덧붙는 것. ¶ 군더더기가 많다.
군덕(君德)[명] 군주의 덕. 군주로서의 훌륭한 행실.
군-던지럽다[-따][~던지러우니·~던지러워][형][ㅂ] 마음이나 행동이 더럽고 너저분하다. [준]군지럽다. [작]군단지럽다.
군데[의] 낱낱의 곳을 세는 단위. ¶ 여러 군데.
군데-군데 [I][명] 여러 군데. 이곳저곳. ¶ 군데군데가 시퍼렇다.
[II][부] 여러 군데에. 곳곳마다. ¶ 군데군데 채송화가 피어 있다.
군도(軍刀)[명] ①군인이 차는 긴 칼. 지휘 등에 씀. ②전투에 쓰는 칼.
군도(群島)[명] ①무리를 이룬 많은 섬. ¶ 점점이 뿌려진 듯한 군도. ②☞제도(諸島).
군도(群盜)[명] 떼를 이룬 도둑. 떼도둑.
군ː-돈[명] 필요 없는 데에 쓰는 돈.
군두[명] 가래의 날을 맞추어 끼우는 넓적한 판.
군ː-두드러기[명] 장롱의 문을 꾸미기 위하여 사각형 또는 팔각형으로 두른, 가운데가 도도록하게 다듬어진 나무.
군두목(←軍都目)[명] 한자(漢字)의 음과 새김을 따서 물건의 이름을 적는 법. 〔'괭이'를 '廣耳'로, '등심'을 '背心'으로 적는 따위.〕
군두-새끼[명] 군둣구멍에 꿰어 가랫줄을 얼러 매는 가는 새끼.
군두-쇠(軍頭-)[-쇠/-쉐][명] 산에서 큰 재목을 끌어내릴 때, 줄을 매기 위하여 재목의 한쪽 머리에 박는 굵은 쇠고리. 군두철.
군두-철(軍頭鐵)[명] ☞군두쇠.
군둣-구멍[-두꾸-/-둗꾸-][명] ①가랫바닥의 양쪽 위에 있는, 군두새끼를 꿰는 구멍. ②마소의 고삐를 매기 위하여 구유에 뚫어 놓은 구멍.
군드러-지다[자] ①술에 취하거나 몹시 지쳐서 정신없이 쓰러져 자다. ②곤두박질하여 쓰러지다. [작]곤드라지다.
군락(群落)[굴-][명] ①많은 부락. ②생육 조건(生育條件)이 같은 식물이 어떤 지역에 떼 지어 나 있는 것. ¶ 소나무의 군락.
군란(軍亂)[굴-][명] 군대가 일으키는 난리. 군요(軍擾). ¶ 군란이 일어나다.
군략(軍略)[굴-][명] 군대의 운용에 관한 계략. 병기(兵機). 병략(兵略). 전략(戰略).
군략-가(軍略家)[굴-까][명] 군략에 뛰어난 사람.
군량(軍糧)[굴-][명] 군대의 양식. 병량(兵糧).
군량-미(軍糧米)[굴-][명] 군대의 식량으로 쓰는 쌀. 군수미(軍需米). 군향미(軍餉米).
군량-선(軍糧船)[굴-][명] 군량을 실어 나르는 배.
군량-전(軍糧田)[굴-][명] 군량을 마련하기 위한 특정한 논과 밭.
군려(軍旅)[굴-][명] '군대'나 '군세(軍勢)', 또는 '전쟁'을 두루 이르는 말.
군력(軍力)[굴-][명] ☞군사력.
군령(軍令)[굴-][명] ①군중(軍中)의 명령. 진중(陣中)의 명령. ¶ 군령을 내리다. ②군의 통수권을 가진 원수(元首)가 군대에 내리는 군사상의 명령.
군령-다짐(軍令-)[굴-][명][하자] 지난날의 군대에서, 군령을 받고 그 임무를 수행하지 못할 때 벌을 받겠다는 다짐.
군령-장(軍令狀)[굴-짱][명] 군령의 내용을 적어 시행하는 문서.
군례(軍禮)[굴-][명] ①군대의 예절. ②군대에서 행하는 예식(禮式).
군록(群綠)[굴-][명] 군청(群青)과 녹청(綠青)을 섞어 만든 채료(彩料).
군론(群論)[굴-][명] 군(群)의 이론과 응용에 대하여 연구하는 수학의 한 분야. 〔'군(群)'은 연산이 정의되어 있는 집합의 하나임.〕
군뢰(軍牢)[굴뢰/굴뤠][명] 지난날, 군대에서 죄인을 다루던 병졸. 〔지금의 헌병에 해당함.〕 뇌자(牢子).
군뢰-복다기(軍牢-)[굴뢰-따-/굴뤠-따-][명] 군뢰가 군장(軍裝)을 할 때에 쓰는 갓. 전립(氈笠). 주전립(朱氈笠). 벙테기.
군림(君臨)[굴-][명][하자] ①임금으로서 백성을 다스림. ②어떤 분야에서 절대적인 세력을 가지고 남을 압도하는 일. ¶ 건설업계의 제일인자로 군림하다.
군마(軍馬)[명] 군대에서 쓰는 말.
군막(軍幕)[명] 진중(陣中)에 치는 장막.
군막^사찰(軍幕寺刹)[-싸-][명] 승장(僧將)이 승병(僧兵)을 거느리던 절.
군ː-만두(-饅頭)[명] 기름에 지지거나, 기름을 발라 불에 구운 만두.
군ː-말[명][하자] 하지 않아도 좋을, 쓸데없는 말. 군소리. ¶ 군말 말고 어서 가거라.
군맹-무상(群盲撫象)[명] 〔여러 소경이 코끼리를 만져 보고 제 나름대로 판단한다는 뜻으로〕 '사물을 자기 주관과 좁은 소견으로 그릇 판단함'을 이르는 말. '북본열반경(北本涅槃經)'에 나오는 말임.
군명(君命)[명] 임금의 명령. 왕명(王命).
군모(軍帽)[명] 군인의 제모(制帽).
군목(軍牧)[명] 군부대에 목사(牧師)로서 배속되어 있는 장교. [참]군승.
군무(軍務)[명] ①군사에 관한 사무. ②군인으로서의 업무 또는 근무. ¶ 군무에 바쁜 나날.
군무(群舞)[명][하자] 여러 사람이 함께 어우러져 춤을 춤, 또는 그렇게 추는 춤.
군무-아문(軍務衙門)[명] 조선 말기에, 군(軍)에 관한 행정 사무를 통할하던 관아.
군무-원(軍務員)[명] 군인이 아니면서 군무에 종사하는 공무원. '군속(軍屬)'의 고친 이름.
군문(軍門)[명] ①군영(軍營)의 문. 영문(營門). ②군대. 병문(兵門). 원문(轅門).
군문-효수(軍門梟首)[명] 지난날, 죄인의 목을 베어 군문에 높이 매어 달던 일.
군ː-물[명] ①끼니 때 이외에 마시는 물. ②뜨거운 물에 타는 찬물. ③죽이나 미음 같은 것의 위에 섞이지 않고 따로 떠도는 물. 객물.
군물(이) 돌다[관용] 한데 섞이지 않고 물 기운이 위에 따로 돌다.
군민(君民)[명] 임금과 백성.
군민(軍民)[명] 군인과 민간인. 군대와 민간.
군ː민(郡民)[명] 행정 구역의 하나인 군(郡) 안에 사는 사람.
군-바리(軍-)[명] '군인'을 낮잡아 이르는 말.
군박(窘迫) '군박하다'의 어근.
군ː박-하다(窘迫-)[-바카-][형][여] ①몹시 군색하다. ②어려운 고비에 부닥쳐 일의 형세가 매우 급하다. **군박-히**[부].

군ː-밤명 불에 구워 낸 밤. 외율(煨栗).
군밤 둥우리 같다속담 옷을 입은 맵시가 헐렁하여 맞지 않음을 놀리는 말.
군ː-밥명 ①군식구에게 먹이는 밥. ②먹고 남은 밥. 대궁. 잔반. ③끼니 때 이외에 따로 짓는 밥.
군방(群芳)명 ①향기가 많은 아름다운 꽃. 여러 가지 꽃. 군영(群英). ②'여러 현인(賢人)이나 미인(美人)'을 비유하여 이르는 말.
군번(軍番)명 군인 각 개인에게 부여된 일련번호. 〔인식표(認識標)에 찍혀 있는 번호.〕
군벌(軍閥)명 ①군인의 파벌(派閥). ②군부를 중심으로 한 정치적 세력.
군법(軍法)[-뻡]명 ①전쟁의 방법. 병법(兵法). ②군대의 형법. 군율(軍律). ③군대의 규칙.
군^법무관(軍法務官)[-범-]명 육해공군의 법무 장교. 〔군사 법원의 군 판사 또는 검찰관이 됨.〕 준법무관.
군^법정(軍法廷)[-쩡]명 군사 법원의 법정.
군법^회ː의(軍法會議)[-뻐푀의/-뻐풰이]명 '군사 법원(軍事法院)'의 이전 일컬음.
군변(君邊)명 ☞군측(君側).
군병(軍兵)명 ☞군사(軍士).
군보(軍保)명 ①조선 시대에, 병역을 면제받은 장정으로 하여금 정병(正兵)의 집안 농사일을 돕게 하던 일. ②〈군보포(軍保布)〉의 준말.
군보-포(軍保布)명 조선 시대에, 병역을 면제해 준 장정에게 바치게 하였던 무명이나 삼베. 보포(保布). 준군보(軍保).
군복(軍服)명 군인의 제복(制服).
군복(을) 벗다관용 군대에서 제대하다.
군복(을) 입다관용 군대에 입대하다.
군봉(軍鋒)명 ①군의 위세(威勢). ②진군(進軍) 때 앞장을 서는 일, 또는 그 앞장.
군봉(群峯)명 우뚝우뚝 솟은 여러 산봉우리.
군부(君父)명 ①임금과 아버지. ②〔백성의 아버지와 같다는 뜻에서〕 임금. ↔신자(臣子).
군부(軍部)명 ①(정부나 민간에 대하여) 군에 관계되는 여러 기관. 군의 당국(當局). ¶ 군부를 장악하다. 준군(軍). ②대한 제국 때, 군사 업무를 맡아보던 최고 관청.
군-부대(軍部隊)명 군인들의 부대. ¶ 군부대 위문 공연.
군부-대신(軍部大臣)명 대한 제국 때의 군부의 으뜸 벼슬.
군ː-부인(郡夫人)명 조선 시대에, 외명부의 한 품계. 정일품인 왕자군(王子君)의 아내와 종일품인 종친(宗親)의 아내에게 내리던 칭호.
군ː-불명 ①(밥 따위를 짓기 위해서가 아니라) 방을 덥게 하려고 때는 불. ¶ 군불을 때다. /군불을 지피다. ②필요 없이 때는 불.
군불에 밥 짓기속담 '어떤 일에 곁따라 다른 일을 쉽게 이룸'을 이르는 말.
군ː불-솥[-솓]명 군불 때는 아궁이에 건 솥. *군ː불솥이[-소치]·군ː불솥을[-소틀]·군ː불솥만[-솓-]
군ː불-아궁이명 군불을 때는 아궁이.
군ː-붓[-붇]명 지어 놓은 글에 더 써 넣은 군글자. *군ː붓이[-부시]·군ː붓만[-분-]
군비(軍備)명 군사상의 준비. 전쟁을 위한 준비. 무비(武備). ¶ 군비를 강화하다.
군비(軍費)명 군비(軍備)나 전쟁 따위에 드는 비용. 군사비(軍事費). ¶ 군비 조달.
군비^배상금(軍費賠償金)명 전쟁에서 진 나라가 이긴 나라에 끼친 손해를 배상하기 위하여 지불하는 돈.
군비^축소(軍備縮小)[-쏘]명 군비 규모를 줄이는 일. 준군축(軍縮).
군비^축소^회ː의(軍備縮小會議)[-쏘회의/-쏘훼이]명 각국의 군비 축소를 협의 또는 협정하기 위하여 열리는 국제 회의. 준군축 회의.
군ː-빗질[-빋찔]명하자 (자고 일어나) 머리를 빗이나 손가락으로 대강 빗는 빗질.
군사(軍士)명 군대에서 장교의 지휘를 받는 군인. 군병. 군졸. 병사. 병졸. 사졸.
군사(軍史)명 군대의 역사.
군사(軍使)명 교전 중에, 군의 명령으로 교섭을 위하여 적군에 파견되는 사람.
군사(軍事)명 군대·군비(軍備)·전쟁 따위에 관한 일. 군무(軍務)에 관한 일.
군사(軍師)명 ①전진(戰陣)에서 주장(主將)을 따라다니며 작전이나 계략을 궁리해 내는 사람. ②교묘한 책략과 수단을 잘 꾸며 내는 사람.
군사^경계선(軍事境界線)[-계-/-게-]명 ☞군사 분계선(軍事分界線).
군사^경ː찰(軍事警察)명 ①헌병이 행하는 군사에 관한 경찰 행위. ②전쟁이나 사변 때, 그 지구(地區)의 사령관이 통상의 경찰법에 따르지 아니하고 행하는 경찰 행위.
군사^고문(軍事顧問)명 군사에 관한 자문(諮問)에 응하고 조언을 하는 사람, 또는 그 직책.
군사^교ː련(軍事教鍊)명 지난날, 학교에서 학생을 대상으로 실시하던 군사에 관한 훈련.
군사^교ː육(軍事教育)명 군인으로서 필요한 지식과 기능을 익히게 하는 교육.
군사^기지(軍事基地)명 전략·전술상의 거점(據點)이 되는 중요한 군사 시설이 있는 곳.
군사^동맹(軍事同盟)명 둘 이상의 나라 사이에서 맺어지는 군사에 관한 동맹.
군ː-사람명 필요 없는 사람. 가외의 사람.
군사-력(軍事力)명 군대나 군비(軍備) 따위를 종합한 전쟁 수행 능력. 군력(軍力).
군-사령관(軍司令官)명 육군의 최고 편성 단위인 군(軍)을 지휘·통솔하는 지휘관. 〔보통, 대장(大將)으로써 임명함.〕
군-사령부(軍司令部)명 군사령관이 군을 통솔·지휘하는 본부.
군사^법원(軍事法院)명 군인과 군무원의 범죄 및 비상계엄 때의 군사 재판을 다루는 특별 법원. 〔최종심은 대법원임.〕
군사^봉쇄(軍事封鎖)명 적국의 교통이나 수송을 무력으로 끊는 일.
군사부(君師父)명 임금과 스승과 아버지를 아울러 이르는 말.
군사부-일체(君師父一體)명 임금과 스승과 아버지의 은혜는 다 같다는 뜻.
군사^분계선(軍事分界線)[-계-/-게-]명 작전 행동이 중지되고, 교전 당사국 사이의 협정에 따라 그어진 군사 활동의 한계선. 군사 경계선.
군사-비(軍事費)명 ☞군비(軍費).
군ː-사설(-辭說)명하자 쓸데없이 길게 늘어놓는 말.
군사^우편(軍事郵便)명 군인이나 군무원과 주고받는 우편물, 또는 그 우편물의 취급. 준군우(軍郵).
군사^원ː조(軍事援助)명 한 나라의 군비 확장이나 전쟁 수행을 돕기 위한 무기·물자 등의 경제적 원조. 준군원(軍援).
군사^위성(軍事衛星)명 군사 목적을 위하여 발사되는 인공위성. 〔통신 위성·정찰 위성·측지 위성 등이 있음.〕

군사^재판(軍事裁判)명 군사 법원에서 군법에 따라 하는 재판. ㊟군재(軍裁).
군사-적(軍事的)관명 군사에 관계되는 (것). ¶ 군사적 요충지. /군사적인 우위를 지키다.
군사^점령(軍事占領)[-녕]명 남의 나라 영토를 군사력으로 점령하는 일.
군사^정권(軍事政權)[-꿘]명 군인이 중심이 되어 조직된 정권. ㊟군정.
군사^정보(軍事情報)명 군사상에 필요한 첩보(諜報)를 해석·평가하여 종합한 적의 상황.
군사^정부(軍事政府)명 군사 행동으로 정권을 장악한, 군인이 중심이 된 정부. ㊟군정.
군사-통(軍事通)명 (군인이 아니면서) 군사 계통의 정보에 밝은 사람.
군사-학(軍事學)명 군대·군비 등 전쟁에 관한 모든 부문을 연구하는 학문.
군사^행동(軍事行動)명 군대가 군사상의 목적에 따라 하는 모든 행동.
군사^혁명(軍事革命)[-형-]명 군사 행동으로 일으킨 혁명.
군산(群山)명 (한 지역에 떼 지어 있는) 많은 산.
군ː-살명 ①궂은살. ②영양 과잉이나 운동 부족 따위로 말미암아 찐 군더더기 살. 췌육(贅肉).
군상(君上)명 임금.
군상(群像)명 ①그림이나 조각에서, 많은 인물의 모습을 주제로 하여 표현한 것. ②많은 사람이 모여 있는 모습. ¶ 시골 장터는 온갖 군상을 볼 수 있어 흥미롭다.
군상-화(群像畫)명 많은 사람을 주제로 하여 그린 그림.
군ː-새명 초가지붕의 썩은 곳을 파내고 덧끼워 질러 넣는 짚.
군색(窘塞) '군색하다'의 어근.
군ː색-스럽다(窘塞-)[-쓰-따][~스러우니·~스러워]형ㅂ 군색한 데가 있다. **군색스레**부.
군ː색-하다(窘塞-)[-새카-]형여 ①필요한 것이 없거나 모자라서 어렵고 답답하다. ¶ 생활이 군색하다. ②자유롭거나 자연스럽지 못하여 거북하고 어색하다. ¶ 군색하게 변명을 늘어놓다. **군색-히**부.
군생(群生)명 ①많은 사람. ②모든 생물. ③하자 같은 종류의 식물이 한곳에 떼를 지어 나는 일. ③참군서(群棲).
군서(軍書)명 ①군사학에 관계되는 책. ②군사에 관한 문서. ③☞군기(軍記).
군서(群書)명 많은 책. 여러 가지 책.
군서(群棲)명하자 같은 종류의 동물이 생식(生殖)·포식(捕食)·방어(防禦) 따위를 위하여 한곳에 떼 지어 사는 일. 군거(群居).
군선(軍船)명 군대에서 쓰는 배. 〔특히, 옛날의 해전(海戰)에 사용하던 전선(戰船)을 이르는 경우가 많음.〕 군용선(軍用船).
군선-도(群仙圖)명 신선의 무리를 주제로 하여 그린 동양화.
군성(軍聲)명 병마(兵馬)의 시끄러운 소리.
군성(群星)명 (한 군데에 몰려 있는) 많은 별.
군세(軍勢)명 (병사의 수나 무기·장비 따위로 본) 군의 세력. 병세(兵勢). ¶ 5만의 군세.
군소명 군솟과의 연체동물. 몸길이 20~30 cm로, 괄태충을 크게 한 것 같은 모양임. 몸은 암자색(暗紫色)인데, 흰 얼룩이 있으며, 무엇이 닿으면 자줏빛의 액체를 냄. 머리에는 두 쌍의 촉각이 있고, 그 아래 작은 눈이 있음. 얕은 바다에서 바닷말을 먹고 삶. 고기는 식용함.
군소(群小)명 《일부 명사 앞에 쓰이어》 ①많은 자잘한 것. ②규모가 아주 작거나 가치가 별로 없는 것. ¶ 군소 업체. /군소 출판사.
군ː-소리명하자 ①하지 않아도 좋을, 쓸데없는 말. 군말. ②잠꼬대로 하는 말이나 앓는 사람이 정신없이 하는 말.
군소-배(群小輩)명 소인(小人)의 무리.
군소-봉(群小峯)명 여러 작은 산봉우리.
군속(軍屬)명 '군무원(軍務員)'의 구용어.
군속(窘束) '군속하다'의 어근.
군속(群俗)명 세상의 많은 사람. ¶ 멀리 군속을 떠나 신선처럼 살고 싶다.
군ː속-하다(窘束-)[-소카-]형여 묶어 놓은 듯이 움쭉달싹할 수 없게 거북하고 어렵다.
군ː-손질명하타 ①하지 않아도 좋을, 쓸데없는 손질. ②쓸데없이 때리는 짓.
군ː-쇠[-쇠/-쉐]명 장롱의 문쇠 옆에 세로로 댄 나무.
군ː-수(-手)명 바둑이나 장기를 둘 때, 쓸데없이 놓는 수.
군수(軍帥)명 ①군대의 장수(將帥). ②군대의 총사령관.
군수(軍需)명 군사상의 수요(需要), 곧 군사상으로 필요한 물자.
군ː수(郡守)명 ①군(郡)의 행정 사무를 맡아보는 군청의 책임자. ②조선 시대에, 군(郡)의 으뜸 벼슬인 종사품 외관직(外官職).
군수^경기(軍需景氣)명 군수 산업을 중심으로 사회 전체가 활기를 띠는 일.
군수^공업(軍需工業)명 군수 물자를 생산·수리하는 공업.
군수^공장(軍需工場)명 군수 물자를 제조·가공·수리하는 공장.
군수^물자(軍需物資)[-짜]명 군비(軍費) 또는 전쟁에 소용되는 온갖 물자. 군수품.
군수-미(軍需米)명 ☞군량미(軍糧米).
군수^산ː업(軍需產業)명 군수 물자를 생산·가공하는 산업. 방위 산업. 참평화 산업.
군수-품(軍需品)명 ☞군수 물자.
군승(軍僧)명 군부대에 중으로서 배속되어 있는 장교. 참군목(軍牧).
군시럽다[-따][군시러우니·군시러워]형ㅂ 몸이 간질간질 가려운 느낌이 있다.
군ː-식구(-食口)[-꾸]명 (본식구 외에) 덧붙어서 사는 식구. 객식구. 잡식구.
군신(君臣)명 임금과 신하.
군신(軍神)명 ①군인의 무운(武運)을 지켜 준다는 신. ②'큰 무공을 세우고 전사한 군인'을 신(神)에 비유하여 이르는 말.
군신(群臣)명 많은 신하. 여러 신하.
군신-대의(君臣大義)[-의/-이]명 임금과 신하 사이의 의리.
군신-유의(君臣有義)[-뉴의/-뉴이]명 오륜(五倫)의 하나. 임금과 신하의 도리는 의리에 있음을 이르는 말.
군신좌사(君臣佐使)명 한방에서, 약방문을 낼 때 가장 주되는 군제(君劑)와 그 보조약들인 신약(臣藥)·좌약(佐藥)·사약(使藥)을 아울러 이르는 말.
군실-거리다자 자꾸 군실군실하다. 군실대다. ¶ 목욕을 하루만 걸러도 온몸이 군실거려서 견딜 수가 없다.
군실-군실부하자 어딘지 모르게 근질근질한 느낌.
군실-대다자 군실거리다.

군아(軍衙)명 지난날, 군사에 관한 사무를 맡아 보던 관아.

군ː아(郡衙)명 지난날, 고을의 원이 사무를 보던 관아.

군악(軍樂)명 군대에서, 의식을 하거나 장병의 사기를 높이기 위해 연주하는 음악.

군악-대(軍樂隊)[-때]명 군악을 연주하기 위하여 편성된 부대.

군악-수(軍樂手)[-쑤]명 지난날, '군악대의 악수(樂手)'를 이르던 말.

군역(軍役)명 ①지난날, 백성이 나라에 대하여 지는 신역(身役)의 한 가지. 병역(兵役)과 노역(勞役)의 구분이 있었음. ②군인으로서 군대에 복역(服役)하는 일. ¶ 군역의 의무를 다하다.

군영(軍營)명 군대가 주둔하여 있는 곳. 영소(營所). 진영(陣營).

군영(群英)명 ①많은 꽃. 여러 가지 꽃. 군방(群芳). ②수많은 영재(英才).

군왕(君王)명 임금.

군요(軍擾)명 ☞군란(軍亂).

군용(軍用)명 군사 목적에 쓰임, 또는 쓰이는 것. ¶ 군용 시설.

군용(軍容)명 ①군대의 위용(威容)이나 장비(裝備). ②군대의 질서나 규율.

군용-견(軍用犬)명 (경비·수색 등) 군사 목적에 쓰이는, 특별히 훈련된 개. ㊟군견.

군용-금(軍用金)명 군사 목적에 쓰이는 돈. 군자금(軍資金).

군용-기(軍用機)명 군사 목적에 쓰이는 비행기. 〔전투기·정찰기·폭격기·수송기 따위.〕 군용 비행기.

군용^도ː로(軍用道路)명 군사상의 필요에 따라 만들어 놓은 도로.

군용^비둘기(軍用-)명 군사 목적의 통신에 이용되는, 훈련된 비둘기.

군용^비행기(軍用飛行機)명 ☞군용기.

군용-선(軍用船)명 군사 목적에 쓰이는 배. 〔군함이 아닌 것.〕 군선(軍船).

군용^수표(軍用手票)명 ☞군표(軍票).

군용^열차(軍用列車)[-녈-]명 군용 물자나 병력의 수송을 위하여 특별히 편성된 열차.

군용-지(軍用地)명 군사상의 목적으로 쓰이는 일정한 땅(지역).

군용^지도(軍用地圖)명 군사 목적으로 특수하게 그린 지도.

군용-차(軍用車)명 군대에서 쓰는 자동차.

군용^차량(軍用車輛)명 군대에서 쓰는 차량.

군용^철도(軍用鐵道)[-또]명 군사상의 목적에 따라 특별히 부설(敷設)한 철도.

군용-표(軍用票)명 ☞군표(軍票).

군용-품(軍用品)명 군대에서 쓰는 물품.

군우(軍友)명 ①구세군(救世軍)에서, 신자(信者)를 이르는 말. ②☞전우(戰友).

군우(軍郵)명 〈군사 우편〉의 준말.

군웅(群雄)명 (같은 시대에 태어난) 여러 영웅.

군웅-할거(群雄割據)명 여러 영웅이 각지에 자리 잡고 세력을 떨치며 서로 맞서는 일.

군원(軍援)명 〈군사 원조〉의 준말.

군위(君位)명 군주의 지위.

군위(軍威)명 ①군대의 위력(威力). ②군인의 사기(士氣).

군율(軍律)명 군대의 규칙이나 법률. 군규(軍規). 군법(軍法).

군은(君恩)명 임금의 은혜. 주은(主恩).

군ː-음식(-飮食)명 끼니 때 외에 가외로 먹는 음식. 〔떡이나 과자 따위.〕 ¶ 오후에 군음식을 먹었더니 영 밥맛이 없다.

군ː읍(郡邑)명 ①신라·고려·조선 시대의 지방 행정 단위인 주(州)·부(府)·군(郡)·현(縣)을 통틀어 이르던 말. 군현(郡縣). ②군과 읍.

군의(軍醫)[구늬/구니]명 〈군의관(軍醫官)〉의 준말.

군의-관(軍醫官)[구늬-/구니-]명 군대에서, 환자의 진찰·치료·위생에 관한 일을 맡아보는 장교. ㊟군의(軍醫).

군인(軍人)명 군적(軍籍)에 있는 육해공군의 장교·준사관·부사관·병사를 통틀어 일컫는 말.

군ː-일[-닐]명하자 쓸데없는 일.

군ː-입[-닙]명 ①자기 식구 외에 덧붙어서 얻어먹는 객식구. ¶ 군입이 늘다. ②☞군입정.

군입(을) 다시다관용 ①군음식을 먹다. ¶ 군입을 다셨더니 밥맛이 없다. ②무엇을 먹고 싶어서 입을 다시다.

군ː-입정[-닙쩡]명하자 (떡이나 과자 따위) 군음식으로 입을 다시는 일. 군입.

군ː입정-질[-닙쩡-]명하자 군음식으로 입을 다시는 짓. ㊟군입질.

군ː입-질[-닙찔]명하자 〈군입정질〉의 준말.

군ː-자(-字)명 〈군글자〉의 준말.

군자(君子)명 ①학문과 덕이 높고 행실이 바르며 품위를 갖춘 사람. ②지난날, 글 가운데서 아내가 '자기의 남편'을 높이어 일컫던 말.

군자(軍資)명 〈군자금(軍資金)〉의 준말.

군자-감(軍資監)명 조선 시대에, 군수품의 출납을 맡아보던 관아. 군감(軍監).

군자-국(君子國)명 지난날 중국에서, '풍속이 아름답고 예절이 바른 나라'라고 하여 우리나라를 이르던 말.

군자-금(軍資金)명 ①☞군용금(軍用金). ②'어떤 일을 하는 데 필요한 돈'을 비유하여 이르는 말. ㊟군자(軍資).

군자-란(君子蘭)명 수선화과의 다년초. 관상용 화초의 한 가지. 검(劍) 모양의 두꺼운 잎이 나란히 나며, 밑동은 비늘줄기와 비슷함. 5~6월에 꽃줄기 끝에 깔때기 모양의 주홍색 꽃이 많이 핌.

군자-삼락(君子三樂)[-낙]명 ☞삼락(三樂).

군작-미(軍作米)[-장-]명 조선 시대에, 군포(軍布) 대신으로 바치던 쌀.

군ː-장(-醬)명 찌꺼기 된장에 파·생강·후춧가루·조핏가루 등을 넣고 반죽한 다음, 기름과 꿀을 발라서 구운 반찬.

군장(君長)명 ①원시 부족 사회에서, 신관(神官)·관리·군인 따위 지배 계급의 위에 섰던 최고 지배자. ②☞군주(君主).

군장(軍裝)명 ①군인의 복장. ②군대의 장비.

군재(軍裁)명 〈군사 재판〉의 준말.

군적(軍籍)명 ☞병적(兵籍).

군적(群籍)명 많은 서적.

군정(軍丁)명 〔지난날〕 ①군적(軍籍)에 올라 있던 지방의 장정(壯丁). ②공역(公役)에 종사하던 장정.

군정(軍政)명 ①전쟁이나 사변 때, 또는 점령지에서 군대에 의하여 행해지는 임시 행정. ↔민정(民政). ②군사(軍事)에 관한 정무(政務). ③〈군사 정권〉의 준말. ¶ 민주화 운동으로 군정이 종식되다. ④〈군사 정부〉의 준말.

군정(軍情)명 군대 내의 정상(情狀).

군ː정(郡政)명 군(郡)의 행정.

군정-관(軍政官)[명] 점령 지역에서 군정을 시행하는 장교.
군정-권(軍政權)[-꿘][명] 군사 행정에 관한 권한.
군정-청(軍政廳)[명] 점령한 지역의 군사령관이 군정을 시행하는 기관.
군제(君劑)[명] 한방의 약방문에서 가장 주가 되는 약제. (참)군신좌사(君臣佐使).
군제(軍制)[명] 군의 건설과 유지, 관리와 운영 등에 관한 제도. 병제(兵制).
군ː제(郡制)[명] 군청에서 행정상 설정하여 놓은 편제(編制)나 경리 등의 제도.
군조(群鳥)[명] 떼를 지어 모인 새.
군졸(軍卒)[명] ☞군사(軍士).
군종(軍宗)[명] 군대 내의 종교에 관한 일. ¶ 군종 장교.
군주(君主)[명] 임금. 군장(君長).
군주(軍主)[명] 신라 때, 각 주(州)의 군사와 행정을 총괄하던 지방 장관. 총관(摠管).
군ː주(郡主)[명] 조선 시대에, 외명부의 한 품계. 왕세자의 정실에서 태어난 딸의 칭호.
군주-국(君主國)[명] 국가 주권이 군주에게 있는 나라. 왕국.
군주^국체(君主國體)[명] 군주만을 주권자로 인정하는 국체. ↔민주 국체.
군주^기관설(君主機關說)[명] 주권의 본체는 국가이고, 군주는 그 최고 기관이라는 학설.
군주-신권설(君主神權說)[-꿘-][명] ☞왕권신수설(王權神授說).
군주^전제(君主專制)[명] 군주가 절대의 권한을 가지고, 국민의 의견이나 법률상의 제약을 받지 않고 국가의 권력을 마음대로 행사하는 일.
군주^정체(君主政體)[명] 주권이 세습적인 군주에 의하여 운용되는 정치 형태. 왕정. ↔민주 정체.
군주-제(君主制)[명] 세습의 군주를 국가의 원수로 하는 정치 체제. (참)공화제·군주 정체.
군주-주의(君主主義)[-의/-이][명] 군주가 나라의 정치를 아무 제재(制裁) 없이 행하는 주의.
군중(軍中)[명] ①군대의 안. ②군인의 몸으로 전쟁터에 나가 있는 동안.
군중(群衆)[명] (한곳에 모인) 많은 사람의 무리. ¶ 군중을 헤치고 나아가다.
군중-대회(群衆大會)[-회/-훼][명] 군중이 모여서 개최하는 대회.
군중^범ː죄(群衆犯罪)[-죄/-쮀][명] 군중 심리에 이끌리어 다수인의 참가로 이루어지는 범죄.
군중^심리(群衆心理)[-니][명] 많은 사람이 모였을 때, 자제력을 잃고 다른 사람의 언동에 쉽사리 따라 움직이는 충동적인 심리. 대중 심리(大衆心理).
군중^심리학(群衆心理學)[-니-][명] 군중 심리를 연구하는 사회 심리학의 한 분과.
군중-집회(群衆集會)[-지푀/-지풰][명] 군중이 동일한 목적을 가지고 함께 모여 벌이는 집회.
군지럽다[-따][군지러우니·군지러워][형ㅂ] 〈군던지럽다〉의 준말.
군직(軍職)[명] ①군사(軍事)에 관한 직무. ②군대에서의 관직.
군진(軍陣)[명] 군대가 전투에 대비하여 펴는 진영(陣營).
군집(群集)[명][하자] (사람이나 동물 등이) 한곳에 떼를 지어 모임.
군ː-짓[-짇][명][하자] (안 해도 좋을) 쓸데없는 짓. * 군ː짓이[-지시]·군ː짓만[-진-]
군천-자(桾櫏子)[명] 한방에서, '고욤나무의 말린 열매'를 약재로 이르는 말.
군ː청(郡廳)[명] 군(郡)의 행정 사무를 맡아보는 관청. (준)군(郡).
군청(群青)[명] 선명하고 짙은 남빛의 광물성 물감.
군청-색(群青色)[명] 군청(群青)과 같은 선명한 남빛.
군체(群體)[명] 생물학에서, 분열이나 싹트기에 따라 생긴 많은 개체가 모여 한 개의 개체처럼 행동하는 것을 이름. 〔해면(海綿)이나 산호(珊瑚) 따위.〕 ↔개체.
군총(君寵)[명] 임금의 총애(寵愛).
군추(群酋)[명] 여러 괴수. 두목들.
군축(軍縮)[명][하자] 〈군비 축소(軍備縮小)〉의 준말. ¶ 군축 회담.
군축^회ː의(軍縮會議)[-추쾨의/-추퀘이][명] 〈군비 축소 회의(軍備縮小會議)〉의 준말.
군취(群聚)[명] 동물 생태학에서, 거의 같은 자연환경의 지역에 살고 있는 모든 동물의 개체군(個體群)을 이름.
군측(君側)[명] 임금의 곁. 군변(君邊).
군치리[명] 개고기를 안주로 술을 파는 집.
군친(君親)[명] 임금과 아버지.
군ː-침[명] (속이 느긋거리거나 구미가 당기어) 입 안에 도는 침.
군침(을) 삼키다〔흘리다〕[관용] ①음식이 먹고 싶어 입맛을 다시다. ②이익이나 재물을 보고 몹시 탐을 내다.
군침(이) 돌다[관용] ①음식을 먹고 싶은 생각이 나다. ¶ 생각만 해도 군침이 돈다. ②이익이나 재물을 보고 가지고 싶은 마음이 생기다.
군ː-턱[명] 턱 아래에 축 처진 살.
군ː-티[명] (물건의) 조그마한 허물.
군^판사(軍判事)[명] 군사 재판의 구성원인 재판관.
군포(軍布)[명] 조선 시대에, 군적(軍籍)에 든 사람이 군에 복무할 수 없는 처지일 때 그 대신 바치던 삼베나 무명.
군표(軍票)[명] 전쟁 지역이나 점령지에서, 군대가 사용하는 통화 대용(通貨代用)의 어음. 군용 수표. 군용표.
군필-자(軍畢者)[-짜][명] 군역의 의무를 마친 사람. ¶ 군필자 우대.
군핍(窘乏) '군핍하다'의 어근.
군ː핍-하다(窘乏-)[-피파-][형여] 몹시 군색하고 아쉽다. **군핍-히**[부].
군함(軍艦)[명] ①해군에 소속되어 있는 함선. ②해군의 함선 중에서, 직접 해상 전투를 목적으로 하는 함선. 전함(戰艦). (준)함.
군함-기(軍艦旗)[명] 군함의 표징으로 다는 기.
군합-국(君合國)[-꾹][명] 둘 이상의 국가가 국내법과 국제법상으로는 서로 독립을 유지하면서 한 임금 밑에서 결합한 나라.
군항(軍港)[명] 해군 함정의 근거지로서 특수한 시설을 해 놓은 항구.
군향(軍餉)[명] 〈군향미(軍餉米)〉의 준말.
군향-미(軍餉米)[명] 군대의 식량으로 쓰는 쌀. 군량미(軍糧米). (준)군향(軍餉).
군ː현(郡縣)[명] ☞군읍(郡邑).
군현(群賢)[명] 여러 현인(賢人).
군호(君號)[명] 지난날, 임금이 군(君)을 봉할 때 내리던 칭호. 〔노산군(魯山君) 따위.〕
군호(軍號)[명] ①[하자]군중(軍中)에서 기·나발·화살 등을 이용하여 신호를 보냄, 또는 그 신호.

②지난날, 도성이나 대궐의 순라군이 위험을 막기 위하여 서로 주고받던 암호. ③하자서로 눈치나 말로써 가만히 내통함, 또는 그런 신호. ①②구호(口號).

군호(群豪)명 여러 호걸.

군혼(群婚)명 원시 사회에서의, 한 무리의 남성과 한 무리의 여성의 집단적인 혼인 형태. 집단혼.

군화(軍靴)명 군인용 구두.

군홧-발(軍靴-)[-화빨/-홧빨]명 ①군화를 신은 발. ②'군인이 저지르는 폭력'을 비유하여 이르는 말. ¶ 군홧발에 굴복하다.

군ː-획(-畫)[-획/-훽]명 본디 글자에는 없는, 군더더기로 붙은 획.

군ː획-지다(-畫-)[-획찌-/-휔찌-]형 군획이 붙어 잘못 씌어 있다.

군후(君侯)명 지난날 중국에서, 승상(丞相)이나 제후(諸侯)를 높이어 일컫던 말.

군흉(群凶)명 흉악한 마음을 품은 무리. 흉악한 일을 꾀하거나 일삼는 무리.

굳건-하다[-껀-]형여 굳세고 건실하다. ¶ 굳건한 의지. **굳건-히**부.

굳기[-끼]명 ①물체의 단단함의 정도. 〔광물의 경우 표준 광물로써 측정할 광물을 긁어 보아서 그 단단한 정도를 비교함.〕 ②물에 섞인 염류(鹽類)의 양의 정도.

굳-기름[-끼-]명 ☞지방(脂肪).

굳다[-따] Ⅰ자 ①오그라들어 빳빳하여지다. ¶ 팔다리가 굳다. ②버릇이 되다. ¶ 말버릇이 굳어 버리다. ③(무른 것이) 단단해지다. ¶ 굳기름이 녹았다가 다시 굳다. ④돈 따위가 쓰이거나 없어지지 아니하고 계속 남다. ¶ 모임이 취소되어 회비가 굳었다.
Ⅱ형 ①(무르지 않고) 단단하다. ¶ 굳은 석회질 껍데기. ②뜻이 흔들리거나 바뀌지 않다. ¶ 의지가 굳다. ③튼튼하고 단단하다. ¶ 방문을 굳게 잠그다. ④표정이 딱딱하다. ¶ 잔뜩 긴장한 굳은 얼굴.
굳은 땅에 물이 괸다속담 검소하고 절약하는 마음이 단단한 사람이라야 재산을 모을 수 있다는 말. 단단한 땅에 물이 괸다.

굳-비늘[-삐-]명 ☞경린(硬鱗).

굳-뼈명 ☞경골(硬骨).

굳-세다[-쎄-]형 ①뜻한 바를 굽히지 않고 밀고 나아가는 힘이 있다. ¶ 굳센 의지. ②힘차고 튼튼하다. ¶ 힘이 절로 솟는 굳센 팔과 다리.

굳어-지다자 굳게 되다.

굳은-동명 굳은 모암(母岩).

굳은-살명 ①손이나 발바닥의 두껍고 단단한 군살. 못[3]. ¶ 손바닥에 굳은살이 박이다. ②곪으려고 딴딴하게 된 살.

굳이[구지]부 ①단단한 마음으로 굳게. ¶ 굳이 말리다. /관직을 굳이 사양하다. ②구태여. ¶ 지난 일은 굳이 캐묻지 않겠다.

굳히-기[구치-]명 유도에서, 누르기·조르기·꺾기·비틀기 따위를 통틀어 이르는 말.

굳-히다[구치-]타 〖'굳다'의 사동〗 굳게 만들다. 굳게 하다. ¶ 기반을 굳히다.

굴명 굴과의 조개. 살은 굴이라 하여 식용하는데, 글리코겐과 비타민 등을 많이 함유함. 모려(牡蠣). 석화(石花).

굴ː(窟)명 ①땅이나 바위가 깊숙하게 팬 곳. ②산이나 땅속을 뚫어 만든 길. 굴길. 수도(隧道). ③짐승들이 사는 구멍. ¶ 호랑이의 굴. ④〈소굴(巢窟)〉의 준말.

굴-갓[-갇]명 지난날, 벼슬한 중이 쓰던 대갓. ＊굴갓이[-가시]·굴갓만[-간-]

굴강(屈強) '굴강하다'의 어근.

굴강-하다(屈強-)형여 ①남에게 굽힘이 없이 의지가 굳세다. ②매우 힘이 세다.

굴ː-개(窟-)명 썩은 물의 바닥에 가라앉은 개흙.

굴거리-나무명 대극과의 상록 활엽 교목. 숲 속에서 자라는데, 높이는 7~10 m. 잎은 길둥글며 가지 끝에 모여 어긋맞게 남. 5~6월에 녹색 꽃이 피고 길둥근 열매는 10~11월에 검은 자줏빛으로 익음. 잎과 줄기의 껍질은 한방에서 약재로 쓰임.

굴건(屈巾)명 상주(喪主)가 두건(頭巾) 위에 덧쓰는 건(巾). 굴관(屈冠).

굴건-제복(屈巾祭服)명 ①굴건과 제복. ②하자 굴건을 쓰고 제복을 입음.

굴검(掘檢)명하타 시체를 파내어 검증함.

굴곡(屈曲)명 ①하형이리저리 굽어 꺾여 있음, 또는 굽은 굽이. ¶ 굴곡이 많은 오솔길. ②사람이 살아가면서 겪는 변동. ¶ 굴곡을 겪다.

굴곡-어(屈曲語)명 ☞굴절어(屈折語).

굴관(屈冠)명 ☞굴건(屈巾).

굴광-성(屈光性)[-썽]명 빛의 자극을 받아 일어나는 식물의 굴성(屈性). 해굽성. 참향광성(向光性)·배광성(背光性).

굴근(屈筋)명 팔다리를 구부리는 운동을 하는 근육을 통틀어 이르는 말. ↔신근(伸筋).

굴기(崛起)명하자 ①산이 불쑥 솟음. ②'기울어진 집안에서 큰 인물이 남'을 이르는 말.

굴기-성(屈氣性)[-썽]명 (굴화성 가운데서) 공기 또는 산도(酸度)의 자극을 받아 일어나는 식물의 굴성(屈性). 참굴화성(屈化性).

굴ː-길(窟-)[-낄]명 ☞굴(窟).

굴-김치명 생굴을 넣어서 담근 김치.

굴ː다[1]자타 〈구르다[1]〉의 준말.

굴ː다[2][구니·굴어]자 일부 부사나 '-이'·'-히'로 끝난 파생 부사, 또는 보조적 연결 어미 '-게'로 끝난 부사형 등의 뒤에 쓰이어, 그렇게 행동함을 홀하게 이르는 뜻을 나타내는 말. ¶ 함부로 굴다. /형편없이 굴다. /까다롭게 굴다. /마치 애인처럼 굴다.

굴ː-다리(窟-)[-따-]명 길이 교차하는 곳에, 아래쪽 길을 굴처럼 만든 곳.

굴ː-대[-때]명 바퀴의 가운데 구멍에 끼우는 긴 쇠나 나무. 축(軸).

굴ː대-통(-筒)[-때-]명 안에는 굴대를 끼우는 구멍이 나 있고 둘레에는 바퀴살을 꽂는 홈이 나 있는 바퀴의 안쪽 부분. 굴통.

굴ː-도리[-또-]명 둥글게 만든 도리.

굴ː때-장군(-將軍)명 ①'몸이 크고 살빛이 검은 사람'을 농조로 이르는 말. ②'옷이 새까맣게 된 사람'을 농조로 이르는 말.

굴똥명 물레의 몸이 얹힌 굴대.

굴ː뚝명 불을 땔 때 연기가 빠져나가도록 만든 구조물. 연돌(煙突).
굴뚝 막은 덕석 (같다)속담 '해어지고 더러운 옷이나 물건'을 이르는 말.

굴ː뚝-같다[-깓따]형 무엇을 하고 싶은 생각이 간절하다. ¶ 집에 가고 싶은 마음은 굴뚝같지만 모임이 쉽게 끝날 것 같지 않다. **굴뚝같-이**부.

굴ː뚝-나비[-뚱-]명 뱀눈나빗과의 곤충. 편 날개 길이는 수컷이 4 cm, 암컷이 7 cm가량. 날개 끝이 둥글고, 빛깔은 회갈색 또는 흑갈색. 뒷날개에 한 쌍의 고리 무늬가 있음. 유충은 대나무의 잎을 먹고 자람.

굴:뚝-산업(-産業)[-싸넙]명 물품을 실제로 만드는 산업.
굴:뚝-새[-쌔]명 나무발발잇과의 새. 몸길이 6~7cm, 날개 길이 5cm, 꽁지는 3cm가량. 몸빛은 짙은 갈색이며 암갈색의 가로무늬가 있음. 주로, 침엽수림대의 바위틈이나 시골의 헛간 등에서 삶.
굴:러-가다자 일이나 모임이 진행되어 나가다. ¶ 사장의 노력으로 요즘은 회사가 잘 굴러간다.
굴:러-다니다자타 ①구르며 왔다 갔다 하다. ¶ 거실에 야구공이 굴러다니다. ②정한 곳 없이 이리저리 자리를 옮겨 다니다. ¶ 강비디을 굴러다니는 장돌뱅이 신세.
굴:러-듣다[-따][~들으니·~들어]타ㄷ 떠도는 소문을 얻어듣다. ¶ 그 사람은 그 여자가 시집 간다는 소문을 굴러들었다.
굴:러-들다[~드니·~들어]자 사람이나 물건이 일정한 곳으로 들어와 자리를 잡다. ¶ 그는 달동네로 굴러들었다.
굴:러-먹다[-따]자 이것저것 다 겪어 가며 천하게 살다. ¶ 어디서 굴러먹던 녀석이냐!
굴러^차기명 태권도의 발 기술의 한 가지. 앞발로 지면을 굴러서 몸을 공중에 띄운 다음, 구르기 한 발로 앞차기·옆차기 따위를 하는 동작.
굴렁-대[-때]명 손에 쥐고 굴렁쇠를 밀어서 굴리는, 굵은 철사나 막대기.
굴렁-쇠[-쇠/-쉐]명 굴렁대로 뒤를 밀어서 굴리는 장난감으로, 둥근 테 모양의 쇠. 도롱태[1]. 동그랑쇠.
굴레[1]명 ①마소의 목에서 고삐에 걸쳐 얽어매는 줄. ②'얽매임'의 비유로 쓰는 말.
굴레(를) 벗다관용 구속이나 통제에서 벗어나 자유롭게 되다.
굴레(를) 쓰다관용 일에 얽매여 구속을 받게 되다.
굴레(를) 씌우다관용 남을 붙잡아 일에 얽매어 놓다.
굴레 벗은 말〔망아지/송아지〕관용 '구속에서 벗어나 자유로이 행동하는 사람, 또는 거칠게 행동하는 사람'을 이르는 말.
굴레[2]명 어린아이에게 씌우는 모자의 한 가지.
굴레미명 나무로 만든 바퀴.
굴:리다타 ①『'구르다[1]'의 사동』 굴러가게 하다. ¶ 구슬을 굴리다./공을 굴리다. ②함부로 내버려 두다. ¶ 귀중한 책을 함부로 굴리다니. ③나무토막을 모나지 않게 둥글게 깎다. ④돈놀이하다. ¶ 돈을 굴리다. ⑤차를 운행하다. ¶ 자가용을 굴리다. ⑥이리저리 생각을 곱씹어 하다. ¶ 머리를 굴려 묘안을 생각해 내다.
굴:림명하타 나무 따위를 모나지 않게 깎음.
굴:림-끌명 날이 안쪽으로 반원을 이룬 끌. 둥글게 파거나 새기는 데 쓰임.
굴:림-대[-때]명 무거운 물건을 옮길 때, 그 밑에 깔아서 굴리는 둥근 나무.
굴:림-대패명 나무를 모나지 않게 깎는 데 쓰이는, 가운데가 둥근 대패.
굴:림-백토(-白土)명 왕모래를 추려 내고 곱게 하여 흙일에 쓰는 백토.
굴:림-소리명 ☞설전음(舌顫音).
굴먹-굴먹[-꿀-]부하형 여러 그릇에 담긴 것이 다 굴먹한 모양. 작골막골막.
굴먹-하다[-머카-]형여 그릇에 다 차지 않고 조금 모자라는 듯하다. 작골막하다.
굴-밤명 졸참나무의 열매.
굴-밥명 밥이 끓을 때 생굴을 넣어 섞어서 익힌 밥. 석화반(石花飯).
굴:-법당(窟法堂)[-땅]명 저절로 된 동굴 속에 지은 법당.
굴변(掘變)명 무덤을 파내어 생긴 변고.
굴복(屈伏)명하자 ①머리를 숙이고 꿇어 엎드림. ②☞굴복(屈服).
굴복(屈服)명하자되자 힘이 모자라서 주장이나 뜻을 굽히고 복종함. 굴복(屈伏).
굴비명 소금에 약간 절여서 통으로 말린 조기. 건석어(乾石魚).
굴삭(掘削)명하타 땅이나 흙 따위를 파고 깎음.
굴삭-기(掘削機)[-끼]명 땅이나 흙 따위를 파고 깎는 데 쓰는 기계를 통틀어 이르는 말. 참굴착기.
굴성(屈性)[-썽]명 식물의 일부가 외부의 자극을 받았을 때, 그 자극 방향에 관계되는 방향으로 굽는 성질. 향성(向性).
굴:-속(窟-)[-쏙]명 ①굴의 안. ②굴처럼 캄캄한 곳. 굴혈(窟穴).
굴수-성(屈水性)[-쑤썽]명 수분(水分)의 자극을 받아 일어나는 식물의 굴성(屈性). 굴습성(屈濕性). 참향수성(向水性).
굴슬(屈膝)[-쓸]명하자 ①남에게 굽힘. ②무릎을 꿇어 절함.
굴습-성(屈濕性)[-씁썽]명 ☞굴수성(屈水性).
굴:식(窟式)[-씩]명 지면과 수평으로 판 길을 통하여 널방으로 들어가는 무덤 양식. 횡혈식.
굴신(屈伸)[-씬]명하타 굽힘과 폄.
굴신(屈身)[-씬]명하자 ①몸을 굽힘. ②겸손하게 처신함.
굴신^운:동(屈伸運動)[-씨눈-]명 몸을 굽혔다 폈다 하는 운동.
굴심(屈心)[-씸]명하자 남에게 겸손하게 함.
굴썩-굴썩[-꿀-]부하형 여러 그릇에 담긴 것이 다 굴썩한 모양. 작골싹골싹.
굴썩-하다[-써카-]형여 좀 굴먹하다. 작골싹하다.
굴억(屈抑)명하타 억누름.
굴에명 〈옛〉 굴레. ¶ 굴에 공:鞚(訓蒙中27).
굴왕-신(屈枉神)명 무덤을 지키는 귀신. 몸치장을 하지 않아 모습이 매우 남루하다고 함.
굴왕신-같다(屈枉神-)[-갇따]형 찌들고 낡아 몹시 더럽다. ¶ 굴왕신같은 골방.
굴욕(屈辱)명 (남에게) 억눌리어 업신여김을 받는 모욕. ¶ 굴욕을 당하다./굴욕을 참다.
굴욕-감(屈辱感)[-깜]명 굴욕을 당하여 창피한 느낌.
굴욕-적(屈辱的)[-쩍]관명 굴욕을 당하거나 느끼게 하는 (것). ¶ 굴욕적 처사./굴욕적으로 느끼다.
굴:-우물(窟-)명 한없이 깊은 우물.
굴우물에 돌 넣기속담 '아무리 하여도 끝이 없는 일'을 비유하여 이르는 말.
굴우물에 말똥 쓸어 넣듯 한다속담 '음식을 가리지 않고 마구 먹는 일'을 조롱하여 이르는 말.
굴이(掘移)명하자 무덤을 파서 옮김.
굴-장(-醬)명 생굴을 섞어 담근 간장.
굴장(屈葬)[-짱]명 시체의 팔다리를 굽힌 자세로 매장하는 일.
굴-저냐명 생굴에 밀가루와 달걀을 씌워 참기름으로 지진 음식.
굴절(屈折)[-쩔]명하자되자 ①휘어서 꺾임. ②빛이나 소리 따위가 한 매체(媒體)에서 다른 매체로 들어갈 때, 경계면에서 진행 방향이 바뀌는 일. 꺾임. ③생각이나 말 따위가 다른 것에 영향을 받아 본래의 것과 달라짐. ¶ 감정의 굴절을 느끼다. ④인도 게르만 어족과 셈 어족 등에서, 낱말의 형태를 바꾸어서 시제·인칭·성·수·서법 등을 나타내는 방법.

굴절(屈節)[-쩔]명하자 절개를 굽힘.

굴절-각(屈折角)[-쩔-]명 빛이나 소리 따위의 파동이 두 매체(媒體)의 경계면에서 굴절할 때, 그 굴절에 의하여 생기는 파면(波面)의 진행 방향이 경계면의 법선과 이루는 각.

굴절-계(屈折計)[-쩔계/-쩔게]명 빛의 굴절률(屈折率)을 재는 기계.

굴절^광선(屈折光線)[-쩔-]명 빛이 하나의 매질(媒質)에서 다른 매질을 통과할 때, 입사점(入射點)에서 방향을 바꾸어서 진행하는 광선.

굴절-률(屈折率)[-쩔-]명 광선이 굴절할 때, 입사각의 사인(sine)과 굴절각의 사인의 비.

굴절^망ː원경(屈折望遠鏡)[-쩔-]명 천체 망원경의 한 가지. 렌즈와 프리즘을 통하는 빛의 굴절만을 이용하여 만든 망원경.

굴절-면(屈折面)[-쩔-]명 광선이나 음파가 굴절하는 두 매체(媒體)의 면(面).

굴절-어(屈折語)[-쩌러]명 언어의 형태적 유형의 한 가지. 주로, 어미(語尾)의 변화에 의하여 성·수·격 등의 문법적 기능을 나타내는 성질의 언어. 인도 게르만 어족과 셈 어족이 이에 딸림. 굴곡어(屈曲語).

굴-젓[-젇]명 생굴로 담근 젓. *굴젓이[-저시]·굴젓만[-전-]

굴젓-눈이[-전-]명 한쪽 눈에 백태가 끼어서 눈이 먼 사람을 조롱하여 이르는 말.

굴종(屈從)[-쫑]명하자 제 뜻을 굽혀 복종함.

굴-죽(-粥)명 생굴로 끓인 장국에 쌀을 넣어 쑨 죽. 생굴을 참기름으로 볶다가 물을 붓고, 장국을 끓여 쌀을 넣어 죽을 쑤다가 달걀을 풀어 넣음. 석화죽(石花粥).

굴지(屈指)[-찌]명하자 ①손가락을 꼽아 헤아림. ②여럿 가운데서 손가락을 꼽아 헤아릴 만큼 뛰어남. 《주로, '굴지의'의 꼴로 쓰임.》 ¶ 국내 굴지의 명승지.

굴지-성(屈地性)[-찌썽]명 중력의 자극을 받아 일어나는 식물의 굴성. 참향지성·배지성.

굴-진(-津)[-찐]명 굴뚝 속에나 구들장 밑에 붙은 끈끈한 검은 진.

굴진(掘進)[-찐]명하타 (땅을) 파 들어감. ¶ 산을 굴진하여 터널을 뚫다.

굴ː-집(窟-)[-찝]명 굴처럼 파서 만든 집. 움집.

굴착(掘鑿)명하타 땅을 파거나 바위 등을 뚫음. ¶ 굴착 공사.

굴착-기(掘鑿機)[-끼]명 땅을 파거나 바위 등을 뚫는 데 쓰는 기계를 통틀어 이르는 말.

굴-참나무명 참나뭇과의 낙엽 활엽 교목. 산기슭이나 산허리에서 자라는데, 높이는 25 m가량. 잎이 길둥글며 어긋맞게 남. 5월경에 누런 꽃이 피고, 길둥근 열매는 10월경에 익으며 먹을 수 있음. 나무껍질은 코르크의 원료로 쓰임.

굴촉-성(屈觸性)[-썽]명 접촉에 자극을 받아 일어나는 식물의 굴성. 향촉성(向觸性).

굴총(掘塚)명하타 남의 무덤을 팜. 발총.

굴침-스럽다[-따][~스러우니·~스러워]형ㅂ 억지로 하려는 빛이 보이다. ¶ 대학에 가려고 굴침스럽게 공부한다. **굴침스레**부.

굴칩(屈蟄)명하자 (때를 못 만나) 들날리지 못하고 집에 파묻혀 있음.

굴타리-먹다[-따]자 (오이·호박·수박 따위가 흙에 닿아 썩은 자리를) 벌레가 파먹다.

굴터분-하다형여 〈구리터분하다〉의 준말. **굴터분-히**부.

굴텁텁-하다[-터파-]형여 〈구리텁텁하다〉의 준말. **굴텁텁-히**부.

굴ː-통(-筒)명 ☞굴대통.

굴퉁이명 ①겉모양은 그럴듯하나 속은 보잘것없는 물건이나 사람. ②씨가 여물지 않은 늙은 호박.

굴피(-皮)명 ①빈 돈주머니. ②참나무의 두꺼운 껍데기.

굴피-나무명 가래나뭇과의 낙엽 활엽 교목. 산허리에서 자라는데, 높이는 3~12 m. 초여름에 암·수 따로 이삭 모양의 꽃이 피며 가을에 둥근 열매가 익음. 열매와 뿌리는 한방에서 약재로 쓰임.

굴피-집명 굴피나무·삼나무 등의 두꺼운 나무껍질로 지붕을 인 집.

굴-하다(屈-)자여 (어떤 세력이나 어려운 일 앞에서) 뜻을 굽히다. ¶ 어떠한 시련에도 굴하지 않는다.

굴헝명 〈옛〉구렁. ¶ 굴허에 ᄆᆞᄅᆞᆯ 디내샤(龍歌*48*章). /깁픈 굴헝이 ᄀᆞ장 졉프다(龜鑑下*58*).

굴혈(掘穴)명하타 구덩이나 구멍을 팜.

굴ː혈(窟穴)명 ①☞소굴(巢窟). ②굴속.

굴화-성(屈化性)[-썽]명 자극을 미치는 화학 물질의 농도의 차이에 따라 일어나는 식물의 굴성. 참향화성(向化性).

굵ː다[국따]형 ①길면서 둘레가 크다. ¶ 굵은 막대기. ②(낟알이) 살지고 크다. ¶ 밤알이 굵다. ③(말이나 행동에서) 폭이 넓거나 통이 크다. ¶ 선이 굵은 사람. ④목소리가 저음이고 크다. ¶ 사내다운 굵은 목소리. ⑤빗방울 따위의 부피가 크다. ¶ 굵은 빗방울. ⑥글씨의 획이 뚜렷하고 크다. ¶ 굵은 글씨. ⑦가늘지 아니한 실 따위로 짜서 천의 바탕이 거칠고 투박하다. ¶ 굵은 삼베옷. ↔가늘다·②③잘다. *굵ː어·굵ː고[굴꼬]

굵ː-다랗다[국따라타][~다라니·~다래]형ㅎ 매우 굵다. ↔가느다랗다.

굵ː은-베명 굵은 올로 짠 삼베. ↔가는베.

굵ː은-소금명 알이 굵고 거친 소금. 왕소금. ↔가는소금.

굵직굵직-하다[국찍꾹찌카-]형여 여럿이 모두 굵다. ¶ 굵직굵직한 사건들. /사과가 굵직굵직하다. **굵직굵직-이**부.

굵직-하다[국찌카-]형여 꽤 굵다. ¶ 굵직한 통나무. /목소리가 굵직하다. **굵직-이**부.

굶-기다[굼-]타 〖'굶다'의 사동〗 굶게 하다. ¶ 끼니를 굶기다.

굶ː다[굼따]자타 ①먹지 않거나 먹지 못하다. 주리다. ¶ 밥을 굶다. ②놀이나 오락 따위에서, 제 차례를 거르다. ¶ 이번 판은 굶고 다음 판에 끼겠다. *굶어·굶ː고[굼꼬]·굶ː는[굼-]

굶기를 밥 먹듯 한다속담 자주 굶는다는 말.

굶어 죽기는 정승 하기보다 어렵다속담 아무리 가난해도 근근이 목숨만은 이어갈 수 있다는 말.

굶ː-주리다[굼-]자 ①(먹을 것이 없어) 굶고 주리다. ¶ 굶주린 사자. ②매우 아쉬움을 느끼다. ¶ 사랑에 굶주린 고아들.

굶ː주림[굼-]명 굶주리는 일. 기아(飢餓). ¶ 굶주림에 시달리다.

궁다[굴타]형 (그릇에 담긴 것이) 꼭 차지 아니하고 좀 비어 있다. 작곯다[3]. *궁어[구러]·궁소[굴쏘]

굼닐-거리다자타 자꾸 굼닐다. 굼닐대다.

굼닐다[굼니니·굼닐어]자타 몸을 구부렸다 일으켰다 하다. 몸을 구부렸다 일으켰다 하며 일하다.

굼닐-대다자타 굼닐거리다.

굼ː-뜨다[~뜨니·~떠]형 동작이 답답할 만큼 느리다. 우통하다. ¶ 걸음이 굼뜨다. ↔재빠르다.

굼ː벵이명 ①매미·풍뎅이 따위의 유충. 지잠(地蠶). ②'몸놀림이나 하는 일이 매우 굼뜬 사람'을 조롱하여 이르는 말.

굼벵이(도) 구르는 재주(가) 있다속담 ①아무 능력이 없는 사람이 남의 이목을 끌 만한 일을 함을 조롱조로 이르는 말. ②'무능한 사람도 한 가지 재주는 있음'을 비유하여 이르는 말.

굼벵이 천장(遷葬)하듯속담 '어리석은 사람이 일을 지체하며 빨리 이루지 못함'을 비유하여 이르는 말.

굼ː-슬겁다[-따][~슬거우니·~슬거워]형ㅂ 성질이 서글서글하고 슬겁다. ¶ 사람됨이 매우 밝고 굼슬겁다. 작곰살갑다.

굼실-거리다자 자꾸 굼실굼실하다. 굼실대다. 작곰실거리다. 센꿈실거리다.

굼실-굼실부하자 ①벌레 같은 것이 느릿느릿 굼틀거리는 모양. 작곰실곰실. 센꿈실꿈실. ②구불구불 물결을 이루며 자꾸 넘실거리는 모양. ¶ 굼실굼실 흔들리는 갈대밭.

굼실-대다자 굼실거리다.

굼ː-일[-닐]명하자 〈구움일〉의 준말.

굼적부하자타 느린 몸짓으로 둔하게 움직이는 모양. 작곰작. 센꿈적·꿈쩍. **굼적-굼적**부하자타.

굼적-거리다[-꺼-]자타 자꾸 굼적굼적하다. 굼적대다. 작곰작거리다.

굼적-대다[-때-]자타 굼적거리다.

굼지럭부하자타 약하고 둔한 몸짓으로 느릿하게 움직이는 모양. 작곰지락. 센꿈지럭. **굼지럭-굼지럭**부하자타.

굼지럭-거리다[-꺼-]자타 자꾸 굼지럭굼지럭하다. 굼지럭대다. 작곰지락거리다.

굼지럭-대다[-때-]자타 굼지럭거리다.

굼질부하자타 (좀 굵거나 큰 것이) 매우 여리고 느린 몸놀림으로 한 번 조금 움직이는 모양. 작곰질. 센꿈질. **굼질-굼질**부하자타.

굼질-거리다자타 자꾸 굼질굼질하다. 굼질대다. 작곰질거리다.

굼질-대다자타 굼질거리다.

굼ː튼튼-하다형여 성격이 굳어서 재물에 대하여 헤프지 않고 튼튼하다.

굼틀부하자타 몸을 이리저리 구부리거나 비틀며 움직이는 모양. 작곰틀. 센꿈틀. **굼틀-굼틀**부하자타 ¶ 뱀이 굼틀굼틀 기어가다.

굼틀-거리다자타 자꾸 굼틀굼틀하다. 굼틀대다. 작곰틀거리다.

굼틀-대다자타 굼틀거리다.

굼ː-판명 〈구움판〉의 준말.

굼ㄱ명 〈옛〉☞구무.

굽명 ①짐승의 발톱. 발굽. ②그릇 따위의 밑바닥 받침. ③구두의 밑바닥 뒤축에 붙어 있는 부분. ¶ 굽을 갈다. /굽이 높은 구두를 신었더니 걷기가 불편하다. ④나막신의 발.

굽-갈래[-깔-]명 굽의 갈라진 곳.

굽-갈이[-까리]명하타 닳은 굽을 새것으로 바꾸어 대는 일.

굽격지명 〈옛〉굽 달린 나막신. ¶ 굽격지 보요 박은 잣딩이(古時調).

굽ː다[1][-따][구우니·구워]타ㅂ ①불에 익히거나 타게 하다. ¶ 고기를 굽다. ②음화를 감광지에 옮겨 인화하다. ¶ 사진을 굽다. ③(나무를 태워) 숯을 만들다. ¶ 숯을 굽다. ④(벽돌이나 도자기 따위를 만들 때) 가마에 넣고 불을 때다. ¶ 옹기를 굽다. ⑤바닷물에 햇볕을 쬐어 소금만 남게 하다. ¶ 염전에서 소금을 굽다. ⑥컴퓨터에서, 비어 있는 디스크에 정보를 기록하다. ¶ 시디(CD)를 굽다.

굽ː다[2][-따][구우니·구워]타ㅂ 윷놀이에서, 멀리 놓았던 말 위에 새 말을 덧붙여 어우르다. ¶ 두 동을 구워서 간다.

굽다[3][-따] Ⅰ타 휘다. 구부러지다. ¶ 팔이 안으로 굽는다.

Ⅱ형 한쪽으로 휘어 있다. ¶ 등이 구부정하게 굽은 할머니. 작곱다[2].

굽은 나무가 선산(先山)을 지킨다속담 쓸모없어 보이는 것이 도리어 제구실을 한다는 뜻.

굽도 젖도 할 수 없다관용 ①나아갈 수도 물러설 수도 없다. ②어찌해 볼 방도가 없다.

굽-달이[-따리]명 굽이 달린 접시.

굽-도리[-또-]명 (방 안의) 벽의 맨 아랫부분.

굽도리-지(-紙)[-또-]명 굽도리에 바르는 종이. 준굽지.

굽-뒤축[-뛰-]명 (짐승의) 굽의 뒤축.

굽-바닥[-빠-]명 ①굽의 밑바닥. ②마소 따위의 발뒤축의 단단한 살.

굽-바자[-빠-]명 작은 나뭇가지로 엮어 만든 낮은 울타리.

굽-바탕[-빠-]명 굽의 단단하고 질긴 본바탕.

굽배-성에[-빼-]명 쟁기의 한 부분. 구멍 언저리가 불끈 솟아 끝까지 숙어 나간 성에.

굽슬-굽슬[-쓸-쓸]부하형 털이나 실 따위가 구불구불하게 말려 있는 모양. 작곱슬곱슬.

굽슬다자 〈옛〉엎드리다. ¶ 벼개에 굽스러셔 지즈로 섈리 오니(杜初3:8).

굽신-거리다[-씬-]자타 ☞굽실거리다.

굽실[-씰]부 ①하자 남의 비위를 맞추려고 비굴하게 행동하는 모양. ②하타 고개나 허리를 가볍게 구부렸다 펴는 모양. 작곱실. 센꿉실. **굽실-굽실**부하자타.

굽실-거리다[-씰-]자타 자꾸 굽실굽실하다. 굽실대다. 작곱실거리다.

굽실-대다[-씰-]자타 굽실거리다.

굽-싸다타 (짐승의) 네 발을 모아 얽어매다.

굽-아감 소에게 굽을 들라고 할 때에 쓰는 말.

굽어-보다타 ①몸을 굽혀 내려다보다. ②아랫사람을 도우려고 사정을 살피다.

굽-이명 ①휘어서 굽은 곳. ②〖의존 명사적 용법〗 굽어진 곳을 세는 단위. ¶ 시냇물이 골짜기를 여러 굽이 감돌았다.

굽이-감다[-따]타 ①휘어서 감다. ¶ 산허리를 굽이감는 도로. ②물이 굽이에 와서 빙빙 감아 돌다.

굽이-굽이 Ⅰ명 여러 개의 굽이. ¶ 굽이굽이가 심산유곡이다.

Ⅱ부 ①여러 굽이로 굽이진 모양. ¶ 굽이굽이 감돌아 흐르는 낙동강. 작곱이곱이. ②굽이마다. ¶ 지리산 굽이굽이 자욱한 안개.

굽이-돌다[~도니·~돌아]자타 (길이나 물줄기 따위가) 굽이쳐 돌다. ¶ 굽이도는 시냇물.

굽이-지다자 안쪽으로 구부러져 들다. ¶ 굽이진 곳에 배를 대다.

굽이-치다자 물이 힘차게 흘러 굽이를 만들다. ¶ 굽이치는 강물.

굽이-칼명 몸이 구부러진 칼.
굽일-거리다자타 '굼닐거리다'의 잘못.
굽적[-쩍]부하타 머리를 숙이고 몸을 구부리는 모양. 작곱작. 센꿉적. **굽적-굽적**부하타.
굽적-거리다[-쩍꺼-]타 자꾸 굽적굽적하다. 굽적대다. 작곱작거리다.
굽적-대다[-쩍때-]타 굽적거리다.
굽-정이[-쩡-]명 ①구부정하게 생긴 물건. ②쟁기같이 생겼으나 좀 작은 농구.
굽-죄다[-쬐-/-쮀-]타 떳떳하지 못하여 기를 펴지 못하다.
굽죄-이다[-쬐-/-쮀-]자 〖'굽죄다'의 피동〗 굽죄임을 당하다.
굽-지(-紙)[-찌]명 〈굽도리지〉의 준말.
굽-질리다[-찔-]자 일이 순조롭게 안 되다. ¶ 일이 자꾸 굽질린다.
굽-창명 (짚신이나 미투리의) 바닥 뒤쪽에 덧대는 가죽 조각.
굽-통[1]명 화살대의 끝 쪽으로 상사를 친 윗부분.
굽-통[2]명 (짐승의) 굽의 몸통.
굽통-줄[-쭐]명 나래의 번지 가운데서 두 줄을 갈라 꿰어서 봇줄과 잡아맨 줄.
굽-히다[구피-]타 ①〖'굽다[3]'의 사동〗 굽게 하다. ②뜻·주장·지조 따위를 꺾고 남을 따르다. ¶ 뜻을 굽히다.
굿[1][굳]명 ①하자무당이 노래하고 춤추며 귀신에게 치성을 드리는 의식. ②여럿이 모여 법석거리는 구경거리. ¶ 삼촌의 혼사로 마당에는 한바탕 굿이 벌어졌다. *굿이[구시]·굿만[군-]
굿 뒤에 날장구 (친다)속담 '일이 끝난 다음에 쓸데없는 문제로 떠들고 나섬'을 이르는 말.
굿이나 보고 떡이나 먹지〔먹으면 된다〕속담 남의 일에 쓸데없이 간섭하지 말고 자기 이익이나 얻도록 하라는 말.
굿(을) 보다관용 남의 일에 참견하지 않고 보기만 하다.
굿[2][굳]명 ①'구덩이'가 줄어서 바뀐 말. ②굿단속을 하여 놓은 구덩이. ③뫼를 쓸 때, 널이 들어가도록 다듬은 속 구덩이. *굿이[구시]·굿만[군-]
굿-거리[굳꺼-]명 ①무당이 굿할 때 치는 9박자의 장단. ②'굿거리장단'의 잘못.
굿거리-장단[굳꺼-]명 장구를 가지고 맞추는 느린 4박자의 장단.
굿것명 〈옛〉귀신. 도깨비. ¶ 새 굿거시 하도다(杜重*12:39*).
굿-길[굳낄]명 광산의 구덩이 안에 파 놓은 길.
굿-단속(-團束)[굳딴-]명하자 광산의 구덩이가 무너지지 않도록 단속함.
굿-덕대[굳떡때]명 광산에서, 구덩이의 작업 감독을 하는 사람. 준덕대[2].
굿-막(-幕)[군-]명 광산에서, 광부들이 쉬거나 연장을 보관하려고 구덩이 밖에 지은 작은 집. 갱사(坑舍).
굿-문(-門)[군-]명 광산의 구덩이의 출입문. 갱구(坑口). 갱문(坑門).
굿-반수[굳빤-]명 굿단속의 책임을 맡은 사람.
굿-뱀[굳뺌]명 뱀의 한 가지. 흙구덩이 속에 모여 삶. 토도사(土桃蛇).
굿-복(-服)[굳뽁]명 ☞굿옷.
굿-옷[구돋]명 광부가 구덩이에서 일할 때 입는 옷. 굿복. *굿옷이[구도시]·굿옷만[구돈-]
굿-일[군닐]명 ①뫼를 쓸 때, 구덩이를 파는 일. ②광산의 구덩이를 파는 일.

굿-중[굳쭝]명 걸립(乞粒)을 하는 중.
굿중-놀이[굳쭝-]명 ①굿중패가 꽹과리를 치며 요란하게 염불을 하는 일. ②'아이들이 수선스럽게 몰려다님'을 비유하여 이르는 말.
굿중-패(-牌)[굳쭝-]명 굿중으로 구성된 걸립패.
굿-판[굳-]명 굿이 벌어진 판. ¶ 굿판을 벌이다.
궁(宮)[1]명 ①궁전(宮殿). 궁궐. ②☞궁가(宮家). ③장기에서, 장수가 되는 큰 말.
궁(宮)[2]명 동양 음악의 오음(五音) 음계의 첫째 음. 참궁상각치우.
궁(窮)명 가난한 상태, 또는 그런 기색.
궁(이) 끼다관용 곤궁하게 되다. 빈궁하게 되다.
궁가(宮家)명 지난날, 왕족이 살던 궁전. 궁(宮)[1]. 궁방(宮房).
궁간-목(弓幹木)명 ☞애끼찌.
궁객(窮客)명 몹시 궁한 처지에 놓인 사람.
궁경(窮境)명 ☞궁지(窮地).
궁계(窮計)[-계/-게]명 (마지못하여) 구차하게 생각해 낸 계책. 궁책(窮策). 말계(末計).
궁고(窮苦) '궁고하다'의 어근.
궁고-하다(窮苦-)형여 더할 수 없이 괴롭다.
궁곡(窮谷)명 깊은 산골짜기.
궁곤(窮困) '궁곤하다'의 어근.
궁곤-하다(窮困-)형여 ☞곤궁하다. **궁곤-히**부.
궁구(窮究)명하타 속속들이 깊이 연구함, 또는 그렇게 하는 연구. ¶ 진리를 궁구하다. /사물의 이치를 궁구하다.
궁구(窮寇)명 궁한 처지에 빠진 적.
궁구-막추(窮寇莫追)명 궁지에 몰린 적을 끝까지 추격하면, 필사적으로 발악하여 해를 입기 쉬우니, 지나치게 핍박하여 추격하지 말라는 말. 참궁구물박(窮寇勿迫).
궁구-물박(窮寇勿迫)명 궁한 적을 너무 핍박하지 말라는 말. 참궁구막추(窮寇莫追).
궁굴다[궁구니·궁굴어]형 (그릇 따위가) 겉보기보다는 속이 너르다.
궁굴리다타 ①너그럽게 생각하다. ②순한 말로 구슬리다.
궁궁-이(芎藭-)명 산형과의 다년초. 산골짜기의 냇가에 나는데 줄기 높이는 80~150 cm. 가을에 흰 꽃이 피며, 열매는 납작하고 길둥근 모양. 어린잎은 먹을 수 있고, 뿌리는 한방에서 약재로 쓰임.
궁궐(宮闕)명 임금이 거처하는 집. 궁(宮)[1]. 궁전(宮殿). 금중(禁中). 대궐(大闕). 금궐. 궐[1]. 궁금(宮禁).
궁귀-탕(芎歸湯)명 ☞불수산(佛手散).
궁극(窮極)명 어떤 일의 마지막 끝이나 막다른 고비. 구극(究極).
궁극-적(窮極的)[-쩍]관명 궁극에 이른 (것). 최종적인 (것). ¶ 궁극적 목표.
궁극-하다(窮極-)[-그카-]형여 ①더할 나위 없이 간절하다. ②더할 나위 없이 빈궁하다. ③더할 나위 없이 철저하다. **궁극-히**부.
궁글다[궁그니·궁글어]형 ①착 붙어야 할 물건이 들떠서 속이 비다. ¶ 장판의 궁근 자리가 보인다. ②단단한 물체 속의 한 부분이 비다. ¶ 통나무가 궁글다. ③소리가 웅숭깊다. ¶ 궁근 목소리.
궁글-막대[-때]명 길마의 앞가지와 뒷가지를 꿰뚫어 맞춘 나무.
궁금(宮禁)명 ☞궁궐(宮闕).
궁금-증(-症)[-쯩]명 궁금하여 답답한 마음. ¶ 궁금증이 시원하게 풀리다.

궁금-하다형여 ①어찌 되었는지 몰라서 마음이 답답하다. ¶ 집안 소식이 궁금하다. ②속이 출출하여 무엇이 먹고 싶은 생각이 나다. ¶ 입이 궁금하다. **궁금-히**부.
궁기(窮氣)[-끼]명 궁한 기색. ¶ 얼굴에 궁기가 흐른다.
궁납(宮納)명 지난날, 각 궁(宮)에 바치던 세(稅).
궁내(宮內)명 대궐의 안. 궐내(闕內).
궁내-부(宮內府)명 대한 제국 때, 황실(皇室)에 관한 일을 맡아보던 관아.
궁녀(宮女)명 ☞나인. 여관(女官).
궁노(弓弩)명 활과 쇠뇌.
궁노(宮奴)명 지난날, 궁가(宮家)에 딸리어 있던 노복(奴僕). 궁노자.
궁-노루명 ☞사향노루.
궁노-수(弓弩手)명 지난날, 활과 쇠뇌를 쏘는 임무를 맡았던 군사. 참쇠뇌.
궁노-자(宮奴子)명 ☞궁노(宮奴).
궁달(窮達)명 빈궁과 영달(榮達). 궁통(窮通).
궁답(宮畓)명 지난날, 각 궁(宮)에 딸렸던 논.
궁대(弓袋)명 ☞활집. 궁의(弓衣).
궁도(弓道)명 ①궁술(弓術)을 닦는 일. ②활을 쏘는 데 지켜야 할 도리.
궁도(窮途)명 곤궁하게 된 처지.
궁-도련님(宮-)[-또-]명 ①거만하고 반지빠른 궁가의 젊은 사람. ②'부잣집에서 자라나 세상 물정을 모르는 사람'을 비유하여 이르는 말. 궁도령.
궁-도령(宮-)[-또-]명 ☞궁도련님.
궁동(窮冬)명 겨울의 마지막, 곧 '섣달'을 달리 이르는 말. 궁음(窮陰).
궁둥-방아명 '엉덩방아'의 방언.
궁둥-배지기명 씨름에서, 궁둥이를 돌리어 대고 몸을 비틀어 다리를 감아서 넘어뜨리는 기술.
궁둥이명 ①앉으면 바닥에 닿는 엉덩이의 아랫부분. ¶ 궁둥이를 발길로 걷어차다. ②옷의 엉덩이가 닿는 부분. ¶ 바지의 궁둥이가 해졌다.
궁둥이에서 비파 소리가 난다속담 바쁘게 쏘다닌다는 뜻.
궁둥이가 가볍다관용 한 자리에 오래 머물지 못하고 바로 자리를 뜨는 성미다.
궁둥이가 무겁다〔질기다〕관용 동작이 굼떠 한 자리에 오래 앉아 있는 성미다.
궁둥이-내외(-內外)[-외/-웨]명하자 여자가 남자와 마주쳤을 때, 슬쩍 돌아서서 피하는 짓.
궁둥이-뼈명 하지대(下肢帶)를 이루는 한 쌍의 뼈로, 골반을 형성함. 관골(髖骨). 무명골(無名骨).
궁둥잇-바람[-이빠-/-읻빠-]명 신이 나서 궁둥잇짓을 하는 기세.
궁둥잇-짓[-이찓/-읻찓]명하자 (걷거나 춤을 추거나 할 때) 궁둥이를 내흔드는 짓. *궁둥잇짓이[-이찌시/-읻찌시]·궁둥잇짓만[-이찐-/-읻찐-]
궁둥-짝명 궁둥이의 좌우 두 짝.
궁-따다자 시치미 떼고 딴소리를 하다. ¶ 궁따지 말고 어서 털어놓아라.
궁-떨다(窮-)자 '궁상떨다'의 잘못.
궁뚱망뚱-하다형여 몹시 궁벽하고 너절하다. ¶ 그는 변두리의 궁뚱망뚱한 데로 이사하였다.
궁례(宮隷)[-녜]명 지난날, 각 궁(宮)에 딸려 있던 하인.
궁료(宮僚)[-뇨]명 지난날, 동궁에 딸렸던 관료.
궁륭(穹窿)[-늉]명 ①한가운데는 높고 사방 주위는 차차 낮아진 하늘 형상. ②무지개같이 높고 길게 굽은 형상. 아치(arch).
궁륭-형(穹窿形)[-늉-]명 궁륭 모양.
궁리(窮理)[-니]명하타 ①(일을 처리하거나 밝히기 위하여) 깊이 생각함. ¶ 살아갈 궁리. /궁리를 짜내다. ②(사리를) 깊이 연구함.
궁리-궁리(窮理窮理)[-니-니]명하타 궁리를 거듭함. ¶ 그는 궁리궁리한 끝에 비로소 묘안을 생각해 냈다.
궁마(弓馬)명 ①활과 말. ②궁술과 마술.
궁문(宮門)명 궁전의 문. 궐문(闕門).
궁민(窮民)명 빈궁한 백성.
궁박(窮迫) '궁박하다'의 어근.
궁박-하다(窮迫-)[-바카-]형여 몹시 곤궁하다. **궁박-히**부.
궁방(弓房)명 활을 만드는 곳.
궁방(宮房)명 ☞궁가(宮家).
궁-밭(宮-)[-받]명 장기에서, 궁을 중심으로 한 여덟 개의 밭. *궁밭이[-바치]·궁밭을[-바틀]·궁밭만[-반-]
궁벽(窮僻) '궁벽하다'의 어근.
궁벽-하다(窮僻-)[-벼카-]형여 구석지고 으슥하다. ¶ 궁벽한 산촌. **궁벽-히**부.
궁빈(宮嬪)명 ☞나인.
궁사(弓士)명 활 쏘는 사람.
궁사(弓師)명 활을 만드는 사람. 활잡이.
궁사-극치(窮奢極侈)명 매우 심한 사치.
궁사-남위(窮思濫爲)명하자 궁하면 아무 짓이나 함.
궁사무척(←孔蛇無尺)명 〔구멍에 든 뱀의 길이는 알 수 없다는 뜻으로〕 '사람의 마음이나 재주는 헤아리기 어려움'을 이르는 말.
궁상(窮狀)명 어렵고 궁한 상태. 궁태(窮態). ¶ 생활에 궁상이 끼다.
궁상(窮相)명 궁하게 생긴 얼굴, 또는 그러한 상격(相格).
궁상각치우(宮商角徵羽)명 동양 음악의 오음(五音)을 아울러 이르는 말.
궁상-떨다(窮狀-)[~떠니·~떨어]자 궁상이 드러나 보이도록 처신하다.
궁상-맞다(窮狀-)[-맏따]형 꾀죄죄하고 초라하다. ¶ 궁상맞은 얼굴.
궁상-스럽다(窮狀-)[-따][~스러우니·~스러워]형ㅂ 보기에 궁상맞다. ¶ 궁상스러운 태도. **궁상스레**부.
궁색(窮色)명 곤궁한 모습.
궁색(窮塞)명하형 아주 가난함. ¶ 궁색을 면하다. **궁색-히**부.
궁색(窮塞) '궁색하다'의 어근.
궁색-하다(窮塞-)[-새카-]형여 말의 이유나 근거 따위가 부족하다. ¶ 궁색한 변명을 늘어놓다.
궁-생원(窮生員)명 곤궁한 서생. 궁유(窮儒).
궁서(窮鼠)명 쫓겨서 궁지에 몰린 쥐.
궁설(窮說)명하자 궁한 형편을 말함, 또는 그렇게 하는 말.
궁성(宮城)명 ①궁궐을 둘러싼 성벽. 궁장(宮墻). ②☞금성(禁城).
궁세(窮勢)명 곤궁한 형세나 형편.
궁수(弓手)명 지난날, 활을 쏘던 군사.
궁수(窮愁)명 곤궁하여 겪는 근심.
궁수(窮數)[-쑤]명 궁핍한 운수.
궁수-자리(弓手-)명 황도 십이궁의 하나. 염소자리와 전갈자리 사이에 있는 별자리. 여름에 남쪽 하늘에 보이며, 9월 초순 저녁에 자오선을 통과함. 사수자리. 인마궁(人馬宮).
궁술(弓術)명 활을 쏘는 기술. 활 쏘는 솜씨.

궁시(弓矢)명 활과 화살. 궁전(弓箭).
궁실(宮室)명 궁전(宮殿) 안에 있는 방.
궁심(窮心)명 이리저리 마음을 씀. 힘을 다함.
궁싯-거리다[-신꺼-]자 자꾸 궁싯궁싯하다. 궁싯대다.
궁싯-궁싯[-신꿍싣]부하자 ①잠이 오지 않아 누워서 몸을 이리저리 뒤척거리는 모양. ②어찌할 바를 몰라서 이리저리 머무적거리는 모양.
궁싯-대다[-신때-]자 ☞궁싯거리다.
궁여일책(窮餘一策)명 ☞궁여지책(窮餘之策).
궁여지책(窮餘之策)명 (막다른 처지에서) 생각다 못해 내는 계책. 궁여일책. ¶ 궁여지책으로 거짓말을 해서 위기를 모면했다.
궁온(宮醞)명 임금이 하사하는 술.
궁유(窮儒)명 ☞궁생원(窮生員).
궁음(窮陰)명 ☞궁동(窮冬).
궁의(弓衣)[-의/-이]명 ☞활집. 궁대(弓袋).
궁인(弓人)명 ☞조궁장이.
궁인(宮人)명 ☞나인.
궁인(窮人)명 곤궁한 사람.
궁인-모사(窮人謀事)명 〔운수가 궁한 사람이 꾸미는 일은 실패한다는 뜻으로〕 '일이 잘 이루어지지 않음'을 이르는 말.
궁장(宮莊)명 지난날, 각 궁(宮)에 딸렸던 논밭. 궁전(宮田).
궁장(宮墻·宮牆)명 ☞궁성(宮城).
궁-장식(宮裝飾)명하자 장기에서, 궁의 안전을 위해 주위에 포(包)·차(車)·마(馬) 등을 배치하는 일.
궁-장이(弓-)명 ☞조궁장이.
궁전(弓箭)명 ☞궁시(弓矢).
궁전(宮田)명 ☞궁장(宮莊).
궁전(宮殿)명 ☞궁궐(宮闕).
궁절(窮節)명 (묵은 곡식은 다 떨어지고 햇곡식은 아직 익지 않아) 농민들이 곤궁하게 지내는 절기. 궁춘(窮春). 춘궁기(春窮期).
궁정(弓旌)명 활과 기(旗).
궁정(宮廷)명 ☞대궐.
궁정(宮庭)명 대궐 안의 마당.
궁주(弓奏)명하자 현악기를 활로 켜서 연주함.
궁중(宮中)명 대궐 안. 궐내(闕內).
궁중-말(宮中-)명 지난날, 대궐 안에서만 특별히 쓰이던 말. 〔밥을 '수라', 똥을 '매화'로 이르던 따위.〕 궁중어.
궁중^무:용(宮中舞踊)명 궁중에서 연회나 의식 때 추던 춤.
궁중^문학(宮中文學)명 궁중에서 일어나는 일이나 생활을 소재로 한 문학. 〔'한중록(恨中錄)'이나 '계축일기(癸丑日記)' 따위.〕
궁중-어(宮中語)명 ☞궁중말.
궁중^정치(宮中政治)명 (정부는 실권이 없고) 궁중의 귀족에 의하여 행해지는 정치.
궁지(宮趾)명 ☞궁터.
궁지(窮地)명 살아갈 길이 막연하거나, 매우 어려운 일을 당한 처지. 궁경(窮境). ¶ 궁지에 몰리다.
궁진(躬進)명하자 자신이 몸소 감.
궁진(窮盡)명하자 다하여 없어짐.
궁-차지(宮差知)명 지난날, 궁가(宮家)의 사무를 맡아보던 사람.
궁창(穹蒼)명 높고 푸른 하늘. 창천(蒼天).
궁창-분합(穹蒼分閤)명 아래쪽에 널을 댄 네짝의 분합.
궁책(窮策)명 구차하게 생각해 낸 계책. 궁계.
궁척(弓尺)명 ①☞한량(閑良). ②신라 때, 활을 쏘던 군사.
궁천극지(窮天極地)[-찌]명 하늘과 땅처럼 끝닿는 데가 없음.
궁체(弓體)명 활을 쏠 때의 몸의 자세.
궁체(宮體)명 조선 시대에, 궁녀들이 쓰던 부드럽고 단정한 한글 글씨체.
궁초(宮綃)명 엷은 비단의 한 가지. 흔히, 댕깃감으로 쓰임.
궁촌(窮村)명 ☞빈촌(貧村).
궁춘(窮春)명 ☞궁절(窮節).
궁태(窮態)명 어렵고 궁한 상태. 궁상(窮狀).
궁-터(宮-)명 궁전이 있던 자리. 궁지(宮趾).
궁토(宮土)명 궁가(宮家)에 딸린 땅.
궁통(窮通)명 ①☞궁달(窮達). ②하자·타 생각을 깊이 함.
궁-팔십(窮八十)[-씹]명 〔중국 주나라의 강태공이 관직에 오르기까지 80년을 가난하게 산 데서〕 '가난한 인생'·'오랜 가난'을 이르는 말. 상팔십(上八十). 선팔십(先八十). 참달팔십.
궁폐(窮弊) '궁폐하다'의 어근.
궁폐-하다(窮弊-)[-폐-/-페-]형여 곤궁하고 피폐하다. **궁폐-히**부.
궁핍(窮乏)명하형 가난하고 구차함. ¶ 궁핍한 생활을 하다. **궁핍-히**부.
궁-하다(窮-)형여 ①가난하다. ¶ 살림이 궁하다. ②일이나 물건 따위가 다하여 없다. ¶ 일거리가 궁하다. ③벗어날 도리가 없게 막히다. ¶ 답변이 궁하다.
궁하면 통한다속담 '매우 절박한 처지에 놓이면 오히려 헤쳐나갈 방법이 생김'을 이르는 말.
궁한 소리관용 (형편이나 사정이) 어려움을 호소하는 소리.
궁합(宮合)명 혼담이 있는 남녀의 사주를 오행(五行)에 맞추어 보아 배우자로서의 길흉을 헤아리는 점. ¶ 궁합을 보다. /궁합이 좋다.
궁항(窮巷)명 ①으슥하고 쓸쓸한 골목. ②외딴 촌구석. ③'궁한 처지'를 비유하여 이르는 말. ¶ 궁항에 들다. /궁항에 빠지다.
궁행(躬行)명하타 몸소 실행함. 친행(親行). ¶ 실천 궁행.
궁향(窮鄕)명 궁벽(窮僻)한 시골.
궁현(弓弦)명 ①활시위. ②곧게 뻗어 나간 길.
궁협(窮峽)명 깊고 험한 산골.
궁형(弓形)명 ☞활꼴.
궁형(宮刑)명 고대 중국에서, 거세(去勢)하여 생식을 못하게 하던 형벌의 한 가지.
궁흉(窮凶) '궁흉하다'의 어근.
궁흉-하다(窮凶-)형여 성정(性情)이 음충맞고 흉악하다.
궂기다[굳끼-]자 ①일에 헤살이 들어 잘 되지 않다. ②상사(喪事)가 나다. 돌아가다.
궂다[1][굳따]자 눈이 멀다. ＊궂어·궂는[군-]
궂다[2][굳따]형 ①(비나 눈이 내려) 날씨가 좋지 못하다. ¶ 궂은 날씨. ②언짢고 꺼림칙하다. ¶ 궂은 심부름을 마다하지 않다. ＊궂어·궂고[굳꼬]
궂은-고기명 질병 따위로 죽은 짐승의 고기. 진육(殄肉).
궂은-비명 끄느름하게 오래 오는 비. 참고우(苦雨).
궂은-살명 헌데에 두드러지게 내민 군더더기 살. 군살. 노육(努肉).
궂은-소리명 사람이 죽었다는 소리.
궂은-쌀명 깨끗이 쓿지 않은 쌀.
궂은-일[-닐]명 ①언짢고 꺼림한 일. 진일. ¶ 형수님은 집안의 궂은일을 혼자 도맡아 하셨다. ②사람 죽은 데 관계되는 일, 곧 시체를 치우거나 장례를 치르는 일.

궂히다 [구치-] 타 ①죽게 하다. ¶ 사람을 궂히다. ②일을 그르치게 하다. ¶ 다 된 일을 궂히다.

권ː (勸) 명 하자타 (남에게 어떤 일을) 하도록 부추김, 또는 하도록 하는 행동이나 말. ¶ 권에 못 이기어 따라가다. /함께 가자고 권하다. /술을 거듭 권하다.

권에 띄어〔못 이겨〕 방립 산다〔쓴다〕 속담 '남이 권하는 말이면 무엇이나 잘 듣는 사람'을 두고 이르는 말.

권커니 잣거니〔잡거니〕 관용 〔'권하거니 마시거니'의 뜻으로〕 '술을 권하기도 하고 마시기도 하면서 술자리가 오래 계속되는 모양'을 이르는 말. ¶ 권커니 잣거니 밤을 새워 마시다.

권 (卷) 의 ①책을 세는 단위. ¶ 책 한 권. ②(전집 등) 여러 책으로 된 책의 차례를 나타내는 말. ¶ 제3권에 수록된 내용. ③(옛 서책의) 편차(編次)의 한 단위. ¶ 세종실록 권 14. ④한지(韓紙) 스무 장을 한 묶음으로 하여 세는 단위. ¶ 창호지 세 권. ⑤영화 필름의 길이의 단위. 〔한 권은 305 m임.〕

-권 (券) 접미 ①《일부 명사 뒤에 붙어》 어떤 가치나 자격 따위를 나타내는 쪽지임을 뜻함. ¶ 입장권. /승차권. /상품권. ②《액수를 나타내는 명사 뒤에 붙어》 지폐임을 뜻함. ¶ 구권. /신권. /오천 원권. /십만 원권.

-권 (圈) 접미 《일부 명사 뒤에 붙어》 어떤 한정된 구역이나 일정한 범위임을 뜻함. ¶ 북극권. /수도권. /공산권. /세력권.

-권 (權) 접미 《일부 명사 뒤에 붙어》 어떤 자격이나 권리 등을 뜻함. ¶ 선거권. /소유권. /저작권. /재산권.

권가 (權家) 명 〈권문세가(權門勢家)〉의 준말.

권간 (權奸) 명 권세를 가진 간사한 신하.

권ː계 (勸戒·勸誡) [-계/-게] 명 ①하자 선(善)을 권하고 악(惡)을 경계함. ②하타 타이르고 경계함.

권ː계-면 (圈界面) [-계-/-게-] 명 대류권과 성층권과의 경계를 이루는 층.

권ː고 (眷顧) 명 하타 돌보아 줌.

권ː고 (勸告) 명 하자타 (어떤 일을 하도록) 타이르며 권함, 또는 그런 말. ¶ 총선 출마를 권고하다.

권ː고-사직 (勸告辭職) 명 자기의 의사에 따라 사표를 내는 형식을 취하여 그 직위에서 물러나게 하는 일. ¶ 권고사직을 당하다.

권ː고지은 (眷顧之恩) 명 돌보아 준 은혜.

권ː곡 (圈谷) 명 ☞카르(Kar).

권ː곡-호 (圈谷湖) [-고코] 명 ☞카르호.

권교 (權敎) 명 불교에서, 대승의 참다운 이치를 깨닫게 하기 위한 방편(方便)으로서의 부처의 가르침. 아함·방등·반야경 등이 있음.

권ː구 (眷口) 명 한집에서 같이 사는 식구.

권ː권 (拳拳) 부 (진실한 마음으로) 정성스럽게 지키는 모양.

권ː권 (眷眷) 부 ①어떤 일에 마음이 오로지 쏠리는 모양. 어떤 일에 집착하는 모양. ②가엾게 여기어 돌보아 주는 모양.

권ː권-복응 (拳拳服膺) 명 하타 (명령이나 훈계 따위를) 마음에 새겨 늘 잊지 아니함.

권ː권불망 (眷眷不忘) 명 하타 늘 생각하여 잊지 아니함.

권귀 (權貴) 명 하형 권세가 있고 지위가 높음, 또는 그런 사람.

권ː내 (圈內) 명 일정한 범위의 안. 테두리의 안. ¶ 합격 권내에 들다. ↔권외(圈外).

권ː념 (眷念) 명 하타 돌보아 줌. 돌보아 생각함. 고념(顧念).

권ː농 (勸農) 명 ①하자 농사를 장려함. ¶ 권농 정책. ②조선 시대에, 지방의 방(坊)이나 면(面)에 소속되어 농사를 장려하던 직책, 또는 그 직책에 있던 사람.

권능 (權能) 명 ①권력과 능력. ¶ 하느님의 권능으로도 어찌할 수 없는 일. ②권리를 주장하고 행사할 수 있는 능력. ③무슨 일을 할 수 있는 자격.

권ː당-질 명 하자 옷 속이 뚫리어 통하게 꿰매야 할 것을 양쪽이 붙게 잘못 꿰맨 바느질.

권ː도 (勸導) 명 하타 타일러서 이끌어 줌.

권도 (權度) 명 ①저울과 자. ②법칙. 규칙. ③균형. 평형.

권도 (權道) 명 수단은 옳지 않으나 결과로 보아 정도(正道)에 맞는 처리 방도. 목적을 이루기 위한 편의상의 수단. ¶ 권도를 부리다. /권도를 쓰다.

권ː독 (勸督) 명 하타 타일러 가며 감독함.

권ː독 (勸讀) 명 하타 책을 읽기를 권함.

권두 (卷頭) 명 책의 첫머리. 《주로, '권두에'의 꼴로 쓰임.》 권수(卷首). ↔권말.

권두-사 (卷頭辭) 명 머리말.

권두-언 (卷頭言) 명 머리말.

권략 (權略) [궐-] 명 ☞권모(權謀).

권ː려 (勸勵) [궐-] 명 하타 권하고 격려함. 권장(勸奬). ¶ 전 국민에게 독서를 권려하다.

권력 (權力) [궐-] 명 남을 지배하여 강제로 복종시키는 힘. ¶ 권력 남용. /권력을 잡다.

권력-가 (權力家) [궐-까] 명 권력을 가진 사람. 권력자(權力者).

권력-관계 (權力關係) [궐-꽌계/궐-꽌게] 명 합법적인 권력의 행사에 의해서 성립되는 지배와 복종의 사회관계.

권력^분립 (權力分立) [궐-뿔-] 명 국가 권력의 남용을 막고, 국민의 정치적 자유를 보장하기 위하여 권력을 분산하는 일. 삼권 분립(三權分立) 따위가 이에 해당함.

권력-설 (權力說) [궐-썰] 명 윤리학에서, 도덕의 근거는 권력자의 명령이나 권위에 바탕을 둔다는 학설.

권력^의ː지 (權力意志) [궐-] 명 니체 철학의 근본 개념으로, 남을 정복·동화(同化)하여 스스로 강대해지려고 하는 강렬한 의지.

권력-자 (權力者) [궐-짜] 명 ☞권력가.

권력^투쟁 (權力鬪爭) [궐-] 명 정치 권력을 차지하기 위한 투쟁.

권ː련 (眷戀) [궐-] 명 하타 애타게 그리워함.

권ː렴 (捲簾) [궐-] 명 하자 발을 걷어 올림.

권ː뢰 (圈牢) [궐뢰/궐뤠] 명 짐승을 가두어 두는 우리. 권함(圈檻).

권리 (權利) [궐-] 명 ①권세와 이익. ②무슨 일을 자기 마음대로 할 수 있는 자격. ¶ 그런 일을 할 권리가 없다. ③어떤 이익을 자기를 위해 주장할 수 있는 법률상의 힘. ¶ 권리를 행사하다. ↔의무(義務).

권리-금 (權利金) [궐-] 명 토지나 건물 따위를 빌릴 때, 그것을 이용하는 사람이 그 이용권을 가지게 되는 대가로 빌려 준 사람에게 지급하는 돈.

권리^능력 (權利能力) [궐-녁] 명 권리·의무의 주체가 될 수 있는 법률상의 자격.

권리-락 (權利落) [궐-] 명 주식 거래에서, 구주(舊株)에 할당되는 신주(新株), 또는 새로운 회사의 주식의 취득 권리가 없어지는 일. ↔권리부(權利附).

권리-부(權利附) [궐-]명 주식 거래에서, 구주(舊株)에 할당되는 신주(新株), 또는 새로운 회사의 주식의 취득 권리를 가지는 일. ↔권리락.
권리-서(權利書) [궐-]명 ☞등기필증.
권리^선언(權利宣言) [궐-]명 영국의 의회가 1689년 명예혁명(名譽革命) 때 발표한, 인권 및 의회의 우위(優位)에 관한 선언.
권리-자(權利者) [궐-]명 권리를 가진 사람.
권리-주(權利株) [궐-]명 주식회사의 신설, 증자(增資), 다른 회사의 설립 등, 앞으로 발행될 주식의 인수권(引受權)을 매매할 경우에 그 매매의 대상이 되는 주식.
권리-증(權利證) [궐-쯩]명 ☞등기필증.
권리-질(權利質) [궐-]명 채권·주주권(株主權)·무체 재산권(無體財產權) 등 물건 이외의 재산권을 목적으로 하는 질권(質權).
권리^행위(權利行爲) [궐-]명 권리자가 권리를 행사하기 위하여 하는 행위.
권말(卷末)명 책의 맨 끝. ↔권두(卷頭).
권말-기(卷末記)명 ☞발문(跋文).
권ː매(勸賣)명하타 팔기를 권함.
권매(權賣)명하타 무를 수 있다는 조건 밑에서 행하여지는 매매.
권면(券面)명 유가 증권(有價證券)의 금액 따위가 적혀 있는 앞면.
권ː면(勸勉)명하타 무슨 일을 권하고 격려하여 힘쓰게 함.
권면-액(券面額)명 권면에 표시된 금액.
권모(權謀)명 그때그때의 형편에 따른 임기응변의 계략. 권략(權略).
권모-술수(權謀術數) [-쑤]명 남을 교묘하게 속이는 술책. ¶ 권모술수에 능한 간신. 준권수(權數)·권술(權術).
권문(權門)명 〈권문세가(權門勢家)〉의 준말.
권문-귀족(權門貴族)명 권문과 귀족.
권문-세가(權門勢家)명 권세가 있는 집안. 권문세족. 준권가(權家)·권문(權門).
권문-세족(權門勢族)명 ☞권문세가.
권문-자제(權門子弟)명 권세 있는 집안의 자제.
권ː배(勸杯)명하자 술잔을 권함, 곧 술을 권함. ¶ 한차례 권배하고 나서 입을 열었다.
권번(券番)명 일제 강점기에, 기생들이 기적(妓籍)을 두었던 조합.
권ː법(拳法) [-뻡]명 ①주먹으로 치거나 발로 차거나 하는 기술을 주로 하는 무술. ②십팔기(十八技), 또는 무예 이십사반의 하나.
권변(權變)명 그때그때의 형편에 따라 임기응변으로 일을 처리하는 일.
권병(權柄)명 권력으로 사람을 마음대로 다룰 수 있는 힘, 또는 그러한 지위.
권부(權府)명 권력을 행사하는 관청.
권불십년(權不十年) [-심-]명 〔권세는 10년을 가지 못한다는 뜻으로〕 '권세는 오래가지 못함'을 이르는 말.
권ː비(眷庇)명하타 돌보아 보호함.
권ː사(勸士)명 개신교에서, 전도 사업을 맡아보는 교직(敎職)의 한 가지, 또는 그러한 일을 하는 사람.
권ː서(拳書)명 (붓으로 쓰지 않고) 먹물을 주먹에 묻히어 글씨를 쓰는 일, 또는 그렇게 쓴 글씨.
권ː서(勸書)명 ☞매서인(賣書人).
권ː선(捲線)명 ☞코일(coil).
권ː선(勸善)명하타 ①선행(善行)을 권함. ②절에서, 속가(俗家)에 다니며 시주(施主)하기를 권하는 일.
권ː선-기(捲線機)명 철선이나 밧줄 따위를 감아 들이거나 또는 풀어내는 기계 장치.
권ː선-문(勸善文)명 권선하는 글.
권ː선-지(勸善紙)명 불사(佛事)가 있을 때나 가을에, 중이 속가(俗家)에 다니며 시주하여 달라고 돌라주는 종이 주머니.
권ː선-징악(勸善懲惡)명 선행(善行)을 장려하고 악행을 징계하는 일. 준권징(勸懲). 비창선징악.
권ː선-책(勸善冊)명 시주(施主)의 이름과 금액을 적은 책.
권ː설(勸說)명하타 타이르며 권함, 또는 그 말.
권섭(權攝)명하타 어떤 일을 임시로 대리하여 맡아봄.
권세(權勢)명 권력과 세력. ¶ 권세를 부리다.
권ː속(眷屬)명 ①식구. 가족. ②친족. ③(남 앞에서) 자기의 아내를 겸손하게 이르는 말. 가권(家眷). 가속(家屬).
권ː솔(眷率)명 자기가 거느리고 사는 식구. 식솔(食率).
권수(卷首)명 ①여러 권으로 된 책의 첫째 권. ②☞권두(卷頭).
권수(卷數) [-쑤]명 책의 수효.
권ː수(卷鬚)명 ☞덩굴손.
권수(權數)명 〈권모술수(權謀術數)〉의 준말.
권술(權術)명 〈권모술수(權謀術數)〉의 준말.
권신(權臣)명 권세 있는 신하.
권ː애(眷愛)명하타 보살피고 사랑함.
권ː양-기(捲揚機)명 밧줄이나 쇠사슬을 감았다 풀었다 함으로써 물건을 위아래로 옮기는 기계를 통틀어 이르는 말. 윈치(winch).
권ː언(勸言)명 권하는 말. 권고의 말.
권ː업(勸業)명하자 산업을 장려함.
권역(圈域)명 어떤 특정한 범위 안의 지역. ¶ 수도권 개발 권역.
권ː연(卷煙)명 〈궐련〉의 본딧말.
권ː염(倦厭)명하자 지겨워서 싫어짐. ¶ 권염이 나다.
권ː왕-문(勸往文)명 불교에서, 죽은 이를 극락 세계로 인도하는 노래, 또는 그 노래를 적은 책.
권외(圈外) [궈뇌/궈눼]명 일정한 범위의 밖. 테두리의 밖. ¶ 입상 권외로 밀려나다. ↔권내(圈內).
권요(權要)명 권력 있는 중요한 자리, 또는 그 자리에 있는 사람.
권운(卷雲)명 상층운(上層雲)의 한 가지. 푸른 하늘에 하얀 줄무늬 또는 명주실 모양으로 높이 뜬 구름. 날씨가 맑다가 흐려지기 시작할 무렵에 흔히 나타남. 새털구름. 털구름.
권운-층(卷雲層)명 권운이 겹겹이 쌓인 층.
권원(權原)명 권리의 원인. 어떤 행위를 정당화하는 법률상의 원인. 〔지상권(地上權)·임차권(賃借權) 등이 남의 땅에 물건을 부속시키는 원인이 되는 일 따위.〕
권위(權威)명 ①절대적인 것으로서 남을 복종시키는 힘. ¶ 제왕(帝王)의 권위. ②어떤 분야에서 능히 남이 신뢰할 만한 뛰어난 지식이나 기술, 또는 실력. ¶ 권위가 있다. ③☞권위자(權威者). ¶ 원자 물리학의 권위.
권위-자(權威者)명 어떤 전문 분야에서의 지식이나 기술이 특히 뛰어난 사람. 권위(權威).
권위-적(權威的)관명 권위를 내세우는 (것). ¶ 권위적 태도. /부하에게 권위적으로 대하다.
권위-주의(權威主義) [-의/-이]명 권위에 대하여 맹목적으로 복종하거나, 권위를 휘둘러 남을 억누르려고 하는 사고방식이나 행동 양식.

권:유(勸誘)명하자타 어떤 일을 하도록 권함. ¶ 보험 가입을 권유하다.
권:유(勸諭)명하타 어떤 일을 하도록 타이름.
권:의(卷衣)[궈늬/궈니]명 옷감을 그대로 몸에 두르는 형태의 옷. 〔고대 로마의 토가(toga), 인도의 사리(sari), 말레이시아의 사롱(sarong) 따위.〕
권익(權益)명 권리와 그에 따르는 이익. ¶ 발명가의 권익 보호.
권:자-본(卷子本)명 두루마리로 된 책.
권:장(勸奬)명하자타되자 권하고 장려(奬勵)함. 권려(勸勵). 장권(奬勸). ¶ 독서를 권장하다.
권:장^가격(勸奬價格)[-까-]명 정부가 적당하다고 생각하는 표준을 표시한 가격.
권-적운(卷積雲)명 상층운의 한 가지. 작은 구름 조각이 물결이나 비늘 모양으로 높이 펼쳐 있는 구름. 저기압 전면에 생겨나 비가 내릴 전조를 나타냄. 조개구름. 털쌘구름. 참비늘구름.
권점(圈點)[-쩜]명 ①글의 중요 부분에 찍는 동그라미표. ②하타조선 시대에, 벼슬아치를 뽑을 때, 뽑는 이가 뽑고자 하는 후보자의 이름 아래에 찍던 동그라미표, 또는 그 표를 찍던 일. ③한자 옆에 찍어서 사성(四聲)을 나타내는 둥근 점. ④글을 맺는 끝 부분에 찍는 둥근 점. ¶ 세로쓰기를 한 문장의 끝에는 권점을 찍어야 한다.
권정(權定)명 임시로 작정함.
권좌(權座)명 권력, 특히 통치권을 가진 자리. ¶ 권좌에 오르다.
권:주(勸酒)명하자 술을 권함.
권:주-가(勸酒歌)명 ①술을 권할 때 부르는 노래. ②조선 시대의 12가사 중의 하나. 작자·연대 미상. '가곡원류'에 실려 전함.
권중(權重)명하형 권세가 큼.
권:지(勸止)명하타 그만두도록 권함. 권하여 그만두게 함.
권지(權智)명 불교에서, 부처가 중생을 교화하기 위하여 편의상 사용하는 방편(方便)의 지혜. ↔실지(實智).
권질(卷帙)명 〔두루마리로 된 책과 철(綴)한 책이라는 뜻에서〕 책.
권:징(勸懲)명 〈권선징악(勸善懲惡)〉의 준말.
권:찰(勸察)명 장로교에서, 교인의 가정 형편을 보살피는 일을 맡은 교직(敎職).
권찰(權察)명하타 임시로 딴 일을 겸함.
권:척(卷尺)명 줄자.
권:총(拳銃)명 한 손으로 다룰 수 있게 만든 작은 총. 단총(短銃).
권총(權寵)명 권세와 임금의 총애, 또는 그것을 아울러 가진 사람.
권추(圈樞)명 '원심'의 구용어.
권:축(卷軸)명 ①글씨나 그림 따위를 표장(表裝)하여 말아 놓은 축. ②족자 끝에 가로 대는 둥근 막대.
권-층운(卷層雲)명 상층운(上層雲)의 한 가지. 높은 하늘에 하얀 장막처럼 퍼져 있는 구름. 흔히, 햇무리나 달무리가 보이며, 비가 내릴 전조로 나타남. 털층구름.
권칭(權稱)명 ☞권형(權衡).
권:태(倦怠)명 ①(어떤 일이나 상태에 시들해져서 생기는) 게으름이나 싫증. ¶ 권태를 느끼다. ②심신이 피로하여 나른함.
권:태-기(倦怠期)명 시들해져서 게으름을 피우거나 싫증을 느끼는 시기. 〔흔히, 부부 관계에 대해 이름.〕
권:태-롭다(倦怠-)[-따][~로우니·~로워]형ㅂ ①시들하고 싫은 느낌이 있다. ¶ 일상이 권태롭다. ②심신이 나른한 느낌이 있다. 권태로이부.
권:태-증(倦怠症)[-쯩]명 권태를 느끼는 증세. 싫증.
권:토-중래(捲土重來)[-내]명하자 ①한 번 패하였다가 힘을 돌이켜 다시 쳐들어옴. 〔중국 당나라 두목의 '오강정시(烏江亭詩)'에 나오는 말로, 항우가 유방과의 결전에서 패하여 오강(烏江) 근처에서 자결한 것을 탄식한 말에서 유래함.〕 ②어떤 일에 실패한 뒤에 힘을 가다듬어 다시 시작함.
권:투(拳鬪)명 두 경기자가 링 위에서 양손에 글러브를 끼고, 주먹으로 서로 상대편을 쳐서 승부를 겨루는 경기. 체중에 따라 여러 체급(體級)으로 나뉨. 복싱(boxing).
권판(權判)명하타 품계(品階)가 높은 사람에게 그 지위에 걸맞지 않은 낮은 일을 보게 함.
권:패(卷貝)명 ☞나사조개.
권폄(權窆)명하타 (좋은 묘지를 구할 때까지) 임시로 장사를 지냄. 중폄(中窆).
권:-하다(勸-)타여 어떤 일을 하도록 부추기다. ¶ 음식을 권하다. /술을 권하다.
권:학(勸學)명하타 학문에 힘쓰도록 권함.
권한(權限)명 ①공적(公的)으로 행사할 수 있는 직권의 범위. ¶ 권한 밖의 일. ②대리인이 법령이나 계약에 따라서 행사할 수 있는 권능의 범위.
권한^대:행(權限代行)명 권한을 가진 사람의 대신으로, 그 아랫사람이나 제삼자가 그 권한을 행사하는 일. ¶ 대통령 권한 대행.
권:함(圈檻)명 ☞권뢰(圈牢).
권:항(勸降)명하자 항복하도록 권함.
권형(權衡)명 〔저울추와 저울대, 곧 저울이라는 뜻에서〕 ①사물의 경중(輕重)을 재는 척도나 기준. ②☞균형(均衡). 권칭.
권:화(勸化)명하타 ①불교를 믿도록 감화시킴. ②중이 보시(布施)를 권유함.
권화(權化)명 ①부처나 보살이 중생을 구하기 위하여 사람 등으로 모습을 바꾸어 이 세상에 나타나는 일, 또는 그 화신(化身). ②어떤 추상적인 것이 구체적인 모습으로 나타난 것처럼 여겨지는 것, 또는 그러한 사람. ¶ 집념의 권화.
권흉(權凶)명 권세를 함부로 휘두르는 흉악한 사람.
궐(闕)[1]명 임금이 거처하는 곳. 대궐. 궁궐.
궐(闕)[2]명 ①하타해야 할 일을 아니함. 빠뜨림. ¶ 아침 식사를 궐하다. ②하자참여(출석)할 차례를 건너뜀. ③하자여러 자리 가운데서 일부의 자리가 빔. ¶ 궐을 내다.
궐(을) 잡다관용 제때에 제자리에 있지 않은 것을 세어 두거나 적어 두다.
궐공(厥公)대 ☞궐자(厥者).
궐과(闕課)명하자 일과(日課)에 빠짐.
궐기(蹶起)명하자 〔벌떡 일어난다는 뜻으로〕 어떤 목적을 위하여 굳게 마음먹고 떨쳐 일어남. ¶ 궐기 대회. /자유를 위하여 민중이 궐기하다.
궐-나다(闕-)[-라-]자 결원(缺員)이 생기다.
궐내(闕內)[-래]명 대궐의 안. 궁내(宮內). 궁중(宮中). 궐중(闕中). ↔궐외.
궐-내다(闕-)[-래-]타 결원(缺員)이 생기게 하다.
궐녀(厥女)[-려]대 '그 여자'를 홀하게 이르는 말.
궐랭(厥冷)명 한방에서 이르는, 몸이 차질 때 일어나는 온갖 증상.

궐:련(←卷煙)[명] 얇은 종이로 가늘게 말아 놓은 담배. [본]권연(卷煙).
궐:련-갑(←卷煙匣)[-깝][명] 궐련을 넣게 만든 갑.
궐루(闕漏)[명][하자] ☞결루(缺漏).
궐문(闕文)[명] 문장의 글귀나 글자의 일부가 빠져 있는 것. 글자나 글귀가 빠진 문장.
궐문(闕門)[명] 대궐의 문. 궁문(宮門).
궐방(闕榜)[명][하타][되자] ①과방(科榜)에 빠짐. 과거에 떨어짐. ②마땅히 해야 할 일을 못함.
궐방(을) 치다[관용] 반드시 해야 할 일을 하지 못하다.
궐본(闕本)[명] ☞결본(缺本).
궐사(闕仕)[-싸][명][하자] 관원이 결근함.
궐사(闕祀)[-싸][명][하자] 제사를 지내지 아니함. 제사를 지내지 못하여 궐함. 궐제. 궐향(闕享).
궐석(闕席)[-썩][명][하자] ☞결석(缺席).
궐석^재판(闕席裁判)[-썩째-][명] ☞결석 재판.
궐석^판결(闕席判決)[-썩-][명] ☞결석 판결.
궐식(闕食)[-씩][명][하자] 끼니를 거름. 결식.
궐실(闕失)[-씰][명] 마땅히 해야 할 일을 하지 못한 허물.
궐액(闕額)[명] 정한 액수에 차지 않는 일, 또는 그 미달되는 액수. 부족한 액수.
궐외(闕外)[궈뢰/궈뤠][명] 궁궐의 밖. ↔궐내.
궐원(闕員)[명][하자][되자] ☞결원(缺員).
궐위(闕位)[명][하자] (관직 따위의) 자리가 빔, 또는 결원으로 되어 있는 자리. ¶ 궐위 중에 있던 자리에 새 인물이 들어서다.
궐자(厥者)[-짜][대] '그 사람'을 홀하게 이르는 말. 궐공(厥公).
궐제(闕祭)[-쩨][명][하자] ☞궐사(闕祀).
궐중(闕中)[-쭝][명] 대궐 안. 궐내(闕內).
궐직(闕直)[-찍][명][하자] 숙직이나 일직 따위의 번 드는 차례에 빠짐.
궐참(闕參)[명][하자] 참여할 일이나 장소에 빠짐.
궐채(蕨菜)[명] 고사리 또는 고사리나물.
궐초(厥初)[명] 처음. 시초(始初).
궐취(闕炊)[명][하자] 가난하여 끼니를 거름. 가난하여 끼니를 끓이지 못함.
궐패(闕牌)[명] '闕' 자를 새겨 놓은 나무 패. 조선 시대에, 각지의 수령(守令)이 객사(客舍)에 모셔 놓고 망궐례(望闕禮)를 하였음.
궐하(闕下)[명] 〔대궐의 전각 아래라는 뜻으로〕 '임금의 앞'을 이르던 말. ¶ 신하들이 궐하에 부복하다.
궐향(闕享)[명][하자타] ☞궐사(闕祀).
궐획(闕畫)[-획/-훽][명][하자타] ☞결획(缺畫).
궐후(厥後)[명] 그 후.
궤:(几) [I][명] ①지난날, 늙어서 벼슬을 물러난 신하에게 임금이 내리던 나무로 만든 팔걸이. ②제사 때 쓰는 상(床)의 한 가지. ③장사 지낼 때 무덤에 넣는 기물의 한 가지.
[II][의] 바둑을 둘 때 판을 세는 단위. ¶ 바둑이나 한 궤 두세.
궤:(櫃)[명] ①나무로 상자처럼 만든 그릇. 〔쌀궤·돈궤·책궤 따위.〕 궤짝. ②〖의존 명사적 용법〗 쌀이나 돈 따위의 물건을 궤에 담아 그 분량을 세는 단위. ¶ 쌀 한 궤.
궤:(簋)[명] 종묘(宗廟)와 문묘(文廟) 등의 제사 때, 기장쌀이나 핍쌀을 담는 데 쓰이는 구리로 만든 제기(祭器).
궤:(軌)[명] ①수레의 두 수레바퀴 사이의 간격. ②수레바퀴의 자국. ③무슨 일의 경로(經路).
궤를 같이하다[관용] 어떤 방침이나 논리(論理)의 방향, 사고 방식 따위가 같다.
궤:간(軌間)[명] 철도 선로의 너비.
궤:결(潰決)[명][하자][되자] ☞결궤(決潰).
궤:계(詭計)[-계/-게][명] 간사스러운 속임수. 궤모(詭謀).
궤:도(軌道)[명] ①물체가 일정한 법칙에 따라 운동할 때 그리는 경로(經路). 〔천체가 운행하는 길 따위.〕 ¶ 우주선이 타원 궤도에 진입하다. ②기차나 전차 따위가 달릴 수 있도록 일정하게 마련해 놓은 길. 레일. ¶ 기차가 궤도를 이탈하다. ③무슨 일이 정상적으로 진행되어 가는 길, 또는 그 방향. ¶ 정상 궤도에 오르다. / 궤도를 수정하다.
궤:도-차(軌道車)[명] 궤도 위를 운행하는 차. 〔기차·전차 따위.〕
궤:란(潰亂)[명][하자] (조직 따위가) 산산이 무너져 흩어짐.
궤:란(潰爛)[명][하자] 썩어 문드러짐.
궤란(憒亂) '궤란하다'의 어근.
궤란-쩍다[-따][형] ①주제넘다. 건방지다. ②'괴란쩍다'의 잘못.
궤:란-하다(憒亂-)[형여] 마음이 산란하다.
궤:멸(潰滅)[명][하자타][되자] 조직이나 기구 등이 무너져서 완전히 없어짐. ¶ 지진으로 한 도시가 궤멸 상태에 빠졌다.
궤:모(詭謀)[명] ☞궤계(詭計).
궤:배(跪拜)[명][하자] 무릎을 꿇고 절함.
궤:범(軌範)[명] (어떤 일을 판단하거나 평가하거나 행동하는 데) 남의 본보기가 될 만한 기준. 모범. ¶ 문장(文章) 궤범.
궤:변(詭辯)[명] ①이치에 닿지 않는 말로 그럴듯하게 둘러대는 구변(口辯). 견백동이(堅白同異). ¶ 궤변을 늘어놓다. ②논리학에서, 얼른 보기에는 옳은 것 같은 거짓 추론을 이르는 말.
궤:변-가(詭辯家)[명] 궤변을 잘하는 사람. 소피스트.
궤:변-학파(詭辯學派)[명] ☞소피스트.
궤:복(跪伏)[명][하자] 무릎을 꿇고 엎드림.
궤:붕(潰崩)[명][하자][되자] ☞붕괴(崩壞).
궤:사(詭詐)[명][하타] 교묘한 거짓으로 속임.
궤:산(潰散)[명][하자][되자] 전투에 져서 뿔뿔이 흩어짐.
궤:상(机上)[명] 책상 위.
궤:상(跪像)[명] 무릎을 꿇은 모양의 상.
궤:상-공론(机上空論)[-논][명] ☞탁상공론.
궤:상-육(机上肉)[-뉵][명] ☞조상육(俎上肉).
궤:설(詭說)[명] 거짓으로 꾸며 대는 말. 남을 속이는 말. 궤언(詭言).
궤:술(詭術)[명] 간사한 술책. 궤책(詭策).
궤:안(几案)[명] ①의자나 안석(案席) 따위를 통틀어 이르는 말. ②책상.
궤:양(潰瘍)[명] 피부나 점막(粘膜) 따위의 조직이 깊은 곳까지 헐어서 짓무르는 일, 또는 그런 상태. 〔위궤양·십이지장 궤양 따위.〕
궤:언(詭言)[명] ☞궤설(詭說).
궤:연(几筵)[명] 죽은 이의 영위(靈位)를 두는 영궤와 그에 딸린 물건을 차려 놓은 곳. 영실(靈室).
궤:열(潰裂)[명][하자] ☞괴열(壞裂).
궤:장(几杖)[명] ①안석(案席)과 지팡이. ②조선 시대에, 궤장연(几杖宴)에서 임금이 내리던 안석과 지팡이.
궤:장-연(几杖宴)[명] 조선 시대에, 왕이 나이 70세 이상의 중신에게 안석과 지팡이를 내리며 베풀던 잔치.
궤:적(軌跡·軌迹)[명] ①수레바퀴가 지나간 자국. 바큇자국. ②선인(先人)의 행적(行跡). ③☞자취.

궤ː-전선(饋電線)명 발전소나 변전소에서, 직접 전력 사용 지역으로 부설한 송전선. 〔전차의 가선(架線)에 송전하는 전선 따위.〕 급전선(給電線).
궤ː조(軌條)명 ☞레일.
궤ː좌(跪坐)명하자 꿇어앉음.
궤ː주(潰走)명하자 전투에 져서 뿔뿔이 흩어져 달아남. 분궤(奔潰).
궤ː-지기명 (좋은 것을 다 고르고 난 뒤의) 쓸모없는 찌꺼기.
궤ː-짝(櫃-)명 궤. ¶ 사과 궤짝.
궤ː책(詭策)명 ☞궤술(詭術).
궤ː철(軌轍)명 ①수레바퀴가 지나간 자국. ②전인(前人)의 행위. 이전의 예(例).
궤ː철(軌鐵)명 레일에 쓰이는 철재(鐵材).
궤ː패(潰敗)명하자 전투에 패하여 진형(陣形)이 무너짐.
궤ː하(机下)명 ①책상 아래. ②상대편을 높이어, 편지 겉봉 따위의 상대편 이름 밑에 쓰는 말. 참귀하(貴下).
궤ː휼(詭譎)명하형 간사스럽고 교묘함, 또는 교묘한 속임수.
궤ː휼(饋恤)명하타 가난한 사람에게 물건을 주어 도움.
귀명 ①오관(五官)의 하나. 사람을 비롯한 척추동물의 얼굴 좌우에 있으며, 청각과 평형 감각을 맡아봄. ¶ 귀에 설다. /귀가 어둡다. ②〈귓바퀴〉의 준말. ¶ 귀가 크다. ③〈귀때〉의 준말. ④바늘의 실을 꿰는 구멍. ⑤모난 물건의 모서리. ¶ 귀가 반듯하다. ⑥넓적한 바닥의 모퉁이. ¶ 밭 귀. ⑦두루마기의 양쪽 겨드랑이 밑의 손 넣는 구멍. ⑧두루마기나 저고리의 섶 끝. ⑨〈불귀〉의 준말. ⑩바둑판의 네 모퉁이 부분. ⑪돈머리에 좀 더 붙은 우수리. ¶ 십만 원에 귀가 달렸다.
　귀가 보배라속담 배우지 않았으나 얻어들어서 아는 경우를 놓으로 이르는 말.
　귀에 걸면 귀걸이, 코에 걸면 코걸이속담 이렇게도 저렇게도 둘러대기에 달렸다는 뜻.
　귀가 가렵다〔간지럽다〕관용 누가 나에 대한 말을 하는 것 같다.
　귀(가) 따갑다관용 ①소리가 귀에 몹시 울려 시끄럽다. ②같은 소리를 되풀이해서 들어 싫증이 나다. 귀(가) 아프다.
　귀가 뚫리다관용 말을 알아듣게 되다.
　귀가 번쩍 뜨이다관용 뜻밖의 반가운 소리에 정신이 번쩍 들다.
　귀가 솔깃하다관용 듣기에 그럴듯하여 마음이 쏠리다.
　귀(가) 아프다관용 ☞귀(가) 따갑다.
　귀(가) 여리다관용 남의 말을 잘 곧이듣는 성질이 있다. 남의 말에 잘 속아 넘어가는 성질이 있다.
　귀(가) 울다관용 귓속에서 윙윙 소리가 울리는 느낌이 나다.
　귀가 절벽이다관용 ①전혀 소리를 듣지 못하다. ②세상의 소식에 어둡다.
　귀(가) 질기다관용 ①듣는 감각이 둔하여 말귀를 잘 알아듣지 못하다. 말귀가 어둡다. ②남의 말에 잘 동조하는 일이 없다.
　귀(를) 기울이다관용 남이 하는 말을 주의 깊게 잘 듣다. ¶ 안내 방송에 귀를 기울이다.
　귀를 의심하다관용 잘못 들은 것이 아닌가 하여 믿지 못하다.
　귀 밖으로 듣다관용 건성으로 듣다. 들은 체만 체하다.
　귀(에) 거슬리다관용 남이 하는 말이 듣기에 역겹다.
　귀(에) 거칠다관용 남이 하는 말이 듣기에 거북하다.
　귀에 못이 박히다관용 너무 자주 들어서 듣기 싫을 정도가 되다.
　귀(에) 익다관용 (여러 번 들어 본 소리여서) 귀에 친숙하다.
귀ː(鬼)명 〈귀성(鬼星)〉의 준말.
귀ː(貴)관 《일부 한자어 앞에 쓰이어》 상대편이나 그 소속체를 높이는 뜻을 나타내는 말. ¶ 귀 회사.
귀-(貴)접두 일부 명사 앞에 붙어, '귀함' 또는 '값짐'을 뜻함. ¶ 귀공자. /귀금속.
귀ː가(歸家)명하자 집으로 돌아가거나 돌아옴. ¶ 귀가를 서두르다. /귀가 시간이 늦다. 높환택(還宅).
귀ː간(貴簡)명 ☞귀함(貴函).
귀감(龜鑑)명 본받을 만한 모범. 본보기. ¶ 모든 사람의 귀감이 되다.
귀갑(龜甲)명 거북의 등딱지.
귀ː갓-길(歸家-)[-가낄/-갇낄]명 집으로 돌아가거나 돌아오는 길. ¶ 귀갓길을 재촉하다.
귀-개명 '귀이개'의 잘못.
귀ː객(貴客)명 귀한 손님. 귀빈(貴賓).
귀ː거래(歸去來)명 벼슬을 그만두고 고향으로 돌아감. 〔중국 진(晉)나라 도연명(陶淵明)의 '귀거래사'에 나오는 말임.〕
귀-걸이명 ①귓바퀴가 추위에 얼지 않도록 귀를 싸는 물건. 귀마개. ②〈귀걸이안경〉의 준말. ③☞귀고리.
귀걸이-안경(-眼鏡)명 안경다리 대신 실로 꿰어 귀에 걸게 되어 있는 안경. 준귀걸이.
귀ː격(貴格)[-껵]명 ☞귀골(貴骨). ↔천격.
귀ː견(貴見)명 상대편을 높이어, 그의 '의견'을 이르는 말. ¶ 귀견을 들려 주십시오.
귀-견줌명 격구(擊毬)를 처음 시작할 때, 장(杖)을 말의 목 위로 가로 들어 말의 귀와 가지런히 하는 동작.
귀ː결(歸結)명 ①하자되자(의론이나 행동 따위가) 어떤 결론에 이름, 또는 그 결론. ¶ 귀결을 짓다. /국민의 욕구는 결국 경제적 풍요에 귀결한다. ②어떠한 가정(假定)에서 추출해 낸 결과.
귀ː결-부(歸結符)명 귀결된 식을 보일 때, 그 식의 앞에 쓰는 부호. '∴'표. 결과표. 고로표. 삼발점.
귀ː경(歸京)명하자 (지방에서) 서울로 돌아가거나 돌아옴. ¶ 귀경 인파. ↔이경(離京).
귀ː경(歸耕)명하자 (벼슬을 내놓고) 전원에 돌아가 농사를 지음.
귀ː고(貴稿)명 상대편을 높이어, 그의 '원고'를 이르는 말.
귀-고리명 (주로 여자들이) 귓불에 다는 장식품. 귀걸이.
귀ː곡(鬼哭)명 (저승에 못 들어가 떠돌아다닌다는) 귀신의 울음, 또는 그 소리.
귀ː곡-새(鬼哭-)[-쌔]명 음침한 날이나 밤에 구슬프게 울고 다니는 부엉이를 이르는 말. 귀곡조(鬼哭鳥).
귀ː곡-성(鬼哭聲)[-썽]명 귀신의 울음소리.
귀ː곡-조(鬼哭鳥)[-쪼]명 ☞귀곡새.
귀ː골(貴骨)명 ①귀하게 자란 사람. ②귀하게 될 상격(相格). 귀격(貴格). ↔천골(賤骨).
귀ː공(鬼工)명 (기술이 정교하여) 사람의 솜씨라고는 생각할 수 없는 훌륭한 솜씨.

귀ː공(貴公)[대] 동배(同輩)나 손아랫사람을 점잖게 부르는 호칭.

귀ː-공자(貴公子)[명] ①귀한 집안에 태어난 남자. 귀족의 자제(子弟). ②용모나 풍채가 뛰어나고 고상한 남자. 귀자(貴子).

귀ː관(鬼關)[명] 불교에서 이르는, 저승으로 들어가는 문. 귀문(鬼門).

귀ː관(貴官)[대] ①군대 같은 곳에서, 상급자가 하급자를 부르는 말. ②상대편이 관리일 때, 그를 공경하여 부르는 말.

귀ː교(貴校)[명] 상대편을 높이어, 그의 '학교'를 이르는 말. ¶ 귀교의 무궁한 발전을 기원합니다.

귀ː교(歸校)[명][하자] 학교로 돌아가거나 돌아옴. ¶ 귀교 시간.

귀ː구(歸咎)[명][하타] 허물을 남에게 씌움.

귀ː국(貴國)[명] 상대편을 높이어, 그의 '나라'를 이르는 말. 귀방(貴邦). ¶ 귀국의 통일을 빕니다. ↔폐국(弊國).

귀ː국(歸國)[명][하자] (외국에 있던 사람이) 자기 나라로 돌아가거나 돌아옴. 귀조(歸朝). 환국(還國). ¶ 임기를 마치고 귀국하다.

귀-글(←句-)[명] 두 마디가 한 덩이로 짝 지어져 있는 글. 〔흔히, 한시·동시·시조 등에서 볼 수 있음.〕 ↔줄글.

귀ː금(歸禽)[명] 저녁이면 보금자리를 찾아 돌아가거나 돌아오는 새.

귀ː-금속(貴金屬)[명] (금·은·백금 따위와 같이) 공기 중에서 산화(酸化)하지 않고, 화학 변화를 거의 일으키지 않으며 항상 광택을 지닌 금속. ↔비금속(卑金屬).

귀ː기(鬼氣)[명] 소름이 오싹 끼칠 정도로 무서운 기운. ¶ 귀기가 감돌다.

귀ː기(歸期)[명] 돌아가거나 돌아올 시기.

귀-기둥[명] 건물의 모퉁이에 세운 기둥.

귀꿈-스럽다[-따][~스러우니·~스러워][형][ㅂ] 궁벽하여 흔하지 않다. ¶ 귀꿈스러운 산골짜기의 초가집. **귀꿈스레**[부].

귀-나다[자] ①네모가 반듯하지 않고 한쪽으로 실그러지다. ②의견이 맞지 않고 서로 틀어지다.

귀ː-남자(貴男子)[명] 용모나 풍채가 뛰어나고 고상한 남자.

귀ː납(歸納)[명][하타][되자] 논리학에서, 낱낱의 구체적 사실로부터 일반적인 명제(命題)나 법칙을 이끌어 냄, 또는 그러한 일. ↔연역(演繹).

귀ː납-법(歸納法)[-뻡][명] 논리학에서, 귀납에 의하여 추론(推論)하는 방법. ↔연역법(演繹法).

귀ː납-적(歸納的)[-쩍][관][명] (추론에 있어) 귀납으로 논리를 전개해 나가는 (것). ¶ 귀납적 논리. /귀납적으로 추론하다. ↔연역적(演繹的).

귀ː납-학파(歸納學派)[-나팍-][명] 경제학의 연구에서, 자료의 수집이나 비교를 통해 경제 현상의 경향이나 법칙 따위를 밝히려는 학파. ↔연역학파(演繹學派).

귀넘어-듣다[-따][~들으니·~들어][타][ㄷ] 주의하지 않고 예사로 들어 넘기다. ¶ 우리와 상관없는 일이어서 귀넘어들었다.

귀ː녀(鬼女)[명] ①악귀(惡鬼)와 같은 여자. ②여자의 모습으로 나타난 귀신.

귀ː녀(貴女)[1][명] ①신분이 높은 여자. ②특별히 귀염을 받는 딸.

귀ː녀(貴女)[2][대] 〔당신이라는 뜻으로〕 상대인 여자를 존대하여 부르는 말. 주로, 편지 글에서 쓰임.

귀ː녕(歸寧)[명][하자] ☞근친(覲親).

귀ː농(歸農)[명][하자] 농촌을 떠났던 사람이 다시 농촌으로 돌아가거나 돌아와 농사를 지음.

귀-느래[명] 귀가 늘어진 말.

귀-다래기[명] 귀가 작은 소.

귀-담다[-따][타] 마음에 단단히 새겨 두다. 《주로, '귀담아'의 꼴로 쓰임.》 ¶ 농담으로 한 말이니 귀담아 둘 필요는 없네.

귀담아-듣다[-따][~들으니·~들어][타][ㄷ] 주의하여 잘 듣다. ¶ 선생님의 말씀을 귀담아듣다.

귀ː대(歸隊)[명][하자] 자기 부대로 돌아가거나 돌아옴. ¶ 귀대 시간. /파견 근무를 마치고 귀대하다.

귀ː댁(貴宅)[명] 상대편을 높이어, 그의 집이나 가정(家庭)을 이르는 말. ¶ 귀댁에는 별고 없으신지요?

귀ː도(歸途)[명] ☞귀로(歸路).

귀-돌[명] 석축(石築)의 모퉁이에 쌓는 돌.

귀ː동(貴童)[명] ☞귀둥이.

귀-동냥[명][하타] (학문을 정식으로 배우지 않고) 남들이 하는 말을 얻어들어서 앎. ¶ 귀동냥으로 배우다.

귀ː-동자(貴童子)[명] ①귀하게 자란 사내아이. ②☞귀둥이.

귀ː두(鬼頭)[명] (재앙을 물리치기 위하여) 종마루 양쪽 끝에 세운, 도깨비 머리 모양의 장식.

귀두(龜頭)[명] ①☞귀부(龜趺). ②남자의 생식기인 음경의 끝 부분.

귀둥-대둥[부][하자] 말이나 행동을 되는대로 아무렇게나 하는 모양. ¶ 귀둥대둥 지껄여 대다.

귀ː-둥이(貴-)[명] 특별히 귀염을 받는 사내아이. 귀동(貴童). 귀동자.

귀때[명] (액체를 따르는 데 편리하게) 그릇 한쪽에 붙여 만든, 새의 부리처럼 내민 부분. [준]귀.

귀때-그릇[-름][명] 귀때가 달린 그릇. ＊귀때그릇이[-르시]·귀때그릇만[-른-]

귀-때기[명] 〈귀〉의 속된 말. [참]귀싸대기.

귀뚜라미[명] 귀뚜라밋과의 곤충. 몸길이 1.5~2 cm. 몸빛은 흑갈색이며 얼룩점이 많음. 뒷다리는 길고 날개는 퇴화(退化)하였으며 촉각(觸角)이 몸보다 길. 8~10월경에 풀밭이나 정원에 나타나는데 수컷이 욺. 실솔(蟋蟀). [준]귀뚜리.

귀뚜라미 풍류(風流)하다〔풍류한다〕[속담] '게을러서 농사일에 손을 대지 아니하는 것'을 비꼬아서 이르는 말.

귀뚜리[명] 〈귀뚜라미〉의 준말.

귀뚤-귀뚤[부] 귀뚜라미의 우는 소리.

귀-띔[-띰][명][하자타] 어떤 일을 상대편이 알아챌 수 있도록 슬그머니 일깨워 주는 일. ¶ 좋은 소식이 있을 것이라고 귀띔해 주다.

귀ː래(歸來)[명][하자] (밖에서) 돌아옴.

귀ː로(歸路)[명] 돌아가거나 돌아오는 길. 귀도(歸途). 귀정(歸程). 회로(回路). 회정(回程). ¶ 귀로에 오르다. /귀로에 친구를 만났다. ↔왕로(往路).

귀ː록(鬼錄)[명] 저승에서, 죽은 사람의 이름을 기록한다는 장부. 귀적(鬼籍).

귀ː룽[명] 귀룽나무의 열매. 버찌와 비슷하며 먹을 수 있음.

귀ː룽-나무[명] 장미과의 낙엽 교목. 잎은 달걀 모양이고 가장자리에 톱니가 있음. 5월에 희고 잔 꽃이 가지 끝에 이삭 모양으로 피고, 열매는 버찌와 비슷하며 7월에 까맣게 익음. 우리나라 북부와 아시아 대륙 북부의 산골짜기나 개울가에 절로 남. 작은 가지는 약재로 쓰이며 어린잎과 열매는 먹음.

귀:류-법(歸謬法) [-뻡] 명 어떤 명제를 증명함에 있어, 결론을 부정하면 모순이 생긴다는 것을 보임으로써 그 결론의 옳음을 증명하는 방법. 간접 논증(間接論證). 간접 증명법(間接證明法). 배리법(背理法).

귀:리 명 볏과의 일년 또는 이년초. 재배 식물의 한 가지로, 줄기는 밑 부분에서 무더기로 나며, 줄기 높이는 1m가량. 잎은 보리와 비슷하고 봄에 이삭 모양의 꽃이 핌. 열매는 알코올과 과자의 원료, 또는 가축의 사료로 쓰임. 연맥(燕麥). 작맥(雀麥).

귀:린(鬼燐) 명 ☞도깨비불.

귀-마개 명 ①소음이 들리지 않도록 하거나 물이 들어가지 않도록 귀를 막는 물건. ②☞귀걸이.

귀-마루 명 지붕의 귀에 있는 마루.

귀마루^흘림 명 귀마루의 기울어진 정도.

귀:마방우(歸馬放牛) 명 '다시는 전쟁을 하지 않음'을 비유하여 이르는 말. 〔주(周)나라의 무왕(武王)이 전쟁에 사용한 마소를 놓아주었다는 고사(故事)에서 유래함.〕

귀-막이 명 면류관(冕旒冠)의 양쪽 잠(簪) 끝에 구슬을 꿰어서 귀까지 내려오게 한 물건.

귀:매(歸妹) 명 〈귀매괘(歸妹卦)〉의 준말.

귀:매-괘(歸妹卦) 명 육십사괘의 하나. 진괘(震卦)와 태괘(兌卦)를 위아래로 놓은 괘. 못 위에 우레가 있음을 상징함. ㊟귀매(歸妹).

귀-매미 명 매미충과의 곤충. 몸길이 2cm가량. 매미와 비슷하며 몸빛은 흑갈색 또는 암갈색임. 날개는 반투명하고 등 쪽에 귀 모양의 돌기(突起)가 한 쌍 있음. 활엽수의 해충임.

귀-머거리 명 귀가 먹어 소리를 듣지 못하는 사람. 농자(聾者).

귀머거리 삼 년이요, 벙어리 삼 년(이라) 속담 여자는 시집가서는, 남의 말을 듣고도 못 들은 체하고, 하고 싶은 말이 있어도 하지 말아야 한다는 뜻으로, 시집살이의 어려움을 이르는 말.

귀머리-장군(-將軍) 명 윗머리 양쪽 귀퉁이에 검은 부등변 삼각형을 그린 연.

귀-먹다 [-따] 자 ①귀의 기능이 나빠져서 소리를 듣지 못하게 되다. ②남의 말을 이해하지 못하다. ③그릇에 금이 가서 털털거리다.

귀:면(鬼面) 명 ①귀신의 얼굴. ②귀신의 얼굴 모습을 나타내는 탈. ③사래 끝에 붙이는, 귀신 얼굴을 그린 장식.

귀:명(貴命) 명 상대편을 높이어, 그의 명령을 이르는 말. ¶ 귀명에 따르겠습니다.

귀:명(歸命) 명하자 불교에서, 몸과 마음을 바쳐 부처의 가르침에 따르는 일.

귀:명-정례(歸命頂禮) [-녜] 명 〔불교에서〕 ①〔부처 앞에서 머리를 땅에 대고 절한다는 뜻으로〕 불교에 귀의하고, 정성을 다하여 예불하는 일. ②예불할 때에 외는 말.

귀:모(鬼謀) 명 보통 사람으로서는 생각할 수 없는 뛰어난 꾀.

귀모-토각(龜毛兔角) 명 〔거북의 털과 토끼의 뿔이라는 뜻으로〕 '절대로 있을 수 없는 일'을 비유하여 이르는 말.

귀목(櫷木) 명 느티나무의 재목. ¶ 귀목 반다지.

귀목-나무(櫷木-) [-몽-] 명 ☞느티나무.

귀:문(鬼門) 명 ①☞귀관(鬼關). ②귀성(鬼星)이 있다는 방위. 음양설에서, 귀신이 드나든다고 하여 매사에 꺼리는 방위인 간방(艮方), 곧 동북방을 가리킴. 귀방(鬼方).

귀:문(貴門) 명 ①지체가 높은 집안. ②상대편을 높이어, 그의 '집안'을 이르는 말.

귀:물(貴物) 명 ①얻기 어려운 귀한 물건. ②귀중한 물건.

귀믿터리 명 〈옛〉 구레나룻. ¶ 귀믿터리는 도로 당당이 누니 머리예 ᄀᆞ독ᄒᆞᆫ 돗거니라(杜初 *21:33*).

귀믿털 명 〈옛〉 구레나룻. ¶ 귀믿털 슈:鬚(類合上 *21*).

귀-밑 [-믿] 명 귀 아래쪽의 뺨 부분. *귀밑이 [-미치]·귀밑을[-미틀]·귀밑만[-민-]

귀밑이 빨개지다 관용 부끄러워서 얼굴이 빨개지다.

귀밑-때기 [-믿-] 명 〈귀밑〉의 속된 말.

귀밑-머리 [-민-] 명 ①앞이마 한가운데를 중심으로, 좌우로 갈라 땋아 귀 뒤로 넘긴 머리. ②귀밑 가까이에 난 머리털.

귀밑머리(를) 풀다 관용 〔처녀 때 땋았던 귀밑머리를 푼다는 뜻으로〕 여자가 시집감을 이르는 말.

귀밑머리 마주 풀고 만나다 관용 귀밑머리를 풀고 서로 결혼하다.

귀밑-샘 [-믿쌤] 명 ☞이하선(耳下腺).

귀밑-털 [-믿-] 명 ☞살쩍.

귀-박 명 네 귀가 지게 장방형으로 나무를 파서 만든 자그마한 함지박.

귀-밝이 명 〈귀밝이술〉의 준말.

귀밝이-술 명 음력 정월 대보름날 새벽에 귀가 밝아지라고 마시는 술. 명이주(明耳酒). 이명주. 총이주(聰耳酒). 치롱주(治聾酒). ㊟귀밝이.

귀:방(鬼方) 명 ☞귀문(鬼門).

귀:방(貴邦) 명 ☞귀국(貴國).

귀배-괄모(龜背刮毛) 명 〔거북의 등에서 털을 깎는다는 뜻으로〕 '불가능한 일을 무리하게 하려고 함'을 비유하여 이르는 말.

귀:범(歸帆) 명하자 돛단배가 귀도(歸途)에 오름, 또는 그 배. ↔출범(出帆).

귀법(句法) 명 '구법(句法)'의 잘못.

귀:법(歸法) [-뻡] 명 〈구귀법(九歸法)〉의 준말.

귀-벽돌(-甓-) [-똘] 명 벽돌을 쌓을 때, 귀를 쌓는 데 쓰는 삼각형의 벽돌.

귀:보(鬼報) 명 귀적(鬼籍)에 매인 응보(應報). 귀적에 매인 죄.

귀:보(貴報) 명 상대편을 높이어, 그가 보낸 보도나 서신 따위를 이르는 말.

귀:보(貴寶) 명 귀한 보물.

귀:복(歸伏) 명하자 귀순(歸順)하여 따름.

귀:본(歸本) 명하자 불가(佛家)에서 이르는, 승려의 죽음.

귀:부(鬼斧) 명 〔귀신의 도끼라는 뜻으로〕 '신기한 연장, 또는 뛰어난 세공(細工)'을 비유하여 이르는 말.

귀:부(鬼簿) 명 ☞과거장(過去帳).

귀:부(歸附) 명하자 스스로 와서 복종함. 귀복(歸伏)함.

귀부(龜趺) 명 거북 모양으로 만든 비석의 받침돌. 귀두(龜頭).

귀:-부인(貴夫人) 명 ☞부인(夫人).

귀:-부인(貴婦人) 명 지체가 높은 부인. 상류 계급의 부인.

귀:비(貴妃) 명 ①조선 초의, 후궁의 가장 높은 지위. ②고려 시대에, 비빈(妃嬪)에게 주던 칭호.

귀:빈(貴賓) 명 귀한 손님. 귀객(貴客).

귀:빈-석(貴賓席) 명 경기장이나 극장 같은 데에 마련된 특별석.

귀ː빈-실(貴賓室)명 귀빈을 위하여 특별히 마련한 방. ¶ 공항 귀빈실.

귀-빠지다자 〈태어나다〉의 속된 말.

귀-뿌리명 귀가 뺨에 붙은 부분. 이근(耳根).

귀-사(-士)명 장기를 둘 때, 궁밭의 아래 귀퉁이에 있는 사(士)를 이르는 말.

귀ː사(貴社)명 상대편을 높이어, 그의 '회사'를 이르는 말. ¶ 귀사의 발전을 빕니다.

귀살머리-스럽다[-따][~스러우니·~스러워]형ㅂ '귀살스럽다'를 낮잡아 이르는 말. **귀살머리스레**부.

귀살머리-쩍다[-따]형 '귀살쩍다'를 낮잡아 이르는 말.

귀살-스럽다[-따][~스러우니·~스러워]형ㅂ 보기에, 무던히 귀살쩍다. **귀살스레**부.

귀-살이명하자 바둑에서, 바둑판의 귀에서 사는 일.

귀살-쩍다[-따]형 (사물이) 정신이 나갈 정도로 엉클어져서 뒤숭숭하다. ¶ 일이 하도 귀살쩍어서 갈피를 잡을 수 없다.

귀ː상(貴相)명 귀인이 될 상.

귀-상어명 흉상엇과의 바닷물고기. 몸길이 4 m 가량. 머리의 앞쪽이 'T' 자 모양으로 튀어나왔는데, 거기에 눈이 달려 있고 입은 머리의 아래쪽에 있음. 난태생(卵胎生)인데 한꺼번에 30~36마리의 새끼를 낳음. 몸빛은 회색이며, 살과 지느러미는 요리의 재료로 쓰임. 태평양과 대서양의 온대와 열대권에 분포함. 당목어(撞木魚). 장목어(樟木魚).

귀ː서(貴書)명 ☞귀함(貴函).

귀ː석(貴石)명 장신구(裝身具)로서, 보석 다음으로 귀하게 여기는 돌. 〔수정·마노 따위.〕

귀선(龜船)명 ☞거북선.

귀ː성(鬼星)명 이십팔수의 하나. 남쪽의 둘째 별자리. 준귀(鬼).

귀ː성(歸省)명하자 〔고향에 돌아가 어버이께 문안을 드린다는 뜻으로〕 객지에서 지내다가 고향으로 돌아옴(돌아감). ¶ 귀성 인파.

귀ː성-객(歸省客)명 귀성하는 여객.

귀ː성-스럽다[-따][~스러우니·~스러워]형ㅂ 제법 구수한 맛이 있다. ¶ 귀성스러운 이야기. /하는 말이 제법 귀성스럽다. **귀성스레**부.

귀ː성-열차(歸省列車)[-녈-]명 귀성하는 사람을 위하여 특별히 운행하는 열차.

귀ː성-지다형 귀성스럽게 느껴지다.

귀ː소-성(歸巢性)[-썽]명 동물이 먼 곳에 갔다 가도, 살던 집이나 둥지로 돌아오는 성질.

귀ː속(歸屬)명하자·타되자 재산이나 권리, 또는 영토 같은 것이 어떤 사람이나 단체·국가 등에 속하여 그의 소유가 됨. ¶ 영토의 귀속 문제. /국고에 귀속되다.

귀ː속^재산(歸屬財産)[-째-]명 ①법률이나 계약에 의하여 귀속된 재산. ②1945년 8월 9일 이전에 일본인이 소유하였던 일체의 국내 재산으로, 대한 민국 정부에 이양된 재산.

귀ː속^지위(歸屬地位)[-찌-]명 개인의 의사나 재능 따위와는 상관없이, 사람이 태어나면서부터 자연적으로 갖게 되는 운명적인 지위.

귀ː수(鬼祟)명 귀신의 빌미로 나는 병.

귀ː순(歸順)명하자 반항하거나 반역하려는 마음을 버리고, 스스로 돌아서서 따라오거나 복종함. ¶ 귀순 간첩. /귀순할 뜻을 비치다.

귀ː신(鬼神)명 ①사람이 죽은 뒤에 남는다고 하는 넋. 사람의 혼령. ②미신에서, 사람을 해친다고 하는 무서운 존재. ¶ 귀신이 나오다. /귀신에게 홀리다. /귀신 들리다. /귀신 씌우다. ③'생김새가 몹시 사나운 사람'을 비유하여 이르는 말. ¶ 몰골이 귀신과 다를 바 없다. ④'어떤 일을 남보다 뛰어나게 잘하는 사람'을 비유하여 이르는 말. ¶ 그 형사는 범죄 수사에 귀신이다. ①②④준신(神). ①②④높신도(神道).

귀신이 씻나락 까먹는 소리속담 이치에 닿지 않는 엉뚱하고 쓸데없는 말.

귀신이 곡할 노릇〔일〕속담 일이 하도 신기하여 귀신도 탄복할 만하다는 말.

귀신도 모르다관용 귀신도 모를 만큼 감쪽같다. ¶ 귀신도 모르게 해치우다.

귀ː신-같다(鬼神-)[-갇따]형 어떤 일을 하는 솜씨나 알아맞히는 재간이 기막히게 뛰어나다. ¶ 솜씨가 귀신같다. **귀신같-이**부 ¶ 귀신같이 찾아내다.

귀ː신-귀(鬼神鬼)명 한자 부수의 한 가지. '魅'·'魂'·'魏' 등에서의 '鬼'의 이름.

귀ː신-날(鬼神-)명 음력 정월 열엿샛날. 이날 길을 떠나면 귀신이 따른다고 하여 흔히 나들이를 삼감. 귀신단오.

귀ː신-단오(鬼神端午)명 귀신날.

귀ː심(歸心)명 ①고향으로 돌아가고 싶은 마음. ②하자(어떤 사람을) 마음속으로부터 따름.

귀-싸대기명 '귀와 뺨과의 어름'을 속되게 이르는 말. ¶ 귀싸대기를 갈기다.

귀싸대기를 올리다관용 귀싸대기를 때리다.

귀-쌈지명 네모지게 만들어, 아가리를 접으면 양쪽이 귀가 지게 된 찰쌈지.

귀ː안(歸雁)명 봄이 되어 다시 북쪽 지방으로 돌아가는 기러기.

귀-앓이[-아리]명 귀를 앓는 병.

귀ː애(貴愛)명하타 귀엽게 여기고 사랑함.

귀-약(-藥)명 ①귀 아픈 데 쓰는 약. ②화승총(火繩銃) 옆에 재는 화약.

귀얄명 솔의 한 가지. 풀칠이나 옻칠 따위를 할 때에 씀. ¶ 풀 귀얄.

귀얄-잡이명 '텁석부리'를 놀리어 이르는 말.

귀양(←歸鄕)명 고려·조선 시대에, 죄인을 고향이 아닌 먼 변방(邊方)이나 외딴섬 같은 데로 보내어, 일정 기간 제한된 지역 안에서만 살게 하던 형벌. 정배(定配). ¶ 귀양을 보내다.

귀양(을) 가다관용 '현재보다 낮은 직위나 조건이 열악한 근무처로 밀려남'을 비유하여 이르는 말.

귀ː양(歸養)명하자 고향에 돌아가서 어버이를 봉양함.

귀양-다리명 지난날, '귀양살이하는 사람'을 업신여기어 이르던 말.

귀양-살이명하자 ①지난날, 귀양 가서 부자유스럽게 살던 일. ②궁벽한 산촌 같은 데서, 세상과 동떨어져 외롭게 지내는 생활을 비유하여 이르는 말.

귀에지명 '귀지'의 잘못.

귀엣-고리명 '귀고리'의 잘못.

귀엣-말[-엔-]명하자 귓속말. 부이어(附耳語). 이어(耳語). ¶ 귀엣말로 소곤대다.

귀여겨-듣다[-따][~들으니·~들어]타ㄷ 정신을 차려 주의 깊게 듣다. ¶ 선생님의 말씀을 빠뜨리지 않고 귀여겨듣다.

귀ː여워-하다타여 귀엽게 여기다. ¶ 어린 딸아이를 귀여워하다.

귀ː염명 ①예쁘거나 애교가 있어 사랑스러움. ¶ 귀염을 부리다. ②사랑하여 귀엽게 여기는 마음. ¶ 귀염을 받다. /아버지의 귀염을 독차지하다.

귀:염-둥이명 아주 귀여운 아이, 또는 귀염을 받는 아이. ¶ 우리 집 귀염둥이.

귀:염-성(-性)[-썽]명 귀염을 받을 만한 바탕이나 성질. ¶ 귀염성 있게 보이다.

귀염성-스럽다(-性-)[-썽-따][~스러우니·~스러워]형ㅂ 제법 귀여운 데가 있다. 귀염성이 있어 보이다. ¶ 귀염성스럽게 생긴 어린아이. **귀염성스레**부.

귀:엽다[-따][귀여우니·귀여워]형ㅂ 보기에 귀염성이 있어 사랑스럽다. ¶ 하는 짓이 귀엽다.

귀:영(歸營)명하자 군인이 병영으로 돌아가거나 돌아옴. ¶ 야외 훈련을 마치고 귀영하다.

귀:와(鬼瓦)명 귀신의 얼굴을 새겨 꾸민 기와.

귀:와(歸臥)명하자 〔돌아가 눕는다는 뜻으로〕 벼슬을 내놓고 고향으로 돌아가 한가하게 지냄을 이르는 말.

귀요명 〈옛〉 구유. ¶ 또 귀요에 平케 주어 잇긋 새배 다둣게 말라(老解上29). 참구ᅀᅵ.

귀-울음명 ☞이명(耳鳴).

귀웅명 도자기를 만드는 곳에서, 질흙을 담는 데 쓰는 통.

귀웅-젖[-젇]명 젖꼭지가 옴폭 들어간 여자의 젖. ＊귀웅젖이[-저지]·귀웅젖만[-전-]

귀:원(歸元)명하자 〔불교에서, 이승을 벗어나 본원의 세계로 돌아간다는 뜻으로〕 '중의 죽음'을 이르는 말.

귀:원-성(歸原性)[-썽]명 물고기 따위가, 그 깨어난 곳을 떠났다가, 산란(產卵)하기 위하여 다시 그곳으로 돌아오는 습성.

귀유명 〈옛〉 구유. ¶ 이 귀유 안해(老解上31). 참구ᅀᅵ.

귀:의(貴意)[-의/-이]명 상대편을 높이어, 그의 '뜻'을 이르는 말. ¶ 귀의에 따르지 못해 죄송합니다.

귀:의(歸依)[-의/-이]명하자 ①돌아가 몸을 의지함. ②신불의 가르침을 믿고 그에 의지함. 특히 불교에서, 부처를 믿고 그 가르침에 따름을 이름. ¶ 불문에 귀의하다.

귀:의-법(歸依法)[-의뻡/-이뻡]명 삼귀의(三歸依)의 하나. 불(佛)·법(法)·승(僧)의 삼보 가운데, '법'에 귀의함을 이름.

귀:의-불(歸依佛)[-의-/-이-]명 삼귀의(三歸依)의 하나. 불(佛)·법(法)·승(僧)의 삼보 가운데, '불'에 귀의함을 이름.

귀:의 성(鬼-聲)[-의-/-에-] 이인직(李人稙)이 지은 신소설(新小說). 1906년에 '만세보(萬歲報)'에 연재되었음.

귀:의-승(歸依僧)[-의-/-이-]명 삼귀의(三歸依)의 하나. 불(佛)·법(法)·승(僧)의 삼보 가운데, '승'에 귀의함을 이름.

귀:의-심(歸依心)[-의-/-이-]명 불교에서, 불도로 돌아가 의지하는 마음을 이름.

귀:의-처(歸依處)[-의-/-이-]명 돌아가거나 돌아와 몸을 의지하는 곳.

귀-이(-耳)명 한자 부수의 한 가지. '耿'·'聖'·'聞' 등에서의 '耳'의 이름.

귀-이개명 귀지를 파내는 기구.

귀:인(貴人)[1]명 신분이나 지위가 높은 사람. ↔천인(賤人).

귀:인(貴人)[2]명 조선 시대에, 종일품인 내명부의 칭호.

귀:인-상(貴人相)명 귀인이 될 상, 또는 귀인처럼 보이는 상.

귀:인-성(貴人性)[-썽]명 귀인다운 고상한 성질이나 바탕.

귀:인성-스럽다(貴人性-)[-썽-따][~스러우니·~스러워]형ㅂ 귀인다운 성질이나 바탕이 있어 보이다. **귀인성스레**부.

귀:일(歸一)명하자되자 ①여러 개나 여러 가닥으로 갈라졌던 것이 하나로 합쳐짐. ②여러 가지 현상이 한 가지 결말이나 결과로 귀착됨.

귀:일-법(歸一法)[-뻡]명 ☞귀일산(歸一算).

귀:일-산(歸一算)[-싼]명 비례식을 쓰지 않고 비례 문제를 푸는 방법. 귀일법.

귀:임(歸任)명하자 한때 떠나 있던 자신의 근무지로 돌아가거나 돌아옴. ¶ 해외 출장을 마치고 귀임하다.

귀:자(貴子)명 ①귀염을 받는 아들. ②☞귀공자.

귀-잠명 매우 깊이 든 잠. ¶ 귀잠이 들다.

귀:재(鬼才)명 귀신같은 재능, 또는 그런 재능을 가진 사람. ¶ 화단(畫壇)의 귀재.

귀:적(鬼籍)명 ①☞과거장(過去帳). ②☞귀록(鬼錄).

귀:적(歸寂)명하자 불교에서, '승려의 죽음'을 달리 이르는 말. 입적(入寂). 천화(遷化).

귀절(句節)명 '구절(句節)'의 잘못.

귀점(句點)명 '구점(句點)'의 잘못.

귀점(龜占)명 ☞거북점.

귀접-스럽다[-쓰-따][~스러우니·~스러워]형ㅂ ①매우 더럽고 지저분하다. ②하는 짓이 더럽고 너절하다. ¶ 귀접스러운 짓만 골라서 하다. **귀접스레**부.

귀-접이명하타 물건의 귀를 깎아 버리거나 접어서 붙이는 일.

귀접이-천장(-天障)명 가장자리가 꺾인 천장.

귀:정(歸正)명하자 (그릇되었던) 일이 바른길로 돌아옴. ¶ 귀정을 짓다. /귀정이 나다.

귀:정(歸程)명 ☞귀로(歸路).

귀-젖[-젇]명 귓속에서 고름이 나오는 병, 또는 그 고름. ¶ 귀젖을 앓다. /귀젖이 흐르다. ＊귀젖이[-저지]·귀젖만[-전-]

귀:제(貴弟)명 상대편을 높이어, 그의 '동생'을 일컫는 말.

귀-제비명 제빗과의 새. 몸길이 19 cm, 날개 길이 12 cm가량. 몸빛은 등 쪽이 흑색이고 허리는 적색, 몸 아래쪽은 흰 바탕에 작고 검은 반점이 있음. 건물의 지붕 밑이나 다리 밑에 진흙으로 터널 모양의 집을 짓고 삶. 중국·일본·우리나라 등지에서 번식하고, 인도·미얀마 등지에서 겨울을 지냄.

귀:조(歸朝)명하자 ①외국에 갔던 사신이 일을 마치고 본국으로 돌아가거나 돌아옴. ②☞귀국(歸國).

귀:족(貴族)명 사회적으로 특권을 지닌 상류 계급, 또는 그런 계층에 속한 사람. ¶ 귀족 출신. /귀족 생활. ↔평민(平民).

귀:족^계급(貴族階級)[-꼐-/-께-]명 고대 및 봉건 사회에서, 정치적 또는 사회적으로 특권을 누린 지배층.

귀:족-어(貴族語)명 주로, 귀족 계층에서 쓰이는 언어. ↔평민어(平民語).

귀:족^예:술(貴族藝術)[-종녜-]명 귀족 계급에서 생겨난, 귀족을 대상으로 하는 예술. ↔민중 예술.

귀:족-적(貴族的)[-쩍]관명 귀족에서 볼 수 있는 (것). 귀족다운 (것). ↔평민적.

귀:족^정치(貴族政治)[-쩡-]명 소수의 귀족 특권 계급을 중심으로 이루어지는 정치.

귀:족-제(貴族制)[-쩨]명 특권을 지닌 소수의 귀족이 지배하는 정치 체제.

귀ː족^학교(貴族學校) [-조칵꾜]명 귀족 또는 특정한 권문(權門)의 자제들을 위하여 특별히 세워진 학교.

귀ː졸(鬼卒)명 ①온갖 졸망한 잡귀. ②☞염마졸.

귀ː죄(歸罪) [-죄/-줴]명하자 죄를 스스로 인정하고 복죄(服罪)함.

귀-주머니명 아래의 양쪽에 귀가 나오게 된 주머니. 네모지게 지어 아가리 쪽으로 절반을 세골로 접어 만듦.

귀ː중(貴中)명 편지나 물품 등을 보낼 때, 받는 쪽의 기관이나 단체 이름 뒤에 써서 상대편을 높이는 말. ¶ 종로 구청 귀중. 참귀하.

귀중(貴重) '귀중하다'의 어근.

귀중중-하다형여 더럽고 지저분하다. ¶ 귀중중한 골목길. **귀중중-히**부.

귀ː중-품(貴重品)명 귀중한 물품. ¶ 귀중품 보관소. 준귀품(貴品).

귀ː중-하다(貴重-)형여 매우 소중하다. 진중(珍重)하다. ¶ 귀중한 물건. /귀중한 체험. **귀중-히**부.

귀ː-지명 귓구멍 속에 낀 때. 이구(耳垢). ¶ 귀지를 파다.

귀ː지(貴地)명 상대편을 높이어, 그가 '사는 곳'을 이르는 말. 귀처(貴處).

귀ː지(貴紙)명 상대편을 높이어, 그가 소속된 기관에서 발행하는 '신문'을 이르는 말.

귀ː지(貴誌)명 상대편을 높이어, 그가 소속된 기관에서 발행하는 '잡지'를 이르는 말.

귀ː착(歸着)명하자되자 ①(먼 곳으로부터) 돌아와 닿음. ¶ ○○ 기지에 귀착하다. ②의논이나 어떤 일의 경과 따위가 여러 과정을 거쳐 어떤 결말에 다다름. ¶ 최초의 안(案)으로 귀착되다.

귀찮다 [-찬타]형 〔'귀치 아니하다'가 줄어서 된 말로〕 번거롭고 성가시다. ¶ 귀찮게 자꾸 따라다닌다. ＊귀찮아[-차나]·귀찮소[-찬쏘]

귀ː찰(貴札)명 ☞귀함(貴函).

귀ː책(鬼責)명 사람의 죄를 징계하기 위하여 귀신이 내리는 벌을 받음. 귀침(鬼侵).

귀ː책(歸責)명하자 법률에서, 자유의사에 의한 행위를 그 행위자의 책임에 결부시키는 일.

귀ː책-사유(歸責事由) [-싸-]명 법률상 비난받을 심리 상태에 기인하는 행위, 곧 고의나 과실에 의한 행위.

귀ː처(貴處)명 ☞귀지(貴地).

귀ː척(貴戚)명 지체 높은 사람의 인척. 임금의 인척.

귀ː천(貴賤)명 신분 등이 귀하거나 천한 일, 또는 높은 사람과 낮은 사람. ¶ 귀천을 가리지 않는다. /직업에는 귀천이 없다.

귀ː천(歸天)명하자 사람의 죽음.

귀ː천-상하(貴賤上下)명 신분의 귀함과 천함, 지위의 높음과 낮음을 이르는 말.

귀ː천지별(貴賤之別)명 귀함과 천함의 구별.

귀-청명 ☞고막(鼓膜).

귀청(이) 떨어지다관용 소리가 너무 크다. 귀청(이) 터지다.

귀청(이) 터지다관용 ☞귀청(이) 떨어지다.

귀ː체(貴體)명 〔편지 글 등에서〕 상대편을 높이어, 그의 '몸'을 이르는 말. ¶ 귀체 안녕하십니까?

귀ː촉도(歸蜀道) [-또]명 ☞두견이.

귀ː추(歸趨)명 어떤 결과로서 귀착하는 바. 귀착하는 곳. 귀취(歸趣). ¶ 민심의 귀추. /이번 사태의 귀추가 주목된다.

귀ː축(鬼畜)명 〔아귀(餓鬼)와 축생(畜生)이란 뜻으로〕 '은혜를 모르는 사람 또는 잔인무도(殘忍無道)한 사람'을 이르는 말.

귀축축-하다 [-추카-]형여 ①하는 짓이 구질구질하고 더럽다. ②구질구질하고 축축하다. ¶ 방바닥에 물이 스며들어 귀축축했다. **귀축축-히**부.

귀ː취(歸趣)명 ☞귀추(歸趨).

귀ː측(貴側)명 상대편을 높이어, '당신네 쪽'을 이르는 말. ¶ 귀측에서도 이견(異見)이 없으리라 믿습니다.

귀ː침(鬼侵)명 ☞귀책(鬼責).

귀ː태(貴態)명 ①존귀한 자태. ¶ 얼굴에서 귀태가 나다. ②품위 있는 태도.

귀ː택(歸宅)명하자 자기의 집으로 돌아가거나 돌아옴.

귀ː토(歸土)명 〔흙으로 돌아간다는 뜻으로〕 '사람의 죽음'을 이르는 말.

귀토지설(龜兎之說)명 고대 설화의 한 가지. 우직한 거북과 간교한 토끼와의 지혜 겨룸을 내용으로 한 우화(寓話)로서, '별주부전'의 근원 설화임. 〔'삼국사기'에 실려 전함.〕

귀퉁-머리명 〈귀퉁이〉의 속된 말.

귀퉁-배기명 〈귀퉁이〉의 속된 말.

귀퉁이명 ①귀의 언저리. ②물건의 쑥 내민 부분. ¶ 귀퉁이가 쑥 내밀다. ③사물의 구석. ¶ 대청마루 귀퉁이.

귀틀명 ①마루청을 놓기 위하여 먼저 굵은 나무로 가로나 세로로 짜 놓은 틀. ②통나무나 각재(角材) 따위로 가로세로 어긋맞게 '井' 자 모양으로 짠 틀.

귀틀-마루명 ☞우물마루.

귀틀-집 [-찝]명 굵은 통나무를 '井' 자 모양으로 귀를 맞추어 층층이 얹고 틈을 흙으로 메워 지은 집.

귀틈명 '귀띔'의 잘못.

귀ː-티(貴-)명 귀하게 보이는 모습이나 태도. ¶ 귀티가 나다. /귀티가 흐르다.

귀판(龜板)명 한방에서, 거북의 배의 껍데기를 약재로 이르는 말. 〔학질 등에 쓰임.〕

귀-포(-包)명 장기를 둘 때, 궁밭의 귀에 놓인 포.

귀ː품(貴品)명 〈귀중품〉의 준말.

귀ː하(貴下)[1]명 〔편지 글 등에서〕 상대편을 높이어, 그의 이름 뒤에 쓰는 말. ¶ 홍길동 귀하. 참귀중(貴中)·궤하(机下).

귀ː하(貴下)[2]대 상대편을 높이어, 그의 이름 대신 부르는 말. ¶ 귀하의 의견에 찬동합니다.

귀ː-하다(貴-)형여 ①신분이나 지위가 높다. ¶ 귀한 집안 출신. ↔천하다. ②사랑스러워 귀염을 받을 만하다. ③아주 구하기 힘들고 드물다. ¶ 귀한 물건. /물자가 귀하다. ↔흔하다. ④존중할 만하다. 《주로, '귀하게'·'귀한'의 꼴로 쓰임.》 ¶ 귀한 손님. ①~③**귀-히**부 ¶ 귀히 여기는 골동품.

귀ː한(貴翰)명 ☞귀함(貴函).

귀ː함(貴函)명 상대편을 높이어, 그의 '편지'를 이르는 말. 귀간(貴簡). 귀서(貴書). 귀찰(貴札). 귀한(貴翰). 운전(雲箋).

귀ː함(歸艦)명하자 함정에서 근무하는 군인이, 휴가나 출장 등으로 밖에 나갔다가 자기 함정으로 돌아가거나 돌아옴.

귀ː항(歸降)명하자 싸움에 져 항복함.

귀ː항(歸航)명하자 선박이나 항공기 따위가 귀로에 오름. 복항(復航). ¶ 귀항 길에 오르다.

귀ː항(歸港)명하자 배가 떠났던 항구로 다시 돌아가거나 돌아옴. ¶ 귀항 예정일.

귀ː향(歸鄕)명하자 고향으로 돌아가거나 돌아옴. ¶ 군 복무를 마치고 귀향하다. ↔이향(離鄕).
귀ː현(貴顯)명하형 신분이 높고 유명함, 또는 그런 사람. 귀현-히부.
귀ː형(鬼形)명 귀신의 형상.
귀ː형(貴兄)대 친한 사이에서, 상대편을 높이어 부르는 말.
귀ː호-곡(歸乎曲)명 ☞가시리.
귀ː화(鬼火)명 ☞도깨비불.
귀ː화(歸化)명하자 ①지난날, 정복당한 백성이 임금의 덕에 감화되어 그 백성이 되던 일. ②다른 나라의 국적을 얻어 그 나라의 국민이 됨. ¶ 한국에 귀화한 미국인.
귀ː화^식물(歸化植物)[-싱-]명 원생지에서 다른 지역으로 옮겨져 그곳의 기후와 풍토에 순화(馴化)하여 자생하게 된 식물.
귀ː화-인(歸化人)명 귀화한 사람.
귀ː환(歸還)명하자 돌아옴, 특히 전쟁터에서 돌아옴. ¶ 무사히 귀환하다.
귀ː회(貴會)[-회/-훼]명 상대편을 높이어, 그가 딸린 '회(會)'를 이르는 말.
귀ː후-서(歸厚署)명 조선 시대에, 나라의 관곽(棺槨)을 만들고 장례(葬禮)에 관한 일을 맡아보던 관아(官衙).
귀ː휴(歸休)명하자 고향이나 집에 돌아와 쉼. 특히, 근무 중이거나 복역 중에 있는 사람이 일정 기간 휴가를 얻어 집에 와 쉼. ¶ 일시(一時) 귀휴.
귀ː휴-병(歸休兵)명 소정의 병역을 마치기 전에 귀휴를 허락받은 병사.
귀흉-귀배(龜胸龜背)명 ☞안팎곱사등이.
귓-가[귀까/귇까]명 귀의 가장자리.
귓가로 듣다관용 별로 관심 없이 듣다.
귓가에 맴돌다관용 귓전에서 사라지지 않고 들리는 듯하다.
귓것명 〈옛〉 귀신. 도깨비. ¶ 餓鬼는 주으린 귓거시라(月釋1:46).
귓-결[귀껼/귇껼]명 별 관심 없이 얼른 귀에 들게 된 겨를. ¶ 귓결에 들은 말이라 기억이 잘 나지 않는다.
귓-구멍[귀꾸-/귇꾸-]명 귀의 밖에서 귀청까지 통한 구멍.
귓구멍이 넓다〔너르다/크다〕관용 남의 말을 잘 곧이듣다. 귓문이 넓다.
귓-달[귀딸/귇딸]명 연의 네 귀에 'X' 자 모양으로 엇걸리게 붙이는 가는 대오리.
귓도리명 〈옛〉 귀뚜라미. ¶ 귓도리 저 귓도리 에엿부다 저 귓도리(靑丘.時調).
귓-돈[귀똔/귇똔]명 전립(戰笠)의 영자(纓子)를 다는 위쪽에 색실로 꿰어서 다는, 매미나 나비 모양의 밀화(蜜花) 덩이.
귓-돌[귀똘/귇똘]명 머릿돌.
귓돌와미명 〈옛〉 귀뚜라미. ¶ 나그내 시르믄 귓돌와밋 소리예 니엣고(杜初21:23).
귓-등[귀뜽/귇뜽]명 귓바퀴의 바깥쪽.
귓등으로도 안 듣는다관용 남의 말을 새겨듣지 않고 들은 체 만 체 하다.
귓등으로 듣다관용 듣고도 들은 체 만 체 하다.
귓등으로 흘리다〔흘려보내다〕관용 남의 말을 새겨듣지 않고 듣는 둥 마는 둥 하다.
귓-머리명 '귀밑머리'의 잘못.
귓-문(-門)[귄-]명 ①귓구멍의 밖으로 열린 쪽. ②화승총에 불을 대는 구멍의 아가리.
귓문이 넓다관용 ☞귓구멍이 넓다〔너르다/크다〕.
귓-바퀴[귀빠-/귇빠-]명 겉귀의 드러난 부분. 이각(耳殼). 이륜(耳輪). 준귀.
귓-밥[귀빱/귇빱]명 ☞귓불1.
귓-병(-病)[귀뼝/귇뼝]명 '귀에 생기는 여러 가지 병'을 통틀어 이르는 말.
귓-불1[귀뿔/귇뿔]명 귓바퀴의 아래쪽으로 늘어진 살. 귓밥. 이수(耳垂). 이타(耳朶).
귓불만 만진다관용 일이 어려운 처지에 놓였을 때, 더는 손을 쓰지 못하고 되어 가는 대로 맡기어 결과만을 기다린다는 뜻.
귓-불2[귀뿔/귇뿔]명 화승총(火繩銃)에서, 화승을 대는 신관(信管).
귓-속[귀쏙/귇쏙]명 귀의 안쪽.
귓속-말[귀쏭-/귇쏭-]명하자 남의 귀에 대고 소곤거리는 말. 귀엣말. ¶ 귓속말을 주고받다.
귓속-질[귀쏙찔/귇쏙찔]명하자 귓속말로 소곤거리는 짓.
귓-전[귀쩐/귇쩐]명 귓바퀴의 가. 귀 가까이. ¶ 귓전을 스치는 바람 소리.
귓전으로 듣다관용 주의를 기울이지 아니하고 건성으로 듣다.
귓전을 때리다관용 귀에 세게 들려오다. ¶ 귓전을 때리는 굉음.
귓전을 울리다관용 가까이서 소리 나는 것처럼 들려오다.
귓-집[귀찝/귇찝]명 추위를 막기 위하여 귀를 덮는 물건.
규(圭·珪)명 ①옥으로 만든 홀(笏). 옛날 중국에서, 천자가 제후를 봉할 때 내린 인신(印信). ②☞모2. 귀퉁이.
규(奎)명 〈규성(奎星)〉의 준말.
규(規)명 ①각도기나 컴퍼스 따위를 통틀어 이르는 말. ②원(圓)이나 원형(圓形)의 물건.
규(睽)명 〈규괘(睽卦)〉의 준말.
규각(圭角)명 ①〔옥의 뾰족한 모서리라는 뜻으로〕 언행이나 성격 등이 원만하지 못하고 모가 나서 남과 잘 어울릴 수 없는 일. ②물건이 서로 들어맞지 않음.
규각-나다(圭角-)[-강-]자 사물·뜻 따위가 서로 잘 들어맞지 아니하다.
규간(規諫)명하자 사리를 말하여 간함.
규격(規格)명 ①일정한 규정에 들어맞는 격식. ②공업 제품 등의 품질이나 치수·모양 등에 대한 일정한 표준. ¶ 규격을 통일하다.
규격-판(規格版)명 서적·장부·전표·사무용지 등의 크기의 기준. 〔국판·사륙판 따위.〕
규격-품(規格品)명 질·모양·치수 따위를 어떤 규격에 맞추어 만든 물품.
규격-화(規格化)[-겨콰]명하타되자 ①같은 종류의 제품이나 재료 등을 규격에 맞추어 통일함. ¶ 제품의 규격화. ②사물이나 사상 따위를 일정한 틀에 맞추어 독자성이나 개성 따위를 없앰. ¶ 규격화된 인간.
규계(規戒)[-계/-게]명하타 지켜야 할 규범 등을 들어, 남을 바르게 타이름.
규괘(睽卦)명 육십사괘의 하나. 이괘(離卦)와 태괘(兌卦)를 위아래로 놓은 괘. 불과 못을 상징함. 준규(睽).
규구(規矩)명 ①컴퍼스와 곱자, 또는 치수와 모양. 그림쇠. ②〈규구준승(規矩準繩)〉의 준말.
규구-법(規矩法)[-뻡]명 어떤 입체를 필요한 모양으로 만드는 법.
규구-준승(規矩準繩)명 〔컴퍼스·곱자·수준기(水準器)·먹줄이란 뜻으로〕 일상생활에서 지켜야 할 법도. 준규구(規矩).

규동-선(硅銅線·珪銅線)명 구리에 소량의 주석과 규소를 섞어 만든 전선. 전화선에 많이 쓰임.
규례(規例)명 규칙과 정례(定例).
규로(逵路)명 사방팔방으로 통하는 큰길.
규리(糾理)명하타 두루 보살피어 처리함.
규면(規免)명하타 ☞도면(圖免).
규명(糾明)명하타되자 자세히 캐고 따져 사실을 밝힘. ¶ 사건의 진상을 규명하다. /화재의 원인이 규명되다.
규모(規模)명 ①사물의 구조나 구상(構想)의 크기. ¶ 거국적인 규모. /규모가 큰 행사. ②본보기가 될 만한 틀이나 제도. 모범. 규범. ③씀씀이의 계획성이나 일정한 한도. ¶ 규모 있게 살림을 꾸려 나가다.
규목(槻木)명 ☞물푸레나무.
규문(奎文)명 학문과 문물(文物).
규문(糾問)명하타 죄를 엄하게 따져 물음.
규문(閨門)명 ☞규중(閨中).
규문-주의(糾問主義)[-의/-이]명 법원이 범죄 사실을 발견하였을 때, 그 소추(訴追)를 기다리지 아니하고 직권으로 범죄를 수사하여 범인을 체포·심리·재판하는 원칙. ↔탄핵주의.
규반(畦畔)명 '휴반(畦畔)'의 잘못.
규방(閨房)명 ①부녀자가 거처하는 방. 도장방. ②부부의 침실. ③안방.
규방^가사(閨房歌辭)명 ☞내방 가사.
규방^문학(閨房文學)명 조선 시대에, 주로 양반 부녀층에서 이루어진 문학. 규방 가사(閨房歌辭)가 대표적임.
규범(規範)명 ①사물의 본보기. 모범. 규모. 전경(典經). ¶ 규범을 보이다. ②철학에서, 판단·평가·행위 등의 기준이 되는 것을 이름. ¶ 도덕의 규범.
규범^과학(規範科學)명 ☞규범학.
규범^문법(規範文法)[-뻡]명 일상의 언어활동을 올바르게 이끌어 가기 위하여 일정한 규칙을 정하고, 그 규칙을 지키도록 명령하는 문법. 학교 문법.
규범-학(規範學)명 경험 과학에 대하여, 당위(當爲)·가치·규범을 대상으로 하는 학문. 〔논리학·윤리학·미학 따위.〕 규범 과학.
규벽(圭璧)명 ①잔글자로 박아서 부피를 작게 한 경서(經書). ②지난날, 중국에서 제후가 천자를 뵐 때 지니던 홀(笏).
규보(跬步·頃步)명 (반걸음 정도밖에 안 되는) 아주 가까운 거리.
규사(硅砂)명 화강암 따위의 풍화로 생긴, 이산화규소(二酸化硅素)의 모래. 도자기나 유리를 만드는 데 원료로 쓰임. 석영사(石英砂). 차돌모래.
규사(窺伺)명하타 기회를 엿봄. 눈치를 살핌.
규산(硅酸)명 ①규소와 산소·수소의 화합물. 흡착제·건조제·탈색제 등에 쓰임. ②이산화규소(二酸化硅素)를 흔히 이르는 말.
규산-나트륨(硅酸Natrium)명 규산염의 한 가지. 물에 잘 녹는 백색의 고체. 진한 수용액은 물유리라 하며, 접착제나 칠감·비누 따위를 만드는 데 쓰임.
규산-마그네슘(硅酸magnesium)명 광물 속에 천연 상태로 포함된 규소. 활석(滑石)·사문석(蛇紋石) 따위의 성분임.
규산-알루미늄(硅酸aluminium)명 규산과 알루미늄의 화합물. 각종 광물의 주성분으로서 존재함. 도토(陶土)의 주원료임.
규산-염(硅酸塩)[-념]명 이산화규소와 금속 화합물로 이루어진 화합물을 통틀어 이르는 말. 지각(地殼)의 주성분을 이루고 있으며, 유리·시멘트·도자기 등의 원료로 쓰임.
규산-칼륨(硅酸Kalium)명 산화칼륨과 이산화규소의 결합으로 이루어진 화합물을 통틀어 이르는 말. 물에 녹으며, 적당한 조건으로 처리하면 물유리 모양이 됨.
규산-칼슘(硅酸calcium)명 산화칼슘과 이산화규소의 결합으로 이루어진 화합물을 통틀어 이르는 말. 시멘트의 주성분임.
규석(硅石)명 공업용 원료로서의 규산질 암석을 통틀어 이르는 말. 유리·도자기·내화 벽돌 등의 원료로 쓰임. 규암(硅岩).
규석^벽돌(硅石甓-)[-뻑똘]명 규석을 주성분으로 하여 구워 만든 내화용 벽돌.
규선-석(硅線石)명 변성암 속에 들어 있는 가느다란 기둥 또는 섬유 모양의 광물. 갈색·회색·황색 등을 띠며 유리 광택이 있음. 내화물의 원료로 쓰임.
규성(叫聲)명 외치는 소리.
규성(奎星)명 이십팔수의 하나. 서쪽의 첫째 별자리. ㈜규(奎).
규소(硅素)명 비금속 원소의 한 가지. 천연적으로는 단체(單體)로 존재하지 않고 산화물·규산염으로서 지각(地殼)에 많은 양이 존재함. 〔Si/14/28.0855〕
규소^수지(硅素樹脂)명 ☞실리콘(silicone).
규수(閨秀)명 ①혼기에 이른 남의 집 처녀를 점잖게 이르는 말. 규양(閨養). ¶ 이 씨 집 규수. ㊥색시. ②학예(學藝)에 뛰어난 여자. ¶ 규수 작가. /규수 화가.
규시(窺視)명하타 엿봄. 점시(覘視).
규식(規式)명 정해진 격식, 또는 규칙.
규암(硅岩)명 ☞규석(硅石).
규약(規約)명 서로 협의하여 정한 규칙. 특히, 단체 등의 내부 조직에 관한 규정. ¶ 규약 위반.
규양(閨養)명 ☞규수(閨秀).
규연(巋然) '규연하다'의 어근.
규연-하다(巋然-)형여 높이 솟아 우뚝하다. 규연-히부.
규운-암(硅雲岩)명 화강암의 한 가지. 차돌과 운모가 주성분임.
규원(閨怨)명 (버림받거나 하여) 남편과 헤어져 사는 여자의 원한.
규원-가(閨怨歌)명 조선 선조 때의 여류 작가 허난설헌(許蘭雪軒)이 지었다고 하는 내방 가사. 여인의 정한(情恨)을 노래한 내용. 원부사(怨婦詞).
규율(規律)명 ①하타집단생활이나 사회생활을 하는 데 행위의 규준이 되는 것. 기율. ¶ 학교의 규율. /규율이 엄하다. ②일상생활의 질서. ¶ 규율을 어기다. /문란해진 규율을 바로잡다.
규장(奎章)명 임금이 쓴 글이나 글씨.
규장-각(奎章閣)명 조선 시대에, 역대 임금의 시문·서화·유교(遺敎)·고명(顧命) 등을 보관하던 관아. 정조 원년에 설치함. ㊟내각(內閣).
규전(圭田)명 이등변 삼각형처럼 생긴 논밭.
규정(規定)명하타되자 ①어떤 일을 하나의 고정된 규칙으로 정함, 또는 그 정해진 규칙. ¶ 맞춤법 규정. /도서 대출 규정. ②어떤 사항을 법령의 조항으로 정함, 또는 그 정해진 조항. 규정(規程). ¶ 전항(前項)의 규정에 의함. ③어떤 것의 내용·성격·의미 등을 밝히어 정함, 또는 밝히어 정한 것. ¶ 모임의 성격을 분명히 규정하다.

규정(規程)명 ①☞규정(規定). ②관공서 따위에서, 내부 조직이나 사무 취급 등에 대하여 정해 놓은 규칙. ¶ 인사 관리 규정.
규정^농도(規定濃度)명 용액 1 l 속에 녹아 있는 용질의 g당량 수. 노르말 농도.
규정-론(規定論)[-논]명 ☞결정론(決定論).
규정^명ː제(規定命題)명 특수 개념을 일반 개념에 종속시키어 단정한 명제.
규정-액(規定液)명 농도가 몇 규정(規定)인지 정밀하게 알려져 있는 시약의 용액. 용량 분석에 쓰임. 표준액(標準液). 노르말액(Normal液).
규정^전ː류(規定電流)[-절-]명 장치를 해치지 않고 안전하게 사용할 수 있는 전류의 강도.
규정-짓다(規定-)[-짇따][~지으니·~지어]타ㅅ ①규칙으로 정하다. ¶ 회원들은 다수결을 통해 회칙을 규정지었다. ②성격이나 내용 등을 밝혀 정하다. ¶ 법원은 오늘 발생한 시위를 불법 시위로 규정지었다.
규제(規制)명하타되자 어떤 규칙을 정하여 제한함, 또는 그 규칙. ¶ 수입 상품의 규제. /차량 통행을 규제하다.
규조-강(硅藻綱)명 갈조식물의 한 강. 민물과 바닷물에서 생활하는 단세포의 미소한 조류(藻類). 식물성 플랑크톤이 그 주요한 것으로, 물고기의 먹이가 됨. 규산질로 된 껍데기를 가지고 있음.
규조-석(硅藻石)명 규조의 화석이 많이 들어 있는 돌.
규조-토(硅藻土)명 규조가 쌓여서 된 퇴적물. 빛깔은 백색·황색·회색 등으로, 가볍고 무름. 흡착제(吸着劑)·여과제(濾過劑)·보온제 등의 원료로 쓰임.
규준(規準)명 ①규범이 되는 표준. ¶ 규준을 세우다. ②따라야 할 규칙. ¶ 도덕의 규준.
규중(閨中)명 부녀자가 거처하는 방. 규문(閨門).
규중-부녀(閨中婦女)명 가정에서 살림을 하며 지내는 여자.
규중-처녀(閨中處女)명 규중에 있는 처녀. 집안에서만 고이 자란 처녀. 규중처자.
규중-처자(閨中處子)명 ☞규중처녀.
규중칠우-쟁론기(閨中七友爭論記)[-논-]명 조선 시대의 작자·연대 미상의 한글 수필. 규중부녀들의 손에서 떨어지지 않는 일곱 가지(바늘·자·가위·인두·다리미·실·골무)를 의인화하여 인간 세상을 풍자한 내용.
규중-행실가(閨中行實歌)명 조선 말기의 작자·연대 미상의 규방 가사. 시집살이의 도리와 범절을 훈계한 내용.
규찬(圭瓚)명 조선 시대에, 종묘나 문묘 제사 때 쓰던 옥으로 만든 술잔.
규찰(糾察)명하타 ①죄상(罪狀) 따위를 캐고 따져 자세히 밝힘. ②질서를 바로잡고 통제함.
규칙(規則)명 ①어떤 일을 할 때, 여럿이 다 같이 따라 지키기로 약정한 질서나 표준. ¶ 교통 규칙. /경기 규칙. ②관청 같은 데서 사무 처리 및 내부 규율 등에 관하여 제정한 규범. ¶ 인사 규칙. /사무 처리 규칙.
규칙^동ː사(規則動詞)[-똥-]명 어미의 활용이 규칙적으로 이루어지는 동사. 〔먹다(먹고·먹으니·먹으면…), 잡다(잡고·잡으니·잡으면…) 따위.〕 ↔불규칙 동사.
규칙^용ː언(規則用言)[-칭뇽-]명 어미의 활용이 규칙적으로 이루어지는 용언, 곧 규칙 동사와 규칙 형용사를 아울러 이르는 말. 바른풀이씨. ↔불규칙 용언.
규칙-적(規則的)[-쩍]관명 일정한 규칙에 따른 (것). 규칙이 바른 (것). ¶ 규칙적 생활. /변화가 규칙적으로 나타나다.
규칙^형용사(規則形容詞)[-치켱-]명 어미의 활용이 규칙적으로 이루어지는 형용사. 〔붉다(붉고·붉으니·붉으면…), 맑다(맑고·맑으니·맑으면…) 따위.〕 바른그림씨. ↔불규칙 형용사.
규칙^활용(規則活用)[-치콰룡]명 어미의 활용이 규칙적으로 이루어지는 일. ↔불규칙 활용.
규탄(糾彈)명하타되자 공적인 처지에서, 책임이나 죄상 따위를 엄하게 따지고 나무람. ¶ 침략 행위를 규탄하다.
규폐(硅肺)[-폐/-페]명 광산 등에서, 규산이 많이 들어 있는 먼지를 오랜 시일에 걸쳐 들이마심으로써 생기는 만성 폐 질환.
규합(糾合)명하타되자 어떤 목적 아래 많은 사람을 한데 끌어 모음. ¶ 동지를 규합하다.
규합(閨閤)명 안주인이 거처하는 방.
규형(窺衡)명 ☞인지의(印地儀).
규호(叫號)명하타 큰 소리로 부르짖음.
규화(硅化)명하자 ①암석 안의 지하수 등에 들어 있는 규산이 스며들어 침전함. ②생물의 유체(遺體)가 규산의 침투로 인하여 규산질(硅酸質)로 변함.
규화(硅華)명 단백석(蛋白石)의 한 가지. 이산화규소를 주성분으로 한 온천 침전물.
규화(葵花)명 ①☞접시꽃. ②☞해바라기[2].
규화-목(硅化木)명 땅속에 파묻혀 규화(硅化)한 나무.
규화-물(硅化物)명 규소와 다른 원소, 특히 금속과의 화합물.
규환(叫喚)명하자 (괴로움 따위로) 큰 소리로 부르짖음. ¶ 아비(阿鼻)규환.
규환-지옥(叫喚地獄)명 불교에서 이르는 팔열지옥(八熱地獄)의 하나. 살생·절도·음행(淫行)·음주의 죄를 지은 이가 가게 된다는 지옥으로, 펄펄 끓는 가마솥에 들어가거나 시뻘건 불 속에 던져져 고통을 받는다고 함.
규회-석(硅灰石)[-회-/-훼-]명 칼슘의 규산염을 주성분으로 한 광물. 짧은 기둥 모양의 결정으로 무색 또는 회백색이며, 유리나 진주 같은 광택이 있음.
균(菌)명 〈병균〉·〈세균〉의 준말.
균개(菌蓋)명 ☞균산(菌傘).
균근(菌根)명 고등 식물의 뿌리와 균류가 긴밀하게 결합하여 서로 공생 관계가 맺어져 있는 뿌리.
균독(菌毒)명 균류가 가지고 있는 독. 독균에 들어 있는 유독 성분.
균등(均等)명하형 수량이나 상태 따위가, 차별없이 고름. ¶ 균등하게 분배하다. **균등-히**부.
균등^대ː표제(均等代表制)명 대소 강약의 차이에 관계없이 각 구성 요소에 균등한 수의 대표를 인정하는 제도.
균류(菌類)[귤-]명 엽록소를 갖지 아니하고 다른 유기체에 기생하며 포자로 번식하는 식물을 통틀어 이르는 말. 〔곰팡이나 버섯 따위.〕 곰팡이류.
균모(菌帽)명 ☞균산(菌傘).
균배(均配)명하타 고르게 나누어 줌. ¶ 재산을 균배하다.
균배(均排)명하타 고르게 안배함.
균분(均分)명하타되자 똑같은 비율로 나눔. ¶ 유산(遺產)을 균분하다.
균분^상속(均分相續)명 재산을 상속할 때, 상속인의 상속분을 균등하게 하는 공동 상속 형태.

균사(菌絲)명 (곰팡이나 버섯 등) 균류의 몸을 이루고 있는 가는 실 모양의 구조체. 흰빛으로 엽록소가 없음. 균사체.

균사-체(菌絲體)명 ☞균사.

균산(菌傘)명 버섯의 줄기 위에 있는 우산 모양의 부분. 균개(菌蓋). 균모(菌帽). 버섯갓.

균습(菌褶)명 균산(菌傘)의 아랫면에 있는 방사상(放射狀)의 주름. 많은 포자낭이 있어 포자를 배출함.

균-시차(均時差)명 진태양시(眞太陽時)와 평균 태양시와의 차이. 시차(時差).

균심(菌蕈)명 ☞버섯.

균안(均安) '균안하다'의 어근.

균안-하다(均安-)형여 두루 편안하다. ¶ 댁내 제절(諸節)이 균안하시나이까?

균여-전(均如傳)명 고려 문종 때, 혁련정(赫連挺)이 엮은 균여 대사의 전기. 여기에 향가 '보현십원가(普賢十願歌)'가 실려 전함.

균역-법(均役法)[-뻡]명 조선 영조 26(1750)년에, 백성의 부담을 덜기 위하여 정하였던 납세 제도. 종래의 군포(軍布)를 두 필에서 한 필로 줄이고 그 부족액은 어업세·염세(塩稅)·선박세 등으로 보충하였음.

균역-청(均役廳)명 조선 말기에, 균역법의 실시에 따른 모든 사무를 맡아보던 관아.

균열(龜裂)명하자되자 ①거북의 등딱지 모양으로 갈라짐, 또는 그 갈라진 금이나 틈. 균탁. ¶ 벽에 균열이 생기다. ②사람과 사람 사이에 틈이 생김. ¶ 두 사람 사이에 균열이 생기다.

균염-제(均染劑)명 염색이 고루 잘되게 넣는 보조 약제.

균영(菌癭)명 균류 따위의 기생으로, 식물체의 일부가 혹 같은 모양을 이룬 부분.

균온(均穩) '균온하다'의 어근.

균온-하다(均穩-)형여 〔주로 편지에서 쓰이는 말로〕 두루 평온하다. ¶ 집안이 균온하온지요?

균일(均一)명하형 금액이나 수량 따위가 모두 똑같음. 차이가 없음. 고름. ¶ 값은 100원 균일입니다. **균일-히**부.

균일-제(均一制)[-쩨]명 값이나 요금 따위를 균일하게 하는 제도.

균전(均田)명 ①나라에서 토지를 백성에게 고루 나누어 주는 일, 또는 그 토지나 제도. ②지난날, 토지의 규모에 따라 세금을 고르게 매기던 일, 또는 그 제도.

균전-사(均田使)명 조선 시대에, 논밭에 관한 일을 감독하던 벼슬아치.

균점(均霑)명하타 ①이익이나 혜택을 고르게 얻거나 받음. 균첨(均沾). ②국제법상, 다른 나라와 똑같은 혜택을 받음.

균제(均齊)명하형 ①고르고 가지런함. ②모양이나 빛깔 따위가 균형이 잘 잡히어 고름.

균조^식물(菌藻植物)[-싱-]명 은화식물(隱花植物)의 한 무리. 이끼 이하의 하등 식물로, 균류·조류(藻類)가 이에 포함됨.

균종(菌腫)명 세균의 번식으로 생기는 혹 모양의 종기. 흔히 소나 말, 돼지 따위에서 볼 수 있음.

균질(均質)명하형 하나의 물체 가운데 어느 부분을 취하여도 물리적·화학적 성분이나 성질이 똑같은 일. 등질(等質).

균천(鈞天)명 구천(九天)의 하나. 하늘의 중앙.

균첨(均沾)명하타 ☞균점(均霑).

균탁(龜坼)명하자되자 ☞균열(龜裂).

균평(均平) '균평하다'의 어근.

균평-하다(均平-)형여 ①고르고 평평하다. ②고루 공평하다. ¶ 균평한 혜택. **균평-히**부.

균할(均割)명하타 균등하게 분할함. 똑같이 할당함.

균핵(菌核)명 균사(菌絲)가 식물의 꽃이나 열매·뿌리 등에 붙어서 생기는 단단한 덩어리.

균핵-균(菌核菌)[-균]명 균핵을 이루는 균류.

균핵-병(菌核病)[-뼝]명 균핵을 이룬 균류의 기생으로 생긴 식물의 병.

균형(均衡)명 어느 한쪽으로 기울거나 치우치지 아니하고 고른 상태. 권형(權衡). ¶ 균형이 깨지다.

균형^예:산(均衡豫算)[-녜-]명 세입과 세출이 균형을 이루고 있는 예산.

균형^재정(均衡財政)명 경상적(經常的) 지출과 경상적 수입이 균형을 이루고 있는 재정 상태. 건전 재정(健全財政).

귤(橘)명 ①귤나무의 열매. 빛깔은 등황색이며, 맛은 시고 새콤달콤함. ②귤·유자·밀감 따위를 통틀어 이르는 말.

귤강-차(橘薑茶)명 귤병(橘餠)과 편강(片薑)을 넣어 끓인 차.

귤-껍질(橘-)[-찔]명 귤의 껍질. 약재로 쓰임. 귤피(橘皮).

귤-나무(橘-)[-라-]명 운향과의 상록 활엽 교목. 높이 4 m가량. 잎은 달걀 모양이며 초여름에 흰 꽃이 핌. 열매는 동글납작한 액과(液果)로 노랗게 익으며 향기가 있음. 등자나무.

귤병(橘餠)명 과자의 한 가지. 귤을 설탕이나 꿀에 조리어 만듦.

귤-빛(橘-)[-삗]명 익은 귤의 빛깔과 같이 노란빛을 띤 주황빛. *귤빛이[-삐치]·귤빛만[-삔-]

귤색(橘色)[-쌕]명 ①주황(朱黃)과 노랑의 중간 색상의 이름. 등황색(橙黃色). ②잘 익은 귤껍질의 빛깔. 오렌지색.

귤엽(橘葉)명 귤나무의 잎. 약재로 쓰임.

귤피(橘皮)명 귤껍질.

귤피-문(橘皮紋)명 귤껍질처럼 두툴두툴하게 생긴 도자기의 무늬.

귤핵(橘核)명 한방에서, 귤의 씨를 약재로 이르는 말. 허리 아픈 데 쓰임.

귤홍(橘紅)명 한방에서, 귤껍질의 안쪽에 있는 흰 부분을 벗겨 낸 껍질을 약재로 이르는 말. 홍피(紅皮).

귤화(橘花)명 귤나무의 꽃.

귤화-차(橘花茶)명 귤나무의 꽃을 말렸다가 물에 넣어 끓인 차.

그 Ⅰ대 ①말하는 이와 듣는 이가 아닌 사람을 가리키는 삼인칭 대명사. 주로 남자를 가리킴. ¶ 그에게서 온 편지. /그와 함께 기뻐하다. ②〈그것〉의 준말. ¶ 그와 같은 물건.

Ⅱ관 ①말하는 이로부터 조금 떨어져 있는 물건을 가리킬 때 쓰는 말. ¶ 그 책상. /그 공 이리 좀 다오. ②이미 말한 것이나 알고 있는 사물 등을 가리킬 때 쓰는 말. ¶ 그 친구네 집. /그 노래를 불러 다오. ③확실하지 않거나 밝히고 싶지 않은 일 등을 말할 때 쓰는 말. ¶ 그 얼마 전에 있었던 일.

그 나물에 그 밥속담 서로 격이 어울리는 것끼리 짝이 된 경우에 하는 말.

그 아버지에 그 아들속담 여러 점에서 아들이 아버지를 많이 닮은 경우에 하는 말.

그-간(-間)명 그사이. 그동안. ¶ 그간의 행적.

그-거대 〈그것〉의 준말. ¶ 그거 참 이상한데. /그거 큰일이군. 작고거.

그-것[-걷]대 ①말하는 이가 상대편의 가까이에 있는 물건을 가리키는 말. ¶ 그것을 이리 다오. /그것은 책이 아니다. ②이미 말한 것이나 알고 있는 사물을 가리키는 말. ¶ 그것은 내가 할 일이 아니다. /그것을 모르다니 정말 답답하군. ③'그 사람'을 홀하게, 또는 얕잡아 이르는 말. ¶ 그것이 무얼 안담. ④'그 아이'를 귀엽게 이르는 말. ¶ 그것들 참 귀엽기도 하지. 준그·그거. 작고것. * 그것이[-거시]·그것만[-건-]

그것-참[-걷-]감 어떤 일에 대한 깊은 느낌을 나타내는 말. ¶ 그것참, 훌륭하기도 하다. 준거참.

그-게준 '그것이'가 줄어든 말. 작고게.

그-곳[-곧]대 ①듣는 이로부터 아주 가까운 곳을 가리키는 말. ¶ 그곳에 책을 올려놓아라. ②이미 말한 곳을 가리키는 말. ¶ 그곳의 위치가 어디입니까? 거기. * 그곳이[-고시]·그곳만[-곤-]

그-글피명 글피의 다음 날.

그길-로부 ①어떤 곳에 도착한 그 걸음으로. ②어떤 일이 있은 다음 곧. ¶ 사고 소식을 듣고 그길로 곧장 병원으로 갔다.

그-까지로부 겨우 그만한 정도로. ¶ 그까지로 일하려거든 아예 그만둬라. 작고까지로.

그-까짓[-짇]관 겨우 그만한 정도의. ¶ 그까짓 일은 누구나 할 수 있다. 준그깟·까짓. 작고까짓.

그-깟[-깓]관 〈그까짓〉의 준말. ¶ 그깟 일로 놀라다니. /그깟 놈은 없어도 된다. 작고깟.

그-끄러께 Ⅰ명 그러께의 전해. 삼 년 전의 해. 삼작년(三昨年).
Ⅱ부 그러께의 전해에. 삼 년 전의 해에.

그-끄저께 Ⅰ명 그저께의 전날. 삼작일(三昨日). 준그끄제.
Ⅱ부 그저께의 전날에. 준그끄제.

그-끄제 Ⅰ명 〈그끄저께〉의 준말.
Ⅱ부 〈그끄저께〉의 준말.

그나마부 ①그것이나마. ¶ 그나마 먹을 것이 있어 다행이다. ②그것마저. ¶ 오두막집인데 그나마 이번 홍수에 떠내려갔다.

그나-저나부 〈그러나저러나〉의 준말. ¶ 그나저나 넌 어디서 오는 길이니?

그-날명 그 당일. 앞에서 말한 날.

그날-그날 Ⅰ명 나날. 매일. 하루하루. ¶ 그날그날의 일은 그날그날 처리하라.
Ⅱ부 나날이. 매일마다. ¶ 그날그날 겨우 버티어 나가다.

그-냥부 ①그 모양 그대로. ¶ 그냥 두어라. ②그대로 줄곧. ¶ 그냥 잠만 자고 있다. ③아무런 대가나 조건 없이. ¶ 그냥 줄게. 작고냥.

그냥-고지명 모내기나 초벌 김매기 때, 아침 곁두리와 점심만 얻어먹고 하는 고지.

그냥-저냥부 되어가는 대로 적당히. 그저 그렇게. ¶ 힘들었지만 그냥저냥 살 수는 있었다.

그ː네[1]명 가로 뻗은 나뭇가지 따위에 두 가닥의 줄을 매고 밑신개에 올라타 몸과 함께 앞뒤로 움직이게 만든 시설, 또는 그 놀이. 추천(鞦韆). ¶ 그네를 뛰다.

그-네[2]대 ①듣는 이에게 가까이 있거나 듣는 이가 생각하고 있는 사람들을 가리키는 말. ②앞에서 이미 말한 사람들을 가리키는 말.

그ː네-뛰기명 그네에 올라타고 다리로 밑신개를 구르거나 하여 몸이 앞으로 나갔다 뒤로 물러갔다 하게 하는 놀이.

그ː넷-줄[-네쭐/-넫쭐]명 그네의 늘어뜨린 줄.

그-녀(-女)대 그 여자. 그 여인.

그-년대 ①말하는 이가 상대편의 가까이 있거나 생각하고 있는 여자를 홀하게 가리키는 말. ¶ 그년을 당장 끌어내라. ②이미 말한 여자나 알고 있는 여자를 홀하게 가리키는 말. ③'그 여자아이'를 홀하게, 또는 얕잡아 이르는 말. ¶ 그년이 말은 제법 잘하더군. ↔그놈.

그노시스(gnosis 그)명 〔'지식'의 뜻으로〕 고대 그리스 말기에 나타난, 종교 철학상의 신에 대한 인식(認識). 초감각적인 신과의 융합(融合)의 체험을 가능하게 하는 신비적 직관.

그-놈대 ①말하는 이가 상대편의 가까이 있거나 생각하고 있는 남자를 홀하게 가리키는 말. ¶ 그놈을 당장 이리 끌고 오너라. ②이미 말한 남자나 알고 있는 남자를 홀하게 가리키는 말. ③'그 아이'를 홀하게, 또는 얕잡아 이르는 말. ¶ 참, 그놈 똑똑하군. ④말하는 이가 상대편의 가까이 있거나 생각하고 있는 사물을 속되게 이르는 말. 《주로, '그놈의'의 꼴로 쓰임.》 ¶ 그놈의 차가 또 말썽이군. ⑤말하는 이가 상대편의 가까이 있거나 생각하고 있는 동물이나 물건 따위를 홀하게 이르는 말. ¶ 그놈은 얼마요? ①~③↔그년.

그느다[그느니·그너]타 (젖먹이가 대소변을) 분간하여 누다.

그느르다[그느르니·그늘러]타르 보호하여 보살펴 주다.

그늘명 ①빛이 가리어져 어두워진 상태, 또는 그 자리. ¶ 나무의 그늘. ②겉으로 잘 드러나지 않는 처지나 환경. ¶ 그늘에서 사는 인간. ③부모나 어느 사람의 영향권. ¶ 스승의 그늘에 가려 빛을 못 보다. ④불행이나 근심이 있어 흐려진 분위기나 표정. ¶ 그늘이 진 얼굴.

그늘-대[-때]명 (짚자리 따위로 만들어) 길거리에서 장사하는 사람이 볕을 가리는 물건.

그늘-말림명 ☞음건(陰乾).

그늘-지다자 ①빛이 직접 들지 아니하다. ②드러나지 않다. ③불행이나 근심이 있어 마음이나 표정이 흐려지다. ¶ 그늘진 얼굴.

그닐-거리다자 자꾸 그닐그닐하다. 그닐대다. 작가닐거리다.

그닐-그닐부하자 자꾸 가렵거나 자릿자릿한 느낌이 드는 모양. 작가닐가닐.

그닐-대다자 그닐거리다.

그-다음명 그것에 뒤미처 오는 때나 자리. ¶ 그다음 골목. 준그담. 작고다음.

그-다지부 《주로 '못하다'·'않다' 따위 부정의 말과 함께 쓰이어》 ①그러하게까지. 그러하도록. ¶ 내 마음을 그다지 몰라 주느냐? 작고다지. ②별로. ¶ 그다지 먹고 싶지 않다.

그-달명 앞에서 이미 이야기한 달. ¶ 그들은 5월 초에 만나 그달 말에 결혼하였다. 참이달.

그-담명 〈그다음〉의 준말. 작고담.

그-대대 〔편지 글 따위에 쓰이어〕 ①'너'라고 할 사람을 대접하여 일컫는 말. ②애인끼리 '당신'이라는 뜻으로 정답게 일컫는 말.

그-대로부 ①(더하거나 고치거나 변하지 않고) 전에 있던 것과 같이. ¶ 그대로 두다. ②그냥. ¶ 보고도 못 본 체 그대로 지나가더라. 작고대로.

그-동안명 그사이. 그간. ¶ 그동안의 연구 실적.

그득부하형 (그릇이나 어떤 범위에) 넘칠 듯이 차 있는 모양. ¶ 독에 물을 그득 채우다. 작가득. 센그뜩. **그득-히**부. **그득-그득**부하형.

그들먹-하다[-머카-]형여 거의 그득하다. ¶ 방안을 그들먹하게 메우다. 작가들막하다. **그들먹-이**부.

그듸[대] 〈옛〉 그대. ¶ 다봇 門을 오놀 비르서 그듸를 爲ᄒᆞ야 여노라(杜初22:6).

그디¹[대] 〈옛〉 그대. ¶ 願혼ᄃᆞᆫ 내 그딋 가시 ᄃᆞ외아지라(月釋1:11).

그디²[대] 〈옛〉 그대가. ¶ 그디 子息 업더니 므슷 罪오(月釋1:7).

그ᄃᆡ[대] 〈옛〉 그대. ¶ 됴명이 그ᄃᆡ 일홈과 덕을 ᄉᆞ모ᄒᆞ여(五倫2:20).

그-따위 [I][대] 그러한 부류의 대상을 얕잡아 이르는 말. ¶ 그따위 녀석은 상대할 가치도 없다. [II][관] 〔얕잡는 뜻으로〕 그러한 부류의. ¶ 그따위 시시한 소리는 그만 해라.

그-때[명] 그 당시. 전에 말한 때.

그때-그때 [I][명] 일이 벌어지거나 기회가 주어지는 때. ¶ 그때그때의 일. [II][부] 일이 벌어지거나 기회가 주어지는 때마다. ¶ 일을 그때그때 처리하다.

그뜩[부][하형] 〈그득〉의 센말. ¶ 솥에 물을 그뜩 붓다. [작]가뜩.

그라베(grave 이)[명] 악곡의 빠르기를 지시하는 말. '아주 느리고 장중하게'의 뜻.

그라비어(gravure)[명] 사진 제판에 의한 요판(凹版) 인쇄의 한 가지. 사진 요판(寫眞凹版).

그라우팅(grouting)[명] 갈라진 바위틈이나 석축(石築)의 틈 같은 데에 시멘트나 모르타르 따위를 밀어 넣어 메우는 일.

그라운드(ground)[명] 운동장. 야외 경기장.

그라운드^룰ː(ground rule)[명] 경기장의 사정에 따라 정식 경기 규정을 적용할 수 없을 경우에 임시로 적용하는 경기 규정.

그라운드^스트로ː크(ground stroke)[명] 테니스에서, 한 번 땅 위에 떨어져 튄 공을 치는 일.

그라운딩(grounding)[명] 럭비에서, 트라이할 때와 같이 공을 지면에 꽉 누르는 일.

그라인더(grinder)[명] 연마반(硏磨盤).

그라치오소(grazioso 이)[명] 악보의 나타냄말. '우아하게'의 뜻.

그라칠레(gracile 이)[명] 악보의 나타냄말. '우미(優美)하게'의 뜻.

그라ː프^난포(Graaf卵胞)[명] ☞그라프 여포.

그라ː프^여포(Graaf濾胞)[명] 난원세포(卵原細胞)를 둘러싸고, 이것을 보호하여 양분을 공급하는 세포군(細胞群). 그라프 난포.

그랑프리(grand prix 프)[명] 대상(大賞). 최우수상.

그래¹[감] ①친구나 아랫사람에게 대답하는 말. 오냐. ¶ 그래, 잘 알겠다. ②말을 다잡아 묻거나 강조할 때 쓰는 말. ¶ 그래, 그게 잘한 짓이오? ③'아, 글쎄'의 뜻으로 쓰이는 말. ¶ 그래, 그것도 못하니? ④상대편의 말에 대한 감탄이나 놀라움을 나타낼 때 쓰는 말. ¶ 그래? 그것 참 다행이다.

그래²[준] '그리하여' 또는 '그러하여'가 줄어든 말. ¶ 그래 가지고야 어찌 성공을 바라겠느냐?/그곳 형편이 그래 그냥 돌아왔다. [작]고래³.

그래-그래[감] 친구 또는 아랫사람의 말을 반가이 수긍할 때 쓰는 말. ¶ 그래그래, 네 말이 옳다마다.

그래-도[준] '그리하여도' 또는 '그러하여도'가 줄어든 말. ¶ 그래도 과히 밑지지는 않겠다. /아무리 그래도 전화 한 통 못하니? [작]고래도.

그래서 [I][부] 앞에서 이야기된 내용이 뒤에서 이야기되는 내용의 원인·조건·근거가 됨을 나타내는 접속 부사. ¶ 비가 왔다. 그래서 소풍 계획은 취소되었다.
[II][준] '그리하여서' 또는 '그러하여서'가 줄어든 말. ¶ 학생이 그래서 되겠느냐?/꼴이 그래서 되겠니? [작]고래서.

그래-저래[부] 그러하고 저러한 모양으로. 그러하고 저러한 이유로. ¶ 그래저래 생활비가 하나도 남지 않았다.

그래프(graph)[명] ①통계의 결과를 한눈에 볼 수 있도록 나타낸 표. ②주어진 함수(函數)가 나타내는 직선이나 곡선.

그래픽(graphic)[명] '그림'·'도형'·'화보(畫報)'로 순화.

그래픽^디자인(graphic design)[명] (인쇄되는) 평면적인 디자인. 포스터나 삽화, 광고나 표지 따위의 디자인.

그래픽^아ː트(graphic art)[명] 평면 위에 도형을 만드는 회화(繪畫)나 판화(版畫), 상업 디자인 등의 기술을 통틀어 이르는 말.

그랜드-스탠드(grandstand)[명] 운동장이나 경마장 등의 정면(正面)에 있는 관람석.

그랜드^슬램(grand slam)[명] ①테니스·골프에서, 한 선수가 한 해에 4대 타이틀 경기에서 모두 우승하는 일. ②야구에서, 만루 홈런을 치는 일.

그랜드^오페라(grand opera)[명] 〔'화려하고 규모가 큰 오페라'라는 뜻으로〕 대화까지도 노래와 음악으로 된 가극. 대가극. 정가극(正歌劇).

그랜드^피아노(grand piano)[명] 현(絃)을 수평으로 쳐 놓은 연주회용의 대형 피아노.

그램(gram)[의] 미터법에 의한 질량(質量)의 단위. 4°C의 물 1 cm^3의 질량. 〔기호는 g〕

그램-당량(gram當量)[의] 원소나 화합물의 화학당량을 나타내는 단위. 수소 1.008 g이나 산소 8.00 g과 화합하는 다른 물질의 양을 그램으로 표시한 수.

그램-분자(gram分子)[의] 물질의 한 분자량을 그램으로 나타내는 양의 단위. 〔산소 1그램분자는 31.9988 g임.〕 몰(mole).

그램-원자(gram原子)[의] 각 원소의 원자량을 그램으로 나타내는 양의 단위. 〔산소 1그램원자는 15.9994 g임.〕

그램-이온(gram ion)[의] 이온의 양을 나타내는 단위. 아보가드로수와 같은 수의 이온 집단의 질량. 〔보통, 염류(塩類) 용액의 농도를 나타냄. 1그램이온은 6.023×10^{23}개의 이온 양임.〕

그램-중(gram重)[의] 힘(무게)의 중력 단위. 1그램의 질량(質量)에 작용하는 중력(重力). 〔1그램중은 980.665다인과 같음.〕

그램-칼로리(gram calorie)[의] '칼로리' 집단의 질량임을 킬로칼로리에 대하여 이르는 말.

그랬다-저랬다[-랟따-랟따][준] '그리하였다가 저리하였다가'가 줄어든 말.

그러게 [I][부] 자신의 말이 옳았음을 강조할 때 쓰는 말. ¶ 그러게 조심하라고 일렀는데. /그러게 내가 뭐랬나?
[II][감] 상대편의 말에 찬성하는 뜻을 나타낼 때 쓰는 말. ¶ "그 친구 아직 정신을 못 차렸군." "그러게요."

그러고[준] '그리하고'가 줄어든 말. ¶ 그러고 보니, 모두가 내 잘못이로구나. /그러고 섰지 말고 어서 서둘러라.

그러고-저러고[준] '그러하고 저러하고'가 줄어든 말. ¶ 그러고저러고 말도 탈도 많더니 결국은 이민을 가는구나.

그러-구러[부] 우연히 그러하게 되어. ¶ 김 군과는 그러구러 친하게 되었다.

그러그러-하다 형여 ①여럿이 모두 그러루하다. ②특별히 말할 만한 거리가 없이 그저 평범하다. ¶ 새살림이라고는 하지만 그러그러하다. 작고러고러하다.

그러께 Ⅰ명 지난해의 전해. 재작년. 지지난해. 전전년. 거거년. ¶ 그러께가 내가 학교를 졸업한 해이다.

Ⅱ부 지난해의 전해에. ¶ 이 사진은 그러께 찍은 것이다.

그러나 Ⅰ부 앞의 말에 맞서게 하여 반박하거나 상반되는 말로 뒤의 말을 이끌 때 쓰이는 접속 부사. ¶ 덩치는 아주 작다. 그러나 힘은 어른 못지않다.

Ⅱ준 '그리하나' 또는 '그러하나'가 줄어든 말. ¶ 겉은 그러나 속은 매우 알차다.

그러나-저러나 Ⅰ부 '그러하나 저러하나' 또는 '그리하나 저리하나'가 줄어서 된 말. 어떻든 간에. 〔지금까지의 화제를 다른 데로 돌릴 때 씀.〕 ¶ 그러나저러나 일은 끝내야지. 준그나저나.

Ⅱ준 '그리하나 저리하나' 또는 '그러하나 저러하나'가 줄어든 말. ¶ 그러나저러나 이 일은 어차피 실패할 것이다.

그러-내다 타 (깊이 들어 있는 물건을) 그러당기어 밖으로 내다. ¶ 아궁이의 재를 그러내다.

그러-넣다 [-너타] 타 (흩어진 것을) 그러모아 안으로 집어넣다.

그러니 Ⅰ부 앞의 말이 뒤에 오는 말의 원인이나 근거가 될 때 쓰이는 접속 부사. ¶ 모임이 내일로 연기되었다. 그러니 너도 그만 돌아가거라.

Ⅱ준 '그러하니'가 줄어든 말. ¶ 내 사정이 그러니 어쩌겠나.

그러니까 Ⅰ부 '그러하니까'의 뜻을 나타내는 접속 부사. ¶ 지금까지 피차 손해 본 건 하나도 없다. 그러니까 이번 계약은 없던 일로 하자.

Ⅱ준 '그리하니까' 또는 '그러하니까'가 줄어든 말. ¶ 네가 그러니까 사람들이 욕을 하지.

그러니-저러니 준 '그러하다느니 저러하다느니'가 줄어든 말. ¶ 그러니저러니 말도 많다.

그러다 자 '그리하다'가 줄어서 된 말. 그렇게 말하거나 행동하거나 생각하다. ¶ 그러지 마세요. /서둘러라. 그러다가 늦겠다. 작고러다.

그러리 말리 관용 그러니저러니 여러 가지로. ¶ 그러리 말리 복잡한 일도 많다.

그러-담다 [-따] 타 한데 그러모아 담다. ¶ 흙을 자루에 그러담다. /고추를 바구니에 그러담다.

그러-당기다 타 그러모아서 당기다. ¶ 그의 말에는 사람을 그러당기는 힘이 있다.

그러데이션 (gradation) 명 미술에서, 진한 색채에서 차차 흐리게 그림을 그리는 법. 바림.

그러-들이다 타 그러당기어 들이다. ¶ 닥치는 대로 그러들이다.

그러루-하다 형여 대개 비슷비슷하다. 어지간하다. 작고러루하다.

그러매 준 '그러하매'가 줄어든 말.

그러-면 Ⅰ부 ①앞의 말이 뒤에 오는 말의 전제가 됨을 나타내는 접속 부사. ¶ 구하라, 그러면 얻을 것이다. /여행을 해 보라, 그러면 네 삶에 대한 경외를 느낄 것이다. ②앞의 말을 받아들이되, 뒤의 말을 다른 방향으로 이끌거나 다른 내용으로 이어받을 때 쓰이는 접속 부사. ¶ 혼자 가겠다고. 그러면 나머지 사람은 뭐하고?/ 자, 그러면 우리 이렇게 합시다. 준그럼[1].

Ⅱ준 '그리하면' 또는 '그러하면'이 줄어든 말. ¶ 너 그러면 혼난다. /네 생각이 그러면 한 번 해라.

그러면 그렇(겠)지 관용 결국 원하거나 생각하였던 대로 됨을 흡족히 여겨 하는 말. ¶ 그러면 그렇지, 네가 안 올 리가 있나.

그러면서 Ⅰ부 '그러하게 하면서'의 뜻을 나타내는 접속 부사 ¶ 그러면서 무슨 핑계가 그렇게도 많다니?

Ⅱ준 '그러하게 하면서'가 줄어든 말. ¶ 너는 더 그러면서 남을 탓할 수 있느냐?

그러-모으다 [~모으니·~모아] 타 (흩어진 것을) 거두어 한곳에 모으다. ¶ 가랑잎을 그러모으다.

그러-묻다 [-따] 타 (흩어진 것을) 한데 모아 묻다. ¶ 쓰레기를 그러묻다.

그러므로 부 앞의 내용이 뒤에 오는 내용의 원인·전제·조건이 됨을 나타내는 접속 부사. 그러한 까닭으로. ¶ 수출 실적이 좋지 않다. 그러므로 당분간 제품 생산량을 줄여야겠다.

그러-안다 [-따] 타 ①두 팔로 싸잡아 안다. ¶ 보퉁이를 그러안고 가는 아낙네. ②어떤 일을 늘 마음속에 간직하고 있음을 나타내는 말. ¶ 이별의 상처를 그러안고 살아가다. ③어떤 일을 떠맡다. ¶ 네 일도 힘들다면서 남의 일까지 그러안으면 어떻게 다 할 작정이냐?

그러자 Ⅰ부 '그러하게 하자' 또는 '그러하자'의 뜻을 나타내는 접속 부사. ¶ 원고 청탁을 일언지하에 거절했다. 그러자 그는 두말없이 되돌아갔다.

Ⅱ준 '그러하게 하자' 또는 '그러하자'가 줄어든 말. ¶ 너도 그러자고 할 땐 언제고 이제 와서 딴소리냐. /믿었던 친구가 그러자 맥이 탁 풀렸다.

그러잖아도 [-잔-] 준 '그러지 않아도'가 줄어든 말. ¶ 그러잖아도 자넬 기다렸지.

그러-잡다 [-따] 타 그러당겨 붙잡다.

그러저러-하다 형여 〔'그렇고 저렇다'의 뜻으로〕 한마디로 말할 수 없는 사연이 있다. ¶ 그러저러한 사정이 있었다.

그러-쥐다 타 그러당겨 쥐다. ¶ 소총을 그러쥔 손에 힘이 솟는다.

그러-하다 형여 (모양이나 모습이) 그와 같다. ¶ 그저 그러하다. 준그렇다. 작고러하다.

그럭-저럭 [-쩌-] 부하자 되어 가는 대로. 뚜렷하게 이렇다 할 만한 것 없이. ¶ 그럭저럭하는 사이에 나이만 먹었다.

그런 Ⅰ관 상태, 모양, 성질 따위가 그러한. ¶ 그런 상황. /그런 사람. /그런 일.

Ⅱ준 '그리한'이 줄어든 말. ¶ 나는 네가 그런 줄 알았다.

그런-고로 부 그러한 까닭으로.

그런-대로 부 만족스럽지는 아니하지만 그러한 정도로. ¶ 그런대로 한세상 지내시구려.

그런데 Ⅰ부 앞의 말을 관련시키면서 다른 방향으로 이끌어 나가거나 상반된 내용으로 이끌 때 쓰이는 접속 부사. ¶ 내 잘못이 크다. 그런데 누구를 원망하겠나. /3시쯤 온다고 했다. 그런데 아직까지 아무 연락이 없다. 준건데·근데.

Ⅱ준 '그러한데'가 줄어든 말. ¶ 내 처지가 그런데 남 생각할 겨를이 있겠나.

그런즉 준 '그러한즉'이 줄어든 말.

그럴-듯하다 [-뜨타-] 형여 ①제법 그러하다고 여길 만하다. ¶ 그럴듯하게 말을 꾸미다. ②제법 훌륭하다. ¶ 그럴듯하게 만들었다.

그럴식부 〈옛〉 그러므로. ¶ 너출 버두미 그럴식 기디 몯ᄒᆞᄂᆞ니라(杜初8:67).

그럴싸-하다형여 그럴듯하다. ¶ 거짓말로 그럴싸하게 꾸며 댔다.

그럴씩부 〈옛〉 그러므로. ¶ 그럴씩 宗親과 宰相과 功臣과 아숨과(月釋序24).

그럼[1] Ⅰ부 〈그러면〉의 준말. ¶ 그럼 누가 이 일을 하지?
Ⅱ준 '그러면'이 줄어든 말. ¶ 극장에서 그럼 안돼.

그럼[2]감 당연하다는 생각을 나타내는 말. ¶ 그럼, 알아듣고말고.

그렁-거리다자 목구멍 안에 가래가 끓어 숨을 쉬는 대로 자꾸 그렁그렁 소리가 나다. 그렁대다. 작가랑거리다.

그렁-그렁[1]부하자 목구멍 안에 가래가 끓는 모양, 또는 가래가 끓어 숨을 쉴 때마다 나는 소리. 작가랑가랑[1].

그렁-그렁[2]부하형 ①액체가 그릇에 넘칠 듯이 차 있는 모양. ②눈에 눈물이 가득 괸 모양. ③건더기는 적고 국물이 많은 모양. ④(물 따위를 너무 많이 마셔서) 배 속이 그득 찬 듯한 느낌. 작가랑가랑[2]. 거크렁크렁.

그렁-대다자 그렁거리다.

그렁성-저렁성부하자하형 그런 듯도 하고 저런 듯도 하여 아무 대중 없이. 참이렁성저렁성.

그렁-저렁부하자 어찌 되어 가는 셈인지 모르게. ¶ 그렁저렁하는 사이에 세월이 흘러갔다.

그렇게[-러케]준 '그러하게'가 줄어든 말. ¶ 그렇게 애쓰지 마라.

그렇다[-러타][그러니·그래]형ㅎ ①〈그러하다〉의 준말. ¶ 저는 그런 사람을 모릅니다. ②특별한 변화가 없다. ¶ "요즘도 바쁘니?" "나야 그렇지 뭐." ③만족스럽지 아니하다. ¶ 이 옷은 좀 그래.
그럼에도 불구하고관용 사실은 그러하지만 그것과는 상관없이.
그렇고 그렇다관용 대수롭거나 특별하지 않다.

그렇-듯[-러튼]준 '그러하듯'이 줄어든 말.

그렇-듯이[-러트시]준 '그러하듯이'가 줄어든 말.

그렇잖다[-러찬타]준 '그렇지 않다'가 줄어든 말.

그렇지[-러치] Ⅰ감 그렇고 말고. 그러면 그렇지.
Ⅱ준 '그러하지'가 줄어든 말.

그렇지-마는[-러치-]부 〈그렇지만〉의 본딧말.

그렇지-만[-러치-]부 앞의 내용을 인정하면서 앞의 내용과 뒤의 내용이 대립될 때 쓰는 접속부사. ¶ 사정은 딱하다. 그렇지만 도와줄 형편이 안 된다. 본그렇지마는.

그ː레명 기둥이나 재목 따위를 그 놓일 자리에 꼭 맞도록 따 내기 위하여 바닥의 높낮이에 따라 그리는, 붓 노릇을 하는 물건.

그레고리-력(Gregory曆)명 1582년 로마 교황 그레고리우스 13세가 종래의 율리우스력을 개량하여 만든 태양력. 현재 세계의 공통력으로 쓰이고 있음.

그레이더(grader)명 토목 정지용(整地用) 기계의 한 가지. 비행장이나 도로 건설 따위에 쓰임.

그레이-칼라(gray-collar)명 사무직에 종사하는 화이트칼라와 생산 현장에서 일하는 블루칼라의 중간적인 성격을 지닌 노동자를 통틀어 이르는 말. 〔자동화 시스템의 감시원이나 컴퓨터의 오퍼레이터 따위.〕

그레이하운드(greyhound)명 이집트 원산의 개의 한 품종. 몸이 가늘고 길며 특히 목과 꼬리가 길고, 귀는 짧음. 후각보다 시각이 발달하였으며, 주력(走力)이 힘차고 빨라 사냥개로 쓰이기도 하지만, 경주용으로 더 널리 쓰이고 있음.

그레인(grain)의 야드파운드법에서 무게의 최소 단위. 1그레인은 0.0648 g. 〔기호는 gr〕

그ː레-질명하자 그레로 그리는 일.

그레코-로만(Greco-Roman)명 ①그리스와 로마의 혼합 양식. ②☞그레코로만형.

그레코로만-형(Greco-Roman型)명 레슬링 종목의 한 가지. 상대편의 윗몸만을 공격하여 승부를 겨루는 종목. 그레코로만. 참자유형.

그려조 '하게'나 '하오'를 할 자리의 종결 어미에 붙어, 감탄이나 강조의 뜻을 나타내는 말. ¶ 어디 봅시다그려. /크네그려.

그려기명 〈옛〉 기러기. ¶ 비록 南으로 디나갈 그려기 업스니(杜初22:15).

그려도부 〈옛〉 그래도. 오히려. ¶ 그려도 하 애도래라 가는 뜻을 닐러라(古時調).

그로기(groggy)명 권투에서, 심한 타격을 받아 경기를 계속할 수 없을 정도로 몸을 가누지 못하고 비틀거리는 일. ¶ 상대에게 카운터펀치를 맞고 그로기 상태에 빠지다.

그로스(gross)의 수량을 나타내는 단위. 〔1그로스는 12다스, 144개.〕

그로테스크-하다(grotesque-)형여 '기괴하다'로 순화.

그루 Ⅰ명 (나무나 곡식 따위의) 줄기의 밑동.
Ⅱ의 ①식물, 특히 나무를 세는 단위. ¶ 멀리 보이는 두 그루의 나무. ②한 해에 같은 땅에 짓는 농사의 횟수(回數)를 세는 단위. ¶ 여러 그루를 심어 소득을 올리다.
그루(를) 갖추다관용 곡식의 이삭이 고르게 패어 가지런하다.
그루(를) 뒤다관용 땅을 갈아서 그루를 뒤엎다.
그루(를) 들이다관용 땅을 갈아서 그루를 뒤엎고 다시 곡식을 심다.
그루(를) 앉히다관용 앞으로 할 일에 대하여 그것을 해 나갈 수 있도록 터전을 잡아 주다.
그루(를) 치다관용 그루를 박아서 가지런하게 하다.
그루(를) 타다관용 같은 땅에 같은 곡식을 연거푸 심어 그 곡식이 잘되지 아니하다.

그루-갈이명하타 한 경작지에서 한 해에 두 차례 다른 작물을 짓는 일. 근경(根耕). 근종(根種). 이모작.

그루-되다[-되-/-뒈-]자 (서너 살 안짝의 어린아이가) 늦되다.

그루-박다[-따]타 ①물건을 거꾸로 들어 머리를 땅바닥에 수직이 되게 하고 탁 놓다. ②연날리기에서, 연의 머리를 아래를 향하여 내려가게 하다. ③사람의 기를 펴지 못하게 억누르다.

그루-밭[-받]명 밀이나 보리를 베어 내고 다른 작물을 심은 밭. *그루밭이[-바치]·그루밭을[-바틀]·그루밭만[-반-]

그루-벼명 ①보리를 거둔 논에 그루갈이로 심은 벼. ②☞움벼.

그루-빈대명 번성기가 지나 늦게 생긴 빈대.

그루-빼기명 나뭇단이나 짚단 따위의 그루가 맞대어서 이룬 바닥.

그루-차례(-次例)명 그루갈이의 횟수(回數).

그루-콩명 그루갈이로 심은 콩. 근태(根太). 준글콩.

그루-터기명 나무나 풀 따위를 베고 남은 밑동. ¶ 나무 그루터기.

그루-팥[-팓]명 그루갈이로 심은 팥. *그루팥이[-파치]·그루팥을[-파틀]·그루팥만[-판-]

그룹ː(group)명 ①동아리. 집단. ②분단(分團). ③〈기업 그룹〉의 준말.

그룹ː-사운드(group+sound)명 연주하면서 노래도 하는, 작은 편성의 연주 집단.

그룹ː^학습(group學習)[-씁]명 학습 능력을 높이기 위하여, 한 학급을 몇 분단으로 나누어 학습을 하는 일.

그르부 〈옛〉그릇. 잘못. ¶ 그르 아논 이룰 ᄀᆞ르쳐 고텨시놀(月釋1:9).

그르다[그르니·글러]형르 ①옳지 아니하다. ¶ 자네가 그르다. ②될 가망이 없다. ¶ 중한 병이라 회복하기는 글렀다. ③하는 짓이 싹수가 없다. ¶ 사람 구실하기는 영 글렀다.

그르렁부 목구멍 안에 가래 따위가 걸리어 숨쉬는 대로 나는 소리. 작가르랑. **그르렁-그르렁**부하자.

그르렁-거리다자 자꾸 그르렁그르렁하다. 그르렁대다. 작가르랑거리다.

그르렁-대다자 그르렁거리다.

그르메명 〈옛〉그림자. ¶ 그르메 밧긔 ᄉᆞ뭇 비요미 瑠璃ᄅᆞᆫ더라(月釋2:22).

그르치다타 (잘못하여) 그릇되게 하다. ¶ 어쩌다가 일을 그르치고 말았다.

그릇[1][-륻]명 ①물건을 담는 기구를 통틀어 이르는 말. ②사람의 능력이나 도량. ¶ 그는 그릇이 작다. ③〖의존 명사적 용법〗 음식이나 물건을 그릇에 담아 그 분량을 세는 단위. ¶ 국수 한 그릇. *그릇이[-르시]·그릇만[-른-]

그릇[2][-륻]부하타되자 그르게. 틀리게. ¶ 그릇 판단하다.

그릇-명(-皿)[-른-]명 한자 부수의 한 가지. '盛'·'盟' 등에서의 '皿'의 이름.

그릇-박[-륻빡]명 그릇을 담는 함지박.

그릇-장(-欌)[-륻짱]명 그릇을 넣어 두는 장.

그리[1]부 ①하자되자상태·성질·모양 따위가 그러한 모양. ¶ 그리 급했었느냐?/매사를 그리하니까 탈이 나지./그리되기만 하면 보수를 두둑하게 주겠네. 작고리[4]. ②그다지. ¶ 그리 달갑지 않다.

그리[2]부 그곳으로. 그쪽으로. ¶ 벌써 그리 떠났다./저리는 못 가고 그리로 갔다. 작고리[5].

그리고부 '그리하고'가 줄어서 된 말로, '그리하여·또·와·및' 등의 뜻으로 쓰이어, 말이나 문장을 이어 주는 구실을 함.

그리니치-시(Greenwich時)명 그리니치 천문대를 지나는 본초 자오선을 기준한 세계 표준시. 평균 태양이 이 자오선을 지나는 시간을 정오로 하여 전 세계의 지방시·표준시를 정함.

그리다[1]타 (사랑하는 마음으로) 간절히 생각하다. ¶ 조국을 그리는 마음.

그ː리다[2]타 ①(사물의 형상을) 선이나 빛깔로 나타내다. ¶ 도표를 그리다./풍경화를 그리다. ②(사물의 형상이나 사상·감정을) 말이나 글로 나타내다. ¶ 농민의 생활상을 그린 소설. ③회상하거나 상상하거나 하다.

그리-도부 그렇게도. 그처럼. 그다지도. ¶ 무슨 걱정이 그리도 많니?

그리드(grid)명 삼극 진공관의 한 극. 양극(陽極)과 음극(陰極)과의 중간에 장치한 그물꼴의 금속. 전자(電子) 전류를 제어하는 작용을 함.

그리마명 그리맛과의 절지동물. 몸길이 3 cm가량. 지네와 비슷하나 머리에 매우 긴 한 쌍의 촉각이 있으며, 15쌍의 다리가 있음. 몸빛은 암황갈색임. 마루 밑 같은 어둡고 습한 곳에서 작은 벌레를 잡아먹고 삶.

그리메명 〈옛〉그림자. ¶ 븘 그리메 ᄌᆞ오롬 업수메 비취옛ᄂᆞ니(杜初9:20).

그리ː스(grease)명 기계의 마찰 부분에 쓰는 매우 끈적끈적한 윤활유.

그리스도(←Kristos)명 〔'구세주'라는 뜻으로〕 '예수'를 일컫는 말. 기독(基督). 메시아.

그리스도-교(←Kristos教)명 기독교(基督教).

그리스도^기원(←Kristos紀元)명 서력 기원.

그리ː스^어(Greece語)명 그리스 본토와 터키·알바니아 등지에 사는 그리스 사람들이 쓰는 언어. 인도·유럽 어족에 속함. 희랍어.

그리ː스^정ː교(Greece正教)명 기독교의 한 교파. 로마 교황을 인정하지 않고 교회와 의식을 존중함. 그리스 정교회. 동방 교회. 동방 정교. 정교(正教). 정교회(正教會). 희랍 정교.

그리ː스^정ː교회(Greece正教會)[-회/-훼]명 그리스 정교.

그리움명 그리워하는 마음. 사모하는 정. ¶ 그리움이 사무치다.

그리워-하다타여 그리는 마음을 가지다. 사모하다. ¶ 고향을 그리워하다.

그리-저리부하자 아무렇게나 되는대로.

그리-하여부 앞의 내용이 뒤의 내용의 원인임을 나타내거나 앞의 내용이 발전하여 뒤의 내용이 전개될 때 쓰이는 접속 부사. ¶ 그리하여 두 사람은 의형제가 되었다.

그린ː(green)명 골프장의 잔디밭.

그린ː-라운드(Green Round)명 지구의 환경을 개선·보호하기 위하여 세계 여러 나라가 환경 문제를 국제 무역 거래와 연계하여 벌이는 다자간 협상.

그린ː-벨트(greenbelt)명 '녹지대'·'개발 제한 구역'으로 순화

그린-카ː드(green card)명 푸른색으로 된 신분증. 주로 일반인에 비하여 우대하는 뜻이 있는 경우가 많고, 환경 관련 단체나 환경과 관련된 의미로도 씀.

그린ː-피ː(green fee)명 골프장의 코스를 사용하는 요금.

그린ː피ː스(Green Peace)명 핵무기 반대와 환경 보호를 목표로 국제적 활동을 벌이는 단체. 본부는 암스테르담에 있음.

그린ː피ː스(green peas)명 완두의 한 품종. 열매가 초록색임.

그릴(grill)명 ①고기나 생선을 굽는 석쇠 따위. ②즉석에서 석쇠에 구운 고기나 생선. ③즉석에서 구운 고기 따위를 파는 서양식 식당. 양식점.

그ː림명 ①사물의 형상이나 정감을 선이나 색채로 평면 위에 나타낸 것. 회화. ②'매우 아름다운 광경이나 경치'를 비유하여 이르는 말.

그림의 떡관용 '아무리 마음에 들어도 실지로 이용할 수 없거나 차지할 수 없는 것'을 비유하여 이르는 말. 화중지병(畫中之餠).

그ː림-그래프(-graph)명 통계 수치 따위를 그림으로 나타낸 그래프.

그ː림^글자(-字)[-짜]명 그림 문자.

그ː림^문자(-文字)[-짜]명 문자의 발생 초기에 의사 전달의 수단으로 쓰여진 그림. 상형 문자보다 더욱 유치한 단계임. 그림 글자. 회화 문자.

그ː림-물감[-깜]명 그림을 그리는 데 쓰이는 재료. 색소와 고착제 따위를 섞어 만듦. 물감. 채료(彩料).

그ː림-배명 ☞화방(畫舫).
그ː림-본(-本)[-뽄]명 그림을 그릴 때 본보기로 쓰는 그림. 모형(模型).
그ː림-쇠[-쇠/-쉐]명 지름 또는 선(線)의 거리를 재는 기구. 규구(規矩).
그ː림-씨명 ☞형용사(形容詞).
그ː림^연ː극(-演劇)[-년-]명 이야기의 장면을 연속적으로 그린 그림을 상자 속에 넣어, 순서대로 한 장씩 내보이면서 어린이들에게 극적으로 설명해 나가는 극(劇). 극화(劇畫).
그ː림-엽서(-葉書)[-녑써]명 뒷면에 명승고적이나 그 밖의 사진 또는 그림을 인쇄한 우편엽서.
그ː림-일기(-日記)명 (주로 아동들이 쓰는) 그림을 위주로 한 일기.
그ː림자명 ①물체가 빛을 가리어 반대쪽에 나타나는 거무스름한 형상. ¶ 그림자가 지다. ②물이나 거울 따위에 비치는 물체의 형상. ③사람의 자취. ¶ 사람의 그림자 하나 없다. ④얼굴에 나타난 불행이나 근심 따위의 표정. ¶ 그의 얼굴에 어두운 그림자가 서리다.
그림자도 없다관용 자취를 감추어 흔적도 없다. 온데간데없다.
그림자를 감추다관용 자취를 감추어 나타나지 않다.
그ː림자-놀이명 사람이나 짐승 모양으로 만든 것에 등불을 비추어 벽 같은 곳에 그 그림자가 나타나게 하는 놀이.
그ː림자-밟기[-밥끼]명 술래가 된 사람이 다른 사람을 쫓아다니면서 그의 그림자를 밟는 어린이의 놀이.
그ː림-쟁이명 '그림 그리는 것을 업으로 하는 사람'을 속되게 이르는 말. 참환쟁이.
그ː림-책(-冊)명 ①그림을 모은 책. ②그림본으로 쓰는 책. ③그림을 위주로 엮은 어린이용의 책.
그ː림-판(-版)명 활판에 쓰는 동판이나 아연판 따위를 통틀어 이르는 말.
그립(grip)명 배트나 라켓·골프채 따위의 손잡이, 또는 그것을 잡는 방법.
그립다[-따][그리우니·그리워]형ㅂ ①그리는 마음이 간절하다. ¶ 고향이 그립다. ②어떤 것이 매우 필요하거나 아쉽다. ¶ 요즘 아이들은 쌀밥 그리운 줄을 모른다.
그릇¹명 〈옛〉그릇. ¶ 또 그릇들 설어저 오라(老解上39).
그릇²부 〈옛〉그릇. 잘못. ¶ 黃庭經 一字를 엇디 그릇 닐거 두고(鄭澈.關東別曲).
그-만¹관 '그만한'이 줄어서 된 말. 그 정도의. ¶ 그만 일은 누구나 할 수 있다. 작고만¹.
그-만²부 ①그 정도까지만. ¶ 그만 먹어라. ②그대로 곧. ¶그는 화를 막 내면서 그만 가 버렸다. ③그 정도로 하고. ¶ 이제 그만 마칩시다. ④자신도 모르는 사이에. ¶ 너무 놀라서 그만 주저앉고 말았다. ⑤달리 해 볼 도리가 없이. ¶ 늦잠을 자는 바람에 그만 지각하고 말았다. 작고만².
그만그만-하다형여 ①(정도가) 그저 어슷비슷하다. ¶ 아이들의 키가 모두 그만그만하다. ②사실이나 내용이 그렇고 그렇다. ¶ 그만그만한 일로 아내와 다투었다. 작고만고만하다.
그만-두다타 ①(하던 일을) 중도에서 그치다. ¶ 학교를 그만두다. ②(하려고 하던 일을) 아니하다. ¶ 비가 와 경기를 그만두다. 준간두다. 작고만두다.
그만-이다형 ①마지막이다. 그것뿐이다. ¶ 내가 여기를 떠나면 그만이다. ②마음에 넉넉하다. ¶ 나에게는 당신만 있으면 그만이오. ③가장 낫다. ¶ 돈이면 그만이라는 그릇된 생각. 작고만이다.
그만-저만부하형 그저 그만한 정도로. 그 정도로 그만. ¶ 며칠째 병세가 그만저만하다. /부탁을 그만저만해 둔 게 아니었지.
그-만치 Ⅰ명 그만큼. ¶ 그만치라도 했으니 다행이다.
Ⅱ부 그만큼. ¶ 그만치 받았으면 됐지, 무얼 더 바라나?
그-만큼 Ⅰ명 그만한 정도. 그만치. ¶ 그만큼이나 가져가면 나는 어쩌라고?
Ⅱ부 그만한 정도로. 그만치. ¶ 그만큼 부탁했으면 들어줄 만도 하련만.
그만-하다형여 ①정도·수량이 그것만 하다. ¶ 그만한 일로 싸우다니. ②그 정도에 그치고 더 심하지 않다. ¶ 병세가 그만하다. 작고만하다.
그맘-때명 꼭 그만큼 된 때. 작고맘때.
그물명 ①(물고기나 새를 잡기 위하여) 실이나 노끈 따위로 여러 코로 얽은 물건. ¶ 그물을 치다. ②실이나 철사 따위로 그물코가 나게 만든 물건을 통틀어 이르는 말. 망(網). ③'범인 따위를 잡기 위하여 베풀어 놓은 교묘한 수단이나 방법'을 비유하여 이르는 말.
그물에 든 고기〔새/토끼〕 신세속담 이미 잡힌 몸이 되어 벗어날 수 없는 신세.
그물이 삼천 코라도 벼리가 으뜸속담 아무리 사람이 많아도 통솔자가 있어야 한다는 말.
그물-거리다자 자꾸 그물그물하다. 그물대다. 센끄물거리다.
그물-그물부하자 ①날씨가 활짝 개지 않고 자꾸 흐려지는 상태. ②불빛 따위가 밝게 비치지 않고 자꾸 침침해지는 상태. ¶ 촛불이 그물그물하다. 센끄물끄물.
그물-눈[-룬]명 그물의 구멍.
그물-대다자 그물거리다.
그물-막(-膜)명 ☞망막(網膜).
그물-망(-網)명 그물처럼 생긴 망. ¶ 곡예사가 실수하여 그물망 위로 떨어졌다.
그물-망(-網·-罓)명 한자 부수의 한 가지. '罔'·'罕'·'罪'·'罹'·'置' 등에서의 '罓'·'㓁'·'罒'의 이름. 〔대부분이 '罒'의 꼴로 쓰이므로 '납작넉사밑' 또는 '넉사머리'로 이르기도 함.〕
그물-맥(-脈)명 잎맥의 주맥(主脈)과 지맥(支脈) 사이에 그물코처럼 엉클어져 있는 가는 맥. 망상맥(網狀脈). 참나란히맥.
그물-질명하자 그물로 고기를 잡는 일.
그물-채명 그물의 양쪽에 대는 긴 대.
그물-코명 그물눈과 그물눈 사이의 매듭.
그물-톱명 손으로 그물을 뜰 때, 그물코를 일정하게 하는 데 쓰이는 작은 나무쪽.
그물-판(-版)명 ☞사진 동판.
그믈다자 〈옛〉까무러지다. 꺼리다. 끝나다. ¶ 가디록 새비출 내여 그믈 뉘롤 모른다(古時調).
그믐명 〈그믐날〉의 준말. 참초승.
그믐-께명 그믐날에 가까운 며칠 동안.
그믐-날명 음력에서, 그달의 맨 마지막 날. 회일(晦日). 준그믐. 참말일(末日).
그믐-달[-딸]명 음력 그믐께에 돋는 달.
그믐-밤[-빰]명 음력 그믐날의 캄캄한 밤.
그믐밤에 홍두깨 내민다속담 뜻밖의 일이 갑작스레 일어난다는 뜻.

그믐-사리[명] 음력 그믐께에 잡힌 젓조기.

그믐-초승(-初-)[명] ①그믐과 초승. ②그믐께부터 다음 달 초승까지.

그믐-치[명][하자] 음력 그믐께에 비나 눈이 옴, 또는 그 비나 눈.

그믐-칠야(-漆夜)[명] 음력 그믐께의 몹시 어두운 밤.

그-분[대] ①말하는 사람에게서 조금 떨어진 곳에 있는 사람을 공손히 가리켜 일컫는 말. ¶ 옆자리에 계시는 그분께 확인해 보십시오. ②(말하는 사람과 듣고 있는 사람 이외의) 이미 말한 바 있거나, 이미 알려져 있는 사람을 공손히 가리켜 일컫는 말. ¶ 그분의 견해에 대해서 긍정적인 반응을 보였다.

그-빨로[부] 나쁜 버릇을 버리지 않고 그대로. ¶ 그빨로 놀다가는 신세 망칠 줄 알아라.

그-사이[명] (시간적으로) 어느 때로부터 다른 어느 때까지의 사이. 그간. 그동안. ¶ 그사이를 못 참고 먼저 가다니…. (준)그새. (작)고사이.

그-새[명] 〈그사이〉의 준말. ¶ 그새 별일 없었지?

그스르다[타][르] ①'그슬리다'의 잘못. ②'그을리다'의 잘못.

그슬다[그스니·그슬어][타] 불에 쬐어 거죽만 조금 타게 하다.

그슬-리다 [I][자] 〖'그슬다'의 피동〗 그슬음을 당하다.

[II][타] 〖'그슬다'의 사동〗 그슬게 하다.

그ᅀᅳ기[부] 〈옛〉 그윽이. ¶ 그ᅀᅳ기 드로니(杜初8:2).

그ᅀᅳ다[긋어][타] 〈옛〉 끌다. ¶ 四天王이 술위 그ᅀᅳᆸ고 梵天이 길자바(月釋2:35).

그ᅀᅳ름[명] 〈옛〉 그을음. ¶ 그ᅀᅳ름 틔:炲(訓蒙下35).

그ᅀᅳᆨᄒᆞ다[형] 〈옛〉 그윽하다. ¶ ᄠᅳ디 그ᅀᅳᆨᄒᆞ며 머구머 수믄 말(圓覺上一之二17).

그ᅀᅳᆷ[명] 〈옛〉 한정(限定). ¶ 그 福은 그ᅀᅳᆷ 몯ᄒᆞ리라(法華6:20).

그ᅀᅳᆷᄒᆞ다[자] 〈옛〉 국한(局限)하다. ¶ 또 열히옴 그ᅀᅳᆷᄒᆞ야(楞解2:7).

그ᅀᅵ다[타] 〈옛〉 기이다. 숨기다. ¶ 사오나온 일란 그ᅀᅵ고 됴ᄒᆞᆫ 일란 펴 낼 거시라(飜老下44).

그악-스럽다[-쓰-따][~스러우니·~스러워][형][ㅂ] 그악한 데가 있다. ¶ 그악스럽게 악담을 퍼붓다. **그악스레**[부].

그악-하다[-아카-][형][여] ①지나치게 심하다. 사납고 모질다. ¶ 성질이 그악하다. /장난이 그악한 아이. ②억척스럽게 부지런하다. ¶ 혼잣손으로 그악하게 일하다. **그악-히**[부].

그-야[부] 그것이야. ¶ 그야 물론이지.

그야-말로[부] ①'그것이야말로'가 줄어서 된 말. ②참으로. ¶ 그야말로 보람 있는 일이다.

그어-주다[타] (금전이나 곡식 가운데서, 응당 주어야 할 것을) 떼어 주다. ¶ 제 몫으로 10만 원을 그어주었다.

그예[부] 마지막에 가서 그만. 마침내. ¶ 그예 떠나고 말았다.

그우니다[자] 〈옛〉 굴러다니다. ¶ 五道애 그우녀 잢간도 쉬디 몯ᄒᆞ야(月釋21:49).

그울다[자] 〈옛〉 구르다. ¶ 그 술위 절로 그우러(月釋1:26).

그위[명] 〈옛〉 관청(官廳). ¶ 그윗 거슬 일버ᅀᅥ(月釋1:6).

그위실[명] 〈옛〉 구실. 공공(公共)의 직무. ¶ 子息이 그위실 ᄒᆞ닐(內訓3:26).

그윗일[명] 〈옛〉 관가(官家)의 일. ¶ 親ᄒᆞᆫ 버디 그윗일로 나갈제(圓覺序76).

그ᅀᅳ기[부] 〈옛〉 그윽이. ¶ 그ᅀᅳ기 袞職을 돕ᄉᆞ와(杜重2:43). (참)그ᅀᅳ기.

그ᅀᅳ다[타] 〈옛〉 끌다. ¶ 醴酒 둣는 ᄡᅡ해 옷기슬글 그ᅀᅳ고(杜重2:41). (참)그ᅀᅳ다.

그ᅀᅳᆨ다[형] 〈옛〉 그윽하다. ¶ 구ᅀᅳᆷ 가온ᄃᆡ 그ᅀᅳᆫ 字ㅣ 잇ᄂᆞ니(杜重4:35).

그윽-하다[-으카-][형][여] ①깊숙하고 아늑하다. ¶ 산수화의 그윽한 정경. ②뜻이나 생각이 깊다. ¶ 그윽한 애정. ③은근하다. ¶ 방 안에 국화 향기가 그윽하다. **그윽-이**[부].

그을다[그으니·그을어][자] 볕이나 연기 따위에 쐬어 검게 되다. ¶ 햇볕에 살갗이 검게 그을다. (준)글다.

그을-리다 [I][자] 〖'그을다'의 피동〗 그을음을 당하다. ¶ 피부가 그을리다. (준)글리다.

[II][타] 〖'그을다'의 사동〗 그을게 하다. ¶ 피부를 그을리다. (준)글리다.

그을음[명] ①연기에 섞이어 있는 검은 먼지 같은 가루. 연매(煙煤). ②연기나 먼지 같은 것이 엉기어 벽이나 천장 등에 검게 낀 것. (준)글음.

그음[명] 〈옛〉 한정(限定). ¶ 모로미 여러 날 그음ᄒᆞ쟈(老解下52). (참)그ᅀᅳᆷ.

그-이[대] ①그 사람. ¶ 그이는 유명한 소설가다. ②여자가 자기의 '남편'을 이르는 말.

그ᅌᅥᄀᆡ[대] 〈옛〉 거기. ¶ 諸佛淨土ㅣ 다 그ᅌᅥᄀᆡ 現커늘(月釋8:5).

그에[1][대] 〈옛〉 거기에. 그곳에. ¶ 그에 精舍ㅣ 업거니 어드리 가료(釋譜6:22).

그에[2][조] 〈옛〉 에게. 게. ¶ 내그에 모딜언마ᄅᆞᆫ(龍歌121章).

그-자(-者)[대] '그이', '그 사람'을 얕잡아 일컫는 말. ¶ 그자가 무엇이기에 그다지도 두려워하는가?

그저[부] ①그대로 사뭇. ¶ 아무 말도 없이 그저 바라보고만 있다. ②별로 신기함 없이. ¶ 그저 그렇다. ③'어쨌든'·'무조건하고'의 뜻으로 쓰이는 말. ¶ 그저 살려만 주십시오. ④특별한 까닭이나 목적이 없이. 아무 생각 없이. ¶ 그저 해 본 말이다.

그저긔[명] 〈옛〉 ☞그적.

그저께 [I][명] 어제의 전날. 재작일(再昨日). 거거일(去去日). (준)그제.

[II][부] 어제의 전날에. (준)그제.

그적[명] 〈옛〉 그때. ¶ 그저긔 ᄧᅡᆺ마시 ᄭᅮᆯ마티 돌오(月釋1:42).

그-전(-前)[명] 어떤 시기의 이전. ¶ 그전에는 그도 부자였다.

그제 [I][명] 〈그저께〉의 준말.

[II][부] 〈그저께〉의 준말.

그제[명] 〈옛〉 자국. 흔적. ¶ ᄆᆞᄅᆞᆷ 흘루미 녯 그제예 도로 ᄀᆞ독ᄒᆞ도다(杜初10:6).

그제-야[부] 그때에야 비로소. ¶ 그제야 씩 웃는다.

그-중(-中)[명] 범위가 정해진 여럿 가운데. ¶ 네가 고른 것이 그래도 그중에 낫다.

그지[명] 〈옛〉 끝. 한도. ¶ 목수미 그지업디 아니ᄒᆞ면(月釋8:61).

그지-없다[-업따][형] ①끝없다. 한이 없다. ¶ 어머니의 사랑은 그지없다. ②이루 다 말할 수 없다. 《주로, '-기(가) 그지없다'의 꼴로 쓰임.》 ¶ 분하기 그지없다. **그지없-이**[부].

그-쪽[대] ①말하는 이가 상대편의 가까운 곳이나 방향을 가리키는 말. ¶ 너는 그쪽에 앉아라. ②말하는 이와 듣는 이가 이미 알고 있는 곳이나 방향을 가리키는 말. ¶ 그쪽 상황이 나쁘다. ③이미 알고 있는 사람을 가리키는 말. ¶ 그쪽의 의향은 어떤가? ④듣는 이나 듣는 이들을 가리키는 말. ¶ 그쪽은 다 뭐하는 거야? ⑤듣는 이와 듣는 이를 포함한 집단을 가리키는 말. ①②작고쪽.

그-쯤 Ⅰ명 그만한 정도. ¶ 그쯤이면 예선은 통과하겠다.
Ⅱ부 그만한 정도로. ¶ 그쯤 했으면 됐다.

그츨-씨자타 〈옛〉〔'긏다'의 활용형〕 그치므로. ¶ ᄆᆞ므래 아니 그츨씨(龍歌2章).

그-치대 '그 사람'을 얕잡아 이르는 말. ¶ 그치는 뭐 하는 사람이니?

그치다자타 ①(움직임이) 멈추다, 또는 멈추게 하다. ¶ 비가 그치다. /동작을 그치다. ②진전이 없이 어떤 상태에 머무르다. ¶ 형식적인 조사에 그치다.

그치다타 〈옛〉 끊다. ¶ 寢食을 그쳐시니(龍歌*116*章).

그칠-간(-艮)명 ☞괘이름간.

그칠-지(-止)명 한자 부수의 한 가지. '正'·'步' 등에서의 '止'의 이름.

그침-표(-標)명 ☞쌍점(雙點).

그-토록부 '그러하도록'이 줄어서 된 말. 그렇게까지. ¶ 그토록 염려해 주셔서 감사합니다.

그티명 〈옛〉☞긑.

그-해명 ①이미 이야기했거나 알고 있는 과거의 어느 해. ②말하는 이가 이야기하고자 하는 과거의 어느 해. ¶ 그해 여름은 유난히 더웠다.

극(棘)명 물고기 따위의 지느러미를 이루고 있는 단단하고 끝이 날카로운 기조(鰭條).

극(極)명 ①(지구와 자석의) 남극과 북극. ②양극(陽極)과 음극(陰極). ③구(球)의 대원(大圓) 또는 소원(小圓)의 평면에 수직되는 지름의 양 끝. ④(사물이나 그 정도가) 더할 수 없는 막다른 지경. ¶ 사치 풍조가 극에 달하다.

극(劇)명 ①〈연극(演劇)〉의 준말. ②연극이나 희곡·유희(遊戲) 따위를 통틀어 이르는 말.

극(極)수관 재(載)의 1만 배, 항하사(恒河沙)의 1만분의 1이 되는 수(의). 곧, 10^{48}.

극-(極)접두 《일부 명사 앞에 붙어》 '더할 나위 없는', '정도가 심한'의 뜻을 나타냄. ¶ 극존칭. /극빈자. /극초단파.

극가(劇歌)[-까]명 판소리의 대사(臺詞).

극간(極諫)[-깐]명하자타 힘을 다하여 간(諫)함. 끝까지 간함.

극간(極奸) '극간(極奸)하다'의 어근.

극간(極艱) '극간(極艱)하다'의 어근.

극간-하다(極奸-)[-깐-]형여 매우 간사하다.

극간-하다(極艱-)[-깐-]형여 극히 어렵고 고생스럽다.

극감(極減)[-깜]명하타되자 극도로 줄임.

극-값(極-)[-깝]명 함수의 '극댓값'과 '극솟값'을 아울러 이르는 말. 극치. *극값이[-깝씨]·극값만[-깜-]

극-거리(極距離)[-꺼-]명 천구(天球) 위의 한 점과 극(極)이 이루는 각거리(角距離).

극계(劇界)[-꼐/-께]명 ☞극단(劇壇).

극곤(極困) '극곤하다'의 어근.

극곤-하다(極困-)[-꼰-]형여 더할 수 없이 곤란하다. 더할 수 없이 곤궁하다. **극곤-히**부.

극공(極恭) '극공하다'의 어근.

극-공명(極功名)[-꽁-]명 ①하자극히 높은 벼슬, 또는 그 벼슬에 이름. ②분에 넘치는 벼슬.

극공-하다(極恭-)[-꽁-]형여 지극히 공손하다.

극관(極冠)[-꽌]명 화성(火星)의 양극(兩極) 부근에 보이는 흰 부분.

극광(極光)[-꽝]명 지구의 북극과 남극 지방의 높은 하늘에 이따금 나타나는 아름다운 빛의 현상. 오로라(aurora)[2].

극괴(極怪) '극괴하다'의 어근.

극괴-하다(極怪-)[-꾀-/-꿰-]형여 지극히 괴이하다.

극구(極口)[-꾸]부 온갖 말을 다하여. ¶ 극구 변명하다. /극구 칭찬하다. /극구 반대하다.

극구(隙駒)[-꾸]명 〔달리는 말을 문틈으로 보는 것과 같다는 뜻으로〕 '세월이 빨리 흐름'을 이르는 말.

극궁(極窮) '극궁하다'의 어근.

극궁-하다(極窮-)[-꿍-]형여 더할 수 없이 궁색하다.

극권(極圈)[-꿘]명 지구의 남북 66°33′의 위선, 또는 그 위선으로부터 양극까지의 지역.

극귀(極貴) '극귀하다'의 어근.

극귀-하다(極貴-)[-뀌-]형여 지극히 귀하다.

극기(克己)[-끼]명하자 자기의 욕망이나 충동·감정 따위를 의지로 눌러 이김. 자제(自制). ¶ 극기 훈련.

극기(極忌)[-끼]명하타 ①(무엇을) 몹시 꺼림. ②몹시 미워함.

극기-복례(克己復禮)[-끼봉녜]명하자 지나친 욕심을 누르고 예의범절을 좇음.

극기-심(克己心)[-끼-]명 자기의 욕심이나 감정·충동 따위를 눌러 이기는 의지(意志).

극기-주의(克己主義)[-끼-의/-끼-이]명 ☞금욕주의(禁慾主義).

극기-파(克己派)[-끼-]명 ☞스토아학파.

극-기후(極氣候)[-끼-]명 극에서 극권(極圈) 근처까지의 지역에 나타나는 기후. 기온이 낮고, 비 대신 눈이 내리며, 풀과 나무가 자라지 못함.

극난(克難)[긍-]명하자 어려움을 이겨 냄.

극난(極難) '극난하다'의 어근.

극난-하다(極難-)[긍-]형여 몹시 어렵다. **극난-히**부.

극남(極南)[긍-]명 남쪽의 맨 끝. ↔극북(極北).

극년(極年)[긍-]명 '국제 지구 관측년(國際地球觀測年)'의 이전 일컬음.

극년^관측(極年觀測)[긍-]명 극지방(極地方)의 상황을 연구하기 위하여, 극년에 하던 각국 학자들의 합동 관측.

극단(極端)[-딴]명 ①맨 끄트머리. ②중용을 벗어나 한쪽으로 치우치는 일. ¶ 극단으로 흐르다. ③극도에 이르러 더 나아갈 수 없는 상태. ¶ 극단의 경우.

극단(劇團)[-딴]명 연극의 상연(上演)을 목적으로 결성된 단체.

극단(劇壇)[-딴]명 ①연극인들의 사회. 극계(劇界). ②연극의 무대.

극단론-자(極端論者)[-딴논-]명 모든 사물을 극단적으로 해석하는 사람.

극단-적(極端的)[-딴-]관명 극단의 상태인 (것). 극단의 상태에 이른 (것). ¶ 극단적 상황. /극단적인 생각. /일을 극단적으로 처리하다.

극담(劇談)[-땀]명 ①아주 쾌활한 이야기. ②너무 괄괄한 말. ③연극에 관한 이야기.

극대(極大)[-때]명 ①하형더없이 큼. ②☞극댓값. ↔극소(極小).

극대-량(極大量)[-때-]명 지극히 많은 양.

극대-치(極大値)[-때-]명 ☞극댓값.

극대-화(極大化)[-때-]명하자타되자 아주 커짐, 또는 아주 크게 함. ¶ 이윤의 극대화.

극댓-값(極大-)[-때깝/-땓깝]명 어떤 함수의 값이 차차 증대하다가 감소하려고 할 때의 값. 극대(極大). 극대치. ↔극솟값. * 극댓값이[-때깝씨/-땓깝씨]·극댓값만[-때깜-/-땓깜-]

극도(極度)[-또]명 더할 수 없이 극심한 정도. ¶ 공포심이 극도에 달하다.

극독(劇毒)[-똑]명 (아주 적은 양으로도 생명을 앗을 만큼) 지독한 독.

극-독약(劇毒藥)[-또갹]명 극약과 독약.

극동(極東)[-똥]명 ①동쪽의 맨 끝. ↔극서. ②아시아 대륙의 동쪽에 위치한 지역. 유럽을 기준으로 하여 우리나라·일본·중국·필리핀 등을 이름. 원동(遠東).

극-동풍(極東風)[-똥-]명 지구의 극권(極圈)에서 부는 편동풍(偏東風). 지구의 자전으로 말미암아 생김. 주극풍(周極風). 편동풍(偏東風).

극락(極樂)[긍낙]명 ①〈극락정토〉의 준말. ②'더없이 안락하고 아무 걱정이 없는 지경이나 그런 곳'을 비유하여 이르는 말. ↔지옥.

극락-계(極樂界)[긍낙꼐/긍낙께]명 〈극락세계〉의 준말.

극락^만다라(極樂曼荼羅)[긍낙-]명 극락정토를 그린 만다라. 정토(淨土) 만다라.

극락-발원(極樂發願)[긍낙빠뤈]명하자 극락정토에 가기를 원하여 부처에게 빎.

극락-세계(極樂世界)[긍낙쎄계/긍낙쎄게]명 ☞극락정토. 연화세계. 준극락계.

극락-왕생(極樂往生)[긍나광-]명하자 〔불교에서〕 ①죽어서 극락정토에 가서 다시 태어남. ②편안히 죽음. 왕생극락. 정토왕생(淨土往生).

극락-원(極樂願)[긍나권]명 극락왕생하고 싶은 소원.

극락-전(極樂殿)[긍낙쩐]명 아미타불을 본존(本尊)으로 모신 법당.

극락-정토(極樂淨土)[긍낙쩡-]명 불교에서 이르는, 아미타불이 살고 있다는 정토. 살아서 염불한 사람이 죽어서 불과(佛果)를 얻는 곳으로, 더없이 안락하여 즐거움만 있다고 함. 극락세계. 서방정토. 십만억토. 안락국. 안락세계. 안락정토. 안양정토. 준극락. 참금색세계(金色世界).

극락-조(極樂鳥)[긍낙쪼]명 풍조과의 새. 약 40종이 있는데, 모양과 빛깔은 종(種)에 따라 다름. 수컷은 긴 장식 깃을 가지고 있음. 뉴기니의 삼림 등지에 분포함. 풍조(風鳥).

극량(極量)[긍냥]명 ①더없이 많은 분량. 규정된 최대의 분량. ②극독약(劇毒藥)의 과용에 따른 위험을 막기 위하여 정해 놓은 약물 사용량의 한계. 중독량(中毒量)보다 훨씬 적음.

극려(克勵·剋勵)[긍녀]명하자 사사로운 욕심을 버리고 부지런히 일함.

극력(極力)[긍녁]명하자 있는 힘을 다함. ¶ 극력으로 돕다.

극렬(極烈·劇烈)[긍녈]명하형 (정도가) 지독히 심하거나 지나치게 맹렬함. ¶ 극렬 시위. /극렬하게 저항하다. **극렬-히**부.

극렬-분자(極烈分子)[긍녈-]명 '사상이나 언행 등이 과격한 사람'을 얕잡아 이르는 말.

극론(極論)[긍논]명 ①하타힘껏 주장하여 논의함. ②극단적인 이론.

극론(劇論)[긍논]명하자 격렬한 논쟁.

극류(極流)[긍뉴]명 양극(兩極)의 해양에서 적도 쪽으로 흐르는 한류(寒流).

극률(極律)[긍뉼]명 사형(死刑)에 해당하는 죄를 정한 법률.

극명(克明)[긍-]명 ①하타속속들이 똑똑히 밝힘. ¶ 인류 평등의 대의(大義)를 극명하다. ②하형더없이 자세하고 분명함. ¶ 극명한 진리. /극명하게 드러나다.

극모(棘毛)[긍-]명 환형동물이나 윤형동물의 몸 표면에 난, 강모(剛毛)보다 굵고 억센 털.

극묘(極妙) '극묘하다'의 어근.

극묘-하다(極妙-)[긍-]형여 지극히 묘하다. 지묘(至妙)하다.

극무(劇務)[긍-]명 매우 힘들고 바쁜 사무. 격무.

극^문학(劇文學)[긍-]명 희곡 형식으로 쓴 문학. 무대 상연을 목적으로 한 문학 작품을 이름.

극물(劇物)[긍-]명 적은 분량으로도 강렬한 화학 반응을 일으켜 독성(毒性)을 나타내는, 의약품 이외의 약물(藥物). 〔농약·쥐약 따위.〕 참극약·독약(毒藥).

극미(極美) '극미(極美)하다'의 어근.

극미(極微) '극미(極微)하다'의 어근.

극미-하다(極美-)[긍-]형여 더할 수 없이 아름답다.

극미-하다(極微-)[긍-]형여 더할 수 없이 작거나 적다.

극변(極邊)[-뼌]명 (나라의) 중심지에서 매우 멀리 떨어진 변두리.

극변(劇變)[-뼌]명하자 ☞급변(急變).

극변-원찬(極邊遠竄)[-뼈눤-]명하타 먼 변경으로 귀양을 보냄.

극복(克服)[-뽁]명하타되자 ①(어렵고 힘든 일을) 이겨 냄. ¶ 고난을 극복하다. ②적을 이기어 굴복시킴.

극복(克復)[-뽁]명하타 (어려운 상태를) 이겨 내어 본디의 상태로 되돌아감.

극본(劇本)[-뽄]명 연극이나 방송극 등의 대본.

극북(極北)[-뿍]명 북쪽의 맨 끝. ↔극남.

극비(極祕)[-삐]명 〈극비밀(極祕密)〉의 준말. 엄비. ¶ 극비 사항. /극비에 속하는 정보.

극비-리(極祕裏)[-삐-]명 아주 비밀로 하는 가운데. 《주로, '극비리에'의 꼴로 쓰임.》 ¶ 공작을 극비리에 추진하다.

극-비밀(極祕密)[-삐-]명 더없이 중요한 비밀. 준극비.

극빈(極貧)[-삔]명하형 몹시 가난함.

극빈-자(極貧者)[-삔-]명 몹시 가난한 사람.

극-삼각형(極三角形)[-쌈가켱]명 구면 삼각형의 각 변의 두 극 가운데, 그 변에 대한 정점과 같은 쪽에 있는 극을 정점으로 하는 삼각형.

극상(極上)[-쌍]명 ①(서열 따위의) 제일 위. 막상(莫上). ②(품질 따위에서의) 가장 좋은 것. 난상(難上). 태상(太上). ¶ 극상의 품질.

극-상등(極上等)[-쌍-]명 가장 높은 등급. 최상급.

극-상품(極上品)[-쌍-]명 가장 좋은 품질, 또는 그러한 물품. 최고품.

극서(極西)[-써]명 서쪽의 맨 끝. ↔극동(極東).

극서(極暑·劇暑)[-써]명 매우 심한 더위. 혹심한 더위. ↔극한(極寒).

극선(極善)[-썬]명하형 ①마음씨나 행동이 더없이 선량함. ②지극히 좋음.

극선(極線)[-썬]명 하나의 이차 곡선을 매개(媒介)로 하여, 어떤 점과 어떤 관계에 있는 직선을 그 점에 대하여 이르는 말.

극성(極性)[-썽]명 특정한 방향에 따라, 그 양 극단에 서로 대응하는 다른 성질을 갖는 일. 자석(磁石)의 남극과 북극, 동물체의 머리와 꼬리 같은 것.

극성(極星) [-썽] 명 북극에 가장 가까이 있는 항성(恒星). 북극성.
극성(極盛) [-썽] 명하형스형 ①(무슨 일에) 지나치게 적극적이거나 억척스러운 성질, 또는 그런 상태. ¶ 극성을 떨다. /극성을 피우다. ②아주 왕성함. ¶ 극성에 이르다. **극성-히**부. **극성스레**부.
극성-기(極盛期) [-썽-] 명 한창 번성한 시기.
극성-떨다(極盛-) [-썽-] [~떠니·~떨어] 자 극성부리다.
극성-맞다(極盛-) [-썽맏따] 형 극성스럽다. ¶ 진득하지 못하고 극성맞게 보채다.
극성-부리다(極盛-) [-썽-] 자 극성스럽게 행동하다. 극성떨다.
극성^위도법(極星緯度法) [-썽-뻡] 명 극성(極星)의 고도(高度)를 재어 그 지점의 위도를 산출하는 방법.
극성즉패(極盛則敗) [-썽-] 명하자 왕성함이 지나치면 도리어 패망한다는 말.
극세(極細) '극세하다'의 어근.
극-세말(極細末) [-쎄-] 명 매우 곱고 보드랍게 만든 가루.
극-세포(極細胞) [-쎄-] 명 ☞극체(極體).
극세-하다(極細-) [-쎄-] 형여 몹시 잘거나 가늘다.
극소(極小) [-쏘] 명 ①하형아주 작음. ②☞극솟값. ↔극대(極大).
극소(極少) [-쏘] 명하형 (수량 따위가) 아주 적음.
극-소량(極少量) [-쏘-] 명 아주 적은 분량.
극-소수(極少數) [-쏘-] 명 매우 적은 수.
극소-치(極小値) [-쏘-] 명 ☞극솟값.
극솟-값(極小-) [-쏘깝/-쏟깝] 명 어떤 함수의 값이 차차 감소하다가 증대하려고 할 때의 값. 극소(極小). 극소치(極小値). ↔극댓값. *극솟값이[-쏘깝씨/-쏟깝씨]·극솟값만[-쏘깜-/-쏟깜-]
극시(劇詩) [-씨] 명 시의 3대 장르 중의 하나. 희곡(戲曲) 형식으로 씌어진 시. 참시극(詩劇).
극심(極甚·劇甚) '극심하다'의 어근.
극심-스럽다(極甚-·劇甚-) [-씸-따] [~스러우니·~스러워] 형ㅂ 보기에 몹시 심한 데가 있다. **극심스레**부.
극심-하다(極甚-·劇甚-) [-씸-] 형여 아주 심하다. ¶ 가뭄 피해가 극심하다. **극심-히**부.
극악(極惡) 명하형 더없이 악함. 지독히 나쁨. ¶ 수법이 아주 극악하다.
극악-무도(極惡無道) [그강-] 명하형 더없이 악하고 도의심이 없음. ¶ 극악무도한 범인. /극악무도한 범행을 저지르다.
극야(極夜) 명 고위도(高緯度) 지방에서, 추분과 춘분 사이에 오랫동안 해가 뜨지 않고 밤만 계속되는 동안. 참백야(白夜).
극약(劇藥) 명 ①잘못 사용할 때 생명에 위험을 줄 수 있는 의약제(醫藥劑). 약사법에 따라 '독약' 다음가는 약제로 취급이 규제되고 있음. 〔안티피린·산토닌·카페인·요오드·염산·질산·황산·백신류 따위.〕 ②'극단적인 해결 방법'을 비유하여 이르는 말. ¶ 극약 처방을 내리다. 참극물(劇物)·독약(毒藥).
극양(極洋) 명 남극 또는 북극에 가까운 바다.
극언(極言) 명하자 ①생각하는 바를 거리낌 없이 말함, 또는 그 말. ②극단적으로 말함, 또는 그 말. ¶ 천하의 망나니라고 극언을 퍼붓다.
극열-지옥(極熱地獄) 명 ☞무간지옥(無間地獄).
극염(極炎·劇炎) 명 불 같은 더위.
극-영화(劇映畫) [긍녕-] 명 (기록 영화나 문화 영화 등에 대하여) 일정한 줄거리가 있는 영화.
극예(極銳) '극예하다'의 어근.
극예-하다(極銳-) 형여 몹시 날카롭다.
극우(極右) 명 〈극우익〉의 준말. ↔극좌(極左).
극-우익(極右翼) 명 극단적인 우익 사상, 또는 그런 사상을 가진 사람. 준극우. ↔극좌익(極左翼).
극원(極遠) '극원하다'의 어근.
극원-하다(極遠-) 형여 매우 멀다. 아득하다.
극월(極月) 명 '섣달'을 달리 이르는 말. 납월(臘月).
극위(極位) 명 가장 높은 지위.
극음(劇飮) 명하타 (술 따위를) 지나치게 마심.
극-음악(劇音樂) 명 가극(歌劇)과 같이, 연극적인 대사나 줄거리, 무대 장치 따위를 곁들이는 음악.
극인(棘人) 명 ☞상제(喪制).
극-자리표(極-標) [-짜-] 명 ☞극좌표(極座標).
극작(劇作) [-짝] 명하자 연극의 각본을 씀.
극작-가(劇作家) [-짝까] 명 연극의 각본 쓰는 일을 업으로 하는 사람.
극장(劇場) [-짱] 명 연극·영화·무용 등을 감상할 수 있도록 무대와 관람석 등 여러 가지 시설을 갖춘 곳.
극-저온(極低溫) [-쩌-] 명 절대 영도(絶對零度)에 가까운 매우 낮은 온도.
극-적(劇的) [-쩍] 관명 ①연극과 같은 요소가 있는 (것). ¶ 극적 분위기. /사건의 극적인 전개. ②연극을 보는 것처럼 감격적이고 인상적인 (것). ¶ 극적 효과. /극적인 해후. /극적으로 구출되다.
극-전선(極前線) [-쩐-] 명 ①한대 기단(寒帶氣團)과 열대 기단(熱帶氣團)의 사이에 생기는 불연속선. ②한류와 난류가 만나는 경계선.
극점(極點) [-쩜] 명 (어떤 것이) 궁극에 이른 점. 더할 수 없을 정도에 다다른 점. 맨 끝.
극-제품(極製品) [-쩨-] 명 아주 좋은 제품.
극젱이[-쩽-] 명 논밭을 가는 데 쓰는 농기구의 한 가지. 쟁기와 비슷하나 술이 조금 곧게 내려가고 보습 끝이 무딤.
극존(極尊) [-쫀] 명 ①〈임금〉의 높임말. ②하형 지위가 매우 높음.
극-존대(極尊待) [-쫀-] 명하타 극진히 받들어 대접함.
극-존칭(極尊稱) [-쫀-] 명 아주 높여서 일컫는 말.
극종(克從) [-쫑] 명하타 이겨서 잘 따르게 함.
극좌(極左) [-쫘] 명 〈극좌익〉의 준말. ↔극우.
극-좌익(極左翼) [-쫘-] 명 극단적인 좌익 사상, 또는 그런 사상을 가진 사람. 준극좌. ↔극우익(極右翼).
극-좌표(極座標) [-쫘-] 명 평면 상의 점의 위치를 정점(定點)으로부터의 거리와 방향에 따라 나타내는 좌표. 극자리표.
극중(極重) '극중하다'의 어근.
극중-극(劇中劇) [-쭝-] 명 연극 속에서 이루어지는 또 하나의 연극.
극중-하다(極重-) [-쭝-] 형여 ①아주 무겁다. ②병이 몹시 위중하다. ③죄나 형벌이 매우 중하다. **극중-히**부.
극지(極地) [-찌] 명 ①맨 끝에 있는 땅. 아주 먼 땅. ②☞극지방. ¶ 극지 탐험.
극-지방(極地方) [-찌-] 명 지구의 북극 지방과 남극 지방. 극지(極地).

극지-법(極地法)[-찌뻡]명 등산이나 탐험에서, 먼저 베이스캠프를 마련하고, 차차로 전진 기지를 설치해 가며 목적지에 이르는 방법.
극지^식물(極地植物)[-찌싱-]명 삼림 한계선(森林限界線)보다 고위도(高緯度) 지대에서 자라는 식물을 통틀어 이르는 말. 〔이끼 식물, 지의 식물 따위.〕
극지^항:법(極地航法)[-찌-뻡]명 남극이나 북극 부근의 항행에 쓰이는 항공 항법(航法). 〔주로, 자이로컴퍼스(gyrocompass)로 침로(針路)를 정함.〕
극직(劇職)[-찍]명 몹시 바쁜 직무(職務). 썩고된 직무.
극진(極盡) '극진하다'의 어근.
극진(劇震)[-찐]명 무척 심한 지진. 격진.
극진-하다(極盡-)[-찐-]형여 (마음과 힘을 들이는 정성이) 그 이상 더할 수 없다. ¶ 극진한 간호. /효성이 극진하다. /예우가 극진하다. **극진-히**부 ¶ 손님을 극진히 모시다.
극찬(極讚)명하타 몹시 칭찬함, 또는 그 칭찬. ¶ 그의 작품을 극찬하다.
극-채색(極彩色)명 ①매우 짙은 빛깔. 아주 꼼꼼한 색칠. ②화려한 복장이나 장식.
극처(極處)명 궁극에 다다른 곳. 맨 끝.
극체(極體)명 동물의 난모 세포(卵母細胞)가 성숙 분열하여 알이 되는 과정에서 생기는 세 개의 작은 세포. 극세포.
극-초단파(極超短波)명 ☞마이크로웨이브.
극치(極侈)명하자 더할 나위 없이 사치함, 또는 그 사치(奢侈).
극치(極致)명 극도에 이른 경지. 그 이상 더할 수 없을 만한, 최고의 경지나 상태. ¶ 무대 예술의 극치. /극치를 이루다.
극치(極値)명 ☞극값.
극친(極親) '극친하다'의 어근.
극친-하다(極親-)형여 더없이 친하다. ¶ 극친한 사이. **극친-히**부.
극터듬다[-따]타 간신히 붙잡고 기어오르다. ¶ 바위너설을 극터듬으며 산꼭대기에 오르다.
극통(極痛·劇痛)명 ①몹시 심한 아픔. ②하형가슴에 맺히게 고통스러움. 지통(至痛).
극평(劇評)명 연극에 대한 비평.
극풍(極風)명 지구의 극권(極圈)에서 부는 편동풍(偏東風). 지구의 자전으로 말미암아 생김. 주극풍(周極風).
극피(棘皮)명 석회질의 가시가 돋아 있는 동물의 껍데기.
극피-동물(棘皮動物)명 동물 분류의 한 문(門). 몸은 대칭이 되는 방사형으로, 석회질의 작은 골편(骨片)으로 된 껍데기에 싸여 있음. 특유의 관족(管足)으로 운동함. 암수딴몸으로 변태를 하며, 대부분이 난생(卵生)임. 해안에서 심해에 이르기까지 널리 서식함. 〔바다나리·불가사리·성게·해삼 따위가 이에 딸림.〕
극-하다(革-)[그카-]형여 병이 위급하다. 위독하다.
극-하다(極-)[그카-]자타여 더할 수 없는 지경에 이르다. ¶ 사치를 극하다. /슬픔이 극하면 눈물도 안 나온다. **극-히**부 ¶ 극히 당연한 사실. /극히 짧은 동안.
극한(極限)[그칸]명 ①사물이 더 이상은 나아갈 수 없는 한계. 사물의 끝닿은 데. ¶ 극한 투쟁. /피로가 극한에 이르다. ②☞극한값.
극한(極寒·劇寒)[그칸]명 ☞혹한(酷寒). ↔극서(極暑).
극한-값(極限-)[그칸깝]명 함수에서, 독립 변수의 값이 어떤 일정한 값에 한없이 접근할 때, 그에 대응하여 함수가 접근하는 값. 극한. 극한치. ＊극한값이[그칸깝씨]·극한값만[그칸깜-]
극한^기후(極寒氣候)[그칸-]명 나무가 아예 자라지 못할 정도로 기온이 낮은 날씨.
극한^상황(極限狀況)[그칸-]명 더할 수 없이 막다른 지경에까지 이른 상황. 한계 상황. ¶ 극한 상황에서 꽃핀 인간애.
극한-치(極限値)[그칸-]명 ☞극한값.
극한-투쟁(極限鬪爭)[그칸-]명 어떤 목적을 관철하기 위하여, 싸울 수 있는 데까지 싸우는 일.
극해(極害)[그캐]명 몹시 심한 해독.
극형(極刑)[그켱]명 〔가장 무거운 형벌이라는 뜻으로〕 '사형'을 이르는 말. ¶ 죄인을 극형으로 다스리다.
극화(劇化)[그콰]명하타 되자 (사건이나 소설 따위를) 극의 형식으로 각색함.
극화(劇畫)[그콰]명 ①☞그림 연극. ②이야기를 그림과 글로 엮어 놓은 것.
극흉(極凶) '극흉하다'의 어근.
극흉-하다(極凶-)[그쿵-]형여 몹시 흉악하다. 지흉(至凶)하다.
극희(劇戲)[그키]명 광대가 하는 연극.
근(根)명 ①부스럼 속에서 곪아 단단하게 된 망울. ¶ 고약으로 근을 빼다. ②뿌리. ③대수학에서 이르는, 방정식을 만족시키는 미지수의 값. ④☞승근(乘根). ⑤☞기(基). ⑥〔불교에서〕 ㉠어떤 작용을 일으키는 강력한 힘을 이름. ㉡〔근기·근성의 뜻으로〕 가르침을 받는 자의 능력을 이름.
근(筋)명 ①☞심줄. ②☞근육.
근(斤)의 저울로 다는 무게의 단위. 한 근은 열엿 냥인 600 g이지만, 100돈쭝인 375 g으로 쓰기도 함. ¶ 고기 두 근.
근(斨)의 양지(洋紙) 한 연(連), 곧 500장의 무게를 나타내는 단위. 파운드와 같음.
근:(近)관 수사나 수를 나타내는 말 앞에 쓰이어, 그것에 거의 가까움을 뜻하는 말. ¶ 근 보름 동안. /근 백 리.
근:간(近刊)명 ①최근에 출판된 간행물. ②하타머지않아 곧 출간함, 또는 그런 간행물.
근:간(近間)명 ①요사이. 요즈음. ¶ 근간에는 통 소식이 없다. ②가까운 시일의 장래. ¶ 근간에 한번 들르리다.
근간(根幹)명 ①뿌리와 줄기. 간근(幹根). ②사물의 바탕이나 가장 중심이 되는 부분. ¶ 국가의 근간 사업.
근간(勤幹·勤懇) '근간하다'의 어근.
근:간-하다(勤幹-·勤懇-)형여 부지런하고 재간이 있다. **근간-히**부.
근거(根據)명 ①어떠한 행동을 하는 데 터전이 되는 곳. ¶ 생활의 근거를 잃다. ②하자어떤 의견이나 의론(議論) 따위의 이유 또는 바탕이 됨, 또는 그런 것. ¶ 근거를 캐다. /근거 없는 헛소문이 퍼지다. /판단의 근거를 제시하다.
근:-거리(近距離)명 가까운 거리. ¶ 근거리 사격. ↔원거리.
근:거리^통신망(近距離通信網)명 사무실이나 연구실, 공장 같은 곳에 분산 배치된 컴퓨터를 비롯한 각종 정보 통신 기기를 통신 회선으로 연결하여 정보를 교환하는 정보 통신망. 랜(LAN).
근거-지(根據地)명 활동의 터전으로 삼는 곳. 본거지. ¶ 생활 근거지.

근:검 (勤儉) 명 하형 부지런하고 검소함. ¶ 근검한 생활 태도. **근검-히** 부.
근:검-절약 (勤儉節約) 명 하자 부지런하고 알뜰하게 재물을 아낌. ¶ 근검절약하는 습관.
근:검-하다 형 여 자손이 많아서 보기에 매우 복스럽다.
근:경 (近景) 명 ①가까이 보이는 경치. ②그림이나 사진 등에서, 가까운 곳에 있는 것으로 그려지거나 찍히는 대상. ↔원경(遠景).
근:경 (近境) 명 ①(일정한 곳에서) 가까운 곳. ②요즈음의 사정.
근경 (根耕) 명 하타 ☞그루갈이.
근경 (根莖) 명 '뿌리줄기'로 순화.
근:계 (謹啓) [-계/-게] 명 '삼가 아뢰니다'의 뜻으로 편지 첫머리에 쓰는 말.
근:고 (近古) 명 ①그리 오래되지 않은 옛적. ②중고(中古)와 근세(近世) 사이.
근고 (勤苦) 명 하자 애써 부지런히 일함. 아주 노고가 심함.
근:고 (謹告) 명 하타 삼가 아룀. 삼가 알림.
근고-버력 (根固-) 명 '보호 버력'의 잘못.
근곡 (根穀) 명 ①묵은 곡식. ②밑절미로 마련해 둔 곡식.
근골 (筋骨) 명 ①근육과 뼈. ②체력. 신체.
근골 (跟骨) 명 발꿈치를 이루는 굵고 짧은 뼈.
근:공 (勤工) 명 하자 부지런히 힘써 공부함.
근:공 (勤功) 명 맡은 일을 열심히 한 공로.
근관 (根冠) 명 ☞뿌리골무.
근관 (根管) 명 치근(齒根)의 중심에 있는 대롱 모양의 빈 부분.
근:교 (近郊) 명 도시에 가까운 지역. ¶ 근교로 소풍을 가다. ↔원교(遠郊).
근:교^농업 (近郊農業) 명 대도시 주변에서 채소·화초 등을 도시민들에게 공급하기 위하여 하는 집약적 농업. 참 원교 농업(遠郊農業).
근:구 (近口) 명 하타 먹지는 않고 그저 먹는 체만 함. 접순(接脣).
근:구 (勤求) 명 하자 수행을 부지런히 하여 불도(佛道)를 구함.
근:국 (近國) 명 이웃에 있는 나라. 가까운 이웃 나라. ↔원국(遠國).
근궁 (芹宮) 명 ☞문묘(文廟).
근근 (勤勤) '근근(勤勤)하다'의 어근.
근:근 (近近) 부 머지않아. 가까운 장래에. ¶ 근근 무슨 소식이 오겠지.
근:근 (僅僅) 부 겨우. 가까스로. 근근이.
근:근-득생 (僅僅得生) [-쌩] 명 하자 겨우 살아감. 겨우겨우 삶을 이어 나감.
근:근-부지 (僅僅扶持) 명 하타 겨우 배겨 나감. 가까스로 버티어 나감.
근:근-이 (僅僅-) 부 겨우. 가까스로. 간신히. ¶ 품팔이로 근근이 연명하다.
근근자자 (勤勤孜孜) '근근자자하다'의 어근.
근:근자자-하다 (勤勤孜孜-) 형 여 부지런하고 정성스럽다. **근근자자-히** 부.
근근-하다[1] 형 여 (못이나 우물 따위에) 물이 가득하다.
근근-하다[2] 형 여 좀 아픈 듯하면서 근질근질하다. ¶ 부스럼 자리가 약간 근근하다.
근:근-하다 (勤勤-) 형 여 매우 부지런하다.
근:기 (近畿) 명 서울에서 가까운 지방. 기근(畿近).
근기 (根氣) 명 ①참을성 있게 배겨 내는 힘. ¶ 근기 있게 기다리다. ②근본이 되는 힘. ③(음식이 차지거나 영양이 많아서) 먹은 다음에 오랫동안 든든한 기운. ¶ 밥보다 떡이 근기가 있다.
근기 (根基) 명 사물의 근저. 뿌리를 박은 터전.
근-긴장 (筋緊張) 명 근육이 수축 상태를 오래 끄는 일.
근:년 (近年) 명 ①가까운 해. 지나간 지 얼마 안 되는 해. ②요 몇 해 사이. 지나간 몇 해 동안. ¶ 근년에 보기 드문 사건. 경년(頃年). 근세(近歲).
근:념 (勤念) 명 ①하타 마음을 써 정성껏 보살펴 줌. ②하자 애쓰고 수고함.
근:농 (勤農) 명 하자 농사에 힘씀, 또는 그런 농가. 독농.
근:농-가 (勤農家) 명 농사를 힘써 하는 집안, 또는 그런 농민. 독농가.
근-단백질 (筋蛋白質) [-찔] 명 근장(筋漿)의 주성분을 이루는 단백질. 근육소(筋肉素).
근-담배 (斤-) [-땀-] 명 지난날, 한 근씩 묶어 팔던 살담배.
근-담보 (根擔保) 명 장래에 발생할 것으로 예상되는 불특정 채권의 변제 확보를 위하여 미리 설정하는 담보.
근대 명 명아줏과의 이년초. 밭에 심는 채소로 줄기 높이는 1 m가량. 뿌리에서 나오는 잎은 길둥글고 다육성(多肉性)이며, 초여름에 황록색의 잔꽃이 핌. 잎과 줄기는 국을 끓이거나 나물로 먹음. 군달(莙薘).
근:대 (近代) 명 ①지나간 지 얼마 안 되는 가까운 시대. ②역사의 시대 구분의 한 가지. 중세(中世)와 현대의 중간 시대. 국사에서는, 조선 시대의 후기가 이에 해당됨.
근:대^국가 (近代國家) [-까] 명 중세 말기의 전제(專制) 국가가 무너진 뒤, 근대에 성립한 중앙 집권 국가. 민족 통일, 자유 평등, 입헌주의 등의 특징을 가짐.
근:대^국어 (近代國語) 명 국어의 역사에서 17세기 초부터 19세기 말에 걸친 시기의 국어. 참 고대 국어·중세 국어.
근:대-극 (近代劇) 명 19세기 말엽부터, 유럽에서 일어난 새로운 연극. 〔주로, 개인의식에 눈뜬 근대 시민 사회의 의지를 그리고 있음.〕
근대다 타 ①몹시 성가시게 굴다. 귀찮게 치근덕거리다. ②조롱하다.
근:대^문학 (近代文學) 명 ①근대 사상에 입각한 근대 사회의 문학. 르네상스 이후의 문학을 가리키는 경우와 프랑스 혁명 이후의 문학을 가리키는 경우가 있음. ②갑오개혁 이후부터 1920년대까지의 신소설, 신체시 및 서구의 근대 문예 사조들이 반영된 시기의 문학.
근:대^사회 (近代社會) [-회/-훼] 명 봉건적 신분 제도가 무너지고 개인의 자유와 법 앞에서의 평등이 실현된 사회. 시민 사회.
근:대^산:업 (近代產業) 명 산업 혁명을 통해 발달한 근대적 공장제 대공업으로 이루어진 산업. 분업화한 산업 형태임.
근:대^오:종^경:기 (近代五種競技) 명 올림픽 경기 종목의 한 가지. 마술(馬術)·펜싱·사격·수영(300 m 자유형)·크로스컨트리(4000 m 달리기)의 다섯 종목을 한 사람이 하루에 한 종목씩 하여, 그 종합 득점으로 승부를 겨루는 경기.
근:대-적 (近代的) 관 명 근대의 특징이 될 만한 성질이나 경향을 띤 (것). ¶ 근대적 사고방식.
근:대-화 (近代化) 명 하자.타 되자 전근대적인 상태에서 근대적인 상태로, 또는 후진적인 상태에서 선진적인 상태로 되거나 되게 함. ¶ 농촌의 근대화.

근댓-국[-대꾹/-댇꾹]명 근대를 넣고 국물에 된장을 풀어 끓인 국.
근덕-거리다[-꺼-]자타 자꾸 근덕근덕하다. 근덕대다. ¶ 새로 한 틀니가 근덕거리다. 작간닥거리다. 센끈덕거리다·끈떡거리다.
근덕-근덕[-끈-]부하자타 전체가 조금씩 가볍게 움직이는 모양, 또는 전체를 조금씩 가볍게 움직이는 모양. 작간닥간닥. 센끈덕끈덕·끈떡끈떡.
근덕-대다[-때-]자타 근덕거리다.
근덕-이다자타 전체가 조금씩 가볍게 움직이다, 또는 그렇게 되게 하다. 작간닥이다.
근데부 〈그런데〉의 준말. ¶ 근데 왜 아직도 나타나지 않을까?
근뎅-거리다자 자꾸 근뎅근뎅하다. 근뎅대다. ¶ 처마 끝에 달린 풍경이 바람에 근뎅거리다. 작간댕거리다.
근뎅-근뎅부하자 가늘게 붙은 물체가 좁은 폭으로 천천히 쉬지 않고 흔들리는 모양. 작간댕간댕.
근뎅-대다자 근뎅거리다.
근뎅-이다자 가늘게 붙은 물체가 좁은 폭으로 천천히 자꾸 흔들리다. 작간댕이다.
근:동(近東)명 서유럽에 가까운 동방(東方)의 여러 나라가 있는 지역. 〔터키에서 이집트에 이르는 지중해 연안 지역을 이름.〕
근:동(近洞)명 가까운 이웃 동네. ¶ 근동에까지 소문이 자자하다.
근두-박질(筋斗撲跌)명하자 '곤두박질'의 잘못.
근드렁-거리다자 자꾸 근드렁근드렁하다. 근드렁대다. ¶ 앞니가 자꾸 근드렁거리다. 작간드랑거리다.
근드렁-근드렁부하자 가늘게 달려 있는 물체가 좀 넓은 폭으로 천천히 자꾸 흔들리는 모양. 작간드랑간드랑.
근드렁-대다자 근드렁거리다.
근드렁-타령명 '몸을 가누지 못하여 근드렁거리는 짓'을 놓으로 이르는 말.
근드적-거리다[-꺼-]자 자꾸 근드적근드적하다. 근드적대다. 작간드작거리다.
근드적-근드적[-끈-]부하자 (무엇에 기대거나 걸려 있는 물체가) 천천히 자꾸 흔들리는 모양. 작간드작간드작.
근드적-대다[-때-]자 근드적거리다.
근들-거리다자타 자꾸 근들근들하다. 근들대다. ¶ 근들거리는 이를 빼다. 참간들거리다·건들거리다.
근들-근들부하자타 따로 선 물체가 이리저리 자꾸 흔들리는 모양, 또는 따로 선 물체를 이리저리 자꾸 흔드는 모양. 참간들간들·건들건들.
근들-대다자타 근들거리다.
근:래(近來)[글-]명 요즈음. 만근(輓近). 이래(爾來). ¶ 근래에 보기 드문 일.
근량(斤兩)[글-]명 ①(무게의 단위인) 근과 냥. ②〈근량쭝〉의 준말.
근량(斤量)[글-]명 저울로 단 무게.
근량-쭝(←斤兩重)[글-]명 근과 냥으로 셈을 한 물건의 무게. 준근량(斤兩).
근력(筋力)[글-]명 ①근육의 힘 또는 그 지속성. 체력. ¶ 근력을 시험하다. ②☞기력(氣力). ¶ 근력이 참 좋다.
근:로(勤勞)[글-]명하자 힘써 부지런히 일함.
근:로^감독관(勤勞監督官)[글-꽌]명 노동부에 딸리어, 근로 조건(勤勞條件)의 확보와 그 상황을 감독하는 관직.
근:로^계급(勤勞階級)[글-계-/글-게-]명 근로의 대가로 받은 급여(給與)로 생활하는 계급.
근:로^계:약(勤勞契約)[글-계-/글-게-]명 근로자가 사용자에게 대가를 받는 것을 조건으로 노무 제공을 약속하는 계약.
근:로-권(勤勞權)[글-꿘]명 근로 능력을 가진 사람이 취업하지 못하는 경우에, 국가에 대하여 생존을 위한 근로 기회의 제공을 요구할 수 있는 권리. 노동권.
근:로^기본권(勤勞基本權)[글-꿘]명 근로자에게 그 생존 확보를 위하여 인정되는 기본권. 근로권·단결권·단체 교섭권 및 단체 행동의 자유권을 통틀어 이르는 말.
근:로^기준법(勤勞基準法)[글-뻡]명 근로자의 기본적 생활을 보장, 향상시키기 위하여 근로 조건의 기준을 규정한 법률.
근:로^대:중(勤勞大衆)[글-]명 정신노동 및 육체노동에 종사하는 모든 사람.
근:로^봉:사(勤勞奉仕)[글-]명 사회 이익을 위하여 무상으로 공공의 작업에 종사하는 일.
근:로^소:득(勤勞所得)[글-]명 근로의 대가로 얻는 소득. 〔봉급·급료·연금·상여금 따위.〕 ↔불로 소득.
근:로^소:득세(勤勞所得稅)[글-쎄]명 근로 소득에 대하여 매기는 조세.
근:로-자(勤勞者)[글-]명 근로에 의한 소득으로 생활하는 사람. 노동자.
근:로자^재산^형성^저:축(勤勞者財産形成貯蓄)[글-]명 근로자가 목돈이나 주택·주식 따위의 재산을 만들 수 있도록 정부·사업주·저축 기관 등이 지원하여 주는 저축. 〔목돈 마련 저축과 증권 투자 저축이 있음.〕 준재산 형성 저축.
근:로^조건(勤勞條件)[글-껀]명 근로자가 사용자에게 고용되어 노무(勞務)를 제공하는 경우의 모든 조건. 〔임금, 휴가, 근로 시간, 작업 환경 따위.〕
근류(根瘤)[글-]명 ☞뿌리혹.
근류-균(根瘤菌)[글-]명 ☞뿌리혹균.
근류^박테리아(根瘤bacteria)[글-]명 ☞뿌리혹균.
근리(近理) '근리하다'의 어근.
근:리-하다(近理-)[글-]형여 이치에 가깝다.
근:린(近隣)[글-]명 ①가까운 이웃. ②가까운 곳. ¶ 근린의 여러 나라와 교역하다.
근:린-공원(近隣公園)[글-]명 도심지의 주택가의 주변에 있어, 시민이 쉽게 이용할 수 있는 공원.
근:린-상가(近隣商街)[글-]명 가까운 곳에 위치한 상가.
근막(筋膜)명 근육의 격지 사이에 있는, 근육의 수축을 조절하는 얇은 막.
근:만(勤慢)명 부지런함과 게으름. 근태(勤怠).
근맥(根脈)명 일이 생겨난 유래.
근맥(筋脈)명 근육과 혈맥. ¶ 근맥을 짚다.
근:면(勤勉)명 ①하형아주 부지런함. ¶ 근면한 성격. ②하자부지런히 힘씀. **근면-히**부.
근:면-성(勤勉性)[-썽]명 부지런한 품성. ¶ 근면성을 기르다.
근멸(根滅)명하타되자 뿌리째 없애 버림. ¶ 잡초를 근멸하다./폐습이 근멸되다.
근모(根毛)명 ☞뿌리털.
근:무(勤務)명하자 ①(직장에 적을 두고) 일을 맡아봄. 일을 맡아 함. 근사(勤仕). ¶ 근무 시간을 준수하다. ②경비나 보초 따위의 일을 맡아 함. ¶ 야간에 보초 근무를 서다.

근:무^소집(勤務召集)명 전쟁 상황에 대비하여 현역 복무를 마친 장병을 일정 기간 재교육을 시키기 위해 소집하던 일.
근:무-지(勤務地)명 근무하는 곳. ¶ 근무지 이탈.
근:무-처(勤務處)명 근무하는 기관이나 부서. ¶ 근무처가 바뀌다.
근:묵자흑(近墨者黑)[-짜-]명 〔먹을 가까이하면 검어진다는 뜻으로〕'나쁜 사람을 가까이하면 물들기 쉬움'을 이르는 말.
근:민(近民)명 이웃 나라의 백성.
근:민(勤民)명 ①부지런한 백성. ②근로 생활을 하는 민중.
근:방(近方·近傍)명 ☞근처(近處).
근:배(謹拜)명 '삼가 절함'의 뜻으로, 편지 끝의 자기 이름 뒤에 쓰는 말. 참근백.
근:백(謹白)명 '삼가 아뢲'의 뜻으로, 편지 끝의 자기 이름 뒤에 쓰는 말. 참근배(謹拜).
근:변(近邊)명 멀리 떨어지지 않은 곳. 가까운 주변.
근복(筋腹)명 붉고 연하여 탄력성이 있는, 근육의 가운데 부분.
근본(根本)명 ①초목의 뿌리. ②사물이 생겨나는 데 바탕이 되는 것. 근저. 기본. 기초. 기근(基根). ¶ 나라의 근본. /근본 문제. /근본이 흔들리다. ③자라 온 환경이나 경력. ¶ 사람은 근본이 좋아야 한다.
근본-법(根本法)[-뻡]명 국가의 근본적인 법, 곧 '헌법'을 이르는 말. 기본법.
근본-악(根本惡)명 칸트(Kant)의 철학에서, 인간이 태어날 때부터 지니고 있는 악을 이르는 말.
근본-이념(根本理念)[-니-]명 어떤 사실의 본바탕이 되는 이념. ¶ 4·19 혁명의 근본이념.
근:봉(謹封)명 편지나 소포 따위의 겉봉에 '삼가 봉함'의 뜻으로 쓰는 말.
근부(根部)명 ①식물의 뿌리 부분. ②건축물 따위의 땅에 박혀 있는 부분.
근비(根肥)명 ①식물의 뿌리 언저리에 주는 거름. ②밑거름.
근비(筋痺)명 한방에서, 근육이 켕기고 관절이 아파서 잘 걷지 못하는 병을 이르는 말.
근사(近似) '근사하다'의 어근.
근사(勤仕)명하자 ①자기가 맡은 일을 힘써 함. ②☞근무(勤務).
근사(를) 모으다관용 오랫동안 애써 은근히 공을 들이다.
근사(勤事)명 어떤 일에 힘쓰는 일.
근:사-계산(近似計算)[-계-/-게-]명하타 정확한 수치를 낼 수 없을 때, 그에 가까운 수치를 셈해 내는 일.
근:사-치(近似值)명 ☞근삿값.
근:사-하다(近似-)형여 ①(어떤 수치나 상태 따위가) 기준에 가깝거나 아주 비슷하다. ¶ 예상한 것과 근사한 문제가 출제되었다. ②썩 그럴듯하다. 꽤 좋다. ¶ 근사한 생각이 떠오르다. **근사-히**부.
근:삿-값(近似-)[-사깝/-삳깝]명 (어떤 수치 대신 사용하는) 그 수치에 충분히 가까운 수치. 근사치. *근:삿값이[-사깝씨/-삳깝씨]·근:삿값만[-사깜-/-삳깜-]
근:상(近狀)명 ☞근황(近況).
근:상(謹上)명 편지의 맨 끝에, '삼가 올림'의 뜻으로 쓰는 말.
근상-엽(根狀葉)명 잎이 변태하여 뿌리 모양으로 된 것. 뿌리가 없는 부생 식물(浮生植物)에서 볼 수 있음.
근생-엽(根生葉)명 뿌리나 땅속줄기에서 직접 땅 위로 나온 잎. 연·고사리 등에서 볼 수 있음. 준근엽(根葉).
근:선(謹選)명하타 삼가 고름.
근-섬유(筋纖維)명 심줄을 이루고 있는 실 모양의 조직. 살올실.
근성(芹誠)명 정성된 마음을 이르는 말. 〔충성스러운 농부가 임금에게 향기로운 미나리를 바쳤다는 고사에서 유래함.〕
근성(根性)명 ①뿌리 깊이 박인 성질. ¶ 사대주의 근성. /아부 근성. ②어떤 일을 끝까지 해내려고 하는 끈질긴 성질. ¶ 프로 근성.
근:세(近世)명 ①지나간 지 얼마 안 되는 세상. ②역사의 시대 구분의 한 가지. 중세(中世)와 근대(近代)의 중간 시대. 국사에서는 조선 시대 전기가 이에 해당함.
근:세(近歲)명 ☞근년(近年).
근:세-사(近世史)명 근세의 역사, 또는 그것을 적은 책.
근:세-조선(近世朝鮮)명 고려 왕조에 이은 500년간의 조선 왕조.
근-세포(筋細胞)명 동물의 체내에서, 능동적으로 수축하는 세포를 통틀어 이르는 말.
근소(僅少) '근소하다'의 어근.
근:소-하다(僅少-)형여 얼마 되지 않을 만큼 아주 적다. ¶ 근소한 차이로 이기다.
근:속(勤續)명하자 한 일자리에서 오래 근무함. ¶ 장기 근속 사원. /삼십 년 동안 근속하다.
근:속-급(勤續給)[-끕]명 노동자의 근속 기간에 비례하여 지급되는 임금 부분.
근:속^연한(勤續年限)[-송년-]명 어떤 일자리에서 계속해서 근무한 햇수.
근수(斤數)[-쑤]명 저울로 단 무게의 수. ¶ 근수를 달다. /근수를 재다.
근수(根數)[-쑤]명 근호(根號)가 붙은 수. 〔$\sqrt{2}$, $\sqrt{3}$ 따위.〕
근수(勤修)명하타 힘써 부지런히 닦음.
근:시(近侍)명 ①지난날, 임금을 가까이에서 모시던 신하. 〔승지(承旨)·사관(史官) 따위.〕 ②하타 (웃어른을) 가까이 모심.
근:시(近時)명 요사이. 요즈음. 이즈막.
근:시(近視)명 〈근시안(近視眼)〉의 준말. 바투보기. 졸보기. ↔원시(遠視).
근:시-경(近視鏡)명 근시안(近視眼)에 쓰는, 오목 렌즈로 만든 안경. 졸보기. ↔원시경.
근:시-안(近視眼)명 ①눈에 들어온 평행 광선이 망막 앞쪽에서 상(像)을 맺어, 가까운 곳은 잘 보이나 먼 곳은 잘 보이지 않는 눈. 바투보기눈. 준근시·근안(近眼). ②'눈앞의 일에 사로잡혀 앞일을 바로 보지 못함'을 비유하여 이르는 말. ↔원시안.
근:시안-적(近視眼的)관명 눈앞의 일에 사로잡혀 앞일을 바로 보지 못하는 (것). ¶ 근시안적 발상(發想). /근시안적인 도시 계획.
근:신(近臣)명 임금을 가까이에서 모시는 신하. 친신(親臣).
근:신(近信)명 ①요즈음에 온 소식이나 편지. ②하타 가까이하여 신용함.
근:신(謹身)명하자 몸차림이나 행동을 삼감.
근:신(謹愼)명하자 ①(언행을) 삼가고 조심함. ②처벌의 한 가지. 학교나 직장에서, 잘못에 대하여 뉘우치고 몸가짐을 삼가라는 뜻에서, 일정 기간 동안 등교를 금하거나 행동을 제약하는 일 따위. ¶ 근신 처분을 받다.
근실(勤實) '근실하다'의 어근.

근실-거리다[자] 자꾸 근실근실하다. 근실대다. ¶ 온몸이 근실거리다.
근실-근실[부][하자] 자꾸 가려운 느낌이 드는 모양. ¶ 송충이를 보기만 해도 온몸이 근실근실 스멀거린다.
근실-대다[자] 근실거리다.
근:실-하다(勤實―)[형][여] 부지런하고 착실하다. ¶ 근실한 사람. **근실-히**[부].
근심[명][하타][되자] 마음이 놓이지 않아 속을 태우는 일. 걱정. ¶ 근심이 떠날 날이 없다. /아무 일도 없을 테니 너무 근심하지 마십시오.
근심-거리[-꺼-][명] 근심이 되는 일. 걱정거리. 근심사. ¶ 근심거리가 생기다.
근심-사(―事)[명] 근심거리.
근심-스럽다[-따][~스러우니·~스러워][형][ㅂ] 근심이 되어 마음이 편하지 아니하다. ¶ 근심스러운 표정. **근심스레**[부].
근:안(近眼)[명] 〈근시안(近視眼)〉의 준말.
근압(根壓)[명] ☞뿌리압.
근어(根魚)[명] 암초나 바닷말이 많은 곳에서 멀리 이동하지 않고 사는 물고기를 통틀어 이르는 말.
근:언(謹言)[명] 편지 끝에, '삼가 말씀을 드림'의 뜻으로 쓰는 말.
근엄(謹嚴) '근엄하다'의 어근.
근:엄-하다(謹嚴―)[형][여] 매우 점잖고 엄하다. ¶ 근엄한 표정. **근엄-히**[부].
근:업(近業)[명] ①요사이에 하는 사업. ②요즈음에 지은 글이나 책. ②근저(近著).
근:역(槿域)[명] 〔무궁화가 많은 곳이라는 뜻으로〕 '우리나라'를 달리 이르던 말. 근화향(槿花鄕).
근:연(近緣)[명] 가까운 혈연, 또는 생물의 분류에서 가까운 관계.
근염(筋炎)[명] 근육에 생기는 염증.
근엽(根葉)[명] ①뿌리와 잎. ②〈근생엽〉의 준말.
근:영(近影)[명] 최근에 찍은 인물 사진. ¶ 저자(著者)의 근영.
근:왕(勤王)[명][하자] 임금에게 충성을 다함.
근:왕-병(勤王兵)[명] 임금에게 충성을 다하는 군사.
근원(根源)[명] ①물줄기가 흘러나오기 시작하는 곳. ②어떤 일이 생겨나는 본바탕. 남상(濫觴). ¶ 악(惡)의 근원. /근원을 파헤치다.
근원-둥이(根源―)[명] ①첫날밤에 배어서 낳은 아이. ②사이가 좋지 않던 부부가 다시 화합하여 낳은 아이.
근원-적(根源的)[관][명] 사물의 본바탕이 되거나 어떤 일의 원인이 되는 (것). ¶ 근원적인 대책.
근원-지(根源地)[명] 근원이 되는 곳. 본바닥. ¶ 유언비어의 근원지.
근:위(近衛)[명][하타] 임금을 가까이에서 호위(護衛)함.
근위(筋痿)[명] 한방에서, 간경(肝經)에 열이 생겨 쓸개즙이 너무 많이 나와 근막(筋膜)이 마르고 입이 쓰며 심줄이 당기는 병을 이르는 말.
근:위-대(近衛隊)[명] 조선 말기에, 궁궐의 호위와 의장(儀仗)의 임무를 맡던 군대.
근:위-병(近衛兵)[명] 지난날, 임금을 가까이에서 호위하던 병사.
근위축-증(筋萎縮症)[-쯩][명] 오랫동안 근육을 쓰지 않거나 관절 및 신경 질환 등으로 말미암아 근육이 점점 옴츠러드는 병.
근육(筋肉)[명] 몸의 연한 부분을 이루고 있는 심줄과 살. 내장·혈관·골격을 싸고 있으며, 능동적인 수축성(收縮性)을 특성으로 하는 동물 특유의 운동 기관임. 근(筋). 힘살.
근육^감:각(筋肉感覺)[-깜-][명] 근육의 수축이나 긴장의 변화 등, 내적(內的) 자극에 따라 생기는 감각.
근육-노동(筋肉勞動)[그뉵-][명] 육체를 써서 하는 노동. 육체노동. ↔정신노동.
근육^류:머티즘(筋肉rheumatism)[명] 근육에 나타나는 류머티즘. 근육이 쑤시고 아프며, 감기나 외상(外傷) 따위가 원인이 됨.
근육-소(筋肉素)[-쏘][명] ☞근난백실.
근육^주:사(筋肉注射)[-쭈-][명] 근육 속에 놓는 주사. [참]피하 주사(皮下注射)·혈관 주사.
근육-질(筋肉質)[-찔][명] ①근육처럼 연하고 질긴 성질. ②'근육이 잘 발달한 체격'을 이르는 말. ¶ 근육질의 단단한 체구.
근육-통(筋肉痛)[명] 근육이 쑤시고 아픈 증상.
근음(根音)[명] ☞밑음.
근음(筋音)[명] 심줄이 오그라들 때 나는 소리.
근:읍(近邑)[명] 가까운 고을. 인근에 있는 읍.
근:인(近因)[명] 가까운 원인. 직접적인 원인. ↔원인(遠因).
근인(根因)[명] 근본이 되는 원인.
근:일(近日)[명] ①요즈음. 근자(近者). ②가까운 장래. 얼마 후. ¶ 근일 개봉(開封).
근:일-점(近日點)[-쩜][명] 태양계의 행성이나 혜성 등이 그 궤도 상에서 태양과 가장 가까워졌을 때의 위치. [준]근점(近點). ↔원일점(遠日點).
근:일점^거:리(近日點距離)[-쩜-][명] 근일점과 태양과의 거리.
근:자(近者)[명] ☞근일(近日). ¶ 근자에 들어 좋은 일이 많았다.
근:작(近作)[명] 최근의 작품.
근잠[명] 벼가 잘 여물지 않는 병.
근장(筋漿)[명] 동물의 근육 속에 들어 있는 끈끈한 액체. 대개, 황색이나 갈색임.
근:장-군사(近仗軍士)[명] 지난날, 병조(兵曹)에 딸리어 궁문(宮門)을 지키고, 임금이 거둥할 때 경호하던 군사.
근:저(近著)[명] 요즈음에 지은 책. 근업(近業).
근저(根底·根柢)[명] ①사물의 밑바탕. 사물의 밑바탕이 되는 곳. ¶ 근저를 이루고 있는 사상. ②☞근본(根本).
근-저당(根抵當)[명][하타] 앞으로 생길 채권의 담보로 질권(質權)이나 저당권(抵當權)을 미리 설정함, 또는 그 저당.
근전-도(筋電圖)[명] 근육이 활동할 때 생기는 전류를 그래프에 기록한 그림.
근절(根絶)[명][하타][되자] (다시 살아날 수 없게) 뿌리째 없애 버림. ¶ 부정부패를 근절하다.
근절-책(根絶策)[명] 뿌리째 없애 버리기 위하여 세운 방책. ¶ 근절책을 마련하다.
근:점(近點)[-쩜][명] ①눈으로 똑똑하게 볼 수 있는 가장 가까운 점. 눈에서부터의 거리로 나타내는데, 성인의 정상적인 눈은 약 10 cm임. ②〈근지점〉의 준말. ③〈근일점〉의 준말.
근:점-년(近點年)[-쩜-][명] 지구가 근일점(近日點)을 통과하여 다시 근일점에 돌아오기까지의 시간. 〔약 365일 6시간 13분 53초.〕
근:점-월(近點月)[-쩌뭘][명] 달이 근지점(近地點)을 통과하여 다시 근지점에 돌아오기까지의 시간. 〔약 27일 13시간 18분 33초.〕
근:점^이:각(近點離角)[-쩌미-][명] 천체의 근일점과 태양을 잇는 직선을 기준으로 하여, 천체의 운동 방향으로 잰 각거리(角距離).

근:접(近接)명하자되자 가까이 다가감, 또는 가까이 닿음. 접근(接近). ¶ 근접 촬영. /기술력이 선진국 수준에 근접하다.

근:접^작용(近接作用)[-짜꽁]명 물체 간에 작용하는 힘이 중간에 있는 공간이나 매질(媒質)을 통하여 차례로 전달하는 일.

근:접^화:기(近接火器)[-저퐈-]명 가까운 거리에서 사람을 살상하거나 적진을 파괴하는 화기. 〔수류탄·기관총·박격포 따위.〕

근:정(謹呈)명하타 삼가 증정(贈呈)함.

근:정-전(勤政殿)명 경복궁 안에 있는 정전(正殿). 조선 시대에, 임금이 조회를 행하던 곳임.

근:정-포장(勤政褒章)명 일반 공무원이나 국영 기업체 또는 사회 단체의 직원으로서 공적이 두드러진 사람에게 주는 포장.

근:정-훈장(勤政勳章)명 맡은 직무에 대해 공적이 두드러진 공무원에게 주는 훈장. 〔청조·황조·홍조·녹조·옥조 따위.〕

근:제(謹製)명하타 삼가 짓거나 만듦.

근:조(謹弔)명하타 삼가 조상(弔喪)함.

근-조직(筋組織)명 동물의 근세포(筋細胞)가 모여 이루어진 조직. 주로, 이동 운동에 쓰임.

근:족(近族)명 가까운 친척. 근친(近親).

근종(根腫)명 덩어리진 망울이 박힌 부스럼.

근종(根種)명하타 ☞그루갈이.

근종(筋腫)명 근육에 생기는 부스럼.

근:주(謹奏)명하타 (임금에게) 삼가 아룀.

근중(斤重) '근중하다'의 어근.

근중-하다(斤重-)형여 ①저울로 단 무게가 무겁다. ②언행 따위가 무게가 있다.

근:지(近地)명 가까운 곳. 가까운 땅.

근지럽다[-따][근지러우니·근지러워]형ㅂ ①조금 가려운 느낌이 있다. ¶ 등이 근지럽다. ②(어떤 일을 하고 싶은 생각이 자꾸 일어나) 참고 견디기 어렵다. ¶ 성한 몸으로 일을 하지 않고 있자니, 팔다리가 근지럽다.

근-지수(根指數)명 근수(根數)나 근식(根式)에서, 그 몇 승근(乘根)인가를 보이는 수. 〔$\sqrt[3]{7}$ 또는 $\sqrt[3]{x+y}$에서의 3 따위.〕

근:지-점(近地點)[-쩜]명 지구를 도는 달이나 인공위성이, 그 궤도 상에서 지구에 가장 가깝게 접근할 때의 위치. 준근점(近點). ↔원지점.

근직(謹直) '근직하다'의 어근.

근:직-하다(謹直-)[-지카-]형여 조심성 있고 올곧다.

근질-거리다자타 자꾸 근질근질하다. 근질대다. ¶ 머리가 근질거리다. 작간질거리다.

근질-근질부하자.타 ①근지러운 느낌이 자꾸 일어나는 상태. ②참기 어려울 정도로 어떤 일을 자꾸 몹시 하고 싶어 하는 상태. 작간질간질.

근질근질-하다형여 ①자꾸 또는 매우 근지럽다. ②어떤 일을 몹시 하고 싶어 참기가 어렵다. 작간질간질하다.

근질-대다자타 근질거리다.

근쭝(←斤重)의 근을 단위로 하여 무게를 달 때의 단위. ¶ 한 근쭝. /다섯 근쭝.

근:착(近着)명하자되자 ①최근에 도착함. ¶ 근착한 외국 잡지. ②머지않아 도착함.

근착(根着)명 ①하자땅속에 든든히 뿌리가 내림. ②(어떤 사람에 대한) 확실한 내력이나 확실한 주소.

근참(覲參)명하타 찾아가서 뵘.

근채(芹菜)명 ☞미나리.

근채(根菜)명 주로 뿌리를 먹는 채소. 〔무·당근·우엉 따위.〕

근채-류(根菜類)명 주로 뿌리를 먹는 채소류를 통틀어 이르는 말. 참엽채류·경채류.

근:처(近處)명 가까운 곳. 근방. 부근(附近).

근:척(近戚)명 가까운 친척(親戚).

근천명 어렵고 가난한 상태. ¶ 근천을 떨다.

근:청(謹請)명하타 공손한 마음과 태도로 청함. 삼가 청함.

근:청(謹聽)명하타 공손한 마음과 태도로 귀담아들음.

근체(根蔕)명 사물의 바탕.

근:체-시(近體詩)명 〔한시에서, 고시(古詩)나 악부(樂府) 등을 고체시(古體詩)라 하는 데 대하여〕 당나라 때의 율시(律詩)나 절구(絕句)를 이르는 말. 금체시(今體詩). ↔고체시.

근초(筋鞘)명 횡문근 전체를 싸고 있는 얇은 막.

근:촌(近寸)명 가까운 촌수. ↔원촌(遠寸).

근:촌(近村)명 (이웃에 있는) 가까운 마을. 가까운 동네. ↔원촌(遠村).

근축(根軸)명 두 원에 대한 접선의 길이가 같은 점으로 이루어진 직선.

근치(根治)명하타되자 병을 완전히 고침.

근:친(近親)명 가까운 친족, 특히 팔촌 이내의 일가붙이. 근족(近族).

근친(覲親)명하자 시집간 딸이 친정에 와서 친정 어버이를 뵘. 귀녕(歸寧).

근:친-결혼(近親結婚)명 가까운 혈족(血族)끼리 하는 결혼. 준근친혼.

근:친-상간(近親相姦)명하자 근친 사이인 남녀가 간음하는 일. 상피(相避) 붙음.

근:친-혼(近親婚)명 〈근친결혼〉의 준말.

근칭(斤秤)명 ☞대칭(大秤).

근:칭(近稱)명 말하는 이에게 가까이 있는 대상을 가리키는 것. ↔원칭.

근:칭^대:명사(近稱代名詞)명 가까이 있는 사물·방향·처소 따위를 가리키는 대명사. 〔이분·이것·여기 따위.〕 ↔원칭 대명사.

근:타(勤惰)명 ☞근태(勤怠).

근탄(根炭)명 ☞등걸숯.

근태(根太)명 ☞그루콩.

근:태(勤怠)명 ①부지런함과 게으름. 근타(勤惰). 근만(勤慢). ②출근과 결근.

근-풀이(斤-)명하타 ①물건을 근으로 달아서 팖. 해근(解斤). ②물건 한 근에 값이 얼마씩 치였는가를 계산하여 봄.

근:하(謹賀)명하타 삼가 축하함.

근:-하다(勤-)형여 부지런하다.

근:하-신년(謹賀新年)명 '삼가 새해를 축하합니다'의 뜻으로, 연하장(年賀狀) 따위에 쓰는 말. 공하신년(恭賀新年).

근:학(勤學)명하타 부지런히 학문에 힘씀.

근:함(謹緘)명 '삼가 편지를 봉함'의 뜻으로, 편지 겉봉의 봉한 자리에 쓰는 말.

근:해(近海)명 육지에 가까운 바다. ↔원양(遠洋)·원해(遠海).

근:해-어(近海魚)명 근해에 사는 물고기. 〔정어리·전갱이·도미·고등어 따위.〕

근:해^어업(近海漁業)명 근해에서 하는 어업. ↔원양 어업(遠洋漁業).

근:해^항:로(近海航路)[-노]명 육지에 가까운 일정한 수역(水域) 안의 항로.

근:행(勤行)명하자 ①부처 앞에서, 시간을 정하여 독경·예배·소향(燒香) 따위를 함. ② 열심히 불도를 닦음.

근행(覲行)명하자 어버이를 뵈러 감. 근친(覲親)함.

근호(根號)명 수학에서 이르는, 승근(乘根)을 나타내는 부호, 곧 '√‾'를 이름. 참루트.

근:화(近火)명 가까운 곳에서 난 불. 이웃에서 난 불.

근:화(槿花)명 ①☞무궁화. ②☞무궁화나무.

근:화-향(槿花鄕)명 ☞근역(槿域).

근:황(近況)명 요즈음의 형편. 근상(近狀). ¶ 친척들의 근황을 묻다.

근후(謹厚) '근후하다'의 어근.

근:후-하다(謹厚—)형여 신중하고 온후하다.

귿명 〈옛〉끝 ¶ 처섬과 귿괴를 다시곰 ᄂᆞ려 ... (圓覺上一之一69). 참끝.

귿다타 〈옛〉끊다. ¶ 져즌 고기란 니로 귿고 ᄆᆞ른 고기란 니로 귿디 아니ᄒᆞ며(小解3:27).

글명 ①어떤 생각이나 일 따위의 내용을 글자로 나타내 놓은 것. ¶ 글을 소리 내어 읽다./글을 짓다./글을 쓰다. ②학문, 또는 학식. 문(文). ¶ 견문도 넓거니와 글도 대단하지. ③글자.

글 못한 놈 붓 고른다속담 학식이나 기술이 모자라는 사람일수록 공연한 트집을 잘 잡는다는 말.

글 속에도 글 있고 말 속에도 말 있다속담 말과 글은 그 속뜻을 잘 음미해 보아야 한다는 말.

글에 미친 송 생원속담 '다른 일은 돌보지 않고 글공부만 하는 사람'을 조롱하여 이르는 말.

글-감[—깜]명 글의 내용이 되는 재료. ¶ 글감을 선택하다.

글겅-거리다자 자꾸 글겅글겅하다. 글겅대다. 작갈강거리다. 참글그렁거리다.

글겅-글겅부하자 목구멍에서 거칠게 그렁그렁하는 소리. 작갈강갈강. 참글그렁글그렁.

글겅-대다자 글겅거리다.

글겅이명 ①마소의 털을 빗기는 빗 모양의 기구. ②싸리로 결어 만든 고기잡이 도구의 한 가지. ③'백성의 재물을 긁어 들이는 벼슬아치'를 비유하여 이르는 말.

글겅이-질명하자 ①글겅이로 마소의 털을 빗기는 일. ②글겅이로 고기를 훑어 잡는 일. ③지방의 벼슬아치나 토호(土豪)가 백성의 재물을 긁어 들이는 짓.

글-공부(—工夫)[—꽁—]명하자 글을 배우거나 익힘. ¶ 늦게 글공부를 시작하다.

글-구(—句)명 '글귀'의 잘못.

글-구멍[—꾸—]명 글을 잘하는 지혜나 소질. 글을 잘 이해하는 슬기. ¶ 글구멍이 트이다.

글-귀[—뀌]명 글을 듣고 이해하는 능력.

글귀(가) 밝다관용 글을 배울 때 이해가 빠르다.

글귀(가) 어둡다관용 글을 배울 때 이해가 더디다.

글귀(가) 트이다관용 글을 배울 때 제대로 이해하게 되다.

글-귀(ˇ—句)[—뀌]명 글의 구절. ¶ 글귀를 외다.

글그렁-거리다자 자꾸 글그렁글그렁하다. 글그렁대다. 작갈그랑거리다. 참글겅거리다.

글그렁-글그렁부하자 목구멍에서 거칠게 그르릉그르릉하는 소리. 작갈그랑갈그랑. 참글겅글겅.

글그렁-대다자 글그렁거리다.

글-꼴명 문자의 모양새.

글-눈[—룬]명 글을 보고 이해하는 능력. ¶ 글눈이 밝다(어둡다).

글:다〔그니·글어〕자 〈그을다〉의 준말.

글-동무[—똥—]명 (같은 곳에서) 함께 공부하는 동무. 글동접.

글-동접(—同接)[—똥—]명 글동무.

글라디올러스(gladiolus)명 붓꽃과의 다년초. 남아프리카 원산의 관상용 화초. 알뿌리에서 검(劍) 모양의 잎이 곧게 돋음. 여름에 긴 꽃줄기 끝에 깔때기 모양의 꽃이 이삭 모양으로 핌. 품종과 꽃 빛깔이 다양함. 당창포.

글라스(glass)명 유리로 만든 컵이나 술잔 따위.

글라스노스트(←glasnost' 러)명 정보 공개(情報公開).

글라이더(glider)명 발동기(發動機)가 없는 항공기. 활공기(滑空機).

글라이딩(gliding)명 활주(滑走).

글래머(←glamour girl)명 육체가 풍만하고 성적 매력이 있는 여성.

글러브(glove)명 ①야구에서 쓰는 가죽 장갑. ②권투에서 쓰는 가죽 장갑. 체급에 따라 무게에 차이가 있음.

글로리아(gloria)[1]명 명주실과 털실을 뒤섞어서 짠 교직(交織)의 한 가지. 여성의 의복이나 양산 천으로 이용함.

글로리아(Gloria)[2]명 가톨릭에서, '영광' 또는 '영광 있으라'의 뜻으로 쓰는 말.

글로:벌리즘(globalism)명 국가 단위를 초월하여, 세계를 하나의 통합 단위로 만들려는 생각이나 그러한 주장을 펴는 주의. 제2차 세계 대전 후에 미국이 중심이 되어 추진되어 왔으나, 유럽의 지역주의 및 세계 각 나라의 보호 무역주의의 대두로 어려움을 겪고 있음.

글로불린(globulin)명 단순 단백질의 한 가지. 알부민과 함께 생물체에 들어 있음. 동물에는 혈장(血漿)·달걀 등에, 식물에는 씨에 많이 들어 있음.

글로브(globe)명 전구(電球)를 완전히 둘러싸는, 공 모양의 유리 따위로 만든 전등갓. 빛을 부드럽게 하는 구실을 함.

글로:-스타:터(glow starter)명 점등관(點燈管).

글로켄슈필:(Glockenspiel 독)명 철금(鐵琴).

글록시니아(gloxinia)명 게스네리아과의 다년초. 브라질 원산의 관상용 화초. 온실에서 재배되는데, 덩이줄기로 번식함. 짧은 줄기에서 몇 장의 잎이 마주나고, 여름철에 꽃줄기 끝에 흰색이나 적자색 꽃이 핌.

글루코오스(glucose)명 포도당.

글루탐-산(←glutamic酸)명 아미노산의 한 가지. 단백질을 구성하는 아미노산으로서 널리 존재하며, 특히 밀에 많이 함유되어 있음. 화학 조미료의 원료로 쓰임.

글루:텐(gluten)명 보리·밀 등의 곡류에 들어 있는 단백질.

글:리다자타 〈그을리다〉의 준말.

글리사드(glissade 프)명 겨울철 등산에서, 피켈이나 지팡이 따위를 비켜 뒤로 짚고, 제동을 걸면서 눈 덮인 비탈을 미끄러져 내리는 일.

글리산도(glissando 이)명 악곡 연주에서, 하나의 음에서 다른 음으로 미끄러져 가듯 연주하는 방법. 활주(滑奏).

글리세린(glycerin)명 지방(脂肪) 또는 유지(油脂)를 분해해서 만드는 무색투명한 끈끈한 액체. 약용·공업용·화장품 원료로 쓰이며, 특히 다이너마이트의 주원료가 됨.

글리코겐(glycogen)명 동물의 간장이나 근육 따위에 저장되는 탄수화물. 식물의 전분(澱粉)에 해당하며 에너지의 근원이 됨. 정제(精製)한 것은 무미·무취의 흰 가루임. 당원질(糖原質).

글-말명 ☞문어(文語). ↔입말.

글말-체(—體)명 ☞문어체(文語體).

글-맛[-맏]명 어떤 문장(文章)이 가지는 독특한 운치(韻致), 또는 그런 문장을 읽음으로써 맛보는 재미. ¶ 글맛을 알다. *글맛이[-마시]·글맛만[-만-]

글-발[-빨]명 ①적어 놓은 글. ②문장(文章). ③써 놓은 글자의 생김이나 형식.

글-방(-房)[-빵]명 사사로이 한문(漢文)을 가르치는 곳. 사숙(私塾). 서당(書堂). 서재(書齋). 학당(學堂). 학방(學房).

글방-물림(-房-)[-빵-]명 지난날, '글방에서 공부만 하여 세상 물정에 어두운 사람'을 조롱조로 이르던 말. 글방퇴물.

글방-퇴물(-房退物)[-빵퇴-/-빵퉤-]명 글방물림.

글-벗[-뻗]명 글로써 사귀는 벗. 문우(文友). *글벗이[-뻐시]·글벗만[-뻔-]

글발명 〈옛〉글월. 편지. ¶ 글발로 말이슨ᄫᆞᆫ돌(龍歌26章). 참글왈.

글-속[-쏙]명 학식, 또는 학문적인 이해.

글-쇠[-쐬]명 타자기·컴퓨터·워드 프로세서 따위에서, 손가락으로 누르거나 칠 수 있도록 낱낱의 글자나 명령 단위로 글자판에 배열한 단추 모양의 장치. 키(key).

글썽부하자타 눈에 눈물이 넘칠 듯이 그득하게 고이는 모양. ¶ 눈물이 글썽한 눈으로 쳐다보다. 작갈쌍. **글썽-글썽**부하자타 ¶ 벅찬 감격으로 눈물이 글썽글썽하다.

글썽-거리다자타 자꾸 글썽글썽하다. 글썽대다. 작갈쌍거리다.

글썽글썽-하다형여 눈에 눈물이 넘칠 듯이 자꾸 그득하다. 작갈쌍갈쌍하다.

글썽-대다자타 글썽거리다.

글썽-이다자 눈에 눈물이 자꾸 그득하게 고이다. 작갈쌍이다.

글썽-하다형여 눈에 눈물이 넘칠 듯이 그득하다. 작갈쌍하다.

글쎄감 ①(남의 물음이나 요구 등에) 확실하지 않아서 망설여지거나 대답하기 곤란하여 어물어물할 때 하는 말. ¶ 글쎄, 내가 할 수 있을까? ②자기의 말을 다시 고집하거나 더 강조할 때 하는 말. ¶ 글쎄, 틀림없다니까.

글쎄-다감 (아랫사람의 물음이나 요구 등에) 확실하지 않아서 망설여지거나 대답하기 곤란하여 어물어물할 때 하는 말. ¶ 글쎄다, 어찌해야 좋을지 모르겠다.

글쎄-요감 (윗사람 또는 초면인 사람의 물음이나 요구 등에) 확실하지 않아서 망설여지거나 대답하기 곤란하여 어물어물할 때 하는 말. ¶ 글쎄요, 잘 모르겠는데요.

글쓰-기명 생각이나 사실 따위를 글로 써서 표현하는 일.

글쓴-이명 글을 쓴 사람.

글씨명 ①써 놓은 글자의 모양. ¶ 글씨가 바르다. ②글자를 쓰는 일, 또는 법. ¶ 글씨 공부. /글씨 연습. ③글자. ¶ 글씨를 쓰다. /비문의 글씨를 알아볼 수 없다.

글씨-본(-本)명 글씨 연습을 할 때, 보고 쓰도록 만든 책.

글씨-체(-體)명 ①써 놓은 글씨의 양식(樣式). 한자의 해서·행서·초서·예서·전서, 한글의 궁체 따위. 서체(書體). ②글씨를 쓰는 방법을 보이기 위해 쓴 본보기. 필체(筆體).

글왈명 〈옛〉①글월. ¶ 文은 글와리라(訓諺). ②편지. ¶ 두번 가는 글와리 업스니(內訓2:10).

글-월명 ①글. 문장. ②편지.

글월-문(-文)명 한자 부수의 한 가지. '斑'·'斌' 등에서의 '文'의 이름.

글위명 〈옛〉그네. ¶ 紅실로 紅글위 미요이다(樂詞.翰林別曲).

글:음명 〈그을음〉의 준말.

글-자(-字)[-짜]명 말을 눈으로 볼 수 있도록 나타낸 기호. 〔한글·한자(漢字)·로마자·숫자(數字) 따위.〕 글씨. 문자(文字)[2].

글자-판(-字板)[-짜-]명 타자기·컴퓨터·워드 프로세서 따위에서, 글자나 숫자·기호가 그려진 판. 자판(字板). 키보드.

글-장(-帳)[-짱]명 ①글이 적혀 있는 종이. ②과거(科擧) 때 지어 올리던 시문(詩文). 시권(試卷).

글-재주(←-才操)[-째-]명 글을 터득하는 재주. 글을 짓는 재주. 문재(文才).

글-제(-題)[-쩨]명 글의 제목. 제목.

글-줄[-쭐]명 ①써 놓은 글의 줄. ¶ 글줄이 삐뚤어지다. ②'그리 깊지 않은 학문'의 뜻으로 비꼬아 말할 때 쓰는 말. ¶ 글줄이나 한다고 꽤나 아는 체한다.

글지ᅀᅵ명 〈옛〉①글 짓는 사람. ¶ 글지ᅀᅵᄂᆞᆫ 國風을 닛놋다(杜初21:1). ②글 짓는 일. ¶ 글지ᅀᅵ와 글스기로 지븨 올아(杜初25:49).

글지이명 〈옛〉①글 짓는 사람. ¶ 글지이ᄂᆞᆫ 國風을 닛놋다(杜初21:1). ②글짓기. 글 짓는 일. ¶ 글지일 ᄆᆞᄎᆞ니 鳳이 ᄂᆞᄂᆞᆫ ᄃᆞᆺ ᄒᆞ도다(杜初8:8). 참글지ᅀᅵ.

글-짓기[-짇끼]명하자 글을 짓는 일. ¶ 글짓기 공부. 비작문(作文).

글-치레명하자 글을 꾸밈.

글:콩명〈그루콩〉의 준말.

글-투(-套)명 (쓰는 이에 따라 다르게 나타나는) 글의 표현상의 특징.

글피명 모레의 다음 날.

글-하다자여 ①글을 짓다. ②학문을 하다.

긁다[극따]타 ①손톱이나 뾰족한 것 따위로 문지르다. ②(갈퀴 따위로) 그러모으다. ¶ 낙엽을 긁다. ③칼 같은 것으로 무엇에 붙은 것을 떼어 내다. ¶ 검뎅이를 긁다. ④공연히 건드리다. ⑤남을 헐뜯다. ⑥(남의 기분, 감정 등을 건드려) 상하거나 북받쳐 오르게 하다. ¶ 비위를 긁다. ⑦남의 재물을 교활하고 악독한 방법으로 빼앗아 들이다. ¶ 재물을 긁어 들이다. ⑧공연히 건드리다. ¶ 잘 진행되던 일을 긁어 다시 하게 되었다. ⑨자동 소총 따위를 쏘는 것을 속되게 이르는 말. ¶ 기관총을 긁다. ⑩물건을 구매할 때 카드로 결제하다. 작갉다. *긁어·긁고[글꼬]·긁는[긍-]

긁어 부스럼속담 '공연히 건드려서 만들어 낸 걱정거리'를 이르는 말.

긁어-내다타 ①안에 있는 것을 긁어서 꺼내다. ②돈이나 물건을 빼앗아 내다.

긁어-내리다타 ①높은 곳에 있는 것을 긁어서 내려 보내다. ¶ 부스스한 머리를 긁어내리다. ②실제 이상으로 헐뜯다. ¶ 멀쩡한 사람을 긁어내리다.

긁어-놓다[-노타]타 긁어서 모아 놓다. ¶ 긁어 놓은 낙엽에 불을 놓다.

긁어-당기다타 긁어서 앞으로 끌다.

긁어-먹다[-따]타 남의 재물을 교활한 방법으로 빼앗아 가지다. 작갉아먹다.

긁어-모으다타 ①긁어서 한데 모이게 하다. ②수단과 방법을 가리지 않고 재물을 모아 들이다. ¶ 공갈 협박으로 돈을 긁어모으다.

긁어-쥐다[타] ①잘 잡히지 않는 물건을 움켜쥐다. ¶ 바닥에 떨어진 종이를 긁어쥐다. ②남의 재물 따위를 빼앗아 자기 것으로 하다. ¶ 그는 친척의 땅을 긁어쥐었다.

긁적-거리다[극쩍꺼-][타] 자꾸 긁적긁적하다. 긁적대다. [작]갉작거리다.

긁적-긁적[극쩍끅쩍][부][하타] ①잇달아 자꾸 긁는 모양. ¶ 머리를 긁적긁적하다. [작]갉작갉작. ②(글씨나 그림 따위를) 되는대로 손을 놀려 쓰는 모양.

긁적-대다[극쩍때-][타] 긁적거리다.

긁적-이다[극쩌기-][타] ①잇달아 자꾸 긁다. ②(글씨나 그림 따위를) 되는대로 손을 놀려 쓰다.

긁죽-거리다[극쭉꺼-][타] 자꾸 긁죽긁죽하다. 긁죽대다. [작]갉죽거리다.

긁죽-긁죽[극쭉끅쭉][부][하타] 무디게 자꾸 긁는 모양. [작]갉죽갉죽.

긁죽-이다[극쭈기-][타] 무디게 자꾸 긁다.

긁죽-대다[극쭉때-][타] 긁죽거리다.

긁-히다[글키-][자타] 〖'긁다'의 피동〗 긁음을 당하다. [작]갉히다.

금¹[명] ①긋거나 접거나 한 자리. ②갈라지지 않고 터지기만 한 자국. ¶ 금이 나다.
  금(을) 긋다[관용] 한도나 한계선을 정하다.
  금(이) 가다[관용] 서로의 사이가 벌어지다.

금²[명] 물건의 값. 가격. ¶ 금이 좋다. /금을 매기다.
  금도 모르면서 싸다 한다[속담] 내용도 모르고 아는 체하다.
  금(을) 놓다[관용] ①값을 부르다. ②어떤 것의 수준 따위를 평가하다.
  금(을) 맞추다[관용] 그 물건의 값을, 같은 종류의 다른 물건의 값과 맞게 하다.
  금(을) 보다[관용] 값을 알아보다.
  금(을) 치다[관용] 값을 정하다.
  금(이) 닿다[관용] 물건 값이 사고팔 수 있는 적당한 선에 이르다.

금(金)¹[명] 금속 원소의 한 가지. 황색의 광택을 내며 전성(展性)과 연성(延性)이 풍부함. 화폐나 장식품 따위에 쓰임. 〔Au/79/196.9665〕
  금이야 옥이야[속담] '몹시 아끼고 귀여워하는 모양'을 비유하여 이르는 말.

금(金)²[명] ①〈금요일(金曜日)〉의 준말. ②오행(五行)의 하나. 방위로는 서쪽, 계절로는 가을, 빛깔로는 흰빛에 해당됨.

금(琴)[명] 현악기의 한 가지. 모양은 거문고와 비슷하나, 일곱 줄을 걸고 앞판 한쪽에 열세 개의 휘(徽)를 박았음. 휘금 또는 칠현금이라고도 함.

-금(金)[접미] 일부 명사 뒤에 붙어, 그렇게 쓰이는 '돈'을 나타내는 말. ¶ 계약금. /중도금. /의연금. /축하금.

금-가락지(金-)[-찌][명] 금으로 만든 가락지. 금지환(金指環).

금-가루(金-)[-까-][명] 황금(黃金)의 가루. 금분(金粉). 금설(金屑). 금싸라기.

금각(金閣)[명] ①금으로 꾸민 누각. ②아름다운 누각.

금-각대(金角帶)[-때][명] 금으로 무늬를 새겨 넣은, 뿔로 만든 띠. 벼슬아치들이 둘렀음.

금감(金柑)[명] ☞금귤(金橘).

금갑(金甲)[명] 쇠붙이로 만든 갑옷.

금-값(金-)[-깝][명] ①금의 값. ②매우 비싼 값. ¶ 채소 값이 금값이다. ＊금값이[-깝씨]·금값만[-깜-]

금강(金剛)[명] ①《불교 관계의 말에 관형어처럼 쓰이어》 '가장 뛰어난', '가장 단단한' 등의 뜻을 나타내는 말. 〔금강반야경·금강역사 따위.〕 ②〈금강산〉의 준말.

금강-경(金剛經)[명] 〈금강반야바라밀경〉의 준말.

금강경-언해(金剛經諺解)[명] 조선 세조 10(1464)년에, 한계희(韓繼禧)·노사신(盧思愼) 등이 언해한 '금강경'을 간경도감에서 간행한 것. 정식 이름은 '금강반야바라밀경언해'.

금강-계(金剛界)[-계/-게][명] 밀교(密敎)의 이대 법문(二大法門)의 하나. 대일여래(大日如來)를 지덕(智德) 면에서 나타낸 말. 대일여래의 지덕이 견고하여 모든 번뇌를 깨뜨릴 수 있기 때문에 '금강'이라 이름. [참]태장계(胎藏界).

금강-력(金剛力)[-녁][명] 금강신이 지니고 있는 것 같은 몹시 강한 힘.

금강-문(金剛門)[명] 금강신(金剛神)의 상을 만들어 세워 놓은 절의 문.

금강-반야경(金剛般若經)[명] 〈금강반야바라밀경〉의 준말.

금강반야-바라밀경(←金剛般若波羅蜜經)[명] 반야(般若)로 본체를 삼고, 제법(諸法)의 공(空)과 무아(無我)의 이치를 금강의 견실함에 비유하여 설법한 경. [준]금강경(金剛經)·금강반야경.

금강-불괴(金剛不壞)[-괴/-궤][명] 금강처럼 단단하여 절대로 부서지지 않는 일. ¶ 금강불괴의 몸.

금강-사(金剛砂)[명] 석류석(石榴石)의 가루. 쇠붙이 따위를 갈거나 닦는 데 쓰임. 찬철(鑽鐵).

금강-산(金剛山)[명] 강원도 고성군·회양군·통천군에 걸쳐 있는 산. [준]금강. [참]개골산·봉래산·풍악산.
  금강산 그늘이 관동 팔십 리 (간다)[속담] 위대한 것의 영향력은 아주 먼 데까지 미침을 이르는 말.
  금강산도 식후경[속담] 아무리 재미있는 일이라도 배가 불러야 흥이 난다는 말.

금강-석(金剛石)[명] 보석의 한 가지. 탄소의 결정(結晶)으로 광물 중에서 가장 단단함. 보통은 무색이며 강하고 아름다운 광택이 있음. 다이아몬드. 찬석(鑽石).

금강-수(金剛手)[명] ☞금강신.

금강-신(金剛神)[명] 불교의 수호신으로 절 문의 양쪽에 안치해 놓은 한 쌍의 신장(神將). 손에 금강저를 들고, 허리만 가린 채 억센 알몸을 드러내는 등 용맹한 형상(形相)을 나타냄. 금강수. 금강역사. 인왕(仁王).

금강-심(金剛心)[명] 금강과 같은 굳은 신앙심.

금강-야차(金剛夜叉)[-냐-][명] 오대 명왕(五大明王)의 하나. 머리가 셋이고 팔이 여섯이며 무서운 형상(形相)으로 악마를 누르는 명왕.

금강-역사(金剛力士)[-녁싸][명] ☞금강신.

금강-저(金剛杵)[명] 밀교(密敎)에서, 번뇌를 부수는 보리심(菩提心)을 상징하는 법구(法具). 〔놋쇠·구리·쇠 따위로 가는 절굿공이처럼 만든 것인데, 고대 인도에서 무기로도 쓰이었다 함.〕

금강-좌(金剛座)[명] 석가가 성도했을 때 앉았던 자리. 인도의 부다가야의 보리수 밑에 있음.

금강-지(金剛智)[명] 여래(如來)의 지혜. 금강처럼 번뇌를 부수는 지혜라는 뜻.

금강-초롱꽃(金剛-)[-꼳][명] 초롱꽃과의 다년초. 우리나라 특산 식물로서 가평 이북의 높은 지대에 자라는데, 줄기 높이는 30~90 cm. 잎은 길둥글고 끝이 뾰족하며 가장자리에 톱니가 있음. 8~9월에 초롱 모양의 담자색 꽃이 핌. ＊금강초롱꽃이[-꼬치]·금강초롱꽃만[-꼰-]

금갱(金坑)명 금을 캐내는 구덩이.
금경(金鏡)명 ①금으로 장식한 거울. ②'달'을 아름답게 이르는 말.
금계(金鷄)[-계/-게]명 꿩과의 새. 빛깔·모양·크기 따위가 꿩과 비슷함. 특히, 수컷은 머리에 금빛 우관(羽冠)이 나 있고 꽁지가 길며 목에는 장식깃이 있음. 중국 원산임.
금:계(禁戒)[-계/-게]명하타 하지 못하게 금하여 경계(警戒)함, 또는 그 계율(戒律).
금:계(禁界)[-계/-게]명 통행하지 못하도록 금하는 지역이나 그 경계(境界).
금계-랍(金鷄蠟)[-계-/-게-]명 '염산키니네'의 통속적인 이름.
금고(今古)명 이제와 예. 금석(今昔).
금고(金庫)명 ①돈이나 귀중품·중요 서류 따위를 안전하게 보관하는 데 쓰이는, 특별한 장치가 되어 있는 철제의 상자. ②국가나 공공 단체의 현금 출납 기관.
금고(金鼓)명 고려·조선 시대에, 군중(軍中)에서 지휘하는 신호로 쓰던 징과 북.
금:고(禁錮)명 ①자유형의 한 가지. 교도소에 가두어 둘 뿐, 노동을 시키지 않는 형. 금고형(禁錮刑). ②조선 시대에, 벼슬에 오르지 못하게 하던 형벌.
금:고^종신(禁錮終身)명 조선 시대에, 평생 벼슬에 오르지 못하도록 하던 형벌.
금:고-형(禁錮刑)명 ☞금고(禁錮).
금곡(金穀)명 돈과 곡식. 전곡(錢穀).
금:곡(錦曲)명 충청남도 금산(錦山)에서 나는 곡삼(曲蔘).
금골(金骨)명 세속을 벗어난 고상한 풍격(風格). 범상(凡常)하지 않은 풍격.
금공(金工)명 금속으로 물건을 만들거나 새기는 공예(工藝), 또는 그 일을 하는 사람. 금장(金匠).
금과-옥조(金科玉條)[-쪼]명 ①〔금옥과 같은 법률이란 뜻으로〕 소중히 여기고 꼭 지켜야 할 법률. ②절대적인 것으로 여기어 지키는 규칙이나 교훈. ¶ 선생님의 가르침을 금과옥조로 알다.
금관(金冠)명 ①금으로 만들거나 장식한 관. ②〈황금 보관(黃金寶冠)〉의 준말. ③〈금량관(金梁冠)〉의 준말. ④충치를 치료한 다음, 금으로 모자처럼 만들어 씌운 것.
금관-가야(金官伽倻)명 경상남도 김해(金海) 부근에 자리했던 고대 군장 국가(君長國家). 육 가야 연맹(六伽倻聯盟)의 하나로 그 맹주국(盟主國)이었으나, 6세기 중엽 신라에 병합(倂合)됨. 〔'본가야'라고도 함.〕 가야(伽倻). 가락국(駕洛國).
금관^악기(金管樂器)[-끼]명 금속으로 만든 관악기. 사람의 혀가 리드 구실을 하여 소리를 내는 취주 악기. 〔트럼펫·트롬본·튜바·호른 따위.〕 참목관 악기.
금-관자(金貫子)명 금으로 만든, 망건의 관자. 정이품·종이품의 벼슬아치가 달았음.
금관^조복(金冠朝服)명 금관과 조복.
금광(金光)명 금빛.
금광(金鑛)명 금이 들어 있는 광석, 또는 그 광산. 금돌. 금산(金山). 금점(金店).
금-광상(金鑛床)명 금이 들어 있는 광상.
금-광석(金鑛石)명 금이 들어 있는 광석.
금광-업(金鑛業)명 금광을 캐내는 사업.
금괴(金塊)[-괴/-궤]명 ①금덩이. ②금화의 지금(地金).
금괴^본위제(金塊本位制)[-괴-/-궤-]명 화폐로서의 금의 절약을 위하여, 국내에서는 금화(金貨)를 유통시키지 않고 중앙은행에서 보유하고 있다가, 태환(兌換)의 청구에 대해서만 금괴로 응하는 화폐 제도. 금지금 본위제.
금구(金口)명 불교에서, '부처의 입' 또는 '부처의 말씀'을 뜻하는 말.
금구(金句)[-꾸]명 ①아름답게 표현된 구절. ②훌륭한 격언.
금구(金甌)명 금으로 만든 단지.
금:구(衾具)명 이부자리.
금:구(禁句)[-꾸]명 ①노래나 시에서 피해야 할 어구. ②남의 감정을 해칠 우려가 있는 피해야 할 말이나 화제(話題). ¶ 늙었다는 말은 그에게는 금구였다.
금구-무결(金甌無缺)명 〔흠이 없는 황금 단지처럼, 완전하고 결점이 없다는 뜻에서〕 '국력이 강하여 남의 나라의 침범을 받은 일이 없음'을 비유하여 이르는 말.
금-구장(金毬杖)명 고려 시대의 의장(儀仗)의 한 가지.
금:군(禁軍)명 고려·조선 시대에, 궁중을 지키고 임금을 호위하던 군대.
금:군-별장(禁軍別將)[-짱]명 조선 말기의 용호영(龍虎營)의 주장(主將). 품계는 종이품.
금:군-청(禁軍廳)명 조선 시대에, 금군이 숙직(宿直)하며 궁중을 지키던 관아.
금권(金券)[-꿘]명 ①금화(金貨)와 바꿀 수 있는 지폐. ②특정 범위 안에서 화폐로 통용되는 증권.
금권(金權)[-꿘]명 돈의 위력. 재력(財力)의 위세. ¶ 금권 선거.
금권-만능(金權萬能)[-꿘-]명 '돈의 힘으로 안 되는 일이 없음'을 이르는 말.
금권^정치(金權政治)[-꿘-]명 금력으로 지배하는 정치.
금:궐(禁闕)명 ☞궁궐(宮闕).
금궤(金櫃)명 금으로 장식하여 만든 궤.
금:규(錦葵)명 ☞당아욱.
금귤(金橘)명 운향과의 상록 관목. 중국 원산의 과일 나무로 높이는 3 m가량. 밀감나무와 비슷하나 키가 작고 잎도 작음. 여름에 작은 흰 꽃이 피고, 참새 알만 한 열매는 겨울에 황금색으로 익어 봄까지 떨어지지 않음. 맛은 달고도 시며 껍질째 먹을 수 있음. 금감(金柑). 동귤(童橘).
금극목(金克木)[-긍-]명 오행설(五行說)에서 이르는 상극(相剋)의 하나. 쇠〔金〕는 나무〔木〕를 이긴다는 뜻.
금기(今期)명 이번 시기. ¶ 금기 수입금.
금기(琴棋)명 거문고와 바둑.
금:기(禁忌)명하타 ①(신앙이나 관습 등으로) 꺼리어 금하거나 피함(싫어함). 〔상제가 결혼식에 참석을 꺼리는 것 따위.〕 ¶ 금기 사항. / 금기를 깨지 않도록 주의하다. ②어떤 병에 어떤 약이나 음식이 좋지 않은 것으로 여겨 쓰지 않는 일.
금-꼭지(金-)[-찌]명 꼭지를 금빛 종이로 둥글게 오려 붙인 홍초나 홍머리동이의 연(鳶).
금-나다자 사고팔 값이 결정되다. 값나다.
금-난초(金蘭草)명 난초과에 딸린 다년초. 둑이나 길가에 절로 나며 높이는 40~80 cm이고, 잎은 줄기를 싸고 있음. 봄에 줄기 끝의 잎 사이에서 꽃줄기가 나와 노란 꽃이 핌.
금:남(禁男)명하자 남자의 출입을 금함.

금납(金納)명하타 (세금이나 소작료 따위를) 돈으로 냄. ↔물납(物納).
금납-세(金納稅)[-쎄]명 돈으로 내는 세금(稅金). ↔물납세(物納稅).
금ː낭(錦囊)명 비단으로 만든 주머니.
금ː낭-화(錦囊花)명 양귀비과의 다년초. 야생으로 자라지만 관상용으로 심기도 함. 줄기 높이는 40~50 cm, 전체가 흰빛이 도는 녹색임. 봄에서 여름에 걸쳐 분홍 꽃이 원줄기 끝에서부터 주렁주렁 피는데, 네 잎이 모여 주머니 같은 모양을 이룸.
금-낮다[-낟따]형 값싸다. ↔금높다.
금ː녀(禁女)명하자 여자의 출입을 금함.
금년(今年)명 올해. 금세(今歲). 당세(當歲).
금년-도(今年度)명 올해의 연도. ¶ 금년도 사업 계획을 점검하다.
금년-생(今年生)명 올해에 나온 것. 올해에 태어난 것.
금-높다[-놉따]형 값비싸다. ↔금낮다.
금-니(金-)명 금관(金冠)을 씌운 이, 또는 금으로 만든 이.
금니(金泥)명 ☞이금(泥金).
금니-박이(金-)명 '금니를 해 박은 사람'을 낮추어 이르는 말.
금단(金丹)명 ☞선단(仙丹).
금ː단(禁斷)명하타 ①(어떤 행동을 해서는 안 된다고) 엄하게 금함. ¶ 살생 금단. /금단의 열매를 따먹다. ②어떤 구역에 드나들지 못하도록 함.
금ː단-방(禁斷榜)명 절에 불사(佛事)가 있을 때, 잡인(雜人)이 드나드는 것을 금하기 위하여 써 붙이는 방문(榜文).
금ː단^증상(禁斷症狀)명 알코올·니코틴·마약 따위에 중독된 사람이, 그것을 끊음으로써 일어나는 두통·불면·흥분·허탈(虛脫) 따위의 증상. 금단 현상.
금ː단^현상(禁斷現象)명 ☞금단 증상.
금당(金堂)명 본존불이 있는 절의 본당(本堂)을 이르는 말. 대웅전(大雄殿). ¶ 진평왕 5년에 황룡사의 금당이 조성되었다.
금대(金帶)명 ☞금띠.
금-덩이(金-)[-떵-]명 황금의 덩이. 금괴(金塊).
금도(琴道)명 거문고에 대한 이론과 연주법.
금ː도(襟度)명 남을 받아들일 만한 도량(度量). ¶ 지도자다운 금도.
금-도금(金鍍金)명하타 금속 재료의 표면에 금의 얇은 막을 올리는 일.
금독지행(禽犢之行)[-찌-]명 〔짐승과 같은 짓이라는 뜻으로〕 친족 사이에서 일어난 음행(淫行).
금-돈(金-)명 ☞금화(金貨).
금돈도 안팎이 있다속담 아무리 좋고 훌륭한 것이라도 안과 밖의 구별이 있다는 말.
금-돌(金-)[-똘]명 황금이 들어 있는 광석. 금광(金鑛). 금석(金石).
금동(今冬)명 올겨울.
금동(金銅)명 금도금(金鍍金)하거나 금박(金箔)을 씌운 구리.
금동-불(金銅佛)명 금으로 도금한 청동 불상(靑銅佛像).
금-딱지(金-)[-찌]명 껍데기가 금으로 만들어지거나 도금된 시계.
금-띠(金-)명 ①조선 시대에, 정이품의 벼슬아치가 조복(朝服)에 띠던 띠. 금대(金帶). ②주의(柱衣)를 금빛으로 두른 띠.
금란(金蘭)[-난]명 '친구 간의 정의가 매우 두터운 상태'를 비유하여 이르는 말. 〔'주역'의 '계사(繫辭)'에 나오는 말임.〕
금ː란(禁亂)[-난]명하자 조선 시대에, 법령이나 규칙을 어긴 사람을 금제(禁制)하던 일.
금란(을) 잡다관용 금제를 어긴 사람을 잡다.
금란(을) 치다관용 금제를 어긴 사람들을 모조리 잡다.
금란(이) 잡히다관용 금제를 어긴 사람이 잡히다.
금란-계(金蘭契)[-난계/-난게]명 (친목을 위하여) 가까운 벗끼리 모은 계.
금ː란-군(禁亂軍)[-난-]명 조선 말기에, 금란사령이 소속된 군영.
금ː란-사령(禁亂使令)[-난-]명 조선 시대에, 금란패를 가지고 다니며 금령(禁令)을 어긴 사람을 수색하거나 잡아들이던 사령.
금란지계(金蘭之契)[-난-계/-난-게]명 ☞금란지교.
금란지교(金蘭之交)[-난-]명 〔둘이 합심하면 그 단단하기가 능히 쇠를 자를 수 있고, 우정의 아름다움은 난의 향기와 같다는 뜻으로〕 친구 사이의 매우 도타운 사귐. 금란지계.
금ː란-패(禁亂牌)[-난-]명 조선 시대에, 금령(禁令)의 내용을 적은 나무 패. 금란사령이나 나장(羅將)이 가지고 다녔음.
금랍(金鑞)[-납]명 땜납의 한 가지. 금·은·구리·아연·카드뮴 등으로 된 합금. 금(金) 제품의 납땜에 쓰임.
금량-관(金梁冠)[-냥-]명 지난날, 문무관이 조복(朝服)을 입을 때 쓰던 관. 〔앞이마 위의 양(梁)만 검고 그 외에는 금빛임.〕 준금관.
금력(金力)[-녁]명 (사람을 움직이는) 돈의 힘.
금ː렵(禁獵)[-녑]명하자 사냥을 금함.
금ː렵-구(禁獵區)[-녑꾸]명 사냥을 금하는 구역.
금ː렵-기(禁獵期)[-녑끼]명 사냥을 금하는 기간.
금ː렵-조(禁獵鳥)[-녑쪼]명 사냥하여 잡지 못하게 보호하는 새. ↔엽조(獵鳥).
금령(金鈴)[-녕]명 금으로 만든 방울, 또는 금빛의 방울.
금ː령(禁令)[-녕]명 어떤 행위를 금지하는 명령이나 법령. 금지의 명령. 금법(禁法).
금령-자(金鈴子)[-녕-]명 ☞고련실(苦楝實).
금례(今隷)[-녜]명 보통의 예서(隸書)에 대하여 뒤에 완성된 새 서체인 팔분(八分)을 가리키는 말. ↔고례(古隷).
금록-석(金綠石)[-녹썩]명 사방 정계(斜方晶系)에 딸린 광물의 한 가지. 투명하고 아름다운 것은 보석으로 쓰임.
금륜(金輪)[-뉸]명 불교에서 이르는 삼륜(三輪)의 하나. 수륜(水輪)의 위에 있는 지층(地層).
금리(金利)[-니]명 빌려 준 돈이나 예금 따위에 붙는 이자, 또는 이자율. ¶ 금리 인하(引下).
금리^정책(金利政策)[-니-]명 중앙은행이 금리를 변동시킴으로써, 간접적으로 통화의 공급량을 조절하고, 물가의 안정이나 경기 변동의 조정 등을 꾀하는 정책.
금ː린(錦鱗)[-닌]명 〔비단 같은 비늘이라는 뜻으로〕 아름다운 물고기를 일컫는 말.
금ː린-옥척(錦鱗玉尺)[-니녹-]명 〔비늘이 비단처럼 번쩍이는 옥 같은 큰 물고기라는 뜻으로〕 '싱싱하고 아름다운, 큰 물고기'를 비유하여 이르는 말.

금맥(金脈)명 ①☞금줄[2]. ②☞돈줄.
금-메달(金medal)명 ①금으로 만들거나 금도금(金鍍金)한 메달. ②각종 운동 경기나 기능 대회 같은 데서 우승한 사람에게 주어지는 황금빛 메달. ¶ 금메달을 따다. 참은메달·동메달.
금명-간(今明間)명 오늘 내일 사이. ¶ 금명간에 해결될 것이다. /금명간 발표가 있을 예정이다.
금명-년(今明年)명 올해나 내년. 올해나 내년 사이.
금명-일(今明日)명 오늘이나 내일. 오늘이나 내일 사이.
금-모래(金-)명 ①모래흙에 섞인 금. 사금(沙金). ②금처럼 반짝반짝 빛나는 모래.
금목서(金木犀)[-써]명 물푸레나뭇과의 상록 소교목. 중국 원산으로, 가지는 연한 회갈색이고 잎은 길둥글며 마주남. 10월경에 등황색 꽃이 피는데 은목서보다 향기가 짙음.
금-몰ː(←金mogol)명 ①금으로 도금한 장식용의 가느다란 줄. ②금실을 씨로, 견사(絹絲)를 날로 하여 짠 직물.
금-몸(金-)명 ☞금색신(金色身).
금문(金文)명 옛날의 철기(鐵器)나 동기(銅器) 등 금속에 새겨져 있는 글자나 글.
금문(金門)명 ①황금으로 치장한 문. ②'궁궐의 문'을 아름답게 이르는 말.
금ː문(禁門)명 ①출입이 금지된 문. ②궁궐(宮闕)의 문.
금-문자(金文字)[-짜]명 금박을 올린 글자. 금빛 수실로 수놓은 글자. 금자(金字).
금-물(金-)명 금빛을 내는 도료(塗料).
금ː물(禁物)명 ①매매나 사용이 금지된 물건. ②해서는 안 되는 일. 바람직하지 않은 일. ¶ 과욕은 금물이다. /너에게 술은 금물이다.
금-물가(金物價)[-까]명 금 시세를 표준으로 하여 계산하는 물가.
금박(金箔)명 금을 두드려 종이처럼 아주 얇게 늘인 물건. 보통의 금박은 1mm의 만분의 1의 두께. ¶ 금박을 박다. /금박을 입히다.
금박^검ː전기(金箔檢電器)[-껌-]명 검전기의 한 가지. 두 장의 금박 사이의 전기 반발 작용을 이용한 것.
금박-금(金箔金)[-끔]명 육십갑자의 임인(壬寅)과 계묘(癸卯)에 붙이는 납음. 참복등화.
금박-댕기(金箔-)[-땡-]명 금박을 찍은 비단으로 만든 댕기.
금-박이(金-)명 옷감 따위에 금빛 가루로 무늬를 놓은 것.
금반(今般)명 '이번'으로 순화.
금ː-반언(禁反言)명 영미법(英美法)에서의 원칙. 자기의 언동(言動)이 일단 표시된 이상, 뒤에 가서 이에 어긋나는 행동이나 주장을 할 수 없다는 것.
금-반지(金半指)명 금으로 만든 반지. 금환.
금발(金髮)명 금빛 머리털. ¶ 금발 미인.
금방(金榜)명 과거(科擧)에 급제한 사람의 이름을 써 붙인 방(榜). 과방(科榜).
금ː방(禁方)명 ①함부로 남에게 전하지 않는 약방문. ②비밀로 하여 함부로 가르치지 않는 술법(術法).
금방(今方)부 바로 이제. 지금 막. 방금(方今).
금방 먹을 떡에도 소를[살을] 박는다속담 아무리 급해도 순서를 밟아야 한다는 말.
금방-금방(今方今方)부 잇달아 속히. ¶ 사람들은 도착하는 대로 금방금방 떠났다. /별이 좋아 빨래가 금방금방 마른다.
금-방아(金-)명 금광에서, 물레방아처럼 물을 이용하여 금돌을 찧는 방아.
금배(金杯·金盃)명 금으로 만들거나 금도금(金鍍金)을 한 잔 또는 상배(賞盃).
금-배지(金badge)명 ①금으로 만들어진 배지. ②'국회의원임'을 나타내는 배지.
금백(金帛)명 금과 비단.
금ː백(錦伯)명 조선 시대에, '충청 감사'를 달리 이르던 말.
금번(今番)명 이번.
금ː벌(禁伐)명하자 나무의 벌채(伐採)를 금함.
금ː법(禁法)[-뻡]명 ☞금령(禁令).
금벽^산수(金碧山水)[-싼-]명 삼청(三靑)과 석록(石綠)으로 그린 산수화. 이금(泥金)으로 선(線)을 넣어 장식적 효과를 나타냄.
금ː변(禁便)명하자 대소변 보는 것을 금함.
금병(金甁)명 금으로 만든 병, 또는 금도금(金鍍金)한 병.
금보(金寶)명 선왕이나 선비(先妃)에게 올린 존호, 곧 추상 존호(追上尊號)를 새긴 도장.
금보(琴譜)명 거문고의 악보(樂譜).
금^본위(金本位)명 ☞금 본위 제도.
금^본위^제ː도(金本位制度)명 화폐의 가치를 일정량의 금의 가치와 같게 만든 본위 제도. 금 본위.
금봉-채(金鳳釵)명 봉황을 새긴 금비녀.
금ː부(禁府)명 〈의금부(義禁府)〉의 준말.
금ː부-나장(禁府羅將)명 조선 시대에, 의금부에서 죄인에게 매질을 하던 하례(下隷).
금ː부-도사(禁府都事)명 조선 시대에 의금부에 속하여 임금의 명령에 따라 관리의 감찰, 중한 죄인의 신문 등의 일을 맡아보던 종오품 벼슬.
금-부처(金-)명 금으로 만든 부처, 또는 겉에 금을 입힌 부처. 금불(金佛).
금분(金分)명 광석 속에 들어 있는 금의 분량.
금분(金盆)명 ①금으로 만든 분(盆). ②분(盆)을 아름답게 이르는 말. ¶ 金盆에 ᄀ득 담아 玉堂에 보니오니(古時調).
금분(金粉)명 금가루. 금빛의 가루.
금불(金佛)명 ☞금부처. 황금불(黃金佛).
금불-초(金佛草)명 ☞하국(夏菊).
금-붕어(金-)명 잉엇과의 민물고기. 붕어의 변종(變種)인데, 빛깔과 모양이 고와서 관상용으로 많이 기름. 금어(金魚)[1].
금붕어-꽃(金-)[-꼳]명 ☞금어초(金魚草). *금붕어꽃이[-꼬치]·금붕어꽃만[-꼰-]
금-붙이(金-)[-부치]명 금으로 만든 물건을 통틀어 이르는 말.
금비(金肥)명 〔돈을 주고 사서 쓰는 비료라는 뜻으로〕'화학 비료', 또는 시장에서 파는 '유기질 비료'를 이르는 말.
금ː비(禁祕)명 ①하타금하여 비밀로 함. ②금중(禁中)의 비밀.
금-비녀(金-)명 금으로 만든 비녀. 금잠(金簪). 금전(金鈿). 금채(金釵).
금-빛(金-)[-삗]명 황금의 빛깔. 금색(金色). ¶ 금빛 모래. *금빛이[-삐치]·금빛만[-삔-]
금빛-돌비늘(金-)[-삗똘-]명 운모(雲母)의 한 가지. 진주 광택이 나는 비늘 모양의 결정.
금사(金沙)명 ①금가루. 금빛이 나는 가루. ②금빛이 나는 모래, 또는 사금(沙金). ③장식품에 쓰이는 금박(金箔)의 가루.
금사(金莎)명 ☞금잔디.
금사(金絲)명 ☞금실.

금사-망(金絲網)명 금실로 만든 그물.
금사망을 썼다속담 무엇에 얽히어 헤어날 수 없다는 뜻.
금사-연(金絲燕)명 칼샛과의 새. 보통 제비보다 작으며, 꽁지와 배는 희고 등은 금빛 광택이 나는 갈색임. 물고기·해조류 등을 물어다가 침을 발라 바위 벼랑의 틈에 집을 짓고 삶. 〔이 보금자리는 연와(燕窩)라 하여 고급 중화 요리의 재료가 됨.〕
금사-오죽(金絲烏竹)명 반죽(斑竹)의 한 가지. 줄기가 가늘고 마디가 툭 불거져 있으며 사잘한 점이 있음.
금사-향(金絲香)명 〔지난날, 부녀자들의 주머니의 꾸미개로 쓰이던〕 향을 금실에 꿴 것.
금사-화(錦賜花)명 문과에 급제한 사람에게 왕이 내리던, 비단으로 만든 꽃.
금산(金山)명 ☞금광(金鑛).
금ː산(禁山)명 나라에서 나무를 베지 못하도록 금지하는 산.
금ː삼(錦蔘)명 충청남도 금산군에서 나는 인삼.
금상(今上)명 현재 왕위에 있는 임금. ¶ 금상 전하.
금상(金像)명 금으로 만들거나 금으로 도금한 사람의 형상.
금상(金賞)명 상의 등급을 금·은·동으로 구분하였을 때의 일등 상.
금ː상첨화(錦上添花)명 〔비단 위에 꽃을 보탠다는 뜻으로〕 좋은 일에 또 좋은 일이 더함.
금상-학(金相學)명 금속이나 합금의 결정 조직 및 구조를 연구하는 학문.
금새명 물건의 시세나 값. ¶ 금새를 알아보다.
금색(金色)명 ☞금빛.
금ː색(禁色)명 ①여자와의 교접을 금함. ②지난날, 신하의 옷 빛깔을 제한하던 일.
금색-세계(金色世界)[-쎄계/-쎄게]명 불교에서, '극락정토'를 달리 이르는 말.
금색-신(金色身)[-씬]명 겉에 금빛 칠을 하여 만든 부처의 몸. 금몸. 금신(金身).
금생(今生)명 이승.
금-생수(金生水)명 오행(五行)에서의 상생(相生)의 하나. 쇠〔金〕에서 물〔水〕이 생긴다는 뜻.
금ː서(禁書)명 법률이나 명령으로 특정한 서적의 출판·판매를 금지하는 일, 또는 그 서적.
금석(今夕)명 오늘 저녁.
금석(今昔)명 지금과 옛적. 금고(今古).
금석(金石)명 ①쇠붙이와 돌. ②'매우 굳고 단단한 것'을 비유하여 이르는 말. ¶ 금석과 같다. ③금돌. ④〈금석 문자(金石文字)〉의 준말.
금석-맹약(金石盟約)[-성-]명 (쇠나 돌같이) 단단하고 굳센 약속. 금석지약. ¶ 시시종종(時時種種)의 금석맹약을 식(食)하얏다 하야 일본의 무신(無信)을 죄(罪)하려 안이 하노라.
금석-문(金石文)[-성-]명 〈금석 문자(金石文字)〉의 준말.
금석^문자(金石文字)[-성-짜]명 옛날의 비석이나 그릇 또는 쇠붙이 등에 새겨진 글자. ㊟금석·금석문.
금석^병ː용기(金石竝用期)[-뼝-]명 석기와 금속기를 아울러 쓰던, 신석기(新石器) 시대와 청동기(青銅器) 시대의 중간기.
금석-제(金石劑)[-쩨]명 〈금석지제〉의 준말.
금석지감(今昔之感)[-찌-]명 지금과 옛적을 비교할 때 차이가 너무 심하여 일어나는 느낌.
금석지교(金石之交)[-찌-]명 금석같이 굳은 사귐.
금석지약(金石之約)[-찌-]명 금석처럼 굳고 변함없는 약속. 금석맹약.
금석지재(金石之材)[-찌-]명 한방에서, 쇠나 돌 같은 광물로 된 약의 재료를 이르는 말.
금석지전(金石之典)[-찌-]명 쇠나 돌처럼 굳고 변함없는 가치를 지닌 법전(法典).
금석지제(金石之劑)[-찌-]명 한방에서, 쇠나 돌 같은 광물로 된 약제를 이르는 말. ㊟금석제.
금석-학(金石學)[-서칵]명 ①금석 문자를 연구하는 학문. ②☞광물학.
금선(金仙)명 〔금빛 나는 신선이라는 뜻으로〕 '불타'를 달리 일컫는 말.
금선(琴線)명 ①가야금이나 거문고의 줄. ②마음속 깊이 간직한 감정.
금설(金屑)명 금가루.
금-섭옥(金鑷玉)명 순금 또는 도금으로 섭옥잠(鑷玉簪)처럼 만든 비녀.
금성(金姓)명 오행(五行) 가운데서 금(金)에 해당하는 성(姓).
금성(金星)[1]명 태양으로부터 두 번째로 가까운 행성. 지구의 바로 안쪽에서 약 225일의 공전 주기로 태양을 돌고 있음. 〔초저녁에는 개밥바라기·태백성, 새벽에는 샛별·계명성 등으로 불림.〕
금성(金星)[2]명 1923년에 양주동(梁柱東)·백기만(白基萬) 등에 의해 창간된 낭만주의 경향의 시 동인지. 통권 3호까지 발행됨.
금성(金城)명 ①(쇠로 지은 것처럼) 굳고 단단한 성. ②임금이 거처하는 성.
금성(金聲)명 ①쇳소리. ②가을의 느낌을 자아내는 바람 소리.
금ː성(禁城)명 ☞궁성(宮城).
금성옥진(金聲玉振)[-찐]명 ①사물을 집대성(集大成)함. ②지덕(智德)을 완비한 상태. ③시가(詩歌)나 음악의 아름다운 가락.
금성-철벽(金城鐵壁)명 ①〔금으로 된 성과 철로 만든 벽이란 뜻으로〕 방비가 튼튼한 성. 금성탕지. ②썩 튼튼한 사물.
금성-탕지(金城湯池)명 방어 시설이 아주 튼튼한 성. 금성철벽.
금세부 지금 바로. 〔'금시(今時)에'가 줄어서 변한말.〕 ¶ 소문이 금세 퍼지다.
금세(今世)명 ①☞이승. ②지금의 세상.
금세(今歲)명 올해. 금년.
금-세공(金細工)명 금을 재료로 한 세공.
금-세기(今世紀)명 지금의 세기. ¶ 금세기 최고의 발명품.
금소(今宵)명 오늘 밤. 금야(今夜).
금속(金屬)명 상온에서는 대개 고체이며 특유의 광택이 나고, 연성(延性)과 전성(展性)이 있으며 열과 전기를 잘 전도하는 물질. 〔금·은·동·철 따위.〕 쇠붙이.
금속^결합(金屬結合)[-껼-]명 금속 원소의 원자가 집합하여 금속 결정을 이루는 화학 결합.
금속^공업(金屬工業)[-꽁-]명 ①금속을 원료로 하는 제조업. ②야금(冶金)을 중심으로 하는 철강 및 비철(非鐵) 금속 재료의 생산 공업.
금속^공예(金屬工藝)[-꽁-]명 금속을 재료로 하는 공예.
금속^광ː물(金屬鑛物)[-꽝-]명 금속 원소(金屬元素)를 지닌 광물.
금속^광ː상(金屬鑛床)[-꽝-]명 유용(有用)한 금속 광석이 묻혀 있는 광상.
금속-광택(金屬光澤)[-꽝-]명 잘 닦은 금속의 표면이나 잘린 단면 등에서 볼 수 있는, 빛의 반사율이 큰 독특한 광택.

금속-기(金屬器)[-끼]명 쇠붙이로 만든 기구.

금속-박(金屬箔)[-빡]명 전연성(展延性)이 많은 금속을 얇은 종이처럼 펴서 만든 물건. 금박·은박 따위가 있음.

금속-분(金屬粉)[-뿐]명 금속을 갈아서 만든 가루.

금속^비누(金屬-)[-삐-]명 지방산의 알칼리 금속염 이외의 금속염으로 된 비누. 방수제와 건조제 따위로 쓰임.

금속-성(金屬性)[-썽]명 ①금속 특유의 성질. ②금속과 닮은 성질.

금속-성(金屬聲)[-썽]명 ①쇠가 부딪쳐 나는 소리. ②'쇠붙이 소리처럼 쨍쨍 울리는 새된 소리'를 비유하여 이르는 말. 쇳소리.

금속^압력계(金屬壓力計)[-소감녁꼐/-소감녁께]명 금속의 탄성을 이용하여 만든 압력계.

금속^원소(金屬元素)명 철·은·나트륨처럼 단체(單體)로서 금속을 이루는 원소. ↔비금속 원소.

금속-제(金屬製)[-쩨]명 쇠붙이로 만든 물건.

금속-판(金屬板)명 금속으로 만든 판.

금속^화ː폐(金屬貨幣)[-소콰폐/-소콰페]명 금·은·구리 따위 금속으로 만든 화폐.

금속^활자(金屬活字)[-소콸짜]명 금속으로 만든 활자. 활판 인쇄에 쓰임.

금ː송(禁松)명하자 지난날, 소나무 베는 일을 금하던 일.

금송-화(金松花)명 ☞금잔화(金盞花).

금-쇠[-쐬/-쒜]명 (목공에 쓰는) 널조각에 금을 긋는 연장.

금수(禽獸)명 ①날짐승과 길짐승. 조수(鳥獸). ②'행실이 아주 나쁜 사람'을 비유하여 이르는 말. ¶ 금수 같은 놈.

금ː수(禁輸)명 수입이나 수출을 금함. ¶ 금수 품목.

금ː수(錦繡)명 수놓은 비단.

금ː수-강산(錦繡江山)명 〔비단에 수놓은 것 같은 강산이란 뜻으로〕 ①'아름다운 자연'을 이르는 말. ②'우리나라의 산천'을 비유하여 이르는 말. ¶ 삼천리 금수강산.

금^수송점(金輸送點)[-쩜]명 금본위국 사이에서, 환시세(換時勢)의 하락으로 환송금(換送金)에 의하는 것보다 금을 수송하는 것이 유리하게 되는 한계점.

금슬(琴瑟)명 ①거문고와 비파. ②〈금실〉의 본딧말.

금슬지락(琴瑟之樂)[-찌-]명 〈금실지락〉의 본딧말.

금시(今時)명 바로 지금. ¶ 금시라도 달려가고 싶은 마음.

금-시계(金時計)[-계/-게]명 시계의 껍데기를 금으로 만들거나 도금한 시계.

금시-발복(今時發福)명하자 (어떤 일을 한 결과로) 당장에 복이 트이어 부귀를 누리게 됨.

금시-작(金翅雀)명 ☞검은머리방울새.

금시조(金翅鳥)명 ☞가루라(迦樓羅).

금시-초견(今時初見)명 보느니 처음. 이제야 비로소 처음 봄.

금시-초문(今時初聞·今始初聞)명 듣느니 처음. 이제야 비로소 처음 들음.

금식(金飾)명하타 황금으로 꾸밈, 또는 그렇게 꾸민 장식.

금ː식(禁食)명하자 (종교상의 관습이나 수행, 또는 그 밖의 이유로) 얼마 동안 음식물을 먹지 않는 일. ¶ 금식 기도. /수술을 받기 위하여 금식하다. ㊐단식.

금신(金身)명 ☞금색신(金色身).

금신(金神)명 음양가가 제사를 지내는 신. 〔예부터 이 신이 있는 쪽은 동티가 난다고 하여 꺼림.〕

금-실(金-)명 ①금으로 가늘게 뽑아 만든 실. ¶ 금실로 수를 놓다. ②금빛이 나는 실. 금사(金絲).

금실(←琴瑟)명 〈금실지락〉의 준말. ¶ 금실이 좋다. ㊔금슬.

금실지락(←琴瑟之樂)[-찌-]명 부부 사이의 다정하고 화목한 즐거움. ㊈금실. ㊔금슬지락.

금-싸라기(金-)명 ①금의 부스러기. 금가루. ②'아주 드물고 귀한 것'을 비유하여 이르는 말. ¶ 도심지의 금싸라기 땅.

금ː압(禁壓)명하타되자 억눌러서 못하게 함.

금액(金額)명 돈의 액수. 액수(額數).

금액-란(金額欄)[그맹난]명 금액을 적는 난.

금야(今夜)명 오늘 밤. 금소(今宵).

금ː약(禁約)명하타 하지 못하게 단속함.

금ː약(禁藥)명 먹기를 금하는 약.

금ː양(禁養)명 나무·풀 따위를 베지 못하게 하여 가꿈.

금어(金魚)[1]명 ☞금붕어.

금어(金魚)[2]명 불상(佛像)을 그리는 사람.

금ː어(禁漁)명하자 고기잡이를 금함.

금ː어-구(禁漁區)명 (특정 어류의 보호를 위하여) 고기잡이를 금하는 구역.

금어-초(金魚草)명 현삼과의 다년초. 관상용으로 심는 화초의 한 가지로, 줄기는 20~80 cm. 여름에서부터 가을에 걸쳐 하양·빨강·노랑·보라 등 여러 빛깔의 꽃이 줄기 끝에 피는데, 꽃 모양이 금붕어 입처럼 생겼음. 지중해 연안 원산. 금붕어꽃.

금언(金言)명 ①생활의 본보기가 될 귀중한 내용의 짧은 어구(語句). ㊟격언(格言). ②부처의 입에서 나온 불멸의 법어(法語).

금ː연(禁煙)명하자 ①담배 피우는 것을 금함. ¶ 금연 좌석. ②담배를 끊음. ¶ 금연을 결심하다. ②단연(斷煙).

금ː연-권(禁煙權)[-꿘]명 남이 피우는 담배 연기의 피해에서 보호될 사회적 권리.

금-연화(金蓮花)[-년-]명 불전에 공양하는 황금색으로 만든 연꽃.

금염(金塩)명 ☞금염화나트륨.

금-염화나트륨(金塩化Natrium)명 금을 왕수(王水)에 녹이고 탄산소다를 가하면서 서서히 증발시켜 얻는 황색의 결정. 도금용으로 쓰임. 금염(金塩).

금ː영(錦營)명 조선 시대에, '충청 감사가 직무를 보던 관아'를 달리 이르던 말.

금오(金烏)명 '해'를 달리 이르는 말. 태양.

금오-신화(金鰲新話)명 조선 세조 때, 김시습(金時習)이 한문으로 지은, 우리나라 최초의 전기(傳奇) 소설집.

금오-옥토(金烏玉兎)명 해와 달. ㊈오토(烏兎).

금옥(金玉)명 ①금과 옥. ②금관자와 옥관자, 또는 그것을 붙인 사람. ②금옥관자.

금ː옥(禁獄)명 지난날, 죄인을 옥중에 가두어 두던 형벌.

금-옥관자(金玉貫子)[-꽌-]명 금관자와 옥관자, 또는 망건에 이를 단 사람. 금옥(金玉).

금옥-군자(金玉君子)[-꾼-]명 몸가짐이 금옥과 같이 깨끗하고 점잖은 사람.

금옥-만당(金玉滿堂)[그몽-]명하형 〔금옥관자가 방 안에 가득하다는 뜻으로〕 '현명한 신하가 조정에 가득함'을 비유하여 이르는 말.

금왕지절(金旺之節)명 오행(五行)에서, 금기(金氣)가 가장 왕성한 절기, 곧 가을.

금요(金曜)명 〈금요일(金曜日)〉의 준말.

금-요일(金曜日)명 칠요일(七曜日)의 하나. 일요일로부터 여섯째 되는 날. 준금(金)2·금요(金曜).

금:욕(禁慾)명하자 욕구나 욕망을 억제함. 육욕(肉慾)을 금함.

금:욕-주의(禁慾主義)[-쭈의/-쭈이]명 일체의 정신적·육체적인 욕구나 욕망을 억제함으로써 종교 또는 도덕상의 이상을 성취하려는 사상이나 태도. 견인주의. 극기주의. 제욕주의. ↔쾌락주의.

금우-궁(金牛宮)명 ☞황소자리.

금원(金員)명 돈의 수효.

금:원(禁垣)명 대궐의 담 안. 궁성 안.

금:원(禁苑)명 ☞비원(祕苑). 어원(御苑).

금월(今月)명 이달.

금:위-대장(禁衛大將)명 조선 말기에, 금위영(禁衛營)의 으뜸 장수.

금:위-영(禁衛營)명 조선 말기에, 삼군문(三軍門)의 하나. 서울을 지키던 군영.

금:육-재(禁肉齋)[-째]명 가톨릭에서, 사순절(四旬節)의 매주 금요일과 첫 수요일에 육식을 끊고 재계하는 일.

금융(金融)[금늉/그뮹]명 ①돈의 융통. ②경제계에서의 자금의 수요와 공급의 관계.

금융^경색(金融梗塞)[금늉-/그뮹-]명 금융 시장에서의 자금의 융통(融通)이 잘 되지 않는 상태.

금융-계(金融界)[금늉계/그뮹게]명 금융업자의 사회, 또는 금융 시장.

금융^계:절(金融季節)[금늉계-/그뮹게-]명 금융 시장에서 해마다 주기적으로 자본의 수요가 부쩍 늘어나는 철.

금융^공:황(金融恐慌)[금늉-/그뮹-]명 ①신용의 붕괴로 말미암은 금융 기관의 파산과 금융 시장의 혼란. 신용 공황. ②☞은행 공황(銀行恐慌).

금융^기관(金融機關)[금늉-/그뮹-]명 자금의 융통과 공급 및 그 중개를 하는 기관. 〔은행·증권 회사·보험 회사 따위.〕

금융-단(金融團)[금늉-/그뮹-]명 금융업의 종합체.

금융^시:장(金融市場)[금늉-/그뮹-]명 자금의 대차(貸借) 거래가 이루어지는 시장으로서의 '금융 기관'을 이르는 말.

금융^실명제(金融實名制)[금늉-/그뮹-]명 공평한 조세 부과나 지하 경제의 양성화 등을 위하여, 은행 예금·주식 매매 등 모든 종류의 금융 거래를 실제의 이름으로 하도록 의무화하는 제도. 실명제.

금융-업(金融業)[금늉-/그뮹-]명 은행이나 보험 회사 등에서, 자금을 융통하는 영업.

금융^자:본(金融資本)[금늉-/그뮹-]명 ①은행 자본과 산업 자본이 융합하여 이루어진 독점적인 자본. ②대부(貸付) 자본이나 은행 자본.

금융^자:본주의(金融資本主義)[금늉-의/그뮹-이]명 자본주의 사회에서, 은행이 산업을 통할하여 모든 산업 자본과 긴밀히 융합된 은행 자본을 금융 자본이 되게 하는 주의.

금융^정책(金融政策)[금늉-/그뮹-]명 정부나 중앙은행이 국민 경제의 안정과 발전을 꾀하여 금융 시장이나 자본 시장을 통해 자금량 및 그 유통을 조절하는 정책.

금융^채:권(金融債券)[금늉-꿘/그뮹-꿘]명 자금을 조달하기 위하여 금융 기관이 특별법에 따라 발행하는 채권.

금융^회:사(金融會社)[금늉회-/그뮹훼-]명 주식회사의 설립이나 확장 등에 필요한 자금을 공급하는 은행 이외의 회사.

금은(金銀)명 금과 은.

금은-방(金銀房)[-빵]명 금은을 가공 매매하는 가게. 금은포(金銀鋪).

금은^병:행^본위^제:도(金銀竝行本位制度)명 금과 은의 두 가지를 본위화(本位貨)로 하는 화폐 제도. 참금은 복본위 제도.

금은-보화(金銀寶貨)명 금·은·옥·진주 따위의 매우 귀중한 보물.

금은^복본위^제:도(金銀複本位制度)[-뽄뉘-]명 금과 은의 두 가지를 본위화(本位貨)로 하되, 은을 지폐의 발행 준비에 사용하는 화폐 제도.

금은^비:가(金銀比價)[-까]명 같은 무게의 금과 은과의 가치의 비율.

금-은전(金銀錢)명 ☞금은화(金銀貨).

금은-포(金銀鋪)명 ☞금은방(金銀房).

금-은화(金銀貨)명 금화와 은화. 금은전.

금:의(錦衣)[그믜/그미]명 비단옷.

금:의-야행(錦衣夜行)[그믜-/그미-]명 〔비단옷을 입고 밤길을 걷는다는 뜻으로〕 '아무 보람이 없는 행동을 자랑스레 함'을 이르는 말. 참수의야행.

금:의-옥식(錦衣玉食)[그믜-씩/그미-씩]명 〔비단옷과 흰쌀밥이란 뜻으로〕 '사치스러운 의식(衣食)'이나 '부유한 생활'을 이르는 말.

금:의-환향(錦衣還鄕)[그믜-/그미-]명 〔비단옷을 입고 고향에 돌아온다는 뜻으로〕 '성공하여 고향으로 돌아옴'을 이르는 말.

금이종(擒而縱)명하타 잡았다가 놓아줌.

금인(今人)명 지금 세상의 사람. ↔고인(古人).

금인(金刃)명 날이 있는 쇠붙이.

금인(金印)명 금으로 만든 도장.

금일(今日)명 오늘. 본일(本日). ¶ 금일 휴업.

금-일봉(金一封)명 상금이나 기부금 등에서, 금액을 밝히지 않고 종이에 싸서 주는 돈. ¶ 고아원에 금일봉을 전달하다.

금일월병(金日月屛)[-니뤌-]명 왕조 때, 옥좌에 치던, 이금(泥金)으로 해와 달을 그린 병풍.

금자(今者)명 지금. 요사이. 《주로, '금자에'의 꼴로 쓰임.》 ¶ 금자에 자전거 도난이 자주 일어난다.

금자(金字)명 이금(泥金)으로 쓰거나 금박(金箔)·금분(金粉) 따위로 나타낸 글자. 금빛의 글자. 금문자.

금자-가(金字家)명 옷이나 댕기 같은 데에 금박을 박아 주는 집, 또는 그 사람.

금자-동이(金子-)명 '어린아이'를 금같이 귀한 아이라는 뜻으로 이르는 말.

금자-탑(金字塔)명 ①〔'金' 자 모양으로 생겼다는 데서〕 '피라미드'를 달리 이르는 말. ②'후세에까지 빛날 훌륭한 업적'을 비유하여 이르는 말. ¶ 금자탑을 쌓다.

금잔(金盞)명 금으로 만든 술잔.

금-잔디(金-)명 볏과의 다년초. 뿌리줄기가 가로 벋으며 잎은 길이 2~5 cm. 잎 지름은 1 mm 미만인데 안으로 말리며 잎집 가장자리에 털이 있음. 금사(金莎).

금잔-옥대(金盞玉臺)[-때]명 ①금으로 만든 술잔과 옥으로 만든 잔대. ②'수선화'를 아름답게 이르는 말.

금잔-화(金盞花)명 국화과의 일년초. 관상용 화초의 한 가지로, 줄기 높이는 30 cm가량. 길둥근 잎이 어긋맞게 나며, 여름에 붉은빛이 도는 노란 꽃이 핌. 한방에서 이뇨나 통경에 약재로 쓰임. 금송화.
금잠(金簪)명 ☞금비녀.
금잠-초(金簪草)명 ☞민들레.
금ː-잡인(禁雜人)명하자 (특정한 곳에서) 관계없는 사람의 출입을 금함.
금장(金匠)명 ☞금공(金工).
금장(金裝)명하타 금으로 장식함, 또는 그렇게 장식한 것.
금ː장(禁葬)명하자 (어떠한 곳에) 송장을 묻지 못하게 금함.
금ː장(襟章)명 (군인이나 학생 등의) 제복의 옷깃에 다는 휘장.
금ː장-군사(禁仗軍士)명 지난날, 궁궐을 경비하고 문에서 보초를 서던 군사.
금장-도(金粧刀)명 ①금으로 만든 장도. ②지난날, 나무로 칼 모양을 만들어 금칠을 한 의장(儀仗)의 한 가지.
금-장식(金粧飾)명하타 금으로 꾸밈, 또는 그런 장식.
금전(金鈿)명 ☞금비녀.
금전(金錢)명 ①금으로 만든 돈. ②돈. ¶ 금전을 거래하다.
금ː전(禁轉)명하자 (어음이나 수표 등의) 양도(讓渡)를 금함.
금ː-전두(錦纏頭)명 ☞전두(纏頭).
금전^등록기(金錢登錄器)[-녹끼]명 자동적으로 금전의 출납을 기록하는 기계.
금ː전^수표(禁轉手票)명 발행인이나 배서인이 배서 양도를 금한다는 뜻을 적은 수표.
금전^신ː탁(金錢信託)명 신탁 은행 같은 데서 고객의 돈을 신탁 재산으로 맡아 운용하여, 신탁 기간 만기에 원금과 수익금을 수익자에게 돌려주는 신탁.
금ː전^어음(禁轉-)명 발행인이나 배서인이 배서 양도를 금한다는 뜻을 적은 어음.
금전-옥루(金殿玉樓)[-저농누]명 규모가 크고 화려하게 지은 전각과 누대.
금전-적(金錢的)관명 금전에 관련된 (것). ¶ 금전적 어려움. /금전적인 문제.
금전-지(金箋紙)명 금종이로 세모나게 만들어 보자기 네 귀에 다는 장식품. 방승(方勝).
금전^집행(金錢執行)[-지팽]명 금전 채권에 대한 강제 집행.
금전^채ː권(金錢債權)[-꿘]명 금전의 급부(給付)를 내용으로 하는 채권.
금전^채ː무(金錢債務)명 금전을 지급 목적으로 하는 채무.
금전^출납부(金錢出納簿)[-랍뿌]명 ☞금전 출납장.
금전^출납장(金錢出納帳)[-랍짱]명 돈이 들어오고 나간 것을 적는 장부. 금전 출납부.
금점(金店)명 ☞금광(金鑛).
금점-꾼(金店-)명 금광에서 일하는 사람.
금점-판(金店-)명 금광의 일터.
금정(金井)명 〈금정틀〉의 준말.
금정-기(金井機)명 ☞금정틀.
금정-옥액(金精玉液)명 '효험이 뛰어나게 좋은 약'을 이르는 말.
금정-틀(金井-)명 묏구덩이를 팔 때 구덩이의 길이와 너비를 정하는 데에 쓰는 '井' 자 모양의 나무틀. 금정기(金井機). 준금정(金井).
금제(金製)명 금으로 만듦, 또는 그 물건.
금ː제(禁制)명하타되자 (어떤 행위를 법적으로) 하지 못하게 말림, 또는 그 법규.
금ː제-물(禁制物)명 ☞금제품(禁制品).
금제-품(金製品)명 금으로 만든 물품.
금ː제-품(禁制品)명 (법령으로) 생산·매매·수출입을 금지한 물품. 금제물.
금조(今朝)명 오늘 아침.
금조(禽鳥)명 날짐승.
금ː조(禁鳥)명 ☞보호조(保護鳥).
금-조개(金-)명 ①껍데기가 금빛이 나는 조개. ②자개를 만드는 전복의 껍데기.
금ː족(禁足)명 ①불교에서, 결제(結制)할 때 드나들지 못하게 하는 일. ②외출을 금하는 일.
금ː족-령(禁足令)[-종녕]명 외출 또는 출입·여행 등을 금하는 명령. ¶ 금족령을 내리다.
금종(擒縱)명하타 사로잡음과 놓아줌.
금-종이(金-)명 금박을 하거나 이금(泥金)을 바른 종이. 금지(金紙).
금주(今週)명 이번 주일. ¶ 금주 계획을 짜다.
금ː주(禁酒)명하자 ①술을 못 마시게 함. ②술을 끊음. 단음(斷飮). 단주(斷酒). ¶ 올해부터는 금주하기로 마음먹었다.
금준(金樽·金罇)명 〔금으로 만든 술동이라는 뜻으로〕 '술동이'를 아름답게 이르는 말. ¶ 금준미주(金樽美酒)는 천인혈(千人血)이요…(烈女春香守節歌).
금-준비(金準備)명 ☞금화 준비.
금-줄(金-)[1]명 ①금실을 꼬아서 만든 줄. ②금으로 만든 줄. ③금빛 물감이나 재료를 써서 그은 선.
금-줄(金-)[2][-쭐]명 금광의 광맥. 금맥.
금ː-줄(禁-)[-쭐]명 민간에서, 아이가 태어났을 때, 장 담글 때, 잡병을 쫓고자 할 때에 부정을 멀리한다는 뜻으로 숯이나 고추 따위를 끼워 매어 놓는 새끼줄. 인줄.
금ː중(禁中)명 ☞궁궐(宮闕).
금지(金紙)명 ☞금종이.
금ː지(禁止)명하타되자 말리어 못하게 함. ¶ 출입 금지. /입산 금지. 비제지(制止).
금ː지(禁地)명 함부로 드나들지 못하게 하는 땅.
금ː지(錦地)명 상대편을 높이어, 그가 '사는 곳'을 이르는 말.
금ː지^관세(禁止關稅)명 ☞금지세(禁止稅).
금지금^본위제(金地金本位制)명 ☞금괴 본위제(金塊本位制).
금ː지-령(禁止令)명 금지하는 명령(법령).
금ː지-법(禁止法)[-뻡]명 ①특정한 행위를 하지 못하도록 금지하는 법. ②국제 사법(國際私法)에서, 외국법의 적용을 배제하는 법률. 참유보 약관(留保約款).
금ː지-세(禁止稅)[-쎄]명 사실상의 수입 금지제와 같은 효력을 발생하는 보호주의 관세(關稅). 금지 관세.
금지-옥엽(金枝玉葉)명 〔황금으로 된 나뭇가지와 옥으로 만든 잎이란 뜻으로〕 ①'임금의 자손이나 집안'을 높이어 이르는 말. ②'귀여운 자손'을 이르는 말.
금ː지^처ː분(禁止處分)명 국가 또는 행정 관청이 국민에게 특정한 행위의 금지를 명령하는 행정 처분.
금지-초(金枝草)명 ☞거여목.
금ː지-품(禁止品)명 법률로, 소유(所有)나 거래를 금하는 물품.
금-지환(金指環)명 금가락지.

금쪽-같다(金一)[-깓따]형 아주 귀하고 소중하다. ¶ 금쪽같은 시간을 낭비하다.
금차(今次)명 이번.
금:찰(錦察)명 조선 시대에, '충청도 관찰사'를 달리 일컫던 말.
금창(金瘡)명 쇠붙이로 된 칼이나 창·화살 따위에 다친 상처.
금채(金釵)명 ☞금비녀.
금채(金彩)명 채색(彩色)에 쓰는 이금(泥金)이나 금가루.
금척^대:훈장(金尺大勳章)[때]명 대한 제국 때의 최고 훈장.
금철(金鐵)명 ①금과 철. 쇠붙이. ②사물의 '견고(堅固)함'을 비유하여 이르는 말.
금체(金體)명 골상학에서, 인체를 오행(五行)으로 나누었을 때의 금(金)에 해당하는 체격.
금체-시(今體詩)명 ☞근체시(近體詩).
금추(今秋)명 올가을.
금춘(今春)명 올봄.
금:-치산(禁治産)명 심신 상실자를 보호하기 위하여 법원이 법률상 본인 스스로가 재산을 관리할 능력이 없음을 인정하고 재산의 처분을 금지하는 제도. 참한정 치산.
금:치산-자(禁治産者)명 법원으로부터 금치산의 선고를 받은 사람.
금칠(金漆)명 ①하자타금가루나 금빛이 나는 가루를 바름, 또는 그런 것. ②이금(泥金)을 섞은 옻.
금침(衾枕)명 이부자리와 베개. 침구(寢具).
금침-장(衾枕欌)[-짱]명 ☞자릿장.
금탑(金塔)명 황금으로 만들거나 금으로 도금(鍍金)을 한 탑.
금-테(金一)명 금으로 만들거나 금으로 도금한 테. ¶ 금테 안경.
금파(金波)명 ①석양이나 달빛이 비치어 금빛으로 반짝이는 물결. ②'곡식이 누렇게 익은 들판'을 비유하여 이르는 말.
금-파리(金一)명 검정파릿과의 곤충. 몸길이 8mm가량. 몸빛은 광택 있는 녹색. 산과 들에 살며, 썩은 고기나 동물의 똥에 모여들어 알을 슬며, 온 세계에 분포함.
금-파오다자 지난날, 음력 정월 열나흗날 저녁에, 가난한 사람이 몰래 부잣집에 들어가 흙을 파 오다. 〔이 흙을 부뚜막에 바르면 부자가 된다고 여겼음.〕
금-팔찌(金一)명 금으로 만든 팔찌.
금패(金牌)명 ①금으로 만든 상패(賞牌). ②조선 시대에, 규장각을 출입할 때에 쓰던 부신(符信). 〔나무패에 이금(泥金)을 발라 만들었음.〕
금:패(錦貝)명 호박(琥珀)의 한 가지. 빛깔이 누르고 투명함.
금-패물(金佩物)명 ①금으로 만든 패물. ②옥(玉)을 끈에 꿴 것.
금품(金品)명 돈과 물품. ¶ 금품을 희사하다.
금풍(金風)명 가을바람.
금하(今夏)명 올여름.
금-하다타여 흥정하여 값을 정하다.
금:-하다(禁一) Ⅰ 자타여 못하게 말리다. ¶ 출입을 금하다.
Ⅱ 타여 《주로 '없다'·'못하다' 따위의 부정어와 함께 쓰이어》 참다. 억누르다. ¶ 분노를 금할 길이 없다.
금합자-보(琴合字譜)[-짜-]명 조선 선조 5(1572)년에 안상(安瑺)이 엮은 거문고 악보(樂譜).
금-해금(金解禁)명 일단 금지했던 금의 수출을 다시 자유롭게 함.
금^핵^본위^제:도(金核本位制度)[-뽄뉘-]명 금 본위 제도의 한 가지. 금화를 본위 화폐로 하되, 국내에 유통시키는 화폐는 은행권으로 하는 제도.
금:향-색(錦香色)명 붉은빛을 띤 검누른 빛깔.
금혁(金革)명 ①'병기(兵器)'를 통틀어 이르는 말. ②☞전쟁(戰爭).
금혈(金穴)명 금줄에 금이 박혀 있는 부분.
금형(金型)명 금속으로 만든 주형(鑄型).
금:형-일(禁刑日)명 〔지난날〕 ①서울과 지방의 아문(衙門)에서 죄인의 심문 및 형의 집행을 하지 않던 날. ②사형을 집행하지 않던 날. 〔왕실의 경사나 제일(祭日) 및 이십사절기의 명일(名日) 등이었음.〕
금:혼(禁婚)명하자 ①혼인을 못하게 금함. ②고려·조선 초기에, 세자나 세손의 비(妃)를 간택하기 위하여 일정 기간 동안 백성들의 혼인을 금하던 일.
금혼-식(金婚式)명 결혼 기념식의 한 가지. 서양 풍속으로, 결혼 50주년을 맞아 베푸는 기념 의식. 참다이아몬드혼식.
금화(金貨)명 금으로 만든 돈. 금돈.
금:화(禁火)명 ①하자화재를 막기 위하여 불의 사용을 제한함. ②한식(寒食) 때, 부엌에 불을 때는 일을 금하던 풍속.
금:화-벌초(禁火伐草)명하자 무덤에 불을 조심하고 때맞추어 벌초하며 잘 가꿈.
금화^본위^제:도(金貨本位制度)명 금화를 본위 화폐로 하는 금 본위 제도.
금화^준:비(金貨準備)명 은행권을 발행한 은행에서, 태환에 응하기 위하여 금이나 지금(地金) 또는 정화(正貨)를 준비하는 일. 금준비.
금환(金丸)명 신라 때의 가면극의 한 가지. 탈을 쓰고 여러 개의 금빛 방울(공)을 공중에 던졌다가 받는 곡예.
금환(金環)명 ①금으로 만든 고리. ②금반지.
금^환:^본위^제:도(金換本位制度)명 금 핵 본위 제도의 한 형태. 금 본위제 국가의 통화를 일정한 시세로 무제한 매매함으로써 그 통화와 금과의 관련을 유지하는 방식.
금환-식(金環蝕)명 달이 태양의 한가운데만을 가리어, 태양 광선이 달의 주위에 고리 모양으로 나타나는 일식(日蝕).
금회(今回)[-회/-훼]명 '이번'으로 순화.
금:회(襟懷)[-회/-훼]명 마음속에 품고 있는 회포.
금후(今後)명 이제로부터 뒤. ¶ 금후 외상 사절.
금휘(琴徽)명 가야금이나 거문고 등의 줄을 고르는 부속품. 기러기발.
급(級)명 ①'학급·계급·등급·수준' 따위를 이르는 말. ¶ 이번에 한 급이 올랐다. ②유도나 바둑 등에서, 기술에 따른 등급. 단(段)의 아래. ¶ 같은 급의 맞수끼리 만나다. ③〖의존 명사적 용법〗 유도나 바둑 등의 등급을 나타내는 단위. ¶ 그의 바둑 실력은 삼 급쯤 된다.
급(級)의 ①옛날에, 베어 죽인 적의 목을 세던 말. ②오징어 스무 마리를 세는 단위. ②축2.
급(及)부 '및'으로 순화.
급-(急)접두 《일부 명사 앞에 붙어》 ①'갑작스러운'의 뜻을 나타냄. ¶ 급강하. /급회전. ②'매우 급하거나 심한'의 뜻을 나타냄. ¶ 급경사.
-급(級)접미 일부 명사 뒤에 붙어, 그 등급에 준하는 수준임을 뜻함. ¶ 국보급 유물. /이사급 대우를 받다.
급가(給暇)[-까]명하자 휴가를 줌.

급-각도(急角度) [-깍또] 명 ①급한 각도. ②일의 형편이 갑자기 달라짐을 이르는 말. 《주로, '급각도로'의 꼴로 쓰임.》 ¶ 형세가 급각도로 불리해지다.

급감(急減) [-깜] 명 하자 되자 급작스럽게 줄어듦. ¶ 결핵 환자가 급감하다. ↔급증(急增).

급-강하(急降下) [-깡-] 명 하자 ①급속히 내림. ¶ 기온의 급강하. ②비행기나 새 따위가 공중에서 거의 수직으로 급히 내려오는 일. ↔급상승.

급-개념(級槪念) [-깨-] 명 ☞일반 개념.

급거(急遽) [-꺼] 부 하형 갑자기. 썩 급하게. 서둘러. ¶ 급거 귀국하다. **급거-히** 부.

급격(急激) '급격하다'의 어근.

급격(急擊) [-껵] 명 하타 급히 침. 급습(急襲).

급격-하다(急激-) [-껴카-] 형여 (변화의 움직임 등이) 급하고 격렬하다. ¶ 급격한 변동. **급격-히** 부 ¶ 기온이 급격히 떨어지다.

급경(急境) [-꼉] 명 위급한 경우.

급-경사(急傾斜) [-꼉-] 명 몹시 가파른 경사. 급구배(急勾配). 급사(急斜). ¶ 급경사가 진 언덕.

급-경풍(急驚風) [-꼉-] 명 한방에서, 외계(外界)의 자극을 받아 갑자기 일어나는 어린아이의 경풍을 이르는 말.

급고(急告) [-꼬] 명 하타 급히 알림. 급보(急報).

급구(急求) [-꾸] 명 하타 급히 구함. ¶ 운전기사 급구.

급구(急救) [-꾸] 명 하타 급히 구원함.

급-구배(急勾配) [-꾸-] 명 ☞급경사.

급급(岌岌) '급급(岌岌)하다'의 어근.

급급(汲汲) '급급(汲汲)하다'의 어근.

급급(急急) '급급(急急)하다'의 어근.

급급-하다(岌岌-) [-끄파-] 형여 ①산이 높고 가파르다. ②일의 형세가 매우 위급하다. **급급-히** 부.

급급-하다(汲汲-) [-끄파-] 형여 어떤 한 가지 일에만 정신을 쏟아 다른 일을 할 마음의 여유가 없다. 겁겁하다. ¶ 변명하기에 급급하다. **급급-히** 부.

급급-하다(急急-) [-끄파-] 형여 매우 급하다. **급급-히** 부 ¶ 급급히 달아나다.

급기야(及其也) [-끼-] 부 필경에는. 마침내. ¶ 급기야 두 사람은 헤어지고 말았다.

급난(急難) [금-] 명 다급하게 닥친 곤란(困難).

급단(急湍) [-딴] 명 물살이 센 여울.

급대(給代) [-때] 명 하타 딴 물건으로 대신 줌.

급등(急騰) [-뜽] 명 하자 (물가나 시세 따위가) 갑자기 오름. ¶ 주가가 급등하다. ↔급락(急落). 참폭등.

급등-세(急騰勢) [-뜽-] 명 (물가나 시세 따위가) 급등하거나 급등할 기세. ¶ 주가가 급등세로 돌아서다. ↔급락세.

급락(及落) [금낙] 명 급제(及第)와 낙제(落第).

급락(急落) [금낙] 명 하자 (물가나 시세 따위가) 갑자기 떨어짐. ¶ 주가가 급락하다. ↔급등(急騰). 참폭락(暴落).

급락-세(急落勢) [금낙쎄] 명 (물가나 시세 따위가) 급락하거나 급락할 기세. ↔급등세.

급랭(急冷) [금냉] 명 하타 급히 얼리거나 식힘. ↔급열(急熱).

급량(給糧) [금냥] 명 하자 ①식량을 지급함. ②지난날, 군인 등에게 식량을 내어 주던 일.

급로(汲路) [금노] 명 물을 길어 나르는 길.

급료(給料) [금뇨] 명 ①일한 데에 대한 보수. 〔일급이나 월급 따위.〕 급여. ②하자 지난날, 관원에게 요미(料米)를 주던 일. ②요급(料給).

급류(急流) [금뉴] 명 하자 ①물이 급하게 흐름, 또는 그 물. ¶ 급류 타기. ②'어떤 현상이나 사회의 급작스러운 변화'를 비유하여 이르는 말. ¶ 개혁의 급류에 휩쓸리다.

급류-수(急流水) [금뉴-] 명 빨리 흐르는 물.

급매(急賣) [금-] 명 하타 (물품을) 급히 팖.

급모(急募) [금-] 명 하타 급히 모집함. ¶ 견습생을 급모하다.

급무(急務) [금-] 명 급히 해야 할 일.

급박(急迫) [-빡] 명 하형 (일의 형세가) 급하고 매우 밭음. ¶ 급박한 국제 정세. 참급촉(急促)하다. **급박-히** 부.

급-발진(急發進) [-빨찐] 명 자동차 따위가 정차 상태에서 갑자기 고속으로 출발하여 나아감. ¶ 급발진 사고.

급벌찬(級伐湌) [-뻘-] 명 신라 때의 17관등의 아홉째 등급. 참대내마.

급변(急變) [-뼌] 명 ①하자 되자 갑자기 변하거나 달라짐. 극변(劇變). ¶ 급변하는 국제 정세. / 날씨가 급변하다. ②갑자기 일어난 변고.

급병(急病) [-뼝] 명 갑자기 앓는 병. 몹시 위급한 병. 급증(急症).

급보(急步) [-뽀] 명 하자 급하게 걸음, 또는 그렇게 걷는 걸음걸이.

급보(急報) [-뽀] 명 하타 급히 알림, 또는 급한 기별. 급고(急告). ¶ 급보를 받다.

급부(給付) [-뿌] 명 하타 ①(주로 국가 또는 공공 단체에서) 재물을 주는 일. ②청구권의 목적이 되는 채무자의 행위.

급-부상(急浮上) [-뿌-] 명 하자 ①갑자기 물의 표면으로 떠오름. ¶ 잠수함이 급부상하다. ②(어떤 대상이나 현상이) '갑자기 세상에 알려지거나 영향력을 끼치게 됨'을 비유하여 이르는 말. ¶ 한국 축구는 2002 월드컵을 계기로 급부상했다.

급-브레이크(急brake) 명 급하게 거는 브레이크. ¶ 급브레이크를 밟다.

급비(給費) [-삐] 명 하자 (국가나 공공 단체 등에서) 비용을 대어 줌, 또는 그 비용.

급비-생(給費生) [-삐-] 명 국가·단체·개인 등으로부터 학비를 지급받아 공부하는 학생.

급사(急死) [-싸] 명 하자 갑자기 죽음. 돈사(頓死). ¶ 교통사고로 급사하다.

급사(急使) [-싸] 명 급한 용무를 띤 사자(使者). 주사(走使).

급사(急事) [-싸] 명 급한 일. 갑자기 생긴 일.

급사(急斜) [-싸] 명 ☞급경사(急傾斜).

급사(給仕) [-싸] 명 '사동'·'사환'으로 순화.

급사-면(急斜面) [-싸-] 명 경사가 심한 비탈.

급살(急煞) [-쌀] 명 ①(보게 되면) 운수가 사나워진다는 별. ②갑자기 닥치는 재액.

급살(을) 맞다 관용 별안간 죽다.

급살-탕(急煞湯) [-쌀-] 명 별안간 닥치는 재앙.

급-상승(急上昇) [-쌍-] 명 하자 되자 ①급속히 오름. ¶ 기온이 급상승하다. ②비행기나 새 따위가 거의 수직으로 급히 치솟는 일. ↔급강하(急降下).

급서(急書) [-써] 명 급한 일을 알리는 편지.

급서(急逝) [-써] 명 하자 갑자기 세상을 떠남.

급-선무(急先務) [-썬-] 명 가장 먼저 서둘러 해야 할 일. ¶ 우리에게는 민주화가 급선무다.

급-선봉(急先鋒) [-썬-] 명 앞장서서 가장 과격한 주장이나 행동을 함, 또는 그런 사람.

급-선회(急旋回) [-썬회/-썬훼] 명 하자 ①급격한 선회. ②별안간 태도를 바꿈.

급성(急性)[-썽]명 (병 따위가) 갑작스럽게 일어나거나 급히 악화되는 성질. ¶ 급성 맹장염. ↔만성(慢性).

급성-병(急性病)[-썽뼝]명 갑자기 일어나거나 급히 악화되는 병. 〔급성 맹장염·급성 복막염 따위.〕 ↔만성병(慢性病).

급-성장(急成長)[-썽-]명하자 사물의 규모가 급격하게 커짐.

급성^전염병(急性傳染病)[-썽-뼝]명 급성으로 진행되는 전염성 질환. 〔장티푸스·이질·성홍열·콜레라 따위.〕

급소(急所)[-쏘]명 ①☞명자리. ¶ 급소를 맞고 쓰러지다. ②(사물의) 가장 중요한 부분. ③드러나기만 하면 치명적인 타격이 될 만한 것. ¶ 급소를 찌르는 질문.

급소(急燒)[-쏘]명하자 아주 빨리 탐.

급속(急速)[-쏙]명하형 《일부 명사 앞에 쓰이어》 ①몹시 급함. ②몹시 빠름. ¶ 급속한 성장. **급속-히**부.

급-속도(急速度)[-쏙또]명 매우 빠른 속도. ¶ 급속도의 경제 발전을 이룩하다.

급송(急送)[-쏭]명하타되자 급히 서둘러 보냄.

급수(汲水)[-쑤]명하자되자 물을 길음.

급수(級數)[-쑤]명 ①(기술 따위의) 우열에 따라 매기는 등급. ¶ 바둑의 급수. ②일정한 법칙에 따라 증감하는 수를 일정한 차례로 배열한 수열(數列).

급수(給水)[-쑤]명하자되자 물을 공급함, 또는 그 물. ¶ 제한 급수.

급수-관(給水管)[-쑤-]명 상수도의 배수관에서 각 집으로 갈라져 들어간 수도관.

급수-선(給水船)[-쑤-]명 항해 중인 선박에 음료수나 기관 용수를 공급하는 배.

급수^장치(給水裝置)[-쑤-]명 상수도의 급수관에 딸린 장치를 통틀어 이르는 말. 〔급수전·계량기·급수 펌프 따위.〕

급수-전(給水栓)[-쑤-]명 수도전의 한 가지. 급수관 끝의 물을 여닫는 장치. 수도꼭지.

급수-지(給水池)[-쑤-]명 수돗물을 공급하기 위하여 만든 저수지.

급수-차(給水車)[-쑤-]명 물을 실어 나르는, 물탱크를 장치한 자동차.

급수-탑(給水塔)[-쑤-]명 위에 물탱크를 장치한 탑. 이곳에 물을 올려서 급수에 필요한 수압을 얻게 됨.

급습(急襲)[-씁]명하타되자 상대편이나 적의 방심을 틈타서 갑자기 습격함. 급격. ¶ 범인의 은신처를 급습하다. /야간에 적을 급습하다.

급식(給食)[-씩]명하자 학교나 공장 등에서 아동이나 종업원에게 끼니 음식을 주는 일, 또는 그 끼니 음식. ¶ 학교 급식. /급식 시간.

급신(急信)[-씬]명 급한 소식. 급한 일을 알리는 통신.

급양(給養)명하타 먹을 것과 입을 것 등을 대어 주며 보살핌.

급업(岌嶪) '급업하다'의 어근.

급업-하다(岌嶪-)[그버파-]형여 산이 매우 위태롭게 높고 험준하다.

급여(給與)명 ①급료. 특히, 관공서나 회사 같은 곳에서, 근무자에게 주는 급료나 수당. 급여금. ②하타되자금품 등을 줌. ¶ 직장에서 분기별로 급여하는 작업복.

급여-금(給與金)명 ☞급여(給與).

급여^소:득(給與所得)명 급료·임금·세비·연금 및 상여 등에 의한 소득.

급열(急熱)명하타 급히 가열함. ↔급랭(急冷).

급용(急用)명 ①급히 해야 할 일. ¶ 급용으로 귀경하다. ②급히 써야 할 일.

급우(級友)명 같은 학급의 친구.

급원(給源)명 〈공급원(供給源)〉의 준말.

급유(給由)명하자 잠시 말미를 줌. 여유를 줌.

급유(給油)명하자 ①항공기나 선박·자동차 등에 가솔린 따위의 연료를 공급함. ②기계류의 마찰 부분 같은 데 윤활유 따위의 기름을 침.

급유-기(給油機)명 항공 중에 있는 비행기에 연료를 공급하는 비행기.

급유-선(給油船)명 항해 중에 있는 선박에 연료를 넣어 주는 배.

급유-소(給油所)명 자동차 등에 가솔린 따위의 연료를 넣어 주는 곳. 주유소.

급인(汲引)명하타 ①물을 길어 올림. ②〔물을 퍼 올린다는 뜻으로〕 사람을 뽑아 씀.

급자기[-짜-]부 생각할 겨를도 없이. 작갑자기.

급작-스럽다[-짝쓰-따][~스러우니·~스러워]형ㅂ 생각할 겨를도 없이 매우 급하다. ¶ 급작스러운 용무. 작갑작스럽다. **급작스레**부.

급장(級長)[-짱]명 '반장'의 이전 일컬음.

급-장이(及-)[-짱-]명 지난날, '급창(及唱)'을 흔히 이르던 말.

급전(急傳)[-쩐]명하자타 급히 전함, 또는 급히 전하게 함.

급전(急電)[-쩐]명 급한 일을 알리는 전보나 전화. ¶ 급전을 받다.

급전(急錢)[-쩐]명 급한 데 쓸 돈, 또는 급히 쓸 돈. ¶ 급전을 둘러대다.

급전(急轉)[-쩐]명하자되자 상태나 형세 따위가 갑자기 바뀜. ¶ 사태가 급전하다.

급전(給田)[-쩐]명하자 고려·조선 시대에, 관아에 나누어 주고 그 소출(所出)로 경비(經費)를 충당하게 하던 논밭.

급전(給電)[-쩐]명하자되자 수요자에게 전력을 공급함.

급전-선(給電線)[-쩐-]명 ①발전소나 변전소에서 각 수요지에 이르는 배전 간선(配電幹線)까지의 전선. ②☞궤전선. ③안테나와 송수신기를 연결하여 고주파 전력을 전하는 선로.

급전-직하(急轉直下)[-쩐지카]명 사태나 정세 따위의 변화가 매우 빠름. 또는, 사태나 정세 따위가 급변하여 결말이 나거나 해결되는 방향으로 나아감. ¶ 급전직하 패망의 길로 치닫다.

급절(急切) '급절하다'의 어근.

급절-하다(急切-)[-쩔-]형여 사태나 상황 따위가 매우 절박하다. ¶ 일이 매우 급절하게 되다.

급-정거(急停車)[-쩡-]명하자타 달리던 차가 급히 섬, 또는 차를 급히 세움.

급-정지(急停止)[-쩡-]명하자타 그때까지 움직이던 것이 갑자기 멈춤, 또는 갑자기 멈추게 함.

급제(及第)[-쩨]명하자 ①시험이나 검사 따위에 합격함. ②지난날, 과거에 합격하던 일. ¶ 문과에 급제하다. ↔낙방(落榜)·하제(下第).

급-제동(急制動)[-쩨-]명하자타 갑자기 제동을 걺, 또는 그 제동. ¶ 급제동을 걸다.

급제-생(及第生)[-쩨-]명 급제한 학생.

급조(急造)[-쪼]명하타되자 임시변통으로 급히 만듦. ¶ 급조한 방어 진지.

급조(急躁) '급조하다'의 어근.

급조-하다(急躁-)[-쪼-]형여 성미가 조급하다. 조급(躁急)하다. **급조-히**부.

급족(急足)[-쪽]명 급한 기별을 전하는 심부름꾼. ¶ 급족을 발하다.

급주(急走)[-쭈]명 ①지난날, 각 역에 배치되었던 주졸(走卒). ②조선 시대에, 보행으로 급한 심부름을 하던 사람. ③하자 빨리 달아남.
급증(急症)[-쯩]명 갑작스럽게 일어나는 병, 또는 급히 서둘러 다스려야 할 병. 급병(急病).
급증(急增)[-쯩]명하자 갑자기 늘어남. ¶ 도시 인구가 급증하고 있다. ↔급감(急減).
급진(急進)[-찐]명하자 ①앞으로 급히 나아감. ②《일부 명사 앞에 쓰이어》 목적이나 이상 따위를 급히 실현하고자 변혁을 서두름. ¶ 급진 분자. ↔점진(漸進).
급진-적(急進的)[-찐-]관명 ①변화나 발전의 속도가 급격히 이루어지는 (것). ¶ 급진적 변화. /급진적인 발전. ②목적이나 이상 따위를 급격히 실현하려고 하는 (것). 목적이나 이상 따위를 실현하기 위하여 급격한 행동을 취하는 (것). ¶ 급진적 사상. /급진적인 사고방식. ↔점진적.
급-진전(急進展)[-찐-]명하자되자 국면이 빠르게 진전함, 또는 그런 진전. ¶ 사건 수사가 급진전을 보이다.
급진-주의(急進主義)[-찐-의/-찐-이]명 현존의 사회 질서나 정치 체제 등을 급격히 변혁해 나가려고 하는 주의. ↔점진주의(漸進主義).
급진-파(急進派)[-찐-]명 어떤 일을 과격하게 급히 진행시키려고 하는 파.
급차(給次)명 돈을 치러 주어야 함, 또는 그 돈.
급창(及唱)명 조선 시대에, 군아(郡衙)에서 부리던 사내종. 〔주로, 원의 명령을 간접으로 받아 큰 소리로 전달하는 일을 맡아보았음.〕
급채(給債)명하타 돈을 꾸어 줌.
급체(急滯)명하자 되게 체함, 또는 증세가 매우 다급한 체증.
급촉(急促) '급촉하다'의 어근.
급촉-하다(急促-)[-초카-]형여 매우 촉박하다. 참급박. **급촉-히**부.
급-출발(急出發)명하자타 자동차·기차 따위가 갑자기 출발함, 또는 그것을 갑자기 출발하게 함.
급탄(給炭)명하자 보일러 따위에 석탄을 넣음, 또는 그 석탄.
급탕(給湯)명하자 뜨거운 물을 공급함.
급-템포(急tempo)명 빠른 속도. 급속도.
급파(急派)명하타되자 급히 파견함. ¶ 기자를 현지에 급파하다.
급풍(急風)명 ☞돌풍(突風).
급-피치(急pitch)명 (작업이나 동작 등이) 매우 빠르게 진행되는 속도. ¶ 급피치를 올리다.
급-하다(急-)[그파-]형여 ①일을 서두르거나 다그치는 경향이 있다. ¶ 너무 급하게 굴다. ②사정이 지체할 겨를이 없다. ¶ 급한 용건이 생기다. /돈이 급하다. ③사정이 몹시 딱하거나 군색하다. ¶ 입에 풀칠하기도 급하다. ④참거나 기다리기가 답답하고 안타깝다. ¶ 마음이 급하다. ⑤성미가 참을성이 없다. 조급하다. ¶ 성미가 급하다. ⑥병세가 위태롭다. ¶ 급한 병. ⑦경사가 가파르다. ¶ 급한 비탈길을 오르다. ⑧(물결 따위의) 흐름이 매우 빠르다. ¶ 물살이 급하다. ⑤↔느리다. **급-히**부 ¶ 급히 먹는 밥이 체한다.
급하기는 우물에 가서 숭늉 달라겠다속담 '성격이 매우 급하거나 일을 하는 데 매우 조급해 하는 것'을 비유하여 이르는 말.
급하면 바늘허리에 실 매어 쓸까속담 아무리 급해도 밟아야 할 절차는 밟아야 한다는 뜻.
급한 불을 끄다관용 우선 눈앞에 닥친 다급한 문제를 해결하다.

급행(急行)[그팽]명 ①〈급행열차〉의 준말. ↔완행. ②하자 급히 감. ¶ 사고 현장으로 급행하다.
급행-권(急行券)[그팽꿘]명 급행요금이 가산된 열차 승차권. ¶ 급행권이 매진되다.
급행-료(急行料)[그팽뇨]명 〈급행요금〉의 준말.
급행-열차(急行列車)[그팽녈-]명 고속으로 운행하며, 주요한 역에서만 정거하는 열차. 준급행·급행차. ↔완행열차.
급행-요금(急行料金)[그팽뇨-]명 ①급행열차를 타는 손님들로부터 일반 요금 외에 더 받는 요금. ②일을 빨리 처리해 달라는 뜻에서 비공식적으로 담당자에게 건네주는 돈. 준급행료.
급행-차(急行車)[그팽-]명 〈급행열차〉의 준말.
급혈(給血)[그펼]명하자 수혈(輸血)하는 데 필요한 혈액을 공급함.
급환(急患)[그퐌]명 ①위급한 병환. ②위급한 환자. ¶ 급환이 생기다.
급-회전(急回轉)[그푀-/그풰-]명하자타 아주 빨리 돎. 급히 회전함.
급훈(級訓)[그푼]명 학교에서, 학급의 교육 목표로 내세운 교훈.
긋[1]명 〈옛〉글씨의 획(劃). ¶ 字 그슬 모로매 고ᄅᆞ고 正히 ᄒᆞ며(內訓*1:24*).
긋[2]부 〈옛〉꼭. 퍽. 굳이. ¶ 性覺이 긋 볼가(楞解*4:12*).
긋닛명 〈옛〉끊임과 이음. ¶ 긋닛이 업게 호리라(法語*4*).
긋:다[1][귿따][그으니·그어] Ⅰ자ㅅ 비가 잠시 그치다. ¶ 비가 긋다.
Ⅱ타ㅅ 비를 잠시 피하여 그치기를 기다리다. ¶ 처마 밑에서 비를 긋다.
긋:다[2][귿따][그으니·그어]타ㅅ ①금을 그리거나 줄을 치다. ¶ 금을 긋다. ②성냥이나 끝이 뾰족한 물건을 평면에 대고 한 방향으로 힘을 주어 움직이다. ¶ 성냥을 긋다. ③외상으로 처리하다. ¶ 긋는 맛에 또 한잔 마시다. ④한계 따위를 분명히 짓다. ¶ 책임의 한계를 명확히 긋다. ⑤(손이나 손가락 등으로) 허공에 어떤 것을 그리는 동작을 하다. ¶ 성호를 긋다. ⑥명단에서 이름을 지우거나 글의 일부분을 삭제하다.
긋다자타 〈옛〉그치다. 끊다. ¶ 疑心이 긋디 아니ᄒᆞ면(蒙法*1*). 참긏다.
긌이다타 〈옛〉기이다. 숨기다. ¶ 子息둘히 허믈 잇거든 긌이디 아니ᄒᆞ야(內訓*3:32*). 참긏다.
긍:경(肯綮)명 사물의 가장 긴요한 곳. 급소(急所). ¶ 긍경을 찌르다.
긍:고(亘古·亙古)명하자 옛날까지 걸침.
긍:과(矜誇)명하타 자랑하며 뽐냄.
긍:구(兢懼)명하타 삼가고 두려워함.
긍:긍(兢兢) '긍긍하다'의 어근.
긍:긍업업(兢兢業業)명하자 언제나 조심하고 삼감.
긍:긍-하다(兢兢-)자여 조마조마해하며 마음을 놓지 못하다. 두려워서 어쩔 줄을 모르다. ¶ 밤새 긍긍하다.
긍:낙(肯諾)명하타 수긍하여 허락함.
긍련(矜憐) '긍련하다'의 어근.
긍:련-하다(矜憐-)[-년-]형여 가엾고 불쌍하다. 긍측(矜惻)하다. **긍련-히**부.
긍:-만고(亙萬古·亘萬古)명하자 만고에 걸침. 만고까지 뻗침.
긍:민(矜悶)명하타 가엾게 여김.
긍:부(矜負)명하타 재능을 자랑하고 자부함.
긍:의(肯意)[-의/-이]명 긍정하는 의사. 수긍하는 뜻. ¶ 긍의를 보이다.

긍이명 보리를 베기 전에 보리밭 고랑 사이에 목화·콩·조 따위를 심는 일.

긍:정(肯定)명하타되자 어떤 사실이나 생각·설 따위를 그러하다고 인정함. ¶ 그 점에 대해서는 긍정하는 태도를 보이다. ↔부정(否定).

긍:정^명:제(肯定命題)명 전통적인 논리학에서 말하는, 긍정적 판단을 나타내는 명제. 적극명제.

긍:정-문(肯定文)명 부정을 나타내는 부사나 용언을 쓰지 않은 문장. 〔'개는 동물이다.' 하는 따위.〕 ↔부정문(否定文).

긍:정-적(肯定的)관명 어떤 사실이나 생각 따위를 그러하다고 인정하는 (것), 또는 그렇게 인정할 만한 (것). ¶ 긍정적 측면. /긍정적인 반응을 보이다. /세상을 긍정적으로 보다.

긍:정적 개:념(肯定的概念)[-깨-] 어떤 성질의 존재를 긍정적·내포적 언어로 나타내는 개념. 적극적 개념(積極的概念). ↔부정적 개념.

긍:정적 판단(肯定的判斷) 주어와 술어의 일치를 나타내는 판단. 〔'설탕은 달다.', '밤은 어둡다.' 따위.〕 적극적 판단.

긍:종(肯從)명하타 즐겨 따름. 기꺼이 따름.

긍:지(肯志)명 찬성하는 뜻.

긍:지(矜持)명 자신의 재능이나 능력 따위를 믿음으로써 가지는 자랑. ¶ 긍지로 삼다. /긍지가 높다. /학생으로서의 긍지를 가지다.

긍측(矜惻) '긍측하다'의 어근.

긍:측-하다(矜惻-)[-츠카-]형여 ☞긍련(矜憐)하다.

긍:-하다(亘-·亙-)자여 (시간적으로) 일정 동안에 걸치다. ¶ 갑자년부터 무진년까지 오륙 년에 긍하여 흉황이 계속되다.

긍:휼(矜恤)명하타 가엾게 여겨 돌보아 줌. **긍휼-히**부.

긏명 〈옛〉끝. ¶ 사ᄅᆞ미 나히 그지 업시 오라더니(月釋1:46).

긏다자타 〈옛〉끊다. 끊어지다. ¶ 쌔를 그처 骨髓내오(釋譜11:21). /시미 기픈 므른 ᄀᆞᄆᆞ래 아니 그츨씨(龍歌2章).

긑명 〈옛〉끝. ¶ 이 소리ᄂᆞᆫ 혓그티 웃닛머리예다ᄔᆞ니라(訓諺).

긔대 〈옛〉①그것이. 그가. 〔'그'의 주격형〕 ¶ 님금 ᄆᆞᅀᆞ미 긔 아니 어리시니(龍歌39章). ②그이. 그 사람. ¶ 그립고 아쉬온 마음에 힝혀 긘가 ᄒᆞ노라(古時調).

긔다자 〈옛〉기다. ¶ 긔ᄂᆞᆫ 거시며 ᄂᆞᄂᆞᆫ 거시며(月釋1:11).

긔려기명 〈옛〉기러기. ¶ 긔려기 홍:鴻. /긔려기 안:雁(訓蒙上15).

기(己)명 십간(十干)의 여섯째.

기(忌)명 ☞기중(忌中).

기(紀)명 ①법칙. 규칙. ②기전체(紀傳體) 역사에서 제왕의 사적을 적은 글. 본기(本紀). ③《일부 명사 뒤에 붙어》 지질 시대를 구분하는 단위의 한 가지. 대(代)의 아래, 세(世)의 위임. ¶ 백악기. /쥐라기.

기(起)명 〈기구(起句)〉의 준말.

기(氣)명 ①활동의 근원이 되는 힘. 〔기력·생기·원기·용기 따위.〕 ¶ 기가 넘치다. /기를 꺾다. /기가 질리다. /기가 나다. ②숨 쉴 때 나오는 기운. ¶ 기가 막힐 것 같다. ③전체에서 느껴지는 기분. 분위기. ¶ 온화한 기. ④성리학에서 이르는, 우주 만물의 정기. ④참이(理).

기(가) 살다관용 의기소침하지 않고 기세가 오르다.

기(가) 차다관용 하도 같잖고 어이가 없어 말이 나오지 아니하다. ¶ 기가 차서 말문이 막히다.

기(를) 쓰다관용 있는 힘을 다하다. ¶ 기를 쓰고 공부하다.

기(를) 펴다관용 ①누구의 억압도 받지 않고 자유로운 마음으로 지내다. ¶ 기를 펴지 못하고 살다. ②어려움에서 벗어나 마음을 놓다. ¶ 이제는 기를 펴고 살게 되었구나.

기(記)명 한문 문체(文體)의 한 가지. 주로, 사적(事蹟)이나 풍경(風景) 따위를 적은 서사적(敍事的)인 문체.

기(基)명 화학 반응에서, 다른 화합물로 변화할 때 분해되지 않고 마치 한 원자처럼 작용하는 원자의 집단. 근(根).

기(旗)명 어떤 뜻을 나타내거나 무엇을 상징하기 위하여, 천이나 종이 같은 것에 특정한 그림을 그리거나 빛깔을 넣어 만든 것. 〔국기·군기·우승기·신호기 따위.〕

기(箕)명 〈기성(箕星)〉의 준말.

기(期)명 《주로 서수 다음에 쓰이어》 ①일정한 기간씩 되풀이되는 일이나 교육·훈련 따위의 과정. ¶ 제12기 졸업생. /제5기 신입 사원 선발. ②〖의존 명사적 용법〗 어떤 기준에 따라 구분한 역사적 기간을 헤아리는 단위. ¶ 혁명 제2기에 접어들다.

기(基)의 비석·탑·무덤·큰 기계 따위를 세는 단위. ¶ 비석 1기. /무덤 2기. /미사일 8기.

기(騎)의 말 탄 사람의 수효를 세는 단위. ¶ 기병 3000기.

-기(氣)접미 《일부 명사 뒤에 붙어》 '느낌'·'기운' 등을 뜻함. ¶ 바람기. /시장기.

-기(記)접미 《일부 명사 뒤에 붙어》 '기록'을 뜻함. ¶ 일대기. /탐험기.

-기(期)접미 《일부 명사 뒤에 붙어》 '시절'·'시기'·'기간' 등을 뜻함. ¶ 사춘기. /농번기.

-기(器)접미 《일부 명사 뒤에 붙어》 '기계'·'기구'·'그릇' 등을 뜻함. ¶ 분무기. /확성기. /분도기.

-기(機)접미 《일부 명사 뒤에 붙어》 '기계'·'장치' 등을 뜻함. ¶ 기중기. /발동기. /세탁기.

-기-접미 《흔히 'ㄴ·ㅁ·ㅅ·ㅈ·ㅊ·ㅌ' 따위 받침을 가진 어간에 붙어》 ①자동사를 타동사로 바꾸는 구실을 함. 〔숨다→숨기다, 웃다→웃기다, 남다→남기다 따위.〕 ②타동사를 피동사나 사동사로 만드는 구실을 함. 〔안다→안기다, 벗다→벗기다, 찢다→찢기다 따위.〕

-기어미 용언의 어간이나 '이다'의 어간 또는 높임의 '-시-'나 시제의 '-았-(었)'·'-겠-'에 붙어, 그 말을 명사형으로 만드는 전성 어미. 〔오르다→오르기, 잡다→잡기, 굵다→굵기 따위.〕 참 -ㅁ².

기가(起家)명하자 기울어져 가는 집안을 다시 일으킴.

기가(giga)명 ①《미터법의 단위 앞에 붙어》 '10억 배'를 나타내는 말. 〔기호는 G〕 ②〈기가바이트〉의 준말.

기가-바이트(gigabyte)의 컴퓨터에서, 데이터의 양을 나타내는 단위. 1기가바이트는 1,024메가바이트, 또는 10억 7374만 1824바이트에 해당함. 〔기호는 GB〕 준기가.

기:각(枳殼)명 ☞지각(枳殼).

기각(掎角)명하자 〔사슴을 잡는데, 뒤에서 다리를 붙들고 앞에서 뿔을 붙잡는다는 뜻으로〕 앞뒤에서 적을 견제하는 일.

기각(基脚)명 잎사귀가 잎꼭지에 붙은 부분.
기각(棄却)명하타되자 ①어떤 사물을 버림. 버리고 문제 삼지 않음. ②소송을 수리한 법원이 그 내용을 심리하여 이유가 없는 것으로, 또는 부적법한 것으로 판단하여 배척하는 판결 또는 결정. ¶ 상고를 기각하다. 참각하(却下).
기각(旗脚)명 ☞깃발.
기각지세(掎角之勢)[-찌-]명〔한 사람은 뒤에서 사슴의 다리를 붙잡고 한 사람은 앞에서 뿔을 붙잡는다는 뜻으로〕'앞뒤에서 적과 맞서는 태세'를 이르는 말. ¶ 기각지세를 취하다.
기간(其間)명 그사이. 그동안.
기간(起墾)명하타되자 ☞개간(開墾).
기간(基幹)명 어떤 조직이나 체계를 이룬 것 가운데 중심이 되는 것.
기간(旣刊)명 이미 간행됨, 또는 그 간행물. ¶ 기간 서적. 참미간(未刊).
기간(期間)명 어느 일정한 시기에서 다른 일정한 시기까지의 사이. 시기(時期). ¶ 입학 원서 접수 기간. /공사 기간을 단축하다.
기간(旗竿)명 ☞깃대.
기간-급(期間給)명 일의 분량이나 능률과는 상관없이, 일한 기간에 따라서 지급되는 급료. 〔일급·주급·월급·연봉 따위.〕
기간-단체(基幹團體)명 같은 계통에 딸린 여러 단체 중에서 그 모체(母體)가 되는 단체.
기간-산업(基幹産業)명 한 나라의 산업의 바탕이 되는 주요 산업. 〔시멘트·철강·에너지 산업 따위.〕
기간-요원(基幹要員)[-뇨-]명 어떤 기관에서 핵심적인 구실을 하는 중요한 사람.
기간-지(旣墾地)명 이미 개간된 땅. ↔미간지(未墾地).
기갈(飢渴)명 배고프고 목마름.
 기갈(이) 들다관용 ①먹지 못하여 몹시 허기지다. 굶주려서 몹시 허기지다. ②가지고 싶어 하는 마음이 아주 간절하다.
기갈-나다(飢渴-)[-라-]자 ①허기져서 먹고 싶은 생각이 나다. ②매우 궁하여 못 견디게 갖고 싶은 마음이 있다.
기감(技監)명 이전의, 기술직 2급 공무원의 직급. 지금의 '이사관(理事官)'.
기갑(機甲)명 과학을 응용한 최신 무기와 기계력으로 무장하는 일. ¶ 기갑 사단.
기갑^부대(機甲部隊)[-뿌-]명 기계화 부대와 장갑 부대를 통틀어 이르는 말. 최신 무기와 기계력을 갖춘 부대.
기강(紀綱)명 으뜸이 되는 중요한 규율과 질서. 강기(綱紀). ¶ 기강을 확립하다.
기개(氣槪)명 어떤 어려움에도 굽히지 않는 강한 의지, 또는 그러한 기상. 의기(意氣). ¶ 대한 남아의 기개.
기개(幾個·幾箇)명 몇 개.
기객(棋客·碁客)명 바둑을 두는 사람. 바둑 두기를 좋아하는 사람.
기객(嗜客)명 무엇을 몹시 즐기는 사람. 무엇을 지나치게 즐기고 좋아하는 사람.
기거(起居)명하자 ①일정한 곳에서, 일상생활을 함, 또는 그 생활. ¶ 친구와 기거를 같이하다. ②몸을 뜻대로 움직이며 생활함. ¶ 기거가 불편하다.
기거(寄居)명하자 잠시 남의 집에 덧붙어서 삶. ¶ 친구 집에 기거하다.
기거-동작(起居動作)명 일상생활에서의 행동과 태도. 준기동(起動).
기거-충(寄居蟲)명 갑각강(甲殼綱) 가운데 십각목(十脚目)에 딸린 벌레. 소라·게 따위의 껍데기 속에 붙어삶.
기걸(奇傑)명하형스형 드물게 보는 남다른 인물. 성품이나 행동 따위가 남다른 호걸. **기걸스레**부.
기겁(氣怯)명하자 갑자기 되게 놀라거나 겁에 질리어 숨이 막히는 듯이 다급한 소리를 지름.
기결(起結)명 ①사물의 처음과 끝. 시작과 마침. ②한시(漢詩)에서의 기구(起句)와 결구(結句).
기결(旣決)명하타되자 ①이미 결정함. 이결(已決). ¶ 기결 사항. ②재판의 판정을 이미 확정함. ↔미결(未決).
기결-감(旣決監)명 기결수를 가두어 두는 곳. ↔미결감.
기결-수(旣決囚)[-쑤]명 재판에서, 유죄 판결이 확정되어 형의 집행을 받고 있는 죄수. ↔미결수.
기결-안(旣決案)명 이미 결정된 안건.
기경(奇經)명 ☞기경팔맥(奇經八脈).
기경(起耕)명하타되자 생땅이나 묵힌 땅을 일구어 논밭을 만듦.
기경(氣莖)명 ☞지상경(地上莖).
기경(機警) '기경하다'의 어근.
기경정결(起景情結)명 한시(漢詩)에서, 네 절(節)의 이름. 모두(冒頭)를 기(起), 이 모두의 뜻을 이어받아 문을 아름답게 표현하는 것을 경(景), 셋째로 사색(思索)으로 들어가는 것을 정(情), 전편(全篇)을 거두어서 끝맺는 것을 결(結)이라 함.
기경-팔맥(奇經八脈)명 한방에서, 인체의 각 기관의 활동을 연락·조절·통제하는 작용을 하는 경락(經絡). 〔독맥(督脈)·임맥(任脈)·충맥(衝脈)·대맥(帶脈)·음유맥(陰維脈)·양유맥(陽維脈)·음교맥(陰蹻脈)·양교맥(陽蹻脈)을 이름.〕 기경.
기경-하다(機警-)형여 재치가 있고 총명하다. 사물에 대한 이해가 빠르다.
기계(奇計)[-계/-게]명 보통으로는 생각해 낼 수 없는 교묘한 꾀. ¶ 기계를 쓰다. 비기책.
기계(棋界·碁界)[-계/-게]명 바둑 또는 장기를 두는 사람들의 사회. 기단(棋壇).
기계(器械)[-계/-게]명 도구와 기물, 또는 간단한 기계(機械)를 통틀어 이르는 말.
기계(機械)[-계/-게]명 ①동력으로 움직여서 일정한 일을 하게 만든 장치. ②'생각·행동·생활 방식 따위가 판에 박은 듯한 사람'을 비유하여 이르는 말.
기계-간(機械間)[-계깐/-게깐]명 기계를 장치하여 놓은 곳(건축물).
기계^공업(機械工業)[-계-/-게-]명 ①모든 분야에서 쓰이는 각종 기계를 만드는 공업. ②기계를 써서 물품을 생산하는 공업.
기계^공학(機械工學)[-계-/-게-]명 기계의 설계·제작·성능·사용법 등을 연구하는 학문.
기계^공학과(機械工學科)[-계-꽈/-게-꽈]명 대학에서, 기계 공학을 연구하는 학문.
기계-기름(機械-)[-계-/-게-]명 ☞기계유.
기계-끌(機械-)[-계-/-게-]명 기계의 힘으로 돌리는 끌.
기계-력(機械力)[-계-/-게-]명 기계의 힘. 기계가 일하는 능력.
기계-론(機械論)[-계-/-게-]명 모든 현상을 기계적인 법칙에 따라 설명하려 하는 이론. 기제론(機制論). 메커니즘. ↔목적론.

기계^문명(機械文明)[-계-/-게-]명 근대 이후, 기계의 발달에 따라서 생겨난 문명.
기계^수뢰(機械水雷)[-계-뢰/-게-뤠]명 공 모양의 관(罐) 속에 폭약과 발화 장치를 갖추고 수중에 부설하여 배를 폭파하는 수뢰. 부설 수뢰(敷設水雷). 준기뢰(機雷).
기계^식자(機械植字)[-계-짜/-게-짜]명 라이노타이프·모노타이프 등 자동 주식기(鑄植機)에 의한 식자.
기계-실(機械室)[-계-/-게-]명 기계를 설치해 둔 방.
기계-어(機械語)[-계-/-게-]명 컴퓨터가 이해하여 실행할 수 있는 명령어. 〔0과 1로 짜지어 나타냄.〕 인공어(人工語).
기계-유(機械油)[-계-/-게-]명 기계의 운전을 부드럽게 하고 마찰열이 발생하는 것을 막기 위하여 치는 기름. 기계기름.
기계-적(機械的)[-계-/-게-]관명 ①기계의 조작으로 하는 (것). ②수동적·맹목적으로 기계처럼 움직이는 (것). ¶ 동작을 기계적으로 놀리다. ③생각이나 행동이 틀에 박혀 있는 (것). ¶ 기계적 인간. /기계적인 사고방식.
기계적 성:질(機械的性質)[-계-썽-/-게-썽-] 주로 역학적인 관점에서 본 물체의 성질.
기계-준(機械準)[-계-/-게-]명 주로 활판 인쇄에서, 교정을 마친 인쇄물을 인쇄기에 올리어 인쇄하기 바로 전에 마지막으로 보는 교정.
기계^체조(器械體操)[-계-/-게-]명 철봉·안마·평행봉·뜀틀·링 등의 운동 기구를 사용하여 하는 체조. ↔도수 체조(徒手體操).
기계-총(機械-)[-계-/-게-]명 '두부 백선(頭部白癬)'을 흔히 이르는 말.
기계-톱(機械-)[-계-/-게-]명 동력으로 톱날을 작동시키게 된 톱.
기계-화(機械化)[-계-/-게-]명하자타되자 ①인간의 노동력 대신에 기계의 힘을 이용함. ¶ 농업의 기계화. ②인간이 행동의 주체성을 잃고 기계처럼 됨. ¶ 기계화된 사고방식.
기계화 농업(機械化農業)[-계-/-게-] 농업 생산에서, 사람이나 가축의 노동력 대신에 기계의 힘을 이용하는 방식.
기계화 부대(機械化部隊)[-계-/-게-] 전차·장갑차·자동 화기 등 기계의 힘을 최대로 이용한, 기동성이 좋은 근대적 부대. ¶ 기계화 부대를 투입하다. 비장갑 부대.
기고(忌故)명 기제사(忌祭祀)를 지내는 일, 또는 그 제사.
기고(奇古) '기고하다'의 어근.
기고(起稿)명하타 원고를 쓰기 시작함.
기고(寄稿)명하타 (부탁을 받고) 신문·잡지 등에 싣기 위하여 원고를 써서 보냄. 기서(寄書). ¶ 김 교수는 최근 모 일간지에 환경 문제에 관한 글을 기고한 바가 있다.
기고(旗鼓)명 지난날, 군령(軍令)을 전달하기 위하여 쓰던 군기(軍旗)와 북.
기고-가(寄稿家)명 기고하는 사람.
기고-만장(氣高萬丈)명 ①하형일이 뜻대로 잘되어 기세가 대단함. ¶ 승자의 기고만장한 태도와 패자의 초라한 모습. ②하자펄펄 뛸 만큼 몹시 성이 남.
기고-하다(奇古-)형여 기이하고 예스럽다. 매우 고아(古雅)하다.
기곡^대:제(祈穀大祭)[-때-]명 지난날, 나라에서 정월 첫 신일(辛日)에 그해의 농사가 잘되라고 지내던 제사.
기골(肌骨)명 살과 뼈대. ¶ 기골이 단단하다.
기골(奇骨)명 보통과는 다른, 특이한 골상이나 뛰어난 성품, 또는 그러한 골상이나 성품을 가진 사람.
기골(氣骨)명 ①기혈(氣血)과 골격. ¶ 기골이 장대(壯大)하다. ②자신의 신념을 좀처럼 굽히지 아니하는 강한 기개.
기공(技工)명 ①손으로 가공하는 기술, 또는 그러한 기술을 지닌 사람. ②능숙한 솜씨. 능숙한 기술자.
기공(奇功)명 뛰어난 공적.
기공(起工)명하타되자 공사를 시작함. ¶ 다음 주에 기공될 아파트. 비착공. ↔준공.
기공(氣孔)명 ①곤충류의 몸뚱이 옆에 있는 숨구멍. 기문(氣門). ②식물의 잎이나 줄기의 표피에 무수히 나 있는 구멍. 호흡·증산(蒸散) 때 공기나 수증기의 통로가 됨.
기공-비(記功碑·紀功碑)명 공훈을 기리어 새긴 비.
기공-친(朞功親·期功親)명 기복(朞服)과 공복(功服)을 입을 만큼 아주 가까운 친척.
기관(汽管)명 증기(蒸氣)가 통하게 만든 쇠 파이프.
기관(汽罐)명 밀폐된 용기 안에서 물을 끓이어 고온·고압의 증기를 발생시키는 장치. 보일러.
기관(奇觀)명 썩 보기 드문 경관. 매우 뛰어난 경치.
기관(氣管)명 ①척추동물의 목에서 폐로 이어지는 관. 숨 쉴 때에 공기의 통로가 됨. 숨통. ②곤충·거미 따위의 호흡기의 일부.
기관(器官)명 생물체를 형성하는 한 부분. 몇 개의 조직으로 이루어져, 일정한 모양과 기능을 지닌 부분. ¶ 발성 기관. /호흡 기관.
기관(機關)명 ①화력·수력·전력 등의 에너지를 기계적 에너지로 바꾸는 기계 장치. ¶ 내연 기관. /증기 기관. ②어떤 목적을 이루기 위하여 설치된 조직. ¶ 교육 기관. ③법인·단체 따위의 의사를 결정하거나 실행하는 지위에 있는 개인, 또는 그 집단. ¶ 합의 기관. /집행 기관.
기관-고(機關庫)명 기관차를 넣어 두는 창고.
기관^단:총(機關短銃)명 어깨나 허리에 대고 쏠 수 있도록 만든 가벼운 자동식 또는 반자동식 단총.
기관-사(機關士)명 선박·기차·항공기 등의 기관을 맡아보는 사람. 기관수(機關手).
기관-수(機關手)명 ☞기관사(機關士).
기관-실(機關室)명 ①공장 등에서, 주요 원동기를 설치하여 둔 방. ②기관차·선박·항공기 등에서, 추진기가 설치되어 있는 방. ③발전·난방·냉방·환기 등에 쓰이는 기관을 설치하여 놓은 방.
기관-원(機關員)명 '정보기관의 종사자'를 일반에서 이르는 말.
기관-장(機關長)명 ①선박의 기관부를 맡고 있는 부원들의 장. ②일반적으로, 정부 각 기관의 책임자를 이르는 말.
기관-지(氣管支)명 기관의 아래쪽에서 두 갈래로 갈라져 폐에 이어지는 부분.
기관-지(機關紙)명 기관에서 펴내는 신문.
기관-지(機關誌)명 기관에서 펴내는 잡지.
기관지-염(氣管支炎)명 기관지의 점막에 생기는 염증. 기관지 카타르.
기관지^천:식(氣管支喘息)명 기관지가 경련을 하듯 수축되면서 발작적으로 특유한 호흡 곤란을 일으키는 질병.

기관지^카타르(氣管支catarrh)명 기관지염.
기관지^폐ː렴(←氣管支肺炎)[-폐-/-페-]명 폐렴의 한 가지. 폐의 소엽(小葉)에 생기는 염증. 비교적 증상이 가벼움.
기관지^확장증(氣管支擴張症)[-짱쯩]명 원통 모양인 기관지가 주머니 모양 또는 원추 모양으로 늘어나 그 속에 세균이 머물러 염증을 일으키는 병.
기관-차(機關車)명 객차나 화차 따위를 끌고 달리는 데 사용되는 동력 장치를 갖춘 철도 차량. 〔증기 기관차·전기 기관차·디젤 기관차 등이 있음.〕
기관-총(機關銃)명 방아쇠를 당기고 있으면 탄환이 자동으로 장전되면서 연속으로 발사되는 소구경의 총. ㊤기총.
기관^투자가(機關投資家)명 유가 증권에 투자하여 생기는 이익을 주 수입원으로 하여 운용하는 법인을 이르는 말. 〔은행·보험 회사·투자 신탁 회사 따위.〕
기관-포(機關砲)명 방아쇠를 당기고 있으면 탄환이 자동으로 장전되면서 연속으로 발사되는 포. 보통, 구경이 20 mm 이상 되는 것을 이름.
기괴(奇怪) '기괴하다'의 어근.
기괴(氣塊)[-괴/-궤]명 ☞기단(氣團).
기괴망측(奇怪罔測) '기괴망측하다'의 어근.
기괴망측-하다(奇怪罔測-)[-괴-츠카-/-궤-츠카-]형여 이상야릇하기가 이루 말할 수 없다. ¶ 기괴망측한 행동.
기괴-스럽다(奇怪-)[-괴-따/-궤-따][~스러우니·~스러워]형ㅂ (외관이나 분위기가) 괴상하고 기이한 느낌이 있다.
기괴-하다(奇怪-)[-괴-/-궤-]형여 외관이나 분위기가 괴상하고 기이하다. ¶ 기괴한 사건.
기교(技巧)명하형 기술이나 솜씨가 아주 교묘함, 또는 그런 기술이나 솜씨. 특히 예술 작품 등에서, 표현이나 제작상의 수완이나 기술. 테크닉. ¶ 세련된 기교를 부리다.
기교(奇巧) '기교(奇巧)하다'의 어근.
기교(機巧) '기교(機巧)하다'의 어근.
기교-가(技巧家)명 기교에 뛰어난 사람.
기교-파(技巧派)명 예술 등에서, 특히 표현상의 기교에 중점을 두는 유파. ¶ 기교파 작가.
기교-하다(奇巧-)형여 세공(細工) 따위가, 매우 진기하고 공교하다.
기교-하다(機巧-)형여 잔꾀와 솜씨가 매우 교묘하다.
기구(奇句)[-꾸]명 기발한 글귀.
기구(祈求)명하자타 ☞기도(祈禱).
기구(起句)[-꾸]명 ①시문(詩文)의 첫 구. ②한시(漢詩)에서, 절구(絕句)의 첫째 구. 곧, '기승전결'의 기(起). 〔시의(詩意)를 일으킴.〕 수구(首句). ㊤기(起).
기구(氣球)명 수소·헬륨 등 공기보다 가벼운 기체를 넣어 공중에 띄우는 큰 공 모양의 물건. 경기구. 풍선. 벌룬. ¶ 기구를 띄우다.
기구(寄口)명 남의 집에서 한식구처럼 의지하며 지내는 사람.
기구(崎嶇) '기구하다'의 어근.
기구(器具)명 ①세간·그릇·연장 따위를 통틀어 이르는 말. ¶ 의료 기구. ②구조·조작 등이 간단한 기계나 도구류. ¶ 가정용 전기 기구.
기구(機具)명 기계와 기구.
기구(機構)명 ①하나의 조직을 이루고 있는 구조적인 체계. ¶ 행정 기구. /회사의 기구를 개편하다. ②기계의 내부 구조.
기구(冀求)명하타 몹시 바라고 구함. 희구(希求). ¶ 평화를 기구하다.
기구^관측(氣球觀測)명 계기를 장치한 기구를 올려서 대기의 상층의 기상을 관측하는 일.
기구망측(崎嶇罔測) '기구망측하다'의 어근.
기구망측-하다(崎嶇罔測-)[-츠카-]형여 세상살이나 운수 등이 평탄하지 못하고 험난하기 짝이 없다.
기구-맥(氣口脈)명 한방에서, 팔목에서 뛰는 맥을 이름.
기구^위성(氣球衛星)명 지상에서 쏘아 올려 궤도에 들어간 뒤에 가스 작용으로 부풀게 만든 인공위성. 〔텔레비전·전화 등의 중계, 측지(測地) 등에 이용됨.〕
기구-주의(器具主義)[-의/-이]명 ☞개념 도구설(概念道具說).
기구^체조(器具體操)명 아령·곤봉 따위의 기구를 가지고 하는 체조. ↔도수 체조(徒手體操).
기구-하다(崎嶇-)형여 ①산길이 험하다. ②(사람의) 세상살이가 순탄하지 못하고 가탈이 많다. ¶ 기구한 운명. /팔자가 기구하다.
기국(棋局·碁局)명 ①바둑판이나 장기판. ②바둑이나 장기의 승부의 형세.
기국(器局)명 사람의 재능과 도량. 기량(器量).
기국-다(杞菊茶)[-따]명 산국화(山菊花)·구기자(枸杞子)·검은깨·작설(雀舌) 등을 섞어서 곱게 가루로 빻아 소금을 친 뒤에 우유를 붓고 달인 차.
기국-법(旗國法)[-뻡]명 선박(船舶)이 소속된 나라의 법률. 선박의 본국법(本國法).
기군(欺君)명하자 〈기군망상〉의 준말.
기군-망상(欺君罔上)명하자 임금을 속임. ㊤기군(欺君).
기굴(奇崛) '기굴하다'의 어근.
기굴-하다(奇崛-)형여 겉모습이 남다르고 허우대가 크다.
기궁(奇窮) '기궁하다'의 어근.
기궁-하다(奇窮-)형여 몹시 곤궁하다.
기권(氣圈)[-꿘]명 지구를 둘러싼, 대기가 있는 범위. 대기권.
기권(棄權)[-꿘]명하자 자기가 가지고 있는 투표·의결·참가 등의 권리를 버리고 행사하지 아니함. ¶ 선거에 기권하다. /선두에서 달리다가 30 km 지점에서 기권하다.
기귀(奇句)명 '기구(奇句)'의 잘못.
기귀(起句)명 '기구(起句)'의 잘못.
기근(氣根)명 식물의, 땅속에 있지 않고 공기 중에 노출되어 있는 뿌리를 통틀어 이르는 말. 지상의 줄기나 가지에서 벋어 나는 것과 지하의 뿌리에서 벋어 나는 것 등이 있음. 공기뿌리.
기근(基根)명 ☞기본(基本).
기근(飢饉·饑饉)명 ①흉년으로 식량이 모자라서 굶주리는 상태. 기황(飢荒). ¶ 기근이 들다. /기근이 생기다. ②'필요한 물자가 크게 부족한 현상'을 비유하여 이르는 말. ¶ 건축 자재의 기근.
기근(畿近)명 ☞근기(近畿).
기근^수출(飢饉輸出)명 ☞기아 수출.
기금(基金)명 어떤 목적을 위하여 적립하거나 준비하여 두는 자금. ¶ 창당 기금을 마련하다.
기급절사(氣急絕死)[-쩔싸]명하자 기겁을 하여 까무러침.
기기(汽機)명 ☞증기 기관(蒸氣機關).
기기(奇技)명 기묘한 기술.
기기(奇奇) '기기하다'의 어근.

기기(起期)명 사물이 시작하는 시기.
기기(棋器·碁器)명 바둑돌을 넣어 두는 그릇.
기기(機器·器機)명 '기계'와 '기구'를 통틀어 이르는 말. ¶ 천체 관측용 기기.
기기괴괴(奇奇怪怪) '기기괴괴하다'의 어근.
기기괴괴-하다(奇奇怪怪-)[-괴괴-/-궤궤-] 형여 매우 기괴하다. 몹시 이상야릇하다. ¶ 기기괴괴한 사건.
기기-국(機器局)명 조선 말기에, 병기를 만들던 관아.
기기묘묘(奇奇妙妙) '기기묘묘하다'의 어근.
기기묘묘-하다(奇奇妙妙-)형여 매우 기이하고 묘하다. ¶ 기기묘묘한 수법을 쓰다.
기기-하다(奇奇-)형여 몹시 기이(奇異)하다. 매우 이상야릇하다.
기꺼워-하다타여 기껍게 여기다. ¶ 시험에 합격했다는 소식을 듣고 기꺼워하다. 준기꺼하다.
기꺼-하다타여 〈기꺼워하다〉의 준말.
기껍다[-따][기꺼우니·기꺼워]형ㅂ 속마음에 썩 기쁘다. ¶ 기꺼운 소식. /기껍게 여기다. **기꺼-이**부 기껍게. 흔쾌히. ¶ 기꺼이 승낙하다.
기ː-껏[-껃]부 정도나 힘이 미치는 데까지. ¶ 기껏 한다는 짓이 저 모양이다. 비겨우·고작.
기ː껏-해야[-꺼태-]부 기껏 한다고 해야. ¶ 거기까지는 기껏해야 30리밖에 안 된다.
기-꼭지(旗-)[-찌]명 깃대의 꼭대기의 꾸밈새. 〔꿩의 꽁지 깃을 묶은 것, 창의 촉, 연봉의 세 가지가 있음.〕
기ː나-길다형 몹시 길다. 《주로, '기나긴'의 꼴로 쓰임.》 ¶ 동지 섣달 기나긴 밤을 홀로 지내다.
기나-나무(幾那-)명 꼭두서닛과의 상록 교목. 남방 열대 지방에 자라며 꽃은 담홍색. 향기가 있고 껍질로는 키니네를 만듦. 킨키나나무.
기ː나리명 황해도와 평안도 서해안 지방에서 부르는 민요(民謠)의 한 가지.
기나-피(幾那皮)명 기나나무의 속껍질을 말린 것. 키니네의 원료로 쓰임.
기-남자(奇男子)명 재주나 슬기가 아주 뛰어난 사나이.
기낭(氣囊)명 ①동물체의 각 부분에 딸려 있는 주머니를 이르는 말. ②조류의 폐에 이어져 있는 커다란 공기주머니. ③기구(氣球) 따위의, 가스를 넣는 주머니.
기내(畿內)명 서울을 중심으로 하여 사방에 있는 가까운 행정 구역을 포괄한 지역.
기내(機內)명 항공기의 안. ¶ 기내 방송. /기내의 온도를 일정하게 유지하다.
기내-식(機內食)명 비행 중인 여객기 안에서 승객에게 제공하는 식사와 음료수.
기ː녀(妓女)명 ①☞기생. ②지난날, 춤·노래·의술·바느질 등을 배워 익히던 관비를 통틀어 이르던 말. 연화(煙花). ②여기(女妓).
기년(紀年)명 일정한 기원(紀元)으로부터 헤아린 햇수.
기ː년(耆年)명 예순이 넘은 나이.
기년(期年)명 ①만 1년이 되는 해. ②기한이 되는 해. ¶ 부채 상환 기년.
기년(朞年)명 〈기년복(朞年服)〉의 준말.
기년(饑年)명 ☞흉년(凶年).
기년-법(紀年法)[-뻡]명 나라나 민족이 지나온 역사를 계산할 때, 과거의 어떤 특정 연도를 기원(紀元)으로 하여 햇수를 헤아리는 방법.
기년-복(朞年服)명 상기(喪期)의 장기(杖朞)와 부장기(不杖朞). 준기년(朞年)·기복(朞服).
기년-아람(紀年兒覽)명 조선 영조 때, 이만운(李萬運)이 지은 아동 학습 교재(敎材). 중국과 우리나라의 연표(年表)·세계(世系)·지도 등을 간단하고 알기 쉽게 엮은 책. 8권 5책.
기년-제(朞年祭)명 ☞소상(小祥).
기년체^사ː기(紀年體史記)명 ☞연대기(年代記).
기년-학(紀年學)명 ☞연대학(年代學).
기념(記念·紀念)명하타되자 ①뒤에 어떤 일을 상기할 근거로 삼음, 또는 그 물건. ¶ 졸업 기념으로 사진을 찍다. ②지난 일을 상기하여 기억을 새롭게 함. ¶ 개교 30주년을 기념하다.
기념-관(記念館)명 어떤 뜻 깊은 사적이나 사건 등을 기념하기 위해 지은 집. ¶ 독립 기념관.
기념-물(記念物)명 ①공적으로 특히 보존할 가치가 있는 물건. ②☞기념품.
기념-비(記念碑)명 ①어떤 인물이나 일을 기념하기 위하여 세운 비. ¶ 참전 기념비. ②오래도록 기념하면서 후세에 전할 만한 사실·인물·업적을 비유하여 이르는 말. ¶ 기념비가 될 사업.
기념-사(記念辭)명 기념의 뜻을 나타내는 말이나 글.
기념-사진(記念寫眞)명 어떤 일을 오래도록 잊지 않고 간직하기 위하여 찍는 사진. ¶ 졸업 기념사진.
기념-식(記念式)명 어떤 일을 기념하기 위하여 베푸는 의식.
기념-우표(記念郵票)명 어떤 일을 기념하기 위하여 발행하는 우표.
기념-인장(記念印章)명 어떤 일을 기념하기 위하여 새긴 도장.
기념-일(記念日)명 어떤 일을 기념하기 위하여 정한 날. ¶ 창립(創立) 기념일.
기념-장(記念章)명 어떤 일을 기념하기 위하여 그 일에 관계한 사람에게 주는 휘장. 준기장.
기념-제(記念祭)명 어떤 일을 기념하여 베푸는 행사(축제).
기념-주화(記念鑄貨)명 어떤 일이나 큰 행사를 기념하기 위하여 발행하는 주화.
기념-탑(記念塔)명 어떤 일을 길이 기념하기 위하여 세운 탑.
기념-패(記念牌)명 어떤 일을 기념하기 위하여 만든 패.
기념-품(記念品)명 기념으로 주고받는 물품. 기념물.
기념-행사(記念行事)명 어떤 일을 기념하기 위하여 거행하는 행사. ¶ 회사 창립 기념행사.
기뇰(guignol 프)명 끈을 쓰지 않고 인형의 옷 밑에 넣은 손가락으로 조종하는 인형극.
기는-가지명 식물의 줄기에서 나와 지면에 수평으로 뻗으면서 마디에서 뿌리를 내리는 가지. 복지(匐枝).
기는-줄기명 땅 위로 길게 뻗으며 마디에서 뿌리가 나는 줄기. 〔고구마·양딸기·땅콩 따위의 줄기.〕 포복경(匍匐莖).
기능(技能)명 기술적인 능력이나 재능. 기량(技倆). ¶ 기능을 연마하다.
기능(機能)명 ①사물의 작용이나 활용. ¶ 심장의 기능. ②어떤 기관이 그 권한 안에서 활용할 수 있는 능력. ¶ 입법부(立法府)의 기능.
기능^검ː사(技能檢査)명 적성 검사의 한 가지. 일정한 직업 및 직무에 대한 현재의 능력이나 잠재적 능력을 조사하기 위하여 하는 검사.
기능-공(技能工)명 ①기능이 있는 직공. ②기능계의 기술 자격을 얻은 사람.

기능-사(技能士)명 국가 기술 자격법에 따른 검정 시험을 통하여 공인되는 기능계 기술 자격 등급의 한 가지. 〔기능장의 아래, 기능사보의 위로, 1급과 2급의 구별이 있음.〕

기능사-보(技能士補)명 국가 기술 자격법에 따른 검정 시험을 통하여 공인되는 기능계 기술 자격 등급의 맨 아래 등급.

기능^사회(機能社會)[-회/-훼]명 일정한 사회적 기능을 다하기 위하여 형성된 사회 집단. 〔교회·성당·학회 따위.〕 참목적 사회.

기능-성(機能性)[-썽]명 기능이 가지는 역할과 작용 효과의 정도. ¶ 기능성이 뛰어나다. /기능성을 고려하다.

기능^올림픽(技能Olympic)명 ☞국제 기능 올림픽 대회.

기능-장(技能長)명 국가 기술 자격법에 따른 검정 시험을 통하여 공인되는 기능계 기술 자격 등급의 맨 위의 등급.

기능-주의(機能主義)[-의/-이]명 ①철학에서, 본질·실체·원인 등에 대한 인식은 불가능하며, 현상·결과·속성·기능 등에 대한 인식만이 가능하다고 보는 처지. ②디자인이나 건축에서, 형체는 기능이나 용도에 따라 결정되어야 한다는 주장.

기능-직(技能職)명 경력직 공무원의 한 갈래. 기능적인 업무를 담당하며 그 기능별로 분류되는 공무원.

기니-피그(Guinea pig)명 쥐목(目) 모르모트과의 작은 설치류. 페루 원산으로 몸길이 25cm가량. 몸빛은 흑색·백색·누런 갈색·붉은 갈색 등 여러 가지인데 꼬리가 짧음. 의학·생물학의 실험용으로 두루 쓰임. 〔흔히, '모르모트'라고 불림.〕

기다[1] Ⅰ자 남에게 눌리어 기를 펴지 못하다. ¶ 문밖에서부터 설설 기다.
Ⅱ자타 ①몸을 엎드리거나 배를 바닥에 대고 손발을 놀리거나 하여 나아가다. ②게·벌레·뱀 따위가 발을 놀리거나 배를 움직여 나아가다.
기는 놈 위에 나는 놈이 있다속담 잘하는 사람 위에 더 잘하는 사람이 있다는 말.
기도〔기지도〕 못하고 뛰려 한다속담 '제 실력 이상의 일을 하려는 사람'을 비웃는 말.

기ː다[2]타 〈기이다〉의 준말.

기다[3]준 '그것이다'가 줄어든 말. ¶ 긴지 아닌지 잘 모르겠다.

기다(幾多)명 꽤 많음. 여럿. 《주로, '기다의'의 꼴로 쓰임.》 ¶ 그 사건 이후에 기다의 소문이 무성하다.

기ː-다랗다[-라타][~다라니·~다래]형ㅎ (생각보다) 퍽 길다. ¶ 기다란 행렬. 준기닿다.

기다리다타 (사람·사물·때 등이) 미치어 오거나 이루어지기를 바라다. ¶ 어머니를 애타게 기다리다. /때를 기다리다.

기ː다마-하다형여 무던히 길다. ¶ 기다마한 막대. 준기다맣다.

기ː다맣다[-마타][기다마니·기다매]형ㅎ 〈기다마하다〉의 준말.

기단(氣短) '기단하다'의 어근.

기단(氣團)명 기온과 습도 등의 대기 상태가 거의 같은 성질을 가지고 수평 방향으로 넓은 범위에 걸쳐 퍼져 있는 공기 덩어리. 기괴(氣塊). ¶ 적도 기단.

기단(基壇)명 건축물이나 비석 따위의 기초가 되는 단.

기단(棋壇·碁壇)명 ☞기계(棋界).

기단-하다(氣短-)형여 ①체질이 옹골차지 못하여 기력이 약하다. ②숨 쉬는 동안이 짧다.

기담(奇談·奇譚)명 이상야릇하고 재미나는 이야기. 기화(奇話).

기답(起畓)명하타 땅을 일구어 논을 만듦. 작답.

기ː닿다[-다타][기다니·기대]형ㅎ 〈기다랗다〉의 준말.

기ː대명 ①무동(舞童)을 따라다니는 여자. ②무당이 굿을 할 때 음악을 맡은 사람.

기대(期待·企待)명하타되자 어떤 일이 이루어지기를 바라고 기다림, 또는 이루어지리라고 믿는 마음. 기망(企望). ¶ 기대를 저버리다.

기대(騎隊)명 〈기병대(騎兵隊)〉의 준말.

기대^가ː능성(期待可能性)[-썽]명 형법에서, 행위 당시의 구체적 사정에 비추어 행위자에게 그 범죄 행위를 하지 않고 다른 적법 행위를 기대할 수 있는 가능성.

기대-감(期待感)명 어떤 일이 이루어지기를 바라고 기다리는 심정. ¶ 기대감에 부풀다.

기ː대다 Ⅰ자 남의 힘이나 도움에 의지하다. ¶ 서른이 넘도록 부모에게 기대어 지내다.
Ⅱ타 몸이나 물체를 다른 것에 대어 무게를 실리다. ¶ 기둥에 몸을 기대다. /사다리를 벽에 기대어 놓다.

기ː대-서다타 벽 따위에 손을 짚거나 팔을 붙이고 몸을 의지하여 비스듬히 서다. ¶ 대문에 등을 기대서다.

기ː대-앉다[-안따]타 벽 따위에 몸을 의지하여 비스듬히 앉다. ¶ 소파에 몸을 기대앉다.

기대-주(期待株)명 '장래의 발전을 기대할 만한 인물'을 비유하여 이르는 말. ¶ 체조계의 기대주.

기댓-값(期待-)[-대깝/-댇깝]명 어떤 일이 일어날 때 얻어지는 양과 그 일이 일어날 확률을 곱하여 얻어지는 가능성의 값. ＊기댓값이[-대깝씨/-댇깝씨]·기댓값만[-대깜-/-댇깜-]

기ː덕(耆德)명 나이 많고 덕이 높은 사람.

기도(企圖)명하타되자 일을 꾸며 내려고 꾀함, 또는 그런 계획이나 행동. ¶ 국외 탈출을 기도하다.

기도(祈禱)명하자타 (바라는 바가 이루어지기를) 신불에게 빎, 또는 그 의식. 기구(祈求). ¶ 금식 기도. /기도를 드리다.

기도(氣道)명 뭍 위에 사는 척추동물이 숨을 쉴 때 공기가 폐에 드나드는 통로.

기도(棋道·碁道)명 ①바둑이나 장기를 둘 때의 예절. ②바둑이나 장기의 기예(技藝).

기도(期圖)명하타되자 기약하여 꾀함.

기도(冀圖)명하타되자 바라는 것을 이루려고 꾀함.

기도(きど〔木戶〕 일)명 극장이나 유흥업소 따위의 출입구 또는 그곳을 지키는 사람.
기도(를) 보다관용 '극장이나 유흥업소 따위의 출입구를 지키다'를 속되게 이르는 말.

기도-문(祈禱文)명 ①기도의 내용을 적은 글. ②☞주기도문(主祈禱文).

기도-미(祈禱米)명 천도교 교인이, 시일(侍日)마다 밤 아홉 시에 청수(淸水) 기도를 할 때 다섯 홉씩 떠 놓는 정미(精米). 〔그 쌀을 모아서 환금(換金)하여 반 년에 한 번씩 교회에 바침.〕 참성미(誠米).

기도-회(祈禱會)[-회/-훼]명 〔종교 단체 등에서〕 어떠한 일을 위하여 기도하는 모임.

기독(基督)명 '그리스도'의 한자음 표기.

기독^가ː현설(基督假現說)[-까-]명 기독교에서, 물질은 본디 악이기 때문에 예수는 물질과 결합할 수 없으므로, 겉모양만 육체의 모양을 갖추었다고 하는 설. 준가현설(假現說).

기독-교(基督敎)[-꾜]명 세계 3대 종교의 하나. 하나님을 천지 만물을 창조한 유일신으로, 그리스도를 이 세상의 구세주로 믿으며, 그의 신앙과 사랑을 따르는 것을 목적으로 함. 그리스도교. 크리스트교. 야소교. 예수교.

기독교-국(基督敎國)[-꾜-]명 국민의 대다수가 기독교를 믿는 나라.

기독교-도(基督敎徒)[-꾜-]명 기독교의 신도. 크리스천.

기독교-회(基督敎會)[-꾜회/-꾜훼]명 그리스도를 믿는 사람들의 교단을 통틀어 이르는 말.

기동(奇童)명 약고 꾀와 재주가 많은 아이.

기동(起動)명하자 ①(주로 노인이나 앓던 사람이) 몸을 일으켜 움직임. ¶ 기동을 못하는 환자. /기동이 불편하다. ②〈기거동작(起居動作)〉의 준말. ③(동력으로 움직이는) 기관의 운전을 시작함. 시동(始動).

기동(機動)명하자 ①상황에 따라 조직적으로 재빠르게 하는 행동. ②부대나 병기(兵器) 등을 상황에 따라 재빠르게 전개(展開)·운용(運用)하는 일. ¶ 기동 훈련. /기동 타격대.

기동명 〈옛〉기둥. ¶ 白玉樓 남은 기동(鄭澈.關東別曲).

기동-기(起動機)명 직류 전동기의 기동을 순조롭게 하기 위한 부속 장치.

기동-력(機動力)[-녁]명 상황에 따라 재빠르게 행동할 수 있는 조직의 능력.

기동^부대(機動部隊)명 기동력이 뛰어난 유격부대. 〔기계화 부대나 기동 함대 따위.〕

기동-성(機動性)[-썽]명 상황에 따라 재빠르게 행동할 수 있는 특성. ¶ 기동성이 떨어지다.

기동^작전(機動作戰)[-쩐]명 군대의 기동력을 이용하여 하는 작전.

기동^저:항기(起動抵抗器)명 전동기 따위를 기동시킬 때 쓰이는 가감(加減) 저항기.

기동-전(機動戰)명 기동력과 화력(火力) 및 지형의 이점(利點) 등을 이용하여, 주도권을 장악하기 위하여 신속히 이동하며 전개하는 전투 형태.

기동^전:동기(起動電動機)명 스스로 기동하지 않는 회전기나 기관을 기동시키는 데 쓰이는 보조 전동기.

기동-차(汽動車)명 내연 기관의 동력을 이용하여 운행하는 철도 차량. 준동차(動車).

기두(起頭)명 ①글의 첫머리. ②일의 맨 처음. ③하자 중병이 차차 낫기 시작함.

기둥명 ①주춧돌 위에 세워서 보나 도리 등을 받치는 나무. ②물건을 받치거나 버티는 나무. ③장(欌)이나 농장(籠欌) 따위의 네 귀에 선 나무. ④한 집안이나 단체 등의 '가장 중요한 사람'을 비유하여 이르는 말. ¶ 청소년은 나라의 기둥이다.

기둥을 치면 대들보가〔들보가/봇장이〕 운다〔울린다〕속담 직접 말하지 않고 간접으로 넌지시 말하여도 알아듣는다는 말.

기둥-감[-깜]명 ①집의 기둥을 만드는 재료. ②한 집안이나 한 단체 또는 한 나라의 중심 인물이 될 만한 사람.

기둥-머리명 기둥의 맨 위.

기둥-면(-面)명 일정 방향의 직선이 일정한 곡선과 만나면서 움직일 때 그리는 면.

기둥-목(-木)명 기둥감이 되기에 알맞은 굵고 큰 나무.

기둥-뿌리명 ①기둥의 맨 밑. ②'어떤 사물을 지탱하는 기반이나 근본'을 비유하여 이르는 말. ¶ 기둥뿌리가 뽑히다.

기둥-서방(-書房)명 기생이나 창기(娼妓)를 데리고 살면서 술 파는 일을 시키며 놀고먹는 사내. 기부(妓夫).

기드리다타 〈옛〉기다리다. ¶ 보리라 기드리시니(龍歌*19*章).

기-드림(旗-)명 지난날, 군기(軍旗) 따위의 위에 함께 달던 좁고 긴 깃발. 기류(旗旒). 준드림.

기득(旣得)명하타 이미 얻음. 앞서 차지함. ↔미득(未得).

기득-권(旣得權)[-꿘]명 특정한 개인이나 법인 또는 국가가 정당한 절차를 밟아 이미 얻은 법률상의 권리. ¶ 서로 기득권을 주장하다.

기들오다타 〈옛〉기다리다. ¶ 몰 발 기들오는 무수미 업소라(杜初*10:16*).

기들우다타 〈옛〉기다리다. ¶ 門의 나 기들울 거시 업스니(杜初*22:1*).

기똥-차다형 '매우 훌륭하거나 정도가 몹시 높음'을 속되게 이르는 말. ¶ 기똥차게 좋은 차.

기라(綺羅)명 ①〔무늬를 놓은 비단과 얇은 비단이라는 뜻으로〕'아름다운 비단'을 이르는 말. ②아름다운 옷, 또는 그것을 입은 미인.

기라-성(綺羅星)명 〔밤하늘에 반짝이는 수많은 별이라는 뜻의 일본 한자 조어(造語)로〕'위세 있거나 훌륭한 사람들, 또는 그들이 많이 모인 모양'을 비유하여 이르는 말. ¶ 기라성 같은 고관 대작. /기라성처럼 늘어선 명선수들.

기략(機略)명 임기응변의 계략.

기량(技倆·伎倆)명 ☞기능(技能). ¶ 뛰어난 기량을 선보이다.

기량(氣量)명 ①기체(氣體)의 양. ②기상(氣像)과 도량(度量).

기량(器量)명 ☞기국(器局).

기러기명 오릿과의 물새. 강·바다·늪 등에서 삶. 몸빛은 등 쪽이 다갈색, 부리와 다리는 황색. 목이 길고 다리가 짧음. 가을에 와서 봄에 북쪽으로 가는 철새임.

기러기 불렀다관용 〔'기러기 펄펄 날아갔다'라는 '기러기 노래'를 불렀다는 뜻으로〕 사람이 멀리 도망가 버렸음을 비유하여 이르는 말.

기러기 한평생관용 정처 없이 떠도는 고생스러운 한평생.

기러기-발명 거문고나 가야금 따위의 줄을 고르는 기구. 〔단단한 나무로 기러기의 발 모양으로 만들어 줄 밑에 굄.〕 금휘(琴徽). 안족(雁足). 안주(雁柱).

기럭-기럭[-끼-]부 기러기가 우는 소리.

기럭-아비명 재래식 혼례에서, 전안(奠雁)할 때 나무로 만든 기러기를 들고 신랑보다 앞서 가는 사람. 안부(雁夫).

기려(綺麗) '기려하다'의 어근.

기려(羈旅·羇旅)명 객지에 머물러 있는 나그네.

기려-하다(綺麗-)형여 눈에 띄게 곱고 아름답다. 무늬가 곱고 아름답다.

기력(汽力)명 증기의 힘, 또는 증기 기관의 출력.

기력(氣力)명 ①일을 감당할 수 있는 정신과 육체의 힘. 근력(筋力). ¶ 팔순인데도 기력이 정정하다. ②압착한 공기의 힘.

기력(棋力·碁力)명 바둑이나 장기의 실력.

기력(棋歷·碁歷)명 바둑이나 장기를 둔 경력.

기력(機力)명 기계의 힘.

기로조 모음으로 끝난 체언에 붙는 연결형 서술격 조사. '아무리 그렇다 하더라도'의 뜻으로, 앞의 사실을 인정하되 뒤의 사실이 마땅하지 아니함을 반어적으로 나타냄. ¶ 아무리 철없는 아이기로 그만한 속도 없을까. 참이기로.

기로(岐路)명 갈림길. ¶ 생사존망의 기로. /기로에 서다.
기:로(耆老)명 예순 살이 넘은 노인.
-기로어미 《용언의 어간 또는 시제의 '-았(었)-'·'-겠-'이나 높임의 '-시-' 등에 붙어》 ①까닭이나 조건의 뜻을 나타내는 연결 어미. ¶ 농담을 좀 했기로 그렇게 토라질 게 뭐냐. ②'(아무리) …다 하더라도'의 뜻을 나타내는 연결 어미. ¶ 아무리 달빛이 밝기로 햇빛만 할까.
기로서조 〈기로서니〉의 준말.
-기로서어미 〈-기로서니〉의 준말.
기로서니조 '기로'의 힘줌말. ¶ 아무리 큰 나무기로서니 못 오를 게 무어냐. 준기로서.
-기로서니어미 '-기로'의 힘줌말. ¶ 아무리 곱기로서니 내 사랑만 하오리까. 준-기로서.
기로선들조 '기로서니'의 힘줌말. ¶ 제가 아무리 천재기로선들 이 문제만은 못 풀걸.
-기로선들어미 '-기로서니'의 힘줌말. ¶ 아무리 힘이 세기로선들 혼자서는 무리다.
기:로-소(耆老所)명 조선 시대에, 나이가 많은 임금이나 정이품 이상의 일흔 살이 넘은 문관(文官)을 예우하기 위하여 설치했던 기구. 태조 3(1394)년에 설치하였음.
기록(記錄)명하타 ①되자(어떤 사실을) 뒤에 남기려고 적음, 또는 그런 글. 서록(書錄). ¶ 회의 기록. ②경기 따위의 성적이나 결과, 또는 가장 높은 수준. ¶ 세계 최고 기록을 새로이 세우다. ③음·영상·데이터 등의 정보를 뒷날 재생하기 위하여 보관하는 일. 〔사진·복사·녹음·레코드 등이 있음.〕
기록-경기(記錄競技)[-꼉-]명 기록으로 성적을 평가하는 경기. 〔마라톤·수영 따위.〕
기록-계기(記錄計器)[-꼐-/-께-]명 측정량을 테이프나 화면에 기록하는 계기를 통틀어 이르는 말.
기록-기(記錄機)[-끼]명 시간이나 속력 같은 것을 자동적으로 기록하는 장치. 리코더.
기록-문(記錄文)[-롱-]명 몸소 체험한 일이나 관찰·조사한 일 따위를 사실대로 적은 글.
기록^문학(記錄文學)[-롱-]명 어떠한 일을 객관적으로 기록한 문학 작품. 다큐멘터리. 보고문학(報告文學).
기록^사진(記錄寫眞)[-싸-]명 미적(美的) 효과를 생각하지 않고, 다만 기록으로 남기기 위하여 찍은 사진.
기록^영화(記錄映畫)[-롱녕-]명 실제의 사건(事件)·상황이나 자연현상 등을 기록한 영화. 다큐멘터리 영화.
기록-적(記錄的)[-쩍]관명 ①기록에 남아 있거나 남을 만한 (것). ¶ 기록적 성장을 계속하다. /기록적인 업적. ②적어서 남겨 두는 (것).
기론(奇論)명 보통으로는 생각해 내기 어려운, 기이한 의견이나 이론.
기롱(欺弄)명하타 속이어 농락함.
기롱(譏弄)명하타 남을 업신여기어 실없는 말로 놀림. 희롱.
기롱-지거리(欺弄-)명 기롱하는 짓.
기롱-지거리(譏弄-)명하자타 '농지거리'의 잘못.
기뢰(機雷)[-뢰/-뤠]명 〈기계 수뢰〉의 준말.
기뢰-원(機雷原)[-뢰-/-뤠-]명 많은 기뢰를 부설해 놓은 해면(海面).
기뢰-정(機雷艇)[-뢰-/-뤠-]명 기뢰를 부설하거나 소해(掃海)하는 함정.
기뢰^탐지기(機雷探知機)명[-뢰-/-뤠-] 기뢰의 위치를 알아내는 전기 또는 자기 장치.
기:루(妓樓)명 창기(娼妓)를 두고 영업하는 집. 창기와 노는 집. 청루(青樓).
기류(氣流)명 ①대기 중에서 일어나는 공기의 흐름. 〔주로 높은 공중의 바람이나, 상승 또는 하강하는 공기의 흐름을 가리킴.〕 ②항공기 등이 공중에서 일으킨 바람. ¶ 제트 기류. ③'일이 진행되는 추세나 분위기'를 비유하여 이르는 말. ¶ 사무실에 미묘한 기류가 형성되었다.
기류(寄留)명하자 객지나 남의 집에서 한동안 머물러 지냄.
기류(旗旒)명 ☞기드림.
기류-지(寄留地)명 자기 집을 떠나서 한동안 머물러 지내고 있는 곳.
기르다[기르니·길러]타르 ①(동식물을) 보살펴서 자라게 하다. ¶ 개를 기르다. ②아이를 보살펴서 키우다. ③(육체나 정신을) 단련하여 강하게 하다. ¶ 정신력을 기르다. ④(인재를) 가르쳐 내다. ¶ 제자를 기르다. ⑤(기술이나 버릇 따위를) 익숙하게 익히다. ¶ 일찍 일어나는 습관을 기르다. ⑥(병 따위를) 내버려 두어 나빠지게 하다. ⑦(수염이나 머리털을) 자라게 내버려 두다. ¶ 구레나룻을 기르다.
기르마명 〈옛〉길마. 안장. ¶ 기르마 안:鞍(訓蒙中27). 참기ᄅᆞ마.
기름명 ①보통 온도에서 물보다 가볍고 끈끈한 성질이 있으며, 불에 잘 타는 투명 또는 반투명의 액체. 〔동물성 기름·식물성 기름·광물성 기름으로 크게 나뉨.〕 ②'석유(石油)'를 달리 이르는 말. ¶ 차에 기름을 넣다. ③지방(脂肪).
기름(을) 짜다관용 ①많은 사람이 한데 몰려서 부대끼다. ②착취하다.
기름(을) 치다관용 ①기계 따위에 마찰을 덜기 위하여 윤활유 등을 넣다. ②음식의 맛을 내려고 참기름 따위를 섞다. ③일이 순조롭게 처리되도록 뇌물을 먹이다.
기름이 흐르다관용 윤택하고 풍부하다.
기름-걸레명 ①기름을 묻혀서 닦는 걸레. ②기름을 닦아 내는 걸레.
기름-고무명 건성유(乾性油)를 가열하여 진득진득하게 되었을 때, 질산으로 산화하여 묽은 알칼리로써 중화시킨 고무. 고무 대용품으로 쓰임.
기름-기(-氣)[-끼]명 ①기름 덩이가 많이 섞인 고기. ②어떤 물건에 묻거나 섞여 있는 기름. ¶ 기름기가 많은 음식. ③'넉넉하고 윤기 있는 기운'을 비유하여 이르는 말. ¶ 얼굴에 기름기가 돌았다.
기름-기름부하형 낱낱이 다 조금 긴 듯한 모양. 작갸름갸름.
기름-나물명 산형과의 다년초. 양지바른 산기슭에서 자람. 줄기 높이는 90 cm가량. 여름에 흰 꽃이 피며, 길둥근 과실을 맺음. 어린잎은 구황(救荒) 식물로 먹을 수 있음.
기름-때명 기름이 묻은 곳에 먼지가 앉아서 된 끈끈한 때.
기름-떡명 ①깨나 콩 따위 재료를 찧어, 시루에 쪄서 기름을 짤 보자기에 싼 덩어리. ②기름에 지지거나 기름을 바른 떡.
기름-복자[-짜]명 기름을 될 때 쓰는, 귀때가 달린 쟁첩 모양의 그릇. 준복자[2].
기름-야자(-椰子)[-냐-]명 야자과의 재배 식물. 아프리카 원산으로 높이 20 m가량. 과실은 길이 4 cm가량의 달걀 모양이고 세 개의 검은 종자가 들어 있음. 열매껍질의 기름은 비누 원료, 배젖은 식용, 종자의 기름은 마가린의 원료로 쓰임.

기름-종개 명 기름종갯과의 민물고기. 몸길이 12 cm가량. 몸은 가늘고 길며 옆으로 납작함. 몸빛은 엷은 황갈색인데 등에 작은 검정 무늬가 있음. 물이 맑은 하천이나 시냇물의 모래 속에 삶. 우리나라·일본·중국 등지에 분포함.

기름-종이 명 기름을 먹인 종이. 유지(油紙).

기름-줄[-쭐] 명 기름틀로 기름을 짤 때, 기름떡을 빈틈없이 둘러 감는 줄.

기름-지다 형 ①(주로 음식물에) 기름기가 많다. ¶ 기름진 음식. ②살지다. 영양 상태가 좋아 윤기가 많다. ③땅이 매우 걸다. ¶ 기름진 농토(農土).

기름-지옥(-地獄) 명 불교에서 이르는, 죄를 많이 짓고 죽은 사람의 혼을 끓는 기름 가마에 넣는다는 지옥.

기름-채 명 〈기름챗날〉의 준말.

기름-챗날[-챈-] 명 기름틀에 붙어 있는 제구. 머리틀에 떡판을 걸쳐 놓고 기름떡을 올려놓은 뒤, 그것을 덮어 눌러서 기름을 짜는 길고 두꺼운 널판. 준기름채·챗날.

기름-칠(-漆) 명하자타 ①기름을 바르거나 묻히는 일. ¶ 총구에 기름칠을 하다. ②들기름으로 만든 칠. 유칠(油漆). ③'뇌물 주는 일'을 비유하여 이르는 말. ¶ 상사에게 기름칠을 하다.

기름-콩 명 콩나물을 기르는 자디잔 흰 콩.

기름-틀 명 깨나 콩 따위의 기름을 짜는 틀. 유자기(油榨器).

기름-하다 형여 좀 긴 듯하다. ¶ 얼굴이 기름하다. 작갸름하다.

기름-혹 명 살 속에 기름 덩이가 뭉쳐서 된 혹.

기릐 명 〈옛〉 길이. ¶ 기릐와 너븨왜(金三*2:20*).

기리다 타 잘하는 일과 좋은 점을 추어서 말하다. 찬사(讚辭)를 드리다. ¶ 은공을 기리다.

기린(騏驎) 명 하루에 천 리를 달린다는 말. 준마(駿馬).

기린(麒麟) 명 ①기린과의 포유동물. 초원 지대에 떼 지어 사는데, 키가 6 m가량으로 포유동물 가운데 가장 큼. 몸은 누런 흰색 바탕에 암갈색의 얼룩점이 있고, 이마 양쪽에 피부에 싸인 한 쌍의 짧은 뿔이 있음. 아프리카 특산종임. ②성인(聖人)이 세상에 나올 전조(前兆)로 나타난다는 상상의 동물. 〔생명이 있는 것은 밟지도 먹지도 않는다고 함.〕 ③〈기린자리〉의 준말.

기린-아(麒麟兒) 명 슬기와 재주가 남달리 뛰어난 젊은이.

기린-자리(麒麟-) 명 북쪽 하늘에 자리한, 기린 모양의 별자리. 〔넓은 범위를 차지하고 있으나, 밝은 항성이 없어 눈에 잘 띄지 않음.〕 준기린.

기린-초(麒麟草) 명 돌나물과의 다년초. 줄기는 5~30 cm. 산지의 바위나 메마른 땅에 자라는데, 길둥근 모양의 잎이 어긋맞게 나며 여름에 노란 꽃이 원줄기 끝에 많이 핌. 어린싹은 나물로 먹음.

기립(起立) Ⅰ명하자 일어섬. ¶ 기립 박수(拍手). Ⅱ감 일어서라는 구령. ¶ 일동 기립!

기ᄅᆞ다 타 〈옛〉 기르다. ¶ 아바님 날 나ᄒᆞ시고 어마님 날 기ᄅᆞ시니(古時調).

기ᄅᆞ마 명 〈옛〉 길마. 안장. ¶ 기ᄅᆞ말 밧기시니(龍歌*58*章). 참기르마.

기마(騎馬) 명하자 말을 탐, 또는 타는 말.

기마-경찰(騎馬警察) 명 말을 타고 직무를 수행하는 경찰.

기마-대(騎馬隊) 명 군대나 경찰에서 말을 타고 직무를 수행하는 부대.

기마-병(騎馬兵) 명 ☞기병(騎兵).

기마-전(騎馬戰) 명 ①☞기전(騎戰). ②말을 타고 하는 싸움을 본뜬 놀이의 한 가지.

기마-행렬(騎馬行列) [-녈] 명 말을 타고 하는 행렬.

기-막히다(氣-) [-마키-] 형 ①너무 엄청나서 숨을 못 쉴 정도로 어이가 없다. ¶ 기막힌 재난을 당하다. ②매우 훌륭하거나 정도가 몹시 높다. ¶ 기막히게 아름답다.

기만(奇巒) 명 기묘하게 생긴 산봉우리.

기만(欺瞞) 명하타 되자 남을 그럴듯하게 속임. 기망(欺罔). ¶ 기만 정책(政策).

기만(幾萬) 수관 몇 만(의). 수만(의). ¶ 기만의 군중이 광장에 운집하다. /기만 명.

기만^득면(期滿得免) [-등-] 명 일정한 기한이 차서 의무가 면제됨.

기만^면ː제(期滿免除) 명 '소멸 시효(消滅時效)'의 구용어.

기만-수봉(奇巒秀峯) 명 기묘하고 빼어난 산.

기만-적(欺瞞的) 관명 남을 그럴듯하게 속이는 (것). ¶ 기만적 행위. /기만적인 방법.

기말(期末) 명 어느 기간의 끝. ¶ 기말 시험. /기말 고사. ↔기초.

기망(祈望) 명하타 빌고 바람.

기망(旣望) 명 음력 열엿샛날 밤, 또는 그날 밤의 달.

기망(欺罔) 명하타 ☞기만(欺瞞).

기망(期望·企望) 명하타 일이 이루어지기를 바람. 기대(期待). 기앙(期仰).

기망(幾望) 명 음력 열나흗날 밤, 또는 그날 밤의 달. ¶ 7월 기망.

기망(冀望) 명 ①희망. 소원. ②하타희망이 이루어지기를 바람.

기맥(奇脈) 명 부정맥(不整脈)의 한 가지. 숨을 들이쉴 때 맥박이 두드러지게 약해짐.

기맥(氣脈) 명 ①기혈(氣血)과 맥락(脈絡). ¶ 병을 앓고 나더니 기맥이 쇠해졌다. ②서로 뜻이나 마음이 통하는 낌새. ¶ 기맥이 통하다.

기맥-상통(氣脈相通) [-쌍-] 명하자 마음과 뜻이 서로 통함. 의기(意氣)가 서로 맞음.

기면(嗜眠) 명 고열(高熱)이나 극도의 쇠약, 또는 기면성 뇌염 따위로 말미암아 외계의 자극에 응하는 힘이 약해져서 수면 상태에 빠져드는 일.

기면(旗面) 명 기폭의 면.

기면성^뇌염(嗜眠性腦炎) [-썽뇌-/-썽눼-] 명 유행성 뇌염의 한 가지. 고열(高熱)을 내며 갑자기 구토·두통·전신 권태 등이 나타나고, 깊은 수면 상태에 빠져 음식물을 입에 넣어 주면 먹으면서 잘 정도가 됨.

기ː명(妓名) 명 기생으로서 가지는 딴 이름.

기명(記名) 명하자되자 이름을 적음. ↔무기명.

기명(記銘) 명하타 심리학에서, 기억의 첫째 과정으로, 새로 생긴 경험을 머릿속에 새기는 일을 이름.

기명(器皿) 명 살림살이에 쓰는 온갖 그릇. 기물.

기명^공채(記名公債) 명 권리자의 이름을 공채 원부(公債原簿) 및 증권면(證券面)에 적어 넣은 공채.

기명-날인(記名捺印) 명 ☞서명(署名) 날인.

기명^사채(記名社債) 명 권리자의 이름을 사채 원부(社債原簿) 및 증권면(證券面)에 적어 넣은 사채.

기명-식(記名式) 명 ①증권에 권리자의 이름이나 상호(商號)를 적는 방식. ②투표지에 투표하는 사람의 이름을 적는 방식. ↔무기명식.

기명식 어음(記名式-) 특정인이 권리자로 지정되어 있는 어음.

기명^주권(記名株券) [-꿘] 명 주주(株主)의 이름을 주권면(株券面)에 적어 밝힌 주권.

기명^증권(記名證券) [-꿘] 명 특정인을 권리자로 지정한 유가 증권.

기명^채:권(記名債券) [-꿘] 명 채권자의 이름을 채권면(債券面)에 적어 넣은 채권.

기명^투표(記名投票) 명 투표지에 투표하는 사람의 이름을 밝혀 적는 투표. ↔무기명 투표.

기모(奇謀) 명 (보통으로는 생각해 내기 어려운) 기묘한 꾀. 신기한 꾀.

기모(起毛) 명 하타 직물 표면의 섬유를 쓸어서 보풀이 일게 함.

기모(氣貌) 명 풍채와 용모.

기모노(きもの〔着物〕 일) 명 일본 고유의 의복.

기모-비계(奇謀祕計) [-계/-게] 명 신기한 꾀와 남몰래 세운 계략.

기모^직물(起毛織物) [-징-] 명 겉면이나 뒷면에 보풀이 일도록 기모 공정(起毛工程)을 베푼 직물. 〔벨벳·플란넬 따위.〕

기묘(己卯) 명 육십갑자의 열여섯째.

기묘(奇妙) '기묘하다'의 어근.

기묘-사화(己卯士禍) 명 조선 중종 14(1519.기묘)년에 남곤(南袞)·심정(沈貞) 등의 수구파(守舊派)가 조광조(趙光祖)·김정(金淨) 등의 신진 도학자들을 죽이거나 귀양 보낸 사건.

기묘-하다(奇妙-) 형여 생김새 따위가 기이하고 묘하다. ¶ 기묘한 옷차림. **기묘-히** 부.

기:무(妓舞) 명 기생이 추는 춤.

기무(機務) 명 ①근본이 되는 일. ②기밀(機密)한 정무(政務).

기무-처(機務處) 명 〈군국기무처(軍國機務處)〉의 준말.

기문(奇文) 명 기묘한 내용의 글.

기문(奇聞) 명 이상한 소문.

기문(氣門) 명 ☞기공(氣孔).

기문-벽서(奇文僻書) [-써] 명 기이한 내용의 글과 흔하지 않은 기이한 책.

기:물(妓物) 명 〈기생퇴물〉의 준말.

기물(棄物) 명 버릴 물건, 또는 버린 물건.

기물(器物) 명 ☞기명(器皿).

기물-답다(器物-) [-따] [~다우니·~다워] 형ㅂ 기물로서 쓸모가 있다.

기물^손:괴죄(器物損壞罪) [-괴쬐/-궤쮀] 명 남의 기물을 상하게 하거나 파괴하여 그 효용(效用)에 해를 끼침으로써 성립하는 죄.

기믜 명 〈옛〉기미. ¶ 기믜 하:瑕(訓蒙下*16*).

기미 명 병이나 심한 괴로움 등으로 말미암아 얼굴에 끼는 거무스름한 점. ¶ 기미가 끼다.

기미(己未) 명 육십갑자의 쉰여섯째.

기미(氣味) 명 ①냄새와 맛. ②기분과 취미. ¶ 서로 기미가 통하다. ③한방에서, 약의 성질과 효능을 판단하는 기준.

기미(期米) 명 ☞미두(米豆).

기미(幾微·機微) 명 ①낌새. 눈치. ¶ 기미가 이상하다. ②어떤 일이 일어날 기운. ¶ 소나기가 내릴 기미가 보인다.

기미(羈縻·羇縻) 명 ☞기반(羈絆).

기미-독립운동(己未獨立運動) [-동니분-] 명 1919년 3월 1일을 기하여 자주 독립을 목적으로 일제에 항거하여 일어난 민족적인 의거(義擧). 삼일 운동.

기미-상적(氣味相適) 명 하자 마음과 취미가 서로 맞음. 기미상합.

기미-상합(氣味相合) 명 하자 ☞기미상적(氣味相適).

기미-채다(幾微-·機微-) 자 기미를 알아차리다.

기민(飢民·饑民) 명 굶주리는 백성.

기민(을) 먹이다〔주다〕 관용 굶주리는 백성에게 나라나 단체·개인이 곡식을 나누어 주다.

기민(機敏) '기민하다'의 어근.

기민-하다(機敏-) 형여 눈치가 빠르고 동작이 날쌔다. ¶ 기민한 행동. /몸을 기민하게 움직이다. **기민-히** 부.

기밀(氣密) 명 꽉 막혀 기체가 통하지 않음. 외부와 통하지 않음.

기밀(機密) 명 하형 더없이 중요하고 비밀한 일. 특히, 외부에 드러내서는 안 될, 국가 기관이나 기타 조직체의 중요한 비밀. ¶ 기밀에 부치다. /회사의 기밀을 누설하다.

기밀^누:설죄(機密漏泄罪) [-루-쬐/-루-쮀] 명 정치 또는 군사에 관한 기밀을 드러내어 외국이나 적군에게 제공한 범죄.

기밀-문서(機密文書) 명 외부에 알려지면 안 될 기밀한 내용을 적은 문서.

기밀-복(氣密服) 명 성층권(成層圈)을 비행할 때 입는 비행복.

기밀-비(機密費) 명 지출 내용을 밝히지 않고 기밀한 일에 쓰는 비용.

기밀-실(氣密室) 명 기체가 드나들지 않도록 외기(外氣)와의 연락을 차단한 방.

기밀-실(機密室) 명 기밀에 관한 일을 취급·보관하여 아무나 함부로 드나들지 못하게 하는 방.

기박(奇薄) '기박하다'의 어근.

기박-하다(奇薄-) [-바카-] 형여 (이상하게도) 운수가 사나워 일이 뒤틀리고 복이 없다. ¶ 기박한 운명. /팔자가 기박하다.

기반(基盤) 명 기초가 되는 지반. 기본이 되는 자리. ¶ 기반을 다지다. /기반을 닦다. /사업 기반을 확충하다.

기반(棋盤·碁盤) 명 ☞바둑판.

기반(羈絆) 명 ①굴레. ②굴레를 씌우듯 자유를 얽매는 일. 기미(羈縻).

기발(奇拔) '기발하다'의 어근.

기발(起發) 명 하자 어린아이가 기어다니기를 시작함.

기발(旣發) 명 하자 일이 이미 일어남. 이미 발생함. ↔미발(未發).

기발(騎撥) 명 조선 시대에, 말을 타고 급한 공문을 전하던 사람. 배지(陪持).

기발-하다(奇拔-) 형여 유달리 재치 있고 뛰어나다. 엉뚱하고 이상할 정도로 빼어나다. ¶ 착상(着想)이 기발하다.

기백(氣魄) 명 씩씩한 기상과 늠름이 있는 정신. ¶ 대한 남아의 기백을 떨치다.

기번(幾番) 명 몇 번.

기범-선(機帆船) 명 동력 기관과 돛을 함께 갖춘, 비교적 작은 배.

기법(技法) [-뻡] 명 기술상의 수법. 기교를 부리는 방법. ¶ 창작 기법. /기법을 터득하다.

기벽(奇癖) 명 이상야릇한 버릇. 남과 다른 특이한 버릇.

기벽(氣癖) 명 (자부심이 강하여) 남에게 지거나 굽히지 않으려는 성질.

기변(奇變) 명 ①뜻밖의 난리. ②하자 이상야릇하게 변함.

기변(機變) 명 하자 때에 따라 변함. 임기응변.

기변지교(機變之巧)[명] 때에 따라 적절하게 쓰는 교묘한 수단.
기별(奇別)[명] ①조선 시대에, 승정원(承政院)에서 처리한 일을 날마다 아침에 적어 널리 알리던 종이. 난보(爛報). 조보(朝報). 조지(朝紙). ②[하자타]소식을 전하여 알려 줌, 또는 소식을 적은 종이. ¶ 아직 아무런 기별이 없다.
기별^군사(奇別軍士)[명] 조선 시대에, 승정원에서 반포(頒布)하는 기별을 여러 관아(官衙)에 돌리던 사람.
기별-서리(奇別書吏)[명] 조선 시대에, 승정원에서 기별을 쓰던 사람.
기병(奇病)[명] 기이한 병.
기병(起兵)[명][하자] 군사를 일으킴. 흥사(興師). ¶ 영남에서 기병하여 왜군과 싸웠다.
기병(氣病)[명] 기분이 울적하거나 근심 걱정이 많아서 생기는 병.
기병(騎兵)[명] 말을 타고 싸우는 군사. 기마병(騎馬兵). 기졸(騎卒). 마병(馬兵).
기병-대(騎兵隊)[명] 기병으로 편성한 군대. [준]기대(騎隊).
기보(旣報)[명][하타] (보도나 보고를) 이미 알림, 또는 이미 알린 보도나 보고.
기보(棋譜·碁譜)[명] ①바둑 두는 법을 모아 적은 책. ②바둑이나 장기의 대국(對局) 내용을 기호로 기록한 것.
기복(祈福)[명] 복을 빎. 복을 내려 주기를 기원하는 일. [참]축복(祝福).
기복(起伏)[명][하자] ①일어났다 엎드렸다 함. ②지세(地勢)가 높아졌다 낮아졌다 함, 또는 그런 상태. ¶ 기복이 아주 심한 땅. ③세력이 강해졌다 약해졌다 함. ¶ 우리 앞 세대는 기복이 많은 삶을 살았다. /그녀는 감정의 기복이 심하다. ④임금에게 아뢸 때, 먼저 일어섰다가 다시 몸을 굽히던 일.
기복(朞服)[명] 〈기년복(朞年服)〉의 준말.
기복-량(起伏量)[-봉냥][명] 땅의 높낮이의 차. 〔기복량 200 m 이상을 산(山)이라고 함.〕
기복^신:앙(祈福信仰)[-씨낭][명] 복을 기원함을 목적으로 믿는 신앙.
기복-출사(起復出仕)[-싸][명][하자] 부모의 상중(喪中)에 벼슬에 나감. 탈정종공(奪情從公).
기본(基本)[명] 사물의 가장 중요한 밑바탕. 근본. 기근(基根). ¶ 기본 원칙. /기본에 충실하다.
기본-값(基本-)[-깝][명] ☞디폴트. * 기본값이[-깝씨]·기본값만[-깜-]
기본-권(基本權)[-꿘][명] ☞기본적 인권.
기본-급(基本給)[명] 임금(賃金)의 기본이 되는 급료. 본급(本給). 본봉(本俸). [참]수당.
기본^단위(基本單位)[명] 비교의 기준이 되는 여러 단위 중에서 가장 기본이 되는 단위. 〔길이는 미터(m), 질량은 킬로그램(kg), 시간은 초(sec) 따위.〕 ↔보조 단위.
기본-법(基本法)[-뻡][명] ☞근본법(根本法).
기본-법(寄本法)[-뻡][명] ☞목기법(木寄法).
기본-수(基本數)[명] ☞기수(基數).
기본^수:사(基本數詞)[명] ☞양수사(量數詞).
기본-요금(基本料金)[-뇨-][명] 시설이나 서비스 등을 이용하기 위해 기본적으로 내야 하는 돈. ¶ 택시의 기본요금.
기본-음(基本音)[명] ☞원음(原音).
기본-자세(基本姿勢)[명] 기본이 되는 자세.
기본^재산(基本財產)[명] ①어떤 사업의 재원으로서 기본이 되는 재산. ②지방 자치 단체가 수익을 위하여 유지하는 재산.
기본-적(基本的)[관][명] 기본이 되는 성질을 가진 (것). ¶ 기본적 명제. /기본적인 요구.
기본적 소비재(基本的消費材)[-쏘-] 생활필수품으로서의 소비재(消費材). 〔일용품·의료품·옷가지 따위.〕
기본적 인권(基本的人權)[-꿘] 사람이 사람답게 살아가기 위하여 없어서는 안 될 기본적인 권리. 〔개인의 신체·언론·신교(信敎)의 자유 및 생존권·근로권 등으로, 헌법으로 보장됨.〕 기본권.
기본^조직(基本組織)[명] 고등 식물의, 겉껍질과 관다발 이외의 조직을 통틀어 이르는 말.
기본-형(基本形)[명] ①(변화하거나 응용하거나 하는 것의) 본디 모양, 또는 본디 형식. ②활용어의 기본 형태. 어간에 종결형 어미 '-다'가 붙은 어형. 〔가다·오다·높다 따위.〕 원형. 으뜸꼴. ②↔활용형(活用形).
기봉(奇峯)[명] 이상야릇하게 생긴 산봉우리.
기봉(起峯)[명] 죽 이어진 산줄기에서 우뚝 솟아 있는 산봉우리.
기봉(機鋒)[명] ☞예봉(銳鋒).
기봉^소:설(奇逢小說)[명] 〔고대 소설이나 신소설 등에서〕 우연과 요행을 주된 수법으로 삼은 소설.
기부(肌膚)[명] 사람이나 짐승의 몸을 싸고 있는 살, 또는 살가죽.
기:부(妓夫)[명] ☞기둥서방.
기부(寄附)[명][하타] 자선 사업이나 공공사업을 도울 목적으로 재물을 내어 놓음.
기부(基部)[명] 기초가 되는 부분.
기부(機婦)[명] 베를 짜는 여자.
기부-금(寄附金)[명] 자선 사업이나 공공사업을 도울 목적으로 내어 놓는 돈.
기부^재산(寄附財產)[명] ☞출연 재산(出捐財產).
기-부족(氣不足)[명] 한방에서, '원기가 모자라서 생기는 병'을 이르는 말.
기분(氣分)[명] ①마음에 생기는 유쾌·불쾌·우울 따위의 주관적이고 단순한 감정 상태. ¶ 날아갈 듯한 기분. /기분이 좋다. ②분위기. ¶ 명절 기분이 난다. ③한방에서, 혈기(血氣)에 대하여 '원기(元氣)'를 이르는 말.
기분-파(氣分派)[명] 그때그때의 기분에 따라 행동하는 사람.
기불(旣拂)[명][하타] 이미 지불함, 또는 이미 끝난 지불.
기브스(Gips 독)[명][하자타] '깁스'의 잘못.
기비(基肥)[명] '밑거름'으로 순화.
기뻐-하다[타][여] ①기쁘게 여기다. 기꺼워하다. ②즐거워하다. 반가워하다.
기쁘다[기쁘니·기뻐][형] 마음에 즐거운 느낌이 있다. ¶ 더없이 기쁘다. ↔슬프다.
기쁨[명] ①마음이 즐거움. 기쁜 느낌. ↔슬픔. ②반가움. ¶ 기쁨의 눈물.
기사(己巳)[명] 육십갑자의 여섯째.
기사(技士)[명] ①이전의, 기술직 6급 공무원의 직급. 지금의 '주사(主事)'. ②국가 기술 자격법에 따른 검정 시험을 통하여 공인되는 기술계 기술 자격 등급의 한 가지. 〔기술사(技術士)의 아래로, 1급과 2급의 구별이 있음.〕 ③자동차 따위를 운전하는 일을 업으로 하는 사람.
기사(技師)[명] 관청이나 회사 등에서 전문적인 기술을 필요로 하는 일을 맡아보는 사람.
기사(奇士)[명] 이상한 재주를 가졌거나 괴상한 행동을 하는 선비.
기사(奇事)[명] 신기한 일. 희한한 일.

기사(記事)명 ①하타사실을 적음, 또는 그 글. ②신문이나 잡지 등에 어떤 사실을 실어 알리는 글, 또는 기록된 사실. ¶ 신문 기사. /기사를 쓰다. /기사를 읽다.

기사(記寫)명하타 기록하여 씀.

기사(飢死·饑死)명하자 굶어 죽음. 아사(餓死).

기사(棋士·碁士)명 바둑이나 장기를 잘 두는 사람. 바둑을 직업으로 삼아 두는 사람.

기사(幾死)명하자 거의 다 죽게 됨. ¶ 기사 상태에 이르다.

기사(機事)명 외부에 드러나서는 안 될, 매우 비밀스러운 일.

기사(騎士)명 ①말을 탄 무사. ②중세 유럽의 무인(武人), 또는 그 계급을 일컫는 말.

기사(騎射)명 ①말 타는 일과 활 쏘는 일. ②하자말을 타고 달리면서 활을 쏨.

기사-광고(記事廣告)명 알리고자 하는 물건의 용도와 효능 따위를 기사체로 써서 내는 광고.

기사-근생(幾死僅生)명하자 거의 죽을 뻔하다가 겨우 살아남.

기사-도(騎士道)명 기사 계급 특유의 규범 및 행동 양식의 이상형. 〔그 덕목은 명예·성실·무용(武勇)·예의·경건·겸양 및 약자 보호 등이었음.〕

기사-문(記事文)명 보고 들은 사실을 객관적으로 그대로 적은 글. 〔신문의 사회면 기사 따위.〕

기사-보(技士補)명 이전의, 기술직 7급 공무원의 직급. 지금의 '주사보(主事補)'.

기사^본말체(紀事本末體)명 중국의 역사 서술의 한 형식. 연대나 인물보다 사건에 중점을 두어 그 원인·경과·결과 등의 관계를 기술하는 방식.

기사-이적(奇事異跡)명 희한하고 기이한 일.

기사지경(幾死之境)명 거의 죽게 된 지경. ¶ 기사지경에 빠지다.

기사-체(記事體)명 기사문의 글체.

기사-화(記事化)명하타되자 (어떤 사건이나 소재를) 기사로 다루어 실음. ¶ 비리를 기사화하다.

기사-회생(起死回生)[-회-/-훼-]명하자 중병으로 죽을 뻔하다가 다시 살아남.

기산(起算)명하자 일정한 때나 장소를 기점으로 정해서 셈하기를 시작함. ¶ 이자를 전달부터 기산하다.

기산(譏訕)명하타 남을 헐뜯어서 말함.

기산^꽃차례(岐繖-次例)[-꼳-]명 ☞기산 화서(岐繖花序).

기산-일(起算日)명 기간을 정하여 날수를 셈할 때의 첫날.

기산-점(起算點)[-쩜]명 셈을 시작한 때, 또는 그곳.

기산지절(箕山之節)명 '굳은 절개'를 이르는 말. 〔허유(許由)가 기산에 숨어 살면서, 요(堯) 임금의 양위(讓位)를 받지 않고 절조(節操)를 지켰다는 고사에서 유래함.〕

기산^화서(岐繖花序)명 유한 화서의 한 가지. 꽃대의 꼭대기에 한 개의 꽃이 피고, 그 아래에 두 개의 꽃자루가 생겨 그 끝에 또 한 개씩의 꽃이 달리는 모양이 여러 층으로 된 화서. 〔별꽃·수국·패랭이꽃 따위가 이에 딸림.〕 기산꽃차례.

기삿-거리(記事-)[-사꺼-/-삳꺼-]명 신문·잡지 등에 실릴 만한 소재. ¶ 기삿거리를 찾다.

기상(奇想)명 보통으로는 생각해 낼 수 없는 기발한 착상(着想).

기상(起牀)명하자 잠자리에서 일어남. 기침(起寢). ¶ 아침 여섯 시에 기상하다.

기상(氣相)[1]명 ☞기색(氣色).

기상(氣相)[2]명 (물질이) 기체로 된 상태. 참고상(固相)·액상(液相).

기상(氣象)명 비·눈·바람·구름·기온·기압 등 대기(大氣) 속에서 일어나는 현상. ¶ 기상 변화가 심하다.

기상(氣像)명 사람이 타고난, 꿋꿋한 바탕이나 올곧은 마음씨, 또는 그것이 겉으로 드러난 모습. ¶ 진취적인 기상. /대장부의 씩씩한 기상.

기상(機上)명 항공기의 위, 또는 항공기의 안.

기상(鰭狀)명 물고기의 지느러미 같은 모양.

기상^개ː황(氣象概況)명 한 지방을 중심으로 하여 그 부근에 걸친 대체적인 기상의 상황. 일기 개황.

기상^경ː보(氣象警報)명 기상 현상으로 말미암아 커다란 재해(災害)가 예상될 때, 그것을 경계하기 위하여 내는 경보. 〔폭풍 경보·호우 경보 따위.〕

기상-곡(綺想曲·奇想曲)명 ☞광상곡(狂想曲).

기상^관측(氣象觀測)명 대기(大氣)의 상태나 대기 속에서 일어나는 여러 현상을 알기 위하여 기압·기온·습도·바람·구름 등의 기상 요소를 관측하는 일.

기상-구(氣象區)명 기상 조건에 따라 나눈 구역.

기상-나팔(起牀喇叭)명 군대 등에서, 아침에 일어날 시각을 알리기 위하여 부는 나팔.

기상-대(氣象臺)명 지방 기상청 소속으로, 관할 지역의 기상 상태를 관측·연구·조사하는 공공 기관. '측후소'의 고친 이름.

기상-도(氣象圖)명 ①기상 상태를 여러 가지 부호와 선으로 적어 넣어서 어떤 지역의 일기 상태를 보이는 그림. ②'어떤 상황 변화에 대한 예측'을 비유하여 이르는 말. ¶ 정국 기상도.

기상-병(氣象病)[-뼝]명 기상의 변화와 관련이 있는 자율 신경성 질환. 〔신경통·천식·류머티즘 따위.〕

기상^요소(氣象要素)[-뇨-]명 기상 상태를 나타내는 여러 요소. 〔기온·기압·바람·습도·구름·강수량·증발량·일사량·일조 시간 따위.〕 기후 요소.

기상^위성(氣象衛星)명 지구 상의 기상 상태를 관측하기 위한 인공위성.

기상-재해(氣象災害)명 풍해·홍수·눈사태·가뭄·벼락 등으로 일어나는 재해.

기상^주ː의보(氣象注意報)[-의-/-이-]명 기상에 의한 재해가 예상될 때 이를 주의시키기 위하여 내는 예보. 〔폭풍 주의보, 한파 주의보 따위.〕

기상-천외(奇想天外)[-처뇌/-처눼]명하형 보통으로는 짐작도 할 수 없을 만큼 생각이 기발하고 엉뚱함. ¶ 기상천외한 행동을 하다.

기상-청(氣象廳)명 환경부에 딸린 중앙 행정 기관의 하나. 기상 예보 및 각종 자연현상으로 인한 재해 현상의 관측·분석 등에 관한 사무를 맡아봄. '관상대'의 고친 이름.

기상^통보(氣象通報)명 기상청에서 방송이나 신문 등을 통하여 발표하는, 기상에 대한 정보나 예보.

기상^특보(氣象特報)[-뽀]명 기상 통보 외에, 폭풍우 등이 예상될 때 발표하는 특별한 예보.

기상-학(氣象學)명 대기(大氣)의 상태와 거기에서 일어나는 여러 현상을 연구하는 학문.

기색(起色)명 어떤 일이 일어날 낌새.

기색(氣色)명 ①얼굴에 나타난 마음속의 생각이나 감정 따위. 기상(氣相)[1]. ¶ 싫은 기색을 하다. ②어떤 행위나 현상이 일어날 것을 예측할 수 있게 하는 낌새. ¶ 저녁 식사를 준비할 기색이 보이지 않는다.
기색(氣塞)명하자 심한 정신적 충격 따위로 까무러치는 일. 중기(中氣).
기색(基色)명 ☞원색(原色).
기색(飢色·饑色)명 굶주린 얼굴빛.
기색-혼절(氣塞昏絕)[-새콘-]명하자 숨이 막히고 정신이 아찔하여 까무러침.
기ː생(妓生)명 지난날, 잔치나 술자리에 나가 노래·춤 등으로 흥을 돋우는 일을 업으로 삼던 여자. 기녀(妓女). 예기(藝妓).
기생(寄生)명하자 ①어떤 생물이 다른 생물의 내부나 외부에 붙어서 영양을 섭취하여 사는 일. ②스스로의 힘으로 생활하지 않고 남에게 기대어 살아가는 일. ¶ 유흥가에서 기생하는 사람들.
기생-근(寄生根)명 다른 식물에 붙어서 그 양분을 흡수하는 기생 식물의 뿌리. 〔새삼이나 겨우살이의 뿌리 따위.〕
기생^동ː물(寄生動物)명 다른 동물에 기생하는 동물.
기생-물(寄生物)명 기생 생활을 하는 동식물.
기ː생-방(妓生房)명 기생의 집.
기생^식물(寄生植物)[-싱-]명 다른 식물체에 기생하는 식물. 참반기생·전기생.
기ː생-오라비(妓生-)명 '유난히 매끄럽게 모양을 내고 다니는 남자'를 얕잡아 이르는 말.
기ː생-집(妓生-)[-찝]명 ①기생이 사는 집. ②기생이 있는 술집 따위.
기생-충(寄生蟲)명 ①다른 생물에 기생하는 동물. 〔회충·촌충 따위.〕 ②'자기는 일을 하지 않고 남에게 기대어 사는 사람'을 비유하여 이르는 말. ¶ 사회의 기생충.
기ː생-퇴물(妓生退物)[-퇴-/-퉤-]명 전에 기생 노릇을 하던 여자. 퇴기(退妓). 준기물(妓物).
기생^화ː산(寄生火山)명 화산의 중턱이나 기슭에 새로 분화(噴火)해서 생긴 작은 화산. 측화산(側火山).
기서(奇書)명 내용이 기이한 책.
기서(起誓)명하자 맹세를 함.
기서(寄書)명하자 ①편지를 부침, 또는 그 편지. ②☞기고(寄稿).
기서-인(寄書人)명 ☞기서자(寄書者).
기서-자(寄書者)명 편지를 부친 사람. 기서인(寄書人).
기석(奇石)명 기묘하게 생긴 돌.
기석(棋石·碁石)명 ☞바둑돌.
기선(汽船)명 증기 기관을 동력으로 하여 항행하는 배.
기선(基線)명 삼각 측량(三角測量)에서, 토지를 측량하는 기준이 되는 직선.
기선(機先)명 경기가 시작되거나 싸움이 일어나려 할 때, 상대편의 세력이나 기세를 억누르기 위해 먼저 행동하는 것. ¶ 기선을 잡다. /기선을 제압하다.
기선(機船)명 〈발동기선〉의 준말.
기설(既設)명하타 이미 차려 놓았거나 베풀어 놓음, 또는 그렇게 한 것. ¶ 기설 건물. ↔미설(未設).
기성(奇聲)명 기묘한 소리. 별난 소리.
기성(氣盛) '기성하다'의 어근.
기성(既成)명하자 ①어떤 사물이 이미 되어 있거나 만들어져 있음. 현실적으로 이미 그렇게 되어 있음. ¶ 기성 체제. ↔미성(未成). ②신주(神主)를 만드는 일.
기성(期成)명하타 어떠한 일을 꼭 이룰 것을 목적하거나 기약함.
기성(棋聖·碁聖)명 '바둑이나 장기에 특히 뛰어난 사람'을 성인에 비유하여 이르는 말.
기성(箕星)명 이십팔수의 하나. 동쪽의 일곱째 별자리. 준기(箕).
기성^광ː물(氣成鑛物)명 마그마에서 발산되는 가스에 들어 있는 물질의 작용으로 생성된 광물. 〔전기석(電氣石)·부석(斧石)·황옥(黃玉) 따위.〕
기성-도덕(既成道德)명 이미 사회 일반의 통념(通念)으로 되어 있는 도덕이나 관습.
기성-동맹(期成同盟)명 어떤 일을 이루기 위하여 뜻을 같이하는 사람들이 모여서 조직하는 동맹.
기-성명(記姓名)명하자 ①성과 이름을 적음. ②〔겨우 자기 이름자나 적을 수 있다는 뜻으로〕 학식이 없음을 뜻하는 말. ¶ 기성명이나 할 수 있을 정도지.
기성^문단(既成文壇)명 이미 형성되어 있는 문인들의 사회.
기성-복(既成服)명 맞춤에 의한 것이 아니고, 일정한 기준 치수에 맞추어 미리 만들어 놓고 파는 옷.
기성-사실(既成事實)명 이미 이루어진 사실. 참기정사실(既定事實).
기성-세대(既成世代)명 현실적으로 그 사회의 중심으로서 자리 잡고 있는 세대. 〔낡은 세대, 나이 든 세대라는 뜻으로도 쓰임.〕
기성-세력(既成勢力)명 이미 그 사회에서 든든하게 자리 잡고 있는 세력.
기성-암(基性岩)명 ☞염기성암(塩基性岩).
기성^작가(既成作家)[-까]명 이미 문단에서 작가로 활동하고 있는 사람.
기성-품(既成品)명 맞춤에 의한 것이 아닌, 일정한 규격에 따라 미리 만들어 놓은 상품. ↔주문품.
기성-하다(氣盛-)형여 기운이 왕성하다.
기성-화(既成靴)명 맞춤에 의한 것이 아닌, 미리 만들어 놓고 파는 구두.
기성-회(期成會)[-회/-훼]명 어떤 일을 이루려고, 뜻을 같이하는 사람들이 만든 모임.
기세(氣勢)명 ①기운차게 내뻗는 형세, 또는 내뻗는 힘찬 기운. ¶ 기세가 등등하다. /기세가 누그러지다. /기세를 떨치다. ②《주로 '-ㄴ'·'-ㄹ' 관형사형 뒤에 쓰이어》 남에게 영향을 끼칠 기운이나 태도. ¶ 달려들 기세. /조금도 양보할 기세가 없다.
기세(飢歲·饑歲)명 ☞흉년(凶年).
기세(棄世)명하자 ①〔세상을 버린다는 뜻으로〕 윗사람의 '죽음'을 완곡하게 이르는 말. 별세(別世). 하세(下世). ②세상에 나가지 않음. ②둔세(遁世).
기세(欺世)명하자 세상을 속임.
기세-도명(欺世盜名)명하자 세상 사람을 속이고 헛된 명예를 탐냄.
기세-등등(氣勢騰騰) '기세등등하다'의 어근.
기세등등-하다(氣勢騰騰-)형여 기세가 매우 높고 힘차다. ¶ 기세등등하게 호령하다.
기세-부리다(氣勢-)자 남에게 기세를 드러내어 보이다. 기세피우다.

기세-양난(其勢兩難)명하형 이리할 수도 저리 할 수도 없어 사세(事勢)가 매우 딱함.
기세-피우다(氣勢―)자 기세부리다.
기소(起訴)명하타 되자 형사 사건에서 검사가 법원에 공소를 제기함. 기송(起訟). ¶ 기소를 당하다.
기소(欺笑)명하타 업신여겨서 비웃음.
기소(譏笑)명하타 비방하여 비웃음. 조롱하여 비웃음.
기소^유예(起訴猶豫)명 죄를 지은 사람에 대하여 공소를 제기하지 않는 검사의 처분.
기소-장(起訴狀)[-짱]명 ☞공소장(公訴狀).
기소^편의주의(起訴便宜主義)[-펴늬-의/-펴니-이]명 공소 제기에서 검사의 재량(裁量)의 여지를 인정하는 제도.
기속(羈束·覊束)명하자타 ①얽어매어 묶음. ②자유를 구속함.
기속-력(羈束力)[-송녁]명 법원이 한번 내린 판결·결정·명령을 마음대로 취소하거나 철회할 수 없는 효력.
기속^처ː분(羈束處分)명 법률이나 명령 등을 집행할 때, 행정청의 자유재량이 인정되지 않는 처분. ↔재량 처분(裁量處分).
기솔(騎率)명하타 말을 타고 부하를 거느림.
기송(起送)명하타 ①사람을 보냄. ②지난날, 죄인을 호송하던 일.
기송(起訟)명하타 ☞기소(起訴).
기송(記誦)명 ①하타기억하여 욈. ②기억하기만 할 뿐, 이해하거나 실천하려 하지 않는 일.
기송(寄送)명하타 물건을 인편에 부쳐 보냄.
기수명 '이불'의 궁중말.
기수(汽水)명 바닷물과 민물이 섞여 염분이 적은 물. 〔강어귀 등에서 볼 수 있음.〕
기수(忌數)명 사람들이 꺼리어 싫어하는 숫자. 〔우리나라에서의 4, 서양에서의 13 따위.〕
기수(奇數)명 홀수. ↔우수(偶數).
기수(氣數)명 운수. 운명.
기수(既遂)명하타 ①이미 일을 끝냄. ②형법상, 범죄의 실행(實行)을 완전히 끝내는 일. ↔미수(未遂).
기수(基數)명 수를 나타내는 기본이 되는 수. 〔십진법(十進法)에서는 0에서 9까지의 정수(整數).〕 기본수(基本數).
기수(旗手)명 ①군대나 단체 따위의 행렬 또는 행진에서, 앞에서 기를 드는 사람. ②어떤 단체적인 활동의 대표로서 앞장서는 사람을 비유하여 이르는 말. ¶ 평화 운동의 기수. ③기를 들고 신호하는 일을 맡은 사람.
기수(機首)명 항공기의 앞머리. ¶ 기수를 돌리다.
기수(騎手)명 말을 타는 사람, 특히 경마(競馬)에서 말을 타는 사람.
기수-법(記數法)[-뻡]명 수를 숫자(數字)로 나타내는 방법.
기수^생물(汽水生物)명 기수에서 사는 생물. 〔재첩·빙어·숭어·뱀장어 따위.〕
기수-채다(幾數―)타 낌새를 채다.
기ː숙(耆宿)명 경험이 많고 덕망이 높은, 나이 많은 사람. ¶ 도예계(陶藝界)의 기숙.
기숙(寄宿)명하자 (일시적으로) 남의 집에서 먹고 자고 함.
기숙-사(寄宿舍)[-싸]명 학교나 회사 따위에서, 학생이나 사원을 위하여 마련한 공동 숙사(宿舍).
기숙-생(寄宿生)[-쌩]명 기숙사에서 기숙하고 있는 학생. 참통학생(通學生).
기술(技術)명 ①어떤 일을 정확하고 능률적으로 해내는 솜씨. ¶ 운전 기술. ②과학 지식을 생산·가공에 응용하는 방법이나 수단. ¶ 방송 기술.
기술(奇術)명 ①기묘한 재주. ②사람의 눈을 속여 이상한 일을 해 보이는 재주.
기술(記述)명하자타되자 ①문장으로 적음. ¶ 기술 내용에 오류가 있다. ②사물의 특질을 객관적·조직적·학문적으로 적음. ¶ 기술 언어학. / 기술 통계학.
기술(既述)명하타 (앞에 쓴 글에) 이미 서술함. ¶ 앞에 기술한 바와 같다.
기술-가(技術家)명 ☞기술자(技術者).
기술-공(技術工)명 기술을 가지고 물건을 수리·제작하는 직공.
기술^도ː입(技術導入)명 국가나 기업이 외국의 최신 기술을 들여오는 일.
기술-력(技術力)명 기술에 관련된 능력. ¶ 기술력이 뛰어나다.
기술^문법(記述文法)[-뻡]명 어떤 언어의, 한 시대의 문법 현상의 체계를 있는 그대로 기술하는 일. ↔설명 문법.
기술-사(技術士)[-싸]명 국가 기술 자격법에 따른 검정 시험을 통하여 공인되는 기술계 기술 자격 등급의 맨 위의 등급.
기술-사(奇術師)[-싸]명 기술(奇術)이 능란한 사람. 기술을 업으로 삼는 사람.
기술^원ː조(技術援助)명 ①개발도상국에 대한 경제 협력의 한 형태로 베푸는 기술의 협력. ②국제간의 기술의 수출.
기술-자(技術者)[-짜]명 기술에 관한 전문적인 지식과 기능을 가지고 있는 사람. 엔지니어. 기술가(技術家).
기술-적(技術的)[-쩍]관명 ①기술에 관계되는 (것). ¶ 기술적 문제. /기술적인 어려움은 없다. ②사물의 본질이나 이론보다도 그 실제의 응용이나 운영에 관한 (것). ¶ 기술적 방법. /이론으로는 가능하나 기술적으로는 어렵다.
기술-적(記述的)[-쩍-]관명 사물의 특질을 있는 그대로 열거하거나 서술하는 (것). ¶ 기술적 문체.
기술^정보(技術情報)명 과학 기술의 연구나 개발 등에 관한 정보.
기술^제휴(技術提携)명 기업 사이에서, 특정한 상품의 제조법·제조 장치 등의 기술의 특허권이나 기술적인 비결의 사용 허가, 기술 지도 등을 통하여 성립되는 지속적인 결합 관계.
기술-직(技術職)명 일반직 공무원 중에서, 공업·광무·농림·물리·보건·선박·수산·시설·통신·항공 및 수로 등의 직군을 아울러 이르는 말.
기술-진(技術陣)[-찐]명 (어떤 일에 참여한) 기술자들의 진용(陣容).
기술^집약형 산ː업(技術集約型産業)[-지뱌켱-] 기술 수준이 높고 기술 혁신의 속도가 빠른 산업.
기술^혁신(技術革新)[-씬]명 ①생산 기술이 획기적으로 새로워지는 일. ②새로운 기술의 도입에 의한 경제 구조 등의 변혁. 이노베이션.
기슷-잇[-순닏]명 '금침(衾枕)을 덮는 흰 보자기'의 궁중말. ＊기슷잇이[-순니시]·기슷잇만[-순닌-]
기스락명 ①비탈진 곳의 가장자리. ②초가의 처마 끝.
기스-면(←鷄絲麵 중)명 가늘게 뽑은 밀국수를 닭고기 삶은 국물에 만 중국식 국수.

기슭[-슥]명 ①비탈진 곳의 아랫부분. ¶ 북한산 기슭. ②강·바다 등과 잇닿은 가장자리 땅. ¶ 한강 기슭. *기슭이[-슬기]·기슭만[-승-]
기습(奇習)명 이상한 습관. 기이(奇異)한 풍습.
기습(奇襲)명하타 ①몰래 움직여 갑자기 들이침, 또는 그런 공격. ¶ 기습 공격. ②《일부 명사 앞에 쓰이어》 남이 알아차리기 전에 갑자기 행하는 것. ¶ 기습 시위.
기습(氣習)명 풍속과 관습. 풍습.
기습-적(奇襲的)[-쩍]관명 ①몰래 움직여 갑자기 들이쳐 공격하는 (것). ¶ 기습적 침략. /기습적인 공격. ②남이 알아차리기 전에 갑자기 행하는 (것). ¶ 기습적 방문. /기습적으로 가격을 인상하다.
기승(奇勝)명 ①특이하게 아름다운 경치. ②뜻밖에 얻은 승리.
기승(氣勝)명하형스형 ①남에게 굽히지 않는 굳세고 억척스러운 성미, 또는 그렇게 굳세고 억척스러움. ②기운·힘 따위가 누그러들지 않음, 또는 그 기운이나 힘. ¶ 무더위의 기승이 계속되다. **기승스레**부.
기승-떨다(氣勝-)[~떠니·~떨어]자 기승부리다.
기승-부리다(氣勝-)자 ①성미가 굳세고 억척스러워 남에게 굽히려고 하지 않다. ②기운·힘 따위가 좀처럼 누그러들지 않다. ¶ 올 여름은 무더위가 유별나게 기승부리는 날씨가 많다. 기승떨다.
기승전결(起承轉結)명 한시의 구성법의 한 가지. 첫구에서 시의(詩意)를 일으키고〔기〕, 둘째 구에서 받아〔승〕, 셋째 구에서 변화를 주고〔전〕, 넷째 구에서 전체를 마무리함〔결〕. 기승전락.
기승전락(起承轉落)[-절-]명 ☞기승전결.
기시-감(旣視感)명 한 번도 경험한 일이 없는 상황이나 장면이 이미 경험하거나 본 것처럼 친숙하게 느껴지는 일.
기시-기(記時器)명 전화의 통화 시간을 기록하는 기계.
기식(氣息)명 숨. 호흡.
기식(寄食)명하자 남의 집에 묵으면서 지냄.
기식-엄엄(氣息奄奄)명하형 〔금방이라도 숨이 넘어갈 듯〕 숨결이 몹시 약함.
기신(忌辰)명 세상을 떠난 이나 또는 그 사람과 관련이 있는 이를 높이어 그 '제삿날'을 이르는 말.
기신(起身)명하자 ①몸을 움직여 일어남. ¶ 누가 부축해 주어야지 기신도 못하겠다. ②몸을 빼어 관계를 끊음.
기신(氣神)명 기력과 정신.
기신-거리다자 자꾸 기신기신하다. 기신대다. 작개신거리다.
기신-기신부하자 게으르거나 기운이 없어 맥없이 몸을 움직이는 모양. 작개신개신.
기신-대다자 기신거리다.
기신-없다(氣神-)[-시넙따]형 기력이 약하고 정신이 흐리다. **기신없-이**부.
기-신호(旗信號)명 기를 사용하여 보내는 신호. 기의 종류로 통신하는 방법과 기를 흔들어서 통신하는 방법이 있음.
기실(其實) Ⅰ명 실제의 사정. 《주로, '기실은'의 꼴로 쓰임.》 ¶ 언뜻 보기에는 쉬워 보이지만 기실은 여간 어렵지 않다.
Ⅱ부 그 실제는. 그 실상은. ¶ 차 있다고 했으나 기실 속이 비어 있었다.
기실(枳實)명 '지실(枳實)'의 잘못.
기실(氣室)명 ①밀펌프의 실린더와 물을 뿜어내는 관(管)과의 사이에 마련된 공간. ②조류(鳥類)의 알에 있는 난각(卵殼)과 난막(卵膜) 사이의 공간.
기심(欺心)명하자 자기의 양심을 속임.
기십(幾十)수관 몇 십(의). ¶ 목격자가 기십은 될 것이다. /기십 대의 비행기.
기아(飢餓·饑餓)명 굶주림. ¶ 기아에 허덕이다.
기아(棄兒)명하자 어버이가, 기를 의무가 있는 자기의 아이를 버리는 일, 또는 그렇게 버려진 아이. 유아(遺兒).
기아^동맹(飢餓同盟)명 ☞단식 동맹.
기아^부종(飢餓浮腫)명 오랫동안에 걸친 영양 실조로 생기는 부종.
기아선-상(飢餓線上)명 굶어 죽을 지경. ¶ 기아 선상에 놓인 사람들.
기아^수출(飢餓輸出)명 소비 물자의 수입을 억제하는 한편, 국민 생활에 필요한 물자까지도 수출하여 외화를 획득하려 하는 일. 기근 수출.
기아^요법(飢餓療法)[-뻡]명 ☞단식 요법.
기아^임ː금(飢餓賃金)명 겨우 입에 풀칠이나 할 정도의 극히 낮은 품삯.
기ː악(妓樂)명 ①기생과 풍류. ②기생의 풍류.
기악(器樂)명 악기로 연주하는 음악. ¶ 기악 합주. ↔성악(聲樂).
기악-곡(器樂曲)[-꼭]명 기악 연주를 위한 악곡.
기안(奇案)명 기발한 안(案).
기안(起案)명하타 (정식의 문서나 안을 만들기 위하여) 초를 잡음. 안을 세움. 기초(起草). ¶ 기안 용지. /기안을 올리다.
기암(奇岩)명 기묘하게 생긴 바위.
기암-괴석(奇岩怪石)[-괴-/-궤-]명 기묘하게 생긴 바위와 괴상하게 생긴 돌.
기암-절벽(奇岩絕壁)명 기이한 모양의 바위와 깎아지른 듯한 낭떠러지.
기압(氣壓)명 대기의 압력. 단위는 '헥토파스칼'로 나타냄. 〔1기압은 1013.25헥토파스칼.〕
기압^경도(氣壓傾度)[-경-]명 동일한 평면상의 두 지점의 기압의 차를 그 거리로 나눈 수치. 〔기압 경도가 클수록 바람이 세게 붊.〕
기압-계(氣壓計)[-계/-게]명 대기의 압력을 재는 장치. 〔기상 관측용은 '청우계'라고도 함.〕 검압기.
기압-골(氣壓-)[-꼴]명 두 고기압에 끼여 가늘고 길게 뻗은 저기압의 구역. 〔기압골이 다가오면 날씨가 흐려지기 쉬움.〕
기압^배ː치(氣壓配置)[-빼-]명 기상도에 나타낸 전선(前線)이나 고기압·저기압의 분포 상태. 〔겨울형인 서고동저(西高東低)와 여름형인 남고북저(南高北低) 따위.〕
기앙(企仰·企仰)명하타 ☞기망(期望).
기약(奇藥)명 효험이 신기한 약.
기약(氣弱) '기약하다'의 어근.
기약(旣約)명 분수의 분모·분자가 1 이외의 공약수를 갖지 않는 것.
기약(期約)명하타 때를 정하여 약속함, 또는 그 약속. ¶ 승리의 날을 기약하다.
기약^분수(旣約分數)[-뿐쑤]명 더 이상 약분이 되지 않는 분수.
기약-하다(氣弱-)[-야카-]형여 ①원기(元氣)가 약하다. ¶ 기약한 선비. ②기백이 약하다. ¶ 기약한 태도를 보이다.
기양(祈禳)명하자 복은 들어오고 재앙은 물러가라고 신명(神明)에게 비는 일.
기어(綺語)명 기이한 말. 기언(奇言).

기어 (寄語) 명 하자 남에게 부탁하여 말을 전함, 또는 그 말.
기어 (綺語) 명 ①불교의 십악(十惡)의 하나. 진실이 없는 허식(虛飾)의 말. ②교묘하게 표현한 말. 재미있게 수식한 말.
기어 (gear) 명 ①톱니바퀴. ②(자동차 따위에서) 몇 개의 톱니바퀴로 이루어진 전동 장치(傳動裝置). ¶ 기어를 중립에 놓다.
기어-가다 [-어-/-여-] 자타 ①기어서 앞으로 나아가다. ②자동차 따위가 매우 천천히 가다. ¶ 눈이 와서 차들이 기어가고 있다.
기어-들다 [-어-/-여-] [~드니·~들어] Ⅰ 자 ①움츠려 들어가다. ¶ 기어드는 목소리로 작게 말하다. ②몰래 슬그머니 들어가거나 들어오다. ¶ 눈을 피해 안으로 기어들다.
Ⅱ 자타 기어서 또는 기는 듯한 모습으로 들어가거나 들어오다. ¶ 침대 밑으로 기어들다.
기어-오르다 [-어-/-여-] [~오르니·~올라] 자타르 ①기어서 높은 곳으로 가다. ¶ 다락으로 기어오르다. /절벽을 기어오르다. ②웃어른이 너그럽게 대해 주는 것을 기화로 버릇없이 굴다. 분수 모르게 굴다. ¶ 귀엽다 귀엽다 하니까 할아버지한테 기어오르네.
기어-이 (期於-) 부 ①반드시. 꼭. ¶ 기어이 성공하겠다. ②마침내. ¶ 기어이 뜻을 이루다. 기어코.
기어-코 (期於-) 부 기어이.
기억 (記憶) 명 하타 되자 지난 일을 잊지 않고 외어 둠, 또는 그 내용. ¶ 기억이 나지 않다. /기억을 더듬다.
기억-나다 (記憶-) [-엉-] 자 지난 일이 의식 속에서 떠오르다. ¶ 이름이 기억나지 않는다.
기억-력 (記憶力) [-엉녁] 명 기억하는 능력.
기억^상실 (記憶喪失) [-쌍-] 명 자기와 관계 깊은 어떤 사실이나 어떤 시간 내에 있었던 일이 생각나지 않게 되는 일.
기억^소:자 (記憶素子) [-쏘-] 명 컴퓨터의 주기억 장치에 쓰이는 반도체 소자.
기억-술 (記憶術) [-쑬] 명 쉽게 기억하는 방법.
기억^용량 (記憶容量) [-엉뇽냥] 명 컴퓨터의 기억 장치가 기억할 수 있는 정보의 양.
기억^장치 (記憶裝置) [-짱-] 명 컴퓨터의, 수치나 명령 따위를 기억하는 부분.
기언 (奇言) 명 ☞기어(奇語).
기엄-기엄 부 하자 가만가만 기어가는 모양.
기업 (企業) 명 영리를 목적으로 하여 사업을 경영하는 일, 또는 그 사업. ¶ 기업 경영.
기업 (起業) 명 하자 사업을 시작함. 창업(創業).
기업 (基業) 명 ①선대(先代)로부터 이어 오는 재산과 사업. ②바탕이 되는 사업.
기업 (機業) 명 피륙을 짜는 사업.
기업-가 (企業家) [-까] 명 기업에 자본을 대고 그 기업을 경영하는 사람.
기업^결합 (企業結合) [-껼-] 명 둘 이상 여러 기업이 경쟁의 제한, 시장의 지배, 독점의 형성을 목적으로 결합하는 일. 〔기업 합동(트러스트)·기업 연합(카르텔)·기업 제휴(콘체른) 따위.〕
기업^공개 (企業公開) [-꽁-] 명 기업이 그 주식을 주식 시장에 내다 팔아 누구나 그 주식을 사서 주주(株主)가 될 수 있게 하는 일.
기업^공채 (起業公債) [-꽁-] 명 국가나 공공 단체가 어떤 사업을 시작할 때 드는 자금을 충당하기 위하여 모집하는 공채.
기업^그룹 (企業group) 명 종합 상사를 핵심으로 하여 이루어진 기업의 계열화된 집단. 기업 집단. 준그룹.
기업^소:득 (企業所得) [-쏘-] 명 기업가가 기업 활동으로 얻는 이익.
기업^연합 (企業聯合) [-엄년-] 명 ☞카르텔.
기업^제휴 (企業提携) [-쩨-] 명 ☞콘체른.
기업-주 (企業主) [-쭈] 명 어떤 기업을 소유하고 경영하는 사람.
기업^진:단 (企業診斷) [-찐-] 명 경영이나 기술의 전문가가 기업의 실태에 대해서 조사·분석하여 기업의 합리화에 대한 개선책 등을 권고하는 일.
기업^집단 (企業集團) [-찝딴] 명 ☞기업 그룹.
기업^집중 (企業集中) [-찝쭝] 명 어떤 산업 분야에서 한 기업이 큰 비중을 차지하는 일. 동일 산업 내에서 기업 결합이 생기면 발생함.
기업-체 (企業體) 명 이윤을 얻을 목적으로 경영하는 조직체. 준업체.
기업^통:제 (企業統制) 명 ①카르텔·트러스트 따위의 독점 기업이 그 힘을 보이기 위하여 하는 자발적 통제. ②기업 독점에 대하여 행사하는 나라의 통제.
기업^합동 (企業合同) [-어팝똥] 명 ☞트러스트.
기업-화 (企業化) [-어퐈] 명 하자타 되자 기업의 형태를 갖추어 조직하는 일.
기에 조 모음으로 끝난 체언에 붙는 연결형 서술격 조사. ①원인이나 이유를 나타냄. ¶ 하나밖에 없는 손자기에 오냐오냐했더니 버릇이 없다. ②원인이나 이유를 따지는 뜻을 나타냄. ¶ 그 사람과 어떤 사이기에 자네가 대신 왔나? 참이기에.
-기에 어미 용언의 어간 또는 높임의 '-시-'나 시제의 '-았(었)-' 등에 붙는 종속적 연결 어미. ①원인이나 이유를 나타냄. ¶ 자신이 있기에 그런 말을 했겠지. ②까닭을 캐어묻는 뜻을 나타냄. -관데. ¶ 얼마나 잤기에 눈이 퉁퉁 부었느냐?
기여 (其餘) 명 그 나머지. 그 이외. 이여(爾餘).
기여 (寄與) 명 하자 남에게 이바지함. 남에게 이익을 줌. ¶ 소득 증대에 기여하다. 비공헌(貢獻).
기여-보비 (寄與補裨) 명 하자 이바지하여 돕고 모자람을 보탬.
기역 명 한글 자모의 자음 'ㄱ'의 이름.
기역 (其亦) 부 〈기역시〉의 준말.
기역-니은 [-영-] 명 한글. ¶ 기역니은을 겨우 깨치다.
기역니은-순 (-順) [-영-] 명 'ㄱㄴㄷ…'과 같이 한글 자모의 차례에 따라 매긴 순서. 비ㄱㄴ순·가나다순.
기-역시 (其亦是) [-씨] 부 그것도 역시. 그것도 똑같이. 준기역(其亦).
기역자-자 (-字-) [-짜-] 명 ☞ㄱ자자.
기역자-집 (-字-) [-짜-] 명 ☞ㄱ자집.
기연 (奇緣) 명 기이한 인연. 뜻하지 않은 연분.
기연 (棄捐) 명 하타 ☞의연(義捐).
기연 (機緣) 명 ①어떤 기회를 통하여 맺어진 인연. ②불교에서, 부처의 교화를 받을 인연과, 그 교화를 받아들일 중생의 자질(資質).
기연가-미연가 (其然-未然-) 부 하형 그런지 그렇지 않은지, 분명하지 않은 모양. ¶ 나는 그의 말에 대하여 기연가미연가 의심을 했다. 준기연미연·긴가민가.
기연-미연 (其然未然) 부 하형 〈기연가미연가〉의 준말.
기염 (氣焰) 명 (발언 따위에 나타나는) 호기로운 기세. 대단한 호기(豪氣). ¶ 기염을 올리다. /기염을 토하다.

기염-만장(氣焰萬丈)명 호기(豪氣)나 기세가 굉장함.
기엽(氣葉)명 수중에서 나와 공기 속에서 생활을 영위하는 수생 식물의 잎. 〔물속의 잎과는 모양이 좀 다름.〕
기엽(旗葉)명 깃발.
기영(機影)명 날고 있는 비행기의 모습, 또는 그 그림자.
기예(技藝)명 미술·공예 따위에 관한 재주나 기술. ¶ 기예를 닦다.
기예(氣銳) '기예하다'의 어근.
기예-하다(氣銳-)형여 기백이 날카롭다.
기온(氣溫)명 대기의 온도. 〔보통, 지면으로부터 1.5 m 높이에 있는 공기의 온도를 이름.〕
기온^감ː률(氣溫減率)[-뉼]명 높이에 따라 기온이 낮아지는 비율. 〔보통, 100 m 상승함에 따라 평균 0.5～0.6℃ 낮아짐.〕
기와명 찰흙 따위를 일정한 모양으로 굳히고 기왓가마에서 구워 낸 것. 지붕을 이는 데 쓰임. 〔시멘트 기와·금속 기와도 있음.〕
기와 한 장 아끼다가〔아껴서〕 대들보 썩힌다 속담 작은 것을 아끼다가 큰 손해를 본다는 말.
기와(起臥)명하자 일어남과 누움, 곧 생활함. ¶ 보름째 절에서 기와하고 있다.
기와-와(-瓦)명 한자 부수의 한 가지. '瓷'·'甌' 등에서의 '瓦'의 이름.
기와-장이명 기와 이는 일을 업으로 삼는 사람. 개와장(蓋瓦匠). 와공(瓦工).
기와-집명 지붕을 기와로 인 집. 와가(瓦家). 와옥(瓦屋).
기완(器玩)명 보고 즐기기 위하여 모은 기구나 골동품 같은 것.
기왓-가마[-와까-/-왇까-]명 기와를 구워 내는 가마. 와요(瓦窯).
기왓-고랑[-와꼬-/-왇꼬-]명 기와집 지붕에 빗물이 흘러내리도록 된, 암키와로 이어진 고랑. 와구(瓦溝). 준기왓골.
기왓-골[-와꼴/-왇꼴]명 〈기왓고랑〉의 준말.
기왓-등[-와뜽/-왇뜽]명 용마루에서 처마까지 길게 이어진 수키와의 윗면.
기왓-장(-張)[-와짱/-왇짱]명 기와의 낱장.
기왕(旣往) Ⅰ명 지나간 때. 과거. 이전(以前). ¶ 기왕의 연구 업적.
Ⅱ부 이미. 벌써. 이왕(已往). ¶ 기왕 내친 걸음이니 가야지.
기왕-에(旣往-)부 ☞이왕에.
기왕-이면(旣往-)부 ☞이왕이면.
기왕-증(旣往症)[-쯩]명 (지금은 나았으나) 전에 걸렸던 병. 과거의 병력(病歷).
기왕지사(旣往之事)명 이미 지나간 일. 이왕지사. ¶ 기왕지사라 하여 덮어 둘 일이 아니다.
기외(其外)[-외/-웨]명 그 밖. 기타(其他).
기요(紀要)명 ①요점을 적어 놓은 것. ②대학이나 연구소 등에서 내는, 연구 논문을 실은 정기 간행물.
기요(起擾)명하자 소란을 일으킴.
기-요통(氣腰痛)명 한방에서, 기혈(氣血)이 잘 돌지 아니하여 늘 허리가 아픈 병을 이름.
기요틴(guillotine 프)명 프랑스 혁명 때 쓰였던, 죄인의 목을 자르는 틀. 참단두대(斷頭臺).
기욕(嗜慾)명 하고 싶은 일을 하며 즐기는 일, 또는 그러고 싶은 마음.
기용(起用)명하타되자 (능력 있는 사람을) 중요한 자리에 뽑아 씀. 거용. ¶ 인재를 기용하다. /신인을 기용하다. 비등용(登用).
기우(杞憂)명하자 쓸데없는 걱정을 이르는 말. 〔'열자'의 '천서편(天瑞篇)'에 나오는 말로, 기(杞)나라 사람이 하늘이 내려앉지나 않나 하고 걱정했다는 고사에서 유래함.〕 ¶ 기우에 그치다.
기우(奇偶)명 기수(奇數)와 우수(偶數).
기우(奇遇)명하자 뜻하지 않게 만나는 일. 뜻밖의 인연으로 만나게 되는 일.
기우(祈雨)명하자 가물 때에 비 오기를 빎.
기우(氣宇)명 ①마음의 넓이. ¶ 기우가 장대(壯大)하다. ②기배, 또는 기개와 도량. ¶ 기우가 활달하다.
기우(寄寓)명하자 한때 남에게 몸을 의지하여 지냄. ¶ 친척 집에 기우하다.
기우-단(祈雨壇)명 기우제를 지내기 위하여 설치한 단.
기우듬-하다형여 조금 기웃하다. 작갸우듬하다. 센끼우듬하다. **기우듬-히**부.
기우뚱부 ①하자타무엇을 한쪽으로 기우듬히 기울이는 모양. ¶ 고개를 기우뚱하면서 듣고 있다. ②하형한쪽으로 기우듬히 기울어져 있는 모양. ¶ 액자가 기우뚱하게 걸려 있다. 작갸우뚱. 센끼우뚱. **기우뚱-기우뚱**부하자타하형.
기우뚱-거리다자타 자꾸 기우뚱기우뚱하다. 기우뚱대다. 작갸우뚱거리다.
기우뚱-대다자타 기우뚱거리다.
기우-제(祈雨祭)명 (하지가 지나도록 비가 오지 않을 때) 비가 오기를 비는 제사. ↔기청제(祈晴祭).
기운명 ①생물이 살아 움직이는 원기, 또는 거기서 나오는 힘. 세(勢). ¶ 기운을 쓰다. /기운이 없다. ②느낄 수는 있으나 눈으로 볼 수 없는 현상. ¶ 더운 기운. ③기미(機微). ¶ 감기 기운. ④우주에 가득 찬 힘의 근원. 기(氣).
기운이 세면 소가 왕 노릇 할까속담 힘만 가지고는 많은 사람을 거느릴 수 없다는 말.
기운(氣運)명 사세(事勢) 또는 대세(大勢)가 어떤 방향으로 향하려는 움직임. ¶ 개방과 개혁의 기운이 높아지다.
기운(氣韻)명 문장이나 서화 따위에서 풍기는 기품(氣品)이 있는 멋.
기운(機運)명 (어떤 일을 할 수 있는) 기회와 운수. ¶ 기운이 무르익다.
기운기-밑(-氣-)[-믿]명 한자 부수의 한 가지. '氤'·'氣' 등에서의 '气'의 이름. *기운기밑이[-미치]·기운기밑을[-미틀]·기운기밑만[-민-]
기운-생동(氣韻生動)명하형 (예술 작품 따위에서) 기품 있는 멋이 생생히 나타나 있음.
기운-차다형 기운이 세차다. 힘차다.
기울명 밀이나 귀리 따위의 가루를 쳐내고 남은 속껍질. 〔밀기울 따위.〕
기울(氣鬱)명 한방에서, 마음이 울적하여 가슴이 답답해지는 병증을 이르는 말.
기울-기명 수평선 또는 수평면에 대한 기울어짐의 정도. 비탈.
기울기-표(-標)명 철도 선로의 옆에 세워 선로의 기울기를 나타내는 표지(標識). 구배표.
기울다[기우니·기울어] Ⅰ자 ①한쪽으로 비스듬해지거나 내려앉다. ¶ 풍랑으로 인하여 배가 한쪽으로 기울다. /기둥이 좀 기울다. ②형세가 못해지다. ¶ 집안의 운수가 기울다. ③생각이나 어떤 상황이 한쪽으로 쏠리다. ¶ 여론이 찬성 쪽으로 기울다. ④해나 달이 저물다. ¶ 해가 기울다. 작갸울다. 센끼울다.

Ⅱ 형 ①다른 것에 견주어 그것보다 못하다. ¶ 우리집에 비해 신랑 집안이 좀 기운다. ②반듯하지 않고, 한쪽이 낮다. ¶ 바닥이 기울다. ㉲갸울다. ㉳끼울다.
기울어-뜨리다 타 기울어지게 하다. 기울어트리다. ㉲갸울어뜨리다. ㉳끼울어뜨리다.
기울어-지다 자 한쪽으로 기울게 되다. ㉲갸울어지다. ㉳끼울어지다.
기울어-트리다 타 기울어뜨리다. ㉲갸울어트리다. ㉳끼울어트리다.
기울-이다 타 ①〖'기울다'의 사동〗 기울게 하다. ¶ 고개를 기울이다. ㉲갸울이다. ㉳끼울이다. ②주의·힘·정성 따위를 한곳으로 모으다. ¶ 귀를 기울이다. /심혈을 기울이다.
기움-말 명 ☞보어(補語).
기움자리-토씨 명 ☞보격 조사.
기움-질 명 하타 해진 곳이나 떨어진 곳에 조각을 대어 깁는 일.
기웃 [-욷] 부 ①하타 (무엇을 보려고) 고개나 몸 따위를 조금 기울이는 모양. ②하형 조금 기운 모양. ㉲갸웃. ㉳끼웃. **기웃-이** 부. **기웃-기웃** 부 하타 하형.
기웃-거리다 [-욷꺼-] 타 자꾸 기웃기웃하다. 기웃대다. ㉲갸웃거리다.
기웃-대다 [-욷때-] 타 기웃거리다.
기원 (技員) 명 이전의, 기술직 8급 공무원의 직급. 지금의 '서기(書記)'.
기원 (紀元) 명 ①(역사상의) 햇수를 세는 기준이 되는 해. 〔서력 기원 이전은 '기원전 몇 년'으로, 이후는 '서기(西紀) 몇 년'으로 셈.〕 ¶ 서력 기원. ②나라를 세운 첫 해. ¶ 단군 기원. ③새로운 출발이 되는 시기나 시점. ¶ 인류 역사의 새로운 기원.
기원 (祈願) 명 하타 소원이 이루어지기를 빎. 기축(祈祝). ¶ 성공을 기원합니다.
기원 (起源·起原) 명 사물의 생긴 근원. 남상(濫觴). 원류(源流). ¶ 인류의 기원.
기원 (棋院·碁院) 명 ①바둑의 전문가들이 조직하는 단체, 또는 그 집합소. ②바둑을 즐기는 사람에게 시설과 장소를 제공하는 업소.
기원-보 (技員補) 명 이전의, 기술직 9급 공무원의 직급. 지금의 '서기보(書記補)'.
기원-전 (紀元前) 명 기원의 이전(以前). 〔주로, 서력 기원의 이전을 이름.〕
기원-정사 (祇園精舍) 명 옛날 인도의 수달 장자(須達長者)가 사위국(舍衛國)의 기타 태자(祇陀太子)의 정원에 석가를 위하여 세운 절.
기월 (忌月) 명 기일(忌日)이 있는 달.
기월 (期月) 명 ①정한 기한의 달. ②만 한 달.
기위 (既爲) 부 이미. 벌써.
기유 (己酉) 명 육십갑자의 마흔여섯째.
기율 (紀律) 명 (집단생활이나 사회생활에서의) ①사람의 행위나 태도의 기준이 되는 것. ②일정한 질서. 규율(規律).
기은 형 〈옛〉 깃은. 논밭에 잡풀이 무성한. ¶ 플 기은 싸히 노하(*老解下41*).
기은 (欺隱) 명 하타 속이어 숨김.
기음 명 '김[2]'의 방언.
기음 (氣音) 명 평음(平音)에 'ㅎ' 음을 더 보태어 거세게 나는 소리. 〔'ㅋ·ㅌ·ㅍ·ㅊ' 따위.〕 거센소리.
기음 (基音) 명 ☞원음(原音).
기음^문자 (記音文字) [-짜] 명 ☞표음 문자.
기의 (機宜) [-의/-이] 명 ☞시의(時宜).
기이 (奇異) '기이하다'의 어근.
기이 (期頤) 명 백 살의 나이, 또는 그 나이의 사람. 기이지수(期頤之壽).
기이 (既已) 부 이미.
기이다 타 (무슨 일을) 바른대로 말하지 않고 숨기다. ㉦기다[2].
기이지수 (期頤之壽) 명 ☞기이(期頤).
기이-하다 (奇異-) 형여 보통과는 달리 이상야릇하다. 유별나고 이상하다. ¶ 기이한 현상. **기이-히** 부.
기인 (奇人) 명 기이한 사람. 성질이나 언행이 별난 사람.
기인 (其人) 명 고려·조선 시대에, 지방 호족의 아들로 중앙에 볼모로 잡혀 와서 그 고을 행정의 고문(顧問)을 맡아보던 사람. 〔지방 호족의 세력을 억제하기 위한 제도였음.〕
기인 (起因) 명 하자 되자 무슨 일을 일으키는 원인이 됨, 또는 그 원인. 기인(基因).
기인 (飢人) 명 굶주린 사람. 기자(飢者).
기인 (基因) 명 하자 되자 ☞기인(起因).
기인 (欺人) 명 하자 남을 속임.
기인 (棄人) 명 ①☞폐인(廢人). ②상도(常道)에서 벗어난 행동 따위로 세상으로부터 버림받은 사람.
기인 (幾人) 명 몇 사람.
기일 (忌日) 명 사람의 죽은 날. 제삿날. 명일(命日).
기일 (奇日) 명 (1일·3일·5일·27일 따위와 같은) 기수(奇數)의 날. 척일(隻日).
기일 (期日) 명 ①(어떤 일을 하도록) 미리 정해 놓은 날. ¶ 재판 기일. /시험 기일. ②기한의 날. ¶ 기일이 되기 전에 빚을 갚다.
기일 (幾日) 명 며칠. 몇 날.
기입 (記入) 명 하타 되자 ☞기재(記載).
기자 (記者) 명 신문·잡지·방송 등에서 기사(記事)를 모으거나 쓰거나 하는 사람.
기자 (飢者) 명 ☞기인(飢人).
기자 (棋子·碁子) 명 바둑돌.
기자-감식 (飢者甘食) 명 굶주린 사람은 음식을 가리지 않고 달게 먹음.
기자-단 (記者團) 명 중요 기관 같은 데 출입하는 각 사(社)의 기자가 친목 또는 취재 활동의 편의를 위하여 조직한 단체.
기자-력 (起磁力) 명 (금속 따위에) 자기(磁氣)가 생기게 하는 힘.
기자-실 (記者室) 명 국회·관공서 등에 마련되어 있는, 출입 기자들의 대기실.
기-자재 (機資材·器資材) 명 기계·기구·자재 따위를 통틀어 이르는 말. ¶ 건축 기자재.
기자쟁선 (棄子爭先) 명 바둑에서, 살 가망이 없는 돌은 빨리 버리고 선수(先手)를 잡으라는 말.
기장[1] 명 옷 따위의 길이. ¶ 바지의 기장이 길다.
기장[2] 명 볏과의 일년초. 식용 작물의 한 가지로 밭에 심음. 줄기는 50~120 cm, 이삭은 가을에 익음. 열매는 담황색이며 좁쌀보다 낟알이 굵음.
기장 (技匠) 명 기술을 가진 사람.
기장 (記章·紀章) 명 〈기념장(記念章)〉의 준말.
기장 (記帳) 명 하타 장부에 적음.
기장 (旗章) 명 국기·군기·교기 등을 통틀어 이르는 말.
기장 (器仗) 명 병기(兵器)와 의장(儀仗).
기장 (機長) 명 민간 항공기 승무원 중의 책임자.
기장-서 (-黍) 명 한자 부수의 한 가지. '黎'·'黏' 등에서의 '黍'의 이름.
기장-쌀 명 찧어서 껍질을 벗긴 기장 열매.

기장지무(旣張之舞)명 〔이미 벌인 춤이라는 뜻으로〕 시작한 일이므로 중간에 그만둘 수 없다는 말.
기장-차다형 물건이 곧고 길이가 길다. ¶ 기장차게 자란 나무.
기재(奇才)명 세상에 드문 뛰어난 재주, 또는 그러한 재주를 가진 사람. ¶ 천하의 기재.
기재(記載)명하타되자 문서에 기록하여 실음. 적어 넣음. 써넣음. 기입. ¶ 명부에 회원 명단을 기재하다.
기재(棋才·碁才)명 바둑을 잘 두는 재능.
기재(器才)명 기량(器量)과 재주.
기재(器材)명 기구와 재료. ¶ 실험 기재.
기재(機材)명 기계의 자재(資材).
기저(基底)명 무슨 일의 기초가 되는 것. ¶ 동학 농민 운동의 기저가 된 민주·민권 사상.
기저귀명 대소변을 받아 내기 위하여 젖먹이의 샅에 채워 두는 천.
기적(汽笛)명 기관차·선박 등의 신호 장치, 또는 그것으로 내는 소리. ¶ 기적을 울리다.
기:적(妓籍)명 지난날, 기생의 신분을 공적으로 등록해 놓던 근거, 또는 그 등록 대장. ¶ 기적에 이름을 올리다.
기적(奇跡·奇迹)명 ①상식으로는 생각할 수 없는 이상야릇한 일. ¶ 기적을 바라다. /기적이 일어나다. ②기독교에서, 인간의 힘으로는 불가능한 일을 성령의 힘을 입은 사람이 이루어 내는 일을 이름. 〔예수가 기도로써 눈먼 사람을 고치고 죽은 사람을 살린 일 따위.〕 ②이적(異跡).
기적(棋敵·碁敵)명 바둑이나 장기를 두는 사람끼리의 맞수.
기적-적(奇跡的)[-쩍]관명 상식으로는 생각할 수 없는 기이한 (것). ¶ 기적적 탈출. /기적적으로 목숨을 건지다.
기전(紀傳)명 ①인물의 전기를 적은 기록. ②〈기전체(紀傳體)〉의 준말.
기전(起電)명하자 전기를 일으킴.
기전(棋戰·碁戰)명 바둑이나 장기의 승부.
기전(騎戰)명 말을 타고 하는 싸움. 기마전.
기전-기(起電機)명 마찰과 정전 유도(靜電誘導)를 이용하여 전기를 일으켜 모으는 장치.
기전-력(起電力)[-절-]명 전류를 일으켜 전기 회로에 흘려 보내는 작용. 〔단위는 볼트(V).〕 동전력(動電力). 전동력(電動力).
기전-체(紀傳體)명 역사책을 편찬하는 형식의 한 가지. 개인의 전기를 모아서 한 시대의 역사를 구성하는데, 제왕의 전기인 본기(本紀), 신하의 전기인 열전(列傳)을 중심으로 함. 〔중국의 '사기(史記)'가 그 대표적인 것.〕 준기전(紀傳). 참편년체.
기절(奇絕) '기절하다'의 어근.
기절(氣絕)명하자 ①한때 정신을 잃고 숨이 막힘. ¶ 너무나 놀라서 기절할 뻔했다. ②숨이 넘어감.
기절(氣節)명 ①기개와 절조. ②☞기후(氣候)[1].
기절-초풍(氣絕-風)명하자 몹시 놀라서 정신을 잃을 정도로 질겁을 함. ¶ 조금 전까지 여기 있던 것이 없어지다니 정말 기절초풍할 노릇이다.
기절-하다(奇絕-)형여 비할 데 없이 신기하다.
기점(起點)[-쩜]명 무엇이 시작되는 지점이나 시점. ¶ 도로 원표를 기점으로 하여 측정한 거리. /3월 1일을 기점으로 대대적인 독립 운동이 벌어졌다. ↔종점(終點). 참출발점.
기점(基點)[-쩜]명 기본이 되는 점. 밑점.
기정(汽艇)명 증기 기관을 동력으로 하는, 비교적 작은 배.
기정(技正)명 이전의, 기술직 4급 공무원의 직급. 지금의 '서기관(書記官)'.
기정(奇正)명 임시변통의 수단과 정도(正道).
기정(起程)명하자되자 길을 떠남.
기정(旣定)명 이미 정해져 있음. ¶ 기정의 방침대로 밀고 나가자. ↔미정(未定).
기정(欺情)명하자 속마음을 드러내지 않음.
기정맥(奇靜脈)명 사람의 가슴의 오른쪽 부위에 있는 정맥.
기정-사실(旣定事實)명 이미 정하여진 사실. 참기성사실(旣成事實).
기제(忌祭)명 (삼년상이 끝난 뒤에) 해마다 죽은 날에 지내는 제사. 기제사(忌祭祀).
기제(旣濟)[1]명 (필요한 절차나 의무 따위가) 이미 처리됨. ↔미제(未濟).
기제(旣濟)[2]명 〈기제괘(旣濟卦)〉의 준말.
기제-괘(旣濟卦)명 육십사괘의 하나. 감괘(坎卦)와 이괘(離卦)를 위아래로 놓은 괘. 물이 불 위에 있음을 상징함. 준기제(旣濟)[2].
기제-론(機制論)명 ☞기계론(機械論).
기-제사(忌祭祀)명 ☞기제(忌祭).
기조(基調)명 ①☞주조(主調). ②사상·작품·학설 등의 기본적인 경향.
기조(鰭條)명 물고기의 지느러미의 뼈대를 이루는 가늘고 긴 뼈.
기조-력(起潮力)명 밀물과 썰물 등 조수(潮水)를 일으키는 힘. 〔보통, 달과 태양의 인력을 가리킴.〕
기조-연설(基調演說)명 ①정당의 대표가 국회에서 자당(自黨)의 기본 정책을 설명하는 연설. ②국제적인 회의 등에서 회의 벽두에 회의의 기본 정신과 성격, 진행의 방향 등을 설명하는 연설.
기족(旗族)명 중국 청나라 때, '만주족(滿洲族)'을 일컫던 말.
기존(旣存)명하자 이전부터 있음. 이미 되어 있음. ¶ 기존 시설을 이용하다.
기졸(騎卒)명 ☞기병(騎兵).
기종(機種)명 ①항공기의 종류. ②기계의 종류.
기좌(技佐)명 이전의, 기술직 5급 공무원의 직급. 지금의 '사무관(事務官)'.
기좌(起坐)명하자 사람을 맞이할 때, 경의를 표하기 위하여 잠깐 일어났다가 앉는 일.
기주(記注)명하타 글로 적음. 기록함.
기주(起酒)명하자 ①술이 괴어 오름. ②(증편 같은 것을 만들 때) 반죽에 술을 부어 부풀어 오르게 함.
기주(基主)명 집터의 수호신. 터주.
기주(寄主)명 ☞숙주(宿主).
기주(嗜酒)명하자 술을 즐김.
기주^식물(寄主植物)[-싱-]명 기생 식물의 기주(寄主)가 되는 식물.
기-죽다(氣-)[-따]자 기세가 꺾이어 약해지다. ¶ 상대편 선수는 이미 기죽은 표정이다.
기죽-이다(氣-)타 〖'기죽다'의 사동〗 기세를 꺾어 기를 펴지 못하게 하다. ¶ 애를 너무 기죽이지 마라.
기준(奇峻) '기준하다'의 어근.
기준(基準) Ⅰ명 기본이 되는 표준. ¶ 채점 기준. Ⅱ감 제식 훈련에서, 대오(隊伍)를 정렬하는 데 기본이 되는 표준을 대원들에게 알리는 구령. ¶ 우측 일 번 선두 기준!

기준^내ː^임ː금(基準內賃金)명 ☞기준 임금.
기준-면(基準面)명 높낮이를 비교할 때의 기준이 되는 면.
기준-선(基準線)명 도면을 그릴 때의 기준이 되는 선.
기준^시가(基準時價)[-까]명 국세청이 정해 놓은 부동산의 기준 가격. 주로 양도 소득세 등의 과세 자료로 쓰임.
기준^임ː금(基準賃金)명 일정한 노동 시간이나 노동량에 대해 매월 지급되는 고정된 임금. 기본급·가족 수당 같은 것. 기준 내 임금.
기준-점(基準點)[-쩜]명 ①(작도나 구획 등의 작업에서) 기준이 되는 점. ②☞측점(測點).
기준-하다(奇峻-)형여 산의 생긴 모양이 기이하고 험준하다.
기준^환ː율(基準換率)명 외환 시세에서, 어느 한 나라의 통화와의 관계가 다른 외환 시세의 산정 기준이 되는 환율. 보통, 미국의 달러에 대한 환율을 기준으로 세계 각국의 통화와의 환율을 계산함.
기중(忌中)명 ☞상중(喪中).
기중(其中)명 그 가운데. 그 속.
기중(期中)명 기일 안. 기한 안.
기중(器重)명하타 앞으로 남달리 빼어난 인물이 될 것으로 보아 소중히 여김.
기중-기(起重機)명 썩 무거운 물건을 들어 올리거나 옮기는 기계. 크레인.
기중기-선(起重機船)명 기중기를 장치하여 무거운 물건을 운반하는 데 쓰는, 부력(浮力)이 매우 큰 배.
기증(寄贈)명하타되자 (물품 따위를) 선물로 보내 줌(드림). 증여(贈與). ¶ 모교에 책을 기증하다.
기지(忌地)명 그루를 타는 땅. 참땅가림.
기지(奇地)명 매우 신기한 땅.
기지(奇智)명 기발한 지혜. 뛰어난 지혜.
기지(枝指)명 육손이의 덧붙은 손가락.
기지(氣志)명 의기와 의지.
기지(基地)명 군대나 탐험대 따위의 행동의 근거지. ¶ 군사 기지.
기지(既知)명하타 이미 알고 있음. ¶ 기지의 사실. ↔미지(未知).
기지(機智)명 그때그때의 상황에 따라서 재빨리 발휘되는 재치. ¶ 난처한 처지를 친구의 기지로 모면하다.
기ː지개명하자 피곤할 때에 몸을 쭉 펴고 팔다리를 뻗는 짓. ¶ 기지개를 켜다. /기지개를 펴다.
기지게명 〈옛〉 기지개. ¶ 하외욤ᄒᆞ며 기지게ᄒᆞ며 기춤호믈(金三*2:11*).
기지-국(基地局)명 휴대 전화의 송수신 전파를 중계하는 곳.
기지-사경(幾至死境)명하자 (사람이) 거의 죽을 지경에 이름.
기지-수(既知數)명 방정식 따위에 포함되어 있는 구체적인 수, 또는 이미 그 값이 주어졌다고 가정(假定)한 수. ↔미지수(未知數).
기지-창(基地廠)명 군대에서, 보급품의 비축·정비·분배 등을 맡은 부대.
기지-촌(基地村)명 외국군 기지 주변에서, 외국 군인들을 상대로 하여 상행위 따위를 하며 사는 사람들의 동네.
기직명 왕골 껍질이나 부들잎을 짚으로 싸서 엮은 돗자리.
기직(機織)명 ①하자 베틀로 베를 짜는 일. ②기계로 짠 직물.
기진(氣盡)명하자 기력(氣力)이 다함. ¶ 과로로 기진하다.
기진-맥진(氣盡脈盡)[-찐]명하자 기력이 다하고 맥이 풀림. 기진역진.
기진-역진(氣盡力盡)[-녁찐]명하자 ☞기진맥진.
기질(奇疾)명 증세가 이상한 병.
기질(氣質)명 ①개인이나 집단 특유의 성질. ¶ 평안도 기질. ②심리학에서 이르는, 일반적인 감정의 경향으로 본 개인의 성질. 〔다혈질·신경질·담즙질·점액질 따위.〕
기질(基質)명 ①효소와 작용하여 화학 반응을 일으키는 물질. ②결합 조직의 세포 사이에 있는 물질.
기차(汽車)명 ①증기 기관차나 디젤 기관차로 객차나 화차를 끄는 철도 차량. 화차(火車). ②☞열차(列車). ¶ 기차 여행.
기차(幾次)명 몇 번. 몇 차례.
기-차다(氣-)형 '말할 수 없을 만큼 좋거나 훌륭하다'를 속되게 이르는 말. ¶ 기차게 맛있는 빵.
기착(寄着)명하자 목적지로 가는 도중에 어떤 곳에 닿음, 또는 들름. ¶ 귀국 길에 홍콩에 잠시 기착할 예정이다.
기착-지(寄着地)[-찌]명 목적지로 가는 도중에 잠시 들르는 곳.
기찰(箕察)명 조선 시대에, '평안도 관찰사'를 달리 일컫던 말.
기찰(畿察)명 조선 시대에, '경기도 관찰사'를 달리 일컫던 말.
기찰(譏察)명하타 ①넌지시 살펴 조사함. ②지난날, 죄인을 체포하려고 수소문하고 염탐하며 행인을 검문하던 일. ¶ 성문 앞에는 기찰이 심해 통행이 불편하다.
기찻-길(汽車-)[-차낄/-찯낄]명 기차가 다니는 길.
기창(起瘡)명하자 마마의 꽃이 솟은 후에 부르트는 일.
기창(旗槍)명 ①기를 다는 긴 창. 〔고려 시대 의장(儀仗)의 한 가지.〕 ②십팔기 또는 무예 이십사반의 하나. 기를 단 창을 휘둘러서 하는 무예.
기창(機窓)명 비행기의 창.
기창(騎槍)명 ①기병이 쓰는 긴 창. ②무예 이십사반의 하나. 갑옷과 투구 등으로 무장한 무사가 말을 타고 달리면서 긴 창으로 25보 간격으로 늘어선 짚 인형 세 개를 연이어 찌르는 무예.
기채(起債)명하자 ①빚을 얻음. ②국가나 공공단체가 국채·공채 따위를 모집하는 일.
기채^시ː장(起債市場)명 공사채(公社債)의 발행으로 자금의 수요자가 자금을 조달하는 추상적인 자본 시장.
기책(奇策)명 남의 의표를 찌르는 기발한 계책. 비기계(奇計).
기처(其處)명 그곳.
기척명 있는 줄을 알 만한 소리나 기색. ¶ 사람이 오는 기척. /기척이 없다.
기천(氣喘)명 한방에서, 가슴이 답답하고 숨이 차며 목구멍에서 가래 소리가 나는 증세를 이르는 말.
기첩(奇捷)명 ①뜻하지 않은 승리. ②기계(奇計)에 의한 승리.
기청-제(祈晴祭)명 고려·조선 시대에, 입추가 지나도록 장마가 계속될 때, 날이 개기를 빌던 제사. ↔기우제.
기체(氣滯)명 한방에서, 마음이 펴이지 아니하여 생기는 체증(滯症)을 이르는 말.

기체(氣體)[1][명] 일정한 모양이나 부피가 없고 자유로이 유동(流動)하는 성질을 가진 물질. 〔공기·가스 따위.〕
기체(氣體)[2][명] '기력과 신체'의 뜻으로, 웃어른에게 안부를 물을 때 쓰는 말. 기체후. 기후(氣候)[2]. ¶ 기체 만안하시옵니까?
기체(機體)[명] 비행기의 몸통, 또는 비행기의 엔진 이외의 부분. ¶ 기체가 크게 흔들리다.
기체^연료(氣體燃料)[-열-][명] 천연가스·석탄가스·프로판 가스 등 기체의 상태에서 쓰이는 연료. 가스 연료.
기체^전ː지(氣體電池)[명] ☞가스 전지.
기체-후(氣體候)[명] ☞기체(氣體)[2].
기초(奇峭) '기초하다'의 어근.
기초(起草)[명][하타] 글의 초안을 씀. 기안. 출초(出草). ¶ 반박 선언문을 기초하다. [준]초(草)[1].
기초(基礎)[명] ①건축물의 무게를 떠받치고 안정시키기 위하여 설치하는 밑받침. 토대. ¶ 지반이 약하여 기초를 튼튼히 해야 한다. ②사물이 이루어지는 바탕. 근본(根本). ¶ 민주 정치의 기초를 다지다. ③[하자]근거를 둠. ¶ 국민의 여론에 기초한 정책의 수립.
기초(期初)[명] 어느 기간이나 학기 따위 기한의 처음. ↔기말.
기초(騎哨)[명] 말을 탄 초병(哨兵).
기초^공사(基礎工事)[명] 건축물 따위의 밑바닥을 튼튼하게 하기 위한 공사.
기초^공ː제(基礎控除)[명] 과세 소득 금액을 산정할 때, 근로 소득·사업 소득 중에서 일정한 금액을 공제하여 과세하지 않는 일.
기초^대ː사(基礎代謝)[명] 동물이 생명을 유지하는 데 필요한 최소한의 에너지 대사.
기초^버력(基礎-)[명] 다리를 놓을 때, 기초를 만들기 위해서 물속에 넣는 돌.
기초^사회(基礎社會)[-회/-훼][명] 일상생활에서의 필요를 충족시키기 위하여 근접한 곳에서 서로 의존하며 거주하는 가족, 또는 기타 사회 단위의 조직체. ↔파생 사회.
기초^산ː업(基礎産業)[명] 일반 산업의 기초가 되는 산업. 〔에너지 산업이나 기계 공업 또는 주요 화학 공업 따위.〕
기초-시계(記秒時計)[-계/-게][명] 경기 등에서, 초(秒) 이하의 정밀한 시간을 재는 데 쓰는 시계.
기초^자치^단체(基礎自治團體)[명] 시·군·구 등의 지방 자치 단체. [참]광역 자치 단체.
기초-청려(奇峭淸麗)[-녀][명][하형] 산이 기이하고 가파르며, 맑고 아름다움.
기초^체온(基礎體溫)[명] 사람이 가만히 안정하고 있을 때의 체온. 〔충분히 자고 난 아침, 잠이 깬 직후에 잰 체온.〕
기초-하다(奇峭-)[형][여] 산이 기이하고 가파르다.
기초-화장(基礎化粧)[명] 화장법의 한 가지. 피부를 아름답게 유지하면서 다른 화장품을 잘 받아, 본 화장이 효과적으로 이루어지게 하는 기본이 되는 화장.
기총(機銃)[명] 〈기관총(機關銃)〉의 준말.
기총(騎銃)[명] 기병이 사용하는, 총신(銃身)이 짧은 소총.
기총^소사(機銃掃射)[명] (항공기의) 기관총으로 적을 비로 쓸듯이 사격하는 일.
기추(騎芻)[명][하자] 조선 말기, 무과의 시험 과목의 한 가지. 말을 타고 달리면서 다섯 개의 목표물을 잇달아 활로 쏘아 맞히게 하였음.
기축(己丑)[명] 육십갑자의 스물여섯째.
기축(祈祝)[명][하타] ☞기원(祈願).
기축(氣縮)[명][하자][되자] 두려워서 기가 움츠러듦.
기축(基軸)[명] 무슨 일의 중심이 되는 부분. ¶ 국제 문제의 기축.
기축(機軸)[명] ①기관이나 바퀴 따위의 굴대. ②어떤 조직의 활동의 중심. ¶ 통일의 새 기축을 이룩하다.
기축^통화(基軸通貨)[명] ☞국제 통화.
기출(己出)[명] 자기가 낳은 자식.
기출(旣出)[명] 이미 시험 문제로 나옴. ¶ 수능 기출 문제.
기취(旣娶)[명] 이미 장가듦. ↔미취(未娶).
기층(氣層)[명] 대기의 층(層). ¶ 여름철에는 기층이 불안정하여 소나기가 자주 내린다.
기층(基層)[명] ①사물의 밑바닥에 깔려 있듯이 존재하면서 그것을 떠받치고 있는 것. ¶ 우리 문화의 기층. ②여러 층으로 된 구조물의 밑바닥이 되는 층.
기치(棄置)[명][하타][되자] 버려둠. 방치(放置).
기치(旗幟)[명] ①기(旗). 군중(軍中)에서 쓰는 기. ¶ 기치 창검(槍劍). ②어떤 일에 대한 분명한 태도 또는 주의나 주장. ¶ 평화적 통일의 기치를 내걸다.
기침[명][하자] ①목이나 기관지의 점막이 자극을 받거나 할 때 일어나는 세찬 호흡 운동. ¶ 쿨럭이는 기침 소리. ②목구멍의 가래를 뱉어 내려고 하거나 인기척을 낼 때, 갑자기 터져 나오게 하는 숨소리.
기침(起枕)[명][하자] 윗사람이 자고 일어남.
기침(起寢)[명][하자] ①잠을 깨어 잠자리에서 일어남. 기상. ↔취침. ②절에서, 밤중에 종을 쳐 대중을 모아 부처에게 예배하는 일.
기침-쇠(起寢-)[-쇠/-쉐][명] 절에서 기침 시간을 알리기 위하여 치는 종. 기침종.
기침-종(起寢鐘)[명] ☞기침쇠.
기타(其他)[명] 그것 밖의 또 다른 것. 그 밖. ¶ 기타 등등.
기타ː(guitar)[명] 발현 악기(撥弦樂器)의 한 가지. 표주박 모양의 공명 상자에 여섯 가닥의 줄을 팽팽하게 쳐 놓은 것이 주종임. [참]통기타.
기탁(寄託)[명][하타][되자] ①금품을 남에게 맡겨 그 처리를 부탁함. ¶ 수해 의연금을 기탁하다. ②☞임치(任置).
기탁-금(寄託金)[-끔][명] 기탁한 돈.
기탄(忌憚)[명][하타] 꺼림. 어려워함.
기탄-없다(忌憚-)[-타넙따][형] 거리껴 하거나 어려워하는 빛이 없다. ¶ 여러분의 기탄없는 이야기를 기다리겠습니다. **기탄없-이**[부] ¶ 그는 기탄없이 소신을 밝혔다.
기태(奇態)[명] 기이한 모양. 괴상한 형태.
기통(氣筒·汽筩)[명] ☞실린더(cylinder). ¶ 그 차는 4기통이다.
기트리잇가[자] 〈옛〉 길다.
기특(奇特) '기특하다'의 어근.
기특-하다(奇特-)[-트카-][형][여] 말씨나 행동이 신통하여 귀염성이 있다. ¶ 기특한 마음씨. /기특할 정도로 인내심이 강하다. **기특-히**[부].
기틀[명] 일의 가장 중요한 계기나 조건. ¶ 기틀을 닦다. /기틀을 마련하다.
기틀(이) 잡히다[관용] 일의 가장 중요한 부분이 제 기능을 발휘할 수 있게 되다.
기티다[타] 〈옛〉 끼치다. 남기다. ¶ 부텨 기티샨 부촉(付囑)올(圓覺序65).
기판(旗瓣)[명] 콩과 식물의 나비 모양의 화관(花冠)을 구성하는 다섯 잎의 꽃잎 중 가장 바깥쪽에 있는 유난히 큰 꽃잎.

기판-력(旣判力) [-녁] 명 확정된 재판이 가지는 효력. 곧, 재판의 내용인 구체적 판단이 이후의 소송에서 법원이나 당사자를 구속하고, 이에 어긋나는 판단이나 주장을 할 수 없는 효력을 말함.
기평(譏評) 명하타 헐뜯어 비평함.
기폐(起廢) [-폐/-페] 명하타 지난날, 면직되었던 사람을 다시 불러 쓰던 일.
기포(起泡) 명하자 거품이 일어남.
기포(氣泡) 명 액체 또는 고체 속에 기체가 들어가 둥그렇게 거품처럼 되어 있는 것. ¶ 기포가 발생하다.
기포(氣胞) 명 ①☞폐포(肺胞). ②물고기의 부레.
기포(飢飽·饑飽) 명 굶주림과 배부름.
기포-성(起泡性) [-썽] 명 액체를 그릇에 담아서 흔들 때, 거품이 이는 성질.
기폭(起爆) 명 화약에 충격·마찰·열 등을 주어 폭발을 일으키는 일. ¶ 기폭 장치.
기폭(旗幅) 명 깃발, 또는 깃발의 너비.
기폭-약(起爆藥) [-퐁냑] 명 ☞기폭제.
기폭-제(起爆劑) [-쩨] 명 ①약간의 충격·마찰·열 등에도 쉽게 폭발하는 화약. 폭약이나 발사약 등의 점화에 쓰임. 기폭약. ②'어떤 사건을 일으키는 계기가 되는 일'을 비유하여 이르는 말. ¶ 고부 군수의 학정에 대한 농민 봉기가 동학 농민 운동의 기폭제가 되었다.
기표(記票) 명하자 투표용지에 써넣거나 표시를 함.
기표-소(記票所) 명 투표장에서, 기표하도록 특별히 마련한 곳.
기품(奇品) 명 진기한 물품.
기품(氣品) 명 사람의 모습이나 태도, 또는 예술 작품 등에서 느껴지는 고상한 느낌. ¶ 기품 있는 몸가짐.
기품(氣稟) 명 타고난 기질과 성품.
기풍(氣風) 명 어떤 사회나 집단의 사람들이 공통으로 가지고 있는 전통적인 기질. ¶ 모교(母校)의 기풍을 살려 나가자.
기풍(棋風·碁風) 명 바둑이나 장기를 두는 데 있어서, 그 사람의 독특한 방식 또는 개성.
기픠 명 〈옛〉 깊이. ¶ 기픠롤 모롤써(月釋*2:19*).
기피(忌避) 명하타 ①(싫어하는 일이나 불리한 일 따위를) 꺼리고 피함. ¶ 그는 나와의 대화를 기피한다. ②법률에서, 불공정한 재판이 행해질 우려가 있을 때 그 법관의 재판을 소송 당사자가 거부함을 이르는 말.
기피다 타 〈옛〉 깊게 하다. ¶ 녀토시고 또 기피시니(龍歌*20*章).
기피-자(忌避者) 명 기피하는 사람. 특히, '병역 기피자'를 이름.
기필(起筆) 명하타 글을 쓰기 시작함.
기필(期必) 명하자·타 틀림없이 이루어지기를 기약함. ¶ 일이 성사되기를 기필하다.
기필-코(期必-) 부 기어이. 꼭. 반드시. 틀림없이. ¶ 기필코 약속을 지키겠다.
기핍(氣乏) '기핍하다'의 어근.
기핍(飢乏·饑乏) 명하자 기근이 들어 먹을 것이 모자람.
기핍-하다(氣乏-) [-피파-] 형여 기력이 없다.
기하(幾何) 명 ①얼마. ¶ 아(我) 생존권(生存權)의 박상(剝喪)됨이 무릇 기하이며…. ②〈기하학〉의 준말.
기하^광학(幾何光學) 명 빛을 기하학적 방법으로 연구하는 학문. 경험적인 법칙을 바탕으로 하며, 광학 기계의 설계 따위에 응용됨. ↔물리 광학.
기하-급수(幾何級數) [-쑤] 명 ☞등비급수.
기하급수-적(幾何級數的) [-쑤-] 관명 수에 비례해서 배수로 늘어나 아주 급격하게 증가하는 (것). ¶ 기하급수적 증가. /기하급수적으로 늘어나다.
기-하다(忌-) 타여 꺼리다. 피하다. ¶ 소인은 군자를 기하기 마련이니라.
기-하다(期-) 타여 기약하다. ¶ 필승을 기하다.
기-하다(奇-) 형여 기이하다. 신기하다. 기묘하다. ¶ 기한 생김새.
기하^평균(幾何平均) 명 두 개 이상의 상승적(相乘積)을 그 개수의 제곱근으로 놓은 수. 상승 평균. ↔산술 평균.
기하-학(幾何學) 명 수학의 한 부문. 점·선·면·입체 등이 만드는 공간 도형의 성질을 연구하는 학문. 준기하.
기하학-무늬(幾何學-) [-항-니] 명 직선과 곡선을 기본으로 해서 그린 추상적인 무늬.
기하^화:법(幾何畫法) [-뻡] 명 자·컴퍼스 등의 제도 기구를 써서 그리는 화법.
기학(嗜虐) 명하자 잔학한 일을 즐김. ¶ 기학하는 취미.
기한(飢寒·饑寒) 명 굶주림과 추위.
기한(期限) 명 미리 정해 놓은 일정한 시기. 한일(限日). ¶ 납부 기한. /접수 기한을 지키다.
기한-부(期限附) 명 어떤 일에 대하여 일정한 기한이 붙어 있는 일. ¶ 기한부 판매.
기한부^어음(期限附-) 명 어음이 제시된 때로부터 지급해야 할 때까지의 기간이 명시된 어음. 유전스. ↔일람불 어음.
기한-제(起寒劑) 명 ☞한제(寒劑).
기함(起陷) 명 (땅의) 불쑥 솟음과 우묵하게 꺼짐.
기함(氣陷) 명하자 ①기운이 푹 가라앉음. ②갑자기 놀라거나 아프거나 하여 소리를 지르면서 넋을 잃음.
기함(旗艦) 명 함대의 사령관이 타고 있는 배. 비장선(將船).
기합(氣合) 명 ①정신을 집중하여 무슨 일에 임하는 기세, 또는 그때 지르는 소리. ¶ 기합을 넣다. ②단체 생활 등에서 잘못을 꾸짖거나 벌을 주는 일을 속되게 이르는 말. ¶ 기합을 받다. /군대에서는 이제 기합이 사라졌다.
기합-술(氣合術) [-쑬] 명 정신을 집중하고 온몸의 힘을 한곳에 모아 어떤 힘을 나타내 보이는 술법.
기항(寄航) 명하자 비행 중인 항공기가 도중에 있는 공항에 들름.
기항(寄港) 명하자 항해 중인 배가 도중에 있는 항구에 들름.
기항-지(寄港地) 명 항해 중인 배가 도중에 들르는 곳.
기해(己亥) 명 육십갑자의 서른여섯째.
기해(氣海) 명 ①지구의 둘레를 공기가 싸고 있는 모양을 바다에 비유하여 이르는 말. ②한방에서, 배꼽 아래로 한 치쯤 되는 자리를 이르는 말. ②하단전(下丹田).
기행(奇行) 명 기이한 행동.
기행(紀行) 명 ☞기행문.
기행-문(紀行文) 명 여행 중의 견문이나 체험·감상 따위를 적은 글. 기행.
기허(氣虛) 명하형 기력이 허약함.
기허(幾許) 명 얼마.
기험(崎險) '기험하다'의 어근.
기험-하다(崎險-) 형여 ①산길이 높고도 가파르다. ②성질이 음험하다.

기-현상(奇現象)명 기이한 현상. ¶ 전년도에 꼴찌였던 팀이 우승하는 기현상이 벌어졌다.
기혈(氣血)명 인체의 생기와 혈액.
기혐(忌嫌)명하타 꺼리고 싫어함.
기협(氣俠)명하형 기개가 호탕하고 용감함. 협기(俠氣).
기형(畸形)명 ①유별나게 생긴 모양. 이상한 모양. ②생물체의 구조나 생김새 등이 비정상적인 모양.
기형-괴상(奇形怪狀)[-괴-/-궤-]명 이상야릇한 형상.
기형-아(畸形兒)명 기형인 아이, 곧 몸의 모양이 정상이 아닌 아이.
기형-적(畸形的)관명 정상이 아니거나 불완전한 형태인 (것). ¶ 기형적 형상./기형적인 경제 성장.
기호(記號)명 ①어떤 뜻을 나타내기 위한 문자나 부호. ②개념·수식(數式)·명제(命題) 따위를 글로 써서 나타내기 위하여 쓰는 부호. 〔'+'·'−'·'∴' 따위.〕
기호(飢戶·饑戶)명 (흉년이 들어서) 굶주리는 가정(집).
기호(嗜好)명하타 (어떤 사물을) 즐기고 좋아함. ¶ 음식에 대한 기호도 나이에 따라 바뀐다.
기호(旗號)명 ①기(旗)로 나타내는 표장(標章). ②기로 나타내는 신호.
기호(畿湖)명 우리나라의 서쪽 중앙부에 위치한 지역으로, '경기도'와 '충청도'를 아울러 이르는 말.
기호-료(嗜好料)명 ☞기호품.
기호료^작물(嗜好料作物)[-장-]명 기호품의 원료를 수확하기 위하여 재배하는 농작물.
기호^식품(嗜好食品)명 ☞기호품.
기호-어(記號語)명 컴퓨터의 프로그램을 만들 때, 숫자가 아닌 기호로써 프로그램을 만들 수 있게 정한 언어.
기호지세(騎虎之勢)명 〔범을 타고 달리는 사람이 도중에서 내릴 수 없는 것처럼〕 도중에서 그만두거나 물러나거나 할 수 없는 내친 형세를 이르는 말.
기호-품(嗜好品)명 (영양을 취하려는 것이 아니고) 향기나 맛이나 자극을 즐기기 위한 것. 〔술·담배·차·커피 따위.〕 기호료. 기호 식품.
기혼(既婚)명하자 이미 결혼함. ¶ 기혼 남성. ↔미혼(未婚).
기혼-자(既婚者)명 기혼인 사람. ↔미혼자.
기화(奇花)명 진기한 꽃.
기화(奇貨)명 ①진기한 물건. ②요긴하게 이용할 수 있는 뜻밖의 물건이나 기회. 《주로, '…을 기화로'의 꼴로 쓰임.》 ¶ 야당의 내분을 기화로 표결을 강행하여 법률안을 통과시켰다.
기화(奇話)명 ☞기담(奇談).
기화(奇禍)명 뜻밖에 당하는 재난.
기화(氣化)명하자되자 액체가 증발하여 기체가 됨. 〔고체가 기체로 변하는 '승화(昇華)'를 포함하여 이르기도 함.〕
기화(琪花)명 고운 꽃.
기화-기(氣化器)명 가솔린 기관에서, 가솔린을 안개 모양으로 뿜어 적당한 비율로 공기와 섞어 실린더로 보내는 장치. 카뷰레터.
기화-열(氣化熱)명 액체가 기화하는 데 필요한 열량. 증발열.
기화-요초(琪花瑤草)명 곱고 아름다운 꽃과 풀.
기환(奇幻)명 이상야릇한 일.
기황(飢荒·饑荒)명 ☞기근(飢饉).
기회(期會)[-회/-훼]명 정기적인 모임.
기회(機會)[-회/-훼]명 ①어떤 일이 이루어지는 데에 알맞은 때나 경우. ¶ 기회를 놓치다./좋은 기회를 얻다. ②알맞은 겨를. ¶ 기회가 닿으면 한번 가마.
기회-균등(機會均等)[-회-/-훼-]명 ①대우나 권리를 평등하게 주는 일. ¶ 교육의 기회균등. ②외교 정책에서, 모든 외국에 대하여 국내의 통상이나 사업 경영에 관한 대우를 평등하게 하는 일.
기회-범(機會犯)[-회-/-훼-]명 ☞우발범.
기회-주의(機會主義)[-회-의/-훼-이]명 그때그때의 정세에 따라 유리한 쪽으로 행동하는 경향.
기획(企劃)[-획/-훽]명하타되자 일을 꾸미어 꾀함. ¶ 기획 상품.
기획-사(企劃社)[-획싸/-훽싸]명 광고·영화·음반 따위를 제작하거나 특정 행사를 맡아서 연출하는 일을 전문적으로 하는 회사.
기획^재정부(企劃財政部)[-획째-/-훽째-]명 중앙 행정 기관의 하나. 국가 발전 전략 수립, 경제 정책의 수립·조정, 예산의 편성·집행, 화폐·외환·국고·정부 회계·관세·경제 협력 및 국유 재산의 관리 등에 관한 사무를 맡아봄.
기획-전(企劃展)[-획쩐/-훽쩐]명 어떤 일을 꾀하여 계획적으로 여는 전시회.
기효(奇效)명 신기한 효능. 영묘한 효험.
기후(其後)명 그 뒤. 그 후. 이후(爾後).
기후(氣候)[1]명 ①기온·비·바람·눈 따위의 대기(大氣) 상태. ¶ 기후가 나쁘다. ②어느 지역의 평균적인 기상 상태. ¶ 기후가 좋은 지방. ③일 년의 24기와 72후를 통틀어 이르는 말. ③기절(氣節).
기후(氣候)[2]명 ☞기체(氣體)[2].
기후-구(氣候區)명 같은 기후대 중에서, 비슷한 기후 특성에 의하여 세분한 지역.
기후-대(氣候帶)명 지구 상에서, 공통의 특성을 가진 기후를 기준으로 하여 구분한 지역. 〔위도를 기준으로 한 것과 기온을 기준으로 한 것 등이 있음.〕
기후-도(氣候圖)명 기후의 지리적인 분포를 나타낸 도면.
기후^요법(氣候療法)[-뻡]명 기후와 환경이 몸에 미치는 영향을 이용하여, 전지(轉地)에 의해 병의 치료나 요양을 하는 일.
기후^요소(氣候要素)명 ☞기상 요소.
기후^인자(氣候因子)명 기온·강수량·바람 등의 기후 요소를 좌우하는 지리적·물리적 원인. 〔위도·고도·지형·해류·수륙의 분포 따위.〕
기후-조(氣候鳥)명 ☞철새.
기후-형(氣候型)명 세계 각지의 기후를 공통의 성질에 따라 분류한 것. 〔대륙성 기후, 해양성 기후, 사막 기후, 온대 기후, 열대 기후, 한대 기후 따위.〕
기휘(忌諱)명하타 ①꺼리어 싫어함. 꺼리어 피함. ②(남의 비밀이나 불상사 따위를) 입에 올려 말하기를 꺼림.
기흉(氣胸)명 ①흉막강에 공기가 들어가 폐가 오므라든 상태. ②☞인공 기흉 요법.
긷:명 윷놀이에서, 상대편의 말을 따라가 잡을 수 있는 거리를 나타내는 말. ¶ 갯 긷./긷이 닿다.
긴가-민가부하형 〈기연가미연가〉의 준말.
긴간(緊簡)명 ☞긴찰(緊札).
긴간-사(緊幹事)명 긴급하고 중요한 일.
긴객(緊客)명 ①썩 가깝게 지내는 손. ②긴한 일로 찾아온 손.

긴ː-경마명 의식에 쓰는, 말의 왼쪽에 다는 긴 고삐. 좌견.
긴관(緊關)명 매우 중요한 관계.
긴급(緊急)명하형 ①일이 아주 중대하고도 급함. ¶ 긴급 구조. /긴급한 용무. ②현악기의 줄이 팽팽함. **긴급-히**부 ¶ 긴급히 대피하다.
긴급^구속(緊急拘束)[-꾸-]명 구속 영장 없이 피의자를 구속하는 일. 중대한 죄를 범한 혐의가 충분하고, 또 영장을 청구할 시간이 없는 경우에 예외로 인정되고 있음.
긴급-권(緊急權)[-꿘]명 한 나라가 급박한 위험을 피하기 위하여 다른 나라의 권리 또는 이익을 침해할 수 있는 권리. 〔침해에 대한 배상이 필요함.〕
긴급-동의(緊急動議)[-똥의/-똥이]명 의사 일정을 변경하여 긴급한 의사를 의제로 추가하려는 동의.
긴급^명ː령(緊急命令)[-금-녕]명 국가가 비상사태에 처한 경우에 국가 원수가 발하는 명령.
긴급^방위(緊急防衛)[-빵-]명 ☞정당 방위.
긴급^사ː태(緊急事態)[-싸-]명 ①절박한 위험이 존재하는 사태. ②대규모의 재해나 소란 등과 같이, 그 수습에 긴급을 요하는 사태.
긴급^상태(緊急狀態)[-쌍-]명 ①일이 몹시 절박한 상태. ②긴급 피난 또는 정당방위를 성립시키는 상태.
긴급^자동차(緊急自動車)[-짜-]명 도로 교통법상, 긴급한 일로 운행할 경우 다른 차량에 대해 통행의 우선권이 인정되는 차량. 〔소방차·구급차 및 범죄 수사·교통 단속·부대 이동 등에 사용되는 자동차 따위.〕
긴급^조정(緊急調停)[-쪼-]명 노동 쟁의 조정법에서, 쟁의가 공익에 관계되거나 국민 경제를 해치거나 국민의 일상생활을 위태롭게 할 경우에 노동부 장관이 중앙 노동 위원회의 의견을 듣고 조정 결정을 내려 쟁의를 해결하는 일. 〔이 결정이 내리면 30일 이내에는 쟁의 행위를 할 수 없게 됨.〕
긴급^피ː난(緊急避難)명 갑자기 닥친 위난을 피하기 위하여, 어쩔 수 없이 저지른 가해 행위. 〔그것이 위법 행위라 하더라도 일정한 요건의 범위 이내일 경우에는 처벌되지 아니함.〕
긴ː-긴관 길고 긴. 기나긴. ¶ 긴긴 세월.
긴ː긴-날명 해가 떠서 질 때까지의 동안이 매우 길다는 뜻에서 '여름날'을 이르는 말.
긴ː긴-낮[-낟]명 낮이 밤보다 훨씬 길다는 뜻에서 '여름날의 낮'을 이르는 말. *긴ː긴낮이[-나지]·긴ː긴낮만[-난-]
긴ː긴-밤명 밤이 낮보다 훨씬 길다는 뜻에서 '겨울밤'을 이르는 말. ¶ 동지섣달 긴긴밤.
긴ː긴-해명 해가 떠서 질 때까지의 동안이 매우 길다는 뜻에서 '여름날의 해'를 이르는 말.
긴담(緊談)명하자 긴한 이야기.
긴ː-대명 긴 담뱃대. 장죽(長竹).
긴ː-대답(-對答)명하자 '예' 소리를 길게 빼어서 하는 대답.
긴ː-말명하자 길게 말을 늘어놓음, 또는 그런 말. 긴소리. ¶ 바빠서 긴말은 않겠다.
긴ː-맛[-맏]명 죽합과의 바닷조개. 몸길이 13 cm가량. 껍데기 모양은 둘로 쪼갠 대통 같음. 껍데기의 빛깔은 담황색인데, 얕은 바다의 모래 속에 살며, 우리나라와 일본에 분포함. *긴ː맛이[-마시]·긴ː맛만[-만-]
긴무(緊務)명 긴요한 볼일.
긴밀(緊密) '긴밀하다'의 어근.
긴밀-하다(緊密-)형여 관계가 서로 밀접하다. ¶ 긴밀한 연락을 취하다. **긴밀-히**부.
긴박(緊迫)명하형 아주 급박함. 몹시 절박함. ¶ 사태가 긴박하다. **긴박-히**부.
긴박(緊縛)명하타 꼼짝 못하게 바싹 얽어맴.
긴박-감(緊迫感)[-깜]명 긴박한 느낌. ¶ 긴박감이 감돌다.
긴ː-반지름(-半-)명 타원의 중심에서 그 둘레에 이르는 가장 긴 거리. ↔짧은반지름. 참긴지름.
긴ː-병(-病)명 오래 앓는 병.
긴병에 효자 없다속담 무슨 일이나 너무 오래 끌면 성의가 풀리어 소홀해진다는 말.
긴불긴-간에(緊不緊間-)부 긴요하든지 긴요하지 않든지에 상관없이. ¶ 긴불긴간에 가지고는 가겠네.
긴ː-뼈명 ☞장골(長骨).
긴ː-사설(-辭說)명 수다스럽게 늘어놓는 말.
긴ː-살명 〈볼기긴살〉의 준말.
긴ː-소리명 ①길게 내는 소리. 장음(長音). ↔짧은소리. ②☞긴말.
긴ː소리-표(-標)명 긴소리임을 나타내는 부호. 〔흔히, 글자의 오른쪽에 'ː' 표, 또는 글자의 위에 '－' 표를 침.〕 장음부(長音符).
긴속(緊束)명하타 바싹 죄어 묶음.
긴순(緊脣)명 ☞견순.
긴실(緊實) '긴실하다'의 어근.
긴실-하다(緊實-)형여 매우 절실하다. **긴실-히**부.
긴ː-업(-業)명 ☞업구렁이.
긴요(緊要) '긴요하다'의 어근.
긴요-하다(緊要-)형여 매우 중요하다. 꼭 필요하다. 요긴하다. ¶ 긴요한 물건. **긴요-히**부.
긴용(緊用)명하타 긴요하게 씀.
긴ː-의대(-衣襨)[기늬-/기니-]명 '소매가 좁고 긴 저고리'의 궁중말.
긴ː-작명 긴 화살. ↔짧은작.
긴장(緊張)명 ①하자되자 마음을 다잡아 정신을 바짝 차리거나 몸이 굳어질 정도로 켕기는 일, 또는 그런 심리 상태. ¶ 긴장을 풀다. /하루하루가 긴장의 연속이다. ②곧 무슨 일이 터질 듯이 형편이나 분위기 따위가 예사롭지 않은 상태. ¶ 일촉즉발의 긴장이 감도는 국경선. ③근육이나 신경 중추의 수축·흥분 상태가 지속되는 일. ①③↔이완(弛緩).
긴장-감(緊張感)명 긴장한 느낌, 또는 그런 분위기나 기운. ¶ 조사실은 팽팽한 긴장감이 돌았다.
긴장-도(緊張度)명 긴장된 정도.
긴장-병(緊張病)[-뼝]명 정신 분열증의 한 가지. 경직된 표정으로 부자연한 태도를 취하며, 갑자기 소리를 지르거나 사납게 날뛰거나 하는 상태를 특징으로 함.
긴절(緊切) '긴절하다'의 어근.
긴절-하다(緊切-)형여 아주 절실하다. 긴착(緊着)하다. 절긴(切緊)하다. **긴절-히**부.
긴중(緊重) '긴중하다'의 어근.
긴중-하다(緊重-)형여 꼭 필요하고 중요하다. **긴중-히**부.
긴ː-지름명 타원 안에서 가장 긴 지름. 장축(長軸). ↔짧은지름. 참긴반지름.
긴ː-짐승명 뱀 따위와 같이 몸이 긴 동물을 통틀어 이르는 말.
긴착(緊着) '긴착하다'의 어근.
긴착-하다(緊着-)[-차카-]형여 ☞긴절(緊切)하다.

긴찰(緊札)[명] 긴요한 내용의 편지. 긴간(緊簡).
긴청(緊請)[명][하타] ☞긴탁(緊託).
긴촉(緊囑)[명][하타] ☞긴탁(緊託).
긴축(緊縮)[명][하타][되자] ①바짝 줄임. ②(재정을 든든히 하기 위하여) 지출을 크게 줄임.
긴축^예:산(緊縮豫算)[-충녜-][명] 규모를 크게 축소시킨 예산.
긴축^재정(緊縮財政)[-쩨-][명] 국가나 지방 자치 단체에서, 지출의 삭감, 공채(公債)의 정리 등에 의하여 예산 규모를 축소시킨 재정.
긴축^정책(緊縮政策)[-쩡-][명] 긴축 재정에 의하여 경제 활동을 억제하고 경기의 과열을 막으려는 정책.
긴탁(緊託)[명][하타] 긴요하게 부탁함, 또는 그런 부탁. 긴청(緊請). 긴촉(緊囑).
긴:팔-원숭이[명] 성성잇과의 동물. 몸길이 90 cm 이하. 앞다리가 몹시 길어 뒷다리만으로 바로 섰을 때도, 앞다리의 끝이 땅에 닿음. 꼬리는 없음. 중국 남부에서 동남아시아에 걸친 지역의 숲 속 나무 위에서 떼 지어 삶. 앞다리를 이용하여 가지에서 가지로 건너다니며 나무 열매를 따 먹음.
긴-하다(緊-)[형][여] 긴요하다. **긴-히**[부] ¶ 긴히 할 이야기가 있어서 왔다.
긴헐(緊歇)[명] 필요함과 불필요함.
긷[명] 〈옛〉 기둥. ¶ 긷:柱(訓解).
긷:다[-따][길으니·길어][타][ㄷ] 우물이나 샘 같은 데서 두레박 따위로 물을 퍼 올려 그릇에 담다, 또는 그 물을 나르다. ¶ 물을 길어 오다.
긷불휘[명] 〈옛〉 기둥뿌리. ¶ 긷불휘 서거 ᄒᆞ야디며(法華*2:56*).
길¹[명] ①사람이나 자동차 등이 다닐 수 있도록 만들어진 곳. ¶ 길이 시원하게 뚫리다. ②물 위나 공중에서 일정하게 다니는 곳. ¶ 배로 가는 길. ③도중(途中). 《주로, '-은(는) 길에'·'-은(는) 길이다'의 꼴로 쓰임.》 ¶ 퇴근하는 길에 가게에 들렀다. ④시간이나 공간을 거치는 과정. ¶ 우리 민족이 걸어온 길. ⑤목표로 하는 방향. ¶ 배움의 길. ⑥방법이나 수단. 《주로, '-은(는)/-을 길'의 꼴로 쓰임.》 ¶ 타협할 길이 없다. ⑦어떤 자격이나 신분으로서 해야 할 도리. ¶ 자식으로서의 길. ⑧여정(旅程). 행정(行程). ¶ 미국 방문 길. ⑨방면이나 분야. ¶ 그 길의 전문가. ⑩어떤 행동이 끝나자마자 즉시. 《주로, '-은(는) 길로'의 꼴로 쓰임.》 ¶ 퇴근하는 길로 곧장 약속 장소로 갔다.
길로 가라니까 메로 간다[속담] '일마다 엇나가기만 하는 사람'을 빗대어 하는 말.
길을 두고 메로 갈까[속담] 쉽게 할 수 있는 것을 구태여 어렵게 할 리 없다는 말.
길을 알면 앞서 가라[속담] 자신이 있으면 서슴지 말고 하라는 말.
길이 아니거든〔아니면〕 가지 말고 말이 아니거든〔아니면〕 듣지〔탓하지〕 말라[속담] 언행을 함부로 하지 말고, 정도(正道)에서 벗어나는 일이면 처음부터 하지 말라는 말.
길(을) 뚫다[관용] 어떤 방법을 찾다.
길을 재촉하다[관용] 빨리 가다. 빨리 가도록 서두르다.
길(이) 닿다[관용] 어떤 일을 하기 위한 관계가 맺어지다.
길²[명] ①익숙해진 솜씨. ②(짐승을 잘 가르쳐서) 부리기 좋게 된 버릇. ¶ 길이 잘 든 말. ③손질을 잘하거나 오래 써서 다루기 좋게 된 상태.
길을 들이다[관용] 길이 들게 하다.
길이 나다[관용] ①버릇처럼 되어 버리다. ②윤이 나거나 쓰기 좋게 되다.
길이 들다[관용] ①(짐승이) 부리기 좋게 되거나 잘 따르게 되다. ②(서투르던 것이) 익숙하게 되다. ③(손질을 많이 하여) 윤이 나거나 다루기 좋게 되다.
길:³[명] 두루마기 따위의 섶과 무 사이에 있는 넓고 큰 폭. 〔앞길과 뒷길이 있음.〕
길⁴[명] 〈질(帙)〉의 변한말.
길⁵[명] 《일부 명사 뒤에 쓰이어》 품질·실력·정도 등의 높고 낮음을 나타냄.
길:⁶[의] ①사람의 키의 한 길이. ¶ 열 길 물속은 알아도 한 길 사람 속은 모른다. ②길이의 한 단위. 〔여덟 자 혹은 열 자.〕
길[명] 〈옛〉 길이. ¶ 닙마다 너븨와 길왜 다 스믈다ᄉᆞᆺ 由旬이오(月釋*8:12*).
길-가[-까][명] 길의 양쪽 가. 길섶. 노방. 노변.
길-갈래[명] 광산 구덩이 안의, 이리저리 통하는 길.
길갓-집[-까찝/-깓찝][명] 길의 가에 있는 집.
길-거리[-꺼-][명] 사람이나 자동차가 많이 다니는 길. 가구(街衢). [준]거리¹.
길경(吉慶)[명] 아주 경사로운 일.
길경(桔梗·吉更)[명] '도라지'로 순화.
길괘(吉卦)[명] 좋은 괘. 길한 점괘. ↔흉괘.
길-군악(-軍樂)[-꾸낙][명] ☞행군악(行軍樂).
길:길-이[부] ①(여러 길이나 되게) 아주 높이. ¶ 나뭇단이 길길이 쌓였다. ②성이 나서 펄펄 뛰는 모양. ¶ 길길이 뛰며 소리치다.
길-꾼[명] 노름 따위에 '길이 익어 잘하는 사람'을 얕잡아 이르는 말.
길-나다[-라-][자] 길이 나다. [참]길².
길-나장이(-羅將-)[-라-][명] 조선 시대에, 수령(守令)이 외출할 때 길을 인도하던 나장. [참]길라잡이.
길년(吉年)[-련][명] 결혼하기 좋은 연운(年運).
길-녘[-력][명] 길옆이나 길 부근. 길이 트인 쪽.
＊길녘이[-려키]·길녘만[-령-]
길-놀이[-로리][명] 탈춤놀이에 들어가기 전에, 탈꾼들이 탈춤을 놀 자리까지 삼현 육각(三絃六角)을 잡히면서 가는 행렬.
길-눈¹[-룬][명] 한 번 가 본 길을 잘 익혀 두는 눈썰미.
길눈(이) 밝다[관용] 한 번 가 본 길을 잘 찾아갈 수 있을 만큼 눈썰미가 좋다.
길눈(이) 어둡다[관용] 한두 번 가 봐서는 잘 찾아갈 수 없을 만큼 눈썰미가 좋지 않다.
길:-눈²[-룬][명] 한 길이나 될 만큼 많이 쌓인 눈.
길:다¹[기니·길어][자] 머리카락이나 수염 따위가 자라다. ¶ 머리가 많이 길었다.
길:다²[기니·길어][형] ①한쪽 끝에서 다른 쪽 끝까지의 사이가 멀다. ¶ 가로가 세로보다 약간 더 길다. ②시간이 오래다. ¶ 긴 세월. ③글이나 말 따위의 분량이 많다. ¶ 짧은 글과 긴 글. ④소리·한숨 따위가 오래 계속되다. ¶ 길게 한숨을 내쉬다. ↔짧다.
길고 짧은 것은 대어〔재어〕 보아야 안다[속담] ①누가 나은가는 실제로 겨루어 보아야 안다는 말. ②무슨 일이나 실제로 겪어 보아야 잘 알게 된다는 말.
길-다랗다[형][ㅎ] '기다랗다'의 잘못.
길-닦이[명][하자] 패거나 허물어진 길을 고쳐 닦는 일.
길:-동그랗다[-라타][~동그라니·~동그래][형][ㅎ] 기름하고 동그랗다. [큰]길둥그렇다.

길ː-동글다[~동그니·~동글어]형 기름하고 동글다. 큰길둥글다.

길-동무[-똥-]명 길을 함께 가는 동무. 같은 길을 가는 사람. 길벗.

길동무-하다[-똥-]자타여 동무가 되어 함께 길을 가다. 또는 동무로 삼아 함께 길을 가다. ¶ 개를 길동무하며 밤길을 걷다.

길ː-둥그렇다[-러타][~둥그러니·~둥그레]형ㅎ 기름하고 둥그렇다. 작길동그랗다.

길ː-둥글다[~둥그니·~둥글어]형 기름하고 둥글다. 작길동글다.

길드(guild)명 중세 서(西)유럽의 각 도시에서 발달한, 상인과 수공업자들의 상호 부조적인 동업 조합.

길-들다[~드니·~들어]자 ①짐승을 잘 가르쳐서 부리기 좋게 되다. ¶ 길든 송아지. ②물건이나 세간에 손질을 잘하여 윤이 나거나 쓰기 좋게 되다. ¶ 잘 길든 세간살이. /길든 만년필. ③서투르던 솜씨가 익숙해지다. ¶ 길든 솜씨라서 이제 어렵지 않다.

길들-이다타 『'길들다'의 사동』 ①짐승을 잘 가르쳐 부리기 좋게 만들다. ¶ 소를 길들이느라 애를 먹다. ②물건에 손질을 잘하여 윤이 나게 하거나 쓰기 편하게 만들다. ③일이 손에 익게 하다.

길ː디-길다[~기니·~길어]형 매우 길다. 썩 기다랗다.

길라-잡이명 〈길잡이〉의 본딧말. 참길나장이.

길래[1]부 길게. 길이. 오래도록. ¶ 길래 써 오던 손에 익은 연장.

길래[2]조 '기에'를 구어적으로 이르는 말.

-길래어미 '-기에'를 구어적으로 이르는 말.

길례(吉例)명 좋은 전례(前例).

길례(吉禮)명 ①나라 제사의 모든 예절. ②관례나 혼례 등의 경사스러운 예식.

길로틴(guillotine)명 '기요틴'의 잘못.

길마명 짐을 싣기 위하여 소의 등에 안장처럼 얹는 도구. ¶ 길마를 지우다. /길마를 짓다.

길마 무거워 소 드러누울까속담 일을 당하여 힘에 부칠까 걱정하지 말라는 말.

길맛-가지[-마까-/-맏까-]명 길마의 몸을 이루는, 말굽쇠 모양으로 구부러진 나무.

길-모퉁이명 길이 구부러지거나 꺾이어 돈 곳. ¶ 길모퉁이를 돌아서면 바로 우리 집이다.

길-목[1]명 ①큰길에서 좁은 길로 갈라져 들어가는 어귀. ¶ 길목으로 들어서다. ②길의 중요한 통로가 되는 목. ¶ 길목을 지키다. ③'어떤 시기에서 다른 시기로 넘어가는 때'를 비유하여 이르는 말. ¶ 우리는 21세기의 길목에 서 있다.

길목[2]명 〈길목버선〉의 준말.

길목-버선[-뻐-]명 먼 길을 갈 때 신는 허름한 버선. 준길목2.

길몽(吉夢)명 좋은 일이 생길 징조가 되는 꿈. 상몽(祥夢). ↔흉몽.

길ː-물명 깊이가 한 길쯤 되는 물.

길미명 빚돈에 덧붙어 일정한 푼수로 느는 돈. 변리(邊利). 이식(利息). 이자(利子). 이전(利錢).

길-바닥[-빠-]명 ①길의 바닥. 길의 표면. 노면(路面). ¶ 길바닥이 아주 미끄럽다. ②길 가운데. ¶ 길바닥에 버티고 서서 차를 가로막다.

길-바로부 길을 옳게 잡아들어서.

길-벌레[-뻘-]명 기어 다니는 벌레를 통틀어 이르는 말. ↔날벌레.

길-벗[-뻗]명 길동무. ＊길벗이[-뻐시]·길벗만[-뻔-]

길보(吉報)명 좋은 소식. ¶ 길보를 전하게 되어 나도 기쁘다. ↔흉보(凶報).

길복(吉服)명 ①상례(喪禮)에서, 삼년상(三年喪)을 치른 뒤에 입는 예사 옷. ②혼인 때, 신랑 신부가 입는 옷.

길복-벗김(吉服-)[-뻗낌]명 ☞관디벗김.

길-봇짐(-褓-)[-보찜/-볻찜]명 먼 길을 떠날 때 꾸리는 봇짐. ¶ 길봇짐을 싸다.

길사(吉士)[1][-싸]명 ①마음이 어진 선비. ②운수가 트인 사람.

길사(吉士)[2][-싸]명 신라 때의 17관등의 열넷째 등급. 참대오.

길사(吉事)[-싸]명 (혼인이나 환갑 같은) 좋은 일. 기쁜 일. ↔흉사.

길상(吉相)[-쌍]명 복을 많이 받을 아주 좋은 상격(相格). ↔흉상.

길상(吉祥)[-쌍]명 운수가 좋을 징조. 좋은 일이 있을 조짐. 길서(吉瑞).

길상-과(吉祥果)[-쌍-]명 '석류(石榴)의 열매'를 풍류스럽게 이르는 말.

길상-문(吉祥紋)[-쌍-]명 〔수(壽)·복(福)·부(富)·귀(貴) 등〕 길상의 뜻을 지닌 한자를 이용한 무늬.

길상-선사(吉祥善事)[-쌍-]명 더없이 기쁘고 좋은 일.

길서(吉瑞)[-써]명 ☞길상(吉祥).

길성(吉星)[-썽]명 길한 조짐이 있는 별. 상서로운 별. ↔흉성.

길-섶[-섭]명 길의 가장자리. 길가. ¶ 길섶에 주저앉다. ＊길섶이[-써피]·길섶만[-섬-]

길-속[-쏙]명 전문적인 일의 속내. ¶ 처음 하는 일이라 길속을 모르겠다.

길-손[-쏜]명 먼 길을 가는 나그네.

길시(吉時)[-씨]명 운이 좋은 때. 길한 시각.

길신(吉辰)[-씬]명 ①길한 시절. 좋은 시절. ②☞길일(吉日).

길쌈명하자 (민간에서 수공업적으로) 자연 섬유를 원료로 하여 피륙을 짜는 일. 낳이. 참방적(紡績).

길-앞잡이[1][기랍짜비]명 길앞잡잇과의 곤충. 몸은 둥글고 편평함. 몸길이 1.5cm가량. 몸빛은 녹색 또는 적색으로 윤이 나고, 겉날개에는 적록 바탕에 황색 무늬가 있음. 여름철 산간 도로 등에서 사람의 앞길을 질러서 날아다님. 가뢰.

길-앞잡이[2]명 '길잡이'의 잘못.

길어타 〈옛〉〔'기르다'의 활용형〕 길러. ¶ 젓 머기며 飮食머겨 길어(圓覺上一之一111).

길어-지다자 ①길게 되다. ¶ 해가 길어지다. ↔짧아지다. ②동안이 뜨게 되다. ¶ 회의가 길어지다.

길연(吉宴)명 상서로운 연회.

길-옆[-렵]명 길의 가장자리. ¶ 양쪽 길옆에는 코스모스가 나란히 피었다. ＊길옆이[-려피]·길옆만[-렴-]

길운(吉運)명 좋은 운수. ↔악운(惡運).

길월(吉月)명 운수가 좋은 달. 영월(令月).

길-이[1]명 ①어떤 물건의 한 끝에서 다른 한 끝까지의 거리. ②어떤 때로부터 다른 때까지의 동안. ¶ 낮의 길이가 짧아지다. ③논문·소설 따위의 분량. ¶ 글의 길이.

길-이[2]부 긴 세월이 지나도록. 오래도록. ¶ 길이 보전하세.

길이-길이부 영원히. 아주 오래오래. 긴 세월이 지나고 또 지나도록. ¶ 길이길이 만고에 빛날 업적.

길이모-쌓기[-싸키]명 벽돌의 길이가 벽 표면에 나타나게 가로 쌓는 일.

길-이불[-리-]명 여행할 때 가지고 다니기 쉽게 만든 얇고 가벼운 이불.

길인(吉人)명 성품이 바르고 복스럽게 생겼으며, 팔자가 좋은 사람.

길일(吉日)명 길한 날. 좋은 날. 길신(吉辰). ¶ 길일을 잡다. ↔악일(惡日)·흉일(凶日).

길잡-이명 ①앞에 나서서 길을 인도하는 사람. 지로꾼. ¶ 길잡이도 없이 떠나다. 본길라잡이. ②앞으로 나아갈 길의 목표가 되는 사물. ¶ 풍요로운 삶의 길잡이.

길ː-장(-長)명 한자 부수의 한 가지. '镹'·'镺' 등에서의 '镸'의 이름.

길장(吉仗)[-짱]명 조선 시대에, 가례(嘉禮)와 의식(儀式)에 쓰던 모든 의장(儀仗).

길제(吉祭)[-쩨]명 죽은 지 27개월 만에 지내는 제사. 〔담제(禫祭)의 다음 날에 지냄.〕

길-제사(-祭祀)[-쩨-]명 ①포수가 사냥 갈 때 산신(山神)에게 지내는 제사. ②먼 길을 떠나는 사람이 가는 길이 편안하기를 빌며 지내는 제사.

길조(吉兆)[-쪼]명 좋은 일이 있을 징조. 상서로운 조짐. 가조(佳兆). 길징(吉徵). 비휴조(休兆). ↔흉조(凶兆).

길조(吉鳥)[-쪼]명 사람에게 어떤 길한 일이 생길 것을 미리 알려 준다는 새. ↔흉조(凶鳥).

길지(吉地)[-찌]명 지덕(地德)이 아주 좋은 집터나 묏자리.

길-짐[-찜]명 지난날, 길가에 사는 백성들이 번갈아 가면서 지어 나르던 관가(官家)의 짐.

길-짐승[-찜-]명 기어 다니는 짐승을 통틀어 이르는 말. 주수(走獸). ↔날짐승.

길징(吉徵)[-찡]명 ☞길조(吉兆).

길쭉-길쭉[-낄-]부하형 모두가 다 길쭉한 모양. 작갸쭉갸쭉.

길쭉스름-하다[-쓰-]형여 조금 길쭉하다. 작갸쭉스름하다.

길쭉-하다[-쭈카-]형여 (길이가) 좀 길다. ¶ 길쭉한 얼굴. 작갸쭉하다. **길쭉-이**부.

길쯔막-하다[-마카-]형여 좀 넉넉히 길쯤하다. 작갸쯔막하다.

길쯤-길쯤부하형 모두가 다 길쯤한 모양. 작갸쯤갸쯤.

길쯤-하다형여 꽤 기름하다. 작갸쯤하다. **길쯤-이**부.

길찍-길찍[-낄-]부하형 모두가 다 길찍한 모양. 작갸찍갸찍.

길찍-하다[-찌카-]형여 (길이가) 꽤 길다. 작갸찍하다. **길찍-이**부.

길ː-차다형 ①아주 훤칠하게 길다. ¶ 길차게 자란 대나무. ②나무가 우거져 깊숙하다. ¶ 길찬 숲 속.

길-책(-冊)명 〈질책(帙冊)〉의 변한말.

길-처명 향하여 가는 길의 근처에 있는 지방. ¶ 그 길처는 나도 발이 익다.

길-청(-廳)명 지난날, 군아(郡衙)에서 아전이 일을 보던 곳.

길체명 한쪽으로 치우쳐 있는 구석진 자리. 한쪽 모퉁이. ¶ 저 길체에 놓아라.

길치명 남도(南道)에서 나는 황소. 〔살지고 윤기가 흐르나 억세지 못함.〕

길카리명 가깝지 아니한 친척.

길-품명 남의 갈 길을 대신 가 주고 삯을 받는 일. **길품(을) 팔다**관용 ①남의 갈 길을 대신 가 주고 삯을 받다. ②아무 보람이 없이 헛길만 걷다.

길품-삯[-싹]명 남의 갈 길을 대신 가 주고 받는 삯. ＊길품삯이[-싹씨]·길품삯만[-쌍-]

길-하다(吉-)형여 운이 좋거나 일이 상서롭다. ¶ 길한 오늘의 운세.

길항(拮抗)명하자 서로 버티어 대듦.

길항-근(拮抗筋)명 서로 반대되는 작용을 동시에 하는 근육, 곧 한쪽이 줄어들면 다른 한쪽은 늘어나는 한 쌍의 근육. ↔공력근.

길항^작용(拮抗作用)명 상반되는 두 가지 요인이 동시에 작용하여 그 효과를 서로 상쇄시키는 일. 〔약물의 부작용을 없애기 위해 저항성이 있는 약물을 투여하는 일 따위.〕

길행(吉行)명 경사스러운 일에 가는 길.

길-호사(-豪奢)명하자 부임하거나 신행 가는 길에 버젓하게 차리고 감.

길흉(吉凶)명 길함과 흉함. ¶ 길흉을 점치다.

길-흉사(吉凶事)명 길사와 흉사를 아울러 이르는 말.

길흉-화복(吉凶禍福)명 길함과 흉함과 재앙과 행복, 곧 '사람의 운수'를 이르는 말.

긼ᄌᆞ명 〈옛〉길가. ¶ 긼ᄀᆞᅀᅢ 百姓이(龍歌57章).

긿명 〈옛〉길. ¶ 길흔 멀오 도ᄌᆞᆨᄋᆞᆫ 하고(月釋 *10:23*).

김ː¹명 ①액체가 열을 받아서 된 기체. ¶ 김이 무럭무럭 나다. ②숨 쉴 때 입에서 나오는 더운 기운. ¶ 언 손을 입으로 김을 내어 녹이다. ③수증기가 찬 기운을 받아서 엉긴 작은 물방울의 집합체. ¶ 김이 서리다. ④맥주·청량음료 등에 들어 있는 이산화탄소. ¶ 김이 빠진 맥주. **김 안 나는 숭늉이 더 뜨겁다**속담 공연히 떠벌리는 사람보다 침묵을 지키고 있는 사람이 더 무섭다는 말.

김ː²명 논밭에 난 잡풀. ¶ 밭의 김을 매다.

김ː³명 보라털과의 해초(海草). 몸길이 14~25 cm, 너비 5~12 cm로 종이처럼 얇고 가장자리에 주름이 짐. 빛깔은 자줏빛 또는 붉은 자줏빛으로, 바닷물 속의 암초에 이끼처럼 붙어서 자람. 식용으로 널리 양식함. 감태(甘苔). 청태(青苔). 해의(海衣).

김⁴의 어떻게 된 기회, 또는 어떻게 된 바람. 《'-은(는) 김에'의 꼴로 쓰임.》 ¶ 온 김에 만나 보고 가자.

김ː-구이명 김에 참기름을 바르고 고운 소금을 뿌려 구운 것.

김ː-국[-꾹]명 맑은장국에 김을 구워 넣고 달걀을 풀어 끓인 국.

김ː-내기명 ☞증산 작용(蒸散作用).

김ː매-기명하자 논밭의 잡초를 뽑는 일. 김매는 일. 제초(除草).

김ː-매다자타 논밭의 잡풀을 뽑거나 묻거나 하여 없애다.

김ː-발[-빨]명 ①김을 양식할 때, 김의 포자(胞子)가 붙어 자랄 수 있도록 설치한 발. 〔대나무를 쪼개어 엮어 놓거나 섶·그물 따위를 걸쳐 둠.〕 ②김밥을 말 때 쓰는 발.

김ː-밥명 김으로 밥을 말아 싼 음식. 주로, 속에 반찬으로 소를 넣어 만듦.

김ː-봇짐[-보찜/-볻찜]명 네모지게 자른 김으로 잣 두세 개를 싸서 기름에 지진 반찬.

김ː-빠지다자 ①음식 본디의 맛이 없어지다. ¶ 김빠진 맥주. ②사물의 핵심 부분이 없어지다. ¶ 김빠진 소리 그만 하게. ③흥이나 의욕이 없어지다. ¶ 김빠진 행사.

김ː-새다자 '흥이 깨지다' 또는 '맥이 빠져 싱겁게 되다'를 속되게 이르는 말.

김신선-전(金神仙傳)명 조선 영·정조 때의 학자 박지원(朴趾源)이 지은 한문 소설. 신선의 허무함을 그린 내용으로, '연암외집(燕巖外集)'에 전함.

김ː-쌈명 김구이로 밥을 싸 먹는 쌈.

김장(←沈藏)명하자 입동(立冬) 전후에 겨울 동안 먹을 배추김치·깍두기·동치미 따위를 한목 담가 두는 일, 또는 담근 그 음식. 침장(沈藏). 진장(陳藏).

김장-감(←沈藏-)[-깜]명 김장에 쓰이는 무·배추 따위의 채소. 김장거리.

김장-값(←沈藏-)[-깝]명 김장하는 데 드는 비용. *김장값이[-깝씨]·김장값만[-깜-]

김장-거리(←沈藏-)[-꺼-]명 김장감.

김장-독(←沈藏-)[-똑]명 김장을 해서 담아 두는 독.

김장-밭(←沈藏-)[-받]명 김장에 쓸 무·배추 따위를 심어 놓은 밭. *김장밭이[-바치]·김장밭을[-바틀]·김장밭만[-반-]

김장-철(←沈藏-)명 김장하기에 알맞은 때. 〔입동(入冬) 전후의 시기를 이름.〕

김장-파(←沈藏-)명 (김장에 쓰기 위하여) 모종하여 기른 파. 〔씨로 심은 파보다 맛이 독함.〕

김지이지(←金的李的)명 성명이 분명하지 않은 여러 사람을 두루 이를 때 쓰는 말.

김치(←沈菜)명 무·배추·오이 같은 채소를 소금에 절였다가 고추·파·마늘·젓 등의 양념을 버무려 넣고 담근 반찬.

김치-말이(←沈菜-)명 김칫국에 만 밥이나 국수 따위.

김치-밥(←沈菜-)명 돼지고기를 볶은 다음, 김치를 썰어 넣고 쌀을 앉혀 지은 밥.

김치-주저리(←沈菜-)명 청이 달린 채로 소금에 절여 담근 무김치나 배추김치의 잎.

김치-찌개(←沈菜-)명 김치를 넣고 끓인 찌개.

김칫-국(←沈菜-)[-치꾹/-칟꾹]명 ①김치의 국물. ②김치를 넣고 끓인 국.

김칫국 먹고 수염 쓴다속담 실속은 없으면서 겉으로만 있는 체한다는 말.

김칫국부터 마신다속담 '남의 속도 모르고 제 짐작으로 지레 그렇게 될 것을 믿고 행동함'을 비유하여 이르는 말.

김칫-독(←沈菜-)[-치똑/-칟똑]명 김치를 담아 두는 데 쓰는 독.

김칫-돌(←沈菜-)[-치똘/-칟똘]명 김칫독 안의 김치 포기가 뜨지 않도록 눌러 놓는 돌.

깁ː명 명주실로 바탕을 좀 거칠게 짠, 무늬 없는 비단. 〔사(紗)와 견(絹) 따위.〕

깁누비다타 〈옛〉 깁고 누비다. ¶ 깁누뷰믈 請홀디니(內訓*1:45*).

깁ː다[-따][기우니·기워]타ㅂ ①해진 곳에 딴 조각을 대어 때우거나 그대로 꿰매다. ¶ 찢어진 옷을 깁다. ②글이나 책에서 부족한 점을 보충하다.

깁ː-바탕[-빠-]명 그림을 그리거나 글씨를 쓸 때 바탕이 되는 깁, 또는 그 그림이나 글씨.

깁스(Gips 독)명 ①소석고. 석고. ②〈깁스붕대〉의 준말. ③하자타 깁스붕대로 싸매는 일.

깁스-붕대(Gips繃帶)명 붕대를 석고로 굳힌 것. 몸의 한 부분을 고정시키는 데 쓰임. 석고 붕대. 준깁스.

깁ː-실[-씰]명 ☞견사(絹絲).

깁ː-창(-窓)명 깁으로 바른 창.

깁ː-체명 깁으로 쳇불을 멘 체. 고운 가루를 치는 데 쓰임.

깃[1][긷]명 외양간·마구간·닭장 같은 데에 깔아 주는 짚이나 마른풀. *깃이[기시]·깃만[긴-]

깃(을) 주다관용 외양간·마구간·닭장 같은 데에 짚이나 마른풀을 깔아 주다.

깃[2][긷]명 ①새 날개의 털. ②화살의 깃간도피 아래에 세 갈래로 붙인 새 날개의 털. *깃이[기시]·깃만[긴-]

깃[3][긷]명 ①옷깃. ¶ 깃을 여미다. ②이불 거죽의 위쪽에 가로 대는 다른 빛깔의 천. *깃이[기시]·깃만[긴-]

깃[4][긷]명 〈부싯깃〉의 준말. *깃이[기시]·깃만[긴-]

깃[5][긷]명 무엇을 여럿으로 나눌 때의 그 한 몫. *깃이[기시]·깃만[긴-]

깃명 〈옛〉 새집. 보금자리. ¶ 깃爲巢(訓解).

깃-가지[긷까-]명 깃대에서 갈라져 깃털을 내고 있는 작은 관 모양의 가지. 우지(羽枝).

깃-간(-間)[긷깐]명 화살의 깃을 붙인 사이.

깃간-도피(-間桃皮)[긷깐-]명 화살의 오늬 아래에서부터 깃 위까지를 싼 복숭아나무의 껍질.

깃간-마디(-間-)[긷깐-]명 화살의 깃이 붙은 아랫마디.

깃거ᄒᆞ다자 〈옛〉 기뻐하다. ¶ 諸天이 듣줍고 다 깃거ᄒᆞ더라(月釋*2:17*).

깃-고대[긷꼬-]명 옷의 깃을 붙이는 자리. 두 어깨 솔 사이로 목 뒤에 닿는 곳. 준고대[1].

깃-광목(-廣木)[긷꽝-]명 마전하지 아니한 광목.

깃-기(-記)[긷끼]명 〔지난날〕 ①지주(地主)의 이름과 조세액(租稅額)을 적은 장부. ②자손이 상속할 재산의 몫을 적은 서류.

깃다[긷따]자 논밭에 잡풀이 많이 나다. *깃어·깃는[긴-]

깃다형 〈옛〉 무성하다. ¶ ᄆᆞᅀᆞᆶ 프리 깃고 또 퍼러토다(杜重*2:68*).

깃-달이[긷따리]명 ①옷깃을 다는 일. ②옷깃을 단 솜씨. ¶ 깃달이가 얌전하다.

깃-당목(-唐木)[긷땅-]명 마전하지 아니한 채로의 당목.

깃-대[긷때]명 깃털의 굵은 관 모양의 줄기.

깃-대(旗-)[기때/긷때]명 기를 달아매는 긴 막대기. 기간(旗竿). ¶ 깃대를 세우다.

깃-들다[긷뜰-][~드니·~들어]자 ①아늑하게 서려 들다. ¶ 어둠이 깃든 들판. ②감정 따위가 어리거나 스미다. ¶ 건전한 신체에 건전한 정신이 깃든다.

깃들-이다[긷뜨리-]자 ①짐승이 보금자리를 만들고 그 안에 들어 살다. ②그 안에 머물러 살다, 또는 자리 잡다. ¶ 이 마을 앞산에는 곳곳에 사찰이 깃들여 있다.

깃-머리[긴-]명 소의 양(䑋)에 붙어 있는 좁고 두꺼운 고기. 양즙이나 회깟에 씀.

깃-목(-木)[긴-]명 마전하지 아니한 무명베.

깃-발(旗-)[기빨/긷빨]명 ①기의 바탕이 되는 널따란 부분. 〔종이나 천으로 만듦.〕 기엽(旗葉). 기폭(旗幅). ¶ 승리의 깃발. ②깃대에 매지 않는 쪽의 기폭 귀에 붙인 긴 오리. 기각(旗脚). ③'사상이나 목적 따위를 뚜렷하게 내세우는 태도나 주장'을 비유하여 이르는 말. ¶ 민주주의 깃발 아래 뭉치다.

깃발(을) 날리다관용 ①기세가 등등하다. ②우쭐거리는 품이 대단하다.

깃발(을) 들다관용 누구라도 앞장서서 나서기를 꺼리는 공동의 일에 대표로 나서다.

깃-봉(旗-)[기뽕/긷뽕]명 깃대 끝에 있는 연꽃 모양의 봉.
깃브다형 〈옛〉기쁘다. ¶ 깃븐 ᄆᆞᅀᆞᆷ(蒙法18).
깃-옷[기돋]명 졸곡(卒哭) 때까지 상제가 입는 깃목으로 지은 상복. 짓옷. *깃옷이[기도시]·깃옷만[기돈-]
깃-우(-羽)[기두]명 한자 부수의 한 가지. '翁'·'習' 등에서의 '羽'의 이름.
깃-저고리[긷쩌-]명 깃과 섶을 달지 않은 갓난아기의 저고리. 배내옷. 배냇저고리.
깃-털[긷-]명 ①새의 깃과 짐승의 털. ②깃에 붙어 있는 새의 털. 우모(羽毛).
깃-펜(-pen)[긷-]명 옛날 서양에서, 깃을 깎아서 만들어 쓰던 펜.
깃ᄒᆞ다자 〈옛〉깃들이다. ¶ 미햇 사ᄅᆞᄆᆞᆫ 半만 깃ᄒᆞ야 사놋다(杜重1:31).
깄다자타 〈옛〉기뻐하다. ¶ ᄒᆞᆫ녀ᄀᆞ론 분별ᄒᆞ시고 ᄒᆞᆫ녀ᄀᆞ론 깃거(釋譜6:3). /仁義之兵을 遼左ㅣ 깃ᄉᆞᄫᆞ니(龍歌41章).
깉다자 〈옛〉남다. ¶ 목숨 기트리잇가(龍歌51章).
깊다[깁따]형 ①겉에서 안까지, 또는 위에서 밑까지의 사이가 멀다. ¶ 깊은 바다. /강이 깊다. ②마음이 침착하고 듬쑥하다. ¶ 나이는 어리지만 생각은 아주 깊다. ③정이나 사귐이 가깝고 두텁다. ¶ 깊은 사이. ④어떤 상태가 오래되어 정도가 더하다. ¶ 깊은 밤. /이제 가을도 깊었네. ⑤어떤 수준이나 정도가 높다. ¶ 문학에 대한 조예가 깊다. ①②⑤↔얕다. *깊어·깊은
깊-다랗다[깁따라타][~다라니·~다래]형ㅎ (생각보다) 매우 깊다.
깊-드리[깁뜨-]명 바닥이 깊은 논.
깊디-깊다[깁띠깁따]형 매우 깊다. 썩 깊다.
깊숙-하다[깁쑤카-]형여 깊고 으슥하다. ¶ 깊숙한 골짜기. **깊숙-이**부 ¶ 깊숙이 감추다.
깊은-사랑(-舍廊)명 여러 사람이 모여 놀게 만든, 움과 같은 바깥방.
깊-이[1]명 ①겉에서 속까지의 길이. ②(사람이나 사물이 지니고 있는) 무게. ¶ 깊이가 있는 작품.
깊-이[2]부 ①깊게. 깊도록. ¶ 깊이 명심해라. ②잘. 자세히. ¶ 그 내용은 깊이 모른다.
깊이-깊이부 매우 깊이. ¶ 깊이깊이 간직하다.
깊이다타 〖'깊다'의 사동〗 깊게 하다.
ᄀᆞ명 〈옛〉가(邊). ¶ 받 갈리 ᄀᆞᄋᆞᆯ ᄉᆞ양ᄒᆞ며(小解5:34). 참ᄀᆞᇫ[1].
ᄀᆞᄂᆞᆯ명 〈옛〉그늘. ¶ ᄀᆞᄂᆞᆯ 음:陰(訓蒙上1).
ᄀᆞᄂᆞᆯ다형 〈옛〉가늘다. ¶ ᄀᆞᄂᆞᆫ 길로(鄭澈.關東別曲).
ᄀᆞᄂᆞᆯ지다자 〈옛〉그늘지다. ¶ 내 ᄆᆞᄅᆞᆯ ᄀᆞᄂᆞᆯ지게 ᄒᆞᄂᆞᆫ 대ᄅᆞᆯ 뒷노니(杜初6:45).
ᄀᆞ다ᄃᆞᆷ다타 〈옛〉가다듬다. ¶ ᄀᆞ다ᄃᆞ마 精히 ᄒᆞ야(圓覺序81).
ᄀᆞᄃᆞ기부 〈옛〉가득히. ¶ 倉庫ㅣ ᄀᆞᄃᆞ기 넘ᄶᅵ고(釋譜9:20).
ᄀᆞ독ᄒᆞ다형 〈옛〉가득하다. ¶ 十方界예 ᄀᆞ독ᄒᆞ더시다(楞解1:30).
ᄀᆞ랏명 〈옛〉가라지. 강아지풀. ¶ ᄀᆞ랏 유:莠. ᄀᆞ랏 패:稗(訓蒙上9).
ᄀᆞ랑비명 〈옛〉가랑비〔細雨〕. ¶ ᄀᆞ랑비:濛鬆雨(譯語上2). 참ᄀᆞᄅᆞᄫᆡ.
ᄀᆞ래명 〈옛〉가래[5]. ¶ ᄀᆞ래爲楸(訓解).
ᄀᆞ래나모명 〈옛〉가래나무. ¶ ᄀᆞ래나모 지:梓(類合上9).
ᄀᆞ로ᄃᆡ자타 〈옛〉가로되. 말하기를. ¶ 그 表애 ᄀᆞ로ᄃᆡ(月釋2:69).
ᄀᆞ론부 〈옛〉이른바. ¶ ᄒᆞᆫ나ᄒᆞᆫ ᄀᆞ론 수울 먹고 …ᄒᆞᆼᄉᆞ 즐겨호미오(呂約6).
ᄀᆞ리부 〈옛〉가리게. 가리어. ¶ 陰은 ᄀᆞ리 두플씨니(月釋1:35).
ᄀᆞ리다[1]자 〈옛〉갈리다. 닳다. ¶ ᄒᆞ나ᄒᆞᆫ ᄀᆞ리고 ᄒᆞ나ᄒᆞᆫ 등 헐고(老解下9).
ᄀᆞ리다[2]타 〈옛〉가리다. ¶ 業障이 能히 ᄀᆞ리리 업스리라(月釋21:174).
ᄀᆞ리둪다타 〈옛〉가리어 덮다. ¶ 陰은 ᄀᆞ리두플씨니 ᄒᆞᆫ논 일 이쇼ᄆᆞᆯ 모도아 眞實ㅅ性을 ᄀᆞ리둡나 ᄒᆞᆫ논 ᄠᅳ디라(月釋1:35).
ᄀᆞ리ᄢᅵ다자 〈옛〉가리끼다. ¶ 금빈혀로 눈ᄌᆞᅀᆞ애 ᄀᆞ리ᄢᅵᆫ 거슬 거더ᄇᆞ리면(杜初9:19).
ᄀᆞ리얼다자 〈옛〉가리어 얼다. ¶ 잃여흘 ᄀᆞ리어러 獨木橋 빗겻ᄂᆞᆫᄃᆡ(鄭澈.星山別曲).
ᄀᆞ리티다타 〈옛〉후리다. 치다. 공략하다. ¶ 버러우흿 매 ᄒᆞᆫ번 ᄇᆡ 브르면 ᄂᆞ라 ᄀᆞ리텨 가ᄂᆞ니(杜初25:55).
ᄀᆞᄅᆞ[ᄀᆞᆯ리·ᄀᆞᆯ러·ᄀᆞᆯ이·ᄀᆞᆯᄋᆞ로]명 〈옛〉가루. ¶ 모ᄆᆞᆯ ᄇᆞᅀᆞ며 命을 ᄀᆞᄅᆞ ᄀᆞ티 ᄒᆞ야도(法華1:223). /ᄀᆞᆯ리 ᄃᆞ외ᄂᆞ니라(月釋1:29). /ᄀᆞᆯ이 ᄃᆞ외에 ᄒᆞ야(救解下71).
ᄀᆞᄅᆞ디르다타 〈옛〉가로지르다. ¶ 너를 依藉ᄒᆞ야 져근 울헤 ᄀᆞᄅᆞ디르고(杜初25:2).
ᄀᆞᄅᆞ딜이다자 〈옛〉가로질리다. ¶ 뎌른 묏고ᄅᆡ ᄀᆞᄅᆞ딜엣ᄂᆞ니(杜初10:28).
ᄀᆞᄅᆞᄫᆡ명 〈옛〉가랑비. ¶ 늧므리 ᄀᆞᄅᆞᄫᆡᄀᆞ티 ᄂᆞ리다(月釋1:36).
ᄀᆞᄅᆞ샤ᄃᆡ자 〈옛〉가라사대. 말씀하시기를. ¶ 孟子ㅣ ᄀᆞᄅᆞ샤ᄃᆡ 사ᄅᆞᆷ이 道ㅣ 이시며(小解1:8).
ᄀᆞᄅᆞ촘타 〈옛〉〔'ᄀᆞᄅᆞ치다'의 명사형〕 가르침. ¶ 고티니 몯호미 ᄀᆞᄅᆞ쵸ᄆᆡ 常이오(月釋8:24).
ᄀᆞᄅᆞ치다타 〈옛〉①가르치다. ¶ 子孫ᄋᆞᆯ ᄀᆞᄅᆞ치신 ᄃᆞᆯ(龍歌15章). ②가리키다. ¶ 머리 하ᄂᆞᆯᄒᆞᆯ ᄀᆞᄅᆞ치고(金三2:11).
ᄀᆞᄅᆞᄎᆞ다타 〈옛〉대신하다. 갈음하다. ¶ ᄀᆞᄅᆞ출 ᄃᆡ:代(訓蒙中1).
ᄀᆞᄅᆞ티다타 〈옛〉후리치다. ¶ ᄆᆞᄅᆞᆯ ᄀᆞᄅᆞ텨 數百 고기ᄅᆞᆯ ᄒᆞᆫ버네 ᄢᅳ려 내놋다(杜初16:62). 참ᄀᆞ리티다.
ᄀᆞᄅᆞᆷ명 〈옛〉강. 호수. ¶ ᄀᆞᄅᆞ매 ᄇᆡ 업거늘(龍歌20章). /ᄀᆞᄅᆞᆷ 호:湖(訓蒙上4).
ᄀᆞᄅᆞᆷᄒᆞ다타 〈옛〉대신하다. 갈음하다. ¶ 사ᄅᆞᄆᆞᆯ ᄀᆞᄅᆞᆷᄒᆞ시며 쇼ᄅᆞᆯ 건네샤ᄃᆡ(楞解5:69).
ᄀᆞᄆᆞ니부 〈옛〉가만히. ¶ 입의 거동은 ᄀᆞᄆᆞ니 이시며(小解3:13).
ᄀᆞᄆᆞᆫᄒᆞ다형 〈옛〉가만하다. ¶ ᄀᆞᄆᆞᆫᄒᆞᆫ 소리로 무르샤ᄃᆡ(月釋21:218). /ᄀᆞᄆᆞᆫᄒᆞᆫ ᄇᆞᄅᆞ미 부러 뮈우면(阿彌12).
ᄀᆞᄆᆞᆯ명 〈옛〉가물. ¶ ᄀᆞᄆᆞ래 아니 그츨ᄊᆡ(龍歌2章).
ᄀᆞᄆᆞᆯ다형 〈옛〉가물다. ¶ 오래 ᄀᆞᄆᆞ다가 ᄇᆡ 오미 ᄯᅩ 됴토다(杜初22:3).
ᄀᆞᄆᆞᆺ명 〈옛〉골. 본. ¶ 신 ᄀᆞᄆᆞᆺ 받다:韜鞋(四解下12).
ᄀᆞᄫᆡᆺ더니라자 〈옛〉☞ᄀᆞᆸ다.
ᄀᆞᅀᆞ타 〈옛〉〔'ᄀᆞᇫ다'의 활용형〕 끊어.
ᄀᆞᅀᆡ명 〈옛〉가위[1]. ¶ ᄀᆞᅀᆡ 젼:剪(訓蒙中14). 참ᄀᆞᇫ애.
ᄀᆞᅀᆞ라기명 〈옛〉까끄라기. ¶ ᄀᆞᅀᆞ라기를 더러 ᄇᆞ리니 볏나치 븕도다(杜初7:18).
ᄀᆞᅀᆞᆷ명 〈옛〉감. 재료. ¶ 치식 ᄀᆞᅀᆞᆷ:顏料(訓蒙中30). /ᄀᆞᅀᆞᆷ:料(四解下18).
ᄀᆞᅀᆞᆷ알다타 〈옛〉가말다. 맡은 일을 처리하다. 거느리다. 재량하다. ¶ 사ᄅᆞ미 목수믈 ᄀᆞᅀᆞᆷ알며(月21:133).

ᄀᆞ애명 〈옛〉가위1. ¶ ᄀᆞ애 일빅 ᄌᆞᄅᆞ(老解下62). 참ᄀᆞ새.

ᄀᆞ오누ᄅᆞ다자 〈옛〉가위누르다. ¶ 厭은 ᄀᆞ오누ᄅᆞᆯ 씨오 禱ᄂᆞᆫ 빌씨라(月釋9:58).

ᄀᆞ옳명 〈옛〉고을. ¶ 다ᄅᆞᆫ ᄀᆞ올히 녯 ᄀᆞ올히라와 됴토다(杜初8:35).

ᄀᆞ외명 〈옛〉고의. 아랫도리 옷. ¶ 드나드로매 암ᄆᆞᆫ ᄀᆞ외도 업스니라(杜重4:8).

ᄀᆞ을ᄒᆞ다타 〈옛〉구별하다. 경계짓다. 비교하다. ¶ 水賊 만ᄂᆞᆫ 都沙工의 안과 엇그제 님 여흰 내 안히사 엇다가 ᄀᆞ을ᄒᆞ리오(古時調).

ᄀᆞ옴명 〈옛〉감. 재료. ¶ ᄀᆞ옴이 다 잇ᄂᆞ냐(朴解下12). 참ᄀᆞᅀᆞᆷ.

ᄀᆞ옴알다타 〈옛〉가말다. 맡아 다스리다. ¶ 소리 나ᄂᆞ닐 信州ᄅᆞᆯ ᄀᆞ옴알에 ᄒᆞ도다(杜初23:14). 참ᄀᆞᅀᆞᆷ알다.

ᄀᆞ장1부 〈옛〉①가장. 자못. ¶ 疎拙ᄒᆞ며 게으른 ᄠᅳ디 ᄀᆞ장 기도다(杜初7:6). ②모두. 다. ¶ 一切 世間앳 ᄆᆞᅀᆞᄆᆞᆯ ᄀᆞ장 ᄇᆞ리고(蒙法23).

ᄀᆞ장2조 〈옛〉①까지. ¶ 無煩天브터 잇ᄀᆞ장ᄋᆞᆯ(月釋1:34). ②껏. ¶ 이제 져믄 저그란 안즉 ᄆᆞᅀᆞᆷ ᄀᆞ장 노다가 ᄌᆞ라면(釋譜6:11).

ᄀᆞ장ᄒᆞ다타 〈옛〉끝까지 하다. ¶ 究ᄂᆞᆫ ᄀᆞ장ᄒᆞᆯ 씨라(月釋序21).

ᄀᆞ재부 〈옛〉가장. ¶ ᄀᆞ재 극:極(訓蒙下35).

ᄀᆞᄌᆞ기부 〈옛〉가지런히. ¶ 光明이 ᄀᆞᄌᆞ기 等ᄒᆞ며(金剛序7).

ᄀᆞ죽다형 〈옛〉가지런하다. ¶ 니 마ᅀᆞ니 ᄀᆞ죽고 조코 칙칙ᄒᆞ시며(月釋2:41).

ᄀᆞ죽ᄒᆞ다형 〈옛〉가지런하다. ¶ 우리 무리 ᄒᆞ마 니러가 엇게 서르 ᄀᆞ죽ᄒᆞ도다(杜初8:27).

ᄀᆞ존형 〈옛〉〔'ᄀᆞᆽ다'의 활용형〕갖은.

ᄀᆞ초부 〈옛〉갖추. ¶ 詮은 ᄀᆞ초 니를 씨라(月釋序21).

ᄀᆞ초다타 〈옛〉①갖추다. ¶ 되 征伐호ᄆᆞᆯ ᄀᆞ초아 ᄒᆞᄂᆞᆺ다(杜初7:25). ②감추다. 간직하다. ¶ 甁ᄀᆞ 소배 ᄀᆞ초아 뒷더시니(月釋1:10).

ᄀᆞ초ᄒᆞ다타 〈옛〉갖추다. ¶ 비ᄅᆞᆯ ᄀᆞ초ᄒᆞ야 쟝ᄎᆞᆺ 峽으로 나가노니(杜初15:16).

ᄀᆞ티부 〈옛〉같이. ¶ ᄡᅡᆨ 마시 ᄢᅮᆯ ᄀᆞ티 돌오(月釋1:42).

ᄀᆞᄐᆞ다형 〈옛〉같다. ¶ 始終이 ᄀᆞᄐᆞ실ᄊᆡ(龍歌79章). 참ᄀᆞᆮᄒᆞ다.

ᄀᆞᆫ쟝명 〈옛〉간장. ¶ ᄀᆞᆫ쟝:醬油(訓蒙中21).

ᄀᆞᆮ부 〈옛〉같이. ¶ 눈 ᄀᆞᆮ 디니이다(龍歌50章).

ᄀᆞᆮ초부 〈옛〉갖추. 골고루. ¶ 귀시 보던 바ᄅᆞᆯ ᄀᆞᆮ초 펴니(王郎5). 참ᄀᆞ초.

ᄀᆞᆮ홈형 〈옛〉같음. ¶ 부텨 ᄀᆞᆮ호미라(圓覺序57).

ᄀᆞᆮᄒᆞ다형 〈옛〉같다. ¶ 듣논 소리 뫼ᅀᆞ리 ᄀᆞᆮᄒᆞ야(月釋2:53). 참ᄀᆞᇀ다.

ᄀᆞᆯ명 〈옛〉갈대. ¶ ᄀᆞᆯ:蘆(訓解).

ᄀᆞᆯ가마괴명 〈옛〉갈까마귀. ¶ ᄀᆞᆯ가마괴 아:鴉(訓蒙上16).

ᄀᆞᆯ다1타 〈옛〉갈다1. 바꾸다. ¶ 나랏 일훔 ᄀᆞ로시니(龍歌85章).

ᄀᆞᆯ다2타 〈옛〉갈다2. ¶ 서르 ᄀᆞ로매 發ᄒᆞᄂᆞ니(楞解8:80).

ᄀᆞᆯ며기명 〈옛〉갈매기. ¶ 서르 親ᄒᆞ며 서르 갓갑ᄂᆞ닌 믈가온ᄃᆡᆺ ᄀᆞᆯ며기로다(杜初7:3).

ᄀᆞᆯ바-쓰다타 〈옛〉나란히 되게 아울러 쓰다. 병서(竝書)하다. ¶ 첫소리ᄅᆞᆯ 어울워ᄡᅳᇙ디면 ᄀᆞᆯ바쓰라(訓諺).

ᄀᆞᆯ오기명 〈옛〉쌍둥이. ¶ ᄀᆞᆯ오기 솬:孿(訓蒙上33).

ᄀᆞᆯ외다자 〈옛〉①맞서 덤비다. 침범하다. ¶ 野人이 ᄀᆞᆯ외어늘(龍歌4章). ②쏘다니다. ¶ 거리로 ᄀᆞᆯ외디 말며(朴解上50).

ᄀᆞᆯ포부 〈옛〉겹으로. 거듭. 거푸. ¶ 칩거든 繡혼 니브를 ᄀᆞᆯ포 두퍼 ᄌᆞ오로라(杜初20:17).

ᄀᆞᆯᄒᆡ다타 〈옛〉분별하다. 가리다. ¶ 하ᄂᆞᆯ히 ᄀᆞᆯᄒᆡ샤(龍歌8章).

ᄀᆞᆯᄒᆡ욤타 〈옛〉〔'ᄀᆞᆯᄒᆡ다'의 명사형〕분별함. ¶ 남진과 겨집이 ᄀᆞᆯᄒᆡ요미 이시며(小解1:9).

ᄀᆞᆲ명 〈옛〉갈피. 겹. ¶ ᄒᆞᆰ 훈 ᄀᆞᆲ을 브스텨(救簡1:69). /界ᄂᆞᆫ ᄀᆞᅀᆡ라 ᄒᆞ며 ᄀᆞᆯ비라 ᄒᆞᄂᆞᆫ 마리니(月釋1:32).

ᄀᆞᆲ다[ᄀᆞᆯ바·ᄀᆞᆯ와]타ㅂ 〈옛〉함께 나란히 하다. 맞서서 견주다. ¶ 엇게ᄅᆞᆯ ᄀᆞᆲ디 몯ᄒᆞ리로다(杜初3:64). /幷書ᄂᆞᆫ ᄀᆞᆯ바쓸씨라(訓諺). /敢히 엇게ᄅᆞᆯ ᄀᆞᆯ오리아(杜初22:53).

ᄀᆞᆷ다1타 〈옛〉감다1. ¶ 누늘 ᄠᅳ거나 ᄀᆞᆷ거나 ᄒᆞ야도(月釋8:8).

ᄀᆞᆷ다2타 〈옛〉감다3. ¶ 沐浴 ᄀᆞ마(釋譜9:23).

ᄀᆞᆷᄌᆞ기다타 〈옛〉깜작이다. ¶ 뎡바기옛 光明이 업스며 누늘 ᄌᆞ조 ᄀᆞᆷᄌᆞ기며(月釋2:13).

ᄀᆞᆷ죽다자 〈옛〉깜작이다. ¶ 눈ᄍᆞᅀᆡ ᄀᆞᆷ죽디 아니ᄒᆞ야(楞解2:15).

ᄀᆞᆷ죽ᄒᆞ다타 〈옛〉깜작하다. ¶ 눈 ᄀᆞᆷ죽ᄒᆞᆯ ᄉᆞ이예 디나오니(杜重2:63).

ᄀᆞᆷ초다타 〈옛〉감추다. ¶ 노호ᄋᆞᆷᄋᆞᆯ ᄀᆞᆷ초아 두디 아니ᄒᆞ며(小解4:36). 참ᄀᆞ초다.

ᄀᆞᆸ다자ㅂ 〈옛〉괴다. ¶ 믈 ᄀᆞᆸ고 련(蓮)이 프니(月印60章). /므리 ᄀᆞ뱃더니라(月釋1:39).

ᄀᆞᆺ1명 〈옛〉가(邊). ¶ ᄀᆞᆺ 변:邊(訓蒙中7). /邊은 ᄀᆞᅀᆡ라(月釋1:1). 참ᄀᆞᆽ.

ᄀᆞᆺ2부 〈옛〉겨우. 갓. ¶ 그듸 精舍 지ᅀᅮ려 터흘 ᄀᆞᆺ 始作ᄒᆞ야 되어늘(釋譜6:35).

ᄀᆞᆺ가자 〈옛〉〔'ᄀᆞᇧ다'의 활용형〕가빠하여. 괴로워하여. ¶ 사ᄅᆞ미 이제 ᄀᆞᆺ가 病ᄒᆞ고 버미하도다(杜初3:34).

ᄀᆞᆺ가ᄒᆞ다자 〈옛〉가빠하다. 괴로워하다. ¶ 더른 나래 ᄀᆞᆺ가ᄒᆞ다니(杜初9:14).

ᄀᆞᆺ고다타 〈옛〉가쁘게 하다. 괴롭게 하다. ¶ 筋骨ᄋᆞᆯ 몬져 ᄀᆞᆺ고샤(龍歌114章).

ᄀᆞᆺ곰부 〈옛〉가끔. 때때로. ¶ 우리도 ᄀᆞᆺ곰 밧고아 ᄀᆞᆺ곰 먹으니(老解上48).

ᄀᆞᆺ마지부 〈옛〉깨끗이. ¶ 믄득 ᄀᆞᆺ마지ᄒᆞ야(蒙法2). /모로매 ᄆᆡ이 ᄀᆞᆺ마지ᄒᆞ다(法語11).

ᄀᆞᆺᄀᆞᆺ부 〈옛〉가지가지로. ¶ 잘못ᄒᆞᄂᆞᆫ 고직이와 잘못ᄒᆞᄂᆞᆫ 겻어미ᄂᆞᆫ ᄀᆞᆺᄀᆞᆺ 경칙ᄒᆞ오되(字恤8).

ᄀᆞᆺᄀᆞᆺ다형 〈옛〉깨끗하다. ¶ 누니 ᄀᆞᆺᄀᆞᆺ거든 또 안자(蒙法3).

ᄀᆞᆺᄀᆞᆺᄒᆞ다형 〈옛〉깨끗하다. ¶ 淸風은 ᄆᆞᆰ고 ᄀᆞᆺᄀᆞᆺᄒᆞᆫ ᄇᆞᄅᆞ미라(月釋8:8).

ᄀᆞᆺ다1[ᄀᆞᅀᆞ]타ㅅ 〈옛〉끊다. 가위로 자르다. ¶ 羅漢ᄃᆞᆯ히 彈指ᄒᆞᇙ ᄉᆞᅀᅵ예 바ᄅᆞ래 가아 香木 ᄀᆞᅀᆞ 즈자히 도라오나ᄂᆞᆯ(月釋10:13).

ᄀᆞᆺ다2형 〈옛〉갖다. ¶ 三十二相 八十種好ㅣ ᄀᆞᆺ더시니(釋譜6:17).

ᄀᆞᆺ디자 〈옛〉〔'ᄀᆞᇧ다'의 활용형〕가빠하지. ¶ 그ᄆᆞ리 ᄀᆞᆺ디 아니ᄒᆞ며(月釋1:28). 참ᄀᆞᇧ다.

ᄀᆞᆺ바ᄒᆞ다자 〈옛〉가빠하다. ¶ 늘근 나해 歲時예 ᄃᆞᆫ녀 ᄀᆞᆺ바ᄒᆞ노라(杜重1:24).

ᄀᆞᆺ비부 〈옛〉가쁘게. ¶ 使者ㅣ ᄒᆞᆫ갓 ᄀᆞᆺ비 萬里예셔 도라 오ᄂᆞ다(杜重5:23).

ᄀᆞᆺᄇᆞ다형 〈옛〉가쁘다. ¶ 비 골ᄑᆞ며 ᄀᆞᆺᄇᆞ니잇가(內訓2:19).

ᄀᆞᆺ블기명 〈옛〉막 밝을 무렵. 갓밝이. ¶ ᄀᆞᆺ블기예 나귀 타 나(杜初8:32).

ᄀᆞᇧ다자 〈옛〉가빠하다. 괴로워하다. ¶ 양ᄌᆞ애 ᄀᆞᆺ가 ᄒᆞ다니(杜初15:4). /믈 기르며 방하 디호ᄆᆞᆯ ᄀᆞᆺ노니(杜初20:45).

ᄀᆞᇫ명 〈옛〉가. ¶ 邊은 ᄀᆞᅀᅵ라(月釋*1:1*). /ᄀᆞᇫ ᄀᆞᅀᅢ(龍歌*67*章). 참ᄀᆞᆺ[1].
ᄀᆞᇫ애명 〈옛〉가위. ¶ ᄀᆞᇫ애와 자콰로 지소ᄆᆞᆯ 뵈아ᄂᆞ니(杜初*10:33*). 참ᄀᆞᅀᅢ.
ᄀᆞᇫ없다형 〈옛〉끝없다. ¶ 卜年이 ᄀᆞᇫ업스시니(龍歌*125*章).
ᄀᆞᆽ다형 〈옛〉고루 다 갖추어 있다. 구비(具備)해 있다. ¶ 어버ᅀᅵ 몯 ᄀᆞᄌᆞᆫ 子息은 어딘 이ᄅᆞᆯ 비호ᄃᆡ 몯ᄒᆞᆯ씨(月釋*8:97*). /이도곤 ᄀᆞᄌᆞᆫ ᄃᆡ 또 어ᄃᆡ 잇닷 말고(鄭澈.關東別曲).
ᄀᆞᇀ다형 〈옛〉같다. ¶ 如ᄂᆞᆫ ᄀᆞᄐᆞᆯ 씨라(訓諺). /수을 ᄀᆞᇀ더라(月釋*1:43*). 참ᄀᆞᄐᆞ다.
ᄀᆡᆨ드로미자 〈옛〉☞ᄀᆡᆨ드롬.
ᄀᆡᆨ드롬자 〈옛〉객증(客症)이 들림. ¶ 이 몸 ᄀᆡᆨ드로미 처엄브터 이러ᄒᆞᆫ가(古時調).
ㄲ[쌍기역]자모 쌍기역. 'ㄱ'을 어울러 쓴, 'ㄱ'의 된소리. 혀뿌리를 높여 뒷입천장에 단단히 붙였다가 뗄 때에 나는 무성 파열음. 받침일 경우에는 혀뿌리를 뒤 입천장에서 떼지 않음. * ㄲ만[쌍기영-]
까까-머리명 머리털을 박박 깎은 머리, 또는 그 사람. ¶ 까까머리 죄수.
까까-중명 ①까까머리의 중. ②'까까머리를 한 사람'을 조롱조로 이르는 말.
까꾸러-뜨리다타 〈가꾸러뜨리다〉의 센말. 큰꺼꾸러뜨리다.
까꾸러-지다자 〈가꾸러지다〉의 센말. 큰꺼꾸러지다.
까꾸러-트리다타 〈가꾸러트리다〉의 센말. 큰꺼꾸러트리다.
까꾸로부 〈가꾸로〉의 센말.
까꿍감 어린 아기를 귀여워하며 어를 때 내는 소리.
까:뀌명 한 손으로 쥐고 나무를 깎거나 찍거나 하는 연장. 참자귀[1].
까끄라기명 벼나 보리 따위의 낟알 겉껍질에 붙어 있는 깔끄러운 수염 동강. 준까라기·까락. 큰꺼끄러기.
까끌-까끌부하형 자꾸 깔끄럽게 따끔거리는 모양. 큰꺼끌꺼끌.
까나리명 까나릿과의 바닷물고기. 몸길이 15~20 cm. 몸은 원통 모양으로 길며, 등은 녹색을 띤 갈색이고, 배는 은백색임. 모래 속에 숨어 살며, 우리나라와 일본 등지에 분포함. 젓 따위를 만들어 먹음.
까-놓다[-노타]타 〔까서 속엣것을 드러내어 놓는다는 뜻으로〕 마음속의 비밀을 숨김없이 다 말하다. 《주로, '까놓고'의 꼴로 쓰임.》 ¶ 까놓고 말하면….
까다[1] Ⅰ자 ①몸의 살이 빠지다. 여위어지다. ¶ 몸이 몹시 깐 걸 보니 고생이 많았던가 보구나. ②재산이 줄어지다. ¶ 큰일을 두 번씩이나 치르느라 살림이 많이 깠네.
Ⅱ타 ①재산·재물을 축내다. ¶ 노름에 미쳐 재산을 까다. ②셈에서 얼마를 제하다. ¶ 월급에서 가불금을 까다.
까다[2]타 ①(속의 것을 드러내려고) 겉을 싸고 있는 것을 벗기다. ¶ 밤송이를 까다. ②알을 품어 새끼가 태어나게 하다. ¶ 암탉이 병아리를 까다. ③'몹시 쳐서 상처를 내다'를 속되게 이르는 말. ¶ 구둣발로 상대의 무릎을 까다. ④'남의 결점을 들어 말하다'를 속되게 이르는 말. ¶ 실책을 들어 사정없이 까다. ⑤(흔히, 술병의) '마개를 따고 마시다'의 뜻을 속되게 이르는 말. ¶ 앉은자리에서 소주 두 병을 깠다. ⑥'옷을 벗거나 내려 속살이 드러나게 하다'를 속되게 이르는 말. ¶ 엉덩이를 까다. ⑦'뒤집어 보여주거나 들추어 밝히다'를 속되게 이르는 말. ¶ 패를 까 놓다. /비리를 까 밝히다.
까다[3]자타 '입을 주책없이 놀리다'를 속되게 이르는 말. ¶ 일은 하지 않고 주둥아리만 까고 있다. /친구에게 허풍을 까다.
까:다롭다[-따][까다로우니·까다로워]형ㅂ ①성미가 너그럽지 않아서 다루기 어렵다. ¶ 별나게 까다로운 성미. ②(일의 조건이나 절차 따위가) 복잡하고 힘들이 치르기나 갖추기 어렵다. ¶ 절차가 까다롭다. ②↔수월하다. **까다로이**부.
까닥[1]부하자 (뜻하지 않게, 또는 의도나 예상과는 달리 일이 잘못되는 상태를 뜻하는 말로) 자칫. 《주로, '까닥하면'·'까닥했더라면' 등의 꼴로 쓰임.》 ¶ 까닥하면 귀한 생명을 잃게 된다. /까닥했더라면 좋은 기회를 놓칠 뻔했지. 센까딱[1].
까닥[2]부하타 고개를 살짝 숙였다가 드는 모양. 큰끄덕. 센까딱[2]. **까닥-까닥**부하타.
까닥-거리다[-꺼-]타 자꾸 고개를 살짝 숙였다가 들다. 까닥대다. 큰끄덕거리다.
까닥-까닥부하형 〈가닥가닥[2]〉의 센말. 큰꺼덕꺼덕.
까닥-대다[-때-]타 까닥거리다.
까닥-이다타 고개를 아래위로 가볍게 움직이다. 큰끄덕이다. 센까딱이다.
까닭[-닥]명 ①어떤 일이 일어나는 이유. 어떤 결론이나 결과에 이른 사정. ¶ 까닭 모를 눈물이 난다. /아무 까닭 없이 친구를 미워하다. ②속셈. 꿍꿍이속. ¶ 무슨 까닭으로 이걸 보냈을까? * 까닭이[-달기]·까닭만[-당-]
까닭-수[-닥쑤]명 까닭으로 삼을 만한 근거(원인). ¶ 캐고 보니 뚜렷한 까닭수가 없는 사건이었다.
까닭-표(-標)[-닥-]명 ☞이유표(理由標).
까대기명 건물이나 담 따위에 임시로 붙여서 만든 허술한 건조물.
까-뒤집다[-따]타 ①속이 드러나게 벗겨서 뒤집다. ¶ 치마를 까뒤집다. /주머니를 까뒤집어 보이다. ②'눈을 부릅뜨다'를 속되게 이르는 말. ¶ 화가 나서 눈을 까뒤집다.
까드락-거리다[-꺼-]자 〈가드락거리다〉의 센말. 까드락대다. 준까들거리다. 큰꺼드럭거리다. 센까뜨락거리다.
까드락-까드락부하자 〈가드락가드락〉의 센말. 준까들까들. 큰꺼드럭꺼드럭. 센까뜨락까뜨락.
까드락-대다[-때-]자 까드락거리다.
까들-거리다자 〈까드락거리다〉의 준말. 까들대다. 큰꺼들거리다. 여가들거리다.
까들-까들부하자 〈까드락까드락〉의 준말. 큰꺼들꺼들. 여가들가들.
까들-대다자 까들거리다.
까들막-거리다[-꺼-]자 〈가들막거리다〉의 센말. 까들막대다. 큰꺼들먹거리다.
까들막-까들막부하자 〈가들막가들막〉의 센말. 큰꺼들먹꺼들먹.
까들막-대다[-때-]자 까들막거리다.
까딱[1]부하자 〈까닥[1]〉의 센말.
까딱[2]부하타 〈까닥[2]〉의 센말. 큰끄떡.
까딱-수(-手)[-쑤]명 (바둑·장기 따위에서) 요행을 바라고 두는 얕은 수. ¶ 그런 까딱수에 내가 넘어갈 줄 아니?
까딱-없다[-따겁따]형 아무 변동이나 탈도 생기지 않고 온전하다. ¶ 이 둑은 큰물에도 까딱없다. 큰끄떡없다. **까딱없-이**부 ¶ 지진에도 까딱없이 견뎌 낸 건물.

까딱-이다타 〈까닥이다〉의 센말. 큰끄떡이다.
까딱-하면[-따카-]부 조금이라도 실수하면, 또는 자칫하면. ¶ 까딱하면 모든 것이 수포로 돌아갈 지경이다.
까땍부 '까닥²'의 잘못.
까뜨락-거리다[-꺼-]자 〈가드락거리다〉·〈까드락거리다〉의 센말. 까뜨락대다. 큰꺼뜨럭거리다.
까뜨락-까뜨락부하자 〈가드락가드락〉·〈까드락까드락〉의 센말. 큰꺼뜨럭꺼뜨럭.
까뜨락-대다[-때-]자 까뜨락거리다.
까라기명 〈까끄라기〉의 준말. 큰꺼러기.
까라기-벼명 까라기가 길게 붙은 벼.
까라-지다자 기운이 빠져 나른해지다.
까:락명 〈까끄라기〉의 준말. 큰꺼럭.
까르르부하자 여자나 아이들이 자지러지게 웃는 소리, 또는 그 모양. ¶ 그의 어릿광대처럼 우스꽝스러운 몸짓에 아이들은 까르르 웃었다. **까르르-까르르**부하자.
까르륵부하자 ①어린아이가 자지러지게 우는 소리, 또는 그 모양. ②여자나 아이들이 자지러지게 웃는 소리, 또는 그 모양. **까르륵-까르륵**부하자.
까르륵-거리다[-꺼-]자 자꾸 까르륵까르륵하다. 까르륵대다.
까르륵-대다[-때-]자 까르륵거리다.
까마귀명 ①까마귓과의 새. 날개 길이 35 cm가량. 온몸이 검고 윤이 남. 가을에서 겨울에 걸쳐 무리를 지어 인가 부근이나 산과 들에 살며, 옥수수 등 곡식과 숲의 해충을 먹고 삶. ②까마귓과의 새를 통틀어 이르는 말. 〔어미에게 먹이를 물어다 준다 하여 반포조(反哺鳥) 또는 효조(孝鳥)라고 불리지만, 색이 검고 울음소리가 흉하여 흉조(凶鳥)로 침.〕 ②자오(慈烏).
까마귀가 메밀〔보리〕을 마다한다속담 평소에 즐겨하던 것을 뜻밖에 사양할 때 이르는 말.
까마귀 고기를 먹었나〔먹었느냐〕속담 '잘 잊어버리는 사람'을 두고 이르는 말.
까마귀 날자 배 떨어진다속담 '아무 관계도 없이 한 일이 다른 일과 공교롭게 때가 일치하여, 무슨 관계가 있는 것처럼 의심을 받게 되는 경우'를 비유하여 이르는 말.
까마귀 밥이 되다속담 '거두어 주는 이 없는 시체가 되어 버려짐'을 비유하여 이르는 말.
까마귀-머루명 포도과의 낙엽 활엽 만목. 산이나 들에 나는데, 덩굴손으로 다른 나무에 감아 올라감. 다섯 갈래로 깊게 갈라진 잎이 어긋맞게 나며, 여름에 황록색 다섯잎꽃이 핌. 열매는 가을에 검은 자줏빛으로 익는데 신맛이 남.
까마귀-발명 '몹시 까맣게 때가 낀 발'을 비유하여 이르는 말.
까마귀-손명 '몹시 까맣게 때가 낀 손'을 비유하여 이르는 말.
까마득-하다[-드카-]형여 〈까마아득하다〉의 준말. 여가마득하다. **까마득-히**부.
까마무트름-하다형여 〈가마무트름하다〉의 센말. 큰꺼머무트름하다. **까마무트름-히**부.
까마반드르-하다형여 〈가마반드르하다〉의 센말. 큰꺼머번드르하다.
까마반지르-하다형여 〈가마반지르하다〉의 센말. 큰꺼머번지르하다.
까마아득-하다[-드카-]형여 〈가마아득하다〉의 센말. 준까마득하다. **까마아득-히**부.
까마-종이명 가짓과의 일년초. 줄기 높이 90 cm 가량. 잎은 길둥글고, 여름에 흰 꽃이 피며 구형의 장과(漿果)를 맺음. 용규(龍葵).

까막-거리다[-꺼-]자타 자꾸 까막까막하다. 까막대다. 큰끄먹거리다.
까막-과부(-寡婦)[-꽈-]명 ☞망문과부.
까막-관자(-貫子)[-꽌-]명 ①검은 뿔관자. ②지난날, '금관자나 옥관자를 달지 못한 벼슬아치'를 농조로 이르던 말.
까막-까막부 ①하자(희미한 불빛이) 꺼질 듯하다가 살아나곤 하는 모양. ¶ 까막까막하는 등불. ②하타눈을 가볍게 감았다 떴다 하는 모양. ¶ 작은 눈을 까막까막하며 생각에 잠겨 있다. 큰끄먹끄먹.
까막-까치명 까마귀와 까치. 오작(烏鵲).
까막-눈[-망-]명 ①글을 전혀 모르는 사람의 눈. ②어떤 부문에 대해서 무식한 사람. ¶ 그림에는 까막눈이나 다름없다.
까막눈-이[-망-]명 글을 전혀 모르는 사람.
까막-대다[-때-]자타 까막거리다.
까막-딱따구리명 딱따구릿과의 새. 날개 길이 25 cm가량. 까마귀와 비슷함. 온몸이 검은빛이나 수컷의 머리 위와 목 뒤, 암컷의 목 뒤만 붉음. 주로, 침엽수림에 살면서 벌레를 잡아먹음. 보호조(保護鳥)임.
까막-배자[-빼-]명 조선 말기에, 지방의 토호(土豪)가 상민을 부를 때, 도장에 먹물을 묻혀 찍어 보내던 패지(牌旨).
까막-잡기[-짭끼]명하자 술래가 수건 따위로 눈을 가리고, 미리 정한 범위 안에 있는 다른 한 사람을 잡아서 다음 술래로 삼는, 아이들의 놀이. 참술래잡기.
까망명 '깜장'의 잘못.
까:맣다[-마타][까마니·까매]형ㅎ 〈가맣다〉의 센말. ¶ 까맣게 모르다. /까맣게 잊다. 큰꺼멓다.
까:매-지다자 〈가매지다〉의 센말. ¶ 하얗던 얼굴이 까매졌다. 큰꺼메지다.
까-먹다[-따]타 ①껍데기나 껍질을 벗기고 속의 알맹이나 살을 발라내어 먹다. ¶ 땅콩을 까먹다. /바나나를 까먹다. ②(밑천이나 재산을) 보람 없이 써서 축내거나 없애다. ¶ 본전을 까먹다. ③(한때 기억하고 있었던 것을) 잊어버리다. ¶ 수학 공식을 까먹다.
까무끄름-하다형여 〈가무끄름하다〉의 센말. 큰꺼무끄름하다.
까-무느다타 '까뭉개다'의 잘못.
까무대대-하다형여 〈가무대대하다〉의 센말. 큰꺼무데데하다.
까무댕댕-하다형여 〈가무댕댕하다〉의 센말. 큰꺼무뎅뎅하다.
까무러-뜨리다타 까무러치게 하다. 까무러트리다. ¶ 적병의 뒤통수를 쳐서 까무러뜨리고 탈출에 성공하였다.
까무러-지다자 〈가무러지다〉의 센말.
까무러-치다자 〈가무러치다〉의 센말.
까무러-트리다타 까무러뜨리다.
까무레-하다형여 〈가무레하다〉의 센말. 큰꺼무레하다.
까무숙숙-하다[-쑤카-]형여 〈가무숙숙하다〉의 센말. 큰꺼무숙숙하다.
까무스레-하다형여 〈가무스레하다〉의 센말. ¶ 까무스레한 피부. 큰꺼무스레하다.
까무스름-하다형여 〈가무스름하다〉의 센말. 준까뭇하다. 큰꺼무스름하다.
까무잡잡-하다[-짜파-]형여 〈가무잡잡하다〉의 센말. ¶ 얼굴이 까무잡잡하다. 큰꺼무접접하다.
까무족족-하다[-쪼카-]형여 〈가무족족하다〉의 센말. 큰꺼무죽죽하다.

까무칙칙-하다[-치카-]형여 〈가무칙칙하다〉의 센말. ¶ 까무칙칙한 천장. 큰꺼무칙칙하다.

까무퇴퇴-하다[-퇴퇴-/-퉤퉤-]형여 〈가무퇴퇴하다〉의 센말. 큰꺼무튀튀하다.

까물-거리다자 〈가물거리다〉의 센말. 까물대다. 큰꺼물거리다.

까물-까물부하자 〈가물가물〉의 센말. 큰꺼물꺼물.

까물-대다자 까물거리다.

까뭇-까뭇[-묻-묻]부하형 〈가뭇가뭇〉의 센말. 큰꺼뭇꺼뭇.

까뭇-하다[-무타-]형여 〈까무스름하다〉의 준말. 큰꺼뭇하다. 여가뭇하다.

까-뭉개다타 ①(높은 부분을) 파서 깎아 내리다. ¶ 언덕을 까뭉개어 아이들의 놀이터를 만들었다. ②(인격이나 문제 따위를) 무시해 버리다. ¶ 자존심을 까뭉개다. /의견을 까뭉개다.

까-바치다타 '일러바치다'를 속되게 이르는 말.

까-발리다타 ①껍데기를 벌려 젖히고 속에 든 것을 드러내다. ②(비밀 따위를) 속속들이 들추어내다. ¶ 남의 허물을 까발리다.

까-밝히다[-발키-]타 드러내어 밝히다. ¶ 진상을 까밝히다.

까부라-지다[1]자 ①부피가 점점 줄어들다. ②생기가 빠져서 몸이 꼬부라지거나 착 늘어지다. ¶ 한동안 기운을 차리는 듯하더니 다시 까부라졌다. 큰꺼부러지다.

까부라-지다[2]자 ①작은 물건의 운두 따위가 조금 구부러지다. ¶ 머리카락의 끝 부분이 조금 까부라졌다. ②성미가 바르지 않게 되다. ¶ 워낙 까부라진 성미라서 매사에 걸고 든다.

까부르다[까부르니·까불러]타르 ①(곡식 따위를 키에 담아) 키 끝을 위아래로 추슬러 잡것을 날려 보내다. ¶ 벼를 까불러서 검불을 날려 보내다. ②(키질하듯이) 위아래로 추스르다. ¶ 아기를 어르며 까부르다. 준까불다[2].

까-부수다타 때리거나 하여 부수다. ¶ 커다란 바위를 까부수다.

까불-거리다자타 〈가불거리다〉의 센말. 까불대다. 큰꺼불거리다.

까불-까불부하자타 〈가불가불〉의 센말. 큰꺼불꺼불.

까불다[1][까부니·까불어] Ⅰ자 ①(차분하지 못하고) 가볍거나 방정맞게 행동하다. ¶ 채신없이 까불지 좀 마라. ②건방지고 주제넘게 굴다. ¶ 까불지 마! 나도 할 수 있어. 큰꺼불다.
Ⅱ자타 위아래로 흔들리거나 흔들다. ¶ 고목나무 가지에 걸린 연이 바람에 까불고 있다. 큰꺼불다.

까불다[2][까부니·까불러]타 〈까부르다〉의 준말. ¶ 키로 쌀을 까불다.

까불-대다자타 까불거리다.

까불리다 Ⅰ자 〖'까부르다'의 피동〗 까부름을 당하다.
Ⅱ타 ①〖'까부르다'의 사동〗 까부르게 하다. ¶ 업은 애를 까불리다. ②(가진 재물 따위를) 함부로 자꾸 써서 없애다. ¶ 그날 버는 대로 죄다 까불리다. ③경솔하게 행동하여 상황을 그르치게 하다.

까불-이명 '채신없이 까부는 사람'을 얕잡아 이르는 말.

까붐-질명하타 키로 곡식 따위를 까불러서 잡것을 날려 내는 일.

까-붙이다[-부치-]타 ①완전히 벗겨 드러내다. ¶ 볼기를 까붙이다. ②'흰자위가 완전히 드러나게 부릅뜨다'를 속되게 이르는 말.

까슬-까슬부하형 〈가슬가슬〉의 센말. ¶ 그는 피부가 까슬까슬하다. 큰꺼슬꺼슬.

까실-까실부하형 '까슬까슬'의 잘못.

까실-쑥부쟁이[-뿌-]명 국화과의 다년초. 산이나 들에 절로 나는데, 줄기는 1m가량. 땅속줄기가 벋으면서 번식함. 8~10월에 자줏빛이나 누런 꽃이 핌. 어린잎은 먹을 수 있는데, 우리나라와 일본 등지에 분포함.

까옥부하자 까마귀가 우는 소리. **까옥-까옥**부하자.

까옥-거리다[-꺼-]자 자꾸 까옥까옥하다. 까옥대다.

까옥-대다[-때-]자 까옥거리다.

까-올리다자 재산·돈 따위를 모조리 써 없애다. ¶ 노름으로 재산을 모두 까올리고 말았다.

까지조 《체언이나 부사어에 붙어》 ①어떤 상태나 동작이 끝나는 한계를 뜻함. ¶ 죽음까지 각오한 일대 결단. /뜻한 바를 이룰 때까지 노력하겠다. ②시간이나 공간의 미치는 한도를 뜻함. ¶ 8시부터 10시까지. /서울에서 부산까지. ③(현재의 상태나 정도 위에) 다시 더함을 뜻함. ¶ 둘이 먹어도 모자라는데 나까지 끼어서야.

까-지다[1]자 ①껍질 따위가 벗겨지다. ¶ 넘어져서 팔꿈치와 무릎이 까지다. ②재물(재산)이나 살 등이 줄게 되다. ¶ 살이 많이 까진 게 병이라도 앓았나 봐.

까-지다[2]자 (성질이나 태도 따위가) 지나치게 약아서 되바라지다. ¶ 시장바닥에서 놀더니 말투가 까질 대로 까졌네.

까-지르다[~지르니·~질러]자르 공연히 싸다니다. ¶ 어딜 그렇게 까질러 다니냐? 큰끄지르다.

까-집다[-따]타 ①거죽을 까서 속에 있는 것이 드러나게 하다. ②'흰자위가 완전히 드러나게 부릅뜨다'를 속되게 이르는 말. ¶ 눈을 까집다.

까짓[-짇] Ⅰ관 〈그까짓〉·〈요까짓〉·〈저까짓〉의 준말.
Ⅱ감 〈까짓것〉의 준말. ¶ 까짓, 내가 하지 뭐.

-까짓[-짇]접미 《대명사 '이·그·저·요·네' 등의 뒤에 붙어》 '하잘것없는 정도'임을 나타냄. ¶ 저까짓 녀석이…. /네까짓 놈이….

까짓-것[-짇껏] Ⅰ명 별것 아닌 것. ¶ 까짓것은 신경 쓸 것 없다. * 까짓것만[-짇껀-]
Ⅱ감 별것 아니라는 뜻으로, 무엇을 포기하거나 용기를 낼 때 하는 말. ¶ 까짓것, 오늘 못하면 내일 하지 뭐. 준까짓.

까ː치명 까마귓과의 새. 날개 길이 20~22 cm, 꽁지 길이 24 cm가량. 머리와 등은 검고 윤이 나며, 허리에는 회백색 띠가 있음. 텃새로서 마을 부근의 높은 나뭇가지 위에 마른 가지로 둥지를 틀고 사는데, 아침에 이 새가 집 앞에 와서 울면 반가운 손이 온다는 속설이 있음. 희작(喜鵲).
까치 배 바닥 같다속담 '흰소리 잘하는 사람'을 조롱조로 이르는 말.

까ː치-걸음명하자 ①(흔히 아이들이 기뻐할 때) 두 발을 모두어 뛰어 조촘거리는 종종걸음. ②발뒤꿈치를 들고 살살 걷는 걸음. ¶ 까치걸음을 치다.

까ː치-깨명 피나뭇과의 일년초. 산과 들에 흔하게 나며, 줄기는 원주형으로 높이 80~90 cm. 잎은 어긋맞게 나며 잎자루가 있고 달걀 모양인데, 고르지 않은 톱니가 있음. 꽃은 황색, 열매는 삭과(蒴果)임.

까ː치-놀명 석양을 받아, 멀리 수평선에서 벌겋게 번득거리는 노을.

까ː치-눈명 발가락 밑바닥의 접힌 금이 갈라져 터진 자리.

까치-다리명 '까치발²'의 잘못.

까ː치-돔명 갈돔과의 바닷물고기. 몸길이 40 cm 가량으로, 등 쪽이 조금 솟은 타원형임. 몸은 자줏빛을 띤 청색, 머리는 흑색. 우리나라· 일본· 중국· 필리핀 등지에 분포함.

까ː치-두루마기명 까치설빔으로 어린이들이 입는, 오색 옷감으로 지은 두루마기.

까ː치-무릇[-믇]명 백합과의 다년초. 봄에 수선화 비슷한 두 개의 긴 선형(線形)의 잎이 남. 꽃대의 꼭대기에 자줏빛 줄이 있는 종 모양의 흰 꽃이 피며, 열매는 삭과임. 제주도, 전남 백양산, 경기도 광릉 분지에 분포함. 줄기는 약으로 쓰고 뿌리는 먹을 수 있음. 산자고(山茨菰). ＊까ː치무릇이[-르시]·까ː치무릇만[-른-]

까ː치-박공(-牔栱)[-꽁]명 양쪽 합각머리에 '人' 자 모양의 벽이 있는 부분, 또는 그것을 마무리하기 위하여 붙인 널빤지.

까ː치-박달[-딸]명 자작나뭇과의 낙엽 활엽 교목. 산골짜기에서 자라는데, 높이는 15 m가량. 잎 가장자리에는 불규칙한 톱니가 있음. 꽃은 5월경에 피고 열매는 10월경에 익음. 재목이 단단하여 기구재나 가구재 따위로 쓰임.

까ː치-발¹명 발뒤꿈치를 든 발.

까ː치-발²명 (선반·탁자 따위의) 널빤지를 받치기 위하여 버티어 놓는, 직각 삼각형으로 된 나무나 쇠.

까ː치-발³명 국화과의 일년초. 줄기 높이 70 cm 가량. 잎은 깃털 모양으로 깊이 째졌으며, 잎 조각은 선형(線形)이거나 피침형(披針形)임. 8~9월에 노란 꽃이 피고, 열매는 수과(瘦果)임. 잎과 줄기는 약용 또는 식용함.

까ː치-밥명 늦가을에 감을 딸 때, 까치 따위 날짐승이 먹으라고 따지 않고 몇 개 남겨 두는 감.

까ː치-선(-扇)명 바탕 전체를 '×' 형으로 나누어, 붉은빛· 누른빛· 푸른빛 등을 칠하고, 중앙에 태극 모양을 넣어 여덟 모가 지거나 둥글게 만든 부채. 태극선(太極扇).

까ː치-설날[-랄]명 설날의 전날. 섣달 그믐날. 작은설.

까ː치-설빔명하자 까치설날에 아이들이 까치저고리와 까치두루마기 따위로 차려입는 설빔.

까치작-거리다[-꺼-]자 〈가치작거리다〉의 센말. 까치작대다. 큰꺼치적거리다.

까치작-까치작부하자 〈가치작가치작〉의 센말. 큰꺼치적꺼치적.

까치작-대다[-때-]자 까치작거리다.

까ː치-저고리명 까치설빔으로 어린이들이 입는, 오색 옷감으로 지은 저고리.

까ː치-집명 ①까치의 둥지. ②'헝클어진 머리 모양'을 비유하여 이르는 말.

까ː치-콩명 콩과의 덩굴성 다년초. 잎은 겹잎으로 어긋맞게 남. 여름에 잎겨드랑이에서 꽃꼭지가 나와 흰빛 또는 자줏빛 꽃이 총상 화서로 핌. 열매는 긴 깍지 속에 들어 있으며 식용함. 작두(鵲豆).

까칠-까칠부하형 여러 군데가 까칠한 모양. ¶ 까칠까칠한 촉감. 큰꺼칠꺼칠. 여가칠가칠.

까칠-하다형여 (살갗 따위가) 거칠고 윤기가 없다. ¶ 까칠한 얼굴. 큰꺼칠하다. 여가칠하다.

까칫-거리다[-칟꺼-]자 〈가칫거리다〉의 센말. 까칫대다. 큰꺼칫거리다.

까칫-까칫[-칟-칟]부하자 〈가칫가칫〉의 센말. 큰꺼칫꺼칫.

까칫-대다[-칟때-]자 까칫거리다.

까칫-하다[-치타-]형여 〈가칫하다〉의 센말. ¶ 몸이 까칫한 게 전만 못한 것 같다. 큰꺼칫하다.

까탈명 〈가탈〉의 센말. ¶ 까탈을 부리다.

까탈-스럽다형ㅂ 〈가탈스럽다〉의 센말.

까탈-지다자 〈가탈지다〉의 센말.

까투리명 ☞암꿩. ↔장끼.

까팡-돈[-똔]명 질그릇의 깨진 조각으로 돈처럼 동글납작하게 만든 아이들의 장난감.

까팡이명 질그릇의 깨진 조각.

까풀명 ①거죽을 싸고 있는 껍질의 켜. ¶ 까풀을 벗기다. ②〖의존 명사적 용법〗 껍질의 켜를 세는 단위. ¶ 한 까풀. /두 까풀. 큰꺼풀.

까풀-지다자 깝대기나 깝질이 여러 겹으로 켜를 이루다. 큰꺼풀지다.

깍부하자 까마귀나 까치 따위가 우는 소리. **깍-깍**부하자.

깍깍-거리다[-꺼-]자 까마귀나 까치 따위가 자꾸 깍깍 소리를 내다. 깍깍대다.

깍깍-대다[-때-]자 깍깍거리다.

깍두기[-뚜-]명 무로 만든 김치의 한 가지. 무를 먹기 알맞은 크기로 모나게 썰어서 소금에 절인 다음, 여러 가지 양념을 넣고 버무리어 담금.

깍둑-거리다[-뚝꺼-]타 자꾸 깍둑깍둑하다. 깍둑대다. 큰꺽둑거리다.

깍둑-깍둑[-뚝-뚝]부하타 (무 따위와 같이 단단한 것을) 거칠고 좀 잘게 자꾸 써는 모양. ¶ 무를 깍둑깍둑 썰다. 큰꺽둑꺽둑.

깍둑-대다[-뚝때-]타 깍둑거리다.

깍둑-썰기[-뚝-]명 채소를 깍두기처럼 직육면체로 써는 방법.

깍듯-하다[-뜨타-]형여 예절바르고 극진하다. **깍듯-이**부 ¶ 깍듯이 인사를 드리다.

깍쟁이[-쨍-]명 '남에게는 인색하고 자기 이익에는 밝은 사람'이나, '얄밉도록 약삭빠른 사람'을 낮추어 이르는 말. ¶ 어리게 보이나 여간 깍쟁이가 아니다.

깍정이[-쩡-]명 (참나무· 떡갈나무 따위의) 열매의 밑을 싸고 있는 조그만 종지 모양의 받침. 각두(殼斗).

깍지¹[-찌]명 (콩· 팥 따위의) 알맹이를 까 낸 꼬투리. 〔콩깍지 따위.〕

깍지²[-찌]명 ①열 손가락을 서로 어긋매끼게 바짝 맞추어 잡은 상태. ②(화살을 쏠 때) 시위를 잡아당기는 엄지손가락의 아랫마디에 끼는, 뿔로 만든 기구. 각지(角指).

깍지(를) 끼다관용 두 손의 열 손가락을 서로 어긋매끼게 바짝 끼다.

깍지(를) 떼다관용 (화살을 쏠 때) 깍지 낀 엄지손가락으로 팽팽하게 잡아당겨서 켕긴 시위를 탁 놓다.

깍지-벌레[-찌-]명 몸이 개각이나 밀랍 같은 물질로 싸인 작은 벌레를 통틀어 이르는 말. 〔과일나무나 원예 식물의 해충인 귤깍지진디· 사과깍지진디 따위.〕 개각충. 패각충.

깍짓-동[-찌똥/-찓똥]명 ①콩이나 팥의 마른 깍지를 줄기째 많이 모아 묶은 동. ②'뚱뚱한 사람의 몸집'을 비유하여 이르는 말.

깍짓-손[-찌쏜/-찓쏜]명 ①깍지를 낀 손. ②활 시위를 잡아당기는 손.

깎-낫[깡낟]명 홍두깨나 방망이 따위를 깎는 낫. ＊깎낫이[깡나시]· 깎낫만[깡난-]

깎다[깍따]타 ①(칼이나 낫 같은 연장의 날로) 베어서 가늘게 하거나 밀어서 얇게 하다. ¶ 연필을 깎다. /송판을 대패로 얇게 깎다. ②(날이 선 연장으로, 털이나 풀 등을) 잘라 내거나 밀어 없애다. ¶ 수염을 깎다. /잔디를 깎다. ③(수량·액수·값 따위를) 덜어 버리다. 줄이다. 삭감하다. ¶ 물건 값을 깎다. /월급을 깎다. ④(체면·명예·위신 따위를) 떨어뜨리다. 손상시키다. 실추시키다. ¶ 스스로 자기 체면을 깎는 일을 하다. ⑤공을 치거나 찰 때, 옆으로 비껴 쳐서(차서) 뱅글뱅글 돌게 하다. ¶ 탁구공을 깎아 쳐서 상대가 못 받게 하다. ＊깎아·깎는[깡–]

깎은 밤 같다관용 겉모양이 말쑥하고 단정한 사람을 이르는 말.

깎아-내리다타 인격·권위 따위를 헐뜯어서 떨어지게 하다.

깎아-지르다형 반듯하게 깎아 세운 듯 가파르다. 《주로, '깎아지른 (듯하다)'의 꼴로 쓰임.》 ¶ 깎아지른 듯한 절벽.

깎은-서방님(–書房–)명 지난날, '매끈하고 말쑥하게 차린 젊은이'를 상사람이 이르던 말. 깎은선비.

깎은-선비명 ☞깎은서방님.

깎음-질명하타 (연장으로 나무 따위를) 깎아서 다듬는 일.

깎-이다 Ⅰ자 〖'깎다'의 피동〗 깎음을 당하다. ¶ 체면이 깎이다. /칼날이 무디어서 연필이 잘 깎이지 않는다.
Ⅱ타 〖'깎다'의 사동〗 (날이 선 연장에 풀이나 털 등이) 잘려 나가거나 밀리게 하다. ¶ 이발사에게 머리를 깎이다.

깐:명 ①《관형사형 어미 '-ㄴ(은)·-ㄹ(을)·-던' 뒤에 쓰이어》 '요량, 가늠, 짚이는 바' 등의 뜻을 나타냄. ¶ 전에 제가 한 깐이 있으니까, 저렇게 면박을 당하고도 아무 말을 못하는 거지. ②《주로 '깐은·깐에는·깐으로는'의 꼴로, 사람을 가리키는 '나·그·저·자기' 등과 어울려 쓰이어》 '그 나름의 생각, 짐작, 어림' 등의 뜻을 나타냄. ¶ 제 깐에는 하노라고 하였겠지마는 결과는 별로 신통치 않다. 본간².

깐깐-오월(–五月)명 〔해가 길어서 일하기 지루한 달이라는 뜻에서〕 '음력 오월'을 이르는 말. 참미끈유월.

깐깐-이명 행동이나 성격 따위가 까다로울 만큼 빈틈이 없고 알뜰한 사람.

깐깐-하다형여 ①끈기가 있어 잔득잔득하다. ②(행동이나 성질이) 까다로워 사근사근한 맛이 없다. ¶ 깐깐한 성미. 큰끈끈하다. **깐깐-히**부.

깐닥-거리다[–꺼–]자타 〈간닥거리다〉의 센말. 깐닥대다. 큰끈덕거리다. 센깐딱거리다.

깐닥-깐닥부하자타 〈간닥간닥〉의 센말. 큰끈덕끈덕. 센깐딱깐딱.

깐닥-대다[–때–]자타 깐닥거리다.

깐동-그리다타 〈간동그리다〉의 센말. 큰껀둥그리다.

깐동-깐동부하타 〈간동간동〉의 센말. 큰껀둥껀둥.

깐동-하다형여 〈간동하다〉의 센말. ¶ 짐을 깐동하게 묶다. 큰껀둥하다. **깐동-히**부.

깐딱-거리다[–꺼–]자타 〈간닥거리다〉·〈깐닥거리다〉의 센말. 깐딱대다. 큰끈떡거리다.

깐딱-깐딱부하자타 〈간닥간닥〉·〈깐닥깐닥〉의 센말. 큰끈떡끈떡.

깐딱-대다[–때–]자타 깐딱거리다.

깐:-보다¹타 ①마음속으로 가늠을 보다. ¶ 일을 깐보아 가며 대처해야겠다. ②속을 떠보다.

깐-보다²타 '깔보다'의 방언.

깐실-깐실부하자 〈간실간실〉의 센말.

깐작-거리다[–꺼–]자 자꾸 깐작깐작하다. 깐작대다. 큰끈적거리다.

깐작-깐작부하자 ①끈끈한 것이 자꾸 짝짝 달라붙는 모양. ②성질이 깐깐하여 관계한 일에 자꾸 갉작거리며 검질기게 구는 모양. 큰끈적끈적.

깐작-대다[–때–]자 깐작거리다.

깐작-이다자 ①끈끈한 것이 짝짝 달라붙다. ②성질이 깐깐하여 관계한 일에 자꾸 갉작거리며 검질기게 굴다. 큰끈적이다.

깐족-거리다[–꺼–]자 자꾸 깐족깐족하다. 깐족대다. 큰깐죽거리다.

깐족-깐족부하자 쓸데없는 말을 수다스럽게 지껄이며 얄밉게 야기죽거리는 모양. 큰깐죽깐죽.

깐족-대다[–때–]자 깐족거리다.

깐족-이다자 쓸데없는 말을 수다스럽게 지껄이며 얄밉게 야기죽거리는 모양. 큰깐죽이다.

깐죽-거리다[–꺼–]자 자꾸 깐죽깐죽하다. 깐죽대다. 작깐족거리다.

깐죽-깐죽부하자 쓸데없는 말을 수다스럽게 지껄이며 얄밉게 이기죽거리는 모양. 작깐족깐족.

깐죽-대다[–때–]자 깐죽거리다.

깐죽-이다자 쓸데없는 말을 수다스럽게 지껄이며 얄밉게 이기죽거리다. 작깐족이다.

깐-지다형 (성질이) 깐깐하고 다라지다. 큰끈지다.

깐-질기다형 깐깐하고 검질기다. ¶ 깐질긴 성격. 큰끈질기다.

깐질-깐질부하형 매우 깐깐하고 검질긴 모양. 큰끈질끈질.

깔명 〈깔색〉의 준말.

-깔접미 일부 체언 뒤에 붙어, 그것의 맵시나 바탕을 뜻함. ¶ 빛깔. /성깔. /태깔.

깔-개명 '앉거나 누울 자리에 까는 물건'을 통틀어 이르는 말. 비깔찌.

깔기다타 〈갈기다〉의 센말.

깔깔부하자 되바라진 목소리로 못 참을 듯이 웃는 소리. 큰껄껄.

깔깔-거리다자 되바라진 목소리로 못 참을 듯이 자꾸 웃다. 깔깔대다. 큰껄껄거리다.

깔깔-대다자 깔깔거리다.

깔깔-매미명 '깽깽매미'의 잘못.

깔깔-하다¹형여 ①살갗에 닿는 감촉이 딱딱하고 까칠까칠하다. ¶ 깔깔한 모시옷. ②혓바닥이 깔끄럽고 입맛이 없다. ¶ 담배를 많이 피웠더니 입속이 깔깔하다. ③성미가 가스러져 나긋나긋하지 못하다. 큰껄껄하다.

깔깔-하다²형여 마음이 곧고 깨끗하다. 큰끌끌하다. **깔깔-히**부.

깔끄럽다[–따][깔끄러우니·깔끄러워]형ㅂ ①(까끄라기 따위가 살에 닿거나 붙어서) 신경이 쓰이게 따끔따끔하다. ②부드럽지 아니하고 깔깔하다. ③무난하거나 원만하지 못하고 거북한 데가 있다. ¶ 아저씨와 같은 자리에서 술을 마시기가 깔끄러웠다. 큰껄끄럽다.

깔끔-거리다자 자꾸 깔끔깔끔하다. 깔끔대다. 큰껄끔거리다.

깔끔-깔끔부하자 자꾸 깔끄럽게 따끔거리는 모양. 큰껄끔껄끔.

깔끔-대다자 깔끔거리다.

깔끔-하다형여 ①(모양이나 생김새 따위가) 깨끗하고 매끈하다. ¶ 깔끔한 옷차림. /바느질 솜씨가 매우 깔끔하다. ②솜씨가 야물고 알뜰하다. ¶ 일처리가 깔끔하다. 큰끌끔하다. **깔끔-히**부 ¶ 깔끔히 차리고 나서다.

깔다[까니·깔아]타 ①(앉거나 누우려고) 넓은 천이나 자리 따위를 바닥에 펴 놓다. ¶ 마당에 멍석을 깔다. /방바닥에 요를 깔다. ②(어떤 것을) 밑에 두고 누르다. ¶ 차가 볏짚을 깔고 지나가다. ③돈·재물 따위를 여기저기 빌려 주다. ¶ 외상을 깔다. ④시선(視線)을 아래로 하다. ¶ 소녀는 눈을 다소곳이 깔고 아무 말이 없었다. ⑤(물건이) 여기저기 흩어져 있다. ¶ 낙엽이 깔린 오솔길. /온 방에 종이 쪽지를 깔아 놓은 개구쟁이. ⑥남을 억눌러 꼼짝 못하게 하다. 《주로, '깔고 앉다'의 꼴로 쓰임.》 ¶ 동네 사람을 깔고 앉아 제 하인 다루듯이 한다.

깔딱부하자타 ①물이나 술 따위의 액체를 겨우 목구멍으로 조금 삼키는 소리, 또는 그 모양. ②숨이 곧 끊어질 듯 말 듯한 소리, 또는 그 모양. ③빳빳하고 얇은 물체가 뒤집히거나 뒤틀릴 때 나는 소리, 또는 그 모양. 큰껄떡. **깔딱-깔딱**부하자타.

깔딱-거리다[-꺼-]자타 자꾸 깔딱깔딱하다. 깔딱대다. ¶ 숨을 깔딱거리다. 큰껄떡거리다.

깔딱-대다[-때-]자타 깔딱거리다.

깔딱-하다[-따카-]형여 (몹시 피로하거나 아프거나 하여) 눈까풀이 걷어 달리고 눈알이 옴폭하게 들어가 퀭하다. 큰껄떡하다.

깔때기명 ①(병 따위에 액체를 부어 넣을 때 쓰는) 나팔 모양으로 생기고, 밑에 구멍이 뚫린 기구. 누두(漏斗). ②〔금부(禁府)의 나장(羅將), 형조(刑曹)의 패두(牌頭), 의식(儀式)을 차릴 때의 뇌자(牢子)들이 쓰던〕 고깔 모양의, 검은 칠을 한 두꺼운 종이 두건. ③(군병들이 물을 담던) 기름종이로 접어 만든 표주박.

깔-리다자 ①《'깔다'의 피동》 깖을 당하다. ¶ 밑에 깔린 사람. /배경으로 깔린 음악. ②널리 퍼져 있다, 또는 많이 퍼져 있다. ¶ 자욱이 깔린 안개. /소문이 쫙 깔리다. ③사상·감정 따위가 드러나지 않고 묻혀 있다. ¶ 그의 말에는 좋지 않은 의도가 깔려 있었다.

깔밋잖다[-믿짠타]형 '깔밋하지 아니하다'가 줄어서 된 말. **깔밋잖-이**부. ＊깔밋잖아[-믿짜나]·깔밋잖소[-믿짠쏘]

깔밋-하다[-미타-]형여 (모양새나 차림새가) 간단하고 아담하며 깨끗하다. ¶ 신접살림을 깔밋하게 차려 놓고 산다. 큰끌밋하다.

깔-보다타 남을 호락호락하게 얕잡아 보다. ¶ 힘이 없다고 깔보다.

깔-색(-色)[-쌕]명 (눈에 선뜻 드러나 보이는) 물건의 맵시와 빛깔. ¶ 옷감의 깔색. 준깔.

깔아-뭉개다타 ①눌러서 뭉개다. ¶ 발로 흙덩이를 깔아뭉개다. ②상대편을 눌러서 기를 못 쓰게 하다. 무시해 버리다. ¶ 약한 자를 깔아뭉개다. /반대파의 의견을 깔아뭉개다. ③일의 처리를 지연시키거나 사실을 숨겨 시치미를 떼다. ¶ 비위(非違) 사실을 깔아뭉개다.

깔-유리(-琉璃)[-류-]명 현미경의 대물(對物) 렌즈 아래에 두어, 관찰할 물체를 놓는 유리판. 슬라이드 글라스. 참덮개 유리.

깔-종[-쫑]명 미리 정한 중량의 금은 세공품을 만들 때, 재료의 무게에서 얼마를 덜어 내어야 할지 어림으로 셈하는 종작.

깔종(을) 잡다관용 깔종을 헤아려 짐작하다.

깔짝-거리다¹[-꺼-]자 아주 얇고 빳빳한 물체가 잇달아 뒤집혀 깔짝깔짝 소리가 나다. 깔짝대다¹.

깔짝-거리다²[-꺼-]타 긁어 따짝거리다. 깔짝대다². ¶ 천장에서 쥐가 깔짝거려서 잠을 잘 수가 없다. 큰끌쩍거리다.

깔짝-깔짝¹부하자 아주 얇고 빳빳한 물체가 가볍게 자꾸 뒤집힐 때 나는 소리.

깔짝-깔짝²부하타 자꾸 따짝따짝 긁어 대는 소리, 또는 그 모양. 큰끌쩍끌쩍.

깔짝-대다¹[-때-]자 ☞깔짝거리다¹.

깔짝-대다²[-때-]타 ☞깔짝거리다².

깔쭉-거리다[-꺼-]자 자꾸 깔쭉깔쭉하다. 깔쭉대다. 큰껄쭉거리다.

깔쭉-깔쭉부하자 거칠고 세게 깔끔거리는 모양. 큰껄쭉껄쭉.

깔쭉-대다[-때-]자 깔쭉거리다.

깔쭉-이명 '둘레를 톱니처럼 깔쭉깔쭉하게 만든 주화(鑄貨)'를 속되게 이르는 말.

깔-찌명 밑에 깔아 괴는 물건. 비깔개.

깔-창명 신발의 안쪽 바닥에 까는 물건.

깔-축명 조그만 축. ¶ 월급에서 한 푼 깔축을 안 내고 아내에게 주었다.

깔축-없다[-추겁따]형 조금도 축나거나 버릴 것이 없다. ¶ 귤 네 상자가 하나같이 모두 깔축없다. **깔축없-이**부.

깜깜부하형 ①매우 어두운 모양. ¶ 깜깜한 밤중. ②〈감감〉의 센말. ²**깜깜-히**부.

깜깜-나라명 몹시 깜깜하여 그 상황을 헤아릴 수 없는 상태, 또는 그러한 곳. 큰껌껌나라.

깜깜-무소식(-無消息)명 〈감감무소식〉의 센말. ¶ 지난번에 다녀간 뒤로는 깜깜무소식이다.

깜깜-부지(-不知)명 그 속내를 전혀 모르고 있음. 깜깜하게 아무것도 모름.

깜깜-소식(-消息)명 〈감감소식〉의 센말.

깜깜-절벽(-絕壁)명 ①'이야기가 전혀 통하지 않는 상대'를 이르는 말. ②'완전히 귀가 먹어 소리를 전혀 듣지 못하는 상태'를 이르는 말.

깜깜-하다형여 ①매우 어둡다. 큰껌껌하다. ②아는 것이 전혀 없다. ¶ 농사에는 깜깜하다. ③희망이 없는 상태에 있다. ¶ 먹고살 일을 생각하니 눈앞이 깜깜하다.

깜냥명 일을 가늠 보아 해낼 만한 능력. 〔자기 능력을 스스로 겸손하게 이르거나, 아랫사람의 능력을 깔보아 이를 때 씀.〕 ¶ 저의 깜냥대로 하기는 했습니다마는…. /네 깜냥으로 그걸 어찌 하겠다는 거냐?

깜냥깜냥-이부 저마다의 깜냥대로.

깜:다[-따]형 〈감다⁴〉의 센말. 큰껌다.

깜둥-이명 ①'살빛이 까만 사람'을 이르는 말. ②〈흑인〉의 속된 말. ③'털빛이 까만 개'를 귀엽게 이르는 말. 검둥이. 큰껌둥이.

깜박부하자타 ①불빛이나 별빛 따위가 순간적으로 갑자기 어두워졌다가 밝아지는 모양, 또는 밝아졌다가 어두워지는 모양. ¶ 촛불이 깜박한다. ②눈을 잠깐 감았다가 뜨는 모양. ¶ 눈을 깜박해 보인다. /눈 깜박할 사이에 없어지다. ③정신이나 기억이 잠깐 흐려지는 모양. ¶ 깜박하여 손가방을 차 안에 두고 내렸다. ②③큰끔벅. 센깜빡. **깜박-깜박**부하자타.

깜박-거리다[-꺼-]자타 자꾸 깜박깜박하다. 깜박대다. 큰끔벅거리다.

깜박-대다[-때-]자타 깜박거리다.

깜박-등(-燈)[-뜽]명 '점멸등(點滅燈)'을 흔히 이르는 말. 깜빡이.

깜박-불[-뿔]명 깜박거리는 불.

깜박-이다 Ⅰ자 정신이나 기억 따위가 잠깐씩 흐려지다.
Ⅱ자타 ①불빛이나 별빛 따위가 잠깐 어두워졌다 밝아졌다 하다. ②눈을 잠깐 감았다 떴다 하다. 큰끔벅이다. 센깜빡이다.

깜부기명 ①깜부깃병에 걸려서 까맣게 된 밀이나 보리의 이삭. 흑수. ②〈깜부기숯〉의 준말. ③'얼굴빛이 검은 사람'을 조롱조로 이르는 말.

깜부기-불명 살아 있기는 하나, 불꽃이 없이 거의 꺼져 가는 불.

깜부기-숯[-숟]명 줄거리 나무를 때고 난 뒤에 꺼서 만든 숯. 준깜부기. ＊깜부기숯이[-수치]·깜부기숯만[-순-]

깜부깃-병(-病)[-기뼝/-긷뼝]명 보리·밀·옥수수 따위의 이삭이 까맣게 변하여 깜부기가 되는 병. 맥각병(麥角病). 흑수병(黑穗病).

깜빡부하자.타 〈깜박〉의 센말. 큰끔뻑.

깜빡-이명 ①☞깜박등. ②자동차의 방향을 지시하는 등을 흔히 이르는 말.

깜빡-이다자타 〈깜박이다〉의 센말. 큰끔뻑이다. ¶ 외로이 깜빡이는 등대불.

깜작부하자.타 눈을 잠깐 감았다가 뜨는 모양. 큰끔적. 센깜짝[1]. **깜작-깜작**부하자.타.

깜작-거리다[-꺼-]자타 자꾸 깜작깜작하다. 깜작대다. 큰끔적거리다.

깜작-깜작부하형 〈감작감작〉의 센말. 큰껌적껌적.

깜작-대다[-때-]자타 깜작거리다.

깜작-이명 〈눈깜작이〉의 준말.

깜작-이다자타 눈을 잠깐씩 감았다가 뜨다. 큰끔적이다. 센깜짝이다.

깜장명 〈감장[2]〉의 센말. 큰껌정.

깜장-이명 〈감장이〉의 센말. 큰껌정이.

깜짝[1]부하자.타 〈깜작〉의 센말. 큰끔쩍[1].

깜짝[2]부하자 별안간 놀라는 모양. ¶ 갑자기 소리를 질러 깜짝 놀라게 하였다. 큰끔쩍[2]. **깜짝-깜짝**부하자 ¶ 아기가 경기가 들어 자주 깜짝깜짝 놀란다.

깜짝-거리다[-꺼-]자 자꾸 갑작스레 놀라다. 깜짝대다. 큰끔쩍거리다.

깜짝-대다[-때-]자 깜짝거리다.

깜짝-이명 〈눈깜짝이〉의 준말.

깜짝-이다자타 〈깜작이다〉의 센말. 큰끔쩍이다.

깜짝-이야감 몹시 깜짝 놀랐을 때에 무심코 내는 소리.

깜찌기명 〈깜찌기실〉의 준말.

깜찌기-실명 아주 가늘고 질긴 실. 준깜찌기.

깜찍-스럽다[-쓰-따][~스러우니·~스러워]형ㅂ 보기에 깜찍하다. **깜찍스레**부.

깜찍-하다[-찌카-]형여 ①생김새나 모양 등이 작고 귀엽다. ¶ 깜찍한 인형. ②몹시 영악하거나 너무 단작스럽다. ¶ 어린것이 너무 깜찍하게 군다. **깜찍-이**부.

깝대기[-때-]명 ①(호두·달걀·조개 따위의) 속을 싸고 있는 단단한 물질. ②알맹이를 빼내고 남은 물건. ¶ 좋은 것은 자네가 다 가지고 나는 깝대기만 차지하란 말인가. 큰껍데기.
깝대기(를) 벗기다관용 ①입은 옷을 홀랑 다 벗기다. ②가진 금품을 모조리 빼앗다.

깝살리다[-쌀-]타 ①찾아온 사람을 따돌려 보내다. ②재물을 흐지부지 다 없애다.

깝신-거리다[-씬-]타 자꾸 깝신깝신하다. 깝신대다. 큰껍신거리다.

깝신-깝신[-씬-씬]부하타 채신없이 까불거리는 모양. 큰껍신껍신.

깝신-대다[-씬-]타 깝신거리다.

깝작-거리다[-짝꺼-]자 자꾸 깝작깝작하다. 깝작대다. 큰껍적거리다.

깝작-깝작[-짝-짝]부하자 방정맞게 까불거리는 모양. 큰껍적껍적.

깝작-대다[-짝때-]자 깝작거리다.

깝죽-거리다[-쭉꺼-]자타 자꾸 깝죽깝죽하다. 깝죽대다. 큰껍죽거리다.

깝죽-깝죽[-쭉-쭉]부 ①하자 잘난 체하는 모양. ②하타 신이 나서 방정맞게 자꾸 까부는 모양. 큰껍죽껍죽.

깝죽-대다[-쭉때-]자타 깝죽거리다.

깝질[-찔]명 물체의 거죽을 싸고 있는, 딱딱하지 않고 질긴 물질의 켜. 큰껍질. 참깝대기.

깡[1]명 '뇌관(雷管)'을 광부들이나 어부들이 속되게 이르는 말.

깡[2]명 〈깡다구〉의 준말.

깡그리부 하나도 남기지 아니하고 모조리. ¶ 깡그리 없어지다.

깡그리다타 일을 수습하여 끝을 마무르다.

깡깡-이명 ☞해금(奚琴).

깡-다구명 (그럴 만한 힘도 없으면서) 악착스럽게 버티는 억지. 오기로 버티어 밀고 나가는 힘. 준깡[2]. ¶ 깡다구가 세다. /깡다구를 부리다.

깡동-치마명 예전에 여자가 입던 짧은 치마.

깡뚱-거리다자 〈강동거리다〉의 센말. 깡뚱대다. 큰껑뚱거리다.

깡뚱-깡뚱부하자 〈강동강동〉의 센말. 큰껑뚱껑뚱.

깡뚱-대다자 깡뚱거리다.

깡뚱-하다형여 〈강동하다〉의 센말. ¶ 깡뚱한 치마. 큰껑뚱하다.

깡-마르다[~마르니·~말라]형르 몸이 몹시 여위다. 몸이 바싹 마르다. ¶ 깡마른 체격.

깡-물리다자 '뇌관을 도화선에 잇다'의 뜻으로 광부들이 속되게 이르는 말.

깡-소주(-燒酒)명 '강소주'의 잘못.

깡-술명 '강술'의 잘못.

깡-집게[-께]명 '뇌관과 도화선을 잇는 데 쓰이는 집게'를 속되게 이르는 말.

깡짱부 짧은 다리로 힘차게 냅다 뛰는 모양. 큰껑쩡. 참깡창. **깡짱-깡짱**부하자.

깡짱-거리다자 자꾸 깡짱깡짱하다. 깡짱대다. 큰껑쩡거리다.

깡짱-대다자 깡짱거리다.

깡쭝부 짧은 다리로 가볍고 힘차게 솟구쳐 뛰는 모양. 큰껑쭝. 참깡충. **깡쭝-깡쭝**부하자.

깡쭝-거리다자 자꾸 깡쭝깡쭝하다. 깡쭝대다. 큰껑쭝거리다.

깡쭝-대다자 깡쭝거리다.

깡창부 짧은 다리로 채신없게 뛰는 모양. 큰껑청. 참깡짱. **깡창-깡창**부하자.

깡창-거리다자 자꾸 깡창깡창하다. 깡창대다. 큰껑청거리다.

깡창-대다자 깡창거리다.

깡총-하다형여 키가 작고 다리가 길다. 큰껑충하다.

깡충부 짧은 다리로 힘차게 솟구쳐 뛰는 모양. 큰껑충. 참깡쭝. **깡충-깡충**부하자 ¶ 깡충깡충 뛰며 줄넘기를 하다.

깡충-거리다자 자꾸 깡충깡충하다. 깡충대다. 큰껑충거리다.

깡충-거미명 깡충거밋과의 거미. 몸빛은 회색, 가슴과 배에 흰 줄이 있음. 거미줄을 치지 않고, 뛰어가서 곤충을 잡아먹음.

깡충-대다자 깡충거리다.

깡충-하다형여 '깡총하다'의 잘못.

깡통(-筒)명 ①(생철로 만든) 원기둥 모양으로 된 통조림통 따위의 통. ②'속에 든 것이 없이 소리만 요란한 사람'을 조롱조로 이르는 말. ¶ 야, 이 깡통아, 그것도 몰라?
깡통(을) 차다관용 남에게 빌어먹는 신세가 되다. 거지 신세가 되다.

깡통-계좌(-筒計座)[-계-/-게-]명 주가가 계속 하락하여 보유 주식의 가치가 증권사 대출금과 같아져 버린 신용 계좌. 〔투자자의 자기 자금이 모두 소멸된 상태로 '빈 깡통처럼 됐다'는 뜻에서 비롯된 말.〕

깡패(-牌)명 폭력 따위를 휘두르며, 남에게 못된 짓을 일삼는 불량배.

깨명 참깨·들깨 따위를 통틀어 이르는 말.
깨가 쏟아지다관용 아기자기한 재미와 정이 무르익은 상태를 이르는 말. ¶ 깨가 쏟아지는 신혼 생활.

깨-강정명 ①깨를 볶아서 묻힌 강정. ②깨를 조청에 버무려 만든 재래식 과자.

깨개갱부 개가 갑자기 심하게 맞거나 했을 때 날카롭게 내지르는 소리.

깨갱부 개가 심하게 얻어맞거나 아플 때에 다급하게 지르는 소리. 큰끼깅. **깨갱-깨갱**부하자.

깨갱-거리다자 자꾸 깨갱깨갱하다. 깨갱대다. 큰끼깅거리다.

깨갱-대다자 깨갱거리다.

깨-고물명 참깨, 특히 검은깨를 볶아서 빻은 고물.

깨금-발명 한 발을 들고 한 발로 섬, 또는 그런 자세. 깨끼발. ¶ 깨금발을 하고 창문으로 얼굴을 내밀다.

깨깨[1]부 몹시 여윈 모양. ¶ 깨깨 마른 사람.

깨깨[2]부 어린아이가 듣기 싫게 자꾸 우는 소리.

깨끔-스럽다[-따][~스러우니·~스러워]형ㅂ 보기에 깨끗하고 아담스럽다. **깨끔스레**부.

깨끔-하다형여 깨끗하고 아담하다. ¶ 방을 치우고 나니 얼마나 깨끔하냐! **깨끔-히**부.

깨끗-하다[-끄타-]형여 ①때나 먼지가 없다. 청결하다. ¶ 옷을 깨끗하게 빨다. /그의 이는 가지런하고 깨끗하다. ②(지저분하지 아니하고) 말쑥하다. ¶ 새로 단장한 집이라 그런지 매우 깨끗하다. /옷을 깨끗하게 차려입다. ③(잡것이 섞이지 아니하여) 맑고 산뜻하다. 순수하다. ¶ 깨끗한 석간수. /정신이 깨끗하다. ④올바르고 떳떳하다. 결백하다. ¶ 깨끗한 승부. /깨끗한 인격자. ⑤아무것도 남은 것이 없이 말끔하다. 《주로, '깨끗하게'의 꼴로 쓰임.》 ¶ 밥 한 그릇을 깨끗하게 먹어 치우다. /그 많은 재산을 깨끗하게 날려 버리고 말았다. **깨끗-이**부.

깨끼명 ①안팎 솔기를 곱솔로 박아 겹옷을 짓는 일. ②〈깨끼옷〉의 준말.

깨끼-바지명 깨끼로 지은 바지.

깨끼-발명 깨금발.

깨끼-옷[-옫]명 안팎 솔기를 곱솔로 박아 지은 사(紗)붙이의 겹옷. 준깨끼. ＊깨끼옷이[-오시]·깨끼옷만[-온-]

깨끼-저고리명 깨끼로 지은 저고리.

깨끼-춤명 춤의 한 가지로, 난봉꾼이 멋을 부려 추는 춤.

깨나조 《일부 명사에 붙어》 눈꼴사납다는 투로, '어느 정도는'의 뜻을 나타냄. ¶ 돈깨나 있다고 으스대지 마라. /힘깨나 쓴다고 아무에게나 마구 덤빈다.

깨ː-나다자 〈깨어나다〉의 준말.

깨나른-하다형여 일에 마음이 내키지 않고 몸이 나른하다. 큰께느른하다. **깨나른-히**부.

깨ː다[1] Ⅰ자 ①(잠·꿈·술기운·약기운·깊은 생각 등에서 벗어나) 정신이 들다(맑아지다). ¶ 술이 깨다. /환상(악몽)에서 깨다. ②지혜가 열리다. ¶ 머리가 깬 사람.
Ⅱ타 ①자는 일을 그치다. ¶ 잠(꿈)을 깨다. ②'깨우다'의 잘못.

깨ː다[2] Ⅰ자 〖'까다[2]'의 피동〗 알이 깜을 당하다. ¶ 알에서 깬 병아리.
Ⅱ타 〖'까다[2]'의 사동〗 알을 까게 하다. ¶ 부화기에서 알을 깨다.

깨다[3]타 ①조각내다. 부수다. 파괴하다. ¶ 접시를 깨다. ②일을 방해하다. 못하게 하다. ¶ 산통을 깨다. /흥을 깨다. ③부딪쳐 상처가 나게 하다. ¶ 넘어져서 무릎을 깨다. ④약속·계획·예정 따위를 취소하다. ¶ 일방적으로 약정(約定)을 깨다. ⑤이제까지 유지되던 일정 수준을 넘어서다. ¶ 십 년 만에 세계 기록을 깨다.

깨-다듬다[-따]타 깨달아 마음을 가다듬다.

깨단-하다타여 오랫동안 생각나지 않던 것을, 어떤 실마리로 하여 깨달아 분명히 알다.

깨닫다[-따][깨달으니·깨달아]타ㄷ ①(진리나 이치 따위를) 터득해 환히 알다. ¶ 이치를 깨닫다. ②(모르고 있던 사실을) 알게 되다. ¶ 잘못을 깨닫다. ③느껴서 알다. ¶ 가슴이 떨려 옴을 깨닫다.

깨-두드리다타 두드리어 깨뜨리다. 센깨뚜드리다.

깨-떡명 깨를 고물로 하여 만든 시루떡.

깨-뚜드리다타 〈깨두드리다〉의 센말.

깨뜨러-지다자 '깨지다'의 힘줌말.

깨-뜨리다타 '깨다[3]'의 힘줌말. 깨트리다.

깨-묵명 '깻묵'의 방언.

깨-물다[~무니·~물어]타 ①깨어지도록 이로 물다. ¶ 밤을 깨물어 먹다. ②(밖으로 나타나려는 감정이나 말 따위를 참기 위하여) 아래윗니를 맞붙여 힘껏 물다. ¶ 말없이 어금니를 깨물며 울분을 꾹 참았다.

깨-보숭이명 ①들깨의 꽃송이에 찹쌀가루를 묻혀서 기름에 튀겨 낸 반찬. ②'깨고물'의 잘못. ③'깨소금'의 잘못.

깨ː-부수다타 ①깨어서 부수다. ¶ 돌을 잘게 깨부수다. ②잘못된 생각이나 대상 따위를 없애거나 무슨 일을 방해하여 못하도록 하다. ¶ 상대편의 조직을 깨부수다.

깨-새명 '박새'의 잘못.

깨-소금명 참깨를 볶아 소금을 치고 빻아서 만든 양념.
깨소금 맛관용 〔깨소금처럼 고소한 맛이라는 뜻으로〕 '얄밉던 사람이 잘못되었을 때에 느끼는 고소한 맛, 곧 야릇한 통쾌감'을 비유하여 이르는 말.

깨-알명 깨의 낟알. ¶ 깨알 같은 글씨.

깨어-나다자 ①(잠·꿈·졸음 따위에서) 정상의 의식 상태로 돌아오다. ¶ 잠(꿈)에서 깨어나다. ②(술·약품 등에 취한 상태에서) 맑은 정신으로 돌아오다. ¶ 마취에서 깨어나다. ③(까무러친 상태에서) 다시 살아나다. ¶ 기절했다가 깨어나다. ④(정신이, 어떤 것에 깊이 빠져 있다가) 정상 상태로 돌아오다. ¶ 환상에서 깨어나다. ⑤미개 상태에서 문명 상태로 되다. ¶ 인지(人智)가 깨어나다. 준깨나다.

깨어-지다자 〈깨지다〉의 본딧말.

깨-엿[-엳]명 볶은 깨를 묻힌 가래엿. ＊깨엿이[-여시]·깨엿만[-연-]

깨-우다타 〖'깨다[1]'의 사동〗 잠(꿈)에서 깨게 하다. ¶ 늦잠 자는 아이를 깨우다.

깨우치다[타] 깨닫도록 가르쳐 주다. ¶ 잘못을 깨우쳐 주다.
깨-이다[자] 〖'깨다1'의 피동〗 깸을 당하다. ¶ 잠자리가 심란하여 잠이 일찍 깨이다.
깨작-거리다[-꺼-][타] ①자꾸 깨작깨작하다. 깨작대다. (큰)끼적거리다. ②〈깨지락거리다〉의 준말. (큰)께적거리다.
깨작-깨작[부](하타) ①쓰기 싫은 글씨를 마지 못하여 아무렇게나 쓰는 모양. (큰)끼적끼적. ②〈깨지락깨지락〉의 준말. (큰)께적께적.
깨작-대다[-때-][타] 깨작거리다.
깨-죽(-粥)[명] ☞참깨죽.
깨죽-거리다[-꺼-][자타] 자꾸 깨죽깨죽하다. 깨죽대다. (큰)께죽거리다.
깨죽-깨죽[부] ①(하자)불평스러운 말로 자꾸 되씹어 종알거리는 모양. ②(하타)(음식 따위를) 먹기 싫은 태도로 자꾸 되씹는 모양. (큰)께죽께죽.
깨죽-대다[-때-][자타] 깨죽거리다.
깨ː-지다[자] ①부딪치어 조각이 나거나 상처가 나다. ¶ 그릇이 깨지다. /무릎이 깨지다. ②(약속·기대·예정 따위가) 지켜지지(이루어지지) 못하고 틀어지다. ¶ 혼담이 깨지다. /약속이 깨지다. ③실력의 일정 수준이 돌파되다. ¶ 기록이 깨지다. ④상황이나 분위기 따위가 한순간에 바뀌다. ¶ 분위기가 깨지다. ⑤'경기 따위에서 짐'을 속되게 이르는 말. ¶ 형이 응원하던 팀이 상대 팀에게 오늘도 깨졌다. (본)깨어지다.
깨지락-거리다[-꺼-][타] 자꾸 깨지락깨지락하다. 깨지락대다. (준)깨작거리다·깨질거리다. (큰)께지럭거리다.
깨지락-깨지락[부](하타) (어떤 동작이나 일을 할 때) 마음에 탐탁하지 않은 듯이 게으르고 굼뜨게 하는 모양. (준)깨작깨작·깨질깨질. (큰)께지럭께지럭.
깨지락-대다[-때-][타] 깨지락거리다.
깨질-거리다[타] 〈깨지락거리다〉의 준말. 깨질대다. (큰)께질거리다.
깨질-깨질[부](하타) 〈깨지락깨지락〉의 준말. (큰)께질께질.
깨질-대다[타] 깨질거리다.
깨-치다[타] 모르던 것을 알게 되다. ¶ 글을 깨치다. /원리를 깨치다.
깨-트리다[타] 깨뜨리다.
깨-풀[명] 대극과의 일년초. 밭이나 들에 절로 나는데, 줄기는 30 cm 안팎으로 곧게 자라 가지를 많이 침. 꽃은 7~8월에 짧은 꽃줄기에 수꽃이 암꽃을 둘러싸며 핌. 어린순은 먹을 수 있음.
깩[부] (갑자기 급소를 얻어맞는 따위의) 큰 충격을 받았을 때, 새되게 지르는 외마디 소리. ¶ 깩 하고 쓰러지다. (큰)끽. **깩-깩**[부].
깩깩-거리다[-꺼-][자] 새되게 외마디 소리를 자꾸 지르다. 깩깩대다. (큰)끽끽거리다.
깩깩-대다[-때-][자] 깩깩거리다.
깩-소리[-쏘-][명] 《'없다'·'못하다' 등과 함께 쓰이어》 반항하거나 괴로움을 참을 때 내는 최소한의 소리. ¶ 깩소리 말고 엎드려 있어! /깩소리 한 번 못하고 물러가다. (큰)끽소리.
깰깩-거리다[-꺼-][자] 자꾸 깰깩깰깩하다. 깰깩대다. (큰)낄끽거리다.
깰깩-깰깩[부](하자) 숨이 막힐 듯 괴롭게 깩깩거리는 모양, 또는 그 소리. (큰)낄끽낄끽.
깰깩-대다[-때-][자] 깰깩거리다.
깰깰[부](하자) 웃음을 억지로 참으면서 목구멍 속으로 웃는 소리. (큰)낄낄.
깰깰-거리다[자] 억지로 참으면서 목구멍 속으로 웃는 소리를 자꾸 내다. 깰깰대다. (큰)낄낄거리다.
깰깰-대다[자] 깰깰거리다.
깻-국[깨꾹/깯꾹][명] 참깨를 삶거나 물에 불려 맷돌에 물을 치면서 갈아 체에 받은 물.
깻-묵[깬-][명] 기름을 짜낸 깨의 찌끼. 유박(油粕).
깻묵에도 씨가 있다[속담] ①없을 듯한 곳에도 혹 있을 수 있다는 말. ②세상에 완전무결한 것은 없다는 말.
깻-잎[깬닙][명] ①깨의 잎사귀. ②'들깻잎'을 시품으로 이르는 말. ＊깻잎이[깬니피]·깻잎만[깬님-]
깽[부] 강아지가 놀라거나 아플 때 지르는 소리. **깽-깽**[부](하자).
깽깽-거리다[자] 강아지가 자꾸 깽깽 소리를 내다. 깽깽대다.
깽깽-대다[자] 깽깽거리다.
깽깽-매미[명] 매밋과의 곤충. 몸길이 5 cm가량. 흑색 바탕에 황록색 또는 적갈색 무늬가 있고, 배는 황갈색임. 깽깽이.
깽깽이[명] ☞깽깽매미.
깽깽이-풀[명] 매자나뭇과의 다년초. 산지에 나는데 짧은 뿌리줄기에서 둥근 잎이 무더기로 나고, 4~5월에 긴 꽃줄기 끝에 자줏빛 꽃이 핌. 뿌리는 한방에서 '황련(黃蓮)'이라 하여 약재로 씀.
깽비리[명] '어린아이' 또는 '같은 무리 가운데 체구가 작은 사람'을 얕잡아 이르는 말.
깽-판[명] '일을 훼방하거나 망치는 짓'을 속되게 이르는 말. ¶ 깽판을 부리다. /깽판을 치다.
꺄룩[부](하타) (무엇을 보려고 기웃거리거나 목구멍에 걸린 것을 삼키려 할 때) 목을 앞으로 좀 내미는 모양. (큰)끼룩2. **꺄룩-꺄룩**[부](하타).
꺄룩-거리다[-꺼-][타] 무엇을 보거나 목구멍에 걸린 것을 삼키려고 목을 앞으로 자꾸 쑥 내밀다. 꺄룩대다. (큰)끼룩거리다.
꺄룩-대다[-때-][타] 꺄룩거리다.
꺄우듬-하다[형](여) 〈갸우듬하다〉의 센말. (큰)끼우듬하다.
꺄우뚱[부](하자타)(하형) 〈갸우뚱〉의 센말. (큰)끼우뚱.
꺄울다[꺄우니·꺄울어] [Ⅰ][자] 〈갸울다〉의 센말. (큰)끼울다.
[Ⅱ][형] 〈갸울다〉의 센말. (큰)끼울다.
꺄울어-뜨리다[타] 〈갸울어뜨리다〉의 센말. (큰)끼울어뜨리다.
꺄울어-지다[자] 〈갸울어지다〉의 센말. (큰)끼울어지다.
꺄울어-트리다[타] 〈갸울어트리다〉의 센말. (큰)끼울어트리다.
꺄울-이다[타] 〈갸울이다〉의 센말. (큰)끼울이다.
꺄웃[-욷][부](하타)(하형) 〈갸웃〉의 센말. (큰)끼웃.
꺅[부] 닭·오리·고양이 따위 작은 동물이 죽을 때 내는 소리. **꺅-꺅**[부](하자).
꺅꺅-거리다[-꺼-][자] 닭·오리·고양이 따위 작은 동물이 자꾸 꺅꺅 소리를 내다. 꺅꺅대다.
꺅꺅-대다[-때-][자] 꺅꺅거리다.
꺅-차다[자] (너무 많이 먹어서) 음식이 목까지 꽉 차다.
꺌꺌[부](하자) 암탉이나 갈매기 따위가 목청껏 지르는 소리.
꺼꾸러-뜨리다[타] 〈거꾸러뜨리다〉의 센말. (작)까꾸러뜨리다.
꺼꾸러-지다[자] 〈거꾸러지다〉의 센말. (작)까꾸러지다.

꺼꾸러-트리다타 〈거꾸러트리다〉의 센말. 작까꾸러트리다.
꺼꾸로부 '거꾸로'의 잘못.
꺼끄러기명 (벼·보리·밀 따위의) 낟알 겉겹질에 붙은, 껄끄러운 수염 동강. 준꺼러기·꺼럭. 작까끄라기.
꺼끌-꺼끌부하형 자꾸 껄끄럽게 따끔거리는 모양. ¶ 털옷이 맨살에 닿으니 꺼끌꺼끌하다. 작까끌까끌.
꺼끙-그리다타 겉곡식을 방아에 대강 찧어 내다.
꺼:-내다타 ①안에 들어 있는 물건 따위를 손이나 도구를 이용하여 밖으로 나오게 하다. ¶ 가방에서 책을 꺼내다. ②마음속의 생각 따위를 말로 드러내 놓기 시작하다. ¶ 말을 꺼내다.
꺼:-내리다타 당겨서 아래로 내리다.
꺼:-당기다타 끌어서 앞으로 당기다.
꺼덕-꺼덕부하형 〈거덕거덕〉의 센말. 작까닥까닥.
꺼덕-치다형 〈거덕치다〉의 센말.
꺼:-두르다[~두르니·~둘러]타르 움켜잡고 마구 휘두르다. ¶ 머리채를 꺼두르다. 준꺼둘다.
꺼:-둘다[~두니·~둘러]타 〈꺼두르다〉의 준말.
꺼:둘리다자 〖'꺼두르다'의 피동〗 꺼두름을 당하다. ¶ 멱살이 꺼둘리다.
꺼드럭-거리다[-꺼-]자 〈거드럭거리다〉의 센말. 꺼드럭대다. 준꺼들거리다. 작까드락거리다. 센꺼뜨럭거리다.
꺼드럭-꺼드럭부하자 〈거드럭거드럭〉의 센말. 준꺼들꺼들. 작까드락까드락. 센꺼뜨럭꺼뜨럭.
꺼드럭-대다[-때-]자 꺼드럭거리다.
꺼들-거리다자 〈꺼드럭거리다〉의 준말. 꺼들대다. 작까들거리다. 여거들거리다.
꺼들-꺼들부하자 〈꺼드럭꺼드럭〉의 준말. 작까들까들. 여거들거들.
꺼:-들다[~드니·~들어]타 당겨서 추켜들다.
꺼들-대다자 꺼들거리다.
꺼:들-리다자 〖'꺼들다'의 피동〗 꺼듦을 당하다. ¶ 남에게 머리채가 꺼들리다.
꺼들먹-거리다[-꺼-]자 〈거들먹거리다〉의 센말. 꺼들먹대다. 작까들막거리다.
꺼들먹-꺼들먹부하자 〈거들먹거들먹〉의 센말. 작까들막까들막.
꺼들먹-대다[-때-]자 꺼들먹거리다.
꺼뜨럭-거리다[-꺼-]자 〈거드럭거리다〉·〈꺼드럭거리다〉의 센말. 꺼뜨럭대다. 작까뜨락거리다.
꺼뜨럭-꺼뜨럭부하자 〈거드럭거드럭〉·〈꺼드럭꺼드럭〉의 센말. 작까뜨락까뜨락.
꺼뜨럭-대다[-때-]자 꺼뜨럭거리다.
꺼-뜨리다타 (잘못하여) ①불을 꺼지게 하다. 꺼트리다. ¶ 연탄불을 꺼뜨리다. /불씨를 꺼뜨리다. ②기계 등의 동력이 끊어지게 하다. ¶ 시동을 꺼뜨리다.
꺼:러기명 〈꺼끄러기〉의 준말. 작까라기.
꺼:럭명 〈꺼끄러기〉의 준말. 작까락.
꺼:리다 Ⅰ자 마음에 걸리다. ¶ 양심에 꺼리다. Ⅱ타 (해가 돌아올까 하여) 피하거나 싫어하다. ¶ 만나기를 꺼리다. /회의 참석을 꺼리다.
꺼림칙-하다[-치카-]형여 매우 꺼림하다. 께름칙하다. **꺼림칙-이**부.
꺼림-하다형여 ①한 일이 뉘우쳐져서 마음이 편하지 못하다. ¶ 좀 더 따뜻이 대해 주지 못한 것이 꺼림하다. ②피하고 싶거나 싫은 느낌이 있다. 탐탁지 않다. ¶ 상한 게 아닌가 싶어 꺼림하다. 께름하다.
꺼머무트름-하다형여 〈거머무트름하다〉의 센말. 작까마무트름하다.
꺼머번드르-하다형여 〈거머번드르하다〉의 센말. 작까마반드르하다.
꺼머번지르-하다형여 〈거머번지르하다〉의 센말. 작까마반지르하다.
꺼:멓다[-머타][꺼머니·꺼메]형ㅎ 〈거멓다〉의 센말. ¶ 햇볕에 타서 얼굴이 꺼멓다. 작까맣다.
꺼:메-지다자 〈거메지다〉의 센말. ¶ 때가 묻어서 옷이 꺼메지다. 작까매지다.
꺼무끄름-하다형여 〈거무끄름하다〉의 센말. 작까무끄름하다.
꺼무데데-하다형여 〈거무데데하다〉의 센말. 작까무대대하다.
꺼무뎅뎅-하다형여 〈거무뎅뎅하다〉의 센말. 작까무댕댕하다.
꺼무레-하다형여 〈거무레하다〉의 센말. 작까무레하다.
꺼무숙숙-하다[-쑤카-]형여 〈거무숙숙하다〉의 센말. 작까무숙숙하다.
꺼무스레-하다형여 〈거무스레하다〉의 센말. 작까무스레하다.
꺼무스름-하다형여 〈거무스름하다〉의 센말. 준꺼뭇하다. 작까무스름하다.
꺼무슥-하다형여 '꺼뭇하다'의 잘못.
꺼무접접-하다[-쩌파-]형여 〈거무접접하다〉의 센말. 작까무잡잡하다.
꺼무죽죽-하다[-쭈카-]형여 〈거무죽죽하다〉의 센말. 작까무족족하다.
꺼무칙칙-하다[-치카-]형여 〈거무칙칙하다〉의 센말. 작까무칙칙하다.
꺼무튀튀-하다형여 〈거무튀튀하다〉의 센말. 작까무퇴퇴하다.
꺼물-거리다자 〈거물거리다〉의 센말. 꺼물대다. 작까물거리다.
꺼물-꺼물부하자 〈거물거물〉의 센말. 작까물까물.
꺼물-대다자 꺼물거리다.
꺼뭇-꺼뭇[-묻-묻]부하형 〈거뭇거뭇〉의 센말. 작까뭇까뭇.
꺼뭇-하다[-무타-]형여 〈꺼무스름하다〉의 준말. 작까뭇하다. 여거뭇하다.
꺼벅-거리다[-꺼-]타 자꾸 꺼벅꺼벅하다. 꺼벅대다.
꺼벅-꺼벅부하타 보기 싫게 자꾸 꾸벅거리는 모양. 참꾸벅.
꺼벅-대다[-때-]타 꺼벅거리다.
꺼:벙-이명 '조금 모자란 듯한 사람'을 홀하게 이르는 말.
꺼:벙-하다형여 ①허우대는 크나 짜이지 아니하고 엉성하다. ¶ 겉으로는 꺼벙해 보이나, 마음은 단단하다. ②야무지지 않고 조금 모자란 듯하다. ¶ 꺼벙하게 생기다.
꺼:병이명 ①꿩의 어린 새끼. ②겉모양이 짜임새가 없고 엉성하게 생긴 사람.
꺼부러-지다자 ①큰 물건의 부피가 차차 줄어들다. ②생기가 빠져서 몸이 구부러지거나 축 늘어지다. 작까부라지다¹.
꺼불-거리다자타 〈거불거리다〉의 센말. 꺼불대다. 작까불거리다.
꺼불-꺼불부하자타 〈거불거불〉의 센말. 작까불까불.
꺼불다[꺼부니·꺼불어] Ⅰ자 멋없이 가볍고 방정맞게 행동하다. 작까불다¹. Ⅱ자타 아래위로 느리게 흔들리거나 흔들다. 작까불다¹.
꺼불-대다자타 꺼불거리다.
꺼슬-꺼슬부하형 〈거슬거슬〉의 센말. 작까슬까슬.

꺼이-꺼이부 큰 목소리로 목이 메일 만큼 요란하게 우는 모양. ¶ 꺼이꺼이 목 놓아 울다.

꺼지다[1]자 ①(불·거품 따위가) 사라져 없어지다. ¶ 연탄불이 꺼지다./시동이 꺼지다. ②'목숨이 끊어지다', '죽다'를 비유하여 이르는 말. ¶ 꺼져 가는 생명. ③《주로 명령형으로 쓰이어》(눈앞에 보이지 않게) '사라지다'를 비유하여 이르는 말. ¶ 꼴도 보기 싫으니까 어서 꺼져!

꺼지다[2]자 ①땅바닥이나 얼음 따위의 표면이 갈라져 내려앉다. ¶ 땅이 꺼지다./얼음이 꺼지다. ②(속이 비거나 곪거나 하여) 겉이 우묵하게 들어가다. ¶ 배가 꺼지다./며칠 앓다가 일어나더니 눈이 푹 꺼졌다. ③높게 가설한 것이나 높은 곳에 있는 것이 아래로 내려앉다. ¶ 건축용 발판이 꺼져서 많은 일꾼이 다쳤다.

꺼치적-거리다[-꺼-]자 〈거치적거리다〉의 센말. 꺼치적대다. 작까치작거리다.

꺼치적-꺼치적부하자 〈거치적거치적〉의 센말. 작까치작까치작.

꺼치적-대다[-때-]자 꺼치적거리다.

꺼칠-꺼칠부하형 〈거칠거칠〉의 센말. ¶ 겨울이 되니 피부가 꺼칠꺼칠하다. 작까칠까칠.

꺼칠-하다형여 〈거칠하다〉의 센말. ¶ 꺼칠한 턱수염. 작까칠하다.

꺼칫-거리다[-칟꺼-]자 〈거칫거리다〉의 센말. 꺼칫대다. 작까칫거리다.

꺼칫-꺼칫[-칟-칟]부하자 〈거칫거칫〉의 센말. 작까칫까칫.

꺼칫-대다[-칟때-]자 꺼칫거리다.

꺼칫-하다[-치타-]형여 〈거칫하다〉의 센말. 작까칫하다.

꺼-트리다타 꺼뜨리다.

꺼펑이명 덧씌워 덮거나 가린 물건.

꺼풀명 ①거죽을 싸고 있는 껍질의 켜. ②〖의존명사적 용법〗 껍질의 켜를 세는 단위. ¶ 양파 한 꺼풀을 벗기다. 작까풀.

꺼풀-지다자 겁데기나 껍질이 여러 겹으로 켜를 이루다. 작까풀지다.

꺽-꺽[1]부 장끼가 우는 소리.

꺽-꺽[2]부 ①숨이나 말이 목구멍에서 자꾸 막히는 소리, 또는 그 모양. ¶ 더워서 숨이 꺽꺽 막힌다. ②숨이 막힐 정도로 우는 소리, 또는 그 모양. ¶ 꺽꺽 소리를 내며 울다.

꺽꺽-거리다[1][-꺼-]자 장끼가 자꾸 꺽꺽 소리를 내다. 꺽꺽대다[1].

꺽꺽-거리다[2][-꺼-]자 ①숨이나 말이 목구멍에서 자꾸 막히는 소리가 나다. ②숨이 막힐 정도로 우는 소리가 나다. 꺽꺽대다[2].

꺽꺽-대다[1][-때-]자 ☞꺽꺽거리다[1].

꺽꺽-대다[2][-때-]자 ☞꺽꺽거리다[2].

꺽꺽-푸드덕부하자 장끼가 울며 홰치는 소리.

꺽꺽-하다[-꺼카-]형여 (성질·문장·말투·목소리 따위가) 부드럽지 못하고 딱딱하거나 거칠다. ¶ 꺽꺽한 목소리.

꺽다리[-따-]명 〈키꺽다리〉의 준말.

꺽두[-뚜]명 〈꺽두기〉의 준말.

꺽두기[-뚜-]명 ①지난날, 아이들이나 여자들이 신던 '진신'을 흔히 이르던 말. ②〈나막신〉의 속된 말. 준꺽두.

꺽둑-거리다[-뚝꺼-]타 자꾸 꺽둑꺽둑하다. 꺽둑대다. 작깍둑거리다.

꺽둑-꺽둑[-뚝-뚝]부하타 (무나 오이와 같이 단단한 것을) 거칠고 큼직하게 자꾸 써는 모양. 작깍둑깍둑.

꺽둑-대다[-뚝때-]타 꺽둑거리다.

꺽저기[-쩌-]명 꺽짓과의 민물고기. 몸길이 15 cm가량. 쏘가리와 비슷하나 좀 작음. 몸빛은 갈색이며, 몸 양쪽에 암적색의 가로줄이 있음.

꺽정이[-쩡-]명 둑중갯과의 민물고기. 몸길이 15 cm가량. 머리는 평평하고 입이 큼. 몸빛은 엷은 갈색인데, 등 쪽에 회갈색의 가로줄이 다섯 개 있음. 중국·일본 등지와 우리나라의 황해로 흐르는 하천의 하류에 분포하며, 식용함.

꺽죽-거리다[-쭉꺼-]자 자꾸 꺽죽꺽죽하다. 꺽죽대다.

꺽죽-꺽죽[-쭉-쭉]부하사 (저 혼자만 잘난 체) 몸을 흔들며 자꾸 떠드는 모양.

꺽죽-대다[-쭉때-]자 꺽죽거리다.

꺽지[-찌]명 꺽짓과의 민물고기. 몸길이 20cm가량. 모양은 옆으로 납작하며, 엷은 녹갈색인데 입과 주둥이가 크고 아래턱이 위턱보다 약간 깊. 맑은 계곡에서 삶. 우리나라 특산종이며, 식용함.

꺽지다[-찌-]형 (성격이나 몸이) 억세고 꿋꿋하며 과단성이 있다.

꺽짓-손[-찌쏜/-찓쏜]명 꺾져서 호락호락하게 넘어가지 않는 손아귀, 또는 그러한 수단.

꺽짓손(이) 세다관용 사람을 휘어잡는 수단이 보통이 아니다.

꺾-기[1][꺽끼]명 유도의 굳히기의 한 가지. 상대의 팔을 다리 사이에 끼워 꺾거나 팔꿈치 관절을 비틀어 꺾는 기술.

꺾-기[2][꺽끼]명 은행에서 어음 할인이나 대출을 해 줄 때 융자 금액의 일부 또는 일정 비율을 강제적으로 예금하게 하는 일. 구속성 예금. 양건 예금.

꺾-꽂이[꺽-]명하타 식물의 줄기나 가지·뿌리·잎 따위를 자르거나 꺾어서 땅에 꽂아, 뿌리가 내려 새 그루를 이루게 하는 일. 삽목(揷木). 삽식(揷植). 삽지(揷枝).

꺾다[꺽따]타 ①휘어서 부러뜨리다. ¶ 나뭇가지를 꺾다. ②방향을 옆으로 틀다. ¶ 핸들을 왼쪽으로 꺾다. ③접어 겹치다. ¶ 요를 넷으로 꺾어 포개다. ④몸의 어느 부위를 구부리다. ¶ 허리를 꺾어 정중히 인사하다. ⑤(기운·생각·말 따위를) 억누르거나 못하게 하다. ¶ 기를 꺾다./말머리를 꺾다. ⑥마음을 굽히다. ¶ 뜻을 꺾다./고집을 꺾다. ⑦(목청·가락 따위를) 한껏 높인 상태에서 갑자기 낮추다. ¶ 목청을 꺾다. ⑧(한 번에 할 것을) 몇 번으로 나누다. ¶ 책 값을 세 번으로 꺾어 내다. ⑨(주로 운동 경기나 내기 따위에서) 이기다. ¶ 결승에서 상대편을 꺾고 우승배를 안다. *꺾어·꺾는[꺵-]

꺾-쇠[꺽쐬/꺽쒜]명 양쪽 끝을 꺾어 구부리고 그 끝을 날카롭게 다듬은 쇠 토막. 두 개의 나무 따위를 잇대어 고정시킬 때에 씀.

꺾쇠-괄호(-括弧)[꺽쐬-/꺽쒜-]명 ☞꺾쇠묶음.

꺾쇠-구멍[꺽쐬-/꺽쒜-]명 가랫날의 위쪽 양편에 있는, 꺾쇠를 박는 구멍.

꺾쇠-묶음[꺽쐬-/꺽쒜-]명 묶음표로 쓰는 '〔 〕'의 이름. 각괄호. 꺾쇠괄호. 대괄호.

꺾어-지다자 ①휘어져 부러지다. ¶ 나뭇가지가 태풍에 꺾어지다. ②(차나 길 따위가) 일정한 방향으로 나아가거나 뻗은 상태에서 다른 방향으로 돌려진 상태가 되다. ¶ 오른쪽으로 꺾어진 길. ③(종이 따위가) 접히어 겹쳐지다. ④몸의 일부분이 구부러지다. ⑤(기운·생각·말 따위가) 제대로 펴지지 못하고 억눌리다. ⑥《나이를 나타내는 수사와 함께 쓰이어》 '특정한 나이의 절반이 됨'을 속되게 이르는 말. ¶ 꺾어진 오십.

꺾은금^그림표(-表)명 ☞꺾은선 그래프.
꺾은-선(-線)명 몇 개의 점을 차례차례 선분(線分)으로 이어서 이루어진 선.
꺾은선^그래프(-線graph)명 막대 그래프의 끝을 꺾은선으로 연결한 그래프. 시간의 경과에 따르는 양(量)의 변화 상태를 나타내는 데 편리함. 꺾은금 그림표.
꺾은-채명 가마 따위의 채의 앞뒤에 가로지른 나무.
꺾-이다자 ①〖'꺾다'의 피동〗 꺾음을 당하다. ¶ 나뭇가지가 바람에 꺾이다. ②기세나 기운 따위가 약해지다. ¶ 태풍의 기세가 한 풀 꺾였다. ③길 따위가 굽어지다. ¶ 길이 직각으로 꺾여 있다.
꺾임명 ☞굴절(屈折).
꺾임-새명 꺾인 모양새.
꺾-자(-字)[꺽짜]명 ①증서 같은 문서에서 여백(餘白)이 생겼을 경우, '여기는 여백임'이라는 뜻으로, 여백의 위에서 아래까지 내리 그리는 'ㄱ' 자 모양의 부호. ②어떤 글자나 줄을 지워 버리는 뜻으로 그 글자나 줄 위에 긋는 'ㄱ' 자 모양의 부호.
꺾자 놓다관용 ☞꺾자(를) 치다.
꺾자(를) 치다관용 ①증서 따위의 여백에 꺾자를 그리다. ②글자나 줄을 지워 버리기 위하여 그 위에 꺾자를 그리다. 꺾자 놓다.
껀둥-그리다타 〈건둥그리다〉의 센말. 작깐동그리다.
껀둥-껀둥부하타 〈건둥건둥〉의 센말. 작깐동깐동.
껀둥-하다형여 〈건둥하다〉의 센말. 작깐동하다. **껀둥-히**부.
껄껄부하자 우렁찬 목소리로 시원스럽게 웃는 소리. ¶ 호탕하게 껄껄 웃다. 작깔깔.
껄껄-거리다자 우렁찬 목소리로 시원스럽게 자꾸 웃다. 껄껄대다. 작깔깔거리다.
껄껄-대다자 껄껄거리다.
껄껄-하다형여 ①살갗에 닿는 감촉이 딱딱하고 꺼칠꺼칠하다. ②목소리나 성미가 거스러져 나긋나긋하지 못하다. 작깔깔하다1.
껄끄럽다[-따][껄끄러우니·껄끄러워]형ㅂ ①(꺼끄러기 따위가 살에 닿거나 붙어서) 신경이 쓰이게 뜨끔하다. ②미끄럽거나 반드럽지 못하고 껄껄하다. ③무난하거나 원만하지 못하고 매우 거북한 데가 있다. ¶ 껄끄러운 관계. 작깔끄럽다.
껄끄렁-베명 올이 굵어 바탕이 껄껄한 베.
껄끄렁-벼명 잘 몽글리지 아니하여 꺼끄러기가 많이 섞여 있는 벼.
껄끔-거리다자 자꾸 껄끔껄끔하다. 껄끔대다. 작깔끔거리다.
껄끔-껄끔부하자 자꾸 껄끄럽게 뜨끔거리는 모양. 작깔끔깔끔.
껄끔-대다자 껄끔거리다.
껄떡부하자타 ①물 따위의 액체를 기운 없이 조금 크게 삼키는 소리, 또는 그 모양. ②숨이 곧 끊어질 듯 말 듯한 소리, 또는 그 모양. ③빳빳하고 엷은 물체의 바닥이 뒤집히거나 뒤틀릴 때 나는 소리, 또는 그 모양. 작깔딱. **껄떡-껄떡**부하자타.
껄떡-거리다[-꺼-]자타 ①자꾸 껄떡껄떡하다. ②매우 먹고 싶거나 갖고 싶어 안달하다. 껄떡대다. 작깔딱거리다.
껄떡-대다[-때-]자타 껄떡거리다.
껄떡-이명 음식이나 재물에 턱없이 욕심을 내는 사람.
껄떡-하다[-떠카-]형여 (몹시 피로하거나 기운이 없거나 하여) 눈꺼풀이 걷어 달리고 눈알이 움푹하게 들어가 퀭하다. 작깔딱하다.
껄떼기명 농어의 새끼.
껄렁부하형 ①말이나 행동이 들떠 모두 미덥지 아니하고 허황된 모양. ②사물이 꼴사납고 너절한 모양. ¶ 하나같이 껄렁한 차림새들을 하고 있다. **껄렁-껄렁**부하형.
껄렁-이명 됨됨이나 언행이 껄렁한 사람.
껄렁-패(-牌)명 껄렁한 사람의 무리.
껄ː-머리명 전통 혼례 때, 신부의 머리에 크게 땋아서 늘이어 대는 덧머리. 〔그 위에 화잠(花簪)을 꽂음.〕
껄쭉-거리다[-꺼-]자 자꾸 껄쭉껄쭉하다. 껄쭉대다. 작깔쭉거리다.
껄쭉-껄쭉부하자 거세게 걸끔거리는 모양. 작깔쭉깔쭉.
껄쭉-대다[-때-]자 껄쭉거리다.
껌(←gum)명 고무에 설탕·박하·향료 따위를 섞어서 만든, 씹는 과자.
껌껌-나라명 몹시 껌껌하여 그 상황을 헤아릴 수 없는 상태, 또는 그러한 곳. 작깜깜나라.
껌껌-하다형여 ①몹시 어둡다. ¶ 방 안이 껌껌해서 안 보인다. ②'마음이 음침하다'를 비유하여 이르는 말. ¶ 심보가 껌껌한 사람.
껌ː다[-따]형 〈검다2〉의 센말. 작깜다.
껌둥-이명 〈검둥이〉의 센말. 작깜둥이.
껌벅부하자타 ☞끔벅.
껌적-껌적부하형 〈검적검적〉의 센말. 작깜작깜작.
껌정명 〈검정〉의 센말. 작깜장.
껌정-이명 〈검정이〉의 센말. 작깜장이.
껍데기[-떼-]명 ①(호두·달걀·조개 따위의) 속을 싸고 있는 단단한 물질. 각(殼). ¶ 조개 껍데기. ②알맹이를 빼내고 남은 물건. ¶ 이불 껍데기. ③화투에서, 끗수가 없는 낱장. 피(皮). ¶ 껍데기만 먹다. ①②작깝대기. 참껍질.
껍신-거리다[-씬-]타 자꾸 껍신껍신하다. 껍신대다. 작깝신거리다.
껍신-껍신[-씬-씬]부하타 채신없이 꺼불거리는 모양. 작깝신깝신.
껍신-대다[-씬-]타 껍신거리다.
껍적-거리다[-쩍꺼-]자 자꾸 껍적껍적하다. 껍적대다. 작깝작거리다.
껍적-껍적[-쩍-쩍]부하자 방정맞게 꺼불거리는 모양. 작깝작깝작.
껍적-대다[-쩍때-]자 껍적거리다.
껍죽-거리다[-쭉꺼-]자타 자꾸 껍죽껍죽하다. 껍죽대다. 작깝죽거리다.
껍죽-껍죽[-쭉-쭉]부하자타 ①신이 나서 방정맞게 꺼불거리는 모양. ②잘난 체하는 모양. 작깝죽깝죽.
껍죽-대다[-쭉때-]자타 껍죽거리다.
껍질[-찔]명 물체의 거죽을 싸고 있는, 딱딱하지 아니한 켜. ¶ 바나나 껍질. 작깝질. 참껍데기.
껍질-눈[-찔룬]명 ☞피목(皮目).
-껏[껃]접미 ①일부 명사 뒤에 붙어, '그것이 가장 높은 한도에 이르도록'의 뜻을 나타냄. ¶ 마음껏. /정성껏. /힘껏. /소신껏. ②때를 나타내는 부사 뒤에 붙어, '그때까지 내내'의 뜻을 나타냄. ¶ 지금껏. /여태껏. /아직껏.
껑거리명 길마를 얹을 때, 마소의 궁둥이에 막대를 가로 대고, 그 두 끝에 줄을 매어 길마 뒷가지에 좌우로 잡아매게 된 물건.
껑거리-끈명 길마가 움직이지 못하도록 껑거리 막대의 두 끝에 잡아맨 줄.

껑거리-막대[-때]명 마소의 궁둥이에 대어 껑거리끈을 잡아매는 막대.
껑-까다자 '거짓말하다'를 속되게 이르는 말.
껑더리-되다[-되-/-뒈-]자 〈겅더리되다〉의 센말.
껑뚱-거리다자 〈겅둥거리다〉의 센말. 껑뚱대다. 작깡똥거리다.
껑뚱-껑뚱부하자 〈겅둥겅둥〉의 센말. 작깡똥깡똥.
껑뚱-대다자 껑뚱거리다.
껑뚱-하다형여 〈겅둥하다〉의 센말. 작깡똥하다.
껑싸-지나형 널넓고 어색하여 매우 거북하다. 면목이 없다.
껑쩡부 긴 다리로 힘차게 냅다 뛰는 모양. 작깡짱. 참껑청. **껑쩡-껑쩡**부하자.
껑쩡-거리다자 자꾸 껑쩡껑쩡하다. 껑쩡대다. 작깡짱거리다.
껑쩡-대다자 껑쩡거리다.
껑쭝부 긴 다리로 가볍고 힘차게 솟구쳐 뛰는 모양. 작깡쫑. 참껑충. **껑쭝-껑쭝**부하자.
껑쭝-거리다자 자꾸 껑쭝껑쭝하다. 껑쭝대다. 작깡쫑거리다.
껑쭝-대다자 껑쭝거리다.
껑청부 긴 다리로 멋없이 솟구쳐 뛰는 모양. 작깡창. 참껑쩡. **껑청-껑청**부하자.
껑청-거리다자 자꾸 껑청껑청하다. 껑청대다. 작깡창거리다.
껑청-대다자 껑청거리다.
껑충부 ①긴 다리로 힘차게 솟구쳐 냅다 뛰는 모양. 작깡충. 참껑쭝. ②어떤 단계나 순서를 한꺼번에 많이 건너뛰는 모양. ¶ 국어 성적이 껑충 뛰다. /물가가 껑충 뛰다. **껑충-껑충**부하자.
껑충-거리다자 자꾸 껑충껑충하다. 껑충대다. 작깡충거리다.
껑충-대다자 껑충거리다.
껑충-이명 ①키가 껑충하게 큰 사람. ②키가 크고 싱거운 사람.
껑충-하다형여 키가 멋없이 크고, 다리가 매우 길다. 작깡총하다.
께조 〈에게〉의 높임말. ¶ 이걸 선생님께 드려라.
-께접미 때나 곳을 나타내는 명사 뒤에 붙어, '그것을 중심으로 한 가까운 범위'를 뜻함. ¶ 공원 정문께 설치된 공중전화기. /내일 10시께 전화해라.
께끄름-하다형여 께적지근하고 꺼림하여, 마음이 내키지 않다. 준께끔하다. **께끄름-히**부.
께끔-하다형여 〈께끄름하다〉의 준말. **께끔-히**부.
께끼다타 ①절구질을 할 때 확의 가로 솟아오르는 것을, 가운데로 밀어 넣다. ②노래나 말을 할 때, 옆에서 거들어 잘 어울리도록 하다. ③잘 모르는 것을 옆에서 거들어 일러 주다.
께느른-하다형여 일에 마음이 내키지 않고 몸이 느른하다. ¶ 피로가 쌓였는지 아침부터 몸이 께느른하다. 작깨나른하다. **께느른-히**부.
께름칙-하다[-치카-]형여 매우 꺼림하다. 꺼림칙하다.
께름-하다형여 꺼림하다.
께서조 주격 '가'·'이'의 높임말. 《서술어에 높임을 나타내는 선어말어미 '-시-'를 붙여야 함.》 ¶ 할아버지께서 하신 일. /선생님께서도 함께 가신단다. 높께옵서.
께오서조 '께옵서'의 잘못.
께옵서[-써]조 주격 '가'·'이'의 아주 높임말. '께서'의 높임말. ¶ 국조(國祖) 단군께옵서 아사달(阿斯達)에 도읍하시다.
께저분-하다형여 〈게저분하다〉의 센말.
께적-거리다[-꺼-]타 〈께지럭거리다〉의 준말. 께적대다. 작깨작거리다.
께적-께적부하타 〈께지럭께지럭〉의 준말. 작깨작깨작.
께적-대다[-때-]타 께적거리다.
께적지근-하다[-찌-]형여 〈게적지근하다〉의 센말.
께죽-거리다[-꺼-]자타 자꾸 께죽께죽하다. 께죽대다. ¶ 다 끝난 얘기니 께죽거리지 마라. 작깨죽거리다.
께죽-께죽부 ①하자 불평스러운 말로 자꾸 되씹어 중얼거리는 모양. ②하타 (음식 따위를) 먹기 싫은 태도로 자꾸 되씹는 모양. 작깨죽깨죽.
께죽-대다[-때-]자타 께죽거리다.
께지럭-거리다[-꺼-]타 자꾸 께지럭께지럭하다. 께지럭대다. 준께적거리다·께질거리다. 작깨지락거리다.
께지럭-께지럭부하타 ①탐탁하지 않은 음식을 자꾸 억지로 굼뜨게 먹는 모양. ¶ 끼니때마다 술질을 께지럭께지럭하면서 오래도록 먹는다. ②(어떤 동작이나 일을) 탐탁하지 않은 듯이 게으르고 굼뜨게 하는 모양. 준께적께적·께질께질. 작깨지락깨지락.
께지럭-대다[-때-]타 께지럭거리다.
께질-거리다타 〈께지럭거리다〉의 준말. 께질대다. 작깨질거리다.
께질-께질부하타 〈께지럭께지럭〉의 준말. 작깨질깨질.
께질-대다타 께질거리다.
껜준 조사 '께'와 '는'이 합하여 줄어든 말. ¶ 어머니껜 말씀드렸다.
-껜준 접미사 '-께'와 조사 '는'이 합하여 줄어든 말. ¶ 시장껜 역시 시끄럽다. /보름껜 돌아올 수 있겠지.
껴-들다[1][~드니·~들어]자 〈끼어들다〉의 준말.
껴-들다[2][~드니·~들어]타 ①팔로 물건을 끼어서 들다. ¶ 겨드랑이에 책을 껴들다. ②두 개 이상의 물건을, 한데 덧붙이거나 겹쳐서 들다.
껴묻-거리[-꺼리]명 죽은 사람을 매장할 때 함께 묻는 물건.
껴-묻다[1][-따]자 다른 물건에 싸잡혀 묻어 들어가다. 《주로, '껴묻어'의 꼴로 쓰임.》 ¶ 내 짐이 자네 짐에 껴묻어 갔는지 봐 주게.
껴-묻다[2][-따]타 묻은 곳에 다른 것을 또 묻다. ¶ 애장품을 무덤에 껴묻다.
껴-붙들다[-붇뜰-][~붙드니·~붙들어]타 팔로 끼어서 붙들다. ¶ 두 명의 경찰이 범인을 껴붙들었다.
껴-안다[-따]타 ①두 팔로 감싸서 품에 안다. ¶ 허리를 껴안다. ②혼자서 많은 일을 한데 몰아서 맡다.
껴-얹다[-언따]타 있는 위에 더 끼워 넣거나 덧붙이다.
껴-입다[-따]타 ①옷을 입은 위에 또 겹쳐 입다. ②몸에 맞지 않는 작은 옷을 억지로 입다.
껴-잡다[-따]타 ①팔로 끼어서 잡다. ②한데 몰아서 잡다.
꼬기-꼬기부하타 '꼬깃꼬깃'의 잘못.
꼬기다자타 〈고기다〉의 센말. 큰꾸기다.
꼬기작-거리다[-꺼-]타 〈고기작거리다〉의 센말. 꼬기작대다. 큰꾸기적거리다.
꼬기작-꼬기작부하타 〈고기작고기작〉의 센말. 큰꾸기적꾸기적.
꼬기작-대다[-때-]타 꼬기작거리다.
꼬김-살[-쌀]명 〈고김살〉의 센말. 큰꾸김살.

꼬깃-거리다[-긷꺼-]타 〈고깃거리다〉의 센말. 꼬깃대다. 큰꾸깃거리다.

꼬깃-꼬깃[-긷-긷]부하타하형 〈고깃고깃〉의 센말. ¶ 꼬깃꼬깃한 신문지. 큰꾸깃꾸깃.

꼬깃-대다[-긷때-]타 꼬깃거리다.

꼬ː까명 고까. 때때.

꼬ː까-신명 고까신. 때때신.

꼬ː까-옷[-옫]명 고까옷. 때때옷. * 꼬ː까옷이[-오시]·꼬ː까옷만[-온-]

꼬꼬 Ⅰ명 '닭'의 어린이말. ¶ 꼬꼬가 운다. Ⅱ부 암탉이 우는 소리. ¶ 닭들이 꼬꼬 하며 모이를 쪼다.

꼬꼬댁부하자 암탉이 놀랐을 때나 알을 낳은 뒤에 우는 소리.

꼬꼬마명 ①지난날, 말총으로 만든 기다란 삭모(槊毛). 〔군졸이 쓰는 벙거지 뒤에 늘어뜨리던 것.〕 ②실 끝에 새털이나 종이 오리를 매어 바람에 날리는 아이들의 장난감.

꼬꾜부 〈꼬끼오〉의 준말. ¶ 먼동이 틀 무렵에 닭이 꼬꾜 하고 홰치며 운다.

꼬꾸라-뜨리다타 〈고꾸라뜨리다〉의 센말.

꼬꾸라-지다자 〈고꾸라지다〉의 센말.

꼬꾸라-트리다타 〈고꾸라트리다〉의 센말.

꼬끼오부 수탉이 우는 소리. 준꼬꾜.

꼬나-물다[~무니·~물어]타 '담배나 물부리 따위를 입에 무는 것'을 속되게 이르는 말. ¶ 담배를 꼬나물다.

꼬나-보다타 '눈을 모로 뜨고 못마땅한 듯이 사람을 노려보다'를 속되게 이르는 말. ¶ 하는 짓이 못마땅한지 한참을 꼬나보았다.

꼬냑(←cognac 프)명 '코냑'의 잘못.

꼬느다[꼬느니·꼬나]타 ①무거운 물건의 한끝을 쥐고 치켜 올려 내뻗치다. ¶ 엠원(M1) 소총을 왼팔로 꼬나 올리다. ②마음을 잔뜩 가다듬고 벼르다. ¶ 기자들은 만년필을 꼬느고 앉아 중대 발표를 기다렸다. ③☞꼲다.

꼬ː다타 ①여러 가닥을 한 줄이 되게 비비다. ¶ 새끼를 꼬다./노를 꼬다. ②(몸·다리·팔 따위를) 틀다. ¶ 다리를 꼬고 앉지 마라. ③〈비꼬다〉의 준말.

꼬다케부 불길이 세지도 않고 그렇다고 꺼지지도 않은 채 붙어 있는 모양.

꼬드기다타 ①남을 부추기어 무슨 일을 하도록 하다. ②연줄을 튀기어 연이 솟구쳐 오르게 하다.

꼬드러-지다자 〈고드러지다〉의 센말. 큰꾸드러지다.

꼬들-꼬들부하형 〈고들고들〉의 센말. ¶ 꼬들꼬들한 고두밥. 큰꾸들꾸들.

꼬라-박다[-따]타 ①'거꾸로 내리박다'를 속되게 이르는 말. ②돈 따위를 어떤 일에 헛되이 써 버리다. ¶ 전 재산을 노름에 꼬라박다.

꼬라박-히다[-바키-]타 〖'꼬라박다'의 피동〗 꼬라박음을 당하다. ¶ 구덩이에 꼬라박힌 자전거.

꼬라지명 ①'꼬락서니'의 방언. ②'성깔'의 방언.

꼬락서니[-써-]명 〈꼴[1]〉의 속된 말. ¶ 그 꼬락서니가 뭐냐!

꼬랑이명 ①〈꼬리〉의 속된 말. ②배추나 무 따위의 뿌리 끝 부분.

꼬랑지명 〈꽁지〉의 속된 말.

꼬르륵부하자 ①사람의 배 속이나 대통 속의 담뱃진 따위가 끓을 때 나는 소리. ¶ 아침을 굶었더니 배에서 꼬르륵 소리가 계속해서 난다. ②닭이 놀랐을 때 내는 소리. ③물이 작은 구멍으로 지나갈 때 나는 소리. ④가래가 목구멍에 걸려 숨을 쉴 때 거칠게 나는 소리. ⑤물속에서 기체의 작은 방울이 물 위로 떠오를 때 나는 소리. ¶ 꼬르륵 소리를 내면서 물속으로 가라앉다. 큰꾸르륵. **꼬르륵-꼬르륵**부하자.

꼬르륵-거리다[-꺼-]자 자꾸 꼬르륵꼬르륵하다. 꼬르륵대다. 큰꾸르륵거리다.

꼬르륵-대다[-때-]자 꼬르륵거리다.

꼬리명 ①동물의 꽁무니나 몸뚱이 뒤 끝에 가늘고 길게 내민 부분, 또는 그와 같은 모양의 것. ¶ 강아지 꼬리. ②'사물의 한쪽 끝에 길게 내민 부분'을 비유하여 이르는 말. ¶ 비행기 꼬리. ③어떤 무리의 끝. ¶ 꼬리를 좇아가다.

꼬리가 길면 밟힌다속담 나쁜 짓을 오래 계속하면 결국 들키고 만다는 뜻.

꼬리(가) 길다관용 ①못된 짓을 오래 계속하다. ②'문을 꼭 닫지 않고 드나드는 사람'을 나무라는 말.

꼬리(를) 감추다관용 자취를 감추다.

꼬리(를) 달다관용 더 보태어 말하거나 어떤 조건을 붙이다.

꼬리(를) 물다관용 서로 잇달리어 끝이 없이 계속되다.

꼬리(를) 밟히다관용 몰래 나쁜 짓을 하다가 남에게 들키다.

꼬리(를) 사리다관용 만일을 생각하여 몸조심하다.

꼬리(를) 잇다관용 연이어 계속되다.

꼬리(를) 잡다관용 약점을 잡다.

꼬리(를) 치다관용 아양을 떨어 유혹하다. 꼬리를 흔들다.

꼬리(를) 흔들다관용 ☞꼬리를 치다.

꼬리-고사리명 꼬리고사릿과의 다년생 상록 양치식물. 산이나 들에 나는데, 뿌리줄기는 짧고 잎은 깃 모양의 겹잎이며 꼬리처럼 길게 자람. 자낭군(子囊群)은 잎맥을 따라 줄지어 있음.

꼬리-곰명 〈꼬리곰탕〉의 준말.

꼬리-곰탕(-湯)명 소의 꼬리를 진하게 곤 국. 준꼬리곰.

꼬리^날개명 비행기의 뒤쪽에 붙어 있는 날개. 〔수평 꼬리 날개와 수직 꼬리 날개가 있음.〕 미익(尾翼).

꼬리-대기명 골패 노름의 한 가지. 둘 또는 네 사람이 골패를 똑같이 나눠 가지고 앞사람 패의 다음 끝 짝을 이어 대는데, 많이 굶는 사람이 지게 됨. 미골(尾骨)[2].

꼬리-별명 ☞혜성(彗星). 살별.

꼬리-보명 한 끝이 휘어 도리에 닿는 보.

꼬리-뼈명 ☞미골(尾骨)[1].

꼬리-연명 긴 꼬리를 단 연.

꼬리-지느러미명 물고기의 몸 뒤 끝에 있는 지느러미.

꼬리-털명 짐승의 꼬리에 난 털.

꼬리-표(-票)명 ①받는 이나 보내는 이의 이름이나 주소 따위를 적어서 짐에 달아매는 쪽지. ②어떤 사람에게 늘 따라다니는 떳떳하지 않은 평가나 평판.

꼬리표(가) 붙다관용 어떤 좋지 않은 평판(평가)이 내려지다.

꼬마명 ①'어린아이'를 귀엽게 이르는 말. ②조그만 것. 소형(小型). ¶ 꼬마 기차. ③〈꼬마둥이〉의 준말.

꼬마-둥이명 몸집이나 키가 작은 사람. 꼬맹이. 준꼬마.

꼬막명 안다미조갯과의 바닷조개. 껍데기에는 부챗살 모양의 줄이 나 있음. 요리에 많이 쓰임. 강요주. 살조개. 안다미조개.

꼬맹-이명 '꼬마'를 홀하게 이르는 말.
꼬무락-거리다[-꺼-]자타 〈고무락거리다〉의 센말. 꼬무락대다. 큰꾸무럭거리다.
꼬무락-꼬무락부하자.타 〈고무락고무락〉의 센말. 큰꾸무럭꾸무럭.
꼬무락-대다[-때-]자타 꼬무락거리다.
꼬물-거리다자타 〈고물거리다〉의 센말. 꼬물대다. 큰꾸물거리다.
꼬물-꼬물부하자.타 〈고물고물〉의 센말. 큰꾸물꾸물.
꼬물-대다자타 꼬물거리다.
꼬박1부 〈꼬박이〉의 준말. 센꼬빡1.
꼬박2부하타 ①머리와 몸을 앞으로 조금 숙였다가 드는 모양. ¶ 꼬박 절을 하다. ②자신도 모르는 사이에 순간적으로 잠이 드는 모양. ¶ 책상에 엎드려 꼬박 잠이 들었다. 큰꾸벅. 센꼬빡2. 꼬박-꼬박부하타.
꼬박-거리다[-꺼-]타 머리와 몸을 자꾸 앞으로 조금씩 숙였다가 들다. 꼬박대다. 큰꾸벅거리다.
꼬박-꼬박부 ①남의 말에 어김없이 따르는 모양. ¶ 꼬박꼬박 시키는 대로 한다. 큰꾸벅꾸벅. ②차례를 거르지 않는 모양. ¶ 하루도 거르지 않고 일기를 꼬박꼬박 쓰다. 센꼬빡꼬빡.
꼬박-대다[-때-]타 꼬박거리다.
꼬박-이부 고대로 끝끝내 기다리거나, 밤을 새우는 모양. ¶ 꼬박이 이틀을 굶었다. 준꼬박1.
꼬박-이다타 졸거나 절을 할 때에 머리와 몸을 앞으로 숙였다가 들다. 큰꾸벅이다. 센꼬빡이다.
꼬부라-들다[~드니·~들어]자 〈고부라들다〉의 센말. 큰꾸부러들다.
꼬부라-뜨리다타 〈고부라뜨리다〉의 센말. 큰꾸부러뜨리다.
꼬부라-지다자 〈고부라지다〉의 센말. 큰꾸부러지다.
꼬부라-트리다타 〈고부라트리다〉의 센말. 큰꾸부러트리다.
꼬부랑명 《일부 명사 앞에 쓰이어》 꼬불꼬불하게 휘어짐을 뜻하는 말. ¶ 꼬부랑 산길.
꼬부랑-글자(-字)[-짜]명 ①모양 없이 아무렇게나 쓴 글씨. ②'서양 글자'를 속되게 이르는 말.
꼬부랑-길[-낄]명 여러 굽이로 꼬부라진 길.
꼬부랑-꼬부랑부하형 〈고부랑고부랑〉의 센말. 큰꾸부렁꾸부렁.
꼬부랑-이명 〈고부랑이〉의 센말. 큰꾸부렁이.
꼬부랑-하다형여 〈고부랑하다〉의 센말. 큰꾸부렁하다.
꼬부리다타 〈고부리다〉의 센말. 큰꾸부리다.
꼬부스름-하다형여 〈고부스름하다〉의 센말. 준꼬부슴하다. 큰꾸부스름하다.
꼬부슴-하다형여 〈꼬부스름하다〉의 준말. 큰꾸부슴하다. 여고부슴하다. 꼬부슴-히부.
꼬부장-꼬부장부하형 〈고부장고부장〉의 센말. 큰꾸부정꾸부정.
꼬부장-하다형여 〈고부장하다〉의 센말. 큰꾸부정하다.
꼬불-거리다자 〈고불거리다〉의 센말. 꼬불대다. 큰꾸불거리다.
꼬불-꼬불부하자하형 〈고불고불〉의 센말. 큰꾸불꾸불.
꼬불-대다자 꼬불거리다.
꼬불탕-꼬불탕부하형 〈고불탕고불탕〉의 센말. 큰꾸불텅꾸불텅.
꼬불탕-하다형여 〈고불탕하다〉의 센말. 큰꾸불텅하다.
꼬붓-꼬붓[-붇-붇]부하형 〈고붓고붓〉의 센말. 큰꾸붓꾸붓.
꼬붓-하다[-부타-]형여 〈고붓하다〉의 센말. ¶ 허리가 꼬붓한 할머니. 큰꾸붓하다. 꼬붓-이부.
꼬빡1부 〈꼬박1〉의 센말.
꼬빡2부하타 〈꼬박2〉의 센말. ¶ 책상 앞에 앉아서 꼬빡 졸았다. 큰꾸뻑.
꼬빡-꼬빡부 〈꼬박꼬박〉의 센말. 큰꾸뻑꾸뻑.
꼬빡-연(-鳶)[-빵년]명 ☞가오리연.
꼬빡-이다타 〈꼬박이다〉의 센말. 큰꾸뻑이다.
꼬시다타 '꾀다4'를 속되게 이르는 말.
꼬이다1자 ☞꾀다1.
꼬이다2자 ①일이 제대로 풀리지 아니하고 뒤틀리다. ¶ 일이 자꾸 꼬이기 시작하다. ②비위에 거슬려 마음이 뒤틀리다. ¶ 심사가 꼬이다. 준꾀다2.
꼬-이다3자 〖'꼬다'의 피동〗 꼼을 당하다. ¶ 새끼가 잘 꼬이다. 준꾀다3.
꼬이다4타 ☞꾀다4.
꼬임명 ☞꾐.
꼬장-꼬장부하형 ①어떠한 물건 같은 것이 가늘고 곧은 모양. ¶ 꼬장꼬장한 회초리. ②늙은이가 허리도 굽지 않고 매우 탄탄한 모양. ¶ 꼬장꼬장한 늙은이. ③성미가 외곬으로 곧고 꼿꼿한 모양. ¶ 성미가 꼬장꼬장하다. 큰꾸정꾸정.
꼬질-꼬질부하형 ①잘 자라지 못하여 몹시 뒤틀어지고 꼬불꼬불한 모양. ¶ 꼬질꼬질 뒤틀어지고 외틀어지고 한 잡목들. ②(차림새나 맵시가) 풀기가 죽고 때가 끼어 매우 궁상스러운 모양. ¶ 꼬질꼬질 땟국이 흐르는 옷.
꼬집다[-따]타 ①손가락이나 손톱으로 살을 집어 뜯거나 비틀다. ②남의 약점이나 비밀 같은 것을 비꼬아 말하거나 분명하게 지적하여 드러내다. ¶ 너무 그렇게 꼬집어 말하지 말게.
꼬창-모명 논에 물이 부족하여 흙이 좀 굳어서, 꼬챙이로 논바닥에 구멍을 뚫으면서 심는 모.
꼬창이명 '꼬챙이'의 잘못.
꼬챙이명 나무·대·쇠붙이 따위의 가늘고 긴 막대기. 준꼬치.
꼬치명 ①〈꼬챙이〉의 준말. ②꼬챙이에 꿴 음식물. ③〖의존 명사적 용법〗 꼬챙이에 꿴 음식물을 세는 단위. ¶ 전복 한 꼬치.
꼬치-꼬치부 ①몸이 몹시 마른 모양. ¶ 꼬치꼬치 야위다. ②자꾸 파고들며 물어보는 모양. ¶ 남의 집안일을 꼬치꼬치 캐묻다.
꼬치-삼치명 고등엇과의 바닷물고기. 몸길이 1.5 m가량. 삼치와 비슷하나 더 가늘고 길. 몸빛은 등 쪽이 남청색이고 지느러미는 흑색임. 열대 지방에 많은데 우리나라의 서남부와 제주도 연해에도 분포함.
꼬치-안주(-按酒)명 꼬치로 된 안주.
꼬투리명 ①〈담배꼬투리〉의 준말. ②콩과 식물의 열매를 싸고 있는 껍질. ③(말이나 사실 따위의) 실마리. ¶ 자꾸 말 꼬투리를 물고 늘어진다. ④남을 해코지하거나 헐뜯을 만한 거리. ¶ 꼬투리를 잡다.
꼬푸리다타 〈고푸리다〉의 센말. 큰꾸푸리다.
꼭부 ①단단히 힘을 주어 누르거나 죄거나 하는 모양. ¶ 눈을 꼭 감다. ②애써 참거나 견디는 모양. ¶ 아픈 것을 꼭 참다. ③깊숙이 숨거나 틀어박히는 모양. ¶ 방 안에 꼭 틀어박혀 나오지 않는다. ④반드시. 어김없이. ¶ 날짜를 꼭 지켜라. ①~③큰꾹. 꼭-꼭부.

꼭꼭부하자 암탉이 알을 안는 소리.
꼭꼭-거리다[-꺼-]자 암탉이 자꾸 꼭꼭 소리를 내다. 꼭꼭대다.
꼭꼭-대다[-때-]자 꼭꼭거리다.
꼭대기[-때-]명 ①맨 위쪽. ②여럿 중의 우두머리.
꼭두-각시[-뚜-씨]명 ①여러 가지 이상야릇한 탈을 씌운 인형. ②꼭두각시놀음에서, 괴상한 탈을 씌운 젊은 색시 인형. ③'남의 조종에 의하여 움직이는 사람'을 비유하여 이르는 말. ①③괴뢰(傀儡). 참망석중이.
꼭두각시-놀음[-뚜-씨-]명 ①무대 위의 인형들을 뒤에서 조종하여 진행시키는 민속 인형극의 한 가지. 박첨지놀음. ②하자주체성 없이 남의 뜻에 따라 움직이는 일.
꼭두-놀리다[-뚜-]자 꼭두각시를 놀리다.
꼭두-머리[-뚜-]명 ①(시간적으로) 일의 가장 처음. ②'꼭대기'의 잘못.
꼭두-새벽[-뚜-]명 썩 이른 새벽. 첫새벽.
꼭두서니[-뚜-]명 ①꼭두서닛과의 다년생 만초. 산이나 들에 절로 나는데, 줄기는 네모지고 짧은 가시가 있음. 잎은 네 잎씩 돌려 나고, 여름에 노란 꽃이 핌. 어린잎은 나물로 먹고, 뿌리는 물감의 원료로 쓰거나 한방에서 '천근(茜根)'이라 하여 약재로 씀. 천초(茜草). ②꼭두서니 뿌리에서 뽑아낸 빨간 물감이나 그 빛깔.
꼭두-쇠[-뚜쇠/-뚜쉐]명 ☞모가비.
꼭두-식전(-食前)[-뚜-쩐]명 이른 새벽.
꼭둑-각시명 '꼭두각시'의 잘못.
꼭뒤[-뛰]명 ①뒤통수의 한복판. ②활의 도고지가 붙은 뒤.
 꼭뒤(를) 누르다관용 (세력이나 힘으로) 아랫사람을 억누르다.
 꼭뒤(를) 눌리다관용 세력이나 힘에 눌리다. 꼭뒤(를) 질리다.
 꼭뒤(를) 지르다관용 ①남의 앞장을 질러 말하거나 행동하다. ②압제를 하다.
 꼭뒤(를) 질리다관용 ☞꼭뒤(를) 눌리다.
꼭뒤-잡이[-뛰-]명하자 ①뒤통수의 머리나 깃고대를 잡아채는 일. ②씨름에서, 오른팔로 등뒤의 띠를 잡고 앞으로 당겨 엎어지게 하는 손재간의 한 가지.
꼭지[-찌] Ⅰ명 ①그릇 뚜껑의 손잡이. ¶ 냄비 뚜껑의 꼭지가 떨어졌다. ②잎이나 열매를 지탱하는 줄기. ¶ 사과 꼭지. ③연(鳶) 머리의 가운데에 붙이는 표. ④거지나 딴꾼의 우두머리. ⑤도리깨의 자루 머리에 꽂아 열을 걸어 돌게 하는 나무 비녀.
 Ⅱ의 ①모숨을 지어 매어 놓은 물건을 세는 말. ¶ 미역 두 꼭지. ②일정한 양으로 묶은 교정쇄를 세는 단위. ¶ 원고 세 꼭지를 교정하다.
 꼭지가 무르다관용 기회가 무르익다.
 꼭지(를) 따다관용 처음 시작하다.
꼭지-각(-角)[-찌-]명 이등변 삼각형에서 두 등변 사이의 각.
꼭지-눈[-찌-]명 식물의 줄기나 가지의 맨 끝에서 나는 싹. 정아(頂芽). ↔곁눈[2].
꼭지-딴[-찌-]명 딴꾼의 우두머리.
꼭지-마리[-찌-]명 물레를 돌리는 손잡이.
꼭지-미역[-찌-]명 낱올로 된 것을 꼭지 지은 미역.
꼭짓-점(-點)[-찌쩜/-찐쩜]명 ①맨 꼭대기의 점. ②각(角)을 이룬 두 직선이 만나는 점, 또는 다면체의 세 개 이상의 면이 만나는 점.
꼭짓-집[-찌찝/-찐찝]명 지난날, 빨래터에서 빨래를 삶아 주고 꼭지 수효대로 삯을 받던 집.
꼭ː-하다[꼬카-]형여 (변통성이 없이) 정직하고 고지식하다.
꼰대명 ①은어로, '늙은이'를 이르는 말. ②학생들의 은어로, '선생님'을 이르는 말.
꼰질-꼰질부하형 (하는 짓이나 생각이) 지나치게 꼼꼼하여 갑갑한 모양.
꼲다[꼰타]타 잘잘못이나 좋고 나쁨을 살피어 정하다. 꼬느다. ¶ 성적을 꼲다. *꼲아[꼬나]·꼲는[꼰-]·꼲소[꼰쏘]
꼴[1]명 ①사물의 생김새나 됨됨이. ¶ 기역자 꼴. ②사물의 모습이나 행색·처지 따위를 홀하게 이르는 말. 《'꼴이 말이 아니다', '꼴이 사납다', '꼴 좋다' 등 부정적(否定的)으로 쓰이는 경우가 많음.》 ¶ 네 꼴이 우습게 되었다.
꼴[2]명 마소에 먹이는 풀. 목초(牧草). ¶ 꼴을 베다. /꼴을 먹이다.
-꼴접미 수량을 나타내는 말 뒤에 붙어, 그것의 낱낱의 값을 나타냄. ¶ 100원꼴로 쳐서 모두 얼마나 되겠습니까?
꼴-값[-깝]명하자 ①〈얼굴값〉의 속된 말. ¶ 분수도 모르고 꼴값한다. ②격에 맞지 않는 아니꼬운 행동. ¶ 꼴값을 떨다. *꼴값이[-깝씨]·꼴값만[-깜-]
꼴-같잖다[-갇짠타]형 꼴이 격에 맞지 않아 아니꼽다. 꼴답잖다.
꼴까닥부 〈꼴깍〉의 본딧말.
꼴깍부 ①하타적은 분량의 물이나 침 따위가 목이나 좁은 구멍으로 단번에 넘어가는 소리, 또는 그 모양. 참꼴칵. ②분한 마음을 억지로 참는 모양. ③'사람이 순간적으로 숨을 거두는 모양'을 속되게 이르는 말. 본꼴까닥. ①②큰꿀꺽.
 꼴깍-꼴깍부하타.
꼴깍-거리다[-꺼-]타 자꾸 꼴깍꼴깍하다. 꼴깍대다. 큰꿀꺽거리다.
꼴깍-대다[-때-]타 꼴깍거리다.
꼴꼴부 ①물이 가는 줄기로 몰려서 조금씩 흐르는 소리. 참콜콜. ②하자새끼 돼지가 내는 소리. 큰꿀꿀.
꼴꼴-거리다자 ①물이 가는 줄기로 몰려서 조금씩 흐르는 소리가 자꾸 나다. ②새끼 돼지가 자꾸 소리를 내다. 꼴꼴대다. 큰꿀꿀거리다.
꼴꼴-대다자 꼴꼴거리다.
꼴-꾼명 꼴을 베는 사람.
꼴-답잖다[-짠타]형 ☞꼴같잖다.
꼴-등(-等)[-뜽]명 등급의 맨 끝.
꼴딱부 ①하타적은 양의 음식물 따위를 목구멍으로 단번에 삼키는 소리, 또는 그 모양. ¶ 떡을 꼴딱 삼키다. 큰꿀떡[2]. ②해가 완전히 지는 모양. ¶ 해가 꼴딱 넘어가다. ③아무것도 먹지 않고 그대로 굶는 모양. ¶ 이틀을 꼴딱 굶다.
 꼴딱-꼴딱부하타.
꼴딱-거리다[-꺼-]타 자꾸 꼴딱꼴딱하다. 꼴딱대다. 큰꿀떡거리다.
꼴딱-대다[-때-]타 꼴딱거리다.
꼴뚜기명 꼴뚜깃과의 연체동물. 생김새는 낙지와 비슷하고, 몸길이는 다리 끝까지 24 cm가량. 몸통에 도톨도톨한 혹이 솟아 있고 열 개의 발이 있음. 몸빛은 회색을 띤 적갈색이며, 만(灣)의 얕은 바다에서 삶. 반초.
꼴뚜기-장수명 '많은 밑천을 다 없애고 구차하게 사는 사람'을 비유하여 이르는 말.
꼴뚜기-젓[-젇]명 꼴뚜기로 담근 젓. *꼴뚜기젓이[-저시]·꼴뚜기젓만[-전-]

꼴뚜기-질명하자 남을 욕하는 짓의 한 가지. 가운뎃손가락을 펴고, 다른 손가락을 꼬부려 남의 앞에 내미는 짓.
꼴랑부하자 ①통에 찰락 말락 한 액체가 조금 흔들려서 나는 소리. ②하형 착 달라붙지 않고 들떠서 좀 부풀거나 부풀어 있는 모양. 큰꿀렁. 참콜랑. **꼴랑-꼴랑**부하자하형.
꼴랑-거리다자 자꾸 꼴랑꼴랑하다. 꼴랑대다. 큰꿀렁거리다.
꼴랑-대다자 꼴랑거리다.
꼴-리다사 ①생식기가 성욕으로 흥분하여 충혈되다. ②(무슨 일이 마음에 들지 않아) 부아가 몹시 치밀다. ¶ 밸이 꼴리다.
꼴-머슴명 땔나무나 꼴을 베어 오는 나이 어린 머슴.
꼴-불견(-不見)명 꼴이 하도 비위에 거슬리어 차마 볼 수 없음. ¶ 예식장에 저런 옷차림을 하고 나타나다니, 정말 꼴불견이군.
꼴-사납다[-따][~사나우니·~사나워]형ㅂ 꼴이 흉하다.
꼴-좋다[-조타]형 꼴불견이다. 꼴사납다. 《반어적(反語的) 표현.》 ¶ 이긴다고 큰소리 치더니 꼴좋다.
꼴짝부 ①하자타 질고 물기가 많은 물건을 주무르거나 누르거나 할 때 나는 소리. ②하타 눈물을 짜내듯이 조금씩 흘리는 모양. 큰꿀쩍. **꼴짝-꼴짝**부하자타.
꼴짝-거리다[-꺼-]자타 자꾸 꼴짝꼴짝하다. 꼴짝대다. 큰꿀쩍거리다.
꼴짝-대다[-때-]자타 꼴짝거리다.
꼴찌명 맨 끝 차례.
꼴찌락부하자타 적은 양의 물에 많은 물건을 넣고 주무를 때 나는 소리. 큰꿀찌럭. **꼴찌락-꼴찌락**부하자타.
꼴찌락-거리다[-꺼-]자타 자꾸 꼴찌락꼴찌락하다. 꼴찌락대다. 큰꿀찌럭거리다.
꼴찌락-대다[-때-]자타 꼴찌락거리다.
꼴칵부하타 적은 분량의 물 따위가 목이나 좁은 구멍으로 단번에 넘어가는 소리. 큰꿀컥. 참꼴깍. **꼴칵-꼴칵**부하타.
꼼꼼-쟁이명 ①꼼꼼한 사람. ②인색한 사람. ③일을 너무 굼뜨게 하는 사람.
꼼꼼-하다형여 빈틈이 없이 자세하고 찬찬하다. ¶ 그는 매사를 꼼꼼하게 처리한다. **꼼꼼-히**부 ¶ 신문을 꼼꼼히 읽다.
꼼ː-바르다[~바르니·~발라]형르 도량이 좁고 야멸치다.
꼼ː바리명 '꼼바른 사람'을 홀하게 이르는 말.
꼼바지런-하다형여 〈곰바지런하다〉의 센말.
꼼-수명 쩨쩨한 수단이나 방법. ¶ 꼼수를 쓰다.
꼼실-거리다자 〈곰실거리다〉의 센말. 꼼실대다. 큰꿈실거리다.
꼼실-꼼실부하자 〈곰실곰실〉의 센말. 큰꿈실꿈실.
꼼실-대다자 꼼실거리다.
꼼작부하자타 〈곰작〉의 센말. 큰꿈적. 센꼼짝.
꼼작-이다자타 둔하고 느리게 움직이다. ¶ 꼼작이는 품이 제시간에 닿을지 모르겠다. 큰꿈적이다. 센꼼짝이다.
꼼지락부하자타 〈곰지락〉의 센말. 큰꿈지럭.
꼼질부하자타 〈곰질〉의 센말. 큰꿈질.
꼼짝부하자타 〈곰작〉·〈꼼작〉의 센말. 큰꿈쩍.
꼼짝 못 하다관용 힘이나 권세에 눌려 기를 펴지 못하다. ¶ 저 사람, 김 과장 앞에서는 꼼짝 못 한다면서?
꼼짝-달싹[-딸-]부하자타 ☞옴짝달싹.
꼼짝-없다[-짜겁따]형 ①꼼짝할 수가 없다. ②조금도 움직이는 기색이 없다. ③어떻게 할 방법이 없다. 큰꿈쩍없다. **꼼짝없-이**부 ¶ 이제는 꼼짝없이 잡히고 말겠다.
꼼짝-이다자타 〈꼼작이다〉의 센말.
꼼치명 ①작은 것. ②적은 것.
꼼틀부하자타 〈곰틀〉의 센말. 큰꿈틀.
꼽꼽-쟁이[-쨍-]명 잘면서 성질이 칙칙한 사람.
꼽꼽-하다[-꼬파-]형여 ①조금 축축하다. ②날씨나 기온이 습하고 덥다.
꼽디[-띠]타 ①수를 세려고 손가락을 하나씩 구부리다. 손꼽다. ②지목(指目)하다.
꼽-사리[-싸-]명 남이 노는 판에 거저 끼어드는 일. ¶ 꼽사리를 끼다.
꼽실[-씰]부하자타 〈곱실〉의 센말. 큰꿉실.
꼽작[-짝]부하타 〈곱작〉의 센말. 큰꿉적.
꼽장-골[-짱-]명 가죽신의 골의 한 가지. 앞부리가 들리고 그 끝이 굽어 있음.
꼽장-떡[-짱-]명 '산병(散餠)'을 달리 이르는 말.
꼽장-선(-扇)[-짱-]명 쥘부채의 한 가지. 겉살의 사북 근처에 굽은 뼈나 검은 나무쪽을 붙여서 만듦. 곡두선(曲頭扇).
꼽재기[-째-]명 ①때나 먼지 같은, 작고 더러운 것. 〔눈곱 따위.〕 ②보잘것없고 아주 작은 것을 가리키는 말.
꼽추명 ☞곱사등이.
꼽치다타 〈곱치다〉의 센말.
꼽-히다[꼬피-]자 〖'꼽다'의 피동〗 꼽음을 당하다. ¶ 첫손에 꼽히다. /우승 후보로 꼽히다.
꼿꼿-하다[꼳꼬타-]형여 ①휘거나 굽은 데가 없이 똑바로 곧다. ¶ 장대처럼 꼿꼿하다. ②마음이나 뜻이 곧고 굳세다. ¶ 꼿꼿한 기상. ②큰꿋꿋하다. **꼿꼿-이**부.
꽁꽁[1]부 ①물체가 몹시 단단하게 언 모양. ¶ 강물이 꽁꽁 얼어붙다. ②아주 단단하게 묶거나 다지는 모양. ¶ 짐을 꽁꽁 묶다. ③'꼭꼭'의 잘못.
꽁ː꽁[2]부하자 몹시 앓을 때나 힘겨울 때 내는 소리. ¶ 꽁꽁 앓다. 큰꿍꿍.
꽁꽁-거리다자 몹시 아프거나 힘겨워서 자꾸 꽁꽁 소리를 내다. 꽁꽁대다. 큰꿍꿍거리다[1].
꽁꽁-대다자 꽁꽁거리다.
꽁다리명 짤막하게 남은 동강이나 끄트머리. ¶ 생선 꽁다리. /분필 꽁다리.
꽁무니명 ①짐승이나 새의 등마루뼈의 아래 끝 부분. ②엉덩이를 중심으로 한 몸의 뒷부분. ③사물의 맨 뒤나 맨 끝. 뒤꽁무니. ¶ 맨 꽁무니에서 따라가다.
꽁무니를 따라다니다관용 이끗을 바라고 바싹 붙어 따라다니다. ¶ 상사의 꽁무니를 따라다니다.
꽁무니(를) 빼다관용 슬그머니 물러서거나 달아나다. ¶ 몰리게 되니까 꽁무니를 슬슬 뺀다.
꽁무니(를) 사리다관용 겁을 먹고 조심스레 삼가려 하거나 피하려 하다.
꽁무니-뼈명 ☞미골(尾骨)[1].
꽁보리-밥명 (쌀은 전연 섞지 않고) 보리로만 지은 밥. 참곱삶이.
꽁-생원(-生員)명 '꽁한 사람'을 조롱하여 이르는 말.
꽁수명 연의 방구멍 아래의 부분.
꽁숫-구멍[-수꾸-/-숟꾸-]명 연의 방구멍 아래쪽의 꽁숫달 양쪽에 뚫어서 연줄을 꿰는 작은 구멍.

꽁숫-달[-수딸/-순딸]명 연을 만들 때 가운데에 세로로 붙이는 작은 대.
꽁숫-줄[-수쭐/-순쭐]명 연의 꽁숫구멍에 맨 실.
꽁알-거리다자 자꾸 꽁알꽁알하다. 꽁알대다. 큰궁얼거리다.
꽁알-꽁알부 남이 잘 알아듣지 못하게 혼잣말로 불만스럽게 자꾸 좀스럽게 말하는 소리, 또는 그 모양. ¶ 꽁알꽁알 불평을 하다. 큰궁얼궁얼.
꽁알-대다자 꽁알거리다.
꽁지명 새의 꽁무니에 달린 깃. 꽁지깃.
꽁지 빠진 새〔수탉〕 같다속담 볼꼴이 추레하거나 우습게 생겼다는 말.
꽁지-깃[-긷]명 ☞꽁지. ＊꽁지깃이[-기시]·꽁지깃만[-긴-]
꽁지-머리명 한쪽 끝이 북 방망이처럼 생긴 나무때기. 〔도래나 물레의 손잡이 따위.〕
꽁지-부리명 배의 뒷부분. 고물[1]. 선미(船尾).
꽁초명 〈담배꽁초〉의 준말.
꽁ː치명 꽁칫과의 바닷물고기. 몸길이 30 cm가량. 몸통이 납작하고 길며, 주둥이는 아래턱이 위턱보다 길고 뾰족함. 몸빛은 등 쪽이 청흑색이고 배 쪽이 흰색이며, 가슴지느러미와 배지느러미는 아주 작음. 찬물에 사는 물고기로 우리나라와 일본의 전 연해에 분포함.
꽁ː-하다 Ⅰ자여 못마땅하게 여겨 말이 없다. 참꿍하다.
Ⅱ형여 마음이 좁아 어떤 일을 잊지 않고 속으로 언짢아 하다. ¶ 사람이 꽁해서 아무짝에도 못쓰겠다. 참꿍하다.
꽂개[꼳깨]명하자 아이들 놀이의 한 가지. 한 자쯤 되는 나무 막대기를 진흙 바닥에 꽂아 깊이 들여 보내는 내기.
꽂다[꼳따]타 ①(자빠지지 않도록) 박아 세우거나 찔러 넣다. ¶ 백두산 상봉에 태극기를 꽂다. ②꼭 끼워져 있게 하다. ¶ 비녀를 꽂다. ③내던져서 거꾸로 박히게 하다. ¶ 깡패를 땅바닥에 힘껏 꽂다. ④윷말을 뒷밭에 놓다. ＊꽂아·꽂는[꼰-]
꽂을-대[-때]명 (끝에 솔이나 헝겊을 끼워) 총열 안을 닦는 데 쓰는 쇠꼬챙이.
꽂-히다[꼬치-]자 〘'꽂다'의 피동〙 ①꽂음을 당하다. ②꼭 끼여 있게 되다.
꽃[꼳]명 ①종자식물의 유성(有性) 생식 기관. 모양과 빛깔이 가지각색임. 꽃자루 끝에서 피며, 꽃술과 화피(花被)로 나뉨. ②'아름답고 화려한 것'을 비유하여 이르는 말. ¶ 꽃 같은 청춘. ③'아름다운 여자'를 비유하여 이르는 말. ④'중요하고 핵심적인 것'을 비유하여 이르는 말. ¶ 군인의 꽃은 장군이다. ⑤홍역 따위를 앓을 때, 살갗에 좁쌀처럼 불긋불긋하게 내돋는 것. ＊꽃이[꼬치]·꽃만[꼰-]
꽃은 목화가 제일이다속담 '겉치레보다는 실속이 중요함'을 비유하여 이르는 말.
꽃이 좋아야〔고와야〕 나비가 모인다속담 ①가지고 있는 상품이 좋아야 손님이 많이 모여든다는 말. ②자기 쪽이 온전해야 좋은 상대자를 구할 수 있다는 말.
꽃-가루[꼳까-]명 수꽃술의 꽃밥 속에 들어 있는 가루 모양의 생식 세포. 〔암꽃술에 붙어 수정 작용을 함.〕 화분(花粉).
꽃-게[꼳께]명 꽃겟과의 게. 몸길이 7 cm, 너비 15 cm가량. 암녹색 바탕에 흰 구름무늬가 있는 등딱지는 옆으로 퍼진 마름모꼴이며, 집게발이 강대함. 얕은 바다의 모래땅에 모여 살며, 밤에 활동함. 우리나라·일본·중국 등지에 분포함.
꽃-구름[꼳꾸-]명 여러 가지 빛깔로 아롱진 아름다운 구름. 채운(彩雲).
꽃-국[꼳꾹]명 용수 안에 괸 술의 웃국.
꽃-꼭지[꼳-찌]명 ☞꽃자루.
꽃-꽂이[꼳-]명하자 화초나 나무의 가지를 꽃병이나 수반(水盤)에 꽂아 자연미를 나타내는 일, 또는 그 기법. 삽화(揷花).
꽃-나무[꼰-]명 ①꽃이 피는 나무. 화목(花木). 화수(花樹). ②'화초(花草)'를 두루 이르는 말.
꽃-놀이[꼰-]명하자 꽃 피는 봄철에 여럿이 산이나 들에 나가서 즐기는 일. 화유(花遊).
꽃-눈[꼰-]명 자라서 꽃이 될 눈. 화아. 참잎눈.
꽃-다발[꼳따-]명 꽃으로 만든 다발.
꽃-다지[1][꼳따-]명 십자화과의 이년초. 들이나 밭에 나는데, 줄기 높이는 20 cm가량. 잎과 줄기에는 짧은 털이 빽빽하게 나 있으며, 봄에 노란 꽃이 핌. 어린잎은 먹을 수 있음.
꽃-다지[2][꼳따-]명 가지·오이·호박 따위의 맨 처음 열린 열매.
꽃-달임[꼳따림]명하자 진달래나 국화의 꽃잎을 따서 전을 부치거나 떡에 넣거나 하여 여럿이 모여서 먹는 놀이.
꽃-답다[꼳땁따][~다우니·~다워]형ㅂ 꽃처럼 아름답다. 《주로, '꽃다운'의 꼴로 쓰임.》 ¶ 꽃다운 처녀. /꽃다운 젊은 시절.
꽃-당혜(-唐鞋)[꼳땅혜/꼳땅헤]명 여러 가지 빛깔로 곱게 만든 어린아이의 마른신.
꽃-대[꼳때]명 식물의 꽃자루가 달리는 줄기. 화축(花軸).
꽃-덮이[꼳떠피]명 '꽃잎'과 '꽃받침'을 아울러 이르는 말. 화피(花被).
꽃-돔[꼳똠]명 바릿과의 바닷물고기. 몸길이 20 cm가량. 몸빛은 선홍색. 몸은 달걀꼴로 납작하고 주둥이가 짧으며 눈이 큼. 온대성 어종임.
꽃-돗자리[꼳똗짜-]명 꽃무늬를 놓아 짠 돗자리. 화문석(花紋席). 준꽃자리.
꽃-동산[꼳똥-]명 꽃이 많이 핀 동산.
꽃-등(-燈)[꼳뜽]명 꽃무늬가 있는 종이 등.
꽃-등심(-心)[꼳뜽-]명 살코기 사이에 하얀 지방이 꽃잎처럼 고루 퍼져 있는 소의 등심.
꽃-등에[꼳뜽-]명 꽃등엣과의 곤충. 몸길이 1.5 cm가량. 몸빛은 흑갈색, 몸의 각 마디에 검은 띠가 있음. 유충은 더러운 물에 사는데, 꼬리 모양의 돌기가 있어 '꼬리구더기'라고도 함.
꽃-뚜껑[꼳-]명 꽃받침과 꽃부리의 모양이나 빛깔이 거의 같아서 구별하기 어려울 때, 그 둘을 아울러 이르는 말. 화개(花蓋).
꽃-말[꼰-]명 꽃의 특질에 따라 상징적인 의미를 부여한 말. 〔장미는 '사랑', 백합은 '순결'을 나타내는 따위.〕 화사(花詞).
꽃-망울[꼰-]명 어린 꽃봉오리. 몽우리. 준망울.
꽃-맞이[꼰-]명하자 꽃 필 무렵에 하는 굿.
꽃-맺이[꼰-]명 꽃이 진 뒤에 바로 맺히는 열매.
꽃-모[꼰-]명 〈꽃모종〉의 준말.
꽃-모종[꼰-]명 ①옮겨 심기 위하여 가꾼 꽃나무의 모종. 준꽃모. ②하타 꽃모종을 옮겨 심는 일.
꽃-무늬[꼰-니]명 꽃 모양의 무늬. 화문(花紋).
꽃-물[1][꼰-]명 (고기를 삶아 낸 뒤 맹물을 타지 않은) 곰국이나 설렁탕 따위의 진한 국물.
꽃-물[2][꼰-]명 ①꽃을 물감으로 하여 들이는 물. ¶ 손톱에 꽃물을 들이다. ②(부끄럽거나 흥분하여) 불그레해진 얼굴빛. ¶ 얼굴에 꽃물이 들다.
꽃-미투리[꼰-]명 삼 껍질을 고운 빛깔로 물을 들여 무늬를 놓아 삼은 미투리. 〔지난날, 어린이들이 신었음.〕

꽃-바구니[꼳빠-]명 ①화초나 꽃가지 따위를 담는 바구니. ②화초나 꽃가지 따위를 담아서 꾸민 바구니.

꽃-바람[꼳빠-]명 꽃이 필 무렵에 부는 봄바람.

꽃-반지(-斑指)[꼳빤-]명 토끼풀 따위의 풀꽃으로 반지 모양을 만들어 손가락에 끼는 것.

꽃-받침[꼳빧-]명 꽃을 보호하는 기관의 한 가지. 꽃잎을 받치고 있는 부분. 〔보통, 녹색이나 갈색임.〕 악(萼). 화탁.

꽃-밥[꼳빱]명 꽃의 한 기관. 꽃실 끝에 붙어서 꽃가루를 만드는 주머니 모양의 부분. 약(葯). 약포(葯胞).

꽃-방석(-方席)[꼳빵-]명 ①꽃을 수놓은 방석. ②꽃무늬를 놓아서 짠 왕골 방석.

꽃-밭[꼳빧]명 ①꽃을 많이 심은 곳, 또는 많은 꽃이 핀 곳. 화단. 화원. ②'아름다운 여자가 많이 모여 있는 곳'을 비유하여 이르는 말. ＊꽃밭이[꼳빠치]·꽃밭을[꼳빠틀]·꽃밭만[꼳빤-]

꽃밭에 불 지른다속담 ①도무지 풍류를 모르는 짓을 한다는 말. ②인정사정없는 처사를 한다는 말. ③한창 행복할 때 재액이 닥친다는 말.

꽃-뱀[꼳뺌]명 ①피부에 알록달록한 고운 무늬가 있는 뱀. ②'남자를 성적으로 유혹하여 금품을 우려내는 여자'를 속되게 이르는 말.

꽃-벼룩[꼳뼈-]명 꽃벼룩과의 곤충. 몸길이 3 mm가량. 몸빛은 흑갈색임. 더듬이는 꽃실 모양이고, 뒷다리가 발달하였음. 꽃에 모여드는데, 유충은 균류(菌類)가 기생하는 고목(枯木) 속에 삶. 우리나라·일본·유럽 등지에 분포함.

꽃-병(-甁)[꼳뼝]명 꽃을 꽂는 병. 화병(花甁).

꽃-봉[꼳뽕]명 〈꽃봉오리〉의 준말.

꽃-봉오리[꼳뽕-]명 ①망울만 맺히고 아직 피지 아니한 꽃. 화뢰(花蕾). 화봉(花峯). 준꽃봉·봉오리. ②'앞날이 기대되는 희망찬 젊은 세대'를 비유하여 이르는 말.

꽃-부리[꼳뿌-]명 꽃을 이루는 가장 아름다운 부분으로, '한 송이 꽃의 꽃잎 전체'를 이르는 말. 화관(花冠).

꽃-분(-盆)[꼳뿐]명 꽃나무를 심어 가꾸는 그릇. 화분(花盆).

꽃-불[꼳뿔]명 이글이글 타오르는 불.

꽃-사슴[꼳싸-]명 누런 빛깔의 털에 흰 점이 고루 나 있는 작은 사슴.

꽃-살문(-門)[꼳쌀-]명 문살에 꽃무늬를 새겨 만든 문.

꽃-삽[꼳쌉]명 꽃나무 등을 옮겨 심거나 매만져 가꾸는 데 쓰이는 조그만 삽.

꽃-상여(-喪輿)[꼳쌍-]명 꽃으로 장식한 상여.

꽃-샘[꼳쌤]명하자 이른 봄철, 꽃이 필 무렵에 추워짐, 또는 그런 추위. 꽃샘추위.

꽃샘-바람[꼳쌤-]명 이른 봄, 꽃이 필 무렵에 부는 쌀쌀한 바람.

꽃샘-잎샘[꼳쌤닙쌤]명하자 이른 봄, 꽃과 잎이 필 무렵에 추워짐, 또는 그런 추위.

꽃샘잎샘에 설늙은이〔반늙은이〕 얼어 죽는다속담 '이른 봄의 추위도 제법 춥다'는 뜻으로 이르는 말.

꽃샘-추위[꼳쌤-]명 ☞꽃샘.

꽃-소금[꼳쏘-]명 간장을 담글 때, 위에 뜬 메줏덩이에 뿌리는 소금.

꽃-소주(-燒酒)[꼳쏘-]명 소주를 고아서 맨 처음 받은 진한 소주를 이르는 말.

꽃-송이[꼳쏭-]명 꽃자루 위에 붙은 꽃 전부를 이르는 말. ¶ 모란의 탐스러운 꽃송이.

꽃-술[꼳쑬]명 꽃의 생식 기관. 〔암꽃술과 수꽃술이 있음.〕 화수(花鬚). 화예(花蕊).

꽃-시계(-時計)[꼳씨계/꼳씨게]명 공원이나 광장 등의 지면에, 시계 문자반 부분을 여러 가지의 꽃나무를 심어 꾸민 큰 시계.

꽃-식물(-植物)[꼳씽-]명 ☞종자식물(種子植物). ↔민꽃식물.

꽃-신[꼳씬]명 ①꽃무늬나 여러 가지 빛깔로 곱게 꾸민 신. 〔여자나 아이들의 신.〕 ②'꽃당혜'의 잘못.

꽃-실[꼳씰]명 수꽃술의 꽃밥을 지닌 가느다란 줄기. 수술대. 화사(花絲).

꽃-싸움[꼳-]명하자 ①여러 가지 꽃을 뜯어, 그 수효의 많고 적은 것으로 승부를 가리는 장난. ②꽃이나 꽃술을 맞걸어 당겨서 떨어지고 안 떨어지는 것으로 승부를 가리는 장난. 화전(花戰). 준꽃쌈.

꽃-쌈[꼳-]명하자 〈꽃싸움〉의 준말.

꽃-씨[꼳-]명 꽃나무의 씨앗.

꽃-아카시아(-acacia)[꼬다-]명 콩과의 낙엽 활엽 관목. 높이는 1 m가량. 접목하면 3 m까지 자람. 줄기·잎·가지 등에 억센 붉은 털이 빽빽하고, 늦은 봄에 잎겨드랑이에서 분홍색 꽃이 핌. 북미 원산의 관상 식물로 정원 등에 많이 심음.

꽃-양배추(-洋-)[꼰냥-]명 십자화과의 다년초. 유럽 원산의 관상용 식물로 양배추와 비슷함. 잎은 가장자리가 밋밋한 품종과 주름진 품종이 있음. 잎의 빛깔은 흰빛에서 차차 붉은 자줏빛 또는 노란빛으로 변함.

꽃-일다[꼰닐-][~이니·~일어]자 화학적 작용이나 발효 과정(醱酵過程) 등에서, 한창 순화된 현상이 나타나 보이다.

꽃-잎[꼰닙]명 꽃부리를 이루고 있는 낱낱의 조각. 화순(花脣). 화엽(花葉). 화판(花瓣). ＊꽃잎이[꼰니피]·꽃잎만[꼰님-]

꽃-자루[꼳짜-]명 꽃대나 가지에서 갈라져 나와, 꽃을 받치는 작은 자루. 꽃꼭지. 화경(花梗). 화병(花柄).

꽃-자리[꼳짜-]명 ①과실의 꽃이 달렸다가 떨어져 나간 자리. ②〈꽃돗자리〉의 준말.

꽃-전(-煎)[꼳쩐]명 ①찹쌀가루를 반죽하여 꽃 모양으로 만들어 지진 부꾸미. ②부꾸미에 대추와 진달래 꽃잎이나 국화 꽃잎을 붙인 떡. 화전(花煎).

꽃-전차(-電車)[꼳쩐-]명 축하나 기념 따위를 위하여, 꽃이나 색전구(色電球)·기(旗) 따위로 아름답게 꾸며서 운행하는 전차.

꽃-줄기[꼳쭐-]명 뿌리에서 바로 올라와 꽃이 달리는 줄기. 화경(花莖).

꽃-집[꼳찝]명 생화(生花)나 조화(造花) 등을 파는 가게. 화방(花房).

꽃-차(-車)[꼳-]명 꽃이나 그림, 또는 색전구(色電球) 따위로 아름답게 꾸민 차.

꽃-차례[꼳-]명 ☞화서(花序).

꽃-창포(-菖蒲)[꼳-]명 붓꽃과의 다년초. 높이 80~150 cm. 6~7월에 잎 사이에서 꽃줄기가 나와 자색이나 홍자색의 꽃이 핌. 습지에 나는데, 관상용으로도 많이 재배함. 마린(馬藺).

꽃-철[꼳-]명 꽃이 한창 피는 철.

꽃-치자(-梔子)[꼳-]명 꼭두서닛과의 상록 관목. 높이 60 cm가량. 치자와 비슷하나 잎과 꽃이 작고, 여름에 흰 꽃이 핌. 가을에 황홍색 열매를 맺는데 염료로 쓰임.

꽃-턱명 '꽃받침'의 잘못.

꽃턱-잎[꼳텅닙]명 꽃대나 꽃자루의 밑을 받치고 있는 비늘 모양의 잎. 보통은 녹색임. 포(苞). 화포(花苞). *꽃턱잎이[꼳텅니피]·꽃턱잎만[꼳텅님-]

꽃-피다[꼳-]자 가장 성한 상태가 되다. ¶ 젊음이 꽃피는 시절.

꽃피-우다[꼳-]타 〖'꽃피다'의 사동〗 꽃피게 하다. 한창 드러나게 하다. 한창 성하게 하다. ¶ 현대 문명을 꽃피우다. /젊음을 꽃피우다.

콰르르부하자 많은 액체가 좁은 구멍으로 급히 쏟아지는 소리, 또는 그 모양. 참콰르르.

꽈르릉부하자 폭발물 따위가 터지거나 천둥이 치며 요란하게 울리는 소리. 참콰르릉. **꽈르릉-꽈르릉**부하자.

꽈르릉-거리다자 자꾸 꽈르릉꽈르릉하다. 꽈르릉대다.

꽈르릉-대다자 꽈르릉거리다.

꽈:리명 ①가짓과의 다년초. 줄기 높이는 40~90 cm. 잎은 한 군데에 두 잎씩 나오고 여름에 황백색 꽃이 피며, 둥근 열매가 붉게 익음. 산장(酸漿). ②꽈리 열매의 속을 우벼 낸 다음, 입 안에 넣어 소리가 나게 한 것, 또는 고무로 그와 같이 만든 장난감. ③☞수포(水疱).

꽈:배기명 과자의 한 가지. 밀가루 따위를 반죽하여 엿가락같이 가늘게 만든 다음 두 가닥으로 꼬아서 기름에 튀겨서 만듦.

꽉부 ①가득 차거나 막힌 모양. ¶ 방 안에 연기가 꽉 찼다. /생각이 꽉 막히다. ②힘껏 붙잡거나 힘을 주는 모양. ¶ 손을 꽉 쥐다. ③슬픔·괴로움 따위의 감정을 드러내지 않으려고 애쓰는 모양. ¶ 슬픔을 꽉 누르다. **꽉-꽉**부.

꽐꽐부하자 많은 액체가 좁은 구멍으로 급히 쏟아져 흐르는 소리, 또는 그 모양. ¶ 물이 꽐꽐 쏟아져 나오다. 큰꿜꿜. 참콸콸.

꽐꽐-거리다자 많은 액체가 좁은 구멍으로 급히 쏟아져 흐르는 소리가 자꾸 나다. 꽐꽐대다. 큰꿜꿜거리다.

꽐꽐-대다자 꽐꽐거리다.

꽛꽛-하다[꽏꽈타-]형여 (물건이) 어지간히 굳어져서 거칠고 단단하다. **꽛꽛-이**부.

꽝[1]명 추첨 등에서 뽑히지 못하여 배당이 없는 것. ¶ 복권이 모두 꽝이다.

꽝[2]부 ①무겁고 단단한 물건이 바닥에 떨어지거나 부딪쳤을 때 요란하게 나는 소리. ¶ 현관문을 꽝 닫고 나가다. ②총포를 쏘거나 폭발물 같은 것이 터졌을 때에 요란하게 울리는 소리. ¶ 수류탄이 꽝 하고 터지다. 참쾅. **꽝-꽝**부.

꽝꽝-거리다자타 자꾸 꽝꽝 소리가 나다, 또는 그런 소리를 내다. 꽝꽝대다.

꽝꽝-나무명 감탕나뭇과의 상록 관목. 주로 산기슭에 나는데, 높이는 3 m가량 자라고 가지와 잎이 무성함. 초여름에 옅은 녹색 꽃이 피고, 열매는 가을에 검게 익음. 나무는 도장 등의 재료로 쓰임.

꽝꽝-대다자타 꽝꽝거리다.

꽤부 어지간히. 상당히. 제법. 한결. ¶ 감이 꽤 크다. /꽤 재미있다.

꽤기명 〈새꽤기〉의 준말.

꽥부 남을 놀라게 할 때나 성이 났을 때, 갑자기 목청을 높여 날카롭게 지르는 소리. ¶ 화를 내며 소리를 꽥 지르다. 큰꿱. **꽥-꽥**부하자.

꽥꽥-거리다[-꺼-]자 남을 놀라게 할 때나 성이 났을 때, 갑자기 목청을 높여 날카롭게 지르는 소리를 자꾸 내다. 꽥꽥대다. 큰꿱꿱거리다.

꽥꽥-대다[-때-]자 꽥꽥거리다.

꽹부 꽹과리를 칠 때 나는 소리. **꽹-꽹**부하자타.

꽹과리명 놋쇠로 만든 작은 타악기의 한 가지. 농악과 무악 따위에 쓰임. 동고. 소금. 쟁(錚).

꽹그랑-꽹그랑부하자타 꽹과리를 율동적으로 치는 소리.

꽹꽹-거리다자타 자꾸 꽹꽹 소리가 나다, 또는 그런 소리를 내다. 꽹꽹대다.

꽹꽹-대다자타 꽹꽹거리다.

꽹-하다형여 〈괭하다〉의 센말.

꾀[꾀/꿰]명 일을 그럴듯하게 꾸미는 교묘한 생각이나 수단.

꾀가 나다관용 일에 싫증이 나다.

꾀-까다롭다[꾀-따/꿰-따][~까다로우니·~까다로워]형ㅂ 〈괴까다롭다〉의 센말.

꾀-까닭스럽다형ㅂ '꾀까다롭다'의 방언.

꾀꼬리[꾀-/꿰-]명 까마귓과의 새. 날개 길이 15 cm가량. 참새와 비슷함. 몸빛은 노란색이고 눈에서 뒷머리까지 검은 띠가 있음. 겁이 많아 숲 속에 숨어 삶. 황앵. 황작. 황조.

꾀꼬리-참외[꾀-차뫼/꿰-차뭬]명 빛이 노란 참외.

꾀꼴[꾀-/꿰-]부 꾀꼬리가 우는 소리. **꾀꼴-꾀꼴**부하자.

꾀:꾀[꾀꾀/꿰꿰]부하형 얼굴이 바싹 마른 모양.

꾀꾀-로[꾀꾀-/꿰꿰-]부 이따금 남이 보지 않는 틈을 타서 살그머니. ¶ 꾀꾀로 손목을 쥐기도 했다.

꾀:다[1][꾀-/꿰-]자 (벌레 따위가) 모여들어서 뒤끓다. 꼬이다[1]. ¶ 배추에 진딧물이 꾀다.

꾀:다[2][꾀-/꿰-]자 〈꼬이다[2]〉의 준말. ¶ 일이 자꾸 꾀다.

꾀:다[3][꾀-/꿰-]자 〈꼬이다[3]〉의 준말. ¶ 새끼가 잘 꾀다.

꾀:다[4][꾀-/꿰-]타 그럴듯하게 남을 속이거나 부추기어 자기의 뜻대로 하게 하다. 꼬이다[4].

꾀-똥[꾀-/꿰-]명 (꾀를 부려 속이느라고) 짐짓 누는 체하는 똥.

꾀-바르다[꾀-/꿰-][~바르니·~발라]형르 꾀가 많다. 약삭빠르다.

꾀-배[꾀-/꿰-]명 거짓으로 앓는 배앓이.

꾀-병(-病)[꾀-/꿰-]명하자 거짓으로 앓는 체하는 병.

꾀-보[꾀-/꿰-]명 꾀가 많은 사람. 꾀만 부리는 사람. 꾀자기.

꾀-부리다[꾀-/꿰-]자 (다른 일을 핑계하여) 어려운 일이나 책임을 살살 피하다. 꾀쓰다.

꾀-쓰다[꾀-/꿰-][~쓰니·~써]자 ①일이 잘 되도록 지혜를 내다. ②꾀부리다.

꾀어-내다[꾀어-/꿰여-]타 꾀를 부리거나 유혹하여 나오게 하다. ¶ 처녀를 밖으로 꾀어내다.

꾀어-넘기다[꾀어-/꿰여-]타 꾀어서 속아 넘어가게 하다.

꾀어-들다[꾀어-/꿰여-][~드니·~들어]자 여러 군데에서 모여들다. ¶ 아침부터 사람들이 시장에 꾀어들었다.

꾀음-꾀음[꾀-꾀-/꿰-꿰-]부하타 남을 꾀어 호리는 모양.

꾀-이다[1][꾀-/꿰-]자 〖'꾀다[4]'의 피동〗 꾐을 당하다.

꾀-이다[2]타 '꾀다[4]'의 잘못.

꾀-자기[꾀-/꿰-]명 잔꾀가 많은 사람. 꾀보. 다모객(多謀客).

꾀-잠[꾀-/꿰-]명 거짓으로 자는 체하는 잠.

꾀-쟁이[꾀-/꿰-]명 '꾀를 잘 부리는 사람'을 별명으로 이르는 말.

꾀죄죄-하다[꾀죄죄-/꿰줴줴-]〔형여〕 몹시 꾀죄하다. ¶ 꾀죄죄한 옷차림.

꾀죄-하다[꾀죄-/꿰줴-]〔형여〕 ①차림새가 지저분하고 궁상스럽다. ¶ 꾀죄한 꼬락서니. ②마음이 옹졸하고 착살스럽다.

꾀-중방(-中枋)[꾀-/꿰-]〔명〕 마루나 대청 귀틀을 끼우는 나무.

꾀-퉁이[꾀-/꿰-]〔명〕 〈꾀자기〉의 속된 말.

꾀-피우다[꾀-/꿰-]〔자〕 자기에게만 이롭게 요리조리 잔재주를 부리다.

뇌-하나[꾀-/꿰-]〔타여〕 ①계획하다. ②이떤 일을 이루거나 해결하려고 노력하다.

꾐:[꿤/꿸]〔명〕 남을 꾀어 속이거나 충동하는 일. 달래는 속임수. 꼬임. ¶ 꾐에 빠지다.

꾸구리〔명〕 잉엇과의 민물고기. 몸길이 6~10 cm, 몸빛은 황적갈색이며 등지느러미에 폭이 넓은 세 줄의 가로띠가 있음. 남·북한강 상류의 돌이 많은 여울에 삶. 학술상으로 진귀한 우리나라 특산어임.

꾸기다〔자타〕 〈구기다〉의 센말. 〔작〕꼬기다.

꾸기적-거리다[-꺼-]〔타〕 〈구기적거리다〉의 센말. 꾸기적대다. 〔작〕꼬기작거리다.

꾸기적-꾸기적〔부〕〔하타〕 〈구기적구기적〉의 센말. 〔작〕꼬기작꼬기작.

꾸기적-대다[-때-]〔타〕 꾸기적거리다.

꾸김〔명〕 〈구김〉의 센말.

꾸김-살[-쌀]〔명〕 〈구김살〉의 센말. 〔작〕꼬김살.

꾸김-새〔명〕 〈구김새〉의 센말.

꾸깃-거리다[-긷꺼-]〔타〕 〈구깃거리다〉의 센말. 꾸깃대다. 〔작〕꼬깃거리다.

꾸깃-꾸깃[-긷-긷]〔부〕〔하타〕〔하형〕 〈구깃구깃〉의 센말. 〔작〕꼬깃꼬깃.

꾸깃-대다[-긷때-]〔타〕 꾸깃거리다.

꾸다[1]〔타〕 《'꿈'과 관련된 명사와 함께 쓰이어》 꿈의 현상을 보다. ¶ 용꿈을 꾸다.

꾸다[2]〔타〕 (뒤에 갚기로 하고) 돈이나 양식 따위를 잠시 빌려 쓰다. ¶ 돈을 꾸다.

꾸어다 놓은 보릿자루〔빗자루〕〔속담〕 '이야기를 서로 주고받는 자리에서, 말없이 한쪽에 앉아 있기만 하는 사람'을 놓조로 이르는 말.

꾸다[3]〔타〕 '뀌다2'의 잘못.

꾸덕-꾸덕〔부〕〔하형〕 〈구덕구덕〉의 센말.

꾸드러-지다〔자〕 〈구드러지다〉의 센말. 〔작〕꼬드러지다.

꾸들-꾸들〔부〕〔하형〕 〈구들구들〉의 센말. ¶ 밥이 너무 꾸들꾸들해서 먹기가 나쁘다. 〔작〕꼬들꼬들.

-꾸러기〔접미〕 일부 명사 뒤에 붙어, '그 버릇이 많거나 그 일을 잘 버르집어 일으키는 사람'임을 나타냄. ¶ 잠꾸러기. /말썽꾸러기. /장난꾸러기.

꾸러미〔명〕 ①꾸리어 뭉치거나 싼 물건. ¶ 짐 꾸러미. ②〔의존 명사적 용법〕 ㉠짚으로 길게 묶어 중간중간 동여맨 달걀 열 개를 세는 단위. ¶ 달걀 한 꾸러미. ㉡물건의 꾸러미를 세는 단위. ¶ 소포 두 꾸러미.

꾸르륵〔부〕〔하자〕 ①사람의 배 속이나 그릇 속의 액체 따위가 몹시 끓을 때 나는 소리. ¶ 뭘 잘못 먹었는지 배 속이 꾸르륵하다. ②닭이 놀랐을 때 내는 소리. ③액체가 작은 구멍으로 가까스로 빠져나올 때 나는 소리. ④가래가 목구멍에 걸리어 숨을 쉴 때 거칠게 나는 소리. ⑤물속에서 기체의 방울이 물 위로 떠오를 때 나는 소리. 〔작〕꼬르륵. **꾸르륵-꾸르륵**〔부〕〔하자〕.

꾸르륵-거리다[-꺼-]〔자〕 자꾸 꾸르륵꾸르륵하다. 꾸르륵대다. 〔작〕꼬르륵거리다.

꾸르륵-대다[-때-]〔자〕 꾸르륵거리다.

꾸리[1]〔명〕 ①실을 감은 뭉치. ②〔의존 명사적 용법〕 실 따위를 감은 뭉치를 세는 단위. ¶ 실 한 꾸리.

꾸리[2]〔명〕 소 앞다리 무릎 위쪽에 붙은 살덩이.

꾸리다〔타〕 ①(짐이나 물건 따위를) 싸서 묶다. ¶ 이삿짐을 꾸리다. /배낭을 꾸리다. ②(살림 따위를) 짜고 걷잡아 처리해 나가다. ¶ 살림을 꾸리다. ③(장소 따위를) 손질하여 보기 좋게 만들다. ¶ 화단을 꾸리다.

꾸무럭-거리다[-꺼-]〔자타〕 〈구무럭거리다〉의 센말. 꾸무럭대다. 〔작〕꼬무락거리다.

꾸무럭-꾸무럭〔부〕〔하자타〕 〈구무럭구무럭〉의 센말. 〔작〕꼬무락꼬무락.

꾸무럭-대다[-때-]〔자타〕 꾸무럭거리다.

꾸물-거리다〔자타〕 〈구물거리다〉의 센말. 꾸물대다. 〔작〕꼬물거리다.

꾸물-꾸물〔부〕〔하자타〕 〈구물구물〉의 센말. 〔작〕꼬물꼬물.

꾸물-대다〔자타〕 꾸물거리다.

꾸미〔명〕 ①찌개나 국에 넣는 고기붙이. ②떡국·만둣국·국수·덮밥 등에 맛을 더하기 위해 얹는 고기·채소·튀김 같은 것. 〔참〕고명·웃기.

꾸미-개〔명〕 ①옷·망건·돗자리 따위의 가장자리를 꾸미는 헝겊 오리. ②무엇을 곱게 꾸미는 데 쓰는 물건.

꾸미기^체조(-體操)〔명〕 맨손체조의 한 가지. 두 사람 이상이 모여 하나의 집단적인 구성을 이루는 과정에서, 보다 아름다운 균형미를 나타내려는 운동.

꾸미다〔타〕 ①모양이 나게 잘 만들거나 쓸모 있게 차려 갖추다. ¶ 신방을 꾸미다. ②(어떤 일을) 짜고 꾀하다. ¶ 음모를 꾸미다. ③(글 따위를) 지어서 만들다. ¶ 서류를 꾸미다. ④사실인 것처럼 거짓으로 둘러대다. ¶ 꾸며 낸 이야기. ⑤바느질하여 만들다. ¶ 이불을 꾸미다. ⑥구나 문장에서 한 성분이 다른 성분의 상태·성질·정도 등을 자세하게 하거나 분명하게 하다. ¶ 관형사는 명사를 꾸민다.

꾸민-잠(-簪)〔명〕 여러 가지 모양의 옥판(玉板)에 진주·산호·청강석 등의 구슬을 박아 꾸민, 예장에 꽂던 머리 꾸미개.

꾸민-족두리[-뚜-]〔명〕 옥판(玉板)을 밑에 받치고 그 한복판에 산호 구슬·진주 따위를 꿰어 상투처럼 만든 족두리. 〔참〕민족두리.

꾸밈〔명〕 ①겉모양을 보기 좋게 만드는 일. ②겉으로만 짐짓 사실인 것처럼 나타내는 일. ③구나 문장에서 한 성분이 다른 성분의 상태·성질·정도 등을 자세하게 하거나 분명하게 함. ¶ 명사는 관형사의 꾸밈을 받는다.

꾸밈-말〔명〕 ☞수식어(修飾語).

꾸밈-새〔명〕 꾸민 모양새.

꾸밈-씨〔명〕 ☞수식사(修飾詞).

꾸밈-없다[-미멉따]〔형〕 ①수수하다. ②언행이 솔직하다. **꾸밈없-이**〔부〕.

꾸밈-음(-音)〔명〕 음악에서, 가락에 멋을 주고 표현을 풍부하게 하기 위해 덧붙이는 장식적인 음. 오너먼트. 장식음(裝飾音).

꾸벅〔부〕〔하타〕 ①머리와 몸을 앞으로 숙였다가 드는 모양. ¶ 꾸벅 인사를 하다. ②자신도 모르는 사이에 순간적으로 잠이 드는 모양. ¶ 꾸벅 졸다. 〔작〕꼬박2. 〔센〕꾸뻑. **꾸벅-꾸벅**〔부〕〔하타〕.

꾸벅-거리다[-꺼-]〔타〕 머리와 몸을 자꾸 앞으로 숙였다가 들다. 꾸벅대다. 〔작〕꼬박거리다.

꾸벅-꾸벅〔부〕 남의 말에 어김없이 따르는 모양. 〔작〕꼬박꼬박. 〔센〕꾸뻑꾸뻑.

꾸벅-대다[-때-][타] 꾸벅거리다.
꾸벅-이다[타] 졸거나 절을 할 때, 머리와 몸을 앞으로 숙였다가 들다. ¶ 머리를 꾸벅이며 인사하다. [작]꼬박이다. [센]꾸뻑이다.
꾸부러-들다[~드니·~들어][자] 〈구부러들다〉의 센말. [작]꼬부라들다.
꾸부러-뜨리다[타] 〈구부러뜨리다〉의 센말. [작]꼬부라뜨리다.
꾸부러-지다[자] 〈구부러지다〉의 센말. [작]꼬부라지다.
꾸부러-트리다[타] 〈구부러트리다〉의 센말. [작]꼬부라트리다.
꾸부렁-꾸부렁[부][하형] 〈구부렁구부렁〉의 센말. [작]꼬부랑꼬부랑.
꾸부렁-이[명] 〈구부렁이〉의 센말. [작]꼬부랑이.
꾸부렁-하다[형여] 〈구부렁하다〉의 센말. [작]꼬부랑하다.
꾸부리다[타] 〈구부리다〉의 센말. [작]꼬부리다.
꾸부스름-하다[형여] 〈구부스름하다〉의 센말. [준]꾸부슴하다. [작]꼬부스름하다.
꾸부슴-하다[형여] 〈꾸부스름하다〉의 준말. [작]꼬부슴하다. [여]구부슴하다. **꾸부슴-히**[부].
꾸부정-꾸부정[부][하형] 〈구부정구부정〉의 센말. [작]꼬부장꼬부장.
꾸부정-하다[형여] 〈구부정하다〉의 센말. ¶ 꾸부정한 자세. /등이 꾸부정한 노인. [작]꼬부장하다.
꾸불-거리다[자] 〈구불거리다〉의 센말. 꾸불대다. [작]꼬불거리다.
꾸불-꾸불[부][하자][하형] 〈구불구불〉의 센말. [작]꼬불꼬불.
꾸불-대다[자] 꾸불거리다.
꾸불텅-꾸불텅[부][하형] 〈구불텅구불텅〉의 센말. [작]꼬불탕꼬불탕.
꾸불텅-하다[형여] 〈구불텅하다〉의 센말. ¶ 꾸불텅한 고갯길. [작]꼬불탕하다.
꾸붓-꾸붓[-붇-붇][부][하형] 〈구붓구붓〉의 센말. [작]꼬붓꼬붓.
꾸붓-하다[-부타-][형여] 〈구붓하다〉의 센말. ¶ 허리가 왜 그리 꾸붓하냐? [작]꼬붓하다.
꾸뻑[부][하타] 〈꾸벅〉의 센말. [작]꼬빡2.
꾸뻑-꾸뻑[부] 〈꾸벅꾸벅〉의 센말. [작]꼬빡꼬빡.
꾸뻑-이다[타] 〈꾸벅이다〉의 센말. [작]꼬빡이다.
꾸역-꾸역[부][하자] ①한군데로 많은 것이 잇따라 몰려들거나 몰려나는 모양. ¶ 동네 사람들이 마을 회관으로 꾸역꾸역 몰려들었다. ②역겨운 느낌이나 탐욕 같은 것이 자꾸 일거나 꿰져 나오는 모양. ¶ 꾸역꾸역 욕지기가 치밀다. ③음식 따위를 한꺼번에 입에 많이 넣고 잇따라 씹는 모양. ¶ 밥을 꾸역꾸역 먹다.
꾸-이다1[자] 〖'꾸다1'의 피동〗 잠을 자면서 꿈을 꾸게 되다. ¶ 불길한 꿈이 꾸이다. [준]뀌다1.
꾸-이다2[타] 다음에 받기로 하고 빌려 주다. [준]뀌다3.
꾸정-꾸정[부][하형] ①가늘고 긴 물건이 굽지 않고 곧은 모양. ②늙은이가 허리도 굽지 아니하고 매우 튼튼한 모양. ¶ 꾸정꾸정 다부진 노인. ③성미가 외곬으로 곧고 매우 꿋꿋한 모양. ¶ 그는 언제나 꾸정꾸정 자기 의견을 내세운다. [작]꼬장꼬장.
꾸정-모기[명] ☞각다귀.
꾸준-하다[형여] 한결같은 상태로 부지런하고 끈기 있다. ¶ 꾸준한 성격. **꾸준-히**[부] ¶ 꾸준히 노력한 보람이 있어서 시험에 합격하였다.
꾸중[명][하자타] 꾸지람. ¶ 선생님께 꾸중을 듣다. /아버지께서 나를 꾸중하셨다.
꾸지[명] 지난날, 무기(武器)를 꾸미던 붉은 털.
꾸지-나무[명] 뽕나뭇과의 낙엽 교목. 닥나무와 비슷하나 연한 줄기에 짧은 털이 빽빽하게 남. 나무껍질은 종이의 원료로 쓰임.
꾸지람[명][하자타] 아랫사람의 잘못을 꾸짖음, 또는 그 말. 꾸중. 지청구. ¶ 꾸지람을 내리다.
꾸지-뽕[명] 꾸지뽕나무의 잎.
꾸지뽕-나무[명] 뽕나뭇과의 낙엽 활엽 교목. 잎은 타원형으로 어긋맞게 남. 꽃은 작고 두상화서로 피며, 장과는 9~10월에 붉게 익음. 잎은 양잠 사료이며 열매는 먹음.
꾸짖다[-짇따][자타] 주로, 아랫사람의 잘못에 대하여 엄하게 나무라다. ¶ 버릇없는 아이를 호되게 꾸짖다. * 꾸짖어·꾸짖는[-진-]
꾸푸리다[타] 〈구푸리다〉의 센말. [작]꼬푸리다.
꾹[부] ①단단히 힘을 주거나 누르거나 죄거나 하는 모양. ¶ 밥을 꾹 눌러 담다. /입을 꾹 다물다. ②애써 참거나 견디는 모양. ¶ 웃음을 꾹 참다. ③깊숙이 숨거나 틀어박히는 모양. ¶ 방 안에 꾹 틀어박혀 있다. [작]꼭. **꾹-꾹**[부].
꾼[명] '즐기는 방면의 일에 능숙한 사람'을 속되게 이르는 말. ¶ 낚시 대회에 한다하는 꾼들이 다 모였다.
-꾼[접미] 《일부 명사 뒤에 붙어》 ①어떤 일을 직업적·전문적 또는 습관적으로 하는 사람임을 뜻함. ¶ 노름꾼. /씨름꾼. /장사꾼. ②어떤 일이나 어떤 자리에 모이는 사람임을 뜻함. ¶ 구경꾼. /잔치꾼. /장꾼.
꿀[명] 꿀벌이 꽃에서 빨아들여 먹이로 저장해 두는 달콤한 액체. 봉밀(蜂蜜). 청밀(淸蜜).
꿀도 약이라면 쓰다[속담] 이로운 말이라도 충고라면 듣기 싫어한다는 말.
꿀 먹은 벙어리[속담] '마음속의 생각을 말하지 못하는 사람'을 조롱하여 이르는 말.
꿀-곽[-꽉][명] 떠낸 꿀을 모아 담는 큰 통.
꿀꺼덕[부] 〈꿀꺽〉의 본딧말.
꿀꺽[부] ①[하타]물이나 침 따위가 목이나 좁은 구멍으로 단번에 넘어가는 소리, 또는 그 모양. ¶ 군침을 꿀꺽 삼키다. [참]꿀컥. ②분한 마음을 억지로 참는 모양. [본]꿀꺼덕. [작]꼴깍. **꿀꺽-꿀꺽**[부][하타].
꿀꺽-거리다[-꺼-][타] 자꾸 꿀꺽꿀꺽하다. 꿀꺽대다. [작]꼴깍거리다.
꿀꺽-대다[-때-][타] 꿀꺽거리다.
꿀꿀[부] ①물이 굵은 줄기로 몰려서 흐르는 소리. [참]쿨쿨1. ②[하자]돼지가 내는 소리. [작]꼴꼴.
꿀꿀-거리다[자] ①물이 굵은 줄기로 몰려서 조금씩 흐르는 소리가 자꾸 나다. ②돼지가 자꾸 소리를 내다. 꿀꿀대다. [작]꼴꼴거리다.
꿀꿀-대다[자] 꿀꿀거리다.
꿀꿀-이[명] 〔돼지라는 뜻으로〕 '욕심이 많은 사람'을 조롱하여 이르는 말. 꿀돼지.
꿀꿀이-죽(-粥)[명] 〔돼지의 먹이라는 뜻으로〕 여러 음식의 찌꺼기를 한데 넣어 끓인 죽.
꿀-단지[-딴-][명] 꿀을 담아 두는 단지.
꿀-돼지[-뙈-][명] 꿀꿀이.
꿀-떡1[명] ①떡가루를 꿀물로 내려서 밤·대추·석이·표고·잣 등을 켜마다 넣어 찐 떡. ②'꿀을 섞어서 만든 떡'을 통틀어 이르는 말.
꿀떡2[부][하타] 음식물 따위를 목구멍으로 단번에 삼키는 소리, 또는 그 모양. [작]꼴딱. **꿀떡-꿀떡**[부][하타].
꿀떡-거리다[-꺼-][타] 자꾸 꿀떡꿀떡하다. 꿀떡대다. [작]꼴딱거리다.
꿀떡-대다[-때-][타] 꿀떡거리다.

꿀렁[부][하자] ①병이나 통에 찰락 말락 한 액체가 크게 흔들려 나는 소리. ②[하형]척 들러붙지 않고 들떠서 크게 부풀거나 부풀어 있는 모양. [작]꿀랑. [참]쿨렁. **꿀렁-꿀렁**[부][하자][하형].

꿀렁-거리다[자] 자꾸 꿀렁꿀렁하다. 꿀렁대다. [작]꿀랑거리다.

꿀렁-대다[자] 꿀렁거리다.

꿀리다[자] ①구김살이 잡히다. ②(경제적 형편이) 옹색해지다. ¶ 살림이 꿀리다. ③마음이 좀 켕기다. ¶ 꿀리는 데가 있다. ④(힘이나 능력이) 남에게 눌리다.

꿀-맛[-맏][명] ①꿀의 단맛. ②꿀처럼 단맛. ¶ 밥맛이 꿀맛이다. ③'매우 재미있거나 잇속이 있음'을 비유하여 이르는 말. ¶ 신혼 생활이 꿀맛이다. ＊꿀맛이[-마시]·꿀맛만[-만-]

꿀-물[명] 꿀을 탄 물. 밀수(蜜水).

꿀-밤[명] (귀엽다는 표시나 장난의 뜻으로) 주먹으로 가볍게 머리를 때리는 짓.

꿀-벌[명] 꿀벌과의 곤충. 몸길이 1~1.5 cm. 몸빛은 흑색인데, 배 쪽은 황갈색의 가로띠 또는 황백색의 잔털로 덮여 있고, 날개는 투명한 회색임. 한 마리의 여왕벌을 중심으로 수백 마리의 수벌과 5,6만 마리의 일벌이 한 집단을 이룸. 몸에 독침이 있고 벌집에 꿀을 모아 먹이로 함. 예부터 꿀을 얻기 위하여 기름. 밀봉(蜜蜂). 참벌.

꿀-샘[명] ☞밀선(蜜腺).

꿀-수박[명] ①꼭지를 둥글게 도려내고 꿀 또는 설탕과 얼음을 넣은 수박. ②'달고 맛이 좋은 수박'을 비유하여 이르는 말.

꿀쩍[부] ①[하자타]차진 물건을 주무르거나 누를 때 나는 소리. ②[하타]눈물을 짜내듯 조금씩 흘리는 모양. [작]꼴짝. **꿀쩍-꿀쩍**[부][하자타].

꿀쩍-거리다[-꺼-][자타] 자꾸 꿀쩍꿀쩍하다. 꿀쩍대다. [작]꼴짝거리다.

꿀쩍-대다[-때-][자타] 꿀쩍거리다.

꿀찌럭[부][하자타] 질고 물기가 많은 물건을 세게 주무르거나 누르거나 할 때 나는 소리. [작]꼴찌락. **꿀찌럭-꿀찌럭**[부][하자타].

꿀찌럭-거리다[-꺼-][자타] 자꾸 꿀찌럭꿀찌럭하다. 꿀찌럭대다. [작]꼴찌락거리다.

꿀찌럭-대다[-때-][자타] 꿀찌럭거리다.

꿀컥[부][하타] 음식물 따위를 목구멍으로 한꺼번에 넘길 때 나는 소리, 또는 그 모양. [작]꼴칵. [참]꿀꺽. **꿀컥-꿀컥**[부][하타].

꿀-풀[명] 꿀풀과의 다년초. 들에 나는데, 높이 30 cm가량. 줄기는 네모지고, 길둥근 잎은 마주남. 여름에 자줏빛 꽃이 줄기 끝에 핌. 한방에서, 온 포기를 말리어 '화하고초(花夏枯草)'라 하며 약재로 씀.

꿇다[꿀타][타] ①무릎을 굽혀 바닥에 대다. ¶ 무릎을 꿇고 빌다. ②나아가야 할 단계에서 나아가지 못하다. ¶ 친구는 아파서 한 학년을 꿇었다. ＊꿇어[꾸러]·꿇는[꿀른]·꿇소[꿀쏘]

꿇-리다[꿀-] [Ⅰ][자] 〖'꿇다'의 피동〗 꿇음을 당하다. ¶ 탐관오리가 어사 앞에 무릎이 꿇리다. [Ⅱ][타] 〖'꿇다'의 사동〗 꿇게 하다. ¶ 적군을 사로잡아 무릎을 꿇리다.

꿇-앉다[꾸란따][자] 〈꿇어앉다〉의 준말.

꿇어-앉다[꾸러안따][자] 무릎을 꿇고 앉다. [준]꿇앉다.

꿈[명] ①잠자는 동안에 생시처럼 보고 듣고 느끼고 하는 여러 가지 현상. ¶ 꿈에 본 고향. /꿈을 꾸다. ②마음속의 바람이나 이상. ¶ 꿈이 크다. /언제나 꿈을 가져라. ③덧없는 바람이나 희망. ¶ 헛된 꿈에서 깨다. ④(현실을 떠난 듯한) 즐거운 상태나 분위기. ¶ 신혼의 꿈.

꿈보다 해몽이 좋다[속담] 사실은 그렇지 못하나 해석이 그럴싸하다는 말.

꿈에 서방 맞은 격[속담] ①제 욕심에 차지 않는다는 말. ②분명하지 않은 존재를 이르는 말.

꿈도 못 꾸다[관용] 전혀 생각도 하지 못하다.

꿈도 안 꾸다[관용] 전혀 생각도 안 하다.

꿈에도 생각지 못하다[관용] 전혀 예측하지 못하다.

꿈에도 없다[관용] 생각조차 해 본 일이 없다.

꿈-같다[-갇따][형] ①(일이 하도 이상하여) 현실이 아닌 것 같다. ¶ 꿈같은 이야기. ②세월이 덧없이 빠르다. ¶ 꿈같은 세월. **꿈같-이**[부].

꿈-결[-껼][명] ①꿈꾸는 동안. ¶ 꿈결에 본 듯도 하다. ②'덧없이 짧거나 빠른 사이'를 비유하여 이르는 말. ¶ 한 달이 꿈결처럼 지나가다.

꿈-길[-낄][명] 꿈속에서 일어나는 일의 과정.

꿈-꾸다[타] ①꿈을 꾸는 상태에 있다. ②어떤 일이 그리되기를 바라거나 꾀하다. ¶ 야구 선수를 꿈꾸다.

꿈-나라[명] ①(현실이 아닌) 꿈속의 세계. ②(실현성이 없는) 환상적인 세계.

꿈나라로 가다[관용] '잠이 깊이 들다, 곤히 잠이 들다'를 비유하여 이르는 말.

꿈-나무[명] 과학이나 예술·체육 등의 분야에서, 장차 뛰어난 사람이 될 만한 재주와 뜻이 있는 아이.

꿈-땜[명][하자] '꿈자리가 사나웠던 땜으로 현실에서 불행한 일을 당하게 되는 경우'를 이르는 말.

꿈-밖[-박][명] 꿈에도 생각 못한 매우 뜻밖의 일. ¶ 1등에 당첨이 되다니 꿈밖이다.

꿈-속[-쏙][명] ①꿈꾸는 동안, 또는 그 꿈의 장면. 몽중(夢中). ¶ 꿈속에 보이다. /꿈속에 나타나다. ②어떤 일에 열중하여 다른 일을 까맣게 잊은 채 멍하게 있는 상태. ¶ 아직도 꿈속을 헤매고 있구나.

꿈실-거리다[자] 〈굼실거리다〉의 센말. 꿈실대다. [작]꼼실거리다.

꿈실-꿈실[부][하자] 〈굼실굼실〉의 센말. [작]꼼실꼼실.

꿈실-대다[자] 꿈실거리다.

꿈-자리[명] 꿈에 나타난 일이나 내용. 몽조(夢兆). ¶ 꿈자리가 사납다. /꿈자리가 좋지 않다. /꿈자리가 뒤숭숭하다.

꿈적[부][하자타] 〈굼적〉의 센말. [작]꼼작. [센]꿈쩍.

꿈적-이다[자타] 둔하고 굼뜨게 움직이다. [작]꼼작이다. [센]꿈쩍이다.

꿈지러기[명] (음식물에 생긴) 구더기.

꿈지럭[부][하자타] 〈굼지럭〉의 센말. [작]꼼지락.

꿈질[부][하자타] 〈굼질〉의 센말. [작]꼼질.

꿈쩍[부][하자타] 〈굼적〉·〈꿈적〉의 센말. [작]꼼짝.

꿈쩍 못하다[관용] 힘이나 권세에 눌려 기를 펴지 못하다.

꿈쩍-없다[-쩌겁따][형] 조금도 움직이는 기색이 없다. [작]꼼짝없다. **꿈쩍없-이**[부] ¶ 꿈쩍없이 앉아만 있다.

꿈쩍-이다[자타] 〈꿈적이다〉의 센말.

꿈틀[부][하자타] 〈굼틀〉의 센말. [작]꼼틀.

꿉꿉-하다[-꾸파-][형][여] ①조금 축축하다. ②날씨나 기온이 기분 나쁠 정도로 습하고 덥다.

꿉실[-씰][부][하자타] 〈굽실〉의 센말. [작]꼽실.

꿉적[-쩍][부][하타] 〈굽적〉의 센말. [작]꼽작.

꿋꿋-하다[꾿꾸타-][형][여] ①휘거나 굽은 데가 없이 아주 곧다. ②마음이나 뜻이 아주 곧고 굳세다. ¶ 꿋꿋하게 고난을 견뎌 나가다. [작]꼿꼿하다. **꿋꿋-이**[부].

꿍[부] ①무거운 것이 바닥에 떨어져 울리어 나는 소리. ②큰 북 따위가 울리는 소리. ③멀리서 대포 따위의 소리가 울리는 소리. [참]쿵. **꿍-꿍**[부][하자타].
꿍-꽝[부] ①북소리나 폭발물 따위가 크고 작게 엇바뀌어 울리는 소리. ②마룻바닥 따위를 여럿이 구를 때 요란하게 나는 소리. [참]쿵쾅. **꿍꽝-꿍꽝**[부][하자타].
꿍꽝-거리다[자타] 자꾸 꿍꽝꿍꽝하다. 꿍꽝대다.
꿍꽝-대다[자타] 꿍꽝거리다.
꿍꿍[부][하자] 몹시 아플 때나 힘겨울 때 내는 소리. ¶ 밤새도록 꿍꿍 앓다. [작]꽁꽁2.
꿍꿍-거리다1[자] 몹시 아프거나 힘겨워서 자꾸 꿍꿍 소리를 내다. 꿍꿍대다1. [작]꽁꽁거리다.
꿍꿍-거리다2[자타] 자꾸 꿍꿍 소리가 나다, 또는 그런 소리를 내다. 꿍꿍대다2.
꿍꿍-대다1[자] ☞꿍꿍거리다1.
꿍꿍-대다2[자타] ☞꿍꿍거리다2.
꿍꿍이[명] 〈꿍꿍이셈〉의 준말.
꿍꿍이-셈[명] 겉으로 드러내지 않고 속으로만 우물쭈물하는 셈속. [준]꿍꿍이.
꿍꿍이-속[명] 우물쭈물하여 도무지 모를 수작. ¶ 무슨 꿍꿍이속인지 알 수가 없다.
꿍꿍이-수작(-酬酌)[명][하자] 남에게 드러내 보이지 않는 은밀한 수작.
꿍얼-거리다[자] 자꾸 꿍얼꿍얼하다. 꿍얼대다. [작]꽁알거리다.
꿍얼-꿍얼[부] 남이 잘 알아듣지 못하게 혼잣말로 불만스럽게 자꾸 말하는 소리, 또는 그 모양. ¶꿍얼꿍얼 푸념을 하다. [작]꽁알꽁알.
꿍얼-대다[자] 꿍얼거리다.
꿍ː-하다 [I][자여] 무엇이 못마땅하여 말도 않고 덤덤한 태도를 가지다. [참]꽁하다.
[II][형여] 성격이 활달하지 못하고 덤덤하다. ¶ 꿍한 성미. [참]꽁하다.
꿜꿜[부][하자] 많은 액체가 좁은 구멍으로 한꺼번에 급히 쏟아져 흐르는 소리, 또는 그 모양. [작]꽐꽐. [참]퀄퀄.
꿜꿜-거리다[자] 많은 액체가 좁은 구멍으로 한꺼번에 급히 쏟아져 흐르는 소리가 자꾸 나다. 꿜꿜대다. [작]꽐꽐거리다.
꿜꿜-대다[자] 꿜꿜거리다.
꿩[명] 꿩과의 새. 생김새는 닭과 비슷하나 꼬리가 수컷이 32~56 cm, 암컷이 26~31 cm로 길. 몸빛은 검은 반점이 있는 적갈색인데, 특히 수컷은 목 위쪽에 녹색·빨간색·검은색의 털이 차례로 나 있음. 수컷은 '장끼', 암컷은 '까투리'라 하는데, 우리나라의 특산종으로, 만주 남부와 칠레 북동부 및 일본 등지에 분포함. 산계(山鷄).
꿩 구워 먹은 소식[속담] 있음직한 소식이 전혀 없을 때 이르는 말.
꿩 구워 먹은 자리[속담] '어떤 일을 하고도 아무 흔적이 보이지 않음'을 이르는 말.
꿩 대신 닭[속담] '꼭 필요한 것이 없을 때, 그보다는 못하지만 그와 비슷한 것으로 대신하는 경우'에 이르는 말.
꿩 먹고 알 먹는다〔먹기〕[속담] 한꺼번에 두 가지 소득을 볼 때에 이르는 말.
꿩 잡는 것이 매다[속담] '매는 꿩을 잡아야 매라고 할 수 있듯이, 이름에 어울리게 실제로 제구실을 해야 함'을 이르는 말.
꿩-고사리[명] 꿩고사릿과의 상록 양치식물. 남부지방의 숲 속에 흔히 남. 잎은 뿌리줄기에서 더부룩이 돋아나는데, 나엽(裸葉)과 포자엽(胞子葉)의 두 가지가 있음.
꿩-닭[-닥][명] 털빛이 꿩 같은 닭. *꿩닭이[-달기]·꿩닭만[-당-]
꿩-망태(-網-)[명] 사냥할 때, 잡은 꿩을 넣는 망태.
꿩의-다리[-의-/-에-][명] 미나리아재빗과의 다년초. 풀밭에 절로 나는데, 높이는 50~100 cm. 잎은 깃 모양의 겹잎이고, 잔잎은 거꿀달걀꼴에 3~4개로 갈라지고, 여름에 흰 꽃이 핌. 어린 줄기와 잎은 먹을 수 있음.
꿩-잡이[명] ①[하자]꿩을 잡는 일. ②꿩을 잡는 사람.
꿰ː다[타] ①(무엇을) 꼬챙이 따위로 맞뚫리게 찔러서 꽂다. ¶ 곶감을 꼬챙이에 꿰다. ②구멍으로 실 따위를 이쪽에서 저쪽으로 나가게 하다. ¶ 실을 꿰다. ③옷을 입거나 신을 신다. ¶ 바지를 꿰다. ④일의 내용이나 사정을 자세히 다 알다. ¶ 사서삼경을 환히 꿰고 있다.
꿰ː-들다[~드니·~들어][타] 남의 허물을 들추어내다.
꿰ː-뚫다[-뚤타][타] ①꿰어서 뚫다. ¶ 표적을 꿰뚫다. ②일을 속속들이 잘 알다. ¶ 남의 마음을 환히 꿰뚫어 보다. ③길 따위가 통하여 나거나 강물 따위가 가로질러 흐르다.
꿰ː-뜨리다[타] 문질러서 해지게 하거나 해뜨려 구멍이 나게 하다. 꿰트리다.
꿰ː-맞추다[-맏-][타] 서로 맞지 않은 것을 적당히 갖다 맞추다. ¶ 알리바이를 꿰맞추다.
꿰ː-매다[타] ①해지거나 터진 데를 깁거나 얽다. ¶ 옷을 꿰매다. ②(어지럽게 벌어진 일을) 매만져 탈이 없게 하다.
꿰ː맴-질[명][하자] 옷 따위의 뚫어지거나 해진 곳을 바늘로 깁는 일.
꿰ː미[명] ①(엽전 따위) 구멍 뚫린 물건을 꿰어 매는 노끈, 또는 그렇게 꿰어 놓은 묶음. ②〖의존 명사적 용법〗 꿰미를 세는 단위. ¶ 엽전 한 꿰미.
꿰방[명] 중방 구멍이나 문짝에 문살 구멍 같은 것을 아주 내뚫은 구멍.
꿰ː-신다[-따][타] 신 따위를 꿰어서 신다.
꿰-이다[자] 〖'꿰다'의 피동〗 꿰을 당하다.
꿰ː-입다[-따][타] 옷을 입다.
꿰ː-지다[자] ①미어지거나 터지거나 하다. ¶ 옷이 꿰지다. /봉지가 꿰지다. ②터져서 속의 것이 드러나다. ③일이 틀어지거나 그르쳐지다. ¶ 일이 꿰지기 시작하니 건잡을 수 없다.
꿰ː-지르다[~지르니·~질러][타르] 되는대로 입거나 신다. ¶ 걸리는 대로 신을 꿰지르고 나갔다.
꿰ː-찌르다[~찌르니·~찔러][타르] 속으로 세게 푹 찌르다.
꿰ː-차다[타] '자기 것으로 만들다'를 속되게 이르는 말.
꿰ː-트리다[타] 꿰뜨리다.
꿱[부] ①남을 놀라게 할 때나 성이 났을 때, 갑자기 목청을 높여 날카롭게 지르는 소리. [작]꽥. ②구역질이 나서 무엇을 토하는 소리, 또는 그 모양. **꿱-꿱**[부][하자].
꿱꿱-거리다[-꺼-][자] ①남을 놀라게 할 때나 성이 났을 때, 갑자기 목청을 높여 날카롭게 지르는 소리를 자꾸 내다. [작]꽥꽥거리다. ②구역질이 나서 자꾸 무엇을 토하다. 꿱꿱대다.
꿱꿱-대다[-때-][자] 꿱꿱거리다.
뀌ː다1[자] 〈꾸이다1〉의 준말.
뀌ː다2[타] 방귀를 내보내다.
뀌ː다3[타] 〈꾸이다2〉의 준말.

뀌어-주다[타] 돈 따위를 나중에 받기로 하고 빌려 주다.
끄나-불[명] '끄나풀'의 잘못.
끄나-풀[명] ①끈의 길지 않은 도막. ②'남의 앞잡이 노릇을 하는 사람'을 얕잡아 이르는 말.
끄-내다[타] '꺼내다'의 잘못.
끄-내리다[타] '꺼내리다'의 방언.
끄느름-하다[형여] 날씨가 흐리어 어둠침침하다. **끄느름-히**[부].
끄다[끄니·꺼][타] ①(타는 불을) 못 타게 하다. ②전기 장치에 전기가 통하는 길을 끊다. ¶ 전등을 끄다. ↔켜다[1]. ③빚이나 급한 일 따위를 해결하다. ¶ 다달이 빚을 꺼 나가다.
끄-당기다[타] '꺼당기다'의 잘못.
끄덕[부][하타] 고개를 좀 깊게 숙였다가 드는 모양. ¶ 날 보더니 인사랍시고 고개만 끄덕한다. [작]까닥. [센]끄떡. **끄덕-끄덕**[부][하타].
끄덕-거리다[-꺼-][타] 자꾸 고개를 좀 깊게 숙였다가 들다. 끄덕대다. [작]까닥거리다.
끄덕-대다[-때-][타] 끄덕거리다.
끄덕-이다[자타] 고개를 앞뒤로 좀 세게 움직이다. [작]까닥이다. [센]끄떡이다.
끄덩이[명] 머리털이나 실 따위의 한데 뭉친 끝. ¶ 머리 끄덩이를 잡다.
끄덱[부] '끄덕'의 잘못.
끄-들다[타] '꺼들다'의 잘못.
끄떡[부][하타] 〈끄덕〉의 센말. [작]까딱[2].
끄떡-없다[-떠겁따][형] 아무 변동이나 탈이 없이 든든하고 온전하다. ¶ 저 방파제는 태풍에도 끄떡없다. [작]까딱없다. **끄떡없-이**[부].
끄떡-이다[타] 〈끄덕이다〉의 센말. ¶ 고개만 끄떡일 뿐 말이 없다. [작]까딱이다.
끄떽[부] '끄덱'의 잘못.
끄르다[끄르니·끌러][타르] ①(맨 것이나 맺은 것을) 풀다. ¶ 허리띠를 끄르다. ②(잠근 것을) 풀어 열다. ¶ 단추를 끄르다.
끄르륵[부][하자] 트림을 하는 소리. **끄르륵-끄르륵**[부][하자].
끄르륵-거리다[-꺼-][자] 자꾸 끄르륵끄르륵하다. 끄르륵대다.
끄르륵-대다[-때-][자] 끄르륵거리다.
끄먹-거리다[-꺼-][자타] 자꾸 끄먹끄먹하다. 끄먹대다. [작]까막거리다.
끄먹-끄먹[부] ①[하자](불빛 따위가) 꺼질 듯 꺼질 듯하는 모양. ②[하타]눈을 감았다 떴다 하는 모양. [작]까막까막.
끄먹-대다[-때-][자타] 끄먹거리다.
끄무러-지다[자] 날씨가 흐리고 어둠침침하게 되다.
끄무레-하다[형여] 날씨가 흐리고 어둠침침하다. ¶ 날씨가 끄무레하다.
끄물-거리다[자] 〈그물거리다〉의 센말. 끄물대다. ¶ 끄물거리는 날씨.
끄물-끄물[부][하자] 〈그물그물〉의 센말.
끄물-대다[자] 끄물거리다.
끄적-거리다[-꺼-][타] 끼적거리다.
끄-지르다[~지르니·~질러][자르] 주책없이 싸다니다. [작]까지르다.
끄ː-집다[-따][타] 끌어서 집다. 집어서 끌다. ¶ 팔을 끄집는 바람에 따라갔다.
끄ː집어-내다[타] ①(속에 든 것을) 밖으로 끌어내다. ②(지난 일 따위를) 다시 들추어내어 이야기하다. ¶ 옛이야기를 끄집어내다.
끄ː집어-들이다[타] 끄집어서 안으로 들이다.
끄트러기[명] ①쓰고 남은 자질구레한 물건. ②하다가 남은 일.
끄트머리[명] ①맨 끝이 되는 부분. ②일의 실마리. 단서(端緖).
끈[명] ①물건을 묶거나 꿰거나 하는 데 쓰는 노나 줄. ②옷이나 가방 따위에 붙어 그 자체를 잡아매거나 손잡이로 쓰는 물건. ③벌잇줄. 살아갈 길. ¶ 끈이 없어 살아갈 길이 막막하다. ④부탁할 만한 연줄. ¶ 끈을 대다.
끈 떨어진 뒤웅박〔갓/둥우리/망석중이〕[속담] 의지할 곳이 없어진 처지를 이르는 말.
끈(을) 붙이다[관용] 살아 나갈 길을 마련하여 주다.
끈(이) 떨어지다[관용] 붙어 살아가던 길이 끊어지다. 의지할 곳이 없어지다.
끈(이) 붙다[관용] 살아 나갈 길이 마련되다. 의지할 곳이 생기다.
끈-기(-氣)[명] ①질기고 차진 기운. ②참을성이 많아 쉽게 단념하지 않고 꾸준히 견디어 나가는 기질. ¶ 끈기 있게 버티다.
끈끈-이[명] 벌레나 쥐 등을 잡는 데 쓰는 끈끈한 물질.
끈끈이-주걱[명] 끈끈이주걱과의 다년초. 식충 식물로 들판의 습지에서 자라는데, 줄기는 6~30 cm. 여름에 흰 꽃이 줄기 끝에 핌. 주걱 모양으로 생긴 잎자루의 앞면과 가장자리에 붉은 자주색의 선모가 있어 벌레를 잡음. 모드라기풀.
끈끈-하다[형여] ①끈기가 많아 진득진득하다. ¶ 끈끈한 송진. ②(성질이) 싹싹한 맛이 없이 검질기다. ③몸에 땀이 배거나 하여 기분이 산뜻하지 못하다. ④관계가 매우 친밀하다. ¶ 친구 간의 끈끈한 정. ①②[작]깐깐하다. **끈끈-히**[부].
끈덕-거리다[-꺼-][자타] 〈근덕거리다〉의 센말. 끈덕대다. [작]깐닥거리다. [센]끈떡거리다.
끈덕-끈덕[부][하자타] 〈근덕근덕〉의 센말. [작]깐닥깐닥. [센]끈떡끈떡.
끈덕-대다[-때-][자타] 끈덕거리다.
끈덕-지다[-찌-][형] 끈기가 있어 꾸준하고 줄기차다. ¶ 끈덕지게 조르다.
끈떡-거리다[-꺼-][자타] 〈근덕거리다〉·〈끈덕거리다〉의 센말. 끈떡대다. [작]깐딱거리다.
끈떡-끈떡[부][하자타] 〈근덕근덕〉·〈끈덕끈덕〉의 센말. [작]깐딱깐딱.
끈떡-대다[-때-][자타] 끈떡거리다.
끈-목[명] 여러 가닥의 실을 꼬거나 짜거나 땋아 만든 끈을 통틀어 이르는 말. 〔대님·허리띠 따위로 쓰이거나 매듭을 맺음.〕
끈-술[명] 매듭을 맺을 때, 매듭 그 자체의 실로 술을 만들어 늘어뜨린 것.
끈적-거리다[-꺼-][자] 자꾸 끈적끈적하다. 끈적대다. [작]깐작거리다.
끈적-끈적[부][하자] ①끈끈한 것이 자꾸 쩍쩍 들러붙는 모양. ②성질이 끈끈하여 관계한 일에서 손을 떼지 않고 자꾸 귽적거리며 검질기게 구는 모양. [작]깐작깐작.
끈적-대다[-때-][자] 끈적거리다.
끈적-이다[자] ①끈끈한 것이 쩍쩍 들러붙다. ②성질이 끈끈하여 관계한 일에 손을 떼지 않고 자꾸 귽적거리며 검질기게 굴다. [작]깐작이다.
끈-지다[형] 끈기가 있다. 버티어 나가는 힘이 있다. ¶ 성질이 매우 끈지다. [작]깐지다.
끈-질기다[형] 끈덕지고 질기다. ¶ 사건을 끈질기게 물고 늘어지다. [작]깐질기다.
끈질-끈질[부][하형] 매우 끈기 있게 검질긴 모양. [작]깐질깐질.
끈치-톱[명] 나무의 결을 가로 자르는 톱.
끈ː-히[부] 끈질기게. ¶ 끈히 버텨 나가다.

끊-기다[끈키-]자 ①『'끊다'의 피동』 끊음을 당하다. ②탈것이 운행을 하지 않다. ¶ 버스가 끊기다.
끊다[끈타]타 ①(길게 이어진 것을) 따로따로 떨어지게 하다. ¶ 고무줄을 끊다. ②(이어 오던 관계나 하던 일을) 도중에서 그만두다. ¶ 교제를 끊다. /말을 끊다. /술을 끊다. ③(차표나 수표·전표 따위를) 사거나 발행하다. ¶ 표를 끊다. /어음을 끊다. ④(옷감 따위를) 사다. ¶ 치맛감을 끊다. ⑤연락을 막다. ¶ 통신을 끊다. ⑥(목숨을) 없애다. ¶ 스스로 목숨을 끊다. ⑦공급하던 것을 중단하다. ¶ 신문을 끊다. /전기를 끊다. ⑧말을 잠시 중단하거나, 글에서 사이를 두다. ¶ 말을 끊다. /문장을 끊어서 읽다. ⑨거래나 셈 따위를 매듭짓다. ¶ 일당을 끊다. ⑩목표 지점을 통과하다. ¶ 100 m를 10초대에 끊다. * 끊어[끄너]·끊는[끈-]·끊소[끈쏘]
끊어-뜨리다[끄너-]타 끊어지게 하다. 끊어트리다.
끊어-지다[끄너-]자 ①끊은 상태로 되다. ¶ 왕래가 끊어지다. /교제가 끊어지다. /실이 끊어지다. /목숨이 끊어지다. ②탈것이 운행을 하지 않게 되다. ¶ 막차가 끊어지다.
끊어-트리다[끄너-]타 끊어뜨리다.
끊음-표(-標)[끄늠-]명 ☞스타카토(staccato).
끊-이다[끄니-]자 《주로 '않다'와 함께 쓰이어》 ①끊어지게 되다. ¶ 관객이 끊이지 않고 밀려든다. ②물건이나 일이 뒤가 달리어 없어지다. ¶ 사건이 끊이지 않는다.
끊임-없다[끄니멉따]형 늘 잇대어 끊이지 않다. 《주로, '끊임없는'의 꼴로 쓰임.》 ¶ 끊임없는 노력. **끊임없-이**부.
끌명 나무에 구멍이나 홈을 파는 데 쓰는 연장.
끌:-개명 베 매는 데 실을 켕기는 제구.
끌-구멍[-꾸-]명 (나무에) 끌로 판 구멍.
끌:-그물명 자루 모양의 그물을 강물이나 바다에 쳐 두었다가 양 끝을 끌어당겨 고기를 잡는 그물. 예망(曳網).
끌꺽-끌꺽부하자 먹은 것이 잘 내리지 않아 자꾸 트림이 나오는 소리.
끌끌[1]부 (마음에 못마땅하여) 혀를 차는 소리.
끌:끌[2]부하자 〈끄르륵끄르륵〉의 준말.
끌끌-하다형여 마음이 맑고 바르며 깨끗하다. 작깔깔하다[2]. **끌끌-히**부.
끌끔-하다형여 ①(모양새나 생김새 따위가) 깨끗하고 미끈하다. ②솜씨가 여물고 알뜰하다. 작깔끔하다. **끌끔-히**부.
끌:-낚시[-락씨]명 바다 낚시의 한 가지. 고깃배로 낚싯줄을 천천히 끌고 가면서 속임낚시로 고기를 잡음.
끌:다[끄니·끌어]타 ①(바닥에 닿은 채) 자리를 옮기도록 잡아당겨 움직이게 하다. ¶ 수레를 끌고 가다. /줄을 매어 끌다. ②마소를 따라오게 하거나 움직이게 하다. ¶ 소를 논으로 끌고 가다. ③인기나 관심을 쏠리게 하거나, 사람들을 모여들게 하다. ¶ 주목을 끌다. /손님을 끌다. ④(선이나 관 따위를) 길게 뻗도록 늘이다. ¶ 전기를 끌다. /수도를 끌다. ⑤길게 뽑아 늘이다. ¶ 소리를 끌다. ⑥말이나 글 또는 이유 따위를 다른 데서 따오다. ¶ 문장을 끌어 쓰다. ⑦시간이나 일 따위를 미루다. ¶ 날짜를 끌다. ⑧옷자락 따위를 바닥에 스치게 하다. ¶ 치맛자락을 끌다. ⑨차를 운전하다. ¶ 자가용을 끌고 다니다. ⑩〈이끌다〉의 준말.
끌러-지다자 매어 놓은 것이 풀어지다.
끌:려-가다자 상대편 쪽으로 억지로 딸리어 가다. ¶ 포로가 되어 끌려가다.
끌:려-들다[~드니·~들어]자 마음이 무엇에 쏠려서 따라 움직이다. ¶ 공상의 세계로 끌려들다. /속임수에 끌려들다.
끌:려-오다자 남이 시키는 대로 억지로 따라오다. ¶ 나는 친구에 의해 이곳에 끌려왔다.
끌:-리다자 『'끌다'의 피동』 끎을 당하다. ¶ 왠지 모르게 마음이 끌리다.
끌밋-하다[-미타-]형여 (모양이나 차림새가) 미끈하고 시원스럽다. 작깔밋하다.
끌-밥[-빱]명 끌로 구멍을 팔 때 나오는 나무 부스러기.
끌-방망이명 (끌질할 때) 끌 머리를 치는 나무 방망이.
끌:어-가다타 ①사람을 강제로 데리고 가거나 붙잡아 가다. ②짐승 따위를 빼앗아 몰고 가다.
끌:어-내다타 ①끌어서 밖으로 내다. ②사람이나 짐승을 억지로 나오게 하다. ¶ 공개 토론회에 끌어내다.
끌:어-내리다타 직위 따위를 박탈하거나 높은 지위에서 격하시키다. ↔끌어올리다.
끌:어-넣다[-너타]타 어떤 일에 개입시키다. ¶ 자기 문제에 남을 끌어넣다.
끌:어-당기다타 ①끌어서 앞으로 당기다. ¶ 의자를 끌어당기다. ②어떤 쪽으로 남의 마음을 기울게 하다. ¶ 마음을 끌어당기는 그윽한 눈매.
끌:어-대다타 ①끌어다가 맞대다. ¶ 변명을 끌어대다. ②(돈 따위를) 여기저기서 끌어다가 뒤를 대다. ¶ 자금을 끌어대다.
끌:어-들이다타 (남을) 어떤 일이나 조직 따위에 관계하게 하다. ¶ 이번 일에 널 끌어들여 미안하다.
끌:어-매다타 여러 조각을 끌어대어 꿰매다.
끌:어-안다[-따]타 ①끌어당겨서 가슴에 안다. ¶ 아기를 끌어안다. ②일이나 책임 따위를 떠맡다. ¶ 동생의 학비마저 끌어안다.
끌:어-올리다타 이끌어서 높은 수준에 오르게 하다. ¶ 성적을 끌어올리다. ↔끌어내리다.
끌:-영창(-映窓)[-령-]명 한짝을 열면 다른 한짝도 함께 열리게 된 미닫이창.
끌-질명하자 끌로 구멍이나 홈을 파는 일.
끌쩍-거리다[-꺼-]타 긁어 뜯적거리다. 끌쩍대다. 작깔짝거리다[2].
끌쩍-끌쩍부하타 자꾸 뜯적뜯적 긁어 대는 소리, 또는 그 모양. 작깔짝깔짝[2].
끌쩍-대다[-때-]타 끌쩍거리다.
끌:-채명 수레 양쪽에 매는 긴 채.
끌탕명하자 속을 태우는 걱정.
끓는-점(-點)[끌른-]명 액체가 끓기 시작할 때의 온도. 비점(沸點).
끓다[끌타]자 ①액체가 뜨거워져 부글부글 솟아오르다. ¶ 물이 끓다. /펄펄 끓는 국물. ②몹시 뜨거워지다. ¶ 아랫목이 잘잘 끓는다. /감기에 걸려서 그런지 이마가 펄펄 끓는다. ③화가 나서 속이 뒤집힐 듯하다. ¶ 속이 끓다. ④가래가 목구멍에 붙어서 숨 쉴 때마다 소리가 나다. ¶ 가래가 끓다. ⑤많이 모여 우글우글하다. ¶ 손님이 끓다. /구더기가 끓다. ⑥(심리적으로) 매우 흥분한 상태로 되다. ¶ 정열이 끓다. /피가 끓다. ⑦소화가 안 되어 배 속에서 소리가 나다. ¶ 배 속이 부글부글 끓다. * 끓어[끄러]·끓는[끌른]·끓소[끌쏘]
끓는 국에 맛 모른다속담 급할 때는 정확한 판단을 할 수 없다는 말.

끓어-오르다[끄러-][~오르니·~올라]자르 ①물이 끓어서 솟아오르다. ②열정(熱情) 따위가 솟아나다. ¶ 분노가 끓어오르다. ③목구멍의 가래가 끓어서 위로 올라오다. ¶ 가래가 심하게 끓어오른다.

끓-이다[끄리-]타 〖'끓다'의 사동〗 끓게 하다. ¶ 국을 끓이다./속을 몹시 끓이다.

끔벅부하자타 ①불빛이나 별빛 따위가 순간적으로 어두워졌다 밝아지는 모양. ②큰 눈을 잠깐 감았다가 뜨는 모양. 껌벅. 작깜박. 센끔뻑. **끔벅-끔벅**부하자타.

끔벅-거리다[-꺼-]자타 자꾸 끔벅끔벅하다. 끔벅대다. 작깜박거리다.

끔벅-대다[-때-]자타 끔벅거리다.

끔벅-이다자타 ①불빛이나 별빛 따위가 순간적으로 어두워졌다 밝아졌다 하다. ②큰 눈을 잠깐 감았다 떴다 하다. 작깜박이다. 센끔뻑이다.

끔뻑부하자타 〈끔벅〉의 센말. 작깜빡.

끔뻑-이다자타 〈끔벅이다〉의 센말. ¶ 눈을 끔뻑이며 바라보다. 작깜빡이다.

끔적부하자타 큰 눈을 잠깐 감았다가 곧 뜨는 모양. 작깜작. 센끔쩍[1]. **끔적-끔적**부하자타.

끔적-거리다[-꺼-]자타 자꾸 끔적끔적하다. 끔적대다. 작깜작거리다.

끔적-대다[-때-]자타 끔적거리다.

끔적-이명 〈눈끔적이〉의 준말.

끔적-이다자타 큰 눈을 잠깐 감았다가 뜨다. 작깜작이다. 센끔쩍이다.

끔쩍[1]부하자타 〈끔적〉의 센말. 작깜짝[1].

끔쩍[2]부하자 갑자기 놀라는 모양. 작깜짝[2]. **끔쩍-끔쩍**부하자.

끔쩍-거리다[-꺼-]자 자꾸 갑자기 놀라다. 끔쩍대다. 작깜짝거리다.

끔쩍-대다[-때-]자 끔쩍거리다.

끔쩍-이명 〈눈끔쩍이〉의 준말.

끔쩍-이다자타 〈끔적이다〉의 센말. 작깜짝이다.

끔찍끔찍-하다[-찌카-]형여 보기에 소름이 끼치도록 끔찍하다. **끔찍끔찍-이**부.

끔찍-스럽다[-쓰-따][~스러우니·~스러워]형ㅂ 보기에 끔찍하다. 끔찍한 데가 있다. ¶ 말만 들어도 끔찍스럽다. **끔찍스레**부.

끔찍-하다[-찌카-]형여 ①보기에 너무 크거나 많거나 하여 놀랍다. ②진저리가 날 정도로 몹시 참혹하다. ¶ 끔찍한 살인 사건이 일어났다. ③아주 극진하다. ¶ 자녀에 대한 끔찍한 사랑. **끔찍-이**부 ¶ 친구를 끔찍이 위하다.

끗[끋]의 ①접쳐서 파는 피륙의 접힌 것을 세는 단위. ¶ 비단 아홉 끗. ②화투나 투전 따위 노름에서, 셈의 단위로 매겨진 수. ¶ 아홉 끗을 잡다. ＊끗이[끄시]·끗만[끈-]

끗:다[끋따][끄으니·끄어]타ㅅ 자리를 옮기도록, 쥐고 힘을 가하다. ¶ 밧줄을 끗다./혼자 힘으로 책상을 끄어 옮기다.

끗-발[끋빨]명 노름에서, 좋은 끗수가 연하여 나오는 기세. ¶ 끗발이 오르다.

끗발(이) 세다관용 ①노름에서, 좋은 끗수가 연하여 나오는 좋은 판세다. ②세도나 기세가 당당하다.

끗-수(-數)[끋쑤]명 끗의 수.

끙부 몹시 아프거나 힘에 겨운 일에 부대낄 때 내는 소리. **끙-끙**부하자 ¶ 끙끙 앓다./끙끙 신음만 내며 참고 있다.

끙게명 씨앗을 뿌리고 흙을 덮는 데 쓰는 농기구의 한 가지. 가마니때기에 두 가닥의 줄을 매고, 그 위에 뗏장 같은 것을 놓고 끎.

끙끙-거리다자 몹시 아프거나 힘에 겨워서 자꾸 끙끙 소리를 내다. 끙끙대다. ¶ 끙끙거리며 이삿짐을 나르다.

끙끙-대다자 끙끙거리다.

끙짜-놓다[-노타]자 불쾌하게 생각하다.

끝[끋] Ⅰ명 ①시간·공간·사물 등에서, 마지막이 되는 곳. 마지막. ¶ 마루 끝에 앉다./마을 끝에 있는 집. ②가느다란 것이나 내민 것에서 가장 마지막 부분. ¶ 바늘 끝./송곳 끝. ③서 있는 물건의 꼭대기. ¶ 장대 끝에 매달리다./나뭇가지 끝에 연이 걸렸다. ④어떤 일이나 사태의 종말. ¶ 행사 끝./지긋지긋한 전쟁도 끝이 났다. ⑤어떤 일의 결과. ¶ 시작보다 끝이 좋아야 한다./기어이 끝을 보고 말겠다. ⑥어떤 일이 있은 바로 그 다음. ¶ 오랜 연구 끝에 신약을 개발하였다./망설이던 끝에 입을 열다. ⑦차례 중의 마지막. ¶ 맨 끝에 입장하다. ＊끝이[끄치]·끝을[끄틀]·끝만[끈-]
Ⅱ의 ☞필(疋). ¶ 명주 한 끝. ＊끝이[끄치]·끝을[끄틀]·끝만[끈-]

끝 부러진 송곳속담 '가장 긴요한 곳이 탈이 나서 못 쓰게 됨'을 이르는 말.

끝 간 데 없다관용 끝이 보이지 않을 정도로 까마득하다.

끝-가지[끋까-]명 ☞접미사(接尾辭).

끝-갈망[끋깔-]명하타 일의 뒤끝을 수습하는 일. ¶ 하던 일을 끝갈망하다.

끝-걷기[끋껃끼]명하타 서까래 끝을 훑어 깎는 일.

끝-구(-句)[끋꾸]명 ①시조 끝 장의 마지막 구절. ②글귀의 맨 마지막 구. ③☞결구(結句).

끝끝-내[끋끈-]부 《주로 '부정'을 나타내는 말과 함께 쓰이어》 '끝내'의 힘줌말. ¶ 끝끝내 주장을 굽히지 않다.

끝-나다[끈-]자 ①일이 다 되거나 이루어지다. ¶ 공사가 끝나다. ②시간적·공간적으로 다 되어 마지막이 되다. ¶ 방학이 끝나다./강이 끝나다. ③☞끝장나다. ¶ 그 일로 우리 관계가 끝났다.

끝-내[끈-]부 ①《주로 '부정'을 나타내는 말과 함께 쓰이어》 끝까지 내내. ¶ 간다 간다 말만 하고 끝내 못 가고 말았다. ②드디어. 마침내. ¶ 끝내 올 것이 왔구나.

끝내-기[끈-]명 ①하타어떤 일의 끝을 맺는 일. ②하자바둑을 둘 때, 끝판에 가서 끝마감으로 바둑점을 서로 놓는 일.

끝내다[끈-]타 〖'끝나다'의 사동〗 끝나게 하다. ¶ 공사를 끝내다./마지막 한 골로 시합을 끝내다.

끝-단속(-團束)[끋딴-]명하타 일의 뒤끝을 다잡아 마무르는 일. ¶ 끝단속을 잘하다.

끝-닿다[끋따타]자 맨 끝까지 다다르다. ¶ 끝닿는 데를 모를 넓은 들.

끝-돈[끋똔]명 물건 값의 나머지 얼마를, 끝으로 마저 치르는 돈. 끝전. ¶ 끝돈까지 다 치르다.

끝-동[끋똥]명 옷소매의 끝에 따로 이어서 댄 동.

끝-마감[끈-]명하타 일을 마감하여 끝내는 일.

끝-마디[끈-]명 ☞말절(末節).

끝-마무리[끈-]명하타 일 끝을 마무르는 일. ¶ 무슨 일이고 끝마무리를 잘해야 한다.

끝-마치다[끈-]타 일을 끝내어 마치다. ¶ 예정된 날짜에 공사를 끝마치다.

끝-막다[끈-따]타 어떤 일의 끝을 내어 더할 나위가 없이 하다.

끝막-음[끈-]명하타 일의 끝을 내어 완전히 맺는 일. 끝내기를 함.
끝-말[끈-]명 마지막 부분의 말. ¶ 끝말을 흐리다.
끝말-잇기[끈마릳끼]명 한 사람이 한 낱말을 말하면 다음 사람이 그 말의 끝 음절을 첫소리로 하는 낱말을 불러 이어 가는 낱말 놀이.
끝-매듭[끈-]명 끝 부분의 매듭. ¶ 끝매듭을 짓다.
끝-맺다[끈맫따]타 끝마감을 하다. ¶ 편지를 끝맺는 글.
끝-머리[끈-]명 어떤 일이나 사물의 끝이 되는 부분. ¶ 문장의 끝머리. /이야기의 끝머리. ↔첫머리.
끝-물[끈-]명 과실이나 푸성귀·생선 같은 것의 맨 나중에 나오는 차례. ¶ 참외가 끝물이 되어 단맛이 덜하다. ↔만물.
끝-바꿈[끝빠-]명하자 ☞어미변화(語尾變化).
끝-반지[끝빤-]명 노느매기할 때의 맨 끝판 차례.
끝-빨다[끋-][~빠니·~빨아]형 ①끝이 뾰족하다. ②운세나 형편 따위가 기울어져 가다.
끝-소리[끋쏘-]명 ①한 음절에서 끝에 오는 자음. 종성(終聲). 받침. ②한 단어에서 맨 나중에 나는 소리. 〔'책'에서의 'ㄱ', '바다'에서의 'ㅏ' 소리 따위.〕 말음(末音).
끝-손질[끋쏜-]명하타 일의 마지막 손질.
끝-수(-數)[끋쑤]명 끝자리 수. 끝을 나타내는 수.
끝-신경(-神經)[끋씬-]명 ☞말초 신경.
끝-없다[끄덥다]형 한이 없다. 그지없다. ¶ 끝없는 하늘. **끝없-이**부 ¶ 끝없이 넓은 바다.
끝-일[끈닐]명 ①맨 나중의 일. ②어떤 일을 하고 나서, 끝으로 정리하는 일.
끝-자리[끋짜-]명 ①맨 밑의 지위. ②맨 끝의 좌석. ③수치(數値)의 마지막 자리.
끝-장[끋짱]명 ①일의 마지막. 결말(結末). ¶ 이제 곧 끝장이 날 것 같으니 보고 가자. ②실패·패망·죽음 따위를 속되게 이르는 말. ¶ 그 회사도 이제는 끝장이다.
　끝장(을) 보다관용 끝장이 나는 것을 보다.
　끝장(을) 쥐다관용 뒷일을 맡아보다.
끝장-나다[끋짱-]자 ①하는 일이 마치어지다. ②어떤 일이 아주 끝나 버리다. 끝나다. ¶ 경기는 초반에 벌써 끝장났다.
끝장내다[끋짱-]타 〚'끝장나다'의 사동〛 끝장나게 하다. ¶ 연인 관계를 끝장내다.
끝-전(-錢)[끋쩐]명 ☞끝돈.
끝-지다[끋찌-]자 끝에 이르다. 끝 쪽에 치우쳐 있다. ¶ 마을 끝진 곳.
끝-판[끋-]명 ①일의 마지막 판. 말경(末境). ¶ 끝판에 가서 일을 중지하다. ②바둑이나 경기 따위에서, 마지막 결판이 나는 판.
끼명 ①☞끼니. ②〚의존 명사적 용법〛 끼니를 셀 때 쓰는 단위. ¶ 세 끼 밥.
끼(←氣)명 ①'연예에 대한 재능이나 소질'을 속되게 이르는 말. ②이성과 함부로 사귀거나 관계를 맺는 경향이나 태도. ¶ 끼가 있는 여자.
끼고-돌다[~도니·~돌아]타 상대편을 무조건 감싸고 변호하다. ¶ 막내아들을 끼고돌다. /무조건 끼고돈다고 해결될 일이 아니다.
끼깅부 개가 얻어맞거나 아플 때에 지르는 소리. 작깨갱. **끼깅-끼깅**부하자.
끼깅-거리다자 자꾸 끼깅끼깅하다. 끼깅대다. 작깨갱거리다.
끼깅-대다자 끼깅거리다.
끼끗-하다[-끄타-]형여 멀쑥하고 깨끗하다. **끼끗-이**부.
끼니명 늘 일정한 때에 먹는 밥, 또는 그 밥을 먹는 일. 〔아침·점심·저녁 따위.〕 끼. ¶ 끼니를 거르다.
끼니-때명 끼니를 먹을 때.
끼닛-거리[-니꺼-/-닏꺼-]명 끼니로 할 감.
끼:다[1]자 ①연기·안개·김 같은 것이 서리어 가리다. ¶ 안개가 자욱이 끼다. ②때나 먼지 같은 지저분한 것이 엉기어 묻다. ¶ 눈곱이 끼다. /목에 때가 끼다. ③이끼나 녹 따위가 생기어 엉기다. ¶ 이끼가 잔뜩 낀 담장. ④어떤 표정이 얼굴이나 목소리에 어리어 돌다. ¶ 얼굴에 수심이 가득 끼다.
끼다[2]자 ①〈끼이다[1]〉의 준말. ¶ 틈에 몸이 끼다. ②(옷이나 신발 따위가 너무 딱 맞거나 몸이나 발보다 작아서) 바짝 달라붙거나 죄게 되다. ¶ 몸에 꽉 끼는 옷.
끼다[3]타 ①끌어안거나 겨드랑이 같은 데에 넣어 빠지지 않게 죄다. ¶ 책을 겨드랑이에 끼다. /팔을 끼다. ②팔이나 손가락 따위에 꿰거나 꽂다. ¶ 장갑을 끼다. /반지를 끼다. ③곁에 두거나 가까이하다. ¶ 강을 끼고 공장이 들어서다. ④(다른 것을) 겹치거나 덧붙이다. ¶ 내복을 여러 벌 끼어 입다. ⑤(남의 힘을) 빌려 이용하다. ¶ 권력을 끼고 치부하다.
끼다[4]타 〈끼우다〉의 준말. ¶ 실을 바늘에 끼다. /타이어를 갈아 끼다.
끼-뜨리다타 흩어지게 내던지다. 끼트리다. ¶ 물을 끼뜨리다.
끼루룩부 기러기 같은 것이 우는 소리. 준끼룩[1]. **끼루룩-끼루룩**부하자.
끼루룩-거리다[-꺼-]자 자꾸 끼루룩끼루룩하다. 끼루룩대다.
끼루룩-대다[-때-]자 끼루룩거리다.
끼룩[1]부 〈끼루룩〉의 준말.
끼룩[2]부하타 (기웃거리거나 목구멍에 걸린 것을 삼키려고 할 때) 목을 앞으로 쑥 내미는 모양. 작까룩. **끼룩-끼룩**부하타.
끼룩-거리다[-꺼-]타 무엇을 보거나 목구멍에 걸린 것을 삼키려고 목을 앞으로 자꾸 쑥 내밀다. 끼룩대다. 작꺄룩거리다.
끼룩-대다[-때-]타 끼룩거리다.
-끼리접미 《일부 명사 뒤에 붙어》 '여럿이 함께 패를 지음'을 뜻함. ¶ 우리끼리. /남자끼리.
끼리-끼리부 패를 지어 따로따로. ¶ 끼리끼리 흩어지다. /끼리끼리 어울리다. 준낄끼리.
끼무릇[-륻]명 ☞반하(半夏)[1]. ＊끼무릇이[-르시]·끼무릇만[-른-]
끼어들-기[-어-/-여-]명 차가 옆 차선으로 무리하게 비집고 들어서는 일.
끼어-들다[~드니·~들어]자 자기 순서나 자리가 아닌 틈 사이를 비집고 들어서다. ¶ 버스 앞으로 택시가 끼어들다. 준껴들다[1].
끼-얹다[-언따]타 (물·가루 따위를) 다른 물건 위에 흩어지게 뿌리다. ¶ 물을 끼얹다.
끼-우다타 ①(벌어진 틈이나 정해진 틀에 들어가게 하여) 죄거나 꿰어 빠지지 않게 하다. ¶ 창문에 유리를 끼우다. /신문을 문틈에 끼우다. 준끼다[4]. ②여럿 사이에 들어가게 하다. ¶ 군데군데 만화를 끼워 넣었다.
끼우듬-하다형여 〈기우듬하다〉의 센말. 작꺄우듬하다.
끼우뚱부하자타하형 〈기우뚱〉의 센말. ¶ 고개를 끼우뚱하다. 작꺄우뚱.

끼울다 [끼우니·끼울어] [I][자] 〈기울다〉의 센말. (작)꺄울다.
[II][형] 〈기울다〉의 센말. (작)꺄울다.
끼울어-뜨리다[타] 〈기울어뜨리다〉의 센말. (작)꺄울어뜨리다.
끼울어-지다[자] 〈기울어지다〉의 센말. (작)꺄울어지다.
끼울어-트리다[타] 〈기울어트리다〉의 센말. (작)꺄울어트리다.
끼울-이다[타] 〈기울이다〉의 센말. (작)꺄울이다.
끼웃[-욷][부](하타)[하형] 〈기웃〉의 센말. (작)꺄웃.
끼-이다¹[자] ①틈에 박히다. ¶ 잇새에 고춧가루가 끼이다. ②여럿 속에 섞여 들다. ¶ 구경꾼들 틈에 끼이다. (준)끼다².
끼-이다²[자] 〖'끼다³'의 피동〗 끼움을 당하다. 끼워지다. ¶ 손가락에 반지가 끼이질 않는다.
끼이다³[타] 사람을 싫어하다.
끼익[부] 자동차 따위가 급정거할 때 나는 브레이크 소리. ¶ 택시가 횡단보도 앞에서 끼익 소리를 내며 멈췄다.
끼인-각(−角)[명] 두 직선 사이에 끼어 있는 각. (준)낀각.
끼적-거리다[−꺼−][타] 자꾸 끼적끼적하다. 끼적대다. (작)깨작거리다.
끼적-끼적[부](하타) 글씨를 아무렇게나 갈겨 쓰는 모양. (작)깨작깨작.
끼적-대다[−때−][타] 끼적거리다.
끼치다¹[자] ①살가죽에 소름이 돋다. ¶ 오싹 소름이 끼치다. ②무슨 기운이나 냄새 따위가 덮치듯이 확 밀려오다. ¶ 술 냄새가 확 끼친다.
끼치다²[타] ①남에게 손해를 입히거나, 번거로움이나 괴로움을 주다. ¶ 폐를 끼치다. ②남에게 은혜를 베풀어 주다. ¶ 자연이 우리에게 끼치는 혜택. ③(무엇을) 후세에 남게 하다. ¶ 의학 발전에 큰 영향을 끼치다.
끼-트리다[타] 끼뜨리다.
끽[부] 몹시 놀라거나 했을 때, 힘을 다하여 지르는 외마디 소리. (작)깩. **끽-끽**[부].
끽겁(喫怯)[−껍][명](하자) 몹시 겁을 집어먹음.
끽경(喫驚)[−꼉][명](하자) 몹시 놀람.
끽고(喫苦)[−꼬][명](하자) 고생을 겪음.
끽긴(喫緊) '끽긴하다'의 어근.
끽긴-하다(喫緊−)[−낀−][형](여) 아주 요긴하다.
끽끽-거리다[−꺼−][자] 힘을 다하여 외마디 소리를 자꾸 지르다. 끽끽대다. (작)깩깩거리다.
끽끽-대다[−때−][자] 끽끽거리다.
끽다(喫茶)[−따][명](하자) 차를 마심.
끽반(喫飯)[−빤][명](하자) 밥을 먹음.
끽-소리[−쏘−][명] 《주로 '없다'·'못하다' 등과 함께 쓰이어》 반항하는 태도나 괴로움을 참을 때 내는 소리를 이르는 말. ¶ 끽소리 없이 돌아서다. (작)깩소리.
끽연(喫煙)[명](하자) 담배를 피움. 흡연(吸煙).
끽연-실(喫煙室)[명] 담배를 피우며 쉬도록 마련한 방. 흡연실.
끽-하다[끼카−][자](여) 할 수 있을 만큼 한껏 하다. 《주로, '끽해야'의 꼴로 쓰임.》 ¶ 남은 돈이 끽해야 만 원밖에 안 돼요.
낀-각(−角)[명] 〈끼인각〉의 준말.
낄-끼리[부] 〈끼리끼리〉의 준말. ¶ 중씰한 노인들이 낄끼리 모여 서서 등걸밭을 일구는데…(烈女春香守節歌).
낄끽-거리다[−꺼−][자] 자꾸 낄끽낄끽하다. 낄끽대다. (작)깰깩거리다.
낄끽-낄끽[부](하자) 숨이 막힐 듯 괴롭게 끽끽거리는 모양, 또는 그 소리. (작)깰깩깰깩.
낄끽-대다[−때−][자] 낄끽거리다.
낄낄[부](하자) 억지로 참으려다가 터져 나오는 웃음소리. (작)깰깰. (참)킬킬.
낄낄-거리다[자] 억지로 참으려다가 터져 나오는 웃음소리를 자꾸 내다. 낄낄대다. ¶ 아이들은 무엇이 우스운지 자꾸 낄낄거렸다. (작)깰깰거리다.
낄낄-대다[자] 낄낄거리다.
낌새[명] 어떤 일의 야릇한 기틀이나 눈치. 어떤 일의 되어 가는 형편. 기미(機微). ¶ 낌새를 맡다.
낌새-채다[자] 낌새를 살펴서 알아채다. 눈치를 채다. ¶ 벌써 낌새채고 달아났다.
낌-줄[−쭐][명] 탐광(探鑛)의 실마리가 되는, 광맥에서 뻗어 난 아주 가는 줄.
낑[부] ①못 견디게 아프거나 부대끼거나 하여 안간힘을 쓸 때 내는 소리. ②강아지가 거북할 때 내는 소리. **낑-낑**[부](하자) ¶ 밤새 낑낑 앓다.
낑낑-거리다[자] 자꾸 낑낑 소리를 내다. 낑낑대다.
낑낑-대다[자] 낑낑거리다.
ㅺ 기역시옷. 'ㄱ'과 'ㅅ'의 합용 병서. 받침으로만 쓰임. 'ㅺ' 뒤에 모음으로 시작되는 조사가 이어지면 'ㅅ'이 연음되고, 자음으로 시작되는 어미나 실질 형태소가 이어지면 'ㅅ'이 발음되지 않음. ¶ 몫몫으로 돌라주다. /ᄒᆞ올로 낛대롤 자바 ᄆᆞᄎᆞ매 머리 가리니(杜初*21*:17).

ㄴ[1]자모 니은. ①한글 자모의 둘째. ②자음의 하나. 혀끝과 윗잇몸 사이에서 나는 혀끝소리이며, 코 안의 공명(共鳴)을 일으키는 울림소리임. 받침으로 쓰일 때는 혀끝을 떼지 아니함.

ㄴ[2]조 〈는〉의 준말. ¶ 누난 어디 갔니?

-ㄴ[1]어미 모음이나 'ㄹ'로 끝난 어간 또는 높임의 '-시-'에 붙는, 관형사형 전성 어미. ①동사 어간에 붙어, 과거 시제를 나타냄. ¶ 떠난 사람./은행을 턴 강도. ②형용사 어간에 붙어, 현재 시제를 나타냄. ¶ 눈부신 활약. 참-는·-은.

-ㄴ 바에관용 모음이나 'ㄹ'로 끝난 동사 어간 또는 높임의 '-시-'에 붙어, '이왕 그리된 김에' 또는 '이왕 하는 중이니'의 뜻을 나타냄. ¶ 말을 꺼낸 바에 다 털어놔라./어차피 온 바에 놀다가 천천히 가자.

-ㄴ[2]어미 '오다'의 어간에 붙는, 명령형 '-너라'의 준말. '-너라'보다 친근한 맛을 지님. ¶ 아가야, 이리 온.

-ㄴ-선미 모음이나 'ㄹ'로 끝난 동사 어간 또는 높임의 '-시-'에 붙어, 현재 시제를 나타내는 선어말 어미. 〔용법상, 평서형에만 쓰이는 제약이 있음.〕 ¶ 소나기가 온다./영화를 본다. 참-는-.

ㄴ가조 모음으로 끝난 체언에 붙어, 의문의 뜻을 나타내는 종결형 서술격 조사. ¶ 여기가 어딘가? 참인가.

ㄴ가 보다관용 조사 'ㄴ가'에 보조 형용사 '보다'가 이어 쓰인 말. 짐작의 뜻을 나타냄. ¶ 저 건물이 바로 우리가 찾던 교회가 보다.

-ㄴ가어미 모음이나 'ㄹ'로 끝난 형용사의 어간 또는 높임의 '-시-'에 붙는, 하게체 또는 해체의 현재 시제 종결 어미. 스스로의 의심이나 손아랫사람에게 묻는 뜻을 나타냄. ¶ 지금 바쁜가?/형님 안에 계신가? 참-는가·-은가.

-ㄴ가 보다관용 어미 '-ㄴ가'에 보조 형용사 '보다'가 이어 쓰인 말. 짐작의 뜻을 나타냄. ¶ 매우 기쁜가 보다./꽤 더운가 보다.

ㄴ감조 'ㄴ가 뭐'가 줄어서 된 말. 모음으로 끝난 체언에 붙어, 남의 말에 의문을 품으면서 반박하는 뜻을 나타내는 해체의 종결형 서술격 조사. ¶ 아무거나 먹으라니, 내가 돼진감. 참인감.

-ㄴ감어미 '-ㄴ가 뭐'가 줄어서 된 말. 모음이나 'ㄹ'로 끝난 형용사 어간 또는 높임의 '-시-'에 붙는, 해체의 현재 시제 종결 어미. 뒤의 사실을 주장하기 위하여 앞의 사실을 반박하는 뜻을 나타냄. ¶ 날씨라는 게 어디 늘 흐린감, 개는 날도 있지. 참-는감·-은감.

ㄴ걸조 모음으로 끝난 체언에 붙는 서술격 조사. ①'다'의 뜻으로, 이미 있는 사실에 대해 새삼스럽게 감탄하거나 어떤 결과가 자기의 생각 밖임을 나타내는 종결형 서술격 조사. ¶ 힘이 장산걸. ②앞말을 인정하면서 그것이 뒷말의 전제적 사실이 됨을 나타내는 연결형 서술격 조사. ¶ 그분이 후원잔걸 까맣게 몰랐다. 참인걸.

-ㄴ걸어미 ①모음이나 'ㄹ'로 끝난 어간 또는 높임의 '-시-'에 붙는, 해체의 종결 어미. 이미 있는 사실에 대해 새삼스럽게 감탄하거나 어떤 결과가 자기의 생각 밖임을 나타냄. ¶ 제법 큰걸./내가 다 먹어 치운걸. ②모음이나 'ㄹ'로 끝난 형용사 어간 또는 높임의 '-시-'에 붙는, 종속적 연결 어미. 앞말이 뒷말의 이유나 전제가 됨을 나타냄. ¶ 팔 힘이 센걸 자랑하다. 참-는걸·-은걸.

ㄴ고조 모음으로 끝난 체언에 붙어, 현재의 사실과 관련하여 묻거나 나무라는 뜻을 나타내는 해체의 종결형 서술격 조사. 'ㄴ가'보다 예스러운 또는 점잖은 말투. ¶ 아까 그 사람이 누군고? 참인고.

-ㄴ고어미 모음이나 'ㄹ'로 끝난 형용사 어간 또는 높임의 '-시-'에 붙는, 해체의 현재 시제 종결 어미. '-ㄴ가'보다 예스러운 말투. 점잖게 묻거나 나무라는 뜻을 나타냄. ¶ 득남을 했다니 얼마나 기쁜고?/선생님은 어디 계신고? 참-는고·-은고.

ㄴ과니조 'ㄴ고 하니'가 줄어서 된 말. 모음으로 끝난 체언에 붙어, 무엇을 지적하여 서술하려 할 때, 그에 앞서 스스로 다짐하여 묻는 형식을 취하는 연결형 서술격 조사. ¶ 그분이 누군과니 내 스승이오. 참인과니.

-ㄴ과니준 '-ㄴ고 하니'가 줄어든 말. 모음이나 'ㄹ'로 끝난 형용사 어간 또는 높임의 '-시-'에 붙어, 뒤에서 베풀어 말하는 주제를 앞에서 제시하는 뜻을 나타냄. ¶ 그 사람이 누군과니, 내 오랜 친구다. 참-는과니.

-ㄴ다어미 〈옛〉 ①-냐. -느냐. -는가. ¶ 엇뎨 잡논다(月釋2:13). ②-았느냐. -았는가. ¶ 네 언제 온다(初朴上51).

-ㄴ다고[1]어미 모음이나 'ㄹ'로 끝난 동사 어간 또는 높임의 '-시-'에 붙어, 앞말이 뒷말의 이유나 근거가 됨을 나타내는 종속적 연결 어미. ¶ 동생은 내일 소풍을 간다고 마음이 들떠 있다. 참-는다고[1].

-ㄴ다고[2]어미 모음이나 'ㄹ'로 끝난 동사 어간 또는 높임의 '-시-'에 붙는 해라체의 종결 어미. ①자신의 주장이나 생각을 강조하는 뜻을 나타냄. ¶ 이제 나도 알 건 다 안다고! ②어떤 의문의 답이 의외로 별것이 아니었거나, 또는 반문하는 뜻을 나타냄. ¶ 난 또 뭘 한다고. 참-는다고[2].

-ㄴ다고[3]어미 '-ㄴ다 하고'가 줄어서 된 말. 모음이나 'ㄹ'로 끝난 동사 어간 또는 높임의 '-시-'에 붙어, 그 말이 뒷말의 행동 내용임을 나타내는 연결 어미. ¶ 사랑한다고 고백했다./곧 오신다고 여쭈어라. 참-는다고[3].

-ㄴ다느냐준 '-ㄴ다고 하느냐'가 줄어든 말. 모음이나 'ㄹ'로 끝난 동사 어간 또는 높임의 '-시-'에 붙어, 남이 들은 사실에 대하여 묻는 뜻을 나타냄. ¶ 왜 그리 빨리 간다느냐? 참-는다느냐·-다느냐.

-ㄴ다느니어미 모음이나 'ㄹ'로 끝난 동사 어간 또는 높임의 '-시-'에 붙는, 대등적 연결 어미. 이렇게 한다고도 하고 저렇게 한다고도 하는 뜻을 나타냄. ¶ 시집을 간다느니 안 간다느니 변덕이 죽 끓듯 한다. 참-는다느니·-다느니.

-ㄴ다는준 '-ㄴ다고 하는'이 줄어든 말. 모음이나 'ㄹ'로 끝난 동사 어간 또는 높임의 '-시-'에 붙어, 듣거나 겪은 사실을 인용하는 뜻을 나타냄. ¶ 다음에 꼭 온다는 기약은 없었다. 참-는다는·-다는.

-ㄴ다니《모음이나 'ㄹ'로 끝난 동사 어간 또는 높임의 '-시-'에 붙어》 Ⅰ어미 제삼자의 행위를 간접적으로 묻는 뜻을 나타내는 해라체의 종결 어미. ¶ 왜 벌써 간다니? 참-는다니·-다니.
Ⅱ준 '-ㄴ다고 하니'가 줄어든 말. 앞말이 뒷말의 전제나 근거가 됨을 나타냄. ¶ 곧 발표한다니 기다려 보자. 참-는다니·-다니.

-ㄴ다니까《모음이나 'ㄹ'로 끝난 동사 어간 또는 높임의 '-시-'에 붙어》 Ⅰ어미 사실이 그러함을 모르거나 의심쩍어하는 상대편에게 다그쳐서 깨우쳐 주는 뜻을 나타내는 해라체의 종결 어미. ¶ 틀림없이 온다니까. /이따가 꼭 준다니까. 참-는다니까·-다니까.
Ⅱ준 '-ㄴ다고 하니까'가 줄어든 말. 앞말이 뒷말의 이유나 전제가 됨을 나타냄. ¶ 네가 떠난다니까 서운한 모양이더라. 참-는다니까·-다니까.

-ㄴ다마는어미 어미 '-ㄴ다'에 조사 '마는'이 합쳐서 된 말. 모음이나 'ㄹ'로 끝난 동사 어간 또는 높임의 '-시-'에 붙는, 종속적 연결 어미. 앞말을 시인하되, 뒷말이 그것에 매이지 아니함을 나타냄. ¶ 가기는 간다마는 썩 내키지 않는다. 준-ㄴ다만. 참-는다마는·-다마는.

-ㄴ다마다어미 〈옛〉-자마자. -하자 곧. ¶ 湖南애 나그내 ᄃᆞ외야신다마다 보몰 디내요니(杜初 *17:16*).

-ㄴ다만어미 〈-ㄴ다마는〉의 준말. ¶ 하기는 한다만 자신이 없다.

-ㄴ다며 Ⅰ어미 〈-ㄴ다면서〉의 준말. ¶ 내일 결혼한다며?
Ⅱ준 '-ㄴ다면서'가 줄어든 말. ¶ 목욕하러 간다며 나갔다.

-ㄴ다면서《모음이나 'ㄹ'로 끝난 동사 어간 또는 높임의 '-시-'에 붙어》 Ⅰ어미 들은 사실에 대하여 되묻거나 빈정거리는 뜻을 나타내는, 해체의 종결 어미. ¶ 내일 떠난다면서?/약속을 밥 먹듯 어긴다면서? 준-ㄴ다며. 참-는다면서.
Ⅱ준 '-ㄴ다고 하면서'가 줄어든 말. 남의 말을 인용하되, 그것이 뒷말의 전제나 이유가 됨을 나타냄. ¶ 친구를 만난다면서 나갔다. 참-는다면서.

-ㄴ다손어미 모음이나 'ㄹ'로 끝난 동사 어간 또는 높임의 '-시-'에 붙는 종속적 연결 어미. '-ㄴ다고'의 뜻으로, '치다'·'하다'의 활용형과 어울려 쓰이어, 앞말을 가정하되 그것이 뒷말에 영향을 미치지 아니함을 나타냄. ¶ 네가 간다손 치더라도 결과는 마찬가질걸. 참-는다손·-다손.

-ㄴ단준 ①'-ㄴ다는'이 줄어든 말. ¶ 기어이 간단 말이냐? ②'-ㄴ다고 한'이 줄어든 말. ¶ 온단 사람이 안 왔어.

-ㄴ단다《모음이나 'ㄹ'로 끝난 동사 어간 또는 높임의 '-시-'에 붙어》 Ⅰ어미 어떤 사실을 친근하게 베풀어 말하는 뜻을 나타내는 해라체의 종결 어미. ¶ 나는 건강하게 잘 지낸단다. 참-는단다.
Ⅱ준 '-ㄴ다고 한다'가 줄어든 말. 남의 말을 인용하는 뜻을 나타냄. ¶ 내일 삼촌이 결혼한단다. 참-는단다.

-ㄴ달준 '-ㄴ다고 할'이 줄어든 말. 모음이나 'ㄹ'로 끝난 동사 어간 또는 높임의 '-시-'에 붙어 '-ㄴ달 수가(야, 는)'의 꼴로 쓰이어, 자기의 생각이 어떠함을 밝히는 뜻을 나타냄. ¶ 차마 떠난달 수가 없어서 내가 이러고 있네. 참-는달.

-ㄴ담어미 모음이나 'ㄹ'로 끝난 동사 어간 또는 높임의 '-시-'에 붙어, '-ㄴ단 말인고'의 뜻으로, 가벼운 영탄을 곁들인 의문을 나타내는 종결 어미. ¶ 이 일을 어찌한담. /서울은 뭐 하러 간담. 참-는담.

-ㄴ답니까[-담-]준 '-ㄴ다고 합니까'가 줄어든 말. 모음이나 'ㄹ'로 끝난 동사 어간 또는 높임의 '-시-'에 붙어, 남이 들은 사실에 대해서 묻는 뜻을 나타냄. ¶ 몇 시에 온답니까? 참-는답니까.

-ㄴ답니다[-담-]《모음이나 'ㄹ'로 끝난 동사 어간 또는 높임의 '-시-'에 붙어》 Ⅰ어미 화자가 알고 있는 것을 객관화하여 청자에게 친근하게 일러 줌을 나타내는, 합쇼체의 종결 어미. ¶ 우리 부부는 매일 산책을 한답니다. 참-는답니다.
Ⅱ준 '-ㄴ다고 합니다'가 줄어든 말. 들은 사실을 인용하는 형식으로 공손하게 베풀어 말함을 나타냄. ¶ 오늘 오신답니다. 참-는답니다.

-ㄴ답디까[-띠-]준 '-ㄴ다고 합디까'가 줄어든 말. 모음이나 'ㄹ'로 끝난 동사 어간 또는 높임의 '-시-'에 붙어, 남의 과거 일을 돌이켜 묻는 뜻을 나타냄. ¶ 언제 온답디까? 참-는답디까.

-ㄴ답디다[-띠-]준 '-ㄴ다고 합디다'가 줄어든 말. 모음이나 'ㄹ'로 끝난 동사 어간 또는 높임의 '-시-'에 붙어, 과거에 들은 사실을 돌이켜 말하는 뜻을 나타냄. ¶ 곧 그들이 온답디다. 참-는답디다.

-ㄴ답시고[-씨-]어미 모음이나 'ㄹ'로 끝난 동사 어간 또는 높임의 '-시-'에 붙어, '-ㄴ다고'·'-ㄴ다고 하여'의 뜻을 나타내는 종속적 연결 어미. 자기의 행위를 겸손하게 이르거나 남의 행위를 못마땅하게 여겨 빈정거리는 뜻을 나타냄. ¶ 내 딴에는 그래도 한답시고 했는데. /돈푼이나 번답시고 되게 으스댄다. 참-는답시고.

-ㄴ대《모음 또는 'ㄹ'로 끝난 동사 어간이나 높임의 '-시-'에 붙어》 Ⅰ어미 주어진 사실에 대해 놀라워하거나 못마땅하게 여기는 뜻을 나타내는, 해체의 종결 어미. ¶ 왜 저렇게 화를 내신대? 참-는대.
Ⅱ준 '-ㄴ다고 해'가 줄어든 말. 남의 말을 옮기는 뜻을 나타냄. ¶ 조금만 놀다가 온대. 참-는대.

-ㄴ대어미 〈옛〉-ㄴ즉. -니까. ¶ 올ᄒᆞᆫ 대로 더답 아니ᄒᆞᆫ대 님굼이 로ᄒᆞ샤 주기시다(翻小*9:43*).

-ㄴ대도준 '-ㄴ다고 하여도'가 줄어든 말. 모음이나 'ㄹ'로 끝난 동사 어간 또는 높임의 '-시-'에 붙어, 뒤의 내용이 앞의 조건(전제)에 매이지 아니함을 뜻함. ¶ 네 말은 콩으로 메주를 쑨대도 안 믿겠다. 참-는대도.

-ㄴ대서준 '-ㄴ다고 하여서'가 줄어든 말. 모음이나 'ㄹ'로 끝난 동사 어간 또는 높임의 '-시-'에 붙어, 앞의 내용이 뒤의 내용의 이유나 전제가 됨을 나타냄. ¶ 오늘 온대서 목이 빠지게 기다렸는데…. 참-는대서.

-ㄴ대서야준 '-ㄴ다고 하여서야'가 줄어든 말. 모음이나 'ㄹ'로 끝난 동사 어간 또는 높임의 '-시-'에 붙음. 흔히, 반어적 물음의 꼴 앞에 쓰이어, 그 물음의 전제가 됨을 나타냄. ¶ 그걸 모른대서야 말이 되나. 참-는대서야.

-ㄴ대야준 '-ㄴ다고 하여야'가 줄어든 말. 모음이나 'ㄹ'로 끝난 동사 어간 또는 높임의 '-시-'에 붙어, 얕잡거나 빈정거리는 뜻을 나타냄. ¶ 제까짓 녀석이 한대야 별수 있을라고. 참-는대야.

-ㄴ댄(어미) 〈옛〉-ㄴ즉슨. -니까는. -ㄹ진대. ¶ 天女를 보건댄 내 겨지비사 눈먼 獼猴 ᄀᆞᄐᆞ도소이다(月釋7:12).

-ㄴ댜(어미) 〈옛〉-구나. -ㄴ 것이여. ¶ 나온댜 今日이야 즐거온댜 오ᄂᆞᆯ이야(古時調).

ㄴ데(조) 모음으로 끝난 체언에 붙어 쓰이는, 서술격 조사. ①뒤의 사실을 끌어내기 위하여 어떤 전제를 말하는 뜻을 나타내는 연결형 서술격 조사. ¶ 쉬운 문젠데 맞춰 보렴. ②자기 말에 남의 동의나 의견을 구하는 투로, 가벼운 느낌이나 아쉬움 등을 나타내는 종결형 서술격 조사. ¶ 야, 아주 기막힌 솜씬데. (참)인데.

-ㄴ데(어미) 모음이나 'ㄹ'로 끝난 형용사 어간 또는 높임의 '-시-'에 붙는 어미. ①뒷말을 끌어내기 위하여 어떤 전제를 베풀어 말하는 뜻을 나타내는 종속적 연결 어미. ¶ 얼굴은 예쁜데 키가 너무 작다. ②어떤 사실에 대하여 남의 동의나 의견을 구하는 투로, 가벼운 느낌을 담아 나타낼 때 쓰는 종결 어미. ¶ 맛이 너무 단데. /날씨가 제법 찬데. (참)-는데·-은데.

-ㄴ뎌(어미) 〈옛〉-ㄴ 것이여. -로구나. -로다. ¶ 오직 聖人ㅅ 마리신뎌(永嘉下36).

-ㄴ뎌이고(어미) 〈옛〉-구나. -는구나. ¶ 님다히 消息이 더욱 아득ᄒᆞᆫ뎌이고(鄭澈.續美人曲). (참)-ㄴ져이고.

-ㄴ동(어미) 〈옛〉①-ㄴ지. ¶ 손인동 主人인동 다 니저ᄇᆞ려셔라(鄭澈.星山別曲). ②-ㄴ둥. ¶ 昭君宅은 잇ᄂᆞᆫ동 업슨동 ᄒᆞ도다(杜重2:7).

ㄴ들(조) 모음으로 끝난 체언에 붙어, '-라고'·'-라고 할지라도 어찌'의 뜻으로, 양보 또는 비특수(非特殊)의 뜻을 나타내는 보조사. ¶ 낙환들 꽃이 아니랴. /난들 그 일을 알겠느냐? (참)인들.

-ㄴ들(어미) 모음이나 'ㄹ'로 끝난 어간 또는 높임의 '-시-'에 붙는 종속적 연결 어미. '-ㄴ다 할지라도 어찌'의 뜻으로, 뒷말이 앞말에 매이지 아니함을 나타냄. ¶ 내가 간들 아주 가랴. (참)-은들.

-ㄴ ᄃᆞᆫ(어미) 〈옛〉-건대. -는 것은. ¶ 願ᄒᆞᆫᄃᆞᆫ 내 生生애 그딋 가시 ᄃᆞ외아지라(月釋1:11).

-ㄴ ᄃᆞᆯ(어미) 〈옛〉①-ㄴ들. ¶ 揚子江南ᄋᆞᆯ 써리샤 使者ᄅᆞᆯ 보내신ᄃᆞᆯ(龍歌15章). ②'-ㄴ 것을', '-ㄴ 줄을'이 줄어서 된 말. ¶ 밧 아닌ᄃᆞᆯ 굴히시니라(楞解1:55).

-ㄴ ᄃᆡᆫ(어미) 〈옛〉-건대. -ㄴ즉슨. -니까는. ¶ 술풀 지븨 수를 사라 가고신ᄃᆡᆫ(樂詞.雙花店).

-ㄴ바(어미) 모음이나 'ㄹ'로 끝난 어간 또는 높임의 '-시-'에 붙는 종속적 연결 어미. '하였더니'·'어떠어떠하니까'의 뜻으로, 앞말에 대하여 뒷말이 보충 설명의 관계에 있음을 나타냄. ¶ 내 눈으로 확인한바 소문과 다름이 없더라. (참)-는바·-던바·-은바.

-ㄴ져이고(어미) 〈옛〉-ㄴ지고. -구나. ¶ 半世紅塵에 남의 우음 된져이고(古時調). (참)-ㄴ뎌이고.

ㄴ즉(조) 모음으로 끝난 체언에 붙는 연결형 서술격 조사. '로 말하면'의 뜻으로, 조건이나 전제적인 사실이 됨을 나타냄. ¶ 땐즉 춘삼월 호시절이라. (참)인즉.

-ㄴ즉(어미) 모음이나 'ㄹ'로 끝난 어간 또는 높임의 '-시-'에 붙는 종속적 연결 어미. 앞말이 뒷말의 이유나 원인 또는 가정이나 조건이 됨을 나타냄. ¶ 음식을 먹어 본즉 맛이 그만이더라. (참)-은즉.

ㄴ즉슨[-쓴](조) 'ㄴ즉'의 힘줌말. ¶ 얘긴즉슨 옳다.

-ㄴ즉슨[-쓴](어미) '-ㄴ즉'의 힘줌말. ¶ 내가 가 본즉슨 참으로 좋더라.

ㄴ지(조) 모음으로 끝난 체언에 붙어, 막연한 의문을 나타내는 연결형 또는 종결형 서술격 조사. ¶ 내가 누군지 알겠니? (참)인지.

-ㄴ지(어미) 모음이나 'ㄹ'로 끝난 형용사 어간 또는 높임의 '-시-'에 붙어, 막연한 의문을 나타내는 해체의 연결 어미 또는 종결 어미. ¶ 안에 계신지 모르겠다. (참)-는지·-은지.

-ㄴ지고(어미) 모음이나 'ㄹ'로 끝난 형용사 어간 또는 높임의 '-시-'에 붙어, 스스로의 느낌을 영탄조로 나타내는 예스러운 말투의 종결 어미. ¶ 참으로 장한지고. (참)-는지고·-은지고.

ㄴ지라(조) 모음으로 끝난 체언에 붙어, 앞말이 뒷말의 이유나 전제가 됨을 나타내는 연결형 서술격 조사. ¶ 하나뿐인 손잔지라 귀여울 수밖에. (참)인지라.

-ㄴ지라(어미) 모음이나 'ㄹ'로 끝난 어간 또는 높임의 '-시-'에 붙는 종속적 연결 어미. '-(으)므로'의 뜻으로, 앞말이 뒷말의 이유나 전제가 됨을 나타냄. 〔동사 어간 뒤에서는 과거 시제를 나타내고 형용사 어간 뒤에서는 현재 시제를 나타냄.〕 ¶ 이미 다 읽어 본지라 다시 더 들을 것은 없소. (참)-는지라·-은지라.

나[1] Ⅰ(대) 말하는 사람이 이름 대신에 '자기' 스스로를 일컫는 제일 인칭 대명사. 평교간이나 아랫사람에 대하여 쓰며, 조사 '가'가 붙으면 '내'가 됨. (낮)저[3]. ↔너[1]. (참)내[4].
Ⅱ(명) ①(단체에 대한) 개인. ②〔공(公)에 대한〕 사(私). ¶ 대의를 위하여 나를 버려라. ③☞자아.
나는 바담 '풍(風)' 해도 너는 바람 '풍' 해라(속담) 자기는 그르게 하면서 남에게는 바르게 하라고 요구함을 이르는 말.
나 먹자니 싫고, 개 주자니 아깝다(속담) 자기에게는 소용이 없으면서도 남 주기는 싫어하는 인색함을 이르는 말.
나 못 먹을 밥에는 재나 넣지(속담) 심술이 매우 사나움을 이르는 말.
나 부를 노래를 사돈집에서 부른다(속담) ☞내가 할 말을 사돈이 한다.
나 몰라라 하다(관용) 어떤 일에 무관심한 태도로 상관하지 않고 간섭하지도 않다.

나[2](명) 서양 음악의 칠음 체계에서, 일곱 번째 음이름. 계이름 '시'와 같음.

나:[3](명) 〈나이〉의 준말.
나 많은 말이 콩 마달까(속담) (별로 좋아하지 않을 것으로 보이겠지만) 사실은 남 못지않게 그것을 좋아한다는 말.

나[4](조) 모음으로 끝난 체언에 붙는 조사. ①선택의 뜻을 나타내는 보조사. ¶ 공부나 하자. ②가리지 않는다는 뜻을 나타내는 보조사. ¶ 밥이 없으면 국수나 삶아 주시오. ③조건을 붙이는 뜻을 나타내는 보조사. ¶ 어린애나 탈 수 있는 그네. ④어림이나 짐작의 뜻을 나타내는 보조사. ¶ 글쎄, 서너 마리나 잡았을까? ⑤'많지는 않으나 좀 있음'을 얕잡아 이르는 뜻을 나타내는 보조사. ¶ 논마지기나 부친다고 되게 으스댄다. ⑥〈나마〉의 준말. ¶ 변변찮은 자리나 푹 주무시오. ⑦느꺼움을 나타내는 감탄 조사. ¶ 떡을 네 개나 먹었다. ⑧앞말이 뒷말에 매이지 아니함을 뜻하는, 방임형 서술격 조사. ¶ 명의는 상무나 이름뿐인 상무라오. ⑨둘 이상의 사람이나 사물을 같은 자격으로 이어 주는 접속 조사. 나열되는 것 가운데 하나만이 선택됨을 나타냄. ¶ 소고기나 돼지고기가 먹고 싶다. (참)이나.

나명 〈옛〉☞낳.
나(螺)명 '나각(螺角)'을 달리 이르는 말.
나(羅)명 명주실로 짠 피륙의 한 가지. 가볍고 부드러우며 성깃함.
나(欒)명 ☞연가(煙家).
나(鑼)명 놋쇠로 만든 타악기의 한 가지. 대접과 비슷한 모양에, 징보다 조금 작음.
-나[1]어미 모음이나 'ㄹ'로 끝난 어간 또는 높임의 '-시-'에 붙는 연결 어미. ①앞말과 뒷말을 대립적으로 이어 줌. ¶ 덩치는 크나 힘은 없다. ②《주로 상대적인 뜻을 가진 두 용언이 '-나 -나'의 꼴을 이루어》 '언제든지'·'항상'의 뜻을 나타냄. ¶ 자나 깨나 불조심. ③형용을 과장하기 위하여 어간을 겹쳐 쓸 때, '-나 -ㄴ(은)'의 꼴을 이루어 강조하는 뜻을 나타냄. ¶ 기나 긴 세월. 참-으나.
-나[2]어미 동사 어간이나 높임의 '-시-' 또는 시제의 '-았(었)-'·'-겠-' 등에 붙는 종결 어미. ①'-는가'의 뜻을 나타내는, 하게체의 의문형 종결 어미. ¶ 어디로 가나?/자고 있었나? ②《주로 '-나 하다', '-나 싶다', '-나 보다'의 꼴로 쓰이어》 스스로에게 묻는 물음이나 추측을 나타냄. ¶ 선선한 바람이 부는 걸 보니 이제 가을이 되었나 보다. ③스스로에게 묻는 물음을 나타냄. ¶ 이제 뭘 하나?
-나어미 〈옛〉-거나. ¶ 놀거든 뛰디 마나 셧거든 솟디 마나(鄭澈.關東別曲).
나가-곤드라지다자 ①저만치 나가 곤두박질하여 쓰러지다. ¶ 도전자는 링 위에 나가곤드라졌다. ②술에 취하거나 몹시 지쳐서 아무렇게나 쓰러져 정신없이 잠들다. ¶ 일에 지친 그는 정신없이 나가곤드라졌다.
나가-넘어지다자 ①뒤로 물러가면서 넘어지다. ②남의 부탁이나 요청 따위에 응하지 않고 물러나는 태도를 취하다.
나-가다 Ⅰ자 ①버티다. 한결같은 태도를 취하다. ¶ 계속 강경한 태도로 나가다. ②(물건이나 돈 따위가) 지급되다. ¶ 월급이 나가다. ③써서 없어지다. ¶ 생활비로 20만 원이 나갔다. ④정전(停電)되다. ¶ 전기가 나가다. ⑤수치가 어느 정도에 이르다. ¶ 몸무게가 제법 나가다./값이 천 원은 나갈 거야. ⑥망가지거나 해어지다. ¶ 구두 밑창이 나가다. ⑦의식이나 정신이 없어지다. ¶ 그 친구 정신이 나갔더군. ⑧어떤 방면으로 나서다. 진출하다. ¶ 정계에 나가다. ⑨퍼지다. 전파되다. ¶ 말이 밖으로 나가지 않게 하다. ⑩상품(제품) 따위가 출고되거나 출판물이 출간되다. 팔리다. ¶ 여름철에는 빙과류가 잘 나간다./잡지는 그 전달 20일께에 나간다. ⑪팔거나 세를 주려고 내놓은 집이 계약이 이루어지다. ⑫대패 따위의 날이 달린 물건이 잘 들다. ¶ 대패가 잘 나간다.
Ⅱ자타 ①안에서 밖으로, 뒤에서 앞으로, 속에서 겉으로 가다(옮기다). ¶ 방에서 뜰로 나가다./한 걸음씩 앞으로 나가다. ②딸렸던 조직체 등에서 물러나다. 있던 데서 물러나다(떠나다). ¶ 그 사람은 그 회사에서 나갔다네./집을 비워 주고 나가다./아버지는 조금 전에 나가셨어요. ③출근(출석·참가)을 하다. 다니다. ¶ 회사에 나가다./기원에 나가다. ④성과나 진전이 있다. ¶ 영어는 7과까지 나갔다.
Ⅲ조동 《보조적 연결 어미인 '-아'·'-어' 뒤에 쓰이어》 어떤 일을 계속 진행함을 나타내는 말. ¶ 동화책을 읽어 나가다./어려움을 이겨 나가다.
나갔던 며느리 효도한다속담 미움을 샀던 사람이나 기대하지 않았던 사람이 뜻밖에 좋은 일을 해서 어리둥절하게 함을 이르는 말.
나갔던 파리 왱왱거린다속담 남이 일할 때에 밖으로 나돌던 주제에, 들어와서는 큰소리치고 떠듦을 이르는 말.
나가-동그라지다자 뒤로 물러가면서 넘어져 도그르르 구르다. ¶ 심장을 정통으로 맞은 표범은 앞발을 든 채 그대로 나가동그라졌다. 준나동그라지다. 큰나가둥그러지다.
나가-둥그러지다자 뒤로 물러가면서 넘어져 두그르르 구르다. 준나둥그러지다. 작나가동그라지다.
나가-떨어지다자 ①뒤로 물러가면서 세게 넘어지다. ¶ 주먹 한 방에 벌렁 나가떨어졌다. ②몹시 지치거나 술에 취하여 쓰러져 일어나지 못하다. ¶ 그까짓 소주 반 병에 나가떨어지다니…. ③일에 실패하여 중도에 그만두다. ¶ 사업에 손댔다가 빚만 진 채 나가떨어졌다. ①③준나떨어지다.
나가-빼드러지다자 ①뒤로 물러가면서 몸을 뻗고 넘어져 일어나지 못하다. ②〈죽다〉의 속된 말.
나가시명 지난날, 공청(公廳)이나 동네에서 집집이 떠맡기어 거두어들이던 돈.
나가-쓰러지다자 ①뒤로 물러가면서 쓰러지다. ¶ 전봇대에 머리를 부딪힌 그는 힘없이 나가쓰러졌다. ②걷잡을 수 없이 바닥에 쓰러지다. ¶ 소파에 나가쓰러진 그는 이내 코를 골았다.
나가-자빠지다자 ①섰던 자리에서 뒤로 물러가면서 넘어지다. ②해야 할 일을 아니 하고, 배짱을 내밀며 버티다. ¶ 손해 볼 것 같으니까 이제 와서 나 몰라라 하고 나가자빠진다. 준나자빠지다.
나각(螺角)명 지난날 군대에서 쓰던, 소라고둥의 껍데기로 만든 악기. 바라. 법라(法螺).
나간(那間)명 《주로 '나간에'의 꼴로 쓰이어》 ①그동안. ②어느 때쯤.
나거사자 〈옛〉 나가서야. ¶ 밀므리 사ᄋᆞ리로ᄃᆡ 나거사 ᄌᆞᄆᆞ니이다(龍歌67章). 참-거사.
나겁(懦怯) '나겁하다'의 어근.
나:겁-하다(懦怯-)[-거파-]형여 마음이 여리고 겁이 많다. **나겁-히**부.
나계(螺階)[-계/-게]명 ☞나사 층층대.
나:국(拿鞫·拿鞠)명하타 지난날, 죄인을 잡아다가 국문(鞠問)하던 일.
나-굴다[~구니·~굴어]자 ①이리저리 아무렇게나 뒹굴다. ¶ 가랑잎이 가을바람에 나굴다. ②(잘 건사해야 할 물건이) 아무렇게나 밖에 버려져 뒹굴다.
나귀명 ☞당나귀.
나:균(癩菌)명 나병(癩病)의 병원균.
나그네명 집을 떠나 여행 중에 있거나 객지에 머무르고 있는 사람. 객(客). 기려(羈旅). 길손. 행객(行客). 행려(行旅).
나그네 귀는 석 자라속담 나그네는 주인이 자기를 어떻게 대하는가를 항상 살피게 되므로 주인의 소곤거리는 말까지도 다 듣는다는 말.
나그네-새명 북쪽 번식지로부터 남쪽 월동지(越冬地)로 오가는 도중, 봄·가을 두 차례 한 지방을 통과하는 철새. 참철새·후조.
나그넷-길[-네낄/-넫낄]명 여행을 하는 길. ¶ 남해안을 일주하는 나그넷길에 오르다.
나근-거리다자 자꾸 나근나근하다. 나근대다. 큰느근거리다.

나근-나근[부][하자] 가늘고 긴 물건이 보드랍고 탄력 있게 자꾸 움직이는 모양. [큰]느근느근.
나근-대다[자] 나근거리다.
나긋-나긋[-근-귿][부][하형] ①감촉이 매우 연하고 부드러운 모양. ¶ 나긋나긋 씹히는 나박김치의 맛. ②사람을 대하는 태도가 상냥하고 보드라운 모양. ¶ 아가씨의 나긋나긋한 태도. ③말이나 문장이 꺽꺽하지 아니하고 감칠맛이 있는 모양. ¶ 나긋나긋한 말씨. **나긋나긋-이**[부].
나긋-하다[-그타-][형여] ①살갗에 닿는 느낌이 부드럽고 연하다. ②사람을 대하는 태도가 부드럽고 상냥하다. ¶ 나긋한 태도. ③소리가 은근하고 친근감이 있다. ¶ 나긋한 목소리. **나긋-이**[부].
-나기[접미] '-내기'의 잘못.
나기[명] 〈옛〉 내기. ¶ 우리 므슴 나기 ᄒᆞ료(翻朴上23). [참]더니.
나ᄀᆞ내[명] 〈옛〉 나그네. ¶ 나ᄀᆞ내 려:旅. /나ᄀᆞ내 긔:羈(訓蒙中3).
나깨[명] 메밀의 가루를 체에 쳐 낸 무거리.
나깨-떡[명] 나깨로 만든 떡.
나깨-만두(-饅頭)[명] 나깨로 빚은 만두.
나깨-수제비[명] 나깨로 뜬 수제비.
나ː-꾸러기[명] 〈나이배기〉의 속된 말.
나꿔-채다[타] '낚아채다'의 잘못.
나나니[명] 〈나나니벌〉의 준말.
나나니-등에[명] 재니등엣과의 곤충. 몸길이 1.5 cm가량으로 가늘고 길며, 털이 없음. 우리나라·일본 등지에 분포함.
나나니-벌[명] 구멍벌과의 곤충. 몸길이 2 cm가량. 몸빛은 흑색이며, 허리가 가늘고 두 마디로 되어 있음. 7~8월에 모래땅을 파서 집을 짓고, 벌레를 잡아서 유충의 먹이로 함. [준]나나니.
나-날[명] 하루하루. 매일. ¶ 신혼의 달콤한 나날.
나날-이[부] ①날마다. ¶ 나날이 수영을 한다. ②날로. ¶ 나날이 발전하는 우주 과학.
나노(nano)[명] 《미터법의 단위 앞에 붙어》 '10억분의 1'을 나타내는 말. 〔기호는 n〕
나ː농(懶農)[명][하자] 농사일을 게을리 함. [비]태농.
나누-기[명][하타] 나눗셈을 함. ↔곱하기.
나누다[타] ①(하나로 되어 있는 것을) 둘 이상의 부분으로 경계를 짓거나 따로 갈라놓다. 분할하다. ¶ 사과 한 개를 세 쪽으로 나누다. ↔합하다. ②(여러 가지가 섞인 것을) 성질이나 종류에 따라 분류하다. ¶ 생물을 동물과 식물로 나누다. ③한곳에서 갈리어 저마다 다른 방향으로 가게 하다. ¶ 길을 나누어 가다. ④(대접하기 위하여) 음식을 함께 먹다. ¶ 오랜만에 술이나 한잔 나누세. ⑤인사나 대화를 하다. ¶ 이야기를 나누다. /서로 인사를 나누다. ⑥고락을 함께 겪다. ¶ 즐거움을 나누다. ⑦한 핏줄을 타고나다. ¶ 피를 나눈 형제. ⑧나눗셈을 하다. 제(除)하다. ¶ 56을 7로 나누면 8이다. ⑨몫을 분배하다. ¶ 수익을 공정하게 나누다. ⑧↔곱하다. [참]노느다.
나누어-떨어지다[자] 어떤 정수를 다른 정수로 나눌 때 그 몫이 정수로만 되고 나머지가 없게 되다.
나누어떨어짐[명] 어떤 정수를 다른 정수로 나눌 때, 그 몫이 정수가 되고 남음이 없게 되는 일.
나누-이다[자] 『'나누다'의 피동』 나누어지다. [준]나뉘다.
나눗-셈[-눋쎔][명][하타] 어떤 수를 다른 수로 나누는 일, 또는 그 셈법. 제산(除算). ↔곱셈.
나눗셈-법(-法)[-눋쎔뻡][명] 나눗셈을 하는 셈법. ↔곱셈법.
나눗셈-표(-標)[-눋쎔-][명] 나눗셈을 나타내는 부호인 '÷'의 이름. 제표. 제호(除號). ↔곱셈표.
나눗-수(-數)[-눋쑤][명] ☞제수(除數). ↔나뉨수.
나뉘다[자] 〈나누이다〉의 준말.
나뉨-수(-數)[-쑤][명] ☞피제수. ↔나눗수.
나니다[자] 〈옛〉 나다니다. ¶ 집 主ㅣ 갓가비 나니거늘(月釋*17:16*).
나-닐다[~니니·~닐어][자] 날아서 오락가락하다. ¶ 갈매기들이 평화로이 나닐다.
-나놀[어미] 〈옛〉-거늘. ¶ 그 짓 ᄯᅥ리 ᄣᅡᆯ 가져오나ᄂᆞᆯ(釋譜*6:14*).
나다[1] [I][자] ①없던 것이 생겨나다. ㉠태어나다. 출생하다. ¶ 이 세상에 나서 처음 보는 광경. /어젯밤에 난 송아지. ㉡자라다. 겉으로 나오다. ¶ 새싹이 나다. /피가 나다. /콧등에 땀이 송송 나다. ㉢발생하다. ¶ 화재가 나다. /배탈이 나다. /야단이 났다. ㉣(뛰어난 사람이) 나오다. ¶ 우리 고장에서 학자가 많이 났다. ②(감정·심리·심경 등에) 어떤 변화가 일어나다. ¶ 화가 나다. /흥이 절로 나다. /생각이 나다. ③(능률·기세·성과 등이) 오르다. ¶ 능률이 나다. /효과가 나다. /기가 나서 설치다. /신바람이 나다. ④㉠생산되다. 산출되다. ¶ 이 지방에서는 고추가 많이 난다. ㉡(물품이) 새로 나오다. ¶ 벌써 햇곡이 날 때가 되었다. ⑤㉠빈자리가 생기다. ¶ 곧 자리가 나니, 조금만 기다려라. ㉡여가·여력 등이 생기다. ¶ 짬이 나다. /일손이 나다. ㉢여분이나 여유가 생기다. ¶ 곧 방이 납니다. ㉣구하던 대상이 나타나다. ¶ 혼처가 나다. /취직자리가 나다. ⑥(태깔·기풍(氣風)·풍미(風味) 등이) 더 나아지다. ¶ 조미료를 넣어야 맛이 나지. ⑦결과나 결말이 지다. ¶ 해결이 나다. /끝장이 나다. /탄로가 나다. ⑧㉠훌륭하다. 잘생기다. ¶ 우리 고장에서는 참 난 사람이지. ㉡알려지다. 유명해지다. ¶ 이름이 나다. /소문이 나다. ⑨(신문·잡지 따위에) 실리다. ¶ 신문에 이름이 나다. ⑩나이를 나타내는 말과 함께 쓰이어, 그 나이가 되다. ¶ 세 살 난 아이.
[II][타] ①지내다. 보내다. ¶ 삼년상(三年喪)을 나다. /겨울을 나다. ②딴살림을 차리다. ¶ 장가를 들어 살림을 나다.
나다[2] [조동] ①일부 동사의 어미 '-아'·'-어' 뒤에 쓰이어, 그 동작의 진행을 강조하는 뜻을 나타냄. ¶ 쑥쑥 벋어 난 햇가지. /피어 난 꽃송이. ②동사의 어미 '-고' 뒤에 쓰이어, 그러한 동작이나 일이 끝남을 나타냄. ¶ 힘겹던 일을 끝내고 나니 속이 후련하다.
나다[자] 〈옛〉 ①나가다. 나오다. ¶ ᄠᅳᆮ 몰라 몯 나니(龍歌*60章*). ②되다. 이르다. ¶ 三月 나며 開ᄒᆞᆫ 아으 滿春 ᄃᆞᆯ욋고지여(樂範.動動).
-나다[접미] 일부 명사 뒤에 붙어, 그러한 상태로 되거나 그러한 현상이 일어남을 뜻함. ¶ 병나다. /고장나다. /야단나다.
-나다[어미] 〈옛〉-ㄴ다. ¶ 관원들히 다 오나다(翻朴上5). [참]-거다.
나다나다[자] 〈옛〉 나타나다. ¶ 뇨ᄒᆞᆫ 비치 나다나시며(月釋*2:59*). [참]낟다.
나-다니다[자타] (특별한 목적이 없이) 집이나 묵던 곳에서 나와 여기저기를 돌아다니다. ¶ 자리를 지키지 않고 하루 종일 나다닌다.

나다분-하다 형여 ①갈피를 잡을 수 없이 어수선하다. ¶ 부품들이 나다분하게 널려 있다. ②말이 듣기 싫게 수다스럽다. ¶ 나다분한 이야기. 큰너더분하다. **나다분-히** 부.
나다잇다 자 〈옛〉 나타나 있다. ¶ 現在ᄂᆞᆫ 나다잇ᄂᆞᆫ 뉘오(月釋2:21). 참난다.
나닥-나닥 [-당-] 부하형 여기저기 지저분하게 기웠거나 덧붙인 모양. ¶ 나닥나닥 기운 누더기. 큰너덕너덕.
나단 (羅緞) 명 주란사실로 짠 피륙의 한 가지. 참주란사실.
나-단조 (-短調) [-쪼] 명 '나' 음을 으뜸음으로 하는 단조.
나달[1] 명 날과 달. 세월. ¶ 신혼 재미에 나달 가는 줄도 모른다.
나달[2] 명 나흘이나 닷새가량. 네댓새. 사오일. ¶ 일을 끝내려면 나달은 더 걸리겠다.
나달-거리다 자 자꾸 나달나달하다. 나달대다. 큰너덜거리다. 거나탈거리다.
나달-나달 [-라-] 부하자 ①종이나 헝겊 조각 따위가 여러 가닥으로 드리워져 한들거리는 모양. ②주제넘은 말을 주책없이 자꾸 지껄이는 모양. 큰너덜너덜. 거나탈나탈.
나달-대다 자 나달거리다.
나-대다 자 ①경망스럽게 행동하다. ¶ 철없이 나대다. ②나부대다.
나-대반 (羅大盤) 명 전라남도 나주(羅州)의 특산물로 산출되는 큰 소반. 참나주반·호족반.
나ː-대접 (-待接) 명하타 〈나이대접〉의 준말.
나ː-대지 (裸垈地) 명 건물을 짓지 않은, 빈 집터.
나댓다 자 〈옛〉 나타나 있다. ¶ 술 ᄆᆞᆽ고 갈홀 고자시니 肝膽이 나댓도소니(杜重5:39).
나ː도 (糯稻) 명 ☞찰벼.
나도-밤나무 명 나도밤나뭇과의 낙엽 활엽 교목. 잎은 밤나무 잎과 비슷한데 가장자리에 톱니가 있음. 여름에 황백색의 꽃이 가지 끝에 피며, 둥근 핵과가 9월에 붉게 익음. 정원수로 심기도 함.
나-돌다 [~도니·~돌아] 자 ①〈나돌아다니다〉의 준말. ¶ 공부는 하지 않고 어쩌자고 나돌기만 하느냐? ②(말이나 소문 따위가) 널리 여러 사람에게 퍼지다. ¶ 지구의 종말설이 나돌다. ③(정신력이나 기력이) 겉으로 드러나 보이다. ¶ 정기가 나도는 눈동자. ④(병 따위가) 널리 퍼지다. ¶ 눈병이 나돌다. ⑤여기저기 눈에 띄다. ¶ 항간에 나도는 불량 만화.
나-돌아다니다 자 집을 나가 여기저기 돌아다니다. 준나돌다.
나-동그라지다 자 〈나가동그라지다〉의 준말. 큰나뒹그러지다.
나-뒹그러지다 자 〈나가뒹그러지다〉의 준말. 작나동그라지다.
나-뒤쳐지다 [-처-] 자 갑자기 뒤집혀 젖혀지다. ¶ 돌풍에 배가 가랑잎처럼 나뒤쳐지다.
나-뒹굴다 [~뒹구니·~뒹굴어] 자 ①뒤로 물러나면서 넘어져 뒹굴다. ¶ 발길에 차여 바닥에 나뒹굴다. ②이리저리 마구 뒹굴다. ¶ 개구쟁이가 진흙 바닥에 나뒹굴다. ③아무렇게나 여기저기 어지럽게 널려 있다. ¶ 개울 바닥에 나뒹구는 크고 작은 돌들.
나-들다 [~드니·~들어] 자타 〈드나들다〉의 준말. ¶ 이 방 저 방을 분주히 나들다.
나들-목 명 인터체인지(interchange).
나들-이 명하자 ①가벼운 볼일로 집을 나서 이웃이나 다른 곳에 갔다가 오는 일. ¶ 시집온 지 일 년 만의 첫 친정 나들이. 비외출. ②드나듦. 출입. ¶ 항구에는 배들의 나들이가 잦다.
나들이-고누 명 열두밭고누에서, 나며 들며 고누가 되는 일. 참고누.
나들이-옷 [-옫] 명 나들이할 때 따로 입는 옷. 외출복. *나들이옷이[-오시]·나들이옷만[-온-]
나들잇-벌 [-드리뻘/-드릳뻘] 명 나들이 때 쓰려고 마련한 옷·신·모자 따위. 난벌.
-나ᄃᆞᆫ 어미 〈옛〉-거든. ¶ 비 하 오나ᄃᆞᆫ ᄆᆞ리ᄆᆞ리예 구스를 엇ᄂᆞ니(杜初3:70).
나ᄃᆞᆯ 명 〈옛〉 날과 달. 나달. 세월. ¶ 나ᄃᆞ리 虛히 가ᄆᆞᆯ 놀리고(杜初3:20). 참날ᄃᆞᆯ.
나ː-떡 명 〈나이떡〉의 준말.
나-떨어지다 자 〈나가떨어지다〉의 준말.
나-뜨다 [~뜨니·~떠] 자 ①물 위나 공중에 뜨다. ¶ 호수에는 배 한 척이 나떠 있다. ②나타나거나 나와서 다니다. ¶ 달빛에 나뜬 얼굴이 아름답다.
나라 명 ①국가(國家). ¶ 나라를 다스리다. ②국가의 통치권이 미치는 땅. 국토(國土). ¶ 나라 밖에서 들려오는 희소식. ③일부 명사와 함께 쓰이어, 그 낱말이 나타내는 세상(세계)임을 뜻함. ¶ 동화 나라. /난쟁이 나라.
나라^글자 (-字) [-짜] 명 ☞국자(國字).
나라-꽃 [-꼳] 명 ☞국화(國花). *나라꽃이[-꼬치]·나라꽃만[-꼰-]
나라-님 명 임금.
나라-말 명 ☞국어(國語).
나라미 명 물고기의 '가슴지느러미'를 흔히 이르는 말.
나라-지다 자 몹시 지치어 몸이 나른하여지다. 큰늘어지다.
나라타ː주 (narratage 프) 명 영화나 연극에서, 주인공에게 회상의 형식으로 지난 일을 이야기하게 하면서, 거기에 맞추어 이중 화면으로 장면을 구성해 나가는 기법.
나ː락 (那落·奈落) 명 ①지옥. ②'도저히 벗어날 수 없는 극한 상황'을 비유하여 이르는 말. ¶ 절망의 나락에 빠지다.
나란-하다 형여 줄지어 있는 모양이 들쑥날쑥함이 없이 가지런하다. **나란-히** 부.
나란히-고래 명 가지런히 줄지어 놓여 있는 방고래.
나란히-꼴 명 ☞평행 사변형(平行四邊形).
나란히-맥 (-脈) 명 볏과나 백합과 등 외떡잎식물과 같이 맥이 나란한 잎맥. 병행맥(竝行脈). 평행맥(平行脈). 참그물맥.
나랏-돈 [-라똔/-랃똔] 명 ☞국고금(國庫金).
나랏말ᄊᆞᆷ 명 〈옛〉 나라말. ¶ 나랏말ᄊᆞ미 듕귁에 달아 문ᄍᆞ와로 서르 ᄉᆞᄆᆞᆺ디 아니ᄒᆞᆯᄊᆡ(訓諺).
나랏-무당 [-란-] 명 ☞국무당.
나랏-일 [-란닐] 명 나라에서 계획하여 추진하는 일, 또는 나라의 이해(利害)에 관계되는 일. 국사(國事). ¶ 나랏일에 무심해서야 국민 된 도리가 아니지.
나랗 명 〈옛〉 나라. ¶ 나라해 도라오시고(龍歌24章). /나라ᄒᆞᆯ 맛ᄃᆞ시릴ᄊᆡ(龍歌6章).
나래[1] 명 논밭을 반반하게 고르는 데 쓰이는 농기구. 〔써레와 비슷하나, 아래에 발 대신 널빤지를 대어 자갈이나 흙덩이 같은 것을 밀어낼 수 있게 만들었음.〕
나래[2] 명 배를 젓는 데 쓰이는 연장. 〔노보다 짧은데, 두 개로 배의 양편에서 젓게 되어 있음.〕
나래[3] 명 ①흔히 문학 작품 따위에서, '날개[1]'를 이르는 말. ②'지느러미'의 방언.
나ː래 (拿來) 명하타 죄인을 잡아 옴. 나치(拿致).

나래-꾼명 나래질을 하는 사람.
나래-질명하타 나래로 논밭을 반반하게 고르는 일.
나레이션(narration)명 '내레이션'의 잘못.
나력(瘰癧)명 한방에서, 림프샘에 생기는 만성 종창을 이르는 말. 〔목·귀밑·겨드랑이 등에 딴딴한 멍울이 생겨서 쉽게 삭지 않는 증상.〕
나ː례(儺禮)명 지난날, 섣달 그믐날 밤에 궁중이나 민가에서 잡귀를 쫓는다 하여 베풀던 의식. 나의(儺儀).
나ː례-가(儺禮歌)명 전래 무가(傳來巫歌)의 한 가지. 역귀를 쫓기 위하여 무당들이 부르던 소리.
나루명 강이나 좁은 바다 물목에서, 배가 닿고 떠나고 하는 일정한 곳. 강구(江口). 도구(渡口). 도두(渡頭). 도진(渡津). 진도(津渡). 진두(津頭).
나루-지기명 〈나루터지기〉의 준말.
나루-질명하자 나룻배를 부리는 일.
나루-채명 봇줄을 잡아맬 수 있도록, 써레몽둥이 양쪽에 앞으로 뻗쳐 나오게 박은 나무.
나루-치명 나루에서 배를 부리는 사람을 얕잡아 이르는 말. 진인(津人).
나루-터명 나룻배가 닿고 떠나고 하는 일정한 곳. 도선장(渡船場).
나루터-지기명 나루터를 지키는 사람. 준나루지기.
나루-턱명 나루터에서, 나룻배를 대는 일정한 곳.
나룻[-룯]명 수염. ＊나룻이[-루시]·나룻만[-룬-]
나룻이 석 자라도 먹어야 샌님속담 체면만 차리고 얌전히 있다가는 아무 일도 할 수 없다는 말.
나룻-가[-루까/-룯까]명 나루에 가까운 강가나 바닷가.
나룻-목[-룬-]명 나룻배가 건너다니는 일정한 물목.
나룻-배[-루빼/-룯빼]명 나루와 나루 사이를 내왕하면서 사람이나 물건을 건네주는 소규모의 배. 도선(渡船). 진선(津船).
나르다[나르니·날라]타르 사람이나 물건을 손으로 들거나 무엇에다 싣거나 하여 다른 데로 옮기다. 운반하다. ¶ 이삿짐을 나르다.
나르시스(Narcisse 프)명 그리스 신화에 나오는 미소년(美少年). 물에 비친 자기 모습을 사랑하여 그리워하다가, 빠져 죽어 수선화(水仙花)가 되었다고 함. 〔자기도취의 변태증을 말할 때 흔히 인용됨.〕
나르시시스트(narcissist)명 자기도취형의 사람. 자부심이 강한 사람.
나르시시즘(narcissism)명 자기를 사랑의 대상으로 삼아 그것에 도취하는 일. 〔나르시스의 신화에서 유래한 말.〕
나른-하다형여 ①몸이 지쳐서 노곤하고 기운이 없다. 날연(苶然)하다. ¶ 봄날이 되니 하는 일 없이 나른하다. ②(천 따위가) 풀기가 없이 보드랍다. 큰느른하다. **나른-히**부.
나름의 일부 명사나 관형사형 어미 '-ㄹ' 뒤에 쓰이어, '그것의 됨됨이나 하기에 달림'을 뜻함. ¶ 사람도 사람 나름이다. /능률이 오르고 안 오름은 그 사람의 노력할 나름이다. /누구나 자기 나름대로의 꿈이 있다.
나릅명 소·말·개 따위의 나이를 말할 때, '네 살'을 이르는 말.
나릇[-릗]명 수레의 양쪽에 있는 기다란 채. ＊나릇이[-르시]·나릇만[-릔-]
나릇-걸이[-릗꺼리]명 멍에의 양 끝에 있는, 나릇을 거는 부분.
나리[1]명 ①☞백합(百合). ②〈참나리〉의 준말.
나ː리[2]명 〔지난날〕 ①'당하관(堂下官)'을 아랫사람이 높여 부르던 말. ②'왕자'를 높여 부르던 말. ③'지체 높은 사람'을 높여 부르던 말. ④하인이 '바깥주인'을 높여 부르던 말. ¶ 나리, 부르셨습니까?
나리-꽃[-꼳]명 ☞백합화(百合花). ＊나리꽃이[-꼬치]·나리꽃만[-꼰-]
나립(羅立)명하자 나란히 줄지어 늘어섬.
나릿-나릿[-린-릳]부하형 ①느리고 굼뜬 모양. ¶ 몸이 지쳤는지 일손이 나릿나릿하다. ②짜임새나 사이가 죄어 있지 않고 나슨하거나 성긴 모양. ¶ 그물코를 한 코 한 코 나릿나릿 얽어 간다. 큰느릿느릿.
나릿믈명 〈옛〉 냇물. ¶ 正月ㅅ 나릿므른 아으 어져 녹져 ᄒᆞ논디(樂範.動動).
나마조 모음으로 끝난 체언에 붙어, '좀 모자라지만 아쉬운 대로'의 뜻으로, 양보나 불만의 뜻을 나타내는 보조사. ¶ 누더기나마 없는 것보다는 낫다. 준나[4]. 참이나마[2].
나마(喇嘛)명 ☞라마[1].
나ː마(裸馬)명 안장을 얹지 않은 말.
나마(羅馬)명 '로마(Roma)'의 한자음 표기.
-나마어미 모음이나 'ㄹ'로 끝난 어간 또는 높임의 '-시-'에 붙는 종속적 연결 어미. '-지만'의 뜻으로, 앞말이 사실임을 인정하되 뒷말이 그에 매이지 아니함을 나타냄. ¶ 가지 못하나마 편지는 할게. 참-으나마.
나마-교(喇嘛敎)명 ☞라마교(lama敎).
나마나조 모음으로 끝난 체언에 붙어, '그것이기는 하나, 아닌 것과 마찬가지로'의 뜻을 나타내는 서술격 조사. ¶ 회의나마나 사람이 모여야 개최하지. 참이나마나.
-나마나어미 모음이나 'ㄹ'로 끝난 어간 또는 높임의 '-시-'에 붙어, '그리하거나 아니하거나' 또는 '그러하거나 아니하거나 마찬가지'의 뜻을 나타내는 연결 어미. ¶ 보나마나 합격이다. 참-으나마나.
나마-승(喇嘛僧)명 ☞라마승.
나마-자(蘿藦子)명 ☞새박.
나막-신[-씬]명 진땅에서 신는, 나무로 만든 신. 목극(木屐). 목리(木履). 목혜(木鞋).
나ː맥(裸麥)명 ☞쌀보리.
나머지명 ①일정한 수량을 채우고 남은 수량. 여분(餘分). ¶ 쌀 두 섬을 채우고도 나머지가 두 말이나 된다. ②일정한 정도에 이르지 못한, 모자라거나 부족한 부분. 부족분. ¶ 오늘 끝내지 못한 나머지는 내일 하도록 하자. ③일정량에서 일부분을 제했을 때의 그 남은 수량. ¶ 세 사람은 차를 타고 가고, 나머지는 걸어갔다. ④《주로, 관형사형 어미 '-ㄴ'·'-은'·'-던' 뒤에 쓰이어》 '결국'의 뜻을 나타냄. ¶ 심사숙고한 나머지 그렇게 하기로 하였다. ⑤나눗셈에서 나누어 똑 떨어지지 않고 남은 수.
나모[남ᄀᆞ·남기]명 〈옛〉 나무. ¶ 夫人이 나모 아래 잇거시놀(月釋2:42). /불휘 기픈 남ᄀᆞ ᄇᆞᄅᆞ매 아니 뮐씨(龍歌2章).
나모죽명 〈옛〉 나무 주걱. 참죽[1].
나ː목(裸木)명 잎이 지고 가지만 앙상히 남은 나무.
나무명 ①줄기와 가지에 목질(木質) 부분이 발달한 다년생 식물을 통틀어 이르는 말. 목본(木本). 수목(樹木). ②건축·토목·가구 따위의 재료로 쓰기 위하여 손질한 재목. 목재(木材). ¶ 나무 의자. ③〈땔나무〉의 준말. ¶ 나무를 때다.

나무 공이 등 맞춘 것 같다[속담] '서로 상반되는 꼴(경우)임'을 비유하여 이르는 말.

나무는 큰 나무 덕을 못 보아도 사람은 큰사람의 덕을 본다[속담] 뛰어난 인물에게서는 알게 모르게 가르침이나 영향을 받게 된다는 말.

나무에 오르라 하고 흔드는 격[속담] 솔깃한 말로 남을 꾀어 난처한 처지에 빠뜨리는 경우를 이르는 말.

나무 접시 놋접시 될까[속담] 아무리 하여도 좋게 될 수 없는 일이나 사람을 두고 하는 말.

나무(←南無.Namas 범)[명] 〔'돌아가 의지함'의 뜻으로〕 부처 이름이나 경문 이름 앞에 붙여서, 절대적인 믿음을 나타내는 말.

나무-가위[명] 전지가위.

나무-거울[명] '겉모양은 제법 그럴듯하나 실제로는 아무 소용이 없는 사람이나 물건'을 비유하여 이르는 말.

나무-거죽[명] ☞나무겉.

나무-겉[-걷][명] 널빤지 따위의 양쪽 면 중 나무껍질 쪽에 가까운 면. 나무거죽. ↔나무속. *나무겉이[-거치]·나무겉을[-거틀]·나무겉만[-건-]

나무-굼벵이[명] 하늘솟과의 유충을 통틀어 이르는 말. 굼벵이와 비슷하나 좀 가늘고 주둥이가 단단하며, 나무속을 파 먹고 삶.

나무-귀신(-鬼神)[명] 민속에서, 나무에 깃들어 있는 것으로 믿는 신령을 이르는 말. 목신(木神).

나무-그루[명] 나무의 밑동이나 그루터기.

나무-깽이[명] 나뭇가지의 짤막한 도막.

나무-껍질[-찔][명] 나무의 줄기나 가지의 맨 거죽 부분에 있는 조직. 목피(木皮). 수피(樹皮).

나무-꾼[명] 땔나무를 하는 사람. 초군(樵軍). 초부(樵夫). 초자(樵子).

나무-눈[명] 나무의 씨앗이나 뿌리·줄기·가지 끝 따위에 있는, 앞으로 잎이나 줄기가 돋아날 부분. (참)눈2.

나무-늘보[명] 나무늘봇과의 동물. 원숭이와 비슷한데 머리는 둥글고 짧으며, 앞다리가 뒷다리보다 긺. 하루에 18시간가량 나무 위에서 잠을 자고 밤에 활동함. 열대 밀림 지역에 분포함.

나무-다리1[명] 나무로 놓은 다리. 목교(木橋).

나무-다리2[명] 나무로 만든 의족(義足). 목다리.

나무-달굿대[-구때/-굳때][명] 나무로 만든 달굿대. 목저(木杵).

나무-딸기[명] ①장미과의 낙엽 활엽 관목. 멍석딸기와 비슷하나, 잎 안쪽이 푸르고 흰털이 없음. 봄철에 꽃이 피고, 열매는 검붉게 익는데 먹을 수 있음. ②딸기나무에서 열리는 딸기를 통틀어 이르는 말.

나무-때기[명] 조그마한 나무쪽.

나무때기 시집보낸 것 같다[속담] 사람됨이 변변하지 못하여 무슨 일이나 제대로 하지 못한다는 말.

나무라다[자타] ①잘못을 들어 가벼이 꾸짖다. ¶ 버릇없이 구는 아이를 불러 조용히 나무랐다. ②《주로 부정의 의미를 나타내는 말과 함께 '나무랄'의 꼴로 쓰이어》 흠이나 부족한 점을 들어 말하다. ¶ 어디 하나 나무랄 데 없는 착한 며느리.

나무람[명] 나무라는 일, 또는 그 말.

나무람(을) 타다[관용] 나무람을 듣고 쉽게 충격을 받다. ¶ 나무람을 잘 타는 아이.

나무래다[자타] '나무라다'의 잘못.

나무-말미[명] 장마 때 풋나무를 말릴 만큼 잠깐 날이 드는 겨를. ¶ 이번 장마 때에는 나무말미도 없이 계속 비가 내렸다. (참)빨랫말미.

나무-망치[명] 나무로 만든 망치.

나무-모[명] ☞묘목(苗木).

나무모-밭[-받][명] 묘목(苗木)을 심어 가꾸는 밭. *나무모밭이[-바치]·나무모밭을[-바틀]·나무모밭만[-반-]

나무-목(-木)[명] 한자 부수의 한 가지. '松'·'根'·'楚' 등에서의 '木'의 이름.

나무-못[-몯][명] 나무로 만든 못. 목정(木釘). *나무못이[-모시]·나무못만[-몬-]

나무-발바리[명] 나무발바릿과의 새. 날개 길이 6 cm가량. 등은 엷은 회갈색에 회읍스름한 세로줄 무늬가 있고, 허리는 엷은 살색을 띰. 텃새이며, 익조임. 애완용으로 기르기도 함.

나무-배[명] 나무로 만든 배. 목선(木船).

나무-벌[명] 나무벌과의 곤충. 몸이 가늘고 길며, 검은 바탕에 노란 띠 무늬가 있고 머리가 큼. 풀이나 나무 속에 알을 낳음.

나무-부처[명] 나무로 새기어 만든 불상. 목불.

나무-뿌리[명] 나무의 뿌리. 목근. 수근.

나무-삼(←南無三)[명] 〈나무삼보〉의 준말.

나무-삼보(←南無三寶)[명] 불(佛)·법(法)·승(僧)의 삼보에 의지한다는 뜻으로, 부처의 가호를 빌 때 외는 말. (준)나무삼.

나무-새[명] ①여러 가지 땔나무를 통틀어 이르는 말. ②나무숲.

나무-새앙쥐[명] 우리나라 특산인 들쥐의 한 종류. 몸길이 9 cm가량. 몸빛은 회흑색인데, 배 부분은 조금 엷음. 주둥이는 뾰족하고 귀와 꼬리가 긺. 나무에 잘 오르며, 물에서 헤엄을 잘 침.

나무-속[명] ①나무를 가로 잘랐을 때, 그 자른 면의 중심부에 있는 연하고 보풀보풀한 부분. ②널빤지의 양면에서, 나무의 중심부에 가까운 면. ↔나무겉.

나무-수국(-水菊)[명] 범의귓과의 낙엽 활엽 관목. 관상용으로 심는데, 높이는 2~3 m. 잎은 길둥근 모양이며 마주나고 가장자리에 톱니가 있음. 여름에 가지 끝에 잔꽃들이 둥근 덩어리를 이루어 핌.

나무-숲[-숩][명] 나무가 우거진 곳. 나무새. *나무숲이[-수피]·나무숲만[-숨-]

나무-아미타불(←南無阿彌陀佛)[명] ①아미타불에게 귀의한다는 뜻으로, 염불할 때 외는 말. ②〔가피(加被)를 기원하는 뜻으로〕 '공들여 해 놓은 일이 아무 소용이 없이 됨'을 이르는 말. ¶ 십 년 공부 나무아미타불이라.

나무-오리[명] 가늘고 긴 나뭇조각.

나무-장(-場)[명] 지난날, 땔나무를 사고파는 시장을 이르던 말. 시장(柴場).

나무-장수[명] 지난날, 땔나무를 파는 것을 업으로 하던 사람.

나무-젓가락[-저까-/-젇까-][명] 나무로 만든 젓가락. 목저.

나무-좀[명] 나무좀과의 곤충을 통틀어 이르는 말. 몸은 작은 원통형이며, 나무 속에 서식하는 해충임. 소나무검정좀·오리나무좀 따위가 있음. (준)좀.

나무-줄기[명] 나무의 뿌리 위로 벋어서, 가지를 치고 잎이 돋아나게 하는 굵은 부분. 목본경.

나무-진(-津)[명] 나무껍질에 상처를 내었을 때 분비되는 끈끈한 액체.

나무-진디[명] 나무의 가지나 잎에 엉기어 붙어 진을 빨아 먹는 진딧물을 통틀어 이르는 말.

나무-집명 물부리·담배통·물미 따위에, 설대나 나무가 들어가 끼이는 부분.
나무-집게[-께]명 나무로 만든 집게.
나무-쪽명 나무의 조각.
나무-칼명 나무로 만든 칼. 목검. 목도(木刀).
나무칼로 귀를 베어도 모르겠다속담 어떤 한 가지 일에 마음이 쏠리어 다른 일에 관심을 기울일 겨를이 없음을 이르는 말.
나무^타르(-tar)명 나무를 건류(乾溜)하여 얻는 흑갈색의 끈끈한 액체. 연료·용제(溶劑)·방부제 따위로 쓰임. 목타르.
나무-토막명 나무의 토막.
나무-통(-桶)명 나무로 만든 통. 목통(木桶).
나무-판자(-板子)명 널빤지.
나무-하다자여 땔나무를 마련하다.
나:문(拿問)명하타 죄인을 잡아다가 신문함.
나문-재명 명아줏과의 일년초. 바닷가 모래땅에 나며, 줄기 높이 1m가량. 가늘고 긴 잎이 줄기에 빽빽하게 나며, 여름에 녹황색 꽃이 핌. 어린잎은 먹을 수 있음.
나물명 ①식용할 수 있는 나뭇잎이나 풀을 통틀어 이르는 말. ¶ 나물을 캐다. ②채소를 갖은 양념으로 무친 반찬. 채(菜).
나물-국[-꾹]명 나물을 넣고 끓인 국.
나물-밥명 나물을 섞어 넣고 지은 밥.
나물-범벅명 나물에 곡식 가루를 넣어서 풀처럼 쑨 음식.
나물-하다자여 ①나물을 캐거나 뜯거나 하다. ②나물을 볶거나 무치거나 하여 반찬으로 먹을 수 있게 만들다.
나뭇-가지[-무까-/-묻까-]명 나무의 가지.
나뭇-간(-間)[-무깐/-묻깐]명 땔나무를 쌓아 두는 곳간.
나뭇-갓[-무깓/-묻깓]명 나무를 가꾸는 말림갓. 시장(柴場). ＊나뭇갓이[-무까시/-묻까시]·나뭇갓만[-무깐-/-묻깐-]
나뭇-개비[-무깨-/-묻깨-]명 가늘고 기름하게 쪼갠 나뭇조각.
나뭇-결[-무껼/-묻껼]명 ①세로로 켜서 깎은 나무의 표면에, 나이테로 말미암아 나타나는 무늬. 목성(木性). ②나무의 조직이 이루어진 상태. ¶ 나뭇결이 곱다. /나뭇결이 바르다.
나뭇-고갱이[-무꼬-/-묻꼬-]명 나무를 쪼개었을 때, 나무줄기의 한가운데에 있는 연한 부분. 목심(木心). 심(心).
나뭇-광[-무꽝/-묻꽝]명 땔나무를 쌓아 두는 광.
나뭇-길[-무낄/-묻낄]명 나무꾼들이 나무하러 다님으로써 난 좁은 길. 초경(樵逕). 초로(樵路).
나뭇-단[-무딴/-묻딴]명 ①다발로 묶어 놓은 땔나무. ②단으로 된 나무.
나뭇-더미[-무떠-/-묻떠-]명 나무를 쌓아 가려 놓은 더미.
나뭇-동[-무똥/-묻똥]명 나무를 큼직하게 묶은 덩이.
나뭇-등걸[-무뜽-/-묻뜽-]명 나무의 줄기를 베어 내고 남은 밑동. 곧, 그루터기 부분. 등걸.
나뭇-바리[-무빠-/-묻빠-]명 (마소에 실은) 나무의 짐바리.
나뭇-잎[-문닙]명 나무의 잎. 수엽(樹葉). ＊나뭇잎이[-문니피]·나뭇잎만[-문님-]
나뭇-재[-무째/-묻째]명 나무가 타서 생긴 재. 목회(木灰).
나뭇-조각[-무쪼-/-묻쪼-]명 나무를 잘게 쪼갠 조각. 목편.
나뭇-짐[-무찜/-묻찜]명 (사람이 지거나 마소에 싣거나 한) 땔나무의 짐.
나:미(糯米)명 '찹쌀'로 순화.
나:미-반(糯米飯)명 ☞찹쌀밥.
나ᄆᆞ라다타 〈옛〉 나무라다. 책망하다. ¶ 三寶ᄅᆞᆯ 허러 나ᄆᆞ라거니와(月釋*21:39*).
나박-김치[-낌-]명 김치의 한 가지. 무를 얄팍얄팍 네모지게 썰어 절인 것에, 고추·파·마늘 따위를 넣고, 국물을 부어서 거의 익어 갈 즈음에 미나리를 썰어 넣은 김치.
나발(←喇叭·囉叭)명 ①우리나라 고유의 관악기의 한 가지. 놋쇠로 만들었는데, 부는 쪽이 빨고 끝 부분이 퍼진 긴 대롱 같은 모양임. 호적(號笛). ②앞의 말의 내용을 무시하거나 욕으로 이를 때 쓰는 말. ¶ 감투고 나발이고 다 싫다.
나발(을) 불다관용 ①객쩍은 소리나 당치도 아니한 말을 함부로 떠벌려 대다. ②허풍을 떨다. ③술이나 음료를 병째로 마시다. ④어떤 사실을 자백하다. ¶ 만약 나발을 부는 놈이 있으면 가만두지 않겠다. 나팔(을) 불다.
나발-꽃(←喇叭-)명 '나팔꽃'의 잘못.
나발-대(←喇叭-)[-때]명 ①나발의 몸체. ②돼지의 입과 코가 달린 부리.
나발-수(←喇叭手)명 지난날, 군중(軍中)에서 나발을 부는 일을 맡아 하던 사람.
나방명 나비목(目) 나방아목(亞目)에 딸린 곤충을 통틀어 이르는 말. 모양은 나비와 비슷하나 몸통이 굵고, 앉아 쉴 때 날개를 수평으로 펴는 것이 다름. 촉각은 빗살 모양이거나 실 모양임. 대개 야행성이며, 유충은 식물의 잎이나 줄기를 갉아 먹고 사는 해충임. 나방이.
나방-이명 ☞나방.
나배(螺杯)명 소라 껍데기로 만든 술잔.
나배(羅拜)명하자 여러 사람이 죽 늘어서서 함께 절을 함.
나:-배기명 〈나이배기〉의 준말.
나뱃뱃-하다[-밷빼타-]형여 자그만 얼굴이 나부죽하고 덕성스러워 보이다. ¶ 나뱃뱃한 얼굴이 제법 정이 간다. 큰너벳벳하다. **나뱃뱃-이**부.
나-번득이다자 젠체하고 뽐내며 함부로 덤비다.
나:변(那邊)명 어디. 어느 곳. ¶ 자네 혼자 반대하는 까닭이 나변에 있는가?
나볏-하다[-벼타-]형여 (됨됨이나 태도가) 반듯하고 어엿하다. ¶ 나이는 어리지만 몸가짐이 매우 나볏하다. 큰너볏하다. **나볏-이**부.
나:병(癩病)명 ☞문둥병.
나:-병원(癩病院)명 나병 환자를 전문으로 치료하는 병원.
나:병-자(癩病者)명 나병에 걸린 사람. 문둥이. 나환자.
나복(蘿蔔)명 ☞무[2].
나복-자(蘿蔔子)[-짜]명 한방에서, '무씨'를 약재로 이르는 말. 〔기침·가래를 다스리는 데 쓰임.〕
나복자-유(蘿蔔子油)[-짜-]명 무씨로 짠 기름.
나뵈명 〈옛〉 나비. ¶ 몰애 더우니 ᄇᆞᄅᆞᆷ맷 나뵈 ᄂᆞ즈ᄒᆞ고(杜初*23:20*). 참나비.
나:부(裸婦)명 벌거벗은 여자.
나:부(懦夫)명 ①겁이 많은 사나이. 겁부(怯夫). ②게으른 사람.
나부끼다자타 (연기나 안개, 또는 얇은 천이나 종이, 머리카락 따위가) 흔들려 날리듯이 움직이다, 또는 그렇게 하다. ¶ 산자락에 나부끼어 흐르는 안개. /깃발이 바람에 나부끼다. /단발머리를 바람에 나부끼며 달려오는 소녀.

나부-대다자 가만히 있지 못하고 자꾸 부스대다. 나대다.

나부대대-하다형여 (얼굴 생김새가) 동그스름하고 나부죽하다. 준납대대하다. 큰너부데데하다.

나부라기명 '나부랭이'의 잘못.

나부라-지다자 나부죽이 바닥에 까부라져 늘어지다. 큰너부러지다.

나부랑납작-하다[-짜카-]형여 평평하게 퍼진 듯이 납작하다. ¶ 나부랑납작한 코. 큰너부렁넓적하다. **나부랑납작-이**부.

나부랭이명 ①(종이나 헝겊·지푸라기 따위의) 작은 오라기. ¶ 새끼 나부랭이. /헝겊 나부랭이. ②어떤 사물을 하찮게 여기어 이르는 말. ¶ 양반 나부랭이. /헌 옷 나부랭이. 큰너부렁이.

나부시부 (자그마한 사람이) 고개를 찬찬히 숙이며 절하거나 차분하게 앉는 모양. ¶ 손녀가 할아버지께 나부시 세배를 드린다. 큰너부시.

나부죽-이부 (자그마한 것이) 찬찬히 납작 엎드리는 모양. ¶ 나부죽이 절을 하다. 큰너부죽이.

나부죽-하다[-주카-]형여 자그마한 것이 좀 넓은 듯하다. ¶ 나부죽하게 생긴 얼굴이 귀염성스럽다. 큰너부죽하다. **나부죽-이**부.

나불-거리다자타 자꾸 나불나불하다. 나불대다. ¶ 하라는 일은 아니 하고 나불거리고만 있다. 큰너불거리다. 거나풀거리다.

나불-나불[-라-]부 ①하자타약하고 가볍게 나붓거리는 모양. ¶ 촛불이 바람에 나불나불하다. 거나풀나풀. ②하타입을 가볍게 함부로 자꾸 놀리는 모양. ¶ 나불나불 입을 놀리다. 큰너불너불.

나불-대다자타 나불거리다.

나붓-거리다[-붇꺼-]자 자꾸 나붓나붓하다. 나붓대다. ¶ 머리카락이 바람에 나붓거리다. 큰너붓거리다.

나붓-나붓[-분-붇]부하자 가볍고 작게 자꾸 나부끼는 모양. 큰너붓너붓.

나붓-대다[-붇때-]자 나붓거리다.

나붓-하다[-부타-]형여 좀 나부죽하다. ¶ 나붓하고 통통한 얼굴이 복스럽게 보인다. 큰너붓하다. **나붓-이**부.

나-붙다[-붇따]자 (밖으로) 눈에 잘 띄는 곳에 붙다. ¶ 벽보가 나붙다.

나비¹명 나비목(目)의 곤충을 통틀어 이르는 말. 나방보다 작으며, 머리에는 끝이 부푼 한 쌍의 더듬이와 두 개의 겹눈이 있음. 몸은 가늘고 둥글며, 날개는 넓적하고 앉을 때는 날개를 세움. 몸이 털 또는 인분(鱗粉)으로 덮여 있고, 낮에만 밖으로 나와 꽃의 꿀이나 수액(樹液)을 빨아 먹음. 협접(蛺蝶). 호접(胡蝶).

나비²명 (피륙 따위의) 너비.

나비³명 '고양이'를 부를 때 쓰는 말. ¶ 나비야, 이리 온.

나비-가오리명 나비가오릿과의 바닷물고기. 몸길이 65 cm가량. 폭은 길이의 2배가량 됨. 주둥이는 짧으며 눈이 작고 그 밑에 그보다 조금 큰 분수공(噴水孔)이 있음. 꼬리의 등 쪽에 짧은 가시가 하나 있음. 난태생어(卵胎生魚)로, 한 배에 여덟 마리가량의 새끼를 낳음.

나비-나물명 콩과의 다년초. 산기슭이나 들에 저절로 나는데, 높이는 50~100 cm이고, 잎이 쪽잎으로 되어 있음. 여름과 가을에 나비 모양의 자줏빛 꽃이 핌. 잎과 줄기는 먹을 수 있음.

나비-내기명하자 누에씨를 받기 위해 고치에서 누에나방을 나오게 하는 일.

나비-넥타이(-necktie)명 날개를 펴고 있는 나비 모양으로 고를 내어 접은 넥타이. 보타이.

나비-매듭명 날개를 편 나비 모양으로 맺은 매듭.

나비-물명 옆으로 쫙 퍼지게 끼얹는 물.

나비-수염(-鬚髥)명 양쪽으로 갈라 위로 꼬부라지게 한 코밑수염.

나비은장-이음(-隱-)[-니-]명 목재를 잇는 이음법의 한 가지. 나비 모양의 은장으로 길게 잇는 일.

나비-잠명 갓난아기가 두 팔을 머리 위로 벌리고 자는 잠.

나비-잠(-簪)명 모양새를 나비처럼 만든 머리 꾸미개의 한 가지. 〔새색시가 예장(禮裝)할 때 머리에 덧꽂음.〕 접잠(蝶簪).

나비-잠자리명 잠자릿과의 곤충. 몸과 날개 빛깔은 검고 윤이 나며, 겹눈은 적갈색임. 여름철에 논에서 나비처럼 천천히 날아다님.

나비-장명 재목을 서로 이을 때 쓰는 나비 모양의 나뭇조각. 은장.

나비장-붙임[-부침]명하자 나비장으로 쪽 붙임하는 일, 또는 그 쪽 붙임.

나비-질명하자 곡식에 섞인 검부러기를 날리려고 키로 부치어 바람을 내는 일.

나비-춤명 ①춤추듯 날아다니는 나비의 몸짓, 또는 그것을 본뜬 춤. ②승무에서, 나비같이 추는 춤의 한 가지. 소매가 긴 옷을 입고 춤.

나비-치다타 곡식에 나비질을 하여 검부러기나 먼지를 날리다.

나빙명 〈옛〉 ①나비. ¶ 나빙 뎝:蝶(訓蒙上*21*). ②나방. ¶ 누에 나빙를 소고매 솔마(永嘉上*22*). ③나비가. 〔'나비'의 주격형〕 ¶ 흰 나빙 깃거 ᄒᆞ고(杜初*21*:*6*). 참나뵈.

나빠-지다자 나쁘게 되다.

나쁘다[나쁘니·나빠]형 ①(도덕·윤리에서 벗어나) 옳지 않다. 악하다. ¶ 소행이 아주 나쁘다. ②(됨됨이나 품질 따위가) 좋지 않다. ¶ 머리가 나쁘다. /안색이 나쁘다. /형제끼리 사이가 나쁘다. ③해롭다. ¶ 지나친 흡연은 건강에 나쁘다. ④(먹은 것이) 양에 차지 않다. ¶ 좀 나쁜 듯하게 먹는 것이 좋다. ⑤어떤 일을 하기에 시기·상황·여건 등이 적절하지 않다. ¶ 날씨가 나빠 등산을 가지 않았다.

나삐부 나쁘게. ¶ 지금 한 말은 농이니 나삐 생각하지 마라.

나사(螺絲)명 물건을 죄어 고정시키는 데 쓰는, 나선(螺旋) 모양의 홈이 나 있는 것. 〔바깥쪽에 홈이 나 있는 둥근 막대 모양의 것이 수나사, 안쪽에 홈이 나 있는 것이 암나사임.〕

나사가 빠지다관용 정신이 없다.

나사가 풀어지다관용 정신 상태가 해이해지다.

나사(羅紗←raxa 포)명 ①털이 배게 서 있어 발이 나타나지 않은, 두꺼운 모직물의 한 가지. 주로, 양복감으로 많이 쓰임. ②두꺼운 모직물을 통틀어 이르는 말.

나사-골(螺絲-)명 나사의 고랑이 진 부분. 나사의 홈. ↔나사산.

나사-돌리개(螺絲-)명 나사못의 대가리에 있는 홈에 대고 틀어서, 나사못을 박거나 빼는 데 쓰는 간단한 기구. 드라이버.

나사-말(螺絲-)명 자라풀과의 다년생 수초. 가는 선 모양의 잎이 뿌리에서 여러 개가 무더기로 남. 높이는 30~70 cm, 암수딴그루. 꽃은 여름·가을에 피는데 암꽃은 나사 모양으로 꼬부라진, 가늘고 긴 꽃줄기 끝에 한 개가 달려 수면에 뜨고, 수꽃은 많으며 물속의 포(苞) 안에서 핌. 흔히, 열대어의 수초로 쓰임.

나사-못(螺絲―)[―몯]명 몸의 표면이 나사 모양으로 홈이 진 못. 〔대가리 표면에 나사돌리개를 쓸 수 있도록 '一' 자 또는 '十' 자 모양의 홈이 파져 있음.〕 *나사못이[―모시]·나사못만[―몬―]
나사못^게이지(螺絲―gauge)[―몯―]명 나사의 크기를 검사하는 계기(計器).
나사-산(螺絲山)명 나사 고랑의 솟아 나온 부분. 나삿니. ↔나사골.
나사-선(螺絲線)명 〔수학에서〕 ①평면상에서의 소용돌이 모양의 곡선. ②공간에서의 나사 모양의 곡선. 준나선.
나사선^운:동(螺絲線運動)명 수학에서, 축의 둘레를 일정한 속도로 회전하면서 축의 방향으로 이동하는 운동. 나선 운동.
나사-송곳(螺絲―)[―곧]명 끝이 나사못 모양으로 된 송곳. *나사송곳이[―고시]·나사송곳만[―곤―]
나사-조개(螺絲―)명 고둥·소라·우렁이처럼 껍데기가 하나로 돌돌 말린 조개.
나사-지(羅紗紙)명 나사나 털실의 부스러기를 기계로 두드려 풀어서 만든, 나사 비슷한 두꺼운 종이. 벽지 따위로 쓰임.
나사^층층대(螺絲層層臺)명 하나의 기둥이나 축을 중심으로 하여 나사 모양으로 빙빙 돌아서 올라가게 만든 층층대. 나계(螺階). 나선 계단. 나선 층층대.
나사^컨베이어(螺絲conveyor)명 원통 안에서 나사 모양의 깃이 달린 축을 회전시킴으로써, 가루로 된 물체를 운반하도록 되어 있는 장치. 스크루 컨베이어.
나사^톱니바퀴(螺絲―)[―톱―]명 교차하는 두 개의 회전축이 서로 물려 돌아갈 수 있도록 된, 나사 모양의 톱니바퀴.
나삼(羅衫)명 ①깁으로 만든 적삼. ②'원삼'을 비단으로 만들었다는 뜻에서 이르는 말.
나삿-니(螺絲―)[―산―]명 ☞나사산.
나:상(裸像)명 〈나체상〉의 준말.
나상(螺狀)명 〈나선상〉의 준말.
나색(―色)명 '내색'의 잘못.
나:서(糯黍)명 ☞찰기장.
나-서다 Ⅰ자 ①(앞이나 옆이나 밖으로) 나와 서다. ¶ 찬성하는 사람은 앞으로 나서시오. ②나타나다. 생기다. ¶ 혼처가 나서다. /좋은 일자리가 나섰다. /구매자가 나서다. ③(자기와 관계없는 일에) 끼어들어 아는 체하거나 간섭하다. ¶ 네가 왜 나서느냐? ④어떤 일을 적극적으로 하거나 또는 직업적으로 시작하다. ¶ 정계(政界)로 나서다. /이번에는 자네가 나서야 되겠네.
Ⅱ타 일정한 목적을 가지고 어떤 자리에서 떠나다. ¶ 먼 길을 나서다.
나:선(裸線)명 겉에 절연용의 고무나 합성수지·면사(綿絲) 따위를 씌우지 않은 전선. 알줄.
나선(螺旋)명 소라 껍데기나 용수철과 같이 빙빙 감아 올린 것과 같은 모양, 또는 그런 모양의 것.
나선(螺線)명 〈나사선(螺絲線)〉의 준말.
나선^계단(螺旋階段)[―계―/―게―]명 ☞나사 층층대.
나선-균(螺旋菌)명 〈나선상 균〉의 준말.
나선-상(螺旋狀)명 나선과 같은 모양. 나선형(螺旋形). 준나상.
나선상 균(螺旋狀菌) 나선 모양의 커다란 세균. 〔매독의 병원균, 콜레라균 따위.〕 준나선균.
나선^운:동(螺線運動)명 ☞나사선 운동.
나선^추진기(螺旋推進機)명 동력선(動力船)에 쓰이는, 나선 모양으로 된 추진 장치의 한 가지. 여러 개의 날개로 이루어져, 물속에서 돌면서 추진력을 냄. 스크루.
나선^층층대(螺旋層層臺)명 ☞나사 층층대.
나선-형(螺旋形)명 ☞나선상(螺旋狀).
나성(羅城)[1]명 ①성(城)의 외곽. ②☞외성(外城).
나성(羅城)[2]명 '로스앤젤레스'의 한자음 표기.
나:속(糯粟)명 ☞차조. ↔경속(粳粟).
나:속-반(糯粟飯)[―빤]명 ☞차조밥.
나:수(拿囚)명하타 죄인을 잡아들여 가둠.
나수(鑼手)명 지난날, 군중(軍中)에서 '나(鑼)'를 치던 취타수(吹打手)의 하나.
나수다타 ①내어서 드리다. ②높은 자리로 나아가게 하다.
나스닥(NASDAQ)명 미국의 장외 주식 거래 시장. 주로, 컴퓨터나 첨단 산업 관련 기업이 중심이 됨. [National Association of Securities Dealers Automated Quotation]
나스르르부하형 (가늘고 짧은 털이나 풀 따위가) 성기고 가지런해 보이는 모양. 큰너스르르.
나슨-하다형여 ①(잡아맨 줄이나 끈 따위가) 늘어나서 좀 헐겁다. ¶ 구두끈이 좀 나슨해졌다. ②맥이 풀려 죄어칠 힘이 없다. ¶ 정신 상태가 좀 나슨해진 것 같다. 큰느슨하다. **나슨-히**부.
나슬-나슬[―라―]부하형 (가늘고 긴 풀이나 털 따위가) 보드랍고 성긴 모양. 큰너슬너슬. **나슬나슬-히**부.
나시(なし 일)명 '민소매'로 순화.
-나시놀어미 〈옛〉-시거늘. ¶ 世尊씌 오나시놀(月釋21:7). 참-거시놀.
-나시든어미 〈옛〉-시거든. -시매. ¶ 西에 오나시든 東鄙 브라ᅀᆞᄫᅳ니(龍歌38章). 참-거시든.
나:신(裸身)명 벌거벗은 몸. 벌거숭이. 알몸. 나체.
나:신-상(裸身像)명 ☞나체상(裸體像).
나쎄명 '어느 정도 든 나이'를 얕잡아 이르는 말. ¶ 그 나쎄에 그런 실수를 하다니.
나ᅀᅡ가다자 〈옛〉나아가다. ¶ ᄒᆞᄫᆞᅀᅡ 나ᅀᅡ가샤(龍歌35章). 참낫다.
나ᅀᅡ오다자 〈옛〉나아오다. 가까이 오다. ¶ 아ᅀᆞ 보딘 나ᅀᅡ오니(龍歌51章). 참낫다.
나ᅀᅩ부 〈옛〉나아가. ¶ 부텨 向ᄒᆞᅀᆞᄫᅡ 호거름 나ᅀᅩ 거름만 몯ᄒᆞ니라(釋譜6:20).
나ᅀᅩ다타 〈옛〉①나수다. ¶ 어디닐 알오 나ᅀᅩ디 아니ᄒᆞ면(內訓2:23). ②바치다. ¶ 잔 자바 나ᅀᅩ마(翻朴上48).
나ᅀᅩᆷ자 〈옛〉①나아감. ¶ 누외야 나ᅀᅩᄆᆞᆯ 求티 아니ᄒᆞᄂᆞ니라(法華2:180). ②나음. ¶ 火化호미 나ᅀᅩ미 ᄀᆞᆮ디 몯ᄒᆞ며(法華6:155).
나ᅀᅵ명 〈옛〉냉이. ¶ 나ᅀᅵ 졔:薺(訓蒙上17).
나ᅀᆞ라타 〈옛〉〔'낫다'의 활용형〕 드리러. 바치러. ¶ 德이여 福이라 호ᄂᆞᆯ 나ᅀᆞ라 오소이다(樂範.動動).
나ᅀᆞᆯ자 〈옛〉〔'낫다'의 활용형〕 ①나아갈. ¶ 나ᅀᆞᆯ 진:進(訓蒙下26). ②드릴. 바칠. 진상(進上)할. ¶ 十二月ㅅ 분디남ᄀᆞ로 갓곤 아으 나ᅀᆞᆯ 盤잇 져다호라(樂範.動動).
나:아(裸芽)명 ☞여름눈. ↔인아(鱗芽).
나아-가다자 ①앞으로 향하여 가다. ¶ 용감히 나아가서 적을 무찌르다. ②병세가 호전되다. 일이 좋은 방향으로 진전되다. ¶ 병이 나아가다. /기술이 나아가다. ③높은 자리, 또는 넓은 곳을 향하여 가다. ¶ 학교를 졸업하고 사회로 나아가다. ①③준나가다.

나아-가서부 그뿐 아니라. 거기에만 머무르지 않고. 그 일이 미치는 결과로서. ¶ 일신의 출세이자, 나아가서 집안의 명예이기도 하다.

나아-오다자 ①앞을 향하여 차츰차츰 오다. ¶ 이름을 부르자 맨 뒤에 있던 학생이 내 앞으로 나아와 섰다. ②목적을 향하여 발전하여 오다.

나아-지다자 (병세나 하는 일 따위가) 차차 좋아지다. ¶ 철호의 학업 성적이 점점 나아지다.

나:안(裸眼)명 (안경 따위를 쓰지 않은) 맨눈.

나-앉다[-안따]자 ①(안에서 밖으로, 뒤쪽에서 앞쪽으로) 낮은 자리를 옮기다. ¶ 그는 앞으로 나앉으며 내게 물었다. ②(집 따위를) 일정한 곳으로 옮겨 새로이 자리 잡다. ¶ 장사를 하기 위하여 길가 쪽으로 나앉다. ③(하던 일이나 권리를) 포기하고 물러나다. ¶ 그는 회장 자리에서 나앉고 말았다.

나:약(懦弱·愞弱)명하형 의지가 약함. 타약(惰弱). ¶ 한때 우리는 외세 앞에 너무나 나약했다. **나약-히**부.

나:-어리다형 나이가 어리다.

나-엎어지다자 갑자기 엎어지다. 냅다 엎어지다. ¶ 길을 가다 난데없는 고함 소리에 나엎어졌다.

나열(羅列)명 ①하타되자죽 벌이어 놓음. 죽 늘어놓음. ¶ 죄상을 조목조목 나열하다. /여러 항목이 나열되어 있다. ②하자열을 지어 늘어섬.

나열-형(羅列形)명 용언의 연결 어미의 한 갈래. 문장에서 주어의 서술어 구실을 하면서 뒤에 다른 말을 대등하게 연결하는 형식. 〔'-고·-(으)며·-(으)면서·-아(서)' 따위.〕

나:엽(裸葉)명 양치식물 등에서, 자낭군(子囊群)이 없이 다른 고등 식물의 잎처럼 동화 작용을 하는 푸른 잎. 영양엽(營養葉). ↔포자엽.

나-오다 Ⅰ자 ①안에서 밖으로(또는 속에서 겉으로, 뒤에서 앞으로) 오다. ¶ 방에서 나오다. /복숭아에서 벌레가 나오다. ②감정이나 표정이 일어 어떤 행동을 취하다. ¶ 웃음이 나오다. /강경한 태도로 나오다. ③있던 곳에서 퇴거(이탈·사직)하다. ¶ 직장에서 나오다. ④출석(출근)을 하다. ¶ 직장에 나오다. /회의에 나오다. ⑤나타나다. 생겨나다. 생산되다. 출생하다. ¶ 3월호 잡지가 나오다. /벼 열 섬이 나오는 논. /세상에 나온 지 30년. ⑥앞으로 불쑥 내밀다. ¶ 배가 나오다. ⑦(어떤 처리 결과가) 발표되다. ¶ 판결이 나오다. /새 규정이 나오다. ⑧진출하다. 투신하다. ¶ 문단에 나오다. ⑨책이나 신문 등에 글이나 그림 따위가 실리다. ¶ 이 내용은 논어에 나온다. ⑩음식 따위가 차려지다. ¶ 점심에 국수가 나왔다. ⑪방송을 듣거나 볼 수 있다. ¶ 텔레비전이 잘 나온다.
Ⅱ타 ①(어떤 곳을) 벗어나다. ¶ 그 길로 집을 아주 나오고 말았다. ②일정(一定)한 과정을 마치다. ¶ 대학을 나오다. ③그만두다. 사직(辭職)하다. ¶ 직장을 나오다. ④(무엇을 목적으로) 일정한 장소에 있게 되다. ¶ 강연을 나오다.

나온관 〈옛〉〔'납다'의 활용형〕 즐거운. ¶ 나온 君子ㅣ여 福과 履ㅣ *綏之ᄒᆞ놋다*(詩解*1:5*). 참라온.

나왕(羅王)명 용뇌향과(龍腦香科)의 상록 교목, 또는 그 재목. 인도·자바·필리핀 등지에 분포하며, 그 재목은 빛깔이 곱고, 가공하기가 쉬워 가구·장식재로 널리 쓰임.

나:용(挪用)명하타 돈이나 물건을 잠시 돌려씀.

나우부 ①좀 많게. ¶ 밥을 좀 나우 담아 주시오. ②(정도가) 좀 낫게. ¶ 특별한 손님이니 나우 대접하시오.

나울-거리다자타 자꾸 나울나울하다. 나울대다. 큰너울거리다.

나울-나울[-라-]부하자타 ①잔물결이 잇달아 굽이쳐 일렁이는 모양. ②(나뭇잎이나 풀잎 따위가) 보드랍게 나부끼는 모양. ③(춤추듯이) 팔이나 날개를 펴서 잇달아 가볍게 움직이는 모양. 큰너울너울.

나울-대다자타 나울거리다.

나위의 《주로 '-ㄹ 나위 없다'의 꼴로 쓰이어》'틈'·'여지'·'필요성' 등을 뜻함. ¶ 사람이야 더할 나위 없이 좋기.

나위(羅幃)명 비단 포장. ¶ 옷 디고 새닙 나니 녹음이 ᄭᆞᆯ렷ᄂᆞᆫ듸 나위 젹막ᄒᆞ고 슈막이 뷔여 잇다(鄭澈.思美人曲).

나:유타(那由他)수관 아승기(阿僧祇)의 1만 배, 불가사의(不可思議)의 1만분의 1이 되는 수(의). 곧, 10^{60}.

나으리명 '나리[2]'의 잘못.

나의(儺儀)[-의/-이]명 ①☞나례(儺禮). ②☞산대놀음.

나이명 (사람이나 동식물이) 나서 자란 햇수. 연기(年紀). 연령(年齡). ¶ 나이가 들다. 준나[3]. 높연세(年歲)·연치(年齒)·춘추(春秋)[1].
나이 차(서) 미운 계집 없다속담 무엇이나 한창일 때는 다 좋게 보인다는 말.
나이(가) 아깝다관용 (말이나 하는 짓이) 그 나이에 걸맞지 않게 유치하다.

나이명 〈옛〉냉이. ¶ 나이롤 먹고 뇨긔ᄒᆞ니라(救荒補遺方*14*).

-나이까어미 《주로 문어체에서》 동사 어간이나 형용사 '있다'·'없다'·'계시다'의 어간, 또는 높임의 '-시-', 공손의 '-삽-'·'-옵-', 시제의 '-았(었)-'·'-겠-' 등에 붙어, 현재의 동작·상태를 묻는, 합쇼체의 의문형 종결 어미. ¶ 먹나이까. /하시나이까. /깊삽나이까. /보았나이까.

-나이다어미 《주로 문어체에서》 동사 어간이나 형용사 '있다'·'없다'·'계시다'의 어간, 또는 높임의 '-시-', 공손의 '-삽-'·'-옵-', 시제의 '-았(었)-'·'-겠-' 등에 붙어, 현재의 동작·상태를 나타내는, 합쇼체의 평서형 종결 어미. ¶ 없나이다. /오시나이다. /하옵나이다.

나이-대접(-待接)명하타 나이 많은 이를 대접하여 체면을 보아 줌. ¶ 나이대접을 해서 고문으로 추대했다. 준나대접.

나이-떡명 정월 보름에 액막이로 먹는 떡. 〔식구의 나이 수대로 숟가락으로 쌀을 떠서 만든 떡.〕 준나떡.

나이-배기명 '보기보다 나이가 많은 사람'을 얕잡아 이르는 말. 준나배기.

나이키:(Nike)명 그리스 신화에 나오는 승리의 여신. 〔니케(Niké)의 영어 발음.〕

나이-테명 나무의 줄기를 가로로 자른 면에 나타나는 바퀴 모양의 테. 해마다 하나씩 늘어나므로 그 나무의 나이를 알 수 있음. 목리(木理). 연륜(年輪).

나이트-가운(nightgown)명 잠옷 위에 덧입는 길고 가벼운 겉옷.

나이트^게임(night game)명 (야구·축구 따위의) 야간 경기.

나이트-캡(nightcap)명 잠잘 때 머리가 헝클어지지 않도록 쓰는 모자.

나이트-클럽(nightclub)명 술·음악·춤 따위를 즐기는 야간 음식점.

나이-티명 나이가 든 기미. ¶ 그 사람 행동거지를 보니 나이티가 난다.

나이팅게일(nightingale)명 딱샛과의 새. 몸길이 16.5 cm가량. 몸빛은 등이 갈색, 가슴과 배는 연한 갈색인데 휘파람새와 비슷함. 낮과 밤을 가리지 않고 울며, 숲 속에서 곤충이나 나무 열매를 먹고 삶. 밤꾀꼬리.

나이팅게일-상(Nightingale賞)명 국제 적십자사가 훌륭한 간호사에게 주는 상.

나이프(knife)명 ①주머니칼. ②양식(洋食)을 먹을 때 쓰는 칼. 양도(洋刀).

나:인(←內人)명 고려·조선 시대에, 궁궐 안에서 대전(大殿)·내전(內殿)을 가까이 모시는 내명부를 통틀어 이르던 말. 궁녀(宮女). 궁빈(宮嬪). 궁인(宮人). 여관(女官). 여시(女侍). 본내인(內人). 참홍수(紅袖).

나:인(拿引)명하타되자 ☞나치(拿致).

나일론(nylon)명 인조 섬유의 한 가지. 석탄산·수소·암모니아 따위를 원료로 하여 만듦. 〔가볍고 부드러우며 탄력성이 강하나, 습기를 빨아들이는 힘이 약함.〕

나:입(拿入)명하타 ☞나치(拿致).

나잇-값[-이깝/-읻깝]명 《주로 '하다'·'못하다' 따위와 함께 쓰이어》'먹은 나이에 어울리는 말이나 행동'을 홀하게 이르는 말. ¶ 덤벙대지 말고 나잇값 좀 해라. *나잇값을[-이깝쓸/-읻깝쓸]·나잇값만[-이깜-/-읻깜-]

나잇-살[-이쌀/-읻쌀]명 《주로 '먹다'와 함께 쓰이어》'지긋한 나이'를 홀하게 이르는 말. ¶ 나잇살이나 먹은 사람이 하는 짓은 꼭 철부지 같다. 준낫살.

나올명 〈옛〉나흘. ¶ 사ᄋᆞ리어나 나ᄋᆞ리어나 다쐐어나(阿彌17).

나자(儺者)명 나례(儺禮) 때의 방상시(方相氏)·초라니·진자(侲子) 등을 통틀어 이르는 말.

나-자빠지다자 〈나가자빠지다〉의 준말.

나자스-말(Najas- 라)명 나자스말과의 일년초. 연못이나 논밭에 나는데, 줄기는 30 cm가량이고, 가지가 많이 갈라짐. 가는 잎이 마주나며 가장자리에 잔 톱니가 있음. 암수한그루로 7~9월에 엷은 녹색 꽃이 잎겨드랑이에 핌.

나:자-식물(裸子植物)[-싱-]명 ☞겉씨식물.

나:장(裸葬)명하타 시체를 관에 넣지 않고 그대로 땅에 묻어 장사 지내는 일.

나장(羅將)명 〔조선 시대에〕 ①의금부·병조·형조·전옥서 등에 딸리어, 죄인에게 매질하는 일이나, 귀양 가는 죄인을 압송하는 일을 맡던 하례(下隷). ②군아(郡衙)의 사령(使令)의 한 가지.

나-장조(-長調)[-쪼]명 '나' 음을 으뜸음으로 하는 장조.

나:-전(-錢)명 신이나 부처에게 복을 빌 때, 그 사람의 나이대로 놓는 돈.

나전(螺鈿)명 광채가 나는 작은 자개 조각을 여러 가지 모양으로 박아 붙여서 꾸미는 공예 기법. ¶ 나전 목기./나전 칠기.

나전(羅甸)명 '라틴(Latin)'의 한자음 표기.

나절의 ①하루 낮의 절반쯤 되는 동안. ②낮의 어느 무렵이나 동안. ¶ 점심 나절. /저녁 나절.

나절-가웃[-운]명 ①하루 낮의 4분의 3쯤 되는 동안. ②'반나절'의 잘못. *나절가웃이[-우시]·나절가웃만[-운-]

나조-반(-盤)명 ☞나좃쟁반.

나졸(羅卒)명 조선 시대에, 지방 관아에 딸렸던 군뢰(軍牢)·사령을 통틀어 이르던 말.

나졸(邏卒)명 조선 시대에, 포도청에 딸렸던 순라군(巡邏軍).

나좃-대[-조때/-졷때]명 납채(納采) 때에 신부 집에서 쓰는 것으로, 억새나 갈대 따위를 한 자 길이쯤 되게 잘라 묶고 기름을 부은 뒤, 붉은 종이로 싸서 불을 켜도록 만든 것.

나좃-쟁반(-錚盤)[-조쨍-/-졷쨍-]명 나좃대를 받쳐 놓는 쟁반. 나조반.

나좋명 〈옛〉저녁. ¶ 나조히 鬼神 爲ᄒᆞ야 說法ᄒᆞ시고(月釋2:26).

나죄명 〈옛〉저녁. ¶ 뷘 수프레 나죗 힛비치 돌옛도다(杜初7:4). 참나좋.

나죗히명 〈옛〉석양(夕陽). 저녁해. ¶ 나죗히옌 ᄀᆞᄂᆞᆫ 프리 웃긋ᄒᆞ고(杜重12:36).

나주-반(羅州盤)명 전라남도 나주 지방에서 생산되는 소반. 다리 모양이 활처럼 휘우듬히 굽은 것이 특색임. 참나대반.

나:중명 ①얼마가 지난 뒤. ¶ 나중에 오는 사람. ②먼저의 일을 한 다음. ¶ 나중의 일. 내종(乃終). ↔먼저.

나중 난 뿔이 우뚝하다속담 후배가 선배보다 나을 때 이르는 말.

나중에야 삼수갑산(三水甲山)을 갈지라도속담 결과가 최악에 이르는 한이 있더라도 우선 단행하거나 저질러 놓고 본다는 말.

나:지(裸地)명 나무나 풀이 없는 맨땅. 알땅.

나지리부 《주로 '보다'·'여기다'·'대하다' 등과 어울려 쓰이어》'품위나 능력의 정도가 자기보다 못하게'의 뜻을 나타내는 말. ¶ 나지리 보고 함부로 대접하였다.

나지막-하다[-마카-]형여 (높이나 소리의 크기 따위가) 꽤 나직하다. ¶ 나지막한 초가집. **나지막-이**부 ¶ 나지막이 중얼거리다.

나직(羅織)명하타되자 죄 없는 이를 잡아다가 억지로 죄인을 만듦.

나직-나직[-징-]부하형 여럿이 다 나직한 모양. ¶ 산기슭에 초가집들이 나직나직 엎드려 있다. **나직나직-이**부.

나직-하다[-지카-]형여 (높이나 소리의 크기 따위가) 조금 낮다. ¶ 자매끼리 나직하게 이야기를 주고받다. **나직-이**부.

나쪼다자 어른 앞에 나아가다. ¶ 할아버지 앞에 나쪼다.

나찰(羅刹←Rākṣasa 범)명 〔불교에서〕 ①악귀의 한 가지. 푸른 눈, 검은 몸, 붉은 머리털을 하고서 신통력으로 사람을 호려 잡아먹는다고 함. 나중에는 불교의 수호신이 되었음. ②지옥의 옥졸.

나찰-녀(羅刹女)[-려]명 여자 나찰. 용모가 매우 아름다우며, 해도(海島)에 살면서 사람을 잡아먹는다고 함.

나:체(裸體)명 알몸. 나신(裸身).

나:체-상(裸體像)명 (사람의) 나체를 표현한 화상(畫像), 또는 조상(彫像). 나신상(裸身像). 준나상.

나:체-화(裸體畫)명 (사람의) 나체를 그린 그림.

나:출(裸出)명하자되자 속의 것이 겉으로 드러남.

나:충(裸蟲)명 털이나 날개 따위가 없는 벌레를 통틀어 이르는 말.

나:치(拿致)명하타되자 죄인을 강제로 잡아 옴. 나래(拿來). 나인(拿引). 나입(拿入).

나치스(Nazis 독)명 '국가 사회주의 독일 노동자당'의 속칭. 히틀러를 당수로 하였던, 독일의 파시즘 정당.

나치즘(Nazism)명 나치스의 정치사상. 편협한 민족주의·국가주의·독재주의가 그 특색임.

나친명 〈옛〉 난추니. ¶ 나친:鴉鶻(訓蒙上15).
나침(羅針)명 ☞자침(磁針).
나침-반(羅針盤)명 자침(磁針)으로 방위를 알 수 있도록 만든 기구. 〔특히, 배나 항공기의 진로를 측정하는 기구.〕 나침의. 나침판. 컴퍼스. 준침반.
나침^방위(羅針方位)명 자침(磁針)이 가리키는 남북선(南北線)을 기준으로 하여 측정한 방위. 〔실지의 방위와 꼭 일치하지는 않음.〕
나침-의(羅針儀)[-치믜/-치미]명 ☞나침반.
나침^자오선(羅針子午線)명 나침반의 지침이 가리키는 남북선(南北線).
나침-판(羅針-)명 ☞나침반.
나:타(懶惰)명하형 ☞나태(懶怠).
나타-나다자 ①감추어졌거나 보이지 않던 것이 겉으로 드러나다. ¶ 검은 구름 사이로 하늘이 나타났다. ②없던 것이 생겨나다. 발생하다. ¶ 금년 들어 처음으로 콜레라 환자가 나타났다는 보고다. ③어떤 일의 결과나 징후가 겉으로 드러나다. ¶ 노력한 결과가 나타나기 시작하다. ④생각이나 느낌 따위가 글·그림·음악 따위로 드러나다. ¶ 시인의 슬픔이 시에 잘 나타나 있다. ⑤감정 등이 얼굴이나 행동으로 드러나다. ¶ 얼굴에 굳은 결의가 나타나다.
나타-내다타 『'나타나다'의 사동』 나타나게 하다. ¶ 느낌을 글로 나타내다.
나타냄-표(-標)명 연주에서, 낱낱의 음이나 음절의 강약, 음량의 변화 등을 지시하는 기호. 발상 기호(發想記號).
나탈-거리다자 자꾸 나탈나탈하다. 나탈대다. 큰너털거리다. 여나달거리다.
나탈-나탈[-라-]부하자 ①여러 가닥으로 어지럽게 드리워져 한들거리는 모양. ②주제넘은 말을 주책없이 야단스럽게 하는 모양. 큰너털너털. 여나달나달.
나탈-대다자 나탈거리다.
나:태(懶怠)명하형 게으르고 느림. 나타(懶惰). 비해태(解怠).
나토(NATO)명 북대서양 조약 기구(北大西洋條約機構). [North Atlantic Treaty Organization]
나토다타 〈옛〉 나타내다. ¶ 現身은 모몰 나토아 뵈실씨라(月釋2:10).
나트륨(Natrium 독)명 알칼리 금속 원소의 한 가지. 은백색이고 연하며 산화하기 쉬움. 지구상에 다량으로 존재하며, 식염 또는 열을 가하여 녹인 수산화나트륨을 전기 분해 하여 얻는데, 동물체의 생리 작용에 중요한 구실을 함. 소듐. 〔Na/11/22.98977〕
나트륨-램프(Natrium 독+lamp)명 원통형 유리관 안에 희가스(稀gas)와 나트륨을 넣어 만든 램프. 방전(放電)시키면 강한 황색의 빛을 냄.
나트륨-아말감(Natriumamalgam 독)명 나트륨과 수은의 합금. 환원제로 쓰임.
나-틀명 베실을 뽑아 날아 내는 기구.
나틀다형 〈옛〉 나이 들다. 나이가 많다. ¶ 智慧 기프며 나틀며 힘덕 조흐며(月釋2:23).
나티명 ①짐승같이 생긴 귀신의 한 가지. ②검붉은 곰.
나티-상(-相)명 귀신같이 망측하고 무시무시한 얼굴.
나팔(喇叭)명 ①밸브가 없는 간단한 트럼펫. 군대에서 행진할 때, 또는 신호용으로 붊. ②끝이 나팔꽃 모양으로 된 '금관 악기'를 두루 이르는 말.
나팔(을) 불다관용 ☞나발(을) 불다.
나팔-거리다자 자꾸 나팔나팔하다. 나팔대다. ¶ 고목나무 가지에 걸린 연이 바람에 나팔거리다. 큰너펄거리다.
나팔-관(喇叭管)명 ①중이(中耳)의 고실(鼓室)로부터 조금 아래로 향하여 인두(咽頭)까지 길게 통한 관. ②난자를 자궁으로 보내는 나팔 모양의 관. 수란관(輸卵管). 알관.
나팔관-염(喇叭管炎)[-념]명 임질균·결핵균·화농균 따위로 말미암아 자궁의 나팔관에 생기는 염증.
나팔관^임:신(喇叭管姙娠)[-님-]명 자궁외 임신의 한 가지. 수정란이 나팔관 강내(腔內)에 착상(着床), 발육하는 경우를 이름.
나팔-꽃(喇叭-)[-꼳]명 메꽃과의 일년생 만초. 줄기는 덩굴로 벋으며 3m가량 자람. 잎은 심장 모양인데 보통 세 갈래로 갈라짐. 여름에 홍자색·흰색·붉은색 등의 꽃이 나팔 모양으로 핌. 한방에서 씨를 '견우자(牽牛子)'라 하여 약재로 씀. 견우. 견우화. *나팔꽃이[-꼬치]·나팔꽃만[-꼰-]
나팔-나팔[-라-]부하자 좀 빠르고 탄력성 있게 자꾸 나붓거리는 모양. 큰너펄너펄.
나팔-대다자 나팔거리다.
나팔-바지(喇叭-)명 아랫단이 나팔 모양으로 통이 넓은 바지.
나팔-수(喇叭手)명 나팔을 부는 사람.
나:포(拿捕)명하타되자 ①죄인을 붙잡음. 나획(拿獲). ②자기 나라 영해를 침범한 외국 선박을 붙잡음.
나푼-거리다자 자꾸 나푼나푼하다. 나푼대다. 큰너푼거리다.
나푼-나푼부하자 가볍게 자꾸 나붓거리는 모양. 큰너푼너푼.
나푼-대다자 나푼거리다.
나풀-거리다자타 자꾸 나풀나풀하다. 나풀대다. 큰너풀거리다. 여나불거리다.
나풀-나풀[-라-]부하자타 세게 나붓거리는 모양. 큰너풀너풀. 여나불나불.
나풀-대다자타 나풀거리다.
나프타(naphtha)명 석유·콜타르 등을 분류(分溜)하여서 얻어지는, 비점(沸點)이 휘발유와 거의 같은 경질유(輕質油). 석유 화학 공업의 중요한 원료로 쓰임. 석뇌유(石腦油). 석정(石精).
나프탈렌(naphthalene)명 방향족(芳香族) 탄화수소의 한 가지. 콜타르에서 정제한 흰 비늘 모양의 결정으로, 특유의 향기를 가짐. 방충제·방취제로 쓰임.
나프톨(naphthol)명 페놀과 비슷한 냄새가 있는 바늘 모양의 결정. 콜타르에 포함되어 있음. 방부제나 염료의 원료로 쓰임.
나한(羅漢)명 〈아라한(阿羅漢)〉의 준말.
나한에도 모래 먹는 나한이 있다속담 〔나한 가운데에도 공양을 받지 못하여 모래를 먹는 나한이 있다는 뜻으로〕 높은 지위에 있더라도 고생하는 사람이 있게 마련이라는 말.
나한-전(羅漢殿)명 절에서, 십육 나한(十六羅漢)이나 오백 나한을 모신 건물.
나해(螺醢)명 ☞소라젓.
나헤:감 지난날 장치기할 때, 공이 금 밖으로 나가면 지르던 소리.
나:화(裸花)명 꽃부리와 꽃받침이 없는 불완전한 꽃. 〔삼백초·천남성·버들 따위의 꽃이 이에 딸림.〕 무피화(無被花). ↔양피화(兩被花).
나:-환자(癩患者)명 ☞나병자.
나:획(拿獲)[-획/-훽]명하타되자 ☞나포.

나후(羅睺←Rāhu 범)명 해와 달을 가리어 일식과 월식을 일으킨다고 하는 악마의 이름.
나후-직성(羅睺直星)[-씽]명 ☞제웅직성.
나훔-서(Nahum書)명 구약 성서 중의 한 편. 아시리아의 수도 니네베의 멸망을 예측한 나훔의 예언이 기록되어 있음.
나흗-날[-흔-]명 〈초나흗날〉의 준말. 준나흘.
나흘명 ①네 날. ②〈초나흗날〉·〈초나흘〉·〈나흗날〉의 준말.
낙명 〈옛〉☞낛2.
낙(樂)명 ①즐거움. ¶ 고생 끝에 낙이 온다. ②위안으로 삼는 일. ¶ 난초 가꾸기를 낙으로 삼다.
낙(駱)명 ☞가리온.
낙가(落痂)[-까]명하자 한방에서, 헌데가 다 나아서 딱지가 떨어짐을 이르는 말.
낙가(落價)[-까]명 ①하자물건의 값이 떨어짐. ②하타값을 깎음.
낙간(落簡)[-깐]명하자되자 책의 원문의 일부가 빠져나감.
낙거로명 〈옛〉낚싯거루. ¶ 중거로며 낙거로를(漢陽歌).
낙경(樂境)[-꼉]명 ①안락한 경지, 또는 처지. ↔고경(苦境). ②☞낙토(樂土).
낙과(落果)[-꽈]명하자 (바람이 불거나 하여) 열매가 채 익기 전에 떨어짐, 또는 떨어진 그 열매. 도사리.
낙과(落科)[-꽈]명하자 ①과거에 떨어짐. ②☞패소.
낙관(落款)[-꽌]명하자 글씨나 그림을 완성한 뒤, 아호나 이름을 쓰고 도장을 찍는 일, 또는 그 이름이나 도장.
낙관(樂觀)[-꽌]명하타 ①일이 잘될 것으로 생각함. ¶ 일의 성공 여부에 대해서는 낙관도 비관도 하지 않았다. ②인생이나 세상 형편을 즐겁고 희망적인 것으로 봄. ↔비관(悲觀).
낙관-론(樂觀論)[-꽌논]명 인생이나 사물의 밝은 면만을 보고, 앞날에 대해 희망을 가지는 이론이나 입장. ↔비관론.
낙관론-자(樂觀論者)[-꽌논-]명 낙관론을 내세우는 사람. 인생이나 사물을 낙관적으로 생각하는 사람. ↔비관론자.
낙관-적(樂觀的)[-꽌-]관명 일이 잘되어 나갈 것으로 보고 걱정하지 않는 (것). 앞날을 희망적으로 보는 (것). ¶ 낙관적 전망. ↔비관적.
낙관-주의(樂觀主義)[-꽌-의/-꽌-이]명 사물을 낙관적으로 보거나, 생활을 낙관적으로 즐기는 태도나 경향. 참낙천주의(樂天主義).
낙구(落句)[-꾸]명 한시(漢詩) 등의 끝 절. 끝구. 〔율시(律詩)에서는 마지막 두 구를 이름.〕
낙구(落球)[-꾸]명하자 야구에서, 받은 공을 떨어뜨림. ¶ 외야수의 낙구가 패인이었다.
낙길(←落帙)[-낄]명 〈낙질(落帙)〉의 변한말.
낙낙-하다[낭나카-]형여 (크기·수량·시간 따위가) 어떤 기준에 차고도 좀 남음이 있다. ¶ 바지의 품이 낙낙하다. 큰넉넉하다. **낙낙-히**부.
낙남(落南)[낭-]명하자 서울 사람이 남쪽 지방으로 이사하여 내려감. ¶ 고향을 찾아 낙남한 지 10년이 지났다.
낙농(酪農)[낭-]명 소·양 따위의 젖을 짜고, 그 것을 가공하여 버터·치즈·연유 따위의 유제품을 만드는 농업. 낙농업.
낙농-업(酪農業)[낭-]명 ☞낙농(酪農).
낙농-품(酪農品)[낭-]명 (연유·분유·치즈·버터 따위) 우유로부터 생산되는 모든 제품. 낙산물(酪產物). 낙제품(酪製品).
낙담(落膽)[-땀]명하자 ①일이 뜻대로 되지 않거나 실패로 돌아가 갑자기 기운이 풀림. ¶ 그만한 일로 낙담하지 말고 기운을 내게. ②몹시 놀라서 간이라도 떨어질 듯이 느낌.
낙담-상혼(落膽喪魂)[-땀-]명하자 크게 낙담하여 넋을 잃음. 상혼낙담.
낙도(落島)[-또]명 뭍에서 멀리 떨어져 있는 외딴 섬.
낙등(落等)[-뜽]명하자 ①(다른 것에 비하여) 등급이 뒤짐. ②등급이 떨어짐. 비강등(降等).
낙듸명 〈옛〉낚싯대. ¶ 낙듸을 둘러메고(朴仁老.莎堤曲).
낙락(落落) '낙락하다'의 어근.
낙락-장송(落落長松)[낭낙짱-]명 가지가 축축 늘어진 큰 소나무. ¶ 蓬萊山 第一峯의 落落長松 되었다가(古時調).
낙락-하다(落落-)[낭나카-]형여 ①(큰 소나무 따위의 가지가) 길게 축축 늘어져 있다. ②사이가 멀리 떨어져 여기저기 따로 있다. ③남과 어울리지 못하고 거리가 있다. ④작은 일에 얽매이지 아니하고 대범하다. **낙락-히**부.
낙뢰(落雷)[낭뇌/낭눼]명하자 벼락이 떨어짐, 또는 그 벼락.
낙루(落淚)[낭누]명하자 눈물을 흘림, 또는 그 눈물. 타루(墮淚).
낙루(落漏)[낭누]명하자되자 ☞누락.
낙마(落馬)[낭-]명하자 말에서 떨어짐.
낙막(落寞) '낙막하다'의 어근.
낙막-하다(落寞-)[낭마카-]형여 (볼 만한 것이 아무것도 없이) 쓸쓸하기만 하다. 호젓하고 쓸쓸함. ¶ 나무 하나 없는 들판의 낙막한 풍경.
낙망(落望)[낭-]명하자 ☞낙심(落心).
낙매(落梅)[낭-]명 꽃이 진 매화나무, 또는 떨어진 매화 꽃잎.
낙면(落綿)[낭-]명 솜을 틀거나 실을 자을 때 생기는 솜 부스러기.
낙명(落名)[낭-]명하자 명성이나 명예가 떨어짐. ¶ 부정 축재자로 낙명하여 다시는 정계에 발을 들여놓지 못했다. ↔양명(揚名).
낙명(落命)[낭-]명하자 목숨이 떨어짐. 죽음. ¶ 장군께서 적의 유탄에 맞아 낙명하셨다.
낙목(落木)[낭-]명 잎이 떨어진 앙상한 나무.
낙목-공산(落木空山)[낭-꽁-]명 (잎이 다 떨어져) 앙상한 나무들만 서 있는 겨울철의 쓸쓸한 산을 이르는 말.
낙목-한천(落木寒天)[낭모칸-]명 나뭇잎이 다 떨어진, 겨울의 춥고 쓸쓸한 풍경, 또는 그러한 계절을 이르는 말.
낙미지액(落眉之厄)[낭-]명 〔눈썹에 떨어진 액이란 뜻으로〕 뜻밖의 다급한 재앙을 이름.
낙반(落磐·落盤)[-빤]명하자되자 (광산이나 토목 공사 따위에서) 갱내(坑內)의 천장이나 벽의 암석 또는 토사가 무너져 내림. ¶ 탄광의 낙반 사고.
낙발(落髮)[-빨]명하자 ①머리를 깎음. 삭발(削髮). 체발(剃髮). ②머리털이 빠짐.
낙발-위승(落髮爲僧)[-빠뤼-]명 ☞삭발위승.
낙방(落榜)[-빵]명하자 ①과거에 떨어짐. 낙제(落第). ↔급제(及第). ②시험에 떨어짐. ②불합격. ②↔합격.
낙방-거자(落榜擧子)[-빵-]명 ①과거에 떨어진 선비. ②'무슨 일에 참여하려다가 못하게 된 사람'을 비유하여 이르는 말.
낙백(落魄)[-빽]명하자 ①넋을 잃음. ②☞영락(零落).

낙범(落帆)[-뻠]명하자 돛을 내림.
낙법(落法)[-뻡]명 유도 따위에서, 충격을 줄여 안전하게 넘어지는 기술.
낙복-지(落幅紙)[-뽁찌]명 과거에 떨어진 사람의 글장.
낙본(落本)[-뽄]명하자 본전에서 밑짐. 손해를 봄. 실본.
낙부(諾否)[-뿌]명 허락과 거절을 아울러 이르는 말. ¶ 낙부를 묻다.
낙빈-가(樂貧歌)[-삔-]명 '청구영언'에 실려 전하는, 작자와 연대를 알 수 없는 가사. 관직을 버린 뒤 강호에서 안빈낙도하는 심회를 읊은 내용.
낙사(落仕)[-싸]명하자 ☞낙직(落職).
낙사(樂事)[-싸]명 즐거운 일. 유쾌한 일.
낙산(落山)[-싼]명하자타 ①산에서 내려옴, 또는 물건을 산에서 내림. ②광산에서, 채광한 광석을 산 아래의 금방아가 있는 곳으로 내리는 일.
낙산(酪酸)[-싼]명 ☞부티르산.
낙산-균(酪酸菌)[-싼-]명 ☞부티르산균.
낙-산물(酪產物)[-싼-]명 ☞낙농품(酪農品).
낙상(落傷)[-쌍]명하자 떨어지거나 넘어져 다침, 또는 그때 입은 상처. ¶ 할아버지께서 밤길을 가시다가 낙상하셨다.
낙서(洛書)[-써]명 고대 중국 하(夏)나라의 우왕(禹王)이 홍수를 다스릴 때, 낙수(洛水)에서 나온 거북의 등에 있었다는 아홉 개의 무늬. 〔뒷날, 팔괘(八卦)의 이치나, '서경(書經)'의 '홍범구주(洪範九疇)' 등은 다 이를 본떠서 만들었다 함.〕 참하도.
낙서(落書)[-써]명하자 ①(글을 베낄 때) 글자를 빠뜨리고 씀. ②(장난으로) 아무 데나 글자를 쓰거나 그림을 그림, 또는 그 글자나 그림. ¶ 벽에 낙서를 하다.
낙석(落石)[-썩]명하자 (산이나 벼랑에서) 돌이 굴러 떨어짐, 또는 그 돌.
낙선(落選)[-썬]명하자되자 ①선거에서 떨어짐. ¶ 이번 국회의원 선거에서 낙선의 고배를 마셨다. ↔당선. ②(작품의 심사나 선발 대회 등에서) 뽑히지 아니함. ↔당선·입선.
낙설(落屑)[-썰]명 피부 표층의 각질이 쌀겨처럼, 또는 얇은 막을 벗기듯 크고 작은 조각이 되어 떨어지는 현상. 〔비듬 따위.〕
낙성(落成)[-썽]명하타되자 건축물의 공사를 다 이룸. 준공(竣工).
낙성(落城)[-썽]명하자되자 성이 함락됨.
낙성^계:약(諾成契約)[-썽계-/-썽게-]명 (물품을 건네주는 등 다른 행위를 필요로 하지 않고) 당사자 간의 합의만으로 성립하는 계약. 증여·매매·교환·임대차 계약 따위. ↔요물 계약(要物契約).
낙성-식(落成式)[-썽-]명 건축물의 낙성을 기념하는 의식.
낙세(落勢)[-쎄]명 (물가 따위의) 하락하는 기세. ↔등세(騰勢)·등귀세(騰貴勢).
낙소(酪素)[-쏘]명 〈건락소(乾酪素)〉의 준말.
낙송(落訟)[-쏭]명하자되자 송사(訟事)에 짐.
낙송자-칭원(落訟者稱寃)[-쏭-]명 (낙송자가 억울함을 중언부언하듯) '이치에 닿지 않는 변명을 늘어놓음'을 비유하여 이르는 말.
낙수(落水)[-쑤]명 ☞낙숫물.
낙수(落穗)[-쑤]명 ①가을걷이 후에 논밭에 떨어져 있는 곡식의 이삭. ②'어떤 일의 뒷이야기'를 비유하여 이르는 말. ②비여담(餘談).
낙수-받이(落水-)[-쑤바지]명 ①낙숫물이 한 곳으로 모여 흐르도록 추녀 밑에 댄 홈통. ②낙숫물을 받는 그릇.
낙숫-고랑(落水-)[-쑤꼬-/-쑫꼬-]명 ①빗물이 흐르게 된 지붕 위의 고랑. ②낙숫물에 팬 고랑.
낙숫-물(落水-)[-쑨-]명 (빗물이나 눈석임물, 또는 고드름 녹은 물 따위의) 처마에서 떨어지는 물. 낙수.
낙승(樂勝)[-씅]명하자 운동 경기 따위에서 쉽게 이김. ¶ 낙승을 거두다 ↔신승(辛勝).
낙시-조(樂時調)[-씨-]명 국악에서, 평조와 계면조(界面調)의 선법에 사용되는 낮고 부드러운 음계. 그 위의 높고 씩씩한 음계인 우조(羽調)와 대조되는 곡조.
낙심(落心)[-씸]명하자되자 바라던 일을 이루지 못하여 맥이 빠지고 마음이 상함. 낙망(落望). ¶ 시험에 떨어져 크게 낙심하다. 비실망.
낙심-천만(落心千萬)[-씸-]명하자 몹시 낙심이 됨. ¶ 자네마저 나를 도와주지 못하겠다니 그야말로 낙심천만이네.
낙안(落雁)명 하늘을 날다가 땅에 내려앉는 기러기. ¶ 평사(平沙)낙안.
낙약(諾約)명하자 계약의 신청을 승낙함.
낙약-자(諾約者)[-짜]명 제삼자를 위한 계약에서, 제삼자에 대하여 채무를 부담하는 사람. ↔요약자.
낙양(落陽)명 ☞석양(夕陽).
낙역(絡繹) '낙역하다'의 어근.
낙역-부절(絡繹不絕)[-뿌-]명하자 ☞연락부절.
낙역-하다(絡繹-)[나겨카-]형여 사람이나 수레의 왕래가 끊이지 않다.
낙엽(落葉)명 ①나뭇잎이 떨어짐. ②말라서 떨어진 나뭇잎. ¶ 거리에는 낙엽이 바람에 흩어져 날리고 있다. 참가랑잎.
낙엽^관:목(落葉灌木)[-꽌-]명 가을이나 겨울에 잎이 떨어졌다가 이듬해 봄에 새잎이 나는 관목. 갈잎떨기나무.
낙엽^교목(落葉喬木)[-꾜-]명 가을이나 겨울에 잎이 떨어졌다가 이듬해 봄에 새잎이 나는 교목. 갈잎큰키나무.
낙엽-색(落葉色)[-쌕]명 가랑잎 빛깔. 갈색에 황적을 띤 빛깔.
낙엽-송(落葉松)[-쏭]명 소나뭇과의 낙엽 침엽 교목. 높이는 30 m가량. 잎은 바늘 모양인데 흩어져 나거나 뭉쳐남. 5월경에 암수꽃이 한 나무에 피고, 열매는 9~10월에 다갈색으로 익음. 나무는 건축·침목·펄프·선박 따위에 쓰임. 일본잎갈나무.
낙엽-수(落葉樹)[-쑤]명 가을이나 겨울에 잎이 떨어졌다가 봄에 새잎이 나는 나무를 통틀어 이르는 말. 갈잎나무. ↔상록수(常綠樹).
낙엽^침엽수(落葉針葉樹)[-쑤]명 가을이나 겨울에 잎이 떨어졌다가 봄에 새잎이 나는 침엽수.
낙엽^활엽수(落葉闊葉樹)[나겨퐈렵쑤]명 가을이나 겨울에 잎이 떨어졌다가 봄에 새잎이 나는 활엽수.
낙영(落英)명 ☞낙화(落花).
낙오(落伍)명하자되자 ①대오에서 떨어져 뒤로 처짐. ¶ 행군에서 세 사람이 낙오하다. ②집단이나 경쟁 상대 등을 따라가지 못하고 뒤로 처짐. ¶ 경쟁 사회에서 낙오되다.
낙오-병(落伍兵)명 (행군에서) 낙오한 병사.
낙오-자(落伍者)명 낙오한 사람. ¶ 단 한 사람의 낙오자도 없이 행군을 끝내다.

낙원(樂園)명 ①아무 근심 걱정 없이, 즐거움이 넘쳐흐르는 곳. 안락하게 살 수 있는 곳. 이상향(理想鄕). ¶ 어린이들의 낙원. /여기야말로 지상 낙원이다. ②〔고난과 슬픔 따위를 느낄 수 없는 곳이라는 뜻으로〕'죽은 뒤의 세계'를 비유하여 이르는 말.

낙월(落月)명 지는 달.

낙유(酪乳)명 탈지유에 유산균을 넣어 발효시킨 우유. 요양식(療養食)으로 쓰임.

낙의(諾意)[나긔/나기]명 승낙하는 뜻.

낙이(樂易)명하형 마음이 즐겁고 편안함.

낙인(烙印)명 ①불에 달구어 찍는 쇠도장, 또는 그것으로 찍은 표시(표지). 소인(燒印). 화인(火印). ②(한번 붙여지면 좀처럼 씻기 어려운) '불명예스러운 평가나 판정'을 비유하여 이르는 말.

낙인-찍다(烙印-)[-따]타 (한번 붙여지면 좀처럼 씻기 어려운) 불명예스러운 평가나 판정을 내리다. ¶ 모두가 그를 불효자로 낙인찍다.

낙인찍-히다(烙印-)[-찌키-]자 〖'낙인찍다'의 피동〗 낙인찍음을 당하다. ¶ 문제아로 낙인찍히다.

낙일(落日)명 지는 해. ¶ 서산(西山)낙일.

낙자(落字)[-짜]명 (글에서) 빠뜨린 글자. 탈자(脫字). ¶ 긴 글을 베끼면서도 낙자 하나 없다.

낙장(落張)[-짱]명 ①〔제책(製冊)이 잘못되거나 하여〕 책에서 책장이 빠지는 일, 또는 그 빠진 책장. ¶ 낙장이 있는 책은 바꿔 드립니다. ②화투·트럼프 따위를 할 때에, 판에 한번 내어 놓은 패.

낙장-거리[-짱-]명하자 네 활개를 벌리고 뒤로 발딱 나자빠짐. ¶ 얼음판에서 낙장거리하다. 큰넉장거리.

낙장-본(落張本)[-짱-]명 낙장이 있는 책.

낙장불입(落張不入)[-짱-]명 화투·투전·트럼프 따위에서, 한번 판에 내어 놓은 패장(牌張)은, 이를 물리기 위하여 다시 집어 들이지 못하는 일을 이르는 말.

낙적(落籍)[-쩍]명하자되자 ①호적부나 학적부에서 이름이 빠짐. ②기적(妓籍)에서 이름을 뺌.

낙전(落箭)[-쩐]명하자 쏜 화살이 표적까지 이르지 못하고 중간에서 떨어짐, 또는 그 떨어진 화살.

낙전(樂戰)[-쩐]명 (전쟁이나 운동 경기 따위에서) 수월한 싸움.

낙점(落點)[-쩜]명 ①총탄이나 포탄의 떨어진 지점. ②하타되자여러 후보 중 마땅한 대상을 고름. ¶ 낙점을 바라다. ③하타되자지난날, 이품 이상의 벼슬아치를 뽑을 때, 이조(吏曹)나 병조(兵曹)에서 올린 삼망(三望) 중에서, 임금이 뽑을 대상자 이름 위에 점을 찍던 일. ¶ 동지 상사 낙점을 무르와…(兪氏夫人.弔針文).

낙정-미(落庭米)[-쩡-]명 ①말이나 되로 곡식을 될 때, 땅에 떨어진 낟알. ②'수고한 끝에 다소 얻어 차지하게 되는 변변치 못한 물건'을 비유하여 이르는 말.

낙제(落第)[-쩨]명하자 되자 ①☞낙방(落榜). ②성적이 일정한 수준에 미치지 못하여 진학이나 진급을 하지 못하고 유급하게 되는 일. ③어떤 일정한 조건에 미달하거나 좋은 결과에 이르지 못함. ¶ 이 계획서는 낙제야.

낙제-생(落第生)[-쩨-]명 낙제한 학생.

낙제-점(落第點)[-쩨쩜]명 ①시험 따위에 합격할 수 없는 점수. ②'일정한 수준이나 조건에 능력이 미치지 못하는 것으로 평가하는 기준'을 비유하여 이르는 말. ¶ 그는 지도자로서는 낙제점이다.

낙-제품(酪製品)[-쩨-]명 ☞낙농품(酪農品).

낙조(落照)[-쪼]명 ☞석양(夕陽).

낙조(落潮)[-쪼]명 ☞썰물.

낙종(落種)[-쫑]명하자 ☞파종(播種).

낙종(樂從)[-쫑]명하자 즐거이 좇음.

낙종(諾從)[-쫑]명하타 응낙하여 좇음.

낙종-물(落種-)[-쫑-]명 못자리하기에 알맞게, 때맞추어 오는 비.

낙죽(烙竹)[-쭉]명 달군 쇠로 지져서 여러 가지 무늬를 놓은 대.

낙지[-찌]명 문어과의 연체동물. 몸길이 70 cm 가량. 몸통과 다리 사이에 입과 눈이 있는 두부(頭部)가 있음. 여덟 개의 다리는 길이가 거의 같은데, 많은 빨판이 있음. 몸빛은 회색이나 주위의 빛에 따라 보호색으로 변하며, 위험을 느끼면 먹물을 뿜고 달아남. 장어(章魚). 초어(梢魚).

낙지(落地)[-찌]명하자 〔땅에 떨어진다는 뜻으로〕 세상에 태어남. ¶ 낙지 이후 50년을 살아오는 동안에 처음 당하는 일이다.

낙지(落枝)[-찌]명 축 늘어진 나뭇가지.

낙지(樂地)[-찌]명 ☞낙토(樂土).

낙지-다리[-찌-]명 돌나물과의 다년초. 높이는 60~90 cm. 잎은 피침형으로 끝이 뾰족하게 오므라지고 가장자리가 톱니처럼 생겼음. 초여름에 황백색의 작은 꽃이 가지 끝에 이삭 모양으로 핌. 열매는 삭과(蒴果)임.

낙직(落職)[-찍]명하자되자 관직에서 물러나게 됨. 낙사.

낙진(落塵)[-찐]명 ☞방사진(放射塵).

낙질(落帙)[-찔]명되자 (여러 권으로 한 질을 이루는 책에서) 빠진 책이 있음, 또는 그러한 질책. 산질(散帙). 영간(零簡). 잔편(殘編). 변낙길. ↔완질(完帙).

낙질-본(落帙本)[-찔-]명 낙질이 있는 질책, 또는 전 질책에서 빠진 책. 잔결본(殘缺本). ↔완질본.

낙차(落差)명 ①물이 흘러 떨어지는 높이. 아래위 두 수면의 높이의 차. ¶ 댐의 큰 낙차를 이용한 수력 발전. ②높낮이의 차. ¶ 투수는 낙차가 큰 커브를 던졌다.

낙착(落着)명하자되자 일이 결말이 남. ¶ 지루한 협상 끝에 낙착을 보다.

낙찰(落札)명하타되자 경쟁 입찰에서, 입찰한 목적물이나 권리 따위가 자기 손에 들어옴. ¶ 경쟁자를 물리치고 공사를 낙찰하다.

낙찰-계(落札契)[-계/-게]명 경쟁 입찰로 곗돈을 타도록 되어 있는 계. 〔낙찰 금액에서 남은 돈은 앞으로 탈 사람에게 분배됨.〕

낙척(落拓)명하자 역경에 빠짐. 척락.

낙천(落薦)명하자되자 추천이나 천거에서 빠짐. ¶ 국회의원 선거의 정당 공천에서 낙천되다.

낙천(樂天)명 자기의 운명이나 처지를 천명으로 알고 만족하는 일. 세상이나 인생을 즐겁고 좋게 생각하는 일. ↔염세(厭世).

낙천-가(樂天家)명 낙천적인 사람. ¶ 그는 타고난 낙천가였다. ↔염세가(厭世家).

낙천-관(樂天觀)명 ☞낙천주의.

낙천-적(樂天的)관명 모든 일을 밝고 희망적인 방향으로 생각하는 (것). ¶ 낙천적 생활 태도. /그는 매우 낙천적인 성품을 지녔다. ↔염세적(厭世的).

낙천-주의(樂天主義) [-의/-이] 명 ①이 세상은 모든 것이 선(善)이며, 인생은 즐거운 것이라고 하는 생각. ②모든 일을 밝고 희망적인 방향으로 생각하려는 경향. 낙천관. ↔염세주의. 참낙관주의.

낙체(落體) 명 (중력의 작용으로) 떨어지는 물체.

낙치(落齒) 명하자 늙어서 이가 빠짐.

낙-치다(烙-) 타 '낙인찍다'의 잘못.

낙치-부생(落齒復生) 명하자 늙어서 빠진 이가 다시 남.

낙타(駱駝·駱駞) 명 낙타과의 포유동물. 키 2m 가량. 등에 지방을 저장해 두는 큰 혹이 하나 또는 두 개가 있어 며칠 동안 먹이를 먹지 않아도 견딜 수 있음. 콧구멍을 자유로이 여닫을 수 있다거나 속눈썹이 길고 빽빽이 나 있는 등 사막 생활에 알맞게 되어 있음. 초식성이며, 힘이 세어 운반용 등으로 많이 이용됨. 약대.

낙타-지(駱駝地) 명 외투감으로 쓰이는 모직물의 한 가지. 〔본디는 낙타의 털로 짠 직물임.〕

낙탁(落魄) 명하자 ☞영락(零落).

낙태(落胎) 명하자 ①태아가 달이 차기 전에 죽어서 나옴. 반산(半產). 유산(流產). ②인위적으로 태아를 모체로부터 떼어 냄, 또는 그 태아. 타태(墮胎).

낙태-죄(落胎罪) [-쬐/-쮀] 명 태아를 모체 안에서 고의로 죽이거나 조산(早產)시키거나 하여 태아의 생명을 해침으로써 성립되는 죄.

낙토(樂土) 명 근심 걱정 없이 살기 좋은 곳. 낙경(樂境). 낙지(樂地).

낙판(落板) 명하자되자 윷놀이에서, 윷가락이 판 밖에 떨어짐.

낙폭(落幅) 명 (시세나 값 따위가) 떨어진 폭. ¶ 낙폭이 크다.

낙필(落筆) 명하자 붓을 들어 글씨를 쓰거나 그림을 그림.

낙하(落下) [나카] 명하자 높은 곳에서 떨어짐. ¶ 고공 낙하 훈련.

낙하(落霞) [나카] 명 낮게 깔려 있는 놀.

낙-하다(烙-) [나카-] 타여 ①달군 쇠로 지져, 그림을 그리거나 글자를 쓰다. ②'낙인찍다'의 잘못.

낙하-산(落下傘) [나카-] 명 비행 중인 항공기 따위에서 사람이나 물건을 안전하게 지상으로 내리는 데 쓰이는 양산 모양의 용구.

낙하산^부대(落下傘部隊) [나카-] 명 낙하산으로 적지에 투입되어 작전을 하는 부대. 공수 부대(空輸部隊). 공정 부대(空挺部隊).

낙학(洛學) [나칵] 명 ①송학(宋學)의 한 파. 정호(程顥)·정이(程頤) 형제의 학파를, 그 출신지가 낙양(洛陽)인 데서 이르는 말. ②조선 영조 때의 성리학의 한 파인 이간(李柬)의 학파.

낙한(落汗) [나칸] 명하자 한방에서, 열병을 다스리는 데 땀을 내어 열을 내리게 하는 일.

낙함(落頷) [나캄] 명 한방에서, 아래턱이 어긋나 아래위의 이가 서로 맞지 않는 일.

낙향(落鄕) [나캉] 명하자 서울에서 시골로 거처를 옮김. ¶ 관직에서 물러나 낙향하다.

낙형(烙刑) [나켱] 명하타 ☞단근질.

낙혼(落婚) [나콘] 명하자 ☞강혼(降婚).

낙홍(落紅) [나콩] 명하자 ①꽃이 떨어짐. 낙화(落花). ¶ 화풍(和風)이 건듯 부러 녹수(綠水)롤 건너오니, 청향(淸香)은 잔에 지고, 낙홍은 옷새 진다(丁克仁.賞春曲). ②단풍이 떨어짐.

낙화(烙畫) [나콰] 명 (판자 같은 것에) 인두로 지져서 그린 그림.

낙화(落火) [나콰] 명 (불놀이 등에서) 떨어지는 불꽃.

낙화(落花) [나콰] 명하자 꽃이 짐, 또는 진 그 꽃. 낙영(落英). 낙홍(落紅).

낙화-난상지(落花難上枝) [나콰-] 명 〔떨어진 꽃은 다시 가지에 오를 수 없다는 뜻으로〕 '한번 저지른 일은 다시 돌이킬 수 없음'을 이르는 말.

낙화-생(落花生) [나콰-] 명 '땅콩'으로 순화.

낙화생-유(落花生油) [나콰-뉴] 명 ☞땅콩기름.

낙화-유수(落花流水) [나콰-] 명 ①〔떨어지는 꽃과 흐르는 물이라는 뜻으로〕 '가는 봄의 정경(情景)'을 나타내는 말, 또는 '쇠잔영락(衰殘零落)'을 비유하여 이르는 말. ②〔낙화는 물이 흐르는 대로 흘러가기를 바라고, 유수는 떨어진 꽃을 싣고 흐르기를 바란다는 뜻으로〕 '남녀가 서로 그리는 정을 가지고 있음'을 비유하여 이르는 말.

낙후(落後) [나쿠] 명하자되자 (경제나 사회·문화면 등에서) 어떤 기준에 이르지 못하고 뒤떨어짐. ¶ 낙후된 고장. /낙후된 영농 기술.

낙후-성(落後性) [나쿠썽] 명 낙후한 상태. ¶ 낙후성을 벗어나다.

낚-거루 [낙꺼-] 명 〈낚싯거루〉의 준말.

낚다 [낙따] 타 ①낚시로 물고기를 잡다. ¶ 연못에서 잉어를 낚다. ②(뇌물을 써서) 남을 꾀다. ¶ 돈을 미끼로 하여 그의 마음을 낚으려 하다. ③바라는 것을 얻다. ¶ 기회를 낚다. ④무엇을 갑자기 붙들거나 잡아채다. ¶ 머리채를 낚다.
＊낚아·낚는[낭-]

낚-대 [낙때] 명 〈낚싯대〉의 준말.

낚시 [낙씨] 명 ①물고기를 낚는 데 쓰이는, 바늘로 된 작은 갈고랑이. 조구(釣鉤). 조침(釣針). 참낚싯바늘. ②하자 〈낚시질〉의 준말.

낚시를 던지다 관용 (어떤 목적을 달성하기 위하여) 남을 꾀어내기 위한 수단을 쓰다. ¶ 공범을 대면 살려 주겠노라고 낚시를 던져 보았다.

낚시-걸이[1] [낙씨-] 명하타 ①금품 따위를 미끼로 남을 꾀어 이용하려는 짓. ②씨름에서, 자기 다리로 상대편의 다리를 걸어 당기는 기술.

낚시-걸이[2] [낙씨-] 명 보통 쓰는 '낚시 모양의 호미'를 등자걸이에 대하여 이르는 말.

낚시-꾼 [낙씨-] 명 낚시질하는 사람. 조인(釣人).

낚시-도래 [낙씨-] 명 낚싯줄이 엉키지 않고 잘 풀릴 수 있게 연결하는 도래.

낚시-질 [낙씨-] 명하자 ①낚시로 물고기를 낚는 일. 조어(釣魚). ②잔꾀를 쓰거나 옳지 아니한 수단으로 남을 제 마음대로 하는 짓. 또는 그것으로 이득을 얻는 짓. 준낚시.

낚시-찌 [낙씨-] 명 (물고기가 낚시를 물면 곧 알 수 있도록) 낚싯줄에 매어 물 위에 뜨게 만든 가벼운 물건. 부표(浮標). ¶ 낚시찌가 내려가는 순간, 낚싯대를 얼른 잡아챘다. 준찌[2].

낚시-터 [낙씨-] 명 낚시질하는 자리, 또는 낚시질을 할 만한 자리. 조대(釣臺).

낚싯-거루 [낙씨꺼-/낙씯꺼-] 명 낚시질할 때에 쓰는 작은 배. 어주(漁舟). 준낚거루.

낚싯-대 [낙씨때/낙씯때] 명 낚싯줄을 매어 쓰는 가늘고 긴 대. 조간(釣竿). 준낚대.

낚싯-바늘 [낙씨빠-/낙씯빠-] 명 '낚시'를 흔히 이르는 말.

낚싯-밥 [낙씨빱/낙씯빱] 명 ①낚시질할 때, 물고기가 물도록 낚시 끝에 꿰어 단 미끼. ¶ 낚싯밥을 물다. ②'남을 속이기 위하여 미끼처럼 건네는 물건이나 말'을 비유하여 이르는 말.

낚싯-배[낙씨빼/낙씯빼]명 낚시질할 때 쓰는 배. 조선(釣船).
낚싯-봉[낙씨뽕/낙씯뽕]명 낚시를 가라앉게 하기 위하여 낚싯줄 끝에 다는 돌이나 납 따위의 물건. 봉돌.
낚싯-줄[낙씨쭐/낙씯쭐]명 낚시를 매단 가는 줄.
낚아-채다타 ①낚싯줄을 힘차게 잡아당기다. ②무엇을 갑자기 잡아채다. ¶ 머리채를 낚아채다. ③남의 물건을 재빨리 가로채다. ¶ 들치기가 가방을 낚아채다. ④남의 말이 끝나자마자 받아서 말하다. ¶ 말꼬리를 낚아채다.
낛[1]명 〈옛〉낚시. ¶ 낛 爲釣(訓解). /바ᄂᆞᄅᆞᆯ 두드려 고기 낫ᄀᆞᆯ 낙ᄉᆞᆯ ᄆᆡᆼᄀᆞᄂᆞ다(杜初7:4).
낛[2]명 〈옛〉구실. 세금. 낙. ¶ 그제ᅀᅡ 낛 바도ᄆᆞᆯ ᄒᆞ니(月釋1:46).
낛다타 〈옛〉낚다. ¶ ᄒᆞᆫ 고기 낛ᄂᆞᆫ 비로다(杜初21:16). 참낫다.
낛대명 〈옛〉낚싯대. ¶ 쇽졀업시 ᄀᆞᇝ 그틀 向ᄒᆞ야 낛대ᄅᆞᆯ 자뱃ᄂᆞ니(杜初22:12).
낛밥명 〈옛〉낚싯밥. ¶ 시ᄅᆞᆯ 니서 곳다온 낛바ᄇᆞᆯ 드리우고(杜初10:6).
낛줄명 〈옛〉낚싯줄. ¶ 고기 낫ᄂᆞᆫ 낛주를 ᄡᅩ노라(杜初6:31).
난ː(卵)명 (노리개·반지·비녀 따위) 장식품의 거미발 속에 물리어 박는 보석을 통틀어 이르는 말.
난ː(亂)명 〈난리(亂離)〉의 준말.
난(蘭)명 난초. ¶ 난을 치다.
난(欄)명 ①책이나 인쇄물 등의 지면에서, 선으로 둘렀거나 구획하였거나 한 부분. ¶ 필요 사항을 기입하는 난. ②신문·잡지 등의 지면에서 어떤 특정한 기사를 싣는, 선으로 두른 부분, 또는 기사의 종류에 따른 지면의 구분. ¶ 스포츠를 소개하는 난. ③《일부 고유어나 외래어 뒤에 붙어》 그것을 위한 지면(紙面)임을 나타냄. ¶ 어린이난. /가십(gossip)난. 참란(欄).
난(襴)명 가사(袈裟)의 선(縇).
난(鸞)명 ①☞난조(鸞鳥). ②☞난령(鸞鈴).
난-(難)접두 《일부 명사 앞에 붙어》 어렵다는 뜻을 나타냄. ¶ 난문제. /난공사. /난문장.
난ː가(亂家)명 (말썽이 그치지 않는) 화목하지 못한 집안.
난가(難家)명 살림 형편이 어려운 집안.
난가(鸞駕)명 ☞연(輦).
난ː각(卵殼)명 알의 껍데기.
난ː각-막(卵殼膜)[-강-]명 알의 껍데기 안쪽에 있는 얇은 막.
난간(欄干·欄杆)명 계단·툇마루·다리 따위의 가장자리에, 나무나 쇠붙이 따위로 가로세로 세워 놓은 살. 난함(欄檻).
난간-궁창(欄干-)명 난간동자 사이를 막아서 끼운 널.
난간-동자(欄干童子)명 난간에 일정한 간격으로 세운 작은 기둥.
난간-마루(欄干-)명 난간이 있는 마루.
난간-법수(欄干法首)[-쑤]명 난간의 양쪽 끝에 크게 세운 동자기둥의 머리.
난감(難堪) '난감하다'의 어근.
난ː감-하다(難堪-)형여 ①견디어 내기 어렵다. ¶ 살아갈 일이 난감하다. /해가 지니 하산할 일이 아주 난감하였다. ②이러기도 어렵고 저러기도 어려워 처지가 매우 딱하다. 난처하다. ¶ 나아갈 수도 없고 물러설 수도 없어 아주 난감하다. **난감-히**부.
난ː개(爛開)명하자 ☞난발(爛發).
난ː-개발(亂開發)명 (자연환경을 훼손하는 등) 환경 보전에 관한 계획 없이 함부로 하는 개발.
난-거지명 〈난거지든부자〉의 준말.
난거지-든부자(-富者)명 겉으로는 가난해 보이지만 실속은 딴판으로 살림이 올찬 사람. 준난거지. ↔난부자든거지.
난건(難件)[-껀]명 처리하기 어려운 사건이나 안건. 비난사(難事).
난겻부 〈옛〉다투어. 겨루어. ¶ 邪ᄒᆞᆫ 法이 난겻 니러(金剛上89).
난겻기명 〈옛〉경쟁하기. 겨루기. ¶ 王이 난겻기로 ᄃᆞ토거늘(釋譜6:7).
난경(難境)명 어려운 처지. 뚫고 나가기가 어려운 상황. ¶ 난경을 극복하다.
난계(蘭契)[-계/-게]명 ☞난교(蘭交).
난곡(難曲)명 노래로 부르거나 연주하기에 어려운 악곡. ¶ 난곡을 잘 소화해서 부르다.
난ː공(亂供)명하자 ☞난초(亂招).
난공(難攻)명 (전쟁이나 경기 따위에서) 치기 어려운 일. 공격하기 힘든 일.
난공불락(難攻不落)명 공격하기가 어려워 좀처럼 함락되지 아니함. ¶ 난공불락의 요새.
난-공사(難工事)명 (장애물이 많거나 하여) 해내기가 무척 어려운 공사. ¶ 해저에 터널을 뚫는 난공사.
난ː관(卵管)명 ☞수란관(輸卵管).
난관(難關)명 ①통과하기 어려운 관문. 통과하기 매우 힘든 곳. ¶ 이 산을 넘는 데는 몇 군데 난관이 있다. ②뚫고 나가기 어려운 사태나 상황. ¶ 난관에 봉착하다.
난ː관^임ː신(卵管姙娠)명 수정란이 난관에 착상(着床)하여 된 임신. 〔자궁외 임신의 대표적인 것.〕
난ː괴(卵塊)[-괴/-궤]명 어류·곤충류·양서류에서 볼 수 있는, 알의 덩어리. 곧, 한꺼번에 산란된 알이 난막 등에 의하여 하나의 덩어리로 되어 있는 것.
난ː교(亂交)명하자 (몇 사람의 남녀가 그 집단 속에서) 상대를 가리지 않고 성행위를 가짐.
난교(蘭交)명 〔'금란지교(金蘭之交)'에서 온 말로〕 뜻이 맞는 친구 사이의 두터운 사귐. 난계.
난구(難句)[-꾸]명 이해하기 어려운 문구(文句). 난해한 구.
난구(難球)명 (야구나 테니스·탁구 등에서) 잡기 어렵거나 치기 어려운 공.
난ː국(暖國)명 기후가 따뜻한 나라(지방).
난ː국(亂局)명 어지러운 판국. ¶ 가까스로 난국을 수습하다.
난ː국(亂國)명 질서가 문란한 나라. 어지러운 나라.
난국(難局)명 (처리하기가) 어려운 국면. 어려운 고비. ¶ 난국을 타개하다. /난국을 헤쳐 나가다.
난ː군(亂君)명 무도(無道)한 임금. 비폭군.
난ː군(亂軍)명 ①군율이 몹시 문란한 군대. ②☞반란군.
난ː굴(亂掘)명하타 함부로 팜.
난귀(難句)명 '난구(難句)'의 잘못.
난ː기(暖氣·煖氣)명 따뜻한 기운. 온기(溫氣).
난기(鸞旗)명 천자(天子)의 기. 〔난령(鸞鈴)으로 장식된 기.〕
난ː-기류(亂氣流)명 ①항공기의 비행에 영향을 미칠 정도의 불규칙한 기류. ②'예측할 수 없어 어찌 할 수 없는 형세'를 비유하여 이르는 말. ¶ 두 국가 사이에 형성된 난기류.

난ː낭(卵囊)명 (주머니 모양을 하고 있는) 두껍고 튼튼한 난막.

난달명 ①길이 여러 갈래로 통한 곳. ¶ 사방 난달. ②고누에서, 나들이고누가 되는 밭.

난ː당(亂黨)명 난리를 일으키거나 소란을 피워 질서를 어지럽히는 무리.

난당(難當)명하형 당해 내기 어려움. 대적하기 어려움.

난ː대(暖帶)명 온대 지방 가운데서 열대에 가까운, 비교적 온난한 지대.

난ː대-림(暖帶林)명 난대에 발달하는 상록 활엽수를 주로 한 삼림.

난ː데-없다[-업따]형 별안간 불쑥 나타나, 어디서 나왔는지 알 수 없다. 《주로, '난데없는'의 꼴로 쓰임.》 ¶ 난데없는 총소리. **난데없-이**부 ¶ 난데없이 나타나 시비를 걸다.

난ː도(亂刀)명하타 칼로 함부로 자꾸 베거나 치거나 또는 잘게 다지는 일.

난ː도(亂擣)명하타 함부로 찧거나 짓이김.

난도(難度)명 (사물의) 어려운 정도. ¶ 난도 높은 철봉 기술. 비난이도(難易度).

난ː도(鸞刀·鑾刀)명 지난날, 종묘의 제사에 쓸 짐승을 잡던 칼. 〔난조(鸞鳥) 모양의 방울이 달려 있음.〕

난ː도-질(亂刀-)명하타 칼로 함부로 베거나 치거나 잘게 다지거나 하는 짓.

난ː독(亂讀)명하타 ☞남독(濫讀).

난ː돌(煖堗)명 따뜻한 구들방.

난ː동(暖冬)명 (겨울답지 않게) 따뜻한 겨울. ¶ 이상(異常) 난동.

난ː동(亂動)명하자 (인명을 살상하거나 시설물을 파괴하거나 방화를 하는 등) 질서를 어지럽히며 함부로 행동함, 또는 그러한 행동. ¶ 난동을 일으키다./술집에서 난동을 부리다.

난득(難得) '난득하다'의 어근.

난득-하다(難得-)[-드카-]형여 구하기 어렵다. 얻기 힘들다.

난든-벌명 난벌과 든벌. 곧, 나들이옷과 집에서 입는 옷. 든난벌.

난든-집명 손에 익은 재주. ¶ 이 정도의 일이라면 난든집이 아니라도 할 수 있겠다.

난든집(이) 나다관용 손에 익숙해지다.

난-들명 마을에서 멀리 떨어져 있는 들.

난등명 절에서, 연꽃이나 모란꽃 따위를 만들어 불상의 머리 위나 영단(靈壇) 위에 둘러놓는 장식물.

난딱부 냉큼. ¶ 네가 가진 것을 난딱 내어 놓아라. 큰넌떡.

난령(鸞鈴)[날-]명 지난날, 임금의 수레나 깃발에 장식으로 달던 방울. 난(鸞).

난ː로(煖爐)[날-]명 (석탄·장작·석유·전기·가스 따위를 연료로 하여) 방 안을 덥게 하는 기구, 또는 그런 시설. 스토브.

난ː롯-가(煖爐-)[날로까/날롣까]명 난로를 중심으로 한 가까운 주변.

난ː롯-불(煖爐-)[날로뿔/날롣뿔]명 난로에 피워 놓은 불. ¶ 난롯불을 쬐다.

난ː류(暖流)[날-]명 열대 또는 아열대에서 고위도 지방을 향하여 흐르는 따뜻한 해류. 〔쪽빛으로 투명하고 염분이 많으며, 플랑크톤은 적음.〕 더운무대. ↔한류(寒流).

난ː류(亂流)[날-]명 운동하고 있는 유체(流體)에 있어서, 속도나 압력이 불규칙하게 변화하는 흐름. ↔층류(層流).

난ː류(亂類)[날-]명 불법한 짓을 함부로 하는 무리.

난ː류성^어류(暖流性魚類)[날-썽-]명 난류에 적응하는 성질을 가진 어류. 〔고등어·상어·전갱이·조기 따위.〕

난ː륜(亂倫)[날-]명하자 사람의 도리를 어지럽히는 일. 〔특히, 문란한 남녀 관계를 이름.〕

난ː리(亂離)[날-]명 ①전쟁이나 재변(災變) 따위로 세상이 어지러워진 상태, 또는 그러한 전쟁이나 재변. 동란. ¶ 난리가 일어나다./난리를 피하여 먼 곳으로 떠나다. 준난. ②큰 사고나 다툼 등으로 질서가 무너져 어지러워진 상태.

난ː립(亂立)[날-]명하자 ①무질서하게 늘어섬. ¶ 학교 앞에 술집이 난립하다. ②여기저기서 마구 나섬. ¶ 후보자가 난립하다.

난ː마(亂麻)명 〔뒤얽힌 삼 가닥이라는 뜻으로〕 ①'복잡하게 뒤얽힌 일'을 비유하여 이르는 말. ¶ 난마와 같이 얽힌 사건을 해결하다. ②'몹시 어지러운 세상 형편'을 비유하여 이르는 말.

난ː막(卵膜)명 ①동물의 난세포를 싸고 있는 막. ②자궁 안에서 태아와 양수를 싸고 있는 주머니 모양의 조직.

난ː만(爛漫)명하형 ①꽃이 활짝 피어 화려함. ¶ 백화가 난만하다. ②환하게 나타나 뚜렷함. ¶ 햇빛이 난만하다. **난만-히**부.

난ː만-상의(爛漫相議)[-의/-이]명하타 시간을 두고 충분히 의논하는 일. 숙의(熟議)하는 일.

난망(難忘)명 잊기 어려움. 잊지 못함. 잊을 수 없음. ¶ 백골(白骨)난망.

난망(難望)명하형 바라기 어려움. ¶ 기대 난망.

난ː맥(亂脈)명 원칙이나 규칙이 지켜지지 않아 체계가 서지 않거나 질서가 없는 상태. ¶ 경영의 난맥을 바로잡다.

난ː맥-상(亂脈相)[-쌍]명 원칙이나 규칙이 지켜지지 않아 체계가 서지 않거나 질서가 없는 일의 양상. ¶ 국정 운영의 난맥상을 드러내다.

난면(難免) '난면하다'의 어근.

난면-하다(難免-)형여 면하기 어렵다.

난ː명(亂命)명 운명할 때 정신없이 하는 유언. ↔치명(治命).

난ː모(煖帽)명 지난날, 겨울에 쓰던 방한모. 털가죽으로 안을 넣고 비단 등으로 겉을 꾸몄음.

난ː목(-木)명 ☞외올베.

난ː무(亂舞)명하자 ①한데 뒤섞여 어지럽게 춤을 춤, 또는 그렇게 추는 춤. ②함부로 나서서 마구 날뜀. ¶ 폭력과 공갈이 난무하는 사회.

난문(難文)명 이해하기 어려운 문장. 난삽한 문장.

난문(難問)명 ①대답하기 곤란한 질문. ②〈난문제〉의 준말.

난-문제(難問題)명 해결하기 어려운 문제. 준난문.

난물(難物)명 ①취급하기 어려운 사물. ②다루기 힘든 인물.

난ː민(亂民)명 (떼를 지어 난동을 부리는 등) 사회의 안녕질서를 어지럽히는 백성.

난민(難民)명 ①가난하여 생활이 어려운 백성. ②전쟁이나 재난으로 집을 잃고 고생하는 사람. 특히, 전쟁이나 재난을 피하여 떠돌아다니며 고생하는 사람. 피난민. ¶ 전쟁 난민.

난민-촌(難民村)명 난민들이 모여 사는 곳.

난-바다명 육지에서 멀리 떨어진 넓은 바다. 원양(遠洋). 원해(遠海).

난ː-반사(亂反射)명하자되자 빛이, 요철이 있는 면에 부딪쳐서 사방으로 불규칙하게 반사하는 일.

난ː발(亂發)명하타 ①☞난사(亂射). ②☞남발(濫發).

난ː발(亂髮)명 어수선하게 마구 헝클어진 머리털. ¶ 봉두(蓬頭)난발.

난:발(爛發)명하자 꽃이 한창 흐드러지게 핌. 난개(爛開). ¶ 백화가 난발하다.
난:방(煖房)명 (인공적으로) 건물 전체 또는 방 안을 따뜻하게 하는 일, 또는 그 장치. 온방(溫房). ↔냉방(冷房).
난:방^시:설(煖房施設)명 ☞난방 장치.
난:방^장치(煖房裝置)명 건물 전체 또는 방 안을 따뜻하게 하기 위한 온갖 장치를 통틀어 이르는 말. 〔난로·구들·스팀 따위의 장치.〕 난방 시설. ↔냉방 장치.
난-밭[-받]명 ①지정한 테두리 밖의 바닥. ¶ 윷패가 난밭에 떨어져 다시 던졌다. ②다른 고장. *난밭이[-바치]·난밭을[-바틀]·난밭만[-반-]
난:백(卵白)명 알의 흰자위. 〔난황(卵黃)을 싸고 있는, 점착성(粘着性) 있는 단백질이며, 열을 가하면 흰색으로 굳어짐.〕 단백(蛋白). ↔난황. 참달걀흰자.
난:백-막(卵白膜)[-뱅-]명 난백의 얇은 막.
난:백-분(卵白粉)[-뿐]명 달걀이나 오리알 흰자위를 말려서 빻은 가루. 난백소(卵白素).
난:백-소(卵白素)[-쏘]명 흰자 가루. 난백분.
난:백-수(卵白水)[-쑤]명 끓여 식힌 물에 달걀 흰자위를 넣어 풀고, 귤즙과 설탕을 탄 음료.
난-번(-番)명 당직(當直) 따위의 근무를 마치고 나오는 번, 또는 그 사람. 하번(下番). ↔든번.
난-벌명 나들이할 때 입는 옷이나 신발. 나들잇벌. ↔든벌.
난병(難病)명 낫거나 고치기 어려운 병. 난증(難症). 난치병(難治病).
난:보(爛報)명하타 ☞기별(奇別).
난봉명 주색(酒色)에 빠지는 일. 허랑방탕한 짓을 하는 일, 또는 그러한 짓. ¶ 난봉을 피우다.
난봉(難捧)명 빚으로 준 돈이나 물건을 못 받게 되는 일.
난봉(鸞鳳)명 ①난조(鸞鳥)와 봉황을 아울러 이르는 말. ②'뛰어난 인물'을 비유하여 이르는 말.
난봉-꾼명 허랑방탕한 짓을 일삼는 사람. 난봉쟁이.
난봉-나다자 허랑방탕한 짓을 하게 되다.
난봉-나다(難捧-)자 빚으로 준 돈이나 물건을 못 받게 되다.
난봉-쟁이명 ☞난봉꾼.
난-부자(-富者)명 〈난부자든거지〉의 준말.
난부자-든거지(-富者-)명 겉으로는 부자같이 보이나 실속은 거지와 다름없는 사람. 준난부자. ↔난거지든부자.
난:분(卵粉)명 달걀을 삶아 말려 가루로 만든 식품.
난분분(亂紛紛) '난분분하다'의 어근.
난:분분-하다(亂紛紛-)형여 눈이나 꽃잎 따위가 흩날리어 어지럽다. ¶ 백설이 난분분하니 올동 말동 하여라(古時調). **난분분-히**부.
난:-분할(卵分割)명 ☞난할.
난:비(亂飛)명하자 (한데 뒤섞여) 어지럽게 날아다님. ¶ 유언비어가 난비하다./오작(烏鵲)이 난비하다.
난:사(亂射)명 ①하타(활·총 따위를) 표적을 정하지 않고 함부로 쏨. 난발. ¶ 기관총을 난사하다. ②하자타광선 따위를 마구 어지럽게 비춤.
난사(難事)명 처리하거나 해결하기가 어려운 일. 비난건(難件).
난-사람명 잘난 사람. 출중(出衆)한 사람. ¶ 말하는 것을 보니 정말 난사람이더군.
난사-젓[-젇]명 양미리 새끼로 담근 젓. *난사젓이[-저시]·난사젓만[-전-]
난:산(亂山)명 (높낮이가 가지런하지 않고) 어지럽게 우뚝우뚝 솟은 산들.
난산(難産)명하자타 ①해산이 순조롭지 못하여 어렵게 아이를 낳음, 또는 그러한 해산. ¶ 난산 끝에 얻은 아이라 더욱 귀할 수밖에…. ↔순산(順産). ②'무슨 일이 순조롭지 못하고 어렵게 이루어짐'을 비유하여 이르는 말. ¶ 난산 끝에 출범한 정당.
난삼(襴衫·幱衫)명 지난날, 생원(生員)이나 진사(進士)에 급제하였을 때 입던 예복.
난삽(難澁) '난삽하다'의 어근.
난삽-하다(難澁-)[-사파-]형여 (말이나 문장 따위의 표현이) 어렵고 까다로워 매끄럽지 못하다. ¶ 문장이 난삽하다. 비회삽(晦澁)하다. **난삽-히**부.
난:상(卵狀)명 ☞달걀꼴.
난상(難上)명 (물품 따위가) 더할 나위 없이 좋은 것을 이르는 말. 극상(極上).
난:상(爛商)명하타 깊이 생각하여 충분히 의논함.
난:상-공론(爛商公論)[-논]명하타 여러 사람이 모여 충분히 의논하는 일, 또는 그런 의논. ¶ 난상공론을 벌이다.
난:상-토의(爛商討議)[-의/-이]명하타 충분히 토의하는 일, 또는 그런 토의. 준난의.
난:색(暖色)명 보기에 따뜻한 느낌을 주는 색. 〔빨강·노랑·주황 따위.〕 ↔한색(寒色).
난:색(難色)명 승낙하지 않거나 찬성하지 않으려는 기색. 난처해하는 기색. ¶ 노조 측의 요구 사항에 대하여 사장은 난색을 보였다.
난생(-生)부 세상에 태어나서 지금까지. ¶ 난생 본 적이 없는 희귀한 식물.
난:생(卵生)명하자 (동물의 새끼가) 알의 형태로 태어나 어미의 몸 밖에서 부화하는 일. 〔포유류 이외의 대부분의 동물에서 볼 수 있음.〕 ↔태생(胎生).
난:생^동:물(卵生動物)명 (물고기·벌레·새 따위처럼) 알을 낳아 새끼를 까는 동물. ↔태생 동물(胎生動物).
난:생-처음(-生-)명 세상에 태어난 후 처음. ¶ 난생처음 만난 사람./난생처음으로 느껴 보는 감정.
난:생-후(-生後)명 세상에 태어난 후.
난:선(亂線)명 어지럽게 뒤엉킨 줄.
난선(難船)명하자 배가 폭풍우를 만나 부서지거나 엎어지거나 좌초하거나 함, 또는 그 배.
난:세(亂世)명 어지러운 세상. 정치가 문란하고 질서가 흐트러져 전쟁 따위가 그치지 않는 세상. ¶ 난세의 영웅. ↔치세(治世).
난:-세포(卵細胞)명 유성 생식을 하는 생물의 암컷의 생식 세포. 운동성이 없는 한 개의 큰 세포로, 여러 가지 영양분을 가지고 있음. 난자(卵子). 난주(卵珠). 알세포. ↔정세포(精細胞).
난센스(nonsense)명 이치에 맞지 아니하거나 평범하지 아니한 말이나 일. ¶ 이런 일로 다툰다는 건 난센스야.
난:소(卵巢)명 동물의 암컷 생식 기관의 한 부분. 난자를 만들어 내며 여성 호르몬을 분비함. 알집. ↔정소(精巢).
난소(難所)명 (험한 산길이나 거친 바다 등) 통행이 어려운 곳.
난:소-염(卵巢炎)명 난소의 염증. 〔임균(淋菌)이나 화농균·결핵균 따위에 의하여 일어남.〕
난:소^호르몬(卵巢hormone)명 성숙한 여성의 난소에서 분비되는 성호르몬. 〔난포 호르몬과 황체 호르몬이 있음.〕

난ː속(亂俗)명하자 풍속을 어지럽히는 일, 또는 어지러운 풍속.
난ː수-표(亂數表)명 0에서 9까지의 숫자를 무질서하게 늘어놓은 표. 〔통계나 암호 따위에 이용됨.〕
난ː숙(爛熟)명하자 ①과실(果實)이 무르익음. ②신체·기술·문화 등의 사물이나 현상이 더 이상 발달할 수 없을 정도로 충분히 발달하여 있음. ¶ 난숙한 불교 문화.
난ː시(亂時)명 (전쟁이나 변란 등으로) 세상이 어지러운 시기. ¶ 난시에 대어나다.
난ː시(亂視)명 안구(眼球), 특히 각막(角膜)의 구면(球面)이 고르지 않기 때문에 광선이 망막 위의 한 점에 모이지 않아 물체를 바르게 볼 수 없는 상태, 또는 그런 눈.
난ː시-안(亂視眼)명 난시인 눈.
난-시청(難視聽)명 산이나 높은 건물 따위의 장애물 때문에 방송 전파가 수상기에 잘 잡히지 않아 보거나 듣기가 어려움. ¶ 난시청 지역.
난ː신(亂臣)명 ①나라를 어지럽히는 신하. ②난시에 나라를 잘 다스릴 수 있는 신하.
난ː신-적자(亂臣賊子)[-짜]명 나라를 어지럽게 하는 신하와 어버이를 해치는 자식.
난ː실(暖室·煖室)명 따뜻한 방.
난ː심(亂心)명 어지러운 마음.
난안(難安) '난안하다'의 어근.
난안-하다(難安-)형여 마음을 놓을 수가 없다. **난안-히**부.
난어(難語)명 이해하기 어려운 말.
난ː언(亂言)명 막되고 난잡한 말.
난언(難言)명하형 (딱해서 뭐라고) 말하기 어려움.
난언지지(難言之地)명 말하기 어려운 처지.
난여(鸞輿·鑾輿)명 ☞연(輦).
난역(難役)명 ①어려운 역할이나 일. ②어려운 배역(配役). ¶ 난역을 무리 없이 해내다.
난연(爛然) '난연하다'의 어근.
난ː연-하다(爛然-)형여 ☞찬연(燦然)하다.
난ː열(暖熱·煖熱)명 따뜻한 열.
난외(欄外)[나뇌/나눼]명 ①책이나 신문 따위의 지면에서, 인쇄된 부분을 둘러싼 바깥 여백 부분. ¶ 난외에다 써넣다. ②난간의 바깥.
난외-주기(欄外註記)[나뇌-/나눼-]명 지도나 도표 따위의 난외에 그것을 정확히 이해하는 데 필요한 기술적 성질의 세부 사항을 적은 자료.
난ː용(亂用)명하타 ☞남용(濫用).
난ː용-종(卵用種)명 알을 낳게 할 목적으로 기르는 품종. 〔특히, 닭에 대하여 이름.〕 참육용종.
난ː운(亂雲)명 ①어지럽게 떠도는 검은 구름. ②☞난층운(亂層雲).
난ː원-형(卵圓形)명 달걀처럼 한쪽이 갸름하게 둥근 모양.
난월(蘭月)명 ☞난추(蘭秋).
난ː육(卵育)명하자 (새나 어미 닭이 알을 품듯이) '품에 안아 곱게 기름'을 비유하여 이르는 말.
난ː의(煖衣·暖衣)[나늬/나니]명 ①따뜻한 옷. ②하자 옷을 따뜻하게 입음.
난의(難義)[나늬/나니]명 이해하기 어려운 뜻.
난의(難疑)[나늬/나니]명하타 잘못된 점을 비난하고, 의심스러운 점을 따짐.
난ː의(爛議)[나늬/나니]명하타 〈난상토의〉의 준말.
난ː의-포식(煖衣飽食)[나늬-/나니-]명하자 따뜻하게 입고 배불리 먹음. 곧, 의식에 부족함이 없이 편안하게 지냄을 이르는 말. 포식난의.

난이(難易)명 어려움과 쉬움. ¶ 난이의 차이.
난이-도(難易度)명 (학습·운동·기술 따위의) 어렵고 쉬운 정도. ¶ 문제의 난이도에 따라 점수에 큰 차이가 난다. 비난도(難度).
난ː입(亂入)명하자 함부로 어지럽게 우르르 몰려 들어감. ¶ 폭도가 시내로 난입하다.
난ː입(闌入·欄入)명하자 (출입을 통제하는 구역에 허가도 없이) 함부로 뛰어 들어감.
난ː자(卵子)명 ☞난세포(卵細胞). ↔정자(精子).
난ː자(亂刺)명하타 칼이나 창 따위로 부위를 가리지 않고 마구 찌름.
난자(難字)명 어려운 글자.
난ː작(亂斫)명하타 ①잘게 쪼갬. ②쇠 연장으로 마구 찍음.
난작-거리다[-꺼-]자 자꾸 난작난작하다. 난작대다. 큰는적거리다.
난작-난작[-장-]부하자 (썩거나 삭아서) 힘없이 자꾸 처지는 모양. 큰는적는적.
난작-대다[-때-]자 난작거리다.
난잡(亂雜) '난잡하다'의 어근.
난ː잡-스럽다(亂雜-)[-쓰-따][~스러우니·~스러워]형ㅂ ①어수선하고 혼잡한 데가 있다. ②막되고 문란한 데가 있다. ¶ 난잡스러운 이성 관계. **난잡스레**부.
난ː잡-하다(亂雜-)[-자파-]형여 ①어수선하고 혼잡하다. ¶ 방 안이 난잡하다. ②막되고 문란하다. ¶ 난잡한 행동. **난잡-히**부.
난장명 굴이나 구덩이 속에 들어가서 하는 허드렛일.
난-장(-場)명 ①한데에 난전을 벌여 놓고 물건을 사고파는 장. ¶ 난장이 서다. ②정해진 장날 외에 특별히 며칠 더 여는 장.
난ː장(亂杖)명 ①지난날, 장형(杖刑)을 가할 때 신체의 부위를 가리지 않고 함부로 마구 치던 일, 또는 그 매. ②함부로 하는 매질.
　난장(을) 맞다관용 ①마구 얻어맞다. ②난장을 맞을 만하다는 뜻으로, 몹시 못마땅해서 화가 치밀 때 내뱉는 소리. 《주로, '난장 맞을'의 꼴로 쓰임.》 ¶ 이런 난장 맞을, 날씨는 왜 이래.
　난장(을) 치다관용 ①마구 때리다. ②몹시 못마땅하여 저주하는 말. 《주로, '난장 칠'의 꼴로 쓰임.》 ¶ 난장 칠 놈.
난ː장(亂帳·亂張)명 책 면의 순서가 잘못 제본된 것.
난ː장(亂場)명 ①지난날, 과거를 보러 온 선비들로 북적이던 시험장을 이르던 말. ②☞난장판.
　난장(을) 치다관용 함부로 마구 떠들다.
난장-꾼명 (광산의) 굴이나 구덩이 속에 들어가서 허드렛일을 하는 사람.
난ː장-질(亂杖-)명하타 아무 데나 마구 때림, 또는 그러한 짓.
난ː장-판(亂場-)명 여러 사람이 뒤섞여 마구 떠들어 대거나 뒤엉켜 뒤죽박죽이 된 곳, 또는 그런 상태. 난장(亂場). ¶ 난장판으로 만들다. / 실내가 난장판이 되다.
난ː장-패(亂場牌)명 남의 판이나 남의 자리에 끼어들어 난장판을 만드는 무리.
난쟁이명 보통 사람보다 키가 유난히 작은 사람. 왜인(矮人). 왜자(矮者). 주유(侏儒). ↔키다리.
　난쟁이 교자꾼 참여하듯속담 분수에 맞지 않는 일에 주제넘게 나섬을 빈정거려 이르는 말.
난ː적(亂賊)명 세상을 어지럽히는 도둑의 무리.
난적(難敵)명 맞서 싸우기에 까다로운 적수. ¶ 난적을 만나 고전을 면치 못하다.

난:전(亂廛)명 ①☞노점(露店). ②조선 시대에, 육주비전에서 파는 물건을 몰래 팔던 가게.
난전(을) 치다관용 육주비전에 딸린 군졸들이 난전을 덮쳐 물품을 빼앗고 사람을 잡아가다.
난:전(亂戰)명하자 ①(전투 등에서) 두 편이 뒤섞여서 어지럽게 싸움, 또는 그러한 싸움. ②(운동 경기 등에서) 두 편이 서로 물고 물리는 가운데 격렬하게 싸움, 또는 그러한 싸움. 혼전(混戰).
난점(難點)[-쩜]명 처리하거나 해결하기 곤란한 점. 어려운 점. ¶ 기술적인 난점을 해결하다.
난:정(亂政)명 정도(正道)에서 벗어난, 몹시 어지러운 정치.
난정(難定)명하형 정하기 어려움.
난:정-소(卵精巢)명 생식 기관에서, 난자와 정자를 함께 만들어 내는 기관. 〔연체동물 복족류(腹足類)에서 볼 수 있음.〕
난제(難題)명 ①시부(詩賦)의, 짓기 어려운 제목. ②처리하기 어려운 일. 해내기 어려운 문제. ¶ 아직도 해결해야 할 난제가 많다.
난:조(亂調)명 조화를 잃거나 정상에서 벗어난, 흐트러진 상태. ¶ 투수가 난조를 보이다.
난조(鸞鳥)명 중국 전설에 나오는 상상의 새. 모양은 닭과 비슷하며, 울음소리는 오음(五音)에 해당한다고 함. 난(鸞).
난:주(卵珠)명 ☞난세포(卵細胞).
난:주(亂酒)명하자 (체면을 잃거나 건강을 해칠 정도로) 술을 마구 마시는 일.
난죽(蘭竹)명 난초와 대. 〔동양화 화제(畫題)의 하나로, 난초와 대나무를 조화시킨 것.〕
난:중(亂中)명 전란이 한창인 동안. 전란의 와중. ¶ 난중에 가족과 헤어지다.
난중(難重) '난중하다'의 어근.
난:중-일기(亂中日記)명 임진왜란 때, 이순신이 진중(陣中)에서 적은 일기. 선조 25(1592)년 5월 1일부터 동 31(1598)년 9월 17일까지의 기록. 모두 9책.
난중지난(難中之難)명 어려운 가운데서도 가장 어려움.
난중-하다(難重-)형여 ☞중난하다.
난증(難症)[-쯩]명 ☞난병(難病).
난:지(暖地)명 따뜻한 곳. 따뜻한 지방. ↔한지.
난지락-거리다[-꺼-]자 자꾸 난지락난지락하다. 난지락대다. 큰는지럭거리다.
난지락-난지락[-랑-]부하자 심하게 물크러질 정도로 좀 힘없이 축축 처지는 모양. 큰는지럭는지럭.
난지락-대다[-때-]자 난지락거리다.
난-질명하자 여자가 정을 통한 남자와 함께 달아나는 일.
난질-가다자 여자가 정을 통한 남자와 달아나다.
난질-거리다자 자꾸 난질난질하다. 난질대다. 큰는질거리다.
난질-난질[-란-]부하자 물크러질 정도로 물러지는 모양. 큰는질는질.
난질-대다자 난질거리다.
난처(難處) '난처하다'의 어근.
난:처-하다(難處-)형여 이럴 수도 없고 저럴 수도 없이 딱하다. 난감하다. ¶ 두 사람 사이에서 처지가 난처하게 되었다. **난처-히**부.
난청(難聽)명 ①청력(聽力)이 약하여 소리를 잘 들을 수 없는 상태. ②라디오 방송 따위가 잘 들리지 않는 일. ¶ 난청 지역.
난청-아(難聽兒)명 청력의 장애로 학교에서 보통의 방법으로는 교육을 받기가 어려운 아동.
난:초(亂招)명하자 (죄인이 신문을 받을 때) 아무렇게나 꾸며서 말함. 난공(亂供).
난:초(亂草)명 ①난잡하게 쓴 초서(草書). ②함부로 쓴 초고(草稿).
난초(蘭草)명 난초과의 다년초를 통틀어 이르는 말. 절로 나는 것도 있으나 관상용으로 재배되는 종류가 많음. 난(蘭).
난추(蘭秋)명 '음력 칠월'을 달리 이르는 말. 난월(蘭月). 상추(上秋).
난:추니명 새매의 수컷. 아골(鴉鶻). ↔익더귀.
난:취(爛醉)명하자되자 ☞만취(滿醉).
난측(難測)명하형 헤아려 알기 어려움. 짐작하기 어려움. ¶ 변화가 난측이다.
난:층-운(亂層雲)명 중층운(中層雲)의 한 가지. 오랜 시간 계속해서 비나 눈을 내리는 검은 회색의 두꺼운 구름. 비층구름. 난운. 참비구름.
난치(難治)명하형 병이 낫기 어려움. 고치기 어려움. ¶ 난치의 암(癌).
난치-병(難治病)[-뼝]명 ☞난병.
난-침모(-針母)명 주인집에 들어가 살지 않는 침모. ↔든침모.
난:타(亂打)명하타 ①마구 침(때림). ¶ 종을 난타하다. ②야구에서, 여러 타자가 상대편 투수의 공을 잇달아 침.
난:타-전(亂打戰)명 ①권투에서, 두 선수가 서로 물러서지 않고 마구 치고 받는 싸움. ②야구에서, 양편 선수가 각각 상대편 투수의 공을 잇달아 쳐 내는 경기.
난:-태생(卵胎生)명 난생 동물이지만, 알이 모체 안에서 깨어 유생(幼生)이 되어 나오는 일. 난황을 영양으로 하고 모체에 영양을 의존하지 않는 점이 태생과 다름. 〔우렁이·살무사 따위.〕
난:투(亂鬪)명하자 양편이 서로 뒤섞여서 어지럽게 싸움.
난:투-극(亂鬪劇)명 난투가 벌어진 장면. ¶ 양쪽 응원단이 흥분한 나머지 난투극을 벌였다.
난티-나무명 느릅나뭇과의 낙엽 활엽 교목. 높이 30 m가량. 잎은 넓은 달걀 모양이며, 끝이 네 갈래로 갈라지고 톱니가 있음. 봄에 황록색 꽃이 핌. 재목은 여러 가지 기구의 용재로, 수피는 섬유용·약용으로, 어린잎은 나물로 먹음.
난:파(暖波)명 고온의 기단이 고위도 지방으로 흘러들어 그 계절에 맞지 않게 큰 폭의 기온 상승을 일으키는 현상. 온파(溫波). ↔한파.
난파(難破)명하자되자 (폭풍우를 만나거나 하여) 배가 부서지거나 뒤집히거나 좌초하거나 함. ¶ 암초에 걸려 배가 난파되었다.
난파-선(難破船)명 난파된 배.
난:판-본(亂版本)명 한 책 안에 목판과 활자판이 섞여 있거나, 판면의 체재·글자체 등이 서로 다르게 섞여 있는 책.
난:포(卵胞)명 ☞여포(濾胞).
난:포(亂暴)명하형 〈난폭(亂暴)〉의 본딧말.
난:포^호르몬(卵胞hormone)명 ☞여포 호르몬.
난:폭(亂暴)명하형 (행동이) 몹시 거칠고 사나움. ¶ 말리는 사람을 난폭하게 뿌리치다. 본난포(亂暴). **난폭-히**부.
난:풍(暖風)명 따뜻한 바람.
난:필(亂筆)명 ①되는대로 마구 쓴 글씨. ②자기의 글씨를 겸손하게 이르는 말. ¶ 난필로 몇 자 적어 올립니다.
난:-하다(亂-)형여 ①(빛깔·무늬 따위가) 지나치게 어지럽거나 야단스럽다. ¶ 옷의 배색이 난하다. ②단정하지 않고 어지럽다. ¶ 글씨가 너무 난하다. ③질서가 잡히지 않고 난잡하다.

난-하다(難-) 형여 ①어렵다. ②곤란하다.
난:할(卵割) 명 단세포인 수정란이 분열하여 많은 세포로 갈라지는 일. 난분할.
난함(欄檻) 명 ☞난간(欄干).
난:합(卵盒) 명 ☞알합.
난항(難航) 명 ①(폭풍우 따위로) 배나 항공기가 몹시 어렵게 항행하는 것. ②'무슨 일이 여러 가지 장애로 말미암아 순조롭게 진척되지 않음'을 비유하여 이르는 말. ¶ 협상은 난항을 거듭하고 있다.
난:해(卵醢) 명 ☞알젓.
난:해(暖海) 명 난대 지방의 수온이 높은 바다.
난해(難解) '난해하다'의 어근.
난해-하다(難解-) 형여 이해(해결)하기 어렵다. ¶ 난해한 시. /난해한 문제.
난:핵(卵核) 명 성숙한 난세포의 핵. 〔수정 때 정자의 핵과 융합함.〕
난:행(亂行) 명하자 ①난폭한 행동을 함. ②음란한 짓을 함. 추행. ¶ 부녀자에게 난행을 하다.
난행(難行) 명하자 불교에서, 몹시 고된 수행(修行)을 이르는 말. ↔이행(易行).
난행-고행(難行苦行) 명 ①난행과 고행. 몹시 괴로운 수행. ②아주 심하게 고생함. ¶ 이번 산행은 그야말로 난행고행의 연속이었다.
난행-도(難行道) 명 불교에서, 오랜 동안의 고된 수행을 거쳐 자력으로 깨달음에 이르는 길을 이르는 말. ↔이행도(易行道).
난향(蘭香) 명 난초의 향기.
난:형(卵形) 명 ☞달걀꼴.
난형난제(難兄難弟) 명하형 〔누구를 형이라 해야 하고, 누구를 아우라 해야 할지 분간하기 어렵다는 뜻으로〕 누가 더 낫다고 할 수 없을 정도로 둘이 서로 비슷함. 참막상막하.
난:혼(亂婚) 명 원시 사회에서, 한 무리의 남녀가 특정 상대를 정하지 않고 서로 마구 얼리는 결혼 형태. 잡혼(雜婚).
난화지맹(難化之氓) 명 ☞난화지민.
난화지민(難化之民) 명 교화(敎化)하기 어려운 백성. 난화지맹.
난:황(卵黃) 명 알의 노른자위. ↔난백(卵白).
난:황-분(卵黃粉) 명 달걀이나 오리알의 노른자위를 말려서 빻은 가루.
난:후(亂後) 명 난리를 치른 뒤.
낟[1] 명 〈옛〉낫. ¶ 호미도 놀히언마ᄅᆞᄂᆞᆫ 낟ᄀᆞ티 들리도 업스니이다(樂詞.思母曲).
낟[2] 명 〈옛〉곡식. ¶ 낟 곡:穀(訓蒙下3).
낟:-가리[-까-] 명 ①낟알이 붙은 볏단이나 보릿단 따위를 쌓아 올린 더미. ②나무·짚·풀 따위를 쌓은 더미. ¶ 나무 낟가리.
낟:가릿-대[-까리때/-까릳때] 명 농가에서 음력 정월 열사흗날에 풍년이 들기를 비는 뜻으로, 긴 소나무를 뜰에 꽂아 낟가리처럼 만들어 놓는 것.
낟다 자 〈옛〉나타나다. ¶ 힛비치 낟디 몯ᄒᆞᄃᆞᆺᄒᆞ니(六祖上79). /自然히 나ᄃᆞ면(蒙法8). 참낱다.
낟ᄇᆞ다 형 〈옛〉나쁘다. 양이 차지 아니하다. ¶ 供養ᄋᆞᆯ 낟ᄇᆞ디 아니케 호리라(釋譜11:37).
낟:-알 명 껍질을 벗기지 않은 곡식의 알맹이.
낟:알-기[-끼] 명 (밥·죽·미음 따위와 같은) 곡식으로 만든 음식. 곡기(穀氣). ¶ 사흘씩이나 낟알기라곤 입에 대지 못했다.
날[1] Ⅰ 명 ①하루 동안. 자정에서 다음 자정까지. ¶ 여러 날이 지났다. ②낮 동안. ¶ 날이 저물다. ③날씨. ¶ 날이 흐리다. ④☞날짜[1]. ¶ 날을 잡다. ⑤시기. 때[1]. ¶ 젊은 날의 추억. ⑥《주로 '날에는'·'날이면'의 꼴로 쓰이어》 '경우에는'·'경우이면'을 뜻함. ¶ 들통 나는 날에는 큰 벌을 받을 거야.
Ⅱ 의 《일부 고유어 수 뒤에 쓰이어》 하루 동안을 세는 단위. ¶ 서울까지 걸어서 스무 날이 걸렸다.
날 샌 올빼미 신세 속담 '세력이 없어져 어쩔 수 없는 외로운 처지가 되었음'을 이르는 말.
날(을) 받다 관용 (이사나 결혼 따위 큰일을 치르려고) 길일(吉日)을 가려서 정하다.
날(이) 들다 관용 비나 눈이 그치고 날씨가 좋아지다.
날이면 날마다 관용 매일 하루도 빠짐없이. ¶ 딸을 시집 보내고 날이면 날마다 걱정만 한다.
날(이) 새다 관용 어떤 일을 이룰 시기가 이미 지나 가망이 없다.
날[2] 명 (무엇을 자르거나 베거나 깎거나 파거나 뚫거나 하는 데 쓰는 기구의) 가장 얇고 날카로운 부분. ¶ 날이 무디다. /괭이의 날.
날(을) 세우다 관용 (숫돌에 갈거나 하여) 날을 날카롭게 만들다.
날(이) 서다 관용 날이 날카롭게 되다.
날[3] 명 (피륙이나 돗자리 따위를 짤 때의) 세로로 놓는 실이나 노. ↔씨[2].
날(이) 나다 관용 ①짚신이나 미투리 따위가 닳아 날이 드러나 보이다. ②거덜이 나다.
날[4] 준 '나를'이 줄어든 말. ¶ 날 찾지 마시오.
날 잡아 잡수 한다 속담 상대에게 아쉽게 굴거나 매달리지 않고, 하고 싶은 대로 하라며 배짱을 퉁기다.
날- 접두 《일부 명사 앞에 붙어》 ①'익지 않았거나 마르지 않았거나 가공하지 않았음'을 나타냄. ¶ 날고기. /날감자. /날가죽. ②다른 것이 없음을 나타냄. ¶ 날바늘. ③지독함을 나타냄. ¶ 날강도. /날도둑. ④'상례나 장례를 아직 다 치르지 않은'의 뜻을 나타냄. ¶ 날상가. /날상제.
날-가루 명 익히지 않은 곡식을 빻은 가루.
날-가죽 명 무두질을 하지 않은 동물의 가죽. 생가죽. 생피(生皮).
날-감 명 익지 않았거나 우리지 않은 감.
날-강도(-強盜) 명 아주 뻔뻔스럽고 악독한 강도. ¶ 이 날강도 같은 놈.
날-강목 명 ①광산에서, 광물을 캘 때 소득이 없게 된 헛일. ¶ 날강목을 치다. ②무슨 일을 할 때 성과가 없이 한 헛수고.
날-개[1] 명 ①날짐승이나 곤충의 몸 양쪽에 붙은, 날아다니는 데 쓰이는 기관. ②(공중에 잘 뜨게 하기 위하여) 항공기의 동체 양쪽에 뻗쳐 있는 부분. ③기구나 기계 따위에 붙은, 바람개비 모양의 물건. ¶ 선풍기의 날개.
날개(가) 돋치다 관용 ①상품이 매우 잘 팔려 나가다. ②의기가 치솟다.
날-개[2] [-깨] 명 윷판의 끝에서 넷째 자리, 곧 찔밭에서 날밭 쪽으로 둘째 자리.
날개-깃[-긷] 명 새의 날개를 이루고 있는 깃털. *날개깃이[-기시]·날개깃만[-긴-]
날개-집 명 주가 되는 집채 좌우로 날개처럼 달린 부속 건물.
날갯-죽지[-개쭉찌/-갣쭉찌] 명 (새 따위의) 날개가 몸에 붙어 있는 부분.
날갯-짓[-개찓/-갣찓] 명하자 새가 날개를 벌려서 세게 아래위로 움직이는 짓. ¶ 해오라기가 크게 날갯짓을 하면서 날아오르다. *날갯짓이[-개찌시/-갣찌시]·날갯짓만[-개찐-/-갣찐-]
날-걸[-껄] 명 윷판의 끝에서 셋째 자리, 곧 날윷과 날개의 사이. 세뿔.

날-것[-걷]명 (고기나 채소 따위를) 익히거나 말리거나 가공하지 않은 것. 날짜2. 생짜. *날것이[-거시]·날것만[-건-]

날-계란(-鷄卵)[-계-/-게-]명 익히지 않은 계란. 날달걀.

날-고기명 익히거나 말리거나 가공하지 않은 고기. 생고기. 생육.

날고-뛰다자 갖은 재주를 다 부릴 수 있는 능력을 지니다. ¶ 제아무리 날고뛰는 재주가 있어도 이곳을 빠져나갈 수는 없다.

날-고추명 말리거나 익히지 않은 고추.

날-고치명 삶지 않은 고치.

날-공전(-工錢)명 날마다 계산해 주는 공전. 비날삯·일급(日給).

날-귀[-뀌]명 대패나 끌 같은 것의, 날 끝의 양쪽 모.

날-근(-斤)명 한자 부수의 한 가지. '斧'·'斬'·'斷' 등에서의 '斤'의 이름.

날-금명 ☞경선(經線). ↔씨금.

날-기와명 굽지 않은 기와.

날-김치명 익지 않은 김치. 생김치.

날다1[나니·날아] Ⅰ자 ①공중에 떠서 움직이다. ¶ 나비가 훨훨 날다. ②(눈에 안 보일 만큼) 빨리 움직이다. ¶ 총알이 날다. /주먹이 날다. ③높이 뛰다. ¶ 휙휙 날다. ④빛깔이 바래어 엷어지거나 없어지다. 퇴색하다. ¶ 빛이 날았다. ⑤액체가 기화하여 줄어지거나 없어지다. ¶ 물기가 다 날았다. ⑥냄새가 없어지다. ¶ 약 냄새가 다 날았다. ⑦(고운 가루 따위가) 바람에 떠서 움직이다. ⑧〈달아나다〉의 속된 말. ¶ 도둑은 이미 멀리 날았다.

Ⅱ타 공중을 떠서 움직이다. ¶ 비행기가 하늘을 날다.

나는 놈 위에 타는 놈속담 비상한 재주나 솜씨를 가진 사람이 있는가 하면, 그보다 더 나은 사람이 또 있는 법이라는 말.

나는 새도 떨어뜨린다속담 권세가 당당하여 모든 일을 마음대로 할 수 있다.

날면 기는 것이 능하지 못하다속담 여러 가지를 다 잘하기는 어렵다.

난다 긴다 한다관용 재주나 활동력 따위가 아주 뛰어나다. ¶ 이번 대회에는 전국의 난다 긴다 하는 선수들이 모두 참가했다.

날다2[나니·날아]타 ①(피륙을 짜려고) 날실을 새의 수에 따라 길게 늘이다. ②(가마니 따위를 짜려고) 틀에 날을 걸다.

날-다람쥐[-따-]명 다람쥣과의 동물. 다람쥐와 비슷하며 몸길이 15~20 cm, 꼬리 길이 36 cm 가량. 몸빛은 다갈색 또는 암갈색인데, 배 쪽은 흰색을 띠고 볼에는 뚜렷한 담색 무늬가 있음. 나무 위에 집을 짓고 살며, 옆구리의 피부가 늘어나 막을 이루어 가까운 거리는 날아다닐 수 있음. 나무순이나 열매 따위를 먹고 삶.

날-단거리명 풀이나 나뭇가지 따위를 베는 대로 곧 묶어서 말린 땔나무.

날-달걀명 날계란.

날-담비[-땀-]명 족제빗과의 동물. 몸길이 59 cm, 꼬리 길이 41 cm가량. 몸빛은 등이 연회색이고 얼굴과 꼬리는 암갈색임. 모피는 빛깔이 곱고 두꺼우며 부드러움. 우리나라 특산임.

날-도[-또]명 윷판의 끝에서 다섯째 자리, 곧 쨀밭에서 날밭 쪽으로 첫째 자리.

날-도(-度)명 ☞경도(經度)1. ↔씨도.

날-도둑명 매우 악독한 도둑.

날도둑-질[-찔]명하타 매우 악독한 도둑질.

날-도래명 날도랫과의 곤충. 겉모양이 나방과 비슷하나 날개에 인모(鱗毛)가 많음. 몸길이 2 cm, 편 날개 길이 6 cm가량. 유충은 '물여우'라 하여 물속에서 삶. 봄과 여름에 우화(羽化)하여 완전 변태를 함. 우리나라·시베리아 등지에 분포함. 물여우나비.

날도래-목(-目)명 곤충류의 한 목(目). 온몸이 가는 털로 덮였고 날개는 두 쌍임. 날도랫과 따위가 여기에 딸림. 모류.

날돌명 〈옛〉 날과 달. 세월. ¶ 여희여 오매 날ᄃᆞ리 좃더니(杜初*10:3*). 참나돌.

날-떠퀴명 그날의 운수.

날-뛰다자 ①함부로 행동하거나 거칠게 덤비다. ¶ 술에 취해 마구 날뛰고 있다. ②어쩔 줄을 모르고 마구 행동하다. ¶ 기뻐 날뛰다.

날라리1명 '말과 행동이 어설프고 들떠서 미덥지 못한 사람'을 낮잡아 이르는 말. ¶ 그 집 아들 순 날라리더구먼.

날라리2명 '태평소(太平簫)'를 달리 이르는 말.

날래다형 (움직임이나 행동이) 나는 듯이 빠르다. ¶ 몸이 날래어 잡히지 않는다.

날려-쓰다타 '갈겨쓰다'의 잘못.

날:렵-하다[-려파-]형여 ①재빠르고 날래다. ¶ 제비처럼 날렵하다. ②매끈하게 맵시가 있다. ¶ 저고리는 섶귀가 날렵하고 예뻐야 한다. **날렵-히**부.

날-로1부 날이 갈수록 더욱. 나날이. ¶ 사업이 날로 발전해 갔다.

날-로2부 날것 그대로. ¶ 고구마를 날로 먹었다.

날름부하타 ①혀를 얼른 내밀었다가 들이는 모양. ②무엇을 얼른 받아먹는 모양. ¶ 원숭이가 과자를 날름 받아먹는다. ③무엇을 얼른 집어 가지는 모양. ¶ 날름 받아서 집어넣다. 큰널름·늘름. **날름-날름**부하타.

날름-거리다타 자꾸 날름날름하다. 날름대다. 큰널름거리다·늘름거리다.

날름-대다타 날름거리다.

날름-막(-膜)명 ☞판막(瓣膜).

날름-쇠[-쇠/-쉐]명 ①무자위의 아래위 부분에 있는 판(瓣). ②총의 방아쇠를 걸었다가 떨어뜨리는 쇠. ③물건을 퉁겨지게 하려고 걸어 놓은 쇠. 〔무엇이 닿기만 하면 풀리게 되어 있음.〕

날-리다1 Ⅰ자 〖'날다1'의 피동〗 ①(공중에) 낢을 당하다. ¶ 종이가 날려 가다. /먼지가 날리다. ②바람에 흔들리다. ¶ 만국기가 바람에 펄펄 날리다.

Ⅱ타 ①〖'날다1'의 사동〗 (공중으로) 날게 하다. ¶ 종이 비행기를 날리다. ②어떤 물체가 바람에 나부끼어 움직이게 하다. ¶ 외투 자락을 날리다. /깃발을 날리다. ③(재물 따위를) 없애 버리다. ¶ 밑천을 몽땅 날리다. ④(공들이지 않고) 되는대로 해치우다. ¶ 일을 날려서 하다. ⑤아이를 잃다. ¶ 전염병으로 아이를 날리다.

날-리다2타 이름을 떨치다. ¶ 명성을 크게 날리다. /그는 이름 날리던 작가였다.

날림명 (무슨 일을 함에 있어서) 아무렇게나 날려서 하는 일, 또는 그렇게 만든 물건. ¶ 날림 공사.

날림-치명 날림으로 만든 물건. ¶ 날림치는 어딘가 표가 나게 마련이다.

날-망제명 '지노귀새남을 받지 못한, 죽은 사람의 영혼'을 무당이 이르는 말.

날-목(-木)명 마르지 않은 생나무.

날-물명 나가는 물.

날믈명 〈옛〉 큰물. ¶ 날므를 외오시니(龍歌*68*章).

날-밑[-믿]명 칼날과 칼자루 사이에 끼워 손을 보호하게 하는 둥글고 납작한 철판. *날밑이[-미치]·날밑을[-미틀]·날밑만[-민-]
날-바늘명 실을 꿰지 않은 바늘. 맨바늘.
날-바닥명 맨바닥.
날-바탕명 아무것도 덮거나 입히지 아니한 그대로의 바탕.
날-반죽명하타 곡식 가루에 찬물을 쳐 가며 하는 반죽. 참익반죽.
날-받이[-바지]명하자 (이사나 결혼 따위 큰일을 치르기 위해) 길일(吉日)을 가려서 정하는 일.
날-밤1명 부질없이 새우는 밤.
날밤(을) 새우다관용 공연히 뜬눈으로 밤을 새우다. ¶ 괜한 걱정으로 날밤을 새우다.
날-밤2명 익히거나 말리지 않은, 날것 그대로의 밤. 생률(生栗). 생밤.
날밤-집[-찝]명 밤새도록 장사하는 선술집.
날-밭[-빧]명 윷판의 맨 끝자리. *날밭이[-빠치]·날밭을[-빠틀]·날밭만[-빤-]
날-벌레[-뻘-]명 날아다니는 벌레를 통틀어 이르는 말. ↔길벌레.
날-벼명 갓 베어 내어 아직 마르지 않은 벼.
날-벼락명 ☞생벼락.
날-변(-邊)[-뼌]명 날수로 셈하는 변리(邊利). ¶ 날변으로 얻어 쓴 빚.
날-보리명 갓 베어 내어 마르지 않은 보리.
날-불한당(-不汗黨)명 남의 재물을 함부로 빼앗아 먹는 무리.
날-붙이[-부치]명 (칼·낫·도끼 따위와 같은) '날이 서 있는 연장'을 통틀어 이르는 말.
날-비(-飛)[-삐]명 한자 부수의 한 가지. '飜' 등에서의 '飛'의 이름.
날-빛[-빋]명 햇빛을 받아서 나는, 온 세상의 빛. *날빛이[-삐치]·날빛만[-삔-]
날-사이[-싸-]명 지난 며칠 동안. ¶ 날사이에 얼굴이 많이 상했군. 준날새.
날-삯[-싹]명 그날그날 셈하는 품삯. 일급(日給). 비날공전. *날삯이[-싹씨]·날삯만[-쌍-]
날삯-꾼[-싹-]명 날삯을 받고 일하는 일꾼.
날-상가(-喪家)명 아직 장사를 치르지 아니한 초상집.
날-상제(-喪制)명 초상을 다 치르기 전의 상제.
날-새[-쌔]명 〈날사이〉의 준말.
날-생(-生)명 한자 부수의 한 가지. '產'·'甥' 등에서의 '生'의 이름.
날-성수(-星數)[-썽-]명 그날의 운수. 일수(日數). 준날수.
날-소일(-消日)명하자 하는 일 없이 그날그날을 보냄. 해소일.
날-송장명 ①죽은 지 얼마 안 되는 송장. ②염습(殮襲)을 하지 않은 송장.
날-수(-數)[-쑤]명 ①날의 수. ¶ 날수를 채우다. ②〈날성수〉의 준말.
날-숨[-쑴]명 내쉬는 숨. 호기(呼氣). ↔들숨.
날-실1명 피륙 따위에서, 세로로 놓인 실. 경사(經絲). ↔씨실.
날-실2명 삶지 않은 실. 생사(生絲).
날쌍-날쌍부하형 여럿이 다 날쌍한 모양. ¶ 올이 날쌍날쌍한 천. 큰늘썽늘썽. **날쌍날쌍-히**부.
날쌍-하다형여 (피륙이나 대그릇 따위의) 짜임새가 살핏하다. 큰늘썽하다. **날쌍-히**부.
날쌔다형 날래고 재빠르다. ¶ 날쌘 동작으로 상대편 수비를 제치고 들어가다.
날씨명 기압·기온·습도·바람·구름·눈·비 따위를 종합한 그날그날의 기상 상태. 일기(日氣). ¶ 날씨가 좋다. /날씨가 풀리다. /궂은 날씨.
날씬-날씬부하형 여럿이 다 날씬한 모양. ¶ 키들이 다 날씬날씬하다. 큰늘씬늘씬.
날씬-하다형여 몸매가 가늘고 호리호리하여 맵시가 있다. 큰늘씬하다. **날씬-히**부.
날아-가다 Ⅰ자 ①공중에 떠서 가다. ¶ 기러기가 날아가다. ②(눈에 안 보일 만큼) 빨리 움직이다. ¶ 적 진지로 총알이 날아가다. ③(붙어 있던 것이) 떨어져 나가다. ¶ 바람에 문짝이 날아가다. ④(가지고 있던 것이) 없어지다. ¶ 집이고 땅이고 나 날아가 버렸다. ⑤빛깔이 바래어 엷어지거나 없어지다. ¶ 푸른색이 날아간 청바지. ⑥액체가 기화하여 줄거나 없어지다. ¶ 알코올 성분이 다 날아갔다. ⑦냄새가 흩어져 없어지다. ¶ 고소한 내가 다 날아갔다.
Ⅱ타 공중을 날아서 가다. ¶ 구름 위를 날아가는 비행기.
날아-놓다[-노타]타 여러 사람이 낼 돈의 액수를 정하다. ¶ 회비를 공평하게 날아놓다.
날아-다니다자타 날아서 이리저리 다니다.
날아-돌다[~도니·~돌아]타 날면서 돌다. ¶ 벌이 꽃 주위를 날아돈다.
날아-들다[~드니·~들어]자 ①날아서 안으로 들어오다. ¶ 새가 둥지로 날아들다. ②뜻하지 않은 것이 들이닥치다. ¶ 승전의 쾌보가 날아들다.
날아-오다 Ⅰ자 ①공중에 떠서 오다. ¶ 제비가 날아오다. ②썩 빨리 움직여 오다. ¶ 돌멩이가 날아오다. /주먹이 날아오다. ③(멀리서) 전하여 오다. ¶ 기쁜 소식이 날아오다.
Ⅱ타 공중을 날아서 오다. ¶ 기러기는 겨울을 나러 먼길을 날아온다.
날아-오르다[~오르니·~올라]자타르 날아서 위로 높이 오르다. ¶ 선녀가 하늘로 날아오르다.
날연(茶然) '날연하다'의 어근.
날연-하다(茶然-)형여 노곤하여 기운이 없다. 나른하다. **날연-히**부.
날염(捺染)명하타 피륙에 무늬를 찍는 염색 방법의 한 가지. 무늬를 새긴 롤러를 이용하여 인쇄하듯 피륙에 찍어서 나타냄.
날옷명 〈옛〉 나룻. ¶ 브레 날오지 븓거늘(飜小 *9:78*).
날-윷[-륟]명 윷판의 끝에서 둘째 자리, 곧 날밭의 바로 앞 자리. *날윷이[-류치]·날윷만[-륜-]
날인(捺印)명하자 도장을 찍음. ¶ 전세 계약서에 서명 날인하다.
날-일[-릴]명 날삯을 받고 하는 일. ¶ 공사장에 날일을 나가다.
날-일(-日)명 한자 부수의 한 가지. '昨'·'時' 등에서의 '日'의 이름.
날-입[-립]명 (대팻밥이 빠져나오도록) 대패의 등 쪽에 파인 틈.
날-장구(←-杖鼓)[-짱-]명 일없이 공연히 치는 장구.
날-장판(-壯版)명 기름에 결지 않은 장판.
날조(捏造)[-쪼]명하타되자 사실이 아닌 것을 사실인 양 거짓으로 꾸밈. ¶ 날조된 기록. /사건을 날조하다. /실적 보고서를 날조하다.
날-종이명 기름에 결지 않은 종이.
날-줄[-쭐]명 ①피륙 따위를 짤 때의 날. ②☞경선(經線). ↔씨줄.
날지니[-찌-]명 야생(野生)의 매. 참수지니.
날-짐승[-찜-]명 날아다니는 짐승, 곧 새 종류를 통틀어 이르는 말. 비금(飛禽). 비조(飛鳥). 금조(禽鳥). ↔길짐승.

날-짜¹명 ①날의 수. ¶ 날짜가 많이 걸렸다. ②(무엇을 하려고) 정한 날. ¶ 약속 날짜. /결혼 날짜가 다가오다. ③어느 달의 며칟날에 해당하는 그날. ¶ 그는 어제 날짜로 사표를 냈다. 날¹. 일자(日字).

날-짜²명 ①일에 익숙하지 못한 사람. ¶ 그 사람, 잘하는 체하더니 알고 보니 날짜야. ②☞날것. 생짜.

날짜^변ː경선(-變更線)명 태평양의 한가운데를 지나는, 180°의 경선(經線). 〔이 선을 동쪽으로 향하여 넘으면 같은 날짜를 되풀이하고, 서쪽으로 향하여 넘으면 하루를 앞당김.〕

날짝지근-하다[-찌-]형여 몹시 나른하다. 큰늘쩍지근하다.

날짱-거리다자 자꾸 날짱날짱하다. 날짱대다. 큰늘쩡거리다.

날짱-날짱부하자 나른한 태도로 느릿느릿 움직이는 모양. 큰늘쩡늘쩡¹.

날짱-대다자 날짱거리다.

날찌명 뱃간에 까는, 엮은 나뭇가지.

날찍명 일의 결과로 생기는 이익. 소득.

날-치¹명 날마다 이자를 갚는 빚.

날치²명 ①날아가는 새를 쏘아 잡는 일. ②'동작이 매우 날램'을 비유하여 이르는 말.

날치³명 날칫과의 바닷물고기. 몸길이 30 cm가량. 가슴지느러미가 길게 발달해 있어 이것을 날개처럼 펴서 해면 위를 날아오를 수 있음. 꼬리지느러미는 아래위 두 가닥으로 째졌는데, 아래의 것이 더 길며, 날 때에는 키의 구실을 함. 몸빛은 등이 흑청색, 배는 흰색임. 따뜻한 물에서 삶. 비어.

날-치기명하타 ①남의 물건을 재빨리 채 가는 짓, 또는 그렇게 하는 사람. ¶ 은행 앞에서 날치기한테 지갑을 빼앗겼다. ②법안을 가결할 수 있는 의원 정족수 이상을 확보한 당에서 법안을 자기들끼리 일방적으로 통과시키는 일.

날치-꾼명 날아가는 새를 쏘아 떨어뜨리는 재주가 있는 사냥꾼.

날치다자 제 세상인 양 날뛰며 기세를 올리다. 참설치다¹.

날카롭다[-따][날카로우니·날카로워]형ㅂ ①끝이 뾰족하거나 날이 서 있다. ¶ 날카로운 칼. ②감각 기관에 미치는 힘이 아주 강하다. ¶ 날카로운 비명. ③(사물에 대한 인식 능력이) 빠르고 정확하다. ¶ 날카로운 판단. ④자극에 대한 반응이 지나치게 민감하다. ¶ 신경이 날카롭다. ⑤기세가 매섭다. ¶ 날카로운 시선. ⑥형세가 매우 긴장되어 있다. ¶ 날카롭게 대립되어 있다. ⑦남을 톡톡 쏘는 성질이 있다. ¶ 성질이 날카로워 남과 잘 사귀지 못한다. ↔무디다. **날카로이**부.

날캉-거리다자 자꾸 날캉날캉하다. 날캉대다. 큰늘컹거리다.

날캉-날캉부하자하형 물러서 자꾸 늘어지거나 늘어질 듯한 모양. 큰늘컹늘컹.

날캉-대다자 날캉거리다.

날캉-하다 Ⅰ자여 몹시 물러서 조금씩 늘어지게 되다. 큰늘컹하다.
Ⅱ형여 몹시 물러서 조금씩 늘어질 듯하다. 큰늘컹하다.

날큰-거리다자 자꾸 날큰날큰하다. 날큰대다. 큰늘큰거리다.

날큰-날큰부하자하형 좀 말랑말랑해져서 조금씩 늘어지거나 늘어질 듯한 모양. 큰늘큰늘큰.

날큰-대다자 날큰거리다.

날큰-하다 Ⅰ자여 좀 말랑해서 늘어지게 되다. 큰늘큰하다.
Ⅱ형여 좀 말랑해서 늘어질 듯하다. 큰늘큰하다. **날큰-히**부.

날탕명 ①아무것도 가진 것이 없음, 또는 그런 사람. ②어떤 일을 하는 데에 아무런 기술이나 기구 없이 마구잡이로 함, 또는 그런 사람. ¶ 그런 날탕한테 누가 일을 맡기겠느냐?

날-틀명 베를 짤 때, 날을 고르는 데 쓰는 기구. 〔구멍 열 개에 가락 열 개를 꿰어 열 올의 실을 한 줄로 뽑아냄.〕

날-파람명 ①빠르게 지나가는 서슬에 나는 바람. ②'바람이 일 정도로 날쌔게 움직이는 기세'를 비유하여 이르는 말.

날파람-둥이명 주책없이 여기저기 싸다니는 사람을 이르는 말.

날-파리명 '하루살이'의 방언.

날-포명 하루 남짓한 동안. 참달포·해포.

날-품명 날삯을 받고 하는 품팔이.
날품(을) 팔다관용 날삯을 받기로 하고 일을 해 주다.

날품팔-이명 ①하자 날품을 파는 일. 일고(日雇). 일용(日傭). ②〈날품팔이꾼〉의 준말.

날품팔이-꾼명 날삯을 받고 품팔이를 하는 사람. 일공쟁이. 일급쟁이. 자유노동자. 준날품팔이.

날피명 가난하면서 말이나 행동이 실하지 못한 사람.

날-피리명 (급히 쫓길 때) 물 위로 뛰어오르며 도망치는 피라미.

날호야부 〈옛〉 더디게. 천천히. ¶ 날호야 길흘 너머가니(杜重*1:2*).

날-홈명 대팻날이 끼어 있는 홈.

날회다형 〈옛〉 더디다. 느릿하다. ¶ 날휠 셔:徐(類合下*17*). /네 안직 날회라(翻朴上*75*).

낡다[낙따]형 ①물건이 오래되어 헐었거나 삭은 상태가 되다. ¶ 건물이 낡았다. ②시대에 뒤떨어진 상태가 되다. ¶ 낡은 사고방식. *낡아·낡고[날꼬]

낡은-이명 '늙은이'를 얕잡아 이르는 말. ¶ 낡은이라고 업신여기다.

남명 ①자기 외의 다른 사람. 타인(他人). ¶ 남의 일. ②일가가 아닌 사람. ¶ 남의 집안. ③아무런 관계가 없거나 관계를 끊은 사람. ¶ 그도 이제는 남이 되었다.
남의 다리 긁는다속담 애써서 해 온 일이 남을 위한 일이 되고 말았을 때 이르는 말.
남의 떡에 설 쇤다속담 자기는 힘들이지 않고 남의 덕으로 일을 이룬다는 말.
남의 잔치〔제사〕에 감 놓아라 배 놓아라 한다속담 쓸데없이 남의 일에 참견함을 이르는 말.

남(男)명 ①〈남성¹〉의 준말. ②〈남작〉의 준말.

남(南)명 남쪽. ↔북(北).

남(藍)명 ①〈남색(藍色)〉의 준말. ②☞쪽². ③☞인디고.

남-(男)접두 《일부 명사 앞에 붙어》 남자임을 뜻함. ¶ 남동생. /남학생. /남선생.

남가새명 남가샛과의 일년초. 바닷가의 모래땅에 나는데, 전체에 털이 나 있음. 잎은 깃모양 겹잎이며 마주나고, 여름에 누르거나 흰 꽃이 핌. 열매는 한방에서 강장제나 해열제로 쓰임. 질려(蒺藜).

남가-일몽(南柯一夢)명 꿈처럼 덧없는 한때의 부귀영화. 〔중국 당나라의 순우분(淳于棼)이 술에 취하여 홰나무의 남쪽으로 뻗은 가지 밑에서 잠이 들었는데, 괴안국(槐安國)으로부터

영접을 받아 20년 동안 부귀영화를 누리는 꿈을 꾸었다는 데서 유래함.〕

남간(南間)명 조선 시대에, 의금부 안의 남쪽에 있던 옥(獄). 〔사형수를 가두던 곳.〕 참서간.

남경(男莖)명 ☞자지.

남경(南京)명 고려 시대의 사경(四京)의 하나. 지금의 서울.

남계(男系)[-계/-게]명 남자 쪽의 혈통. 남자의 계통. ¶ 남계의 친족. ↔여계(女系).

남계(南界)[-계/-게]명 동물 지리학상의 한 지역. 〔오스트레일리아 일대를 이름.〕 ↔북계.

남계^가족(男系家族)[-계-/-게-]명 ☞부계 가족.

남계-친(男系親)[-계-/-게-]명 남계의 친족. ↔여계친.

남공(男工)명 남자 직공. ↔여공(女工).

남과(南瓜)명 ☞호박.

남교(南郊)명 ①(도시의) 남쪽 교외. ②지난날, 서울의 '남대문 밖'을 이르던 말.

남구(南歐)명 ☞남유럽. ↔북구.

남-구라파(南歐羅巴)명 ☞남유럽.

남국(南國)명 남쪽에 위치한 나라. ↔북국.

남군(南軍)명 ①남쪽의 군대. ②미국 남북 전쟁 때의 남부의 군대. ↔북군(北軍).

남궁(南宮)명 조선 시대에, '예조(禮曹)'를 달리 이르던 말.

남극(南極)명 ①지축(地軸) 및 천구축(天球軸)의 남쪽 끝. 남극점. ②남쪽을 가리키는 자침의 끝. ↔북극(北極).

남극^거ː리(南極距離)[-꺼-]명 천구 위에서, 남극으로부터 어떤 천체까지의 각거리(角距離). ↔북극 거리. 참극거리(極距離).

남극-계(南極界)[-계/-께]명 생물 지리학상의 한 구역. 남극을 중심으로 주변의 여러 섬과 남미의 파타고니아를 포함하는 지역. ↔북극계.

남극-광(南極光)[-꽝]명 남극에 나타나는 극광. ↔북극광.

남극-권(南極圈)[-꿘]명 남극을 중심으로 한, 남위 66°33′ 이남의 지역. ↔북극권.

남극-노인(南極老人)[-궁-]명 고대 중국에서 남극성의 화신(化身)이라고 여긴 노인을 이르는 말. 이 별이 나타나면 태평하고, 나타나지 않으면 전란이 있다고 하며, 수명을 관장한다고 함.

남극^대ː륙(南極大陸)[-때-]명 남극을 중심으로 하는 대륙. 〔얼음과 바위로 이루어졌으며, 바다표범이나 펭귄 따위의 동물이 살고 있음.〕

남극-성(南極星)[-썽]명 남극 부근의 하늘에 있는 별. 〔고대 중국의 천문학에서는 '노인성(老人星)'이라 하여, 사람의 수명을 맡아보는 별이라 하였음.〕 노인성. 수성(壽星).

남극-점(南極點)[-쩜]명 ☞남극.

남극^지방(南極地方)[-찌-]명 남극권 안에 위치하는 지역의 일대. ↔북극 지방.

남극-해(南極海)[-그캐]명 남극 대륙을 둘러싼 남위 55°까지의 바다. 태평양·인도양·대서양의 남쪽 끝에 해당함. 남빙양(南氷洋). 남빙해.

남근(男根)명 ☞자지.

남기(嵐氣)명 ☞이내[1].

남-기다타 〖'남다'의 사동〗 ①나머지가 있게 하다. ¶ 밥을 남기다. ②남아 있게 하다. ¶ 가족을 고향에 남겨 두고 객지에서 지내다. ③뒤에까지 전하게 하다. ¶ 이름을 남기다. ④이익이 나게 하다. ¶ 적게 남기고 많이 파는 편이 낫다.

남기-북두(南箕北斗)[-뚜]명 〔'箕'는 '키', '斗'는 '말'의 뜻. 남쪽의 기성(箕星)은 쌀을 까불지 못하고, 북쪽의 북두성(北斗星)은 쌀을 되지 못한다는 뜻으로〕 '이름뿐이고 아무 쓸모없음'을 이르는 말.

남김-없이[-기멉씨]부 모조리. 죄다. ¶ 그동안 쌓은 실력을 남김없이 발휘하다.

남ᄀᆞᆫ명 〈옛〉〔'나모'에 조사 '은'이 붙은 모양〕 나무는. ¶ 불휘 기픈 남ᄀᆞᆫ ᄇᆞᄅᆞ매 아니 뮐씨(龍歌2章). 참나모·낡.

남-날개명 (사냥꾼이 가지고 다니는) 화약이나 탄환을 넣는 그릇을 통틀어 이르는 말.

남-남명 남과 남. 서로 관계가 없는 사람 사이. ¶ 본디 남남이었지만 이젠 한 식구가 되었다.

남남(喃喃)명하자 (혀를 재게 놀리어) 알아들을 수 없게 재잘거림, 또는 그런 소리.

남-남동(南南東)명 남쪽과 남동쪽과의 사이인 방향.

남남북녀(南男北女)[-붕-]명 우리나라에서, 남자는 남부 지방에, 여자는 북부 지방에 잘난 사람이 많다는 뜻으로 예부터 일러 오는 말.

남-남서(南南西)명 남쪽과 남서쪽과의 사이인 방향.

남남-하다(喃喃-)형여 (혀를 재게 놀리어) 알아들을 수 없게 재잘거리는 소리가 요란하다. **남남-히**부.

남녀(男女)명 남자와 여자.

남녀^공ː학(男女共學)명 남녀를 구별하지 않고, 같은 학교 또는 같은 학급에서 함께 교육하는 일, 또는 그런 학교.

남녀-노소(男女老少)명 남자와 여자, 늙은이와 젊은이. 곧, 모든 사람.

남녀^동권(男女同權)[-꿘]명 ☞남녀동등권(男女同等權).

남녀-동등(男女同等)명 남성과 여성이 법률적·사회적으로 차별이 없이 같음. 남녀평등.

남녀-동등권(男女同等權)[-꿘]명 남녀의 성별(性別)에 의한 법률적·사회적인 차별을 두지 않고 주어지는 권리. 남녀 동권.

남녀-별(男女別)명 남자와 여자의 구별. ¶ 남녀별 인구 비례.

남녀상열지사(男女相悅之詞)[-찌-]명 〔남녀가 서로 즐기는 방탕한 노래라는 뜻으로〕 '남녀의 애정을 주제로 한 고려 가요'를, 조선 시대의 성리학자들이 업신여겨 이르던 말.

남-녀악(男女樂)명 남악(男樂)과 여악(女樂).

남녀-유별(男女有別)명 유교 사상에서, '남녀 사이에는 분별이 있어야 함'을 뜻하는 말.

남녀-추니(男女-)명 한 몸에 남자와 여자의 생식기를 다 가지고 있는 사람. 고녀(睾女). 반음양(半陰陽). 어지자지.

남녀칠세부동석(男女七歲不同席)[-쎄-]명 〔남자와 여자는 일곱 살이면 자리를 같이하지 않는다는 뜻으로〕 남녀의 구별과 예의를 엄하게 하여야 한다는 유교의 가르침.

남녀-평등(男女平等)명 ☞남녀동등.

남-녘(南-)[-녁]명 남쪽. 남방. ↔북녘. * 남녘이[-녀키]·남녘만[-녕-]

남노(男奴)명 사내종. ↔여비(女婢).

남ː다[-따]자 ①나머지가 있게 되다. ¶ 쓰고 남은 돈./할 일이 남았다./마감까지 한 시간 남았다. ②따로 처져 있다. ¶ 집에 남아 있겠다. ③뒤에까지 전하다. ¶ 이름이 길이 남을 것이다. ④이익을 보다. ¶ 많이 남는 장사라서 누구나 탐을 낸다.

남다자타 〈옛〉넘다. ¶ 바미 宮城 나ᄆᆞ샤(月釋 *21:196*). /하면 百世 나마(楞解*9:112*).

남-다르다[~다르니·~달라]형르 다른 사람과 유난히 다르다. ¶ 박 선생은 그 일에 남다른 성의를 기울였다.

남단(南端)명 남쪽 끝. ↔북단.

남-달리부 남다르게. ¶ 그는 남달리 눈이 크다.

남당(南堂)명 삼국 시대 초기에, 부족 집회소가 발전하여 이루어진 정청(政廳). 〔이때부터 국가의 체제를 갖추기 시작하였음.〕

남대(南帶)명 세계 각지의 식물 분포를 몇 가지 특징으로 분류한 한 구역. 〔오스트레일리아, 남아메리카의 남부, 아프리카 남단을 포함하는 지역으로, 주요 식물 종류는 야자류, 목본 양치류, 각종 원예 식물 등임.〕

남대(南臺)명 조선 시대에, 학문과 덕이 뛰어나 이조에서 사헌부의 대관으로 추천하던 사람.

남-대문(南大門)명 서울에 있는 '숭례문(崇禮門)'의 딴 이름.

남대문(이) 열리다관용 '(남자의) 바지 앞을 여미는 단추나 지퍼가 열리다'를 속되게 이르는 말.

남대문-입납(南大門入納)[-님-]명 〔겉봉에 주소도 이름도 없이 '남대문'이라고만 쓴 편지라는 뜻으로〕 '주소나 이름을 모르면서 집을 찾는 일, 또는 그런 사람'을 조롱하여 이르는 말.

남도(南道)명 경기도 이남의 지방을 이르는 말. 남로(南路). 남중(南中). ↔북도.

남독(南瀆)명 사독(四瀆)의 하나. 지금의 한강.

남ː독(濫讀)명하타 (계통을 세우지 않고) 닥치는 대로 아무 책이나 마구 읽음. 난독(亂讀). ↔정독(精讀).

남동(南東)명 남쪽과 동쪽의 사이인 방향. 동남.

남-동생(男同生)명 남자 동생. ↔여동생.

남동-풍(南東風)명 남동쪽에서 북서쪽으로 부는 바람. 동남풍.

남로(南路)[-노]명 ☞남도(南道).

남록(南麓)[-녹]명 산의 남쪽 기슭. ¶ 계룡산 남록에 터를 잡다.

남ː루(襤褸)[-누]명 ①☞누더기. ②하형 옷 따위가 때 묻고 해어져 너절함. ¶ 남루한 옷차림으로 나타나다. ②**남루-히**부.

남-마구리(南-)명 광산에서, 남북으로 뚫린 구덩이의 남쪽 마구리. ↔북마구리.

남만(南蠻)명 사이(四夷)의 하나. '남쪽 오랑캐'라는 뜻으로, 지난날 중국에서 그들의 '남쪽에 사는 이민족'을 얕잡아 이르던 말.

남만-북적(南蠻北狄)[-쩍]명 '남만'과 '북적'을 아울러 이르는 말.

남매(男妹)명 오라비와 누이. 오누이.

남매-간(男妹間)명 오누이 사이.

남면(南面)명하자 ①남쪽을 향함. ②〔지난날, 임금이 남쪽을 향하여 신하와 대면한 데서〕 임금의 자리에 오르는 일. 또는, 임금이 되어 나라를 다스리는 일.

남명(南冥·南溟)명 남쪽에 있다는 큰 바다.

남-모르다[~모르니·~몰라]타르 남이 알지 못하다. 혼자만 은밀히 알다. ¶ 남모르는 상처. /남모를 비밀을 가지다.

남-몰래부 남이 모르게. ¶ 남몰래 일을 꾸미다.

남무(男舞)명 ①남자가 추는 춤. ↔여무(女舞). ②기생이 남색(藍色)의 창의를 입고 추는 춤.

남무(南無)명 '나무(南無)'의 음역어.

남문(南門)명 ①남쪽으로 난 문. ②성곽의 남쪽에 있는 문. ↔북문.

남미(南美)명 ☞남아메리카.

남바위명 지난날, 추위를 막기 위하여 머리에 쓰던 쓰개의 한 가지. 〔겉의 아래 가장자리에 털가죽을 대었음.〕

남반(南班)명 고려 시대, 액정국(掖庭局)과 내시부(內侍府)의 관원. 〔동서 양반(兩班)에 다음가는 반열(班列).〕

남-반구(南半球)명 지구의 적도 이남의 부분. ↔북반구.

남ː발(濫發)명하타되자 ①(화폐나 어음·증명서 따위를) 함부로 발행함. 난발(亂發). ¶ 부도 수표를 남발하다. ②(어떤 말이나 행동을) 자꾸 함부로 함. ¶ 선거 공약을 남발하다.

남방(南方)명 ①남녘. 남쪽. ②남쪽 지방. ③〈남방샤쓰〉·〈남방셔츠〉의 준말. ①②↔북방.

남방-샤쓰(←南方shirts)명 ☞남방셔츠. 준남방.

남방-셔츠(南方shirts)명 여름에 양복저고리 대신 입는 간편한 남자용 윗옷. 〔남방 사람들이 입는 옷과 비슷하다는 데서 생긴 말.〕 남방샤쓰. 준남방.

남-배우(男俳優)명 남자 배우. 준남우(男優). ↔여배우.

남ː벌(濫伐)명하타 (일정한 계획이 없이) 산림의 나무를 함부로 벰. 참선벌(選伐).

남ː벌(濫罰)명하타 마구잡이로 벌을 줌.

남ː법(濫法)[-뻡]명하자 법을 함부로 다룸.

남벽(藍碧)명 짙은 푸른빛.

남변(南邊)명 남쪽 가장자리.

남-병사(南兵使)명 조선 시대에, 종이품 무관인 남병영의 병마절도사(兵馬節度使).

남-병영(南兵營)명 조선 시대에, 함경도 북청(北青)에 있던 군영(軍營). 〔병마절도사(兵馬節度使)가 머물고 있었음.〕

남-보라(藍-)명 남색과 보라의 중간색.

남복(男服)명 ①남자의 옷. ②여자가 남자 옷을 입음. ¶ 남복 차림. ↔여복(女服).

남-볼썽명 남을 대하여 볼 면목(체면). ¶ 남볼썽 사나운 꼴로 어디를 가려고 하니?

남부(南部)명 ①(어느 지역의) 남쪽 부분. ¶ 경기 남부. ②조선 시대에, 5부로 나뉘었던 서울의 남쪽 지역, 또는 그 관아를 이르던 말. ↔북부.

남-부끄럽다[-따][~부끄러우니·~부끄러워]형ㅂ 창피하여 남을 대하기가 부끄럽다. **남부끄러이**부.

남-부럽다[-따][~부러우니·~부러워]형ㅂ 남의 좋은 점이나 잘되는 것처럼 되고 싶다. ¶ 자식만큼은 남부러울 게 없다.

남부럽잖다[-짠타]형 '남부럽지 아니하다'가 줄어서 된 말. 남보다 못하지 않다. ¶ 남부럽잖게 살게 되었다. * 남부럽잖아[-짜나]·남부럽잖소[-짠쏘]

남부-여대(男負女戴)명하자 〔남자는 짐을 등에 지고, 여자는 짐을 머리에 인다는 뜻으로〕 '가난한 사람이나 재난을 당한 사람들이 살 곳을 찾아 이리저리 떠돌아다님'을 이르는 말.

남북(南北)명 남쪽과 북쪽.

남북(이) 나다관용 머리통의 앞뒤가 보통 이상으로 쑥 나오다.

남북-극(南北極)[-끅]명 남극과 북극.

남북조^시대(南北朝時代)[-쪼-]명 ①(우리나라 역사상) 남쪽에 신라, 북쪽에 발해(渤海)가 양립하던 시대. 〔699~926〕 ②(중국 역사상) 진(晉)나라에서 수(隋)나라까지의 사이에 중국을 지배하였던, 한인(漢人)의 남조(南朝)와 선비족(鮮卑族)의 북조(北朝)가 대립해 있던 시대. 〔420~589〕

남북-통일(南北統一)명 남한과 북한으로 갈려 있는 우리 국토와 겨레가 하나로 되는 일.
남분(濫分) '남분하다'의 어근.
남ː분-하다(濫分-)형여 분수에 크게 넘치다.
남비명 '냄비'의 잘못.
남ː비(濫費)명하타 (돈이나 물건 따위를) 계획 없이 함부로 씀.
남빙-양(南氷洋)[-냥]명 ☞남극해(南極海).
남빙-해(南氷海)명 ☞남극해(南極海).
남-빛(藍-)[-삗]명 ☞남색(藍色). *남빛이[-삐치]·남빛만[-삔-]
남-사당(男-)명 (패를 지어) 이곳저곳으로 떠돌아다니면서 노래와 춤을 파는 사내.
남사당-놀이(男-)명 남사당패가 관객 앞에서 풍물·버나·살판·어름·덧뵈기·덜미의 여섯 가지 놀이를 차례로 펼쳐 보이는 일.
남사당-패(男-牌)명 남사당의 무리.
남사-스럽다[-따][~스러우니·~스러워]형ㅂ ☞남우세스럽다.
남산(南山)명 도성(都城)의 남쪽에 있는 산.
남산골-딸깍발이(南山-)[-꼴-빠리]명 〔지난날, 남산골에 사는 선비들이 가난하여 갠 날이나 겨울에도 딸깍딸깍 소리가 나는 나막신을 신고 다녔다는 데서〕 '가난한 선비'를 농조로, 또는 얕잡아 이르던 말.
남산골-샌님(南山-)[-꼴-]명 '오기(傲氣)만 남아 있는 가난한 선비'를 농조로 이르는 말.
 남산골샌님이 역적(逆賊) **바라듯**속담 가난한 사람이 엉뚱한 일을 바라는 경우를 이르는 말.
남산-수(南山壽)명 남산과 같이 오래 사는 수명. 〔장수(長壽)를 빌 때 쓰는 말.〕 ¶ 남산수를 누리소서.
남산-종(南山宗)명 ☞계율종(戒律宗).
남ː살(濫殺)명하타 (죄가 있고 없고를 가리지 않고) 사람을 함부로 죽임.
남상(男相)명 남자의 얼굴처럼 생긴 여자의 얼굴 모양. ↔여상(女相).
 남상(을) **지르다**관용 여자가 남자 얼굴처럼 생기다.
남상(男像)명 (그림이나 조각에서의) 남자의 형상.
남ː상(濫觴)명 〔양쯔 강과 같은 큰 강물도 그 시초는 잔을 띄울 만큼 가늘게 흐르는 시냇물이라는 뜻에서〕 사물의 시초. 기원(起源). 근원(根源). '순자(荀子)'의 '자도편(子道篇)'에 나오는 말임. ¶ 100년 전의 이 학교 설립이 곧 신교육의 남상이었다.
남상-거리다타 자꾸 남상남상하다. 남상대다. 큰넘성거리다.
남상-남상부하타 (점잖지 못한 태도로) 갸웃갸웃 넘어다보는 모양. 큰넘성넘성.
남상-대다타 남상거리다.
남새명 (무·배추 따위와 같이) 심어 가꾸는 푸성귀. 채마(菜麻). 채소(菜蔬). 소채.
남새-밭[-받]명 남새를 심는 밭. 채소밭. 채마밭. 채마전. 채전(菜田). 전포(田圃). 포전(圃田). *남새밭이[-바치]·남새밭을[-바틀]·남새밭만[-반-]
남색(男色)명 ☞비역.
남색(藍色)명 파랑과 보라의 중간 색. 남빛. 쪽빛. 준남(藍).
남색-짜리(藍色-)명 남색 치마를 입은, 갓 시집온 새색시. 참홍색짜리.
남생이명 남생잇과의 민물 거북. 등딱지는 암갈색. 길이 18 cm가량. 강이나 늪에서 물고기·조개·물벌레 따위를 잡아먹고 삶. 석귀(石龜).
남서(南西)명 남쪽과 서쪽의 사이. 서남.
남서-풍(南西風)명 남서쪽에서 북동쪽으로 부는 바람. 서남풍.
남서-향(南西向)명 남쪽과 서쪽의 중간으로 향한 방향. 서남향.
남선북마(南船北馬)[-붕-]명 〔중국에서, 남부에서는 강이 많아 배를 이용하고, 북부에서는 산이 많아 말을 이용한 데서〕 ①지난날, 중국의 교통수단을 이르던 말. ②쉴 새 없이 여행함을 이르는 말. 북미남선.
남섬-석(藍閃石)명 소다(soda)를 함유한, 남빛 또는 푸른빛이 나는 결정체의 각섬석.
남성(男性)[1]명 (성별을 구분하여) 남자, 특히 성인 남자를 이르는 말. ¶ 젊은 남성. 준남(男). ↔여성(女性)[1].
남성(男性)[2]명 서구어 문법에서, 단어를 성(性)에 따라 구별한 종류의 한 가지. 〔남성 명사·남성 대명사 따위.〕 참여성[2]·중성[2].
남성(男聲)명 남자의 목소리. 〔특히, 성악에서 남자가 담당하는 테너·바리톤·베이스 등의 성부(聲部)를 이름.〕 ↔여성(女聲).
남성-관(男性觀)명 여성이 남성에 대하여 갖는 관점. ↔여성관.
남성-국(南星麴)명 한방에서, 생강즙과 백반과 천남성(天南星)을 섞어서 만든 누룩을 이르는 말. 치담(治痰)·치풍(治風)에 쓰임.
남성-미(男性美)명 남성으로서의 남자다운 아름다움. ↔여성미.
남성-적(男性的)관명 남자다운 (것). 씩씩함, 힘참, 우람함 등 남성다운 성격이나 모습을 지닌 (것). ¶ 그는 남성적 기백이 부족하다. ↔여성적.
남성-지다(男性-)형 (여자가) 남자의 성질과 비슷한 데가 있다.
남성^합창(男聲合唱)명 남성들만으로 부르는 합창. ↔여성 합창.
남성^호르몬(男性hormone)명 남성의 정소(精巢)에서 분비되는 호르몬.
남세명하자 〈남우세〉의 준말.
남세-스럽다[-따][~스러우니·~스러워]형ㅂ 〈남우세스럽다〉의 준말. ¶ 남세스러워서 다닐 수가 없다. **남세스레**부.
남수(男囚)명 남자 죄수. ↔여수(女囚).
남-술(男-)명 남자가 쓰도록 만든 순가락. ↔여술.
남-스님(男-)명 '남자 중'을 높이어 일컫는 말. ↔여스님.
남-스란치마(藍-)명 남빛 비단으로 지은 스란치마.
남승(男僧)명 남자 중. ↔여승(女僧).
남ː식(濫食)명하타 음식을 가리지 않고 닥치는 대로 먹음.
남실(藍實)명 한방에서, 쪽의 씨를 약재로 이르는 말.
남실-거리다자타 자꾸 남실남실하다. 남실대다. 큰넘실거리다.
남실-남실[-람-]부 ①하자물이 잔물결을 이루며 나울거리는 모양. ¶ 남실남실 춤추는 물결. ②하자떠 있거나 가볍게 드리워진 것이 나울거리는 모양. ¶ 서산마루를 남실남실 넘어가는 저녁 해. ③하자.타액체가 그릇에 가득 차서 넘칠 듯이 찰랑거리는 모양. ④하타살그머니 남상거리는 모양. 큰넘실넘실.
남실-대다자타 남실거리다. ¶ 잔물결이 산들바람에 남실댄다.

남실-바람 명 풍력 계급의 제2등급의 바람. 초속 1.6～3.3 m. 바람이 얼굴에 느껴지고 나뭇잎이 살랑거리며 풍향계가 움직이고, 해면은 잔물결이 뚜렷이 일어남. 경풍(輕風).

남실-하다 Ⅰ 자여 ①물이 잔물결을 이루며 너울거리다. ②떠 있거나 가볍게 드리워진 것이 너울거리다.
Ⅱ 타여 살그머니 남상거리다.
Ⅲ 형여 액체가 그릇에 가득 차서 넘칠 듯하다.

남십자-성(南十字星)[-짜-] 명 남십자자리에 있는 알파·베타·감마·델타의 네 별을 이르는 말. 〔대각선을 이으면 '十' 자 모양이 됨.〕

남십자-자리(南十字-)[-짜-] 명 남천(南天)의 은하(銀河) 속에 있는 작은 별자리. 〔수성(首星)을 비롯한 네 별이 '남십자성'으로 유명함.〕

남아(男兒) 명 ①남자. ¶ 대한 남아. ②사내아이. ¶ 남아를 선호하다. ②↔여아(女兒).

남아-나다 자 끝까지 남다. 제대로 성하게 남다. ¶ 아이들 장난이 심해서 남아나는 물건이 없다.

남아-돌다[~도니·~돌아] 자 아주 넉넉하여 나머지가 많이 있게 되다. 남아돌아가다. ¶ 식량이 남아도는 형편이다.

남아돌아-가다 자 ☞남아돌다.

남-아메리카(南America) 명 육대주(六大洲)의 하나. 파나마 이남의 삼각형의 대륙. 남미.

남악(男樂) 명 지난날, 외빈을 위한 궁중 연회에서 무동(舞童)에게 시키던 정재(呈才). ↔여악.

남안(南岸) 명 (강·바다·호수의) 남쪽 기슭.

남양(南洋) 명 태평양의 적도를 중심으로 하여 그 남북에 걸친, 섬이 많은 지역, 또는 그 지역의 바다.

남여(籃輿) 명 뚜껑이 없이 의자처럼 생긴 가마의 한 가지. ¶ 남여 緩步ᄒᆞ야 山映樓의 올나ᄒᆞ니(鄭澈.關東別曲).

남-오미자(南五味子) 명 목련과의 상록 만목(蔓木). 높이 3 m가량. 길둥근 혁질(革質)의 잎이 어긋맞게 남. 봄에 황백색 꽃이 피고, 가을에 둥근 장과(漿果)가 붉게 익음.

남-옥저(南沃沮)[-쩌] 명 함경남도에 있었던 옛 부족, 또는 이 부족이 세운 나라. 함경북도 지방의 '북옥저'에 대하여 '옥저'라고도 하였으며, 뒤에 고구려에 합쳐졌음.

남요(攬要) 명하자 요점을 잘 잡음.

남ː용(濫用) 명하타되자 함부로 씀. 마구 씀. 난용(亂用). ¶ 직권 남용. /약을 남용한 부작용.

남우(男優) 명 〈남배우〉의 준말. ↔여우(女優).

남-우세 명하자 남에게서 비웃음과 조롱을 받게 됨, 또는 그 조롱이나 비웃음. 준남세.

남우세-스럽다[-따][~스러우니·~스러워] 형ㅂ 보기에 남우세를 당할 만하다. 준남세스럽다. **남우세스레** 부.

남-움직씨 명 ☞타동사. ↔제움직씨.

남위(南緯) 명 적도 이남의 위도(緯度). 〔적도가 0° 이고 남극이 90° 임.〕 ↔북위.

남위-선(南緯線) 명 적도 이남의 위선. ↔북위선.

남-유ː럽(南Europe) 명 남부 유럽. 〔유럽 남부 지중해 연안 지역.〕 남구(南歐). 남구라파.

남의-나이[나믜-/나메-] 명 '환갑이 지난 뒤의 나이'를 이르는 말.

남의-눈[나믜-/나메-] 명 여러 사람의 시선(視線). 이목(耳目). ¶ 남의눈이 두렵다.

남의-달[나믜-/나메-] 명 해산할 달의 그 다음 달. 〔해산할 달을 넘기는 경우에 이르는 말.〕 ¶ 산월을 넘기어 남의달에 태어나다.

남의달-잡다[나믜-따/나메-따] 자 아이를 해산할 달의 그 다음 달에 낳게 되다.

남의집-살다[나믜-쌀-/나메-쌀-][~사니·~살아] 자 남의 집 일을 해 주고 그 집에 살다.

남의집살-이[나믜-싸리/나메-싸리] 명하자 남의 집에 살면서 그 집 일을 해 주는 생활, 또는 그 사람. 〔머슴살이·식모살이 따위.〕 고용살이.

남인(南人) 명 조선 선조 때의 사색당파(四色黨派)의 하나. 이산해(李山海)를 중심으로 한 북인에 대하여, 유성룡(柳成龍)·우성전(禹性傳) 등을 중심으로 한 당파, 또는 그에 딸린 사람.

남자(男子) 명 ①남성인 사람. 사나이. ↔여자. ②사내다운 사내. ¶ 그분은 남자 중의 남자였지.

남자-관계(男子關係)[-계/-게] 명 이성으로서 남자와 사귀는 일. ↔여자관계.

남-자극(南磁極) 명 ☞자남극.

남자-색(藍紫色) 명 쪽빛을 띤 보랏빛.

남작(男爵) 명 오등작(五等爵)의 다섯째 작위. 〔자작의 아래.〕 준남.

남ː작(濫作) 명하타 (글 따위를) 질(質)을 생각하지 않고 마구 많이 지음.

남장(男裝) 명하자 여자가 남자처럼 차림, 또는 그런 차림새. ¶ 남장한 여인. ↔여장(女裝).

남전북답(南田北畓)[-땁] 명 〔밭은 남쪽에, 논은 북쪽에 있다는 뜻으로〕 '가지고 있는 논밭이 여기저기 흩어져 있음'을 이르는 말. ¶ 남전북답 기경(起耕)하여 함포고복(含哺鼓腹)하여 보세(烈女春香守節歌).

남점(南點)[-쩜] 명 지평선과 자오선이 만나는 점 가운데서 천구의 남극에 가까운 점.

남정(男丁) 명 ①지난날, 열다섯 살 이상의 장정(壯丁)을 이르던 말. ②젊은 남자.

남정(男情) 명 남자의 정.

남정(南征) 명하자 남쪽을 정벌함.

남정-가(南征歌) 명 조선 명종 때 양사언(楊士彦)이 지은 가사. 〔을묘왜변 때 남정군으로서 왜병을 물리친 일을 읊은 내용.〕

남정-네(男丁-) 명 여자들이, '사내'를 속되게 일컫는 말. 참아낙네.

남정-북벌(南征北伐)[-뻘] 명하자 남쪽의 적을 정복하고, 연이어 북쪽의 적을 토벌함. 〔곧, 여기저기서 전쟁에 종사하느라고 편안한 날이 없음을 뜻하는 말.〕

남ː제(濫製) 명하타 ☞남조(濫造).

남조(南朝) 명 중국 남북조 시대(南北朝時代)에 강남(江南)에서 일어난 송(宋)·제(齊)·양(梁)·진(陳)의 네 왕조를 통틀어 이르는 말. 〔서기 420～589년까지 계속되었음.〕

남ː조(濫造) 명하타 (품질 따위는 생각하지 않고) 마구 많이 만듦. 남제(濫製).

남존-여비(男尊女卑)[-녀-] 명 남성을 존중하고 여성을 비천하게 여기는 일. ↔여존남비.

남종(南宗) 명 ①중국의 혜능(慧能)을 종조(宗祖)로 하는 선종(禪宗)의 한 파. ②〈남종화(南宗畫)〉의 준말.

남종-화(南宗畫) 명 중국 회화의 이대 계보(二大系譜)의 하나. 당(唐)나라의 왕유(王維)에서 비롯되는데, 화제(畫題)는 산수(山水)가 중심이고, 주로 수묵(水墨)으로 그려지며, 문학적인 점이 특색임. 준남종·남화. 참북종화.

남좌여우(男左女右) 명 음양설에서, 왼쪽이 양이고 오른쪽이 음이라 하여 남자는 왼쪽을, 여자는 오른쪽을 소중히 여기는 일. 〔맥, 손금, 자리 같은 것도 남자는 왼쪽을, 여자는 오른쪽을 취함.〕

남중(南中)명 ①☞남도(南道). ②하자 천체가 자오선을 통과하는 일. 〔주로, 태양과 달에 대하여 이름.〕 ¶ 태양이 남중하는 정오.
남중-일색(男中一色)[-쌕]명 얼굴이 뛰어나게 잘생긴 남자.
남지(南至)명 〔동지(冬至)에 해가 남회귀선까지 이르는 데서〕 '동지'의 딴 이름. ↔북지(北至).
남지(南枝)명 남쪽으로 벋은 나뭇가지. 곧, 햇볕을 잘 받는 가지.
남ː직(濫職)명 분수에 넘치는 관직(官職).
남진명 〈옛〉 사내. 남편. ¶ 남진과 겨집괘 골히요미 이시며(內訓*1:21*).
남진(南進)명하자 남쪽으로 나아감.
남진-겨집명 〈옛〉 사내와 계집. 부부(夫婦). ¶ 머리터리롤 민자 남진겨지비 도외요니(杜初*8:67*). /남진겨지비 업고(月釋*1:42*).
남짓[-짇]의 하형 (분량·수효·무게 따위가) '일정한 기준보다 조금 더 되거나, 어떠한 한도에 차고 조금 남음이 있음'을 뜻하는 말. ¶ 한 달 남짓. /쌀 두 되 남짓. /500명 남짓. **남짓-이**부. * 남짓이[-지시]·남짓만[-진-]
남ː징(濫徵)명하타 (돈이나 곡식 따위를) 규정에 벗어나게 마구 거둠.
남-쪽(南-)명 해 돋는 쪽을 향하여 오른쪽이 되는 방향. 남극을 가리키는 쪽. 남. 남녘. 남방. 마쪽. ↔북쪽.
남창(男唱)명 ①국악에서, 여자가 남자 목소리로 부르는 노래. ↔여창(女唱). ②남자가 부르는 노래.
남창(男娼)명 남색(男色)을 파는 일을 업으로 하는 남자.
남창(南倉)명 조선 시대에, 금위영(禁衛營) 또는 어영청(御營廳)에 딸린 곳간을 이르던 말.
남창(南窓)명 남쪽으로 난 창. ↔북창(北窓).
남창-여수(男唱女隨)[-녀-]명하자 남자가 주장하고 여자가 따라서 함. 참 부창부수(夫唱婦隨).
남천(南天)[1]명 남쪽 하늘. ↔북천(北天).
남천(南天)[2]명 매자나뭇과의 상록 관목. 중국 원산의 관상용 식물인데, 높이는 2 m가량. 줄기는 여러 갈래로 돋아 자라지만 가지는 돋지 않으며, 잎은 버들잎 모양이고 가장자리가 밋밋함. 초여름에 희고 작은 꽃이 피며, 지름 7～8 mm의 둥근 열매가 가을에 붉게 익음. 남천촉(南天燭).
남천-촉(南天燭)명 ☞남천(南天)[2].
남-철릭(藍-)명 조선 시대에, 당상관(堂上官)인 무관이 입던 남빛의 철릭.
남첩(男妾)명 여자에게 얻어먹으며, 그 정부(情夫) 노릇을 하는 남자.
남청(藍青)명 짙고 검푸른 빛.
남초(南草)명 '담배'를 이전에 이르던 말.
남촌(南村)명 ①남쪽에 있는 마을. ②조선 시대에, 서울 안의 남쪽에 있는 동네들을 이르던 말. ↔북촌.
남측(南側)명 ①남쪽. ②(서로 마주하고 있을 때의) 남쪽에 자리한 쪽. ¶ 남측 대표와 회담하다. ↔북측.
남-치(南-)명 남쪽 지방의 산물(産物), 또는 생물(生物). ↔북치.
남-치마(藍-)명 남빛의 치마. 〔조선 시대, 여자 예복의 한 가지였음.〕
남침(南侵)명하자 북쪽에서 남쪽을 침략함. ↔북침.
남탕(男湯)명 공중목욕탕에서, 남자만이 목욕하게 되어 있는 곳. ↔여탕(女湯).
남파(南派)명하타 되자 남쪽으로 파견함(보냄). ¶ 간첩을 남파하다.
남편(男便)명 혼인하여 여자의 짝이 되어 사는 남자를, 그 여자에 대하여 일컫는 말. 부서(夫壻). 높 부군(夫君). ↔아내.
남포명 도화선 장치를 하여, 폭발할 수 있게 만든 폭발약.
남포(←lamp)명 ☞남포등.
남포-꾼명 남포질을 하는 일꾼.
남포-등(←lamp燈)명 석유를 연료로 하는 서양식 등잔. 〔불을 켜는 심지의 둘레에 유리로 만든 등피(燈皮)를 씌운 것.〕 양등(洋燈). 남포.
남포-질명하자 남포를 터뜨려 바위 따위를 깨뜨리는 일.
남폿-구멍[-포꾸-/-폳꾸-]명 남포를 넣어서 터뜨리려고 바위에 뚫어 놓은 구멍.
남폿-돌[-포똘/-폳똘]명 남포를 놓아서 캐 낸 석재(石材).
남폿-불(←lamp-)[-포뿔/-폳뿔]명 남포등에 켜 놓은 불.
남풍(南風)명 남쪽에서 북쪽으로 부는 바람. ↔북풍. 참 마파람.
남하(南下)명하자 남쪽으로 내려감, 또는 내려옴. ¶ 청나라의 대군이 남하하다. ↔북상(北上).
남ː-하다(濫-)형여 (분수 밖의 일을 하여) 외람하다. 죄송하다.
남학(南學)명 ①조선 시대에, 서울 남부에 둔 사학(四學)의 하나. ②중국 남북조 시대에, 남조(南朝)에 발달한 학풍. ②참 북학(北學).
남-학생(男學生)[-쌩]명 남자 학생. 남자 생도. ↔여학생.
남한(南韓)명 ①(8·15 광복 이후의) 북위 38도선 이남의 한국. ②(6·25 전쟁 이후의) 휴전선 이남의 한국. ↔북한.
남-한대(南寒帶)명 남극권(南極圈)에 속하는 지역. 〔남위 66° 33′ 이남인 한대로, 반 년은 낮이고 반 년은 밤임.〕 ↔북한대.
남항(南航)명하자 남쪽으로 항행함.
남해(南海)명 남쪽에 있는 바다.
남해-안(南海岸)명 남쪽 해안.
남행(南行)[1]명하자 남쪽으로 감. 남쪽 지방으로 감. ¶ 새벽에 남행 열차를 타다.
남행(南行)[2]명 ☞음직(蔭職).
남행-초사(南行初仕)명하자 남행으로 처음 벼슬길에 오름.
남향(南向)명하자 남쪽을 향함, 또는 그 방향. ↔북향.
남향-집(南向-)[-찝]명 대청이 남쪽을 향해 있는 집. ↔북향집.
남향-판(南向-)명 (집터나 묏자리 따위가) 남쪽을 향한 터전.
남ː형(濫刑)명하타 함부로 마구 처형함, 또는 그 형벌.
남혼(男婚)명 아들의 혼사(婚事). ↔여혼(女婚).
남혼-여가(男婚女嫁)[-녀-]명 〔아들을 장가들이고 딸을 시집보낸다는 뜻으로〕 '자녀의 혼인'을 이르는 말.
남화(南畫)명 〈남종화(南宗畫)〉의 준말.
남화-장(覽火匠)명 도자기 가마에 때는 불의 정도를 보살피는 사람.
남-회귀선(南回歸線)[-회-/-훼-]명 남위 23° 27′의 위선(緯線). 〔동지 때 태양이 이 선의 바로 위에 옴.〕 ↔북회귀선. 참 동지선(冬至線).
남ː획(濫獲)[-획/-훽]명하타 (짐승·물고기 따위를) 마구 잡음. ¶ 남획으로 멸종한 반달곰.

남훈-태평가(南薰太平歌) 명 시조·잡가·가사를 모아 엮은 순 한글 시가집. 〔엮은이는 알 수 없으나 조선 순조~철종 때의 것으로 짐작됨.〕

남흔여열(男欣女悅) [-녀-] 명 하형 〔남편과 아내가 다 기뻐한다는 뜻으로〕 '부부 사이가 화락함'을 이르는 말.

낡 명 〈옛〉 ☞나모.

납 명 금속 원소의 한 가지. 청백색이며 무겁고 연함. 전성(展性)이 풍부하며 열에 녹기 쉬움. 용도는 아주 넓으나 독성(毒性)이 있음. 연(鉛). 〔Pb/82/207.2〕

납 명 〈옛〉 원숭이. ¶ ᄆᆞᄅᆞ맷 나ᄇᆞᆫ(杜初15:17). /눈먼 납 무러시ᄂᆞᆯ(月釋7:5).

납(臘) 명 〈납일(臘日)〉의 준말.

납(蠟) 명 ①☞밀[2]. ②☞백랍(白蠟).

납-거미 [-꺼-] 명 납거밋과의 절지동물. 몸길이 1 cm가량. 몸이 납작하고 작으나, 여덟 개의 발은 비교적 굵고 긺. 주로 집 안의 벽에 집을 짓고 사는데, 밤에 돌아다니며 벌레를 잡아먹음.

납경(納經) [-꼉] 명 하자 ①추선 공양(追善供養)을 위하여, 경문을 베껴 여러 곳의 영장(靈場)에 바치는 일. ②순례(巡禮)할 때, 경전 대신 쌀이나 돈을 바치는 일.

납골(納骨) [-꼴] 명 하자 화장한 유골(遺骨)을 일정한 그릇이나 납골당 등에 모심.

납골-당(納骨堂) [-꼴땅] 명 유골(遺骨)을 안치하는 건물.

납골-묘(納骨墓) [-꼴-] 명 시체를 화장하여 그 유골을 묻는 무덤. 외형은 봉분과 같지만, 하나의 석관에 여러 개의 유골을 함께 매장하는 점이 다름. 주로 가족묘로 쓰임.

납골-장(納骨場) [-꼴짱] 명 시체를 화장하여 그 유골을 담아 보관하는 곳.

납공(納貢) [-꽁] 명 하타 ☞공납.

납-관(-管) [-꽌] 명 ☞연관(鉛管).

납관(納棺) [-꽌] 명 하타 시체를 관에 넣음.

납관(納款) [-꽌] 명 하자 온 정성을 다하여 복종함.

납금(納金) [-끔] 명 하자 되자 (공과금·세금·사용료 등의) 돈을 바침, 또는 그 돈.

납기(納期) [-끼] 명 (세금이나 공과금 따위를) 바치는 시기나 기한. ¶ 납기 안에 세금을 내다.

납길(納吉) [-낄] 명 하자 혼인 때, 신랑 집에서 혼인 날을 받아 신부 집에 알리는 일.

납다 형 〈옛〉 즐겁다. ¶엇디 납디 아니료(正俗 25).

납대대-하다 [-때-] 형 여 〈나부대대하다〉의 준말. 큰넙데데하다.

납-덩이 [-떵-] 명 납의 덩어리.

납덩이-같다 [-떵-갇따] 형 ①핏기가 가신 얼굴빛이 납덩이의 빛깔과 같다. ¶ 사고 소식을 듣자 얼굴빛이 납덩이같이 되었다. ②몹시 피로하거나 지쳐서 몸이 무겁고 나른하다. ¶ 몸이 납덩이같다. ③분위기 따위가 착 가라앉고 무겁다. ¶ 납덩이같이 가라앉은 분위기.

납-도리 [-또-] 명 모나게 만든 도리.

납도리-집 [-또-] 명 접시받침과 납도리로 된 집.

납득(納得) [-뜩] 명 하타 되자 남의 말이나 행동을 잘 알아차려 이해함. ¶ 잘 납득을 시켜라. /납득이 안 가는 이야기.

납-땜 명 하타 금이 가거나 부러진 금속 재료를, 그것보다 융점(融點)이 낮은 합금을 이용하여 때우는 일.

납땜-인두 명 납땜에 쓰이는 기구의 한 가지. 〔흔히, 전기를 사용함.〕 준땜인두.

납량(納涼) [남냥] 명 하자 여름에 더위를 피하여 서늘함을 맛봄. ¶ 납량 특집극.

납뢰(納賂) [남뇌/남눼] 명 하자 뇌물을 바침.

납매(臘梅) [남-] 명 납월(臘月), 곧 섣달에 꽃이 피는 매화.

납밀(蠟蜜) [남-] 명 ☞밀초.

납배(納杯) [-빼] 명 ①☞종배(終杯). ②하자 술잔치를 마침. ¶ 그만 납배합시다.

납배(納拜) [-빼] 명 하자 웃어른을 절하고 뵘.

납백(納白) [-빽] 명 ☞자빡.

납본(納本) [-뽄] 명 하타 되자 ①발행한 출판물을 본보기로 관계 당국에 냄. ②제책이 다 된 책을, 그것을 위탁한 사람(거래처)에게 넘김.

납봉(-封) [-뽕] 명 하타 구멍이나 틈을 납으로 메우는 일, 또는 그 납.

납부(納付·納附) [-뿌] 명 하타 되자 (학교 등 관계 기관에) 공과금이나 수업료·등록금 따위를 냄. 납입(納入). ¶ 6월은 재산세 납부의 달.

납부-금(納付金) [-뿌-] 명 (학교 등 관계 기관에) 내는 돈. 납입금.

납북(拉北) [-뿍] 명 하타 되자 북한으로 납치해 감.

납-빛 [-삗] 명 푸르스름한 잿빛. *납빛이[-삐치]·납빛만[-삔-]

납상(納上) [-쌍] 명 하타 (웃어른에게) 보내 드림.

납석(蠟石) [-썩] 명 지방(脂肪)과 같은 광택과 양초와 같은 매끈매끈한 감촉이 있는 광물을 통틀어 이르는 말. 곱돌.

납설(臘雪) [-썰] 명 납일(臘日)에 내리는 눈.

납설-수(臘雪水) [-썰쑤] 명 납설을 받아 두었다가 녹인 물. 〔벌레를 없애는 데나 해독에 좋다는 속설이 있음.〕

납세(納稅) [-쎄] 명 하자 세금을 바침. 세납. ¶ 국민으로서 납세의 의무를 다하다.

납세^고:지(納稅告知) [-쎄-] 명 납부해야 할 세액(稅額), 납기(納期), 납부 장소 등을 지정하여 세금을 내도록 알리는 일.

납-세공(蠟細工) [-쎄-] 명 밀랍을 원료로 여러 가지 모양을 만드는 세공. 〔흔히, '양초 세공'이라고도 함.〕

납세-액(納稅額) [-쎄-] 명 내야 할 세금의 액수.

납세필-증(納稅畢證) [-쎄-쯩] 명 간접세의 과세 물품에 대하여 세금을 납부하였음을 증명하는 증지(證紙). 〔해당 물품에 붙이게 되어 있음.〕

납속(納粟) [-쏙] 명 조선 시대에, 나라의 재정 보충과 구호 사업 등을 위하여 곡물과 돈을 바치게 하고, 그 대가로 벼슬을 주거나 면역(免役) 또는 면천(免賤)해 주던 일.

납속(納贖) [-쏙] 명 하자 속전(贖錢)을 바침.

납속-가자(納粟加資) [-쏙까-] 명 조선 시대에, 흉년이 들거나 병란이 있을 때, 많은 곡식을 바친 사람에게 정삼품의 품계를 내리던 일.

납수(納受) [-쑤] 명 하타 ①☞수납. ②소원이나 부탁 따위를 들어줌.

납시다 [-씨-] 자 나가시다. 나오시다. 〔주로, 임금의 출입에 쓰던 말.〕

납씨-가(納氏歌) 명 조선 태조 2(1393)년에, 정도전(鄭道傳)이 이성계의 무훈을 기리어 지은 악장. 〔악장가사·악학궤범에 실려 전함.〕

납약(臘藥) 명 조선 시대에, 납일(臘日)에 임금이 가까운 신하들에게 나누어 주던 소합환(蘇合丸)·청심환(淸心丸) 따위의 약. 납제(臘劑).

납양(納陽) 명 하자 양지쪽에서 햇볕을 쬠.

납염(-染) 명 하타 쇠붙이 그릇에 땜납을 올림. 납의.

납월(臘月) 명 '섣달'을 달리 이르는 말.

납-유리(-琉璃) [남뉴-] 명 산화연(酸化鉛)을 함유하는 유리. 빛의 굴절률이 크고 광택이 있으며, 연하고 가공하기 쉬움. 광학 유리나 보석의 모조 따위에 쓰임. 플린트 유리.
납육(臘肉)명 ①소금에 절인 돼지고기. ②납향(臘享)에 쓰는 산짐승의 고기. ③납일(臘日)에 제사를 지낼 때 쓰는 산짐승의 고기.〔약이 된다고 함.〕
납음(納音)명 십이율(十二律)에 각각 있는 '궁·상·각·치·우'의 오음을, 육십갑자에 배당하여 오행으로 나타낸 말.〔갑자 을축 해중금(甲子乙丑海中金) 따위.〕
납의[나븨/나비]명하타 ☞납염.
납의(衲衣)[나븨/나비]명 검은색의 법의(法衣).
납일(臘日)명 (지난날, 조상이나 종묘 또는 사직에 제사 지내던 날로) 동지 뒤의 셋째 미일(未日).〔이 날 납향(臘享)을 올림.〕 납평(臘平). 준납.
납입(納入)명하타되자 ☞납부(納付).
납입^고:지서(納入告知書)[-꼬-]명 (공과금·등록금·수업료 따위의) 납입할 금액·날짜·장소 등을 알려 주는 문서.
납입-금(納入金)[-끔]명 ☞납부금.
납입-액(納入額)명 납입하는 금액.
납입^자:본(納入資本)[-짜-]명 주주(株主)가 실제로 납입한 자본.
납자(衲子)[-짜]명〔납의(衲衣)를 입은 사람이란 뜻으로〕'중'을 달리 일컫는 말.
납작[-짝]부하타 ①(말대답을 하거나 무엇을 받아먹을 때) 입을 냉큼 벌렸다가 다무는 모양. ¶ 던져 주는 먹이를 납작 받아먹는 원숭이. ②몸을 바닥에 대며 낮게 엎드리는 모양. ¶ 바닥에 납작 엎드리다. 큰넙적.
납작-감[-짝깜]명 동글납작하게 생긴 감. 반시.
납작-거리다[-짝꺼-]타 자꾸 납작납작하다. 납작대다. ¶ 한 번만 더 입을 납작거리면 가만 두지 않겠다. 큰넙적거리다.
납작-납작1[-짱-짝]부하타 ①입을 자꾸 냉큼냉큼 벌렸다가 다무는 모양. ②여럿이 몸을 바닥에 대며 잇달아 낮게 엎드리는 모양. 큰넙적넙적.
납작-납작2[-짱-짝]부하형 여럿이 다 납작한 모양. 큰넓적넓적.
납작-대다[-짝때-]타 납작거리다.
납작-보리[-짝뽀-]명 기계로 눌러서 납작하게 만든 보리쌀. 압맥(壓麥).
납작스레-하다[-짝쓰-]형여 납작스름하다.
납작스름-하다[-짝쓰-]형여 좀 납작하다. 납작스레하다. 큰넓적스름하다. **납작스름-히**부.
납작-이[-짜기]명 '얼굴이나 머리가 납작하게 생긴 사람'을 조롱하여 이르는 말. 큰넓적이.
납작이-매듭[-짜기-]명 납작한 모양으로 맺은 매듭.
납작-코[-짝-]명 (콧날이 우뚝하게 서지 못하고) 납작하게 주저앉은 코.
납작-하다[-짜카-]형여 두께가 얇으면서 판판하다. ¶ 납작한 쟁반. /코가 납작하다. 큰넓적하다. **납작-이**부.
납작-호박[-짜코-]명 동글납작하게 생긴 호박.
납전(拉典)[-쩐]명 '라틴'의 한자음 표기.
납전-삼백(臘前三白)[-쩐-]명 납일(臘日) 전에 세 번 눈이 오는 일.〔이듬해에 풍년이 든다 함.〕
납제(臘劑)[-쩨]명 ☞납약(臘藥).
납조(臘鳥)[-쪼]명 납일(臘日)에 잡은 참새. 해수 따위에 약으로 쓰임.
납주(納主)[-쭈]명하자 (제사를 지낸 뒤에) 신주(神主)를 감실(龕室)에 모심.
납죽[-쭉]부하타 ①입을 나부죽하게 벌렸다가 얼른 다무는 모양. ②(가벼운 동작으로) 몸을 나부죽하게 바닥에 엎드리는 모양. ¶ 납죽 엎드려 절을 하다. 큰넙죽.
납죽-거리다[-쭉꺼-]타 자꾸 납죽납죽하다. 납죽대다. 큰넙죽거리다.
납죽-납죽1[-쭝-쭉]부하타 ①입을 자꾸 나부죽하게 벌렸다가 얼른얼른 다무는 모양. ②여럿이 몸을 나부죽하게 바닥에 대며 얼른얼른 엎드리는 모양. 큰넙죽넙죽.
납죽-납죽2[-쭝-쭉]부하형 여럿이 다 납죽한 모양. 큰넓죽넓죽.
납죽-대다[-쭉때-]타 납죽거리다.
납죽-이[-쭈기]명 '얼굴이나 머리가 납죽하게 생긴 사람'을 조롱하여 이르는 말. 큰넓죽이.
납죽-하다[-쭈카-]형여 갈쭉하고 넓다. 큰넓죽하다. **납죽-이**부.
납^중독(-中毒)[-쭝-]명 납 성분에 의한 중독.〔구역질·위장병·신경 마비 따위의 증세가 나타남.〕 연 중독(鉛中毒).
납지(蠟紙)[-찌]명 밀이나 백랍(白蠟)이나 파라핀 따위를 먹인 종이. 방습·방수를 위한 포장용으로 쓰임. 비파라핀지.
납지(鑞紙)[-찌]명 납과 주석의 합금을 종이처럼 얇게 늘인 것. 과자나 궐련을 싸는 데 씀. 석박(錫箔).
납징(納徵)[-찡]명하자 ☞납폐(納幣).
납채(納采)명하자 장가들일 아들을 가진 집에서 신부 집으로 혼인을 청하는 의례.〔요즘은 '납폐(納幣)'와 같은 뜻으로 쓰이고 있음.〕
납청-장(納淸場)명〔평안북도 정주군 납청장에서 만드는 국수는 잘 쳐서 질기다는 데서〕'몹시 매를 맞거나 눌리거나 하여 납작해진 사람이나 물건'을 비유하여 이르는 말.
납촉(蠟燭)명 ☞밀초.
납-축전지(-蓄電池)[-쩐-]명 양극에 과산화연(過酸化鉛), 음극에 해면상연(海綿狀鉛), 전해액(電解液)에 묽은 황산을 사용한 이차 전지(二次電池). 연축전지(鉛蓄電池).
납치(拉致)명하타되자 (사람·선박·항공기 따위를) 강제로 끌고 감. ¶ 비행기 납치 사건.
납평(臘平)명 ☞납일(臘日).
납평-제(臘平祭)명 ☞납향(臘享).
납평-치(臘平-)명하자 납일(臘日)에 비나 눈이 옴, 또는 그 눈이나 비.
납폐(納幣)[-폐/-페]명하자 혼인 때, 신랑 집에서 신부 집으로 예물을 보내는 일, 또는 그 예물. 흔히, 붉은 비단과 푸른 비단을 보냄. 납징.
납품(納品)명하타되자 주문받은 물품을, 그것을 주문한 곳(사람)에 가져다 줌, 또는 그 물품. ¶ 식당에 채소를 납품하다.
납함(吶喊)[나팜]명하자 여러 사람이 일제히 큰 소리를 지름.
납함(納銜·納啣)[나팜]명하자 (윗사람에게) 명함(名銜)을 드림.
납향(臘享)[나퍙]명 납일(臘日)에, 그해의 농사를 비롯한 여러 가지 일을 사뢰기 위하여 지내는 제사. 납평제(臘平祭).
납형(蠟型)[나평]명 주물(鑄物)의 거푸집을 만들기 위하여, 주물과 똑같은 모양으로 만든 밀랍 원형(原型).
납화(蠟畫)[나퐈]명 납을 섞은 고형 안료를 열로 녹여서 쓰는 회화 기법.〔고대 이집트, 그리스 등지에서 이용되었음.〕

납회(納會)[나푀/나풰]명 ①그해에 마지막으로 여는 모임. ②증권 거래소에서, 그해의 마지막으로 여는 입회(立會). ↔발회.

낫[낟]명 농가에서, 풀·곡식·나뭇가지 따위를 베는 데 쓰는, 'ㄱ' 자 모양의 연장. ＊낫이[나시]·낫만[난-]

낫 놓고 기역 자도 모른다속담 〔기역 자 모양으로 생긴 낫을 보면서도 기역 자를 모른다는 뜻으로〕 아주 무식함을 이르는 말.

낫-감기[낟깜-]명 〈낫갱기〉의 본딧말.

낫-갱기[낟깽-]명 낫자루에 휘어 감은 쇠. 본낫감기.

낫계즉만명 〈옛〉한낮이 겨운 때. 한낮이 지난 때. ¶ 오뉴월 낫계즉만 살얼음 지픤 우ᄒᆡ 즌서리 섯거티고(古時調).

낫-공치[낟꽁-]명 낫의 슴베가 휘어넘어가는 덜미의 두꺼운 부분.

낫ᄀᆞᆯ타 〈옛〉〔'낛다'의 활용형〕 낚을. ¶ 고기 낫ᄀᆞᆯ 낙ᄉᆞᆯ 밍ᄀᆞᄂᆞ다(杜初7:*4*). 참낛다.

낫낫-하다[난나타-]형여 '나긋나긋하다'가 줄어서 된 말. **낫낫-이**부.

낫-놀[난-]명 (슴베가 빠지지 않도록) 낫자루에 놀구멍을 꿰어 박는 쇠못. 준놀[2].

낫:다[1][낟따][나으니·나아]자ㅅ (병이나 상처 등) 몸의 이상이 없어지다. ¶ 부스럼이 낫다. /두통이 말끔히 낫다.

낫:다[2][낟따][나으니·나아]형ㅅ (서로 견주어) 좋은 점이 더하다. ¶ 이것이 더 나아 보인다. /끓여서 먹는 것이 더 낫다.

낫다[나ᅀᅡ·나ᅀᆞ면]자 〈옛〉①나아가다. ¶ 오직 낫고 믈룸 업수미 일후미 不退心이라(楞解*8:18*). /나ᅀᆞ며 므르ᄂᆞᆫ ᄉᆞᅀᅵ예(楞解*9:72*). /나ᅀᆞᆯ 진:進(訓蒙下*26*). ②나아가게 하다. 바치다.

낫대명 〈옛〉낚싯대. ¶ 낫대로 막대 삼고 柴扉ᄅᆞᆯ ᄎᆞ자 보쟈(古時調).

낫:-살[나쌀/낟쌀]명 〈나잇살〉의 준말.

낫^아웃(not out)명 야구에서, 세 번째 스트라이크가 된 공을 포수가 받지 못했을 때 아웃으로 인정하지 않는 규칙. 공보다 타자가 1루에 빨리 도착하면 진루가 됨.

낫우다타 '고치다'의 잘못.

낫:-잡다[낟짭따]타 (수효·수량·금액·나이 따위를) 좀 넉넉하게 치다. ¶ 아무리 낫잡아도 만 원이면 충분하다.

낫-질[낟찔]명하자 (풀이나 나무·곡식 따위를) 낫으로 베는 일.

낫-표(-標)[낟-]명 따옴표의 한 가지. 세로쓰기에서 쓰이는 '「 」'표의 이름.

낛다타 〈옛〉낚다. ¶ 져믄 아ᄃᆞᄅᆞᆫ 바ᄂᆞᄅᆞᆯ 두드려 고기 낫ᄀᆞᆯ 낙ᄉᆞᆯ 밍ᄀᆞᄂᆞ다(杜初7:*4*). /낫글 됴:釣(類合下7).

낭명 '낭떠러지'의 방언.

낭:객(浪客)명 허랑하고 실속이 없는 사람.

낭관(郎官)명 조선 시대에, 각 관아(官衙)의 당하관(堂下官)을 이르던 말.

낭군(郎君)명 (젊은 아내가) '남편'을 정답게 일컫는 말.

낭기-마(郎騎馬)명 혼인 때, 신랑이 신부 집에 타고 가는 말.

낭당(郎幢)명 신라 진평왕(眞平王) 때 설치되었던 군영(軍營)의 이름.

낭도(郎徒)명 ☞화랑도.

낭도(囊刀)명 ☞주머니칼.

낭:독(狼毒)명 한방에서, '오독도기의 뿌리'를 약재로 이르는 말. 〔체증이나 옴 따위에 쓰임.〕

낭:독(朗讀)명하타되자 글을 소리 내어 읽음. ¶ 선언문을 낭독하다. 비낭송(朗誦).

낭-떠러지명 깎아지른 듯이 급하게 솟았거나 비탈진 벼랑. 현애(懸崖). ¶ 천만 길 낭떠러지.

낭랑(浪浪) '낭랑(浪浪)하다'의 어근.

낭랑(琅琅) '낭랑(琅琅)하다'의 어근.

낭랑(朗朗) '낭랑(朗朗)하다'의 어근.

낭:랑-하다(浪浪-)[-낭-]자여 ①정처 없이 떠돌아다니다. ②눈물이 거침없이 흐르다. ③비가 계속 내리다. **낭랑-히**부.

낭랑-하다(琅琅-)[-낭-]형여 옥이 서로 부딪쳐 울리는 소리가 맑다. **낭랑-히**부.

낭:랑-하다(朗朗-)[-낭-]형여 ①소리가 매우 맑고 또랑또랑하다. ¶ 낭랑한 목소리로 편지를 읽다. ②빛이 매우 밝다. **낭랑-히**부.

낭:만(浪漫)명 주정적(主情的) 또는 이상적으로 사물을 파악하는 심리 상태, 또는 그런 심리 상태로 인한 감미로운 분위기. ¶ 젊은이의 꿈과 낭만.

낭:만-적(浪漫的)관명 비현실적이며 이상적인 달콤한 것을 구하는 (것). 환상적이며 공상적인 (것). ¶ 낭만적 성격. /아직 젊은 시절의 꿈속에서 사는 낭만적인 사람.

낭:만-주의(浪漫主義)[-의/-이]명 ①18세기 말에서 19세기 초에 걸쳐 유럽에서 일어난 예술상의 사조(思潮). 고전주의에 반대하여, 자유로운 공상의 세계를 동경하였으며, 개성·감정·정서를 중요시하였음. ②꿈이나 공상의 세계를 동경하고 감상적인 정서를 좋아하는 정신적 경향. 로맨티시즘. 참고전주의.

낭:만-파(浪漫派)명 ①낭만주의를 신봉하는 사람. ②낭만주의의 문학가, 또는 예술가. ③달콤한 정서나 꿈, 또는 공상을 즐기는 사람.

낭:미-초(狼尾草)명 ☞강아지풀.

낭:보(朗報)명 기쁜 소식. 반가운 소식. ¶ 우리 선수가 우승하였다는 낭보가 전해졌다.

낭:비(浪費)명하타되자 (돈·물건·시간·노력 따위를) 헛되이 씀. ¶ 예산을 낭비하다. 비허비.

낭:비-벽(浪費癖)명 낭비하는 나쁜 버릇.

낭:사(浪士)명 언행이 허랑한 사람.

낭:사(浪死)명하자 헛된 죽음. 개죽음.

낭상(囊狀)명 주머니처럼 생긴 모양.

낭:선(狼筅)명 ①십팔기(十八技), 또는 무예 이십사반의 하나. 보졸(步卒)이 낭선창을 가지고 하는 무예. ②〈낭선창〉의 준말.

낭:선-창(狼筅槍)명 창대에 층층이 여러 개의 짧은 가지가 달려 있는 창. 〔가지 끝마다 날카로운 날이 있음.〕 준낭선.

낭:설(浪說)명 터무니없는 헛소문. 뜬소문. ¶ 낭설을 퍼뜨리다. /유에프오가 나타났다는 소문은 낭설이었다.

낭성-대[-때]명 긴 작대기. 장대.

낭-세포(娘細胞)명 세포 분열에 의하여 생긴 두 개의 세포. 〔분열하기 전의 세포(모세포)에 대하여 이르는 말.〕 ↔모세포(母細胞).

낭속(廊屬)명 지난날, 사내종과 계집종을 통틀어 이르던 말.

낭:송(朗誦)명하타 (시나 문장 따위를) 소리 내어 읽거나 욈. ¶ 자작시를 낭송하다. 비낭독(朗讀).

낭습-증(囊濕症)[-쯩]명 한방에서, 불알이 축축한 증세를 이르는 말.

낭:시(曩時)명 지난번. 접때. 낭일(曩日).

낭:아(狼牙)명 한방에서, '짚신나물의 뿌리'를 약재로 이르는 말. 〔해독제나 구충제로 쓰임.〕 견아(犬牙). 낭치(狼齒). 아자(牙子).

낭:아-초(狼牙草)명 ①콩과의 낙엽 활엽 관목. 높이는 50 cm가량 자라며, 가로로 가지를 많이 침. 잎은 깃 모양의 겹잎인데 어긋맞게 남. 7~8월에 연한 홍색 꽃이 피고, 길쭉한 열매 속에 대여섯 개의 씨가 들어 있음. ②☞짚신나물.

낭:연(狼煙)명 ☞봉화(烽火).

낭:월(朗月)명 맑고 밝은 달.

낭:유(浪遊)명하자 하는 일 없이 돌아다니면서 놂. 허랑하게 놂.

낭:유-도식(浪遊徒食)명하자 하는 일 없이 헛되이 놀고먹음.

낭:음(朗吟)명하타 (시, 특히 한시나 시조를) 소리 내어 읊음.

낭:인(浪人)명 마땅한 일자리가 없거나 때를 만나지 못하였거나 하여, 놀고 있는 사람.

낭:일(曩日)명 지난번. 낭시(曩時). 낭자(曩者).

낭자명 ①여인의 예장(禮裝)에 쓰던 딴머리의 한 가지. 〔쪽 찐 머리 위에 얹어 긴 비녀를 꽂음.〕 ②☞쪽[1].

낭자(郎子)명 지난날, 남의 집 '총각'을 점잖게 이르던 말.

낭자(娘子)명 지난날, 남의 집 '처녀'를 점잖게 이르던 말. ¶ 낭자, 지나가는 과객이온데 목이 몹시 마르니 물 한 바가지만 주오.

낭자(狼藉) '낭자하다'의 어근.

낭:자(曩者)명 지난번. 접때. 낭일(曩日).

낭자-군(娘子軍)명 여성들로 조직된 선수단이나 단체를 이르는 말. ¶ 해외 원정 경기에서 우리의 낭자군이 국위를 떨쳤다.

낭:자-야심(狼子野心)명 〔이리와 같은 야심이란 뜻으로〕 '엉큼한 심보'를 비유하여 이르는 말.

낭:자-하다(狼藉-)형여 ①(물건이나 피 따위가) 마구 흩어지거나 얼룩져 있어 어지럽다. ¶ 유혈이 낭자하다. ②왁자지껄하고 시끄럽다. ¶ 낭자하게 떠들어 대다.

낭장(郎將)명 고려 시대에, 무관의 정육품 벼슬. 중랑장(中郎將)의 아래, 별장(別將)의 위.

낭재(郎材)명 신랑감.

낭:적(浪跡·浪迹)명 정처 없이 떠돌아다닌 자취.

낭중(郎中)명 ①지난날, 남자 무당의 한 가지. ②고려 시대에, 육조(六曹)·육부(六部)의 정오품 벼슬. 시랑(侍郎)의 다음.

낭중(囊中)명 주머니 속.

낭중-물(囊中物)명 〔주머니 속의 물건이란 뜻으로〕 '자기 손아귀에 들어 있어 마음대로 할 수 있는 것'을 비유하여 이르는 말.

낭중지추(囊中之錐)명 〔주머니 속의 송곳이란 뜻으로〕 '유능한 사람은 숨어 있어도 자연히 그 존재가 드러나게 됨'을 비유하여 이르는 말.

낭중-취물(囊中取物)명 〔주머니 속의 물건을 취한다는 뜻으로〕 '손쉽게 얻을 수 있음'을 비유하여 이르는 말. '사기(史記)'의 '평원군열전(平原君列傳)'에 나오는 말임. 탐낭취물(探囊取物).

낭:질(狼疾)명 '아주 고약한 성질이 고질이 되어 있음'을 이르는 말.

낭창(踉蹌)명하형 걸음걸이가 비틀거리거나 허둥대어 안정되지 아니함.

낭창-거리다자 자꾸 낭창낭창하다. 낭창대다. 큰능청거리다.

낭창-낭창부하자 (줄이나 가는 막대기 따위가) 탄력성 있게 휘어지거나 흔들리는 모양. ¶ 낭창낭창한 회초리. 큰능청능청.

낭창-대다자 낭창거리다.

낭축-증(囊縮症)[-쯩]명 한방에서, 중병 따위로 원기가 허해져서 불알이 오그라드는 증세를 이르는 말.

낭충(囊蟲)명 조충의 유충(幼蟲). 〔주머니 또는 달걀 모양이며, 중간 숙주(宿主)의 조직 속에 기생함.〕

낭:치(狼齒)명 ☞낭아(狼牙).

낭탁(囊橐)명 ①주머니. ②하타자기 차지로 만듦, 또는 그런 물건. 아람치. ¶ 이건 자네 낭탁일세.

낭:탕(莨菪)명 ☞미치광이풀.

낭:탕-자(莨菪子)명 한방에서, '미치광이풀의 씨'를 약재로 이르는 말. 〔마취제나 진정제로 쓰임.〕 천선자(天仙子).

낭:파-초(狼把草)명 ☞가막사리.

낭:패(狼狽)명하자되자 (실패나 사고를 당하여) 난감한 처지가 됨. ¶ 졸지에 부모를 잃었으니 아이들의 일이 낭패로구나.

낭패(를) 보다관용 낭패를 당하다.

낭:패-스럽다(狼狽-)[-따][~스러우니·~스러워]형ㅂ 난감한 처지나 상태에 있다. ¶ 낭패스러운 일. **낭패스레**부.

낭핍(囊乏)명하형 〔주머니가 비어 있다는 뜻으로〕 가진 돈이 없음.

낭하(廊下)명 ①☞행랑. ②☞복도(複道).

낭:화(浪花)명 밀국수의 한 가지. 〔보통 국수보다 굵고 넓게 만들어 장국에 넣고 끓임.〕

낮[낟]명 ①해가 뜰 때부터 질 때까지의 동안. ↔밤[1]. ②〈한낮〉의 준말. ＊낮이[나지]·낮만[난-]

낮-거리[낟꺼-]명하자 낮에 하는 성교(性交).

낮-결[낟꼍]명 한낮으로부터 저물 때까지를 둘로 나눈 앞 절반. ＊낮결이[낟껴치]·낮결을[낟껴틀]·낮결만[낟껸-]

낮-교대(-交代)[낟꾜-]명하자 낮과 밤으로 번갈아들며 일하는 경우, 낮에 드는 대거리. ↔밤교대.

낮다[낟따]형 ①높이의 정도가 작다. ¶ 낮은 산. ②지위·수준 따위가 떨어져 있다. ¶ 계급이 낮다. /문화 수준이 낮다. ③질이 좋지 못하다. ¶ 품질이 낮다. ④소리·강도 따위가 약하다. ¶ 낮은 목소리. ⑤온도·습도·위도 따위가 높지 않다. ¶ 낮은 온도. ↔높다. ＊낮아·낮고[낟꼬]

낮-대거리(-代-)[낟때-]명하자 (광산에서, 밤과 낮으로 패를 갈라 일할 때) 낮에 들어가 일하는 대거리. ↔밤대거리.

낮-도깨비[낟또-]명 ①낮에 장난을 친다는 도깨비. ②'염치도 체면도 없이 난잡한 짓을 함부로 하는 사람'을 욕으로 이르는 말.

낮-도둑[낟또-]명 ①낮에 남의 물건을 훔치는 도둑. ②'체면을 가리지 않고 제 욕심만 채우는 사람'을 비유하여 이르는 말.

낮-때[낟-]명 한낮을 중심으로 한 한동안. ¶ 거의 낮때나 되어 목적지에 도착하였다.

낮-말[난-]명 낮에 하는 말.

낮말은 새가 듣고 밤말은 쥐가 듣는다속담 아무리 비밀로 한 말도 누군가가 듣는다는 뜻으로, 항상 말조심을 하라는 말.

낮-보다[낟뽀-]타 〈낮추보다〉의 준말. ↔돋보다.

낮-수라(←-水剌)[낟쑤-]명 '점심'의 궁중말.

낮-술[낟쑬]명 낮에 마시는 술.

낮은-말명 저속하고 천한 말. 상말. 비어(卑語).

낮은-음(-音)명 저음(低音). ↔높은음.

낮은음자리-표(-音-標)명 낮은 음역(音域)을 적은 보표임을 나타내는 기호. 〔오선의 넷째 줄이 '바' 음임을 나타냄. 기호는 𝄢) 저음부 기호. 베이스 클레프. 바음자리표. ↔높은음자리표.
낮-일[난닐]명하자 낮에 하는 일. ↔밤일.
낮-잠[낟짬]명 낮에 자는 잠. 오수(午睡). 오침(午寢). 주침(晝寢). ↔밤잠.
낮잠(을) 자다관용 ①게으름을 피우고 있다. ②요긴하게 쓰일 물건이, 쓰이지 못하고 버려져 있다. ¶ 비싼 값으로 들여온 기계가 창고 안에서 낮잠 자고 있다.
낮-잡다[낟짭따]타 ①실제의 값어치보다 낮게 치다. ②(남을) 대수롭지 않게 여기다. ¶ 그를 낮잡아 보다가는 큰코다치지.
낮-참[낟-]명 점심 전후의 잠시 쉬는 동안, 또는 그때 새참으로 먹는 음식.
낮추[낟-]부 낮게. ¶ 새 떼가 들판 위를 낮추 날고 있다. ↔도두.
낮-추다[낟-]타 ①〖'낮다'의 사동〗 낮게 하다. ¶ 굽을 낮춘 구두. /자리를 낮추다. ②말을 하대(下待)하여 쓰다. ¶ 말을 낮추다. ↔높이다.
낮추-보다[낟-]타 얕보거나 업신여기다. ¶ 사람을 낮추보다. 준낮보다. ↔도두보다.
낮춤[낟-]명 말하는 주체나 말을 듣는 이를, 말의 씀씀이로써 낮추는 일. ↔높임.
낮춤-말[낟-]명 낮추어 쓰는 말. 〔'하게'·'해라' 따위.〕 ↔높임말.
낮-후(-後)[나투]명 한낮이 지난 뒤.
낯[낟]명 ①얼굴. 면(面). ¶ 낯을 씻다. ②남을 대할 만한 체면(면목). ¶ 더는 볼 낯이 없다. /무슨 낯으로 대하나? *낯이[나치]·낯만[난-]
낯이 깎이다관용 체면이 손상되다. ¶ 낯이 깎이는 짓을 하다.
낯(이) 두껍다관용 뻔뻔스럽고 염치가 없어 부끄러움을 모르다. ¶ 어떻게 낯 두껍게 또 손을 내미느냐.
낯(이) 뜨겁다관용 남 보기가 부끄러워 얼굴이 달아오르다.
낯이 있다관용 안면이 있다. ¶ 그녀와는 낯이 있는 사이이다.
낯명 〈옛〉낱. ¶ 네 나출 메여 오고 마니(杜初 *25:2*). /一萬 나출 버힐디로다(杜初*21:5*).
낯-가리다[낟까-]자 (어린아이가) 낯선 사람을 대하기 싫어하다.
낯가림[낟까-]명하자 어린아이가 낯선 사람을 대하기 싫어하는 일. ¶ 나이가 세 살인데 아직도 낯가림을 한다오.
낯-가죽[낟까-]명 얼굴 껍질을 이루는 살가죽.
낯가죽(이) 두껍다관용 뻔뻔스럽고 염치가 없다. 얼굴이 두껍다.
낯-간지럽다[낟깐-따][~간지러우니·~간지러워]형ㅂ 마음에 찔리거나 염치가 없어서 남 보기에 거북스럽고 부끄럽다. ¶ 아무 한 일도 없이 상을 받다니, 낯간지러운 일이다.
낯-나다[난-]자 체면을 세우다. 생색이 나다.
낯-내다[난-]자 생색을 내다. ¶ 곗술로 낯내다.
낯-면(-面)[난-]명 한자 부수의 한 가지. '靦'·'靨' 등에서의 '面'의 이름.
낯-모르다[난-][~모르니·~몰라]자르 누구인 줄 모르다. ¶ 낯모르는 남자.
낯-바닥[낟빠-]명 〈낯〉의 속된 말.
낯-부끄럽다[낟뿌-따][~부끄러우니·~부끄러워]형ㅂ 체면이 서지 않아 남을 대하기가 부끄럽다.
낯-빛[낟삗]명 얼굴빛. 안색(顔色). *낯빛이[낟삐치]·낯빛만[낟삔-]
낯-살[낟쌀]명 얼굴의 주름살. ¶ 낯살을 찌푸리다.
낯-설다[낟썰-][~서니·~설어]형 ①안면이 없다. ¶ 낯선 사람. ②눈에 익지 않아 서먹하다. ¶ 낯선 타향. /낯선 차가 집 앞에 서 있다.
낯-알다[나달-][~아니·~알아]자 얼굴을 알아보다(기억하다). ¶ 낯아는 사람.
낯-없다[나덥-]형 너무 미안하여 남을 대할 면목이 없다. ¶ 인사를 차리지 못하여 낯없게 되었다. 낯없-이부.
낯-익다[난닉따]형 ①전에 본 기억이 있다. ¶ 낯익은 얼굴. ②여러 번 보아서 서먹하지 않다. ¶ 낯익은 거리.
낯익-히다[난니키-]타 〖'낯익다'의 사동〗 얼굴을 여러 번 대하여 친숙한 느낌이 들게 하다.
낯-짝[낟-]명 〈낯〉의 속된 말. ¶ 무슨 낯짝으로 그런 소릴 해?
낱ː[낟]명 셀 수 있는 물건의 하나하나. ¶ 낱으로 사니까 비싸다. *낱ː이[나치]·낱ː을[나틀]·낱ː만[난-]
낱ː-가락[낟까-]명 (엿이나 가래떡 따위의) 하나하나의 가락.
낱ː-값[낟깝]명 ☞단가(單價). *낱ː값이[낟깝씨]·낱ː값만[낟깜-]
낱ː값-표(-標)[낟깝-]명 ☞단가표(單價標).
낱ː-개(-個)[낟깨]명 여럿 가운데의 한 개 한 개. ¶ 낱개로는 팔지 않는다.
낱ː-개비[낟깨-]명 (성냥·담배·장작 따위의) 하나하나의 개비. ¶ 성냥의 낱개비.
낱ː-권(-卷)[낟꿘]명 한 벌로 된 책의 한 권 한 권. ¶ 전집을 낱권으로도 판다.
낱ː-그릇[낟끄륻]명 따로따로인 한 그릇 한 그릇. *낱ː그릇이[낟끄르시]·낱ː그릇만[낟끄른-]
낱ː-근(-斤)[낟끈]명 따로따로인 한 근 한 근.
낱ː-꼬치[낟-]명 (곶감·건어물 따위의) 따로 된 꼬치의 한 꼬치 한 꼬치.
낱ː-낱[난낟]명 (여럿 가운데의) 하나하나. 개개. *낱ː낱이[난나치]·낱ː낱을[난나틀]·낱ː낱만[난난-]
낱ː낱-이[난나치]부 하나하나 빠짐없이 모두. ¶ 조금도 숨기지 말고 낱낱이 다 아뢰어라.
낱ː-냥쭝(←-兩重)[난-]명 따로따로인 한 냥쭝 한 냥쭝.
낱다자 〈옛〉나타나다. ¶ 알핀 나ᄐᆞ면 現前(永嘉下*20*). 참낟다.
낱ː-단[낟딴]명 따로 된 한 단 한 단.
낱ː-덩이[낟떵-]명 따로 된 낱낱의 덩이.
낱ː-돈[낟똔]명 돈머리를 이루지 못한 한 푼 한 푼의 돈. 낱푼. ¶ 낱돈을 저금통에 넣다.
낱ː-돈쭝(←-重)[낟똔-]명 따로따로인 한 돈쭝 한 돈쭝.
낱ː-동[낟똥]명 따로따로인 하나하나의 동.
낱ː-되[낟뙤/낟뛔]명 따로따로인 한 되 한 되. ¶ 쌀을 낱되로 사 먹다.
낱ː-뜨기[낟-]명 낱개로 파는 물건.
낱ː-마리[난-]명 따로따로인 한 마리 한 마리. 따로따로의 한 마리.
낱ː-말[1][난-]명 따로따로인 한 말 한 말.
낱ː-말[2][난-]명 ☞단어(單語).
낱ː-뭇[난묻]명 따로따로인 한 뭇 한 뭇. 따로따로의 뭇. *낱ː뭇이[난무시]·낱ː뭇만[난문-]
낱ː-벌[낟뻘]명 따로따로인 한 벌 한 벌.
낱ː-상(-床)[낟쌍]명 따로따로인 한 상 한 상.
낱ː-섬[낟썸]명 따로따로인 한 섬 한 섬.
낱ː-셈[낟쎔]명하타 개수를 하나하나 세는 셈.
낱ː소리-글[낟쏘-]명 ☞음소 문자(音素文字).
낱ː-알[나달]명 하나하나의 따로따로인 알.

낱ː-자[낟짜]명 〔필(疋)이 아닌〕 한 자 한 자.
낱ː-자(-字)[낟짜]명 ☞자모(字母).
낱ː-자루[낟짜-]명 (연필·붓·양초 따위의) 낱낱의 한 자루 한 자루.
낱ː-잔(-盞)[낟짠]명 (되나 병으로가 아닌) 잔술의 한 잔.
낱ː-장(-張)[낟짱]명 따로따로인 한 장 한 장.
낱ː-푼(←-分)[낟-]명 ☞낱돈.
낱ː-흥정[나틍-]명하타 (도거리로 하지 않고) 낱으로 값을 치는 흥정.
낳명 〈옛〉나이. 나. ¶ 나히 하마 아호빌써(釋譜 6:3).
낳ː다[1][나타]타 ①(사람이나 동물이) 아이 또는 새끼나 알을 몸 밖으로 내놓다. ②어떤 결과를 이루거나 가져오다. ¶ 모든 사람의 정성이 기적을 낳았다. /소문이 소문을 낳다. ③(사회적 환경이나 주변 여건 등이) 어떤 사실이나 인물을 나오게 하다. ¶ 그는 한국이 낳은 세계적인 바이올린 연주가다. *낳아[나-]·낳ː는[난-]
낳다[2][나타]타 ①(솜·털·삼 껍질 따위로) 실을 만들다. ¶ 모시를 삼아서 실을 낳다. ②실로 피륙을 짜다. ¶ 베를 낳다. *낳아[나-]·낳는[난-]
낳이[나-]명 ①하자 피륙을 낳는(짜는) 일. ②《고장이나 땅 이름 뒤에 붙어》 어디서 난 피륙임을 나타내는 말. ¶ 고양(高陽)낳이.
내[1]명 연기 따위에서 나는 매운 기운.
내[2]명 〈냄새〉의 준말. ¶ 고소한 내가 난다.
내ː[3]명 시내보다는 크고, 강보다는 조금 작은 물줄기. 개천.
내[4] Ⅰ대 주격이나 보격 조사 '가' 앞에 쓰이는 일인칭 대명사. 〔'나[1]'의 특수 형태.〕 ¶ 내가 가겠다. /내가 할 일이다.
Ⅱ준 '나의'가 줄어든 말. ¶ 내 생각대로 하겠다.
내가 할 말을 사돈이 한다속담 ①내가 해야 할 말을 남이 가로채어 한다. ②내가 남을 탓하려고 하니 남이 먼저 나를 나무란다.
내 딸이 고와야 사위를 고르지속담 자기가 든든해야 그에 걸맞은 좋은 것을 바랄 수 있다는 말.
내 밑 들어 남 보이기속담 자기의 잘못이나 약점을 스스로 드러내는 어리석은 짓을 이르는 말.
내 밥 먹은 개가 발뒤축 문다속담 은혜를 갚기는커녕 도리어 배반하는 경우를 이르는 말.
내 손톱〔손/손가락〕에 장을 지져라속담 (손톱을 달구어 장을 지지는 고통을 걸고) 자기의 주장이나 생각 따위가 틀림없음을 강조할 때 하는 말. ¶ 내 말이 거짓이라면 내 손에 장을 지져라.
내 코가 석 자속담 자기 일도 막막한 처지라, 남의 고통이나 슬픔을 돌볼 겨를이 없음을 이르는 말.
내ː(內)의 (공간이나 시간 등) 일정한 한계의 안. ¶ 기한 내. /구역 내.
-내접미 《때를 나타내는 명사 뒤에 붙어》 ①'처음부터 끝까지'의 뜻을 나타냄. ¶ 여름내. /겨우내. /저녁내. ②'그때까지'의 뜻을 나타냄. ¶ 마침내. /끝내.
내ː-가다타 (안에서) 밖으로 가져가다. 내어 가다. ¶ 들에 점심을 내가다.
내ː각(內角)명 ①수학에서, 서로 만나는 두 직선의 안쪽의 각, 또는 다각형의 안쪽의 각. ②야구에서, 인코너. ¶ 내각을 찌르는 강속구. ↔외각(外角).
내ː각(內殼)명 속껍데기. ↔외각(外殼).
내ː각(內閣)명 ①국무 위원으로 조직되어 국가의 행정을 담당하는 행정 중심 기관. ②'규장각'의 딴 이름.
내ː각^불신임안(內閣不信任案)[-뿔씨니만]명 내각 책임제에서, 내각을 신임하지 않는다는 의회의 결의안.
내ː-각사(內各司)[-싸]명 지난날, 궁궐 안에 있던 여러 관청. ↔외각사(外各司).
내ː각^책임제(內閣責任制)명 ☞의원 내각제.
내ː간(內間)명 ☞아낙.
내ː간(內艱)명 어머니의 상사(喪事), 또는 승중(承重)으로서 당하는 할머니의 상사. 내간상(內艱喪). 내우(內憂). ↔외간(外艱).
내ː간(內簡)명 부녀자 사이에 주고받는 편지. 내서(內書). 내찰(內札). 안편지.
내ː간-상(內艱喪)명 ☞내간(內艱). ↔외간상.
내ː간-체(內簡體)명 ①부녀자 사이에 오가던 옛날 편지의 글체. ②고전 문체의 한 가지. 일상어로 말하듯이 써 나간 일기나 수필 따위의 글체.
내ː-갈기다타 ①힘껏 때리다. ¶ 사정없이 뺨을 내갈겼다. ②글씨를 아무렇게나 마구 쓰다. ¶ 몇 자 내갈겨서 인편에 부치다. ③똥·오줌·침 따위를 아무 데나 마구 싸거나 뱉다. ¶ 전봇대에 오줌을 내갈기다. ④총·대포 따위를 계속하여 마구 쏘다. ¶ 기관총을 내갈기다.
내ː감(內感)명 정신 활동에 의하여 지각되는 감각. 내적 경험.
내ː-감창(內疳瘡)명 한방에서, 입 안이나 잇몸에 나는 부스럼을 이르는 말.
내ː강(內剛)명하형 겉으로 보기에는 유순하면서도 속마음이 굳셈.
내ː강-외유(內剛外柔)[-외-/-웨-]명하형 ☞외유내강.
내ː개(內開)명 봉투 안에 든 편지의 내용.
내ː개(內概)명 편지의 주요 내용.
내ː객(內客)명 ☞안손님. ↔외객(外客).
내ː객(來客)명 찾아온 손. ¶ 내객을 맞다.
내ː-걷다[-따][~걸으니·~걸어]자ㄷ 앞을 향해 걷다.
내ː-걸다[~거니·~걸어]타 ①밖에 내어 걸다. ¶ 간판을 내걸다. ②어떤 목표·조건 따위를 내놓다. ¶ 토론 제목으로 여권 신장을 내걸다. ③회생을 무릅쓰다. ¶ 목숨을 내걸고 달려들다.
내ː걸-리다자 〖'내걸다'의 피동〗 내걸음을 당하다. ¶ 협상 조건이 내걸렸다. /가게를 닫는다는 안내문이 내걸렸다. /많은 병사의 목숨이 내걸린 무모한 전쟁이었다.
내ː경(內徑)명 ☞안지름.
내ː-경험(內經驗)명 개인의 의식의 경험. 주관적인 경험.
내ː계(內界)[-계/-게]명 ①마음속의 세계. 의식의 내면. ②내부 세계.
내ː고(內顧)명하자 ①집안일을 돌봄. ②처자식 일로 마음을 씀.
내ː-골격(內骨格)명 척추동물의 골격과 같이 몸의 내부에 있는 골격. 〔조개껍데기, 거북의 등딱지 등과 같은 외골격에 대하여 이르는 말.〕
내ː-곱다[-따]자 바깥쪽으로 곱아 꺾이다. 큰내굽다. ↔들이곱다.
내ː공(內功)명 오랜 노력과 수련으로 몸 안에 쌓인 신비한 능력이나 힘. ¶ 내공을 쌓다.
내ː공(內攻)명하자 ①병이 겉으로 나타나지 아니하고 안으로만 퍼져 악화되는 상태. 내향(內向). ②정신적 결함이나 타격이 겉으로 나타나지 않고 속으로만 퍼지는 일.
내ː공(內空)명하자 속이 비어 있음.

내ː공(內供)명 〈내공목(內供木)〉의 준말.
내ː공(來貢)명하자 외국이나 속국의 사신이 와서 공물(貢物)을 바침.
내ː공(耐空)명하자 (착륙하지 아니하고) 비행을 계속함.
내ː공-목(內供木)명 안감으로 쓰는, 질이 낮은 무명. 왜난목. 준내공.
내ː과(內科)[-꽈]명 의학의 한 분과. 내장의 여러 기관에 생긴 질병을 외과적 수술을 하지 않고, 약이나 물리적 요법에 의하여 치료함. 참외과(外科).
내ː과(內踝)명 발의 안쪽에 있는 복사뼈. ↔외과(外踝).
내ː과-의(內科醫)[-꽈의/-꽈이]명 내과를 전문으로 하는 의사.
내ː-과피(內果皮)명 과피(果皮)의 가장 안쪽에 있는 층(層). 참외과피·중과피.
내ː곽(內廓·內郭)명 안쪽 테두리. ↔외곽(外廓).
내ː관(內官)명 ☞내시(內侍).
내ː관(內棺)명 관(棺)을 곽(槨)에 대하여 이르는 말.
내ː관(內觀)명하자 ①심리학에서, 자기의 의식 현상을 의도적·계획적으로 관찰하는 일을 이르는 말. 자기 관찰. 내성(內省). ②불교에서, 자기 자신의 내심(內心)을 관찰하는 일을 이르는 말.
내관(來館)명하자타 박물관·도서관 등 '관(館)'이란 이름이 붙은 기관에 옴(찾아옴)을 뜻하는 말.
내관(來觀)명하타 와서 봄.
내ː-광목(內廣木)명 성기게 짠 질이 낮은 광목. 옷의 안감으로 쓰임.
내ː교(內敎)명 불교에서, 불교 외의 종교에 대하여, 불교를 스스로 이르는 말. 내도(內道). ↔외교.
내ː-교섭(內交涉)명하자 (정식 교섭에 들어가기 전에) 상대편의 의사를 미리 알아보기 위해서 하는 비공식 교섭. 예비 교섭.
내ː구(內寇)명 내부의 적(敵). 나라 안의 역적(逆賊). ↔외구(外寇).
내ː구(內舅)명 주로 편지 글에서, '외숙(外叔)'의 뜻으로 쓰는 말.
내구(來寇)명하자 도적이 쳐들어옴. ¶ 이웃 나라로부터의 내구가 잦았다.
내ː구(耐久)명하자 오래 견딤. 오래 지속함. ¶ 내구 경기.
내ː구-력(耐久力)명 오래 견디는 힘. ¶ 내구력이 뛰어난 제품.
내ː구-성(耐久性)[-썽]명 (물질이) 변질되거나 변형되지 않고 오래 견디는 성질.
내ː구^소비재(耐久消費財)명 오래도록 쓸 수 있는 소비재. 〔장롱·텔레비전·냉장고 따위.〕
내ː구-재(耐久財)명 오래도록 쓸 수 있는 재물. 〔'내구 소비재'와 같은 뜻으로 쓰이는 경우가 많음.〕 ↔비내구재.
내ː국(內局)명 ☞내의원(內醫員).
내ː국(內國)명 자기 나라 안. ¶ 내국 회사.
내ː국^관세(內國關稅)[-꽌-]명 '국내 관세'를 외국의 관세에 상대하여 이르는 말. 내지 관세(內地關稅).
내ː국^무ː역(內國貿易)[-궁-]명 국내에 있는 외국인이나 외국 상사와의 상품 거래. 〔외국 무역과 같이 외화 출입(外貨出入)의 효과를 나타냄.〕
내ː국-민(內國民)[-궁-]명 ☞내국인.
내ː국민^대ː우(內國民待遇)[-궁-]명 (재판·세금·재산권 등에 대하여) 외국 국민을 자기 나라 국민과 차별하지 않고 동등하게 대우하는 일. 자국민(自國民) 대우.
내ː국-법(內國法)[-뻡]명 자기 나라의 법률. 국내법.
내ː국-산(內國產)[-싼]명 국내에서 생산된 물건이나 제품. ↔외국산(外國產).
내ː국-세(內國稅)[-쎄]명 국세의 한 가지. 국세 중에서 관세와 톤세(ton稅)를 제외한 것을 통틀어 이르는 말.
내ː국^소비세(內國消費稅)[-쏘-쎄]명 ☞국내소비세.
내ː국-인(內國人)명 자기 나라의 국적을 가진 사람. 내국민.
내ː국-제(內國製)[-쩨]명 자기 나라의 제품. ↔외국제.
내ː국-채(內國債)명 국내에서 모집하는 공채(公債). 국채. 내채.
내ː국-환(內國換)[-구콴]명 국내에서 그 결제(決濟)가 이루어지는 환.
내ː-굴리다타 함부로 내돌려서 천하게 다루다. ¶ 단단한 물건도 그렇게 내굴리면 금방 고장이 난다.
내ː-굽다[-따]자 바깥쪽으로 굽어 꺾이다. 작내곱다. ↔들이굽다.
내ː규(內規)명 (회사·단체·관청·학교 등에서) 그 내부에서만 시행되는 규정. 내칙(內則).
내근(內近) '내근하다'의 어근.
내ː근(內勤)명하자 (관공서·회사 등에서) 밖으로 나다니면서 하는 근무가 아니고, 주로 안에서 하는 근무. ¶ 내근 기자. ↔외근(外勤).
내ː근-하다(內近-)형여 부녀자가 거처하는 방과 가깝다.
내ː금(內金)명 치러야 할 돈 중에서 얼마를 미리 치르는 돈.
내ː-금위(內禁衛)명 조선 시대에, 임금을 호위하고 궁궐을 지키는 금군(禁軍)이 딸린 관아.
내ː-기명하타 (금품을 걸거나 어떤 약속 아래) 이기고 짐을 겨루는 일. ¶ 내기 바둑을 두다.
내ː기(耐飢)명하자 굶주림을 견딤.
-내기접미 ①고장을 나타내는 말 뒤에 붙어, 그 고장 사람임을 뜻함. ¶ 서울내기. /시골내기. ②일부 어간이나 접두사 뒤에 붙어, '그 정도의 사람임'을 얕잡아 이르는 말. ¶ 풋내기. /여간내기. /보통내기.
내ː-깔기다타 ①똥·오줌·침 따위를 밖이나 앞을 향해 마구 싸거나 뱉다. ¶ 도로에 침을 내깔기다. ②알 따위를 아무 데나 마구 낳다. ③말 따위를 갑자기 내뱉다. ④총 따위를 아무 데나 함부로 쏘다. ¶ 마구 총을 내깔기다.
내ː-꽂다[-꼳따]타 앞이나 밖을 향해 마구 또는 세게 꽂다. ¶ 그 농부는 호미를 밭에 내꽂고 집으로 뛰어갔다.
내ː-끌다[~끄니·~끌어]타 앞이나 밖을 향해 마구 또는 세게 끌다. ¶ 아이는 빨리 가자고 엄마의 팔을 내끌었다.
내ː나부 ①결국은. ¶ 오래 버티던 그도 내나 굴복하고 말았다. ②'일껏'의 방언.
내ː낙(內諾)명 〈내락(內諾)〉의 본딧말.
내남-없이[-나멉씨]부 나나 다른 사람이나 다 마찬가지로. ¶ 내남없이 모두 제 일에 분주하다.
내ː-내부 처음부터 끝까지. 줄곧. ¶ 수업 시간 내내 졸다. /선생님 내내 안녕히 계십시오.
내-내년(來來年)명 ☞내명년(來明年).

내-내월(來來月)명 내월의 다음 달. ¶ 내내월이 되어서야 일이 마무리될 것이다.
내년(來年)명 올해의 다음 해. 명년(明年).
내년-도(來年度)명 ☞명년도.
내:념(內念)명 마음속의 생각.
내노라-하다자 '내로라하다'의 잘못.
내:-놓다[-노타]타 ①꺼내어 놓거나 밖으로 옮기다. ¶ 짐을 내놓다. ②가지고 있거나 차지했던 것을 내주다. ¶ 자리를 내놓다. /기부금을 내놓다. ③작품이나 논문 따위를 발표하다. ¶ 대작을 내놓다. ④의견·요구·문제 따위를 제기하다. ¶ 조건을 내놓다. /타협안을 내놓다. ⑤가두어 두거나 잡아 두었던 것을 놓아주다. ¶ 닭을 우리에서 내놓다. ⑥버리다. 제외하다. ¶ 내놓은 자식. /나만 내놓고 모두 우등생이다. ⑦팔려는 뜻을 널리 알리다. ¶ 가게를 내놓다. ⑧드러내 보이다. (('내놓고'의 꼴로만 쓰임.)) ¶ 내놓고 자랑할 것이 못 된다. ⑨희생을 무릅쓰다. ¶ 목숨을 내놓고 싸우다. ⑩음식 따위를 대접하다. ¶ 손님에게 과자와 차를 내놓다. ⑪신체나 신체의 일부를 겉으로 드러나게 하다. ¶ 배꼽을 내놓다.
내:다[1]자 연기와 불꽃이 아궁이로 되돌아 나오다. ¶ 바람이 부니 불이 낸다.
내:다[2]타 ①(돈이나 물건을) 주거나 바치다. ¶ 세금을 꼬박꼬박 내다. ②(편지 따위를) 보내다. ¶ 안내장을 내다. ③제기하거나 제출하다. ¶ 문제를 내다. /신청서를 내다. ④거름 따위를 논밭에 가져가다. ¶ 두엄을 내다. ⑤곡식을 팔려고 내놓다. ¶ 쌀을 시장에 내다. ⑥음식을 대접하다. ¶ 점심을 내다. ⑦(출판물을) 발행하다. ¶ 신문을 내다. ⑧(돈 따위를) 얻다. ¶ 빚을 내다. ⑨(살림이나 가게 따위를) 새로 차리다. ¶ 책방을 내다. ⑩(모종 따위를) 논밭에 옮겨 심다. ¶ 모를 내다. ⑪성적을 처리하다. ¶ 성적을 내다.
내:다[3]타 〖'나다[1]'의 사동〗 ①밖(겉)으로 나가게 하다. ¶ 이삿짐을 밖으로 내다. ②생기거나 일어나게 하다. ¶ 소리를 내다. /불을 내다. ③밖으로 드러나게 하다. ¶ 이름을 내다. /소문을 내다. ④틈(짬)을 만들다. ¶ 바빠서 시간을 내기가 힘들다. ⑤길을 새로 만들다. ¶ 통로를 내다. ⑥어떤 상태로 되게 하다. ¶ 결말을 내다. /두 동강을 내다. ⑦윷놀이에서, 말을 날밭 밖으로 나게 하다. ¶ 두 동을 내다. ⑧(구멍 따위를) 뚫다. ¶ 구멍을 내다. ⑨힘(기운)을 더하다. ¶ 좀 더 속력을 내라. ⑩발표하다. ¶ 광고를 내다.
내:다[4]조동 동사 어미 '-아'·'-어' 뒤에 쓰이어, 그 동작이 끝내 이루어짐을 나타냄. ¶ 추위를 이겨 내다. /견디어 내다.
내:다-보다타 ①안에서 밖을 보다. ¶ 차창으로 노변 풍경을 내다보다. ②앞일을 미리 헤아리다. ¶ 백 년 앞을 내다보고 세운 계획.
내:다보-이다자 〖'내다보다'의 피동〗 ①밖에 있는 것이 안에서 보이다. ¶ 창밖으로 바다가 내다보이다. ②안에 있는 것이 밖으로 드러나 보이다. ¶ 속살이 내다보이다. ③앞날의 일이 짐작되다. ¶ 밝은 내일이 내다보이다.
내:다지명 기둥 같은 데에 마주 뚫은 구멍.
내:-닫다[-따][~달으니·~달아]자타ㄷ 갑자기 힘차게 뛰어나가다. 내달리다. ¶ 돌격 나팔 소리가 울리자 병사들은 일제히 내달았다.
내닫기는 주막집 강아지라속담 무슨 일이 있기만 하면, 금세 나서서 무게 없이 왔다 갔다 하는 사람을 이르는 말.
내:닫이-창(-窓)[-다지-]명 창틀을 벽면보다 바깥쪽으로 내밀어 단 창.
내-달(來-)명 이달의 다음 달. 내월(來月).
내:-달다[~다니·~달아]타 ①밖이나 앞쪽에 달다. ¶ 밖에 간판을 내달았다. ②같은 방향으로 더 잇다. ¶ 방을 여러 개 더 내달아 지었다.
내:-달리다자타 ☞내닫다.
내담(來談)명하타 찾아와서 서로 이야기를 나눔. ¶ 궁금한 것이 있는 분은 내담해 주십시오.
내:당(內堂)명 ☞내실(內室).
내:-대각(內對角)명 ①삼각형의 한 외각(外角)과 이웃하여 있지 않은, 두 내각을, 그 외각에 대하여 이르는 말. ②사각형의 한 외각에 대하여, 그 꼭짓점과 마주 보는 꼭짓점에서의 내각을 이르는 말.
내:-대다타 ①앞으로 불쑥 내밀어 상대에게 접근시키거나 보이다. ¶ 증거물을 내대다. ②뻣뻣하게 말하거나 거역하여 말하다. ¶ 어른 앞에서 그렇게 말을 내대는 게 아니다. ③냉대하여 멀리하다. ¶ 매정하게 내대다.
내:-던지다타 ①힘껏 던지다. ②관계를 끊고 돌보지 않다. ¶ 직장을 내던지다. /가족을 내던지다. ③말을 아무렇게나 하다. ¶ 한마디 내던지고 돌아서 버렸다. ④어떤 목적을 위하여 희생하다. ¶ 목숨을 내던지다.
내:도(內道)명 ☞내교(內教). ↔외도(外道)[1].
내도(來到)명하자 옴. 도착함. ¶ 신용장 내도.
내도(來島)명하자 섬에 찾아옴.
내:-도량(內道場)명 궁궐 안에, 불사(佛事)를 베풀기 위하여 마련한 건물. 내원당(內願堂).
내:-돋다[-따]자 밖이나 겉으로 돋아 나오다. ¶ 땀방울이 송송 내돋다.
내:돋-치다자 세게 내돋다. ¶ 힘을 주자 팔뚝에 힘줄이 내돋쳤다.
내:-돌리다타 물건을 함부로 내놓아 남의 손에 가게 하다. ¶ 경운기를 내돌렸더니 그만 못 쓰게 되었다.
내동(來同)명하자 와서 모임. ¶ 결혼식에 친척이 많이 내동하였다.
내:-동댕이치다타 ①(아무렇게나) 힘껏 내던지다. ¶ 가방을 땅바닥에 내동댕이치다. ②어떤 것을 버리거나 포기하다. ¶ 자존심을 내동댕이치다.
내:-동원(內東園)명 울안에 만들어 놓은 조그마한 동산. ¶ 저 안의 내동원은 예 보던 고면(故面)이요(烈女春香守節歌).
내:-동헌(內東軒)명 ☞내아(內衙).
내두(來頭)명 (지금으로부터) 다가올 앞날. 곧, 장래(將來). 전두(前頭).
내:-두다타 밖에 내어 두다. ¶ 모종한 화분을 베란다에 내두다.
내:-두르다[~두르니·~둘러]타르 ①이리저리 흔들다. 마구 휘두르다. ¶ 응원기를 내두르다. ②남을 자기 마음대로 이리저리 움직이게 하다. ¶ 자기 부하를 심하게 내두르다.
내두-사(來頭事)명 앞날의 일.
내:-둘리다[1]자 정신이 아찔하여 어지러워지다. ¶ 머리가 내둘려 일어나지 못하겠다.
내:둘리다[2]자 〖'내두르다'의 피동〗 내두름을 당하다. ¶ 형이 아우에게 내둘리다.
내:-드리다타 〔'내어 드리다'가 줄어서 된 말로〕 ①윗사람에게 물건을 내어 주다. ¶ 작성한 서류를 부장님께 내드리고 결재를 기다렸다. /손님께 수건을 내드려라. ②(차지하고 있던 것을) 윗사람에게 넘겨주다. ¶ 노인께 자리를 내드리다.

내ː-들다[~드니·~들어][타] ①앞쪽이나 바깥쪽으로 내어서 들다. ¶ 사람들은 술잔을 내들어 건배했다. ②예를 들어서 말하다. ¶ 과장은 지난번 경우를 내들면서 자기 주장을 굽히지 않았다.

내ː-디디다[타] ①(걸어가기 위하여) 발을 앞으로 옮겨 놓다. ¶ 길이 험하여 발을 내디디기가 힘들다. ②무슨 일을 시작하다. 《주로, '발을 내디디다'의 꼴로 쓰임.》 ¶ 교직자로서의 첫발을 내디디다. [준]내딛다.

내ː-딛다[-따][타] 〈내디디다〉의 준말.

내ː-떨다[~떠니·~떨어][타] ①(붙은 것이 떨어지도록) 밖으로 대고 냅다 떨다. ¶ 흙투성이의 옷을 내떨었다. ②(남이 붙잡지 못하도록) 냅다 뿌리치다. ③몸을 몹시 떨다. ¶ 손을 사시나무처럼 내떨며 무서워하였다.

내ː-뚫다[-뚤타][타] 이쪽에서 저쪽까지 통하게 뚫다. ¶ 고개 너머까지 굴을 내뚫었다.

내ː뚫-리다[-뚤-][자] 〖'내뚫다'의 피동〗 내뚫음을 당하다.

내ː-뛰다[자] ①냅다 앞으로 뛰어가다. ②힘껏 앞으로 뛰다. ③빠르게 도망쳐 달아나다. ¶ 경찰이 도착했으나 범인은 내뛰고 없었다.

내ː-뜨리다[타] 사정없이 냅다 던져 버리다. 내트리다.

내ː락(*內諾)[명][하타] ①비공식으로 승낙함. ¶ 상대편의 내락부터 얻어 놓고 일을 시작하다. ②남몰래 허락함.

내ː란(內亂)[명] ①나라 안에서 일어난 난리. ②정부를 뒤엎을 목적으로 나라 안에서 일으킨 무력 투쟁. 내변(內變).

내ː란-죄(內亂罪)[-쬐/-쮀][명] 정부를 전복시키거나 국헌을 문란하게 할 목적으로 폭동을 일으킴으로써 성립되는 죄.

내ː람(內覽)[명][하타] 비공식으로(몰래) 봄.

내ː량(耐量)[명] 약물을 사용하는 경우, 중독은 일으키지만 죽음에까지는 이르지 않는 약물 사용의 최대량.

내레이션(narration)[명] 영화나 방송극 따위에서의, 이야기 형식의 해설.

내레이터(narrator)[명] 영화나 방송극 따위에서 내용이나 줄거리를 해설하는 사람.

내려-가다 [I][자타] 높은 데서 낮은 데로, 위에서 아래로 움직이어 가다. ¶ 지하실에 내려가다. /산을 내려가다. ↔올라가다.

[II][자] ①서울에서 지방으로 가다. ¶ 고향으로 급히 내려가다. ②값·온도·물가·통계 수치 따위가 낮아지거나 떨어지다. ¶ 기름 값이 내려가다. /기온이 내려가다. /열이 내려가다. ③뒷날로 전하여 가다. ¶ 후대로 내려가면 환경 문제가 더욱 심각해질 것이다. ④지위·단계·정도 따위가 보다 낮게 옮아가다. ¶ 계급이 내려가다. ⑤먹은 음식이 잘 소화되다. ¶ 아침 먹은 것이 아직 다 내려가지 않았다. ①~④↔올라가다.

[III][타] 아래쪽으로 옮겨 가다. ¶ 옷장을 아래층으로 내려가다.

내려-놓다[-노타][타] ①(위에 있는 것을) 내려서 아래에 놓다. ¶ 안고 있던 아기를 내려놓다. /무릎 위에 있는 가방을 바닥에 내려놓다. ↔올려놓다. ②기차나 택시 따위가 승객을 어떤 지점으로 옮겨다 주다. ¶ 승객을 내려놓다.

내려다-보다[타] ①위에서 아래로 향하여 보다. ¶ 정상에서 내려다보는 경치. ②(남을) 낮추어 보다. ¶ 사람을 내려다보는 나쁜 버릇. ↔올려다보다.

내려-디디다[타] 발을 아래로 내려서 밟다. [준]내려딛다.

내려-딛다[-따][타] 〈내려디디다〉의 준말.

내려-뜨리다[타] (힘없이) 아래로 내려 드리우다. 내려트리다. ¶ 양팔을 축 내려뜨리다. /가지를 길게 내려뜨린 수양버들.

내려-받기[-끼][명] ☞다운로드.

내려본-각(-角)[명] 어떤 것을 보는 시선이 수평면보다 아래에 있을 때, 그 시선과 수평면이 이루는 각. 부각(俯角). ↔올려본각.

내려-붙이다[-부치-][타] 숯불 따위를 불을 피웠던 자리에서 다리미 따위로 옮겨 담다.

내려-서다 [I][자] 높은 데서 낮은 데로 내려서 서다. ¶ 뜰에 내려서는데 손님이 왔다. ↔올라서다.

[II][타] 낮은 곳으로 가기 위해 높은 곳을 벗어나다. ¶ 계단을 내려서다.

내려-쏘다[타] '내리쏘다'의 잘못.

내려-쓰다[~쓰니·~써][타] (글씨를) 아래쪽에 쓰다.

내려-앉다[-안따][자] ①아래로 내려와서 앉다. ¶ 비행기가 활주로에 내려앉았다. ②《주로 '가슴'이나 '심장'을 주어로 하여》 몹시 놀라거나 걱정되어 마음이 무거워지다. ¶ 가슴이 덜컥 내려앉다. ③낮은 지위로 옮아앉다. ¶ 평사원으로 내려앉다. ④가라앉거나 꺼져 내리다. ¶ 지붕이 폭삭 내려앉다. ①③↔올라앉다.

내려-오다 [I][자] ①높은 데서 낮은 데로 향해 오다. ¶ 지붕에서 내려오다. ②서울에서 지방으로 오다. ¶ 시골로 내려오다. ③지난날부터 계속되거나 전해 오다. ¶ 조상 때부터 내려온 풍습. ④(계통을 거쳐) 아래로 전해 오다. ¶ 상부에서 지시가 내려오다. ①②↔올라오다.

[II][타] 아래쪽으로 옮겨 오다. ¶ 트럭 위의 짐을 내려오다.

내려-제기다[타] 위에서 아래로 두들겨 패서 으스러지게 하다.

내려-지다[자] ①위에 있던 것이 아래로 옮겨지다. ¶ 비행기의 짐이 다 내려지다. ②명령·지시 따위가 계통에 따라 전해지다. ¶ 출동 명령이 내려지다. ③훈장이나 칭호 따위가 주어지다. ¶ 훈장이 내려지다.

내려-쫓다[-쫀따][타] 중앙에서 지방으로 옮겨 앉게 하거나 좌천시키다. ¶ 지방으로 내려쫓다.

내려-찍다[-따][타] 날이 있는 도구로 위에서 아래로 찍다. ¶ 돌로 나무 밑둥치를 내려찍다.

내려-치다[타] 어떤 대상을 위에서 아래로 힘껏 때리거나 치다. ¶ 주먹을 탁자에 내려치다. /술잔을 바닥으로 내려치다.

내려-트리다[타] 내려뜨리다.

내ː력(內力)[명] ①물체의 내부에서 서로 작용하는 힘. ②☞응력(應力).

내력(來歷)[명] ①지나온 자취. ¶ 숭례문의 내력. /장군의 전투 내력. ②☞내림[1]. ③일정한 과정을 거치면서 이루어진 까닭. ¶ 일의 내력을 모르다.

내ː력(耐力)[명] 견디어 내는 힘.

내ː력-벽(耐力壁)[-뼉][명] 기둥과 더불어 건물의 무게를 지탱하도록 설계된 벽.

내로라-하다[자][여] 어떤 분야를 대표할 만하다. ¶ 내로라하는 정계의 인사들이 다 모였다.

내룡(來龍)[명] 풍수설에서 이르는, 주산(主山)에서 벋어 내려온 산줄기.

내ː륙(內陸)[명] 바다에서 멀리 떨어진 육지. ¶ 내륙과 해안을 잇는 교통로.

내:륙-국(內陸國)[-꾹]명 국토의 둘레가 바다와 맞닿지 않은 나라. 〔스위스·몽골 따위.〕
내:륙^기후(內陸氣候)[-끼-]명 ☞대륙성 기후.
내:륙^빙하(內陸氷河)[-삥-]명 산지(山地)에서 내륙까지 넓게 발달한 빙하. 〔규모가 큰 것은 대륙 빙하라 이름.〕
내:륙성^기후(內陸性氣候)[-썽-]명 ☞대륙성 기후.
내:륙성^하류(內陸性河流)[-썽-]명 ☞내륙 하천.
내:륙^지역(內陸地域)[-찌-]명 바다에서 멀리 떨어져 있는, 대륙 내부의 지역.
내:륙^하천(內陸河川)[-류카-]명 내륙에 있으며 바다로 흘러 들어가지 않는 하천. 〔내륙호(內陸湖)로 흘러 들거나 중간에서 말라 버리거나 함.〕 내륙성 하류.
내:륙-호(內陸湖)[-류코]명 내륙에 있으며, 물이 강이나 내가 되어 흘러나오지 않는 호수. 〔사해(死海)·카스피 해 따위로 대개 소금기가 많음.〕
내:륜-산(內輪山)명 이중 화산에서 외륜산(外輪山) 안쪽에 새로 생긴 화구구(火口丘).
내리부 ①위에서 아래로 향하여. ¶ 내리 심어 나가다. ②줄곧. 계속해서. ¶ 여름내 내리 덥다.
내리-갈기다타 ①위에서 아래로 후려치다. ②마구 말하거나 쓰다. ¶ 글씨를 내리갈기다.
내리-긋다[-귿따][~그으니·~그어]타ㅅ 줄(금)을 아래로 향하여 긋다. 세로로 긋다. ¶ 비스듬히 내리그었다. ↔치긋다.
내리-깔기다타 (호스의 물이나 오줌 줄기 따위를) 아래쪽에 대고 힘차게 내쏘다.
내리-깔다[~까니·~깔아]타 ①시선(視線)을 아래로 보내다. ②자리를 방 아래쪽에 깔다.
내리-꽂다[-꼳따]타 위에서 아래로 힘차게 꽂거나 박다.
내리-꿰다타 ①위에서 아래로 꿰다. ②내용을 속속들이 알다. ¶ 옆집 사정이라면 숟가락이 몇 개인지 알 정도로 내리꿰고 있다.
내리-내리부 잇따라 내리. ¶ 내리내리 이어 온 전통.
내리-누르다[~누르니·~눌러]타르 ①위에서 아래로 누르다. ②윗사람이 아랫사람에게 압력을 가하여 꼼짝 못하게 하다. 탄압하다. ¶ 부하를 내리누르다. /백성을 내리누르다. ③분위기나 피로 따위가 심한 압박감을 주다. ¶ 피로가 온몸을 내리누르다.
내리다¹자 ①낮은 데로 옮아가거나 옮아앉다. ¶ 비행기가 활주로에 내리다. ②타고 있던 것에서 밖으로 나오다. ¶ 차에서 내리다. ③비·눈·이슬 따위가 오다. ¶ 풀숲에 이슬이 내리다. ④값이 떨어지다. ¶ 쌀값이 내리다. ⑤온도가 낮아지다. ¶ 체온이 내리다. ⑥살이 빠지다. ¶ 살이 내리다. ⑦먹은 음식이 삭다. 소화되다. ¶ 음식이 잘 내리지 않는다. ⑧부었던 살이 가라앉다. ¶ 부기가 내리다. ⑨신(神)이 몸에 접(接)하다. ¶ 신이 내리다. ⑩뿌리가 나서 땅에 박히다. 활착(活着)하다. ¶ 뿌리가 내리다.
내리다²타 ①(명령·지시·법령 따위를) 주다. 펴다. 알리다. ¶ 지시를 내리다. ②(벌이나 상 따위를) 아랫사람에게 주다. ¶ 큰 상(벌)을 내리다. ③높은 데서 낮은 데로, 위에서 아래로 옮겨 놓다. ¶ 쌀값을 내리다. /짐을 내리다. ④앞을 가로막아 닫다. ¶ 막(커튼·거적)을 내리다. ⑤결말을 짓다. ¶ 결론을 내리다. ⑥삭이다. 소화하다. ¶ 먹은 것을 잘 내리게 하는 약.
내리다³타 떡가루에 꿀물이나 맹물을 쳐 가면서 성긴 체에 다시 치다. ¶ 멥쌀가루를 설탕물로 내려서 찌다.
내리다⁴형 단단한 가루나 씨알 따위가 작다.
내리-닫다[-따][~달으니·~달아]자ㄷ 아래로 향해 뛰다. ¶ 고개 밑으로 내리달았다.
내리-닫이¹[-다지]명 위아래로 오르내려서 여닫게 된 창이나 문. 참가로닫이.
내리-닫이²[-다지]명 바지와 저고리를 한데 붙이고 뒤를 터놓은, 어린아이의 옷.
내리-덮다[-덥따]타 ①위에서 아래로 덮다. ¶ 반쯤 내리덮은 눈꺼풀. ②마구 덮다. ¶ 안개가 강을 내리덮고 있다.
내리-뛰다자 ①위에서 아래로 뛰어내리다. ¶ 담장 위에서 땅으로 내리뛰다. ②위에서 아래쪽을 향하여 뛰다. ¶ 언덕 아래로 내리뛰다. ③갑자기 뛰어나가다.
내리-뜨다[~뜨니·~떠]타 눈길을 아래로 하여 뜨다. ↔치뜨다.
내리-막명 ①아래로 내려가게 되어 있는 비탈. 내리받이. ②한창때가 지나 쇠퇴해 가는 판. ¶ 그의 사업도 내리막인 모양이다. ↔오르막.
내리막-길[-낄]명 ①내리막으로 된 길. ②한창때가 지나 쇠퇴해 가는 상태. ↔오르막길.
내리-매기다타 (번호나 차례 따위를) 위쪽에서 시작하여 차례차례 매겨 나가다. ↔치매기다.
내리-먹다[-따]자 (번지 따위의 차례가) 위쪽에서 아래쪽으로 매겨져 가다. ↔치먹다.
내리-몰다[~모니·~몰아]타 ①위에서 아래로 몰다. ¶ 소 떼를 언덕 아래로 내리몰다. ②사정없이 마구 몰다. ¶ 급한 마음에 차를 내리몰다.
내리-밀다[~미니·~밀어]타 아래쪽으로 밀다. ↔치밀다.
내리-박다[-따]타 ①위에서부터 아래쪽으로 박다. ②사정없이 마구 박다.
내리박-히다[-바키-]자 〖'내리박다'의 피동〗 ①위에서부터 아래쪽으로 떨어져 박히다. ②사정없이 마구 박히다.
내리-받다[-따]타 아래쪽으로 향하여 내받다. ↔치받다².
내리받-이[-바지]명 ☞내리막. ↔치받이.
내리-벋다[-따] Ⅰ자 아래쪽으로 향하여 벋다. ¶ 내리벋은 가지. 센내리뻗다. ↔치벋다.
Ⅱ타 위에서 아래로 쭉 펴다. ¶ 다리를 내리벋다. 센내리뻗다.
내리-붓다[-붇따][~부으니·~부어] Ⅰ자ㅅ 비·눈 따위가 많이 오다.
Ⅱ타ㅅ 위에서 아래로 퍼붓다. ¶ 술잔에 술을 내리붓다.
내리-붙다[-붇따]자 아래쪽에 붙다. ¶ 간판이 너무 내리붙었다. ↔치붙다.
내리-비추다타 위에서 아래로 비추다.
내리-비치다자 위에서 아래로 비치다.
내리-뻗다[-따]자타 〈내리벋다〉의 센말.
내리-사랑명 자식에 대한 부모의 사랑. 손자에 대한 조부모의 사랑. ↔치사랑.
내리사랑은 있어도 치사랑은 없다속담 부모가 자식을 사랑하는 만큼 자식이 부모를 사랑하기는 어렵다는 말.
내리-쉬다타 들이마신 숨을 길게 내뱉다. ¶ 한숨을 내리쉬다. ↔치쉬다.
내리-쏘다타 (활·총 따위를) 위에서 아래를 보고 쏘다. ↔치쏘다.
내리-쏟다[-따]타 (액체·가루 따위를) 위에서 아래로 부어 내려가게 하다.

내리쓰-기명하타 ☞세로쓰기.
내리-쓰다[~쓰니·~써]타 위에서 아래쪽으로 글을 써 나가다. 세로로 쓰다.
내리-쓸다[~쓰니·~쓸어]타 ①높은 곳에서 낮은 곳으로 쓸다. ¶ 계단을 내리쓸다. ②수염 따위를 손으로 어루만지며 아래로 문지르다.
내리-우다타 〖'내리다1'의 사동〗 내리게 하다.
내리-읽다[-익따]타 ①위에서 아래로 읽어 내려가다. ②쉬지 않고 내처 읽다. ¶ 소설이 하도 재미있어서 열 시간 동안 내리읽었다.
내리-지르다1[~지르니·~질러]자르 물이 세차게 아래쪽으로 흐르거나, 바람이 세차게 아래쪽으로 불다.
내리-지르다2[~지르니·~질러]타르 (아래를 향하여) 주먹으로 치거나 발로 차다.
내리질리다자 〖'내리지르다2'의 피동〗 내리지름을 당하다. 주먹·발 따위로 세게 차이거나 얻어맞다.
내리-쪼이다자 내리쬐다.
내리-쬐다[-쬐-/-쮀-]자 볕이 세차게 내리비치다. 내리쪼이다. ¶ 뜨거운 햇볕이 내리쬐는 여름 한낮.
내리-찍다[-따]타 (칼·도끼 따위로) 아래로 향해 찍다. ¶ 도끼로 장작을 내리찍다.
내리-치다 Ⅰ타 아래로 향하여 힘껏 때리다. ¶ 손바닥으로 책상을 내리치다.
Ⅱ자 (비바람이나 번개가) 아래로 세차게 몰아치다. ¶ 맑은 하늘에서 번개가 내리쳤다.
내리-키다타 ①아래로 내려지게 하다. ↔치키다. ②높은 데서 낮은 데로 옮기다. ¶ 창틀에 올라간 아이를 안아 내리키다.
내리-패다타 함부로 마구 때리다.
내리-퍼붓다[-붇따][~퍼부으니·~퍼부어] Ⅰ자ㅅ 비·눈 따위가 계속해서 마구 내리다. ¶ 줄기차게 내리퍼붓는 비.
Ⅱ타ㅅ 물 따위를 아래로 마구 쏟다. ¶ 수비군들은 끓는 물을 성 아래 왜병들 머리 위로 내리퍼부었다.
내리-훑다[-훌따]타 ①위에서 아래로 훑다. ↔치훑다. ②위에서 아래로 하나하나 빠짐없이 살펴보다. ¶ 문서를 앞머리부터 내리훑다.
내리-흐르다[~흐르니·~흘러]자타르 물 따위가 높은 곳에서 낮은 곳으로 계속하여 흐르다. ¶ 물이 수도꼭지에서 내리흐르다. /물이 계곡을 내리흐르다.
내릴-톱명 나무를 세로로 켜는 데 쓰는 톱. ↔동가리톱.
내림1명 부모나 조상에게서 내려오는 신체나 성격 따위에서의 특성. 내력. ¶ 문학을 좋아하는 것은 그 집의 내림이다. /키가 큰 것도 뚱뚱한 것도 그 집의 내림이다.
내림2명 한옥에서, 건물의 정면으로 보이는 칸 수. ¶ 네 칸 내림.
내림(來臨)명하자 찾아오심. 왕림(枉臨). ¶ 정오까지 식장에 내림하시기 바랍니다.
내림-굿[-꾿]명하자 무당이 되려고 할 때, 신이 내리기를 비는 굿. 강신굿. *내림굿이[-꾸시]·내림굿만[-꾼-]
내림-내림명 여러 대를 이어 내려온 내림. ¶ 내림내림으로 그의 아들의 서예 솜씨도 대단하다.
내림-대[-때]명 굿이나 독경(讀經)을 할 때, 신이 내리게 하는 데 쓰이는 솔가지나 댓가지 따위. 손대.
내림-새명 한끝에 반달 모양의 혀가 붙은 암키와. 암막새. ↔막새.
내림-석(-釋)명 굿을 시작할 때, 신이 와서 공양을 받으라고 무당이 비는 일.
내림-세(-勢)명 (물가나 주가 따위가) 내리는 형세. ¶ 집값이 내림세를 보이다. ↔오름세.
내림-장(-醬)[-짱]명 간장을 떠내고 남은 된장에 다시 물을 부어 우린 장. 재성장(再成醬).
내림-조(-調)[-쪼]명 내림표로만 나타낸 조. ↔올림조.
내림-차(-次)명 수학에서, 각 항의 차수를 높은 것에서 낮은 것의 차례로 배열하는 일. ↔오름차.
내림차-순(-次順)명 다항식에서, 각 항의 차수를 높은 것에서 낮은 것의 차례로 배열해 놓은 차례. ↔오름차순.
내림-표(-標)명 ☞플랫(flat).
내립떠-보다타 눈을 아래로 뜨고 노려보다. ¶ 집주인은 도둑질하다 잡힌 아이를 매섭게 내립떠보았다. ↔칩떠보다.
내마(奈麻)명 신라 때의 17관등의 열한째 등급. 참대사(大舍).
내ː막(內幕)명 (밖에서는 알 수 없는) 내부의 사정. 일의 속내. ¶ 사건의 내막. /그녀가 사직서를 갑작스레 제출한 내막을 모르겠다.
내ː-맡기다[-맏끼-]타 ①아주 맡겨 버리다. ¶ 회사 경영을 전무에게 내맡기다. ②되는대로 내버려 두다. ¶ 시장 기능에 내맡기다.
내ː-매다타 밖으로 내어 매다. ¶ 소를 동구 앞 느티나무에 내매다.
내ː-맺히다[-매치-]자 (땀이나 피 따위가) 겉으로 나와 맺히다. ¶ 이마에 내맺힌 땀방울. /소녀의 무릎에 핏방울이 내맺혔다.
내ː-먹다[-따]타 (속에 있는 것을) 밖으로 집어내어서 먹다. ¶ 호주머니에서 군밤을 내먹다.
내ː면(內面)명 ①안쪽. 안쪽을 향한 면. 안면. ¶ 그릇의 내면. ②사람의 정신이나 심리에 관한 면. ↔외면(外面)1.
내ː면^묘ː사(內面描寫)명 문학 작품에서, 인물의 심리나 감정 등의 심적 상태를 묘사하는 일. ↔외면 묘사.
내ː면-생활(內面生活)명 정신적·심리적인 면에서 본 인간의 생활. 내적 생활. 정신생활.
내ː면-세계(內面世界)[-계/-게]명 인간의 정신적·심리적인 면의 세계.
내ː면-적(內面的)관명 내부에 관한 (것). 정신이나 심리에 관한 (것). ¶ 내면적 문제. /내면적인 아름다움을 추구하다.
내명(內明) '내명하다'의 어근.
내-명년(來明年)명 내년의 다음 해. 내내년(來來年). 재명년(再明年).
내ː-명부(內命婦)명 조선 시대에, 궁중의 여관(女官)으로서 품계를 가졌던 사람. 빈(嬪)·귀인(貴人)·소의(昭儀)·숙의(淑儀)·소용(昭容)·숙용(淑容)·소원(昭媛)·숙원(淑媛) 등의 신분을 이름. 참외명부.
내ː명-하다(內明-)형여 겉으로 보기에는 어련무던하나 속셈은 밝다.
내ː목(內目)명 기둥의 안쪽. ↔외목(外目).
내ː-몰다[~모니·~몰아]타 ①밖으로 쫓아내다. ¶ 국경 밖으로 적을 내몰다. ↔들이몰다. ②앞으로 달려가도록 몰다. ¶ 차를 급히 내몰다. ③일을 급하게 다그치다. ¶ 인부들을 심하게 내몰았다.
내ː몰-리다자 〖'내몰다'의 피동〗 내몲을 당하다. ¶ 짐승들이 내몰리다.
내ː무(內務)명 나라 안의 정무(政務). ↔외무.

내ː무-반(內務班)명 병영에서, 군인들이 평상시에 기거하는 방.

내ː무^사열(內務査閱)명 군대에서, 내무 생활에 대해서 하는 검열.

내ː무^생활(內務生活)명 군인이 내무반 안에서 지내는 일상생활.

내ː무주장(內無主張)명하형 살림을 맡아 할 안주인이 없음.

내ː무-행정(內務行政)명 사회의 안녕과 질서를 유지하고, 국민의 복리 증진을 목적으로 하는 행정.

내ː-물리다타 한계의 밖으로 내어서 물러나게 하다. ¶ 담을 한 자쯤 내물려 쌓다.

내미-손명 물건을 흥정하러 온, 어수룩하고 만만하게 보이는 사람.

내ː밀(內密)명하형 밖으로 드러나지 않음, 또는 그런 일. ¶ 내밀한 사정. /내밀이 드러나다. **내밀-히**부 ¶ 내밀히 처리하여야 한다.

내ː-밀다[1][~미니·~밀어]타 한쪽 끝이 길쭉하게 나오다. 돌출하다. ¶ 바다로 내민 반도(半島). /뒤통수가 쑥 내민 장구머리. /새싹이 뾰족이 내밀다.

내ː-밀다[2][~미니·~밀어]타 ①앞으로 또는 밖으로 내보내다. ¶ 주먹을 쑥 내밀다. /혀를 날름 내밀다. ②힘껏 밀어붙여 내보내다. ¶ 몰려드는 사람들을 문밖으로 내밀었다. ③남에게 미루다. 거절하다. ¶ 집안일은 모두 아내에게 내밀어 버렸다. /부탁하는 일을 못하겠다고 내밀었다. ④굽히지 않고 버티다. ¶ 그 이하 가격으로는 팔지 않겠다고 배짱을 내밀다. /자기네 주장을 그대로 내밀기로 하였다.

내ː밀-리다자 〖'내밀다[2]'의 피동〗 밖으로 내밂을 당하다.

내ː밀-치다타 앞으로 또는 밖으로 힘껏 밀다. ¶ 누군가 아이를 차 밖으로 내밀쳤다.

내ː밀-힘명 (특히 경제력 따위에서) 자신 있게 내세울 만한 힘. ¶ 내밀힘이 있어야 엄두라도 내 보지.

내ː-바치다타 내어서 바치다. ¶ 조국에 목숨을 내바친 군인.

내ː-박차다타 ①힘 있게 박차다. ¶ 대문을 내박차고 밖으로 달려 나갔다. ②단호히 거부하다. ¶ 남의 간섭을 내박차다.

내ː-박치다타 힘껏 집어 던지다. ¶ 손에 잡히는 대로 내박치고 나니 속이 좀 후련했다.

내ː반-슬(內反膝)명 두 다리를 한데 모으고 섰을 때, 무릎이 붙지 않고 바깥쪽으로 구부러진 상태의 다리. 오각(O脚). ↔외반슬(外反膝).

내ː-받다[-따]타 (머리로) 힘껏 받다.

내ː-발리다자타 (속마음이) 겉으로 환히 드러나 보이다. ¶ 내발린 말을 입술에 침도 바르지 않고 잘도 한다.

내-발뺌명하자 어떤 일에 책임이 없음을 스스로 밝힘. ¶ 내발뺌하기에만 급급하다.

내ː-밟다[-밥따]타 발을 앞으로 옮겨 디디다. ¶ 한 걸음 내밟다.

내ː방(內房)명 ☞안방.

내방(來訪)명하자타 (남이 나를) 찾아옴. ¶ 어제 김 씨가 우리 집을 내방하였다. ↔왕방(往訪).

내ː방^가사(內房歌辭)명 조선 시대에, 영남 지방을 중심으로 부녀자들이 지은 가사 문학. 〔화전가(花煎歌)·계녀가(誡女歌) 따위.〕 규방 가사.

내ː방-객(來訪客)명 찾아온 손님. ¶ 내방객을 맞이하다.

내ː-배다자 속에서 겉으로 액체가 스며 나와서 젖다. ¶ 겉옷에까지 땀이 내뱄다.

내ː-배엽(內胚葉)명 다세포 동물의 발생 초기 배엽 중 가장 안쪽에 있는 것. 〔나중에 소화기·호흡기 따위를 형성함.〕

내ː-배유(內胚乳)명 피자식물(被子植物)의 씨 속에 있어, 싹틀 때의 배(胚)의 성장에 필요한 양분을 저장하고 있는 조직. 〔벼나 밤 따위에서의 식용이 되는 부분.〕 ↔외배유(外胚乳).

내ː-백호(內白虎)[-배코]명 풍수설에서, 주산(主山)에서 오른쪽으로 벋어 나간 여러 산줄기 중 맨 안쪽에 있는 줄기를 이르는 말. 단백호. 참외백호.

내ː-뱉다[-밷따]타 ①밖으로 뱉어 내다. ¶ 침을 아무 데나 내뱉다. ②(내키지 않거나 못마땅한 태도로) 말을 불쑥 해 버리다. ¶ 험한 말을 함부로 내뱉다.

내ː-버리다타 ①(필요 없게 된 것을) 아주 버리다. ¶ 쓰레기를 함부로 내버리지 마시오. ②상관하지 않거나 돌보지 아니하다. ¶ 조국을 위하여 목숨을 내버리다.

내버려 두다관용 관여하지 않고 그대로 두다. ¶ 혼자 있고 싶다니 그냥 내버려 두어라.

내ː-버티다자타 끝까지 맞서서 버티다. ¶ 노인은 논을 팔라는 아들의 성화에도 끝끝내 내버텼다.

내ː번(耐煩)명하자 번거로움을 견디어 냄.

내ː-번지다자 액체 따위가 밖으로 스며 나와 번지다. ¶ 땀이 온몸에 내번졌다.

내ː벌-적(內罰的)[-쩍]관명 심리학에서, 실패했을 때 그것을 되풀이하지 않도록 자책하는 경향의 (것). 자벌적(自罰的). ↔외벌적(外罰的).

내ː법(內法)명 (다른 종교에 상대하여) '불법(佛法)'을 이르는 말.

내ː벽(內壁)명 벽의 안쪽 면. 안벽. ↔외벽.

내ː변(內變)명 ☞내란(內亂).

내ː병-성(耐病性)[-썽]명 (농작물 따위의) 병해에 대한 저항성.

내ː-병조(內兵曹)명 조선 시대에, 궁중에서 시위(侍衛)·의장(儀仗) 등을 맡아보던 관아.

내ː보(內-)명 ☞내포(內包)[1].

내ː보(內報)명하타 드러나지 않도록 몰래 알림, 또는 그 보고.

내ː보(內輔)명하타 ☞내조(內助).

내보(來報)명하자타 와서 보고함, 또는 그 보고.

내ː-보내다타 ①밖으로 나가게 하다. ¶ 아이들을 밖으로 내보내다. ②일하던 곳에서 그만두게 하거나 살던 곳에서 나가게 하다. ¶ 부리던 사람을 내보내다. ③신문·방송 따위를 통해 사람들에게 드러내 보이다. ¶ 신문에 광고를 내보내다. ④(죄수·포로 등을) 가둔 상태에서 풀어 주다. ¶ 죄인을 내보내다.

내ː-보다타 〔'내어 보다'가 줄어서 된 말.〕 속에 들어 있는 것을 꺼내어 보다.

내보-이다[1]자 〖'내보다'의 피동〗 속에 들어 있는 것이 드러나 보이다. ¶ 속옷이 내보이다.

내보-이다[2]타 ①〖'내보다'의 사동〗 속에 들어 있는 것을 꺼내어 보이다. ¶ 경찰에게 신분증을 내보였다. ②생각이나 감정 따위를 겉으로 드러나게 하다. ¶ 속마음을 내보이다.

내ː복(內服)[1]명 속옷.

내ː복(內服)[2]명하타 약을 먹음. 내용(內用). ↔외용(外用).

내ː복(內腹)명 ☞내포(內包)[1].

내ː복(內福)명하형 겉으로 보기에는 그저 그러하나 속이 실하고 유복(裕福)함.

내ː복-약(內服藥)[-봉냑]명 먹는 약. 내용약(內用藥). 준내약. ↔외용약.
내ː부(內附)명하자 ①들어와서 따름. 내부(來附). ②☞내응(內應).
내ː부(內部)명 ①사물의 안쪽. 안. 속. ¶ 내부 수리. ②어떤 조직에 속하는 범위. ¶ 회사 내부의 문제. ↔외부(外部)[1].
내부(來附)명하자 와서 복종함. 내부(內附).
내ː부(乃父) Ⅰ명 그 사람의 아버지.
Ⅱ대 〔'이 아비'라는 뜻으로〕 아버지가 자녀에 대하여 자신을 스스로 일컫는 말.
내ː부^기생(內部寄生)명 기생 동물이, 숙주의 체강(體腔)·장(腸)·조직·세포·혈액 등의 속에 기생하는 일. ↔외부 기생.
내ː-부딪다[-딛따]자타 앞으로 나가 세게 부딪다, 또는 그렇게 하다. ¶ 화가 난 아낙네가 설거지 그릇을 내부딪다.
내ː부딪-뜨리다[-딛-]타 세게 부딪게 하다. 내부딪트리다.
내ː부딪-치다[-딛-]타 '내부딪다'의 힘줌말. 준내붙치다.
내ː부딪-트리다[-딛-]타 내부딪뜨리다.
내ː부딪-히다[-디치-]자 〖'내부딪다'의 피동〗 내부딪음을 당하다.
내ː부^에너지(內部energy)명 물체의 내부 상태에 의해서 결정되는, 그 물체가 가지는 에너지. 〔물체를 구성하는 분자·원자 등의 운동 에너지와 위치 에너지와의 총화.〕
내ː부^영력(內部營力)[-녁]명 (지진이나 화산 따위와 같이) 지구 내부로부터의 작용으로 지각(地殼)을 변동시키는 힘. ↔외부 영력.
내ː부자^거ː래(內部者去來)명 상장 회사의 대주주나 임직원이 그 직무 또는 직위 덕택에 얻은 내부 정보를 이용하여 자기 회사 주식을 사고파는 일.
내ː부-적(內部的)관명 내부에 관계되거나 내부에 한정된 (것). ¶ 내부적 갈등. /내부적인 문제.
내ː-부치다타 (부채 따위로) 바람이 밖으로 나가게 힘 있게 부치다.
내ː분(內分)명하타 수학에서, 하나의 선분을 그 위의 임의의 한 점을 경계로 하여 두 부분으로 나누는 일. ↔외분.
내ː분(內紛)명 내부에서 일어난 분쟁. 내홍(內訌). 홍쟁(訌爭). ¶ 내분을 수습하다. /그 정당은 내분 끝에 양분되고 말았다.
내ː분-비(內分比)명 수학에서, 내분한 두 선분의 길이의 비. ↔외분비.
내ː-분비(內分泌)명 몸속의 내분비샘에서 만들어진 호르몬을, 도관(導管)을 거치지 않고 직접 혈액 속으로 보내는 일.
내ː분비-물(內分泌物)명 내분비 작용으로 분비되는 물질. 호르몬.
내ː분비-샘(內分泌-)명 호르몬을 분비하는 샘. 외분비샘과 같은 도관(導管)이 없고, 호르몬은 직접 체액 속으로 배출됨. 내분비선. 호르몬샘.
내ː분비-선(內分泌腺)명 ☞내분비샘.
내ː분-선(內分線)명 수학에서, 각을 내분하는 직선.
내ː분-점(內分點)[-쩜]명 수학에서, 선분을 내분하는 점. ↔외분점.
내ː-붙치다타 〈내부딪치다〉의 준말.
내ː불(內佛)명 ①절에서, 법당이 아닌 곳의 방안에 안치한 불상. ②재가(在家)의 방 안에 모신 불상.
내ː-불다[~부니·~불어]자타 ①(바람이) 밖을 향하여 불다. ¶ 골짜기에서 내부는 바람. ②㉠입김 따위를 불어 내다. ㉡숨기고 있던 내막을 털어놓다.
내ː-붙이다[-부치-]타 ①〖'나붙다'의 사동〗 밖에 내어 붙이다. ¶ 안내문을 내붙이다. ②냅다 잡아 던지거나 때리다. ¶ 빰을 한 대 내붙이다.
내비게이션(navigation)명 운전자에게 길을 안내해 주는 장치. 운전석 앞쪽에 장착하여, 운전자가 화면에 나타나는 도로 지도나 음성 정보를 들으며 운전하게 되어 있음.
내ː-비치다자타 ①빛이 밖으로 비치다. ¶ 문틈으로 불이 내비쳤다. ②내용의 일부만을 말하다. ¶ 자신의 실정을 조금 내비쳤다. ③감정이나 생각 따위를 밖으로 나타내다. ¶ 괴로운 심정을 내비치다. ④속의 것이 겉으로 드러나 보이다. ¶ 속살이 내비치는 수영복.
내ː빈(內賓)명 ①안손님. ②조선 시대에, 궁중에서 베풀어지는 잔치에 초대된 명부(命婦).
내ː빈(來賓)명 초대를 받아 찾아온 손. ¶ 내빈 축사. /내빈 접대를 소홀히 하다.
내ː빈(耐貧)명하자 가난을 이겨 냄.
내ː빈-석(來賓席)명 내빈이 앉도록 마련한 자리.
내빙(來聘)명하자.타 외국의 사절(使節)이 예물을 가지고 찾아옴.
내ː-빼다자 〈달아나다〉의 속된 말.
내ː-뻗다[-따] Ⅰ자 ①뻗어 나가다. 내뻗치다. ¶ 고속도로가 평야 한가운데로 훤히 내뻗고 있다. ②내처 뻗대다. ¶ 끝까지 자기 고집대로 내뻗다.
Ⅱ타 앞이나 밖으로 뻗다. ¶ 활을 힘차게 앞으로 내뻗다.
내ː뻗-치다자타 힘차게 내뻗다. ¶ 물줄기가 곧게 내뻗치다.
내ː-뽑다[-따]타 ①밖으로 뽑아내다. ¶ 가스 배출기가 굴뚝에서 연기와 가스를 내뽑는다. ②목이나 팔 따위를 길게 뻗다. ¶ 사람들 뒤에서 목을 내뽑고 넘겨다보았다. ③소리를 높고 길게 내다. ¶ 노래 한 곡을 내뽑았다. ④속력을 더하여 달리다. ¶ 시속 100 km로 내뽑았다.
내ː-뿌리다타 ①밖이나 앞으로 뿌리다. ¶ 물을 마당에 내뿌리다. ②(나가떨어지도록) 힘차게 뿌리다. ¶ 손에 묻은 물을 내뿌리다.
내ː-뿜다[-따]타 밖으로 세게 뿜다. ¶ 연기를 길게 내뿜다. /분수가 물을 내뿜다.
내ː사(內司)명 〈내수사(內需司)〉의 준말.
내ː사(內舍)명 ☞안채.
내ː사(內査)명하타되자 ①비공식으로 몰래 조사함. ②자체에서 하는 조사.
내ː사(內賜)명하타 임금이 신하에게 비공식으로 물건을 내려 줌. 내하(內下).
내사(來社)명하자 회사·신문사 따위에 찾아옴. ¶ 본인이 직접 내사해 주시길 바랍니다.
내ː-사면(內斜面)명 안쪽의 사면. ↔외사면.
내ː산(內山)명 자기네 마을에서 공동 관리·수익(受益)하는 산.
내ː산(耐酸)명 산의 부식력(腐蝕力)에 견디는 일. 산에 부식되지 않는 일. ¶ 내산 합금.
내ː산-성(耐酸性)[-썽]명 산에 부식(腐蝕)되지 않는 성질. ¶ 내산성이 뛰어난 금속.
내ː-살리다타 밖으로 조금 두드러져 나게 하다.
내ː상(內相)명 ①일부 국가에서 '내무부 장관'을 이르는 말. 참외상(外相). ②남을 높이어 그의 '부인'을 이르는 말.
내ː상(內喪)명 부녀자의 상사(喪事).
내ː상(內傷)명 〔한방에서〕 ①기력이 쇠하여 생긴 병을 통틀어 이르는 말. ②먹은 것이 위에 걸려 잘 내리지 않는 증세.

내ː색(―色)명하타 속마음이나 감정 따위를 얼굴에 드러냄. 또는 그 낯빛. ¶ 싫어하는 내색.
내생(來生)명 불교에서, 내세(來世)에 다시 태어날 일생을 이르는 말. 후생(後生). 참전생·현생.
내ː서(內書)명 ☞내간(內簡). 안편지.
내서(來書)명 ☞내신(來信).
내ː서(耐暑)명하자 더위를 견디어 냄. 더위를 이김. ¶ 내서 훈련. ↔내한(耐寒).
내ː선(內線)명 ①안쪽의 선. ②옥내의 전선. ③(관청이나 회사 등에서) 내부의 각 부서끼리 서로 통하는 전화선. ↔외선.
내ː성(內省)명하자 ①자기의 사상이나 언동 따위를 스스로 돌이켜 봄. ②☞내관(內觀).
내ː성(內城)명 이중으로 쌓은 성에서, 안쪽에 있는 성. ↔외성(外城).
내ː성(耐性)명 ①어려움 따위에 견딜 수 있는 성질. ②병원균 따위가 어떤 약품에 대하여 나타내는 저항성. ¶ 내성이 강해진 병균.
내ː성-균(耐性菌)명 치료약인 술파제나 항생 물질에 대한 저항성을 가지게 된 병원균.
내ː성-적(內省的)관명 겉으로 드러내지 아니하고 속으로만 생각하는 (것). ¶ 내성적 태도. / 내성적인 성격.
내세(來世)명 불교에서 이르는, 삼세(三世)의 하나. 죽은 뒤에 영혼이 다시 태어나 산다는 미래의 세상. 당래(當來). 미래. 미래세. 타세(他世). 후세(後世). 참전세(前世)·현세(現世).
내세^사ː상(來世思想)명 인간의 참다운 행복은 내세에 있다고 생각하는 종교 사상.
내ː-세우다타 ①나와 서게 하다. ¶ 맨 앞에 반장을 내세우다. ②(어떤 일을 하도록) 나서게 하다. ¶ 대표로 내세우다. ③초들어 자랑하거나 높이 평가하다. ¶ 가문을 내세우다. ④무엇을 제기하거나 제시하다. ¶ 당헌(黨憲)으로 내세우다. ⑤(남이 잘 볼 수 있도록) 밖에 내놓다. ¶ 간판을 거리에 내세우다.
내ː-셍기다타 이 말 저 말 자꾸 주워대다. ¶ 몇 시간째 신세타령을 내셍기고 있다.
내셔널리즘(nationalism)명 국가 또는 민족의 통일·독립·발전 등의 추진을 강조하는 주의, 또는 그 운동. 〔민족주의·국가주의·국수주의 등으로 번역함.〕
내ː-소박(內疎薄)명하자 아내가 남편을 소박함. ↔외소박.
내ː속(內屬)명 어떤 나라가 다른 나라에 속국으로서 복종함.
내손(來孫)명 현손(玄孫)의 아들.
내ː-솟다[-솓따]자 ①밖이나 위를 향해 세차게 나오다. ¶ 물줄기가 높이 내솟아 올랐다. ②느낌·기운 따위가 힘차게 생겨 나오다. ¶ 활기가 내솟다.
내ː수(內水)명 국가의 영수(領水)의 일부인, 바다를 제외한 국토 안의 수역(水域). 호소(湖沼)·하천(河川)·운하(運河) 따위.
내ː수(內需)명 국내의 수요(需要). ↔외수(外需).
내ː수(耐水)명하자 ①물이 묻어도 젖거나 배지 않음. ②물에 젖어도 변질하지 않음.
내ː수-면(內水面)명 하천·호소(湖沼)·운하 따위의 수면.
내ː수-사(內需司)명 조선 시대에, 궁중에서 쓰는 곡식·피륙·잡물 및 노비에 관한 사무를 맡아보던 관아. 준내사.
내ː수^산ː업(內需產業)명 국내 시장을 판매 시장으로 하는 산업. ↔수출 산업.
내ː수-성(耐水性)[-썽]명 물이 묻어도 젖거나 배지 않는 성질.
내ː수-지(耐水紙)명 물이 배어들지 않도록 파라핀이나 아스팔트 등으로 내수 가공한 종이. 방수지.
내ː숭(←內凶)명하형스형 겉으로는 순해 보이나 속은 엉큼함. ¶ 내숭을 떨다. 내숭스레부.
내ː-쉬다타 호흡에서, 숨을 밖으로 내보내다. ¶ 한숨을 내쉬다. ↔들이쉬다.
내습(來襲)명하자타 습격하여 옴.
내ː습(耐濕)명하자 습기를 받아도 변하지 않고 잘 견딤.
내ː시(內示)명하자타 (무슨 일을 공식으로 알리기 전에) 남몰래 알림. ¶ 승진되었다는 내시를 받았다.
내ː시(內侍)명 ①고려·조선 시대에, 내시부(內侍府)의 벼슬아치를 통틀어 이르던 말. 내관(內官). 중관(中官). 환관(宦官). 환자(宦者). 황문(黃門). ②'불알이 없는 사내'를 빗대어 이르는 말. 〔내시부의 벼슬아치는 불알 없는 사람을 임명했던 데서 온 말.〕
내ː시-경(內視鏡)명 신체의 내부를 관찰하기 위한 의료 기구를 통틀어 이르는 말. 〔기관지경·위경 따위.〕
내ː시-부(內侍府)명 고려·조선 시대에, 궁중의 감선(監膳)·전교(傳敎)·수문(守門)·소제 따위를 맡아보던 환관(宦官)의 관부.
내ː식(耐蝕)명하자 (금속 따위가) 쉽사리 부식(腐蝕)되지 않음.
내ː식-성(耐蝕性)[-썽]명 금속 따위의, 부식에 견디어 내는 성질. ¶ 내식성이 강한 금속.
내ː신(內申)명하타 ①남이 모르게 비밀히 상신하거나 보고함. ②진학이나 취직과 관련하여 선발의 자료가 될 수 있도록 지원자의 출신 학교에서 학업 성적·품행 등을 적어 보냄, 또는 그 성적.
내ː신(內臣)명 왕조 때, '대궐에서 임금을 가까이에서 받드는 신하'를 이르던 말.
내ː신(內信)명 나라 안의 소식. ¶ 내신 기자.
내ː신(內腎)명 ☞신장(腎臟).
내ː신(來信)명 (남에게서) 온 편지. 내서(來書).
내ː실(內室)명 ①부녀자가 거처하는 방. 안방. 내당(內堂). ↔외실. ②영업장에서, 주인이 거처하는 방.
내ː실(內實)명 ①내부의 사정. ¶ 겉모습은 단순하지만 내실은 복잡하다. ②속이 알참. 내부가 충실함. ¶ 외화(外華)보다는 내실을 기하다.
내ː실-화(內實化)명하자타되자 내적인 가치나 충실을 다짐. ¶ 사회 복지 제도의 내실화를 꾀하다.
내ː심(內心)[1] Ⅰ명 속마음. ¶ 간간이 내심을 내비치다.
Ⅱ부 실제의 속마음으로. ¶ 떠나지 않기를 내심 빌었다.
내ː심(內心)[2]명 수학에서, 다각형에 있어서 모든 각의 이등분선이 만나는 점. ↔외심(外心).
내ː-쌓다[-싸타]타 〔'내어 쌓다'가 줄어서 된 말로〕 밖에다 쌓거나 바깥쪽으로 쌓다. ¶ 담장을 한 자 정도 내쌓다.
내ː-쏘다 Ⅰ자타 (가시 돋친 말로) 날카롭게 말하다. ¶ 한마디 내쏘아 주었다.
Ⅱ타 화살이나 총알 따위를 안에서 밖으로 대고 쏘다.
내ː-쏟다[-따]타 ①앞으로 또는 밖으로 마구 쏟다. ¶ 눈물을 내쏟다. ②속으로 알고 있거나 생각했던 것을 모두 털어놓다. ¶ 마음에 담아 두었던 말을 내쏟고 말았다.

내:-씹다[-따]타 ①(입맛이 없거나 하여) 삼키지는 않고 자꾸 씹기만 하다. ②(내키지 않는 말투로) 되는대로 말하다.

내:아(內衙)명 조선 시대에, 지방 관아의 안채. 내동헌(內東軒).

내:안(內案)명 〈내안산(內案山)〉의 준말.

내:-안산(內案山)명 풍수설에서, 가장 안쪽에 있는 안산. 준내안. ↔외안산.

내:-앉다[-안따]자 앞으로 나와 앉다.

내:앉-히다[-안치-]타 〖'내앉다'의 사동〗 앞으로 나와 앉게 하다.

내:알(內謁)명하타 비밀히 알현함.

내알(來謁)명하타 (윗사람에게) 와서 뵘.

내:압(內壓)명 어떤 물체의 내부에서 밖을 향하여 가해지는 압력. ↔외압(外壓).

내:압-병(耐壓甁)[-뼝]명 압력이나 열을 가하여 화학 반응을 진행시킬 때 쓰는 유리병.

내:야(內野)명 〔야구에서〕 ①본루·일루·이루·삼루를 이은 사각형의 안. 다이아몬드. ¶ 내야 수비. ②〈내야수〉의 준말. ③〈내야석〉의 준말. ↔외야.

내:야-석(內野席)명 야구장에서, 일루측과 삼루측의, 본루 가까운 쪽의 관람석. 준내야. ↔외야석.

내:야-수(內野手)명 야구에서, 내야를 수비하는 일루수·이루수·삼루수·유격수를 이르는 말. 준내야. ↔외야수.

내:야^안타(內野安打)명 야구에서, 타자가 친 공이 내야 안에 떨어졌으나 안타로 처리된 타구(打球).

내:야^플라이(內野fly)명 야구에서, 내야수가 받을 수 있는 범위 안으로 쳐 올린 타구.

내:약(內約)명하자타 남모르게 비밀히 약속함, 또는 그 약속.

내약(內弱) '내약하다'의 어근.

내:약(內藥)명 ①〈내복약〉의 준말. ②한방에서, 여자의 첫 월경수(月經水)를 약으로 이르는 말.

내:약-하다(內弱-)[-야카-]형여 ①심지가 굳지 못하다. ②나라 안이 쇠약하다.

내:양(內洋)명 ☞내해(內海). ↔외양(外洋).

내:-어물전(內魚物廛)명 조선 시대에, 서울의 종로에 몰려 있던 어물전. 참외어물전.

내:역(內譯)명 ☞명세(明細).

내:연(內宴)명 〈내진연(內進宴)〉의 준말.

내:연(內緣)명 (함께 살고는 있으나 혼인 신고를 하지 않아) 법률상으로는 부부로 인정받지 못하는 부부 관계. ¶ 내연의 처.

내:연(內燃)명하자 가솔린이나 중유(重油) 따위의 연료가 기통(氣筒) 안에서 폭발·연소하는 일.

내연(來演)명하자 (예능인이) 그곳에 와서 연극을 공연하거나 음악을 연주함.

내:연^기관(內燃機關)명 기통(氣筒) 안에서 연료를 폭발·연소시켜 동력을 일으키는 기관. 〔보통, 가솔린 기관과 디젤 기관을 이름.〕 ↔외연기관.

내:연^기관차(內燃機關車)명 내연 기관을 원동기로 하는 기관차. 디젤 기관차와 가스 터빈 기관차가 있음.

내:열(耐熱)명 (변질되거나 변형되지 않고) 높은 열을 견딤.

내:열-강(耐熱鋼)명 고온에도 산화하거나 강도가 떨어지지 않는 합금강(合金鋼).

내:열^유리(耐熱琉璃)[-류-]명 높은 열에도 변형되거나 녹거나 하지 않고, 급열(急熱)·급랭(急冷)에도 깨어지지 않는 유리.

내:열^주:철(耐熱鑄鐵)명 크롬·니켈 등을 각각 0.6~12% 첨가하여, 내열성을 높인 주철. 난로를 만드는 데 이용됨.

내:열^합금(耐熱合金)[-끔]명 높은 열에 견디며 산화·마모가 적은 합금. 〔스텔라이트·니크롬 따위.〕

내:염(內焰)명 (가스버너의 불이나 촛불 따위에서) 불꽃의 안쪽에 있는, 가장 밝게 빛나는 부분. 속불꽃. 환원염. ↔외염(外焰).

내:영(內營)명 조선 시대에, 대궐 안에 있던 병영.

내영(來迎)명하타 불교에서, 아미타여래나 보살 등이 극락정토에서 죽은 이를 맞이하러 옴을 이르는 말.

내:-오다타 〔'내어 오다'가 줄어서 된 말로〕 안에서 밖으로 가져오다. ¶ 주안상을 내오다.

내:온(內醞)명 임금이 신하에게 내리는 술.

내왇다자 〈옛〉 내밀다. ¶ 머릿 뎡바기예 솔히 내와다(月釋2:41).

내:왕(來往)명하자타 오고 감. 왕래(往來).

내:왕-간(來往間)명 오고 가고 하는 편. 《주로, '내왕간에'의 꼴로 쓰임.》 ¶ 내왕간에 한 번씩 들르십시오.

내:왕-꾼(來往-)명 절에서 심부름하는 속인(俗人).

내:왕-로(來往路)[-노]명 오고 가는 길.

내:외(內外)[1][-외/-웨]명 ①안과 밖. ¶ 본관 건물 내외. ②☞부부(夫婦). ¶ 주인 내외. ③국내와 국외. ¶ 복잡 다단한 내외 정세. ④《수량·시간 따위를 나타내는 말에 이어 쓰이어》 '그에 가까움'을 뜻하는 말. ¶ 한 시간 내외. ①④안팎.

내:외(內外)[2][-외/-웨]명하자 (지난날의 유교식 예절로) 외간 남녀 간에 서로 얼굴을 마주 대하지 않고 피하는 일. ¶ 우리는 내외할 사이가 아니다.

내:외-간(內外間)[-외-/-웨-]명 ①안과 밖의 사이. ②부부의 사이. ③어떤 수량이나 기준에 약간 모자라거나 넘치는 정도.

내외간 싸움은 칼로 물 베기라속담 부부는 싸우기도 하지만, 곧 화해하기도 쉽다는 말.

내:-외국(內外國)[-외-/-웨-]명 자기 나라와 다른 나라. 자국과 외국. ¶ 내외국의 기자들이 취재 경쟁을 벌이다.

내:외-분(內外-)[-외-/-웨-]명 〈부부(夫婦)〉의 높임말. ¶ 내외분이 함께 오십시오.

내:외-술집(內外-)[-외-찝/-웨-찝]명 〔내외하는 술집이라는 뜻으로〕 접대부가 없이 술을 순배로 파는 집. 내외주점(內外酒店).

내:-외신(內外信)[-외-/-웨-]명 '내신'과 '외신'을 아울러 이르는 말. ¶ 내외신 합동 기자 회견.

내:-외어물전(內外魚物廛)[-외-/-웨-]명 육주비전의 하나. 조선 순조 1(1801)년에 내어물전과 외어물전을 합친 것으로, 어물을 팔던 가게.

내:-외종(內外從)[-외-/-웨-]명 내종과 외종. 중표형제.

내:외-주점(內外酒店)[-외-/-웨-]명 ☞내외술집.

내:외지간(內外之間)[-외-/-웨-]명 내외간. 부부간.

내:-외척(內外戚)[-외-/-웨-]명 본종(本宗)과 외족(外族).

내:용(內用)명 ①안살림에 드는 비용, 또는 그 씀씀이. ②하타 ☞내복(內服)2.

내:용(內容)명 ①(그릇이나 포장 따위의) 속에 들어 있는 것. ¶ 소포의 내용. ②(글이나 말 따위에) 나타나 있는 사항. ¶ 이야기의 내용. /편지의 내용. ③어떤 일의 줄거리가 되는 것. ¶ 사건의 내용. ④철학에서, 사물이나 현상 등을 성립시키고 있는 실질(實質).

내:용(耐用)명 (기계나 시설 따위가) 장기간의 사용에 견디는 일.

내:용-교과(內容敎科)명 사실적인 지식을 가르치는 교과. 역사·지리·과학 등 지식 내용의 학습을 주로 함.

내:용-물(內容物)명 속에 든 물건.

내:용-미(內容美)명 (예술 작품에서, 형식이 지닌 아름다움에 대하여) 내용 그 자체가 지니고 있는 아름다움. ↔형식미(形式美).

내:용^심리학(內容心理學)[-니-]명 의식의 내용만을 다루는 심리학.

내:용-약(內用藥)[-냑]명 ☞내복약(內服藥).

내:용-재(耐用財)명 소모되지 않고 장기간에 걸쳐 계속 이용되는 재화. 〔가옥·기계·의복 따위.〕 ↔단용재(單用財).

내:용^증명(內容證明)명 ☞내용 증명 우편.

내:용^증명^우편(內容證明郵便)명 우편물 특수 취급 제도의 한 가지. 우편물의 내용 및 발송 사실을 우체국에서 증명해 주는 제도, 또는 그 우편물. 내용 증명.

내:우(內憂)명 ①나라 안이나, 조직 내부의 걱정스러운 사태. 내환(內患). ↔외우(外憂)·외환(外患). ②☞내간(內艱).

내:우-외환(內憂外患)[-외-/-웨-]명 국내의 걱정스러운 사태와 외국과의 사이에 일어난 어려운 사태. 안팎의 근심거리.

내:원(內苑·內園)명 궁궐의 안뜰. ↔외원.

내원(來援)명하자 와서 도와줌. ¶ 임진왜란 때 내원한 명나라 군사.

내:-원당(內願堂)명 ☞내도량.

내원-성(來遠城)명 우리나라의 고대 가요. 고구려 때, 항복한 오랑캐를 내원성에 정착시키고 나서 지어 부른 노래. 〔가사는 전하지 아니하고 '고려사'의 '악지'에 그 설화 내용이 실려 전함.〕

내원성-가(來遠城歌)명 '내원성'의 잘못.

내:월(來月)명 이 다음 달. 내달. 새달.

내:유(來遊)명하자 와서 놂. 놀러 옴. ¶ 경치가 좋은 곳이기도 하니, 한번 내유하여 주시기 바랍니다.

내:유-외강(內柔外剛)[-외-/-웨-]명하형 ☞외강내유. 참외유내강.

내음명 코로 맡을 수 있는 향기롭거나 나쁘지 않은 기운.

내:응(內應)명하자 (어떤 조직체 등에서) 내부에서 몰래 외부와 통함. 내통(內通). 내부(內附). ¶ 적군과 내응하여 성문을 열어 주다.

내:의(內衣)[-의/-이]명 속옷. ↔외의(外衣).

내:의(內意)[-의/-이]명 마음속에 품은 생각. ¶ 사장의 내의를 타진해 보다.

내:의(內醫)[-의/-이]명 조선 시대에, 내의원에 속한 의관(醫官).

내의(來意)[-의/-이]명 방문한 이유. 찾아온 뜻.

내:-의원(內醫院)[-의-/-이-]명 조선 시대에, 궁중에서 쓰이는 의약을 맡아보던 관아. 내국(內局). 약방(藥房).

내:이(內耳)명 귀의 가장 안 부분. 중이(中耳)의 안쪽에 위치하며, 소리를 감지하는 기관이 있음. 미로(迷路). 속귀. 안귀.

내:이(內移)명하자 조선 시대에, 관찰사·수령 등의 외직(外職)에서 내직(內職)으로 옮아오던 일. 내천(內遷).

내:이-염(內耳炎)명 내이에 생기는 염증. 대부분, 중이염이 진행되어 일어남. 어지럼·구역·평형 장애나 심한 난청 등의 증세가 나타남.

내:인(內人)명 〈나인(內人)〉의 본딧말.

내:인(內因)명 내부에 있는 원인. ↔외인.

내:-인용부(內引用符)명 인용문에서 다시 인용할 때 쓰는 문장 부호. 〔작은따옴표·낫표 따위.〕

내일(來日) Ⅰ명 ①오늘의 바로 다음 날. 명일(明日). ↔어제·작일(昨日). ②'미래'를 비유적으로 이르는 말. ¶ 조국의 내일을 이끌 새싹. 준낼. Ⅱ부 오늘의 바로 다음 날에. ↔어제. ¶ 오늘은 이만하고 내일 다시 시작합시다. 준낼.

내일-모레(來日-)명 ①모레. ②어떤 때가 가까이 닥쳐 있음을 이르는 말. ¶ 내 나이도 내일모레면 마흔이다. 준낼모레.

내:입(內入)명하타 ①지난날, 궁중에 물품을 들이던 일. ②주어야 할 돈 중에서 먼저 그 일부를 지급함.

내:입-금(內入金)[-끔]명 주어야 할 돈 중에서 그 일부로 먼저 내는 돈.

내:자(內子)명 (남과 이야기할 때) '자기의 아내'를 이르는 말. 실인(室人).

내:자(內資)명 국내에서 조달하는 자본. ¶ 내자 유치. ↔외자(外資).

내자(來者)명 찾아오는 사람. 찾아온 사람.

내자-가추(來者可追)명 (이미 지난 일은 어찌할 수 없으나) 앞으로의 일은 가히 따라잡을 수 있음. 〔도연명(陶淵明)의 '귀거래사(歸去來辭)'에 나오는 말로, 실패를 되풀이하지 않을 수 있다는 말.〕

내자-물거(來者勿拒)명 오는 사람을 막지 않음. 〔'춘추'의 '공양전(公羊傳)'에 나오는 말로, 사람의 행위는 그 자유의사에 맡겨야 한다는 뜻.〕 내자물금(來者勿禁). ↔거자막추(去者莫追).

내자-물금(來者勿禁)명 ☞내자물거(來者勿拒).

내:자-시(內資寺)명 조선 시대에, 궁중의 식품·피륙·내연(內宴) 등 의식(衣食)의 일을 맡아보던 관아.

내:장(內粧)명하타 건물의 내부를 꾸미는 일. ¶ 내장 공사.

내:장(內裝)명하타되자 내부를 꾸미거나 설비를 갖춤, 또는 그 공사. ¶ 자동차의 내장. ↔외장.

내:장(內障)명 ①불교에서, 마음속의 번뇌의 장애, 곧 마음을 괴롭히는 일체의 욕망을 이르는 말. ②〈내장안(內障眼)〉의 준말.

내:장(內藏)명하타되자 안에 가지고 있음. ¶ 플래시를 내장한 카메라.

내:장(內臟)명 동물의 가슴과 배 속에 있는 기관(器官)을 통틀어 이르는 말. 호흡기·소화기·비뇨기 따위.

내:장-근(內臟筋)명 척추동물 내장의 여러 기관의 벽이나 혈관의 벽 등을 이루고 있는 근육. 의지와는 상관없이 운동하는 근육임.

내:장-안(內障眼)명 안압(眼壓)의 상승 따위로 말미암아, 안구(眼球) 안에 생기는 눈병의 한 가지. 흑내장·백내장·녹내장 등이 있음. 준내장.

내:장-전(內莊田)명 고려 시대에, 왕실의 비용을 마련하기 위하여 왕실에서 소유·관리하던 농토.

내:재(內在)명 ①하자·타되자 내부(안)에 가지고 있음. ↔외재. ②사물을 규정하는 원인이 외부

에 초월해 있지 않고 그 사물 자체 속에 있다고 보는 것. ③형이상학에서, 세계와 그 원인으로서 신과의 관계, 곧 신이 세계의 본질적인 존재로서 세계의 내부에 있다고 생각하는 것. ④인식론에서, 경험의 범위 안에 있는 것. 의식 내용으로서 있는 것.

내ː-재봉소(內裁縫所)명 부녀자가 집 안에서 삯바느질을 하는 곳.

내ː재-비평(內在批評)명 ①문학 작품 내부의 형식·기교·주제 등만을 가지고 하는 비평. ↔외재비평(外在批評). ②철학에서, 어떤 학설이나 사상 등에 대하여, 그 전제가 되는 것을 일단 인정하고 하는 비평.

내ː재-율(內在律)명 자유시에서, 그 내용이나 시어(詩語)의 배치 따위에서 느낄 수 있는 잠재적인 운율. ↔외형률(外形律).

내ː재-인(內在因)명 사물의 운동이나 변화에 있어, 그 원인이 자신 안에 있다고 보는 것. 〔아리스토텔레스의 '이데아는 개체에 내재한다.'는 말에서 유래함.〕

내ː재-적(內在的)관명 내재하는 (것). ¶ 내재적 요인. /내재적인 성격.

내ː재-철학(內在哲學)명 모든 실재가 경험을 초월하는 것이라고 보지 않고, 의식에 내재하는 것만 존재한다고 보는 철학적 견해. 슈페를 대표로 하는, 19 세기 말의 의식 일원론(意識一元論).

내ː-저항(內抵抗)명 (발전기·전지·전류계·전압계 따위의) 기기(機器)의 내부에 있는 전기 저항. ↔외저항(外抵抗).

내ː적(內的)[-쩍]관명 ①사물의 내부에 관한 (것). ¶ 사업 부진의 내적 원인. /내적인 구조. ②정신이나 마음의 작용에 관한 (것). ¶ 내적 갈등. /그는 나이보다 내적으로 성숙한 사람이다. ↔외적.

내ː적(內賊)명 내부의 도둑(역적).

내ː적 경험(內的經驗)[-쩍껑-] 희로애락이나 번뇌·사색·극기 등에 의한 정신적 경험.

내ː적 생활(內的生活)[-쩍쌩-] 정신적인 생활. 내면생활.

내ː적 자유(內的自由)[-쩍짜-] ☞자유 의지.

내ː전(內典)명 ☞불경(佛經). ↔외전(外典).

내ː전(內殿)명 ①〈왕비〉의 높임말. ②☞안전.

내ː전(內戰)명 국내의 전쟁. 같은 국민끼리의 전쟁.

내전(來電)명하자 전보가 옴, 또는 그 전보.

내ː전-보살(內殿菩薩)명 '알고 있으면서도 모르는 체하고 시치미를 떼고 있는 사람'을 이르는 말.

내절(內切)명 '내접(內接)'의 잘못.

내점(來店)명하자 가게에 옴. 상점에 옴.

내ː접(內接)명하자 ①한 원이 다각형의 모든 변에 접하는 일. ②다각형의 모든 꼭짓점이 하나의 원주 위에 있는 일. ③한 원이 다른 원의 내부에 있고, 어느 한 점에서 접선을 공유하는 일. ↔외접.

내ː접^다각형(內接多角形)[-따가켱]명 원 또는 다각형에 내접하는 다각형. 곧, 모든 꼭짓점이 주어진 원이나 다각형의 둘레 위에 있는 다각형. 내접형.

내ː접-원(內接圓)명 ①어떤 도형에 내접하는 원. 〔보통, 다각형에 내접하는 원을 가리킴.〕 ②같은 평면 위의 안쪽에서 접하는 두 개의 원. ↔외접원(外接圓).

내ː접-형(內接形)[-저평]명 ☞내접 다각형.

내ː-젓다[-젇따][~저으니·~저어]타ㅅ ①앞으로나 밖으로 내어서 휘두르다. ¶ 손을 내젓다. /깃발을 내젓다. /고개를 내젓다. ②앞으로나 밖으로 향하여 노를 젓다. ¶ 강 건너를 향하여 배를 내저었다.

내ː정(內廷)명 (임금이 사적인 생활을 하는) 궁궐의 내부.

내ː정(內定)명하타되자 ①속으로 작정함. ②(정식의 발표나 절차가 있기 전에) 내부적으로 정함, 또는 그 결정. ¶ 전근이 내정되었다.

내ː정(內政)명 국내의 정치.

내ː정(內庭)명 안뜰.

내ː정(內情)명 내부의 사정. ¶ 그는 회사의 내정에 밝았다.

내ː정^간섭(內政干涉)명 다른 나라의 정치나 외교에 참견함으로써 그 주권을 속박·침해하는 일.

내ː정-돌입(內庭突入)명하자 남의 집 안에 허락도 없이 불쑥 들어감.

내ː제(內題)명하자 책의 속표지나 본문의 첫머리 등 내부에 적은 표제(表題).

내ː조(乃祖) Ⅰ명 그 사람의 할아버지. Ⅱ대 〔'네 할아비'·'이 할아비'의 뜻으로, 할아버지가 편지 글에서〕 손자에게 자기 자신을 가리켜 일컫는 말.

내ː조(內助)명하타 (드러내지 않고) 내부에서 도움. 특히, 아내가 집 안에서 남편을 돕는 경우를 가리킴. 내보(內輔). ¶ 그가 성공하는 데는 내조의 힘이 컸다. ↔외조(外助).

내ː조(來朝)명하자 외국의 사신이 옴.

내ː종(乃終)명 나중.

내ː종(內從)명 고모의 아들이나 딸. 고종(姑從).

내ː종(內腫)명 한방에서, '내장에 생긴 종기'를 이르는 말. ↔외종(外腫).

내ː종-매(內從妹)명 ☞고종매(姑從妹).

내ː종-자(內從姊)명 ☞고종자(姑從姊).

내ː종-제(內從弟)명 ☞고종제(姑從弟).

내ː-종피(內種皮)명 ☞속씨껍질.

내ː종-형(內從兄)명 ☞고종형(姑從兄).

내ː종-형제(內從兄弟)명 고종 사촌이 되는 형제. 고모의 아들 형제.

내죵내부 〈옛〉 마침내. 끝끝내. ¶ 내죵내 實혼證 업수믈 가졸비니라(*法華2:191*).

내ː주(內周)명 안쪽의 둘레, 또는 그 길이. ↔외주.

내ː주(來住)명하자 와서 삶. ¶ 여진족(女眞族)이 함경도로 내주하다.

내ː주(來週)명 이 다음 주. ¶ 내주 수요일에 다시 만나자.

내ː-주다타 ①(가지고 있던 것을) 남에게 건네주다. 내어 주다. ¶ 잔금을 받고 땅문서를 내주다. ②(속에 든 것을) 꺼내어 주다. ¶ 금고에서 돈을 내주다. ③(차지하고 있던 자리를) 남에게 넘겨주다. ¶ 과장 자리를 후배에게 내주다.

내ː-주방(內廚房)명 조선 시대에, 대비(大妃)와 중전(中殿)의 수라를 마련하던 곳.

내ː-주장(內主張)명하자 (남편 대신) 아내가 집안일을 맡아봄.

내즁ㄱ소리명 〈옛〉 종성(終聲). 받침. 끝소리. ¶ 乃내終즁ㄱ소리ᄂᆞᆫ 다시 첫소리ᄅᆞᆯ 쓰ᄂᆞ니라(訓諺).

내ː증(內症)[-쯩]명 몸 안에 생기는 병. 내장(內臟)의 병.

내ː증(內證)명하타 마음속에서 불교의 진리를 스스로 깨닫는 일.

내:지(內旨)명 임금의 은밀한 명령. ¶ 내지를 받들다.

내:지(內地)명 ①해안이나 변지(邊地)에서 멀리 떨어진, 국토의 안쪽 지역. ②식민지에서 본국을 이르는 말. ③한 나라의 영토 안. 참외지(外地).

내:지(內智)명 불교에서 이르는, 삼지(三智)의 하나. 자기 마음속의 번뇌를 끊는 지(智).

내:지(乃至)부 ①《수량을 나타내는 말 사이에 쓰이어》 '얼마에서 얼마까지'의 뜻을 나타냄. ¶ 3년 내지 6년이 걸린다. ②《사물의 이름 사이에 쓰이어》 '또는'·'혹은'의 뜻을 나타냄. ¶ 미국 내지 캐나다에서 볼 수 있는 현상.

내:지^관세(內地關稅)명 ☞내국 관세.

내:-지르다[~지르니·~질러]타르 ①주먹이나 무기 따위를 앞이나 밖으로 향하여 힘껏 지르다. ¶ 주먹을 내지르다. ②소리를 냅다 지르다. ③〈낳다〉·〈누다〉의 속된 말. ¶ 물찌똥을 내지르다.

내:지-잡거(內地雜居)[-꺼]명 거류지 제도(居留地制度)를 마련하지 않고, 외국인을 자유로이 거주하게 하는 일.

내:직(內職)[1]명하자 ①집에서 일을 하는 직업. ②본직(本職) 이외에 따로 하는 일.

내:직(內職)[2]명 지난날, 서울 안에 있던 각 관아의 관직. ↔외직(外職).

내:진(內診)명하자 여성 생식기의 내부나, 직장(直腸) 내부를 손가락으로 진찰하는 일.

내:진(來診)명하자 의사가 환자의 집에 와서 진찰함. 참왕진(往診).

내:진(耐震)명하자 (건조물 따위가) 지진의 진동에도 손상을 입지 않고 견딤. ¶ 내진 구조로 지은 건축물.

내:-진연(內進宴)명 조선 시대에, 내빈(內賓)을 모아 베풀던 궁중 잔치. 준내연.

내:-집단(內集團)[-딴]명 집단 심리학에서, 개인이 스스로를 그와 동일시하고, 애착과 충성의 태도로 임하는 집단. ↔외집단.

내:쫓-기다[-쫃끼-]자 〖'내쫓다'의 피동〗 내쫓음을 당하다. ¶ 대문 밖으로 내쫓기다.

내:-쫓다[-쫃따]타 (있던 자리에서) 억지로 내보내다. ¶ 닭을 내쫓다. /마을에서 거지를 내쫓다. /직장에서 내쫓다.

내:-찌르다[~찌르니·~찔러]타르 앞으로 세게 찌르다.

내:-차다타 ①발길로 내질러 차다. ¶ 공을 발로 힘껏 내차다. ②냅다 차다.

내:착(來着)명하자 ①(자기가) 목적지에 와서 닿음. ¶ 아침에 이곳에 내착했다. ②(남이) 이곳에 도착함. ¶ 외국의 시찰단이 내착했다.

내:찰(內札)명 ☞안편지. 내간(內簡).

내:채(內債)명 ☞내국채(內國債).

내:처부 ①내친 바람에 끝까지. 하는 김에 다. ¶ 읍내까지 쉬지 않고 내처 걸었다. ②줄곧 한결같이. ¶ 한 달 내처 비가 내렸다.

내:처(內處)명하자 안방에서 거처함.

내:척(內戚)명 같은 본(本)을 가진 친척, 곧 본종(本宗)을 이르는 말. 내친(內親). ↔외척(外戚).

내:천(內遷)명하자 ☞내이(內移).

내:청(來聽)명하타 (연설·강연 따위를) 와서 들음. ¶ 강연회 내청을 환영합니다.

내:-청룡(內靑龍)[-뇽]명 풍수설에서, 주산(主山)에서 왼쪽으로 뻗어 나간 산줄기 중 맨 안쪽에 있는 줄기를 이르는 말. 단청룡(單靑龍). 참외청룡.

내:총(內寵)명 임금의 총애를 받는 궁녀, 또는 그 총애. 내폐(內嬖).

내:추(來秋)명 돌아오는 가을.

내:춘(來春)명 돌아오는 봄.

내:-출혈(內出血)명 혈관이나 모세 혈관에 의한 출혈이 체내 또는 피하(皮下)에서 일어나는 일. 피하 출혈(皮下出血). ↔외출혈(外出血).

내:취(內吹)명 〈겸내취(兼內吹)〉의 준말.

내:측(內側)명 안쪽. ↔외측.

내:측(內廁)명 ☞안뒷간.

내:층(內層)명 (여러 겹으로 포개어져 있는 것의) 안쪽의 층. ↔외층(外層).

내:치(內治)[1]명하타 나라 안을 다스림.

내:치(內治)[2]명하타 상처나 병을 내복약으로 다스림. ↔외치(外治)[2].

내:치(內痔)명 ☞암치질. ↔외치(外痔).

내:-치다타 ①물리치다. 내쫓다. ¶ 저 자를 당장 밖으로 내쳐라. ②내던져 버리다.

내:치락-들이치락[-뜨리-]부하자 ①변덕스럽게 이랬다저랬다 하는 모양. ②병세(病勢)가 더했다 덜했다 하는 모양.

내:칙(內則)명 내부의 규칙. 내규(內規).

내:친(內親)명 ①본(本)이 같은 친척. 내척(內戚). ②아내의 친척. ③하형마음속으로 친하게 여김.

내:친-걸음명 ①이왕 시작한 김. ¶ 내친걸음에 내일 일까지 다 해치웠다. ②이왕 나선 걸음. ¶ 내친걸음에 시내까지 들어갔다.

내:친-김명 이왕 일을 시작한 김. 《주로, '내친김에'의 꼴로 쓰임.》 ¶ 내친김에 방 청소까지 해 놓았다.

내:침(內寢)명하자 남편이 아내 방에서 잠.

내침(來侵)명하자타 침입하여 옴, 또는 그 침입. ¶ 왜구(倭寇)의 내침이 잦았다.

내:켜-놓다[-노타]타 앞으로 물려 놓다. ¶ 밥상을 부엌에 내켜놓아라.

내:키다[1]자 하고 싶은 마음이 나다. ¶ 마음이 내키지 않는다.

내:키다[2]타 (어떤 공간을 넓히려고) 바깥쪽으로 물려 내다.

내:탁(內托)명하자 한방에서, 종기의 절개 수술을 한 뒤에 보약으로 조리함을 이르는 말.

내:탐(內探)명하타 ☞염알이.

내:탕(內帑)명 〈내탕고(內帑庫)〉의 준말.

내:탕-고(內帑庫)명 조선 시대에, 임금의 개인적인 재물을 두던 곳집. 준내탕.

내:탕-금(內帑金)명 조선 시대에, 내탕고에 둔 돈. 곧, 임금이 개인적인 용도에 쓰던 돈. 탕전(帑錢).

내:통(內通)명 ①하자남녀가 몰래 정을 통함. 사통(私通). ②하자되자적과 몰래 손을 잡음. 내응(內應). ③하타되자비밀히 알림.

내:-트리다타 내뜨리다.

내:-팽개치다타 ①힘껏 던져 버리다. ②하던 일에서 손을 떼어 버리다. ¶ 하던 공부를 내팽개치다. ③돌보지 않고 내버려 두다. ¶ 자녀를 내팽개치고 달아나다.

내:-퍼붓다[-붇따][~퍼부으니·~퍼부어]타ㅅ 물이나 욕 따위를 냅다 퍼붓다. ¶ 소나기가 세차게 내퍼붓다. /욕설을 내퍼붓다.

내:편(內篇)명 〔중국의 고서(古書) 따위에서〕 저자가 말하려고 하는 중심 부분. ↔외편.

내:편(來便)명 ①오는 인편(人便). ¶ 내편에 보내 주십시오. ②다음 편. ¶ 책은 내편으로 보내 드리겠습니다.

내ː평(內-)명 〈속내평〉의 준말.
내ː평(內評)명 (겉으로 드러내지 않고) 내부에서만 하는 평판이나 비평.
내ː폐(內嬖)[-폐/-페]명 ☞내총(內寵).
내ː폐-성(內閉性)[-폐썽/-페썽]명 심리학에서, 자기의 생각이나 감정을 드러내어 남에게 작용하거나 하지 않고, 자기 속에 틀어박혀 버리는 경향. 분열증의 심리적 특질. 자폐성(自閉性).
내ː포(內包)[1]명 식용으로 하는 짐승의 내장. 내보. 내복(內腹).
내ː포(內包)[2]명 ①어떤 개념의 내용이 되는 여러 속성. 〔금속이라는 개념에서 전기나 열의 도체(導體) 따위.〕 ↔외연(外延). ②하타 되자 내부에 포함하여 가짐. ¶ 그 이론은 그 자체 안에 모순을 내포하고 있다.
내ː포-량(內包量)명 (면적처럼 그 넓이를 가지고 나타내는 양이 아니고) 빛이나 열처럼 그 성질의 강도의 차로써 나타내는 양. ↔외연량(外延量).
내ː폭-성(耐爆性)[-썽]명 내연 기관의 기통(氣筒) 안에서의 연료의 이상 폭발을 방지할 수 있는, 옥탄가를 올린 가솔린의 성질. ¶ 내폭성 가솔린.
내ː폭-제(耐爆劑)[-쩨]명 내연 기관에서 연료의 이상 폭발을 방지하기 위하여 가솔린에 조금 섞는 물질. 앤티노크.
내풀로부 내 마음대로.
내ː피(內皮)명 ①속껍질. 속가죽. ↔외피(外皮). ②척추동물의 혈관이나 림프관 내면의 상피 조직. ③고등 식물의 뿌리·줄기·잎에서, 피층(皮層)의 가장 안쪽에 있으며, 중심주(中心柱)를 싸고 있는 한 줄의 세포층.
내ː핍(耐乏)명하자 물자의 부족을 참고 견딤. 가난을 참고 견딤. ¶ 내핍 생활.
내ː하(內下)명하타 ☞내사(內賜).
내ː하(來夏)명 내년 여름.
내하(來賀)명하자 와서 축하함.
내-학기(來學期)[-끼]명 다음 학기.
내-학년(來學年)[-항-]명 다음 학년.
내ː한(來韓)명하자 (외국인이) 한국에 옴. ¶ 외국 관현악단의 내한 공연.
내ː한(耐旱)명하자 가뭄을 견디어 냄.
내ː한(耐寒)명하자 추위를 견디어 냄. 추위를 이김. ¶ 내한 훈련. ↔내서(耐暑).
내ː합(內合)명 내행성(內行星)이 지구와 태양 사이에 와서 일직선이 되는 일. 하합(下合). ↔외합.
내ː항(內航)명 국내를 항행(航行)하는 일, 또는 그 항로(航路). ↔외항(外航).
내ː항(內港)명 항만의 안쪽 구역. (배가 검역 등을 위하여 임시로 정박하는 외항에 대하여) 승객이 오르내리거나 하역 작업을 하기에 알맞게 시설한 안쪽 항구. ↔외항(外港).
내ː항(內項)명 비례식에서, 안쪽에 있는 두 항. 〔$a:b=c:d$에서의 b와 c.〕 ↔외항.
내항(來降)명하자 (적이) 와서 항복함.
내ː항(來航)명하자 (외국에서) 배나 항공기를 타고 옴.
내ː항-동물(內肛動物)명 후생동물의 한 문(門). 바다에 사는 작은 동물로서 몸길이는 불과 몇 mm이며 군체(群體)를 이룸. 몸은 양주 술잔 모양으로 하나의 짤막한 자루 부분과 꽃받침과 같은 부분으로 이루어져 있음. 꽃받침과 같은 부분의 가장자리에는 촉수(觸手)가 한 줄로 둘리어 있으며, 그 가운데에 입과 항문이 있음.
내ː해(內海)명 육지와 육지 사이에 끼인 좁은 바다. 〔해협으로 외양과 연결됨. 동해나 지중해 따위.〕 내양(內洋). ↔외양·외해.
내ː행(內行)명 부녀자의 여행.
내ː-행성(內行星)명 태양계의 행성 중, 지구 궤도보다 안쪽에 궤도를 가지는 행성. 수성과 금성이 있음. ↔외행성(外行星).
내ː향(內向)명 ①하자 안쪽으로 향함. ②☞내공(內攻).
내ː향-성(內向性)[-썽]명 마음의 작용이 자기의 내면에만 관심을 가지고, 밖으로 향하려 하지 않는 성격. 비사교적인 성격. 내성적인 성격. ↔외향성.
내ː향-적(內向的)관명 ①안쪽으로 향하는 (것). ②성격이 내성적이고 사교적이지 않은 (것). ↔외향적.
내ː허(內虛)명하형 속이 빔. 내용이 없음. 참외허.
내ː허-외식(內虛外飾)[-외-/-웨-]명하자 속은 비고 겉치레만 번지르르함.
내ː-헤치다타 마구 꺼내어 헤치다. ¶ 고양이가 쓰레기통에 있던 음식물 찌꺼기를 내헤쳐 놓았다.
내ː현(來現)명하자 와서 나타남.
내ː형(乃兄) Ⅰ명 그 사람의 형.
Ⅱ대 〔편지 글 따위에서〕 '이 형'이란 뜻으로, 형이 자기의 아우에게 스스로를 가리켜 일컫는 말.
내ː-호흡(內呼吸)명 생물체의 각 조직이나 세포가, 동맥혈로부터 산소를 흡수하고 탄산가스를 정맥 속으로 배출하는 작용. 〔폐로 하는 외호흡에 대하여 이르는 말임.〕 ↔외호흡.
내ː혼(內婚)명 ☞족내혼(族內婚).
내ː홍(內訌)명 ☞내분(內紛).
내ː화(內貨)명 자기 나라 화폐. ↔외화(外貨).
내ː화(耐火)명하자 높은 열에도 타거나 녹거나 하지 않고 잘 견딤. ¶ 내화 유리.
내ː화^건ː축(耐火建築)명 내화 재료를 사용한 건축.
내ː화^구조(耐火構造)명 (기둥·보·벽·마루·지붕·계단 등의 주요 구조 부분에) 불에 잘 타지 않는 내화 재료를 사용한 건축 구조.
내ː화-도(耐火度)명 내화의 정도를 나타내는 비율.
내ː화-물(耐火物)명 높은 열에 견디는 비금속 재료를 통틀어 이르는 말.
내ː화^벽돌(耐火甓-)[-똘]명 내화 점토를 원료로 하여 구운 벽돌. 〔높은 열에 견딜 수 있으며 빛깔이 흼.〕 불벽돌. 백연와(白煉瓦).
내ː화-성(耐火性)[-썽]명 높은 열에도 타지 아니하고 견디는 성질.
내ː화-재(耐火材)명 ☞내화 재료(耐火材料).
내ː화^재료(耐火材料)명 높은 열에 견딜 수 있는 재료. 내화 벽돌·내화 점토 따위를 통틀어 이르는 말. 내화재.
내ː화^점토(耐火粘土)명 높은 열에도 녹거나 변질되지 않는 점토. 내화 벽돌이나 도자기·가마 따위의 재료로 쓰임.
내ː환(內患)명 ①나라 안의 걱정. 내우(內憂). ↔외환. ②집안의 근심스러운 일. ③아내의 병(病).
내ː회(來會)[-회/-훼]명하자 ①다음으로 다가오는 모임. ¶ 회칙은 내회에서 확정하겠습니다. ②와서 모임. 집회의 자리에 옴.
내-후년(來後年)명 후년의 다음 해. 명후년. 후후년.
내ː-후리다타 주먹 따위를 휘둘러 세게 때리거나 치다. ¶ 그는 놈의 얼굴을 보기 좋게 내후렸다.

내ː훈(內訓)명 ①집안의 부녀자들에 대한 가르침. ②내밀히 하는 훈령, 또는 내부에 대한 훈령이나 훈시.
내ː-휘두르다[~휘두르니·~휘둘러]타르 ①냅다 이리저리 마구 내어 두르다. ¶ 칼을 내휘두르다. ②사람이나 일을 마음대로 마구 다루다. ¶ 그는 권력을 내휘두르며 국민을 탄압했다.
내흉(內凶)명하형스형 '내숭'의 잘못.
내ː-흔들다[~흔드니·~흔들어]타 ①이리저리 함부로 흔들다. ¶ 손수건을 내흔들다. ②강하게 부정하는 뜻으로 머리를 마구 좌우로 흔들다.
낼ː Ⅰ명 〈내일(來日)〉의 준말.
Ⅱ부 〈내일(來日)〉의 준말.
낼ː-모레명 〈내일모레〉의 준말.
냄비명 음식을 끓이는 데 쓰는, 솥보다 작은 기구. 솥보다 운두가 낮고 뚜껑과 손잡이가 달려 있음.
냄ː새명 ①코로 맡을 수 있는 온갖 기운. ¶ 구수한 냄새./구린 냄새. ②'어딘지 모르게 떠도는 분위기나 느낌·낌새 따위'를 비유하여 이르는 말. ¶ 훈장 냄새./수상한 냄새를 풍긴다. 준내[2].
냄ː새-나다자 ①싫어서 넌더리가 나다. ¶ 허구한 날 같은 소리뿐이니, 이제 냄새날 지경이다. ②어떤 낌새가 나다. ③신선하지 않은 맛이 있다. ¶ 오래되어 냄새나는 생선.
냄ː새-피우다자 어떤 티를 내다.
냅다[1][-따][내우니·내워]형ㅂ 연기가 눈이나 목구멍을 자극하여 맵고 싸하다. ¶ 내워서 눈을 뜨지 못하겠구나.
냅다[2][-따]부 몹시 빨리. 몹시 세차게. ¶ 냅다 팽개치다./냅다 튀어 나가다.
냅-뜨다[~뜨니·~떠]자 기운차게 (남을) 앞질러 나서다. ¶ 그는 무슨 일에든 먼저 냅뜨는 성미다.
냅색(knapsack)명 하이킹 따위에서 쓰이는 작은 간이 배낭. 쓰지 않을 때는 접어서 주머니에 넣을 수도 있음.
냅킨(napkin)명 양식(洋食)을 먹을 때, 가슴이나 무릎을 가리어 옷을 더럽히지 않게 하거나, 입이나 손을 닦는 데 쓰는 수건. 종이로 만든 것도 있음.
냇ː-가[내까/낻까]명 냇물의 가장자리에 가까운 땅. 천변(川邊).
냇-내[낸-]명 연기의 냄새. 음식에 밴 연기의 냄새. ¶ 냇내가 심해서 먹을 수가 없다.
냇ː-둑[내뚝/낻뚝]명 냇가에 쌓은 둑. 방천(防川). ¶ 냇둑이 터져 홍수가 나다.
냇ː-물[낸-]명 내에 흐르는 물.
냇ː-버들[내뻐-/낻뻐-]명 버드나뭇과의 낙엽 활엽 관목. 냇가에 나는데, 높이는 3~4 m. 잎은 양끝이 뾰족하고 잔 톱니가 있으며, 어긋맞게 남. 4월경에 이삭 모양의 꽃이 핌.
냉ː(冷)명 〔한방에서〕 ①아랫배가 늘 싸늘한 병. ②몸, 특히 몸의 아랫부분을 차게 함으로써 생기는 병. ③☞대하(帶下).
냉(을) 치다관용 냉병(冷病)을 다스리다.
냉-(冷)접두 《일부 명사 앞에 붙어》 '온도가 참'을 나타냄. ¶ 냉국./냉커피.
냉ː-가슴(冷-)명 ①한방에서, 몸을 차게 함으로써 일어나는 가슴앓이. ②겉으로 드러내지 못하고 혼자서 속을 썩이는 마음. ¶ 벙어리 냉가슴 앓듯 하다. ②참생가슴.
냉ː각(冷却)명하타되자 ①식어서 차게 됨. ②식혀서 차게 함. ¶ 더운 공기를 냉각하다. ③애정·정열·흥분 따위의 기분이 가라앉음, 또는 그렇게 함. ¶ 냉각 기류가 흐르는 정국.
냉ː각(冷覺)명 피부의 온도보다 낮은 온도의 자극을 받았을 때 일어나는 감각. 〔피부에 있는 냉점(冷點)이 지각함.〕 ↔온각(溫覺).
냉ː각-기(冷却期)[-끼]명 〈냉각기간〉의 준말.
냉ː각-기(冷却器)[-끼]명 물체를 냉각시키는 데 쓰이는 기기(器機)를 통틀어 이르는 말.
냉ː각-기간(冷却期間)[-끼-]명 (노동 쟁의나 정치적 분쟁 따위를 원만히 해결하기 위하여 두는) 유예 기간. 준냉각기.
냉ː각-수(冷却水)[-쑤]명 내연 기관 등 높은 열을 내는 기계를 식히기 위한 물.
냉ː각-액(冷却液)명 ①쇠붙이를 깎거나 자를 때에 나는 열을 식히는 데 쓰는 액체. ②발열 반응의 냉매(冷媒)로 쓰이는 액체.
냉ː각-재(冷却材)[-째]명 원자로 속에서 핵분열에 의해 발생한 열을 식히기 위하여 쓰는 물질. 〔공기·경수(輕水)·중수(重水)·헬륨·이산화탄소 따위.〕
냉ː각-제(冷却劑)[-쩨]명 냉동기에서, 기화열을 이용하여 둘레에 있는 것을 냉동시키는 데 쓰는 물질. 〔암모니아·염화메틸 따위.〕
냉ː간^압연(冷間壓延)명 강철 따위의 금속 재료를 상온(常溫)에 가까운 온도에서 압연 가공하는 일. ↔열간 압연(熱間壓延).
냉ː갈령명 매정하고 쌀쌀한 태도.
냉ː감(冷疳)명 한방에서 이르는 감병(疳病)의 한 가지. 갈증이 심하고 번조(煩燥)가 생기며 설사가 나서 점점 여위어 가는 병.
냉ː감-증(冷感症)[-쯩]명 결혼한 여성으로서, 성적 욕망이 일어나지 않는 증세. 참불감증.
냉ː감-창(冷疳瘡)명 한방에서, 입가에 부스럼이 나서 점점 퍼지는 어린아이의 병. 〔흔히, 영양 부족으로 일어남.〕
냉ː건(冷乾)명하타 차게 하여 말림.
냉ː-골(冷-)명 불을 넣지 않아 몹시 찬 방구들. ¶ 연탄불이 꺼져서 방바닥이 냉골이다.
냉ː과(冷果)명 설탕물에 절여서 차게 식힌 과실.
냉ː과(冷菓)명 얼음과자.
냉ː과리명 (덜 구워져서) 피울 때 연기와 냄새가 나는 숯.
냉ː광(冷光)명 ①찬 느낌의 빛. ②물질이 빛이나 열 등의 자극을 받아서 열은 없이 빛을 내는 현상.
냉ː-국(冷-)[-꾹]명 ☞찬국.
냉ː기(冷氣)명 찬 공기. 찬 기운. ¶ 냉기가 돌다./냉기를 쐬면 좋지 않다. ↔온기(溫氣).
냉ː-기류(冷氣流)명 ①차가운 공기의 흐름. ②'대립하는 세력들 사이의 적대적인 분위기'를 비유하여 이르는 말. ¶ 정계에 냉기류가 흐르다.
냉-꾼명 '내왕꾼'의 잘못.
냉ː-난방(冷煖房)명 냉방과 난방. ¶ 냉난방 시설을 완비한 현대식 건물.
냉ː담(冷淡)명하형 ①무슨 일에 마음을 두지 않음. 무관심함. ¶ 시청자들은 냉담한 반응을 보였다. ②동정심이 없고 쌀쌀함. ¶ 구호의 요청을 냉담하게 뿌리쳤다. **냉담-히**부.
냉ː담(冷痰)명 한방에서 이르는, 사지(四肢)가 차고 근육이 군데군데 쑤시는 병.
냉ː대(冷待)명하타 푸대접함. 푸대접.
냉ː대(冷帶)명 온대와 한대의 사이에 있으며, 대체로 북위 40~67°의 지역. 냉온대(冷溫帶). 아한대. 참온대·한대.

냉ː대^기후(冷帶氣候)명 기후대의 한 가지. 북반구 대륙의 냉대에서 볼 수 있는 기후임. 연교차가 커 가장 추운 달의 평균 기온은 −3℃ 미만이며 가장 따뜻한 달의 평균 기온은 10℃ 이상임. 참온대 기후·한대 기후.
냉ː대-림(冷帶林)명 냉대에 발달해 있는 삼림대. 낙엽 활엽수림과, 전나무·낙엽송 등이 주종을 이루는 침엽수림으로 나누어짐. 참온대림·한대림.
냉ː대^습윤^기후(冷帶濕潤氣候)명 냉대 기후형의 한 가지. 연중(年中) 습기가 많은 기후로, 여름철은 몹시 덥고, 겨울철은 몹시 춥고 눈이 많이 내림.
냉ː돌(冷堗)명 불을 때지 않은 온돌방. 냉방. ¶ 냉돌에서 잠을 잤더니 몸이 찌뿌드드하다.
냉ː동(冷凍)명하타되자 (식품 따위의 부패를 막기 위하여) 냉각시켜서 얼림.
냉ː동-기(冷凍機)명 낮은 온도에서 물건을 얼리거나 차갑게 하는 기계. 냉장고·제빙기·기체 액화기 따위에 쓰임.
냉ː동-법(冷凍法)[-뻡]명 (육류·어류 등을 오래 보존하기 위하여) 냉각시켜서 얼리는 방법.
냉ː동-선(冷凍船)명 냉동 설비를 갖춘 배.
냉ː동-식품(冷凍食品)명 (신선한 상태로 장기간 보존할 수 있도록) 냉동시킨 식품.
냉ː동-실(冷凍室)명 식품 따위를 얼려서 보관하는 곳.
냉ː동-어(冷凍魚)명 (장기간의 보존을 위하여) 냉동시킨 물고기.
냉ː동-업(冷凍業)명 ①냉동기를 사용하는 영업을 통틀어 이르는 말. ②식품을 냉각·냉동하여 보존하는 영업.
냉락(冷落) '냉락하다'의 어근.
냉ː락-하다(冷落-)[-나카-]형여 ①서로의 사이가 멀어져 쌀쌀하다. ②외롭고 쓸쓸하다.
냉랭(冷冷) '냉랭하다'의 어근.
냉ː랭-하다(冷冷-)[-냉-]형여 ①쌀쌀하게 차다. ¶ 불을 때지 않아서 방이 냉랭하다. ②태도가 몹시 쌀쌀하다. ¶ 냉랭한 분위기. **냉랭-히**부.
냉량(冷涼) '냉량하다'의 어근.
냉ː량-하다(冷涼-)[-냥-]형여 약간 차갑고 서늘하다. ¶ 기후가 냉량하다.
냉ː리(冷痢)[-니]명 한방에서, 몸을 차게 함으로써 배가 아프고 곱똥이 나오며 뒤가 묵직하게 느껴지는 병.
냉ː매(冷媒)명 열 교환기에서 열을 빼앗기 위하여 사용하는 매체. 〔암모니아·프레온 따위.〕
냉ː매(冷罵)명하타 비웃고 꾸짖음.
냉ː면(冷麵)명 찬국이나 동치밋국 같은 것에 말아서 먹는 국수.
냉ː방(冷房)명 ①☞냉돌(冷堗). ②(더위를 막기 위하여) 방 안의 온도를 외기(外氣)의 온도보다 낮추는 일. ②↔난방(煖房).
냉ː방-병(冷房病)[-뼝]명 냉방이 된 방과 외기(外氣)와의 온도 차가 자극이 되어 일어나는 병.
냉ː방^장치(冷房裝置)명 (실내 온도를 낮추기 위하여) 공기를 냉각시키는 장치. ↔난방 장치.
냉ː-배(冷-)[-빼]명 한방에서, 냉병으로 일어나는 배앓이를 이름. 냉복통(冷腹痛).
냉ː병(冷病)[-뼝]명 한방에서, 하체를 차게 하여 일어나는 병을 통틀어 이르는 말. 냉증.
냉ː-복통(冷腹痛)명 ☞냉배.
냉ː비(冷痹)명 한방에서, 찬 기운으로 말미암아 손발의 감각이 없어지는 병.
냉ː상(冷床)명 인공으로 따뜻한 열을 주지 않고 태양열만을 이용한 자연 그대로의 묘상(苗床). ↔온상(溫床).
냉ː소(冷笑)명하타 쌀쌀한 태도로 비웃음. ¶ 냉소가 흐르다. /냉소를 머금다.
냉ː소-적(冷笑的)관명 쌀쌀한 태도로 비웃는 (것). ¶ 냉소적 말투. /냉소적으로 대하다.
냉ː소-주의(冷笑主義)[-의/-이]명 사물을 냉소적으로 보는 태도. 견유주의. 시니시즘.
냉ː수(冷水)명 찬물. ↔온수(溫水).
냉수 먹고 속 차려라속담 (정신이 나도록 찬물을 마시고) 정신 차려라.
냉수 먹고 이 쑤시기속담 '실속은 없으면서 겉으로는 있는 체하는 것'을 조롱하여 이르는 말.
냉ː수-마찰(冷水摩擦)명 찬물에 담갔다가 짠 수건으로 살갗을 문지르는 건강법. 〔혈액 순환이 좋아지고 추위에 대한 저항력이 높아지며 정신이 맑아짐.〕
냉ː수-스럽다(冷水-)[-따][~스러우니·~스러워]형ㅂ 사람됨이 싱겁고 묽어서 멋쩍다. **냉수스레**부.
냉ː수-욕(冷水浴)명하자 찬물로 목욕함, 또는 그렇게 하는 목욕.
냉ː습(冷濕)[1]명 한방에서, '냉기와 습기 때문에 일어나는 병'을 통틀어 이르는 말.
냉습(冷濕)[2] '냉습하다'의 어근.
냉ː습-하다(冷濕-)[-스파-]형여 차고 습하다.
냉ː시(冷視)명하타 차가운 눈초리로 봄. 멸시함.
냉ː신(冷神)명 찬 것을 감각하는 피부 신경. ↔온신(溫神).
냉ː안(冷眼)명 차가운 눈빛이나 눈길. 멸시하여 보는 눈.
냉ː안-시(冷眼視)명하타 차가운 눈초리로 봄. 멸시함. ¶ 반대 의견을 냈다고 냉안시하다.
냉암(冷暗) '냉암하다'의 어근.
냉ː암-하다(冷暗-)형여 차고 어둡다.
냉ː어(冷語)명하자 매정하고 쌀쌀한 태도로 말함, 또는 그런 태도로 하는 말.
냉엄(冷嚴) '냉엄하다'의 어근.
냉ː엄-법(冷罨法)[-뻡]명 환부를 차게 찜질함으로써 소염·진통의 효과를 얻는 방법. 〔찬 습포(濕布)나 얼음찜질 따위.〕 찬찜질. ↔온엄법.
냉ː엄-하다(冷嚴-)형여 ①냉정하고 엄숙하다. ¶ 판사는 판결문을 냉엄하게 낭독하였다. ②(적당히 하거나 무시하거나 할 수 없게) 냉정하고 엄격하다. ¶ 냉엄한 현실. **냉엄-히**부.
냉연(冷然) '냉연하다'의 어근.
냉ː연-하다(冷然-)형여 태도가 몹시 쌀쌀하다. **냉연-히**부 ¶ 냉연히 거절하다.
냉ː열(冷熱)명 차가움과 더움. 냉담과 열심.
냉염(冷艶) '냉염하다'의 어근.
냉ː염-하다(冷艶-)형여 싸늘하고도 아름답다. 〔흔히, 흰 꽃이나 눈 따위를 형용하는 말.〕
냉ː온(冷溫)명 ①차가움과 따뜻함. ②낮은 온도. ¶ 냉온에서 잘 자라는 식물.
냉ː-온대(冷溫帶)명 ☞냉대(冷帶).
냉ː우(冷雨)명 찬비. 한우(寒雨).
냉ː우(冷遇)명하타 ☞푸대접.
냉ː육(冷肉)명 쇠고기·돼지고기·닭고기 따위를 쪄서 차게 식힌 것.
냉이명 십자화과의 이년초. 들이나 밭에 흔히 나는데, 잎은 뿌리에서 무더기로 나며 깃 모양으로 갈라져 있음. 초봄에 하얀 꽃이 줄기 끝에 피고 열매는 삼각형임. 어린잎과 뿌리는 국거리로 씀임. 제채(薺菜).

냉ː장(冷藏)명하타 음식물 따위의 부패를 막기 위하여, 또는 차게 하기 위하여 저온에서 저장함.
냉ː장-고(冷藏庫)명 식품 따위를 저온에서 저장하는 상자 모양의 장치.
냉ː장^수송(冷藏輸送)명 화물의 변질을 방지하기 위하여, 냉장 시설을 갖춘 교통 기관으로 수송하는 일.
냉ː장-실(冷藏室)명 식품 따위를 낮은 온도에서 저장하는 곳.
냉ː장-차(冷藏車)명 냉장 시설을 갖춘 화차(貨車)나 자동차.
냉ː재(冷材)명 한방에서, 냉한 성질을 가진 약재를 통틀어 이르는 말. 〔서각(犀角)·생지황(生地黃)·죽여(竹茹)·사삼(沙蔘) 따위.〕 냉제(冷劑). 양재(涼材). ↔온재(溫材).
냉ː적(冷積)명 한방에서, 배 속에 뜬뜬하게 뭉친 것이 생겨 통증을 일으키는 냉병을 이르는 말.
냉ː전(冷戰)명 (군사 행동에까지는 이르지 않지만) 서로 적대시하고 있는 국가 간의 대립 상태. ↔열전(熱戰).
냉ː절(冷節)명 '한식(寒食)'의 딴 이름.
냉ː점(冷點)[-쩜]명 피부 온도보다 낮은 온도, 곧 냉각(冷覺)을 느끼는 감각점. 〔피부와 점막에 고루 분포함.〕 ↔온점(溫點).
냉정(冷情) '냉정하다'의 어근.
냉ː정(冷靜)명하형 감정에 좌우되지 않고 차분함. ¶ 냉정한 판단을 내리다. /냉정을 되찾다. **냉정-히**부.
냉ː정-스럽다(冷情-)[-따][~스러우니·~스러워]형ㅂ 매정하고 쌀쌀한 데가 있다. ¶ 냉정스러운 태도. **냉정스레**부.
냉ː정-하다(冷情-)형여 매정하고 쌀쌀하다. ¶ 냉정하게 거절하다(뿌리치다). **냉정-히**부.
냉ː제(冷劑)명 ☞냉재(冷材).
냉ː조(冷嘲)명하타 업신여겨 비웃고 놀림.
냉ː주(冷酒)명 찬술.
냉ː증(冷症)[-쯩]명 ☞냉병(冷病).
냉ː지(冷地)명 기후가 한랭한 땅.
냉ː차(冷茶)명 (얼음을 넣거나 하여) 차게 만든 찻물, 또는 청량음료.
냉ː채(冷菜)명 차게 하여 먹는 채(菜).
냉ː처(冷處)명하자 찬 방에 거처함.
냉ː천(冷天)명 싸늘한 날씨.
냉ː천(冷泉)명 ①물이 찬 샘. ②수온이 낮은 광천(鑛泉). ↔온천(溫泉).
냉철(冷徹) '냉철하다'의 어근.
냉ː철-하다(冷徹-)형여 감정에 좌우되지 않고, 사물을 내다보는 데 냉정하고 날카롭다. ¶ 냉철한 판단. **냉철-히**부.
냉ː-커피(冷coffee)명 (얼음을 넣거나 하여) 차게 만든 커피. 아이스커피.
냉큼부 망설이지 않고, 가볍고 빨리 움직이는 모양. ¶ 냉큼 받아먹다. /말이 끝나자마자 냉큼 일어서다. 큰닁큼. **냉큼-냉큼**부.
냉ː탕(冷湯)명 찬물이 들어 있는 탕. ↔온탕.
냉ː평(冷評)명하타 ①냉담한 태도로 비평하는 일, 또는 그러한 비평. ②냉혹한 비평.
냉ː풍(冷風)명 (늦가을이나 초봄에 부는) 차가운 바람.
냉ː-하다(冷-)형여 ①차다. 찬 기운이 있다. ②〔한방에서〕 ㉠병으로 아랫배가 차다. ㉡약재의 성질이 차다. ¶ 냉한 약재.
냉ː한(冷汗)명 식은땀.
냉ː해(冷害)명 여름철의 이상 저온(異常低溫)이나, 일조 부족(日照不足)으로 인하여 생기는 농작물의 피해.
냉ː혈(冷血)명 ①(어떤 동물의) 체온이 외기의 기온보다 낮은 것. 찬피. ↔온혈(溫血). ②인간다운 정이 없이 냉혹함. ¶ 냉혈 인간. ③한방에서, 찬 기운으로 인하여 배 속에 뭉친 피.
냉ː혈^동ː물(冷血動物)명 체온 조절의 기능이 없이, 외기(外氣)의 온도의 변화에 따라 체온이 변화하는 동물. 〔무척추동물·어류·양서류·파충류 따위.〕 변온 동물. 찬피 동물. ↔온혈 동물.
냉ː혈-한(冷血漢)명 무정한 사나이. 몰인정한 사나이.
냉혹(冷酷) '냉혹하다'의 어근.
냉ː혹-하다(冷酷-)[-호카-]형여 인간다운 정이 없고 혹독하다. ¶ 냉혹한 처사. **냉혹-히**부.
냉ː회(冷灰)[-회/-훼]명 불이 꺼져서 싸늘하게 식은 재.
냉ː훈-법(冷燻法)[-뻡]명 식품을 저온에서 3~4주 동안 훈연(燻煙)하여 오래 저장할 수 있게 하는 방법.
냏명 〈옛〉내. ¶ 내히 이러(龍歌2章).
냐조 모음으로 끝난 체언에 붙어, 묻는 뜻을 나타내는 해라체의 종결형 서술격 조사. ¶ 이번에 작품상을 탄 영화가 전에 같이 본 그 영화냐. 참이냐.
-냐어미 모음이나 'ㄹ'로 끝난 형용사 어간 또는 높임의 '-시-'나 시제의 '-았(었)-'·'-겠-' 등에 붙는, 해라체의 의문형 종결 어미. ¶ 어디 아프냐?/배가 고프냐? 참-느냐·-으냐.
냐고조 모음으로 끝난 체언에 붙어, 물음의 말을 인용하는 뜻을 나타내는 연결형 서술격 조사. ¶ 나더러 누구냐고 묻더라. 참이냐고.
-냐고어미 모음이나 'ㄹ'로 끝난 형용사 어간 또는 높임의 '-시-'나 시제의 '-았(었)-'·'-겠-' 등에 붙어, 물음을 인용하는 뜻을 나타내는 연결 어미. ¶ 어디가 아프냐고 물었다. 참-느냐고·-으냐고.
냐는조 '냐고 하는'이 줄어서 된 말. 모음으로 끝난 체언에 붙는 서술격 조사. ¶ 그녀는 고향이 어디냐는 물음에 한참 머뭇거렸다. 참이냐는.
-냐는준 '-냐고 하는'이 줄어든 말. 모음으로 끝난 형용사 어간 또는 높임의 '-시-'나 시제의 '-았(었)-'·'-겠-' 등에 붙어, 물음이나 의사를 인용하는 뜻을 나타냄. ¶ 누가 더 예쁘냐는 물음에 대답을 못했다. 참-느냐는·-으냐는.
냔조 '냐고 하는' 또는 '냐고 한'이 줄어서 된 말. 모음으로 끝난 체언에 붙는 서술격 조사. ¶ 너도 사내냔 그녀의 핀잔에 벌컥 화가 났다. 참이냔.
-냔준 '-냐고 하는', 또는 '-냐고 한'이 줄어든 말. 모음으로 끝난 형용사 어간 또는 높임의 '-시-'나 시제의 '-았(었)-'·'-겠-' 등에 붙어, 물음을 인용하는 뜻을 나타냄. ¶ 얼마나 기쁘냔 말을 여러 번 들었다. 참-느냔·-으냔.
냘조 '냐고 할'이 줄어서 된 말. 모음으로 끝난 체언에 붙는 서술격 조사. ¶ 그에게만 이게 친구에 대한 의리냘 수가 있나. 참이냘.
-냘준 '-냐고 할'이 줄어든 말. 모음으로 끝난 형용사 어간 또는 높임의 '-시-'나 시제의 '-았(었)-'·'-겠-' 등에 붙어, 물음을 인용하는 뜻을 나타냄. ¶ 너보고만 왜 그리 처신이 나쁘냘 사람은 없을 거다. 참-느냘·-으냘.
냠냠 Ⅰ명 '음식'의 어린이 말.
Ⅱ부하자 (어린이가) 음식을 맛있게 먹는 소리, 또는 그 모양.

냠냠-거리다자 (어린이가) 맛있게 음식 먹는 소리를 자꾸 내다. 냠냠대다.

냠냠-대다자 냠냠거리다.

냠냠-이명 '먹고 싶어 하는 음식'의 어린이 말.

냠냠-하다 Ⅰ타여 ①맛있게 먹다. ②남의 것을 가져가다.

Ⅱ형여 (음식을 먹고 난 뒤에) 성에 차지 않아 더 먹고 싶다.

냥(兩)의 〔지난날의〕 ①돈의 단위의 한 가지. 열 돈, 곧 엽전 100푼에 해당함. ②무게 단위의 한 가지. 열 돈쭝, 또는 16분의 1근(斤)에 해당함. ②냥쭝.

냥쭝(←兩重)의 ☞냥.

너[1]대 손아랫사람이나 친한 사이에 쓰는 이인칭 대명사. ¶ 너와 나. ↔나[1].

너 나 할 것 없이관용 누구를 가릴 것 없이 모두. ¶ 반 아이들이 너 나 할 것 없이 그 일에 참여하였다.

너 죽고 나 죽자관용 사생결단으로 맞서 싸울 때 하는 말. ¶ 김 씨는 너 죽고 나 죽자고 덤벼들었다.

너ː[2]관 수 관형사 '네'가 'ㄱ·ㄷ·ㅁ·ㅂ·ㅍ·ㅎ'을 첫소리로 하는, 단위를 나타내는 의존 명사 앞에 쓰일 때의 변이 형태. 〔너 근·너 돈·너 말·너 푼·너 홉 따위.〕

너겁명 ①괴어 있는 물 위에 떠서 몰려 있는 검불. ¶ 너겁이 켜켜이 앉은 연못 물. ②물가에 흙이 패어서 드러난 풀이나 나무뿌리.

너구리명 ①갯과의 포유동물. 몸길이 60 cm, 꼬리 길이 15 cm가량. 몸은 굵고 네 다리와 꼬리는 짧음. 몸빛은 황갈색인데 얼굴과 목·가슴·다리는 흑갈색임. 주둥이는 뾰족하고 나무에 잘 올라감. 산과 들에서 살며, 털가죽은 방한용, 털은 붓의 재료로 씀. 중국과 우리나라에 분포함. 산달(山獺). ②'매우 능청스럽고 음흉한 사람'을 비유하여 이르는 말.

너구리(를) 잡다관용 '닫힌 공간에서 불을 피우거나 담배를 태워 연기를 많이 내다'를 비유하여 이르는 말.

너그럽다[-따][너그러우니·너그러워]형ㅂ 마음이 넓고 남을 헤아리는 아량이 있다. ¶ 너그럽게 용서하다. **너그러이**부.

너글-너글[-러-]부하형 너그럽고 시원스러운 모양. ¶ 성품이 너글너글하여 호감이 간다.

너기다타 〈옛〉여기다. 생각하다. ¶ 내 이를 爲ᄒᆞ야 어엿비 너겨(訓諺).

너끈-하다형여 무엇을 하는 데 있어, 그것을 해낼 힘의 여유가 있다. **너끈-히**부 ¶ 내 힘으로도 그 정도의 일은 너끈히 해낼 수 있다.

너나-들이명하자 너니 나니 하고 부르며 서로 무간하게 지냄, 또는 그러한 사이. ¶ 그 친구와 나는 너나들이하는 사이지.

너나-없이[-업씨]부 너나 나나 가릴 것 없이 모두. ¶ 농사철이라 너나없이 바쁘다.

너널명 (지난날, 추운 겨울에 신던) 솜을 두어 만든 커다란 덧버선.

너누룩-하다[-루카-]형여 ①요란하거나 사납던 기세가 잠시 수그러져 잠잠하다. ¶ 바람이 너누룩해지거든 시장 좀 다녀오너라. ②괴롭고 답답하던 병세가 잠시 가라앉아 있다. ¶ 증세가 너누룩하다. 준너눅하다. **너누룩-이**부.

너눅-하다[-누카-]형여 〈너누룩하다〉의 준말. **너눅-이**부.

너-댓수관 '네댓'의 잘못.

너더-댓[-댇]수관 넷이나 다섯가량(의). ＊너더댓이[-대시]·너더댓만[-댄-]

너더댓-새[-댇쌔]명 나흘이나 닷새.

너더댓-째[-댇-]수관 넷째나 다섯째(의).

너더분-하다형여 ①갈피를 잡을 수 없이 어수선하다. ¶ 세간이 너더분하게 흩어져 있다. ②말이 듣기 싫게 수다스럽다. 작나다분하다. **너더분-히**부.

너덕-너덕[-덩-]부하형 여기저기 지저분하게 기웠거나 덧붙인 자리가 많은 모양. 작나닥나닥.

너덜명 〈너덜겅〉의 준말.

너덜-거리다자 자꾸 너덜너덜하다. 너덜대다. 작나달거리다. 거너털거리다.

너덜-겅명 돌이 많이 깔린 비탈. 준너덜.

너덜-나다[-라-]자 여러 가닥으로 어지럽게 갈기갈기 째지다.

너덜-너덜[-러-]부하자 ①(종이·헝겊 따위의 조각이) 여러 가닥으로 드리워져 흔들거리는 모양. ②주제넘은 말을 주책없이 자꾸 하는 모양. 작나달나달. 거너털너털.

너덜-대다자 너덜거리다.

너덜코-박쥐[-쮜]명 ☞관박쥐.

너덧[-덛]수관 넷가량(의). ¶ 일꾼이 너덧은 있어야 하겠다. /병아리 너덧 마리. ＊너덧이[-더시]·너덧만[-던-]

너도-나도부 (서로 경쟁이라도 하듯이) 모두 다. ¶ 너도나도 농촌 일손 돕기에 나서다.

너도-밤나무명 참나뭇과의 낙엽 활엽 교목. 울릉도에 많이 분포하며, 높이는 20 m가량 자람. 잎은 길둥근 달걀 모양이며 끝이 뾰족하고 가장자리에 물결 모양의 톱니가 있음. 암수한그루로 꽃은 6월경에 핌. 나무의 결이 단단하여 건축이나 가구재로 쓰임.

-너라어미 동사 '오다'나 '오다'가 붙은 동사 어간에 붙는, 해라체의 명령형 종결 어미. ¶ 오너라. /나오너라. /가져오너라.

너라^벗어난^끝바꿈[-끝빠-]명 ☞너라 불규칙 활용.

너라^변ː칙^활용(-變則活用)[-치콸룡]명 ☞너라 불규칙 활용.

너라^불규칙^활용(-不規則活用)[-치콸룡]명 '-아라'·'-어라'로 활용하여야 할 직접 명령의 어미가 '-너라'로 되는 활용 형식. '오다' 계(系) 동사에서만 볼 수 있음. 〔오아라 → 오너라〕 너라 벗어난 끝바꿈. 너라 변칙 활용.

너러바회명 〈옛〉너럭바위. ¶ 그 알퓌 너러바회 化龍쇠 되여셰라(鄭澈.關東別曲).

너럭-바위[-빠-]명 넓고 평평하게 생긴 바위.

너르다[너르니·널러]형르 ①사방으로 두루 넓다. ¶ 너른 마당. ↔솔다[5]. ②마음이나 생각이 너그럽고 크다. ¶ 너른 마음씨.

너른-바지명 여자가 정장을 할 때 단속곳 위에 입는 속옷. 단속곳과 같으나 앞은 막히고 뒤가 터진 겹바지. 〔대개, 명주 따위로 지음.〕

너름-새명 ①떠벌리어 주선하는 솜씨. ②☞발림[2].

너리명 잇몸이 헐어 이뿌리가 드러나며, 이가 빠지게 되는 병.

너리(가) 먹다관용 잇몸이 헐어 이뿌리가 드러나다.

너머명 《높이나 경계를 나타내는 명사 뒤에 쓰이어》 높거나 넓은 것의 저쪽. 월편(越便). ¶ 고개 너머 마을. /강 너머 저편.

너무부 일정한 정도나 한계를 훨씬 넘어선 상태로. ¶ 너무 좋다. /이 문제는 너무 어렵다.

너무-나부 '너무'의 힘줌말.

너무-날명 조수의 간만의 차가 같은, 음력 열사흘과 스무여드레를 아울러 이르는 말. 참무날·무수기.
너무-너무부 '너무'의 힘줌말.
너무-하다 Ⅰ자여 도에 지나치게 비위에 거슬리는 말이나 행동을 하다.
Ⅱ형여 정도에 지나치게 심하다. ¶ 그렇게까지 하다니, 정말 너무하군.
너벅-선(-船)[-썬]명 너비가 넓은 옛날의 나무배.
너벅지명 '자배기'의 잘못.
너벳벳-하다[-벧뻬타-]형여 (큰 얼굴이) 너부죽하고 덕성스럽다. ¶ 덩치가 크고 얼굴이 너벳벳하다. 작나뱃뱃하다. **너벳벳-이**부.
너볏-하다[-벼타-]형여 (됨됨이나 태도가) 번듯하고 의젓하다. 작나볏하다. **너볏-이**부.
너부데데-하다형여 (얼굴 생김새가) 둥그스름하고 너부죽하다. 준넙데데하다. 작나부대대하다.
너부러-지다자 너부죽이 바닥에 꺼부러져 늘어지다. ¶ 연일의 강행군에 모두 너부러지고 말았다. 작나부라지다.
너부렁넓적-하다[-넙쩌카-]형여 평평하게 퍼진 듯이 넓적하다. 작나부랑납작하다. **너부렁넓적-이**부.
너부렁이명 ①종이나 헝겊 따위의 오라기. ¶ 신문지 너부렁이. ②사람이나 사물을 하찮게 여기어 이르는 말. ¶ 세간 너부렁이./깡패 너부렁이. 작나부랭이.
너부시부 고개를 천천히 숙이며 절하거나 차분하게 앉는 모양. ¶ 너부시 인사하다./윗목에 너부시 주저앉다. 작나부시.
너부죽-이부 천천히 배를 아래로 하여 엎드리는 모양. 작나부죽이.
너부죽-하다[-주카-]형여 좀 넓고 평평한 듯하다. ¶ 너부죽하게 둥근 얼굴. 작나부죽하다. **너부죽-이**부.
너불-거리다자타 자꾸 너불너불하다. 너불대다. 작나불거리다. 거너풀거리다.
너불-너불[-러-]부 ①하자타약하고 가볍게 너붓거리는 모양. ¶ 헝겊이 너불너불 바람에 흔들리다. 거너풀너풀. ②하타입을 가볍게 함부로 놀리는 모양. ¶ 채신없이 너불너불 지껄이다. 작나불나불.
너불-대다자타 너불거리다.
너붓-거리다[-붇꺼-]자 자꾸 너붓너붓하다. 너붓대다. 작나붓거리다.
너붓-너붓[-분-붇]부하자 가볍고 크게 나부끼는 모양. 작나붓나붓.
너붓-대다[-붇때-]자 너붓거리다.
너붓-하다[-부타-]형여 좀 너부죽하다. 작나붓하다. **너붓-이**부.
너븨명 〈옛〉폭(幅). 너비. 넓이. ¶ 노퓌와 너븨왜 漸漸 져거(月釋17:52).
너비명 물건의 가로의 길이. 광(廣). 폭(幅). ¶ 강의 너비./툇마루의 너비. 참나비².
너비명 〈옛〉널리. 넓게. ¶ 衆生올 너비 濟渡ᄒᆞ시ᄂᆞ니(釋譜序1).
너비아니명 쇠고기를 얄팍얄팍하게 저며서 갖은 양념을 하여 구운 음식.
너ː삼명 쓴너삼과 단너삼을 아울러 이르는 말.
너ː새명 ①재래식 기와집에서, 합각머리의 양쪽으로 마루가 지게 기와를 덮은 부분. 당마루. ②기와처럼 지붕을 이는 데 쓰는 얇고 넓적한 돌. 돌기와. ②변너와.
너ː새-집명 너새로 지붕을 인 집. 변너와집.
너설명 바위나 돌 따위가 삐죽삐죽 내민 험한 곳.
너스래미명 물건에 쓸데없이 붙어 있는 거스러미 같은 것.
너스레명 ①흙구덩이나 그릇의 아가리, 또는 바닥에 이리저리 걸쳐 놓는 막대기. 〔그 위에 놓는 물건이 빠지거나 바닥에 닿지 않게 함.〕 ②(남을 농락하려고) 수다스럽게 늘어놓는 말, 또는 그러한 말솜씨. ¶ 너스레를 놓다./너스레를 떨다./너스레를 부리다.
너스르르부하형 (길고 부드러운 풀이나 털 따위가) 성기고 어설퍼 보이는 모양. 작나스르르.
너슬-너슬[-러-]부하형 (굵고 긴 풀이나 털 따위가) 부드럽고 성긴 모양. 작나슬나슬. **너슬너슬-히**부.
너싀명 〈옛〉느시. ¶ 너싀:鴇(訓解).
너ː와명 〈너새〉의 변한말.
너ː와-집명 〈너새집〉의 변한말.
너울¹명 지난날, 여자가 나들이할 때 얼굴을 가리기 위하여 머리에서 길게 내려쓰던 가리개. 개두(蓋頭). 〔얇은 검정 깁으로 만들었음.〕
너울 쓴 거지속담 몹시 시장하여 체면을 돌볼 수 없게 된 처지.
너울²명 바다의 크고 사나운 물결.
너울가지명 남과 잘 사귀는 솜씨. 〔붙임성·포용성 따위.〕 ¶ 너울가지가 있다./너울가지가 좋다.
너울-거리다자타 자꾸 너울너울하다. 너울대다. 작나울거리다.
너울-너울[-러-]부하자타 ①큰 물결이 느릿느릿 굽이쳐 움직이는 모양. ¶ 바닷물이 너울너울 춤을 춘다. ②큰 나뭇잎이나 풀잎 따위가 부드럽게 나부끼는 모양. ③(춤추듯이) 팔이나 날개를 펴서 크고 부드럽게 움직이는 모양. ¶ 황새가 너울너울 날갯짓을 하다. 작나울나울.
너울-대다자타 너울거리다.
너울-지다자 (멀리 보이는 바닷물이) 거칠게 너울거리다.
너이수 '넷'의 잘못.
너저분-하다형여 너절하고 지저분하다. ¶ 추락 현장에는 기체의 잔해가 너저분하게 흩어져 있었다. **너저분-히**부.
너절-너절[-러-]부하형 (늘어져 있는 물건이) 너저분하게 흔들리는 모양.
너절-하다형여 ①허름하고 지저분하다. ¶ 잡동사니가 너절하게 널려 있다. ②변변하지 못하다. ¶ 너절한 물건만 갖고 다닌다. ③품격이 낮다. ¶ 사람이 좀 너절하다. **너절-히**부.
너주레-하다형여 좀 너절하다.
너즈러-지다 Ⅰ자 너저분하게 흩어지다.
Ⅱ형 여기저기 흩어진 모습이 너저분하다.
너출명 〈옛〉넌출. ¶ 너출 만:蔓(類合下54).
너출다자 〈옛〉①넌출지다. ¶ 藤蘿ᄂᆞᆫ 다 너추는 거시라(永嘉下113). ②뻗쳐서 옮다. ¶ 다른 사ᄅᆞᆷ의게 너출식(分瘟1).
너클^볼ː(knuckle ball)명 ①탁구에서, 회전이 없는 공. ②야구에서, 손가락 마디로 튀겨서 던지는 투구로서, 본루 가까이에 와서 갑자기 낮게 떨어지는 공.
너털-거리다자 자꾸 너털너털하다. 너털대다. 작나탈거리다. 여너덜거리다.
너털-너털[-러-]부하자 ①어지럽게 드리워져 흔들거리는 모양. ②주제넘은 말을 주책없이 야단스럽게 하는 모양. ③너털웃음을 자꾸 웃는 모양. ①②작나탈나탈. ①②여너덜너덜.
너털-대다자 너털거리다.

너털-웃음명 소리를 크게 내어 호기롭게 웃는 웃음. ¶ 화를 내기는커녕 너털웃음을 웃더라.
너테명 얼음 위에 덧얼어붙은 얼음.
너트(nut)명 보통 육각형 또는 사각형으로 되어 있는 암나사. 볼트, 곧 수나사에 끼워서 기계 부품 따위를 고정시키는 데 씀. 참볼트(bolt).
너펄-거리다자 자꾸 너펄너펄하다. 너펄대다. 작나팔거리다.
너펄-너펄[-러-]부하자 좀 빠르고 탄력성 있게 너붓거리는 모양. 작나팔나팔.
너펄-대다자 너펄거리다.
너푼-거리다자 자꾸 너푼너푼하다. 너푼대다. 작나푼거리다.
너푼-너푼부하자 가볍게 너붓거리는 모양. 작나푼나푼.
너푼-대다자 너푼거리다.
너풀-거리다자타 자꾸 너풀너풀하다. 너풀대다. 작나풀거리다. 여너불거리다.
너풀-너풀[-러-]부하자타 세게 너붓거리는 모양. 작나풀나풀. 여너불너불.
너풀-대다자타 너풀거리다.
너피다타 〈옛〉 넓히다. ¶ 法音을 너피실씨(月釋7:59).
너흘다타 〈옛〉널다. 쏠다. ¶뼈를 너흘면(月釋7:18).
너희[-히]대 '너[1]'의 복수(複數). ¶ 너희는 모두 착한 아이들이구나.
넉ː관 수관형사 '네[2]'가 '냥·달·섬·자'와 같은, 단위를 나타내는 의존 명사 앞에 쓰일 때의 변이 형태. 〔넉 냥·넉 달·넉 섬·넉 자 따위.〕
넉-가래[-까-]명 곡식이나 눈 따위를 한곳에 밀어 모으는 데 쓰는 기구. 〔넓적한 나무쪽에 긴 자루가 달렸음.〕 목험(木杴).
넉가래-질[-까-]명하자 티끌이나 쭉정이 따위를 바람에 날리기 위하여, 넉가래로 곡식을 떠서 공중에 치뿌리는 짓.
넉-걷이[-꺼지]명하자 밭에서 오이나 호박 따위의 덩굴을 걷어치우는 일.
넉-괭이[-꽹-]명 흙을 파 덮는 데 쓰는 괭이. 〔밑날 부분이 넓음.〕
넉넉-잡다[넝-짭따]타 (수량이나 시간 따위를) 넉넉할 만큼 여유 있게 잡다. 《주로, '넉넉잡고'·'넉넉잡아'의 꼴로 쓰임.》 ¶ 그 일은 넉넉잡아 세 시간이면 된다.
넉넉-하다[넝너카-]형여 ①(크기·수량·시간 따위가) 어떤 기준에 차고도 꽤 남음이 있다. ¶ 장사 밑천이 넉넉하다. 작낙낙하다. ②살림에 여유가 있다. ¶ 생활이 넉넉하다. ③마음이 넓고 크다. ¶ 마음 씀씀이가 넉넉하다. **넉넉-히**부.
넉ː-동[-똥]명 윷놀이에서 쓰는 네 개의 말, 또는 (마지막으로) 네 번째 나는 말.
넉동 다 갔다속담 무슨 일이 다 끝났거나, 어떤 사람의 신세가 아주 기울어졌음을 이르는 말.
넉ː동-내기[-똥-]명 넉동을 내면 이기도록 약속되어 있는 윷놀이.
넉-살[-쌀]명 부끄러워 하지 않고 비위 좋게 구는 짓. ¶ 넉살을 떨다. /넉살이 좋다.
넉살-맞다[-쌀맏따]형 몹시 넉살이 좋다.
넉살-스럽다[-쌀-따][~스러우니·~스러워]형ㅂ 넉살 좋게 보이다. **넉살스레**부.
넉자[-짜]명 (인발이 잘 나타나도록) 도장을 찍을 때 종이 밑에 까는 폭신한 사슴 가죽.
넉ː자-바기(-字-)[-짜-]명 네 글자로 된 말마디. 네 글자로 된 시문(詩文).
넉ː장-거리[-짱-]명하자 네 활개를 벌리고 뒤로 벌떡 나자빠짐. 작낙장거리.
넋[넉]명 ①사람의 육체 속에 깃들어 있어 정신 작용을 다스리고 있는 것으로 생각되는 것. 혼. 혼백. ②정신이나 마음. *넋이[넉씨]·넋만[넝-]
넋(을) 놓다관용 제정신이 없이 멍하게 되다. 의욕을 잃고 아무 생각이 없이 되다.
넋(을) 잃다관용 제정신을 잃다.
넋(이) 나가다관용 몹시 혼이 나서 정신을 잃다.
넋이야 신이야관용 잔뜩 벼르던 말을 거침없이 털어놓음을 이르는 말.
넋(이) 없다관용 의식을 잃은 것처럼 멍하다.
넋-두리[넉뚜-]명 ①하자타(원통한 일이나 억울한 일, 또는 불만이 있을 때) 투덜거리며 길게 늘어놓는 말. ②하자 죽은 사람의 넋을 대신해서 하는 무당의 말. 푸념.
넌준 '너는'이 줄어든 말.
넌더리명 몹시 물리어 지긋지긋하게 느껴지는 생각. ¶ 넌더리가 나다. /넌더리를 치다. 준넌덜.
넌더리(를) 대다관용 넌더리 나게 굴다.
넌덕명 너털웃음을 웃으면서 너스레를 늘어놓는 짓. ¶ 넌덕을 부리다.
넌덕-스럽다[-쓰-따][~스러우니·~스러워]형ㅂ 능청맞게 너스레를 떠는 태도가 있다. **넌덕스레**부.
넌덜명 〈넌더리〉의 준말.
넌덜-머리명 〈넌더리〉의 속된 말. ¶ 넌덜머리가 나다.
넌떡부 넝큼. 썩. ¶ 넌떡 나가거라. 작난딱.
넌센스(nonsense)명 '난센스'의 잘못.
넌즈시부 〈옛〉 넌지시. ¶ 넌즈시 壯大호 쇠롤 구펴도다(杜初23:35).
넌지시부 드러나지 않게 가만히. ¶ 넌지시 비밀을 알려 주다.
넌출명 길게 벋어 나가 너덜너덜 늘어진 식물의 줄기. 〔등(藤)·다래·칡 따위의 줄기.〕
넌출-문(-門)명 네 개의 문짝이 죽 달린 문.
널ː명 ①판판하고 넓게 켜낸 나무토막. 널빤지. ②널뛰기에 쓰는 널빤지. ③'관(棺)'이나 '곽(槨)'을 두루 이르는 말.
널준 '너를'이 줄어든 말. ¶ 널 사랑해.
널ː-감[-깜]명 ①널의 재료가 될 목재(木材). ②'죽을 날이 가까워진 늙은이'를 농조로 이르는 말.
널ː-길[-낄]명 고분(古墳)의 입구에서 시체를 안치한 현실(玄室)에 이르는 통로. 연도(羨道).
널ː다[1][너니·널어]타 (말리거나 바람을 쐬거나 하려고) 펼쳐 놓다. 벌여 놓다. ¶ 빨래를 널다. /고추를 널다.
널ː다[2][너니·널어]타 (쥐 같은 것이) 이빨로 쏠아서 부스러기를 늘어놓다.
널ː-다리명 널빤지로 놓은 다리. 바닥에 널빤지를 깔아 놓은 다리. 판교(板橋).
널ː-대문(-大門)명 널빤지로 만든 대문.
널-따랗다[-라타][~따라니·~따래]형ㅎ 꽤나 넓다. 퍽 넓다. ¶ 널따란 운동장. ↔좁다랗다.
널ː-뛰기명하자 긴 널빤지의 중간을 괴고, 양쪽 끝에 한 사람씩 올라서서 번갈아 뛰는 놀이. 〔주로, 음력 정월에 여자들이 함.〕
널ː-뛰다자 널뛰기를 하다.
널라와명 〈옛〉 너보다. ¶ 널라와 시름 한 나도(樂詞.青山別曲).
널름부하타 ①혀를 얼른 크게 내밀었다가 들이는 모양. ②(손을 크게 내밀어) 무엇을 얼른 집어 가지는 모양. ¶ 돈을 널름 받다. 큰늘름. 작날름. **널름-널름**부하타.

널름-거리다[타] 자꾸 널름널름하다. 널름대다. ¶ 널름거리는 불길 사이를 뚫고 나오다. [큰]늘름거리다. [작]날름거리다.

널름-대다[타] 널름거리다.

널리[부] ①너르게. 범위가 넓게. ¶ 널리 알리다. /널리 연구하다. ②너그럽게. ¶ 널리 용서해 주시기 바랍니다.

널-리다[1][자] ①〖'널다[1]'의 피동〗 넒을 당하다. ¶ 빨래가 빨랫줄에 널렸다. ②(여기저기) 흩어져 퍼지다. ¶ 글감은 우리 주위에 얼마든지 널려 있다.

널리다[2][타] 〖'너르다'의 사동〗 너르게 하다. ¶ 방을 더 크게 널리다.

널ː-마루[명] 널빤지를 깐 마루.

널ː-무덤[명] 구덩이를 파고 시체를 직접 넣거나 목관에 시체를 넣고 그 위에 흙을 쌓아 올린 무덤. 목관묘. 토광묘.

널ː-문(-門)[명] 널빤지로 만든 문. 판문(板門).

널ː-반자[명] 널빤지로 짠 반자. 목반자.

널ː-밥[-빱][명] 널뛰기할 때, 몸무게에 따라 가운데의 굄으로부터 양쪽으로 각각 차지하는 널의 길이. ¶ 널밥이 길다.

널ː-방(-房)[명] 횡혈식(橫穴式) 고분(古墳) 안에 있는, 관을 들여 놓는 방. 현실(玄室).

널ː-방석(-方席)[-빵-][명] (곡식 따위를 너는 데 쓰는) 짚으로 결은 큰 방석.

널브러-뜨리다[타] 널브러지게 하다. 널브러트리다.

널브러-지다[자] ①너저분하게 널려 있거나 흩어지다. ②마구 너부러지다.

널브러-트리다[타] 널브러뜨리다.

널ː-빈지[명] 널빤지로 만든 빈지문. [준]빈지.

널ː-빤지[명] 판판하고 넓게 켜낸 나무토막. 널. 널판자. 널판.

널어-놓다[-노타][타] 죽 널어서 벌여 놓다. ¶ 멍석에 고추를 널어놓다.

널음-새[명] '너름새'의 잘못.

널이다[타] 〈옛〉 폐를 끼치다. 귀찮게 하다. ¶ 너희 므슴 널인 고디 이시리오(老解上53).

널ː-조각[-쪼-][명] 널빤지의 조각. 널쪽.

널ː-쪽[명] ☞널조각.

널찍-널찍[-찡-][부][하형] 여럿이 다 널찍한 모양. ¶ 우리 집 방은 모두 널찍널찍하다. **널찍널찍-이**[부].

널찍-하다[-찌카-][형여] 꽤 너르다. ¶ 마당이 널찍하다. **널찍-이**[부] ¶ 방을 널찍이 들이다.

널ː-판(-板)[명] ①☞널빤지. ②☞널.

널ː-판때기(-板-)[명] 넓고 두껍고 긴 널쪽.

널ː-판자(-板子)[명] ☞널빤지.

널ː-판장(-板牆)[명] 널빤지로 둘러친 울타리. 목판장(木板牆). [준]판장.

널-판지(-板-)[명] '널빤지'의 잘못.

널ː-평상(-平牀)[명] 널빤지로 만든 평상.

넓다[널따][형] ①평면의 면적이 크다. ¶ 넓은 방. /들이 넓다. ②너비가 크다. ¶ 넓은 길. /어깨가 넓다. ③도량이나 범위가 크다. ¶ 마음이 넓다. ↔좁다. * 넓어·넓고[널꼬]

넓-다듬이[넙따-][명] (홍두깨에 올리지 않고) 다듬잇돌 위에 넓적하게 개켜 놓고 하는 다듬이.

넓-둥글다[넙뚱-][~둥그니·~둥글어][형] 넓죽하고 둥글다.

넓디-넓다[널띠널따][형] 매우 넓다.

넓삐죽-하다[넙-주카-][형여] 넓고 삐죽하다.

넓-살문(-門)[넙쌀-][명] 거친 널빤지로 살을 댄 문.

넓은-다대[명] 걸랑에 붙은 쇠고기. 주로, 편육에 쓰임.

넓-이[명] 일정하게 차지하는 평면이나 구면(球面)의 크기. 면적(面積). ¶ 넓이가 좁다. /운동장의 넓이를 재다.

넓이-뛰기[명] '멀리뛰기'의 구용어.

넓적-넓적[넙쩡넙쩍][부][하형] 여럿이 다 넓적한 모양. [작]납작납작[2]. **넓적넓적-이**[부].

넓적-다리[넙쩍따-][명] 무릎 관절 위쪽에 있는 다리. 대퇴(大腿). 상퇴(上腿).

넓적다리-뼈[넙쩍따-][명] 넓적다리의 뼈. 대퇴골(大腿骨). 비골(髀骨).

넓적-부리[넙쩍뿌-][명] 오릿과의 새. 몸길이는 50 cm가량이며 몸빛은 수컷과 암컷이 다름. 암컷은 집오리의 암컷과 비슷하며 한배에 8~12개의 알을 낳음. 우리나라와 일본·중국·아프리카 등지에서 겨울을 남.

넓적-뼈[넙쩍-][명] (넓적다리뼈나 죽지뼈와 같은) 넓적한 뼈.

넓적스레-하다[넙쩍쓰-][형여] 넓적스름하다.

넓적스름-하다[넙쩍쓰-][형여] 좀 넓적하다. 넓적스레하다. [작]납작스름하다. **넓적스름-히**[부].

넓적-이[넙쩌기][명] (얼굴이나 머리가) '넓적하게 생긴 사람'을 조롱하여 이르는 말. [작]납작이. [참]넓죽이.

넓적-하다[넙쩌카-][형여] 얄팍하면서 제법 넓다. [작]납작하다. **넓적-이**[부].

넓죽-넓죽[넙쭝넙쭉][부][하형] 여럿이 다 넓죽한 모양. [작]납죽납죽[2]. **넓죽넓죽-이**[부].

넓죽-이[넙쭈기][명] (얼굴이나 머리가) '넓죽하게 생긴 사람'을 조롱하여 이르는 말. [작]납죽이. [참]넓적이.

넓죽-하다[넙쭈카-][형여] 길죽하고 넓다. [작]납죽하다. **넓죽-이**[부].

넓-히다[널피-][타] 〖'넓다'의 사동〗 넓게 하다. ¶ 좁은 길을 넓히다. ↔좁히다.

넘겨다-보다[타] 넘어다보다.

넘겨-듣다[-따][~들으니·~듣는][타ㄷ] ☞지내듣다.

넘겨-박다[-따][타] ①넘어뜨리면서 바닥 쪽으로 내려치다. ②꾀를 부려 남을 곯려 주다.

넘겨-받다[-따][타] 남이 넘겨주는 것을 받다. ↔넘겨주다.

넘겨-쓰다[~쓰니·~써][타] 남의 책임이나 허물을 자기가 뒤집어쓰다.

넘겨씌우다[-씨-][타] 〖'넘겨쓰다'의 사동〗 자기의 책임이나 허물을 남에게 덮어씌우다.

넘겨-잡다[-따][타] 어림잡고 앞질러 짐작하다. ¶ 변덕이 심한 그의 속을 넘겨잡기가 어려웠다.

넘겨-주다[타] (물건이나 권리·책임·일 따위를) 남에게 건네주거나 맡기다. ¶ 권리증을 넘겨주다. /자리를 후임자에게 넘겨주다. ↔넘겨받다.

넘겨-짚다[-집따][타] ①알지 못하면서 지레짐작하다. ②(무엇을 떠보려고) 짐작으로 말하다. ¶ 딸의 마음을 슬쩍 넘겨짚어 보았다.

넘ː고-처지다[-꼬-][자] 이쪽에서는 정도에 넘치고, 저쪽에서는 정도에 못 미치다. ¶ 학력이 넘고처져 이것저것 다 어렵다. /혼처가 모두 넘고처지다.

넘-기다[1][타] ①(물체를) 넘어가게 하다. ¶ 공을 되받아 넘기다. ②쓰러뜨리다. ¶ 나무를 베어 넘기다. /안다리걸기로 상대 선수를 넘기다. ③종잇장 따위를 젖히다. ¶ 책장을 넘기다. ④권리나 책임 따위를 남에게 주거나 맡기다. ¶ 소유권을 아들에게 넘기다. ⑤처리할 문제를 담당 부서에 맡기다. ¶ 도둑을 경찰에 넘기다. ⑥시간을 지나가게 하다. ¶ 긴 여름도 그럭저럭 다

넘겼다. ⑦어려움에서 벗어나다. ¶ 죽을 고비를 넘기다. ⑧음식물·침 따위를 목구멍으로 넘어가게 하다. ¶ 알약을 넘기다.
넘-기다² 타 〖'넘다'의 사동〗 넘게 하다. ¶ 서른을 넘기다.
넘ː-나다 자 분수에 넘치는 짓을 하다. ¶ 너에겐 넘나는 행동이다.
넘ː나-다니다 자타 넘나들어 다니다. ¶ 외국으로 넘나다니다.
넘ː나-들다 [~드니·~들어] 자타 ①어떤 경계를 들락날락하다. ¶ 국경을 넘나들다. ②서로 왔다 갔다 하다. ¶ 강물과 바닷물이 서로 넘나들다.
넘나물 명 원추리의 잎과 꽃으로 무쳐 먹는 나물.
넘난ᄆᆞᅀᆞᆷ 명 〈옛〉넘쳐 나는 마음. 성욕(性慾). ¶ 나ᄂᆞᆫ 이제 시르미 기퍼 넘난ᄆᆞᅀᆞ미 업수니(月釋2:5).
넘ː-내리다 자 오르락내리락하다.
넘ː-노닐다 [~노니니·~노닐어] 자 넘나들며 노닐다.
넘ː-놀다 [~노니·~놀아] 자 넘나들며 놀다. ¶ 꽃밭에서 넘노는 벌나비 떼.
넘늘-거리다 자 자꾸 길게 휘늘어져 움직이다. 넘늘대다.
넘ː늘다 [넘느니·넘늘어] 자 체면을 지키는 체하면서 제멋대로 놀아나다.
넘늘-대다 자 넘늘거리다.
넘ː-늘어지다 자 길게 휘늘어지다. ¶ 넘늘어진 버들가지.
넘ː다 [-따] 자타 ①수량이나 정도가 한계를 지나다. ¶ 서른이 넘다. /모인 돈이 만 원이 넘다. /기온이 20℃를 넘다. ②일정한 데 가득 차고 나머지가 밖으로 벗어나다. ¶ 물이 넘다. ③높은 데를 지나 가다. ¶ 고개를 넘다. ④시간이 지나가다. ¶ 여기 온 지도 한 달이 넘었다. ⑤어떤 경계를 지나다. ¶ 국경을 넘다. ⑥어려움을 겪어 지나다. ¶ 위험한 고비를 넘다. ⑦(너무 갈아서) 칼날이 한쪽으로 쏠리다. ¶ 날이 넘다. ⑧(중간의 것을) 건너뛰다.
넘버 (number) 명 번호나 차례, 또는 그 숫자. ¶ 차량 넘버.
넘버링 (numbering) 명 〈넘버링머신〉의 준말.
넘버링-머신ː (numbering machine) 명 자동 회전식으로 번호를 차례로 찍을 수 있게 만든 기구. 번호기. 준넘버링.
넘버-원 (number one) 명 첫째. 제일. 으뜸.
넘ː-보다 타 ①남을 업신여겨 낮추보다. 깔보다. ¶ 우리 편을 넘보고 도전해 왔다. ②〈넘어다보다〉의 준말.
넘ᄧᅵ다 자 〈옛〉넘치다. ¶ 조티 아닌 거시 흘러 넘ᄧᅵ여(永嘉上35).
넘ᄡᅵ다 자 〈옛〉넘치다. ¶ 넘ᄧᅵᆯ 람:濫(類合下50).
넘성-거리다 타 자꾸 넘성넘성하다. 넘성대다. 작남상거리다.
넘성-넘성 부하타 (좀 탐욕스러운 태도로) 기웃기웃 넘어다보는 모양. 작남상남상.
넘성-대다 타 넘성거리다.
넘실-거리다 자타 자꾸 넘실넘실하다. 넘실대다. ¶ 뱃전에 넘실거리는 파도를 보자 무서운 생각이 들었다. 작남실거리다.
넘실-넘실 [-럼-] 부 ①하자 물이 물결을 이루며 너울거리는 모양. ②하자 떠 있거나 가볍게 드리워진 것이 너울거리는 모양. ③하자타 액체가 그릇에 그득 차서 넘칠 듯이 찰랑거리는 모양. ④하타 슬그머니 넘성거리는 모양. 작남실남실.
넘실-대다 자타 넘실거리다.
넘어-가다 자타 ①(서 있던 것이) 한쪽으로 쓰러지다. ¶ 기둥이 넘어가다. ②시간이 지나가다. ¶ 한 해가 넘어가다. ③높은 데나 어떤 경계를 지나서 가다. ¶ 고개를 넘어가다. /공이 담장을 넘어가다. /경계선을 넘어가다. ④남의 책임으로 되거나 남의 소유가 되다. ¶ 집이 채권자한테로 넘어가다. ⑤처리할 일이나 절차가 다른 데로 옮아가다. ¶ 공장으로 넘어가다. /법원으로 넘어가다. ⑥해나 달이 지다. ¶ 해가 서산으로 넘어가다. ⑦입 안에서 목구멍으로 지나가다. ¶ 밥이 넘어가다. ⑧고비를 지나다. ¶ 일이 순조로이 넘어가다. ⑨다음 차례로 옮아가다. ¶ 새로운 국면으로 넘어가다. ⑩꾐이나 속임을 당하다. ¶ 제 꾀에 제가 넘어가다. /감쪽같이 넘어가다. ⑪숨이 멎다. ¶ 숨이 넘어가다.
넘어다-보다 타 ①고개를 들어 가리운 물건 위로 저편을 보다. ¶ 이웃집 마당을 넘어다보다. ②남의 것을 탐내어 마음에 두다. 넘겨다보다. ¶ 남의 재산을 넘어다보다. 준넘보다.
넘어-뜨리다 타 '넘어지게 하다'의 힘줌말. 넘어트리다.
넘어-박히다 [-바키-] 자 넘어져서 바닥에 되게 부딪히다. ¶ 너무 급히 달리다가 넘어박히다.
넘어-서다 타 어떤 한계나 경계를 넘어서 지나다. ¶ 고비를 넘어서다. /위험을 넘어서다.
넘어-오다 자타 ①서 있던 것이 쓰러져 이쪽으로 오다. ¶ 담이 넘어오다. ②무엇을 넘어서 이쪽으로 오다. ¶ 휴전선을 넘어오다. ③책임이나 권리 따위가 자기에게로 옮아오다. ¶ 소유권이 넘어오다. ④처리할 일이나 절차가 이쪽으로 옮아오다. ¶ 사건이 넘어오다. ⑤먹은 것이 입으로 도로 나오다. ¶ 삼킨 약이 넘어오다. ⑥순서·시기 따위가 현재쪽으로 옮아오다. ¶ 20세기에서 21세기로 넘어오는 과정.
넘어-지다 자 ①바닥에 쓰러지다. ②사업이 망하다. ¶ 회사가 넘어지다.
넘어-트리다 타 넘어뜨리다.
넘ː쳐-흐르다 [-처-] [~흐르니·~흘러] Ⅰ 자타르 (물·기름 따위) 액체가 가득 차서 밖으로 넘어 흐르다. ¶ 장마에 봇물이 넘쳐흐른다. Ⅱ 자르 느낌·기운·힘 따위가 솟아 넘칠 것 같다. ¶ 들에 나가니 봄기운이 넘쳐흐른다.
넘ː-치다 자 ①가득 차서 밖으로 흘러나오다. ¶ 봇물이 넘치다. /술이 넘치다. ②어떤 기준에 지나다. ¶ 자신감이 넘치다. /분수에 넘치다. /그는 재주가 넘치는 사람이다.
넙다 형 〈옛〉너르다. 넓다. ¶ 그 性이 너버 虛空 ᄀᆞᆮᄒᆞ니라(圓覺上一之二14). /넙거나 너븐 天下(鄭澈.關東別曲).
넙데데-하다 [-떼-] 형여 〈너부데데하다〉의 준말. 작납대대하다.
넙적 [-쩍] 부하타 ①입을 크게 닁큼 벌렸다가 다무는 모양. ②몸을 바닥에 대며 닁큼 엎드리는 모양. 작납작.
넙적-거리다 [-쩍꺼-] 타 자꾸 넙적넙적하다. 넙적대다. 작납작거리다.
넙적-넙적 [-쩡-쩍] 부하타 ①입을 크게 닁큼닁큼 벌렸다가 다무는 모양. ②여럿이 몸을 바닥에 대며 닁큼닁큼 엎드리는 모양. 작납작납작¹.
넙적-대다 [-쩍때-] 타 넙적거리다.
넙죽 [-쭉] 부 ①입을 넓게 닁큼 벌렸다가 다무는 모양. ②몸을 바닥에 대며 닁큼 엎드리는 모양. ¶ 땅바닥에 넙죽 엎드리다. ③(주는 것을) 망설이지 않고 선뜻 받아먹거나 가지는 모양. ①②작납죽.

넙죽-거리다[-쭉꺼-][타] 자꾸 넙죽넙죽하다. 넙죽대다. [작]납죽거리다.

넙죽-넙죽[-쭝-쭉][부][하타] ①입을 넓게 닁큼닁큼 벌렸다가 다무는 모양. ②(여럿이) 몸을 바닥에 대며 닁큼닁큼 엎드리는 모양. ③(주는 것을) 망설이지 않고 선뜻선뜻 받아먹거나 가지는 모양. ①②[작]납죽납죽1.

넙죽-대다[-쭉때-][타] 넙죽거리다.

넙치[명] 넙칫과의 바닷물고기. 몸길이 60 cm가량. 몸은 길둥근꼴이며 넓적함. 눈은 두 개가 모두 왼쪽 머리에 쏠려 있고 눈 있는 쪽의 비늘은 빗비늘임. 몸빛은 오른쪽이 암갈색, 왼쪽이 유백색(乳白色)임. 우리나라·일본·남중국해에 많이 분포함. 광어. 비목어(比目魚).

넙치-눈이[명] ①두 눈동자를 넙치의 눈과 같이 한군데로 모으기를 잘하는 사람. ②'눈을 잘 흘기는 사람'을 조롱하여 이르는 말. 광어눈이.

넛ː-손자(-孫子)[넏쏜-][명] 누이의 손자.

넛ː-할머니[너탈-][명] 아버지의 외숙모.

넛ː-할아버지[너타라-][명] 아버지의 외숙.

넝마[명] 오래되고 헐어서 입지 못하게 된 옷가지 따위. ¶ 비록 넝마를 걸쳤을망정 마음은 비단결 같다.

넝마-전(-廛)[명] 넝마를 파는 가게. 의전(衣廛).

넝마-주이[명] 넝마나 헌 종이 따위를 주워 모으는 일, 또는 그 일을 하는 사람.

넝쿨[명] ☞덩굴.

넝우리[명] 〈옛〉 너구리. ¶ 넝우리 달:獺(訓蒙上*18*).

넣ː다[너타][타] ①속으로 들여보내다. ¶ 손을 주머니에 넣다. ②(은행 따위에) 돈을 입금하다. ¶ 적금을 넣다. ③어떤 테두리 안에 포함하다. ¶ 내 용돈도 예산에 넣어 주셔요. ④(학교·직장·단체 따위의) 성원(成員)으로 들여보내다. ¶ 상급 학교에 넣다. ⑤씨앗을 심다. ¶ 배추씨를 넣다. ⑥힘을 들이거나 어떤 작용을 하다. ¶ 압력을 넣다. ⑦수용하다. ¶ 죄인을 교도소에 넣다. /한 방 안에 10명씩 넣다. ⑧다른 것에 섞거나 타다. ¶ 국에 소금을 넣어 간을 맞추다. * 넣어[너-]·넣ː는[넌-]·넣ː소[너쏘]

네1 [I][대] 주격 조사 '가' 앞에서만 쓰이는 '너1'의 특수형. ¶ 네가 가거라. /네가 제일이다. [II][준] '너의'가 줄어든 말. ¶ 네 동생. /경위를 들어 보니 네 말이 옳다.

네ː2[관] 수사 '넷'이 관형사로 쓰일 때의 꼴. ¶ 네 마리. /네 개. /네 시간.

네3[감] ①존대할 자리에서 대답하는 말, 또는 반문하는 말. 예4. ¶ 네, 제가 가겠습니다. /네, 벌써 떠났습니까? ②윗사람에게 조르거나 사정할 때 쓰는 말. ¶ 아빠 저 장난감 사 줘요, 네?

-네[접미] 《일부 명사 뒤에 붙어》 ①어떤 사람의 한 무리임을 나타냄. ¶ 우리네. /부인네. ②어떤 집안이나 가족임을 나타냄. ¶ 아주머니네. /김 서방네.

-네[어미] 용언의 어간이나 높임의 '-시-' 또는 시제의 '-았(었)-'·'-겠-' 등에 붙는, 하게체의 평서형 종결 어미. 어떤 사실이나 느낌을 스스로에게, 또는 손아랫사람이나 같은 또래에게 베풀어 말하는 뜻을 나타냄. ¶ 봄 처녀 제 오시네. /어쩔 수가 없었네.

네ː-가래[명] 네가랫과의 다년생 수초(水草). 줄기는 옆으로 벋어 나가며, 마디마다 수염뿌리와 잎이 나오는데, 수염뿌리는 진흙 속으로 벋음. 잎자루는 길이 7~20 cm이고, 그 끝에 부채꼴의 작은 잎이 네 개씩 붙음. 흔히, 논이나 늪에 남.

네ː-거리[명] 길이 한 곳에서 네 방향으로 갈라진 곳, 또는 그런 길. 사거리. 십자로(十字路).

네거티브(negative)[명] ①사진의 음화(陰畫), 또는 음화용 필름. ②부정적인 것. 소극적인 것. ③전기의 음극(陰極). ↔포지티브.

네글리제(négligé 프)[명] 여성용의 실내복이나 잠옷. 〔원피스처럼 낙낙하게 만들어져 있음.〕

네ː기[감] 몹시 불만이 있을 때 욕으로 하는 소리. ¶ 네기, 빌어먹을!

네ː기둥-안[명] 궁(宮)이나 귀족의 집 안을 이르는 말. 〔가마나 수레 따위가 드나들기 편하게 대문의 네 기둥을 특별히 높게 한 데서 온 말.〕

네-까짓[-진][관] 〔'너 같은 하찮은 것없는'의 뜻으로〕 남을 깔보아 말할 때 하는 말. ¶ 네까짓 놈. /네까짓 주제에. [준]네깟.

네-깟[-깓][관] 〈네까짓〉의 준말.

네ː눈-박이[명] 두 눈의 위에 흰 점이 있어 언뜻 보기에 눈이 넷으로 보이는 개. [준]네눈이.

네ː눈-이[명] 〈네눈박이〉의 준말.

네ː-다리[명] 〈팔다리〉의 속된 말. ¶ 이젠 아무 걱정 없이 네다리 쭉 뻗고 자게 되었네그려.

네다바이(ねたばい 일)[명] (가짜 돈뭉치 따위를 보이거나 맡기는 따위의 수법으로) 교묘하게 남을 속여 금품을 빼앗는 짓.

네ː-다섯[-섣][수][관] 넷이나 다섯, 또는 그런 수(의). ¶ 학생 네다섯이 방으로 들어왔다. /어른 네다섯 명이 일하고 있었다. [참]네댓. * 네ː다섯이[-서시]·네ː다섯만[-선-]

네ː-댓[-댇][수][관] 넷이나 다섯가량, 또는 그런 수(의). ¶ 네댓이 놀고 있었다. /네댓 개. * 네ː댓이[-대시]·네ː댓만[-댄-]

네ː댓-새[-댇쌔][명] 나흘이나 닷새가량. 나달2.

네-뚜리1[명] (사람이나 물건을) 대수롭지 않게 보고 업신여김. ¶ 네뚜리로 알다. /네뚜리로 여기다.

네ː-뚜리2[명] 새우젓 한 독을 네 몫으로 가르는 일, 또는 그 한 몫.

네ː-모[명] 네 개의 모. 사각(四角).

네ː모-꼴[명] ☞사각형(四角形).

네ː모-나다[형] ☞네모지다. ¶ 얼굴이 네모난 사람. /네모난 상자.

네ː모반듯-하다[-드타-][형][여] 네모지게 반듯하다. ¶ 네모반듯하게 정리한 농지.

네ː모-뿔[명] ☞사각뿔.

네ː모-송곳[-곧][명] 날을 네모지게 세운 송곳. * 네ː모송곳이[-고시]·네ː모송곳만[-곤-]

네ː모-지다[형] 모양이 네모로 되어 있다. 네모나다. ¶ 네모진 책상.

네무-날[명] '너무날'의 잘못.

네ː미[감] ①송아지를 부르는 소리. ②맞대어 놓고 욕으로 하는 소리.

네ː-발[명] ①짐승의 네 개의 발. ¶ 네발 달린 짐승. ②네다리.

네발(을) 타다[관용] (쇠고기·양고기 따위) 네발 짐승의 고기를 먹으면 두드러기가 나다.

네ː발-걸음[명] 두 손을 바닥에 짚고 짐승처럼 엎드려 기는 일.

네ː발-짐승[명] 네발을 가진 짐승. 〔곧, 소·돼지·개·토끼 따위 포유동물을 이르는 말.〕

네ː-방망이[명] 앞뒤쪽으로 방망이 넷을 달고, 여덟 사람이 메게 된 상여(喪輿).

네ː밭-고누[-받꼬-][명] 고누의 한 가지. 말밭이 넷으로 되어 있음.

네ː벌-상투[명] 고를 네 번 넘겨서 짜는 상투.

네스토리우스-파 (Nestorius派) 명 기독교의 한 파. 5세기경에 시리아 사람 네스토리우스가 창시함. 〔예수 그리스도의 신성(神性)과 인성(人性)의 구별을 강조함.〕 참경교(景敎).

네슬러ː^시ː약 (Nessler試藥) 명 암모니아의 검출이나 정량 분석에 사용하는 시약. 〔암모니아 용액에 섞으면 황갈색이나 적갈색의 혼탁(混濁) 또는 침전(沈澱)을 나타냄.〕

네안데르탈-인 (Neanderthal人) 명 1856년에 라인 강 하류 네안데르탈의 동굴에서 발견된 홍적세 중기의 화석 인류. 학명은 '호모 사피엔스 네안데르탈렌시스'. 〔원인류와 현생 인류의 중간에 해당함.〕

네오디뮴 (neodymium) 명 희토류 원소의 한 가지. 은백색의 금속으로 늘어나는 성질이 있고 뜨거운 물과 반응하여 수소를 방출함. 유리의 착색제 따위로 쓰임. 〔Nd/60/144.24〕

네오-리얼리즘 (neo-realism) 명 신사실주의.

네온 (neon) 명 대기 중에 아주 적게 존재하는 무색·무취·무미의 희가스(稀gas) 원소의 한 가지. 액체 공기에서 분리하여 얻음. 방전관에 넣으면 주황빛을 나타냄. 〔Ne/10/20.183〕

네온-관 (neon管) 명 유리관 속의 양 끝에 전극(電極)을 설치하고, 불활성 가스나 수은 따위를 넣는 냉음극 방전관(放電管).

네온관-등 (neon管燈) 명 유리 진공관에 네온을 넣어 방전시키는 전등.

네온-사인 (neon sign) 명 네온관등의 방전을 이용하여 글자나 무늬 등을 나타내는 장치. 광고나 장식으로 널리 씀.

네온-전구 (neon電球) 명 네온의 음극광을 사용한 엷은 빛의 방전 전구. 침실용·표시용 등에 쓰임.

네이블-오렌지 (navel orange) 명 운향과의 상록 관목. 브라질 원산이며, 오렌지의 변종임. 열매는 공 모양인데, 등황색의 겉껍질은 얇고 잘 벗겨지지 않음. 과육(果肉)은 향기가 좋고 즙이 많으며 달고 시큼한데, 씨는 없음. 따뜻한 지방에서 잘 자람. 양귤(洋橘).

네이팜ː-탄 (napalm彈) 명 소이탄(燒夷彈)의 한 가지. 나프타와 팜유(palm油)를 주원료로 한 유지(油脂) 소이탄으로, 광범위하고 강력한 파괴력과 연소력을 가짐.

네ː잎-꽃 [-입꼳] 명 꽃잎이 네 개로 된 꽃. 〔무·배추의 꽃 따위.〕 사판화(四瓣花). *네ː잎꽃이[-입꼬치]·네ː잎꽃만[-입꼰-]

네-째 수관명 '넷째'의 잘못.

네커치프 (neckerchief) 명 (주로, 여성들이 장식이나 보온을 위하여) 목에 두르는 정사각형의 얇은 천. 참스카프.

네크-라인 (neckline) 명 양복의 목둘레 선.

네트 (net) 명 ①테니스나 탁구·배구 따위에서, 코트의 한가운데에 가로 치는 그물. ②축구·핸드볼·아이스 하키 따위에서, 골대에 치는 그물.

네트^볼ː (net ball) 명 테니스나 탁구·배구 따위에서, 서브한 공이 네트에 닿고 상대편 코트로 넘어가는 일. 참네트 인.

네트워ː크 (network) 명 ①방송망. ②컴퓨터의 데이터 통신 시스템에서, 컴퓨터와 단말기를 접속하기 위하여 쓰이는 기기·선로 따위로 구성되는 일체의 전송 매체.

네트^인 (net+in) 명 테니스나 탁구·배구 따위에서, 타구(打球)가 네트에 닿고 상대편 코트에 들어가는 일. 참네트 볼.

네트^터치 (net touch) 명 테니스나 탁구·배구 따위에서, 경기 중에 몸의 일부나 라켓이 네트에 닿는 일.

네트^플레이 (net play) 명 ①테니스에서, 네트에 접근하여 하는 플레이. ②배구에서, 공이 네트에 닿게 하여 토스하는 일.

네티즌 (netizen) 명 컴퓨터 통신에 참여하는 사람. 누리꾼. 〔network+citizen〕

네프로ː제 (Nephrose 독) 명 신장의 세뇨관에 일어나는 병. 매독·열병·외상 따위가 원인이며, 부종·단백뇨 따위의 증상이 나타남. 신장증.

넥타 (nectar) 명 과실 음료의 한 가지. 과일을 으깨어서 만든 진한 주스.

넥타이 (necktie) 명 와이셔츠의 칼라에 치레로 매는 가늘고 긴 천. 준타이.

넥타이-핀 (necktie+pin) 명 넥타이를 와이셔츠에 고정시키기 위한 금속제 장신구.

넨다-하다 타여 어린아이나 아랫사람을 사랑하여 너그럽게 대하다. ¶ 너무 넨다하며 키우다.

넨ː장 관감 〈넨장맞을〉·〈넨장칠〉의 준말. ¶ 넨장, 한 가지도 되는 일이 없군.

넨ː장-맞을 관감 〔'네 난장을 맞을'의 뜻으로〕 못마땅할 때 욕으로 이르는 말. 준넨장.

넨ː장-칠 관감 〔'네 난장을 칠'의 뜻으로〕 못마땅할 때 욕으로 이르는 말. 준넨장.

넵투늄 (neptunium) 명 초우라늄 원소의 한 가지. 은백색 금속. 1940년에 핵실험 중 발견된 인공 방사성 원소. 〔Np/93/237〕

넵튠ː (Neptune) 명 ①로마 신화의 해신(海神). ②해왕성(海王星).

넷ː [넫] 수관 셋에 하나를 더한 수(의). 사(四). 참너[2]·넉·네[2]. *넷ː이[네시]·넷ː만[넨-]

넷-째 [넫-] Ⅰ 수관 셋째의 다음 차례(의). Ⅱ 명 맨 앞에서부터 세어 모두 네 개가 됨을 이르는 말.

넿 수 〈옛〉넷. ¶ 부텨 나히 셜흔 네히러시니(釋譜 *6:40*).

-녀 (女) 접미 일부 한자어 뒤에 붙어, 그러한 여성임을 나타냄. ¶ 독신녀. /유부녀.

-녀 어미 〈옛〉-냐. -은가. ¶ 이 이리 어려우녀 쉬우녀(圓覺序*69*).

녀가다 자 〈옛〉가다. 다녀가다. ¶ 東으로 녀가물 깃노라(杜初*17:31*).

녀기다 타 〈옛〉여기다. ¶ 엇딘디 날 보시고 네로 다 녀기실싀(鄭澈.續美人曲). 참너기다.

녀나믄 관 〈옛〉다른. 남은. ¶ ᄒᆞ믈며 녀나믄 丈夫이야 닐러 무슴ᄒᆞ리오(古時調). 참녀나몬.

녀나몬 관 〈옛〉그 밖의 다른. ¶ 녀나몬 사ᄅᆞ미 가디 몯ᄒᆞᄂᆞᆫ 젼ᄎᆞ로(南明上*28*). 참녀나믄.

녀너 명 〈옛〉다른 사람. ¶ 녀너 타:他(類合下*6*). 참녀느[1].

녀느[1] [년기·년글] 명 〈옛〉여느 것. 다른 사람. ¶ 녀느 아니라(楞解*4:23*). /四海ᄅᆞᆯ 년글 주리여(龍歌*20*章).

녀느[2] 관 〈옛〉여느. 다른. ¶ 녀느 龍이 다 臣下라(月釋*1:24*). /녀느 나랏 王이 ᄒᆞᆫ날 다 아ᄃᆞᆯ 나ᄒᆞ며(月釋*2:45*).

녀늣 관 〈옛〉여느. 다른. ¶ 녀늣 사ᄅᆞᆷ과 ᄀᆞᄐᆞ리니(飜小*9:89*).

녀다 자 〈옛〉가다. 다니다. ¶ 니믈 뫼셔 녀곤 오ᄂᆞᆯ날 嘉俳샷다(樂範.動動). 참니다.

녀듣니다 자 〈옛〉돌아다니다. ¶ 녀듣뇨매 ᄆᆞᅀᆞ매 어긔르추미 하니(杜初*7:27*).

녀름[1] 명 〈옛〉여름. ¶ 보미 ᄒᆞ마 녀르미 ᄃᆞ외노소니(杜初*10:9*).

녀름²명 〈옛〉농사. ¶ 時節이 便安ᄒᆞ고 녀르미 ᄃᆞ외며(月釋序25). /녀름 됴ᄒᆞᆯ 풍:豊(訓蒙下19).
녀름지ᅀᅵ명 〈옛〉농사. 농사짓기. ¶ 시냇 구븨예서 녀름지ᅀᅵ ᄒᆞ고(杜初21:41).
녀름짓다자 〈옛〉농사짓다. ¶ 녀름짓ᄂᆞᆫ 사ᄅᆞ미라(月釋10:21).
녀롬명 〈옛〉여름. ¶ 녀롬 하:夏(類合上2).
녀롬지이명 〈옛〉농사. ¶ 王中이ᄂᆞᆫ 登封 사ᄅᆞ미라 지비 녀롬지이ᄒᆞ고(續三.孝1). 참녀름지ᅀᅵ.
녀ᄆᆡ다타 〈옛〉여미다. ¶ 옷깃 녀ᄆᆡ오 길 녀매 나ᅀᅡ가놋다(杜初8:20).
녀석의 ①'남자'를 낮추어 또는 욕으로 이르는 말. ¶ 바보 같은 녀석. /그 녀석 몹시 덤비는군. ②'사내아이'를 귀엽게 이르는 말. ¶ 고 녀석 참 기특하구나.
녀의[-의/-이]명 '속곳'의 궁중말.
녀토다타 〈옛〉얕게 하다. ¶ 녀토시고 또 기피시니(龍歌20章).
-녁접미 〈옛〉녘. 편. ¶ 東녀그로셔 西ㅅ녀그로 도라(楞解6:17).
년의 '여자'를 낮추어 또는 욕으로 이르는 말. ↔놈.
년(年)의 《주로 한자어 뒤에 쓰이어》 '해'를 세는 단위. ¶ 5년. /백 년. /고향을 떠난 지 벌써 삼 년이 지났다.
-년(年)접미 일부 명사 뒤에 붙어, 그러한 해임을 나타내는 말. ¶ 안식년. /회귀년.
년곳명 〈옛〉연꽃. ¶ 년곳 부:芙(訓蒙上7). 참련곳.
년글명 〈옛〉〔'녀느'의 목적격형〕 ☞녀느¹.
년도(年度)의 《해를 뜻하는 말 뒤에 쓰이어》 일정한 기간 단위로서의 그해. ¶ 1980년도 졸업생. /1990년도 예산안.
년ㄴ명 〈옛〉☞녀느¹.
녇갑다[녇가ᄫᅡ·녇가온]형ㅂ 〈옛〉여트막하다. ¶ 功이 녇가ᄫᆞ며 기푸믈 조차(月釋17:44). /녇가온 識엣 무리(圓覺上一之二184). 참녙다.
녈자 〈옛〉〔'녀다'의 활용형〕 가는. 지나가는. ¶ 길 녏 사ᄅᆞ미어나(月釋21:119).
녈구름명 〈옛〉가는 구름. 지나가는 구름. ¶ 아마도 녈구름이 근쳐의 머믈셰라(鄭澈.關東別曲).
녈손님명 〈옛〉지나가는 손님. 행객(行客). ¶ 새원 원쥐되여 녈손님 디내옵닉(古時調).
념통명 〈옛〉염통. 심장. ¶ 념통 심 又稱 ᄆᆞᅀᆞᆷ 심:心(訓蒙上27). 참렴통.
녑명 〈옛〉옆구리. ¶ 올ᄒᆞᆫ 녀브로 드르시니(月釋2:22). /녑 협:脅(類合下28).
녑구레명 〈옛〉옆구리. ¶ 녑구레 협:脇(訓蒙上25).
녘[녁]의 (어떠한 때의) 무렵. ¶ 동틀 녘. ＊녘이[녀키]·녘만[녕-]
-녘[녁]접미 일부 체언 뒤에 붙어, 어떤 방향을 나타냄. ¶ 동녘. /북녘.
녙다형 〈옛〉옅다. ¶ 녀트며 기푸미 ᄀᆞᆮ디 아니커늘(月釋17:22).
녛다타 〈옛〉넣다. ¶ ᄂᆞᄆᆡ 채 녀허(釋譜9:21).
녜감 '네'의 방언.
녜명 〈옛〉예. 옛날. 옛적. ¶ 軍容이 녜와 다ᄅᆞ샤(龍歌51章).
녜뉘명 〈옛〉옛날. 옛 세상. ¶ 네 디나건 녜뉫 時節에 盟誓發願혼 이룰 혜ᄂᆞᆫ다 모ᄅᆞᄂᆞᆫ다(釋譜6:8).
녜다자 〈옛〉가다. ¶ 져 물도 내 안 ᄀᆞᆮ도다 우러 밤길 녜놋다(古時調). 참녀다.
녯관 〈옛〉옛. ¶ 녯 사ᄅᆞᆷ(鄭克仁.賞春曲).
노¹명 (실·삼·종이 같은 것으로) 가늘게 비비거나 꼰 줄. 노끈.
노²명 '북쪽'의 뱃사람 말.
노:³부 노상. ¶ 노 잠만 잔다. /노 찾아오던 벗.
노(奴)명 사내종.
노(櫓)명 배를 젓는 기구. 〔길고 단단한 나무의 아래쪽을 얇게 다듬어서 만듦.〕
노(爐)명 ①기관에서 연료를 태우는 장치. ②물질을 가열 또는 용해하거나 화학 반응을 일으키기 위한 장치. 〔용광로·원자로·반사로 따위.〕 ③불을 피우거나 숯불 따위를 담아 두어, 물건을 데우거나 방 안의 공기를 덥게 하는 데 쓰는 장치.
노-(老)접두 《일부 명사 앞에 붙어》 '늙은'·'나이 많은'의 뜻을 나타냄. ¶ 노부부. /노신사. /노총각.
-노어미 '-는고'의 뜻을 나타내는, 해체의 의문형 종결 어미(방언).
노가(櫓歌)명 뱃사공들이 노를 저으면서 부르는 노래. 뱃노래.
노가다(←どかた〔土方〕 일)명 '막일꾼'·'인부'로 순화.
노가리¹명 명태 새끼.
노가리²명하타 ☞흩어뿌리기.
노가리³명 '거짓되고 근거가 없는 말'을 속되게 이르는 말. ¶ 노가리를 까다. /노가리를 풀다.
노가주-나무명 ☞노간주나무.
노:각(老-)명 빛이 누런 늙은 오이.
노간주-나무명 측백나뭇과의 상록 침엽 교목. 산기슭의 양지바른 곳, 특히 석회암 지대에 잘 자라는데, 높이 8 m가량임. 암수딴그루로 봄에 녹갈색 꽃이 피고, 둥근 열매는 가을에 흑갈색으로 익음. 한방에서, 말린 열매를 '두송실(杜松實)'이라 하여 약재로 쓰임. 노가주나무. 두송.
노-감투명 노끈으로 만든 감투.
노:갑이을(怒甲移乙)[-감니-]명하자 어떤 사람에게서 당한 노염을 다른 사람에게 화풀이함.
노-강즙(露薑汁)명 한방에서, '밤이슬을 맞힌 새앙즙'을 약재(藥材)로 이르는 말. 학질이나 한열(寒熱) 등에 쓰임.
노:객(老客)명 '늙은이'를 홀하게 이르는 말.
노^게임(no game)명 야구에서, 5회가 끝나기 전에 비로 인하여 경기를 계속할 수 없을 때, 그 경기를 무효로 하는 일, 또는 그 경기.
노:견(路肩)명 '갓길'로 순화.
노:경(老境)명 ☞늙바탕.
노:계(老鷄)[-계/-게]명 늙은 닭.
노고명 〈옛〉노구솥. ¶ 노고 오:鏊(訓蒙中10).
노:고(老姑)명 할미.
노:고(老苦)명 불교에서 이르는 사고(四苦) 또는 팔고(八苦)의 하나. 늙어 가는 괴로움.
노고(勞苦)명하자 (어떤 일을 이루기 위하여) 심신을 괴롭히며 애쓰는 일. 수고하는 일. ¶ 직원 여러분의 노고에 심심한 사의를 표합니다.
노고지리명 〈옛〉종다리. ¶ 동창이 ᄇᆞᆯ갓ᄂᆞ냐 노고지리 우지진다(古時調).
노:고-초(老姑草)명 ☞할미꽃.
노곤(勞困) '노곤하다'의 어근.
노곤-하다(勞困-)형여 고달프고 고단하다. 피곤하다. ¶ 먼 길을 걸었더니 온몸이 노곤하다. 노곤-히부.
노:골(老骨)명 늙은 몸. 노구(老軀). 〔노인이 '자신의 일'을 겸손하게 말하는 뜻으로 쓰이는 경우가 많음.〕 ¶ 노골을 채찍질하다.
노골(露骨)명 자기의 감정이나 욕망 따위를 숨기지 않고 그대로 드러내는 일.

노^골ː(no goal)명 ①농구·축구 따위에서, 슛을 하였으나 골이 안 된 것. ②농구·축구 따위에서, 슛하기 이전에 반칙을 하여 골이 무효가 되는 일.
노골-노골부하형 '노글노글'의 잘못.
노골-적(露骨的)[-쩍]관명 있는 그대로 숨기지 않고 드러내는 (것). ¶ 성(性)의 노골적 묘사./불만을 노골적으로 나타내다.
노골-화(露骨化)명하자타되자 있는 그대로가 드러나게 됨, 또는 있는 그대로를 드러나게 함. ¶ 감정을 노골화하다./표현이 노골화되다.
노ː광(老狂)명하자 늙은 나이에 상식에 벗어난 엉뚱한 짓을 함, 또는 그런 행동.
노광(露光)명하자 ☞노출(露出).
노구명 〈노구솥〉의 준말.
노ː구(老狗)명 늙은 개.
노ː구(老嫗)명 할멈.
노ː구(老軀)명 늙은 몸. 노골. 노신. 노체. ¶ 팔십 노구를 이끌고 행사에 참가하다.
노구(爐口)명 돌과 흙으로 부뚜막을 쌓아서 낸 아궁이.
노구-거리명 양쪽 다 안으로 꼬부라졌으나 하나는 높고, 하나는 낮은 쇠뿔.
노구-메명 민속에서, 산천의 신령에게 제사 지내기 위하여 노구솥에 지은 메밥.
노구메^정성(-精誠)명 노구메를 차려 놓고 산천의 신령에게 비는 정성.
노구-솥[-솓]명 놋쇠나 구리로 만든 작은 솥. 〔들고 다니며 쓰기에 편리함.〕준노구. *노구솥이[-소치]·노구솥을[-소틀]·노구솥만[-손-]
노ː구-쟁이(老嫗-)명 뚜쟁이 노릇을 하는 할미.
노ː국(老菊)명 핀 지 오래되어 빛이 날고 시들어 가는 국화.
노국(露國)명 ☞노서아(露西亞).
노군(櫓軍)명 지난날, 전선(戰船)에서 노를 젓는 군사를 이르던 말.
노굴(露掘)명 ☞노천 채굴(露天採掘).
노굿[-굳]명 콩이나 팥 따위의 꽃. *노굿이[-구시]·노굿만[-군-]
노굿(이) 일다관용 콩이나 팥 따위의 꽃이 피다.
노그라-지다자 ①몹시 지쳐서 힘없이 축 늘어지다. ②어떤 일에 마음이 쏠려 정신을 못 차리게 되다.
노그름-하다형여 좀 노글노글하다. 큰누그름하다. **노그름-히**부.
노근(露根)명 나무의 뿌리가 땅 위로 드러난 상태, 또는 그 뿌리.
노글-노글[-로-]부하형 좀 무르게 노긋노긋한 모양. 큰누글누글. **노글노글-히**부.
노긋-노긋[-근-귿]부하형 여럿이 다 노긋한 모양. 큰누긋누긋. **노긋노긋-이**부.
노긋-하다[-그타-]형여 메마르지 않고 좀 녹녹하다. 큰누긋하다. **노긋-이**부.
노ː기(老妓)명 나이 많은 기생.
노ː기(怒氣)명 노여운 기색. 성난 얼굴빛. 노색(怒色). ¶ 노기 띤 얼굴.
노기등등(怒氣騰騰) '노기등등하다'의 어근.
노ː기등등-하다(怒氣騰騰-)형여 노기가 얼굴에 가득하다. ¶ 노기등등한 얼굴로 소리치다.
노기스(←Nonius 독)명 물체의 두께를 재거나 구멍의 지름 따위를 정밀하게 재는 금속제의 자. 슬라이드 캘리퍼스(slide calipers).
노기충천(怒氣衝天) '노기충천하다'의 어근.
노ː기충천-하다(怒氣衝天-)형여 노기가 하늘을 찌를 것 같다. 곧, 잔뜩 성이 나 있다.

노-깃(櫓-)[-긷]명 배에서 노질할 때 노가 물속에 잠기는 부분. *노깃이[-기시]·노깃만[-긴-]
노깡(←どかん〔土管〕 일)명 '토관'으로 순화.
노깨명 체로 쳐서 밀가루를 뇌고 남은 찌끼.
노-끈명 ☞노[1].
노-나무명 ☞개오동나무.
노ː녀(老女)명 늙은 여자.
노ː년(老年)명 늙은 나이. 만년(晩年). 모년(暮年). ¶ 노년으로 접어들다.
노ː년-기(老年期)명 ①노년 단계에 있는 시기. 비노쇠기. ②지질학에서, 침식 윤회에 있어서 맨 마지막에 해당하는 시기. 경사가 완만하고 평평한 구릉과 평원이 이루어짐.
노노발명(呶呶發明) '노노발명하다'의 어근.
노노발명-하다(呶呶發明-)타여 여러 말로 구차하게 변명을 늘어놓다.
노ː농(老農)명 농사에 경험이 많은 사람. 늙은 농부. 농로(農老).
노농(勞農)명 노동자와 농민.
노-놓치다[-논-]타 죄인을 잡았다가 슬그머니 놓아주다.
노느다[노느니·노나]타 여러 몫으로 나누다. 분배하다. ¶ 상품으로 받은 연필을 똑같이 노나 가졌다. 준논다. 참나누다.
노느-매기명하타 여러 몫으로 노느는 일.
노느-몫[-목]명 물건을 나누어 가지는 몫. *노느몫이[-목씨]·노느몫만[-몽-]
노느-이다자 〖'노느다'의 피동〗 노늠을 당하다. 준노늬다.
노는-계집[-계-/-게-]명 기생·갈보·색주가(色酒家) 따위의 여자를 두루 이르는 말. 논다니. 유녀(遊女).
노늬다[-니-]자 〈노느이다〉의 준말.
노니형 〈옛〉〔'놀다'의 활용형〕 드무니. 귀하니. ¶ 부텨 나아 돋니시며 ᄀᆞ마니 겨시던 처섬 ᄆᆞ초몰 알리 노니(釋譜序*2*).
-노니어미 동사 어간이나 시제의 '-았(었)-'·'-겠-' 등에 붙는, 문어 투의 연결 어미. ①앞말이 뒷말의 원인·근거·전제 따위임을 나타냄. ¶ 오늘은 특별히 음주를 허락하노니 마음껏 즐기라. ②어떤 사실을 진술하고 이와 관련된 다른 사실을 이어서 설명하는 뜻을 나타냄. ¶ 내 그대에게 이르노니, 그대의 임무를 완수하라.
-노니어미 〈옛〉-나니. ¶ 새로 스믈 여듧 字를 밍ᄀᆞ노니(訓諺).
노니다자 〈옛〉노닐다. ¶ 이 노니논 바탕이니라(金三*2:19*)./노닐 유:遊(石千*33*).
노ː-닐다[~니니·~닐어]자 한가로이 이리저리 다니며 놀다. ¶ 잔잔한 호수에서 한가로이 노니는 물새들.
-노닛가어미 〈옛〉-나이까. ¶ 婚姻 위ᄒᆞ야 아ᅀᆞ미 오나든 이바도려 ᄒᆞ노닛가(釋譜*6:16*).
노다지[1]명 ①목적한 광물이 막 쏟아져 나오는 광맥. ¶ 노다지를 캐다. ②한군데서 많은 이익이 쏟아져 나오는 일, 또는 그런 것.
노다지[2]부 '언제나'의 잘못.
노닥-거리다[-꺼-]자 잔재미 있고 좀 수다스럽게 말을 자꾸 늘어놓다. 노닥대다. ¶ 일을 하지 않고 노닥거리고만 있다.
노닥-노닥[1][-당-]부하자 자꾸 노닥이는 모양.
노닥-노닥[2][-당-]부하형 요기조기 해어진 자리를 깁고 덧붙이고 한 모양. 큰누덕누덕.
노-닥다리(老-)명 '늙다리'의 잘못.
노닥-대다[-때-]자 노닥거리다.

노닥-이다[자] 잔재미 있고 좀 수다스럽게 말을 늘어놓다. ¶ 얘들아, 이젠 그만 노닥이고 돌아가자.

노:당익장(老當益壯)[-짱][명] 늙어도 원기가 더욱 씩씩함. 〔'후한서(後漢書)'의 '마원전(馬援傳)'에 나오는 말로, '늙을수록 더 건장해야 품은 뜻을 이룰 수 있다.'는 데서 유래함.〕 노익장.

노대(老大) '노대하다'의 어근.

노대(露臺)[명] ☞발코니.

노:-대가(老大家)[명] 노인으로서 어떤 방면에 오랜 경험을 쌓아 권위가 있는 사람.

노:-대국(老大國)[명] 옛날에는 번영을 누렸으나, 지금은 쇠퇴기에 접어든 큰 나라. 〔흔히, 영국을 두고 하는 말.〕

노대-바람[명] 풍력 계급의 10등급에 해당하는 바람. 초속 24.5~28.4 m. 내륙에서는 아주 드물게 나타나는 것으로, 나무가 뽑히고 상당한 건물의 피해가 발생하며 물거품으로 해면이 온통 하얗게 보임. 전강풍(全強風).

노:대-하다(老大-)[형][여] 나이를 먹다. 노년이 되다.

노:덕(老德)[명] 불가에서, '늙은 중'을 높여 이르는 말.

노:도(怒濤)[명] 성난 듯 거칠고 세차게 이는 큰 물결. ¶ 적진을 향하여 노도처럼 밀려들다.

노:도(路鼗)[명] 아악기의 한 가지. 쇠줄을 단 두 개의 작은 북을 긴 자루에 어긋매끼어 끼운 것으로, 북의 허리 양쪽에 긴 쇠줄의 귀가 있음. 〔자루를 잡고 흔들면 쇠줄의 귀가 북에 부딪쳐 소리가 남.〕

노도(櫓棹·櫓櫂)[명] 노와 상앗대.

노:독(路毒)[명] 먼 길에 시달린 피로, 또는 그 때문에 생긴 병. ¶ 쌓인 노독을 얼마간 푼 뒤 다시 길 떠날 채비를 하였다.

노동(勞動)[명][하자] ①몸을 움직여 일을 함. ②사람이 생활에 필요한 물자를 얻기 위하여 체력이나 정신을 씀, 또는 그런 행위.

노동^가치설(勞動價値說)[명] 경제학에서, 상품의 가치는 그 생산을 위하여 소비된 노동량, 곧 노동 시간에 따라 결정된다는 학설.

노동^계:약(勞動契約)[-계-/-게-][명] 노동자가 사용자에 대하여, 보수를 받고 노동을 제공할 것을 약속하는 계약.

노동^과:잉(勞動過剩)[명] 노동력이 수요보다 많이 남아도는 상태.

노동-권(勞動權)[-꿘][명] 노동 능력을 가진 사람이 일을 하려고 해도 취직을 할 수 없는 경우에, 국가에 대하여 노동의 기회를 제공해 주도록 요구할 수 있는 권리. 근로권(勤勞權).

노동^귀:족(勞動貴族)[명] 노동자 계급 중에서, 높은 임금을 받으며 유리한 노동 조건 하에서 일하는 특권적인 노동자를 이름.

노동^기본권(勞動基本權)[-꿘][명] 근로자가 자신의 의사와 능력에 따라 직업 또는 근로를 선택할 수 있는 근로의 권리와 노동 삼권을 한데 묶어 이르는 말. [참]노동 삼권.

노동-당(勞動黨)[명] 노동자 계급의 이해를 대변하는 정당.

노동-력(勞動力)[-녁][명] 인간이 노동할 때 쓰이는 육체적·정신적인 모든 능력.

노동력^인구(勞動力人口)[-녀긴-][명] 노동력 조사에서 사용하는 인구 구분의 한 가지. 노동할 의사와 능력을 가진 15세 이상의 인구. 〔경제적 활동에 이어지는 사람으로, 취업자와 휴업자 및 완전 실업자를 합한 인구를 말함.〕 노동 인구.

노동-법(勞動法)[-뻡][명] 근로자의 인간다운 생활의 확보를 목적으로 하는 노동 관계 법률을 통틀어 이르는 말. 〔근로 기준법·노동조합법·노동 쟁의 조정법·산업 재해 보상 보험법 따위.〕

노동^보:험(勞動保險)[명] 노동자가 병이나 실업 등으로 노동의 기회를 잃었을 경우에 대비하는 보험. 〔산업 재해 보상 보험 따위.〕

노동-복(勞動服)[명] 노동할 때 입는 작업복.

노동-부(勞動部)[명] (이전에) 근로 조건의 기준 마련, 노사 관계의 조정 등 노동에 관한 사무를 맡아보던 중앙 행정 기관.

노동^삼권(勞動三權)[-꿘][명] 헌법에 보장되어 있는 근로자의 세 가지 기본 권리. 곧 단결권, 단체 교섭권, 단체 행동권을 아울러 이르는 말.

노동^삼법(勞動三法)[-뻡][명] 노동 관계의 기본법인 근로 기준법, 노동조합법, 노동 쟁의 조정법의 세 법률.

노동^생산력(勞動生産力)[-녁][명] 일정 시간에 일정한 노동력을 들여 생산하는 생산량.

노동^생산성(勞動生産性)[-썽][명] 일정한 시간에 투입된 노동량과 그에 따라 얻어진 생산량과의 비율.

노동-요(勞動謠)[명] 민요의 한 가지. 힘든 노동을 보다 즐겁고 능률적으로 하기 위하여 부르는 노래. [참]유희요(遊戲謠)·의식요(儀式謠).

노동^운:동(勞動運動)[명] 근로자가 자기들의 근로 조건의 개선 등 이익을 지키기 위하여 사용자측을 상대로 단결해서 하는 조직적인 운동.

노동^위원회(勞動委員會)[-회/-훼][명] 노동 행정의 민주화와 노사(勞使) 관계의 공정한 조절을 목적으로 설치된 기관.

노동^인구(勞動人口)[명] ☞노동력 인구.

노동^임:금(勞動賃金)[명] 노동에 대한 보수.

노동-자(勞動者)[명] ①육체노동으로 살아가는 사람. ②☞근로자(勤勞者).

노동^쟁의(勞動爭議)[-의/-이][명] 노동 조건 따위에 관하여 노동자와 사용자 사이에서 일어나는 다툼. [준]쟁의.

노동^조건(勞動條件)[-껀][명] (임금·노동 시간·휴게 시간·휴일·유급 휴가 등) 노동자가 사용자에 대하여 노동을 제공하는 데 따른 일터에서의 여러 가지 대우 조건.

노동-조합(勞動組合)[명] 근로자가 자주적으로 노동 조건의 유지·개선 및 경제적·사회적 지위 등의 향상을 목적으로 조직하는 단체. [준]노조.

노동-판(勞動-)[명] 육체노동으로 살아가는 사람들이 일하는 곳.

노동^협약(勞動協約)[명] 사용자와 노동조합과의 사이에 맺어지는, 임금이나 노동 시간 등 노동 조건의 기준을 정한 문서상의 협정.

노두(蘆頭)[명] 인삼·도라지·더덕 따위의 뿌리에서, 싹이 나오는 '대가리 부분'을 이르는 말.

노두(露頭)[명] 지층(地層)이나 광상(鑛床) 따위가 지표에 노출되어 있는 곳. 〔탐광(探鑛)하는 데 중요한 실마리가 됨.〕

노둔(老鈍) '노둔(老鈍)하다'의 어근.

노둔(駑鈍·魯鈍) '노둔(駑鈍)하다'의 어근.

노:둔-하다(老鈍-)[형][여] 늙어서 굼뜨다. 노둔-히[부].

노둔-하다(駑鈍-·魯鈍-)[형][여] 어리석고 둔하다. [참]우둔(愚鈍). 노둔-히[부].

노ː듯-돌[-두똘/-둗똘]명 말을 타거나 내릴 때에 발돋움으로 쓰려고 대문 앞에 놓은 큰 돌. 하마석(下馬石).

노-뒤(櫓-)명 왼쪽 뱃전. ↔노앞.

노ː드(node)명 데이터 통신망에서, 데이터를 전송하는 통로에 접속되는 하나 이상의 기능 단위. 주로, 통신망의 분기점이나 단말기의 접속점을 이름.

노-드리듯[-듣]부 (노끈을 드리운 것처럼) 빗발이 죽죽 쏟아져 내리는 모양.

노ː들-나루[-라-]명 지난날, 서울 노량진에 있었던 나루의 이름.

노ː땅(老-)명 '나이가 많은 사람'을 낮잡아 이르는 말.

-노라어미 《동사 어간이나 시제의 '-았(었)-'·'-겠-' 등에 붙는 문어 투의 종결 어미.》 ①자기의 동작을 격식을 차리어 말하는 뜻을 나타냄. ¶ 나는 싸웠노라, 그리고 이겼노라. ②어떤 사실을 장중하게 널리 알리는 뜻을 나타냄. ¶ 吾等은 玆에…朝鮮人의 자주민임을 선언하노라(己未獨立宣言書).

-노라고어미 동사 어간이나 시제의 '-았(었)-'·'-겠-' 등에 붙는 연결 어미. '…한다고'·'-노라 하고'의 뜻으로, 말하는 이가 자기 또는 남의 동작이나 의사의 어떠함을 나타냄. ¶ 하노라고 했는데 이 꼴이 되었다.

-노라니어미 동사 어간이나 '있다'·'없다'·'계시다'의 어간에 붙는, 종속적 연결 어미. '-하니까'·'-려니까'의 뜻으로, 자기의 동작을 말할 때 그 동작이 다음 말의 의도나 원인이 됨을 나타냄. ¶ 오솔길을 걷노라니 고향 생각이 절로 난다.

노라리명 '빈둥빈둥 세월만 보내는 짓'을 속되게 이르는 말. ¶ 이 바쁜 때에 너는 오늘도 노라리냐?

-노라면어미 동사 어간이나 '있다'·'없다'·'계시다'의 어간 또는 높임의 '-시-'에 붙는, 종속적 연결 어미. '…하다가 보면'·'계속해서 한다면'의 뜻을 나타냄. ¶ 열심히 노력하노라면 언젠가는 이룰 날도 있겠지.

노라이즘(Noraism)명 〔입센의 희곡 '인형의 집'의 여주인공 '노라'에서 유래된 말로〕 인습(因襲)에 반항하고 인간으로서의 여성의 지위를 확립하려고 하는 주의.

노란-빛[-빋]명 노란 빛깔. 비노란색. 큰누런빛. *노란빛이[-비치]·노란빛만[-빈-]

노란-색(-色)명 노란 색깔. 비노란빛. 큰누런색.

노란-해당화(-海棠花)명 장미과의 낙엽 활엽관목. 중국 원산의 관상용 식물로서, 높이 3 m 가량. 가지 끝이 휘어 처지고, 곧은 가시와 굽은 가시가 돋아 있음. 잎은 깃 모양의 겹잎이며, 5월에 노란 꽃이 짧은 가지 끝에 핌.

노랑명 삼원색의 하나. 유채꽃과 같은 빛깔, 또는 그런 빛깔의 물감. 큰누렁.

노랑-감투명 '상제(喪制)의 건(巾)'을 농조로 이르는 말.

노랑-나비명 흰나빗과의 나비. 편 날개 길이 5 cm가량. 수컷의 날개 빛깔은 노란색, 암컷은 흰색임. 유충은 낭아초·개자리·완두 따위를 먹으며 겨울을 지냄. 일본·중국·히말라야 및 러시아 남부와 우리나라에 분포함.

노랑-돈명 ①노란 빛깔의 엽전. ②몹시 아끼는 많지 않은 돈.

노랑-머리명 '빛이 노란 머리카락, 또는 그런 머리카락을 가진 사람'을 농조로 이르는 말.

노랑-묵명 치자 물을 타서 쑨 녹말묵.

노랑부리-저어새명 저어샛과의 새. 몸길이 86 cm가량. 온몸이 흰빛인데, 여름에는 황적갈색의 목테가 나타남. 암컷은 수컷보다 작고 뒷목의 장식깃이 없으며 다리는 검정빛임. 중앙아시아·인도·중국 등지에 널리 분포하며 우리나라에서는 겨울 철새임. 가리새.

노랑-연두(-軟豆)[-년-]명 연두보다 노란 기운이 더한 연둣빛.

노랑-이명 ①노란빛의 물건. ②노란 몸빛의 개. ③'몹시 인색한 사람'을 비유하여 이르는 말.

노랑-퉁이명 '얼굴이 유난히 노랗고 부석부석한 사람'을 얕잡아 이르는 말.

노랑-하늘타리명 박과의 다년생 덩굴 식물. 뿌리는 고구마처럼 크고 굵으며, 줄기에 잎과 마주나는 덩굴손이 자라서 다른 나무나 물체에 잘 기어올라 감. 여름에 흰 꽃이 피고 가을에 길이 10 cm가량의 달걀 모양의 열매가 노랗게 익음. 뿌리의 녹말은 먹거나 약재로 쓰이고, 종자와 과피(果皮)도 약재로 쓰임. 제주도와 흑산도를 비롯한 남쪽 섬에서 자람.

노랑-회장저고리(-回裝-)[-회-/-훼-]명 노란 바탕에 자줏빛 회장을 댄 저고리.

노ː랗다[-라타][노라니·노래]형ㅎ ①빛깔이 매우 노르다. ¶ 노란 개나리가 활짝 피었다. 큰누렇다. ②(잎이 노랗게 시들듯) 다시 일어날 가망이 없다. ¶ 싹수가 노랗다./앞날이 노랗다.

노래명 ①하자 가사에 가락을 붙여서 부르는 것, 또는 그 가사. 소리. ¶ 노래를 부르다. ②하자 새 따위가 지저귐. ③하타 운율이 있는 언어로 사상과 감정을 표현함. ¶ 자연을 노래하다. ④하타 같은 말을 자주 되풀이하여 졸라 댐. ¶ 딸아이가 장난감을 사 달라고 노래를 부르며 좇아다닌다.

노ː래(老來)명 늘그막. 늙바탕. 만래(晩來). ¶ 노래에 기력이 어떠하십니까?

노래기명 노래기강의 절지동물을 통틀어 이르는 말. 20~30개의 마디로 된 몸통의 각 마디에 두 쌍의 보각(步脚)이 있고, 건드리면 둥글게 말리며 고약한 노린내를 풍김. 주로, 습한 곳에 모여 삶. 백족충(百足蟲). 향랑각시.

노래기 회도 먹겠다속담 '염치도 체면도 없이 치사하게 구는 사람'을 보고 이르는 말.

노래-방(-房)명 방음이 된 방에서, 비디오 화면에 나타나는 가사를 보면서 음악 반주에 맞추어 노래를 부르도록 꾸며 놓은 업소.

노래-자랑명 노래 잘 부르기를 겨루는 일, 또는 그 행사나 방송 프로. 노래잔치.

노래-자이명 신라 때, 노래 부르던 구실아치. 가척(歌尺).

노래-잔치명 ①노래 부르며 즐기는 잔치. ②☞노래자랑.

노래-쟁이명 '가수(歌手)'를 얕잡아 이르는 말.

노ː래-지다자 노랗게 되다. 큰누레지다.

노랫-가락[-래까-/-랟까-]명 ①노래의 곡조. ¶ 구성진 노랫가락. ②경기 민요(京畿民謠)의 한 가지. 사설은 시조를 얹어서 부름. 〔본디 무당이 굿을 하면서 부르던 소리였으나, 지금은 속가(俗歌)로서 널리 불리고 있음.〕

노랫-말[-랜-]명 노래의 내용이 되는 글귀. 가사(歌詞). ¶ 아름다운 노랫말을 짓다.

노랫-소리[-래쏘-/-랟쏘-]명 노래를 부르는 소리. ¶ 구성진 노랫소리.

노랭-이명 '노랑이'의 잘못.

노략(擄掠)명하타 떼를 지어 돌아다니면서 사람을 해치거나 재물을 마구 빼앗아 감.

노략-질(擄掠-) [-찔] 명하타 노략하는 짓. ¶ 왜구(倭寇)의 노략질. 비소드락질.
노량-목 명 '놀량목'의 잘못.
노ː량-으로 부 어정어정 놀아 가면서 천천히. 느리게 천천히. 느릿느릿. ¶ 다급한 기색이라고는 없이 노량으로 걸어가다.
노ː-런(no+run) 명 야구에서, 주자(走者)가 나가지 못하는 일, 또는 주자가 나가도 득점에 연결되지 않는 일.
노려-보다 타 ①매서운 눈빛으로 쏘아보다. ¶ 꼬마도 지지 않고 상대편을 노려보았다. ②(무엇을 빼앗거나 덮칠 목적으로) 눈독을 들여 살펴보다. ¶ 교활한 여우는 닭장 안만을 노려보고 있었다.
노력(努力) 명하자 (어떤 일을 이루기 위해서) 힘을 다하여 애씀, 또는 그 힘. ¶ 노력을 기울이다. /끊임없이 노력하다.
노력(勞力) 명하자 힘을 들여 일함. ¶ 노력을 아끼다.
노력^이전(勞力移轉) 명 임금을 많이 받는 나이 많은 노동자를 해고하고, 임금을 적게 받는 젊은 노동자를 고용함으로써 인건비를 줄이는 일.
노련(老鍊·老練) '노련하다'의 어근.
노ː련-미(老鍊味) 명 많은 경험에서 나오는 익숙하고 능란한 멋이나 자질. ¶ 노련미를 발휘하다.
노ː련-하다(老鍊-·老練-) 형여 많은 경험을 쌓아 그 일에 아주 익숙하고 능란하다. ¶ 노련한 정치가. /노련한 경기 운영으로 승리하다. /공구 다루는 솜씨가 노련하다. **노련-히** 부.
노렴(蘆簾) 명 갈대로 엮은 발.
노ː령(老齡) 명 늙은 나이.
노ː령-화(老齡化) 명하자되자 노인의 인구 비율이 높아짐. ¶ 노령화 사회.
노로 명 〈옛〉 노루. ¶ 노로: 獐(訓解).
노록(勞碌) 명하자 게을리 하지 않고, 힘써 일함.
노ː론(老論) 명 조선 시대, 사색당파의 하나. 숙종 때 송시열(宋時烈)을 중심으로 서인(西人)에서 갈라져 나온 한 파. 참소론(少論).
노루 명 사슴과의 동물. 사슴과 비슷한데, 몸길이 100~120 cm, 어깨높이 65~86 cm. 뿔은 수컷에만 있는데, 세 개의 가지로 되어 있고, 꼬리는 흔적만 있음. 몸빛은 여름에는 불그스름하다가 겨울에 흙빛으로 바뀌며 엉덩이에 희고 큰 반점이 나타남. 겁이 많아 잘 놀라며 빨리 뜀. 중국·중앙아시아·유럽·우리나라 등에 널리 분포함.
　노루가 제 방귀에 놀라듯 속담 '겁이 많은 사람이 공연한 일에도 곧잘 놀람'을 농조로 이르는 말.
　노루 꼬리가 길면 얼마나 길까 속담 '아는 체하여 보았자 얼마나 알겠느냐'는 말.
　노루 보고 그물 짊어진다 속담 '일이 다급하게 되어서야 허둥지둥 준비함'을 이르는 말.
　노루 피하니 범이 나온다 속담 재난이 겹쳐 오는 경우를 이르는 말.
　노루 꼬리만 하다 관용 매우 짧음을 이르는 말. ¶ 노루 꼬리만 한 겨울 해.
노루-막이 명 산의 막다른 꼭대기.
노루-목 명 ①노루가 지나다니는 길목. ②넓은 들에서 다른 곳으로 이어지는 좁은 지역.
노루-발[1] 명 ①쟁기의 볏의 뒷면 아래쪽에 붙은, 두 개의 세모진 구멍이 있는 부분. ②☞장족(獐足). ③재봉틀의 톱니 위에서, 바느질감을 알맞게 누르는 두 가랑이 진 부품. ④☞노루발장도리.
노루-발[2] 명 노루발과의 상록 다년초. 들이나 숲 속의 응달에 남. 두껍고 길둥근 잎은 뿌리에서 모여나는데, 잎자루와 함께 자줏빛이 돎. 초여름에 길이 20 cm가량의 꽃줄기가 나와 황백색의 작은 꽃들이 핌. 관상용으로 심기도 하며, 잎과 줄기는 지혈제·해독제 따위로 쓰임. 노루발풀.
노루발-장도리 명 한쪽 끝은 못을 박는 데 쓰고, 다른 한쪽 끝은 못을 빼는 데 쓰도록 만든 장도리. 노루발[1].
노루발-풀 명 ☞노루발[2].
노루-벌 명 살아 있는 노루의 가죽 속에서 생겨 가죽을 뚫고 나오는, 벌 모양의 날벌레.
노루-잠 명 깊이 들지 못하고 자주 깨는 잠. 비괭이잠.
노루-종아리 명 ①소반 다리 아래쪽의 아무런 새김이 없는 매끈한 부분. ②문살의 가로살이 드물게 있는 부분.
노ː류-장화(路柳墻花) 명 〔아무나 쉽게 꺾을 수 있는 길가의 버들과 울타리에 핀 꽃이라는 뜻으로〕 '창녀(娼女)'를 빗대어 이르는 말.
노르께-하다 형여 곱지도 짙지도 않게 노르다. 노르끄레하다. 노르끼리하다. 큰누르께하다.
노르끄레-하다 형여 노르께하다.
노르다 [노르니·노르러] 형러 개나리꽃이나 호박꽃의 빛깔과 같이 노랗다. 큰누르다[2].
노르딕^종ː목(nordic種目) 명 스키 경기에서, 거리 경기·점프 경기·복합 경기의 세 종목을 통틀어 이르는 말. 참알파인 종목.
노르마(norma 라) 명 ①개인이나 공장 따위에 할당된 표준 노동의 양이나 책임량을 이르는 말. ②(일반적으로) 근무나 노동의 기준량.
노르말^농도(Normal濃度) 명 ☞규정 농도.
노르말-액(Normal液) 명 ☞규정액.
노르무레-하다 형여 산뜻하지 않고 엷게 노르다. 큰누르무레하다.
노르스레-하다 형여 노르스름하다. 큰누르스레하다.
노르스름-하다 형여 산뜻하고 엷게 노르다. 노르스레하다. 노릇하다. 큰누르스름하다. **노르스름-히** 부.
노르웨이^초석(Norway硝石) 명 ☞질산칼륨.
노른-빛 [-빋] 명 노른 빛깔. 큰누른빛. ＊노른빛이[-비치]·노른빛만[-빈-]
노른-자 명 〈노른자위〉의 준말.
노른-자위 명 ①알의 흰자위에 둘러싸인 둥글고 노란 부분. ②사물의 가장 중요한 부분. ¶ 이 동네에서 노른자위에 위치하는 땅. 준노른자.
노름 명하자 금품을 걸고 화투·투전·트럼프 따위로 서로 내기를 하는 일. 도박. 돈내기. ¶ 노름으로 패가망신하다.
노름-꾼 명 노름을 일삼는 사람. 도박꾼. 박도(博徒). 잡기꾼.
노름-빚 [-삗] 명 노름을 하여 진 빚. ＊노름빚이[-삐지]·노름빚만[-삔-]
노름-질 명하자 노름을 하는 짓.
노름-판 명 노름을 하는 자리. 잡기판.
노름-패(-牌) 명 노름을 일삼는 패거리.
노릇 [-륻] 명 ①'직업이나 직책'을 속되게 이르는 말. ¶ 선생 노릇. /과장 노릇. ②맡은 바 구실. ¶ 주인 노릇. /아버지 노릇. ③바람직하지 못하거나 생각지도 않게 벌어진 '일'이나 '현상'을 이르는 말. ¶ 당장 방을 비우라고 하니 기가 찰 노릇이다. ＊노릇이[-르시]·노릇만[-른-]
노릇-노릇 [-른-륻] 부하형 군데군데 노르스름한 모양. 큰누릇누릇. **노릇노릇-이** 부.

노릇-하다[-르타-]형여 노르스름하다. 큰누릇하다.

노:리(老吏)명 늙은 아전. 나이 많은 관리.

노:리(老羸)명 늙고 쇠약함. 파리함, 또는 그런 사람. ¶ 處處 溝壑애 흐터 잇던 老羸드리 東風 新鶯가치 舊巢를 ᄎᆞ자오니(朴仁老.太平詞).

노리-개명 ①여자의 한복 저고리의 고름이나 치마허리 따위에 다는 패물의 한 가지. 〔띠돈·패물·매듭·술 등의 네 부분으로 되어 있음.〕 ②가지고 노는 물건.

노리개-첩(-妾)명 노리개처럼 데리고 노는 젊은 첩. 화초첩(花草妾).

노리끼리-하다형여 노르께하다. 큰누리끼리하다.

노리다[1]타 (서 있는 것을) 칼로 가로 갈기어 베다.

노리다[2]타 ①쏘아보다. ¶ 증오에 찬 눈으로 잔뜩 노리다. ②(차지하거나 덮치거나 없앨 목적으로) 벼르다. 눈독을 들이다. ¶ 우승을 노리다. /남의 재물을 노리다. /목숨을 노리다. ③기회를 엿보다. ¶ 내부의 혼란을 노리다.

노리다[3]형 ①털이 타는 냄새나 노래기의 냄새와 같다. ②(비위에 거슬릴 만큼) 마음 쓰는 것이 너무 인색하고 다랍다. ¶ 사람이 너무 노리다.

노리-쇠[-쇠/-쉐]명 소총의 부속품의 하나. 탄알을 약실에 장전하고, 탄피를 약실에서 빼내는 구실을 함.

노리착지근-하다[-찌-]형여 노린내가(또는 노린 맛이) 조금 나는 것 같다. 준노리치근하다·노착지근하다. 큰누리척지근하다. **노리착지근-히**부.

노리치근-하다형여 〈노리착지근하다〉의 준말. 큰누리치근하다. **노리치근-히**부.

노린-내명 염소·여우·노래기 등에서 나는 고약한 냄새. 참누린내.

노린-동전(-銅錢)명 아주 적은 액수의 돈. 피천. ¶ 노린동전 한 닢도 없다.

노린재명 노린잿과의 갑충류를 통틀어 이르는 말. 육지에 사는 것과 물에 사는 것이 있음. 오이·참외·박·호박 따위의 해충임. 잡으면 고약한 냄새가 나는 액을 냄.

노린재-나무명 노린재나뭇과의 낙엽 활엽 관목 또는 작은 교목. 높이 2~3m. 잎은 어긋맞게 나며 타원형임. 봄에 흰 꽃이 피고 가을에 동글동글하고 남빛 나는 열매가 익음. 목재가 단단하여 연장의 자루 따위로 쓰이는데, 우리나라 각지의 산에 분포함.

노립(蘆笠)명 ☞갈삿갓.

노릿-하다[-리타-]형여 냄새가 좀 노리다. 큰누릿하다. **노릿-이**부.

노ᄅᆞ[놀이·놀ᄋᆞᆯ]명 〈옛〉 노루. ¶ 노ᄅᆞ 장:獐(訓蒙上*18*). /놀이 ᄒᆞ오사 ᄢᅱ어(永嘉下*41*). /놀ᄋᆞᆯ 쏘샤(龍歌*65*章).

노ᄅᆞ다형 〈옛〉 노랗다. 노르다. ¶ 비치 노ᄅᆞ고(月釋*1:44*).

노ᄅᆞᆺ명 〈옛〉 장난. 놀음놀이. ¶ 노ᄅᆞᆺ샛 바오리실씨(龍歌*44*章).

노ᄅᆞᆺ바치명 〈옛〉 재인(才人). 광대. ¶ 노ᄅᆞᆺ바치 우:優(訓蒙中*3*).

노:마(老馬)명 늙은 말.

노마(駑馬)명 ①걸음이 느린 말. ②'재능이 모자라는 사람'을 비유하여 이르는 말. 〔흔히, 스스로를 겸손하게 말할 때 씀.〕

노^마:크(no+mark)명 운동 경기에서, 수비수가 공격자를 경계하거나 방어하지 않아서 공격자가 마음대로 할 수 있는 상태.

노:망(老妄)명하자 늙어서 망령을 부림, 또는 그 망령. ¶ 노망을 부리다.

노:망-기(老妄氣)[-끼]명 노망이 든 기미. ¶ 노망기가 있다.

노:망-나다(老妄-)자 노망한 듯한 태도나 증세가 나타나다.

노:망-들다(老妄-)[~드니·~들어]자 노망한 증세가 생기다.

노-망태(-網-)명 〈노망태기〉의 준말.

노-망태기(-網-)명 노로 그물처럼 떠서 만든 망태기. 준노망태.

노:매(怒罵)명하타 성을 내어 욕하고 꾸짖음.

-노매라어미 〈옛〉-는구나. ¶ 도라 아니 보고 가노매라(古時調).

노:면(路面)명 도로의 겉면. 길바닥. ¶ 노면이 고르지 못하다. /비가 와서 노면이 미끄럽다.

노면(露面)명하자 얼굴을 드러냄.

노:면^전:차(路面電車)명 가로(街路)의 노면에 부설된 레일 위를 운행하는 전차.

노명(奴名)명 (남자) 종의 이름.

노명(露命)명 (이슬 같은) 덧없는 목숨.

노:모(老母)명 늙은 어머니.

노모그래프(nomograph)명 수치의 계산을 간편하게 하기 위하여 쓰는 도표. 계산 도표(計算圖表). 노모그램.

노모그램(nomogram)명 ☞노모그래프.

노:모성^치매(老耄性痴呆)[-썽-]명 ☞노인성 치매.

노:목(老木)명 오래된 나무. 늙은 나무.

노:목(怒目)명 성난 눈.

노무(勞務)명 ①임금을 받기 위하여 하는 노동. ¶ 노무를 제공하다. ②회사 등에서, 종업원의 작업 배치나 후생 따위에 관한 사무.

노무^관리(勞務管理)[-괄-]명 노동자를 기업의 경영 목적에 가장 적합한 상태에 두기 위한 경영자의 관리. 〔노동 능력이나 작업 조건의 관리, 인간관계나 노사 관계의 관리 따위.〕

노무력(老無力) '노무력하다'의 어근.

노:무력-하다(老無力-)[-려카-]형여 늙어서 힘이 없다.

노무-배상(勞務賠償)명 남에게 끼친 손해를 기술이나 노동으로 배상하는 일.

노무용(老無用) '노무용하다'의 어근.

노:무용-하다(老無用-)형여 늙어 쓰일 곳이 없다.

노무-자(勞務者)명 노무에 종사하는 사람.

노무^출자(勞務出資)[-짜]명 노무를 제공하는 방식의 출자. 〔재산 출자에 대하여 이르는 말.〕

노문(勞問)명하타 (임금이) 신하를 위문함.

노:문(路文)명 왕조 때, 공무로 지방에 가는 관리의 도착 예정일을 미리 그곳 관아에 알리던 공문. 선문(先文). ¶ 벼슬 띠고 내려온단 노문 왔소(烈女春香守節歌).

노문(을) 놓다관용 노문을 보내다. 도착 예정일을 미리 알리다. 선문(을) 놓다.

노문(露文)명 러시아 말로 된 글.

노:물(老物) Ⅰ명 ①낡고 오래된 물건. ②'늙어서 쓰일 곳이 없는 사람'을 얕잡아 이르는 말. Ⅱ대 늙은이가 자기를 낮추어 이르는 말.

노박(魯朴) '노박하다'의 어근.

노박-덩굴[-떵-]명 노박덩굴과의 낙엽 활엽 만목. 숲 속에서 자라는데, 줄기는 덩굴로 벋음. 봄에 연둣빛 꽃이 잎겨드랑이에 피고, 둥근 열매는 가을에 노랗게 익음. 봄에 어린잎은 나물로 먹을 수 있고, 열매로는 기름을 짜며 나무 껍질에서는 섬유를 뽑아 씀.

노-박이다자 '노박히다'의 잘못.

노박이-로 부 줄곧 계속하여. 붙박이로. ¶ 노박이로 그곳에만 머물러 있다.
노박-하다 (魯朴-) [-바카-] 형여 어리석고 순박하다.
노-박히다 [-바키-] 자 ①한곳에만 붙박이로 있다. ②한 가지 일에만 붙박이로 들러붙다.
노ː반 (路盤) 명 도로나 철도 선로의 기반이 되는 지반(地盤). 노상(路床). ¶ 노반이 약하면 선로가 내려앉는다.
노반 (露盤) 명 불탑(佛塔)의 꼭대기에 있는 상륜(相輪)의 가장 아랫부분. 〔네모난 기와집 지붕 같은 모양임.〕
노ː발-대발 (怒發大發) 명하자 크게 성을 냄. ¶ 노발대발하여 크게 꾸짖다.
노ː발-대성 (怒發大聲) 명 크게 성을 내어 외치는 큰 목소리.
노ː발-충관 (怒髮衝冠) 명 〔심한 분노로 곤두선 머리털이 머리에 쓴 관을 추켜올린다는 뜻으로〕 '크게 성이 난 모습'을 비유하여 이르는 말.
노ː방 (路傍) 명 길가. 노변(路邊). 도방(道傍).
노ː방-잔읍 (路傍殘邑) 명 오며 가며 들르는 높은 벼슬아치들을 대접하느라고 피폐해진 작은 고을.
노방-주 (-紬) 명 지난날, 중국에서 나오던 명주의 한 가지.
노ː방-초 (路傍草) 명 길가에 난 잡초.
노ː방-토 (路傍土) 명 육십갑자의 경오(庚午)와 신미(辛未)에 붙이는 납음(納音). 참검봉금.
노ː배 (老輩) 명 나이 많은 이들. 늙은이들.
노ː-법사 (老法師) [-싸] 명 조항(祖行)이 되는 법사. 법사의 법사. 법옹사(法翁師).
노-벙거지 명 노끈으로 만든 벙거지.
노ː벨륨 (nobelium) 명 인공 방사성 원소의 한 가지. 〔No/102/259〕
노ː벨-상 (Nobel賞) 명 1896년, 스웨덴 사람 노벨의 유언에 따라, 인류의 복지에 공헌한 사람이나 단체에 수여하도록 제정한 상. 〔기금 168만 파운드의 이자로써 물리학·화학·생리 의학·문학·경제학·평화의 여섯 부문에 걸쳐 수여됨.〕
노ː변 (路邊) 명 길가. 노방(路傍). 도로변.
노변 (爐邊) 명 화롯가. 난롯가. ¶ 노변 대담.
노변-담 (爐邊談) 명 ☞노변담화.
노변-담화 (爐邊談話) 명 난롯가에서 서로 허물없이 주고받는 세상 이야기. 노변담(爐邊談).
노ː병 (老兵) 명 ①나이 많은 병사. ②군사(軍事)에 경험이 많은 병사.
노ː병 (老病) 명 노쇠에서 오는 병. 노질(老疾). 높노환(老患).
노-병아 (櫓-) 명 (배에서 노질을 쉽게 하기 위하여) 노에 거는 줄.
노복 (奴僕) 명 사내종. 노자(奴子).
노ː복 (老僕) 명 늙은 사내종.
노복 (勞復) 명 한방에서, 큰 병을 앓고 아직 완전히 회복하기 전에, 과로로 다시 앓게 되는 일을 이르는 말.
노봉 (虜鋒) 명 적군의 칼날. ¶ 병사들은 적의 노봉을 헤치고 용감하게 진격했다.
노봉 (露鋒) 명 서법(書法)에서, 기필(起筆) 때 붓끝의 자국이 나타나도록 쓰는 일.
노ː부 (老父) 명 늙은 아버지.
노ː부 (老夫) Ⅰ 명 늙은 남자.
Ⅱ 대 늙은 남자가 자기를 겸손하게 일컫는 말.
노ː부 (老婦) 명 늙은 여자(부인).
노부 (鹵簿) 명 임금이 거둥할 때의 의장(儀仗), 또는 의장을 갖춘 행렬.
노ː-부모 (老父母) 명 늙은 부모.
노ː-부부 (老夫婦) 명 늙은 부부.
노ː불 (老佛) 명 ①늙은 중. ②노자와 석가를 아울러 이르는 말. ③노자의 가르침과 석가의 가르침, 곧 도교와 불교를 아울러 이르는 말.
노브 (knob) 명 문의 손잡이. 〔대개 모양이 둥글며, 손으로 잡고 돌려서 여닫음.〕
노브^애자 (knob礙子) 명 옥내 배선용 애자의 한 가지. 주먹만 한 크기의 도자기 제품. 참뚱딴지[3].
노비 (奴婢) 명 사내종과 계집종을 아울러 이르는 말. 비복(婢僕).
노ː비 (老婢) 명 늙은 계집종.
노비 (勞費) 명 노동의 대가로 주는 돈. 품삯. 노임.
노ː비 (路費) 명 ☞노자(路資).
노비-안검법 (奴婢按檢法) [-뻡] 명 고려 광종 7(956)년에, 양민이었다가 노비가 된 사람을 해방시켜 주기 위하여 만든 법.
노-뻔지 (櫓-) 명 배를 젓는 노의 넓적한 부분.
노ː사 (老士) 명 ①늙은 선비. ②늙은 병사.
노ː사 (老死) 명하자 늙어 죽음.
노ː사 (老師) 명 ①'늙은 중'을 높이어 일컫는 말. ②☞노스님. ③늙은 스승.
노ː사 (怒瀉) 명하자 세차게 마구 쏟아져 나옴.
노사 (勞使) 명 노동자와 사용자. ¶ 노사 협의.
노사 (勞思) 명하자 몹시 근심함.
노사 (勞辭) 명 노고를 위로하는 말.
노사 (硇砂) 명 ☞염화암모늄.
노ː사-숙유 (老士宿儒) 명 학문이 썩 깊은 늙은 선비.
노사^협의회 (勞使協議會) [-혀븨회/-혀비훼] 명 단체 협약의 체결과 실시 등을 협의하기 위하여 근로자와 사용자 대표로 구성하는 기구.
노ː산 (老産) 명하자 나이 많아서 아이를 낳음. ¶ 노산이라 난산이겠군.
노상 부 한 모양으로 줄곧. 언제나 늘. 노[3]. ¶ 노상 엄살만 부린다.
노상 (勞傷) 명하자 심한 고생으로 마음을 상함.
노ː상 (路上) 명 ①길 위. 가상(街上). 도상(道上). ②길 가는 도중. ¶ 노상에서 강도를 만나다.
노ː상 (路床) 명 ☞노반(路盤).
노상 (魯桑) 명 뽕나뭇과의 낙엽 활엽 관목. 중국 원산으로 잎의 길이는 15~30 cm이고, 짧은 타원형이며 봄누에와 가을누에의 먹이로 씀. 당뽕.
노ː상-강도 (路上強盜) 명 길 가는 사람을 협박하거나 폭행을 가하거나 하여 금품을 강탈하는 짓, 또는 그런 도둑.
노ː상-안면 (路上顏面) 명 길에서 만난 적이 있어 면식(面識) 정도나 있는 얼굴. ¶ 그와는 그저 노상안면이 있을 뿐이다.
노새 명 말과의 포유동물. 수나귀와 암말 사이에서 난 잡종. 나귀를 닮았으나 몸빛은 암갈색임. 힘이 세며 지구력과 부담력이 뛰어나 무거운 짐과 먼 길에 잘 견딤. 성질은 온순하고, 병에 잘 걸리지 않으나 생식 능력이 없음.
노ː색 (老色) 명 늙은이에게 어울리는 옷의 빛깔. ¶ 젊은이가 오히려 노색을 좋아한다.
노ː색 (怒色) 명 성난 얼굴빛. 노기(怒氣).
노ː생 (老生) Ⅰ 명 '늙은이'를 얕잡아 이르는 말. Ⅱ 대 늙은이가 자기를 낮추어 이르는 말.
노서아 (露西亞) 명 '러시아'의 한자음 표기. 노국(露國).
노석 (鹵石) 명 염화물·브롬화물·요오드화물 따위를 통틀어 이르는 말.
노석 (露石) 명 땅 위에 드러난 돌.
노ː선 (路線) 명 ①버스·기차·항공기 따위가 정해 놓고 다니도록 되어 있는 길. ¶ 고속버스의 노선. ②개인이나 조직·단체 따위의 일정한 활동 방침. ¶ 강경 노선. /독자적인 노선. /반공 노선을 고수하다.
노ː선-도(路線圖)명 노선을 그려 놓은 지도.
노성(老成) '노성하다'의 어근.
노ː성(怒聲)명 성난 목소리. 화난 목소리.
노성(駑性)명 우둔한 성질.
노성(櫓聲)명 노를 젓는 소리.
노-성냥명 성냥의 한 가지. 종이로 꼰 노 끝에 유황을 바른 것.
노ː성-하다(老成-)형여 ①노련하고 원숙하다. ②(나이에 비하여) 어른스럽다. 숙성하다. ¶ 아이가 너무 노성한 것 같다.
노ː소(老少)명 늙은이와 젊은이. 소장(少長). ¶ 노소를 불문하다.
-노소니어미 〈옛〉-니. -나니. ¶ 西方애 聖人이 나시노소니(月釋2:49).
노ː소-동락(老少同樂)[-낙]명하자 늙은이와 젊은이가 함께 즐김.
-노소라어미 〈옛〉-노라. -는구나. ¶ 葛洪을 븟그리노소라(杜初21:33).
노ː-소론(老少論)명 조선 시대의 사색(四色) 가운데, 노론(老論)과 소론(少論).
노ː소-부정(老少不定)명 〔노소의 선후가 없다는 뜻으로〕 늙은이가 꼭 먼저 죽는 것만은 아님을 이르는 말.
노속(奴屬)명 종의 무리. 종의 족속.
노-손(櫓-)명 노의 손잡이.
노ː송(老松)명 늙은 소나무. 고송(古松).
노ː송-나무(老松-)명 측백나뭇과의 상록 교목. 일본 원산으로 높이 40 m가량 자람. 잎은 작은 바늘 모양으로 빽빽이 남. 재목은 내수력이 강하여 가구 따위의 재료로 쓰임. 편백. 회목.
노송나무 밑이다관용 마음이 음충맞고 밝지 않음을 이르는 말.
노ː쇠(老衰)[-쇠/-쉐]명하형 늙어서 몸과 마음이 쇠약함. 쇠로.
노ː쇠-기(老衰期)[-쇠-/-쉐-]명 ①늙고 기운이 쇠한 시기. 비노년기. ②사물이 오래되어 기세가 쇠잔해진 시기.
노ː수(老手)명 익숙한 솜씨. 노련한 수법.
노ː수(老叟)명 늙은 남자. 노옹(老翁).
노ː수(老壽)명하자 오래 삶. 장수(長壽).
노ː수(老樹)명 오래된 나무. 고목(古木).
노수(勞嗽)명 한방에서, 주색(酒色)이 지나쳐 몸이 허약해지고, 오한(惡寒)이 나며, 진땀이 흐르는 병을 이르는 말.
노ː수(路需)명 ☞노자(路資).
노수(滷水)명 ☞간수.
노ː숙(老宿)명 ①식견이 노숙(老熟)한 사람. ②수양이 깊고 학덕이 높은 중.
노숙(老熟) '노숙하다'의 어근.
노숙(露宿)명하자 한데서 밤을 지냄. 한뎃잠. 한둔. 노와(露臥). 야숙(野宿).
노ː숙-자(露宿者)[-짜]명 (길거리나 공원 등지에서) 한뎃잠을 자며 생활하는 사람.
노ː숙-하다(老熟-)[-수카-]형여 오랫동안 경험을 쌓아 아주 익숙하다. ¶ 노숙한 경지에 이르다. 노숙-히부.
노ː-스님(老-)명 불가(佛家)에서, 스승의 스승을 일컫는 말. 노사(老師).
노스탤지어(nostalgia)명 낯선 타향에 있으면서 고향이 그리워지거나, 지난날이 그리워지는 마음. 향수(鄕愁). 회향병(懷鄕病).
노ː승(老僧)명 늙은 중. ↔소승(少僧).
노ː승-발검(怒蠅拔劍)명하자 〔성가시게 구는 파리를 보고 칼을 뽑는다는 뜻으로〕 사소한 일에 화를 내거나, 또는 작은 일에 어울리지 않게 커다란 대책을 세움을 비웃는 말. 참견문발검.
노시(奴視)명하타 (종을 보듯이) 몹시 멸시함.
노ː시(老視)명 ☞노안(老眼).
노ː신(老臣) Ⅰ명 늙은 신하.
Ⅱ대 늙은 신하가 임금에게 자기를 낮추어 이르는 말.
노ː신(老身)명 늙은 몸. 노구(老軀).
노신(勞神)명하자 속을 썩임.
노ː-신랑(老新郞)[-실-]명 혼기(婚期)를 넘겨서 장가든, 나이가 많은 신랑.
노ː-신부(老新婦)명 혼기(婚期)를 넘겨서 시집간, 나이가 많은 신부.
노심(勞心)명하자 애를 씀.
노심-초사(勞心焦思)명하자 애를 쓰고 속을 태움. 몹시 애를 태움. 비초심고려(焦心苦慮).
노아-가다자 '놓아가다'의 잘못.
노ː^아웃(no out)명 야구에서, 공격하는 편에서 아직 아웃이 없음. 무사(無死).
노악(露惡)명 자기의 나쁜 점을 일부러 드러내 보이는 일. ¶ 노악 취미에서 나온 짓이다.
노안(奴案)명 조선 시대에, 노비의 이름을 적어 놓았던 장부.
노ː안(老眼)명 나이가 많아 시력이 약하여진 눈. 노시(老視).
노ː안(老顔)명 노쇠한 얼굴. 노인의 얼굴.
노ː안-경(老眼鏡)명 노안에 쓰는 볼록 렌즈의 안경. 돋보기.
노안-비슬(奴顔婢膝)명 〔사내종의 아첨하는 얼굴과 계집종의 무릎걸음이라는 뜻으로〕 '노비와 같은 태도, 곧 남과의 사귐에서 지나치게 굽실거리는 비굴한 태도'를 이르는 말.
노-앞(櫓-)[-압]명 오른쪽 뱃전. ↔노뒤. *노앞이[-아피]·노앞만[-암-]
노ː야(老爺)명 늙은 남자. 노옹(老翁).
노야기명 ☞향유(香薷).
노약(老若)명 '노약(老弱)'의 잘못.
노ː약(老弱)명 ①늙은이와 연약한 어린이. 노소(老少). ②늙은이와 병약한 사람. 노약자. ③하형늙어서 기운이 쇠약함, 또는 그런 사람.
노ː약-자(老弱者)[-짜]명 ☞노약.
노어(魯魚)명 〔'魯' 자와 '魚' 자가 비슷하여 틀리기 쉬운 데서〕 '글자를 잘못 쓰기 쉬움'을 이르는 말.
노어(鱸魚)명 ☞농어.
노여부 〈옛〉다시. ¶ 이 마음 이 수랑 견졸 더 노여 업다(鄭澈.思美人曲). 참느외.
노ː여움명 노여운 감정. 노혐(怒嫌). ¶ 할아버지의 노여움을 사다. 준노염.
노ː여워-하다자타여 노엽게 여기다.
노ː역(老役)명 연극·영화 따위의 연기에서, 노인의 역(役).
노역(勞役)명하자 (의무로서 하게 되는) 힘든 육체노동. ¶ 노역으로 벌금을 때우다.
노ː염명 〈노여움〉의 준말.
노염(을) 사다관용 남을 노엽게 하여 그 노염이 자기에게 미치다.
노ː염(老炎)명 늦더위.
노ː엽다[-따][노여우니·노여워]형ㅂ 섭섭하고 분하다. ¶ 노엽게 여기다.
노영(露營)명하자 야외(野外)에 진영(陣營)을 마련함, 또는 그 진영. 야영(野營).

노예(奴隸)명 ①지난날, 인권이 인정되지 않고 가축처럼 소유주의 재산이 되어 매여 지내고, 또 매매의 대상이 되었던 사람. ↔자유민. ②'무슨 일에 마음을 빼앗기어 거기서 벗어나지 못하는 사람'을 비유하여 이르는 말. ¶ 사랑의 노예.

노예-근성(奴隸根性)명 본바탕이 남의 밑에 매여 살기를 좋아하는 성질. 자기를 내세우지 못하고 굽신거리기를 좋아하는 근성.

노예-시(奴隸視)명하타 노예를 보듯이 멸시하며 사람을 대함.

노예^제ː도(奴隸制度)명 노예에 대한 집단적·계급적 지배 위에 이루어지는 사회 조직.

노예^해ː반(奴隸解放)명 노예 제도를 없애고, 노예 매매를 금지하며, 노예에게 자유민으로서의 권리를 주는 일.

노-오라기명 노끈의 작은 도막. 준노오리.

노-오리명 ①〈노오라기〉의 준말. ②'노을'의 방언.

노ː옥(老屋)명 지은 지 오래된 낡은 집.

노ː온(老媼)명 늙은 여자.

노ː옹(老翁)명 늙은 남자. 나이가 많은 남자. 노수(老叟). 노야(老爺).

노와(露臥)명하자 한데서 잠. 노숙(露宿).

노외야부 〈옛〉다시는. ¶ 亭主의 깃븜이 노외야 업서(新語9:7). 참누외야.

노ː욕(老慾)명 늙은이가 부리는 욕심.

노ː우(老優)명 늙은 배우.

노ː웅(老雄)명 늙은 영웅.

노ː유(老幼)명 늙은이와 어린이.

노ː유(老儒)명 늙은 유생(儒生) 또는 유학자(儒學者). 나이가 지긋한 선비.

노육(努肉)명 궂은살.

노을명 해가 뜨거나 질 때 하늘이 벌겋게 물드는 현상. ¶ 노을이 지다. 준놀[1].

노을-빛[-삗]명 노을이 질 때와 같이 불그스름한 빛. ＊노을빛이[-삐치]·노을빛만[-삔-]

-노이다어미 〈옛〉-나이다. -옵니다. ¶ 우러곰 좃니노이다(樂詞.西京別曲).

노이로제(Neurose 독)명 주로, 심리적인 원인으로 일어나는 신경 기능의 이상(異常). 〔히스테리나 신경 쇠약 따위.〕

노이무공(勞而無功)명하형 애쓴 보람이 없음. 〔'장자'의 '천운편(天運篇)'과 '관자'의 '형세편(形勢篇)'에 나오는 말임.〕

노이즈(noise)명 전기적·기계적인 이유로 시스템에서 발생하는 불필요한 신호. 흔히, '잡음'이라고도 함.

노ː-익장(老益壯)[-짱]명 나이는 들었으나 기력은 더욱 좋아짐. 노당익장(老當益壯). ¶ 노익장을 과시하다.

노ː인(老人)명 나이가 많은 사람. 늙은이.

노ː인(路人)명 길 가는 사람.

노ː인(路引)명 조선 시대에, 병졸이나 장사치에게 내어 주던 여행 증명서.

노ː인-경(老人鏡)명 ☞돋보기.

노ː인-네(老人-)명 늙은이.

노ː인-병(老人病)[-뼝]명 노인에게 많이 나타나는 병을 통틀어 이르는 말. 〔노인성 치매·백내장 따위.〕

노ː인-성(老人星)명 ☞남극성. 수성(壽星).

노ː인성^치매(老人性痴呆)[-썽-]명 노쇠로 인한 뇌의 퇴행(退行) 변화 때문에 지능이 저하되는 정신병. 노모성 치매(老耄性痴呆).

노ː인-자제(老人子弟)명 늙은이가 낳은 아들.

노ː인-장(老人丈)명 '노인'을 높이어 일컫는 말. ¶ 노인장께서는 어디로 가십니까? 낮늙은이.

노ː인-정(老人亭)명 노인들이 모여서 놀 수 있게 지은 정자, 또는 그와 비슷한 시설.

노임(勞賃)명 ☞품삯. 노비(勞費). 임금(賃金).

노임^기금설(勞賃基金說)명 ☞임금 기금설.

노임^철칙(勞賃鐵則)명 ☞임금 철칙.

-노이다어미 〈옛〉-나이다. -옵니다. ¶ 녀느것 求티 아니ᄒᆞ노이다(六祖上8).

노자(奴子)명 ①☞노복(奴僕). ②☞마지기.

노자(勞資)명 노동자와 자본가를 아울러 이르는 말.

노ː자(路資)명 먼 길을 오가는 데 드는 비용. 노비(路費). 노수(路需). 여비(旅費). 행비(行費). 행자(行資). ¶ 노자 한 푼 없이 길을 떠나다.

노자근-하다형여 〈노작지근하다〉의 준말.

노자나-불(←盧遮那佛)명 〈비로자나불〉의 준말.

노작(勞作)명하자 ①힘들여 일함. ②힘들여 만듦, 또는 그 작품. ¶ 필생의 노작. 비역작(力作).

노작-가축(勞作家畜)[-까-]명 (소·말 따위) 힘들여 일하는 가축.

노작^교ː육(勞作教育)[-꾜-]명 (수동적인 지식 중심의 교육이 아닌) 아동의 자기 활동에 의한 적극적·능동적인 교육.

노작지근-하다[-찌-]형여 몹시 노곤하다. ¶ 점심을 먹고 나니 온몸이 노작지근하다. 준노자근하다.

노ː잣-돈(路資-)[-자똔/-잗똔]명 ①먼 길을 오가는 데 드는 돈. ②죽은 사람이 저승길에 편히 가라고 상여 따위에 꽂아 주는 돈.

노ː장(老壯)명 노년(老年)과 장년(壯年).

노ː장(老長·老丈)명 ①나이 많고 덕이 높은 중. 노장중. ②'늙은 중'을 높이어 일컫는 말.

노ː장(老莊)명 고대 중국의 사상가인 노자(老子)와 장자(莊子), 또는 그 사상과 학문.

노ː장(老將)명 ①늙은 장군. ②경험이 많은 노련한 장군. ③어떤 분야에서, '많은 경험을 쌓아 노련한 사람'을 비유하여 이르는 말. ¶ 신인과 노장을 고루 기용하다.

노ː장(路葬)명하타 〔지난날, 처녀나 총각이 죽으면, 그 혼령이 악귀가 되어 화를 뿌리고 다닌다고 하여, 그 화를 막기 위하여〕 시체를 왕래가 잦은 길 복판에 묻던 일.

노장(蘆場)명 갈대를 가꾸는 땅.

노장(露場)명 기상학(氣象學)에서, 기상 관측 계기를 설치하는 곳을 이르는 말.

노ː장^사ː상(老莊思想)명 ☞노장학(老莊學).

노ː장-중(老長-)명 ☞노장.

노ː장-학(老莊學)명 중국 고대의 사상가인 노자(老子)와 장자(莊子)의 학설, 또는 그 학문을 이어받은 도가(道家)의 사상. 〔허무를 우주의 근원으로 보고, 무위자연(無爲自然)의 도를 중히 여겼음.〕 노장 사상.

노ː적(露積)명하타되자 (곡식 따위의 물건을) 한데에 쌓아 둠, 또는 그 물건. 야적(野積).

노ː적-가리(露積-)[-까-]명 한데에 쌓아 둔 곡식의 더미.

노ː전(路奠)명 ☞거리제.

노ː전(路錢)명 여행을 하는 데에 드는 비용. 여비.

노전(蘆田)명 갈대밭.

노점(癆漸)명 한방에서, '폐결핵'을 이르는 말. 노증(癆症). 폐로(肺癆). 허로(虛勞).

노점(露店)명 길바닥에 벌여 놓은 소규모의 가게. 난전.

노점(露點)[-쩜]명 ☞이슬점.

노점-상(露店商)명 길가에 물건을 벌여 놓고 하는 장사, 또는 그러한 장사를 하는 사람.
노점^습도계(露點濕度計)[-쩜-또계/-쩜-또게]명 ☞이슬점 습도계.
노ː정(路程)명 ①어떤 지점에서 목적지까지의 거리, 또는 목적지까지 걸리는 시간. ¶ 왕복 10일의 노정. ②여행의 경로나 일정. 도정(道程). 정도(程途).
노정(露井)명 지붕이 없는 우물.
노정(露呈)명하타 되자 (어떤 사실을) 드러냄. 나타냄. ¶ 약점을 노정하다.
노ː정-기(路程記)명 여행의 노정을 적은 글.
노ː제(老除)명하자타 지난날, 나이 많은 군졸(軍卒)이 제대함, 또는 제대시킴.
노ː제(路祭)명 ☞거리제.
노조(勞組)명 〈노동조합〉의 준말.
노ː졸(老拙) Ⅰ명하형 늙고 못생김. ¶ 이 아비가 노졸하여 너희들에게 부담을 주었구나. Ⅱ대 늙은이가 자기를 낮추어 이르는 말.
노졸(露拙)명하자 옹졸함이나 졸렬함이 드러남.
노주(奴主)명 종과 상전(上典).
노ː주(老酒)명 ①섣달에 담가서 해를 묵혀 떠낸 술. ②술로 늙은 사람. ③찹쌀이나 조 또는 기장 따위를 원료로 하여 만든 중국의 양조주(釀造酒)를 통틀어 이르는 말.
노주(露珠)명 '이슬'의 아름다움을 구슬에 비유하여 이르는 말.
노주(露酒)명 〔증류하여 이슬처럼 받아 낸다 하여〕 '소주'를 달리 이르는 말.
노ː중(路中)명 길 가운데. 도중(道中).
노중-화(爐中火)명 육십갑자의 병인(丙寅)과 정묘(丁卯)에 붙이는 납음. 참대림목(大林木).
노즐(nozzle)명 대롱 끝에 있는 가는 구멍으로부터 액체나 기체를 뿜어내도록 만든 장치. 내연 기관이나 증기 터빈 따위에 쓰임.
노증(癆症·勞症)명 ☞노점(癆漸).
노지(露地)명 ①지붕 같은 것으로 가리지 않은 땅. 한데. ¶ 노지에서 가꾼 채소. ②불교에서 이르는, 속계를 떠난 고요한 경지.
노지^재ː배(露地栽培)명 (온실 재배에 대하여) 한데의 밭이나 화단 등에 심어서 가꾸는 일.
노-질(櫓-)명하자 노를 젓는 일.
노ː질(老疾)명 ☞노병(老病).
노질(駑質·魯質)명 둔하고 미련한 성질.
노착지근-하다[-찌-]형여 〈노리착지근하다〉의 준말. 큰누척지근하다. **노착지근-히**부.
노ː처(老妻)명 늙은 아내.
노처(露處)명하자 한데서 거처함.
노ː-처녀(老處女)명 혼기를 넘긴, 나이 많은 처녀.
노천(露天)명 (지붕 같은 것으로 가리지 않은) 한데.
노천-강당(露天講堂)명 운동장의 관람석 따위를 강당 대신 쓰는 곳.
노천-굴(露天掘)명 ☞노천 채굴.
노천-극장(露天劇場)[-짱]명 한데에 무대를 마련한 극장. 야외극장.
노천-상(露天商)명 노점(露店)을 차려 놓고 하는 장사, 또는 그 장수.
노천^수업(露天授業)명 (건물 안이 아닌) 한데서 하는 수업.
노천^채ː굴(露天採掘)명 광상(鑛床)이나 탄층(炭層)이 지표 가까이에 있을 때, 겉흙을 걷어 내고 광석 따위를 바로 캐내는 일. 노굴. 노천굴.
노ː체(老體)명 ☞노구(老軀).
노체(露體)명하자 알몸을 고스란히 드러냄.
노ː총명 일정한 기일(期日) 동안을 남에게 알리지 말아야 될 일.
노총(을) 지르다관용 노총을 남에게 알리다.
노총(勞總)명 '한국 노동조합 총연맹'을 줄여 이르는 말.
노ː-총각(老總角)명 혼기를 넘긴, 나이 많은 총각.
노ː추(老醜)명하형 늙고 추함. ¶ 70이 넘었는데도 노추의 그림자는 찾아볼 수 없다.
노ː-축(老-)명 늙은 축. 늙은 패. ¶ 우리도 이제 노축에 끼게 되었어.
노출(露出)명 ①하타 되자 겉으로 드러남, 또는 드러냄. ¶ 햇빛에 피부를 노출하다. /적에게 노출되다. /방사능에 노출되다. ②사진을 찍을 때 셔터를 열어 필름에 빛을 비춤. ②노광(露光).
노출-계(露出計)[-계/-게]명 사진을 찍을 때, 피사체의 밝기를 재는 계기(計器). 〔필름의 노출 시간을 정하기 위한 것.〕
노출-증(露出症)[-쯩]명 치부를 노출함으로써 성적 쾌감을 얻으려는 정신 이상의 한 증상.
노췌(勞瘁) '노췌하다'의 어근.
노췌-하다(勞瘁-)형여 몹시 고달파서 초췌하다.
노ː치(老齒)명 늙은이의 이.
노ː친(老親)명 ①늙은 부모. ¶ 노친을 모시고 살다. ②나이가 지긋한 부인.
노ː친-시하(老親侍下)명 늙은 부모를 모시고 있는 처지, 또는 그런 처지에 있는 사람. ¶ 노친시하라서 원거리 출행을 삼가고 있습니다.
노^카운트(no count)명 운동 경기에서, 득점이나 실점으로 치지 않고 기록의 대상으로 하지 않는 일.
노커(knocker)명 ①출입문에 달린, 문을 두드려 알리는 쇠로 만든 고리. ②야구에서, 수비 연습을 시키려고 공을 쳐 주는 사람.
노-코멘트(no comment)명 언급할 일이 없음. 〔신문 기자 등의 질문에 대하여 논평이나 설명 따위를 회피할 때 쓰는 말.〕
노크(knock)명하자타 ①남의 방에 들어가기 전에 문을 가볍게 두드림. ¶ 노크도 없이 문을 열다. ②야구에서, 야수의 수비 연습을 위하여 공을 쳐 주는 일.
노킹(knocking)명 내연 기관의 기통(氣筒) 안에서 연료가 비정상적으로 연소되면서 생기는 폭발. 〔금속을 두드리는 것 같은 소리가 남.〕
노ː-타이(no+tie)명 와이셔츠에 넥타이를 매지 않은 차림.
노ː타이-셔ː츠(notie+shirts)명 넥타이를 매지 않고 입는 셔츠. 개금셔츠.
노ː-타임(no+time)명 (야구 따위의 구기에서) 일시적으로 중단되어 있던 경기를 다시 시작할 때 심판이 선언하는 말.
노ː태(老態)명 늙어 보이는 모양. 늙은 티. 노티. ¶ 노태가 나다.
노ː-터치(no touch)명 야구에서, 야수가 주자에게 공을 터치하지 않음.
노ː퇴(老退)[-퇴/-퉤]명하자 늙어서 스스로 관직에서 물러남.
노ː트(note)명 ①하타(어떤 일을 잊지 않도록) 적어 둠. 메모. ¶ 견학 내용을 자세히 노트하다. ②〈노트북〉의 준말.
노트(knot)의 배의 속도의 단위. 〔1노트는 한 시간에 1해리(1852 m)를 달리는 속도임.〕
노ː트-북(notebook)명 ①공책. 수첩. 필기장. 학습장. 준노트. ②〈노트북 컴퓨터〉의 준말.

노:트북^컴퓨:터 (notebook computer) 명 공책 크기의 휴대형 개인용 컴퓨터. 준노트북.
노:틀 (←老頭兒 중) 명 〈늙은이〉의 속된 말.
노:티 명 좁쌀·찹쌀·기장 따위의 가루를 쪄서 엿기름에 삭히어 지진 떡.
노:-티 (老-) 명 ☞노태(老態).
노:파 (老婆) 명 늙은 여자.
노파리 명 삼·종이·짚 따위의 노로 결은 신. 〔겨울에 집 안에서 신음.〕
노:파-심 (老婆心) 명 남의 일에 대하여 지나치게 염려하는 마음. ¶ 노파심에서 타이르는 말.
노폐 (老廢) '노폐하다'의 어근.
노:폐-물 (老廢物) [-폐-/-페-] 명 ①낡아서 쓸모없이 된 물건. ②신진대사의 결과로 생물의 몸 안에 생긴 불필요한 찌꺼기.
노:폐-하다 (老廢-) [-폐-/-페-] 형여 오래되거나 낡아서 쓸모가 없다. 참노후(老朽).
노:포 (老鋪) 명 대대로 물려받은 오래된 점포.
노포 (弩砲) 명 ☞쇠뇌.
노:폭 (路幅) 명 도로의 너비. ¶ 노폭을 넓히다.
노:표 (路標) 명 ☞도표(道標).
노:^플레이 (no+play) 명 야구에서, 경기가 정지된 상태, 또는 그때 행해진 플레이.
노피곰 부 〈옛〉 높이. 높게. ¶ 둘하 노피곰 도드샤 어긔야 머리곰 비취오시라(井邑詞).
노:필 (老筆) 명 ①노인의 필적. ②노숙한 글씨.
노픠 명 〈옛〉 높이. ¶ 노픠 다숫 자히러라(月釋 *21:192*). /半길 노픤돌(龍歌*48*章).
노:-하다 (怒-) 자여 성을 내다. 화를 내다.
노:-하우 (know-how) 명 산업상 이용할 수 있는 중요한 기술이나 지식 등에 관한 정보. 기술 정보. ¶ 축적된 노하우를 전수하다.
노:학 (老瘧) 명 한방에서, '이틀거리'를 이르는 말.
노:한 (老漢) 명 늙은 남자(사나이).
노해 명 바닷가에 펼쳐진 들.
노해-작업 (撈海作業) 명 해저의 침적물이나 해중의 부유물 따위를 건어 내는 일.
노햇-사람 [-해싸-/-핻싸-] 명 노해에서 사는 사람.
노현 (露見·露顯) 명하타되자 감춘 것이 겉으로 드러나 보임. 겉으로 드러냄. 현로(顯露).
노:혐 (怒嫌) 명 노여움.
노:형 (老兄) 대 (그리 가깝지 않은 남자 어른들 사이에서) 상대를 대접하여 부르는 말.
노:호 (怒號) 명하자 ①성내어 소리 지름, 또는 그 소리. ¶ 성난 군중의 노호. ②바람이나 파도가 울부짖듯 소리를 냄, 또는 그 소리.
노혼 (老昏) 명하형 늙어서 정신이 흐림.
노혼노혼ᄒᆞ다 형 〈옛〉 하늘하늘하다. 간들간들하다. ¶ 이플 즈슴ᄒᆞ얏ᄂᆞᆫ 버드리 보ᄃᆞ라와 노혼노혼ᄒᆞ니(杜初*10:9*).
노:홍소청 (老紅少青) 명 장기를 둘 때, 나이 많은 사람이 홍말, 나이 적은 사람이 청말로 두는 일.
노:화 (老化) 명 ①하자되자 나이가 많아짐에 따라 신체적·정신적 기능이 쇠퇴함. ②고무나 콜로이드 용액 따위가 시간의 경과에 따라 변질하는 일. ¶ 노화 현상.
노화 (蘆花) 명 ☞갈대꽃.
노:환 (老患) 명 〈노병(老病)〉의 높임말. ¶ 연전에 할머니께서 노환으로 돌아가셨다네.
노:회 (老會) [-회/-훼] 명 장로교(長老教)에서, 각 교구의 목사와 장로의 대표가 해마다 한 번씩 모이는 집회, 또는 그 조직.
노회 (老獪) '노회하다'의 어근.
노회 (蘆薈) [-회/-훼] 명 ☞알로에.
노:회-하다 (老獪-) [-회-/-훼-] 형여 노련하고 교활하다. ¶ 노회한 수단.
노획 (鹵獲) [-획/-휔] 명하타되자 싸움터에서, 적의 병기나 군용품 따위를 빼앗음.
노획 (虜獲) [-획/-휔] 명하타되자 사로잡음. ¶ 적도(賊徒)의 우두머리를 노획하다.
노획-물 (鹵獲物) [-횡-/-휑-] 명 노획한 물품. 전리품.
노:후 (老朽) 명하형 오래되거나 낡아서 쓸모가 없음. ¶ 노후 차량. 참노폐하다.
노:후 (老後) 명 늙은 뒤. ¶ 노후 생활의 보장.
노:후-화 (老朽化) 명하자되자 오래되거나 낡아서 쓸모가 없게 됨. ¶ 생산 설비의 노후화.
노:히트^노:런 (no hit+no run) 명 야구에서, 투수가 상대편에 진루는 허용하였지만 한 개의 안타도 내주지 않고 실점도 하지 않은 채 이기는 일. 참퍼펙트게임.
녹 (祿) 명 〈녹봉(祿俸)〉의 준말.
　녹(을) 먹다 관용 벼슬살이를 하여 녹을 받다.
녹 (綠) 명 ①〈동록(銅綠)〉의 준말. ②금속의 표면에 생긴 산화물. 〔보통, 그 부분이 물러짐.〕
녹각 (鹿角) [-깍] 명 ①사슴의 뿔. ②녹용이 자라서 그 속에 있던 피의 양이 줄고 털도 빳빳하게 되어 굳어진 것. 한방에서 약재로 쓰임.
녹-갈색 (綠褐色) [-깔쌕] 명 녹색을 띤 갈색.
녹거 (鹿車) [-꺼] 명 불교에서 이르는 삼거(三車)의 하나. 연각승(緣覺乘)을 비유하여 이르는 말.
녹골-고 (鹿骨膏) [-꼴-] 명 사슴의 뼈를 진하게 곤 국물. 몸을 보하는 데 쓰임.
녹과-전 (祿科田) [-꽈-] 명 고려 시대에, 벼슬아치에게 녹봉 대신으로 나누어 준 토지.
녹균 (-菌) [-균] 명 담자균류(擔子菌類)에 딸린 곰팡이. 보리·콩·국화·소나무 따위 양치식물이나 종자식물에 기생하여 엽삽병(葉澁病)을 일으킴.
녹-나다 (綠-) [농-] 자 녹이 생기다. 녹슬다.
녹-나무 [농-] 명 녹나뭇과의 상록 활엽 교목. 제주도 바닷가에 절로 나는데, 높이 20 m, 지름 2 m가량. 봄에 백황색 꽃이 피고 둥근 열매는 가을에 흑자색으로 익음. 가지와 뿌리는 장뇌의 원료로, 나무는 건축재나 가구재로 쓰임. 장목(樟木). 장수(樟樹).
녹-내 (綠-) [농-] 명 녹의 냄새.
녹-내장 (綠內障) [농-] 명 안구(眼球) 내부의 압력이 높아짐으로써 일어나는 눈병의 한 가지. 눈이 아프고 시력이 떨어지며, 심하면 실명(失明)하는 경우도 있음.
녹녹-하다 [농노카-] 형여 물기나 기름기가 섞여 말랑말랑하고 보드랍다. 큰눅눅하다. 녹녹-히 부.
녹-느즈러지다 [농-] 자 노긋하게 느즈러지다.
녹는-열 (-熱) [농-녈] 명 ☞융해열(融解熱).
녹는-점 (-點) [농-] 명 고체가 녹아서 액체가 되기 시작하는 온도. 〔얼음의 녹는점은 0°C임.〕 용도(鎔度). 용융점(鎔融點). 용점(鎔點). 융점(融點). 융해점(融解點). 참어는점.
녹니-석 (綠泥石) [농-] 명 철·알루미늄·마그네슘 따위를 함유한 함수 규산염 광물. 녹색이고 반투명이며 유리 모양의 광택이 있음.
녹다 [-따] 자 ①고체가 높은 온도에서 액체가 되거나 물러지다. ¶ 얼음이 녹다. /쇠붙이가 녹다. ②결정체가 액체 속에서 풀리다. ¶ 소금(설탕)이 녹다. ③추위에 언 몸이 풀리다. ¶ 실내에 들어오니 몸이 좀 녹았다. ④몹시 지치거나 술에 취하여 맥이 풀려 늘어지다. ¶ 술 몇 잔에 그만 녹았다. ⑤실패하거나 타격을 입거나 하여 형편없이 되다. ¶ 지난번의 유류 파동에 완전히 녹았다. ⑥지나치게 즐겨 거기에 빠지다. 몹시 반하여 제정신을 잃다. ¶ 여자에 녹아 가정을 돌보지 않다. ⑦감정이 누그러지다. ¶ 서운한 마음이 봄눈처럼 녹았다. ⑧어떤 현상 따위에 동화되다. ¶ 우리 문화에 녹아 든 외국 문화.

녹-다운(knockdown) 명 ①권투에서, 공격을 당한 선수가 바닥에 쓰러지는 일. 다운. ②〈녹다운 수출〉의 준말.

녹다운^방식(knockdown方式) 명 ☞녹다운 수출.

녹다운^수출(knockdown輸出) 명 부품 세트로 수출하여 현지에서 조립하는 방식의 수출. 녹다운 방식. 준녹다운.

녹두(綠豆)[-뚜] 명 콩과의 일년초. 밭에 심는 재배 식물인데 모양이 팥과 비슷함. 줄기는 팥보다 가늘고 잎은 한 꼭지에 세 개씩 남. 여름에 노란색 꽃이 피며 열매는 긴 꼬투리로 열리는데 씨는 암녹색으로 팥보다 작음.

녹두-대(綠豆大)[-뚜-] 명 한방에서, '녹두알만 한 크기의 환약(丸藥)'을 이르는 말.

녹두-묵(綠豆-)[-뚜-] 명 '녹말묵'과 '제물묵'을 통틀어 이르는 말.

녹두-밤(綠豆-)[-뚜-] 명 알이 잔 밤.

녹두-새(綠豆-)[-뚜-] 명 몸빛이 푸르고 작은 새.

녹두-전병(綠豆煎餠)[-뚜-] 명 ☞빈대떡.

녹두-죽(綠豆粥)[-뚜-] 명 녹두와 쌀로 쑨 죽. 녹두를 삶아 으깨어 체에 내려 가라앉힌 다음에, 그 웃물을 떠서 쌀을 안쳐 끓이다가 쌀이 알맞게 퍼졌을 때, 앉혀 둔 녹두 앙금을 마저 넣고 쑴.

녹렴-석(綠簾石)[농념-] 명 알루미늄·마그네슘·철 따위를 함유한 함수 규산염 광물. 무색이거나 녹색을 띠고 투명 또는 불투명으로 유리 같은 광택이 있음. 변성암 속에서 산출됨.

녹로(轆轤)[농노] 명 ①☞고패. ②둥근 도자기를 만드는 데 쓰는, 나무로 된 회전 원반. ③우산대에 끼워 놓아, 우산살을 모아서 우산을 펴고 오므리게 하는 대롱 모양의 장치.

녹록(碌碌·錄錄) '녹록하다'의 어근.

녹록-하다(碌碌-·錄錄-)[농노카-] 형여 ①하잘것없다. 보잘것없다. ②만만하고 호락호락하다. ¶ 몸은 작지만 녹록하게 볼 사람이 아니다. **녹록-히** 부.

녹림(綠林)[농님] 명 ①푸른 숲. ②〔후한 말(後漢末), 왕광(王匡)·왕봉(王鳳) 등이 녹림산(綠林山)을 근거로 도적이 되었던 고사에서〕 '도둑의 소굴'을 이르는 말.

녹림-객(綠林客)[농님-] 명 ☞녹림호걸.

녹림-당(綠林黨)[농님-] 명 ☞녹림호걸.

녹림-호걸(綠林豪傑)[농님-] 명 '도둑이나 불한당'을 문자투로 꾸며 이르는 말. 녹림객. 녹림당.

녹말(綠末)[농-] 명 ①녹두를 갈아서 가라앉힌 앙금을 말린 가루. ②식물의 씨·열매·뿌리 줄기 등에 들어 있는 탄수화물. ②전분. 녹말가루.

녹말-가루(綠末-)[농-까-] 명 녹말.

녹말-묵(綠末-)[농-] 명 녹두의 녹말로 쑨 묵. 청포(淸泡). 참제물묵.

녹명(錄名)[농-] 명하자되자 이름을 적음. 이름을 올림.

녹모-색(鹿毛色)[농-] 명 사슴의 털빛. 곧 엷은 다갈색.

녹문(綠門)[농-] 명 ☞솔문.

녹-물(綠-)[농-] 명 ①동록(銅綠)의 물. ②쇠의 녹이 우러난 물. 쇳물.

녹미(鹿尾)[농-] 명 ①사슴의 꼬리. ②진귀한 음식.

녹미(祿米)[농-] 명 녹봉(祿俸)으로 주는 쌀.

녹반(綠礬)[-빤] 명 '황산 제일철(黃酸第一鐵)'을 흔히 이르는 말. 청반.

녹발(綠髮)[-빨] 명 〔푸른 머리털이라는 뜻으로〕 '검고 윤이 나는 머리'를 아름답게 이르는 말.

녹밥[-빱] 명 가죽신의 울이나 바닥을 꿰맨 실.

녹변(綠便)[-뼌] 명 소화 불량 따위로, 젖먹이가 누는 녹색의 똥. 푸른똥.

녹병(-病)[-뼝] 명 ☞엽삽병(葉澁病).

녹봉(祿俸)[-뽕] 명 벼슬아치에게 연봉(年俸)으로 주는 곡식·피륙·돈 따위를 통틀어 이르는 말. 봉록. 식록(食祿). 준녹.

녹비(←鹿皮)[-삐] 명 사슴의 가죽. 본녹피.

녹비에 가로왈 속담 〔녹비에 써 놓은 가로왈(曰) 자는, 녹비를 아래위로 당기면 날일(日) 자로도 보이는 데서〕 '일이 이리도 되고 저리도 되는 형편'을 이르는 말.

녹비(綠肥)[-삐] 명 거름으로 하기 위하여 그대로 논밭에 넣는 생풀이나 생나무의 잎. 초비(草肥). 풋거름.

녹비^작물(綠肥作物)[-삐장-] 명 녹비로 쓰려고 가꾸는 식물. 〔자운영·토끼풀 따위.〕 비료작물.

녹빈-홍안(綠鬢紅顔)[-삔-] 명 〔윤이 나는 검은 귀밑머리와 아름다운 얼굴이라는 뜻으로〕 '젊은 여자의 아름다움'을 이르는 말.

녹사(錄事)[-싸] 명 조선 시대에, 의정부·중추원에 딸렸던 서리(胥吏). 기록·문서 등을 맡았음.

녹-사료(綠飼料)[-싸-] 명 생나무나 생풀인 가축 사료. 푸른 사료.

녹사-의(綠簑衣)[-싸의/-싸이] 명 ☞도롱이.

녹새-풍(綠塞風)[-쌔-] 명 ☞높새.

녹색(綠色)[-쌕] 명 파랑과 노랑의 중간색.

녹-색맹(綠色盲)[-쌩-] 명 녹색 시각(視覺)이 보다 더 나쁜 적록 색맹. 녹색 부분이 더욱 어둡게 보임. 참적색맹(赤色盲).

녹색^식물(綠色植物)[-쌕씽-] 명 (엽록소를 가지고 있어) 잎이 녹색인 식물.

녹색-신고(綠色申告)[-쌕씬-] 명 소득세나 법인세에 대한 자진 신고 제도의 한 가지. 녹색 신고 용지에 쓰게 되어 있음.

녹색^조류(綠色藻類)[-쌕쪼-] 명 ☞녹조식물. 준녹조류.

녹색^혁명(綠色革命)[-쌔켱-] 명 품종 개량 따위로 농작물의 수확을 크게 늘리는 일.

녹설(鹿舌)[-썰] 명 ①사슴의 혀. ②진귀한 음식.

녹수(綠水)[-쑤] 명 푸른 물. ¶ 和風이 건듯 부러 綠水를 건너오니(丁克仁.賞春曲). 비벽수(碧水).

녹수(綠樹)[-쑤] 명 푸른 잎이 우거진 나무.

녹수-청산(綠水靑山)[-쑤-] 명 푸른 물과 푸른 산.

녹-슬다(綠-)[-쓸-][~스니·~슬어] 자 ①금속이 산화하여 빛이 변하다. 녹이 생기다. 녹나다. ¶ 기계가 녹슬다. /녹슨 기찻길. ②어떤 상태나 기능 따위가 무디어지다. ¶ 머리가 녹슬다.

녹신(鹿腎)[-씬] 명 한방에서, '사슴의 자지'를 약으로 이르는 말. 양기를 돕는다고 함.

녹신-녹신[-씬-씬] 부하형 매우 녹신한 모양. 큰눅신눅신.

녹신-하다[-씬-]형여 ①보드랍고 녹녹하여 질기지 않다. 큰누신하다. ②맥이 빠져 나른하다. **녹신-히**부.

녹-실(綠-)[-씰]명 단청(丹靑)을 할 때, 노란 줄과 나란히 나가는 녹색의 줄.

녹실-녹실[-씰록씰]부하형 매우 녹실한 모양. 큰눅실눅실.

녹실-하다[-씰-]형여 아주 무르게 녹신하다. 큰눅실하다.

녹-십자(綠十字)[-씹짜]명 녹색으로 '十' 자 모양을 나타낸 표지. 재해로부터의 안전을 상징함.

녹-쌀명 메밀이나 녹두 따위를 갈아서 쌀알처럼 만든 것.

녹쌀(을) 내다관용 메밀 따위를 갈아서 쌀알처럼 되게 하다.

녹-쓸다(綠-)자 '녹슬다'의 잘못.

녹아-나다자 ①녹아서 우러나다. ¶ 혀끝에서 아이스크림이 녹아나다. ②어떤 기세에 눌려서 보잘것없이 되어 고생을 하다. ③상대편에게 홀리거나 하여 정신을 차리지 못하다. ¶ 기생의 손에 녹아나다.

녹아-내리다자 ①녹아서 밑으로 처지다. ¶ 봄볕에 고드름이 녹아내렸다. ②감정 따위가 누그러지다. ¶ 슬픔이 녹아내리다.

녹아-들다[~드니·~들어]자 ①다른 물질에 스며들거나 녹아 들어가다. ¶ 설탕이 물에 녹아들다. ②사상이나 문화 따위가 융화되다. ¶ 대륙 문화에 해양 문화가 녹아들었다.

녹아-떨어지다자 ①몹시 힘이 들거나 나른하여 정신을 잃고 자다. ¶ 술에 취하여 녹아떨어지다. ②어떤 대상에 반하여 정신을 못 차리다. ¶ 술집 아가씨에게 녹아떨어져 가산을 탕진하다.

녹-아웃(knockout)명 ①권투에서, 선수가 다운되어 10초 안에 경기를 다시 시작하지 못하는 상태. 케이오. ②야구에서, 투수가 상대편 타자에게 연타를 맞고 마운드에서 물러나는 일.

녹안(綠眼)명 검은자위가 녹색인 눈.

녹야(綠野)명 푸른 들판.

녹야-원(鹿野苑)명 중부 인도에 있던 동산으로, 석가모니가 깨달음을 얻은 후, 처음으로 다섯 사람의 비구(比丘)를 위하여 설법한 곳. 준녹원(鹿苑).

녹양(綠楊)명 푸르게 우거진 버드나무.

녹양-방초(綠楊芳草)명 푸르게 우거진 버드나무와 향기로운 풀.

녹엽(綠葉)명 푸른 나뭇잎.

녹옥(綠玉)명 ①녹색의 옥. ②☞에메랄드.

녹용(鹿茸)명 사슴의 새로 돋은 연한 뿔. 한방에서 약재로 쓰임. 준용.

녹우(綠雨)명 초목의 새잎이 연한 초록빛을 띨 무렵에 내리는 비.

녹원(鹿苑)명 ①사슴을 놓아기르는 동산. ②〈녹야원(鹿野苑)〉의 준말.

녹위(祿位)명 녹봉(祿俸)과 관위(官位).

녹음(綠陰)명 푸른 잎이 우거진 나무나 수풀, 또는 그 나무의 그늘. 취음(翠陰). ¶ 녹음이 우거지다.

녹음(錄音)명하타되자 소리를 재생할 수 있도록 기계로 기록하는 일. 원판을 쓰는 기계적 녹음, 필름을 쓰는 광학적 녹음, 테이프를 쓰는 자기적 녹음 등이 있음.

녹음-기(錄音器)명 녹음하는 기계.

녹음^방:송(錄音放送)명 녹음한 것을 라디오나 텔레비전으로 재생하여 방송하는 일. 참생방송.

녹음-방초(綠陰芳草)명 푸르게 우거진 나무와 싱그러운 풀. 여름철의 자연을 가리켜 이르는 말.

녹음-테이프(錄音tape)명 음성(음향)을 기록하는 자기(磁氣) 테이프.

녹음-판(錄音板)명 기계적 녹음에 쓰이는 소리판.

녹읍(祿邑)명 신라 때, 벼슬아치에게 벼슬하는 동안 나누어 주던 논밭.

녹의(綠衣)[노긔/노기]명 ①녹색의 옷. 연둣빛 옷. ②연두저고리.

녹의(綠蟻)[노긔/노기]명 ☞술구더기.

녹의-홍상(綠衣紅裳)[노긔-/노기-]명 〔연두저고리와 다홍치마라는 뜻으로〕'젊은 여인의 고운 옷차림'을 이르는 말.

녹이(騄耳·騄駬·綠耳)명 〔주(周)나라 목왕(穆王)이 타던 팔준마(八駿馬)의 하나로〕'좋은 말'을 이르는 말. ¶ 녹이(騄耳) 상제(霜蹄) 살지게 먹여 시냇물에 씻겨 타고(古時調).

녹-이다타 〘'녹다'의 사동〙 녹게 하다. ¶ 화롯불에 언 손을 녹이다.

녹작지근-하다[-짝찌-]형여 몸에 힘이 없고 맥이 풀려 몹시 나른하다. ¶ 감기에 걸려 온몸이 녹작지근하다.

녹정-혈(鹿頂血)[-쩡-]명 사슴의 머리에서 나온 피. 기력을 돕는 데 쓰임.

녹조-류(綠藻類)[-쪼-]명 〈녹색 조류〉의 준말.

녹조-식물(綠藻植物)[-쪼싱-]명 (엽록소를 가지고 있어) 녹색을 띠는 조류(藻類)를 통틀어 이르는 말. 녹색 조류.

녹존-성(祿存星)[-쫀-]명 구성(九星) 가운데 셋째 별.

녹주(綠酒)[-쭈]명 녹색을 띤 맛 좋은 술.

녹-주석(綠柱石)[-쭈-]명 베릴륨과 알루미늄을 함유한 규산염 광물. 담록·녹청·무색 등을 나타냄. 투명 또는 반투명이며 유리와 같은 광택이 있음. 〔그 가운데의 녹색 결정이 에메랄드임.〕

녹죽(綠竹)[-쭉]명 푸른 대나무.

녹즙(綠汁)[-쯥]명 녹색 채소의 잎이나 열매 따위를 갈아 밭은 즙(汁). 칼슘과 비타민 K 등의 영양소가 많아 건강식품으로 침.

녹지(綠地)[-찌]명 초목이 푸르게 자란 땅. ¶ 녹지를 조성하다.

녹지(錄紙)[-찌]명 남에게 보이기 위하여 내용의 대강을 적은 종이쪽지.

녹지-대(綠地帶)[-찌-]명 ①도시 계획에서, 도시의 안이나 그 주변에 시민 보건이나 미관(美觀) 등을 위하여 조성한 녹지. ②☞녹지 지역.

녹지^지역(綠地地域)[-찌-]명 도시 주변의 경관을 정비하고 자연환경을 보존하기 위하여 개발을 제한한 지역. 그린벨트. 녹지대.

녹지-채(綠地彩)[-찌-]명 녹색 바탕에 오채(五彩)를 베푼 채색. 준녹채.

녹진-녹진[-찐-찐]부하형 매우 녹진한 모양. ¶ 녹진녹진한 물엿. 큰눅진눅진.

녹진-하다[-찐-]형여 (물건이나 성질이) 노긋하고 끈끈하다. ¶ 성격이 녹진한 편이다. 큰눅진하다. **녹진-히**부.

녹차(綠茶)명 푸른빛이 그대로 나도록 말린 부드러운 찻잎, 또는 그것을 우린 물. 참홍차(紅茶).

녹창(綠窓)명 ①가난한 여자가 사는 곳. ↔홍루(紅樓). ②여자가 거처하는 방의 창.

녹채(綠彩)명 〈녹지채(綠地彩)〉의 준말.

녹청(綠靑)명 구리에 생기는 녹색의 녹, 또는 그 빛깔. 녹색의 안료로 쓰임. 석록(石綠).

녹초명 ①아주 맥이 풀려 늘어진 상태. ¶ 심하게 운동을 하더니 녹초가 되었다. ②물건이 낡고 헐어서 결딴이 난 상태. ¶ 물건이 아주 녹초가 되고 말았다.

녹초(를) 부르다관용 녹초가 되다.

녹초(綠草)명 푸른 풀.

녹취(錄取)명하타 재생하기 위하여 음성이나 화상 따위를 필름·테이프·디스켓 등에 기록하는 일. ¶ 육성을 녹취하다.

녹치(綠-)명 (잘 말린) 푸른빛이 나는 부드러운 찻잎.

녹태(祿太)명 조선 시대에, 벼슬아치에게 녹봉으로 주던 콩.

녹태(綠苔)명 푸른 이끼. 청태(靑苔).

녹턴ː(nocturne)명 야상곡(夜想曲).

녹토비전(noctovision)명 어둠이나 안개 따위로, 눈에 보이지 않는 목표물을 적외선 등을 이용하여 잘 볼 수 있게 한 장치. 암시 장치.

녹파(綠波)명 푸른 물결.

녹패(祿牌)명 왕조 때, 나라에서 녹을 받는 이에게 증거로 주던, 종이로 만든 표.

녹편(錄片)명 대강의 내용만 간추려 적은 쪽지.

녹풍(綠風)명 ①푸른 잎을 스치며 불어오는 초여름의 싱그러운 바람. ②한방에서 이르는 눈병의 한 가지. 시력이 떨어지고 눈알이 아프며, 붉고 흰 빛이 어른거리는 증상.

녹피(鹿皮)명 〈녹비〉의 본딧말.

녹혈(鹿血)[노켤]명 사슴의 피.

녹화(綠化)[노콰]명하타되자 나무를 심어, 산이나 들을 푸르게 함. ¶ 산림(山林)녹화.

녹화(錄畫)[노콰]명하타되자 재생을 목적으로, 텔레비전 카메라로 찍은 화상(畫像)을 필름이나 자기(磁氣) 테이프 같은 데 기록함, 또는 그 화상. ¶ 녹화 중계.

녹화^방ː송(錄畫放送)[노콰-]명 녹화해 두었다가 하는 방송. 참생방송(生放送).

녹-황색(綠黃色)[노쾅-]명 녹색을 띤 황색.

녹훈(錄勳)[노쿤]명하자되자 훈공(勳功)을 장부에 기록함.

논명 물을 대어 벼를 심어 가꾸는 땅. 답(畓). ¶ 논 삼십여 마지기. /논을 매다.

논(論)명 ①한문 문체의 한 가지. 사물의 도리에 대하여 자기의 견해를 말한 문체. ②〈논장(論藏)〉의 준말.

-논어미 〈옛〉-는. ¶ 百姓 ᄀᆞᄅᆞ치시논 正ᄒᆞᆫ 소리라(訓諺).

-논가어미 〈옛〉-는가. ¶ 눈에 보논가 너기ᅀᆞᄫᆞ쇼셔(月印2).

논-갈이명하자 논을 가는 일.

논강(論講)명하타 불교에서, 경전을 연구하여 토론함.

논객(論客)명 의론이나 변론을 잘하는 사람. 담론에 능한 사람.

논거(論據)명 의론이나 논설이 성립하는 근거가 되는 것. ¶ 논거를 제시하다.

논결(論決)명하타되자 논의하여 결정함.

논결(論結)명하타되자 논의하여 결말을 지음. 의론의 결론을 맺음. ¶ 논결이 난 문제.

논경(論警)명하타 윗사람이 아랫사람의 잘못을 경계함.

논계(論啓)[-계/-게]명하타 신하가 임금에게 그 잘못을 따져 간(諫)함.

논고(論考·論攷)명하타 논술하고 고찰함. 〔흔히, 논문의 제목이나 책의 이름의 일부로 쓰임.〕 ¶ 고려사 논고.

논고(論告)명하타되자 ①자기의 믿는 바를 논술하여 알림. ¶ 논고를 펼치다. ②형사 재판 절차에서, 검사가 공소 사실이나 법률의 적용에 대한 의견을 말하고 구형함.

논공(論功)명하타 공(功)의 있고 없음이나 크고 작음 따위를 논의하여 정함.

논공-행상(論功行賞)명하타 논공에 의하여 거기에 알맞은 상을 내림.

논과(論過)명하타 ①무의식중에 논리상의 잘못을 범함, 또는 그러한 말. 〔의식적으로 하는 '궤변'에 상대하여 이름.〕 ②잘못을 논함. ②논오(論誤).

논관(論關)명 지난날, 상급 관아에서 하급 관아로 내리던 경고서(警告書).

논구(論究)명하타되자 사물의 도리를 논하고 궁구(窮究)함. ¶ 이기설(理氣說)을 논구하다.

논-귀[-뀌]명 논의 귀퉁이.

논급(論及)명하타 논의가 관련된 다른 일에까지 미침. ¶ 어린이의 예절을 말하다가 어른의 예절에까지 논급하였다.

논-길[-낄]명 논 사이에 난 길.

논-꼬명 논의 물꼬. ¶ 논꼬를 트다.

논난(論難)명하타 〈논란(論難)〉의 본딧말.

논-농사(-農事)명하자 논에 짓는 농사. 〔벼농사 따위.〕 답농. 참밭농사.

논ː다[-따]타 〈노느다〉의 준말. ¶ 배급받은 식량을 고루 논다.

논ː다니명 웃음과 몸을 파는 계집. 노는계집. 유녀(遊女).

논-다랑이[-따-]명 작은 논배미.

논단(論壇)명 ①토론을 하는 곳. ②평론가·비평가들의 사회. 언단(言壇). ¶ 독특한 비평으로 논단을 놀라게 했다.

논단(論斷)명하자타되자 의론하여 판단을 내림. 논하여 단정함. ¶ 일본 문화의 원류는 한국 문화라고 논단하다.

논담(論談)명하자 ☞담론.

논-도랑[-또-]명 논에 물을 대거나 빼기 위하여, 논 옆에 낸 작은 도랑.

논-두렁[-뚜-]명 물이 괴도록, 논가에 흙으로 둘러막은 두둑.

논두렁에 구멍 뚫기속담 심술이 매우 사납다는 말.

논두렁-하다[-뚜-]자여 모내기 전에 논두렁을 튼튼하게 하기 위하여 잘 다듬고, 안쪽으로 흙을 바르다.

논-둑[-뚝]명 논의 가장자리에 높고 길게 쌓아 올린 방죽.

논란(ꞏ論難)[놀-]명하타되자 여럿이 서로 다른 주장을 하며 다툼. ¶ 논란을 빚다. 본논난.

논리(論理)[놀-]명 ①의론이나 사고·추리 따위를 끌고 나가는 조리(條理). ¶ 논리를 무시한 글. ②사물 속에 있는 도리. 또는, 사물끼리의 법칙적인 연관. ¶ 적자생존의 논리. /역사 발전의 논리. ③〈논리학〉의 준말.

논리-성(論理性)[놀-썽]명 ①논리에 맞는 성질. ②논리의 확실성.

논리-적(論理的)[놀-]관명 논리에 맞는 (것). 생각하는 방법이나 이야기의 줄거리 따위가 이치에 맞는 (것). ¶ 논리적 판단.

논리적 사고(論理的思考)[놀-싸-] 논리적 추리의 형식에 맞는 사고.

논리-주의(論理主義)[놀-의/놀-이]명 철학에서, 인식의 문제를 논리에 의존하여 구명(究明)하려는 처지. ↔심리주의.

논리-학(論理學)[놀-]명 바른 판단이나 인식을 얻기 위하여 사고의 형식이나 법칙 따위를 연구하는 학문. 준논리.
논-마지기명 얼마 되지 않는 면적의 논. ¶ 논마지기나 실히 장만하였지.
논-매기명하자 논의 김을 매는 일.
논-매다자 논의 김을 매다.
논맹(論孟)명 논어(論語)와 맹자(孟子).
논-머리명 논배미의 한쪽 가장자리.
논문(論文)명 ①어떤 일에 대하여 자기의 의견을 논술한 글. ②학술 연구의 결과를 체계적으로 적은 글. ¶ 학위 논문.
논-문서(-文書)명 논의 소유권을 증명하는 문서. 답권(畓券). 참밭문서.
논문-집(論文集)명 논문을 모아서 엮은 책. 논총(論叢). 준논집.
논-물명 논에 괴어 있는 물. 또는, 논에 대는 물. ¶ 논물을 빼다.
논-바닥[-빠-]명 논의 바닥.
논박(論駁)명하타되자 상대의 의견이나 설(說)의 잘못을 조리 있게 공격함. 박론. ¶ 상대편의 주장을 여지없이 논박하다.
논-밭[-받]명 논과 밭. 전답. ¶ 논밭 합하여 여남은 마지기 된다. * 논밭이[-바치]·논밭을[-바틀]·논밭만[-반-]
논밭-전지(-田地)[-받쩐-]명 가지고 있는 모든 논과 밭. ¶ 홍수에 논밭전지 다 잃다.
논-배미[-빼-]명 논두렁으로 둘러싸인 논의 하나하나의 구획. ¶ 논배미가 길쭉하다. 준배미.
논법(論法)[-뻡]명 ①의론을 전개해 나가는 방법. ¶ 그 사람의 논법대로라면 그렇기도 하다. ②논리적으로 사물을 생각하는 방법. ¶ 삼단 논법.
논변(論辨·論辯)명하타 의견을 말하여 사리의 옳고 그름을 밝힘, 또는 그 의견.
논-병아리[-뼝-]명 논병아릿과의 철새. 몸길이 27 cm가량. 몸빛은 겨울에는 회갈색, 여름에는 암갈색임. 하천·호수·저수지·연못 등에서 떼를 지어 삶. 우리나라와 태평양·아프리카 지역 등에서 흔한 겨울새임.
논보(論報)명하타되자 지난날, 하급 관아에서 상급 관아로 의견을 붙여 보고하던 일.
논-보리[-뽀-]명 (그루갈이로) 논에 심은 보리. 참밭보리.
논봉(論鋒)명 ①의론할 때나 논박할 때의 격렬한 말씨. 논설의 기세. ¶ 날카로운 논봉을 휘두르다. ②논박할 때의 공격 목표. ¶ 논봉을 돌리다.
논설(論說)명 시사적인 문제 등을 설명하고, 그 시비에 대하여 자기의 의견을 말함, 또는 그 글. 신문의 사설을 가리키는 경우가 많음.
논설-란(論說欄)명 신문·잡지 등에서, 고정적으로 논설문을 싣는 지면.
논설-문(論說文)명 자기의 의견이나 주장을 이론적으로 체계를 세워서 적은 글.
논설-위원(論說委員)명 신문·방송 등의 보도 기관에서, 시사 문제를 논하거나, 그 기관의 입장을 밝히는 해설을 담당하는 사람.
논술(論述)명하자타되자 의견을 논하여 말함, 또는 그 서술. ¶ 자기의 견해를 논술하다.
논-스톱(nonstop)명 ①(차량 따위의 탈것이 어떤 구간을) 전혀 멈추지 않고 계속 달리는 일. ②동작을 멈추지 않고 계속하는 것. ¶ 논스톱으로 슛을 날리다.
논식(論式)명 논리학에서, 삼단 논법(三段論法)의 여러 가지 형식.
논심(論心)명하자 심정(心情)을 말함.
논어(論語)명 사서(四書)의 하나. 공자(孔子)의 언행, 공자와 제자·제후 등과의 문답, 제자끼리의 문답 등을 모아서 엮은 책.
논어-재(論語齋)명 조선 시대에, 성균관에서 논어를 공부하던 한 분과.
논열(論列)명하타되자 죄목을 하나하나 들어 말함.
논오(論誤)명하자 잘못을 논함. 논과(論過).
논외(論外)[노뇌/노눼]명 논의(論議)의 범위 밖. 논의할 가치도 없는 것. ¶ 이 사건의 책임 소재는 논외로 칩시다. /논외의 문제로 시간을 허비하다.
논의(論意)[노늬/노니]명 ☞논지(論旨).
논의(論議)[노늬/노니]명하타되자 어떤 문제에 대하여 서로 의견을 말하며 의논함. 의논. ¶ 논의의 초점. /그 일에 대해 논의하다.
논-이랑[-니-]명 논의 이랑. 참밭이랑.
논-일[-닐]명하자 논에서 하는 일.
논자(論者)명 ①무엇을 논하고 있는 사람. ②평론을 하는 사람. ¶ 논자에 따라 다른 평가가 나왔다.
논장(論藏)명 불교에서 이르는 삼장(三藏)의 하나. 불법에 대한 성현들의 해석·부연 등을 모은 것. 준논(論).
논쟁(論爭)명하자 서로 다른 의견을 가진 사람이, 각각 자기의 설(說)을 주장하며 다툼. 논전(論戰). 논판(論判). 대론(對論). ¶ 토론에 참가하여 열띤 논쟁을 벌이다.
논저(論著)명하자 어떤 일에 대하여, 논하여 저술하는 일, 또는 그 저술.
논전(論戰)명하자 ☞논쟁(論爭).
논점(論點)[-쩜]명 논의(論議)의 중심이 되는 문제점. 논의의 요점. ¶ 논점을 흐려 놓다.
논정(論定)명하타되자 논의하여 결정함.
논제(論題)명 ①의론·토론·논설 등의 제목. ¶ 세미나의 논제. ②논하는 주제. ¶ 논제에서 벗어난 말. ③지난날, 과거에서의 논(論)의 글제. ④☞논훈.
논조(論調)명 ①논하는 투. ¶ 당국을 맹렬히 비난하는 논조. ②논설이나 평론의 경향. ¶ 논조가 매우 진보적이다.
논죄(論罪)[-죄/-줴]명하타 죄를 논하여 형의 적용을 정함.
논증(論證)명하타되자 ①사물의 도리를 증거를 들어 증명함, 또는 주어진 판단의 정당성이나 확실성을 이유를 들어 증명함. ②수학·논리학에서, 몇 가지 전제를 바탕으로, 바른 추론에 의하여 주어진 명제를 끌어냄.
논지(論旨)명 의론의 요지나 취지. 논의(論意).
논지(論之) '논지하다'의 어근.
논지-하다(論之-)타여 따져서 논하다. ¶ 그 시비를 논지컨대….
논진(論陣)명 (반론을 펼 세력에 대하여) 의론이나 변론을 전개하기 위한 구성, 또는 논자의 진용(陣容). ¶ 당당한 논진을 치다.
논집(論集)명 〈논문집〉의 준말.
논책(論責)명하타 잘못을 따져 책망함.
논책(論策)명 시사 문제나 정치의 방책(方策) 등에 대하여 논한 글.
논총(論叢)명 논문을 모은 책. 논문집(論文集).
논타이틀^매치(nontitle match)명 선수권을 가진 선수가 자기의 선수권을 걸지 않고 겨루는 경기. ↔타이틀 매치.
논^탄토(non tanto 이)명 악보의 나타냄말. '너무 … 않게'의 뜻.

논^트로포(non troppo 이)명 악보의 나타냄말. '지나치지 않게'·'알맞게'의 뜻.
논틀-길[-낄]명 논배미 사이로 난, 꼬불꼬불하고 좁은 길.
논틀-밭틀[-받-]명 논두렁과 밭두렁을 따라서 난, 꼬불꼬불한 좁은 길.
논파(論破)명하타되자 논설이나 의론으로 남의 설을 뒤엎음. 설파(說破). ¶ 새로운 자료로 케케묵은 기존 학설을 논파하다.
논판(論判)명 ①하타 논의하여 시비를 가림. ②하자☞논쟁(論爭).
논평(論評)명하타 어떤 사건이나 작품 등의 내용에 대하여 논하면서 비평함. ¶ 논평을 가하다. /야당 당수의 기자 회견 내용을 논평하다.
논-풀명 ①논에 나는 잡풀. ②'갈풀'의 잘못.
논-풀다[~푸니·~풀어]자 ①생땅이나 밭을 처음으로 논으로 만들다. ②아기가 기저귀에 오줌을 많이 누다.
논-풀이명하타 생땅이나 밭을 처음으로 논으로 만드는 일. 개답(開畓).
논-픽션(nonfiction)명 〔허구(虛構)에 의하지 않고〕 사실을 바탕으로 하여 쓴 작품. 〔기록 문학·전기·기행문 따위.〕 ↔픽션.
논-하다(論-)타여 ①자기의 의견이나 사물의 이치 따위를 조리를 세워 말하다. ¶ 고대 문학을 논하다. ②서로 옳고 그름을 따져 말하다. ¶ 시비를 논하다.
논핵(論劾)명하타되자 허물을 탄핵함.
논훈(論訓)명하타 지난날, 상급 관아에 대한 하급 관아의 보고에 잘못이 있을 때, 그 불찰을 지적하여 상급 관아가 보내던 훈령. 논제(論題).
논힐(論詰)명하타 허물을 따지고 힐난함.
놀:[1]명 〈노을〉의 준말. ¶ 보랏빛 놀.
놀:[2]명 〈낫놀〉의 준말.
놀:[3]명 벼의 뿌리를 파 먹는 흰 벌레.
놀:고-먹다[-따]자 하는 일 없이 놀면서 지내다. ¶ 형은 벌써 3년째 놀고먹고 지낸다.
놀:-구멍[-꾸-]명 낫의 슴베 끝을 꼬부려서 둥글게 낸 구멍. 슴베가 빠지지 않도록 이 구멍에 낫놀이 박힘.
놀:-금[-끔]명 ①(물건을 살 때) 팔지 않으면 그만둘 셈으로 크게 깎아서 부른 값. ②(물건을 팔 때) 꼭 받아야 할 최저 가격.
놀놀-하다[-롤-]형여 (털이나 싹 따위가) 노르스름하다. 큰눌눌하다. **놀놀-히**부.
놀:다[1][노니·놀아]자 ①놀이를 하거나 하여 즐겁게 지내다. ¶ 아이들이 공을 차면서 놀다. /노래를 부르며 놀다. ②하는 일 없이 세월을 보내다. 게으름을 피우다. ¶ 놀고 지내는 사람이 더 바쁘다. ③일을 하다가 일정한 동안을 쉬다. ¶ 하루도 놀지 않고 일하다. ④(물자나 시설 따위가) 쓰이지 않고 있다. ¶ 노는 기계. /놀고 있는 땅. ⑤박힌 것이 헐거워 움직이다. ¶ 나사가 놀다. ⑥이리저리 돌아다니다. ¶ 어항에서 금붕어가 놀다. ⑦태아(胎兒)가 꿈틀거리다. ¶ 배 속에서 아기가 놀다. ⑧들떠서 주책없이 행동하다. ¶ 남의 장단에 놀다. ⑨주색(酒色)을 일삼다. ¶ 화류계에서 놀다. ⑩그러하게 행동하다. ¶ 건방지게 놀다. /시시하게 놀다. ⑪마음에 들지 않게 행동함을 비꼬아 하는 말. ¶ 놀고 자빠졌네. /놀고 있네. ⑫《'가지고 놀다'의 꼴로 쓰여》 남을 자기 뜻대로 좌지우지하다. ¶ 이제는 아예 날 가지고 노는구나.
노는 입에 염불하기속담 하는 일 없이 그저 놀기보다는 무엇이든 하는 것이 낫다는 말.
놀:다[2][노니·놀아]타 ①어떤 놀이를 하여 승부를 겨루다. ¶ 윷을 놀다. /고누를 놀다. ②어떤 행동이나 작용·역할을 하다. ¶ 훼방을 놀다. ③어떤 연기를 하다. ¶ 재주를 놀다. /굿을 놀다.
놀:다[3][노니·놀아]형 드물어서 귀하다. ¶ 산 밑 집에 방앗공이 놀다. /대장간에 식칼이 놀다.
놀:-들다[~드니·~들어]자 놀이 벼를 파 먹어서 누렇게 되다.
놀:라다자 ①갑자기 무서움을 느끼다. ¶ 도둑을 보고 깜짝 놀라다. ②갑자기 뜻밖의 일을 당하거나 자극 따위를 받아 가슴이 두근거리다. ¶ 천둥 소리에 놀라다. ③신기한 것이나 훌륭한 것을 보고 크게 감동하다. ¶ 조국의 눈부신 발전에 놀라지 않을 수 없었다. ④기이함을 느끼거나, 어처구니가 없어 기가 막히다. ¶ 범인이 어린 소녀이어서 모두 놀랐다.
놀란 토끼 벼랑 바위 쳐다보듯속담 급한 상황에서 헤어날 길이 없어 말도 못한 채 눈만 껌벅이고 있는 모습을 이르는 말.
놀란 가슴관용 (전에 혼난 일이 있어) 걸핏하면 반사적으로 두근거리는 가슴.
놀란 피관용 (몹시 다쳐서) 거멓게 죽은 피.
놀:란-흙[-흑]명 한 번 파서 건드린 흙. *놀:란흙이[-흘기]·놀:란흙만[-흥-]
놀:랍다[-따][놀라우니·놀라워]형ㅂ ①놀랄 만하다. ¶ 놀라운 소식을 듣다. ②장하고 갸륵하다. ¶ 너의 효성이 정말 놀랍다.
놀:래다타 〖'놀라다'의 사동〗 남을 놀라게 하다. ¶ 뒤로 살금살금 다가가 놀래 주었다.
놀량명 경기(京畿)·서도(西道)의 선소리의 한 가지.
놀량-목명 목청을 떨어 속되게 내는 노랫소리.
놀리다타 ①〖'놀다'의 사동〗 ㉠놀게 하다. 쉬게 하다. ¶ 종업원들을 하루 놀리다. ㉡재주를 부리게 하다. ¶ 곰을 놀리다. ㉢이리저리 움직이게 하다. ¶ 손발을 놀리다. ②(남의 비위가 상하도록) 빈정거리다. 조롱하다. ¶ 키가 작다고 놀리다. ③(들어줄 듯 말 듯 하면서) 몹시 애를 태우다. ¶ 돈 몇 푼으로 사람을 놀리다. ④함부로 말하다. ¶ 입을 마구 놀리다.
놀림명 놀리는 짓. 조롱하는 일. ¶ 놀림을 당하다.
놀림-가마리[-까-]명 〈놀림감〉의 속된 말. ¶ 친구들의 놀림가마리가 되다.
놀림-감[-깜]명 놀림의 대상이 될 만한 것이나 사람. ¶ 이름 때문에 남의 놀림감이 되다.
놀림-거리[-꺼-]명 놀림의 대상이 될 만한 거리. ¶ 그의 빨간 넥타이가 놀림거리가 되었다.
놀림-조(-調)[-쪼]명 놀리는 말투나 태도.
놀면-하다형여 좀 노르스름하다. 큰눌면하다. **놀면-히**부.
놀부명 〔'흥부전(興夫傳)'에 나오는 놀부처럼〕 '심술이 사납고 마음씨가 고약한 사람'을 비유하여 이르는 말.
놀부 심사〔심보〕관용 〔'흥부전'에 나오는 놀부처럼〕 '심술궂고 인색한 마음씨'를 비유하여 이르는 말.
놀부^타:령명 타령의 한 가지. 심술궂고 인색한 놀부가 아우인 흥부에게 모질게 굴다가 천벌을 받게 되는 내용의 노래.
놀-소리[-쏘-]명하자 젖먹이가 혼자 놀면서 내는 군소리. ¶ 아기가 놀소리하는 걸 보니 순하네.
놀아-나다자 ①(얌전하던 사람이) 방탕한 행동을 하다. ¶ 외간 남자와 놀아나다. ②실속이 없이 이리저리 들뜬 행동을 하다. 주체성 없이 남이 시키는 대로 하다. ¶ 남의 손에 놀아나다.

놀아-먹다[-따]자 ①하는 일 없이 지내다. ②함부로 나쁜 짓이나 방탕한 짓을 하다. ¶ 제멋대로 놀아먹던 젊은 시절.
놀애명 〈옛〉노래. ¶ 놀애 브르며 춤츠며 롱담ᄒᆞ야(月釋1:44).
놀음명하자 〈놀음놀이〉의 준말.
놀음-놀이명하자 모여서 즐겁게 노는 일. ¶ 놀음놀이에 빠지다. 준놀음·놀이[1].
놀음놀이-판명 놀음놀이를 하는 자리. ¶ 놀음놀이판이 벌어지다. 준놀음판·놀이판.
놀음-차명 잔치 때, 기생이나 악공(樂工)에게 수고했다고 주는 돈이나 물건. 화대(花代).
놀음-판명 〈놀음놀이판〉의 준말.
놀-이[1]명하자 ①노는 일. 유희(遊戲). ¶ 놀이에 정신을 팔다. ②〈놀음놀이〉의 준말.
놀이[2]명하자 겨울을 지낸 꿀벌이나 새로 깬 어린 벌이, 봄날에 떼를 지어 제 벌통 앞에 나와 날아다니는 일.
놀이명 〈옛〉〔'노ᄅᆞ'의 주격형〕 ☞노ᄅᆞ.
놀이-꾼명 놀음놀이를 하는 사람.
놀이-동산명 여러 가지 놀이 시설을 갖추어 놓은 공원이나 유원지.
놀이-딱지(-紙)[-찌]명 두꺼운 종이 딱지에 그림을 그리거나 글씨를 써서 만든 장난감. ¶ 놀이딱지를 치다. 준딱지.
놀이-마당명 전통 민속 예술인, 춤·판소리·탈놀음 등을 연희하는 일, 또는 그러한 자리.
놀이-방(-房)명 개인이 어린이를 부모의 위탁을 받아 보육하는 시설.
놀이-터명 (아이들이 공놀이나 뜀뛰기·줄넘기·그네뛰기 등의) 놀이를 하는 곳.
놀이-판명 〈놀음놀이판〉의 준말.
놀잇-감[노리깜/노릳깜]명 놀이 또는 아동 교육 현장에서 활용되는 물건이나 재료.
놀잇-배[노리빼/노릳빼]명 놀음놀이를 하는 배. 유선(遊船).
놀ː-지다자 큰 물결이 일어나다.
놀ː-치다자 크고 거센 물결이 사납게 일어나다
놈 Ⅰ명 적대 관계에 있는 사람이나 그 무리를 이르는 말.
Ⅱ의 ①'사내'를 낮추어, 또는 욕으로 이르는 말. ¶ 천벌 받을 놈./천하에 고약한 놈. ↔년. ②'사내아이'를 귀엽게 이르는 말. ¶ 저기 뛰어오는 놈이 제 막내아들입니다. ③어떤 동물이나 물건 따위를 홀하게 이르는 말. ¶ 사과를 큰 놈으로 열 개만 주시오. ④《주로 '~ 놈의'의 꼴로 쓰이어》 마뜩잖음을 나타내는 말. ¶ 망할 놈의 자동차가 또 말썽이네./웬 놈의 날씨가 이리도 춥나.
놈명 〈옛〉보통의 사람. 놈. ¶ ᄆᆞᄎᆞᆷ내 제 ᄠᅳ들 시러 펴디 몯ᄒᆞᇙ 노미 하니라(訓諺).
놈-팡이명 ①'별로 하는 일 없이 빈들빈들 노는 사내'를 얕잡아 이르는 말. ②'(젊은) 여자의 상대가 되는 사내'를 얕잡아 이르는 말.
놈-팽이명 '놈팡이'의 잘못.
놉명 식사를 제공하고 날삯으로 일을 시키는 일꾼. 삯꾼. ¶ 놉을 얻어 벼베기를 하다.
놉-겪이[-껴끼]명하자 놉에게 음식을 먹여 일을 치러 내는 일.
놉ᄂᆞᆺ가ᄫᅵ명 〈옛〉높낮이. 높고 낮음. ¶ 놉ᄂᆞᆺ가ᄫᅵ 업시(月釋2:40).
놉ᄂᆞᆺ가이명 〈옛〉높낮이. ¶ 놉ᄂᆞᆺ가이 업수믈 表ᄒᆞ시니라(楞解5:69).
놋[녿]명 〈놋쇠〉의 준말. ＊놋이[노시]·놋만[논-]
놋갓-장이[녿깓짱-]명 놋그릇을 만드는 일을 업으로 하는 사람. 주장(鑄匠).
놋갓-점(-店)[녿깓쩜]명 놋그릇을 만드는 곳. 놋점.
놋-그릇[녿끄륻]명 놋쇠로 만든 그릇. 놋기명. 유기(鍮器). 유기그릇. ＊놋그릇이[녿끄르시]·놋그릇만[녿끄른-]
놋-기명(-器皿)[녿끼-]명 ☞놋그릇.
-놋다어미 〈옛〉-는구나. ¶ 보비롤 더리도록 아니앗기놋다(釋譜6:25).
놋다리-밟기[녿따-밥끼]명 경북 안동·의성 등지에서 대보름날 밤에 하던 부녀자들의 놀이. 서로 앞사람의 허리를 붙잡고 늘어서서 허리를 구부리면, 그 위로 한 소녀가 올라가 노래에 맞추어 등을 밟고 지나감.
놋-대야[녿때-]명 놋쇠로 만든 대야.
놋-대접[녿때-]명 놋쇠로 만든 대접.
놋-방울[녿빵-]명 놋쇠로 만든 방울.
놋-쇠[녿쐬/녿쒜]명 구리와 아연의 합금. 녹는 점이 낮고 세공(細工)이 쉬워 예부터 그릇이나 장식품을 만드는 데 많이 쓰이었음. 준놋.
놋-숟가락[녿쑫까-]명 놋쇠로 만든 숟가락. 준놋숟갈.
놋-숟갈[녿쑫깔]명 〈놋숟가락〉의 준말.
놋-요강[논뇨-]명 놋쇠로 만든 요강.
놋-점(-店)[녿쩜]명 ☞놋갓점.
놋-접시[녿쩝씨]명 놋쇠로 만든 접시.
놋-젓가락[녿쩌까-/녿쩓까-]명 놋쇠로 만든 젓가락. 준놋젓갈.
놋-젓갈[녿쩌깔/녿쩓깔]명 〈놋젓가락〉의 준말.
놋-좆(櫓-)[노쫃/녿쫃]명 노를 끼우는, 뱃전에 위로 자그맣게 내민 나무못. ＊놋좆이[노쪼지/녿쪼지]·놋좆만[노쫀-/녿쫀-]
농ː(弄)[1]명 노래 곡조의 하나.
농ː(弄)[2]명 ①실없는 장난. ②하자타〈농담〉의 준말. ¶ 농을 걸다.
농(膿)명 ☞고름[2].
농(籠)명 ①버들채나 싸리채 따위를 결어서 함(函)처럼 만들어 종이를 바른 상자. 옷이나 그 밖의 물건을 넣어 두는 데 씀. ②옷 따위를 넣어 두는 상자 모양의 자그마한 가구. 개판과 마대·서랍 등이 없고, 흔히 두세 개를 포개어 놓고 씀. 농장. 장롱. 참장(欌).
농-(濃)접두 《일부 명사 앞에 붙어》 ①'농도가 짙음'을 나타내는 말. ¶ 농질산./농황산. ②'빛깔이 짙음'을 나타내는 말. ¶ 농갈색./농회색. ②↔담-(淡).
농가(農家)명 농업을 생업(生業)으로 삼는 사람의 집, 또는 그 가족. 농삿집. 비전가(田家).
농가(農歌)명 〈농부가(農夫歌)〉의 준말.
농ː가성진(弄假成眞)명 장난삼아 한 것이 진심으로 한 것같이 됨. 가롱성진(假弄成眞).
농가-월령가(農家月令歌)명 조선 헌종 때의 문인 정학유(丁學游)가 지었다는 월령가. 농가에서 해야 할 일을 월별로 읊고, 철에 따른 풍속과 지켜야 할 범절을 노래한 내용임. 〔지은이가 광해군 때 사람 고상안(高尙顔)이라는 설도 있음.〕
농가-진(膿痂疹)명 고름집이 생겼다가 딱지가 앉는 피부병 종류를 통틀어 이르는 말.
농ː간(弄奸)명하자 간사한 꾀를 써서 남을 속이거나 남의 일을 그르치게 함, 또는 그런 짓. ¶ 농간에 넘어가다./농간을 부리다.
농ː간-질(弄奸-)명 농간하는 짓.
농감(農監)명하타 ☞감농.
농거(農車)명 농사짓는 데 쓰는 수레.

농-게(籠-)명 달랑겟과의 게. 등딱지는 앞이 넓고 뒤가 좁은 사다리꼴임. 몸빛은 푸른빛인데, 한쪽만 큰 수컷의 집게발은 붉은빛임. 바닷가 진흙 속에 구멍을 파고 삶.
농경(農耕)명하자 논밭을 갈아 농사를 지음. ¶ 농경 사회.
농경-기(農耕期)명 농사를 짓는 시기.
농경-의례(農耕儀禮)[-의-/-이-]명 상고(上古) 때, 농경 사회에서 행해지던 제천 의식(祭天儀式).
농경-지(農耕地)명 농사를 짓는 땅. ¶ 산지를 개간하여 농경지로 이용하다.
농고(農高)명 〈농업 고등학교〉의 준말.
농곡(農穀)명 농사지은 곡식.
농공(農工)명 농업과 공업, 또는 농부와 직공.
농공(農功)명 농사짓는 일.
농공-가무(農功歌舞)명 삼한(三韓) 때의 의식의 한 가지. 하늘에 풍년을 기원하거나 감사하던 집단적인 춤과 노래.
농-공업(農工業)명 농업과 공업.
농과(農科)[-꽈]명 농업에 관한 학과(學科).
농과^대ː학(農科大學)[-꽈-]명 농업에 관한 전문적인 학술과 기술을 학습하고 연구하는 대학. 준농대.
농ː교(弄巧)명하자 지나치게 잔꾀를 쓰거나 기교를 부림.
농구(農具)명 농사를 짓는 데 쓰이는 기구. 농기(農器). ¶ 철기 시대의 농구를 발견하다.
농구(籠球)명 구기(球技)의 한 가지. 다섯 사람씩 두 편으로 나뉘어 상대편의 바스켓에 공을 던져 넣어 득점을 겨루는 경기.
농구-공(籠球-)명 농구 경기를 할 때 쓰이는 공.
농구-대(籠球臺)명 농구 경기를 할 때, 공을 던져 넣을 수 있도록 만든 대.
농구-화(籠球靴)명 농구 경기를 할 때 신는 운동화.
농군(農軍)명 농사를 짓는 일꾼.
농ː권(弄權)[-꿘]명하자 권력을 마음대로 휘두름. 제 분수에 맞지 않게 권력을 남용함.
농궤(膿潰)명하자 종기(腫氣)가 곪아 터짐.
농극(農隙)명 농사일이 그리 바쁘지 않아 생긴 틈.
농ː기(弄技)명하자 재주를 부림.
농기(農期)명 농사철. 비농시(農時).
농기(農旗)명 농촌에서 두렛일을 할 때 세우는 기. 〔대개 기다란 천에 '農者天下之大本也'라고 씀.〕
농기(農器)명 ☞농구(農具).
농기(農機)명 〈농기계〉의 준말.
농-기계(農機械)[-계/-게]명 농사를 짓는 데 쓰이는 기계. 준농기.
농-기구(農機具)명 농사일에 쓰이는 기계나 기구.
농기-맞이(農旗-)명 호남 지방에서, 대보름날에 하는 놀이. 각 마을의 농악대들이 농기를 들고 한곳에 모여, 농기가 만들어진 차례에 따라 형제의 위치를 정하고, 농악을 울리며 잔치를 베풂.
농노(農奴)명 중세 유럽의 봉건 사회에서, 평생 영주(領主)에 예속되어 농사를 짓던 농민. 노예와 자작농의 중간에 속하는 계층이었음.
농노-제(農奴制)명 농민이 영주에게 예속되어 영주의 땅을 경작하고 부역(賦役)과 공납(貢納)의 의무를 지녔던 사회 제도.
농-녹색(濃綠色)[-쌕]명 짙은 녹색.
농ː단(壟斷·隴斷)명하타 이익이나 권리를 독차지함. 독점(獨占). ¶ 운영권을 농단하다.
농ː담(弄談)명하자 실없이 하는 우스갯소리. 장난으로 하는 말. ¶ 농담이 지나치다. 준농(弄)². ↔진담(眞談).
농담(農談)명 농사에 관한 이야기.
농담(濃淡)명 빛깔이나 맛 따위의 짙고 옅은 정도. ¶ 빛깔의 농담.
농ː담-조(弄談調)[-쪼]명 농담하는 어조(語調). ¶ 농담조로 인사말을 하다.
농대(農大)명 〈농과 대학〉의 준말.
농대-석(籠臺石)명 비석의 받침돌.
농도(農道)명 ☞농로(農路).
농도(濃度)명 ①액체 따위의 짙은 정도. 일정량의 액체나 기체 속에 있는 그 성분의 비율. ¶ 알코올 농도. ②빛깔의 짙은 정도. 물체가 빛을 흡수하는 정도를 나타냄. ¶ 농도가 짙다.
농독-증(膿毒症)[-쯩]명 병원균이, 곪은 자리에서 혈액 속으로 침입하여 온몸으로 전염하는 병. 농혈증.
농-들다(膿-)[~드니·~들어]자 곪아서 고름이 생기다.
농땡이명 '일을 하지 않으려고 요리조리 꾀를 부리며 게으름을 피우는 짓'을 속되게 이르는 말. ¶ 농땡이를 치다. /벼를 베다 말고 농땡이를 부리다.
농락(籠絡)[-낙]명하타되자 남을 교묘한 꾀로 속여 제 마음대로 이용함. 뇌롱(牢籠). ¶ 농락에 놀아나다. /여자를 농락하다.
농란(濃爛) '농란하다'의 어근.
농란-하다(濃爛-)[-난-]형여 잘 익은 상태에 있다.
농람(濃藍)[-남]명 짙은 쪽빛.
농량(農糧)[-냥]명 농사를 짓는 동안에 먹을 양식. 농가의 양식. ¶ 농량을 확보하다.
농로(農老)[-노]명 ☞노농.
농로(農路)[-노]명 농사일에 많이 이용되는 길. 농사일을 위하여 만든 길. 농도(農道). 농삿길.
농루(膿漏)[-누]명 고름이 계속 흘러나오는 증상.
농루-안(膿漏眼)[-누-]명 임균(淋菌)에 감염되어 일어나는 급성의 결막염. 고름이 흘러나오고, 심하면 실명(失明)하기도 함. 풍안(風眼).
농류(膿瘤)[-뉴]명 화농성염(化膿性炎)으로 생긴 고름이 막혀서 솟은 혹.
농리(農利)[-니]명 농사에서 얻는 이익.
농림(農林)[-님]명 농업과 임업. 농림업.
농림-업(農林業)[-니멉]명 ☞농림(農林).
농림^축산^식품부(農林畜産食品部)[-님-]명 중앙 행정 기관의 하나. 식량, 농촌 개발, 농산물 유통 및 축산·수산 등에 관한 사무를 맡아봄.
농막(農幕)명 농사에 편리하도록 논밭 가까이에 지은 간단한 집. 밭집. 농장(農莊).
농목(農牧)명 농업과 목축업.
농무(農務)명 ①농사짓는 일. 농사일. ②농업에 관계되는 사무.
농무(濃霧)명 짙은 안개. 대무(大霧). ¶ 농무로 시계(視界)가 가려지다.
농민(農民)명 농업에 종사하는 사람(들). 전민(田民). 참농부(農夫).
농민^문학(農民文學)명 농촌의 풍토와 농민의 생활을 소재로 한 문학.
농민^운ː동(農民運動)명 농민의 경제적·정치적 이익의 옹호를 위한 사회 운동.
농민^전ː쟁(農民戰爭)명 (봉건 사회가 무너지는 과정에서 자주 일어났던) 농민들의 봉건 영주에 대한 집단적 반항 운동.
농밀(濃密) '농밀하다'의 어근.

농밀-하다(濃密-)형여 ①밀도가 짙다, 또는 진하고 빽빽하다. ②색채 따위가 짙고 섬세하다. ¶ 농밀한 색채.

농-바리(籠-)[-빠-]명하자 아이들 놀이의 한 가지. 한 아이의 등에, 양쪽에 한 아이씩 농을 실은 것처럼 매달리어 노는 놀이.

농번(農繁)명 농사일이 바쁨, 또는 그 시기. ↔농한(農閑).

농번-기(農繁期)명 (모내기나 벼베기 따위로) 농사일이 한창 바쁜 철. ↔농한기(農閑期).

농ː법(弄法)[-뻡]명하자 자기의 이익을 위하여, 법을 제멋대로 악용함.

농ː법(農法)[-뻡]명 농사짓는 방법.

농ː변(弄辯)명하자 ①농으로 말함, 또는 그 말. ②수다스럽게 지껄임.

농병(農兵)명 농민으로 편성한 군대, 또는 그 군사.

농병(膿病)[-뼝]명 누에의 전염병의 한 가지. 피부에 젖빛 또는 누른빛이 나타나고, 진물이 흐르면서 죽음.

농본(農本)명 농업을 산업의 근본으로 삼음.

농본-국(農本國)명 농업을 산업의 근본으로 삼는 나라.

농본-주의(農本主義)[-의/-이]명 농업이나 농촌 경제를 국가 발전의 근본으로 삼는 주의.

농부(農夫)명 농업에 종사하는 사람. 농사꾼. 농인. 전부(田夫). ¶ 농부에겐 땅이 생명이다. 낮농투성이. 참농민(農民).

농부(農婦)명 농사일을 하는 여자. 농촌의 아낙네. 전부(田婦).

농부-가(農夫歌)명 농부가 부르는, 농사일이나 농촌 생활을 내용으로 한 노래. 준농가.

농불(籠佛)명 ☞채롱부처.

농불실시(農不失時)[-씨]명 농사일은 시기를 놓치지 말아야 한다는 말.

농사(農舍)명 ①농가의 가옥. ②수확한 농작물을 처리하는 막사.

농사(農事)명 ①하자논이나 밭에 곡류·채소·과일 등을 심어 가꾸는 일. ¶ 보리 농사. /농사할 땅을 사다. ②'자녀를 낳아 기르는 일'을 비유하여 이르는 말. ¶ 자식 농사.

농사-꾼(農事-)명 ☞농부(農夫).

농사-력(農事曆)명 농사지을 시기를 나타낸 책력이나 도표. 주요한 농사일의 일정을 표시하여, 작업의 시기를 놓치지 않도록 하려고 만든 것임.

농사^시험장(農事試驗場)명 농업 발전에 필요한 여러 가지 일을 시험적으로 연구하는 공설 기관. 농업 시험장.

농사-일(農事-)명하자 농사짓는 일. ¶ 봄철이라 모두 농사일에 바쁘다.

농사-직설(農事直說)[-썰]명 조선 세종 11(1429)년에 왕명으로 정초·변효문 등이 엮은 농서. 각 도의 관찰사가 농부들에게서 들은 농사에 관한 지식을 모아 엮은 내용. 1책.

농사-짓다(農事-)[-짇따][~지으니·~지어]자ㅅ 농사를 업으로 삼아 일을 하다.

농사-철(農事-)명 농사를 짓는 시기. 농기(農期). 농시(農時). 농절(農節). 준농철.

농산(農産)명 농업에 의한 생산, 또는 그 산물.

농산^가공(農産加工)명 ☞농산 제조.

농산-물(農産物)명 곡식이나 채소 등, 농업에 의하여 생산된 것. ¶ 우리 농산물 먹기 운동.

농산어-촌(農山漁村)명 농촌과 산촌과 어촌.

농산^자원(農産資源)명 농업 생산을 위한 자원. 농업 생산의 바탕이 되는 자원.

농삼-장[-쌈-]명 상자를 넣으려고 삼노를 결어 만든 망태. 준삼장.

농삿-길(農事-)[-사낄/-삳낄]명 농사일을 위하여 만든 길. 농로(農路).

농삿-일(農事-)명 '농사일'의 잘못.

농삿-집(農事-)[-사찝/-삳찝]명 ☞농가.

농상(農桑)명 농경(農耕)과 양잠(養蠶). 농사일과 누에 치는 일.

농상(農商)명 ①농업과 상업. ②농민과 상인.

농색(濃色)명 짙은 빛깔. ↔담색(淡色).

농서(農書)명 농사에 관한 책.

농ː성(弄聲)명 국악의 창(唱)에서, 울려서 내는 성조(聲調).

농성(籠城)명하자 ①(적에게 에워싸여) 성문을 굳게 닫고 성을 지킴. ②(어떤 목적을 이루기 위한 수단으로) 한자리에 줄곧 머물며 시위하는 일. ¶ 집단 농성. /농성 투쟁을 벌이다.

농소(膿巢)명 고름이 그대로 괴어 있는 곳.

농-수로(農水路)명 농사에 필요한 물을 마련하기 위하여 만든 물길.

농-수산(農水産)명 농업과 수산업. 농수산업.

농수산-물(農水産物)명 농산물과 수산물.

농-수산업(農水産業)명 ☞농수산.

농숙(濃熟)명하자 무르녹게 익음.

농시(農時)명 농사철. 비농기(農期).

농시-방장(農時方張)명하자 농사철이 되어 농사일이 한창 바쁨.

농심(農心)명 농부의 마음. ¶ 농심을 달래다.

농아(聾啞)명 ①'귀머거리와 벙어리'를 아울러 이르는 말. ②귀머거리가 원인이 되어 벙어리가 된 사람.

농아^학교(聾啞學校)[-꾜]명 농아자를 수용하여 말과 그 장애를 보충하기 위한 지식 및 기능을 가르치는 학교.

농악(農樂)명 농촌에서 명절이나 공동 작업 등을 할 때 연주되는 우리나라 고유의 음악. 꽹과리·징·북 등 타악기가 중심이 되어, 태평소·나발 등의 관악기가 곁들고, 가장 무용수(假裝舞踊手)들의 춤과 노래가 함께 어울림. 풍물놀이.

농악-대(農樂隊)[-때]명 농악을 연주하는 사람들의 집단.

농악-무(農樂舞)[-앙-]명 농악에 맞추어 추는 우리나라 고유의 민속춤.

농액(濃液)명 농도가 짙은 액체.

농액(膿液)명 ☞고름[2].

농약(農藥)명 농업에서, 소독이나 병충해의 구제 따위에 쓰는 약품.

농양(膿瘍)명 세균의 침입으로 신체의 조직 속에 고름이 괴는 증세.

농어명 농엇과의 바닷물고기. 몸길이 90 cm가량. 몸이 가늘고 길며, 몸빛은 등 쪽이 검푸른 녹색을 띠고 배는 은백색임. 봄과 여름에는 민물에서, 가을과 겨울에는 바다에서 살며, 조개류·작은 물고기 등을 먹고 삶. 근해 어류로서 우리나라·중국·일본 등지에 분포함. 노어(鱸魚).

농-어민(農漁民)명 농민과 어민.

농-어촌(農漁村)명 농촌과 어촌.

농ː언(弄言)명하자 농담의 말.

농업(農業)명 땅을 이용하여 인간 생활에 필요한 작물을 가꾸거나, 유용한 동물을 기르거나 하는 산업. 넓은 뜻으로는 임업·양잠업 등도 이에 딸림.

농업^경제학(農業經濟學)[-꼉-]명 응용 경제학의 한 분야. 농업에 대하여 경제학적 관점에서 고찰하는 학문.

농업^고등학교(農業高等學校) [-꼬-꾜] 명 농업에 관한 학문과 기술을 가르치는 실업 고등학교. 준농고.
농업^공:황(農業恐慌) [-꽁-] 명 농산물의 생산 과잉으로 값이 폭락함으로써 농업 경영이 최악의 상태로 되는 현상.
농업-국(農業國) [-꾹] 명 농업이 경제의 기본이 되고 농업을 주요 산업으로 하는 나라.
농업^보:험(農業保險) [-뽀-] 명 재해로 입은 농작물의 손실을 보상하는 보험.
농업^센서스(農業census) 명 국제 연합 식량 기구(FAO)의 통일적인 조사 계획에 따라 실시되는, 농업에 관한 세계적인 규모의 통계 조사.
농업^수리학(農業水利學) [-쑤-] 명 지표(地表) 및 지하의 물과 토지와의 관계를 농작물 생육의 관점에서 연구하는 학문.
농업^시대(農業時代) [-씨-] 명 인류가 농업을 주요한 생업으로 삼고, 사냥이나 고기잡이를 부업으로 삼던 시대.
농업^시험장(農業試驗場) [-씨-] 명 ☞농사 시험장.
농업-용수(農業用水) [-엄뇽-] 명 농사짓는 데 필요한 물. 〔관개용수(灌漑用水) 따위.〕
농업^인구(農業人口) 명 농업에 종사하는 인구. 〔비농가 인구를 포함하는 '농촌 인구'와는 구별됨.〕
농업^자본(農業資本) [-짜-] 명 농업에 들인 자본. 참농자.
농업^정책(農業政策) [-쩡-] 명 농업 경영·농업 재정·농업 인구 등 농업 전반에 걸친 경제 정책. 그 주체는 국가 및 공공 단체임.
농업^혁명(農業革命) [-어평-] 명 자본주의 성립기에 산업 혁명과 병행해서 일어난 농업 기술과 경영 방법 등에 관한 급격한 변혁.
농업^협동조합(農業協同組合) [-어폅똥-] 명 농민들이 서로 협력하여 생산력 증진과 경제적·사회적 지위의 향상을 도모하기 위하여 조직하는 조합. 준농협.
농염(濃艶) 명하형 한껏 무르익은 아름다움. ¶ 농염한 자태.
농예(農藝) 명 ①농업에 관한 기예(技藝). ②농업과 원예(園藝).
농예^화:학(農藝化學) 명 농업 생산의 화학적 측면에 관하여 연구하는 학문. 〔비료·토양·양조·농산 화학·식물 생리 화학 따위를 포함함.〕
농:와(弄瓦) 명 〔'와(瓦)'는 계집아이의 장난감인 실패라는 뜻으로〕 딸을 낳음.
농:와지경(弄瓦之慶) 명 딸을 낳은 경사(慶事). ↔농장지경.
농:완(弄玩) 명하타 가지고 놂.
농요(農謠) 명 농부들 사이에 전해져 불리는 속요(俗謠). 농사에 관한 내용의 민요.
농용(農用) 명 농사에 씀.
농우(農牛) 명 농사일에 부리는 소.
농운(濃雲) 명 짙은 구름. 검은 구름.
농원(農園) 명 채소·화초·과수(果樹) 따위를 심어 가꾸는 농장.
농:월(弄月) 명하자 달을 바라보며 즐김.
농음(濃陰) 명 짙은 그늘.
농-익다(濃-) [-닉따] 자 ①(과실 따위가) 흠뻑 익다. ↔설익다. ②일이나 분위기 따위가 성숙하다. ¶ 노래판이 한참 농익다. 무르익다. ③여자의 몸이 성숙하여 농염하게 되다. ¶ 농익은 여체.
농인(農人) 명 ☞농부.
농자(農者) 명 '농사·농업·농부'의 뜻.
농자 천하지대본(農者天下之大本) 관용 농업은 이 세상의 가장 으뜸이 되는 근본임.
농자(農資) 명 농사짓는 데 드는 비용. 영농 자금. 참농업 자본.
농자(聾者) 명 귀머거리. 참아자(啞者).
농작(農作) 명하타 논밭을 갈아 농작물을 가꿈. 농사를 지음.
농작-물(農作物) [-장-] 명 논밭에서 나는 곡식이나 채소 따위의 재배 식물. 준작물.
농잠(農蠶) 명 농사짓기와 누에치기.
농:장(弄璋) 명 〔'장(璋)'은 사내아이의 장난감인 구슬이라는 뜻으로〕 아들을 낳음.
농장(農莊) 명 ☞농막(農幕).
농장(農場) 명 농지와 농사에 필요한 설비를 갖추고 농업을 경영하는 일정한 장소.
농장(濃粧) 명하자 짙은 화장.
농장(濃醬) 명 ☞진간장.
농장(籠欌) [-짱] 명 ☞장롱.
농-장수(籠-) 명 근담배를 농에 담아 메고 다니며 팔던 사람.
농:장지경(弄璋之慶) 명 아들을 낳은 경사(慶事). ↔농와지경(弄瓦之慶).
농절(農節) 명 농사철.
농정(農政) 명 농업에 관한 정책이나 행정. ¶ 농정 개혁.
농:제(弄題) 명 익살스러운 말을 섞어 쓴 제사(題辭).
농:조(弄調) [-쪼] 명 농담하는 말투. 희롱하는 어조. ¶ 농조로 말하다.
농조(籠彫) 명 투조(透彫)와 환조(丸彫)를 합친 것 같은 조각 기법. 〔면의 거죽뿐 아니라 안쪽까지도 조각하여 입체적으로 나타냄.〕
농조(籠鳥) 명 〈농중조(籠中鳥)〉의 준말.
농조-연운(籠鳥戀雲) 명 〔갇힌 새가 구름을 그린다는 뜻으로〕 '자유 없는 사람이 자유를 그리워함'을 비유하여 이르는 말.
농주(農酒) 명 농사철에 일꾼들을 대접하기 위하여 농가에서 빚은 술.
농중-조(籠中鳥) 명 ①새장에 가두어 두고 기르는 새. ②'자유 없는 신세'를 비유하여 이르는 말. 준농조.
농즙(濃汁) 명 걸쭉한 즙.
농즙(膿汁) 명 ☞고름2.
농지(農地) 명 농사를 짓는 데 쓰이는 땅. 농처(農處). 농토(農土).
농지^개:량(農地改良) 명 농지의 이용도를 영구적으로 높이기 위한 여러 가지의 일. 〔농지 확장·수리 시설·배수 시설·경지 정리 따위.〕
농지^개:혁(農地改革) 명 농지를 농민에게 적절히 분배함으로써 농가 경제의 자립을 꾀하려는 농지 소유 제도의 개혁.
농:-지거리(弄-) [-찌-] 명하자 점잖지 못하게 마구 하는 농담. ¶ 농지거리를 주고받다.
농지^보:전(農地保全) 명 홍수·사태·토양 침식 등의 위험에서 농지를 보호하는 일.
농지-세(農地稅) [-쎄] 명 지방세의 한 가지. 농지 소유자에게 부과하는 세금.
농지^전:용(農地轉用) 명 농지를 택지(宅地)나 공장 용지 따위로 전용하는 일.
농지^정:리(農地整理) [-니] 명 경지 정리.
농-질산(濃窒酸) [-싼] 명 농도가 진한 질산.
농-짝(籠-) 명 ①(한 벌로 된) 낱개의 장롱. ②'농(籠)'을 낮잡아 이르는 말. ¶ 싸구려 농짝.
농차(濃茶) 명 진하게 끓인 차.

농찬(農饌)명 농사일을 할 때 일꾼들을 먹이기 위하여 만든 반찬.
농채(濃彩)명 짙은 색채, 또는 그런 채색법(彩色法). ↔담채(淡彩).
농처(農處)명 ☞농지(農地).
농-철(農-)명 〈농사철〉의 준말.
농초(農草)명 농부가 자기 집에서 쓰려고 심어 가꾼 담배.
농촌(農村)명 농업으로 생업을 삼는 주민이 대부분인 마을. ↔도시·도회지.
농촌^진:흥(農村振興)명 농촌의 생산력과 농민의 생활수준을 향상시키기 위한 여러 가지 진흥 사업을 통틀어 이르는 말.
농촌^진:흥청(農村振興廳)명 농림 수산 식품부에 딸린 중앙 행정 기관의 하나. 농촌 진흥을 위한 시험 연구 및 농업인의 지도·양성 등에 관한 사무를 맡아봄.
농촌^활동(農村活動)[-똥]명 대학생들이 농촌에서 농사일을 거들면서 농민의 실정을 체험하는 봉사 활동. 준농활.
농축(濃縮)명하타되자 용액 따위의 농도를 높임. ¶ 농축 세제. /농축 주스.
농-축산물(農畜産物)[-싼-]명 농산물과 축산물. ¶ 농축산물 도매 시장.
농축^우라늄(濃縮uranium)명 천연 우라늄보다 우라늄 235의 함유율을 인위적으로 높인 우라늄. 원자로의 연료로 쓰임.
농치다타 좋은 말로 풀어서 맺힌 마음을 노그라지게 하다. ¶ 농치고 얼러 간신히 달랬다. 큰눙치다.
농-치다(弄-)타 '농하다'를 강조하는 말.
농탁(農濁)명 농가에서 농사일에 쓰려고 빚은 막걸리. 참농주(農酒).
농탁(濃濁) '농탁하다'의 어근.
농탁-하다(濃濁-)[-타카-]형여 진하고 걸쭉하다. **농탁-히**부.
농:탕(弄蕩)명하자 남녀가 음탕한 소리와 난잡한 행동으로 마구 놀아 대는 짓.
농탕(濃湯)명 흠씬 끓어서 진하게 된 국물.
농:탕-치다(弄蕩-)자 남녀가 음탕한 소리와 난잡한 행동으로 마구 놀아 대다.
농토(農土)명 ☞농지(農地).
농-투성이(農-)명 〈농부〉의 낮춤말.
농:-트다(弄-)[~트니·~터]자 서로 스스럼없는 관계가 되어 농하는 사이가 되다.
농:-판(弄-)명 실없는 장난이나 농담이 벌어진 자리, 또는 그런 분위기.
농포(農布)명 농가에서 자기네들의 옷감으로 쓰기 위하여 짠 베.
농포(農圃)명 농작물을 가꾸는 밭.
농포(膿疱)명 수포(水疱)가 곪아서 탁하고 불투명한 고름으로 차 있는 것.
농:필(弄筆)명하자 ①참말과 거짓말을 섞어 희롱으로 글을 씀, 또는 그 글. ②글을 필요 이상으로 꾸며서 씀, 또는 그 글. ③사실과 다르게 글을 씀, 또는 그 글.
농:-하다(弄-)타여 (자기의 어떤 목적을 위하여) 이리저리 재주를 부리다. ¶ 궤변을 농하다.
농-하다(濃-)형여 '짙다'의 잘못.
농학(農學)명 농업에 관한 생산 기술, 경제 및 그 실제적인 응용에 대해서 연구하는 학문.
농학-과(農學科)[-꽈]명 대학에서, 농학을 연구하는 학과.
농한(農閑·農間)명 농사일이 그다지 바쁘지 않음. ↔농번(農繁).
농한-기(農閑期)명 (계절적으로) 농사일이 그리 바쁘지 않은 시기. ↔농번기(農繁期).
농향(濃香)명 짙은 향기.
농혈(膿血)명 ☞피고름.
농혈-리(膿血痢)명 적리(赤痢) 또는 대장 카타르에 걸려서 피고름이 섞인 똥을 누는 병.
농혈-증(膿血症)[-쯩]명 ☞농독증(膿毒症).
농협(農協)명 〈농업 협동조합〉의 준말.
농형(農形)명 농사가 되어 가는 형편. 농황(農況). 연사(年事). 연형(年形).
농홍(濃紅) '농홍하다'의 어근.
농홍-하다(濃紅-)형여 짙게 붉다.
농화(濃化)명하자타되자 짙어짐. 짙게 함.
농활(農活)명 〈농촌 활동〉의 준말.
농황(農況)명 ☞농형(農形).
농-회색(濃灰色)[-회-/-훼-]명 짙은 회색.
농후(濃厚) '농후하다'의 어근.
농후^사료(濃厚飼料)명 단백질·지방·탄수화물이 풍부하게 들어 있는 사료. 〔쌀겨·보리·귀리·옥수수 따위.〕
농후-하다(濃厚-)형여 ①맛·빛깔·성분 따위가 매우 짙다. ②어떤 경향이나 기색 따위가 뚜렷하다. ¶ 혐의가 농후하다. **농후-히**부.
농흉(膿胸)명 흉막강(胸膜腔)에 고름이 차는 병. 〔결핵균에 의한 것이 많음.〕
높-낮이[놈-]명 높음과 낮음. 고저(高低). ¶ 높낮이가 없이 고르다.
높다[놉따]형 ①아래서 위로 향한 길이가 길다. ¶ 지붕이 높다. /높은 산. ②지위나 수준 따위가 보통보다 뛰어나 있다. ¶ 신분이 높다. /등급이 높다. /안목이 높다. ③값이 비싸다. ¶ 가격이 높다. ④소리나 강도 따위가 강하다. ¶ 높은 목소리. /강도(剛度)가 높다. ⑤온도나 습도 따위의 숫자가 크다. ¶ 예년보다 기온이 높다. ⑥세상에 널리 알려져 있다. ¶ 평판이 높다. ⑦기세가 대단하다. ¶ 사기가 아주 높다. ⑧어떤 의견이 다른 의견보다 많고 우세하다. ¶ 비난의 소리가 높다. ↔낮다. * 높아·높고[놉꼬]
높-다랗다[놉따라타][~다라니·~다래]형ㅎ 썩 높다.
높-드리[놉뜨-]명 ①골짜기의 높은 곳. ②골짜기의 높고 메마른 데에 있는 논밭.
높디-높다[놉띠놉따]형 더할 수 없을 정도로 높다. ¶ 높디높은 가을 하늘.
높-바람[놉빠-]명 '북동풍'의 뱃사람 말.
높새[놉쌔]명 '북동풍'의 뱃사람 말. 녹새풍(綠塞風). 높새바람.
높새-바람[놉쌔-]명 ☞높새.
높-쌘구름[놉-]명 ☞고적운(高積雲).
높으락-낮으락[-랑-]부하형 높낮이가 고르지 않은 모양. ¶ 선로를 따라 높으락낮으락 야산(野山)이 이어지고 있다.
높은-기둥명 재래식 한옥(韓屋)에서, 대청의 한가운데에 다른 기둥보다 높게 세운 기둥.
높은-밥명 '고봉밥'의 잘못.
높은-음(-音)명 고음(高音). ↔낮은음.
높은음자리-표(-音-標)명 서양 음악에서, 높은 음역(音域)을 적은 보표임을 나타내는 기호. 〔오선의 둘째 줄이 '사' 음임을 나타냄. 기호는 𝄞.〕 고음부 기호(高音部記號). 사음자리표. ↔낮은음자리표.
높을-고(-高)명 한자 부수의 한 가지. '顫' 등에서의 '高'의 이름.
높이 Ⅰ명 높은 정도. ¶ 나무의 높이가 낮다. Ⅱ부 높게. ¶ 높이 솟다. /높이 날아오르다.

높-이다타 ①〖'높다'의 사동〗 높게 하다. ¶ 돌담을 높이다. /명성을 높이다. ②상대편을 존경하여 대하다. ¶ 말을 높이다. ↔낮추다.

높이-뛰기명 뜀뛰기 운동의 한 가지. 도움닫기하여 공중에 가로질러 놓은 막대를 뛰어넘어, 그 높이를 겨루는 경기.

높임명 말의 주체, 또는 말을 듣는 상대를 높이는 일. ↔낮춤.

높임-말명 말을 하는 이가 말을 듣는 이를 높여 이를 때, 그 인물이나 그와 관련되는 사물을 높이는 특수한 단어. 〔직접 높임말(아버님·선생님·주무시다… 따위)과 간접 높임말(진지·말씀·치아… 따위)의 구별이 있음.〕 경어(敬語). 존대어(尊待語). 존댓말. 존칭어. ↔낮춤말.

높임-법(-法)[-뻡]명 문장의 주체, 또는 말을 듣는 상대편을 높이거나 낮추는 법. 〔주체 높임법과 상대 높임법의 구별이 있음.〕

높임^선어말^어ː미(-先語末語尾)명 용언의 어간과 어말 어미 사이에 쓰이어, 높임의 뜻을 나타내는 선어말 어미. 〔'-시-'가 이에 딸림.〕

높지거니[놉찌-]부 꽤 높직하게. ¶ 등을 높지거니 매달다.

높지막-하다[놉찌마카-]형여 꽤 높직하다. **높지막-이**부.

높직-높직[놉찡놉찍]부하형 여럿이 다 높직하게. **높직높직-이**부.

높직-하다[놉찌카-]형여 높은 듯하다. 꽤 높다. **높직-이**부.

높-층구름(-層-)[놉-]명 ☞고층운(高層雲).

높-푸르다[놉-][~푸르니·~푸르러]형러 높고 푸르다. ¶ 높푸른 가을 하늘.

높-하늬바람[노파니-]명 '북서풍'의 뱃사람 말.

놓명 〈옛〉 노끈. ¶ 노홀 바ᄅ 누리 드리오니(金三 5:26).

놓다[노타] Ⅰ타 ①잡은 것을 잡지 않은 상태로 두다. ¶ 줄을 잡은 손을 놓다. ②일정한 자리에 두다. ¶ 가방을 바닥에 놓다. ③긴장이나 걱정 따위를 풀어 없애다. ¶ 맥을 놓다. /마음을 놓다. ④하던 일을 그만두다. ¶ 일손을 놓다. /수저를 놓다. ⑤불을 지르다. ¶ 불을 놓다. ⑥총알 따위를 밖으로 나가게 하다. 발사하다. ¶ 대포를 놓다. ⑦시설하거나 가설하다. ¶ 다리를 놓다. /전화를 놓다. ⑧이자나 세(貰)를 받기로 하고 돈이나 집을 빌려 주다. ¶ 빚을 놓다. /전세를 놓다. ⑨(치료를 위하여) 침이나 주삿바늘을 찌르다. ¶ 예방 주사를 놓다. ⑩말을 낮추어 하다. ¶ 서로 말을 놓고 지내다. ⑪거절하거나 겁주거나 방해하는 말을 하다. ¶ 훼방을 놓다. /엄포를 놓다. /퇴짜를 놓다. ⑫(짐승이 잡히도록) 무엇을 장치하여 두다. ¶ 덫을 놓다. ⑬(참외·수박 따위의) 씨를 심어서 가꾸다. ¶ 수박을 놓은 밭. ⑭힘을 더하거나 세(勢)를 더하다. ¶ 줄행랑을 놓다. /목을 놓고 울다. ⑮곱게 꾸미려고 치레를 하다. ¶ 무늬를 놓다. /수를 놓다. ⑯수판 따위로 셈을 하다. ¶ 수판을 놓다. /셈을 놓다. ⑰사려는 값을 부르다. ¶ 값을 놓아 보시오. ⑱어떤 음식에 다른 곡식이나 과일을 섞어 넣다. ¶ 콩을 놓은 밥. ⑲옷이나 이부자리 따위에 솜이나 털을 넣다. ¶ 바지에 솜을 놓다. ⑳바둑에서, 하수(下手)가 상수(上手)와 둘 때, 몇 점을 미리 더 두고 하다. ¶ 석 점 놓고 두는 접바둑. ㉑화제나 논의의 대상으로 치다. ¶ 그 문제를 놓고 옥신각신하다. ㉒중간에 매개물을 두다. ¶ 사람을 놓아 수소문하다. /매파(媒婆)를 놓다. ㉓(어떤 내용을) 편지 따위를 통하여 알리다. ¶ 부모님께 편지를 놓다. ㉔기계 장치를 조작하여 원하는 상태가 되게 하다. ¶ 자동차의 속도를 100 km로 놓고 달렸다. *놓아[노-]·놓는[논-]·놓소[노쏘]
Ⅱ조동 용언의 어미 '-아'·'-어'나 조사 '라'·'이라' 뒤에 쓰이어, 사물의 보유(保有)나 상태의 유지를 뜻함. ¶ 잔금을 받아 놓다. /미리 이야기해 놓다. /워낙 급하게 서두르던 참이라 놓아서 미처 인사도 못했다. *놓아[노-]·놓는[논-]·놓소[노쏘]

놓아-가다[노-]자 배나 말이 빨리 가다.

놓아-기르다[노-][~기르니·~길러]타르 놓아 먹이다. ¶ 닭을 놓아기르다.

놓아-두다[노-]타 ①들었던 것을 내려서 그곳에 두다. ¶ 물건은 여기 놓아두고 들어가시오. ②그냥 내버려 두다. ¶ 이 녀석, 이번에는 가만 놓아두지 않겠다. 준놔두다.

놓아-먹다[노-따]자 보살피는 이가 없이 제멋대로 자라다. ¶ 놓아먹은 놈이라서 하는 짓이나 말이 되게 거칠다.

놓아-먹이다[노-]타 가축을 우리에 가두지 않고 내놓아서 기르다. 놓아기르다.
놓아먹인 망아지 (놀듯)관용 '제멋대로 마구 자라서 길들이기가 어려운 사람'을 이르는 말.

놓아-주다[노-]타 속박을 풀어 자유로운 상태가 되게 하여 주다. ¶ 새를 놓아주다. /범인을 놓아주다. 준놔주다.

놓-이다[노-]자 〖'놓다'의 피동〗 ①얹히어 있다. ¶ 책상 위에 놓여 있는 꽃병. ②안심이 되다. ¶ 이제야 마음이 놓이는구나. ③놓음을 당하다. ¶ 마을 앞에 다리가 새로 놓였다. /운명의 갈림길에 놓이다. 준뇌다[1].

놓-치다[놑-]타 ①잡거나 얻은 것을 도로 잃다. ¶ 잡은 고기를 놓치다니. ②시간·때를 그냥 보내할 일을 못하다. ¶ 혼기를 놓치다. /기차를 놓치다. ③듣거나 보거나 느껴서 알 수 있는 것을 지나쳐 버리다. ¶ 졸다가 선생님의 말씀을 놓쳤다.

놔ː준 '놓다'의 반말체 명령형, 또는 부사형 '놓아'가 줄어든 말. ¶ 거기 놔.

놔ː-두다타 〈놓아두다〉의 준말.

놔ː-주다타 〈놓아주다〉의 준말.

뇌(腦)[뇌/눼]명 두개골에 싸여 있으며, 신경 세포가 모여 신경계의 중심을 이루고 있는 부분. 〔척수와 함께 중추 신경을 형성하며, 대뇌·소뇌·연수로 구분됨.〕 뇌수(腦髓). 두뇌. 머릿골[1].

뇌각(牢却)[뇌-/눼-]명하타 (부탁이나 선물 따위를) 아주 물리침.

뇌간(腦幹)[뇌-/눼-]명 뇌수(腦髓) 중에서 대뇌 반구(半球)와 소뇌를 제외한 부분.

뇌감(腦疳)[뇌-/눼-]명 한방에서, 영양 상태가 나쁘거나 선병질인 어린아이의 머리에 나는 헌데를 이르는 말.

뇌거(牢拒)[뇌-/눼-]명하타 딱 잘라 거절함.

뇌격(雷擊)[뇌-/눼-]명하타되자 어뢰(魚雷)를 발사하여 적의 군함을 공격함.

뇌격-기(雷擊機)[뇌-끼/눼-끼]명 어뢰(魚雷)를 발사하여 적의 군함을 공격하는 비행기.

뇌-경색(腦硬塞)[뇌-/눼-]명 뇌의 혈관이 막혀, 괴사가 일어난 뒤 연화하는 병. 뇌연화증.

뇌고(牢固) '뇌고하다'의 어근.

뇌고(惱苦)[뇌-/눼-]명하형 몸과 마음이 몹시 괴로움.

뇌고(雷鼓)[뇌-/눼-]명 국악(國樂)의 타악기의 한 가지. 검은 칠을 한 여섯 개의 북을 한 묶음으로 하여 틀에 매달아 침.

뇌고-하다(牢固-) [뇌-/눼-] 형여 (의지나 요새 따위가) 튼튼하고 굳다.

뇌공(雷公) [뇌-/눼-] 명 ☞뇌신(雷神).

뇌관(雷管) [뇌-/눼-] 명 금속제 용기 속에 뇌홍(雷汞)과 염소산칼륨을 주로 한 약품을 잰 것. 폭약이나 화약에 점화하기 위하여 쓰임. ¶ 지뢰의 뇌관.

뇌까리다 [뇌-/눼-] 타 ①(남이 말한) 불쾌한 말을 그대로 되받아서 자꾸 뇌다. ②아무렇게나 되는대로 지껄이다.

뇌:꼴-스럽다 [뇌-따/눼-따] [~스러우니·~스러워] 형ㅂ 보기에 아니꼽고 못마땅하다. ¶ 함부로 나대는 그 녀석이 몹시 뇌꼴스럽다. **뇌꼴스레** 부.

뇌-농양(腦膿瘍) [뇌-/눼-] 명 외상이나 그 밖의 이유로 뇌 안에 화농균이 들어가서 생기는 병.

뇌:다¹ [뇌-/눼-] 자 〈놓이다〉의 준말.

뇌:다² [뇌-/눼-] 타 같은 말을 자꾸 되풀이하여 말하다. ¶ 조금 전에 했던 말을 다시 뇌다.

뇌:다³ [뇌-/눼-] 타 굵은 체에 친 가루를 더 보드랍게 하려고 고운 체에 다시 한 번 치다.

뇌덕(賴德) [뇌-/눼-] 명하자 남의 덕을 입음. 소덕(所德).

뇌동(雷同) [뇌-/눼-] 명하자 주견이 없이 남의 의견에 무턱대고 동조함. ¶ 부화(附和)뇌동.

뇌동-부화(雷同附和) [뇌-/눼-] 명하자 ☞부화뇌동.

뇌-두개골(腦頭蓋骨) [뇌-/눼-] 명 두골격(頭骨格)의 일부. 뇌와 청기(聽器)를 싸고 있는 여덟 개의 뼛조각이 봉합되어 있음.

뇌락(磊落) '뇌락하다'의 어근.

뇌락-하다(磊落-) [뇌라카-/눼라카-] 형여 쾌활하고 너그러우며 작은 일에 얽매이지 않다. ¶ 뇌락한 성질. **뇌락-히** 부.

뇌:랗다 [뇌라타/눼라타] [뇌라니·뇌래] 형ㅎ 생기가 없이 아주 노랗다. 큰뉘렇다.

뇌력(腦力) [뇌-/눼-] 명 정신을 써서 생각하는 힘.

뇌력(賴力) [뇌-/눼-] 명하자 남의 힘을 입음.

뇌롱(牢籠) [뇌-/눼-] 명하타 ☞농락(籠絡).

뇌리(腦裏) [뇌-/눼-] 명 생각하는 머릿속. 의식의 속. 뇌중(腦中). ¶ 문득 그가 범인일지도 모른다는 생각이 뇌리를 스쳤다.

뇌막(腦膜) [뇌-/눼-] 명 두개골(頭蓋骨) 속의 뇌를 싸고 있는 얇은 막.

뇌막-염(腦膜炎) [뇌망념/눼망념] 명 뇌막에 생기는 염증. 〔유행성·화농성·결핵성의 세 가지가 있음.〕

뇌명(雷名) [뇌-/눼-] 명 ①세상에 널리 알려진 높은 명성. ②남의 명성을 높여 이르는 말.

뇌명(雷鳴) [뇌-/눼-] 명 ①천둥소리가 울리는 일, 또는 그 소리. ②'몹시 큰 소리'를 비유하여 이르는 말.

뇌문(雷紋·雷文) [뇌-/눼-] 명 번개 모양의 굴절된 선으로 만드는 연속무늬, 또는 사각형의 소용돌이 모양으로 된 무늬. 〔흔히, 발이나 돗자리 등의 가장자리에 둘러 놓음.〕 번개무늬.

뇌물(賂物) [뇌-/눼-] 명 직권(職權)을 이용하여 특별한 편의를 보아 달라는 뜻으로 주는 부정한 금품. ¶ 뇌물로 매수하다.

뇌변(雷變) [뇌-/눼-] 명 벼락을 맞은 변고.

뇌병(腦病) [뇌뼝/눼뼝] 명 뇌에 일어나는 질병을 통틀어 이르는 말.

뇌-병원(腦病院) [뇌-/눼-] 명 ☞정신 병원.

뇌-빈혈(腦貧血) [뇌-/눼-] 명 뇌의 혈액 순환이 나빠져서 혈액량이 줄기 때문에 일어나는 두통·구역·현기증 따위의 증세. 졸도하여 인사불성이 되는 경우도 있음.

뇌사(牢死) [뇌-/눼-] 명 ☞옥사(獄死).

뇌사(腦死) [뇌-/눼-] 명 죽음에 대한 정의(定義)의 한 가지. 뇌의 기능이 완전히 멈추어져 본디 상태로 되돌아가지 않는 상태.

뇌산-수은(雷酸水銀) [뇌-/눼-] 명 ☞뇌홍.

뇌살(惱殺) [뇌-/눼-] 명 〈뇌쇄〉의 본딧말.

뇌성(雷聲) [뇌-/눼-] 명 우렛소리. 천둥소리.

뇌성^마비(腦性痲痺) [뇌-/눼-] 명 ☞뇌성 소아마비.

뇌성-벽력(雷聲霹靂) [뇌-병녁/눼-병녁] 명 우렛소리와 벼락.

뇌성^소:아마비(腦性小兒痲痺) [뇌-/눼-] 명 태어날 때부터 뇌에 이상이 있어서 팔다리의 마비나 이상, 운동·지능 장애 따위를 일으키는 병. 뇌성 마비.

뇌쇄(牢鎖) [뇌-/눼-] 명하타 (자물쇠 따위를) 굳게 잠금.

뇌쇄(惱殺) [뇌-/눼-] 명하타 되자 애가 타도록 몹시 괴롭힘. 〔특히, 여자가 그 아름다움이나 성적 매력으로 남성을 홀리게 함을 이름.〕 본뇌살.

뇌쇄-적(惱殺的) [뇌-/눼-] 관명 여자의 아름다움이나 성적 매력이 남자를 홀리는 데가 있는 (것). ¶ 뇌쇄적 눈웃음. /뇌쇄적인 몸동작.

뇌수(牢囚) [뇌-/눼-] 명하타 단단히 가둠, 또는 그렇게 갇힌 죄수.

뇌수(腦髓) [뇌-/눼-] 명 ☞뇌(腦).

뇌수(雷獸) [뇌-/눼-] 명 중국 전설에서 이르는, 상상의 괴물. 벼락과 함께 땅 위로 떨어져 우레 같은 소리를 내며 나무를 쓰러뜨리고, 사람이나 가축을 해친다고 함.

뇌-수면(腦睡眠) [뇌-/눼-] 명 잠이 비교적 얕게 든 상태. ↔체수면(體睡眠).

뇌-수종(腦水腫) [뇌-/눼-] 명 뇌실과 뇌막 사이에 뇌척수액이 괴어서 생기는 병. 뇌가 압박을 당하며 두부(頭部)가 팽창하고 지능 저하를 초래함.

뇌신(惱神) [뇌-/눼-] 명하타 정신을 어지럽히고 괴롭힘.

뇌신(雷神) [뇌-/눼-] 명 천둥과 번개를 일으킨다는 귀신. 뇌공(雷公).

뇌-신경(腦神經) [뇌-/눼-] 명 뇌에서 나오는 12쌍의 말초 신경. 곧, 머리·얼굴·귀·코·눈·입 등에 퍼져 있는 운동 신경과 지각 신경.

뇌실(腦室) [뇌-/눼-] 명 뇌 내부의 공간. 뇌척수액이 차 있음.

뇌압(腦壓) [뇌-/눼-] 명 뇌 안에서의 뇌척수액의 압력.

뇌^압박증(腦壓迫症) [뇌-빡쯩/눼-빡쯩] 명 두개강(頭蓋腔)이 좁아져서 뇌압이 높아지기 때문에 일어나는 뇌의 기능 장애. 두통·구토·현기·불면·하품·혼수상태 등이 일어남.

뇌약(牢約) [뇌-/눼-] 명하타 굳게 약속함, 또는 그 약속.

뇌-연화증(腦軟化症) [뇌-쯩/눼-쯩] 명 ☞뇌경색(腦硬塞).

뇌염(腦炎) [뇌-/눼-] 명 바이러스·세균 등의 감염이나 물리적·화학적 자극에 의한 뇌의 염증을 통틀어 이르는 말. 〔고열·두통·의식 장애·경련 등이 주된 증세임.〕

뇌옥(牢獄) [뇌-/눼-] 명 죄인을 가두어 두는 곳. 감옥(監獄). 수옥(囚獄). 옥(獄).

뇌우(雷雨) [뇌-/눼-] 명 번개·천둥·돌풍(突風) 따위와 함께 내리는 비. ¶ 뇌우가 쏟아지다. / 뇌우가 퍼붓다.

뇌운(雷雲)[뇌-/눼-][명] 번개와 천둥, 또는 천둥에 비를 내리게 하는 구름.
뇌-일혈(腦溢血)[뇌-/눼-][명] 고혈압이나 동맥 경화 등으로 뇌 속에 출혈을 일으키는 병. 의식 장애·반신불수 등을 일으키며, 사망하는 경우가 많음. 뇌출혈(腦出血).
뇌자(牢子)[뇌-/눼-][명] ☞군뢰(軍牢).
뇌장(腦漿)[뇌-/눼-][명] ☞뇌척수액(腦脊髓液).
뇌전(雷電)[뇌-/눼-][명] 천둥과 번개.
뇌전-도(腦電圖)[뇌-/눼-][명] 뇌파(腦波)를 기계적으로 묘사 기록한 도면(圖面).
뇌-전류(腦電流)[뇌절-/눼절-][명] 뇌의 신경 세포가 움직일 때에 일어나는 미량(微量)의 전류.
뇌-전색(腦栓塞)[뇌-/눼-][명] 심장 판막증 따위에 걸렸을 때, 혈액 중에 유리된 응혈의 조각이 뇌혈관을 막음으로써, 그 근처의 영양 장애를 일으키는 병증.
뇌정(牢定)[뇌-/눼-][명][하타] ☞돈정(敦定).
뇌정(雷霆)[뇌-/눼-][명] ☞천둥.
뇌정-벽력(雷霆霹靂)[뇌-병녁/눼-병녁][명] 천둥과 벼락.
뇌조(雷鳥)[뇌-/눼-][명] 들꿩과에 딸린 새. 날개 길이 20 cm가량. 꽁지는 대체로 검고, 배는 희며, 두 눈 위에는 붉고 작은 볏이 있음. 다리의 발톱 사이에까지 털이 남. 우리나라·일본·중국·유럽·북미 등지에 분포함.
뇌-졸중(腦卒中)[뇌-쭝/눼-쭝][명] 뇌의 급격한 혈액 순환 장애로 일어나는 증상. 갑자기 의식을 잃고 운동 장애를 일으키는데, 주로 뇌일혈과 뇌경색 등에서 볼 수 있음. 졸중풍.
뇌-졸증(腦卒症)[명] '뇌졸중'의 잘못.
뇌-종양(腦腫瘍)[뇌-/눼-][명] 뇌·뇌막·뇌혈관·뇌하수체·뇌신경 등에 발생하는 종양을 통틀어 이르는 말. 두통·구토·경련·마비·시력 장애 등의 증세가 일어남.
뇌주(酹酒)[뇌-/눼-][명][하자] 술을 땅에 부어 강신을 비는 일.
뇌중(腦中)[뇌-/눼-][명] ☞뇌리(腦裏).
뇌증(腦症)[뇌쯩/눼쯩][명] 고열이나 호흡 장애·대사 장애 따위의 전신성 질환이 원인이 되어 의식 장애나 경련을 일으키는 병.
뇌지(雷芝)[뇌-/눼-][명] '연(蓮)'을 달리 이르는 말.
뇌진(雷震)[뇌-/눼-][명][하자] 천둥소리가 크게 울리고 벼락이 침.
뇌-진탕(腦震蕩)[뇌-/눼-][명] 머리를 세게 부딪치거나 얻어맞거나 했을 때, 일시적으로 의식 장애를 일으키는 일. 심하면 죽거나 정신 이상이 되는 수도 있음.
뇌-척수(腦脊髓)[뇌-쑤/눼-쑤][명] 중추 신경계인 뇌와 척수를 통틀어 이르는 말.
뇌척수-막(腦脊髓膜)[뇌-쑤-/눼-쑤-][명] 뇌와 척수를 싸고 있는 막. 수막(髓膜).
뇌척수막-염(腦脊髓膜炎)[뇌-쑤망념/눼-쑤망념][명] 일종의 쌍구균(雙球菌)에 의하여 뇌막과 척수막에 생기는 염증. 〔두통·고열·경련·마비 등을 일으키며 사망률이 높음.〕
뇌척수-액(腦脊髓液)[뇌-쑤-/눼-쑤-][명] 뇌실 안이나 척수 속에 차 있는 무색투명한 액체. 외부로부터의 충격에 대하여 뇌나 척수를 보호하고, 또 이들에 대한 영양의 보급 등도 맡고 있음. 뇌장(腦漿).
뇌천(腦天)[뇌-/눼-][명] ☞정수리.
뇌-출혈(腦出血)[뇌-/눼-][명] ☞뇌일혈.
뇌-충혈(腦充血)[뇌-/눼-][명] 뇌의 혈관 속을 흐르는 혈액량이 늘어난 상태. 정신적 흥분이나 과로·일사병·알코올 중독 등에서 나타나는데, 심하면 졸도하여 인사불성이 됨.
뇌파(腦波)[뇌-/눼-][명] 뇌의 활동에 따라서 일어나는 뇌전류, 또는 그것을 끌어내어 증폭 기록한 것.
뇌풍(腦風)[뇌-/눼-][명] 한방에서 이르는 풍병(風病)의 한 가지. 뒷머리부터 등까지 차가워지고 오한이 나며, 머리가 아프고 어지러움.
뇌-하다[뇌-/눼-][형여] 천하고 아주 더럽다.
뇌-하수체(腦下垂體)[뇌-/눼-][명] 척추동물의 대뇌 아래쪽에 드리워 있는 콩만 한 크기의 내분비샘. 생식·발육 등과 밀접한 관계가 있음. 골밑샘.
뇌-혈전증(腦血栓症)[뇌-쩐쯩/눼-쩐쯩][명] 뇌의 동맥 속에 혈액이 엉긴 덩어리가 생겨 혈관이 막히는 증상. 동맥 경화에 의한 것이 많고, 뇌졸중의 원인이 됨.
뇌형(牢刑)[뇌-/눼-][명] 주리를 트는 형벌.
뇌홍(雷汞)[뇌-/눼-][명] 수은을 질산으로 용해시키고, 에틸알코올을 넣어서 만든 화합물. 조그만 자극에도 폭발하기 때문에 기폭제로 쓰임. 뇌산수은.
뇌화(雷火)[뇌-/눼-][명] ①천둥과 번개. ②벼락으로 일어난 불.
뇌환(雷丸)[뇌-/눼-][명] 대나무 뿌리에 나는 버섯의 한 가지. 밤과 비슷한 모양인데, 단단하고 무거우며 거죽은 검고 속은 흰 빛깔임. 살충약으로 쓰임.
뇌후(腦後)[뇌-/눼-][명] ①뒤통수. ②무덤의 뒤쪽.
뇌후-종(腦後腫)[뇌-/눼-][명] 한방에서, 뒤통수에 나는 부스럼을 이르는 말.
뇟-보[뇓뽀/뇃뽀][명] 사람됨이 천하고 더러운 사람.
-뇨[어미] 〈옛〉-냐. ¶ 어디ᄒᆞ여 이 오ᄉᆞᆯ 닙엇ᄂᆞ뇨(五倫2:29).
누[대] 〈누구〉의 준말. ¶ 대체 누가 그런 소릴 해?
누[대] 〈옛〉 누구. ¶ 師ㅣ 무로ᄃᆡ 부톄 누고(月釋 *21:195*). /눌 미르시리(龍歌*99*章).
누(婁)[명] 〈누성(婁星)〉의 준말.
누ː(累)[명] (남과의 관계에 있어서) 정신적으로나 물질적으로 입는 피해나 괴로움. ¶ 누가 되다. /누를 끼쳐 죄송합니다.
누ː(漏)[명] ①〈누수〉의 준말. ②〈각루〉의 준말.
누(樓)[명] ①다락집. ②〈누각(樓閣)〉의 준말.
누(壘)[명] 야구에서, 내야의 네 귀퉁이에 놓인 방석 모양의 물건. 베이스(base).
누ː가(累加)[명][하타][되자] ①자꾸 보태어 나감. ②수학에서, 같은 수를 차례차례 보태어 나가는 일. ↔누감(累減).
누ː가(累家)[명] 대대로 이어 온 집안.
누가(nougat 프)[명] 희고 무른 서양식 사탕 과자의 한 가지. 〔땅콩 따위가 들어 있는 것이 많음.〕
누가-복음(←Luke福音)[명] 신약 성서 중의 셋째 편. 누가의 저작으로, 사복음서 가운데 하나. 예수의 생애와 가르침이 기록되어 있음.
누ː각(漏刻)[명] 물시계.
누각(樓閣)[명] 사방이 탁 트이게 높이 지은 다락집. 대각(臺閣). [준]누.
누각(鏤刻)[명][하타] ①쇠붙이나 나무에 그림이나 글씨를 새김. ②문장이나 말을 다듬고 고침.

누:감(累減)명하타되자 ①자꾸 줄여 나감. ②수학에서, 어떤 수에서 일정한 수를 차례차례 빼는 일. ↔누가(累加).
누:감-세(累減稅)[-쎄]명 과세 물건(課稅物件)의 가격이 증가함에 따라 세율이 낮아지는 조세. 역진세(逆進稅).
누:거(陋居)명 ①좁고 너절한 집. ②'자기의 집'을 겸손하게 이르는 말.
누:-거만(累巨萬)명 〔여러 거만의 뜻으로〕 '매우 많음'을 나타내는 말. ¶ 누거만의 재산.
누:거만-금(累巨萬金)명 매우 많은 돈.
누:거만-년(累巨萬年)명 매우 오랜 세월.
누:거만-재(累巨萬財)명 매우 많은 재물.
누:견(陋見)명 ①좁은 생각. 하찮은 의견. ②남에게 대하여 '자기의 의견(생각)'을 겸손하게 이르는 말.
누:계(累計)[-계/-게]명하타되자 부분 부분의 합계를 차례차례 가산(加算)하는 일, 또는 그렇게 해서 나온 합계. 누산(累算).
누:고(漏告)명하타 ①(어떤 부분을) 숨기고 말하지 않음. ②비밀을 남에게 알림.
누:고(漏鼓)명 지난날, 성루에 달아 놓고 시각을 알리기 위하여 치던 북.
누:공(漏空)명하타 ☞투조(透彫).
누:공(瘻孔)명 부스럼의 구멍.
누:공(鏤工)명하타 쇠붙이나 도자기에 무늬 따위를 아로새기는 일, 또는 그 기술자.
누:관(淚管)명 누도(淚道)의 한 부분. 위쪽은 코에 가까운 위아래 눈꺼풀에 열려 있고, 아래쪽은 비강(鼻腔) 속에 열려 있어, 눈물을 눈에서 코로 보내는 관.
누구대 ①그 사람이 어떤 사람인지 모를 때, 의문의 뜻을 나타내는 말. ¶ 당신은 누구요?/이게 누구 것이오? ②특정의 사람이 아닌 어떤 사람을 두루 이르는 말. ¶ 누구도 지나갈 수 없다./언젠가는 누군가 하겠지. ③대상을 밝히지 않고 이르는 말. ¶ 누구라면 네가 알아?/누구더러 이래라저래라야? 준누.
누구-누구대 '누구'의 복수. ¶ 어제 극장에 누구누구 갔었니?
누그러-들다[~드니·~들어]자 누그러지다.
누그러-뜨리다타 누그러지게 하다. 누그러트리다.
누그러-지다자 ①〔성이 나 있거나 흥분(긴장)해 있던 것이〕 좀 부드러워지다. ¶ 마음이 누그러지다./태도가 누그러지다. ②(정도가 심하거나 높아져 있던) 추위·더위·병세·물가 따위의 정도가 덜하여지다. ¶ 추위가 누그러지다./값이 누그러지다./어제부터 시작된 복통이 좀 누그러졌다. 누그러들다.
누그러-트리다타 누그러뜨리다.
누그름-하다형여 좀 누글누글하다. 작노그름하다. 누그름-히부.
누글-누글[-루-]부하형 좀 무르게 누긋누긋한 모양. 작노글노글. 누글누글-히부.
누:금(鏤金)명하자 쇠붙이 그릇에 화조(花鳥)·산수(山水) 따위를 아로새기는 일.
누긋-누긋[-근-귿]부하형 여럿이 다 누긋한 모양. 작노긋노긋. 누긋누긋-이부.
누긋-하다[-그타-]형여 ①메마르지 않고 좀 눅눅하다. 작노긋하다. ②성미가 급하지 않고 부드럽다. ¶ 마음이 누긋하다. ③날씨가 좀 누그러진 듯하다. ¶ 누긋한 날씨. 누긋-이부.
누:기(淚器)명 눈물을 분비하고, 이것을 비강(鼻腔)으로 이끌어 내는 기관을 통틀어 이르는 말. 〔누선(淚腺)·누관(淚管)·누낭(淚囊)·누비관(淚鼻管) 따위.〕
누:기(漏氣)명 축축한 물기. ¶ 누기가 차다.
누기(가) 치다관용 축축한 기운이 나다.
누기다타 〈옛〉 눅이다. 늦추다. 용서하다. ¶ 弛는 누길씨라(月釋序*13*).
누꿈-하다형여 (전염병이나 해충 따위가) 한동안 부쩍 심하게 퍼지다가 좀 수그러져 뜸해지다. 누꿈-히부.
누:나명 사내아이가 '손위 누이'를 이르는 말. 높누님.
누:낭(淚囊)명 누도(淚道)의 일부로, 아래위의 누소관(淚小管)에서 흘러온 눈물이 담기는 주머니.
누:년(累年) Ⅰ명 여러 해. 오랜 세월. 누세(累歲). ¶ 누년에 걸친 실정(失政).
Ⅱ부 여러 해 동안. ¶ 누년 양로원에 봉사하러 가다.
누:누-이(累累-)부 여러 번. 여러 차례. ¶ 누누이 타이르다.
누:님명 〈누나〉의 높임말.
누다타 똥이나 오줌을 몸 밖으로 내보내다.
누-다락(樓-)명 다락집의 위층.
누:대(累代)명 여러 대. 누세(累世). 혁대(奕代). ¶ 누대에 걸쳐 살아온 고장.
누대(樓臺)명 누각(樓閣)과 대사(臺榭).
누:대-봉사(累代奉祀)명하자 여러 대의 조상의 제사를 받드는 일.
누:대-분산(累代墳山)명 여러 대의 조상의 묘지가 있는 곳.
누더기명 누덕누덕 기운 헌 옷. 남루(襤褸).
누덕-누덕[-덩-]부하형 여기저기 해진 자리를 깁고 덧붙이고 한 모양. 작노닥노닥[2].
누:도(淚道)명 눈알의 표면을 적신 눈물이 비강(鼻腔)에 이르는 경로(經路). 〔누점(淚點)·누소관(淚小管)·누낭(淚囊) 따위를 지나 비강에 이름.〕 누로(淚路).
누:도(屢度)명 여러 번. 여러 차례.
누:두(漏斗)명 ☞깔때기.
누:드(nude)명 ①벌거벗은 몸. ②회화나 사진 등으로 표현된 나체상.
누:드-모델(nude model)명 회화나 사진 등에 나체를 표현하기 위해 벌거벗은 모델.
누:락(漏落)명하타되자 (마땅히 기록되어야 할 것이) 기록에서 빠짐, 또는 기록에서 빠뜨림. 낙루(落漏). ¶ 명부에 누락된 사람이 있다.
누:란(累卵)명 〔포개 놓은 알이란 뜻으로〕 '몹시 불안정하고 위태로운 상태'를 비유하여 이르는 말. ¶ 정국이 누란의 위기에 놓이다.
누:란지세(累卵之勢)명 포개 놓은 알처럼 몹시 위태로운 형세.
누런-빛[-빋]명 누런 빛깔. 비누런색. 작노란빛. ＊누런빛이[-비치]·누런빛만[-빈-]
누런-색(-色)명 누런 색깔. 비누런빛. 작노란색.
누렁명 누런 빛깔. 누런 물감. 작노랑.
누렁-개명 털빛이 누른 개. 누렁이. 황구(黃狗).
누렁-물명 누르퉁퉁하고 더러운 물. ↔먼물.
누렁-우물명 물이 맑지 않아서 먹지 못하는 우물. ↔먼우물.
누렁-이명 ①누런 빛깔의 물건. ②누렁개.
누:렇다[-러타][누러니·누레]형ㅎ 매우 누르다. ¶ 누런 황토 먼지./누렇게 익은 벼 이삭. 작노랗다.
누:레-지다자 누렇게 되다. 작노래지다.
누:로(淚路)명 ☞누도(淚道).

누룩명 밀을 굵게 갈아 반죽하여 띄운 것. 술을 빚는 발효제로 쓰임. 국얼(麴糱). 주매(酒媒). 종곡(種麴).

누룩-곰팡이[-꼼-]명 자낭균류에 딸린 곰팡이. 포자는 황록색 또는 갈색임. 이 곰팡이가 만드는 효소는 전분을 당분으로 바꾸는 작용을 하기 때문에 양조(釀造)에 이용됨. 곡균. 국균.

누룩-두레[-뚜-]명 도자기 가마를 만들 때 쓰는, 누룩 덩이 같은 흙덩이.

누룩-밑[-룽믿]명 홍국(紅麴)을 만드는 재료. 〔찐 찹쌀밥을 물에 버무려 독에 넣고 익힌 뒤에, 갈아서 풀처럼 만듦.〕 국모(麴母). * 누룩밑이[-룽미치]·누룩밑을[-룽미틀]·누룩밑만[-룽민-]

누룽지명 솥 바닥에 눌어붙은 밥. 참눌은밥.

누ː르-기명 유도의 굳히기의 한 가지. 상대편의 상체를 등이 바닥에 닿게 하여 누르는 기술. 〔누르는 방법에 따라 위누르기·곁누르기·세로누르기·가로누르기로 나뉨.〕

누르께-하다형여 곱지도 짙지도 않게 누르스름하다. 누리끼리하다. 작노르께하다.

누ː르다[1][누르니·눌러] Ⅰ타르 ①힘을 가하여 위에서 아래로 밀다. ¶ 어깨를 누르다. ②무거운 것을 얹어 놓다. ¶ 종이 끝을 눌러 놓다. ③어떤 심리 작용이 일어나지 못하게 하다. ¶ 욕망을 누르다. /홍분을 누르다. ④남을 꼼짝 못하게 윽박지르다. ¶ 반대파를 누르다. ⑤누름단추를 밀다. ¶ 벨을 누르다. ⑥(경기나 경선 따위에서) 상대를 제압하여 이기다. ¶ 상대를 근소한 차로 누르고 반장에 당선되었다. ⑦국수틀로 국수를 뽑다. ¶ 국수를 누르다.
Ⅱ자르 《주로 '눌러 있다', '눌러 살다'의 꼴로 쓰이어》 계속 머물다. ¶ 형님 댁에 눌러 살다.

누르다[2][누르니·누르러]형러 개나리꽃이나 호박꽃의 빛깔과 같다. 작노르다.

누르디-누르다[~누르니·~누르러]형러 아주 누르다.

누르락-붉으락[-뿔그-]부하자 몹시 성을 낼 때, 얼굴빛이 누렇게 되었다가 다시 붉게 되었다가 하는 모양.

누르락-푸르락부하자 몹시 성을 낼 때, 얼굴빛이 누렇게 되었다가 다시 푸르게 되었다가 하는 모양.

누르무레-하다형여 산뜻하지 않게 약간 누르다. 작노르무레하다.

누르미명 〈화양누르미〉의 준말.

누르스레-하다형여 누르스름하다. 작노르스레하다.

누르스름-하다형여 산뜻하고 옅게 누르다. 조금 누르다. 누르스레하다. 작노르스름하다. **누르스름-히**부.

누르퉁퉁-하다형여 ①맵시가 없고 산뜻하지 않게 누르다. ②붓고 뜬 살이 핏기 없이 누른빛을 띠다. ¶ 그는 신장이 좋지 않아 항상 누르퉁퉁하게 뜬 얼굴로 다닌다.

누른-빛[-빋]명 누른 빛깔. 작노른빛. * 누른빛이[-비치]·누른빛만[-빈-]

누를-황(-黃)명 한자 부수의 한 가지. '黌'·'黈' 등에서의 '黃'의 이름.

누름-단추명 손가락으로 눌러 종을 울리게 하거나 기계를 작동시키거나 하는 조그만 돌기물(突起物). 버튼. 준단추[1].

누름-돌[-똘]명 물건을 꼭 눌러 두는 데 쓰는 돌. 〔김칫돌 따위.〕

누름-적(-炙)명 고기와 채소를 꼬챙이에 꿰어 굽거나 달걀을 씌워 번철에 지진 음식. 황적(黃炙).

누릇-누릇[-륻-륻]부하형 군데군데 누르스름한 모양. 작노릇노릇. **누릇누릇-이**부.

누릇-하다[-르타-]형여 누르스름하다. 작노릇하다.

누리명 ☞우박(雨雹).

누리명 '세상(世上)'을 예스럽게 이르는 말.

누리-꾼명 네티즌.

누리끼리-하다형여 누르께하다. 작노리끼리하다.

누리다[1]타 (기쁨이나 즐거움 따위를) 마음껏 겪으면서 맛보다. ¶ 복을 누리다. /자유를 누리다.

누리다[2]형 ①누린내가 나다. ②기름기가 많아 메스꺼운 냄새가 나다.

누리척지근-하다[-찌-]형여 누린내가 조금 나는 것 같다. 준누리치근하다·누척지근하다. 작노리착지근하다. **누리척지근-히**부.

누리치근-하다형여 〈누리척지근하다〉의 준말. 작노리치근하다. **누리치근-히**부.

누린-내명 ①짐승의 고기에서 나는 기름기의 냄새. ②짐승의 털이 불에 타는 냄새. 조취(臊臭). 참노린내.
누린내가 나도록 때리다관용 (우악살스럽게) 아주 몹시 때리다.

누릿-하다[-리타-]형여 냄새가 좀 누리다. 작노릿하다.

누-마루(樓-)명 다락처럼 높게 만든 마루.

누ː만(累萬)명 여러 만. 〔굉장히 많은 수를 나타내는 말.〕

누ː만-금(累萬金)명 〔여러 만 냥의 돈이라는 뜻으로〕 굉장히 많은 액수의 돈.

누ː망(漏網)명하자 잡히게 된 범법자가 수사망을 빠져 달아남.

누ː망(縷望)명 한 가닥의 가느다란 희망. 일루(一縷)의 희망.

누ː명(陋名)명 ①창피스러운 평판에 오르내리는 이름. ②억울하게 뒤집어쓴 불명예. 오명(汚名). ¶ 누명을 벗다. /살인자라는 누명을 쓰다.

누ː문(漏聞)명하타 새어 나온 말을 얻어들음.

누문(樓門)명 다락집 밑으로 드나들게 된 문.

누ː범(累犯)명 금고(禁錮) 이상의 형을 받고 그 집행이 끝났거나 면제를 받은 후, 3년 이내에 또다시 금고 이상에 해당하는 죄를 범하는 일, 또는 그런 사람. 〔형이 가중(加重)됨.〕 참재범.

누ː범^가중(累犯加重)명 누범에 대하여 형기(刑期)를 더하는 일. 〔그 죄에 대한 형기의 두 배까지 가중할 수 있음.〕

누벨(nouvelle 프)명 (콩트와 로망의 중간 형식인) 중편 소설.

누벨바그(nouvelle vague 프)명 〔새로운 물결이란 뜻으로〕 1958년경부터 몇 년 동안 프랑스 영화계에 나타난, 젊은 영화 작가들과 그 작품 경향에 대해서 붙여진 이름. 〔현대를 의식의 내부로부터 주관적으로 묘사하려 하였으며, 대담한 행동의 추구와 자유분방한 섹스의 묘사 등이 그 특징이었음.〕

누ː보(屢報)명하타 여러 번 보도함(알림).

누보-로망(nouveau roman 프)명 ☞앙티로망.

누비명 천을 겹으로 포개 놓고 줄이 죽죽 지게 박는 바느질, 또는 그렇게 만든 것. 〔흔히 사이에 솜을 두고 박음.〕

누ː비-관(淚鼻管)명 ☞비루관(鼻淚管).

누비다타 ①천을 포개 놓고 죽죽 줄이 지게 박다. ¶ 포대기를 누비다. ②요리조리 뚫고 나가다. ¶ 사람들 사이를 누비고 지나가다. ③이리저리 마음껏 활동하다. ¶ 운동장을 누비다. /정계를 누비다. ④〈찡그리다〉의 속된 말.

누비-옷[-옫]명 옷감을 누벼 지은 옷. 누빈 옷. ＊누비옷이[-오시]·누비옷만[-온-]
누비-이불명 솜을 얇게 두어 누빈 이불.
누비-질명하자 누비는 일.
누비-처네명 누벼서 만든 처네.
누비-포대기명 얇게 솜을 두고 누벼서 만든 포대기.
누비-혼인(-婚姻)명하자 두 성(姓) 사이에 많이 겹치어 하는 혼인. 비겹혼인·덤불혼인.
누:삭(累朔)명 여러 달.
누:산(累算)명 ☞누계.
누:산-기(累算器)명 컴퓨터의 연산 장치에서, 수치를 가감승제하고 그 결과를 일시적으로 비축해 두는 레지스터의 한 가지. 어큐뮬레이터.
누상(樓上)명 다락 위. ↔누하(樓下).
누상(壘上)명 야구에서, 각 누(壘)의 위를 이르는 말. ¶ 누상에 한 명의 주자가 나가 있다.
누:선(淚腺)명 ☞눈물샘.
누선(樓船)명 판자로 지붕을 덮고 다락집처럼 꾸민 배. 〔옛날, 해전이나 뱃놀이 따위에 쓰였음.〕
누:선-염(淚腺炎)[-념]명 누선의 염증.
누:설(漏泄·漏洩)명하자타되자 ①액체가 샘, 또는 새게 함. ②비밀이 새어 나감, 또는 새어 나가게 함. ¶ 기밀을 누설하다.
누:설(縲絏)명 〔검은 포승이라는 뜻으로〕'감옥, 또는 감옥에 갇히는 일'을 비유하여 이르는 말.
누성(婁星)명 이십팔수의 하나. 서쪽의 둘째 별자리. 준누.
누:세(累世)명 여러 대(代). 여러 세대(世代). 누대(累代).
누:세(累歲)명 여러 해. 누년(累年).
누:속(陋俗)명 (문화적이지 않은) 천한 풍속 또는 풍습. 누습(陋習). 누풍(陋風).
누:송(淚誦)명하타 (시나 노래·문장 따위를) 눈물을 흘리면서 읊거나 부름.
누:수(淚水)명 눈물.
누:수(漏水)명 ①물이 샘, 또는 새는 그 물. ¶ 누수로 말미암아 수량이 줄다. 준누. ②물시계에서 떨어지는 물.
누:수-기(漏水器)명 ☞물시계.
누:습(陋習)명 ☞누속(陋俗).
누:습(漏濕)명하형 습기가 스며 있음.
누:승(累乘)명하타 '거듭제곱'의 구용어.
누:시누:험(屢試屢驗)명하타 여러 번 시험하고 여러 번 경험함.
누:실(陋室)명 ①좁고 더러운 방. ②남 앞에서 '자기의 방'을 겸손하게 이르는 말.
누:실(漏失)명하타되자 빠뜨려 잃어버림.
누심(壘審)명 야구에서, 일루·이루·삼루의 베이스 가까이에서, 각각 그 베이스에 관한 판정을 맡아보는 심판.
누:안(淚眼)명 눈물이 괴어 있는 눈.
누:액(淚液)명 눈물.
누:액(漏液)명 한방에서, 손발과 겨드랑이 같은 데에 땀이 늘 나는 병.
누에명 누에나방의 유충. 자벌레와 비슷하며, 몸빛은 희고, 검은 무늬가 있음. 뽕을 먹고 살며, 네 번의 잠을 자는 동안 네 번 탈바꿈한 후에 고치를 짓고, 그 고치 안에서 번데기가 되었다가 다시 나방이 되어 고치를 뚫고 나와 알을 낳은 뒤 죽음.
　누에(가) 오르다관용 누에가 고치를 지으려고 섶에 오르다.
누에-고치명 ☞고치[1]. 잠견(蠶繭).
누에-나방명 누에나방과의 곤충. 누에의 성충임. 편 날개 길이 4 cm가량. 암컷은 몸빛이 희고 촉각은 회백색이며, 수컷은 몸빛이 회색이고 촉각은 검음. 번데기에서 우화(羽化)하여 며칠 만에 교미하고, 알을 낳은 뒤에 죽음. 원잠아. 잠아.
누에^농사(-農事)명 누에를 치는 일. 잠농(蠶農). 잠작(蠶作).
누에-늙은이명 누에가 늙은 것처럼 '말라 휘늘어진 사람'을 비유하여 일컫는 말.
누에-떨기명하자 ☞소잠(掃蠶).
누에-똥명 누에의 똥. 농작물의 거름이나 약재로 쓰임.
누에-머리명 산의 형세가 누에의 머리 모양으로 솟은 산꼭대기.
누에-섶[-섭]명 ☞섶[4]. ＊누에섶이[-서피]·누에섶만[-섬-]
누에-씨명 (씨를 받을) 누에의 알. 잠종(蠶種).
누에^채반(-盤)명 ☞잠박(蠶箔).
누에-콩명 콩과의 다년초. 네모꼴의 줄기 높이는 40~80 cm. 봄에 흰 바탕에 짙은 자줏빛의 점이 있는 나비 모양의 꽃이 피고, 움츠린 누에 모양의 꼬투리에는 너덧 개의 콩이 들어 있음. 씨는 간장·콩나물·기름 따위의 재료로 쓰임. 잠두.
누에-파리명 기생파릿과의 곤충. 몸길이 1~1.5 cm. 몸빛은 회백색, 날개는 갈색임. 몸은 넓적하고 배 쪽은 평평함. 누에·멧누에 따위의 살갗이나 털 끝에 알을 슬며, 그것의 유충인 누엣구더기가 누에의 몸 속으로 들어가 자람으로써 누에를 죽게 함. 우리나라·일본·중국·인도 등지에 분포함. 잠향(蠶蠁).
누엣-구더기[-에꾸-/-엗꾸-]명 ①누에기생파리의 유충. 뽕잎에 슬어 놓은 누에기생파리의 알이, 그 뽕잎을 먹는 누에의 몸 속에서 부화하여 구더기로 된 것. ②누에파리의 유충. 누에의 살갗이나 털 끝 따위에 슬어 놓은 누에파리의 알이 부화하여 구더기로 된 것. 잠저(蠶蛆).
누역명 〈옛〉 도롱이. ¶ 비온 날 니믜챤 누역이 볏귀 본돌 엇더리(古時調.鄭澈). /누역 사:蓑(訓蒙中*15*).
누열(陋劣) '누열하다'의 어근.
누:열-하다(陋劣-)형여 하는 짓이나 마음이 더럽고 비열하다.
누:옥(陋屋)명 ①좁고 너저분한 집. ②'자기의 집'을 겸손하게 이르는 말. ¶ 누옥을 방문해 주시니 더없는 영광입니다.
누:옥(漏屋)명 비가 새는 집.
누운-다리명 ☞베틀다리.
누운-단명 웃옷의 아랫단.
누운-목(-木)명 누인 무명.
누운-변(-邊)명 본전과 함께 한목에 갚거나 받는 변리(邊利). 와변(臥邊). 장변(長邊). ↔선변.
누운-잣나무[-잔-]명 소나뭇과의 상록 침엽 교목. 바늘 모양의 잎이 다섯 개씩 뭉쳐남. 꽃은 암수가 한 꽃봉오리에 있음. 수꽃은 검은빛이 도는 자홍색으로 길둥글고, 암꽃은 달걀 모양인데 6~7월에 피며, 구과(毬果)는 이듬해 9월에 익음. 왜송(倭松).
누울-외(-椳)[-우뢰/-우뤠]명 벽 속에 가로로 대는 외. 준눌외. ↔설외.
누워-먹다[-따]자 편하게 놀고먹다. 일을 하지 않고 놀면서 지내다.
누:월(累月)명 여러 달.
누의명 〈옛〉 누이. ¶ 아슥누의 믜:妹(類合上*19*).
누이명 남자에게 있어서, 동기(同氣)인 여자. 〔보통 자기보다 나이가 적은 여자에 대하여 씀.〕 준뉘[3].

누이 좋고 매부 좋다㉠속담 양쪽에게 다 이롭고 좋다는 말.
누이다¹㉠타 〔'눕다'의 사동인 '눕히다'의 변한말로〕 ①사람을 자리에 눕게 하거나 바닥에 쓰러뜨리다. ¶ 아기를 요 위에 누이다. /상대 선수를 매트에 누이다. ②긴 물체를 바닥에 가로놓다. ¶ 기둥을 마당에 누이어 놓다. ③이자만 치르고 원금은 그대로 빚으로 있게 하다. ¶ 본전을 누이다. ④무명·모시·명주 따위를 잿물에 삶아 물에 빨아서 희고 부드럽게 하다. ¶ 생명주를 누이다. ㉠본눕히다. ㉠준뉘다.
누-이다²㉠타 〖'누다'의 사동〗 오줌·똥 따위를 누게 하다. ¶ 곤히 자는 아이를 깨워 억지로 오줌을 누이다. ㉠준뉘다.
누이-동생(-同生)㉠명 나이가 자기보다 아래인 누이. 손아래 누이. 여동생. 여제(女弟).
누이-바꿈㉠명㉠하자 누이를 처남과 혼인시킴. 곧, 두 남자가 서로의 누이와 결혼하는 일.
누:일(累日)㉠명 ①여러 날. 적일(積日). ¶ 누일을 앓다. ②〖부사적 용법〗 ¶ 장마가 누일 계속되다.
누임㉠명㉠하타 무명·모시·명주 따위를 누이는 일. ㉠준뉨.
누:적(累積)㉠명㉠하자.타㉠되자 포개져 쌓임, 또는 포개어 쌓음. 적루. ¶ 경험을 누적하다. /누적된 피로.
누:적(漏籍)㉠명㉠하타㉠되자 (사무 착오 등으로) 호적·병적·학적 따위에서 빠짐.
누:전(漏電)㉠명㉠하자㉠되자 절연이 불완전하여 전류의 일부가 전선 밖으로 새어 나가는 일, 또는 그 전류.
누:전(漏箭)㉠명 ①물시계에서 시간을 가리키는 화살. ②어디로부터 날아왔는지 모르게 날아와서 사람을 맞힌 화살.
누:점(淚點)㉠명 아래위의 눈꺼풀에 있는, 누도(淚道)의 입구가 되는 부분.
누:점(漏點)㉠명 물시계의 물이 똑똑 듣는 일, 또는 그 물방울.
누:정(漏丁)㉠명㉠하타 지난날, 부역에서 빠지려고 사내아이를 호적에 올리지 않던 일.
누:정(漏精)㉠명㉠하자 ☞유정(遺精).
누:조(累祖)㉠명 대대의 조상. 조상 대대.
누:조(累朝)㉠명 대대의 조정(朝廷).
누:주(淚珠)㉠명 구슬 같은 눈물방울.
누:증(累增)㉠명㉠하자.타㉠되자 수량 따위가 자꾸 늚, 또는 늘림. ¶ 올해 상반기 국제 수지에서 흑자가 누증하다.
누:지(陋地)㉠명 ①누추한 곳. ②'자기가 사는 곳'을 겸손하게 이르는 말.
누:지다㉠형 조금 축축한 기운이 있다. ¶ 누진 방에서 자면 병나기 쉽네.
누:진(累進)㉠명㉠하자.타 ①지위 따위가 자꾸 올라감. ②수량이 많아지거나 가격이 상승함에 따라 그에 대한 비율도 높아지는 일.
누:진^과세(累進課稅)㉠명 누진 세율에 의하여 세금을 부과하는 일.
누:진-세(累進稅)[-쎄]㉠명 과세 물건(課稅物件)의 수량, 또는 가격의 증가에 따라 세율이 높아지는 조세. 〔법인세·소득세·상속세 따위.〕 ㉠참비례세.
누:진^세:율(累進稅率)[-쎄-]㉠명 세율의 한 가지. 과세 표준의 금액 또는 수량이 많아짐에 따라 비례 이상으로 차차 증가하는 세율.
누:진-율(累進率)[-뉼]㉠명 수량이 많아지거나 가격이 상승함에 따라 차차 증가하는 비율.
누:차(累次) Ⅰ㉠명 여러 차례. 누회. 수차(數次). ¶ 누차에 걸쳐서 독촉을 받았다.
Ⅱ㉠부 여러 차례에 걸쳐. 누회. 수차(數次). ¶ 누차 편지를 하다.
누:창(漏瘡)㉠명 ☞감루(疳瘻).
누척지근-하다[-찌-]㉠형㉠여 〈누리척지근하다〉의 준말. ¶ 곰국이 덜 끓었는지 구수한 맛은 없고 누척지근하다. ㉠작노착지근하다. 누척지근-히㉠부.
누:천(累千)㉠명 여러 천. 썩 많은 수.
누:천-년(累千年)㉠명 여러 천년. 오랜 세월.
누:최(漏催)[-최/-췌]㉠명㉠하자 시계가 때를 재촉함. 시간이 가까이 닥침.
누추(陋醜) '누추하다'의 어근.
누:추-하다(陋醜-)㉠형㉠여 ①너저분하고 더럽다. ¶ 누추한 옷차림. ②자기의 거처 따위를 겸손하게 이를 때 쓰는 말. ¶ 누추한 곳까지 찾아주셔서 고맙습니다.
누:출(漏出)㉠명㉠하타㉠되자 ①(기체나 액체 따위가) 새어 나옴. ¶ 가스가 누출되다. ②기밀이나 정보 따위가 밖으로 새어 나감. ¶ 개인 정보 누출.
누치㉠명 잉엇과의 민물고기. 몸길이 50 cm가량. 입술은 붉고 입가에 한 쌍의 수염이 있으며, 몸빛은 은백색 바탕에 등 쪽은 회색인데, 잉어와 비슷함.
누:치(漏痔·瘻痔)㉠명 ☞치루.
누:탈(漏脫)㉠명㉠하자 빠져 달아남. 탈루.
누:택(陋宅)㉠명 ①누추한 집. ②남 앞에서 '자기의 집'을 겸손하게 이르는 말.
누:토(累土)㉠명㉠하자 흙을 쌓아 올림, 또는 쌓아 올린 그 흙.
누:퇴(累退)[-퇴/-퉤]㉠명㉠하자 ①비율이 차차 내려감. ②관위나 등급 따위가 차차 내려감.
누:퇴-세(累退稅)[-퇴쎄/-퉤쎄]㉠명 누진세(累進稅)의 한 가지. 과세 표준의 일정 한도까지를 누진세로 하고, 그 한도를 넘는 부분은 비례세로 하는 세금.
누:풍(陋風)㉠명 ☞누속(陋俗).
누:하(淚河)㉠명 〔눈물의 강이란 뜻으로〕 '눈물을 많이 흘림'을 비유하여 이르는 말.
누하(樓下)㉠명 다락 밑. 누각의 아래. ↔누상.
누:한(←淚痕)㉠명 도자기 표면에 눈물이 흘러내린 자국처럼 잿물이 흘러내린 자국.
누:항(陋巷)㉠명 ①좁고 누추한 거리, 또는 그런 동네. ②속된 세상. ③'자기가 사는 곳'을 겸손하게 이르는 말.
누:항-사(陋巷詞)㉠명 조선 광해군 때 박인로(朴仁老)가 지은 가사. 〔그가 경기도 용진(龍津)에 한거(閑居)하고 있을 때, 친구 이덕형(李德馨)이 그 생활 형편을 물은 데 대하여, 안빈낙도(安貧樂道)한다는 뜻의 대답을 가사 형식으로 지은 내용.〕
누:혈(漏血)㉠명 한방에서, 피가 나오는 치질(痔疾)을 이르는 말.
누:호(淚湖)㉠명 각막이나 결막 표면을 씻어 내린 눈물이 눈초리 옆에 일단 괴는 곳.
누:호(漏戶)㉠명 호적에서 빠진 집.
누:호(漏壺)㉠명 물시계에서, 물을 담는 그릇과 물을 받는 그릇을 함께 이르는 말.
누:회(累回)[-회/-훼] Ⅰ㉠명 여러 번. 여러 차례. 누차(累次).
Ⅱ㉠부 여러 번에 걸쳐. 누차(累次). ¶ 재건축에 대하여 누회 설명하였다.
누:흔(淚痕)㉠명 눈물 자국.
누흙다㉠형 〈옛〉 마음이 풀려 게으르다. ¶ 열두히롤 누흙디 아니ᄒᆞ샤(月釋21:213).

눅눅-하다[눙누카-]형여 ①물기나 기름기가 섞여 좀 물렁물렁하고 부드럽다. 작녹녹하다. ②누기(漏氣)가 차서 좀 축축하다. **눅눅-히**부.

눅다[-따] Ⅰ자 ①뻣뻣하던 것이 무르거나 부드러워지다. ¶ 봄비에 땅이 눅다. ②분위기나 기세 따위가 부드러워지다. ¶ 나이가 들어 성질이 눅었다.
Ⅱ형 ①반죽 따위가 무르다. ¶ 반죽이 너무 눅은 것 같다. ②뻣뻣하던 것이 습기를 받아 부드럽다. ¶ 빨래는 약간 눅을 때 다려야 한다. ③성질이 누긋하다. ¶ 딱딱해 보이지만, 사귀어 보면 그렇게 눅을 수가 없다. ④추위가 풀려 푸근하다. ¶ 봄 날씨처럼 눅다. ⑤값이 싸다. ¶ 시세가 눅다.

눅신-눅신[-씬-씬]부하형 매우 눅신한 모양. 작녹신녹신.

눅신-하다[-씬-]형여 부드럽고 눅눅하여 질기지 않다. 작녹신하다. **눅신-히**부.

눅실-눅실[-씰룩씰]부하형 매우 눅실한 모양. 작녹실녹실.

눅실-하다[-씰-]형여 아주 무르게 눅신하다. 작녹실하다.

눅은-도리명 풍류(風流)의 곡조의 마디를 눅게 하는 도막.

눅이다타 ①(열이나 기름·물 따위를 가하여) 누긋누긋하게 하다. ¶ 물을 뿜어 빨래를 눅이다. ②목소리를 부드럽게 하다. ¶ 목소리를 눅이다. ③마음을 부드럽게 가지다. ¶ 노여움을 눅이다.

눅자치다타 〈옛〉 위로하다. ¶ 눅자칠 위:慰(類合下43).

눅지다[-찌-]자 날씨나 성미 따위가 누그러지다.

눅진-거리다[-찐-]자 자꾸 눅진눅진하다. 눅진대다.

눅진-눅진[-찐-찐]부하형 매우 눅진한 모양. 작녹진녹진.

눅진-대다[-찐-]자 눅진거리다.

눅진-하다[-찐-]형여 (물체나 성질이) 누긋하고 끈끈하다. 작녹진하다. **눅진-히**부.

눈[1]명 ①(사람이나 동물의) 물건을 보는 감각 기관. 목자(目子). 〔빛의 자극으로 보는 기능이 생김.〕 ②물체를 볼 수 있는 능력. 시력. ¶ 눈이 좋다. /눈이 나빠 안경을 끼다. ③어떤 사물을 보고, 그 사물의 옳고 그름이나 좋고 나쁨 따위를 가려내는 능력. ¶ 눈이 너무 높다. /현대 미술을 보는 눈. ④☞눈길[1]. ¶ 눈이 마주치다. /뭇사람의 눈을 끌다. ⑤어떤 사물에 대해 갖는 생각이나 태도. ¶ 내 눈에는 네 옷차림이 영 못마땅하다. /슬픈 눈으로 하늘만 쳐다보다. ⑥태풍의 중심을 이루는 부분. ¶ 태풍의 눈.
눈 가리고 아웅속담 얕은수로 남을 속이려 함.
눈 감으면 코 베어 먹을 세상속담 '인심이 흉악함'을 비유하여 이르는 말.
눈 뜨고 도둑맞는다속담 번연히 알면서도 속거나 손해를 본다는 말.
눈을 떠야 별을 보지속담 어떤 결과를 얻으려면 거기에 필요한 일을 차례대로 해야 한다는 말.
눈 깜짝할 사이관용 매우 짧은 동안을 이르는 말. ¶ 눈 깜짝할 사이에 지갑을 도둑맞았다.
눈도 깜짝 안 하다관용 조금도 두려워하거나 놀라지 않고 태연하다.
눈 딱 감다관용 더 이상 다른 것을 생각하지 않다. ¶ 이번에 눈 딱 감고 자동차 한 대 구입하시지요.
눈 밖에 나다관용 (신임을 얻지 못하고) 미움을 받게 되다.
눈에 거슬리다〔걸리다〕관용 보기에 마뜩찮아 불쾌한 느낌을 가지게 되다.
눈에 거칠다관용 하는 짓이 보기에 싫고 마음에 들지 아니하다. 하는 짓이 온당하지 못하다.
눈에 넣어도 아프지 않다관용 (주로, 아들딸이나 손자·손녀가) 몹시 귀여움을 나타낼 때 하는 말.
눈에 들다관용 마음에 맞다. 정이 가다.
눈(에) 띄다관용 두드러지게 드러나다.
눈에 밟히다관용 (딱한 모습 등이) 잊으려고 해도 자꾸 눈에 선하게 나타나다. ¶ 생시의 그 또랑또랑하던 모습이 자꾸 눈에 밟힌다.
눈에 불을 켜다관용 (무엇을 찾거나 이루려고) 온 정신을 집중시키고 덤비다.
눈에 불이 나다관용 ①머리를 얻어맞거나 하여 눈에 불이 이는 듯하다. ②몹시 화가 나다.
눈에 선하다관용 잊혀지지 않고 눈에 환히 보이는 것 같다.
눈에 설다관용 눈에 익지 않다. 처음 보는 것 같다. ¶ 한두 번 왔던 동네인데도 눈에 설다.
눈에 쌍심지를 켜다관용 몹시 화가 나서 두 눈을 부릅뜨다.
눈(에) 어리다관용 잊혀지지 않고 그 모습이 환상이 되어 눈에 보이다.
눈에 이슬이 맺히다관용 눈에 눈물이 글썽해지다. ¶ 떠난다는 말을 꺼내기도 전에 눈에 이슬이 맺히다.
눈에 익다관용 (여러 번 보아서) 눈에 익숙하다. ¶ 눈에 익은 사람.
눈에 차다관용 마음에 들어 흡족하다. ¶ 웬만한 것은 눈에 차지 않는 모양이다.
눈에 칼을 세우다관용 화가 나서 표독스럽게 노려보다.
눈에 헛거미가 잡히다관용 〔눈에 허깨비가 아른거릴 정도로〕 ①배가 몹시 고프다. ②욕심에 눈이 어두워 사물을 바로 보지 못하다.
눈에 흙이 들어가다〔덮이다〕관용 죽다. 죽어서 땅에 묻히다. ¶ 내 눈에 흙이 들어가기 전에는 너희 결혼을 승낙할 수 없어.
눈(을) 끌다관용 ①호기심을 일으켜 보게 하다. ②마음이 쏠리다.
눈(을) 맞추다관용 ①서로 눈을 마주 보다. ②(남남인) 남녀 사이에 서로 사랑하는 눈치를 보이다.
눈(을) 붙이다관용 잠깐 동안 잠을 자다.
눈(을) 속이다관용 꾀를 써서, 보는 이가 모르게 하다.
눈(을) 주다관용 ①눈길을 그쪽으로 돌려서 보다. ②가만히 시선을 주어 무슨 뜻을 전하다.
눈(이) 가다관용 시선이 향하여지다.
눈(이) 꺼지다관용 피로하거나 영양 부족이거나 하여 눈이 움쑥 들어가다.
눈(이) 높다관용 ①무엇이나 좋은 것만 탐하는 버릇이 있다. ②사물의 좋고 나쁨을 가려내는 능력이 뛰어나다.
눈(이) 뒤집히다관용 ①환장을 하다. 욕심이 동하여 어쩔 줄을 몰라 하다. ②몹시 참혹한 일을 당하여 제정신을 잃다.
눈이 등잔만 하다관용 몹시 놀라거나 화가 나서 눈을 크게 떠 휘둥그레지다.
눈(이) 맞다관용 ①두 사람의 마음이 서로 통하다. ②(남남인) 남녀 사이에 서로 사랑하는 마음이 통하다.
눈이 빠지도록 기다리다관용 몹시 애태우며 오래 기다리다. ¶ 소식을 눈이 빠지도록 기다리다.

눈(이) 삐다관용 뻔한 것을 잘못 보고 있을 때 핀잔으로 하는 말. ¶ 그것도 못 알아보다니 눈이 삐었구나.
눈(이) 시다관용 하는 짓이 눈에 거슬려 보기에 아니꼽다.
눈이 시퍼렇게 살아 있다관용 멀쩡하게 살아 있다.
눈(이) 어둡다관용 어떤 상태나 상황의 속내를 잘 모르는 처지다. ¶ 책만 뒤지던 학자님이라, 장삿속에는 눈이 어둡지.
눈이 캄캄하다관용 ①정신이 어찔하여 생각이 콱 막히다. ②까막눈이다. 판무식이다.
눈이 트이다관용 사물이나 현상을 판단하는 능력을 갖게 되다.
눈[2]명 초목의 줄기·가지·잎겨드랑이 등에서 새잎이나 꽃·가지 따위의 싹이 되어 돋아날 자리.
눈[3]명 자·저울 따위에 수(數)나 양(量)을 헤아리게 새긴 금. 눈금.
눈[4]명 ①그물의 구멍. ②당혜(唐鞋)·운혜(雲鞋) 따위의 코와 뒤울의 꾸밈새.
눈ː[5]명 기온이 0℃ 이하일 때 대기의 상층에서 수증기가 응결하여 땅에 내리는 흰 결정체.
눈 먹던 토끼 얼음 먹던 토끼가 제각각속담 사람은 자기가 겪어 온 환경에 따라 각기 그 능력이나 생각이 다름을 이르는 말.
눈 오는 날 개 싸다니듯속담 〔눈이 오면 개들이 좋아하고 돌아다닌다는 뜻으로〕 쓸데없이 돌아다니기 좋아함을 이르는 말.
눈-가[-까]명 눈의 가장자리.
눈-가늠[-까-]명하타 눈대중으로 목표를 정하는 일.
눈ː-가루[-까-]명 눈송이의 부스러진 가루.
눈-가리개명 안 보이게 눈을 가리는 물건.
눈-가림명하타 겉만 꾸미어 남을 속이는 일. ¶ 눈가림으로 하는 일.
눈-가장[-까-]명 눈의 가장자리.
눈-가죽[-까-]명 눈두덩의 살가죽.
눈-감다[-따] Ⅰ자 죽다. ¶ 고이 눈감으소서. Ⅱ타 (남의 잘못 따위를) 보고도 못 본 체하다. ¶ 비리를 눈감아 주다.
눈-겨룸명하자 ☞눈싸움[1].
눈-결[-껼]명 눈에 슬쩍 뜨이는 잠깐 동안. 《주로, '눈결에'의 꼴로 쓰임.》 ¶ 어둠 속이었지만 눈결에 넌 줄 알았다.
눈-곱[-꼽]명 ①눈에서 나오는 진득진득한 즙액, 또는 그것이 말라붙은 것. ②'매우 적거나 작은 것'을 비유하여 이르는 말. ¶ 눈곱만큼의 여유도 없다.
눈곱만-하다[-꼼-]형여 매우 작다(적다).
눈-곱자기[-꼽짜-]명 〈눈곱〉의 속된 말.
눈ː-구름[-꾸-]명 ①눈과 구름. ②눈을 내리게 할 듯한 구름.
눈-구멍[1][-꾸-]명 ①눈알이 박힌 구멍. 안공(眼孔). 안과(眼窠). 안와(眼窩). 안확. ②〈눈[1]〉의 속된 말.
눈ː-구멍[2][-꾸-]명 눈이 많이 쌓인 가운데.
눈-구석[-꾸-]명 코 쪽으로 향한 눈의 구석.
눈구석에 쌍가래톳이 선다속담 너무 분한 일을 당하여 눈에 독기(毒氣)가 서린다.
눈-금[-끔]명 ☞눈[3].
눈ː-기운[-끼-]명 눈이 올 듯한 기미.
눈-기이다타 남의 눈을 속이다.
눈-길[1][-낄]명 눈으로 보는 방향. 눈이 가는 곳. 눈[1]. 시선(視線). ¶ 따뜻한 눈길.
눈길(을) 모으다관용 여러 사람의 시선을 집중시키다.
눈ː-길[2][-낄]명 눈이 쌓인 길. 눈이 내리고 있는 길. 설경(雪徑). 설로(雪路).
눈-까풀명 눈알을 덮어 위아래로 움직이는 까풀. 큰눈꺼풀.
눈-깔명 〈눈[1]〉의 속된 말.
눈깔(이) 뒤집히다관용 '눈(이) 뒤집히다'를 속되게 이르는 말.
눈깔(이) 삐다관용 '눈(이) 삐다'를 속되게 이르는 말.
눈깔-귀머리장군(-將軍)명 연의 한 가지. 귀머리장군 삼각형 속에 크고 작은 흰 점이 둘이나 셋씩 있게 만든 연.
눈깔-머리동이명 연의 한 가지. 먹머리동이의 양쪽에 동그란 흰 점이 하나씩 있는 연.
눈깔-바구니명 가는 대오리로 구멍이 많이 나게 결은 바구니.
눈깔-사탕(*-沙糖)명 ☞알사탕.
눈깔-허리동이명 연의 한 가지. 허리의 양쪽에 너비 한 치 서너 푼 되는 검은 띠에 크고 동그란 점이 하나씩 있게 만든 연.
눈-깜작이명 눈을 자주 깜작거리는 사람. 준깜작이. 큰눈끔적이. 센눈깜짝이.
눈-깜짝이명 〈눈깜작이〉의 센말. 준깜짝이. 큰눈끔쩍이.
눈-꺼풀명 눈알을 덮어 위아래로 움직이는 꺼풀. 안검(眼瞼). 작눈까풀.
눈-꼬리명 귀 쪽으로 가늘게 좁혀진 눈의 가장자리. 눈의 귀 쪽으로 째진 부분.
눈-꼴명 '눈의 생김새나 움직이는 모양'을 얕잡아 이르는 말. ¶ 눈꼴을 보아 하니, 순한 인품은 아닌 것 같다.
눈꼴-사납다[-따][~사나우니·~사나워]형ㅂ 태도나 행동이 아니꼬워 보기 싫다.
눈꼴-시다형 하는 짓이 같잖아서 보기에 아니꼽다. 눈꼴틀리다. ¶ 으스대는 꼴이 눈꼴시다.
눈꼴-틀리다형 눈꼴시다.
눈-꼽명 '눈곱'의 잘못.
눈ː-꽃[-꼳]명 꽃이 핀 것같이 나뭇가지 위에 얹혀 있는 흰 눈. 설화(雪花). *눈ː꽃이[-꼬치]·눈ː꽃만[-꼰-]
눈-끔적이명 눈을 자꾸 끔적거리는 사람. 준끔적이. 작눈깜작이. 센눈끔쩍이.
눈-끔쩍이명 〈눈끔적이〉의 센말. 준끔쩍이. 작눈깜짝이.
눈-높이[-노피]명 ①관측할 때, 수평으로부터 관측하는 사람의 눈까지의 높이. ②어떤 사물을 보거나 상황을 인식하는 안목의 수준.
눈눈-이부 눈마다. 눈동자마다.
눈-다랑어명 고등엇과의 바닷물고기. 몸길이 2 m가량. 몸이 두껍고 눈이 크며 가슴지느러미가 특히 길. 깊이 20∼120 m 되는 곳에 삶.
눈-대중[-때-]명하타 (크기나 수량 따위를) 눈으로 대강 어림잡아 헤아리는 일. 눈어림. 눈짐작. 목측(目測).
눈-도장(-圖章)[-또-]명 〔눈으로 찍는 도장이라는 뜻으로〕 상대편의 눈에 띄는 일을 이르는 말.
눈-독(-毒)[-똑]명 욕심을 내 눈여겨보는 기운.
눈독(을) 들이다〔올리다〕관용 욕심을 내어 잔뜩 눈여겨보다. ¶ 남의 재산에 눈독을 들이다.
눈-동냥[-똥-]명 곁에서 얻어 보는 일.
눈-동자(-瞳子)[-똥-]명 안구(眼球) 한가운데 있으며, 홍채(虹彩)에 둘러싸인 조그맣고 검게 보이는 부분. 빛이 들어가는 입구가 됨. 동공(瞳孔). 동자(瞳子). 모자(眸子). 안정(眼睛).

눈-두덩[-뚜-]명 눈언저리의 두두룩한 곳.
눈-두덩이[-뚜-]명 ☞눈두덩.
눈두에명 〈옛〉눈두덩. 눈까풀. ¶ 눈두에:眼胞(同文上*15*). 참늜두베.
눈-딱부리[-뿌-]명 '유달리 크고 툭 불거져 나온 눈, 또는 그런 눈을 가진 사람'을 홀하게 이르는 말. 준딱부리.
눈-딱지[-찌]명 보기에 험상궂고 흉한 눈, 또는 그렇게 생긴 눈매.
눈-뜨다[~뜨니·~떠]자 ①잠에서 깨어나다. ¶ 만물이 눈뜨는 새 아침. ②사물의 이치나 참뜻을 깨달아 알게 되다. ¶ 현실에 눈뜨다.
눈뜬-장님명 ①눈을 뜰 수는 있지만 보이지 않는 눈을 가진 사람. 청맹과니. ②글을 모르는 사람. 문맹자(文盲者). ¶ 책이 있으면 무얼 해, 눈뜬장님인걸.
눈ː록(嫩綠)[눌-]명 연한 녹색.
눈-망울명 ①눈알 앞쪽의 두두룩한 부분. 눈동자가 있는 곳. ②눈알. ②안구(眼球). 준망울.
눈-매명 ☞눈맵시. ¶ 눈매가 예쁘다.
눈-맵시[-씨]명 눈의 생긴 모양새. 눈매.
눈-멀다[~머니·~멀어]자 ①눈이 보이지 아니하게 되다. 시력을 잃다. ¶ 눈먼 장님. ②어떤 일에 온전히 마음이 쏠리어 그것에만 정신을 쏟다. ¶ 사랑에 눈멀다. /돈에 눈멀다.
  눈먼 자식이 효자 노릇 한다속담 평소에는 생각지도 않았던 사람한테 은혜를 입게 된다.
  눈먼 탓이나 하지 개천 나무래 무엇 하나속담 자기의 부족함을 탓할 것이지 남을 원망할 것이 아니다.
  눈먼 돈관용 ①임자 없는 돈. ②우연히 생긴 공돈. ②뜬돈.
눈ː-모시명 뉘어서 빛깔이 하얗게 된 모시. 백저.
눈-목(-目)명 한자 부수의 한 가지. '眼'·'睦' 등에서의 '目'의 이름.
눈-물[1]명 ①눈알 위쪽에 있는 누선(淚腺)에서 나와 눈알을 축이는 투명한 액체. 여러 가지 자극이나 정신적인 감동에 의하여 흘러나옴. ¶ 눈물이 나다. /눈물이 어리다. ②'동정'·'인정'을 비유하여 이르는 말. ¶ 피도 눈물도 없는 사람.
  눈물(을) 머금다관용 ①눈물이 글썽해지다. ②슬픔이나 고통 따위를 억지로 참으려 애를 쓰다.
  눈물(을) 짜다관용 ①공연히 눈물을 질금질금 흘리며 울다. ②억지로 울다.
  눈물이 앞을 가리다관용 몹시 슬퍼서 눈물이 자꾸 흐르다.
  눈물(이) 없다관용 동정하거나 감동하는 일이 없다. ¶ 눈물 없이는 볼 수 없는 영화.
눈ː-물[2]명 눈이 녹은 물.
눈물-겹다[-따][~겨우니·~겨워]형ㅂ 눈물이 날 만큼 마음에 사무치거나 애처롭다. ¶ 눈물겨운 이별의 장면. /눈물겨운 노력.
눈물-바다[-빠-]명 '한자리에 있는 여러 사람이 동시에 울거나 눈물을 흘리는 장면'을 비유하여 이르는 말.
눈물-받이[-바지]명 눈물이 흘러내리는 곳에 있는 검정 사마귀를 달리 이르는 말.
눈물-방울[-빵-]명 방울방울 맺히는 눈물.
눈물-샘[-쌤]명 눈물을 분비하는 상피 조직의 기관. 눈구멍의 바깥 위쪽에 있는데, 눈물을 조금씩 내보내어 눈을 적심. 누선(淚腺).
눈물-지다자 눈물이 흐르다.
눈물-짓다[-짇따][~지으니·~지어]자ㅅ 눈물을 흘리다. 울다. ¶ 고향 생각에 눈물짓다.
눈ː-바람명 ①눈과 함께, 또는 눈 위로 불어오는 차가운 바람. 설풍(雪風). 설한풍. ②'모진 고난'을 비유하여 이르는 말.
눈ː-발[-빨]명 내리는 눈의 가닥(줄기). ¶ 눈발이 굵어지다.
  눈발(이) 서다관용 눈이 곧 내릴 듯하다.
눈-방울[-빵-]명 정기가 있어 보이는 또렷또렷한 눈알.
눈ː-밭[-받]명 ①눈이 깔린 땅. 설전(雪田). ②높은 산의 마루턱이나 중턱에 눈이 녹지 않고 남아 있는 곳. *눈ː밭이[-바치]·눈ː밭을[-바틀]·눈ː밭만[-반-]
눈-병(-病)[-뼝]명 눈에 생긴 병. 안질(眼疾).
눈ː-보라명 바람에 불리어 휘몰아치는 눈. 풍설. ¶ 눈보라가 치다.
눈-부시다형 ①빛이 아주 아름답고 황홀하다. ¶ 붉게 물든 단풍이 눈부시다. ②활동이나 업적 따위가 매우 훌륭하다. ¶ 눈부신 성과.
눈-부처명 눈동자에 비쳐 나타난 사람의 형상. 동인(瞳人). 동자부처.
눈ː-비명 눈과 비.
눈-비음명하자 남의 눈에 좋게 보이기 위하여 겉으로만 꾸밈.
눈-빛[1][-삗]명 ①(마음이) 눈에 나타나는 기색. ¶ 언짢아하는 눈빛. ②눈이 내쏘는 빛(기운). 안광(眼光). ¶ 형형한 눈빛. *눈빛이[-삐치]·눈빛만[-삔-]
눈ː-빛[2][-삗]명 눈의 빛깔. 흰빛. *눈ː빛이[-삐치]·눈ː빛만[-삔-]
눈ː-사람[-싸-]명 눈을 뭉쳐서 만든 사람의 형상.
눈ː-사태(-沙汰)명 산비탈 같은 데 쌓인 눈이 한꺼번에 세차게 무너져 내리는 일.
눈-살[-쌀]명 양 눈썹 사이에 있는 주름.
  눈살(을) 찌푸리다관용 못마땅하여 양미간을 찡그리다.
눈ː-서리명 눈과 서리.
눈ː석이명 '눈석임'의 잘못.
눈ː-석임명하자 쌓인 눈이 녹아 스러짐.
눈ː석임-물명 (이른 봄에) 쌓였던 눈이 녹아 흐르는 물. 설수(雪水).
눈섭명 〈옛〉눈썹. ¶ 눈서베 디나는 디픈 막대 어르눅도다(杜初*7*:*12*).
눈-속임명하타 남의 눈을 속이는 짓.
눈ː-송이[-쏭-]명 내리는 눈의 송이.
눈-시울[-씨-]명 속눈썹이 난, 눈의 가장자리. 목광(目眶). ¶ 눈시울을 적시다.
눈-싸움[1]명하자 서로 마주 보며, 오랫동안 눈을 깜짝이지 않기를 겨루는 장난. 눈겨룸. 준눈쌈[1].
눈ː-싸움[2]명하자 눈을 뭉쳐서 서로 던져 맞히는 장난. 설전(雪戰). 준눈쌈[2].
눈-쌈[1]명하자 〈눈싸움[1]〉의 준말.
눈ː-쌈[2]명하자 〈눈싸움[2]〉의 준말.
눈ː-썰매명 눈 위에서 타거나 끄는 썰매.
눈ː썰매-장(-場)명 눈 위에서 썰매나 그와 비슷한 기구를 탈 수 있도록 시설한 곳.
눈-썰미명 한두 번 보고도 곧 그것을 해낼 수 있는 재치. 목교(目巧). ¶ 눈썰미가 있어 무슨 일이든 곧잘 한다.
눈-썹명 눈두덩 위에 가로로 길게 모여 난 짧은 털. 미모(眉毛).
  눈썹도 까딱하지 않다관용 놀라거나 겁내는 기색이 조금도 없이 태연하다.
눈썹-끈명 ☞눈썹줄.

눈썹-노리[-썸-]명 베틀의 눈썹대의 끝 부분. 〔잉앗대를 거는 눈썹줄이 여기에 달림.〕
눈썹-대[-때]명 베틀의 용두머리 두 끝에서 앞으로 길게 내뻗친 가는 막대기.
눈썹-먹[-썸-]명 눈썹을 그리는 데 쓰는 먹.
눈썹-바라지[-빠-]명 약계바라지 짝의 중턱에 건너지른 두 개의 작은 들창. 〔이 창을 통해 밖을 내다볼 수 있음.〕
눈썹-줄[-쭐]명 베틀의 눈썹대 끝에 달려 잉앗대를 거는 줄. 눈썹끈.
눈썹-차양(-遮陽)명 처마 끝에 다는 폭이 좁다란 차양.
눈-씨명 쏘아보는 눈빛. ¶ 매서운 눈씨에 우선 기가 꺾이고 말았다.
눈ː아(嫩芽)명 새로 나온 어린 싹.
눈ː-안개명 눈이 올 때에 눈발이 자욱하여 사방이 안개가 낀 것처럼 희부옇게 보이는 상태.
눈-알명 ☞안구(眼球).
눈알(이) 나오다관용 몹시 놀라서 눈알이 나올 듯하다.
눈알이 빠지도록 기다리다관용 몹시 애태우며 오래 기다리다.
눈-앞[누납]명 ①아주 가까운 곳. ¶ 대청봉이 눈앞에 나타났다. ②매우 가까운 앞날. ¶ 시험 날짜가 눈앞에 다가왔다. ③남이 보고 있는 그 앞. 면전(面前). ¶ 사람들 눈앞에서 창피를 당하다. ＊눈앞이[누나피]·눈앞만[누남-]
눈앞이 캄캄하다관용 어찌할 바를 모르다.
눈-약(-藥)[-냑]명 눈병의 치료에 쓰는 약. 안약(眼藥).
눈-어림명하타 ☞눈대중.
눈-언저리명 눈의 가장자리.
눈엣-가시[누네까-/누넫까-]명 몹시 미워 늘 눈에 거슬리는 사람. 안중정(眼中釘). ¶ 눈엣가시 같은 존재.
눈여겨-보다[-녀-]타 마음먹고 자세히 보다. ¶ 지나가는 사람을 눈여겨보았다.
눈ː엽(嫩葉)명 새로 난 잎. 어린잎.
눈-요기(-療飢)[-뇨-]명하타 (먹고 싶거나 갖고 싶은 것을) 보는 것만으로 어느 정도 만족하는 일. ¶ 좋은 그림이 많아 눈요기는 되는 책이다.
눈-웃음명 소리 없이 눈으로만 웃는 웃음. ¶ 눈웃음을 짓다.
눈웃음-치다자 남의 마음을 끌려고 소리 없이 눈웃음을 웃다.
눈-인사(-人事)명하자 눈짓으로 가볍게 하는 인사. 목례(目禮). ¶ 잘 아는 사이가 아니어서 그저 눈인사만 주고받았다.
눈ː-자라기명 아직 몸을 꼿꼿이 하여 앉지 못하는 어린아이.
눈-자위[-짜-]명 눈알의 언저리. 안광(眼眶).
눈자위(가) 꺼지다관용 (사람이) 죽다.
눈-접(-椄)명 접붙일 나무의 눈을 도려내어 접본(椄本)의 껍질 틈에 접붙이는 일.
눈-정기(-精氣)[-쩡-]명 눈의 광채.
눈-정신(-精神)[-쩡-]명 ☞눈총기.
눈-짐작(←-斟酌)[-찜-]명하타 ☞눈대중.
눈-짓[-찓]명하자·타 눈으로 어떤 뜻을 나타내 보이는 짓. ¶ 눈짓을 주고받다. ＊눈짓이[-찌시]·눈짓만[-찐-]
눈-짓물이[-진-]명 '눈시울이 짓무른 사람'을 별명으로 이르는 말.
눈짓-콧짓[-찓코찓/-찓콛찓]명 온갖 눈짓을 강조하여 이르는 말.
눈ᄌᆞᅀᆞ명 〈옛〉눈동자. 눈알. ¶ 눈ᄌᆞᅀᆞ 청:睛(訓蒙上25).
눈ᄍᆞᅀᆞ명 〈옛〉눈동자. ¶ 護持호ᄆᆞᆯ 눈ᄍᆞᅀᆞ ᄀᆞ티ᄒᆞ샤(佛頂上4).
눈ː초(嫩草)명 새로 싹튼 어린 풀.
눈-초리명 ①귀 쪽으로 가늘게 좁혀진 눈의 구석. 목자(目眥). ②바라보는 눈길, 또는 그때의 눈 모양. ¶ 날카로운 눈초리.
눈-총명 쏘아보는 눈길. ¶ 남의 눈총을 받다. / 눈총을 주다.
눈총(을) 맞다관용 남의 미움을 받다.
눈-총기(-聰氣)명 본 것을 잊지 않고 잘 기억하는 재주. 눈정신. ¶ 눈총기가 좋다.
눈-치명 ①남의 마음이나 일의 낌새를 알아챌 수 있는 힘. ¶ 눈치가 빠르다. /눈치가 있다. ②겉으로 드러나는 어떤 태도. ¶ 좀 이상한 눈치였다.
눈치가 빠르면 절에 가도 젓갈을 얻어먹는다속담 눈치가 빠르면 어디에 가도 군색하지 않게 지낼 수 있다는 말.
눈치(가) 다르다관용 태도나 행동이 평상시와 달리 이상스럽다.
눈치(가) 보이다관용 남의 마음이나 일의 낌새를 눈치로 살피게 되다.
눈치(를) 보다관용 남의 마음이나 일의 낌새를 눈치로 살피다.
눈치(를) 살피다관용 남의 눈치가 어떠한가를 엿보다.
눈치-꾼명 남의 눈치만 슬슬 보아 가며 행동하는 사람.
눈치-놀음명하자 눈치를 보아 가면서 그에 맞추어 행동하는 일.
눈-치레명하자 실속은 없이 겉으로만 번지르르하게 꾸미는 일.
눈치-작전(-作戰)[-쩐]명 미리 낌새를 보아 자기에게 유리하도록 여러 가지 조치를 취하는 것. ¶ 원서 접수 마감일에는 눈치작전이 치열했다.
눈치-코치명 '눈치'의 힘줌말.
눈치코치도 모르다관용 남의 일이나 남의 생각을 도무지 알아차리지 못하다.
눈칫-밥[-치빱/-칟빱]명 눈치를 보아 가며 얻어먹는 밥. ¶ 친척 집에 얹혀 눈칫밥을 얻어먹고 있다.
눈-코명 눈과 코.
눈코 뜰 사이 없다관용 몹시 바쁘다.
눈코 사이관용 아주 가까운 거리.
눈-퉁이명 〈눈두덩〉의 속된 말.
눈-트다[~트니·~터]자 (식물의) 싹이 새로 돋아 나오다.
눈-표(-標)명 눈에 잘 띄도록 한 표. 안표(眼標). ¶ 그 자리에 눈표를 해 두다.
눈표(가) 나다관용 눈에 잘 띄다.
눈-허리명 '코허리'의 잘못.
눉두베명 〈옛〉눈두덩. ¶ 눉두베 므거본 둘 아라든(蒙法2). 참눈두에.
눉믈명 〈옛〉눈물. ¶ 色界옛 눉므리 ᄀᆞᄅᆞ비 ᄀᆞ티 ᄂᆞ리다(月釋1:36). 참눉믈.
눉믈명 〈옛〉눈물. ¶ 어마님 그리신 눉므를(龍歌91章). 참눉믈.
눋ː-내[눈-]명 밥 따위가 눌 때 나는 냄새. ¶ 눋내가 나다.
눋ː다[-따][눌으니·눌어]자ㄷ 누른빛이 나도록 조금 타다. ¶ 다림질을 잘못하여 옷이 눌었다.
눌준 '누구를'이 줄어든 말. ¶ 눌 탓하며, 눌 원망하랴.

눌대 〈옛〉〔'누'의 목적격형〕 누구를. ¶ 눌을 보라 가시는고(鄭澈.續美人曲).
눌눌-하다[-룰-]형여 (털이나 싹 따위가) 누르스름하다. 작놀놀하다. **눌눌-히**부.
눌:러-듣다[-따][~들으니·~들어]타ㄷ 탓하지 않고 너그럽게 듣다. ¶ 귀에 거슬리는 점이 있더라도 눌러들어 주시오.
눌:러-먹다[-따]타 같은 집에서 계속해서 밥을 먹다. ¶ 친척 집에서 한 달이나 눌러먹었다.
눌:러-보다타 탓하지 않고 너그럽게 보다. ¶ 아직 서툴지만 눌러보아 주십시오.
눌:러-쓰다[~쓰니·~써]타 ①(모자 따위를) 푹 내려 쓰다. ¶ 모자를 눌러쓴 사나이. ②글씨를 힘주어 쓰다. ¶ 너무 눌러쓰면 종이가 찢어진다.
눌:러-앉다[-안따]자 같은 장소나 직위·직무 따위에 그대로 계속 머물러 있다. ¶ 정년이 지났는데도 영업부장 자리에 그대로 눌러앉아 있다.
눌:러-자다자 계속 머물러 자다.
눌:리다[1]자타 〖'누르다[1]'의 피동〗 누름을 당하다. ¶ 힘에 눌리다. /시집살이 3년 동안 시누이 밑에 눌려 지내다.
눌:리다[2]타 〖'눋다'의 사동〗 눋게 하다. ¶ 밥을 좀 눌려 숭늉을 끓이다.
눌:림-감각(-感覺)명 ☞압각(壓覺).
눌:림-끈명 베틀의 눌림대에 걸어 베틀다리에 매는 끈. 눌림줄.
눌:림-대[-때]명 베틀의 잉아 뒤에 있어 베의 날을 누르는 막대.
눌:림-줄[-쭐]명 ☞눌림끈.
눌면-하다형여 좀 누르스름하다. 작놀면하다. **눌면-히**부.
눌변(訥辯)명 더듬거리는 서툰 말솜씨. ↔능변(能辯)·달변(達辯).
눌삽(訥澁) '눌삽하다'의 어근.
눌삽-하다(訥澁-)[-사파-]형여 말을 더듬거려 듣기에 답답하다.
눌어-붙다[-붇따]자 ①조금 타서 바닥에 붙다. ¶ 밥이 솥 바닥에 눌어붙다. ②한곳에 오래 있으면서 떠나지 않다. ¶ 마땅히 갈 곳도 없어서 겨우내 여기 눌어붙어 있을 생각이야.
눌언(訥言)명 더듬는 말. 비삽어(澁語).
눌:-외(-椳)[누뢰/누뤠]명 〈누울외〉의 준말.
눌은-밥명 솥 바닥의 누룽지에 물을 부어 불려서 긁은 밥. 참누룽지.
눌-하다(訥-)형여 더듬거려 말이 술술 나오지 아니하다. ¶ 듣는 사람이 짜증을 낼 정도로 말이 눌하다.
눕:다[1][-따][누우니·누워]자ㅂ ①등이나 옆구리를 바닥에 대고 몸을 길게 펴다. ¶ 자리에 편히 눕다. ②병으로 일어나지 못하다. ¶ 한 달이나 누워 있다. ③나무나 풀이 쓰러지거나 죽다. ¶ 누운 나무에는 열매가 안 여는 법이다.
누울 자리 봐 가며 발을 뻗어라속담 시간과 장소·가능성 따위를 가려서 행동해야 한다는 뜻.
누워서 떡 먹기속담 힘들이지 않고 아주 쉽게 할 수 있음을 이르는 말.
누워서 침 뱉기속담 결국은 자기 자신에게 해가 돌아온다는 말.
눕:다[2][-따][누우니·누워]자ㅂ 이자는 치렀지만 원금이 그대로 빚으로 있다. ¶ 원금은 그대로 누워 있어 걱정이다.
눕:다[3][-따][누우니·누워]타ㅂ 무명·모시·명주 따위를 잿물에 삶아서 물에 빨아 희고 부드럽게 하다. 《주로, '눕다'의 사동인 '누이다'의 꼴로 쓰임.》
눕히다[누피-]타 〈누이다[1]〉의 본딧말.
눙치다타 ①좋은 말로 마음을 풀어서 누그러지게 하다. ¶ 조금 눙치다가 다시 나무랐다. ②어떤 행동이나 말 따위를 문제 삼지 않고 넘기다. ¶ 거짓말이 탄로나자 친구는 농담이라고 하며 눙치려 했다. 작농치다.
뉘[1]명 자손에게서 받는 덕. ¶ 뉘를 보다.
뉘[2]명 쌀 속에 섞여 있는, 겉껍질이 벗겨지지 않은 벼의 낟알. ¶ 쌀에서 뉘를 골라내다.
뉘:[3]명 〈누이〉의 준말.
뉘:[4]준 '누구'에 서술격 조사 '이다'가 붙어 줄어든 말. ¶ 뉘시온데 제 이름을 물으십니까?
뉘:[5]준 '누구의'가 줄어든 말. ¶ 너는 이게 뉘 덕인지 아니?
뉘 덕으로 잔뼈가 굵었기에관용 남의 은덕을 입고 자라났지만 그 덕을 모를 때에 이르는 말.
뉘 집에 죽이 끓는지 밥이 끓는지 아나관용 여러 사람의 사정을 다 살펴 알기는 어렵다는 말.
뉘[1]명 〈옛〉①세상. 평생. ¶ 前世生은 아랫 뉘옛 生이라(月釋*1:6*). ②적. 때. ¶ 過去는 디나건 뉘오(月釋*2:21*). 참누리.
뉘[2]대 〈옛〉①누구. ¶ 뉘 슈:誰(訓蒙下*24*). ②누가(누구가). ¶ 뉘 아니 ᄉᆞ랑ᄒᆞᅀᆞᄫᆞ리(龍歌*78*章). ③누구의. ¶ 뉘 지븨셔 또 칠꼬(杜初*17:28*). /대 버히ᄂᆞ닌 뉘 아ᄃᆞᆯ오(杜重*1:23*). /둘흔 뉘해어니오(樂範.處容歌). 참누.
-뉘접미 〈옛〉《일부 명사 뒤에 붙어》 별로 대단하지 않은 것, 작은 것, 천한 것 등의 뜻을 나타냄. ¶ 世上에 憂患뉘 몰은이 글을 부러ᄒᆞ노라(古時調). /구름 씬 볏뉘도 쬔 적이 업건마는(古時調).
뉘누리명 〈옛〉①물살. ¶ 뉘누리 단:湍(訓蒙上*5*). ②소용돌이. ¶ 뉘누리 와:渦(訓蒙上*5*).
뉘:다타 〈누이다[1]〉·〈누이다[2]〉의 준말.
뉘:렇다[-러타][뉘러니·뉘레]형ㅎ 생기가 없이 아주 누렇다. 작뇌랗다.
뉘-반지기(-半-)명 뉘가 많이 섞여 있는 쌀.
뉘앙스(nuance 프)명 말의 의미·색조·음조·감정 따위의, 딴것과 서로 다른 미묘한 특색.
뉘연-히부 '버젓이'의 잘못.
뉘엿-거리다[-엳꺼-]자 자꾸 뉘엿뉘엿하다. 뉘엿대다. ¶ 해가 뉘엿거리는 저녁 무렵.
뉘엿-뉘엿[-연-엳]부 ①하자해가 산이나 지평선 너머로 조금씩 넘어가는 모양. ②하형속이 메스꺼워 자꾸 토할 듯한 상태.
뉘엿-대다[-엳때-]자 뉘엿거리다.
뉘우쁘다[뉘우쁘니·뉘우빠]형 뉘우치는 생각이 있다.
뉘우치다타 자기 잘못을 깨닫고 마음속으로 스스로 꾸짖다. ¶ 잘못을 뉘우치다. 준뉘웇다.
뉘우침명 뉘우치는 일. 자기 잘못을 스스로 깨닫는 일.
뉘웇다[-욷따]타 〈뉘우치다〉의 준말. ＊뉘웇어·뉘웇는[-운-]
뉘지근-하다형여 〈뉘척지근하다〉의 준말. **뉘지근-히**부.
뉘척지근-하다[-찌-]형여 누린 냄새가 좀 심하다. 준뉘지근하다. **뉘척지근-히**부.
뉨명하타 〈누임〉의 준말.
뉴:딜(New Deal)명 1933년 미국 대통령 루스벨트가 실시한, 불황을 극복하기 위한 경제 정책.
뉴:똥명 견(絹)으로 짠 옷감의 한 가지. 〔빛깔이 곱고 보드라우며 잘 구겨지지 않음.〕

뉴:런(neuron)명 신경 세포와 거기서 나오는 돌기를 합친 것. 신경을 구성하는 단위가 됨. 신경원.
뉴:룩(new look)명 ①새로운 패션 감각이 있는 옷. ②새로운 유행 양식.
뉴:모:드(new+mode)명 복식(服飾)에서의 새로운 유행, 또는 그 유행에 따라서 만든 옷이나 모자 따위.
뉴:^미디어(new media)명 신문·라디오·텔레비전 따위의 기존 미디어에 대하여, 정보·통신 기술의 발달로 새로이 등장한 미디어. 〔문자 다중 방송·쌍방향 케이블 티브이 따위.〕
뉴:^세라믹스(new ceramics)명 특수 도자기. 화학 제품 또는 인공 광물 등 순도가 높은 원료를 주로 사용하여 만든 새 요업 제품.
뉴:스(news)명 ①아직 일반에 알려지지 않은 새로운 일, 또는 그 소식. ②(신문·방송 등에서의) 시사성이 있는 보도, 또는 그 내용. ¶ 톱 뉴스.
뉴:스^밸류(news value)명 보도로서의 가치.
뉴:스^소:스(news source)명 새 소식의 출처, 또는 제공자. 정보원(情報源).
뉴:스^영화(news映畵)명 시사적인 일을 보도하기 위하여 정기적으로 제작·상영하는 영화.
뉴:스^캐스터(news caster)명 (단순한 아나운서가 아니고) 보도를 전달하면서 수시로 해설도 곁들이는 사람.
뉴:^크리티시즘(new criticism)명 1930년대 말(末)부터 미국에서 일어난 새로운 경향의 문예 비평. 〔작품의 본문과 함께 거기에 사용된 언어의 기능을 세세히 분석하고자 하는 심미적 경향을 띰.〕
뉴:-타운(new town)명 주로 대도시에서, 기성 시가지나 주거지의 생활 환경 개선을 위하여 지방 자치 단체 주도로 새롭게 재개발하는 지역.
뉴:턴(newton)의 힘의 단위. 질량 1kg의 물체에 작용하여 매초 1m의 가속도를 생기게 하는 힘. 1뉴턴은 10만 다인(dyne)에 해당함. 〔기호는 N〕
뉴:턴^역학(Newton力學)[-여칵]명 뉴턴이 운동의 세 가지 법칙을 확립함으로써 세워진 역학 체계. 〔고전 물리학에 딸림.〕
뉴:트론(neutron)명 ☞중성자(中性子).
뉴:트리노(neutrino)명 ☞중성 미자(中性微子).
뉴:햄프셔-종(New Hampshire種)명 닭의 품종의 한 가지. 난육(卵肉) 겸용으로, 체질이 강함. 알이 크고 껍질은 갈색임.
느근-거리다자 자꾸 느근느근하다. 느근대다. 작나근거리다.
느근-느근부하자 가늘고 긴 물건이 부드럽고 탄력 있게 자꾸 움직이는 모양. 작나근나근.
느근-대다자 느근거리다.
느글-거리다자 자꾸 느글느글하다. 느글대다.
느글-느글[-르-]부하자 속이 메스꺼워 곧 게울 듯한 상태.
느글-대다자 느글거리다.
느긋-거리다[-귿꺼-]자 자꾸 느긋느긋하다. 느긋대다.
느긋-느긋[-근-귿]부하자 먹은 것이 내리지 않고 자꾸 느끼한 상태.
느긋-대다[-귿때-]자 느긋거리다.
느긋-하다[-그타-]형여 (촉박하거나 쪼들리지 아니하고) 마음에 넉넉하다. ¶ 고향에 돌아가 며칠 느긋하게 쉬다가 와야겠다. 준늑하다. 느긋-이부.
느껍다[-따][느꺼우니·느꺼워]형ㅂ 어떤 느낌이 가슴에 사무치게 일어나다.
느끼다[1]자 ①설움이 북받쳐 흑흑 가쁜 소리를 내다. ¶ 흑흑 느껴 울다. ②갑자기 찬 기운을 받거나 하여 흑흑 가쁜 소리를 내다. ¶ 등에 찬물을 끼얹고는 흑흑 느낀다.
느끼다[2]타 ①자극을 받아 감각이 일어나다. ¶ 아픔을 느끼다. /추위를 느끼다. ②어떤 감정이 우러나다. ¶ 기쁨을 느끼다. /시정(詩情)을 느끼다. ③마음속으로 무엇을 깨닫거나 어떤 생각을 가지다. ¶ 필요성을 느끼다. /책임을 느끼다.
느끼-하다형여 ①기름기가 많아 개운하지 않고 비위에 거슬리다. ②맛이나 냄새 따위가 비위에 맞지 아니하다. ¶ 느끼한 냄새가 나다.
느낌명 감각이나 마음으로 느끼는 기운이나 감정. 감상(感想). ¶ 갑갑한 느낌. /무서운 느낌.
느낌-꼴명 ☞감탄형.
느낌-씨명 ☞감탄사.
느낌-표(-標)명 《주로 문장의 끝에 쓰이어》 느낌·부르짖음·놀람·분노·강조 등의 감정을 나타낼 때, 그 말 다음에 쓰는 부호인 '!'의 이름. 감탄 부호.
-느냐어미 동사의 어간이나 형용사 '있다'·'없다'·'계시다'의 어간 또는 시제의 '-았(었)-'·'-겠-' 등에 붙는, 해라체의 의문형 종결 어미. ¶ 어딜 가느냐? /읽었느냐? /그리하면 좋겠느냐? 참-냐.
-느냐고어미 동사 어간이나 형용사 '있다'·'없다'·'계시다'의 어간 또는 시제의 '-았(었)-'·'-겠-' 등에 붙어, 물음을 인용하는 뜻을 나타내는 연결 어미. ¶ 언제 가느냐고 묻더라. /돈 가진 것 있느냐고 묻기에 없다고 했어. 참-냐고.
-느냐는준 '-느냐고 하는'이 줄어든 말. 동사 어간이나 형용사 '있다'·'없다'·'계시다'의 어간 또는 시제의 '-았(었)-'·'-겠-' 등에 붙어, 물음을 인용하는 뜻을 나타냄. ¶ 왜 자기만 푸대접하느냐는 불만에 할 말이 없었다. /어떻게 해결하겠느냐는 물음에 대답을 못하고 머뭇거리기만 했다. 참-냐는.
-느냔준 '-느냐고 한'이 줄어든 말. 동사 어간이나 형용사 '있다'·'없다'·'계시다'의 어간 또는 시제의 '-았(었)-'·'-겠-' 등에 붙어, 물음을 인용하는 뜻을 나타냄. ¶ 어찌 하겠느냔 물음. /왜 그렇게 늦었느냔 말에 토라진 모양이다. 참-냔.
-느냘준 '-느냐고 할'이 줄어든 말. 동사 어간이나 형용사 '있다'·'없다'·'계시다'의 어간 또는 시제의 '-았(었)-'·'-겠-' 등에 붙어, 물음을 인용하는 뜻을 나타냄. ¶ 왜 혼자 다 먹었느냘 수가 없더라. 참-냘.
-느뇨어미 동사 어간이나 형용사 '있다'·'없다'·'계시다'의 어간 또는 시제의 '-았(었)-'·'-겠-' 등에 붙는, 해라체의 의문형 종결 어미. '-느냐'의 예스러운 말. ¶ 네 어찌 감히 내 앞길을 막느뇨?
-느니[1]어미 동사 어간이나 형용사 '있다'·'없다'·'계시다'의 어간 또는 시제의 '-았(었)-'·'겠'이나 높임의 '-시-' 등에 붙는 어미. ①경험을 바탕으로 하여 어떤 사실을 일러 주는 뜻을 나타내는 종결 어미. ¶ 그렇게 계획 없이 해서는 실패하느니. /어진 자에게 복이 있느니. ②《주로 '-느니 -느니'의 꼴로 쓰이어》 어떤 사실을 잇달아 인용하는 뜻을 나타내는 연결 어미. ¶ 죽느니 사느니 야단들이다. /증거가 있느니 없느니 하며 끝없이 다투기만 한다.
-느니[2]어미 동사 어간이나 형용사 '있다'·'없다'·'계시다'의 어간 또는 높임의 '-시-' 등에 붙어, 앞의 행동(사실)보다 차라리 뒤의 행동

(사실)을 취함이 마땅하다는 뜻을 나타내는 종속적 연결 어미. ¶ 앉아서 당하느니 차라리 일어나서 싸우자. /죽느니보다야 그래도 사는 편이 낫지.

-느니라㉠어미 동사 어간이나 형용사 '있다'·'없다'·'계시다'의 어간 또는 시제의 '-았(었)-'·'겠' 등에 붙는, 해라체의 종결 어미. 경험을 바탕으로 하여 옳다고 여기는 바를 장중하게 일러 주는 뜻을 나타냄. ¶ 목마른 자가 샘을 파느니라. /진실로 그때가 참 좋았느니라. ㉠참-니라.

-느니만치어미 ☞-느니만큼.

-느니만큼어미 동사 어간이나 형용사 '있다'·'없다'·'계시다'의 어간 또는 높임의 '-시-' 등에 붙어, 앞말이 뒷말의 원인이나 이유가 됨을 나타내는 연결 어미. -느니만치. ¶ 열심히 일하느니만큼 틀림없이 성과가 아주 좋을 것이다. 참-니만큼·-으니만큼.

느닷-없다[-다덥따]형 (아무 징조도 없이) 뜻밖이고 갑작스럽다. ¶ 느닷없는 물음에 말문이 막혔다. **느닷없-이**부.

-느라어미 〈-느라고〉의 준말.

-느라고어미 동사 어간이나 높임의 '-시-'에 붙어, 앞말이 뒷말의 원인이나 이유가 됨을 나타내는 종속적 연결 어미. ¶ 병원에 좀 다녀오느라고 늦었다. 준-느라.

느럭-느럭[-렁-]부하형 말이나 동작이 매우 느린 모양. 참느릿느릿.

느런-히부 죽 늘어놓은 모양. ¶ 둑에 미루나무가 느런히 서 있다.

느렁이명 노루나 사슴의 암컷.

느루부 (대번에 몰아치지 않고) 길게 늘여서.

느루 먹다관용 양식의 소비를 조절하여, 예정보다 더 오래 먹다. ¶ 쌀을 느루 먹기 위하여 잡곡을 섞어 밥을 지었다.

느루 잡다관용 ①손에 잡은 것을 느슨하게 가지다. ¶ 북채를 느루 잡고 치다. ②시일이나 날짜를 느직하게 예정하다. ¶ 약속 날짜를 나흘 뒤로 느루 잡았다.

느루-배기명 아이를 낳은 다음 달부터 계속 월경이 있는 현상, 또는 그러한 여자.

느른-하다형여 ①몸이 지쳐서 노곤하고 기운이 없다. ¶ 일을 하고 나니, 온몸이 느른하다. ②(천 따위가) 풀기가 없이 부드럽다. 작나른하다. **느른-히**부.

느릅-나무[-름-]명 느릅나뭇과의 낙엽 활엽 교목. 골짜기나 개울가에 나는데, 높이는 20 m가량. 4~5월에 종 모양의 꽃이 핌. 어린잎은 먹을 수 있고 껍질은 한방에서 약재로 쓰이며, 나무는 건축재 따위로 쓰임. 떡느릅나무.

느리-광이명 '동작이 느린 사람'을 별명으로 이르는 말. 느림보. 늘보.

느리다형 ①움직임이나 일을 해내는 속도가 더디다. ¶ 걸음이 느리다. /일손이 느리다. ②짜임새가 느슨하거나 성글다. ¶ 멜빵이 좀 느리다. ↔되다⁴. ③성미가 야무지지 못하고 누긋하다. ¶ 느린 성미. ③↔급하다.

느림명 장막 같은 데 장식으로 늘어뜨리는 좁은 헝겊이나 줄 따위.

느림-보명 ☞느리광이. 늘보.

느릿-느릿[-린-릳]부하형 ①동작이 느리고 굼뜬 모양. ¶ 느릿느릿 발을 옮기다. ②짜임새 같은 것이 느슨하거나 성긴 모양. 작나릿나릿.

느릿-하다[-리타-]형여 느린 듯하다. ¶ 사람이 좀 느릿해 보인다.

느물-거리다자 자꾸 느물느물하다. 느물대다.

느물-느물[-르-]부하자 능글능글한 태도로 끈덕지게 구는 모양.

느물다[느무니·느물어]자 ①능글맞은 태도로 끈덕지게 굴다. ②'뽐내다'의 잘못.

느물-대다자 느물거리다.

느슨-하다형여 ①(잡아맨 줄이나 끈 따위가) 늘어나서 꽤 헐겁다. ¶ 멜빵이 너무 느슨하구나. ②맥이 탁 풀려 죄어칠 힘이 없다. ¶ 기강이 느슨해졌다. ③나사 따위가 헐겁게 죄어져 있다. 작나슨하다. **느슨-히**부.

느시명 느싯과의 새. 몸길이는 수컷이 1 m, 암컷이 80 cm가량. 몸빛은 등이 적갈색 바탕에 검은색의 가로띠가 있고 머리와 목은 회색, 몸의 아래쪽은 흰색임. 목이 길며 날개가 넓고 커서 나는 모습이 기러기와 비슷함. 논이나 산속의 밭 따위에 내려앉는 겨울새로, 천연기념물 제206호인 보호새. 능에. 야안.

느즈러-지다자 ①졸라맨 것이 느슨해지다. ¶ 밧줄이 느즈러지다. ②마음이 풀려 느릿해지다. ¶ 시험이 끝나서인지 마음이 좀 느즈러진 모양이다. ③날짜가 밀려 나가다. ¶ 기한이 몇 차례나 느즈러지고 있다.

느지부 〈옛〉늦게. 느직이. ¶ 느지 니로니 지븨 므슷 이롤 ᄒᆞ리오(杜初3:30).

느지감치부 꽤 늦게. ↔일찌감치.

느지거니부 꽤 느직하게. ↔일찌거니.

느지막-하다[-마카-]형여 좀 느직하다. **느지막-이**부.

느직-하다[-지카-]형여 ①좀 늦다. ②좀 느슨하다. **느직-이**부 ¶ 느직이 떠나다. /느직이 일어나다.

느치명 거저릿과의 작은 갑충. 몸길이 6~10 mm이며, 직사각형 모양으로 납작하게 생겼음. 쌀·보리·곡식 가루 속에 사는 해충으로, 세계 각지에 분포함.

느치다타 〈옛〉늦추다. ¶ 問罪江都를 느치리잇가(龍歌17章).

느타리명 느타릿과에 딸린 버섯의 한 가지. 모양이 조개껍데기 비슷하게 생겼으며, 줄기는 짧으나 긴 것도 있음. 빛깔은 검은빛이 나는 청색이지만 차차 퇴색하여 잿빛에서 흰빛이 됨. 가을에 숲 속의 활엽수의 썩은 부분에 많이 나며 식용으로 인공 재배도 많이 함. 느타리버섯.

느타리-버섯[-섣]명 ☞느타리. *느타리버섯이[-서시]·느타리버섯만[-선-]

느티-나무명 느릅나뭇과의 낙엽 교목. 예부터 그늘이 넓어 정자나무로 흔히 심는 나무로, 높이 30 m, 지름 3 m가량에 이름. 나무의 질이 단단하고 결이 고와서 기구나 건축 재료 등으로 많이 쓰임. 귀목나무.

느티-떡명 느티나무의 연한 잎을 쌀가루에 섞어 찐 시루떡. 〔음력 사월 초파일에 만들어 먹는 계절 음식.〕

느틔명 〈옛〉느티나무. ¶ 뒤 우희 심근 느틔 몃히나 즈란ᄂᆞ고(古時調).

느헤미야-서(Nehemiah書)명 구약 성서 중의 한 편. 역대 사가(史家)들이 느헤미야의 수기를 바탕으로 하여 예루살렘의 성벽을 고쳐 쌓은 일과 율법 낭독을 통한 종교적 개혁 등을 기록한 내용임.

늑간(肋間)[-깐]명 늑골과 늑골 사이.

늑간-근(肋間筋)[-깐-]명 늑골 사이에 붙은 근육. 〔안팎의 두 층이 있어 숨 쉴 때 늑골을 끌어 올리고 내리는 구실을 함.〕

늑간^신경(肋間神經) [-깐-] ㉰ 척수에서 나온 31쌍의 말초 신경 중, 흉추(胸椎)에서 나와 늑골 부분에 분포하는 12쌍의 신경.

늑간^신경통(肋間神經痛) [-깐-] ㉰ 늑간 신경에 일어나는 발작적인 통증. 〔흉내 질환이나 척추 질환 등으로 일어남.〕

늑골(肋骨) [-꼴] ㉰ ①흉곽을 구성하는 뼈. 척추에 붙어 있으며, 좌우 12쌍이 있음. 갈비[1]. 갈비뼈. ②선체(船體)의 바깥쪽을 이루는 갈비뼈 모양의 뼈대.

늑굴(勒掘) [-꿀] ㉰하타 남의 무덤을 강제로 파 옮기게 함.

늑-놀다 타 '능놀다'의 잘못.

늑대 [-때] ㉰ ①갯과의 동물. 개와 비슷하나 다리는 길고 굵으며 꼬리를 항상 아래로 늘어뜨림. 몸빛은 등이 황갈색이고, 배에 검은 띠가 있으며 꼬리는 흑색임. ②'여자에게 음흉한 생각을 가진 남자'를 비유하여 이르는 말.

늑막(肋膜) [능-] ㉰ 폐의 표면과 흉곽의 내면을 싸고 있는 막. 〔안에 늑막강(肋膜腔)을 형성하고 있음.〕 흉막(胸膜).

늑막-염(肋膜炎) [능망념] ㉰ 늑막에 일어나는 염증. 외상이나 결핵균으로 말미암아 생기는데, 가슴에 쑤시는 듯한 통증이 있으며 숨 쉬기가 어려워짐. 흉막염.

늑매(勒買) [능-] ㉰하타 ☞강매(強買).

늑매(勒賣) [능-] ㉰하타 ☞강매(強賣).

늑목(肋木) [능-] ㉰ 체조 기구의 한 가지. 몇 개의 기둥을 세우고, 기둥과 기둥 사이에 각각 열댓 개씩의 둥근 막대를 가로로 끼워 놓은 것. 〔매달려서 이동하기도 하고 턱걸이를 하기도 함.〕

늑병(勒兵) [-뼝] ㉰하타 ①병사를 다스림. ②병사의 대오(隊伍)를 편성하고 점검함.

늑봉(勒捧) [-뽕] ㉰하타 빚진 사람에게서 돈이나 물건을 강제로 받아 냄.

늑약(勒約) ㉰ 억지로 맺은 조약.

늑-연골(肋軟骨) [능년-] ㉰ 흉부를 구성하고 있는 연골 부분. 늑골과 흉골을 결합시킴.

늑장 [-짱] ㉰ (당장 해야 할 일이 있는데도) 느릿느릿 꾸물거리는 태도나 행동. 늦장.

늑장(勒葬) [-짱] ㉰하타 남의 땅에 억지로 매장함.

늑재(肋材) [-째] ㉰ 선박의 늑골을 이루는 데 쓰는 재료.

늑정(勒定) [-쩡] ㉰하타 강제로 정함.

늑주(勒住) [-쭈] ㉰하타 강제로 머물러 있게 함.

늑-줄 [-쭐] ㉰ (아랫사람을) 엄하게 다잡다가 조금 자유롭게 늦추는 일.

늑줄(을) 주다 관용 엄하게 다잡지 않고 좀 늦추어 주다.

늑징(勒徵) [-찡] ㉰하타 지난날, 관원이 까닭 없이 돈이나 물건을 강제로 징수하던 일.

늑탈(勒奪) ㉰하타 ☞강탈(強奪).

늑표(勒票) ㉰ (힘이나 권세를 이용하여) 강제로 받아 낸 증서.

늑-하다 [느카-] 형여 〈느긋하다〉의 준말.

늑한(勒限) [느칸] ㉰ 채무자로 하여금 강제로 승낙하게 한, 빚 갚을 기한.

늑혼(勒婚) [느콘] ㉰하자 강제로 승낙시킨 혼인.

늑흔(勒痕) [느큰] ㉰ 목을 졸라 죽인 흔적.

는 조 모음으로 끝난 말에 붙어, 그 말을 지정하여 가리키거나 다른 말과 대조하는 뜻을 나타내면서 주격·목적격·부사격 등으로 쓰이는 보조사. ¶ 나는 여기 앉겠다. /공부는 잘한다. /빨리는 안 가겠다. /좋기는 하나 너무 비싸다. 준ㄴ[2].

-는 어미 동사 어간이나 형용사 '있다'·'없다'·'계시다'의 어간 또는 높임의 '-시-'에 붙어, 어떤 동작이나 상태가 현재 진행 중임을 나타내는 관형사형 전성 어미. ¶ 가는 세월. /글 읽는 소리. /느티나무가 있는 풍경. 참-ㄴ[1].

-는- 선미 'ㄹ' 이외의 자음으로 끝난 동사 어간 뒤에 붙어, 현재 시제를 나타내는 선어말 어미. 《용법상, 평서형에만 쓰이는 제약이 있음.》 ¶ 밥을 먹는다. /책을 읽는다. 참-ㄴ-.

-는가 어미 동사 어간이나 형용사 '있다'·'없다'·'계시다'의 어간 또는 높임의 '-시-'나 시제의 '-았(었)-'·'-겠-' 등에 붙는, 하게체의 의문형 종결 어미. 스스로 묻거나 손아랫사람에게 묻는 뜻을 나타냄. ¶ 어디 계시는가? 참-ㄴ가.

-는가 보다 관용 어미 '-는가'에 보조 형용사 '보다'가 이어 쓰인 말. 짐작의 뜻을 나타냄. ¶ 이제 가시는가 보다. /대답이 시원찮은 걸 보니 자신이 없는가 보다.

-는감 어미 동사 어간이나 형용사 '있다'·'없다'·'계시다'의 어간 또는 높임의 '-시-'나 시제의 '-았(었)-'·'-겠-' 등에 붙는, 해체의 종결 어미. 뒤의 사실을 내세우기 위하여 앞의 사실을 반박하는 뜻을 나타냄. ¶ 자기는 많이 벌었는감, 실속은 나보다 못하면서. 참-ㄴ감.

는개 ㉰ 안개처럼 보이면서 이슬비보다 가늘게 내리는 비. 무우(霧雨). 연우(煙雨).

-는걸 어미 동사 어간이나 형용사 '있다'·'없다'·'계시다'의 어간 또는 높임의 '-시-'나 시제의 '-았(었)-'·'-겠-' 등에 붙는, 해체의 종결 어미. 어떤 동작이나 상태에 대한 자기의 생각이나 느낌을 나타냄. ¶ 벌써 해가 뜨는걸. /날씨가 꽤 춥겠는걸. 참-ㄴ걸.

-는고 어미 동사 어간이나 형용사 '있다'·'없다'·'계시다'의 어간 또는 높임의 '-시-'나 시제의 '-았(었)-'·'-겠-' 등에 붙는, 해체의 의문형 종결 어미. 〔'-는가'의 예스러운 말투.〕 ¶ 어찌하여 마다하는고? /지금 어디에 계시는고? 참-ㄴ고.

-는고야 어미 〈옛〉-는구나. ¶ 꼴멱이 둘씩 셋씩 오락가락ᄒᆞ는고야(古時調).

-는과니 준 '-는고 하니'가 줄어든 말. 동사 어간이나 형용사 '있다'·'없다'·'계시다'의 어간 또는 높임의 '-시-'나 시제의 '-았(었)-'·'-겠-' 등에 붙어, 뒤에서 베풀어 말하는 주제를 앞에서 제시하는 뜻을 나타냄. ¶ 왜 먹는과니 살아야 하기 때문이다. 참-ㄴ과니.

-는구나 어미 관형사형 어미 '-는'에 감탄형 종결 어미 '-구나'가 합쳐서 된 말. 동사 어간이나 높임의 '-시-' 또는 '계시다'의 어간에 붙어, 새삼스러운 느낌이나 놀라움을 나타내는, 해라체의 현재 시제 감탄형 어미. ¶ 해가 지는구나. /어려운 글을 잘 읽는구나. 준-는군.

-는구려 어미 관형사형 어미 '-는'에 감탄형 종결 어미 '-구려'가 합쳐서 된 말. 동사 어간이나 높임의 '-시-' 또는 '계시다'의 어간에 붙어, 새삼스러운 느낌이나 놀라움을 나타내는, 하오체의 현재 시제 감탄형 어미. ¶ 기어이 떠나시는구려. /뜻은 몰라도 읽기는 읽는구려.

-는구료 어미 '-는구려'의 잘못.

-는구먼 어미 관형사형 어미 '-는'에 감탄형 종결 어미 '-구먼'이 합쳐서 된 말. 동사 어간이나 높임의 '-시-' 또는 '계시다'의 어간에 붙어, 새삼스러운 느낌이나 놀라움을 혼잣말처럼 나타내는, 해체의 현재 시제 감탄형 어미. ¶ 아홉 시도 안 되었는데 벌써 자는구먼. 준-는군.

-**는구면** 어미 '-는구먼'의 잘못.

-**는군** 어미 〈-는구나〉·〈-는구먼〉의 준말. ¶ 벌써 꽃이 피는군. /운동을 제법 하는군.

-**는다** 어미 〈옛〉-느냐. -는가. ¶ 냇가의 해오라비 무삼 일 서 잇는다(古時調).

-**는다고**[1] 어미 'ㄹ' 이외의 자음으로 끝난 동사 어간에 붙어, 앞말이 뒷말의 이유나 전제가 됨을 나타내는 종속적 연결 어미. ¶ 누나는 책을 읽는다고 텔레비전을 꺼 버렸다. 참-ㄴ다고[1].

-**는다고**[2] 어미 'ㄹ' 이외의 자음으로 끝난 동사 어간에 붙는, 해라체의 종결 어미. ①자신의 생각이나 주장을 청자에게 강조하여 일러 주는 뜻을 나타냄. ¶ 아이들이 빵을 얼마나 잘 먹는다고. ②마음속에 가졌던 의분의 납이 의외로 별것이 아님을 나타냄. ¶ 난 무슨 대단한 것을 먹는다고. 참-ㄴ다고[2].

-**는다고**[3] 어미 '-는다 하고'가 줄어서 된 말. 'ㄹ' 이외의 자음으로 끝난 동사 어간에 붙어, 그 말이 뒷말의 행동 내용임을 나타냄. ¶ 꼭 잡는다고 큰소리를 치다. 참-ㄴ다고[3].

-**는다느냐** 준 '-는다고 하느냐'가 줄어든 말. 'ㄹ' 이외의 자음으로 끝난 동사 어간에 붙어, 남이 들은 사실에 대해 묻는 뜻을 나타냄. ¶ 어떤 음식을 주로 먹는다느냐? 참-ㄴ다느냐·-다느냐.

-**는다느니** 어미 'ㄹ' 이외의 자음으로 끝난 동사 어간에 붙는 대등적 연결 어미. 이렇게 한다고도 하고 저렇게 한다고도 하는 뜻을 나타냄. ¶ 믿는다느니 못 믿는다느니 하며 가탈만 부린다. 참-ㄴ다느니·-다느니.

-**는다는** 준 '-는다고 하는'이 줄어든 말. 'ㄹ' 이외의 자음으로 끝난 동사 어간에 붙어, 듣거나 겪거나 한 어떤 사실(행동·내용)을 인용하여 뒷말을 꾸며 주는 뜻을 나타냄. ¶ 서로가 서로를 믿는다는 아름다운 정신. 참-ㄴ다는·-다는.

-**는다니** (('ㄹ' 이외의 자음으로 끝난 동사 어간에 붙어)) I 어미 묻는 뜻을 나타내는 해라체의 종결 어미. ¶ 언제 갚는다니? 참-ㄴ다니·-다니.
II 준 '-는다고 하니'가 줄어든 말. 앞말이 뒷말의 이유나 전제가 됨을 나타냄. ¶ 네가 벌써 책을 읽는다니 놀랍구나. 참-ㄴ다니·-다니.

-**는다니까** (('ㄹ' 이외의 자음으로 끝난 동사 어간에 붙어)) I 어미 사실이 그러함을 모르거나 의심쩍어하는 상대편에게 다그쳐서 깨우쳐 주는 뜻을 나타내는, 해라체의 종결 어미. ¶ 글쎄, 난 널 믿는다니까. 참-ㄴ다니까·-다니까.
II 준 '-는다고 하니까'가 줄어든 말. 앞말이 뒷말의 이유나 전제가 됨을 나타냄. ¶ 내일은 꼭 갚는다니까 속는 셈 치고 더 기다려 보자. 참-ㄴ다니까·-다니까.

-**는다마는** 어미 어미 '-는다'에 조사 '마는'이 합쳐서 된 말. 'ㄹ' 이외의 자음으로 끝난 동사 어간에 붙어, 앞말을 시인하되, 뒷말이 그에 매이지 아니함을 나타내는 종속적 연결 어미. ¶ 읽기는 읽는다마는 재미가 없다. 준-는다만. 참-ㄴ다마는·-다마는.

-**는다만** 어미 〈-는다마는〉의 준말. ¶ 먹기는 먹는다만 맛이 없다.

-**는다며** I 어미 〈-는다면서〉의 준말.
II 준 '-는다면서'가 줄어든 말.

-**는다면서** (('ㄹ' 이외의 자음으로 끝난 동사 어간이나 형용사 '있다'의 어간에 붙어)) I 어미 직접 또는 간접으로 들은 사실에 대해 되묻거나 빈정거리는 뜻을 나타내는, 해체의 종결 어미. ¶ 이번 잔치에 돼지를 잡는다면서?/요즘 놀고먹는다면서? 준-는다며. 참-ㄴ다면서.
II 준 '-는다고 하면서'가 줄어든 말. 앞말이 뒷말의 이유나 전제가 됨을 나타냄. ¶ 책을 찾는다면서 집 안을 뒤지고 다닌다. 참-ㄴ다면서.

-**는다손** 어미 'ㄹ' 이외의 자음으로 끝난 동사 어간에 붙는 종속적 연결 어미. '-는다고'의 뜻으로, '치다'·'하다'의 활용형과 어울리어 앞말을 가정하되 그것이 뒷말에 영향을 미치지 아니함을 나타냄. ¶ 빨리 걷는다손 치더라도 하루는 걸린다. 참-ㄴ다손·-다손.

-**는단** 준 ①'-는다는'이 줄어든 말. ¶ 여기다 꽃나무를 심는단 말이냐? ②'-는다고 한'이 줄어든 말. ¶ 어제까지 갚는단 사람이 아직도 연락이 없다.

-**는단다** (('ㄹ' 이외의 자음으로 끝난 동사 어간에 붙어)) I 어미 경험으로 터득한 어떤 사실을 친근하게 일러 주는 뜻을 나타내는, 해라체의 종결 어미. ¶ 무리하면 건강을 잃는단다. 참-ㄴ단다.
II 준 '-는다고 한다'가 줄어든 말. 직접 또는 간접으로 들은(겪은) 사실을 인용하여 전하는 뜻을 나타냄. ¶ 글쎄, 저렇게 매일 술만 먹는단다. 참-ㄴ단다.

-**는달** 준 '-는다고 할'이 줄어든 말. 'ㄹ' 이외의 자음으로 끝난 동사 어간에 붙어 '-는달 수가(야, 는)'의 꼴로 쓰이어, 자기의 생각이 어떠함을 밝히는 뜻을 나타냄. ¶ 차마 그 일까지 내가 맡는달 수가 없더라. 참-ㄴ달.

-**는담** 어미 'ㄹ' 이외의 자음으로 끝난 동사 어간에 붙어, '-는단 말인고'의 뜻으로, 가벼운 영탄을 곁들인 의문을 나타내는 종결 어미. ¶ 어린 자식을 두고 어찌 그리 쉽게 눈을 감고 죽는담. 참-ㄴ담.

-**는답니까**[-담-] 준 '-는다고 합니까'가 줄어든 말. 'ㄹ' 이외의 자음으로 끝난 동사 어간에 붙어, 남이 들은 사실에 대해서 묻는 뜻을 나타냄. ¶ 문은 몇 시에 닫는답니까? 참-ㄴ답니까.

-**는답니다**[-담-] (('ㄹ' 이외의 자음으로 끝난 동사 어간에 붙어)) I 어미 화자가 알고 있는 것을 객관화하여 청자에게 친근하게 일러 줌을 나타내는, 합쇼체의 종결 어미. ¶ 우리 아기는 이제 밥도 잘 먹는답니다. 참-ㄴ답니다.
II 준 '-는다고 합니다'가 줄어든 말. 남이 들은 사실을 인용하는 뜻을 나타냄. ¶ 텃밭에는 콩을 심는답니다. 참-ㄴ답니다.

-**는답디까**[-띠-] 준 '-는다고 합디까'가 줄어든 말. 'ㄹ' 이외의 자음으로 끝난 동사 어간에 붙어, 남이 들은 과거 사실에 대해서 묻는 뜻을 나타냄. ¶ 뭘 먹는답디까? 참-ㄴ답디까.

-**는답디다**[-띠-] 준 '-는다고 합디다'가 줄어든 말. 'ㄹ' 이외의 자음으로 끝난 동사 어간에 붙어, 남이 들은 과거 사실을 인용하여 말하는 뜻을 나타냄. ¶ 요즘은 동양의 고전을 읽는답디다. 참-ㄴ답디다.

-**는답시고**[-씨-] 어미 'ㄹ' 이외의 자음으로 끝난 동사 어간에 붙어, '-는다고'·'-는다고 하여'의 뜻을 나타내는 종속적 연결 어미. 남의 행위를 말할 때는 그 행위를 못마땅하게 여겨 빈정거리는 뜻을 지니며, 스스로의 행위를 말할 때는 겸손해하는 뜻을 지님. ¶ 쥐를 잡는답시고 법석을 떤다. /내 딴에는 부지런히 읽는답시고 읽었건만. 참-ㄴ답시고.

-는대《'ㄹ' 이외의 자음으로 끝난 동사 어간에 붙어》 Ⅰ어미 주어진 사실에 대해 놀라워하거나 못마땅하게 여기는 뜻을 나타내는, 해체의 종결 어미. ¶ 이 많은 그릇을 누가 다 닦는대? 참-ㄴ대.
Ⅱ준 '-는다고 해'가 줄어든 말. 남의 말을 옮기는 뜻을 나타냄. ¶ 쉬지 않고 계속 걷는대. /주는 대로 받는대. 참-ㄴ대.

-는대도준 '-는다고 하여도'가 줄어든 말. 'ㄹ' 이외의 자음으로 끝난 동사 어간에 붙어, 앞말이 뒷말에 매이지 아니함을 나타냄. ¶ 내가 죽는대도 눈도 깜짝 안 한다. 참-ㄴ대도.

-는대서준 '-는다고 하여서'가 줄어든 말. 'ㄹ' 이외의 자음으로 끝난 동사 어간에 붙어, 앞말이 뒷말의 이유나 전제가 됨을 나타냄. ¶ 곧 갚는대서 빌려 주었다. 참-ㄴ대서.

-는대서야준 '-는다고 하여서야'가 줄어든 말. 'ㄹ' 이외의 자음으로 끝난 동사 어간에 붙음. 흔히, 반어적 물음의 꼴 앞에 붙어, 그 물음의 전제가 됨을 나타냄. ¶ 젊은 사람이 놀고먹는대서야 쓰나. 참-ㄴ대서야.

-는대야준 '-는다고 하여야'가 줄어든 말. 'ㄹ' 이외의 자음으로 끝난 동사 어간에 붙어, 그 사실을 얕잡아 말하거나 빈정거리는 뜻을 나타냄. ¶ 어린 애가 먹는대야 얼마나 먹을라고. 참-ㄴ대야.

-는데어미 동사 어간이나 형용사 '있다'·'없다'·'계시다'의 어간 또는 높임의 '-시-'나 시제의 '-았(었)-'·'-겠-' 등에 붙는, 연결 어미 또는 종결 어미. ①㉠뒷말을 끌어내기 위하여 이와 대립되는 어떤 전제를 베풀어 말하는 뜻을 나타냄. ¶ 비가 오는데 어딜 가셨나. /푹 잤는데 왜 이리 피곤하지. ㉡뒤에 자세한 설명이 잇따름을 뜻하는 말. ¶ 사람들이 그러는데 거기는 위험하대요. ②자기 말에 남의 동의를 구하는 투로, 스스로의 가벼운 느낌을 담아 끝맺는 말. ¶ 날씨는 금방 풀리겠는데. 참-ㄴ데.

-는바어미 동사 어간이나 형용사 '있다'·'없다'·'계시다'의 어간 또는 높임의 '-시-'나 시제의 '-았(었)-'·'-겠-' 등에 붙어, 앞말에 대하여 뒷말이 보충 설명의 관계에 있음을 나타내는 종속적 연결 어미. ¶ 길을 떠나는바 충분한 준비가 있어야 할 것이오. 참-ㄴ바·-던바.

는실-난실[-란-]부하자 성적 충동으로 야릇하고도 잡스럽게 구는 모양.

는적-거리다[-꺼-]자 자꾸 는적는적하다. 는적대다. 작난작거리다.

는적-는적[-정-]부하자 (썩거나 삭아서) 힘없이 축축 처지는 모양. 작난작난작.

는적-대다[-때-]자 는적거리다.

는정-거리다자 '는적거리다'의 잘못.

는정-는정부하자 '는적는적'의 잘못.

-는지어미 동사 어간이나 형용사 '있다'·'없다'·'계시다'의 어간 또는 높임의 '-시-'나 시제의 '-았(었)-'·'-겠-' 등에 붙어, 막연한 의문이나 느낌을 나타내는 연결 어미 또는 종결 어미. ¶ 얼마나 남았는지 모르겠다. /지금은 어디 사는지? 참-ㄴ지.

-는지고어미 동사 어간이나 형용사 '있다'·'없다'·'계시다'의 어간 또는 높임의 '-시-'나 시제의 '-았(었)-'·'-겠-'등에 붙어, 객관적 사실에 대한 스스로의 느낌을 영탄조로 나타내는, 예스러운 말투의 감탄형 종결 어미. ¶ 재담도 잘하려니와 노래도 잘 부르는지고. 참-ㄴ지고.

-는지라어미 동사 어간이나 형용사 '있다'·'없다'·'계시다'의 어간 또는 높임의 '-시-'나 시제의 '-았(었)-'·'-겠-' 등에 붙어, 앞말이 뒷말의 이유나 원인이 됨을 나타내는 종속적 연결 어미. ¶ 워낙 말이 없는지라 속을 알 수가 없다. 참-ㄴ지라.

는지럭-거리다[-꺼-]자 자꾸 는지럭는지럭하다. 는지럭대다. 작난지락거리다.

는지럭-는지럭[-렁-]부하자 심하게 물크러질 정도로 힘없이 축축 처지는 모양. 작난지락난지락.

는지럭-대다[-때-]자 는지럭거리다.

는지렁-이명 끈끈하고 는질거리는 액체.

는질-거리다자 자꾸 는질는질하다. 는질대다. 작난질거리다.

는질-는질[-른-]부하자 물크러질 정도로 는적거리는 모양. 작난질난질.

는질-대다자 는질거리다.

는-커녕조 '커녕'의 힘줌말. 모음으로 끝난 체언 또는 부사어에 붙어, '-는 고사하고'의 뜻을 나타내는 보조사. ¶ 빨리는커녕 천천히도 못 간다. /토끼는커녕 쥐 한 마리도 안 보인다.

늘부 언제나. 항상. 만날. ¶ 늘 웃음을 띠다.

늘그막명 늙어 가는 판. 늙었을 때. 말년(末年). ¶ 늘그막에야 고생을 면하게 되었다. 준늙마.

늘다[느니·늘어]자 ①본디보다 길어지다. ¶ 봄이 되니 잠이 예전보다 늘었다. ②본디보다 커지거나 많아지다. ¶ 체중이 늘다. /식구가 늘다. ③본디보다 넓어지다. ¶ 간척 사업으로 농토가 늘다. ④생활이 본디보다 넉넉해지다. ¶ 살림이 늘다. ⑤학문이나 재능 따위가 더 나아지다(발전하다). ¶ 말솜씨가 크게 늘다. /학식이 늘다. /기술이 늘다. ↔줄다.

늘름부하타 ①혀를 크게 내밀었다가 날쌔게 들이는 모양. ②(혀를 크게 내밀어) 무엇을 날쌔게 받아먹는 모양. ③(손을 크게 내밀어) 무엇을 날쌔게 집어 가지는 모양. 작날름·널름. **늘름-늘름**부하타.

늘름-거리다타 자꾸 늘름늘름하다. 늘름대다. 작날름거리다·널름거리다.

늘름-대다타 늘름거리다.

늘-리다타 〖'늘다'의 사동〗 늘게 하다. ¶ 땅을 늘리다. /재산을 늘리다.

늘-보명 ☞느리광이. 느림보.

늘비-하다형여 죽 늘어서 있다. 죽 늘어놓여 있다. ¶ 갖가지 상품이 늘비하다. /등산객이 늘비하다.

늘-삿갓[-삳깟]명 부들로 만든 삿갓. ＊늘삿갓이[-삳까시]·늘삿갓만[-삳깐-]

늘-상(-常)명 '늘'의 잘못.

늘썽-늘썽부하형 여럿이 다 늘썽한 모양. 작날쌍날쌍. **늘썽늘썽-히**부.

늘썽-하다형여 (피륙이나 대그릇 따위의) 짜임새가 설핏하다. 작날쌍하다. **늘썽-히**부.

늘씬부하형 몸을 가누지 못할 정도로 지독하게. 《주로, '늘씬하게'의 꼴로 '때리다'·'맞다' 따위의 동사와 함께 쓰임.》 ¶ 늘씬하게 얻어맞았다.

늘씬-늘씬부하형 여럿이 다 늘씬한 모양. ¶ 늘씬늘씬하게 자란 여학생들. 작날씬날씬.

늘씬-하다형여 맵시가 있게 후리후리하게 길다. ¶ 늘씬한 다리. 작날씬하다. **늘씬-히**부.

늘어-나다자 ①본디보다 더 길어지다. ¶ 고무줄이 늘어나다. ②본디보다 커지거나 많아지다. ¶ 재산이 늘어나다. /체중이 늘어나다. ↔줄어들다.

늘어-놓다[-노타]타 ①줄을 지어 벌여 놓거나 여기저기에 벌여 놓다. ¶ 물건을 늘어놓다. /가방을 한 줄로 늘어놓다. ②말을 수다스럽게 많이 하다. ¶ 잔소리를 늘어놓다. /자식 자랑을 늘어놓다.
늘어-뜨리다타 물건의 한쪽 끝을 아래로 처지게 하다. 늘어트리다. ¶ 현수막을 늘어뜨리다.
늘어-박이다자 늘이어 놓은 듯이 여러 곳에 박이어 있다. ¶ 다복솔이 유난히 늘어박인 산.
늘어-붙다자 '눌어붙다'의 잘못.
늘어-서다자 줄을 지어 서다. ¶ 차표를 사려고 늘어서 있다.
늘어세우다타 〖'늘어서다'의 사동〗 늘어서게 하다. ¶ 자동차를 주차장에 늘어세우다.
늘어-앉다[-안따]자 줄을 지어 앉다.
늘어앉-히다[-안치-]타 〖'늘어앉다'의 사동〗 늘어앉게 하다.
늘어-지다자 ①물체가 탄력을 잃어 길게 되다. ¶ 줄이 늘어지다. ②아래로 길게 처지거나 매달리다. ¶ 늘어진 버들가지. /철봉을 잡고 늘어지다. ③몹시 지쳐서 몸이 느른하여지다. ¶ 몸이 축 늘어지다. ④몸과 마음이 아주 편해지다. ¶ 팔자가 늘어지다. ③작나라지다.
늘어-트리다타 늘어뜨리다.
늘-옴치래기명 늘었다 줄었다 하는 물건.
늘이다타 ①아래로 길게 처지게 하다. ¶ 커튼을 늘이다. ②본디보다 더 길게 하다. ¶ 엿가락을 늘이다. 참늘리다.
늘임-새명 말을 길게 늘이는 태도.
늘임-표(-標)명 〔악곡 연주에서〕 음표나 쉼표 위에 있을 때는 그 음을 2~3배로 늘이라는 표. 〔기호는 𝄐〕 연음 기호. 연장 기호.
늘-자리[-짜-]명 부들로 짠 돗자리.
늘쩍지근-하다[-찌-]형여 몹시 느른하다. ¶ 온종일 걸었더니 몸이 늘쩍지근하구나. 작날짝지근하다.
늘쩡-거리다자 느른한 태도로 자꾸 느릿느릿 움직이다. 늘쩡대다. 작날짱거리다.
늘쩡-늘쩡[1]부하자 느른한 태도로 느릿느릿 움직이는 모양. 작날짱날짱.
늘쩡-늘쩡[2]부하형 성질이나 됨됨이가 단단하지 못하고 느릿한 모양.
늘쩡-대다자 늘쩡거리다.
늘-채다자 예정한 수효보다 많이 늘다.
늘컹-거리다자 자꾸 늘컹늘컹하다. 늘컹대다. 작날캉거리다.
늘컹-늘컹부하자하형 너무 물러서 자꾸 늘어지거나 늘어질 듯한 모양. 작날캉날캉.
늘컹-대다자 늘컹거리다.
늘컹-하다 Ⅰ자여 너무 물러서 늘어지게 되다. 작날캉하다.
Ⅱ형여 너무 물러서 늘어질 듯하다. 작날캉하다.
늘큰-거리다자 자꾸 늘큰늘큰하다. 늘큰대다. 작날큰거리다.
늘큰-늘큰부하자하형 좀 물렁물렁해져서 조금씩 늘어지거나 늘어질 듯한 모양. 작날큰날큰.
늘큰-대다자 늘큰거리다.
늘큰-하다 Ⅰ자여 좀 물렁해서 늘어지게 되다. 작날큰하다.
Ⅱ형여 좀 물렁해서 늘어질 듯하다. 작날큰하다. 늘큰-히부.
늘키다자 시원스레 울지 못하고 꿀꺽꿀꺽 삼키듯 하면서 느껴 울다.
늘푸른-나무명 ☞상록수.
늘푸른-넓은잎나무[-님-]명 ☞상록 활엽수.
늘푸른-떨기나무명 ☞상록 관목.
늘푸른-큰키나무명 ☞상록 교목.
늘-품(-品)명 앞으로 좋게 발전할 가능성. ¶ 하는 짓을 보니 늘품이라곤 조금도 없다.
늙다[늑따]자 ①나이가 한창때를 지나 기력이 차차 약해지다. ¶ 어느새 이렇게 늙었다. ②식물이 한창때를 지나다. 오래되다. ¶ 호박이 늙었다. /성황당 옆 한 그루 늙은 소나무가 쭈그린 채 비를 맞고 있다. ③늙은이 같은 티가 나다. ¶ 나이 마흔에 벌써 그렇게 늙었나? ①③↔젊다. *늙어·늙고[늘꼬]·늙는[능-]
늙으면 아이 된다속담 늙으면 아이처럼 토라지기도 잘하고 풀어지기도 잘한다는 말.
늙은 말이 콩 마다할까속담 당연한 사실을 두고 공연한 걱정을 하는 경우에 이르는 말.
늙-다리[늑따-]명 ①늙은 짐승. ②〈늙은이〉의 속된 말. ¶ 늙다리가 많이 가는 다방.
늙-마[능-]명 〈늘그막〉의 준말.
늙-바탕[늑빠-]명 늙어서 노인이 된 처지. 노경. 노래(老來). 만경(晩境). 모경(暮境). 쇠경(衰境).
늙수그레-하다[늑쑤-]형여 꽤 늙어 보이다. ¶ 키가 크고 좀 늙수그레한 사람이 다녀갔습니다.
늙숙-하다[늑쑤카-]형여 약간 늙고 점잖은 태도가 있다. 늙은 태가 있다. **늙숙-이**부.
늙으신-네명 〈늙은이〉의 높임말.
늙은-이명 늙은 사람. 나이가 많은 사람. 노인(老人). 높늙으신네·노인장. ↔젊은이.
늙을-로(-老)명 한자 부수의 한 가지. '耆'·'耄' 등에서의 '老'의 이름. '考'·'者' 등에서 쓰일 때는 자형이 '耂'로, 명칭은 '늙을로엄'으로 바뀜.
늙을로-엄(-老广)명 한자 부수의 한 가지. '考'·'者' 등에서 '늙을로(老)'가 '耂'로 쓰일 때의 이름.
늙정이[늑쩡-]명 〈늙은이〉의 속된 말.
늙직-하다[늑찌카-]형여 어지간히 늙어 보이다.
늙-히다[늘키-]타 〖'늙다'의 사동〗 늙게 하다. ¶ 총각을 늙히다.
늠그다[늠그니·늠거]타 곡식의 껍질을 벗기다.
늠렬(凜烈·凜洌) '늠렬하다'의 어근.
늠:렬-하다(凜烈-·凜洌-)[-녈-]형여 추위가 살을 에는 것 같다. **늠렬-히**부.
늠름(凜凜) '늠름(凜凜)하다'의 어근.
늠름(懍懍) '늠름(懍懍)하다'의 어근.
늠:름-하다(凜凜-)[-늠-]형여 위풍이 있고 당당하다. 씩씩하다. ¶ 우리 선수들의 늠름한 모습. **늠름-히**부.
늠:름-하다(懍懍-)[-늠-]형여 위태로워서 겁나다. **늠름-히**부.
늠실-거리다타 자꾸 늠실늠실하다. 늠실대다.
늠실-늠실[-름-]부하타 ①(물결 따위가) 부드럽게 자꾸 움직이는 모양. ¶ 파도가 바람에 늠실늠실 물결치고 있다. ②속에 엉큼한 마음이 있어 슬몃슬몃 넘겨다보는 모양.
늠실-대다타 늠실거리다.
늠연(凜然) '늠연하다'의 어근.
늠:연-하다(凜然-)형여 위풍이 있고 씩씩하다. **늠연-히**부.
늡늡-하다[늠느파-]형여 너글너글하고 활달하다.
능명 넉넉하게 잡은 여유. ¶ 능을 두다. /능을 주다.
능(能)명 〈재능(才能)〉의 준말.
능(陵)명 임금이나 왕후의 무덤. 능묘(陵墓). 능상(陵上). 능침(陵寢). 선침(仙寢).

능(稜)명 '모서리'의 구용어.
능(綾)명 얇은 비단의 한 가지. 단(緞)과 비슷하나 더 얇음.
능가(凌駕)명하타 능력이나 수준 따위가 비교 대상을 훨씬 앞지름. ¶ 남자를 능가하는 체력을 가진 여자.
능가-경(楞伽經)명 대승 경전(大乘經典)의 한 가지. 부처가 능가산(楞伽山)에서 대혜보살(大慧菩薩) 등을 위해 설법한 것을 모은 경.
능각(稜角)명 '모서리각'의 구용어.
능간(能幹) '능간하다'의 어근.
능간-하다(能幹-)형여 일을 감당할 만한 능력이 있다.
능갈-맞다[-맏따]형 얄밉도록 능청스럽다. ¶ 능갈맞게 굴다.
능갈-치다 Ⅰ자 교묘하게 잘 둘러대다. Ⅱ형 능청스럽게 잘 둘러대는 재주가 있다. ¶ 능갈치게 말하다.
능견-난사(能見難思)명 눈으로 볼 수는 있으나 보통의 이치로는 그 내용을 미루어 짐작할 수 없음, 또는 그런 일.
능곡지변(陵谷之變)[-찌-]명 〔언덕과 골짜기가 뒤바뀐다는 뜻으로〕'세상일의 변천이 극심함'을 비유하여 이르는 말.
능관(陵官)명 지난날, 능을 지키는 벼슬아치를 이르던 말.
능-구렁이명 ①뱀과의 동물. 몸길이 80 cm가량. 몸빛은 등이 적갈색, 배는 황갈색이며 온몸에 굵고 검은 가로띠가 있음. 주로 논이나 연못 근처에서 살며, 개구리·쥐·작은 새 따위를 잡아먹는데 독은 없음. ②'성질이 음흉한 사람'을 비유하여 이르는 말.
능그다[능그니·능거]타 곡식 낟알의 껍질을 벗기려고 물을 붓고 애벌 찧다.
능글-능글[-릉-]부하형 엉큼하고 능청스러운 모양. ¶ 능글능글 웃기만 한다.
능글-맞다[-맏따]형 하는 짓이 능글능글하다. ¶ 용서를 빌기는커녕 능글맞게 웃기만 한다.
능금명 능금나무의 열매. ¶ 그녀의 두 뺨이 능금처럼 발갛게 물들어 예뻐 보인다.
능금-나무명 장미과의 낙엽 활엽 교목. 과실나무의 한 가지로 높이는 10 m가량. 길둥근 잎은 끝이 뾰족하며, 5월경에 짧은 가지에 분홍 꽃이 핌. 가을에 익는 불그스름한 열매를 '능금'이라 하는데, 겉에 흰 가루가 덮여 있으며 사과보다 과즙이 많음.
능금-산(-酸)명 ☞사과산(沙果酸).
능-놀다[~노니·~놀아]타 ①일을 자꾸 미루어 나가다. ②천천히 쉬어 가며 일하다.
능단(綾緞)명 ☞능라(綾羅).
능답(陵畓)명 능에 딸린 논.
능당(能當)명하타 능히 감당함. **능당-히**부.
능동(能動)명 ①스스로 움직이거나 작용하는 것. ↔수동(受動). ②다른 것에 동작을 미치게 하는, 동사의 성질. ②↔피동(被動).
능동-문(能動文)명 문장의 서술어가 능동사로 된 문장. 〔'경찰이 도둑을 잡다.'·'누나가 동생을 업다.' 따위.〕↔피동문.
능-동사(能動詞)명 문장의 주체가 제힘으로 하는 동작을 나타내는 동사. 〔'먹다'·'쓰다'·'읽다' 따위.〕↔피동사.
능동-성(能動性)[-썽]명 스스로(제힘으로) 다른 것에 작용하는 성질. ↔수동성.
능동-적(能動的)관명 스스로 다른 것에 작용하는 성질의 (것). ¶ 능동적 자세. ↔수동적.
능동-태(能動態)명 문법에서, 어떤 동작이나 작용의 주체를 주어로 세웠을 때의 서술어가 취하는 형식. 곧, 능동사의 형태. ↔수동태.
능라(綾羅)[-나]명 두꺼운 비단과 얇은 비단. 능(綾)과 나(羅). 능단(綾緞).
능라-금수(綾羅錦繡)[-나-]명 명주실로 짠 피륙을 통틀어 이르는 말.
능라-장(綾羅匠)[-나-]명 비단을 짜는 직공.
능란(能爛) '능란하다'의 어근.
능란-하다(能爛-)[-난-]형여 (어떤 일에) 썩 익숙하다. ¶ 경운기를 능란하게 다루다. /능란한 일솜씨. **능란-히**부.
능력(能力)[-녁]명 ①어떤 일을 해낼 수 있는 힘. ¶ 문제 해결 능력. /영업 분야에서 탁월한 능력을 발휘하다. ②법률상 어떤 일에 관하여 필요로 하는 자격. 〔민법에서는 행위 능력을 뜻함.〕
능력-급(能力給)[-녁끕]명 (연령·학력·경험 따위) 근로자의 작업에 대한 능력에 따라 임금이 지급되는 급여 제도.
능력^상실자(能力喪失者)[-녁쌍-짜]명 행위 능력자였으나, 금치산이나 한정 치산의 선고를 받음으로써 행위 능력을 상실하게 된 사람.
능력-자(能力者)[-녁짜]명 (어떤 일을) 능히 해낼 힘이 있는 사람.
능률(能率)[-뉼]명 ①일정한 시간에 해낼 수 있는 일의 분량, 또는 비율. ¶ 능률이 오르다. /능률이 떨어지다. ②회전 능력의 크기를 나타내는 양.
능률-급(能率給)[-뉼-]명 근로자의 작업 능률에 따라서 지급되는 임금(賃金) 형태를 통틀어 이르는 말. 참생활급.
능률-적(能率的)[-뉼쩍]관명 능률이 많이 오르는 성질의 (것).
능리(能吏)[-니]명 일에 능한 관리. 유능한 관리.
능멸(凌蔑·陵蔑)명하타 업신여겨 깔봄. 능모(凌侮). ¶ 능멸을 당하다.
능모(凌侮·陵侮)명하타 ☞능멸(凌蔑).
능묘(陵墓)명 ①능과 묘. ②☞능(陵).
능문(能文)명하형 글에 능함, 또는 능한 글.
능문-능필(能文能筆)명 글과 글씨에 두루 능함.
능변(能辯)명하자 막히는 데 없이 말을 술술 잘함, 또는 그런 말. 능언(能言). 달변. ↔눌변(訥辯).
능변-가(能辯家)명 말솜씨가 능란한 사람.
능사(能士)명 능력이 남보다 뛰어난 사람. 재능이 있는 훌륭한 사람.
능사(能事)명 ①자기에게 가장 알맞아 잘 감당해 낼 수 있는 일. ②《주로 '아니다'와 함께 쓰이어》 능한 일. 잘하는 일. ¶ 대립과 파쟁만이 능사가 아니다.
능사(綾紗)명 명주실로 짠 상깃하고 얇은 비단의 한 가지.
능상(陵上)명 ☞능(陵).
능상(菱狀)명 ☞마름모꼴.
능서(能書)명하자 글씨를 잘 씀, 또는 잘 쓴 글씨. 비능필(能筆).
능선(稜線)명 산의 봉우리에서 봉우리로 이어지는 산등성이의 선. ¶ 비로봉으로 이어지는 능선에 올랐다.
능소(陵所)명 능(陵)이 있는 곳.
능소능대(能小能大)명하형 ①모든 일에 두루 능함. ②남들과 사귀는 수완이 아주 능함. ¶ 능소능대한 수완가.
능소니명 곰의 새끼.

능소-화(凌霄花)명 능소화과의 낙엽 만목. 중국 원산의 관상용 식물로, 줄기는 10 m가량 자람. 잎은 깃모양 겹잎이고, 여름에 넓은 깔때기 모양의 불그스름한 꽃이 피며 열매는 가을에 익음.
능소-회(能所會)[-회/-훼]명 비역. 〔절에서의 변말.〕
능속(陵屬)명 지난날, '능에 딸린 하인'을 이르던 말.
능수(能手)명 어떤 일에 능란한 솜씨, 또는 그런 사람. ¶ 다른 것은 몰라도 사격엔 능수지.
능수-꾼(能手-)명 일솜씨가 능숙한 사람.
능수능란(能手能爛) '능수능란하다'의 어근.
능수능란-하다(能手能爛-)[-난-]형여 어떤 일에 익숙하고 솜씨가 좋다. ¶ 드리블에 능수능란한 공격수.
능수-버들명 버드나뭇과의 낙엽 활엽 교목. 우리나라의 특산 식물로 흔히 가로수나 관상수로 심음. 높이는 20 m가량이며, 잎은 좁고 양 끝이 뾰족함. 가지를 길게 드리우고 4월경에 꽃이 피며, 열매는 여름에 익음. 삼춘류(三春柳). 수사류(垂絲柳). 정류(檉柳).
능숙(能熟) '능숙하다'의 어근.
능숙-하다(能熟-)[-수카-]형여 능란하고 익숙하다. ¶ 외국어에 능숙하다. **능숙-히**부.
능신(能臣)명 유능한 신하.
능실(菱實)명 마름의 열매.
능언(能言)명하자 ☞능변(能辯).
능엄-경(楞嚴經)명 선종(禪宗)의 주요 경전의 하나. 인연(因緣)과 만유(萬有)를 설명하고 있음.
능에명 ☞느시.
능역(陵役)명 능(陵)에 관계되는 역사(役事).
능욕(凌辱·陵辱)명하타 ①남을 업신여겨 욕보임. ¶ 약소 민족을 능욕하다. ②폭력으로 여자를 욕보임. ¶ 부녀자를 능욕하다.
능원(陵園)명 왕이나 왕비의 무덤인 능(陵)과 왕세자 등의 무덤인 원(園). 곧, 왕족들의 무덤.
능원-묘소(陵園墓所)명 능이나 원·묘 등이 있는 자리.
능위(稜威)명 존엄한 위광(威光). 곧, 천자(天子) 또는 왕의 권위.
능-위전(陵位田)명 능에 딸린 논밭.
능음(凌陰)명 얼음을 쌓아 두는 곳(방). 빙실.
능이(能栮·能耳)명 먹을 수 있는 버섯의 한 가지. 박달나무 따위에 나는데 갓이 큼. 거죽은 검고, 안은 잘게 갈라져 있으며 분홍빛이 남. 능이버섯.
능이(凌夷·陵夷)명 ①언덕과 평지. ②하자(어떤 현상이) 처음에는 왕성하다가 차차 쇠퇴함.
능이-버섯(能栮-)[-섣]명 ☞능이(能栮). *능이버섯이[-서시]·능이버섯만[-선-]
능인(能仁)명 〔능하고 어질다는 뜻으로〕'석가(釋迦)'를 달리 일컫는 말.
능장(稜杖)명 〔지난날〕 ①(출입을 막기 위하여) 대궐 문에 가로질러 세우던 둥글고 긴 나무 막대. ②밤에 순찰을 돌 때 쓰던 기구. 〔길이 150 cm쯤 되는 나무 끝에 물미를 끼우고 쇠두겁을 씌웠는데, 쇳조각 따위를 달아 소리가 나게 하였음.〕
능준-하다형여 (어떤 기준에 차고도 남아) 넉넉하다. **능준-히**부.
능지(凌遲·陵遲)명하타 〈능지처참〉의 준말.
능-지기(陵-)명 능을 지키는 사람.
능지-처참(凌遲處斬)명하타 지난날, 대역(大逆) 죄인에게 내리던 극형. 〔머리·몸·손·팔다리를 도막 쳐서 죽임.〕 준능지.
능직(綾織)명 직물의 기본 조직의 한 가지. 날실과 씨실을 각각 몇 올씩 건너뛰어 만나게 함으로써 빗금 무늬가 나타나게 짜는 방법. 사문직.
능-참봉(陵參奉)명 조선 시대에, 능을 맡아보던 종구품의 벼슬.
능참봉을 하니까 거둥이 한 달에 스물아홉 번이라속담 모처럼 일자리를 하나 얻으니까 별로 생기는 것 없이 바쁘기만 하다는 말.
능철(菱鐵·蔆鐵)명 ☞마름쇠.
능청명 마음속은 엉큼하면서 겉으로 천연스럽게 꾸미는 태도. ¶ 능청을 떨다. /능청을 부리다.
능청-거리다자 자꾸 능청능청하다. 능청대다. 작낭창거리다.
능청-능청부하자 (줄이나 가는 막대기 따위가) 탄력성 있게 크게 휘어지거나 흔들리는 모양. 작낭창낭창.
능청-대다자 능청거리다.
능청-맞다[-맏따]형 마음속은 엉큼하면서 겉으로는 천연스럽다. ¶ 사람이 어쩌면 저렇게 능청맞을까!
능청-스럽다[-따][~스러우니·~스러워]형ㅂ 능청맞은 데가 있어 보이다. **능청스레**부.
능청-이명 능청맞은 사람.
능침(陵寢)명 ☞능(陵).
능통(能通) '능통하다'의 어근.
능통-하다(能通-)형여 어떤 일에 환히 통달하다. ¶ 동양사에 능통하다. /영어에 능통하다.
능필(能筆)명 ①잘 쓴 글씨. ②글씨를 잘 쓰는 사람. 비능서(能書)·달필(達筆). ↔악필(惡筆).
능-하다(能-)형여 서투른 데가 없이 익숙하게 잘하다. ¶ 수학에 능하다. **능-히**부 ¶ 그것쯤은 능히 해낼 수 있다.
능-해자(陵垓字)명 능(陵) 둘레의 경계.
능행(陵幸)명하자 임금이 친히 능에 행차함.
능형(菱形)명 '마름모'의 구용어.
능화(能化)명 불교에서, 능히 중생을 교화하는 이, 곧 부처나 보살을 이름.
능화(菱花)명 마름의 꽃.
능활(能猾) '능활하다'의 어근.
능활-하다(能猾-)형여 능력이 있으면서 교활하다. **능활-히**부.
늦명 〈옛〉늧. 조짐. 상서(祥瑞). ¶ 智慧 너비 비췰 느지오(月釋1:18).
늦-[늗]접두 《일부 명사나 동사 앞에 붙어》'때의 늦음'을 뜻함. ¶ 늦가을. /늦거름. /늦여름. /늦되다. /늦더위.
늦-가을[늗까-]명 가을이 다 갈 무렵. 계추(季秋). 만추(晩秋). 모추(暮秋). 잔추(殘秋).
늦-거름[늗꺼-]명 ①때늦게 주는 거름. ②오래 지난 뒤에 효력이 나타나는 거름. 〔퇴비·인분 따위.〕
늦-겨울[늗껴-]명 겨울이 다 갈 무렵. 계동(季冬). 만동(晩冬). 모동(暮冬).
늦-과일[늗꽈-]명 보통 과일보다 늦게 여무는 과일.
늦-김치[늗낌-]명 봄철까지 오래 먹을 수 있도록 젓갈을 넣지 않고 담근 김치.
늦-깎이[늗-]명 ①나이가 들어서 중이 된 사람. ②보통 사람보다 늦게 배움이나 수련 따위의 길에 들어선 사람. 또는, 나이가 들어서 장색(匠色) 따위가 된 사람. ¶ 늦깎이 대학생. /늦깎이 배우. ③사리(事理)를 남보다 늦게 깨달은 사람. ④(과실·채소 따위의) 늦게 익은 것.

늦다[늗따] Ⅰ자 정해진 때보다 지나다. ¶ 그는 약속 시간에 언제나 늦는다. ＊늦어·늦는[는-] Ⅱ형 ①기준이 되는 때나 시각에 뒤져 있다. ¶ 꽃이 예년보다 늦게 피다. ②시간이 많이 지나 있다. ¶ 늦은 가을. /밤 늦도록 일을 하다. ③곡조·동작 따위의 속도가 느리다. ¶ 박자가 늦다. ①②↔이르다3. ＊늦어·늦고[늗꼬]

늦게 배운 도둑이 날 새는 줄 모른다속담 뒤늦게 시작한 일에 재미를 붙여 더욱 열중하게 됨을 이르는 말.

늦-더위[늗떠-]명 늦여름의 더위. 가을철까지 끄는 더위. 노염(老炎). ↔일더위.

늦-동이(-童-)명 '늦둥이'의 잘못.

늦-되다[늗뙤-/늗뛔-]자 ①(곡식이나 열매 따위가) 제철보다 늦게 익다. ¶ 벼가 늦되다. ②(나이에 비하여) 철이 늦게 들다. ¶ 사람이 좀 늦된 것 같다. ③어떤 일이 늦게서야 이루어지다. ①②↔올되다2·일되다.

늦-둥이[늗뚱-]명 ①늘그막에 낳은 자식. ②'열기가 없고 어리석은 사람'을 얕잡아 이르는 말.

늦-마[는-]명 ☞늦장마.

늦-모[는-]명 철 늦게 내는 모. 마냥모. 만앙.

늦-모내기[는-]명 철 늦게 모를 내는 일. 만이앙.

늦-물[는-]명 제철보다 늦게 열린 과일이나 늦게 잡힌 물고기.

늦-바람[늗빠-]명 ①저녁 늦게 부는 바람. ②나이 들어서 부리는 난봉. ¶ 늦바람이 나다. ③'느리게 슬슬 부는 바람'의 뱃사람 말.

늦바람이 용마름을 벗긴다속담 늘그막에 바람이 나기 시작하면 걷잡을 수 없다는 뜻.

늦-배[늗빼]명 늦게 까거나 낳은 짐승의 새끼.

늦-벼[늗뼈]명 늦게 익는 벼. 만도(晩稻). ↔올벼.

늦-복(-福)[늗뽁]명 ①나이가 많이 들어서 누리는 복. ②뒤늦게 돌아오는 복. 만복(晩福).

늦-봄[늗뽐]명 봄이 다 갈 무렵. 계춘(季春). 만춘(晩春). 모춘(暮春). 잔춘(殘春).

늦-부지런[늗뿌-]명 ①늘그막에 부리는 부지런. ②뒤늦게 서두는, 때 아닌 부지런.

늦-뿌리다[늗-]타 씨앗을 제철보다 늦게 뿌리다.

늦-사리[늗싸-]명하타 철 늦게 농작물을 거두는 일, 또는 그 농작물.

늦-새끼[늗쌔-]명 ①늙은 어미가 낳은 짐승의 새끼. ②여러 배 치는 짐승의 늦배의 새끼.

늦-서리[늗써-]명 제철보다 늦게 내리는 서리. ↔올서리.

늦심-기[늗씸끼]명 (곡식이나 식물을) 제철이 지나서 심는 일. 만식(晩植).

늦-심다[늗씸따]타 (곡식이나 식물을) 제철보다 늦게 심다.

늦-여름[는녀-]명 여름이 다 갈 무렵. 계하(季夏). 만하(晩夏). 모하(暮夏).

늦은-불명 ①빗맞거나 설맞은 총알. ②'그리 심하지 않은 곤욕'을 비유하여 이르는 말.

늦은-삼절(-三節)명 화살의 상사 위쪽에 있는, 살대의 셋째 마디.

늦-자라다[늗짜-]자 보통 아이보다 늦게 자라다.

늦-자식(-子息)[늗짜-]명 나이가 들어 늦게 낳은 자식. ¶ 늦자식을 보다.

늦-잠[늗짬]명 아침 늦게까지 자는 잠. 아침잠.

늦잠-꾸러기[늗짬-]명 늘 아침 늦게까지 자는 사람. ¶ 늦잠꾸러기라고 놀리다.

늦-잡다[늗짭따]타 ①시간이나 날짜를 늦추어 헤아리다. ¶ 늦잡아도 주말까지는 일을 끝마쳐야 한다. ②시간이나 날짜를 여유 있게 정하다. ¶ 모임을 다음 주로 늦잡다.

늦-잡죄다[늗짭쬐-/늗짭쮀-]타 느지막이 다잡거나 독촉하다.

늦-장[늗짱]명 ☞늑장.

늦-장(-場)[늗짱]명 일부러 좀 늦게 보는 장.

늦-장가[늗짱-]명 보통 사람보다 늦게 드는 장가. ¶ 큰형은 나이 마흔이 넘어 늦장가를 갔다.

늦-장마[늗짱-]명 제철이 지나서 지는 장마. 늦마.

늦추[늗-]부 ①때가 늦게. ¶ 약속 시간보다 늦추 오다. ②켕기지 않고 느슨하게. ¶ 빨랫줄을 아래로 좀 처지게 늦추 매다.

늦-추다[늗-]타 ①(('늦다'의 사동)) 늦게 하다. ¶ 기일을 늦추다. /속도를 늦추다. ②느슨하게 하다. ¶ 허리띠를 다소 늦추다. /고삐를 늦추다. /나사를 늦추다. ③긴장을 조금 풀다. ¶ 경각심을 늦추다.

늦-추위[늗-]명 겨울이 다 지날 무렵의 추위. 여한(餘寒). 잔한(殘寒).

늦추-잡다[늗-따]타 ①시간이나 기한을 늦게 잡다. ¶ 기한을 늦추잡다. ②줄이나 끈 따위를 조이지 않도록 느슨하게 잡다.

늦하늬-바람[느타니-]명 '서남풍'의 뱃사람 말.

늧[늗]명 앞으로 어떻게 될 것 같은 징조. ＊늧이[느치]·늧만[는-]

늪[늡]명 ①호수보다는 작으나 못보다는 크며 땅바닥이 저절로 둘러 빠지고, 진흙 바닥에 많은 물이 깊지 않게 늘 괴어 있어 물속 식물이 무성한 곳. 소(沼). ②'헤어나기 힘든 상태나 상황'을 비유하여 이르는 말. ¶ 고통의 늪에 빠지다. ＊늪이[느피]·늪만[늠-]

늪-지대(-地帶)[늡찌-]명 늪이 많은 지대.

닐리리[닐-]부 (퉁소·피리·나발 따위) 관악기의 소리를 흉내 낸 말.

닐리리야[닐-]명 경기 민요의 한 가지. 〔후렴이 '닐리리야'로 되어 있음.〕

닐리리-쿵더쿵[닐-]부 관악(管樂)과 타악(打樂)의 뒤섞인 풍류 소리를 흉내 낸 말.

닝큼[닝-]부 망설이지 않고 가볍고 빨리 움직이는 모양. ¶ 닝큼 따라 나가거라. 작냉큼. **닝큼-닝큼**부.

니1조 모음으로 끝난 체언에 붙는 연결형 서술격 조사. ①앞말이 뒷말의 까닭이 됨을 나타냄. ¶ 비가 올 날씨니 우산을 가지고 가거라. ②어떤 사실을 들어 보인 다음 그와 관련된 다른 말을 끌어내는 뜻을 나타냄. ¶ 제 약혼자니 특별히 신경 써 주세요. ③((주로 '~니 ~니'의 꼴로 쓰이어)) ㉠이것이라고도 하고 저것이라고도 함을 나타냄. ¶ 바보니 천치니 하면서 구박만 한다. ㉡여러 사물을 벌여 놓는 뜻을 나타냄. ¶ 감자니 옥수수니 잔뜩 먹었다. 참이니1.

니2조 모음으로 끝난 체언에 붙는 종결형 서술격 조사. ①경험에 바탕을 둔 어떤 사실을 일러 주는 뜻을 나타냄. ¶ 회초리를 들게나, 매 끝에 정이 드는 바니. ②'냐'보다 은근한 느낌을 나타냄. ¶ 그 사람, 누구니? 참이니2.

니1명 〈옛〉 이. ¶ 니 슬:蝨(訓蒙上23).

니2명 〈옛〉 이〔齒〕. ¶ 齒는 니라(訓諺).

-니1어미 ①동사 어간이나 모음으로 끝난 형용사 어간 또는 높임의 '-시-'나 시제의 '-았(었)-'·'-겠-' 등에 붙는, 해라체의 의문형 종결 어미. '-냐'·'-느냐'·'-으냐'보다 친근하고 부드러운 느낌을 나타냄. ¶ 뭘 먹니?/그렇게 크니? ②모음으로 끝난 형용사 어간이나 높임의 '-시-' 뒤에 붙는, 하게체의 평서형 종결 어미. 경험을 바탕으로 하여 믿는 바를 일러 주는 뜻을

나타냄. ¶ 거짓말하는 것은 나쁘니. 참-으니1.

-니² 어미 ①모음이나 'ㄹ'로 끝난 어간 또는 높임의 '-시-'에 붙는 종속적 연결 어미. ㉠앞말이 뒷말의 원인이나 근거가 됨을 나타냄. ¶ 바람이 부니 물결이 인다. ㉡어떤 사실을 들어 보인 다음 그와 관련된 다음 말을 끌어내는 뜻을 가짐. ¶ 도착하니 새벽이더라. /돌이켜 생각하니 잘못은 이쪽에 있었소. ②모음이나 'ㄹ'로 끝난 형용사 어간 뒤에 쓰이는 종속적 연결 어미. 주로, '-니 -니'의 꼴로 쓰이어, 이렇게 하기도 하고 저렇게 하기도 한다는 뜻을 나타냄. ¶ 값이 싸니 비싸니 하며 실랑이를 벌인다. 참-으니2.

니거지이다 자 〈옛〉〔'니다'의 활용형〕 가고 싶습니다. ¶ 내 니거지이다 가샤(龍歌58章).

니건 관 〈옛〉〔'니다'의 활용형〕 간. 지난. ¶ 니건 히옌 白帝城에 누니 뫼해 잇더니(杜初10:40).

니그로 (Negro) 명 ①주로, 중부 아프리카에 사는 흑인종. 〔흑인종을 통틀어 일컫기도 함.〕 ②흑인.

니글-거리다 자 자꾸 니글니글하다. 니글대다.

니글-니글 [-리-] 부 하자 먹은 것이 소화되지 않아 속이 자꾸 메스껍고 곧 게울 듯한 모양.

니글-대다 자 니글거리다.

니기 부 〈옛〉 익숙히. 익히. ¶ 智勇올 니기 아ᄉᆞᄫᅡ(龍歌59章).

니기다 타 〈옛〉 익히다. ¶ 習은 니길씨라(訓諺).

니까 조 '니1'의 힘줌말. ¶ 지금이 고비니까 더욱 힘을 내자.

-니까 어미 '-니²'의 힘줌말. ¶ 자세히 보니까 아주 잘생겼다.

니까는 조 '니까'의 힘줌말. ¶ 왜 날다니, 새니까는 날지. 준니깐.

-니까는 어미 '-니까'의 힘줌말. ¶ 좀 늦게 가니까는 아무도 없더라. 준-니깐.

니깐 조 〈니까는〉의 준말. ¶ 그래도 친구니깐 너를 도와주는 거야.

-니깐 어미 〈-니까는〉의 준말. ¶ 봄이 되니깐 자꾸 졸린다.

니다 자 〈옛〉 ①가다. ¶ 니거든 여러 두고 날인가 반기실가(鄭澈.思美人曲). ②지나다. ¶ 이제 수년을 니디 아니ᄒᆞ니(五倫2:20). 참녀다.

니라 조 모음으로 끝난 체언에 붙어, 당연한 일, 또는 경험으로 얻은 어떤 사실을 단정적으로 베풀어 말하는, 해라체의 종결형 서술격 조사. ¶ 모든 행동의 근본은 효(孝)니라. 참이니라.

-니라 어미 모음이나 'ㄹ'로 끝난 형용사 어간에 붙는, 해라체의 평서형 종결 어미. 으레 그러한 일이나 경험으로 얻은 사실을 타이르듯 일러 주는 뜻을 나타냄. ¶ 스승의 은혜는 산보다도 크니라. 참-느니라·-으니라.

니러나다 자 〈옛〉 일어나다. ¶ 赤帝 니러나시릴씨(龍歌22章). 참닐다.

니러셔다 자 〈옛〉 일어서다. ¶ 누본 남기 니러셔니이다(龍歌84章). 참닐다.

니러ᄒᆞ니 자 〈옛〉 일어나니. 일어난즉. ¶ 日出을 보리라 밤듕만 니러ᄒᆞ니(鄭澈.關東別曲).

니르 부 〈옛〉 이루. ¶ 一生애 머그며 니블 이를 니르 ᄒᆞ디 몯ᄒᆞ리로다(翻小10:20).

니르다 타 〈옛〉 이르다. ¶ 言은 니를씨라(訓諺). 참니ᄅᆞ다.

니르리 부 〈옛〉 이르도록. ¶ 唐브터 宋애 니르리(楞解1:16).

니르받다 타 〈옛〉 일으키다. ¶ 罪業을 니르바돌씨라(月釋1:16). 참니르왇다·니ᄅᆞ왇다.

니르왇다 타 〈옛〉 일으키다. ¶ ᄀᆞᆺ 업슨 功德을 니르와ᄃᆞ샤(月釋2:54). 참니르받다.

니르혀다 타 〈옛〉 일으키다. ¶ 그 겨지비 밥 가져다가 머기고 자바 니르혀니(月釋1:44).

니를다 자 〈옛〉 이르다〔至〕. ¶ 아래로 阿鼻地獄애 니를오(釋譜13:13). /우흐로 梵世예 니르르시고(月釋18:4).

니ᄅᆞ다 [닐어·닐오되] 타 〈옛〉 이르다. ¶ 謂ᄂᆞᆫ 니ᄅᆞᆯ씨라(月釋序10). /ᄒᆞᆫ 劫이 남ᄃᆞ록 닐어도 몯다 니ᄅᆞ리어니와(釋譜9:10). 참니르다.

니ᄅᆞ왇다 타 〈옛〉 일으키다. ¶ 골히요ᄆᆞᆯ 니ᄅᆞ왇디 아니ᄒᆞ며(永嘉下138). 참니르받다.

니ᄅᆞ히 부 〈옛〉 이르도록. ¶ 一品으로 九品에 니ᄅᆞ히(朴解下30).

-니만치 어미 ☞-니만큼.

-니만큼 어미 모음이나 'ㄹ'로 끝난 용언의 어간 또는 높임의 '-시-'에 붙어, 앞말이 뒷말의 원인이나 이유가 됨을 나타내는 연결 어미. -니만치. ¶ 짐이 무거우니만큼 여럿이 나눠 들고 가는 것이 낫다. 참-느니만큼·-으니만큼.

니말 명 〈옛〉 이마. ¶ 니마히 넙고 平正ᄒᆞ야(法華6:14). /니마 조슬 돈:顚(訓蒙下26).

니믜ᄎᆞ다 타 〈옛〉 여미어 입다. ¶ 紅裳을 니믜ᄎᆞ고 翠袖롤 半만 거더(鄭澈.思美人曲).

니블 명 〈옛〉 이불. ¶ 니블 금:衾(訓蒙中23).

니스 (ニス←ワニス 일) 명 바니시.

니쏘리 명 〈옛〉 잇소리. 치음(齒音). ¶ ㅈᄂᆞᆫ 니쏘리니(訓諺).

니서티다 타 〈옛〉 이어 치다. ¶ 물 우희 니서티시나(龍歌44章).

니ᄉᆞ취다 타 〈옛〉 잇대다. ¶ 니ᄉᆞ취여 ᄒᆞᆫ 일도 업다 니ᄅᆞ디 말라(南明下7).

니ᅀᆞ샤도 타 〈옛〉〔'닛다'의 활용형〕 이으셔도. ¶ 聖神 니ᅀᆞ샤도(龍歌125章).

니어^미스 (near miss) 명 비행 중인 항공기끼리 접촉할 뻔한 이상 접근(異常接近).

니오븀 (Niobium 독) 명 ☞니오브.

니오브 (Niob 독) 명 희유 원소(稀有元素)의 한 가지. 녹는점이 높고 전성(展性)·연성(延性)이 강한 회백색의 금속. 열에 견디는 합금 재료로 중요함. 니오븀. 〔Nb/41/92.9064〕

니웃 타 〈옛〉 이웃. ¶ 이바 니웃드라(鄭克仁.賞春曲). 참이웃.

니은 명 한글 자모의 자음 'ㄴ'의 이름.

-니이다 어미 〈옛〉 -었습니다. ¶ 하ᄂᆞᆯ히 命ᄒᆞ실씨 몰톤자히 건너시니이다(龍歌34章).

-니잇가 어미 〈옛〉 -ㅂ니까. -옵니까. ¶ 洛水예 山行 가이셔 하나빌 미드니잇가(龍歌125章).

-니잇고 어미 〈옛〉 -ㅂ니까. -옵니까. ¶ 어드러셔 오시니잇고(月釋8:91).

니지 부 〈옛〉 잊어. 잊고서. ¶ 四月 아니 니지 아으 오실셔 곳고리새여(樂範.動動).

니ᄌᆞ시리잇가 타 〈옛〉 ☞닞다.

니치 (niche) 명 벽감(壁龕).

니커보커스 (knickerbockers) 명 무릎 바로 아래에서 졸라매게 만든 폼이 넉넉한 바지. 운동용이나 작업용으로 입음.

니켈 (nickel) 명 금속 원소의 한 가지. 회백색 금속으로 전성(展性)·연성(延性)은 철과 비슷하나, 공기·물·알칼리 등에 잘 침식(侵蝕)되지 않음. 〔Ni/28/58.71〕

니켈-강 (nickel鋼) 명 니켈이 들어 있는 특수강. 탄소강(炭素鋼)에 비해 강도가 크고 질기기 때문에 자동차·교량 따위의 구조용 부품에 쓰임.

니켈크롬-강(nickel-chrome鋼) 명 니켈과 크롬을 함유하는 특수강. 강도가 크고 아주 질겨 기계의 톱니바퀴 등 주로 마멸하기 쉬운 부품에 쓰임.

니코틴(nicotine) 명 주로 담뱃잎에 들어 있는 알칼로이드. 본디는 무색의 액체이지만 공기에 닿으면 갈색이 됨. 수용성이며 독성이 강하여 신경 계통의 조직을 자극하여 마비시킴. 농약 따위에 이용됨.

니코틴-산(nicotine酸) 명 수용성 비타민인 비타민 B 복합체의 한 가지.

니코틴-제(nicotine劑) 명 니코틴을 유효 성분으로 하는 살충제.

니코틴^중독(nicotine中毒) 명 니코틴으로 말미암은 중독. 급성 중독과, 담배를 많이 피워 일어나는 만성 중독이 있음.

니크롬(nichrome) 명 니켈과 크롬을 주로 한 합금. 전기 저항이 크고 녹는점이 높아 전열선이나 저항선 따위에 쓰임.

니크롬-선(nichrome線) 명 니크롬으로 만든 도선(導線). 높은 온도에 견딜 수 있어 주로 전열기에서 열을 내는 발열체로 쓰임.

니트(knit) 명 뜨개질하여 만든 옷이나 옷감.

니트로-글리세린(nitroglycerin) 명 글리세린에 질산과 황산의 혼합액을 작용시켜서 만든 빛깔 없는 기름 모양의 액체. 조그만 자극에도 폭발하는 성질이 있어 다이너마이트나 무연 화약(無煙火藥) 등의 원료로 쓰이며, 협심증 따위의 치료제로 쓰이기도 함.

니트로-벤젠(nitrobenzene) 명 벤젠을 진한 질산과 진한 황산의 혼합액으로 처리해서 만든, 특유의 향기가 있는 빛깔 없는 액체. 흡습성이 강하며 증기는 독성이 있음. 아닐린의 원료가 됨. 니트로벤졸.

니트로-벤졸(nitrobenzol) 명 ☞니트로벤젠.

니트로-셀룰로오스(nitrocellulose) 명 솜 같은 셀룰로오스를 강한 황산과 질산의 혼합액에 반응시켜 만든 질산에스테르. 화약에 쓰임. 질산섬유소.

니트로-포스카(Nitrophoska 독) 명 비료의 3요소인 질소·인산·칼리를 모두 함유하는 인조 비료.

니트로^화ː합물(nitro化合物) [-함-] 명 분자 속에 니트로기(基)를 가진 유기 화합물.

니트-웨어(knit wear) 명 '뜨개질하여 만든 옷'을 통틀어 이르는 말.

니팅(knitting) 명 편물(編物).

니퍼(nipper) 명 (펜치와 비슷한) 공구의 한 가지. 주로, 철사나 전선 따위를 절단하는 데 쓰임.

니피다 타 〈옛〉 입히다. ¶ 袞服 니피ᅀᆞᄫᆞ니(龍歌*25*章).

니힐리스트(nihilist) 명 허무주의자.

니힐리즘(nihilism) 명 허무주의.

닉네임(nickname) 명 '별명'·'애칭'으로 순화.

닉다 자 〈옛〉 익다. 익숙하다. ¶ 니글 슉:熟(訓蒙下*12*). /鳴沙 길 니근 ᄆᆞ리(鄭澈.關東別曲).

-닌댄 어미 〈옛〉 -ㄹ진대. ¶ ᄒᆞ다가 업스닌댄. /ᄒᆞ다가 잇ᄂᆞ닌댄(蒙法*62*).

닐곱 명 〈옛〉 일곱. ¶ 어려운 이리 닐곱 가지니(呂約*34*).

닐굽 명 〈옛〉 일곱. ¶ 거플업고 기리 닐굽 치러니(月釋*1:43*).

닐다 자 〈옛〉 일다. 일어나다. ¶ ᄉᆞ면(四面)에 블이 니러(月印*164*章). /닐 긔:起(訓蒙下*27*).

닐오ᄃᆡ 자타 〈옛〉 〔'니ᄅᆞ다'의 활용형〕 이르되. ¶ 經에 닐오ᄃᆡ(月釋*1:36*). /이제ᄂᆞᆫ 해 닐오ᄃᆡ(蒙法*57*).

닐온 부 〈옛〉 〔'니ᄅᆞ다'의 활용형〕 이른바. 말하자면. ¶ ᄂᆞ미 ᄠᅳ미 ᄃᆞ욀씨 닐온 傭이오(法華*2:191*).

닐웨 명 〈옛〉 이레. ¶ 닐웨ᄅᆞᆯ 숨엣더시니(月印*108*章).

닐위다 타 〈옛〉 이루다. ¶ 居喜애ᄂᆞᆫ 그 공경을 닐위고(小解*2:36*).

닐흔 명 〈옛〉 일흔. ¶ 닐흔 살 쏘샤(龍歌*40*章).

닑다 타 〈옛〉 읽다. ¶ 讀은 닐글씨오(月釋序*22*).

님[1] 의 바느질에 쓰려고 일정하게 자른 실오리를 세는 말. ¶ 푼사 여섯 님.

님[2] 의 사람 이름 뒤에 쓰이어, 그 사람을 높이어 이르는 말. '씨'보다 높임의 뜻을 나타냄. ¶ 안창호 님.

님 명 〈옛〉 ①임금. ¶ 님하 오ᄂᆞᆳ나래 넉시라 마로리어다(月釋*8:102*). ②임. ¶ 셜온 님 보내ᄋᆞᆸ노니(樂詞.가시리).

-님 접미 ①남의 이름이나 호칭, 또는 다른 명사 뒤에 붙어 높임의 뜻을 나타내는 말. ¶ 사장님. /선생님. ②어떤 대상을 의인화하여 높이거나 다정스럽게 일컬을 때에 쓰이는 말. ¶ 달님.

님군 명 〈옛〉 임금. ¶ 나라히 파ᄒᆞ고 님군이 망ᄒᆞ여시니(五倫*2:7*). 참님금.

님금 명 〈옛〉 임금. ¶ 御製ᄂᆞᆫ 님금 지ᅀᆞ샨 그리라(訓諺).

님비(NIMBY) 명 공익을 위해서는 필요하지만 자신이 속한 지역에는 이롭지 아니한 일을 반대하는 이기적인 행동. ¶ 님비 현상. [not in my back yard]

님잘 명 〈옛〉 임자. ¶ 剎利ᄂᆞᆫ 田地ㅅ 님자히라ᄒᆞᄂᆞᆫ ᄠᅳ디라(月釋*1:46*).

님지 명 〈옛〉 임자가. ¶ 님지 업손 風月江山애 절로절로 늘그리라(朴仁老.陋巷詞).

님프(nymph) 명 그리스 신화에 나오는, 산·강·나무·꽃·동굴 등의 정령(精靈). 〔젊고 아름다운 여자의 모습으로 나타나며, 노래와 춤을 좋아한다고 함.〕 요정(妖精).

닙 명 〈옛〉 잎. ¶ 空山의 싸힌 닙흘 朔風이 거두부러(鄭澈.星山別曲).

닙다 타 〈옛〉 입다. ¶ 옷 닙고 밥 머그며(金三*2:11*).

닛고신뎌 타 〈옛〉 〔'닞다'의 활용형〕 잊으신 것이여. 잊으셨단 말인가. ¶ 무슴다 錄事니믄 녯나ᄅᆞᆯ 닛고신뎌(樂範.動動).

닛다[니ᅀᅥ·니ᅀᅳ니] 타 〈옛〉 잇다. ¶ 샹녜 닛게 ᄒᆞ야(蒙法*9*). /니ᅀᅥ 쓰면(訓諺).

닛므윰 명 〈옛〉 잇몸. ¶ 혓 그티 아랫 닛므유메 다ᄔᆞ니라(訓諺).

닞다[닛고·닛디] 타 〈옛〉 잊다. ¶ 天下蒼生ᄋᆞᆯ 니ᄌᆞ시리잇가(龍歌*21*章). /이 ᄠᅳ들 닛디 마ᄅᆞ쇼셔(龍歌*110*章).

닢[닙] 의 (엽전·동전·가마니·멍석 따위) 납작한 물건을 세는 데 쓰는 말. ¶ 엽전 다섯 닢. /가마니 두 닢. ＊닢이[니피]·닢만[님-]

닢 명 〈옛〉 잎. ¶ 葉은 니피라(月釋*8:10*).

-ᄂᆞ녀 어미 〈옛〉 -느냐. -는가. ¶ 犬戎의 비뉘호믈 ᄡᅵᆺ디 아니ᄒᆞ얫ᄂᆞ녀(杜初*20:4*).

-ᄂᆞ뇨 어미 〈옛〉 -느냐. ¶ 뉘 엿귀ᄅᆞᆯ ᄡᅳ다 니ᄅᆞᄂᆞ뇨(杜初*8:18*).

-ᄂᆞ니 어미 〈옛〉 ①-느냐. ¶ 뒷뫼희 엄기ᄂᆞᆫ 약을 언제 키려 ᄒᆞᄂᆞ니(古時調). ②-느니. ¶ 그제야 님그린 내 병이 헐홀 법도 잇ᄂᆞ니(古時調). ③-으니. ¶ 本來 업슨 거시 이제 잇ᄂᆞ니(圓覺上一之一*50*).

ᄂᆞ니다 자 〈옛〉 나닐다. 날아다니다. ¶ 吉慶엣 새 ᄂᆞ니며(月釋*2:33*).

-ᄂᆞ니라어미 〈옛〉-느니라. ¶ 이롤 첫 橫死ㅣ라 ᄒᆞᄂᆞ니라(月釋9:58). /집앖 사ᄅᆞᄆᆞᆯ 다 眷屬이라 ᄒᆞᄂᆞ니라(月釋6:5).

-ᄂᆞ니이다어미 〈옛〉-나이다. ¶ 能히 서르 굳ᄂᆞ니이다(小解4:53). 참-ᄂᆞ니이다.

-ᄂᆞ니잇가어미 〈옛〉-나이까. -습니까. ¶ 賢者도 ᄯᅩᄒᆞᆫ 이롤 樂ᄒᆞᄂᆞ니잇가(孟解1:3). 참-ᄂᆞ니잇가.

-ᄂᆞ니잇고어미 〈옛〉-나이까. -습니까. ¶ 엇디 반ᄃᆞ시 利롤 니ᄅᆞ시ᄂᆞ니잇고(孟解1:3). 참-ᄂᆞ니잇고.

-ᄂᆞ니이다어미 〈옛〉-나이다. ¶ 모딘 길헤 ᄠᅥ러디여 그지업시 그우니ᄂᆞ니이다(月釋9:47).

-ᄂᆞ니잇가어미 〈옛〉-나이까. -습니까. ¶ 가히ᄂᆞᆫ 佛性이 잇ᄂᆞ니잇가 업스니잇가(蒙法11).

-ᄂᆞ니잇고어미 〈옛〉-나이까. -습니까. ¶ 世尊이 ᄒᆞᄅᆞ 몃 里롤 녀시ᄂᆞ니잇고(釋譜6:23).

-ᄂᆞᆫ닛가어미 〈옛〉-나이까. -ㅂ니까. -옵니까. ¶ 須達이 ᄯᅩ 무로ᄃᆡ 엇뎨 쥬이라 ᄒᆞᄂᆞᆫ닛가(釋譜6:18).

-ᄂᆞ다어미 〈옛〉-ㄴ다. -는다. -는구나. ¶ 廬山眞面目이 여긔야 다 뵈ᄂᆞ다(鄭澈.關東別曲).

ᄂᆞ디자 〈옛〉〔'ᄂᆞᆯ다'의 활용형〕 날지. ¶ 白鷗야 ᄂᆞ디 마라(鄭澈.關東別曲).

ᄂᆞ라남다타 〈옛〉날아 넘다. ¶ 빗근 남ᄀᆞᆯ ᄂᆞ라나마시니(龍歌86章).

ᄂᆞ래명 〈옛〉날개. ¶ 거유 ᄂᆞ래 짓(救解上53). 참 ᄂᆞᆯ개.

ᄂᆞ려나다자 〈옛〉탄생하다. ¶ 降誕은 ᄂᆞ려나실씨라(月釋序6).

-ᄂᆞ로어미 〈옛〉-므로. 까닭으로. ¶ 威化振旅 ᄒᆞ시ᄂᆞ로 輿望이 다 몯ᄌᆞᄫᆞ나(龍歌11章).

ᄂᆞ리다자 〈옛〉내리다. ¶ 帝命이 ᄂᆞ리어시ᄂᆞᆯ(龍歌8章). /昭陽江 ᄂᆞ린 므리(鄭澈.關東別曲).

ᄂᆞᄅᆞ[ᄂᆞᆯ이·ᄂᆞᆯ의]명 〈옛〉나루. ¶ 광ᄂᆞᄅᆞ:廣津(龍歌3章). /ᄂᆞᄅᆞ 진:津(訓蒙上5). /ᄂᆞᆯ잇 버드를 아쳗고(杜初8:39).

ᄂᆞᄆᆞ새명 〈옛〉남새. 나물. ¶ 다 ᄂᆞᄆᆞ새ᄒᆞ여 음식을 먹더니(飜小9:103).

ᄂᆞᄆᆞ자기명 〈옛〉나문재. ¶ ᄂᆞᄆᆞ자기 구조개랑 먹고 바ᄅᆞ래 살어리랏다(樂詞.靑山別曲).

ᄂᆞᄆᆞᆯ명 〈옛〉나물. ¶ ᄂᆞᄆᆞᆯ 채:菜(訓蒙下3).

ᄂᆞᄆᆞᆺ명 〈옛〉주머니. ¶ ᄂᆞᄆᆞᆺ 소갯 藥은 묵디 아니ᄒᆞ도다(杜初16:24). 참ᄂᆞᄆᆞᆾ.

ᄂᆞᄆᆞᆾ명 〈옛〉주머니. ¶ 五色 ᄂᆞᄆᆞ채 녀허(釋譜9:21).

ᄂᆞ솟다자 〈옛〉날아 솟다. 솟아나다. ¶ 歡喜踊躍은 깃거 ᄂᆞ소솔씨라(月釋8:48).

-ᄂᆞ슨다어미 〈옛〉-는 것인가. -는가. ¶ 어와 져 白鷗야 므슴 슈고 ᄒᆞᄂᆞ슨다(古時調).

-ᄂᆞ순다어미 〈옛〉-는 것인가. -는가. ¶ 너희돌히 므스글 보ᄂᆞ순다(月釋10:28).

ᄂᆞ외부 〈옛〉다시. ¶ 내 말옷 아니 드르시면 ᄂᆞ외 즐거ᄫᅳᆫ ᄆᆞᅀᆞ미 업스레이다(月釋2:6). 참노여.

ᄂᆞ외야부 〈옛〉다시. 다시는. ¶ ᄂᆞ외야 아니 ᄂᆞ려오ᄂᆞ니라(月釋2:19). 참노외야.

ᄂᆞᄌᆞ기부 〈옛〉나직이. 나직하게. ¶ 미햇 구루믄 ᄂᆞᄌᆞ기 믈로 건너가고(杜初14:12).

ᄂᆞᄌᆞ기ᄒᆞ다타 〈옛〉나직이 하다. ¶ ᄆᆞᅀᆞᄆᆞᆯ ᄂᆞᄌᆞ기ᄒᆞ야(月釋21:133).

ᄂᆞᆫ조 〈옛〉는. ¶ 알퓌ᄂᆞᆫ 어드ᄫᅳᆫ 길헤(龍歌30章).

-ᄂᆞᆫ어미 〈옛〉-는. ¶ ᄂᆞᄂᆞᆫ 거시며 므렛 거시며(月釋1:11). /히 처섬 나ᄂᆞᆫ 싸히라(月釋1:24).

-ᄂᆞᆫ고야어미 〈옛〉-는구나. ¶ 瑞光千丈이 뵈ᄂᆞᆫ ᄃᆞᆺ 숨ᄂᆞᆫ고야(鄭澈.關東別曲).

-ᄂᆞᆫ다어미 〈옛〉-느냐. -는가. ¶ 覺圓上座ᄂᆞᆫ 아ᄂᆞᆫ다 모ᄅᆞᄂᆞᆫ다(蒙法3).

ᄂᆞᆫ호다타 〈옛〉나누다. ¶ ᄒᆞᆫ몸 둘헤 ᄂᆞᆫ화 夫婦를 삼기실샤(古時調).

ᄂᆞᆯ[1]명 〈옛〉날〔刃〕. ¶ ᄂᆞᆯ 신:刃(訓蒙下15). 참ᄂᆞᆶ.

ᄂᆞᆯ[2]명 〈옛〉날[3]. ¶ ᄂᆞᆯ와 씨를 실 어울워 ᄧᆞ시니(飜朴上14).

ᄂᆞᆯ[3]명 〈옛〉날것. ¶ ᄂᆞᄅᆞᆯ 머그면(楞解8:5).

ᄂᆞᆯ개명 〈옛〉날개. ¶ ᄂᆞᆯ개 시:翅(訓蒙下6). 참ᄂᆞ래.

ᄂᆞᆯ나다형 〈옛〉①날래다. ¶ ᄂᆞᆯ날 용:勇(訓蒙下26). ②날카롭다. 끝이 서슬이 있게 되다. ¶ 몬져 그 그르슬 ᄂᆞᆯ나게 ᄒᆞᄂᆞ니라(圓覺序80).

ᄂᆞᆯ다[1]자 〈옛〉날다[1]. ¶ 海東六龍이 ᄂᆞᄅᆞ샤(龍歌1章).

ᄂᆞᆯ다[2]타 〈옛〉날다[2]. ¶ 뵈 ᄂᆞᆯ 심:絍(訓蒙下19).

ᄂᆞᆯ라다형 〈옛〉날래다. 날카롭다. ¶ ᄂᆞᄂᆞᆫᄃᆞᆺ ᄂᆞᆯ란 엇게예 거러 두고 보쇼셔(古時調). /져므니며 貴ᄒᆞ니 ᄂᆞᆯ아ᄫᆞ니며(月釋21:46).

ᄂᆞᆯ압다형ㅂ 〈옛〉천(賤)하다. ¶ ᄂᆞᆯ아ᄫᆞᆫ 사ᄅᆞ미 ᄃᆞ외오(月釋21:55).

ᄂᆞᆯ애명 〈옛〉날개. ¶ 향므틴 ᄂᆞᆯ애로 님의 오ᄉᆡ 올므리라(鄭澈.思美人曲).

ᄂᆞᆯ이명 〈옛〉〔'ᄂᆞᄅᆞ'의 처격형〕 나루에. ¶ 조ᅌᆞᄅᆞ왼 길콰 ᄂᆞᆯ이(楞解5:68).

ᄂᆞᆰ다형 〈옛〉낡다. ¶ ᄂᆞᆯᄀᆞᆫ 구스른 ᄠᅥ러디고(月釋1:27).

ᄂᆞᆶ[1]명 〈옛〉날〔刃〕. ¶ 호ᄆᆡ도 ᄂᆞᆯ히언마ᄅᆞᄂᆞᆫ(樂詞.思母曲).

ᄂᆞᆶ[2]명 〈옛〉날[3]. ¶ 經은 ᄂᆞᆯ히라(楞解7:59).

ᄂᆞᆷ명 〈옛〉남. ¶ 三韓ᄋᆞᆯ ᄂᆞᄆᆞᆯ 주리여(龍歌20章).

ᄂᆞᆷ대되부 〈옛〉모든 사람에게. ¶ 일이 됴흔 셰계 ᄂᆞᆷ대되 다 뵈고져(鄭澈.關東別曲).

ᄂᆞᆾ명 〈옛〉낯. ¶ ᄂᆞᆾ비치 ᄒᆞ요미 누니라와 더으더니(杜重1:5). 참ᄂᆞᆾ.

ᄂᆞᆾ갑다형ㅂ 〈옛〉낮다. ¶ 上聲은 처ᅀᅥ미 ᄂᆞᆾ갑고 乃終이 노픈 소리라(訓諺).

ᄂᆞᆾ명 〈옛〉낯. ¶ 엇뎨 ᄂᆞᄎᆞᆯ 보디 몯ᄒᆞᄂᆞ뇨(楞解1:60). /ᄂᆞ치 두렵고 조호미(月釋2:56). 참ᄂᆞᆾ.

ᄂᆡ명 〈옛〉내. 연기. ¶ ᄂᆡ 아니며(楞解5:35).

-ᄂᆡ마ᄂᆞᆫ어미 〈옛〉-네마는. ¶ 臙脂粉 잇ᄂᆡ마ᄂᆞᆫ 눌 위ᄒᆞ야 고이ᄒᆞᆯ고(鄭澈.思美人曲).

ㄴㄴ 〈옛〉쌍니은. 'ㄴ'의 각자 병서(各自竝書). 'ㄴ'의 된소리. 세종 때 쓰이다가 그 후 쓰이지 않게 됨. ¶ 혓그티 웃닛 머리예 다ᄔᆞ니라(訓諺15). /眞實ᄒᆞᆫ 性을 일ᄔᆞ니라(楞解2:2).

ㄴㅅ 〈옛〉니은시옷. 'ㄴ'과 'ㅅ'의 합용 병서(合用竝書). 'ㅅ'은 관형격 조사임. ¶ 눉마ᅀᆞᆯ 모:眸(訓蒙上25). /눉두베(蒙法2).

ㄵ 니은지읒. 'ㄴ'과 'ㅈ'의 합용 병서(合用竝書). 받침으로만 쓰임. 'ㄵ' 뒤에 모음으로 시작되는 어미가 이어지면 'ㅈ'이 연음되고, 자음으로 시작되는 어미가 이어지면 'ㅈ'을 발음하지 않음. ¶ 팔걸이의자에 앉았다. /세 사람이나 앉고도 자리가 남는다.

ㄶ 니은히읗. 'ㄴ'과 'ㅎ'의 합용 병서(合用竝書). 받침으로만 쓰임. 'ㄶ' 뒤에 'ㄱ·ㄷ·ㅈ'으로 시작되는 어미가 이어지면 'ㅎ'이 아래 자음과 합쳐서 'ㅋ·ㅌ·ㅊ'으로 소리 나며, 모음으로 시작되는 어미가 이어지면 'ㅎ'을 발음하지 않음. ¶ 쉬지 않고 일하다. /비용이 많이 든다.

ㄷ 자모 디귿. ①한글 자모(字母)의 셋째. ②자음의 하나. 혀끝을 윗잇몸에 붙여 숨길을 막았다가 떼면서 내는 안울림소리. 모음 사이에서는 울림소리가 되고, 받침의 경우에는 혀끝을 떼지 않음.

ㄷ 조 〈옛〉중세 국어에서 'ㄴ' 받침 아래에 쓰인 관형격 조사. ¶ 몃 間ㄷ 지븨 사ᄅ시리잇고(龍歌110章). 참ㅅ.

ㄷ^변:칙^활용(-變則活用)[디귿뻔치콰룡]명 ☞ㄷ 불규칙 활용.

ㄷ^불규칙^용:언(-不規則用言)[디귿뿔-칭농-]명 ㄷ 불규칙 활용을 하는 용언. 〔걷다·긷다·듣다·묻다·깨닫다 따위.〕

ㄷ^불규칙^활용(-不規則活用)[디귿뿔-치콰룡]명 어간 끝 음절의 받침 'ㄷ'이 모음으로 된 어미 앞에서 'ㄹ'로 바뀌는 불규칙 활용. 〔'묻다'가 '물으니'·'물어'로 되는 따위.〕 ㄷ 변칙 활용.

ㄷ자-집(-字-)[디귿짜-]명 집채를 'ㄷ' 자 모양으로 꺾어 지은 집. 디귿자집.

다[1]명 서양 음악의 설음 체계에서, 첫 번째 음이름. 계이름 '도'와 같음.

다[2]명 '숭늉'의 궁중말.

다:[3] Ⅰ명 ①남거나 빠짐없는 모든 것. ¶ 이게 다냐?/이것이 내가 가진 돈의 다다. ②최상의 것. ¶ 돈이 인생의 다가 아니다.
Ⅱ부 ①남김없이. 모조리. 몽땅. 전부. ¶ 다 읽다. /다 먹어 치우다. /숙제를 다 하다. ②거의. 대부분. ¶ 다 죽은 목숨. /밥이 다 되다. ③어떤 것이든지. ¶ 둘 다 마음에 든다. ④(달갑지 않거나 불쾌하거나 비웃거나 시시하다는 감정을 강조하여) 있는 대로 모두. 골고루. ¶ 갖은 방법을 다 쓰는군. /별꼴 다 보겠네. ⑤〔주로 글 첫머리에 쓰이어, 기대하거나 잘될 것으로 믿는 감정을 나타내어〕 모두. 두루. ¶ 다 잘될 테니 걱정하지 마라. ⑥《과거형 서술어 앞에 쓰이어, 미래의 일을 부정하는 뜻으로》 아주. 전혀. ¶ 비 때문에 놀러 가긴 다 틀렸다.
다 닳은 대갈마치라속담 마음이 굳고 깐깐하여 어수룩한 데라고는 없는 사람을 두고 이르는 말.
다 된 죽에 코 풀기속담 ①제대로 잘되어 가는 일을 망쳐 버리는 주책없는 행동을 이르는 말. ②잘되어 가는 남의 일을 심술궂게 헤살 놓는 경우를 두고 이르는 말.

다[4]조 모음으로 끝난 체언에 붙어, 사물을 지정하는 뜻을 나타내는 종결형 서술격 조사. ¶ 우리는 형제다. 참이다[3].

다[5]조 모음으로 끝난 체언에 붙어, 둘 이상의 사물을 같은 자격으로 열거하는 뜻을 나타내는 접속 조사. ¶ 사과다 배다 잔뜩 먹었다. 참에다[2].

다[6]조 〈다가〉의 준말. ¶ 어디다 뒀는지 모르겠다.

-다[7]어미 〈-다가〉의 준말.

다-(多)접두 《일부 명사 앞에 붙어》 '여러'·'많은'의 뜻을 나타냄. ¶ 다각도. /다방면. /다목적.

-다어미 ①용언의 어간이나 높임의 '-시-'에 붙어, 그 말의 기본형임을 나타냄. ¶ 가다. /하다. /높다. /덥다. ②형용사 어간에 붙어, 현재의 상태를 나타내는 종결 어미. ¶ 물이 맑다. /경치가 좋다. ③〈-다가〉의 준말. ¶ 읽다 만 소설. /잡았다 놓쳤다. ④〈-다고〉의 준말. ¶ 잘했다 하더라.

다가조 위치(처소)를 나타내는 부사격 조사 《대개, 처소 지시 대명사(여기·거기·저기·어디) 뒤에 쓰임.》 ¶ 여기다가 두었다. /어디다가 놓을까?/영희한테다가 말한다. 준다[6]. 참에다가.

-다가어미 동사의 어간 또는 높임의 '-시-'나 시제의 '-았(었)-' 등에 붙는, 종속적 연결 어미. ①이어지던 동작이 일단 그치고 다른 동작으로 옮길 때, 그 그친 동작을 나타냄. ¶ 읽으시다가 덮어 둔 책. ②그 동작이 어떤 일의 이유나 전제가 됨을 나타냄. ¶ 그렇게 까불다가 혼난다. 《일부 형용사 어간에 붙여 쓰기도 함. ¶ 어허, 좋다가 말았네. /낮에는 조용하다가 밤만 되면 시끌벅적해진다.》 ③두 가지 이상의 사실이 번갈아 일어남을 나타냄. 《'-다가 -다가'의 꼴로 쓰임.》 ¶ 안절부절못하고 앉았다가 일어섰다가 하다. 준-다[7].

다가-가다자 어떤 대상 쪽으로 더 가까이 옮겨 가다. ¶ 슬며시 다가가서 툭 치고 지나가다.

다가구^주:택(多家口住宅)명 4층 이하의 동당(棟當) 건축 연면적이 660m² 이하인 건물 안에 여러 가구가 독립적인 공간을 차지하고 있되, 소유권은 분할되지 않은 주택. 참다세대 주택.

-다가는어미 어미 '-다가'와 보조사 '는'이 합쳐서 된, '-다가'의 힘줌말. ¶ 불길이 잡힐 듯하다가는 다시 번진다. 〔그 동작의 결과가 결국은 좋지 못하리라는 경계의 뜻으로 쓰이기도 함. ¶ 그렇게 놀기만 하다가는 낙제하기 꼭 알맞겠다.〕 준-다간.

다가-들다[~드니·~들어]자 ①더 가까이 옮겨 가거나 옮겨 오다. ②맞서서 덤벼들다. ¶ 무모하게 다가들다가는 손해 보기 십상이다.

다가^백신(多價vaccine)[-까-]명 한 병원균의 여러 형이나 두 종류 이상의 병원체에 대한 면역 효과가 있는 백신.

다가-붙다[-붇따]자 어떤 대상 곁으로 더 가까이 옮겨 붙다.

다가-서다자 ①더 가까이 옮겨 서다. ¶ 옆으로 바짝 다가서라. ②일정한 기준에 가까워지다. ¶ 나이가 오십 줄에 다가서니 종종 우울해진다.

다가-앉다[-안따]자 더 가까이 옮겨 앉다. ¶ 자리가 비좁으니 바짝 다가앉아라.

다가-오다자 ①더 가까이 옮겨 오다. ②(어떤 때가) 가깝게 닥쳐오다. ¶ 다가오는 새해에는 소망을 이루소서.

다가-채기명 씨름 기술의 한 가지. 서로 버티고 있다가 갑자기 뒤로 물러서면서 상대편을 잡아채어 넘어뜨리는 기술.

다가-함수(多價函數)[-까-쑤]명 하나의 독립 변수의 값에 대하여 종속 변수의 값이 둘 이상 있는 함수. ↔일가함수(一價函數).

다각(多角)명 ①여러 모. 여러 각. ②여러 방면이나 부분.

다각(茶角)명하타 절에서, 차를 달여 여러 사람에게 이바지하는 일, 또는 그 일을 맡은 사람.

다각^경영(多角經營)[-경-]명 기업체 따위에서, 하나의 경영 주체 하에 여러 종류의 사업을 동시에 경영하는 일.

다각^기둥(多角-)[-끼-]명 밑면이 다각형인 기둥.
다각-농(多角農)[-강-]명 <다각 농업>의 준말.
다각^농업(多角農業)[-강-]명 벼·보리 따위의 농사뿐만 아니라 특용 작물 재배나 축산 따위를 함께 하는 농업. 다각 영농. 준다각농. 참단작 농업(單作農業).
다-각도(多角度)[-또]명 《주로 '다각도로'의 꼴로 쓰이어》 ①여러 각도. ¶ 다각도로 검토하다. ②여러 방면.
다각^묘:사(多角描寫)[-강-]명 어떤 한 가지 대상을 여러 면에서 객관적으로 그리는 표현 방법.
다각^무:역(多角貿易)[-강-]명 여러 나라 사이에 이루어지는 무역. 다각적으로 채권과 채무의 상계(相計)가 이루어지게 하여 수출입의 균형을 꾀하는 무역 방식.
다각-뿔(多角-)명 밑면이 다각형인 뿔체.
다각^영농(多角營農)[-강녕-]명 ☞다각 농업.
다각-적(多角的)[-쩍]관명 여러 방면이나 부문에 걸친 (것). ¶ 다각적 분석. /다각적으로 검토하다.
다각-점(多角點)[-쩜]명 다각 측량을 위해 기준으로 정한 여러 개의 측점.
다각-주(多角柱)[-쭈]명 '다각 기둥'의 구용어.
다각-집(多角-)[-찝]명 한옥에서, 추녀의 마루가 여러 개로 된 집.
다각-추(多角錐)명 '다각뿔'의 구용어.
다각^측량(多角測量)[-층냥]명 기준점 측량의 한 가지. 두 점간을 연결하는 직선 거리와 그 방위를 실측하여 다각선을 설정하고 차례로 미지의 다각점을 측정해 나가는 측량. 트래버스 측량.
다각-탑(多角塔)명 탑신(塔身)의 평면이 다각형으로 된 탑.
다각-형(多角形)[-가켱]명 셋 이상의 선분으로 에워싸인 평면 도형. 다변형(多邊形).
다각-화(多角化)[-가콰]명하타되자 동시에 여러 방면이나 분야에 걸치게 함. ¶ 영농 다각화. /회사의 수익성을 높이기 위해 경영을 다각화하다.
-다간어미 <-다가는>의 준말. ¶ 이러다간 늦겠다. /까불다간 큰코다친다.
다-갈색(茶褐色)[-쌕]명 붉은 기운보다 검은 기운이 더 많은 갈색. 연색(鳶色).
다갈-솥[-솓]명 전이 있는, 작고 오목하게 생긴 화솥. *다갈솥이[-소치]·다갈솥을[-소틀]·다갈솥만[-손-]
다감(多感) '다감하다'의 어근.
다-감각(多感覺)명 어느 한 군데를 자극했을 때, 여러 군데의 자극처럼 느끼게 되는 이상 지각(異常知覺).
다감다정(多感多情) '다감다정하다'의 어근.
다감다정-하다(多感多情-)형여 정이 많고 느낌이 많다. 감수성이 예민하여 감동하기 쉽다. 다정다감하다.
다감-하다(多感-)형여 (예사로운 일에도) 감동하기 쉽다. 감정이 풍부하다. 감수성이 예민하다.
다겁(多怯) '다겁하다'의 어근.
다겁-하다(多怯-)[-거파-]형여 겁이 많다. 무서움을 몹시 타다.
다-결정(多結晶)[-쩡]명 많은 미세한 결정이 여러 결정축의 방향으로 모여 있는 결정. 〔천연적인 결정질 물체의 대부분이 이에 딸림.〕 ↔단결정.
다고타 <옛> 다오[1]. ¶ 사발 잇거든 ᄒᆞ나 다고(老解上*38*).
-다고어미 종결 어미 '-다'와 인용 조사 '고'가 합친 말. 형용사 어간이나 시제의 '-았(었)-'·'-겠-' 등에 붙는 어미. ①'-다 라고'·'-다 하고'의 뜻으로, 남의 말을 인용하거나, 때로는 그것을 빈정거리는 뜻을 나타내는 연결 어미. ¶ 아주 예쁘다고 하더라. /돈푼깨나 벌었다고 몹시 으스댄다. 준-다. ②㉠사실이 생각한 바와 딴판이라는 뜻을 나타내는 종결 어미. ¶ 난 또 얼마나 많다고. /난 또 얼마나 무겁다고. ㉡상대편의 말을 되받아 묻는 뜻을 나타내는 종결 어미. ¶ 뭐, 많이 다쳤다고?/돈을 잃어버렸다고?/뭐라고, 몰랐다고? ㉢그렇게 될 것을 스스로 느껴 알았다는 뜻을 나타내는 종결 어미. ¶ 끝내는 그리 될 줄 난 이미 알고 있었다고.
다공(多孔)명하형 구멍이 많음.
다공-도(多孔度)명 다공질인 물질에서, 그 총체적에 대한 공동(空洞) 부분의 체적 비율.
다공-질(多孔質)명 아주 작은 구멍이 많이 있어 푸석푸석한 바탕.
다과(多寡)명 (수량의) 많음과 적음.
다과(茶菓)명 '차'와 '과자'를 아울러 이르는 말. ¶ 다과를 대접하다.
다과-상(茶菓床)명 차와 과자류를 차려 놓은 소반.
다과-회(茶菓會)[-회/-훼]명 차와 과자 따위를 차린 간단한 모임.
다관(茶館)명 중국 사람들의 사교장 겸 오락장. 〔서민들은 수박씨를 까먹거나 점심을 먹으며, 상인들은 상담(商談)이나 정보를 교환하는 곳으로 이용함.〕 다루(茶樓).
다관(茶罐)명 ☞차관(茶罐).
다구(茶臼)명 차를 빻는 절구.
다구(茶具)명 ☞차제구(茶諸具). 다기(茶器).
다국적-군(多國籍軍)[-쩍꾼]명 여러 나라의 국적을 가진 군인들로 편성한 군대.
다국적^기업(多國籍企業)[-쩍끼-]명 여러 나라에 계열 회사를 가진 세계적 규모의 기업. 세계 기업.
다그다타 ①《주로 '다가'의 꼴로 쓰이어》 (물건을) 어떤 대상 쪽으로 가까이 옮기다. ¶ 책상을 창 쪽으로 다가 두어라. ②(날짜를) 정한 때보다 앞당기다. ¶ 입주 날짜를 다그다.
다그-치다타 ①(반응이나 결과 따위를 빨리 보거나 얻으려고) 바싹 죄어치다. ¶ 다그쳐 묻다. ②지친 몸을 다시 추스르다.
다극(多極)명 ①극(極)이 여러 개임. ¶ 다극 진공관. ②'중심 세력이 분산되어 서로 대립하고 있는 상태'를 이르는 말. ¶ 다극 외교.
다극-관(多極管)[-꽌]명 그리드(grid)를 여러 개 가진 전자관. 〔4극관·5극관 따위.〕
다극-화(多極化)[-그콰]명 (주로 국제 정치상의 힘의 분포에 대하여 쓰이는 말로) '세계 질서의 중심이 여러 갈래로 나뉨'을 이르는 말. ¶ 다극화 시대로 접어든 국제 사회.
다금-바리명 바릿과의 바닷물고기. 농어와 비슷하나 몸길이는 1 m에 이름. 몸빛은 등이 보라색, 배는 은백색임. 비늘이 잘고 주둥이가 길며, 깊은 바다의 암초 밑에 사는데 식용함.
다금-유(茶金釉)명 질이 연한 석간주(石間硃) 잿물. 사금석유(沙金石釉).
다급(多急) '다급(多急)하다'의 어근.
다급(多級)명 전교생을 두 학급 이상으로 나누어 짠 학급. ↔단급(單級).
다급-스럽다(多急-)[-쓰-따][~스러우니·~스러워]형ㅂ 보기에 다급하다. **다급스레**부.

다급-하다[-그파-]타여 끌어당겨서 제가 차지하다. 가로채다.
다급-하다(多急-)[-그파-]형여 (미처 어떻게 할 여유가 없을 만큼) 바싹 닥쳐서 몹시 급하다. ¶ 다급한 사태가 벌어지다. **다급-히**부.
다기(多岐)명하형 ①갈래가 많음. ¶ 복잡 다기한 일. ②여러 방면에 걸침.
다기(多技) '다기하다'의 어근.
다기(多氣)명하형 여간한 일에는 겁을 냄이 없이 마음이 단단함.
다기(茶器)명 ①☞다구(茶具). ②절에서, 부처 앞에 맑은 물을 떠 놓는 그릇.
다-기능(多技能)명 여러 가지의 기능. ¶ 다기능 세탁기. /다기능 전화기.
다기-망양(多岐亡羊)명 〔달아난 양을 찾다가 길이 여러 갈래로 갈려 마침내 양을 잃었다는 데서〕 ①학문의 길이 다방면이어서 진리를 깨치기 어려움을 뜻함. ②방침이 많아서 어찌할 바를 모름을 뜻함. 망양지탄(亡羊之歎).
다기-지다(多氣-)형 (사람됨이) 야무지고 당차다. ¶ 겉보기와는 달리 썩 다기진 사람.
다기-차다(多氣-)형 매우 다기지다.
다기-하다(多技-)형여 손재주가 많다.
다난(多難) '다난하다'의 어근.
다난-하다(多難-)형여 (일을 겪거나 치러 내기에) 재난이나 어려움이 많다. ¶ 다난했던 한 해.
다남(多男)명하형 아들이 많음, 또는 많은 아들. 다남자.
다-남자(多男子)명하형 ☞다남.
다냥-하다형여 '당양(當陽)하다'의 잘못.
-다네 《형용사 어간이나 높임의 '-시-' 또는 시제의 '-았(었)-'·'-겠-' 등에 붙어》 Ⅰ어미 친근감이나 감탄·자랑의 뜻을 나타내는 하게체의 종결 어미. ¶ 내가 문제를 풀었다네.
Ⅱ준 '다고 하네'가 줄어든 말. 말하는 이가 이미 알고 있는 사실을 듣는 이에게 설명하는 뜻을 나타냄. ¶ 집에 잠깐 다녀온다고 했다네.
다녀-가다자타 ①어떤 곳에 들렀다가 가다. ②왔다가 가다. ¶ 누가 다녀갔느냐?
다녀-오다자타 ①어떤 곳에 들렀다가 오다. ②갔다가 오다. ¶ 친정에 다녀오다.
다년(多年)명 ①여러 해. 오랜 세월. ②〈다년간〉의 준말. ¶ 다년의 경험.
다년-간(多年間)명 여러 해 동안. 오랜 세월 동안. 준다년.
다년-생(多年生)명 ①식물체의 전부 또는 일부가 3년 이상 자라는 것. 여러해살이. ¶ 다년생 숙근초. ②〈다년생 식물〉의 준말.
다년생^식물(多年生植物)[-싱-]명 ①나무와 다년생 초본을 통틀어 이르는 말. ②3년 이상 자라는 초본 식물. 해마다 가을에 땅위줄기는 말라 죽지만 뿌리 부분은 살아 있어서 이듬해 싹을 틔움. 다년초. 숙근초(宿根草). 여러해살이풀. 준다년생. 참이년생 식물·일년생 식물.
다년-초(多年草)명 ☞다년생 식물.
다-년호(←大年號)명 지난날, 임금이 왕위에 오르는 해에 붙이던 칭호. 연호(年號). 원호(元號). 본대년호.
다뇨-증(多尿症)[-쯩]명 오줌을 누는 횟수와 양이 병적으로 많은 증세.
-다느냐준 '-다고 하느냐'가 줄어든 말. 형용사 어간이나 높임의 '-시-' 또는 시제의 '-았(었)-'·'-겠-' 등에 붙어, 남이 들은 사실에 대해 묻는 뜻을 나타냄. ¶ 얼마나 있다느냐?/무엇을 주겠다느냐? 준-다니. 참-ㄴ다느냐·-는다느냐.
-다느니어미 형용사 어간이나 높임의 '-시-' 또는 시제의 '-았(었)-'·'-겠-' 등에 붙는 연결 어미. 주로 '-다느니 -다느니'의 꼴을 이루어, 이렇다고 하기도 하고 저렇다고 하기도 한다는 뜻을 나타냄. ¶ 크다느니 작다느니 말이 많다. 참-ㄴ다느니·-는다느니.
-다는준 '-다고 하는'이 줄어든 말. 형용사 어간이나 높임의 '-시-' 또는 시제의 '-았(었)-'·'-겠-' 등에 붙어, 직접 또는 간접으로 들은 사실을 인용하는 뜻을 나타냄. ¶ 좋다는 약은 다 썼다. /크다는 게 겨우 요 정도냐? 참-ㄴ다는·-는다는.
다능(多能) '다능하다'의 어근.
다능-하다(多能-)형여 여러 가지에 능하다. 재주가 많다.
-다니 Ⅰ어미 용언 어간이나 높임의 '-시-' 또는 시제의 '-았(었)-'·'-겠-' 등에 붙는 어미. ①놀라움이나 의심쩍어서 되묻는 뜻을 나타내는 종결 어미. ¶ 그렇게도 건강하던 그가 죽다니. ②〈-다느냐〉의 준말. ¶ 어디로 가겠다니? 참-ㄴ다니·-는다니.
Ⅱ준 '-다고 하니'·'-다고 하다니'가 줄어든 말. 앞말이 뒷말의 이유나 전제가 되는 뜻을 나타냄. ¶ 네가 좋다니 나도 흐뭇하구나. /고기를 안 먹겠다니 참 이상한 일이군. 참-ㄴ다니·-는다니.
-다니어미 〈옛〉-더니. ¶ 내 님믈 그리ᅀᆞ와 우니다니(鄭敍.鄭瓜亭).
-다니까 《형용사 어간이나 높임의 '-시-' 또는 시제의 '-았(었)-'·'-겠-' 등에 붙어》 Ⅰ어미 사실이 그러함을 모르거나 의심쩍어하는 상대편에게 다그쳐서 깨우쳐 주는 뜻을 나타내는 종결 어미. ¶ 분명히 그 여자를 보았다니까. /내가 분명히 알아보았다니까. 참-ㄴ다니까·-는다니까.
Ⅱ준 '-다고 하니까'가 줄어든 말. 앞말이 뒷말의 이유나 근거가 되는 뜻을 나타냄. ¶ 밉다니까 정말 미운 짓만 골라 한다. 참-ㄴ다니까·-는다니까.
다니다 Ⅰ자타 ①(일터나 학교 등에서) 근무하거나 배우다. ¶ 직장에 다니다. /회사를 다니다. ②(일정한 곳을) 지나가고 지나오고 하다. ¶ 꼭 횡단보도로 다닌다. ③드나들다. ¶ 늘 다니던 책방. /배가 아파 병원을 다니다. ④(어떤 곳에) 들러서 오다. ¶ 올 때 시장에도 다녀서 오너라. ⑤시집간 딸이 친정에 가서 친정 어버이를 뵈다. ¶ 딸이 다니러 왔다.
Ⅱ타 (볼일이 있어서) 왔다 갔다 하다. ¶ 구경을 다니다.
다니엘-서(Daniel書)명 구약 성서 중의 한 편. 다니엘에 관한 전승을 바탕으로 하여, 박해받는 이스라엘 민족의 구원과 메시아의 재림 등에 관하여 기록한 내용.
다니엘^습도계(Daniell濕度計)[-또계/-또게]명 ☞이슬점 습도계.
다닐-행(-行)명 한자 부수의 한 가지. '衍'·'衞' 등에서의 '行'의 이름.
다-님명 '달님'을 보다 멋스럽게 이르는 말.
다ᄂᆞ니라자 〈옛〉〔'ᄃᆞᆮ다'의 활용형〕 닫느니라. ¶ 헛그티 웃닛 머리예 다ᄂᆞ니라(訓諺).
다다부 ①될 수 있는 대로. 아무쪼록. ¶ 다다 시간을 내서 많이 읽어라. ②오직. 단지.
다다(多多) '다다하다'의 어근.
다다(dada 프)명 ①〈다다이즘〉의 준말. ②〈다다이스트〉의 준말.

다다귀-다다귀 부하형 (꽃이나 열매 따위) 자그마한 것이 곳곳에 많이 붙어 있는 모양. ¶ 다다귀다다귀 열린 포도송이. /다다귀다다귀 붙어 있는 광고. 큰더더귀더더귀.

다다기 명 다다기찰.

다다기-외 [-외/-웨] 명 눈마다 열매가 맺는 오이. 길이가 짧고 끝 부분의 색이 옅은 녹색임.

다다기-찰 명 철 늦게 익는 찰벼의 한 품종. 다다기.

다다르다 [다다르니·다다라] 자 ①목적한 곳에 이르러 닿다. ¶ 정상에 다다르다. ②어떤 기준에 이르러 미치다. ¶ 절정에 다다르다.

다다미 (たたみ〔疊〕 일) 명 일본식 방에 까는, 짚과 돗자리로 만든 두꺼운 깔개.

다다미-방 (たたみ〔疊〕房) 명 다다미를 깐 방.

다다이스트 (dadaist 프) 명 다다이즘을 신봉하여 따르는 예술가. 준다다.

다다이즘 (dadaism) 명 〔'다다'는 아무 뜻이 없다는 말로〕 제1차 세계 대전 말엽, 유럽에서 일어난 새로운 예술 운동. 모든 가치와 질서를 파괴하고 전통적인 예술 형식을 부정한 전위적이고 실험적인 운동으로, 쉬르리얼리즘(초현실주의)의 모태가 되었음. 준다다.

다다-익선 (多多益善) [-썬] 명 많으면 많을수록 더욱 좋음. 〔'사기'의 '회음후열전(淮陰侯列傳)'에 나오는 말로, 중국 한나라의 장수 한신이 고조와 장수의 역량에 대하여 얘기할 때 고조는 10만 정도의 병사를 지휘할 수 있는 그릇이지만, 자신은 병사의 수가 많을수록 잘 지휘할 수 있다고 한 고사에서 유래함.〕 ¶ 다다익선이니 많이만 가져오게.

다다-하다 (多多-) 형여 많디많다.

다닥-냉이 [-당-] 명 십자화과의 이년초. 들에 절로 나며, 줄기는 60 cm가량이고 잎은 대나무 잎처럼 갸름함. 여름철에 흰 꽃이 핌. 어린싹은 먹고 씨는 약재로 씀.

다닥-다닥 [-따-] 부하형 ①작은 것이 한곳에 많이 붙어 있거나 몰려 있는 모양. ¶ 한옥이 다닥다닥 밀집해 있던 동네가 아파트 단지로 변했다. ②지저분하게 여기저기 기운 모양. ¶ 다닥다닥 기운 양말. 큰더덕더덕. 센따닥따닥. 참닥지닥지.

다닥-뜨리다 자 무엇에 마주쳐 부딪다. 다닥트리다.

다닥-치다 자 ①마주쳐서 닿다. ②일·사건 따위가 가까이 이르다. ¶ 중요한 고비에 다닥치다.

다닥-트리다 자 다닥뜨리다.

다단 (多段) 명 여러 단.

다단 (多端) '다단하다'의 어근.

다단계^판매 (多段階販賣) [-계-/-게-] 명 소비자를 판매원으로 가입시키고 그 판매원이 다시 다른 소비자를 판매원으로 가입시키는 과정을 반복함으로써 판매 조직을 피라미드식으로 확대하여 가는 특수 판매 방식.

다단-식 (多段式) 명 여러 단계, 또는 여러 부분으로 된 방식.

다-단조 (-短調) [-쪼] 명 '다' 음을 으뜸음으로 하는 단조.

다단-하다 (多端-) 형여 ①일의 가닥이 많다. ¶ 복잡 다단하다. ②볼일이 많다. 일이 바쁘다.

다달-거리다 타 자꾸 다달다달하다. 다달대다. 큰더덜거리다.

다달-다달 부하타 (말을) 자꾸 더듬는 모양. ¶ 잘 못도 없으면서 말을 다달다달한다. 큰더덜더덜.

다달-대다 타 다달거리다.

다달-이 부 달마다. 매달. 매삭(每朔). 매월. ¶ 다달이 불어나는 저금.

다담 (茶啖) 명 손에게 대접하기 위해 차려 내는 다과(茶菓). 차담.

다담-상 (茶啖床) [-쌍] 명 손에게 다과를 대접하기 위해 차려 내는 상. 차담상.

다당-류 (多糖類) [-뉴] 명 ①가수 분해에 의하여 한 분자에서 두 개 이상의 단당류 분자를 생성하는 탄수화물을 통틀어 이르는 말. ②다당류 가운데서, 덱스트린과 같이 큰 분자량을 가지며 물에 용해되지 않거나 교상액을 이루는 당류.

다대[1] 명 해어진 옷에 덧대어 깁는 헝겊.

다대[2] 명 양지머리의 배꼽 위에 붙은 고기. 〔편육으로 씀.〕

다대 명 〈옛〉 되〔胡〕. ¶ 請 드른 다대와 노니샤(龍歌52章).

다대 (多大) '다대하다'의 어근.

다대기 (←たた〔叩〕き 일) 명 양념의 한 가지. 끓는 간장이나 소금물에 마늘·생강 따위를 다져 넣고 고춧가루를 뿌려 졸인 다음, 기름을 쳐서 볶아 만듦. 얼큰한 맛을 내는 데 쓰임.

다대-수 (多大數) 명 ☞대다수.

다대-하다 (多大-) 형여 많고 크다. ¶ 다대한 성과를 거두다. /다대한 은혜를 베풀다.

다도 (茶道) 명 차를 달이거나 마실 때의 방식 및 예의범절.

다독 (多讀) 명하타 (책을) 많이 읽음.

다독-거리다 [-꺼-] 타 자꾸 다독다독하다. 다독대다. ¶ 아기를 재우려고 가만가만 다독거렸다.

다독-다독 [-따-] 부하타 ①흩어지기 쉬운 물건을 살살 두드려 누르는 모양. ②어린아이를 재우거나 달랠 때 가볍게 가만가만 손으로 잇따라 두드리는 모양. ③남의 약점을 거듭 감싸고 달래는 모양.

다독-대다 [-때-] 타 다독거리다.

다독-이다 타 ①흩어지기 쉬운 물건을 살살 두드려 누르다. ②어린아이를 재우거나 달랠 때 가볍게 가만가만 손으로 몸을 두드리다. ¶ 아기를 다독여 재우다. ③남의 약점을 어루만져 감싸고 달래다. 센따독이다.

다-되다 [-되-/-뒈-] 형 ①다 닳다. 다 없어지다. ¶ 오늘 해도 다되었다. /술도 다되고 안주도 다되었으니 이제 그만 일어서세. ②끝장이 나다. ¶ 그 사람 운도 다되었다.

다듬-거리다 자타 자꾸 다듬다듬하다. 다듬대다. 큰더듬거리다. 센따듬거리다.

다듬다 [-따] 타 ①맵시 있게 매만지다. 곱게 닦다. ¶ 매무새를 다듬다. ②(푸성귀 따위의) 못쓸 부분을 가려서 떼어 내다. ¶ 열무를 다듬다. ③거친 면이나 바닥을 고르게 만들다. ¶ 길을 다듬다. ④(글이나 조각 따위를) 잘 짜이게 손질하여 고치다. ¶ 잘 다듬은 글. ⑤다듬질을 하여 반드럽게 하다. ¶ 모시를 다듬다. ⑥고르지 않은 소리를 바로 다잡다. ¶ 목소리를 다듬다.

다듬-다듬 부하자타 ①(어두운 곳에서 무엇을 찾거나 알아보려고) 손으로 자꾸 요리조리 만져 보는 모양. ②(잘 모르는 길을) 요리조리 찾아가는 모양. ③똑똑히 알지 못하는 일을 생각해 가면서 말하는 모양. ④(글을 읽을 때) 술술 내리읽지 못하고 자꾸 군데군데 막히는 모양. ⑤말이 자꾸 막혀서 순하게 나오지 않는 모양. 큰더듬더듬. 센따듬따듬.

다듬-대다 자타 다듬거리다.

다듬-이 명 ①하타〈다듬이질〉의 준말. ②〈다듬잇감〉의 준말.

다듬이-질명하타 옷감 따위의 구김살을 펴거나 반드럽게 하기 위하여 방망이로 두드리는 일. 준다듬이·다듬질.
다듬이-포대기명 다듬잇감을 싸는 포대기.
다듬잇-감[-드미깜/-드믿깜]명 다듬이질을 할 옷이나 옷감 따위. 준다듬이.
다듬잇-돌[-드미똘/-드믿똘]명 다듬이질할 때 밑에 받쳐 놓는 도구. 〔돌이나 단단한 나무로 만드는데, 장방형으로 윗면을 반드럽게 함.〕 침석(砧石).
다듬잇-방망이[-드미빵-/-드믿빵-]명 다듬이질할 때 쓰는 두 개의 나무 방망이. 침저(砧杵).
다듬잇-방석(-方席)[-드미빵-/-드믿빵-]명 다듬잇돌 밑에 까는 깔개. 헝겊 따위로 만듦.
다듬잇-살[-드미쌀/-드믿쌀]명 (다듬이질이 알맞게 되어) 다듬잇감에 생기는 풀기나 윤기. ¶ 다듬잇살이 퍼지다.
다듬작-거리다[-꺼-]타 자꾸 다듬작다듬작하다. 다듬작대다. 큰더듬적거리다. 센따듬작거리다.
다듬작-다듬작[-따-]부하타 나릿나릿하게 자꾸 다듬거리는 모양. 큰더듬적더듬적. 센따듬작따듬작.
다듬작-대다[-때-]타 다듬작거리다.
다듬-질명하타 ①매만져 다듬는 일. ②〈다듬이질〉의 준말.
다디-달다[~다니·~달아]형 매우 달다.
다디ᄅᆞ다[다딜어]타 〈옛〉 대지르다. ¶ 놀란 고래 다디ᄅᆞ놋다(杜初23:2). /다딜어도 흗디 아니ᄒᆞ며(蒙法43).
다ᄃᆞᆮ다자ㄷ 〈옛〉 다다르다. ¶ 硏은 다ᄃᆞᆮ게 알씨라(月釋序18). /그날 다ᄃᆞ라(釋譜6:27).
다ᄃᆞᆷ다타 〈옛〉 다듬다. 깎아서 반반하게 하다. ¶ 먼 불휘롤 求ᄒᆞ야 다ᄃᆞ마(月釋序21).
다따가부 난데없이 갑자기. 별안간. ¶ 밥 먹다 말고 다따가 어딜 가니?
다떠위다자 뭇사람이 한데 모여 떠들며 들이덤비다. ¶ 구경꾼들이 다떠위는 바람에 혼났다.
-다라어미 〈옛〉 ①-더라. ¶ 總角저긔 聰明ᄒᆞ몰 ᄉᆞ랑ᄒᆞ다라(杜初24:62). ②-였노라. ¶ 太子ㅣ 닐오ᄃᆡ 내 롱담ᄒᆞ다라(釋譜6:24).
다라니(←陀羅尼.dhāraṇī 범)명 〔불교에서, 모든 악법을 막고 선법을 지킨다는 뜻으로〕 ①범어로 된 긴 문구를 번역하지 않고 그대로 읽거나 외는 일. 총지(總持). ②주문을 외어 재앙을 물리치는 일. ③불법을 잊지 않고 기억하여 설법(說法)이 자재로움.
다라니-주(←陀羅尼呪)명 범어로 된 비밀스러운 주문.
다라-수(多羅樹)명 야자과의 상록 교목. 높이 20 m, 둘레 2 m가량. 줄기는 편편하고 미끄러우며 잎은 3 m 정도로 모여남. 목재는 건축용으로, 수액은 종려주(棕櫚酒)와 사탕을 만드는 데 씀. 열대 지방에 분포함.
다라-엽(多羅葉)명 다라수(多羅樹)의 잎.
다ː라지다형 성질이 깐질기고 야무지다. 됨됨이가 단단하고 겁이 없다. ¶ 자그마한 체구에 안차고 다라진 사람.
다라진-살명 가늘고 무거운 화살.
다락명 ①부엌과 천장 사이의 공간에 이층처럼 만들어 물건을 넣어 두게 된 곳. ②문간이나 헛간의 기둥 중간에 덕처럼 매어서 세간을 넣어 두거나 사람이 올라가 쉬게 된 곳. ③다락집.
다락-같다[-깓따]형 ①(물건 값이) 매우 비싸다. ②덩치가 당당하게 크다. ¶ 다락같은 말.
다락같-이부 ¶ 다락같이 치솟는 물가.
다락-다락[-따-]부 자꾸 성가시게 대들면서 조르는 모양. ¶ 아이가 장난감을 사 달라고 다락다락 조르다. 큰더럭더럭.
다락-마루[-랑-]명 다락처럼 높게 만든 마루.
다락-방(-房)[-빵]명 ①다락처럼 만들어 꾸민 방. ②☞고미다락. ③(서양식 건축에서) 지붕과 천장 사이의 공간에다 만든 방.
다락-장지(←-障子)[-짱-]명 다락에 달린 미닫이문.
다락-집[-찝]명 다락처럼 지은 집. 다락. 누(樓).
다람-쥐명 다람쥣과의 동물. 쥐와 비슷하며 몸길이 12~16 cm, 꼬리 12 cm가량으로 털이 많음. 몸빛은 황갈색으로 등에 다섯 줄의 암흑색 줄무늬가 있음. 나무 타기를 좋아하고, 앞니가 발달되어 도토리·밤·곤충 따위를 즐겨 먹음.
다람쥐 쳇바퀴 돌듯속담 앞으로 나아가지 못하고 제자리걸음만 한다는 말.
다ː랍다[-따][다라우니·다라워]형ㅂ ①(주로 어린아이에게 쓰는 말로) 때가 묻어 깨끗하지 못하다. ¶ 그 다라운 손으로 어딜 만지니? ②아니꼬울 만큼 잘고 인색하다. ¶ 아니, 다랍게 요걸 주고 생색을 내? 큰더럽다.
다랑-귀명 두 손으로 붙잡고 매달리는 짓.
다랑귀(를) 뛰다관용 ①두 손으로 붙잡고 매달리다. ②남에게 매달려 몹시 조르다.
다랑-논명 다랑이로 된 논. 다랑전.
다랑-어(-魚)명 ☞참다랑어.
다랑-이명 (비탈진 산골짜기 같은 곳에 층층으로 된) 좁고 작은 논배미.
다랑-전(-田)명 다랑논.
-다랗다[-라타][~다라니·~다래]접미ㅎ 형용사 어간에 붙어, 그 뜻을 더 뚜렷이 나타내는 말. ¶ 굵다랗다. /높다랗다. /커다랗다. 준-닿다.
다래[1]명 다래나무의 열매.
다래[2]명 아직 피지 아니한 목화의 열매.
다래[3]명 관(棺)의 천판(天板)과 지판(地板) 사이의 양옆의 널.
다래끼[1]명 ①대·싸리·고리버들 따위로 결어서 만든, 아가리가 좁고 바닥이 넓은 바구니. ②〖의존 명사적 용법〗 물건을 다래끼에 담아 그 분량을 세는 단위. ¶ 옥수수 한 다래끼.
다래끼[2]명 눈시울에 생기는 작은 부스럼. 안검염(眼瞼炎). 맥립종(麥粒腫).
다래-나무명 다래나뭇과의 낙엽 활엽 덩굴나무. 산지에 절로 나는데 줄기는 7 m가량 자람. 암수딴그루로 초여름에 흰 꽃이 피고, 열매인 '다래'는 가을에 황록색으로 익으며, 말린 것은 한방에서 약재로 씀. 등리(藤梨).
다래-다래부하형 (작은) 물건이 많이 매달렸거나 드리워져 있는 모양. 큰드레드레[1].
다량(多量)명 분량이 매우 많음, 또는 많은 분량. 비대량. ↔소량(少量).
다례(茶禮)명 ☞차례(茶禮).
다로(茶爐)명 차를 달이는 데 쓰는 화로.
다로기명 가죽으로 지은 목이 긴 버선. 〔털이 안으로 가게 지은 것으로, 추운 지방에서 신발 대신 신기도 함.〕 피말(皮襪).
다롱디리감 〈옛〉 풍류 소리의 흉내말. ¶ 어긔야 어강됴리 아으 다롱디리(樂範.井邑詞).
다루(茶樓)명 ☞다관(茶館).
다루다타 ①(사람이나 일을) 맡아서 처리하거나 대하다. ¶ 수출 업무를 다루는 부서. ②(물건을) 부려서 이용하다. ¶ 악기를 다루다. /땅을 잘 다루는 사람이 진짜 농부다. ③(거칠고 빳빳한 물건을) 매만져서 쓰기 좋게 하다. ¶ 가죽을 다루다. ④부리어 따르게 하다. ¶ 부하를 잘 다룬다. ⑤물건을 사고파는 일을 하다. ¶ 중고품을 다루는 가게. ⑥어떤 것을 소재나 대상으로 삼다. ¶ 한 일간지는 세금 문제를 비중있게 다루었다.

다룸-가죽 명 다루어 부드럽게 만든 가죽. 숙피.

다룸가죽-위(-韋) 명 ☞가죽위.

다르다[다르니·달라] 형르 ①같지 않다. ¶ 의견이 서로 다르다. /모양은 달라도 값은 같다. ↔같다. ②(생각이나 언행 따위가) 예사롭지 않은 점이 있다. ¶ 역시 전문가라 보는 눈이 다르다. /이 회사에서 펴낸 책은 뭐가 달라도 다르다.

다름(이) 아니라 관용 '딴 까닭이 있는 것이 아니라', '다른 무엇이 아니라'의 뜻. 《'다름이 아닌'·'다름이 아니고'·'다름이 아니옵고'·'다름이 아니오라' 등의 꼴로도 쓰임.》 ¶ 자네를 부른 것은 다름이 아니라….

다르랑 부 나직이 코를 고는 소리. 큰드르렁. **다르랑-다르랑** 부하자타 ¶ 다르랑다르랑 코를 골며 곤히 자다.

다르랑-거리다 자타 자꾸 다르랑다르랑하다. 다르랑대다. 큰드르렁거리다.

다르랑-대다 자타 다르랑거리다.

다르르 부하자 ①작은 물건이 단단하고 편평한 바닥 위를 가볍게 구를 때 나는 소리. ②작고 얇은 물건이 가볍게 떨면서 울리어 나는 소리, 또는 그 모양. ¶ 문풍지가 다르르 떤다. 큰드르르[2]. 센따르르.

다르륵 부하자 작은 물건이 일정하게 구르다가 딱 멎는 소리. **다르륵-다르륵** 부하자.

다르륵-거리다[-꺼-] 자 자꾸 다르륵다르륵하다. 다르륵대다.

다르륵-대다[-때-] 자 다르륵거리다.

다름-없다[-르멉따] 형 다른(다를) 것이 없다. 같다. ¶ 동기간이나 다름없다. /그녀는 10년 전과 조금도 다름없는 모습이었다. **다름없-이** 부.

다리[1] 명 ①동물의 몸통 아래에 붙어 몸을 받치며, 서거나 걷거나 뛰거나 하는 기능을 가진 부분. ¶ 다리가 굵다. /다리에 쥐가 나다. ②물건의 아래쪽에 붙어 그 물건이 바닥에 닿지 않게 하거나 높게 하기 위하여 받치거나 버티어 놓은 부분. ¶ 책상 다리. ③안경테 양쪽에 달아 귀에 걸게 된 길다란 부분.

다리(를) 뻗고〔펴고〕 자다 관용 (걱정이나 시름이 없어져서) 마음 편히 자다.

다리야 날 살려라 관용 몹시 다급하게 달아나는 모양을 이르는 말.

다리[2] 명 ①강·개천·길·골짜기 또는 바다의 좁은 목 등에, 건너다닐 수 있도록 높게 가로질러 놓은 시설. 교량(橋梁). ②'중간에서 양편을 소개하거나 관련을 지어 주는 일, 또는 그 사람'을 비유하여 이르는 말. ③중간에 거치는 곳이나 단계. ¶ 몇 다리를 거쳐서 수집된 정보.

다리 아래서 원을 꾸짖는다 속담 직접 만나서 당당하게 말하지는 못하고, 안 들리는 데 숨어서 불평(욕)을 한다는 말.

다리(를) 건너다〔넘다〕 관용 (말이나 물건이) 어떤 사람에게 들어갔다가 다시 다른 사람에게 넘어가다.

다리(를) 놓다 관용 둘의 사이에 관련을 지어 주다. 또는, 관련을 지을 수 있도록 주선을 부탁하다.

다리[3] 명 지난날, 여자의 머리숱이 많아 보이도록 덧넣었던 딴머리. 월자(月子).

다리 부 〈옛〉달리. 다르게. 따로. ¶ 다리 밥 지여 먹디 아니ᄒᆞ야(二倫32).

다리굽은솥-력(-鬲)[-손녁] 명 한자 부수의 한 가지. '䰛'·'鬻' 등에서의 '鬲'의 이름. 오지병격.

다리^기술(-技術) 명 씨름의 기본 기술의 한 가지. 다리나 발목으로 상대편의 다리를 걸어 후리거나 당기면서 밀어 넘어뜨리는 공격 기술. 〔안다리걸기·밭다리걸기·덧걸이 따위.〕

다리-꼭지[-찌] 명 여자의 머리에 드리는 다리를 맺은 꼭지.

다리다 타 (옷이나 피륙의 구김살을 펴려고) 다리미로 문지르다.

다리-봉놓이 명 〈다리〉의 속된 말.

다리미 명 다리미질하는 제구. 〔쇠붙이로 바닥을 매끄럽게 만들어, 뜨겁게 달구어서 씀.〕 울두(熨斗). 화두(火斗).

다리미-질 명하타 다리미로 옷이나 피륙 따위를 문질러 구김살을 펴는 일. 준다림질.

다리미-판(-板) 명 다리미질할 때 밑에 받치거나 까는 판.

다리-받침 명 ☞교대(橋臺).

다리-밟기[-밥끼] 명하자 ☞다리밟이.

다리-밟이 명하자 지난날, 민간에서 정월 보름날 밤에 그해의 재앙을 면한다 하여 열두 다리를 밟던 풍습. 다리밟기. 답교(踏橋).

다리-뼈 명 다리를 이루고 있는 뼈. 〔넓적다리뼈와 정강이뼈로 나뉨.〕 각골(脚骨). 퇴골(腿骨).

다리-샅[-삳] 명 넓적다리의 안쪽. ＊다리샅이[-사치]·다리샅을[-사틀]·다리샅만[-산-]

다리-속곳[-꼳] 명 고유 의복의 한 가지. 여자의 옷차림에서 가장 안에 입는 아래 속옷. ＊다리속곳이[-꼬시]·다리속곳만[-꼰-]

다리-쇠[-쇠/-쉐] 명 화로 위에 걸치고 냄비 같은 것을 올려놓도록 쇠붙이로 만든 제구. 걸쇠.

다리-씨름 명하자 두 사람이 마주 앉아 같은 쪽 다리의 정강이 안쪽을 서로 걸어 대고 옆으로 쓰러뜨리기를 겨루는 놀이. 발씨름.

다리아랫-소리[-래쏘-/-랟쏘-] 명 아쉽거나 답답할 때 남에게 동정을 얻으려고 굽신거리거나 애걸하며 하는 말. 각하성(脚下聲).

다리우리 명 〈옛〉다리미. ¶ 다리우리를 달오고(內訓序4). /다리우리 울:熨(訓蒙中14).

다리^운:동(-運動) 명 다리를 굽혔다 폈다 하는 따위의, 다리를 움직여서 하는 여러 가지 운동.

다리-재간(-才幹) 명 씨름 등에서, 다리를 놀리어 부리는 기술.

다리-통 명 다리의 둘레. ¶ 다리통이 굵다.

다리-품 명 길을 걷는 데 드는 수고로움.

다리품(을) 팔다 관용 ①길을 많이 걷다. ②품삯을 받고, 남의 심부름으로 먼 길을 다녀오다.

다리^후치기 명 씨름의 다리 기술의 한 가지. 오른다리를 상대편의 다리 사이로 넣어서 상대편의 오른다리를 걸고 넘기는 기술.

다림 명 (어떤 물체가) 수평인가 또는 수직인가를 헤아려 보는 일.

다림(을) 보다 관용 ①겨냥대어 살펴보다. ②이해관계를 노려서 살펴보다.

다림-방(-房) 명 '푸줏간'의 잘못.

다림-줄[-쭐] 명 다림을 볼 때, 추를 달아 늘이는 데 쓰는 줄.

다림-질 명하타 〈다리미질〉의 준말.

다림-추(-錐) 명 다림줄에 달아 늘이는 데 쓰는 추.

다림-판(-板)명 어떤 물체가 수평인가를 다림 보는 기구.

다릿-골[-리꼴/-릳꼴]명 다리뼈 속에 있는 골. **다릿골(이) 빠지다**관용 길을 많이 걸어서 다리가 몹시 피로해지다. ¶ 다릿골이 빠지도록 와서는 허탕을 쳤다.

다릿골-독[-리꼴똑/-릳꼴똑]명 매우 크게 만든 독의 한 가지. 독의 배가 부름. 대독.

다릿-돌[-리똘/-릳똘]명 징검다리로 놓은 돌.

다릿-마디[-린-]명 다리의 뼈마디.

다릿-목[-린-]명 다리가 놓여 있는 길목.

다릿-심[-리씸/-릳씸]명 다리의 힘. ¶ 다릿심이 센 편이다. 각력(脚力).

다릿-짓[-리찓/-릳찓]명하자 다리를 움직이는 짓. ＊다릿짓이[-리찌시/-릳찌시]·다릿짓만[-리찐-/-릳찐-]

다ᄅᆞ다[달아]형 〈옛〉 다르다. ¶ 異는 다ᄅᆞᆯ씨라(訓諺).

다마는조 '다'와 '마는'이 합쳐서 된 말. 모음으로 끝난 체언에 붙어, '그렇기는 하지마는'의 뜻으로, 앞말을 인정하되 그것이 뒷말에 영향을 미치지 아니함을 나타내는 연결형 서술격 조사. ¶ 성적은 꼴찌다마는 인기는 최고다. 준다만². 참이다마는.

-다마는어미 종결 어미 '-다'에 보조사 '마는'이 합쳐서 된 말. 형용사 어간이나 시제의 '-았(었)-'·'-겠-' 등에 붙는 종속적 연결 어미. 앞의 내용을 시인하되, 그것이 뒤의 내용에 영향을 미치지 아니함을 나타냄. ¶ 좋기는 좋다마는 너무 비싸다. 준-다만. 참-ㄴ다마는·-는다마는.

-다마다어미 ☞-고말고.

다ː만¹부 ①(무엇을 한정하여) '오직 그뿐'의 뜻을 나타냄. ¶ 다만 너를 만나고 싶을 뿐이다. ②앞의 말을 받아서 반대·예외·조건 따위가 있음을 말할 때 말머리에 쓰이는 접속 부사. ¶ 노병은 죽지 않는다. 다만 사라질 뿐이다. 단(但). 단지(但只).

다만²조 〈다마는〉의 준말. ¶ 좋은 솜씨다만 이곳에선 쓸모가 없구나.

-다만어미 〈-다마는〉의 준말. ¶ 겉은 검다만 속은 희다.

다만당부 〈옛〉 다만. ¶ 다만당 님그린 타ᄉᆞ로 시름 계워 ᄒᆞ노라(古時調).

다만지부 〈옛〉 다만. ¶ 다만지 손이 성ᄒᆞ니 盞 잡기만 ᄒᆞ노라(古時調).

다망(多忙)명하형 바쁨. 일이 매우 많음. ¶ 다망하신 중에도 참석해 주셔서 대단히 감사합니다.

다망(多望)명하형 ①바라는 바가 많음. 꿈이 많음. ②장래성이 많음.

다매(多賣)명하타 많이 팖. ¶ 다매를 판매 전략으로 하다.

다매(茶梅)명 ☞동백나무.

-다며어미 〈-다면서〉의 준말. ¶ 또 오겠다며 바로 갔다. /그동안 몹시 바빴다며?

다면(多面)명 ①하형 면이 많음. ②여러 방면. 다방면.

-다면《형용사 어간이나 시제의 '-았(었)-'·'-겠-'·'-ㄴ(는)-' 등에 붙어》 Ⅰ어미 가정하여 조건으로 삼는 뜻을 나타내는 종속적 연결 어미. ¶ 태산이 높다면 얼마나 높으랴. /내가 너만큼 돈이 많다면 좋겠다.
Ⅱ준 '-다고 하면'이 줄어든 말. ¶ 네가 좋다면 나도 찬성이다. /간다면 보내라.

다면-각(多面角)명 입체각의 한 가지. 셋 이상의 평면이 한 점에서 만나 이루어진 뾰족한 형상.

-다면서《형용사 어간이나 시제의 '-았(었)-'·'-겠-' 등에 붙어》 Ⅰ어미 들은 사실에 대해 되묻거나 빈정거리는 뜻을 나타내는 해체의 종결 어미. ¶ 고향에 다녀왔다면서? /요즈음 재미가 좋다면서? 준-다며.
Ⅱ준 '-다고 하면서'가 줄어든 말. 남의 말을 인용하되 그것이 뒷말의 전제나 이유가 됨을 나타냄. ¶ 내가 밉다면서 전화는 왜 해? 준-다며.

다면-성(多面性)[-썽]명 각 방면에 걸친 다양한 성질. 갖가지 성질.

다면-적(多面的)관명 〈다방면적〉의 준말.

다면-체(多面體)명 넷 이상의 평면으로 둘러싸인 입체. 〔사면체·육면체 따위.〕

다모(多毛) '다모하다'의 어근.

다모(茶母)명 지난날, 관아에서 식모 노릇을 하던 천비(賤婢).

다모-객(多謀客)명 잔꾀가 많은 사람. 꾀를 부리어 일에 베도는 사람. 꾀자기.

다모-작(多毛作)명 한 경작지에서 한 해에 세 차례 이상 다른 작물을 지어 거두는 일. 참일모작·이모작.

다모-증(多毛症)[-쯩]명 솜털이 나야 할 곳에 거센 털이 많이 나는 증세.

다모-하다(多毛-)형여 몸에 털이 많다.

다ː목명 콩과의 상록 교목. 동인도 원산으로 따뜻한 곳에서 재배하는데, 높이는 4m가량. 줄기에 잔가시가 있고, 봄에 나비 모양의 노란 꽃이 핌. 목재는 활을 만드는 데 쓰고, 속의 붉은 부분은 염료 및 약재로 씀. 단목. 소방목.

다ː목-다리[-따-]명 냉기로 말미암아 살빛이 검붉게 된 다리. 적각(赤脚).

다-목적(多目的)[-쩍]명 여러 가지 목적.

다목적^댐(多目的dam)[-쩍-]명 여러 가지 목적으로 이용되도록 만든 댐. 〔수력 발전, 농업용수, 홍수 방지, 관광 등 여러 가지 용도를 겸함.〕↔단일 목적 댐.

다문(多聞)명하형 ①보고 들은 것이 많음. 견문이 넓음. ↔과문(寡聞). ②불교에서, '법문(法文)을 외어 지님이 많음'을 이르는 말.

다문-다문부하형 ①(시간적으로) 잦지 않고 동안이 좀 뜨게. 이따금. ¶ 그의 소식은 다문다문 듣고 있다. ②(공간적으로) 배지 않고 사이가 좀 뜨게. 띄엄띄엄. ¶ 고추 모를 다문다문 옮겨 심다. 큰드문드문.

다문-박식(多聞博識)[-씩]명하형 보고 들은 것이 많고, 지식이 넓음. ¶ 다문박식한 사람.

다문-천(多聞天)명 사왕천(四王天)의 하나. 다문천왕이 다스린다고 하는 수미산 중턱 북쪽의 하늘 나라.

다문천-왕(多聞天王)명 항상 여래(如來)의 설법을 많이 듣는다는 데서 이르는 사천왕(四天王)의 하나. 수미산 제4층에 살며 북방을 지킨다고 함. 참비사문천왕(毘沙門天王).

다물다[다무니·다물어]타 아래위 입술이나 그와 같이 생긴 두 쪽을 마주 꼭 대다. ¶ 너무 좋아서 벌린 입을 다물지 못하다.

다물-다물부 (무엇이) 무더기무더기 쌓여 있는 모양.

다므사리명 〈옛〉 더부살이. ¶ 다므사리 용:傭. /다므사리 고:雇(訓蒙中2).

다믄부 〈옛〉 다만. ¶ 다믄 내 믿쳔만 갑고(翻朴上 34). 참다믄.

다뭇【부】〈옛〉더불어. ¶ 士와 다뭇 女ㅣ 그 서르 謔ᄒᆞ야(詩解4:33). (참)다뭇.

다미-씌우다[-씌-]【타】〈안다미씌우다〉의 준말. (큰)더미씌우다.

다ᄆᆞ사리【명】〈옛〉더부살이. ¶ 다ᄆᆞ사리ᄒᆞ야 어미를 이바ᄃᆞ며(三綱.孝6).

다ᄆᆞᆫ【부】〈옛〉다만. ¶ 다ᄆᆞᆫ ᄒᆞᆫ 큰 잀 因緣으로(釋譜13:48). (참)다믄.

다ᄆᆞᆺ【부】〈옛〉더불어. ¶ 다ᄆᆞᆺ 여:與(類合下63). / 世間 앳 이른 눌와 다ᄆᆞᆺ 議論ᄒᆞᄂᆞ뇨(杜初21:48).

다ᄆᆞᆺᄒᆞ다【타】〈옛〉같이하다. 더불어 하다. ¶ 오ᄂᆞᆳ 나조ᄒᆞᆫ 또 엇던 나조코 이 븘비츨 다ᄆᆞᆺ호라(杜初19:42).

다박-나룻[-방-룯]【명】다보록하게 난 짧은 수염. 다박수염. ＊다박나룻이[-방-루시]·다박나룻만[-방-룬-]

다박-머리[-방-]【명】(어린아이의) 다보록하게 난 짧은 머리털, 또는 그런 머리털을 가진 아이. (큰)더벅머리.

다박-수염(-鬚髥)[-쑤-]【명】다박나룻.

다반(茶飯)【명】〈항다반(恒茶飯)〉의 준말.

다반(茶盤)【명】☞차반.

다반-사(茶飯事)【명】〈항다반사〉의 준말. ¶ 실수를 다반사로 여긴다.

다발【명】①꽃이나 푸성귀 따위의 묶음. ¶ 다발을 크게 묶다. ②〖의존 명사적 용법〗꽃이나 푸성귀 따위의 묶음을 세는 단위. ¶ 장미꽃 한 다발. /열무 세 다발. (참)단[1].

다발(多發)【명】①【하자】많이 발생함. 자주 일어남. ¶ 교통사고 다발 지점. ②〈다발식〉의 준말.

다발-기(多發機)【명】엔진을 셋 이상 가진 항공기.

다발-나무[-라-]【명】다발로 묶은 땔나무.

다발-성(多發性)[-썽]【명】①여럿이 함께 일어나는 성질. ¶ 동시 다발성. ②한 몸의 두 군데 이상의 부분에서 한꺼번에 병이 발생하는 성질.

다발-식(多發式)[-씩]【명】항공기 따위에서 세 대 이상의 엔진을 가지는 양식. (준)다발.

다방(茶房)【명】차 종류를 조리하여 팔거나 청량음료 및 우유 따위 음료수를 파는 영업소. 다실. 다점. 차실. 찻집.

다-방면(多方面)【명】여러 방면. 여러 분야. 많은 곳. 다면. ¶ 다방면에 재주가 많다.

다방면-적(多方面的)【관】【명】여러 방면에 걸친 (것). (준)다면적.

다-밭다[-받따]【형】길이가 아주 짧다. 썩 가깝다. ¶ 자라처럼 다밭은 목.

다배^현:상(多胚現象)【명】한 개의 배(胚)가 분열하여 두 개 이상의 개체가 발생하는 현상. 〔사람의 일란성 쌍생아도 이에 해당함.〕

다번(多煩)【명】【하형】①매우 번거로움. ②매우 많음. (참)번다하다.

다변(多辯)【명】【하형】말수가 많음. 수다스러움. 장설(長舌). ¶ 지나치게 다변한 사람이라 믿음이 가지 않는다.

다변(多變)【명】【하형】변화가 많음, 또는 많은 변화. ¶ 다변하는 국제 정세.

다변-가(多辯家)【명】말수가 많은 사람. 수다스러운 사람.

다변-형(多邊形)【명】☞다각형(多角形).

다변-화(多邊化)【명】【하자타】【되자】방법이나 양상이 단순하지 않고 갈래가 많아 복잡해짐, 또는 그렇게 만듦. ¶ 수출 시장의 다변화.

다병(多病)'다병하다'의 어근.

다병-하다(多病-)【형여】몸에 병이 많거나 잦다.

다보록-다보록[-따-]【부】【하형】여럿이 다 다보록한 모양. (큰)더부룩더부룩.

다보록-하다[-로카-]【형여】(짧게 난 풀이나 나무, 또는 머리털 따위가) 탐스럽게 소복하다. ¶ 다보록한 수염. (준)다복하다. (큰)더부룩하다. **다보록-이**【부】.

다보-여래(多寶如來)【명】동방의 보정(寶淨) 세계에 있다는 부처.

다보-탑(多寶塔)【명】2단 또는 3단으로, 아래는 방형(方形), 위는 원형이나 팔각형, 꼭대기는 상륜(相輪)으로 된 탑의 이름. 〔다보여래의 전신 사리(全身舍利)를 안치했다는 데서 이 이름이 붙었다 함.〕 보탑.

다복(多福)【명】【하형】【스형】복이 많음, 또는 많은 복. ¶ 다복한 가정. **다복스레**【부】.

다복-다남(多福多男)[-따-]【명】【하형】〔복이 많고 아들이 여럿이라는 뜻으로〕 '팔자가 좋음'을 뜻하는 말.

다복-다복[-따-]【부】【하형】(작은 나무나 풀 따위가) 곳곳에 다보록하게 있는 모양. (큰)더북더북.

다복뿍【명】〈옛〉다북쑥. ¶ 다복뿍 호:蒿. /다복뿍 봉:蓬(訓蒙上9). (참)다봊.

다복-솔[-쏠]【명】가지가 다보록하게 많이 퍼진 어린 소나무. 왜송(矮松).

다복-하다[-보카-]【형여】〈다보록하다〉의 준말. **다복-이**【부】.

다봇【명】〈옛〉다북쑥. ¶ 누늘 드러 보니 오직 다봇 ᄲᅮ니로다(杜初10:19). (참)다봊.

다봊【명】〈옛〉다북쑥. ¶ 서리와 눈괘 ᄂᆞᆫ 다보재 ᄀᆞ둑ᄒᆞ도다(杜初21:1).

다부(多夫)【명】한 여자가 둘 이상의 남편을 가지는 일. ↔다처(多妻).

다-부닐다[~부니니·~부닐어]【자】바싹 다붙어서 꽤나 붙임성 있게 행동하다.

다부지다【형】①벅찬 일을 치러 낼 강단이 있다. ¶ 힘겨운 일이라도 다부지게 해낸다. ②보기보다 옹골차다. ¶ 몸집은 작아도 다부져 보인다.

다북-쑥【명】〈쑥[2]〉의 본딧말. 봉애. 봉호(蓬蒿).

다분(多分)'다분하다'의 어근.

다-분야(多分野)【명】많은(여러) 분야.

다분-하다(多分-)【형여】(가능성이나 비율 따위가) 꽤 많다. ¶ 끼가 다분하다. /배우가 될 소질이 다분하다. **다분-히**【부】 ¶ 그럴 가능성이 다분히 있다.

다불과(多不過)【부】많다고 해야 고작. ¶ 다불과 백 명 안팎이다.

다불-다불【부】【하형】(어린아이의 머리털 따위가) 짧게 늘어져 다보록한 모양. ¶ 다불다불한 단발머리.

다붓-다붓[-붇따붇]【부】【하형】여럿이 다 다붓한 모양.

다붓-하다[-부타-]【형여】(떨어진 사이가) 바싹 다붙은 듯이 가깝다. **다붓-이**【부】.

다-붙다[-붇따]【자】(사이가 뜨지 않게) 바싹 다가붙다. ¶ 좀 더 다붙어 앉아라.

다붙-이다[-부치-]【타】〖'다붙다'의 사동〗다붙게 하다.

다비(茶毘←jhāpita 범)【명】【하타】〔불에 태운다는 뜻으로〕 불교에서, '화장(火葬)하는 일'을 이르는 말.

다비^농업(多肥農業)【명】농작물의 생산량을 늘리기 위하여 일정한 경작지에 많은 거름을 주는, 소규모 농업 방법.

다비성^작물(多肥性作物)[-썽장-]【명】거름을 많이 주어야 수확이 많은 작물.

다비-소(茶毘所)㉮ 불교에서, '화장터'를 달리 이르는 말.

다빡㉯ 앞뒤를 헤아리지 않고 함부로 행동하는 모양. ㉰더빽. **다빡-다빡**㉯하자.

다빡-거리다[-꺼-]㉱ 자꾸 다빡다빡하다. 다빡대다. ㉰더빽거리다.

다빡-대다[-때-]㉱ 다빡거리다.

다뿍㉯하형 분량이 일정 한도를 넘어 좀 낙낙한 모양. ㉰드뿍. **다뿍-다뿍**㉯하형.

다봄타 〈옛〉다함(盡). ¶ ᄆᆞᅀᆞᆷ 다보ᄆᆞᆯ 닐웜 ᄀᆞ장 긔지ᄒᆞ야(月釋序20).

-다빙접미 〈옛〉-답게. -다이. -대로. ¶ 實다빙 잘 볼씨라(月釋7:45). 참-다히.

다사(多士)㉮ 많은 선비. 여러 인재.

다사(多事) '다사(多事)하다'의 어근.

다사(多思)㉮하타 많은 생각. 또는 많이 생각함.

다사(多謝)㉮하타 ①깊이 감사함. ②깊이 사과함. ¶ 망언(妄言)을 다사하다.

다사-다난(多事多難)㉮하형 여러 가지로 일도 많고 어려움도 많음. ¶ 다사다난했던 한 해.

다사-다단(多事多端)㉮하형 일이나 사단(事端)이 여러 가지로 뒤얽혀 복잡함. ¶ 다사다단한 국내외 정세.

다사-다망(多事多忙)㉮하형 일이 많아 몹시 바쁨. ¶ 다사다망하여 눈코 뜰 새 없다.

다사-롭다[-따][~로우니·~로워]형ㅂ 다스한 느낌이 있다. ¶ 창밖을 내다보니 봄볕이 다사롭다. 센따사롭다. **다사로이**㉯.

다사-스럽다(多事-)[-따][~스러우니·~스러워]형ㅂ 긴하지 않은 일에도 참견하기 좋아하여 공연스레 바쁘다. ¶ 하는 일도 없으면서 언제나 다사스러운 사람. **다사스레**㉯.

다사-제제(多士濟濟)㉮ 여러 선비가 다 뛰어남. 뛰어난 인물이 많음. 제제다사.

다사-하다(多事-)형여 ①일이 많다. ②'다사스럽다'의 잘못.

다산(多産)㉮하타 ①(아이 또는 새끼나 알을) 많이 낳음. ¶ 자식이 일곱이나 되니 어머니는 아이를 다산한 편이다. ②(물품을) 많이 생산함.

다산-계(多産系)[-계/-게]㉮ 새끼나 알을 많이 낳는 품종의 계통.

다산^염기(多酸塩基)[-념-]㉮ 분자 중에 염기로 바꿀 수 있는 수산기(水酸基)를 둘 이상 가진 염기. 〔수산화칼슘 따위.〕

다산-형(多産型)㉮ (아이 또는 새끼나 알을) 많이 낳는 체형. 많이 낳게 생긴 체형.

다상(多相)㉮ 여러 개의 상(相).

다상^교류(多相交流)㉮ 주파수는 같으나 위상을 달리하는 둘 또는 그 이상의 교류 방식. 참단상 교류.

다-상량(多商量)[-냥]㉮ 많이 생각함. 〔작문에 숙달되는 요령을 말할 때 흔히 쓰는 말.〕 ¶ 다문(多聞) 다독(多讀) 다상량.

다색(多色)㉮ 여러 가지 빛깔. ↔단색.

다색(茶色)㉮ ①☞갈색(褐色). ②차의 종류.

다색-성(多色性)[-썽]㉮ 편광(偏光)이 결정체를 통과할 때, 편광의 진동 방향에 따라 빛깔을 각기 달리하는 현상.

다색^인쇄(多色印刷)㉮ 세 가지 이상의 빛깔을 써서 하는 인쇄, 또는 그러한 인쇄물.

다색-판(多色版)㉮ 여러 가지 빛깔로 인쇄하는 인쇄판.

다색-훈(多色暈)[-새쿤]㉮ 흑운모·각섬석 등에 방사성 광물이 들어 있을 때, 그 둘레에 생기는 다색성의 반점.

다생(多生)㉮하자 ①많이 남. ②불교에서, '육도(六道)를 윤회하면서 수많은 생을 얻음'을 이르는 말.

다서(多書)㉮ 많은 책.

다선(多選)㉮ 선거를 통해 어떤 직위에 세 번 이상 선출됨. ¶ 다선 의원.

다섯[-섣]수관 넷에 하나를 더한 수(의). 오(五). ¶ 다섯은 너무 많다. /사과 다섯 개. 참닷. *다섯이[-서시]·다섯만[-선-]

다섯-모[-선-]㉮ 물체의 둘레에 이루어진 다섯 개의 모, 또는 그런 형상. 오각(五角).

다섯목-가래질[-선-까-]㉮하자 다섯 사람이 함께 하는 가래질. 〔한 사람은 가랫장부를 잡고, 양쪽에서 두 사람씩 잡아당김.〕

다섯목-한카래[-선모칸-]㉮ 다섯목가래질을 하기 위하여 수를 채운 사람 수.

다섯무-날[-선-]㉮ 조수의 간만의 차가 같은, 음력 열나흘과 스무아흐레를 아울러 이르는 말. 참무날·무수기.

다섯잎-꽃[-선닙꼳]㉮ 다섯 장의 꽃잎으로 이루어진 꽃. 〔무궁화·벚꽃 따위.〕 오판화. *다섯잎꽃이[-선닙꼬치]·다섯잎꽃만[-선닙꼰-]

다섯-째[-섣-] Ⅰ수관 넷째의 다음 차례(의). ¶ 다섯째로 들어온 손님. /다섯째 만남.
Ⅱ㉮ 맨 앞에서부터 세어 모두 다섯 개가 됨을 이르는 말. ¶ 바나나를 다섯째 먹다.

다섯-콩[-섣-]㉮ 장난감 공기에 쓰이는 다섯 개의 돌을 아이들이 이르는 말.

다성부^음악(多聲部音樂)㉮ 둘 또는 그 이상의 독립된 성부로 이루어진 대위법적인 음악. 다성 음악. 복선율 음악. 폴리포니(polyphony). 참단성부 음악.

다성^음악(多聲音樂)㉮ ☞다성부 음악.

다성^잡종(多性雜種)[-쫑]㉮ 다수의 인자에 의하여 형질이 결정된 잡종. 〔멘델 법칙이 적용되지 않음.〕 ↔단성 잡종.

다세(多世)㉮ 많은 시대. 많은 연대.

다-세대(多世帶)㉮ 세대가 많음, 또는 많은 세대.

다세대^주:택(多世帶住宅)㉮ 공동 주택의 한 가지. 4층 이하의 동당(棟當) 건축 연면적이 660m² 이하인 주택. 저마다 일정한 독립 공간의 소유권을 가짐. 참다가구 주택.

다-세포(多細胞)㉮ (한 생물체 내의) 세포가 여럿임. ↔단세포.

다세포^동:물(多細胞動物)㉮ 한 개체가 많은 세포로 이루어진 동물. 〔거의 모든 동물이 이에 딸림.〕 복세포 동물. ↔단세포 동물.

다세포^생물(多細胞生物)㉮ 많은 세포가 모여 한 개체를 이루고 있는 생물. 〔거의 모든 생물이 이에 딸림.〕 복세포 생물. ↔단세포 생물.

다세포^식물(多細胞植物)[-싱-]㉮ 한 개체가 많은 세포로 이루어진 식물. 〔세균류를 제외한 거의 모든 식물이 이에 딸림.〕 복세포 식물. ↔단세포 식물.

다소(多少) Ⅰ㉮ ①(분량이나 정도의) 많음과 적음. ¶ 참가하는 인원의 다소에 따라 승패가 좌우된다. ②조금. 약간. 어느 정도. ¶ 다소나마 도움이 되었으면 좋겠다.
Ⅱ㉯ 어느 정도로. ¶ 나는 다소 격앙된 목소리로 말했다.

다소(茶素)㉮ ☞카페인.

다소-간(多少間) Ⅰ㉮ 많고 적음의 정도. ¶ 다소간의 차이는 얼마든지 있을 수 있습니다.
Ⅱ㉯ 많든 적든 얼마간에. ¶ 다소간 어려움이 있더라도 참아야 한다.

다소곳-하다[-고타-]형여 ①고개를 좀 숙이고 말이 없다. ¶ 요즘 아이들은 어른의 훈계를 다소곳한 태도로 받아들이는 맛이 없단 말이야. ②성질이나 태도가 온순하다. **다소곳-이**부 ¶ 새색시처럼 다소곳이 앉아 있다.

-다소니어미 〈옛〉-더니. ¶ 글 議論호몰 崔蘇의게 니르리 ᄒ다소니(杜初*24:30*).

다-소득(多所得)명 벌이가 많음, 또는 많은 벌이. ¶ 다소득 계층.

-다소라어미 〈옛〉-더라. ¶ 秦ㅅ뜰헤 우루믈 모다 議論ᄒ다소라(杜初*24:6*).

다소불계(多少不計)[-계/-게]명하타 많고 적음을 헤아리지 아니함. ¶ 다소불계하고 좀 나누어 주시오.

-다손어미 형용사의 어간이나 시제의 '-았(었)-'·'-겠-' 등에 붙는 종속적 연결 어미. '-다고'의 뜻으로, '치다'의 활용형과 어울려, 앞말을 가정하되 그것이 뒷말에 영향을 미치지 아니함을 나타냄. ¶ 아무리 욕심이 많다손 치더라도 그만하면 되겠지. 참-ㄴ다손·-는다손.

다솔(多率)명하타 (식구나 아랫사람을) 많이 거느림.

다수(多數)명하형 수효가 많음, 또는 많은 수효. 과수(夥數). ¶ 다수의 횡포. /마땅히 다수의 의견을 따라야지. ↔소수(少數). **다수-히**부 ¶ 지원자가 다수히 몰려들다.

다수^강:화(多數講和)명 패전한 한 나라와 교전하던 거의 모든 상대국 사이에 맺는 강화. 참전면 강화.

다수-결(多數決)명 (회의에서 토의되는 안건을) 회의의 구성원 중 다수의 찬성으로 가부를 결정하는 일. ¶ 다수결의 원칙.

다수-당(多數黨)명 의석의 다수를 차지하고 있는 정당. ↔소수당.

다수^대:표제(多數代表制)명 선거에서, 다수의 지지를 얻은 사람을 당선자로 결정하는 방법.

다수^정당제(多數政黨制)명 (의회 정치를 펴는 나라에서) 정당이 여럿으로 분립된 정치 체제.

다수-파(多數派)명 딸린 인원 수가 많은 파. ↔소수파.

다-수확(多收穫)명 많은 수확.

다수확^작물(多收穫作物)[-짱-]명 일정한 경작지에서 다른 작물에 비해 더 많은 수확을 낼 수 있는 작물.

다:스(ダース.일←dozen)명 물품 열두 개를 한 묶음으로 하여 세는 단위. ¶ 연필 두 다스. 참타(打).

다스름명 아악(雅樂)에서, 연주에 앞서 악기의 음률을 고르기 위하여 먼저 타거나 불거나 쳐 보는 일, 또는 그 악곡.

다스리다타 ①(나라·사회·집안 등의 일을) 보살펴 관리하거나 처리하다. ¶ 나라를 다스리다. ②(일정한 목적에 따라) 다듬어 정리하거나 다루어 처리하다. ¶ 땅을 잘 다스리는 사람이 진짜 농부다. ③(어지러운 사태를) 바로잡아 가라앉히다. ¶ 난리를 다스리다. ④(어지러운 마음을) 바르게 가다듬다. ¶ 마음을 다스려야 높고 넓게 보이나니. ⑤병이나 상처를 보살펴 낫게 하다. ¶ 열을 다스리다. ⑥죄를 물어 벌을 주다. ¶ 죄인을 다스리다.

다스-하다형여 좀 다습다. 큰드스하다. 작다사하다. 센따스하다.

다슬기명 다슬깃과의 민물 고둥. 하천이나 연못의 돌에 붙어 삶. 나사 모양의 껍데기는 황록색에 흑갈색의 띠가 있고, 더러 흰 무늬도 있음. 폐디스토마의 제1 중간 숙주임. 삶아서 살을 먹음. 대사리.

다습명 마소의 '다섯 살'을 이르는 말.

다습(多濕)명하형 습도가 높음. 습기가 많음.

다습다[-따][다스우니·다스워]형ㅂ 알맞게 따뜻하다. 좀 따뜻하다. 큰드습다. 센따습다.

다시부 ①(하던 것을) 되풀이하여 또. 거듭 또. ¶ 다시 갔다 오너라. /꺼진 불도 다시 보자. ②새로이. 고쳐서 또. ¶ 다시 만들어라. ③이전 상태로. 전과 같이. ¶ 봄은 다시 왔건만. ④다음에 또. 이따가 또. ¶ 내일 다시 만납시다. ⑤(하다가 그친 것을) 또 잇대어. ¶ 공사를 다시 시작하다. ⑥그 밖에는. 또. ¶ 이것말고 더 좋은 방법은 다시 없다.

다시(多時)명 많은 시간. 오랜 시일.

다시곰부 〈옛〉 다시금. ¶ 種種方便으로 다시곰 술바도(釋譜*6:6*).

다시금부 '다시'의 힘줌말.

다시다타 ①(('입맛'을 목적어로 하여)) 음식을 먹거나 먹는 것처럼 입을 열었다 닫았다 하며 놀리다. ¶ 입맛을 다시다. ②((주로 '무엇'·'아무것' 등과 함께 쓰이어)) '음식을 좀 먹다'의 뜻을 나타냄. ¶ 모처럼 오셨는데 다실 게 아무것도 없어서….

다시마명 갈조류 다시맛과에 딸린 바닷말. 2~4년생으로 길이 2~4 m, 폭 25~40 cm. 잎은 황갈색 또는 흑갈색으로 넓은 띠 모양이며, 바탕은 두껍고 쭈글쭈글한 주름이 있음. 식용하며 공업용 요오드의 원료로도 쓰임. 곤포(昆布).

다시마-산자(-饊子)명 ☞튀각산자.

다시마-쌈명 씻은 다시마로 싸 먹는 쌈.

다시마-자반명 '부각'의 잘못.

다시마-장아찌명 잘게 썬 다시마에다 북어 도막이나 멸치를 섞어서 간장에 조린 반찬. 다시마조림.

다시마-조림명 ☞다시마장아찌.

다시마-튀각명 다시마를 기름에 튀긴 반찬.

다시맛-국[-마꾹/-맏꾹]명 다시마를 넣고 끓인 국.

다시-없다[-업따]형 그보다 더 나을 것이 없다. ¶ 제게 이 상(賞)은 다시없는 영광입니다. **다시없-이**부 ¶ 다시없이 좋은 기회를 놓치고 말았다.

다시-증(多視症)[-쯩]명 하나의 물체가 여러 개로 보이는 병증.

-다시피어미 일부 동사의 어간이나 높임의 '-시-' 또는 시제의 '-았(었)-'·'-겠-' 등에 붙어, '그것과 같이'·'그와 다름없이'의 뜻을 나타내는 연결 어미. ¶ 보다시피 이렇게 건강하다.

다식(多食)명하타 음식을 많이 먹음.

다식(多識)명하형 아는 것이 많음. 지식이 많음. 박식(博識)함.

다식(茶食)명 녹말·콩·송화·검은깨 따위의 가루를 꿀이나 조청에 반죽하여 다식판에 박아 낸 음식.

다식-과(茶食菓)[-꽈]명 유밀과의 한 가지. 밀가루·꿀·기름·생강즙·소주 따위를 반죽한 다음 다식판에 박아 내어 기름에 지져 만듦.

다식-증(多食症)[-쯩]명 음식을 아무리 먹어도 배부른 느낌을 느끼지 못하는 병증. 탐식증.

다식-판(茶食板)명 다식을 박아 내는 틀.

다신-교(多神教)명 많은 신 또는 많은 정령이나 영혼의 존재를 인정하여 숭배의 대상으로 삼는 종교의 한 형태. ↔일신교(一神教).

다실(茶室)명 ☞다방(茶房).

다심(多心)명하형스형 자질구레한 일에까지 마음이 놓이지 않아 걱정하거나 마음 쓰는 일이 많음. **다심스레**부.

-다ᄉᆞ니어미 〈옛〉-더니. ¶ 또 므ᄉᆞ매 닛디 아니ᄒᆞ야 念ᄒᆞ다ᄉᆞ니(靈驗*10*).

다ᄉᆞ리다타 〈옛〉다스리다. ¶ 正ᄒᆞᆫ 法으로 다ᄉᆞ리더시니(月釋*8:90*).

-다ᄉᆞ이다어미 〈옛〉-더이다. -시더이다. ¶ 智慧 업ᄉᆞ니 ᄀᆞ다ᄉᆞ이다 : 如無智者ᄒᆞ다ᄉᆞ이다(法華*4:36*).

다ᄉᆞᆯ다자 〈옛〉다스려지다. ¶ 다ᄉᆞᆯ며 어즈러우미 다 업거니(金三*2:6*).

다솜명 〈옛〉의(義)로 맺은 어버이나 자식. ¶ 親ᄒᆞᆫ 닐 親히 ᄒᆞ고 다솜으란 기우로 ᄒᆞ면(內訓*3:24*).

다솜아비명 〈옛〉의붓아비. 계부. ¶ 다솜아비 브티디 아니ᄒᆞ여(二倫*19*).

다솜어미명 〈옛〉의붓어미. 계모. ¶ 다솜어미 죽거늘(三綱.孝*27*).

다ᄉᆞᆺ수관 〈옛〉다섯. ¶ 五衰相ᄋᆞᆫ 다ᄉᆞᆺ 가짓 衰ᄒᆞᆫ 相이니(月釋*2:13*).

다ᄯᅢ명 〈옛〉닷새. ¶ 셜흔 다ᄯᅢ어나(釋譜*9:31*).

다액(多額)명 많은 액수.

다야명 〈옛〉대야. ¶ 다야 우 : 盂(訓蒙中*19*).

다양(多樣)명하형 종류가 여러 가지로 많음. 가지가지임. ¶ 다양한 색상. /다양한 기교.

다양-성(多樣性)[-썽]명 다양한 특성.

다양-화(多樣化)명하자타되자 색깔·모양·형태·양식 따위가 여러 가지로 많아짐, 또는 그렇게 되게 함. ¶ 디자인의 다양화.

다언(多言)명하형 말이 많음, 또는 많은 말. 여러 말. ↔과언(寡言).

다언-혹중(多言或中)[-쭝]명하자 말을 많이 하다 보면 더러 사리에 맞는 말도 있음.

다연(茶煙)명 차(茶)를 달일 때 나는 연기.

다염기-산(多塩基酸)명 분자 중에 금속 원소와 바꾸어 놓을 수 있는 수소를 둘 이상 가진 산(酸). 〔황산이나 인산 따위.〕

다엿수관 〈옛〉대여섯. ¶ 胡騎ᄂᆞᆫ 기리 돌여 ᄀᆞᆯ외오미 다엿 히로다(杜重*2:1*).

다예(多藝)명하형 여러 가지 기예에 능함.

다ː오[1]타 무엇을 요구하거나 청하는 뜻을 나타내는, 불완전 타동사 '달다[3]'의 해라체의 명령형. ¶ 물 한 잔만 다오. 참달라.

다ː오[2]조동 연결 어미 '-아(어·여)' 뒤에 쓰이어, 상대편에게 그 일을 해 줄 것을 요구하거나 바라는 뜻을 나타내는, 해라체의 명령형 조동사. ¶ 날 좀 도와 다오.

-다오어미 형용사의 어간이나 높임의 '-시-' 또는 시제의 '-았(었)-'·'-ㄴ(는)-' 등에 붙어, 어떤 사실을 설명하되 은근히 자랑하거나 친근하게 베풀어 말하는 하오체의 종결 어미. ¶ 인정이 많다오. /나도 옛날에는 참 예뻤다오. /어린 잎은 먹는다오.

다옥-하다[-오카-]형여 무성하다. 우거지다.

다올-대[-때]명 베틀에서, 날실을 풀기 위하여 도투마리를 밀어서 넘기는 막대기.

다옴자 〈옛〉다함. ¶ 工巧ᄒᆞ신 方便은 다오미 업스리라(月釋*9:49*).

다와기명 〈옛〉따오기. ¶ 다와기 목 : 鶩(訓蒙上*15*).

다와티다타 〈옛〉닥치다. ¶ 추미 올아 다와텨(救簡*1:3*).

다왇다타 〈옛〉다그치다. 무릅쓰다. ¶ 根과 境괘 어긔며 다와돌씨니(法華*2:228*).

다욕(多辱)명하형 욕됨이 많음.

다욕(多慾·多欲)명하형 욕심이 많음.

다용(多用)명하타 많이 씀. 여러 군데에 씀.

다-용도(多用途)명 여러 가지 쓰임새.

다우(多雨)명하형 비가 많이 내림, 또는 많이 내리는 비. ¶ 다우 지대. ↔과우(寡雨).

다우^메탈(Dow metal)명 마그네슘에 구리·아연·망간 따위를 섞어 만든 경합금(輕合金)의 한 가지. 가볍고 강하여 항공기나 자동차 따위에 쓰임. 〔상표명에서 유래함.〕

다운(down)명되자 ①하자타가격·능률·수량·출력 따위가 내리거나 줆, 또는 그렇게 되게 함. ¶ 가격 다운. ↔업(up). ②권투에서, 상대 선수의 주먹을 맞고 쓰러지는 일. 녹다운. ③'지치거나 의식을 잃거나 해서 녹초가 된 상태'를 비유하여 이르는 말. ¶ 겨우 맥주 한 잔에 다운되다니. ④컴퓨터 시스템에 문제가 생겨서 작동이 일시적으로 중단된 상태.

다운로ː드(download)명 컴퓨터 통신망을 통하여 파일이나 자료를 받아 오는 것. 멀리 떨어져 있는 다른 컴퓨터나 비비에스(BBS)에서 필요한 파일을 전송받음. 내려받기. ↔업로드.

다운^증후군(Down症候群)명 선천성 정신박약의 한 가지. 대부분 21번 염색체가 정상보다 한 개 더 많은 데서 비롯되는 질환으로, 지능 장애가 심하고 특이한 용모를 보이는 것이 특징임.

다원(多元)명 ①요소나 근원이 여러 갈래임, 또는 많은 근원. ②수학에서, 방정식의 미지수가 여럿임을 이름. ↔일원(一元).

다원(茶園)명 차나무를 재배하는 밭.

다원-론(多元論)[-논]명 세계를 이루는 요소는 여러 가지인데, 이 여러 요소는 서로 독립적이어서 다른 것으로 환원될 수 없다는 철학상의 이론. ↔단원론·일원론.

다원^묘ː사(多元描寫)명 소설의 구성에서, 여러 시점을 통해 대상을 따로따로 묘사하여 전체의 조화를 꾀하는 방법. ↔일원 묘사.

다원^방ː송(多元放送)명 한 방송국에서, 하나의 주제 아래 여러 방송망을 통하여 제작한 내용을 한 프로그램으로 편성한 방송.

다원^방정식(多元方程式)명 수학에서, 둘 이상의 미지수를 가진 방정식.

다원-화(多元化)명하타되자 (근원이) 여럿이 됨, 또는 여럿이 되게 함.

다ː위니즘(Darwinism)명 영국의 생물학자 다윈의 생물 진화론. 〔생물 진화의 요인이 자연도태와 적자생존에 있다고 하는 학설.〕 진화론.

다육(多肉)명하형 (식물의 잎이나 줄기, 과일에) 살이 많음. ¶ 다육 품종.

다육-경(多肉莖)[-꼉]명 수분이 많아서 살이 두툼하게 찐 식물의 줄기. 〔선인장의 줄기 따위.〕

다육-과(多肉果)[-꽈]명 살과 즙이 많아서 익은 뒤에도 마르지 않는 열매. 〔사과나 복숭아 따위.〕 참장과(漿果).

다육^식물(多肉植物)[-씽-]명 줄기나 잎의 일부 또는 전체가 수분을 많이 간직한 다육질의 식물.

다육-엽(多肉葉)[-육녑]명 수분이 많아서 살이 두툼하게 오른 식물의 잎. 〔알로에 따위.〕

다육-질(多肉質)[-찔]명 살이 많은 성질이나 특질. ¶ 다육질의 잎.

다음명 ①어떤 차례의 바로 뒤. ¶ 다음 주일. ②《주로 동사의 '-ㄴ(은)'과 함께 쓰이어》 어떤 일이 끝난 뒤. ¶ 일을 끝낸 다음 쉬어라. ③일정한 시간이 지난 뒤. ¶ 다음에 또 만납시다. ④버금. ¶ 과장 다음의 직위. ⑤나란히 있는 사물의 바로 인접한 것. ¶ 우리 집 다음 집은 세탁소다. ⑥《주로, '-ㄴ(은) 다음에야'의 꼴로 쓰이어》 한계를 넘어선 상태나 전제적 조건을 나타내는 말. ¶ 바보가 아닌 다음에야 모두 풀 수 있는 문제다. [준]담[4].

다음(多淫)[명][하형] 성욕이 왕성하여 성행위가 지나치게 잦음.

다음(多飮)[명][하타] 술을 많이 마심. [비]과음.

다음-가다[자] 버금가다. ¶ 대통령 다음가는 지위.

다음-날[명] 이 다음에 오는 어느 날. 훗날. ¶ 다음날 다시 연락하겠습니다.

다음-다음[명] 다음의 다음. ¶ 다음다음이 바로 네 차례다. [준]담담.

다음-번(-番)[-뻔][명] 다음에 오는 차례. 또는 다른 기회.

다음-사(多音字)[-짜][명] 둘 이상의 음가(音價)를 가진 한자(漢字). 〔'설'·'세'·'열'의 세 음을 가진 '說' 자나, '락'·'악'·'요'의 세 음을 가진 '樂' 자 따위.〕

다음자리-표(-音-標)[명] 높은음자리표와 낮은음자리표 사이에 있는 음자리표.

다-음절(多音節)[명] 셋 이상으로 된 음절.

다음절-어(多音節語)[명] 세 음절 이상으로 된 말. [참]단음절어.

다의(多疑)[-의/-이][명][하형] 의심이 많음.

다의(多義)[-의/-이][명][하형] 한 말의 뜻이 여러 갈래임.

다의-성(多義性)[-의썽/-이썽][명] 한 단어가 두 가지 이상의 뜻을 가지는 말의 특성.

다의-어(多義語)[-의-/-이-][명] 두 가지 이상의 뜻을 가진 단어.

-다이[접미] 〈옛〉-답게. -되게. ¶ 實다이 니ᄅᆞ쇼셔(法華*1:165*).

다이내믹-하다(dynamic-)[형여] (모양이) 힘이 있다. 동적(動的)이며 활동적이다. ¶ 다이내믹한 율동.

다이너마이트(dynamite)[명] 니트로글리세린을 규조토(硅藻土)·면화약(綿火藥) 따위에 흡수시켜 만든 폭약.

다이너모미ː터(dynamometer)[명] 동력계.

다이너미즘(dynamism)[명] ①모든 사물이나 현상을 자연의 힘에 의한 것으로 보는 세계관, 또는 자연관. 역본설(力本說). ②현대 사회의 기계, 또는 인간의 힘찬 움직임을 회화나 조각에 표현하려고 하는 미술상의 주의.

다이렉트 메일(direct mail) 상품 따위의 선전을 위하여 특정 고객층 앞으로 직접 우송하는 편지나 카탈로그 따위의 인쇄물. 디엠(DM).

다ː-이를까[감] 사실이 분명하고 옳으므로 더 자세히 말할 필요가 없다는 말. ¶ 어찌 다이를까, 부모님 은혜를.

다이버(diver)[명] 잠수부.

다이빙(diving)[명] ①[하자]수상 경기의 한 가지. 일정한 높이의 대에서 물속으로 뛰어들며 여러 가지 재주를 부려 그 우열을 겨루는 경기. ②비행기의 급강하.

다이빙-대(diving臺)[명] 다이빙하기 위하여 일정한 높이에 가설해 놓은 대. ¶ 다이빙대에 오르다. /다이빙대에서 뛰어내리다.

다이빙^패스(diving pass)[명] 럭비에서, 스크럼하프가 패스를 멀리 하기 위해 몸을 앞으로 내던지듯이 뛰어오르며 하는 패스.

다이스(dice)[명] 서양식 주사위 놀이.

다이아(←diamond)[명] ☞다이아몬드.

다이아몬드(diamond)[명] ①금강석. 찬석(鑽石). ②야구장의 내야(內野). ③트럼프의 붉은 마름모꼴의 무늬, 또는 그 패. ①②다이아.

다이아몬드^게임(diamond game)[명] 놀이의 한 가지. 다이아몬드 꼴의 여섯 꼭짓점을 가진 말판에서 세 사람이 각각 자기 앞의 말밭에 있는 말을 건너편 자기 말밭에 먼저 이동시키기를 겨루는 놀이.

다이아몬드혼-식(diamond婚式)[명] 결혼 기념식의 한 가지. 서양 풍속으로, 결혼 60주년(미국에서는 75주년)을 맞아 베푸는 기념 의식. [참]회혼례.

다이애나(Diana)[명] 로마 신화의 수목(樹木)의 여신. 〔뒤에 달·수렵·다산(多産)의 여신이 됨.〕

다이어그램(diagram)[명] ①도표(圖表). ②도식(圖式). ③진행표. ④열차 운행표.

다이어리(diary)[명] ①날짜 별로 간단한 메모를 할 수 있도록 종이를 묶어 놓은 책. ②그날그날에 겪은 일이나 감상을 적는 책. ¶ 다이어리에 일기를 적다.

다이어트(diet)[명] 건강이나 미용을 위하여 음식을 먹는 양이나 종류를 제한하는 일.

다이얼(dial)[명] ①(시계·나침반 따위의) 문자반(文字盤). ②라디오나 텔레비전의 주파수를 맞추는 손잡이. ¶ 다이얼을 맞추다. ③전화기의 원형 문자반. ¶ 전화 다이얼.

다이얼^게이지(dial gauge)[명] 길이를 재는 데 쓰는 정밀 측정기.

다이얼로그(dialogue)[명] 대화. 〔특히, 연극에서 두 사람 이상이 나누는 대화.〕 ↔모놀로그.

다이오ː드(diode)[명] 이극 진공관 및 반도체 다이오드를 통틀어 이르는 말. 정류기·검파기·전자 스위치 등에 쓰임.

다이옥신(dioxine)[명] 염소로 치환된 두 개의 벤젠 핵을 산소로 결합한 유기 화합물. 독성이 강하며, 인체에 암을 유발하거나 기형아 출산의 원인이 됨.

다이^캐스팅(die casting)[명] 주조법(鑄造法)의 한 가지. 녹인 금속을 금속제의 거푸집에 주입한 다음 압력을 가하여 주물을 만드는 방법, 또는 그렇게 만든 주물.

다인(dyne)[의] 힘의 크기의 단위. 질량 1 g의 물체에 작용하여 1초 동안에 1 cm의 가속도를 내는 힘. 〔기호는 dyn〕

다일(多日)[명] 여러 날. 많은 시일.

다임(dime)[의] 미국 은화(銀貨)의 단위. 1달러의 10분의 1인 10센트 은화.

다잊다[타] 〈옛〉치다. 부딪치다. ¶ 擊은 다이즐씨라(月釋*2:14*).

다ᄋᆞ다[1][자] 〈옛〉다하다. ¶ 生年이 다ᄋᆞ도록(楞解*7:46*).

다ᄋᆞ다[2][타] 〈옛〉다지다. ¶ 돌 달고로 날회여 다ᄋᆞ고(翻朴上*10*).

다ᄋᆞᆳ없다[형] 〈옛〉다함없다. ¶ 너펴 돕ᄉᆞ오미 다ᄋᆞᆳ업서(法華序*18*).

다-자녀(多子女)[명][하형] 아들딸이 많음.

다-자손(多子孫)[명][하형] 자손이 많음.

다-자엽(多子葉)[명] ☞뭇떡잎.

다자엽-식물(多子葉植物)[-씽-][명] ☞뭇떡잎식물.

다자인(Dasein 독)[명] 철학에서, 본질적 존재에 대한 구체적·개별적 존재를 이르는 말. ↔조자인(Sosein).

다작(多作)[명][하타] ①(작품 따위를) 많이 지음. ↔과작(寡作). ②(농작물이나 물품을) 많이 만듦.

다잡다[-따][타] ①다그쳐 붙들어 잡다. ¶ 다잡아 일으키다. ②단단히 잡도리하여 엄하게 다스리다. ③(들뜨거나 어지러운 마음을) 다그쳐 바로잡다. ¶ 마음을 다잡아 수험 준비를 하다.

④어떤 사실을 꼭 집어내거나 다지다. ¶ 지금의 복잡한 상황을 한마디로 다잡아 말하기는 어렵다.
다잡-이 명 하타 늑줄 주었던 것을 바싹 잡죄는 일.
다장-근 (多漿根) 명 저장근 중에서 무나 당근 따위와 같이 즙액을 많이 지닌 뿌리.
다장-식물 (多漿植物) [-싱-] 명 줄기나 잎의 저수(貯水) 조직에 수분을 많이 지닌 식물. 〔선인장 따위.〕 저수 식물.
다-장조 (-長調) [-쪼] 명 '다' 음을 으뜸음으로 하는 장조.
다재 (多才) 명 하형 (여러 방면에) 재주가 많음.
다재다능 (多才多能) '다재다능하다'의 어근.
다재다능-하다 (多才多能-) 형여 재주와 능력이 여러 가지로 많다. ¶ 다재다능한 예술가.
다재-다병 (多才多病) 명 재주가 많은 사람은 흔히 몸이 약하고 잔병이 많다는 말.
다적 (茶積) 명 한방에서, 차를 너무 즐긴 나머지 인이 박이어 마른 차를 그대로 씹어 먹게 되는 병.
다전-선고 (多錢善賈) 명 밑천이 많은 사람이 장사도 잘한다는 말.
다점 (多占) 명 자유 경쟁과 독점의 중간에 일어나는 상품 매매의 한 형태. 공급자나 수요자가 많은 상품을 쌓아 두고 인위적으로 가격을 좌우하는 경우를 이름.
다점 (多點) [-쩜] 명 하형 ①점수가 많은 것, 또는 많은 점수. ②점(點)이 많음, 또는 그 점.
다점 (茶店) 명 ☞다방(茶房).
다정 (多情) 명 하형 스형 ①정이 많음. ¶ 다정도 병인 양하여 잠 못 들어 하노라(古時調). ②매우 정다움. 사귐이 두터움. **다정-히** 부 ¶ 어찌나 다정히 구는지 꼭 피붙이 같다. **다정스레** 부 ¶ 다정스레 웃다.
다정 (多精) 명 하나의 난자에 여러 정자가 들어가는 현상. ↔단정(單精).
다정 (茶亭) 명 간단한 다방. ②☞다정자(茶亭子).
다정 (茶精) 명 ☞카페인.
다정다감 (多情多感) '다정다감하다'의 어근.
다정다감-하다 (多情多感-) 형여 정이 많고 느낌이 많다. 감수성이 예민하여 감동하기 쉽다. 다감다정하다.
다정-다한 (多情多恨) 명 하형 애틋한 정도 많고 한스러운 일도 많음.
다정-불심 (多情佛心) [-씸] 명 정이 많은, 자비스러운 마음.
다정^수정 (多精受精) 명 수태(受胎) 과정에서, 하나의 난자에 두 개 이상의 정자가 들어가서 이루어진 수정.
다-정자 (茶亭子) 명 다구(茶具)를 벌여 놓는 탁자. 다정(茶亭).
다정큼-나무 명 장미과의 상록 활엽 관목. 바닷가의 산기슭 양지에 나는데, 관상용으로도 기름. 잎은 길둥글고 둔한 톱니가 있으며, 여름에 흰 꽃이 피고 열매는 가을에 까맣게 익음.
다-조 (-調) [-쪼] 명 서양 음악에서, '다' 음을 으뜸음으로 하여 구성되는 곡조.
다조 (多照) 명 하형 (농작물 따위에) 햇볕이 쬐는 시간이 많음.
다조-기 (多照期) 명 (농작물 따위에) 햇볕이 쬐는 시간이 많은 시기.
다조-성 (多調性) [-썽] 명 다성부 음악에서, 둘 이상의 다른 조성(調性)을 동시에 사용하는 기법.
다조지다 타 (일이나 말을) 다그쳐 조지다. 바싹 죄치다. ¶ 큰 소리로 다조지다. 준다좆다.
다족 (多足) 명 하형 발의 수가 많음.
다족 (多族) 명 하형 일가가 많음.
다족-류 (多足類) [-종뉴] 명 기관(氣管) 동물에 딸린 한 강(綱). 몸은 여러 개의 마디로 되어 있고, 마디마다 한두 쌍의 발이 달려 있음. 대개 동물성 먹이를 취하므로 사람에게는 간접적으로 이로움. 〔지네나 노래기 따위.〕
다종 (多種) 명 하형 종류가 많음, 또는 많은 종류. ¶ 다종에 걸친 작품.
다종 (茶鍾) 명 ①지난날, 차를 따라 마시는 데 쓰이던 그릇. 〔꼭지 달린 뚜껑이 있고, 잔대의 굽이 높음.〕 ②☞찻종(茶鍾).
다종-다양 (多種多樣) 명 하형 가짓수나 모양 따위가 여러 가지로 많음.
다좆다 [-졷따] 타 〈다조지다〉의 준말. ＊다좆는 [-존-]
다좆-치다 [-졷-] 타 '다조지다'의 힘줌말.
다-좇다 [-졷따] 타 다급히 좇다.
다죄 (多罪) [-죄/-줴] 명 ①하형 죄가 많음. ②예의에 어긋난 말이나 지나친 말을 사과할 때 '다사(多謝)'와 같은 뜻으로 쓰는 말. ¶ 망언(妄言) 다죄.
다-죄다 [-죄-/-줴-] 타 다잡아 죄다. 다지어 죄다. ¶ 헐거워진 나사를 다죄다.
다중 (多重) 명 여러 겹. 겹겹.
다중 (多衆) 명 많은 사람. 여러 사람. 뭇사람. 비대중(大衆).
다중^방:송 (多重放送) 명 하나의 주파수로 여러 가지 방송을 동시에 내보내는 방송. ¶ 음성 다중 방송.
다중-성 (多重星) 명 ☞중성(重星).
다중^통신 (多重通信) 명 동일한 통신로를 이용하여 두 가지 이상의 신호를 보내는 통신 방식.
다즙 (多汁) 명 하형 물기나 즙이 많음.
다즙-사료 (多汁飼料) [-싸-] 명 물기가 많은 사료(飼料).
다지 (多智) '다지하다'의 어근.
다지다 Ⅰ 자타 어떤 일에 뒤탈이 없도록 단단히 강조하다. ¶ 아무 소리 말라고 몇 번을 다져 놓았다. Ⅱ 타 ①(무르거나 들떠 있는 것을) 누르거나 밟거나 쳐서 단단하게 하다. ¶ 터를 다지다. ②마음을 굳게 가다듬다. ¶ 결의를 다지다. ③(기초나 터전 따위를) 굳고 튼튼하게 하다. ¶ 기반을 다지다. ④음식물에 고명을 더해서 눌러 고르게 하다. ⑤(고기나 푸성귀 따위를) 칼질하여 잘게 만들다. ¶ 양념을 다지다. 준닺다.
다지르다 [다지르니·다질러] 자타르 다짐받기 위하여 다지다. ¶ 잘못을 거듭하지 않도록 단단히 다질렀다./선생님은 학생들에게 숙제를 해오라고 다질렀다.
다지-선택법 (多肢選擇法) [-뻡] 명 ☞다항 선택법.
다지-증 (多指症) [-쯩] 명 손가락이나 발가락의 수효가 정상인보다 많은 기형.
다지-하다 (多智-) 형여 슬기가 많다.
다직-하다 [-지카-] 형여 '기껏 한다고 하면', '기껏 많게 잡아서', '기껏 많다고 하여야'의 뜻을 나타내는 말. 《주로, '다직하면'·'다직해서'·'다직해야'의 꼴로 쓰임.》 ¶ 회원을 다 합쳐 보아야 다직하면 30명이나 될까?
다질리다 자 『'다지르다'의 피동』 다지름을 당하다.
다짐 명 하자타 ①다져서 확실한 대답을 받음. ②이미 한 일이나 앞으로 할 일이 틀림없음을 조건 붙여 말함. ¶ 다짐을 하고 돈을 받다. ③(마음을) 굳게 가다듬음. ¶ 필승을 다짐하다.
다짐(을) 두다 관용 단단히 다짐하다.

다짐-기(-記) [-끼] 명 ☞다짐장.
다짐-장(-狀) [-짱] 명 다짐을 적은 글이나 서류. 다짐기.
다짜-고짜 부 다짜고짜로.
다짜고짜-로 부 (앞뒤 사정이나 옳고 그름을 가리지 않고) 덮어놓고 단박에. 불문곡직하고. 다짜고짜. ¶ 다짜고짜로 멱살을 잡다.
다채(多彩) '다채하다'의 어근.
다채-롭다(多彩-) [-따] [~로우니·~로워] 형ㅂ ①여러 가지 빛깔이 어울려 호화롭다. ¶ 색상이 다채롭다. ②많은 종류나 형태가 한데 어우러져 다양하고 화려하다. ¶ 다채로운 축하 행사가 열리다. 다채하다. **다채로이** 부.
다채-유(多彩釉) 명 여러 빛깔의 유약, 또는 그런 유약으로 구운 자기. 참 단채유.
다채-하다(多彩-) 형여 다채롭다.
다처(多妻) 명 ①한 남자가 둘 이상의 아내를 가지는 일. ¶ 일부다처. ②여러 아내. ↔다부(多夫).
다축(多畜) 명 가축이 많은 것, 가축을 많이 기르는 일. ¶ 다축 농가.
다취(多趣) '다취하다'의 어근.
다취미(多趣味) '다취미하다'의 어근.
다취미-하다(多趣味-) 형여 취미가 많다. 다취하다.
다취-하다(多趣-) 형여 다취미하다.
다층(多層) 명 많은 층. 여러 층.
다층-림(多層林) [-님] 명 수관(樹冠)들로 이루어진 층이 둘 이상인 숲. ↔단층림.
다층-탑(多層塔) 명 탑신(塔身)이 여러 층으로 된 탑.
다치다 자타 ①부딪치거나 맞거나 하여 상하다. ¶ 넘어져 발목을 다치다. /교통사고로 많은 사람들이 다쳤다. ②남의 마음이나 체면 따위에 손상을 끼치다. ③남에게 해가 되게 하다. ¶ 내 잘못으로 상사가 다치게 되었다.
다^카포(da capo 이) 명 악보에서 쓰이는 용어의 한 가지. 처음으로 되돌아가서 다시 연주하라는 뜻. 〔약호 DC〕 반시(反始)기호.
다^카포^알^피네(da capo al fine 이) 명 악보에서 쓰이는 용어의 한 가지. 처음으로 되돌아가서 끝 표시가 있는 데까지 연주하라는 뜻.
다^카포^형식(da capo形式) 명 다 카포를 이용한 악곡의 형식. 미뉴에트나 행진곡 등에 흔히 쓰임.
다쿠앙(たくあん〔澤庵〕 일) 명 '단무지'로 순화.
다큐멘터리(documentary) 명 ①기록 문학. ②〈다큐멘터리 영화〉의 준말. ③(문장이나 방송 또는 영상 매체를 활용하여) 실제로 있었던 어떤 사건을 극적인 허구성이 없이 사실적으로 구성한 기록물을 통틀어 이르는 말.
다큐멘터리^영화(documentary映畫) 명 ☞기록 영화. 준 다큐멘터리.
다ː크^스테이지(dark stage) 명 ☞다크 스튜디오.
다ː크^스튜디오(dark studio) 명 인공 광선만을 사용하는 암실 촬영소. 다크 스테이지.
다ː크^오ː픈(dark open) 명 연극에서, 무대를 어둡게 해 둔 채로 막을 여는 일. 〔약호 DO〕
다ː크^체인지(dark change) 명 암전(暗轉).
다ː크-호ː스(dark horse) 명 ①경마에서, 실력은 알 수 없으나 뜻밖의 결과를 낼지도 모를 말. ②인물이나 역량은 알 수 없으나 뜻밖의 변수로 작용할 수 있는 유력한 경쟁 상대.
다탁(茶卓) 명 차를 마실 때, 찻그릇을 차려 놓는 탁자.
다탕(茶湯) 명 ①차를 달인 물. 찻물. ②차에 과자나 과일 등을 곁들인 간단한 음식.
다태(多胎) 명 포유동물의 난자가 수정(受精)한 뒤에 둘 이상으로 분리되어 별개의 개체로 되는 일.
다태^동ː물(多胎動物) 명 한배에 여러 마리의 새끼를 낳는 동물. 〔개·돼지·토끼 따위.〕
다태-아(多胎兒) 명 다태 임신으로 밴 태아.
다태^임ː신(多胎妊娠) 명 둘 이상의 태아를 동시에 배는 일.
다투다 Ⅰ 자 옥신각신하다. 시비하다. 싸우다. ¶ 네가 옳으니 내가 옳으니 하고 다투다.
Ⅱ 타 ①(서로 자기가 이기려고) 맞서 애를 쓰다. ¶ 승부를 다투다. /세력을 다투다. ②《'시간을 나타내는 명사+을(를)' 뒤에 쓰이어》 사태가 매우 급하다. ¶ 한시를 다투다. ③'소중하게 여기어'의 뜻을 나타냄. 《주로, '다투어'의 꼴로 쓰임.》 ¶ 분초를 다투어 일하다. /한두 푼을 다투어 가면서 살아왔다.
다툼 명 하자타 다투는 일. ¶ 자리다툼.
다툼-질 명 하자 서로 다투는 짓.
다ː트(dart) 명 양재(洋裁)에서, 몸에 꼭 맞도록 주름을 잡아 솔기가 겉으로 드러나지 않게 꿰맨 부분.
다ː트(← darts) 명 실내 놀이의 한 가지. 시계의 눈금처럼 점수가 매겨진 원형의 과녁에 작은 화살을 던져 그 맞춘 점수로 승패를 가림.
다티 부 〈옛〉 달리. 따로. ¶ 겨지비 다티 살라 勸ᄒᆞ며(二倫*26*).
다티다 자타 〈옛〉 스치다. 건드리다. 부딪치다. ¶ 다틸 촉: 觸(類合下*34*).
다팔-거리다 자타 자꾸 다팔다팔하다. 다팔대다. 큰 더펄거리다.
다팔-다팔 부 ①하자타(좀 길고 다보록한 털이나 머리칼 따위가) 찰랑거리듯 흔들리는 모양. ¶ 소녀가 단발머리를 다팔다팔하면서 뛰어간다. ②하자 차분하지 못하고 들떠서 경망스레 행동하는 모양. 큰 더펄더펄.
다팔-대다 자타 다팔거리다.
다팔-머리 명 다팔거리는 머리털, 또는 그런 머리털을 가진 사람. ¶ 다팔머리 소녀. 큰 더펄머리.
다포-약(多胞葯) 명 셋 이상의 약포(葯胞)로 된 꽃밥. 〔향나무 꽃이나 낙엽송의 꽃밥 따위.〕
다프네(Daphne 그) 명 그리스 신화에 나오는 요정. 〔아폴론의 구애를 물리치고 달아나 월계수로 변했다고 함.〕
다ː-하다 Ⅰ 자여 (있던 것이 없어져서) 더는 남아 있지 않거나 이어지지 않게 되다. 끝나다. ¶ 힘이 다하다.
Ⅱ 타여 (마음이나 힘, 또는 필요한 물자 따위를) 다 쏟거나 들이다. ¶ 열과 성을 다하다. /책임을 다하다. /최선을 다하다.
다한(多恨) '다한하다'의 어근.
다한-증(多汗症) [-쯩] 명 땀이 지나치게 많이 나는 증세.
다한-하다(多恨-) 형여 한스러움이 많다. 원한이 많다.
다항^선ː택법(多項選擇法) [-뻡] 명 한 문제에 대하여 여러 개의 답을 늘어놓고, 옳은 답을 가려내게 하는 시험 방법. 다지선택법.
다항-식(多項式) 명 둘 이상의 항을, 덧셈표(+) 또는 뺄셈표(−)로 이어 놓은 정식. ↔단항식.
다핵^도시(多核都市) [-또-] 명 기능을 달리하는 여러 개의 작은 도시가 모여서 이룬 거대한 도시.

다핵^세:포(多核細胞)[-쎄-]명 두 개 이상의 핵을 가진 세포.

다행(多幸)명하형스형 일이 잘 펴이게 되어 좋음. 뜻밖에 잘되어 좋음. ¶ 그만하기가 다행이다. 준행. **다행-히**부. **다행스레**부.

다행-다복(多幸多福)명하형 운수가 좋고 복이 많음. 다행하고 매우 행복함.

다혈(多血)명 ①(보통 사람보다) 몸에 피가 많음. ↔빈혈(貧血). ②쉽게 감정에 치우치거나 쉽게 감격함. 혈기가 많음.

다혈구^혈증(多血球血症)[-쯩]명 혈액 속에 적혈구의 수가 정상보다 많아서 혈구소(血球素)의 분량이 증가한 상태.

다혈-증(多血症)[-쯩]명 적혈구가 병적으로 많아지는 증세. 〔심장의 고동이 빨라지고 얼굴이 붉어지며 호흡의 곤란을 느낌.〕

다혈-질(多血質)[-찔]명 쾌활하고 활동적이나, 성급하고 인내력이 부족한 기질.

다혈-한(多血漢)명 다혈질의 사나이.

다형(多形)명 동일한 화학 조성(組成)을 가진 물질로서, 결정 구조가 서로 다른 것.

다형^변:정(多形變晶)명 같은 화학 조성(組成)을 가지면서, 큰 압력이나 마그마의 접촉으로 재결정되어 다른 모양의 결정을 이루는 일.

다형-화(多形花)명 같은 종(種)에 딸린 식물의 다른 그루 또는 같은 그루 가운데서 생기는, 서로 형태를 달리하는 두 종류 이상의 꽃. 〔국화·수국 따위에서 볼 수 있음.〕

다호(茶壺)명 찻잎을 담아 두는 오지 단지.

다호라형 〈옛〉 다워라. 같아라. ¶ 二月ㅅ 보로매 아으 노피 현 燈ㅅ블 다호라(樂範.動動).

다홍(-紅)명 ☞다홍색.

다홍-빛(-紅-)[-삗]명 ☞다홍색. ＊다홍빛이[-삐치]·다홍빛만[-삔-]

다홍-색(-紅色)명 짙은 붉은빛. 다홍. 다홍빛. 진홍색.

다홍-치마(-紅-)명 ①다홍빛 치마. 홍상(紅裳). ②위의 반은 희고, 아래의 반은 붉게 칠한 연. 준홍치마.

다화(茶話)명 차를 마시면서 나누는 대화.

다화-과(多花果)명 ☞복화과(複花果).

다화-성(多化性)[-썽]명 한 해에 세 번 이상 알을 까는, 누에 품종의 특성. 참일화성·이화성.

다화-잠(多化蠶)명 다화성의 누에. 〔중국 남부나 인도 등에서 치며, 고치는 가운데 배가 부르고 양 끝이 빤 모양임.〕

다화-회(茶話會)[-회/-훼]명 차를 마시면서 대화하는 모임.

다회(多繪)[-회/-훼]명 '광다회'를 속되게 이르는 말.

다히명 〈옛〉 쪽. ¶ 님 다히 消息을 아므려나 아쟈 ᄒᆞ니(鄭澈.續美人曲).

-다히접미 〈옛〉-답게. -같이. -대로. ¶ 그딧 말다히 호리니(月釋*1:13*). 참-다비.

다히다¹타 〈옛〉 잡다. ¶ 즘싱 다히다(譯語補*17*).

다히다²타 〈옛〉 대다. ¶ 如來 소ᄂᆞᆯ 내 모매 다히샤(月釋*10:8*).

다히다³타 〈옛〉 때다. ¶ 블 다히게 ᄒᆞ며(救解上*15*).

닥¹명 ①〈닥나무〉의 준말. ②닥나무 껍질. 한지(韓紙)의 원료로 쓰임.

닥²부 ①작고 단단한 물체를 거칠게 긁거나 그것이 긁힐 때 나는 소리, 또는 그 모양. ②딱딱한 바탕에 금이나 줄을 좀 세게 긋는 소리, 또는 그 모양. 큰득. **닥-닥**부 ¶ 벽지를 닥닥 긁어 내다.

닥-굿[-꾿]명 닥나무의 껍질을 벗기기 위하여 미리 찌는 구덩이. 참삼굿. ＊닥굿이[-꾸시]·닥굿만[-꾼-]

닥굿-하다[-꾸타-]자여 닥나무를 구덩이에서 찌다.

닥-나무[당-]명 뽕나뭇과의 낙엽 활엽 관목. 산기슭이나 밭둑에 절로 나기도 하고 재배하기도 함. 높이는 3 m가량. 꽃은 봄에 피고 초가을에 뱀딸기와 비슷한 붉은 열매가 익음. 나무껍질의 섬유는 한지의 원료가 되고, 열매는 한방에서 '저실(楮實)'이라 하여 약재로 씀. 준닥[1].

닥다그르르[-따-]부하자 ①단단한 물건이 딱딱한 바닥에 떨어져서 도르르 굴러 가는 소리, 또는 그 모양. ②우레가 가까운 거리에서 울리는 소리. 큰덕더그르르. 센딱따그르르.

닥다글-닥다글[-따-따-]부하자 단단한 물건이 잇달아 닥다그르르 굴러 가는 소리. 큰덕더글덕더글. 센딱따글딱따글.

닥들여-오다[-뜨려-]자 어떤 일이 갑자기 바짝 다가오다.

닥-뜨리다 Ⅰ자 (닥치어 오는 일에) 마주 서다. 부닥뜨리다. 직면하다. 닥트리다. ¶ 난관에 닥뜨리다. Ⅱ타 함부로 다조지다. 닥트리다.

닥스훈트(Dachshund 독)명 개의 한 품종. 독일 원산. 사냥용·애완용으로 기름. 다리가 짧고 허리가 긺.

닥작-닥작[-짝딱짝]부하형 먼지나 때 같은 것이 두껍게 겹겹이 끼어 있는 모양. 큰덕적덕적.

닥-종이[-쫑-]명 닥나무 껍질을 원료로 하여 만든 종이. ¶ 닥종이로 만든 인형.

닥지-닥지[-찌-찌]부하형 ①먼지나 때 같은 것이 두껍게 겹겹이 끼거나 묻어 있는 모양. ¶ 닥지닥지 때가 낀 손등. ②작은 것들이 빽빽하게 있는 모양. ¶ 판잣집들이 닥지닥지 늘어서 있다. 큰덕지덕지. 참다닥다닥.

닥-채명 껍질을 벗겨 낸 닥나무의 가는 가지나 줄기.

닥쳐-오다[-처-]자 가까이 다다라 오다. ¶ 시험 날짜가 눈앞에 닥쳐오다.

닥치다¹자 ①(어떤 때나 사물이) 가까이 다다르다. ¶ 눈앞에 닥친 졸업 시험. /눈사태가 우리 마을로 닥칠지도 모르니 일단 대피합시다. ②이것저것 가릴 것 없이 앞에 나타나거나 눈에 띄다. 《주로, '닥치는 대로'의 꼴로 쓰임.》 ¶ 나무를 닥치는 대로 베어 버리다.

닥치다²타 입을 다물다. 《주로, 명령문에 쓰임.》 ¶ 너는 입 좀 닥치고 있어.

닥터^스톱(doctor stop)명 권투 경기에서, 한 선수의 부상으로 경기의 속행(續行)이 어렵다는 의사의 판단에 따라, 심판이 그 경기를 중단시키는 일. 참아르에스시(RSC).

닥-트리다 Ⅰ자 닥뜨리다. Ⅱ타 닥뜨리다.

닥-풀명 아욱과의 일년초. 온 포기에 털이 있으며, 줄기는 1 m가량 곧게 자람. 잎은 어긋맞게 나고 손바닥 모양으로 깊게 갈라져 있으며, 여름에 노란 다섯잎꽃이 핌. 뿌리의 점액은 종이를 뜨는 데 풀감으로 쓰임. 황촉규(黃蜀葵).

닦다[닥따]타 ①문지르거나 훔치거나 하여 깨끗이 하다. ¶ 소금으로 이를 닦다. ②문질러서 윤기를 내다. ¶ 구두를 반질반질하게 닦다. ③거죽에 묻은 물 같은 것을 없애려고 씻거나 훔치다. ¶ 눈물을 닦다. /수건으로 땀을 닦다. ④평평하게 골라서 다지다. ¶ 산길을 닦아 도로를 만들다. ⑤힘써 배워 익히다. ¶ 장차 큰일을 하기 위해 열심히 학문을 닦다. ⑥(기초나 토대 따위를) 새로 개척하여 다지다. ¶ 민주주의의 토대를 닦은 사람. ⑦셈을 맞추어 명세를 밝히다. ¶ 셈을 닦다. ⑧품행·예절 따위를 바르게 기르다. ¶ 마음을 닦다. /효행을 닦다. ⑨〈훌닦다〉의 준말. ＊닦아·닦는[당-]
닦은 방울 같다[속담] ①눈이 아름답고 빛남을 비유적으로 이르는 말. ②하는 짓이 매우 똑똑하고 영리한 어린이를 비유적으로 이르는 말.

닦달[닥딸][명][하자타] ①마구 몰아대어 닦아세움. 윽박질러서 잡도리함. ¶ 돈을 어서 갚으라고 닦달을 하다. ②(물건 따위를) 갈고닦아서 다듬음.

닦달-질[닥딸-][명] ①[하자타]남을 을러대어 혼내는 짓. ②[하타]갈고닦아서 다듬는 일.

닦아-대다[타] 큰 소리로 사리를 따져 가며 마구 나무라다. 자꾸 휘몰아 나무라다.

닦아-세우다[타] 꼼짝 못하게 휘몰아 나무라다. 호되게 나무라다. ¶ 사과를 하라고 닦아세우다.

닦음-질[명][하타] 깨끗하게 닦는 일.

닦-이다[자] ①〖'닦다'의 피동〗 닦음을 당하다. ②〈훌닦이다〉의 준말.

닦이-질[명][하타] 낡은 집이나 헌 재목 따위를 닦아서 깨끗이 하는 일.

단ː[1][명] ①짚·땔나무·푸성귀 따위의 묶음. ②〖의존 명사적 용법〗 짚·땔나무·푸성귀 따위의 묶음을 세는 단위. ¶ 짚 열 단.

단ː[2][명] 〈옷단〉의 준말.

단(段) [I][명] ①(계단이나 사다리 따위의) 하나하나의 층(層). ②인쇄물의 지면(紙面)을 아래위나 좌우로 나눈 구분. ③바둑·장기·검도·유도·태권도 등에서, 실력의 정도를 나타내는 등급 이름. ¶ 열두 살 때 단을 딴 실력자다.
[II][의] ①구획·등급·계단 등을 세는 단위. ¶ 3단 기사(記事). /바둑 7단의 실력자. /층계를 한꺼번에 세 단씩 뛰어 올라가다. ②땅 넓이 300평을 나타내는 단위. ③자동차 따위의 변속 단계를 나타내는 단위.

단ː(短)[명] 화투 놀이에서 청단, 홍단, 초단을 통틀어 이르는 말.

단(緞)[명] 〈비단(緋緞)〉의 준말.

단(壇)[명] ①흙이나 돌로 쌓아 올린 제터. ②높게 만든 자리. 〔강단이나 연단 따위.〕 ¶ 연설을 하기 위해 단에 오르다.

단ː(斷)[명] 불교에서, 번뇌를 끊고 죽음에 대한 공포를 없애는 일.

단(單)[관] 《수(數)와 관련된 말 앞에 쓰이어》 '겨우'·'단지'의 뜻을 나타냄. ¶ 단 하나밖에 없는 딸.

단ː(但)[부] ①'다만'이라는 뜻으로 앞에 말한 사실에 대한 '조건'이나 '예외'를 덧붙임을 나타냄. ¶ 가도 좋다. 단, 일찍 돌아오너라. ②계약서나 영수증 등에 쓰이어, '이 내용은 다름이 아니라'의 뜻을 나타냄. ¶ 일금 천만 원이라. 단, 가옥 매매 계약금조.

단-(短)[접두] 《일부 명사 앞에 붙어》 '짧음'을 뜻함. ¶ 단거리. /단시일. ↔장-(長).

-단(團)[접미] 일부 명사 뒤에 붙어, 그런 '단체나 모임'임을 뜻함. ¶ 방문단. /청년단. /회장단.

단가(單價)[-까][명] 낱개의 값. 각 단위마다의 값. 낱값. ¶ 단가를 매기다.

단ː가(短歌)[명] ①〔짧은 형식의 시가라는 뜻으로〕 가사(歌辭)에 대하여 '시조(時調)'를 이르는 말. ↔장가(長歌). ②판소리를 부르기 전에 목청을 가다듬기 위하여 부르는 짤막한 노래. ⓑ허두가.

단가(團歌)[명] 어떤 단체의 노래.

단가(檀家)[명] 절에 시주(施主)하는 사람의 집.

단가-살림(單家-)[명][하자] ☞단가살이.

단가-살이(單家-)[명][하자] 식구가 많지 아니한 단출한 살림. 단가살림.

단가-표(單價標)[-까-][명] 부기나 계산서 따위에서 단가를 보일 때, 숫자 앞에 쓰는 '@(동그람에이)'를 이르는 말. 낱값표.

단각(丹殼)[명] ☞홍수피(紅樹皮).

단ː각(短角)[명] 〈단각과〉의 준말.

단ː각-과(短角果)[-꽈][명] 열과(裂果)의 한 가지. 장각과보다 넓으나, 작고 짧음. [준]단각.

단ː간(短簡)[명] 내용을 간단하게 적은, 짧은 편지. 단찰(短札).

단ː간(斷簡)[명] 〈단편잔간(斷編殘簡)〉의 준말.

단간-방(單間房)[명] '단칸방'의 잘못.

단간-살림(單間-)[명][하자] '단칸살림'의 잘못.

단간-살이(單間-)[명][하자] '단칸살이'의 잘못.

단ː간-잔편(斷簡殘編)[명] 떨어져 나가고 빠지고 하여 온전하지 못한 책이나 문서. 단편잔간.

단갈(袒褐)[명][하타] 옷을 어깨에 엇멤.

단ː갈(短碣)[명] 무덤 앞에 세우는, 머리가 둥글고 짤막한 비석.

단-감[명] 단감나무의 열매. 〔단단하며 맛이 닮.〕 감시(甘柿).

단감-나무[명] 감나무 개량 품종의 한 가지. 단감이 열림.

단강(鍛鋼)[명] 불에 달구어 벼린 강철.

단개(單個)[명] 단 한 개.

단거(單擧)[명][하타] 단 한 사람만을 천거함.

단ː-거리[명] ①단으로 묶은 땔나무. ②지난날, 단 단위로 흥정하던 땔나무.

단-거리(單-)[명] ①(다른 것은 없고) 오직 한 가지뿐인 재료. ②☞단벌.

단ː-거리(短距離)[명] ①짧은 거리. ↔장거리. ②〈단거리 달리기〉의 준말.

단ː거리^경ː영(短距離競泳)[명] 수영 경기의 한 가지. 50~200 m 거리의 경영.

단ː거리^경ː주(短距離競走)[명] ☞단거리 달리기.

단ː거리^달리기(短距離-)[명] 육상에서, 트랙 경기의 한 가지. 짧은 거리를 달리는 경주. 〔100 m·200 m·400 m 달리기 따위가 있음.〕 단거리 경주. [준]단거리. [참]장거리 달리기.

단거리-서방(-書房)[명] (창녀 등의) 여러 애부(愛夫) 중에서 가장 마음에 드는 애부.

단ː거리^선ː수(短距離選手)[명] 단거리 달리기나 단거리 경영(競泳)의 선수.

단거리-흥정[명][하타] 지난날, 뱃사공이 터주를 위하는 데 쓰려고, 납으로 만든 작은 다리미·가위·인두 따위를 사던 일.

단건(單件)[명] ☞단벌.

단걸음-에(單-)[부] 내친걸음에 멈추지 않고 단숨에. 곧장 빨리. ¶ 10리 길을 단걸음에 다녀왔다.

단ː검(短劍)[명] 양날로 된, 짤막한 칼. [비]단도·소검. ↔장검.

단-것[-걷][명] 맛이 단 음식. 〔과자류나 설탕 따위.〕 ¶ 단것을 많이 먹으니 이가 그 모양이지. ＊단것이[-거시]·단것만[-건-]

단ː견(短見)[명] ①얕은 소견. 좁은 소견. 좁은 식견. ②남에게 대하여, '자기의 의견(견해)'을 겸손하게 이르는 말. 천견(淺見).

단ː견(斷見)[명] 불교에서, 인과응보를 인정하지 않고 사람이 한번 죽으면 몸과 마음이 모두 없어져 버린다고 고집하는 그릇된 견해를 이르는 말. ↔상견(常見).

단결(團結)명하자되자 (한마음 한뜻으로) 여러 사람이 한데 뭉침. 단합. ¶ 단결을 호소하다.
단ː결(斷決)명하자타 일을 딱 잘라서 결정함. 확실하게 결정함. 결단.
단ː결(斷結)명하자 불교에서, '세상 번뇌를 끊어 없앰'을 이르는 말.
단결-권(團結權)[-꿘]명 노동 삼권의 하나. 근로자가 사용자 또는 그 단체와 대등한 위치에서 근로 조건의 유지·개선 등을 교섭하기 위하여 노동조합을 조직하고 단결할 수 있는 권리.
단ː결-에부 ①열기가 아직 식지 않았을 판에. ②좋은 기회를 놓치지 말고 바로 그 자리에서. 단김에. ¶ 단결에 결판을 내다.
단-결정(單結晶)[-쩡]명 전체가 고르고 규칙적으로 연결된 단 하나의 결정. ↔다결정.
단ː경(短徑)명 '짧은지름'의 구용어.
단경(端境)명 〈단경기〉의 준말.
단ː경(斷經)명하자 (늙거나 병이 들어) 월경이 아주 그침.
단경-기(端境期)명 철이 바뀌어 묵은 것 대신 햇것이 나올 무렵. 준단경.
단ː경-기(斷經期)명 ☞폐경기(閉經期).
단계(段階)[-계/-게]명 일의 차례를 따라 나아가는 과정. 계단. ¶ 마무리 단계에서 일을 망쳤다.
단ː계(短計)[-계/-게]명 얕은꾀.
단계-석(端溪石)[-계-/-게-]명 중국 돤시(端溪) 지방에서 나는, 품질이 좋은 벼룻돌. 준단석.
단계-연(端溪硯)[-계-/-게-]명 단계석으로 만든 벼루. 〔돌결이 곱고 품질이 좋음.〕 준단연.
단계-적(段階的)[-계-/-게-]관명 차례를 따라 나누는 (것). 일정한 단계를 거치는 (것). ¶ 나에게는 벅찬 일이었지만 단계적으로 처리했다.
단고(單袴)명 ☞고의(袴衣).
단ː곡(短曲)명 짤막한 악곡(樂曲).
단ː곡(斷穀)명하자 기도나 기원 등을 목적으로, 곡류를 먹지 아니함.
단골[1]명 ①'무당'을 호남 지방에서 일컫는 말. 〔세습무(世襲巫)로서, 일정한 지역의 무속 의식을 전담하여 베푸는 것이 특징임.〕 단골무당. ②늘 정해 두고 거래하는 관계, 또는 그런 사람. ¶ 단골 가게. ③〈단골집〉의 준말.
단골[2]명 ①기와지붕을 이을 때 쓰이는 반 동강의 기와. ②도리 등에 얹힌 서까래와 서까래 사이.
단ː골(短骨)명 뼈의 형태에 따른 한 구분. 길이·두께·넓이가 거의 비슷한 짤막한 뼈. 〔손발의 뼈 따위.〕
단골^마루명 이 층 이상인 집의 아래층 지붕 위의 마루.
단골-무당명 굿을 하거나 고사를 지낼 때, 늘 정해 놓고 불러오는 무당. 단골[1].
단골-서리(-書吏)명 지난날, 벼슬아치가 관아의 일을 단골로 부탁하여 시키던 이조(吏曹) 또는 병조(兵曹)의 서리.
단골-손님명 늘 정해 두고 거래를 하는 손님.
단골-집[-찝]명 늘 정해 두고 물품 거래를 하는 집. 준단골[1].
단골-판(-板)명 서까래와 서까래 사이, 곧 단골을 막는 나무판자.
단공(鍛工)명하타 쇠붙이를 단련함, 또는 그 일을 하는 직공.
단공-로(鍛工爐)[-노]명 쇠붙이를 단련하기 위하여 가열하는 노(爐). 단열로.
단과(單果)명 〈단화과(單花果)〉의 준말.
단과^대ː학(單科大學)[-꽈-]명 한 가지 계통의 학부로만 구성된 대학. 대학[1]. 참종합 대학.
단ː-과지(短果枝)명 길이가 10 cm 이내인 열매를 맺는 가지.
단관(單冠)명 홑으로 된 닭의 볏.
단-관절(單關節)명 두 개의 뼈로 이루어진 관절. 〔어깨 관절이나 다리 관절 따위.〕 ↔복관절.
단광(單光)명 〈단색광(單色光)〉의 준말.
단광(團鑛)명 가루 모양의 것을 덩이로 굳힌 광물.
단괴(團塊)[-괴/-궤]명 퇴적암 내에서 주위와는 다른 성분으로 단단한 덩이를 이룬 부분.
단ː교(斷交)명하자 ①교제를 끊음. 절교. ¶ 사소한 말다툼으로 오랜 친구와 단교하였다. ②국가 간의 외교 관계를 끊음.
단ː교(斷郊)명하자 교외나 벌판을 가로지름.
단ː교^경ː주(斷郊競走)명 ☞크로스컨트리.
단구(段丘)명 지반의 융기나 수면의 강하 따위로 강·호수·바다의 기슭에 생긴 계단 모양의 지형. ¶ 해안 단구.
단구(單球)명 혈액 속에 있는 둥글고 큰 세포. 전체 백혈구의 약 6%를 차지하며, 강한 식균(食菌) 작용을 함.
단구(單鉤)명 〈단구법〉의 준말.
단ː구(短句)[-꾸]명 사륙문(四六文)이나 장편시(長篇詩)에서 글자 수가 적은 글귀.
단ː구(短晷)명 짧은 해. 짧은 낮.
단ː구(短軀)명 키가 작은 몸. 단신(短身). ¶ 5척 단구. ↔장구(長軀).
단ː구(斷口)명 ①☞단면(斷面). ②결정 광물의 벽개면(劈開面) 이외의 불규칙한 부분. 〔광물을 감정할 때 주로 이 부분을 봄.〕
단구-법(單鉤法)[-뻡]명 (붓글씨를 쓸 때) 붓을 잡는 법의 한 가지. 엄지와 검지로 붓대를 걸쳐 잡고, 가운뎃손가락으로 붓대를 가볍게 받침. 준단구. 참쌍구법.
단-국명 맛이 단 국물.
단국-지(單局地)[-찌]명 전화국이 하나뿐인 도시. ↔복국지(複局地).
단군(檀君)명 우리 겨레의 시조로 받드는 태초의 임금. 기원전 2333년에 단군 조선을 건국하였다 함. 단군왕검.
단군-교(檀君敎)명 단군을 교조로 하는 종교. 〔대종교(大倧敎)를 비롯한 여러 교파가 있음.〕
단군-기원(檀君紀元)명 단군이 개국하여 왕위에 오른 해를 원년(元年)으로 잡은 우리나라의 기원. 〔서력기원보다 2333년이 앞섬.〕 준단기.
단군-왕검(檀君王儉)명 ☞단군.
단군^조선(檀君朝鮮)명 단군이 기원전 2333년에 아사달(阿斯達)에 도읍하고 건국한 고조선.
단-굴절(單屈折)[-쩔]명 입사광에 대하여 굴절광이 하나뿐인 굴절 현상. ↔복굴절.
단궁(檀弓)명 박달나무로 만든 활의 한 가지.
단권(單卷)명 〈단권책〉의 준말.
단권-책(單卷冊)명 ①한 권으로 완결된 책. 준단권. ②☞단행본.
단궤(單軌)명 ①외가닥으로 된 궤도. ②〈단궤철도〉의 준말. ↔복궤(複軌).
단궤^철도(單軌鐵道)[-또]명 외가닥으로 된 선로 위를 운행하는 철도. 모노레일. 준단궤. ↔복궤 철도.
단ː-귀틀(短-)명 장귀틀과 장귀틀 사이를 가로지른 짧은 귀틀.
단극^전ː위(單極電位)[-쩌뉘]명 단체(單體)와 그 이온을 함유하는 용액을 접촉시킬 때 양자의 경계면에 나타나는 전위. 전극 전위.

단근(單根)명 가랑이가 돋지 않고 외줄로 뻗은 뿌리. ↔복근(複根).
단:근-질명하타 지난날, 죄인의 살갗을 불에 달군 쇠로 지지던 형벌. 낙형(烙刑). ¶ 그는 단근질을 당하고서야 입을 열기 시작했다.
단금(鍛金)명 쇠붙이를 불에 달군 다음, 두드려 펴서 원하는 형태로 만드는 일.
단:금(斷金)명하형 〔쇠붙이도 자를 수 있을 만큼 우정이 단단히 맺어져 있다는 뜻으로〕 '우정이 매우 두터움, 또는 그런 사귐'을 이르는 말.
단:금-우(斷金友)명 교분이 매우 두터운 친구.
단:금지계(斷金之契)[-계/-게]명 매우 친밀한 우정이나 교제. 단금지교.
단:금지교(斷金之交)명 ☞단금지계.
단급(單級)명 전교생을 몰아서 하나로 짠 학급. ↔다급(多級).
단기(段棋·段碁)명 유단자의 실력을 갖춘 바둑 솜씨, 또는 그런 솜씨를 가진 사람. 단바둑.
단기(單技)명 단 한 가지의 재주.
단기(單記)명하타 ①낱낱이 따로 적음. ②그것 하나만을 적음. ↔연기(連記).
단기(單機)명 ①〈단일 기계〉의 준말. ②(편대를 짜지 않고) 단독으로 비행하는 군용기.
단기(單騎)명 홀로 말을 타고 감, 또는 그 사람. ¶ 단기로 적진에 쳐들어가다.
단:기(短氣)명 〔한방에서〕 ①'숨이 찬 증세'를 이르는 말. ②'기운이 떨어지는 증세'를 이르는 말. ③'담력이 떨어지는 증세'를 이르는 말. ④성질이 너그럽지 못하고 조급함.
단:기(短期)명 짧은 기간. 단기간. ¶ 단기 강습. ↔장기(長期).
단기(團旗)명 '단(團)'의 명칭이 붙은 단체가 그 단체의 표상 또는 표지로 삼은 기.
단기(檀紀)명 〈단군기원〉의 준말.
단:기(斷機)명 ☞단기지계.
단:-기간(短期間)명 짧은 동안. 짧은 기간. 단기. ↔장기간.
단:기^거:래(短期去來)명 〈단기 청산 거래〉의 준말. ↔장기 거래.
단:기^공채(短期公債)명 일시적으로 부족한 자금을 보충하기 위하여 발행되는 공채. 〔상환 기한은 대개 1년 이내임.〕
단:기^금리(短期金利)[-니]명 갚아야 할 기한이 1년 이내인 대출에 대하여 지급되는 이자.
단:기^금융(短期金融)[-금늉/-그뮹]명 상환 기한이 짧은 금융. 〔보통 1년 이내를 말함.〕 ↔장기 금융.
단:기^대:부(短期貸付)명 상환 기한이 짧은 대부. 〔보통 1년 이내를 말함.〕
단-기명(單記名)명 ☞단기명 투표. ↔연기명.
단기명^투표(單記名投票)명 선거에서 후보자 이름을 하나만 적어서 하는 투표. 단기명. 단기 투표. ↔연기명 투표.
단기^무기명^투표(單記無記名投票)명 투표 용지에 선거인의 이름은 밝히지 않고, 피선거인 한 사람의 이름만 적는 투표 방식.
단:기^사채(短期社債)명 단기 자금이 필요할 때 회사에서 발행하는 채권.
단:기^신:탁(短期信託)명 단기간의 신탁. 〔계약 기간이 대개 5년 이내임.〕 ↔장기 신탁.
단:기^어음(短期-)명 일정한 시일에 지급되는 정기 출급 어음. 〔그 기한이 30일·60일·90일인 어음.〕 ↔장기 어음.
단:기^예:보(短期豫報)명 72시간 이내를 대상으로 하는 일기 예보. ↔장기 예보.
단:기^자금(短期資金)명 단기간에 대출되고 차입되는 자금.
단:기^자본(短期資本)명 ①기업의 운영 자본 가운데 단기에 갚아야 하는 자본 부분. ②기업에 단기간 투자 운용되는 자본.
단:기-전(短期戰)명 짧은 기간에 치르는 전쟁. ↔장기전.
단:기지계(斷機之戒)[-계/-게]명 학문은 중도에 그만둠이 없이 꾸준히 계속해야 한다는 가르침. 〔'후한서(後漢書)'의 '열녀전(烈女傳)'에 나오는 말로, 맹자(孟子)가 수학(修學) 도중에 집으로 돌아왔을 때, 그 어머니가 짜고 있던 베틀의 날실을 자르면서 훈계했다는 고사에서 유래함.〕 난기(斷機).
단:기-채(短期債)명 짧은 기간 안에 갚기로 하고 얻는 빚. ↔장기채.
단:기^청산^거:래(短期淸算去來)명 매매 약정을 한 날로부터 7일 이내에 물건과 대금을 주고받는 거래 방법. 준단기 거래. ↔장기 청산 거래.
단기^투표(單記投票)명 ☞단기명 투표. ↔연기 투표(連記投票).
단:김-에부 단결에. ¶ 쇠뿔도 단김에 빼랬다.
단-꿈명 달콤한 꿈. 행복한 꿈. ¶ 요즘 신혼의 단꿈에 젖어 살고 있다.
단:-나무명 단으로 묶어서 파는 땔나무.
단:-내명 ①물체가 높은 열이나 불에 눌어서 나는 냄새. ②신열(身熱)이 높거나 숨이 가쁠 때 콧구멍에서 나는 냄새. ¶ 목구멍에서 단내가 나도록 열심히 뛰었다.
단-너삼명 ☞황기(黃芪).
단념(丹念)명 ☞성심(誠心).
단:념(短念)명 ☞단주(短珠).
단:념(斷念)명하타 품었던 생각을 끊어 버림. 미련 없이 잊어버림. 체념(諦念). ¶ 할머니의 노염이 대단하셔서 독신주의를 단념했다.
-단다《형용사 어간 또는 높임의 '-시-'나 시제의 '-았(었)-'·'-겠-'·'-ㄴ(는)-' 등에 붙어》 Ⅰ어미 화자가 이미 알고 있는 것을 객관화하여 청자에게 일러 주는 데 쓰는 해라체의 종결 어미. ¶ 나도 슬프단다./할머니께서는 기분이 아주 좋으시단다.
Ⅱ준 '-다고 한다'가 줄어든 말. ¶ 삼촌도 우리와 함께 가시겠단다.
단:단-무타(斷斷無他)명하형 오로지 한 가지 신념 외에 딴마음이 없음.
단:단-상약(斷斷相約)명하타 굳게 약속함.
단단-하다형여 ①무르지 않고 굳다. 야물다. ¶ 땅이 단단하다. ②속이 배서 야무지다. 속이 차서 오달지다. ¶ 생각보다는 살림이 꽤 단단하더라. ③약하지 않고 굳세다. ¶ 날씬하면서도 단단한 체구. ④느슨하지 않고 되게 죄어져 있다. ¶ 짐을 단단하게 묶다. ⑤허술하지 않고 미덥다. ⑥뜻이나 생각이 쉽게 변하지 않다. ¶ 단단한 결심. ⑦위험이 없이 안전하다. ¶ 단단하게 잘 간수하다. ⑧보통 정도보다 더하다. ¶ 각오가 단단하다. ①②③⑤큰든든하다. ①②센딴딴하다. **단단-히**부 ¶ 단단히 약속했으니 믿어도 될 것이다.
단단한 땅에 물이 괸다속담 ☞굳은 땅에 물이 괸다.
단당(段當)명 농토 1단보(段步)에 대한, 수확이나 비료 따위의 양. ¶ 단당 수확량.
단당-류(單糖類)[-뉴]명 가수 분해로는 더 간단하게 분해되지 않는 당류를 통틀어 이르는 말. 〔포도당이나 과당 따위.〕

단-대목(單-)[명] ①명절이나 큰일이 바싹 다가온 때. ¶ 섣달 단대목. ②(어떤 일이 진행되는 과정에서) 가장 중요한 고비나 자리. ¶ 단대목에 와서 나자빠지다. [준]단목.
단ː도(短刀)[명] 외날로 된, 짤막한 칼. [비]단검(短劍). ↔장도(長刀).
단도(檀度)[명] 불교에서, 육도(六度)의 첫째인 보시(布施)의 행법(行法)을 이르는 말.
단도(檀徒)[명] 절에서 이르는, 단가(檀家)의 사람들. 시주(施主)의 무리.
단-도목(單都目)[명] 지난날, 수령(守令)의 치적이 좋지 않을 때, 그 첫째 인사 심사 때 파면시키던 일.
단도-직입(單刀直入)[명][하자] 〔혼자서 칼을 휘두르며 적진으로 곧장 쳐들어간다는 뜻으로〕 말을 하거나 글을 쓸 때, 군말이나 허두를 빼고 곧장 요지를 말함. 에둘러 표현하지 않고 바로 문제점을 말함. ¶ 단도직입으로 말하자면, 나는 당신이 마음에 들지 않는다.
단독(丹毒)[명] 헌데나 다친 곳으로 세균이 들어가 생기는 급성 전염병. 피부가 붉게 붓고 열이 나며 쑤시고 아픔. 풍단(風丹).
단독(單獨)[명] ①혼자. ¶ 단독으로 모든 일을 처리하다. ②단 하나. [비]단일(單一).
단독^강ː화(單獨講和)[-깡-][명] 동맹국 중의 한 나라가 그 동맹을 이탈하여 교전 상태에 있던 적대국과 맺는 강화. 또는, 많은 상대국 가운데서 어느 한 나라와 단독으로 맺는 강화. ↔전면 강화.
단독^개ː념(單獨概念)[-깨-][명] ☞개별 개념. ↔일반 개념.
단독^관부(單獨官府)[-꽌-][명] ☞단독 기관.
단독^기관(單獨機關)[-끼-][명] 단 한 사람으로 조직된 기관. 〔행정 각부의 장관, 각 도의 지사 등이 이에 딸림.〕 단독 관부. ↔합의 기관.
단독^내ː각(單獨內閣)[-동-][명] 한 정당으로 구성한 내각. ↔연립 내각.
단독-범(單獨犯)[-뻠][명] ☞단독 정범. ↔공범.
단독^법원(單獨法院)[-뻐뷘][명] 한 사람의 법관이 단독으로 재판권을 행사하는 법원. ↔합의제 법원.
단독^상속(單獨相續)[-쌍-][명] 한 사람의 상속인이 단독으로 상속하는 일. 〔호주 상속 따위.〕 ↔공동 상속.
단독^심리(單獨審理)[-씸니][명] 단독 재판에서 한 사람의 판사가 심리하는 일.
단독-일신(單獨一身)[-씬][명] (일가친척이 없는) 홀몸. 혼자의 몸.
단독^재판(單獨裁判)[-째-][명] 한 사람의 판사가 맡아서 하는 재판. ↔합의 재판.
단독^점유(單獨占有)[-쩌뮤][명] 어떤 물건을 한 사람이 혼자서 차지하는 일. ↔공동 점유.
단독^정ː범(單獨正犯)[-쩡-][명] 단독으로 범죄의 구성 요건에 해당하는 행위를 한 사람, 또는 그런 행위. 단독범. ↔공동 정범.
단독-제(單獨制)[-쩨][명] ①한 사람의 법관이 단독으로 재판권을 행사하는 제도. ②한 사람의 관리로 하나의 관청을 이루는 제도. ↔합의제.
단독^주ː택(單獨住宅)[-쭈-][명] 한 채씩 따로 지은 살림집. [참]공동 주택.
단독^판사(單獨判事)[명] 단독으로 재판권을 행사하는 판사.
단독^해ː손(單獨海損)[-도캐-][명] 선박이나 화물이 항해 중의 사고로 손해를 입었을 때, 선주(船主) 또는 화주(貨主)가 단독으로 부담하는 손해나 비용. ↔공동 해손(共同海損).
단독^행위(單獨行爲)[-도캥-][명] 당사자 한쪽만의 의사 표시에 따라 성립되는 법률 행위. 〔계약의 해지(解止)나 유언 따위.〕 일방 행위.
단-돈[명] 돈의 액수 앞에 쓰이어, '많지 않은 돈' 또는 '아주 적은 돈'이라는 뜻을 강조하는 말. ¶ 단돈 몇 푼에 양심을 팔다.
단-동(單-)[명] 윷놀이에서, '한 동'을 이르는 말. ¶ 단동도 내지 못하다. [비]혼동.
단동(丹銅)[명] 구리에 20% 이하의 아연을 섞은 합금. 건축용 장식이나 장신구 따위를 만드는 데 쓰임.
단동-기관(單動機關)[명] 피스톤의 한쪽 면에만 증기의 압력이나 가스의 폭발 압력이 작용하여 운전되는 왕복식 기관.
단동-내기(單-)[명] 단동만으로 끝을 내기로 정하고 하는 윷놀이. 단동치기.
단동-불출(單-不出)[명][하자] 윷놀이에서, 한 동도 내지 못하고 지는 일.
단동-치기(單-)[명] ☞단동내기.
단ː두(短頭)[명] 두지수(頭指數)가 0.81 이상인 머리. 거의 원(圓)에 가까움. ↔장두(長頭).
단ː두(斷頭)[명][하타] (죄인의) 목을 자름.
단ː두-대(斷頭臺)[명] (죄인의) 목을 자르는 형구(刑具). [참]기요틴.
단-둘[명] 단 두 사람. ¶ 단둘만의 호젓한 시간.
단디[명] 〈옛〉 단지. ¶ 단디 관:罐(訓蒙中*12*).
-단디면[어미] 〈옛〉-다 할 것 같으면. ¶ 精誠이 至極ᄒᆞ단디면(月釋*1*:*7*).
단락(段落)[달-][명] ①일을 일단 끝내는 매듭. 일이 다 된 끝. ¶ 이번 일은 우선 여기서 단락을 짓자. ②긴 글에서, 내용상으로 일단 끊어지는, 하나하나의 짧은 이야기 토막. ¶ 이 단락의 주제문을 찾아보시오.
단ː락(短絡)[달-][명][하타] 전기 회로의 두 점 사이를 작은 저항으로 접촉하는 일. 또는, 전기 회로의 절연(絕緣) 불량 등으로 작은 저항의 회로가 생기는 일.
단란(團欒) '단란하다'의 어근.
단란-하다(團欒-)[달-][형][여] ①썩 원만하다. ②(가족 등 가까운 사람들이) 구순하고 즐겁다. ¶ 단란한 가정. **단란-히**[부].
단량-체(單量體)[달-][명] ☞모노머. [참]중합체.
단ː려(短慮)[달-][명] 짧은 생각. 좁은 소견. 천려(淺慮).
단려(端麗) '단려하다'의 어근.
단려-하다(端麗-)[달-][형][여] (행실이나 겉모양이) 단정하고 아름답다. ¶ 용모가 단려하다.
단련(鍛鍊)[달-][명][되자] ①[하타]쇠붙이를 불에 달구어 두드려서 단단하게 함. ②[하타](시련이나 수련 따위를 통해서) 몸과 마음을 굳세게 닦음. ¶ 심신을 단련하다. ③[하타](배운 것을) 익숙하게 익힘. ④귀찮거나 괴로운 일로 시달림. ¶ 빚 때문에 단련을 받다. 연단. ②③연마(硏磨).
단령(團領)[달-][명] 조선 시대에, 깃을 둥글게 만든 공복(公服)의 한 가지. 벼슬아치가 평소 집무복으로 입던 옷. [참]직령(直領).
단ː록(短麓)[달-][명] 높지 않은 산기슭.
단리(單利)[달-][명] 원금에 대해서만 계산하는 이자. ↔복리(複利).
단리-법(單利法)[달-뻡][명] 이자 계산에서, 원금에 대해서만 약정된 율의 이자를 계산하는 방법. ↔복리법.
단립(團粒)[달-][명] 토양학에서, 낱낱의 작은 알갱이가 모여 덩이를 이룬 흙을 이르는 말.

단-마비(單痲痺) 명 몸의 어느 한 부위에만 일어나는 운동 마비. 〔주로, 대뇌 피질에 병소(病巢)가 있을 때 일어남.〕

단막(單幕) 명 희곡이나 연극의 구성이 단 한 막으로 이루어진 형식.

단막-극(單幕劇)[-끅] 명 한 막으로 극적 사건을 구성한 연극. 일막극. ↔장막극.

단말(端末) 명 ①끝. 끄트머리. ②전기 회로의 전류의 출입구. ③〈단말기〉의 준말.

단말-기(端末機) 명 컴퓨터에서, 중앙 처리 장치에 연결되어 자료를 입력하기도 하고 출력하기도 하는 기기. ¶ 단말기 고장으로 업무에 차질이 생겼다. (준)단말.

단ː-말마(斷末摩·斷末魔) 명 〔불교에서〕 ①'숨이 끊어질 때의 괴로움'을 이르는 말. ②'죽을 때'를 이르는 말. ②임종(臨終).

단ː말마-적(斷末摩的) 관명 숨이 끊어질 때처럼 몹시 괴로운 (것). ¶ 단말마적 비명 소리.

단-맛[-맏] 명 (꿀이나 사탕처럼) 당분이 있는 것의 맛. 감미(甘味). ＊단맛이[-마시]·단맛만[-만-]

단맛 쓴맛 다 보았다 속담 세상의 온갖 즐거움과 괴로움을 다 겪었다는 말. (참)산전수전.

단망(單望) 명 조선 시대의 천망(薦望)의 한 가지. 세 사람을 천거하는 것이 관례이나, 사정에 따라 한 사람만을 천거하던 일.

단ː망(斷望) 명하자타 ①바라던 생각을 버림. ¶ 내 나이 오십인데 자식 바라기는 단망이지. ②희망이 끊어짐.

단-매(單-) 명 ☞대매[2].

단ː면(斷面) 명 ①물체의 잘린 면. 베어 낸 면. 단구(斷口). 절단면. ②사물이나 사건의 여러 현상 가운데 한 부분적인 측면. ¶ 사회의 한 단면을 나타낸 사건.

단ː면-도(斷面圖) 명 제도(製圖)에서, 물체를 평면으로 자른 것처럼 가정하여 그 내부 구조를 그린 그림(도면).

단ː면-상(斷面相) 명 단면의 모양.

단ː-면적(斷面積) 명 단면의 면적.

단ː멸(斷滅) 명하자 끊어져 망해 버림.

단ː명(短命) 명하형 ①짧은 목숨, 또는 목숨이 짧음. (높)단수(短壽). ↔장명. ②'조직 따위가 오래가지 못하고 곧 무너짐'을 비유하여 이르는 말. ¶ 단명 내각.

단ː명-구(短命句)[-꾸] 명 작자의 단명을 암시하는 것 같은 내용의 시구나 문구.

단-명수(單名數) 명 한 가지 단위만으로 표시되는 명수. 〔1분 30초를 90초로 이르는 따위.〕 ↔복명수.

단명^어음(單名-) 명 어음상의 채무자가 단 한 사람인 어음. 〔배서(背書)가 없는 약속 어음이나 자기를 인수인으로 하여 발행한 환어음 따위.〕 ↔복명 어음·자기앞 어음.

단모(旦暮) 명 새벽녘과 해질녘. 아침과 저녁. 단석(旦夕). 조석(朝夕).

단ː모(短毛) 명 짧은 털. 잔털. ↔장모.

단-모금(單-) 명 단 한 모금. 《주로, '단모금에'의 꼴로 쓰임.》 ¶ 단모금에 마시다.

단-모음(單母音) 명 모음의 한 갈래. 소리를 낼 때 처음부터 끝까지 같은 소리로 소리 나는 모음. 'ㅏ·ㅓ·ㅗ·ㅜ·ㅡ·ㅣ·ㅐ·ㅔ·ㅚ·ㅟ' 등이 이에 딸림. 〔소리 낼 때, 혀의 위치에 따라 전설 모음·중설 모음·후설 모음으로, 혀의 높낮이에 따라 고모음·중모음·저모음으로, 입술의 모양에 따라 원순 모음·평순 모음으로 나뉨.〕 홑홀소리.

단-목(單-) 명 〈단대목〉의 준말.

단목(丹木) 명 ☞다목.

단목(椴木) 명 ☞피나무.

단목(檀木) 명 '박달나무'로 순화.

단-무지 명 일본식 무짠지. 새들새들하게 말린 무에 소금과 쌀겨를 고루 뿌린 다음, 돌로 눌러 담금.

단ː무타려(斷無他慮) 명하형 다른 걱정을 할 필요가 조금도 없음.

단문(袒免) 명 시마(緦麻) 이하의 복(服)에서, 두루마기의 오른쪽 소매를 꿰지 않고 머리에 사각건(四角巾)을 쓰는 상례(喪禮).

단문(單文) 명 ☞홑문장. ↔복문.

단ː문(短文) 명 ①짤막한 글. 짧은 문장. ↔장문. ②하형 글을 아는 것이 그리 넉넉하지 못함.

단문(端門) 명 정전(正殿) 앞에 있는 정문.

단ː문(斷紋) 명 ☞문편(紋片).

단문-고증(單文孤證) 명 〔한쪽의 문서에 의한 오직 하나뿐인 증거라는 뜻으로〕 '불충분한 증거'를 이르는 말.

단문-친(袒免親) 명 상례(喪禮)에서, 복을 입지 않아도 되는 가까운 친척. 종고조부·고대고모·재종 증조부·재종 증대고모·삼종 조부·삼종 대고모·삼종 백숙부·삼종 고모·사종 형제자매를 통틀어 이르는 말. 무복친(無服親).

단-물[1] 명 ①민물. ↔짠물. ②단맛이 나는 물. ③칼슘염·마그네슘염 따위의 광물질이 섞이지 않았거나 적게 섞인 물. 빨래나 공업용수로 알맞음. 연수(軟水). ↔센물. ④'알맹이 또는 잇속 있는 부분'을 비유하여 이르는 말. ¶ 단물만 빨아먹다.

단-물[2] 명 어떤 대상이 가지고 있는 본래의 색. ¶ 단물이 빠진 낡은 옷.

단물-고기[-꼬-] 명 ☞민물고기.

단물-나다[-라-] 자 옷 따위가 오래되어 빛깔이 바래고 바탕이 해지게 되다.

단ː미(斷尾) 명하자타 (맵시를 내기 위하여, 또는 병을 예방하기 위하여) 가축의 꼬리를 자름.

단-바둑(段-)[-빠-] 명 ☞단기(段棋).

단박 명 그 자리에서 바로. 《주로, '단박에'의 꼴로 쓰임.》 ¶ 단박에 먹어치우다.

단ː-반경(短半徑) 명 ☞짧은반지름.

단발(單發) 명 ①발동기를 하나만 가진 것. ¶ 단발 항공기. ②한 번의 발사. ③(연발 소화기로) 방아쇠를 당길 때마다 탄알이 하나씩 나가게 하는 일. ④〈단발총〉의 준말. ⑤야구 경기에서, 다만 하나의 안타로 그쳐, 득점에 연결되지 못하는 일. ②~④↔연발(連發).

단ː발(短髮) 명 짧은 머리털. ↔장발.

단ː발(斷髮) 명하자 ①머리털을 짧게 깎거나 자름, 또는 그 머리털. ②앞머리털은 눈썹 위에서 자르고, 뒷머리털은 목덜미 언저리에까지 내리도록 자르는 여성의 머리 모양, 또는 그렇게 자르는 일.

단발-기(單發機) 명 발동기를 하나만 장치한 항공기. (참)쌍발기.

단ː발-령(斷髮令) 명 조선 고종 32(1895)년에 을미개혁의 일환으로 백성들에게 상투를 없애고 머리를 짧게 깎게 한 명령.

단ː발-머리(斷髮-) 명 여자의 단발한 머리, 또는 그런 머리 모양의 여자.

단발-식(單發式)[-씩] 명 항공기 따위에서 발동기를 하나만 장치한 양식.

단발-총(單發銃) 명 총을 쏠 때마다 탄알을 하나씩 재어 쏘게 되어 있는 총. (준)단발. (참)연발총.

단-밤명 ☞감률(甘栗).
단방(單方)명 ①〈단방문〉의 준말. ②〈단방약〉의 준말. ③신통하게 효력이 좋은 약. ①②↔복방.
단방(單放)명 《주로 '단방에'의 꼴로 쓰이어》 ①(총포의) 단 한 방, 또는 한 번 쏘는 일. ¶ 단방에 명중시키다. ②뜸을 단 한 번 뜨는 일. ③☞단번(單番).
단-방(單房)명 하나밖에 없는 방. 단 한 칸의 방. 단칸방. ¶ 단방 거처.
단ː방(斷房)명하자 방사(房事)를 끊음.
단-방문(單方文)명 한 가지 약만으로 처방한 방문. 준단방.
단방-약(單方藥)[-냑]명 한 가지 약재만으로 병을 다스리는 약. 준단방.
단방-치기(單放-)명 ①하타 단방에 해치움. ②(되든 안 되든 간에 결말을 내는) 마지막 한 번.
단-배명 입맛이 좋아 음식을 달게 많이 먹을 수 있는 배. ¶ 단배를 곯리다./단배를 주리다.
단배(單拜)명하자 한 번 절함, 또는 한 번만 하는 절.
단배(團拜)명하자 여러 사람이 한자리에 모여 함께 절함, 또는 그렇게 하는 절.
단배-식(團拜式)명 단체 등에서, 여럿이 모여 한꺼번에 절을 하는 의식.
단ː백(蛋白)명 ①달걀·새알 등 날짐승 알의 흰자위. 난백. ②단백질로 이루어진 것. ¶ 오줌에 단백이 섞여 나오다. ③〈단백질〉의 준말.
단ː백-광(蛋白光)[-꽝]명 물체의 밀도 등으로 굴절률이 고르지 않을 때, 물체 내부에 입사한 광선이 산란하여 나타나는 산광(散光)의 한 가지.
단ː백-뇨(蛋白尿)[-뱅-]명 (신장 질환이나 과격한 운동 등이 원인이 되어) 오줌 속에 일정량 이상의 단백질이 섞이어 나오는 상태.
단ː백^분해^효ː소(蛋白分解酵素)[-뿐-]명 ☞단백 소화 효소.
단백-사위[-싸-]명 윷놀이의 마지막 판에, 이편에서 한 번 윷을 던져 이기지 못하면, 상대편에서는 도만 나도 이기게 되어 있을 경우에 이편의 말을 이르는 말.
단ː백-석(蛋白石)[-썩]명 함수 규산이 주성분인 광물. 〔반투명 또는 불투명으로 진주 빛깔의 광택을 냄.〕 오팔.
단ː백^소화^효ː소(蛋白消化酵素)[-쏘-]명 사람의 소화액 중에 있는, 단백질을 분해하는 효소. 〔위액 중의 펩신, 이자액 중의 트립신 따위.〕 단백 분해 효소.
단ː백-유(蛋白乳)[-뱅뉴]명 카세인을 첨가하여 단백질의 함량을 늘린 우유.
단ː백-질(蛋白質)[-찔]명 생물체를 구성하는 고분자 유기물을 통틀어 이르는 말. 수많은 아미노산의 연결체로 동식물 세포의 원형질의 주성분이며, 많은 화학 반응의 촉매 역할 및 항체 형성 따위에 중요한 구실을 함. 흰자질. 준단백.
단백-호(單白虎)[-배코]명 ☞내백호(內白虎).
단번(單番)명 단 한 번. 한 차례. 단방(單放).
단번-에(單番-)부 단 한 번에. 즉시로. ¶ 단번에 이기다. /효력이 단번에 나타나다.
단-벌(單-)명 ①오직 그것뿐인 한 벌의 옷. ¶ 단벌 신사. ②(딴것은 없고) 오직 그것 하나뿐인 것. 단거리. 단건(單件).
단벌-가다(單-)자 오직 그것 하나뿐이고, 그 이상은 없다. ¶ 단벌가는 조종사.
단별(段別)명 어떤 단계나 단락을 단위로 하여 나눈 구별.
단ː병(短兵)명 적과 직접 맞붙어 싸울 때 쓰는 짧은 병기. 〔활에 대한 칼, 긴 창에 대한 짧은 창 따위.〕 ↔장병(長兵).
단ː병-접전(短兵接戰)[-쩐]명 짧은 병기를 가지고 적과 맞붙어 싸우는 싸움.
단보(段步)의 논밭의 면적을 나타내는 단위인 단. 우수리가 없을 때 쓰임. ¶ 5단보. 참정보(町步).
단복(單複)명 ①단수와 복수. ②테니스나 탁구 따위에서의, 단식과 복식.
단복-고창(單腹鼓脹)[-꼬-]명 한방에서, 배가 몹시 붓는 병을 이르는 말. 준고창.
단-본위(單本位)명 〈단본위제〉의 준말. ↔복본위.
단본위-제(單本位制)명 금 또는 은을 본위 화폐의 소재로 하는 본위 제도. 준단본위. ↔복본위제.
단-봇짐(單褓-)[-보찜/-볻찜]명 아주 간단하게 꾸린 하나의 봇짐. ¶ 단봇짐을 싸다.
단봉-낙타(單峯駱駝)명 낙타의 한 종류. 쌍봉낙타와 비슷하나 등에 육봉(肉峯)이 하나만 있고 다리가 길며 털이 짧음. 단봉약대. 참쌍봉낙타.
단봉-약대(單峯-)[-냑때]명 ☞단봉낙타.
단-분수(單分數)[-쑤]명 분모와 분자가 모두 정수로 된 보통의 분수, 또는 분수식. ↔번분수.
단분자-층(單分子層)명 고체 또는 액체 표면에 생기는, 두께가 1분자의 지름밖에 안 되는 얇은 층. 일분자층.
단ː불용대(斷不容貸)명하타 단연코 용서하지 아니함.
단-비명 꼭 필요할 때 알맞게 내리는 비. 감우(甘雨). 비자우(慈雨).
단비(單比)명 단식(單式)으로 된 비. 〔a:b 따위.〕 ↔복비(複比).
단비(團匪)명 지난날, 무장을 하고 떼를 지어 다니던 도둑.
단-비례(單比例)명 단식(單式)의 비례. 단순한 비례 관계. 〔2:4=10:20 따위.〕 ↔복비례.
단사(丹砂)명 ☞주사(朱砂). 진사(辰砂).
단사(單舍)명 〈단사리별〉의 준말.
단사(單絲)명 외가닥 실. 홑실.
단사(簞食)명 (대오리로 결어 만든) 도시락에 담은 밥. 도시락밥.
단-사리별(單舍利別)명 설탕(65%)을 증류수(35%)에 녹인 용액. 약제의 조미료로 쓰임. 〔'사리별'은 시럽의 한자음 표기.〕 준단사.
단사-자리(丹絲-)명 오랏줄에 묶였던 자국.
단사^정계(單斜晶系)[-계/-게]명 광물 결정계의 한 가지. 결정의 세 축 중에서 두 축은 경사지게 만나고, 다른 한 축은 그것과 직각으로 만나, 세 축의 길이가 각각 다른 결정의 형태. 〔운모·휘석·정장석 등이 이에 딸림.〕
단사-표음(簞食瓢飮)명 〔도시락밥과 표주박의 물이라는 뜻으로〕 ①'변변찮은 음식'을 이르는 말. ②'청빈한 생활'을 비유하여 이르는 말. 준단표.
단사-호장(簞食壺漿)명 〔도시락밥과 병에 담은 음료수라는 뜻으로〕 넉넉하지 못한 사람의 거친 음식을 이르는 말.
단ː산(斷産)명하자되자 ①(아이를 낳던 여자가) 아이를 못 낳게 됨. ②아이를 낳지 아니함.
단산^꽃차례(團繖-次例)[-꼳-]명 ☞단산 화서.
단산^화서(團繖花序)명 취산 화서의 한 변태로, 꽃자루가 없는 작은 꽃이 많이 모여 피는 화서. 〔수국 따위.〕 단산 꽃차례.

단-살(單-)명 오직 한 대의 화살. ¶ 적을 단살에 쓰러뜨리다.

단삼(丹蔘)명 ①꿀풀과의 다년초. 산지에 나는데, 줄기는 60 cm가량이고 전체에 털이 많음. 잎은 깃 모양의 겹잎인데 마주나며, 5~6월에 자줏빛 잔꽃이 핌. ②한방에서, 단삼의 뿌리를 말리어 약재로 이르는 말. 건위·정장·부인병 등에 쓰임.

단삼(單衫)명 ☞적삼.

단상(單相)명 유성 생식을 하는 생물에서, 감수 분열로 말미암아 염색체의 수가 절반으로 준 것. ↔복상(複相).

단ː상(短喪)명 삼년상(三年喪)의 기한을 짧게 줄여 한 해만 복을 입는 일.

단상(壇上)명 (연단이나 교단 등의) 단 위. ¶ 수상(受賞)하기 위해 단상에 오르다. ↔단하.

단ː상(斷想)명하자 때에 따라 떠오르는 단편적인 생각, 또는 그것을 적은 글.

단상^교류(單相交流)명 기전력(起電力)이 하나인 교류. 기전력이 둘 이상 있는 경우에도, 그 위상(位相)이 모두 같은 교류. 〔가정의 전등선과 같은 보통의 교류를 말함.〕 참다상 교류.

단색(丹色)명 붉은색.

단색(單色)명 ①한 가지 빛깔. ↔다색(多色). ②태양 광선을 프리즘으로 분석했을 때 나타나는 하나하나의 빛깔.

단색-광(單色光)[-꽝]명 파장이 일정하며 한 가지 색으로 된 광선. 스펙트럼으로 그 이상 분해되지 않는 광선. 준단광.

단색^인쇄(單色印刷)명 한 가지 빛깔의 잉크만을 써서 하는 인쇄, 또는 그러한 인쇄물.

단색-판(單色版)명 한 가지 빛깔로 인쇄하는 판.

단생-보험(單生保險)명 한 계약의 피보험자가 한 사람인 생명 보험. ↔연생보험.

단서(丹書)명 ①임금이 붉은 글씨로 공신(功臣)에게 써 주던 증서. ②금석(金石)에 새긴 글. ③죄명을 붉은 글씨로 쓴 형서(刑書).

단ː서(但書)명 본문 다음에 덧붙여, 본문의 내용에 대한 조건이나 예외 등을 밝혀 적은 글. 〔대개, '단' 또는 '다만'이라는 말을 먼저 씀.〕 ¶ 단서를 달다.

단서(端緖)명 ①일의 시초. ②(어떤 사건이나 문제를 푸는) 실마리. 끄트머리. ¶ 문제 해결에 단서가 되다. /살인 사건의 단서를 잡다.

단ː서-법(斷敍法)[-뻡]명 수사학에서, 문장에 힘을 주고 상상의 여지를 많이 두려고, 접속어를 생략하여 구(句)와 구의 관계를 끊어 적는 수사법. 〔'왔노라, 보았노라, 이겼노라' 따위.〕

단석(旦夕)명 ①아침과 저녁. 단모(旦暮). ②시간(시기)이 매우 절박한 상태. ¶ 명(命)이 단석에 달린 중환자.

단석(單席)명 ①한 겹만 깐 자리. ②외겹으로 만든 돗자리.

단석(端石)명 〈단계석(端溪石)〉의 준말.

단선(單線)명 ①외줄. ②〈단선 궤도〉의 준말. ↔복선(複線).

단선(團扇)명 (깁이나 종이로) 둥글게 만든 부채. 둥글부채.

단ː선(斷線)명하타 되자 ①선이 끊어짐, 또는 선을 끊음. ②전선(電線) 따위가 끊어져서 전류가 흐르지 않게 됨.

단선^궤ː도(單線軌道)명 하나의 궤도를 상행·하행하는 열차가 함께 사용하는 철길. 단선 철도. 준단선. ↔복선 궤도.

단-선율(單旋律)명 어떤 한 성부(聲部)가 주선율을 맡고, 다른 성부는 그것을 화성적으로 반주하는 음악 형식. 호모포니.

단선^철도(單線鐵道)[-또]명 ☞단선 궤도(單線軌道). 준단철.

단설(單設)명하타 제례에서, 신주(神主) 한 위(位)만을 모셔 제사 지냄. 참합설(合設).

단성(丹誠)명 거짓이 없는 참된 정성. 마음에서 우러나는 뜨거운 정성. 단정(丹精). 단충. 적성.

단성(單性)명 생물이, 암수 가운데 어느 한쪽의 생식 기관만을 가지는 일.

단성(單聲)명 음악에서, 남성(男聲) 또는 여성(女聲)의 어느 한 성부만인 것, 또는 그런 악곡.

단성^결실(單性結實)[-씰]명 속씨식물에서 수정하지 않고, 단순히 어떤 자극으로 말미암아 씨방이 발달하여 씨 없는 열매를 맺는 일. 단위 결실.

단성부^음악(單聲部音樂)명 단선율의 음악, 또는 그 형식. 참다성부 음악.

단성^생식(單性生殖)명 ☞단위생식.

단성^잡종(單性雜種)[-쫑]명 멘델식 유전을 하는 한 쌍의 대립 형질 사이의 잡종. ↔다성 잡종.

단성^합창(單聲合唱)명 음악에서, 단성으로 이루어지는 합창.

단성-화(單性花)명 수술이나 암술의 어느 한쪽만 가진 꽃. 자웅 이화(雌雄異花). ↔양성화.

단세(單稅)명 조세(租稅)로서 단 한 가지만을 인정하는 일.

단-세포(單細胞)명 (그것만으로 한 생물체를 이루는) 단 하나의 세포. 단포. ↔다세포.

단세포^동ː물(單細胞動物)명 한 개체가 하나의 세포로 된 동물. ↔다세포 동물.

단세포^생물(單細胞生物)명 하나의 세포로 이루어진 생물. 〔세균류·원생동물·하등 조류(藻類) 따위.〕 ↔다세포 생물.

단세포^식물(單細胞植物)[-싱-]명 한 개체가 하나의 세포로 된 식물. ↔다세포 식물.

단세포-적(單細胞的)관명 생각이 단순하거나 차원이 낮아 하나밖에 모르는 (것). ¶ 단세포적 사고. /단세포적인 논리.

단ː소(短小)명하형 짧고 작음.

단ː소(短所)명 ☞단점.

단ː소(短簫)명 국악기의 한 가지. 오래된 대로 만든 관악기로, 퉁소보다 좀 짧고 가늘며, 구멍은 앞에 넷, 뒤에 하나임.

단소(壇所)명 제단(祭壇)이 있는 곳.

단속(團束)명하타 ①되자주의를 기울여 단단히 다잡거나 보살핌. ¶ 업무를 단속하다. ②법률·규칙·명령 따위를 어기지 않게 통제함.

단ː속(斷續)명하자타 끊어졌다 이어졌다 함.

단-속곳(單-)[-꼳]명 여자의 한복 차림에서, 치마 속에 입는 통이 넓은 바지 모양의 속옷. * 단속곳이[-꼬시]·단속곳만[-꼰-]

단ː속-기(斷續器)[-끼]명 전자석이나 유도 코일 등으로 전로(電路)를 단속시키는 장치.

단ː속-음(斷續音)명 끊어졌다 이어졌다 하는 소리.

단ː속-적(斷續的)[-쩍]관명 끊어졌다 이어졌다 하는 (것). ¶ 단속적 포성. /단속적으로 울리는 신호.

단-손(單-)명《주로 '단손에'·'단손으로'의 꼴로 쓰이어》①혼잣손. ¶ 단손으로 칠남매를 키우다. ②단지 한 번 쓰는 손. ¶ 큰 바위를 단손에 들어올렸다.

단ː-솥[-솓]명 불을 때어 열에 달아 있는 솥. ＊단ː솥이[-소치]·단ː솥을[-소틀]·단ː솥만[-솓-]
단솥에 물 붓기속담 〔달아 있는 솥에 물을 조금 부어 보아야 금방 증발해 버린다는 뜻으로〕 '상황이 매우 심한 지경에 이르러 조금 손을 써 보아야 이를 진정시킬 수는 없음'을 이르는 말.
단수(段數)[-쑤]명 ①(여러 단으로 나뉜) 단위(段位)의 수. ¶ 바둑 단수. ②술수를 쓰는 재간의 정도. ¶ 단수가 매우 높다.
단수(單手)명 ①바둑에서, 한 수로 상대편의 돌을 잡게 되는 수. ②☞외통수. 외통.
단수(單數)명 ①하나인 수. 단일한 수. 홑셈. 홑수. ②한 사람이나 한 사물을 나타내는 말, 또는 그것에 상응하는 문법 형식. ↔복수(複數).
단ː수(短袖)명 짧은 소매.
단ː수(短壽)명하형 〈단명(短命)〉의 높임말.
단수(端數)[-쑤]명 ①☞우수리. ②수학에서, '끝수'의 구용어.
단ː수(斷水)명하타되자 ①물길이 막힘, 또는 물길을 막음. ②수도(水道)의 급수가 끊어짐, 또는 급수를 끊음.
단ː-수로(短水路)명 수영 경기장에서, 수로가 25 m 이상 50 m 미만인 것. ↔장수로(長水路).
단순(丹脣)명 (젊은 여자의) 아름답고 붉은 입술. 연지를 바른 입술. 주순(朱脣).
단순(單純)명하형 ①복잡하지 않고 간단함. ¶ 구조가 단순하다. ②외곬으로 순진하고 어수룩함. ¶ 꾸밈이 없는 단순한 성격. **단순-히**부 ¶ 이 문제는 단순히 생각하면 안 된다.
단순^개ː념(單純槪念)명 더 이상 분석할 수 없는 개념. 개념과 내포가 일치하는 개념. 〔산·사람·높다·좋다 따위.〕 ↔복합 개념.
단순^노동(單純勞動)명 전문적인 기능이 없어도 할 수 있는 단순한 육체노동. ↔복잡노동·숙련노동.
단순^단ː백질(單純蛋白質)[-찔]명 알파 아미노산과 그 유도체만으로 이루어진 단백질.
단순-림(單純林)[-님]명 같은 종류의 나무들만으로 이루어진 숲. ↔혼성림·혼효림.
단순^사회(單純社會)[-회/-훼]명 분업이나 분화가 이루어지지 않아 필요한 모든 기능이 전체 속에서 수행되는, 가장 낮은 형태의 사회. ↔복합 사회.
단순^산ː술^평균(單純算術平均)명 몇 개의 수를 더하여 그 개수로 나눈 수. 준단순 평균. ↔가중 산술 평균.
단순^상품^생산(單純商品生産)명 생산자 스스로가 생산 수단과 노동력을 가지고 상품을 만드는 일.
단순^설립(單純設立)명 주식회사의 발기인이 정관을 작성하고 모든 주식을 도맡아 하는 회사의 설립. 동시 설립. 인수 설립.
단순^승인(單純承認)명 상속인이 피상속인의 채무를 포함한 재산상의 모든 권리와 의무를 제한 없이 이어받을 것을 승인하는 일. ↔한정승인.
단순-어(單純語)명 ☞단일어.
단순^온천(單純溫泉)명 늘 25 ℃ 이상의 온도를 지니며, 물 1 kg에 함유된 유리 탄산 및 고형(固形) 성분이 1 g 이하인 온천. 단순천.
단순-음(單純音)명 상음(上音)이 섞이지 않은 단일 진동수의 음. 〔소리굽쇠를 가볍게 두드렸을 때에 나는 소리와 같은 것.〕 단음. 순음.
단순^음표(單純音標)명 ☞민음표.
단순-장(單純葬)명 한 번 장사 지내고 그치는 장법(葬法). ↔복장(複葬).
단순^재ː생산(單純再生産)명 추가 투자가 이루어지지 않고, 같은 규모로만 되풀이되는 생산. 참축소 재생산·확대 재생산.
단순-천(單純泉)명 ☞단순 온천.
단순^평균(單純平均)명 〈단순 산술 평균〉의 준말.
단순-호치(丹脣皓齒)명 〔붉은 입술과 하얀 이라는 뜻으로〕 '여자의 썩 아름다운 얼굴'을 이르는 말. 주순호치(朱脣皓齒). 호치단순.
단순-화(單純化)명하타되자 단순하게 됨. 단순하게 함. ¶ 표현 기법의 단순화.
단-술명 엿기름을 우린 물에 지에밥을 넣고 삭혀서 달인 음식. 감주. 감차(甘茶). 참식혜.
단숨-에(單-)부 단번에 내쳐서. 쉬거나 그치지 않고 곧장. 한숨에. ¶ 술 한 잔을 단숨에 들이켜다. /험한 고개를 단숨에 넘다.
단승(單勝)명 〈단승식〉의 준말.
단승-식(單勝式)명 경마(競馬)나 경륜(競輪) 따위에서, 1등을 맞히는 방식. 준단승. 참연승식.
단ː시(短視)명 소견이 좁아 앞일을 내다보지 못하는 일. 시야가 좁아 사물의 전모를 관찰하지 못하는 일.
단ː시(短詩)명 짧은 형식의 시. ↔장시(長詩).
단ː시(短蓍)명 〈단시점〉의 준말.
단ː-시간(短時間)명 짧은 시간. ↔장시간.
단ː-시일(短時日)명 짧은 시일. ↔장시일.
단ː시-점(短蓍占)[-쩜]명 솔잎 따위로 간단히 치는 점. ¶ 단시점을 치다. 준단시.
단-시조(單時調)명 한 주제로 한 수(首)를 이룬 시조, 또는 그런 형식. 참연시조.
단ː-시조(短時調)명 ☞평시조(平時調).
단식(單式)명 ①단순한 형식이나 방식. ②〈단식 경기〉의 준말. ③〈단식 부기〉의 준말. ④한 항(項)으로 된 산식(算式). ↔복식(複式).
단ː식(斷食)명하자 일정 기간 음식물을 먹지 않음. 절곡(絶穀). 절식(絶食). 비금식(禁食).
단식^경ː기(單式競技)[-경-]명 테니스나 탁구 등에서 일 대 일로 겨루는 경기. 준단식. ↔복식 경기.
단ː식-기도(斷食祈禱)[-끼-]명하자 얼마 동안 음식을 먹지 않고 드리는 기도.
단ː식^동맹(斷食同盟)[-똥-]명 항의의 표시나 요구한 일을 이루기 위하여 단식하는 시위 행위. 기아 동맹(飢餓同盟).
단식^부기(單式簿記)[-뿌-]명 계정 과목 사이에 유기적 관계가 없이 단순히 재산 구성 부분의 변동만을 기장하는 부기. 〔손익 계산의 상세한 내용을 기록할 수 없어 소규모 기업이나 간단한 회계에 널리 쓰임.〕 준단식. ↔복식 부기.
단식-성(單食性)[-썽]명 한 종류의 생물만을 먹고 사는 동물의 식성. ¶ 단식성 동물.
단ː식^요법(斷食療法)[-싱뇨뻡]명 병을 단식으로써 다스리는 치료법. 기아 요법. 절식 요법.
단식^인쇄(單式印刷)명 특수한 타자기로 찍은 것을 원판으로 하여, 사진 평판을 만들어서 하는 평판 인쇄.
단ː식-재(斷食齋)[-째]명 가톨릭에서, 예수의 고난을 기념하여 죄와 욕정을 극복하고 그리스도에게 헌신하는 뜻으로, 음식물의 양과 종류를 제한하는 의식. 〔재의 수요일, 사순절의 금·토요일, 사계(四季)의 각 재일(齋日), 축일(祝日) 전날 등에 행함.〕

단:식^투쟁(斷食鬪爭)명 자신의 요구를 관철하기 위하여 단식을 하며 시위하는 일.

단식^화:산(單式火山)[-시콰-]명 화구가 하나뿐인 원추형의 화산.

단신(單身)명 혼자의 몸. 홑몸. 《주로, '단신으로'의 꼴로 쓰임.》 ¶ 단신으로 사업을 꾸리다.

단:신(短身)명 ☞단구(短軀). ↔장신(長身).

단:신(短信)명 ①짤막하게 쓴 편지. ②짤막한 보도. 토막 소식.

단신-복엽(單身複葉)명 복엽의 한 가지. 단엽처럼 잎사귀는 하나이나 잎꼭지에 마디가 있는 잎. 〔귤잎 따위.〕

단신-총(單身銃)명 총열이 하나인 엽총.

단실(單室)명 단 하나뿐인 방.

단실^자방(單室子房)명 ☞홑씨방. 준단자방. ↔복실 자방.

단심(丹心)명 정성스러운 마음. 적심(赤心). 충심(衷心).

단심-가(丹心歌)명 고려 말기에, 정몽주(鄭夢周)가 지은 시조. 이방원(李芳遠)의 '하여가(何如歌)'에 답한 것으로, 임금에 대한 충성심을 읊은 내용임.

단아(單芽)명 ☞홑눈. 참복아(複芽).

단아(端雅) '단아하다'의 어근.

단아-하다(端雅-)형여 단정하고 아담하다. ¶ 단아한 용모.

단악(丹堊)명 붉은 빛깔의 벽토(壁土), 또는 붉은 칠을 한 벽.

단:악(斷惡)명하자 악한 일을 하지 않음.

단:악-수선(斷惡修善)[-쑤-]명 불교에서, 악업을 끊고 선업을 닦아 선도(善道)에 들어가는 일.

단안(單眼)명 ☞홑눈.

단:안(斷岸)명 깎아지른 듯한 벼랑.

단:안(斷案)명 ①하타어떤 일에 대한 생각을 마지막으로 결정함, 또는 그 결정된 생각. ¶ 단안을 내리다. ②삼단 논법에서, 앞의 전제(前提)에서 이끌어 낸 결론(結論)을 이르는 말.

단-안경(單眼鏡)명 ①한쪽 눈에만 끼는 안경. ②한쪽 눈에 대고 보는 망원경.

단안^시:야(單眼視野)명 한쪽 눈만으로 그 위치를 변경하지 않고 보는 외계의 범위. ↔양안 시야.

단압(鍛壓)명하타 금속 재료를 단련하거나 압연(壓延)함.

단:애(斷崖)명 깎아지른 듯한 낭떠러지. 절애.

단:야(短夜)명 짧은 여름 밤. ↔장야(長夜).

단야(鍛冶)명하타 금속 재료를 벼리어 기구를 만듦. 대장일.

단약(丹藥)명 ☞선단(仙丹).

단양(端陽)명 ☞단오(端午).

단어(單語)명 문법상의 일정한 뜻과 구실을 가지는, 말의 최소 단위. 낱말[2].

단어^문자(單語文字)[-짜]명 낱낱의 글자가 단어에 상당하는 단위를 나타내는 문자. 〔한자(漢字) 따위.〕 표의 문자(表意文字).

단언(端言)명하자 바른말을 함, 또는 그 말.

단:언(斷言)명하타 딱 잘라서 말함. ¶ 자기 말이 틀림없다고 단언하다.

단:언-적(斷言的)관명 ☞정언적(定言的).

단엄(端嚴) '단엄하다'의 어근.

단엄침중(端嚴沈重)명하형 단엄하고 침착하여 무게가 있음.

단엄-하다(端嚴-)형여 (모습이나 태도가) 단정하고 위엄이 있다.

단:여(*短欐)명 기둥머리의 사개통에 들보나 도리를 받치기 위하여 가로나 세로로 얹어 놓는 짧은 나무. 단연(短椽).

단-여의(單女衣)[-녀의/-녀이]명 '홑으로 지은 속속곳'의 궁중말.

단역(端役)명 영화나 연극의 출연자 가운데서 중요하지 않은 간단한 배역, 또는 그러한 역을 맡은 배우. ¶ 단역도 감지덕지하던 풋내기 배우 시절. ↔주역(主役).

단:연(短椽)명 ☞단여(短欐).

단연(端硯)명 〈단계연(端溪硯)〉의 준말.

단:연(斷煙)명하자 담배를 끊음. 금연(禁煙).

단:연(斷然)[1]부 확실히 단정할 만하게. 단연코. ¶ 단연 반대한다. /단연 우세하다.

단연(斷然)[2] '단연하다'의 어근.

단:연-코(斷然-)부 ☞단연(斷然)[1].

단:연-하다(斷然-)형여 (흔들림이 없이) 맺고 끊음에 결연한 태도가 있다. ¶ 매사에 단연하신 분. **단연-히**부.

단열(單列)명 한 줄. 외줄.

단:열(斷熱)명하자 열의 전도를 막음.

단열^기관(單列機關)명 실린더가 한 줄로 되어, 하나의 크랭크축으로 동력을 다른 것에 전도하는 기관.

단열-로(鍛熱爐)명 ☞단공로.

단:열^벽돌(斷熱甓-)[-똘]명 도요(陶窯) 따위의 내화(耐火) 벽돌 바깥쪽에 열의 손실을 방지하기 위해 덧붙이는 벽돌. 〔벽돌 속에 기공을 많이 넣어 열전도율을 낮게 만든 특수한 벽돌임.〕

단:열^변:화(斷熱變化)명 열역학에서, 외부와의 사이에 열의 교환이 전혀 없는 조건에서 일어나는 물질의 상태 변화. 〔기체인 경우의 단열 압축이나 단열 팽창 따위.〕 ↔등온 변화.

단:열^압축(斷熱壓縮)명 외부의 열을 차단하여 물체(특히 기체)를 압축하는 단열 과정의 한 가지. 〔이때 물체의 온도가 올라감.〕 ↔단열 팽창.

단:열-재(斷熱材)[-째]명 열의 전도를 막는 데 쓰이는 건축 재료. 〔코르크·발포 스티렌 수지·유리 섬유 따위.〕

단:열^팽창(斷熱膨脹)명 외부의 열을 차단하여 물체(특히 기체나 액체)를 팽창시키는 단열 과정의 한 가지. 〔이때 물체의 온도가 내려감.〕 ↔단열 압축.

단엽(單葉)명 ①잎사귀의 몸이 작은 잎으로 갈라져 있지 않고 한 장으로 된 잎. 〔배나무·벚나무 따위의 잎.〕 홑잎. ②홑으로 된 꽃잎. 단판. 홑꽃잎. ③하나로 된 비행기의 주익. ↔복엽.

단엽-기(單葉機)[-끼]명 〈단엽 비행기〉의 준말. ↔복엽기(複葉機).

단엽^비행기(單葉飛行機)[-삐-]명 단엽으로 된 비행기. 준단엽기. ↔복엽 비행기.

단영(丹楹)명 ☞단주(丹柱).

단예(端倪)명 〔'端'은 산꼭대기, '倪'는 물가의 뜻〕 ①일의 처음과 끝. 일의 시종(始終). 전말(顚末). ②맨 가. 맨 끝. ③하타헤아려 앎. ¶ 도무지 단예할 수도 없는 사단(事端).

단오(端午)명 민속에서, '음력 오월 초닷샛날'을 명절로 이르는 말. 단양. 단옷날. 천중절.

단오-떡(端午-)명 ☞수리취떡.

단오-병(端午餠)명 ☞수리취떡.

단오^부적(端午符籍)명 민속에서, 단옷날 액을 물리친다 하여 주사(朱砂)로 써서 문이나 기둥에 붙이는 부적. 천중 부적(天中符籍).

단오^부채(端午-)명 조선 시대에, 임금이 단오절에 신하들에게 나누어 주던 부채. 단오선.
단오-선(端午扇)명 ☞단오 부채.
단오-장(端午粧)명 단옷날 나쁜 귀신을 없앤다는 뜻에서 하던 여자들의 치장.
단오-절(端午節)명 단오를 명절로 이르는 말. 중오절(重午節).
단ː옥(斷獄)명하타 죄를 결단하여 처리함.
단옷-날(端午-)[다논-]명 ☞단오.
단용-재(單用財)명 한 번의 사용으로 소모되는 재화.〔생산용 원자재·연료 따위.〕↔내용재(耐用財). 참비내구재(非耐久財).
단ː운(斷雲)명 조각구름.
단원(單元)명 ①어떤 주제를 중심으로 전개되는 학습 활동의 한 단위. 학습 단원. ②철학에서, 단일한 근원을 이름. ③☞단자(單子).
단원(團員)명 단체를 구성하고 있는 사람. 단체에 딸린 사람.
단원(團圓)¹명 (연극이나 소설 따위의) 결말. 끝. 마무리.
단원(團圓)² '단원하다'의 어근.
단원-론(單元論)[-논]명 ①☞일원론. ②우주의 만물은 모두 하나의 근원에서 비롯되었다고 주장하는 학설. 단원설. ↔다원론.
단원-설(單元說)명 ☞단원론(單元論).
단원-제(單院制)명 〈단원 제도〉의 준말. 일원제(一院制). ↔양원제.
단원^제ː도(單院制度)명 (의회를 상하 양원으로 구분하지 않고) 하나의 의원(議院)만 두는 의회 제도. 일원 제도. 준단원제. ↔양원 제도.
단원-하다(團圓-)형여 ①둥글다. ②(가정 따위가) 원만하다.
단원^학습(單元學習)[-씁]명 학습 단원을 미리 짜 놓고, 거기에 따라서 진행하는 학습.
단월(端月)명 '정월(正月)'을 달리 이르는 말.
단위(段位)명 검도·유도·태권도·장기·바둑 등에서, 기량의 정도를 나타내는 '단'의 등위.〔초단·2단·3단 따위.〕
단위(單位)명 ①길이·넓이·무게·양 등을 수치(數值)로 나타내기(재기) 위하여 계산의 기본으로 정해 놓은 기준.〔m·g·*l* 따위.〕②어떤 조직을 구성하는 데 기본이 되는 한 동아리. 무슨 일을 하는 데 그 기준이 되는 한 동아리. ¶ 핵가족 단위의 가족 구성./배급 물품을 마을 단위로 배분하다. ③(대학 등에서) 학습량을 측정하는 기준이 되는 양.〔보통, 학습 시간을 기준으로 정하며, 이수 과목의 단위 수에 따라 졸업이 인정됨.〕④불교에서, 선당(禪堂) 벽에 명패를 붙여 표시한 좌석을 이르는 말. ⑤한 위(位)의 신주(神主).
단위^결과(單爲結果)명 ☞단위 결실.
단위^결실(單爲結實)[-씰]명 수정하지 않고도 씨방이 발달하여 과실이 되는 현상.〔씨는 생기지 않음.〕단성 결실. 단위 결과.
단위-계(單位系)[-계/-게]명 몇 개의 기본 단위와 거기서 이끌어 낸 유도 단위가 하나의 계열을 이루는 계통적인 단위의 모임.〔CGS 단위계, MKS 단위계, MKSA 단위계 따위가 있음.〕
단위^노동조합(單位勞動組合)명 연합체의 구성 단위가 되는 개개의 노동조합.
단위^면ː적(單位面積)명 어떤 단위계에 있어서 넓이의 단위가 1이 되는 면적.〔CGS 단위계의 경우는 1 cm^2임.〕
단위^부대(單位部隊)명 일정한 편제에 따라 구성된 하나하나의 부대.
단위^상점(單位商店)명 한 종류나 같은 계통의 상품들을 전문으로 파는 소매점.〔운동구점·식품점 따위.〕↔백화점.
단위-생식(單爲生殖)명 유성 생식에서, 난세포가 수정하지 않은 상태에서 발생하기 시작하여 새 개체를 이루는 현상. 단성 생식. 처녀 생식. ↔양성 생식.
단위성^의존^명사(單位性依存名詞)[-썽-]명 수효나 분량 등의 단위를 나타내는 의존 명사.〔사람 두 명, 강아지 세 마리, 양말 다섯 켤레에서 '명', '마리', '켤레' 따위.〕명수사.
단위-제(單位制)명 교육 과정 이수 제도의 한 가지. 학습량을 단위 수로 계산하여, 일정한 단위 수를 마친 경우에 수료나 졸업을 인정하는 제도. 참학점제.
단음(單音)명 ①☞단순음(單純音). ②발음하는 동안 줄곧 한 가지 소리로만 나는 모음 및 자음.〔모음 'ㅏ·ㅓ·ㅗ·ㅜ·ㅣ·ㅐ·ㅔ·ㅚ·ㅟ', 자음 'ㄱ·ㄴ·ㄷ·ㄹ·ㅁ·ㅂ·ㅅ·ㅇ·ㅈ·ㅎ·ㄲ·ㄸ·ㅃ·ㅆ·ㅉ'임.〕홑소리. ③음악에서, 단일한 선율만을 내는 소리. ①②↔복음(複音).
단ː음(短音)명 짧게 나는 소리. 짧은소리. ↔장음.
단ː음(斷音)명 ①하자 내던 소리를 끊음. ②발음과 동시에 곧 끊어지는 자음.〔파열음·촉음(促音) 따위.〕↔속음(續音).
단ː음(斷飮)명하자 (술을 즐겨 마시던 이가) 술을 끊음. 금주(禁酒). 단주(斷酒).
단ː-음계(短音階)[-계/-게]명 음계의 한 가지. 둘째와 셋째, 다섯째와 여섯째 음 사이의 음정이 반음인 음계.〔대체로 슬픔이나 감상적인 느낌을 나타냄.〕마이너. 몰(Moll). 참장음계.
단ː음^기호(斷音記號)명 음을 짧게 끊어 연주하거나 노래하라는, 악보 기호 '·'의 이름. 스타카토.
단음^문자(單音文字)[-짜]명 언어를 표음적(表音的)으로 표기하는 문자 체계에서, 자음과 모음으로 구분되는 낱낱의 자모가 단음을 나타내는 글자.〔한글 자모와 알파벳이 이에 딸림.〕
단-음악(單音樂)명 단선율의 음악, 또는 그 형식. 모노포니.
단음절-어(單音節語)명 한 음절로 이루어진 단어.〔배·손·발·개·강 따위.〕참다음절어.
단ː-음정(短音程)명 장음정(長音程)보다 반음 낮은 음정.〔단2도·단3도·단6도 등.〕
단ː음^주법(斷音奏法)[-뻡]명 낱낱의 음을 끊어서 연주하는 연주법.
단의(單衣)[다늬/다니]명 ①☞홑옷. ②☞속곳.
단-익공(單翼工)[-꽁]명 궁궐이나 전각 등에서와 같이 포살미한 집의 기둥 위에 얹히는, 하나의 촛가지가 달린 나무.
단인(端人)¹명 단정한 사람.
단인(端人)²명 조선 시대의 외명부의 한 품계. 정·종팔품 문무관의 아내를 일컫던 말.
단일(單一)명하형 ①단 하나로 되어 있음. ¶ 남북 단일 팀. 비단독. ②다른 것이 섞이지 않고 순수함. ¶ 단일 생산. ③(구성이나 구조가) 복잡하지 않음. ¶ 단일 구조./단일한 사건.
단ː일(短日)명 낮 동안이 밤보다 짧은 날. 일조(日照) 시간이 짧은 날.
단일^경작(單一耕作)명 ①일정한 농경지에 한 가지 작물만을 농사짓는 일. ②☞일모작. 준단작.
단일^경제(單一經濟)명 경제 주체가 한 자연인으로 된 경제.
단일-국(單一國)명 ☞단일 국가. ↔복합국.
단일^국가(單一國家)[-까]명 단일한 주권으로 구성된 국가. 단일국.

단일^기계(單一機械)[-계/-게]명 복잡한 기계를 구성하는 요소가 되는, 간단한 기계.〔지레·도르래·축바퀴 따위.〕준단기(單機).
단일-란(單一卵)명 난세포 안에 난황(卵黃)을 축적하고 있는 알.〔동물의 알의 일반적인 형태임.〕↔복합란.
단일^목적^댐(單一目的dam)[-쩍-]명 한 가지 목적만을 위하여 설비한 댐. ↔다목적 댐.
단일-물(單一物)명 그 자체 하나만으로 하나의 독립된 개체를 이룬 것.
단일^민족(單一民族)명 단일한 인종으로써 나라를 이룬 민족.
단일-성(單一性)[-썽]명 단일한 성질.
단:일^식물(短日植物)[-싱-]명 일조 시간이 짧아야 꽃이 피는 식물. ↔장일 식물.
단일신-교(單一神敎)[-씬-]명 여러 신을 인정하면서, 그 가운데서 특히 한 신을 최고신으로 숭배하는 종교.
단일-어(單一語)명 하나의 형태소로 이루어진 단어.〔집·꽃·바다 따위.〕단순어. 참복합어.
단일^진:자(單一振子)명 ☞단진자.
단일^현운동(單一弦運動)명 ☞단진동 운동. 준단현운동.
단일-화(單一化)명하자타되자 하나로 됨, 또는 하나로 만듦. ¶ 명령 계통을 단일화하다.
단일^환:율(單一換率)명 통화 환율을 단 하나의 공정 환율(公定換率)로 통일 고정시킨 환율.
단자(單子)명 ①부조(扶助)나 선사 따위, 남에게 보내는 물품의 품목과 수량을 적은 종이. ②사주나 폐백을 보낼 때, 그 내용물을 적은 종이. ③철학에서, 실재를 구성하는 형이상학적인 개체나 단위를 이르는 말. ③단원(單元)·모나드.
단자(單字)[-짜]명 한자(漢字)의, 낱개(낱낱)의 글자.〔'江·山·册' 따위.〕
단:자(短資)명 (금융 기관이나 증권 회사 사이에 서로 꾸어 주고 받는) 단기성 자금. 대출자 편에서는 콜론, 차입자 편에서는 콜머니라고 부름.
단자(端子)명 전기 회로나 전기 기기 따위에서, 전극을 접속시키는 곳에 붙이는 쇠붙이. 터미널.
단자(團餈·團子)명 '경단'으로 순화.
단자(緞子)명 광택과 화려한 무늬가 있는, 수자직(繻子織)의 견직물.
단자-론(單子論)명 단자를 궁극의 원리로 해서 형이상학을 구성하려는, 독일 라이프니츠의 학설.〔단자가 각기 우주를 구성하는 원리에 의해서 온 우주가 구성된다는 이론.〕모나드론.
단-자방(單子房)명 〈단실 자방〉의 준말.
단:자^시:장(短資市場)명 단기 자금이 거래되는 시장.〔할인 시장과 콜 시장이 있음.〕
단:자-업자(短資業者)[-짜]명 단자 시장에서, 금융 기관 상호 간의 단자 거래의 중개를 업으로 하는 사람.
단-자엽(單子葉)명 ☞외떡잎. ↔복자엽.
단자엽-식물(單子葉植物)[-씽-]명 ☞외떡잎식물.
단-자예(單雌蕊)명 한 개의 심피(心皮)로 이루어진 암꽃술.〔복숭아·완두 따위.〕↔복자예.
단-자음(單子音)명 소리의 성질이 단음(單音)인 자음. 곧, 'ㄱ·ㄴ·ㄷ·ㄹ·ㅁ·ㅂ·ㅅ·ㅇ·ㅈ·ㅎ·ㄲ·ㄸ·ㅃ·ㅆ·ㅉ'의 15자.〔다만, 'ㄲ·ㄸ·ㅃ·ㅆ·ㅉ'은 글자 모양은 겹이지만 소리는 홑임.〕홑닿소리. ↔복자음.
단자^전:압(端子電壓)명 (전등이나 전동기 등) 전기 에너지를 쓰는 장치의 단자 사이에 나타나는 전압.
단:자^회:사(短資會社)[-회-/-훼-]명 6개월 이내의 단기 어음의 발행·할인·매매·보증 등의 업무를 영위하는 회사.
단작(單作)명하타 〈단일 경작〉의 준말.
단작-노리개(單作-)[-장-]명 (세 개로 한 벌을 이루는 삼작노리개에 대하여) 홑벌로 된 노리개.〔생일 잔치나 그 밖의 경사 때에 닮.〕참삼작노리개.
단작^농업(單作農業)[-장-]명 단일 경작으로 하는 농사 방식. 참다각 농업.
단:작-스럽다[-쓰-따][~스러우니·~스러워]형ㅂ (하는 짓이나 말이) 보기에 치사하고 더러운 데가 있다. ¶ 잇속만 찾아 발발게 설치는 단작스러운 사람. 큰던적스럽다. **단작스레**부.
단잔(單盞)명 ①다만 한 잔. ②제사 때, 단헌(單獻)으로 드리는 잔.
단-잠명 기분이 좋은 상태로 깊이 든 잠. 달게 자는 잠. ¶ 단잠이 들다. /단잠을 깨우다. /단잠에 취하다.
단장(丹粧)명하타되자 ①화장을 하고 머리나 옷차림 따위를 매만져서 맵시 있게 꾸밈. ¶ 모처럼 얼굴을 곱게 단장하신 어머님. ②손을 대어 산뜻하게 꾸밈. ¶ 집을 새로 단장하다.
단:장(短杖)명 짧은 지팡이. 손잡이가 꼬부라진 짧은 지팡이. 개화장(開化杖).
단:장(短墻)명 낮은 담장.
단장(團長)명 (일정한 조직체를 이룬) 단의 우두머리.
단:장(斷章)명 ①시(詩)나 문장의 일부분. 시문의 도막. ②(일정한 구성 없이) 산문체로 쓴 토막글.
단:장(斷腸)명 '창자가 끊어질 듯한 슬픔이나 괴로움'을 이르는 말.《주로, '단장의'의 꼴로 쓰임.》¶ 단장의 아픔을 딛고 일어서다.
단장-고(丹粧-)명 사냥하는 매의 몸에 꾸미는 치장.
단:장-곡(斷腸曲)명 애끊는 듯이 슬픈 곡조.
단:장-적구(斷章摘句)[-꾸]명 (고전이나 원전의 일부를) 따온 글귀.
단:장^취:의(斷章取義)[-의/-이]명 남의 시문 중에서, 작자의 본뜻이나 전체의 뜻에 구애되지 않고 자기가 필요한 부분만을 끊어 내어 빌려 쓰는 일.
단:재(短才)명하형 재주가 변변하지 못함, 또는 그런 재주. 비재(菲才). 천재(淺才). 비둔재.
단:재-기(斷裁機)명 종이나 제본 과정의 책 따위를 필요한 치수에 맞게 도련하는 기계. 재단기.
단장고명 〈옛〉단장고. ¶ 단장고 샌깃체 방울 소릐 더욱 갓틔(古時調).
단-적(端的)[-쩍]관명 ①명백한 (것). ¶ 단적 증거. ②(에두르거나 수식함이 없이) 곧바르고 솔직한 (것). ¶ 단적인 표현으로 효과를 거두다.
단전(丹田)명 ①☞삼단전(三丹田). ②(일반적으로) '배꼽' 아래로 약 3cm 되는 곳'을 이르는 말. 하단전(下丹田).
단전(單傳)명하타되자 ①다만 그 사람에게만 전함. ¶ 이 정보는 귀하를 위한 단전임. ②불교에서, '이심전심으로 전해짐'을 이르는 말.
단:전(短箭)명 짧은 화살.
단:전(斷電)명되자 (공사나 그 밖의 사정으로) 전기의 공급이 중단되거나 공급을 중단함.

단전-호흡(丹田呼吸)명 하단전으로 하는 호흡 방법. 몸과 마음의 건강을 위하여 함. 참복식 호흡.

단ː절(短折)명하자 젊은 나이에 죽음. 요절(夭折). ¶ 단절한 천재 시인(詩人).

단ː절(斷切·斷截)명하자타되자 자름. 끊음. 《주로, 종이·책·물건 따위의 구체적인 사물에 쓰임.》 절단(切斷). ¶ 절단기로 종이를 단절하다. /손가락을 단절하여 혈서를 쓰다.

단ː절(斷折)명하타되자 꺾음. 부러뜨림.

단ː절(斷絕)명하타되자 ①어떤 관계나 교류를 끊음. 절단. ¶ 국교를 단절하다. ②흐름이 연속되지 아니함. ¶ 후사(後嗣)가 단절되다. /대화가 단절되다. 비두절(杜絕).

단ː점(短點)[-쩜]명 (여느 것과 비교하여) 모자라거나 흠이 되는 점. 결점(缺點). 단소(短所). 단처(短處). ¶ 디자인은 좋으나 실용성이 부족한 단점이 있다. ↔장점(長點).

단접(鍛接)명하타 쇠붙이를 붙이는 방법의 한 가지. 붙일 부분에 열을 가하여 녹인 다음, 망치로 두드리거나 압력을 가하여 붙임.

단정(丹頂)명 〈단정학〉의 준말.

단정(丹精)명 ☞단성(丹誠).

단정(單精)명 수정할 때, 한 개의 난자에 한 개의 정자가 들어가는 일. ↔다정(多精).

단ː정(短艇)명 ①본선(本船)과 부두 사이를 오가며 여객이나 화물을 실어 나르는 작은 배. ②갑판이 없거나 절반만 있는, 서양풍의 작은 배. ②보트.

단정(端正) '단정(端正)하다'의 어근.

단정(端整) '단정(端整)하다'의 어근.

단ː정(斷定)명하자타되자 ①분명한 태도로 결정함. ¶ 그 일을 실행하기로 단정하다. ②명확하게 판단을 내림, 또는 그 판단. ¶ 그의 소행으로 단정할 만한 증거가 있다.

단ː정(斷情)명하자 정을 끊음.

단정^꽃차례(單頂-次例)[-꼳-]명 ☞단정 화서(單頂花序).

단ː정-적(斷定的)관명 단정하는 (것). ¶ 단정적 태도. /단정적으로 말하다.

단ː정-코(斷定-)부 ①딱 잘라 말하건대 꼭. 반드시. 결단코. ¶ 단정코 정상을 정복하리라. ②단정적으로. ¶ 단정코 말한다면, 이 일의 책임은 너에게 있다.

단정-하다(端正-)형여 (모습이나 몸가짐이) 흐트러진 데 없이 얌전하고 깔끔하다. ¶ 단정한 인품. /몸가짐이 단정하다. **단정-히**부.

단정-하다(端整-)형여 ①깔끔하고 가지런하다. ¶ 머리를 단정하게 깎다. ②(얼굴 모습이) 반듯하고 아름답다. ¶ 이목구비가 단정하다.

단정-학(丹頂鶴)명 〔머리 꼭대기가 붉다는 뜻으로〕 '두루미[2]'를 달리 이르는 말. 백두루미. 준단정(丹頂).

단정^화서(單頂花序)명 유한 화서(有限花序)의 한 가지. 꽃대 끝에 꽃 하나가 피는 화서. 〔튤립 따위.〕 단정 꽃차례.

단조(單調)명하형 (상태나 가락 따위가) 같아서 변화 있는 색다른 맛이 없음. ¶ 단조한 가락. /단조한 무늬.

단ː조(短調)[-쪼]명 단음계로 된 곡조. 마이너. 몰(Moll). ↔장조(長調).

단조(鍛造)명 쇠붙이를 불에 달군 다음 두드려 늘이어 필요한 물건을 만듦.

단조-공(鍛造工)명 쇠붙이를 단조하는 일에 종사하는 기능공.

단조^기계(鍛造機械)[-계/-게]명 쇠붙이 재료를 눌러 여러 가지 모양의 물건을 만드는 기계.

단조-롭다(單調-)[-따][~로우니·~로워]형ㅂ 단조한 느낌이 있다. ¶ 생활이 단조롭다. /단조로운 가락. **단조로이**부.

단조-품(鍛造品)명 단조한 물품.

단족(單族)명 세력이 없고 외로운 집안.

단ː종(斷種)명하자되자 ①인공적으로 생식 능력을 없애 버림. ②씨를 없애 버림. ③자동차·컴퓨터·핸드폰 따위의 기종이 더 이상 생산되지 않게 됨. ¶ 단종된 기종의 부품은 구하기가 어렵다.

단-종선(單縱線)명 악보에서, 소절(小節)을 구분하는 한 가닥의 세로줄.

단ː종^수술(斷種手術)명 단종을 위한 수술.

단좌(單坐)명하자 혼자 앉아 있음. 고좌(孤坐).

단좌(單座)명 (항공기 등에서) 좌석이 하나만 있는 것. ¶ 단좌 전투기. ↔복좌(複座).

단좌(端坐)명하자 (자세를 바르게 하여) 단정하게 앉음. 비정좌(正坐).

단좌(團坐)명하자 여러 사람이 한자리에 둥글게 모여 앉음.

단ː죄(斷罪)[-죄/-줴]명하타되자 ①죄를 심판함. 죄상에 대하여 판결을 내림. ¶ 공직자의 배임(背任) 행위는 단죄되어야 마땅하다. ②벌로서 목을 벰, 또는 그 형벌. ②참죄(斬罪)·참형(斬刑).

단주(丹朱)명 ①붉은 빛깔. ②☞주사(朱砂). ②진사(辰砂).

단주(丹柱)명 붉은 칠을 한 기둥. 단영(丹楹).

단주(單舟)명 한 척의 배.

단ː주(短珠)명 54개 이내로 구슬을 꿰어 짧게 만든 염주. 단념(短念).

단주(端舟)명 자그마한 배.

단주(端株)명 거래 단위에 미치지 못하는 수의 주. 〔보통 10주 미만을 이름.〕

단ː주(斷奏)명하타 하나하나의 음을 짧게 끊어 연주함, 또는 그러한 연주. 스타카토.

단ː주(斷酒)명하자 (술을 즐겨 마시던 이가) 술을 끊음. 금주. 단음(斷飮). ¶ 술고래로 유명하던 그가 단주를 선언했다니 믿기지 않는다.

단ː죽(短竹)명 ☞곰방대.

단중(端重) '단중하다'의 어근.

단중-하다(端重-)형여 (몸가짐이) 단정하고 무게가 있다. **단중-히**부.

단지명 목이 짧고 배가 부른, 자그마한 항아리.

단지(段地)명 층이 진 땅.

단ː지(短枝)명 초목의 짧은 가지.

단ː지(短智)명하형 지혜가 짧음, 또는 짧은 지혜.

단지(團地)명 (토지의 합리적인 이용, 쾌적한 주거 환경의 조성, 산업 공해 방지 등을 목적으로 하여) 주택이나 공장 등 같은 종류의 현대적 건물이나 시설들을 계획적·집단적으로 조성한 일정 지역. ¶ 주택 단지. /공업 단지.

단ː지(斷指)명하자 (부모나 남편의 위중한 병에 피를 내어 먹이려고, 또는 맹세를 하거나 혈서를 쓰기 위해) 손가락을 자름.

단ː지(斷趾)명하자 지난날, 형벌로 발뒤꿈치를 자르던 일. 참월형(刖刑).

단ː지(但只)부 다만. 한갓. ¶ 단지 그의 말을 듣고만 있을 뿐이다.

단ː지럽다[-따][단지러우니·단지러워]형ㅂ 말이나 행동이 다랍다. 큰던지럽다.

단ː지-증(短肢症)[-쯩]명 (사람의) 손가락이나 발가락의 뼈가 없거나 매우 짧은 기형.

단-진동(單振動)명 〈단진동 운동〉의 준말.

단진동^운ː동 (單振動運動) [명] 한 점이 일정한 원둘레 위를 같은 속도로 운동할 때, 임의의 지름 위에 생기는 정사영(正射影)의 왕복 운동. 단일 현운동. [준]단진동.

단-진자 (單振子) [명] 늘어나거나 줄어들지 않는 가벼운 실의 한 끝을 고정하고, 다른 한 끝에 무겁고 작은 물체를 달아 늘어뜨린 흔들이. 단일 진자.

단-짝 (單-) [명] 서로 뜻이나 손이 맞아서 늘 함께 행동하게 되는 사이, 또는 친구. 단짝패. 짝패. ¶ 둘이 단짝으로 지내다.

단짝-패 (單-牌) [명] 단짝.

단차 (單差) [명][하타] 지난날, 벼슬아치를 임명할 때 한 사람만을 추천받아 임명하던 일.

단ː찰 (短札) [명] ①짤막한 편지. 단간(短簡). ②'자기가 쓴 편지'를 겸손하게 이르는 말.

단참 (單-) [명] 쉬지 않고 곧장 계속함. 《주로, '단참에'·'단참으로'의 꼴로 쓰임.》 ¶ 머나먼 길을 단참에 달려왔다. [참]단숨에.

단창 (單窓) [명] 겉창이 따로 없는 외겹 창.

단ː창 (短槍) [명] 짧은 창. ↔장창(長槍).

단채-유 (單彩釉) [명] 한 가지 채색의 유약, 또는 그 유약으로 구운 자기. 〔청자나 백자 따위.〕 [참]다채유.

단ː처 (短處) [명] ①모자라는 점. 결점. 단소(短所). 단점. ②능하지 못한 점. ↔장처(長處).

단ː척 (短尺) [명] 한 필의 자수에 다 차지 못한 피륙.

단천 (短淺) '단천하다'의 어근.

단ː천-하다 (短淺-) [형][여] (지식이나 지혜 등이) 모자라고 얕다.

단철 (單鐵) [명] 〈단선 철도〉의 준말. ↔복철.

단철 (鍛鐵·煅鐵) [명][하자] ①쇠를 불림, 또는 불린 쇠. ②☞연철(鍊鐵).

단철-장 (鍛鐵場) [명] ☞대장간.

단ː첨 (短檐) [명] 짧은 처마.

단청 (丹靑) [명] ①[하타](궁궐·사찰·정자 따위) 전통 양식의 건축물에 여러 가지 빛깔로 그림이나 무늬를 그리는 일, 또는 그 그림이나 무늬. ②☞채색(彩色).

단-청룡 (單靑龍) [-뇽] [명] ☞내청룡(內靑龍).

단ː-청판 (短廳板) [명] 마룻바닥에 깐 짧은 바둑판 널.

단체 (單體) [명] ☞홑원소 물질.

단체 (團體) [명] 같은 목적으로 모인 두 사람 이상의 모임. [비]집단.

단체^경ː기 (團體競技) [명] 단체끼리 대항하여 승부를 겨루는 경기. ↔개인 경기.

단체^교섭 (團體交涉) [명] ①(개인이 아닌) 단체의 자격으로 교섭하는 일. ②근로자들이 단결하여, 사용자와 대등한 처지에서 근로 조건의 개선 등에 관하여 교섭하는 일.

단체^교섭권 (團體交涉權) [-꿘] [명] 노동 삼권의 하나. 노동조합의 대표자가 사용자 또는 그 단체의 대표자와 근로 조건의 유지·개선 등에 관하여 직접 교섭할 수 있는 권리.

단체-법 (團體法) [-뻡] [명] 단체의 조직이나 활동 등의 준칙을 정한 법규를 통틀어 이르는 말. 〔각종 공공 단체의 법 따위.〕

단체^보ː험 (團體保險) [명] 두 사람 이상의 단체를 대상으로 하나의 계약을 맺어, 그 단체에 딸린 사람이면 당연히 피보험자가 되는 보험을 통틀어 이르는 말.

단체^분리 (單體分離) [-불-] [명] 선별하려는 광물을 광석에서 분리하는 일.

단체-상 (團體賞) [명] (특정 명목으로) 어떤 단체에게 주는 상. ↔개인상.

단체^연금 (團體年金) [명] 사업주가 근로자의 퇴직 연금을 주기 위하여 보험 회사와 단체 보험을 계약하고, 그 보험료의 전부 또는 일부를 부담하는 연금 제도.

단체^웅예 (單體雄蕊) [명] 합생(合生) 수술의 한 가지. 한 꽃 중의 수술이 서로 붙어서 하나로 되어 있는 수술. 〔동백꽃의 수술 따위.〕

단체^자치 (團體自治) [명] 지방 자치 단체가 중앙 정부로부터 독립하여 그 지역의 행정 사무를 맡아 처리하는 일.

단체-전 (團體戰) [명] 단체 간에 펼치는 경기. ¶ 여자 양궁 단체전에서 금메달을 땄다. ↔개인전.

단체-정신 (團體精神) [명] 개인보다 단체를 중히 여기는 정신.

단체^행동권 (團體行動權) [-꿘] [명] 노동 삼권의 하나. 근로자가 사용자에 대하여 근로 조건 등에 관한 주장을 관철하기 위하여 쟁의 행위를 할 수 있는 권리.

단체^협약 (團體協約) [명] 단체와 단체 또는 단체와 개인과의 사이에 맺어지는 특수한 계약.

단초 (端初) [명] 실마리. ¶ 사건 해결의 단초를 제공하다.

단촉 (短促) '단촉하다'의 어근.

단ː촉-하다 (短促-) [-초카-] [형][여] ①시일이 촉박하다. ②음성이 짧고 급하다.

단촐-하다 [형][여] '단출하다'의 잘못.

단ː총 (短銃) [명] ①짤막한 총. ¶ 기관 단총. [참]장총(長銃). ②☞권총.

단총-박이 [명] 짚신의 한 가지. 짚의 속대로 꼰 총을 박아 감아서 만듦.

단추[1] [명] ①(옷고름이나 맞대고 매는 끈 대신에) 옷자락이나 주머니 따위의 여미는 부분에 달아 구멍에 넣어 걸리게 만든 물건. ¶ 떨어진 단추를 달다. ②〈누름단추〉의 준말.

단ː추[2] [명] 단으로 묶은 푸성귀.

단추-매듭 [명] 한복에서, 좁은 끈을 단추처럼 맺어서 고름 대신 쓰는 매듭.

단ː축 (短軸) [명] ☞짧은지름. ↔장축(長軸).

단ː축 (短縮) [명][하타][되자] (일정 기준보다) 짧게 줄임, 또는 짧게 줆. ¶ 단축 수업. ↔연장.

단ː축-키ː (短縮key) [명] 컴퓨터의 키보드에서, 특정 기능을 수행하도록 지정한 키.

단출-하다 [형][여] ①(식구나 구성원이) 많지 않아 홀가분하다. ¶ 가족이 단출하다. ②(옷차림이나 가진 물건 따위가) 간편하다. ¶ 단출한 옷차림.
단출-히 [부].

단춧-고 [명] '단춧고리'의 잘못.

단춧-고리 [-추꼬-/-춘꼬-] [명] 단추를 꿰기 위하여 헝겊 따위로 만들어 단 고리.

단춧-구멍 [-추꾸-/-춘꾸-] [명] 단추를 꿰기 위하여 실로 감치거나 헝겊을 대어 만든 구멍.

단충 (丹忠) [명] 진정에서 우러나온 참된 충성.

단충 (丹衷) [명] ☞단성(丹誠).

단취 (團聚) [명][하자] (겨레붙이나 친한 사람끼리) 화목하게 한데 모임.

단층 (單層) [명] ①단 하나의 층, 또는 단 하나의 층으로 된 사물. ②〈단층집〉의 준말.

단ː층 (斷層) [명] 지각 변동으로 생긴 지각의 틈을 따라 지층이 아래위로 어그러져 층을 이룬 현상, 또는 그러한 현상으로 나타난 서로 어그러진 지층.

단ː층-곡 (斷層谷) [명] 단층면의 침식으로 이루어진 골짜기.

단층-림(單層林)[-님]명 수관(樹冠)이 하나로 된 숲. ↔다층림.
단ː층-면(斷層面)명 단층으로 말미암아 서로 어그러진 두 지반의 경계면.
단ː층^분지(斷層盆地)명 단층 운동으로 말미암아 지반이 내려앉아서 생긴 분지.
단ː층^산맥(斷層山脈)명 단층 운동으로 이루어진 산맥.
단ː층^산지(斷層山地)명 단층 운동으로 말미암아 한쪽이 높게 형성된 산지.
단ː층-애(斷層崖)명 단층면이 드러나 있는 낭떠러지.
단ː층^운ː동(斷層運動)명 지각의 강한 횡압력으로 말미암아 지반이 한쪽은 솟고 한쪽은 가라앉아서 단층이 생기는 지각 운동.
단ː층^지진(斷層地震)명 단층과 밀접한 관계가 있다고 생각되는 지진.
단층-집(單層-)[-찝]명 하나의 층으로 지은 집. 준단층.
단ː층^촬영(斷層撮影)명 몸의 한 단면만을 촬영하는 X선 검사법. 〔미세한 질병의 변화에 대한 정밀 검사 등에 이용됨.〕
단ː층^해ː안(斷層海岸)명 단층애(斷層崖)가 바다와 이어 닿아 있는 해안.
단ː층-호(斷層湖)명 단층 분지에 물이 괴어 생긴 호수.
단칠(丹漆)명 붉은 칠.
단ː침(短針)명 ①짧은 바늘. ②☞시침(時針). ↔장침(長針).
단칭(單稱)명 ①간단한 명칭. ②하나만을 일컫는 일. ↔복칭(複稱).
단칭^명ː제(單稱命題)명 ☞단칭 판단.
단칭^판단(單稱判斷)명 정언적 판단의 한 가지. 주사(主辭)가 단독 개념으로 된 판단. 단칭 명제.
단-칸(單-)명 ①단 한 칸. ②〈단칸방〉의 준말.
단칸-방(單-房)[-빵]명 단 한 칸인 방. 칸살수가 하나뿐인 방. 단방. ¶ 단칸방에 살면서도 행복했던 신혼 시절. 준단칸.
단칸방에 새 두고 말할까속담 한집 식구처럼 가깝게 지내는 사이에 비밀이 있을 리 없다는 말.
단칸-살림(單-)명하자 단칸방에서 사는 살림. 단칸살이.
단칸-살이(單-)명하자 ☞단칸살림.
단-칼(單-)명 꼭 한 번 쓰는(휘두르는) 칼. 《주로, '단칼에'·'단칼로'의 꼴로 쓰임.》 ¶ 단칼에 두 토막으로 자르다. /단칼로 베다.
단타(單打)명 야구에서, 타자가 일루만을 갈 수 있게 친 안타. 일루타.
단ː타(短打)명 야구에서, 진루를 목적으로 배트를 짧게 잡아 날카롭고 정확하게 치는 타격. ↔장타.
단-탕건(單宕巾)명 관이나 갓을 쓰지 않고, 탕건만을 쓴 차림새.
단-통(單-)명 그 자리에서 곧장 하는 것. 《주로, '단통에'·'단통으로'의 꼴로 쓰임.》 ¶ 단통에 메어치다.
단통-총(單筒銃)명 총열이 하나로 된 사냥총.
단-틀(單-)명 몸체가 단 하나뿐인 기계.
단ː파(短波)명 공간에서의 파장이 10~100 m, 주파수 3~30메가헤르츠인 전자파. 〔약칭은 HF〕 참장파(長波)·중파(中波).
단ː파^방ː송(短波放送)명 작은 전력으로 먼 거리까지 통신이 가능한 3~30메가헤르츠의 전파를 사용하는 방송. 원격지를 위한 국내 방송이나 해외 방송 등에 쓰임.
단ː파^요법(短波療法)[-뻡]명 단파를 이용하여 신경·관절·뼈·피부 등의 질병을 치료하는 요법.
단-파의(單罷議)[-의/-이]명하타되자 단 한 번의 토의로 결정하는 일.
단ː-파장(短波長)명 단파의 파장. 참장파장.
단-판(單-) Ⅰ명 한 번으로 승부를 결정하는 판. ¶ 단판 승부.
Ⅱ부 곧이어 바로. ¶ 단판 들이대다.
단판(單瓣)명 외겹으로 된 꽃잎. 단엽(單葉). ↔중판(重瓣).
단판-걸이(單-)명하타 한 판으로 승부를 겨루는 일.
단판-씨름(單-)명 한 판으로 승부를 결정하는 씨름.
단판-화(單瓣花)명 ☞홑꽃. ↔중판화(重瓣花).
단-팥묵[-판-]명 붉은팥을 삶아 앙금을 낸 다음, 설탕과 한천을 넣고 조려서 굳힌 일본식 생과자. 양갱. 양갱병.
단-팥죽(-粥)[-팓쭉]명 팥을 삶아 으깨어 설탕을 넣고 맛을 낸 다음, 석쇠에 구운 찹쌀떡을 넣어 먹는 일본식 음식.
단패(單牌)명 ①단짝. ②두 사람만으로 된 짝패.
단패^교군(單牌轎軍)명 지난날, 가마로 먼 길을 갈 때 교대할 사람이 없이 내처 두 사람이 한 패로 메고 가던 교군.
단ː편(短篇)명 ①(소설·영화 등에서) 길이가 짧은 작품. ②〈단편 소설〉의 준말. 참중편(中篇)·장편(長篇).
단ː편(斷片)명 ①여럿으로 떨어지거나 쪼개진 조각. ¶ 추억의 단편을 더듬다. ②(전체 가운데의) 한 부분. ¶ 생활의 단편.
단ː편(斷編·斷篇)명 글의 한 도막. 도막도막 나뉜 글의 한 부분.
단ː편^소ː설(短篇小說)명 소설의 한 형식. 짧은 분량 속에 단일한 주제를 간결·농축의 수법으로 표현한 소설. ¶ 신춘문예 단편 소설 부문에 응모하다. 준단편. 참중편 소설·장편 소설.
단ː편^영화(短篇映畫)[-녕-]명 상영 시간이 40~50분인 짧은 영화.
단ː편-잔간(斷編殘簡)명 떨어지거나 빠져서 완전하지 못한 편지나 책. 단간잔편. 준단간.
단ː편-적(斷片的)관명 (전체에 걸치지 아니하고) 어느 한 부분에만 미치는 (것). ¶ 단편적 지식. /단편적인 사실만으로 사람을 평하지 마라.
단ː편-집(短篇集)명 단편 소설을 모아 엮은 책.
단ː평(短評)명 간단하고 짤막한 비평. ¶ 시사(時事) 단평.
단포(單胞)명 ☞단세포(單細胞).
단포-약(單胞葯)명 한 개의 약포로 된 꽃밥. 〔목화나 부용(芙蓉) 따위의 꽃밥.〕
단표(簞瓢)명 〈단사표음(簞食瓢飮)〉의 준말.
단표-누항(簞瓢陋巷)명 〔도시락과 표주박과 누추한 거리라는 뜻으로〕 '소박한 시골 생활'을 비유하여 이르는 말.
단-표자(單瓢子)명 한 개의 표주박. ¶ 죽장망혜 단표자로 천리 강산을 들어가니(遊山歌).
단풍(丹楓)명 ①〈단풍나무〉의 준말. ②늦가을에 엽록소나 화청소가 변하여 붉게 또는 누렇게 된 나뭇잎. ③화투짝의 한 가지. 단풍을 그린, 10월을 상징하는 딱지.
단풍-나무(丹楓-)명 단풍나뭇과의 낙엽 활엽 교목. 각지의 산지에 절로 나기도 하고 관상용으로 심기도 함. 잎은 손바닥 모양으로 깊게 갈라져 있으며 가을에 빨갛게 단풍이 듦. 준단풍.

단풍-놀이(丹楓-) 명 하자 가을철에 단풍이 든 아름다운 경치를 즐기며 노는 일. ¶ 이번 주말에 단풍놀이 갑시다.
단풍-잎(丹楓-) [-닙] 명 ①단풍나무의 잎. ②단풍이 든 나뭇잎. ＊단풍잎이[-니피]·단풍잎만[-님-]
단풍-취(丹楓-) 명 국화과의 다년초. 산지에 흔히 자라는데, 높이는 35~80 cm. 줄기는 한 대가 곧게 자라고, 잎은 잎자루가 길고 손바닥 모양이며, 여름에 하얀 꽃이 핌. 어린잎은 나물로 먹을 수 있음.
단피-화(單被花) 명 꽃받침이나 꽃부리 가운데 어느 한쪽만을 갖춘 꽃. 〔밤나무나 뽕나무의 꽃.〕 참 무피화·양피화.
단:필(短筆) 명 잘 쓰지 못한 글씨.
단필-정죄(丹筆定罪) [-죄/-줴] 명 지난날, 왕이 의율(擬律)의 서면에 붉은 글씨로 그 죄형(罪刑)을 정하여 적던 일.
단하(壇下) 명 단 아래. ↔단상.
단학-흉배(單鶴胸背) [-하큥-] 명 당하관(堂下官)의 문관이 관복에 붙이던, 한 마리의 학을 수놓은 흉배. 참 쌍학흉배.
단합(團合) 명 하자 되자 ☞단결(團結). ¶ 전 사원 단합 대회. /우리 모두 단합하여 이 어려움을 이겨 내자.
단항(單桁) 명 양쪽 끝만 받친 배다리.
단항-식(單項式) 명 한 개의 항으로 이루어진 식. 숫자와 몇 개의 문자의 곱으로만 이루어짐. 〔$2ab$, $3x^3y^2$ 따위.〕 ↔다항식.
단행(單行) 명 ①하자 혼자서 감, 또는 혼자 하는 여행. ②혼자서 함. ③단 한 번만 하는 행동.
단:행(斷行) 명 하타 되자 (반대나 위험 등을 무릅쓰고) 결단하여 실행함. 결행(決行). ¶ 양가의 반대를 무릅쓰고 결혼식을 단행하였다.
단행-범(單行犯) 명 단 한 번의 위법 행위로 성립된 범죄.
단행-법(單行法) [-뻡] 명 포괄적인 법전에 대하여, 특정한 사항에 관해서만 제정된 법률. 〔상법에 대한 어음법 따위.〕
단행-본(單行本) 명 (총서나 전집·잡지 등에 대하여) 단독으로, 한 책으로서 출판한 책. 단권책.
단향(壇享) 명 단(壇)에서 지내는 제사.
단향(檀香) 명 ①〈단향목〉의 준말. ②단향목의 목재.
단향-목(檀香木) 명 자단(紫檀)·백단(白檀) 따위 향나무를 두루 이르는 말. 전단(栴檀). 준 단향.
단헌(單獻) 명 명절 차례, 발인제, 반혼제, 고유(告由) 때, 술을 한 번 올리는 일. 참 삼헌(三獻).
단:현(斷絃) 명 하자 ①현악기의 줄이 끊어짐, 또는 끊어진 그 줄. ②〔금슬(琴瑟)의 현이 끊어진다는 뜻에서〕 '아내의 죽음'을 비유하여 이르는 말. ②↔속현(續絃).
단현-운동(單弦運動) 명 〈단일 현운동〉의 준말.
단호(斷乎) '단호하다'의 어근.
단:호-하다(斷乎-) 형 여 (결심한 것을 실행하는 태도가) 딱 끊은 듯이 매우 엄격하다. 단연하다. ¶ 단호한 조처를 취하다. **단호-히** 부.
단호-흉배(單虎胸背) 명 당하관(堂下官)의 무관이 관복에 붙이던, 한 마리의 범을 수놓은 흉배. 참 쌍호흉배.
단혼(單婚) 명 일부일처의 혼인. ↔복혼(複婚).
단:혼(斷魂) 명 넋을 잃을 만큼 애통함.
단:화(短話) 명 짧은 이야기.
단:화(短靴) 명 목이 없거나 짧은 구두. ↔장화.
단화-과(單花果) 명 하나의 꽃에서 생긴 열매. 준 단과. 참 복화과.
단환(團環) 명 배목이 달린 둥근 문고리.
단황-란(端黃卵) [-난] 명 노른자위가 알의 한쪽으로 치우쳐 있는 알.
단회(團會) [-회/-훼] 명 (분위기가 좋은) 원만한 모임.
닫[1] 명 〈옛〉 닻. ¶ 닫 뎡: 碇(訓蒙中25).
닫[2] 부 〈옛〉 따로. ¶ 왼녁 피 닫 담고 올훈녁 피 닫 다마(月釋1:7).
닫다[1] [-따] [달으니·달아] 자 ㄷ 빨리 뛰어가거나 뛰어오거나 하다. 달리다.
닫는 데 발 내민다 속담 일에 열중하고 있는데 중간에서 방해한다는 말.
닫는 말에 채질한다 속담 잘하거나 잘되어 가는 일을 더 잘하거나 잘되도록 부추기거나 몰아침을 이르는 말. 가는 말에 채찍질.
닫다[2] [-따] 타 ①트이어 있는 곳을 문 따위로 가리어 막다. ¶ 창문을 닫다. /문을 닫다. ②(열려 있는 그릇 따위를) 뚜껑으로 덮어 가리다. ③하던 일을 그만두거나 한동안 하지 않다. ¶ 추석 연휴 동안 가게를 닫다. ④《'입'을 목적어로 하여》 굳게 다물다. ¶ 기자들의 질문에 입을 닫고 침묵으로 일관했다. ↔열다[2].
닫아-걸다 [~거니·~걸어] 타 문이나 창 따위를 닫고 빗장을 지르거나 고리를 걸다. ¶ 대문을 닫아걸다.
닫줄 명 〈옛〉 닻줄. ¶ 닫줄 람: 纜(訓蒙中25).
닫-집 [-찝] 명 ①궁궐의 법전 안의 옥좌 위에 장식으로 만들어 다는 집의 모형. ②법당의 불좌(佛座) 위에 장식으로 만들어 다는 집의 모형. 감실(龕室). 당가(唐家). 천개(天蓋).
닫-치다 타 문이나 창 따위를 힘주어 닫다.
닫-히다 [다치-] 자 〖'닫다[2]'의 피동〗 닫음을 당하다. ¶ 문이 바람에 닫히다.
달[1] Ⅰ 명 ①지구의 위성. 지구에서 가장 가까운 거리에 있는 천체. 약 27.32일을 주기로 지구 둘레를 공전하면서 약 29.53일을 주기로 차고 기우는데, 스스로 빛을 내지 못하고 반면(半面)에 햇빛을 받아 밝은 빛을 냄. 월구(月球). 태음(太陰). ②한 해를 열둘로 나눈 하나를 단위로 하는 기간. ¶ 달이 가고 해가 가다. ③임신 기간. ¶ 달이 덜 차서 태어난 아이.
Ⅱ 의 30(또는 31)일을 한 단위로 세는 단위. ¶ 석 달 열흘. /한 달 만에 만나다.
달도 차면 기운다 속담 온갖 것이 한 번 왕성하다가도 고비를 넘으면 다시 쇠하여지게 마련이라는 말.
달 보고 짖는 개 속담 남의 언행을 의심하여 떠드는 어리석은 사람을 두고 이르는 말.
달(이) 차다 관용 ①만월이 되다. ②만삭(滿朔)이 되다. 해산할 달이 다 되다.
달:[2] 명 볏과의 다년초. 흔히, 연못가나 강변에 나며 갈대 비슷한데, 높이는 1.5~3 m. 9월에 띠와 같은 꽃이 핌.
달:[3] 명 종이 연을 만드는 데 쓰는 가는 대오리. 연달. 연살.
-달 준 '-다고 할'이 줄어든 말. 형용사 어간이나 시제의 '-았(었)-'·'-겠-'·'-ㄴ(는)-' 등에 붙음. ¶ 썩 예쁘달 수는 없다.
달가닥 부 하자타 단단하고 작은 물건이 가볍게 부딪칠 때에 나는 소리. ¶ 부엌에 쥐가 다니는지 달가닥하는 소리가 났다. 큰 덜거덕. 센 달까닥·딸가닥·딸까닥. 거 달카닥. **달가닥-달가닥** 부 하자타.

달가닥-거리다[-꺼-]자타 자꾸 달가닥달가닥하다. 달가닥대다. 큰덜거덕거리다.
달가닥-대다[-때-]자타 달가닥거리다.
달가당부하자타 단단한 물체끼리 부딪쳐 울리는 소리. 큰덜거덩. 센달까당·딸가당·딸까당. 거달카당. **달가당-달가당**부하자타.
달가당-거리다자타 자꾸 달가당달가당하다. 달가당대다. 큰덜거덩거리다.
달가당-대다자타 달가당거리다.
달각부하자타 (자물쇠를 열거나 채울 때처럼) 작고 단단한 물건이 부딪치거나 걸릴 때 나는 소리. 비대각. 큰덜걱. 센달깍·딸각·딸깍. 거달칵. **달각-달각**부하자타.
달각-거리다[-꺼-]자타 자꾸 달각달각하다. 달각대다. 큰덜걱거리다.
달각-대다[-때-]자타 달각거리다.
달-감(-甘)명 한자 부수의 한 가지. '甚'·'甜' 등에서의 '甘'의 이름.
달갑다[-따][달가우니·달가워]형ㅂ ①마음에 들어 흐뭇하다. ¶ 달갑지 않은 소식. ②거리낌이나 불만이 없다. ¶ 어떤 대가라도 달갑게 받겠다.
달갑잖다[-짠타]형 거리낌이나 불만이 있어 마음이 흡족하지 않다. ¶ 달갑잖은 목소리. ＊달갑잖아[-짜나]·달갑잖소[-짠쏘]
달강부하자타 단단하고 작은 물건이 부딪칠 때에 울리어 나는 가벼운 소리. 큰덜겅. 센달깡·딸강·딸깡. 거달캉. **달강-달강**부하자타.
달강-거리다자타 자꾸 달강달강하다. 달강대다. 큰덜겅거리다.
달강-대다자타 달강거리다.
달강어(達江魚)명 성댓과의 바닷물고기. 몸길이 30 cm가량. 몸빛은 등은 붉고 배는 흼. 몸은 가늘고 길며, 눈이 크고 잔비늘이 많음. 식용함. 달궁이.
달개명 원채의 처마 끝에 잇대어 늘여 지은 집, 또는 차양을 달아 지은 의지간(倚支間).
달개비명 ☞닭의장풀.
달개-집명 ①달개로 된 집. ②몸채의 뒤편 모서리에 낮게 지은 외양간.
달걀명 닭이 낳은 알. 계란(鷄卵).
　달걀도 굴러 가다 서는 모가 있다속담 ①어떤 일이든지 끝날 때가 있다는 말. ②좋게만 대하는 사람도 성낼 때가 있다는 말.
　달걀로 치면 노른자다속담 가장 중요한 부분을 가리키는 말.
달걀-가루[-까-]명 달걀의 알맹이를 말려서 만든 가루.
달걀-귀신(-鬼神)명 달걀 모양으로 생겼다는 귀신.
달걀-꼴명 달걀과 같이 갸름하게 둥근 모양. 난상(卵狀). 난원형. 난형(卵形).
달걀-노른자[-로-]명 ①달걀 속의, 흰자위가 둘러싸고 있는 노란 부분. 참난황. ②'사물의 가장 중요한 부분'을 비유하여 이르는 말.
달걀-흰자[-힌-]명 달걀 속에서 노른자를 싸고 있는 흰 부분. 참난백.
달-거리명 ①달마다 한 번씩 앓는 열병. ②하자 ☞월경(月經). ③문학에서, 한 해 열두 달의 순서에 따라 노래한 시가의 형식. ③월령체.
달견(達見)명 사리에 밝은 식견. 뛰어난 의견. 달식(達識).
달-고기명 달고깃과의 바닷물고기. 몸길이 40 cm 가량. 몸빛은 암회색으로 옆구리에 큰 암갈색의 점이 있으며, 온몸에 작고 둥근 비늘이 덮여 있음. 깊은 바다에 사는데, 식용함. 점도미.
달고질명 〈옛〉달구질. ¶ 달고질ᄒᆞ야 묻는 양ᄒᆞ야(內訓*3:12*).
달곰삼삼-하다형여 달면서 삼삼한 맛이 있다.
달곰새금-하다형여 달면서 새금한 맛이 있다.
달곰쌉쌀-하다형여 달면서 쌉쌀한 맛이 있다.
달곰씁쓸-하다형여 달면서 씁쓸한 맛이 있다.
달곰-하다형여 (감칠맛이 돌 정도로) 단맛이 있다. 큰달금하다. 거달콤하다. **달곰-히**부.
달관(達官)명 높은 관직. 고관(高官).
달관(達觀)명 ①세속을 벗어난 높은 견식. ②사물을 널리 통달하는 관찰. ③하자타 사소한 일에 얽매이거나 흔들리지 않는 경지에 이르는 일.
달구명 집터 따위를 다지는 데 쓰는 기구. 〔굵고 둥근 나무 도막이나 쇳덩이 또는 돌덩이에 손잡이나 줄을 달아서 만듦.〕
달구다타 ①(쇠나 돌 따위를) 불에 대어 뜨겁게 하다. ¶ 쇠를 달구어 연장을 만들다. ②불을 많이 때어 방을 몹시 뜨겁게 하다. ③분위기나 감정 따위를 고조시키다. ¶ 축제 분위기를 달구다.
달구리[1]명 올벼의 한 가지. 한식(寒食) 무렵에 심으며, 까끄라기가 없고 엷은 황색임.
달구리[2]명 새벽에 닭이 울 무렵.
달구지명 소 한 마리가 끄는 짐수레.
달구지-풀명 콩과의 다년초. 높이 30 cm가량. 다섯 개의 작은 잎이 달구지의 바퀴살같이 나며, 가을에 나비 모양의 담홍색 꽃이 핌.
달구-질명하타 달구로 집터나 무덤 등의 땅을 다지는 일.
달구-치다타 꼼짝 못하게 마구 몰아치다.
달굿-대[-구때/-굳때]명 땅을 다지는 데 쓰는 큰 몽둥이. 〔위쪽으로 길게 붙은 손잡이를 쥐고 들었다 놓았다 하며 땅을 다짐.〕
달궁-이명 ☞달강어(達江魚).
달그락부하자타 작고 단단한 그릇이나 물건들이 서로 가볍게 부딪쳐 나는 소리. 큰덜그럭. 센딸그락. **달그락-달그락**부하자타.
달그락-거리다[-꺼-]자타 자꾸 달그락달그락하다. 달그락대다. ¶ 달그락거리며 설거지하는 소리가 들린다. 큰덜그럭거리다.
달그락-대다[-때-]자타 달그락거리다.
달그랑부하자타 작고 얇은 쇠붙이 따위가 가볍게 무엇에 부딪칠 때에 울리어 나는 소리. 큰덜그렁. 센딸그랑. **달그랑-달그랑**부하자타.
달그랑-거리다자타 자꾸 달그랑달그랑하다. 달그랑대다. 큰덜그렁거리다.
달그랑-대다자타 달그랑거리다.
달근달근-하다형여 재미있고 마음에 들다.
달금-하다형여 (감칠맛이 돌 정도로) 단맛이 있다. 작달곰하다. 거달큼하다. **달금-히**부.
달기(達氣)명 ①보기에 환하여 장차 높고 귀하게 될 기색. ②명랑하고 활달한 기운.
달기-살명 소의 다리 안쪽에 붙은 고기. 주로, 찌갯거리로 씀. 죽바디.
달기-씨개비명 ☞닭의장풀.
달까닥부하자타 〈달가닥〉의 센말. 큰덜꺼덕. 센딸까닥.
달까당부하자타 〈달가당〉의 센말. 큰덜꺼덩. 센딸까당.
달깍부하자타 〈달각〉의 센말. 큰덜꺽. 센딸깍.
달깡부하자타 〈달강〉의 센말. 큰덜껑. 센딸깡.
달-나라[-라-]명 달을 지구와 같은 인간 세계로 여겨 이르는 말. 월세계(月世界).
달-님[-림]명 '달'을 의인화하여 이르는 말. 참해님.

달ː다[1] [다니·달아] 자 ①(음식을 끓이거나 약을 달일 때) 물이 바싹 졸아붙다. ¶ 찌개가 너무 달았다. ②(쇠나 돌 따위가) 몹시 뜨거워지다. ¶ 시뻘겋게 단 쇠. ③(속이 타거나 부끄럽거나 열이 나서) 몸이 화끈해지다. ¶ 너무 부끄러워서 얼굴이 화끈 달았다. ④(뜻대로 되지 않거나 불안을 느껴) 몹시 조급해지다. ¶ 애가 달아 어쩔 줄을 모르다. ⑤살이 얼어서 부르터 터지다.

달게 굴다 관용 붙잡고 매달려서 조르다. 보채며 달라고 하다.

달다[2] [다니·달아] 타 ①(물건을) 높이 걸어 늘어뜨리다. ¶ 깃대에 국기를 달다. ②(물건을) 일정한 곳에 붙이다. ¶ 앞가슴에 이름표를 달다. ③죽 잇대어 붙이다. ¶ 기관차에 객차를 달다. ④(기기 따위를) 시설하다. ¶ 전기를 달다. /에어컨을 달다. ⑤(말이나 글에) 토·주석·제목 따위를 덧붙이다. ¶ 한문에 토를 달다. /제목을 달다. ⑥(장부에) 셈을 기록하여 올리다. ¶ 장부에 외상값을 달다. ⑦윷밭에 처음으로 말을 놓다. ⑧저울로 무게를 헤아리다. ¶ 몸무게를 달다. ⑨사람을 동행하거나 거느리다. ¶ 식구들을 달고 나타났다.

달고 치는데 안 맞는 장사가 있나 속담 아무리 힘이 세어도 여러 사람의 합친 힘을 못 당한다는 말.

달ː다[3] Ⅰ 타 〖불완전 동사〗 남에게 무엇을 주기를 청하다. 《'달라'·'다오'로만 쓰임.》 ¶ 자유가 아니면 죽음을 달라. /내 책을 돌려 다오.

Ⅱ 조동 남에게 무엇을 주기를 청하는 말. 《주로, 동사 뒤에서 '-어 달라'·'-어 다오'의 꼴로 쓰임.》 ¶ 책을 빌려 달라고 하다.

달다[4] [다니·달아] 형 ①맛이 꿀이나 설탕과 같다. ②입맛이 당기게 좋다. ¶ 시장했던 참이라 아주 달게 먹었다. ③마음에 즐거운 느낌이 있다. 마음에 들다. ¶ 잠을 달게 자다. ④마땅히 기껍다. 《주로, '달게'의 꼴로 쓰임.》 ¶ 벌을 달게 받다. /충고를 달게 여기다. ①~③↔쓰다[5].

달면 삼키고 쓰면 뱉는다 속담 신의나 지조를 돌보지 않고 이익만을 꾀한다는 말.

달다 쓰다 말(이) 없다 관용 입을 다물고 일체의 반응을 나타내지 아니하다.

달달[1] 부 하자·타 (춥거나 두려워서) 몸을 자꾸 떠는 모양. ¶ 별일도 아닌데 혼날까 봐 달달 떨었다. 큰덜덜[1].

달달[2] 부 하자·타 (수레바퀴 따위가) 단단한 바닥을 구르며 내는 가벼운 소리. 큰덜덜[2]. 센딸딸.

달달[3] 부 ①(콩이나 깨 따위의 낟알을) 이리저리 휘저어 가며 볶거나 맷돌에 가는 모양. ¶ 콩을 달달 볶다. ②사람을 못 견디게 들볶는 모양. ¶ 부하 직원들을 달달 볶다. ③물건을 이리저리 들쑤셔 뒤지는 모양. ¶ 주머니를 달달 뒤져도 땡전 한푼 없다. 큰들들.

달달-거리다[1] 자타 (춥거나 두려워서) 몸이 자꾸 떨리다, 또는 그렇게 하다. 달달대다[1]. 큰덜덜거리다[1].

달달-거리다[2] 자타 (수레바퀴 따위가 구르며) 자꾸 달달 소리가 나다, 또는 그런 소리를 내다. 달달대다[2]. 큰덜덜거리다[2].

달달-대다[1] 자타 ☞달달거리다[1].

달달-대다[2] 자타 ☞달달거리다[2].

달ː-대 [-때] 명 달풀의 줄기. 〔갈대의 줄기와 비슷함.〕

달덕(達德) [-떡] 명 사람이 마땅히 지켜 행해야 할 덕.

달-덩이 [-떵-] 명 ①둥근 달. ②'둥글고 환하게 생긴 얼굴'을 비유하여 이르는 말. ¶ 새색시 얼굴이 달덩이 같다.

달도(達道) [-또] 명 ①마땅히 지켜야 할 도. ②하자 도(道)에 통달함.

달-동네 [-똥-] 명 산등성이나 산비탈 따위의 높은 곳에 가난한 사람들이 모여 사는 동네.

달디-달다 형 '다디달다'의 잘못.

달-떡 명 달 모양으로 둥글게 만든 흰떡. 흔히, 혼인 때 씀. 월병(月餠).

달ː-뜨다 [~뜨니·~떠] 자 마음이 가라앉지 아니하고 들썽들썽하다. ¶ 언니가 시집가는데, 왜 네가 달떠서 그러니. 큰들뜨다.

달ː라 타 불완전 동사 '달다[3]'의 해라체 명령형. ¶ 자유가 아니면 죽음을 달라. 참다오[1].

달ː라다 준 '달라고 하다'가 줄어든 말. ¶ 용돈을 달라다. 참달다[3].

달라-붙다 [-붇따] 자 ①끈기 있게 착 붙다. ¶ 껌이 옷에 달라붙어 안 떨어진다. ②끈질기게 덤벼들다. ③가까이 붙좇아 따르다. ④한곳에 꼭 붙어 있다. ¶ 책상에 달라붙어 공부만 한다. ⑤어떤 일에 매우 열중하다. ¶ 대체 에너지 연구에 열성적으로 달라붙다. 큰들러붙다.

달라-지다 자 변하여 다르게 되다. ¶ 몇 달 사이에 몰라보게 달라졌다.

달랑[1] 부 ①(작은 방울 따위가) 한 차례 흔들리어 가볍게 울리는 소리. 센딸랑. ②(작은 물건이) 매달려 있는 모양. ¶ 달랑 매달아 놓다. ③(작은 사람이) 경망스레 행동하는 모양. 큰덜렁[2]. **달랑-달랑** 부 하자·타.

달랑[2] 부 (작은 물건을) 쉽게 들어 올리거나 든 모양. ¶ 보퉁이를 달랑 들고 가다. 큰덜렁[3].

달랑[3] 부 (놀라거나 충격을 받아서) 가슴이 옴찔하며 울리는 모양. ¶ 가슴이 달랑 내려앉았다. 큰덜렁[4]. **달랑-달랑** 부 하자.

달랑[4] 부 ①여럿 가운데서 하나만 남아 있는 모양. ¶ 모두 떠나고 달랑 혼자 남다. ②가진 것이나 딸린 것이 적어서 단출한 모양. ¶ 수통 하나만 달랑 메고 나서다. 큰덜렁[5].

달랑-거리다 자타 자꾸 달랑달랑하다. 달랑대다. ¶ 고양이가 방울을 달랑거리다. 큰덜렁거리다.

달랑-달랑 부 하형 (돈·식량·소모품 따위가) 거의 다 떨어져 얼마 남아 있지 않은 모양. ¶ 용돈이 달랑달랑하다. /식량이 달랑달랑하다.

달랑-대다 자타 달랑거리다.

달랑-쇠 [-쇠/-쉐] 명 '달랑거리며 경망스레 행동하는 사람'을 홀하게 이르는 말. 큰덜렁쇠.

달랑-이다 Ⅰ 자 경박하게 까불다. 큰덜렁이다. Ⅱ 자타 (작은 방울 따위가) 흔들리어 잇달아 소리가 나다, 또는 그런 소리를 내다. 큰덜렁이다.

달래 명 백합과의 다년초. 들에 절로 나는데, 줄기는 20~50 cm. 땅속에 파 뿌리 같은 흰 비늘줄기가 있고, 잎은 가늘고 긴 대롱 모양임. 파와 같은 냄새가 나며, 양념이나 나물로 하여 먹음. 야산(野蒜).

달래다 타 ①(분노·슬픔·흥분 따위를) 말이나 어떤 수단을 써서 가라앉게 하다, 또는 그런 사람의 기분을 가라앉히다. ¶ 향수를 달래다. /화를 달래다. /우는 아이를 달래다. ②그럴듯하거나 좋은 말로 잘 이끌어 꾀다. ¶ 너무 윽박지르지 말고 잘 달래어라.

달래-달래 부 하자 간들간들 걷거나 행동하는 모양. ¶ 송아지가 달래달래 어미 소 뒤를 따라간다. 큰덜레덜레. 거탈래탈래.

달러(dollar) Ⅰ명 ①미국의 돈. ②'외화(外貨)'를 비유하여 이르는 말.
Ⅱ의 ①미국의 화폐 단위. 1달러는 100센트. ②캐나다·싱가포르·말레이시아 등의 화폐 단위. 〔기호는 $〕 불(弗).

달러^박스(dollar box)명 '돈을 벌어 주는 물건이나 사람'을 비유하여 이르는 말.

달러^지역(dollar地域)명 자국 통화 가치의 안정 기준을 달러에 두고, 대외 거래 전반을 달러로 하고 있는 지역.

달러-환(dollar換)명 액면 금액이 미국의 화폐 단위로 표시된 환.

달려-가다자타 뛰어가다. ¶ 비명 소리를 듣고 맨발로 급히 달려갔다.

달려-들다[~드니·~들어]자 ①와락 대들다. 별안간 덤비다. ¶ 한 대 칠 듯이 달려들다. ②(어떤 일에) 적극적으로 다가가 행동하다. ¶ 모두 달려들어 짐을 옮기면 금방 끝낼 수 있다. ③갑자기 달려와 안기거나 매달리다. ¶ 소녀가 엄마 품으로 달려들었다.

달려-오다자타 뛰어오다. ¶ 늦을까 봐 단숨에 달려오다.

달력(-曆)명 일 년 중의 시령(時令)을 날짜를 따라 적어 놓은 것. 월력(月曆). 캘린더.

달리부 다르게. ¶ 달리 방법이 없다. /지난번과 달리 말하다.

달리(達理)명하자 이치에 통달함.

달리-기명하자 달음질하는 일. 경주(競走).

달리다[1] Ⅰ자 빨리 가다. 뛰어가다.
Ⅱ타 〖'닫다[1]'의 사동〗 빨리 가게 하다. 뛰어가게 하다. ¶ 말을 달리다. /차를 달리다.

달리다[2]자 ①힘에 부치다. 재주가 미치지 못하다. ¶ 힘이 달려 더는 못 뛰겠다. ②뒤를 잇대지 못하게 모자라다. ¶ 자금이 달리다.

달-리다[3]자 ①〖'달다[2]'의 피동〗 ㉠(물건의 한 끝이) 높이 걸리거나 붙은 채 아래로 처지다. ¶ 처마 끝에 달린 고드름. /천장에 약봉지가 달려 있다. ㉡몸통에 딸린 것이 붙어 있다. ¶ 꼬리가 아홉 달린 여우. ㉢가설되어 있다. ¶ 전기가 달려 있다. ㉣(저울에) 얹히다. ¶ 돼지가 저울에 달리다. ②(열매나 이슬 따위가) 맺혀서 붙어 있다. ¶ 풀잎에 달린 이슬. /조롱조롱 달린 대추. ③어떤 관계에 좌우되다. ¶ 성공을 하느냐 못 하느냐는 네 노력에 달렸다. ④매이거나 딸리다. ¶ 내 몸에 달린 네 식구.

달ː리아(dahlia)명 국화과의 다년초. 멕시코 원산의 관상용 화초. 줄기는 2m가량 자라며, 굵은 덩이뿌리로 번식함. 초여름에서 가을에 걸쳐 원줄기와 가지 끝에 국화 모양의 꽃이 핌. 양국(洋菊).

달리-하다타여 ①다른 조건(환경)에 처하다. ¶ 운명을 달리하다. /처지를 달리하다. ②다른 수단·방법으로 하다. ¶ 해법(解法)을 달리하여 풀어 보다. ↔같이하다.

달릴-주(-走)명 한자 부수의 한 가지. '赴'·'起'·'趙' 등에서의 '走'의 이름.

달립-문골(-門-)[-림-꼴]명 돌쩌귀가 달린 쪽의 울거미 문골.

달마(達磨←dharma 범)명 불교에서, '법·진리·본체·궤범(軌範)·이법(理法)·교법(敎法)' 등의 뜻을 나타내는 말.

달-마중명하자 ☞달맞이.

달마티카(dalmatica 라)명 가톨릭에서, 장엄 미사나 대례 미사 때 부제(副祭)가 입는 예복을 이르는 말.

달막-거리다[1][-꺼-]자타 자꾸 달막달막하다. 달막대다[1]. 큰들먹거리다[1].

달막-거리다[2][-꺼-]타 자꾸 남의 일을 들추어 이야기 삼다. 달막대다[2]. ¶ 남의 일을 달막거리며 입에 올리지 마라. 큰들먹거리다[2]. 센딸막거리다.

달막-달막[-딸-]부하자타 ①목직한 것이 자꾸 들렸다가 내려앉는 모양. ②(어깨나 엉덩이 등 몸의 일부가) 아래위로 자꾸 가벼이 움직이는 모양. ¶ 어깨를 달막달막 장단을 맞추다. ③값이나 시세가 자꾸 오르내리는 모양. ¶ 물가가 달막달막하다가 이내 안정되었다. ④(흥분하여) 가슴이 울렁이는 모양. ¶ 가슴을 달막달막하며 발표를 기다리다. 큰들먹들먹. 센딸막딸막.

달막-대다[1][-때-]자타 ☞달막거리다[1].

달막-대다[2][-때-]타 ☞달막거리다[2].

달막-이다[1]자타 ①목직한 것이 자꾸 들렸다 내려앉았다 하다. ②(어깨나 엉덩이 등 몸의 일부가) 아래위로 자꾸 가벼이 움직이다. ③값이나 시세가 자꾸 오르내리다. ④(흥분하여) 가슴이 울렁이다. 큰들먹이다[1].

달막-이다[2]타 남의 일을 들추어 말하다. ¶ 왜 그 사람을 달막이는 거냐? 큰들먹이다[2]. 센딸막이다.

달망-이명 돌에 폭약 구멍을 비스듬히 가로 뚫으려고, 꽂고 메로 치는 쇠막대기.

달-맞이명하자 농가에서, 정월 보름날 땅거미 때 횃불을 켜 들고 산이나 들에 나가 달이 뜨기를 기다려 맞는 일. 〔달빛을 보고 그해의 길흉을 점치는데, 달빛이 붉으면 가물고, 희면 장마가 진다고 함.〕 달마중. 영월(迎月).

달맞이-꽃[-꼳]명 바늘꽃과의 이년초. 칠레 원산으로 각지에 분포하는데, 줄기는 1m 이상 자람. 잎은 가늘고 길며 끝이 뾰족함. 여름 저녁에 노란 꽃이 잎겨드랑이에 한 송이씩 피어서 아침에는 시듦. *달맞이꽃이[-꼬치]·달맞이꽃만[-꼰-]

달-머슴명 ①한 달을 한정하여 머슴살이하는 일, 또는 그 사람. ②달마다 그달의 품삯을 정하고 하는 머슴살이, 또는 그 사람.

달목명 (수평을 유지하기 위해) 천장을 보꾹에 달아 댄 나무쪽.

달-무늬[-니]명 초승달 모양으로 된 무늬.

달-무리명 달 언저리에 둥그렇게 둘리어 구름같이 보이는 허연 테. 월훈(月暈). ¶ 달무리가 서다. 참햇무리.

달문(達文)명 ①익숙한 솜씨로 잘 지은 글. ②문맥이 분명하고 뜻이 잘 통하는 세련된 문장.

달-물명 달마다 물장수에게 얼마씩의 값을 주고 사서 쓰는 물.

달-밑[-믿]명 솥 밑의 둥근 부분. *달밑이[-미치]·달밑을[-미틀]·달밑만[-민-]

달ː-바자명 달풀로 엮어 만든 바자.

달ː-발명 달풀로 엮어 만든 발.

달-밤[-빰]명 달이 뜬 밤. 달이 떠서 밝은 밤. 월야(月夜).
달밤에 체조하다관용 격에 맞지 않는 행동을 할 때 핀잔으로 이르는 말.

달-변(-邊)[-뼌]명 달로 계산하는 변리. 월리(月利). 월변(月邊).

달변(達辯)명 ☞능변(能辯). ↔눌변.

달변-가(達辯家)명 말을 막힘이 없이 능숙하게 잘하는 사람.

달-별명 ☞위성(衛星).

달병(疸病)[-뼝]명 ☞황달(黃疸).

달보드레-하다형여 연하고 달큼하다. 큰들부드레하다.
달본(達本)명 ☞신본(申本).
달-불이명 농가에서, 정월 열나흗날 저녁에 콩 열두 알로 열두 달을 표시하여 수수깡 속에 넣고 지푸라기에 매달아 우물에 넣었다가, 이튿날 새벽에 꺼내어 그 콩이 물에 많이 불었느냐 적게 불었느냐에 따라 그해의 가뭄과 장마 여부를 점치는 일. 월자(月滋). 윤월(潤月).
달-빛[-삗]명 달에서 비쳐 오는 빛. 월광(月光). 월색(月色). *달빛이[-삐치]·달빛만[-삔-]
달사(達士)[-싸]명 이치에 밝아서 사물에 얽매이지 않는 사람. ¶ 지인(至人) 날사.
달-삯[-싹]명 한 달을 단위로 하여 계산하는 품삯. *달삯이[-싹씨]·달삯만[-쌍-]
달상(達相)[-쌍]명 장차 귀하고 높이 될 상. 장래에 영달할 상격(相格).
달성(達成)[-썽]명하타 되자 뜻한 바를 이룸. ¶ 목표를 달성하다. /일이 계획대로 달성되다.
달^세뇨(dal segno 이)명 악보에서 쓰이는 용어의 한 가지. 𝄋(세뇨)로 돌아가서 연주하라는 뜻. 〔약호 D.S.〕
달소(達宵)[-쏘]명하자 ☞달야(達夜).
달-소수명 한 달이 좀 지나는 동안. ¶ 달소수나 소식이 없다.
달-쇠[-쐬/-쒜]명 문짝 따위를 달아 매는 갈고랑쇠.
달-수(-數)[-쑤]명 달의 수. 월수(月數). ¶ 달수가 덜 차서 태어난 아이.
달식(達識)[-씩]명 (사물의 전체나 장래를 내다보는) 뛰어난 견식. 달견(達見).
달싹-거리다[-꺼-]자타 자꾸 달싹달싹하다. 달싹대다. ¶ 얌전히 공부하는 애를 왜 자꾸 달싹거리느냐? 큰들썩거리다. 센딸싹거리다.
달싹-달싹[-딸-]부하자타 ①가벼운 물건이 살짝 들렸다 가라앉았다 하는 모양. ¶ 물이 끓는지 주전자 뚜껑이 달싹달싹한다. ②가벼운 물건을 들었다 놓았다 하는 모양. ③(무엇에 자극을 받아) 마음이 달떠서 움직이는 모양. ④(남에게 자극 따위를 주어) 마음을 흔들어 움직이게 하는 모양. ⑤어깨나 궁둥이가 가벼이 위아래로 움직이는 모양. ¶ 어깨가 달싹달싹하는 걸 보니 울고 있는 모양이다. /궁둥이를 달싹달싹하는 걸 보니 나가고 싶은 모양이다. 큰들썩들썩. 센딸싹딸싹.
달싹-대다[-때-]자타 달싹거리다.
달싹-배지기[-빼-]명 발뒤축만 들릴 정도로 배지기 하는 씨름 기술의 한 가지.
달싹-이다자타 ①가벼운 물건이 살짝 들렸다 가라앉았다 하다. ②가벼운 물건을 들었다 놓았다 하다. ③(무엇에 자극을 받아) 마음이 달떠서 움직이다. ④(남에게 자극 따위를 주어) 마음을 흔들어 움직이게 하다. ⑤어깨나 궁둥이가 가벼이 위아래로 움직이다. 큰들썩이다. 센딸싹이다.
달싹-하다[-싸카-] Ⅰ타여 한 차례 약간 들었다 놓다. 큰들썩하다.
Ⅱ형여 붙었던 것이 조금 떠들려 있다. ¶ 달싹한 곳을 찾아 풀로 붙이다. 큰들썩하다.
달아형 〈옛〉〔'다르다'의 활용형〕 달라. ¶ 나랏말쓰미 中듕國귁에 달아(訓諺). 참다르다.
달아-나다자 ①(뒤쫓는 것으로부터 잡히지 않으려고) 빨리 내닫다. 내빼다. ¶ 쏜살같이 달아나다. ②(잡혀 있던 곳에서) 도망치다. ¶ 범인이 달아나다. ③(본디 달려 있던 것이) 떨어져 나가거나 사라져 없어지다. ¶ 옷고름이 달아난 저고리. ④(어떠한 의욕이나 느낌 따위가) 사라지다. ¶ 잠이 달아나다. /먹고 싶은 생각이 달아나다.
달아나는 노루 보고 얻은 토끼를 놓았다속담 큰 것을 탐내다가 가진 것마저 잃었다는 말.
달아나면 이밥 준다속담 일이 궁하게 되면 달아나는 것이 상책이라는 말.
달아-내다타 덧내어 늘이다.
달아-매다타 ①높이 걸어 드리워지도록 잡아매다. ¶ 헛간에 메주를 달아매다. ②딴 데로 가지 못하게 움직이지 않는 물건에 묶다. ¶ 말뚝에 소를 달아매다.
달아-보다타 ①저울로 무게를 떠보다. ¶ 체중을 달아보다. ②사람의 됨됨이를 시험해 보다. ¶ 인격을 달아보다.
달아-오르다[~오르니·~올라]자르 ①쇠붙이 따위가 몹시 뜨거워지다. ¶ 부집게가 빨갛게 달아오르다. ②(애가 타거나 열이 나서) 몸이 뜨거워지다. 얼굴 등이 화끈해지다. ¶ 그리움에 가슴이 달아오르다. /부끄러워 얼굴이 빨갛게 달아오르다. ③분위기나 감정 따위가 몹시 고조되다. ¶ 축구 열기가 뜨겁게 달아올랐다.
달애다타 〈옛〉달래다. ¶ 하늘히 달애시니(龍歌 *18*章).
달야(達夜)명하자 밤을 새움. 밤새움. 밤샘. 경야(竟夜). 달소(達宵).
달언(達言)명 사리에 맞는 말. 어디에나 통하는 말.
달-월(-月)명 한자 부수의 한 가지. '有'·'朗' 등에서의 '月'의 이름. 참육달월.
달음박-질[-찔]명하자 급히 뛰어가는 걸음. 구보(驅步). ¶ 학교까지 달음박질로 가다. 준달음질·담박질.
달음박질-치다[-찔-]자 힘 있게 달음박질하다. ¶ 도둑이 달음박질쳐 달아났다.
달음-질명 ①뛰어 달리는 경기를 통틀어 이르는 말. ②하자〈달음박질〉의 준말.
달음질-치다자 힘 있게 달음질하다.
달의(達意)[다리/다리]명하자 자기의 의사를 남이 잘 알 수 있도록 나타내는 일, 또는 자기의 의사가 남에게 잘 통하는 일.
달이부 〈옛〉달리. 특별히. ¶ 놈두군 달이 주샤(杜重*5:46*).
달이다타 ①끓여서 진하게 하다. ¶ 간장을 달이다. ②끓여서 우러나게 하다. ¶ 탕약을 달이다. /보약을 달이다.
달인(達人)명 ①학문이나 기예의 어떤 분야에 통달한 사람. ②널리 사물의 이치에 정통한 사람. 달관한 사람. 달자(達者). 명인(名人).
달인-대관(達人大觀)명 달인은 사물의 전체를 잘 헤아려 빠르게 판단하고 그릇됨이 없다는 말.
달자(達者)[-짜]명 ☞달인(達人).
달자(韃子)[-짜]명 〔'서북변의 오랑캐'라는 뜻으로〕 중국 명나라에서 몽고족을 이르던 말.
달작(達作)[-짝]명 ☞걸작(傑作).
달-장[-짱]명 거의 한 달 동안. ¶ 달장이나 소식이 없다.
달-장근(-將近)[-짱-]명 (지나간 날짜가) 거의 한 달 가까이 되는 일, 또는 그런 기간. ¶ 장마가 달장근이나 계속되었다.
달재(達才)[-째]명 사리에 통달한 재주, 또는 그러한 사람.

달제-어(獺祭魚)[-쩨-]명 〔수달이 물고기를 잡아서는 먹지 않고 제사 지내듯 벌여 놓고만 있다는 뜻에서〕 '시문을 지을 때 많은 서적을 늘어놓고 참고함'을 비유하여 이르는 말.

달존(達尊)[-쫀]명 세상 사람이 모두 섬겨 받들 만한 사람.

달증(疸症)[-쯩]명 ☞황달(黃疸).

달-집[-찝]명 달맞이할 때 불을 질러 밝게 하기 위하여 생솔 가지 따위를 쌓아 집채처럼 만든 나무 무더기.

달짝지근-하다[-찌-]형여 조금 달금한 맛이 있다. 큰들쩍지근하다. 참달착지근하다. **달짝지근-히**부.

달차근-하다형여 〈달착지근하다〉의 준말.

달착지근-하다[-찌-]형여 조금 달콤한 맛이 있다. ¶ 국물 맛이 달착지근하다. 준달차근하다. 큰들척지근하다. 참달짝지근하다. **달착지근-히**부.

달창-나다자 ①(물건이) 오래 써서 닳아 해지거나 구멍이 뚫리다. ¶ 신발이 달창나다. ②(많던 물건이) 조금씩 써서 다 없어지게 되다. ¶ 뒤주의 쌀이 달창나다.

달-첩(-妾)명 한 달에 얼마씩 받기로 하고 몸을 파는 여자.

달첩-질(-妾-)[-찔]명하자 달첩 노릇을 하는 짓.

달초(撻楚)명하타 (어버이나 스승이 잘못을 훈계하느라고) 회초리로 볼기나 종아리를 때림. 초달. ¶ 달초를 받으며 자라다.

달ː치다 Ⅰ자 몹시 뜨겁게 달다. ¶ 시뻘겋게 달친 쇠꼬챙이.
Ⅱ타 바싹 졸아들도록 끓이다. ¶ 약을 진하게 달치다.

달카닥부하자타 (기계 따위가 움직이다가) 무엇에 걸리거나 멈출 때 나는 소리. 큰덜커덕. 센딸카닥. 여달가닥. **달카닥-달카닥**부하자타.

달카닥-거리다[-꺼-]자타 자꾸 달카닥달카닥하다. 달카닥대다. 큰덜커덕거리다.

달카닥-대다[-때-]자타 달카닥거리다.

달카당부하자타 쇠붙이로 된 물체가 부딪쳐 날카롭게 울리는 소리. 큰덜커덩. 센딸카당. 여달가당. **달카당-달카당**부하자타.

달카당-거리다자타 자꾸 달카당달카당하다. 달카당대다. ¶ 세찬 바람에 문이 달카당거리다. 큰덜커덩거리다.

달카당-대다자타 달카당거리다.

달칵부하자타 (작은 기계나 쇠붙이로 된 연장 따위가 움직이다가) 문득 무엇에 걸리거나 고장으로 멈출 때 나는 소리, 또는 그 모양. 큰덜컥[1]. 센딸칵. 여달각. **달칵-달칵**부하자타.

달칵-거리다[-꺼-]자타 자꾸 달칵달칵하다. 달칵대다. 큰덜컥거리다.

달칵-대다[-때-]자타 달칵거리다.

달캉부하자타 (쇠붙이로 된 기계 따위가) 움직이다가 문득 멈출 때 나는 소리. 큰덜컹[1]. 센딸캉. 여달강. **달캉-달캉**부하자타.

달캉-거리다자타 자꾸 달캉달캉하다. 달캉대다. 큰덜컹거리다.

달캉-대다자타 달캉거리다.

달콤새큼-하다형여 조금 달콤하면서 새큼한 맛이 있다. ¶ 달콤새큼한 석류의 맛.

달콤-하다형여 ①(감칠맛이 돌 정도로) 알맞게 달다. 큰달큼하다. 여달곰하다. ②아기자기하게 마음을 사로잡는 느낌이 있다. ¶ 달콤한 말로 속삭이다. **달콤-히**부.

달큼-하다형여 맛이 꽤 달다. 작달콤하다. 여달금하다. **달큼-히**부.

달통(達通)명하자타 사리에 정통함. ¶ 풍수지리에 달통하다.

달-팔십(達八十)[-씹]명 〔주나라 때 강태공(姜太公)이 여든 살에 정승이 되어 80년을 호화롭게 살았다는 데서〕 '호화롭게 삶'을 이르는 말. 참궁팔십(窮八十).

달팽이명 달팽잇과의 연체동물을 통틀어 이르는 말. 나선형의 껍데기를 지고 다니며, 암수한몸으로 난생임. 머리에 두 쌍의 더듬이가 있는데, 한 쌍의 끝에는 명암만을 알아내는 눈이 있음. 밤이나 여름철의 습기가 많은 때에, 이끼를 갉아 먹거나 나무나 풀 위에 기어올라가 어린잎 따위를 먹음. 산와(山蝸). 와우(蝸牛).
달팽이 눈이 되다관용 (핀잔을 받거나 겁이 나서) 움찔하고 기운을 펴지 못하다.
달팽이 뚜껑 덮는다관용 입을 꼭 다물고 좀처럼 말을 하지 않으려고 하다.

달팽이-관(-管)명 내이(內耳)의 일부로서, 달팽이 집 모양으로 말려 있는 관. 고막에 전하는 음파를 받아서 감수(感受)함. 와우각(蝸牛殼).

달-포명 한 달 이상이 되는 동안. 월경(月頃). 월여(月餘). ¶ 떠난 지 달포가 되도록 소식이 없다. 참날포.

달ː-풀명 볏과의 다년초. 높이 2m. 잎은 어긋나며 8~9월에 자주색 꽃이 핌. 우리나라·일본 등지에 분포함.

달-품[1]명 한 달에 얼마씩의 품삯을 받기로 하고 파는 품. 참날품.

달ː-품[2]명 달풀의 꽃.

달-피나무명 피나뭇과의 낙엽 활엽 교목. 골짜기의 숲 속에서 남. 꽃은 6월에 산방 꽃차례로 액생(腋生)하고, 둥근 열매는 9월에 익음. 재목은 가구를 만들고, 나무껍질은 새끼 대용으로 도 씀.

달필(達筆)명 글씨를 잘 쓰는 일, 또는 그러한 글씨. 능필(能筆). ↔악필.

달-하다(達-)자타여 ①(일정한 정도나 양에) 이르다. ¶ 공업 기술이 국제 수준에 달하다. / 수십만에 달하는 피난민. ②(일정한 곳에, 또는 어떠한 상태에) 다다르다. ¶ 목적지에 달하다. ③목적을 이루다.

달호다타 〈옛〉 다루다. 부리다. ¶ 물 달홀 어:馭(訓蒙下*9*).

달효(達孝)명 세상 사람이 다 인정하는, 한결같이 지극한 효도.

달히다타 〈옛〉 달이다. ¶ 달힐 젼:煎(類合下*41*).

닭[닥]명 꿩과의 새. 대가리에 붉은 볏이 있고, 날개는 짧아 날지 못함. 알과 고기의 생산을 위해 사육하나 애완용으로도 기름. 품종이 다양함. ＊닭이[달기]·닭만[당-]
닭 소 보듯, 소 닭 보듯속담 서로 마주 보고도 덤덤하게 대하거나, 상대편의 하는 일에 아무런 관심이 없음을 이르는 말.
닭 잡아먹고 오리발 내어 놓는다속담 자신이 저지른 나쁜 일이 드러나게 되자 엉뚱한 수단으로 남을 속이려 한다는 말.
닭 쫓던 개 지붕〔먼산〕 쳐다보듯속담 애써 이루려던 일이 실패로 돌아가 어이없이 된 것을 이르는 말.

닭-고기[닥꼬-]명 닭의 살코기. 계육(鷄肉).

닭-고집(-固執)[닥꼬-]명 쓸데없이 부리는 고집, 또는 그러한 고집을 부리는 사람. ¶ 닭고집 부리지 말고 그만 양보해라.

닭-곰탕(-湯)[닥꼼-]명 닭을 고아 살을 뜯어 양념한 다음, 다시 닭국물에 넣어 끓인 국.
닭-국[닥꾹]명 닭고기와 무 조각을 함께 넣고 끓인 맑은장국. 계탕(鷄湯).
닭-김치[닥낌-]명 닭의 내장을 빼고 그 안에 다진 쇠고기, 채로 썬 표고, 석이 등을 두부와 함께 양념하여 넣고 삶은 다음, 닭을 건져 고기를 뜯고 안에 든 것을 헤뜨려서 그릇에 담아 햇김칫국을 섞은 닭국물을 넣어 간을 맞추고 얼음을 띄워 만든 음식. 〔흔히, 삼복더위에 먹음.〕
닭-날[당-]명 ☞유일(酉日).
닭-도리탕(-とり〔鳥〕湯)[닥또-]명 '닭볶음탕'으로 순화.
닭-둥우리[닥뚱-]명 ①둥우리처럼 만든 닭의어리. ②둥우리로 된 닭의 보금자리.
닭-똥[닥-]명 닭이 배설한 똥. 계분(鷄糞). 닭의똥.
닭-똥집[닥-찝]명 '닭의 모래주머니'를 속되게 이르는 말.
닭-띠[닥-]명 ☞유생(酉生).
닭-백숙(-白熟)[닥빽쑥]명 닭을 튀하여 털을 뽑은 다음에 통째로 맹물에 삶은 음식.
닭-볶음탕(-湯)[닥뽀끔-]명 닭과 감자를 먹기 좋게 토막 내어 물과 양념을 넣고 바특하게 끓인 음식.
닭-살[닥쌀]명 ①닭의 껍질처럼 오톨도톨한 살갗. ②〈소름〉의 속된 말. ¶ 닭살이 돋는다.
닭-서리[닥써-]명 몇몇이 짜고 남의 집 닭을 몰래 훔쳐다 잡아먹는 장난.
닭-싸움[닥-]명하자 ①닭, 특히 싸움닭끼리 하는 싸움, 또는 싸움닭끼리 싸우게 하여 승부를 가리는 구경거리. ②한쪽 다리를 들어 올려 손으로 잡고 앙감질하면서 상대편을 밀어 넘어뜨리는 놀이. ¶ 닭싸움을 하다가 넘어져 무릎이 까졌다. ③'시답지 않은 싸움'을 조롱하여 이르는 말. 준닭쌈.
닭-쌈[닥-]명하자 〈닭싸움〉의 준말.
닭-유(-酉)[당뉴]명 한자 부수의 한 가지. '酊'·'酒' 등에서의 '酉'의 이름.
닭의-똥[달긔-/달게-]명 ☞닭똥.
닭의-어리[달긔-/달게-]명 나뭇가지나 싸리 같은 것으로 엮어 만든, 닭을 가두거나 넣어 두는 물건.
닭의-장(-欌)[달긔-/달게-]명 ①닭을 가두어 두는 장. ②밤에 닭이 들어가 쉬고 자게 만든 장. 계사(鷄舍). 닭장.
닭의장-풀(-欌-)[달긔-/달게-]명 닭의장풀과의 일년초. 길가나 냇가의 습지에 절로 나는데, 줄기는 가로 벋고 마디가 굵음. 잎은 끝이 뾰족하고 어긋맞게 나며 여름에 하늘색 꽃이 핌. 한방에서는 잎의 생즙을 화상 따위에 약으로 씀. 계장초(鷄腸草). 달개비. 달기씨개비.
닭의-홰[달긔-/달게-]명 닭의장이나 닭의어리 속에 닭이 올라앉을 수 있도록 가로질러 놓은 막대기.
닭-장(-欌)[닥짱]명 ☞닭의장.
닭장-차(-欌車)[닥짱-]명 '죄수 등을 태우기 위해 창문에 철망을 둘러친 차'를 속되게 이르는 말.
닭-잦추다[닥짣-]자 새벽에 닭이 잦추어 울다.
닭-죽(-粥)[닥쭉]명 닭고기를 고아 낸 국물에 찹쌀을 넣어 쑨 죽.
닭-찜[닥-]명 닭고기를 잘게 토막 내서 양념을 하고 냄비에 넣어 바특하게 푹 삶은 찜.
닭-튀김[닥-]명 통닭이나 토막 낸 닭고기를 기름에 튀긴 요리.
닭-해[다캐]명 ☞유년(酉年).
닮:다[담따]자타 ①저절로 비슷하게 생기다. ¶ 돌아가신 아버지를 많이 닮았다. ②어떤 것을 본떠서 그와 같아지다. ¶ 나쁜 친구를 닮다. *닮아·닮:고[담꼬]·닮:는[담-]
닮은-꼴명 ①크기만 다른, 서로 닮은 둘 이상의 도형. ②모습이나 모양 등이 판에 박은 듯이 서로 비슷한 것. ¶ 그 집 부부는 남매처럼 닮은꼴이다.
닮음명 두 다각형의 대응되는 각이 같거나 변의 비(比)가 같은 일.
닮음-비(-比)명 닮은 두 도형의 대응하는 변끼리의 비. 상사비(相似比).
닳다[달타]자 ①(물건이) 오래 써서 낡아지거나 줄어들다. 갈리어 모지라지다. ¶ 구두가 다 닳았다. /연필이 닳다. ②액체 따위가 졸아들다. ¶ 국이 너무 닳아서 짜다. ③세파에 시달리거나 어려운 일을 많이 겪어 성질이나 생각 따위가 약아지다. *닳아[다라]·닳는[달른]·닳소[달쏘]
닳고 닳다관용 세파에 시달려서 약아빠지다.
닳아-먹다[다라-따]자 '세파에 시달리거나 어려운 일을 많이 겪어 성질이나 생각 따위가 몹시 약아지다'는 뜻을 속되게 이르는 말.
닳아-빠지다[다라-]형 세파에 시달리거나 어려운 일을 많이 겪어 성질이나 생각 따위가 몹시 약다.
담[1]명 (집의 둘레나 일정한 공간을 막기 위하여) 흙이나 돌 따위로 쌓아 올린 것. 담장. 장옥(墻屋). 장원(墻垣). ¶ 담을 쌓다. /남의 집 담을 넘다.
담 구멍을 뚫다관용 도둑질하다.
담[2]명 ☞창병(瘡病).
담:[3]명 머리를 빗을 때, 빗에 빗기는 머리털의 결. ¶ 담이 좋다.
담:[4]명 〈다음〉의 준말. ¶ 담은 네 차례다.
담:(毯)명 짐승의 털을 물에 빨아 짓이겨 편평하고 두툼하게 만든 조각. 담요 따위의 재료로 쓰임.
담:(痰)명 ①☞가래[2]. ②접질리거나 삔 부위에 몸을 순환하던 분비액이 응결되어 결리고 아픈 증상. ¶ 담이 들다. ③〈담병(痰病)〉의 준말.
담:(曇)명 구름이 끼어 날이 흐린 현상.
담:(膽)명 ①쓸개. 담낭. ②〈담력〉의 준말.
담-(淡)접두 《빛깔을 뜻하는 한자어 명사 앞에 붙어》 '빛깔의 엷음'을 뜻함. ¶ 담황색. /담녹색. ↔농-(濃).
-담(談)접미 한자어로 된 일부 명사 뒤에 붙어, '그것에 관한 이야기'임을 뜻함. ¶ 경험담. /성공담. /여행담.
-담어미 형용사 어간이나 높임의 '-시-'나 시제의 '-았(었)-'·'-겠-' 등에 붙어 쓰이는, 해체의 종결 어미. '-단 말인고'의 뜻으로, 가볍게 핀잔을 주거나 의문을 나타낼 때 쓰임. ¶ 뭐가 그리 우습담. 참-ㄴ담.
담가(擔架)명 ☞들것.
담가(譚歌)명 ☞발라드.
담-가라명 털빛이 거무스름한 말.
담:-갈색(淡褐色)[-쌕]명 연한 갈색.
담:결(痰結)명 한방에서, 목구멍에 가래가 뭉쳐 붙어 뱉을 수도 없고 삼킬 수도 없는 병을 이르는 말.
담:-결석(膽結石)[-썩]명 ☞담석(膽石).
담:관(膽管)명 〈수담관(輸膽管)〉의 준말.
담:괴(痰塊)[-괴/-궤]명 살가죽 속에 생기는 종독(腫毒)과 같은 멍울. 〔습담이 돌아다니다 뭉켜서 생기는데, 아프지는 않음.〕
담:교(淡交)명 사심이 없는 담박한 사귐.
담구(擔具)명 어깨에 메고 물건을 나르는 기구를 통틀어 이르는 말.

담그다 [담그니·담가] 타 ①액체 속에 집어넣다. ¶ 시냇물에 발을 담그다. /빨래를 담그다. ②(술·간장·김치·젓갈 따위를 만들 때) 익거나 삭게 하려고, 재료를 버무려 그릇에 넣다. ¶ 김치를 담그다.

담금-질 명 하타 ①쇠를 불에 달구었다가 찬물 속에 담그는 일. ②'끊임없이 훈련을 시킴'을 비유하여 이르는 말. ③낚시를 물에 담갔다가 건졌다가 하는 일.

담ː기 (膽氣) [-끼] 명 ☞담력(膽力).

담-기다[1] 자 〖'담다'의 피동〗 담음을 당하다. ¶ 사과가 담긴 상자. /정성이 가득 담긴 선물.

담-기다[2] 자 〖'담그다'의 피동〗 담금을 당하다. ¶ 배추김치가 맛있게 잘 담겼다.

담-꾼 (擔-) 명 무거운 짐을 틀가락 따위로 메어 나르는 품팔이꾼.

담ː낭 (膽囊) 명 간장에서 분비되는 쓸개즙을 일시적으로 저장·농축하는, 얇은 막의 주머니로 된 내장. 쓸개. 담(膽).

담ː낭-염 (膽囊炎) [-념] 명 쓸개즙의 분비에 장애가 생겼을 때, 혈액이나 장에서 세균의 감염을 받아 일어나는 쓸개의 염증.

담ː-녹색 (淡綠色) [-쌕] 명 엷은 녹색. 연두. 준 담록(淡綠).

담ː다 [-따] 타 ①(어떠한 물건을) 그릇이나 부대 같은 데 넣다. ¶ 쌀독에 쌀을 담다. /감자를 담은 바구니. ②(욕설 따위를) 입에 올리다. ¶ 입에 담지 못할 욕설을 마구 퍼붓다. ③(어떤 생각이나 사상 따위를) 글이나 그림 같은 데 나타내다. ¶ 뜨거운 인간애를 담은 소설. ④(어떤 감정을) 표정으로 드러내다. ¶ 기쁨을 담은 얼굴. ⑤(어떤 감정을) 풀지 않고 지니다. ¶ 그의 말을 마음에 담아 두지 마라.

담ː-담 명 〈다음다음〉의 준말.

담담 (淡淡) '담담하다'의 어근.

담ː담-하다 (淡淡-) 형여 ①빛깔이 엷고 맑다. ¶ 담담한 달빛. ②마음에 욕심이나 꺼림이 없이 조촐하다. ¶ 담담한 심경. ③맛이 느끼하지 않고 산뜻하다. ¶ 채소의 담담한 맛. ④(마땅히 말할 만한 자리에서) 아무 말 없이 잠자코 있다. ¶ 담담하게 앉아만 있다. ⑤차분하고 평온하다. ¶ 담담한 표정. **담담-히** 부.

담당 (擔當) 명 ①하타 (일을) 맡음. ¶ 담당 검사. /체육을 담당하다. /담당하고 있는 구역. ②☞담당자.

담당-관 (擔當官) 명 중앙 행정 기관의 최고 책임자를 도와 정책의 기획 및 연구·조사를 맡아 보는 공무원.

담당-자 (擔當者) 명 일을 맡은 사람. 담당. ¶ 자세한 사항은 담당자에게 문의하십시오.

담대 (膽大) '담대하다'의 어근.

담ː대-심소 (膽大心小) 명 (문장을 지을 때의 마음가짐을 말한 것으로) 담력은 크게 가지되 주의는 세심하여야 한다는 말. 〔'당서(唐書)'의 '은일전(隱逸傳)'에 나오는 손사막(孫思邈)의 말에서 유래함.〕

담ː대-하다 (膽大-) 형여 담력이 크다. 겁이 없고 용기가 많다. ¶ 담대하게 일을 처리해 나가다. **담대-히** 부.

담ː-두시 (淡豆豉) 명 한방에서, '삶은 콩을 짚으로 덮어 더운 곳에서 띄운 뒤, 겉에 생긴 곰팡이를 말리어 털어 버린 것'을 약재로 이르는 말. 열병의 약으로 쓰임.

담ː략 (膽略) [-냑] 명 담력과 지략, 또는 대담한 책략. ¶ 담략이 출중한 사람.

담ː력 (膽力) [-녁] 명 사물을 두려워하지 않는 기력. 겁이 없고 용감한 기운. 담기(膽氣). ¶ 담력을 기르는 훈련. 준 담.

담로 (擔魯) [-노] 명 백제 때, 왕자나 왕족을 보내어 다스리던 지방 행정 구역.

담ː록 (淡綠) [-녹] 명 〈담녹색〉의 준말.

담론 (談論) [-논] 명 하자타 담화하고 논의함, 또는 담화와 논의. 논담.

담륜-자 (擔輪子) [-뉸-] 명 환형동물이나 연체동물의 알에서 발생하는 유생(幼生). 〔몸은 팽이 같고 투명하며, 둘레에 섬모의 테가 있음.〕

담마-진 (蕁麻疹) 명 '심마진(蕁麻疹)'의 잘못.

담ː묵 (淡墨) 명 묽은 먹물.

담ː미 (淡味) 명 담담한 맛. 진하지 아니한 맛.

담바고 명 〈옛〉 담배.

담바귀^타ː령 명 담배를 소재로 한 잡가 또는 민요.

담박 (淡泊·澹泊) '담박하다'의 어근.

담박-질 [-찔] 명 하자 〈달음박질〉의 준말.

담ː박-하다 (淡泊-·澹泊-) [-바카-] 형여 ☞담백하다.

담ː반 (膽礬) 명 결정수를 지닌 황산동. 삼사 정계에 딸린 결정으로 유리 광택이 나고 반투명의 푸른빛을 띰. 토제(吐劑)·살충제 등에 쓰임.

담방 부 하자타 작고 묵직한 물건이 물에 떨어져 잠길 때에 나는 소리. ¶ 작은 돌멩이가 담방하고 물에 떨어져 가라앉았다. 큰 덤벙. 거 탐방.

담방-담방 부 하자타.

담방-거리다[1] 자타 자꾸 담방담방하다. 담방대다[1]. 큰 덤벙거리다[1].

담방-거리다[2] 자 약간 들뜬 모양으로 서두르며 하동거리다. ¶ 길을 떠날 때마다 몹시 담방거린다. 담방대다[2]. 큰 덤벙거리다[2].

담방-대다[1] 자타 ☞담방거리다[1].

담방-대다[2] 자 ☞담방거리다[2].

담ː배 명 ①가짓과의 일년초. 남미 원산의 재배식물로 줄기 높이는 1.5~2 m. 길둥근 잎은 길이 50 cm, 폭 25 cm가량으로 매우 크며 끝이 뾰족하고 어긋맞게 남. 여름에 담홍색 꽃이 원줄기 끝에 핌. 잎은 '담배'의 재료이며, 잎 속에 들어 있는 니코틴 성분은 농업용 살충제로 쓰임. 연초(煙草). ②담뱃잎을 말려서 가공한 기호품. 〔살담배·잎담배·궐련 따위.〕

담ː배-꼬투리 명 ①마른 담뱃잎의 단단한 줄기. 준 꼬투리. ②'담배꽁초'의 잘못.

담ː배-꽁초 (-草) 명 담배를 다 피우고 남은 작은 도막. 준 꽁초.

담ː배-물부리 [-뿌-] 명 ☞물부리.

담ː배-밤나방 명 밤나방과의 곤충. 몸길이 1.5 cm, 편 날개 길이 3.5 cm가량. 몸빛은 회갈색이고, 앞날개에는 갈색의 띠무늬가 있음. 유충은 누에 비슷한데, 담배·고추·목화 따위의 잎을 갉아 먹는 해충임.

담ː배-벌레 명 담배밤나방의 유충.

담ː배-설대 [-때] 명 담배통과 물부리 사이에 끼워 맞추는 가느다란 대통. 간죽(竿竹). 준 설대.

담ː배-쌈지 명 살담배나 잎담배 따위를 담거나 넣고 다니는 쌈지.

담ː배-질 명 하자 일삼아 자꾸 담배만 피우는 짓.

담ː배-칼 명 잎담배를 썰어서 살담배를 만드는 데 쓰는 칼.

담ː배-통 (-桶) 명 ①담배를 넣어 두는 통. ②담배설대 아래에 맞추어 담배를 담는 통.

담ː배-합 (-盒) 명 담배나 재떨이 따위를 담아 두는 쇠붙이 따위로 만든 합.

담백(淡白) '담백하다'의 어근.
담ː백-하다(淡白-)[-배카-]형여 ①욕심이 없고 마음이 깨끗하다. ¶ 담백한 성품. ②느끼하지 않고 산뜻하다. ¶ 담백한 맛. ③빛깔이 진하지 않고 산뜻하다. 담박하다.
담ː뱃-갑(-匣)[-배깝/-밷깝]명 담배를 담아 두는 갑.
담ː뱃-값[-배깝/-밷깝]명 ①담배의 값. ②〔담배를 사 피울 정도의〕 약간의 용돈. ¶ 담뱃값이 떨어지다. ③약간의 사례금. ¶ 담뱃값이나 집어 주고 부탁해 보게나. *담ː뱃값이[-배깝씨/-밷깝씨]·담ː뱃값만[-배깜-/-밷깜-]
담ː뱃-귀[-배뀌/-밷뀌]명 담배의 잎을 엮으려고, 잎을 딸 때 잎꼭지에 붙게 한 줄기의 부분.
담ː뱃-낫[-밴낟]명 담뱃귀를 따는 데에 쓰이는 작은 낫. *담ː뱃낫이[-밴나시]·담ː뱃낫만[-밴난-]
담ː뱃-대[-배때/-밷때]명 썬 담배를 피우는 데 쓰는 기구. 연관(煙管). 연죽(煙竹). 준대[1].
담ː뱃-불[-배뿔/-밷뿔]명 ①담배에 붙은 불. ¶ 담뱃불에 의한 화재. ②담배에 붙일 불. ¶ 담뱃불을 빌리다.
담ː뱃-순(-筍)[-배쑨/-밷쑨]명 담배의 원순과 곁순.
담ː뱃-잎[-밴닙]명 담배의 잎. *담ː뱃잎이[-밴니피]·담ː뱃잎만[-밴님-]
담ː뱃-재[-배째/-밷째]명 담배가 탄 재.
담ː뱃-진(-津)[-배찐/-밷찐]명 담배에서 우러나는 진.
담-벼락[-뼈-]명 ①담 또는 담의 겉으로 드러난 부분. ②'미욱하고 고집스러운 사람'을 비유하여 이르는 말.
담벼락하고 말하는 셈이다속담 미욱하고 고집스러워 도무지 알아듣지 못하는 사람과는 더불어 말해 봐야 소용없다는 말.
담-벽(-壁)명 '담벼락'의 잘못.
담ː벽(淡碧)명 〈담벽색〉의 준말.
담ː-벽색(淡碧色)[-쌕]명 엷은 푸른빛. 담청색. 준담벽.
담ː병(痰病)[-뼝]명 체액(體液)이 큰 열을 받아서 생기는 병을 통틀어 이르는 말. 〔풍담·냉담·습담·열담·주담 따위.〕 담증(痰症). 준담.
담보(擔保)명하타 ①대차 관계에서, 채무자가 채무를 이행하지 않을 경우에 대비하여 미리 채권자에게 제공되어 채무의 이행을 확보하는 수단이 되는 것. 보증. ¶ 집을 담보로 제공하다. ②장차 남에게 끼칠지도 모르는 손해의 보상이 되는 것, 또는 그 보상이 되는 것을 제공하는 일.
담보^가격(擔保價格)[-까-]명 담보물의 시가(時價)와 이에 대한 대부금의 비율.
담보^계ː약(擔保契約)[-계-/-게-]명 당사자의 한편인 담보자가 상대편인 피담보자에게 손해를 끼치지 않을 것을 약정하는 계약.
담보-권(擔保權)[-꿘]명 채무자가 채무를 이행하지 않을 경우, 채권자가 그 이행을 확보할 수 있는 권리.
담보^대ː부(擔保貸付)명 ☞담보부 대부.
담보-물(擔保物)명 담보로 제공하는 물건. 담보품.
담보^물권(擔保物權)[-꿘]명 채권 담보를 목적으로 하는 물권. 〔민법상의 유치권·질권·저당권을 통틀어 이르는 말.〕 참용익 물권.
담보부^공채(擔保付公債)명 담보물을 붙여 발행하는 공채.
담보부^대ː부(擔保付貸付)명 은행이 담보물을 잡고 하는 대부. 담보 대부.
담보부^사채(擔保付社債)명 회사가 담보를 제공하고 발행하는 채권.
담보^조약(擔保條約)명 조약을 맺은 나라 사이에서, 어떠한 사실이나 조약의 이행을 확보하기 위하여 다시 체결하는 조약.
담보^책임(擔保責任)명 ①담보를 제공함과 동시에 생기는 책임. ②계약 당사자가 급부한 목적물이나 권리에 하자나 결함이 있을 때 부담하는 손해 배상과 그 밖의 책임.
담보^청구권(擔保請求權)[-꿘]명 법률 규정이나 특약에 따라 담보의 제공을 청구할 수 있는 권리.
담보-품(擔保品)명 ☞담보물.
담ː복(禫服)명 상중(喪中)에 있는 사람이 담제(禫祭) 뒤 길제(吉祭)까지 입는 흰 옷.
담봇-짐명 '괴나리봇짐'의 방언.
담뵈명 〈옛〉 담비. ¶ 담뵈 환:貛(訓蒙上*19*).
담부(擔負)명하타 짐을 등에 지고 어깨에 멤. 짐을 메고 지고 함.
담부지역(擔負之役)명 ①짐을 메고 지는 일. ②막벌이 일.
담북-장(-醬)[-짱]명 ①메줏가루에 쌀가루와 고춧가루를 섞고 새앙을 이겨 넣은 다음 소금으로 간을 맞추어 익힌 된장. ②청국장.
담불[1]명 마소의 '열 살'을 이르는 말.
담불[2] Ⅰ명 곡식이나 나무를 쌓아 올린 무더기. ¶ 나무 담불.
Ⅱ의 '벼 백 섬'을 세는 단위.
담비명 족제빗과의 동물. 몸길이 45~50 cm, 꼬리 20 cm가량. 다리는 짧고 발은 검은데, 날카로운 발톱이 있음. 낮에는 나무 구멍이나 바위 틈에서 자고 밤에 많이 활동함. 털은 여름에는 누런 갈색이나 겨울에는 담색으로 변함. 산달.
담ᄇᆡ명 〈옛〉 담배. ¶ 담ᄇᆡ:南草(物名*3:20*). 참담바고.
담빡부 깊은 생각 없이 가볍게 행동하는 모양. ¶ 뜨거운 그릇을 담빡 쥐었다가 손을 데고 말았다. 비답삭. 큰덤뻑.
담뿍부하형 ①가득하게 소복한 모양. ¶ 짐을 담뿍 싣다. ②풀이나 먹물 따위를 낙낙히 묻힌 모양. ¶ 붓에 먹물을 담뿍 묻히다. 큰듬뿍. **담뿍-이**부. **담뿍-담뿍**부하형.
담ː사(禫祀)명 ☞담제(禫祭).
담상-담상부하형 좀 성기거나 다문다문한 모양. ¶ 담상담상 돋아나는 새싹. 큰듬성듬성.
담ː색(淡色)명 엷은 빛깔. ↔농색(濃色).
담석(儋石)명 〔'담'은 두 항아리, '석'은 한 항아리를 나타내는 옛 중국의 단위로〕 ①'얼마 되지 않는 곡식'을 비유하여 이르는 말. ②'얼마 되지 않는 액수'를 비유하여 이르는 말.
담ː석(膽石)명 사람·소·양의 담낭이나 담관에 생기는 결석(結石). 담결석.
담ː석-증(膽石症)[-쯩]명 담낭이나 담관에 결석이 생겨 일어나는 병. 몹시 아프며 구토·발열·황달 등을 일으킴. 담석통.
담석지록(儋石之祿)[-찌-]명 얼마 안 되는 녹봉.
담ː석-통(膽石痛)명 ☞담석증.
담ː성(痰聲)명 가래가 목구멍에서 끓는 소리.
담세(擔稅)명하자 조세를 부담함. 납세 의무를 짐.
담세^능력(擔稅能力)[-녁]명 조세를 부담할 수 있는 능력.

담세-자(擔稅者)명 조세를 부담하는 사람. 납세 의무를 지는 사람.
담소(淡素) '담소(淡素)하다'의 어근.
담소(談笑)명하자 (스스럼없이) 웃으며 이야기함. 언소(言笑). ¶ 담소를 나누다.
담소(膽小) '담소(膽小)하다'의 어근.
담소-자약(談笑自若)명하형 (놀랍거나 걱정스러운 일이 있어도) 웃고 이야기하는 것이 평소와 다름이 없음. 언소자약(言笑自若).
담:소-하다(淡素-)형여 담담하고 소박하다.
담:소-하다(膽小-)형여 겁이 많고 용기가 없다. 담약(膽弱)하다.
담:수(淡水)명 단물. 민물. ↔함수(鹹水).
담:수(痰祟)명 한방에서 이르는 담증(痰症)의 한 가지. 기운이 허하여 몸의 각 기관이 정상적인 기능을 잃고, 보고 듣고 말하고 움직이는 일들이 비정상적으로 되는 증세.
담:수(痰嗽)명 한방에서, 위 속에 있는 습담이 폐로 올라올 때는 기침이 나고, 담이 나올 때는 기침이 그치는 병을 이르는 말.
담수(潭水)명 못이나 늪의 물.
담:-수란(淡水卵)명 ☞물수란.
담:수^양:식(淡水養殖)명 하천이나 호소(湖沼) 따위의 민물을 이용하여 하는 양식.
담:수-어(淡水魚)명 ☞민물고기.
담:수^어업(淡水漁業)명 하천이나 호소(湖沼) 따위에서 민물고기를 길러 식용으로 공급하는 어업.
담:수-장(淡水醬)명 ☞무장.
담:수-조(淡水藻)명 민물에서 자라는 조류.
담:수-호(淡水湖)명 담수가 모여서 된 호수. 염분의 함유량이 1l당 0.5g 이하인 호수. ↔함수호.
담:수-화(淡水化)명하자타 바닷물의 염분 농도를 묽게 하여 담수로 만듦, 또는 그렇게 됨.
담:습(痰濕)명 한방에서, 담으로 말미암아 생기는 습기를 이르는 말.
담시(譚詩)명 ☞발라드.
담시-곡(譚詩曲)명 ☞발라드.
담:식(淡食)명하자 ①(음식을) 싱겁게 먹음. ¶ 건강하게 살려면 담식하는 것이 좋다. ②느끼한 음식보다 담박한 음식을 즐겨 먹음.
담심(潭心)명 깊은 못의 중심이나 바닥.
담-쌓다[-싸타]자 ①담을 만들다. ②교제를 끊다. 관계를 끊고 속을 주지 않다. ¶ 그와는 담쌓은 지 오래다. ③하던 일을 그만두다. ¶ 요즘은 술하고 담쌓고 지낸다.
　담쌓고 벽 친다관용 좋게 사귀던 사이를 끊고 서로 멀리하다.
담쏙부 손으로 탐스럽게 쥐거나 팔로 정답게 안는 모양. ¶ 아기를 담쏙 껴안다. /꽃다발을 담쏙 받아 들다. 큰듬쏙. **담쏙-담쏙**부.
담쑥부 '담쏙'의 잘못.
담아(淡雅) '담아하다'의 어근.
담아-내다타 ①용기나 그릇 따위에 담아서 내놓다. ¶ 주인은 과일을 담아내었다. ②글 속에 어떤 내용을 나타내다. ¶ 문학은 총체적 현실을 담아낸다.
담:아-하다(淡雅-)형여 맑고 아담하다.
담:액(膽液)명 ☞쓸개즙. 담즙(膽汁).
담약(膽弱) '담약하다'의 어근.
담:약-하다(膽弱-)[다먀카-]형여 담력이 약하다. 겁이 많다. 담소(膽小)하다. ¶ 담약한 성격.
담연(淡然) '담연하다'의 어근.
담:연(淡煙)명 엷게 낀 연기. 부연 연기.
담:연(痰涎)명 가래와 침.
담:연-하다(淡然-)형여 욕심이 없고 깨끗하다. **담연-히**부.
담:염(淡塩)명하타 ☞얼간.
담여(擔舁)명하타 (가마나 상여 따위를) 어깨에 멤.
담:-요(毯-)[-뇨]명 털 같은 것으로 굵게 짜거나 두껍게 눌러서 만든 요. 모포.
담:용(膽勇)명 ①담력과 용기. ②하형대담하고 용맹스러움. ¶ 담용한 사람.
담:운(淡雲)명 엷고 맑게 낀 구름.
담:월(淡月·澹月)명 으스름달.
담임(擔任)명하타 주로 학교에서, 학급이나 학과목을 책임지고 맡아봄, 또는 그 사람. ¶ 3학년 5반을 담임하다.
담임-교사(擔任教師)명 초등학교·중학교·고등학교 등에서 한 학급을 전적으로 맡아 책임지고 지도하는 교사. 담임선생.
담임-선생(擔任先生)명 ☞담임교사.
담:자(淡姿)명 맑고 깨끗한 자태.
담자균-류(擔子菌類)[-뉴]명 균류의 한 강. 몸은 다세포의 균사가 모여 이루어지고, 유성 생식 때는 포자낭을 형성하는 것이 특징임. 대개는 버섯을 만드나, 일부는 다른 식물에 기생하여 병을 일으키기도 함. 〔송이·표고버섯 따위.〕
담:-자색(淡紫色)명 엷은 자줏빛.
담장(-墻)명 ☞담[1].
담:장(淡粧)명하자 엷고 산뜻하게 화장함, 또는 그런 화장.
담-장이명 〈토담장이〉의 준말.
담쟁이명 〈담쟁이덩굴〉의 준말.
담:-쟁이(痰-)명 '담병(痰病)을 앓는 사람'을 얕잡아 이르는 말.
담쟁이-덩굴명 포도과의 낙엽 활엽 만목. 덩굴손으로 담이나 벼랑 등에 달라붙어 덩굴을 벋음. 잎은 심장 모양이며 초여름에 황록색 꽃이 핌. 가을에 잎은 단풍이 들고 열매는 자주색으로 익음. 산포도(山葡萄). 준담쟁이.
담장이명 〈옛〉 담쟁이. ¶ 담장이 벽:薜(訓蒙上9).
담:제(禫祭)명 상례에서, 대상(大祥)을 치른 다음다음 달에 지내는 제사. 담사(禫祀).
담:제-인(禫制人)명 상중에 있는 사람이 대상을 지낸 뒤 담제를 지낼 때까지의 기간에 스스로를 가리켜 일컫는 말, 또는 그런 사람을 두루 일컫는 말.
담:종(痰腫)명 한방에서, '담이 몰려서 된 종기(腫氣)'를 두루 이르는 말.
담:즙(膽汁)명 ☞쓸개즙.
담:즙-산(膽汁酸)[-싼]명 쓸개즙의 주요 성분의 한 가지. 음식물의 소화와 지방·비타민 따위의 흡수에 중요한 역할을 함.
담:즙-질(膽汁質)[-찔]명 기질(氣質)의 한 가지. 침착하고 냉정하며 의지력과 인내력이 강하나 고집스럽고 거만함.
담:증(痰症)[-쯩]명 ☞담병(痰病).
담-집[-찝]명 ☞토담집.
담:-차다(膽-)형 겁이 없이 아주 담대하다. ¶ 담찬 기백과 행동.
담:채(淡彩)명 엷고 산뜻한 채색. ¶ 담채의 풍경화. ↔농채(濃彩).
담:채(淡菜)명 ①☞홍합(紅蛤). ②☞털격판담치.
담:채-화(淡彩畫)명 묵화(墨畫)에서, 엷은 빛깔로 산뜻하게 그린 그림.

담ː천(痰喘)명 가래가 끓어서 숨이 참.
담ː천(曇天)명 ①구름이 끼어 흐린 하늘. 흐린 날씨. ②기상 관측에서, 하늘에 구름이 70% 이상 낀 날씨를 이르는 말. ↔청천(晴天).
담ː-청색(淡青色)명 엷은 푸른빛. 담벽색.
담ː체(痰滯)명 한방에서, 담이 한군데에 뭉쳐서 생긴 병을 두루 이르는 말.
담ː-초자(曇硝子)명 젖빛 유리.
담총(擔銃)명하자 총을 어깨에 멤.
담ː타(痰唾)명 가래와 침.
담타기명 ①(남에게 넘겨씌우거나 남에게서 넘겨 맡은) 큰 걱정거리나 허물. ②억울한 누명. 큰덤터기.
담타기(를) 쓰다관용 남으로부터 허물이나 걱정거리를 넘겨받다.
담타기(를) 씌우다관용 남에게 허물이나 걱정거리를 넘겨씌우다.
담-틀명 흙담을 쌓는 데 쓰는, 널로 만든 틀. 축판(築板). 토담틀.
담판(談判)명하타 서로 맞선 관계에 있는 쌍방이, 시비를 가리거나 결말을 짓기 위하여 함께 논의함. ¶ 담판을 벌이다. /담판을 짓다. /담판이 결렬되다.
담ː-하다(淡-)형여 ①빛깔이 연하다. ¶ 담한 분홍 저고리. ②음식 맛이 느끼하지 않고 산뜻하다. ③욕심이 없다. ¶ 담한 성격.
담합(談合)명하자 ①서로 이야기하거나 의논함. ②공사 입찰 등에서, 입찰자들이 미리 상의하여 입찰 가격을 협정함. ¶ 경쟁 입찰에서의 담합 행위.
담ː해(痰咳)명 ①가래와 기침. ②가래가 나오는 기침.
담ː향(淡香)명 엷고 산뜻한 향기.
담ː-홍색(淡紅色)명 엷은 붉은빛. 장미색. 천홍색.
담ː화(淡畫)명 (한 가지 빛깔로) 엷고 산뜻하게 채색한 그림.
담ː화(痰火)명 한방에서, 담으로 말미암아 나는 열이나 답답증을 이르는 말.
담화(談話)명 ①하자 허물없이 이야기를 나눔, 또는 서로 주고받는 이야기. ②(주로 공직자가) 어떤 일에 관한 견해나 취할 태도 따위를 공식적으로 밝히는 말. ¶ 특별 담화를 발표하다.
담화-문(談話文)명 (주로 공직자가) 어떤 일에 대한 견해를 공식적으로 발표하는 글.
담화-체(談話體)명 평소에 이야기하는 말투로 쓴 문체.
담ː-황색(淡黃色)명 엷은 노랑. 천황색.
담ː-흑색(淡黑色)[-쌕]명 엷은 검정.
답(畓)명 논.
답(答)명하자타 ①〈대답〉의 준말. ¶ 질문에 답하다. ②〈해답〉의 준말. ¶ 답을 맞추다. ③〈회답〉의 준말. ¶ 즉각 답을 보내다. ↔문(問).
답간(答簡)[-깐]명하자 ☞답장(答狀).
답결(畓結)[-껼]명 논에 대한 세금.
답곡(畓穀)[-꼭]명 논에서 나는 곡식. 벼.
답교(踏橋)[-꾜]명하자 다리밟이.
답구(踏臼)[-꾸]명 디딜방아.
답권(畓券)[-꿘]명 논문서.
답농(畓農)[담-]명 논농사.
-답니까[담-]《형용사 어간 또는 높임의 '-시-'나 시제의 '-았(었)-'·'-겠-' 등에 붙어》Ⅰ어미 어떤 사실이 주어졌다고 치고 그 사실에 대한 의문을 나타내는, 합쇼체의 종결 어미. ¶ 봄인데 왜 이렇게 춥답니까?
Ⅱ준 '-다고 합니까'가 줄어든 말. ¶ 그 사람 사람됨은 어떻답니까? 참-ㄴ답니까.
-답니다[담-]《형용사 어간 또는 높임의 '-시-'나 시제의 '-았(었)-'·'-겠-' 등에 붙어》Ⅰ어미 화자가 이미 알고 있는 것을 객관화하여 청자에게 일러 줌을 나타내는, 합쇼체의 평서형 종결 어미. ¶ 저는 아주 건강하답니다.
Ⅱ준 '-다고 합니다'가 줄어든 말. ¶ 아직 많답니다. /곧 오겠답니다. 참-ㄴ답니다.
-답다[-따][-다우니·-다워]접미ㅂ 일부 체언 뒤에 붙어, 그 체언이 지니는 성질이나 특성을 가지고 있다는 뜻의 형용사를 만드는 말. ¶ 남자답다. /정답다. /꽃다운 청춘. /생각하는 것이 제법 어른답다.
답답-하다[-따파-]형여 ①(근심이나 걱정 따위로) 애가 타고 갑갑하다. ¶ 소식을 알 수 없어 답답하다. ②(사정이나 심정을 몰라주어) 안타깝다. ¶ 답답한 이 심정을 누가 알아주나. ③(가슴이 시원하지 못하고) 숨을 쉬기가 가쁘다. ¶ 방 안이 답답하니 창문 좀 열자. ④사람됨이 너무 고지식하여 딱하다. ¶ 무슨 일을 그리 답답하게 하나. **답답-히**부.
-답디까[-띠-]준 '-다고 합디까'가 줄어든 말. 형용사 어간 또는 높임의 '-시-'나 시제의 '-았(었)-'·'-겠-' 등에 붙어, 남이 들은 과거 사실에 대해 묻는 뜻을 나타냄. ¶ 몇 등이나 했답디까? 참-ㄴ답디까.
-답디다[-띠-]준 '-다고 합디다'가 줄어든 말. 형용사 어간 또는 높임의 '-시-'나 시제의 '-았(었)-'·'-겠-' 등에 붙어, 남에게 들은 과거 사실을 인용하는 뜻을 나타냄. ¶ 거긴 아무것도 없답디다. /문제가 어렵답디다. 참-ㄴ답디다.
답례(答禮)[담녜]명하자 남의 인사에 답하여 인사를 함. ¶ 그들의 호의에 답례하다.
답무(踏舞)[담-]명하자 발장단을 맞추며 춤을 춤, 또는 그런 춤.
답방(答訪)[-빵]명하자타 남의 방문에 대한 답례로 방문함, 또는 그런 방문.
답배(答-)[-빼]명하자 신분이 낮은 사람에게 답장을 보냄, 또는 그 답장.
답배(答杯)[-빼]명하자 받은 술잔에 대한 답례로 술잔을 돌려줌, 또는 그 술잔.
답배(答拜)[-빼]명하자 (절을 받고) 답례로 절을 함, 또는 그 절.
답변(答辯)[-뼌]명하자 물음에 대하여 밝히어 대답함, 또는 그 대답. ¶ 질문에 대하여 답변하다.
답변-서(答辯書)[-뼌-]명 ①답변 내용을 적은 글. ②민사 소송에서, 피고가 소장(訴狀)에 대한 답변을 적어 제출하는 서면.
답보(答報)[-뽀]명하타 ☞회보(回報).
답보(踏步)[-뽀]명하자 제자리걸음. ¶ 남북 회담이 답보 상태에 놓여 있다.
답사(答謝)[-싸]명하자 답례로 사례를 함, 또는 그 사례.
답사(答辭)[-싸]명하자 ①☞답언(答言). ②식장에서, 축사나 환영사·환송사 따위에 대한 답례로 하는 말. ¶ 졸업생을 대표해 답사하다.
답사(踏査)[-싸]명하타 실지로 현장에 가서 보고 조사함. ¶ 현지 답사. /고적을 답사하다.
답삭[-싹]부 (달려들어) 냉큼 움켜잡거나 안는 모양. ¶ 손을 답삭 움켜잡다. 비담빡. 큰덥석.
답삭-답삭부하타.
답산(踏山)[-싼]명하자 무덤 자리를 잡으려고 실지로 산을 돌아다니며 살펴봄.

답살(踏殺)[-쌀]명하타 밟아 죽임.
답삷다타 〈옛〉첩첩이 쌓다. ¶ 石壁ㅅ 비츤 답사 흔 쇠 셋는 둧ᄒᆞ도다(杜重*1:17*).
답서(答書)[-써]명하자 ☞답장(答狀).
답습(踏襲)[-씁]명하타 그때까지 해 내려온 것을 그대로 따르거나 이어 나감. 도습(蹈襲). 습답(襲踏). ¶ 전례를 그대로 답습하다.
-답시고[-씨-]어미 형용사의 어간 또는 높임의 '-시-'나 시제의 '-았(었)-'·'-겠-' 등에 붙는 종속적 연결 어미. '-다고'·'-다고 하여'의 뜻으로, 스스로 그러하다고 여기는 꼴을 빈정거리어 말할 때 쓰임. ¶ 뭘 잘했답시고 끝끝내 말대꾸냐?/네가 뭐 잘났답시고 인물 자랑이냐? 참-ㄴ답시고·-랍시고.
답신(答申)[-씬]명하자 ①상사의 물음에 대하여 의견이나 사실을 진술하여 보고함, 또는 그 보고. ②자문 기관이 행정 기관의 물음에 대하여 의견을 진술함, 또는 그 진술.
답신(答信)[-씬]명하자 회답으로 서신이나 통신을 보냄, 또는 그 서신이나 통신.
답신-서(答申書)[-씬-]명 (관청 같은 데서 묻는 어떤 질문이나 자문에 대하여) 답신하는 문서.
답신-안(答申案)[-씨난]명 (질문이나 자문에 대한) 답신의 안건.
답쌉다형ㅂ 〈옛〉답답하다. ¶ 술히 덥고 안히 답쌉거늘(月釋*2:51*).
답-쌓이다[-싸-]자 ①한군데로 들이 덮쳐 쌓이다. ¶ 바람에 낙엽이 답쌓이다. ②(사람이나 사물 따위가) 한꺼번에 몰리다. ¶ 식당에 손님이 답쌓이다.
답안(答案)명 ①내놓은 문제에 대한 해답. ②문제에 대한 해답을 쓴 종이. 답안지. ¶ 답안을 작성하다.
답안-지(答案紙)명 답안을 쓸(쓴) 종이. 답안. 답지.
답언(答言)명하자 말로 대답함, 또는 대답하는 말. 답사(答辭).
답월(踏月)명하자 달밤에 거닒, 또는 그 걸음.
답읍(答揖)명하자 답례로 읍을 함, 또는 답례로 하는 읍.
답인(踏印)명하자 관인(官印)을 찍음. 개인(蓋印). 타인(打印).
답작[-짝]부하자 ①아무 일에나 경망스레 냅뜨는 모양. ¶ 또 답작 나서는구나. ②남에게 붙임성 있게 구는 모양. ¶ 아무에게나 답작 다가가서 사근사근 말을 잘 건다. 큰덥적. **답작-답작**부하자.
답작-거리다[-짝꺼-]자 자꾸 답작답작하다. 답작대다. 큰덥적거리다.
답작-대다[-짝때-]자 답작거리다.
답작-이다[-짜기-]자 ①경망스럽게 냅뜨다. ②남에게 붙임성 있게 굴다. ¶ 영업 사원이 차를 팔려고 손님에게 답작인다. 큰덥적이다.
답장(答狀)[-짱]명하자 회답하여 보내는 편지. 답간. 답서. 답찰. 회서. ¶ 편지를 받았으면 답장을 해야지, 괜히 걱정했단다.
답전(答電)[-쩐]명하자 회답하는 전보. 회전(回電).
답지(答紙)[-찌]명 ①답을 쓴 종이. 답안지. ②〈해답지〉의 준말.
답지(遝至)[-찌]명하자 (편지나 전화·물건·돈 따위가) 한군데로 몰려듦. ¶ 위문품이 속속 답지하다.
답찰(答札)명하자 ☞답장(答狀).
답척(踏尺)명하타 무덤 자리의 거리를 잴 때, 땅바닥의 높고 낮음을 따라서 줄을 땅에 붙이고 잣수를 헤아리는 일. ↔부척(浮尺).
답청(踏青)명하자 ①봄에 파릇하게 난 풀을 밟으며 거니는 일. 청답. ¶ 답청으란 오ᄂᆞᆯ ᄒᆞ고, 浴沂란 내일 ᄒᆞ새(丁克仁.賞春曲). ②청명절(清明節)에 교외를 거닐면서 자연을 즐기는 중국의 민속.
답청-절(踏青節)명 '삼짇날'을 달리 이르는 말.
답치기명 되는대로 함부로 덤벼드는 짓. 생각 없이 덮어놓고 하는 짓.
　답치기(를) 놓다관용 질서 없이 함부로 덤벼들다.
답토(畓土)명 논으로 된 땅. 논.
답통(答通)명하자 통문(通文)에 대하여 회답함, 또는 그런 회답.
답파(踏破)명하타 먼 길이나 험한 길을 걸어서 끝까지 감. ¶ 하루 만에 지리산을 답파하다.
답품(踏品)명하타 ☞답험(踏驗).
답험(踏驗)[다펌]명하타 (토질이나 농작물의 작황 따위를 알기 위하여) 논밭에 가서 실지로 살펴보는 일. 답품(踏品).
답호(褡䕶)[다포]명 ☞쾌자(快子).
닶갑다형ㅂ 〈옛〉답답하다. ¶ 迷惑ᄒᆞ고 닶가와(楞解*4:44*).
닶기다타 〈옛〉답답하게 여기다. ¶ 門庭을 닶겨서 쓰서리ᄒᆞ노라(杜初*10:39*).
닷[닫]관 《양의 단위를 나타내는 일부 의존 명사 앞에 쓰이어》'다섯'의 뜻을 나타내는 말. ¶ 닷 냥./닷 말.
닷명 〈옛〉탓. 까닭. ¶ 모딘 일 지순 다ᄉᆞ로(月釋*1:46*).
닷곱[닫꼽]명 다섯 홉.
　닷곱에도 참녜, 서 홉에도 참견속담 사소한 일에까지 지나치게 간섭한다는 말.
닷곱-되[닫꼽뙤/닫꼽뛔]명 다섯 홉들이 되.
닷곱-장님[닫꼽짱-]명 〔반쯤 된 장님이라는 뜻으로〕'시력이 나쁜 사람'을 조롱하여 이르는 말.
닷ᄂᆞᆫ타 〈옛〉〔'닭다'의 활용형〕닦는. ¶ 道理 닷ᄂᆞᆫ 사ᄅᆞ미그에 마골 씨라(月釋*2:14*).
닷볶다타 〈옛〉잘 닦다. ¶ 닷봇근 明鏡 中 절로 그린 石屛風 그림애롤 버들 사마(鄭澈.星山別曲).
닷-분[닫뿐]명 한 치의 절반 길이.
닷새[닫쌔]명 ①다섯 날. ②〈초닷새〉·〈초닷샛날〉의 준말.
닷샛-날[닫쌘-]명 〈초닷샛날〉의 준말.
닸다타 〈옛〉닦다. ¶ 福올 닷가 하ᄂᆞᆯ해 나앳다가(月釋*1:42*).
당명 〈망건당〉의 준말.
당(堂)명 ①〈당집〉의 준말. ②☞대청(大廳). ③☞서당(書堂). ④큰 절의 문 앞에 그 절의 이름난 중을 세상에 알리기 위하여 세우는 깃대. ⑤신불 앞에 세우는 기(旗)의 한 가지.
당(當)명 〈당래(當來)〉의 준말.
당(幢)명 ①궁중 무용인 헌천화(獻天花) 춤을 출 때 쓰던 기(旗)의 한 가지. ②신라 때의 군대의 단위. 지금의 대(隊)와 비슷함. ③불전이나 불당 앞에 세워 부처와 보살의 위엄과 공덕을 나타내는 기(旗).
당(糖)명 ①〈당류(糖類)〉의 준말. ②〈자당(蔗糖)〉의 준말.
당(黨)명 ①무리. 동아리. ②친족과 인척을 두루 이르는 말. ③〈정당(政黨)〉의 준말. ④〈붕당(朋黨)〉의 준말.

당(當)관 ①《일부 명사 앞에 쓰이어》'그'·'바로 그'·'이'·'지금의' 따위의 뜻을 나타냄. ¶ 당 열차. /당 회사. ②《나이를 나타내는 숫자 앞에 붙어》'그 당시의 나이'임을 뜻함. ¶ 당 18세.
당-(堂)접두 《친척을 뜻하는 말 앞에 붙어》'오촌 숙질의 관계'임을 뜻함. ¶ 당질부. /당고모.
-당(當)접미 《일부 명사 뒤에 붙어》'앞에'·'마다' 등을 뜻함. ¶ 매호당(每戶當). /일인당. /시간당.
당가(唐家)명 ☞닫집.
당가(當家)명 ①이 집. 그 집. ②하자 집안일을 주장하여 맡아봄.
당각(當刻)부 그 시각에 곧바로. 즉각(卽刻).
당간(幢竿)명 절에서, 기도나 법회 등이 있을 때 당(幢)을 달아 두는 기둥. 짐대.
당간^지주(幢竿支柱)명 당간을 지탱하기 위하여 세운 두 개의 받침대.
당-감이명 〈당감잇줄〉의 준말.
당감잇-줄[-가미쭐/-가믿쭐]명 짚신이나 미투리의 총에 꿰어 줄이고 늘이는 끈. 준당감이.
당겨-쓰다[~쓰니·~써]타 돈·물건 따위를 원래 쓰기로 한 때보다 미리 쓰다. ¶ 다음 달 생활비를 이달에 당겨썼지요.
당경(唐鏡)명 (금속으로 만든) 중국 당나라 때의 거울.
당고(堂鼓·唐鼓)명 중국의 현대극, 주로 무극(武劇)에 사용하는 큰 북의 한 가지. 금속으로 만들어, 위로 향하게 놓고 침.
당고(當故)명하자 부모의 상사를 당함. 당상(當喪). 조간(遭艱). 조고(遭故).
당-고금(唐-)명 ☞이틀거리.
당-고모(堂姑母)명 '종고모'를 친근하게 일컫는 말.
당고모-부(堂姑母夫)명 '종고모부'를 친근하게 일컫는 말.
당과(糖菓)명 ☞캔디.
당관(唐官)명 조선 시대에, 명(明)나라에서 우리나라에 파견되던 관원.
당구(撞球)명 일정한 대 위에 상아 또는 플라스틱으로 만든 붉은 공과 흰 공을 놓고, 큐로 쳐서 맞히어 그 득점으로 승부를 겨루는 실내 오락.
당구(鐺口)명 절에서, '밥 짓는 큰 솥'을 이르는 말.
당구-대(撞球臺)명 당구를 하는 네모난 대. 바닥에는 벨벳이 깔려 있고 가에 고무 쿠션을 붙인 운두가 있음.
당구-봉(撞球棒)명 ☞큐(cue).
당구-장(撞球場)명 당구를 칠 수 있도록 시설해 놓은 곳.
당-구혈(-久穴)[-꾸-]명 폐광(廢鑛)이 된 광산의 갱도.
당국(當局)명 ①어떤 일을 담당하여 주재함, 또는 그 기관. ¶ 관계 당국. ②하자 ☞대국(對局).
당국(當國)명 ①바로 이 나라. 바로 그 나라. ②☞당사국. ③하자 나라의 정무를 맡아봄.
당국-자(當局者)[-짜]명 그 일을 직접 맡아보는 자리에 있는 사람.
당-굿(堂-)[-꾿]명 〈도당굿〉의 준말. *당굿이[-꾸시]·당굿만[-꾼-]
당권(黨權)[-꿘]명 당의 주도권. ¶ 당권 투쟁이 치열하다.
당궤(唐机)명 지난날, 중국에서 만들었거나 중국풍으로 만든 책상을 이르던 말.
당귀(當歸)명 한방에서, '승검초의 뿌리'를 약재로 이르는 말.
당귀-주(當歸酒)명 ①소주에 승검초의 뿌리와 잎을 넣고 꿀을 쳐서 만든 술. ②승검초를 으깨어 담근 술.
당귀-차(當歸茶)명 승검초의 어린순을 따뜻한 꿀물에 넣은 차.
당규(黨規)명 정당의 규칙. 당칙(黨則).
당극(幢戟)명 기(旗)가 달린 창(槍).
당근명 산형과의 이년초. 밭에 재배하는 채소의 한 가지로, 잎은 깃 모양의 겹잎이고 꽃줄기의 높이는 1 m가량. 여름에 잘고 흰 꽃이 핌. 굵고 긴 원뿔꼴의 뿌리는 적황색이며, 맛이 달고 향긋함. 호나복(胡蘿蔔). 홍당무.
당금(唐錦)명 지난날, 중국에서 나던 비단.
당금(當今) Ⅰ명 눈앞에 닥친 이때, 바로 지금. 목하(目下). 현금(現今). ¶ 당금의 내외 정세. Ⅱ부 바로 이제. ¶ 당금 도착한 귀빈들.
당금-같다(唐錦-)[-갇따]형 매우 훌륭하고 귀하다. ¶ 이 당금같은 물건을 어디서 구했니?
당금-아기(唐錦-)명 당금같이 아주 귀중히 여기며 키우는 아기.
당금지지(當禁之地)명 남이 들어와 뫼를 쓰지 못하게 하는 땅.
당기(當期)명 ①일이 있는 바로 이 시기. ¶ 당기에 즈음하여. ②어떤 법률 관계의 기간을 여럿으로 나누었을 때, 현재 경과 중에 있는 기간. ¶ 당기 순이익.
당기(黨紀)명 당의 기율. ¶ 당기 확립.
당기(黨旗)명 당의 표지(標識)로 정한 기.
당기다[1]자 ①마음이 무엇에 끌리어 움직이다. ¶ 전망이 밝다니까 구미가 당기는 모양이다. ②먹고 싶은 마음이 생기다. ¶ 입맛이 당기다. ③'댕기다'의 잘못.
당기다[2]타 ①끌어서 가까이 오게 하다. ¶ 의자를 당겨 앉다. ②일정한 방향으로 잡아끌다. ¶ 방아쇠를 당기다. ③(정한 시간이나 날짜보다) 더 빨리 다그다. ¶ 날짜를 당기다.
당길-문(-門)명 밖에서 잡아당겨 여는 문.
당길-심(-心)[-씸]명 자기 쪽으로만 끌어당기려는 욕심. ¶ 사양하면서도 속으로는 당길심이 없지 않았다.
당김-음(-音)명 같은 음높이의 센박과 여린박이 연결되어 셈여림의 위치가 바뀌는 일. 싱커페이션.
당-까마귀(唐-)명 까마귓과의 새. 산·들·바닷가 같은 곳에 살며 까마귀와 비슷함. 날개 길이 30 cm, 꽁지 20 cm가량인데, 온몸이 새까맣고 자줏빛 광택이 남. 부리 밑에는 털이 없어 피부가 겉으로 드러나 있는 것이 특색임. 떼까마귀.
당-나귀(唐-)명 말과의 짐승. 말과 비슷하나 몸이 좀 작고 귀가 크며 머리에 긴 털이 없음. 털빛은 단색으로 회백색이나 황갈색이 많음. 체력이 강하고 병에 대한 저항력이 높아 부리기에 알맞음. 나귀.
　당나귀 귀 치레속담 〔당나귀의 큰 귀에다 여러 가지 치레를 한다는 뜻으로〕 어울리지 않는 곳을 쓸데없이 꾸민다는 말.
　당나귀 하품한다고 한다속담 〔당나귀가 우는 것을 보고 하품하는 줄 안다는 뜻으로〕 '귀머거리의 판단 능력'을 조롱하여 이르는 말.
당나귀-기침(唐-)명 당나귀의 울음소리와 같은 소리를 내면서 하는 기침. 〔흔히, 백일해나 오래된 감기로 말미암아 일어남.〕

당-나발(←唐喇叭·唐囉叭)명 ①보통의 나발보다 좀 큰 나발. ②'흐뭇해서 헤벌어진 입'을 조롱하여 이르는 말.
당나발(을) 불다관용 터무니없는 거짓말을 하다.
당내명 ①자신이 살아 있는 동안. ②벼슬하고 있는 동안.
당내(堂內)명 ①동성동본의 유복친(有服親). 〔팔촌 이내의 일가.〕 ②불당이나 사당 같은 곳의 안.
당내(黨內)명 당의 내부. ¶ 당내 파벌.
당내-지친(堂內至親)명 팔촌 이내의 일가. 가장 가까운 일가. 준당내친.
당내-친(堂內親)명 〈당내지친〉의 준말.
당년(當年)명 ①그해. ②그해의 나이. ¶ 당년 18세. ③그 연대(年代).
당년-초(當年草)명 ①일년초. ②'한 해 동안만 쓰는 물건'을 비유하여 이르는 말.
당년-치(當年-)명 그해에 생겼거나 만든 물건. ¶ 감초는 묵힌 것보다 당년치가 좋다.
당년-치기(當年-)명 한 해 동안밖에 못 쓰는 물건.
당노명 말의 허리에 치레로 꾸미는 물건.
당뇨(糖尿)명 포도당이 많이 섞이어 나오는 병적인 오줌.
당뇨-병(糖尿病)[-뼝]명 혈액 속에 포도당이 많아져서 당뇨가 오랫동안 계속되는 병. 〔오줌의 분량이 많고 목이 마르며 쉬이 피로해지나 식욕은 도리어 왕성해짐.〕
당-단백질(糖蛋白質)[-찔]명 탄수화물과 단백질이 결합한 복합 단백질. 연골(軟骨) 중에 포함되어 있음.
당달-봉사명 ☞청맹과니.
당-닭(唐-)[-딱]명 ①평과의 닭. 몸이 매우 작고 날개가 땅에 닿아 짧은 다리를 가림. 꽁지는 길어서 볏에 거의 닿도록 위로 뻗쳐 있음. 중국 원산으로 애완용으로 기름. ②'키가 작고 몸이 똥똥한 사람'을 조롱하여 이르는 말. *당닭이[-딸기]·당닭만[-땅-]
당당(堂堂)부하형 ①(모습이) 의젓하고 드레진 모양. ¶ 체격이 당당하다. ②거리낌 없이 떳떳한 모양. ¶ 지더라도 당당하게 싸워라. ③(형세나 위세 따위가) 대단한 모양. ¶ 세도가 당당하다. **당당-히**부.
당당(鐺鐺)부 쇠붙이로 된 그릇·판·악기 따위를 가볍게 쳤을 때 맑게 울리어 나는 소리. ¶ 당당 하는 바라 소리.
당대(當代)명 ①그 시대. ¶ 당대의 명필. ②이 시대. 지금 세상. 당세(當世). 당조(當朝). ↔선대. ③사람의 일대(一代). ⓢ한평생.
당대-발복(當代發福)명하자 (어버이를 명당에 장사 지낸 덕으로) 그 아들 대에서 부귀를 누리게 됨.
당도(當到)명하자 (미리 정해 놓은) 어떤 곳에 닿아서 이름. ¶ 목적지에 당도하다.
당도(糖度)명 음식물에 들어 있는 당분의 양을 백분율로 나타낸 것. ¶ 당도가 낮다.
당도리명 바다로 다니는 큰 나무배.
당돌(唐突) '당돌하다'의 어근.
당:돌-하다(唐突-)형여 ①꺼리거나 어려워함이 없이 올차고 다부지다. ¶ 어린 나이인데도 당돌하게 나선다. ②버릇이 없고 주제넘다. **당돌-히**부.
당동벌이(黨同伐異)명하자 (옳고 그름을 가리지 않고) 뜻이 맞는 사람끼리는 한패가 되고 그렇지 않은 사람은 물리침.
당두(當頭)명 ①선원(禪院)의 주지. ②주지의 거처. 방장(方丈).
당두(當頭)명하자 가까이 닥침. 박두(迫頭). ¶ 결전의 날이 당두하다.
당-두루마리(唐-)명 당지(唐紙)로 만든 두루마리. 당주지(唐周紙).
당락(當落)[-낙]명 당선과 낙선. 붙음과 떨어짐. ¶ 당락이 결정되다.
당랑(堂郎)[-낭]명 지난날, 한 관아에 있는 당상관과 당하관을 이르던 말.
당랑(螳螂)[-낭]명 ☞사마귀2.
당랑-거철(螳螂拒轍)[-낭-]명 '제 분수도 모르고 강한 적에 반항하여 덤벼듦'을 비유하여 이르는 말. 〔'장자'의 '인간세편(人間世篇)'에 나오는 말로, 중국 제나라 장공(莊公)이 사냥을 나가는데 사마귀가 앞발을 들어 수레바퀴를 멈추려 했다는 데서 유래함.〕 당랑지부.
당랑-력(螳螂力)[-낭녁]명 〔사마귀가 수레바퀴를 막는 힘이라는 뜻으로〕 '아주 미약한 힘이나 병력'을 비유하여 이르는 말.
당랑-재후(螳螂在後)[-낭-]명 〔매미를 노리는 사마귀가, 뒤에서 저를 노리는 황작(黃雀)이 있음을 모른다는 뜻으로〕 '눈앞의 욕심에만 눈이 어두워, 장차 닥쳐올 큰 재앙을 알지 못함'을 비유하여 이르는 말.
당랑지부(螳螂之斧)[-낭-]명 ☞당랑거철.
당래(當來)[-내]명 ☞내세(來世). 준당(當).
당래지사(當來之事)[-내-]명 마땅히 닥쳐올 일.
당래지직(當來之職)[-내-]명 신분에 알맞은 벼슬이나 직분, 또는 마땅히 차례가 돌아올 벼슬이나 직분.
당략(黨略)[-냑]명 ①당파의 계략. ②정당의 정략.
당량(當量)[-냥]명 ☞화학 당량.
당량^농도(當量濃度)[-냥-]명 용액의 단위. 용액 내에 포함되는 어떤 물질의 당량 수.
당로(當路)[-노]명 ①하자정권을 잡음. ②하자중요한 지위에 있음. ③〈당로자〉의 준말.
당로-자(當路者)[-노-]명 중요한 지위에 있는 사람. 준당로.
당론(黨論)[-논]명 ①붕당의 논의. ②조선 시대에, 사색당파가 서로 헐뜯고 멀리하던 일. ③정당의 의견이나 논의. ¶ 당론을 조정하다.
당료(黨僚)[-뇨]명 정당 같은 곳에서 핵심적인 직책을 맡은 사람.
당료^식물(糖料植物)[-뇨싱-]명 설탕의 원료가 되는 식물.
당류(糖類)[-뉴]명 액체에 녹으며 단맛이 있는 탄수화물. 〔과당·포도당·맥아당 따위.〕 준당.
당류(黨類)[-뉴]명 같은 무리에 딸린 사람들.
당륜(黨倫)[-눈]명 당의 윤리.
당률(當律)[-뉼]명 범죄에 해당하는 형률.
당리(棠梨)[-니]명 ☞팥배.
당리(黨利)[-니]명 당의 이익.
당리-당략(黨利黨略)[-니-냑]명 '당리'와 '당략'을 아울러 이르는 말. ¶ 당리당략만을 일삼다.
당-마루(堂-)명 ☞너새.
당-먹(唐-)명 중국에서 만든 먹. 당묵(唐墨).
당면(唐麪)명 감자나 고구마 가루로 만든 마른 국수. 잡채 따위의 재료가 됨. 분탕(粉湯). 호면(胡麪).
당면(當面)명하자타 ①일이 바로 눈앞에 닥침. ¶ 당면 문제부터 해결하자. ②☞대면(對面).

당-멸치(唐-)명 당멸칫과의 열대성 바닷물고기. 몸길이 30 cm가량으로 가늘고 길며 옆으로 납작함. 몸빛은 등 쪽이 암청색이고 배 쪽은 푸르스름함. 우리나라 남부와 일본 및 동인도 제도에 분포함.
당명(黨命)명 정당에서 당원에게 내리는 명령.
당-모시(唐-)명 중국에서 만든 모시. 폭이 좀 넓고 올이 톡톡함. 당저(唐紵). 당포. 백당포.
당목(唐木)명 되게 드린 무명실로 폭이 넓고 바닥을 곱게 짠 피륙의 한 가지. 당목면. 서양목. 생목. 양목.
당목(撞木)명 절에서 종이나 징을 치는 나무 막대기.
당목(瞠目)명하타 ☞당시(瞠視).
당-목면(唐木綿)[-몽-]명 ☞당목(唐木).
당목어(撞木魚)명 ☞귀상어.
당무(當務)명하타 그 직무를 맡음, 또는 현재 맡은 그 직무.
당무(黨務)명 당의 사무.
당무-자(當務者)명 ☞실무자(實務者).
당묵(唐墨)명 ☞당먹.
당미(糖米)명 ☞수수쌀.
당밀(糖蜜)명 자당(蔗糖)을 만들 때 덤으로 생기는, 검은빛의 끈적끈적한 액체. 사탕밀.
당밀-주(糖蜜酒)[-쭈]명 당밀을 발효시켜서 증류한 술. 참럼(rum).
당방(當方)명 우리 쪽. 이쪽.
당배(黨輩)명 함께 어울리는 무리들.
당백(當百)명 〈당백전〉의 준말.
당-백사(唐白絲)[-싸]명 ①중국에서 나는 흰 명주실. ②당백사로 만든 연줄. ②참상백사.
당백-전(當百錢)[-쩐]명 조선 고종 3(1866)년에 발행한, 한 푼이 엽전 백 푼과 맞먹던 돈. 〔경복궁을 중건할 때 만들었음.〕 준당백.
당번(當番)명하자 번 드는 차례에 당함, 또는 그 사람. 든번. ¶ 청소 당번. ↔비번(非番).
당벌(黨閥)명 같은 당파의 사람들이 뭉쳐 다른 당파를 물리치는 일, 또는 그런 목적으로 이루어진 당파.
당보(塘報)명 지난날, 당보수(塘報手)가 기(旗)를 가지고 높은 곳에 올라가 적의 동정을 살펴 알리던 일.
당보(黨報)명 ①정당에서 발행하는 신문이나 잡지. ②정당 내부의 소식.
당보-군(塘報軍)명 ☞당보수(塘報手).
당보-기(塘報旗)명 조선 시대에, 당보수가 적의 동정을 살펴 알릴 때 쓰던 기. 〔누런 바탕에 크기는 한 자 평방임.〕
당보-수(塘報手)명 지난날, 척후의 임무를 띠고 적의 동정을 살펴 알리던 군사. 당보군.
당본(唐本)명 ☞당책(唐冊).
당봉(撞棒)명 ☞큐(cue).
당부(當付)명하자·타 어찌하라고 말로 단단히 부탁함, 또는 그 부탁. ¶ 당부의 말을 남기다.
당부(當否)명 옳고 그름. 마땅함과 그렇지 아니함. ¶ 행위의 당부를 가리다.
당부당(當不當)명 정당함과 정당하지 아니함.
당부-악(唐部樂)명 지난날, 우리나라에서 중국의 음률로 만들었던 음악. 당악.
당분(糖分)명 단맛의 성분.
당분-간(當分間) Ⅰ명 앞으로 얼마 동안. 잠시 동안. ¶ 당분간은 여기서 지낼 거야.
Ⅱ부 앞으로 얼마 동안에. ¶ 아침 운동은 당분간 쉴 생각이다.
당붕(黨朋)명 ☞붕당(朋黨).
당비(黨比)명 같은 무리끼리 서로 가깝고 두터이 사귀는 일. ¶ 당비를 다지다.
당비(黨費)명 ①당원이 당규에 따라 의무적으로 당에 내는 돈. ②당의 비용.
당-비름(唐-)[-삐-]명 ☞색비름.
당-비상(唐砒霜)[-삐-]명 중국에서 나는 비상. 당신석.
당-비파(唐琵琶)명 현악기의 한 가지. 오동나무로 짠 타원형의 통에 열두 괘(棵)를 붙이고 네 가닥의 줄을 연결하여 만든 비파.
당-뽕(唐-)명 ☞노상(魯桑).
당사(唐絲)명 중국에서 나는 명주실.
당사(堂舍)명 큰 집과 작은 집.
당사(當社)명 이 회사. 본사(本社).
당사(當事)명하자 어떤 일에 직접 관계함. ¶ 김 형사가 이번 사건에 당사한 책임자다.
당사(黨舍)명 정당의 사무소로 쓰는 건물.
당사-국(當事國)명 국제간의 사건 등에 직접 관계가 있거나 관계한 그 나라. 당국(當國).
당사-자(當事者)명 ①어떤 일에 직접 관계가 있거나 관계한 그 사람. 본인. ②어떤 법률 행위에 직접 관계하는 사람. 준당자.
당사자^능력(當事者能力)[-녁]명 소송법상 당사자가 될 수 있는 권리 능력.
당사자-주의(當事者主義)[-의/-이]명 소송법상 소송의 주도권을 당사자에게 주는 소송 형식.
당사자^참가(當事者參加)명 다른 사람들이 하고 있는 민사 소송에 제삼자가 당사자로서 참가하는 일. ↔보조 참가.
당-사주(唐四柱)[-싸-]명 당사주책으로 보는 사주점.
당사주-책(唐四柱冊)[-싸-]명 사주점을 칠 때에 근거로 삼는 책. 〔점괘에 따른 길흉화복을 그림으로 나타낸 내용.〕 당화적(唐畫籍).
당-사향(唐麝香)[-싸-]명 중국에서 나는 사향.
당삭(當朔)명 ①그달. ②하자(아이 밴 여자가) 아이 낳을 달을 맞음. 당월(當月). 대기(大期). 임삭(臨朔).
당산(堂山)명 토지나 마을의 수호신이 있다는 산이나 언덕. 대개, 마을 근처에 있음.
당산-굿(堂山-)[-굳]명 당산에서 마을을 위한 제사를 지낼 때에, 농악을 연주하며 노는 굿. *당산굿이[-구시]·당산굿만[-군-]
당산-제(堂山祭)명 마을의 조상신이나 수호신에게 지내는 제사. 참도당굿.
당-삼채(唐三彩)명 녹색·남색·노랑의 세 가지 빛깔의 유약으로 그림이나 무늬를 나타낸 중국 당나라 때의 도자기.
당상(堂上)명 ①대청의 위. ②조선 시대에 둔, 정삼품 상(上) 이상의 품계에 해당하는 벼슬을 통틀어 이르는 말. 문관은 통정대부(通政大夫), 무관은 절충장군(折衝將軍) 이상이 이에 딸렸음. ③지난날, 아전들이 자기의 상관을 이르던 말. ①②↔당하.
당상(當喪)명하자 ☞당고(當故).
당상-관(堂上官)명 당상인 벼슬아치. ↔당하관.
당상-수의(堂上繡衣)[-의/-이]명 당상관으로 암행어사가 된 사람.
당서(唐書)명 ☞당책(唐冊).
당석(當席)명 바로 그 자리. 앉은 그 자리. ¶ 당석에서 쾌히 응낙하다.
당선(當選)명하자되자 ①선거에서 뽑힘. ¶ 당선 소감을 말하다. /학생회장으로 당선되다. ②(출품작 따위가) 심사에서 뽑힘. ¶ 신춘문예에 당선되다. ↔낙선(落選).

당선-권(當選圈)[-꿘]명 당선될 가능성이 있는 범위. ¶ 당선권에 들다.
당선^무효(當選無效)명 (선거법 따위의 위반으로) 당선이 무효가 되는 일.
당선-사례(當選謝禮)명 당선된 사람이 선거인에게 당선에 대한 감사의 예를 갖추는 일.
당선^소송(當選訴訟)명 선거 소송의 한 가지. 당선의 효력에 관하여 이의가 있는 후보자나 정당이 당선한 사람이나 해당 선거 관리 위원회 위원장을 피고로 하여 대법원에 제기하는 소송.
당선-자(當選者)명 선거나 심사·선발 따위에서 뽑힌 사람. ¶ 대통령 당선자. /국전(國展) 당선자.
당선-작(當選作)명 당선된 작품.
당성(黨性)[-썽]명 소속 정당을 위하여 적극적으로 활동하는 충실성.
당세(當世)명 ①그 시대, 또는 그 세상. ②지금의 시대, 또는 지금의 세상. 당대(當代).
당세(當歲)명 ①그해. ②☞금년(今年).
당세(黨勢)명 당의 세력. 당파의 기세.
당소(當所)명 연구소·사무소·출장소 따위 '소(所)' 자가 붙는 기관에 딸린 사람이 그 기관을 가리켜 이르는 말. ¶ 당소는 동양 최대의 학술 연구소입니다.
당속(糖屬)명 설탕에 졸여 만든 음식. 〔귤병 따위.〕
당송(唐宋)명 중국의 당나라와 송나라.
당송^팔대가(唐宋八大家)[-때-]명 중국 당송 시대의 이름 높은 여덟 명의 문장가. 당의 한유(韓愈)·유종원(柳宗元), 송의 구양수(歐陽修)·왕안석(王安石)·증공(曾鞏)·소순(蘇洵)·소식(蘇軾)·소철(蘇轍)을 이름. 준팔대가.
당수명 곡식 가루에 술을 쳐서 미음 비슷하게 쑨 음식.
당수(唐手)명 '가라테'의 한자음 표기.
당수(黨首)명 당의 우두머리.
당-수복(唐壽福)명 백통에 은이나 오금(烏金)으로 '수(壽)' 또는 '복(福)' 자를 장식으로 박아 넣은 담뱃대.
당숙(堂叔)명 '종숙(從叔)'을 친근하게 일컫는 말.
당-숙모(堂叔母)[-숭-]명 '종숙모(從叔母)'를 친근하게 일컫는 말.
당승(唐僧)명 ①당나라 때의 중. ②중국의 중.
당시(唐詩)명 중국 당나라 때의 한시. 〔이 시기에 완성된 절구(絶句)·율시(律詩) 따위의 근체시(近體詩)를 이름.〕
당시(當時)명 (어떤 일이 생긴) 그때. ¶ 영화가 처음 나왔던 당시에는 사람들이 대단히 놀라워했다.
당ː시(瞠視)명하타 놀라거나 괴이쩍게 여겨 눈을 휘둥그렇게 뜨고 바라봄. 당목(瞠目).
당시(黨是)명 당의 기본 방침.
당시-승상(當時丞相)명 '권세가 높은 사람'을 이르는 말.
당신(當身)대 ①하오할 자리에, 또는 낮잡아 하오할 요량으로 상대편을 일컫는 제이 인칭 대명사. ¶ 당신이 뭘 안다고 나서는 거요. ②그 자리에 없는 웃어른을 높여 일컫는 제삼 인칭 대명사. ¶ 그 어른은 생전에 당신 자식보다도 너를 더 귀애하셨다. ③부부간이나 사랑하는 사이에 서로 상대편을 일컫는 말. ¶ 당신을 사랑합니다. /당신의 아내 미숙 올림.
당-신석(唐信石)명 ☞당비상(唐砒霜).
당실부 팔다리를 한 차례 가볍고 홍겹게 놀리는 모양. ¶ 춤을 출 듯이 몸을 당실 흔들었다. 큰덩실. **당실-당실**부하자.
당실-거리다자 자꾸 당실당실하다. 당실대다. 큰덩실거리다.
당실-대다자 당실거리다.
당실-하다형여 (건물 따위가) 맵시 있게 덩그렇다. ¶ 산 중턱에 날아갈 듯 당실하게 지어 놓은 정자. 큰덩실하다.
당싯-거리다[-싣꺼-]자 자꾸 당싯당싯하다. 당싯대다. 큰덩싯거리다.
당싯-당싯[-싣땅싣]부하자 어린아이가 누운 채 귀엽게 팔다리를 놀리는 모양. ¶ 당싯당싯 팔다리를 놀리는 젖먹이. 큰덩싯덩싯.
당싯-대다[-싣때-]자 당싯거리다.
당-아욱(唐-)명 아욱과의 이년초. 관상용으로 정원 등에 심는데, 줄기는 60~90 cm가량으로 거친 털이 있음. 잎은 5~9갈래로 째져 손바닥 모양을 이루며, 초여름에 불그스름한 다섯잎꽃이 핌. 금규(錦葵).
당악(唐樂)명 ①당나라 때의 음악. ②☞당부악.
당-악기(唐樂器)[-끼]명 ①당나라 때의 악기. ②당악을 연주하는 악기.
당야(當夜)명 그날 밤. 즉야(卽夜).
당약(當藥)[1]명 ☞당제(當劑).
당약(當藥)[2]명 한방에서, '자주쓴풀의 뿌리와 줄기를 말린 것'을 약재로 이르는 말. 〔고미제(苦味劑)로 쓰임.〕
당양(當陽) '당양하다'의 어근.
당양지지(當陽之地)명 볕이 잘 드는 땅. 양지바른 땅.
당양-하다(當陽-)형여 볕이 잘 들다. 양지바르다.
당업-자(當業者)[-짜]명 그 사업을 직접 경영하는 사람.
당연(唐硯)명 중국에서 만든 벼루.
당연(當然) '당연(當然)하다'의 어근.
당연(瞠然) '당연(瞠然)하다'의 어근.
당연-시(當然視)명하타 당연한 것으로 여김. ¶ 수석 합격을 당연시하다.
당연지사(當然之事)명 당연한 일. ¶ 부모에게 효도하는 거야 당연지사지.
당연-하다(當然-)형여 일의 전후 사정을 놓고 볼 때에 마땅히 그러하다. **당연-히**부 ¶ 자식으로서 당연히 해야 할 도리.
당ː연-하다(瞠然-)형여 눈을 휘둥그렇게 뜨고 볼 정도로 놀랍거나 괴이쩍다. **당연-히**부.
당오-전(當五錢)명 조선 고종 20(1883)년에 발행된, 닷 푼이 엽전 백 푼과 맞먹던 돈.
당오-평(當五坪)명 조선 말기에, 당오전의 가치가 떨어져 엽전 한 냥과 당오전 닷 냥을 같은 값으로 치던 셈평. 준당평.
당용(當用)명하타 당장에 쓰임.
당우(唐虞)명 〔중국의 도당씨(陶唐氏)와 유우씨(有虞氏)를 함께 이르는 말로〕 '요순(堯舜) 시대'를 이르는 말.
당우(堂宇)명 ☞전당(殿堂).
당우(黨友)명 ①같은 당파에 소속된 사람. ②어떤 당파에 마음을 두어 밖에서 그 당파를 도와주는 사람.
당우-삼대(唐虞三代)명 '요순 시대와 하(夏)·은(殷)·주(周)의 삼대(三代)'를 아울러 이르는 말.
당원(黨員)명 정당에 든 사람. 당적을 가진 사람. 당인(黨人).
당원-질(糖原質)명 ☞글리코겐.

당월(當月) 명 ①(바로) 그달. ¶ 국제 대회가 열리는 당월. ②(아이를 밴 여자가) 아이를 낳게 될 달. 당삭(當朔).

당위(當爲) 명 ①마땅히 그렇게 하거나 되어야 하는 것. ②마땅히 있어야 하는 것. 반드시 해야 할 일이라고 요구되는 것.

당위^법칙(當爲法則) 명 마땅히 그렇게 해야 할 법칙. 〔도덕 법칙은 이의 한 부분임.〕

당위-성(當爲性) [-썽] 명 마땅히 그렇게 하거나 되어야 할 성질.

당위-적(當爲的) 관명 마땅히 그렇게 하거나 되어야 하는 (것). ¶ 당위적 결과. /당위적인 결론을 내다.

당위-학(當爲學) 명 (윤리학·논리학과 같이) 규범 법칙을 연구하는 학문.

당유(糖乳) 명 ☞연유(煉乳).

당음(唐音) 명 중국 원나라의 양사굉(楊士宏)이 당나라 때의 시를 엄선하여 엮은 책. 14권.

당의(唐衣) [-의/-이] 명 조선 시대의 여자 예복의 한 가지. 저고리와 비슷하나 길이가 무릎 근처까지 닿으며, 도련은 둥근 곡선을 이루고 옆이 겨드랑이에서부터 터졌음. 빛깔은 주로 초록이나 연두색이며 자주색 고름을 달았음. 당저고리.

당의(糖衣) [-의/-이] 명 (정제나 환약 따위의 변질을 막고 먹기 쉽게 하기 위하여) 약의 겉에 당분이 든 막을 얇게 입힌 것.

당의(黨意) [-의/-이] 명 당의 의사.

당의(黨議) [-의/-이] 명 ①당의 의논. ②당의 결의.

당의-정(糖衣錠) [-의-/-이-] 명 약의 겉에 당의를 입힌 정제(錠劑)나 환약(丸藥).

당인(黨人) 명 ☞당원(黨員).

당일(當日) 명 (바로) 그날. ¶ 사건이 일어난 당일. /승차권은 당일에 한해 유효합니다.

당일-치기(當日-) 명하타 일이 벌어진 그날 하루에 끝을 냄, 또는 그 일. ¶ 당일치기 산행.

당자(當者) 명 〈당사자〉의 준말.

당장(堂長) 명 지난날, 서원(書院)에 딸려 있던 사내종.

당장(當場) 명 ①(무슨 일이 일어난) 바로 그곳(자리). ¶ 옳고 그름을 당장에서 가리자. ②일이 일어난 바로 직후의 빠른 시간. ¶ 약효는 당장 나타나지 않았다. ③눈앞에 닥친 현재의 이 시각. ¶ 당장 여기를 떠나라.

당장-법(糖藏法) [-뻡] 명 식품에 설탕이나 전화당(轉化糖)을 넣어 저장하는 방법. 〔잼·젤리·과일의 설탕 조림 따위.〕

당재(唐材) 명 중국에서 나거나 중국을 통해서 들여오는 한약재. 참초재(草材).

당쟁(黨爭) 명하자 당파를 이루어 서로 싸움, 또는 그 싸움질. ¶ 당쟁으로 얼룩진 역사.

당저(唐紵·唐苧) 명 ☞당모시.

당-저고리(唐-) 명 ☞당의(唐衣).

당적(唐笛) 명 '소금(小笒)'의 잘못.

당적(黨籍) 명 당원으로 등록되어 있는 적(籍).

당전(堂前) 명 대청의 앞.

당절(當節) 명 ☞당철.

당정(黨政) 명 정당, 특히 여당과 정부를 아울러 이르는 말. ¶ 당정 협의회.

당정(黨情) 명 당의 사정. 당내의 정세.

당제(堂祭) 명 ☞동신제(洞神祭).

당제(當劑) 명 그 병에 맞는 약제. 당약(當藥)1.

당조(唐朝) 명 당나라의 조정. 당나라의 왕조.

당조(當朝) 명 ①지금의 조정. ②지금의 왕조. ③☞당대(當代).

당조짐 명하타 정신을 차리도록 단단히 조지는 일.

당좌(當座) 명 〈당좌 예금〉의 준말.

당좌^계:정(當座計定) [-계-/-게-] 명 부기에서, 당좌 예금의 예입·인출·차월·대월의 발생과 소멸을 기록 정리하는 계정.

당좌^대:부(當座貸付) 명 미리 기한을 정하지 않고, 은행에서 요구할 때나 차주(借主)의 수의(隨意)에 따라 갚기로 한 대부.

당좌^대:월(當座貸越) 명 은행이 일정 기간과 일정 금액을 한도로 하여, 당좌 예금 거래처에서 예금 잔고 이상으로 발행한 수표나 어음에 대해서도 지급에 응하는 일, 또는 그 초과분. 준대월.

당좌^수표(當座手票) 명 은행에 당좌 예금을 가진 사람이 그 예금을 기초로 하여 그 은행 앞으로 발행하는 수표.

당좌^예:금(當座預金) 명 은행이 예금자의 청구에 따라 언제든지 그 예금액을 지급하는 예금. 〔지급 요구 때는 예금자가 수표를 발행함.〕 준당좌.

당좌^차:월(當座借越) 명 '당좌 대월'을 차주(借主) 쪽에서 이르는 말.

당주(堂主) 명 지난날, 나라에서 하던 기우제 등에서 기도를 맡아보던 소경 무당.

당주(幢主) 명 신라 때에 군대의 편성 단위인 당을 통솔하던 무관 벼슬, 또는 그 벼슬아치.

당-주지(唐周紙) [-쭈-] 명 ☞당두루마리.

당-줄 [-쭐] 명 〈망건당줄〉의 준말.

당중(當中) 명하타 어떤 곳의 꼭 가운데가 되게 함, 또는 그곳.

당지(唐紙) 명 중국에서 만든 종이의 한 가지. 〔누른빛에 겉면이 거칠고 잘 찢어지나, 먹물을 잘 빨아들임.〕

당지(當地) 명 (일이 일어난) 바로 그곳.

당-지기(堂-) 명 서당이나 당집을 맡아서 지키는 사람. 당직(堂直).

당지다 자 눌리어 단단히 굳어지다.

당-지질(糖脂質) 명 당과 지질이 공유 결합하고 있는 화합물. 〔무정형(無晶形)의 흰 가루임.〕

당직(堂直) 명 ☞당지기.

당직(當直) 명하자 ①(근무하는 곳에서) 숙직이나 일직 따위의 번을 듦, 또는 그 사람. ②조선 시대에, 의금부의 도사(都事)가 당직청에 번을 들던 일. 상직(上直).

당직(黨職) 명 당의 직책.

당직(讜直) '당직하다'의 어근.

당직-자(黨職者) [-짜] 명 정당의 직책을 맡은 사람.

당직-청(當直廳) 명 조선 시대에, 의금부에 딸려 있던 직소(職所). 〔도사(都事)가 한 사람씩 번을 들어 소송(訴訟) 사무를 처결하던 곳임.〕

당직-하다(讜直-) [-지카-] 형여 말이 충성스럽고 곧다.

당질(堂姪) 명 '종질'을 친근하게 이르는 말.

당질(糖質) 명 ①당분이 들어 있는 물질. ②탄수화물 및 그 유도 물질을 통틀어 이르는 말.

당-질녀(堂姪女) [-려] 명 '종질녀(從姪女)'를 친근하게 이르는 말.

당-질부(堂姪婦) 명 '종질부(從姪婦)'를 친근하게 이르는 말.

당-질서(堂姪壻) [-써] 명 '종질서(從姪壻)'를 친근하게 이르는 말.

당-집(堂-) [-찝] 명 신(神)을 모셔 놓고 위하는 집. 준당.

당차(當次) 명 하자 순번을 정해 놓고 돌아가는 차례에 당함.

당차(當差) 명 하자 조선 시대의 형벌의 한 가지. 죄인의 신분에 따라 차등을 두어 노역을 시키던 일.

당차다 형 (나이·몸집·처지 등에 비해 마음이나 행동이) 야물고 오달지다. ¶ 키는 작아도 아주 당차게 생겼다.

당착(撞着) 명 하자 ①(말이나 행동이) 앞뒤가 서로 맞지 아니함. ¶ 그의 말은 당착이 심하여 갈피를 잡을 수 없다. ②서로 맞부딪침.

당찮다(當-) [-찬타] 형 말이나 행동이 이치에 마땅하거나 적당하지 아니하다. 가당찮다. ¶ 그가 뽑혔다니 당찮은 일이다. * 당찮아[-차나]·당찮소[-찬쏘]

당참(堂參) 명 〔조선 시대에〕 ①수령(守令)이 새로 발령을 받거나 다른 고을로 옮길 때 의정부에 가서 신고하던 일. ②〈당참채〉의 준말.

당참-전(堂參錢) 명 ☞당참채(堂參債).

당참-채(堂參債) 명 조선 시대에, 벼슬아치들이 새로 발령을 받거나 다른 고을로 옮길 때 이조(吏曹)에 바치던 예물. 당참전. 준당참.

당창(唐瘡) 명 ☞창병(瘡病).

당-창포(唐菖蒲) 명 ☞글라디올러스.

당-채련(唐-) 명 ①중국산의 나귀 가죽. 〔빛깔이 검고 윤기가 있음.〕 ②'때가 올라서 까마반드르한 옷'을 비유하여 이르는 말.

당책(唐冊) 명 중국에서 박아 만든 책. 당본(唐本). 당서(唐書).

당처(當處) 명 ①(어떤 일이 일어난) 그 자리. ②(자기가 있는) 이곳.

당-철(當-) 명 꼭 알맞은 철. 마땅한 때. 당절(當節). 제철.

당첨(當籤) 명 하자 되자 제비(추첨)에 뽑힘.

당첨-금(當籤金) 명 복권·행운권 따위의 추첨에서 당첨자가 받게 되는 돈.

당청(唐靑) 명 중국에서 나는 푸른 물감.

당체(唐體) 명 ①한자 인쇄 서체의 한 가지. 가로 그은 획은 가늘고, 내리그은 획은 굵은 글씨체. ②☞명조 활자.

당초(唐草) 명 ☞덩굴무늬.

당초(唐椒) 명 ☞고추.

당초(當初) 명 일의 맨 처음. 애초. ¶ 당초부터 잘못된 계획이었다.

당초-무늬(唐草-) [-니] 명 ☞덩굴무늬.

당초-문(唐草紋) 명 ☞덩굴무늬.

당초-와(唐草瓦) 명 덩굴무늬를 그려 구운 기와.

당초-회(唐草繪) [-회/-훼] 명 ☞만달.

당최 [-최/-췌] 부 《부정의 뜻이 있는 말과 함께 쓰이어》 아주. 도무지. 영. ¶ 당최 되는 일이 없다.

당-추자(唐楸子) 명 ☞호두.

당춘(當春) 명 하자 봄을 맞음. 봄이 됨.

당칙(黨則) 명 당의 규칙. 당규(黨規).

당코 명 여자 저고리 깃의 뾰족하게 내민 끝.

당-탄(唐-) 명 씨를 뽑지 아니한 당태.

당탑(堂塔) 명 당과 탑. '전당(殿堂)과 탑묘(塔廟)'를 아울러 이르는 말.

당-태(唐-) 명 중국에서 나는 솜.

당파(撞破) 명 하타 되자 쳐서 깨뜨림.

당파(鏜鈀·鐺把) 명 ①십팔기 또는 무예 이십사반의 하나. 보졸(步卒)이 당파창으로 하는 무예. ②〈당파창〉의 준말.

당파(黨派) 명 ①붕당(朋黨)이나 정당의 나누인 갈래. ②주의·주장과 이해를 같이하는 사람들끼리 뭉쳐진 단체. 파당.

당파-창(鏜鈀槍) 명 옛 군기(軍器)의 한 가지. 끝이 세 갈래로 갈라진 창. 삼지창(三枝槍). 준당파.

당판(唐板) 명 중국에서 새긴 책판, 또는 그것으로 박은 책.

당판(堂板) 명 ☞청널.

당-팔사(唐八絲) [-싸] 명 중국에서 만든, 여덟 가닥으로 드린 실로 꼰 노끈.

당평(當坪) 명 〈당오평(當五坪)〉의 준말.

당평-전(當坪錢) 명 지난날, 당오평(當五坪)으로 환산한 돈.

당폐(黨弊) [-폐/-페] 명 ①당파 싸움으로 말미암아 생기는, 해롭고 번거로운 일. ②당의 폐단.

당포(唐布) 명 ☞당모시.

당풍(黨風) 명 당의 기풍(氣風). ¶ 당풍 쇄신.

당-피리(唐-) 명 목관 악기의 한 가지. 오래 묵은 대에 여덟 개의 구멍을 뚫고, 위쪽을 얇게 깎아 서를 꽂은 피리.

당필(唐筆) 명 예전에, 중국에서 만든 붓을 이르던 말.

당하(堂下) 명 ①대청의 아래. ②조선 시대에 둔, 정삼품 하(下) 이하의 품계에 해당하는 벼슬을 통틀어 이르는 말. 문관은 통훈대부(通訓大夫), 무관은 어모장군(禦侮將軍) 이하가 이에 딸렸음. ↔당상.

당하(當下) 명 (어떤 일을 당한) 그 자리, 또는 그때. ¶ 당하의 급선무.

당하-관(堂下官) 명 당하의 품계에 있는 벼슬아치. ↔당상관(堂上官).

당-하다(當-)[1] 자 타 여 ①어떤 때나 형편에 이르게 되다. 처(處)하다. ¶ 현 시국에 당하여 후진에게 당부하실 말씀은? ②㉠좋지 않은 일 따위를 겪거나 입다. ¶ 봉변을 당하다. /장마를 당하여 농가에서는 할 일이 많다. ㉡능히 이겨내다. 대적하다. 해내다. 감내하다. ¶ 그의 재주는 당할 사람이 없다.

당-하다(當-)[2] 형 여 사리에 맞다. 마땅(합당)하다. ¶ 어버이를 버리다니, 그게 어디 자식으로서 당할 소린가.

-당하다(當-) 접미 여 좋지 않은 뜻의 동작을 나타내는 일부 명사 뒤에 붙어, 그 말을 피동사가 되게 함. ¶ 거부당하다. /무시당하다. /체포당하다.

당하-수의(堂下繡衣) [-의/-이] 명 당하관으로 암행어사가 된 사람.

당학(唐學) 명 ①당나라 때의 학문(學問). ②중국의 학문.

당한(當限) 명 ①하자 기한이 닥쳐옴, 또는 닥쳐온 그 기한. ②장기 청산 거래에서, 그달 말에 결제하기로 약정한 거래. ②↔선한(先限).

당한(當寒) 명 하자 추위가 닥쳐옴.

당-항라(唐亢羅) [-나] 명 중국에서 만든 항라. 생항라.

당해(當該) 명 《일부 명사 앞에 쓰이어》 '바로 그 사물에 해당됨'을 나타냄. ¶ 당해 기관. /당해 사항.

당헌(棠軒) 명 왕조 때, '선화당(宣化堂)'을 달리 이르던 말.

당헌(黨憲) 명 정당의 강령이나 기본 방침. ¶ 당헌을 준수하다.

당-형제(堂兄弟) 명 ☞종형제(從兄弟).

당혜(唐鞋) [-혜/-헤] 명 울이 깊고 코가 작은 가죽신의 한 가지. 〔앞뒤에 당초문 따위를 새김.〕

당호(堂號) 명 ①당우(堂宇)의 호. 본채와 별채에 따로 붙인 이름. ②☞별호(別號).

당호(幢號) 명 불교에서, 교학과 수행력이 뛰어나 당(幢)을 세울 때 받는 법호(法號).

당혹(當惑) 명하자 갑자기 일을 당하여 어찌할 바를 모르고 쩔쩔맴. ¶ 갑작스러운 질문을 받고 당혹한 표정을 짓다.

당혼(當婚) 명하자 혼인할 나이가 됨.

당홍(唐紅) 명 중국에서 나는, 자줏빛을 조금 띤 붉은 물감.

당화(唐畫) 명 ①당나라 때의 그림. ②중국 사람이 그린 중국풍의 그림.

당화(糖化) 명하자타 되자 다당류가 산(酸)이나 효소 따위의 작용으로 가수 분해 되어, 단당류 또는 이당류로 변하는 반응.

당화(黨禍) 명 당과 당 사이의 다툼으로 말미암아 일어나는 불행한 일. ¶ 당화를 입다.

당-화기(唐畫器) 명 ①채화(彩畫)를 그려 넣어 구운 중국산의 사기그릇. ②중국산의 청화 자기(青華瓷器)를 본떠 만든 그릇.

당-화적(唐畫籍) 명 ☞당사주책(唐四柱册).

당황(唐黃) 명 성냥.

당황(←唐慌·唐惶·惝怳) 명하자 다급하여 어찌할 바를 모름. 놀라서 어리둥절해짐. ¶ 급한 일일수록 당황하지 말고 침착하게 행동해야 한다. **당황-히** 부.

당회(堂會) [-회/-훼] 명 장로교나 성결교 등에서, 그 교회 안의 목사와 장로들이 모이는 회합(會合).

당다이 부 〈옛〉마땅히. 응당. ¶ 이 각시 당다이 轉輪聖王을 나ᄒᆞ시리로다(月釋2:23).

당쉬 명 〈옛〉당수. ¶ 당쉬 쟝:漿(訓蒙中20).

당아리 명 〈옛〉①깍정이. ¶ 당아리 구:梂(訓蒙上11). ②껍데기. ¶ 당아리 개:介(訓蒙下3).

당의야지 명 〈옛〉사마귀². ¶ 당의야지 당:螳(訓蒙上22).

닻다 [닫따] 타 〈다지다〉의 준말. *닻는[단-]

닻 [닫] 명 배를 한곳에 머물러 있게 하기 위하여 밧줄이나 쇠줄에 매어 물에 던지는, 갈고리가 달린 기구. *닻이[다치]·닻만[단-]

닻을 감다 관용 하던 일을 그만두고 단념하다.

닻을 올리다 관용 어떤 일을 시작하거나 시작하려 하다.

닻을 주다 관용 닻줄을 풀어 물속에 넣다.

닻-가지 [닫까-] 명 닻 끝에 달린 갈고리.

닻-고리 [닫꼬-] 명 닻의 위에 있는, 닻줄을 매도록 만든 고리.

닻-꽃 [닫꼳] 명 용담과의 이년초. 산지의 풀밭에서 절로 남. 줄기는 10~60 cm로 꼿꼿하게 자람. 여름에 황록색의 네잎꽃이 닻 모양으로 핌. *닻꽃이[닫꼬치]·닻꽃만[닫꼰-]

닻-나비 [단-] 명 ☞뿔나비나방.

닻-돌 [닫똘] 명 나무로 만든 닻을 가라앉게 하기 위하여 그 닻에 매다는 돌.

닻-별 [닫뼐] 명 별자리 중에서 '카시오페이아자리'를 달리 이르는 말.

닻-장 [닫짱] 명 닻채 위에 가로 박은 나무나 쇠. 〔닻줄을 맴.〕

닻-줄 [닫쭐] 명 닻을 매단 줄.

닻-채 [닫-] 명 닻의 자루가 되는 부분.

닻-혀 [다텨] 명 닻가지의 끝.

닿ː다 [다타] 자 ①(사물이 서로 가까이 되어) 사이에 빈틈이 없게 붙다. ¶ 두 뺨이 서로 닿다. ②목적지에 가서 이르다. ¶ 부산에 닿으려면 아직 멀었다. ③어떤 곳이나 정도에까지 미치다. ¶ 힘 닿는 데까지 노력해 보자. ④서로 인연이나 관련이 맺어지다. ¶ 이제야 겨우 연락이 닿았다. /알고 보니 나의 외가 쪽으로 닿는 어른이셨다. ⑤정확히 맞다. ¶ 이치에 닿는 말. ⑥글의 의미가 자연스레 통하다. ¶ 뜻이 잘 닿지 않는 문장. *닿아[다-]·닿ː는[단-]·닿ː소[다쏘]

닿다 타 〈옛〉땋다. ¶ 多繪 다하(內訓3:2).

-닿다 [다타] [-다니·-달] 접미 형 〈-다랗다〉의 준말. ¶ 곱닿다. /커닿다.

닿-소리 [다쏘-] 명 ☞자음(子音). ↔홀소리.

닿-치다 [닫-] 자 물건이 세차게 마주 닿다.

대¹ I 명 ①식물의 줄기. ¶ 수수의 대. ②가늘고 긴 막대기 같은 것을 통틀어 이르는 말. ③마음 씀씀이나 의지. ¶ 대가 세다. ④〈담뱃대〉의 준말.

II 의 ①담배통에 담배를 담는 분량, 또는 피우는 횟수를 세는 단위. ¶ 담배 한 대 피우고 나서 다시 이야기합시다. ②주사나 침을 맞는 횟수를 세는 단위. ¶ 주사 한 대면 곧 괜찮아질 겁니다. ③쥐어박거나 때리는 횟수를 세는 단위. ¶ 곤장 열 대./꿀밤 한 대. ④길고 곧은 물건을 세는 단위. ¶ 꽃줄기 두 대.

대² 명 볏과의 상록 교목. 볏과에서 가장 큰 식물로 높이가 30 m에 이르는 것도 있음. 줄기는 속이 비고 곧으며 마디가 있고, 잎은 가늘고 빳빳함. 드물게 황록색 꽃이 피는데, 꽃이 핀 다음에는 말라 죽음. 열대에서 온대에 걸쳐 널리 분포함. 건축 용재나 세공용으로 쓰이고, 어린순은 식용함. 참대나무.

대³ 명 줏대. ¶ 대가 센 노인.

대⁴ 관 《길이를 나타내는 의존 명사 '자' 앞에 쓰이어》 '다섯'의 뜻을 나타내는 말. ¶ 대 자 가웃이면 넉넉할 거다.

대ː(代) I 명 ①〈대신(代身)〉의 준말. ②이어 내려오는 가계(家系). ¶ 대를 이을 자식. ③어떤 지위를 이어 그 지위에 있는 동안. ¶ 세종대에 꽃핀 민족 문화. ④《일부 명사 뒤에 붙어》 가장 넓은 구분으로 나눈 지질 시대를 나타냄. ¶ 고생대. /중생대. /신생대.

II 의 ①가계(家系)나 이어 온 계통의 차례를 세는 단위. ¶ 3대를 이어 온 가업. ②《'십'·'이십'·'삼십' 따위의 수 뒤에 쓰이어》 사람의 나이를 십 년 단위로 끊어 나타내는 말. ¶ 십대 소녀. /70대 노인.

대(垈) 명 〈대지(垈地)〉의 준말.

대(隊) 명 ①끼리끼리 사람들을 나누어 이룬 무리. ¶ 출신 학교별로 대를 나누었다. ②〈대오(隊伍)〉의 준말. ③〖의존 명사적 용법〗 편제된 무리를 세는 단위. ¶ 제일 대.

대(臺) 명 ①(사방을 볼 수 있게) 높이 쌓아 만든 곳. ¶ 대를 높게 쌓다. ②물건을 받치거나 올려놓게 만든 것임을 나타내는 말.

대ː(對) I 명 ①서로 같거나 비슷한 상대. 어울리는 짝. ¶ 명암·장단·대소·원근 등이 대를 이루어 잘 표현되었다. ②두 사람이나 두 사물을 비교하거나 대조할 때의 상대.

II 의 ①두 짝이 합하여 한 벌이 되는 물건을 세는 단위. ¶ 주련(柱聯) 한 대. ②사물과 사물의 대비나 대립을 나타낼 때 쓰는 말. ¶ 우리나라 팀 대 외국 팀의 축구 경기. ③《수(數)나 문자 사이에 쓰이어》 비(比)·비율·득점의 비등을 나타냄. ¶ 이익을 3대 7로 나눈다.

대(臺) 의 자동차나 비행기 또는 기계 따위를 세는 단위. ¶ 두 대의 화물차. /운전기 한 대.

대-(大) 접두 《일부 명사 앞에 붙어》 '큰'·'대단한'·'뛰어난' 따위의 뜻을 나타냄. ¶ 대가족. /대성공. /대학자. ↔소(小)-.

대-(對) 접두 일부 명사 앞에 붙어, '그것에 대한', '그것에 대항하는'의 뜻을 나타냄. ¶ 대국민 사과문.

-대(帶) 접미 《일부 명사 뒤에 붙어》 ①그 '부분'이나 '범위'·'지대'의 뜻을 나타냄. ¶ 시간대. /주파수대. /화산대. ②'띠 모양의 물건'의 뜻을 나타냄. ¶ 구명대. /정조대. /지혈대.

-대(臺) 접미 《값이나 수를 나타내는 명사 뒤에 붙어》 대체적인 수(數)의 범위를 나타냄. ¶ 만원대. /수천억대.

-대 어미 《형용사 어간 또는 높임의 '-시-'나 시제의 '-았(었)-'·'-겠-'·'-ㄴ(는)-' 등에 붙어》 Ⅰ 어미 주어진 사실에 대해 놀라워하거나 못마땅하게 여기는 뜻을 나타내는, 해체의 종결 어미. ¶ 날씨가 왜 이렇게 춥대? 참-ㄴ대. Ⅱ 준 '-다고 해'가 줄어든 말. 남의 말을 옮기는 뜻을 나타냄. ¶ 사람이 아주 똑똑하대. /가진 게 하나도 없대. 참-ㄴ대.

대ː가(大加) 명 고구려 때, 각 부(部)의 부족장을 일컫던 말.

대ː가(大家) 명 ①학문이나 기예 등 전문 분야에 조예가 깊은 사람. 거장(巨匠). 대방가(大方家). ¶ 음악의 대가. ②대대로 번창한 집안. 거가 대족(巨家大族). ③큰 집.

대ː가(大駕) 명 임금이 타는 수레. 승여(乘輿). 어가(御駕).

대ː가(代價) [-까] 명 ①물건을 값으로 치르는 돈. 값. ②어떤 일을 함으로써 생기는 희생이나 손해, 또는 그것으로 하여 얻어진 결과. ¶ 승리의 대가. /피땀을 흘려 노력한 대가가 고작 이거냐?

대ː가(貸家) 명 셋돈을 받고 빌려 주는 집. 셋집. 참차가(借家).

대ː가(對價) [-까] 명 자기의 재산이나 노력을 남이 이용하게 하고, 그 보수로 얻는 재산상의 이익.

대ː-가극(大歌劇) 명 ☞그랜드 오페라.

대ː-가다 자 ①정한 시간에 목적지에 이르다. ②'배를 오른쪽으로 저어 가다'라는 뜻의 뱃사람 말.

대ː-가람(大伽藍) 명 큰 절.

대가리 명 ①〈머리[1]〉의 속된 말. ¶ 대가리를 몇 대 쥐어박다. /대가리는 텅 빈 놈이 돈푼깨나 있다고 거들먹거린다. ②동물의 머리. ¶ 돼지 대가리. ③길쭉하게 생긴 물건의 앞부분이나 꼭대기. ¶ 못 대가리.

대가리를 삶으면 귀까지 익는다 속담 가장 중요한 부분을 처리하고 나면 나머지는 저절로 해결된다는 말.

대가리를 싸고 덤비다 관용 기를 쓰고 덤비다. 죽기 살기로 대들다.

대가리에 피도 안 마르다 관용 아직 어리다. ¶ 대가리에 피도 안 마른 녀석이 벌써부터 돈을 밝힌다.

대가리 명 〈옛〉 껍질. ¶ 대가리예 거리끼리니(金三 *2:12*). /대가릿 中에 수므며(圓覺上一之二*136*).

대ː-가야(大伽倻) 명 경상북도 고령(高靈) 부근에 자리했던 고대 군장 국가(君長國家). 육 가야(六伽倻) 연맹의 하나로, 연맹의 북부 지역을 지배했으나, 6세기 중엽 육 가야 중 맨 나중에 신라에 병합됨.

대ː가연(大家然) '대가연하다'의 어근.

대ː가연-하다(大家然-) 자여 그 방면에 뛰어난 사람인 체하다.

대ː-가족(大家族) 명 ①식구가 많음, 또는 그런 가족. ②직계와 방계 및 노비 등을 포함하는 가족. 〔고대 씨족 사회에서 볼 수 있는 가족 형태임.〕 ¶ 대가족 제도. ↔소가족.

대ː가족-주의(大家族主義) [-쭈의/-쭈이] 명 단체 등에서, 모든 구성원을 한가족으로 여기고 단결하여 그 단체의 이익을 꾀하려는 주의.

대각 부하자타 단단하고 작은 물건들이 가볍게 부딪칠 때 나는 소리. ¶ 대각하고 그릇 부딪는 소리. 비달각. 큰데걱. 센대깍·때각·때깍. **대각-대각** 부하자타.

대ː각(大角)[1] 명 사슴의 수컷.

대ː각(大角)[2] 명 폭 30 cm 이상으로 네모지게 켜낸 재목.

대ː각(大角)[3] 명 북두칠성의 남쪽에 등색(橙色)으로 빛나는 별. 〔예로부터 방위나 역일(曆日)을 헤아리는 목표가 됨.〕

대ː각(大角)[4] 명 공명 악기의 한 가지. 군중(軍中)에서 호령할 때나 아악(雅樂) 등을 연주할 때 쓰이던 나발. 〔흔히, 나무로 뿔처럼 만들어 붉은 칠을 하는데, 한 음만을 냄.〕 참주라(朱喇).

대ː각(大覺) 명 〔불교에서〕 ①하자 도(道)를 닦아 크게 깨달음, 또는 그런 사람. ②'부처'를 달리 이르는 말.

대ː각(對角) 명 다각형에서, 한 변이나 한 각에 대해 마주 보는 각. 맞각. 맞선각.

대각(臺閣) 명 ①☞누각. ②지난날, '사헌부와 사간원'을 아울러 이르던 말. ③정치하는 관청.

대ː-각간(大角干) [-깐] 명 신라 때, 공신에게 주던 높은 벼슬의 이름. 태대각간(太大角干)의 아래, 각간(角干)의 위.

대각-거리다 [-꺼-] 자타 자꾸 대각대각하다. 대각대다. 큰데걱거리다.

대각-대다 [-때-] 자타 대각거리다.

대ː각^묘ː사(對角描寫) [-강-] 명 대상과 반대되는 각도에서 그 대상을 묘사하는 문예상의 기법.

대ː각-선(對角線) [-썬] 명 다각형에서 서로 이웃하지 않는 두 꼭짓점을 잇는 직선, 또는 다면체에서 같은 면에 있지 않은 두 꼭짓점을 잇는 직선. 맞모금.

대ː각-세존(大覺世尊) [-쎄-] 명 ☞불타(佛陀).

대ː각-수(大角手) [-쑤] 명 지난날, 군악대에서 대각을 불던 취타수.

대ː간(大奸) 명 매우 간사한 사람.

대간(臺諫) 명 지난날, '사헌부와 사간원의 벼슬'을 통틀어 이르던 말.

대ː간-사충(大奸似忠) 명 매우 간사한 사람은 아첨하는 수단이 아주 교묘하여 흡사 크게 충성된 사람과 같아 보임.

대갈 명 말굽에 편자를 대고 박는 징.

대ː갈(大喝) 명하자 큰 소리로 꾸짖음.

대갈-마치 명 ①대갈을 박을 때 쓰는 작은 마치. ②'온갖 어려운 일을 겪어서 아주 야무지게 보이는 사람'을 비유하여 이르는 말.

대갈-머리 명 〈머리[1]〉의 속된 말.

대갈-못 [-몯] 명 대가리가 큰 쇠못. ＊대갈못이[-모시]·대갈못만[-몬-]

대갈-빼기 명 〈머리[1]〉의 속된 말.

대ː갈-일성(大喝一聲) [-썽] 명 크게 외치는 한 마디의 소리.

대갈-통명 〈머리통〉의 속된 말.

대:감(大監)명 ①조선 시대에, 정이품 이상의 벼슬아치를 높여 일컫던 말. ②무당이 굿을 할 때, '신(神)'을 높여 부르는 말.

대감 죽은 데는 안 가도 대감 말 죽은 데는 간다속담 세상 인심이 이악하여 자기의 이익만을 좇아 움직인다는 말.

대:감(大鑑)명 〔책 이름 아래에 쓰이어〕 '그 책만으로 그 부문에 관한 온갖 지식을 얻을 수 있게 꾸민 책'임을 나타내는 말. 참대전(大全).

대:감-굿(大監-)[-굳]명하자 ☞대감놀이. *대:감굿이[-구시]·대:감굿만[-군-]

대:감-놀이(大監-)명하자 무당이 터주 앞에서 하는 굿. 풍악과 춤으로 재앙을 물리고 복을 빎. 대감굿.

대:-감독(大監督)명 ①경험이 풍부하고 좋은 성과를 많이 올린 유명한 감독. ②성공회(聖公會) 또는 영국 교회 최고의 성직.

대:감-마님(大監-)명 높은 지위에 있는 벼슬아치를 높여 이르던 말.

대:감-상(大監床)[-쌍]명 굿을 할 때, 대감에게 올리는 제물을 차린 상.

대:감-제(大監祭)명 무당이 대감에게 지내는 제사.

대-갑석(臺甲石)[-썩]명 탑의 대중석(臺中石) 위에 덮은 돌.

대-갓끈[-갇-]명 아주 가는 대를 마디마디 잘라서 실에 꿰고 구슬로 격자를 쳐서 만든 갓끈. 죽영(竹纓).

대:갓-집(大家-)[-가찝/-갇찝]명 대대로 세력이 있고 살림이 넉넉한 집, 또는 그런 집안. ¶ 대갓집 맏며느리.

대:강(大江)명 큰 강.

대:강(大綱) Ⅰ명 〈대강령〉의 준말. ¶ 사건의 대강을 설명하다.

Ⅱ부 일의 중요한 부분만 간단하게. 건정. 대충. 얼추. ¶ 네 사정은 대강 들어서 알고 있다. /일을 대강 마무리하고 퇴근합시다.

대:강(代講)명하타 남을 대신하여 강의나 강연을 함, 또는 그 강의나 강연.

대:-강당(大講堂)명 ①(많은 사람이 모일 수 있는) 넓은 강당. ②불경을 배우는 큰 강당.

대:강-대강(大綱大綱)부 적당히 간단하게. 대충대충. ¶ 대강대강 치우고 얼른 가자.

대:-강령(大綱領)[-녕]명 일의 가장 중요한 부분, 또는 그 부분만 따낸 줄거리. 준대강(大綱).

대강이명 〈머리¹〉의 속된 말.

대:-강풍(大強風)명 ☞큰센바람.

대:-갚음(對-)명하자 남에게서 받은 은혜나 원한을 그대로 갚는 일.

대:개(大概) Ⅰ명 ①대부분. ¶ 대개의 경우. ②대체의 사연. 줄거리. 대략(大略).

Ⅱ부 그저 웬만한 정도로. 대체로. ¶ 안 보았지만 내용은 대개 안다.

대:개(大蓋)부 일의 큰 원칙으로 보아서 말하건대. ¶ 대개 효는 인륜의 시초이니….

대:-개념(大槪念)명 삼단 논법에서, 중개념(中槪念)과 결합하여 대전제(大前提)를 만들고, 나아가 결론의 빈사(賓辭)가 되는 개념. ↔소개념. 참삼단 논법·대명사(大名辭).

대:객(待客)명하타 손을 대접함.

대:객(對客)명하자 손을 마주 대함.

대객-초인사(待客初人事)명 〔손을 대접하는 맨 처음의 인사라는 뜻으로〕 '찾아온 손에게 우선 담배를 권함'을 이르는 말.

대:거(大擧) Ⅰ명하자타 ①많은 무리를 움직여 일을 일으킴, 또는 그 일. ②바삐 서둘러서 일을 함. ③널리 인재를 천거함.

Ⅱ부 한꺼번에 많이. ¶ 유명 인사가 대거 참석한 시상식. /경찰이 대거 출동하다.

대거(帶鋸)명 ☞띠톱.

대:거(貸去)명하타 (남이) 꾸어 감.

대:-거리(代-)명하자 서로 번갈아 듦. 교대.

대:-거리(對-)명하자 ①대갚음하는 짓. ②상대하여 대듦, 또는 그런 언행. ¶ 함부로 대거리하다가 큰코다칠라.

대-걸레명 자루걸레.

대:검(大劍)명 큰 검. ↔소검(小劍).

대:검(大檢)명 〈대검찰청〉의 준말.

대:검(帶劍)명 ①하자칼을 참, 또는 그 칼. 패검(佩劍)². ②소총의 총신 끝에 꽂는 칼. ②총검.

대:-검찰청(大檢察廳)명 대법원에 대응하여 설치된 최고 검찰 기관. 〔검찰 총장을 장(長)으로 하여 검찰 사무를 통할함.〕 준대검.

대:겁(大怯)명하자 크게 겁을 냄.

대것기[-걷끼]명 무수기를 볼 때, 6일과 21일을 이르는 말.

대:-게명 십각목 물맞이겟과의 갑각류. 몸통에서 뻗어 나간 다리가 대나무처럼 생겨서 '대게'라고 부름. 우리나라 동해안과 일본·알래스카 등지에 분포함.

대:견(對見)명하자 마주 대하여 봄.

대견-스럽다[-따][~스러우니·~스러워]형ㅂ 보기에 대견하다. **대견스레**부.

대견-하다형여 ①마음에 흡족하고 자랑스럽다. 모자람이 없이 흐뭇하다. ¶ 고학으로 대학을 마치다니 참 대견하구나. ②아주 대단하고 소중하다. ¶ 못났을망정 부모에게는 대견한 자식이다. **대견-히**부.

대:결(代決)명하타 대리로 결재(決裁)함, 또는 그런 결재.

대:결(對決)명하자 ①양자(兩者)가 맞서서 이기고 짐, 또는 옳고 그름을 결정함. ¶ 숙명의 대결. ②법정에서, 원고와 피고를 함께 불러 놓고 심판함.

대:겸(大歉)명 흉년이 크게 듦.

대:겸-년(大歉年)명 흉년이 크게 든 해.

대:경(大經)명 ①가장 근본이 되는 줄거리. 큰 법칙. ②불교에서, 가장 근본이 되는 경전이라는 뜻으로 '화엄경'과 '열반경' 등을 이르는 말. ③'예기(禮記)'와 '춘추좌씨전(春秋左氏傳)'을 아울러 이르는 말.

대:경(大慶)명 큰 경사.

대:경(大驚)명하자 몹시 놀람.

대:경-대법(大經大法)명 공명정대한 큰 원리와 법칙. 준경법.

대:경-소괴(大驚小怪)[-괴/-궤]명하자 몹시 놀라서 좀 의아스럽게 여김.

대:경-실색(大驚失色)[-쌕]명하자 몹시 놀라 얼굴빛이 하얗게 변함. ¶ 집에 도둑이 들었다는 말을 듣고는 대경실색하였다.

대:-경주인(代京主人)명 지난날, 경주인(京主人)을 대신하여 매를 맞던 사람.

대:계(大戒)[-계/-게]명 불교에서, 출가한 비구(比丘)·비구니(比丘尼)가 지켜야 할 구족계. 비구는 250계(戒), 비구니는 348계가 있음.

대:계(大系)[-계/-게]명 〔책 이름 아래에 쓰이어〕 '같은 종류에 딸린 저작 따위를 두루 모아 차례를 세워 엮은 책'임을 나타내는 말. ¶ 한국 문학 대계. 참총서(叢書).

대ː계(大計)[-계/-게]명 큰 계획. ¶ 국가의 대계를 세우다.
대ː계(大薊)[-계/-게]명 한방에서, '엉겅퀴의 뿌리'를 약재로 이르는 말. 〔지혈제 따위로 쓰임.〕
대계(臺啓)[-계/-게]명 조선 시대에, 사헌부(司憲府)나 사간원(司諫院)에서 벼슬아치의 잘못을 임금에게 상주하던 일.
대ː계-수(大溪水)[-계-/-게-]명 육십갑자의 갑인(甲寅)과 을묘(乙卯)에 붙이는 납음(納音). 참사중토(沙中土).
대ː고부 계속하여 자꾸. 무리하게 자꾸. ¶ 없는 돈을 내놓으라고 대고 조른다.
대ː고(大故)명 ①어버이의 상사(喪事). ②큰 사고(事故).
대ː고(大賈)명 크게 장사하는 사람.
대ː고(大鼓)명 ①큰 북. ②타악기의 한 가지. 나무나 금속으로 테를 두르고 가죽으로 메워, 건고(建鼓) 비슷하게 만든 북.
대-고리명 대오리로 결어 만든 고리.
대ː-고모(大姑母)명 아버지의 고모. 왕고모.
대ː고모-부(大姑母夫)명 대고모의 남편.
대ː-고풍(大古風)명 우리나라 특유의 한시체(漢詩體). 칠언 팔구로, 운(韻)을 달지 않음.
대ː곡(大哭)명하자 큰 소리로 욺.
대ː곡(代哭)명하자 남이 상주(喪主)를 대신하여 곡을 함.
대ː곡(對曲)명 방향을 달리하는 습곡 산맥의 끝이 서로 이어지는 부분에서 갑자기 꼬부라짐, 또는 그런 현상.
대ː곤(大棍)명 조선 시대의 곤장의 한 가지. 중곤(重棍)보다 작고 중곤(中棍)보다 조금 큰 곤장.
대공명 들보 위에 세워 마룻보를 받치는 짧은 기둥. 한자를 빌려 '大共'·'臺工'·'大工'으로 적기도 함.
대ː공(大工)명 솜씨가 뛰어난 장인(匠人).
대ː공(大公)명 〔유럽에서〕 ①군주(君主) 집안의 남자. ②작은 나라의 군주를 일컫던 말.
대ː공(大功)[1]명 큰 공적. 대훈로(大勳勞). 혁공(奕功). ↔소공(小功)[1].
대ː공(大功)[2]명 〈대공복(大功服)〉의 준말.
대ː공(大空)명 크고 넓은 공중. 하늘.
대ː공(對共)명 공산주의 또는 공산주의자를 상대로 함. ¶ 정부의 대공 정책.
대ː공(對空)명 지상에서 공중 목표물을 상대함. ¶ 대공 경계. /대공 사격. /대공 무기.
대ː공-국(大公國)명 대공이 다스리는 나라. 〔리히텐슈타인·룩셈부르크 등.〕
대ː공^미사일(對空missile)명 공중 목표물에 대하여 지상이나 공중 또는 함상에서 발사하는 미사일.
대ː공^방어(對空防禦)명 적의 공중 공격에 대한 방어.
대ː공-복(大功服)명 오복(五服)의 하나. 대공친(大功親)의 상사(喪事)에 아홉 달 동안 입는 복제(服制). 준대공[2].
대ː-공사(大公使)명 '대사'와 '공사'를 아울러 이르는 말.
대ː공^사격(對空射擊)명 공중의 목표물에 대해 지상이나 공중 또는 함상에서 하는 사격.
대ː-공원(大公園)명 규모가 큰 공원.
대ː공-지정(大公至正)명하형 아주 공변되고 더없이 올바름.
대공-지평(大公至平) '대공지평하다'의 어근.
대ː공지평-하다(大公至平―)형여 아주 공변되고 더없이 평등하다.
대ː공-친(大功親)명 사촌 형제자매·중손(衆孫)·중손녀(衆孫女)·중자부(衆子婦)·질부(姪婦), 남편의 조부모·백숙부모·질부 등의 겨레붙이를 이르는 말. 참소공친.
대ː공-포(對空砲)명 지상이나 함정(艦艇)에서 공중 목표를 사격하는 포.
대ː공^화ː기(對空火器)명 대공 사격을 하는 데 쓰는 화기.
대ː과(大科)명 ①지난날, '문과(文科)'를 달리 이르던 말. ↔소과. ②하자〈대과 급제(大科及第)〉의 준말.
대ː과(大過)[1]명 큰 허물. 큰 잘못. ¶ 대과 없이 임기를 마치다.
대ː과(大過)[2]명 〈대과괘(大過卦)〉의 준말.
대ː-과거(大過去)명 과거의 어느 시점보다 더 앞선 시점에서 과거의 시점까지 계속됨을 나타내는 시제.
대ː과-괘(大過卦)명 육십사괘의 하나. 태괘(兌卦)와 손괘(巽卦)를 위아래로 놓은 괘. 못의 물이 나무를 쓰러뜨림을 상징함. 준대과[2].
대ː과^급제(大科及第)[-쩨]명 '문과 급제(文科及第)'를 장하게 이르던 말. 준대과.
대ː관(大官)명 ①☞대신(大臣). ②높은 벼슬, 또는 높은 벼슬에 오른 사람. ③'내자시(內資寺)'를 달리 이르던 말.
대ː관(大觀)명 ①하타 국면(局面)을 널리 관찰함, 또는 그런 관찰. ②훌륭한 경치.
대ː관(代官)명 대리(代理)로 일하는 관리.
대ː관(貸館)명하타 공연이나 행사를 하기 위하여 공연장·전시관·체육관 등을 빌림. ¶ 예술의 전당을 대관하다.
대관(臺官)명 조선 시대에, 사헌부의 대사헌(大司憲) 이하 지평(持平)까지의 벼슬아치를 이르던 말.
대ː관(戴冠)명하자 (제왕이) 왕관을 받아 씀.
대ː관-식(戴冠式)명 유럽 제국에서, 제왕이 왕관을 쓰고 왕위에 올랐음을 널리 공표하는 의식.
대ː-관절(大關節)부 《의문의 뜻을 나타내는 말 앞에 쓰이어》 여러 말 할 것 없이 요점만 말하건대. 도대체. ¶ 아무런 연락도 없이 이렇게 늦다니, 대관절 어찌 된 일이냐?
대ː-괄호(大括弧)명 문장 부호 중 묶음표의 한 가지인 '〔 〕'의 이름. ①묶음표 안의 말이 바깥 말과 음이 다를 때에 쓰임. ¶ 낱말〔單語〕은 말의 최소 단위이다. ②묶음표 안에 또 묶음표가 있을 때에 쓰임. ¶ 명령에 있어서의 불확실〔단호(斷乎)하지 못함.〕은 복종에 있어서의 불확실〔모호(模糊)함.〕을 낳는다. 각괄호.
대ː광^반ː응(對光反應)명 눈에 빛을 비추면 동공(瞳孔)이 반사적으로 수축되는 현상.
대ː괴(大塊)[-괴/-궤]명 ①큰 덩어리. ②지구(地球). ③천지간의 대자연.
대ː곡(大斛)[-곡/-궥] Ⅰ명 곡류 스무 말〔斗〕을 되는 양기(量器). ↔소곡(小斛).
Ⅱ의 곡류를 재는 단위. 1대곡은 스무 말임. 전석(全石). ↔소곡.
대ː교(大教)명 중이 경교(經教)를 연구하는 과목의 한 가지로서의 화엄경.
대ː교(大橋)명 규모가 큰 다리.
대ː교(對校)[1]명하자 학교끼리 맞서서 겨룸. ¶ 대교 경기.
대ː교(對校)[2]명하자 대조하며 교정을 봄.
대ː-교구(大教區)명 가톨릭 교회에서 행정상의 관할 구역 가운데 규모가 가장 큰 구역. 〔보통 대주교가 관장함.〕

대구(大口)명 대구과의 물고기. 깊고 한랭한 바다에서 삶. 몸길이 70~75 cm, 몸빛은 담회갈색에 배 쪽은 흼. 앞쪽이 둥글고 넓적하며 옆구리에 부정형의 많은 무늬가 있음. 고기는 먹고, 간은 간유의 원료로 쓰임.
대구(帶鉤)명 혁대의 두 끝을 끼워 맞추는 자물단추.
대ː구(對句)[-꾸]명 짝을 맞춘 시의 글귀.
대구루루부 작고 딱딱한 물건이 단단한 바닥에 떨어져 구르는 소리, 또는 모양. ¶ 탁자 위의 빈 병들이 쓰러져 대구루루 구른다. 큰데구루루. 센때구루루.
대ː구-법(對句法)[-꾸뻡]명 수사법상 변화법의 한 가지. 어조가 비슷한 문구를 나란히 벌여 문장에 변화를 주는 표현 방법. 〔'낮말은 새가 듣고 밤말은 쥐가 듣는다.' 따위.〕 대우법(對偶法).
대ː-구치(大臼齒)명 갈지 않는 뒤어금니. 〔사람의 경우, 맨 안쪽의 아래위 각각 세 쌍임.〕 ↔소구치.
대구-탕(大口湯)명 대구로 끓인 국.
대구-포(大口脯)명 대구를 얇게 저며서 말린 포.
대ː-구품(大九品)명 불가에서, 가사(袈裟) 여든 한 벌을 짓는 일.
대구-횟대(大口-)[-휟때/-휃때]명 둑중갯과의 바닷물고기. 몸길이 40 cm가량. 원통형으로 길쭉하며 머리가 크고 몸빛은 암갈색임. 식용함.
대ː국(大局)명 ①일이나 상황의 대체적인 국면. ②큰 판국.
대ː국(大國)명 ①영토가 넓은 나라. ②(경제력이나 군사력 등이) 강대한 나라. 세력이 강한 나라. ↔소국(小國).
대ː국(對局)명하자 ①어떤 형편이나 국면을 당함. 당국(當局). ②마주 보고 앉아서 바둑이나 장기를 둠. ¶ 결승 대국.
대ː국-적(大局的)[-쩍]관명 크거나 대체적인 판국에 따르는 (것). ¶ 대국적 견지에서 본다면 그리 큰 손해도 아니다. /대국적인 명분.
대ː국-주의(大國主義)[-쭈의/-쭈이]명 강한 국력을 바탕으로 하여 그 의사를 대외적으로 관철하려는 행동 양식.
대ː군(大君)명 ①조선 시대에, 정궁(正宮)이 낳은 아들. ②고려 시대에, 종친(宗親)의 정일품 봉작. ③'군주'를 높여 일컫는 말.
대ː군(大軍)명 병사의 수효가 많은 군대. 대병(大兵).
대ː군(大郡)명 면적이 넓고 인구가 비교적 많은 군.
대ː군(大群)명 큰 떼. 많은 무리.
대ː-군물(大軍物)명 기치(旗幟)와 창검(槍劍) 따위를 골고루 다 갖춘 군진(軍陣)의 물건.
대굴-대굴부하자타 ①작고 단단한 물건이 잇달아 굴러 가는 모양. ¶ 공이 대굴대굴 굴러 간다. ②이리저리 마구 구르는 모양. ¶ 대굴대굴 뒹굴며 떼를 쓴다. 큰데굴데굴. 센때굴때굴.
대궁명 먹다가 그릇에 남은 밥. 군밥. 잔반.
대ː궁(大弓)명 ☞예궁(禮弓).
대ː궁(對宮)명 장기에서, 양쪽 궁(宮)이 그 사이에 딴 장기짝이 놓이지 않은 상태로 직접 맞서게 놓인 관계.
대ː궁-장군(對宮將軍)명 장기에서, 대궁이 된 때 부르는 장군. 〔이 장군을 받지 못하면 비기게 됨.〕
대ː권(大圈)[-꿘]명 ①☞대원(大圓). ②지구 표면에 그린 대원.
대ː권(大權)[-꿘]명 국가를 통치하는 권한. ¶ 대권에 도전하다.
대ː권^코ː스(大圈course)[-꿘-]명 지구의 대권을 따르는 길. 〔지구 상의 두 지점 간의 가장 짧은 거리가 됨.〕
대ː권^항ː로(大圈航路)[-꿘-노]명 대권 코스를 따라 설정한 항로.
대ː궐(大闕)명 임금이 거처하며 정사(政事)를 보던 집. 궁궐. 궁정. 어궁(御宮).
대ː규(大叫)명하자 크게 소리쳐 부르짖음.
대ː-규모(大規模)명 일의 범위가 넓고 큰 규모. ¶ 대규모 공사. ↔소규모.
대ː규환-지옥(大叫喚地獄)명 불교에서 이르는 팔열 지옥의 하나. 오계를 깨뜨린 자가 가게 된다는 지옥으로, 등활·흑승·중합·규환 등의 지옥의 10배에 해당하는 고통을 받는다고 함.
대그락부하자타 작고 단단한 물건이 맞닿아 부딪치며 나는 소리. 큰데그럭. 센때그락. **대그락-대그락**부하자타.
대그락-거리다[-꺼-]자타 자꾸 대그락대그락하다. 대그락대다. 큰데그럭거리다.
대그락-대다[-때-]자타 대그락거리다.
대그르르부하형 여러 개의 가늘거나 작은 물건 가운데서 조금 굵은 모양. 큰디그르르. 센때그르르.
대-그릇[-른]명 대로 만든 그릇. 죽기(竹器). ＊대그릇이[-르시]·대그릇만[-른-]
대ː극(大戟)명 ①대극과의 다년초. 산이나 들에 절로 나는데, 줄기에는 잔털이 있고 곧게 자람. 갸름한 잎은 줄기 끝에 어긋나고, 6월경에 황록색의 잔꽃이 핌. 버들옷. ②한방에서, '대극의 뿌리'를 약재로 이르는 말. 〔단맛이 나는 극약으로, 담병 등에 쓰임.〕
대ː극(大極)명 임금의 지위.
대ː극(對極)명 반대의 극.
대ː극-적(對極的)[-쩍]관명 극과 극으로 서로 맞서 있는 (것).
대ː근(代勤)명하타 남을 대신하여 근무함, 또는 그런 근무.
대근-하다형여 견디기 힘들다.
대글-대글부하형 여러 개의 가늘거나 작은 물건 가운데서 몇 개가 조금 굵거나 큰 모양. 큰디글디글. 센때글때글.
대ː금(大金)[1]명 많은 돈.
대ː금(大金)[2]명 ☞징[1].
대ː금(大笒)명 저〔笛〕의 한 가지. 대에 13개 가량의 구멍을 뚫어 만드는데, 삼금(三笒) 가운데서 가장 큼. 본대함(大笒).
대ː금(大禁)명하타 전국적으로 엄히 금제(禁制)함, 또는 그 일.
대ː금(代金)명 물건의 값으로 치르는 돈. 값. 대가(代價). ¶ 신문 대금. /도서 대금을 미리 내다.
대ː금(貸金)명하자 ①돈을 빌려 줌, 또는 빌려준 그 돈. ②돈놀이함, 또는 그 돈.
대ː금^교환^우편(代金交換郵便)명 수취인에게 우편물을 전하고 돈을 받아서 물품 발송인에게 보내 주는 특수 우편 제도.
대ː금^상환(代金相換)명 대금을 받음과 동시에 상대편에게 물건을 넘겨주는 일.
대ː금-업(貸金業)명 ☞돈놀이.
대ː금^추심(代金推尋)명 은행이 고객 등의 의뢰에 따라 수수료를 받고 어음·배당금·예금 증서의 현금 추심을 하는 일.
대ː급(貸給)명하타 ☞대여(貸與). ↔차급.

대ː기(大忌)명하타 매우 꺼림. 몹시 싫어함.
대ː기(大起)명 ☞한사리.
대ː기(大氣)명 ①지구 중력에 의해 지구 둘레를 싸고 있는 기체. 공기. ②천체의 표면을 둘러 싸고 있는 기체.
대ː기(大朞)명 죽은 지 두 돌 되는 제사. 대상(大祥). 참소기(小朞).
대ː기(大期)명 아이를 낳을 달. 당삭. 임월.
대ː기(大旗)명 ①〈대오방기〉의 준말. ②〈대기치〉의 준말.
대ː기(大器)명 ①큰 그릇. ②됨됨이나 도량이 커서 큰일을 할 만한 인재. ③☞신기(神器).
대ː기(待機)명 ①하자때나 기회를 기다림. ¶ 여기서 대기하고 계십시오. ②하자군대 등에서, 출동 준비를 끝내고 명령을 기다림. ③(공무원의) 대명(待命) 처분. ¶ 대기 발령.
대ː기(對機)명 ①설법을 듣는 사람. ②하자선가(禪家)에서, '스승이 학인(學人)의 물음에 대답함'을 이르는 말.
대ː기(對鰭)명 물고기의 몸 양쪽에 있어 쌍을 이루는 지느러미. ↔수직기(垂直鰭).
대ː기-권(大氣圈)[-꿘]명 지구 둘레를 싸고 있는 대기의 층. 기권(氣圈).
대ː기-만성(大器晩成)명 남달리 뛰어난 큰 인물은 보통 사람보다 늦게 대성한다는 말.
대ː기^명ː령(待機命令)[-녕]명 ①(언제나 출동할 수 있도록) 대기하고 있으라는 명령. ②공무원을 무보직 상태로 두는 인사 발령. 대명.
대ː기-소(待機所)명 대기할 수 있게 마련한 곳. 기다리는 곳.
대ː기^속도(對氣速度)[-또]명 항공기의 대기에 대한 속도. 참대지 속도.
대ː기-수(大旗手)명 조선 시대에, 대기치(大旗幟) 따위를 받쳐 들던 군사.
대ː기-압(大氣壓)명 대기의 압력.
대ː-기업(大企業)명 자본금이나 종업원 수 또는 그 밖의 시설 등이 대규모인 기업. 참중소기업.
대ː기^오ː염(大氣汚染)명 산업 활동이나 인간 생활에서 생기는 유독 물질이 대기 속에 섞여 생물이나 기물(器物)에 해를 끼칠 만큼 더러워진 현상. ¶ 도심의 대기 오염 상태가 심각하다.
대ː기^요법(大氣療法)[-뻡]명 환자에게 맑은 공기를 마시게 하여 병을 다스리는 요법. 호흡기 질환의 치료에 쓰임. 개방 요법.
대ː기^조석(大氣潮汐)명 기압의 변화로 일어나는 대기의 진동 현상.
대ː기-차(大氣差)명 눈에 보이는 천체의 방향과 그 실제 위치와의 사이에 생기는 차. 〔광선의 굴절 현상 때문에 생김.〕
대ː-기치(大旗幟)명 조선 시대에, 진중(陣中)에서 방위를 나타내던 기. 〔영문(營門)에 따라 기치의 수와 면(面)이 달랐음.〕 준대기.
대ː-기후(大氣候)명 대륙이나 지구 전체 등 넓은 지역의 기후. 〔위도·지형·해발 고도 등이 기후 인자가 되며, 생물의 지리적 분포 따위에 큰 영향을 미침.〕
대ː길(大吉)명하형 아주 좋음. 크게 길함. ¶ 신수가 대길하다.
대깍부하자타 〈대각〉의 센말. 큰데꺽1. 센때깍.
대-꼬챙이명 대나무 꼬챙이.
대꼬챙이로 째는 소리를 한다관용 몹시 아파서 날카롭게 소리를 지르다.
대ː꾸명하자 〈말대꾸〉의 준말. ¶ 어른에게 버릇없이 대꾸하지 마라.
대ː꾼-하다형여 지쳐서 눈이 쏙 들어가고 맥이 없어 보이다. ¶ 눈이 대꾼한 걸 보니 몹시 고단한 모양이구나. 큰데꾼하다. 센때꾼하다. 대꾼-히부.
대끼다1자 단련될 정도로 여러 가지 일에 몹시 시달리다. ¶ 만원 지하철에서 사람들에게 대끼다 보니 기운이 하나도 없다.
대끼다2타 애벌 찧어 능근 곡식에 물을 부어 마지막으로 깨끗이 찧다. ¶ 보리쌀을 대끼다.
대ː나(大儺)명 조선 시대에, 제석(除夕) 전날 밤 궁중에서 역신(疫神)을 쫓아내기 위해 벌이던 의식. 관상감(觀象監)이 주관했음.
대-나무명 '대2'를 목본으로 이르는 말.
대-나물명 석죽과의 다년초. 흔히, 산과 들에 나는데, 관상용으로도 심음. 줄기는 60cm가량. 초여름에 줄기 끝에서 흰 꽃이 핌. 어린잎은 식용하며, 뿌리는 약재로 씀.
대ː나-의(大儺儀)[-의/-이]명 왕조 때, 대나(大儺)를 베풀던 의식.
대-낚[-낙]명 낚싯대로 하는 낚시질. 대낚시. ＊대낚이[-나끼]·대낚만[-낭-]
대-낚시[-낙씨]명 ☞대낚.
대ː난(大難)명 큰 재난.
대ː남(對南)명《주로 관형어적으로 쓰이어》'남한에 대한'의 뜻을 나타냄. ¶ 대남 방송./대남 공작. ↔대북.
대ː납(代納)명하타 ①남을 대신하여 바침. ¶ 세금을 대납하다. ②다른 물건으로 대신하여 바침. ¶ 현물로 대납하다.
대ː-납회(大納會)[-나푀/-나풰]명 증권 거래소에서, 그 해의 마지막으로 여는 입회. ↔대발회.
대ː-낮[-낟]명 환히 밝은 낮. 백일(白日). 백주(白晝). ＊대ː낮이[-나지]·대ː낮만[-난-]
대ː내(大內)명 ☞대전(大殿).
대내(隊內)명 부대나 군대 등의 대(隊)의 안.
대ː내(對內)명《주로 관형어적으로 쓰이어》'내부 또는 국내에 대함'의 뜻을 나타내는 말. ¶ 대내 문제. ↔대외(對外).
대-내리다자 손대 내리다. 참손대.
대ː-내마(大奈麻)명 신라 때의 17관등의 열째 등급. 참내마.
대ː내^주권(對內主權)[-꿘]명 국가가 다른 국가의 간섭을 받지 않고 국내 사항에 대하여 발동하는 주권.
대ː녀(代女)명 가톨릭에서, 성세 성사나 견진 성사를 받는 여자를 그 대모(代母)에 대하여 일컫는 말. 참대자(代子).
대ː년(待年)명하자 약혼한 뒤에 혼인할 해를 기다리는 일.
대ː년-군(待年軍)명 조선 시대에, 군역(軍役)에 있는 사람이 죽거나 다른 사정으로 복무하지 못할 경우, 그 뒤를 이을 16세 미만의 남자를 이르던 말.
대ː-년호(大年號)명 〈다년호〉의 본딧말.
대ː-놀음명 기생이 풍악을 갖추어 노는 놀음.
대-농(-籠)명 대로 엮어 만든 농짝.
대ː농(大農)명 큰 규모로 짓는 농사, 또는 그런 농가. 호농(豪農). 참소농·중농.
대ː농(大籠)명 크게 만든 농.
대ː-농가(大農家)명 농사를 크게 짓는 집, 또는 그런 사람.
대ː-농지(大農地)명 크게 농사를 짓는 땅.
대ː놓고[-노코]부 사람을 앞에 두고 거리낌 없이 함부로. ¶ 대놓고 욕을 하다.

대ː뇌(大腦)[-뇌/-눼]명 척추동물의 뇌의 대부분을 차지하여 좌우 한 쌍을 이룬 반구상(半球狀)의 덩어리. 〔정신 작용·지각·운동·기억력 등을 맡은 중추가 분포함.〕 큰골.

대ː뇌^생리학(大腦生理學)[-뇌-니-/-눼-니-]명 대뇌 기능을 연구하는 생리학의 한 분야.

대ː뇌^수질(大腦髓質)[-뇌-/-눼-]명 대뇌 피질 밑에 있는 신경 섬유의 집단.

대ː뇌^피질(大腦皮質)[-뇌-/-눼-]명 대뇌 표면을 둘러싸고 있는 회백질의 얇은 부분.

대님명 한복 바지를 입은 뒤, 바짓가랑이 끝을 접어서 졸라매는 끈.

대ː다[1]자 ①정한 시간에 가 닿다. ¶ 약속 시간에 내려고 뛰어왔다. ②무엇을 목표로 하여 겨누거나 향하다. 《주로, '대고'의 꼴로 쓰임.》 ¶ 적진에 대고 총을 쏘다. /제 얼굴에 대고 침 뱉기.

대ː다[2]타 ①서로 맞닿게 하다. ¶ 작품에 손을 대지 마시오. ②서로 견주다. 비교하다. ¶ 신부도 예쁘지만 신랑에 댈 것이 아니다. ③알려 주거나 털어놓다. ¶ 누가 한 짓인지 어서 바른 대로 대라. ④뒤를 보살펴 주다. ¶ 이모님께서 제가 대학을 졸업할 때까지 학비를 대 주셨습니다. ⑤(노름이나 내기 따위에서) 일정한 돈이나 물건을 걸다. ¶ 만 원을 대다. ⑥서로 이어지게 하거나 마주보게 하다. ¶ 그 어른과 간신히 줄을 댔다. ⑦이르러 멈추게 하다. ¶ 기사는 차를 현관에 댔다. ⑧기대다. ¶ 벽에 등을 대다. ⑨보내거나 갖다 주다. ¶ 공장에 부품을 대다. ⑩물을 들어가게 하거나 끌어들이다. ¶ 논에 물을 대다. ⑪구실을 붙이거나 성화를 부리다. ¶ 핑계를 대다. /성화를 대다.

대ː다[3]조동 동사 어미 '-아(어)' 뒤에 쓰이어, 그 동작의 정도가 심하게 계속됨을 나타냄. ¶ 놀려 대다. /먹어 대다.

-대다접미 ☞-거리다.

대다리명 구두창에 갑피(甲皮)를 대고 맞꿰매는 가죽 테.

대ː-다수(大多數)명 ①대단히 많은 수. ②거의 다. 거의 대부분. 다대수. ¶ 대다수가 찬성하다./대다수의 의견이 수용되다.

대ː단(大緞)명 지난날, 중국에서 나던 비단의 한 가지. 한단(漢緞). ¶ 이윽고 날이 밝으며 붉은 기운이 동편 길게 뻗쳤으니, 진홍(眞紅) 대단(大緞) 여러 필(疋)을 물 우희 펼친 듯(意幽堂.東溟日記).

대ː-단나(大檀那)명 ☞큰단나.

대ː-단원(大團圓)명 ①(일의) 맨 끝. 대미(大尾). ¶ 대단원을 장식하다. ②영화나 연극 등에서, 사건의 얽힌 실마리를 풀어 결말을 짓는 마지막 장면. ¶ 대단원의 막을 내리다.

대ː단찮다[-찬타]형 〔'대단하지 아니하다'가 줄어서 된 말.〕 ①별로 중요하지 않다. ¶ 대단찮게 여기다. ②보통의 정도나 수준이다. ¶ 별로 대단찮은 내용이다. ＊대ː단찮아[-차나]·대ː단찮소[-찬쏘]

대ː단-하다형여 ①썩 중요하다. ¶ 대단한 문제도 아닌데 법석을 떤다. ②아주 심하다. ¶ 네 걱정이 대단하시더라. ③몹시 중하다. ¶ 병세가 대단하다. ④매우 뛰어나다. ¶ 대단한 인물. ⑤크고도 많다. ¶ 인기가 대단하다. **대단-히**부 ¶ 대단히 감사합니다.

대ː담(大談)명 큰 장담. 큰소리.

대ː담(大膽)명하형스형 용감하고 담력이 큼. 대담-히부. 대담스레부.

대ː담(對談)명하자 (두 사람, 또는 여러 사람이) 어떤 일에 대하여 서로 이야기를 주고받음, 또는 그 이야기.

대ː답(對答)명하자타 ①묻는 말에 자기의 뜻을 나타냄, 또는 나타내는 그 말. ¶ 이 정도면 질문에 대한 대답이 되었는지 모르겠습니다. ②부름에 응함, 또는 응하는 그 말. ¶ 어째 대답이 시원치 않다. ③어떤 문제를 푸는 실마리, 또는 그 해답. ¶ 이 책은 우리의 고민을 해결하는 데 충분한 대답을 주고 있다. 준답.

대ː당[1](對當)명 ☞대당 관계.

대당[2](對當) '대당하다'의 어근.

대ː당^관계(對當關係)[-계/-게]명 논리학에서, 주사(主辭)와 빈사(賓辭)를 공유하는 두 판단 사이의 진위(眞僞) 관계. 대당(對當)[1].

대ː당-하다(對當-)형여 낫고 못함이 없이 서로 걸맞다.

대ː대(大帶)명 남자의 심의(深衣)와 여자의 원삼(圓衫)에 띠는 넓적한 띠.

대ː대(大隊)명 ①지난날, '군사 50명의 한 떼'를 이르던 말. ②군대 편제상의 한 단위. 연대의 아래, 중대의 위. 〔보통, 4개 중대로 편성됨.〕 ③공군 부대 편성의 한 단위. 전대의 아래, 편대의 위. 〔4~5개 편대로 구성됨.〕 ④많은 사람으로 조직된 한 무리.

대ː대(代代)명 거듭된 세대. 세세(世世).

대대 곱사등이속담 아비의 잘못을 자식이 닮아서 죽 내려옴을 이르는 말.

대-대로부 형편이 되어 가는 대로. ¶ 무슨 걱정인가, 대대로 하면 되지.

대ː-대로(大對盧)명 고구려 때, 12관등의 최고 벼슬. 국사(國事)를 총리하던 직책임.

대ː대-로(代代-)부 대를 이어서 죽. ¶ 대대로 이어나가는 우리의 전통문화.

대ː대손손(代代孫孫)명 대대로 이어 내려오는 자손. 세세손손. 자자손손.

대ː대-장(大隊長)명 대대를 지휘 통솔하는 지휘관. 보통, 중령(中領)으로서 임명함.

대ː대-적(大大的)관명 범위나 규모가 썩 큰 (것). ¶ 대대적 행사. /대대적인 공사를 벌이다.

대ː대표^전ː화(大代表電話)명 여러 개의 전화번호를 사용하는 기관에 대하여, 일반 전화보다 자릿수를 줄여서 정해 주는 번호의 전화. 〔나머지 자릿수의 번호는 그 기관에서 임의로 정할 수 있게 함.〕 참대표 전화.

대ː덕(大德)명 ①넓고 큰 인덕(仁德), 또는 그것을 지닌 사람. ②부처. ③덕이 높은 중.

대ː도(大刀)명 큰 칼.

대ː도(大度)명하형 도량이 큼, 또는 큰 도량.

대ː도(大都)명 〈대도회(大都會)〉의 준말.

대ː도(大盜)명 큰 도둑. 거도. ↔소도(小盜).

대ː도(大道)명 ①넓은 길. 큰길. 대로(大路). ②사람으로서 마땅히 지켜야 할 근본이 되는 도리. ¶ 대도를 배우다.

-대도준 '-다고 해도'가 줄어든 말. ¶ 내가 가겠대도 그러네.

대ː-도구(大道具)명 연극에서, 무대 장치 같은 비교적 무겁고 큰 도구를 소도구에 대하여 이르는 말.

대ː-도시(大都市)명 지역이 넓고 인구가 많으며, 대체로 정치적·경제적·문화적 활동의 중심이 되는 도시. 대도회(大都會). ¶ 대도시의 교통난.

대ː도시-권(大都市圈)[-꿘]명 대도시를 중심으로 밀접한 관계를 맺고 있는 주변 지역.

대ː-도호부(大都護府)명 고려와 조선 시대의 지방 행정 구역의 한 가지.
대ː-도회(大都會)[-회/-훼]명 ☞대도시(大都市). 준대도.
대도히부 〈옛〉모두. 통틀어. ¶ 末法에 修行ᄒᆞ리 대도히 이에 븓ᄂᆞ니(楞解7:20).
대도ᄒᆞᆫ관 〈옛〉온. 모든. ¶ 대도ᄒᆞᆫ 身光明이 十方 나라ᄒᆞᆯ 비취여(月釋8:38).
대도ᄒᆞᆫ디부 〈옛〉통틀어. ¶ 龍王ᄋᆞᆫ 龍ᄋᆡ 中엣 王이니 대도ᄒᆞᆫ디 사ᄉᆞᄆᆞᆯ 鹿王이라 ᄒᆞ며 쇼ᄅᆞᆯ 牛王이라 ᄒᆞ며(月釋1:24).
대독명 ☞다릿골독.
대ː독(大毒)명 지독한 독(毒).
대ː독(代讀)명하타 (축사나 식사 따위를) 남을 대신하여 읽음. ¶ 국무총리가 대통령의 축사를 대독하다.
대돈-변(-邊)[-뻔]명 돈 한 냥에 대하여 매달 한 돈씩 늘어가는 비싼 변리.
대동명 푸줏간에서 고기를 파는 사람.
대ː동(大同)[1]명하자 ①큰 세력이 하나로 합침. ②천하가 번영하여 화평하게 됨.
대ː동(大同)[2]명 지난날, 삼세(三稅)의 하나. 토지에 따라 쌀·무명 등을 바치게 하던 제도.
대ː동(大東)명 〔'동방의 큰 나라'라는 뜻으로〕 '우리나라'를 이르는 말.
대ː동(大洞)명 ①한 동네의 전부. ②큰 동네.
대ː동(帶同)명하타 (사람을) 데리고 함께 감. 안동(眼同). ¶ 비서를 대동하다.
대ː동-단결(大同團結)명하자 많은 사람 또는 여러 당파가 큰 덩어리로 한데 뭉침. ¶ 우리 민족은 국난이 있을 때마다 대동단결하였다.
대ː-동맥(大動脈)명 ①대순환의 본줄기를 이루는 굵은 동맥. 〔심장의 좌심실에서부터 시작됨.〕 ↔대정맥. ②'한 나라 교통의 가장 중요한 간선(幹線)'을 비유하여 이르는 말. ¶ 경부선은 우리나라의 대동맥이다.
대ː동맥-판(大動脈瓣)명 대동맥과 좌심실 사이에 있는 판. 〔피가 심장으로 역류하지 못하도록 방지하는 구실을 함.〕
대ː동-목(大同木)명 조선 시대에, 대동법에 따라 쌀 대신 거두던 포목.
대ː동-미(大同米)명 조선 말기에, 대동법에 따라 거두던 쌀.
대ː동-법(大同法)[-뻡]명 조선 중기 이후, 현물로 바치던 공물을 미곡(米穀)으로 환산하여 바치게 하던 법.
대ː동-보(大同譜)명 한 씨족의 모든 파보(派譜)를 한데 모아 엮은 족보.
대ː-동사(代動詞)명 영어에서, 같은 동사의 반복 사용을 피하기 위하여 대신 쓰는 동사. 〔'do' 따위.〕
대ː동^사ː목(大同事目)명 대동법의 규정.
대ː동-선(大同船)명 조선 시대에, 대동미(大同米)를 실어 나르던 관아의 배.
대ː동-소이(大同小異)명하형 거의 같고 조금 다름. 비슷비슷함. ¶ 표현은 달라도 내용은 서로 대동소이하다.
대ː동-시선(大東詩選)명 1918년에 장지연(張志淵)이 우리나라 역대 인물 40명의 시를 모아 엮은 책. 12권 6책. 〔이 안에 '황조가'의 한역가가 실려 있음.〕
대ː동지론(大同之論)명 모든 사람의 여론. 공공의 여론.
대ː동지역(大同之役)명 모든 사람이 다같이 하는 부역(賦役).
대ː동지환(大同之患)명 모든 사람이 다같이 겪는 환난(患難).
대ː동-하다(大同-)형여 (조금 차이는 있으나) 대체로 같다.
대되부 〈옛〉모두. 통틀어. ¶ 일이 됴ᄒᆞᆫ 世界 ᄂᆞᆷ 대되 다 뵈고져(鄭澈.關東別曲). 참대도히.
대ː두(大斗)명 열 되들이 말. 참소두(小斗).
대ː두(大豆)명 ☞콩[1].
대두(擡頭)명하자되자 ①(어떤 현상이) 일어남. 고개를 듦. ¶ 사실주의 문학의 대두. /지역 감정이 큰 문제로 대두되고 있다. ②여러 줄로 써 나가는 글 속에서, 경의(敬意)를 나타내기 위하여 줄을 바꾸어 쓰되, 다른 줄보다 몇 자 올리거나 비우고 쓰는 일.
대ː-두뇌(大頭腦)[-뇌/-눼]명 ☞대(大)머리.
대두리명 ①큰 다툼. 큰 시비. ¶ 사소한 말다툼이 대두리로 번졌다. ②일이 크게 벌어진 판.
대ː두-박(大豆粕)명 ☞콩깻묵.
대ː두-유(大豆油)명 ☞콩기름.
대ː둔-근(大臀筋)명 궁둥이에 있는 큰 근육. 〔골반 뒷면에서부터 아래 바깥쪽을 향해 비스듬히 붙어, 똑바로 서는 데 중요한 구실을 함.〕
대ː득(大得)명하자 뜻밖에 좋은 성과를 얻음.
대ː-들다[~드니·~들어]자 (요구하거나 반항하느라고) 맞서서 달려들다. ¶ 어른에게 함부로 대들다.
대ː-들보(大-)[-뽀]명 ①큰 들보. 대량(大樑). ②'한 집안이나 한 나라를 이끌어 가는 중요한 사람'을 비유하여 이르는 말.
대ː등(大登)명하자 큰 풍년이 듦.
대ː등(代登)명하자 대신 나타남. 대신 나옴.
대ː등(對等)명하형 (낫고 못함이 없이) 서로 걸맞음. 양쪽이 비슷함. ¶ 대등한 수준.
대-등거리명 대로 결어 만든 등거리.
대ː등-문(對等文)명 대등절로 이루어진 문장. 〔'범은 가죽을 남기고, 사람은 이름을 남긴다.'와 같은 문장.〕 중문(重文).
대ː등-법(對等法)[-뻡]명 의미적으로 대등한 두 문장을 연결 어미로 연결하여 접속문을 만드는 방법.
대ː등적 연결^어ː미(對等的連結語尾)[-쩍년-] 연결 어미의 한 가지. 의미적으로 대등한 두 절(節)을 이어 주는 어말 어미. 〔'산은 높고 물은 깊다.'에서의 '-고' 따위.〕
대ː등-절(對等節)명 한 문장 안에서 대등적 연결 어미로 이어져, 대등한 자격을 가지고 있는 절. 〔'얼굴도 예쁘고 마음씨도 곱다.'와 같은 것.〕 대립절.
대ː등^조약(對等條約)명 국제 관계에서 양쪽의 권리와 의무가 대등한 조약.
대-뚫이[-뚜리]명 댓진이 끼어 구멍이 막힌 담뱃대를 뚫는 외벌노 따위의 물건.
대-뜰명 댓돌에서 집채 쪽으로 나 있는 좁고 긴 뜰. 댓돌 위의 뜰.
대뜸부 이것저것 헤아릴 것 없이 그 자리에서 곧. ¶ 그는 내 얼굴을 보자마자 대뜸 욕부터 해댔다.
대ː란(大亂)명 큰 난리. 큰 변란.
대ː란-하다(大亂-)형여 몹시 어지럽다.
대ː략(大略) Ⅰ명 ①큰 계략. 뛰어난 지략(智略). ②대체의 개략. 개요.
Ⅱ부 대체의 개략으로. 대강으로. 대체로. ¶ 사건의 내막은 대략 다음과 같다.
대ː략-적(大略的)[-쩍]관명 대강의 줄거리로 이루어진 (것). ¶ 대략적 개요. /대략적인 설명.

대ː량(大量)명 ①많은 분량. 많은 양. 비다량. ②큰 도량.
대ː량(大樑)명 ☞대들보.
대ː량-목(大樑木)명 대들보가 될 만한 큰 재목.
대ː량^생산(大量生産)명 기계의 힘으로 똑같은 모양의 물건을 짧은 시간 안에 대량으로 만들어 내는 일. 준양산.
대ː력(大力)명 매우 강한 힘, 또는 그런 힘을 가진 사람.
대ː련(對聯)명 ①시(詩) 등에서, 대(對)가 되는 연. ②문이나 기둥 따위에 써 붙이는 대구.
대ː련(對鍊)명하자 ☞겨루기.
대ː렴(大殮)명하타 소렴이 끝난 다음날, 시신에 옷을 거듭 입히고 이불로 싸서 베로 묶는 일, 또는 그 의식.
대ː렴-금(大殮衾)명 대렴에 쓰는 이불.
대ː렵(大獵)명 수렵한 것이 많음. 새나 짐승을 많이 잡음.
대ː령(大領)명 ①국군의 영관(領官) 계급의 하나. 중령의 위, 준장의 아래로, 영관 중 가장 위의 계급. ②'교령(敎領)'의 구용어.
대ː령(大靈)명 ①근본이 되는 신령. ②위대한 신령.
대ː령(待令)명하자타 ①명령을 기다림. ②☞등대(等待). ¶ 가마를 대령하다.
대ː령-목수(待令木手)[-쑤]명 지난날, 호조에 딸리어 나라의 역사(役事)를 늘 맡아 하던 목수.
대ː례(大禮)명 ①왕조 때, 조정의 중대한 의식. ②혼인을 치르는 큰 예식. 대사(大事).
대ː례^미사(大禮missa)명 가톨릭의 미사 중 가장 장엄한 예절을 갖추어 드리는 미사.
대ː례-복(大禮服)명 지난날, 나라에 중대한 의식이 있을 때 벼슬아치가 입던 예복.
대로[1]의 ①(앞말이 뜻하는) 그 모양과 같이. ¶ 배운 대로 해라. ②((어미 '-는' 뒤에 쓰이어)) (어떤 일이 일어나는) 그때마다. 그 족족. ¶ 주는 대로 받아먹다. ③(('-을 대로 -은', '-을 대로 -어' 등의 꼴로 쓰이어)) '상태가 몹시 심함'을 나타내는 말. ¶ 지칠 대로 지친 육신./낡을 대로 낡았다. ④(('-을 수 있는 대로'의 꼴로 쓰이어)) 할 수 있는 만큼 최대한. ¶ 될 수 있는 대로 빨리 가자.
대로[2]조 ①그 상태로. 그 모양과 같이. ¶ 당신 뜻대로 하십시오. ②각각. 따로따로. ¶ 너는 너대로, 나는 나대로.
대ː로(大老)명 세간(世間)에서 존경을 받는 어진 노인.
대ː로(*大怒)명하자 크게 성냄. 몹시 화냄.
대ː로(大路)명 폭이 넓고 큰 길. 대도(大道). ↔소로(小路).
대ː로(大鷺)명 큰 백로(白鷺).
대ː로(代勞)명하타 남을 대신하여 수고함, 또는 그 수고.
대ː로-변(大路邊)명 큰길 옆, 또는 큰길 가까이. ¶ 대로변에 차를 세우다.
대ː록(大祿)명 많은 녹봉(祿俸).
대ː록(大綠)명 청자(靑瓷)를 만드는 데 쓰는 푸른 잿물.
대ː록(帶綠)명 녹색을 띰.
대ː론(對論)명하자 ①서로 마주 대하고 논의함, 또는 그 논의. ②☞논쟁(論爭).
대론(臺論)명 조선 시대에, 사헌부(司憲府)와 사간원(司諫院)에서 하던 탄핵.
대롱명 통(筒)으로 된 가는 대의 도막.
대롱-거리다자 자꾸 대롱대롱하다. 대롱대다. 되롱거리다. 큰디룽거리다.
대롱-대다자 대롱거리다.
대롱-대롱부하자 작은 물건이 매달려 늘어진 채로 가볍게 흔들리는 모양. 되롱되롱. ¶ 넝쿨에 대롱대롱 매달린 박 하나. 큰디룽디룽.
대ː뢰(大牢)[-뢰/-뤠]명 지난날, 나라 제사에 소를 통째 제물로 바치던 일. 태뢰(太牢).
대ː료(大僚)명 조선 시대에, 보국(輔國) 이하의 벼슬아치가 의정(議政)을 일컫던 칭호.
대ː루(對壘)명하자 보루(堡壘)를 구축하고 적군과 상대하는 일.
대ː루-원(待漏院)명 조선 시대에, 이른 아침에 입궐하는 사람이 대궐 문이 열리기를 기다리던 곳. 대루청.
대ː루-청(待漏廳)명 ☞대루원(待漏院).
대ː류(對流)명 열로 말미암아 유체(流體)가 아래위로 뒤바뀌면서 움직이는 현상.
대ː류-권(對流圈)[-꿘]명 대기권의 최하층을 이루는 부분. 지표로부터 8~18 km까지의 범위로, 성층권의 아래임.
대ː류^방ː전(對流放電)명 서로 반대되는 전기를 띤 두 금속판을 마주 세울 경우, 그 사이에 먼지 따위의 미세한 물체가 양쪽을 오가며 전기가 중화되는 현상.
대ː류^전ː류(對流電流)[-절-]명 전기를 띤 물체가 운동할 때 그 물체에 나타나는 전류. 〔보통, 기체나 액체 속의 이온(ion) 전류를 가리킴.〕 휴대 전류.
대ː륙(大陸)명 ①크고 넓은 땅. ②바다로 둘러싸인 지구 상의 커다란 육지. 대주(大洲).
대ː륙^간^탄ː도^유도탄(大陸間彈道誘導彈)[-깐-]명 대형의 핵폭탄을 적재하고 초음속으로 대륙 간을 나는, 전략용 장거리 탄도 미사일. 아이시비엠(ICBM).
대ː륙^기단(大陸氣團)[-끼-]명 대륙에서 생기는 몹시 건조한 기단.
대ː륙^기후(大陸氣候)[-끼-]명 ☞대륙성 기후(大陸性氣候).
대ː륙-도(大陸島)[-또]명 대륙의 일부가 단층이나 수식(水蝕) 등으로 말미암아 분리되거나, 바다 밑의 융기에 따라 생긴 섬. 분리도(分離島). 준육도. ↔대양도(大洋島).
대ː륙-법(大陸法)[-뻡]명 독일·프랑스를 중심으로 하는 유럽 대륙 여러 나라의 법 체계. 〔로마법의 영향이 강하고, 성문법을 중심으로 이루어짐.〕 참영미법(英美法).
대ː륙-붕(大陸棚)[-뿡]명 대륙이나 큰 섬 주변을 둘러싸고 있는 깊이 약 200 m까지의 경사가 완만한 해저. 육붕.
대ː륙^빙하(大陸氷河)[-삥-]명 대륙의 넓은 지역을 덮고 있는 빙하. 〔설선(雪線)이 아주 낮은 지역에서 형성됨.〕 참산악 빙하.
대ː륙^사면(大陸斜面)[-싸-]명 대륙붕과 대양저(大洋底)의 경계를 이루는 사면.
대ː륙-성(大陸性)[-썽]명 ①넓은 대륙에서 볼 수 있는 기후·풍토·산물 따위의 특성. ↔해양성. ②넓은 대륙에 사는 민족의 민족성. 〔흔히, 관대하고 규모가 크며 인내력이 강하다고 함.〕
대ː륙성^고기압(大陸性高氣壓)[-썽-]명 겨울철에 대륙 위에 형성되는 고기압. 주로 지표면이 장기간 냉각되어 생기는데, 우리나라는 겨울철에 시베리아 고기압의 영향을 받음.
대ː륙성^기후(大陸性氣候)[-썽-]명 대륙 지표의 영향을 받아 기온의 일교차와 연교차가 크며 강수량이 적고 건조한 기후. 내륙 기후. 내륙성 기후. 대륙 기후. ↔해양성 기후.

대ː륙^이동설(大陸移動說)명 본디 한 덩어리였던 대륙이 분열과 이동을 거듭하여 현재의 대륙 분포를 이루었다는 가설을 바탕으로 하여 지각(地殼)의 성립을 설명하려는 학설.

대ː륙-적(大陸的)[-쩍]관명 ①대륙에만 있는 특징적인 (것). ②대범하고 도량이나 기백 따위가 큰 (것). ¶ 대륙적 기질. /대륙적인 면모.

대ː륙-판(大陸坂)명 대륙붕의 가에서 해저에 이르는 가파른 경사면.

대ː륜(大倫)명 인륜(人倫)의 대도(大道).

대ː륜(大輪)명 꽃송이 따위의 둘레가 큰 것.

대ː륜-선(大輪扇)명 조선 시대에, 궁중에서 왕비나 공주·옹주가 쓰던, 둥글게 만든 큰 부채. 대오리로 살을 만들고 긴 손잡이를 달았음.

대ː리(大利)명 큰 이익.

대ː리(代理)명 ①하타 남의 일을 대신 처리함, 또는 그런 사람. ¶ 대리 출석. /대리 시험. ②회사나 은행 등에서 부장·지점장·과장 등의 직무를 대신하는 직위, 또는 그 직위에 있는 사람. ③☞대청(代聽).

대ː리^공사(代理公使)명 ①주재국의 외무부 장관에게 파견되는 외교 사절. ②공사가 신병(身病)이나 다른 사유로 직무 수행이 불가능할 때, 그 직무를 대리하는 외교관.

대ː리-관(代理官)명 어떤 관리를 대신하여, 그 소관 직무를 처리하는 관리.

대ː리-권(代理權)[-꿘]명 대리인과 본인 사이의 법률 관계로서, 대리인의 행위가 직접 본인에게 효과를 나타내게 하기 위하여 대리인에게 부여된 자격.

대ː리-모(代理母)명 불임 부부나 자식 기르기를 원하는 독신자를 위하여 그 사람 대신 아이를 낳아 주는 여자. 참씨받이.

대ː리-상(代理商)명 독립된 상인으로서, 일정한 상인을 위해 상행위의 대리 또는 매개를 업으로 하는 사람.

대ː리-석(大理石)명 석회암이 높은 열과 강한 압력을 받아 재결정한 암석. 흰 빛깔의 순수한 것은 건축이나 조각용 석재 따위로 널리 쓰임.

대ː리^소송(代理訴訟)명 대리인을 시켜서 하는 소송.

대ː리-업(代理業)명 대리상(代理商)의 영업.

대ː리^운ː전(代理運轉)명 차의 주인이 음주 등으로 직접 운전을 못할 때 그 사람을 대신하여 자동차를 운전하는 일.

대ː리-인(代理人)명 남을 대신하여 스스로 의사 표시를 하거나 또는 제삼자로부터 의사 표시를 받을 권한을 가진 사람. 〔법정 대리인과 임의 대리인이 있음.〕

대ː리-자(代理者)명 대리권이 있는 사람.

대ː리-전쟁(代理戰爭)명 강대국들이 자신들의 이익을 위하여 다른 나라 사이의 싸움에 개입하여, 전쟁을 하는 나라들이 마치 강대국을 대신하여 전쟁하는 것처럼 보이는 상황을 이르는 말.

대ː리-점(代理店)명 대리상(代理商)의 영업소.

대ː리^점유(代理占有)명 '간접 점유'의 구용어.

대림-끝[-끋]명 활의 아래아귀와 밭은오금의 사이. * 대림끝이[-끄치]·대림끝을[-끄틀]·대림끝만[-끈-]

대ː림-목(大林木)명 육십갑자의 무진(戊辰)과 기사(己巳)에 붙이는 납음(納音). 참노방토(路傍土).

대ː림-절(待臨節)명 (예수의 탄생을 축하하기 위한 행사의 준비 기간으로) 크리스마스 전 4주간을 이르는 말. 강림절.

대ː립(代立)명하자 공역(公役)에 다른 사람을 대신 보냄.

대ː립(對立)명하자되자 ①서로 반대되거나 모순됨, 또는 그런 관계. ②서로 맞서거나 버팀, 또는 그런 상태. 대치(對峙). ¶ 노사 간의 대립. /의견의 대립.

대ː립^의ː무(對立義務)명 권리와 대립하는 의무. ↔고립 의무.

대ː립^인자(對立因子)명 대립 형질을 지배하는 유전자.

대ː립-적(對立的)[-쩍]관명 서로 반대되거나 모순되는 (것). ¶ 대립적 입장. /대립적인 관계.

대ː립적 범ː죄(對立的犯罪)[-쩍뻠죄/-쩍뻠줴] ☞대향범(對向犯).

대ː립-절(對立節)[-쩔]명 ☞대등절.

대ː립^형질(對立形質)[-리평-]명 멘델식 유전에서, 대립적으로 존재하는 우성 형질과 열성 형질.

대릿골-독명 '다릿골독'의 잘못.

대ː마(大馬)명 바둑에서, 한 덩어리를 이루어 자리를 크게 차지하는 많은 돌.

대ː마(大麻)명 ☞삼².

대ː-마구종(大馬驅從)명 대가(大家)에 딸린 마부의 우두머리.

대-마루명 ①지붕 위의 가장 높게 마루진 부분. ②〈대마루판〉의 준말.

대마루-판명 일이 되고 안 되는 것과 이기고 지는 것이 결정되는 판. 준대마루.

대ː마-불사(大馬不死)[-싸]명 바둑에서, '대마는 쉽사리 죽지 않음'을 이르는 말.

대ː-마비(對痲痹)명 다리나 팔 등이 좌우 대칭으로 운동 마비를 일으킨 상태.

대ː마-사(大麻絲)명 ☞삼실.

대ː마-유(大麻油)명 ☞삼씨기름.

대ː마-인(大麻仁)명 한방에서, '삼씨의 알맹이'를 약재로 이르는 말. 〔맛이 달며, 강장제로 쓰임.〕

대ː마-초(大麻草)명 (환각제로 쓰이는) 삼의 이삭이나 잎, 또는 그것을 담배처럼 만 것. ¶ 대마초를 피우다. 비마리화나.

대ː-막리지(大莫離支)[-망니-]명 고구려 말기의 최고 관직. 〔막리지를 한 단계 올린 벼슬로, 정권(政權)과 병권(兵權)을 함께 잡았음.〕

대ː-만원(大滿員)명 (혼잡을 이룰 만큼) 사람이 꽉 참. ¶ 연극 공연이 연일 대만원을 이루다.

대-말명 아이들이 말놀음할 때, 긴 대나무를 두 다리 사이에 넣고 손으로 잡아 끌고 다니는 것. 죽마(竹馬).

대ː망(大望)명 큰 희망. ¶ 소년이여, 대망을 품어라.

대ː망(大蟒)명 ☞이무기.

대ː망(待望)명하타 기다리고 바람. ¶ 대망의 조국 광복의 날.

대ː매[1]명하타 노름이나 내기 따위에서, 마지막으로 이기고 짐을 결정하는 일. 〔양쪽이 같은 끗수일 때 다시 한 번 겨루거나 제비를 뽑거나 함.〕

대ː-매[2]명 단 한 번 때리는 매. 단매. ¶ 대매로 버릇이 고쳐질까?

대ː매(大罵)명하타 몹시 욕하여 꾸짖음.

대ː-매출(大賣出)명하타 상품을 많이 마련하여 값을 내리거나 경품을 붙여 팖. ¶ 염가 대매출. /반액 대매출.

대ː맥(大麥)명 ①'보리'로 순화. ②'겉보리'로 순화.

대ː맥(代脈)명하자 한방에서, 의사 대신 맥을 짚어 진찰하는 일, 또는 그 사람을 이르는 말.

대맥(帶脈)명 한방에서 이르는, 기경팔맥(奇經八脈)의 하나.
대:맥-장(大麥醬)[-짱]명 보리와 검은콩으로 메주를 쑤어 담근 간장.
대:-맹선(大猛船)명 조선 시대, 수영(水營)에 딸렸던 전선(戰船)의 한 가지. 삼층의 큰 배로서 사면에 창이 있었음.
대:-머리명 머리털이 빠져 벗어진 머리, 또는 그런 사람. 독두(禿頭).
대:-머리(大-)명 일의 가장 중요한 부분. 대두뇌(大頭腦).
대:-머릿장(大-欌)[-리짱/-릳짱]명 썩 크게 만든 머릿장.
대:면(大面)명 신라 때의 가면극의 한 가지. 금빛 탈을 쓰고 구슬 채찍으로 귀신 쫓는 시늉을 하면서 춤을 추는 놀이.
대:면(對面)명하자타 얼굴을 마주 보고 대함. 당면(當面). 면대(面對). ¶ 첫 대면. /그 둘은 대면하자마자 첫눈에 반했다.
대:면^통행(對面通行)명 (보도와 차도의 구별이 없는 도로에서) 걸어다니는 사람과 차량이 마주하여 일정 방향으로 비켜 다니는 일.
대:명(大名)명 ①〔널리 알려진 훌륭한 이름이라는 뜻으로〕 상대편을 높이어, 그의 '이름'을 이르는 말. 고명(高名). ②큰 명예.
대:명(大命)명 임금의 명령. 천명(天命). 칙명.
대:명(代命)명하타 ①(횡액에 걸려서) 남을 대신하여 죽음. ②☞대살(代殺).
대:명(待命)명하타 ①잘못을 저지른 관리가 상부의 처분을 기다림. ②☞대기 명령.
대:명-매(大明梅)명 매화나무의 한 품종. 꽃이 한 겹으로 붉게 핌.
대:-명사(大名辭)명 논리학에서, 대개념(大槪念)을 언어로 나타낸 것.
대:-명사(代名詞)명 ①사람이나 처소나 사물의 이름을 대신하여 나타내는 말. 〔명사·수사와 함께 문장에서 체언 구실을 하며, 인칭 대명사·지시 대명사로 나뉨.〕 대이름씨. 참체언. ②'어떤 사람이나 사물의 대표적인 특색을 나타내는 것'을 비유하여 이르는 말. ¶ '놀부' 하면 심술쟁이의 대명사지.
대:-명일(大名日)명 큰 명절날.
대:명-죽(大明竹)명 볏과에 딸린 대의 한 가지. 높이 160 cm가량. 껍데기는 자줏빛을 띤 녹색임. 퉁소 따위를 만듦.
대:명-천지(大明天地)명 아주 밝은 세상. ¶ 대명천지에 어찌 이런 일이 일어날 수 있단 말입니까?
대:명^휴직(待命休職)명 공무원의 신분을 유지시키면서 퇴직(退職)을 전제로 대명 기간을 정하고 그 기간 중 휴직급(休職給)을 주는 제도.
대:모(大母)명 유복친(有服親) 이외의, 할머니뻘 되는 친척의 여자.
대:모(大謀)명 큰 모의(謀議).
대:모(代母)명 ①가톨릭에서, 성세 성사나 견진 성사를 받는 여자의 신앙생활을 돕는 여자 후견인을 이르는 말. ②어떤 분야에서, 오랫동안 활동하여 영향력이 가장 큰 여자를 비유하여 이르는 말.
대:모(玳瑁·瑇瑁)명 ①바다거북과에 딸린 거북의 한 종류. 등딱지는 1 m가량으로, 황갈색 바탕에 흑색의 구름무늬가 있음. 열대와 아열대의 해안에 사는데, 어류를 포식하며 가을에 모래를 파고 알을 낳음. 고기와 알은 먹고, 등딱지는 공예품 따위에 쓰임. ②〈대모갑〉의 준말.
대:모-갑(玳瑁甲)명 대모의 등과 배를 싸고 있는 껍데기. 준대모(玳瑁).
대:모-갓끈(玳瑁-)[-간-]명 대모갑과 구슬 같은 것을 번갈아 꿰어 만든 갓끈. 〔여름에 벼슬아치들이 흔히 썼음.〕
대:모-관자(玳瑁貫子)명 대모갑으로 만든 관자.
대:모-테(玳瑁-)명 대모 껍데기로 만든 안경테.
대:모-풍잠(玳瑁風簪)명 대모갑으로 만든 풍잠.
대:모한관 대체의 줄거리가 되는 중요한.
대목명 ①이야기나 글 따위의 특정한 부분. ¶ 슬픈 대목만 나오면 눈물이 난다. ②일의 특정한 부분이나 대상. ¶ 주목할 만한 대목. ③설이나 추석 등을 앞둔 가장 긴요한 시기. ¶ 설날 내목.
대:목(大木)명 ①☞목수(木手). ②큰 건축 일을 잘하는 목수. ②참소목(小木).
대목(臺木)명 접붙일 때 바탕이 되는, 뿌리 달린 나무. 접본(椄本).
대목-장(-場)[-짱]명 큰 명절을 앞두고 서는 장.
대-못[-몯]명 대나무를 깎아 만든 못. 죽정(竹釘). *대못이[-모시]·대못만[-몬-]
대-못(大-)[-몯]명 굵고 큰 못. 대정(大釘). *대못이[-모시]·대못만[-몬-]
대못-박이[-몯빠기]명 〔대못이 뚫지 못하는 물건이라는 뜻에서〕 '가르쳐도 깨닫지 못하는 둔한 사람'을 비유하여 이르는 말.
대:몽(大夢)명 (장차 좋은 일이 있을 징조가 되는) 크게 길한 꿈.
대:묘(大廟)명 ☞종묘(宗廟).
대:무(大霧)명 ☞농무(濃霧).
대:무(代務)명하타 ☞대판(代辦).
대:무(對舞)명하자 마주 서서 춤을 춤, 또는 그렇게 추는 춤.
대:무지년(大無之年)명 〔거둘 곡식이 전혀 없을 정도로〕 심한 흉년. 대살년(大殺年).
대묵(臺墨)명 남을 높이어 그의 '편지'를 이르는 말.
대문(大文)명 ①주해(註解)가 있는 글의 본문. ②글의 한 동강이나 단락. ¶ 흥부전은 박 타는 대문이 압권이다.
대:문(大門)명 큰 문. 집의 정문.
대문 밖이 저승이라속담 사람은 언제 죽을지 모른다는 말.
대문 턱 높은 집에 정강이 높은 며느리 들어온다속담 일이 잘 되어 가려면 다 경우에 맞게 된다는 말.
대:문(大紋)명 큰 무늬.
대문(帶紋)명 띠무늬.
대문(臺聞)명 '듣는다'는 뜻의 높임말.
대:문-가(對門家)명 대문이 마주 선 건넛집.
대:문-간(大門間)[-깐]명 대문 안쪽으로 있는 빈 공간.
대문대문-이(大文大文-)부 글의 대문마다.
대:문-띠(大門-)명 대문짝의 널에 가로 대고 못을 박은 네모지고 길쭉한 나무.
대:-문자(大文字)[-짜]명 영어 따위의 서양 문자에서, 큰 체로 된 글자. 대자. ↔소문자.
대:-문장(大文章)명 썩 잘 지은 훌륭한 글, 또는 그런 글을 잘 짓는 사람. ¶ 당대의 대문장.
대:문-짝(大門-)명 대문의 문짝.
대:문짝-만하다(大門-)[-짱-]형여 '매우(너무) 크다'는 뜻을 불려서 또는 익살스럽게 이르는 말. ¶ 명함을 대문짝만하게 박다. /조간 신문에 네 사진이 대문짝만하게 실렸더라.
대:문-채(大門-)명 ①대문이 있는 집채. ②대문에 붙어 있는 집채.

대ː물(代物)[명] 대신하여 쓰는 물건.
대ː물(貸物)[명] 빌려 준 물건.
대ː물-경(對物鏡)[명] ☞대물렌즈. ↔접안경.
대ː물^담보(對物擔保)[명] 특정의 재산으로 채무 이행을 보증하는 일. 〔질권(質權)이나 저당권 따위가 이에 딸림.〕 ↔대인 담보.
대ː물-렌즈(對物lens)[명] 현미경이나 망원경 따위의 광학 기계에서, 물체를 향한 쪽의 렌즈. 대물경(對物鏡). ↔접안렌즈.
대ː-물리다(代-)[타] (어떤 사물이나 가업을) 자손에게 물려주다. ¶ 사업을 아들에게 대물리다.
대ː물림(代-)[명][하자타] (어떤 사물이나 가업을) 자손에게 물려줌, 또는 그런 물건.
대ː물^변ː제(代物辨濟)[명] ☞대상(代償).
대-물부리[-뿌-][명] 대로 만든 물부리.
대ː물-세(對物稅)[-쎄][명] ☞물세(物稅).
대ː물^신ː용(對物信用)[명] (담보물과 같은) 물적(物的)인 것에 기초를 둔 신용.
대ː미(大米)[명] '쌀'로 순화.
대ː미(大尾)[명] 맨 끝. 대단원(大團圓). ¶ 대미를 장식하다.
대미(黛眉)[명] 눈썹먹으로 그린 눈썹.
대ː-미사(大missa)[명] 가톨릭에서, 주요한 주일이나 축일 등에 성대하게 지내는 미사. 〔미사의 일정한 부분을 노래로 부름.〕
대ː민(對民)[명] 일반인을 상대함. ¶ 대민 지원.
대-바구니[명] 쪼갠 대로 결어 만든 바구니.
대-바늘[명] 대나무로, 곧고 끝이 뾰족하게 깎아 만든 뜨개바늘. 죽침(竹針).
대ː박(大-)[명] '큰 이득이나 성공·행운 따위'를 비유하여 이르는 말.
대ː박(大舶)[명] 큰 배. 대선(大船).
대ː반(大半)[명] ☞태반(太半).
대ː반(大盤)[명] ①큰 소반. 큰 목판. ②푸짐하게 잘 차린 음식.
대ː반(對盤)[명] 전통 혼례에서, 신랑 신부나 후행(後行) 온 사람 옆에서 접대하는 일, 또는 그 일을 맡은 사람.
 대반 앉다[관용] 대반의 역할을 하다.
대ː-반석(大盤石)[명] ①넓고 편평한 큰 바위. ②'사물이나 바탕이 견고하여 움직이지 않고 매우 든든함'을 비유하여 이르는 말.
대-반석(臺盤石)[명] 돌탑을 세울 때 기단(基壇)의 밑바닥에 까는 반석.
대ː-반야(大般若)[명] 〈대반야바라밀다경〉의 준말.
대ː반야-경(大般若經)[명] 〈대반야바라밀다경〉의 준말.
대ː반야바라밀다-경(←大般若波羅蜜多經)[-따-][명] 반야(般若)를 설명한 여러 경전을 집성한 경. 총 600권으로, 대승 불교의 근본 사상이 설명되어 있음. (준)대반야·대반야경.
대-받다[-따][타] 남의 말에 반항하여 들이대다.
대ː-받다(代-)[-따][타] ①앞사람의 일을 뒷사람이 이어받다. ②선대의 업을 자손이 물려받다. ¶ 대받은 가업.
대-발[명] 쪼갠 대로 결어 만든 발. 죽렴(竹簾). ¶ 대발을 치다.
대ː-발회(大發會)[-회/-훼][명] 증권 거래소에서, 그 해의 처음으로 여는 입회. ↔대납회.
대ː방(大方)[명] 한방에서, '작용이 강한 약을 단번에 많이 써서 중한 병을 다스리는 처방'을 이르는 말.
대ː방(大邦)[명] 큰 나라. 대국(大國).
대ː방(大房)[1][명] 여러 중이 한데 모여 밥을 먹는, 절의 큰 방.
대ː방(大房)[2][명] 남의 '어머니'나 '할머니'를 높이어 일컫는 말. ¶ 대방 마님.
대ː방-가(大方家)[명] ☞대가(大家).
대ː방광불화엄-경(大方廣佛華嚴經)[명] '화엄경'의 정식 이름. 〔화엄종의 근본이 되는 경전으로, 불교의 가장 높은 교리를 담고 있다 함.〕
대ː-방상(大方牀)[명] ☞대여(大輿).
대ː-방전(大方甎)[명] 성벽이나 담을 쌓는 데 쓰는 네모반듯한 벽돌.
대-밭[-받][명] 대를 심은 밭. 대숲이 이루어진 곳. ＊대밭이[-바치]·대밭을[-바틀]·대밭만[-반-]
대ː배(大杯·大盃)[명] 큰 술잔. 대백(大白).
대ː배(大拜)[명][하타] 지난날, '의정(議政) 벼슬을 임명받음'을 이르던 말.
대ː-배심(大陪審)[명] 배심제에서, 정식 기소를 하기 위한 배심.
대ː백(大白)[명] ☞대배(大杯).
대ː백(戴白)[명][하자] 흰 머리털이 많이 남, 또는 그런 사람.
대ː-백의(大白衣)[-배긔/-배기][명] 33관음의 하나. 흰옷을 입은 관음.
대번[부] 〈대번에〉의 준말.
대ː번(代番)[명][하자] ☞대직(代直).
대번-에[부] 서슴지 않고 단숨에. 한 번에 곧. ¶ 대번에 눈치채다. (준)대번.
대ː범(大犯)[명] 큰 범죄.
대ː범(大凡)[부] ☞무릇[2].
대범(大汎·大泛) '대범하다'의 어근.
대ː범-스럽다(大汎-·大泛-)[-따][~스러우니·~스러워][형][ㅂ] 보기에 대범하다. 대범한 데가 있다. **대범스레**[부].
대ː범-하다(大汎-·大泛-)[형][여] ①(사물에 대한 태도가) 까다롭거나 잘지 않고 심상하다. ¶ 성격이 대범하다. ②(감정을 드러내는 태도가) 애틋하지 않고 예사롭다. **대범-히**[부].
대ː법(大法)[1][명] ①가장 중요한 법규. ②〈대법원〉의 준말.
대ː법(大法)[2][명] ①뛰어난 부처의 교법(敎法). ②'대승(大乘)'을 달리 이르는 말.
대ː-법관(大法官)[-꽌][명] 대법원을 구성하는 법관. 대법원장의 제청에 따라 대통령이 임명함.
대ː-법원(大法院)[명] 우리나라의 최고 법원. 대법원장과 대법관으로 구성되며, 상고 및 항고 사건과 선거 소송 등 고유 권한에 딸린 사건을 종심(終審)으로 재판함. (준)대법[1].
대ː법원-장(大法院長)[명] 대법원의 장(長)이며, 사법부의 수장(首長). 대통령이 국회의 동의를 얻어 임명하며, 법관의 임용·보직·퇴직 등을 대통령에게 제청함.
대ː법원^판사(大法院判事)[명] '대법관(大法官)'의 구용어.
대ː-법정(大法廷)[-쩡][명] 대법관 3분의 2 이상으로 구성되는 합의체. ↔소법정.
대ː-법회(大法會)[-버푀/-버풰][명] 불교에서, '경전(經典)을 설(說)하는 비교적 규모가 큰 법회'를 이르는 말.
대ː벽(大辟)[명] 지난날, '사형(死刑)' 또는 '중형(重刑)'을 이르던 말.
대ː변(大便)[명] (사람의) 똥. (참)소변.
대ː변(大辯)[명] 아주 뛰어난 언변. 능변(能辯). 달변.
대ː변(大變)[명] ①큰 변화. ②큰 사변(事變).
대ː변(代辨)[명][하타] ①☞대상(代償). ②☞대판(代辦).

대ː변(代辯)명하타 어떤 기관이나 개인을 대신하여, 그 의견이나 태도 따위를 책임지고 말함.
대ː변(待變)명 〔죽음을 기다릴 뿐이라는 뜻으로〕 '병이 몹시 심하여 살아날 가망이 없음'을 이르는 말.
대ː변(貸邊)명 복식 부기의 분개장(分介帳)에서 계정 계좌의 오른쪽을 이르는 말. 〔자산의 감소, 부채·자본의 증가 따위를 적음.〕 ↔차변(借邊).
대ː변(對邊)명 다각형에서, 어떤 변이나 각에 마주 대하고 있는 변. 맞변.
대ː변(對辯)명하자 대답하여 말함.
대ː변-보다(大便-)자 똥을 누다. 뒤보다1.
대ː변불리(大便不利)명하자 대변의 배설이 고르지 않거나 순하지 않음.
대ː변-인(代辯人)명 대변하는 일을 맡은 사람. ¶ 여당(與黨)의 대변인.
대ː변-자(代辯者)명 대변하는 사람. ¶ 여당의 대변자를 자처하다.
대ː변-장자(大辯長者)명 지장보살(地藏菩薩)의 오른쪽에 있는 보처(補處).
대ː변-지(代辯紙)명 어떤 기관의 의견과 태도 등을 대변하는 신문이나 잡지. ¶ 정부 대변지.
대ː별(大別)명하타되자 크게 나눔. 대강 분류함. ¶ 회의 안건을 둘로 대별하다.
대ː병(大兵)명 ☞대군(大軍).
대ː병(大柄)명 큰 권력. ¶ 대병을 쥐다.
대ː병(大病)명 위중한 병. 중병(重病). 중환(重患). ¶ 대병에 걸려 사경을 헤매다.
대ː보(大寶)명 ①귀중한 보물. ②임금의 도장. ②옥새(玉璽).
대보(臺輔)명 지난날 중국에서, '천자를 보좌하던 삼공(三公)'을 일컫던 말.
대ː-보다타 서로 견주어 보다. ¶ 길고 짧은 것은 대보아야 안다.
대ː-보름(大-)명 〈대보름날〉의 준말.
대ː보름-날(大-)명 정월 보름날을 그해의 첫 보름날이라 하여 특별히 이르는 말. 〔새벽에 귀밝이술을 마시고 오곡밥 등을 먹으며, 그해의 풍흉과 길흉화복을 점치는 풍습이 전함.〕 준대보름.
대ː-보살(大菩薩)명 지덕(智德)이 뛰어난 보살.
대ː보-탕(大補湯)명 한방에서, '원기를 돕는 데 쓰는 첩약(貼藥)'을 이르는 말.
대ː복(大福)명 큰 복.
대ː-복덕(大福德)[-떡]명 큰 복덕.
대ː본(大本)명 ①으뜸가는 근본. ②같은 종류의 물건 가운데서 가장 큰 본새.
대ː본(貸本)명하타 ☞세책(貰冊).
대본(臺本)명 ①연극의 상연이나 영화 제작 등에 기본이 되는 각본. ②어떤 토대가 되는 책. 저본(底本). ¶ 영문판을 대본으로 한 번역.
대ː-본원(大本願)명 불타(佛陀)가 중생을 제도하려는 큰 염원.
대ː봉(大封)명 큰 봉토(封土).
대ː봉(代捧)명하타 꾸어 준 돈이나 물건 대신에 다른 것으로 받음.
대봉(을) 치다관용 (없어진 금품 따위를) 다른 것으로 대신 채우다.
대ː부(大父)명 유복친(有服親) 이외의, 할아버지뻘 되는 친척의 남자.
대ː부(大夫)명 고려·조선 시대에, 벼슬 품계에 붙이던 칭호. 〔문관은 사품, 무관은 이품 이상에 붙임.〕 ¶ 숭록(崇祿) 대부.
대ː부(大富)명 재물이 썩 많은 부자. 큰 부자.
대ː부(代父)명 ①가톨릭에서, 성세 성사나 견진 성사를 받는 남자의 신앙생활을 돕는 남자 후견인을 이르는 말. ②'어떤 분야에서 오랫동안 활동하여 영향력이 가장 큰 남자'를 비유하여 이르는 말.
대ː부(貸付)명하타되자 ①이자나 기한을 정하여 돈을 꾸어 줌. ②어떤 물건을 돌려받기로 하고 남에게 빌려 주어 쓰게 함.
대ː부-금(貸付金)명 이자와 기한을 정하고 빌려 주는 돈.
대ː부등(大不等)명 아름드리의 아주 큰 나무, 또는 그런 재목.
대부등에 곁낫질이라〔낫질이리〕속담 〔아름드리 나무를 조그만 낫으로 베려는 것과 같다는 뜻으로〕 '아주 큰일에 그것을 감당해 낼 수 없는 작은 것으로 대함'을 비유하여 이르는 말.
대ː-부모(大父母)명 왕부(王父)와 왕모(王母)를 아울러 이르는 말.
대ː-부모(代父母)명 가톨릭에서, 대부와 대모를 아울러 이르는 말.
대ː-부분(大部分)명 반이 훨씬 넘어 전체에 가까운 수효나 분량. ¶ 회원의 대부분이 학생이다.
대ː부^신ː탁(貸付信託)명 신탁 은행이 대부 신탁 증권을 발행하여 모인 자금으로 대부나 어음 할인 등을 하여 그 이익을 증권 소유자에게 분배하는 제도.
대ː부^이ː자(貸付利子)명 증권이나 어음 따위를 담보로 하여 금전을 대부할 때에 원금에 대하여 지급하는 이자.
대ː-부인(大夫人)명 ①남의 '어머니'를 높이어 일컫는 말. 모당(母堂). 자당. ②천자를 낳은 부인.
대ː부^자본(貸付資本)명 산업 자본에 대하여, 화폐의 형태로 자본을 대부함으로써 이자를 얻는 자본. 은행 자본 등이 이에 딸림.
대ː부-항(大父行)명 ☞조항(祖行).
대ː북(大北)명 조선 선조 때에, 북인(北人) 중에서 홍여순(洪汝諄) 등이 남이공(南以恭) 등의 소북(小北)에 대립하여 이룬 당파.
대ː북(對北)명 《주로 명사 앞에 쓰이어》 '북한에 대한'의 뜻을 나타냄. ¶ 대북 정책. ↔대남.
대ː-분수(帶分數)[-쑤]명 정수와 진분수와의 합으로 된 수. 〔3과 2분의 1 따위.〕
대불(大佛)명 큰 불상. 큰 부처.
대불-개안(大佛開眼)명 ①불가에서, 불상을 다 만들어 갈 때 베푸는 의식을 이르는 말. ②〔슬기로운 눈을 뜨게 한다는 뜻으로〕 '최후의 완성'을 뜻하는 말.
대ː불경(大不敬)명 대단한 불경. 〔특히, 왕실(王室)에 대한 불경을 이름.〕
대불-전(大佛殿)[-쩐]명 대불을 모신 법당.
대ː붕(大鵬)명 하루에 구만 리나 날아간다는 상상의 큰 새.
대-비명 가는 댓가지나 잘게 쪼갠 대오리를 묶어서 만든 비.
대ː-비(大-)명 (마당 같은 데를 쓰는) 큰 비.
대ː비(大妃)명 선왕(先王)의 후비(后妃).
대ː비(大悲)명 〔불교에서〕 ①중생의 고통을 구제하려는 부처의 큰 마음. ¶ 대자(大慈)대비. ②'관세음보살'을 달리 이르는 말.
대ː비(對比)명 ①하타되자서로 맞대어 비교함. ②서로 대립되는 감각이나 감정 또는 그 밖의 심적 활동이 시간적·공간적으로 접근하여 나타날 때, 대립된 성질이 뚜렷하게 드러나 그 차이가 두드러지게 느껴지는 현상.

대:비(對備)명하자타 앞으로 있을 어떤 일에 대응하여 미리 준비함, 또는 그런 준비. ¶ 만일의 사태에 대비해 식량을 비축하고 있다.
대:비^가격(對比價格)[-까-]명 일정한 기간에 있어서의 어떤 생산물의 가격 변동을 밝히기 위하여, 그 기초로 설정하는 가격.
대:비-각(大悲閣)명 관세음보살의 불상을 모신 불당.
대:비-관음(大悲觀音)명 '관세음보살'을 달리 이르는 말. 대비보살.
대:비-보살(大悲菩薩)명 ☞대비관음.
대:비-자(大悲者)명 〔대자대비가 있는 사람이라는 뜻으로〕 여러 부처와 보살, 특히 관세음보살을 이르는 말.
대:비^착시(對比錯視)[-씨]명 대비되는 사물의 크기나 모양에 따라 생기는 착시. 〔두 도형에서 큰 도형에 이웃하는 작은 도형은 본디보다 더 작게 보이는 현상 따위.〕
대:비-책(對備策)명 앞으로 발생할지도 모르는 어떤 일에 대응하기 위한 방책.
대:비^현:상(對比現象)명 시간적으로나 공간적으로 가까운 다른 자극의 영향으로 먼저 받은 자극의 감수성이 변하는 현상.
대:빈(大賓)명 높이 받들어 모셔야 할 귀한 손.
대-빗[-빋]명 대로 만든 빗. 죽비(竹篦). 죽소(竹梳). * 대빗이[-비시]·대빗만[-빈-]
대빗(davit)명 닻을 끌어 올리거나, 배 옆에 달린 보트를 달아 올리거나 내리기 위한, 끝이 직각으로 굽은 기둥.
대쌋리명 〈옛〉 댑싸리. ¶ 대쌋리: 荊條(訓蒙上*10*).
대쪽명 〈옛〉 대쪽. ¶ 대쪽 멸: 篾(訓蒙下*16*).
대범명 〈옛〉 큰 범. 대호(大虎). ¶ 물 우흿 대버믈(龍歌*87*章).
대:사(大士)명 불법(佛法)에 귀의하여 믿음이 두터운 사람.
대:사(大寺)명 ☞대찰(大刹).
대:사(大祀)명 조선 시대에, 임금이 지내던 종묘(宗廟)·영녕전(永寧殿)·원구단(圜丘壇)·사직단(社稷壇)의 제사.
대:사(大使)명 '특명 전권 대사(特命全權大使)'를 흔히 일컫는 말.
대:사(大事)명 ①☞큰일2. ↔소사(小事). ②☞대례(大禮).
대:사(大舍)명 신라 때의 17관등의 열두째 등급. 참사지(舍知).
대사(大社)명 '태사(太社)'의 잘못.
대:사(大師)명 ①'고승(高僧)'을 높이어 일컫는 말. ¶ 서산(西山) 대사. ②고려와 조선 시대에, 덕이 높은 선사(禪師)에게 내려 주던 승려 법계(法階)의 한 가지. ③'남자 중'을 높이어 일컫는 말.
대:사(大蛇)명 큰 뱀.
대:사(大赦)명하타 '일반 사면(一般赦免)'을 흔히 이르는 말.
대:사(大寫)명하타 ☞클로즈업.
대:사(代射)명하타 지난날, 무과 시예(試藝)를 남에게 대신 응하게 하던 일.
대:사(代謝)명 〈물질대사〉의 준말.
대사(臺詞·臺辭)명 배우가 무대 위에서 하는 대화·독백·방백 등을 통틀어 이르는 말.
대사(臺榭)명 높고 큰 누각이나 정자.
대:-사간(大司諫)명 조선 시대, 사간원(司諫院)의 으뜸 벼슬. 품계는 정삼품. 간장(諫長).
대:-사객(待使客)명하자 지난날, 외국 사신과 객인을 접대하던 일.
대:-사공(大司空)명 조선 시대에, '공조 판서(工曹判書)'를 중국 주(周)나라 때의 사공 벼슬에 해당한다 하여 이르던 말.
대:사-관(大使館)명 대사를 장(長)으로 하는 외교 사절단이 주재하며 공무를 집행하는 공관.
대:-사구(大司寇)명 조선 시대에, '형조 판서(刑曹判書)'를 중국 주나라 때의 사구 벼슬에 해당한다 하여 이르던 말.
대:사^기능(代謝機能)명 물질대사를 하는 기능.
대:-사도(大司徒)명 조선 시대에, '예조 판서(禮曹判書)'를 중국 주나라 때의 사도 벼슬에 해당한다 하여 이르던 말.
대:사-령(大赦令)명 대사를 베풀게 하는 국가 원수의 명령.
대:사-례(大射禮)명 조선 시대에, 임금이 성균관에 거둥하여 선성(先聖)에게 제향하고 활을 쏘던 예.
대사리명 ☞다슬기.
대-사립명 대나무로 엮어 만든 사립문.
대:-사마(大司馬)명 조선 시대에, '병조 판서(兵曹判書)'를 중국 주나라 때의 사마 벼슬에 해당한다 하여 이르던 말.
대:-사문(大沙門)명 ①'석가모니'를 달리 일컫는 말. ②〈비구(比丘)〉의 높임말.
대:-사성(大司成)명 고려와 조선 시대에 둔, 성균관의 으뜸 벼슬. 품계는 정삼품. 참사유장.
대:-사전(大赦典)명 대사의 은전(恩典).
대:-사제(大司祭)명 〔기독교에서〕 ①사제의 장(長)이며 근원인 '예수 그리스도'를 이르는 말. ②☞대제사장.
대:-사헌(大司憲)명 조선 시대에 둔, 사헌부의 으뜸 벼슬. 품계는 종이품. 준대헌.
대:산(大蒜)명 ☞마늘.
대:살(代殺)명하타 살인한 사람을 사형에 처함. 대명(代命).
대:-살년(大殺年)[-련]명 아주 큰 흉년. 대무지년(大無之年).
대살-지다형 몸이 강파르다.
대:-살판(大-)명 국궁(國弓)에서, 화살 50시(矢)를 쏘아 25시를 과녁에 맞히는 일. 참살판1·소살판.
대:-삼작(大三作)명 여자가 차는 노리개의 한 가지. 준삼작.
대-삿갓[-삳깓]명 ①중이 쓰는 삿갓. 가늘게 쪼갠 대오리로 보통의 삿갓보다 훨씬 작게 만듦. ②속대로 엮어 만든 삿갓. * 대삿갓이[-삳까시]·대삿갓만[-삳깐-]
대:상(大商)명 장사를 크게 하는 상인.
대:상(大祥)명 죽은 지 두 돌 만에 지내는 제사. 대기(大朞). 상사(祥事). 참소상(小祥).
대:상(大喪)명 임금의 상사(喪事).
대:상(大賞)명 경연 대회 등에서, 가장 우수한 사람이나 단체에게 주는 상. 그랑프리. ¶ 국제 영화제에서 대상을 수상하다.
대:상(代償)명하타 ①(상대편의 동의를 얻어) 본디의 채무나 손해에 대한 보상 따위를 다른 물건으로 대신 물어 주는 일. 대물 변제. ②남을 대신하여 갚아 줌. 대변(代辨).
대:상(帶狀)명 띠처럼 좁고 길게 생긴 모양.
대:상(貸上)명 정부가 국고금의 부족을 메우기 위하여 일정 금액을 일시 또는 장기로 중앙은행에서 빌리는 일.
대상(隊商)명 사막 지방에서 낙타나 말에 상품을 싣고, 떼를 지어 먼 곳을 다니면서 장사하는 상인. 카라반.

대ː상(對象)명 ①행위의 목표가 되는 것. ¶ 30대 직장인을 대상으로 하는 신상품 개발. ②정신 활동의 목표가 되는 것. ¶ 연구 대상.
대상(臺上)명 ①높은 대(臺)의 위. ↔대하. ②지난날, 하인이 '주인'을 높이어 부르던 말.
대ː상^감ː정(對象感情)명 대상의 성질을 알고 나서 느끼는 감정.
대ː상^개ː념(對象概念)명 판단의 주사(主辭)가 될 수 있는 사물 및 대상을 나타내는 개념. ↔속성 개념.
대ː상-금(貸上金)명 중앙은행이 정부에 대여하는 돈.
대ː상^도시(帶狀都市)명 (한 줄기의 도로를 따라) 띠처럼 길쭉하게 형성된 도시.
대ː상-론(對象論)[-논]명 정신 작용이 지향하는 대상의 본질을 연구하는 학문.
대ː상-물(對象物)명 대상이 되는 물건.
대ː상부동(大相不同)명하형 조금도 비슷하지 않고 아주 다름.
대ː상^수입(代償輸入)명 어떤 사정이나 행위의 결과로 끼친 손해를 보상하기 위해 물건을 수입하는 일.
대ː상-애(對象愛)명 정신 분석학에서, 리비도가 자기 이외의 대상을 향하여 나타나는 사랑을 이르는 말. ↔자기애.
대-상자(-箱子)명 대오리로 결어 만든 상자.
대ː상^포진(帶狀疱疹)명 바이러스의 감염으로 일어나는 수포성의 질환. 몸에 띠 모양으로 수포가 생기며 열이 남.
대ː상^행동(代償行動)명 처음의 목표를 어떤 장애로 말미암아 얻지 못하였을 때, 그와 비슷한 다른 목표를 얻음으로써 처음의 욕구를 충족시키려는 적응 동작.
대ː생(對生)명하자 ☞마주나기.
대ː생-치(代生齒)명 ☞간니.
대ː서(大書)명하타 글씨를 크게 씀, 또는 크게 쓴 글씨.
대ː서(大暑)명 이십사절기의 하나. 소서(小暑)와 입추(立秋) 사이로, 양력 7월 24일경. 이 무렵이 가장 덥다고 함.
대ː서(代序)명하자 대신하여 서문(序文)을 씀, 또는 그 서문.
대ː서(代書)명하타 ①(관공서에 내는) 서류 따위를 본인 대신 써 주는 일. ②☞대필(代筆).
대ː서(代署)명하타 남을 대신하여 서명함.
-대서준 '-다고 하여서'가 줄어든 말. 형용사 어간 또는 높임의 '-시-'나 시제의 '-았(었)-'·'-겠-' 등에 붙어, 앞말이 뒷말의 이유나 원인이 됨을 나타냄. ¶ 뚱뚱하대서 뚱보, 말랐대서 말라깽이.
대ː-서다자 ①(뒤를) 잇대어 서다. ②(사이가 뜨지 않게) 다가서다. ③대들다.
대ː서-방(代書房)[-빵]명 ☞대서소(代書所).
대ː서-사(代書士)명 ☞대서인(代書人).
대ː서-소(代書所)명 대서를 영업으로 하는 곳. 대서방(代書房).
-대서야준 '-다고 하여서야'가 줄어든 말. 흔히, 반어적 의문 종결과 호응하여, 그 물음의 전제가 됨을 나타냄. ¶ 그 좋은 자리를 싫대서야 말이 되니. 참-ㄴ대서야.
대ː서-업(代書業)명 남의 부탁을 받고 관공서에 낼 서류 따위를 써 주는 직업.
대ː서-인(代書人)명 남의 부탁을 받아 관공서에 낼 서류 따위를 써 주는 것을 업으로 하는 사람. 대서사.
대ː서-특필(大書特筆)명하타되자 〔뚜렷이 드러나게 큰 글자로 쓴다는 뜻으로〕 신문 따위의 출판물에서 어떤 기사에 큰 비중을 두어 다룸을 이르는 말. 특필대서.
대ː석(貸席)명 삯을 받고 빌려 주는 좌석.
대ː석(對石)명 한 마지기의 논에서 벼 한 섬이 나는 일.
대석(臺石)명 받침돌. ¶ 동상의 대석.
대ː석(對席)명하자 ①자리를 마주함. ②쌍방이 동시에 같은 장소에 출석함.
대ː석^판결(對席判決)명 소송 당사자의 양쪽이 다 법정에 참가한 자리에서 심리하여 내리는 판결. 대심 판결. ↔결석 판결.
대ː선(大仙)명 〔신선 가운데서 가장 높다는 뜻으로〕 '석가여래'를 달리 이르는 말.
대ː선(大船)명 큰 배. 대박(大舶).
대ː선(大選)[1]명 고려·조선 시대에, 승과(僧科)에 급제한 사람의 법계(法階).
대ː선(大選)[2]명 대통령을 뽑는 큰 선거.
대ː선(大禪)명 선종(禪宗)의 초급 법계(法階).
대ː-선거구(大選擧區)명 한 선거구에 두 사람 이상의 의원을 동시에 뽑는 선거구. ↔소선거구.
대ː-선사(大禪師)명 ①선(禪)을 수업한 중에게 주는 가장 높은 법계(法階). ②선을 닦아 득도한 훌륭한 '중'을 높이어 일컫는 말.
대ː설(大雪)명 ①많이 내린 눈. 큰눈. 장설. ¶ 대설 주의보. ②이십사절기의 하나. 소설과 동지 사이로 12월 8일경. 이 무렵에 눈이 가장 많이 내린다고 함.
대-설대명 '담배설대'의 방언.
대ː성(大成)명하자 크게 이룸. 크게 성공함. ¶ 바이올린 연주자로 대성하다.
대ː성(大姓)명 ①겨레붙이가 번성한 성. ②지체가 높은 성. 거성(巨姓).
대ː성(大盛)명하자 크게 번성함.
대ː성(大聖)명 ①지극히 거룩한 사람. ②'공자(孔子)'를 높이어 이르는 말. ③석가(釋迦)처럼 정각(正覺)을 얻은 사람을 이르는 말.
대ː성(大聲)명 큰 소리.
대ː성-가문(大姓家門)명 겨레붙이가 매우 번성하고 세력이 있는 집안.
대ː-성공(大成功)명하자 크게 성공함, 또는 큰 성공. ¶ 이만하면 대성공이다.
대ː성-마(戴星馬)명 이마에 흰 점이 박힌 말.
대ː-성성(大猩猩)명 ☞고릴라.
대ː성-악(大晟樂)명 중국 송나라 때의 음악. 〔고려·조선 시대의 아악의 기초가 됨.〕
대ː성-전(大成殿)명 문묘(文廟) 안의, 공자의 위패를 모셔 놓은 전각.
대ː성지행(戴星之行)명 〔별을 이고 가는 길이라는 뜻으로〕 객지에서 부모의 부음(訃音)을 받고 밤을 새워 집으로 돌아가는 일.
대ː성-통곡(大聲痛哭)명하자 큰 소리로 목 놓아 슬피 욺. ¶ 어머니의 부음을 받고 대성통곡하다.
대ː-성황(大盛況)명 어떤 행사나 흥행 따위에 사람이 많이 모이는 등 성대한 상황을 이루는 일. ¶ 도서 전시회가 대성황을 이루다.
대ː세(大勢)명 ①대체의 형세. ¶ 대세는 이미 기울어졌다. ②큰 세력. ¶ 대세를 장악하다.
대ː세(代洗)명 (급박한 상황에서) 성직자를 대신하여 평신도가 약식으로 영세를 베푸는 일.
대ː세지-보살(大勢至菩薩)명 아미타불의 오른쪽에 있는 협시(脇侍). 지혜의 빛으로 중생을 삼악도(三惡道)에서 건지는 보살.

대ː소(大小)명 크고 작음. 큰 것과 작은 것.
대ː소(大笑)명하자 소리 내어 크게 웃음. ¶ 박장(拍掌)대소.
대ː소(代訴)명하타 소송 당사자를 대신하여 송사(訟事)를 일으킴.
대ː소(對訴)명하타 맞고소.
대ː-소가(大小家)명 ①한 집안의 큰집과 작은집을 아울러 이르는 말. ②본마누라의 집과 작은마누라의 집. 높대소댁.
대ː-소기(大小朞)명 ☞대소상(大小祥).
대ː-소댁(大小宅)[-땍]명 〈대소가〉의 높임말.
대ː-소동(大騷動)명 큰 소동.
대ː-소민(大小民)명 '관민(官民)'을 이르던 말. 곧 반상(班常)을 가리지 않은 모든 백성.
대ː-소변(大小便)명 똥과 오줌. 대소피. ¶ 대소변을 가리다. 준변.
대ː-소사(大小事)명 크고 작은 모든 일. ¶ 문중(門中)의 대소사를 혼자 처리하다.
대ː-소상(大小祥)명 대상과 소상. 대소기.
대ː-소수(帶小數)명 정수(整數) 부분이 0이 아닌 소수(小數). 〔4.13, 5.041 따위.〕
대ː-소아(大小雅)명 시경(詩經)의 '대아(大雅)'와 '소아(小雅)'를 아울러 이르는 말.
대ː-소역(大小疫)명 두창(痘瘡)과 홍역(紅疫).
대ː-소월(大小月)명 큰달과 작은달.
대ː소-인원(大小人員)명 높고 낮은 모든 벼슬아치. ¶ 대소인원 개하마(皆下馬;모든 벼슬아치는 다 말에서 내릴 것).
대ː-소장(大小腸)명 대장과 소장을 아울러 이르는 말.
대ː-소종(大小宗)명 대종과 소종을 아울러 이르는 말.
대-소쿠리명 대로 만든 소쿠리.
대ː-소피(大小避)명 ☞대소변(大小便).
대ː속(代贖)명하타 ①예수가 십자가의 보혈(寶血)로 만민의 죄를 대신 씻어 구원한 일. ②남의 죄나 고통을 대신하여 자기가 당함. ③남의 죄를 대신 갚음.
대ː손(貸損)명 외상 매출금·대부금 등이 반제(返濟)되지 아니하여 손해를 입는 일.
대ː손^충당금(貸損充當金)명 대차 대조표에 자산으로 기재되는 받을어음·외상 매출금·대부금 등 채권에 대한 공제의 형식으로 계상(計上)되는 회수 불능 추산액.
대ː-솔(大-)명 큰 소나무. 대송(大松).
대솔(帶率)명 ①하타☞영솔(領率). ②〈대솔하인〉의 준말.
대ː솔-장작(大-長斫)명 큰 소나무를 베어서 패 놓은 장작.
대ː솔-하라지(大-)명 큰 소나무의 가지를 잘라서 패 놓은 장작.
대솔-하인(帶率下人)명 ①고귀한 사람을 모시고 다니는 하인. ②하자하인을 거느림. 준대솔.
대ː송(大松)명 ☞대솔.
대ː송(代送)명하타 다른 것으로 대신 보냄. 체송(替送). ¶ 물품을 대송하다.
대ː송(代誦)명하타 가톨릭에서, 정해진 가톨릭의 정식 기도문 대신, 쉽게 욀 수 있도록 간략하게 된 기도문, 또는 그것을 외는 일.
대ː송(對訟)명하자 송사에 응함. 응송(應訟).
대ː수(大水)명 장마로 생긴 큰물. 홍수(洪水).
대ː수(←大事)명 중요한 일. 대단한 일. 《부정문 또는 반어적 의문문에 쓰임.》 ¶ 이 판에 그게 무슨 대수냐. /싸움 잘하는 것이 대수냐.
대ː수(大壽)명하자 ☞장수(長壽).
대ː수(大綬)명 중요 훈장을 받는 이의 어깨에 걸쳐 두르는 넓고 큰 띠. 〔무궁화 대훈장·수교 훈장·건국 훈장의 1, 2등급 및 1등급의 각종 훈장이 이 띠를 두르게 됨.〕
대ː수(大數)명 ①큰 수. ↔소수(小數). ②큰 운수. ③물건의 수가 많은 일.
대ː수(代囚)명하타 지난날, 진범(眞犯)을 못 잡았을 경우에나 죄인을 구금하지 못할 사정이 있을 때에 그 관계자나 근친자(近親者)를 대신 가두어 두는 일.
대ː수(代數)[1][-쑤]명 세대(世代)의 수효.
대ː수(代數)[2]명 〈대수학(代數學)〉의 준말.
대수(臺數)[-쑤]명 대(臺)로 헤아리는 물건의 수. ¶ 자동차 대수.
대ː수(對手)명 ☞적수(敵手).
대ː수(對數)명 '로그'의 구용어.
대ː수^곡면(代數曲面)[-공-]명 삼차원에서, 한 개의 대수 방정식의 자취가 나타내는 곡면.
대ː수^기하학(代數幾何學)명 대수 방정식의 자취·대수 곡면·로그 곡선에 대해서 연구하는 해석 기하학의 한 분야.
대ː수-롭다(←大事-)[-따][~로우니·~로워]형ㅂ 대단하다. 중요하다. 《부정문 또는 반어적 의문문에 쓰임.》 ¶ 그다지 대수로울 것도 없다. /그렇게 대수로우냐? 대수로이부.
대ː수^방안지(對數方眼紙)명 '로그 모눈종이'의 구용어.
대ː수^방정식(代數方程式)명 몇 개의 미지수에 관하여 두 개의 대수식을 등호로 연결한 방정식.
대ː수^법칙(大數法則)명 확률론의 기본 법칙의 한 가지. 주사위를 몇 번이고 굴릴 경우, 6이 나오는 비율은 6분의 1에 가까워진다고 하는 따위의 생각을 수학적으로 이론화한 것.
대ː-수술(大手術)명하타 대규모로 하는 수술.
대ː수-식(代數式)명 대수학의 가(加)·감(減)·승(乘)·제(除)·멱(冪)·근(根)의 여섯 기호 중의 몇 개로 연결된 식.
대ː수-척(對數尺)명 '로그자'의 구용어.
대ː수-표(對數表)명 '로그표'의 구용어.
대ː수-학(代數學)명 수나 문자를 써서 수의 성질이나 관계를 연구하는 수학의 한 분과. 준대수(代數)[2].
대ː수^함ː수(對數函數)[-쑤]명 '로그 함수'의 구용어.
대-순(-筍)명 ☞죽순(竹筍).
대ː-순환(大循環)명 심장의 좌심실에서 대동맥을 거쳐 몸의 각 부분의 모세 혈관에 이르러 가스 교환 따위를 한 다음, 대정맥을 통하여 우심방으로 되돌아오는 경로. 체순환(體循環).
대-숲[-숩]명 대나무의 숲. *대숲이[-수피]·대숲만[-숨-]
대슘-치마명 조선 시대에, 궁중에서 여자들이 정장(正裝)할 때 입던 속치마. 겉치마의 아랫부분을 자연스레 퍼지게 하기 위해서 입었음.
대ː습-상속(代襲相續)[-쌍-]명 법정 상속권자가 어떤 사유로 상속권을 상실하였을 경우, 그의 직계 비속이 대신 상속하는 일. 참본위 상속.
대ː승(大乘)명 이타주의에 의하여 널리 인간 전체의 구제를 주장하는 적극적인 불법. 〔'승(乘)'은 피안으로 타고 가는 수레라는 뜻으로, 곧 '교리'나 '진리'를 뜻함. 기원전 1~2세기경, 북부 인도에서 일어난 진보적 불교 세력이 스스로의 교리·교설을 이르던 말. 종래의 출가자 위주의 교의를 반대하고, 재가(在家)의 대중을 두루 교화할 교리를 주장하였음.〕 ↔소승(小乘).

대ː승(大勝) 명하자 싸움이나 경기에서 크게 이김. 대승리. 대첩(大捷). ↔대패(大敗).
대ː승(代承) 명하타 대(代)를 이음.
대ː승-경(大乘經) 명 대승의 교법을 해설한 불경, 곧 화엄경(華嚴經)·반야경(般若經)·법화경(法華經)·열반경(涅槃經)·대집경(大集經).
대ː-승리(大勝利) [-니] 명하자 큰 승리. 대승.
대ː승^불교(大乘佛教) 명 대승(大乘)을 주지(主旨)로 하는 불교 종파를 통틀어 이르는 말. 〔주로, 우리나라·북부 인도·중국·일본 등의 북방 불교를 이루고 있는 삼론종(三論宗)·법상종(法相宗)·화엄종(華嚴宗)·천태종(天台宗)·진언종(眞言宗)·율종(律宗)·선종(禪宗) 등이 이에 딸림.〕 ↔소승 불교.
대ː승-적(大乘的) 관명 ①대승의 정신에 맞는 (것). ②부분적인 것이나 개인적인 것에 얽매이지 않고 전체를 생각하는 (것). 대국적(大局的). ¶ 대승적 견지. /대승적인 관점. ↔소승적.
대ː시(待時) 명하자 ①시기를 기다림. ②기회가 오기를 기다림.
대시(臺侍) 명 지난날, 대간(臺諫)으로 시종(侍從)이 되던 일, 또는 그 사람.
대시(dash) 명 ①권투에서, 상대를 거세게 밀어붙여 난타(亂打)하는 일. ②☞줄표.
대시-하다(dash-) 자여 일을 저돌적으로 추진하다. ¶ 망설이지 말고 네가 먼저 대시해 봐.
대ː식(大食)[1] 명 ①(샛밥에 상대하여) 일정한 때 먹는 끼니를 이르는 말. ②하타음식을 많이 먹음. ②참소식(小食).
대ː식(大食)[2] 명 아바스조(Abbas朝) 때의 사라센을, 당(唐)나라에서 부르던 이름.
대식(帶蝕) 명 일대식(日帶蝕)과 월대식(月帶蝕)을 아울러 이르는 말.
대식(對食) 명하타 마주 앉아서 먹음.
대ː식-가(大食家) [-까] 명 음식을 남달리 많이 먹는 사람. 건담가(健啖家). 건식가(健食家).
대ː식-한(大食漢) [-시칸] 명 '음식을 많이 먹는 사나이'를 낮잡아 이르는 말.
대ː신(大臣) 명 ①의정(議政)을 통틀어 이르는 말. 정승(政丞). ②조선 고종(高宗) 때의 궁내부(宮內部) 각부의 으뜸 벼슬. ③군주 국가에서 장관을 이르는 말. 대관(大官).
대ː신(大神) 명 ①무서운 귀신. 〔천동대신·지동대신 따위.〕 ②(미개 종교나 신화 등에 나타나는) 오직 하나인 최고의 신. ③'무당'을 높이어 이르는 말.
대ː신(代身) 명 ①☞대리자. ¶ 사장 대신으로 회의를 주재하다. ②하타(남의 일을) 대행함. ¶ 중대장이 대대장을 대신하다. ③하타(다른 것의) 대용. 대체. 변통. ¶ 꿩 대신에 닭. /유리가 없으면 판자로라도 대신해야지. ④하타(어떤 사정이나 일을) 다른 것으로 때움. ¶ 처벌은 벌금으로 대신하다. /밭일을 못하는 대신에 집이나 보게 하자. ⑤《어미 '-은'·'-는' 뒤에 쓰이어》 앞말이 나타내는 행동이나 상태와 다르거나 그와 반대임을 나타내는 말. ¶ 얼굴이 예쁜 대신 성미가 고약하다. 준대(代).
대신(臺臣) 명 사헌부의 대사헌(大司憲)·집의(執義)·장령(掌令)·지평(持平) 등의 벼슬아치를 통틀어 이르는 말. 대관(臺官).
대ː실(貸室) 명 세를 받고 빌려 주는 방.
대ː실소망(大失所望) 명하자 소망하던 것을 크게 잃음, 곧 크게 실망함.
대ː심(對審) 명하타 원고와 피고를 법정에 나오게 하여 변론을 시켜서 하는 심리(審理). 〔민사 소송에서는 구술 변론, 형사 소송에서는 공판 기일의 절차를 뜻함.〕
대ː심^판결(對審判決) 명 ☞대석 판결.
대-싸리 명 '댑싸리'의 잘못.
대ː아(大牙) 명 큰어금니.
대ː아(大我) 명 ①우주의 유일·절대적인 본체. 참대우주. ②좁은 견해나 집착을 떠난 경지, 곧 '참된 나'를 불가(佛家)에서 이르는 말. ↔소아(小我).
대ː아(大雅) 명 ①(평교간의 문인·학자끼리) 우편물 따위의 겉봉의 상대편 이름 밑에 써서 '-님께' 정도의 뜻을 나타내는 말. ②시경(詩經)의 시의 한 체(體).
대ː아(大衙) 명 지난날, 지방관으로 있는 아버지나 형에게 편지할 때 겉봉에 그 고장 이름 아래 쓰던 말. ¶ 상주 대아 입납.
대ː-아라한(大阿羅漢) 명 불교에서, 아라한 중에서 지위나 덕이 가장 높은 사람.
대아리(大-) 명 〈옛〉 큰 다리. ¶ 前行後行 小아리 八足 大아리 二足(青丘*110*).
대ː-아찬(大阿湌) 명 신라 때의 17관등의 다섯째 등급. 참아찬.
대ː악(大惡) 명 크게 악하거나 아주 못된 짓, 또는 그런 짓을 하는 사람.
대ː악(大岳·大嶽) 명 큰 산.
대악(碓樂) 명 신라 자비왕(慈悲王) 때 백결 선생(百結先生)이 방아 찧는 소리를 시늉하여 지은 노래. 〔'삼국사기'에 그 사실만 전하고 노래 내용은 전하지 않음.〕
대ː악-무도(大惡無道) [-앙-] 명하형 아주 악독하고 도리에 벗어나 막됨. ¶ 대악무도한 죄를 범하다.
대ː-악절(大樂節) [-쩔] 명 ☞큰악절.
대ː악-후보(大樂後譜) [-아쿠-] 명 조선 영조(英祖) 35(1759)년에 서명응(徐命膺) 등이 왕명을 받아 엮은 악보집. 〔고려의 별곡(別曲)과 조선 세조 때의 음악인 '오음약보(五音略譜)'가 수록되어 있음.〕
대안(大安) '대안하다'의 어근.
대ː안(代案) 명 어떤 안을 대신하는 다른 안. ¶ 대안을 제시하다. /비판만 할 게 아니라 대안을 내놓으시오.
대안(臺顔) 명 ☞존안(尊顔).
대ː안(對岸) 명 (강이나 호수 따위의) 건너편 기슭이나 언덕.
대ː안(對案) 명 상대편의 안(案)에 맞서서 내놓는 이편의 안.
대ː안(對顔) 명하자타 서로 마주 대하여 봄, 또는 마주 대하여 앉음.
대ː안-렌즈(對眼lens) 명 ☞접안렌즈.
대ː안-작(大眼雀) 명 딱샛과의 새. 몸길이 16 cm가량으로 참새만 함. 등·가슴·옆구리는 갈색이고 목은 짙은 홍색임. 눈 위와 볼에는 흰 줄이 있음. 새장에서 기르기도 하는데, 우리나라·일본·중국 등지에 분포함.
대ː안-하다(大安-) 형여 아주 평안(平安)하다. 〔흔히, 평교간 편지에서 안부를 물을 때 쓰는 말.〕 ¶ 귀체 대안하신지.
대ː액(大厄) 명 몹시 사나운 운수.
대야 명 (주로, 손발이나 낯을 씻을 때 쓰는) 둥글고 넓적한 그릇. 세숫대야. 세면기.
-대야 준 〔'-다고 하여야'가 줄어든 말.〕《형용사 어간이나 시제의 '-았(었)-'·'-겠-' 등에 붙어》 ①앞말이 뒷말의 조건이 됨을 나타냄. ¶ 글쎄, 본인이 하겠대야 무슨 일이든 시키지. ②그

것의 한도가 얼마 되지 않음을 나타냄. ¶ 제까짓 게 잘났대야 얼마나 잘났겠어. /재산이 많대야 얼마나 많겠니.

대ː약(大約)명 사물의 대강. 대요(大要).

대ː양(大洋)명 넓고 큰 바다. 〔특히, 태평양·대서양·인도양·북극해·남극해를 가리킴.〕

대양-도(大洋島)명 대양 가운데 있는 섬. 〔산호도·화산도 따위.〕 양도. ↔대륙도.

대ː양-저(大洋底)명 ①크고 넓은 바다의 바닥. ②(태평양·대서양·인도양 등) 대양이라 불리는 바다의 깊은 바닥.

대ː양-주(大洋洲)명 ☞오세아니아.

대ː어(大魚)명 큰 물고기.

대어를 낚다관용 ①여럿 가운데서 매우 규모가 크거나 가치 있는 것이 걸려들다. ②(사람의 선발 등에서) 능력이나 실력이 대단한 사람을 얻게 되다.

대ː어(大漁)명 물고기가 많이 잡히는 일. 풍어(豐漁). ↔불어(不漁).

대ː어(對語)명 ①하자직접 면대하여 말함, 또는 그런 말. 대언(對言). ②글이나 말 중에, 의미상 서로 대응이 되는 말. 〔'산은 높고, 물은 깊다.'에서, '산'과 '물', '높다'와 '깊다' 같은 말.〕

대ː언(大言)명하자 큰소리.

대ː언(代言)명 ①하자남을 대신하여 말함. ②고려 시대에, 왕명의 하달(下達)을 맡아보던 벼슬.

대ː언(對言)명하자 직접 대하여 말함. 대어(對語). ¶ 대언하기 거북하여 서면으로 청원하다.

대ː언-장담(大言壯談)명하자 ☞호언장담.

대ː업(大業)명 ①큰 사업. ¶ 남북통일의 대업. ②나라를 세우는 일. ②홍업(洪業).

대ː여(大輿)명 지난날, 국상(國喪) 등에 쓰던 큰 상여. 대방상(大方牀). ↔소여(小輿).

대ː여(貸與)명하타 빌려 줌. 대급(貸給). ¶ 도서 대여. /기계를 대여하다.

대ː-여섯[-섣]수관 다섯이나 여섯(의). ¶ 대여섯 살쯤 되어 보이는 아이. 준대엿. ＊대여섯이[-서시]·대여섯만[-선-]

대ː여섯-째[-섣-]수관 다섯째나 여섯째(의).

대ː역(大役)명 ①책임이 무거운 직책이나 직무. ¶ 대역을 맡다. ②〈대역사(大役事)〉의 준말.

대ː역(大逆)명 왕권을 침해하거나 부모를 살해하는 큰 죄.

대ː역(代役)명 ①지난날, 삯을 받고 남을 대신하여 신역(身役)을 치르던 일. ②하타연극·영화 따위에서, 어떤 배우의 배역을 대신하여 일부 연기를 다른 사람이 하는 일, 또는 그런 사람.

대ː역(對譯)명하타 원문과 번역문을 대조할 수 있도록 나란히 나타내는 일, 또는 그 번역.

대ː역-무도(大逆無道)[-영-]명하형 대역으로 사람의 도리에 벗어나 막됨, 또는 그런 행위.

대ː-역사(大役事)[-싸]명 큰 공사. 대규모의 토목 건축 공사. 준대역.

대ː역-세(大役稅)[-쎄]명 조선 시대에, 신역(身役)이나 군역(軍役)을 치르지 않는 대신에 바치던 베. 〔군포(軍布) 따위.〕

대ː역-죄(大逆罪)[-쬐/-쮀]명 대역을 범한 죄. ¶ 사사로운 정 때문에 대역죄를 범하다니.

대ː역-토(大驛土)명 육십갑자의 무신(戊申)과 기유(己酉)에 붙이는 납음(納音). 참차천금(釵釧金).

대ː연(大宴)명 크게 베푼 잔치. 큰 연회.

대ː-연습(大演習)명 대규모의 전술 훈련.

대열(大悅) '대열하다'의 어근.

대ː열(大閱)명하타 임금이 몸소 하는 열병(閱兵). 열무(閱武).

대ː열(大熱)명 ①몸의 높은 열. 고열(高熱). ②아주 뜨거운 열. 심한 더위.

대열(隊列)명 ①질서 있게 늘어선 행렬. ¶ 대열에서 이탈하다. ②어떤 활동을 목적으로 이루어진 한 떼. ¶ 농촌 운동의 대열에 끼다.

대ː열-하다(大悅-)자타여 크게 기뻐하다. ¶ 합격 소식에 대열하다.

대ː-염불(大念佛)명 많은 사람이 모여서 큰 소리로 하는 염불.

대ː-엿[-엳]수관 〈대여섯〉의 준말. ＊대엿이[-여시]·대엿만[-연-]

대ː엿-새[-엳쌔]명 닷새나 엿새.

대ː영(代詠)명 대신하여 시가(詩歌)를 읊는 일, 또는 그 시가.

대ː오(大悟)명하자 번뇌를 벗고 진리를 크게 깨달음. ¶ 대오 각성하다.

대ː오(大烏)명 신라 때의 17관등의 열다섯째 등급. 참소오(小烏).

대오(隊伍)명 군대의 항오(行伍). ¶ 대오를 맞추다. /대오를 정비하다. 준대(隊).

대ː-오공(大蜈蚣)명 ☞왕지네.

대-오리명 가늘게 쪼갠 댓개비.

대ː-오방기(大五方旗)명 조선 시대에, 진중(陣中)에서 방위를 나타내던 기치(旗幟), 곧 주작기(朱雀旗)·청룡기(靑龍旗)·등사기(騰蛇旗)·백호기(白虎旗)·현무기(玄武旗)의 다섯 가지로 된 그 기치. 준대기.

대ː오-철저(大悟徹底)[-쩌]명 ①크게 깨달아서 번뇌와 의혹이 다 없어짐. ②우주의 대아(大我)를 남김없이 다 앎.

대ː옥(大獄)명 큰 옥사(獄事). 〔중대한 범죄 사건으로 여러 사람이 연루되어 벌을 받는 일.〕

대ː-완구(大碗口)명 조선 시대의 큰 화포(火砲).

대왐-풀명 난초과의 다년초. 땅속줄기는 달걀꼴이며 빛깔이 흼. 긴 타원형의 잎은 평행맥으로 매우 넓으며, 5~6월에 꽃줄기가 나와 50 cm가량 자란 다음 6, 7개의 붉은 보랏빛의 꽃이 총상(總狀)으로 달림. 땅속줄기는 한방에서 '백급(白芨)'이라 하여 약재로 쓰임. 자란(紫蘭).

대ː왕(大王)명 ①〈선왕(先王)〉의 높임말. ②훌륭하고 업적이 뛰어난 임금을 높여 일컫는 말.

대ː왕-대비(大王大妃)명 살아 있는, 임금의 할머니를 이르는 말.

대ː외(對外)[-외/-웨]명 《주로 명사 앞에 쓰이어》 '외부 또는 외국에 대함'의 뜻을 나타내는 말. ¶ 대외 문제. /대외 홍보. ↔대내(對內).

대ː외-비(對外秘)[-외-/-웨-]명 (국가·기업·군대 등에서) 직무 수행상 외부에 대하여 비밀로 하는 것.

대ː외-적(對外的)[-외-/-웨-]관명 외부 또는 외국에 관련되는 (것). ¶ 대외적 이미지. /대외적인 행사.

대ː외^투자(對外投資)[-외-/-웨-]명 외국에 대한 자본의 투자.

대ː요(大要)명 대략의 줄거리. 대약(大約). 요지(要旨). ¶ 이 글의 대요를 쓰시오.

-대요 《형용사 어간 또는 높임의 '-시-'나 시제의 '-았(었)-'·'-겠-' 등에 붙어》 Ⅰ어미 알고 있는 사실을 일러바침을 나타내는, 해요체의 종결 어미. ¶ 하루 종일 공부도 안 하고 놀았대요.

Ⅱ준 '-다고 해요'가 줄어든 말. ¶ 혼자 갔대요.

대ː욕(大辱)명 큰 치욕.

대:욕(大慾·大欲)명 큰 욕망이나 욕심.
대:용(大用)명하타되자 ①크게 씀. ②큰 벼슬에 등용함. ②중용(重用).
대:용(大勇)명 큰 용기.
대:용(代用)명하타되자 다른 것의 대신으로 씀, 또는 그 물건. ¶ 밥상을 책상 대용으로 쓰다.
대:용(貸用)명하타되자 ☞차용(借用).
대:용-식(代用食)명 주식(主食) 대신으로 먹는 음식. 〔감자·고구마 따위.〕
대:용-작(代用作)명 ①☞대파(代播). ②☞대용작물.
대:용^작물(代用作物)[-장-]명 파종하려던 곡식을 심을 수 없을 경우, 그 대신으로 심는 농작물. 대용작.
대:용^증권(代用證券)[-꿘]명 조세(租稅)의 납입이나 증거금 따위의 담보로 제공할 수 있는 유가 증권.
대:용-품(代用品)명 어떤 물품의 대신으로 쓰이는 물품. 대품(代品).
대우명 이른 봄에 보리나 밀을 심은 밭 사이의 이랑에 콩이나 팥 등을 심는 일. ¶ 대우콩./대우팥. 비부룩.
대우(를) 파다〔내다〕관용 다른 작물을 심은 밭 사이의 이랑에 콩이나 팥 등을 심다.
대:우(大雨)명 큰비. 비호우(豪雨).
대:우(大愚)명 몹시 어리석음. ↔대지(大智).
대:우(大憂)명 ①큰 근심. ②부모의 상(喪). ②친상(親喪).
대:우(待遇)명 ①하타 예(禮)로써 남을 대함. ¶ 귀빈 대우를 받다. ②어떤 사회적 관계나 태도로 대하는 일. ¶ 차별 대우. ③직위를 나타내는 말 뒤에 붙어, 그에 준하는 대접을 받는 직위임을 나타내는 말. ¶ 이사(理事) 대우./부장 대우. ④(직장 따위에서 받는) 보수의 수준이나 직위. ¶ 대우 개선.
대:우(對偶)명 ①둘이 서로 짝을 이룸. ②〈대우법〉의 준말. ③논리학에서, 주어진 명제의 결론을 부정한 것을 가설로 하고, 가설을 부정한 것을 결론으로 한 명제. 곧, '갑(甲)이면 을(乙)이다.'란 명제에 대하여, '을이 아니면 갑이 아니다.'라는 명제. 〔한 명제가 참이면 대우도 참임.〕
대:우-법(對偶法)[-뻡]명 ☞대구법. 준대우.
대:-우주(大宇宙)명 전체 우주. 〔'인간'과 '우주'를 같은 구조의 세계로 보고, 자아(自我)를 '소우주'라고 하는 데 대하여 이르는 말.〕↔소우주.
대:운(大運)명 큰 행운. ¶ 대운이 트이다.
대-울명 〈대울타리〉의 준말.
대-울타리명 대로 만들거나, 또는 대를 심어서 이룬 울타리. 죽리(竹籬). 준대울.
대:웅(大雄)명 〔위대한 영웅이라는 뜻으로〕 '부처'를 달리 이르는 말.
대:웅-성(大熊星)명 큰곰자리의 별.
대:웅-전(大雄殿)명 절에서, 본존 불상(本尊佛像)을 모신 법당.
대:웅-좌(大熊座)명 ☞큰곰자리.
대:원(大圓)명 ①큰 둥그러미. ②수학에서, 공의 중심을 통과하도록 자른 평면의 원. 대권(大圈). ↔소원(小圓).
대:원(大願)명 ①큰 소원. ②부처가 중생을 구하려고 하는 큰 원망(願望).
대:원(代願)명하타 남을 대신하여 신불(神佛)에게 비는 일, 또는 비는 그 사람.
대원(隊員)명 대를 이루고 있는 구성원.
대:원경-지(大圓鏡智)명 불교에서의 '사지(四智)'의 하나. 모든 것을 있는 그대로 나타내 보이는 부처의 지혜.
대:원-군(大院君)명 왕위를 이을 적자손이 없어 왕족 중에서 왕위를 이어받았을 때, 그 임금의 친아버지에게 봉(封)하던 작위. ¶ 홍선(興宣) 대원군.
대:원-근(大圓筋)명 겨드랑이의 근육.
대:원^본존(大願本尊)명 불교에서, '지장보살(地藏菩薩)'을 이르는 말. 〔모든 중생을 제도(濟度)한 뒤에 부처가 되겠다는 대원(大願)을 지니고 있는 보살.〕
대:-원수(大元帥)명 전군을 통솔하는 대장인 '원수(元帥)'를 높이어 일컫는 칭호.
대:월(貸越)명 ①하자 일정한 한도 이상으로 대부함. ②〈당좌 대월〉의 준말.
대:월-금(貸越金)명 (은행에서) 당좌 대월을 한 돈.
대:월-한(貸越限)명 은행이 예금주와 협의하여 정한 당좌 대월의 최고액.
대:위(大位)명 매우 높은 지위.
대:위(大尉)명 국군의 위관(尉官) 계급의 하나. 소령(少領)의 아래, 중위(中尉)의 위.
대:위(代位)명하자되자 제삼자가 타인의 법률상의 지위에 대신하여 그가 가진 권리를 취득하거나 행사하는 일.
대위(臺位)명 삼공(三公)의 지위.
대:-위덕(大威德)명 오대 명왕(五大明王)의 하나. 서쪽을 지키며 일체의 독사(毒蛇), 악룡(惡龍), 원적(怨敵)을 굴복시키는 명왕.
대:위-법(對位法)[-뻡]명 ①(화성법과 함께) 2대 작곡 기법의 하나. 각각 독립성이 강한 둘 이상의 선율을 동시에 결합시켜 하나의 조화된 곡을 이루는 기법. ②영화 따위에서, 한 화면에 다른 화면이 더해져서 통일된 한 영상을 나타내는 영상 표현 기법.
대:위^변:제(代位辨濟)명 제삼자가 채무를 갚음으로써 채권자의 권리가 그 제삼자에게 넘어가는 일. 대위 판제.
대:위^소권(代位訴權)[-꿘]명 ☞채권자 대위권(債權者代位權).
대:위^판제(代位辦濟)명 ☞대위 변제.
대:유(大有)명 〈대유괘(大有卦)〉의 준말.
대:유(大儒)명 ☞거유(巨儒).
대:유-괘(大有卦)명 육십사괘의 하나. 이괘(離卦)와 건괘(乾卦)를 위아래로 놓은 괘. 불이 하늘에 있음을 상징함. 준대유.
대:유-년(大有年)명 크게 풍년이 든 해.
대:유-법(代喩法)[-뻡]명 수사법에서의 비유법의 한 가지. 사물의 일부나 그 속성을 들어서 그 전체나 자체를 나타내는 비유법. 〔'백의의 천사', '요람에서 무덤까지'와 같은 표현.〕 참환유법·제유법.
대:-윤도(大輪圖)명 방위(方位)를 가리켜 보이는 큰 윤도.
대:-윤차(大輪次)명 지난날, 과거에서 낙방한 사람에게 다시 보이던 시험.
대:은(大恩)명 ☞홍은(鴻恩).
대:은^교:주(大恩敎主)명 〔중생을 구제하는 부처의 은혜가 크다는 뜻에서〕 '석가모니'를 높이어 일컫는 말.
대:음(大飮)명하타 (술을) 많이 마심.
대:음(對飮)명하자타 ☞대작(對酌).
대:읍(大邑)명 땅이 넓고 주민과 산물이 많은 고을. 웅읍(雄邑).

대ː응(對應)명 ①하자(어떤 일이나 사태에) 알맞은 조치를 취함. ¶ 법적 대응. ②하자되자어떤 두 대상이 주어진 관계에 의하여 서로 짝을 이루는 일, 또는 그렇게 함. ¶ 대응 관계를 이루는 어구. ③합동이나 닮은꼴인 두 도형의 같은 자리에서 짝을 이루는 요소끼리의 관계. ④하자 되자두 개의 집합 '가'와 '나'에서 '가'의 원소 각각에 대하여 '나'의 원소가 정해질 때, 두 집합의 각 원소끼리 짝을 이루는 관계.

대ː응-각(對應角)명 두 도형이 합동이거나 닮은꼴일 때, 서로 대응하는 자리에 있는 각. 짝진각.

대ː응-변(對應邊)명 두 도형이 합동이거나 닮은꼴일 때, 서로 대응하는 자리에 있는 변. 짝진변.

대ː응^원리(對應原理)[-월-]명 양자론에 있어서의 어떤 종류의 양은, 고전 물리학에서의 양과는 성질이 다름에도 불구하고, 그들 사이에는 일정한 대응이나 이행의 관계가 성립한다는 원리. 〔1918년 보어(Bohr)가 제창했음.〕

대ː응-점(對應點)[-쩜]명 두 도형이 합동이거나 닮은꼴일 때, 서로 대응하는 자리에 있는 점. 짝진점.

대ː응-책(對應策)명 어떤 사태에 대하여 취할 방책. ¶ 대응책을 강구하다.

대ː의(大衣)[-의/-이]명 비구(比丘)가 입는 삼의(三衣)의 하나. 가장 큰 가사(袈裟)로서, 설법을 할 때나 걸식을 할 때에 입음.

대ː의(大意)[-의/-이]명 (말이나 글 따위의) 대강의 뜻. 대지(大旨). ¶ 긴 글을 읽을 때에는 대의를 파악하는 것이 중요하다.

대ː의(大義)[-의/-이]명 ①사람으로서, 특히 국민으로서 마땅히 행하거나 지켜야 할 도리. ↔소의. ②대강의 뜻.

대ː의(大疑)[-의/-이]명 ①큰 의문. ②하타크게 의심함.

대ː의(大醫)[-의/-이]명 의술이 뛰어난 의사. 명의(名醫).

대ː의(代議)[-의/-이]명 ①많은 사람을 대표하여 나온 사람들끼리의 논의. ②공선(公選)된 의원이 국민의 의사를 대표하여 정치를 논의하는 일.

대ː의^기관(代議機關)[-의-/-이-]명 대의원들로 구성되어 정사(政事)를 논의하는 기관. ¶ 국회는 국가의 대의 기관이다.

대ː의-멸친(大義滅親)[-의-/-이-]명하자 국가의 대의를 위해서는 부모 형제도 돌보지 아니함.

대ː의-명분(大義名分)[-의-/-이-]명 사람으로서 응당 지켜야 할 도리나 본분, 또는 떳떳한 명목. ¶ 대의명분을 내세우다.

대ː의-원(代議員)[-의-/-이-]명 (지역이나 직장 따위에서 선출되어) 정당이나 노동조합 등의 대회에서, 토의나 의결에 참가하는 사람. ¶ 학급 대의원. /노조 대의원.

대ː의^정치(代議政治)[-의-/-이-]명 대의 제도에 따라서 행하는 정치.

대ː의-제(代議制)[-의-/-이-]명 ☞대의 제도.

대ː의^제ː도(代議制度)[-의-/-이-]명 ①대의원으로 하여금 전체 구성원의 의사를 모으고 반영하여 평의·평결케 하는 제도. ②간접 민주 정치의 제도. 대의제.

대ː의-충절(大義忠節)[-의-/-이-]명 국민으로서 국가에 충성하는 절의(節義).

대ː-이름씨(代-)명 ☞대명사(代名詞).

대ː인(大人)명 ①어른. 성인(成人). ②〈대인군자(大人君子)〉의 준말. ③☞거인(巨人). ④(흔히, 중국인들이 즐겨 쓰는 말로) '남의 아버지'·'높은 관리'·'세력 있는 토호나 지주' 등을 높이어 일컫는 말. ①~③↔소인(小人).

대ː인(代人)명 ①남을 대신하는 사람. 비대리인. ②하자어떤 사람을 대신함.

대ː인(代印)명하자 남을 대신하여 찍은 도장, 또는 그 도장을 찍음.

대ː인(待人)명 ①하자사람을 기다림. ②(사람이나 무엇을) 기다리는 사람.

대ː인(對人)명하자 남을 대함, 또는 남과의 관계. ¶ 대인 관계가 원만하다.

대ː인-군자(大人君子)명 도량이 넓고 덕행이 있는 점잖은 사람. 준대인.

대ː인-권(對人權)[-꿘]명 채권 따위와 같이, 특정의 사람에 대해서만 주장할 수 있는 권리.

대ː-인기(大人氣)[-끼]명 대단한 인기. ¶ 그 가수는 요즘 대인기를 누리고 있다.

대ː인-난(待人難)명 사람을 기다리는 어려움이나 짜증스러움.

대ː인^담보(對人擔保)명 사람의 신용을 채권의 담보로 하는 일, 곧 보증 채무나 연대 채무 따위. ↔대물 담보.

대ː-인물(大人物)명 큰 인물. 품성이 훌륭하고, 국량(局量)이 매우 큰 사람.

대ː인^방어(對人防禦)명 농구나 축구 따위에서, 각 선수가 상대 팀의 선수 한 사람씩을 맡아 수비하는 일. 맨투맨 디펜스. 참지역 방어.

대ː인-세(對人稅)[-쎄]명 ☞인세(人稅).

대ː인^신ː용(對人信用)명 채무자의 인물·지위 등에 바탕을 두는 신용. 〔돈을 빌려 줄 때 따로 담보물을 취하지 않음.〕

대ː일-여래(大日如來)[-려-]명 진언 밀교(眞言密敎)의 본존(本尊). 우주의 실상을 구체적인 형상으로 나타내어 보이는 이지(理智)의 본체라 함.

대ː임(大任)명 아주 중대한 임무. 비중임·중책.

대ː임(代任)명하타 남을 대신하여 임무를 수행함, 또는 그 사람.

대ː입(大入)명 '대학 입학'을 줄여 이르는 말. ¶ 대입 시험.

대ː입(代入)명하타되자 ①다른 것을 대신 넣음. ②대수식(代數式)에서 문자 대신 일정한 수치를 바꿔 넣는 일.

대ː입-법(代入法)[-뻡]명 어떤 특정의 수치 대신에 다른 수나 문자를 넣어서 푸는 대수식의 연산법. 참등치법(等値法).

대-자명 대로 만든 자. 죽척(竹尺).

대ː자(大字)명 큰 글자. 대문자.

대ː자(大慈)명하형 ①큰 자비가 있음, 또는 그런 마음. ②부처가 중생을 사랑하는 마음이 큼.

대ː자(代子)명 가톨릭에서, 성세 성사와 견진 성사를 받는 남자를 그 대부(代父)에 대하여 이르는 말. 참대녀(代女).

대ː자(代赭)명 ①〈대자석〉의 준말. ②☞석간주(石間硃). ③갈색을 띤 가루 모양의 안료.

대ː자(帶子)명 끈 실로 두껍게 평직으로 짠, 나비 2.5 cm가량의 직물, 또는 그것으로 만든 허리띠.

대자(帶磁)명 물체가 자기(磁氣)를 띠는 상태. 자화(磁化).

대ː자(對自)명 철학에서, 다른 것과의 관계에 의하여 자기를 자각하고 자기 자신과 대립하는 일. ↔즉자(卽自).

대ː자-녀(代子女)명 가톨릭에서, 대자와 대녀를 아울러 이르는 말.

대ː자-대ː비(大慈大悲)명 그지없이 넓고 큰 자비. 〔특히, 관세음보살이 중생을 사랑하고 불쌍히 여기는 마음을 이름.〕

대-자리명 가늘게 쪼갠 댓개비로 엮어 만든 자리. 죽석(竹席).

대ː-자보(大字報)명 ①중국의 문화 혁명 때, 국민이 자기의 견해를 펴기 위하여 내다 붙인 대형의 벽신문. ②대형의 벽신문이나 벽보를 흔히 이르는 말.

대ː자-석(代赭石)명 적철광을 주성분으로 하고 점토를 많이 함유하는 붉은빛의 광물. 안료용 및 한방 약재로 쓰임. 철주(鐵朱). 토주(土朱). 혈사(血師). 준대자·자석.

대ː-자연(大自然)명 넓고 큰 자연. 위대한 자연. ¶ 대자연의 신비.

대ː-자재(大自在)명 ①속박이나 장애를 받지 않고 아주 자유로운 것. 커다란 자유. ②〈대자재천〉의 준말.

대ː자재-천(大自在天)명 불교에서, '대천세계(大千世界)를 주재하는 신'을 이르는 말. 준대자재·자재천.

대ː작(大作)¹명 ①내용이 방대하고 규모가 큰 작품. ¶ 전쟁을 소재로 한 대작. ②뛰어난 작품. ¶ 불후의 대작. 비거작(巨作).

대ː작(大作)²명하자 (바람이나 구름 따위가) 크게 일어남. ¶ 애고애고, 이게 웬일인고…. 풍세(風勢) 대작터니 바람결에 풍겨 온가(烈女春香守節歌).

대ː작(大斫)명 굵은 장작. ↔소작(小斫).

대ː작(大爵)명 높은 작위(爵位).

대ː작(代作)명하타 ①남을 대신하여 작품을 만듦, 또는 그런 작품. ②☞대파(代播).

대ː작(對酌)명하자.타 서로 마주하여 술을 마심. 대음(對飮).

대ː장명 ①〈대장장이〉의 준말. ②〈대장일〉의 준말.

대ː장(大壯)명 〈대장괘(大壯卦)〉의 준말.

대ː장(大莊)명 많은 논밭. 큰 전장(田莊).

대ː장(大將)명 ①국군의 장관(將官) 계급의 하나. 중장의 위, 원수의 아래임. ②조선 말기에, 도성(都城)에 상비(常備)하던 각 영(營)의 장수. 장신(將臣). ③《일부 명사 뒤에 쓰이어》 그 방면에 능하거나 몹시 즐기는 사람을 이르는 말. ¶ 거짓말 대장. ④무리의 우두머리. ¶ 꼬마들의 대장 노릇을 하다.

대ː장(大腸)명 내장의 일부로, 소장(小腸)의 끝에서 항문에 이르는 소화 기관. 큰창자.

대ː장(大檣)명 기선에서, 두 개의 돛대 중 뒤쪽 돛대. 선주(船主)의 기(旗) 등을 다는 데 쓰임.

대ː장(代將)명 남의 책임을 대신하여 출전한 장수.

대ː장(帶仗)명하자 병기(兵器)를 몸에 지님.

대장(隊長)명 한 부대를 지휘하는 사람, 곧 그 대(隊)의 우두머리.

대장(臺狀·臺張)명 신문의 한 면을 조판한 다음 지형을 뜨기 전에 마지막 대교(對校)를 하기 위하여 간단히 박아 낸 종이. 비교정지.

대장(臺帳)명 ①근거가 되도록 어떤 사항을 기록한 원부나 장부. ②상업상의 모든 계산을 기록한 원부. ¶ 출납 대장.

대ː장-간(-間)[-깐]명 쇠를 달구어 온갖 연장을 만드는 곳. 단철장(鍛鐵場). 야장간(冶匠間).

대ː-장경(大藏經)명 일체의 불경을 통틀어 모은 책, 곧 경장(經藏)·율장(律藏)·논장(論藏) 등을 모두 모아 놓은 책. 일체경(一切經). 준장경.

대ː장경^목판(大藏經木版)명 합천(陜川) 해인사(海印寺)에 간직된 대장경의 목판.

대ː장-괘(大壯卦)명 육십사괘의 하나. 진괘(震卦)와 건괘(乾卦)를 위아래로 놓은 괘. 우레가 하늘에 있음을 상징함. 준대장.

대ː-장군(大將軍)명 ①신라 때, 무관의 우두머리. ②고려 시대, 무관의 종삼품 벼슬. 지위는 상장군(上將軍)의 아래, 장군(將軍)의 위임.

대ː장-균(大腸菌)명 사람 및 포유류의 창자 속에서 포도당을 분해하여 산(酸)을 생산하는 세균. 보통 병원성(病原性)은 없으나, 때로는 방광염·신우염 따위의 원인이 되기도 함.

대ː장-기(大將旗)명 대장이 지휘할 때 쓰던 기.

대ː-장부(大丈夫)명 건장하고 씩씩한 사나이. 준장부. ↔졸장부.

대ː-장선(大長線)명 마루 밑의 장선을 받치고 있는 나무.

대ː장-암(大腸癌)명 대장에 생기는 암종(癌腫).

대ː장-염(大腸炎)[-념]명 대장에 나타나는 염증(炎症).

대ː장-인(大將印)명 지난날, 장수(將帥)가 차던 병부(兵符)의 신표(信標). ¶ 병법(兵法)을 외와 대장인(大將印)을 요하(腰下)에 빗기 차고(許筠.洪吉童傳).

대ː장-일[-닐]명하자 대장간에서 쇠를 달구어 연장을 만드는 온갖 일. 준대장.

대ː장-장이명 대장일을 업으로 하는 사람. 야공(冶工). 야장(冶匠). 준대장.

대ː-장정(大長程)명 아주 먼 길을 감. ¶ 남극 탐험의 대장정.

대장-준(臺狀準)명 준지(準紙)로 마지막으로 보는 교정(校正).

대ː장^카타르(大腸catarrh)명 대장의 카타르성 염증. 〔아랫배가 살살 아프고 설사를 하는 증세.〕

대ː장-패(大將牌)명 포도대장이 차던 패.

대ː재(大才)명 비범하고 출중한 큰 재주, 또는 그런 재주를 가진 사람. ↔소재(小才).

대ː재(大災)명 큰 재앙. 심한 재앙.

대ː재(大齋)명 ①가톨릭에서, '단식재(斷食齋)'의 이전 일컬음. 참소재(小齋). ②절에서 재를 지내고 음식을 베풀어 중들을 공양하는 일.

대ː쟁(大箏)명 당악(唐樂)을 연주할 때만 쓰던 현악기의 한 가지. 중국에서 전래된 15현의 악기를 우리나라에서 13현으로 변조하여 만든 것. 〔오늘날 악기는 전하나 쓰이지 않음.〕

대ː저(大著)명 내용이 방대하고 규모가 큰 저서(著書).

대ː저(大抵)부 대체로 보아서. 대컨. 무릇². ¶ 대저 게으른 자가 성공하는 법이 없느니라.

대-저울명 눈금이 표시된 저울대 끝에, 물건을 걸거나 얹을 고리와 접시가 달려 있는 저울. 〔위쪽에 달린 손잡이 고리를 중심으로, 물건의 반대쪽에 추를 걸어 무게를 닮.〕

대ː적(大賊)명 ①큰 것을 노리는 도둑. ②많은 무리의 도둑. ③큰 잘못을 저지른 죄인.

대ː적(大敵)명 큰 적수.

대ː적(對敵)명 ①하자적을 마주 대함. 적과 맞섬. ②하자.타(적이나 어떤 세력·힘 따위가) 서로 맞서 겨룸. 저적(抵敵).

대ː적^방조(對敵幫助)[-빵-]명 적에 대하여 중립국이 방조하는 일.

대ː적-색(帶赤色)[-쌕]명 붉은빛을 띤 빛깔.

대ː전(大全)명 ①하형 완전히 갖추어져 모자람이 없음. ②일정한 분야에 관한 사항을 두루 망라하여 편찬한 책. ¶ 경제학 대전. ③〔책의 이름 다음에 쓰이어〕 언해본(諺解本)에 대한 원본임을 나타내는 말. ¶ 논어 대전.

대ː전(大典)명 나라의 소중하고 큰 의례(儀禮)나 법전(法典).

대ː전(大殿)명 ①임금이 거처하는 궁전. 대내(大內). ②'임금'을 높이어 일컫는 말.

대ː전(大篆)명 한자의 팔체서(八體書)의 하나. 중국 주(周)나라 때, 태사(太史) 주(籒)가 만든 글씨체. 전주(篆籒).

대ː전(大戰)명하자 여러 나라가 넓은 지역에 걸쳐 큰 싸움을 벌임, 또는 그런 싸움. ¶ 세계 대전이 일어나다.

대전(垈田)명 ①텃밭. ②집터와 밭.

대전(帶電)명하자타 어떤 물체가 전기를 띰, 또는 그렇게 함. 하전(荷電).

대ː전(對戰)명하자 맞서 싸움. 상대하여 겨룸. ¶ 축구 경기의 대전 일정이 확정되다.

대ː전-료(對戰料)[-뇨]명 직업적인 운동 경기에서, 맞서 싸워 주고받는 보수. 파이트머니.

대ː전-마마(大殿媽媽)명 지난날, '임금'을 높이어 일컫던 말.

대ː-전제(大前提)명 삼단 논법의 명제 중에서, 대개념을 포함하는 전제. 대개, 삼단 논법의 첫머리에 둠. ↔소전제. 참삼단 논법.

대ː전차-포(對戰車砲)명 전차를 공격하는 데 쓰이는 대포.

대전-체(帶電體)명 정전기를 띠고 있는 물체.

대ː절(大節)명 ①대의를 위하여 죽음으로써 지키는 절개. ②크게 빛나는 절조.

대절(貸切)명 ☞전세(專貰).

대ː점(貸店)명 ☞대점포.

대ː점(對點)[-쩜]명 원(圓)이나 구(球)의 지름의 양 끝에 있는 한 쌍의 점.

대ː-점포(貸店鋪)명 점포를 세놓음, 또는 세놓은 점포. 대점.

대ː접[1]명 위가 넓고 운두가 낮은 모양의 그릇. 국이나 숭늉 따위를 담는 데 씀.

대ː접[2]명 소의 사타구니에 붙은 고기. 대접살.

대ː접(待接)명하타 ①음식을 차려 손을 맞음. 접대. ¶ 대접을 잘 받다. ②마땅한 예로써 대함. ¶ 깍듯이 선배 대접을 하다. /인간 이하의 대접을 받다.

대ː접-감[-깜]명 굵은 반시(盤柹)의 한 가지.

대ː접-무늬[-점-니]명 대접 모양으로 크고 둥글게 놓은 비단의 무늬.

대ː접-받침[-빧-]명 폿집이나 단익공·삼폿집의 기둥 위에 끼우는 넓적하게 네모진 나무. 대접소로. 주두(柱枓).

대ː접-살[-쌀]명 ☞대접2.

대ː접-소로(-小櫨)[-쏘-]명 ☞대접받침.

대ː접-쇠[-쐬/-쒜]명 문장부가 들어갈 둔테의 구멍 가에 박는 말굽 같은 쇠. 마제철(馬蹄鐵).

대ː접-자루[-짜-]명 대접에 붙은 쇠고기의 한 가지. 구이에 씀.

대ː정(大正)명 〈대정자(大正字)〉의 준말.

대ː정(大定)명하타 일을 딱 결정함.

대ː정(大政)명 왕조 때, 해마다 음력 선달에 행하던 도목정사(都目政事). 〔6월의 소정(小政)에 대한 말.〕 ↔소정(小政).

대ː정(大釘)명 ①연목을 거는 데나 대문짝에 박는 큰못. ②대못. 큰못.

대ː정-각(對頂角)명 '맞꼭지각'의 구용어.

대ː-정맥(大靜脈)명 몸의 각 기관에 흩어져 있는 소정맥의 피를 모아서 심장의 우심방으로 들여보내는 큰 정맥. ↔대동맥.

대ː-정자(大正字)명 서양 문자의 '인쇄체 대문자'를 이르는 말. 준대정.

대ː정-코(大定-)부 단연코. 결단코.

대ː제(大帝)명 〔위대한 황제의 뜻으로〕 '황제(皇帝)'를 높이어 일컫는 말.

대ː제(大祭)명 ①성대히 올리는 제사. ②종묘에서 사맹월(四孟月)의 상순과 납일(臘日)에 지내는 제사와, 사직에서 정월 첫 신일(辛日)에 풍년을 빌며 지내는 제사. 또, 중춘(仲春)·중추(仲秋) 첫 무일(戊日)과 납일에 지내는 제사. 대제사(大祭祀). 대향(大享).

대ː-제사(大祭祀)명 ☞대제(大祭).

대ː-제사장(大祭司長)명 구약 시대에, 여호와에게 제사 지내는 일을 맡아보던 제사장들 중의 으뜸 성직자. 대사제(大司祭).

대ː-제전(大祭典)명 크게 벌인 제전. ¶ 민속의 대제전. /대학의 5월 대제전.

대ː-제학(大提學)명 조선 시대에, 홍문관과 예문관의 우두머리로서, 정이품 벼슬. 참문형(文衡)·주문(主文).

대ː조(大朝)명 ①왕세자가 섭정하고 있을 때의 '임금'을 일컫던 말. ②초하루와 보름에, 아침 일찍 문무백관이 정전(正殿)에 모여서 임금에게 문안드리고 정사(政事)를 아뢰어 임금의 결재를 받던 큰 조회(朝會).

대ː조(大棗)명 ☞대추2.

대ː조(大潮)명 간만(干滿)의 차가 가장 클 때, 또는 그때의 조수(潮水). 매월 보름달 뜰 무렵과 그믐에 일어남. 한사리. ↔소조(小潮).

대ː조(對照)명 ①하타 둘 이상의 대상을 맞대어 봄. 비준(比準). ¶ 사본을 원본과 대조하다. ②되자 서로 반대되거나 상대적으로 대비됨, 또는 그러한 대비. ¶ 그 두 사람은 여러 면에서 대조가 된다.

대ː조-법(對照法)[-뻡]명 수사법상 강조법의 한 가지. 뜻이 상반되거나 정도가 다른 사물을 대조시켜 어떤 한 사물을 강조하는 표현 방법. 〔'여자는 약하나 어머니는 강하다.' 따위.〕

대ː조-적(對照的)관명 서로 반대되거나 상대적으로 대비되는 (것). ¶ 대조적 사고방식. /저 집 딸들은 성격이 대조적이다.

대ː조-차(大潮差)명 한사리 때의 간만(干滿)의 차를 여러 해 동안 조사하여 평균한 값.

대ː조-표(對照表)명 대조해 놓은 일람표.

대ː족(大族)명 세력이 왕성하고 자손이 많은 집안.

대졸(大卒)명 '대학 졸업'을 줄여 이르는 말. ¶ 이번 공채에는 대졸 사원만 뽑는다.

대ː종(大宗)명 ①대종가(大宗家)의 종손으로 이어지는 계통. ②사물의 큰 근본. ¶ 사랑은 기독교 사상의 대종이다. ③(어떤 분야의) 가장 권위 있는 대가(大家). ¶ 그분이야말로 동방 유학의 대종이시다. ④(어떤 분야의) 주류(主流). ¶ 전자 제품이 수출품의 대종을 이루고 있다.

대ː종(大鐘)명 큰 종.

대ː-종가(大宗家)명 여러 갈래의 종파 중에서 시조의 제사를 받드는 종가. 제일 큰 종가.

대ː종-계(大宗契)[-계/-게]명 온 문중의 각 종파 사람들이 모여 맺는 계.

대ː종-교(大倧教)명 단군(檀君)을 교조(教祖)로 받드는, 우리나라 고유의 종교.

대ː-종백(大宗伯)명 조선 시대에, '예조 판서'를 달리 일컫던 말.

대ː-종사(大宗師)명 ①대종교에서, '도(道)를 통하여 깨달음을 얻은 사람'을 높이어 이르는 말. ②조계종에서, 비구 법계의 1급을 이르는 말. ③태고종에서, 선정(禪定)을 닦은 승려의 법계의 1급을 이르는 말. ④기예나 예능계에서, 한 파의 시초를 연 대가(大家).

대ː-종손(大宗孫)명 대종가(大宗家)의 맏자손.

대ː-종중(大宗中)명 큰 종중. 〔대개, 5대 이상의 선조에서 갈린 자손들의 종중을 말함.〕

대좌(臺座)명 불상(佛像) 따위를 안치하는 대.

대ː좌(對坐)명하자 마주 앉음. ¶ 양국 정상이 대좌하다.

대ː죄(大罪)[-죄/-줴]명 크나큰 죄. 거죄(巨罪). 중죄(重罪).

대ː죄(待罪)[-죄/-줴]명하자 죄를 지은 사람이 처벌을 기다림. ¶ 석고(席藁)대죄.

대ː주(大主)명 무당이 '단골집 바깥주인'을 일컫는 말. ↔계주(季主).

대ː주(大洲·大州)명 매우 넓은 육지. 대륙.

대ː주(大酒)명 ☞호주(豪酒).

대ː주(大註)명 경서(經書)나 그 밖의 책들에서 원문과 같은 크기의 글자로 단 주해.

대ː주(代走)명하자 야구에서, 다른 선수가 대신 주자(走者)가 됨.

대ː주(貸主)명 돈이나 물건을 빌려 준 사람. 참임대인.

대ː-주교(大主教)명 가톨릭에서, '관구(管區)를 주관하는 최고 성직, 또는 그 직에 있는 사람'을 이르는 말.

대ː주-자(代走者)명 야구에서 누상(壘上)에 나가 있는 주자를 대신하여 주자가 된 사람.

대ː-주주(大株主)명 한 회사의 주식 중 많은 몫을 가지고 있는 주주. ↔소주주.

대-죽(-竹)명 한자 부수의 한 가지. '竺'·'答' 등에서의 '竹'의 이름.

대중명 ①하타대강으로 하는 짐작. 또는 겉가량으로 짐작함. ¶ 수확량을 대중할 수가 없다. ②표준이나 기준. ¶ 이것을 대중으로 하나 더 만들어라.

대중(을) **삼다**관용 기준이나 표준으로 삼다. ¶ 이 옷을 대중 삼아 지어 주십시오.

대중(을) **잡다**관용 대강으로 헤아려 짐작하다.

대중(을) **치다**관용 어림으로 셈치다.

대ː중(大衆)명 ①신분의 구별이 없이 한 사회의 대다수를 이루는 사람. 비다중(多衆). 참군중. ②불교에서, '많이 모인 중' 또는 '비구·비구니·우바새·우바이'를 아울러 이르는 말.

대ː중-가요(大衆歌謠)명 대중들이 즐겨 부르는 노래. 일반 대중의 흥미를 위주로 한 노래. 가요곡. 준가요.

대ː중-공양(大衆供養)명하자 불교 신자들이 절의 중들이나 여러 사람에게 음식을 차려 대접하는 일.

대ː중^과세(大衆課稅)명 수입이 적은 일반 대중의 부담이 되는 조세. 〔물품세 따위.〕

대ː중-교통(大衆交通)명 (버스·지하철 따위) 대중이 이용하는 교통.

대중-말명 ☞표준어.

대ː중^매체(大衆媒體)명 〈대중 전달 매체〉의 준말.

대ː중-목욕탕(大衆沐浴湯)명 (개인이나 단체의 전용 목욕탕이 아닌) 일반 대중이 함께 이용할 수 있는 목욕탕. 공동탕. 대중탕.

대ː중^문학(大衆文學)명 대중성을 위주로 하여 흥미 있는 소재를 다룬 문학. 통속 문학. 참순수 문학.

대ː중-문화(大衆文化)명 대중이 주체가 되는 문화. 생활 수준의 향상 및 교육 보급의 확대, 매스컴의 발달 등으로 성립됨.

대ː중^사회(大衆社會)[-회/-훼]명 대중이 정치·경제·사회·문화의 모든 분야에 진출하여 그 기반을 이루는 사회. 매스컴의 발달과 대량 생산, 조직의 관료화 따위에 의하여 만들어진 현대 자본주의의 특징적인 사회 형태임.

대ː중-산림(大衆山林)[-살-]명 절의 크고 작은 일을 중들의 결의에 따라 처리하는 절.

대중-석(臺中石)명 탑의 기단(基壇)의 중간 부분을 이루는 돌.

대ː중-성(大衆性)[-썽]명 ①일반 대중이 널리 공통적으로 갖고 있는 성질. ②대중의 기호에 맞는 성질. ¶ 이 잡지는 대중성이 결여되어 있다.

대ː중^소ː설(大衆小說)명 대중을 대상으로 하는 흥미 위주의 소설. 〔추리 소설·유머 소설 따위.〕 통속 소설.

대ː중-식당(大衆食堂)[-땅]명 대중들이 싼값으로 간편하게 식사할 수 있도록 마련된 식당.

대ː중^심리(大衆心理)[-니]명 ☞군중 심리.

대중-없다[-업따]형 ①헤아려 짐작할 수가 없다. ②기준이나 표준이 없이 뒤숭숭하다. ¶ 값이 가게마다 대중없다. **대중없-이**부 ¶ 술을 대중없이 마시더니 금세 취했다.

대ː중-오락(大衆娛樂)명 대중이 널리 쉽게 즐기는 오락.

대ː중^운ː동(大衆運動)명 다수인의 공동 목적을 위해 대중이 주체가 되어 집단적으로 행하는 활동을 통틀어 이르는 말.

대ː중-음악(大衆音樂)명 대중을 대상으로 하는 음악.

대ː중^작가(大衆作家)[-까]명 대중 소설을 주로 쓰는 소설가.

대ː중^잡지(大衆雜誌)[-찌]명 대중을 대상으로 하는 흥미 위주의 잡지.

대ː중-적(大衆的)관명 널리 일반 대중을 중심으로 한 (것). ¶ 대중적 인기. /대중적인 작품.

대ː중^전달(大衆傳達)명 ☞매스컴.

대ː중^전달^매체(大衆傳達媒體)명 ☞매스 미디어. 준대중 매체.

대ː중^조작(大衆操作)명 정치 권력을 가진 지도자가 강제력을 쓰지 않고서 대중을 조종하여 정치적·사회적 목적을 실현하려는, 사회 통제의 한 양식.

대ː중-처소(大衆處所)명 중이 많이 사는 절.

대ː중-탕(大衆湯)명 ☞대중목욕탕.

대ː중-판(大衆版)명 일반 대중을 상대로 펴낸, 값이 싼 출판물.

대ː중-화(大衆化)명하자타되자 일반 대중 사이에 널리 퍼져 친근하게 됨, 또는 그렇게 되게 함. ¶ 요즘은 스키도 많이 대중화되었다.

대ː증(對症)명하자 병의 증세에 따라 알맞은 조처를 하는 일.

대ː증(對證)명하타 관계자를 대질시켜 증거를 조사함.

대ː-증광(大增廣)명 왕실에 큰 경사가 있을 때 임시로 보이던 과거.

대증-식(帶證式)명 복합적 삼단 논법의 한 특수 형식. 대·소 전제 중 한쪽, 또는 양쪽에 이유가 붙은 추론임.

대:증^요법(對症療法)[-뇨뻡]명 병의 원인을 알 수 없을 때, 겉으로 드러난 병의 증세에 따라 적절히 다스리는 치료법. 참병인 요법(病因療法).

대:지(大地)명 ('하늘'에 대하여) 대자연의 넓고 큰 땅. ¶ 광활한 대지.

대:지(大旨)명 말이나 글의 대강의 내용이나 뜻. 대의(大意).

대:지(大志)명 원대한 뜻. 큰 뜻. 홍지(鴻志). ¶ 젊은이여, 대지를 품어라.

대:지(大指)명 엄지손가락.

대:지(大智)명 뛰어난 슬기. ↔대우(大愚).

대지(垈地)명 집터로서의 땅. 준대(垈).

대지(帶紙)명 지폐나 서류 따위를 둘러 감아 매는 데 쓰는 좁다란 종이 오리. 띠종이.

대:지(貸地)명 세를 놓는 땅. ↔차지(借地).

대지(臺地)명 ①주위의 평지보다 높고 평평한 땅. ②☞고원(高原).

대지(臺紙)명 (그림이나 사진 따위를 붙일 때의) 밑바탕이 되는 두꺼운 종이.

대:지(對地)명 (공중에서) 지상의 목표물을 상대함(향함).

대:지^공:격(對地攻擊)명 공중으로부터 지상으로 향한 공격. 〔적의 부대에 대한 항공기의 공격 따위를 이름.〕

대-지르다[~지르니·~질러]자르 찌를 듯이 날카롭게 대들다.

대:지^속도(對地速度)[-또]명 지면이나 해면에 대한 항공기의 속도. 참대기 속도.

대:-지주(大地主)명 큰 땅의 소유주.

대:지^측량(大地測量)[-층냥]명 (반지름 10 km 이상의 넓은 지역의 면적을 잴 때) 지구를 회전 타원체로 보고 하는 측량.

대-지팡이명 대로 만든 지팡이. 죽장(竹杖).

대:직(大職)명 높은 직위. ¶ 갑자기 대직을 맡고 보니 걱정이 앞선다.

대:직(代直)명하자 숙직이나 일직 따위를 대신함, 또는 그런 일. 대번(代番).

대:진(大震)명 큰 지진.

대:진(代診)명하타 담당 의사를 대신해 진찰함, 또는 그 진찰하는 사람.

대:진(代盡)명하자 조상에게 제사 지내는 대(代)의 수효가 다함. 친진(親盡).

대:진(對陣)명하자 ①적군과 마주 대하여 진을 침. ②놀이나 운동 경기에서, 편을 갈라 맞섬.

대:진-표(對陣表)명 (여러 경기자나 팀이 참가하는 경기에서) 서로 대진하게 될 짝과, 경기 진행의 순서를 적어 놓은 표.

대:질(對質)명하자 서로 엇갈린 말을 하는 두 사람을 마주 대하여 진술하게 함. ¶ 증인과 대질한 피의자가 범행을 시인했다. 참무릎맞춤.

대질리다자 〖'대지르다'의 피동〗 대지름을 당하다. ¶ 경찰관에게 대질리다.

대:질^신:문(對質訊問)명 진술이 서로 어긋나는 소송 관계자 쌍방을 대면시켜 신문하는 일.

대:질^심문(對質審問)명 원고·피고·증인 등을 대질시켜 따져 묻는 일.

대:-집행(代執行)[-지팽]명 행정상의 강제 집행의 한 가지. 명령받은 행위를 이행하지 아니할 때에, 관청이 직접 또는 제삼자로 하여금 권리자를 대신하여 행하는 집행. 대체 집행(代替執行).

대-짜(大-)명 (같은 종류 중에서) 가장 큰 것. ¶ 바지를 대짜로 하나 주시오.

대짜-배기(大-)명 대짜인 물건.

대-쪽명 ①대를 쪼갠 조각. 댓조각. ②《주로 '같다' 활용형 앞에 쓰이어》 '성품이나 절개 따위가 곧은 것'을 비유하여 이르는 말. ¶ 대쪽 같은 성미.

대:차(大車)명 ①소 두 마리가 끄는 큰 수레. ②〈대차륜〉의 준말.

대:차(大差)명 큰 차이. ↔소차(小差).

대:차(大借)명하자 독한 약을 먹어 힘을 굳세게 하는, 약차(藥借)의 한 가지.

대:차(貸借)명 ①차주(借主)가 대주(貸主)의 것을 이용한 뒤 그것을 반환해야 하는 계약을 통틀어 이르는 말. 〔소비 대차·사용 대차·임대차 등이 있음.〕 ②부기의 차변과 대변. ③하타 꾸어 줌과 꿈. ③차대(借貸).

대-차다형 성미가 꿋꿋하며 세차다. ¶ 대차게 대들다.

대:차^대:조표(貸借對照表)명 일정한 시점에 있어서 기업의 재정 상태를 일람할 수 있게 나타낸 표. 차변에 자산을, 대변에 부채와 자본을 기재함.

대:-차륜(大車輪)명 ①큰 수레바퀴. ②기계 체조의 한 가지. 두 손으로 철봉을 잡고 그것을 중심으로 원을 그리듯이 도는 운동. ②준대차.

대차-매듭명 끈으로 채반처럼 맺는 매듭.

대:차^차액(貸借差額)명 대변과 차변과의 차이가 나는 액수.

대:찬(代撰)명하타 ☞제찬(制撰).

대:찰(大札)명 남의 편지를 높이어 이르는 말.

대:찰(大刹)명 규모가 몹시 크거나 이름난 절. 거찰(巨刹). 대사(大寺).

대-창(-槍)명 대를 깎아 만든 창. 죽창(竹槍).

대:창(大漲)명하자 (강이나 개울 등이) 물이 많이 불어서 넘침.

대:창(ᐩ大腸)명 소 따위 큰 짐승의 대장(大腸).

대:-창옷(大-)[-옫]명 향리(鄕吏)가 입던, 두루마기에 큰 소매가 달린 웃옷. * 대:창옷이[-오시]·대:창옷만[-온-]

대:책(大冊)명 큰 저술(著述)의 책.

대:책(大責)명하타 크게 꾸짖음. 큰 꾸지람.

대:책(對策)명 ①(어떤 일에) 대응하는 방책. ¶ 선거 대책을 강구하다. /물가 대책을 수립하다. ②조선 시대에, 과거 시험 과목의 한 가지. 시정(時政)의 문제를 제시하고 그 대책을 논하게 하던 것.

대:처(大處)명 ☞도회지.

대:처(帶妻)명 ①하자 아내를 둠. ②☞대처승.

대:처(對處)명하자 (어떤 일에 대하여) 적당한 조처를 취함, 또는 그 취한 조처.

대:-처네명 쌓은 이불 위를 덮는 큰 보.

대:처-승(帶妻僧)명 아내를 두고 살림을 하는 중. 대처. 화택승(火宅僧). ↔비구승.

대:척(對蹠)명되자 (어떤 일에 대하여) 정반대가 됨. ¶ 서로 대척될 견해.

대:척-적(對蹠的)[-쩍]관명 서로 정반대가 되는 (것). ¶ 대척적 관점. /그들은 대척적이다.

대:천(大川)명 큰 내. 이름난 내. ¶ 명산대천.

대:천(大闡)명 문과 급제.

대:천(戴天)명 〔하늘을 머리에 인다는 뜻에서〕 '세상에 살아 있음'을 비유하여 이르는 말.

대:-천문(大泉門)명 머리의 정중부(正中部)에서 전두골(前頭骨)과 두정골(頭頂骨) 사이에 있는 가장 큰 천문.

대:천-세계(大千世界)[-계/-게]명 불교에서, '삼천 대천세계'를 달리 이르는 말.

대:천지수(戴天之讎)명 ☞불공대천.

대ː첩(大捷)명하자 ☞대승(大勝).
대-청명 대의 안벽에 붙은 얇고 흰 꺼풀.
대ː청(大廳)명 집채의 방과 방 사이에 있는 큰 마루. 대청마루. 당(堂). ㊅청.
대ː청(代聽)명하타 지난날, 왕세자가 왕을 대신하여 임시로 정치를 행하던 일. 대리(代理).
대ː청-마루(大廳-)명 ☞대청(大廳).
대ː-청소(大淸掃)명하타 대대적으로 하는 청소.
대ː체(大體) Ⅰ명 사물의 전체에서 요점만 딴 줄거리.
Ⅱ부 대관절. ¶ 이게 대체 무슨 일인가.
대ː체(代替)명하타되자 다른 것으로 바꿈. 체환(替換). ¶ 하물 수송을 트럭으로 대체하다.
대ː체(對替)명하타 어떤 계정(計定)의 금액을 다른 계정으로 옮겨 적는 일.
대ː체^계ː정(對替計定)[-계-/-게-]명 어떤 금액을 한 계정에서 딴 계정으로 대체하는 일, 또는 그 계정.
대ː체-로(大體-)부 (구체적이거나 특수한 점은 제외하고) 일반적으로. 대충. ¶ 대체로 건강은 좋은 편이다.
대ː체-물(代替物)명 일반 거래에서, 같은 종류로서 크기·무게·형태 따위가 같고 값이 같으면 대체가 가능한 물질, 또는 물건. 〔화폐·곡물·석유 따위.〕 ↔부대체물.
대ː체^식량(代替食糧)[-싱냥]명 쌀을 대신할 식량.
대ː체^에너지(代替energy)명 석유에 주로 의존해 온 에너지원에 대신하여 활용되는 에너지. 〔원자력·태양열 따위.〕
대ː체^원칙(代替原則)명 같은 성질의 물건을 생산함에 있어, 되도록 비용이 적게 드는 생산 요소를 비용이 많이 드는 그것에 대신하는 원칙.
대ː체^의학(代替醫學)명 현대 의학적 치료 방법 이외의 모든 질병 치료법을 이르는 말. 〔민간요법·식이 요법·단식 요법 따위.〕
대ː체-재(代替財)명 (쌀과 빵, 고기와 생선처럼) 한쪽을 소비하면 다른 쪽은 그만큼 덜 소비되어 어느 정도까지 서로 대체될 수 있는 재화.
대ː체-적(大體的)관명 ①대강의 요점만 나타낸 (것). ¶ 대체적 해설./대체적인 설명. ②대충 그러한 (것). ¶ 대체적 반응./대체적으로 괜찮은 편이다.
대ː체^전표(對替傳票)명 대체할 때 쓰는 전표.
대ː체^집행(代替執行)[-지팽]명 ☞대집행.
대초명 〈옛〉대추[2]. ¶ 대초 볼 불근 가지 에후리혀 굴희 빠담고(古時調).
대ː초(大草)명 서양 문자의 '필기체 대문자'를 이르는 말. ↔소초(小草)[2].
대ː초열-지옥(大焦熱地獄)명 불교에서 이르는 팔열 지옥의 하나. 살생·투도(偸盜)·음행·음주·망어(妄語)의 죄를 지은 자가 가게 된다는 지옥으로, 시뻘겋게 달군 쇠집〔鐵室〕이나 쇠다락〔鐵樓〕 속에 들어가 살이 타는 고통을 받는다고 함.
대ː-초원(大草原)명 매우 너른 초원. 대평원.
대ː촌(大村)명 큰 마을.
대ː총(大總)부 〈대충〉의 본딧말.
대ː-총재(大冢宰)명 조선 시대에, '이조 판서'를 중국 주(周)나라 때의 총재 벼슬에 해당한다 하여 이르던 말.
대ː추[1]명 남이 쓰다가 물려준 물건.
대ː추[2]명 대추나무의 열매. 대조. 목밀(木蜜).
대ː추(大酋)명 (야만인의) 가장 세력이 큰 부족의 우두머리.
대ː추-나무명 갈매나뭇과의 낙엽 활엽 교목. 남유럽 원산으로 각지에서 재배함. 잎은 달걀 모양인데 윤기가 있고 가지에는 무딘 가시가 있음. 6월경에 황록색의 작은 꽃이 피며 길둥근 열매는 가을에 황갈색으로 익음. 열매인 대추는 먹기도 하고 약으로도 씀. 조목(棗木).
대추나무에 연 걸리듯관용 '여기저기에 빚이 많이 걸려 있음'을 비유하여 이르는 말.
대ː추-미음(-米飮)명 대추와 찹쌀을 푹 삶아 체에 밭쳐서 쑨 미음.
대ː추-벼명 늦벼의 한 가지. 까끄라기가 없고 빛이 붉음.
대ː추-초(-炒)명 대추를 푹 쪄서 꿀·기름·계핏가루를 치고 버무린 과자.
대ː축(大畜)명 〈대축괘〉의 준말.
대ː축(對軸)명 ☞대폭(對幅).
대ː축-괘(大畜卦)[-꽤]명 육십사괘의 하나. 간괘(艮卦)와 건괘(乾卦)를 위아래로 놓은 괘. 하늘이 산 가운데 있음을 상징함. ㊅대축.
대ː축척^지도(大縮尺地圖)[-찌-]명 축척의 크기를 5만분의 1 내외로 하여 좁은 지역을 자세하게 나타낸 지도. 참소축척 지도.
대ː춘(待春)명하자 봄을 기다림.
대ː출(貸出)명하타 돈이나 물건 따위를 빌려줌. ¶ 도서 대출. ↔차입.
대ː출^초과(貸出超過)명 은행이 예금액 이상으로 대출을 하고, 부족한 자금을 중앙은행으로부터 차입(借入)하는 일. 오버론(overloan).
대충부 ①어림잡아. ¶ 대충 스무 명가량 올 것이다. ②건성으로. 대강. ¶ 시간이 없어서 대충 치웠다. 본대총(大總).
대ː충(代充)명하타되자 다른 사람(사물)으로 대신하여 채움.
대충-대충부 대강대강. ¶ 대충대충 청소하다.
대ː충-자금(對充資金)명 제2차 세계 대전 후, 미국의 원조 물자를 받은 나라의 정부가 이것을 공정 환율에 의해 국내에 팔아 얻은 국내 화폐 자금.
대ː취(大醉)명하자 술에 몹시 취함. 명정(酩酊). 비만취.
대ː-취타(大吹打)명 취타와 세악(細樂)을 통합 편성한 옛 군악. 나발·태평소·나각·대각·관·적·징·나(鑼)·자바라·북·장구·해금 따위를 망라하여 연주함. 왕의 거둥이나 군대 행진 때 아뢰었음.
대치(大熾) '대치하다'의 어근.
대ː치(代置)명하타되자 다른 것으로 바꾸어 놓음. 다른 것으로 갈아 놓음. 개치(改置). ¶ 부족한 노동력을 기계로 대치하다.
대ː치(對峙)명하자되자 서로 마주 대하여 버팀. 맞버팀. 대립.
대ː치(對置)명하타 마주 대하게 놓음.
대ː치-하다(大熾-)형여 기세가 크게 성하다.
대ː침(大針)명 큰 바늘. ↔소침(小針).
대ː침(大鍼)명 끝이 약간 둥글고 길이가 긴 침.
대ː칭(大秤)명 (백 근까지 달 수 있는) 큰 저울. 근칭(斤秤).
대ː칭(對稱)명 ①점·선·면, 또는 이것들로 된 도형이 어떤 기준이 되는 점이나 선, 또는 면을 중심으로 서로 맞서는 자리에 놓이는 경우. ②광물 따위의 결정체가 어떤 축을 중심으로 일정한 각도만큼 회전시켰을 때, 원래의 모양과 꼭 같은 위치에 놓인 꼴이 되는 경우. ③결정체를 어떤 평면으로 반분했을 때, 그 평면을 중심으로 한쪽의 것이 다른 쪽의 반사된 형태일 경우.

대ː칭^대ː명사(對稱代名詞)명 상대편의 이름 대신에 쓰는 인칭 대명사. 〔'너'·'당신'·'자네'·'그대' 따위.〕 제이 인칭.

대ː칭^도형(對稱圖形)명 한 점이나 직선을 중심으로 양쪽에 자리한 두 도형이 대칭되는 자리에 있을 때의 두 도형. 맞선꼴. 준대칭형.

대ː칭-률(對稱律)[-뉼]명 수학에서, '$a=b$이면 $b=a$'인 관계를 이르는 말.

대ː칭-면(對稱面)명 두 도형이 한 평면을 사이에 두고 대칭을 이룰 때의 그 평면.

대ː칭^배ː사(對稱背斜)명 양쪽의 지층이 반대 방향으로 경사지고, 서로 대응하는 경사의 정도가 같은 배사 구조.

대ː칭-식(對稱式)명 어떤 수식 중에서, 두 문자의 앞뒤 순서를 바꾸어 놓아도 그 값은 조금도 변하지 않는 대수식. 〔a^2+ab+b^2은 a, b의 대칭식.〕

대ː칭^위치(對稱位置)명 2등분된 선분에 대하여 서로 대칭되어 있는 자리.

대ː칭^이동(對稱移動)명 도형을 점·직선·평면 따위에 대하여 대칭이 되도록 옮기는 일.

대ː칭-점(對稱點)[-쩜]명 두 도형이 한 점을 사이에 두고 대칭을 이룰 때의 그 점.

대ː칭-축(對稱軸)명 두 도형이 한 직선을 사이에 두고 대칭을 이룰 때의 그 직선.

대ː칭-형(對稱形)명 〈대칭 도형〉의 준말.

대-칼명 대로 만든 칼. 죽도(竹刀).

대컨부 헤아려 보건대. 대저(大抵). 무릇2. ¶ 대컨 학생이란 공부를 제일로 여겨야 하느니.

대ː타(代打)명 ①하자야구에서, 정식 타자를 대신해서 치는 일. ②〈대타자〉의 준말.

대ː타-자(代打者)명 대타를 하는 사람. 준대타.

대ː탁(大卓)명 (남을 대접하기 위해) 아주 잘 차린 음식상.

대ː탈(大頉)명 매우 걱정스러운 큰 탈. 큰 사고.

대-테명 대를 쪼개서 결어 만든 테.

대ː토(代土)명 ①팔고 대신 장만한 땅. ②지주가 소작인이 부치던 땅을 떼고 대신 주는 땅. ③하타땅을 서로 바꿈. ③환지(換地).

대ː-톱(大-)명 ①큰톱. ②큰 동가리톱.

대-통(-桶)명 담뱃대의 담배를 담는 부분.
대통 맞은 병아리 같다관용 남에게 얻어맞거나 의외의 일을 당하여 정신이 멍한 모양을 이르는 말.

대-통(-筒)명 쪼개지 않고 짤막하게 자른 대〔竹〕의 도막.

대ː통(大通)명하자 (운수 따위가) 크게 트임.

대ː통(大統)명 왕위를 계승하는 계통. 황통(皇統). ¶ 대통을 잇다.

대ː통령(大統領)[-녕]명 공화국의 원수(元首). 〔행정부의 수반이며 국가를 대표함.〕

대ː통령-령(大統領令)[-녕녕]명 대통령이 발하는 명령. 〔헌법에 의하여, 국민의 권리와 의무에 관계되는 명령인 법규 명령과, 직권에 의하여 행정부 조직 내부에 행해지는 행정 명령을 낼 수 있음. 법규 명령은 비상 명령·위임 명령·집행 명령으로 분류됨.〕

대ː통령-제(大統領制)[-녕-]명 민주 국가의 주요 정부 형태의 한 가지. 행정부의 수반이면서 국가의 대표가 되는 대통령이 입법부의 간섭 없이 내각을 구성하고, 임기 동안 대통령의 책임 아래 정책을 수행하는 제도. 대통령 중심제. 참의원 내각제.

대ː통령^중심제(大統領中心制)[-녕-]명 ☞대통령제.

대ː통-운(大通運)명 크게 트인 운수.

대ː퇴(大腿)[-퇴/-퉤]명 ☞넓적다리. 상퇴(上腿).

대ː퇴-골(大腿骨)[-퇴-/-퉤-]명 ☞넓적다리뼈.

대ː퇴-근(大腿筋)[-퇴-/-퉤-]명 넓적다리에 딸린 근육.

대ː퇴^동ː맥(大腿動脈)[-퇴-/-퉤-]명 대퇴의 안쪽에 있는 동맥. 상체에서 갈려 온 동맥으로, 하지(下肢)로 피를 내려 보냄. 고동맥(股動脈).

대ː퇴^사ː두근(大腿四頭筋)[-퇴-/-퉤-]명 ☞사두고근.

대ː퇴^정맥(大腿靜脈)[-퇴-/-퉤-]명 대퇴 동맥보다 안쪽에 있는 정맥. 하지(下肢)를 돌아온 피를 모아 상체로 올려 보냄. 고정맥(股靜脈).

대ː-파(大-)명 줄기가 길고 굵은 파.

대ː파(大破)명하자타되자 크게 부서짐, 또는 크게 쳐부숨. ¶ 폭격으로 적의 진지를 대파하다. /큰 점수 차로 상대 팀을 대파하다.

대ː파(代播)명하타 모를 내지 못한 논에 다른 곡식을 심음. 대용작. 대작(代作).

대ː판(大-)명 ①〈대판거리〉의 준말. ②〖부사적 용법〗 크게. 대판거리로. ¶ 대판 싸우고 나니 속이 후련하다.

대ː판(大版)명 인쇄물·사진 따위에서 사진이나 글자체가 큰 판.

대ː판(代辦)명하타 ①남을 대신하여 일을 처리함. 대무(代務). ②남을 대신하여 갚음. ②대변(代辨).

대ː판-거리(大-)명 크게 벌어진 판국. ¶ 대판거리로 싸우다. 준대판.

대ː패명 나무를 곱게 밀어 깎는 연장.

대ː패(大敗)명하자 ①크게 실패함. ②싸움에 크게 짐. 비참패. ②↔대승(大勝).

대ː패-아가리명 대팻밥이 나오는 구멍.

대ː패-질명하자타 대패로 나무를 밀어 깎는 일.

대ː팻-날[-팬-]명 대패에 끼우는 날쇠의 날.

대ː팻-밥[-패빱/-팬빱]명 대패질하여 깎여 나온 얇은 나뭇조각. 포설(鉋屑).

대ː팻밥-모자(-帽子)[-패빱-/-팬빱-]명 대팻밥처럼 얇은 나뭇조각을 잇대어 꿰매 만든 여름 모자. 햇볕을 가릴 목적으로 씀.

대ː팻-손[-패쏜/-팬쏜]명 대팻집 위쪽에 가로로 댄 손잡이.

대ː팻-집[-패찝/-팬찝]명 대팻날을 박게 된 나무의 틀.

대ː평-소(大平簫)명 ①☞태평소. ②☞대평수(大平手).

대ː평-수(大平手)명 지난날, 태평소나 나발을 불던 군인. 대평소.

대ː-평원(大平原)명 ①넓고 큰 평원. ②☞대초원.

대ː포명 술을 큰 잔으로 마시는 일. 대폿술. ¶ 대포나 한잔하고 갑시다.

대ː포(大砲)명 ①화약의 힘으로 포탄을 발사하는 화포(火砲). 준포. ②'거짓말'이나 '허풍'의 곁말. ¶ 말하는 것을 들어 보니 대포가 세다.
대포(를) 놓다관용 허풍을 치거나 터무니없는 거짓말을 하다.

대ː포-알(大砲-)명 대포의 탄알. 포탄.

대ː포-쟁이(大砲-)명 '거짓말쟁이' 또는 '허풍선이'의 곁말.

대ː폭 (大幅) Ⅰ명 ①(피륙 따위의) 큰 폭. ¶ 대폭 세 마로 지은 두루마기. ②많은 정도. 넓은 범위. ¶ 예산이 대폭으로 삭감되다. ↔소폭(小幅). Ⅱ부 폭이 크게. 썩 많이. ¶ 대폭 수정하다. /연봉을 대폭 인상하다. ↔소폭(小幅).

대ː폭 (對幅) 명 한 쌍의 서폭(書幅)이나 화폭(畫幅). 대축(對軸).

대ː폭발-설 (大爆發說) [-빨-] 명 우주의 생성과 진화에 관한 이론. 약 150억 년 전 초기 우주가 매우 높은 온도와 밀도에서 대폭발을 일으켜 현재의 팽창하는 우주가 탄생하였다고 함. 빅뱅설.

대ː폭-적 (大幅的) [-쩍] 관명 (수나 양의 규모가) 매우 큰 (것). 차이가 몹시 심한 (것). ¶ 내폭적 인사 이동. /대폭적인 물가 인상.

대폿-술 [-포쑬/-폳쑬] 명 대포.

대폿-잔 (-盞) [-포짠/-폳짠] 명 대폿술을 마실 때 쓰는 큼직한 잔.

대폿-집 [-포찝/-폳찝] 명 대폿술을 전문으로 파는 집.

대ː표 (代表) 명 ①하타 개인이나 단체를 대신하여 그의 의사나 성질을 외부에 나타냄. ¶ 도(道)를 대표하여 회의에 참석하다. ②〈대표자〉의 준말. ③전체를 표시할 만한 한 가지 사물, 또는 한 부분.

대ː표-권 (代表權) [-꿘] 명 남을 대표하는 권한.

대ː표-단 (代表團) 명 어떤 단체나 조직 같은 것을 대표하는 사람들로 구성된 무리.

대ː표^민주제 (代表民主制) 명 간접 민주 정치의 제도.

대ː표^번호 (代表番號) 명 대표 전화의 번호.

대ː표-부 (代表部) 명 정식으로 국교를 맺지 않은 나라, 또는 국제 기구 등에 설치하는 재외 공관의 한 가지. 그 공관장은 특명 전권 대사 또는 특명 전권 공사임.

대ː표^사원 (代表社員) 명 합명 회사·합자 회사에서 대표하는 권한을 가진 사원.

대ː표-음 (代表音) 명 우리말에서, 안울림소리를 받침으로 가진 말이 음절 끝에서나 모음으로 시작되는 체언과 이어질 때, 또는 자음으로 시작된 조사나 어미와 이어질 때 제 음가대로 소리 나지 않고 그와 비슷한 소리로 나는데, 그 비슷한 소리를 이름. 〔닦다→닥다, 키읔→키윽(ㄲ·ㅋ→ㄱ)/옷→옫, 있다→읻다, 젖→젇, 꽃→꼳, 솥→솓(ㅅ·ㅆ·ㅈ·ㅊ·ㅌ→ㄷ)/앞→압(ㅍ→ㅂ)에서 'ㄱ·ㄷ·ㅂ'이 그 대표음임.〕

대ː표^이ː사 (代表理事) 명 회사를 대표하는 이사. 〔이사회에서 선임함.〕

대ː표-자 (代表者) 명 ①여러 사람을 대표하는 사람. ②형사 소송법상, 피고인이나 피의자가 법인(法人)일 경우에 이것을 대표하는 사람. 준대표.

대ː표-작 (代表作) 명 어느 작가의 여러 작품 중에서, 그 작가의 역량이 가장 두드러지고 높이 평가되는 작품.

대ː표-적 (代表的) 관명 어느 한 분야나 집단에서 무엇을 대표할 만하게 전형적이거나 특징적인 (것). ¶ 후기 인상파의 대표적 작품들을 모아 전시하다. /북학파의 대표적인 인물.

대ː표^전ː화 (代表電話) 명 ①기관 등에서 사용하는 여러 개의 전화 가운데서, 그 기관을 대표하는 전화. ②여러 개의 전화를 사용하는 기관에 부여된 전화의 첫째 전화. 〔첫째 전화가 통화 중인 경우 자동적으로 다른 전화에 접속되게 됨.〕 참대대표 전화.

대ː표-치 (代表値) 명 ☞대푯값.

대ː푯-값 (代表-) [-표깝/-푠깝] 명 어떤 통계 자료 전체를 대표하는 하나의 수치. 평균값·메디안·모드 등이 있음. 대표치. *대ː푯값이[-표깝씨/-푠깝씨]·대ː푯값만[-표깜-/-푠깜-]

대-푼 명 〔돈 한 푼이라는 뜻으로〕 아주 적은 돈을 이르는 말.

대-푼거리질 명하자 땔나무를 푼거리로 사들이는 일. 푼거리질.

대푼-변 (-邊) [-뼌] 명 백분의 일로 치르는 변리. 일 푼의 변리.

대푼-짜리 명 ①돈 한 푼 값에 해당하는 물건. ②값어치 없는 물건.

대푼-쭝 (←-重) 명 한 푼의 무게.

대ː-품 (代-) 명 받은 품 대신에 갚아 주는 품.

대ː품 (大品) 명 ☞성품(聖品).

대ː품 (代品) 명 ☞대용품.

대ː풍 (大風) 명 큰 바람.

대ː풍 (大豐) 명 곡식이 썩 잘된 풍작, 또는 그러한 해. ¶ 대풍이 들다. ↔대흉.

대-풍류 (-風流) [-뉴] 명 대로 만든 관악기가 중심이 된 연주 형태, 또는 그런 음악.

대ː풍수 (大風樹·大楓樹) 명 산유자과의 낙엽 교목. 줄기는 가늘고, 잎은 광택이 나며, 노란 꽃이 핌. 장과(漿果)의 과실을 맺는데, 씨는 '대풍자'라 하여 약재로 씀.

대ː풍자 (大風子·大楓子) 명 대풍수(大風樹) 열매의 씨. 문둥병·매독 등에 약재로 씀.

대ː풍-창 (大風瘡) 명 ☞문둥병.

대ː피 (待避) 명하자 위험이나 피해를 입지 않도록 일시적으로 피함. ¶ 대피 훈련. /갑작스러운 화재로 한밤중에 대피하는 소동을 빚었다.

대ː피-선 (待避線) 명 단선(單線) 철로에서, 열차가 서로 엇갈릴 때 한쪽이 피하기 위하여 옆에 부설한 선로.

대ː피-소 (待避所) 명 ①비상시에 대피하도록 설치하여 놓은 곳. ②철교나 터널 따위에 열차의 통과를 기다리도록 만들어 놓은 곳.

대ː피-호 (待避壕) 명 적의 공습 때, 폭탄의 파편이나 그 밖의 화력을 피하기 위해 파 놓은 구덩이.

대ː필 (大筆) 명 ①큰 붓. ②크게 쓰는 붓글씨. ③썩 잘 쓴 글씨, 또는 그 사람.

대ː필 (代筆) 명하타 남을 대신하여 글이나 글씨를 씀, 또는 그 글이나 글씨. 대서(代書). ¶ 편지를 대필하다. ↔자필(自筆).

대ː하 (大河) 명 ①큰 강. ②중국의 황허 강을 달리 이르는 말.

대ː하 (大廈) 명 큰 집.

대ː하 (大蝦) 명 보리새웃과의 새우. 몸길이 26 cm가량. 몸빛은 연한 회색으로, 청회색 점무늬가 흩어져 있음. 갑각은 매끈하고 털이 없음. 우리나라·중국·동중국해 등지에 분포함. 왕새우.

대ː하 (帶下) 명 ①여자의 음부에서 흘러나오는 희거나 붉은 점액. 냉(冷). ②〈대하증〉의 준말.

대하 (臺下) 명 대의 아래. ↔대상(臺上).

대ː-하다 (對-) Ⅰ 자여 《주로 '(무엇에) 대한', 또는 '(무엇에) 대하여'의 꼴로 쓰이어》 ①대상으로 하다. ¶ 문학에 대한 흥미. /정치에 대한 국민적 관심. ②관계하다. 맞추다. ¶ 질문에 대한 답변. /오해에 대한 변명. ③비교하다. 견주다. ¶ 공산주의에 대한 민주주의의 우위론. /투자에 대한 수익률. ④소재로 삼다. ¶ 우리의 김치에 대하여 글을 쓰다. ⑤향하다. 상대하다. ¶ 그에 대하여 좋은 인상을 가지다.

Ⅱ 타여 ①마주 보다. ¶ 얼굴을 서로 대하여 앉다. ②상대하다. ¶ 그런 사람은 가까이 대하지 마라. ③접대하다. ¶ 손님을 친절하게 대하다. ④대항하다. 적대하다. ¶ 적의 대군을 대하여 굴하지 않고 싸우다.

대ː하-드라마(大河drama) 명 여러 대에 걸친 시대 배경과 많은 인물이 등장하는 방대한 내용의 방송 드라마.

대ː하-소설(大河小說) 명 여러 대에 걸친 시대 배경과 많은 인물이 등장하는 방대한 내용을 담은 소설.

대ː하-증(帶下症) [-쯩] 명 대하가 많이 흘러나오는 일을 병증으로 보아 이르는 말. 냉증(冷症). 준대하.

대ː학(大學)[1] 명 ①고등 교육 기관의 한 가지. 초등학교·중학교·고등학교에 이어지는 단계적인 학교 제도의 마지막 단계로서, 국가와 인류 사회의 발전에 필요한 학리와 응용 방법을 교수·연구하며 지도적 인격을 함양함. 〔수업 연한은 2년에서 4년까지임.〕 ②☞단과 대학.

대ː학(大學)[2] 명 사서(四書)의 하나. 공자(孔子)의 가르침을 정통으로 나타낸 유교의 경전.

대ː학-가(大學街) [-까] 명 ①대학교 주변에 있는 거리. ②대학을 중심으로 형성된 사회. ¶ 대학가의 새로운 풍속도.

대ː-학교(大學校) [-꾜] 명 종합 대학을 단과 대학과 구별하여 이르던 말. 현재는 4년제 대학을 이름.

대ː학-교수(大學教授) [-꾜-] 명 대학에서 학생들을 가르치는 선생. 〔교수·부교수·조교수 등의 구별이 있음.〕 교수.

대ː-학사(大學士) [-싸] 명 ①고려 시대, 보문각(普文閣)·수문전(修文殿)·집현전(集賢殿)의 으뜸 벼슬. ②조선 초기, 예문 춘추관(藝文春秋館)의 정이품 벼슬. ③중국 명(明)·청(淸) 때의 내각의 장관.

대ː학-생(大學生) [-쌩] 명 대학에 다니는 학생.

대ː학-언해(大學諺解) 명 조선 선조(宣祖) 때, 왕명으로 교정청(校正廳)에서 '대학(大學)'을 언해하여 펴낸 책.

대ː학^예ː과(大學豫科) [-항녜꽈] 명 일제 강점기 때, 대학 학부의 예비 과정. 〔수업 연한은 2년.〕

대ː학-원(大學院) 명 대학의 일부로서, 대학 졸업자가 한층 더 높은 정도의 학술·기예를 연구하는 곳. 〔석사 학위 과정과 박사 학위 과정이 있음.〕

대ː-학자(大學者) [-짜] 명 학식이 아주 뛰어난 학자.

대ː학-촌(大學村) 명 대학 주변에 형성되어 있는 마을.

대ː한(大汗) 명 몽고 제국의 황제에 대한 칭호.

대ː한(大旱) 명 극심한 가뭄.

대한 칠 년(七年) **비 바라듯** 관용 몹시 간절히 기다린다는 뜻.

대ː한(大寒) 명 ①극심한 추위. ②이십사절기의 하나. 소한(小寒)과 입춘(立春) 사이로, 양력 1월 21일경. 이 무렵이 일년 중 가장 춥다고 함.

대ː한(大韓) 명 ①〈대한 제국〉의 준말. ②〈대한민국〉의 준말.

대ː한-문전(大韓文典) 명 1909년에 유길준이 지은 국어 문법 책. 서구적인 문법학을 우리말에 적용한 첫 저술임. 1책. 참조선문전.

대ː한-민국(大韓民國) 명 우리나라의 국호(國號). 준대한·한·한국.

대ː한민국^임시^정부(大韓民國臨時政府) 명 1919년 4월에 상해에서 조직 선포한 한국의 임시 정부. 〔그 후 충칭(重慶)으로 옮겼다가 광복 후 해체됨.〕 상해 임시 정부.

대ː한불갈(大旱不渴) 명하자 대단한 가뭄에도 물이 마르지 아니함.

대ː한^제ː국(大韓帝國) 명 조선 고종 34(1897)년부터 1910년의 국권 침탈 때까지의 우리나라 국호(國號). 준대한·한·한국.

대ː함(大笒) 명 〈대금(大笒)〉의 본딧말.

대ː합(大蛤) 명 백합과의 바닷조개. 대표적인 쌍각류로서, 조가비는 둥근 세모꼴로 매끄러우며, 몸길이 8.5 cm, 높이 6.5 cm, 폭 4 cm가량. 몸빛은 보통 회백색에 적갈색의 세로무늬가 있으며 안쪽은 흼. 우리나라·중국·일본 등지의 해안에 널리 분포함. 대합조개. 무명조개.

대ː합-실(待合室) [-씰] 명 정거장 따위에서, 손님이 쉬며 기다릴 수 있도록 마련한 방.

대ː합-젓(大蛤-) [-쩟] 명 대합의 살로 담근 젓. 대합해(大蛤醢). * 대ː합젓이[-쩌시]·대ː합젓만[-쩐-]

대ː합-조개(大蛤-) [-쪼-] 명 ☞대합(大蛤).

대ː합-해(大蛤醢) [-하패] 명 ☞대합젓.

대ː항(對抗) 명하자타 ①서로 맞서서 버팀. 서로 상대하여 승부를 겨룸. ¶ 학급 대항 축구 경기. ②상대하여 덤빔. ¶ 적의 대항이 점점 격렬해지기 시작했다.

대ː항-력(對抗力) [-녁] 명 ①대항하는 힘. ②이미 성립된 권리관계를 다른 사람에게 주장할 수 있는 힘.

대ː항-로(對抗路) [-노] 명 요새전(要塞戰)에서, 공격하는 편에서 갱도(坑道)를 뚫는 데 대항하기 위하여 방어하는 편에서 만드는 갱도.

대ː항^연ː습(對抗演習) [-년-] 명 군대를 두 편으로 갈라서 하는 공수에 관한 전투 연습.

대ː항^요건(對抗要件) [-뇨껀] 명 ①대항할 수 있는 조건. ②이미 성립되어 있는 권리관계를 다른 사람에게 대하여 주장하는 데에 필요한 조건.

대ː항-책(對抗策) 명 대항할 방책.

대항 명 〈옛〉 큰 항아리. ¶ 대항 영:罌(訓蒙中*12*).

대ː해(大害) 명 큰 손해. 큰 재해.

대ː해(大海) 명 넓은 바다. 거해(巨海).

대ː해-수(大海水) 명 육십갑자의 임술(壬戌)과 계해(癸亥)에 붙이는 납음(納音). 참해중금(海中金).

대ː해-일적(大海一滴) [-쩍] 명 ☞창해일속(滄海一粟).

대ː행(大行) 명 ①조선 시대에, 임금이나 왕비가 죽은 뒤, 시호(諡號)를 정하기 전에 이르던 칭호. ¶ 대행 대왕(大王). ②큰(높은) 덕행.

대ː행(代行) 명하타되자 대신하여 행함, 또는 그 일. ¶ 업무 대행./대통령 권한 대행.

대ː-행성(大行星) 명 ①(소행성에 대하여) 9개의 큰 행성을 이르는 말. ②지구보다 큰 4개의 행성. 〔목성·토성·천왕성·해왕성으로서, '목성형 행성'이라고도 일컬음.〕

대ː향(大享) 명 ☞대제(大祭).

대ː향(大饗) 명 특별한 경축 행사에 임금이 베풀던 성대한 잔치.

대ː향-범(對向犯) 명 범죄의 성립에 있어서 상대편을 필요로 하는 범죄. 〔수뢰죄(受賂罪) 따위.〕 대립적 범죄.

대ː헌(大憲)명 ①〈대사헌〉의 준말. ②천도교의 교법(敎法). ③큰 법규.
대ː현(大賢)명 〔'뛰어난 현인'이라는 뜻으로〕 '학식과 덕망이 높은 사람'을 이르는 말.
대ː형(大兄) Ⅰ명 ①대종교(大倧敎)에서, '사교(司敎)·정교(正敎)의 교직을 가진 사람'을 높이어 일컫는 말. ②고구려 때의 벼슬의 한 가지. 아홉 관계(官階) 중 오품관임.
Ⅱ대 편지에서, 벗을 높이어 그 이름 밑에 쓰는 말.
대ː형(大形)명 덩치가 큼. 큰 것. ¶ 대형 가설물. 참대형(大型).
대ː형(大型)명 (여러 형으로 구분되는 물건에서) 큰 형(型)의 것. ¶ 대형 자동차. /대형 선박. 참대형(大形).
대형(隊形)명 대(隊)의 형태. ¶ 전투 대형을 갖추다.
대ː형-기(大型機)명 비교적 기체(機體)가 큰 비행기. 〔수송기나 여객기 따위.〕
대ː형^자동차(大型自動車)명 자동차 관리법에서 크기에 따라 분류한 자동차 종류의 하나. 승용차는 배기량 2000cc 이상, 승합차는 승차 정원 36인승 이상, 화물 자동차는 적재량 5톤 이상의 것을 이름. 준대형차. 참소형 자동차·중형 자동차.
대ː형-주(大型株)명 자본금의 규모가 비교적 큰 회사의 주식. ↔소형주.
대ː형-차(大型車)명 〈대형 자동차〉의 준말.
대ː형-화(大型化)명하자타되자 물건의 형체가 크게 됨, 또는 크게 함.
대ː호(大戶)명 가족이 많고 살림이 넉넉한 집안.
대ː호(大虎)명 큰 호랑이.
대ː호(大呼)명하타 큰 소리로 부름.
대ː호(大豪)명 큰 부호(富豪).
대ː호(對壕)명 적의 사격을 피하고 대항 공격을 하기 위하여 만든 산병호(散兵壕).
대ː호-지(大好紙)명 한지(韓紙)의 한 가지. 넓고 길며 품질이 약간 낮음.
대ː혹(大惑)명하자 무엇에 몹시 반함.
대ː혼(大婚)명 임금이나 왕세자의 혼인.
대ː혼-기간(待婚期間)명 '재혼 금지 기간'을 달리 이르는 말. 〔여성의 경우, 혼인 약속이나 혼인 관계가 해소된 후에라도 포태(胞胎)의 문제를 빌미로 재혼할 수 없도록 한 법률적 제한 기간.〕
대ː화(大火)명 큰 화재. 큰불.
대ː화(大禾)명 ☞가화(嘉禾).
대ː화(大禍)명 큰 재화(災禍).
대ː화(帶化)명하자 (식물의 줄기 따위가) 띠 모양으로 변하는 일.
대ː화(對話)명하자 서로 마주 대하여 이야기함, 또는 그 이야기. ¶ 대화를 나누다. /선생과 학생의 격의 없는 대화.
대ː화-교(大華敎)명 최제우(崔濟愚)를 교조(敎祖)로 하는 동학(東學) 계통의 한 종교.
대ː화-극(對話劇)명 ①(라디오 드라마와 같이) 음성 연기만으로 연출되는 극. ②몸짓이나 표정보다 대화 내용이 중심이 되는 극.
대ː화-문(對話文)명 대화의 형식으로 된 글.
대ː화-법(對話法)[-뻡]명 ①대화하는 방법. ②소크라테스의 진리 탐구 방법을 이르는 말. ②참산파법.
대ː화-자(對話者)명 ①대화하는 사람. ②의사 표시를 하면 곧 깨달아 알 수 있는 상태에 있는 사람. ②↔격지자(隔地者).
대ː화-체(對話體)명 대화의 형식을 취한 문체. 참회화체.
대ː화-편(對話篇)명 대화 형식으로 씌어진 저술.
대ː환(大患)명 ①큰 재난. ②큰 병환.
대ː-환영(大歡迎)명하타 크게(성대하게) 환영함, 또는 그 환영.
대ː황(大黃)명 ①여뀟과의 다년초. 산골짜기의 습지나 냇가의 밭에 재배함. 높이는 1 m가량으로, 줄기는 속이 비어 있음. 여름에 황백색 꽃이 핌. ②한방에서, '대황의 뿌리'를 약재로 이르는 말. 대소변 불통·어혈(瘀血) 등에 쓰임.
대ː-황락(大荒落)[-낙]명 고갑자(古甲子) 십이지(十二支)의 여섯째.
대ː-황봉(大黃蜂)명 ☞말벌.
대ː-황신(大皇神)명 ☞한배검.
대ː회(大會)[-회/-훼]명 ①많은 사람의 모임. 성대한 회합. ②(국부적인 모임에 대하여) 전체적인 모임. ¶ 국민 대회. ③부문의 대표자가 전부 모이는 회합. ④대규모의 법회(法會). ⑤실력이나 기술 따위를 겨루기 위한 모임. ¶ 전국 어린이 웅변 대회.
대ː회-장(大會場)[-회-/-훼-]명 대회를 여는 곳.
대ː회전^경ː기(大回轉競技)[-회-/-훼-]명 스키 알파인 경기 종목의 한 가지. 활강과 회전을 겸함.
대ː-회향(大茴香)[-회-/-훼-]명 목란과 식물의 열매. 산증(疝症)과 각기 등에 약재로 씀.
대ː회향-유(大茴香油)[-회-뉴/-훼-뉴]명 대회향을 증류하여 얻은 기름. 비누 등의 향료로 씀.
대ː효(大孝)명 ①지극한 효도, 또는 지극한 효자. ②부모의 상중(喪中)에 있는 사람에게 쓰는 편지에서, 그 사람을 높이어 이르는 말.
대ː효(大效)명 큰 효험.
대ː후(待候)명하타 웃어른의 명령을 기다림.
대-후비개명 담뱃대나 대통을 후비는 데 쓰는, 길고 가는 막대기나 갈고리.
대ː훈(大訓)명 임금이 백성에게 주는 훈시.
대ː훈(大勳)명 〈대훈위〉의 준말.
대ː훈(帶勳)명하자 훈위(勳位)나 훈장(勳章)을 가지고 있음.
대ː-훈로(大勳勞)[-훌-]명 국가에 대한 큰 공로. 대공(大功).
대ː-훈위(大勳位)명 가장 높은 훈위. 준대훈.
대ː휴(代休)명 공휴일에 일을 한 대신으로 얻는 휴가.
대ː흉(大凶)명 심한 흉년. ↔대풍.
대ː-흉근(大胸筋)명 척추동물 가슴의 젖 위쪽에 있는 삼각형의 크고 넓은 근육. 팔 운동이나 호흡 운동에 관계함.
대흑(黛黑)명 눈썹을 그리는 먹.
대ː흥(大興)명하자 크게 번성하여 일어남. ¶ 문운(文運)이 대흥하다.
대ː희(大喜)[-히]명하자 크게 기뻐함. 큰 기쁨.
댁(宅) Ⅰ명 ①왕조 때, 양반이 하인에게 자기 집을 가리켜 하던 말. ②'남의 집(가정)'의 높임말. ¶ 과장님 댁. /선생님께서는 지금 댁에 계시온지요?
Ⅱ대 그대. 당신. ¶ 댁은 뉘시오?
-댁(宅)접미 ①《지명을 나타내는 명사 뒤에 붙어》 출가한 여인의 택호(宅號)를 이르는 말. ¶ 안동댁. /논산댁. ②《일부 명사 뒤에 붙어》 '아내'의 뜻을 나타내는 말. ¶ 처남댁.

댁-내(宅內)[댕-]명 집안. 〔격식 차려 하는 말투.〕 ¶ 댁내 두루 평안하시오니까?
댁-네(宅-)[댕-]명 '평교간이나 손아랫사람의 아내'를 일컫는 말.
댁대구루루[-때-]부 작고 단단한 물건이 빠르게 굴러가는 소리, 또는 그 모양. 큰덱데구루루. 센땍대구루루.
댁대굴[-때-]부 단단하고 작은 물건이 단단한 바닥에 떨어져 부딪치며 구르는 소리, 또는 그 모양. ¶ 밤 한 톨이 댁대굴 굴러 나왔다. 큰덱데굴. 센땍대굴. **댁대굴-댁대굴**부하자.
댁-대령(宅待令)[-때-]명하자 부르기를 기다릴 것 없이 자주 드나듦.
댁-사람(宅-)[-싸-]명 〔사람 이름, 또는 택호나 동네 이름 아래 쓰이어〕 '그 사람의 집을 늘 가까이 드나드는 사람'을 이르는 말. ¶ 명륜동 댁사람. /김 대감 댁사람.
댄서(dancer)명 무용가.
댄스(dance)명 서양식 춤.
댄스-홀ː(dance hall)명 사교 댄스를 할 수 있도록 영업적으로 마련한 장소. 무도장(舞蹈場). 준홀.
댐(dam)명 발전(發電)·관개(灌漑)·수도(水道)·수량 조절 등의 목적으로, 바다나 강을 가로질러 막아 쌓은 대규모의 둑. 언제(堰堤). 제언(堤堰).
댐ː-나무명 목기 따위에 마치질을 할 때, 마치 자국이 나지 않도록 그 두드리는 곳에 덧대는 나무토막.
댑-싸리명 명아줏과의 일년초. 들이나 밭 가에 절로 나기도 하고 심기도 하는데, 줄기는 1 m 가량 곧게 자람. 가늘고 긴 잎은 끝이 뾰족하며 여름에 담녹색의 꽃이 잎겨드랑이에서 핌. 한방에서, 씨를 '지부자(地膚子)'라 하여 강장제나 이뇨제 등으로 씀.
댑싸리-비명 댑싸리로 만든 비.
댓ː[댇]수관 다섯가량(의). ¶ 장정 댓을 데리고 오다. /댓 사람. *댓ː이[대시]·댓ː만[댄-]
댓-가지[대까-/댇까-]명 ①대나무의 가지. ②'댓개비'의 방언.
댓가치명 〈옛〉 때까치. ¶ 댓가치 혹:鷽(訓蒙上17).
댓-개비[대깨-/댇깨-]명 대를 쪼개어서 잘게 다듬은 개비.
댓-고리[대꼬-/댇꼬-]명 (옷 따위를 넣도록) 대오리로 만든 고리.
댓-닭[대딱/댇딱]명 닭의 한 품종. 몸이 크고 뼈대가 튼튼하며 근육이 매우 발달하였음. 힘이 세어 싸움닭으로 기르며 알을 많이 낳지 못함. 샤모. *댓닭이[대딸기/댇딸기]·댓닭만[대땅-/댇땅-]
댓-돌(臺-)[대똘/댇똘]명 ①집채의 낙수 고랑 안쪽으로 조금 높게 돌려 가며 놓은 돌. 툇돌. 첨계(檐階). ②섬돌.
댓-바람[대빠-/댇빠-]명 단 한 번. 지체하지 않고 당장. 《주로, '댓바람으로'·'댓바람에'의 꼴로 쓰임.》 ¶ 소식을 듣자 댓바람으로 달려 나갔다. /댓바람에 모두 해치우다.
댓ː새[댇쌔]명 닷새 가량.
댓-속[대쏙/댇쏙]명 대의 속, 또는 그 속의 부스러기.
댓-잎[댄닙]명 대의 잎. *댓잎이[댄니피]·댓잎만[댄님-]
댓-조각[대쪼-/댇쪼-]명 대쪽.
댓-줄기[대쭐-/댇쭐-]명 대의 줄기.
댓-진(-津)[대찐/댇찐]명 담뱃대 속에 낀 진.
댓진^구새(-津-)[대찐-/댇찐-]명 댓진처럼 검은 윤택이 나는 구새.
댓-집[대찝/댇찝]명 설대에 맞추게 된 담뱃대 물부리와 대통의 구멍.
댓ː-째[댇-]수관 다섯째쯤 되는 차례(의).
댕부 종이나 얇고 큰 쇠붙이 따위의 그릇을 가볍게 칠 때에 울리어 나는 소리. 큰뎅. 센땡2. **댕-댕**부하자타.
댕ː가리명 씨가 달린 채 말리는 장다리.
댕ː가리-지다형 (사람의 됨됨이가) 여간한 일에는 놀라지 않을 만큼 깜찍하게 야무지다. ¶ 나이에 비해서 몹시 당돌하고 댕가리진 녀석이다.
댕강1부하자타 작은 쇠붙이 따위가 맞부딪쳐 나는 맑은 소리. 큰뎅겅1. 센땡강. **댕강-댕강**부하자타.
댕강2부 ①여지없이 부러지거나 잘리어 나가는 모양. ¶ 머리가 댕강 잘려 나가다. 큰뎅겅2. ②하나만 외따로 남아 있는 모양. ¶ 강당에 의자만 댕강 놓여 있다.
댕강-거리다자타 자꾸 댕강댕강 소리가 나다, 또는 그런 소리를 내다. 댕강대다. 큰뎅겅거리다.
댕강-대다자타 댕강거리다.
댕그랑부하자타 작은 방울이나 풍경(風磬) 따위가 흔들리거나 부딪쳐서 맑게 울리어 나는 작은 소리. ¶ 댕그랑 소리 나는 풍경. 큰뎅그렁. 센땡그랑. **댕그랑-댕그랑**부하자타.
댕그랑-거리다자타 자꾸 댕그랑댕그랑하다. 댕그랑대다. 큰뎅그렁거리다.
댕그랑-대다자타 댕그랑거리다.
댕글-댕글부하형 책을 거침없이 줄줄 잘 읽는 소리, 또는 그 모양. ¶ 글을 배운 지 얼마 안 된 어린애가 댕글댕글 잘도 읽는다. 큰뎅글뎅글.
댕기명 여자의 길게 땋은 머리 끝에 드리는 끈이나 헝겊.
댕기다 Ⅰ자 불이 옮아 붙다. ¶ 땔나무가 바싹 말라 불이 잘 댕긴다.
Ⅱ타 불을 옮겨 붙이다. ¶ 땔나무에 불을 댕기다.
댕기-풀이명하자 관례(冠禮)를 지낸 사람이 벗들에게 한턱내는 일.
댕댕1부하형 ①살이 몹시 찌거나 붓거나 하여 팽팽한 모양. ②굳고 단단한 모양. ③힘이나 세도 따위가 크고 단단한 모양. 큰딩딩. 센땡땡2.
댕댕2부 종이나 그릇 따위 쇠붙이를 잇따라 두드리는 소리. 큰뎅뎅.
댕댕-거리다자타 (종이나 쇠붙이 따위가) 자꾸 댕댕 소리가 나다, 또는 그런 소리를 내다. 댕댕대다. ¶ 댕댕거리는 종소리에 잠이 깼다. 큰뎅뎅거리다.
댕댕-대다자타 댕댕거리다.
댕댕-이명 〈댕댕이덩굴〉의 준말.
댕댕이-덩굴명 새모래덩굴과의 낙엽 활엽 만초. 산기슭의 양지나 밭둑에 나는데, 줄기는 목질에 가깝고 다른 물체를 감고 벋음. 6월경에 황백색의 작은 꽃이 피고, 열매는 가을에 검게 익음. 한방에서, 줄기를 '방기(防己)'라 하여 약재로 씀. 상춘등(常春藤). 준댕댕이.
댕댕이-바구니명 댕댕이덩굴의 줄기로 엮어 만든 바구니.
댕돌-같다[-갇따]형 돌처럼 야무지고 단단하다. **댕돌같-이**부.

댜ᄅ다형 〈옛〉 짧다. ¶ 댜른 히 수이 디여(鄭澈. 思美人曲).

댱샹부 〈옛〉 늘. 항상. 〔한자어 '長常'에서 온 말.〕 ¶ 日月이 댱샹 비취둣ᄒ니(金剛61).

더부 ①어떤 기준보다 심하게. 정도 이상으로. ¶ 더 깊다. /더 나아지다. /더 높이, 더 멀리, 더 빠르게. ②《주로 동사 앞에 쓰이어》 그 위에 보태어. 보다 많게. ¶ 더 주다. /더 먹어라. ③그 이상 계속하여. ¶ 더 기다리다. /더 올라가 보자. ①②↔덜.

-더-선미 종결 어미 '-라'·'-냐'·'-면' 따위의 앞이나 높임의 '-시-'나 시제의 '-았(었)-'·'-겠-' 등에 붙어, 말하는 이가 과거에 경험한 일을 회상하는 뜻을 나타냄. ¶ 혼자 놀더라. /이미 다녀가셨더군요.

더구나[1]부 〈더군다나〉의 준말. ¶ 가뜩이나 어려운 처지에 더구나 사고까지 당하다니.

더구나[2]조 모음으로 끝난 체언에 붙어, 지난 일을 일러 주거나 스스로 돌이켜 생각하는 뜻을 나타내는, 해라체의 종결형 서술격 조사. ¶ 그 사람 작가더구나. 준더군. 참이더구나.

-더구나어미 용언의 어간 또는 높임의 '-시-'나 시제의 '-았(었)-'·'-겠-' 등에 붙는, 해라체의 감탄형 종결 어미. 경험한 사실을 회상하거나 알려 주는 뜻을 나타냄. ¶ 겉보기와는 달리 일을 참 잘하더구나. /그 아이, 힘깨나 쓰겠더구나. 준-더군.

더구려조 모음으로 끝난 체언에 붙어, 경험한 사실을 회상하거나 알려 주는 뜻을 나타내는, 하오체의 종결형 서술격 조사. ¶ 그 사람, 아직도 혼자더구려. 참이더구려.

-더구려어미 용언의 어간 또는 높임의 '-시-'나 시제의 '-았(었)-'·'-겠-' 등에 붙는, 하오체의 감탄형 종결 어미. 경험한 사실을 회상하거나 알려 주는 뜻을 나타냄. ¶ 그때는 정말 기막히더구려. /벌써 다녀가셨더구려.

더구료조 '더구려'의 잘못.

-더구료어미 '-더구려'의 잘못.

더구먼조 모음으로 끝난 체언에 붙어, 경험한 사실을 회상하거나 그것에 대한 새삼스러운 느낌을 혼잣말처럼 나타내는, 반말투의 종결형 서술격 조사. ¶ 힘이 장사더구먼. 준더군. 참이더구먼.

-더구먼어미 용언의 어간 또는 높임의 '-시-'나 시제의 '-았(었)-'·'-겠-' 등에 붙는, 하게체의 감탄형 종결 어미. 경험한 사실을 회상하거나 그것에 대한 새삼스러운 느낌을 혼잣말처럼 나타냄. ¶ 쉽게도 해내더구먼. /앞으로 십 년은 더 사시겠더구먼. /정말 예쁘더구먼. 준-더군.

더구면조 '더구먼'의 잘못.

-더구면어미 '-더구먼'의 잘못.

더군조 ①〈더구나[2]〉의 준말. ¶ 아직도 처녀더군. ②〈더구먼〉의 준말. ¶ 알고 보니 딸이 소아과 의사더군.

-더군어미 ①〈-더구나〉의 준말. ¶ 아주 고맙더군. ②〈-더구먼〉의 준말. ¶ 뉘 집 딸인지 예쁘게도 생겼더군.

더군다나부 그 위에 한층 더. ¶ 직장도 잃고 더군다나 병까지 얻어 어려움은 더욱 심해졌다. 준더구나[1].

더그레명 조선 시대에, 각 영문(營門)의 군사들이 입던 세 자락의 웃옷. 호의(號衣).

더그매명 한옥에서, 보꾹과 반자 사이의 공간.

더그아웃(dugout)명 야구장 안에 반지하식으로 마련된, 선수와 감독의 대기소. 참벤치.

더금-더금부 원래의 양이나 길이보다 조금씩 자꾸 더 보태어지는 모양. ¶ 밤이 되자 눈은 녹지 않고 더금더금 쌓이기 시작했다. 센더끔더끔.

더기명 고원(高原)의 평평한 땅. 준덕[2].

더껑이명 ①걸쭉한 액체의 거죽에 엉겨 붙어 굳은 꺼풀. ¶ 쇠고깃국이 식어 허옇게 더껑이가 앉았다. ②'더께'의 잘못.

더께명 몹시 찌든 물건에 더덕더덕 달라붙은 거친 때. ¶ 마룻바닥에 이끼처럼 앉은 더께.

더끔-더끔부 〈더금더금〉의 센말.

더냐조 모음으로 끝난 체언에 붙는, 해라체의 종결형 서술격 조사. ①지난 일을 묻는 뜻을 나타냄. ¶ 무엇을 하는 회사더냐? ②과거 느낌을 강조하는 뜻을 나타냄. ¶ 그 얼마나 갸륵한 마음씨더냐. 준디. 참이더냐.

-더냐어미 용언의 어간 또는 높임의 '-시-'나 시제의 '-았(었)-'·'-겠-' 등에 붙는, 해라체의 종결 어미. 지난 일을 회상하여 묻는 뜻을 나타냄. ¶ 그렇게 좋더냐? /삼촌이 뭐라고 그러시더냐? 준-더니[1]·-디.

더넘명 넘겨 맡은 걱정거리.

더넘-스럽다[-따][~스러우니·~스러워]형ㅂ (쓰기에 버거울 만큼) 덩치가 크다. ¶ 가방이 들고 다니기엔 더넘스럽다. **더넘스레**부.

더넘-차다형 (쓰기에 더넘스러워서) 벅차다. ¶ 더넘찰 정도의 돈.

더느다[더느니·더너]타 끈이나 실 따위를 두 가닥을 내어 겹으로 드리다. ¶ 주머니 끈을 더느다.

더느다타 〈옛〉 내기하다. ¶ 돈 더느다: 賭錢(譯解下23). 참던다.

더니[1]조 '더냐'의 뜻을 보다 친밀하고 부드럽게 이르는 말. ¶ 거기 있던 사람이 누구더니? 참이더니[1].

더니[2]조 모음으로 끝난 체언에 붙는 서술격 조사. ①지난 일을 회상하는 뜻을 나타내는 종결형 서술격 조사. ¶ 참 뛰어난 선수더니. ②지난 일을 회상하면서 지금의 일을 감상조로 베풀어 말하는 뜻을 나타내는 연결형 서술격 조사. ¶ 얼마 전만 해도 앳된 소녀더니 벌써 의젓한 숙녀가 되었구나. 참이더니[2].

더니명 〈옛〉 내기. ¶ 돈 더니 ᄒ며(翻朴上18). 참나기.

-더니[1]어미 〈-더냐〉의 준말. ¶ 몸 건강히 지내더니? 준-디.

-더니[2]어미 ①용언의 어간 또는 높임의 '-시-'나 시제의 '-았(었)-'·'-겠-' 등에 붙어, 듣거나 겪은 사실이 다른 사실의 이유(원인·조건·전제)가 됨을 나타내는 종속적 연결 어미. ¶ 잠을 설쳤더니 밥맛이 없다. ②용언의 어간이나 높임의 '-시-' 등에 붙어, 지난 일을 회상하여 일러 주거나, 여운 있는 느낌을 나타내는 종결 어미. ¶ 예전에는 그리도 아름답더니.

더니라조 모음으로 끝난 체언에 붙어, 지난 일을 회상하여 일러 주는 뜻을 나타내는, 해라체의 종결형 서술격 조사. ¶ 어릴 때부터 근동에 소문난 천재더니라. 참이더니라.

-더니라어미 용언의 어간 또는 높임의 '-시-'나 시제의 '-았(었)-'·'-겠-' 등에 붙어, 지난 일을 회상하여 일러주는 뜻을 나타내는, 해라체의 종결 어미. ¶ 그때는 쌀 한 말 구하기도 어려웠더니라.

더니마는조 연결형 서술격 조사 '더니[2]'의 힘줌말. ¶ 전에는 황무지더니마는 몇 년 사이에 옥토로 변했더군. 준더니만. 참이더니마는.

-더니마는어미 '-더니²'의 힘줌말. ¶ 열심히 하더니마는 끝내 성공했구나. 준-더니만.
더니만조 〈더니마는〉의 준말.
-더니만어미 〈-더니마는〉의 준말. ¶ 비가 오더니만 쌀쌀해졌다.
더니이까조 모음으로 끝난 체언에 붙어, 윗사람에게 전에 경험한 사실을 돌이켜 묻는 뜻을 나타내는, 합쇼체의 종결형 서술격 조사. ¶ 그 집은 누가 임자더니이까? 준더이까. 참이더니이까.
-더니이까어미 용언의 어간 또는 높임의 '-시-' 나 시제의 '-았(었)-'·'-겠-' 등에 붙어, 윗사람이 경험한 사실을 돌이켜 묻는 뜻을 나타내는, 합쇼체의 종결 어미. ¶ 그렇게 춥더니이까? 준-더이까.
더니이다조 모음으로 끝난 체언에 붙어, 전에 경험한 사실을 윗사람에게 알려 주는 뜻을 나타내는, 합쇼체의 종결형 서술격 조사. ¶ 불 같은 성미더니이다. 준더이다. 참이더니이다.
-더니이다어미 용언의 어간 또는 높임의 '-시-' 나 시제의 '-았(었)-'·'-겠-' 등에 붙어, 예스러운 표현으로, 보거나 듣거나 겪은 사실을 전달하여 알림을 나타내는, 합쇼체의 종결 어미. ¶ 내일 온다 하더니이다. 준-더이다.
-더니잇가어미 〈옛〉-었습니까. ¶ 世尊하 손지 世間에 겨시더니잇가(月釋*18:36*).
더-더구나부 〈더더군다나〉의 준말.
더-더군다나부 '더군다나'의 힘줌말. ¶ 학생이라면 더더군다나 그럴 수 없지. 준더더구나.
더더귀-더더귀부하형 (꽃이나 열매 같은 것이) 곳곳에 많이 붙은 모양. 작다다귀다다귀.
더더기명 '더덕'의 방언.
더더리명 말을 더덜거리며 하는 사람.
더-더욱부 '더욱'의 힘줌말. ¶ 탐관오리의 횡포가 더더욱 심해졌다.
더덕명 초롱꽃과의 다년생 만초. 산이나 들에 나는데, 뿌리는 도라지처럼 굵고 줄기는 덩굴로 뻗음. 뿌리는 식용하며, 한방에서 '사삼(沙蔘)'이라 하여 거담(祛痰)이나 건위(健胃) 등에 약재로도 쓰임.
더덕-구이[-꾸-]명 더덕을 찬물에 담그거나 데쳐 쓴맛을 우려내고, 두들겨 부드럽게 만들어서 갖은 양념에 재이어 구운 음식.
더덕-더덕[-떠-]부하형 ①좀 큰 것들이 보기 흉하게 잇달아 들러붙거나 몰려 있는 모양. ¶ 포스터들이 더덕더덕 붙어 있는 벽보판. ②몹시 지저분하게 여기저기 기운 모양. 작다닥다닥. 참덕지덕지.
더덕-바심[-빠-]명하자 더덕을 잘게 바숨.
더덕-북어(-北魚)[-뿌거]명 얼부풀어서 더덕처럼 마른 북어. 〔살이 연하고 부드러움.〕 황태(黃太).
더덜-거리다타 자꾸 더덜더덜하다. 더덜대다. ¶ 무대에만 서면 더덜거린다. 작다달거리다.
더덜-대다타 더덜거리다.
더덜-더덜부하타 말을 자꾸 더듬는 모양. 작다달다달.
더덜뭇-하다[-무타-]형여 ①결단성이나 다잡는 힘이 모자라다. ¶ 매사에 더덜뭇한 게 자네 성격의 큰 흠일세. ②맺고 끊는 힘이 부족하다. **더덜뭇-이**부.
더덜-없이[-더럽씨]부 더함과 덜함이 없이. ¶ 액수가 더덜없이 꼭 맞아 떨어진다.
더-덜이명 더함과 덜함.
더덩실부 위로 가볍게 떠오르는 모양. ¶ 보름달이 더덩실 떠오르다. 참두둥실. **더덩실-더덩실**부하자.
더데명 ①화살촉의 둥글고 두두룩한 부분. ②☞더뎅이.
더뎅이명 부스럼 딱지나 때의 더께. 더데.
더뎌두다타 〈옛〉던져 두다. 버려 두다. 맡겨 두다. ¶ 너뫼에 나온 鶴이 제 기술 더뎌두고(鄭澈.星山別曲).
더-도리명하타 절에서, 음식을 몫몫이 나눈 다음 남은 것을 다시 몫을 지어 도르는 일, 또는 그 음식. 가반(加飯).
더두어리다자타 〈옛〉더듬거리다. ¶ 말 더두어리다(漢淸*7:13*).
-더든어미 〈옛〉-거든. -으면. ¶ 프른 묏부리 옛 ᄃᆞ리 萬一 업더든 머리셴 사ᄅᆞᆷ올 시름케 ᄒᆞ리랏다(杜重*12:2*).
더듬-거리다자타 자꾸 더듬더듬하다. 더듬대다. ¶ 더듬거리며 성냥을 찾다. /한문 책을 더듬거리면서 읽다. 작다듬거리다. 센떠듬거리다.
더듬다[-따]타 ①(잘 보이지 않는 곳에서) 손으로 이것저것을 만지다. ¶ 벽을 더듬어 전등 스위치를 찾다. ②(희미한 흔적을) 애써 확인하다. ¶ 범인의 발자국을 더듬어 쫓다. ③(기억이나 생각을) 애써 간추리거나 되살리려 하다. ¶ 추억을 더듬다. /생각을 더듬다. ④(말하는 것이나 글 읽는 것이) 술술 내려가지 못하다. ¶ 말을 더듬다.
더듬-대다자타 더듬거리다.
더듬-더듬부하자타 ①깜깜한 곳에서 손으로 자꾸 이리저리 만지는 모양. ¶ 성냥을 찾느라고 선반 위를 더듬더듬하다. ②잘 모르는 길을 이리저리 찾아가는 모양. ¶ 길을 더듬더듬 헤맨 끝에 집을 찾았다. ③똑똑히 모르는 일을 생각해 가면서 말하는 모양. ¶ 더듬더듬 기억을 되살리며 이야기했다. ④글을 읽을 때 술술 내리 읽지 못하고 자꾸 군데군데 막히는 모양. ¶ 눈이 흐려 아들의 편지를 더듬더듬 읽었다. ⑤말이 순하게 나오지 않고 자꾸 더덜거리는 모양. 작다듬다듬. 센떠듬떠듬.
더듬-이¹명 〈말더듬이〉의 준말.
더듬-이²명 ☞촉각(觸角).
더듬이-질명하타 더듬어 찾는 짓. 준더듬질.
더듬적-거리다[-꺼-]타 자꾸 더듬적더듬적하다. 더듬적대다. ¶ 어두운 데서 뭘 한다고 더듬적거리느냐? 작다듬작거리다. 센떠듬적거리다.
더듬적-대다[-때-]타 더듬적거리다.
더듬적-더듬적[-떠-]부하타 느릿느릿하게 자꾸 더듬거리는 모양. 작다듬작다듬작. 센떠듬적떠듬적.
더듬-질명하타 〈더듬이질〉의 준말.
더디부 늦게. 느리게. ¶ 회신이 더디 닿다. /혼자 있으려니까 시간이 너무 더디 간다.
더디다형 늦다. 느리다. 오래 걸리는 느낌이 있다. ¶ 손놀림이 왜 그리 더디냐?
더디다타 〈옛〉던지다. ¶ 보시고 더디시니(龍歌27章). /강믈에 더디고 가니라(五倫*3:36*).
더라조 모음으로 끝난 체언에 붙어, 지난 일을 회상하거나 그 회상을 감상조로 나타내는, 해라체의 종결형 서술격 조사. ¶ 참 좋은 친구더라. 참이더라.
-더라어미 용언의 어간 또는 높임의 '-시-'나 시제의 '-았(었)-'·'-겠-' 등에 붙어, 지난 일을 회상하거나 그 회상을 감상조로 나타내는, 해라체의 종결 어미. ¶ 참 좋더라. /살아 보니 인생이 그렇게 어렵고 힘든 것만은 아니더라.
더라도조 모음으로 끝난 체언에 붙어, 가정하거나 양보하는 뜻으로, 뒷말이 앞말에 매이지 아니함을 나타내는 연결형 서술격 조사. ¶ 아무리 목석 같은 사내더라도 눈물 한 방울쯤이야 흘리겠지. [참]이더라도.

-더라도[어미] 용언의 어간 또는 높임의 '-시-'나 시제의 '-았(었)-'·'-겠-' 등에 붙어, 가정 또는 양보하는 뜻으로, 아래 사실이 위의 사실에 매이지 아니함을 나타내는 종속적 연결 어미. ¶ 힘들더라도 참고 기다려라. /무슨 일이 있더라도 비밀을 꼭 지켜야 한다.

더라면[조] 모음으로 끝난 체언에 붙어, 지난 일을 회상하되 그 회상 내용과는 다른 사실을 가정하는 뜻을 나타내는 연결형 서술격 조사. ¶ 그가 작가더라면 지금쯤 서너 권의 책을 냈을 텐데. [참]이더라면.

-더라면[어미] 시제의 '-았(었)-'에 붙는 종속적 연결 어미. 지난 일을 회상하되, 그 회상 내용과는 다른 것을 가정하는 뜻을 나타냄. ¶ 차라리 만나지 않았더라면 좋았을걸.

더라손[조] 모음으로 끝난 체언에 붙어, '더라고'의 뜻을 나타내는 연결형 서술격 조사. 흔히, '치다'의 활용형과 어울려 쓰이어, 앞말을 가정하되 그것이 뒷말에 영향을 미치지 아니함을 나타냄. ¶ 그가 비록 상사(上司)더라손 치더라도 할 말은 해야겠다. [참]이더라손.

-더라손[어미] 용언의 어간 또는 높임의 '-시-'나 시제의 '-았(었)-'·'-겠-' 등에 붙는 종속적 연결 어미. '-더라'의 뜻으로 '치다'의 활용형과 어울려 앞말을 가정하되, 그것이 뒷말에 영향을 미치지 아니함을 나타냄. ¶ 아무리 그렇더라손 치더라도 네가 참아야지.

더랍니까[-람-][조] '더라고 합니까'가 줄어서 된 말. 모음으로 끝난 체언에 붙어, 남이 들은 사실에 대해서 묻는 뜻을 나타내는 종결형 서술격 조사. ¶ 그 사람이 누구더랍니까? [참]이더랍니까.

-더랍니까[-람-][준] '-더라고 합니까'가 줄어든 말. 용언의 어간 또는 높임의 '-시-'나 시제의 '-았(었)-'·'-겠-' 등에 붙어, 남이 들은 사실에 대해서 묻는 뜻을 나타냄. ¶ 지낼 만하더랍니까?/그렇게 춥더랍니까?

더랍니다[-람-][조] '더라고 합니다'가 줄어서 된 말. 모음으로 끝난 체언에 붙어, 들은 사실을 인용하는 뜻을 나타내는 종결형 서술격 조사. ¶ 아직 어린애더랍니다. [참]이더랍니다.

-더랍니다[-람-][준] '-더라고 합니다'가 줄어든 말. 용언의 어간 또는 높임의 '-시-'나 시제의 '-았(었)-'·'-겠-' 등에 붙어, 들은 사실을 인용하는 형식으로 베풀어 말하는 뜻을 나타냄. ¶ 눈 뜨고는 못 보겠더랍니다. /참을 만하더랍니다.

더랍디까[-띠-][조] '더라고 합디까'가 줄어서 된 말. 모음으로 끝난 체언에 붙어, 남이 들은 과거의 사실에 대해서 묻는 뜻을 나타내는 종결형 서술격 조사. ¶ 볼 만한 경치더랍디까? [참]이더랍디까.

-더랍디까[-띠-][준] '-더라고 합디까'가 줄어든 말. 용언의 어간 또는 높임의 '-시-'나 시제의 '-았(었)-'·'-겠-' 등에 붙어, 남이 들은 과거의 사실에 대해서 묻는 뜻을 나타냄. ¶ 어디서 살더랍디까?/재미있더랍디까?

더랍디다[-띠-][조] '더라고 합디다'가 줄어서 된 말. 모음으로 끝난 체언에 붙어, 과거에 들은 사실을 인용하는 뜻을 나타내는 종결형 서술격 조사. ¶ 자식이 아니라 손자더랍디다. [참]이더랍디다.

-더랍디다[-띠-][준] '-더라고 합디다'가 줄어든 말. 용언의 어간 또는 높임의 '-시-'나 시제의 '-았(었)-'·'-겠-' 등에 붙어, 남이 들은 과거의 사실을 인용하여 전달하는 뜻을 나타냄. ¶ 책을 읽고 있더랍디다. /볼 만하더랍디다.

더러¹[부] ①얼마만큼. 얼마간. ¶ 더러 참석한 관중도 고작 애들뿐이었다. ②이따금. 흔하지 않게. ¶ 전에는 더러 외출도 하곤 했지만 요즘은 집에만 있다.

더러²[조] '에게'·'에 대하여'·'보고'의 뜻으로, 어떤 일이 미치어 닿는 대상을 나타내는 부사격 조사. ¶ 누구더러 하라고 할까?

더러빙다[타] 〈옛〉더럽히다. ¶ 어버싀 일후믈 더러빙ᄂᆞ다 ᄒᆞᄂᆞ니(月釋8:97). [참]더러이다.

더:러움[명] 더러워지는 일. 더러워진 자국. ¶ 더러움이 잘 타다. /더러움을 씻어 내다. [준]더럼.

더:러워-지다[자] ①더럽게 되다. ¶ 옷이 더러워지다. /강물이 더러워지다. ②(명예·정조·절개 등) 도덕성에 문제가 생기다. ¶ 인간이 더러워지다. /마음이 더러워지다. /더러워진 몸.

더러이다[타] 〈옛〉더럽히다. ¶ 누른 드트리 사ᄅᆞ미 오술 더러이고(杜初8:18). [참]더러빙다.

더럭[부] 《'공포감·의심·분노' 따위를 나타내는 말과 함께 쓰이어》 문득 심하게. 갑자기 아주. 더욱 많이. ¶ 더럭 겁이 나다.

더럭-더럭[-떠-][부] 자꾸 대들면서 몹시 조르는 모양. ¶ 되지도 않을 일을 가지고 더럭더럭 떼를 쓰는구나. [작]다락다락.

더:럼[명] 〈더러움〉의 준말.

더:럽다[-따][더러우니·더러워][형][ㅂ] ①(몸이나 물건에) 때나 찌끼 따위가 묻어 깨끗하지 못하다. ¶ 더러운 옷을 빨다. ②(어떤 사물이) 불쾌할 정도로 아니꼽거나 못마땅하다. ¶ 나 원 참, 더러워서…. /돈푼깨나 있다고 더럽게 뻐긴다. ③(행실이나 마음씨 따위가) 천하고 추잡하다. 도덕에 벗어난 데가 있다. ¶ 아주 심보가 더러운 사람이더라. ④정도가 심하거나 지나치다. ¶ 비가 더럽게 많이 오는군. ①②[작]다랍다.

더:럽-히다[-러피-][타] ①〖'더럽다'의 사동〗 더럽게 하다. ¶ 옷을 더럽히다. /공장 폐수가 강물을 더럽히다. ②(정조·명예·위신 따위를) 더럽게 하거나 떨어지게 하다. ¶ 가문을 더럽히다. /명예를 더럽히다. /몸을 더럽히다.

더리다[형] ①격에 맞지 않아 좀 떠름하다. ②싱겁고 어리석다. ③마음이 야비하고 다랍다.

더미[명] 많은 물건이 한데 모여 쌓인 큰 덩어리. ¶ 장작 더미. /쓰레기 더미.

더미(dummy)¹[명] 컴퓨터에서, 단순히 조건만 만족하면 되는 변수, 주소, 또는 명령 따위를 이르는 말.

더미(dummy)²[명] 럭비나 미식축구에서, 공 가진 선수가 상대편을 따돌리는 수법.

더미-씌우다[-씨-][타] 자기의 책임이나 허물을 남에게 지우다. 안다미씌우다. [작]다미씌우다.

더버기[명] 한군데 무더기로 쌓이거나 덕지덕지 붙은 상태, 또는 그런 물건. ¶ 흙 더버기.

더벅-거리다[-꺼-][자] 더벅더벅 걷다. 더벅대다.

더벅-대다[-때-][자] 더벅거리다.

더벅-더벅[-떠-][부][하자] (어두운 길 또는 낙엽이나 눈 따위가 쌓인 길을) 힘없이 느릿느릿 걷는 모양. ¶ 눈 쌓인 길을 더벅더벅 걷다.

더벅-머리[-벙-][명] ①더부룩하게 흩어진 머리털, 또는 그런 머리털을 가진 사람. ¶ 더벅머리 총각. [작]다박머리. ②지난날, '웃음을 팔던 천한 여자'를 속되게 이르던 말.

더부룩-더부룩[-떠-]㊀부㊀하형 여럿이 다 더부룩한 모양. ¶ 정원에 잡초가 더부룩더부룩하게 우거졌다. ㊀작다보록다보록.

더부룩-하다[-루카-]㊀형㊀여 ①(풀이나 나무 또는 머리털 따위가) 우거져서 수북하다. ¶ 수염이 더부룩하게 자랐다. ㊀작다보록하다. ㊀거터부룩하다. ②(소화가 잘 안 되어) 배 속이 그들먹하게 부르다. 징건하다. ¶ 배 속이 더부룩하여 끼니 생각이 없다. ㊀준더북하다. **더부룩-이**㊀부.

더부-살이㊀명㊀하자 ①남의 집에서 지내면서 시중을 들어 주고 삯을 받는 일, 또는 그 사람. ②하는 일 없이 남의 집에 얹히어 지내는 일, 또는 그 사람.

더부살이 환자(還子) **걱정**㊀속담 '남의 일에 주제넘은 걱정을 함'을 이르는 말.

더북-더북[-떠-]㊀부㊀하형 (풀이나 나무 따위가) 곳곳에 더부룩하게 있는 모양. ㊀작다복다복.

더북-하다[-부카-]㊀형㊀여 〈더부룩하다〉의 준말. **더북-이**㊀부.

더불다㊀자㊀타 〔불완전 동사〕《조사 '와(과)' 뒤에서, '더불어'의 꼴로 쓰이어》 '함께'·'같이'·'한가지로'의 뜻을 나타냄. ¶ 아우와 더불어 낚시를 즐기다.

더브러㊀부 〈옛〉더불어. ¶ 與는 더브러 호미라(訓諺). /더브러 여:與(類合下*63*).

더블(double)㊀명 ①겹. 이중. 두 갑절. ②테니스나 탁구 따위의 복식 경기. ③칵테일에서, 술의 표준량의 갑절을 섞은 것. ④〈더블브레스트〉의 준말. ②④↔싱글(single).

더블다㊀자㊀타 〈옛〉①더불다. ¶ 더블 여:與(石千*11*). ②더불다. 데리다. ¶ 두서 사기롤 더브렛고(杜初*7:1*).

더블^드리블(double dribble)㊀명㊀하타 농구나 핸드볼 따위의 반칙의 한 가지. 한 번 드리블한 선수가 패스나 슛을 하지 않고 계속하여 드리블하는 일.

더블^바순ː(double bassoon)㊀명 ☞콘트라파고토(contrafagotto).

더블-베드(double bed)㊀명 두 사람이 누워 잘 수 있는 침대. ↔싱글베드.

더블^베이스(double bass)㊀명 ☞콘트라베이스.

더블^보ː기(double bogey)㊀명 골프에서, 기준 타수보다 둘 많은 타수로 홀(hole)에 공을 쳐 넣는 일. ㊀참보기(bogey).

더블-브레스트(←double-breasted)㊀명 겹자락. ㊀준더블. ↔싱글브레스트.

더블^스코어(double score)㊀명 운동 경기에서, 한편의 점수가 다른 편의 두 배인 것. ¶ 선전을 펼쳐 더블 스코어로 이기다.

더블^스틸ː(double steal)㊀명 야구에서, 두 사람의 주자가 동시에 도루하는 일. 중도(重盜).

더블유비ː시ː(WBC)㊀명 세계 권투 평의회. 〔본부는 멕시코시티에 있음.〕 [World Boxing Council]

더블유비ː에이(WBA)㊀명 세계 권투 협회. 〔본부는 하와이의 호놀룰루에 있음.〕 [World Boxing Association]

더블유에이치오ː(WHO)㊀명 세계 보건 기구. [World Health Organization]

더블유티ː오ː(WTO)㊀명 세계 무역 기구. [World Trade Organization]

더블^캐스트(double cast)㊀명 두 배우가 같은 배역을 맡아 번갈아 가며 출연하는 일.

더블^클릭(double click)㊀명 마우스의 단추를 연이어 두 번 누르는 것.

더블^파울(double foul)㊀명 농구나 배구 따위에서, 양편의 두 선수가 동시에 반칙을 저지르는 일.

더블^펀치(double punch)㊀명 권투에서, 한 주먹으로 두 번 연달아 치는 일.

더블^폴ː트(double fault)㊀명 배구나 테니스에서, 두 번의 서브를 모두 실패하는 일.

더블^플레이(double play)㊀명 야구나 소프트볼에서, 두 사람의 주자를 한꺼번에 아웃시키는 일. 병살(倂殺). 중살(重殺). 겟투.

더블헤더(doubleheader)㊀명 야구에서, 두 편이 같은 날 같은 구장에서 두 번 계속하여 경기를 하는 일.

더빙(dubbing)㊀명㊀하타 ①영화·방송 따위에서, 대사를 녹음한 것에 다른 음향 효과를 겹쳐 녹음하는 일. ¶ 촬영을 마치고 더빙 작업에 들어가다. ②외국 영화의 대사를 원래 언어 대신에 다른 언어로 갈아 넣는 일. ¶ 외화를 자막 처리하지 않고 더빙하다.

더뻑㊀부 앞뒤를 찬찬히 헤아리지 않고 마구 행동하는 모양. ¶ 찬물에 더뻑 뛰어들다. ㊀작다빡. **더뻑-더뻑**㊀부㊀하자.

더뻑-거리다[-꺼-]㊀자 자꾸 더뻑더뻑하다. 더뻑대다. ㊀작다빡거리다.

더뻑-대다[-때-]㊀자 더뻑거리다.

더뿌룩-하다㊀형㊀여 '더부룩하다'의 잘못.

더뷔㊀부 〈옛〉덥게. 크게. ¶ 熱惱는 더뷔 셜볼씨니(月釋*1:29*).

더-새다㊀타 (길을 가다가 해가 저물거나 하여) 어디에 들어가서 밤을 지내다.

-더시니㊀어미 〈옛〉-시더니. ¶ 님그미 나갯더시니(龍歌*49*章).

-더시다㊀어미 〈옛〉-시더라. -으시더라. ¶ 바미도 세뻘 說法ᄒᆞ더시다(月釋*2:27*).

-더신㊀어미 〈옛〉-시던. -으시던. ¶ 善慧 니버 잇더신 鹿皮오솔 바사(月釋*1:16*).

-더신가㊀어미 〈옛〉-시던가. -으시던가. ¶ 네도 쏘 잇더신가(龍歌*89*章).

더-아니㊀부 '더욱 아니'가 줄어서 된 말. ¶ 모두 모여 살게 되었으니 더아니 좋은가.

더-없다[-업따]㊀형 더할 나위가 없다. 《주로, '더없는'의 꼴로 쓰임.》 ¶ 더없는 감동. /더없는 기쁨. **더없-이**㊀부.

더옥㊀부 〈옛〉더욱. ¶ 더옥 슬허ᄒᆞ노라(杜重*1:4*). /더옥 뜻 두어 브즈런이 비호라(朴解上*45*).

더우기㊀부 '더욱이'의 잘못.

더욱㊀부 지금보다 정도가 더하게. 한층 더. ¶ 더욱 노력하여라. /병세가 더욱 악화되었다.

더욱-더[-떠]㊀부 '더욱'의 힘줌말. ¶ 눈보라가 더욱더 세차게 몰아친다.

더욱-더욱[-떠-]㊀부 갈수록 더욱. 점점 더욱. ¶ 우리 모두 더욱더욱 분발하자.

더욱-이㊀부 그 위에 더욱. 게다가. ¶ 그렇게까지 해 주신다면야 더욱이 고맙지요.

더운-갈이㊀명㊀하타 날이 몹시 가물다가 소나기가 왔을 때에, 그 물을 이용하여 논을 가는 일.

더운-무대㊀명 무대의 한 가지. 온도가 높은 해류로, 맑고 염분이 많음. 난류(暖流). ↔찬무대.

더운-물㊀명 덥게 데운 물. 온수(溫水). ↔찬물.

더운물^베개㊀명 환자의 체온을 조절하기 위하여 더운물을 넣어 쓰는 베개.

더운-밥㊀명 따끈하게 새로 지은 밥. ↔찬밥.

더운-약(-藥)[-냑]㊀명 몸을 덥게 하는 성질이 있는 약. 〔부자(附子)·육계(肉桂) 따위.〕

더운-점심(-點心)명 새로 지은 따뜻한 점심.

더운-찜질명하자 ☞온엄법(溫罨法). ↔찬찜질.

더운-피명 ①바깥의 기온보다 온도가 높은 동물의 피. 온혈(溫血). ↔찬피. ②'활동할 수 있는 기력'을 비유하여 이르는 말. ¶ 내 몸에 더운피가 흐르고 있는 한 이 일은 그만두지 않겠다.

더움타 〈옛〉〔'더으다'의 명사형〕 더함. ¶ 點 더우믄 ᄒᆞᆫ가지로ᄃᆡ(訓諺).

더위명 ①(여름철의) 더운 기운. ¶ 올 여름 더위는 유별나게 심하다. ↔추위. ②더위로 해서 생기는 병증. 서증(暑症).

더위 먹은 소 달만 보아도 헐떡인다속담 어떤 일에 크게 욕을 본 사람은 그와 비슷한 일만 당해도 지레 겁을 먹는다는 말.

더위(가) 들다관용 ☞더위(를) 먹다.

더위(를) 먹다관용 더위 때문에 소화 기능이 약화되거나 하는 병증이 생기다. 더위(가) 들다. ¶ 더위 먹은 것처럼 입맛이 뚝 떨어졌다.

더위(를) 타다관용 더위를 몹시 견디기 어려워하다.

더위-잡다[-따]타 (높은 데로 올라가려고) 무엇을 끌어 잡다. ¶ 작은 소나무 뿌리를 더위잡고 간신히 벼랑을 기어올랐다.

더위지기명 ☞사철쑥.

더위-팔기명하자 민속에서, 정월 대보름날 이른 아침에 아는 사람을 만나면 이름을 불러 '내 더위 사가라.'고 말하는 습속. 그렇게 하면 그 해는 더위를 타지 않는다고 함. 매서(賣暑).

더으다타 〈옛〉더하다. ¶ 왼 녀긔 ᄒᆞᆫ 點을 더으면(訓諺).

더이까조 〈더니이까〉의 준말.

-더이까어미 〈-더니이까〉의 준말. ¶ 무슨 책을 읽고 계시더이까?

더이다조 〈더니이다〉의 준말.

-더이다어미 〈-더니이다〉의 준말. ¶ 맛이 참 좋더이다.

-더이다어미 〈옛〉-ㅂ디다. ¶ 이런ᄃᆞ로 주머귓 相이 겨시더이다(楞解*1:98*). /그 뒷 ᄯᅡ롤 맛고져 ᄒᆞ더이다(釋譜*6:15*).

더치다자 (병세가) 도로 더해지다.

더치페이(Dutch+pay)명하타 비용을 각자 부담하는 일. 각추렴.

더킹(ducking)명 권투에서, 윗몸을 위아래로 움직여서 상대편의 공격을 피하는 방어법.

더펄가히명 〈옛〉더펄개. ¶ 더펄가히 방:厖(訓蒙上*19*).

더펄-개명 온몸에 털이 길게 나서 더펄거리는 개. 삽사리.

더펄-거리다자 자꾸 더펄더펄하다. 더펄대다. ¶ 공연히 들떠서 더펄거리다. /머리카락을 더펄거리며 달려가다. 작다팔거리다.

더펄-대다자 더펄거리다.

더펄-더펄부 ①하자타더부룩한 털이나 머리칼 같은 것이 출렁거리듯 흔들리는 모양. ¶ 더펄더펄한 긴 머리. ②하자들떠서 되는대로 행동하는 모양. 작다팔다팔.

더펄-머리명 더펄거리는 머리털, 또는 그런 머리털을 가진 사람. ¶ 더펄머리 소녀. 작다팔머리.

더펄-이명 '성미가 덥적덥적하고 활발한 사람'을 홀하게 이르는 말. ¶ 너는 더펄이인 줄만 알았는데 이렇게 꼼꼼한 데도 있었구나.

더품명 〈옛〉거품. ¶ 큰 바ᄅᆞᆳ 믌 ᄒᆞᆫ 더푸믜(法華*6:59*).

더하-기명 ①하타어떤 수나 양 또는 식에 다른 수나 양을 보태는 일, 곧 덧셈으로 셈하기. 가산(加算). 보태기. ②덧셈의 식을 읽을 때 기호 '+'를 읽는 말. ↔빼기.

더-하다 Ⅰ자여 본디보다 심하여지다. ¶ 빗발의 기세가 더해 간다.

Ⅱ타여 ①이전보다 더욱 많이 있게 하다. ¶ 재미를 더하다. ②덧셈을 하다. 보태다. ¶ 둘에 셋을 더하다. ②↔빼다.

Ⅲ형여 (한쪽이 다른 쪽보다) 심하다. ¶ 밝기가 대낮보다 더하다. ↔덜하다.

더-한층(-層)부 더욱더. ¶ 더한층 노력하다.

덕[1]명 ①나뭇가지 사이 따위에 길쳐 낸 시렁. 넉대[1]. ¶ 덕을 매다. ②물 위에 앉아서 낚시질을 할 수 있도록 발판처럼 만든 대.

덕[2]명 〈더기〉의 준말.

덕(德)명 ①고매하고 너그러운 도덕적 품성. ¶ 덕이 높은 분. ②윤리적 의지대로 행동할 수 있는 인격적 능력. ¶ 덕을 닦다. ③은혜나 덕택. ¶ 염려해 주신 덕으로 잘 있습니다. ④〈공덕〉의 준말. ¶ 덕을 쌓다.

덕(을) 보다관용 ①덕택이나 은혜를 입다. ¶ 김 선생의 덕을 보았다. ②이득을 얻다. ¶ 샀던 것을 되팔아 덕을 보다.

덕(이) 되다관용 덕을 이루는 일이 되다. 이익이나 도움이 되다. ¶ 우리 모두에게 덕이 되는 일이라면 무슨 일이라도 해야지.

덕교(德教)[-꾜]명 덕으로써 가르침.

덕금(德禽)[-끔]명 〔덕이 있는 날짐승이라는 뜻으로〕 '닭'을 달리 이르는 말.

덕기(德氣)[-끼]명 ①어질고 두터운 마음씨. ②덕스러운 얼굴빛. ¶ 얼굴에 덕기가 있어 보이다.

덕기(德器)[-끼]명 너그럽고 어진 도량과 재능, 또는 그것을 갖춘 사람.

덕-낚시[덩낙씨]명 저수지의 물 가운데에 설치한 덕에서 하는 민물낚시.

덕담(德談)[-땀]명하자 (흔히 새해를 맞아) 상대편에게 잘되기를 비는 말이나 인사. ¶ 새해 아침에 덕담을 주고받다. ↔악담.

덕-대[1][-때]명 ①하자아이의 시체를 아주 허술하게 장사 지내던 일, 또는 그 무덤. 〔원래는 땅에 묻지 않고 덕을 매어 시체를 얹고 용마름을 덮어 둘 뿐이었음.〕 ②☞덕[1].

덕대[2][-때]명 ①남의 광산의 일부에 대한 채굴권을 맡아 경영하는 사람. 〔한자를 빌려 '德大'로 적기도 함.〕 ②〈긋덕대〉의 준말.

덕대-갱(-坑)[-때-]명 덕대가 맡아 채광(採鑛)하는 구덩이.

덕더그르르[-떠-]부하자 ①크고 딴딴한 물건이 딱딱한 바닥에 떨어져서 두르르 굴러 가는 소리나 모양. ②우레가 좀 먼 거리에서 갑자기 우렁차게 울리는 소리. 작닥다그르르. 센떡떠그르르.

덕더글-덕더글[-떠-떠-]부하자 단단한 물건이 잇달아 덕더그르르 굴러 가거나 끌리는 소리. 작닥다글닥다글. 센떡떠글떡떠글.

덕량(德量)[덩냥]명 어질고 너그러운 마음씨. 덕성스러운 도량.

덕론(德論)[덩논]명 덕의 본질·종류 및 닦는 방법 등을 과제로 하는 윤리학의 한 부문.

덕망(德望)[덩-]명 덕행으로 얻은 명망. ¶ 덕망이 높은 선비.

덕목(德目)[덩-]명 도덕의 내용을 분류한 명목. 〔곧, 삼강오륜(三綱五倫)의 각 항목, 플라톤의

지혜·용기·절제, 기독교의 삼주덕(三主德)인 신·망·애(信·望·愛) 따위.〕

덕목-주의(德目主義)[덩-쭈의/덩-쭈이][명] 집단생활의 규범이 될 덕목(德目)을 조직적으로 계통화하여 분류하고, 그것을 해설하여 도덕적 행위와 방향을 분명히 하고자 하는 윤리 교육의 한 방법.

덕문(德門)[덩-][명] 덕행(德行)이 높은 집안.

덕분(德分)[-뿐][명] 베풀어 준 은혜. ¶ 선생님 덕분으로 잘 지내고 있습니다. [비]덕택.

덕불고(德不孤)[-뿔-][명] 〔덕이 있는 사람은 반드시 따르는 사람이 있는 법이므로 외롭지 않다는 뜻으로〕 남에게 덕을 베풀며 사는 사람은 반드시 세상에서 인정을 받게 됨을 이르는 말.

덕색(德色)[-쌕][명] 남에게 은혜를 베풀고 내는 생색.

덕색-질(德色-)[-쌕찔][명][하자] 덕색을 나타내는 짓.

덕석[-썩][명] 추울 때에 소의 등을 덮어 주는 멍석. 우의(牛衣).

덕석-밤[-썩빰][명] 크고 넓적하게 생긴 밤.

덕성(德性)[-썽][명] 어질고 너그러운 품성.

덕성(德星)[-썽][명] ①☞목성(木星). ②☞서성(瑞星).

덕성-스럽다(德性-)[-썽-따][~스러우니·~스러워][형][ㅂ] 덕성이 있어 보이다. **덕성스레**[부].

덕-스럽다(德-)[-쓰-따][~스러우니·~스러워][형][ㅂ] 덕이 있어 보이다. **덕스레**[부].

덕-아웃(dugout)[명] '더그아웃'의 잘못.

덕업(德業)[명] 덕스러운 사업이나 업적. ¶ 선생의 덕업을 기리다.

덕업-상권(德業相勸)[-쌍-][명] 향약의 네 덕목 중의 하나. 좋은 행실은 서로 권장함.

덕용(德用)[명] (값에 비하여) 쓰기에 편하고 이익이 많음. ¶ 덕용 치약.

덕용-품(德用品)[명] (같은 상품 중에서) 쓰기에 편하고 이득이 많도록 만든 물건.

덕우(德友)[명] ①덕의(德義)로써 사귄 벗. ②덕이 있는 벗.

덕육(德育)[명] 교육의 삼대 요소의 하나. 덕성(德性)을 기르고 인격을 높이는 교육. [참]지육(智育)·체육(體育).

덕-윤신(德潤身)[명] 덕을 쌓으면 겉모습(몸)도 윤택하여짐.

덕음(德音)[명] ①도리에 맞는 지당한 말. ②좋은 소문이나 명망. ③임금을 높이어 그의 음성을 이르는 말. 옥음(玉音). ④상대편을 높이어 그의 '편지나 안부'를 이르는 말.

덕의(德義)[더긔/더기][명] ①사람으로서 마땅히 지켜야 할 도덕과 의리. ②덕성과 신의. [준]의.

덕의-심(德義心)[더긔-/더기-][명] 덕의를 귀중히 여기는 마음.

덕인(德人)[명] 덕이 있는 사람.

덕-장[-짱][명] 생선 따위를 말리기 위하여 덕을 매어 놓은 곳, 또는 그 덕.

덕적-덕적[-쩍떡쩍][부][하형] 먼지나 더러운 때 같은 것이 두껍게 겹겹이 껴 있는 모양. ¶ 온몸에 때가 덕적덕적하다. [작]닥작닥작.

덕정(德政)[-쩡][명] 덕으로써 다스리는 정치.

덕조(德操)[-쪼][명] 변함이 없는 꿋꿋한 절조.

덕지-덕지[-찌-찌][부][하형] ①먼지나 때 같은 것이 두껍게 많이 끼거나 묻어 있는 모양. ¶ 먼지가 덕지덕지 끼다. ②어지럽게 덧붙거나 겹쳐 있는 모양. ¶ 전단이 덕지덕지 붙은 벽. [작]닥지닥지. [참]더덕더덕.

덕치-주의(德治主義)[-의/-이][명] 덕망이 있는 자가 도덕적으로 눈뜨지 못한 대중을 지도 교화함을 정치의 요체로 하던 옛 중국의 정치 이념. [참]왕도(王道).

덕택(德澤)[명] 베풀어 준 혜택이나 도움. ¶ 염려해 주신 덕택에 잘 지냅니다. [비]덕분.

덕풍(德風)[명] 덕이 널리 퍼져 미치는 형세.

덕행(德行)[더캥][명] 어질고 착한 행실. ¶ 덕행을 쌓다.

덕화(德化)[더콰][명][하타][되자] 덕으로 교화함.

덖다[1][덕따][자] 때가 올라서 매우 찌들다. 때가 덕지덕지 붙다. *덖어·덖는[덩-]

덖다[2][덕따][타] (냄비 따위로) 좀 물기 있는 고기나 약재 따위를 볶듯이 익히다. ¶ 미역을 덖은 다음 물을 붓다. *덖어·덖는[덩-]

-던[어미] 《용언의 어간 또는 높임의 '-시-'나 시제의 '-았(었)-' 등에 붙어》 ①지난 일을 회상하거나 그 회상 사실의 지속을 뜻하는, 관형사형 전성 어미. ¶ 나의 살던 고향은 꽃 피는 산골. /한때 외국으로 수출하던 상품. ②지난 일을 회상하여 묻는 뜻을 나타내는, 해체의 종결 어미. ¶ 엄마가 뭐라고 그러던?

던가[조] 모음으로 끝난 체언에 붙는 서술격 조사. ①㉠지난 일을 돌이켜 생각하면서 스스로에게 묻는 투로 가벼운 느낌을 나타내는 종결형 서술격 조사. ¶ 그 얼마나 놀라운 솜씨던가. ㉡지난 일을 손아랫사람이나 스스로에게 묻는 뜻을 나타내는 종결형 서술격 조사. ¶ 그 말을 한 사람이 나던가? ②지난 일에 대한 의심이나 의문의 뜻을 나타내는 연결형 서술격 조사. ¶ 누구한테서 온 전화던가 기억이 나지 않는다. [참]이던가.

-던가[어미] 용언의 어간이나 높임의 '-시-' 또는 시제의 '-았(었)-'·'-겠-' 등에 붙는, 종결 어미 또는 연결 어미. ①지난 일을 회상하여 손아랫사람이나 스스로에게 묻는 뜻으로 끝맺는 말. 〔스스로 아쉬워하거나 후회스러움을 나타내는 뜻으로 쓰이기도 함.〕 ¶ 그때 자네도 거기 있었던가?/아, 오라고 할 때 내가 왜 안 갔던가! ②지난 일을 회상해 보는 뜻으로 앞뒤 말을 이어 줌. ¶ 그날은 뭘 했던가 모르겠다.

던걸[조] 모음으로 끝난 체언에 붙어, 지난 일을 회상하면서 자기 생각으로는 이러이러하다고 스스로 느껴워하는 뜻을 나타내는 종결형 서술격 조사. ¶ 씩씩한 사내아이던걸. [참]이던걸.

-던걸[어미] 용언의 어간 또는 높임의 '-시-'나 시제의 '-았(었)-'·'-겠-' 등에 붙어, 가벼운 느낌을 나타내는 해체의 종결 어미. ①경험한 결과로써 새 사실을 알게 됨을 나타냄. ¶ 우리의 첨단 과학 기술도 이제는 세계 정상에 올라갔던걸. ②이미 있었던 사실을 내세우면서 상대편의 의견(주장)에 가벼운 의문을 나타냄. ¶ 돌아가시다니, 아직도 정정하시던걸.

던고[조] 모음으로 끝난 체언에 붙어, '던가'보다 예스럽고 점잖은 뜻을 나타내는 종결형 또는 연결형 서술격 조사. ¶ 무슨 문제던고. [참]이던고.

-던고[어미] 용언의 어간 또는 높임의 '-시-'나 시제의 '-았(었)-'·'-겠-' 등에 붙는, 예스러운 말투의 해체 종결 어미, 또는 연결 어미. ①지난 일을 회상하여 상대편에게 또는 스스로에게 묻는 뜻으로 끝맺는 말. 〔이때, 후회하거나 아쉬워하는 말투가 되기도 함.〕 ¶ 나는 이제까지 뭘 했던고? ②지난 일에 대해서 의심하며 묻는 뜻으로 앞뒤 말을 이어 줌. ¶ 그때는 어디서 살았던고, 기억이 잘 안 나는데.

던다타 〈옛〉 내기하다. ¶ 우리 므슴 나기 ᄒᆞ료 우리 ᄒᆞᆫ 이바디 던져(翻朴上54).

-던다어미 〈옛〉 -던가. -더냐. ¶ 네 모ᄅᆞ던다(月釋21:195). /눌로 ᄒᆞ여 운이던다(古時調).

던데조 모음으로 끝난 체언에 붙는 서술격 조사. ①다음의 말을 끌어내기 위해 그와 관련된 지난 일을 회상하는 뜻을 나타내는 연결형 서술격 조사. ¶ 굉장한 미모던데 누구지? ②남의 의견을 듣고자 하는 태도로, 지난 일에 대한 자기의 느낌을 들어 보이는 뜻을 나타내는 종결형 서술격 조사. ¶ 아주 예쁜 아가씨던데. 참이던데.

-던데어미 용언의 어간 또는 높임의 '-시-'나 시제의 '-았(었)-'·'-겠-' 등에 붙는, 연결 어미 또는 종결 어미. ①다음 말을 끌어내기 위하여 그와 관련된 지난 일을 회상하여 말하는 뜻으로 앞뒤 말을 이어 줌. ¶ 금방 보이던데 그 사이 어딜 갔지? ②남의 의견을 듣고자 하는 태도로, 지난 일에 대한 자기의 느낌을 들어 보이는 뜻으로 끝맺는 말. 〔상대편 말에 대한 가벼운 반박의 뜻을 지니기도 함.〕 ¶ 집이 참 깨끗하던데. /더 가르치면 잘하겠던데.

-던덴어미 〈옛〉 -던들. -더라면. ¶ 믈러가던덴 목숨 ᄆᆞᄎᆞ리잇가(龍歌51章).

던들조 모음으로 끝난 체언에 붙어, 지난 일을 회상하되 그 결과와 반대되는 어떤 사실을 가정하는 뜻을 나타내는 연결형 서술격 조사. ¶ 상대가 그던들 너처럼 속지는 않았을 거다. 참이던들.

-던들어미 시제의 '-았(었)-'에 붙는 종속적 연결 어미. 지난 일을 회상하되, 그 결과와 반대되는 어떤 사실을 가정하여 보는 뜻을 나타냄. ¶ 그 고비만 잘 넘겼던들 이 지경은 안 됐을 텐데. /진작 대비하였던들 막을 수 있었을 것을.

-던바어미 용언의 어간 또는 높임의 '-시-'나 시제의 '-았(었)-'에 붙어, 앞의 사실이 뒤의 사실의 보충 설명임을 나타내는 종속적 연결 어미. ¶ 지시대로 하였던바 일이 순조롭게 풀려 나갔다. 참-ㄴ바·-는바.

던ː적-스럽다[-쓰-따][~스러우니·~스러워] 형ㅂ 하는 짓이 보기에 아주 치사하다. ¶ 던적스럽게 보일 것 같아서 차마 돈 얘기를 못했다. 작단작스럽다. **던적스레**부.

던져-두다[-저-]타 (물건이나 하던 일을) 던진 채 두거나 그만두고 돌아보지 아니하다. ¶ 하던 사업을 던져두고 돌보지 않는다.

던지조 모음으로 끝난 체언에 붙는 연결형 서술격 조사. ①지난 일을 회상하되, 그 회상이 막연함을 나타냄. ¶ 그때가 언제던지 기억이 안 난다. ②지난 일을 회상하되, 그것이 다른 일을 일으키는 근거나 원인이 됨을 나타냄. ¶ 어찌나 추운 날씨던지 손발이 꽁꽁 얼었다. 참이던지.

-던지어미 용언의 어간 또는 높임의 '-시-'나 시제의 '-았(었)-'·'-겠-' 등에 붙는 종속적 연결 어미. ①지난 일을 회상하여 막연한 의심·추측·가정의 뜻을 나타냄. ¶ 거기서 뭘 샀던지 생각이 안 난다. /더는 못 참겠던지 짜증을 내더라. ②지난 일을 회상하되 그것이 다른 일을 일으키는 근거나 원인이 됨을 나타냄. 《주로, '어찌나(어떻게나) -던지'의 꼴로 쓰임.》 ¶ 날씨가 어찌나 춥던지 정말 혼났다.

던지기^경기(-競技)명 필드 경기에서, 포환던지기·원반던지기·창던지기 따위를 통틀어 이르는 말. 투척 경기.

던지다타 ①물건을 손으로 멀리 날려 보내다. ¶ 공을 던지다. ②자기의 몸을 떨어지게 하거나 뛰어들다. ¶ 심청이 인당수에 몸을 던지다. /침대에 몸을 던지다. ③어떠한 행동을 하다. ¶ 야릇한 미소를 던지다. /연거푸 질문을 던지다. ④(어떤 목적을 위하여) 자기 몸을 바치거나 몸이 거기에 있게 하다. ¶ 나라를 위하여 목숨을 던지다. /정계에 몸을 던지다. ⑤(하던 일을) 도중에 그만두다. ¶ 하던 일을 던지고 달려 나오다. ⑥문제를 일으키다. ¶ 화제(문제)를 던지다. ⑦투표하다. ¶ 찬성표를 던지다. ⑧(바둑이나 장기 따위에서) 도중에 패배를 인정하고 끝내다. ¶ 돌을 던지다.

던ː지럽다[-따][던지러우니·던지러워]형ㅂ 말과 행실이 더럽다. ¶ 던지러운 인간. 작단지럽다.

던질-낚시[-락씨]명 (릴 따위를 써서) 낚싯줄 끝에 낚싯봉을 달아 멀리 던져서 낚는 낚시 방법의 한 가지.

덛명 〈옛〉 덧. 동안. ¶ 밥 머긇 덛만 ᄒᆞ야도(月釋21:87).

덛덛ᄒᆞ다형 〈옛〉 떳떳하다. 늘 한결같다. ¶ 덛덛ᄒᆞᆫ 期限이 이시니(杜初25:39).

덜ː부 ①어떤 기준보다 약하게. 정도에 못 미치게. ¶ 덜 춥다. /덜 높은 산. ②《주로 동사 앞에서》 (보다) 적게. (보다) 줄여서. ¶ 살을 빼려고 요즘은 덜 먹는다. ③불충분하거나 불완전하게. ¶ 덜 익은 감. /잠이 덜 깨다. /아직 일이 덜 되었다. ①②↔더.

덜거덕부하자타 ①크고 단단한 물건이 맞부딪쳐서 나는 약간 둔한 소리. ¶ 덜거덕하고 대문 잠그는 소리가 나다. 작달가닥. ②수레나 기계 따위가 순조롭게 움직이지 못하고 무슨 장애를 받아 걸리는 소리나 모양. 센덜꺼덕·떨거덕·떨꺼덕. 거덜커덕. **덜거덕-덜거덕**부하자타.

덜거덕-거리다[-꺼-]자타 자꾸 덜거덕덜거덕하다. 덜거덕대다. ¶ 문짝이 덜거덕거린다. 작달가닥거리다.

덜거덕-대다[-때-]자타 덜거덕거리다.

덜거덩부하자타 크고 단단한 물체끼리 부딪쳐 둔하게 울리는 소리. 작달가당. 센덜꺼덩·떨거덩·떨꺼덩. 거덜커덩. **덜거덩-덜거덩**부하자타.

덜거덩-거리다자타 자꾸 덜거덩덜거덩하다. 덜거덩대다. 작달가당거리다.

덜거덩-대다자타 덜거덩거리다.

덜걱부하자타 크고 단단한 물건이 부딪치거나 걸릴 때 나는 소리. 작달각. 센덜꺽·떨걱·떨꺽. 거덜컥[1]. **덜걱-덜걱**부하자타.

덜걱-거리다[-꺼-]자타 자꾸 덜걱덜걱하다. 덜걱대다. 작달각거리다.

덜걱-대다[-때-]자타 덜걱거리다.

덜걱-마루[-겅-]명 디딜 때마다 덜걱덜걱 소리가 나는 허술한 마루.

덜겅부하자타 단단한 물건이 가볍게 부딪칠 때에 울리어 나는 약간 무거운 소리. 작달강. 센덜껑·떨겅·떨껑. 거덜컹[1]. **덜겅-덜겅**부하자타.

덜겅-거리다자타 자꾸 덜겅덜겅하다. 덜겅대다. 작달강거리다.

덜겅-대다자타 덜겅거리다.

덜그럭부하자타 크고 단단한 그릇 따위가 서로 가볍게 부딪쳐 나는 낮고 좀 무거운 소리. 작달그락. 센떨그럭. **덜그럭-덜그럭**부하자타.

덜그럭-거리다[-꺼-]자타 자꾸 덜그럭덜그럭하다. 덜그럭대다. ¶ 덜그럭거리며 설거지를 하다. 작달그락거리다.

덜그럭-대다[-때-][자타] 덜그럭거리다.

덜그렁[부][하자타] 크고 얇은 쇠붙이 따위가 가볍게 무엇에 부딪칠 때 울리어 나는 소리. [작]달그랑. [센]떨그렁. **덜그렁-덜그렁**[부][하자타].

덜그렁-거리다[자타] 자꾸 덜그렁덜그렁하다. 덜그렁대다. [작]달그랑거리다.

덜그렁-대다[자타] 덜그렁거리다.

덜꺼덕[부][하자타] 〈덜거덕〉의 센말. [작]달까닥. [센]떨꺼덕.

덜꺼덩[부][하자타] 〈덜거덩〉의 센말. ¶ 대문이 덜꺼덩하고 닫힌다. [작]달까당. [센]떨꺼덩.

덜꺽[부][하자타] 〈덜걱〉의 센말. [작]달깍. [센]떨꺽.

덜껑[부][하자타] 〈덜겅〉의 센말. [작]달깡. [센]떨껑.

덜께기[명] 늙은 장끼(수꿩).

덜ː다[더니·덜어][타] ①일정한 수량이나 정도에서 얼마를 떼어 줄이다. ¶ 밥을 덜다. ②어떤 상태나 행동의 정도를 적게 하다. ¶ 이제야 겨우 근심을 덜었다.

덜덜[1][부][하자타] (춥거나 두려워서) 몸을 몹시 떠는 모양. ¶ 추위에 덜덜 떨다. [작]달달[1].

덜덜[2][부][하자타] (수레바퀴 따위가) 단단한 바닥 위를 구르며 내는 무거운 소리. ¶ 빈 수레가 덜덜 소리를 내며 가다. [작]달달[2]. [센]떨떨.

덜덜-거리다[1][자타] (춥거나 두려워서) 몸을 자꾸 떨다. 덜덜대다[1]. [작]달달거리다[1].

덜덜-거리다[2][자타] (수레바퀴 따위가 구르며) 자꾸 덜덜 소리를 내다. 덜덜대다[2]. [작]달달거리다[2].

덜덜-대다[1][자타] ☞덜덜거리다[1].

덜덜-대다[2][자타] ☞덜덜거리다[2].

덜ː-되다[-되-/-퉤-][형] (하는 짓이나 생각이) 모자라고 온당하지 못하다. ¶ 하는 짓을 보니 덜된 놈이더라.

덜ː-떨어지다[형] 〔쇠딱지가 덜 떨어졌다는 뜻으로〕 나이에 비해 하는 짓이나 말이 어리고 미련하다.

덜렁[1][명] 〈단령(團領)〉의 변한말.

덜렁[2][부] ①(큰 방울 따위가) 한 차례 흔들리어 무겁게 울리는 소리. [센]떨렁. ②(좀 큰 물건이) 매달려 있는 모양. ¶ 천장 높이 덜렁 매달린 샹들리에. ③침착하지 못하게 행동하는 모양. ¶ 부모님과 상의도 않고 혼자 덜렁 약속해 버렸다. [작]달랑[1]. **덜렁-덜렁**[부][하자타].

덜렁[3][부] (좀 커 보이는 물건을) 쉽게 들어 올리거나 든 모양. ¶ 힘이 좋아서 꽤 큰 돌도 덜렁 들어 올린다. [작]달랑[2].

덜렁[4][부] (몹시 놀라거나 충격을 받아서) 가슴이 움찔하며 울리는 모양. ¶ 가슴이 덜렁 내려앉다. [비]철렁. [작]달랑[3]. **덜렁-덜렁**[부][하자].

덜렁[5][부] ①여럿 가운데서 단 하나만 남아 있는 모양. ¶ 큰 집에 나 혼자 덜렁 남았다. ②가진 것이나 딸린 것이 적어서 아주 단출한 모양. ¶ 지팡이 하나만 덜렁 들고 길을 나섰다. [작]달랑[4].

덜렁-거리다[자타] 자꾸 덜렁덜렁하다. 덜렁대다. ¶ 너는 덜렁거려서 탈이다. [작]달랑거리다.

덜렁-대다[자타] 덜렁거리다.

덜렁-말[명] 함부로 덜렁거리는 말. 광당마(光唐馬).

덜렁-쇠[-쇠/-쉐][명] '덜렁거리는 사람'을 홀하게 이르는 말. 덜렁이. [작]달랑쇠.

덜렁-이[명] ☞덜렁쇠.

덜렁-이다 [Ⅰ][자] (행동이) 좀 경망하다. [작]달랑이다.

[Ⅱ][자타] (큰 방울 따위가) 흔들리어 잇달아 소리가 나다, 또는 그런 소리를 내다. [작]달랑이다.

덜레-덜레[부][하자] 건들건들 걷거나 행동하는 모양. ¶ 덜레덜레 길을 걷다. [작]달래달래. [거]털레털레.

덜름-하다[형][여] (입은 옷이 아랫도리가 드러나도록) 짧다. ¶ 일 년 사이에 많이 자랐는지 작년에 입던 바지가 덜름하다.

덜-리다[자] 〖'덜다'의 피동〗 덞을 당하다. ¶ 월급 몇 푼 받는 것도 이것저것 덜리고 나니 남는 게 별로 없군.

덜ː-먹다[-따][자] 하는 짓이 온당하지 못하고, 제멋대로 나가다. 덜 돼먹다. ¶ 나잇살이나 먹고서도 덜먹은 짓만 한다.

덜미[1][명] '뒷덜미'와 '목덜미'를 아울러 이르는 말.

덜미에 사잣밥을 짊어졌다[속담] 생사(生死)의 기로에 처하여 있음을 이르는 말.

덜미를 누르다[관용] ①재촉하여 몰아세우다. ②(남의) 약점을 잡다.

덜미(를) 잡히다[관용] ①(남몰래 좋지 않은 일을 꾸미다가) 발각되다. ¶ 도둑질을 하다 덜미를 잡혀 경찰에 체포되다. ②쉽게 여기고 덤빈 일이 뜻밖에 어렵게 꼬여 벗어나지 못하게 되다.

덜미(를) 짚다[관용] ①덜미잡이를 하다. ②덜미를 누르듯이 몹시 재촉하다.

덜미[2][명] 남사당패의 여섯 가지 놀이 중에서 마지막 놀이인 '꼭두각시놀음'을 이르는 말.

덜미-쇠[-쇠/-쉐][명] 남사당패에서, 꼭두각시놀음을 하는 재인(才人)의 우두머리.

덜미-잡이[명][하타] 사람의 뒷덜미를 움켜잡고 몰아가는 짓. ¶ 덜미잡이로 끌려가다.

덜밋-대문(-大門)[-미때-/-믿때-][명] 집의 큰 채 뒤쪽에 있는 대문.

덜커덕[부][하자타] (기계나 연장이) 무엇에 거칠게 걸리거나 고장으로 멈추어질 때 나는 소리. [작]달카닥. [센]떨커덕. [여]덜거덕. **덜커덕-덜커덕**[부][하자타].

덜커덕-거리다[-꺼-][자타] 자꾸 덜커덕덜커덕하다. 덜커덕대다. [작]달카닥거리다.

덜커덕-대다[-때-][자타] 덜커덕거리다.

덜커덩[부][하자타] 쇠붙이로 된 물체가 부딪쳐 크게 울리는 소리. ¶ 대문이 덜커덩하고 잠기다. / 기차가 덜커덩하고 멈췄다. [작]달카당. [센]떨커덩. [여]덜거덩. **덜커덩-덜커덩**[부][하자타].

덜커덩-거리다[자타] 자꾸 덜커덩덜커덩하다. 덜커덩대다. [작]달카당거리다.

덜커덩-대다[자타] 덜커덩거리다.

덜컥[1][부][하자타] (기계나 연장이) 무엇에 걸리거나 고장으로 멈출 때 나는 소리. [작]달칵. [센]떨컥. [여]덜걱. **덜컥-덜컥**[부][하자타].

덜컥[2][부][하자] ①몹시 놀라거나 무서울 때 가슴이 내려앉는 듯한 모양. ¶ 겁이 덜컥 났다. [비]덜컹[2]. ②갑자기 행동을 크게 저지당하거나 억눌리는 모양. ¶ 목덜미를 덜컥 잡혔다. ①**덜컥-덜컥**[부][하자].

덜컥-거리다[-꺼-][자타] 자꾸 덜컥덜컥하는 소리가 나다, 또는 그런 소리를 내다. 덜컥대다. [작]달칵거리다.

덜컥-대다[-때-][자타] 덜컥거리다.

덜컹[1][부][하자타] (쇠붙이로 된 기계 따위가) 움직이다가 갑자기 멈추거나 세게 부딪칠 때 나는 소리. [작]달캉. [센]떨컹. [여]덜겅. **덜컹-덜컹**[부][하자타].

덜컹[2][부][하자] 놀라거나 무서울 때 가슴이 갑자기 내려앉는 듯한 모양. ¶ 놀라서 가슴이 덜컹 내려앉았다. [비]덜컥[2]. **덜컹-덜컹**[부][하자].

덜컹-거리다 자타 자꾸 덜컹덜컹하는 소리가 나다, 또는 그런 소리를 내다. 덜컹대다. 작달캉거리다.

덜컹-대다 자타 덜컹거리다.

덜퍽-부리다[-뿌-] 자 큰 목소리로 떠들며 몹시 심술을 부리다.

덜퍽-스럽다[-쓰-따][~스러우니·~스러워] 형ㅂ 푸지고 탐스러운 데가 있어 보이다. ¶ 찌개를 아주 덜퍽스럽게 끓였구나. **덜퍽스레**부.

덜퍽-지다[-찌-] 형 ①푸지고 탐스럽다. ¶ 새참을 덜퍽지게 담아 내오다. ②넉넉하게 크고 든든하다. ¶ 덜퍽진 황소. /떡 버티고 앉은 모습이 덜퍽지다. 비덤턱스럽다.

덜ː-하다 형여 비교하여 보아 심하지 않거나 적다. ¶ 감기가 좀 덜하다. /값이 덜하다. ↔더하다.

덞기다 자 〈옛〉 물들이다. ¶ 이대 아로믹 덞규므로(楞解9:57).

덞다 자 〈옛〉 물들다. ¶ 世間法에 덞디 아니호미(法華5:119).

덤ː 명 ①물건을 사고팔 때, 제 값어치 외에 조금 더 얹어 주거나 받는 물건. ¶ 덤으로 한 개를 더 드립니다. ②맞수 바둑에서, 흑을 쥐고 먼저 두는 쪽이 이겼을 경우, 이긴 돌의 수에서 일정한 수를 접어주는 일. ¶ 덤으로 6호 반을 공제하다.

덤덤-하다 형여 ①말할 자리에서 아무 표정도 나타내지 않고 묵묵하다. ¶ 덤덤하게 앉아 있다. ②(일을 당하여도) 아무 느낌도 없다. ¶ 덤덤한 심경. ③(음식 맛이) 싱겁고 밍밍하다. ¶ 된장국 맛이 덤덤하다. ①②**덤덤-히**부.

덤ː-받이[-바지] 명 개가(改嫁)하여 온 아내가 데리고 들어온 자식.

덤벙 부하자타 크고 묵직한 물건이 물에 떨어져 잠길 때에 나는 소리, 또는 그 모양. ¶ 개울물 속으로 덤벙 뛰어들었다. 작담방. 거텀벙. **덤벙-덤벙**부하자타.

덤벙-거리다¹ 자타 (크고 묵직한 물건이) 자꾸 덤벙덤벙하는 소리를 내며 물에 떨어지다. 덤벙대다¹. 작담방거리다¹.

덤벙-거리다² 자 어쩔 줄 몰라 허둥거리다. 덤벙대다². ¶ 좀 차분하지 못하고 왜 그리 덤벙거리느냐? 작담방거리다².

덤벙-대다¹ 자타 ☞덤벙거리다¹.

덤벙-대다² 자 ☞덤벙거리다².

덤벼-들다[~드니·~들어] 자 ①함부로 달려들다. 대들다. ¶ 어른에게 덤벼들다. ②무엇을 이루기 위해 적극적으로 뛰어들다. ¶ 새로운 사업에 혼신을 다하여 덤벼들었다.

덤부렁-듬쑥 부하형 수풀이 우거지고 깊숙한 모양.

덤불 명 엉클어진 얕은 수풀. ¶ 장미 덤불.

덤불-김치 명 무청이나 배추의 지스러기 따위로 담근 김치.

덤불-숲[-숩] 명 덤불로 들어찬 수풀. ＊덤불숲이[-수피]·덤불숲만[-숨-]

덤불-지다 자 (떨기나무나 덩굴풀 따위가) 덤불을 이루다.

덤불-혼인(-婚姻) 명하자 인척 관계에 있는 사람끼리 하는 혼인. 비겹혼인.

덤비다 자 ①대들다. 싸움을 걸다. ¶ 자, 덤벼라! /쥐방울만 한 녀석이 감히 나한테 덤비다니. ②서두르다. ¶ 덤빈다고 일이 되나? ③아무 일에나 마구 끼어들거나 달려들다. ¶ 너는 이 일에는 덤비지 마라.

덤뻑 부 생각 없이 함부로 덤비는 모양. ¶ 잘 알아보지도 않고 덤뻑 투자하다. 비덥석. 작담빡.

덤터기 명 ①(남에게 넘겨씌우거나 남에게서 넘겨 맡은) 큰 걱정거리나 허물 따위. ¶ 덤터기를 쓰게 되다. /덤터기를 씌우지 마라. ②억울한 누명이나 오명. ¶ 덤터기를 쓰고 징역을 살다. 작담타기.

덤턱-스럽다[-쓰-따][~스러우니·~스러워] 형ㅂ 보기에 푸지고 매우 크다. ¶ 통째 삶은 돼지가 덤턱스럽게 놓여 있다. 비덜퍽지다. **덤턱스레**부.

덤프-차(dump車) 명 ☞덤프트럭.

덤프-트럭(dump truck) 명 짐칸을 뒤쪽으로 기울여서 실은 짐을 한꺼번에 부릴 수 있게 만든 트럭. 덤프차. ¶ 덤프트럭에 모래를 싣다.

덤핑(dumping) 명하타 시장의 새로운 판로를 개척하기 위해 채산을 무시하고 싼값으로 상품을 파는 일. ¶ 덤핑 판정을 받다.

덤핑^관세(dumping關稅) 명 외국의 덤핑에 대항하여 부과되는 차별적인 고율 관세.

덦거츨다 형 〈옛〉 덩거칠다. ¶ 긔 잔 딘 마티 덦거츠니 업다(樂詞.雙花店).

덥가나모 명 〈옛〉 떡갈나무. ¶ 어욱새 속새 덥가나모 白楊 수페(鄭澈.將進酒辭).

덥갈나모 명 〈옛〉 떡갈나무. ¶ 덥갈나모 륵:櫟(訓蒙上10).

덥ː다[-따][더우니·더워] 형ㅂ ①(날씨나 기온에서) 높은 열기를 느끼다. ¶ 날씨가 덥다. /방이 덥다. ↔춥다. ②(물체에) 열기가 있다. ¶ 더운 목욕물. ↔차다⁴.

덥석[-썩] 부 왈칵 달려들어 닁큼 움켜잡는 모양. ¶ 형님은 내 손을 덥석 잡은 채 말이 없었다. 비덤뻑. 작답삭. **덥석-덥석**부하타.

덥수룩-하다[-쑤루카-] 형여 (더부룩하게 많이 난 수염이나 머리털이) 어수선하게 덮여 있다. ¶ 얼굴에 수염이 덥수룩하다. **덥수룩-이**부.

덥써츨다 형 〈옛〉 덩거칠다. ¶ 덥써츨 울:鬱(石千18).

덥적[-쩍] 부하자 ①왈칵 덤벼 급히 움직이는 모양. ②무슨 일에나 쉽게 나서거나 참견하는 모양. ¶ 아무 데나 덥적 나선다. ③남에게 붙임성 있게 구는 모양. ¶ 낯선 사람에게도 덥적 말을 붙인다. ②③작답작. ②③**덥적-덥적**부하자.

덥적-거리다[-쩍꺼-] 자 자꾸 덥적덥적하다. 덥적대다. 작답작거리다.

덥적-대다[-쩍때-] 자 덥적거리다.

덥적-이다[-쩌기-] 자 ①왈칵 덤벼서 급히 움직이다. ②무슨 일에나 쉽게 나서거나 참견하다. ③남에게 붙임성 있게 굴다. 작답작이다.

덥절덥절-하다[-쩔-쩔-] 형여 (말이나 하는 짓이) 남에게 붙임성이 있다.

덧[덛] 명 빌미나 탈. ¶ 농담 한마디가 덧이 되어 싸움이 벌어졌다. ＊덧이[더시]·덧만[-던-]

덧 명 〈옛〉 때. 짬. ¶ 져근더싀 느저가니(癸丑98). /春光이 덧이 업서(青丘57). 참덛.

덧-[덛] 접두 《일부 명사나 동사 앞에 붙어》 '거듭' 또는 '덧붙임'의 뜻을 나타냄. ¶ 덧니. /덧신. /덧저고리. /덧대다.

덧-가지[덛까-] 명 (쓸데없이) 하나 더 난 가지.

덧-거름[덛꺼-] 명 자라나는 농작물에 주는 거름. 보비(補肥). 웃거름. 참밑거름.

덧-거리[덛꺼-] 명 ①알맞은 수량 이외에 덧붙은 물건, 또는 덧붙이는 일. ②하타사실을 지나치게 불려 말하는 일.

덧거리-질[덛꺼-] 명하타 덧거리를 하는 짓.

덧-거칠다[덛꺼-][~거치니·~거칠어]형 일이 순조롭지 못하고 가탈이 많다.

덧-걸다[덛껄-][~거니·~걸어]타 ①걸어 놓은 것의 위에 포개어 걸다. ②씨름에서, 상대편의 왼다리 바깥쪽에 자기의 오른다리를 걸어서 당기다.

덧걸-리다[덛껄-]자 ①〖'덧걸다'의 피동〗 겹쳐 걸리다. ②한 가지 일에 다른 일이 겹치다.

덧-걸이[덛꺼리]명 씨름의 다리 기술의 한 가지. 오른다리로 상대편의 왼다리를 밖에서 안으로 걸고 허리를 당겨 넘어뜨리는 공격 기술.

덧-게비[덛께-]명 이미 있는 것 위에 다시 덧대거나 덧보탬, 또는 그런 일이나 물건.

덧게비-치다[덛께-]타 다른 것 위에 덧엎어 대다.

덧-겹닿소리[덛껍따쏘-]명 ☞차성중자음.

덧-구두명 '덧신'의 잘못.

덧-그림[덛끄-]명 그림 위에 얇은 종이를 덮어 대고 그것을 본떠 그린 그림.

덧-깔다[덛-][~까니·~깔아]타 깔아 놓은 것 위에 더 덮어 깔다.

덧-나다[1][덛-]자 ①(상처나 병 따위가) 잘못되어 더치게 되다. ②노염이 일어나다. ¶ 감정이 덧나서 저 야단이다.

덧-나다[2][덛-]자 덧붙거나 제자리를 벗어나서 나다. ¶ 이가 덧나다.

덧-날[덛-]명 대팻날 위에 덧붙여서 끼운 날.

덧날-막이[덛-]명 대패의 덧날 위에 가로 끼워 놓은 쇠붙이.

덧내다[덛-]타 〖'덧나다[1]'의 사동〗 덧나게 하다. 덧나게 만들다. ¶ 상처를 긁어서 덧내다.

덧-널[덛-]명 〈곽(槨)〉의 속된 말.

덧-놓다[덛노타]타 놓은 것 위에 겹쳐 놓다. ¶ 물건들을 이렇게 마구 덧놓으면 밑의 것은 어떻게 꺼내지?

덧-눈[덛-]명 종자식물에서, 한 잎겨드랑이에 여러 개의 곁눈이 생기는 경우, 가장 크고 정상적인 것 이외의 곁눈. 부아(副芽).

덧-니[덛-]명 이가 난 줄의 곁에 겹으로 난 이.

덧니-박이[덛-]명 덧니가 난 사람.

덧-대다[덛때-]타 댄 것 위에 포개어 대다. ¶ 헝겊을 덧대어 깁다.

덧-덮다[덛떱따]타 덮은 것 위에 겹쳐 덮다. ¶ 감기가 들어 이불을 여러 겹으로 덧덮고 자다.

덧-두리[덛뚜-]명 ①정해진 액수에 얼마를 더 보탬, 또는 그 값. ¶ 덧두리를 주고 겨우 자재를 구했다. ②(물건을 서로 바꿀 때) 값을 서로 따져 에낀 차액을 채워서 내는 현금. 웃돈.

덧-들다[덛뜰-][~드니·~들어]자 선잠이 깬 채 다시 잠이 잘 들지 아니하다. ¶ 잠이 덧들어 뜬눈으로 새다.

덧들-이다[1][덛뜨리-]타 ①(남을 건드려) 덧나게 하다. ②병세를 더치게 하다. ¶ 병을 낫게 한다는 노릇이 도리어 덧들이었다.

덧들-이다[2][덛뜨리-]타 〖'덧들다'의 사동〗 (잠을) 덧들게 하다. ¶ 잠을 덧들이다.

덧띠^토기(-土器)[덛-]명 그릇의 표면에 띠 모양의 흙을 덧붙여 무늬를 낸 토기. 청동기 시대 후기에 만들어졌음.

덧-머리[덛-]명 자기 머리에 덧쓰는 가발.

덧무늬^토기(-土器)[덛-니-]명 겉면에 띠 모양의 흙을 약간 돋아 나오게 덧붙여 무늬를 낸 토기. 빗살무늬 토기보다 시기적으로 조금 앞섬.

덧-문(-門)[덛-]명 ①겉창. ②원래의 문짝 겉쪽에 덧단 문을 통틀어 이르는 말.

덧-묻다[덛-따]자 묻은 것 위에 겹쳐 묻다.

덧-물[덛-]명 ①이미 있거나 둔 물 위에 더 두는 물. ¶ 밥물이 적어 덧물을 두었더니 밥이 조금 질다. ②얼음 위에 괴어 있는 물.

덧-바르다[덛빠-][~바르니·~발라]타르 바른 것 위에 포개어 바르다. ¶ 물감을 덧바르다.

덧-바지[덛빠-]명 속바지 위에 덧입는, 통이 넓은 큰 바지.

덧-방(-枋)[덛빵]명 이미 있는 것 위에 다른 것을 덧대는 일, 또는 그런 물건. ¶ 부러진 의자 다리에 덧방을 붙여 버티다.

덧방-나무[덛빵-]명 수레의 양쪽 변죽에 대는 나무.

덧-버선[덛뻐-]명 버선이나 양말 위에 겹쳐 신는 목 없는 버선.

덧-보태다[덛뽀-]타 보탠 것 위에 겹치어 보태다. ¶ 월급에 상여금까지 덧보태니 제법 목돈이 되었다.

덧-뵈기[덛뾔-/덛뿨-]명 남사당패의 여섯 가지 놀이에서, 다섯째 놀이인 '탈놀음'을 이르는 말.

덧뵈기-쇠[덛뾔-쇠/덛뿨-쉐]명 남사당패에서, 덧뵈기를 맡은 뜬쇠.

덧뵈기-춤[덛뾔-/덛뿨-]명 경상도 지방의 야유(野遊)나 오광대 등 탈춤에서 쓰이는 춤사위.

덧-붙다[덛뿓따]자 ①있는 것 위에 겹쳐 붙다. ②군더더기가 달라붙다.

덧붙-이[덛뿌치]명 ①덧붙여서 하는 일, 또는 그런 물건. ②사람이 군더더기로 딸려 있는 일, 또는 그 사람.

덧붙-이다[덛뿌치-]타 ①〖'덧붙다'의 사동〗 덧붙게 하다. ¶ 문에 창호지를 덧붙이다. ②(앞서 한 말에) 더 보태어 말하다.

덧-빗[덛삗]명 머리를 깎을 때 머리털을 조금 길게 남기기 위하여, 이발기의 날 밑바닥에 덧끼는 빗 모양의 쇠붙이. ＊덧빗이[덛삐시]·덧빗만[덛삔-]

덧-뿌리다[덛-]타 씨앗을 뿌린 뒤에 다시 더 뿌리다.

덧-새벽[덛쌔-]명 (벽이나 방바닥 따위에 발랐던 새벽이 갈라졌을 때) 덧붙여 바르는 새벽.

덧-셈[덛쎔]명하자 둘 이상의 수나 식을 합으로 셈함, 또는 그런 셈법. 가법. 가산. ↔뺄셈.

덧셈-법(-法)[덛쎔뻡]명 덧셈하는 법. 가법(加法). ↔뺄셈법.

덧셈^부호(-符號)[덛쎔-]명 덧셈을 나타내는 표인 '+'의 이름. 덧셈표. 플러스. ↔뺄셈 부호.

덧셈-표(-標)[덛쎔-]명 ☞덧셈 부호. 가표(加標). 플러스. ↔뺄셈표.

덧-소금[덛쏘-]명 채소나 생선 따위를 절일 때 맨 위에 더 뿌리는 소금.

덧-수(-數)[덛쑤]명 ☞가수(加數)[2].

덧-신[덛씬]명 신 위에 덧신는 신.

덧-신다[덛씬따]타 (양말이나 신을) 신은 데에 더 포개어 신다. ¶ 양말을 덧신다.

덧-쓰다[덛-][~쓰니·~써]타 쓴 것 위에 더 포개어 쓰다. ¶ 하도 추워서 모자를 덧썼다.

덧씌우다[덛씨-]타 〖'덧쓰다'의 사동〗 씌운 데다 다시 더 씌우다. ¶ 죄를 덧씌우다.

덧-양말(-洋襪)[덛냥-]명 (신은 양말 위에) 덧신는 목 짧은 양말.

덧-양판[덛냥-]명 대패질할 때, 양판 위에 덧놓는 좁고 길쭉한 나무.

덧-없다[더덥따]형 ①(세월의 흐름이) 허무하게 빠르다. ¶ 덧없는 세월. ②무상(無常)하다. ¶ 덧없는 인생. **덧없-이**부.

덧-옷[더돋]명 옷 위에 겹쳐 입는 옷. *덧옷이[더도시]·덧옷만[더돈-]

덧-입다[던닙따]타 입은 위에 더 겹쳐 입다. ¶ 저고리를 입은 위에 마고자를 덧입다.

덧-장판(-壯版)[덛짱-]명 해진 헌 장판 위에 덧바른 장판.

덧-저고리[덛쩌-]명 저고리 위에 겹쳐 입는 저고리.

덧-정(-情)[덛쩡]명 《주로 '없다'와 함께 쓰이어》 ①한곳에 오래 정이 들면 주변의 것까지 다정하게 느껴지는 정. ②더 끌리는 마음.

덧-줄[덛쭐]명 ☞가선(加線).

덧-창(-窓)[덛-]명 ☞겉창.

덧-칠(-漆)[덛-]명하타 ①칠한 데에 겹쳐 칠하는 칠. ¶ 밑그림에 덧칠을 하다. ②그릇을 굽기 전에, 고운 진흙을 푼 물에 담가서 겉면에 얇은 막을 입히는 일.

덧-토시[덛-]명 토시 위에 겹쳐서 끼는 토시.

덩명 공주나 옹주가 타던 가마.

덩-거칠다[~거치니·~거칠어]형 ①(초목의) 덩굴이 뒤얽혀 거칠다. ②사람의 생김새나 행동 따위가 매우 거칠다.

덩굴명 벋어 나가 다른 물건에 감기기도 하고 땅바닥에 퍼지기도 하는 식물의 줄기. 넝쿨.

덩굴-걷이[-거지]명 ①하타덩굴을 걷어치우는 일. ②덩굴을 걷으면서 따 낸 어린 열매.

덩굴^뒤집기[-끼]명 밭에 심은 오이·호박 등의 덩굴을 뒤집는 일.

덩굴-무늬[-니]명 여러 가지의 덩굴풀이 비꼬여 벋어 나가는 모양의 무늬. 당초. 당초무늬. 당초문.

덩굴-손명 (오이·포도·나팔꽃 따위와 같이) 잎이나 가지가 실같이 변형하여 다른 물체에 감기어서 줄기를 지탱하게 하는, 가는 덩굴. 권수(卷鬚).

덩굴^식물(-植物)[-싱-]명 덩굴이 지고 줄기가 다른 물체에 감기거나, 또는 덩굴손 따위로 다른 물체에 붙어 올라가는 식물을 통틀어 이르는 말. 만성 식물(蔓性植物).

덩굴-장미(-薔薇)명 장미과의 낙엽 관목. 흔히 울타리 삼아 심는 덩굴성 식물로, 줄기는 5m가량 벋음. 줄기에는 가시가 드문드문 있고 깃 모양의 겹잎이 어긋맞게 남. 꽃은 6~7월에 피는데, 빨간 꽃이 흔하고 그 밖에 여러 가지 색이 있음.

덩굴-줄기명 다른 물건에 의지하여 위로 올라가는 덩굴의 줄기. 만경(蔓莖). 상승경(上昇莖).

덩굴-지다자 식물의 줄기가 덩굴이 되어서 가로 벋다.

덩굴-치기명 식물의 필요 없는 덩굴을 솎아 잘라 내는 일.

덩굴-풀명 덩굴져서 벋는 풀. 만초(蔓草).

덩그렇다[-러타][덩그러니·덩그레]형ㅎ ①홀로 우뚝 솟아 있다. ¶ 덩그렇게 솟은 집. ②(큰 건물의 안이) 텅 비어 쓸쓸하다.

덩-달다자 멋모르고 남이 하는 대로 따라 하다. 《주로, '덩달아'·'덩달아서'의 꼴로 쓰임.》 ¶ 영문도 모르고 덩달아서 춤을 추다.

덩더-꿍부 ①하자타북이나 장구를 흥겹게 두드리는 소리. ¶ 덩덩 덩더꿍. ②하자덩달아 덤비는 꼴. **덩더꿍-덩더꿍**부하자타.

덩더꿍이-장단명 자진모리장단과 같은 농악 장단의 한 가지.

덩더꿍이 소출관용 그때그때 돈이 생기는 대로 흥청망청 쓰고, 없으면 쪼들리는 대로 지냄을 이르는 말.

덩-더럭부 장구를 울리는 소리. ¶ 덩더럭 덩더꿍.

덩덕새-머리[-쌔-]명 빗지 않아서 더부룩한 머리.

덩덩부하자타 쇠붙이로 된 그릇이나 북·장구 따위를 가볍게 쳤을 때 낮게 울리어 나는 소리.

덩덩-거리다자타 자꾸 덩덩하는 소리가 나다, 또는 그런 소리를 내다. 덩덩대다.

덩-덩그렇다[-러타][~덩그러니·~덩그레]형ㅎ 매우 덩그렇다.

덩덩-대다자타 덩덩거리다.

덩두렷-하다[-려타-]형여 덩실하고 두렷하다. ¶ 대보름달이 덩두렷하게 떠올랐다.

덩둘-하다형여 ①매우 둔하고 어리석다. ②어리둥절하여 멍하다. ¶ 덩둘한 표정. **덩둘-히**부.

덩드럭-거리다[-꺼-]자 자꾸 덩드럭덩드럭하다. 덩드럭대다.

덩드럭-대다[-때-]자 덩드럭거리다.

덩드럭-덩드럭[-떵-]부하자 ①잘난 체하며 자꾸 거드럭거리는 모양. ②흥이 나서 자꾸 떠들썩하게 노는 모양.

덩실부 팔다리를 한 차례 크고 흥겹게 놀리는 모양. ¶ 몹시 기뻐서 덩실 춤을 추다. 작당실. **덩실-덩실**부하자타.

덩실-거리다자타 자꾸 덩실덩실하다. 덩실대다. 작당실거리다.

덩실-대다자타 덩실거리다.

덩실-하다형여 (건물 따위가) 웅장하게 높다. 작당실하다.

덩싯-거리다[-싣꺼-]자 자꾸 덩싯덩싯하다. 덩싯대다. 작당싯거리다.

덩싯-대다[-싣때-]자 덩싯거리다.

덩싯-덩싯[-싣떵싣]부하자 누운 채 팔다리를 부드럽게 놀리는 모양. 작당싯당싯.

덩어리명 ①크게 뭉쳐진 덩이. ②한뜻이 되어 뭉쳐진 집단. ¶ 군민이 한 덩어리가 되다. ③〖의존 명사적 용법〗 크게 뭉쳐 이루어진 것을 세는 단위. ¶ 떡 한 덩어리를 다 먹다.

덩어리-지다자 덩어리가 되다. ¶ 덩어리진 흙.

덩이명 ①작은 덩어리. ¶ 눈 덩이. ②일부 명사 뒤에 붙어, 그러한 성질을 가지거나 그러한 일을 일으키는 사람·사물을 나타내는 말. ¶ 골칫덩이. /심술덩이. ③〖의존 명사적 용법〗 작게 뭉쳐 이루어진 것을 세는 단위. ¶ 메주 다섯 덩이.

덩이-덩이명 여러 덩이. ¶ 덩이덩이 열린 수박.

덩이-뿌리명 식물의 뿌리의 한 가지. 뿌리가 비정상적으로 살이 찐 것으로, 둥글거나 물렛가락 모양으로 된 것을 이름. 〔고구마·쥐참외 따위의 뿌리.〕 괴근(塊根).

덩이-줄기명 식물의 땅속줄기가 가지를 치고 그 끝에 양분을 저장하여 살이 찐 것. 〔감자·돼지감자 따위.〕 괴경(塊莖).

덩저리명 ①뭉쳐서 쌓인 물건의 부피. ¶ 덩저리가 크다. ②〈몸집〉의 속된 말.

덩지명 '덩치'의 잘못.

덩치명 몸집의 크기. ¶ 덩치가 큰 사람.

덩칫-값[-치깝/-칟깝]명 몸집에 어울리는 말과 행동. ¶ 이 사람아, 덩칫값을 하게나. *덩칫값이[-치깝씨/-칟깝씨]·덩칫값만[-치깜-/-칟깜-]

덩쿨명 '덩굴'의 잘못.

덩크^슛ː(dunk shoot)명 농구에서, 높이 뛰어올라 바스켓 위에서 볼을 내리꽂듯이 집어 넣는 슛.

덫[덛]명 ①짐승을 꾀어 잡는 기구의 한 가지. 〔짐승의 몸의 한 부분이 닿으면 치여서 빠져나가지 못하게 되어 있음.〕 ¶ 덫을 놓아 토끼를 잡았다. ②'남을 모함하거나 해치려는 교활한 꾀'를 비유하여 이르는 말. *덫이[더치]·덫만[던-]

덫에 치인 범이요, 그물에 걸린 고기라(속담) 헤어날 길이 완전히 막힌 처지를 이르는 말.
덛다(타) 〈옛〉 더듬다. ¶ 입 더토딕(杜初15:41). (참)혀덛다.
덮-개[1][덥깨](명) ①덮어 가리는 물건을 흔히 이르는 말. ②잘 때 덮는 이불·담요 따위를 통틀어 이르는 말.
덮-개[2][덥깨](명) 불교에서, 착한 마음을 덮어 가리는 탐욕이나 진심(瞋心)을 이르는 말.
덮개-돌[덥깨-](명) 고인돌에서 굄돌이나 받침돌 위에 올려진 큰 돌. 상석(上石).
덮개-유리(-琉璃)[덥깨-](명) 현미경의 깔유리 위에 덮어 합치는 유리판. 커버 글라스. (참)깔유리.
덮-그물[덥끄-](명) 강·늪·해변 등 물 깊이가 얕은 곳에서 그물을 물고기 위에 덮어씌워서 잡는 그물.
덮다[덥따](타) ①(겉으로 드러나지 않게 뚜껑 따위를) 씌우거나 위에 얹어 놓아 가리다. ¶ 그릇을 덮다./상자의 뚜껑을 덮다. ②(보호하기 위하여 위를) 가리다. ¶ 이불을 덮다./밥상을 덮다. ③펼친 책을 다시 닫다. ¶ 책을 덮고 생각에 잠기다. ④일정한 구역을 무엇이 빈 데 없이 꽉 채우다. ¶ 한길을 덮은 인파./하늘을 덮은 구름./우울한 분위기가 방 안을 덮고 있다. ⑤(어떤 행위를) 묵인하거나 감추다. ¶ 잘못을 덮어 주다. *덮어·덮는[덤-]
덮-두들기다[덥뚜-](타) 사랑스러워 어루만져 두들기다. ¶ 아기를 덮두들겨 재우다.
덮-밥[덥빱](명) 더운밥에 장어구이·튀김·닭고기·달걀·채소 따위의 꾸미를 얹은 밥. 〔그 꾸미의 재료에 따라 장어덮밥·튀김덮밥·달걀덮밥 따위로 일컬음.〕
덮싸-쥐다[덥-](타) 덮듯이 하며 싸쥐다. ¶ 반가움에 서로 손을 덮싸쥐고 활짝 웃었다.
덮어-놓다[-노타](타) 사정이나 형편을 따지지 아니하다. 《주로, '덮어놓고'의 꼴로 쓰임.》 ¶ 덮어놓고 같이 가자고 한다.
덮어놓고 열넉 냥〔열닷 냥〕 금(속담) 내용을 헤아려 보지도 않고 함부로 판단함을 이르는 말.
덮어-쓰다[~쓰니·~써](타) ①(위로부터) 덮을 듯이 뒤집어쓰다. ¶ 처네를 덮어쓰다. ②먼지·가루·물 따위를 온몸에 뒤집어쓰다. ¶ 흙먼지를 덮어쓰다. ③억울한 누명을 쓰다. ¶ 누명을 덮어쓰다.
덮어씌우다[-씌-](타) 〖'덮어쓰다'의 사동〗 덮어쓰게 하다. ¶ 누명을 남에게 덮어씌우다.
덮을-아(-襾)(명) 한자 부수의 한 가지. '要'·'覃' 등에서의 '襾'의 이름.
덮-이다(자) 〖'덮다'의 피동〗 덮음을 당하다. ¶ 온 천지가 눈으로 덮이다./인파에 덮인 공원.
덮쳐-누르다[덥처-][~누르니·~눌러](타르) 한꺼번에 들이닥쳐 누르다. ¶ 끝까지 반항하는 그를 몸으로 덮쳐눌렀다.
덮쳐-들다[덥처-][~드니·~들어](자) 들이닥쳐 모여들다. ¶ 경찰들이 범인한테 덮쳐들었다.
덮쳐-잡다[덥처-따](타) 들이닥쳐 잡다. ¶ 아이는 팔짝 뛰어오르는 개구리를 덮쳐잡았다.
덮쳐-쥐다[덥처-](타) 들이닥쳐 쥐다. ¶ 동생이 과자를 덮쳐쥐다.
덮치-기[덥-](명) 새를 잡는 큰 그물.
덮-치다[덥-] Ⅰ(자) 좋지 아니한 여러 가지 일이 한꺼번에 닥치다. ¶ 엎친 데 덮친다.
Ⅱ(타) ①들이닥쳐 위에서 내리누르다. ¶ 토끼를 덮쳐서 잡다. ②(무엇을 잡기 위해) 뜻밖에, 또는 갑자기 들이치다. ¶ 경찰이 도박판을 덮치다.
덮-히다(자) '덮이다'의 잘못.
데[1](의) ①곳. 처소. ¶ 갈 데라도 있니? ②경우. 처지. ¶ 배 아픈 데 먹는 약. ③일. 것. ¶ 빨리 달리는 데는 치타를 따를 동물이 없다./소설책 한 권을 다 읽는 데 사흘이 걸렸다.
데[2](조) 모음으로 끝난 체언에 붙는 종결형 서술격 조사. ①'하게'할 자리에, 경험한 사실을 회상하여 일러 주거나 스스로의 느낌을 나타냄. ¶ 굉장한 폭포데. ②'해라'할 자리에, 지난 일을 회상하여 묻는 뜻을 나타냄. ¶ 무엇을 만드는 회사데? (참)이데.
데-(접두) 일부 동사 앞에 붙어, 그것이 불완전하다는 뜻을 나타냄. ¶ 데삶다./데알다. (참)설-.
-데(어미) 용언의 어간이나 높임의 '-시-' 또는 시제의 '-았(었)-'·'-겠-' 등에 붙는 하게체의 종결 어미. ①경험한 사실을 회상하여 일러 주거나 스스로의 느낌을 나타냄. ¶ 사람이 무척 많이 왔데./시집을 잘 가서 참 좋겠데. ②지난 일을 회상하여 묻는 뜻을 나타냄. ¶ 그 사람 아직도 놀고먹데?
데걱(부)(하자타) 단단하고 좀 큰 물건들이 서로 부딪칠 때에 나는 소리. (작)대각. (센)데꺽[1]·떼걱·떼꺽[1]. **데걱-데걱**(부)(하자타).
데걱-거리다[-꺼-](자타) 자꾸 데걱데걱하다. 데걱대다. (작)대각거리다.
데걱-대다[-때-](자타) 데걱거리다.
데구루루(부) 크고 딱딱한 물건이 단단한 바닥에 떨어져 구르는 소리, 또는 그 모양. (작)대구루루. (센)떼구루루.
데굴-데굴(부)(하자타) ①크고 단단한 물건이 계속해서 구르는 모양. ②이리저리 함부로 구르는 모양. ¶ 땅바닥을 데굴데굴 구르다. (작)대굴대굴. (센)떼굴떼굴.
데그럭(부)(하자타) 크고 단단한 물건이 맞닿아 부딪치며 나는 소리. (작)대그락. (센)떼그럭. **데그럭-데그럭**(부)(하자타).
데그럭-거리다[-꺼-](자타) 자꾸 데그럭데그럭하다. 데그럭대다. (작)대그락거리다.
데그럭-대다[-때-](자타) 데그럭거리다.
-데기(접미) 일부 명사 뒤에 붙어, '그와 관련된 일을 하거나 그런 성질을 가진 사람'을 얕잡거나 홀하게 이르는 뜻을 나타냄. ¶ 부엌데기./새침데기.
데꺽[1](부)(하자타) 〈데걱〉의 센말. (작)대깍. (센)떼꺽[1].
데꺽[2](부) (부탁이나 지시한 일 따위의 처리가) 서슴지 않고 금세 이루어지는 모양. ¶ 말이 떨어지기 바쁘게 데꺽 해치우다. (센)떼꺽[2].
데꾼-하다(형여) 몹시 지쳐 눈이 쑥 들어가고 정기가 없다. ¶ 밤새 잠을 못 자 눈이 데꾼하다. (작)대꾼하다. (센)떼꾼하다. **데꾼-히**(부).
데니ː어(denier)(의) 생사(生絲)나 인조견 실의 굵기를 재는 단위. 〔450 m의 실의 무게가 0.05 g일 때 1데니어라 함.〕
데님(denim)(명) 굵은 무명실로 짠 튼튼한 능직(綾織)의 면직물. 〔흔히 작업복이나 어린이 일상복에 쓰며, 청색 데님은 청바지의 원단임.〕
데ː다[1] Ⅰ(자) (어떤 일에 몹시 고통을 당하여) 그 일에 진저리가 나다. ¶ 공부라면 아주 데었다.
Ⅱ(자타) 뜨거운 것에 닿아 살이 상하다. ¶ 뜨거운 물에 데다./손을 데다.
덴 소 날치듯(관용) '물불을 가리지 않고 함부로 날뛰는 모양'을 비유하여 이르는 말.
데다[2](타) '데우다'의 잘못.
데데-하다(형여) 아주 변변하지 못하여 보잘것이 없다. ¶ 하는 짓이 데데하다.

데-되다[-되-/-뒈-][자] 됨됨이가 제대로 이루어지지 못하다. ¶ 데된 것은 버리다.

데드라인(deadline)[명] ①더 이상은 넘어갈 수 없는 최종적인 한계. ②마감 시한(時限). 특히, 신문사의 원고 마감 시각을 이름. ¶ 데드라인을 넘기다.

데드마스크(death mask)[명] '데스마스크'의 잘못.

데드^볼ː(dead ball)¹[명] 구기에서, 경기가 한때 중단된 상태.

데드^볼ː(dead+ball)²[명] 야구에서, 투수가 던진 공이 타자의 몸에 닿는 일. 사구(死球).

데려-가다[타] 함께 거느리고 가다. ¶ 수영장에 동생을 데려가다. ↔데려오다.

데려-오다[타] 함께 거느리고 오다. ¶ 친구를 데려오다. ↔데려가다.

데리다[타] 〖불완전 동사〗 (아랫사람이나 동물 따위를) 거느리다. 자기 몸 가까이 있게 하다. 《'데리고'·'데리러'·'데려'의 꼴로만 쓰임.》 ¶ 항상 개를 데리고 다니다.

데릭^기중기(derrick起重機)[명] 철골(鐵骨) 구조의 높은 기둥과 그 아래 비스듬히 달린 팔로 이루어진, 기중기의 한 가지. 팔의 끝에 갈고리나 큰 그릇이 달려 있어 흔히 뱃짐을 싣고 푸는 데 쓰임. 부앙기중기.

데릴-사위[-싸-][명] 처가(妻家)에서 데리고 사는 사위. 예서(豫壻). 췌서(贅壻). ¶ 데릴사위를 들이다.

데릴사윗-감[-싸위깜/-싸윋깜][명] ①데릴사위로 삼을 만한 사람. ②'범절이 썩 얌전한 남자'를 비유하여 이르는 말. ③'남에게 귀염을 받지 못할 사람'을 조롱하여 이르는 말.

데림-추(-錘)[명] '주견 없이 남에게 끌려 다니는 사람'을 얕잡아 이르는 말.

데마(←demagogy)[명] ①(터무니없는) 선동. 선전. ②(인신 공격, 또는 모략중상의) 유언비어. 데마고기.

데마고그(demagogue)[명] 선동 정치가.

데마고기(demagogy)[명] ☞데마.

데면-데면[부][하형] ①꼼꼼함이나 알뜰한 정성이 모자라 조심스럽지 않은 모양. ¶ 일을 데면데면하게 하다. ②대하는 태도가 친숙성이 없고 덤덤한 모양. ¶ 서로 데면데면한 사이. **데면데면-히**[부].

데모(demo)[명] ①[하자]시위운동. ¶ 학생 데모. /군중들이 구호를 외치며 데모를 벌이다. ②컴퓨터에서, 프로그램이나 하드웨어의 성능을 보여 주기 위한 시범.

데ː-밀다[~미니·~밀어][타] 들이밀다. ¶ 신문을 문틈으로 데밀다.

데본-기(Devon紀)[명] 지질 시대 고생대의 실루리아기와 석탄기 사이의 시대. 약 3억 9500만 년 전부터 3억 4500만 년 전까지로, 양서류와 육생 식물이 나타났음.

데뷔(début 프)[명][하자] 사교계·문단·연예계 따위에 처음 나타나는 일. ¶ 데뷔 작품. /문단에 데뷔하다.

데쁘다[자] 〈옛〉뜨다. ¶ 네 모수미 멀터이 데뻐(楞解3:106). /다민 데뜬 너기미니(楞解1:65).

데살로니가-서(←Thessalonica書)[명] 신약 성서 중의 한 편. 사도 바울이 데살로니가에 있는 초대 교회에 보낸 목회 서간(牧會書簡). 〔전서 5장과 후서 3장으로 되어 있음.〕

데삶-기다[-삼-][자] 〖'데삶다'의 피동〗 데삶음을 당하다. 덜 삶아지다. 완전히 삶기지 아니하다. ¶ 콩나물이 데삶기다.

데-삶다[-삼따][타] 덜 삶다. 푹 삶지 아니하고 약간 삶다.

데생(dessin 프)[명] ①[하타]소묘(素描). ¶ 모델을 앞에 두고 데생하다. ②밑그림.

데-생각[명][하타] 깊이 규모 있게 하지 아니하고 어설프게 하는 생각.

데-생기다[자] 덜 이루어지다.

데설-궂다[-굳따][형] 성질이 털털하여 꼼꼼하지 않다. ¶ 아들은 딸에 비해 데설궂다.

데설-데설[부][하형] 성질이 털털하여 꼼꼼하지 못한 모양. ¶ 그의 데설데설한 성격이 회사 사람들에게 호감을 주는 모양이다.

데스-마스크(death mask)[명] 죽은 사람의 얼굴을 본을 떠서 만든 탈.

데스크(desk)[명] ①신문사나 방송국 편집국의 각 부서의 책임자. ②호텔이나 병원 등의 접수처.

데스크톱(desktop)[명] 〈데스크톱 컴퓨터〉의 준말.

데스크톱^컴퓨ː터(desktop computer)[명] 개인의 책상 위에 설치할 수 있는 크기의 소형 컴퓨터. [준]데스크톱. [참]노트북 컴퓨터·랩톱 컴퓨터.

데시-그램(decigram)[의] 무게의 단위. 1g의 10분의 1. 〔기호는 dg〕

데시기다[타] (먹고 싶지 않은 음식을) 억지로 먹다. ¶ 그렇게 밥을 데시기려거든 그만 먹어라.

데시-리터(deciliter)[의] 부피의 단위. 1*l*의 10분의 1. 〔기호는 d*l* 또는 dL〕

데시-미터(decimeter)[의] 길이의 단위. 1m의 10분의 1. 〔기호는 dm〕

데시-벨(decibel)[의] 물리학에서 전력·전압·에너지·소리〔음〕 등의 양(量)의 상대적인 크기를 나타내는 단위의 한 가지. 〔기호는 dB〕

데시-아ː르(deciare)[의] 면적의 단위. 1아르의 10분의 1, 곧 10 m^2에 해당함. 〔기호는 da〕

데-식다[-따][자] 힘이나 맥이 빠지다. ¶ 의욕이 데식다.

데-알다[~아니·~알아][타] 대강대강 알다.

데억-지다[-찌-][형] 지나치게 크거나 많다. ¶ 음식을 데억지게 마련하다.

데우다[타] 찬 것에 열을 가하여 덥게 하다. ¶ 목욕물을 데우다.

데유(-油)[명] 걸쭉하게 끓인 들기름. 갈모·쌈지 따위를 겯는 데 씀. [본]도유(塗油).

데이지(daisy)[명] 국화과의 다년초. 유럽 원산의 관상용 화초. 주걱 모양의 잎이 뿌리에서 많이 나오며, 봄부터 가을에 걸쳐 백색·홍색·담홍색 등의 꽃이 줄기 끝에 핌.

데이터(data)[명] ①(결론을 내리는 데 근거가 되는) 사실. 자료. 참고 자료. ②컴퓨터로 프로그램을 운용할 수 있도록 기호와 숫자로 나타낸 자료. ¶ 각종 데이터를 입력하다.

데이터^뱅크(data bank)[명] 많은 자료를 컴퓨터에 입력해 두고 이용자의 요구에 따라 필요한 자료를 알려 주는 기관. 정보은행.

데이터베이스(database)[명] ①소규모의 데이터뱅크. ②컴퓨터에서, 자료의 중복 등록을 피하기 위하여, 특정 업무나 프로그램에 예속시키지 않고, 다양한 업무에 여러 가지 형태로 이용할 수 있도록 설계된 정보 자료의 파일. 디비(DB).

데이터^처ː리^장치(data處理裝置)[명] 주로 컴퓨터에 의하여 데이터의 분류·참조·계산·판단 등을 하는 장치.

데이터^통신(data通信)[명] 중앙 컴퓨터와 단말 장치를 전화·전신 회선에 연결하여 정보를 교환할 수 있게 해 놓은 체계.

데이트(date)명하자 이성 간의 만남, 또는 그 약속. ¶ 데이트 장소. /데이트를 즐기다.
데-익다[-따]자 덜 익다. 설다.
데ː치다타 끓는 물에 잠깐 넣어 슬쩍 익혀 내다. ¶ 시금치를 데치다.
데카-그램(decagram)의 1 g의 10배에 해당하는 질량의 단위. 〔기호는 dag〕
데카당(décadent 프)명 ①19세기 말엽, 주로 프랑스를 중심으로 하여 나타난 문예상의 한 경향. 회의적 사상의 영향에 의하여 탐미적·퇴폐적·병적인 것을 즐겼음. ②데카당파의 문인·예술가. ③퇴폐적이며 자포자기적인 사람.
데카당^문학(décadent文學)명 ☞퇴폐 문학.
데카당스(décadence 프)명 〔'퇴폐·타락'의 뜻으로〕 19세기 말, 프랑스를 중심으로 유럽 전역에 퍼진 풍조로서, 퇴폐적인 문화에 미적 동기를 구하는 관능주의를 이르던 말. 퇴폐파.
데카ː르(decare)의 면적의 단위. 1아르의 10배.
데카-리터(decaliter)의 1*l*의 10배가 되는 용량의 단위. 〔기호는 da*l* 또는 daL〕
데카-미ː터(decameter)의 1 m의 10배가 되는 길이의 단위. 〔기호는 dam〕
데칼린(Decalin)명 나프탈렌에 수소를 작용시켜 만든 무색의 액체. 용제(溶劑)·발동기의 연료 등으로 쓰임.
데칼코마니(décalcomanie 프)명 회화(繪畫) 기법의 한 가지. 그림물감을 바른 종이를 두 겹으로 접어 눌렀다가 폈을 때 나타나는 대칭적·환상적 효과를 이용한 표현 방법.
데크레셴도(decrescendo 이)명 악보에서, 셈여림을 나타내는 말. '점점 여리게'의 뜻. 〔나타냄표는 '>', 또는 'decresc.'〕 ↔크레셴도.
데킬라(Tequila 스)명 멕시코의 대표적인 민속주의 하나. 〔멕시코 하리스코 주의 데킬라에서 아가베 잎이 50% 이상 함유된 술을 데킬라로 부른 데서 유래함.〕
데타셰(détaché 프)명 바이올린·비올라 따위를 켜는 법의 한 가지. 활을 현에서 떼지 않고 음을 끊어 음절을 분리하여 연주하는 일. 분리음.
데탕트(détente 프)명 긴장 완화. 특히, 국제간의 긴장 완화를 이름.
데퉁-맞다[-맏따]형 매우 데퉁스럽다.
데퉁-바리명 데퉁스러운 사람.
데퉁-스럽다[-따][~스러우니·~스러워]형ㅂ (말이나 하는 짓이) 거칠고 엉뚱하며 미련하게 보이다. **데퉁스레**부.
데퉁-하다형여 언행에 조심성이 없고 엉뚱하며 미련하다.
데포르마시옹(déformation 프)명 자연 묘사에서, 의식적으로 확대하거나 변형시켜 묘사하는 근대 미술의 한 표현법.
데포르메(déformer 프)명 데포르마시옹을 하는 일.
데포-제(depot劑)명 단 한 번의 주사로 효과가 오래가는 약.
덱데구루루[-떼-]부 크고 단단한 물건이 빠르게 굴러 가는 무거운 소리, 또는 그 모양. 작댁대구루루. 센떽데구루루.
덱데굴[-떼-]부 단단하고 좀 큰 물건이 단단한 바닥에 떨어져 부딪치며 구르는 소리나 모양. 작댁대굴. 센떽떼굴. **덱데굴-덱데굴**부하자.
덱스트린(dextrin)명 녹말을 산·열 또는 효소의 작용으로 가수 분해 할 때 녹말에서 말토오스에 이르는 중간 단계에서 생기는 여러 가지 가수 분해 생성물을 통틀어 이르는 말. 호정(糊精).
덴겁-하다(-怯-)[-거파-]자여 (뜻밖의 일을 당하여) 몹시 허둥지둥하다. ¶ 꽤나 덴겁한 눈치더라.
덴덕-스럽다[-쓰-따][~스러우니·~스러워]형ㅂ 좀 더러운 느낌이 들어 개운하지 못하다. **덴덕스레**부.
덴덕지근-하다[-찌-]형여 몹시 덴덕스럽다.
덴ː-둥이명 ①불에 덴 사람. ②미운 사람을 욕으로 이르는 말. ¶ 저 덴둥이만 없으면 속이 다 시원하겠다.
덴-바람명 '북풍(北風)'의 뱃사람 말.
델리카토(delicato 이)명 악보의 나타냄말. '섬세하고 아름다운 기분으로'의 뜻.
델린저^현ː상(Dellinger現象)명 태양 표면의 폭발 현상과 관련된 사태로 짐작되는 무선 통신의 이상 감쇠 현상.
델타(delta)명 ①그리스 자모(字母)의 넷째인 '$\Delta \cdot \delta$'의 이름. ②삼각주(三角洲).
델타^날개(delta-)명 삼각형 모양으로 된 항공기의 날개. 삼각익(三角翼).
델타^변ː조(delta變調)명 펄스 변조의 한 형식. 전파의 진폭을 아주 적은 일정 값으로 증감시킬 때 나타나는 양(+), 음(−)의 펄스를 이용하여 데이터 신호·음성 신호·영상 신호 따위를 부호화하는 방법.
델타-선(delta線)명 하전(荷電) 입자가 물질을 통과할 때 물질 중에 이차적으로 발생하는, 비교적 에너지가 많은 전자선.
델타^함ː수(delta函數)[-쑤]명 영국의 물리학자 디랙(Dirac)이 도입한 수학의 적분 함수의 한 가지. 변수나 함수의 변량을 나타냄.
뎀뿌라(てんぷら〔天麩羅〕 일)명 '튀김[1]'으로 순화.
뎅부 큰 종이나 두꺼운 쇠붙이로 된 큰 그릇 따위를 칠 때 무겁게 울리어 나는 소리. 작댕. 센뗑. **뎅-뎅**부하자·타.
뎅겅[1]부하자·타 쇠붙이로 된 것이 맞부딪쳐 나는 소리. 작댕강[1]. 센뗑겅. **뎅겅-뎅겅**부하자·타.
뎅겅[2]부 (좀 굵거나 큰 것이) 여지없이 부러지거나 잘리어 나가는 모양. ¶ 목을 뎅겅 치다. 작댕강[2].
뎅겅-거리다자타 자꾸 뎅겅뎅겅 소리가 나다, 또는 그런 소리를 내다. 뎅겅대다. 작댕강거리다.
뎅겅-대다자타 뎅겅거리다.
뎅그렁부하자·타 방울이나 쇠붙이 따위가 매달려 흔들리면서 가볍게 부딪칠 때 나는 맑은 소리. 작댕그랑. 센뗑그렁. **뎅그렁-뎅그렁**부하자·타.
뎅그렁-거리다자타 자꾸 뎅그렁뎅그렁하다. 뎅그렁대다. ¶ 워낭을 뎅그렁거리며 걷는 소. 작댕그랑거리다.
뎅그렁-대다자타 뎅그렁거리다.
뎅글-뎅글부하형 책을 거침없이 줄줄 잘 읽는 소리, 또는 그 모양. ¶ 막내아들 녀석의 뎅글뎅글 글 읽는 소리가 듣기에도 신통하다. 작댕글댕글.
뎅-뎅부 큰 종이나 그릇 따위의 쇠붙이를 잇따라 두드리는 소리. 작댕댕[2].
뎅뎅-거리다자타 (큰 종이나 쇠붙이 따위가) 자꾸 뎅뎅 소리가 나다, 또는 그런 소리를 내다. 뎅뎅대다. 작댕댕거리다.
뎅뎅-대다자타 뎅뎅거리다.
뎌[1]명 〈옛〉 저〔笛〕. ¶ ᄀᆞ쉿 뎟소리 드르몰 正히 시름ᄒᆞ노니(杜初7:4). 참뎧.
뎌[2]대 〈옛〉 저. ¶ 이와 뎌와(訓諺). /뎌 타:他. 뎌 피:彼(訓蒙下24). /高城을란 뎌만 두고(鄭澈.關東別曲).

뎌고리명 〈옛〉딱따구리. ¶ 부리 긴 뎌고리는 어느 골에 가 잇는고(古時調).

뎌구리명 〈옛〉딱따구리. ¶ 뎌구리:啄木官(譯語下27).

뎌기명 〈옛〉제기. ¶ 혼 겨울은 뎌기 츠기 ᄒᆞ고(朴解上17).

뎌러ᄒᆞ다형 〈옛〉저러하다. ¶ 德望이 뎌러ᄒᆞ실씨(龍歌25章). /帝業憂勤이 뎌러ᄒᆞ시니(龍歌5章).

뎌르다형 〈옛〉짧다. ¶ 뎌를 단:短(類合下48). /곳가지 제 뎌르며 기도다(金三2:12).

뎌링공부 〈옛〉저렇게. ¶ 이링공 뎌링공 ᄒᆞ야 나즈란 디내와손뎌(樂詞.靑山別曲).

뎌ᄅᆞ다형 〈옛〉짧다. ¶ 뎌른 亭子ㅅ 가온ᄃᆡ 갈홀 시엿도다(杜初9:7). 참뎌르다.

뎌ᄢᅴ명 〈옛〉접때. ¶ 뎌ᄢᅴ 어러이 ᄃᆞ로몰(杜初8:34).

뎍다타 〈옛〉적다. 기록하다. ¶ 그때 심회야 어이내내 뎍ᄉᆞ오리잇가(肅宗大王 諺簡).

뎔명 〈옛〉절[1]. ¶ 城 밧긔 닐굽 뎔 닐어(月釋2:77).

뎝개명 〈옛〉전동. 전통(箭筒). ¶ 뎝개:箙(訓蒙中29).

뎝시명 〈옛〉접시. ¶ 나모 뎝시:木楪子(老解下30).

뎡바기명 〈옛〉정수리. ¶ 뎡바기옛 光明이 업스며(月釋2:13).

뎧명 〈옛〉저〔笛〕. ¶ 笛은 뎌히라(釋譜13:53). /빗기 자본 뎌홀 부루믈 마디 아니ᄒᆞᄂᆞ다(杜初15:52).

뎨대 〈옛〉①저기. ¶ 뎨 가는 뎌 각시 본 듯도 ᄒᆞᆫ뎌이고(鄭澈.續美人曲). ②제가. ¶ 人身得ᄒᆞᆫ닌 뎨 반ᄃᆞ기 善知識을 브터(圓覺上二之二16).

도[1]명 ①윷가락을 던져서 네 짝 중 하나만 잦혀진 경우. 〔말은 한 밭만 나아감.〕 ②윷판의 첫째 자리. 〔날밭과 개의 사이〕.

도[2]조 관형사를 제외한 각 품사의 여러 형태에 두루 붙어, 여러 격으로 쓰이는 보조사. ①두 가지 이상의 사물(사실)을 아우르거나 열거할 때 쓰임. ¶ 너도 나도 다 가자. /노래도 잘하지만 춤도 잘 춘다. /돈도 권세도 명예도 다 싫다. ②반대되는 사물(사실)을 나란히 들어 말할 때 쓰임. 《대개, '~도 ~도'의 꼴로 쓰임.》 ¶ 크지도 작지도 않고 딱 좋다. /더도 덜도 말고 한가위만 같아라. ③어떤 기준을 예상하고 '그보다 더하거나 덜함'의 뜻을 나타냄. ¶ 그 사람은 집도 없소. /관람객이 천 명도 더 왔다 갔다. ④다른 경우와 같은 유사한 사실이 여기에도 있음을 나타냄. ¶ 오늘도 몹시 춥구나. /이 극장도 만원일세. ⑤양보의 뜻을 나타냄. ¶ 밥이 없으면 죽이라도 좋소. /딸도 귀엽기만 합디다. ⑥강조하거나 감탄하는 뜻으로 쓰임. ¶ 아이고, 싱겁기도 해라. /오늘 밤은 달도 밝구나.

도ː(度)명 ①물건의 길이를 재는 기구. '자〔尺〕' 종류를 통틀어 이르는 말. 〔'도(度)·량(量)·형(衡)'의 도(度).〕 ②정도. 한도. ¶ 도가 지나친 행동.

도(徒)명 〈도형(徒刑)〉의 준말.

도ː(道)[1]명 ①마땅히 지켜야 할 도리. ②종교상으로 근본이 되는 뜻, 또는 깊이 깨달은 지경. ¶ 도를 깨닫다. ③기예·무술·방술의 방법.

도ː(道)[2]명 우리나라 지방 행정 구역의 한 가지. 시(市)와 군(郡) 따위를 관할함.

도(do 이)명 장음계의 첫째 음이나, 단음계의 셋째 음의 계이름.

도ː(度)의 ①각도의 단위. 〔직각의 90분의 1이 1도.〕 ②온도의 단위. ¶ 섭씨 100도. /화씨 25도. ③지구의 경도·위도의 단위. ¶ 북위 38도. /동경 122도. ④사물의 횟수를 세는 단위. ¶ 4도 인쇄. ⑤시력(視力)이나 안경의 강약을 나타내는 단위. ¶ 1.2도의 시력. ⑥음정을 나타내는 단위.

도-(都)접두 《계급이나 직책을 나타내는 명사 앞에 붙어》 '우두머리'임을 나타냄. ¶ 도편수. /도사공.

-도(度)접미 《해를 나타내는 대다수 명사 또는 명사구 뒤에 붙어》 '연도(年度)'를 뜻함. ¶ 내년도. /88년도.

-도(島)접미 《지명을 나타내는 일부 명사 뒤에 붙어》 '섬'을 뜻함. ¶ 울릉도. /강화도. /무인도.

-도(徒)접미 일부 한자어 뒤에 붙어, '그 집단', 또는 '거기에 딸린 사람'임을 뜻함. ¶ 법학도. /의학도.

-도(圖)접미 《일부 명사 뒤에 붙어》 '그림'·'도형'임을 뜻함. ¶ 산수도. /설계도. /평면도.

도가(都家)명 ①같은 장사를 하는 상인들이 모여 계(契)나 장사 등에 관한 의논을 하는 집. ②☞세물전(貰物廛). ③☞도매상.

도가(棹歌)명 ☞뱃노래.

도ː가(道家)명 ①중국의 선진 시대(先秦時代) 이래, 노장(老莊)의 무위자연(無爲自然)의 사상을 따르던 학자를 통틀어 이르는 말. 도문(道門). 선가(仙家). ②〈도가자류〉의 준말.

도ː가(道歌)명 ①시천교(侍天敎)의 의식 때 부르는 노래. ②훈계나 교훈적 내용을 담은 짧은 노래.

도ː가(導駕)명 임금의 거둥 때 길을 쓸고 황토를 펴던 일.

도가(가) 뜨다관용 거둥 때 도가를 하려고 벼슬아치가 나오다.

도가니[1]명 〈무릎도가니〉의 준말.

도가니[2]명 ①금속이나 철광석을 융해·배소(焙燒)하는 등 고온 처리에 사용되는 내열성 그릇. 〔자기(瓷器)·백금·흑연 따위로 만듦.〕 감과(坩堝). ②'흥분이나 감격 따위로 들끓고 있는 상태'를 비유하여 이르는 말. ¶ 열광의 도가니. /흥분의 도가니.

도가니-탕(-湯)명 소의 무릎도가니와 양지머리를 함께 곤 국.

도가-머리명 ①새의 대가리에 길고 더부룩하게 난 털, 또는 그러한 새. ②'부수수 일어난 머리'를 놀리어 이르는 말.

도ː가자-류(道家者流)명 도교를 믿고, 그 도를 닦는 사람. 준도가·도류.

도ː각(倒閣)명하타되자 내각(內閣)을 넘어뜨림. ¶ 도각 운동.

도감(島監)명 왕조 때, 울릉도를 다스리던 벼슬, 또는 그 벼슬아치.

도감(都監)명 ①고려·조선 시대에, 국장(國葬)·국혼(國婚) 따위를 맡아보던 임시 관아. ②절에서 돈이나 곡식을 맡아보는 일, 또는 그 중.

도감(圖鑑)명 동류(同類)의 차이를 한눈으로 식별할 수 있도록 사진·그림을 모아서 설명한 책. 도보(圖譜). ¶ 조류 도감.

도-감고(都監考)명 ①감고의 우두머리. ②말감고의 우두머리.

도-감관(都監官)명 조선 시대에, 궁방전(宮房田) 도조(賭租)를 감독·수납하던 이속(吏屬)의 우두머리.

도감^당상(都監堂上)명 도감의 사무를 지휘 감독하던 제조(提調).

도-감사(都監寺)명 선사(禪寺)에서 절의 모든 사무를 감독하는 사람. 도사(都寺).

도감^포:수(都監砲手) 명 조선 시대, 훈련도감의 포수.
도갓-집(都家-) [-가찝/-갇찝] 명 도가(都家)로 정한 집.
도강(渡江) 명 하타 강물을 건넘. 도하(渡河).
도강(都講) 명 하자 글방에서, 여러 날 배운 글을 훈장 앞에서 한꺼번에 외던 일.
도강(盜講) 명 하타 정식으로 수강 신청을 하지 않고 몰래 강의를 듣는 일.
도강-록(渡江錄) [-녹] 명 연암 박지원이 쓴 기행문. 〔청나라 고종(高宗)의 칠순을 축하하기 위하여 가는 사신의 수행원으로 압록강을 건너 랴오양(遼陽)까지 간 일을 적은 내용.〕
도강-선(渡江船) 명 강을 건너는 데 이용하는 나룻배.
도강^작전(渡江作戰) [-쩐] 명 ☞도하 작전.
도개 명 질그릇 따위를 만들 때, 그 그릇의 속을 매만지는 데 쓰는 조그마한 방망이.
도개-교(跳開橋) 명 (큰 배가 지나갈 수 있도록) 다리가 위로 들리면서 열리게 된 가동교.
도갱이 명 짚신이나 미투리의 뒤축에서 돌기총까지 건너간 줄.
도거(逃去) 명 하자 도망하여 감.
도-거리 명 ①따로따로 나누어서 하지 않고 한데 합쳐 몰아치는 일. ②되사거나 되팔지 않기로 약속하고 물건을 사고파는 일. ¶ 도거리로 흥정하다.
도검(刀劍) 명 칼이나 검을 아울러 이르는 말.
도결(都結) 명 조선 말기에, 아전이 공전(公錢)이나 군포(軍布)를 축내고 그것을 메우기 위하여 결세(結稅)를 정액 이상으로 받던 일.
도:경(道經) 명 도교(道敎)의 경전.
도:경(道警) 명 '도 경찰청'을 줄여 이르는 말.
도경(圖經) 명 산수(山水)의 지세를 그린 책.
도:계(到界) [-계/-게] 명 하자 조선 시대에, 감사(監司)가 임소(任所)에 부임하던 일.
도:계(道界) [-계/-게] 명 행정 구역상의 도와 도의 경계.
도:계(道啓) [-계/-게] 명 지난날, 각 도의 감사(監司)가 임금에게 올리던 글.
도고(都賈·都庫) 명 하타 물건을 도거리로 혼자 맡아서 파는 일, 또는 그렇게 하는 개인이나 조직. 비 일수판매.
도고(道高) '도고하다'의 어근.
도고(都賈) 명 조선 시대에, '도매상(都賣商)'을 이르던 말.
도고지 명 심고가 닿는 활의 양 끝 부분.
도:고-하다(道高-) 형 여 ①도덕적 수양이 높다. ②스스로 도덕적 수양이 높은 체하여 교만하다. **도고-히** 부.
도곤 조 〈옛〉보다⁴. ¶ 廬山이 여긔도곤 낫단 말 못ᄒᆞ려니(鄭澈.關東別曲). /쓴 ᄂᆞ믈 데온 믈이 고기도곤 마시 이셰(古時調). 참 두고·두곤.
도공(刀工) 명 칼을 만드는 장인. 도장(刀匠).
도공(陶工) 명 ☞옹기장이.
도:과(倒戈) 명 하자 〔창을 거꾸로 한다는 뜻으로〕 자기편 군사가 반란을 일으켜 적과 내통함을 이르는 말.
도:과(道科) 명 조선 시대에, 각 도의 감사(監司)에게 명하여 그 도에서 보이던 과거.
도관 명 〈옛〉도가니. ¶ 도관 감:坩. /도관 과:堝(訓蒙中*16*).
도관(陶棺) 명 오지로 만든 관. 옹관. 와관(瓦棺).
도:관(道冠) 명 도사(道士)가 쓰는 건(巾).
도:관(道觀) 명 도교(道敎)의 사원(寺院).
도:관(導管) 명 ①☞물관. ②액체나 기체를 통하게 하는 관을 통틀어 이르는 말.
도광(韜光) 명 ①하자 빛을 감추어 밖에 비치지 않도록 함. ②하타 재능이나 학식을 감추어 남에게 알리지 않음.
도광-지(塗壙紙) 명 장사 지낼 때, 무덤 속의 네 벽에 대는 흰 종이.
도:괴(倒壞) [-괴/-궤] 명 하자타 되자 넘어지거나 무너짐. 또는 넘어뜨리거나 무너뜨림. 도궤(倒潰). ¶ 가옥이 도괴되다.
도괴(掉拐) [-괴/-궤] 명 ☞씨아손.
도:교(道敎) 명 황제(黃帝)와 노자(老子)를 교조로 삼은 중국의 토착 종교. 노자의 사상, 불교적 의식, 잡다한 신(神)과 방술(方術)과 신화(神話)로 이루어짐. 〔'도가(道家)'와는 구별됨.〕 도학(道學). 현문(玄門). 참 황로학(黃老學).
도:구(倒句) [-꾸] 명 뜻을 강조하기 위하여 보통의 어순(語順)을 뒤바꾸어 놓은 글귀.
도구(渡口) 명 ☞나루.
도구(搗臼) 명 ☞절구.
도:구(道具) 명 ①어떤 일을 할 때에 쓰이는 연장. 연모. ②불도(佛道)를 수행하는 데 필요한 기구. ③어떤 목적을 이루기 위한 수단이나 방법. ¶ 출세의 도구로 삼다.
도구(賭具) 명 노름판에 쓰이는 물건. 〔골패·화투·투전 따위.〕
도국(島國) 명 섬나라.
도국(都局) 명 음양가에서, '산세(山勢)가 싸고 돌아서 이루어진 땅의 형국'을 이르는 말.
도굴(盜掘) 명 하타 되자 ①광업권이 없는 자나, 광주(鑛主)의 승낙을 받지 않은 자가 몰래 광물을 채굴하는 일. ②고분(古墳) 따위를 몰래 파헤쳐 부장품을 훔치는 일.
도굴-꾼(盜掘-) 명 고분 따위를 몰래 파헤쳐 부장품을 훔치는 일을 직업적으로 하는 사람.
도:궤(倒潰) 명 하자타 되자 ☞도괴(倒壞).
도규(刀圭) 명 ①한방에서, 가루약의 양을 대중하여 뜨는 숟가락. ②'의술(醫術)'을 달리 이르는 말.
도규-가(刀圭家) 명 ☞의사(醫師).
도규-계(刀圭界) [-계/-게] 명 의사들의 사회.
도규-술(刀圭術) 명 ☞의술(醫術).
도그르르 부 작고 목직한 것이 대번에 구르는 모양. ¶ 유리구슬이 도그르르 굴러 가다. 큰 두그르르. 센 또그르르.
도그마(dogma) 명 ①독단(獨斷). ②교의(敎義). 교리(敎理). 신조(信條).
도:극-경(倒戟鯨) [-경] 명 ☞범고래.
도근-거리다 자타 자꾸 도근도근하다. 도근대다. 큰 두근거리다.
도근-대다 자타 도근거리다.
도근-도근 부 하자타 매우 놀라거나 겁이 나서 가슴이 자꾸 뛰는 모양. 큰 두근두근.
도근-점(圖根點) [-쩜] 명 평판(平板) 측량의 기초가 되는 측점(測點).
도근^측량(圖根測量) [-층냥] 명 도근점의 위치를 결정하기 위하여 하는 측량.
도글-도글 부 작고 단단한 물건이 자꾸 굴러 가는 모양. 큰 두글두글. 센 또글또글.
도금(淘金) 명 하자 사금을 일어 금을 갈라 냄.
도:금(鍍金) 명 하타 (녹을 막거나 장식을 하기 위하여) 금속 표면에 금이나 은·니켈 따위의 얇은 막을 입히는 일.
도:금-액(鍍金液) 명 도금을 할 때에 쓰는 금속 염류(塩類)의 수용액.

도급(都給)명하타 일정한 기일 안에 완성해야 할 일의 양이나 비용을 미리 정하고 그 일을 도거리로 맡거나 맡기는 일. 청부(請負). ¶ 도급을 주다. /도급을 맡다.
도급^계ː약(都給契約)[-꼐-/-께-]명 주문자와 도급업자 사이에 도급으로 할 일에 대한 계약. 청부 계약.
도급-금(都給金)[-끔]명 도급한 일에 대한 보수. 청부금.
도급-기(稻扱機)[-끼]명 ☞벼훑이.
도급-업(都給業)명 도급 일을 전문으로 하는 영업, 또는 그 직업. 청부업.
도급업-자(都給業者)[-짜]명 도급으로 일을 맡은 사람.
도급-인(都給人)명 도급을 주는 사람. 청부인.
도ː기(到記)명 조선 시대에, 성균관 유생의 출석을 보기 위하여 식당에 드나든 횟수를 적던 책.
도기(陶器)명 질흙을 원료로 하여 빚어서 비교적 낮은 온도로 구운 도자기. 〔잿물을 입히지 않고 구운 질그릇과 한 번 설구이한 다음 잿물을 입혀 다시 구워 만든 오지그릇이 이에 딸림.〕 오지그릇. 질그릇.
도기(都妓)명 ☞행수 기생.
도기(賭技)명 노름.
도깨-그릇[-륻]명 독·바탱이·중두리·항아리 같은 그릇을 통틀어 이르는 말. 준독그릇. *도깨그릇이[-르시]·도깨그릇만[-른-]
도깨비명 잡된 귀신의 한 가지. 사람의 형상에다가 이상한 힘과 재주를 가지고 사람을 호리기도 하고, 험상궂은 짓이나 짓궂은 장난을 많이 한다 함. 망량(魍魎).
도깨비 달밤에 춤추듯속담 싱겁게 거드럭거리는 멋없는 꼴을 두고 하는 말.
도깨비 대동강 건너듯속담 일의 진행이 눈에 띄지 않으면서 그 결과가 빨리 나타남을 이르는 말.
도깨비도 수풀이 있어야 모인다속담 의지할 곳이 있어야 무슨 일이나 이루어진다는 말.
도깨비 땅 마련하듯속담 무엇을 하기는 하나 결국은 아무 실속이 없이 헛됨을 이름.
도깨비를 사귀었나속담 까닭 모르게 재산이 부쩍부쩍 늘어 감을 이르는 말.
도깨비 사귄 셈이라속담 귀찮은 자가 늘 따라다녀 골치를 앓음을 이르는 말.
도깨비 수키왓장 뒤듯속담 쓸데없이 늘 이것저것 뒤지는 모양을 이르는 말.
도깨비 살림관용 있다가도 금방 없어지고, 없다가도 금방 있고 하는 불안정한 살림.
도깨비 장난 같다관용 하는 짓의 정체가 분명하지 아니하고 갈피를 잡을 수 없다는 말. ¶ 이랬다저랬다 하니 무슨 도깨비 장난 같다.
도깨비-놀음명 갈피를 잡을 수 없도록 괴상하게 되어 가는 일. ¶ 웬 도깨비놀음인지, 도대체 영문을 알 수 없다.
도깨비-바늘명 국화과의 일년초. 산과 들에 절로 나는데, 원줄기는 네모지고 털이 약간 있음. 8~10월에 가지나 원줄기 끝에 누런 꽃이 핌. 열매에 빳빳한 털처럼 여러 가닥으로 짧게 갈라진 가시가 있어 아무 데나 잘 붙음. 어린 순은 나물로 먹고, 즙은 독충에게 물린 자리에 바르는 약으로 씀.
도깨비-방망이명 도깨비가 가지고 있다는 요술 방망이. 바닥 같은 데에 두들기기만 하면 원하는 것은 무엇이든지 나온다고 함.
도깨비-불명 ①어두운 밤에 무덤이나 축축한 땅, 또는 고목(古木) 등에서 인(燐)의 작용으로 번쩍이는 푸른빛의 불꽃. 귀린(鬼燐). 음화(陰火). 인화(燐火). ②까닭 모르게 일어난 화재를 이르는 말. 귀화(鬼火). 신화(神火).
도꼬마리명 국화과의 일년초. 들이나 길가에 절로 나는데 줄기는 1 m가량 곧게 자람. 잎은 잎꼭지가 길고 넓은 삼각형이며, 여름에 노란 꽃이 핌. 열매에는 갈고리 모양의 가시가 있어 무엇에 닿으면 잘 달라붙음. 한방에서는 '창이자(蒼耳子)'라 하여 약재로 씀. 창이.
도꼬마리-떡명 도꼬마리의 잎을 쌀가루에 섞어서 찐 시루떡.
도-꼭지(都-)[-찌]명 어떤 방면에 으뜸이 되는 사람을 홀하게 이르는 말. ¶ 목수들 중에서 도꼭지로 인정받는 사람.
도ː끼명 나무를 찍거나 패는 연장의 한 가지.
도끼가 제 자루 못 찍는다속담 제 허물을 제가 알아서 고치기는 어렵다는 말.
도끼 가진 놈이 바늘 가진 놈을 못 당한다속담 극단적인 무기는 함부로 휘두를 수 없으므로 웬만한 싸움에는 오히려 적절하지 못함을 이르는 말.
도끼를 베고 잤나속담 잠을 편히 자지 못하고 너무 일찍 일어난 경우에 이르는 말.
도ː끼-나물명 절에서, 쇠고기 따위의 '육류'를 이르는 말.
도ː끼-눈명 분하거나 미워서 매섭게 쏘아보는 눈. ¶ 도끼눈을 뜨고 노려보다.
도ː끼-목수(-木手)[-쑤]명 솜씨가 서툰 목수.
도끼-받침명 '모탕'의 잘못.
도ː끼-벌레명 ☞방아벌레.
도ː끼-별명 원목을 산판에서 도끼로 켠 것.
도ː끼-질명하자 도끼로 나무 따위를 찍거나 패는 일. ¶ 글방 샌님이라서 도끼질이 영 서툴다.
도ː끼-집명 연장을 갖추어 쓰지도 않고 거칠게 건목만 쳐서 지은 집.
도나-캐나부 아무나. 무엇이나. ¶ 도나캐나 사귀다. /도나캐나 제가 다 차지하다.
도난(盜難)명 도둑을 맞는 재난(災難). ¶ 도난 사고. /도난 경보기.
도남(圖南)명 〔붕새가 날개를 펴고 남명(南冥)으로 가려고 한다는 데서〕 '웅대한 일을 꾀함'을 이르는 말. '장자(莊子)'의 '소요유편(消遙遊篇)'에 나오는 말임.
도남의 날개관용 '어느 곳에 가서 큰 사업을 해 보겠다는 계획(의지)'을 비유하여 이르는 말.
도ː내(道內)명 (행정 구역으로서의) 한 도(道)의 구역 안.
도ː-내기명 (창을 끼거나 빼낼 수 있도록, 또는 중방 따위를 기둥에 들일 때) 개탕과 같은 홈이나 구멍의 어느 한 곳을 특별히 더 깊게 파낸 고랑이나 끌 구멍.
도ː넛(doughnut)명 밀가루 반죽으로 둥글거나 고리 모양으로 만들어 끓는 기름에 튀긴 서양 과자.
도ː넛-판(doughnut板)명 지름 170 mm, 중심 구멍 38 mm의 도넛처럼 생긴 작은 음반. 1분간에 45회전하는 이피반(EP盤).
도ː넛^현ː상(doughnut現象)명 도심(都心)의 인구는 급격히 줄고, 도시 주변의 인구가 크게 늘어나는 인구 배치의 현상.
도ː념(道念)명 ①진리를 찾는 마음. ②도덕을 지키려는 마음씨. ②도의심(道義心).
도ː뇨(導尿)명하자 방광이나 요도를 수술할 때, 방광 속의 오줌을 카테터로 뽑아내는 일.
도능독(徒能讀)명하타 뜻은 모르면서 무작정 읽기만 잘함.

도니다[자] 〈옛〉 돌아다니다. ¶ 부텨 도녀 諸國올 教化ᄒᆞ샤(釋譜9:1).
도닉(逃匿)[명][하자] 달아나서 숨음.
도ː-닐다[도니니·도닐어][자타] 가장자리를 빙빙 돌며 다니다.
-도다[어미] 〈옛〉-구나. ¶ 프른 미홀 디렛도다(杜初7:1).
도ː다녀-가다[자타] 왔다가 지체하지 않고 갈 길을 빨리 가다. ↔도다녀오다.
도ː다녀-오다[자타] 갔다가 지체하지 않고 돌아오다. ↔도다녀가다.
도다리[명] 가자밋과의 바닷물고기. 가자미처럼 마름모꼴의 체형에 두 눈이 모두 몸의 오른쪽에 모여 있음. 눈 있는 쪽은 회색 또는 황갈색이며, 크고 작은 암갈색 반점이 전면에 산재해 있음. 눈 없는 쪽은 전체가 흰빛임. 다 자란 고기의 몸길이는 30 cm가량인데, 주둥이는 짧고 작음. 우리나라 각지의 연안에 분포함.
도ː단(道斷)[명] 〈언어도단〉의 준말.
도ː달(到達)[명][하자][되자] (정한 곳이나 어떤 수준에) 이르러 다다름. [비]도착.
도ː달(導達)[명][하자] 윗사람이 알지 못하는 사정을 아랫사람이 때때로 넌지시 알려 줌.
도ː달-점(到達點)[-쩜][명] 도달했거나 도달할 지점 또는 결과. 도착점.
도ː달-주의(到達主義)[-의/-이][명] 민법상 의사 표시는 상대편에게 그 의사가 도달되었을 때에 효력이 발생한다는 주의. 수신주의. ↔발신주의.
도담-도담[부] 어린아이가 아무 탈 없이 잘 자라는 모양.
도담-스럽다[-따][~스러우니·~스러워][형][ㅂ] 매우 도담하게 보이다. **도담스레**[부].
도담-하다[형][여] 야무지고 탐스럽다. **도담-히**[부].
도당(徒黨)[명] '떼를 지은 무리'를 얕잡아 이르는 말. ¶ 도당을 만들어 폭력을 일삼다.
도당(都堂)[명] ①조선 시대에, '의정부(議政府)'를 달리 이르던 말. ②마을의 수호신에게 제사 지내는 단.
도당-굿(都堂-)[-굳][명] 한마을 사람이 도당에 모여 복을 비는 굿. [준]당굿. *도당굿이[-꾸시]·도당굿만[-굳-]
도당-록(都堂錄)[-녹][명] 홍문관의 교리(校理)나 수찬(修撰)을 의정부에서 뽑아 임금에게 추천하던 기록. 〔홍문관에서 내세운 후보자를 의정부에서 권점(圈點)을 찍어 임금에게 올렸음.〕
도-대체(都大體)[부] 대체. 대관절. ¶ 도대체 어찌된 영문인지 알 수가 없구나.
도ː덕(道德)[명] 인륜의 대도. 사람으로서 마땅히 지켜야 할 도리 및 그것을 자각하여 실천하는 행위의 총체. ¶ 도덕을 지키다. [비]도의(道義).
도ː덕-가(道德歌)[-까][명] 조선 중종 때, 주세붕(周世鵬)이 지은 시가. 〔육현가(六賢歌)·엄연곡(儼然曲)·도동곡(道東曲)·태평가(太平歌) 등 모두 27장임.〕
도ː덕-계(道德界)[-꼐/-께][명] 도덕률이 완전히 실현된 세계.
도ː덕^과학(道德科學)[-꽈-][명] 도덕상의 사실을 사회적 사실과 관련시켜 해명하려는 학문. 〔프랑스의 레비브륄(Lévy-Bruhl)이 제창함.〕
도ː덕-관념(道德觀念)[-꽌-][명] 도덕에 관한 또는 도덕을 근본으로 하는 생각.
도ː덕^관세(道德關稅)[-꽌-][명] 사치품의 수입을 견제하기 위하여 높은 세율로 부과하는 관세.
도ː덕^교ː육(道德教育)[-꾜-][명] 도덕을 이해시키고 도덕적 심성을 기르기 위한 교육.
도ː덕-군자(道德君子)[-꾼-][명] ☞도학군자.
도ː덕-률(道德律)[-덩뉼][명] 도덕적 행위의 규준이 되는 법칙. 도덕법.
도ː덕-법(道德法)[-뻡][명] ☞도덕률.
도ː덕^사회학(道德社會學)[-싸회-/-싸훼-][명] 도덕을 사회 현상으로 파악하여 그것을 다른 사회 현상이나 전체적인 사회 상황과 관련시켜 연구하는 학문.
도ː덕-성(道德性)[-썽][명] ①도덕적 행위가 나타나게 하는 품성. ¶ 도덕성이 없는 권력. ②도덕의 본성에 맞거나 도덕적으로 옳은 것. ¶ 그의 행위에는 도덕성이 있다. ③칸트의 철학에서, 도덕률에 대한 존경심을 가지고 의무적으로 이루어진 행위가 가진 가치. ④헤겔의 철학에서, 구체적인 인륜의 세계에 이르는 계기가 되는 주관적인 도덕의식.
도덕-심(道德心)[-씸][명] 도덕성이 있는 마음.
도ː덕^원리(道德原理)[-더궐-][명] 도덕에 관련된 행위를 규제하는 최고의 근본 원리.
도ː덕^의ː무(道德義務)[명] 도덕 현상에 관해 정선(正善)을 행하여야 할 의무.
도ː덕-의식(道德意識)[-더긔-/-더기-][명] 주관적 양심에 의한 행위가 아니라, 객관적이며 보편성을 가진 공의(公議)에 바탕한 정선(正善)을 행하겠다는 적극적인 마음.
도ː덕^재ː무장^운ː동(道德再武裝運動)[-째-][명] ☞엠아르에이 운동(MRA運動).
도ː덕-적(道德的)[-쩍][관][명] ①도덕에 관한 (것). ②도덕에 합당한 (것). ¶ 도덕적 가치. / 도덕적인 행동.
도ː덕^철학(道德哲學)[명] ☞윤리학.
도도(陶陶) '도도(陶陶)하다'의 어근.
도도(滔滔) '도도(滔滔)하다'의 어근.
도도다[타] 〈옛〉돋우다. ¶ 벼스를 도도시니(龍歌85章).
도도록-도도록[-또-][부][하형] 여럿이 모두 도도록한 모양. [준]도독도독. [큰]두두룩두두룩.
도도록-하다[-로카-][형][여] 가운데가 솟아서 조금 볼록하다. ¶ 목 뒤에 도도록하게 솟은 뾰루지. [준]도독하다. [큰]두두룩하다. **도도록-이**[부].
도ː도-하다[형][여] 거만하다. ¶ 돈깨나 있다고 도도하게 군다. **도도-히**[부].
도도-하다(陶陶-)[형][여] 매우 화락(和樂)하다. **도도-히**[부].
도도-하다(滔滔-)[형][여] ①넓은 물줄기의 흐름이 막힘이 없이 기운차다. ¶ 도도하게 흐르는 한강. ②연설이나 발언이 힘차고 거침이 없다. ¶ 도도한 언변. **도도-히**[부].
도독(荼毒)[명] ①심한 해독(害毒). ②씀바귀의 독.
도독(都督)[명] 통일 신라 시대의 지방 장관.
도독(盜讀)[명][하타] 몰래 읽음. 훔쳐 읽음.
도독-도독[-또-][부][하형] 〈도도록도도록〉의 준말. [큰]두둑두둑.
도독-하다[-도카-][형][여] ①〈도도록하다〉의 준말. ②작은 것이 속이 차서 톡톡하다. ¶ 동전 주머니가 도독하다. [큰]두둑하다. **도독-이**[부].
도돌이-표(-標)[명] 악곡의 줄임표의 한 가지. 악곡의 어떤 부분을 두 번 되풀이하라는 뜻. 〔기호는 𝄆, 𝄇, D.C., D.S.〕 리피트. 반복 기호.
도ː동-곡(道東曲)[명] 조선 중종 때, 주세붕(周世鵬)이 지은 경기체가. 전 9장. 〔'무릉집(武陵集)'에 실려 전함.〕
도두[부] 위로 돋우어 높게. ¶ 담을 도두 쌓다. ↔낮추.
도두(渡頭)[명] ☞나루.
도두-뛰다[자] 한결 높이 뛰다.

도-두령(都頭領)명 조직체를 거느린 두령들 가운데의 우두머리.

도두-보다타 ①실제보다 더 크게 또는 좋게 보다. ¶ 시세보다 도두보다. ②(사람됨을) 더 훌륭하게 보다. 준돋보다. ↔낮추보다.

도두보-이다자 〖'도두보다'의 피동〗 실제보다 더 낫게 보이다. ¶ 사진으로 보니 더 도두보인다. 준도두뵈다·돋보이다·돋뵈다.

도두뵈다[-뵈-/-붸-]자 〈도두보이다〉의 준말.

도두-치다타 시세보다 더 많게 셈을 치다. ¶ 값을 도두쳐 부르다.

도둑명 남의 물건을 빼앗거나 훔치는 짓, 또는 그런 짓을 하는 사람. 도적(盜賊). 적도(賊徒).

도둑을 맞으려면 개도 안 짖는다속담 일이 꼬이려면 믿을 것도, 도움 받을 데도 없게 된다는 말.

도둑의 씨가 따로 없다속담 누구나 도둑이 될 가능성이 있다는 말.

도둑이 제 발 저리다속담 죄를 지은 이가 두려움 때문에 스스로 약점을 드러낸다는 말.

도둑-고양이[-꼬-]명 임자 없이 아무 데나 멋대로 돌아다니며 음식을 훔쳐 먹는 고양이. 준도둑괭이.

도둑-괭이명 '도둑고양이'의 준말.

도둑-글[-끌]명 남이 배우는 옆에서 몰래 주워들어 아는 글.

도둑-놈[-둥-]명 '도둑'을 욕으로 이르는 말.

도둑놈 개 꾸짖듯속담 남이 알까 두려워 우물쭈물 중얼거림을 이르는 말.

도둑놈 개에게 물린 셈속담 봉변을 당하여도 자기에게 잘못이 있어 아무 말도 하지 못함을 이르는 말.

도둑놈 볼기짝 같다속담 〔도둑이 관가에 잡혀가 볼기를 맞아서 멍이 든 것처럼〕 얼굴빛이 푸르죽죽한 사람을 농조로 이르는 말.

도둑놈 부싯돌만 한 놈속담 '하잘것없는 놈'이란 뜻으로 상대를 얕잡아 이르는 말.

도둑놈 소 몰듯속담 당황하여 서두르는 모양을 보고 이르는 말.

도둑-눈[-둥-]명 밤사이에 사람들이 모르게 내린 눈.

도둑-맞다[-둥맏따]타 도둑질을 당하다. ¶ 지갑을 도둑맞다.

도둑맞고 사립〔빈지〕 고친다속담 시기를 놓치고 때늦게 준비한다는 말.

도둑-장가[-짱-]명 남에게 알리지 않고 몰래 드는 장가.

도둑-질[-찔]명하타 (남의 물건을) 빼앗거나 훔치는 짓.

도둑질을 해도 손발〔눈〕이 맞아야 한다속담 무슨 일이든지 서로 뜻이 잘 맞아야 성공할 수 있다는 말.

도둑-합례(-合禮)[-두캄녜]명 〔지난날, 성례를 치르고 몇 해 뒤에 합례를 시키던 조혼(早婚) 풍습에서〕 어른 몰래 저희끼리 미리 동침하는 일을 이르는 말.

도둔(逃遁)명하자 달아나 숨음.

도둔부득(逃遁不得)명 달아나도 피할 길이 없음.

도드라-지다 Ⅰ자 ①가운데가 볼록하게 쏙 내밀다. ¶ 화가 났는지 입술이 도드라져 있다. ②겉으로 또렷하게 드러나다. 큰두드러지다.
Ⅱ형 ①겉으로 드러나게 도도록하다. ¶ 도드라진 이마. ②눈에 띄게 또렷하다. 큰두드러지다.

도드리-장단명 국악 장단의 한 가지. 6박 1장단으로 구성됨. 한 장단을 둘로 치는 리듬과 셋으로 치는 리듬이 있음.

도드미명 어레미보다 구멍이 조금 작은 체.

도득(圖得)명하타 꾀하여 얻음.

도듬명 벽장문이나 북장지 등의 테두리를 화류(樺榴) 같은 나무로 꾸민 것.

도등(挑燈)명하자 등잔의 심지를 돋우어 불을 더 밝게 함.

도:등(導燈)명 항구나 좁은 수로(水路)에서 안전 항로를 표시하는 등대.

도떼기-시장(-市場)명 정상적인 시장이 아닌 일정한 곳에서, 재고품·중고품·고물 따위 온갖 상품의 도산매·방매·비밀 거래가 이루어지는 '시끌벅적한 시장'을 속되게 이르는 말.

도:-뜨다[~뜨니·~떠]형 말이나 하는 짓의 정도가 높다. ¶ 나이에 비해 언행이 도뜨다.

도라타 〈옛〉달라. ¶ 가시며 子息이며 도라 ᄒᆞ야도(月釋1:13).

도라지명 초롱꽃과의 다년초. 산이나 들에 절로 나는데, 줄기는 40~100 cm. 잎은 긴 달걀 모양이며, 여름에 종 모양의 푸른 자줏빛 꽃이 핌. 뿌리는 식용하며, 거담이나 진해의 약재로 씀. 준도랒.

도:락(道樂)명 ①도를 깨달아 스스로 즐기는 일. ②재미나 취미로 하는 일. ¶ 예술은 생활의 여유에서 갖는 사치나 도락이 아니다. ③색다른 일을 좋아하여 찾는 일. ④주색·노름 같은 일에 흥미를 느껴 빠지는 일.

도:란(Dohran 독)명 (연극·영화 따위의) 무대 화장에 쓰이는 지방성의 분.

도란-거리다자 자꾸 도란도란하다. 도란대다. ¶ 도란거리는 소리가 들리다. 큰두런거리다.

도란-대다자 도란거리다.

도란-도란부하자 몇 사람이 한자리에 모여 가볍고 나직한 목소리로 정답게 이야기하는 소리, 또는 그 모양. 큰두런두런.

도:란-형(倒卵形)명 달걀을 거꾸로 세운 형상. 거꿀달걀꼴. 참난형.

도람부 〈옛〉돌리어. ¶ 아소 님하 도람 드르샤 괴오쇼셔(鄭敍.鄭瓜亭).

도랒명 〈옛〉도라지. ¶ 도랒 경:䓞(訓蒙上13).

도랑명 폭이 좁은 작은 개울. 구거(溝渠).

도랑 치고 가재 잡는다속담 ①한 번의 노력으로 두 가지 소득을 본다는 말. ②일의 순서가 뒤바뀌었다는 말.

도랑도랑-하다형여 (말이나 하는 짓이) 매우 똑똑하고 거리낌이 없다.

도랑방자(跳踉放恣) '도랑방자하다'의 어근.

도랑방자-하다(跳踉放恣-)형여 (말이나 행동 따위가) 제멋대로이다. 준도랑하다.

도랑이명 옴과 비슷한, 개의 피부병.

도랑-창명 깨끗하지 못하고 지저분한 도랑. ¶ 한쪽 발이 도랑창에 빠지다. 준돌창.

도랑-치마명 짧은 치마.

도랑-하다(跳踉-)형여 〈도랑방자하다〉의 준말.

도랒[-랃]명 〈도라지〉의 준말. *도랒이[-라지]·도랒만[-란-]

도래[1]명 둥근 물건의 둘레. ¶ 도래가 큰 갓.

도래[2]명 ①(여닫이로 된 문이나 창이 절로 열리지 않도록) 문기둥에 못으로 박아 돌려 댈 수 있게 한 짧은 나뭇개비. ②〈도래걸쇠〉의 준말. ③마소의 고삐가 잘 놀도록 하려고, 굴레 또는 목사리와 고삐와의 사이를 연결한 고리.

도:래(到來)명하자 닥침. 닥쳐옴. 이름. ¶ 이 땅에 평화가 도래하다.

도래(渡來)명하자 물을 건너서 옴. 바다를 건너 외국에서 옴. ¶ 외국 문물의 도래.

도래-걷이[-거지]명하자 한옥에서, 보가 기둥에 짜여지는 어깨의 안통을 옴파서 기둥을 휩쌈, 또는 그렇게 하는 방식.
도래-걸쇠[-쐬/-쒜]명 걸쇠의 한 가지. 문기둥에 붙여 문이 열리지 않게 하는 창호의 철물. 준도래2.
도래-떡명 초례상에 놓는 둥글고 큼직한 흰떡.
도래-매듭명하타 두 번 거듭 맨 매듭.
도래-목정[-쩡]명 소의 목덜미 위쪽에 붙은 몹시 질긴 고기.
도래-방석(-方席)명 짚으로 둥글게 짠 방석.
도래-샘명 빙 돌아서 흐르는 샘물.
도래-솔명 무덤 근처에 둘러선 소나무.
도래-송곳[-곧]명 ①끝이 반달 모양으로 생긴 송곳. 참통송곳. ②자루가 길고 끝이 나사처럼 생긴 송곳. *도래송곳이[-고시]·도래송곳만[-곤-]
도ː량(度量)명 ①너그러운 마음과 깊은 생각. 아량. ¶ 도량이 크신 분. ②일을 잘 알아서 경영할 수 있는 품성. 국량(局量). ③길이를 재는 것과 양을 재는 것. 자와 되.
도량(跳梁)명하자 함부로 날뜀. ¶ 도량하는 폭력배.
도ː량(←道場)명 ①불도(佛道)를 닦는 곳. ②절과 그 기지(基地)의 일대. ③〈보리도량〉의 준말.
도ː량-교주(←道場敎主)명 '관세음보살'을 높이어 일컫는 말.
도ː량^창옷(←道場氅-)[-옫]명 절에서, '두루마기'를 이르는 말. *도ː량 창옷이[-오시]·도ː량 창옷만[-온-]
도ː량-천수(←道場千手)명 도량을 돌며 천수경(千手經)을 외는 일.
도ː량-형(度量衡)명 길이·부피·무게 따위의 단위를 재는 법.
도ː량형-기(度量衡器)명 (자·되·저울 따위) 길이·부피·무게 등을 재는 기구.
도ː량형^원기(度量衡原器)명 도량형의 통일과 정확을 꾀하려고 그 기본 단위의 기준으로서 제작하여 보존하는 기구. 〔미터원기·킬로그램원기 따위가 있음.〕
도려-내다타 (어느 한 부분을) 빙 돌려서 베거나 파내다. ¶ 상처를 도려내다.
도려-빠지다자 한 부분이 도려낸 것처럼 몽땅 빠져나가다. 큰두려빠지다.
도ː력(道力)명 도를 깨달아 얻은 능력.
도ː련명 저고리나 두루마기 자락의 끝 둘레.
도ː련(刀鍊)명하타 종이의 가장자리를 가지런히 베어 내는 일. ¶ 도련을 치다.
도련-님명 ①〈도령1〉의 높임말. ②형수가 미혼의 시동생을 일컫는 말.
도련님 천량관용 '허투루 쓰지 않고 오붓하게 모은 돈'을 비유하여 이르는 말.
도ː련-지(搗鍊紙)명 다듬잇돌에 다듬어 반드럽게 한 종이.
도ː련-칼(刀鍊-)명 도련을 치는 데 쓰는 칼.
도렫ᄒᆞ다형 〈옛〉둥글다. ¶ 環은 도렫ᄒᆞᆫ 구스리오(楞解*2:87*).
도렷-도렷[-렫또렫]부하형 ①여럿이 다 도렷한 모양. ②매우 도렷한 모양. ¶ 눈동자가 도렷도렷하다. 큰두렷두렷. 센또렷또렷.
도렷-하다[-려타-]형여 흐리지 않고 밝고 분명하다. ¶ 도렷한 글씨. 큰두렷하다. 센또렷하다.
도렷-이부 ¶ 정신을 도렷이 차리다.
도ː령1명 '총각'을 대접하여 일컫는 말. 한자를 빌려 '道令'으로 적기도 함.
도ː령2명 (무당이 지노귀를 할 때) 문을 세워 놓고 돌아다니며 굿하는 의식. ¶ 도령을 돌다.
도령(都令)명 ☞도승지(都承旨).
도ː령(道令)명 도(道)에서 공포하는 법령.
도ː령-귀신(-鬼神)명 장가를 들지 못하고 도령으로 죽은 귀신. 몽달귀.
도ː령-당혜(-唐鞋)[-혜/-헤]명 나이가 좀 많은 사내아이들이 신던 가죽신.
도ː령-차(-車)명 장기(將棋)에서 '졸(卒)'을 농조로 이르는 말.
도로부 ①또다시. ¶ 그만두었던 장사를 도로 시작하였다. ②되돌아서서. 되짚어. ¶ 가다가 도로 왔다. /고향으로 도로 가자. ③먼저대로. 본래와 같이 다시. ¶ 주었다가 도로 빼앗는다.
도로 아미타불(이라)관용 보다 낫게 하려고 애쓴 일이 보람 없이 처음과 마찬가지로 되었음을 이르는 말. ¶ 십 년 공부 도로 아미타불.
도로(徒勞)명하자 헛되이 수고함. 헛수고.
도ː로(道路)명 사람이나 차들이 다니는 비교적 큰 길. ¶ 도로 공사. /자동차 전용 도로.
도ː로-교(道路橋)명 길을 잇기 위하여 놓은 다리. 도로로 사용되는 다리.
도로기명 '다로기'의 방언.
도ː로-망(道路網)명 그물처럼 여러 갈래로 얽혀진 도로의 짜임새.
도로-무공(徒勞無功)명하형 ☞도로무익.
도로-무익(徒勞無益)명하형 헛되이 수고만 하고 보람이 없음. 도로무공.
도ː로-변(道路邊)명 ☞노변(路邊).
도ː로^원표(道路元標)명 도로의 노선(路線)이나 기점·종점·경유지 등을 나타내는 푯말.
도ː로-율(道路率)명 도시에서, 전체 면적에 대한 도로 면적의 비율.
도ː로^표지(道路標識)명 교통의 안전과 편리를 위해 길가에 세운 표지. 가이드포스트.
도로혀다타 〈옛〉돌이키다. ¶ 白崖롤 ᄉᆞ랑ᄒᆞ야 돌홀 보오라 머리롤 도로혀라(杜重*1:26*).
도록(都錄)명 사람의 이름이나 물건 이름을 통틀어 적은 목록.
도록(盜錄)명하타 남의 글이나 문헌에서 따거나 훔쳐서 자기가 쓴 것처럼 기록함. 비표절(剽竊).
도록(圖錄)명 ①그림이나 사진을 넣은 기록. ②자료로서의 그림이나 사진을 모은 책.
-도록어미 ①《동사 또는 일부 형용사의 어간이나 높임의 '-시-'에 붙어》 이르러 미치는 한계나 정도를 나타냄. ¶ 신이 다 닳도록 돌아다니다. /밤늦도록 공부하다. ②《동사의 어간이나 높임의 '-시-'에 붙어》 의도적으로 이끌어 가는 방향이나 목적을 나타냄. ¶ 병나지 않도록 각별히 몸조심해라. /어머니께서 걱정하지 않으시도록 잘 말씀 드려라.
도론(徒論)명 쓸데없는 논쟁.
도롱-고리명 여름에 익는 조〔粟〕의 한 가지.
도롱뇽명 도롱뇽과의 양서류. 몸길이는 10~18 cm. 몸빛은 갈색 바탕에 암갈색의 둥근 무늬가 있음. 머리는 납작하고 주둥이 끝이 둥글며 눈이 튀어나왔음. 몸통의 피부는 매끈하며 모양은 둥긂. 개울·못·습지 등에서 지렁이나 곤충류를 잡아먹고 삶. 산초어(山椒魚).
도롱이명 짚이나 띠 따위로 엮어 어깨에 걸쳐 두르던 재래식 우장의 한 가지. 사의(簑衣). 녹사의(綠簑衣).
도롱태1명 ①바퀴. 굴렁쇠. ②사람이 밀거나 끌게 된 간단한 나무 수레.

도롱태² 명 ①맷과의 철새. 황조롱이와 비슷한데, 날개 길이 24 cm가량. 등은 청회색 바탕에 세모꼴의 검은 점이 있고, 배 쪽은 불그스름한 흰색 바탕에 검고 긴 점이 있음. 우리나라·중국에 분포함. ②☞새매.

도뢰(圖賴)[-뢰/-뤠] 명 하자 말썽을 일으키고 그 허물을 남에게 덮어씌움.

도료(塗料) 명 물건의 겉에 칠하여 썩지 않게 하거나 채색에 쓰는 유동성의 물질. 〔니스·페인트 따위.〕 비안료(顔料).

도루(盜壘) 명 하자 야구에서, 주자가 수비 선수의 허점을 틈타 다음 누로 달려가는 일. 스틸.

도루-마(-麻) 명 중국에서 나던 베의 한 가지. 니름 옷감으로 쓰이었음.

도루-묵 명 도루묵과의 바닷물고기. 몸길이 26 cm가량. 140 m 이상의 깊은 바다 밑 진흙 속에 살다가 산란기에 수심 1 m 밖에 안 되는 해안 가까이 올라옴. 등은 약간 누른빛, 배는 은백색, 옆구리는 흑갈색 얼룩무늬가 있음. 우리나라 동해안, 일본의 홋카이도 부근에 분포함. 목어(木魚)².

도류(島流) 명 하타 ☞도배(島配).

도류(徒流) 명 왕조 때, 도형(徒刑)과 유형(流刑)을 아울러 이르던 말.

도:류(道流) 명 〈도가자류〉의 준말.

도류-안(徒流案) 명 왕조 때, 도형(徒刑)과 유형(流刑)에 처할 사람들의 이름을 적은 책.

도륙(屠戮) 명 하타 되자 무참하게 마구 죽임. 죄다 무찔러 죽임. 비도살(屠殺).

도르다¹[도르니·돌라] 타르 먹은 것을 게우다. 토하다. ¶ 차멀미 때문에 먹은 음식을 도르다.

도르다²[도르니·돌라] 타르 ①둘레를 돌려 감다. ¶ 병풍을 돌라 치다. /앞치마를 도르다. ②(돈이나 물건을) 형편에 맞게 이리저리 변통하다. ¶ 이웃끼리 돈을 돌라 쓰다. ③그럴듯하게 꾸며 남을 속이다. ④몫몫이 나누어 돌리다. ¶ 반기를 도르다. /기념품을 돌라 주다. ①②큰두르다.

도르래¹ 명 어린아이들의 장난감의 한 가지. 〔얇고 갸름하게 다듬은 대쪽의 복판에 대오리로 된 자루를 박고, 그 자루를 손바닥으로 비벼 돌리다가 자루를 빼면서 대쪽을 공중으로 날아가게 함.〕

도르래² 명 바퀴에 홈을 파고 줄을 걸어 돌려 물건을 움직이는 장치. 〔물건을 위아래로 오르내리기 쉽게 함.〕 활차(滑車).

도르르 부 ①작고 동그란 것이 재빠르게 구르는 소리, 또는 그 모양. ¶ 마루에 구슬이 도르르 구르다. ②종이 같은 것이 빠르게 절로 말리거나 감기는 모양. 큰두르르. 센또르르.

도르리 명 하타 ①여러 사람이 차례 바꿈으로 돌려 가며 음식을 내는 일. ¶ 국수 도르리. ②똑같게 나눠 주거나 또는 고루 돌라 주는 일.

도리 명 목조 건물의 골격이 되는 부재(部材)의 한 가지. 들보와 직각으로 기둥과 기둥을 건너서 위에 얹는 나무. 서까래를 받치는 구실을 함.

도리(桃李) 명 ①복숭아와 자두, 또는 그 꽃이나 열매. ②'남이 천거한 좋은 인재(人材)'를 비유하여 이르는 말.

도:리(道里) 명 ☞이정(里程).

도:리(道理) 명 ①사람이 마땅히 지켜야 할 바른 길. ¶ 사람은 누구나 분수와 도리를 알아야 한다. ②마땅한 방법이나 길. ¶ 그 상황에서는 어쩔 도리가 없었다.

도리-금(-金) 명 조선 시대에, 정이품과 종이품의 벼슬아치가 붙이던 금관자. 환금(環金).

도리기 명 하타 여러 사람이 추렴한 돈으로 음식을 장만하여 함께 나누어 먹는 일. ¶ 설렁탕 도리기. /술 도리기.

도리깨 명 ①재래식 타작 농구의 한 가지. 〔긴 작대기 끝에 회초리를 잡아매고 휘둘러 곡식을 두들겨 떪.〕 연가(連枷). ②옛날 병기(兵器)의 한 가지. 〔한 길 반 정도의 몽둥이 끝에 한 팔 길이의 쇳조각을 달아 휘돌릴 수 있게 되었음.〕 ②쇠도리깨.

도리깨-꼭지[-찌] 명 도리깨채에 도리깻열을 달 적에 끼우는 작은 나무 비녀.

도리깨-질 명 하타 도리깨로 곡식 따위를 두드려 타작하는 일.

도리깨-채 명 도리깨의 몸채가 되는 긴 막대기. 도리깻장부.

도리깨-침 명 탐이 나거나 먹고 싶어서 저절로 삼켜지는 침.

도리깻-열[-깬녈] 명 도리깨채에 달아 곡식의 이삭을 후려치도록 되어 있는 서너 개의 회초리. 자편(子鞭).

도리깻-장부[-깨짱-/-깯짱-] 명 ☞도리깨채.

도리다 타 ①둥글게 베어 내거나 파다. ¶ 도려낸 감자씨. ②(글이나 장부의 어떤 줄에) 꺾자를 쳐서 지워 버리다.

도리-도리 Ⅰ 명 하자 어린아이가 머리를 좌우로 흔드는 동작. ¶ 아이가 도리도리를 친다.
Ⅱ 감 어린아이에게 도리질을 시킬 때에 하는 말. ¶ 도리도리 짝짜꿍.

도리-머리 명 하자 (아니라거나 거절하는 뜻으로) 좌우로 흔드는 머리, 또는 그 짓. 도리질.

도리-목(-木) 명 도리로 쓰는 재목.

도리반-거리다 타 자꾸 도리반도리반하다. 도리반대다. 큰두리번거리다.

도리반-대다 타 도리반거리다.

도리반-도리반 부 하타 어리둥절하여 이쪽저쪽을 잇달아 돌아보는 모양. ¶ 엄마를 찾느라고 도리반도리반하는 아기. 큰두리번두리번.

도리-사(-紗) 명 (도루마보다 올이 고운) 중국산 여름 옷감의 한 가지.

도리스-식(Doris式) 명 고대 그리스의 3대 건축 양식의 하나. 도리아 인들이 창시한 것으로, 간소하고 장중함이 특징임. 참이오니아식·코린트식.

도리암직-하다[-지카-] 형여 얼굴이 동그스름하고 나부죽하며 좀 작은 키에 몸맵시가 있다. ¶ 도리암직한 생김새로 나이보다 앳되어 보이다. 준되람직하다.

도리어 부 〔'오히려·반대로·차라리' 등의 뜻을 가진 접속 부사.〕 ①당초에는 바람직한 행동(사실)이 아니었던 것이, 결과적으로 잘된 것임을 나타냄. ¶ 늦게 온 것이 도리어 잘됐군. ②일이, 정상적인 것과는 반대로 되어 있음을 나타냄. ¶ 방귀 뀐 놈이 도리어 성낸다니까. ③목적(의도)한 것과는 반대의 결과가 되었음을 나타냄. ¶ 돕는다는 것이 도리어 폐를 끼친 꼴이 되었다. ④비교하는 뜻의 '보다' 다음에 쓰이어, '더'·'더욱'의 뜻을 나타냄. ¶ 그 일은 나보다는 도리어 자네가 잘 해낼걸. 준되레.

도리-옥(-玉) 명 조선 시대에, 정일품 및 종일품의 벼슬아치가 붙이던 옥관자(玉貫子). 환옥(環玉).

도리-질 명 하자 ①말귀를 겨우 알아듣는 어린아이가 어른이 시키는 대로 머리를 좌우로 흔드는 재롱. 참도리도리. ②☞도리머리.

도리채 명 〈옛〉 도리깨. ¶ 도리채 가:枷(訓蒙中*17*).

도ː리-천(忉利天)명 욕계 육천(欲界六天) 가운데 둘째 하늘. 남섬부주(南贍部洲)에 있는 수미산(須彌山) 꼭대기에 있는데, 중앙에 제석천이 사는 선견성(善見城)이 있으며, 그 사방에 팔천(八天)씩 도합 33천(天)으로 이루어져 있음. 이곳의 중생이 음욕을 행하면 인간이 된다 함. 삼십삼천.

도리-칼명 '행차칼'의 딴 이름.

도ː리-표(道里表)명 '이정표(里程表)'의 이전 일컬음.

도린-곁[-곋]명 인적이 드문 외진 곳. *도린곁이[-겨치]·도린곁을[-겨틀]·도린곁만[-견-]

도림명 ☞묶음표.

도림-장이명 도림질을 업(業)으로 삼는 사람.

도림-질명하타 실톱으로 널빤지를 오려 여러 가지 모양을 만드는 일.

도ː립(倒立)명하자 물구나무를 섬.

도ː립(道立)명 도에서 세움, 또는 도에서 설립하여 유지하는 것. ¶ 도립 병원.

도ː립^운ː동(倒立運動)명 몸의 평균력·경첩성(輕捷性)과 신경 계통의 단련을 위하여, 물구나무를 서는 운동.

도ᄅᆞ다타 〈옛〉돌리다. ¶ 비롤 도ᄅᆞ디 아니ᄒᆞ놋다(杜初23:54).

도ᄅᆞ혀부 〈옛〉도리어. ¶ 도ᄅᆞ혀 쏠 나호미 됴호몰 아노라(杜重4:3). 참ᄃᆞᄅᆞ혀.

도ᄅᆞ혀다타 〈옛〉돌이키다. ¶ 머리 도ᄅᆞ혀 ᄇᆞ라노라(杜初21:16). 참도ᄅᆞ혀다.

도ᄅᆞ혀부 〈옛〉도리어. ¶ 이제 도ᄅᆞ혀 ᄂᆞ미 어ᅀᅵ아ᄃᆞᄅᆞᆯ 여희에 ᄒᆞ시ᄂᆞ니(釋譜6:5).

도ᄅᆞ혀다타 〈옛〉돌이키다. ¶ 섈리 도ᄅᆞ혀고져 홇딘댄(楞解4:100).

도마명 식칼질할 때에 밑에 받치는 두꺼운 나무토막이나 널조각.

도마에 오른 고기속담 어찌할 수 없는 운명을 이르는 말.

도마 위의 고기가 칼을 무서워하랴속담 이미 죽음을 각오한 사람이 무엇을 무서워하겠느냐는 뜻.

도-마(跳馬)명 안마(鞍馬)에서 손잡이를 없앤 체조 기구, 또는 그것을 이용해서 하는 체조 경기. ¶ 도마 운동.

도-마름(都-)명 여러 마름을 거느리는 우두머리 마름.

도마-뱀명 도마뱀과의 동물을 통틀어 이르는 말. 몸은 가늘고 길며 허리는 통통함. 온몸이 비늘로 덮여 있고 네 다리가 발달하였으며 꼬리는 긴 원통형으로 끝이 뾰족한데, 적에게 잡히면 스스로 끊고 도망감. 대체로 돌 밑에서 살며, 몸빛을 쉽게 바꾸는 것도 있음. 석룡자. 석척(蜥蜴).

도마빈얌명 〈옛〉도마뱀. ¶ 도마빈얌 영:蠑(訓蒙上23).

도마-질명하타 도마 위에 요리할 재료를 놓고 식칼로 다루는 일.

도막명 ①짤막하게 잘라진 동강. ¶ 나무 도막. / 도막을 내다. ②〖의존 명사적 용법〗 동강 낸 물건을 헤아리는 단위. ¶ 생선을 두 도막으로 자르다. 참토막.

도막-도막[-또-] Ⅰ명 도막 하나하나. 여러 개의 도막. ¶ 실 도막도막을 이어서 쓰다.
Ⅱ부 여러 도막으로 잘린 모양. ¶ 무를 도막도막 썰다.

도막-이명 시골의 지주나 늙은이.

도말(塗抹)명하타 ①칠하여 지워 없애거나 위에 덧발라서 가림. 도포(塗布). ②(어떤 사태를 임시변통으로) 발라맞추거나 적당히 가리어 꾸밈. ¶ 이미 끝장난 일을 도말한다는 것은 어리석다.

도맛-밥[-마빱/-맏빱]명 도마질할 때에 생기는 부스러기.

도망(逃亡)명하자 ①몰래 피해 달아남. ②쫓기어 달아남. 도주(逃走).

도망(悼亡)명하타 죽은 아내나 자식 또는 친구를 생각하여 슬퍼함.

도망(稻芒)명 벼의 까끄라기.

도망-가다(逃亡-)자 잡히지 않으려고 자취를 감추다. 달아나다.

도망-꾼(逃亡-)명 도망치는 사람.

도망망자-집(逃亡亡字-)[-짜-]명 집의 구조가 '亡'자 모양으로 된 집. 준망자집.

도망-질(逃亡-)명하자 도망하는 짓.

도망질-치다(逃亡-)자 도망하는 짓을 하다. ¶ 야밤에 도망질치다.

도망-치다(逃亡-)자 피하거나 쫓기어 달아나다. ¶ 포로들이 도망치다.

도맡-기다[-맏끼-]타 〖'도맡다'의 사동〗 도맡게 하다. ¶ 아내에게 살림을 도맡기다.

도-맡다[-맏따]타 모든 책임을 혼자 맡다. ¶ 가족의 생계를 도맡다.

도매(都賣)명하타 되자 (생산자로부터 사들인 상품을) 모개로 넘겨 파는 일. ↔소매·산매(散賣).

도매(盜賣)명하타 남의 물건을 훔쳐 팖. 투매(偸賣).

도매-가(都賣價)[-까]명 ☞도매가격.

도매-가격(都賣價格)[-까-]명 상품을 도매할 때의 가격. 도매가. 도매금. ↔소매가격.

도매-금(都賣金)[-끔]명 ①☞도매가격. ②《주로 '도매금으로'의 꼴로 쓰여》 각각의 차이에도 불구하고 모두 같은 무리로 취급받음을 비유하여 이르는 말. ¶ 지각한 학생이나 안 한 학생이나 모두 도매금으로 기합을 받았다.

도매-상(都賣商)명 도매하는 장사, 또는 그 가게나 장수. 도가(都家). ↔소매상.

도매^시ː장(都賣市場)명 (주로) 도매상들이 모여 이루어진 시장. ↔소매 시장.

도매-업(都賣業)명 도매를 하는 영업, 또는 그 업체. ↔소매업.

도매-점(都賣店)명 도매를 하는 상점. ↔소매점.

도메인(domain)명 인터넷에서, 호스트 시스템이나 망의 일부분을 식별하기 위한 인터넷 주소의 지정 단위.

도면(刀麵)명 ☞칼싹두기.

도면(圖免)명하타 책임이나 맡은 일에서 벗어나려고 꾀함. 규면(規免).

도면(圖面)명 (토목·건축·기계·토지·임야 등의 구조나 설계 등을) 제도기를 써서 기하학적으로 그린 그림. 도본(圖本).

도명(刀銘)명 도검(刀劍)에 새겨 놓은 도공(刀工)의 이름이나 글.

도명(徒命)명 ①바야흐로 끝날 것이 예정된 목숨. ②헛되이 살아온 목숨. ③아무 소용이 없는 목숨.

도명(逃命)명하자 목숨을 보존하기 위하여 피해 달아남.

도명(盜名)명하자 〔이름을 훔친다는 뜻으로〕 실력도 없이 이름을 얻음.

도모(圖謀)명하타되자 (어떤 일을 이루려고) 수단과 방법을 꾀함. ¶ 친목을 도모하다.
도목-정(都目政)[-쩡]명 〈도목정사〉의 준말.
도목-정사(都目政事)[-쩡-]명 고려·조선 시대에, 해마다 음력 유월과 섣달에 벼슬아치의 근무 성적이나 공과(功過) 유무에 따라 벼슬을 떼거나 올리던 일. 준도목정·도정.
도무(蹈舞)명하자 〈수무족도(手舞足蹈)〉의 준말.
도-무덤(都-)명 옛날에, 전사한 병사의 시체를 한데 모아서 묻던 무덤.
도무지부 《부정적 사실(사태)의 결과를 나타내는 말의 앞에 쓰이어》 ①아무리 해도. ¶ 무슨 영문인지 도무지 모르겠다. ②이러고저러고 간에. 영영. ¶ 도무지 반성의 빛이 없다. ③생각해 볼 바도 없이. 아주. 도시(都是). ¶ 도무지 맛이 없다. /도무지 인정이라곤 없는 사람.
도:문(到門)명하자 과거(科擧)에 급제하여 홍패(紅牌)를 가지고 집으로 돌아옴.
도:문(倒文)명 ☞도어(倒語).
도:문(道門)명 ☞도가(道家).
도:문-잔치(到門-)명 지난날, 과거에 급제한 사람이 집에 돌아와서 베풀던 잔치.
도:미명 도밋과의 바닷물고기를 통틀어 이르는 말. 몸길이 40~50 cm. 몸은 길둥글고 납작함. 몸빛은 황색·홍색·회색 등임. 연안성 어류로서 대개 바다 밑바닥에서 삶. 〔청돔·새눈치·감성돔·황돔·참돔 따위.〕 준돔.
도미(掉尾)명하자 〔꼬리를 세차게 흔든다는 뜻으로〕 끝판에 두드러지게 활약함.
도미(渡美)명하자 미국으로 건너감.
도미(稻米)명 ☞입쌀.
도미넌트(dominant)명 딸림음.
도미노(domino)명 ①상아로 만든 28장의 패를 가지고 노는 서양 골패. ②가장무도회에서 입는 두건 달린 외투.
도미노^이:론(domino理論)명 〔세워 놓은 도미노 골패들 중 하나를 쓰러뜨리면 잇달아 다른 골패들이 차례로 쓰러지게 되는 현상에 빗대어〕 어떤 지역의 한 나라가 공산화되면 인접 국가들도 차례로 공산화된다는 이론.
도민(島民)명 섬사람.
도:민(道民)명 그 도(道) 안에서 사는 사람.
도:밋-국[-미꾹/-믿꾹]명 맑은장국을 끓이다가 도미와 쑥갓을 넣고 끓인 국.
도:박(到泊)명하자 (항구 등 일정한 곳에) 배가 와서 머무름.
도박(賭博)명 ①돈이나 재물을 걸고 따먹기를 다투는 짓. 노름. 돈내기. ¶ 도박에 미쳐 가산을 탕진하다. ②(거의 불가능하거나 위험한 일에) 요행수를 바라고 손을 대는 일. ¶ 자네는 되지도 않을 걸 뻔히 알면서 도박을 할 셈인가?
도박-꾼(賭博-)명 노름꾼.
도박-장(賭博場)[-짱]명 노름을 하는 곳.
도박-죄(賭博罪)[-쬐/-쮀]명 재물을 걸고 노름을 함으로써 이루어지는 죄.
도반(桃盤)명 〈선도반(仙桃盤)〉의 준말.
도발(挑發)명하타되자 집적거려 일을 일으킴. 도출(挑出). ¶ 전쟁 도발을 일삼는 집단.
도발-적(挑發的)[-쩍]관명 ①집적거려 일을 일으키는 (것). ¶ 도발적 행동. ②색정(色情)을 자극하는 (것). ¶ 도발적인 복장.
도방(都房)명 고려 시대에, 집권한 무신(武臣) 경대승(慶大升)과 최충헌(崔忠獻) 등이 썼던 사병제(私兵制)의 한 가지.
도:방(道傍)명 길옆. 노방(路傍).
도:배(到配)명하자 귀양살이를 가는 죄인이 배소(配所)에 도착함.
도배(島配)명하타 죄인을 섬으로 귀양 보냄. 도류(島流).
도배(徒配)명하타 도형(徒刑)에 처한 뒤에 귀양을 보냄.
도배(徒輩)명 한데 어울려 나쁜 짓을 하는 무리.
도배(塗褙)명하타 종이로 벽이나 반자·장지 따위를 바르는 일.
도배-장이(塗褙-)명 도배하는 일을 업으로 삼는 사람.
도배-지(塗褙紙)명 도배하는 데 쓰는 종이. 벽지.
도:백(道伯)명 ①☞관찰사. ②'도지사(道知事)'를 예스럽게 이르는 말.
도벌(盜伐)명하타되자 산의 나무를 몰래 벰. 도작(盜斫). 투작(偸斫).
도범(盜犯)명 (절도나 강도 따위의) 도둑질을 한 범죄, 또는 그 범인.
도법(刀法)[-뻡]명 (조각이나 판화 따위에서) 칼을 사용하는 방법. ¶ 목과 부리는 입체적인 도법, 날개는 음양각에 투각(透刻)까지 겸했다.
도법(圖法)[-뻡]명 〈작도법(作圖法)〉의 준말.
도벽(盜癖)명 물건을 훔치는 버릇. ¶ 도벽이 있다.
도벽(塗壁)명하자 벽에 종이나 흙을 바름.
도병(刀兵)명 군기(軍器)와 군사.
도-병마사(都兵馬使)명 고려 시대에, 국가의 군사 기밀 및 국방상 중요한 일을 의논하여 결정하던 중앙 회의 기구.
도보(徒步)명하자 걸어서 감. ¶ 도보 여행.
도보(圖譜)명 동식물이나 그 밖의 여러 사물을 분류하여 그림으로 설명한 책. 도감(圖鑑). ¶ 어류(魚類) 도보.
도보쟝ᄉ명 〈옛〉 도붓장수. ¶ 도보쟝ᄉ:販子(漢淸5:32).
도보-전(徒步戰)명하자 기병(騎兵)이 말을 타지 않고 도보로 하는 싸움.
도:복(道服)명 ①도사가 입는 겉옷. ②'가사(袈裟)'를 달리 이르는 말. ③(태권도·유도·검도 따위의) 무도(武道) 수련을 할 때 입는 운동복.
도본(圖本)명 ☞도면(圖面).
도봉(盜蜂)명 꿀벌치기에서, 꽃에서 직접 꿀을 가져오지 아니하고 남의 벌통에서 꿀을 도둑질해 가는 일벌을 이름.
도:부(到付)[1]명하자 공문(公文)이 도달함.
도:부(到付)[2]명하자 팔 물건을 여러 곳으로 가지고 다니며 하는 장사. 도붓장사. 행상(行商).
도부(를) 치다관용 장사치가 물건을 가지고 이곳저곳 팔러 다니다.
도부(都府)명 지난날, '서울'을 달리 이르던 말.
도:부-꾼(到付-)명 '도붓장수'를 홀하게 이르는 말.
도북(圖北)명 지도 상의 수직 좌표선에 따라 정해진 북쪽 방향. 참자북(磁北)·진북(眞北).
도:불습유(道不拾遺)명 〔길에 떨어진 것도 줍지 않는다는 뜻으로〕 생활에 여유가 생기고, 믿음이 차 있는 세상의 아름다운 풍속을 이르는 말. '한비자(韓非子)'의 '외저설(外儲說)'에 나오는 말임.
도:붓-장사(到付-)[-부짱-/-붇짱-]명하자 ☞도부(到付)2. ↔앉은장사.
도:붓-장수(到付-)[-부짱-/-붇짱-]명 도부를 치는 사람. 행상인. 행고(行賈).
도비(徒費)명하타 헛되이 씀.
도비(都鄙)명 서울과 시골. 경향(京鄕).
도사(都寺)명 ☞도감사(都監寺).

도:사(道士)명 ①도를 닦는 사람. 도인(道人). ②도교를 믿고 수행하는 사람. ③'어떤 일에 능숙한 사람'을 비유하여 이르는 말.

도:사(道師)명 시천교(侍天敎)의 신앙을 통일하며 포덕(布德)하는 사람.

도:사(導師)명 ①부처·보살을 통틀어 일컫는 말. ②법회(法會)나 장의(葬儀)에서 여러 중을 거느리고 의식을 지도하는 중.

도사-견(とさ〔土佐〕犬 일)명 일본이 원산인 개의 한 품종. 몸이 크고 살이 많으며 싸움을 잘함. 성질이 포악하며 투견용으로 기름.

도-사공(都沙工)명 사공의 우두머리.

도-사교(都司敎)명 대종교에서, 가장 덕이 높은 사람으로서 그 교를 주장(主掌)하는 교직. 높도형(道兄).

도:사리명 ①못자리에 난 어린 잡풀. ②(바람이나 병 따위로 말미암아) 자라는 도중에 떨어진 과실.

도사리다자타 ①두 다리를 오그려 한쪽 발을 다른 쪽 무릎 아래 받치고 앉다. ¶ 마루 위에 도사리고 앉다. ②들떴던 마음을 가라앉히다. ¶ 마음을 도사려 먹고 일을 시작하다. ③몸을 웅크리고 한곳에 틀어박히다. ¶ 방 안에 도사리고 들어앉아 꼼짝도 않다. /산속에 도사린 적의 잔당을 토벌하다. /뱀이 바위틈에 도사리고 있다. ④조심하여 감추다. ¶ 말끝을 도사리다. /개가 꼬리를 도사리고 달아나다. ⑤오관(五官)을 긴장시키다. ¶ 귀를 도사려 엿듣다. /눈을 도사려 세우고 바라보다. ⑥(마음이나 생각 따위가) 깊숙이 자리 잡다. ¶ 마음속에 증오심이 도사리고 있다. ⑦앞으로 일어날 일의 기미가 다른 사물 속에 숨어 있다. ¶ 음모가 도사리고 있다.

도:산(到山)명하자 행상(行喪)이 산소에 다다름.

도산(逃散)명하자 뿔뿔이 달아나서 흩어짐. ¶ 적의 기습으로 모두 도산하였다.

도:산(倒產)[1]명하자되자 가산(재산)을 다 써 없앰. 파산(破產). ¶ 과잉 투자로 도산하다.

도:산(倒產)[2]명하타 아이를 거꾸로 낳음. 〔머리보다 발이 먼저 나옴.〕 역산(逆產).

도-산매(都散賣)명하타 도매와 산매.

도산-십이곡(陶山十二曲)명 조선 명종(明宗) 때 이황(李滉)이 지은 12수의 연시조. 도산 서원에서 후학을 가르치던 심회를 읊음.

도살(盜殺)명하타되자 ①남몰래 사람을 죽임. 암살(暗殺). ②가축을 허가 없이 몰래 잡음. 밀도(密屠).

도살(屠殺)명하타되자 ①마구 죽임. 비도륙. ②육축(六畜)을 잡아 죽임. 재살(宰殺).

도살-장(屠殺場)[-짱]명 ☞도축장.

도상(途上)명 ①길 위. ②일이 진행되는 과정에 있음. 도중. 중도. ¶ 개발 도상 국가.

도:상(道上)명 ☞노상(路上).

도:상(道床)명 철도의 레일과 침목 부분을 튼튼히 하며 탄성을 높이기 위해 모래나 자갈 따위를 깔아 놓은 바닥의 층.

도상(圖上)명 지도나 도면의 위. ¶ 도상 실습.

도상(圖像)명 그림으로 그린 사람이나 사물의 형상.

도상^연:습(圖上演習)[-년-]명 지도 상으로 하는 군사 연습.

도색(桃色)명 ①복숭아꽃과 같은 분홍빛의 빛깔. ②남녀 간에 얽힌 색정적인 일. ¶ 도색 사진. /도색 잡지.

도색(塗色)명하타 물체에 색을 칠하여 입히는 일. ¶ 도색 작업.

도색^영화(桃色映畫)[-생녕-]명 남녀 간의 색정적인 행위를 찍은 음란한 영화.

도:생(倒生)명하자 거꾸로 남.

도생(圖生)명하자 살기를 도모함.

도서(島嶼)명 바다에 있는 크고 작은 여러 섬. ¶ 산간 도서 지방.

도서(都序)명 불교 초학자를 위한 사집(四集)의 하나로, 중국의 규봉 대사(圭峰大師)가 불교의 교리를 개론한 책.

도:서(道書)명 도교(道敎)의 교의(敎義)나 도술(道術)의 방법에 관한 책.

도서(圖書)명 ①서적·글씨·그림 따위를 통틀어 이르는 말. ②서적. 책. ¶ 도서 출판.

도서-관(圖書館)명 많은 도서를 모아 보관하고 공중에게 열람시키는 시설.

도:-서다자 ①(가던 길에서) 돌아서다. ¶ 남쪽으로 도서서 오다. ②(바람이) 불던 방향을 바꾸다. ¶ 북서풍이 남쪽으로 도서다. ③해산할 때에 태아가 자리를 바꾸어 돌다. ④해산 후 젖멍울이 풀리고 젖이 나기 시작하다. ⑤부스럼이나 마마의 고름 따위가 약간 나아서 꺼덕꺼덕하여지다.

도서^목록(圖書目錄)[-몽녹]명 ①도서관에서, 체계적으로 정리, 배열된 도서를 능률적으로 찾아낼 수 있도록 도서의 요점을 기입한 것. 〔대개, 카드식으로 되어 있음.〕 ②책의 제목을 분류하여 적어 놓은 목록.

도서-실(圖書室)명 도서나 출판물 따위를 모아 두고 열람하게 하는 방.

도석(悼惜)명하타 죽은 이를 애석히 여겨 슬퍼함.

도:석(道釋)명 도교(道敎)와 불교(佛敎).

도선(徒善)명하형 한갓 착하기만 하고 주변성이 없음.

도선(渡船)명 나룻배.

도:선(導船)명하타 연해의 구역을 통과하는 선박에 안내자가 승선하여 뱃길을 인도하는 일.

도:선(導線)명 전류를 통하게 하는 철사.

도:선-사(導船士)명 일정한 자격을 가지고 도선 구역에서 도선 업무에 종사하는 사람. 수로 안내인. 파일럿.

도선-장(渡船場)명 나루터.

도설(塗說)명 뜬소문.

도설(圖說)명하타 그림이나 사진 따위를 이용하여 설명함, 또는 그런 책.

도:섭명 능청스럽고 수선스럽게 변덕을 부리는 짓. ¶ 도섭을 부리다.

도섭(徒涉)명하타 걸어서 물을 건넘.

도:섭(渡涉)명하타 (옷을 걷고) 물을 건넘.

도:섭-스럽다[-쓰-따][~스러우니·~스러워]형ㅂ 능청스럽고 수선스럽게 변덕을 부리는 태도가 있다. ¶ 그가 하도 도섭스러워서 일이 틀어지게 되었다. **도섭스레**부.

도성(都城)명 ①서울. ②도읍 둘레에 둘린 성곽.

도성(濤聲)명 파도 소리.

도성-지(都城址)명 성곽 도시의 유적.

도:세(道稅)[-쎄]명 도에서 도민으로부터 받는 지방세.

도소(屠蘇)명 한방에서, 산초·방풍·백출·육계피를 한데 섞어 만든 약을 이르는 말. 〔도소주를 만드는 재료임.〕

-도소니어미 〈옛〉-더니. ¶ 시혹 거므니는 디근 옷 곧도소니(杜重*1:3*).

-도소이다 어미 〈옛〉-더이다. -옵디다. ¶ 如來ㅅ 주머귀예 견주숩건댄 事義 서르 곧도소이다(楞解1:99).

도소-주(屠蘇酒) 명 설날에 마시는 세주(歲酒)의 한 가지. 도소를 넣어 빚는데, 연중 사기(邪氣)를 물리치고 장수한다고 함.

도ː속(道俗) 명 ①도를 닦는 사람과 세속의 사람. ②도를 닦는 일과 속된 일.

도ː속-공수계(道俗共守戒) [-꽁-계/-꽁-게] 명 불교에서 이르는 삼계(三戒)의 하나. 재가한 사람과 출가한 사람이 다 같이 지켜야 할 계. 참재가계·출가계.

도솔-가(兜率歌) 명 ①신라 유리왕 때 지었다는 노래. 각지 언데 미상으로, 가악(歌樂)의 시초라고 함. 〔'삼국사기'에 실려 전함.〕 ②신라 경덕왕 때 월명사(月明師)가 지은 4구체 향가. 〔'삼국유사'에 실려 전함.〕

도솔-천(兜率天) 명 욕계 육천(欲界六天) 가운데 넷째 하늘. 하늘에 사는 사람의 욕망을 이루는 외원(外院)과 미륵보살의 정토인 내원(內院)으로 이루어졌다 함.

도ː수(度數) [-쑤] 명 ①거듭된 번수나 횟수. ¶ 전화 사용 도수. ②(각도·온도·광도 따위의) 크기를 나타낸 수치의 정도. ¶ 도수가 높은 안경. ③어떠한 정도. ¶ 도수가 지나친 행동.

도수(徒手) 명 맨손.

도ː수(導水) 명하자 물이 일정한 방향으로 흐르게 물길을 만들어 이끎.

도ː수-거(導水渠) 명 물줄기를 딴 곳으로 옮기기 위해 만든 암거(暗渠).

도수-공권(徒手空拳) 명 ☞적수공권(赤手空拳).

도ː수-관(導水管) 명 물을 끌어들이는 관.

도ː수-교(導水橋) 명 계곡이나 도로 등을 가로질러 도수하기 위해 만든 시설.

도ː수-로(導水路) 명 물을 끌어들이려고 만든 도랑. 물을 대는 도랑.

도수리-구멍 명 도자기를 굽는 가마의 옆으로 난, 불을 때는 구멍.

도ː수-제(度數制) [-쑤-] 명 (전화 요금을) 사용 도수에 따라 계산하는 제도.

도수^체조(徒手體操) 명 ☞맨손 체조. ↔기계 체조·기구 체조.

도숙-붙다 [-뿓따] 자 머리털이 내리나서 이마가 좁다. 준숙붙다.

도순(都巡) 명하자 각 군영에 딸린 순라의 근태 상황을 조사하던 일.

도ː술(道術) 명 도를 닦아 여러 가지 조화를 부리는 요술이나 술법. ¶ 도술을 부리다.

도스(DOS) 명 컴퓨터의 디스크 운영 체계. 사용자와 하드웨어, 하드웨어와 소프트웨어 등을 중계하여 처리가 원활하고 효율적으로 이루어지도록 함. [disk operating system]

도스르다 [도스르니·도슬러] 타르 (무슨 일을 이루려고) 마음을 긴장시켜 다잡아 가지다. ¶ 마음을 단단히 도슬러 잡아 이번에는 반드시 성공하겠다.

도ː스킨(doeskin) 명 암사슴 가죽처럼 표면이 부드러운 고급 수자(繻子) 직물. 얇은 것은 예복, 두꺼운 것은 겨울용 양복이나 외투감으로 쓰임.

도슭 명 〈옛〉 도시락. ¶ 點心 도슭 무시이고(古時調).

도습(蹈襲) 명하타 ☞답습(踏襲).

도ː승(道僧) 명 도를 깨달은 중. 도통한 중.

도-승지(都承旨) 명 조선 시대에, 승정원의 여러 승지 가운데 으뜸인 정삼품 벼슬. 도령(都令).

도시(都市) 명 ①상공업을 중심으로 한 경제 및 행정·문화·교통망·편의 시설 따위의 중심지가 되며, 인구가 집중하여 그 밀도가 현저하게 높은 지역. ↔농촌·촌락. ②☞도회지. 참시골.

도시(盜視) 명하타 ①몰래 엿봄. ②금하는 것을 몰래 훔쳐봄.

도시(圖示) 명하타되자 도식이나 그림으로 그려 보임. ¶ 현황을 도시하다.

도시(都是) 부 도무지. 전혀. ¶ 네가 무엇을 이야기하는지 도시 알 수가 없구나.

도시-가스(都市gas) 명 도시에서, 공업적으로 만들어서 공급관을 통하여 많은 수요자에게 파는 연료용 가스.

도시^경제(都市經濟) 명 봉쇄적인 가내(家內) 경제에서 개방적인 국민 경제로 전환되던 중세(中世) 유럽의 과도기적 경제 형태를 이르는 말. 주문에 의하여 생산하는 수공업자들이 몰린 중세 도시의 경제 형태임.

도시^계ː획(都市計畫) [-계획/-게훽] 명 도시 생활에 필요한 교통·주택·위생·보안·행정 따위에 관하여 주민의 복리를 증진하고 공공의 안녕을 유지하도록 능률적·효과적으로 공간에 배치하는 계획.

도시^국가(都市國家) [-까] 명 (주로, 고대 그리스·로마에서와 같이) 하나의 도시가 자치적 시민에 의하여 유지된 독립 국가.

도시다 타 물건의 거친 곳을 연장으로 자르거나 깎아서 곱게 다듬다.

도시락 명 ①고리버들 따위로 결은 작은 고리짝. 〔주로, 가지고 다니는 점심 그릇으로 썼음.〕 ②간편하게 휴대할 수 있도록 만든 음식 그릇, 또는 그 그릇에 담긴 음식. ¶ 아침마다 아이들 도시락을 싸느라 바쁘다.

도시락-밥 [-빱] 명 도시락에 반찬을 곁들여 담은 밥. 단사(簞食).

도시미ː터(dosimeter) 명 ①물약 따위의 약의 양(量)을 재는 기구의 한 가지. ②엑스선의 에너지를 재는 기구의 한 가지.

도시^재ː개발(都市再開發) 명 건물이 대부분 낡았거나 지구 전체의 설계와 건물의 배치 등이 좋지 않은 지역을 새 도시 계획에 따라 정리하는 일.

도식(徒食) 명하자 놀고먹음.

도식(塗飾) 명하타 (바니시나 칠 따위로) 바르고 꾸밈.

도식(圖式) 명 사물의 구조나 사물들의 관계 따위를 일정한 양식으로 나타낸 그림, 또는 그 양식. 도형(圖形).

도ː식-병(倒植病) [-뼝] 명 한방에서, 사물이 뒤죽박죽 거꾸로 보이는 병을 이르는 말.

도식-적(圖式的) [-쩍] 관명 ①도식과 같은 (것). ②(사물의 본질이나 실제 현상과는 동떨어지게) 일정한 형식이나 틀에 기계적으로 맞춘 (것). ¶ 도식적인 사고.

도식-화(圖式化) [-시콰] 명하타되자 도식으로 만듦.

도신(刀身) 명 칼의 몸.

도신(逃身) 명하자 몸을 피하여 도망함.

도실(桃實) 명 ☞복숭아.

도심(都心) 명 도시의 중심.

도심(盜心) 명 남의 물건을 탐내어 훔치려는 마음. 도둑질하려는 마음.

도ː심(道心) 명 ①도의(道義)로부터 일어나는 마음. 도덕적인 관념. ②불도(佛道)를 닦아 불과(佛果)를 얻고자 하는 마음.

도심-지(都心地)명 도시의 중심이 되는 구역.
도심-질명하자 (물체의 가장자리가) 말끔하도록 도려내는 일.
도안(刀眼)명 환도의 몸이 자루에서 빠지지 않게 슴베와 아울러 자루에 비녀장을 박는 구멍.
도안(圖案)명하타 미술·공예 작품을 만들 때, 그 형상이나 모양·색채·배치 등에 관한 것을 그림으로 나타낸 것. ¶ 포스터의 도안.
도야(陶冶)명하타되자 〔질그릇을 굽고 풀무질을 한다는 뜻에서〕 (훌륭한 인격이나 재능을 갖추려고) '몸과 마음을 닦음'을 비유하여 이르는 말. ¶ 인격을 도야하다.
도야-성(陶冶性)[-썽]명 도야할 수 있는, 피교육자의 품성. 교육으로써 능력을 발달시킬 수 있는 가능성.
도약(跳躍)명하자 ①(몸을 날려) 위로 뛰어오름. ②(어떤 상태가) 급격한 진보·발전의 단계로 접어듦. ¶ 경제 발전의 도약 단계.
도ː약(擣藥)명하타 환약 재료를 골고루 섞어 반죽하여 찧는 일.
도약^경ː기(跳躍競技)[-껑-]명 육상 경기의 한 가지. 멀리뛰기·높이뛰기·장대높이뛰기·세단뛰기 등을 통틀어 이르는 말.
도약-대(跳躍臺)[-때]명 ①도약의 발판으로 삼는 대. ②'크게 발전하는 데 발판이 되는 바탕'을 비유하여 이르는 말.
도약^운ː동(跳躍運動)명 ☞뜀뛰기 운동.
도-약정(都約正)[-쩡]명 조선 시대, 향약(鄕約) 단체의 우두머리.
도약-판(跳躍板)명 ①수영에서, 다이빙하여 물속으로 뛰어내릴 때에 딛는 발판. 스프링보드. ②도약 운동에서 뛰는 발판이 되는 판. ⓟ구름판·발판.
도양(渡洋)명하자 바다를 건넘.
도ː양^작전(渡洋作戰)[-쩐]명 바다를 건너가서 전투를 벌이는 작전 계획.
도어(刀魚)명 '갈치'로 순화.
도ː어(倒語)명 어법상 말의 차례가 거꾸로 된 말. 〔'간다, 나는.'과 같은 꼴의 말.〕 도문.
도ː어-법(倒語法)[-뻡]명 ☞도치법.
도ː어-체인(door chain)명 문빗장 보조 용구의 하나. 문을 함부로 열지 못하도록 문의 안쪽에 다는 쇠사슬.
도ː어-체크(door check)명 여닫이문이 저절로 조용히 닫히게 하는 장치.
도언(徒言)명 헛된 말.
도업(陶業)명 ☞요업(窯業).
도연(刀煙)명 한방에서, 칼이나 도끼를 달구어 대나무 껍질에 대었을 때, 묻어 오르는 '대의 진'을 약재로 이르는 말.
도연(徒然) '도연(徒然)하다'의 어근.
도연(陶硯)명 자기(瓷器)로 만든 벼루. 자연(瓷硯).
도연(陶然) '도연(陶然)하다'의 어근.
도연-하다(徒然-)형여 하는 일 없이 멍하니 있어서 심심하다. **도연-히**부.
도연-하다(陶然-)형여 술에 취하여 거나하다. **도연-히**부.
도열(堵列)명하자 많은 사람이 죽 늘어섬, 또는 그 늘어선 대열.
도열-병(稻熱病)[-뼝]명 벼에 생기는 병의 한 가지. 잘 자란 뒤에 잎과 줄기에 박테리아가 생겨 잎에 암갈색의 불규칙한 반점이 생기고 그것이 퍼져 잎 전체가 갈색으로 되어 마르게 되는 병.
도엽-명(圖葉名)[-염-]명 지도의 위쪽 난외에 그 지역의 문화적·지리적 지형 지물의 이름을 따서 표시한 그 지도의 이름.
도ː영(到營)명하자 지난날, 감사가 감영에 도임(到任)함을 이르던 말.
도ː영(倒影)명 ①거꾸로 비친 그림자. ②해질 무렵의 그림자. ③거꾸로 촬영한 모양.
도ː영(導迎)명하타 잘 인도하여 맞이함.
도ː영-화기(導迎和氣)명 온화한 기색으로 남의 환심을 사는 그 일.
도예(陶藝)명 도자기에 관한 미술·공예.
도예-과(陶藝科)[-꽈]명 대학에서, 도예에 관한 학문을 연구하는 학과.
도와(陶瓦)명 ☞질기와.
도와리명 〈옛〉 곽란(癨亂). ¶ 도와리 확:癨(訓蒙中*34*).
도와-주다타 남을 위하여 애써 주다. ¶ 여러 가지로 도와주다. /힘든 일을 도와주다.
도ː외(度外)[-외/-웨]명 어떤 한도나 범위의 밖. ¶ 그의 잘못을 도외로 하기는 어려운 일이다.
도외다자 〈옛〉 되다. ¶ 도욀 화:化(訓蒙下*1*). 참ᄃᆞᄫᆡ다·ᄃᆞ외다.
도ː외-시(度外視)[-외-/-웨-]명하타되자 문제로 삼지 않고 가외의 것으로 보아 넘김. 안중에 두지 않음.
도요(陶窯)명 도기를 굽는 가마.
도요-새명 도욧과의 새를 통틀어 이르는 말. 다리와 부리와 날개가 길고 꽁지는 짧음. 몸빛은 대체로 담갈색 바탕에 흑갈색 무늬가 있고, 등 쪽은 흰색임. 물가나 습지·해안 등 습한 곳에서 삶.
도요-시절(桃夭時節)명 〔복사꽃이 아름답게 피는 시절이라는 뜻으로〕 처녀가 시집가기에 알맞은 '꽃다운 시절'을 이르는 말.
도요-지(陶窯址)명 옛날에, 토기나 도자기 따위를 굽던 가마터.
도용(盜用)명하타되자 남의 것을 허가도 없이 씀. ¶ 명의 도용. /상표 도용.
도우미명 행사 안내 및 행사 내용의 설명 따위를 전문적으로 맡아 하는 요원.
도우-탄(屠牛坦)명 소를 잡는 백장. 쇠백장.
도움명 남을 돕는 일. 조력(助力). ¶ 도움이 필요하다. /도움을 주다.
도움-그림씨명 ☞보조 형용사.
도움-닫기[-끼]명 ①멀리뛰기·높이뛰기·세단뛰기 따위에서, 탄력을 얻기 위해 발구름판까지 달려가는 일. ②기계 체조의 뜀틀 운동에서, 손 짚기의 시간을 조절하고, 멀리 그리고 높이 뛰려고 일정 거리에서 발구름판까지 달려가는 일. 조주(助走).
도움-말명 ☞조언(助言).
도움-움직씨명 ☞보조 동사.
도움-줄기명 ☞보조 어간.
도움-토씨명 ☞보조사.
도원(桃園)명 복숭아나무가 많은 정원, 또는 복숭아밭.
도원(桃源)명 〈무릉도원〉의 준말.
도원-결의(桃園結義)[-겨릐/-겨리]명하자 '의형제를 맺음'을 이르는 말. 〔중국 촉(蜀)나라의 유비(劉備)·관우(關羽)·장비(張飛)가 일찍이 도원에서 형제의 의를 맺었다는 고사에서 유래함.〕
도원-경(桃源境)명 ①무릉도원처럼 속세를 떠난 아름답고 평화로운 곳. ②☞이상향.

도-원수(都元帥)명 〔고려·조선 시대에〕 ①전쟁이 났을 때 군무(軍務)를 통할하던 임시 무관직. ②한 지방의 병권(兵權)을 도맡은 장수.
도월(桃月)명 〔복숭아꽃이 피는 달이라는 뜻으로〕 '음력 삼월'을 달리 이르는 말. 모춘(暮春).
도유(塗油)명 〈데유〉의 본딧말.
도-유사(都有司)명 향교(鄕校)나 서원(書院)·종중(宗中)·계중(契中)에서, 그 사무를 맡은 우두머리.
도ː음(導音)명 ☞이끎음.
도읍(都邑)명 ①서울. ②조금 작은 도회지. ③하자 그 나라의 수도를 정함.
도읍-지(都邑地)[-찌]명 한 나라의 도읍이 되는 곳. ¶ 오백 년 도읍지를 필마로 돌아드니(古時調).
도ː의(道義)[-의/-이]명 사람이 마땅히 행해야 할 도리와 의로운 일. 준의(義). 비도덕.
도의(擣衣)[-의/-이]명하타 다듬잇방망이로 옷을 두들겨 다듬음.
도의다자 〈옛〉되다¹. ¶ 이제 ᄒᆞᆫ 히 반이 도의도록(朴解34). 참ᄃᆞ외다.
도ː의-심(道義心)[-의-/-이-]명 도의를 지키려는 마음. 도념(道念).
도ː-의원(道議員)[-의-/-이-]명 도의회(道議會)의 의원.
도ː의-적(道義的)[-의-/-이-]관명 도의에 맞는 (것). 도의가 있는 (것). ¶ 도의적 자각. /도의적인 책임.
도ː-의회(道議會)[-의회/-이훼]명 지방 자치 단체인 도(道)의 의결 기관.
도이(島夷)명 섬나라의 오랑캐.
도이장-가(悼二將歌)명 고려 예종(睿宗)이 지은 팔구체 향가 형식의 노래. 〔고려의 개국 공신인 신숭겸(申崇謙)과 김낙(金樂)을 추도한 내용.〕
도인(刀刃)명 ①☞칼날. ②'칼'을 통틀어 이르는 말.
도인(桃仁)명 한방에서, 복숭아씨의 알맹이를 약재로 이르는 말. 〔파혈(破血)·어혈·변비 등에 씀.〕
도ː인(道人)명 ①☞도사(道士). ②천도교에서, 천도교를 믿는 사람을 일컫는 말.
도ː인(導因)명 어떤 사태를 이끌어 낸 원인.
도ː인-법(導引法)[-뻡]명 도가(道家)의 양생법(養生法)의 한 가지. 〔정좌·호흡·체조·마찰 따위의 방법을 씀.〕
도ː일(度日)명하자 세월을 보냄.
도일(渡日)명하자 일본으로 건너감.
도ː임(到任)명하자 지난날, 지방 관리가 임소(任所)에 도착함을 이르던 말. 비착임.
도ː입(導入)명하타되자 ①이끌어 들임. ②(문예 창작이나 학습 활동 따위에서) 전체의 개관, 방향의 제시, 방법이나 준비 따위를 미리 알리거나 암시하여 인도함, 또는 그 부분. ¶ 소설의 도입 부분. /학습 활동의 도입 단계.
도자(陶瓷·陶磁)명 '도기'와 '자기'를 아울러 이르는 말.
도자-각(圖磁角)명 독도법에서, 도북(圖北)을 기준으로 하여 자북(磁北)까지 잰 각도를 이르는 말.
도자-기(陶瓷器)명 ①사기그릇·오지그릇·질그릇을 아울러 이르는 말. ②질흙으로 빚어서 비교적 높은 온도로 구워 낸 그릇이나 건축 재료를 아울러 이르는 말. 〔흔히, 자기·도기·석기(炻器) 및 특수 도자기 따위로 분류됨.〕
도작(盜作)명하타 남의 작품의 구상이나 문장 등을 마치 자기가 창작한 것처럼 함부로 자기의 작품 속에 끌어다 쓰는 일, 또는 그러한 작품. 비표절.
도작(盜斫)명하타 ☞도벌(盜伐).
도작(稻作)명하자 ☞벼농사.
도장(刀匠)명 ☞도공(刀工).
도장(徒長)명 식물의 줄기나 가지가 보통 이상으로 길고 연약하게 자람. 웃자람.
도ː장(倒葬)명하자 조상의 묘지 윗자리에 자손의 묘를 씀, 또는 그런 장사.
도장(盜葬)명하타 ☞암장(暗葬).
도장(塗裝)명하타 도료(塗料)를 칠하거나 발라 치장함.
도ː장(道場)명 ①무예를 수련하는 곳. ¶ 태권도 도장. ②'도량(道場)'의 잘못.
도장(圖章)명 (나무나 뿔·수정 또는 고무 따위에) 개인이나 단체의 이름을 새긴 물건. 인(印). 인장(印章). 투서(套署). ¶ 도장을 찍다.
도장-밥(圖章-)[-빱]명 ☞인주(印朱).
도장-방(-房)명 아낙네가 거처하는 방. 규방.
도장-방(圖章房)[-빵]명 ☞도장포.
도장-지(徒長枝)명 웃자란 가지.
도장-집(圖章-)[-찝]명 ①☞도장포. ②도장을 넣어 두는 주머니.
도장-포(圖章鋪)명 도장을 새기는 가게. 도장방. 도장집.
도장명 〈옛〉안방. 규중(閨中). ¶ 도장 규:閨. 도장 합:閤(訓蒙中4).
도저(到底)'도저하다'의 어근.
도ː저-하다(到底-)형여 ①(학문이나 생각 등이) 깊고 철저하다. ¶ 학문이 도저하다. ②(생각이나 몸가짐이) 올곧고 흐트러짐이 없다. ¶ 몸가짐이 도저하고 매사에 빈틈이 없다.
도ː저-히(到底-)부 《'-ㄹ 수 없다'나 '못하다'를 뒤따르게 하여》 '아무리 하여도', '아무리 애써도'의 뜻을 나타냄. ¶ 이 문제는 도저히 해결할 수 없다. /이 일만은 도저히 못하겠다.
도적(盜賊)명 ☞도둑.
도전(挑戰)명하자 ①싸움을 걺. ¶ 감히 나에게 도전하다니. ②(승부의 세계에서) 보다 나은 수준에 승부를 걺. ¶ 챔피언에게 도전하다.
도전(盜電)명하자 (요금을 지불하지 않고) 전력을 몰래 씀.
도전(渡田)명 조선 시대에, 국가가 지정한 나루에 딸렸던 논밭. 〔그 소출을 나루의 비용으로 썼음.〕
도ː전(導電)명 전기의 전도(傳導).
도전-자(挑戰者)명 도전하는 사람.
도전-적(挑戰的)관명 정면으로 맞서려고 하는 (것). ¶ 도전적 성격. /도전적인 태도.
도정(都政)명 〈도목정사〉의 준말.
도ː정(道正)명 천도교에서, 포덕(布德) 500집 이상을 가진 사람으로, 교구를 관리하는 책임자.
도정(搗精)명하타 곡식을 찧거나 쓿는 일. ¶ 대대로 도정을 업으로 삼다.
도ː정(道政)명 한 도(道)를 다스리는 정사(政事).
도ː정(道程)명 ☞노정(路程).
도정-료(搗精料)[-뇨]명 ☞방앗삯.
도제(徒弟)명 서양의 중세에, 일정한 분야의 전문적 기능을 가진 스승 밑에서 그 분야의 지식과 기술을 전수받기 위하여 견습 생활을 하던 어린 직공.
도제(陶製)명 오지로 만들어진 것, 또는 그런 물건.

도:제(道諦) 명 사제(四諦)의 하나. 깨달음의 원인인 무루(無漏)·유루(有漏)의 수행, 곧 멸제(滅諦)의 경지를 체득하는 길.

도제^제:도(徒弟制度) 명 서양의 중세에, 수공업자가 후계자를 양성하기 위해 도제를 두던 제도. 〔17세기경까지 존속하였음.〕

도-제조(都提調) 명 조선 시대, 승문원·사역원·훈련도감 따위의 으뜸 벼슬.

도조(賭租) 명 남의 논밭을 빌려서 부치고 그 세(稅)로 해마다 내는 벼. 도지(賭地).

도:종-지(道種智) 명 삼지(三智)의 하나. 여러 가지 도법을 배워 중생을 제도하는 보살의 지혜.

도죄(徒罪) [-죄/-줴] 명 왕조 때, 도형(徒刑)을 받을 죄.

도죄(盜罪) [-죄/-줴] 명 절도나 강도 따위로 남의 재물을 도적질한 죄.

도주(島主) 명 조선 시대에, 대마도의 영주를 이르던 말.

도주(逃走) 명 하자 ☞도망. ¶ 야반(夜半)도주.

도중(徒衆) 명 사람의 무리.

도:중(途中) 명 ①길을 걷고 있는 때. 길을 가는 동안의 어느 지점. ¶ 학교에 가는 도중에 친구를 만났다. ②어떤 일을 하는 때나 그 중간. 중도(中途). ¶ 훈련 도중에 적의 공격을 받았다. /수업 도중에 자꾸 졸았다.

도중(都中) 명 ①(두레나 계·향약 등의) 계원 전체. ¶ 유기전(鍮器廛)의 도중. ②조선 중기 이후에 조직된 전(廛)을 중심으로 한 상인의 동업자(同業者) 단체.

도:중(道中) 명 길 가운데. 노중(路中).

도:중-하차(途中下車) 명 하자 ①(차를 타고 가다가 목적지에 닿기 전에) 도중에서 내림. ②'어떤 일을 계획하여 하다가 끝까지 다 하지 않고 중도에서 그만둠'을 비유하여 이르는 말. ¶ 입후보자가 투표 직전에 도중하차하다.

도지(賭地) 명 ①도조를 물기로 하고 빌려 부치는 논밭이나 집터. ②☞도조(賭租).

도:지개 명 틈이 나거나 뒤틀린 활을 바로잡는 틀.
도지개를 틀다 관용 얌전히 있지 못하고, 공연히 몸을 비비 꼬며 움직이다.

도지게 명 〈옛〉 도지개. ¶ 도지게 경:檠(訓蒙下*10*).

도지기 명 한 논다니와 세 번째 관계하는 일.

도:지다[1] 자 ①나았거나 나아 가던 병이나 상처가 다시 덧나다. ¶ 찬 바람을 쐬어 감기가 도졌다. ②가라앉았던 노여움이 다시 나다. ¶ 말 한마디 잘못하여 그의 화를 도지게 만들었다.

도지다[2] 형 ①심하고 호되다. ¶ 도지게 꾸짖다. ②몸이 단단하다. ¶ 몸이 쇳덩이처럼 도지다.

도:-지사(道知事) 명 한 도의 행정 사무를 총괄하는 광역 자치 단체장. 준 지사. 참 도백(道伯).

도진(渡津) 명 ☞나루.

도짓-논(賭地-) [-진-] 명 도조를 내기로 하고 짓는 논.

도짓-돈(賭地-) [-지똔/-짇똔] 명 ①한 해에 얼마씩의 변리를 내기로 하고 꾸어 쓰는 돈. ②도조로 내는 돈.

도짓-소(賭地-) [-지쏘/-짇쏘] 명 도조를 내기로 하고 빌려서 부리는 소.

도죽 명 〈옛〉 도둑. ¶ 쇠 한 도ᄌᆞᄀᆞᆯ 모ᄅᆞ샤(龍歌*19*章).

도차(陶車) 명 ☞물레[2].

도-차지(都-) 명 하타 ☞독차지.

도:착(到着) 명 하자 되자 목적지에 다다름. ¶ 기차가 도착할 시각. 비 도달. ↔출발.

도:착(倒錯) 명 하자 되자 ①상하가 거꾸로 되어 서로 어긋남. ②본능·감정 및 덕성의 이상으로 사회도덕에 어그러진 행동을 보이는 일. ¶ 성적(性的) 도착.

도:착-순(到着順) [-쑨] 명 도착한 차례. ¶ 도착순으로 모집 인원을 마감하다.

도:착-점(到着點) [-쩜] 명 ☞도달점.

도찰(刀擦) 명 하타 (글자나 그림 등의 잘못된 부분을) 칼로 긁어 고침.

도찰(塗擦) 명 하타 바르고 문지름.

도찰^요법(塗擦療法) [-료뻡] 명 약제를 살갗에 발라 문질러 치료하는 법.

도찰-제(塗擦劑) [-쩨] 명 주로 연고로 된 약제로, 살갗에 발라 문질러 스며들게 하는 약. 찰제.

도참(圖讖) 명 미래의 길흉에 관하여 예언하는 술법, 또는 그러한 내용이 적힌 책. 〔예언서 따위.〕

도채-장이(塗彩-) 명 채색을 올리는 일을 업으로 삼는 사람.

도:처(到處) 명 가는 곳. 곳곳. 방방곡곡. ¶ 우리나라는 도처에 명승지가 있다.

도:처-선화당(到處宣化堂) 명 감사가 도내(道內)를 시찰할 때에 이르는 곳이 곧 선화당이 된다는 뜻으로, 가는 곳마다 대접을 잘 받음을 이르는 말.

도천(盜泉) 명 '불의(不義)'를 비유하여 이르는 말. 〔중국 산둥 성(山東省) 쓰수이 현(泗水縣)에 있는 샘의 이름으로, 공자가 그 이름이 미워서 목이 말라도 그 물을 마시지 않았다는 고사에서 유래함.〕

도천수관음-가(禱千手觀音歌) 명 신라 경덕왕 때 희명(希明)이 지은 십구체 향가. 눈먼 아들을 위해 관음상 앞에서 빌면서 부른 노래. 도천수대비가.

도천수대비-가(禱千手大悲歌) 명 ☞도천수관음가.

도:첩(度牒) 명 고려·조선 시대에, 중이 된 것을 인정하던 증명서.

도첩(圖牒) 명 그림첩.

도:첩-제(度牒制) [-쩨] 명 고려·조선 시대에, 백성이 중이 되는 것을 억제하기 위하여 중이 되려는 사람에게 일정한 대가를 받고 허가장을 내주던 제도.

도청(淘淸) 명 하타 흐린 물을 가라앉혀 맑게 함.

도청(盜聽) 명 하타 (장치를 이용하여) 남의 대화나 전화 통화 내용 등을 몰래 엿듣는 일. ¶ 도청 장치.

도:청(道廳) 명 도(道)의 행정 사무를 맡아보는 지방 관청.

도:청도설(道聽塗說) 명 길거리의 뜬소문. 〔'논어'의 '양화편(陽貨篇)'에 나오는 말임.〕 비 유언비어.

도:체(道體) 명 〔한문 투의 편지 등에서〕 '도(道)를 닦는 분의 체후(體候)'라는 뜻으로, 상대편을 높이어 이르는 말.

도체(圖遞) 명 하타 스스로 벼슬이 바뀌기를 꾀함.

도:체(導體) 명 열이나 전기 따위를 전도하는 물체. ↔부도체.

도-체찰사(都體察使) [-싸] 명 조선 시대에, 전시에 의정(議政)이 겸임하던 최고의 군직.

도총(都總) 명 모두. 도합(都合).

도-총관(都摠管) 명 조선 시대에, 오위도총부(五衛都摠府)에서 군무를 총괄하던 최고 군직.

도축(屠畜) 명 하타 가축을 잡음.

도축-장(屠畜場) [-짱] 명 (행정 당국의 허가 아래, 일정한 시설을 갖추어) 소나 돼지 따위 가축을 잡는 곳. 도살장.

도출(挑出) 명 하타 ☞도발(挑發).

도ː출(導出)명하타되자 (어떤 생각이나 판단, 결론 따위를) 이끌어 냄.
도충(稻蟲)명 벼를 해치는 벌레를 통틀어 이르는 말.
도취(陶醉)명하자되자 ①거나하게 술이 취함. ②무엇에 홀린 듯이 열중하거나 기분이 좋아짐. ¶ 음악에 도취되다.
도취(盜取)명하타 훔쳐 가짐.
도취-경(陶醉境)명 ①술에 취하여 기분이 좋아진 상태. ②아름다운 것에 마음을 빼앗기어 스스로를 잊은 상태.
도ː치(倒置)명하자타되자 ①뒤바꾸거나 뒤바뀜. ②거꾸로 있거나 거꾸로 함.
도ː치-법(倒置法)[-뻡]명 수사법상 변화법의 한 가지. 문장 성분의 정상적인 배열을 뒤바꾸어 놓음으로써 중심 내용을 더욱 두드러지게 하는 표현 방법. 〔'꼭 목화송이 같아, 함박눈이.' 하는 따위.〕 도어법. ↔정치법(正置法).
도침(陶枕)명 ①☞자침(瓷枕). ②도자기를 구울 때 그릇을 괴는 물건.
도ː침(擣砧)명하타 (피륙·종이 따위를) 다듬잇돌에 다듬어 반드럽게 하는 짓.
도침(을) 맞다관용 도침을 한 피륙 따위가 반드럽게 되다.
도치명 〈옛〉 도끼. ¶ 도치 부:斧(訓蒙中*16*). 참돗귀.
도-캐명 윷놀이에서, 도나 개, 또는 도와 개를 아울러 이르는 말.
도캐-간(-間)명 윷놀이에서, 도나 개 중의 어느 하나.
도-컬명 윷놀이에서, 도나 걸, 또는 도와 걸을 아울러 이르는 말.
도컬-간(-間)명 윷놀이에서, 도나 걸 중의 어느 하나.
도킹(docking)명하자 ①수리할 배를 독(dock)에 넣는 일. ②인공위성이나 우주선이 우주 공간에서 결합하는 일.
도타(逃躱)명하자 도망하여 몸을 피함.
도탄(塗炭)명 〔진구렁이나 숯불에 빠졌다는 뜻으로〕 생활이 몹시 곤궁하거나 비참한 경지를 이르는 말. ¶ 민생이 도탄에 빠지다.
도탑다[-따][도타우니·도타워]형ㅂ (인정이나 사랑이) 깊고 많다. ¶ 형제간 우애가 도탑다. 큰두텁다. **도타이**부.
도태(淘汰·陶汰)명하자타되자 ①불필요하거나 부적당한 것을 줄여 없앰. ¶ 묵은 과수(果樹)를 도태하다. ②물에 일어서 쓸데없는 것을 흘려 버림. ¶ 사발색을 보느라고 모래를 도태하다. ③적자생존의 법칙에 따라 환경이나 조건에 적응하지 못한 생물이 멸망함. ¶ 공룡은 빙하기에 도태되었다. ④(사회적 활동 영역에서) 경쟁에 진 사람이 밀려남. ¶ 그는 정계의 일선에서 도태되었다.
도태-법(淘汰法)[-뻡]명 비중의 차를 이용한 도태로 선광(選鑛)하는 방법.
도토(陶土)명 도자기를 만드는 질흙. 자토(瓷土).
도토리명 떡갈나무를 비롯한 졸참나무·갈참나무 따위 참나뭇과의 나무에 열리는 열매를 통틀어 이르는 말. 〔녹말이 많아 묵을 만들어 먹음.〕 곡실(槲實). 참상수리.
도토리 키 재기속담 ①정도가 고만고만한 사람끼리 서로 다툼을 이르는 말. ②비슷비슷하여 견주어 볼 필요가 없음을 이르는 말.
도토리-깍정이[-쩡-]명 도토리의 밑을 싸 받치는 깍정이.
도토리-나무명 ☞떡갈나무.
도토리-묵명 도토리의 앙금으로 만든 묵.
도톨-도톨부하형 물건의 거죽이 여러 군데 조금씩 들어가거나 솟아 나와서 매끈하지 않은 모양. ¶ 도톨도톨 돋은 여드름. 큰두툴두툴.
도톨-밤명 도토리같이 생긴 작은 밤.
도톰-하다형여 조금 두껍다. ¶ 손이 도톰하다. / 솜을 도톰하게 둔 방석. 큰두툼하다. **도톰-히**부.
도통(都統)[1] Ⅰ명 ☞도합(都合). ¶ 셈한 것의 도통이 얼마인가?
Ⅱ부 도무지. 도대체. ¶ 어찌 된 셈인지 도통 모르겠네.
도통(都統)[2]명 〈도통사〉의 준말.
도ː통(道通)명하자 사물이 깊은 도리에 통함. ¶ 역술에 아주 도통한 사람.
도ː통(道統)명 도학(道學)을 전하는 계통.
도통-사(都統使)명 ①조선 말기에, 무위영(武衛營)을 거느리던 장수. 준도통[2]. ②고려 말기에, 각 도의 군대를 통솔하기 위하여 두었던 무관 벼슬.
도투락명 〈도투락댕기〉의 준말.
도투락-댕기[-땡-]명 어린 계집아이가 드리는 댕기. 〔자줏빛의 비단을 겹쳐 포개고, 두 끝을 뾰족하게 하여 허리를 접은 곳에 댕기를 달았는데, 머리 가닥에 넣어서 땋음.〕 준도투락.
도투마리명 베를 짤 때에 날을 감는 도구.
도투마리 잘라 넉가래 만들기속담 '아주 만들기 쉬운 것'을 비유하여 이르는 말.
도트^프린터(dot printer)명 인쇄용 핀 가운데 글자의 구성에 필요한 것을 돌출하게 하여 문자나 기호를 점으로 인쇄하는 장치.
도틀어부 ☞도파니.
도ᄐᆞ랏명 〈옛〉 명아주. ¶ 도ᄐᆞ랏 례:藜(訓蒙上*13*).
도ː파(道破)명하타 ①끝까지 다 말함. ②딱 잘라서 말함.
도ː파-관(導波管)명 마이크로파의 전송로(傳送路)로 사용되는 도체로서, 속이 빈 금속의 관. 〔그 단면의 크기와 같은 정도, 또는 그 이하인 파장의 전자파만 통하게 하는 성질이 있음.〕
도파니부 여러 말 할 것 없이 죄다 몰아서. 통틀어. 도틀어. ¶ 도파니 얼마에 팔겠소?
도판(圖版)명 책에 실린 그림.
도편-각(圖偏角)명 독도법에서, 진북(眞北)을 기준으로 하여 도북(圖北)까지 잰 각도를 이르는 말.
도-편수(都-)명 집을 지을 때 총책임을 맡는, 목수의 우두머리.
도평의-사사(都評議使司)[-의-/-이-]명 ①고려 시대, 최고 정무(政務) 기관. ②조선 초기의 국정 최고 의결 기관.
도폐(刀幣)[-폐/-페]명 중국 고대의 화폐. 청동으로 만든 칼 모양의 것.
도포(塗布)명하타 (약 같은 것을) 바름. 도말(塗抹).
도ː포(道袍)명 지난날, 통상 예복으로 입던 남자의 겉옷. 옷 길이가 길어 거의 발등에 미치고, 소매는 넓고 뒷길의 중심선이 틔었으며 그 위에 한 폭의 헝겊이 덧붙었음.
도-포수(都砲手)명 포수의 우두머리. 사냥할 때 자욱포수, 몰이포수, 목포수 들을 총지휘함.
도포-제(塗布劑)명 ①피부·점막 따위에 바르는 약제. ②나무의 가지나 줄기의 상한 곳에 발라 충해를 막는 약제.
도ː폭-선(導爆線)[-썬]명 선형(線形)으로 된 폭탄의 한 가지. 대개 직물로 만든 가늘고 긴 관 속에 고성능 폭약을 가득 채운 것. 흔히, 전기로 점화 폭발됨. 나무나 기둥 따위에 감아 터뜨려 피폭물을 절단함.

도ː표(道標)명 행선이나 이정(里程) 따위를 나타내어 길가에 세운 푯말. 노표(路標).
도표(圖表)명 그림으로 그리어 나타낸 표.
도플러^효ː과(Doppler效果)명 파원(波源)에 대하여 상대 속도를 가진 관측자에게 파동의 주파수가 파원에서 나온 수치와는 다르게 관측되는 현상.
도피(逃避)명하자 도망하여 피함. ¶ 도피 여행. /해외로 도피하다. /현실에서 도피하다.
도피^문학(逃避文學)명 향락적이거나 탐미적이어서, 현실에 대한 참여 의식이 결여되거나 소극적 태도를 가진 문학을 비판적인 처지에서 이르는 말.
도피-사상(逃避思想)명 현실에 눈을 감고 소극적인 안일의 세계에 잠겨 있으려는 사상. 은둔사상.
도피-처(逃避處)명 도망하여 몸을 피하는 곳. ¶ 도피처를 마련하다.
도피-행(逃避行)명 ①도망하여 피해 감. ②도피하여 떠나는 길. ¶ 사랑의 도피행.
도필(刀筆)명 ①고대의 중국에서, 죽간(竹簡)에 문자를 새겨 쓰거나 잘못된 곳을 고치는 데 쓰던 칼. ②지난날, '문서를 기록하거나 갈무리하는 관원'을 이르던 말.
도ː핑(doping)명 (운동선수가) 흥분제나 근육 증강제 따위 약물을 사용하는 일.
도ː핑^테스트(doping test)명 경기에 참가한 선수나 경주마(競走馬)가 흥분제·각성제 따위의 금지 약물을 복용했는가를 소변으로 검사하는 일. 약물 검사.
도하(都下)명 ①서울 지방. ②서울 안. ¶ 도하의 일간 신문들.
도하(渡河)명하타 ☞도강(渡江). 비섭수(涉水).
도-하기(都下記)명 지출한 돈의 액수를 한데 몰아서 적은 기록.
도-하다(賭—)타여 (성패를 전제로 하여) 무엇을 걸다. ¶ 신명(身命)을 도하다.
도ː하^작전(渡河作戰)[—쩐]명 강이나 큰 내를 건너기 위하여 벌이는 작전. 도강 작전.
도ː학(道學)명 ①도덕에 관한 학문. ②중국 송나라 때의 정주학파(程朱學派)의 학문, 곧 심성(心性)과 이기(理氣)의 학(學). ③☞도교(道敎).
도ː학-군자(道學君子)[—꾼—]명 도학을 닦아 덕행이 높은 사람. 도덕군자.
도ː학-선생(道學先生)[—썬—]명 '도학의 이론만 캐어 실제의 세상일에는 어두운 사람'을 조롱하여 이르는 말. 도학자.
도ː학-자(道學者)[—짜]명 ①유교에서 정주(程朱)의 학을 받드는 사람. ②도덕에 관한 학문을 연구하는 학자. ③☞도학선생.
도ː학-파(道學派)명 조선 초·중기 때의 한학계의 한 갈래로, 사장파를 비판하고 도학을 중시하던 학파. 〔조광조(趙光祖)가 그 중심인물이었음.〕 ↔사장파(詞章派).
도한(盜汗)명 몸이 허약하여 잠자는 동안에 나는 식은땀. 참냉한(冷汗)·식은땀.
도한(屠漢)명 ☞백장.
도ː-함수(導函數)[—쑤]명 어떤 함수를 미분하여 낸 함수.
도합(都合)명 모두 합한 셈. 도총(都總). 도통(都統)1. ¶ 남녀 도합 삼십 명이다.
도항(渡航)명하타 배를 타고 바다를 건넘. ¶ 도항 일지(日誌).
도해(渡海)명하타 바다를 건넘.
도해(圖解)명하타 ①그림을 곁들여 설명함, 또는 그런 글이나 책. ②그림으로 설명함, 또는 그림으로 된 설명. ③그림의 내용을 설명함, 또는 설명한 글.
도ː현(倒懸)명되자 ①하자타거꾸로 매달림, 또는 거꾸로 매닮. ②하자위험이 가까이 닥침.
도형(徒刑)명 오형(五刑)의 하나. 1년에서 3년까지의 복역(服役). 〔복역 반 년과 장(杖) 10대를 한 등으로 하여 5등으로 나눔.〕 준도(徒).
도ː형(道兄)명 대종교에서, '도사교(都司敎)'를 높여 일컫는 말.
도형(圖形)명 ①그림의 모양이나 형태. 그림꼴. ②면·선·점 따위가 모여서 이루어진 꼴. 〔사각형·원·구 따위.〕 ¶ 입체 도형. ③☞도식(圖式).
도ː호(道號)명 ①불교에 입도(入道)한 후의 이름. ②천도교에서, 10년 이상 된 남자 교인에게 주는 교직.
도호-부(都護府)명 ①당나라 때, 변경의 점령 지역을 통치하던 기관. ②고려·조선 시대, 지방 행정 기관의 한 가지. 초기에는 큰 4개 지방에만 설치되던 것이 폐지·설치·확대를 거듭하여 75개 지방에까지 설치되기도 하였음. 〔대도호부와 중도호부의 구별이 있었음.〕
도호부-사(都護府使)명 도호부의 으뜸 벼슬.
도ː혼(倒婚)명하자 형제자매 가운데에서 동생이 먼저 혼인함, 또는 그 혼인. 역혼(逆婚).
도혼-식(陶婚式)명 결혼 기념식의 한 가지. 서양 풍속으로, 결혼한 지 20주년을 맞아 부부가 사기(沙器)로 된 선물을 주고받으며 기념함. 참은혼식(銀婚式).
도홍(桃紅)명 〈도홍색〉의 준말.
도홍-색(桃紅色)명 복숭아꽃 같은 엷은 분홍빛. 준도홍.
도화(桃花)명 복숭아꽃.
도ː화(道化)명하타되자 도법(道法)으로 교화함.
도화(圖畫)명 ①도면과 그림. ②그림 그리기.
도ː화(導火)명 ①폭약을 터지게 하는 불. ②'사건을 일으키는 직접적인 원인'을 비유하여 이르는 말.
도화-서(圖畫署)명 조선 시대에, 그림에 관한 일을 맡아보던 관청.
도ː화-선(導火線)명 ①폭약이 터지도록 불을 댕기는 심지. ②'사건을 일으키게 하는 원인이나 계기'를 비유하여 이르는 말. ¶ 무심결에 한 하찮은 일이 도화선이 되어 큰 싸움으로 번졌다.
도화-수(桃花水)명 〔복숭아꽃이 필 무렵에, 얼음이 녹아 흐르는 물이란 뜻으로〕 봄철의 시냇물을 멋스럽게 이르는 말.
도화-원(圖畫院)명 ①고려 시대에, 궁궐 안에 설치하였던 화가 양성 기관. ②조선 시대에, 그림에 관한 일을 맡아보던 관아. 성종 때 도화서로 고침.
도화-지(圖畫紙)명 '그림을 그리는 데 쓰는 종이'를 통틀어 이르는 말.
도회(都會)1[—회/—훼]명 〈도회지〉의 준말.
도회(都會)2[—회/—훼]명하자 계회(契會)·종회(宗會)·유림(儒林) 등의 전체 모임.
도회(韜晦)[—회/—훼]명하타 ①자기의 지위나 재능 따위를 숨기어 감춤. ②종적을 감춤.
도회-병(都會病)[—회뼝/—훼뼝]명 ①도시인이 걸리기 쉬운 질병. ②시골 사람이 종작없이 도회를 동경하는 병통.
도회-지(都會地)[—회—/—훼—]명 '인구가 많고 번화한 지역'을 일반적으로 이르는 말. 대처(大處). 도시. 준도회1. ↔농촌.
도흔(刀痕)명 칼에 베인 흔적.
도-흥정(都—)명하타 물건을 모개로 사고팖, 또는 그 일.

독명 운두가 높고 중배가 약간 부르며 전이 달린, 큰 오지그릇이나 질그릇.

독 안에 든 쥐관용 '피할 수 없는 궁지에 처해 있음'을 비유하여 이르는 말.

독(毒)명 ①건강이나 생명을 해치는 성분. ¶ 독이 있는 버섯. ②〈해독(害毒)〉의 준말. ③〈독기〉의 준말. ④〈독약〉의 준말. ¶ 음식에 독을 타다.

독(을) 올리다관용 (남을 건드려서) 독살이 나게 하다.

독(이) 오르다관용 ①독기가 퍼지거나 치밀다. ②독한 마음이나 기운이 치밀어 오르다. ¶ 독이 올라 욕설을 퍼붓다

독(獨)명 〈독일(獨逸)〉의 준말.

독(櫝)명 〈주독(主櫝)〉의 준말.

독(dock)명 선박을 건조·수리하기 위하여 조선소나 항만에 시설한 설비. 선거(船渠).

독-(獨)접두 《일부 명사 앞에 붙어》 '단독'임을 나타냄. ¶ 독무대. /독차지. /독선생.

독-가스(毒gas)명 화학 병기의 한 가지. 독기가 있어 생물에 큰 해가 되는 가스. ㊟가스.

독가스-탄(毒gas彈)명 독가스를 넣어 만든 포탄이나 폭탄. ㊟가스탄.

독각-대왕(獨脚大王)[-깍때-]명 ①귀신의 한 가지. ②'아주 괴벽하고 말썽 많은 사람'을 비유하여 이르는 말.

독감(毒感)[-깜]명 ①아주 독한 감기. ¶ 독감에 걸리다. /독감을 앓다. ②☞유행성 감기.

독거(獨居)[-꺼]명하자 혼자 삶. 홀로 지냄. 독처(獨處). ¶ 암자에서 독거하면서 시험 준비를 하다. ↔혼거(混居).

독경(篤敬) '독경하다'의 어근.

독경(讀經)[-꼉]명하자 ①경문을 소리 내어 읽음. ②판수 등이 신을 내리게 하려고 징을 치면서 경문을 욈. 독송(讀誦). ↔간경(看經).

독경-대(讀經臺)[-꼉-]명 경전을 올려놓고 읽는 대. 성경대(聖經臺).

독경-하다(篤敬-)[-꼉-]형여 언행이 도탑고 공손하다.

독공(篤工)[-꽁]명하타 착실히 공부함. 학업에 부지런히 힘씀.

독공(獨功)[-꽁]명 판소리 따위의 득음(得音)을 위한 발성 연습. 〔토굴 속이나 폭포 앞에서 하는 발성 연습 따위.〕

독-과점(獨寡占)[-꽈-]명 독점과 과점을 아울러 이르는 말. ¶ 독과점 규제.

독교(獨轎)[-꾜]명 ①말 한 마리가 끄는 가마. ②소의 등에 싣고 뒤채를 소 모는 사람이 잡고 길잡이하며 가는 가마. 〔가마 멜 사람이 없을 때 함.〕

독균(毒菌)[-뀬]명 독을 가진 균.

독-그릇[-끄륻]명 〈도깨그릇〉의 준말. * 독그릇이[-끄르시]·독그릇만[-끄른-]

독-극물(毒劇物)[-끙-]명 독물과 극물을 아울러 이르는 말. 〔법률에 의하여 지정되고, 제조·관리의 통제를 받는 물질임.〕 ㊟극물·독물.

독기(毒氣)[-끼]명 ①독의 성분이나 기운. ㊟독(毒). ②사납고 모진 기운. ¶ 독기 품은 눈으로 노려보다.

독-나다(毒-)[동-]자 ①독살이 나다. ②(상처나 헌데가) 부어오르거나 덧나다.

독-나방(毒-)[동-]명 독나방과의 나방. 몸빛은 황색이며 앞날개 복판에 갈색 줄이 있음. 날개에서 떨어지는 가루가 사람의 살갗에 묻으면 가려운 증상이 일어남.

독납(督納)[동-]명하타 세금을 바치도록 독촉함.

독녀(獨女)[동-]명 외딸.

독농(篤農)[동-]명 ☞근농(勤農).

독농-가(篤農家)[동-]명 ☞근농가(勤農家).

독-니(毒-)[동-]명 독이 있는 이. 독아(毒牙).

독단(獨斷)[-딴]명하타 ①(다른 사람과 상의하지 않고) 자기 혼자의 생각만으로 결정함, 또는 그런 일. ②철학에서, 객관적 자료에 따른 논증도 없이 주관적 인식만으로 판단하는 일. ②도그마. ㊐독천(獨擅).

독단-론(獨斷論)[-딴논]명 ①충분한 근거나 명증(明證) 없이 주장하는 설(說). ②인식 능력의 한계나 본질을 음미하지 않고 이성만으로 실재(實在)가 인식된다고 주장하는 이론. ②↔회의론.

독단^비ː평(獨斷批評)[-딴-]명 자기의 주견대로 하는 객관성 없는 비평.

독단-적(獨斷的)[-딴-]관명 ①(다른 사람과 상의하지 않고) 혼자서 판단하거나 결정하는 (것). ¶ 독단적 판단. ②객관적 자료에 따른 논증도 없이 주관적 인식만으로 판단하는 (것).

독-담당(獨擔當)[-땀-]명하타 혼자서 담당함. ㊟독당.

독당(獨當)[-땅]명하타 〈독담당〉의 준말.

독대명 '반두'의 잘못.

독대(獨對)[-때]명하자 지난날, 벼슬아치가 홀로 임금을 대하고 정치에 관한 의견을 아뢰던 일.

독도-법(讀圖法)[-또뻡]명 지도가 표시하고 있는 내용을 해독하는 기술.

독두(禿頭)[-뚜]명 대머리.

독두-병(禿頭病)[-뚜뼝]명 머리털이 차차 빠져서 대머리가 되는 병.

독락(獨樂)[동낙]명하타 홀로 즐김.

독락-당(獨樂堂)[동낙땅]명 조선 광해군 11(1619)년에, 박인로(朴仁老)가 지은 가사. 옥산(玉山) 서원 안에 있는 독락당의 경치를 읊은 내용.

독락-팔곡(獨樂八曲)[동낙-]명 조선 중기에 권호문(權好文)이 자연 속에 사는 멋을 읊은 경기체가. 전 8연.

독려(督勵)[동녀]명하타 감독하며 격려함.

독력(獨力)[동녁]명 혼자의 힘. 한 사람만의 힘. ¶ 독력으로 힘든 일을 해결하다.

독로-시하(篤老侍下)[동노-]명 일흔이 넘은 어버이를 모시고 있는 처지.

독료(讀了)[동뇨]명하자 ☞독파(讀破).

독림-가(篤林家)[동님-]명 숲을 지성스럽게 가꾸는 사람.

독립(獨立)[동닙]명하자되자 ①다른 것에 딸리거나 기대지 않음. ¶ 사법부의 독립. ②정치적으로, 한 나라가 완전한 주권을 행사함. ¶ 독립 국가. ③법률상으로, 개인이 한 집안을 이루어 생계를 세우고 사권(私權)을 행사하는 능력을 가짐. ¶ 분가 독립하여 세대주가 되다. ④따로 갈라져 나와 홀로 섬. ¶ 아버지의 기업체로부터 전자 부문의 사업을 물려받아 독립하다.

독립-국(獨立國)[동닙꾹]명 독립권을 가진 나라.

독립-군(獨立軍)[동닙꾼]명 나라의 독립을 위하여 싸우는 군대.

독립-권(獨立權)[동닙꿘]명 국제법상 국가에 인정된 기본권의 한 가지. 외국 세력의 간섭을 받지 않는 국가적 주권.

독립-독행(獨立獨行) [동닙또캥] 명 하자 남에게 의지하지 않고 자기의 뜻에 따라 독자적으로 행동함.

독립-문(獨立門) [동님-] 명 광무(光武) 원년(1897)에 독립 협회가 우리나라의 영구 독립을 선언하기 위하여 세운 문. 〔사적 제32호.〕

독립^변ː수(獨立變數) [동닙뼌-] 명 수학의 함수 관계에서 다른 수의 변화와는 관계없이 스스로 변하는 수. ↔종속 변수.

독립불기(獨立不羈) [동닙뿔-] 명 독립하여 아무 것에도 매이지 않음.

독립^사ː건(獨立事件) [동닙싸껀] 명 수학의 확률에서, 어떤 사건이 발생할 확률이 다른 사건이 발생할 확률에 전혀 영향이 미치지 않을 경우, 두 사건의 관계를 이르는 말. 독립 사상. ↔종속 사건.

독립^사ː상(獨立事象) [동닙싸-] 명 ☞독립 사건(獨立事件).

독립^선언(獨立宣言) [동닙써넌] 명 한 국가가 독립함에 있어 그 뜻을 나라 안팎에 널리 펴서 알리는 일, 또는 그러한 알림.

독립^선언문(獨立宣言文) [동닙써넌-] 명 한 나라의 독립을 나라 안팎에 선언하는 문서. 독립 선언서.

독립^선언서(獨立宣言書) [동닙써넌-] 명 ①1919년 삼일 운동 때에 우리나라의 독립을 선포한 문서. ②☞독립 선언문.

독립-성(獨立性) [동닙썽] 명 다른 것에 딸리거나 기대지 않으려는 성향. ¶ 독립성이 강하다.

독립^성분(獨立成分) [동닙썽-] 명 문장 가운데서 따로 떨어져 문장 전체에 작용하는 말. 〔감탄사·지시어·호칭어·접속어 등이 이에 딸림.〕 참독립어·부속 성분·주성분.

독립-신문(獨立新聞) [동닙씬-] 명 건양(建陽) 원년(1896)에 독립 협회의 서재필(徐載弼)과 윤치호(尹致昊)가 발간한, 우리나라 최초의 현대식 국문판 신문.

독립-심(獨立心) [동닙씸] 명 남에게 기대지 않고 자기 힘으로 어떤 일을 해내려는 마음. ¶ 독립심이 강하다.

독립-어(獨立語) [동니버] 명 문장에서 주성분이나 부속 성분과 직접적인 관계가 없이, 따로 떨어져 문장 전체나 절을 꾸미는 말. 〔감탄사·지시어·호칭어·접속어 등으로 이루어짐. '아차, 내가 책을 차에 두고 내렸구나!'에서의 '아차' 따위.〕 참독립 성분.

독립-언(獨立言) [동니번] 명 문장에서 다른 단어와의 호응이나 수식 관계를 떠나 독립적으로 쓰이는 단어. 느낌이나 의지, 부르거나 대답하는 따위의 감정적인 언어 및 입버릇처럼 내는 말 등으로, 감탄사가 이에 딸림. 대개, 문장의 첫머리에 놓이나 더러는 문장의 가운데나 끝에 놓이기도 하며, 홀로 문장을 이루기도 함. 〔'앗! 뜨거워.', '길동아, 빨리 가자.', '아무리 달래도 이제는 소용없다니까요, 글쎄.'에서의 '앗'·'길동아'·'글쎄' 따위.〕 참관계언·수식언·용언·체언.

독립^영양(獨立營養) [동님녕-] 명 생체가 무기 영양원(無機營養源)에서 살아가는 데 필요한 모든 유기물을 합성할 수 있는 기능. 〔엽록소를 가진 식물이 그 대표적인 예임.〕

독립-인(獨立人) [동니빈] 명 제힘으로 생계를 세우고 사권(私權)을 행사할 수 있는 사람.

독립-자존(獨立自存) [동닙짜-] 명 독립하여 스스로의 힘으로 생존함.

독립-자존(獨立自尊) [동닙짜-] 명 독립하여 자기의 인격과 위엄을 스스로 높임.

독립-적(獨立的) [동닙쩍] 관 명 다른 것에 딸리거나 기대지 않는 (것). ¶ 독립적 생활.

독립^채ː산제(獨立採算制) [동닙-] 명 동일한 기업의 한 부분이 다른 부분과 독립하여 수지(收支) 조절을 꾀하는 경영법.

독립^협회(獨立協會) [동니펴푀/동니펴풰] 명 건양(建陽) 원년(1896)에 조직된 정치·사회 단체. 서재필(徐載弼)·이상재(李商在)·윤치호(尹致昊) 등이 중심이 되어 나라의 독립과 민족 자립을 위한 운동을 전개할 목적으로 세운 단체.

독말-풀(毒-) [동-] 명 가짓과의 일년초. 열대 아메리카가 원산으로 본디 약용 식물로 재배하던 것이 흩어져서 절로 남. 줄기는 2m가량 자라고 가지를 많이 침. 한여름에 깔때기 모양의 연한 자줏빛 꽃이 피고, 둥근 열매에는 가시와 같은 돌기가 있음. 유독성이나 잎과 씨는 진통제로 쓰임.

독맥(督脈) [동-] 명 한방에서 이르는 기경팔맥(奇經八脈)의 하나.

독-메(獨-) [동-] 명 외딴 산. 독산(獨山).

독목(禿木) [동-] 명 잎이 다 진 나무.

독목-교(獨木橋) [동-꾜] 명 외나무다리.

독목-주(獨木舟) [동-쭈] 명 ☞마상이.

독-무대(獨舞臺) [동-] 명 ☞독판. ¶ 학예회는 재주 많은 그의 독무대가 되었다.

독-무덤[동-] 명 시체를 큰 독이나 항아리 따위의 토기에 넣어 묻은 무덤. 옹관묘.

독-물[동-] 명 빛깔이 진한 반물.

독물(毒物) [동-] 명 ①독성이 있는 물질, 또는 그런 약. ②'성미가 악독한 사람이나 짐승'을 비유하여 이르는 말.

독물-학(毒物學) [동-] 명 독물의 작용 및 중독의 예방·치료 방법을 연구하는 학문.

독-바늘(毒-) [-빠-] 명 ☞독침(毒針).

독방(獨房) [-빵] 명 ①혼자서 쓰는 방. ¶ 언니가 결혼하고서야 독방을 쓰게 되었다. ②(교도소·구치소 따위에서) 한 사람만 수용하는 방.

독방-제(獨房制) [-빵-] 명 죄수를 감방에 혼자 가두어 두는 제도. ↔잡거제(雜居制).

독배(毒杯·毒盃) [-빼] 명 독약(毒藥)이 든 잔이나 그릇.

독백(獨白) [-빽] 명 하자 ①혼자서 중얼거림. ②연극에서 배우가 상대자 없이 혼자서 대사를 말함, 또는 그 대사. 모놀로그. ¶ 그 연극은 주인공의 독백 장면이 인상적이다.

독백-체(獨白體) [-빽-] 명 독백하는 형식으로 쓴 문체.

독-버섯(毒-) [-뻐섣] 명 독이 있는 버섯. 독이(毒栮). ∗독버섯이[-뻐서시]·독버섯만[-뻐선-]

독-벌(毒-) [-뻘] 명 독이 있는 벌. 독봉(毒蜂).

독-벌레(毒-) [-뻘-] 명 독이 있는 벌레. 독충.

독법(讀法) [-뻡] 명 글이나 책 따위를 읽는 법.

독별-나다(獨別-) [-뻘라-] 형 혼자서만 특별하게 드러나다. ¶ 독별난 짓을 하다.

독보(獨步) [-뽀] 명 하자 ①홀로 걸음. ②(어떤 분야에서) 남이 따를 수 없도록 앞서 감.

독보(櫝褓) [-뽀] 명 주독(主櫝)을 덮는 보. 신주보(神主褓).

독-보리(毒-) [-뽀-] 명 볏과의 일년초. 높이 60~90 cm. 밭이나 거친 땅에 나는 잡초로서 열매에 독이 있음. 참가라지[1].

독보-적(獨步的) [-뽀-] 관 명 (어떤 분야에서) 남이 따를 수 없을 정도로 뛰어난 (것). ¶ 독보적 경지. /그는 이 분야에서 독보적인 존재이다.

독본(讀本)[-뽄]명 글을 읽어 그 내용을 익히기 위한 책. ¶ 국어 독본.
독봉(毒蜂)[-뽕]명 ☞독벌.
독부(毒婦)[-뿌]명 (성품이나 행동이) 몹시 악독한 계집. 간부(奸婦).
독부(獨夫)[-뿌]명 ①인심을 잃어 따돌림을 당한 사람. ②독신인 남자.
독불-장군(獨不將軍)[-뿔-]명 ①남의 의견은 묵살하고 저 혼자 모든 일을 처리하는 사람. ¶ 그 사람 어디 남의 말을 듣던가, 독불장군인걸. ②따돌림을 받는 사람. 외톨이. ¶ 모두 떠난 지금, 그는 이제 독불장군이지.
독사(毒死)[-싸]명하자 독물이나 독약에 의해 죽음.
독사(毒砂)[-싸]명 ☞황비철석(黃砒鐵石).
독사(毒蛇)[-싸]명 이빨을 통하여 독액(毒液)을 분비하는 독샘을 가진 뱀을 통틀어 이르는 말.
독사 아가리에 손가락을 넣는다속담 아주 위험한 짓을 한다는 말.
독사(讀史)[-싸]명하자 사서(史書)를 읽음.
독-사진(獨寫眞)[-싸-]명 혼자서 찍은 사진.
독산(禿山)[-싼]명 민둥산.
독산(獨山)[-싼]명 ①한 집안에서만 대대로 산소로 쓰는 산, 또는 그 산소. 참동산소·선산(先山). ②멀리 외따로 떨어져 있는 산. ②독메.
독살(毒殺)[-쌀]명하타 되자 독약을 먹이거나 써서 죽임. 독해(毒害). ¶ 독살 음모. /독살을 당하다.
독살(毒煞)[-쌀]명 모질고 사나운 기운. ¶ 독살을 부리다. /독살을 피우다.
독-살림(獨-)[-쌀-]명하자 ①부모나 남에게 의지하지 않고 혼자서 따로 사는 살림. ②큰 절이나 본사(本寺)에 기대지 않고 단독으로 이끌어 가는 작은 절.
독살-스럽다(毒煞-)[-쌀-따][~스러우니·~스러워]형ㅂ 모질고 사나운 기운이 있다. ¶ 하는 짓이 독살스럽다. **독살스레**부.
독살-풀이(毒煞-)[-쌀-]명하자 (귀신의 힘을 빌려) 악독한 살기를 풀어 버림. 준독풀이.
독삼-탕(獨蔘湯)[-쌈-]명 맹물에 인삼 한 가지만 넣고 달인 약.
독상(獨床)[-쌍]명 혼자 먹게 차린 음식상. ¶ 독상을 받다. 비외상·각상. 참겸상(兼床).
독상(獨相)[-쌍]명 조선 시대에, 의정(議政)의 세 자리 중에서 두 자리는 비어 있고 한 사람만이 있는 경우를 이르던 말.
독-샘(毒-)[-쌤]명 독성이 있는 물질을 분비하는 샘. 독선(毒腺).
독생-자(獨生子)[-쌩-]명 기독교에서, 하나님의 외아들인 '예수'를 이르는 말.
독서(讀書)[-써]명하자 책을 읽음.
독서 백편 의자통(讀書百遍義自通)관용 〔글을 백 번 읽으면 뜻이 저절로 통한다는 뜻으로〕 어려운 글도 많이 읽으면 그 뜻을 깨치게 된다는 말. 독서 백편 의자현.
독서 백편 의자현(讀書百遍義自見)관용 ☞독서 백편 의자통.
독-서당(獨書堂)[-써-]명 한 집안의 전용으로 차린 서당.
독서-당(讀書堂)[-써-]명 조선 시대에, 재덕(才德)을 갖춘 유망한 젊은 문신을 뽑아 사가(賜暇)하여 오로지 글을 읽게 하던 곳. 호당(湖堂).
독서당 개가 맹자 왈 한다속담 어리석은 사람도 늘 보고 들은 일은 능히 잘할 수 있게 된다는 말.
독서-삼도(讀書三到)[-써-]명 글을 읽어서 그 참뜻을 이해하려면 마음과 눈과 입을 오로지 글 읽기에 집중하여야 한다는 뜻. 〔중국 송나라 때 주희(朱熹)가 글을 숙독하는 법으로 든, 심도(心到)·안도(眼到)·구도(口到)의 세 가지.〕
독서-삼매(讀書三昧)[-써-]명 오직 책 읽기에만 골몰한 경지.
독서-삼여(讀書三餘)[-써-]명 책 읽기에 알맞은 세 여가, 곧 겨울과 밤과 비가 내릴 때를 이름. 삼여(三餘).
독서-삼품과(讀書三品科)[-써-]명 신라 때에, 국학(國學)의 학생들을 관리로 선발하던 제도. 독서 능력에 따라 상·중·하 삼품으로 나누어 심사하고 결정하였음.
독서-상우(讀書尙友)[-써-]명 책을 읽음으로써 옛 현인(賢人)들과 벗할 수 있다는 말.
독서-실(讀書室)[-써-]명 책을 읽거나 공부를 할 수 있도록 책걸상을 갖추어 놓은 방.
독서-회(讀書會)[-써회/-써훼]명 책을 돌려 보며 서로 배우고 연구함으로써 지식과 인격을 넓혀 나가고자 만든 모임.
독선(毒腺)[-썬]명 ☞독샘.
독선(獨船)[-썬]명 혼자서 빌린 배.
독선(을) 잡다관용 배를 전세 내다.
독선(獨善)[-썬]명 ①자기 혼자만이 옳다고 믿고 행동하는 일. ¶ 그의 행동은 독선에 빠져 있다. ②〈독선기신〉의 준말.
독선-기신(獨善其身)[-썬-]명 남을 돌보지 아니하고 자기 한 몸의 처신만을 온전히 하는 일. 준독선(獨善).
독-선생(獨先生)[-썬-]명 한 집 아이만을 맡아서 가르치는 선생. '가정교사'를 이전에 이르던 말. ¶ 아이를 위해 독선생을 앉혔다.
독선-적(獨善的)[-썬-]관명 자기 혼자만이 옳다고 믿고 행동하는 (것). ¶ 독선적 성격.
독선-주의(獨善主義)[-썬-의/-썬-이]명 남의 이해나 처지를 고려하지 않고, 혼자만이 옳다고 주장하는 주의.
독설(毒舌)[-썰]명하자 남을 사납고 날카롭게 매도하는 말. ¶ 독설을 퍼붓다. 참독필(毒筆).
독성(毒性)[-썽]명 독기(毒氣)가 있는 성분. 독의 성분.
독성(瀆聖)[-썽]명하자 가톨릭에서, '거룩한 것을 욕되게 하는 일'을 이르는 말. 신성 모독.
독소(毒素)[-쏘]명 ①해독이 되는 성분이나 물질. ②지극히 해롭거나 나쁜 요소. ¶ 독소 조항을 철폐하다. ③고기나 단백질 따위의 유기 물질이 부패하여 생기는 해로운 화합물.
독솔명 〈옛〉 보득솔. ¶ 東門 밧긔 독소리 것그니(龍歌89章).
독송(讀誦)[-쏭]명하타 ①소리를 내어 읽음. ¶ 불경을 독송하다. ②☞독경(讀經). ¶ 암자에서 들리는 낭랑한 독송 소리. 송독.
독수(毒手)[-쑤]명 ①악랄한 수단. 독아(毒牙). 마수(魔手). ¶ 사기꾼의 독수에 걸리다. ②남의 목숨을 노리는 손길. ¶ 간첩의 독수.
독수-공방(獨守空房)[-쑤-]명 여자가 남편 없이 혼자 밤을 지냄. 독숙공방.
독-수리(禿-)[-쑤-]명 수릿과의 새. 날개 길이가 1m가량 됨. 몸빛은 어두운 갈색이고 부리는 흑갈색. 빠르게 날며 날카로운 부리와 발톱으로 작은 동물을 잡아먹음. 천연 기념물 제243호.
독수리-자리(禿-)[-쑤-]명 여름철에 남쪽 하늘의 은하수 가운데에 있는 별자리. 으뜸 되는 별은 견우성이며, 직녀성이 있는 거문고자리와 맞서 있음.

독숙(獨宿)[-쑥]명하자 홀로 잠.
독숙-공방(獨宿空房)[-쑥꽁-]명 ☞독수공방.
독순-법(讀脣法)[-쑨뻡]명 ☞독순술.
독순-술(讀脣術)[-쑨-]명 상대편의 말하는 입술 움직임과 그 모양 등을 보고 말의 뜻을 이해하는 기술. 독순법. 구화법(口話法).
독습(獨習)[-씁]명하타 혼자 배워서 익힘. 자습.
독시(毒矢)[-씨]명 독화살.
독시(毒弑)[-씨]명하타 독약으로 윗사람을 죽임.
독식(獨食)[-씩]명하타 이익을 혼자서 차지함. ¶ 주식 배당금을 독식하다.
독신(獨身)[-씬]명 ①형제자매가 없는 몸. ②배우자가 없는 사람. 홀몸.
독신(獨愼)[-씬]명 ①혼자서 스스로 근신(謹愼)하는 일. ②교도소 안에서 규칙을 어긴 재소자를 독방에 가두어 근신시키는 일.
독신(篤信)[-씬]명하타 (종교를) 독실하게 믿음. 깊이 믿음. 독실하게 믿는 신앙.
독신(瀆神)[-씬]명하자 신을 모독함.
독신-녀(獨身女)[-씬-]명 배우자 없이 홀몸으로 지내는 여자.
독신-자(篤信者)[-씬-]명 어떠한 종교나 주의를 깊이 믿는 사람.
독신-주의(獨身主義)[-씬-의/-씬-이]명 결혼하지 않고 혼자서 평생을 지내려는 주의.
독실(獨室)[-씰]명 혼자서 쓰는 방.
독실(篤實) '독실하다'의 어근.
독실-하다(篤實-)[-씰-]형여 믿음이 두텁고 성실하다. 열성 있고 진실하다. ¶ 독실한 기독교 신자.
독심(毒心)[-씸]명 독기가 있는 마음. 독살스러운 마음. 악독한 마음. ¶ 독심을 품다.
독심(篤心)[-씸]명 독실한 마음.
독심-술(讀心術)[-씸-]명 상대편의 속마음을 알아내는 술법.
독아(毒牙)명 ①☞독니. ②☞독수(毒手).
독액(毒液)명 독기가 들어 있는 액체.
독야청청(獨也靑靑)명하형 〔홀로 푸르다는 뜻으로〕'홀로 높은 절개를 지켜 늘 변함이 없음'을 비유하여 이르는 말. ¶ 白雪이 滿乾坤홀제 獨也靑靑ᄒᆞ리라(古時調).
독약(毒藥)명 독성을 가진 약제. 극약보다 독성이 한층 강하여, 사람이나 동물이 극히 적은 양을 마시거나 먹거나 피부로 주입하더라도 생명을 해칠 수 있음. 준독.
독어(獨語)[1]명하자 ☞혼잣말. 독언(獨言).
독어(獨語)[2]명 〈독일어〉의 준말.
독언(獨言)명하자 ☞혼잣말.
독염(毒焰)명 ①독기를 내뿜는 불꽃. ②악독한 무리가 피우는 '독살스러운 기세'를 비유하여 이르는 말.
독와(獨臥)명하자 홀로 누움.
독-와사(毒瓦斯)명 '독가스'의 잘못.
독왕(獨往)명하자 스스로의 힘과 생각으로 당당히 행동함.
독우(篤友)명 ①아주 도타운 우애. ②극진하고 독실한 벗.
독우(犢牛)명 송아지.
독-우물명 밑바닥이 없는 독을 묻어서 만든 우물. 옹정(甕井).
독음(讀音)명 ①글 읽는 소리. ②한자의 음.
독이(毒栮)명 ☞독버섯.
독-이(獨-)부 혼자서. 단독으로.
독인(毒刃)명 ①독을 바른 칼날. ②(고의로 사람을 해치려는) 흉한(凶漢)의 칼날.
독일(獨逸)명 '도이칠란트'의 한자음 표기. 준독(獨).
독일-어(獨逸語)명 독일 사람이 쓰는 말. 인도유럽 어족 중, 게르만 어파의 서게르만 어군에 딸림. 준독어[2].
독자(獨子)[-짜]명 외아들.
독자(獨自)[-짜]명 ①저 혼자. 《주로, '독자로'의 꼴로 쓰임.》 ¶ 독자로 벌인 사업. ②그 자신만의 특유함. 《주로, '-적(的)'·'-성(性)' 따위의 접미사와 결합되어 쓰임.》
독자(讀者)[-짜]명 (책·신문·잡지 따위의) 출판물을 읽는 사람.
독자-란(讀者欄)[-짜-]명 신문·잡지 등에서, 독자의 투고를 모아 싣는 지면.
독자-적(獨自的)[-짜-]관명 ①자기 혼자서 하는 (것). ¶ 독자적 행동./독자적인 연구. ②자신의 힘으로 하는 (것). ¶ 독자적 운영. /독자적으로 사업을 경영하다. ③자기만이 가지고 있어 (남과는) 특별히 다른 것. ¶ 독자적 성격. /추사 김정희의 독자적인 서체.
독작(獨酌)[-짝]명하자 혼자 술을 마심. ¶ 연거푸 독작으로 잔을 비우다.
독장난명(獨掌難鳴)[-짱-]명 ☞고장난명.
독-장수[-짱-]명 독을 파는 장수.
독장수-셈[-짱-]명 허황된 계산을 하거나 헛수고로 애만 씀을 이르는 말. 옹산(甕算).
독장-치다(獨場-)[-짱-]자 ①어떤 판을 혼자서 휩쓸다. 독판치다. ②다른 사람들은 무시하듯 혼자서 고래고래 떠들다. 준장치다.
독재(獨裁)[-째]명하자 ①특정한 개인·단체·당파·계급 등이, 국가나 혹은 어떤 분야에서 권력을 차지하고 모든 일을 단독으로 지배·처리하는 일. ②〈독재 정치〉의 준말.
독재-자(獨裁者)[-째-]명 ①모든 일을 단독적으로 지배·처리하는 사람. ②독재 정치를 하는 사람.
독재^정치(獨裁政治)[-째-]명 한 국가의 권력을 한 사람이 쥐고 마음대로 행사하는 정치. 준독재.
독전(毒箭)[-쩐]명 ☞독화살.
독전(督戰)[-쩐]명하자 전투를 독려함.
독전-대(督戰隊)[-쩐-]명 자기 쪽의 군사를 감시·독려(督勵)하는 군대.
독-점(-店)[-쩜]명 ①독을 파는 가게. ②도깨그릇을 만드는 곳.
독점(獨占)[-쩜]명하타되자 ①독차지. 전유(專有). ②특정 자본이 생산과 시장을 지배하고 이익을 독차지함. 참과점(寡占)·복점(複占).
독점^가격(獨占價格)[-쩜까-]명 사는 쪽이나 파는 쪽이 시장을 독점함으로써 형성되는 가격. ↔경쟁 가격.
독점^기업(獨占企業)[-쩜-]명 시장의 대부분을 점유하는 기업. 공급량을 조절하여 높은 수준의 가격을 유지하는 등 시장에서 지배력을 행사함.
독점-물(獨占物)[-쩜-]명 ☞전유물(專有物).
독점^사:업(獨占事業)[-쩜-]명 경쟁 대상이 없는 사업. 〔전매 사업·철도 사업 따위.〕
독점^자본(獨占資本)[-쩜-]명 생산과 자본의 집적과 집중으로 형성된 거대한 기업 자본.
독점^자본주의(獨占資本主義)[-쩜-의/-쩜-이]명 소수의 거대 기업이 생산·자본·시장은 물론 경제적 여러 분야에 지배적 힘을 확립하는 경향, 또는 그러한 자본주의의 체제.
독점-적(獨占的)[-쩜-]관명 물건이나 자리 따위를 독차지하는 (것). ¶ 독점적 위치.

독점적 경ː쟁(獨占的競爭) [-쩜-경-] 같은 시장에 있는 여러 기업 가운데서, 어떤 기업이 자사 상품의 품질·디자인·포장 등의 우수성을 내세워 어느 정도 독점적 지위를 차지하게 되는 경우의 경쟁.

독제(毒劑) [-쩨] 명 독성(毒性)이 있는 약제.

독존(獨存) [-쫀] 명 하자 홀로 존재함.

독존(獨尊) [-쫀] 명 하형 홀로 존귀함.

독종(毒種) [-쫑] 명 ①성질이 매우 독한 사람. ¶ 골초 소리를 듣던 내가 담배를 끊자 사람들은 나를 독종이라고 불렀다. ②성질이 매우 독한 짐승의 종자(種子).

독좌(獨坐) [-쫘] 명 하자 혼자 앉아 있음.

독좌-상(獨坐床) [-쫘-] 명 혼인날, 신랑 신부가 서로 절을 할 때에 차려 놓는 음식상, 또는 그 때에 쓰는 붉은 빛깔의 상.

독주(毒酒) [-쭈] 명 ①알코올 농도가 매우 높은 술. ②독약을 탄 술.

독주(獨走) [-쭈] 명 하자 ①달리기 따위에서, 남을 앞질러 홀로 달림. ②남을 아랑곳하지 않고 독자적으로 행동함.

독주(獨奏) [-쭈] 명 하타 악기를 가지고 혼자서 연주함, 또는 그 연주. 솔로. ¶ 피아노 독주. /바이올린 독주. 참 합주(合奏)·중주(重奏).

독주-회(獨奏會) [-쭈회/-쭈훼] 명 혼자서 연주(演奏)하는 음악회. ¶ 피아노 독주회.

독지(篤志) [-찌] 명 돈독(敦篤)한 마음.

독지-가(篤志家) [-찌-] 명 ①돈독한 뜻을 가진 사람. ②어떤 비영리적 사업이나 뜻 깊은 일을, 특별히 마음을 써서 돕는 사람. ¶ 몇몇 독지가들이 이 양로원을 후원하고 있다.

독직(瀆職) [-찍] 명 하자 직책을 더럽히는 일. 〔특히, 공무원이 지위나 직무를 남용해서 비행을 저지르는 일을 이름.〕 비 오직(汚職).

독직-죄(瀆職罪) [-찍쬐/-찍쮀] 명 공무원이 옳지 못한 행위로 직책을 더럽힌 죄.

독질(毒疾) [-찔] 명 지독한 병.

독질(篤疾) [-찔] 명 위독한 병.

독-차지(獨-) 명 하타 혼자서 다 차지함. 독점(獨占). 도차지. ¶ 이익을 독차지하다.

독창(禿瘡) 명 머리에 생기는 피부 질환의 한 가지. 〔군데군데 둥글게 머리털이 빠짐.〕

독창(毒瘡) 명 독기가 센 악성의 부스럼.

독창(獨唱) 명 하자타 ①혼자서 노래함. ②혼자서 부르는 노래. 솔로. 참 합창·제창·중창.

독창(獨窓) 명 문짝이 하나로만 된 창.

독창(獨創) 명 하타 자기 혼자의 힘으로 새롭고 독특한 것을 고안해 내거나 만들어 냄.

독창-력(獨創力) [-녁] 명 독자적으로 고안해 내거나 만들어 내는 능력.

독창-성(獨創性) [-썽] 명 독자적으로 고안해 내거나 만들어 내는 성질. ¶ 독창성을 발휘하다.

독창-적(獨創的) 관 명 독자적으로 고안해 내거나 만들어 내는 (것). ¶ 독창적 사고. /독창적인 표현.

독창-회(獨唱會) [-회/-훼] 명 한 사람이 노래하는 음악회. 리사이틀.

독-채(獨-) 명 ①따로 떨어져 하나로 된 집채. ②(다른 세대와 함께 쓰지 아니하고) 한 세대가 전체를 사용하는 집채.

독처(獨處) 명 하자 홀로 거처함. 독거(獨居).

독천(獨擅) 명 하자 자기 마음대로 행동함. 비 독단(獨斷).

독천-장(獨擅場) 명 자기 멋대로 행동하는 장소. ¶ 여기가 네 독천장인 줄 아느냐?

독청-독성(獨清獨醒) [-썽] 명 하형 (혼탁한 세상에서) 혼자만이 깨끗하고 정신이 맑음.

독초(毒草) 명 ①매우 독한 담배. ②독이 있는 풀. ②독풀.

독촉(督促) 명 하타 되자 몹시 재촉함. ¶ 빚 독촉에 시달리다.

독촉-장(督促狀) [-짱] 명 채무나 약속의 이행을 독촉하는 문서.

독축(讀祝) 명 하자 축문(祝文)을 읽음.

독충(毒蟲) 명 독기가 있는 벌레. 독벌레.

독칙(督飭) 명 하타 독려하고 타이름.

독침(毒針) 명 ①(일부 곤충의) 독을 내쏘는 바늘 같은 기관. ¶ 독침에 쏘이다. ②남을 해치기 위하여 독을 바른 바늘이나 침. 독바늘. ¶ 독침을 놓다.

독침(獨寢) 명 하자 (아내 또는 남편과 한방에서 자지 아니하고) 혼자서 잠을 잠.

독탕(獨湯) 명 혼자서 쓰도록 된 목욕탕. ↔공동탕.

독트린(doctrine) 명 〔교리(敎理)·교지(敎旨)·학설(學說)·교훈(敎訓)의 뜻으로〕 국제 관계에서 자기 나라의 정책이나 행동의 기반이 될 원칙을 공식적으로 표명한 것. ¶ 먼로 독트린.

독특(獨特) 명 하형 ①특별히 다름. ¶ 독특한 개성. /독특한 냄새. ②다른 것과 견줄 수 없을 만큼 뛰어남. ¶ 고려자기의 독특한 미. **독특-히** 부.

독파(讀破) 명 하타 책을 다 읽어 냄. 독료(讀了). ¶ 동양의 고전을 독파하다.

독-판(獨-) 명 독장치는 판. 혼자서 유난히 두드러지게 활약하는 자리. 독무대. ¶ 이번 씨름 대회는 그의 독판이었다.

독판-치다(獨-) 자 어떤 판을 혼자서 휩쓸다. 독장치다.

독-풀(毒-) 명 독이 있는 풀. 독초(毒草).

독-풀이(毒-) 명 하자 〈독살풀이〉의 준말.

독필(禿筆) 명 ☞몽당붓.

독필(毒筆) 명 남을 비방하거나 해치려는 뜻에서 놀리는 붓끝, 또는 그러한 내용이 담긴 글. 악의에 찬 글.

독-하다(毒-) [도카-] 형여 ①(어떤 물질에) 독성이 많다. ¶ 독한 가스. ②(마음이) 모질고 잔인하다. ¶ 독한 사람. ③(어려움을) 참고 견디는 힘이 굳세다. ¶ 마음을 독하게 먹고 금연에 성공하다. ④(맛이나 냄새 따위가) 지나치게 진하다. ¶ 독한 술. /아주 독한 냄새를 풍기다.

독학(督學) [도칵] 명 하자 학업(학사)을 감독함.

독학(篤學) [도칵] 명 하타 독실하게 학문을 닦음.

독학(獨學) [도칵] 명 하타 스승이 없이 혼자 힘으로 배움. 비 자수(自修).

독항-선(獨航船) [도캉-] 명 원양 어업에서, 실제로 고기를 잡아 모선(母船)이나 육상 기지에 넘기는 어선.

독해(毒害) [도캐] 명 하타 ☞독살(毒殺).

독해(獨害) [도캐] 명 혼자서만 입는 해.

독해(讀解) [도캐] 명 하타 글을 읽어 뜻을 이해함. ¶ 원서를 독해하다.

독해-력(讀解力) [도캐-] 명 글을 읽고 뜻을 이해할 수 있는 힘. ¶ 그는 영문 독해력이 뛰어나다.

독행(篤行) [도캥] 명 돈독한 행실.

독행(獨行) [도캥] 명 하자 ①혼자서 길을 감. ②세태를 따르지 않고 지조를 가지고 고고하게 홀로 나아감. ③혼자 힘으로 행함.

독혈(毒血) [도켤] 명 독기가 섞인 나쁜 피.

독혈-증(毒血症)[도결쯩]명 혈액 전염병의 한 가지. 온몸의 피가 세포에서 생기는 독소에 의하여 침해당하는 증세. 〔대개, 높은 열을 내며 심장이 쇠약해져 사망함.〕

독호(獨戶)[도코]명 ①늙고 자식이 없는 구차한 집안. ②지난날, '반호(半戶)'에 상대하여, '온전한 집 몫으로 세금이나 추렴을 내는 집'을 이르던 말. ②↔반호(半戶).

독-화살(毒-)[도콰-]명 독약을 묻힌 화살. 독시(毒矢). 독전(毒箭).

독활(獨活)[도콸]명 한방에서, '멧두릅의 뿌리'를 약재로 이르는 말. 토당귀(土當歸).

독회(讀會)[도쾨/도퀘]명 의회에서, 법률안을 신중히 다루기 위하여 단계적으로 심의하는 제도.

독후(篤厚)[도쿠]명하형 독실하고 극진함.

독후-감(讀後感)[도쿠-]명 책을 읽고 난 뒤의 느낌, 또는 그 느낌을 적은 글.

독흉(獨凶)[도큥]명 풍년이 든 해에, 한 지방이나 한 집만이 홀로 당한 흉년. 독흉년.

독-흉년(獨凶年)[도큥-]명 ☞독흉(獨凶).

돈ː Ⅰ명 ①상품 교환의 매개물로서 가치의 척도, 지급의 방편, 재화 축적의 목적물로 삼기 위하여 금속이나 종이로 만들어져 사회에 유통되는 물건. 화폐. 전폐(錢幣). 전화(錢貨). ¶ 돈을 세다. ②☞재산(財產). ¶ 돈이 많은 집안.
Ⅱ의 ①(약이나 귀금속 따위의) 무게의 단위. '푼'의 10배. 〔약 3.75 g〕 참돈쭝. ②옛날 엽전의 '열 푼'을 이르던 말.
돈 나는 모퉁이 죽는 모퉁이속담 돈 벌기는 매우 어렵다는 말.
돈 떨어지자 입맛 난다속담 돈을 다 쓰고 나면 더더욱 필요한 일이 생겨 간절해진다는 말.
돈만 있으면 개도 멍첨지라속담 천한 사람도 돈만 있으면 귀하게 대접받는다는 말.
돈만 있으면 귀신〔두억시니〕도 부릴 수 있다속담 돈으로 못 할 일이 없다는 말.
돈에 침 뱉는 놈 없다속담 사람은 누구나 돈을 소중히 여긴다는 말.
돈이 돈을 번다속담 돈이 많아야 이익을 많이 남길 수 있다는 말.
돈(을) 굴리다관용 돈을 여기저기 빌려 주어 이익을 늘리다.
돈을 만지다관용 어떤 일을 하여 돈을 벌다.
돈을 먹다관용 돈에 매수되다.
돈을 물 쓰듯 하다관용 돈을 흥청망청 마음껏 쓰다.
돈을 뿌리다관용 여기저기 마구 돈을 쓰다.
돈이 썩다관용 〔반어적으로〕 돈이 지천으로 많다. ¶ 돈이 썩었지, 그런 쓸데없는 것을 사느냐?

돈(噸)의 '톤(ton)'의 한자음 표기.

돈-가스(とん〔豚〕カツ 일)명 ☞포크커틀릿.

돈ː-거리[-꺼-]명 돈으로 바꿀 수 있는 물건. ¶ 돈거리가 될 만한 것은 모두 내다 팔다.

돈견(豚犬)명 ①돼지와 개. ②'자기 아들'을 낮추어 이르는 말.

돈ː-고지명 엽전 모양으로 둥글게 썰어서 말리는 호박고지.

돈ː-구멍[-꾸-]명 ①돈이 생기거나 융통되는 길. 돈길. ¶ 돈구멍이 트이다. /돈구멍이 막히다. ②지난날, 엽전에 뚫린 구멍을 이르던 말.

돈ː-궤(-櫃)[-꿰]명 돈을 넣어 두는 상자.

돈ː-길[-낄]명 돈이 융통되는 길. 돈구멍. 전로(錢路). 비돈줄.

돈ː-꿰미명 엽전을 꿰는 꿰미.

돈-나무명 돈나뭇과의 상록 활엽 관목. 따뜻한 지방의 해변에 자라는 관상 식물로, 높이는 2~3 m. 잎은 두껍고 윤이 나며 가지 끝에 모여 달림. 초여름에 다섯잎꽃이 피는데, 처음에는 흰색으로 피어나나 차차 노란색으로 변함.

돈-나물명 '돌나물'의 잘못.

돈ː-내기명하자 ①돈을 걸고 다투는 내기. ②☞도박. 노름.

돈ː-냥(-兩)명 많지 않은 얼마간의 돈. 《주로, '돈냥이나'의 꼴로 쓰임.》 돈푼. 쇳냥. 전냥. ¶ 돈냥이라도 벌면 못 써서 안달이다.

돈녕(敦寧)명 〈돈령(敦寧)〉의 본딧말.

돈녕-부(敦寧府)명 〈돈령부〉의 본딧말.

돈ː-놀이명하자 남에게 돈을 빌려 주고 이자를 받는 것을 업으로 삼는 일. 대금업(貸金業). 방채(放債). 변놀이.

돈ː놀이-꾼명 돈놀이를 업으로 삼는 사람.

돈ː-닢[-닙]명 ①주조(鑄造)된 돈의 낱개. ②☞돈푼. ＊돈ː닢이[-니피]·돈ː닢만[-님-]

돈ː-다발[-따-]명 지폐 여러 장의 묶음.

돈대(墩臺)명 조금 높직한 평지.

돈ː-더미[-떠-]명 〔돈을 쌓아 놓은 더미라는 뜻으로〕 매우 많은 돈을 이르는 말.
돈더미에 올라앉다관용 갑자기 많은 돈을 벌어 부자가 되다.

돈ː-도지(-賭地)[-또-]명 빚돈을 쓰고 한 해에 한 번씩 돈이나 곡식으로 이자만을 내는 도조(賭租). 참도짓돈.

돈ː-독(-毒)[-똑]명 지나치게 돈을 밝히는 고약한 경향. ¶ 돈독이 오르다.

돈독(敦篤) '돈독하다'의 어근.

돈독-하다(敦篤-)[-도카-]형여 인정이 두텁다. 돈후하다. ¶ 이웃 간에 돈독한 정을 나누다. **돈독-히**부.

돈ː-돈[-똔]명 (낱으로 헤아릴 수 있을 정도의) 적은 푼돈.

돈ː돈-쭝(←-重)[-똔-]명 (저울에 달아 보나 마나) 약간의 돈쭝에 불과할 무게.

돈들-막명 돈대(墩臺)의 비탈진 바닥.

돈ː-등화(-燈花)명 촛불이나 등잔불의 심지 끝에 동그랗게 앉는 등화.

돈령(ˇ敦寧)[돌-]명 조선 시대에, 왕실의 가까운 친척을 이르던 말. 본돈녕.

돈령-부(ˇ敦寧府)[돌-]명 조선 시대에, 돈령의 친밀을 도모(圖謀)하기 위한 사무를 처리하던 관청. 본돈녕부.

돈ː-만(-萬)명 만(萬)으로 헤아릴 만큼의 많은 돈. 전만(錢萬).

돈ː-맛[-맏]명 돈을 벌어 모으거나, 또는 쓰거나 하는 재미. ¶ 돈맛을 알다. ＊돈ː맛이[-마시]·돈ː맛만[-만-]

돈ː-머리명 돈의 액수. 준머리².

돈모(豚毛)명 ☞저모(豬毛).

돈목(敦睦)명하형 ①사이가 두텁고 화목함. ¶ 친형제처럼 돈목하게 지내는 사이. ②☞돈친. **돈목-히**부.

돈-바르다[~바르니·~발라]형르 성격이 너그럽지 못하고 몹시 까다롭다. ¶ 윗사람이 돈바르면 아랫사람이 힘들다.

돈ː-반(-半)명 ①한 돈에 반(半) 돈을 더한 무게. ¶ 돈반의 금반지. ②엽전의 한 돈 닷 푼.
돈반 밥 먹고 열네 닢으로 사정한다속담 조금이라도 덜 주려고 다랍게 군다는 말.

돈ː반(頓飯)명하자 한꺼번에 많은 양의 밥을 먹음.

돈ː-방석(-方席)[-빵-]명 〔돈을 방석 삼아 깔고 앉는다는 뜻으로〕 '돈을 아주 많이 가지고 있음'을 비유하여 이르는 말.
돈방석에 앉다관용 썩 많은 돈을 가지게 되다. 〔흔히, 벼락부자가 된 경우를 이름.〕
돈ː-백(-百)[-빽]명 백(百)으로 헤아릴 만큼의 돈. 전백(錢百).
돈ː-벌레[-뻘-]명 ①돈을 지나치게 밝히는 사람을 낮잡아 이르는 말. ②'그리마'를 달리 이르는 말.
돈ː-벌이[-뻐리]명하자 돈을 버는 일. ¶ 돈벌이가 시원찮다. /그 노릇으로야 돈벌이가 되겠나.
돈ː-벼락[-뼈-]명 '갑자기 한꺼번에 생긴 많은 돈'을 비유하여 이르는 말. ¶ 돈벼락을 맞다.
돈ː-변(-邊)[-뼌]명 〈돈변리〉의 준말.
돈ː-변리(-邊利)[-뻘-]명 빚돈의 이자. 빌린 돈의 이자. 준돈변.
돈ː-복(-福)[-뽁]명 돈을 많이 벌거나 모으게 되는 타고난 복.
돈ː복(頓服)명하타 (약 따위를 여러 번에 버르지 않고) 한꺼번에 다 먹음.
돈ː사의 지난날, 돈을 냥 단위로 세고 남은 돈을 세던 단위. ¶ 한 냥 돈사.
돈사(豚舍)명 돼지우리.
돈ː사(頓死)명하자 갑자기 죽음. 급사(急死).
돈ː-세탁(-洗濯)명하자 비자금이나 범죄·탈세·뇌물 따위와 관련된 돈을 정당한 돈처럼 탈바꿈하여 자금의 출처를 알아내기 어렵게 하는 일.
돈ː수(頓首)명 ①하자(남을 공경하는 태도로) 머리를 땅에 닿도록 숙이고 절함. 비계상(稽顙)·계수(稽首). ②'경의를 표함'의 뜻으로 편지 끝에 쓰는 말.
돈ː수-재배(頓首再拜)명 ①하자머리가 땅에 닿도록 두 번 절함. ②'경의를 표함'의 뜻으로 편지 끝에 쓰는 말.
돈아(豚兒)명 남에게 '자기 아들'을 낮추어 이르는 말. 가돈(家豚). 가아(家兒).
돈역(豚疫)명 돈역균이 원인이 되는 돼지의 법정 전염병의 한 가지. 폐렴이나 늑막염 또는 심낭염이 따르는 패혈증.
돈역-균(豚疫菌)[-뀬]명 돈역의 병균.
돈연(頓然) '돈연하다'의 어근.
돈ː연-하다(頓然-)형여 돌아봄이 없다. 소식이 감감하다. 돈연-히부.
돈ː오(頓悟)명하타 문득 깨달음.
돈육(豚肉)명 '돼지고기'로 순화.
돈의-문(敦義門)[도늬-/도니-]명 서울의 서쪽 정문의 이름. 흔히, 서대문(西大門)이라 함.
돈ː-저냐명 쇠고기·돼지고기·생선·조개 등의 살을 다지고 두부·채소를 섞어 동글납작하게 빚어서 지진 저냐.
돈ː절(頓絕)명하자 (소식이나 편지 따위가) 딱 끊어짐. 비두절(杜絕).
돈ː점-박이(-點-)명 ①돈짝만 한 점이 몸에 박힌 말이나 표범. ②연의 한 가지. 검은 바탕에 다른 색의 돈짝만 한 점이 드문드문 있음.
돈정(敦定)명하타 확실하게 자리 잡음. 뇌정(牢定).
돈종(敦宗)명하형 친척끼리 화목함.
돈ː좌(頓挫)명하자되자 기세가 갑자기 꺾임.
돈ː-주머니[-쭈-]명 돈을 넣는 주머니.
돈ː-줄[-쭐]명 돈을 융통할 수 있는 연줄. 금맥. 자금줄. ¶ 굵직한 돈줄. /돈줄이 끊기다. 비돈길.
돈지(豚脂)명 돼지기름. 비계[1].
돈ː-지갑(-紙匣)[-찌-]명 돈을 넣는 지갑.
돈ː-짝명 엽전 둘레만큼의 크기. ¶ 갑자기 현기증이 나며, 하늘이 돈짝만 하게 보인다.
돈ː-쭝(←-重)의 귀금속이나 한약재 따위의 무게를 재는 단위. 1돈쭝은 한 돈가량 되는 무게임. ¶ 은 닷 돈쭝을 선물하다.
돈ː-천(-千)명 천(千)으로 헤아릴 만큼의 돈. 전천(錢千). ¶ 돈천에 사람이 울고 웃는다.
돈ː치-기명하자 동전을 땅바닥에 던져서 맞히는 내기를 하는 놀이. 투전(投錢).
돈친(敦親)명하형 친족이나 친척끼리 화목함. 돈목(敦睦).
돈키호테-형(Don Quixote型)명 (햄릿형에 대하여) 현실을 무시하고 독선적인 정의감에 이끌려 이상을 향해 저돌적으로 행동하는 성격의 인물형. ↔햄릿형.
돈ː-타령명하자 돈이 없다고 푸념을 하거나 돈 쓸 일들을 들어 노래처럼 되뇜, 또는 그 사설(辭說).
돈ː-팔이명 ①오로지 돈벌이만을 위주로 하는 일. ②'돌팔이'의 잘못.
돈ː-표(-票)명 현금과 바꿀 수 있는 표.
돈ː-푼명 얼마 되지 않는 돈. 돈냥. 돈닢. ¶ 돈푼깨나 있다고 으스댄다.
돈피(豚皮)명 돼지의 가죽.
돈피(獤皮)명 ①노랑담비의 모피. 사피(斜皮). 초피(貂皮). ②담비 종류의 모피를 통틀어 이르는 말.
돈-하다형여 ①매우 되고도 세다. ②엄청나게 무겁다. ¶ 짐이 돈하다.
돈ː호-법(頓呼法)[-뻡]명 수사법의 한 가지. 갑자기 상대를 부르는 것으로 수사 효과를 내는 방법. 〔'여러분! 지금이야말로 단결할 때입니다.' 하는 따위.〕
돈후(敦厚) '돈후하다'의 어근.
돈 후안(Don Juan 스) 〔방탕한 생활을 한 스페인의 전설적인 귀족의 이름에서〕 '방탕아'나 '바람둥이'를 이르는 말.
돈후-하다(敦厚-)형여 인정이 두텁다. 돈독하다. ¶ 김 씨는 성정이 돈후하여 따르는 사람이 많다. 돈후-히부.
돋명 〈옛〉돼지. ¶ 돋 시:豕. 돋 톄:彘(訓蒙上*19*). 참돝.
돋-구다[-꾸-]타 (안경의 도수 따위를) 더 높게 하다. ¶ 안경의 도수를 돋구다.
돋-나다[돈-]형 인품이 두드러지게 뛰어나다.
돋다[1][-따]자 ①(하늘에) 솟아오르다. ¶ 해가 돋다. ②(붙박인 채 자라게 되어 있는 것이) 생겨 나오다. ¶ 움이 돋다. /싹이 돋다. ③겉으로 도도록하게 볼가지다. ¶ 여드름이 돋다. /두드러기가 돋다. ④감정·기색 따위가 생겨나다. ¶ 얼굴에 생기가 돋다. ⑤입맛이 동하다. 당기다. ¶ 구미가 돋다.
돋다[2]타 '돋우다'의 잘못.
돋보-기[-뽀-]명 ①☞원시경(遠視鏡). ②☞확대경. 노인경.
돋보기-안경(-眼鏡)[-뽀-]명 ☞원시경.
돋-보다[-뽀-]타 〈도두보다〉의 준말. ↔낮보다.
돋보-이다[-뽀-]자 〈도두보이다〉의 준말.
돋-뵈다[-뾔-/-뿨-]자 〈도두보이다〉의 준말.
돋아-나다자 ①(하늘에) 또렷이 솟아오르다. ②겉으로 또렷이 나오거나 나타나다. ¶ 새싹이 파릇파릇 돋아나다. ③겉으로 우툴두툴하게 내밀어 오르다. ¶ 여드름이 돋아나다.
돋-우다타 ①위로 높아지게 하다. ¶ 땅을 돋우다. /심지를 돋우다. ②〖'돋다[1]'의 사동〗 감정을 자극하여 상기하게 하다. ¶ 용기를 돋우다. /신경을 돋우다. ③부추기다. ¶ 분위기를 돋우다. /싸움을 돋우다. ④수준이나 정도를 높이거나 짙게 하다. ¶ 목청을 돋우다. ⑤〚'돋다¹'의 사동〛 입맛이 돌게 하다. 당기게 하다. ¶ 구미를 돋우다.
돋우고 뛰어야 복사뼈라 속담 ①아무리 도망쳐 보아야 별수 없다는 말. ②다 해낼 듯이 날뛰어 봤자 얼마 못한다는 말.
돋움 명 더 높아지도록 밑을 괴는 물건.
돋움-새 명 우리나라 민속 무용의 기본 동작인 발 움직임의 한 가지. 제자리에서 몸을 위로 돋운 다음 굽힘이 연결되게 하는 준비 동작.
돋을-무늬 [-니] 명 어떤 면에 도드라지게 나타낸 무늬.
돋을-볕 [-뻗] 명 아침 해가 솟아오를 때의 첫 햇살. 아침녘의 볕. ＊돋을볕이[-뻐치]·돋을볕을[-뻐틀]·돋을볕만[-뻔-]
돋을-새김 명 ①조각에서, 형상이 도드라지게 새기는 일. 부각. 양각. ②모양이나 형상을 주로 도드라지게 처리한 평면성 조각. 부조(浮彫). 철조(凸彫). 초각(峭刻)¹.
돋을-양지 (-陽地) [-량-] 명 돋을볕이 비치는 양지.
돋음-갱이 명 당감잇줄에 총을 꿴 위에, 모양을 내기 위해 딴 줄을 덧대고 총갱기를 친 미투리.
돋-치다 자 ①〔'돋다¹'의 힘줌말〕 돋아서 내밀다. ¶ 가시 돋친 말. /날개 돋친 듯 팔리다. ②값이 오르다. ¶ 며칠 사이에 값이 곱절로 돋쳤다. ③'화가 나다'를 속되게 이르는 말. ¶ 이거 돋쳐서 살겠나.
돌¹ Ⅰ 명 ①어느 한 때로부터 만 1년이 되는 날. ¶ 오늘은 그 가족이 이민 간 지 돌이 되는 날이다. ②해마다 맞는, 태어났던 날과 같은 달의 날. 생일(生日). ③〈첫돌〉의 준말. ④〈돌날〉의 준말. Ⅱ 의 해마다 맞는 어느 특정한 날의 횟수를 세는 단위. 주년(週年). ¶ 3·1 운동 78돌.
돌ː² 명 ①바위보다는 작고 모래보다는 큰 광물질의 단단한 덩어리. 돌멩이. ¶ 돌이 많은 언덕길. ②자갈·바위·광석 따위를 통틀어 이르는 말. ¶ 돌의 종류. /돌의 성분을 분석하다. ③석재(石材). ¶ 돌로 지은 집. /돌로 쌓은 성. ④(곡식이나 밥에 섞인) 모래. ¶ 돌을 씹다. ⑤배 속 기관 조직의 일부 세포나 물질이 병적으로 굳어 딴딴하게 된 것. ¶ 방광에 돌이 생기다. ⑥〈바둑돌〉의 준말. ⑦〈라이터돌〉의 준말. ¶ 새 돌을 넣은 라이터. ⑧'슬기롭지 못한 머리'를 비유하여 이르는 말. ¶ 네 머리는 돌이야. 참 돌대가리. ⑨'감수성이 무디거나 무감각한 사람'을 비유하여 이르는 말. ¶ 돌 같은 사내.
돌로 치면 돌로 치고 떡으로 치면 떡으로 친다 속담 원수는 원수로 갚고, 은혜는 은혜로 갚는다는 말.
돌(을) 던지다 관용 ①남의 잘못을 비난하다. ②바둑에서, 두는 도중에 자기가 졌음을 인정하고 그만두다.
돌- 접두 《일부 명사 앞에 붙어》 '품질이 낮거나, 야생의 것'임을 나타냄. ¶ 돌미나리. /돌배. /돌미역.
돌-감 명 돌감나무의 열매.
돌감-나무 명 산이나 들에 절로 나서 자라는 감나무. 우리나라 중부와 남부에 분포함.
돌ː개-바람 명 ①☞구풍(颶風). ②☞회오리바람.
돌격 (突擊) 명 하자타 ①뜻하지 않은 때에 냅다 침. ②적진을 향하여 거침없이 나아가 침. ②비 돌진.
돌격-대 (突擊隊) [-때] 명 돌격하는 부대.
돌격-장 (突擊將) [-짱] 명 '난데없이 달려드는 사람'을 이르는 말.
돌격-전 (突擊戰) [-쩐] 명 돌격으로 맞붙어 싸우는 전투.
돌ː-결 [-껼] 명 돌의 결.
돌ː-경 (-磬) 명 ☞석경(石磬).
돌ː-계단 (-階段) [-계-/-게-] 명 ☞돌층계.
돌ː-계집 [-계-/-게-] 명 (생리의 이상으로) 아이를 낳지 못하는 여자. 석녀(石女).
돌ː-고드름 명 석회 동굴의 천장에 고드름 비슷하게 달려 있는 횟돌. 석종유(石鍾乳). 종유석(鍾乳石).
돌-고래¹ 명 돌고랫과의 포유동물. 고래와 비슷한데 몸길이가 1~5m가량. 주둥이 부분이 가늘고 길며 아래위 양턱에 많은 이빨이 있음. 몸빛은 등 쪽이 암갈색이고, 배는 흼. 머리가 좋고 수중 음향의 발신과 수신이 잘 발달되어 있어 서로 의사를 교환할 수 있음.
돌ː-고래² [-꼬-] 명 흙을 섞지 않고, 돌만 써서 쌓아 놓은 방고래.
돌-곰기다 자 종기가 겉으로 딴딴하나 속으로는 몹시 곰기다.
돌ː-공이 명 돌로 된 공이. 길쭉한 돌덩이에 나무 자루를 가로 박은 것.
돌기 (突起) 명 하자 어떤 것의 일부가 오똑하게 도드라져 나옴, 또는 그렇게 도드라져 나온 부분. ¶ 가시 돌기.
돌ː-기둥 명 돌로 된 기둥. 석주(石柱).
돌ː-기와 명 지붕을 이는 얄팍한 돌조각.
돌ː-길 [-낄] 명 ①돌이나 자갈이 많은 길. ②바닥에 돌을 깎아 깐 길.
돌ː-김 명 바닷물 속의 돌에 붙어서 자란 김. 석태(石苔).
돌ː껫 [-껟] 명 실을 감고 풀고 하는 데에 쓰는 기구. 〔굴대의 꼭대기에 '十' 자 모양으로 막대기를 대고, 그 네 끝에 각각 짧은 기둥을 세워, 굴대가 돌아감에 따라 이 기둥 밖으로 실이 감기거나 풀리게 되어 있음.〕 ＊돌ː껫이[-껴시]·돌ː껫만[-껜-]
돌ː껫-잠 [-껟짬] 명 한자리에서 자지 않고 이리저리 굴러다니면서 자는 잠.
돌-나물 [-라-] 명 돌나물과의 다년초. 들이나 산에 나는데, 줄기는 가로 벋으며 마디마다 뿌리가 남. 돌려난 잎은 길둥글며 늦봄에 노란 꽃이 핌. 어린잎과 줄기는 나물로 먹으며 잎의 즙은 해독제로 쓰임.
돌-날 [-랄] 명 첫돌이 되는 날. 준 돌¹.
돌ː널 [-럴] 명 돌로 만든 널. 석관(石棺).
돌ː널-무덤 [-럴-] 명 판판한 돌을 잇대어 널을 만들어서 쓴 무덤. 석관묘(石棺墓).
돌-능금 [-릉-] 명 야생 능금나무의 열매.
돌ː다 [도니·돌아] Ⅰ 자 ①물체가 축을 중심으로 원을 그리며 움직이다. 회전하다. ¶ 팽이가 돌다. ②다른 쪽으로 방향을 바꾸다. ¶ 왼쪽으로 돌다. ③(회람 따위가) 차례로 전하여지다. ¶ 회람이 돌다. ④가까운 길을 두고 에돌다. ¶ 먼 길로 돌아서 가다. ⑤(기계나 공장 따위가) 가동되다. ¶ 발전기가 돌다. ⑥(돈이나 물자가) 유통되거나 융통되다. ¶ 돈이 잘 돌다. ⑦어른거리며 나타나다. ¶ 눈물이 핑 돌다. /기름기가 돌다. ⑧(전염병이나 소문 따위가) 퍼지다. ¶ 독감이 돌다. /여론이 돌다. ⑨지혜가 제대로 발휘되다. ¶ 머리가 잘 도는 사람이라 항상 좋은 방안을 내놓는다. ⑩기억 따위가 아리송하다.

¶ 머리 안에서 뱅뱅 돌다. ⑪정신이 이상해지다. ¶ 머리가 돌다. ⑫생기나 정신이 소생하다. ¶ 생기가 돌다. ⑬(어떤 빛이) 겉으로 나타나다. ¶ 검은빛이 도는 푸른 바다. ⑭현기증이 나다. ¶ 머리가 핑핑 돌다. /눈이 핑핑 돌다. ⑮(군침이) 생기다. ¶ 군침이 돌다. ⑯(술이나 약의 기운이) 몸속에 퍼지다. ¶ 술기운이 돌다. Ⅱ타 ①(이곳저곳을) 다니다. ¶ 전국을 돌다. ②(하나로 이어진 것의 주위를) 계속 따라 움직이다. ¶ 운동장을 한 바퀴 돌다. ③무엇을 중심으로 하여 그 주위를 원을 그리듯이 둘러 움직이다. ¶ 지구가 태양을 돌다.

돌-다리[1][-따-]명 도랑에 놓은 조그만 다리.

돌ː-다리[2]명 돌로 놓은 다리. 석교(石橋).
돌다리도 두들겨 보고 건너라속담 무슨 일이든 세심한 주의를 기울여 가며 하라는 말.

돌ː-단풍(-丹楓)명 범의귓과의 다년초. 물가 바위틈에 절로 자라는데 관상용으로 심기도 함. 줄기는 가로 벋으며, 잎은 손바닥 모양으로 갈라졌음. 5월경에 흰 꽃이 핌.

돌ː-담명 돌로 쌓은 담.

돌ː-담불[-땀-]명 산이나 들에 있는 돌무더기. ¶ 아무렇게나 쌓여 있는 돌담불.

돌ː-대[-때]명 ☞회전축(回轉軸).

돌ː-대가리명 ①'몹시 둔한 머리'를 속되게 이르는 말. ¶ 이 돌대가리야, 그것도 몰라? ②'융통성이 없고 완고한 사람'을 속되게 이르는 말. 석두(石頭).

돌ː덧널-무덤[-던-]명 돌로 외관(外棺)을 만든 무덤. 석곽묘(石槨墓).

돌ː-덩어리[-떵-]명 돌덩이.

돌ː-덩이[-떵-]명 돌멩이보다 크고 바위보다 작은 돌. 돌덩어리. 석괴(石塊).

돌ː-도끼명 석기 시대의 유물인 돌로 만든 도끼. 석부(石斧).

돌ː도끼-장이명 자그마한 도끼로 돌을 쪼개고 다루는 일을 업으로 하는 사람.

돌돌[1]부 작은 물건을 여러 겹으로 가볍게 감거나 마는 모양. ¶ 신문지를 돌돌 말다. ㊔둘둘[1]. ㊉똘똘.

돌돌[2]부 ①작고 동근 것이 가볍게 구르는 모양, 또는 그 소리. ¶ 구슬이 돌돌 굴러 간다. ㊔둘둘[2]. ㊉똘똘. ②도랑물 따위가 흐르는 모양, 또는 그 소리. ¶ 개울물이 돌돌 흐른다.

돌돌-하다형여 똑똑하고 영리하다. ¶ 아기가 꽤 돌돌하구나. ㊉똘똘하다. **돌돌-히**부.

돌ː-딴죽명 씨름 기술의 한 가지. 한 발의 뒤축만 디디고, 홱 돌아서며 딴 발을 뒤로 벋어 걸어치는 딴죽.

돌-떡명 돌날에 만들어 먹는 떡.

돌ː-띠명 어린아이의 두루마기나 저고리 따위의, 등으로 돌려 매게 된 긴 고름.

돌라-가다타 남의 것을 슬쩍 빼돌려 가지고 가다.

돌라-내다타 남의 것을 슬쩍 빼돌려 내다.

돌라-놓다[-노타]타 ①각기의 몫으로 둥그렇게 벌이어 놓다. ¶ 몫몫이 돌라놓다. ②생각이나 일의 상태를 바꾸어 놓다. ㊔둘러놓다.

돌라-대다타 ①(돈이나 물건 따위를) 변통하여 대다. ②그럴듯한 말로, 임시로 꾸며 대다. ¶ 돌라댈 생각 말고 바른 대로 말하여라. ㊔둘러대다.

돌라-막다[-따]타 가장자리를 돌아가면서 가리어 막다. ¶ 병풍으로 돌라막다. ㊔둘러막다.

돌라-맞추다[-맏-]타 (일이나 물자를) 형편에 맞게 요리조리 맞추다. ㊔둘러맞추다.

돌라-매다타 ①한 바퀴를 돌려 두 끝을 마주 매다. ¶ 붉은 띠를 머리에 돌라매다. ②이자 따위를 본전에 합하여 새로 본전으로 삼다. ㊔둘러매다.

돌라방-치다타 무엇을 빼돌리고 그 자리에 다른 것을 살짝 대신 넣다. ㊗돌라치다. ㊔둘러방치다.

돌라-보다타 이모저모 골고루 살펴보다. 돌아보다. ㊔둘러보다.

돌라-붙다[-붇따]자 헤아려 보아 이로운 쪽으로 붙좇다. ㊔둘러붙다.

돌라-서다자 여러 사람이 동그랗게 서다. ㊔둘러서다.

돌라-싸다타 (몇몇이 무엇을 중심으로) 동글게 포위하다. ¶ 네 아이가 한 아이를 돌라싸고 윽박지르고 있었다. ㊔둘러싸다.

돌라-쌓다[-싸타]타 둘레를 무엇으로 동글게 쌓다. ㊔둘러쌓다.

돌라-앉다[-안따]자 여러 사람이 가운데를 향해 동글게 앉다. ¶ 난롯가에 여럿이 돌라앉다. /식탁에 빙 돌라앉다. ㊔둘러앉다.

돌라-치다타 〈돌라방치다〉의 준말.

돌려-나기명 줄기에 잎이 나는 형식의 한 가지. 한 마디에 세 개 이상의 잎이 수레바퀴 모양으로 나는 일. 윤생(輪生). ㊟마주나기·어긋나기.

돌려-내다타 ①남을 살살 꾀어서, 있는 곳에서 빼돌리어 내다(가지다). ②한 동아리에 들이지 않고 따돌리다.

돌려-놓다[-노타]타 ①방향을 다른 쪽으로 바꾸어 놓다. ¶ 화분을 남향으로 돌려놓다. ②몫으로 제쳐 놓다. ③생각이나 일의 상태를 바꾸어 놓다. ¶ 동생의 마음을 돌려놓다.

돌려다-붙이다[-부치-]타 ①책임이나 허물을 다른 데로 밀다. ②하고 싶은 말을 간접적으로 둘러대다. ¶ 말을 돌려다붙이지 말고 알아듣게 해 봐라.

돌려-먹다[-따]타 ①마음이나 작정 따위를 달리 바꾸다. ¶ 생각을 돌려먹다. ②다른 사람을 속이다.

돌려-받다[-따]타 (빌려 주거나 빼앗겼거나 주었던 것을) 도로 갖게 되다.

돌려-보내다타 ①가져온 것을 도로 보내다. ②(찾아온 사람을) 그냥 보내다.

돌려-붙다[-붇따]자 몸을 돌리어 엉겨 붙다.

돌려-세우다타 방향이나 생각을 바꾸게 하다. ¶ 마음을 돌려세우다.

돌려-쓰다[~쓰니·~써]타 ①돈이나 물건을 변통하여 쓰다. ②용도를 이리저리 바꾸어 쓰다.

돌려-씌우다[-씨-]타 자기의 허물이나 책임을 남에게 덮어씌우다.

돌려-주다타 ①(빌리거나 꾸었던 남의 물건이나 돈을) 도로 보내 주거나 갚다. ②(돈 따위를) 융통하여 주다.

돌려-짓기[-짇끼]명하타 ☞윤작(輪作).

돌려-차기명 태권도의 발기술의 한 가지. 대각선상의 상대편을 공격하는 기술. 앞차기와 같이 발을 들어 올려 벌리면서, 안쪽으로 반원을 그리며 발꿈치로 차는 동작.

돌로로소(doloroso 이)명 악보의 나타냄말. '슬픈 기분으로'의 뜻.

돌리ː네(Doline 독)명 ☞석회정.

돌리다[1]자 『'도르다[2]'의 피동』 ①고립되다. 따돌림을 당하다. ¶ 친구들에게 돌린 학생. ②(그럴듯한 말에 넘어가서) 속임을 당하다. ②㊔둘리다.

돌리다²타 〖'돌다'의 사동〗 ①돌게 하다. ¶ 나사를 돌리다. /팽이를 돌리다. ②방향을 바꾸게 하다. ¶ 차를 큰길 쪽으로 돌리다. ③여기저기로 보내다. 차례로 다른 곳에 보내다. ¶ 회람을 돌리다. ④(기계나 공장 따위를) 가동하게 하다. ¶ 공장을 돌리다. ⑤우회하게 하다. ¶ 버스 노선을 역 쪽으로 돌리다. ⑥영화 따위를 상영하다. ¶ 영화 '춘향전'을 돌리다. ⑦(관심이나 주의를) 다른 데로 쏠리게 하다. ¶ 관심을 그쪽으로 돌리다. ⑧(소문 따위를) 퍼뜨리다. ¶ 허위 정보를 돌리다. ⑨말(글)을 달리 표현하다. ¶ 듣기 좋도록 말을 돌려서 하다. ⑩정신을 정상 상태로 되게 하다. ¶ 정신을 돌리다. ⑪(병의 위험한 고비 따위를) 넘기다. ¶ 가까스로 병세를 돌렸다. ⑫(뜻이나 마음을) 바꾸다. ¶ 마음을 돌려서 노여움을 풀다.

돌리다³타 〖'도르다²'의 사동〗 ①(음식 따위를) 고루 나누어 주다. ¶ 국수 한 그릇씩 돌리다. ②배달물을 배달하다. ¶ 조간 신문을 돌리다. ③몫몫이(일일이) 나누어 주거나 보내다. ¶ 기념품을 돌리다. ④(시간·여유·능력 따위를) 쪼개어 쓰다. ¶ 짧은 휴가를 봉사 활동에 돌리다. ⑤돈이나 물자를 융통(변통)하다. ¶ 그 큰돈을 어디서 돌렸니? ⑥(책임·공로·영예 따위를) 남에게로 사양하여 넘기다. ¶ 공을 부하에게 돌리다. ⑦(시간적으로) 미루다. ¶ 그건 급하지 않으니 뒤로 돌리세. ⑧몫으로 제쳐 놓다. ⑨《'로'·'으로'의 뒤에 쓰이어》 간주하다. ¶ 어제 싸운 것은 없었던 일로 돌리고 잘 지냅시다.

돌림명 ①차례대로 돌아가는 일. ¶ 이웃끼리 돌림으로 음식을 내고 있다. ②〈돌림병〉의 준말. ③☞항렬(行列). ¶ 불꽃 '환(煥)' 자 돌림. ④〖의존 명사적 용법〗 차례대로 돌아 전체를 돈 횟수를 세는 단위. ¶ 술이 서너 돌림 돌자 술자리는 더욱 무르익었다.

돌림-감기(-感氣) [-깜-]명 전염성이 있는 감기. 시감(時感). 유행성 감기. 윤감(輪感). 인플루엔자.

돌림^노래명 (2성부 이상의 악곡에서) 같은 선율을 각 성부가 같은 간격을 두고 순차적으로 따라 부르되, 노래가 끝난 성부는 다시 처음으로 되돌아가, 이것을 몇 번이고 되풀이하는 가창법, 또는 그 악곡을 이르는 말. 윤창(輪唱).

돌림-띠명 처마나 건물의 가운데 부분에 수평띠 모양으로 둘려 붙인 장식용 돌출부. 〔위치에 따라 처마 돌림띠·벽 돌림띠·반자 돌림띠 따위가 있음.〕

돌림-병(-病) [-뼝]명 ☞유행병. ¶ 돌림병이 돌고 있다. 준돌림.

돌림-자(-字) [-짜]명 ☞항렬자(行列字).

돌림-쟁이명 함께 동아리에 끼이지 못하고 따돌림을 받는 사람을 홀하게 이르는 말.

돌림-턱명 여럿이 돌아가며 음식을 내는 턱. ¶ 이번에는 내가 돌림턱을 낼 차례이다.

돌림-통명 돌림병이 돌아다니는 시기.

돌림-판(-板)명 어떤 내용을 여러 사람에게 알리기 위해 돌리는 판. 회람판.

돌림-편지(-便紙)명 여러 사람이 돌려 가며 보도록 쓴 편지.

돌마낫-적[-나쩍/-낟쩍]명 첫돌이 될락 말락 한 어린아이 때. ¶ 돌마낫적에 글자를 익힌 천재.

돌-맞이명하자 돌을 맞아 기념함.

돌ː-매명 ☞맷돌.

돌멘(dolmen)명 ☞고인돌.

돌ː-멩이명 돌덩이보다는 작고 자갈보다는 큰 돌. 괴석(塊石). 돌².

돌ː멩이-질명하자 돌멩이를 던지는 짓. ¶ 돌멩이질이 빗나가 유리창을 깨다. 준돌질.

돌ː-무더기명 돌덩이가 쌓인 무더기.

돌ː-무덤명 고구려 때의 고분 양식의 한 가지. 돌을 쌓아 올려 높직하게 만든 무덤. 석총(石塚).

돌ː-무지명 많은 돌이 깔려 있는 땅.

돌ː무지^덧널^무덤[-던-]명 지하에 무덤 광을 파고 목곽(木槨)을 넣은 뒤, 그 주위와 위를 돌로 덮고 다시 그 바깥을 봉토로 씌운 신라 귀족의 무덤.

돌ː무지-무덤명 돌로 쌓아 만든 고분(古墳). 적석총(積石塚).

돌ː-문(-門)명 ①돌로 만든 문. ②자연적으로 문과 같은 모양이 된 암석.

돌ː-물명 소용돌이치는 물의 흐름.

돌ː-물레명 농가에서, 새끼로 바나 고삐를 드릴 때 쓰던 재래식 기구.

돌-미나리명 논이나 샘가·개천 같은 데서 저절로 나는 미나리.

돌ː-반지기(-半-)명 잔돌이나 모래가 많이 섞인 쌀.

돌발(突發)명하자 어떤 일이 뜻밖에 갑자기 일어남. ¶ 돌발 사건에 대처하다.

돌발-적(突發的) [-쩍]관명 뜻밖의 일이나 사건이 별안간 일어나는 (것). ¶ 돌발적 행동. /돌발적인 사고.

돌ː-방(-房)명 돌이나 전(甎)으로 쌓아 만든, 고분 내부의 묘실(墓室). 〔관이나 부장품(副葬品)을 넣어 두던 곳.〕 석실(石室).

돌ː방-무덤(-房-)명 상고 시대 무덤 양식의 한 가지. 돌로 만든 현실(玄室)이 있는 분묘. 석실묘(石室墓). 석실분(石室墳).

돌ː-밭[-받]명 돌이 많은 밭, 또는 돌이 많은 땅. 석전(石田). ＊돌밭이[-바치]·돌밭을[-바틀]·돌밭만[-반-]

돌-배명 돌배나무의 열매.

돌배-나무명 장미과의 낙엽 활엽 소교목. 우리나라 중부 이남의 산지에 나는데, 높이는 5 m 안팎. 봄에 흰 꽃이 피고, 직경 2 cm가량의 둥근 열매가 가을에 익음. 나무는 기구재(器具材) 등으로 널리 쓰임. 산리(山梨).

돌변(突變)명하자타 갑작스레 변함. ¶ 이제까지 부드러웠던 태도가 돌변하다.

돌ː-보다타 ①보살피다. 보호하다. ¶ 아기를 돌보다. ②뒤를 보살펴 주다. 도와주다. ¶ 살림을 돌보다. /어려운 학생을 돌보다.

돌ː-부리[-뿌-]명 돌멩이의, 땅 위로 뾰족 내민 부분. ¶ 돌부리에 걸려 넘어지다.

돌부리를 차면 발부리만 아프다속담 쓸데없이 함부로 성을 내면 자기에게만 해가 돌아온다는 말.

돌ː-부처명 ①돌로 만든 불상. 석불(石佛). ②'감각이 둔하고 고집이 센 사람'을 비유하여 이르는 말. ¶ 돌부처 같은 사람.

돌ː-비(-碑)명 돌로 만든 비. 석비(石碑).

돌비(突沸)명하자 액체가 끓는점에 이르렀는데도 끓지 않고 있다가, 가열을 더 계속했을 때 갑자기 격렬하게 끓는 일.

돌ː-비늘[-삐-]명 ☞운모(雲母).

돌ː-비알[-삐-]명 깎아지른 듯한 바위의 언덕. 깎아지른 벼랑.

돌ː-사닥다리[-따-]명 바위를 기어올라야 하는 험한 길.

돌ː-사막(-沙漠)명 ☞암석 사막.

돌ː-산(-山)명 ①바위나 돌이 많은 산. 석산(石山). ②석재(石材)를 캐내는 산.

돌-상(-床)[-쌍]명 돌날 돌잡이를 위하여 차리는 상. 백완반(百玩盤).

돌-상어명 잉엇과의 민물고기. 몸길이 15 cm 가량. 머리 모양이 상어를 닮았음. 몸빛은 황갈색, 몸에는 많은 가로띠가 있음. 북한강을 비롯한 한강 수계(漢江水系)에 분포하는, 우리나라의 특이한 보호 어종임. 얕은 내의 여울에 떼를 지어 살며, 모랫바닥을 따라서 헤엄침.

돌ː-샘명 ☞석간수(石間水).

돌ː-석(-石)명 한자 부수의 한 가지. '研'·'砦' 등에서의 '石'의 이름.

돌ː-소금명 ①(물이 없는) 땅속에서 천연으로 나는 소금. 경염. 식염. 암염. ②(정제하지 않은) 굵은 소금.

돌ː-솜명 사문암·감람암·각섬암이 변하여 섬유 모양으로 된 것. 내화재·보온재·단열재·절연재 등으로 쓰임. 석면(石綿). 석융(石絨). 아스베스토스.

돌ː-솥[-솓]명 돌로 만든 솥. 석정(石鼎). *돌ː솥이[-소치]·돌ː솥을[-소틀]·돌ː솥만[-손-]

돌ː-순(-筍)명 ☞석순(石筍).

돌ː-싸움명하자 돌팔매질로 하는 싸움. 석전(石戰). 준돌쌈.

돌ː-쌈명하자 〈돌싸움〉의 준말.

돌아-가다자 ①(축을 중심으로) 계속 돌며 움직이다. 회전하다. ¶ 선풍기가 돌아가다. ②본디 있던 자리로, 또는 오던 길을 되돌아 다시 가다. ¶ 제자리에 돌아가 앉아라. ↔돌아오다. ③(무엇의 둘레를) 둘러서 가다. ¶ 산모퉁이를 돌아가는 버스. ④(먼 길을) 우회하여 가다. ¶ 지름길을 두고 왜 멀리 돌아가느냐? ⑤방향을 꺾어 가다. ¶ 왼쪽으로 돌아가다. ⑥한쪽으로 기울거나 뒤틀어지다. ¶ 입이 돌아가다. ⑦차례로 전달되어 가다. ¶ 돌아가며 인사하다. /회람판이 돌아가다. ⑧몫이 차례로 분배되다. ¶ 한 사람에 사과 한 개씩 돌아가다. ⑨돈이나 물자가 잘 유통되다. ¶ 자금이 잘 돌아가다. ⑩〈죽다1〉의 높임말. ¶ 할아버지께서 돌아가셨다. ⑪어떤 결과로 끝나다. ¶ 그의 승리로 돌아가다. /수포로 돌아가다. ⑫어떤 판국이 형성되다. ¶ 회사 돌아가는 꼴이 말이 아니다. ⑬기능이 제대로 작동하다. ¶ 기계가 돌아가다. /머리가 잘 돌아가는 사람. ⑭현기증이 나다. ⑮일이나 업무가 진행되다. ¶ 눈코 뜰 새 없이 바쁘게 돌아가다.

돌아-내리다자 ①마음이 있으면서도 겉으로는 사양하다. 비쌔다. ¶ 어린것이 숫기가 없어 돌아내리기만 한다. ②(연이나 비행기 따위가) 빙빙 돌면서 떨어지다.

돌아-눕다[-따][~누우니·~누워]자ㅂ 누운 채로 몸을 돌려 반대쪽으로 향하다. ¶ 못마땅하여 돌아누워 버리다.

돌아-다니다자타 ①이리저리 여러 곳으로 쏘다니다. ¶ 밤늦게 돌아다니지 말고 집에 일찍 들어가거라. ②이리저리 널리 퍼지다. ¶ 안 좋은 소문이 온 동네를 돌아다닌다.

돌아다-보다타 ①뒤돌아보다. ②지나온 행적을 반성해 보다.

돌아-들다[~드니·~들어]자 ①돌아서 제자리로 오다. ¶ 굴린 달걀이 제자리로 돌아들다. ②이리저리 다니다가 일정한 곳에 들어가거나 들어오다. ¶ 여기저기 돌고 돈 끝에 이곳으로 돌아들었다. ③(산줄기·강물 따위의) 굽이가 꺾어져 들어오다. ¶ 소양강 줄기가 돌아드는 마을.

돌아-보다타 ①몸이나 고개를 뒤로 돌려서 보다. ¶ 돌아보지 말고 곧장 가거라. ②지난 일을 다시 머리에 떠올리다. ¶ 과거를 돌아보다. ③두루 다니며 살피다. ¶ 집 안팎을 돌아보다. ④돌보다. ¶ 가정을 돌아보다.

돌아-서다자 ①뒤로 향하고 서다. ¶ 가다가 돌아서서 손을 흔든다. ②관계를 끊고 멀리하다. ¶ 사소한 일로 돌아서고 말았다. ③배신하다. ¶ 이해를 좇아 돌아서 버린 사람. ④(남과) 직접 대면하지 않다. ¶ 돌아서서 남의 흉을 보지 말아라. ⑤(병세나 기세가) 점점 나아가거나 회복되다. ¶ 병세가 돌아서는 모양이다.

돌아-앉다[-안따]자 ①방향을 고쳐 앉다. ②(('으로' 또는 '로' 다음에 쓰이어)) 사물을 향하여 앉다. ¶ 책상 앞으로 돌아앉다. 준돌앉다.

돌아-오다자 ①떠났던 자리로 다시 오다. ¶ 강남 갔던 제비가 돌아오다. ↔돌아가다. ②차례가 되거나 차지가 되다. ¶ 노래 부를 차례가 돌아오다. ③(가까운 길을 두고 먼 길로) 우회하여 오다. ¶ 딴 길로 돌아오느라고 늦었다. ④(무엇을 중심으로 그 둘레를 따라) 둘러서 오다. ⑤본래의 상태로 회복하다. ¶ 정신이 돌아오다. ⑥일정한 간격으로 되풀이되는 것이 다시 닥치다. ¶ 추석이 돌아오다.

돌아-치다자타 몹시 세차게 진행이 되거나 움직이다. ¶ 마감 시간이 임박하자 기자들이 편집실을 벌집 쑤신 듯이 돌아쳤다.

돌-앉다[도란따]자 〈돌아앉다〉의 준말.

돌ː-알1명 수정(水晶)으로 만든 안경알.

돌ː-알2명 삶은 달걀. 숙란(熟卵). 팽란(烹卵).

돌연(突然)부하형 갑자기. 별안간. ¶ 돌연 사라져 버렸다. /돌연한 죽음. **돌연-히**부.

돌ː-연대(-蓮臺)[-련-]명 돌로 만든, 부처의 대좌(臺座). 석연대.

돌ː-연모[-련-]명 ☞석기(石器).

돌연-변이(突然變異)명 어버이의 계통에 없었던 새로운 형질(形質)이 갑자기 생물체에 나타나는 일. 우연 변이.

돌연변이-설(突然變異說)명 생물의 진화를 설명하는 학설의 한 가지. 생물의 신종(新種)은 돌연변이에 의하여 생긴다는 학설. 〔20세기 초, 네덜란드의 드브리스(De Vries)가 발표함.〕

돌연-사(突然死)명 외관상 건강하던 사람이 갑자기 죽는 일. 특별한 원인 없이 갑작스레 심장 박동이 멎거나, 자각 증상 없이 진전된 협심증·부정맥·심근 경색증 등으로 발병 24시간 이내에 사망함.

돌올(突兀) '돌올하다'의 어근.

돌올-하다(突兀-)형여 높이 솟아 우뚝하다.

돌ː-옷[도롣]명 돌에 난 이끼. ¶ 임의 손 간 데마다 돌옷은 새로 피고…. *돌ː옷이[도로시]·돌ː옷만[도롣-]

돌ː-우물명 벽을 돌로 쌓아 올린 우물. 석정(石井).

돌이-마음명 사심(邪心)에서 착하게 돌아간 마음. 회심(回心).

돌이키다타 ①(몸이나 고개를) 돌리다, 또는 돌리게 하다. ¶ 고개를 돌이키어 저 산을 보라. /가는 사람을 돌이켜 세우다. ②(지난 일을) 회상하거나 생각하다. ¶ 어린 시절을 돌이켜 생각하다. ③본디의 모습으로 돌아가다. ¶ 돌이킬 수 없는 실수. ④마음을 고쳐 달리 생각하다. ¶ 생각을 돌이켜 다시 시작하다.

돌입(突入)명하자 막 뛰어듦. ¶ 적진에 돌입하다.

돌-잔치명 돌날에 베푸는 잔치.

돌-잡이 명 하타 돌잡히는 일.
돌-잡히다 [-자피-] 타 돌날에 여러 가지 음식과 물건을 상 위에 차려 놓고, 돌쟁이에게 마음대로 잡게 하다.
돌ː-장이 명 돌을 다루는 일을 업으로 삼는 사람. 석공(石工). 석수(石手).
돌-쟁이 명 난 지 첫돌이 되거나 그만한 시기의 아이.
돌전 (突戰) [-쩐] 명 하자 돌진하여 싸움.
돌ː-절구 명 돌을 파서 만든 절구. 석구(石臼).
돌절구도 밑 빠질 때가 있다 속담 아무리 튼튼한 것도 오래 쓰면 결딴나는 날이 있다.
돌제 (突堤) [-쩨] 명 연안에서, 바다나 강 가운데로 내민 좁고 긴 둑. 〔배를 대기 위한 선창(船艙)이나 방파제·방사제 따위를 이름.〕
돌ː-조각 (-彫刻) 명 돌로 만든 조각.
돌ː-중방 (-中枋) 명 지난날, 골목 어귀에 문지방처럼 가로질러 놓던 돌.
돌진 (突進) [-찐] 명 하자 거침없이 곧장 나아감. 비 돌격(突擊).
돌ː-질 명 하자 〈돌멩이질〉의 준말.
돌ː-짐승 명 ☞석수(石獸).
돌ː-집 [-찝] 명 돌로 지은 집.
돌ː-짬 명 갈라진 돌과 돌의 틈.
돌ː-쩌귀[1] 명 문짝을 문설주에 달아서 여닫게 하기 위한, 쇠붙이로 만든 암수 두 개로 된 한 벌의 물건. 〔암짝은 문설주에, 수짝은 문짝에 박아서 맞춤.〕
돌ː쩌귀[2] 명 연(鳶)의 한 가지. 연의 전면(全面)을 네 개의 직사각형으로 나누어 서로 다른 빛깔의 종이를 붙여 만든 연.
돌차 (咄嗟) 명 하자·타 (놀랍거나 서글퍼서) 혀를 차며 탄식함. 돌탄(咄歎).
돌차-간 (咄嗟間) 명 〔'혀를 한 번 차는 동안'이란 뜻으로〕 아주 짧은 동안. 순간.
돌-참나무 명 참나뭇과의 상록 활엽 교목. 일본 원산으로 전남 등지에서 자라는데, 높이는 30 m가량. 잎의 뒷면에는 비늘털이 있음. 6월경에 꽃이 피고, 이듬해 가을에 도토리가 열리는데 먹을 수 있음.
돌창 명 〈도랑창〉의 준말.
돌ː-창포 (-菖蒲) 명 백합과의 다년초. 습지에 나는데 땅속줄기는 짧고, 잎은 가늘고 길며 끝이 뾰족함. 여름에 흰 꽃이 핌.
돌체 (dolce 이) 명 악보의 나타냄말. '부드럽고 우미(優美)하게'의 뜻.
돌쳐-나가다 [-처-] 자 들어가다가 돌아서 도로 나가다.
돌쳐-나오다 [-처-] 자 들어가다가 돌아서 도로 나오다.
돌출 (突出) 명 되자 ① 하자 별안간 튀어나옴. ¶ 돌출 발언. ② 하형 밖으로 쑥 불거져 있음. ¶ 돌출한 바위.
돌ː-층계 (-層階) [-계/-게] 명 돌로 쌓아 만든 층계. 돌계단.
돌-치 명 '돌계집'의 잘못.
돌치시모 (dolcissimo 이) 명 악보의 나타냄말. '가장 부드럽게'의 뜻.
돌ː-칼 명 (석기 시대의 유물인) 돌로 만든 칼. 석검(石劍). 석도(石刀).
돌-콩 명 콩과의 일년생 만초. 여름에 홍자색 꽃이 피며, 가을에 갈색의 털이 밀생한 협과(莢果)가 익음. 우리나라 각지에 분포함.
돌탄 (咄歎) 명 하자·타 ☞돌차(咄嗟).
돌ː-탑 (-塔) 명 ☞석탑.
돌파 (突破) 명 하타 되자 ①쳐들어가 깨뜨림. ¶ 적진을 돌파하다. ②(어려움이나 장애를) 단숨에 헤치고 나아가 극복함. ¶ 어떤 난관도 돌파하겠다는 의지. ③(어떤 목표나 수준을) 넘어섬. ¶ 1시간 10분대를 돌파하다.
돌파-구 (突破口) 명 ①(적진 따위를) 돌파하는 통로나 목. ②(어려운 문제 따위를) 해결하는 실마리. ¶ 분쟁 해결의 돌파구가 열리다.
돌ː-팔매 명 (무엇을 맞히려고) 멀리 던져서 날리는 돌멩이. ¶ 돌팔매를 던지다.
돌ː팔매-질 명 하자 돌멩이를 멀리 던지는 짓.
돌ː-팔이 명 ①일정한 거처가 없이 떠돌아다니며 점을 치거나, 기술 또는 물건을 파는 사람. ¶ 돌팔이 무당. /돌팔이 장사. ②'제대로 된 자격이나 실력을 갖추지 않고 전문적인 일을 하는 사람'을 홀하게 이르는 말. ¶ 돌팔이 의사.
돌-팥 [-팓] 명 야생의 팥. 알이 잘고 여묾. * 돌팥이[-파치]·돌팥을[-파틀]·돌팥만[-판-]
돌풍 (突風) 명 ①갑자기 세차게 불다가 곧 그치는 바람. 급풍(急風). ¶ 돌풍이 일다. ②'갑작스레 많은 관심을 모으거나 커다란 영향을 미치는 현상'을 비유하여 이르는 말. ¶ 돌풍을 일으키다.
돌핀 (dolphin) 명 배를 잡아매기 위하여 부두에 박은 쇠나 콘크리트의 말뚝.
돌핀^킥 (dolphin kick) 명 접영(蝶泳)에서의 다리의 동작. 양다리를 가지런히 하고, 발등으로 물을 위아래로 치면서 나아감.
돌-하루방 명 '돌하르방'의 잘못.
돌ː-하르방 명 〔돌로 만든 할아버지라는 뜻으로〕 제주도 도민들이 안녕과 질서를 수호하여 준다고 믿는 석신.
돌ː-함 (-函) 명 돌로 만든 함. 석함(石函).
돌ː-확 명 돌을 오목하게 파서 만든 확.
돐 명 '돌[1]'의 잘못.
돐 명 〈옛〉 돌〔周年〕. ¶ 돌새 小祥ᄒᆞ고… 또 돌새 大祥ᄒᆞ고(內訓*1:64*).
돐-비늘 명 〈옛〉 돌비늘. 운모(雲母). ¶ 雲母는 돐비ᄂᆞ리니(月釋*2:35*).
돓[1] 명 〈옛〉 돌. ¶ 石은 돌히오(釋譜*9:24*). /어듸라 더디던 돌코.(樂詞.靑山別曲).
돓[2] 명 〈옛〉 돌. 도랑. ¶ 돌히 흐르며(法華*2:28*).
돔ː 명 〈도미〉의 준말.
돔ː (dome) 명 반구형(半球形)으로 된 지붕이나 천장.
돕ː다 [-따] [도우니·도와] Ⅰ 타ㅂ ①남을 위하여 힘쓰다. ②(남을) 위험이나 괴로움에서 벗어나게 하다. ¶ 불우 이웃을 돕다. ③(몸의 기운을) 좋아지게 하다. ¶ 소화를 돕다. ④(금품으로) 구제하다. ¶ 수재민을 돕다.
Ⅱ 자ㅂ 서로 의지하다. ¶ 이웃과 도우며 살다.
돕지 [-찌] 명 (앞을 여미지 아니하고 두 쪽이 맞닿게 된 갑옷·마고자 따위의) 섶. 개금(開襟).
돗 명 〈옛〉 돗자리. 자리. ¶ 오시 ᄆᆞᄅᆞ니 벼개와 돗괘 몱도다(杜初7:7). 참 돐[1].
-돗- 선미 〈옛〉 강조의 의미를 나타냄. ¶ 뉘라셔 가마귀를 검고 흉타 ᄒᆞ돗던고(古時調).
돗-가락 [도까-/돋까-] 명 윷을 던지기 전에 손에서 윷짝 하나가 잘못 흘러 떨어지면, 그것이 도가 나올 징조라 하여, 그 '떨어진 윷짝'을 놓으로 이르는 말.
돗가비 명 〈옛〉 도깨비. ¶ 돗가비 請ᄒᆞ야 福올 비러 목숨 길오져 ᄒᆞ다가(釋譜*9:36*).
돗귀 명 〈옛〉 도끼. ¶ 더본 돗귀와 톱과로 버히ᄂᆞ니라(月釋*1:29*). 참 도치.

돗긔명 〈옛〉 도끼. ¶ 돗긔롤 메고 범의 자최롤 쏠오니(五倫*1:60*). 참돗귀.
돗-바늘[돋빠-]명 돗자리 따위를 꿰매는 데에 쓰이는 큰 바늘.
돗바놀명 〈옛〉 돗바늘. ¶ 돗바놀 피:鈹(訓蒙中*15*).
돗-밭[도빧/돋빧]명 윷판의 맨 첫 밭. ＊돗밭이[도빠치/돋빠치]·돗밭을[도빠틀/돋빠틀]·돗밭만[도빤-/돋빤-]
돗-자리[돋짜-]명 왕골이나 골풀의 줄기를 잘게 쪼개서 친 자리. 석자(席子).
돗-틀[돋-]명 돗자리를 치는 틀.
돐1명 〈옛〉 돗자리. ¶ 筵은 돗기라(楞解*1:29*).
돐2명 〈옛〉 돛. ¶ 흔 돗구로 洞庭湖롤 누라 디나라(南明上*23*).
동1명 ①(사물이나 현상이 이어지게 된) 마디. 사이. 동안. 끄트머리. 《주로, 관용구나 복합어(複合語)를 이루어 쓰임.》 ¶ 동이 닿지 않는 이야기. ②한복의 윗옷의 소매 부분, 또는 소매에 이어 댄 조각.
동(을) **달다**관용 (끊어진 이야기를) 이어 계속하다.
동(을) **대다**관용 ①끊이지 않게 잇대다. ②말 따위를 조리에 맞게 하다.
동(을) **자르다**관용 ①관계를 끊다. ②길게 도막을 내다.
동(이) **끊기다**관용 뒤를 잇대지 못하다.
동2명 ①광맥(鑛脈)에서, 광물이 비교적 적은 부분. 참동먹다. ②뚫는 돌의 굳은 정도. ③(땔나무나 짚단 따위의) 크게 묶은 묶음. ¶ 나무를 동으로 묶어 지게에 얹다. ④〈동거리〉의 준말.
동3명 (상추 따위의) 꽃이 피는 줄기.
동4의 윷놀이에서, 윷판을 돌아 날밭을 나온 말의 수. ¶ 넉 동이 다 나다.
동5 Ⅰ명 하나의 덩이로 만든 묶음. ¶ 나무를 동으로 묶다.
Ⅱ의 묶음의 단위. 〔굴비 1000마리, 비웃 2000마리, 곶감 100접, 종이 100권, 붓 10자루, 먹 10장, 베 50필, 볏짚 100단, 새앙 10접 따위의 일컬음.〕
동6부 작은 북을 치거나 거문고를 뜯을 때 나는 밝고 가벼운 소리. 큰둥3. 거통7. **동-동**부.
동(東)명 동쪽. 해가 돋는 방향. ↔서(西).
동에 번쩍 서에 번쩍속담 ①금방 여기에 나타났다가 저기에 나타났다가 할 만큼 바쁘게 활동함을 이르는 말. ②정처도 없고, 종잡을 수도 없이 이곳저곳을 싸돌아다님을 이르는 말.
동(垌)명 크게 쌓은 둑.
동ː(洞)명 ①골. 마을. ②지방 행정 구역의 하나. 시·읍·구의 아래에 둠. ③〈동사무소〉의 준말.
동(胴)명 ①격검(擊劍)할 때에 가슴과 배를 가리는 방호구(防護具). ②☞동부(胴部).
동(童)명 족보 등에서, '미혼(未婚)의 남자'를 달리 이르는 말. ↔관(冠).
동(銅)명 ☞구리1.
동(棟)의 ①건물의 수효를 세는 단위. 채7. ¶ 주택 열 동. /다섯 동의 아파트. ②(아파트 따위의) 건물 번호에 붙는 말. ¶ 동아 아파트 제6동 207호.
동가(同家)명 ①같은 집안. ②같은 집. ¶ 동가에 함께 거주하는 김 씨에 의하면….
동가(同價)[-까]명 같은 값. 동치(同値). 등치(等値). ¶ 동가 원소.
동가(東家)명 ①동쪽에 있는 이웃집. ②머물러 있는 집의 주인.
동ː가(動駕)명하자 임금이 탄 수레가 대궐 밖으로 나감.
동ː가(童歌)명 ☞동요(童謠).
동가리-톱명 나무를 가로로 자르는 톱. 준동톱. ↔내릴톱.
동가-선(東歌選)명 조선 정조 5(1781)년에 백경현(白景炫)이 엮은 시조집. 235수의 시조가 실려 있음.
동가식서가숙(東家食西家宿)[-써-]명하자 떠돌아다니며 이 집 저 집에서 얻어먹고 지냄, 또는 그런 사람. ¶ 동가식서가숙하는 신세.
동가-홍상(同價紅裳)[-까-]명 〔'같은 값이면 다홍치마'라는 뜻으로〕 이왕이면 보기 좋은 것을 골라 가진다는 뜻.
동갈(恫喝)명하타 을러댐. 위협함.
동감(同感)명하자 남과 같게 생각하거나 느낌, 또는 그 생각이나 느낌. ¶ 네 의견에 나도 전적으로 동감이다.
동ː감(動感)명 움직이고 있는 것 같은 느낌. 동적(動的)인 느낌. ¶ 동감이 넘치는 그림.
동갑(同甲)명 같은 나이. 갑장(甲長). 동경(同庚). ¶ 동갑 친구.
동갑-계(同甲契)[-꼐/-께]명 동갑끼리 친목을 위하여 만드는 계. 동경계(同庚契). 준갑계.
동갑-내기(同甲-)[-감-]명 나이가 같은 사람. ¶ 동갑내기 사촌.
동강명 ①긴 것을 작고 짤막하게 자른 그 도막. ¶ 연필 동강. /양초 동강. /동강이 나다. /동강을 내다. ②〖의존 명사적 용법〗 짤막하게 잘라진 것을 세는 단위. ¶ 긴 장작을 세 동강으로 자르다.
동강-동강부 여러 동강으로 자르거나 잘리거나 끊어지는 모양. ¶ 긴 대나무를 동강동강 자르다.
동강-이명 동강 난 물건.
동개명 활과 화살을 넣어 등에 메는, 가죽으로 만든 물건. 동아(筒兒).
동개-살명 큰 깃을 댄 화살.
동개-활명 동개에 넣어 등에 지고 말을 달리며 쏘는 활. 〔각궁(角弓)과 같으나 썩 작음.〕
동갱(銅坑)명 동광(銅鑛)을 캐내기 위하여 파 들어간 구덩이.
동거(同居)명하자 ①한집에서 같이 삶. ¶ 동거하고 있는 가족은 모두 서류에 올리시오. ↔별거(別居). ②정식으로 혼인하지 않은 남녀가 부부 생활을 함. ②동서(同棲).
동거리명 물부리 끝에 달린 쇠. 준동2.
동거지정(同居之情)명 한집에서 같이 살면서 두터워진 정.
동검(銅劍)명 구리나 청동으로 만든 칼.
동-검구(銅鈐口)명 구리로 도자기의 아가리를 싸서 물리는 꾸밈새.
동격(同格)[-껵]명 ①같은 자격이나 자리, 또는 격식. ¶ 동격으로 대우하다. ②한 문장에서, 어떤 단어나 구절이 다른 단어나 구절과 문장 구성에서 같은 기능을 가지는 일. ②같은자리.
동ː결(凍結)명하타되자 ①(물이) 얼어붙음. 빙결(氷結). ②자산(資產)이나 자금(資金) 따위의 이동 또는 사용을 일시 금지함. ¶ 예금을 동결하다. /외국인의 재산을 동결하다.
동경(同庚)명 ☞동갑(同甲).
동경(同慶)명하타 같이 기뻐함. 서로 경축함.
동경(東京)명 고려 시대의 사경(四京)의 하나. 지금의 경주(慶州).
동경(東經)명 영국의 그리니치를 지나는 본초 자오선을 0°로 하여 동쪽으로 180°까지의 사이에 있는 경선. ↔서경(西經).

동ː경(動徑)명 기하학에서, 평면 또는 공간에 있는 한 점 P의 위치를 나타내는 데 있어, 기준점에서 P에 그은 직선을 벡터로 한 선분. 경선 벡터.
동경(銅鏡)명 구리를 갈아 만든 거울.
동ː경(憧憬)명하타 마음에 두고 애틋하게 생각하며 그리워함. ¶ 멀고 먼 동경의 나라. /어릴 적부터 연예계를 막연히 동경해 왔다.
동경-계(同庚契)[-계/-게]명 ☞동갑계.
동경-성(東京城)명 발해(渤海) 때의 오경(五京)의 하나. 지금의 중국 닝안(寧安) 남쪽.
동ː계(冬季)[-계/-게]명 겨울철. 동기(冬期). 동절(冬節). ¶ 동계 올림픽.
동계(同系)[-계/-게]명 같은 계통. 같은 계열.
동ː계(洞契)[-계/-게]명 동네의 일을 위하여 동네 사람들이 모으는 계.
동ː계(動悸)[-계/-게]명하자 심장의 고동이 보통 때보다 심하여 가슴이 울렁거리는 일.
동계^교배(同系交配)[-계-/-게-]명 생물의 교배 중, 같은 계통 사이의 교배. 〔자가 수정(自家受精)은 그 극단의 경우임.〕
동고(同苦)명하자 고생을 같이함.
동고(銅鼓)명 ☞꽹과리.
동고-동락(同苦同樂)[-낙]명하자 괴로움과 즐거움을 함께함. ¶ 사십 년 동안 동고동락해 온 남편과 사별하다.
동-고리명 동글납작하게 만든 작은 버들고리.
동-고비명 동고빗과의 새. 몸길이 9~19 cm. 날개는 길지만 꽁지는 짧으며 밤색의 점이 많음. 몸빛은 등 쪽이 청회색 또는 청색이며 배는 누런색임. 숲이나 바위가 많은 곳에서 삶. 텃새의 한 가지.
동고-선(同高線)명 ☞등고선(等高線).
동곳[-곧]명 상투를 짠 뒤에 풀어지지 않게 꽂는 물건. 금·옥·산호·나무 따위로 만듦. *동곳이[-고시]·동곳만[-곤-]
　동곳(을) 빼다관용 〔상투의 동곳을 빼어 머리를 풀고 잘못을 빈다는 뜻으로〕 잘못을 인정하고 굴복(屈伏)하다.
동곳-잠(-簪)[-곧짬]명 동곳 모양의 옥비녀.
동공(同工)명 재주나 솜씨가 같음, 또는 같은 재주나 같은 솜씨.
동ː공(瞳孔)명 눈동자. 동자. 수확(水廓).
동공-견(同功繭)명 ☞쌍고치.
동ː공^반ː사(瞳孔反射)명 ①빛이 밝으면 반사적으로 동공이 작아지고 어두우면 반사적으로 동공이 커지는 현상. ②가까운 곳을 볼 때에는 동공이 작아지고, 먼 곳을 볼 때에는 동공이 커지는 현상. 〔자율 신경에 의하여 자동적으로 이루어짐.〕
동공-이곡(同工異曲)명 (음악의 기량이나 시문의 기교 등이) '솜씨는 같으나 표현된 형식이나 맛은 서로 다름'을 이름. 〔한유(韓愈)의 '진학해(進學解)'에 나오는 말임.〕 동공이체.
동공-이체(同工異體)명 ☞동공이곡.
동과(冬瓜)명 ☞동아.
동과-자(冬瓜子)명 한방에서, '동아의 씨'를 약재로 이르는 말. 〔오줌을 잘 나오게 하며, 부증(浮症)·소갈증(消渴症) 등에도 쓰임.〕
동관(彤管)명 (주로, 여자들이 쓰는) 대에 붉은 칠을 한 붓.
동관-이(彤管貽)[-니]명 지난날, 여자가 남자에게 은근한 정을 글로 적어 보내던 일.
동광(銅鑛)명 ①구리를 캐는 광산. 동산(銅山). 동점(銅店). ②구리를 함유한 광석.
동교(東郊)명 ①동쪽에 있는 들. 동쪽의 교외. ②봄의 들. 〔지난날, 중국에서 동쪽의 들에서 봄 제사를 지낸 데서 유래함.〕 ③서울 동대문 밖의 근처.
동교-치(東郊-)명 지난날, 서울 동대문 밖에서 소나 말에 싣고 시내로 들여오던 땔나무를 이르던 말.
동구(東歐)명 ①동유럽. ②지난날, 사회주의 국가였던 동유럽 국가들을 두루 이르는 말. 동구라파. ↔서구(西歐).
동ː구(洞口)명 ①동네 어귀. 동문(洞門). ②절로 들어가는 산문(山門)의 어귀.
동ː구-권(東歐圈)[-꿘]명 동부 유럽 지역. 폴란드·루마니아·헝가리·알바니아·불가리아 등이 이에 속함.
동-구라파(東歐羅巴)명 ☞동구(東歐).
동구래명 〈동구래저고리〉의 준말.
동구래-깃[-긷]명 깃의 부리를 반원형으로 한 옷깃 만듦새의 한 가지. 참목판깃. *동구래깃이[-기시]·동구래깃만[-긴-]
동구래-저고리명 길이는 짧고 앞섶은 좁으며 앞도련이 둥근 여자 저고리. 준동구래.
동ː구안^대ː궐(洞口-大闕)명 서울의 '창덕궁(昌德宮)'을 달리 이르던 말.
동국(東國)명 ①동쪽의 나라. ②지난날, '우리나라'를 중국에 대하여 이르던 말.
동국-여지승람(東國輿地勝覽)[-궁녀-남]명 조선 성종 때, 왕명으로 노사신(盧思愼) 등이 각 도의 지리·풍속을 적은 책. 55권 25책.
동국-이상국집(東國李相國集)[-찝]명 고려 고종 때의 학자 이규보(李奎報)의 문집. 〔그의 시문(詩文)과 함께 '동명왕 본기(東明王本紀)' 등의 역사도 수록되어 있음.〕 53권 14책.
동국-정운(東國正韻)[-쩡-]명 조선 세종 때, 신숙주(申叔舟)·성삼문(成三問) 등이 편찬한 최초의 한자 음운서. 〔중국의 운서인 '홍무정운(洪武正韻)' 등을 참고하여 우리나라의 한자음을 새로운 체계에 따라 정리한 내용.〕 전 6권.
동국-중보(東國重寶)[-쭝-]명 고려 숙종 때에 발행한 엽전의 한 가지. 〔모양은 둥글고 가운데에 정사각형의 구멍이 뚫려 있음.〕
동국-통감(東國通鑑)명 조선 성종 때, 서거정(徐居正)·정효항(鄭孝恒) 등이 왕명을 받아, 신라로부터 고려 34대 공양왕에 이르기까지의 역사를 기록한 책. 56권 28책.
동국-통보(東國通寶)명 고려 숙종 때에 발행한 엽전의 한 가지. 〔모양은 둥글고 가운데에 정사각형의 구멍이 뚫려 있음.〕
동군(東君)명 ①'태양의 신' 또는 '태양'을 달리 이르는 말. ②☞청제(青帝).
동ː굴(洞窟)명 안이 텅 비어, 넓고 깊은 큰 굴. 동혈(洞穴). ¶ 동굴 벽화.
동ː굴^인류(洞窟人類)[-구릴-]명 동굴에서 살던 구석기 시대의 인류를 통틀어 이르는 말.
동궁(東宮)명 ①☞황태자. ②☞왕세자. ③☞태자궁. ④☞세자궁.
동권(同權)[-꿘]명 동등한 권리. ¶ 남녀 동권.
동귀^일체(同歸一體)명 〔함께 한 몸으로 돌아간다는 뜻으로〕 천도교에서, 사람들의 정신적 결합을 이르는 말.
동-귀틀명 마루의 장귀틀과 장귀틀 사이에 가로질러 청널의 잇몸을 받는 짧은 귀틀.
동규-자(冬葵子)명 한방에서, '아욱의 씨'를 약재로 이르는 말.
동ː귤(童橘)명 ☞금귤(金橘).

동그라미명 ①동글게 그린 도형, 또는 동근 모양의 것. 원(圓). ②〈동그라미표〉의 준말. ③'돈'의 변말. 큰둥그러미. 센똥그라미.
동그라미-표(-標)명 (무엇이 맞거나 옳다는 표시로) 동그랗게 그리거나 찍어서 나타내는 표. 공표. 준동그라미.
동그라-지다자 넘어지면서 구르다. ¶ 언덕길에서 동그라지고 말았다. 큰둥그러지다.
동그람-에이(-a)명 (부기나 계산서에 쓰이는) 단가를 나타내는 기호 '@'의 이름. 참단가표.
동그랑-땡명 〈돈저냐〉의 속된 말.
동그랑-쇠[-쇠/-쉐]명 ①☞굴렁쇠. ②☞삼발이.
동그랗다[-라타][동그라니·동그래]형ㅎ 아주 동글다. 큰둥그렇다. 센똥그랗다.
동그래-지다자 동그랗게 되다. 큰둥그레지다. 센똥그래지다.
동그맣다[-마타][동그마니·동그매]형ㅎ 외따로 오뚝하다. ¶ 강가에 동그맣게 서 있는 정자.
동그스름-하다형여 생김새가 모나지 않고 대체로 좀 동글다. ¶ 얼굴이 동그스름하게 생겼다. 준동긋하다. 큰둥그스름하다. 센똥그스름하다. **동그스름-히**부.
동ː극(童劇)명 〈아동극〉의 준말.
동근(同根)명 ①근본이 같음. ②자란 뿌리가 같음. ③'형제'를 달리 이르는 말.
동글납대대-하다[-때-]형여 생김새가 동글고 납작스름하다. 큰둥글넓데데하다.
동글납작-하다[-짜카-]형여 모양이 동글고 납작하다. ¶ 얼굴 생김이 동글납작하다. 큰둥글넓적하다. **동글납작-이**부.
동글다[동그니·동글어] Ⅰ자 동그랗게 되다. Ⅱ형 생김생김이 공과 같다. ¶ 올챙이는 머리가 동글고 꼬리가 길다. 큰둥글다.
동글-동글부하형 ①여럿이 모두 동근 모양. ②동그라미를 그리며 잇달아 돌아가는 모양. 큰둥글둥글. 센똥글똥글.
동글-리다타 〖'동글다'의 사동〗 동글게 만들다. ¶ 찰흙을 손바닥으로 동글리다. 큰둥글리다.
동글반반-하다형여 (주로 얼굴 생김새가) 동그스름하고 반반하다. 큰둥글번번하다. **동글반반-히**부.
동금(同衾)명하자 ☞동침(同寢).
동금(胴金)명 쇠가락지.
동급(同級)명 ①같은 등급. ②같은 계급. ③같은 학급이나 학년.
동급-생(同級生)[-쌩]명 같은 학급이나 같은 학년의 학생.
동긋-하다[-그타-]형여 〈동그스름하다〉의 준말. 큰둥긋하다. **동긋-이**부.
동ː기(冬期)명 겨울철. 동계(冬季). 동절(冬節). ¶ 동기 강습회. ↔하기(夏期).
동기(同氣)명 '형제자매'를 통틀어 이르는 말. 형제(兄弟).
동기(同期)명 ①같은 시기. 같은 연도. ¶ 동기의 미술 작품. ②〈동기생〉의 준말.
동ː기(動機)명 ①사람으로 하여금 행동을 일으키게 하는 내적인 요인. 계기. ¶ 범행 동기. ②음악에서, 악곡의 가장 작은 선율의 단위. ②모티프.
동ː기(童妓)명 어린 기생.
동기(銅器)명 구리로 만든 그릇 또는 기구.
동기-간(同氣間)명 동기의 사이. ¶ 동기간에 화목하게 지내다.
동ː기^방ː학(冬期放學)명 ☞겨울 방학.
동기-상구(同氣相求)명 ☞동성상응(同聲相應).
동기-생(同期生)명 학교 따위에서, 같은 연도에 입학하였거나 졸업한 사람. 준동기.
동ː기-설(動機說)명 행위를 도덕적으로 평가할 때에, 행위의 결과를 문제 삼지 않고, 오직 동기만을 그 유일한 대상으로 삼는 이론. ↔결과설.
동기^시대(銅器時代)명 고고학상의 시대 구분의 하나. 구리로 생활 기구를 만들어 쓰던 시대. 석기 시대의 다음, 청동기 시대의 앞.
동기-일신(同氣一身)[-씬]명 동기(형제)는 한 몸과 같음.
동-나다자 ①항상 쓰던 물건이 나 써서 없어지다. ¶ 땔감이 동나다. ②상품이 다 팔리다. ¶ 할인 품목은 이미 동났다.
동-나무명 단으로 작게 묶은 땔나무.
동남(東南)명 ①동쪽과 남쪽. ②☞남동.
동ː남(童男)명 ①사내아이. ②〈동정남(童貞男)〉의 준말.
동남-간(東南間)명 동쪽과 남쪽의 사이.
동-남동(東南東)명 동쪽과 남동쪽과의 중간 되는 방위.
동ː남-동ː녀(童男童女)명 사내아이와 계집아이. 소년 소녀.
동남-부(東南部)명 ①동부와 남부. ②동쪽과 남쪽의 사이에 해당하는 부분.
동남-아(東南亞)명 〈동남아시아〉의 준말.
동남-아시아(東南Asia)명 아시아의 동남부의 지역. 〔인도차이나 반도와 말레이 제도를 포함한 지역으로, 미얀마·타이·말레이시아·베트남·인도네시아·필리핀 등의 나라가 있음.〕 준동남아.
동남-풍(東南風)명 ☞남동풍.
동-납월(冬臘月)명 '(음력의) 동짓달과 섣달'을 아울러 이르는 말.
동ː내(洞內)명 동네 안. 동중(洞中). ¶ 동내를 한 바퀴 돌다.
동ː냥명하타 ①중이 집집이 다니며 곡식 따위를 시주받아 모으는 일, 또는 그렇게 받는 곡식 따위. ②거지가 집집이 다니며 구걸하는 일, 또는 그렇게 받는 물건.
동냥은 안 주고 쪽박만 깬다속담 돕기는커녕 훼방만 놓는다는 뜻.
동냥은 혼자 간다속담 무엇을 얻는 일에 여럿이 가면 몫이 적어지게 마련이라는 말.
동ː냥-아치명 ①집집이 동냥하러 다니는 사람. ②'동냥중'을 얕잡아 이르는 말. ③거지. 걸인. 준동냥치.
동ː냥-자루[-짜-]명 동냥질할 때 가지고 다니는 자루.
동냥자루도 마주 벌려야 들어간다속담 어떤 일이든지 서로 힘을 합쳐야 일이 잘 이루어진다는 말.
동냥자루를 찢는다속담 작은 잇속을 놓고 서로 다툰다는 뜻.
동ː냥-젖[-젇]명 남의 젖을 얻어먹는 일, 또는 그 젖. ¶ 심청이는 동냥젖으로 자랐다. * 동ː냥젖이[-저지]·동ː냥젖만[-전-]
동ː냥-중[-쭝]명 집집이 동냥을 다니는 중. 자미승(粢米僧). 자미중. 재미중.
동ː냥-질명하타 동냥하러 다니는 짓.
동ː냥-치명 〈동냥아치〉의 준말. ¶ 옥결 같은 춘향 몸에 자네 같은 동냥치가 누설을 지치다는 빌어먹도 못하고 굶어 뒤어지리(烈女春香守節歌).

동ː네(洞-) 명 ①자기가 사는 집의 근처. ②여러 집이 모여 사는 곳.
동네 색시 믿고 장가 못 든다 속담 남을 막연히 믿다가 낭패 본다는 말.
동ː네-방네(洞-坊-) 명 ①온 동네. ②이 동네 저 동네 온통. ¶ 동네방네 소문내다.
동ː네-북(洞-) 명 '이 사람 저 사람에게서 비난을 받거나, 여러 사람의 분풀이의 대상이 되는 사람'을 비유하여 이르는 말.
동ː녀(童女) 명 ①계집아이. ②〈동정녀〉의 준말.
동년(同年) 명 ①같은 해. ②같은 나이. 동령(同齡). ③☞동방(同榜).
동년-계(同年契) [-계/-게] 명 동방급제(同榜及第)한 사람끼리 맺은 계.
동년-배(同年輩) 명 나이가 같은 또래. ¶ 사내(社內)에서 동년배끼리 친하게 지내다.
동녕-부(東寧府) 명 고려 원종 11(1270)년에 중국 원나라가 고려의 자비령 이북의 영토를 병합하고, 그곳을 다스리기 위해 서경에 설치한 통치 기관.
동-녘(東-) [-녁] 명 동쪽 방향. ¶ 동녘 하늘. ＊동녘이[-녀키]·동녘만[-녕-]
동니(銅泥) 명 구리 가루를 아교와 섞어서 만든 채료(彩料).
동ː-다회(童多繪) [-회/-훼] 명 끈목의 한 가지. 둘레를 둥글게 짠 끈목. 도포의 띠나 매듭을 맺는 데 쓰임. 원다회(圓多繪). 참광다회.
동-달이 명 지난날의 군복(軍服)의 한 가지. 붉은빛의 안을 받치고 붉은 소매를 단 검은 두루마기. 뒷솔기가 길게 터졌음. 협수(夾袖).
동ː답(洞畓) 명 동네 사람들의 공동 소유로 되어 있는 논.
동당(同黨) 명 ①같은 당. ②같은 일족(一族). ③(앞에 말한) '그 당' 또는 '이 당'의 뜻.
동당(東堂) 명 ①집의 동쪽 건물. ②조선 시대의 '식년과(式年科)' 또는 '증광시(增廣試)'를 달리 이르던 말.
동당-거리다 자타 자꾸 동당동당하다. 동당대다. 큰둥당거리다·둥덩거리다.
동당-대다 자타 동당거리다.
동당-동당 부하자타 (작은 북이나 가야금 따위를) 잇달아 쳐서 나는 소리. 큰둥당둥당·둥덩둥덩.
동당-치기 명하자 투전 또는 골패 따위로 하는 노름의 한 가지.
동댕이-치다 타 ①힘껏 내던지다. ②하던 일을 팽개치듯 그만두다.
동덕(同德) 명 천도교에서, 교인끼리 서로 부르는 호칭.
동도(同道) 명 ①같은 도(道). ②(앞에 말한) '그 도(道)' 또는 '이 도'의 뜻. ③하자☞동행(同行)[1]. ④하자같은 일에 종사함.
동도(東道) 명 ①대종교에서, 천산(天山)을 중심으로 하여 그 동쪽 지방을 이르는 말. ②동쪽의 길.
동도서말(東塗西抹) 명하타 〔동쪽에서 바르고 서쪽에서 지운다는 뜻으로〕 이리저리 간신히 꾸며 대어 맞춤.
동도-주(東道主) 명 주인이 되어 손을 돌보거나 안내하는 일, 또는 그 사람.
동-도지(東桃枝) 명 동쪽으로 뻗은 복숭아나무의 가지. 〔술가(術家)에서 이 가지를 꺾어다 귀신을 쫓는 데 쓴다고 함.〕
동독(東瀆) 명 사독(四瀆)의 하나. 지금의 낙동강.
동-돌 [-똘] 명 ①너무 무거워서 한두 개씩밖에는 져서 나를 수 없는 큰 버력. ②광석을 캐 들어가는 중에 갑자기 만나는 단단한 모암(母岩).
동동[1] 부 매우 춥거나 안타까울 때 발을 자꾸 구르는 모양. ¶ 언 발을 동동 구르다. /사람들이 화장실 앞에서 발을 동동 구르며 줄지어 있다.
동동[2] 부 작은 물건이 떠서 가볍게 움직이는 모양. ¶ 종이배가 시냇물을 따라 동동 떠내려간다. 큰둥둥[1]. 참동실[1].
동ː동(動動) 명 달거리 형식으로 된 13장의 고려 가요. 남녀의 정을 정월부터 선달까지의 풍물에 담아 노래한 내용.
동동(憧憧) '동동하다'의 어근.
동동-거리다[1] 자타 자꾸 작은 북 따위를 두드리는 소리가 나다, 또는 그런 소리를 내다. 동동대다[1]. 큰둥둥거리다.
동동-거리다[2] 타 춥거나 안타까워 발을 자꾸 구르다. 동동대다[2]. ¶ 발을 동동거리며 기다리고 있다.
동동-걸음 명 동동거리는 걸음. ¶ 지각할세라 동동걸음으로 출근했다.
동동-대다[1] 자타 ☞동동거리다[1].
동동-대다[2] 타 ☞동동거리다[2].
동ː동-무(動動舞) 명 고려 시대에, 궁중의 잔치에서 추던 춤의 한 가지.
동동-주(-酒) 명 청주(淸酒)를 떠내지 않아 밥알이 그대로 동동 떠 있는 채로인 술.
동ː동촉촉(洞洞屬屬) 명하형 공경하고 삼가서 매우 조심스러움.
동ː동-하다(憧憧-) 형여 (걱정스러운 일로) 마음이 들떠 있다.
동ː-두민(洞頭民) 명 '한 동네의 어른 되는 사람이나, 식견이 높은 사람'을 일컫는 말.
동ː-두부(凍豆腐) 명 ☞언두부.
동두-철신(銅頭鐵身) [-씬] 명 〔구리 덩이 같은 머리, 쇳덩이 같은 몸이란 뜻에서〕 '성질이 모질고 거만한 사람'을 비유하여 이르는 말. 동두철액.
동두-철액(銅頭鐵額) 명 ☞동두철신.
동ː등(冬等) 명 〔지난날〕 ①사물의 등급을 '춘(春)'·'하(夏)'·'추(秋)'·'동(冬)'의 넷으로 나눈 것의 넷째 등급. ②봄·여름·가을·겨울의 네 번에 나누어 내게 된 세금에서 '겨울에 내는 세금'을 이르던 말.
동등(同等) 명하형 (가치·처지·등급 따위가) 같음. ¶ 동등한 수준. /자격은 동등하다. /가격을 동등하게 매기다.
동등-권(同等權) [-꿘] 명 서로 똑같이 누릴 수 있는 대등한 권리. 비평등권.
동-떨어지다 자 거리나 관계가 서로 멀리 떨어지다. ¶ 마을에서 동떨어져 있는 학교. /현실과 동떨어진 이상.
동떨어진 소리 관용 ①반말도 경어도 아닌 어정쩡한 말투. ②조리에 닿지 않는 말.
동-뜨다 [~뜨니·~떠] 형 ①동안이 뜨다. ②다른 것보다 훨씬 뛰어나다. ¶ 동뜨게 아름답다. ③평상시와 다르다. ¶ 동뜨게 불안한 모습.
동라(銅鑼) [-나] 명 ☞징[1].
동락(同樂) [-낙] 명하자 (다른 사람과) 함께 즐김. ¶ 평생을 동락한 친구.
동ː란(動亂) [-난] 명 ☞난리.
동래(東來) [-내] 명하자 동쪽에서 옴.
동량(棟梁·棟樑) [-냥] 명 ①마룻대와 들보. ②〈동량지재〉의 준말. 영동(楹棟).
동량-재(棟梁材) [-냥-] 명 〈동량지재〉의 준말.
동량지재(棟梁之材) [-냥-] 명 (한 집안이나 한 나라의) 기둥이 될 만한 인물. 준동량·동량재.

동:력(動力)[-녁]명 ①(전력·수력·풍력 따위로) 기계를 움직이게 하는 힘. ②(어떤 사물을 움직이게 하는) 활동의 근원이 되는 힘. 원동력. ¶ 조국 근대화의 동력.

동:력^경운기(動力耕耘機)[-녁경-]명 ☞자동 경운기.

동:력-계(動力計)[-녁꼐/-녁께]명 원동기에서 발생하거나 전달되는 동력을 측정하는 장치.

동:력-로(動力爐)[-녕노]명 핵분열 에너지의 열을 동력으로 바꾸어 선박·항공기 등의 엔진에 이용하는 원자로.

동:력^변:질(動力變質)[-녁뻔-]명 지각 수축(地殼收縮)의 압력으로 암석이 변질하는 일.

동:력-삽(動力-)[-녁쌉]명 동력을 이용하여 흙 따위를 푸는 삽.

동:력-선(動力線)[-녁썬]명 공업 동력용 전기를 보내는 배전선. ↔전등선(電燈線).

동:력-원(動力源)[-녀권]명 동력의 근원이 되는 에너지. 〔수력·원자력·화력 따위.〕

동:력^자원(動力資源)[-녁짜-]명 (수력·석탄·석유 등) 동력을 일으키는 자원.

동:력-차(動力車)[-녁-]명 철도 차량의 한 가지. 원동기를 가지고 있어 스스로 움직이는 차량. 〔동차와 기관차로 구분됨.〕

동렬(同列)[-녈]명 ①같은 줄. ②같은 위치나 수준. ③같은 반열(班列). ③동반(同班).

동:렬(凍裂)[-녈]명하자 얼어서 터지거나 갈라짐. 비동파(凍破).

동:령(冬嶺)[-녕]명 겨울의 산마루.

동령(同齡)[-녕]명 ☞동년(同年).

동령(東嶺)[-녕]명 동쪽의 재.

동:령(動令)[-녕]명 제식 훈련 따위에서, 일정한 동작을 시작하게 하는 구령의 끝 부분. 〔'열중쉬어'에서 '쉬어'와 같은 부분.〕 참예령(豫令).

동:로(凍露)[-노]명 이슬이 얼어붙어서 된 서리의 한 가지.

동록(銅綠)[-녹]명 구리의 거죽에 슨 푸른 녹. 동청(銅靑). 준녹(綠).

동뢰(同牢)[-뇌/-눼]명하자 부부가 음식을 같이 먹는 일.

동뢰-연(同牢宴)[-뇌-/-눼-]명 전통적 혼례에서, 신랑과 신부가 교배(交拜)를 마치고 나서 서로 술잔을 나누는 잔치.

동료(同僚)[-뇨]명 같은 일자리에 있는 사람.

동료-애(同僚愛)[-뇨-]명 동료를 아끼고 사랑하는 마음. ¶ 동료애를 느끼다.

동류(同流)[-뉴]명 ①같은 유파. 비아류(亞流). ②☞동배(同輩).

동류(同類)[-뉴]명 ①같은 무리. ②☞동종(同種).

동류(東流)[-뉴]명하자 (물이) 동쪽으로 흘러감, 또는 그 흐름.

동류-의식(同類意識)[-뉴의-/-뉴이-]명 일정한 사회 계층이나 집단 등에 공유되는 의식. 자기가 속하는 계층이나 집단에서 자신과 타인을 동류라 느끼고, 강한 연대감과 친밀감을 갖게 되는 것을 이름.

동류-항(同類項)[-뉴-]명 다항식에서, 계수(係數)는 다르나 문자와 차수가 같은 두 개 이상의 항. 〔$4x+6-2x$에서 '$4x$'와 '$2x$'를 그 문자에 대한 동류항이라 이름.〕

동:륜(動輪)[-는]명 원동기로부터 직접 동력을 받아 회전함으로써 기관차를 움직이는 바퀴.

동률(同率)[-뉼]명 같은 율. 같은 비례.

동리(東籬)[-니]명 ①동쪽 울타리. ②국화를 심은 밭.

동:리(洞里)[-니]명 ①지방 행정 구역인 동(洞)과 이(里). ②마을.

동:리(凍梨)[-니]명 〔노인의 피부에 반점(斑點)이 생기는 것이 흡사 '언 배의 껍질' 같다는 데서〕 ①'노인의 피부'를 이르는 말. ②'90세의 노인'을 달리 이르는 말.

동리-군자(東籬君子)[-니-]명 '국화(菊花)'를 달리 이르는 말.

동-마루(棟-)명 기와로 쌓아 올린 지붕마루.

동-막이(垌-)명하타 둑을 쌓아서 막는 일. ¶ 장마 들기 전에 동막이해야지.

동-매명 물건을 가로 동이는 매끼. ↔장매.

동:맥(動脈)명 ①심장의 박동에 의하여 밀려 나온 혈액을 온몸으로 보내는 혈관. ↔정맥. ②어떤 분야나 조직에서 '기본 줄기가 되는 계통로(系統路)'를 비유하여 이르는 말. ¶ 국토의 동맥인 경부선.

동:맥^경화증(動脈硬化症)[-경-쯩]명 혈관에 주로 콜레스테롤·중성 지방 따위의 지방성 물질이 쌓여 혈관이 좁아지고 탄력성을 잃게 되는 질병.

동:맥-류(動脈瘤)[-맹뉴]명 동맥의 내강(內腔)이 국소적으로 늘어난 병증.

동:맥-망(動脈網)[-맹-]명 가는 동맥에서 모세 혈관에 이르는, 그물 모양의 혈관.

동:맥성^색전증(動脈性塞栓症)[-썽-쩐쯩]명 동맥 속을 흐르던 어떤 물질이 혈관을 막음으로써 피의 흐름이 막히는 병.

동:맥^수혈(動脈輸血)[-쑤-]명 (중증 쇼크에 의한 급속한 수혈이 필요할 때) 정맥 대신에 동맥에 하는 수혈.

동:맥^주:사(動脈注射)[-쭈-]명 정맥 주사 대신에 동맥에 직접 주사하는 일.

동:맥-혈(動脈血)[-매켤]명 심장에서 동맥을 통하여 몸의 여러 곳으로 보내지는 혈액. 산소의 함유량이 많고 선홍색을 띰.

동:맥^혈전증(動脈血栓症)[-매켤쩐쯩]명 심장 또는 상류의 동맥이나 정맥에서 생긴 혈전이 떨어져 나와 혈류를 타고 가서 하류 동맥을 막는 질환.

동맹(同盟)명하자 둘 이상의 개인이나 단체가 동일한 목적을 이루거나 이해를 함께 하기 위하여 공동 행동을 취하기로 하는 맹세.

동맹(東盟)명 고구려 때, 해마다 시월에 일종의 추수 감사제로 행하던 국가적인 제천 의식. 참무천(舞天)·영고(迎鼓).

동맹-가(同盟家)명 훈록(勳錄)을 같이한 공신(功臣)의 집안.

동맹-국(同盟國)명 동맹을 맺은 당사국. 맹방(盟邦). 맹약국.

동맹^태업(同盟怠業)명 쟁의 행위의 한 가지. 근로자가 노동조합과 같은 근로자 단체의 통제 아래 집단적으로 태업을 행함으로써 기업주에 대항하는 일.

동맹^파:업(同盟罷業)명 노동 쟁의 행위의 한 가지. 근로자가 기업주를 상대로 하여, 일정한 요구 조건을 실현시키기 위한 수단으로, 집단적으로 노동의 제공을 거부하는 일. 동맹 휴업. 준파업. 참동맹 해고.

동맹^해:고(同盟解雇)명 같은 업종의 기업주가 근로자의 요구를 물리칠 목적으로 동맹하여 일제히 많은 근로자를 해고하는 일. 참동맹 파업.

동맹^휴교(同盟休校)[명] (어떤 조건 또는 목적을 달성하기 위하여) 학생들이 단결하여 수업을 거부하고 등교하지 않는 일. 동맹 휴학. [준]맹휴.
동맹^휴업(同盟休業)[명] ①☞동맹 파업. ②동일한 업종의 영업자들이 가격 인상 따위를 위하여 당국이나 소비자를 상대로 동맹하여 휴업하는 일.
동맹^휴학(同盟休學)[명] ☞동맹 휴교.
동-먹다[-따][자] 광맥이 거의 동이 나다.
동-메달(銅medal)[명] ①구리로 만들어 상(賞)으로 주는 메달. ②각종 운동 경기나 기능 대회 같은 데서 3위 입상자에게 주는 구릿빛 메달. 동패(銅牌). [참]금메달·은메달.
동:면(冬眠)[명][하자] 어떤 동물이 겨울 동안 생활 활동을 멈추고 땅속이나 물속에서 이듬해 봄까지 잠자는 상태에 있는 현상. 겨울잠. ↔하면.
동면(東面)[명] ①동쪽 면. ②[하자]동쪽을 향함.
동:면^요법(冬眠療法)[-뇨뻡][명] 약물을 사용하여 인공적으로 동면 상태를 만들어 환자를 치료하는 방법.
동명(同名)[명] 이름이 같음, 또는 같은 이름. ¶ 이 드라마는 동명의 소설을 극화한 것이다.
동:명(洞名)[명] 동네나 동의 이름.
동:-명사(動名詞)[명] 영어 따위에서, 동사와 명사의 기능을 함께 지닌 품사. 〔우리말에서 동사의 명사형과 비슷한 꼴.〕
동명-이인(同名異人)[명] 이름은 같으나 사람이 다름, 또는 그런 사람.
동명-일기(東溟日記)[명] 조선 순조 때 연안 김씨(延安金氏) 의유당(意幽堂)이 쓴 한글 기행문. 〔귀경대(龜景臺)의 일출과 월출의 광경을 묘사한 내용으로, '의유당일기(意幽堂日記)'의 한 부분임.〕
동:-명태(凍明太)[명] 겨울에 잡아 얼린 명태. [준]동태.
동:모(冬毛)[명] 겨울털. ↔하모(夏毛).
동모(銅鉾)[명] 청동기 시대에 고대인이 사용한, 구리로 만든 창 모양의 무기.
동모-매(同母妹)[명] 한 어머니에게서 난 누이. 동복누이. [준]모매.
동모-제(同母弟)[명] 한 어머니에게서 난 아우. 동복아우. 동복동생. [준]모제.
동몽(童蒙)[명] 아직 장가를 들지 않은 아이.
동몽-선습(童蒙先習)[명] 조선 중종 때, 박세무(朴世茂)가 엮은, 서당의 초급 교재. 〔오륜(五倫)의 요점과 총론, 우리나라와 중국의 역사 등을 간략하게 서술한 내용.〕
동무[명] ①벗. 친구. ②어떤 일을 하는 데 서로 짝이 되거나 함께 일하는 사람. 동지(同志). ③한 덕대 밑에서 같이 일을 하는 인부.
동무 따라 강남 간다[속담] 자기는 하고 싶지 않은데 남에게 끌려서 덩달아 같이 행동함을 이르는 말.
동무 사나워 뺨 맞는다[속담] 좋지 않은 동무를 사귀어, 그 동무의 잘못으로 남에게서 추궁받을 때 자기도 같이 욕을 당하게 된다는 말.
동무(東廡)[명] 문묘(文廟) 안의 동쪽 행각(行閣). 〔조선 시대에, 여러 유현(儒賢)의 위패를 배향했음.〕 ↔서무(西廡).
동무니[의] 윷놀이에서, 한 동에 어우른 말의 수를 나타내는 말. ¶ 두 동무니. /석 동무니. /넉 동무니.
동무-장사[명][하자] ☞동업(同業).
동무-하다[자][여] 서로 짝이 되어 행동을 같이하다. ¶ 동무하여 길을 떠나다.
동문(同文)[명] ①글이나 글자가 같음, 또는 같은 글이나 글자. ¶ 이하 동문. ②〈동문전보〉의 준말.
동문(同門)[명] 〈동문생〉의 준말. 동창(同窓). [비]동학(同學).
동문(東門)[명] 동쪽 문. 동쪽으로 난 문.
동:문(洞門)[명] ①동굴의 입구, 또는 거기에 세운 문. ②동네 어귀. ②동구(洞口).
동문-동궤(同文同軌)[명] 〈거동궤서동문(車同軌書同文)〉의 준말.
동문-동종(同文同種)[명] (서로 다른 두 나라가) 사용하는 문자가 같고 인종이 같음. 동종동문. ¶ 이웃해 있는 독일과 오스트리아는 동문동종이다.
동문-동학(同門同學)[명][하자] ☞동문수학.
동문-생(同門生)[명] 한 스승에게서 같이 배운 제자, 또는 같은 학교의 출신자. [준]동문.
동문서답(東問西答)[명][하자] 〔동쪽을 묻는데 서쪽을 대답한다는 뜻으로〕 묻는 말에 대하여 아주 딴판인 엉뚱한 대답.
동문-선(東文選)[명] 신라에서 조선 숙종 때까지의 시문(詩文)을 정선하여 모아 엮은 선집(選集). 조선 성종 때, 서거정(徐居正) 등이 편찬한 정편 130권과 중종 때 신용개, 숙종 때 송상기 등이 편찬한 속편 21권이 있음. 154권 45책.
동문-수학(同門修學)[명][하자] 한 스승 또는 한 학교에서 같이 학문을 닦고 배움. 동문동학.
동문-전보(同文電報)[명] 특수 취급 전보의 한 가지. 발신인이, 같은 착신국 관할인 여러 곳에 같은 글로 보내는 특별한 전보. [준]동문.
동문-회(同門會)[-회/-훼][명] ☞동창회.
동:물(動物)[명] 생물을 크게 둘로 분류한 것의 하나. 길짐승·날짐승·물고기·벌레·사람 따위를 통틀어 이르는 말. ↔식물.
동:물^검:역(動物檢疫)[명] 가축의 전염병 예방을 위하여, 수입하는 동물을 공항이나 항구에서 검역하는 일.
동:물-계(動物界)[-계/-게][명] 동물로 분류되는 생물의 세계, 또는 그 범위. ↔식물계.
동:물^공:포(動物恐怖)[명] 작은 벌레만 보아도 공연히 무서워하는 일종의 강박 관념. 〔주로, 정신 쇠약, 강박 신경증 따위로 말미암아 일어남.〕
동:물-납(動物蠟)[-랍][명] 동물체나 그 분비물 속에 들어 있는 납. 〔꿀벌의 밀랍(蜜蠟) 따위.〕
동:물-도감(動物圖鑑)[명] 여러 종류의 동물을 그림이나 사진으로 나타내고, 이에 설명을 곁들인 책.
동-물림[명][하타] 가늘고 긴 물건을 이을 때, 서로 맞대고 그 마디에 대는 장식.
동:물-상(動物相)[-쌍][명] 일정한 환경이나 사는 조건에 따라 분류된 전체 동물의 종류. ¶ 한반도의 동물상. /삼림 지대의 동물상. ↔식물상.
동:물-성(動物性)[-썽][명] ①동물의 본바탕이 되는 성질이나 체질. ②동물체로부터 얻어지는 것. ¶ 동물성 식품. /동물성 염료. ↔식물성.
동:물성^섬유(動物性纖維)[-썽-][명] 동물체에서 얻은 섬유. 주성분은 단백질과 비슷하여, 산성에는 강한 편이나 알칼리성에는 약함. 모(毛)나 견(絹) 따위.
동:물성-유(動物性油)[-썽뉴][명] 동물의 몸에서 짜낸 기름.
동:물-숭배(動物崇拜)[명] 자연 숭배의 한 가지. 원시 종교에서 동물을 신 또는 신의 화신(化身)으로 섬기던 일, 또는 그 신앙.

동:물^시험(動物試驗)명 생리학·병리학·세균학 등의 연구를 위하여, 인체 대신에 동물을 이용하는 시험. 〔주로, 쥐·토끼·고양이 등 작은 동물을 사용함.〕 동물 실험.
동:물^실험(動物實驗)명 ①☞동물 시험. ②생물 실험의 한 가지. 동물의 기능·형태를 연구할 목적으로, 동물을 사용하여 하는 실험.
동:물^심리학(動物心理學)[-니-]명 사람 이외의 동물의 행동을 연구 대상으로 하는 심리학. 〔동물 자체의 특성을 대상으로 하는 경우와 일반 심리학의 이론 구명을 위해 동물을 이용하는 경우가 있음.〕
동:물-원(動物園)명 온갖 동물을 먹여 기르면서 동물을 연구하는 한편, 일반에게 구경시키는 곳.
동:물-적(動物的)[-쩍]관명 ①살아 움직이며 생활하는 생명체와 같은 (것). ②지각이 없이 본능대로만 행동하는 동물의 본성과 같은 야만스러운 (것). ¶ 동물적 직감. /동물적인 식욕.
동:물^전:기(動物電氣)명 동물의 몸에서 일어나거나 흐르는 전기. 〔전기가오리 등이 발하는 전기.〕
동:물-질(動物質)[-찔]명 ①동물체를 이루는 물질. ¶ 동물질 비료. ②동물성의 식물(食物).
동:물-체(動物體)명 ①동물의 몸. ②동물의 형태.
동:물-학(動物學)명 동물의 분류·형태·생리·생태·분포·유전 등을 연구하는 생물학의 한 분야.
동:민(洞民)명 어떤 동네나 동에 사는 사람.
동-바명 (지겟다리에 매어 두었다가) 지게에 짐을 얹고 둘러매는 줄.
동-바리명 ①툇마루나 좌판 밑을 받치는 짧은 기둥. 동자기둥. 준동발. ②구덩이 양쪽에 세워서 버티는 통나무 기둥. ②갱목(坑木).
동바릿-돌[-리똘/-릳똘]명 동바리를 괸 돌.
동박-새[-쌔]명 동박샛과의 새. 참새와 비슷한데, 몸빛은 등 쪽이 녹색이고 배는 흰색이며 날개와 꽁지가 녹갈색임. 뚜렷한 백색의 눈 둘레가 특이함. 산기슭이나 잡목림에 삶. 우리나라에서는 제주도·울릉도 등의 섬 지방에 흔한 텃새임. 백안작(白眼雀).
동반(同伴)명하자타되자 ①함께 감. 데리고 감. 함께 옴. ¶ 아내를 동반하여 모임에 참가하다. ②어떤 현상 따위가 함께 발생하거나 나타남. ¶ 폭우를 동반한 태풍.
동반(同班)명 ①서로 같은 반. ②같은 반열(班列). ②동렬(同列).
동반(東班)명 왕조 때, 문관(文官)의 반열을 이르던 말. ↔서반(西班).
동반(銅盤)명 구리로 만든 쟁반.
동반(銅礬)명 명반과 황산동 및 초석을 섞어 만든 부식제 따위로 쓰는 화공 약품. 담녹색 막대 모양의 덩어리임.
동-반구(東半球)명 경도 0°에서 동쪽으로 경도 180° 선까지 이르는 지구의 반쪽 부분. ↔서반구.
동반-자(同伴者)명 ①짝이 되어 함께 가는 사람. ¶ 인생의 동반자. ②(어떤 운동에 직접 참여하지는 않으나) 뜻을 함께하는 사람. ¶ 동반자 의식. /사상적 동반자. ②비동조자.
동반자^문학(同伴者文學)명 동반 작가들의 문학.
동반^작가(同伴作家)[-까]명 프롤레타리아 혁명 이론은 지지하면서도 그 혁명 운동에는 적극 가담하지 않는 작가.
동-발명 ①지게의 아랫도리. ②〈동바리〉의 준말.
동발(銅鈸)명 국악의 금부(金部) 타악기의 한 가지. 양악의 심벌즈와 닮았음. 자바라·제금 따위와 기능이 비슷하며 속악(俗樂) 연주에 쓰임.
동방(同榜)명 같은 과거에 함께 급제하여 방목(榜目)에 같이 적힘, 또는 그 사람. 동년(同年).
동방(東方)명 ①동쪽. ②동부 지역. 동쪽 지방. ③☞오리엔트. ①②↔서방(西方).
동방(東邦)명 〔동쪽 나라라는 뜻으로〕 중국에 대하여 '우리나라'를 이르는 말.
동:방(洞房)명 ①☞침실. ②〈동방화촉〉의 준말.
동방^교:회(東方敎會)[-회/-훼]명 ☞그리스 정교.
동-방구리명 동이보다 배가 불룩하게 생긴 질그릇의 한 가지.
동방-급제(同榜及第)[-쩨]명 같은 때에 대과(大科)에 급제함.
동방^내:각(同傍內角)명 두 직선에 또 하나의 직선이 교차하여 이룬 8개의 각 중에서, 처음 두 직선의 안쪽으로 마주 보는 두 각.
동방^박사(東方博士)[-싸]명 성서에서, 예수가 탄생했을 때, 동쪽으로부터 별을 보고 찾아와서 아기 예수를 경배하고, 황금·유향·몰약의 세 가지 예물을 바쳤다는 세 명의 점성술가.
동방예의지국(東方禮儀之國)[-녜의-/-녜이-]명 〔예의를 잘 지키는 동쪽의 나라라는 뜻으로〕 예전에, 중국에서 '우리나라'를 이르던 말.
동방^정:교(東方正敎)명 ☞그리스 정교.
동:방-화촉(洞房華燭)명 혼례 후, 신랑이 신부의 방에서 첫날밤을 지내는 의식. 준동방.
동배명 사냥을 할 때, 몰이꾼과 목을 지키는 사람이 그 구실을 갈라 맡는 일.
동배(同輩)명 나이와 신분이 같거나 비슷한 사이의 사람. 동류(同流). 제배(儕輩).
동백(冬柏)명 동백나무의 열매.
동백-기름(冬柏-)[-끼-]명 동백나무의 씨에서 짠 기름. ¶ 동백기름을 발라 곱게 빗어 내린 머리.
동백-꽃(冬柏-)[-꼳]명 동백나무의 꽃. *동백꽃이[-꼬치]·동백꽃만[-꼰-]
동백-나무(冬柏-)[-뱅-]명 차나뭇과의 상록 교목. 따뜻한 지방의 산이나 바닷가에 많이 자라며 관상용으로 심기도 함. 잎은 길둥근데 두껍고 윤이 남. 이른 봄에 가지 끝에 붉은 꽃이 피고, 열매는 늦가을에 붉게 익음. 재배 품종은 꽃 모양이나 빛깔이 다양함. 씨에서 기름을 짬. 다매(茶梅). 산다(山茶).
동벽-토(東壁土)명 한방에서, 볕에 오래 쬔 동쪽 벽의 흙을 이르는 말. 〔초에 반죽하여 종기에 붙이거나 설사·곽란의 약재로 씀.〕
동:변(童便)명 한방에서, 열두 살 이하의 사내아이의 오줌을 약재로 이르는 말. 〔두통·학질·해수·종창 등에 쓰임.〕
동병(同病)명 같은 병.
동:병(動兵)명하자 군사를 일으킴.
동병-상련(同病相憐)[-년]명 〔같은 병의 환자끼리 서로 가엾게 여긴다는 뜻으로〕 어려운 처지에 있는 사람끼리 동정하고 도움. '오월춘추'의 '합려내전(闔閭內傳)'에 나오는 말임.
동보-무선(同報無線)명 통신사에서, 뉴스를 지국이나 계약된 신문사에 일제히 속보(速報)하는 방법.

동:복(冬服)명 겨울옷. ↔하복(夏服).
동복(同腹)명 한 어머니에게서 난 동기. ↔이복(異腹).
동:복(童僕·僮僕)명 사내아이 종. 동수(童豎).
동복각-선(同伏角線)[-깍썬]명 ☞등복각선.
동복-누이(同腹-)[-봉-]명 한 어머니에게서 난 누이. 동모매(同母妹).
동복-동생(同腹-)[-똥-]명 ☞동모제(同母弟).
동복-아우(同腹-)명 ☞동모제(同母弟).
동본(同本)명 같은 본관.
동봉(同封)명하타 같이 넣어 함께 봉함. ¶ 사진을 동봉합니다. ↔각봉(各封).
동부명 ①콩과의 일년생 만초. 아시아 남동부 원산의 재배 식물. 줄기는 다른 물건에 감기며 벋음. 잎은 세 쪽으로 된 겹잎이며, 여름에 나비 모양의 노란 꽃이 핌. 꽃이 진 뒤에 가느다란 꼬투리를 맺는데, 열매와 어린 깍지는 먹음. 광저기. ②동부의 열매.
동부(同父)명 아버지가 같음. 〔한 아버지에게서 태어났으나 어머니가 다른 경우를 이름.〕 ↔이부(異父).
동부(同符)명하자 ①같은 부호, 또는 부호가 같음. ②〔부절이 서로 들어맞는다는 뜻으로〕 두 가지의 물건이나 일이 짝이 잘 맞음. 꼭 맞는 짝을 이름. ¶ 古聖이 同符ᄒᆞ시니(龍歌*1*章).
동부(東部)명 ①어떤 지역에서의 동쪽 부분. ②조선 시대에, 한성을 5부로 나눈 구역 중의 동쪽 지역, 또는 그 지역을 관할하던 관아를 이르던 말.
동부(胴部)명 몸통. 동(胴). 동체(胴體).
동부(銅斧)명 구리나 청동으로 만든 도끼. 〔동기 시대, 청동기 시대의 산물임.〕
동:부동(動不動)부 꼼짝할 수 없이 꼭. 아니하지 못하고 반드시. ¶ 약속을 했으니 동부동 함께 갈 수밖에 없구나.
동부레기명 뿔이 날 만한 나이의 송아지.
동-부새(東-)명 농가에서 '동풍(東風)'을 달리 이르는 말.
동-부인(同夫人)명하자 아내를 동반함. ¶ 동부인해서 오세요.
동북(東北)명 ①동쪽과 북쪽. ②☞북동. ↔서남(西南).
동북-간(東北間)[-깐]명 동쪽과 북쪽과의 사이.
동-북동(東北東)[-똥]명 동쪽과 북동쪽의 중간이 되는 방위. 참북북동.
동북-풍(東北風)명 동북쪽으로부터 불어오는 바람. 북동풍. 염풍(炎風). 조풍(條風).
동-분리(同分利)[-불-]명하자 동업하는 사람끼리 이익을 똑같이 나눔.
동-분모(同分母)명 둘 이상의 분수에서 분모가 서로 같음. 비공통 분모. ↔이분모.
동분서주(東奔西走)명하자 여기저기 분주하게 다님. 동서분주. 동치서주(東馳西走). ¶ 막내딸 혼사 준비로 동분서주하다.
동분^이:성체(同分異性體)명 분자식은 같으나 성질이 다른 두 종 또는 그 이상의 화합물. 〔포도당과 과당 따위.〕
동:빙(凍氷)명하자되자 ☞결빙(結氷).
동:빙-한설(凍氷寒雪)명 〔얼음이 얼고 찬 눈이 내린다는 뜻으로〕 '매서운 추위'를 이르는 말.
동사(同死)명하자 같이 죽음. 죽음을 함께함.
동사(同事)명하자 영업을 같이함. 동업(同業). ¶ 일가친척과는 동사하는 게 아니다.
동사(東史)명 〔동쪽 나라의 역사라는 뜻으로〕 중국에서 우리나라 역사를 이르던 말.
동:사(洞祠)명 마을 공동으로 섬기는 동신(洞神)을 모시기 위해 지은 사당.
동:사(凍死)명하자 얼어 죽음.
동:사(動詞)명 사람이나 사물의 움직임이나 작용을 나타내는 말. 문장의 주체가 되는 말의 서술어가 되는 용언의 한 가지. 기능상으로는 본동사, 보조 동사로, 형태상으로는 규칙 동사, 불규칙 동사, 불완전 동사로, 동작의 미침에 따라 자동사·타동사로, 움직임의 성질에 따라 주동사·사동사·능동사·피동사로 나뉨. 움직씨. 참용언.
동사(銅絲)명 구리로 만든 가는 줄. 구리철사.
동사-강목(東史綱目)명 조선 영조 때, 안정복(安鼎福)이 지은 우리나라 역사책. 기자(箕子) 때로부터 고려에 이르기까지의 역사를 교재용으로 저술한 내용. 20권 20책.
동:사-구(動詞句)명 문장에서 동사처럼 서술어 구실을 하는 구. 〔'그는 매우 빨리 달린다.'에서의 '매우 빨리 달린다' 따위.〕
동:-사무소(洞事務所)명 행정 구역의 하나인 동의 행정 사무를 맡아보는 곳. 준동.
동산명 ①마을의 앞이나 뒤에 있는 자그마한 산. ②큰 집의 울안에 풍치로 만들어 놓은 작은 언덕이나 숲.
동:산(動産)명 모양이나 성질을 변하지 않게 하여 옮길 수 있는 재물, 곧 토지와 정착물 이외의 모든 유체물(有體物). ↔부동산.
동산(銅山)명 ☞동광(銅鑛).
동산-바치명 동산의 꽃이나 나무 따위를 가꾸고 손질하는 것을 업으로 삼는 사람. 원예사.
동-산소(同山所)명 두 집안의 무덤을 한 땅에 같이 씀. 참독산(獨山).
동:산^저:당(動産抵當)명 동산을 채무자가 점유한 채로 저당을 설정하는 일.
동:산-질(動産質)명 동산을 담보의 목적물로 하는 질권(質權). ↔부동산질.
동-살[1][-쌀]명 새벽에 동이 트면서 환히 비치는 햇살.
동살(이) 잡히다관용 동이 터서 훤한 햇살이 비치기 시작하다. ¶ 동살이 잡힐 무렵.
동-살[2][-쌀]명 창짝 따위의 가로지른 문살. 참장살.
동살-대[-쌀때]명 문짝 등에 가로 낀 문살.
동:삼(冬三)명 ①겨울. ②〈동삼삭(冬三朔)〉의 준말.
동:삼(童蔘)명 〈동자삼(童子蔘)〉의 준말.
동:삼-삭(冬三朔)명 ☞삼동(三冬). 준동삼.
동상(同上)명 위에 적힌 사실과 똑같음. 상동.
동상(東床·東牀·東廂)명 남을 높이어 그의 '새사위'를 일컫는 말.
동:상(凍上)명하자 겨울에, 땅속의 수분이 얼어 지표면이 부풀어 오르는 일. ¶ 동상 현상.
동:상(凍傷)명 심한 추위로 피부가 얼어서 상하는 일, 또는 그런 상처. ¶ 동상에 걸리다./동상을 입다.
동상(銅像)명 구리로 만든 사람의 형상.
동상(銅賞)명 '금·은·동'으로 상의 등급을 매길 때의 3등상.
동:상갑(冬上甲)명 입동(立冬)이 지난 뒤의 첫 갑자일(甲子日).
동상-례(東床禮)[-녜]명 혼례가 끝난 뒤 신랑이 신부의 집에서 마을 사람 및 친구들에게 음식을 대접하는 일.
동-상방(東上房)명 남향한 대청의 왼편에 안방이 있는 집. ↔서상방(西上房).

동상-이몽(同牀異夢)명 〔같은 잠자리에서 다른 꿈을 꾼다는 뜻으로〕 겉으로는 같은 행동을 하면서도 속으로는 각각 딴생각을 함을 이르는 말.
동상-전(東床廛)명 조선 말기까지, 서울 종로의 종각(鐘閣) 뒤에서 재래식 잡화를 팔던 가게.
동색(同色)명 ①같은 빛깔. ②같은 파벌. ¶ 초록은 동색이다.
동생(同生)명 ①아우와 손아랫누이를 통틀어 일컫는 말. ¶ 동생을 보다. ②같은 항렬에서 자기보다 나이가 적은 사람.
동생-공사(同生共死)명하자 서로 생사(生死)를 같이함.
동서(同棲)명하자 ①(서로 다른 종류의 동물이) 한곳에서 함께 삶. ②법적인 부부가 아닌 남녀가 한집에서 부부의 관계를 맺고 같이 삶. ②동거.
동서(同壻)명 형제의 아내끼리나 자매의 남편끼리의 관계, 또는 그런 관계의 사람끼리 서로를 일컫는 말.
동서(東西)명 ①동쪽과 서쪽. ②동양과 서양. ③〔'동서 양 진영'이 줄어서 된 말로〕 자유 진영과 공산 진영을 이르는 말.
 동서를 모르다관용 영문을 모르다. 앞뒤를 분간할 줄 모르다.
동서-고금(東西古今)명 〔동양과 서양, 옛날과 지금이란 뜻으로〕 인간 사회의 모든 시대 모든 곳. ¶ 동서고금을 통하여 그 유례를 찾아볼 수 없다.
동서남북(東西南北)명 동쪽과 서쪽과 남쪽과 북쪽, 곧 사방.
동서-분주(東西奔走)명하자 ☞동분서주.
동서불변(東西不辨)명 동쪽과 서쪽을 분별하지 못할 정도로 아무것도 모름.
동-서양(東西洋)명 동양과 서양. 온 세계.
동서^체제(東西體制)명 공산주의 진영과 자유주의 진영의 사상적 대립 체제.
동석(同席)명 ①같은 석차. ②하자자리를 같이 함, 또는 같은 자리. ②일좌(一座).
동:석(凍石)명 아주 질이 고운 활석(滑石)의 한 가지. 회색·백색·담녹색 등 빛이 여러 가지인데, 도장이나 조각 재료로 쓰임. 〔곱돌이나 석필석이 이에 딸림.〕
동:선(冬扇)명 〈동선하로〉의 준말.
동선(同船)명하자 배를 같이 탐. 동주(同舟).
동선(銅線)명 구리 철선. 구리줄.
동:선(動線)명 (어떤 일을 할 때) 몸이 주로 움직이는 거리와 방향을 나타내는 선. ¶ 동선을 최소화한 부엌.
동:선-하로(冬扇夏爐)명 〔겨울 부채와 여름 화로라는 뜻으로〕 때에 맞지 않아 쓸데없는 사물을 비유하여 이르는 말. ㊟동선.
동섬서홀(東閃西忽)명 〔동에 번쩍하고 서에 얼씬한다는 뜻으로〕 바쁘게 이리 갔다 저리 갔다 함을 이르는 말.
동성(同性)명 ①(남녀·암수의) 같은 성(性). ¶ 동성 친구. ②같은 성질. ↔이성(異性).
동성(同姓)명 같은 성씨. ↔이성(異姓).
동성-동명(同姓同名)명 같은 성에 이름도 같음. 동성명.
동성-동본(同姓同本)명 성과 본관이 같음.
동-성명(同姓名)명 ☞동성동명.
동성불혼(同姓不婚)명 같은 부계(父系) 혈족 간의 결혼을 피하는 일.
동성-상응(同聲相應)명 같은 무리끼리 서로 통하여 응함. 동기상구(同氣相求).
동성-아주머니(同姓-)명 '고모(姑母)'를 친근하게 일컫는 말.
 동성아주머니 술도 싸야 사 먹지속담 아무리 친분이 두터워도 잇속 없는 관계는 맺지 않는다는 말.
동성-애(同性愛)명 동성끼리 하는 연애. 동성연애.
동성-연애(同性戀愛)[-녀내]명 ☞동성애. ㊟레즈비언·호모.
동:세(動勢)명 (그림이나 조각에서 느껴지는) 운동감. 생동감.
동소(同素)명 ①같은 소질. ②동소체를 이루는 원소. 〔숯과 금강석의 동소는 탄소임.〕
동소-체(同素體)명 같은 원자로 구성되었으면서 그 구조와 성질이 다른 홑원소 물질. 〔금강석·숯·흑연은 모두 탄소의 동소체이며, 황린·적린은 인(燐)의 동소체임.〕 ㊟홑원소 물질.
동수(同數)명 같은 수효.
동:수(童竪)명 ①☞동자(童子). ②☞동복(童僕).
동숙(同宿)명하자 ①같은 방에서 함께 잠. 반침(伴寢). ②같은 여관이나 호텔 또는 하숙집에서 함께 묵음.
동승(同乘)명하자 (탈것에) 함께 탐.
동시(同時)명 ①같은 때. 같은 시간. ¶ 동시 진행. /동시 상영. ②《주로 '동시에'의 꼴로 쓰이어》 ㉠아울러. ¶ 그는 대학교수인 동시에 의사다. ㉡곧바로 잇달아. ¶ 도착과 동시에 출발하다.
동시(同視)명하타 ①같은 것으로 봄. 같게 봄. 동일시. ②차별 없이 똑같이 대우함. 한결같이 대우함.
동:시(凍屍)명 얼어 죽은 시체. 강시(僵屍).
동:시(童詩)명 어린이를 위한 시. 동심(童心)의 세계를 표현한 시.
동시^녹음(同時錄音)명 발성 영화 촬영에서, 촬영과 동시에 녹음하는 일.
동-시대(同時代)명 같은 시대. ¶ 춘원과 육당은 동시대 사람이다.
동시^대:비(同時對比)명 서로 다른 두 양상의 특징이나 특성을 명확히 파악하기 위하여 동시에 대비하는 방법. 〔흔히, 절대적 기준이나 척도의 설정이 불가능한 감정이나 감각을 비교할 때 쓰는 심리학적 방법임.〕
동시^설립(同時設立)명 ☞단순 설립.
동시-통역(同時通譯)명 외국어로 하는 말을 동시에 통역함.
동:-식물(動植物)[-싱-]명 동물과 식물.
동:신-제(洞神祭)명 마을을 지켜 주는 신에게 동민이 함께 드리는 제사. 동제(洞祭). 당제(堂祭).
동실[1]부 작은 물건이 가볍게 떠 있는 모양. ¶ 파란 가을 하늘에 구름 한 점이 동실 떠 있다. ㊔둥실[1]. **동실-동실**부하자.
동실[2]부하형 동글고 토실한 모양. ¶ 동실한 얼굴을 가진 아이. ㊔둥실[2]. **동실-동실**부하형.
동심(同心)명 ①하자마음을 같이함, 또는 같은 마음. ②몇 개의 도형이 모두 같은 중심을 가지는 일.
동:심(動心)명하자 마음이 움직임.
동:심(童心)명 어린이의 마음, 또는 어린이의 마음처럼 순진한 마음. ¶ 동심으로 돌아가 마음껏 즐기다.
동심-결(同心結)명 두 고를 내고 맞죄어서 매는 매듭. 〔납폐(納幣)에 쓰는 실이나 염습(殮襲)의 띠를 매는 매듭 따위.〕
동심-선(同深線)명 ☞등심선.
동심-원(同心圓)명 중심을 같이하나 반지름이 다른 두 개 이상의 원.

동ː아명 박과의 일년생 만초. 줄기는 굵고 모가 졌으며, 덩굴손으로 다른 것에 기어오름. 잎은 어긋매껴 나고 심장형인데, 여름에 노란 꽃이 핌. 가을에 호박 비슷한 열매가 익음. 열대 아시아 원산으로 각지에서 재배함. 동과(冬瓜).
동아 속 썩는 것은 밭 임자도 모른다속담 남이 혼자 속으로만 하는 걱정은 아무리 가깝게 지내는 사람도 알 수 없다는 말.
동ː아(冬芽)명 ☞겨울눈.
동아(東亞)명 〈동아시아〉의 준말.
동ː아(凍餓)명 (입을 것과 먹을 것이 없어서) 춥고 배고픔.
동아(筒兒)명 ☞동개.
동아리명 ①긴 물건의 한 부분. ¶ 아랫동아리. /가운뎃동아리. ②(같은 뜻을 가지고) 패를 이룬 무리. ¶ 한 동아리에 끼다. /사진 동아리에 가입하다.
동ː아-섞박지[-석빡찌]명 동아로 담근 섞박지.
동-아시아(東Asia)명 아시아의 동부. 〔한국·중국·일본 등이 자리잡은 지역.〕 준동아.
동아-줄명 튼튼하고 굵게 드린 줄.
동안명 ①(어느 때로부터 어느 때까지의) 시간적 사이. ¶ 잠깐 동안. /외출하고 없는 동안. ②두 사람 사이의 떨어진 촌수나 두 지점 사이의 거리. ¶ 동안이 멀다.
동안(이) 뜨다관용 ①시간이 꽤 걸리다. ②거리가 좀 멀다. ¶ 마을에서 동안이 뜬 곳에 새 학교를 짓다.
동안(東岸)명 (강·바다·호수의) 동쪽 기슭. ↔서안(西岸).
동ː안(童顔)명 ①어린이의 얼굴. ②(나이 든 사람의) 어린아이와 같은 얼굴. ¶ 동안이라 아무도 그를 30대로 보지 않는다.
동ː안거(冬安居)명하자 중이 음력 시월 열닷샛날부터 석 달 동안 한곳에 모여 참선 수행하는 일. 참안거·하안거(夏安居).
동ː압(動壓)명 〈동압력〉의 준말. ↔정압(靜壓).
동ː-압력(動壓力)[-암녁]명 유체(流體)의 운동을 막았을 때 생기는 압력. 준동압.
동액(同額)명 같은 액수. 같은 금액.
동ː야(冬夜)명 겨울밤.
동ː야(凍野)명 ☞툰드라.
동양(同樣)명 같은 모양.
동양(東洋)명 동쪽 아시아 일대. 〔중국과 인도의 문화권에 속하는 대부분의 아시아 지역.〕 ↔서양.
동ː양(動陽)명하자 양기(陽氣)가 동함.
동양-미(東洋美)명 동양의 특색을 지닌 아름다움.
동양-사(東洋史)명 동양 여러 나라의 역사. ↔서양사.
동양^음악(東洋音樂)명 동양의 여러 민족 사이에 전해 내려오는 고유한 양식의 음악. 〔우리나라의 아악(雅樂), 중국의 당악 따위.〕
동양-적(東洋的)관명 동양의 특색이나 특징을 가진 (것). ¶ 동양적 눈매. ↔서구적.
동양-학(東洋學)명 동양의 문화, 곧 동양의 언어·문학·역사·풍습·제도·예술 따위를 연구하는 학문.
동양-화(東洋畫)명 한국·중국·일본 등에서 발달한 독특한 화풍과 화법의 그림. 〔주로, 먹을 사용하며, 화선지나 비단에 산수·사군자 등을 제재로 하여 그림.〕 ↔서양화.
동어(-魚)명 숭어의 새끼.
동어(鮦魚)명 ☞가물치.
동어^반ː복(同語反覆)명 잘못된 정의의 한 가지. 정의되는 말을 되풀이하여 정의하는 일.
동업(同業)명 ①같은 종류의 직업이나 영업. ②하자같은 장사를 두 사람 이상이 함께하는 영업, 또는 그렇게 영업함. 동사(同事). 동무장사. ¶ 친구와 동업하다.
동업-자(同業者)[-짜]명 ①같은 종류의 직업이나 영업에 종사하는 사람. ②함께 사업을 하는 사람.
동ː여(動輿)명하자 왕세자가 대궐 밖으로 행차함.
동여-매다타 ①(줄이나 헝겊 따위로) 감아 묶어 흩어지거나 움직이지 못하게 하다. ¶ 이삿짐을 동여매다. ②마음대로 행동하지 못하게 하다.
동ː-역학(動力學)[-녀칵]명 물체의 운동과 힘의 관계를 연구하는 역학의 한 분야. ↔정역학(靜力學).
동연(同硯)명하자 ☞동접(同接).
동연(同然) '동연하다'의 어근.
동연-개념(同延槪念)명 ☞등가 개념.
동연-하다(同然-)형여 다름이 없다. 똑같이 그러하다. **동연-히**부.
동ː-영상(動映像)[-녕-]명 컴퓨터 모니터의 화상(畫像)이 텔레비전의 화상처럼 움직이는 영상.
동ː온하정(冬溫夏凊)명하자 〔추운 겨울에는 따뜻하게, 더운 여름에는 시원하게 해 드린다는 뜻으로〕 '부모를 잘 모시고 섬기어 효도함'을 이르는 말. 준온정(溫凊).
동-옷[-옫]명 남자가 입는 저고리. 동의(胴衣).
＊동옷이[-오시]·동옷만[-온-]
동ː와(童瓦)명 ☞수키와.
동ː요(動搖)명하자 되자 ①움직이고 흔들림. ¶ 풍랑에 배가 심하게 동요되었다. ②불안한 상태에 빠짐. ¶ 마음의 동요.
동ː요(童謠)명 어린이들이 즐겨 부르는 노래, 또는 어린이를 위하여 지은 노래. 동가(童歌).
동ː용(動容)명 행동과 차림새.
동우(同憂)명하자 근심을 같이함.
동ː우(凍雨)명 ①(겨울에 내리는) 매우 찬 비. ②비가 내릴 때, 빙점하의 한랭층을 지나기 때문에 얼어서 떨어지는 비. 우박 비슷하나 맑고 투명함.
동우-회(同友會)[-회/-훼]명 일정한 목적 아래 취미와 뜻이 같은 사람끼리 모여서 만든 모임. ¶ 사진 동우회.
동운(彤雲)명 붉은 구름.
동ː원(凍原)명 ☞툰드라.
동ː원(動員)명 ①전쟁과 같은 비상사태 때, 국력을 효과적으로 발휘하기 위하여 국가가 나라 안의 모든 인적·물적 자원을 통제·운용하는 일. ¶ 전쟁과 동시에 모든 차량은 군사 목적에 동원되었다. ↔복원(復員). ②병력(兵力)의 일부 또는 전부를 전쟁과 같은 사태에 대처할 수 있는 태세로 바꾸는 일. ¶ 예비군 동원 훈련. ③하타 되자(어떤 일이나 행사를 위하여) 사람이나 물자나 수단 따위를 한데 모으는 일. ¶ 학생을 동원하다.
동ː원-령(動員令)[-녕]명 국가 비상시에, 선포 또는 통지에 의하여 병력이나 군수 물자 따위를 동원하기 위하여 내리는 명령. ¶ 동원령이 선포되다. ↔복원령.
동원-비기(東園祕器)명 조선 시대에, 왕실에서 쓰던 관(棺). 〔장생전(長生殿)에서 만들어 두었다가 필요할 때 썼음.〕
동ː월(冬月)명 겨울 밤의 달.
동위(同位)명 ☞등위(等位).

동위-각(同位角)명 두 직선이 다른 한 직선과 만날 때, 각 직선이 같은 쪽에서 그 직선과 이루는 한 쌍의 각. 등위각(等位角).

동위^개ː념(同位概念)명 동일한 유개념(類概念)에 딸린 종개념(種概念)끼리의 관계. 등급 개념. 병립 개념.

동위^원리(同位原理)[-월-]명 동일률(同一律)이나 모순율(矛盾律)·배중률(排中律)을 통틀어 이르는 말.

동위^원소(同位元素)명 원자 번호는 같으나 질량수가 다른 원소. 〔질량수가 1인 수소와 2인 중수소 따위.〕 동위체(同位體).

동위-체(同位體)명 ☞동위 원소.

동유(桐油)명 유동(油桐)의 씨에서 짜낸 건성유(乾性油).

동ː유(童幼)명 어린이.

동-유ː럽(東Europe)명 동부 유럽. 유럽의 동부에 있는 여러 국가 지역. 동구(東歐). ↔서유럽.

동유-칠(桐油漆)명 동유에 활석(滑石) 등을 섞어 안료(顔料)를 가해 만든 도료.

동음(同音)명 같은 성음(聲音). 같은 소리. 한소리.

동음-어(同音語)명 글자의 음은 같으나 뜻이 다른 낱말. 배〔腹〕·배〔船〕·배〔梨〕 따위. 동음이의어.

동음-이의(同音異義)[-의/-이]명 글자의 음은 같으나 뜻이 다름.

동음이의-어(同音異義語)[-의-/-이-]명 ☞동음어.

동음-이자(同音異字)명 발음은 같으나 글자가 다른 것, 또는 그 글자.

동ː의(冬衣)[-의/-이]명 겨울옷.

동의(同意)[-의/-이]명 ①같은 뜻. ②같은 의견. ③하자 제기된 주장, 의견 등에 대하여, 의견을 같이함. ¶ 아버지의 동의를 구하다. /결혼에 동의하다. ③비 찬성[1]·찬의.

동의(同義)[-의/-이]명 (말의) 뜻이 같음. 같은 뜻. ↔이의(異義). 참 동의(同意).

동의(同議)[-의/-이]명 의견이 같은 의논. ↔이의(異議).

동의(胴衣)[-의/-이]명 ①☞동옷. ②☞조끼.

동ː의(動議)[-의/-이]명하타 회의 중에 예정된 의안 이외의 의제(議題)를 제의하는 일, 또는 그 의제. ¶ 동의와 재청.

동의-대(-衣襨)[-의-/-이-]명 '저고리'의 궁중말.

동의-보감(東醫寶鑑)[-의-/-이-]명 조선 선조 때, 허준(許浚)이 편찬한 한방(韓方) 의서.

동의-어(同義語·同意語)[-의-/-이-]명 어형(語形)은 다르나 뜻이 같은 말. ↔반의어.

동이명 질그릇의 한 가지. 양옆에 손잡이가 있으며 모양이 둥글고 아가리가 넓음. 흔히, 물을 긷는 데에 쓰임.

동이(東夷)명 사이(四夷)의 하나. '동쪽 오랑캐'라는 뜻으로, 지난날 중국에서 그들의 동쪽에 사는 이민족을 얕잡아 이르던 말.

-동이(童-)접미 '-둥이'의 잘못.

동이다타 (끈이나 줄 따위로) 감거나 두르거나 하여 묶다. ¶ 친친 동이다.

동이-연(-鳶)명 머리나 허리에 띠를 두른 연.

동인(同人)명 ①같은 사람. ¶ 이명(異名) 동인. ②앞서 말한 그 사람. ③뜻이나 취미를 같이하는 사람. ¶ 시문학 동인. ④〈동인괘〉의 준말.

동인(同仁)명 친소(親疏)의 차별 없이 널리 평등하게 사랑하는 일.

동인(同寅)명 지난날, 높은 벼슬아치들이 서로 '동료(同僚)'라는 뜻으로 쓰던 말.

동인(東人)명 조선 선조 때, 김효원(金孝元)을 중심으로 형성된 당파의 하나, 또는 그 당파에 속한 사람. ↔서인(西人).

동ː인(動因)명 어떤 사물 현상을 일으키거나 변화시키는 원인. ¶ 폭동의 동인이 된 사건.

동인(銅人)명 침술(鍼術)을 배우는 데 쓰는, 구리로 만든 사람의 형상.

동인(銅印)명 구리로 만든 도장. 동장(銅章).

동ː인(瞳人·瞳仁)명 ☞눈부처.

동인-괘(同人卦)명 육십사괘의 하나. 건괘(乾卦)와 이괘(離卦)를 위아래로 놓은 괘. 하늘과 불을 상징함. 준 동인.

동인-도(銅人圖)명 침술(鍼術)을 배우는 데 쓰는, 경락과 경혈을 보인 사람 몸의 그림.

동인-잡지(同人雜誌)[-찌]명 기업 출판에 의하지 않고, 뜻을 같이하는 문학인끼리 자기네의 작품을 발표하기 위하여 내는 잡지. 준 동인지.

동인-지(同人誌)명 〈동인잡지〉의 준말.

동ː일(冬日)명 겨울날.

동일(同一)명하형 ①다른 데가 없이 똑같음. 차이가 없이 똑같음. ¶ 동일한 문제. /동일한 형태. ②각각의 것이 아니라 하나임. ¶ 동일 인물.

동일(同日)명 ①같은 날. ¶ 동일 오전 7시에 출발하다. ②그날. ¶ 동일 이후.

동일^개ː념(同一概念)명 내포(內包)와 외연(外延)이 똑같은 개념.

동일-률(同一律)명 하나의 사고 과정 안에서 쓰이는 개념은 동일한 뜻과 내용을 가지고 있어야 한다는 법칙.

동일-설(同一說)명 ☞동일 철학.

동일-성(同一性)[-썽]명 둘 이상의 사물이 서로 구별할 수 없을 만큼 성질이 같은 일.

동일-시(同一視)[-씨]명 ①하타 되자 둘 이상의 대상을 똑같은 것으로 봄. 동시(同視). ¶ 어른과 어린아이를 동일시하다. ②심리학에서, 남과 자기를 같은 것으로 여기어 욕구를 실현하려고 하는 심리 현상을 이르는 말. ¶ 영화의 주인공을 자기와 동일시하다.

동일^철학(同一哲學)명 철학에서, 물질과 정신, 주관과 객관은 본질적으로 동일한 것이며, 하나의 절대적 실체가 현상으로서 달리 나타나는 데 불과하다고 주장하는 학설. 동일설.

동일-체(同一體)명 ①같은 몸. ②질이나 형상이 서로 같은 물체.

동ː임(洞任)명 동리의 공임에 종사하는 사람.

동자명하자 부엌일. 밥 짓는 일.

동ː자(童子)명 나이 어린 사내아이. 동수(童豎).

동ː자(瞳子)명 눈동자. 동공(瞳孔).

동ː자-기둥(童子-)명 들보 위에 세우는 짧은 기둥. 동자주(童子柱). 쪼구미.

동ː자-꽃(童子-)[-꼳]명 석죽과의 다년초. 산지에 절로 나는데, 줄기는 꼿꼿이 서고 마디가 뚜렷하며 높이는 40~100 cm. 길둥근 잎은 마주나고 잎꼭지가 없으며, 초여름에 주홍색 다섯잎꽃이 핌. * 동ː자꽃이[-꼬치]·동ː자꽃만[-꼰-]

동ː자-목(童子木)명 장롱 서랍 따위의 사이를 칸 막아서 짜는 좁은 나무.

동ː자-보살(童子菩薩)명 ①'어린 사내아이의 죽은 귀신'을 이르는 무당의 말. ②사람의 양쪽 어깨에 있다는 귀신. ②동자부처.

동ː자-부처(童子-)명 ☞동자보살.

동ː자-부처(瞳子-)명 ☞눈부처.

동ː자-삼(童子蔘)명 어린아이 모양으로 생긴 산삼(山蔘). ㊂동삼.
동ː자-석(童子石)명 ①동자의 형상으로 만들어서 무덤 앞에 세우는 돌. ②돌 난간의 기둥 사이의 죽석(竹石)을 받치는 돌. ②동자주.
동ː자-승(童子–)명 ☞동자중.
동자-아치명 부엌일을 맡아 하는 여자 하인. ㊂동자치.
동ː자-주(童子柱)명 ①☞동자기둥. ②☞동자석.
동ː자-중(童子–)명 나이가 어린 중. 동자승.
동ː자-치명 〈동자아치〉의 준말.
동ː작(動作)명 ①(무술이나 춤 따위에서) 특정한 형식을 갖는 몸이나 손발의 움직임. ¶ 발차기 동작. ②하자 무슨 일을 하려고 몸을 움직임, 또는 그런 몸놀림. ¶ 기민한 동작. /동작이 빠르다.
동ː작-상(動作相)[–쌍]명 문장 안에서, 주체의 동작의 상태를 나타내는 어법상의 표현. 〔'아우가 지금 책을 읽는다.', '아우가 지금 책을 읽고 있다.', '아우가 지금 책을 읽고 있는 중이다.'의 꼴로, 진행과 같은 동작의 상태를 보임.〕
동ː작^전ː류(動作電流)[–쩔–]명 생물의 신경이나 근육·감각기·분비선 따위가 활동할 때 흐르는 미약한 전류.
동ː잠(動箴)명 사물잠(四勿箴)의 하나. 예가 아니거든 움직이지 말라는 규계(規戒).
동ː장(洞長)명 동의 사무를 통할하는 사람.
동장(銅章)명 ①☞동인(銅印). ②구리로 만든 휘장 따위를 통틀어 이르는 말.
동ː-장군(冬將軍)명 〔겨울 장군이라는 뜻으로〕 '겨울의 매운 추위'를 이르는 말.
동재(同齋)명하자 절에서, '부엌일'을 이르는 말.
동재(東齋)명 성균관이나 향교의 명륜당(明倫堂) 앞 동쪽에 있는 집. 〔유생(儒生)들이 거처하며 글을 읽는 곳.〕
동저(東儲)명 임금의 자리를 이을 왕자. 곧, 왕세자(王世子)를 이르는 말.
동-저고리명 〈동옷〉의 속된 말.
동ː-적(動的)[–쩍]관명 ①움직이고 있는 (것). ¶ 동적 상태. ②약동하고 있는 (것). ¶ 동적인 묘사. ↔정적(靜的).
동전(銅錢)명 구리나 구리의 합금으로 만든 주화(鑄貨)를 두루 이르는 말. 〔백통전·적동전 따위.〕 동화(銅貨).
동ː-전기(動電氣)명 회로를 따라 유동하고 있는 전기. ↔정전기.
동ː-전력(動電力)[–절–]명 ☞기전력. 전동력.
동ː절(冬節)명 겨울철. 동계. 동기(冬期).
동점(同點)[–쩜]명 같은 점수. 같은 득점. ¶ 동점을 받다. /동점 타(打)를 치다.
동점(東漸)명하자 (어떤 것의 세력이나 영향 따위가) 차차 동쪽으로 옮아감. ¶ 서양 문화의 동점. ↔서점(西漸).
동점(東點)[–쩜]명 지평선과 자오선이 만나는 북점에서 동쪽으로 90° 되는 점.
동점(銅店)명 ☞동광(銅鑛).
동접(同接)명하자 같은 곳에서 함께 공부함, 또는 함께 공부한 동무. 동연(同硯).
동정명 한복에서, 저고리 깃 위에 조붓하게 덧대는 흰 헝겊 오리.
　동정 못 다는 며느리 맹물 발라 머리 빗는다 속담 일솜씨는 없는 주제에 겉치레만 꾸미려 함을 비꼬아 이르는 말.
동정(同定)명하자 생물의 분류학상의 소속을 정하는 일.
동정(同情)명하자타 남의 불행이나 슬픔 따위를 자기 일처럼 생각하여 가슴 아파하고 위로함. ¶ 따뜻한 동정의 손길. /남의 동정을 사다. /동정을 베풀다.
동정(東征)명하자 동방(東方)을 정벌함.
동ː정(動靜)명 (어떤 행동이나 상황 등이) 전개되거나 변화되어 가는 낌새나 상태. ¶ 정국의 동정. /적의 동정을 살피다. ㊉동태·동향.
동ː정(童貞)명 ①이성과 아직 성적 관계를 가진 일이 없는 사람, 또는 그러한 상태. ②가톨릭에서, '수도자'를 이르는 말. ③☞동정남.
동정-금(同情金)명 남의 딱한 형편을 돕는 뜻으로 주는 돈.
동ː정-남(童貞男)명 동정인 남자. 동정. ㊂동남. ↔동정녀.
동ː정-녀(童貞女)명 ①동정인 여자. ㊂동녀. ↔동정남. ②기독교에서, '성모 마리아'를 이르는 말.
동ː정^생식(童貞生殖)명 인공적인 단성(單性) 생식의 한 가지. 핵을 제거한 난세포에 정자를 넣어 발생시킴.
동정서벌(東征西伐)명하자 여러 나라를 이리저리 정벌함. ¶ 대장인(大將印)을 요하(腰下)에 빗기 차고 동정서벌하여, 국가에 대공을 세우고…(許筠.洪吉童傳).
동ː정-설(童貞說)명 성모 마리아가 동정녀의 몸으로 성령(聖靈)의 감응을 받아 잉태하여 예수를 낳았다는 설.
동정-심(同情心)명 남의 불행이나 슬픔 따위를 자기 일처럼 생각하여 가슴 아파하고 위로하는 마음. ¶ 동정심을 불러일으키다.
동정^파ː업(同情罷業)명 동맹 파업을 하고 있는 노동자를 돕고 지원하기 위하여 다른 직장의 근로자가 행하는 동맹 파업.
동ː제(洞祭)명 ☞동신제.
동제(銅製)명 구리로 만듦, 또는 그 물건.
동-제품(銅製品)명 구리로 만든 물건.
동조(同祖)명 같은 조상.
동조(同調)명 ①음악에서, 같은 조성(調性). ②시(詩)에서, 같은 음조나 같은 율격. ③하자 남의 의견이나 주장 따위에 찬동하여 따름. 보조를 같이함. ¶ 동조를 구하는 눈빛을 보내다. /상대편의 의견에 동조하다. ④라디오 따위의 수신 장치가 특정한 주파수의 전파와 공진(共振)하도록 조절함.
동조(東朝)명 왕조 때, 정치에 관여하게 된 태후(太后)가 정사를 보던 곳.
동조-기(同調器)명 텔레비전 수상기나 라디오 수신기 따위에서, 목적하는 주파수를 맞출 때 쓰도록 된 손잡이. 튜너.
동조^바리콘(同調 varicon)명 라디오 수신기 등의 동조 회로에 쓰이는 바리콘.
동조-자(同調者)명 어떤 의견이나 주장 따위에 찬동하여 뜻과 행동을 함께하는 사람. ㊉동반자.
동조^회로(同調回路)[–회–/–훼–]명 외부의 전기적 진동과 같은 고유 진동수를 가지고, 이것과 공진(共振)하는 전기 회로. 공진 회로.
동족(同族)명 ①같은 겨레붙이. ↔이족(異族). ②☞동종(同宗).
동ː족-방뇨(凍足放尿)[–빵–]명 〔언 발에 오줌 누기라는 뜻으로〕 '한때 도움이 될 뿐 곧 효력이 없어져 더 나쁘게 되는 일'을 이르는 말.

동족-상잔(同族相殘) [-쌍-] 명 하자 같은 겨레끼리 서로 싸우고 죽이는 일. 민족상잔. ¶ 6·25 전쟁은 동족상잔의 비극이었다. 비 동족상쟁.

동족-상쟁(同族相爭) [-쌍-] 명 하자 같은 겨레끼리 서로 싸움. 비 동족상잔.

동족-애(同族愛) 명 (동족에 대한) 동족으로서의 사랑. 동족끼리의 사랑.

동족-체(同族體) 명 동족 계열에 딸린 유기 화합물.

동존(同存) 명 하자 함께 생존함. 함께 있음. 공존(共存).

동종(同宗) 명 ①같은 종파(宗派). ②동성동본인 사람. 동족(同族).

동종(同種) 명 같은 종류. 동류(同類). ¶ 동종 업종에 종사하다.

동종(銅鐘) 명 구리로 만든 종. 구리종.

동종-동문(同種同文) 명 ☞동문동종.

동좌(同坐) 명 하자 자리를 같이하여 앉음.

동주(同舟) 명 하자 한 배에 같이 탐. 동선(同船).

동주-상구(同舟相救) 명 〔한 배를 탄 사람은 배가 전복될 때 서로 힘을 모아 구조한다는 뜻으로〕 '이해를 함께하는 사람은 서로 돕게 됨'을 비유하여 이르는 말.

동줄[-쭐] 명 물레의 둥근 테를 얽어매는 줄.

동-줄기[-쭐-] 명 말이나 소의 등에 실은 짐 위에 걸어 배에 둘러서 졸라매는 줄.

동ː중(洞中) 명 ☞동내(洞內).

동중-원소(同重元素) 명 질량수는 같으나 원자 번호가 다른 원소. 동중체.

동중-체(同重體) 명 ☞동중원소.

동지(冬至) 명 ①이십사절기의 하나. 대설(大雪)과 소한(小寒) 사이로, 12월 22일경임. 북반구에서는 연중 밤이 가장 긴 날. 이 무렵이 한 해 중에서 밤이 가장 길다고 함. 남지(南至). ↔하지(夏至). 참 아세(亞歲). ②〈동짓달〉의 준말.

동지(同志) 명 뜻을 같이하는 일, 또는 그런 사람. 동무. ¶ 동지를 규합하다.

동ː지(動止) 명 ①움직이는 일과 멈추는 일. ②☞행동거지. 거동. ¶ 때와 곳을 가려서 동지가 분명해야 한다.

동지-사(冬至使) 명 조선 시대에, 해마다 동짓달에 중국으로 보내던 사신.

동지-상사(冬至上使) 명 동지사의 우두머리.

동지-선(冬至線) 명 '남회귀선'을 달리 이르는 말.

동지-섣달(冬至-) [-딸] 명 ①동짓달과 섣달을 아울러 이르는 말. ¶ 동지섣달 지나가고 한 해가 다 가는구나. ②한겨울.

동지^시식(冬至時食) 명 ☞동지 팥죽.

동지-점(冬至點) [-쩜] 명 황도 위에서 춘분점의 서쪽 90° 되는 점. 태양이 이 점을 지날 때가 동지임. 참 하지점.

동지^팥죽(冬至-粥) [-팓쭉] 명 동짓날 쑤는 팥죽. 액운을 막는다는 민속적 시식(時食). 새알심을 넣어 쑤는데, 새해를 맞아 먹게 되는 나이만큼의 개수를 먹음. 동지 시식.

동진(東進) 명 하자 동쪽으로 나아감.

동ː진(童眞) 명 〔불교에서〕 ①'어려서 출가한 중'을 이르는 말. ②'사미'를 달리 이르는 말.

동질(同質) 명 같은 본질, 또는 같은 성질. ¶ 동질의 사건. /이름은 달라도 동질의 물건이다. ↔이질(異質).

동질^다상(同質多像) 명 ☞동질 이상.

동질-성(同質性) [-썽] 명 사람이나 사물의 바탕이 같은 성질이나 특성. ¶ 동질성을 회복하다. ↔이질성(異質性).

동질^이ː상(同質異像) 명 화학 조성이 같으면서 결정형과 물리적 성질을 달리하는 것. 〔다이아몬드와 흑연, 방해석과 아라고나이트, 예추석과 금홍석 따위.〕 동질 다상.

동짓-날(冬至-) [-진-] 명 동지가 되는 날.

동짓-달(冬至-) [-지딸/-짇딸] 명 음력 십일월. 음력으로 한 해의 열한째의 달. 준 동지. 참 지월(至月)·창월(暢月).

동-쪽(東-) 명 해가 떠오르는 쪽. 동방. ↔서쪽.

동차(同次) 명 다항식에서, 각 항의 차수(次數)가 어떤 문자에 대하여 같은 일.

동ː차(動車) 명 〈기동차(汽動車)〉의 준말.

동ː차(童車) 명 ☞유모차(乳母車).

동차-식(同次式) 명 모든 항의 차수(次數)가 같은 다항식.

동참(同參) 명 ①하자 함께 참여하거나 참가함. ¶ 민주화 대열에 동참하다. ②중과 신도가 한 법회에서 함께 정업(淨業)을 닦음.

동창(同窓) 명 ①같은 학교나 같은 스승 밑에서 공부한 관계. 동문(同門). 비 동학(同學). ②〈동창생〉의 준말. ¶ 대학교 동기 동창.

동창(東窓) 명 동쪽으로 난 창. ↔서창.

동ː창(凍瘡) 명 동상(凍傷)의 한 가지. 추위로 말미암아 살가죽이 얼어서 생기는 헌데.

동창-생(同窓生) 명 같은 학교를 졸업한 사람. ¶ 동기 동창생. /재경(在京) 동창생. 준 동창.

동창-회(同窓會) [-회/-훼] 명 동창생들의 모임. 교우회. 동문회(同門會).

동처(同處) 명 ①같은 곳. ②하자 같은 곳에서 삶. 함께 거처함.

동ː천(冬天) 명 ①겨울 하늘. ②겨울날.

동천(東天) 명 동쪽 하늘. 새벽녘의 동쪽 하늘.

동천(東遷) 명 하자 왕도(王都) 따위가 그때까지 있던 곳에서 동쪽으로 옮김.

동ː천(洞天) 명 산과 내가 둘려 있어 경치가 좋은 곳. 동학(洞壑).

동ː천(動天) 명 하자 ①(세력이 매우 성하여) 하늘을 움직임. ¶ 동천 경지(驚地). ②하늘을 감동시킴.

동ː천지감귀신(動天地感鬼神) 명 〔천지를 움직이고 귀신을 감동시킨다는 뜻으로〕 '시문(詩文)을 썩 잘 지음'을 비유하여 이르는 말.

동ː철(冬鐵) 명 겨울에, 미끄러지지 않도록 나막신이나 말편자에 박는 대갈못.

동철(銅鐵) 명 구리와 쇠.

동ː첩(童妾) 명 ①나이가 어린 첩. ②동기(童妓) 출신의 첩.

동ː청(-青) 명 동양화의 채색 기법의 한 가지. 검게 찍은 점이나 칠한 곳에 진한 녹색을 덧입혀 칠하되, 녹색 둘레에 검은 테가 남게 눌러 찍는 채색.

동ː청(冬青) 명 ☞사철나무.

동청(銅青) 명 ☞동록(銅綠).

동체(同體) 명 ①같은 물체. ②(둘 또는 그 이상이 합치어 된) 한 몸. ¶ 남녀노소 모두가 동체가 되어 한국 팀을 응원했다.

동체(胴體) 명 ①몸통. 동부(胴部). ②항공기의 날개와 꼬리를 제외한 중심 부분.

동ː체(動體) 명 ①움직이는 것. 운동하고 있는 물체. ②☞유체.

동ː초(動哨) 명 군대에서, 일정한 구역을 왔다갔다 하면서 순찰하는 보초. ¶ 동초를 서다. ↔부동초·입초.

동촉(銅鏃)명 (청동기 시대에 사용한) 구리로 만든 화살촉.
동추서대(東推西貸)명하자 이곳저곳 여러 곳에서 빚을 짐. 동취서대.
동충하초(冬蟲夏草)명 〔겨울에는 벌레이던 것이 여름에는 풀이 된다는 뜻으로〕 동충하초과의 버섯을 통틀어 이르는 말. 거미·매미 따위의 곤충의 시체에 기생하여 자실체(子實體)를 냄.
동취(銅臭)명 〔동전에서 풍기는 냄새라는 뜻으로〕 '재물을 자랑하거나 돈으로 출세한 사람'을 조롱하여 이르는 말.
동취서대(東取西貸)명하자 ☞동추서대.
동치(同値)명 ①같은 값, 또는 같은 수치. ②두 개의 방정식이 같은 근을 가지고 있는 일. 동가(同價). 등가(等價). 등치(等値).
동치(同齒)명 같은 연령.
동치다타 휩싸서 동이다. ¶ 상처를 압박대로 동쳐서 지혈하다. 큰둥치다.
동ː치미명 김치의 한 가지. 통째 또는 크게 썬 무를 잠깐 절이고, 국물을 흥건하게 하여 심심하게 담금.
동ː치밋-국[-미꾹/-민꾹]명 동치미의 국물.
동치서주(東馳西走)명하자 ☞동분서주. ¶ 운동회 준비로 동치서주하다.
동-침(-鍼)명 가늘고 긴 침의 한 가지. 침을 줄 때에 깊이 찌르는 데 쓰임.
동침(同寢)명하자 (남녀가) 잠자리를 같이함. 동금(同衾).
동탁(童濯) '동탁하다'의 어근.
동ː탁-하다(童濯-)[-타카-]형여 ①산에 나무나 풀이 없다. ②씻은 듯이 아주 깨끗하다.
동탕(動蕩) '동탕하다'의 어근.
동ː탕-하다(動蕩-)형여 얼굴이 토실토실하고 잘생기다.
동ː태(凍太)명 〈동명태(凍明太)〉의 준말.
동ː태(動胎)명 한방에서, 태아가 놀라 움직여서 배와 허리가 아프고 낙태될 염려가 있는 증세를 이르는 말. 태동.
동ː태(動態)명 (사물이) 움직이는 상태. 변하여 가는 상태. ¶ 적의 동태를 살피다. /산업 인구의 동태를 파악하다. 비동정·동향. ↔정태(靜態).
동ː태-눈(凍太-)명 생기 없이 흐릿한, 사람의 눈을 속되게 이르는 말.
동ː태^집단(動態集團)[-딴]명 일정 기간 내에 발생한 사물의 시간적 연속 상태를 내용으로 하는 통계 집단.
동ː태^통ː계(動態統計)[-계/-게]명 일정 기간 내의 시간적 경과에 따른 사상(事象)의 발생 상태에 관한 통계. 인구의 증감에 관한 통계 따위. ↔정태 통계.
동ː탯-국(凍太-)[-태꾹/-탣꾹]명 무로 맑은장국을 끓이다가 동태를 넣고 끓인 국.
동토(東土)명 ①동쪽의 땅, 또는 동쪽의 나라. ②우리나라를 중국에 상대하여 이르는 말.
동ː토(凍土)명 언 땅.
동ː토-대(凍土帶)명 ☞툰드라.
동-톱명 〈동가리톱〉의 준말.
동ː통(疼痛)명 신경의 자극으로, 몸이 쑤시고 아픈 증상. ¶ 허리에 동통을 느끼다.
동트-기(東-)명 날이 새어 동쪽 하늘이 밝아 올 때. 동틀 무렵. 새벽[1].
동-트다(東-)[~트니·~터]자 (새벽이 되어) 동쪽 하늘이 밝아지다.
동틀-돌명 돌다리의 청판돌을 받드는 귀틀 돌.
동ː티(←動土)명 ①흙이나 나무·돌 따위를 잘못 건드려 지신의 노여움을 사서 받는 재앙. ¶ 산소 동티. ②건드리지 말아야 할 것을 잘못 건드려서 생긴 걱정이나 불행. ¶ 동티가 나다. /동티를 내다.
동파(冬-)명 '움파'의 잘못.
동ː파(凍破)명하자되자 얼어서 터짐. ¶ 수도의 파이프가 동파하다. 비동렬(凍裂).
동판(-板)명 광산에서, 방아확 앞에 비스듬히 깔아 놓은 널빤지. 복대기를 따로 모으는 구실을 함.
동판(銅版)명 인쇄판의 한 가지. 평평한 구리 조각에 그림이나 글씨 따위를 새긴 인쇄 원판.
동판-화(銅版畫)명 동판에 새긴 그림, 또는 동판으로 인쇄한 그림.
동패(銅牌)명 구리로 만든 상패. 동메달.
동패서상(東敗西喪)명하자 이르는 곳마다 패망하거나 실패함.
동편(東便)명 동쪽. 동쪽 편. ↔서편(西便).
동ː-편사(洞便射)명하자 ☞골편사.
동편-제(東便制)명 판소리 유파의 한 가지. 운봉·구례·순창 등 전라도 동북 지역에 전승되는 소리제. 우조(羽調)를 많이 쓰고 발성이 무거우며, 소리의 꼬리를 짧게 끊는데 굵고 웅장한 시김새가 특징임. 참서편제·중고제.
동포(同胞)명 〔같은 어머니에게서 태어난 '형제자매'의 뜻으로〕 한 겨레. 같은 민족. ¶ 해외 동포. /애국 동포 여러분.
동포-애(同胞愛)명 동포를 서로 아끼고 사랑하는 마음. ¶ 동포애를 발휘하다.
동표서랑(東漂西浪)명 정처 없이 이리저리 떠돌아다님.
동품(同品)명 ①같은 품계(品階). ②같은 물품.
동풍(東風)명 동쪽에서 불어오는 바람. 곡풍. 참동부새·샛바람.
동ː풍(動風)명 한방에서, 병으로 온몸 또는 어느 한 부분에 경련이 일어나는 증세를 이르는 말.
동풍-삭임(東風-)명 동풍이 불다가 사라진 뒤. ¶ 동풍삭임에 돌아온 제비.
동풍-신연(東風新燕)명 봄바람을 따라 새로 날아오는 제비. ¶ 處處溝壑(처처구학)에 흐터 있던 老羸(노리)드리 동풍신연가치 舊巢(구소)을 ᄎᆞ자오니(朴仁老.太平詞).
동ː-하다(動-)자여 ①움직이다, 특히 마음이 흔들리다. ¶ 마음이 동하다. ②어떤 욕구나 감정이 일어나다. ¶ 식욕이 동하다.
동ː-하중(動荷重)명 운동체가 구조물에 주는 힘. 다리를 통과하는 탈것 등의 중량 따위.
동학(同學)명하자 같은 학교나 같은 스승 밑에서 공부함, 또는 그런 사람. 비동문(同門)·동창(同窓).
동학(東學)명 ①조선 말기, 최제우(崔濟愚)가 창도한 민족 종교. 유교·불교·도교를 절충한 것을 종지(宗旨)로 삼았음. 천도교. ②조선 시대, 서울 동부에 둔 사학(四學)의 하나.
동ː학(洞壑)명 ☞동천(洞天).
동학-교(東學敎)[-꾜]명 ☞천도교(天道敎).
동학-군(東學軍)[-꾼]명 동학당의 군사. 전봉준(全琫準)이 조직하여 관군과 싸운 군대로서, 대부분은 농민이었음.
동학^농민^운ː동(東學農民運動)[-항-]명 조선 고종 31(1894)년에 동학 교도가 주동이 되어 일으킨 농민 운동. 청·일 두 나라의 군대가 들어와 청·일 전쟁의 발단이 되었음.

동학-당(東學黨)[-땅]명 1860년 최제우(崔濟愚)가 창도한, 동학을 신봉하고 서학(西學)을 배척한 집단.
동학-란(東學亂)[-항난]명 '동학 농민 운동'의 구용어.
동:한(冬寒)명 겨울 추위.
동:한(凍寒)명 얼어붙을 정도의 심한 추위.
동항(同行)명 같은 항렬(行列).
동:항(凍港)명 겨울에, 바닷물이 얼어서 선박이 드나들지 못하는 항구. ↔부동항.
동해(東海)명 동쪽 바다.
동:해(凍害)명 식물, 특히 농작물 따위가 추위로 입게 되는 피해. ¶ 농작물이 동해를 입다.
동:해(童孩)명 어린아이.
동해-안(東海岸)명 ①육지의 동쪽에 있는 해안. ②우리나라 동해의 연안.
동행(同行)[1]명 ①하자(두 사람 이상이) 길을 같이 감, 또는 같이 가는 그 사람. 동도(同道). ¶ 학교까지 동행하다. /동행할 사람을 찾다. ②하자부역에 함께 나감. 반행(伴行). ③신앙이나 수행을 같이하는 사람.
동행(同行)[2]명 문장에서, 줄(행)이 같음, 또는 그 같은 줄(행).
동행-자(同行者)명 ①길을 같이 가는 사람. ②불도(佛道)의 수행을 같이하는 사람.
동행-중(同行衆)명 같은 종파의 사람들, 또는 같은 종파의 신도들.
동향(同鄕)명 같은 고향. 한 고향.
동향(東向)명하자 ①동쪽을 향함. ②동쪽 방향.
동:향(動向)명 사람의 마음이나 어떤 사물의 정세·상태 따위의 움직임, 또는 그것들이 움직여 가는 방향. ¶ 경기(景氣)의 동향. /여론의 동향을 살피다. 비동정·동태.
동향-집(東向-)[-찝]명 동쪽을 향하여 자리잡은 집. 참남향집.
동향-판(東向-)명 (집터나 묏자리 따위가) 동쪽을 향하여 있는 터전.
동헌(東軒)명 왕조 때, 지방 관아에서 감사(監司)·병사(兵使)·수사(水使)·수령(守令) 등이 공사(公事)를 처리하던 집.
동헌에서 원님 칭찬한다속담 겉치레로 입에 발린 칭찬을 함을 이르는 말.
동혈(同穴)명 ①같은 구멍. 같은 구덩이. ②부부가 죽은 뒤 한 구덩이에 묻히는 일.
동:혈(洞穴)명 깊고 넓은 굴. 동굴.
동:혈(動血)명하자 희로애락의 감정이 얼굴에 뚜렷이 드러남.
동-협문(東夾門)[-혐-]명 지난날, 궁궐이나 관청 따위의 동문(東門)을 이르던 말. 참서협문(西夾門).
동형(同形)명 같은 모양. 같은 형태.
동형(同型)명 같은 틀. 같은 모형.
동형^배:우자(同形配偶子)명 유성 생식을 하는 생물의 두 배우자의 크기나 모양이 서로 같은 것. ↔이형 배우자.
동호(同好)명 ①하자취미나 기호를 같이하는 일. ②〈동호인〉의 준말.
동호-인(同好人)명 취미나 기호를 같이하는 사람. 동호자. 준동호.
동호-자(同好者)명 ☞동호인.
동호-회(同好會)[-회/-훼]명 취미나 기호를 같이하는 사람끼리의 모임. ¶ 낚시 동호회.
동혼-식(銅婚式)명 결혼 기념식의 한 가지. 서양 풍속으로, 결혼 15주년을 맞아 부부가 구리로 된 선물을 주고받으며 기념함. 참석혼식.
동화(同化)명 ①하자되자본디 질이 다른 것이 감화되어 같게 됨, 또는 본디 질이 다른 것을 감화시켜 같게 함. ¶ 원주민과 동화하다. /문화적으로 동화시키다. ↔이화(異化). ②밖에서 얻은 지식 따위를 자기의 것으로 만듦. ③생물이 외부로부터 섭취한 물질을 자기의 몸을 구성한 성분과 같은 것으로 변화시키는 현상. ④음운이 서로 이어질 때, 어느 한쪽이나 양쪽이 영향을 받아 비슷하거나 같은 소리로 바뀌는 현상.
동화(同和)명하자 하나로 화합함.
동:화(動畫)명 ☞애니메이션.
동:화(童畫)명 ①어린이가 그린 그림. ②어린이를 위하여 환상적인 분위기를 나타내어 그린 그림.
동:화(童話)명 어린이에게 들려주거나 읽히기 위하여 지은 이야기.
동화(銅貨)명 ☞동전(銅錢).
동화-교(東華敎)명 증산(甑山) 강일순(姜一淳)을 교조로 하는 흠치교 계통의 한 종파.
동:화-극(童話劇)명 어린이를 위한 연극의 한 가지. 동화를 소재로 하여 꾸민 연극.
동화-력(同化力)명 동화시키는 힘.
동화^작용(同化作用)명 ①동화하는 작용. ②〈탄소 동화 작용〉의 준말.
동화^전:분(同化澱粉)명 탄소 동화 작용으로 엽록체 내에 생긴 녹말. 참저장 전분.
동화^정책(同化政策)명 식민지를 가진 나라가 식민지 원주민의 언어·문화·생활양식 등을 말살하고 자기네 것을 강요해서 동화(同化)시키려고 하는 정책.
동화^조직(同化組織)명 세포 속에 많은 엽록체를 가지고 있어 오로지 탄소 동화 작용만을 하는 조직.
동:화-책(童話册)명 동화(童話)가 실린 책.
동-활자(銅活字)[-짜]명 구리로 만든 활자.
동:-활차(動滑車)명 축이 고정되지 않고 움직이는 도르래. 움직도르래. ↔정활차(定滑車).
동홰명 (횃불을 켜는) 큰 홰.
동:회(洞會)[-회/-훼]명 '동사무소'의 이전 일컬음.
동:회(動蛔)[-회/-훼]명하자 회(蛔)가 동함.
동:휴(冬休)명 겨울철의 정기 휴가.
동희명 〈옛〉 동이. ¶ 동희 분:盆(類合上27).
돛[돋]명 바람을 받아 배를 가게 하기 위하여, 돛대에 높게 펼쳐 매단 넓은 천. ¶ 흰 돛. /돛을 달다. /돛을 올리다. ＊돛이[도치]·돛만[돈-]
돛단-배[돋딴-]명 돛을 단 배. 돛배. 범선.
돛-대[돋때]명 돛단배에서, 돛을 다는 높은 기둥. 범장(帆檣). 장간(檣竿).
돛-배[돋빼]명 돛을 단 배. 돛단배.
돛-양태[돈냥-]명 돛양탯과의 바닷물고기. 몸길이 18 cm가량. 몸은 가늘고, 주둥이에는 반으로 꺾여 위로 향한 가시가 두 개 있음. 몸빛은 회색으로 많은 흑색 점과 백색 점이 있음. 우리나라의 남부 연해와 일본 중부 이남에 분포함.
돝명 〈옛〉 돼지. ¶ 玄武門 두 도티 ᄒᆞᆫ 사래 마ᄌᆞ니(龍歌33章). 참돈.
돠르르부하자 물 따위가 좁은 목으로 빠르게 쏟아지는 소리. 센똬르르.
돨돨부하자 먹은 것이 잘 삭지 아니하여 배가 끓는 소리. 센똴똴.
돼:준 '되어'가 줄어든 말. ¶ 그만하면 돼. /그렇게 하면 안 돼.

돼ː-먹다[-따]㉶ 〈되다1〉의 속된 말.
돼먹지 않다〔못하다〕관용 말이나 행동이 예의나 이치에 어긋난 데가 있다. ¶ 이 돼먹지 못한 놈.

돼ː지명 ①멧돼짓과의 포유동물. 멧돼지를 개량한 육용 가축. 몸무게 200~250kg. 다리와 꼬리가 짧고 삐죽함. 잡식성으로 한 배에 8~15마리의 새끼를 낳음. ②'욕심이 많거나 많이 먹는 사람'을 비유하여 이르는 말. ③'뚱뚱한 사람'을 놓으로 이르는 말. ④윷놀이에서, '도'의 곁말.
돼지가 깃을 물어 들이면 비가 온다속담 '미련한 사람의 직감이 맞아떨어짐'을 비유하여 이르는 말.
돼지에 진주(목걸이)속담 '아무 소용없거나 격에 맞지 않음'을 비유하여 이르는 말.
돼지 윈 발톱속담 보통 때와는 다른 짓을 하거나 남다른 짓을 한다는 뜻.
돼지 멱따는 소리관용 〔돼지를 잡을 때 나는 비명 소리처럼〕 듣기에 괴로울 정도로 시끄러운 소리라는 뜻.

돼ː지-감자명 ☞뚱딴지2.
돼ː지-고기명 돼지의 고기.
돼ː지-기름명 ①돼지의 지방에서 짠 반고체의 기름. 식용유인 라드나 비누의 원료 따위로 쓰임. 돈지(豚脂). ②☞돼지비계.
돼ː지-꿈명 돼지가 나오는 꿈. 흔히, 길몽(吉夢)으로 여김. ¶ 돼지꿈을 꾸다.
돼ː지-날명 ☞해일(亥日).
돼ː지-띠명 ☞해생(亥生).
돼ː지-비계[-계/-게]명 돼지의 가죽 밑에 붙은 두꺼운 지방 조직. 돼지기름.
돼ː지-시(-豕)명 한자 부수의 한 가지. '豚'·'象'·'豬' 등에서의 '豕'의 이름.
돼ː지-우리명 돼지를 가두어 키우는 곳. 돈사.
돼ː지-주둥이명 광산에서 쓰는 무자위의 아래 판(瓣)을 장치한 부분.
돼ː지^콜레라(-cholera)명 돼지의 급성 전염병. 전염성이 강하고 사망률이 높음.
돼ː지-해명 ☞해년(亥年).
돼ː지해-머리(-亥-)명 한자 부수의 한 가지. '亡'·'京' 등에서의 '亠'의 이름. 돼지해밑.
돼ː지해-밑(-亥-)명 ☞돼지해머리. ＊돼ː지해밑이[-미치]·돼ː지해밑을[-미틀]·돼ː지해밑만[-민-]

되1[되/뒈] Ⅰ명 ①곡식이나 액체·가루 따위의 분량을 재는 그릇을 통틀어 이르는 말. ②한 되들이로 된 나무 그릇. ③되에 담는 양. ¶ 되가 후하다.
Ⅱ의 곡식이나 액체 따위의 분량을 헤아리는 단위. '말'의 10분의 1, '홉'의 10배임. 약 1.8리터. 승(升). ¶ 콩 한 되. /보리 두 되.
되로 주고 말로 받는다속담 조금 준 대가로 받는 것이 훨씬 크거나 많음을 이르는 말.

되2[되/뒈]명 ①지난날, 두만강 근방에 살던 이민족. ②오랑캐.
되3[되/뒈]조 모음으로 끝난 체언에 붙어, 앞의 사실을 인정하면서 설명을 덧붙이거나, 뒤의 사실이 앞의 사실에 매이지 아니함을 나타내는 연결형 서술격 조사. ¶ 외모는 사내아이되 하는 짓은 영락없는 계집아이이다. 참이되.
되-[되/뒈]접두 《일부 동사 앞에 붙어》 '도리어'·'다시'의 뜻을 나타냄. ¶ 되잡히다. /되깔리다. /되넘기다. /되새기다. /되묻다. /되찾다. /되팔다.

-되[되/뒈]어미 용언의 어간이나 높임의 '-시-'에 붙는 연결 어미. ①위의 사실을 시인하면서, 아래에서 그것을 더 덧붙여 설명하는 뜻을 나타냄. ¶ 비가 오되 조금 올 것이다. /후진을 가르치되 덕성으로써 하시다. /항상 자손에게 이르시되 '근검절약하라' 하셨다. ②앞의 사실은 인정하나 뒤의 사실이 이에 매이지 아니함을 나타냄. ¶ 태산이 높다 하되, 하늘 아래 뫼이로다(古時調). 참-으되.
되-가웃[되-욷/뒈-욷]명 한 되 반쯤 되는 분량. ＊되가웃이[되-우시/뒈-우시]·되가웃만[되-운-/뒈-운-]
되-갈다[되-/뒈-][~가니·~갈아]타 ①논밭 따위를 다시 갈다. ②가루 따위를 다시 갈다.
되-감다[되-따/뒈-따]타 도로 감거나 다시 감다. ¶ 실을 되감다. /테이프를 되감다.
되-걸리다[되-/뒈-]자 ①(나았던 병이) 다시 걸리다. ¶ 감기에 되걸리다. ②(남을 걸려고 하다가) 자기가 도리어 걸리다. ¶ 우리가 판 함정에 되걸려 낭패를 보았다.
되ː게[되-/뒈-]부 매우. 몹시. 된통. ¶ 되게 덥다. /되게 나무라다.
되-깎이[되-/뒈-]명 불교에서, 환속한 사람이 다시 중이 되는 일, 또는 그 중. 재삭(再削). 중삭(重削). 환삭(還削).
되-깔리다[되-/뒈-]자 도리어 눌려서 깔리다.
되-내기[되-/뒈-]명 (지난날, 단나무 장수들이 나무를 팔 때) 나뭇단을 다시 묶어서 더 크게 보이거나 볼품 있게 하던 땔나무.
되-넘기[되-/뒈-]명하타 물건을 사서 곧 다시 파는 일.
되-넘기다[되-/뒈-]타 물건을 사서 금방 되팔아 버리다. ¶ 산 땅을 즉석에서 되넘기다.
되넘기-장사[되-/뒈-]명 산 물건을 다시 팔아 이익을 남기는 장사.
되-넘다[되-따/뒈-따]타 넘은 곳을 도로 넘다. ¶ 고개를 되넘어 돌아오다.
되-놈[되-/뒈-]명 '중국 사람'을 욕하여 이르는 말.
되-놓다[되노타/뒈노타]타 도로 놓다. ¶ 들었다가 되놓다.
되-뇌다[되뇌-/뒈눼-]타 같은 말을 되풀이하다. ¶ 같은 말을 몇 번이고 되뇌다.
되는-대로[되-/뒈-]부 ①아무렇게나. 마구. 함부로. ¶ 되는대로 지껄이다. /되는대로 살다. ②가능한 한 최대로. ¶ 되는대로 빨리 오시오.
되다1[되-/뒈-]자 ①이루어지다. ¶ 일이 제대로 되다. /다 된 밥. ②좋은 덕이나 조건을 갖추다. ¶ 된 인물. /우선 문장이 됐네. ③가당하다. ¶ 될 말을 해야지. ④《조사 '가(이)'·'로(으로)' 뒤에 쓰이어》 그것으로 변하거나 이루어지다. ¶ 뽕밭이 바다가 되다. /무법천지가 되다. ⑤어미 '-게' 뒤에 쓰이어, 그 앞말이 나타내는 상태로 이루어지다. ¶ 착하게 되다. /사랑하게 되다. ⑥시간적으로나 양적으로 어떤 한계에 이르다. ¶ 장가들 나이가 되다. /바야흐로 봄이 되다. /합계가 백만 원이 되다. /얼마 되지 않는 금액. ⑦가축이나 작물이 잘 자라다. ¶ 곡식이 알차게 되다. ⑧어떤 심적인 상태에 놓이다. ¶ 걱정이 되다. /안심이 되지 않는다. ⑨'가능한 대로'의 뜻을 나타냄. 《'될수록'의 꼴로 쓰임.》 ¶ 위험한 데는 될수록 피하여라. ⑩사회적으로나 인간적으로 어떠한 관계에 있다. ¶ 그 아이 오빠 되는 사람입니다. ⑪소용에 닿다. ¶ 약이 되다. /교훈이 되다. ⑫어떠한 결과를 가져오다. ¶ 헛수고가 되다. ⑬거의 다 써 버리다. 《'다 되다'의 꼴로 쓰임.》 ¶ 돈도 떨어졌거니와 양식도 다 됐다. ⑭동사나 형용사의 '-게' 활용형 뒤에 쓰이어, 그 형상(형용)이나 행동대로 이루어짐을 나타냄. ¶ 예쁘게 되다. /책을 잘 읽게 되다. /잘살게 되다. ⑮《동사의 '-도(-아도/-어도)' 활용형 뒤에 쓰이어》 '괜찮다'·'가능(가당)하다'의 뜻을 나타냄. ¶ 이젠 나가 놀아도 됩니까?/그만 가도 된다.

되는 집에는 가지 나무에 수박이 열린다[속담] '잘 되어 가는 집은 일마다 좋은 결과를 맺음'을 비유하여 이르는 말.

되디²[되 /뒈][다] 눈빛을 되길다.

되ː다³[되-/뒈-][타] 말이나 되 따위로 양을 헤아리다. ¶ 쌀이 몇 되인지 되어 보다.

되ː다⁴[되-/뒈-][형] ①물기가 적어서 빡빡하다. 질지 않다. ¶ 반죽이 되다. ↔질다·묽다. ②줄 따위가 몹시 켕겨서 팽팽하다. ¶ 체육복의 고무줄이 너무 되다. /줄을 되게 매다. ↔느리다. ③힘에 겹다. 벅차다. ¶ 일이 너무 되다.

-되다[되-/뒈-][접미] ①'-하다'가 붙을 수 있는 명사에 붙어, 그것이 자동사가 되게 함. ¶ 걱정되다. /묵살되다. /발전되다. /생략되다. ②일부 명사나 부사에 붙어, 그것이 형용사가 되게 함. ¶ 참되다. /망령되다. /덜되다. /막되다.

되ː-다랗다[되-라타/뒈-라타][~다라니·~다래][형ㅎ] 묽지 않고 꽤 되직하다. ¶ 풀을 되다랗게 쑤다.

되-대패[되-/뒈-][명] 바닥과 날의 가운데가 볼록한 대패. 둥근 바닥을 깎거나, 바닥을 둥글게 만들 때에 씀.

되-도록[되-/뒈-][부] 될 수 있는 대로. 가능한 한. ¶ 되도록 서둘러 끝내자. /되도록 말하지 말자.

되-돌다[되-/뒈-][~도니·~돌아][자타] ①돌던 방향을 바꾸어 다시 돌다. ②향하고 있던 쪽으로부터 반대쪽으로 방향을 바꾸다. ¶ 가던 길을 되돌아서 오다.

되돌-리다[되-/뒈-][타] ①〖'되돌다'의 사동〗 되돌게 하다. ¶ 서머 타임에 따라 시곗바늘을 되돌려 놓다. ②어떤 대상이나 현상을 본디 상태가 되게 하다. ¶ 마음을 되돌리다. ③도로 돌려주다. ¶ 선물을 되돌려 보내다.

되-돌아가다[되-/뒈-][자] ①출발했던 곳으로 다시 돌아가다. ¶ 고향 집으로 되돌아가다. /이전의 직장으로 되돌아가다. ②다시 본디의 상태로 되다. ¶ 그는 갑자기 근엄한 표정으로 되돌아갔다. ③지난 날을 떠올리거나 그때의 생활을 다시 하게 되다. ¶ 사춘기 시절로 되돌아가다.

되-돌아들다[되-/뒈-][~돌아드니·~돌아들어][자] 떠났던 곳으로(자리로) 다시 돌아들다. ¶ 지난해 떠났던 두루미가 제 보금자리로 되돌아들었다.

되-돌아보다[되-/뒈-][자타] ①본 것을 다시 돌아보다. ¶ 아쉬운 듯 몇 번이고 되돌아본다. ②지난 일을 다시 생각해 보다.

되-돌아서다[되-/뒈-][자] 먼저 섰던 방향으로 도로 돌아서다. ¶ 가다가 되돌아서서 바라보다.

되-돌아오다[되-/뒈-][자] ①먼저 있던 곳으로 도로 돌아오다. ¶ 더 이상 나아가지 못하고 되돌아오다. ②다시 본디의 상태로 되다. ¶ 사건은 원점으로 되돌아왔다. ③같은 일이나 사태가 다시 일어나다. ¶ 생일이 되돌아오다.

되되-이[되되-/뒈뒈-][부] (되의) 한 되 한 되마다. 되마다. 한 되 한 되씩.

되-두부(-豆腐)[되-/뒈-][명] 콩을 불려서 간 다음, 그 속에 호박이나 호박순을 넣어 끓인 음식. 반두부(半豆腐).

되드리[명] 〈옛〉 한 홉의 십분의 일. 작(勺). ¶ 되드리 작:勺(類合下58).

되-들다[되-/뒈-][~드니·~들어][자] 나가다가 도로 들다. 다시 들다.

되들고 되나다[관용] (많은 차나 사람이) 잇달아 드나들다.

되ː디-되다[되-되-/뒈-뒈-][형] (물기가 적어) 매우 되다. ¶ 죽이 되디되다.

되똑¹[뇌-/눼-][부][하자타] 작은 물체가 중심을 잃고 한쪽으로 조금 기울어지는 모양. [비]되똥. [큰]뒤뚝. **되똑-되똑**[부][하자타].

되똑²[되-/뒈-][부][하형] 코끝 따위가 오뚝 솟은 모양. ¶ 되똑한 코끝. [비]오뚝.

되똑-거리다[되-꺼-/뒈-꺼-][자타] 자꾸 되똑되똑하다. 되똑대다. ¶ 아기가 되똑거리며 걷는다. [큰]뒤뚝거리다.

되똑-대다[되-때-/뒈-때-][자타] 되똑거리다.

되똥[되-/뒈-][부][하자타] 작은 물체가 중심을 잃고 한쪽으로 기울며 쓰러질 듯한 모양. [비]되똑. [큰]뒤뚱. **되똥-되똥**[부][하자타].

되똥-거리다[되-/뒈-][자타] 자꾸 되똥되똥하다. 되똥대다. [큰]뒤뚱거리다.

되똥-대다[되-/뒈-][자타] 되똥거리다.

되-뜨다[되-/뒈-][~뜨니·~떠][자] 이치에 어그러지다.

되략직-하다[되-지카-/뒈-지카-][형여] 〈도리암직하다〉의 준말.

되ː레[되-/뒈-][부] 〈도리어〉의 준말. ¶ 되레 야단만 맞았다.

되록-거리다[되-꺼-/뒈-꺼-][자타] 자꾸 되록되록하다. 되록대다. [큰]뒤룩거리다. [센]뙤록거리다.

되록-대다[되-때-/뒈-때-][자타] 되록거리다.

되록-되록[되-뙤-/뒈-뛔-][부] ①[하자]성난 기색을 행동으로 나타내 보이는 모양. ②[하자타] 또렷또렷한 눈망울을 반짝거리는 모양. ③[하형] 똥똥하게 군살이 찐 모양. ¶ 키는 작으면서 되록되록 살이 찐 사내. [큰]뒤룩뒤룩. [센]뙤록뙤록.

되롱[명] 〈옛〉 도롱이. ¶ 되롱 갓망 누역이 너는 엇디 날 소기는(古時調).

되롱-거리다[되-/뒈-][자] ☞대롱거리다. 되롱대다. [큰]뒤룽거리다.

되롱-대다[되-/뒈-][자] 되롱거리다.

되롱-되롱[되-되-/뒈-뒈-][부][하자] ☞대롱대롱. [큰]뒤룽뒤룽.

되롱이[명] 〈옛〉 도롱이. ¶ 삿갓의 되롱이 닙고 細雨中에 호미 메고(古時調).

되룽-거리다[되-/뒈-][자] 자꾸 되룽되룽하다. 되룽대다.

되룽-대다[되-/뒈-][자] 되룽거리다.

되룽-되룽[되-되-/뒈-뒈-][부][하자] 잘난 체하며 자꾸 거만을 떠는 모양.

되ː리[되-/뒈-][명] 거웃이 없는 여자.

되-매기[되-/뒈-][명] 참빗의 헌 살을 골라 다시 맨 빗.

되-먹히다[되머키-/뒈머키-][자] ①(남을 해치려다가) 도리어 제가 당하다. ②(바둑·장기 따위에서) 상대의 것을 잡아먹으려다가 도리어 잡아먹히다.

되모시[되-/뒈-]명 이혼하고 다시 처녀 행세를 하는 여자.

되-묻다[1][되-따/뒈-따]타 ①(파냈던 것을) 도로 묻다. ¶ 옮겨 심을 양으로 파냈던 나무를 그냥 그 자리에 되묻었다. ②감추었던 것을 잠시 드러냈다가 다시 감추다. ¶ 하려던 말을 다시 되묻다.

되-묻다[2][되-따/뒈-따][~물으니·~물어]타ㄷ ①물음에 답하지 않고 도리어 묻다. ¶ 되묻지 말고 나의 질문에 먼저 대답해 주시게. ②동일한 질문을 다시 하다. ¶ 귀찮게 자꾸 되묻지 마라.

되-바라지다[되-/뒈-]형 ①그윽한 맛이 없다. 웅숭깊은 데가 없다. ¶ 되바라진 야산(野山). ②너그럽지 못하다. ③지나치게 똑똑한 티가 있다. 지나치게 깨다. ¶ 오랫동안 도시 물을 먹어 되바라진 사람.

되-받다[되-따/뒈-따]타 ①꾸짖음에 대하여 반항하다. ¶ 되받아 소리치다. 큰뒤받다. ②(주었던 것을) 도로 받다. ③상대편의 말의 일부나 전부를 되풀이하여 말하다.

되-받아치다[되-/뒈-]타 남의 행동이나 말에 엇서며 대들다.

되받-이[되바지/뒈바지]명하타 ①남에게서 얻어들은 말을 다시 써먹는 일. ②남이 받은 물건을 다시 곧 넘겨받는 일.

되사[되-/뒈-]명 말로 되고 남는 한 되가량의 분량. ¶ 서 말 되사. 참가웃.

되-살다[되-/뒈-][~사니·~살아]자 ①(거의 죽어 가던 것이) 도로 살아나다. ¶ 이번 단비로 말라 가던 곡식이 되살게 되다. ②(잊고 있던 감정·기억·기분 등이) 다시 생기다. ¶ 기억이 가물가물 되살아나다. ③먹은 음식이 삭지 않고 보깨어 오르다.

되살-리다[되-/뒈-]타 〖'되살다'의 사동〗 되살게 하다. ¶ 화랑 정신을 오늘에 되살리다.

되-살아나다[되-/뒈-]자 ①(죽거나 없어졌던 것이) 다시 살아나다. ¶ 봄은 만물이 되살아나는 계절이다. ②(잊고 있던 감정·기억·기분 등이) 다시 생기거나 느껴지다.

되-살아오다[되-/뒈-]자 (잊혀졌던 생각이나 기억이) 다시 떠오르다. ¶ 지난날의 감회가 되살아왔다.

되ː-새[되-/뒈-]명 되샛과의 새. 몸길이 14 cm 가량. 몸빛은 등 쪽이 검고, 배 쪽이 희며, 어깨와 가슴 사이는 황갈색임. 떼를 지어 다니며 농작물에 피해를 주는 겨울새임.

되-새기다[되-/뒈-]타 ①(입맛이 없거나 하여) 음식을 자꾸 내씹다. ②어떤 일을 골똘하게 자꾸 생각하다. 되씹다. ¶ 선생님의 말씀을 되새기다.

되새김[되-/뒈-]명하타 되새김질.

되새김-질[되-/뒈-]명하타 소나 염소 따위가 한번 삼킨 먹이를 다시 입으로 되올려 씹는 짓. 되새김. 반추(反芻).

되술래-잡다[되-따/뒈-따]타 〔범인이 도리어 순라를 잡는다는 뜻으로〕 잘못을 빌어야 할 사람이 도리어 남을 나무라다. 참적반하장.

되술래잡-히다[되-자피-/뒈-자피-]자 〖'되술래잡다'의 피동〗 나무라야 할 처지에 있는 사람이 도리어 꾸중을 듣다.

되-쏘다[되-/뒈-]타 ①도로 쏘다. 반사(反射)하다. ¶ 거울이 빛을 되쏘다. ②(총알이나 화살 따위를) 날아오던 방향으로 쏘다. ③상대편의 말을 받아 공격하듯 말하다.

되씌우다[되씨-/뒈씨-]타 자기가 당할 일을 도리어 남에게 넘겨씌우다. ¶ 엉뚱하게도 자기의 죄를 남에게 되씌우다.

되-씹다[되-따/뒈-따]타 ①(어떤 일을) 자꾸 되풀이하여 말하다. ¶ 지난 일을 두고 되씹어서 무슨 소용인가. ②되새기다. ¶ 슬픔을 되씹다.

되알-지다[되-/뒈-]형 ①매우 힘차고 야무지다. ¶ 되알진 목소리. ②힘에 겨워 벅차다.

되야기명 〈옛〉두드러기. 땀띠. ¶ 되야기 낫더니(老解下4).

되-우[되-/뒈-]부 매우. 몹시. 되게. 된통. ¶ 되우 앓다.

되작-거리다[되-꺼-/뒈-꺼-]타 자꾸 되작되작하다. 되작대다. 큰뒤적거리다. 거되착거리다.

되작-대다[되-때-/뒈-때-]타 되작거리다.

되작-되작[되-뙤-/뒈-뛔-]부하타 작은 물건이나 종이·서류 따위를 이리저리 뒤집어 가며 뒤지는 모양. ¶ 서류를 되작되작하며 메모지를 찾다. 큰뒤적뒤적. 거되착되착.

되작-이다[되-/뒈-]타 작은 물건이나 종이·서류 따위를 이리저리 뒤집어 가며 뒤지다. 큰뒤적이다. 거되착이다.

되잖다[되잔타/뒈잔타]형 '되지 아니하다'가 줄어서 된 말. 올바르거나 이치에 닿지 않다. ¶ 되잖게 억지를 부리다.

되-지기[1][되-/뒈-]명 찬밥을 더운밥 위에 얹어 다시 찌거나 데운 밥.

되-지기[2][되-/뒈-]의 논밭의 면적을 헤아리는 단위의 한 가지. 종자 한 되를 뿌릴 만한 논이나 밭의 넓이. 마지기의 10분의 1. ¶ 두어 되지기나 되는 다랑논.

되지-못하다[되-모타-/뒈-모타-]형여 옳지 못하거나 보잘것없다. ¶ 되지못한 놈. /되지못한 짓.

되직-하다[되지카-/뒈지카-]형여 묽지 않고 좀 된 듯하다. ¶ 풀을 되직하게 쑤다. **되직-이**부.

되-질[되-/뒈-]명하타 곡식 따위를 되로 되는 일. ¶ 되질을 너무 빡빡하게 한다. 비됫박질.

되-짚다[되집따/뒈집따]타 ①다시 짚다. ¶ 지팡이를 되짚고 가다. ②곧 되돌아서다. 곧 되돌리다. 《주로, '되짚어'의 꼴로 쓰임.》 ¶ 금방 되짚어 올 것을 뭣하러 갔니? ③다시 살피거나 반성하다. ¶ 되짚어 생각해 보니 네 말이 맞더라.

되짚어-가다[되-/뒈-]타 ①오던 길로 곧 다시 가다. ②지난 일을 다시 살피거나 생각하다.

되착-거리다[되-꺼-/뒈-꺼-]타 자꾸 되착되착하다. 되착대다. 큰뒤척거리다[1]. 여되작거리다.

되착-대다[되-때-/뒈-때-]타 되착거리다.

되착-되착[되-뙤-/뒈-뛔-]부하타 작은 물건이나 책갈피·서류 따위를 이리저리 자꾸 거칠게 뒤지는 모양. 큰뒤척뒤척[1]. 여되작되작.

되착-이다[되-/뒈-]타 작은 물건이나 책갈피·서류 따위를 이리저리 자꾸 거칠게 뒤지다. 큰뒤척이다[1]. 여되작이다.

되-찾다[되찬따/뒈찬따]타 다시 찾다. ¶ 나라를 되찾다. /잃었던 물건을 되찾다. /기억을 되찾다.

되-채다[1][되-/뒈-]타 혀를 제대로 놀려 말을 분명히 하다. ¶ 말끝을 되채지 못하다.

되-채다[2][되-/뒈-]타 남의 말을 가로채거나, 되받아 말하다. ¶ 아내의 말을 되채다.

되-치기[되-/뒈-]명 씨름 따위의 응용 기술의 한 가지. 상대편의 공격을 막다가 공격해 오는 그 힘을 역이용하여 되받아치는 공격 기술.

되-치이다[되-/뒈-][자] ①남에게 넘겨씌우려다가 도리어 자기가 당하다. ¶ 엉뚱한 사람에게 잘못을 전가하기만 하다가는 되치이고 말걸. ②하려던 일이 뒤집히어 반대로 되다.

되통-스럽다[되-따/뒈-따][~스러우니·~스러워][형][ㅂ] 언동이 찬찬하지 못하여, 일을 잘 그르치는 면이 있다. ¶ 너는 그 되통스러운 성격이 항상 문제야. [큰]뒤퉁스럽다. **되통스레**[부] ¶ 되통스레 굴다.

되-틀다[되-/뒈-][~트니·~틀어][타] ①가볍게 약간 뒤틀다. ②반대쪽으로 틀다.

되-팔다[되-/뒈-][~파니·~팔아][타] 산 물건을 판사람에게 돌려 팔다. 전매(轉賣)하다. 되넘기다 ¶ 주금 전에 산 주식을 그 자리에서 되팔다.

되-풀이[1][되-/뒈-][명][하타][되자] 같은 말이나 행동을 거듭함. 같은 상황이 거듭됨. ¶ 편지를 되풀이하여 읽어 보다. /똑같은 훈련이 되풀이되다.

되-풀이[2][되-/뒈-][명][하타] ①곡식을 말이나 섬으로 팔지 않고 되로 파는 일. ②한 되에 얼마씩 치이나 풀어 보는 일.

된ː-똥[된-/뒌-][명] 되게 나오는 똥. 경변(硬便). ↔진똥.

된ː-마[된-/뒌-][명] 〈된마파람〉의 준말.

된ː-마파람[된-/뒌-][명] '동남풍'의 뱃사람 말. [준]된마.

된ː-맛[된맏/뒌맏][명] 아주 호되고 고통스러움을 이르는 말. ¶ 된맛을 보고도 정신을 못 차리다. ＊된ː맛을[된마슬/뒌마슬]·된ː맛만[된만-/뒌만-]

된ː-바람[된-/뒌-][명] ①빠르고 세차게 부는 바람. ②'북풍(北風)'의 뱃사람 말. 뒤바람. ③풍력 계급의 6등급에 해당하는 바람. 초속 10.8~13.8 m. 큰 나뭇가지가 흔들리고 전깃줄에서 소리가 나며, 우산을 쓰기 어렵고, 해면은 큰 물결이 일기 시작함. 웅풍(雄風).

된ː-밥[된-/뒌-][명] ①고들고들하게 지은 밥. ↔진밥. ②국이나 물에 말지 아니한 밥.

된ː-불[된-/뒌-][명] ①급소를 정통으로 맞힌 총알. ¶ 큰 멧돼지가 된불에 쓰러졌다. ②'치명적인 타격'을 비유하여 이르는 말. ↔선불.

된ː-비알[된-/뒌-][명] 매우 험한 비탈.

된ː-비읍[된-/뒌-][명] ①되게 발음되는 비읍 소리. 〔'ㅶ'·'ㅃ' 등의 발음.〕 ②첫소리에 오는 자음의 왼쪽에 붙여 쓰던 비읍자. 〔'빨기'의 'ㅂ' 따위.〕 ③☞쌍비읍.

된ː-새[된-/뒌-][명] 〈된새바람〉의 준말.

된ː-새바람[된-/뒌-][명] '북동풍'의 뱃사람 말. [준]된새.

된ː-서리[된-/뒌-][명] ①늦가을에 아주 되게 내린 서리. 숙상(肅霜). 엄상(嚴霜). ↔무서리. ②'큰 타격'을 비유하여 이르는 말.

된서리(를) 맞다[관용] 몹시 심한 꼴을 당하거나 모진 타격을 받다. ¶ 향락 산업이 된서리를 맞다.

된ː-서방(-書房)[된-/뒌-][명] 몹시 모질고 까다로운 남편.

된서방(을) 만나다〔맞다〕[관용] ①몹시 어렵고 까다로운 일을 당하다. ②몹시 까다로운 주인이나 상전을 만나다.

된ː-소리[된-/뒌-][명] 자음의 한 갈래. 날숨으로 거의 닫힌 목청을 떨어 울려서 내는 소리. 〔'ㄲ·ㄸ·ㅃ·ㅆ·ㅉ'이 이에 딸림.〕 경음(硬音). [참]거센소리.

된ː소리-되기[된-되-/뒌-뒈-][명] 예사소리인 'ㄱ·ㄷ·ㅂ·ㅅ·ㅈ'이 안울림소리나 울림소리인 'ㄴ·ㄹ·ㅁ'의 뒤에서 된소리(ㄲ·ㄸ·ㅃ·ㅆ·ㅉ)로 발음되는 현상. 〔입고→입꼬, 앞길→압낄, 갈대→갈때, 손가락→손까락, 담다→담따 따위.〕 경음화.

된ː-시옷[된-옫/뒌-옫][명] ①되게 발음되는 시옷 소리. 〔'ㅆ'·'ㅄ'의 발음.〕 ②첫소리에 오는 자음의 왼쪽에 붙여 쓰던 시옷. 〔'쑬'·'쌍' 등에서의 'ㅅ'.〕 ③☞쌍시옷. ＊된ː시옷이[된-오시/뒌-오시]·된ː시옷만[된-온-/뒌-온-]

된ː-장(-醬)[된-/뒌-][명] ①간장을 담가서 장물을 떠내고 남은 건더기. 장재(醬滓). 토장(土醬). ②메주에 소금물을 부어 익혀서 간장을 뜨지 않고 그냥 먹는 장.

된장에 풋고추 박히듯[속담] '어떠한 곳에 가서 자리를 뜨지 않고 꼭 틀어박혀 있음'을 비유하여 이르는 말.

된ː장-국(-醬-)[된-꾹/뒌-꾹][명] 된장을 걸러 넣고 끓인 국. 토장국.

된ː장-떡(-醬-)[된-/뒌-][명] 된장을 섞어 만든 떡.

된ː장-찌개(-醬-)[된-/뒌-][명] 된장으로 끓인 찌개.

된ː-지읒[된-읃/뒌-읃][명] ①되게 발음되는 지읒 소리. 〔'ㅶ'·'ㅉ'의 발음.〕 ②☞쌍지읒. ＊된ː지읒이[된-으시/뒌-으시]·된ː지읒만[된-은-/뒌-은-]

된ː-침(-鍼)[된-/뒌-][명] ①몹시 아프게 놓는 침. ②정신을 차리도록 뜨끔하게 꾸짖거나 자극하는 일. ¶ 된침을 놓다. /된침을 주다.

된ː-통[된-/뒌-][부] 되게. 되우. 몹시. ¶ 된통 얻어맞다. /된통 혼나다.

된ː-풀[된-/뒌-][명] ①물을 타서 개지 아니한 풀. 쑨 채로의 풀. 강풀. ②되게 쑨 풀.

된ː-하늬[된-니/뒌-니][명] '서북풍(西北風)'의 뱃사람 말.

될뻔-댁(-宅)[될-땍/뒐-땍][명] '무슨 일이 될 뻔하다가 안 된 사람'을 놓으로 이르는 말. ¶ 진사(進士) 될뻔댁. /장관 될뻔댁.

될-성부르다[될썽-/뒐썽-][~성부르니·~성불러][형][르] (앞으로) 될 가망이 있다. 될 성싶다. ¶ 그게 그렇게 쉽사리 될성부르냐?/하는 행동을 보니 될성부른 학생이다.

될성부른 나무는 떡잎부터 알아본다[속담] 장래성이 있는 사람은 어릴 때부터 남다른 데가 있다는 말.

됨됨-이[됨되미/뒘뒈미][명] (사람이나 물건의) 생긴 품. ¶ 됨됨이가 아주 진득해서 미더운 데가 있다.

됫-밑[된믿/뒌믿][명] 곡식을 되로 되고 난 뒤에 한 되 차지 못하게 남는 분량. [참]말밑1. ＊됫밑이[된미치/뒌미치]·됫밑을[된미틀/뒌미틀]·됫밑만[된민-/뒌민-]

됫-박[되빡/뒈빡][명] ①되 대신으로 쓰는 바가지. ②'되1'를 흔히 이르는 말.

됫박-질[되빡찔/뒈빡찔][명] ①[하자]먹을 양식을 낱되로 조금씩 사들이는 일. ②[하타]됫박으로 되는 일. ②[비]되질.

됫-밥[되빱/뒈빱][명] 한 되가량의 곡식으로 지은 밥.

됫-병(-甁)[되뼝/뒈뼝][명] 한 되들이 병.

됫-술[되쑬/뒈쑬][명] ①한 되가량의 술. ②되로 되어 파는 술.

됫프람명 〈옛〉 휘파람. ¶ 나비 됫프라미 슬프니(杜初10:35).
됴쿶다형 〈옛〉 좋거나 궂다. ¶ ᄆᆞᅀᆞ미 正티 몯ᄒᆞ야 됴쿠주믈 묻그리ᄒᆞ야(釋譜9:36).
됴ᄒᆞ다형 〈옛〉 좋다. ¶ 곶 됴코 여름 하ᄂᆞ니(龍歌2章). /風俗이 됴흘시고(鄭澈.關東別曲).
두ː[1]관 수사 '둘'이 수 관형사로 쓰일 때의 꼴. 〔두 개, 두 놈, 두 되, 두 마리, 두 발 따위.〕
두 손뼉이 맞아야 소리가 난다속담 ①무슨 일이나 두 편에서 서로 맞받아 응해야 이루어질 수 있다는 말. ②서로 같은 동아리라야 말다툼이나 싸움이 된다는 말.
두 손의 떡속담 두 가지 일 가운데서 어느 일을 먼저 해야 할지 모를 경우를 두고 이르는 말.
두 다리 쭉 뻗다관용 ①걱정거리가 없어져 안심하게 되다. ¶ 빚을 다 갚았으니 이제는 두 다리 쭉 뻗고 자겠구나. ②편안한 신세가 되어 편히 쉬다.
두 손 맞잡고 앉다관용 아무 일도 하지 않고 가만히 있다. ¶ 아직 사지가 멀쩡한데 왜 두 손 맞잡고 앉아서 남에게 폐를 끼치나.
두 손 털다관용 ①하던 일을 다 마치고 일어서다. ②가진 재물을 다 날리다.
두ː[2]감 돼지 따위의 짐승을 모는 소리. 〔소리 낼 때에는 여러 번 거듭함.〕 **두두**감.
두(斗)명 〈두성(斗星)〉의 준말.
두(豆)명 제사를 지낼 때에 쓰는 나무 그릇의 한 가지. 굽이 높고 뚜껑이 있으며 고기붙이를 담는 데 씀.
두(頭)명 〈골치〉의 속된 말. ¶ 아이고 두야.
두(斗)의 곡식이나 액체의 분량을 되는 단위. 말[2]. ¶ 5두 6승(升).
두(頭)의 (말·소·돼지·양 따위) 네 발 가진 짐승의 수효를 세는 단위. 필(匹). ¶ 소 100두. 참마리.
두가리명 나무로 만든 음식 그릇.
두각(頭角)명 〔머리의 끝이란 뜻에서〕 '여럿 중에서 특히 뛰어난 학식이나 재능'을 이르는 말. ¶ 두각을 드러내다. /두각을 나타내다.
두개(頭蓋)명 척추동물의 머릿골을 싸고 있는 골격.
두개-골(頭蓋骨)명 ☞머리뼈.
두개-근(頭蓋筋)명 두개에 있는 근육.
두건(頭巾)명 상중(喪中)에 머리에 쓰는 건. 효건(孝巾). 준건.
두겁명 ①가늘고 긴 물건의 끝에 씌우는 물건. ¶ 펜 두겁. ②〈붓두껍〉의 준말. 변투겁.
두겁-조상(-祖上)[-쪼-]명 조상 중에서 가장 이름을 떨친 사람.
두견(杜鵑)명 ①'두견이'를 줄여 이르는 말. ②'진달래'의 딴 이름.
두견-새(杜鵑-)명 ☞두견이.
두견-이(杜鵑-)명 두견과의 새. 뻐꾸기와 비슷하나 좀 작음. 몸빛은 등이 어두운 청갈색 또는 회색이고, 배는 흰 바탕에 검은 가로무늬가 있음. 딴 새의 둥지에 알을 낳아 생육을 떠맡김. 우리나라와 동북아시아에서 번식하고 타이완이나 인도 등지에서 겨울을 남. 귀촉도. 두견새. 불여귀(不如歸). 자규(子規). 참망제(望帝).
두견-화(杜鵑花)명 진달래꽃.
두견화-전(杜鵑花煎)명 진달래꽃에 찹쌀가루를 묻혀서 기름에 지진 전.
두고조 〈옛〉 보다[5]. ¶ 受苦ᄅᆞᄫᅵ요미 地獄두고 더으니(月釋1:21). 참두곤·도곤.
두고-두고부 ①오랜 시간을 두고 여러 번에 걸쳐서. ¶ 두고두고 잔소리를 한다. ②오래도록. 영원히. ¶ 이 은혜를 두고두고 잊지 않겠다.
두곡(斗斛)명 ①(곡식을 되는) 말과 휘. ②되질하는 일.
두곡(斗穀)명 말곡식.
두곤조 〈옛〉 보다[4]. ¶ 平原에 사힌 뼈는 뫼두곤 노파잇고(朴仁老.太平詞). 참두고·도곤.
두골(頭骨)명 ☞머리뼈.
두ː골-밀이명 홈을 두 줄로 파서 만든 장지틀, 또는 창틀.
두공(枓栱·杜空·枓工)명 공청(空廳)·불벽(佛壁)에 있어서, 장화반(長花盤) 대신으로 쓰는 나무.
두괄-식(頭括式)명 글의 첫머리에 중심 내용이 오는 산문 구성 방식. 참미괄식·양괄식·중괄식.
두구(頭垢)명 비듬.
두구리명 〈약두구리〉의 준말.
두그르르부 크고 묵직한 것이 대번에 구르는 모양. 작도그르르. 센뚜그르르.
두근-거리다자타 자꾸 두근두근하다. 두근대다. ¶ 어찌나 놀랐던지 아직도 가슴이 두근거린다. 작도근거리다.
두근-대다자타 두근거리다.
두근-두근부하자타 매우 놀라거나 겁이 나서 가슴이 자꾸 뛰는 모양. 작도근도근.
두글-두글부 크고 무거운 물건이 자꾸 굴러 가는 모양. ¶ 큰 돌이 두글두글 굴러 떨어지다. 작도글도글. 센뚜글뚜글.
두기(斗起) '두기하다'의 어근.
두기-하다(斗起-)형여 험하게 삐죽삐죽 나와 있다.
두꺼비명 두꺼빗과의 양서류. 개구리와 비슷하나 더 크며 피부가 우툴두툴함. 등 쪽은 대개 갈색이고 몸통과 다리에는 불규칙한 흑갈색의 무늬가 있음. 몸의 옆쪽에도 같은 색의 세로줄이 있음. 습한 곳의 돌이나 풀 밑에 살며 저녁에 나와 벌레를 잡아먹음. 살가죽의 돌기에서 독액을 냄.
두꺼비 파리 잡아먹듯속담 무엇이든 닥치는 대로 늘름늘름 받아먹거나 챙기는 모양.
두꺼비-씨름명 '엎치락뒤치락하여 승부가 나지 않는 싸움이나 경기' 따위를 비유하여 이르는 말.
두꺼비-집명 ①쟁기의 술바닥이 들어가 박히게 된 보습의 빈 속. ②'안전 개폐기(開閉器)'를 흔히 이르는 말.
두껍다[-따][두꺼우니·두꺼워]형ㅂ ①두께가 보통의 정도보다 크다. ¶ 책이 두껍다. /두꺼운 얼음장에 구멍을 내고 낚시를 하다. ↔얇다. ②층을 이루는 사물의 높이나 집단의 규모가 보통의 정도보다 크다. ¶ 지지층이 두껍다. ③어둠·안개·그늘 따위가 짙다. ¶ 안개가 두껍게 깔려 있다.
두껍-다랗다[-따라타][~다라니·~다래]형ㅎ 생각보다 퍽 두껍다. ¶ 매우 두껍다란 유리. ↔얄따랗다.
두껍-다리[-따-]명 골목 안의 도랑 또는 시궁창에 걸쳐 놓은 작은 다리.
두껍-닫이[-따지]명 미닫이를 열었을 때, 그 문짝이 들어가 가리어지게 된 곳. 두껍집.
두껍-집[-찝]명 ☞두껍닫이.
두껍-창(-窓)명 '두껍닫이'의 잘못.
두께명 물건의 두꺼운 정도. ¶ 두께를 재다.

두남(斗南)명 북두칠성의 남쪽 천지, 곧 온 천하를 이르는 말.

두남-두다타 ①잘못을 두둔하다. ¶ 귀엽다고 해서 덮어놓고 두남두면 버릇만 나빠진다. ②가엾게 여기어 도와주다.

두남-받다[-따]타 남다른 도움이나 사랑을 받다. ¶ 부모의 사랑을 두남받고 자라다.

두남-일인(斗南一人)명 천하에서 으뜸가는 어진 사람.

두남-재(斗南才)명 천하에서 으뜸가는 재주.

두뇌(頭腦)[-뇌/-눼]명 ①☞머릿골[1]. 뇌. ②슬기. 지혜. 머리[1]. ¶ 명석한 두뇌. ③지식·기술 따위의 수준이 높은 사람. ¶ 두뇌가 해외로 유출되다.

두ː눈-박이명 눈이 둘 달린 것.

두다[1]타 ①일정한 곳에 있게 하다. ¶ 시계를 책상 위에 두고 왔다. ②일정한 상태로 있게 하다. ¶ 손대지 말고 그대로 두어라. ③마련하거나 갖추어 놓다. ¶ 지부(支部)를 두다. ④(사람을) 부리거나 거느리다. ¶ 비서를 두다. /삼 남매를 두다. ⑤묵게 하다. ¶ 여관에 손님을 두다. ⑥마음속에 간직하거나 기억하다. ¶ 염두에 두다. /혐의를 두다. /정을 두고 그리다. ⑦사이에 끼우거나 넣거나 섞다. ¶ 중간에 중개인을 두다. /버선에 솜을 두다. /콩을 두어 밥을 짓다. ⑧다루는 대상으로 하다. 《'두고'의 꼴로 쓰임.》 ¶ 한 문제를 두고 거듭 토의하다. /한 여자를 두고 두 청년이 겨루다. /먹을 것을 두고 다투다. ⑨시간적·공간적·신분적 거리나 간격을 남겨 놓거나 걸치다. ¶ 여유를 두고 생각하다. /간격을 두고 보다. /차이를 두고 대하다. /삼 년을 두고 싸우다. ⑩떼어 놓거나 미루어 놓다. ¶ 아내와 자식을 두고 떠나오다. /수학은 두고 국어부터 공부하다. /그 좋은 것을 두고 그냥 왔니? ⑪그치다. ¶ 하다가 두다. ⑫바둑·장기·고누 따위의 놀이를 하고 놀다. ¶ 바둑을 두다. ⑬수결(手決)을 쓰다. ¶ 도장 대신 수결을 두다. ⑭공식적인 직장으로 가지다. ¶ 대학에 적을 두다.

두고 보다관용 결과가 어떻게 될지 일정 기간 살펴보다. ¶ 얼마나 잘되는지 한번 두고 보자.

두다[2]조동 동사 어미 '-아(어)'의 뒤에 쓰이어, '그 동작의 결과를 그대로 지니다'의 뜻을 나타냄. ¶ 사람을 잡아 두다. /양해를 얻어 두다.

두담(斗膽)명 ①매우 큰 쓸개. ②'담력이 매우 큼, 또는 그런 사람'을 비유하여 이르는 말.

두ː대-박이명 돛대 둘을 세운 배. 참외대박이.

두더지명 두더짓과의 포유동물. 몸길이 9~18 cm, 꼬리 길이 1~3 cm로 쥐를 닮았음. 몸은 둥글고 똥똥하며 다리가 짧고 발바닥이 유난히 넓은 것이 특징임. 눈은 거의 퇴화하였고 귀·코가 예민함. 뾰족한 주둥이와 넓은 발로 땅을 파고 들어가 살며, 땅속의 지렁이·개구리 따위를 잡아먹고 농작물을 해침. 우리나라 특산종임. 전서(田鼠).

두더지 혼인 같다속담 제 본분을 모르고 엉뚱한 희망을 가진다는 뜻.

두더지^소금명 한방에서, '두더지의 내장을 빼내고 그 속에 소금을 넣어 불에 구워 꺼낸 것'을 이르는 말. 〔잇몸이 헐 때 소금으로 이를 닦아 너리 먹는 병을 고치는 데 씀.〕 약소금.

두던명 〈옛〉두덩. 둔덕. ¶ 두던 구:丘(訓蒙上3).

두덜-거리다자 자꾸 두덜두덜하다. 두덜대다. 센뚜덜거리다. 거투덜거리다.

두덜-대다자 두덜거리다.

두덜-두덜부하자 혼자 중얼거리며 불평하는 모양. ¶ 무엇이 못마땅한지 자꾸 두덜두덜하다. 센뚜덜뚜덜. 거투덜투덜.

두덩명 우묵하게 빠진 곳의 가장자리로 약간 두두룩한 곳.

두덩에 누운 소속담 '편하게 놀고 지내는 좋은 팔자'를 이르는 말. 두렁에 누운 소.

두덩-톱명 톱양이 짧고 배가 둥근 톱. 널빤지에 홈을 팔 때에 씀.

두ː돌-잡이명 두 돌을 맞는 아기. 참첫돌.

두두룩-두두룩[-뚜-]부하형 여럿이 모두 두두룩한 모양. 준두둑두둑. 작도도록도도록.

두두룩-하다[-루카-]형여 가운데가 솟아서 불룩하다. 준두둑하다. 작도도록하다. **두두룩이**부.

두둑명 ①밭과 밭 사이의 경계를 이루는 두두룩하게 된 언덕. 밭두둑. ②논이나 밭을 갈아 골을 타서 만든 두두룩한 바닥.

두둑-두둑[-뚜-]부하형 〈두두룩두두룩〉의 준말. 작도독도독.

두둑-하다[-두카-]형여 ①〈두두룩하다〉의 준말. ②썩 두껍다. ③넉넉하고 풍부하다. ¶ 배짱이 두둑하다. /주머니가 두둑하다. 작도독하다. **두둑-이**부.

두둔(斗頓)명하타 편들어서 감싸 줌. ¶ 동생을 두둔하고 나서다.

두-둥둥부 북 따위를 잇달아 가볍게 쳤을 때에 나는 소리.

두둥-둥실부 '둥실'보다 더 가볍게, 또는 더 높이 떠가거나 떠오르는 모양.

두-둥실부 물 위나 공중으로 가볍게 떠 오르거나 떠 있는 모양. ¶ 두둥실 떠가는 구름. 참더덩실.

두드러기명 약이나 음식의 중독으로 말미암아 일어나는 급성 피부병의 한 가지. 피부가 희거나 붉게 부르트며 몹시 가려운 증상. 심마진(蕁痲疹).

두드러-지다 Ⅰ자 ①겉으로 두두룩하게 드러나다. ¶ 새로 돋아난 싹이 두드러졌다. ②겉으로 뚜렷하게 드러나다. ¶ 일이 두드러지기 전에 손을 떼다. 작도드라지다.

Ⅱ형 ①겉으로 드러나게 두두룩하다. ¶ 두드러진 땅을 깎아 내리다. ②눈에 띄게 뚜렷하다. ¶ 두드러지게 묘사하다.

두드레명 〈옛〉차꼬. 수갑. ¶ 두드레 딜:桎, 두드레 츄:杻(訓蒙中15).

두드리다타 ①소리가 나게 여러 번 치거나 때리다. ¶ 대문을 두드리다. ②《주로 '두드려' 꼴로 쓰이어》 '마구'·'함부로'의 뜻을 나타내는 말. ¶ 두드려 부수다. /두드려 패다. 센뚜드리다.

두들기다타 함부로 두드리다. 마구 쳐서 때리다. 센뚜들기다.

두듥명 〈옛〉두둑. ¶ 두듥 파:坡, 두듥 판:阪(訓蒙上3).

두등(頭等)명 첫째가는 등급.

두락(斗落)의 마지기. ¶ 한 두락의 논.

두랄루민(duralumin)명 알루미늄을 주성분으로 하여, 항공기용 소재로 개발된 합금의 한 가지. 비교적 가볍고, 기계적 성질이 우수하며 질김. 항공기·자동차 등에 쓰임.

두량(斗量)명하타 ①곡식의 수량을 되나 말로 되어서 셈함, 또는 그 분량. ②두루 헤아리어 일을 처리함.

두럭명 ①노름이나 놀이를 하기 위해 여러 사람이 모인 떼. ②여러 집이 한데 모인 집단.

두런-거리다㉶ 자꾸 두런두런하다. 두런대다. ¶ 옆 방에서 두런거리는 소리가 들린다. ㉳도란거리다.
두런-대다㉶ 두런거리다.
두런-두런㉮㉻ 몇 사람이 묵직하고 나직한 음성으로 이야기를 나누는 소리나 모양. ¶ 마을 어른들의 말씀 나누시는 소리가 두런두런 들려온다. ㉳도란도란.
두렁명 논이나 밭 사이의 작은 둑.
두렁에 누운 소속담 ☞두덩에 누운 소.
두렁-길[-낄]명 두렁 위로 난 길.
두렁-이명 어린아이의 배와 아랫도리를 둘러 가리는, 치마같이 생긴 옷의 한 가지.
두렁-치마명 '두렁이'의 방언.
두렁-허리명 '드렁허리'의 잘못.
두레1명 농촌에서, 농번기에 서로 협력하여 공동 작업을 하기 위해 만든 조직.
두레(를) 먹다관용 ①여럿이 둘러앉아 먹다. ②농부들이 음식을 장만하고 모여서 놀다.
두레2명 웅덩이나 낮은 곳에 고인 물을 논에 퍼 올리는 데 쓰는 기구.
두레-꾼명 두레에 참가한 일꾼.
두레^농사(-農事)명 두렛일.
두레-박명 줄을 길게 매어 우물물을 긷는 데 쓰는 도구. ㉥타래박.
두레박-줄[-쭐]명 두레박에 길게 맨 줄.
두레박-질[-찔]명㉻ 두레박으로 물을 긷는 짓.
두레-상(-床)명 여러 사람이 둘러앉아 음식을 차려 먹을 수 있도록 크고 둥글게 만든 상.
두레-우물명 두레박으로 물을 긷는 깊은 우물. ↔박우물.
두레-질명㉻ 두레로 물을 푸는 일.
두렛-날[-렌-]명 두렛일을 하는 날.
두렛-논[-렌-]명 두레로 일을 하는 논.
두렛-일[-렌닐]명㉻ 두레를 짜서 하는 농사일. 두레 농사.
두려-빠지다㉶ 한 부분이 도려낸 것처럼 뭉떵 빠져나가다. ¶ 장부의 두려빠진 부분을 베껴 넣다. ㉳도려빠지다.
두려-빼다㉵ ①어느 한 부분을 뭉떵 빼다. ②(적진 따위를) 공격하여 차지하다.
두려움명 두려운 느낌. ¶ 두려움이 생기다.
두려워-하다㉵㉷ ①두려움을 느끼다. 겁을 내다. ¶ 죽음을 두려워하다. /힘든 일을 두려워하다. ②공경하여 어려워하다. ¶ 스승을 두려워하다.
두려이㉮ 〈옛〉두렷이. 온전히. ¶ 두려이 照ᄒᆞ시ᄂᆞᆫ(圓覺上一之二*87*).
두렵다[-따][두려우니·두려워]형ㅂ ①마음에 꺼려 무섭다. ¶ 잘못이 없다면 두려울 게 있겠는가. ②(일이 잘못될까) 염려스럽다. ¶ 낙방할까 두렵다. ③(근엄하거나 위엄이 있어) 대하기가 송구하고 어렵다. ¶ 근엄하신 할아버지가 두렵다.
두렵다형ㅂ 〈옛〉둥글다. 온전하다. ¶ ᄂᆞ치 두렵고 조호미 보롮달 ᄀᆞᄐᆞ시며(月釋*2:56*).
두렷-두렷[-련뚜렫]㉮㉻형 ①여럿이 모두 두렷한 모양. ¶ 별들이 두렷두렷한 밤하늘. ②매우 두렷한 모양. ㉳도렷도렷. ㊉뚜렷뚜렷.
두렷-하다[-려타-]형㉷ 흐리지 않고 아주 분명하다. ¶ 보름달이 아주 두렷하다. /기억 속에 두렷하게 떠오르다. ㉳도렷하다. ㊉뚜렷하다.
두렷-이㉮ ¶ 바람비도 지나간 나의 마음엔 임의 얼굴 두렷이 다시금 뵈고.
두령(頭領)명 여러 사람을 거느리는 우두머리. 수령(首領).
두록(斗祿)명 얼마 안 되는 봉급. 적은 녹봉.
두루㉮ ①빠짐없이. 골고루. ¶ 여기저기 두루 살피다. /두루 좋도록 하다. ②널리. 일반적으로. ¶ 두루 쓰이다. /두루 일컫는 말.
두루-두루㉮ ①'두루'의 힘줌말. ②사람 사귐에 모나지 않고 원만하게. ¶ 세상을 두루두루 살다.
두루마기명 전통 한복의 한 가지. 외출복으로서, 외투처럼 맨 겉에 입는 길다란 웃옷. 주의(周衣).
두루마리명 종이를 가로로 길게 이어서 둥글게 만 것. 주지(周紙). ¶ 두루마리로 된 화장지.
두루-뭉수리명 ①두루뭉술한 것. ②언행이나 태도·성격 등이 두루뭉술한 사람을 조롱하여 이르는 말. ¶ 그 사람 두루뭉수리구먼.
두루뭉술-하다형㉷ ①모나지도 않고 아주 둥글지도 않다. ¶ 두루뭉술한 바위. ②언행이나 태도·성격 등이 맺고 끊는 데가 없이 그저 적당하게 처리하여 분명하지 못하다. ¶ 두루뭉술하게 얼버무려 변명하다.
두루뭉실-하다형㉷ '두루뭉술하다'의 잘못.
두루미1명 큰 병의 한 가지. 아가리가 좁고 목이 길며 몸은 단지 모양으로 배가 부름.
두루미2명 두루밋과의 새. 몸길이 136~140 cm. 편 날개 길이 240 cm가량. 목과 다리와 부리가 긴 것이 특징임. 꽁지는 짧음. 온몸이 흰색인데, 머리 꼭대기는 피부가 드러나 붉고, 날개 깃의 끝은 검정색임. 습지·초원에서 살며 작은 물고기·지렁이·곡류 따위를 먹음. 천연기념물 제202호로 세계적인 보호조임. 백두루미. 백학. 야학(野鶴). 학(鶴). ㊟단정학·선금(仙禽)·선학(仙鶴).
두루-이름씨명 ☞보통 명사.
두루-주머니명 허리에 차는 주머니의 한 가지. 아가리에 잔주름을 잡고 끈 두 개를 좌우로 꿰어서 여닫게 됨. 끈을 졸라매면 전체가 거의 둥글게 됨. 염낭.
두루-춘풍(-春風)명 원칙을 따지거나 캐는 일 없이, 누구에게나 좋은 얼굴로 대하는 일, 또는 그런 사람. 사면춘풍. 사시춘풍.
두루-치기1명 돼지고기·조갯살·낙지 따위를 슬쩍 데쳐서 갖은 양념을 한 음식.
두루치-기2명 ①한 가지 물건을 이리저리 둘러 쓰는 일, 또는 그러한 물건. ②한 사람이 여러 방면에 능통한 일, 또는 그러한 사람.
두루-치기3명 우리나라 고유 의복의 한 가지. 폭이 좁고 길이가 짧은 치마.
두룽-다리명 지난날, 흔히 쓰던 방한모의 한 가지. 모피(毛皮)로 둥글고 기름하게 만듦.
두류(豆類)명 콩 종류. 콩 종류의 곡식.
두류(逗留·逗遛)명㉻ (객지에서) 일정 기간 머물러 묵음. 체류(滯留).
두르다[두르니·둘러]㉵르 ①둘레를 돌려 감거나 휘감아 싸다. ¶ 목도리를 두르다. /앞치마를 두르다. /울타리를 두르다. ②둥글게 돌리다. ¶ 쥐불을 두르다. /팔을 두르다. ③한바퀴 돌다. ¶ 공장 안을 둘러 나오다. ④에돌아가다. ¶ 마을 위의 다리를 둘러 가다. ⑤없는 것을 이리저리 변통하다. ¶ 급전을 둘러 쓰다. ⑥(냄비나 번철 따위에) 기름을 고르게 바르다. ¶ 번철에 기름을 두르다. ⑦사람을 함부로 다루다. ¶ 친구를 제집 하인 두르듯 한다. ⑧간접적으로 표현하다. ¶ 둘러 말하지 말고 요점만 말해라. ①⑤㉳도르다2.

두르르[부] ①둥근 것이 빠르게 구르는 소리나 모양. ¶ 차의 바퀴가 빠져 두르르 굴러 가다. ②넓고 빳빳한 종이 따위가 돌돌 말리는 모양. [작]도르르. [센]뚜르르.

두르-풍(-風)[명] 주로 노인들이 추위를 막기 위해 옷 위에 덧입는 방한복의 한 가지.

두르혀다[타] 〈옛〉돌이키다. 뒤치다. ¶ 드로몰 두르혀사(圓覺上一之一99). [참]두르혀다.

두르혀다[타] 〈옛〉돌이키다. 뒤치다. ¶ 光明을 두르혀 제 비취요미 貴ᄒᆞ고(月釋序22).

두름 Ⅰ[명] ①(조기·청어 따위의) 물고기 스무 마리를 열 마리씩 두 줄로 묶은 것. ②(고사리 따위 산나물을) 열 모숨가량 엮은 것.
Ⅱ[의] ①(조기·청어 따위의) 물고기 스무 마리를 열 마리씩 두 줄로 엮은 것을 단위로 이르는 말. ¶ 굴비 한 두름. ②(고사리 따위 산나물을) 열 모숨가량 엮은 것을 단위로 이르는 말. ¶ 고사리 한 두름.

두름-성(-性)[-썽][명] 돈이나 물건 따위를 둘러대는 솜씨. 주변성.

두름-손[-쏜][명] 일을 잘 처리해 나가는 솜씨. ¶ 두름손 좋은 맏며느리.

두릅[명] 두릅나무의 어린순.

두릅-나무[-름-][명] 두릅나뭇과의 낙엽 활엽 관목. 산기슭이나 골짜기에 나는데, 높이는 5 m 가량이고 줄기에 억센 가시가 많음. 여름에 누르스름한 꽃이 피고 둥근 열매가 가을에 검게 익음. 어린순은 먹을 수 있고, 나무껍질·열매·뿌리 등은 한방에서 약재로 쓰임.

두리기[명] 두리반에 음식을 차려 놓고 여럿이 둘러앉아 먹는 일.

두리-기둥[명] 둘레를 둥그렇게 깎아 만든 기둥. 둥근기둥. 원주(圓柱). ↔모기둥.

두리기-상(-床)[명] 여러 사람이 둘러앉아 먹게 차린 음식상. ¶ 오랜만에 온 식구가 두리기상에 둘러앉아 저녁을 먹는다.

두리넓적-하다[-넙쩌카-][형][여] 모양이 둥그스름하고 넓적하다. **두리넓적-히**[부].

두리다[타] 〈옛〉두려워하다. ¶ 弟子ㅣ 두리여 몯 오ᄂᆞ이다(釋譜6:29).

두리-둥실[부] 물 위나 공중에 가볍게 떠서 움직이는 모양. ¶ 하늘에 구름이 두리둥실 떠간다.

두리-목(-木)[명] 둥근 재목.

두리뭉실-하다[형][여] ①특별히 모나거나 튀지 않고 둥그스름하다. ②말이나 태도 따위가 확실하거나 분명하지 아니하다.

두리-반(-盤)[명] 둥근 소반. ↔모반.

두리번-거리다[타] 자꾸 두리번두리번하다. 두리번대다. ¶ 주위를 두리번거리다. [작]도리반거리다.

두리번-대다[타] 두리번거리다.

두리번-두리번[부][하타] 어리둥절하여 이쪽저쪽을 연해 돌아보는 모양. [작]도리반도리반.

두리-하님[명] 지난날, 혼인한 새색시가 시집으로 갈 때, 당의(唐衣)를 입고 족두리를 쓰고 향꽃을 든 차림으로 따라가던 계집 하인.

두리-함지박[명] 둥근 함지박.

두릿-그물[-리끄-/-릳끄-][명] 그물로 고기를 빙 둘러막고 그 아래쪽을 죄어 고기가 빠져나가지 못하게 하여 잡는 그물.

두ː-말[명][하자] ①이랬다저랬다 하는 말. ¶ 남자끼리의 약속에 두말이 있을 수 없다. ②불평을 하거나 덧붙이는 말.
두말하면 잔소리〔**숨차기**〕[관용] 앞서 말한 내용이 틀림없으므로 더 말할 필요가 없음을 강조하여 이르는 말.
두말할 나위(**가**) **없다**[관용] 너무나도 뻔한 일이므로 다른 설명을 더 보탤 필요가 없다.

두ː말-없다[-마럽따][형] 이러니저러니 여러 말이 없다. 여러 말할 필요도 없이 확실하다. ¶ 처음에 확실히 해 두어야 나중에 두말없다. /그가 시험에 합격할 것은 두말없는 일이다. **두말없-이**[부].

두ː매-한짝[명] '다섯 손가락'을 이르는 말.

두멍[명] 물을 길어 담아 두고 쓰는 큰 가마나 독. 물두멍.

두메[명] 도시에서 멀리 떨어진 구석진 산골. 산골의 땅. 벽지. 산촌. 산협(山峽).
두메 앉은 이방(**吏房**)**이 조정**(**朝廷**) **일 알듯**[속담] ①출입 없이 들어앉은 사람이 먼 바깥일을 잘 안다는 말. ②현장과는 전혀 무관하거나 뚝 떨어져 있으면서 현장 일에 밝은 듯이 말하는 일을 비웃는 말.

두메-산골(-山-)[-꼴][명] (도시에서 멀리 떨어져 있는) 외지고 깊은 산골.

두메-싸립[명] 두멧사람들이 신는 미투리의 한 가지. 싸리 껍질로 바닥을 거칠게 삼은 것.

두멧-구석[-메꾸-/-멘꾸-][명] 두메의 외진 곳.

두멧-길[-메낄/-멘낄][명] 두메산골에 난 길.

두면(痘面)[명] 천연두를 앓아서 얽은 얼굴.

두면(頭面)[1][명] 머리와 낯.

두면(頭面)[2][명] '갓1'의 궁중말.

두목(頭木)[명] 〈두절목(頭切木)〉의 준말.

두목(頭目)[명] ①(주로, 좋지 못한 무리의) 우두머리. ¶ 깡패 두목. ②지난날, 장사를 목적으로 중국 사신을 따라오던 '북경 상인'을 이르던 말.

두묘(痘苗)[명] ☞우두(牛痘).

두무-날[명] 한 달 동안에 조수 간만의 차가 같은 무날을 셀 때, 음력 열하루와 스무엿새를 아울러 이르는 말. [참]무날·무수기.

두문(杜門)[명] ①(스스로 또는 남이) 문을 닫아 막음. ②술가(術家)의 팔문(八門) 가운데 흉한 문의 하나.

두문불출(杜門不出)[명][하자] 집 안에만 틀어박혀 세상 밖으로 나다니지 아니함.

두-문자(頭文字)[-짜][명] 첫머리에 오는 글자. 머리글자.

두미(頭尾)[명] ①머리와 꼬리. ②(어떤 일의) 처음과 끝. 수미(首尾).

두미-없다(頭尾-)[-업따][형] 앞뒤가 맞지 않고 조리가 없다. **두미없-이**[부] ¶ 두미없이 말하다.

두박(豆粕)[명] 콩깻묵.

두발(頭髮)[명] 머리털.

두ː발-당성[명] 두 발로 차는 발길질.

두ː발-제기[명] 두 발로 번갈아 차는 제기.

두ː-밤중(-中)[-쭝][명] 〈한밤중〉의 속된 말.

두백(杜魄)[명] '두견이'를 달리 이르는 말. 〔촉나라의 망제(望帝) 두우(杜宇)의 넋이 새가 되었다는 고사에서 유래함.〕 두우(杜宇).

두ː벌-갈이[명][하타] 논이나 밭을 두 번째 가는 일. 재경(再耕).

두ː벌-대(-臺)[명] 〈두벌장대〉의 준말.

두ː벌-묻기[-끼][명] 유골을 일정 기간 동안 보존한 후 남은 뼈만 씻어서 다시 장사 지내는 장법(葬法). 세골장(洗骨葬).

두ː벌-솎음[명][하타] 밭에서 푸성귀 따위를 두 번째로 솎는 일, 또는 그 푸성귀.

두ː벌-일[-릴][명][하자] 처음에 한 일이 잘못되어 다시 하는 일.

두ː벌-잠[명] ☞개잠.

두ː벌-장대(-長臺)[명] 장대석(長臺石)을 두 켜로 모아 쌓은 대. [준]두벌대.

두ː벌-주검명하자 죽은 뒤 해부나 검시(檢屍) 또는 화장(火葬)을 당한 송장.
두병(斗柄)명 북두칠성을 국자 모양으로 보았을 때, 그 자루 부분이 되는 자리에 있는 세 개의 별.
두부(豆腐)명 콩으로 만든 음식의 한 가지. 물에 불린 콩을 매에 갈아 베자루에 넣고 짜서 익힌 다음 간수를 쳐서 엉기게 한 것.
두부(頭部)명 ①동물의 머리가 되는 부분. ②물건의 윗부분.
두부^백선(頭部白癬) [-썬]명 머리의 피부 군데군데에 생기는 백선. 그 부분의 머리털은 윤기가 없고 쉬이 빠짐. 참기계총.
두부-살(豆腐-)명 피부가 희고 무른 살, 또는 그러한 몸을 가진 사람.
두사(頭詞)명 표(表) 또는 전문(箋文) 따위의 허두(虛頭)가 되는 말.
두삭-동물(頭索動物) [-똥-]명 원삭동물문(原索動物門)의 한 강(綱). 척추 구실을 하는 척삭(脊索)이 하나 있는 연안성(沿岸性) 동물로서, 활유어(蛞蝓魚) 따위가 이에 딸림.
두상(頭上)명 ①'머리'를 높여 이르는 말. ②머리 위.
두상(頭狀)명 사람 머리와 비슷하게 생긴 모양.
두상(頭相)명 머리의 모양이나 생김새. ¶ 두상이 크다.
두상(頭像)명 머리 부분만을 형상화한 조각 작품. ¶ 두상을 조각하다.
두상^꽃차례(頭狀-次例) [-꼳-]명 ☞두상 화서(頭狀花序).
두상-화(頭狀花)명 꽃대 끝에 꽃자루가 없는 많은 작은 꽃이 모여 피어 머리 모양을 이룬 꽃. 〔국화·민들레 따위.〕
두상^화서(頭狀花序)명 무한 꽃차례의 한 가지. 여러 꽃이 꽃대 끝에 머리 모양으로 엉겨 붙어 피어서 한 송이처럼 보이는 꽃. 〔국화·민들레 따위.〕 두상 꽃차례.
두서(頭書)명 ①머리말. ②(서식을 갖춘 문서 따위에서) 본문 위나 앞에 쓴 글. ¶ 두서에 표시한 안건. /두서의 성적으로 입상하였기에 이 상을 줌.
두서(頭緖)명 일의 차례나 갈피. 말의 차례나 조리. ¶ 일의 두서를 가리다.
두서너관 일부 단위를 나타내는 말 앞에 쓰이어, 그 수량이 둘이나 셋 또는 넷임을 나타내는 말. ¶ 사과 두서너 개. /두서너 사람씩 짝을 짓다.
두서넛[-넏]수 둘이나 서넛. ¶ 두서넛을 가려내다. *두서넛이[-너시]·두서넛만[-넌-]
두서-없다(頭緖-) [-업따]형 (말이나 행동이) 조리가 없어 갈피를 잡을 수 없다. ¶ 두서없는 말을 지껄이다. **두서없-이**부.
두성(斗星)명 ①이십팔수의 하나. 북쪽의 첫째 별자리. 준두(斗). ②'북두칠성'을 달리 이르는 말.
두-세관 일부 단위를 나타내는 말 앞에 쓰이어, 그 수량이 둘이나 셋임을 나타내는 말. ¶ 이 일은 두세 사람으로도 해낼 수 있다.
두세-째수관 둘째나 셋째(의).
두-셋[-섿]수 둘이나 셋가량. ¶ 장정 두셋이면 능히 할 수 있을 것이다. *두셋이[-세시]·두셋만[-센-]
두소(斗筲) '두소하다'의 어근.
두소-소인(斗筲小人)명 도량이 좁은 인물. 보잘것없는 사람.
두소-하다(斗筲-)형여 〔'斗'는 한 말들이 말, '筲'는 한 말 두 되들이 대그릇이란 뜻으로〕 ①녹봉(祿俸)이 적다. ②국량(局量)이 좁다.
두ː손-매무리명하타 어떤 일을 되는대로 거칠게 버무려 냄. ¶ 짬이 없이 받은 기간이긴 하지만 두손매무리는 하지 말도록.
두송(杜松)명 ☞노간주나무.
두송-실(杜松實)명 한방에서, '노간주나무의 말린 열매'를 약재로 이르는 말.
두ː-수명 달리 주선하거나 변통할 여지. ¶ 두수가 없다. /두수 없이 기막힌 꼴을 당하다.
두수(斗數) [-쑤]명 말로 된 수량. 말수[1].
두수(頭數) [-쑤]명 큰 가축의 마릿수. ¶ 축우(畜牛)의 두수를 나타낸 통계표.
두-습명 (말이나 소의) 두 살.
두시(杜詩)명 중국 당나라 때의 시인인 두보(杜甫)의 시.
두시-언해(杜詩諺解)명 ☞분류두공부시언해.
두식(蠹蝕)명하자 ①좀먹음. ②좀먹듯이 닳거나 벗어짐.
두신(痘神)명 ☞호구별성(戶口別星).
두신-지수(頭身指數)명 키를 머리 길이로 나눈 몫.
두실(斗室)명 아주 작은 방. 두옥(斗屋).
두ᅀᅥᆺ명 〈옛〉두엇. ¶ 거유 ᄂᆞᄅᆡᆺ 짓 두ᅀᅥᄒᆞᆯ ᄉᆞ라(救解上*53*). /두ᅀᅥ 삿기ᄅᆞᆯ 더브렛고(杜初*7:1*).
두어관 일부 단위를 나타내는 말 앞에 쓰이어, 그 수량이 둘쯤임을 나타내는 말. ¶ 두어 가마. /두어 마디.
두어-두다타 손대지 않고 그냥 두다. ¶ 쓰지 않고 그대로 두어두다. 준둬두다.
두억시니[-씨-]명 민간에서 이르는, 모질고 사나운 귀신의 한 가지. 야차(夜叉). ¶ 생김생김은 보살 같으나 하는 짓은 두억시니란다.
두엄명 ☞퇴비(堆肥).
두엄-간(-間) [-깐]명 두엄을 장만하여 쌓아 두는 헛간.
두엄-걸채명 (소의 길마 위에 얹어서) 두엄을 실어 내는 걸채.
두엄-발치명 두엄을 넣어서 썩히는 웅덩이.
두엄-자리[-짜-]명 두엄을 쌓아 두거나 쌓았던 자리.
두엄-터명 두엄을 장만하여 쌓아 두는 곳.
두엇[-얻]수 둘가량. ¶ 일할 사람을 두엇만 불러 주게. /그런 것이 두엇만 더 있어도 되겠다. *두엇이[-어시]·두엇만[-언-]
두역(痘疫)명 ☞천연두(天然痘).
두연(斗然)[1]부 문득. 갑자기. 왈칵.
두연(斗然)[2] '두연하다'의 어근.
두연-하다(斗然-)형여 솟은 모양이 우뚝하다. **두연-히**부.
두옥(斗屋)명 ①아주 작은 집. ②아주 작은 방. ②두실(斗室).
두옥-신(斗玉神)명 '두억시니'의 잘못.
두우(斗牛)명 이십팔수 가운데의 두성(斗星)과 우성(牛星), 곧 '북두칠성과 견우성(牽牛星)'을 이르는 말.
두우(斗宇)명 온 세상.
두우(杜宇)명 ☞두백(杜魄).
두운(頭韻)명 시(詩)에서, 글귀의 첫머리에 같은 음(音)의 글자를 되풀이해서 쓰는 음위율(音位律)의 한 가지. ↔각운(脚韻).
두위잊다자 〈옛〉뒤집히다. ¶ ᄀᆞᄅᆞ미 두위이즈며 돌히 ᄃᆞᄅᆞ며(杜初*6:41*). /믌겨리 두위잊거늘(杜重*2:18*).

두위티다 자타 〈옛〉 뒤집다. 뒤집히다. ¶ 北寇롤 두위텨 ᄇᆞ리고져 ᄒᆞ고(杜初3:3).
두유(豆油) 명 ☞콩기름.
두유(豆乳) 명 불린 콩을 간 다음 물을 더하여 끓인 것을 걸러 낸 젖 같은 액체.
두음(頭音) 명 ①음절의 첫소리. 〔'먹'에서의 'ㅁ', '솔'에서의 'ㅅ' 따위.〕 ②단어의 첫소리. 〔'하늘'에서의 'ㅎ' 따위.〕 머리소리. ↔말음(末音).
두음^경화(頭音硬化) 명 두음이 된소리로 변하는 발음 경향의 한 현상. 〔'가마귀'가 '까마귀'로, '벋다'가 '뻗다'로 되는 따위.〕
두음^법칙(頭音法則) 명 ①우리말에서, 단어의 첫소리에 어떤 소리가 오는 것을 꺼리는 현상. ㉠'ㄹ'이 오는 것을 꺼림. 〔량심(良心)→양심 따위.〕 ㉡중모음 앞에서 'ㄴ'이 첫소리로 오는 것을 꺼림. 〔녀자(女子)→여자 따위.〕 ②외래어를 우리말로 적을 때, 음절의 첫소리로 'ㅊ·ㅋ·ㅌ·ㅍ' 이외의 서로 다른 복자음이 옴을 꺼리어 모음을 끼워 넣는 일. 〔strike→스트라이크, prime→프라임 따위.〕
두ː-이(-二) 명 한자 부수의 한 가지. '亘'·'亞' 등에서의 '二'의 이름.
두ː-이레 명 아기가 태어난 지 14일이 되는 날. 이칠일(二七日). 참세이레.
두인(頭印) 명 서화(書畫)의 오른쪽 위에 찍는 도장. 참낙관(落款).
두ː인-변(-人邊) 명 한자 부수의 한 가지. '往'·'待' 등에서의 '彳'의 이름.
두장(痘漿) 명 천연두의 고름.
두장폭-지수(頭長幅指數) [-찌-] 명 두형(頭型)을 분류하는 지수의 하나. 두부, 또는 두골의 길이에 대한 폭의 백분율로 나타냄. 참두지수(頭指數).
두전(頭錢) 명 ☞구문(口文).
두절(杜絕) 명하자되자 (교통이나 통신이) 막히거나 끊어짐. ¶ 통신 두절. /왕래가 두절하다. /소식이 두절되다. /때아닌 폭설로 교통이 두절되었다. 비단절(斷絕)·돈절(頓絕).
두절(頭切) 명 〈두절목(頭切木)〉의 준말.
두ː절-개[-깨] 명 〔두 절을 왔다 갔다 하는 개처럼〕 '양다리를 걸고 다니다가 양쪽 모두에게 따돌림을 당한 꼴이 됨'을 이르는 말.
두절-목(頭切木) 명 재목을 다듬을 때 잘라 버리는 나무토막. 끝동. 준두목·두절.
두정-골(頭頂骨) 명 머리뼈의 한 부분. 대뇌의 뒤쪽 윗부분을 덮은 뼈 조각.
두족(頭足) 명 ①(주로, 잡은 소나 돼지 따위의) 머리와 네 발. ②연체동물 두족강의 발.
두족-강(頭足綱) [-깡] 명 연체동물의 한 강. 몸은 발·머리·몸통의 세 부분으로 나뉘며, 머리 부분에 8~10개의 발이 달린 것이 특징임. 〔꼴뚜기·오징어 따위.〕
두주(斗酒) 명 ☞말술.
두주(頭註) 명 본문의 윗부분에 적는 주석. ↔각주(脚註).
두주불사(斗酒不辭) [-싸] 명하자 〔말술도 사양하지 않는다는 뜻으로〕 '주량이 매우 큼'을 이르는 말.
두중-각경(頭重脚輕) [-꼉] 명하자 〔머리는 무겁고 다리는 가볍다는 뜻으로〕 어지럽고 허전하여 쓰러짐, 또는 쓰러질 상태.
두지(頭指) 명 ☞집게손가락.
두-지수(頭指數) 명 두형(頭型)을 분류하는 지수. 참두장폭지수.
두진(痘疹) 명 ①두창(痘瘡)의 드러난 증세를 이르는 말. 춥고 열이 나며, 얼굴에서 전신에 걸쳐 붉은 점이 생기는 것이 홍역과 비슷함. ②천연두와 마진(痲疹).
두질(頭質) 명하자 ☞무릎맞춤.
두-째 Ⅰ 수관 '둘째'의 잘못.
Ⅱ 명 '둘째'의 잘못.
두찬(杜撰) 명 ①전거(典據)·출처(出處)가 없는 문자를 억지로 쓰는 일, 또는 그러한 저작. ②틀린 곳이 많은 저술.
두창(痘瘡) 명 ☞천연두.
두창(頭瘡) 명 머리에 나는 온갖 부스럼.
두채(豆彩) 명 두청(豆青)으로 채화(彩畫)를 올린 오채(五彩)의 하나.
두초-류(豆草類) 명 사료나 녹비로 쓰는 콩과 식물을 통틀어 이르는 말.
두충(杜沖) 명 두충과의 낙엽 교목. 중국 특산의 약용 식물로, 높이는 10 m가량. 봄에 잔꽃이 피고, 나무껍질을 자르면 흰색의 고무질 즙이 나옴. 한방에서 말린 껍질을 강장제로 쓰는데, 성질이 온(溫)하고 맛이 닮.
두타(頭陀) 명 ①속세의 번뇌를 버리고 깨끗하게 불도를 닦는 수행. ②여러 곳을 떠돌면서 온갖 괴로움을 무릅쓰고 불도를 닦는 수도승.
두탁 명 〈투탁(投託)〉의 변한말.
두태(豆太) 명 ①콩과 팥. ②'콩팥'을 군두목으로 이르는 말, 곧 '신장(腎臟)'의 딴 이름.
두태-쥐(豆太-) 명 소의 신장에 붙은 군살. 전골에 씀.
두터비 명 〈옛〉 두꺼비. ¶ 두터비 ᄑᆞ리를 물고 두험 우희 치ᄃᆞ라 안자(古時調).
두텁 명 〈옛〉 두꺼비. ¶ 두텁도 江南 가고 말 가는 듸 소 가너니(古時調).
두텁다[-따] [두터우니·두터워] 형ㅂ (인정이나 정의가) 깊다(많다). ¶ 친분이 두텁다. 작도탑다. **두터-이** 부 ¶ 친목을 두터이 하다.
두텁다 형ㅂ 〈옛〉 두껍다. ¶ 닐굽차힌 귀 두텁고 넙고 기르시고(月釋2:56).
두텁-떡 명 찹쌀가루를 익반죽하여 꿀과 계핏가루를 소로 넣고 실백과 대추 썬 것을 박아 경단처럼 빚어, 붉은팥을 묻혀 쪄 낸 떡.
두ː톨-박이 명 알이 두 톨만 생겨서 여문 밤송이나 마늘통.
두통(頭痛) 명 머리의 아픔. 머리가 아픈 증세. ¶ 두통이 나다.
두통-거리(頭痛-) [-꺼-] 명 골칫거리.
두툴-두툴 부하형 물건의 거죽이 들어가고 나온 곳이 많아 매끈하지 못하고 흉한 모양. ¶ 두꺼비 등은 두툴두툴하다. 작도톨도톨.
두툼-하다 형여 ①꽤 두껍다. ¶ 두툼한 입술. /두툼한 편지. 작도톰하다. ②넉넉하다. 여유가 있다. ¶ 오늘은 용돈을 받아 주머니가 두툼하다. **두툼-히** 부.
두풍(頭風) 명 ①머리가 늘 아프거나 부스럼이 나는 병. ②☞백설풍(白屑風).
두피(頭皮) 명 두개(頭蓋)를 덮는 부분. ¶ 두피가 건강해야 머릿결도 윤이 난다.
두피족(頭皮足) 명 (주로, 잡은 소의) 머리와 가죽 및 네 발을 아울러 이르는 말.
두한-족열(頭寒足熱) [-종녈] 명 건강하려면 '머리는 차게, 발은 따뜻하게' 해야 한다는 말.
두ː해-살이 명 ☞이년생(二年生).
두ː해살이-풀 명 ☞이년생 식물.
두호(斗護) 명하타 돌보아 줌. 두둔함. ¶ 그는 김 군을 두호하고 나섰다.

두흉-갑(頭胸甲)명 절지동물의 두흉부를 싸고 있는 딱지.
두-흉부(頭胸部)명 ①머리와 가슴 부분. ②머리와 가슴 부분이 들러붙어 하나로 된 부분.
두흔(痘痕)명 마마를 앓아서 얽은 자국.
둑[1]명 윷놀이에서의 두 동. ¶ 둑이 나다.
둑[2]명 ①홍수의 예방이나 저수(貯水)를 위해 둘레를 돌·흙 따위로 높이 막아 쌓은 언덕. 방강(防江). 제방(堤防). 축답(築畓). ②높은 길을 내려고 흙과 돌로 쌓아 올린 언덕.
둑(*纛)명 어가(御駕) 또는 군중(軍中)의 대장 앞에 세우던 기(旗)의 하나.
둑-가다[-까-]자 윷놀이에서, 두 동째 가다.
둑-길[-낄]명 둑 위로 나 있는 길.
둔(屯)명 〈둔괘(屯卦)〉의 준말.
둔ː(遯)명 〈둔괘(遯卦)〉의 준말.
둔ː각(鈍角)명 90° 보다는 크고 180° 보다는 작은 각. ↔예각(銳角).
둔ː각^삼각형(鈍角三角形)[-쌈가켱]명 세 각 가운데서 하나가 둔각인 삼각형.
둔ː감(鈍感)명하형 감각이 무딤, 또는 무딘 감각. ¶ 유행에 둔감하다. ↔예감(銳感).
둔ː갑(遁甲)명하자되자 술법을 써서 마음대로 자기 몸을 감추거나 다른 것으로 변하게 함. ¶ 여우가 사람으로 둔갑하다.
둔ː갑-법(遁甲法)[-뻡]명 ☞둔갑술.
둔ː갑-술(遁甲術)[-쑬]명 마음대로 자기 몸을 감추거나 다른 것으로 변하게 하는 방법. 둔갑법.
둔ː갑-장신(遁甲藏身)[-짱-]명하자 둔갑하여 몸을 보이지 않게 숨김.
둔괘(屯卦)명 육십사괘의 하나. 감괘(坎卦)와 진괘(震卦)를 위아래로 놓은 괘. 구름과 우레를 상징함. 준둔(屯).
둔ː괘(遯卦)명 육십사괘의 하나. 건괘(乾卦)와 간괘(艮卦)를 위아래로 놓은 괘. 산 위에 하늘이 있음을 상징함. 준둔(遯).
둔ː기(鈍器)명 ①무딘 날붙이. ②날이 없는, 사람을 상해하기 위해 사용하는 몽둥이나 벽돌 따위의 도구. ¶ 둔기로 얻어맞다.
둔답(屯畓)명 ①주둔병의 군량을 자급하기 위하여 마련되어 있던 논. ②각 궁과 관아에 딸렸던 논. 참둔전(屯田).
둔덕명 두두룩하게 언덕진 곳.
둔덕-지다[-찌-]형 땅이 언덕처럼 두두룩하다.
둔ː도(鈍刀)명 날이 무딘 칼.
둔-땅(屯-)명 둔답과 둔전을 아울러 이르는 말. 둔전답. 둔토(屯土).
둔박(鈍朴) '둔박하다'의 어근.
둔ː박-하다(鈍朴-)[-바카-]형여 미련하면서도 순박하다. **둔박-히**부.
둔병(屯兵)명 ①하자군사가 주둔함, 또는 그 군사. ②〈둔전병〉의 준말.
둔부(臀部)명 ①볼기. ②엉덩이.
둔ː사(遁辭)명 빠져나가려고 꾸며 대는 말.
둔ː세(遁世·遯世)명하자 ①세상을 피해 삶. 현실에서 도피함. 기세(棄世). ②속세를 등지고 불문(佛門)에 들어감. ②둔속.
둔ː속(遁俗)명하자 ☞둔세.
둔열(鈍劣) '둔열하다'의 어근.
둔ː열-하다(鈍劣-)형여 둔하고 용렬하다.
둔영(屯營)명 군사가 주둔하고 있는 군영.
둔ː재(鈍才)명 둔한 재주, 또는 재주가 둔한 사람. 둔지(鈍智). 비단재(短才). ↔수재.
둔ː적(遁迹)명하자 종적을 감춤.
둔전(屯田)명 ①주둔병의 군량을 자급하기 위하여 마련되어 있던 밭. ②각 궁과 관아에 딸렸던 밭. 참둔답(屯畓).
둔전-답(屯田畓)명 둔전과 둔답을 아울러 이르는 말. 둔땅. 둔토(屯土).
둔전-병(屯田兵)명 왕조 때, 군사적 중요 지대나 군사가 오래 머물러야 할 곳에 주둔하여 둔전답을 짓던 병졸. 평시에는 토지를 경작하고 전시에는 전투원으로 동원되었음. 준둔병(屯兵).
둔ː주(遁走)명하자 도망쳐 달아남.
둔ː주-곡(遁走曲)명 ☞푸가(fuga).
둔중(鈍重) '둔중하다'의 어근.
둔ː중-하다(鈍重-)형여 ①성질이나 동작이 굼뜨고 느리다. ¶ 둔중한 몸놀림. ②분위기나 상태가 밝지 못하여 어둡고 무거움. ¶ 수업 분위기가 전체적으로 둔중하다. ③소리가 둔하고 무거움. ¶ 멀리서 울려 오는 둔중한 뇌성. ④부피가 크고 무겁다. ¶ 둔중한 외모.
둔ː지(鈍智)명 ☞둔재(鈍才).
둔취(屯聚)명하자 여러 사람이 한곳에 모여 있음.
둔치명 ①물가. ②큰물이 질 때에나 물에 잠기는, 물가의 널찍하게 둔덕진 곳. ¶ 한강 둔치.
둔탁(鈍濁) '둔탁하다'의 어근.
둔ː탁-하다(鈍濁-)[-타카-]형여 ①성질이 굼뜨고 흐리터분하다. ¶ 행동이 둔탁하다. ②소리가 굵고 거칠며 웅숭깊다. ¶ 낡은 발동기의 둔탁한 소리. ③생김새가 거칠고 투박하다.
둔테명 〈문둔테〉의 준말.
둔토(屯土)명 ☞둔전답. 둔땅.
둔ː통(鈍痛)명 둔하고 무지근한 아픔.
둔ː팍-하다(鈍-)[-파카-]형여 ☞투미하다.
둔ː-패기명 〈아둔패기〉의 준말.
둔폄(窀窆)명하타 하관하여 묻음. 시체를 묻음.
둔ː필(鈍筆)명 ①글이나 글씨를 쓰는 솜씨가 굼뜨거나 서투름, 또는 그런 사람. 지필(遲筆). ②서툰 글, 또는 문필의 재능이 모자란 사람.
둔ː필-승총(鈍筆勝聰)명 둔필의 기록이 총명한 기억보다 낫다는 말.
둔ː-하다(鈍-)형여 ①(말이나 행동이) 느리고 미련하다. ¶ 둔한 동작. ②(깨우침이) 늦고 재주가 모자라다. 이해가 늦다. ¶ 둔한 머리. ③(날붙이의 날이) 무디다. ¶ 칼날이 둔하다. ④(감수성이) 모자라다. ¶ 나이가 들수록 감정이 둔해진다. ⑤(글이나 말로 표현하는 힘이) 부족하다. ¶ 둔한 글 솜씨. ⑥(비판하는 정도가) 날카롭지 못하다. ¶ 붓끝이 둔하다. ⑦(소리가) 무겁고 흐리다. ¶ 도끼질 몇 번에 둔한 소리를 내며 쓰러지는 고목.
둔ː한(鈍漢)명 미련하고 둔한 사람.
둔ː화(鈍化)명하자되자 둔하게 됨. 무디어짐. ¶ 인구 증가율의 둔화./선수의 움직임이 둔화되다.
둗겁다형ㅂ 〈옛〉 두껍다. 짙다. ¶ 봆비치 날마다 제 둗겁도다(杜初*10:9*).
둘ː수 하나에 하나를 더한 수. '하나'의 다음 수. 이(二). 참두[1].
둘이 먹다 하나(가) 죽어도 모르겠다속담 음식 맛이 매우 좋다는 말.
둘도 없다관용 ①오직 그것뿐이고 더는 없다. 하나뿐이다. ¶ 둘도 없는 목숨. ②가장 귀중하다. ¶ 둘도 없는 친구.
둘-접두 《일부 짐승 이름 앞에 붙어》 새끼나 알을 낳지 못하는 암컷임을 뜻함. ¶ 둘암소. /둘암탉. /둘암캐.

둘-되다[-되-/-뒈-][형] 미련하고 굼뜨다. 둔하게 생기다. ¶ 사람이 상냥한 맛은커녕 둘되어 서야, 원.

둘둘[1][부] 종이·자리·멍석 따위 넓은 것을 여러 겹으로 감거나 마는 모양. ¶ 멍석을 둘둘 말아 세우다. (작)돌돌[1]. (센)뚤뚤.

둘둘[2][부] 둥근 것이 구르는 모양, 또는 그 소리. (작)돌돌[2]. (센)뚤뚤.

둘러-놓다[-노타][타] ①둥글게 벌여 놓다. ¶ 병풍을 둘러놓다. /책상을 둘러놓고 앉아 회의를 하다. ②방향을 바꾸어 놓다. ¶ 물줄기를 서쪽으로 둘러놓다. (작)돌라놓다.

둘러-대다[타] ①(필요한 돈이나 물건 따위를) 이리저리 둘러서 갖다 대다. 융통하다. ②그럴듯한 말로 꾸며 대다. (작)돌라대다.

둘러-막다[-따][타] 가장자리로 돌아가며 가려서 막다. (작)돌라막다.

둘러막-히다[-마키-][자] 〖'둘러막다'의 피동〗 가장자리로 돌아가며 가려져서 막힘을 당하다. ¶ 울창한 숲으로 둘러막힌 마을.

둘러-말하다[자][여] 에둘러서 간접적으로 말하다. ¶ 이리저리 둘러말하지 말고 요점만 말하세요.

둘러-맞추다[-맏-][타] 둘러대어 맞추다. ¶ 모자라는 등록금을 겨우 둘러맞추었다. /이유를 적당히 둘러맞추다. (작)돌라맞추다.

둘러-매다[타] 둘러 감아서 두 끝을 맞매다. ¶ 허리에 띠를 둘러매다. (작)돌라매다.

둘러-메다[타] 물건을 번쩍 들어서 어깨에 메다. ¶ 보따리를 둘러메다.

둘러-메치다[타] 둘러메어 세게 넘어뜨리다.

둘러방-치다[타] 무엇을 빼돌리고 그 자리에 다른 것을 슬쩍 바꾸어 넣다. (준)둘러치다. (작)돌라방치다.

둘러-보다[타] 이모저모 골고루 살펴보다. ¶ 사방을 둘러보다. /근무 상황을 둘러보고 오겠네. (작)돌라보다.

둘러-붙다[-붇따][자] 헤아려 보아서 이로운 쪽으로 슬그머니 붙좇다. (작)돌라붙다.

둘러-빠지다[자] (바닥의 한 부분이) 빙 둘러서 움쑥 꺼지다.

둘러-서다[자] 여럿이 둥글게 서다. ¶ 많은 사람이 빙 둘러서서 연설을 듣고 있다. (작)돌라서다.

둘러-싸다[타] ①빙 둘러서 감싸다. ②둥글게 에워싸다. ¶ 적을 둘러싸다. (작)돌라싸다. ③어떤 것을 관심의 중심으로 삼다. ¶ 이 사건을 둘러싸고 의견이 분분하다.

둘러싸-이다[자] 〖'둘러싸다'의 피동〗 빙 둘러 쌈을 당하다. ¶ 산으로 둘러싸인 마을.

둘러-쌓다[-싸타][타] 빙 둘러서 둥글게 쌓다. ¶ 예전엔 성을 둘러쌓아 적의 침공을 막았다. (작)돌라쌓다.

둘러-쓰다[~쓰니·~써][타] ①머리에 두르거나 온몸을 덮어 가리다. ¶ 수건을 둘러쓰다. /이불을 둘러쓰다. ②(액체나 가루 따위를) 온몸에 받다. ¶ 먼지를 둘러쓰다.

둘러-앉다[-안따][자] 여러 사람이 가운데를 향해 둥글게 앉다. (작)돌라앉다.

둘러-업다[-따][타] 번쩍 들어서 업다. ¶ 아이를 등에 둘러업다.

둘러-엎다[-업따][타] ①통째 뒤엎어 버리다. 전복하다. ¶ 밥상을 둘러엎다. /정권을 둘러엎다. ②(하던 일을) 때려치우다. 집어 팽개치다. ¶ 직장을 둘러엎고 나와 장삿길에 나서다.

둘러-차다[타] 몸에 둘러 매달려 있게 하다. ¶ 허리에 칼을 둘러차다.

둘러-치다[타] ①휘둘러서 세차게 내던지다. ②(메나 몽둥이 따위를) 휘둘러서 세차게 내리치다. ③(병풍·그물·울타리 따위로) 둥글게 가리어 막다. ¶ 철조망을 둘러치다. ④〈둘러방치다〉의 준말.

둘러치나 메어치나 매한가지〔매일반〕[속담] 수단이나 방법이야 어떠하든 결과는 마찬가지라는 말.

둘레[명] ①사물의 바깥 언저리. 주위(周圍). ¶ 건물 둘레에 나무를 심다. ②사물이나 도형의 가장자리를 따라 한 바퀴 돈 길이. 주(周)[1]. ¶ 운동장 둘레를 재다.

둘레-돌[명] 능묘의 봉토 주위를 둘러서 쌓은 돌. 호석(護石).

둘레-둘레[부] ①[하타]이리저리 사방을 자꾸 둘러보는 모양. ¶ 여기저기를 둘레둘레 살펴보다. ②여럿이 여기저기 빙 둘러앉은 모양. ¶ 여기저기 둘레둘레 모여 앉아 이야기를 주고받는다.

둘레-바늘[명] 플라스틱 따위로 끝을 뾰족하게 만든 뜨개질바늘. 바늘 한 개로 원통 모양을 뜨는 데 쓰임.

둘리다[자] ①〖'두르다'의 피동〗 둘러막히다. 둘러싸이다. ②남에게 속다. 농락을 당하다. ¶ 그런 잔꾀에 둘릴 내가 아니니 걱정하지 마라. ②(작)돌리다[1].

둘-소[-쏘][명] ☞둘암소.

둘-암소[명] 새끼를 낳지 못하는 암소. 둘소.

둘-암캐[명] 새끼를 낳지 못하는 암캐.

둘-암탉[-탁][명] 알을 낳지 못하는 암탉. *둘암탉이[-탈기]·둘암탉만[-탕-]

둘-암퇘지[명] 새끼를 낳지 못하는 암퇘지.

둘어[타] 〈옛〉〔'두르다'의 활용형〕 둘러. ¶ 行宮에 도ᄌᆞ기 둘어 넘그미 울어시ᄂᆞᆯ(龍歌*33*章).

둘에[명] 〈옛〉 둘레. ¶ 그르메 기우니 둘에 便安티 아니ᄒᆞ도다(杜重*12:1*).

둘ː-잇단음표(-音標)[-릳따늠-][명] 3등분해야 할 음표를 2등분한 것. 곧, 같은 음표 2개로써 3개의 길이와 같게 연주하라는 표. 두 음표 사이에 연결표와 숫자 '2'를 표시함. (참)셋잇단음표.

둘ː-잡이[명] 장기에서, 자기의 말 하나를 죽이고 상대편의 말 두 짝을 먹는 수.

둘ː-째 Ⅰ[수][관] 첫째의 다음 차례(의). ¶ 둘째 며느리.

Ⅱ[명] 맨 앞에서부터 세어 모두 두 개가 됨을 이르는 말. ¶ 새치를 벌써 둘째 뽑는다.

둘째(로) 치다[관용] 이차적인 것으로 돌려, 문제 삼지 않기로 하다. 대수롭지 않은 것으로 치다. ¶ 수석은 둘째 치고, 합격이나 했으면 좋겠다. (참)고사하고.

둘ː째-가다[자] 최고에 버금가다. ¶ 내 짝은 우리 반에서 둘째가라면 서러울 정도로 공부를 잘한다.

둘ː째-아버지[명] 아버지의 형제 가운데 둘째 되는 사람. 아버지가 셋째나 그 아래이면 둘째 큰아버지를, 아버지가 맏이이거나 둘째이면 첫째 작은아버지를 이름.

둘ː째-어머니[명] 둘째아버지의 아내.

둘-치[명] 새끼를 낳지 못하는 암컷.

둘-하다[형][여] 둔하고 미련하다.

ᄃᆞᇂ[수] 〈옛〉 둘. ¶ 둘희 힘이 달옴이 업더니(月印*39*章).

둥[1][명] 우리나라 고유 음악의 음계(音階)의 하나인 제2음.

둥[2]의 ①용언의 관형사형 어미 '-ㄴ·-은·-는·-ㄹ·-을' 등의 뒤에 쓰이어, '… 것과 같음'의 뜻을 나타냄. 《'~ 둥 ~ 둥'과 같이 겹치는 꼴로 쓰이며, 뒤는 '말 둥'·'마는 둥' 따위로 호응함.》 ¶ 자는 둥 마는 둥. /올 둥 말 둥. ②'-다는(-라는·-냐는) 둥, -다는(-라는·-냐는) 둥'과 같이 겹치는 꼴로 쓰이어, '이리한다거니 저리한다거니', 또는 '이러하다거니 저러하다거니'의 뜻을 나타냄. 《이때, 앞말과 뒷말은 대립적인 말로 짝을 이룸.》 ¶ 물가가 오른다는 둥 내린다는 둥 말이 많다.

둥[3]부 큰 북을 치거나 거문고를 탈 때에 울리어 나는 묵직한 소리. 작동[6]. 거퉁[3]. **둥-둥**부.

둥개다자 일을 감당하지 못하고 쩔쩔매면서 뭉개다. ¶ 일거리 하나를 가지고 종일 둥개다.

둥개-둥개감 '둥둥[2]'을 더 흥겹게 하는 소리.

둥구-나무명 크고 오래된 정자나무.

둥구미명 〈멱둥구미〉의 준말.

둥굴-대[-때]명 (되나 말 따위로 곡식을 될 때) 둥글게 만들어 굴리는 평미레.

둥굴이명 껍질을 벗긴 통나무.

둥그러미명 둥글게 된 것(모양). 작동그라미.

둥그러-지다자 넘어지면서 두그르르 구르다. ¶ 돌에 채여 둥그러지다. 작동그라지다.

둥그렇다[-러타][둥그러니·둥그레]형ㅎ 뚜렷하고 크게 둥글다. ¶ 둥그런 보름달. 작동그랗다. 센뚱그렇다.

둥그레-모춤명 볏모 네 움큼을 한데 묶은 단.

둥그레-지다자 둥그렇게 되다. ¶ 영문을 몰라 눈이 둥그레지다. 작동그래지다. 센뚱그레지다.

둥그스름-하다형여 모나지 아니하고 대체로 좀 둥글다. ¶ 둥그스름하게 생긴 얼굴. 준둥긋하다. 작동그스름하다. 센뚱그스름하다. **둥그스름-히**부.

둥근-귀명 재목(材木)의 귀를 둥글게 귀접이한 면.

둥근-기둥명 ☞두리기둥. 원주(圓柱).

둥근-끌명 날이 활 모양으로 된 끌.

둥근-톱명 모양이 둥글게 되어 있는 기계톱의 한 가지. ↔띠톱.

둥근-파명 '양파'의 잘못.

둥글넓데데-하다[-럽떼-]형여 생김새가 둥글고 넓적스름하다. 작동글납대대하다.

둥글넓적-하다[-럽쩌카-]형여 모양이 둥글고 넓적하다. 작동글납작하다. **둥글넓적-이**부.

둥글다[둥그니·둥글어] Ⅰ자 둥그렇게 되다. Ⅱ형 ①모양이 원과 같거나 비슷하다. ¶ 둥근 달. 작동글다. ②모가 없이 원만하다. ¶ 성격이 둥근 사람.

둥글-둥글부하형 ①여럿이 모두 둥근 모양. ②둥그러미를 그리며 잇달아 돌아가는 모양. ③모가 없이 원만한 모양. ¶ 세상을 둥글둥글 살아간다. ①②작동글동글. 센뚱글뚱글.

둥글-리다타 〖'둥글다'의 사동〗 모난 곳을 잘 손질하여서 둥글게 만들다. 작동글리다.

둥글뭉수레-하다형여 끝이 둥글고 뭉툭하다.

둥글번번-하다형여 생김새가 둥그스름하고, 울퉁불퉁한 데가 없이 미끈하다. 작동글반반하다. **둥글번번-히**부.

둥글-부채명 둥글게 만든 부채. 단선(團扇).

둥긋-하다[-그타-]형여 〈둥그스름하다〉의 준말. 작동긋하다. **둥긋-이**부.

둥당-거리다자타 자꾸 둥당둥당하다. 둥당대다. ¶ 둥당거리며 신나게 놀았다. 작동당거리다.

둥당-대다자타 둥당거리다.

둥당-둥당부하자타 큰 북 따위를 잇달아 쳐서 내는 소리. 작동당동당.

둥덩-거리다자타 자꾸 둥덩둥덩하다. 둥덩대다. 작동당거리다.

둥덩-대다자타 둥덩거리다.

둥덩-둥덩부하자타 '둥당둥당'보다 낮고 묵직하게 울려 나는 소리. 작동당동당.

둥-덩실부 물건이 공중이나 바다에 가볍게 떠 있는 모양.

둥덩이명 소의 앞다리에 붙은 살.

둥둥[1]부 큰 물건이 떠서 움직이는 모양. ¶ 하늘 높이 둥둥 떠가는 기구(氣球). 작동동[2].

둥둥[2]감 어린아이를 안거나 쳐들고 어를 때에 하는 소리. ¶ 우리 아기 둥둥. 참둥개둥개.

둥둥-거리다자타 자꾸 큰 북 따위를 치는 소리가 나다, 또는 그런 소리를 내다. 둥둥대다. 작동동거리다[1].

둥둥-대다자타 둥둥거리다.

둥둥이-김치명 국물을 많이 하여 건더기가 둥둥 뜨게 담근 김치.

둥실[1]부 큰 물건이 가볍게 떠 있는 모양. 작동실[1]. **둥실-둥실**부하자 ¶ 둥실둥실 두둥실 배 떠나가네.

둥실[2]부하형 둥글고 투실한 모양. 작동실[2]. **둥실-둥실**부하형 ¶ 생김생김이 둥실둥실한 게 부잣집 맏며느릿감이로군.

둥싯-거리다[-싣꺼-]자타 자꾸 둥싯둥싯하다. 둥싯대다.

둥싯-대다[-싣때-]자타 둥싯거리다.

둥싯-둥싯[-싣뚱싣]부하자타 ①몸을 둔하게 자꾸 움직이는 모양. ¶ 곰이 둥싯둥싯 몸을 움직이며 우리로 들어간다. ②배 따위가 굼뜨게 떠다니는 모양.

둥우리명 ①짚이나 댑싸리로 바구니 비슷하게 엮어 만든 그릇. ②기둥과 칸살 등을 나무로 하고 새끼로 얽어 만들어, 병아리 같은 것을 기르는 데 쓰는 제구.

둥우리-장수명 지난날, 둥우리에 쇠고기를 넣어 지고 다니며 팔던 장수.

-둥이접미 《일부 명사 뒤에 붙어》 ①그 명사가 뜻하는 특징을 지닌 어린이임을 나타냄. ¶ 막내둥이. /귀염둥이. ②그 명사나 어근이 뜻하는 특징을 지닌 사람이나 짐승임을 나타냄. ¶ 바람둥이. /검둥이. /점둥이.

둥주리명 짚으로 크고 두껍게 엮어 둥우리처럼 만든 것. 〔추울 때, 밖을 지키는 사람이 들어앉거나 말을 타고 가는 사람이 말 위에 얹고 그 안에 들어앉아서 추위를 막았음.〕

둥주리-감명 모양이 둥근 감의 한 가지.

둥지명 검불·털·잔 나뭇가지 따위를 모아 지은 새의 집. ¶ 뻐꾸기 둥지.

둥지(를) 치다〔틀다〕관용 새가 보금자리를 만들다.

둥치명 큰 나무의 밑동.

둥치다타 ①휩싸서 동이다. 작동치다. ②너절너절한 것을 몰아서 깎아 버리다.

둪다타 〈옛〉 덮다. ¶ 곳니피 퍼 衆人올 다 두프니 (月印*158*章).

둬:-두다타 〈두어두다〉의 준말.

둬둬감 분봉(分蜂)하려고 벌통 밖으로 나가서 한곳에 모여 붙어 있는 벌 떼를 몰아넣을 때 부르는 소리. 드레드레[2].

둬둬둬감 돼지를 몰거나 쫓을 때 하는 소리.

뒈:지다자 '죽다[1]'의 낮은말.

뒝-박명 '뒤웅박'의 잘못.

뒝ː-벌 명 꿀벌과의 곤충. 꿀벌과 비슷하나 몸이 더 통통함. 몸길이 2 cm가량. 몸빛이 수컷은 누렇고 암컷은 검은데, 가슴에 노란 잔털이 있음. 수컷은 가을에만 나타나고 암컷은 월동함. 땅속에 집을 짓고 모여 살며, 등꽃·호박꽃 따위에 잘 날아듦.

뒤ː 명 ①등이 있는 쪽. 정면의 반대쪽. ¶ 뒤를 돌아보다. /집 뒤에 심은 나무. ↔앞. ②나중. 미래. ¶ 한 시간 뒤에 보자. /뒤를 생각하다. ③(차례에서) 다음. 나중. ¶ 그는 나보다 한참 뒤일세. ↔앞. ④어떤 일이 끝난 다음. ¶ 식이 끝난 뒤. /수술 뒤가 좋지 않다. ⑤어떤 일의 결과. ¶ 그 뒤는 하늘에 맡기자. ⑥(어떤 일의) 남는 자국. 행적. 흔적. 자취. ¶ 사람은 항상 뒤가 깨끗해야 한다. ⑦(어떤 일의) 감추어진 부분. 배후. 이면(裏面). ¶ 뒤를 캐다. /그 사건 뒤에 숨은 이야기. ⑧(어떤 일을 잘해 나가도록) 돌보아 주거나 바라지하는 일. ¶ 형이 계속 뒤를 대 주어서 공부를 끝냈다. ⑨가계(家系)를 이을 '대(代)'. ¶ 뒤를 이을 아들을 간절히 바라다. ⑩(끝나지 않은 어떤 일의) 계속될 다음 부분의 일. ¶ 뒤를 부탁하다. ⑪(감정적인 문제의) 남은 처리. 보복. ¶ 화는 잘 내시지만 뒤는 없는 분이다. ⑫〈망건뒤〉의 준말. ¶ 뒤가 빠지다. ⑬〈뒷밭〉의 준말. ¶ 뒤에 두 동 가다. ⑭'볼기'를 점잖게 이르는 말. ¶ 마루 끝에 뒤를 붙이고 앉다. ⑮(사람의) '똥'을 완곡하게 이르는 말. ¶ 뒤를 보고 오다. ⑯지난날. ¶ 뒤를 돌아보다.

뒤로 오는 호랑이는 속여도 앞으로 오는 팔자는 못 속인다 속담 운명은 맘대로 할 수 없다는 말.

뒤로〔뒤에서〕 호박씨 깐다 속담 '겉으로는 얌전한 체하면서 은밀히 온갖 짓을 다 함'을 비유하여 이르는 말. 뒷구멍으로 호박씨 깐다.

뒤에 난 뿔이 우뚝하다 속담 후배나 젊은이가 선배나 늙은이보다 더 훌륭하다는 말.

뒤에 볼 나무는 그루를 돋우어라 속담 뒷일을 생각하거든 미리부터 준비를 하라는 말.

뒤가 구리다 관용 숨겨 둔 속내가 있어 깨끗하거나 떳떳하지 못하다.

뒤가 꿀리다 관용 떳떳하지 못하고 마음이 켕기다.

뒤가 늘어지다 관용 ①한곳에 앉으면 좀체 일어서지 않는다. ②마무리가 느슨하다. ¶ 한번 연설을 시작하면 뒤가 늘어져 그칠 줄을 모른다.

뒤가 드러나다 관용 (비밀로 하거나 숨긴 일이) 들통이 나다. 뒤가 들리다.

뒤가 들리다 관용 ①밑천이 바닥나다. ②(거짓 행위가) 탄로 나다. ②뒤가 드러나다.

뒤가 저리다 관용 (언행의 결과가) 잘못될까 봐 조마조마하다.

뒤가 켕기다 관용 (잘못이나 약점으로) 좋지 못한 일이 생길까 하여 겁이 나다. ¶ 뒤가 켕기는 일이 있는지 나를 보자마자 피한다.

뒤를 거두다 관용 뒷일을 수습하다.

뒤를 노리다 관용 남의 약점을 캐내기 위해 기회를 엿보다.

뒤를 누르다 관용 ①뒷일의 탈이 없도록 다짐을 놓다. 뒤를 다지다. ②배후를 억눌러 기를 꺾다.

뒤를 다지다 관용 ☞뒤를 누르다.

뒤를 달다 관용 앞의 말이나 남의 말에 보충하여 말하다. 뒤를 받치다. ¶ 그는 김 군의 말에 뒤를 달아 말했다.

뒤를 돌아보다 관용 지난 일을 다시 떠올려 생각하다. 반성하다.

뒤를 두다 관용 ①뒷날을 생각하여 여유를 두다. ②좋지 않은 감정 따위를 계속 품고 있다. ¶ 뒤를 두지 않는 성격.

뒤를 받치다 관용 ①☞뒤를 달다. ②후원하다. 뒷받침을 하다.

뒤를 빼다 관용 ①(어떤 자리에서) 미리 몸을 피하여 빠져나오다. ②발뺌을 하다.

뒤를 사리다 관용 뒤가 꿀리거나 탈이 생길까 하여 미리부터 발뺌을 하느라고 언행을 조심하다.

뒤를 재다 관용 결과를 걱정하면서 이리저리 타산을 맞추어 보다.

뒤¹ 명 〈옛〉 띠. ¶ 뒤:茅(訓解). 참 뛰.

뒤² 명 〈옛〉 북쪽. ¶ 뒷심골:北泉洞(龍歌2章). 참 뒿.

뒤- 접두 《주로 동사 앞에 붙어서》 ①'몹시'·'함부로'의 뜻을 나타냄. ¶ 뒤흔들다. /뒤틀다. /뒤섞다. /뒤떠들다. ②'반대로'·'뒤집어'의 뜻을 나타냄. ¶ 뒤엎다. /뒤바꾸다. /뒤놓다. ③'온통'·'전부'의 뜻을 나타냄. ¶ 뒤덮다.

뒤ː-구르다 [~구르니·~굴러] Ⅰ 자 르 (총포 따위가 발사 후 반동으로) 뒤로 움직이다. Ⅱ 타 르 (일의 뒤끝에 탈이 없도록) 단단히 다지다.

뒤-까불다 [~까부니·~까불어] Ⅰ 자 몹시 경망하게 행동하다. ¶ 뒤까부는 성격. Ⅱ 타 몸이나 몸의 일부를 방정맞게 뒤흔들다. ¶ 다리를 뒤까불다.

뒤-곁 [-곁] 명 집 뒤에 있는 뜰이나 마당. ＊뒤곁이[-껴치]·뒤곁을[-껴틀]·뒤곁만[-껸-]

뒤꼭지-치다 자 '뒤통수치다'의 잘못.

뒤ː-꽁무니 명 꽁무니.

뒤꽁무니(를) 빼다 관용 달아나거나 도망치다.

뒤ː-꽂다 [-꼳따] 타 윷놀이에서 말을 뒷밭에 놓다.

뒤ː-꽂이 명 쪽 찐 머리 뒤에 덧꽂는, 비녀 이외의 물건. 〔과판·연봉·귀이개 따위.〕

뒤ː-꾸머리 명 〈발뒤꾸머리〉의 준말.

뒤ː-꿈치 명 〈발뒤꿈치〉의 준말.

뒤-끓다 [-끌타] 자 ①뒤섞여 마구 심하게 끓다. ②많은 사람이나 동물 따위가 한데 섞여서 마구 움직이다. 들끓다. ¶ 인파가 뒤끓다. 참 끓다.

뒤ː-끝 [-끋] 명 ①일의 맨 나중. 마무리. ¶ 뒤끝이 깨끗해야 한다. /뒤끝은 좋은 사람이다. ②어떤 일이 있은 바로 뒤. ¶ 비 온 뒤끝. ③좋지 않은 감정이 있은 다음에도 여전히 남은 감정. ¶ 뒤끝이 없다. /뒤끝이 영 개운하지 않다. ＊뒤ː끝이[-끄치]·뒤ː끝을[-끄틀]·뒤ː끝만[-끈-]

뒤끝(을) 보다 관용 (일의 되어 감에 따라) 결과를 보다. ¶ 뒤끝을 보아 가며 대책을 세우자.

뒤-내다 자 남과 더불어 같이 일을 하다가 중도에서 싫증을 내다.

뒤ː-내려긋다 [-귿따] [~내려그으니·~내려그어] 자 ㅅ 한글의 복모음 글자를 쓸 때, 다른 모음 글자의 오른쪽에 'ㅣ'를 붙여 쓰다. 〔'ㅏ'·'ㅓ'·'ㅘ'에 뒤내려그으면 'ㅐ'·'ㅔ'·'ㅙ'가 됨.〕

뒤ː넘기-치다 타 ①뒤로 넘겨뜨리다. ②엎치락뒤치락하면서 서로 넘어뜨리다.

뒤-넘다 [-따] 자 ①뒤로 넘어지다. ②뒤집히어 넘어지다.

뒤넘-스럽다 [-따] [~스러우니·~스러워] 형 ㅂ ①어리석은 것이 주제넘다. ¶ 잘 알지도 못하면서 뒤넘스럽게 나서지 마라. ②꼴같잖은 것이 건방지다. ¶ 원래 그는 뒤넘스러운 인간이라니까. **뒤넘스레** 부.

뒤-놀다[~노니·~놀아]㉧ ①고정되지 않고 흔들리거나 몹시 놀다. ¶ 상다리가 뒤놀다. /구들장이 뒤놀다. ②뒤집힐 듯이 흔들리다. ¶ 풍랑에 배가 뒤놀다. ③정처 없이 마음대로 돌아다니다. ¶ 소식도 없이 석 달이나 뒤놀다가 돌아온 아들.
뒤-놓다[-노타]㉠ 뒤집어 놓다. ¶ 천지를 뒤놓을 듯한 민족의 함성.
뒤-눕다[-따][~누우니·~누워]㉧ⓑ 물체가 뒤집히듯이 몹시 흔들리다.
뒤ː-늦다[-늗따]㉫ 제때가 지나 아주 늦다. ¶ 뒤늦게 소식을 들었다.
뒤ː늦-추다[-늗-]㉠ 〖'뒤늦다'의 사동〗 뒤늦게 하다. ¶ 출발 시간을 뒤늦추다.
뒤다¹㉧ (물건이 곧지 아니하고) 뒤틀리거나 구부러지다.
뒤다²㉠ 〈뒤지다²〉의 준말. ¶ 서랍을 뒤다.
뒤ː-대㉢ 어느 지방을 중심으로 하여 그 북쪽 지방을 이르는 말. 윗녘. ¶ 뒤대 사람들이 난리를 피해 이곳으로 몰려들었다. ↔앞대.
뒤-대다¹㉠ ①바로 말하지 않고 빈정거리며 비뚜로 말하다. ¶ 뒤대지만 말고 바로 말해라. ②거꾸로 가르치다.
뒤ː-대다²㉠ 뒤를 돌보아 주다. 밑천을 잇대어 주다. ¶ 장사를 하도록 뒤대어 주다.
뒤-대패㉢ 오목하게 굽은 재목의 안바닥을 깎아 내는 대패. 혹대패.
뒤-덮다[-덥따]㉠ ①뒤집어쓰듯이 덮다. ¶ 담요를 뒤덮고 누워 앓다. ②(일정 지역이나 공간을) 누비거나 휩싸듯이 덮다. ¶ 하늘을 뒤덮은 오색 풍선. ③(세력이 사방에) 두루 미치거나 퍼지다. ¶ 미국 시장을 뒤덮은 한국 제품들.
뒤덮-이다㉧ 〖'뒤덮다'의 피동〗 뒤덮음을 당하다. ¶ 먼지로 뒤덮인 차. /초저녁 명동 거리는 젊은이로 뒤덮인다.
뒤ː-돌다[~도니·~돌아]㉧ 뒤로 돌다. ¶ 뒤돌아 눕다.
뒤ː-돌아보다㉠ ①뒤쪽을 돌아보다. ¶ 뒤돌아보니 아직도 어머님이 손을 흔들고 계셨다. ②지난 일을 돌이켜 생각해 보다. 앞서 생긴 일을 살펴보다. ¶ 어릴 적 일을 뒤돌아보다.
뒤ː-돌아서다㉧ 뒤로 돌아서다.
뒤-둥그러지다㉧ ①뒤틀려서 마구 우그러지다. ②(생각이나 성질이) 올곧지 못하고 비뚤어지다. ③아주 세게 넘어지면서 구르다. ¶ 빙판에 뒤둥그러지다.
뒤듬-바리㉢ 어리석고 둔하며 거친 사람.
뒤ː-따라가다㉠ 뒤를 따르다. 뒤에 따라가다. ¶ 곧 뒤따라갈 테니 앞서 가구려.
뒤ː-따라오다㉠ 뒤를 따라오다. 뒤에 따라오다. ¶ 뒤따라오던 사람이 어디 갔지?
뒤ː-따르다[~따르니·~따라] Ⅰ㉧ 어떤 일에 부수적인 일이 나타나거나 같이하다. ¶ 사업에 어려움이 뒤따르다.
Ⅱ㉠ ①뒤를 따르거나 좇다. ¶ 선발대를 뒤따라 우리도 출발했다. ②뜻을 잇거나, 사업을 잇다. ¶ 그분을 뒤따르는 젊은이들이 수두룩하다.
뒤ː-딱지[-찌]㉢ (시계 따위의) 뒤에 붙은 뚜껑. ¶ 시계 뒤딱지를 열고 수리하다.
뒤ː딸리다㉠ 〖'뒤따르다'사동〗 뒤따르게 하다 ¶ 동생을 뒤딸리어 심부름을 가다.
뒤-떠들다[~떠드니·~떠들어]㉧ 왁자하게 마구 떠들어 대다.
뒤-떨다[~떠니·~떨어]㉠ 몸을 몹시 흔들듯이 떨다. ¶ 오한으로 뒤떨다. /사시나무 떨듯 뒤떨다.
뒤ː-떨어지다㉧ ①뒤에 떨어져 남다. ¶ 혼자 뒤떨어져서 집을 지키다. ②뒤로 사이가 벌어져 있다. ¶ 뒤떨어져 걷다. ③(남이나 다른 것보다 수준이) 못하다. ¶ 실력이 뒤떨어지다. /수학이 다른 과목에 비해 좀 뒤떨어졌다. ④시대나 조류에 맞지 않게 뒤지다. 낙후하다. ¶ 문화가 뒤떨어진 민족. ⑤처지다. 퇴보하다. ¶ 전보다 뒤떨어진 성적. ②~⑤뒤지다¹. ②~⑤↔앞서다.
뒤뚝㉥㉻㉧㉠ 큰 물체가 순간적으로 중심을 잃고 한쪽으로 기울어지는 모양. ¶ 계단을 잘못 디디어 뒤뚝하고 쓰러질 뻔했다. ㉶뒤뚱. ㉳되뚝¹. **뒤뚝-뒤뚝**㉥㉻㉧㉠.
뒤뚝-거리다[-꺼-]㉧㉠ 자꾸 뒤뚝뒤뚝하다. 뒤뚝대다. ¶ 어릿광대가 익살맞게 뒤뚝거리며 무대 위에 올라섰다. ㉳되뚝거리다.
뒤뚝-대다[-때-]㉧㉠ 뒤뚝거리다.
뒤뚱㉥㉻㉧㉠ 물체가 중심을 잃고 한쪽으로 기울어지는 모양. ¶ 몸의 중심을 잃고 뒤뚱하다. ㉶뒤뚝. ㉳되뚱. **뒤뚱-뒤뚱**㉥㉻㉧㉠ ¶ 뒤뚱뒤뚱 걸어가다.
뒤뚱-거리다㉧㉠ 자꾸 뒤뚱뒤뚱하다. 뒤뚱대다. ㉳되뚱거리다.
뒤뚱-대다㉧㉠ 뒤뚱거리다.
뒤뚱-발이㉢ 뒤뚱거리며 걷는 사람을 얕잡아 이르는 말.
뒤-뜨다[~뜨니·~떠] Ⅰ㉧ 뒤틀려서 들뜨다. ¶ 마룻바닥이 뒤뜨다.
Ⅱ㉧㉠ 뒤받아서 버티거나 대들다. ¶ 어른을 몰라보고 뒤뜨다니. /감히 내 말을 뒤뜨는 거냐?
뒤-뜰㉢ 집채의 뒤에 있는 뜰. 뒷마당. ↔앞뜰.
뒤-란㉢ 집채 뒤의 울안. 호리(戶裏).
뒤ː로-돌아 Ⅰ㉢ 오른쪽으로 180도 되게 돌아선 자세.
Ⅱ㉣ '뒤로돌아' 하라는 구령.
뒤ː로-하다㉠㉨ ①뒤에 두다. ¶ 강을 뒤로하여 텐트를 쳤다. ②(뒤에 두고) 떠나다. 등지다. ¶ 고향을 뒤로한 지도 어언 십여 년.
뒤룩-거리다[-꺼-]㉧㉠ 자꾸 뒤룩뒤룩하다. 뒤룩대다. ㉳되룩거리다. ㉸뛰룩거리다.
뒤룩-대다[-때-]㉧㉠ 뒤룩거리다.
뒤룩-뒤룩[-뛰-]㉥ ①㉻㉧성난 기색을 거친 행동으로 나타내 보이는 모양. ¶ 성이 나서 어쩔 줄 몰라 뒤룩뒤룩하면서 온 방 안을 헤매고 다닌다. ②㉻㉧㉠부리부리한 눈에 열기를 보이며 부릅뜨고 굴리는 모양. ¶ 황소 같은 눈망울을 뒤룩뒤룩하며 쳐다보다. ③㉻㉫뚱뚱한 몸에 군살이 흉하게 처진 모양. ¶ 돼지처럼 뒤룩뒤룩 살만 쪘군. ㉳되록되록. ㉸뛰룩뛰룩.
뒤룽-거리다㉧ 디룽거리다. 뒤룽대다. ㉳되룽거리다.
뒤룽-대다㉧ 뒤룽거리다.
뒤룽-뒤룽㉥㉻㉧ 디룽디룽. ㉳되룽되룽.
뒤ː-미처㉥ 그 뒤에 곧 이어. 잇달아. ¶ 뒤미처 도착한 화물. /혹시나 하고 뒤미처 달려가 보았지만 역시 허사였다.
뒤ː-미치다㉧ ①뒤이어 곧 한정된 곳이나 범주에 이르다. ¶ 간신히 10위권에 뒤미치게 되었다. /해 지기 전에 적어도 산문(山門)에는 뒤미쳐야 한다. ②잇달아 이르다. ¶ 앞서 간 일행을 따라 현장에 뒤미치려면 더 서둘러야 한다.
뒤ː-밀치기㉢ 씨름 기술의 한 가지. 갑자기 상대편을 뒤로 밀쳐 넘어뜨리는 기술.
뒤-바꾸다㉠ (순서·위치·상태·생각 따위를) 바꾸다. ¶ 순서를 뒤바꾸다. /출연자를 뒤바꾸어 물의를 일으키다.

뒤바꾸-이다(자) 〖'뒤바꾸다'의 피동〗 반대로 바꾸어지다. (준)뒤바뀌다.
뒤바뀌다(자) 〈뒤바꾸이다〉의 준말. ¶ 순서가 뒤바뀌었네.
뒤ː-바람(명) 된바람.
뒤-바르다[~바르니·~발라](타르) 아무 데나 마구 바르다. 처바르다. ¶ 온갖 광고를 뒤발라 놓은 담벼락.
뒤ː-받다[-따](타) (꾸지람에 대하여) 도리어 맞대꾸하거나 맞서다. ¶ 고분고분하기는커녕 뒤받기만 하는 아이. (작)되받다.
뒤발(명)(하타) 온몸에 뒤집어써서 바름. ¶ 어린아이들이 흙탕물을 뒤발한 얼굴로 논다.
뒤ː-밟다[-밥따](타) (남의 행동을 살피기 위해) 몰래 뒤를 따라가다. 미행하다.
뒤ː밟-히다[-발피-](자) 〖'뒤밟다'의 피동〗 뒤밟음을 당하다.
뒤ː-방이다(타) 윷놀이에서, 말을 뒷밭을 거쳐 방에 놓다.
뒤-버무리다(타) 뒤섞어서 버무리다. ¶ 여러 가지 양념을 뒤버무리다.
뒤-범벅(명)(되자) 마구 뒤섞여서 서로 구별이 되지 않음. ¶ 눈물과 콧물이 뒤범벅이 되어 울고 있다. /헌 옷이고 새 옷이고 뒤범벅되어 있다.
뒤범벅-상투[-쌍-](명) 짧은 머리털로 아무렇게나 감아 맨 상투.
뒤변덕-스럽다(-變德-)[-쓰-따][~스러우니·~스러워](형ㅂ) 야단스럽게 번잡하고 변덕스럽다. ¶ 요즘 날씨는 하도 뒤변덕스러워 종잡을 수가 없다. **뒤변덕스레**(부).
뒤ː-보다[1](자) '똥 누다'를 에둘러서 이르는 말.
뒤-보다[2](타) 착각으로 잘못 보다. ¶ 사람을 뒤보고 실수하다.
뒤ː-보다[3](타) 뒤보아주다.
뒤ː-보아주다(타) 뒤에서 돌보아 주다. 남을 뒤에서 보호하다. 뒤보다[3].
뒤ː뽈치-기(명)(하자) 자립하지 못하고 남의 밑에서 고생하는 일. ¶ 아직도 형님 밑에서 뒤뽈치기하는 처지다.
뒤ː뽈-치다(타) 남의 밑에서 그의 뒷바라지를 하며 도와주다.
뒤ː-서다(자) ①남의 뒤를 따르다. ¶ 고속도로에 들어서자 우리 차가 동생 차에 뒤서게 되었다. ②☞뒤지다[1]. ↔앞서다.
뒤-섞다[-석따](타) ①사람이나 물건을 한데 마구 섞다. ¶ 학생들을 뒤섞어 학급을 재편성하다. ②생각이나 말 따위를 마구 섞다.
뒤섞-이다(자) 〖'뒤섞다'의 피동〗 뒤섞음을 당하다. ¶ 손님들의 뒤섞인 신발을 맞추어 가지런히 하다.
뒤숭숭(부)(하형) ①정신이 산란한 모양. ¶ 마음이 뒤숭숭 설레였다. ②물건이나 일이 이리저리 흩어져 어수선하고 갈피를 잡을 수 없는 모양. **뒤숭숭-히**(부).
뒤스럭-거리다[-꺼-](자) 자꾸 뒤스럭뒤스럭하다. 뒤스럭대다. ¶ 온종일 뒤스럭거리기만 하다가 아무 일도 못했다.
뒤스럭-대다[-때-](자) 뒤스럭거리다.
뒤스럭-뒤스럭[-뛰-](부)(하자) ①부산하게 이리저리 자꾸 뒤적이는 모양. ②손을 자꾸 이리저리 뒤척이는 모양. ¶ 뭘 찾기에 뒤스럭뒤스럭하느냐?
뒤스럭-스럽다[-쓰-따][~스러우니·~스러워](형ㅂ) 말이나 하는 짓이 침착하지 못하고 늘 부산한 데가 있다. **뒤스럭스레**(부).
뒤스르다[뒤스르니·뒤슬러](타르) (일이나 물건을) 가다듬느라고 이리저리 바꾸거나 변통하다. ¶ 밤낮 뒤스르기만 하고 끝을 못 낸다.
뒤ː-쓰레질(명)(하타) 어떤 일을 하고 난 뒤에 그 자리의 쓰레기를 쓸어 내는 일.
뒤안(명) 〈옛〉뒤곁. 뒤터. 뒷동산. ¶ 뒤안 원ː園(類合下28).
뒤안-길[-낄](명) ①뒤곁으로 난 길. ②'다른 것에 가려서 관심을 끌지 못하는 쓸쓸한 생활이나 처지'를 비유하여 이르는 말. ¶ 인생의 뒤안길.
뒤ː-어금니(명) 어금니 바로 다음의 이.
뒤어-내다(타) '뒤져내다'의 잘못.
뒤어-쓰다[-쓰니·-써](타) ①눈알이 위쪽으로 몰려서 흰자위만 보이게 뜨다. 홉뜨다. ②들쓰다. 뒤집어쓰다.
뒤-얽다[-억따](타) 마구 얽다.
뒤얽-히다[-얼키-](자) 〖'뒤얽다'의 피동〗 뒤얽음을 당하다. ¶ 뒤얽힌 실타래. /뒤얽힌 사건.
뒤-엉키다(자) 마구 엉키다. ¶ 실이 뒤엉키다.
뒤-엎다[-업따](타) 뒤집어엎다. ¶ 밥상을 뒤엎다. /기존 학설을 뒤엎다.
뒤엎-이다(자) 〖'뒤엎다'의 피동〗 뒤엎음을 당하다. ¶ 자전거가 돌부리에 걸려 뒤엎이다.
뒤ː-울(명) 갑피(甲皮) 중에서 발꿈치를 싸는 뒷부분의 가죽.
뒤웅-박(명) 쪼개지 아니하고 구멍만 뚫어 속을 파낸 박.
뒤웅박 차고 바람 잡는다(속담) 불가능하고 허황된 짓을 함을 이르는 말.
뒤웅-스럽다[-따][~스러우니·~스러워](형ㅂ) 뒤웅박처럼 생겨, 보기에 어리석고 둔하다. **뒤웅스레**(부).
뒤ː-잇다[-읻따][~이으니·~이어](자타ㅅ) 어떤 일의 끝에 다른 일이 잇달아 이어지다, 또는 그렇게 이어지도록 하다. ¶ 애국가 제창에 뒤이어 기념 축사가 있겠습니다.
뒤재주-치다(타) (물건을) 함부로 뒤집거나 내던져서 거꾸로 박히게 하다. ¶ 사무실에 도둑이 들어 온갖 집기와 서류를 뒤재주쳐 놓았다.
뒤적-거리다[-꺼-](타) 자꾸 뒤적뒤적하다. 뒤적대다. ¶ 온종일 신문만 뒤적거리고 있자니 진절머리가 난다. (작)되작거리다. (거)뒤척거리다[1].
뒤적-대다[-때-](타) 뒤적거리다.
뒤적-뒤적[-뛰-](부)(하타) 물건이나 책·문서 따위를 들추며 찾는 모양. ¶ 무엇을 찾는지 서랍 속을 뒤적뒤적하고 있다. (작)되작되작. (거)뒤척뒤척[1].
뒤적-이다(타) 물건이나 책·문서 따위를 이리저리 들추며 찾다. (작)되작이다. (거)뒤척이다[1].
뒤져-내다[-저-](타) 샅샅이 들추어 찾아내다.
뒤져올치(-夊)[-저-](명) 한자 부수의 한 가지. '麦'·'夐' 등에서 '夊'의 이름.
뒤ː-조지다(타) 일의 뒤끝을 단단히 다지다.
뒤ː-좇다[-졷따](타) 뒤를 따라 좇다.
뒤주(명) 곡식을 담아 두는 세간.
뒤죽-박죽[-빡쭉](명)(되자) 여럿이 차례 없이 함부로 뒤섞여 엉망이 된 모양. ¶ 일이 뒤죽박죽이다.
뒤ː-쥐(명) 땃쥣과의 동물. 쥐와 비슷하나 몸집이 더 작음. 주둥이는 길고 뾰족하며 귀와 눈이 작음. 꼬리는 가늘고 길며 끝에 작은 털송이가 있음. 몸빛은 위쪽이 밤색, 아래쪽은 회색이나 갈색임. 추위에 강하고, 바위틈에 살면서 밤에 곤충이나 무척추동물을 잡아먹음. 우리나라 각지에 분포함.

뒤ː-지(-紙) 명 밑씻개로 쓰는 종이.

뒤ː-지다1 자 ①뒤떨어지다. 뒤서다. ¶ 뒤진 성적. /유행에 뒤지다. ↔앞서다. ②못 미치다. ¶ 평균 수준에도 뒤지다.

뒤지다2 타 ①들추거나 헤치다. ¶ 호주머니를 뒤지다. ②(책갈피나 서류를) 한 장 한 장 뒤적이다. ¶ 사진첩을 뒤지다. 준뒤다2.

뒤집-개[-깨] 명 프라이팬으로 요리할 때, 부침개 따위를 뒤집는 기구.

뒤집개-질[-깨-] 명하타 (사물이나 태도·말 따위를) 뒤집어 놓는 짓.

뒤-집다[-따] 타 ①안이 겉으로 드러나고, 겉은 속으로 들어가게 하다. ¶ 옷을 뒤집어 입다. ②(일의 순서 따위를) 뒤바꾸다. ¶ 차례를 뒤집어 발표하다. ③윗면이나 위쪽을 아래로 하거나 거꾸로 되게 하다. ¶ 엎어 놓은 화투짝을 뒤집다. ④(일이나 계획을) 변경하거나 취소하다. ¶ 당초 계획을 아주 뒤집어 버리다. ⑤(말이나 태도를) 번복하다. ¶ 약속을 뒤집다. ⑥(형세를) 역전시키다. ¶ 9회 말에 극적으로 승부를 뒤집었다. ⑦(체제나 형편 따위를) 전복하거나 망가뜨리다. ¶ 정권을 뒤집다. ⑧(종전의 학설이나 이론을) 무효화하다. ¶ 천동설을 뒤집다. ⑨법석거리며 야단이 나게 하다. ¶ 학교를 발칵 뒤집은 사건. ⑩눈을 크게 홉뜨다. ¶ 눈알을 뒤집고 덤비다.

뒤집어-쓰다[~쓰니·~써] 타 ①몸이 보이지 않게 덮다. ¶ 이불을 푹 뒤집어쓰다. ②(머리에 덮거나 쓰는 것을) 되는대로 쓰다. ¶ 모자를 뒤집어쓰다. ③남의 허물을 대신 맡다. ¶ 죄를 뒤집어쓰다. ④(액체나 가루 따위를) 온몸에 받다. ¶ 흙탕물을 뒤집어쓰다. ⑤책임을 억지로 맡게 되다. ¶ 원하지도 않는 회장 감투를 뒤집어쓰게 됐다. ⑥생김새가 아주 닮다. ¶ 제 아비를 뒤집어썼어.

뒤집어씌우다[-씨-] 타 〖'뒤집어쓰다'의 사동〗 뒤집어쓰게 하다. ¶ 엉뚱한 사람에게 허물을 뒤집어씌우다.

뒤집어-엎다[-업따] 타 ①'뒤집다'의 힘줌말. ¶ 카드를 뒤집어엎다. /독재 정권을 뒤집어엎다. /승부를 뒤집어엎다. /판정을 뒤집어엎다. /사업을 뒤집어엎다. ②(속에 담긴 것을) 엎지르다. ¶ 찌개 냄비를 뒤집어엎다. 뒤엎다.

뒤집-히다[-지피-] 자 〖'뒤집다'의 피동〗 뒤집음을 당하다. ¶ 자동차가 뒤집히다. /안팎이 뒤집히다. /순서가 뒤집히다. /눈이 뒤집히다. /회사가 발칵 뒤집혔다.

뒤ː-짱구 명 뒤통수가 남달리 툭 튀어나온 머리통, 또는 그런 머리통을 가진 사람. ↔앞짱구.

뒤ː-쪽 명 뒤의 방향. ↔앞쪽.

뒤ː쫓-기다[-쫀끼-] 자 〖'뒤쫓다'의 피동〗 뒤쫓음을 당하다. ¶ 소매치기가 경찰에게 뒤쫓기다.

뒤ː-쫓다[-쫀따] 타 뒤를 따라 쫓다.

뒤ː-차(-車) 명 ①다음 번에 오는 차. ¶ 뒤차로 가자. ②뒤쪽의 차. ↔앞차.

뒤ː^차기 명 태권도 발 기술의 한 가지. 뒤에서 다가오는 상대편을 공격하는 방법으로, 발끝이나 뒤꿈치로 상대편의 얼굴이나 몸통 등을 차는 동작.

뒤ː-창 명 구두나 신의 뒷바닥에 대는 창. ↔앞창.

뒤ː-채1 명 (한 울안에 있는) 몸채 뒤에 있는 집채. ↔앞채1.

뒤ː-채2 명 가마나 상여 따위의 뒤에서 메는 채. ↔앞채2.

뒤-채다 자 너무 흔해서 발길에 걸린다. ¶ 요즘 뒤채는 게 승용차 아닌가.

뒤ː-처리(-處理) 명하타되자 일이 벌어진 뒤나 끝난 뒤끝을 처리하는 일. ¶ 사고 뒤처리를 하느라 요즘 좀 바쁘다.

뒤ː-처지다 자 (어떤 수준이나 대열에 들지 못하여) 뒤에 처지거나 남게 되다. ¶ 성적이 뒤처지다. /유행에 뒤처지다.

뒤척-거리다1[-꺼-] 타 (물건이나 책·문서 따위를) 자꾸 뒤척뒤척하다. 뒤척대다1. 작되착거리다. 여뒤적거리다.

뒤척-거리다2[-꺼-] 타 누운 몸을 자꾸 뒤척뒤척하다. 뒤척대다2. ¶ 자식 걱정으로 잠 못 이루고 뒤척거리다.

뒤척-대다1[-때-] 타 ☞뒤척거리다1.

뒤척-대다2[-때-] 타 ☞뒤척거리다2.

뒤척-뒤척1[-뛰-] 부하타 물건이나 책·문서 따위를 거칠게 들추어 찾는 모양. 작되착되착. 여뒤적뒤적.

뒤척-뒤척2[-뛰-] 부하타 (잠이 안 오든가 하여) 누운 몸을 자꾸 이리저리 굴리는 모양. ¶ 날씨가 너무 더워 밤새도록 뒤척뒤척 잠을 못 이루었다.

뒤척-이다1 타 물건이나 책·문서 따위를 거칠게 들추어 찾다. 작되착이다. 여뒤적이다.

뒤척-이다2 타 누운 몸을 이리저리 굴리다.

뒤쳐-지다[-처-] 자 뒤집혀서 젖혀지다. ¶ 냄비 뚜껑이 뒤쳐지다.

뒤ː-초리 명 갈퀴의 살들이 한데 모여 엇갈려진 곳.

뒤ː-축 명 ①(신이나 버선 따위의) 발뒤꿈치가 닿는 부분. ¶ 운동화 뒤축을 꺾어 신다. /양말 뒤축이 해어지다. ②〈발뒤축〉의 준말.

뒤치다 타 엎어진 것을 젖혀 놓거나, 자빠진 것을 엎어 놓다. ¶ 아기가 몸을 뒤치다.

뒤ː-치다꺼리 명하타 ①일이 끝난 뒤에 그 뒤끝을 말끔하게 수습하는 일. 뒷수쇄. ②뒤에서 일을 보살펴 주는 짓. ¶ 부모는 자식의 뒤치다꺼리에 늙는다.

뒤치락-거리다[-꺼-] 타 엎어진 것이나 자빠진 것을 자꾸 젖히거나 엎어 놓다. 뒤치락대다. ¶ 몸을 뒤치락거리다.

뒤치락-대다[-때-] 타 뒤치락거리다.

뒤ː-탈(-頉) 명 어떤 일 뒤에 뜻밖에 생기는 궂은일. 후탈. ¶ 뒤탈이 무섭다.

뒤ː-터지다 자 앓아 거의 죽게 된 때에 똥이 마구 나오다.

뒤ː-턱 명 ①(턱이 앞뒤로 있는 물건의) 뒤쪽에 있는 턱. ↔앞턱. ②노름판에서, 남이 태운 돈에 덧붙여 돈을 태우는 짓.

뒤턱(을) 놓다〔보다〕 관용 노름판에서, 뒤턱의 돈을 태우다.

뒤ː-통수 명 머리의 뒤쪽. 뇌후(腦後). 뒷골. 뒷머리. 후두(後頭).

뒤ː통수-치다 자 ①미처 깨닫지 못한 때에 느닷없이 해를 끼치다. ¶ 믿고 있던 사람이 뒤통수치니 어이가 없다. ②(뜻을 이루지 못하여) 매우 낙심하다.

뒤퉁-스럽다[-따][~스러우니·~스러워] 형ㅂ 하는 짓이 찬찬하지 못하다. 작되퉁스럽다. **뒤퉁스레** 부.

뒤ː-트기 명 ①하타옷자락의 뒤를 틈. ②〈창의(氅衣)〉의 속된 말.

뒤-틀다[~트니·~틀어] 타 ①꼬아서 비틀다. ¶ 온몸을 뒤틀며 괴로워하다. ②일이 바로 되지 못하게 하다. ¶ 그가 뒤틀어서 회의가 중단되었다.

뒤틀-리다 자 〚'뒤틀다'의 피동〛 ①꼬이어 비틀어지다. ¶ 창자가 뒤틀리듯 아프다. ②(잘되어 가던 일이) 비꾸러지다. ¶ 순탄하던 무역이 원화 절상으로 뒤틀릴 기미가 보인다. ③감정이나 심사가 사납게 비틀어지다. ¶ 비위가 뒤틀리다.

뒤틀어-지다 자 ①뒤틀리게 되다. ②일이 비꾸러지게 되다. ¶ 일이 뒤틀어진 모양이야.

뒤틈-바리 명 어리석고 미련하며 하는 짓이 거친 사람을 얕잡아 이르는 말.

뒤:-편(-便) 명 뒤에 있는 쪽.

뒤:-폭(-幅) 명 ①옷의 뒤편 조각. 후폭(後幅). ②나무로 짜는 세간의 뒤쪽에 대는 널조각. ③물건의 뒤쪽 너비.

뒤:-풀이 명 ①받아 놓은 글 아래에, 그 뜻을 잇대어 풀이 비슷하게 노래체로 지어 붙인 말. ¶ 천자(千字) 뒤풀이. ②하자 어떤 일이나 모임을 끝낸 뒤에 서로 모여 여흥을 즐김, 또는 그런 일. ¶ 곧 뒤풀이가 있겠습니다.

뒤:-품 명 윗옷에서 양쪽 겨드랑이를 기준으로 하여 등에 닿는 부분의 너비. 뒷길의 너비.

뒤-흔들다[~흔드니·~흔들어] 타 ①마구 흔들다. ¶ 자는 사람을 뒤흔들어 깨우다. ②충격적인 영향을 미치게 하다. ¶ 민간 여객기의 피격 사건은 온 세계를 뒤흔들어 놓았다. ③(단체나 조직, 또는 국가를) 일파나 한 개인이 지배하여 마음대로 하다. ¶ 그는 그 단체를 손아귀에 넣고 마음대로 뒤흔들었다.

뒤흔들-리다 자 〚'뒤흔들다'의 피동〛 ①뒤흔듦을 당하다. ②몹시 흔들리다.

뒨장-질 명 하타 이것저것 뒤져내는 짓. ¶ 아이들의 뒨장질에 붙어 나는 게 없다.

뒵들다[-뜰-][뒵드니·뒵들어] 자 서로 말다툼을 하면서 대들다.

뒷:-가슴마디[뒤까-/뒫까-] 명 곤충의 세 가슴마디 중의 뒷마디. 한 쌍의 뒷다리가 달렸고, 등에는 뒷날개가 달렸음. ↔앞가슴마디.

뒷:-가지[1][뒤까-/뒫까-] 명 길마의 앞뒤에 있는 길맛가지 중 뒤에 있는 것. ↔앞가지[1].

뒷:-가지[2][뒤까-/뒫까-] 명 ☞접미사.

뒷:-간(-間)[뒤깐/뒫깐] 명 대소변을 보게 만들어 놓은 곳. 변소. 정방(淨房). 측간(廁間). 화장실. ¶ 장기 두는 사람 뒷간에 갔나.

뒷간과 사돈집은 멀어야 한다 속담 뒷간은 가까우면 냄새가 나서 나쁘고 사돈집이 가까우면 말이 많으니, 서로 멀리 있는 것이 좋다는 말.

뒷간에 갈 적 마음 다르고 올 적 마음 다르다 속담 제게 긴할 때는 다급하게 굴다가, 제 할 일을 다하고 나면 마음이 변하여 처음과 달라짐을 이르는 말. 똥 누러 갈 적 마음 다르고 올 적 마음 다르다.

뒷:-갈망[뒤깔-/뒫깔-] 명 하타 일이 벌어진 뒤에 그 뒤끝을 처리하는 일. 뒷감당. ¶ 이왕 벌여 놓은 일이니 뒷갈망이나 잘하세. ↔앞갈망.

뒷:-갈이[뒤까리/뒫까리] 명 하자 ①벼를 베고 난 논에 보리나 채소 따위를 심는 일. ②수확한 뒤에 그 논밭을 가는 일.

뒷:-감당(-堪當)[뒤깜-/뒫깜-] 명 하타 뒷갈망. ¶ 뒷감당도 못할 일을 저지르다.

뒷:-개[뒤깨/뒫깨] 명 윷판의 처음부터 둘레를 따라 일곱째 자리, 곧 뒷도와 뒷걸의 사이.

뒷:-갱기[뒤깽-/뒫깽-] 명 짚신 또는 미투리의 도갱이를 감아서 싼 물건. ↔앞갱기·총갱기.

뒷:-거래(-去來)[뒤꺼-/뒫꺼-] 명 하타 되자 뒷구멍으로 하는 정당하지 않은 거래. ¶ 품귀 현상이 일어나자 뒷거래가 판을 쳤다.

뒷:-거름[뒤꺼-/뒫꺼-] 명 ①사람의 똥·오줌을 거름으로 이르는 말. ②하자 ☞웃거름.

뒷:-거리[뒤꺼-/뒫꺼-] 명 ①어떠한 곳의 뒤쪽으로 난 길거리. ¶ 동네 뒷거리. ②도심지의 중심 거리나 큰길을 벗어난 작은 길거리. ¶ 뒷거리의 한산한 주택가. 비뒷길[1]. 참뒷골목.

뒷:-걱정[뒤꺽쩡/뒫꺽쩡] 명 하자타 뒤에 벌어질 일이나 뒤에 남겨 둔 일에 대한 걱정. ¶ 뒷걱정이 태산 같다.

뒷:-걸[뒤껄/뒫껄] 명 윷판의 처음부터 둘레를 따라 여덟째 자리.

뒷:-걸음[뒤꺼름/뒫꺼름] 명 하자 ①뒤로 걷는 걸음. ②☞퇴보(退步).

뒷:걸음-질[뒤꺼름-/뒫꺼름-] 명 하자 ①뒷걸음으로 걷는 짓. ¶ 소가 뒷걸음질하다. ②정도나 상태가 이전보다 점점 못하게 되어 가는 일.

뒷:걸음-치다[뒤꺼름-/뒫꺼름-] 자 ①뒤로 물러서다. ②본디보다 못하게 되거나 뒤떨어지다. 퇴보하다.

뒷:-결박(-結縛)[뒤껼-/뒫껼-] 명 하타 되자 손을 뒤로 돌려 묶음. 뒷짐결박.

뒷:-경과(-經過)[뒤꼉-/뒫꼉-] 명 일이 벌어진 뒤의 경과. ¶ 수술의 뒷경과가 좋다.

뒷:-고대[뒤꼬-/뒫꼬-] 명 목의 뒷부분에 닿는 깃고대.

뒷:-고생(-苦生)[뒤꼬-/뒫꼬-] 명 나이가 많이 들어서 하는 고생.

뒷:-골[뒤꼴/뒫꼴] 명 뒤통수.

뒷:-골목[뒤꼴-/뒫꼴-] 명 큰길을 벗어나 있는 골목. ¶ 주점이 늘어선 도시의 뒷골목.

뒷:-공론(-公論)[뒤꽁논/뒫꽁논] 명 하자타 ①일이 다 끝난 뒤에 쓸데없이 새삼 말하는 일. ②나서서 하지 않고 뒤에서 쑥덕거리는 짓. ¶ 뒷공론하지 말고 할 말이 있으면 떳떳이 나서서 말하시오.

뒷:-구멍[뒤꾸-/뒫꾸-] 명 ①뒤에 있는 구멍. ②똥구멍. ③숨겨서 넌지시 행동하는 길이나 수. ¶ 뒷구멍으로 입학시키다.

뒷구멍으로 호박씨 깐다 속담 겉으로는 얌전한 체하면서, 은밀히 온갖 짓을 다함을 비유하여 이르는 말.

뒷:-귀[뒤뀌/뒫뀌] 명 《주로 '먹다'·'밝다'·'어둡다'와 함께 쓰이어》 '사리나 말귀를 알아채는 힘'을 이르는 말. 비말귀.

뒷:-그루[뒤끄-/뒫끄-] 명 그루갈이에서 나중에 짓는 농작물. ↔앞그루.

뒷:-그림자[뒤끄-/뒫끄-] 명 ①빛이 앞에서 비쳐 뒤쪽에서 나타난 그림자. ②차차 멀어져 가는 사물의 뒤에서 보이는 모습. ¶ 그녀는 멀어져 가는 아들의 뒷그림자를 하염없이 바라보았다.

뒷:-근심[뒤끈-/뒫끈-] 명 뒷일에 대한 근심.

뒷:-글[뒤끌/뒫끌] 명 책의 본문 뒤에 쓰이는 글.

뒷:-기약(-期約)[뒤끼-/뒫끼-] 명 뒷날을 두고 한 약속. ¶ 뒷기약도 없이 길을 떠나다.

뒷:-길[1][뒤낄/뒫낄] 명 ①집채나 마을의 뒤에 난 길. 비뒷거리. ↔앞길[1]. ②지난날, 남도 지방에서 서도나 북도를 이르던 말. ②↔앞길[3].

뒷:-길[2][뒤낄/뒫낄] 명 (희망적으로 이어져야 할) 장래의 길. ¶ 후진을 길러 뒷길을 닦다.

뒷:-길[3][뒤낄/뒫낄] 명 ①부정하거나 부당한 수법. ¶ 뒷길로만 거래되는 마약. /뒷길로 빼돌린 장물. ②'떳떳하지 못한 삶의 방식'을 비유하여 이르는 말. ¶ 뒷길로만 살아온 인생.

뒷:-길[4][뒤낄/뒫낄] 명 윗옷의 등 쪽에 대는 길. ↔앞길[4].

뒷:-날[뒨-]명 다가올 날. 훗날. 장래. 후일(後日). ¶ 뒷날 다시 들르겠다. /자식의 뒷날을 기대하다.
뒷:-날개[뒨-]명 곤충의 두 쌍의 날개 중에서 뒷가슴마디에 달린 날개.
뒷:눈-질[뒨-]명하자 뒤쪽으로 눈을 흘깃거리는 짓. 참곁눈질.
뒷다타 〈옛〉두어 있다. 두었다. ¶ 남기 모몰 뻬수봐 뒷더니(月釋1:6).
뒷:-다리[뒤따-/뒫따-]명 ①짐승의 몸 뒤쪽에 붙은 다리. 후지(後肢). ②두 다리를 앞뒤로 벌렸을 때 뒤에 놓인 다리. ③책상이나 의자 따위의 뒤쪽의 다리. ↔앞다리.
뒷다리(를) 잡히다관용 상대편에게 약점이 잡혀 벗어날 수 없게 되다. ¶ 그에게 뒷다리를 잡혀 옴짝달싹도 못한다.
뒷:-단속(-團束)[뒤딴-/뒫딴-]명 일의 뒤끝을 단단히 준비하거나 대책을 세움.
뒷:-담[뒤땀/뒫땀]명 집채의 뒤쪽에 있는 담.
뒷:-담당(-擔當)[뒤땀-/뒫땀-]명하타 뒷갈망을 맡아서 함, 또는 뒷갈망. ¶ 이번 일의 뒷담당은 내가 할 테니 걱정하지 마라.
뒷:-대문(-大門)[뒤때-/뒫때-]명 정문 외에 집 뒤로 따로 난 대문. ↔앞대문.
뒷:-덜미[뒤떨-/뒫떨-]명 양 어깻죽지 사이로, 목덜미보다 아래쪽. ¶ 우악살스러운 손으로 꼬마의 뒷덜미를 움켜쥐었다.
뒷덜미(를) 잡히다관용 꼼짝 못하고 잡히다.
뒷:-도[뒤또/뒫또]명 ①윷판에서, 앞밭에서 뒷밭 쪽으로 첫째 밭의 이름, 곧 처음부터 둘레를 따라 여섯째 자리의 밭. ②윷을 놀 때, 윷가락의 네 짝 중 윷배에 따로 표시한 것이 뒤집혀 된 '도'를 이르는 말. 〔윷판의 말을 한 밭 물리게 됨.〕
뒷:-도장(-圖章)[뒤또-/뒫또-]명 약속 어음의 뒷보증을 설 때 찍는 도장.
뒷:-돈[뒤똔/뒫똔]명 ①장사판이나 노름판에서, 뒤에 잇대어 쓰이거나 대어 주게 되는 밑천. ¶ 노름판의 뒷돈을 대다. /뒷돈이 달려서 장사해 나가기가 여간 힘들지 않다. ②은밀히 주고받는 돈.
뒷:-동[뒤똥/뒫똥]명 일의 뒷부분, 또는 뒤에 관련된 도막. ¶ 뒷동을 염두에 둔 처리.
뒷:-동네[뒤똥-/뒫똥-]명 뒷마을.
뒷:-동산[뒤똥-/뒫똥-]명 집(마을) 뒤에 있는 동산.
뒷:-들[뒤뜰/뒫뜰]명 집이나 마을의 뒤에 있는 들. ¶ 뒷들에 꽃밭을 만들다.
뒷:-등[뒤뜽/뒫뜽]명 '등'의 힘줌말.
뒷:-마감[뒨-]명하타 일의 뒤를 마무리하여 끝내는 일. 뒤처리.
뒷:-마구리[뒨-]명 걸채의 뒤에 가로 댄 나무. ↔앞마구리.
뒷:-마당[뒨-]명 집 뒤의 마당. 뒤뜰. ↔앞마당.
뒷:-마루[뒨-]명 집의 뒤쪽에 있는 마루.
뒷:-마무리[뒨-]명하타 일의 뒤끝을 마무름, 또는 그 마무른 일. ¶ 뒷마무리는 내가 하고 갈게.
뒷:-마을[뒨-]명 뒤쪽에 있는 마을. 뒷동네.
뒷:-막이[뒨-]명 나무로 만든 세간의 뒤쪽에 대어서 막는 나무.
뒷:-말[뒨-]명하자 ①뒷공론으로 하는 말. 뒷소리. ¶ 나중에 뒷말이 없도록 미리 다짐을 받다. ②계속되는 이야기에 뒤를 이음. 또는 그런 말. ¶ 감정이 격하여 뒷말을 잇지 못하다. ②↔앞말.
뒷:-맛[뒨맏]명 ①음식을 먹은 뒤에 입에서 느끼는 맛. 뒷입맛. 후미(後味). ②어떤 일을 끝마친 뒤의 느낌. ¶ 뒷맛이 씁쓸하다. *뒷:맛이[뒨마시]·뒷:맛만[뒨만-]
뒷맛이 쓰다관용 어떤 일이 끝난 다음에 남은 느낌이 좋지 않다.
뒷:-맵시[뒨-씨]명 뒤에서 본 맵시. ¶ 뒷맵시 있다고 얼굴도 예쁠까.
뒷:-머리[뒨-]명 ①뒤통수. ②머리의 뒤쪽에 난 머리털. ③어떤 일이나 물건의 뒤쪽. ¶ 기차의 뒷머리. ↔앞머리.
뒷:-면(-面)[뒨-]명 뒤쪽 면. 후면. ↔앞면.
뒷:-모개[뒨-]명 윷판의 뒷밭에서 날밭 쪽으로 꺾어 둘째 자리, 곧 뒷모도와 방의 사이.
뒷:-모도[뒨-]명 윷판의 뒷밭에서 날밭 쪽으로 꺾어 첫째 자리, 곧 뒷모개와 뒷밭 사이.
뒷:-모습[뒨-]명 뒤에서 본 모습.
뒷:-모양(-模樣)[뒨-]명 ①뒤에서 본 모양. ↔앞모양. ②일이 마무리된 형편. ¶ 무릇 무슨 일이나 뒷모양이 깔끔해야 한다.
뒷:-목[뒨-]명 타작할 때에, 벼를 되고 난 다음에 처진 찌꺼기 곡식.
뒷:-몸[뒨-]명 몸의 뒷부분.
뒷:-무릎[뒨-릅]명 무릎의 구부리는 안쪽. 오금. *뒷:무릎이[뒨-르피]·뒷:무릎만[뒨-름-]
뒷:무릎-치기[뒨-릅-]명 씨름 기술의 한 가지. 상대편의 뒤로 내디딘 무릎을 치는 기술.
뒷:-문(-門)[뒨-]명 ①정문과 다른 방향으로 난 문. 후문. ↔앞문. ②(관청 따위의 기관을 상대로) 협잡이나 떳떳하지 못한 방법으로 일을 해결하게 되는 길. ¶ 뒷문 거래. /뒷문으로 입학하다.
뒷:-물[뒨-]명하자 음부나 항문을 씻는 물, 또는 씻는 일.
뒷:-밀이[뒨-]명하타 (수레 같은 것의) 뒤를 밀어 주는 일, 또는 그 사람.
뒷:-바닥[뒤빠-/뒫빠-]명 신바닥의 뒤쪽 부분. ↔앞바닥.
뒷:-바라지[뒤빠-/뒫빠-]명하타 (수고나 물질을 아끼지 않고) 뒤에서 보살피며 도와주는 일. ¶ 자식들을 헌신적으로 뒷바라지하다.
뒷:-바퀴[뒤빠-/뒫빠-]명 (앞뒤의 바퀴 중) 뒤쪽의 바퀴. ↔앞바퀴.
뒷:-받침[뒤빧-/뒫빧-]명하타되자 뒤에서 받쳐 주는 일, 또는 그러한 사람이나 물건. ¶ 김씨의 성공에는 부모의 뒷받침이 큰 역할을 하였다.
뒷:-발[뒤빨/뒫빨]명 ①네발짐승의 뒤에 달린 발. ②두 발을 앞뒤로 벌렸을 때 뒤쪽의 발. ↔앞발.
뒷:-발길[뒤빨낄/뒫빨낄]명 뒷발질하는 발.
뒷:-발길질[뒤빨낄-/뒫빨낄-]명 뒷발질.
뒷:-발막[뒤빨-/뒫빨-]명 뒤가 발막처럼 솔기가 없이 된 남자 가죽신의 한 가지.
뒷:발-질[뒤빨-/뒫빨-]명하자 ①뒷발로 차는 짓. ②한쪽 다리를 뒤로 뻗어 차는 짓.
뒷:-발치[뒤빨-/뒫빨-]명 뒤쪽의 끝 부분. ¶ 사람들 뒷발치에서 조용히 서 있다.
뒷-발톱명 '며느리발톱'의 잘못.
뒷:-방(-房)[뒤빵/뒫빵]명 ①여럿 있는 방 중에서, 뒤쪽에 있는 방. ②몸채 뒤곁에 따로 있는 방. 후방(後房). ③절의 큰방 뒤에 딸린 작은방.
뒷:방-마누라(-房-)[뒤빵-/뒫빵-]명 첩에게 남편을 빼기고 뒷방 신세가 된 본마누라.

뒷ː-밭[뒤빧/뒨빧]명 ①집 또는 마을의 뒤쪽에 있는 밭. ②윷판의 둘레를 따라 처음부터 열째 자리. 여기서 윷길이 쨀밭과 방의 두 갈래 길로 나뉘어 꺾임. 준뒤. *뒷ː밭이[뒤빠치/뒨빠치]·뒷ː밭을[뒤빠틀/뒨빠틀]·뒷ː밭만[뒤빤-/뒨빤-]

뒷ː-배[뒤빼/뒨빼]명 드러나지 않게 뒤에서 보살펴 주는 일. ¶ 뒷배를 보다.

뒷ː-보증(-保證)[뒤뽀-/뒨뽀-]명 ①증권이나 어음 뒤에, 아무에게 양도한다는 뜻을 글로 적는 일. 배서(背書). ②정보증인(正保證人)이 의무를 이행하지 못할 경우, 뒤에서 대신 보증인 의무를 이행하는 일. ¶ 뒷보증을 받다.

뒷ː-볼[뒤뽈/뒨뽈]명 버선의 뒤축에 대는 헝겊 소각. ↔앞볼.

뒷ː-부분(-部分)[뒤뿌-/뒨뿌-]명 ①물체의 뒤쪽에 있는 부분. 후부(後部). ②어떤 일이나 형식, 상황 따위의 뒤를 이루는 부분. ¶ 이야기의 뒷부분. ↔앞부분.

뒷ː북-치다[뒤뿍-/뒨뿍-]자 (어떤 일이 이미 끝난 뒤에) 뒤늦게 쓸데없이 수선을 피우다.

뒷ː-사람[뒤싸-/뒨싸-]명 ①뒤에 있거나 뒤따라오는 사람. ¶ 맨 앞 사람이 받아 차례로 뒷사람에게 전달하다. ②(일이나 직책을) 뒤에 이어받는 사람. ¶ 뒷사람에게 물려주다. ③다음 세대의 사람.

뒷ː-산(-山)[뒤싼/뒨싼]명 ①마을이나 집 뒤쪽에 있는 산. ↔앞산. ②두 개가 연속된 산에서 뒤쪽에 있는 산.

뒷ː-생각[뒤쌩-/뒨쌩-]명 ①하자 뒷일에 대하여 미리 생각하거나 염려함. ②일이 끝난 다음에 하는 반성이나 느낌.

뒷ː-설거지[뒤썰-/뒨썰-]명하자 ①설거지. ②큰일을 치른 뒤의 뒤처리.

뒷ː-세상(-世上)[뒤쎄-/뒨쎄-]명 ☞후세.

뒷ː-셈[뒤쎔/뒨쎔]명하자 어떤 일이 끝난 다음에 하는 셈, 또는 그러한 일.

뒷ː-소리[뒤쏘-/뒨쏘-]명하자 ①뒷말. ¶ 잘했느니 못했느니 뒷소리가 많다. ②뒤에서 응원하는 소리. ¶ 체육 대회에서 뒷소리 치느라 목이 쉬었다.

뒷ː-소문(-所聞)[뒤쏘-/뒨쏘-]명 일이 끝난 뒤에 거기에 관하여 들리는 소문. 후문(後聞).

뒷ː-손[1][뒤쏜/뒨쏜]명 사양하는 체하면서 남몰래 슬그머니 요구하는 일. ¶ 뒷손을 내밀다. /뒷손을 벌리다.

뒷ː-손[2][뒤쏜/뒨쏜]명 ①잔손질로 마무리하는 일, 또는 그 손. ¶ 뒷손이 가다. /뒷손이 없다. ②뒤탈을 수습하거나 고치는 일, 또는 그 손. ¶ 뒷손을 보다. ③사태를 떳떳하지 못한 수단으로 조처하거나 뒷수습하는 일, 또는 그 손.

뒷손(을) 쓰다관용 은밀히 떳떳지 못한 수단으로 조처하거나 뒷수습을 하다. ¶ 뒷손을 써 놨으니 안심이다.

뒷ː손가락-질[뒤쏜까-찔/뒨쏜까-찔]명하자타 본인이 없는 데서 흉보거나 비난하는 짓. ¶ 뒷손가락질을 하다.

뒷ː손-질[뒤쏜-/뒨쏜-]명하자 ①손을 뒤로 돌리어 하는 동작. ¶ 빨리 따라오라고 뒷손질로 부르다. ②뒷손으로 매만지는 짓. ¶ 뒷손질을 잘하면 상품 가치가 높아진다. ③남몰래 슬쩍하는 짓. 떳떳지 못한 수단을 쓰거나 요구하는 짓.

뒷ː-수발[뒤쑤-/뒨쑤-]명하타 뒤에서 표 나지 않게 시중들며 보살피는 일.

뒷ː-수쇄(-收刷)[뒤쑤-/뒨쑤-]명하타 뒤치다꺼리.

뒷ː-수습(-收拾)[뒤쑤-/뒨쑤-]명하타 벌어진 일이나 끝난 일의 뒤끝을 수습하는 일.

뒷ː-심[뒤씸/뒨씸]명 ①뒤에서 도와주는 힘. ¶ 뒷심을 믿고 까분다. ②끝판에 가서 회복하거나 끝까지 버티는 힘. ¶ 뒷심이 달려서 경기에 지다.

뒷ː-욕(-辱)[뒨뇩]명하자타 ①어떤 일이 끝난 뒤에 하는 욕. ¶ 뒷욕을 먹다. ②본인이 없는 데서 하는 욕. ¶ 뒷욕하는 일을 서로 삼가자.

뒷ː-윷[뒨뉻]명 윷판의 처음부터 둘레를 따라 아홉째 자리, 곧 뒷밭과 뒷걸의 사이. *뒷윷이[뒨뉴치]·뒷윷만[뒨뉸-]

뒷ː-이야기[뒨니-]명 ①이어지는 이야기의 뒷부분. ②어떤 일이 있은 뒤에 나오는 이야기.

뒷ː-일[뒨닐]명 ①뒷날에 생기는 일. 후사(後事). 훗일. ¶ 뒷일은 내가 책임지마. ②뒤를 보는 일.

뒷ː-입맛[뒨님맏]명 음식을 먹고 난 뒤 입에서 느끼는 맛. 뒷맛. ¶ 그 집 음식은 먹고 난 뒷입맛이 개운하다. *뒷ː입맛이[뒨님마시]·뒷ː입맛만[뒨님만-]

뒷ː-자락[뒤짜-/뒨짜-]명 옷의 등 뒤에 늘어져 있는 자락.

뒷ː-자리[뒤짜-/뒨짜-]명 ①뒤쪽에 있는 자리. ②경쟁이나 학습에서 남에게 뒤떨어지는 자리. ¶ 그의 성적은 항상 뒷자리를 맴돌았다.

뒷ː-장[뒤짱/뒨짱]명 어떤 일의 뒤끝에 따라하는 일.

뒷ː-장(-張)[뒤짱/뒨짱]명 종이의 뒷면이나 다음장.

뒷ː-전[뒤쩐/뒨쩐]명 ①뒤쪽이 되는 자리. ¶ 뒷전으로 가서 앉다. ②(푸대접으로) 뒤로 미루게 된 순서. ¶ 뒷전으로 밀리다. ③뱃전에서 뒤쪽 부분, 곧 고물 쪽의 뱃전. ④남이 안 보거나 못 보는 곳. 배후. ¶ 뒷전에서 헐뜯다. ⑤무당굿 열두 거리 가운데의 마지막 거리.

뒷ː전-놀다[뒤쩐-/뒨쩐-][~노니·~놀아]자 ①무당굿의 뒷전풀이를 하다. ②(해야 할 일을 접어 두고) 잇속을 찾아 슬며시 딴 짓을 하다. 뒷전보다.

뒷ː전-보다[뒤쩐-/뒨쩐-]자 ☞뒷전놀다.

뒷ː전-풀이[뒤쩐-/뒨쩐-]명하자 무당굿에서, 마지막 거리를 노는 일.

뒷ː-정리(-整理)[뒤쩡니/뒨쩡니]명하타 일의 뒤끝을 바로잡아 마무르는 일.

뒷ː-조사(-調査)[뒤쪼-/뒨쪼-]명하타 은밀히 조사하는 일, 또는 그 조사.

뒷ː-주머니[뒤쭈-/뒨쭈-]명 ①바지의 뒤쪽에 있는 주머니. ↔앞주머니. ②남모르게 뒤에 따로 마련하여 둔 것. ¶ 아내 모르게 뒷주머니를 차다.

뒷ː-줄[뒤쭐/뒨쭐]명 ①뒤쪽의 줄. ↔앞줄. ②배후의 비호 세력. ¶ 뒷줄이 든든하다.

뒷ː-지느러미[뒤찌-/뒨찌-]명 물고기의 항문과 꼬리지느러미 사이에 있는 지느러미. 볼기지느러미.

뒷ː-질[뒤찔/뒨찔]명하자 물에 뜬 배가 앞뒤로 흔들리는 것. ¶ 배의 뒷질 때문에 멀미가 났다.

뒷ː-짐[뒤찜/뒨찜]명 두 손을 허리 뒤로 돌려 마주 잡는 일. ¶ 뒷짐을 하고 느럿느럿 걷다.

뒷짐(을) 지다〔짚다〕관용 어떤 일에 자신은 상관없는 것처럼 구경만 하다. ¶ 뒷짐을 진 채 방관하다.

뒷ː짐-결박(-結縛)[뒤찜-/뒨찜-]명하타 되자 뒷결박.

뒷ː-집[뒤찝/뒫찝] 명 뒤쪽에 있는 집. ↔앞집.
뒷집 마당 벌어진 데 솔뿌리 걱정한다 속담 제 걱정도 많은데 쓸데없이 남의 걱정을 하는 것을 비유하여 이르는 말.

뒹굴다[뒹구니·뒹굴어] Ⅰ 자타 누워서 몸을 이리저리 구르다.
Ⅱ 자 한곳에 눌어붙어 편히 놀다. ¶ 하릴없이 방구석에서 뒹굴기만 한다.

뒹굴-뒹굴 부 하자 ①누워서 자꾸 이리저리 구르는 모양. ¶ 눈밭에서 뒹굴뒹굴 구르다. ②하는 일이 없이 빈둥거리며 노는 모양. ¶ 뒹굴뒹굴 하지만 말고 방 청소라도 해라.

뒿 명 〈옛〉①뒤. ¶ 뒤헤는 모딘 중싱(龍歌*30*章). ②북쪽. ¶ 새배 둥문 뒤희 가 문안ᄒᆞ더라(飜小*9:102*).

듀ː스(deuce) 명 배구·탁구·테니스 따위의 경기에서, 마지막 한 점을 남기고 동점이 된 경우. 〔이때 두 점을 잇달아 먼저 내는 편이 이김.〕

듀ː스^어게인(deuce again) 명 배구·탁구·테니스 따위의 경기에서, 듀스 뒤에 다시 양편이 한 점씩 얻어 동점이 된 경우. 〔다시 두 점을 잇달아 얻어야 이김.〕

듀엣(duet) 명 ①이중주(二重奏). ②이중창. ¶ 듀엣으로 노래 부르다. ③수중 발레 따위에서, 두 사람이 한 조가 되어 하는 연기, 또는 댄스.

듕 명 〈옛〉중. ¶ 믈 아래 그림재 디니 ᄃᆞ리 우희 듕이 간다(古時調).

듕신 명 〈옛〉중매(仲媒). ¶ 듕신도 유복ᄒᆞ도다(飜朴上*46*).

드- 접두 《일부 용언 앞에 붙어》 정도가 한층 높음을 뜻함. ¶ 드날리다. /드세다.

드나-나나 부 들어가거나 나오거나. ¶ 너는 드나나나 말썽만 부리는구나.

드나-들다[~드니·~들어] Ⅰ 자타 ①거듭하여 들어갔다 나갔다 하다. 들락날락하다. ¶ 처가에 자주 드나들다. /자유롭게 드나들다. ②번갈아 바뀌어 들다. ¶ 직공들이 자주 드나들어 작업에 지장이 많다. 준나들다.
Ⅱ 자 고르지 않고 들쭉날쭉하다. ¶ 서해안의 해안선은 드나듦이 심하다.
드나드는 개가 꿩을 문다 속담 부지런하게 나다니는 사람이 일도 이루고, 재물도 얻는다는 말.

드난 명 하타 (흔히 여자가) 남의 집에 매이지 않고 임시로 붙어살며 일을 도와주는 고용살이.

드난-꾼 명 드난살이하는 사람.

드난-살다[~사니·~살아] 자 남의 집에서 드난으로 살아가다.

드난-살이 명 하자 (흔히 여자가) 남의 집을 옮겨 다니며 고용살이하는 생활.

드-날리다[1] 타 (손으로) 들어서 날리다. ¶ 연을 드날리다.

드-날리다[2] 자타 〈들날리다〉의 준말. ¶ 명성을 드날리다.

드-넓다[-널따] 형 활짝 틔어서 아주 넓다. ¶ 드넓은 벌판.

드-높다[-놉따] 형 매우 높다. ¶ 드높은 가을 하늘. /드높은 기상.

드높-이다 타 〖'드높다'의 사동〗 드높게 하다. ¶ 사기를 드높이다.

드-다르다[~다르니·~달라] 형르 전연 다르다. 아주 다르다. ¶ 그는 형과는 아주 드다른 성품을 지녔다.

드더지다 타 〈옛〉드던지다. 들어 던지다. ¶ 老處女의 擧動 보소 함박 죡박 드더지며 逆情내여 니론 말이(古時調).

드-던지다 타 (물건을) 함부로 들어 내던지다.

드듸다 타 〈옛〉①디디다. ¶ ᄒᆞᆫ 발로 고초 드듸여 셔샤(月釋*1:52*). ②앞의 말을 받아 이어서 말을 하다. ¶ 後ㅣ 반ᄃᆞ기 알풀 드듸ᄂᆞᆫ 젼ᄎᆞ로(圓覺上二之三*2*).

드듸여 부 〈옛〉드디어. ¶ 드듸여 슈ː遂(類合下*29*).

드디어 부 (여러 고비를 거친) 끝에 이르러. 그런 결과로. 마침내. ¶ 출국 일자가 드디어 내일로 다가왔다. /드디어 시험이 끝났다.

드듸다 타 〈옛〉디디다. 딛다. ¶ 즌ᄃᆡ롤 드듸욜셰라(井邑詞). 참드듸다.

드듸여 부 〈옛〉드디어. ¶ 드듸여 독약을 먹고 죽으니라(五倫*2:21*).

드라마(drama) 명 ①극(劇). 연극. ②방송극. ¶ 텔레비전 드라마. ③각본. ④'극적인 사건이나 상황'을 비유하여 이르는 말. ¶ 한 편의 드라마와 같은 인생.

드라이(dry) 명 하타 ①〈드라이클리닝〉의 준말. ②(젖은 머리를) 말리거나 손질하여 다듬다. ¶ 머리를 드라이하여 말리다.

드라이^독(dry dock) 명 건선거(乾船渠).

드라이버(driver) 명 ①☞나사돌리개. ②골프에서, 원거리용의 클럽.

드라이브(drive) 명 하자타 ①(기분 전환을 위하여) 자동차를 타고 달림, 또는 자동차를 운전함. ¶ 드라이브하기에 좋은 길이다. ②골프·크리켓·테니스 따위에서 공을 깎아서 세게 침. ③어떤 일을 어느 한 방향으로 무리하게 끌고 가거나 집중하는 일. ¶ 개혁 드라이브 정책.

드라이-아이스(dry ice) 명 순도 높은 이산화탄소를 압축하여 고체로 만든 냉각제. 일정한 온도나 압력에서 기화함. 고체 탄산.

드라이어(drier) 명 젖은 머리를 말리는 전기 기구.

드라이-클리ː닝(dry cleaning) 명 물 대신 벤젠 따위로 때를 빼는 세탁. 건조 세탁. ¶ 물빨래할 것과 드라이클리닝 할 것을 구분해 놓아라. 준드라이.

드라이-플라워(dry flower) 명 피어 있는 상태 그대로 말린 꽃.

드래그(drag) 명 컴퓨터에서, 마우스의 버튼을 누른 채 화면 위의 커서를 어떤 점에서 다른 점까지 움직인 후 버튼을 떼는 동작. 데이터를 블록 지정하는 데에 많이 씀.

드래그^번트(drag bunt) 명 야구에서, 왼손 타자는 1루 쪽으로, 오른손 타자는 3루 쪽으로 공을 끌어서 굴리는 번트. 주자를 진루시키는 데 목적이 있는 보통의 번트와 달리 타자가 진루할 목적으로 댐.

드래프트(draft) 명 ①복식에서, 옷의 윤곽을 그린 초벌 그림. ②하타 되자 신인 선수를 선발하는 일. ¶ 올해 신인 선수 드래프트에서 1순위로 지명되다.

드램(dram) 의 영국에서 쓰는 무게의 단위. 〔통상 16분의 1온스로 1.772 g에 해당하며, 약제의 무게를 잴 때는 8분의 1온스로서 3.887 g에 해당함.〕

드러-나다 자 ①(가려져 안 보이던 것이) 나타나 보이게 되다. ②(알려지지 않던 것이) 알려지게 되다. ¶ 비밀이 드러나다.

드러-내다 타 〖'드러나다'의 사동〗 드러나게 하다. ¶ 가슴을 드러내다. /본색을 드러내다.

드러냄-표(-標) 명 문장 부호의 한 가지. 가로쓰기의 글자 위나 밑에 또는 세로쓰기의 글자 오른쪽에 써서 그 중요성을 특별히 드러내 보이는 표. 〔'˚'나 '˙' 따위.〕 현재부(顯在符).

드러-눕다[-따][~누우니·~누워]자ㅂ ①(편한 자세로) 눕다. ¶ 침대에 드러누워 낮잠을 자다. ②앓아서 자리에 눕다. ¶ 병석에 드러눕다.
드러눕-히다[-누피-]타 『'드러눕다'의 사동』 드러눕게 하다. ¶ 아기를 요 위에 드러눕히다.
드러-쌓이다[-싸-]자 썩 많이 쌓이다. 한군데에 많이 모이다. 준드러쌔다.
드러-쌔다자 〈드러쌓이다〉의 준말.
드러얼이다타 〈옛〉 들어 어우르게 하다. 들어 가지런히 놓다. 〔'얼이다'는 '娶·嫁·交合'의 뜻을 가진 말.〕 ¶ 니믜 알퓌 드러얼이노니 소니 가져다 므르옵노이다(樂範.動動).
드러-장이다자 한군데에 많은 물건이 가지런히 쌓이다.
드러-쟁이다자 '드러장이다'의 방언.
드럼(drum)명 ①양악(洋樂) 연주에 쓰이는 '북'을 통틀어 이르는 말. ②☞드럼통.
드럼-통(drum桶)명 ①가솔린 따위를 넣는 길둥근 강철통. 드럼. ¶ 드럼통에 휘발유를 가득 담았다. ②키가 작고 똥똥한 사람을 놀리어 이르는 말.
드렁-거리다자타 잇달아 드렁드렁하다. 드렁대다. ¶ 문풍지가 드렁거리다. /코를 드렁거리다. 큰드릉거리다.
드렁-대다자타 드렁거리다.
드렁-드렁부 ①하자몹시 우렁차게 울리는 소리. ¶ 트럭이 시동을 거느라고 드렁드렁 소리를 낸다. ②하자.타몹시 심하고 빠른 간격으로 코를 고는 소리. 큰드릉드릉.
드렁츩명 〈옛〉 드렁칡. ¶ 萬壽山 드렁츩이 얽어진들 엇더ᄒᆞ리(古時調).
드렁-칡[-칙]명 둔덕을 따라 벋은 칡덩굴. ＊드렁칡이[-칠기]·드렁칡만[-칭-]
드렁-허리명 드렁허릿과의 민물고기. 뱀처럼 몸이 가늘고 길며 꼬리 끝은 짧고 뾰족함. 눈은 작고 배지느러미와 가슴지느러미는 없음. 몸빛은 적황색 바탕에 갈색 얼룩무늬가 있음. 논·도랑·연못 등에서 삶.
드레명 사람의 됨됨이로서의 점잖음과 무게. ¶ 어려도 드레가 있어 보인다.
드레명 〈옛〉 두레박. ¶ 드레:汲器(訓解).
드레-나다자 (기계 바퀴가 헐거워져서) 흔들거리다.
드레-드레[1]부하형 물건이 많이 매달려 있거나 늘어져 있는 모양. ¶ 드레드레 널린 빨래. 비주렁주렁. 작다래다래.
드레-드레[2]감 벌 떼를 부르는 소리의 한 가지. 둬둬.
드레스(dress)명 허리를 잘록하게 보이도록 디자인한 여성용 원피스. ¶ 드레스를 맞추다.
드레시-하다(dressy-)형여 의복의 선이나 형태가 우아하고 아름답다. ¶ 어제 백화점에서 산 옷이 아주 드레시하다.
드레싱(dressing)명 ①식품에 치는 소스의 한 가지. ¶ 샐러드 드레싱. ②상처를 치료하는 일. ¶ 드레싱을 받다.
드레저(dredger)명 준설기(浚渫機).
드레-지다형 ①(사람됨이) 무게가 있다. ②물건이 (보기보다) 무게가 있다.
드레-질명하타 ①인격의 무겁고 가벼움을 떠보는 짓. ②물건의 무게를 헤아리는 짓.
드로라자 〈옛〉 듣노라. ¶ 가다가 가다가 드로라 에정지 가다가 드로라(樂詞.青山別曲).
드로:잉(drawing)명 ①(단색의) 선으로만 그린 그림. 제도(製圖). ②운동 경기의 상대편을 고르는 추첨.
드롭(drop)명 〈드롭 커브〉의 준말.
드롭^샷(drop shot)명 탁구나 테니스 따위에서, 공이 네트를 넘자마자 짧게 떨어지도록 치는 공격법.
드롭스(drops)명 향료를 넣어 여러 가지 모양으로 굳혀 만든 서양식 사탕의 한 가지.
드롭^커:브(drop curve)명 야구에서, 투수가 던진 공이 타자 앞에 와서 급히 아래로 떨어지는 커브. 준드롭.
드롭-킥(dropkick)명하타 럭비 등에서, 손에 들고 있던 공을 땅에 떨어뜨린 다음 튀어 오르는 순간에 차는 일.
드롭트^골:(dropped goal)명 럭비에서, 드롭킥 한 공이 골 바(goal bar)를 넘은 골.
드르렁부 코를 요란하게 고는 소리. 드르릉. 작다르랑. **드르렁-드르렁**부하자.타.
드르렁-거리다자타 자꾸 드르렁드르렁하다. 드르렁대다. ¶ 남편이 밤새 드르렁거리는 바람에 잠을 설쳤다. 작다르랑거리다.
드르렁-대다자타 드르렁거리다.
드르르[1]부 ①글을 막힘없이 외거나 읽는 모양. 비줄줄. ②어떠한 일에 막힘없이 통하는 모양. ¶ 증권 시세에 대하여는 드르르 다 통하다.
드르르[2]부하자 ①바퀴 달린 큰 물체가 단단하고 평평한 바닥을 부드럽게 구를 때 나는 소리. ¶ 드르르 문을 열다. ②큼직한 물체가 잇달아 가볍게 떠는 소리, 또는 그 모양. ¶ 장지문이 드르르 떨다. ③재봉틀을 돌려 죽 박아 나가는 소리. ①②작다르르. 센뜨르르.
드르륵부하자.타 ①방문 따위를 거침없이 열 때에 나는 소리. ¶ 이윽고 장지문 여는 소리가 드르륵하고 났다. ②총 따위를 잇달아 쏘는 소리. ¶ 자동 소총으로 드르륵 휘갈기다. **드르륵-드르륵**부하자.타.
드르륵-거리다[-꺼-]자타 자꾸 드르륵드르륵하다. 드르륵대다.
드르륵-대다[-때-]자타 드르륵거리다.
드르릉부 코를 크고 요란하게 고는 소리. 드르렁. **드르릉-드르릉**부하자.타.
드르릉-거리다자타 자꾸 드르릉드르릉하다. 드르릉대다. ¶ 몹시 피곤했던지 눕자마자 드르릉거린다. 작다르랑거리다.
드르릉-대다자타 드르릉거리다.
드릉-거리다자타 자꾸 드릉드릉하다. 드릉대다. 작드렁거리다.
드릉-대다자타 드릉거리다.
드릉-드릉부 ①하자구르듯 진동하는 소리, 또는 발동기가 울려서 나는 소리. ②하자.타빠르게 코를 고는 소리. 작드렁드렁.
드릏명 〈옛〉 들. 벌판. ¶ 드르헤 龍이 싸호아(龍歌69章).
드리다[1]타 ①〈주다[1]〉의 높임말. ¶ 부모님께 선물을 드리다. ②(신이나 부처에게 정성을) 바치다. ¶ 예배를 드리다. /불공을 드리다. ③(인사 따위를) 여쭙다. ¶ 선생님께 문안을 드리다. ①②비바치다[1].
드리다[2]타 집을 지어서 그 안에 딸린 시설이나 구조물을 만들다. ¶ 마루를 드리다. /아이들 방에 벽장을 드리다.
드리다[3]타 ①끈이나 줄을 땋거나 꼬다. ¶ 짚에 삼을 드려서 짚신을 삼다. /바를 길게 드리다. ②댕기를 달다. ¶ 길게 땋은, 동생의 머리 끝에 빨간 댕기를 드리다.
드리다[4]타 (가게의 문을) 닫다. ¶ 가게를 드릴 시간이다.

드리다[5] 타 곡식의 검불이나 티를 바람에 날려 보내거나 털다. ¶ 벼를 드리다.
드리다[6] 타 '드리우다'의 잘못.
드리다[7] 조동 동사 어미 '-아(어)' 뒤에 쓰이는, 〈주다[2]〉의 높임말. ¶ 편히 쉬게 해 드리다. /어머니의 부탁을 들어 드리다.
-드리다 접미 ((일부 명사 뒤에 붙어)) '공손한 행위'를 뜻함. ¶ 말씀드리다. /불공드리다.
드리돋다 자 〈옛〉 들이닫다. 달려 들어가다. 달려들다. ¶ 延秋門 드리드라 慶會南門 ᄇ라보며(鄭澈.關東別曲).
드리블(dribble) 명하타 ①축구 따위에서, 공을 두 발로 몰면서 달리는 일. ②농구에서, 손으로 공을 땅바닥에 튀기면서 이동하는 동작. ③배구에서, 경기 중에 공에 몸이 닿거나 두 번 이상 치는 반칙.
드리-없다[-업따] 형 ①기준이나 대중이 없다. ¶ 시세가 드리없다. /드리없는 크기. ②두서가 없다. ¶ 드리없게 일을 처리하다. **드리없-이** 부.
드리우다 Ⅰ 자타 ①물체가 위에서 아래로 처져 늘어지다, 또는 그렇게 하다. ¶ 발을 드리워 볕을 가리다. ②빛·어둠·그림자 따위가 깃들거나 뒤덮이다, 또는 그렇게 되게 하다. ¶ 땅에 어둠이 드리워지기 시작했다.
Ⅱ 타 ①(존귀한 이나 윗사람이) 가르침이 되는 말을 하다. ¶ '홍익인간'은 단군께서 드리우신 가르침이다. ②(명예나 공적 따위를) 뒷세상에 전하다. ¶ 충무공이 드리우신 애국 정신.
드리티다 타 〈옛〉 들이치다. ¶ 罪人올 글는 가마애 드리티느니라(月釋*1:29*).
드리핑(dripping) 명 축구나 농구 경기 따위에서, 상대편 선수를 넘어뜨리는 일.
드리혀다 타 〈옛〉 ①들이켜다. ¶ 塵올 드리혈씨(楞解*3:2*). ②들이끌다. ¶ 業 호가지닐 드리혈시(圓覺下一之一*16*). 참 드리혀다.
드리혀다 타 〈옛〉 ①들이켜다. ¶ 이 드틂 象올 드리혀미(楞解*3:2*). ②들이끌다. ¶ 모다 發生ᄒ며 業 호가지닐 드리혈 씨(楞解*4:25*).
드릴(drill) 명 ①맨 끝에 송곳날을 단, 공작용의 구멍 뚫는 기구. ②기본적인 것을 되풀이하여 연습하는 일.
드림 명 ①매달아서 길게 늘이는 물건을 통틀어 이르는 말. ¶ 드림을 단 축하 화분. ②〈기(旗)드림〉의 준말.
드림-새 명 ☞막새.
드림-셈 명 질질 끌며 몇 차례로 나누어 주고받는 셈.
드림-장막(-帳幕) 명 위에서 아래로 드리우는 장막.
드림-줄[-쭐] 명 마루에 오르내릴 때 붙잡을 수 있도록 늘어뜨린 줄.
드림-추(-錘) 명 벽·기둥 따위의 수직 여부를 살펴보는 기구.
드림-흥정 명하타 값을 여러 차례에 나눠 주기로 하고 하는 흥정.
드링크(drink) 명 (피로 회복 따위를 위한) '음료성 의약품'을 흔히 이르는 말. ¶ 피로도 풀겸 약국에 가서 드링크를 사 마셨다.
드-맑다[-막따] 형 매우 맑다. 맑고 맑다. ¶ 드맑은 가을 하늘.
드문-드문 부하형 ①(시간적으로) 잦지 않고 동안이 꽤 뜨게. 간간이. ¶ 가지는 못해도 편지는 드문드문 보낸다. ②(공간적으로) 배지 않고 꽤 뜨게. 띄엄띄엄. ¶ 드문드문 서 있는 가로수. 작 다문다문. 센 뜨문뜨문.
드문드문 걸어도 황소걸음 속담 진도는 느리나 그것이 오히려 믿음직스럽고 알차다는 말. ¶ 드문드문 걸어도 황소걸음이라고 그가 하는 일은 늘 믿음직스럽다.
드물다[드무니·드물어] 형 ①잦지 아니하다. ¶ 사람의 내왕이 드문 때. ↔잦다[3]. ②배지 아니하다. ¶ 드물게 심은 나무. ③흔하지 아니하다. ¶ 드물게 보는 미인. ③↔흔하다.
드므 명 넓적하게 생긴 독.
드므리 부 〈옛〉 드물게. ¶ 希有는 드므리 잇다혼 쁘디라(釋譜*13:15*).
드믈다 형 〈옛〉 드물다. ¶ 드믈 희:稀. 드믈 한:罕(類合下*57*).
드-바쁘다[~바쁘니·~바빠] 형 매우 바쁘다. ¶ 막내딸 혼수 준비로 드바쁘다.
드뿍 부하형 분량이 일정 한도를 넘어 꽤 넉넉한 모양. 작 다뿍. **드뿍-드뿍** 부하형 ¶ 배고플 테니 밥을 드뿍드뿍 담아라.
드뵈 명 〈옛〉 뒤웅박. ¶ 드뵈:瓠(訓解).
드-새다 타 길을 가다가 쉴 만한 곳을 찾아들어 밤을 지내다. ¶ 날이 저물어 하룻밤을 드샐 만한 곳을 찾다.
드-세다 형 ①(기세나 고집이) 몹시(매우) 세다. ¶ 기가 드센 여자. /고집이 이만저만 드세지 않다. ②(가까운 겨레붙이나 같은 성바지 등이 많거나 하여) 울이 세다. 세력이 만만찮게 대단하다. ¶ 그 고장은 예부터 최씨 집안이 드센 곳이지. ③(민간에서, 새로 지은 집 등에서 불행한 일이 생겼을 때) 집터의 귀신이 '매우 사납다'는 뜻으로 이르는 말. ¶ 터가 드센 집이라더라. ④견디기 어려울 만큼 힘들거나 거칠거나 세차다. ¶ 드센 일을 많이 해서 손이 거칠다. /팔자가 드세다.
드스-하다 형여 좀 드습다. ¶ 방바닥이 드스하다. 작 다스하다. 센 뜨스하다.
드습다[-따][드스우니·드스워] 형ㅂ 알맞게 뜨뜻하다. 좀 뜨뜻하다. 작 다습다. 센 뜨습다.
드시다 타 ①〈들다[3~6]〉의 높임말. ②잡수시다. ¶ 찬은 없지만 많이 드십시오.
드위잊다 자 〈옛〉 뒤집히다. ¶ 믌결 드위이주믈(金三*5:34*).
드잡이 명 ①하타 머리를 꺼두르거나 멱살을 잡아 휘두르며 싸우는 짓. ¶ 드잡이를 치다. /드잡이를 놓다. ②서로 엉겨 붙어 뒹굴면서 시끄럽게 통탕거리는 아이들의 거친 장난질. ③하타 빚을 못 갚아 솥을 떼거나 그릇붙이를 거두어 가는 소동. ④교군을 쉬게 하려고 다른 두 사람이 들장대로 가마채를 받쳐 들고 가는 일.
드틀 명 〈옛〉 티끌. ¶ 거츠른 드트리 믄득 니러(月釋*2:20*). 참 듣글.
드티다 자타 ①밀거나 비켜나거나 하여 약간 틈을 내다, 또는 틈이 생기다. ¶ 좀 드티고 앉으면 한 사람은 더 앉겠다. ②예정된 날짜가 어긋나서 미루어지다.
드팀-새 명 틈이 생긴 정도나 기미. ¶ 그는 나에게 조금도 드팀새를 주지 않고 몰아붙였다.
드팀-전(-廛) 명 지난날, 여러 가지의 피륙을 팔던 가게.
득 부 ①단단한 물체를 거칠게 긁는 소리, 또는 그 모양. ¶ 득 소리를 내며 책상을 끌어내다. ②거칠고 딱딱한 바탕에 금이나 줄을 세차고 길게 긋는 소리, 또는 그 모양. ③액체가 갑자기 딴딴하게 얼어붙는 모양. 작 닥[2]. **득-득** 부.
득(得) 명 소득. 이득. ¶ 시간이 있을 때 하나라도 더 배우는 것이 득이다.

득가(得暇)[-까]명하자 틈이나 말미를 얻음. 득유(得由).
득계(得計)[-꼐/-께]명하자 ☞득책(得策).
득공(得功)[-꽁]명하자 공을 이룸. 성공.
득군(得君)[-꾼]명하자 왕의 신임을 얻게 됨.
득남(得男)[등-]명하자 ☞생남(生男).
득남-례(得男禮)[등-녜]명하자 ☞생남례.
득녀(得女)[등-]명하자 ☞생녀(生女).
득달(得達)[-딸]명하자타 목적한 곳에 다다름. 목적을 달성함.
득달-같다[-딸갇따]형 잠시도 지체하지 않다. **득달같-이**부 ¶ 득달같이 달려오다.
득담(得談)[-땀]명하자 남의 입길에 오르거나 구설의 거리가 됨. 늑방(得謗). ¶ 득담하지 않으려면 그저 가만있는 게 상책이지.
득당(得當) '득당하다'의 어근.
득당-하다(得當-)[-땅-]형여 틀림이나 잘못됨이 없이 매우 마땅하다.
득도(得度)[-또]명하자 〔불교에서〕 ①미혹의 세계에서 깨달음의 피안으로 건너감. ②출가함.
득도(得道)[-또]명하자 ①도를 깨달음. ②오묘한 이치를 깨달음.
득돌-같다[-똘갇따]형 마음먹고 있는 것과 같이 꼭꼭 잘 맞다. **득돌같-이**부.
득력(得力)[등녁]명하자 숙달하거나 깊이 깨달아서 확고한 힘을 얻음.
득롱망촉(得隴望蜀)[등농-]명 사람의 욕심은 한이 없음을 이르는 말. 〔한(漢)나라 광무제(光武帝)가 농(隴) 땅을 평정한 뒤에 다시 촉(蜀) 땅을 차지하려고 하였다는 고사에서 유래함.〕
득리(得利)[등니]명하자 이익을 얻음. 획리.
득리(得理)[등니]명하자 사물의 이치를 깨달아 앎.
득면(得免)[등-]명하타 재앙 등 좋지 않은 일을 잘 피하여 면함.
득명(得名)[등-]명하자 이름이 널리 알려짐. 명성이 높아짐.
득문(得聞)[등-]명하타 얻어들음.
득민(得民)[등-]명하자 학덕이 높고 정치를 잘하여 민심(民心)을 얻음.
득방(得謗)[-빵]명하자 ☞득담(得談).
득배(得配)[-빼]명하자 배우자를 얻음.
득병(得病)[-뼝]명하자 병을 얻음. 병에 걸림. ¶ 과로로 득병하다.
득보기[-뽀-]명 '아주 못난 사람'을 이르는 말.
득상(得喪)[-쌍]명 ☞득실(得失).
득색(得色)[-쌕]명 득의한 빛. 일이 뜻대로 되어 뽐내는 기색.
득세(得勢)[-쎄]명하자 ①세력을 얻음. ¶ 외척의 득세. ↔실세(失勢). ②형세가 유리해짐.
득소실다(得少失多)[-쏘-따]명하형 얻은 것은 적고, 잃은 것은 많음. 소득보다 손실이 큼.
득송(得訟)[-쏭]명하자 ☞승소. 득신(得伸).
득승(得勝)[-씅]명하자 싸움이나 경쟁에서 이김.
득시(得時)[-씨]명하자 때를 만남. 좋은 때를 마침맞게 얻음.
득시글-거리다[-씨-]자 자꾸 득시글득시글하다. 득시글대다. ¶ 장날이라서 장꾼이 시장에 득시글거린다. 준득실거리다.
득시글-대다[-씨-]자 득시글거리다.
득시글-득시글[-씨-씨-]부하형 사람이나 동물·벌레 따위가 좁은 곳에 많이 모여서 무질서하게 움직이는 모양. ¶ 수챗구멍에 구더기가 득시글득시글하다. 준득실득실.
득신(得辛)[-씬]명 음력 정월의 맨 처음 드는 신일(辛日). 〔신일이 드는 날이 초하룻날이면 '일일 득신', 열흘날이면 '십일 득신'이라 하여, 그해 농사의 잘되고 못됨을 점침.〕
득신(得伸)[-씬]명하자 ①뜻을 펴게 됨. ②소송(訴訟)에 이김. ②득송(得訟).
득실(得失)[-씰]명 ①얻음과 잃음. 득상(得喪). ②이익과 손해. 이해(利害). ¶ 이번에 하는 일은 득실을 떠나 장래를 바라보고 하는 것이다. ③성공과 실패. ④장점과 단점.
득실-거리다[-씰-]자 〈득시글거리다〉의 준말. 득실대다. ¶ 파리 떼가 득실거리다.
득실-대다[-씰-]자 득실거리다.
득실-득실[-씰-씰]부하형 〈득시글득시글〉의 준말.
득실-상반(得失相半)[-씰-]명 이로움과 해로움이 서로 같음.
득심(得心)[-씸]명 득의의 마음.
득유(得由)명하자 말미를 얻음. 득가(得暇).
득음(得音)명하자 풍악·노래 등의 곡조나 음색(音色)·창법 같은 것이 썩 아름다운 지경에 이르러 있음.
득의(得意)[드긔/드기]명하자 ①뜻을 이룸. 득지(得志). ②바라던 대로 되어 의기가 오름.
득의-만만(得意滿滿) '득의만만하다'의 어근.
득의만만-하다(得意滿滿-)[드긔-/드기-]형여 뜻한 바를 이루어 뽐내는 기색이 가득하다. ¶ 득의만만한 표정.
득의-만면(得意滿面)[드긔-/드기-]명하형 뜻을 이루어 기쁜 표정이 얼굴에 가득함.
득의-양양(得意揚揚)[드긔-/드기-]명하형 뜻을 이루어 우쭐거리며 뽐내는 모양. ¶ 득의양양한 표정으로 우승컵을 치켜 올리다.
득의지추(得意之秋)[드긔-/드기-]명 바라던 일이 뜻대로 이루어질 좋은 때.
득인(得人)명하자 쓸 만한 사람을 얻음.
득-인심(得人心)명하자 인심을 얻음.
득점(得點)[-쩜]명하자타 점수를 얻음, 또는 그 점수. ¶ 대량 득점. /최고 득점. /양 팀 모두 득점 없이 경기를 끝내다. ↔실점(失點).
득점-타(得點打)[-쩜-]명 야구에서, 득점에 연결된 안타.
득정(得情)[-쩡]명하자 범죄의 진상을 알아냄.
득제(得題)[-쩨]명하자 왕조 때, 소장(訴狀)이나 청원서에 대하여, 자기에게 이로운 제사(題辭)를 얻던 일.
득죄(得罪)[-쬐/-쮀]명하자 잘못을 저질러 죄를 얻음.
득중(得中)[-쭝]명하형되자 지나치거나 모자람이 없이 꼭 알맞음. 비중용.
득지(得志)[-찌]명하자 바라던 것이 뜻대로 됨. 득의(得意). ¶ 대학에 합격했으니 일단 득지한 셈일세.
득진(得眞)[-찐]명하자 ①사물의 진상을 알게 됨. ②아주 참된 경지에 이름.
득참(得參)명하자 참여할 수 있게 됨. 참여하는 기회를 얻게 됨.
득책(得策)명하자 훌륭한 계책을 얻음, 또는 그 계책. 득계(得計).
득첩(得捷)명하자 과거에 급제함.
득체(得體)명하자 체면을 유지함.
득총(得寵)명하자 지극한 사랑을 받음.
득탈(得脫)명하자 불교의 도를 깨쳐 괴로움에서 벗어남.
득통(得通)명하자 통력(通力)을 얻음.

득표(得票)명하타 투표에서, 찬성의 표를 얻음, 또는 그 얻은 표수. ¶ 각 당(黨)의 득표 전략. /과반수를 득표하다.

득:-하다[드카-]자여 날씨가 갑자기 추워지다. 《종결형으로는 쓰이지 않음.》 ¶ 요즘은 푹해서 그렇지, 한번 득하는 날이면 이 일대가 다 빙판이오.

득-하다(得-)[드카-]타여 얻다. 받다.

득행(得幸)[드캥]명하자 임금의 특별한 사랑을 받음.

득효(得效)[드쿄]명하자 (약 따위의) 효력을 봄.

든조 〈든지〉의 준말. ¶ 송아지든 어미소든 간에 소는 다 몰아오너라. 참이든.

-든어미 〈-든지〉의 준말. ¶ 네가 어찌하든 나는 상관 않겠다.

-든가어미 ☞-든지. ¶ 먹든가 말든가 네 마음대로 해라.

든-거지명 〈든거지난부자〉의 준말.

든거지-난부자(-富者)명 실제는 가난하지만 겉보기에는 부자로 보이는 사람. 준든거지.

든-난벌명 든벌과 난벌. 난든벌.

든든-하다형여 ①무르지 않고 아주 굳다. ¶ 받침을 든든하게 괴다. ②속이 배서 여무지다. 속이 차서 오달지다. ¶ 장사 밑천이 든든하다. ③약하지 않고 굳건하다. ¶ 운동으로 다져진 든든한 다리. ④마음이 허전하거나 두렵지 않고 미덥다. ¶ 장성한 아들이 둘씩이나 되니 든든하시겠소. ⑤(음식을 먹어) 배가 부르다. ¶ 찰떡을 먹었더니 속이 든든하다. ⑥잘못이나 모자람이 없다. ¶ 귀찮더라도 매사를 든든하게 하시오. 작단단하다. 센뜬뜬하다. **든든-히**부.

든-번(-番)명 (번으로 드는 일에서) 쉬었다 다시 차례가 되어 들어가는 번. 당번(當番). 상번. ↔난번.

든-벌명 집 안에서 늘 입는 옷이나 신는 신 따위를 통틀어 이르는 말. ↔난벌.

든-부자(-富者)명 〈든부자난거지〉의 준말.

든부자-난거지(-富者-)명 실제는 부자지만 겉보기에는 가난뱅이로 보이는 사람. 준든부자.

든-손 Ⅰ명 일을 시작한 손. 일하는 김. ¶ 든손에 마저 다 해 버리세.
Ⅱ부 망설이지 않고 곧. 그 자리에서 얼른. ¶ 볼일이 끝나거든 든손 돌아오너라.

든지조 모음으로 끝난 체언에 붙어, '무엇이나 가리지 않음'을 나타내는 보조사. ¶ 커피든지 홍차든지 마시고 싶은 대로 마셔라. 준든. 참이든지.

-든지어미 용언의 어간이나 높임의 '-시-' 또는 시제의 '-았(었)-'에 붙는 연결 어미. 주로, '-든지 -든지'의 꼴로 쓰이어, 무엇이나 가리지 아니하는 뜻을 나타냄. ¶ 하든지 말든지 네 마음대로 해라. -든가. 준-든.

든직-하다[-지카-]형여 사람됨이 묵중하다. **든직-히**부.

든-침모(-針母)명 남의 집에 묵으면서 바느질을 하여 주는 침모. ↔난침모.

듣그럽다[-끄-따][듣그러우니·듣그러워]형ㅂ 소리가 귀에 거슬리다. ¶ 낮게 틀어 놓은 음악 소리도 공부할 때는 듣그럽다. 참시끄럽다.

듣글명 〈옛〉티끌. ¶ 듣글 딘:塵. 듣글 애:埃(訓蒙下*18*). 참드틀.

듣다[1][-따][들으니·들어]자ㄷ (눈물이나 빗물 따위의) 액체가 방울져 떨어지다. ¶ 눈물이 뚝뚝 듣다. /낙숫물 듣는 소리.
듣거니 맺거니관용 (눈물이 글썽하여) 방울방울 떨어지기도 하고 이슬처럼 맺히기도 함을 이르는 말.

듣다[2][-따][들으니·들어]자ㄷ ①약 따위가 효험을 나타내다. ¶ 한방이 잘 듣는 체질. /그 병은 침이 잘 듣는다. ②(기계나 기구 또는 장치 따위가) 제구실대로 움직이다. ¶ 이발 기계가 잘 안 듣는다.

듣다[3][-따][들으니·들어]타ㄷ ①소리를 귀를 통하여 느끼다. ¶ 새소리를 듣다. /강의를 듣다. ②칭찬이나 꾸중을 받다. ¶ 호된 꾸지람을 듣다. /비난을 듣다. ③이르거나 시키는 말에 잘 따르다. ¶ 아이가 말을 잘 듣다. ④부탁이나 요청을 받아들이다. 허락하다. ¶ 부탁을 듣다.
듣기 좋은 노래도 한두 번이지속담 아무리 좋은 것이라도 너무 반복되면 싫증이 난다는 말.
들으면 병이요, 안 들으면 약이다속담 들어서 근심될 말은 안 듣는 것이 낫다는 말.
듣도 보도 못하다관용 듣거나 본 적이 없이 전혀 알지 못하다. ¶ 듣도 보도 못한 일을 당하다.

듣다자 〈옛〉떨어지다. ¶ ᄀ는 밀흔 가비야온 고지 듣놋다(杜初7:5).

듣다-못해[-따모태]부 참고 듣다가 더 참을 수가 없어서. ¶ 듣다못해 그냥 나와 버렸다.

듣보기-장사[-뽀-]명 시세를 듣보아 요행수를 바라고 하는 장사. 투기상(投機商).
듣보기장사 애 말라 죽는다속담 '요행수를 바라고 애태우는 사람의 모습'을 비유하여 이르는 말.

듣-보다[-뽀-]타 (무엇을 찾아 살피느라고, 뜻을 두어) 보고 듣고 하다. ¶ 일자리를 듣보다.

듣-잡다[-짭따][~자오니·~자와]타ㅂ '듣다[3]'를 겸손하게 이르는 말.

듣줍다타 〈옛〉듣잡다. ¶ 世尊하 願혼둔 듣줍고져 ᄒ노이다(月釋*21:64*).

들:[1]명 ①평평하고 넓게 트인 땅. 평원. 평야. ¶ 산과 들. ②논밭으로 된 넓은 땅. ¶ 들에 나가 이삭을 줍다.

들[2]의 《같은 무리에 속하는 명사를 열거한 다음에 쓰이어》 (앞에 늘어놓은 것들과 같은) 여러 가지. 등(等). 따위. ¶ 소·말·개·돼지·닭 들을 가축이라고 한다.

들[3]조 체언이나 부사어 또는 용언의 활용형 뒤에 붙어, '동작의 주체가 복수임'을 나타내는 보조사. ¶ 잘들 논다. /어서들 오시오. /아직 자고들 있네. /안녕들 하세요.

들-[1]접두 《용언 앞에 붙어》 '몹시'·'대단하게'·'무리하여'와 같은 뜻을 나타냄. ¶ 들볶다. /들끓다. /들쑤시다.

들-[2]접두 《동식물 이름 앞에 붙어》 '야생의' 또는 '품질이 낮은'의 뜻을 나타냄. ¶ 들국화. /들개. /들장미. /들기름.

-들접미 ①명사나 대명사 뒤에 붙어, 그것이 복수임을 나타냄. ¶ 사람들. /나무들. /그들. /자네들. ②복수 대명사에 붙어, 그것이 복수임을 강조하는 뜻을 나타냄. ¶ 너희들. /우리들.

들:-개[-깨]명 주인이 없이 제멋대로 돌아다니는 개. 야견(野犬).

들-것[-껏]명 천 따위로 길게 만들어 좌우에 채를 대고 앞뒤에서 들게 된 기구. 〔환자나 물건을 운반하는 데 씀.〕 담가(擔架). ＊들것이[-꺼시]·들것만[-껀-]

들고-나다자 ①남의 일에 참견하다. ¶ 그는 이웃 일에도 들고나는 오지랖이 넓은 사람일세. ②집 안의 물건을 팔려고 가지고 나가다.

들고-뛰다자 '냅다 달아나다'를 속되게 이르는 말. 들고빼다. 들고튀다.

들고-빼다자 들고뛰다.

들ː-고양이[-꼬-]명 ①☞살쾡이. ②들이나 산에 사는 고양이.
들고-일어나다자 어떤 일을 이루기 위하여 여럿이 궐기하고 나서다. ¶ 온 겨레가 들고일어났던 삼일 운동.
들고-주다 Ⅰ자 〈달아나다〉의 속된 말.
Ⅱ타 난봉이 나서 재산을 탕진하다.
들고-튀다자 들고뛰다.
들ː-국화(-菊花)[-구콰]명 ①(재배 국화에 대하여) 야생하는 국화 종류의 꽃을 통틀어 이르는 말. 〔구절초·금불초·산국(山菊) 따위.〕 야국(野菊). ②☞산국화.
들굴명 〈옛〉①뗏목. 떼. ¶ 들굴 톤 사르미 消息이 그즈니(杜重5:13). ②능실(株). ¶ 고손 니건 힛 들구레 펫도다(杜初3:54).
들-그물명 수면 아래에 그물을 펼쳐 두고 물고기를 그 위로 꾀어 들어 올려서 잡는 그물. 부망(敷網).
들그서-내다타 함부로 들추어내다. ¶ 쓸 만한 것은 모조리 들그서내어 들고 갔으니 변변한 살림살이가 뭐 있겠나.
들-기름명 들깨를 볶거나, 또는 그대로 짜서 낸 기름. 법유(法油).
들-기술(-技術)명 씨름에서, 허리 기술에 딸리는 기본 기술의 한 가지. 상대편의 엉덩이를 들거나 배를 지거나 하여 넘어뜨리는 공격 기술. 〔엉덩배지기·왼배지기·통다리들기 따위.〕
들-까부르다[~까부르니·~까불러]타르 매우 흔들어서 까불까불하다. 준들까불다.
들까불-거리다타 자꾸 들까불들까불하다. 들까불대다.
들-까불다[~까부니·~까불어]타 〈들까부르다〉의 준말.
들까불-대다타 들까불거리다.
들까불-들까불부하타 자꾸 들까부르는 모양.
들-까불리다자 〚'들까부르다'의 피동〛 들까부름을 당하다.
들-깨명 꿀풀과의 일년초. 동남아시아 원산의 재배 식물로, 줄기 높이는 60~90 cm. 잎은 넓은 달걀 모양이며 잎꼭지가 길고, 여름에 흰 꽃이 핌. 잎은 먹을 수 있고, 잘고 동근 씨는 짜서 들기름을 내거나, 볶아서 양념으로도 씀. 백소(白蘇).
들ː-꽃[-꼳]명 들에 피는 꽃. 야화(野花). *들ː꽃이[-꼬치]·들ː꽃만[-꼰-]
들-꾀다[-꾀-/-꿰-]자 여럿이 많이 모여들다. ¶ 개발 지역마다 들꾀는 투기꾼들.
들ː-꿩명 꿩과의 새. 몸길이 35 cm가량. 몸빛은 등이 회갈색에 흑색과 암갈색의 반점이 있고, 아래쪽은 백색인데 갈색으로 얼룩졌음. 산속에 살며, 나뭇잎·열매·종자 따위를 먹음. 우리나라에서는 흔한 텃새임.
들-끓다[-끌타]자 뒤끓다. ¶ 인파로 들끓는 해수욕장. /여론이 물 끓듯이 들끓다.
들-나무[-라-]명 편자를 붙일 때, 마소를 움직이지 못하게 붙잡아 매는 기둥.
들ː-나물[-라-]명 들에서 나는 나물. 〔냉이·달래·씀바귀 따위.〕 야채(野菜).
들-낚시[-락씨]명 ☞들낚시걸이.
들낚시-걸이[-락씨-]명 다리를 상대편의 다리 안으로 넣어서 위로 당기어 올리는 씨름 기술의 한 가지. 들낚시.
들-날리다[-랄-]자타 세력이나 명성이 세상에 널리 떨치다, 또는 떨치게 하다. ¶ 피아니스트로서의 명성이 온 세계에 들날리다. 준드날리다[2].

들-내[-래]명 들깨나 들기름에서 풍겨 나는 냄새. ¶ 들내가 나다.
들ː-녘[-력]명 들이 있는 곳. 평야 지대. ¶ 벼가 누렇게 익은 들녘. *들ː녘이[-려키]·들ː녘만[-령-]
들-놀다[-롤-][~노니·~놀아]자 들썩거리며 이리저리 흔들리다. ¶ 이가 모두 들놀다. /구들장이 들놀다.
들ː-놀이[-로리]명하자 들에 나가서 노는 놀이. 야유(野遊). 야유회.
들ː-농사(-農事)[-롱-]명 (목축·누에치기·버섯 가꾸기 등에 대하여) '논농사'나 '밭농사'를 이르는 말.
들ː-놓다[1][-로타]자 하던 들일을 쉬다, 또는 마치고 헤어져 가다.
들-놓다[2][-로타]타 들었다가 놓았다가 하다. ¶ 들놓기만 하지 말고 하나 사 보시지요.
들다[1][드니·들어]자 칼이나 낫 따위의 날이 날카로워 물건을 잘 베다. ¶ 낫이 잘 든다.
들지 않는 솜틀은 소리만 요란하다속담 ①어리석고 못난 사람일수록 젠체하고 나선다는 말. ②되지도 않을 일을 소문만 크게 낸다는 말.
들다[2][드니·들어]자 ①(궂던 날씨가) 개다. 청명해지다. ¶ 날이 들다. ②(땀이) 식다. 그치다.
들다[3][드니·들어]자 나이가 웬만큼 되다. ¶ 나이가 제법 들어 보이는 사람.
들다[4][드니·들어] Ⅰ자 ①안이나 속으로 가거나 오다. ¶ 방 안에 들다. /잠자리에 들자마자 코를 곤다. ②안에 담기거나 섞이다. ¶ 보석이 든 상자. /기쁜 소식이 들어 있는 편지. /돌이 든 밥. ③(돈이나 노력·물자·시간 따위가) 필요하거나 쓰이다. ¶ 돈이 드는 일. /공이 든 작품. /품이 많이 들다. ④(볕이나 불길 따위가) 어디에 미치다. ¶ 볕이 잘 드는 방. ⑤㉠(물감·물기·색깔·소금기 따위가) 옮거나 배다. ¶ 쪽물이 들다. ㉡어떤 영향을 입다. ¶ 서양물이 들다. ⑥(병이) 몸에 생기다. ¶ 감기가 들다. /시퍼렇게 멍이 든 얼굴. ⑦(살거나 묵으려고) 집이나 방을 정하고 머물러 있다. ¶ 새집에 들다. /여관에 들다. ⑧(가게 따위에) 손이 많이 오다. ¶ 음식맛이 좋아 손님이 많이 든다. ⑨(뿌리나 열매 같은 것이) 살이 올라 굵어지다. ¶ 감자가 들다. /무 밑이 들다. ⑩둘 또는 여럿 사이에 끼이다. ¶ 중간에 들어 다리를 놓다. ⑪나이가 제법 많거나 꽤 많아지다. ¶ 나이가 들수록 돌아가신 부모님 생각이 간절하다. ⑫마음에 차거나 맞다. ¶ 내 맘에 꼭 든다. ⑬철이나 때가 오거나 되다. ¶ 입춘이 들다. /생일이 든 달. ⑭기상 현상이 생기다. ¶ 가뭄이 들다. /장마가 들다. ⑮어떤 상태가 이루어지거나 알맞게 되다. ¶ 철이 들다. /풍년이 들다. /잠이 들다. /정이 들다. /맛이 들다. ⑯어떤 상태에서 본디대로 돌아오다. ¶ 이제야 정신이 드는 모양이다. ⑰느낌이나 생각 따위가 일어나다. ¶ 의심이 들다. /그의 판단이 옳다는 생각이 든다. ⑱처지에 빠지거나 놓이다. ¶ 꾐에 들다. /역경에 들다. ⑲버릇 따위가 새로 생기다. ¶ 웃는 버릇이 들다. ⑳범위에 포함되거나 해당하다. ¶ 등수에 들다. /당선권에 들다. /예선에 들다. ㉑(도둑 따위가) 몰래 왔다 가다. ¶ 간밤에 밤손님이 들었다. ㉒(잠에) 빠지다. ¶ 잠이 들다. ㉓아이나 새끼를 가지다. ¶ 아이가 들다.
Ⅱ자타 ①(돈을) 모으거나 불리려고 맡겨 두다. 보험 따위에 가입하다. ¶ 적금에 들다. /보

험에 들다. /자동차 보험을 들다. ②(단체나 조직 따위의) 구성원이 되다. ¶ 축구반에 들다. /정당에 들어야 선거 운동을 할 수 있다. /문예반을 들다.

Ⅲ타 ①남을 위해 무엇을 하다. ¶ 시중을 들다. /중매를 들다. /편을 들다. ②길을 정하여 가다. ¶ 길을 잘못 들다. ③돈을 내고 셋집을 얻어 살다. ¶ 월세를 들다. ④남자가 결혼하다. ¶ 장가를 들다.

Ⅳ조동 《동사의 '-려고' 꼴 뒤에서》 '꾀하거나 이루려고 하다'의 뜻을 나타냄. ¶ 싸우려고 들다. /사귀려고 들다.

드는 정은 몰라도 나는 정은 안다속담 정이 들 때는 잘 느끼지 못해도, 정이 식을 때는 뚜렷이 알 수 있다는 말.

들 적 며느리 날 적 송아지속담 흔히 며느리는 출가해 온 뒤에 줄곧 일만 하며 산다는 말.

들다[5] [드니·들어]타 ①놓여 있던 것을 집어 위로 올리다. ¶ 둘이서 책상을 들어 나르다. ②손에 가지다. ¶ 손에 든 가방. ③위로 치켜 올리다. ¶ 팔을 높이 들다. ④(어떤 사실이나 증거·보기·논제를) 끌어대거나 내세우다. ¶ 예를 들다. /문제를 들어 토론하다. /조건을 들며 말하다.

드는 돌에 낯 붉는다속담 원인이 있어서 결과가 생긴다는 말.

들다[6] [드니·들어]타 '음식을 먹다'를 손윗사람에게 높여 이르거나, 친구나 손아랫사람에게 점잖게 이르는 말. ¶ 점심을 들고 가시지요. /자네도 좀 들게.

들ː-대명 가까운 들녘.

들-도리[-또-]명 들연이 얹히는 도리.

들-돌[-똘]명 체력을 단련하기 위하여 들었다 놓았다 하는 운동 기구의 한 가지. 〔돌이나 쇠로 만듦.〕

들-두드리다타 잇달아 함부로 두드리다. ¶ 새를 쫓느라 깡통을 들두드리다.

들-두들기다타 잇달아 함부로 두들기다.

들들부 ①(콩이나 깨 따위의 낟알을) 이리저리 휘저어 가며 볶거나 맷돌에 가는 모양. ¶ 참깨를 들들 볶아 깨소금을 만들었다. ②사람을 못 견디게 들볶는 모양. ¶ 아랫것들을 들들 볶다. ③물건을 들쑤시며 찾는 모양. ¶ 서랍마다 들들 뒤지다. 작달달[3].

들-때리다타 마구 때리다.

들때-밑[-믿]명 '권세 있는 집에 사는 오만하고 고약한 하인'을 홀하게 이르는 말. ＊들때밑이[-미치]·들때밑을[-미틀]·들때밑만[-민-]

들-떠들다[~떠드니·~떠들어]자 여럿이 들끓어서 떠들다.

들떼-놓고[-노코]부 딱 집어내어 말하지 않고. 어물쩍하게. ¶ 들떼놓고 빈정거리다.

들-떼리다타 (남의 감정을 건드려서) 몹시 화나게 하다.

들-뛰다자 마구 뛰다.

들-뜨다[~뜨니·~떠]자 ①(단단한 데에 붙은 얇고 넓은 것이) 떨어져 틈이 생기다. ¶ 벽지가 들뜨다. ②마음이 차분히 가라앉지 않고 들썽들썽하다. ¶ 마음이 들떠서 사고 칠까 겁난다. 작달뜨다. ③살갗이 누르고 부석부석하게 되다. ¶ 황달에 걸린 사람처럼 누렇게 들뜬 얼굴.

들-뜨리다타 〈들이뜨리다〉의 준말.

들뜨-이다자 〖'들뜨다'의 피동〗 (어떤 충동이나 자극을 입어) 마음이 들썽거려지다.

들락-거리다[-꺼-]자타 들랑거리다. 들락대다.

들락-날락[-랑-]부하자타 자꾸 들어갔다 나왔다 하는 모양. 들랑날랑.

들락-대다[-때-]자타 들락거리다.

들랑-거리다자타 자꾸 들락날락하다. 들락거리다. 들랑대다.

들랑-날랑부하자타 들락날락.

들랑-대다자타 들랑거리다.

들러리명 ①서양식 결혼식에서, 신랑·신부의 입장을 도와주고, 옆에 서는 사람. ¶ 친구 결혼식에 들러리를 서다. ②'주된 인물 주변에서 그를 돕는 인물'을 얕잡아 이르는 말. ¶ 그들은 들러리를 섰을 뿐이다.

들러-붙다[-붇따]자 ①끈기 있게 바짝 붙다. ②썩 끈질기게 덤벼들다. ③가까이 붙어 떨어지지 않다. ④한곳에만 꼭 붙박여 있다. ¶ 책상머리에 들러붙었다 하면 일어날 생각을 안 한다. 본들어붙다. 작달라붙다.

들레다자 야단스럽게 떠들다.

들려-오다자 소리나 소문 따위가 들리다. ¶ 빗소리가 들려오다.

들려-주다타 (소리나 말을) 듣도록 해 주다. ¶ 그동안의 일을 미주알고주알 들려주다. /녹음해 온 새소리를 들려주다.

들르다[들르니·들러]자타 (지나는 길에) 잠깐 거치다. ¶ 서울에 오시면 저희 집에 꼭 들러 주십시오. /서점을 들르다.

들리다[1] Ⅰ자 〖'듣다[3]'의 피동〗 소리가 귀청을 울려 청각이 일어나게 하다. ¶ 먼 데서 천둥소리가 들리다. /기쁜 소식이 들리다. /들리는 풍문에 의하면 그에게 아들이 하나 있다더라.

Ⅱ타 〖'듣다[3]'의 사동〗 남으로 하여금 듣게 하다. ¶ 만날 때마다 누누이 당부해 들리다.

들-리다[2] Ⅰ자 〖'들다[5]'의 피동〗 듦을 당하다. ¶ 그 큰 몸이 번쩍 들리다.

Ⅱ타 〖'들다[5]'의 사동〗 들게 하다. ¶ 내 가방을 철수에게 들리고 가다.

들리다[3]자 병·귀신 따위가 옮거나 덮치다. ¶ 병이 들리다. /귀신이 들리다.

들리다[4]자 (자재나 자금의) 뒤가 끊어지다. 바닥이 나다. ¶ 밑천이 들리다.

들마명 (가게나 상점의) 문을 닫을 무렵.

들-맞추다[-맏-]타 겉으로만 알랑거리면서 비위를 맞추다. ¶ 들맞추는 자의 면종복배를 조심해라.

들-머리명 들어가는 첫머리. ¶ 동네 들머리에서 친구를 만나다.

들머리-판명 있는 대로 다 들어먹고 끝장이 나는 판. 준들판[1].

들머리판(을) 내다관용 다 들어먹어 끝장이 나게 하다.

들먹-거리다[1][-꺼-]자타 자꾸 들먹들먹하다. 들먹대다[1]. 작달막거리다[1].

들먹-거리다[2][-꺼-]타 남의 일을 들추어 입에 올리다. 들먹대다[2]. ¶ 남의 단점을 들먹거리며 흉보다. 작달막거리다[2]. 센뜰먹거리다.

들먹다[-따]형 못생기고 마음이 올바르지 못하다. ¶ 들먹은 짓. /들먹은 사람.

들먹-대다[1][-때-]자타 ☞들먹거리다[1].

들먹-대다[2][-때-]타 ☞들먹거리다[2].

들먹-들먹[-뜰-]부하자타 ①묵직한 것이 자꾸 들렸다가 내려앉는 모양. ②(어깨나 엉덩이 등 몸의 일부가) 아래위로 자꾸 움직이는 모양. ③값이나 시세가 자꾸 오르내리는 모양. ④(흥분하여) 가슴이 울렁이는 모양. 작달막달막. 센뜰먹뜰먹.

들먹-이다[1] 자타 ①묵직한 것이 자꾸 들렸다 내려앉았다 하다. ②(어깨나 엉덩이 등 몸의 일부가) 아래위로 자꾸 움직이다. ③값이나 시세가 자꾸 오르내리다. ④(흥분하여) 가슴이 울렁이다. 작달막이다1.

들먹-이다[2] 타 남의 일을 들추어 말하다. ¶ 남의 사생활을 들먹이며 흉을 보다. 작달막이다2. 센뜰먹이다.

들메 명하타 벗어지지 않게 신을 들메는 일.

들메-끈 명 들메하는 데 쓰는 끈.

들메다 타 신발이 벗어지지 않도록 끈을 단단히 조여 매다. 들메끈을 매다.

들무새 명 ①(어떤 일에) 뒷바라지하는 데 쓰이는 물건. 무엇을 만드는 데 쓰이는 재료. ¶ 들무새 상자. /자질구레한 들무새가 많이 든다. ②하자 몸을 사리지 않고 궂은일이나 막일을 힘껏 도움.

들ː-바람[-빠-] 명 들에서 불어오는 바람.

들-배지기 명 씨름 기술의 한 가지. 상대편을 껴안아 들어 올리면서, 자기 몸을 슬쩍 돌려 넘어뜨리는 기술.

들병-이(-甁-)[-뼝-] 명 '들병장수를 하는 여자'를 속되게 이르는 말.

들병-장수(-甁-)[-뼝-] 명 병술을 받아서 파는 떠돌이 술장수.

들-보[1][-뽀] 명 건물의, 칸과 칸 사이의 두 기둥 위를 건너지른 나무. 준보2.

들-보[2][-뽀] 명 남자의 생식기나 항문 언저리에 병이 났을 때 샅에 차는 헝겊.

들-볶다[-복따] 타 (잇달아 쉬지 않고 무엇을 채근하거나 잔소리를 하며) 못살게 굴다. ¶ 들볶는 자식들 등쌀에 겉늙는다.

들부드레-하다 형여 좀 연하고 들큼하다. 작달보드레하다.

들-부딪다[-딛따] 자타 함부로 세게 막 부딪다.

들부셔-내다 타 (지저분한 큰 그릇·항아리 따위나 마당을) 말끔히 치워내다. 깨끗이 씻어 내다. ¶ 김칫독을 들부셔내다. /어지럽혀진 마당을 들부셔내다.

들-부수다 타 〈들이부수다〉의 준말.

들-붓다[-붇따] 타 〈들이붓다〉의 준말.

들ː-비둘기[-삐-] 명 야생(野生)의 비둘기. ↔집비둘기.

들빼 명 〈옛〉 들깨. ¶ 들빼:蘇子(訓蒙上*14*).

들-살[-쌀] 명 기울어서 쓰러져 가는 집을 살잡이할 때, 쳐들어 바로잡는 지레.

들ː-새[-쌔] 명 ①(기르는 새가 아닌) 야생의 새. ②(산새나 물새가 아닌) 들에 사는 새.

들ː-소[-쏘] 명 북미·아프리카·유럽 등지에 분포하는, '야생의 소'를 통틀어 이르는 말. 야우(野牛).

들-손[-쏜] 명 (주전자처럼) 그릇 따위에 둥글게 휘어 달아 놓아 들 수 있도록 된 손잡이. ¶ 양동이 들손. 참족자리·젖손.

들-쇠[-쐬/-쒜] 명 ①분합이나 겉창을 들어 올려 거는, 보꾹에 매달린 긴 갈고리. 걸쇠. 조철(銚鐵). ②서랍·문짝 등에 박힌 반달 모양의 쇠붙이로 된 손잡이.

들-숨[-쑴] 명 안으로 들이쉬는 숨. ↔날숨.

들썩-거리다[-꺼-] 자타 자꾸 들썩들썩하다. 들썩대다. ¶ 신바람이 나서 어깨를 들썩거리며 춤을 춘다. 작달싹거리다. 센뜰썩거리다.

들썩-대다[-때-] 자타 들썩거리다.

들썩-들썩[-뜰-] 부하자타 ①갭직한 물건이 들렸다 가라앉았다 하는 모양. ¶ 기침을 할 때마다 이불이 들썩들썩한다. ②갭직한 물건을 들었다 놓았다 하는 모양. ③(무엇에 자극을 받아) 마음이 들떠서 움직이는 모양. ¶ 남이 장가가는데 네가 왜 들썩들썩하느냐? ④(남에게 자극 따위를 주어) 마음을 흔들어 움직이게 하는 모양. ¶ 마음잡고 일하는 애 자꾸 들썩들썩하지 마라. ⑤어깨나 궁둥이가 위아래로 움직이는 모양. ¶ 어깨를 들썩들썩하며 노래를 부른다. 작달싹달싹. 센뜰썩뜰썩.

들썩-이다 자타 ①갭직한 물건이 들렸다 가라앉았다 하다. ②갭직한 물건을 들었다 놓았다 하다. ③마음이 들떠서 움직이다. ④마음을 흔들어 움직이게 하다. ⑤어깨나 궁둥이가 위아래로 움직이다. ¶ 어깨를 들썩이다. 작달싹이다. 센뜰썩이다.

들썩-하다[-써카-] Ⅰ 타여 한차례 들었다 놓다. ¶ 엉덩이를 들썩했다. 작달싹하다.
Ⅱ 형여 ①붙었던 것이 조금 떠들려 있다. ¶ 벽지가 들썩하다. ②부산하게 떠들썩하다. 작달싹하다.

들썽-거리다 자 자꾸 들썽들썽하다. 들썽대다. ¶ 마음이 들썽거려 기다릴 수가 없다.

들썽-대다 자 들썽거리다.

들썽-들썽 부하자 (마음이) 자꾸 들썽해지는 모양.

들썽-하다 자여 (하고 싶은 일이 따로 있거나 마음 졸이는 일이 있어) 마음이 어수선하게 들떠 가라앉지 않다. ¶ 마음이 들썽하여 글이 눈에 들어오지 않는다.

들-쑤시다 Ⅰ 자 〈들이쑤시다〉의 준말.
Ⅱ 타 〈들이쑤시다〉의 준말.

들쑥-날쑥[-쑹-] 부하형 들어가기도 하고 나오기도 하여 가지런하지 않은 모양. ¶ 들쑥날쑥한 해안선. /수입이 들쑥날쑥하다.

들-쓰다[~쓰니·~써] 타 아무렇게나 덮어쓰다. 뒤집어쓰다. ¶ 모자를 들쓰다. /먼지를 들쓰다. /누명을 들쓰다.

들-씌우다[-씨-] 타 〖'들쓰다'의 사동〗 들쓰게 하다. ¶ 이불을 들씌우다. /물을 들씌우다. /책임을 들씌우다.

들-앉다[드란따] 자 〈들어앉다〉의 준말.

들-앉히다[드란치-] 타 〈들여앉히다〉의 준말.

들어-가다[1] Ⅰ 자 ①안이나 속으로 가다. ¶ 방 안으로 들어가다. ②어떤 범위 안에 포함되다. ¶ 그 책에 내 작품도 들어갔다. /사람도 포유류에 들어간다. ③(비용이나 노력 따위가) 소요되다. ¶ 연구비가 들어가다. /밑천이 들어가다. ④(말·글 등이) 이해되거나 잘 기억되다. ¶ 머리에 쏙쏙 들어가다. ⑤물건의 표면이 우묵하게 꺼지다. ¶ 하루 사이에 눈이 쑥 들어갔구나. ⑥(새로운 상황이) 시작되다. ¶ 이제부터 토론에 들어가겠습니다. ⑦(구멍이나 사이에) 끼이다. ¶ 주먹이 들어갈 만한 구멍이 있다. ⑧(전기나 수도 따위의 시설이) 설치되다. ¶ 전기가 들어가다.
Ⅱ 자타 기관이나 단체의 구성원이 되거나 가입하다. ¶ 군에 들어가다. /학교를 들어가다.

들어-가다[2] 타 물건 따위를 몰래 훔치다.

들어-내다 타 ①물건을 들어 밖으로 내놓다. ¶ 식탁을 마루로 들어내다. /생선의 배를 가르고 내장을 들어내다. ②사람을 있던 곳에서 쫓아내다.

들어-맞다[-맏따] 자 ①틀리지 아니하고 꼭 맞다. ¶ 예언이 정확히 들어맞다. ②빈틈이 없이 꽉 차게 끼이다. ¶ 신발이 내 발에 들어맞다. ③제자리에 명중하다. ¶ 과녁의 중심에 들어맞다.

들어맞-히다[-마치-][타] 〖'들어맞다'의 사동〗 ①꼭 맞게 하다. ②꽉 끼이게 하다.

들어-먹다[-따][타] ①있는 재물이나 밑천을 모조리 털어 없애다. ②남의 말을 이해하다(순응하다). ¶ 도무지 내 말을 들어먹어야 말이지.

들어-박이다[자] '들어박히다'의 잘못.

들어-박히다[-바키-][자] ①촘촘히 박히다. ¶ 석류의 껍데기 속에 알이 들어박히다. ②나들지 않고 한군데만 꼭 붙어 있다. ¶ 집 안에만 들어박히다. ③속 깊이 박히거나 숨다. ¶ 가시가 살 깊이 들어박히다. /시골에 들어박히다. ②③틀어박히다.

들어-붓다[-붇따][~부으니·~부어] [Ⅰ][자][ㅅ] (비가) 세차게 내리다. 퍼붓다. ¶ 갑자기 소나기가 들어붓기 시작했다.
[Ⅱ][타][ㅅ] ①(액체나 가루가 담긴 그릇을) 들어서 통째 쏟아 붓다. ¶ 양동이의 물을 독에 들어붓다. ②한꺼번에 폭음하다. ¶ 술을 들어붓다.

들어-붙다[-붇따][자] 〈들러붙다〉의 본딧말.

들어-서다 [Ⅰ][자] ①안쪽으로 다가서다. ¶ 열차가 곧 도착하니 한 발 들어서시오. ②(기관이나 왕조·정부 따위가) 처음으로 세워지다. ¶ 새 정권이 들어서다. ③자리 잡다. 들어차다. 들어앉다. ¶ 주택가가 들어서다. /주차장이 들어서다. /아름드리 소나무가 울창하게 들어서다. ④대들려고 바싹 다가서다. ¶ 한 걸음 들어서며 삿대질을 하다. ⑤아이가 배 속에 생기다. ¶ 아이가 들어서다.
[Ⅱ][자][타] ①밖에서 안으로 옮겨 서다. ¶ 집에 들어서자 아이들이 달려 나왔다. /마당을 들어서다. ②(어떤 상태나 시기가) 시작되다. 들다. ¶ 신학기에 들어서다. /21세기에 들어서다. /학자의 길을 들어서다.

들어-앉다[-안따][자] ①안으로 들어가 앉다. ¶ 다방에 잠시 들어앉아 얘기 좀 합시다. ②안쪽으로 다가앉다. ¶ 이 아랫목으로 들어앉으십시오. ③자리 잡다. 들어차다. 들어서다. ¶ 아파트 단지가 들어앉다. ④(지위를) 계승하거나 차지하다. 들어서다. ¶ 며느리가 안방마님으로 들어앉다. ⑤바깥일을 그만두고 집 안에 머물다. ¶ 직장을 그만두고 집 안에 들어앉다. [준]들앉다.

들어-열개[명] 위쪽으로 들어 열게 된 문.

들어-오다 [Ⅰ][자] ①밖에서 안쪽으로 오다. ¶ 안으로 들어오세요. /집에 일찍 들어오너라. ②수입이 생기다. ¶ 이자가 제때에 꼬박꼬박 들어온다. ③이해가 되다. 들어가다. ¶ 박 선생님의 강의는 머리에 잘 들어온다. ④새로운 사조나 상황이 시작되다. 전개되다. ¶ 서구 문물이 들어오다. ⑤(전기나 수도 따위의 시설이) 설치되다. ¶ 우리 마을에도 수도가 들어왔다. [준]들오다.
[Ⅱ][자][타] 기관이나 단체에 한 동아리가 되거나 가입하다. ¶ 새로 들어온 우리 반 학생. /원하던 대학을 들어오다. [준]들오다.
들어오는 복도 차 던진다[속담] 자기의 잘못으로 제게 오는 복을 잃어버리다.

들어-주다[타] (청원 따위를) 허락하여 주다. 뜻을 이루게 하여 주다. ¶ 부탁을 들어주다.

들어-차다[자] ①안이나 속에 들어가 꽉 차다. ¶ 강당에 사람이 들어차다. ②(일정한 범위 안에) 자리 잡아 가득 차다. 들어서다. 들어앉다.

들-엉기다[자] 잔뜩 들러붙어서 엉기다.

들-엎드리다[드럽뜨-][자] 틀어박히어 활동을 아니 하다. ¶ 집에 들엎드려 책만 읽다.

들여-가다[타] ①밖에 있던 것을 안으로 갖고 들어가다. ¶ 마루의 어항을 방으로 들여가다. ②물건을 사서 집으로 가져가다. ¶ 김장 배추를 들여가다.

들여-놓다[-노타][타] ①밖에 있던 것을 안으로 갖다 놓다. ¶ 화분을 마루로 들여놓다. ②물건을 사서 집 안에 마련해 두다. ¶ 냉장고를 들여놓다. ③관계를 맺다. 진출하다. ¶ 출판계에 발을 들여놓다. ④밖에서 안으로 들어오게 하다. ¶ 앞으로는 내 집에 발도 들여놓지 마라.

들여다-보다[타] ①밖에서 안을 보다. ¶ 창밖에서 방 안을 들여다보다. ②가까이에서 자세히 보다. ¶ 책을 들여다보다. ③속내를 헤아리다. ¶ 남의 마음을 들여다보다. ④어떤 곳에 들르다. ¶ 딸네 집을 들여다보고 오느라고 늦었소.

들여다보-이다[자] 〖'들여다보다'의 피동〗 속의 것이 눈에 뜨이다. ¶ 방 안이 들여다보이다. /속셈이 빤히 들여다보이다. [준]들여다뵈다.

들여다뵈다[-뵈-/-붸-][자] 〈들여다보이다〉의 준말.

들여-대다[타] 바깥에서 안으로 바싹 다가서 대다. ¶ 귀에 바싹 입을 들여대고 말을 하다.

들여-디디다[타] ①안쪽을 향하여 발을 옮겨 디디다. ②어떤 일에 관계하다.
들여디딘 발[관용] 이미 손대어 시작한 일을 가리키는 말. [참]내친걸음.

들여-보내다[타] ①안이나 속으로 들어가게 하다. ¶ 방으로 들여보내다. ②일할 곳이나 살 곳으로 들어가 정착하게 하다. ¶ 남의 집에 양자로 들여보내다.

들여-세우다[타] 안쪽으로 들여서 세우다.

들여-쌓다[-싸타][타] 밖에 있는 것을 가져다가 안에 쌓다. 들이쌓다. ¶ 농사지은 쌀을 곳간에 들여쌓다.

들여앉-히다[-안치-][타] 〖'들어앉다'의 사동〗 ①들어가 앉게 하다. ②안쪽으로 다가앉게 하다. ③밖의 사람을 데려와 지위나 직위를 맡게 하다. ¶ 교수를 회사의 연구부장으로 들여앉히다. ④나다니거나 바깥 활동을 못하게 하고 집에만 있게 하다. ¶ 아들을 들여앉혀 놓고 공부만 시키다. [준]들앉히다.

들여-오다[타] ①밖에서 안으로 가져오다. ②물건을 장만하여 집이나 나라 안으로 가져오다. ¶ 새 기계를 들여오다.

들ː-연(-椽)[-련][명] 오량(五樑)에서 도리로 걸친 서까래. 야연(野椽). 장연(長椽). 평연(平椽). 하연(下椽).

들-오다[자] 〈들어오다〉의 준말.

들ː-오리[명] 들에 사는 오리를 두루 이르는 말. 야압(野鴨).

들온-말[명] ☞외래어.

들은-귀[명] ①《'있다'·'없다'와 어울려서》 '들은 경험'을 이르는 말. ¶ 그 이야기라면 나도 들은귀가 있지. ②《'밝다'·'어둡다'와 어울려서》 '잇속 있는 말을 놓치지 않는 능력'을 이르는 말. ¶ 들은귀가 밝구나.

들은-풍월(-風月)[명] 남에게서 얻어들어 알게 된 대수롭지 않은 지식을 이르는 말. ¶ 그래도 들은풍월은 있다고 아는 체하는 것 좀 봐.

들음-들음[1][명] 이따금씩 들음, 또는 그렇게 들어서 아는 상식. ¶ 들음들음이 있어 실수는 없었다. /들음들음으로 소식을 알다.

들음-들음[2][부] 돈이나 물자가 조금씩 잇달아 드는 모양. ¶ 결혼 비용이 들음들음 꽤 많이 든다.

들이[부] 〈들입다〉의 준말.

들이-접두 《일부 동사 앞에 붙어》 ①'밖에서 안으로'의 뜻을 나타냄. ¶ 들이붓다. /들이닫다. ②'함부로'·'몹시'·'마구'·'들입다'의 뜻을 나타냄. ¶ 들이밀다. /들이부수다. ③'갑자기'를 뜻함. ¶ 들이닥치다.

-들이접미 《양의 단위를 나타내는 의존 명사 뒤에 붙어》 '그만한 양을 담을 수 있는 그릇'임을 뜻함. ¶ 한 말들이. /2리터들이.

들이-갈기다타 몹시 세게 때리다. ¶ 주먹으로 사정없이 들이갈기다.

들이-곱다[-따]자 안으로 꼬부라지다. ¶ 들이곱은 낚시. 큰들이굽다. ↔내곱다.

들이-굽다[-따]자 안으로 꾸부러지다. ¶ 팔이 들이굽지 내굽니. 작들이곱다. ↔내굽다.

들이-긋다¹[-귿따][~그으니·~그어]자ㅅ (병독이) 속으로 몰리다. ¶ 종기가 겉으로 불거지지 않고 들이긋는 바람에 겉보기는 거의 멀쩡하다.

들이-긋다²[-귿따][~그으니·~그어]타ㅅ ①(금을) 안쪽으로 다가서 긋다. ②잇달아 자꾸 긋다. ③숨이나 연기 따위를 들이켜다. ¶ 아침의 찬 공기를 가슴 깊이 들이긋다.

들이-끌다[~끄니·~끌어]타 안쪽으로 잡아끌다.

들이-끼다 Ⅰ자 틈이나 사이에 들어가 끼다. Ⅱ타 마구 끼다.

들이끼-우다타 〖'들이끼다'의 사동〗 ①틈이나 사이에 밀어 넣어 끼우다. ②마구 끼우다.

들이끼-이다자 〖'들이끼다'의 피동〗 ①틈이나 사이에 들어가 끼이다. ②(무리하게) 마구 끼이다.

들-이다¹타 〖'들다⁴'의 사동〗 ①안으로 들게 하다. ¶ 손님을 사랑으로 모셔 들이다. ②(물자·자금·인력 등을) 쓰다. ¶ 공을 들이다. /거액을 들여서 건립한 기념관. ③습관으로 굳어지게 하다. ¶ 길을 들이다. ④물감을 옮겨 배게 하다. ¶ 빨간물을 들이다. ⑤들어와 살게 하다. ¶ 세(貰)를 들이다. /하숙생을 들이다. ⑥한동아리로 들게 하다. 가입시키다. ¶ 간부 사원으로 들여 놓다. ⑦사람을 고용하다. ¶ 사환을 들이다. ⑧잠이 들게 하다. ¶ 아이에게 젖을 물려 잠을 들이다. ⑨맛이 붙게 하다. ¶ 맛을 들이다.

들이다²타 땀을 식히거나 멎게 하다. ¶ 그늘에서 땀을 들이다.

들-이다³자 연기나 불길이 아궁이에서 방고래로 잘 들어가다. ¶ 아궁이에 불이 잘 들인다.

들이-닥치다자 갑자기 닥치다.

들이-대다¹자 뻣뻣한 말투로 자꾸 대들다.

들이-대다²타 ①바짝 가까이 가져다 대다. ¶ 칼을 들이대다. /증거물을 들이대다. ②급히 가서 닿다. ¶ 사고 현장에 구급차를 들이대다. ③(돈이나 물건을) 뒤로 잇대어 대어 주다. 공급하다. ④물을 끌어들이다.

들이-덤비다자 (남에게) 함부로 마구 덤비다. ¶ 윗사람에게 들이덤비다.

들이-뛰다자 ①밖에서 안으로 뛰어가다. ②급하게 빨리 달려가다. ¶ 기차를 놓치지 않으려고 들이뛰었다.

들이-뜨리다타 안으로 향하여 아무렇게나 마구 집어던지다. 준들뜨리다.

들이-마르다¹[~마르니·~말라]자르 심하게 마르다.

들이-마르다²[~마르니·~말라]타르 (종이나 옷감 따위를) 바깥쪽에서 안쪽으로 말라 들어가다.

들이-마시다타 ①(공기나 액체 따위를) 몸 안으로 빨아들이다. ②마구 마시다.

들이-맞추다[-맏-]타 제자리에 들이대어 꼭 맞게 하다. ¶ 쐐기를 구멍에 들이맞추다.

들이-먹다[-따]타 한꺼번에 마구 먹다.

들이-몰다[~모니·~몰아]타 ①밖에서 안쪽을 향해 몰다. ¶ 양 떼를 우리 안으로 들이몰다. ↔내몰다. ②아주 심하게 몰다. ¶ 산토끼를 들이몰아 잡다.

들이몰-리다자 〖'들이몰다'의 피동〗 한군데로 만 떼 지어 몰리다.

들이-밀다[~미니·~밀어]타 ①밖에서 안쪽으로 밀다. ②(어떤 문젯거리를) 제출하다. ③(돈이나 물선을) 분별없이 제공하거나 투자하다. ¶ 있는 돈 없는 돈 다 긁어모아 그 사업에 들이밀었다. ④마구 밀다. ⑤떼 지어 한꺼번에 몰려서 밀다. ¶ 많은 사람이 들이밀고 들어갔다. ⑥바싹 갖다 대다. ¶ 얼굴을 들이밀다. 준디밀다.

들이밀-리다자 〖'들이밀다'의 피동〗 ①안쪽으로 밀리다. ②냅다 밀리다. ③(일거리가) 감당 못하게 지체되어 쌓이다. ④떼 지어 한꺼번에 밀어닥치다.

들이-박다[-따]타 ①속으로 깊이 들어가게 박다. ¶ 긴 못을 들이박다. ②마구 박다. ¶ 벽에 다 못들을 들이박아 벽이 흉하게 되었다. ③안쪽으로 옮겨서 박다. ¶ 말뚝을 선 안으로 들이박다.

들이-받다[-따]타 ①머리를 들이대고 받다. ¶ 소가 사람을 들이받았다. ②함부로 몹시 받거나 부딪다. ¶ 자동차가 전봇대를 들이받았다.

들이-부수다타 (닥치는 대로) 마구 두들겨 부수다. 준들부수다.

들이-불다[~부니·~불어]자 ①(바람이) 안으로 불다. ②(바람이) 계속 세차게 불다.

들이-붓다[-붇따][~부으니·~부어]타ㅅ ①(자루나 그릇 속에) 쏟아 넣다. ②힘차게 붓다. 준들붓다.

들이-비추다타 ①(밖에서) 안으로 비추다. ¶ 손전등으로 굴속을 들이비추다. ②마구 비추다. ¶ 조명이 그를 들이비춘다.

들이-비치다자 ①밖에서 안쪽을 향해 비치다. ¶ 저녁 햇살이 방 안까지 들이비치다. ②잇달아 세게 비치다.

들이-빨다[~빠니·~빨아]타 ①안으로 빨아들이다. ②힘 있게 빨다. ¶ 젖꼭지를 들이빨다.

들이-빼다자 냅다 도망치다.

들이-세우다타 ①안쪽으로 들여다 세우다. ②어떤 일자리에 보내어 그 일을 맡아보게 하다. ¶ 편집장으로 들이세우다.

들이-쉬다타 숨을 안으로 빨아들이다. ¶ 숨을 깊이 들이쉬다. ↔내쉬다.

들이-쌓다[-싸타]타 ①☞들여쌓다. ②한곳에 많이 쌓다.

들이쌓-이다[-싸-]자 〖'들이쌓다'의 피동〗 ①안쪽으로 쌓이다. ②한곳에 많이 쌓이다.

들이-쏘다타 ①밖에서 안을 향해 쏘다. ¶ 건물 안으로 총을 들이쏘다. ②잇달아 마구 쏘다. ¶ 맹수를 향하여 총을 들이쏘다.

들이-쑤시다 Ⅰ자 마구 찌르는 듯이 아프다. ¶ 골머리가 들이쑤시다. 준들쑤시다. Ⅱ타 ①남을 가만히 두지 않고 잇달아 집적이거나 부추기거나 괴롭히다. ②(무엇을 찾으려고) 샅샅이 쑤시고 헤집다. ③마구 찌르거나 들입다 쑤시다. 준들쑤시다.

들이-조르다[~조르니·~졸라]자타르 자꾸 심하게 조르다.
들이-지르다[~지르니·~질러]타르 ①들이닥치며 세게 지르다. ¶ 옆구리를 들이지르다. ②'닥치는 대로 마구 먹다'를 속되게 이르는 말. ③큰 소리를 마구 내지르다.
들이-찌르다[~찌르니·~찔러]타르 ①안쪽을 향해 찌르다. ②마구 세게 찌르다.
들이-찧다[-찌타]타 잇달아 세차게 찧다. ¶ 머리를 벽에 들이찧으며 통곡하다.
들이-치다[1]자 (비나 눈 따위가) 안으로 세게 뿌려 치다. ¶ 창을 열자마자 비가 방 안으로 들이쳤다.
들이-치다[2]타 들이닥치며 세게 공격을 하여 치다. ¶ 적진을 들이치다.
들이-켜다타 물 따위를 마구 들이마시다.
들이-키다[1]타 안쪽으로 다그다. ¶ 꽃병을 벽쪽으로 들이켜 놓다.
들이-키다[2]타 '들이켜다'의 잘못.
들이-파다타 ①밖에서 안쪽으로 또는 밑으로 내리 파다. ②깊이 몰두하여 궁리하거나 연구하다. ¶ 여름 방학 내내 영어만 들이파다.
들이-퍼붓다[-붇따][~퍼부으니·~퍼부어] Ⅰ 자ㅅ (비나 눈이) 쏟아지듯이 세차게 내리다. ¶ 갑자기 소나기가 들이퍼붓기 시작했다.
Ⅱ 타ㅅ ①(큰 그릇의 물이나 액체를) 그릇째 들어 마구 쏟아 붓다. ②(욕설 따위를) 마구 하다.
들ː-일[-릴]명 들에서 하는 일.
들-입(-入)[-립]명 한자 부수의 한 가지. '內'·'全'·'兩' 등에서의 '入'의 이름.
들입다[-따]부 마구 무리하게. ¶ 사람들이 차를 먼저 타려고 들입다 민다. /자기가 옳다고 들입다 우긴다. 준들이·딥다.
들-장대(-長-)[-짱때]명 교군의 어깨를 쉬게 하려고 다른 사람이 양옆에서 가마채 밑을 받쳐서 들어 주는 긴 막대.
들ː-장미(-薔薇)[-짱-]명 ☞찔레나무.
들-장지(←-障子)[-짱-]명 들어 올려서 매달아 놓게 된 장지.
들-재간(-才幹)[-째-]명 씨름 기술의 한 가지. 배지기의 종류를 통틀어 이르는 말.
들ː-쥐[-쮜]명 쥣과의 동물. 꼬리가 짧거나 긴 여러 가지 종류가 있음. 경작지나 초원에서 사는데, 농작물과 삼림의 묘목에 해를 끼침. 〔갈밭쥐·쇠갈밭쥐·등줄쥐·멧밭쥐 따위.〕 야서(野鼠).
들ː-짐승[-찜-]명 들에서 사는 짐승.
들쩍지근-하다[-찌-]형여 조금 들큼한 맛이 있다. 작달짝지근하다. 참들척지근하다. **들쩍지근-히**부.
들쭉명 들쭉나무의 열매.
들쭉-나무[-쭝-]명 철쭉과의 낙엽 관목. 높이 1m가량. 잎은 달걀 모양으로 어긋맞게 나며, 꽃은 흰빛이 섞인 녹색의 항아리 모양으로, 5~6월에 지난해에 난 가지에 핌. 열매는 6~7mm의 흑자색 타원형 장과(漿果)인데 8~9월에 익음. 맛이 시고 달아 흔히 술 담글 때 넣음. 한라산과 강원도 이북에 분포함. 수홍화(水紅花).
들쭉-날쭉[-쭝-]부하형 멋대로 조금씩 더 들어가기도 하고 나오기도 하여 고르지 못한 모양. ¶ 행렬이 들쭉날쭉하다.
들쭉-정과(-正果)[-쩡-]명 들쭉을 말려서 만든 정과.
들-차다형 ①뜻이 굳세고 몸이 튼튼하다. ¶ 들차게 생긴 사람. ②몹시 거세다. ¶ 밤바람이 들차게 분다.
들-창(-窓)명 ①벽의 중간 위쪽으로 자그맣게 낸 창. 바라지[1]. ②들어서 열게 된 창. 들창문.
들창-눈이(-窓-)명 서로 마주 볼 때에도 위를 쳐다보는 것처럼, '눈 위 꺼풀이 쳐들린 사람'을 홀하게 이르는 말.
들창-문(-窓門)명 ☞들창.
들창-코(-窓-)명 코끝이 위로 들려서 콧구멍이 드러나 보이는 코, 또는 그러한 코를 가진 사람을 이르는 말.
들처-나다자 들추어져 드러나다. ¶ 잘못이 들처나다.
들척-거리다[-꺼-]타 자꾸 들척들척하다. 들척대다. ¶ 책상의 서류를 들척거리다.
들척-대다[-때-]타 들척거리다. ¶ 일기장을 들척대다.
들척-들척부하타 이리저리 자꾸 들추어 뒤지는 모양.
들척-이다타 이리저리 들추어 뒤지거나 올리다. ¶ 신문을 들척이다. /옷장 속의 옷을 들척이다.
들척지근-하다[-찌-]형여 약간 들큼한 맛이 있다. 준들치근하다. 작달착지근하다. 참들쩍지근하다.
들추다타 ①속이 드러나게 들어 올리다. ¶ 이불을 들추다. ②무엇을 찾으려고 자꾸 뒤지다. ¶ 책을 들추다. /서랍을 들추다. ③드러나지 않은 사실을 일부러 드러나게 하다. ¶ 가슴 아픈 지난 일을 들추다.
들추어-내다타 들추어서 나오게 하다. ¶ 비리를 들추어내다. 준추어내다.
들치근-하다형여 〈들척지근하다〉의 준말.
들-치기명하타 ①남의 눈길을 잠깐 속여 물건을 잽싸게 들고 뛰는 좀도둑, 또는 그러한 짓. ②씨름 기술의 한 가지. 상대편을 번쩍 들어서 메어치는 수.
들치다타 물건의 한쪽을 쳐들다. ¶ 거적문을 들치고 들어가다. /한 꼬마가 여자 아이들의 치마를 들치며 장난을 치고 있다.
들큰-거리다타 자꾸 들큰들큰하다. 들큰대다.
들큰-대다타 들큰거리다.
들큰-들큰부하타 남의 비위를 거슬리게 하는 말을 자꾸 하는 모양. ¶ 들큰들큰 비위 상하는 말만 골라 가며 하다.
들큼-하다형여 조금 단 맛이 있다.
들키다 Ⅰ 자 숨기어 몰래 하였던 일이 남의 눈에 뜨이어 알려지게 되다. ¶ 누룽지를 혼자 몰래 먹다가 동생한테 들켰다.
Ⅱ 타 숨기려던 것을 남이 알아채다. ¶ 적에게 우리의 위치를 들키다.
들ː-타작(-打作)명하자 들판에서 타작을 함, 또는 그 타작.
들통명 비밀이 폭로되는 판세.
들-통(-桶)명 들손이 달린 통 모양의 그릇을 통틀어 이르는 말.
들통-나다자 비밀이나 잘못된 일 따위가 드러나다.
들-판[1]명 〈들머리판〉의 준말.
들ː-판[2]명 들을 이룬 벌판. 원두(原頭). ¶ 광활한 들판.
들ː-풀명 들에서 나는 풀.
들피명 (주려서) 여위고 쇠약해지는 일. ¶ 요즘 세상에 들피 나는 일이 있겠냐?
들피-지다자 (주려서) 몸이 홀쭉하게 여위고 기운이 쇠약해지다.
듬뿌룩-하다형여 '더부룩하다'의 잘못.

듬뿍[부][하형] ①그릇에 그득하고 수북한 모양. ¶ 밥그릇에 밥을 듬뿍 담다. ②풀이나 먹물 따위를 넉넉히 칠하거나 묻히는 모양. ¶ 먹물을 듬뿍 찍어 글씨를 쓰다. [작]담뿍. **듬뿍-이**[부]. **듬뿍-듬뿍**[부][하형] ¶ 뒤주마다 곡식이 듬뿍듬뿍 차 있다.

듬성-듬성[부][하형] 꽤 성기거나 드문드문한 모양. 간간이. ¶ 밭고랑 사이에 옥수수를 듬성듬성 심다. [작]담상담상.

듬쑥[부] 손으로 탐스럽게 쥐거나 팔을 벌려 정답게 껴안는 모양. ¶ 너무 반가워 듬쑥 껴안았다. [작]담쏙. **듬쑥-듬쑥**[부].

듬쑥-하다[-쑤카-][형][여] 됨됨이가 가볍지 않고 속이 깊게 차 있다. ¶ 사람이 듬쑥하여 믿음성이 있어 보이다.

듬직-하다[-지카-][형][여] ①사람됨이 가볍지 않고 믿음성이 있다. ¶ 듬직한 인물을 대표자로 내세우다. ②나이가 제법 들다. ¶ 나이가 듬직해 보이던데. **듬직-이**[부].

듯[듣][의] ①〈듯이〉의 준말. ¶ 나는 듯 달려가다. /아이는 어머니를 빼다 박은 듯 닮았다. ②《어미 '-ㄴ·-은·-는·-ㄹ·-을' 뒤에 쓰이어》 그럴 것 같기도 하고 그렇지 않을 것 같기도 하다는 뜻을 나타냄. ¶ 본 듯 만 듯. /자는 듯 마는 듯.

-듯[듣][어미] 〈-듯이〉의 준말. ¶ 잠이라도 자듯 눈을 감고 있다. /비 오듯 흐르는 땀.

듯다[자] 〈옛〉 듣다〔滴〕. 떨어지다. ¶ 淸江애 비 듯는 소리 긔 무엇이 우읍관듸(古時調). [참]듣다[1].

듯듣다[자][ㄷ] 〈옛〉 떨어지다. ¶ 대쵸 볼 블근 골에 밤은 어이 듯드르며(古時調). [참]뜯듣다.

듯-듯다[자] 〈옛〉 떨어지다. ¶ 東風 細雨에 듯듯ᄂᆞ니 桃花로다(古時調). [참]듯듣다.

듯-싶다[듣씹따][조형] 《어미 '-ㄴ·-은·-는·-ㄹ·-을' 뒤에 쓰이어》 '것 같다', '성싶다'는 뜻의 주관적인 추측을 나타내는 말. ¶ 이미 간 듯싶다. /깊은 듯싶다. /비가 올 듯싶다. /짐승일 듯싶다.

듯이[의] 《어미 '-ㄴ·-은·-는·-ㄹ·-을' 뒤에 쓰이어》 짐작이나 추측의 뜻을 나타내는 말. ¶ 다 된 듯이 좋아하다. /제가 최고인 듯이 뽐낸다. [준]듯.

-듯이[어미] 용언의 어간에 붙어, '그 어간이 뜻하는 내용과 같게'의 뜻을 나타내는 연결 어미. ¶ 구름에 달 가듯이 가는 나그네. /번개라도 치듯이 번쩍이는 하늘. [준]-듯.

듯-하다[드타-][조형][여] 《어미 '-ㄴ·-은·-는·-ㄹ·-을' 뒤에 쓰이어》 '것 같다'는 뜻의 객관적인 추측을 나타내는 말. ¶ 쥐 죽은 듯하다. /여름이 온 듯하다. /저기 오는 학생이 수남이인 듯하다.

등[명] ①사람이나 동물의 몸통에서 뒤쪽이나 위로 향한 쪽, 곧 가슴이나 배의 반대쪽. [낮]잔등머리·잔등이. ②물건의 뒤쪽, 또는 바닥의 반대쪽. ¶ 식칼의 등. /의자의 등.

등에 업다[관용] ☞등(을) 대다.

등(을) 대다[관용] 남의 세력에 의지하다. 등에 업다.

등(을) 돌리다[관용] ①외면하다. ②결별하다. ③배신하거나 배척하다.

등(을) 타다[관용] 산등성이를 따라 가다.

등(이) 달다[관용] (일이 뜻대로 되지 않아) 몹시 안타깝고 다급하다.

등(이) 닿다[관용] 기댈 만한 세력에 관계되거나 연줄이 닿다. ¶ 군(軍) 수뇌부와 등이 닿다.

등ː(等)[명] ①〈등급〉의 준말. ¶ 등 안에 들다. ②〖의존 명사적 용법〗 수사 또는 숫자와 함께 쓰이어, '그 말이 나타내는 서열 또는 등위'를 뜻함. ¶ 1등. /2등. /삼 등.

등(橙)[명] ①〈등자(橙子)〉의 준말. ②〈등자나무〉의 준말.

등(燈)[명] 불을 켜서 어두운 곳을 밝히는 기구.

등(藤)[명] 〈등나무〉의 준말.

등(籐)[명] 야자나뭇과의 덩굴 식물. 아시아의 열대 지방에서 자람. 줄기는 다른 식물에 감기어 올라가며, 꽃은 이삭 모양으로 핌. 줄기는 길고 질겨서 의자·침대 등의 공예 가구를 만드는 데 쓰임.

등ː(等)[의] ☞들[2]. ¶ 소·말·돼지 등.

등ː가(等價)[-까][명] ①가치나 가격이 같음, 또는 그러한 가치나 가격. ②유가 증권의 매매에서, 매매 가격과 액면 가격이 같음. ③☞동치(同値).

등가(燈架)[명] ☞등잔걸이.

등ː가^개ː념(等價槪念)[-까-][명] 두 개의 개념에 있어, 그 고찰의 관점이 다르기 때문에 내포(內包)는 일치하지 않으나 외연(外延)에서는 완전히 일치하는 개념. 〔아침에 뜨는 '샛별'과 저녁에 보는 '개밥바라기'는 그 내포는 다르지만 외연은 같은 '금성(金星)'을 가리키는 따위.〕 동연 개념(同延槪念). 등치 개념.

등-가구(籐家具)[명] 등(籐)의 줄기를 다듬어 결어 만든 가구를 통틀어 이르는 말.

등ː가-물(等價物)[-까-][명] 서로 가치나 가격이 같은 물건.

등-가죽[-까-][명] 등의 살갗. 등피. ¶ 볕에 타서 등가죽이 벌겋다.

등ː각(等角)[명] 같은 크기의 각.

등ː각(等覺)[명] ①〔모든 부처의 깨달음은 한결같이 평등하다는 뜻에서〕 '부처'를 달리 일컫는 말. ②〔깨달음의 수준이 부처와 거의 같다는 데서〕 보살(菩薩)의 오십이위(五十二位)의 둘째 자리. 등정각(等正覺).

등ː각^다각형(等角多角形)[-따가켱][명] 모든 내각이 같은 다각형.

등ː각^사다리꼴(等脚-)[-싸-][명] ☞등변 사다리꼴.

등ː각^삼각형(等角三角形)[-쌈가켱][명] ☞정삼각형.

등ː각^삼각형(等脚三角形)[-쌈가켱][명] ☞이등변 삼각형.

등간(燈竿)[명] ①주막이라는 표시의 등을 매달아 세운 기둥. 등대. ②바다 쪽으로 내민 방파제 끝에, 야간 연안 항해 선박의 안전을 위해 설치해 놓은, 등을 높이 매단 기둥.

등-갓(燈-)[-갇][명] 등의 위를 가리는, 쟁반이나 그릇 모양의 물건. 〔빛의 반사로 조명 효과를 높이거나, 그을음을 받아 냄.〕 *등갓이[-가시]·등갓만[-간-]

등-거리[명] 들일을 할 때, 등만 덮을 만하게 지어 입는 홑옷.

등ː-거리(等距離)[명] ①같은 거리. ②(외교 관계 따위에서) 여러 대상을 같은 조건으로 평등하게 상대하는 일. ¶ 등거리 외교.

등걸[명] 줄기를 잘라 낸 나무 밑동. 나뭇등걸. ¶ 등걸에 걸터앉다.

등걸-밭[-받][명] 나뭇등걸이 많은 밭. *등걸밭이[-바치]·등걸밭을[-바틀]·등걸밭만[-반-]

등걸-불[-뿔][명] ①나뭇등걸을 태우는 불. ②타다가 남은 불.

등걸-숯[-순]명 나뭇등걸을 태워 만든 숯. 골동탄(骨董炭). 골탄(骨炭). 근탄(根炭). *등걸숯이[-수치]·등걸숯만[-순-]

등걸음-치다자 ①덜미잡이로 뒷걸음치듯 끌려가다. ②'(송장이) 누운 채 들리어 간다'는 뜻의 곁말.

등걸-잠명 옷을 입은 채 덮개 없이 아무 데서나 쓰러져 자는 잠.

등겨명 벼의 겨.

등겨가 서 말만 있으면 처가살이 안 한다속담 처가살이는 할 것이 아니라는 말.

등겨 먹던 개는 들키고 쌀 먹던 개는 안 들킨다속담 크게 나쁜 짓을 한 사람은 들키지 않고, 사소한 잘못을 저지른 사람만 들켜 애꿎은 허물까지 쓰게 된다는 말.

등경(燈檠)명 ☞등잔걸이.

등경-걸이(燈檠-)명 '등잔걸이'의 잘못.

등고(登高)명하자 ☞등척(登陟).

등:고(等高)명 높이가 똑같음.

등:고^곡선(等高曲線)[-썬]명 ☞등고선.

등:고-선(等高線)명 지도에서, 표준 해면으로부터 같은 높이에 있는 지점들을 연결한 곡선. 등고 곡선. 동고선(同高線). 수평 곡선. 참등심선(等深線).

등고-자비(登高自卑)명 ①〔'높이 오르려면 낮은 곳에서부터'라는 뜻으로〕 일을 함에는 그 차례가 꼭 필요하다는 말. ②지위가 높을수록 스스로 몸을 낮춤.

등-골1[-꼴]명 ①☞등골뼈. ②☞척수(脊髓).

등골(을) 뽑다관용 남의 재물을 갖은 방법으로 착취하거나 빼앗아 가지다.

등골(이) 빠지다관용 (재물을 모으거나 돈을 대느라고) 온갖 고생을 다하다. ¶ 자식들의 학비를 대느라고 등골이 빠지다.

등-골2[-꼴]명 등의 한가운데 길게 고랑이 진 곳. ¶ 등골을 타고 식은땀이 흘러내린다.

등골(이) 오싹하다관용 (매우 무서워) 으스스 추워지거나 등골에 소름이 끼치는 것 같다.

등골(鐙骨)명 ☞등자뼈.

등골-뼈[-꼴-]명 척추동물의 등마루를 이루는 뼈. 등골1. 등뼈. 척골(脊骨). 척량(脊梁). 척량골. 척주(脊柱). 척추. 척추골.

등과(登科)명하자 과거에 급제함. 등제(登第).

등관(登官)명하자 관직에 오름.

등교(登校)명하자 (학생이) 학교에 감. ¶ 등교 시간에 늦다. ↔하교.

등-교의(籐交椅)[-의/-이]명 등(籐) 줄기를 잘게 다듬어 결어 만든 의자. 등의자(籐椅子).

등굣-길(登校-)[-교낄/-굗낄]명 학생이 학교로 가는 길. ¶ 등굣길에 준비물을 사다. ↔하굣길.

등귀(騰貴)명하자 물품이 달리고 값이 뛰어오름. 상귀(翔貴). 앙등. ¶ 생필품의 등귀 현상. ↔하락.

등귀-세(騰貴勢)명 오름세. 등세. ↔낙세(落勢).

등극(登極)명하자 임금의 자리에 오름. 등조(登祚). 즉위.

등:극-결합(等極結合)[-껼-]명 ☞공유 결합.

등:근(等根)명 방정식에서, 값이 같은 두 개 이상의 근.

등글개-첩(-妾)명 〔등을 긁어 주는 첩이라는 뜻으로〕 늙은이가 데리고 사는 젊은 첩.

등-글기명 다른 그림을 그대로 본떠서 그림.

등글월-문(-文)명 한자 부수의 한 가지. '收'·'敍' 등에서의 '攵(攴)'의 이름.

등:급(等級)명 값·품질·신분 따위의 높고 낮음이나 좋고 나쁨의 차를 여러 층으로 나눈 급수. 등위. 준등(等).

등:급^개:념(等級槪念)[-깨-]명 ☞동위 개념(同位槪念).

등:급^선:거(等級選擧)[-썬-]명 납세액·교육 정도 등에 따라 등급을 매겨 선거하는 비민주적 불평등 선거의 한 가지.

등기(登記)명 ①하타 되자 민법상의 권리 또는 사실을 널리 밝히기 위하여 관련되는 일정 사항을 등기부에 적는 일, 또는 적어 놓은 그 기록. 〔주로, 권리 보호나 거래의 안전을 도모하기 위하여 행하여짐.〕 ¶ 가옥 등기. /선박 등기. /법인 등기. ②〈등기 우편〉의 준말. ¶ 편지를 등기로 부치다.

등:기(謄記)명하타 ☞등초(謄抄).

등기-료(登記料)명 등기할 때에 드는 수수료.

등기-부(登記簿)명 등기소에서, 등기해 두는 장부. ¶ 등기부 등본.

등기-선(登記船)명 선박 등기부에 등기된 배. 등부선(登簿船). ↔비등기선.

등기-소(登記所)명 등기 사무를 맡아보는 관청.

등기^우편(登記郵便)명 발송인에게 발송증을 주고, 수취인에게서 수취 확인을 받아 두는 우편물 특수 취급의 한 가지. 준등기.

등기^자본(登記資本)명 ☞공칭 자본(公稱資本).

등기필-증(登記畢證)[-쯩]명 등기소에서, 등기가 되었음을 증명하여 교부하는 증명서. 권리서. 권리증.

등-꽃(藤-)[-꼳]명 등나무의 꽃. *등꽃이[-꼬치]·등꽃만[-꼰-]

등-나무(藤-)명 콩과의 낙엽 만목. 동양 특산으로 산이나 들에 절로 나는데, 관상용으로 정원 같은 데에 심기도 함. 줄기는 오른쪽으로 감으면서 벋으며 잎은 깃모양 겹잎임. 5월에 연보랏빛 꽃이 송아리를 이루어 핌. 준등(藤).

등-날명 ①(소와 같은 짐승의) 등줄기. ②등마루의 날카롭게 선 줄. ②비등선.

등-널명 의자의 뒤에 댄 널빤지. 배판(背板).

등년(登年)명 여러 해가 걸림.

등단(登壇)명하자 ①연단이나 교단 따위에 오름. ↔강단(降壇)·하단(下壇). ②문단(文壇) 등의 특수한 사회 분야에 처음으로 나타남. ¶ 신춘문예에 당선하여 문단에 등단하다. ③왕조 때, 대장 벼슬에 오름을 이르던 말.

등-대(燈-)[-때]명 ①주막의 등간(燈竿). ②관등절(觀燈節)에 등을 달거나, 과장(科場)의 선비들이 동접(同接)의 표시로 등을 켜 들었던 간짓대.

등:대(等待)명하자타 (분부에 따라) 미리 갖추어 두고 기다림. 대령(待令). 등후(等候). ¶ 가마를 등대하다.

등:대(等對)명하자 같은 자격으로 마주 대함.

등대(燈臺)명 ①밤중의 연안 뱃길을 안전하게 안내하는 표지가 되도록 해안에 세우고 등불을 켜 놓은 탑 모양의 건물. 광탑(光塔). ②'나아가야 할 길을 밝혀 줌'을 비유하여 이르는 말.

등대-선(燈臺船)명 ☞등선(燈船).

등대-수(燈臺手)명 ☞등대지기.

등대-지기(燈臺-)명 등대의 표지 업무를 맡아보는 사람. 등대수(燈臺手).

등댓-불(燈臺-)[-대뿔/-댇뿔]명 등대에 설치한 등불, 또는 그 불빛.

등-덜미[-떨-]명 등의 윗부분. ¶ 등덜미를 밀어 쫓아내다.

등-덮개[-덥깨]명 ①소나 말의 등을 덮어 주는 거적때기. ②겨울에 솜을 두고 누벼서 옷 위에 덧입던 등거리 모양의 윗도리.
등도(登途)명하자 길을 나섬. 등정(登程).
등:등(等等)의 〔많은 사물 중에서, 몇 가지만 줄여 열거한 다음〕 '이 외에도 그와 같은 것 여러 가지'의 뜻을 나타내는 말. ¶ 과자·빵·떡 등등 먹을 것이 많다.
등등(騰騰) '등등하다'의 어근.
등-등거리(籐-)명 등(籐)의 덩굴을 결어 소매 없이 만든 등거리. 〔땀이 배지 않도록 속옷 밑에 받쳐 입음.〕
등등-하다(騰騰-)형여 (부리는 기세가 상대의 기를 누를 만큼) 매우 높고 당차다. 서슬이 푸르다. ¶ 살기가 등등하다.
등-딱지[-찌]명 갑각류나 거북 따위의 등을 덮고 있는, 뼈처럼 단단한 껍데기. 참배딱지.
등-때기명 〈등〉의 속된 말. 등짝.
등-떠리명 '등때기'의 잘못.
등락(登落)[-낙]명 (과거에) 급제하거나 낙제하는 일. 시험 따위에 붙고 떨어지는 일.
등락(騰落)[-낙]명하자 (물가 따위가) 오르고 내림. ¶ 등락의 폭이 큰 주가.
등람(登覽)[-남]명하자 높은 곳에 올라가 사방을 두루 바라봄.
등:량(等量)[-냥]명 같은 분량.
등:렬(等列)[-녈]명 서로 대등한 반열(班列).
등록(登錄)[-녹]명 ①하자되자문서에 적어서 둠. ②하타되자일정한 사항을 공증하여 법률적 보호를 받을 수 있도록 공부(公簿)에 기록하는 일. ¶ 주민 등록. /새 학기 등록을 마치다.
등록(謄錄)[-녹]명하타 베끼어 기록함, 또는 선례(先例)를 적은 기록.
등록-금(登錄金)[-녹끔]명 학교나 학원 따위에 등록하면서 내는 납부금.
등록^기준지(登錄基準地)[-녹끼-]명 가족 관계 등록부가 있는 지역. 종전 호적이 있는 사람은 종전 호적의 본적지로 하고 그렇지 않은 경우는 가족 관계의 등록 등에 관한 법률에서 정한 규칙에 따라 새로 정함.
등록^상표(登錄商標)[-녹쌍-]명 법적으로 등록을 하여 그 전용권(專用權)을 보호받는 상표.
등록-세(登錄稅)[-녹쎄]명 재산권 등 권리의 취득·이전·변경·소멸에 관한 사항을 공부(公簿)에 등록·등기할 때 치르는 국세.
등록^의:장(登錄意匠)명 법적으로 등록을 한 의장. 〔의장의 전용권(專用權)이 보호됨.〕
등롱(燈籠)[-농]명 불을 켠 초나 호롱을 담아 한데 내어다 걸거나, 들고 다닐 수 있도록 하여 어둠을 밝히던 기구.
등롱-꾼(燈籠-)[-농-]명 왕조 때, 의식이나 행차에서 등롱을 들고 앞서거나 뒤따르던 사람.
등롱-대(燈籠-)[-농때]명 등롱을 걸어서 받치어 드는 대.
등루(登樓)[-누]명하자 ①누각에 오름. ②창루(娼樓)에 놀러 감.
등:류(等類)[-뉴]명 같은 종류. 동류(同類).
등리(藤梨)[-니]명 ☞다래나무.
등림(登臨)[-님]명하자 ①〈등산임수(登山臨水)〉의 준말. ②높은 곳에 오름.
등-마루명 ①등골뼈가 있는 두두룩한 자리. ②산이나 파도 따위의 두두룩한 부분. ¶ 등마루에 앉아 마을을 내려다보다.
등메명 헝겊으로 가선을 두르고 뒤에 부들자리를 대서 꾸민 돗자리.
등명(燈明)명 신불(神佛)을 위하여 밝혀 두는 등.
등명-접시(燈明-)[-씨]명 심지를 놓고 기름을 부어 불을 켜는 접시.
등목명하자 ☞목물.
등문-고(登聞鼓)명 ☞신문고(申聞鼓).
등-물명 ☞목물.
등-밀이명 ①함지박 따위의 구붓한 등을 밀어 깎는 연장. ②창살의 등을 둥글게 미는 대패.
등몰명 〈옛〉등마루〔脊〕. ¶ 등몰 척:脊(類合下51).
등-바대[-빠-]명 홑옷의 안쪽 등덜미에 넓게 댄 헝겊.
등반(登攀)명하타 (매우 높거나 험한 산 따위를) 오름. 반등. ¶ 암벽을 등반하다.
등반-대(登攀隊)명 높거나 험한 산 같은 곳에 오르기 위하여 조직된 무리.
등-받이[-바지]명 ①의자에서, 사람이 앉을 때 등을 받쳐 주는 부분. ②'등거리'의 잘못.
등:방(等方)명 기체나 액체 또는 유리 따위 물질의 물리적 성질이 그 물질 안의 방향에 따라 달라지지 않는 일. ↔이방(異方).
등:방-성(等方性)[-썽]명 (기체·액체·비결정질의 고체와 같이) 빛의 굴절률, 열의 전도율, 팽창률 따위의 물질의 물리적 성질이 방향에 따라 변하지 않는 성질. ↔이방성.
등:방위각-선(等方位角線)[-썬]명 자기 자오선(磁氣子午線)의 방위각이 같은 지점을 지도 위에 이은 선. 준등방위선.
등:방위-선(等方位線)명 〈등방위각선〉의 준말.
등:방-체(等方體)명 등방성을 갖는 물체. ↔이방체.
등:변(等邊)명 다각형에 있어서, 각 변의 길이가 같음, 또는 그 같은 변.
등:변^다각형(等邊多角形)[-가켱]명 각 변의 길이가 서로 같은 다각형.
등:변^사다리꼴(等邊-)명 평행하지 아니한 두 변의 길이가 똑같은 사다리꼴. 등각 사다리꼴.
등:변^삼각형(等邊三角形)[-가켱]명 ☞정삼각형.
등:변-선(等變線)명 기압·기온 등 기상 요소의 변화도가 같은 지점을 천기도(天氣圖) 상에 이은 선. 〔일기 예보에 주로 이용됨.〕
등:복각-선(等伏角線)[-깍썬]명 지표 상에서 자침의 복각이 같은 여러 개의 지점을 연결하여 지도 위에 표시하여 놓은 선. 동복각선(同伏角線). 준등복선.
등:복-선(等伏線)[-썬]명 〈등복각선〉의 준말.
등본(謄本)명하타 문서의 원본의 내용을 그대로 베낌, 또는 그런 서류. ¶ 등기부 등본.
등부(登簿)명하타 관공서의 소정의 장부에 등기 또는 등록을 함.
등부-선(登簿船)명 ☞등기선(登記船).
등부^톤수(登簿ton數)명 화물을 실을 수 있는 실지의 용적. 〔선실·기관실 따위의 용적을 제하고, 여객이나 화물을 실을 수 있는 용적.〕
등분(登盆)명하타 (땅에 심었던 화초를) 화분에 옮겨 심음. ↔퇴분(退盆).
등:분(等分)명 ①하타되자수나 양을 똑같은 부분이 되게 둘 또는 그 이상으로 갈라 나눔. ②등급의 구분. ③〖의존 명사적 용법〗 같은 분량으로 나누어진 몫을 세는 단위. ¶ 케이크를 오 등분으로 자르다.
등-불(燈-)[-뿔]명 ①등에 켠 불. 등화. ②등잔불. ③'희망을 주는 존재'를 비유하여 이르는 말. ¶ 겨레의 등불.
등:비(等比)명 두 쌍의 비가 서로 똑같음, 또는 같은 그 비.

등ː비-급수(等比級數)[-쑤]명 등비수열로 벌여 놓은 각 항을 더하기표(+)로 이어 놓은 식, 또는 그 합. 기하급수. 참등차급수.
등ː비-수열(等比數列)명 수열을 이루는 각 항이 그 앞의 항과 이루는 비가 일정한 수열. 참공비(公比)·등차수열.
등-뼈명 ☞등골뼈.
등뼈-동물(-動物)명 ☞척추동물. ↔민등뼈동물.
등사(縢絲)명 사립(絲笠)에 있어서 싸개 대신에 촘촘하게 늘여 붙인 명주실.
등사(謄寫)명하타 ①등사기로 베끼어 박음. ②☞등초(謄抄).
등사-기(謄寫機)명 ☞등사판(謄寫板).
등사^원지(謄寫原紙)명 등사판에 찍어 낼 원고를 쓰는 기름종이.
등사^잉크(謄寫ink)명 등사기로 서화(書畫)를 박아 내는 데 쓰이는 잉크.
등사-판(謄寫板)명 철필로 긁어 쓴 원지를 붙인 망판 위에 잉크 묻은 롤러를 밀어 굴려 박아 내는 수제(手製)의 간편한 인쇄기. 등사기.
등산(登山)명하자타 산에 오름. ↔하산.
등산-객(登山客)명 운동이나 놀이를 목적으로 등산하는 사람. 산객.
등산-로(登山路)[-노]명 등산하는 길.
등산-모(登山帽)명 등산할 때 쓰는 모자.
등산-복(登山服)명 등산할 때에 입는 옷.
등산-임수(登山臨水)[-님-]명하자 산에 오르기도 하고 물가에 나가기도 함. 준등림.
등산-화(登山靴)명 등산하는 데 편리하도록 만든 신.
등-살[-쌀]명 등에 있는 근육. 배근(背筋).
 등살이 꼿꼿하다속담 일이 매우 거북하거나 힘들어 꼼짝달싹할 수가 없다는 말.
 등살(이) 바르다관용 신경 장애로 말미암아 등의 근육이 뻣뻣해져서 몸을 굽신(屈伸)하기가 거북하다.
등ː상(等像)명 ☞등신(等神).
등ː상(凳床)명 걸터앉기도 하고 발돋움으로도 쓰는 세간의 한 가지.
등상(籐床)명 등(籐)의 줄기를 다듬어서 결어 만든 걸상.
등색(橙色)명 귤이나 등자 껍질과 같이 붉은빛을 약간 띤 누런색. 울금색(鬱金色).
등석(燈夕)명 관등절(觀燈節) 날 저녁.
등석(籐蓆)명 등(籐)의 줄기를 다듬어서 결어 만든 자리.
등-선(-線)명 ①등마루의 선. 비등날. ②물건의 밑바닥의 반대쪽이나 입체의 뒤쪽 선.
등선(登仙)명 ①하자신선이 되어서 하늘에 오름. 참우화등선(羽化登仙). ②존귀한 사람의 죽음을 이르는 말.
등선(登船)명하자 배에 오름. 승선(乘船).
등선(燈船)명 등탑(燈塔)을 설치한 배. 〔등대를 세우기 어려운 해안에 정박하여 등대 구실을 함.〕 등대선(燈臺船).
등성-마루명 〈산등성마루〉의 준말.
등성이명 ①사람이나 동물의 등마루가 되는 부분. ②〈산등성이〉의 준말.
등세(騰勢)명 값이 오르는 형세. 등귀세. ↔낙세.
등-세공(籐細工)명 등(籐)의 줄기로 세공을 하는 일, 또는 그 세공품.
등ː소(等訴)명하타 ☞등장(等狀).
등ː속(等速)명 속도가 같음, 또는 같은 속도.
등ː속(等屬)의 따위. ¶ 과자·빵·음료수 등속.
등ː속^운ː동(等速運動)명 속도가 일정한 운동. ↔부등속 운동.
등-솔[-쏠]명 〈등솔기〉의 준말.
등-솔기[-쏠-]명 옷의 뒷길을 맞붙여 꿰맨 솔기. 준등솔.
등-쇠[-쐬/-쒜]명 아주 가늘고 좁은 톱날을 고정시키는 쇠틀.
등ː수(等數)[-쑤]명 등급이나 순위를 정하여 차례대로 매긴 번호(수). 〔번호가 작을수록 윗등급임.〕 ¶ 등수를 매기다.
등숙(登熟)명하자 곡식의 알이 잘 여물어 익음. 등임(登稔).
등ː시-성(等時性)[-썽]명 주기 운동의 각 주기가 진폭의 크고 작음에 관계없이 일정한 성질. 〔단진동(單振動)과 같은 성질.〕
등ː식(等式)명 둘 또는 그 이상의 수나 식에서, 그것들이 서로 같을 때, 등호 '='로 묶은 관계식. ↔부등식.
등ː신(等身)명 사람의 키만 한 크기. 등신대.
등ː신(等神)명 '어리석은 사람'을 얕잡아 이르는 말. 등상(等像).
등ː신-대(等身大)명 사람의 키만 한 크기. 등신(等身).
등ː신-불(等身佛)명 ①(불상을 만드는 이가 자신의 발원을 성취하기 위하여) 자기의 키와 같도록 만든 불상. ②사람의 키만 한 불상.
등ː신-상(等身像)명 실물과 같은 크기로 만든 조상(彫像).
등심(-心)명 소의 등골뼈에 붙은 살코기. 〔부위에 따라 머리 쪽에서 등심머리·방아살·채끝으로 구분되며, 불고기·전골·로스구이에 쓰이는 연한 고기임.〕 등심살. 심육(心肉).
등심(燈心)[1]명 ☞심지.
등심(燈心)[2]명 한방에서, '골풀의 속'을 약재로 이르는 말. 〔해열·이뇨 등에 쓰임.〕
등심-대(-心-)[-때]명 '척주(脊柱)'를 달리 이르는 말.
등심-머리(-心-)명 소의 갈비 쪽의 등심살. 구이·전골 등에 씀. 참방아살·채끝.
등심-살(-心-)[-쌀]명 ☞등심.
등ː심-선(等深線)명 지도에서, 표준 해면으로부터 같은 깊이에 있는 지점들을 연결한 곡선. 동심선(同深線).
등심-초(燈心草)명 한방에서, '골풀'을 약재로 이르는 말.
등쌀명 몹시 귀찮게 수선을 부리는 짓. ¶ 아이들 등쌀에 쉴 틈이 없다.
 등쌀(을) 대다관용 몹시 귀찮게 굴면서 수선을 부리다.
등아(燈蛾)명 ☞불나방.
등ː압-선(等壓線)[-썬]명 ①일기도에서, 기압이 같은 지점을 연결한 선. ②물질의 상태를 변화시키는 변수 중, 압력 조건을 일정하게 두고 다른 변수, 예컨대 온도와 부피의 변화 관계 따위를 도표로 나타낸 선.
등ː어-선(等語線)명 방언 조사를 통해, 지역적으로 같은 언어 현상을 가진 지점을 지도 상에 연결하여 나타낸 선.
등에명 등엣과에 딸린 곤충을 통틀어 이르는 말. 몸빛은 대체로 황갈색이며, 모양은 파리를 닮았으나 좀 크고, 몸에 잔털이 많음. 암컷은 꽃의 꿀이나 동물의 피를 빨아 먹는 큰 해충으로, 종류가 많음.
등영(燈影)명 등불이나 전등 따위의 빛, 또는 등불에 비쳐 생긴 그림자.

등:온(等溫)명 온도가 똑같음, 또는 똑같은 온도.
등:온^동:물(等溫動物)명 ☞정온 동물.
등:온^변:화(等溫變化)명 기체의 온도를 일정하게 유지하면서 부피와 압력을 변화시키는 일. ↔단열 변화.
등:온-선(等溫線)명 ①일기도 따위에서, 기온이 같은 지점을 연결한 선. ②물질의 상태를 변화시키는 변수 중, 온도를 일정하게 두고 다른 변수, 예컨대 압력과 부피의 변화 관계 따위를 도표로 나타낸 선.
등:온-층(等溫層)명 땅 위에서 약 11 km 이상의 높이로서 기온이 늘 같은 층. 〔일반적으로 성층권을 이름.〕 상온층.
등:외(等外)[-외/-웨]명 등급 밖, 또는 등급에 들지 못한 것. ¶ 등외로 밀려나다.
등:외-품(等外品)[-외-/-웨-]명 어떤 등급 안에 들지 못하는 물품.
등용(登用·登庸)명하타 되자 인재를 뽑아 씀. 거용(擧用). 비기용(起用).
등-용문(登龍門)명 〔잉어가 중국 황허 강 상류의 급류를 이룬 용문에 오르면 용이 된다는 뜻으로〕 '입신출세(立身出世)의 어려운 관문을 통과하여 크게 출세하게 됨, 또는 그 관문'을 비유하여 이르는 말. '후한서'의 '이응전'에 나오는 말임. ¶ 사법 시험은 법관의 등용문이다. 참용문.
등원(登院)명하자 의회에 출석함.
등:원(等圓)명 지름이 같은 원.
등월(燈月)명 〔초파일에 등을 다는 데서〕 '음력 사월'을 달리 이르는 말.
등:위(等位)명 ①☞등급(等級). ②같은 위치. 동위(同位).
등:위-각(等位角)명 ☞동위각(同位角).
등유(燈油)명 등불을 켜는 데 쓰는 기름. 참석유.
등-의자(籐椅子)[-의-/-이-]명 ☞등교의(籐交椅).
등:인(等因)명 지난날, '서면으로 알려 준 사실에 의한다'는 뜻으로, 회답하는 공문의 첫머리에 쓰던 말.
등임(登稔)명하자 ☞등숙(登熟).
등자(橙子)명 등자나무의 열매. 약재나 향료의 원료로 씀. 준등(橙).
등자(鐙子)명 말을 탔을 때 두 발을 디디는 제구. 〔안장에 달아서 말의 양쪽 옆구리로 늘어뜨리게 되어 있음.〕
등자(를) 치다관용 글귀나 조목 따위를 대조 확인했다는 표시로 그 글줄의 머리에 등자 모양의 '△' 표를 하다.
등자-거리명 '등자걸이'의 잘못.
등자-걸이명 호미의 한 가지. 성에가 볼에서 곧게 나가다가 높게 휘고, 슴베가 뒤로 젖혀졌음.
등자-나무(橙子-)명 운향과의 상록 활엽의 작은 교목. 높이 3 m가량으로 가시가 있으며, 잎은 두껍고 달걀 모양의 긴 타원형임. 과실은 둥근데 맛이 시고 써 음식의 조미료로 쓰이고, 약재로는 발한제·건위제 및 향수의 원료로 쓰임. 준등(橙).
등자-뼈(鐙子-)명 중이(中耳) 속의 세 청골(聽骨) 중 맨 안쪽의 뼈. 〔모루뼈와 같이 음파를 내이(內耳)에 전달함.〕 등골(鐙骨).
등잔(燈盞)명 기름을 담아 등불을 켜게 만든 기구. 사기·쇠붙이 따위로 만듦. 화등잔.
등잔 밑이 어둡다속담 가까이서 생긴 일을 오히려 더 모를 수도 있음을 이르는 말. 등하불명(燈下不明).
등잔-걸이(燈盞-)명 등잔을 얹어 거는 기구. 〔나무나 놋쇠 따위로 촛대 모양으로 만든 것.〕 등가(燈架). 등경(燈檠).
등잔-불(燈盞-)[-뿔]명 등잔에 켠 불. 등불. 등화.
등장(登場)명하자 ①무대나 연단(演壇) 위에 나타남. ¶ 무대 왼쪽에서 등장하다. /대의원이 등장하다. ②(소설·연극·영화 따위에) 어떤 인물로 나타남. ¶ 악역(惡役)으로 등장하다. ③어떠한 일에 관련된 인물로 나타남. ¶ 신인왕으로 등장하다. /화제(話題)의 주인공으로서 등장하다. ④새로운 제품이 나옴. ¶ 신형 항공기가 새로 등장하다.
등:장(等狀)[-짱]명하자 지난날, 여러 사람이 연명(連名)으로 관아에 무엇을 호소함, 또는 그 일. 등소(等訴). ¶ 하느님 전에 등장 갈 양이면, 무슨 말을 하실는지(烈女春香守節歌).
등:장(等張)명하형 두 용액의 삼투압이 서로 같음. 〔주로, 생물학에서 각종 용액의 농도를 체액이나 혈액과 비교할 때 쓰는 말.〕
등:장-액(等張液)명 삼투압이 서로 같은 액체.
등장-인물(登場人物)명 ①(무대나 영화 장면에) 나오는 인물. ②(어떠한 사건에) 관련되는 인물. ③(소설·희곡 등의 작품에) 나타나는 인물. ¶ 이 소설은 등장인물들의 성격이 모호하다.
등재(登梓)명하타 되자 ☞판각(板刻).
등재(登載)명하타 되자 (신문이나 잡지·장부·대장 따위에) 어떤 사실을 올려 적거나 실음. 게재(揭載).
등적-색(橙赤色)[-쌕]명 ☞주홍빛.
등정(登頂)명하타 산 따위의 꼭대기에 오름. ¶ 에베레스트 산 등정에 나서다.
등정(登程)명하자 길을 떠남. 등도(登途).
등:-정각(等正覺)명 ☞등각(等覺).
등제(登第)명하자 과거에 급제함. 등과(登科).
등조(登祚)명하자 ☞등극(登極).
등-줄기[-쭐-]명 등골뼈를 따라 두두룩하게 줄기진 자리 전체.
등:지(等地)의 땅 이름 뒤에 쓰이어, 앞에 말한 '그러한 곳들'의 뜻을 나타내는 말. ¶ 대전·대구·부산 등지로 여행을 떠나다.
등-지느러미명 물고기의 등에 있는 지느러미.
등-지다 Ⅰ타 ①무엇에 등을 기대어 의지하다. ¶ 벽을 등지고 서다. ②무엇을 뒤에 두다. ¶ 앞은 강이요, 뒤는 산을 등진 명당자리. ③관계를 끊고 멀리하다. ¶ 속세를 등지다. ④떠나다. ¶ 고향을 등지다. ①②준지다4.
Ⅱ자 서로 사이가 틀어지다. ¶ 형제간에 등지고 살다.
등:질(等質)명 ☞균질(均質).
등:질-체(等質體)명 등질의 물체.
등-짐[-찜]명 ①등에 진 짐. ②짐을 등에 지고 나르는 일. ¶ 등짐을 지다. /등짐으로 벽돌을 나르다.
등짐-장수[-찜-]명 등에 물건을 지고 다니며 팔러 다니는 장수. 부상(負商). 참보부상.
등-짝명 〈등〉의 속된 말. 등때기.
등:차(等差)명 ①등급의 차이. ¶ 등차를 두다. /등차를 좁히다. ②대비 관계에서 나타나는 차이. ¶ 등차가 생기다. ③수학에서, 차가 같음, 또는 똑같은 차. ①②차등.
등:차-급수(等差級數)[-쑤]명 등차수열로 벌여 놓은 각 항을 더하기표(+)로 이어 놓은 식, 또는 그 합. 산술급수. 참등비급수.

등ː차-수열(等差數列)명 수열을 이루는 각 항이 그 앞의 항과 이루는 차(差)가 일정한 수열. 참공차(公差)[2]·등비수열.
등창(-瘡)명 등에 나는 큰 부스럼. 배종(背腫). 배창(背瘡).
등-채(藤-)명 무장(武裝)할 때 쓰던 채찍. 등편(藤鞭).
등척(登陟)명하자 높은 데 오름. 등고(登高).
등천(登天)명하자 ☞승천(昇天).
등청(登廳)명하자 관청에 출근함. ↔퇴청.
등초(謄抄·謄草)명하타되자 원본에서 옮겨 베낌. 등기(謄記). 등사(謄寫).
등촉(燈燭)명 등불과 촛불. ¶ 등촉을 밝히다.
등ː축(等軸)명 똑같게 된 결정체의 축.
등ː축^정계(等軸晶系)[-쩡계/-쩡게]명 세 개의 등축이 서로 입체적으로 직교하는 결정 광물의 계열. 〔금강석·암염·방연광·황철광 따위.〕
등ː치(等值)명 ☞동가(同價). 동치(同值).
등ː치^개ː념(等值概念)명 ☞등가 개념.
등-치다타 위협하여 남의 재물을 빼앗다. ¶ 선량한 사람을 등쳐 먹는 무리.
등치고 간 내먹다속담 겉으로는 위해 주는 척하며 실제로는 해를 끼치거나 빼앗음을 이르는 말.
등ː치-법(等值法)[-뻡]명 연립 방정식 해법의 한 가지. 각 방정식에서 각각 어떤 미지수를 다른 미지수로 보인 관계식을 만들어 그 두 개의 값을 같게 하여 풂. 참대입법.
등ː치선-도(等值線圖)명 어떤 사항에 대하여, 같은 수치를 가지는 지점을 연결한 지도를 통틀어 이르는 말. 〔등온·등압·등고·등진(等震)·등우량 따위의 분포도.〕
등-칡(藤-)[-칙]명 ①쥐방울덩굴과의 낙엽 만목. 깊은 산의 계곡에 자라는데, 덩굴 길이는 10 m가량. 한방에서 목질인 줄기를 이뇨제나 진통제로 씀. ②'등나무'의 잘못. * 등칡이[-치기]·등칡만[-칭-]
등-침대(籐寢臺)명 등(籐)의 줄기를 결어서 만든 침대.
등탑(燈塔)명 조명등이나 안전 신호등 따위를 높이 단 탑.
등-태명 짐을 질 때에 등이 배기지 않도록, 짚 따위로 엮어서 걸치는 물건.
등-토시(籐-)명 등(籐)의 줄기를 가늘게 다듬어 결어서 만든 토시.
등-판명 사람이나 동물의 등을 이루는 넓적한 부분. ¶ 등판이 넓다.
등판(登板)명하자 야구에서, 투수가 투구할 자리에 나섬. ¶ 구원 투수로 등판하다. ↔강판.
등판-능력(登坂能力)[-녁]명 차량 따위가 비탈길을 올라가는 능력. 준등판력.
등판-력(登坂力)[-녁]명 〈등판능력〉의 준말.
등ː패(等牌)명 왕조 때, 역사(役事)를 할 적에 일꾼들 가운데에서 영솔(領率)의 책임을 맡던 사람.
등패(籐牌)명 ①등(籐)으로 엮은 둥근 방패의 한 가지. ②십팔기 또는 무예 이십사반의 하나. 표창(鏢槍)·요도(腰刀)·등패 따위로 적을 공격하는 무예.
등-편(藤鞭)명 ☞등채.
등ː표(等標)명 ①양쪽 말의 뜻이 같음을 보일 때, 그 사이에 쓰는 부호 '='의 이름. ②☞등호.
등표(燈標)명 암초나 수심이 얕은 곳의 위치를 표시하는, 항로(航路) 표지의 하나.
등-피(-皮)명 등가죽.
등피(燈皮)명 남포에 씌운 유리 꺼펑이. 〔바람을 가리고 불빛을 밝게 함.〕
등피-유(橙皮油)명 귤 따위의 열매껍질을 증류하여 짜낸 기름. 청량음료나 향수·비누 따위의 원료로 씀.
등ː피-화(等被花)명 꽃받침과 꽃잎의 빛깔이 서로 같은 꽃. ↔이피화(異被花).
등하(登遐)명하자 ☞승하(昇遐).
등하불명(燈下不明)명 〔등잔 밑이 어둡다는 뜻으로〕 '가까이에 있는 것을 오히려 잘 모름'을 이르는 말.
등하-색(燈下色)명 밤에 불을 켜 놓고 남녀가 성교하는 일.
등한(等閑·等閒) '등한하다'의 어근.
등ː한-시(等閑視·等閒視)명하타되자 대수롭지 않게 보아 넘기거나 여김. ¶ 공부를 등한시하다. /환경오염이 등한시되다.
등ː한-하다(等閑--·等閒-)형여 무엇에 관심이 없거나 소홀하다. 한만(汗漫)하다. ¶ 가사에 등한하다. **등한-히**부.
등ː할(等割)명 크기가 같은 할구(割球)로 분열되는 난할(卵割). 성게·활유어 따위의 등황란(等黃卵)에서 볼 수 있음.
등-허리명 ①등과 허리. ②등의 허리 부분.
등-헤엄명 ☞배영(背泳).
등ː호(等號)명 두 식이나 수가 서로 같음을 나타내는 부호. 〔'='로 나타내며, 식에서 '같다'로 읽음.〕 같음표. 등표(等標). ↔부등호.
등화(燈火)명 등이나 등잔에 켜진 불. 등불. 등잔불.
등화(燈花)명 심지 끝이 타서 맺힌 불똥.
등화-가친(燈火可親)명 등불을 가까이하여 글 읽기에 좋은 시절, 곧 가을철을 이르는 말.
등화-관제(燈火管制)명 적기(敵機)의 공습에 대비하여 경보에 따라 불빛을 가리거나 끄는 일.
등화^신ː호(燈火信號)명 등불로 하는 신호.
등화-앉다(燈花-)[-안따]자 심지 끝에 등화가 생기다. 불똥이 앉다. 불똥앉다.
등ː활(等活)명 〈등활지옥〉의 준말.
등ː활-지옥(等活地獄)명 불교에서 이르는, 팔열(八熱) 지옥의 하나. 살생의 죄를 지은 자가 가게 된다는 지옥으로, 옥졸(獄卒)에게 칼 따위로 몸을 찢기며 쇠몽둥이로 맞는 형벌을 받다가 숨이 끊어지는데, 찬 바람이 불어오면 다시 깨어나 그러한 고통을 거듭 받게 된다고 함. 준등활.
등ː황-란(等黃卵)[-난]명 (성게의 알처럼) 난황이 속에 고루 퍼져 있는 알.
등황-색(橙黃色)명 주황과 노랑의 간색(間色). 귤색.
등황-석(橙黃石)명 귤색을 띤 옥돌의 한 가지.
등ː후(等候)명하타 ☞등대(等待).
등-힘명 활을 쏠 때, 활을 잡은 손목으로부터 어깨까지 뻗는 힘.
듸의 〈옛〉 데〔處〕. ¶ 뉘라서 내 行色 그려내어 님 계신 듸 드릴고(古時調). 참디.
디조 〈더냐〉의 준말. ¶ 누구디?
디명 〈옛〉〔'ㄷ'의 주격형〕 것이. ¶ 구틔여 입거우지 셰욜 디 아니니라(杜初*8:19*). 참띠.
-디어미 ①형용사의 뜻을 강조하기 위하여, 어간을 겹쳐 쓰는 형식으로, 그 첫 어간에 붙는 연결 어미. ¶ 다디달다. /차디차다. /쓰디쓴 약. ②용언의 어간 또는 높임의 '-시-'나 시제의 '-았(었)-'·'-겠-' 등에 붙는, 과거 경험을 묻는 종결 어미. ③〈-더냐〉·〈-더니[1]〉의 준말. ¶ 비가 오디?/얼마나 남았디?

-디(어미) 〈옛〉〔'ᄃᆞ'의 주격형〕 ①-지. ¶ 이 ᄠᅳ들 닛디 마ᄅᆞ쇼셔(龍歌*110*章). ②-기. ¶ ᄆᆞ술히 멀면 乞食ᄒᆞ디 어렵고(釋譜*6:23*).

디그르르(부)(하형) 여러 개의 가늘거나 작은 물건 가운데서 드러나게 굵은 모양. (작)대그르르. (센)띠그르르.

디귿(명) 한글 자모의 자음 'ㄷ'의 이름. *디귿이[-그시]·디귿만[-근-]

디귿자-집(-字-) [-짜-](명) ☞ㄷ자집.

디글-디글(부)(하형) 여러 개의 가늘거나 작은 물건 가운데서 몇 개가 두드러지게 굵거나 큰 모양. (작)대글대글. (센)띠글띠글.

디기탈리스(digitalis)(명) 현삼과의 다년초. 유럽 원산으로 약용이나 관상용으로 재배함. 줄기 높이는 1m가량. 잎은 달걀 모양이며, 여름에 홍자색 꽃이 이삭 모양으로 핌. 한방에서 말린 잎을 강심제나 이뇨제로 씀.

디나가다(자) 〈옛〉 지나가다. ¶ 虛空ᄋᆞ로 디나가거늘(月釋*2:51*).

디나건(자) 〈옛〉 지난. ¶ 디나건 일로 혜야(月釋*1:21*). (참)디나다.

디나다(타) 〈옛〉 지나다. ¶ 億萬劫 디나ᄃᆞ록(鄭澈.關東別曲).

디내다(타) 〈옛〉 지나게 하다. ¶ 굴허에 ᄆᆞ롤 디내샤 도ᄌᆞ기 다 도라가니(龍歌*48*章).

디너-쇼:(dinner show)(명) (호텔의 레스토랑이나 극장식 식당 따위에서) 식사를 하면서 보는 쇼.

디노미네이션(denomination)(명) 새로운 화폐 단위명을 만들어 과거의 화폐 단위명을 바꾸는 일. 〔1953년 우리나라 화폐 개혁 당시 100원(圓)을 1환(圜)으로 한 것 따위.〕

디다[1](자) 〈옛〉 지다. 떨어지다. ¶ 三有에 디디 아니호물(楞解*5:3*). /디는 ᄒᆡ예(杜初*9:5*).

디다[2](타) 〈옛〉 〖'디다'의 사동〗 떨어뜨리다. ¶ 三日雨롤 디련ᄂᆞ다(鄭澈.關東別曲).

디:-데이(D-Day)(명) ①공격 개시 예정일. ¶ 디데이 에이치 아워(H-hour). ②(보안 유지가 필요한) 어떤 일의 거사(擧事) 예정일. ¶ 디데이를 잡다.

디도-서(←Titus書)(명) 신약 성서 중의 한 편. 사도 바울이 크레타 섬에 있는 그의 제자 디도에게 보낸 목회 서간.

디디다(타) ①(발로 어떤 것 위에) 올라서서 누르거나 밟다. 밟고 서다. ¶ 바위를 디디고 서다. ②어느 지점에 발길이 닿다. ¶ 고향 땅을 디디다. ③(메주나 누룩 따위의 반죽을 보에 싸서) 밟아 덩어리를 짓다. ④역경 따위를 이겨 내다. ¶ 고난을 디디고 넘어서다. (준)딛다.

디:디:티:(DDT)(명) 염소 화합물의 무색 결정성 방역(防疫)·농업용 살충제. [dichloro-diphenyl-trichloroethane]

디딜-방아[-빵-](명) 발로 디디며 곡식을 찧게 된 재래식 방아. 답구(踏臼).

디딜-풀무(명) 발로 디뎌서 바람을 내는 풀무.

디딤-널(명) (오르내리는 자리 따위에) 발을 디디기 위하여 놓아 둔 널빤지. 디딤판.

디딤-돌[-똘](명) ①마루 아래나 마당에 놓아 디디고 오르내리게 한 섬돌. ②'어떤 일을 이루는 데에 수단이나 바탕이 되는 것'을 비유하여 이르는 말. ¶ 관계 개선에 디딤돌 역할을 하다.

디딤-새(명) 우리나라의 민속 무용의 기본 동작인 발 움직임의 한 가지. 굽힘 동작에서 무릎을 펴는 순간에 한 발을 앞이나 옆으로 내딛는 준비 동작.

디딤-판(-板)(명) ☞디딤널.

디:-램(DRAM)(명) 램의 한 가지. 저장된 정보가 일정한 시간이 지나면 소멸되기 때문에 주기적으로 재생시켜야 함. 대용량 임시 기억 장치로 사용됨. [dynamic RAM]

디렉터리(directory)(명) 파일 시스템을 관리하고, 각 파일이 있는 장소를 쉽게 찾도록 디스크의 요소를 분할·검색하는 정보를 포함하는 레코드의 집합. 목록.

-디록(어미) 〈옛〉 -ㄹ수록. ¶ 어와 聖恩이야 가디록 罔極ᄒᆞ다(鄭澈.關東別曲).

디룽-거리다(자) 자꾸 디룽디룽하다. 디룽대다. 뒤룽거리다. (작)대롱거리다.

디룽-대다(자) 디룽거리다.

디룽-디룽(부)(하자) 좀 큼직한 물건이 매달려 늘어진 채로 가볍게 흔들리는 모양. 뒤룽뒤룽. ¶ 디룽디룽 달려 있는 메주. (작)대롱대롱.

디르다(타) 〈옛〉 찌르다. ¶ 디롤 ᄌᆞ:刺(類合下*47*).

디마니(부) 〈옛〉 지망지망하게. 소홀하게. 경솔하게. ¶ 너희 디마니 혼 이리 잇ᄂᆞ니 ᄲᆞᆯ리 나가라(月釋*2:6*).

디모데-서(←Timotheos書)(명) 신약 성서 중의 한 편. 사도 바울이 에베소에 있는 그의 제자 디모데에게 보낸 목회 서간. 〔전서와 후서로 되어 있음.〕

디미누엔도(diminuendo 이)(명) 악보에서, 셈여림을 나타내는 말. '점점 여리게'의 뜻. 〔나타냄표는 'dim'〕

디-밀다[~미니·~밀어](타) 〈들이밀다〉의 준말.

디바이더(divider)(명) 양각기(兩脚器).

디버깅(debugging)(명)(하타) 컴퓨터에서, 프로그램 속의 오류를 검출·진단하는 일, 또는 그것을 위한 소프트웨어.

디:브이디:(DVD)(명) ☞디지털 비디오 디스크. [digital video disk]

디:비:(DB)(명) ☞데이터베이스.

-디빙(어미) 〈옛〉 -지. -지마는. ¶ 부텨는 本來 變化ㅣ 디빙 사ᄅᆞ미 몯홀 이리라(月釋*2:36*).

디새(명) 〈옛〉 기와. ¶ 디새 와:瓦(訓蒙中*18*).

디스인플레이션(disinflation)(명) 인플레이션 억제 정책. 〔물가를 현 수준으로 유지하면서 통화를 억제하거나 회수하여 수습하려는 정책.〕

디스카운트(discount)(명)(하타) 할인. 할인율.

디스켓(diskette)(명) ☞플로피 디스크.

디스코(disco)(명) 경쾌한 레코드 음악에 맞추어 추는 자유로운 춤.

디스코텍(discotheque)(명) 레코드 음악에 맞추어 춤을 추며 음료수나 술 따위를 마시는 장소를 통틀어 이르는 말.

디스크(disk)(명) ①음반(音盤). ②컴퓨터의 외부 기억 장치의 한 가지. 자성 물질을 입힌 플라스틱제의 얇은 원판(圓板). 〔흔히, 여러 장을 디스크 팩에 끼워 한 벌로 사용함.〕 ③〈디스크 팩〉의 준말. ④'추간판 헤르니아'를 흔히 이르는 말. ②(참)플로피 디스크.

디스크^드라이브(disk drive)(명) 컴퓨터의 보조 장치의 한 가지. 디스크나 플로피 디스크를 넣어 정보를 입력시키거나 출력시키는 작동 장치.

디스크-자키(disk jockey)(명) 레코드 음악을 감상하는 프로그램을 진행하는 사람. 〔가벼운 화제나 청취자의 편지 사연, 광고 따위를 간간이 섞어 가며 음악 내용을 소개함.〕 (준)디제이.

디스크^팩(disk pack)(명) 컴퓨터의 디스크를 한 벌 또는 몇 벌씩 한꺼번에 끼우게 된 통 모양의 기구. 〔한 벌씩 뗐다 붙였다 할 수 있음.〕 (준)디스크·팩.

디스토마 (distoma) 명 흡충류(吸蟲類)를 통틀어 이르는 말. 사람이나 다른 동물의 내장에 기생하여 병을 일으킴. 〔반드시 중간 숙주(宿主)를 거침.〕

디스프로슘 (dysprosium) 명 희토류(稀土類) 원소의 한 가지. 자성(磁性)이 세고 이온색은 황색, 산화물은 무색임. 〔Dy/66/162.46〕

디스플레이 (display) 명 〔전시·진열의 뜻으로〕 ①광고나 선전을 목적으로 옥내나 진열창에, 상품의 소개와 함께 상품을 장식으로 진열하는 일. ②동물이 구애(求愛)하거나 위협을 하기 위하여 자신을 아름답게 꾸미거나 커 보이게 하는 모양, 또는 그와 같은 동작.

디스플레이^장치 (display裝置) 명 컴퓨터 출력 장치의 하나. 컴퓨터의 처리 결과를 눈으로 직접 볼 수 있도록 텔레비전과 같은 화면에 문자나 도형을 표시함.

디:시: (DC) 명 다 카포.

디식다 자 〈옛〉 (밤을) 지새다. 달이 지며 날이 새다. ¶ 새벽서리 디신 돌에 외기러기 우러 녜다(古時調).

디아스타아제 (Diastase 독) 명 ①맥아(麥芽)로 만든 담황색 가루약. 소화제로 씀. ②전분을 맥아당과 소량의 덱스트린·포도당으로 가수 분해 하는 효소. 아밀라아제.

디:엔에이 (DNA) 명 ☞디옥시리보 핵산.

디:엘:에프 (DLF) 명 개발 차관 기금(開發借款基金). [Development Loan Fund]

디:-엠 (DM) 명 광고·선전 등을 위하여 예상 구매자에게 직접 우송하는 인쇄물. [direct mail]

디:엠비: (DMB) 명 이동 통신과 방송이 결합된 형태의 디지털 방송 서비스. 휴대폰이나 PDA를 통해 이동 중에도 방송을 시청할 수 있음. [digital multimedia broadcasting]

디:엠제트 (DMZ) 명 비무장 지대. [demilitarized zone]

디오 (DO) 명 용존 산소량. [dissolved oxygen]

디오니소스 (Dionysos) 명 그리스 신화에 나오는 신(神). 포도 재배 및 포도주를 다스림. 도취·광란·청춘의 낭만적 열정으로 상징됨. 〔로마의 '바커스 신'과 상응함.〕

디오니소스-형 (Dionysos型) 명 예술에서, 이상주의이기보다는 현실 낙관적이며, 이지적이기보다는 충동적이고, 고독한 사색보다는 군집에 의한 열광을 나타내는 유형. ↔아폴론형.

디오라마 (diorama 프) 명 ①배경을 그린 막 앞에 소도구나 인형 따위를 배치하고 조명으로 입체적 실물감이 나게 하는 장치. 투시화. ②모형으로 실제의 경치나 광경을 조성한 교육용 시청각 자료.

디옥시리보^핵산 (deoxyribo核酸) [-싼] 명 디옥시리보오스를 당 성분으로 지닌 핵산. 핵단백질로서 세포의 핵 속에 들어 있으며, 염색체(染色體)의 주요 성분으로서 유전자의 본체이기도 함. 디엔에이(DNA).

디옵터 (diopter) 의 안경의 도수를 나타내는 단위. 안경 렌즈의 초점 거리를 역수로 나타냄. 〔단위 기호는 'D'로, 초점 거리 2 m이면 0.5 D가 됨.〕

-디외 어미 〈옛〉-지. -지마는. ¶ 호갓 디나가는 나그내 눈므를 보디외 主人의 恩惠는 얻디 몯호리로다(杜初7:10). 참-디비.

디위[1] 명 〈옛〉지위. 자리. ¶ 어와 뎌 디위를 어이 ᄒ면 알거이고(鄭澈.關東別曲).

디위[2] 명 〈옛〉번. ¶ 설흔 여슷 디위를 오ᄅᄂ리시니(月釋1:20).

-디위 어미 〈옛〉-지. -지마는. ¶ 法을 爲ᄒ야 오디위 오술 爲ᄒ야 오디 아니호이다(六祖上:36). 참-디비.

디자이너 (designer) 명 ①복장이나 직물의 의장(意匠)·도안(圖案)을 고안하는 사람. ②설계자. ③도안가.

디자인 (design) 명 ①하타 도안. 고안. ②설계도. ③무늬. 본. ④복장의 의장.

디저:트 (dessert) 명 양식을 먹은 뒤에 나오는 과자나 과실 따위. 후식.

디:제이 (DJ) 명 〈디스크자키〉의 준말.

디:젤^기관 (Diesel機關) 명 내연 기관의 한 가지. 실린더 안의 공기를 압축하여 중유나 경유로 발화 연소시켜 피스톤의 왕복 운동을 일으킴. 디젤 엔진. 중유 기관(重油機關).

디:젤^기관차 (Diesel機關車) 명 디젤 엔진으로 움직이는 기관차.

디:젤^엔진 (Diesel engine) 명 ☞디젤 기관.

디:젤-차 (Diesel車) 명 디젤 엔진을 원동기로 한 차량을 통틀어 이르는 말.

디지털 (digital) 명 자료를 수치로 바꾸어 처리하거나 숫자로 나타내거나 하는 것. ↔아날로그.

디지털^비디오^디스크 (digital video disk) 명 콤팩트 디스크의 7배에 달하는 양의 정보를 기록할 수 있는 영상 기록 매체. 디브이디(DVD).

디지털-시계 (digital時計) [-계/-게] 명 바늘을 사용하지 않고 숫자로 시간을 나타내는 시계.

디지털^카메라 (digital camera) 명 촬영한 것을 디지털 신호로 저장했다가 컴퓨터와 연결하여 재생해 내는 카메라.

디지털^컴퓨:터 (digital computer) 명 데이터를 수치화하여 처리하는 컴퓨터. 고속의 사칙 연산이 바탕이 되며 보통 컴퓨터라 할 때에는 이것을 의미함. 참아날로그 컴퓨터.

디질 명 〈옛〉치질. ¶ 디질 티:痔(訓蒙中34).

디킈다 타 〈옛〉지키다. ¶ 디킐 슈:守(類合17). 참딕희다.

디펜스 (defense) 명 (구기 종목에서) 방어(防禦). 수비(守備). ↔오펜스.

디폴:트 (default) 명 사용자가 값을 지정하지 않은 경우에 컴퓨터가 자동적으로 선택하는 값. 기본값.

디프레션 (depression) 명 물가가 급격히 떨어져서 일어나는 불경기.

디프테리아 (diphtheria) 명 디프테리아균의 감염으로 일어나는 급성 전염병의 한 가지. 인두·후두 등 목과 코를 중심으로 흔히 감염되며 여러 가지 장애를 일으킴. 어린이의 발병률이 높은 법정 전염병임. 마비풍.

디프테리아-균 (diphtheria菌) 명 디프테리아의 병원체. 길이 2~5μ의 막대 모양의 세균. 사람에게만 감염되며 주로 코나 목 안의 점막에서 불어남.

디플레 (←deflation) 명 〈디플레이션〉의 준말. ↔인플레.

디플레이션 (deflation) 명 화폐 가치를 올리기 위하여 통화를 수축하는 일, 또는 그 현상. 통화 수축. 준디플레. ↔인플레이션.

디플레이터 (deflator) 명 화폐 가치를 고려한 특정 생산품의 가격 변동 지수. 〔통계상의 금액으로 표시된 가격에서 화폐 가치의 변화분을 뺀 실질 지수임. 물가 지수와는 엄밀하게는 다르나 한 가지로 봄.〕

디:피: (DP) 명 ①전재(戰災)나 통치자의 변동으로 말미암아 피난하여 온 사람. 피난민. 유민. [displaced person] ②〈디피이(DPE)〉의 준말.

디ː피ː이ː(DPE)명 필름의 현상과 인화·확대. 준디피. [developing, printing, enlarging]

디ː피ː-점(DP店)명 필름의 현상과 인화·확대를 해 주며 카메라 따위를 파는 가게.

디ː피ː티ː(DPT)명 디프테리아·백일해 및 파상풍의 혼합 백신. 〔생후 3~4개월마다 1회씩 3회 접종함.〕 [diphtheria, pertussis, tetanus]

디히명 〈옛〉김치. ¶ 겨ᅀᅳᆳ 디히ᄂᆞᆫ 싀오(杜初*3:50*). 참딤치.

딕누리명 〈옛〉징두리. ¶ 딕누리 헌:軒(訓蒙中5).

딕다타 〈옛〉찍다. ¶ 點 딕거나 點 아니커나(法華*3:86*).

딕먹다타 〈옛〉찍어 먹다. ¶ 金ㅅ 비쳇 복셩화ᄅᆞᆯ 딕먹놋다(杜初*9:38*).

딕희다타 〈옛〉지키다. ¶ 受苦ᄅᆞᄫᆡ 딕희여 이셔(釋譜*9:12*).

딛다[-따]타 〈디디다〉의 준말.

딜명 〈옛〉질(그릇). ¶ 딜 부:缶(訓蒙中*18*).

딜가마명 〈옛〉질가마. 진흙으로 구워 만든 가마솥. ¶ 딜가마 조히 싯고(古時調).

딜ː러(dealer)명 ①유통 단계에서 상품의 매입·재판매를 업으로 하는 사람을 통틀어 이르는 말. 〔도·소매업자나 특약점·브로커 따위.〕 ②자기의 계산과 위험 부담 아래 증권을 사고파는 사람. ③카드 도박에서, 카드를 도르는 사람.

딜레마(dilemma 라)명 ①양도 논법(兩刀論法). ②진퇴유곡의 난처한 지경. ¶ 딜레마에 빠지다.

딜레탕트(dilettante 프)명 ①학문이나 예술을 직업으로 하지 않고 취미 삼아 하는 사람. ②호사가(好事家).

딜레탕티슴(dilettantisme 프)명 학문이나 예술 따위를 취미 삼아 즐기려는 태도, 또는 그런 경향.

딜-목(-木)명 광 구덩이의 천장을 떠받치는 나무. 참띳장.

딤치명 〈옛〉김치. ¶ 딤치 조:菹(訓蒙中22). 참디히.

딥다[-따]부 〈들입다〉의 준말.

딩딩부하형 ①크면서도 옹골찬 모양. ②핑핑한 모양. ③든든하고 힘이 센 모양. 작댕댕. 센띵띵2.

딮다타 〈옛〉짚다. ¶ 石逕에 막대 디퍼(松江.關東別曲).

딯다타 〈옛〉찧다. ¶ 발 디흐면(楞解*4:130*).

ᄃᆞ의 〈옛〉것. 줄. 까닭. 〔주격형 'ᄃᆡ', 목적격형 'ᄃᆞᆯ', 부사격형 'ᄃᆞ로'〕 ¶ 覺이 거스논 ᄃᆡ 아니며(圓覺序61). / 현 나리신 ᄃᆞᆯ 알리(龍歌*112*章). / 엇던 ᄃᆞ로 法이 다 性이 업스뇨(永嘉上*111*).

ᄃᆞ라들다자 〈옛〉달려들다. ¶ 迦尸王ᄭᅴ ᄃᆞ라들어늘(月釋*7:17*).

ᄃᆞ라미명 〈옛〉다람쥐. ¶ ᄃᆞ라미 오:鼯(訓蒙上*19*).

ᄃᆞ라치명 〈옛〉다래끼1. ¶ ᄃᆞ라치 람:籃(訓蒙中*13*).

ᄃᆞ래명 〈옛〉다래1. ¶ 멀위랑 ᄃᆞ래랑 먹고(樂詞.青山別曲).

ᄃᆞ려1부 〈옛〉더불어. ¶ 吾子ㅣ 子路로 ᄃᆞ려 뉘 賢ᄒᆞ뇨(孟解*3:2*).

ᄃᆞ려2조 〈옛〉더러. ¶ 地藏菩薩ᄃᆞ려 니ᄅᆞ샤ᄃᆡ(月釋*21:139*).

-ᄃᆞ로어미 〈옛〉〔'ᄃᆞ'의 부사격형〕 까닭으로. ¶ 엇던 ᄃᆞ로 法이 다 性이 업스뇨(永嘉上*111*).

ᄃᆞ록조 〈옛〉토록2. 까지. ¶ 엇뎨 이제ᄃᆞ록(月釋*21:63*).

-ᄃᆞ록어미 〈옛〉-도록. ¶ 千萬年 디나ᄃᆞ록 구필 줄 모ᄅᆞᄂᆞ다(鄭澈.關東別曲).

ᄃᆞ리명 〈옛〉①다리2. ¶ ᄃᆞ리:橋(訓解). ②사다리. 사닥다리. ¶ 城 높고 ᄃᆞ리 업건마ᄅᆞᆫ(龍歌*34*章). ③층계(層階). ¶ ᄃᆞ리 계:階(石千*20*).

ᄃᆞ리다자타 〈옛〉데리다. ¶ 온 사ᄅᆞᆷ ᄃᆞ리샤(龍歌*58*章).

ᄃᆞᄫᆡ다자 〈옛〉되다1. ¶ 軍馬ㅣ ᄃᆞᄫᆡ니이다(龍歌*98*章).

ᄃᆞ시부 〈옛〉듯이. 듯하게. ¶ 주근 ᄃᆞ시 자다가 헌 갓옷 두퍼셔 놀라오라(杜初*22:1*).

ᄃᆞᅀᅩᆷ타 〈옛〉〔'ᄃᆞᆺ다'의 명사형〕 사랑함. ¶ 믜윰과 ᄃᆞᅀᅩᆷ과ᄅᆞᆯ 니ᄅᆞ와다(圓覺下一之二*19*).

ᄃᆞᅀᆞ실씨타 〈옛〉〔'ᄃᆞᆺ다'의 활용형〕 사랑하실새. ¶ 션비ᄅᆞᆯ ᄃᆞᅀᆞ실씨(龍歌*80*章).

ᄃᆞ외다지 〈옛〉되다1. ¶ 샹재 ᄃᆞ외에 ᄒᆞ라(釋譜*6:1*). /爲ᄂᆞᆫ ᄃᆞ욀 씨라(訓諺). 참ᄃᆞᄫᆡ다.

ᄃᆞ토다자 〈옛〉다투다. ¶ 競은 ᄃᆞ톨 씨오(月釋序*2*). /서르 ᄃᆞ토아 싸호면(月釋*2:6*).

ᄃᆞᆫ니다자 〈옛〉다니다. ¶ 손모ᄀᆞᆯ 자바 날마다 ᄒᆞᆫ ᄃᆡ ᄃᆞᆫ니노라(杜初*9:11*).

ᄃᆞᆮ니다자 〈옛〉다니다. ¶ 菩薩이 ᄃᆞᆮ니시며 셔 겨시며 안ᄌᆞ시며 누ᄫᅳ샤매(月釋*2:26*).

ᄃᆞᆮ다자ㄷ 〈옛〉닫다. 달리다. ¶ ᄇᆞᄅᆞᆷ결 ᄃᆞᆮᄃᆞᆺ ᄒᆞ놋다(杜初*7:28*). /ᄃᆞ라 머리 가(釋譜*19:31*).

ᄃᆞᆯ1명 〈옛〉달1. ¶ ᄃᆞᆯ:月(訓解).

ᄃᆞᆯ2준 〈옛〉〔'ᄃᆞ'의 목적격형〕 것을. 줄을. ¶ 一千世尊이 나싫 ᄃᆞᆯ 아니(月釋*1:21*).

-ᄃᆞᆯ어미 〈옛〉-지를. ¶ 잢간도 무저글 좃ᄃᆞᆯ 아니ᄒᆞ고(金三*2:21*).

ᄃᆞᆯᄀᆡ알명 〈옛〉달걀. 참ᄃᆞᆯᄀᆡ앐.

ᄃᆞᆯᄀᆡ앐명 〈옛〉달걀. ¶ ᄃᆞᆯᄀᆡ알ᄒᆞᆯ ᄀᆞ만ᄀᆞ마니 두드려(救簡*6:69*).

ᄃᆞᆯ다1타 〈옛〉달다2. ¶ ᄃᆞᆯ 현:懸(類合下*46*).

ᄃᆞᆯ다2타 〈옛〉달다2. 저울에 달다. ¶ ᄀᆞᅀᆡ 업서 ᄃᆞᆯ며 혜디 몯ᄒᆞ리라(金剛上*25*).

ᄃᆞᆯ다3형 〈옛〉달다4. ¶ ᄃᆞᆯ 감:甘(訓蒙下*14*).

ᄃᆞᆯ외1명 〈옛〉다리3. ¶ ᄃᆞᆯ외 피:髲(訓蒙中*25*).

ᄃᆞᆯ외2명 〈옛〉달래. ¶ 三月 나며 開ᄒᆞᆫ 아으 滿春 ᄃᆞᆯ욋 고지여(樂範.動動).

ᄃᆞᆯ이다자 〈옛〉달리다1. ¶ ᄃᆞᆯ일 티:馳(訓蒙下*9*).

ᄃᆞᆯ팡이명 〈옛〉달팽이. ¶ ᄃᆞᆯ팡이 과:蝸(訓蒙上*21*).

ᄃᆞᆯ히부 〈옛〉달게. ¶ 孔聖이 나죄 주구믈 ᄃᆞᆯ히 너기니(法華*6:145*).

ᄃᆞᆰ명 〈옛〉닭. ¶ ᄃᆞᆰ 계:鷄(訓蒙上*16*).

ᄃᆞᆰ의알명 〈옛〉달걀. ¶ 디ᄒᆞᆫ ᄡᆞᆨ ᄃᆞᆰ의알만 둥긔니(救簡*1:56*). 참ᄃᆞᆯᄀᆡ앐.

-ᄃᆞᆳ접미 〈옛〉-들. ¶ 아히ᄃᆞᆳ희 무로ᄆᆞᆯ 對答ᄒᆞ노니(杜初*8:39*).

ᄃᆞᆷ기다자 〈옛〉잠기다2. ¶ 믈 ᄃᆞᆷ길 함:涵(類合下*15*).

ᄃᆞᆺ의 〈옛〉①듯. ¶ 늣기ᄂᆞᆫ ᄃᆞᆺ 반기ᄂᆞᆫ ᄃᆞᆺ 님이신가 아니신가(鄭澈.思美人曲). ②곧. 하자마자 바로. ¶ 셜온님 보내ᄋᆞᆸ노니 가시ᄂᆞᆫ ᄃᆞᆺ 도셔오쇼셔(樂詞.가시리).

ᄃᆞᆺ다[ᄃᆞᅀᅡ·ᄃᆞᅀᆞ며]타ㅅ 〈옛〉사랑하다. ¶ 션비ᄅᆞᆯ ᄃᆞᅀᆞ실씨(龍歌*80*章). /믜디 아니ᄒᆞ며 ᄃᆞᆺ디 아니ᄒᆞ야(月釋*9:42*).

ᄃᆞᆺ오다타 〈옛〉사랑하다. ¶ 凄涼ᄒᆞᆫ 부듸 양ᄌᆞᄅᆞᆯ ᄃᆞᆺ오고(杜初*8:25*).

ᄃᆞᆺᄒᆞ다1형 〈옛〉다스하다. ¶ 溫은 ᄃᆞᆺᄒᆞᆯ씨라(月釋*2:34*).

ᄃᆞᆺᄒᆞ다2조형 〈옛〉듯하다. ¶ 다ᄅᆞᆫ ᄃᆞᆺᄒᆞ나(圓覺上一之二*55*).

ᄃᆞᆼᄀᆡ다타 〈옛〉당기다. ¶ ᄌᆞ녹ᄌᆞᄂᆞ기 ᄃᆞᆼᄀᆡ면(救解上*49*).

딕의 〈옛〉데. ¶ 아모 딕나 가고져 ᄒᆞ시면(月釋 1:26). 참듸.
딕골명 〈옛〉머리통. ¶ 뎡바깃 딕고리 구드시며(月釋2:55).
딕혀두다타 〈옛〉대어두다. 물대다. ¶ 道上無源水을 반만싼 딕혀두고(朴仁老.陋巷詞).
ㄸ자모 쌍디귿. 'ㄷ'의 된소리. 혀끝을 윗잇몸에 단단히 붙여 입길을 막았다가 떼면서 내는 안울림소리. 받침으로는 쓰이지 않음. * ㄸ이[쌍디그시]·ㄸ만[쌍디근–]
따갑다[–따][따가우니·따가워]형ㅂ ①몹시 더운 느낌이 있다. ¶ 햇볕이 따갑게 내리쬐는 초가을 한낮. 큰뜨겁다. ②찌르듯이 아픈 느낌이 있다. ¶ 벌에 쏘인 자리가 따갑다. ③(충고나 눈길·비판 따위가) 날카롭고 절실하게 마음을 찌르다. ¶ 친구의 따가운 충고가 내게 많은 도움이 되었다.
따-개명 병이나 깡통 따위의 뚜껑을 따는 기구.
따:귀명 〈빰따귀〉의 준말.
따까리명 '자질구레한 심부름을 도맡아 하는 사람'을 속되게 이르는 말. ¶ 따까리 노릇을 하다.
따깜-질명하자 큰 덩이에서 조금씩 뜯어내는 짓.
따끈-따끈부하형 매우 따끈한 모양. ¶ 따끈따끈한 아랫목. 큰뜨끈뜨끈. **따끈따끈-히**부.
따끈-하다형여 좀 따뜻한 느낌이 있다, 또는 따가울 만큼 덥다. ¶ 따끈한 커피. /숭늉이 따끈하다. 큰뜨끈하다. **따끈-히**부 ¶ 감기에 걸렸을 때는 몸을 따끈히 해라.
따끔부하형 ①찔리거나 꼬집히는 듯이 아픈 느낌. ¶ 가시에 찔린 데가 따끔하다. ②정신적으로 몹시 자극을 받아서 따가운 느낌. ¶ 따끔한 충고를 하다. 큰뜨끔. **따끔-히**부 ¶ 따끔히 타이르다.
따끔-거리다자 ①따가울 정도로 매우 더운 느낌이 자꾸 들다. ②강한 자극을 받아 따가운 느낌이 자꾸 들다. ¶ 다친 데가 따끔거리다. 따끔대다. 큰뜨끔거리다.
따끔-나리명 지난날, '순검(巡檢)'을 조롱조로 일컫던 말.
따끔-대다자 따끔거리다.
따끔-따끔부하형 계속 따끔한 느낌이 있는 상태. 여러 군데가 따끔한 느낌. ¶ 벌에 쏘인 곳이 따끔따끔 아프다. 큰뜨끔뜨끔. **따끔따끔-히**부.
따끔-령(–令)[–녕]명 (정신을 바짝 차리도록) 따끔하게 내리는 명령.
따낸-돌명 바둑에서, 따먹은 돌.
따:니명 돈치기의 한 가지. 두 사람 이상이 바람벽에 동전을 던져서 멀리 튀겨 나간 사람부터 차례로 돈이 떨어진 자리에 서서, 그 돈으로 다음 자리의 돈을 던져 맞혀서 따먹는 놀이.
따-님명 남을 높이어 그의 '딸'을 일컫는 말. 영애(令愛). 영양(令孃). ↔아드님.
따다[1]타 ①(자연적으로 달렸거나 붙었거나 돋은 것을) 잡아 떼다. ¶ 감을 따다. /고추를 따다. /미역을 따다. ②진집을 내거나 찔러서 터뜨리다. ¶ 종기를 따다. ③붙었거나 막힌 것을 뜯거나 트다. ¶ 병마개를 따다. /물꼬를 따다. ④(어떤 글이나 사실에서 필요한 부분을) 골라 뽑아 쓰다. ¶ 요점을 따다. /고향 이름을 딴 아호. ⑤(노름이나 내기 따위에서 이겨) 돈이나 물건을 손에 넣다. ¶ 돈을 따다. ⑥(자격이나 점수 따위를) 얻거나 받다. ¶ 학위를 따다. /100점을 따다. ⑦(전체에서) 한 부분을 떼어 내다. ¶ 모서리를 따다.
따 놓은 당상(堂上)속담 〔높은 벼슬자리는 이미 따 놓은 것이나 다름없다는 뜻으로〕 일이 이미 확실하여 변동이 있을 수 없을 때나 이미 자기 차지가 될 것이 틀림이 없음을 이르는 말.
따다[2]타 ①찾아온 사람을 핑계를 대고 만나 주지 않다. ¶ 손님을 따다. ②(필요하지 않거나 싫은 사람을 돌려내어) 그 일에 관계없게 하다. ¶ 저 애는 따고 우리만 멱 감으러 가자. 참따돌리다.
따다[3]형 '다르다'의 방언.
따다닥부 (기관총 같은) 총기를 쏘는 소리.
따다-바리다타 ①따 내어 죽 벌여 놓다. ②얄밉게 이야기를 꺼내어 죽 늘어놓다. ¶ 부아난 사람 앞에서 따다바리지 마라.
따다-발리다타 '따다바리다'의 잘못.
따닥-따닥부하형 〈다닥다닥〉의 센말.
따독-이다타 〈다독이다〉의 센말.
따-돌리다타 ①(어떤 일에서) 밉거나 싫은 사람을 멀리하거나 떼 내어 관계를 못하게 하다. ¶ 너무 잘난 체하니까 모두들 그를 따돌린다. ②찾아오거나 뒤따르는 사람을 슬쩍 떼어 버리다. ¶ 빚쟁이를 따돌리다. 참따다[2].
따돌림명 따돌리는 일. ¶ 따돌림을 당하다.
따들싹-하다[1][–싸카–]형여 ①(덮거나 가린 것이) 약간 떠들려 있다. ②(붙여 놓은 것이 떨어져) 한쪽이 좀 부풀거나 일어나 있다. ¶ 장판이 조금 따들싹하다. 큰떠들썩하다[1].
따들싹-하다[2][–싸카–]형여 ①떠드는 소리가 약간 시끄럽다. ②(그리 요란하지는 않으나) 소문이 왁자하다. 큰떠들썩하다[2].
따듬-거리다자타 〈다듬거리다〉의 센말. 따듬대다. ¶ 말을 따듬거리다. 큰떠듬거리다.
따듬-대다자타 따듬거리다.
따듬-따듬부하자.타 〈다듬다듬〉의 센말. ¶ 책을 따듬따듬 읽어 나가다. 큰떠듬떠듬.
따듬작-거리다[–꺼–]타 〈다듬작거리다〉의 센말. 따듬작대다. 큰떠듬적거리다.
따듬작-대다[–때–]타 따듬작거리다.
따듬작-따듬작부하타 〈다듬작다듬작〉의 센말. 큰떠듬적떠듬적.
따듯-하다[–드타–]형여 〔'따뜻하다'를 부드럽게 이르는 말로〕 좀 따뜻하다. ¶ 따듯한 봄날씨. 큰뜨듯하다. **따듯-이**부.
따따따부 나팔을 부는 소리.
따따부따부하자 딱딱한 말로 이러쿵저러쿵 따지는 모양. ¶ 왜 사사건건 따따부따하는 거야?
따뜻-하다[–뜨타–]형여 ①기분 좋을 만큼 알맞게 덥다. ¶ 따뜻한 차 한 잔. 큰뜨뜻하다. ②(오고 가는 정이) 부드럽고 포근하다. ¶ 따뜻한 마음씨. ↔차다[4]. **따뜻-이**부 ¶ 잘못을 따뜻이 감싸 주다.
따라조 '그날'·'오늘' 따위 시간을 나타내는 일부 명사에 붙어, '여느 때와 달리 별나게'의 뜻을 나타내는 보조사. ¶ 그날따라 비가 억수로 쏟아졌다.
따라-가다자타 ①앞선 것을 바짝 뒤따르다. ②남이 하는 짓이나 시키는 대로 좇아 하다. ¶ 자식은 부모를 따라가는 법이다. ③(선이나 길 따위를) 그대로 밟아 가다. ¶ 둑을 따라가다.
따라-나서다타 남이 가는 대로 좇아 나서다. ¶ 동생은 어머니를 따라나섰다.
따라-다니다타 (누구 또는 무엇의 뒤를) 좇아 다니거나 붙어 다니다. ¶ 강아지가 소녀의 뒤를 따라다닌다. /권리와 의무는 서로 따라다니는 법이다.

따라-먹다타 '앞지르다'의 잘못.
따라-붙다[-붇따]자타 ①앞선 것을 좇아가서 바싹 뒤따르다. ②현상·물건·사람 따위가 늘 붙어 다니다. ¶ 독재자라는 별명이 김 과장에게 늘 따라붙어 다녔다.
따라서부 〔앞의 말을 받아서〕 '그러므로', '그렇기 때문에'의 뜻을 나타내는 접속 부사. ¶ 과음은 몸에 해롭다. 따라서 과음은 삼가야 한다. /값이 싸니, 따라서 찾는 손님도 많다.
따라-서다타 ①뒤에서 쫓아가서 나란히 되다. ②본받아서 따라나서다.
따라-오다타 ①남의 뒤를 좇아오다. ¶ 가는 길을 잘 모르거든 날 따라오시오. ②남이 하는 대로 좇아 하다. 본떠서 그대로 하다.
따라-잡다[-따]타 ①뒤따라가던 것이 앞서간 것이 있는 데까지 이르다. ¶ 앞서 달리는 사람을 힘겹게 따라잡았다. ②정도나 수준이 앞선 것을 뒤따라가서 그와 같은 상태에 미치다. ¶ 제조 기술이 선진국 수준을 따라잡다.
따라잡-히다[-자피-]자 〖'따라잡다'의 피동〗 따라잡음을 당하다. ¶ 뒤차에 따라잡히다.
따라지명 ①몸집이 작아 보잘것없는 사람. 딸보. 주유(侏儒). ②노름판에서 '한 끗'을 이르는 말. ③따분하고 한심한 처지에 놓여 있는 사람.
따라지-신세(-身世)명 노름에서 삼팔따라지를 잡은 신세라는 뜻으로, 하찮고 따분한 신세를 이르는 말.
따로부 ①(한데 섞이거나 어울리지 않고) 떨어져서. 서로 달리. ¶ 따로 놀다. /따로 나가 살다. ②딴 갈래로. 별도로. 보통과는 다르게. ¶ 생기는 데가 따로 있다. /천재가 따로 있는 것은 아니다.
따로-국밥[-빱]명 밥을 국에 말지 않고 다른 그릇에 담아 내는 국밥.
따로-나다타 (함께 살던 가족의 일부가) 딴살림을 차려서 나가다.
따로내다타 〖'따로나다'의 사동〗 (함께 살던 가족의 일부를) 딴살림을 차려서 나가게 하다. ¶ 외아들이지만 장가들여 살림을 따로내 주었다.
따로-따로[1]부 저마다 따로. 각각 달리. ¶ 따로따로 포장된 물건.
따로-따로[2]감 〈따로따로따따로〉의 준말.
따로따로-따따로감 ☞섬마섬마. 준따로따로[2].
따로-서다자 (어린아이가) 남에게 기대지 않고 저 혼자 서다. ¶ 돌도 안 된 아기가 따로서다.
따르다[1][따르니·따라]자타 ①남의 뒤를 좇다. ¶ 나를 따르라. ②앞선 것을 좇다. ③남을 좋아하여 가까이 붙좇다. ¶ 친형처럼 따르다. ④어떤 것을 본떠서 그대로 하다. ¶ 전례에 따르다. ⑤아울러 이루어지거나 함께 나아가다. ¶ 성공은 노력을 따라 온다. ⑥결정되거나 시키는 대로 좇아 하다. ¶ 지시에 따르다. ⑦어떤 것을 저마다 근거로 삼다. 《주로, '따라(서)'·'따른'·'따르면'의 꼴로 쓰임.》 ¶ 학자에 따라 견해가 다르다. ⑧나란히 같이 움직이다. 《주로, '따라(서)'의 꼴로 쓰임.》 ¶ 강을 따라 내려가다. /해안을 따라서 올라가다.
따르다[2][따르니·따라]타 (그릇을 기울여) 액체나 가루 따위를 흐르게 하다. ¶ 술을 술잔에 따르다.
따르르부하자 〈다르르〉의 센말. 큰뜨르르.
따르릉부하자 (전화기나 자전거 따위의) 작은 종이 울리는 소리.
따름의 용언의 어미 '-ㄹ'이나 '-을' 뒤에 쓰이어, '그뿐'의 뜻을 나타내는 말. ¶ 오직 최선을 다할 따름이다.
따름-수(-數)[-쑤]명 ☞함수(函數).
따리[1]명 선박의 키에서, 물속에 잠기는 아랫부분에 달린 넓적한 나무판.
따ː리[2]명 알랑거리는 말. 아첨하는 짓.
따리(를) 붙이다관용 (남의 환심을 사려고) 알랑거리는 말로 비위를 맞추다. 살살 꾀다. 아첨하다.
따ː리-꾼명 따리를 잘 붙이는 사람.
따-먹다[-따]타 ①바둑이나 장기 따위를 둘 때, 상대편의 말이나 돈을 얻다. ¶ 상대편의 차(車)를 따먹고 장을 불렀다. ②'여자의 정조를 빼앗다'를 속되게 이르는 말.
따발-총(-銃)명 '소련제 기관 단총'을 속되게 이르는 말.
따분-하다형여 ①싫증 나고 지겹다. 지루하고 답답하다. ¶ 따분한 이야기. ②하는 일이 없거나 단조로워 심심하다. ¶ 신세가 따분하다. ③착까부라져서 기운이 없다. 맥이 풀려 느른하다. ④어렵고 딱하다. ¶ 뭐라고 대답해야 할지 따분하다. **따분-히**부.
따비명 풀뿌리를 뽑거나 밭갈이를 하는 데 쓰이는 농기구의 한 가지. 쟁기와 비슷하나 좀 작고 보습이 좁음.
따비-밭[-받]명 따비로나 갈 만한 좁은 밭. *따비밭이[-바치]·따비밭을[-바틀]·따비밭만[-반-]
따사-롭다[-따][~로우니·~로워]형ㅂ 〈다사롭다〉의 센말.
따사-하다형여 〈다사하다〉의 센말. 큰따스하다.
따스-하다형여 〈다스하다〉의 센말. 큰뜨스하다. 작따사하다.
따습다[-따][따스우니·따스워]형ㅂ 〈다습다〉의 센말. 큰뜨습다.
따오기명 저어새과의 새. 산골의 무논이나 연못에 사는데 해오라기와 비슷함. 몸빛은 흰색과 회색의 두 종류이고, 길고 검은 부리는 밑으로 구붓함. 4~5월에 나무 위에 집을 짓고 두세 개의 알을 낳음. 천연기념물 제198호. 주로(朱鷺).
따-오다타 남의 글이나 말 가운데서 필요한 부분을 가져오다. ¶ 그 노래의 제목을 시의 한 구절에서 따왔다.
따옥-따옥부 따오기가 우는 소리.
따옴-말명 ☞인용어.
따옴-월명 ☞인용문.
따옴-표(-標)명 문장 부호의 한 가지. 겹낫표·낫표·작은따옴표·큰따옴표를 통틀어 이르는 말. 인용부(引用符).
따위의 ①《명사 뒤에 쓰이어》 보기를 들어서, 그 보기가 대표하는 부류(종류)임을 나타내는 말. 등. 들. ¶ 쌀·보리·밀 따위가 곡식이다. ②사람·사물·정도 등을 비웃거나 얕잡아 이르는 말. ¶ 뭐 이 따위가 있어?/그 따위 실력으론 어림없다.
따-잡다[-따]타 따져서 엄하게 다잡다. ¶ 수사관들은 범인을 따잡고 몰아세웠다.
따지기명 얼었던 땅이 풀리기 시작하는 이른 봄무렵. 해토머리.
따지다타 ①옳고 그름을 밝히어 가르다. ¶ 잘잘못을 따지다. ②샅샅이 캐어묻다. ¶ 배후 관계를 따지다. ③구체적으로 낱낱이 셈하다. ¶ 이자를 따지다. ④차근차근 헤아려 검토하다. ¶ 잘 따져 보고 시작해라.

따짝-거리다[-꺼-]타 자꾸 따짝따짝하다. 따짝대다. 큰뜯적거리다.

따짝-대다[-때-]타 따짝거리다.

따짝-따짝부하타 (손톱이나 날카로운 물건 따위로) 좀스레 자꾸 뜯거나 갉아서 진집을 내는 모양. 큰뜯적뜯적.

딱1부 ①단단하고 가벼운 물건이 서로 부딪치는 소리. ¶ 손뼉을 딱 치다. /이마가 문설주에 딱 하고 부딪혔다. ②가늘고 단단한 것이 부러지면서 나는 소리, 또는 그 모양. ¶ 막대기가 딱 하고 부러지다. ③단단한 것을 좀 세게 한 번 두드리는 소리. 큰떡3·뚝1. 참탁2. **딱-딱**부하자타.

딱2부 ①무엇이 단단히 달라붙는 모양. ¶ 장판지가 방바닥에 딱 달라붙었다. ②순간적으로 아주 막혀 버리는 모양. ¶ 길이 딱 막히다. /너무 놀라니까 말문이 딱 막히더라. ③계속되던 것이 갑자기 그치는 모양. ¶ 울음을 딱 그치다. 큰뚝2. ④정확히 잘 들어맞는 모양. ¶ 예언이 딱 맞다. /그릇의 이가 딱 맞다. /눈길이 딱 마주치다. ⑤활짝 바라지거나 크게 벌리는 모양. ¶ 주둥이를 딱 벌리다. /딱 바라진 어깨. ⑥버티는 자세가 굳센 모양. ¶ 딱 버티고 서서 길을 막다. ⑦바짝 갖다 대거나 마주 세게 붙이는 모양. ¶ 눈을 딱 감다. /벽에 귀를 딱 대고 엿듣다. 큰떡4.

딱3부 ①(행동이나 말을) 단호하게. ¶ 거래를 딱 끊다. /내가 한 일이 아니라고 딱 잡아떼다. 큰뚝3. ②(결과를 보이어) 아주. ¶ 술이라면 딱 질색이다. ③《아주 적은 수효 앞에 쓰이어》 한정해서 꼭. 그뿐. ¶ 딱 한 잔만 더 하자. /딱 두 개비의 담배.

딱따구리명 딱따구릿과의 새를 통틀어 이르는 말. 까마귀와 비슷하나, 삼림 지대에서 살며 대개 암수가 다른 빛임. 부리가 송곳처럼 곧고 뾰족하여 나무를 쪼아 구멍을 내고, 그 속의 벌레를 잡아먹는 익조(益鳥)임. 탁목조(啄木鳥).

딱따그르르부하자 〈닥다그르르〉의 센말. 큰떡떠그르르.

딱따글-딱따글부하자 〈닥다글닥다글〉의 센말. 큰떡떠글떡떠글.

딱따기1명 지난날, 밤에 도난이나 화재 등을 예방하기 위해 살피며 다닐 때 치던 나무토막.

딱따기2명 메뚜깃과의 곤충. 방아깨비와 비슷한데, 몸이 더 가늘고 길며, 몸빛은 황록색임. 날 때 '딱딱딱' 소리를 냄. 딱따깨비.

딱따깨비명 ☞딱따기2.

딱딱-거리다[-꺼-]자 딱딱한 말투로 자꾸 으르다. 딱딱대다. ¶ 돈푼이나 있다고 아무에게나 마구 딱딱거린다.

딱딱-대다[-때-]자 딱딱거리다.

딱딱-하다[-따카-]형여 ①물렁물렁하지 않고 굳어서 단단하다. ¶ 딱딱하게 굳은 떡. ②(태도나 말씨, 또는 분위기 따위가) 부드러운 맛이 없이 거세고 꺽꺽하다. ¶ 딱딱한 인사말. /숨이 막힐 듯이 딱딱한 분위기. **딱딱-히**부.

딱부리[-뿌-]명 〈눈딱부리〉의 준말.

딱-새[-쌔]명 딱샛과의 새. 몸길이 15 cm가량으로 참새보다 좀 큼. 번식기에는 깊은 산속에서 지내고 겨울에는 인가 근처나 도시 부근에 깃들이어 벌레를 잡아먹는 익조(益鳥)임.

딱-선(-扇)[-썬]명 접부채의 한 가지. 살이 적고 좀 거칢.

딱-성냥[-썽-]명 단단한 곳이면 아무 데나 그어도 불이 일어나게 만든 성냥.

딱장-대[-짱때]명 ①부드러운 맛이 없고 딱딱한 사람. ②성질이 사납고 굳센 사람.

딱장-받다[-짱-따]타 ①도둑을 때려서 그 죄를 불게 하다. ②낱낱이 캐묻고 따져서 잘못이나 죄를 털어놓게 하다.

딱정-벌레[-쩡-]명 딱정벌렛과의 곤충. 몸길이 1.3 cm가량. 몸빛은 금빛을 띤 녹색 또는 검은빛을 띤 붉은색으로 광택이 남. 촉각은 실 모양이고, 양쪽에 딱지날개가 붙어 있음. 밤에 다른 곤충을 잡아먹고 삶.

딱지[-찌]명 ①헌데나 상한 자리에 피나 진물이 말라붙어 생기는 껍질. ¶ 상처에 딱지가 앉다. ②종이에 붙은 티. ③게·소라·거북 따위의 몸을 싸고 있는 껍데기. ④몸시계나 손목시계의 겉뚜껑. ¶ 금딱지 시계.

딱지가 덜 떨어지다관용 아직 어린애 티를 덜 벗은 상태다.

딱지(-紙)[-찌]명 ①우표나 증지(證紙), 또는 어떤 마크를 그리거나 박은 종잇조각 등을 두루 이르는 말. ¶ 유명 업체의 딱지가 붙은 상품. ②〈놀이딱지〉의 준말. ③《주로 관형어의 수식을 받아》 어떤 사물에 대한 평가나 인정. ¶ 전과자라는 딱지가 붙다. /총각 딱지를 떼다. /임시 직원의 딱지를 떼고 정식 직원으로 승진했다. ④〈퇴짜〉의 속된 말. ¶ 딱지를 놓다. /딱지를 맞다. ⑤교통순경이 교통 법규를 어긴 사람에게 주는 벌금형의 처벌 서류. ¶ 과속으로 딱지를 떼다. ⑥'재개발 지역의 현지인들에게 주는 아파트 입주권'을 속되게 이르는 말.

딱지-날개[-찌-]명 갑충(甲蟲)의 겉날개. 〔속날개와 배를 보호함.〕 시초(翅鞘).

딱지-놀이(-紙-)[-찌-]명 놀이딱지를 가지고 노는 일.

딱지-붙임[-찌부침]명하자 얇은 널빤지에 풀을 칠하여 다른 두꺼운 데에 덧붙이는 일.

딱지-치기(-紙-)[-찌-]명하자 땅바닥에 놓인 종이 딱지를 서로 번갈아 가며 치다가 상대편 딱지가 뒤집혀지면 따먹는 어린이 놀이.

딱-총(-銃)명 ①불놀이 제구의 한 가지. 화약을 종이나 대통 같은 것의 속에 다져 넣고, 그 끝에 심지를 달고 불을 댕겨서 터지게 만듦. 지총. ②장난감 권총.

딱총-나무(-銃-)명 인동과의 낙엽 활엽 관목. 산기슭의 습지 및 골짜기에 나는데, 높이는 3 m가량. 잎은 깃모양 겹잎이며 톱니가 있음. 5월경에 황록색 꽃이 피고, 둥근 열매는 9월경에 붉게 익음. 말린 가지는 약재, 어린잎은 식용함. 지렁이나무.

딱-하다[따카-]형여 ①(사정이나 형편이) 가엾고 애처롭다. ¶ 사정이 참 딱하다. ②처리하기가 어려워서 안타깝다. ¶ 돕지 못하여 딱하다. **딱-히**부.

딱-히[따키]부 확실히. 분명히. 정확히. 한마디로. ¶ 딱히 잘라 말할 수는 없으나 대개 그럴 것 같다.

딴:1명 〈딴꾼〉의 준말.

딴:2의 《주로 '딴은'·'딴에는'의 꼴로, 인칭 대명사 아래에 쓰이어》 '그 나름으로는 아무쪼록 잘한다는 생각으로'의 뜻을 나타냄. ¶ 제 딴에는 남을 위한답시고 한 모양이오.

딴3관 다른. ¶ 딴 고장의 풍속.

딴 주머니를 차다관용 다른 속셈을 가지고 있거나 다른 일을 꾀하다.

딴-것[-걷]명 다른 것. 별개(別個). ¶ 딴것으로 바꿔라. ＊딴것이[-거시]·딴것만[-건-]

딴-기(-氣)명 냅뜰 기운. 세찬 기운.

딴기-적다(-氣-)[-따]형 기력이 약해 냅뜰 기운이 없다.

딴꽃^가루받이[-꼳까-바지] 명 ☞타가 수분(他家受粉). ↔제꽃가루받이.

딴꽃^정받이(-精-)[-꼳쩡바지] 명 ☞타가 수정(他家受精). ↔제꽃정받이.

딴ː-꾼 명 ①지난날, 포도청에 매여서 포교의 심부름을 하며 도둑 잡는 일을 거들던 사람. 준딴[1]. ②'언행이 도리에 어긋나고 사나운 사람'을 달리 이르는 말.

딴따라 명 '연예인'을 얕잡아 이르는 말.

딴딴-하다 형여 〈단단하다〉의 센말. 큰뜬뜬하다.

딴-마음 명 ①다른 것을 생각하는 마음. ¶ 딴마음 먹지 마라. ②등지거나 저버릴 생각을 가진 마음. 이심(異心). 타심(他心). ¶ 딴마음을 품다.

딴-말 명하자 본뜻에 어그러지는 말. 아무 관계도 없는 말. 딴소리. ¶ 딴말만 늘어놓다.

딴말-쓰기 명 윷판 없이 서로 기억하여 말로만 말을 쓰며 하는 윷놀이.

딴-맛[-맏] 명 ①(본디의 맛과) 달라진 맛. ¶ 음식이 상해서 딴맛이 난다. ②색다른 맛. ¶ 삭막하지만 딴맛을 느끼게 하는 겨울 산. *딴맛이[-마시]·딴맛만[-만-]

딴-머리 명 여자의 본머리에 덧대어 얹는 머리털. ↔밑머리·본머리.

딴-사람 명 얼른 알아보지 못할 만큼 전과 달라진 사람. ¶ 딴사람처럼 몰라보게 자랐구나.

딴-살림 명하자 따로 한 세대를 이루어 사는 살림. ¶ 딴살림을 차리다.

딴-상투 명 자기의 머리털이 아닌 다른 머리털로 만들어 얹은 상투.

딴-생각 명하자 ①다른 데로 쓰는 생각. ¶ 바빠서 딴생각할 겨를이 없다. ②엉뚱한 생각. ¶ 엉큼하게 딴생각을 품다.

딴-소리 명하자 딴말.

딴-솥[-솓] 명 방고래와 상관없이 따로 걸어 놓고 쓰는 솥. *딴솥이[-소치]·딴솥을[-소틀]·딴솥만[-손-]

딴-요대(-腰帶)[-뇨-] 명 허리띠의 한 가지. 여러 실 가닥을 어슷비슷하게 땋아서 넓적하게 만들고, 두 끝에 땋아서 만든 술을 닮.

딴은 부 〔그리 말하거나 행동하는 것도 그럴 법한 일이라고 긍정하여〕 그러고 보니 그것은. 하기는 그것도. ¶ 딴은 그의 주장에도 일리는 있네.

딴-이 명 ①한글 자모 'ㅣ'가 다른 모음에 붙을 때의 일컬음. ②〔고어 표기법에서〕 '이' 이외의 모음 뒤에 쓰이던 격 조사 'ㅣ'의 일컬음. 〔홀 배(홀 바+ㅣ), 兵戈ㅣ(兵戈+ㅣ) 따위의 'ㅣ'.〕

딴-전(-廛) 명 〔'엉뚱한 딴 가게'라는 뜻으로〕 《'보다·벌이다·부리다' 따위와 함께 쓰이어》 '어떤 일과 아무 관련도 없는 딴말이나 짓'을 뜻함. 딴청. ¶ 회의장에서 왜 딴전을 벌이나?/남의 말은 듣지 않고 딴전만 본다./딴전 부리지 마라./요구하는 말에 동문서답하듯 딴전만 피웠다.

딴죽 명 씨름 따위에서, 상대편의 다리를 옆으로 쳐서 쓰러뜨리는 수.

딴죽(을) 치다〔걸다〕 관용 이미 동의하거나 약속했던 일을 딴전 부리며 어기다.

딴-채 명 본채와 따로 떼어 지은 집채. 별채.

딴-청 명 ☞딴전.

딴-판 명 ①전혀 다른 판국이나 형세. ¶ 듣던 바와는 영 딴판이다. ②아주 다른 모습이나 태도. ¶ 쌍둥이인데도 생김새는 딴판으로 다르다.

딸 명 여자로 태어난 자식. 여식(女息). ↔아들.

딸 없는 사위 속담 ①인연이나 관계가 끊어져서 정이 멀어졌다는 말. ②쓸데없이 된 물건을 이르는 말.

딸가닥 부하자타 〈달가닥〉의 센말. 큰떨거덕. 센딸까닥.

딸가당 부하자타 〈달가당〉의 센말. 큰떨거덩. 센딸까당.

딸각 부하자타 〈달각〉의 센말. 큰떨걱. 센딸깍.

딸각-발이 명 '딸깍발이'의 잘못.

딸강 부하자타 〈달강〉의 센말. 큰떨겅. 센딸깡.

딸그락 부하자타 〈달그락〉의 센말. 큰떨그럭.

딸그랑 부하자타 〈달그랑〉의 센말. 큰떨그렁.

딸ː기 명 ①장미과의 다년초. 과실의 한 가지로 재배됨. 잎은 뿌리에서 나오며 잎꼭지가 길고 가장자리에 톱니가 있음. 5~6월에 흰 꽃이 피고, 꽃턱이 발달한 열매는 동글거나 길둥글며 붉게 익음. ②나무딸기·양딸기 등을 통틀어 이르는 말.

딸ː기-술 명 ①딸기를 설탕에 재어 발효시켜 만든 술. ②딸기의 즙을 넣어 만든 술.

딸ː기-코 명 코끝이 딸기처럼 빨갛게 된 코.

딸ː기-혀 명 ☞매설(莓舌).

딸ː깃-물[-긴-] 명 딸기에서 짜낸 즙액.

딸까닥 부하자타 〈달가닥〉·〈달까닥〉·〈딸가닥〉의 센말. 큰떨꺼덕.

딸까당 부하자타 〈달가당〉·〈달까당〉·〈딸가당〉의 센말. 큰떨꺼덩.

딸깍 부하자타 〈달각〉·〈달깍〉·〈딸각〉의 센말. 큰떨꺽.

딸깍-발이[-빠리] 명 〔신이 없어서 마른날에도 나막신만 신는다는 뜻으로〕 '가난한 선비'를 이르는 말.

딸깡 부하자타 〈달강〉·〈달깡〉·〈딸강〉의 센말. 큰떨껑.

딸꼭-단추 명 '똑딱단추'의 잘못.

딸꾹 부 딸꾹질하는 소리. **딸꾹-딸꾹** 부하자.

딸꾹-거리다[-꺼-] 자 자꾸 딸꾹딸꾹하다. 딸꾹대다.

딸꾹-대다[-때-] 자 딸꾹거리다.

딸꾹-질[-찔] 명하자 횡격막을 비롯하여 호흡 작용을 돕는 근육이 갑자기 경련을 일으켜서 성문(聲門)이 열려 소리를 내는 현상. 애역(呃逆).

딸-내미[-래-] 명 '딸'을 귀엽게 이르는 말.

딸-년[-련] 명 남 앞에서 자기의 '딸자식'을 낮추어 이르는 말.

딸딸 부하자타 〈달달[2]〉의 센말. 큰떨떨.

딸딸-이 명 ①자명종이나 전종(電鐘)에서 종을 때려 소리를 내는 작은 쇠방울. ②〈삼륜차〉·〈경운기〉의 속된 말. ③〈수음(手淫)〉의 속된 말.

딸랑 부하자타 〈달랑[1]〉의 센말. 큰떨렁.

딸랑-이 명 흔들면 딸랑딸랑 소리가 나게 만든 어린아이의 장난감.

딸리다[1] 자 매이다. 속하다. 붙어 있다. ¶ 딸린 식구가 많다./조수(助手)가 딸려 있다.

딸리다[2] 자 '달리다[2]'의 잘못.

딸림-마디 명 ☞종속절.

딸림-음(-音) 명 으뜸음의 5도 위에 있는 음. 〔으뜸음 다음으로 중요함.〕 속음(屬音). 도미넌트. 참으뜸음·버금딸림음.

딸막-거리다[-꺼-] 타 〈달막거리다[2]〉의 센말. 딸막대다. 큰뜰먹거리다.

딸막-대다[-때-] 타 딸막거리다.

딸막-딸막[부][하자타] 〈달막달막〉의 센말. [큰]뜰먹뜰먹.

딸막-이다[타] 〈달막이다〉의 센말. [큰]뜰먹이다.

딸ː보[명] ①속이 좁고 너그럽지 못한 사람. ②☞따라지.

딸싹-거리다[-꺼-][자타] 〈달싹거리다〉의 센말. 딸싹대다. [큰]뜰썩거리다.

딸싹-대다[-때-][자타] 딸싹거리다.

딸싹-딸싹[부][하자타] 〈달싹달싹〉의 센말. [큰]뜰썩뜰썩.

딸싹-이다[자타] 〈달싹이다〉의 센말. [큰]뜰썩이다.

딸-아이[명] ①남 앞에서 자기의 '딸'을 이르는 말. ②딸로 태어난 아이. [준]딸애. ↔아들아이.

딸-애[명] 〈딸아이〉의 준말.

딸-자식(-子息)[명] ①남 앞에서 자기의 '딸'을 이르는 말. ②남의 '딸'을 예사로이 이르는 말. ↔아들자식.

딸카닥[부][하자타] 〈달카닥〉의 센말. [큰]떨커덕.

딸카당[부][하자타] 〈달카당〉의 센말. [큰]떨커덩.

딸칵[부][하자타] 〈달칵〉의 센말. [큰]떨컥.

딸캉[부][하자타] 〈달캉〉의 센말. [큰]떨컹.

땀¹[명] ①사람이나 동물의 땀샘에서 분비되는 찝찔한 액체. 〔체온 조절의 작용을 하나, 정신적 긴장에 의해 나오기도 함.〕 ¶ 땀에 절은 옷. / 땀을 뻘뻘 흘리다. ②'노력이나 수고'를 비유하여 이르는 말. ¶ 땀의 대가로 얻은 결과.

땀(을) 빼다[관용] 몹시 어렵거나 힘든 경우를 당하여 크게 곤란을 겪다. ¶ 혼자 이사하느라고 땀을 뺐다.

땀이 빠지다[관용] 몹시 힘들거나 어려워서 애를 많이 쓰다.

땀²[명] 바느질할 때에 바늘을 한 번 뜬, 그 눈.

땀-구멍[-꾸-][명] 몸 안으로부터 몸 밖으로 땀을 내보내는 살갗의 구멍.

땀-국[-꾹][명] '때가 낀 옷이나 몸 따위에 흠뻑 젖은 땀'을 비유하여 이르는 말.

땀-기(-氣)[-끼][명] 땀이 좀 나는 기운. ¶ 등골에 깐깐하게 땀기가 있다.

땀-나다[자] 몹시 힘이 들거나 애가 쓰이다. ¶ 무슨 덕을 보겠다고 땀날 짓을 자청하느냐?

땀-내[명] 땀에 젖은 옷이나 몸에서 나는 냄새. 땀에서 나는 냄새.

땀-등거리[-뜽-][명] 여름에 땀을 받아 내기 위하여 베나 모시로 지어 가슴과 등에만 걸치는 땀받이 옷.

땀땀-이[부] (바느질할 때) 바늘로 뜬 땀마다. ¶ 땀땀이 떠 갈 적에 수미(首尾)가 상응(相應)하고 솔솔이 붙여 내매 조화(造化)가 무궁하다(兪氏夫人.弔針文).

땀-띠[명] 땀을 너무 많이 흘려 피부가 자극되어 생기는 발진. 〔좁쌀알 모양으로 돋고 붉은빛을 띠나 때로는 무색일 경우도 있으며, 가렵고 따끔따끔함.〕 한진(汗疹).

땀-받이[-바지][명] 땀을 받아 내려고 껴입는 속옷, 또는 옷 속에 받친 헝겊. 한의(汗衣).

땀-방울[-빵-][명] 구슬같이 된 땀의 덩이. 땀의 물방울. ¶ 땀방울이 송골송골 맺히다.

땀-복(-服)[명] 땀을 내기 위하여 입는 옷.

땀-샘[명] 피부의 진피나 결체 조직 안에 있는, 땀을 분비하고 체온을 조절하는 외분비샘. 한선.

땀-수(-數)[-쑤][명] 바느질의 땀의 수.

땀-수건(-手巾)[-쑤-][명] 땀을 닦는 데 쓰는 수건.

땀지근-하다[형][여] 느리고 느긋하게 땀직하다. [큰]뜸지근하다.

땀직-땀직[부][하형] 한결같이 땀직한 모양. [큰]뜸직뜸직.

땀직-하다[-지카-][형][여] (말이나 행동이) 겉보기보다는 무게 있어 보이다. ¶ 하는 짓이 땀직하여 밉지가 않다. [큰]뜸직하다. **땀직-이**[부].

땀-질[명][하타] (조각이나 소목 일 등에서) 끌이나 칼로 쓸데없는 부분을 따 내는 것.

땃-두릅나무[딴뚜릅-][명] 두릅나뭇과의 낙엽 활엽 관목. 깊은 산의 숲 속에서 남. 줄기에 바늘 모양의 가시가 빽빽하고 잎은 손바닥 모양임. 6월에 황록색 꽃이 핌. 어린순은 식용하고, 줄기와 가지는 약재로 씀.

땃두릅-나물[딴뚜릅-][명] ①두릅나뭇과의 다년초. 산에 나는데, 줄기는 2 m 이상. 한여름에 담녹색 꽃이 줄기 끝에 핌. 뿌리는 약재로 쓰고, 어린 줄기와 싹은 데쳐서 무쳐 먹음. ②땃두릅나무의 어린순. 토당귀(土當歸).

땅¹[명] ①강이나 바다를 제외한 지구의 겉면. 뭍. 육지. ②☞영토(領土). 영지(領地). ¶ 만주는 본디 우리 땅이다. ③'논밭'을 두루 이르는 말. ¶ 땅을 팔아 학비를 대다. ④곳. 지방. ¶ 강원도 땅에는 감자가 많이 난다. ⑤토양. ¶ 땅이 기름지다. ⑥토지나 택지.

땅 짚고 헤엄치기[속담] 매우 쉽다는 말. ¶ 읽기야 땅 짚고 헤엄치기지, 쓰기가 어려워서 그렇지.

땅에 떨어지다[관용] 권위·명성·시세 따위가 아주 떨어지다. 쇠하다. ¶ 그 사건 이후 그녀에 대한 신뢰가 땅에 떨어졌다.

땅(을) 파먹다[관용] 농사를 짓거나 광산 일로 살아가다.

땅²[부] ①쇠망치 같은 것으로 철판 따위를 세게 두드렸을 때와 같이 울리어 나는 소리. [큰]떵. ②총포를 쏠 때 나는 소리. ¶ 권총을 땅 쏘다. [참]탕³. **땅-땅**[부][하자타].

땅-가뢰[-까뢰/-까뤠][명] 땅속에 사는 가뢰. [참]가뢰.

땅-가림[명] 그루를 타는 일. [참]기지(忌地).

땅-가물[명] 가물어서 푸성귀들이 마르는 재앙. ¶ 땅가물이 들어 밭농사가 결딴났다.

땅-값[-깝][명] ①땅의 값. ¶ 땅값이 떨어지다. ②땅을 빌려 사용할 경우에 내는 돈. * 땅값이[-깝씨]·땅값만[-깜-]

땅-강아지[-깡-][명] 땅강아짓과의 곤충. 땅속에 살며 귀뚜라미와 비슷한데, 몸길이 3 cm가량. 몸빛은 다갈색 또는 흑갈색이고, 온몸에 잔털이 빽빽함. 짧은 날개로 날아다니며, 앞다리는 땅파기에 알맞음. 농작물의 뿌리나 싹을 갉아 먹는 해충임.

땅-개[-깨][명] ①키가 매우 작은 개. ②'키가 작고 됨됨이가 단단하며 잘 싸다니는 사람'을 속되게 이르는 말.

땅거미¹[명] 해가 진 뒤, 컴컴해질 때까지의 어스레한 동안. 박모(薄暮).

땅-거미²[-꺼-][명] 땅거밋과의 거미. 몸길이 1.5 cm가량이고 몸빛은 갈색임. 머리가 크고 턱이 앞으로 튀어나와 있음. 마른 땅속이나 나무줄기 밑에 대롱 모양의 집을 짓고 삶.

땅-걸[-껄][명] 〔뒤집힌 '걸'이라는 뜻으로〕 윷놀이에서, '도'를 장난으로 이르는 말.

땅-고름[명][하자] 땅바닥을 평평히 고르는 일.

땅-고집(-固執)[-꼬-][명] 융통성이 없는 지나친 고집. ¶ 땅고집을 부리다.

땅-광[-꽝][명] 뜰이나 집채 아래에 땅을 파서 만든 광. 지하실(地下室).

땅-굴(-窟)[-꿀]명 ①땅속으로 뚫린 굴. ②땅을 파서 굴과 같이 만든 큰 구덩이. 토굴(土窟). ¶ 무를 땅굴 속에 묻어 두다.
땅-그네명 땅에 기둥을 세우고 맨 그네.
땅기다자 몹시 켕기어지다. ¶ 상처가 땅기다. /얼굴이 땅기다. /종아리가 땅기다.
땅-기운[-끼-]명 땅에서 나오는 기운.
땅-까불명하자 암탉이 혼자서 땅바닥에 대고 홀레하는 짓.
땅-꼬마명 키가 몹시 작은 사람을 놀림조로 이르는 말.
땅-꾼명 뱀을 잡아 파는 사람.
땅-내명 땅에서 나는 냄새. 흙냄새.
땅내가 고소[구수]하다속담 오래지 않아 죽을 것 같은 느낌이 들다.
땅내(를) 맡다관용 ①옮겨 심은 식물이 뿌리를 내리다. ②동물이 그 땅에서 삶을 얻다.
땅-덩어리[-떵-]명 ☞땅덩이.
땅-덩이[-떵-]명 〔땅의 큰 덩이라는 뜻으로〕 국토·대륙·지구 등을 이르는 말. 땅덩어리.
땅-두멍[-뚜-]명 도자기 만드는 흙의 앙금을 가라앉히기 위하여 땅을 파서 만든 구덩이.
땅딸막-하다[-마카-]형여 키가 앙바틈하다. 키가 작고 몸집이 옆으로 딱 바라지다. ¶ 땅딸막한 체구.
땅딸-보명 '땅딸막한 사람'을 얕잡아 이르는 말.
땅땅부 ①헛된 장담을 하는 모양. ¶ 공연한 큰소리를 땅땅 치고 있군. 참탕탕. ②위세를 보이며 으르대는 모양. 큰떵떵.
땅땅-거리다[1]자타 자꾸 땅땅 소리가 나다, 또는 그런 소리를 내다. 땅땅대다[1]. 큰떵떵거리다[1].
땅땅-거리다[2]자 (권력이나 재산이 많아) 뽐내면서 호화롭게 거들먹거리며 살다. 아무 근심 걱정이 없이 큰소리치며 살다. 땅땅대다[2]. ¶ 부모가 물려준 재산으로 땅땅거리며 산다. 큰떵떵거리다[2].
땅땅-대다[1]자타 ☞땅땅거리다[1].
땅땅-대다[2]자 ☞땅땅거리다[2].
땅-뙈기명 얼마 되지 않는 논밭의 조각. ¶ 땅뙈기나 부쳐 먹고 산다.
땅-뜀[-뜀]명 무거운 것을 들어 땅에서 뜨게 하는 짓. ¶ 무거워서 겨우 땅뜀을 할 정도이다.
땅뜀도 못하다관용 ①조금도 알아내지 못하다. ②아예 생각조차 못하다.
땅-마지기명 몇 마지기의 논밭.
땅-문서(-文書)명 땅의 소유권(所有權)을 등기 증명한 문서.
땅-바닥[-빠-]명 ①땅의 거죽. 지면(地面). ¶ 땅바닥을 파다. ②땅의 맨바닥. ¶ 땅바닥에 주저앉다.
땅-버들[-뻐-]명 ☞갯버들.
땅-버섯[-뻐섣]명 '땅에서 나는 버섯'을 통틀어 이르는 말. *땅버섯이[-뻐서시]·땅버섯만[-뻐선-]
땅-벌[-뻘]명 '땅속에 집을 짓고 사는 벌'을 통틀어 이르는 말. 토봉(土蜂).
땅-벌레[-뻘-]명 땅풍뎅이의 유충.
땅-보탬명하자 '사람이 죽어서 땅에 묻힘'을 이르는 말.
땅-볼[-뽈]명 (낫질할 때) 낫의 날이 땅 쪽으로 닿는 면.
땅-볼ː(-ball)명 축구나 야구 경기에서, 땅 위로 굴러 가도록 차거나 친 공.
땅-뺏기[-뺃끼]명 아이들 놀이의 한 가지. 말을 튕겨 지경을 그어 가며 상대편 땅을 뺏어 나가는 놀이.
땅-설법(-說法)[-뻡]명하자 중들이 땅 위에서 하는 여흥(餘興)의 한 가지. 삼회향(三回向).
땅-속[-쏙]명 땅 밑. 지하(地下).
땅속-뿌리[-쏙-]명 땅속에 묻혀 있는 식물의 뿌리. 지하근(地下根).
땅속-줄기[-쏙쭐-]명 땅속에 묻혀 있는 식물의 줄기. 뿌리와 비슷하나 관다발의 배열 양식이 다르며, 감자·양파·백합 따위가 이에 딸림. 지하경(地下莖). ↔땅위줄기.
땅-울림명하자 ①무거운 물건이 떨어지거나 지나갈 때 지면이 울려서 소리가 나는 일. ②지진이나 분화 때 지반이 흔들리는 일.
땅위-줄기명 땅 위로 나온 식물의 줄기. 지상경(地上莖). ↔땅속줄기.
땅-임자[-님-]명 (논밭 따위) 토지의 소유자.
땅-자리[-짜-]명 참외나 호박 같은 것의 거죽이 땅에 닿아 빛이 변한 부분.
땅-재먹기[-끼]명 어린이들의 놀이의 한 가지. 땅에 한 뼘씩의 금을 그어 제 땅으로 많이 차지하기를 겨루는 놀이.
땅-재주(←-才操)[-째-]명하자 광대가 땅 위에서 뛰어넘으며 부리는 재주.
땅-줄기[-쭐-]명 땅으로 뻗어 나간 줄기.
땅-콩명 콩과의 일년초. 브라질 원산의 재배 식물로 고온 건조지에 잘 자람. 줄기는 아랫부분에서 갈라져 사방으로 퍼짐. 여름에 나비 모양의 노란 꽃이 피고, 열매는 씨방이 땅속에서 자라 꼬투리로 맺음. 길둥근 씨에는 지방과 단백질이 많음. 호콩.
땅콩-기름명 땅콩에서 짠 기름. 낙화생유.
땅콩-버터ː(-butter)명 땅콩을 으깨어 이겨서 버터 모양으로 맛을 낸 식품.
땅-파기명 ①땅을 파는 일. ②'사리를 분간하지 못할 만큼 어리석은 사람, 또는 그런 사람과의 시비'를 비유하여 이르는 말. ¶ 이거야말로 땅파기일세, 아무리 설명해도 알아들어야 말이지.
땋ː다[따타]타 ①(머리털이나 실 따위를) 둘 이상의 가닥으로 갈라서 엇결어 짜 엮어 한 가닥으로 하다. ¶ 삼단 같은 머리를 땋아 늘이다. ②머리에 댕기를 끼워 드리다. *땋아[따-]·땋ː는[딴-]·땋ː소[따쏘]
때[1]명 ①시간의 어떤 점이나 부분. ¶ 아무 때나 오너라. /때는 바야흐로 봄이다. ②좋은 기회나 운수. 알맞은 시기. ¶ 때를 기다리다. ③끼니, 또는 끼니를 먹는 시간. ¶ 나가 놀다가도 때가 되면 들어와야지. ④어떤 경우. ¶ 꿈꿀 때. /생각날 때. ⑤시대. 연대. 그 당시. ¶ 신라 때의 보물. /어렸을 때.
때[2]명 ①몸이나 옷에 묻은 더러운 것. ¶ 옷에 때가 묻다. ②피부의 분비물과 먼지 따위가 섞이어 앉은 것. ¶ 때가 끼다. ③불순하고 속된 것. ¶ 몇 해 떠돌더니 때가 많이 묻었다. ④까닭없이 뒤집어쓴 더러운 이름. ¶ 도둑의 때를 벗다. ⑤어린 티나 시골티. ¶ 아직 때도 안 빠진 녀석이 주제넘게 설친다.
때(가) 타다관용 때가 묻다. (천 따위가) 때가 잘 끼다. ¶ 깨끗하기는 하나 쉽게 때가 타는 것이 흠이다.
때ː-가다자 〔'때어 가다'가 줄어서 된 말.〕 '잡히어 가다'를 속되게 이르는 말.
때각부하자타 〈대각〉의 센말. 큰떼걱. 센때깍.
때구루루부 〈대구루루〉의 센말. 큰떼구루루.
때굴-때굴부하자타 〈대굴대굴〉의 센말. 큰떼굴떼굴.
때그락부하자타 〈대그락〉의 센말. 큰떼그럭.

때그르르 부 하형 〈대그르르〉의 센말. 큰 띠그르르.
때글-때글 부 하형 〈대글대글〉의 센말. 큰 띠글띠글.
-때기 접미 신체 부위를 나타내는 명사 뒤에 붙어, 그 명사를 속되게 이르는 뜻을 나타냄. ¶ 귀때기. /배때기. /볼때기.
때-까치 명 때까칫과의 새. 까치보다 좀 작은데, 갈색 바탕에 날개는 검고 배는 감람색이며, 암컷은 가슴에 물결무늬가 있음. 부리가 날카롭고 성질이 사나움. 덤불 속이나 나뭇가지에 둥지를 틀고 삶.
때깍 부 하자타 〈대각〉·〈대깍〉·〈때각〉의 센말. 큰 떼꺽[1].
때깔 명 과일이나 피륙 따위의, 선뜻 눈에 비치는 맵시와 빛깔. ¶ 때깔이 좋다.
때꼭 감 술래잡기에서, 숨었던 아이가 잡히지 아니하고 제자리로 돌아오면서 술래를 놀리는 소리.
때-꼽 명 〈때꼽재기〉의 준말. ¶ 때꼽이 끼다.
때-꼽재기 [-째-] 명 더럽게 엉기어 붙은 때의 조각이나 부스러기. 준 때꼽.
때꾼-하다 형여 〈대꾼하다〉의 센말. 큰 떼꾼하다.
때-늦다 [-늗따] 형 ①정한 시간보다 늦다. ②마땅한 시기가 지나다. ¶ 손쓰기에 때늦은 감이 있다.
때ː다[1] 자 '죄지은 사람이 잡히다'를 속되게 이르는 말. 《주로, '때어'·'때'의 꼴로 쓰임.》 ¶ 도둑질하다 때어 갔다.
때ː다[2] 타 아궁이에 불을 지피어 타게 하다. ¶ 군불을 때다.
때ː다[3] 타 〈때우다〉의 준말.
때때 명 〈때때옷〉의 준말. 고까. 꼬까.
때때-로 부 가끔. 시시로. 간간이. ¶ 때때로 놀러 온다.
때때-신 명 알록달록하고 고운, 어린아이의 신. 고까신. 꼬까신.
때때-옷 [-옫] 명 알록달록한 빛깔로 곱게 지은 어린아이의 옷. 고까옷. 꼬까옷. 준 때때. * 때때옷이[-오시]·때때옷만[-온-]
때때-중 명 나이가 어린 중.
때려-내다 타 석기를 만들 때 돌로 쳐서 일정한 모양을 얻어 내다.
때려-누이다 타 ①주먹이나 몽둥이 따위로 쳐서 쓰러지게 하다. ②싸움에서 상대를 완전히 이기다. 때려눕히다.
때려-눕히다 [-누피-] 타 때려누이다.
때려-잡다 [-따] 타 ①때려서 잡다. ②상대편에게 결정적인 타격을 주어 다시 일어나지 못하게 하다. ¶ 도둑의 무리를 때려잡다.
때려-죽이다 타 (주먹이나 몽둥이 따위로) 때려서 죽이다.
때려-치우다 타 '그만두다' 또는 '결딴내다'를 속되게 이르는 말. ¶ 장사를 때려치우고 취직을 했다.
때-로 부 ①경우에 따라서. ¶ 사람이라 때로 실수할 수도 있지. ②이따금. ¶ 때로 보고 싶은 생각이 든다.
때리다 타 ①(사람·짐승·물건 같은 것을) 손이나 손에 든 물건으로 치다. ¶ 종아리를 때리다. ②(어떤 물체를) 세차게 치다. ¶ 뱃전을 때리는 파도. ③다른 사람의 잘못을 말이나 글로 날카롭게 비판하다. ¶ 근로자에 대한 기업주의 횡포를 신문에서 때리다. ④심한 충격을 주다. ¶ 가슴을 때리는 마지막 장면.
때리는 시어머니보다 말리는 시누이가 더 밉다 속담 겉으로는 위해 주는 척하면서 속으로는 해하려는 사람이 더 밉다는 말.

때림-끌 명 나무 자루 끝에 쇠가락지가 끼어 있는 끌. 나무에 구멍을 뚫는 데 씀.
때림-도끼 명 볼이 좁고 자루가 긴 도끼. 뗏목이나 굵은 장작을 패는 데 씀.
때-마침 부 그때에 마침. 바로 때맞춰. ¶ 때마침 비가 멎었다.
때-맞다 [-맏따] 형 때가 늦지도 이르지도 않아서 꼭 알맞다. 《주로, '때맞게'의 꼴로 쓰임.》 ¶ 때맞게 내린 비로 해갈이 되었다.
때-맞추다 [-맏-] 자 시기에 알맞도록 하다. 《주로, '때맞추어'의 꼴로 쓰임.》 ¶ 때맞추어 터진 안타.
때-매김 명 ☞시제(時制).
때문 의 《명사나 대명사 또는 어미 '-기'·'-은'·'-는'·'-던' 뒤에 쓰이어》 앞말이 어떤 일의 원인이나 까닭이 됨을 나타내는 말. ¶ 내가 행복한 것은 네가 있기 때문이다.
때-물 명 툭 트이거나 말쑥하게 잘생기지 못한 때깔. ¶ 때물을 벗다.
때-밀이 명 하자 목욕탕에서, 목욕하는 사람의 때를 밀어 주는 일을 업으로 하는 사람.
때-수건 (-手巾) 명 때가 잘 밀리도록 깔깔한 천 따위로 만든 수건.
때우다 타 ①뚫리거나 깨진 곳을 다른 조각으로 대어 막다. ¶ 구멍 난 냄비를 납으로 때우다. ②간단한 음식으로 끼니를 넘기다. ¶ 빵 한 조각으로 점심을 때우다. ③다른 방법이나 꾀를 써서 간단히 해치우다. ¶ 천 냥 빚을 말로 때우다. ④큰 액운을 작은 괴로움으로 면하다. ¶ 액운을 때우다. ⑤남는 시간을 다른 일로 보내다. ¶ 시간을 때우다. 준 때다[3].
때움-질 명 〈땜질〉의 본딧말.
때죽-나무 [-중-] 명 때죽나뭇과의 낙엽 활엽 교목. 산기슭이나 산 중턱의 양지에 나는데, 잎은 달걀 모양이며 어긋맞게 남. 늦봄에 흰 꽃이 늘어져 피고, 열매는 9월경에 익음. 우리나라 중부 및 일본·중국 등지에 분포함.
때-찔레 명 ☞해당화(海棠花).
땍대구루루 [-때-] 부 〈댁대구루루〉의 센말. 큰 떽데구루루.
땍때굴 부 〈댁대굴〉의 센말. 큰 떽떼굴.
땔ː-감 [-깜] 명 불을 때는 데 쓰이는 재료. 〔마른풀이나 나무·기름·석탄 따위.〕 땔거리. 연료.
땔ː-거리 [-꺼-] 명 ☞땔감.
땔ː-나무 [-라-] 명 하자 땔감이 되는 나무. 화목(火木). 시목(柴木). 준 나무.
땔ː나무-꾼 [-라-] 명 ①땔나무를 해 오는 나무꾼. ②'아주 순박하기만 한 사람'을 농조로 이르는 말.
땜ː[1] 명 하타 〈땜질〉의 준말.
땜ː[2] 명 하자 어떠한 액회(厄會)·액운(厄運)을 넘기거나, 또는 다른 고생으로 대신 겪는 일.
땜ː-납 (-鑞) 명 납땜에 쓰이는 합금재를 두루 이르는 말. 〔넓은 뜻으로 경랍(硬鑞)과 연랍을 아울러 이름.〕 납(鑞). 백랍(白鑞).
땜-인두 명 〈납땜인두〉의 준말.
땜ː-일 [-닐] 명 쇠붙이에 땜질하는 일.
땜ː-장이 명 땜일을 업으로 하는 사람.
땜ː-쟁이 명 연주창 따위로 해서 '목에 큰 흠이 있는 사람'을 농조로 이르는 말.
땜ː-질 명 하타 ①(깨어지거나 뚫어진 곳을) 때워 고치는 일. ¶ 구멍 난 양은 냄비를 땜질하다. ②(옷 따위의) 해어진 곳을 깁는 일. ¶ 양말 뒤축을 땜질하여 신다. ③임시방편으로 부분적으로 손질하는 일. ¶ 적당히 땜질해서 넘기다. 본 때움질. 준 땜[1].

땜:-통명 '흠집이 많은 머리'를 조롱조로 이르는 말.
땟-거리[때꺼-/땓꺼-]명 끼니를 때울 만한 먹을거리.
땟-국[때꾹/땓꾹]명 ①꾀죄죄하게 묻은 때. ¶ 땟국이 흐르는 속옷. ②☞땟물[1].
땟-물[1][땐-]명 때를 씻어 낸 더러운 물, 또는 때로 범벅이 된 땀이나 물기. 땟국. ¶ 땟물이 지다.
땟-물[2][땐-]명 겉으로 드러난 모습이나 몸매. ¶ 땟물이야 훤하다만.
땡[1]명 〈땡땡구리〉의 준말.
땡[2]부 〈댕〉의 센말. 큰띵.
땡-감명 덜 익어서 맛이 떫은 감.
땡강부하자타 〈댕강[1]〉의 센말. 큰뗑겅.
땡그랑부하자타 〈댕그랑〉의 센말. 큰뗑그렁.
땡글-땡글부하형 땡땡하고 둥글둥글한 모양.
땡땡[1]부하형 속에서 불어나서 겉으로 켕기는 모양. 큰띵띵[1]. 참탱탱.
땡땡[2]부하형 〈댕댕[1]〉의 센말. 큰띵띵[2].
땡땡-구리명 투전 따위의 노름에서 같은 짝 두 장을 뽑는 것. 준땡[1].
땡땡-이[1]명 ①땡땡 소리 나게 만든 아이들의 장난감. ②〈종(鐘)〉의 속된 말.
땡땡이[2]명 '감독자의 눈을 피해 게으름을 피우는 일'을 속되게 이르는 말.
땡땡이-중명 꽹과리를 치며 동냥을 다니는 중. 참탁발승.
땡땡이-치다타 '눈을 속여 게으름을 피우다'를 속되게 이르는 말.
땡-볕[-볃]명 따갑게 내리쬐는 뜨거운 볕. *땡볕이[-벼치]·땡볕을[-벼틀]·땡볕만[-변-]
땡-잡다[-따]자 뜻밖에 큰 행운이 생기다.
땡-처리(-處理)명하타되자 재고 제품을 떨이 형식으로 팔아넘기는 일.
땡추명 〈땡추중〉의 준말.
땡추-절명 '땡추중들만 있는 절'을 낮잡아 이르는 말.
땡추-중명 '중답지 아니한 중'을 낮잡아 이르는 말. 준땡추.
떠-가다자타 (공중이나 물 위를) 떠서 가다. ¶ 흰 구름이 떠가다.
떠구지명 큰머리를 틀 때, 머리 위에 얹는 나무로 만든 틀.
떠꺼-머리명 장가나 시집을 갈 나이가 넘은 총각·처녀의 땋아 늘인 긴 머리.
떠꺼머리-처녀(-處女)명 〔떠꺼머리를 한 처녀라는 뜻으로〕 '노처녀'를 달리 이르는 말.
떠꺼머리-총각(-總角)명 〔떠꺼머리를 한 총각이라는 뜻으로〕 '노총각'을 달리 이르는 말.
떠껑-지(-紙)명 한지 백 권을 한 덩이로 하여, 그 덩이를 싸는 두꺼운 종이.
떠나-가다자타 ①있던 곳을 떠나서 다른 곳으로 옮겨 가다. ¶ 항구를 떠나가는 배. ②(주위가 떠서 나갈 만큼) 소리가 크고 요란하다. 《주로, '떠나가게'·'떠나가라고'·'떠나갈 듯이'의 꼴로 쓰임.》 ¶ 교실이 떠나가게 떠들어 대다.
떠나다자타 ①자리를 옮기려고 뜨다. ¶ 자, 떠나세. /정든 고향을 떠나다. ②목적지를 향하여 가다. ¶ 서울로 떠나다. ③어떤 일이나 사람들과 관계를 끊다. ¶ 그 의원은 우리 당을 떠났다. ④사라지거나 죽다. ¶ 그 일은 내 기억에서 이미 떠났다. /선생님께서 우리 곁을 떠난지도 3년이나 되었다. ⑤어떤 일을 하러 나서다. ¶ 고기잡이를 떠나다. ⑥길을 나서다. ¶ 암행(暗行)을 떠나다.
떠나-보내다타 아쉬운 마음으로 떠나게 하다.
떠나-오다자타 있던 데서 일정한 곳으로 옮겨 오다.
떠-내다타 ①퍼서 내다. ¶ 쌀독에서 쌀을 떠내다. ②떼어 내다. 도려내다. ¶ 뗏장을 떠내다. /회를 떠내다.
떠-내려가다자 물 위에 떠서 내려가다.
떠-넘기다타 자기가 할 일이나 책임을 남에게 억지로 넘기다.
떠:는-잠(-簪)명 ☞떨잠.
떠-다니다자타 ①(하늘이나 물 위를) 떠서 오가다. 떠돌다. ¶ 하늘을 떠다니는 구름. ②정처 없이 이리저리 다니다. ¶ 떠다니는 나그네 신세.
떠다-밀다[~미니·~밀어]타 ①세게 밀다. ②(자기의 할 일이나 책임을) 남에게 밀어 넘기다.
떠다-박지르다[-찌-][~박지르니·~박질러]타르 떠다밀어 넘어뜨리다.
떠다박질리다[-찔-]타 〖'떠다박지르다'의 피동〗 떠다박지름을 당하다.
떠-대다타 거짓으로 꾸며 대답하다. ¶ 그럴듯이 떠대어도 속지 않는다.
떠-돌다[~도니·~돌아] Ⅰ자타 ①(물 위나 공중에) 떠서 이리저리 움직이다. 떠다니다. ¶ 하늘에 떠도는 구름. ②(분위기나 표정에) 어떤 기미가 나타나다. ¶ 얼굴에 화색이 떠돌다. /요즘 사무실엔 왠지 서먹한 기운이 떠돈다. ③(소문 따위가) 근거도 없이 여러 사람의 입에 오르내리다. ¶ 소문이 떠돌다.
Ⅱ타 떠돌아다니다.
떠돌-뱅이명 '떠돌이'를 얕잡아 이르는 말.
떠돌아-다니다타 ①정처 없이 방황하며 다니다. 떠돌다. ¶ 역마살이 끼여 떠돌아다니기를 좋아하는 팔자란다. ②(물 위나 공중에) 떠서 이리저리 움직이다. ¶ 풍선이 공중에 떠돌아다니다. ③(소문 따위가) 여러 곳으로 퍼져 다니다. ¶ 괴소문이 떠돌아다니다.
떠돌-이명 떠돌아다니는 사람. ¶ 떠돌이 신세.
떠돌이-별명 ☞행성(行星).
떠돌이-새명 아주 가까운 지역을 철을 따라 옮겨 다니면서 사는 새. 참철새.
떠둥그-뜨리다타 떠들쳐 엎어 버리거나 옮기다. 떠둥그트리다. ¶ 맨홀의 뚜껑을 떠둥그뜨려서 열다. 준떠둥그리다.
떠둥그리다타 〈떠둥그뜨리다〉의 준말.
떠둥그-트리다타 떠둥그뜨리다.
떠:들다[1][떠드니·떠들어] Ⅰ자 ①시끄럽게 지껄이다. ¶ 아이들이 떠들며 논다. ②소란을 피우다. 술렁거리다. ¶ 손해 배상을 요구하며 떠들다.
Ⅱ자타 (소문이나 여론 따위가) 크게 나거나 일다. ¶ 언론에서 결정도 되지 않은 사안을 떠드는 바람에 문제가 커졌다.
떠-들다[2][~드니·~들어]타 덮거나 가린 것을 한 부분만 걷어 쳐들거나 잦히다. ¶ 이불을 떠들어 자는 사람의 얼굴을 확인한다.
떠들썩-거리다[-꺼-]자 여럿이 자꾸 큰 소리로 떠들다. 떠들썩대다.
떠들썩-대다[-때-]자 떠들썩거리다.
떠들썩-하다[1][-써카-]형여 ①(물건이 제대로 덮이지 않고) 좀 떠들려 있다. ②(붙인 곳의 한쪽이 일어나) 조금 들썩하다. 작따들싹하다[1].

떠들썩-하다[2][-써카-] Ⅰ자여 여럿이 시끄럽게 마구 떠들다.
Ⅱ형여 ①여럿이 떠들어서 시끄럽다. ②소문이 퍼져서 왁자하다. 작따들싹하다[2].

떠-들어오다자 정처 없이 떠돌아다니던 사람이나 짐승이 들어오다.

떠-들추다타 (숨은 일을) 들추어내다. ¶ 비리를 떠들추다.

떠-들치다타 힘껏 들치다.

떠듬-거리다자타 〈더듬거리다〉의 센말. 떠듬대다. 작따듬거리다.

떠듬-대다자타 떠듬거리다.

떠듬-떠듬부하자.타 〈더듬더듬〉의 센말. ¶ 오랜 침묵 끝에 떠듬떠듬 말하기 시작했다. 작따듬따듬.

떠듬적-거리다[-꺼-]타 〈더듬적거리다〉의 센말. 떠듬적대다. 작따듬작거리다.

떠듬적-대다[-때-]타 떠듬적거리다.

떠듬적-떠듬적부하타 〈더듬적더듬적〉의 센말. 작따듬작따듬작.

떠름-하다형여 ①맛이 약간 떫다. ¶ 도토리묵이 조금 떠름하다. ②말씨나 하는 짓이 좀 모호하고 모자라는 데가 있다. ¶ 그 사람 말투에는 떠름한 데가 있어. ③마음에 썩 달갑지 않거나 내키지 않다. ¶ 떠름한 대로 일단 나서기로 했다. ②③**떠름-히**부.

떠릿-보[-리뽀/-릳뽀]명 대청 위의 큰 보.

떠맡-기다[-맏끼-]타 〖'떠맡다'의 사동〗 떠맡게 하다. ¶ 친구에게 일을 떠맡기고 왔다.

떠-맡다[-맏따]타 남이 할 일을 온통 자기가 맡다. ¶ 공연히 일을 떠맡아 고생하는구나. 비떠메다.

떠-먹다[-따]타 떠서 먹다. ¶ 입맛이 없더라도 한술 떠먹어라.

떠-메다타 ①(사람이나 물건 따위를) 쳐들어서 어깨에 메다. ¶ 부상자를 떠메고 오다. ②(일이나 책임을) 도맡아 하다. ②비떠맡다.

떠-밀다[~미니·~밀어]타 〈떼밀다〉의 본딧말.

떠-받다[-따]타 뿔이나 머리로 받아서 치밀다. ¶ 황소가 사람을 떠받아 다치게 하였다.

떠-받들다[-뜰-][~받드니·~받들어]타 ①번쩍 쳐들어 위로 올리다. ¶ 역기를 떠받들고 우뚝 서 있다. ②소중하게 다루다. ③공경하여 섬기다. ¶ 부모를 잘 떠받들다.

떠-받치다타 (쓰러지거나 주저앉지 않도록) 밑에서 위로 받쳐 버티다.

떠버리명 '항상 시끄럽게 떠벌리는 사람'을 홀하게 이르는 말.

떠-벌리다자타 수다스럽게 지껄여 대다. 허풍을 치며 수다를 떨다. ¶ 제 혼자서 한 양 떠벌리다.

떠-벌이다타 일을 크게 벌이거나 차리다. ¶ 경험도 없는 장사를 처음부터 지나치게 떠벌여 곤욕을 치르고 있다.

떠-보다타 ①(저울로 무게를) 달아 보다. ②(표나지 않는 은근한 방법으로) 사람의 능력이나 지식의 정도를 알아보다. ③남의 속마음을 넌지시 알아보다. ¶ 마음을 떠보다.

떠세명하타 (돈이나 세력을 믿고) 젠체하며 억지를 쓰는 짓, 또는 그런 짓을 함. ¶ 양반 떠세 좀 작작 하게.

떠-안다[-따]타 일이나 책임 따위를 온통 맡다.

떠-엎다[-업따]타 ①떠서 뒤집어엎다. ¶ 밭을 떠엎다. ②일이나 판세를 뒤집어엎어 끝을 내다. ③소동을 일으켜 소란스럽게 하다.

떠-오다자여 물 위나 공중에 떠서 이쪽으로 오다. ¶ 나뭇잎 하나가 물 위에 떠오다.

떠-오르다[~오르니·~올라]자르 ①뜨거나 솟아서 위로 오르다. ¶ 해가 떠오르다. ②(생각·기억 따위가) 나다. ¶ 좋은 생각이 떠오르다. ③관심의 대상이 되어 나타나다. ¶ 떠오르는 신인 배우. ④표정이 나타나다. ¶ 얼굴에 미소가 떠오르다.

떠오르는 달관용 '훤하게 아름다운 미인'을 비유하여 이르는 말.

떠오르는 별관용 '어떤 분야에 새로이 등장하여 두각을 나타내는 인물'을 비유하여 이르는 말. ¶ 가요계의 떠오르는 별.

떠-이다타 ①높이 들어 이다. ¶ 구름을 떠이고 있는 산. ②소중히 받들다. ¶ 우리 모두가 떠이어 모시는 스승.

떠죽-거리다[-꺼-]자 자꾸 떠죽떠죽하다. 떠죽대다.

떠죽-대다[-때-]자 떠죽거리다.

떠죽-떠죽부하자 ①되지 못하게 젠체하며 자꾸 지껄이는 모양. ¶ 밉살스레 떠죽떠죽 지껄이다. ②짐짓 싫은 체하며 사양하는 모양. ¶ 용돈을 주거든 떠죽떠죽하지 말고 고맙다고 하며 받아라.

떠지껄-하다 Ⅰ자여 떠들썩한 소리로 지껄이다.
Ⅱ형여 큰 소리로 지껄여 떠들썩하다.

떡[1]명 ①곡식 가루를 반죽하여 쪄서 만든 음식을 통틀어 이르는 말. 〔흰떡·시루떡·송편·인절미 따위.〕 ②'마음이 유순하기만 한 사람'을 비유하여 이르는 말.

떡 본 김에 제사 지낸다속담 기회가 좋을 때 벼르던 일을 해치운다는 말.

떡 줄 사람은 꿈도 안 꾸는데 김칫국부터 마신다속담 상대편은 줄 생각을 않는데 받을 준비부터 먼저 한다는 말.

떡 해 먹을 집안속담 떡을 하여 귀신에게 고사를 지내야 할 집안이라는 뜻으로, 서로 화합하지 못한 집안을 이르는 말.

떡 먹듯관용 아주 손쉽게. 어렵지 않게 예사로. ¶ 거짓말을 떡 먹듯 한다.

떡을 치다관용 ①양이나 정도가 충분하다. ¶ 이 정도면 동네 사람들이 다 먹고도 떡을 치겠다. ②일을 요령껏 추스리지 못하고 쩔쩔매다. ¶ 그깟 일을 가지고 하루 종일 떡을 치고 있다. ③'방사하다'를 속되게 이르는 말.

떡(이) 되다관용 일이 크게 잘못되어 아주 곤욕을 치르다. 체면이 말이 아니게 되다.

떡 주무르듯 하다관용 제 마음대로 다루다.

떡[2]명 인방(引枋)이나 기둥이 든든하도록 겹쳐 대는 나무쪽.

떡[3]부 ①딱딱하고 둔중한 물건끼리 부딪쳐 나는 소리. ②딴딴하고 길쭉한 것이 꺾어지거나 부러지는 소리. 작딱[1].

떡[4]부 ①마주치거나 맞닿는 모양. ¶ 눈길이 떡 마주치다. /트럭을 벽에 떡 붙여 세웠다. ②단단히 들러붙는 모양. ③활짝(크게) 벌어진(벌린) 모양. 크게 벌여 베푼 모양. 쩍. ¶ 너무 좋아서 입이 떡 벌어진다. /떡 벌어진 잔칫상. ④끗끗하거나, 당당하거나, 버젓하거나 여유 있는 모양. ¶ 보료 위에 떡 버티고 앉아서 며느리의 절을 받았다. ⑤계속되던 것이 갑자기 멈추는 모양. 뚝[2]. ¶ 시끄럽던 기계 소리가 떡 멎었다. ⑥서로 꼭 맞거나 부합되는 모양. ¶ 부품을 깎아 기계에 끼워 보았더니 한 치의 오차도 없이 떡 맞았다. 작딱[2].

떡-가래[-까-][명] 가래떡의 가늘고 긴 몸. ¶ 떡가래를 뽑다.
떡-가루[-까-][명] 떡의 재료가 되는 곡식 가루.
떡갈-나무[-깔라-][명] 참나뭇과의 낙엽 활엽 교목. 해변이나 산지에 흔히 자라는데, 높이는 10 m가량. 마른 잎은 겨우내 가지에 붙어 있다가 이듬해 새싹이 나올 때 떨어지며, 늦봄에 황갈색의 꽃이 핌. 열매인 도토리는 먹을 수 있으며, 나무는 질이 단단하여 쓰이는 곳이 많음. 도토리나무. [준]갈나무.
떡-갈비[-깔-][명] 갈빗살을 곱게 다져서 양념한 후 갈비뼈에 붙여 구운 요리.
떡갈-잎[-깔립][명] 떡갈나무의 잎. 가랑잎. [준]갈잎. *떡갈잎이[-깔리피]·떡갈잎만[-깔림-]
떡-값[-깝][명] ①회사 등에서, 명절 때 직원들에게 주는 약간씩의 특별 수당을 속되게 이르는 말. ¶ 명절인데 떡값이라도 있겠지. ②공사 입찰 등에서, 입찰자끼리 담합하였을 때, 낙찰된 업자가 다른 업자들에게 나누어 주는 약간씩의 돈. ③'주로 업자들이 명절 때 정치인이나 공무원이나 관리에게 뇌물조로 바치는 돈'을 속되게 이르는 말. ¶ 건설업자로부터 떡값을 받은 공무원이 해직되었다. *떡값이[-깝씨]·떡값만[-깜-]
떡-고물[-꼬-][명] ①떡의 거죽에 묻히는 고물. ②'어떤 일을 부정하게 보아주고 얻은 금품'을 속되게 이르는 말.
떡-고추장(-醬)[-꼬-][명] 흰무리와 메줏가루를 섞어 담근 고추장.
떡-국[-꾹][명] 가래떡을 얄팍하고 어슷하게 썰어 맑은장국에 넣고 끓인 음식. 병탕(餠湯). ¶ 설날 아침에 떡국을 먹었다.
떡국-점(-點)[-꾹쩜][명] 떡국에 넣는, 어슷썰기로 얇게 썬 가래떡의 조각.
떡국-차례(-茶禮)[-꾹-][명] 설날에, 메 대신에 떡국으로 지내는 차례. 새해 차례. 신세 차례.
떡-느릅나무[떵-름-][명] ☞느릅나무.
떡-돌[-똘][명] 떡을 칠 때에 안반 대신으로 쓰는 넓적하고 반반한 돌.
떡-돌멩이[-똘-][명] 바둑 둘 때에 다닥다닥 한데 모이게 놓은 바둑돌.
떡-두꺼비[-뚜-][명] ①크고 튼실하게 생긴 두꺼비. ②'탐스럽고 암팡지게 생긴 갓난 남자아이'를 비유하여 이르는 말. ¶ 떡두꺼비 같은 아들을 낳다.
떡떠그르르[부] 〈덕더그르르〉의 센말. [작]딱따그르르.
떡떠글-떡떠글[부][하자] 〈덕더글덕더글〉의 센말. [작]딱따글딱따글.
떡-떡[부] ①잇따라 세게 들러붙거나 얼어붙는 모양. ¶ 너무 추워서 문고리에 손이 떡떡 들러붙는다. ②단단한 것이 크게 갈라지는 모양. ¶ 건물의 벽이 떡떡 갈라졌다. ③단단한 것이 잇따라 부딪치거나 마주치는 소리. ¶ 어찌나 추운지 이가 떡떡 마주친다.
떡-메[떵-][명] 떡을 치는 메. 흰떡이나 인절미를 칠 때 쓰임.
떡-무거리[떵-][명] 체에 쳐내고 남은 거친 떡가루.
떡-밥[-빱][명] ①유기질의 동·식물성 가루를 반죽하여 작게 뭉친 낚시 미끼의 한 가지. 흔히 번데기·콩·쌀겨 따위가 쓰임. ②떡을 만들기 위하여 지은 밥. 흔히, 시루에 쪄 냄.
떡-방아[-빵-][명] 떡쌀을 찧는 방아.
떡-보[-뽀][명] '떡을 몹시 즐겨서 남달리 많이 먹는 사람'을 조롱조로 이르는 말.
떡-보(-褓)[-뽀][명] 떡을 칠 때에 처음에 흩어지는 것을 막기 위하여 싸는 보자기.
떡-볶이[-뽀끼][명] 흰떡을 적당한 길이로 잘라 쇠고기와 여러 가지 채소를 섞고 갖은 양념을 하여 볶은 음식.
떡-부엉이[-뿌-][명] '하는 짓이 촌스럽고 상스러운 사람'을 얕잡아 이르는 말.
떡-살[-쌀][명] 흰떡 같은 것을 눌러 떡의 모양과 무늬를 찍어 내는 데 쓰는 판. 절편판.
떡-소[-쏘][명] 송편 따위의 떡 속에 넣는 소. 〔팥·콩·대추·밤 따위.〕
떡-시루[-씨-][명] 떡을 찌는 데 쓰이는 둥근 질그릇.
떡-심[-씸][명] ①억세고 질긴 근육. ②'성질이 검질긴 사람'을 비유하여 이르는 말.
　떡심(이) 좋다[관용] 몹시 끈기 있게 질기도록 비위가 좋다.
　떡심(이) 풀리다[관용] (마음먹었던 일이나 희망하던 일이 틀어져) 맥이 풀리다. 몹시 낙망하다.
떡-쌀[명] 떡을 만드는 데 쓰는 쌀.
떡-쑥[명] 국화과의 이년초. 줄기 높이 15~40 cm. 줄기나 잎이 모두 하얀 털로 덮여 있음. 줄기의 잎은 주걱 모양인데 어긋맞게 나며, 5~7월에 누른빛의 꽃이 핌. 잎은 떡을 찔 때 섞어 쪄서 먹음.
떡-암죽(-粥)[명] 흰무리를 말려서 빻은 가루로 쑨 암죽. 젖이 모자라는 어린이나 앓고 난 사람에게 먹임.
떡을-할[관][감] 몹시 못마땅함을 혼잣말투로 내뱉는 말, 또는 욕하는 말. ¶ 떡을할, 또 고장일세.
떡-잎[떵닙][명] 씨앗에서 처음 싹터 나오는 잎. 자엽(子葉). *떡잎이[떵니피]·떡잎만[떵님-]
떡-줄[-쭐][명] 허드렛실이나 무명실로 만든 연줄. [참]당백사·상백사.
떡-집[-찝][명] 떡을 만들거나 파는 일을 업으로 삼는 집.
떡-충이[명] '떡보'의 잘못.
떡-칠(-漆)[명][하타] (화장품·페인트·물감 따위를) 덕지덕지 바르는 일. ¶ 화장품으로 얼굴에 떡칠을 하다.
떡-판(-板)[명] ①기름틀의 한 부분으로, 기름떡을 올려놓는 판. ②☞안반. ③'넓적하고 못생긴 얼굴'을 속되게 이르는 말. ¶ 얼굴이 떡판이다.
떡-팥[-팓][명] 떡고물이나 떡소로 쓰는, 삶은 팥. *떡팥이[-파치]·떡팥을[-파틀]·떡팥만[-판-]
떡-하니[떠카-][부] 보란 듯이 의젓하거나 여유가 있게. ¶ 트럭이 길을 떡하니 막고 있다.
떤ː-음(-音)[명] 악곡 연주에서 꾸밈음의 한 가지. 지정한 음과 그 위 2도음을 떨듯이 빠르게 교체 반복하며 연주하는 일. 트릴.
떨거덕[부][하자.타] 〈덜거덕〉의 센말. [작]딸가닥. [센]떨꺼덕.
떨거덩[부][하자.타] 〈덜거덩〉의 센말. [작]딸가당. [센]떨꺼덩.
떨거지[명] '제살붙이나 한통속으로 딸린 무리'를 얕잡아 이르는 말. ¶ 처가 떨거지. /동창 떨거지.
떨걱[부][하자.타] 〈덜걱〉의 센말. [작]딸각. [센]떨꺽.
떨겅[부][하자.타] 〈덜겅〉의 센말. [작]딸강. [센]떨껑.
떨구다[타] ①떨어뜨리다. ②☞떨치다[2].

떨그럭부하자타 〈덜그럭〉의 센말. 작딸그락.
떨그렁부하자타 〈덜그렁〉의 센말. 작딸그랑.
떨기명 ①(풀·꽃·떨기나무 따위의) 여러 줄기가 하나로 뭉쳐 다보록한 무더기. ②〖의존 명사적 용법〗 꽃이나 풀 따위의 무더기를 세는 단위. ¶ 한 떨기의 장미. 참그루·포기.
떨기-나무명 ☞관목(灌木).
떨꺼덕부하자타 〈덜거덕〉·〈덜꺼덕〉·〈떨거덕〉의 센말. 작딸까닥.
떨꺼덩부하자타 〈덜거덩〉·〈덜꺼덩〉·〈떨거덩〉의 센말. 작딸까당.
떨꺼-둥이명 의지하고 지내던 곳에서 쫓겨난 사람.
떨꺽부하자타 〈덜걱〉·〈덜꺽〉·〈떨걱〉의 센말. 작딸깍.
떨껑부하자타 〈덜겅〉·〈덜껑〉·〈떨겅〉의 센말. 작딸깡.
떨ː다[1] [떠니·떨어] Ⅰ자 ①작은 폭으로 바르르 흔들리다. ¶ 문풍지가 떨다. ②무서워하거나 겁내다. ¶ 떨지 마라. ③인색하여 몸을 사리거나 몹시 망설이다. ¶ 단돈 백 원에도 벌벌 떤다.
Ⅱ타 ①(추위·공포·흥분 따위로 몸을) 잘게 흔들다. ¶ 추워서 입술을 바르르 떨다. ②소리의 진동이 고르지 않게 울려 나오다. ¶ 목소리를 떨다. ③경망스러운 짓을 자꾸 하다. ¶ 수다를 떨다. /방정을 떨다.
떨ː다[2] [떠니·떨어]타 ①(붙은 것을) 떨어지게 하다. ¶ 곡식을 떨다. /밤나무의 밤을 떨다. ②(전체의 셈에서 얼마를) 덜어 내거나 빼다. ¶ 받을 돈을 떨고 나머지만 돌려주시오. ③(팔다 남은 물건을) 한꺼번에 팔아 버리거나 사다. ¶ 나머지는 단돈 천 원에 떨어 가십시오.
떨떠름-하다형여 ①몹시 떫은 맛이다. ¶ 떨떠름한 땡감. ②마음이 선뜻 내키지 않은 상태다. ¶ 승낙은 했지만 왠지 떨떠름한 기분이다. 참꺼림칙하다. **떨떠름-히**부.
떨떨부하자타 〈덜덜2〉의 센말. 작딸딸.
떨떨-하다형여 ①(격에 맞지 아니하여) 조금 천하다. ¶ 떨떨한 옷차림. ②(마음에) 썩 만족하지 못한 듯하다. ③(언동이나 태도가) 좀 모호하고 모자라는 듯하다. ¶ 떨떨한 수작. ④얼떨떨하다. ¶ 뭐가 뭔지 정신이 떨떨하다.
떨ː-뜨리다타 위세를 드러내어 뽐내다. 떨트리다.
떨렁부하자타 〈덜렁2〉의 센말. 작딸랑.
떨-리다[1]자 〖'떨다1'의 피동〗 몸이 재게 흔들리다. ¶ 감기로 온몸이 떨리다.
떨-리다[2]자 〖'떨다2'의 피동〗 떨어짐을 당하다. ¶ 먼지가 떨리다. /직장에서 떨리어 나오다.
떨ː-새명 나는 새 모양을 은으로 만들어 용수철 위에 붙인 다음, 족두리·떨잠 따위에 단 장식품. 〔움직임에 따라 가볍게 흔들리게 만든 것.〕
떨어-내다타 떨어져서 나오게 하다. ¶ 옷의 먼지를 떨어내다.
떨어-뜨리다타 ①(위에서 아래로) 떨어지게 하다. ¶ 폭탄을 떨어뜨리다. ②(매달렸던 것을) 떨어지게 하다. ¶ 감나무를 흔들어 감을 떨어뜨리다. ③(붙은 사이를) 틈이 벌어지게 하다. ¶ 두 사람 사이를 떨어뜨리다. ④(가졌던 물건을) 흘리다. 빠뜨리다. ¶ 지갑을 어디다 떨어뜨렸을까? ⑤뒤에 처지게 하다. ¶ 낙오병은 떨어뜨려 두고 행군하다. ⑥값을 싸게 하다. ¶ 정부 보유미를 방출하여 쌀값을 떨어뜨리다. ⑦고개를 숙이다. 시선을 아래로 내리깔다. ¶ 고개를 떨어뜨리다. ⑧(옷이나 신발 따위를) 해어지게 하여 못 쓰게 만들다. ¶ 운동화를 한 달에 한 켤레씩 떨어뜨리다. ⑨명예나 위신 따위에 흠이 가게 하다. ¶ 위신을 떨어뜨리다. ⑩(시험·선거·입찰 등에서) 뽑히지 못하게 하다. ¶ 부적격자는 모두 다 떨어뜨렸다. ⑪좋지 못한 상태에 빠지게 하다. ¶ 상대편을 곤경에 떨어뜨리다. ⑫쓰이고 있는 물품의 뒤가 달리게 하다. ¶ 비상식량마저 떨어뜨려서야. ⑬줄 물품 중에서 얼마를 남기다. ¶ 본전은 떨어뜨리고 우선 이자만 갚겠소. ⑭속력 따위를 줄이다. ⑮온도를 낮추다. ¶ 체온을 떨어뜨리다. 떨어트리다.
떨어-먹다타 '털어먹다'의 잘못.
떨어-지다자 ①(공중에 뜬 것이나 위에 놓인 것이) 아래로 내려지다. ¶ 비행기가 떨어지다. /선반 위의 꽃병이 떨어지다. ②붙은 것의 사이가 갈라지다. 벌어지다. ¶ 벽보가 바람에 떨어지다. /정(情)이 떨어지다. ③헤어지다. 이별하다. ¶ 엄마와 아가는 서로 떨어지려 하지 않았다. ④(돈·물품 따위가) 빠지다. ¶ 길에 떨어진 돈. ⑤이익이 나다. ¶ 본전을 빼고도 10만 원이 떨어지다. ⑥값이 내리다. ¶ 돼지 값이 떨어지다. ⑦(옷·신발·소지품 따위가) 해어지다. ¶ 신발이 떨어지다. ⑧쓰던 물품이나 돈의 뒤가 달리다. ¶ 객지에서 여비가 떨어지다. ⑨(현재의 수준·정도에서) 후퇴하다. 강등되다. 처지다. ¶ 1등에서 3등으로 떨어지다. ⑩(입찰·배당 등에서) 자기 몫으로 넘어오다. ¶ 이번 입찰은 우리한테 떨어졌다. ⑪명예·위신·가치 따위가 낮아지거나 없어지다. ¶ 가치가 떨어지다. ⑫좋지 못한 상태에 빠지다. ¶ 악의 구렁텅이에 떨어지다. ⑬상대편 술책이나 꾐이나 말에 말려들다. ¶ 그의 술책에 떨어지다. /끈질긴 설득에 결국 떨어지다. ⑭(시험·입찰·선거·선발 등에서) 뽑히지 못하다. ¶ 선발 고사에서 떨어지다. ⑮(수준·정도 따위가 어떤 기준에 비교하여 보아) 감퇴(감소)하다. 더 낮아(못해)지다. ¶ 체온이 떨어지다. /사기가 떨어지다. /속력이 떨어지다. /고객이 떨어지다. ⑯임신한 아이가 유산되다. ⑰나눗셈에서, 나머지 없이 나누어지다. ⑱일정한 거리를 두다. ¶ 10리나 떨어진 마을. ⑲숨이 끊어지다. ⑳병이 없어지다. 어떤 기운이 가시다. ¶ 독감이 떨어지다. /귀신이 떨어지다. ㉑(진지 따위가) 함락되다. ¶ 적진이 떨어지다. ㉒지시·명령·호령 따위가 내려지다. ¶ 명령이 떨어지다. ㉓일감이 달리다. 하던 일이 끝나다. ¶ 일감이 떨어지다.
떨어-치다타 세차게 힘을 들여서 떨어지게 하다.
떨어-트리다타 떨어뜨리다.
떨-이명하타 다 떨어서 싸게 팔 나머지 물건, 또는 그렇게 파는 일.
떨ː-잠(-簪)명 큰머리나 어여머리의 앞과 양옆에 꽂았던, 떨새를 붙인 장식품. 떠는잠. 보요(步搖).
떨쳐-나서다[-처-]자 어떤 일에 힘차게 나서다. ¶ 온 국민이 환경 살리기에 떨쳐나섰다.
떨쳐-입다[-처-따]타 드러나게 차려입다.
떨-치다[1]자타 (위세나 명성 따위를) 널리 드날리게 하거나, 드날리다. ¶ 용맹을 떨치다.
떨-치다[2]타 ①세게 흔들어서 떨어지게 하다. ¶ 붙잡는 손을 떨치고 나섰다. ②(명예·욕심 따위를) 버리다. ¶ 벼슬을 떨치고 낙향하다. 떨구다.
떨커덕부하자타 〈덜커덕〉의 센말. 작딸카닥.
떨커덩부하자타 〈덜커덩〉의 센말. 작딸카당.
떨컥부하자타 〈덜컥1〉의 센말. 작딸칵.

떨컹[부][하자타] 〈덜컹1〉의 센말. [작]딸캉.
떨-켜[명] 낙엽이 질 무렵, 잎꼭지가 가지에 붙은 곳에 생기는 특수한 세포층. 수분을 통하지 못하게 하여 잎이 떨어지게 하며, 잎이 떨어지면 그 떨어진 자리를 보호함.
떨ː-트리다[타] 떨뜨리다.
떫ː다[떨따][형] ①설익은 감처럼 거세고 텁텁한 맛이 있다. ②하는 짓이나 말이 덜되고 떨떠름하다. ¶ 떫은 표정을 짓다. * 떫ː어·떫ː고[떨꼬]
떫ː디-떫다[떨띠떨따][형] 매우 떫다.
떫ː은-맛[-맏][명] 설익은 감의 맛과 같은 맛. * 떫ː은맛이[-마시]·떫ː은맛만[-만-]
떰치[명] 소의 실마 밑에 덮는 깔방석 같은 물건.
떳떳-하다[떧떠타-][형여] 굽힐 것이 없이, 당당하고 어엿하다. ¶ 기죽지 않고 떳떳하게 행동하다. 떳떳-이[부].
떴다-방(-房)[떧따-][명] 주로 아파트 등을 분양하는 곳에 임시로 자리를 잡고 영업하는 이동식 부동산 중개업소.
떵[부] 쇠망치 같은 것으로 두꺼운 철판 따위를 세게 두드렸을 때 울리어 나는 둔한 소리. [작]땅2. [참]텅2. 떵-떵[부][하자타].
떵떵[부] ①헛된 장담을 하는 모양. ¶ 떵떵 큰소리를 치다. [참]텅텅. ②위세를 보이며 몹시 으스대는 모양. [작]땅땅.
떵떵-거리다1[자타] 자꾸 떵떵하는 소리가 나다, 또는 그런 소리를 내다. 떵떵대다1. [작]땅땅거리다1.
떵떵-거리다2[자] (큰 재산이나 세력으로) 근심 없이 호화롭게 거들먹거리며 살다. ¶ 대대로 떵떵거리던 집안. 떵떵대다2. [작]땅땅거리다2.
떵떵-대다1[자타] ☞떵떵거리다1.
떵떵-대다2[자] ☞떵떵거리다2.
떼1[명] 목적이나 행동을 같이하는 무리. ¶ 사람들이 떼를 지어 몰려간다.
떼2[명] 뿌리째 떠낸 잔디. ¶ 무덤에 떼를 입히다.
떼3[명] 억지. ¶ 되지도 않을 일에 떼를 쓰다./아이가 장난감을 사달라고 엄마에게 떼를 부린다.
떼4[명] ☞뗏목.
떼-강도(-強盜)[명] 떼를 지어 범행을 저지르는 강도.
떼-거리1[명] 〈떼1〉의 속된 말.
떼-거리2[명] 〈떼3〉의 속된 말. ¶ 떼거리를 쓰다.
떼-거지[명] ①떼를 지어 다니는 거지. ②'천재지변 등으로 졸지에 헐벗게 된 이재민'을 속되게 이르는 말.
떼걱[부][하자타] 〈데걱〉의 센말. [작]때각. [센]떼꺽1.
떼ː-걸다[~거니·~걸어][타] 손을 떼고 관계를 끊다.
떼-과부(-寡婦)[명] (전쟁이나 재난으로 말미암아) 한 집이나 한 마을에서 한꺼번에 생긴 과부들.
떼-관음보살(-觀音菩薩)[명] '떼 지어 행동하는 사람들'을 비유하여 이르는 말.
떼구루루[부] 〈데구루루〉의 센말. [작]때구루루.
떼굴-떼굴[부][하자타] 〈데굴데굴〉의 센말. [작]때굴때굴.
떼그럭[부][하자타] 〈데그럭〉의 센말. [작]때그락.
떼-까마귀[명] ☞당까마귀.
떼꺽1[부][하자타] 〈데걱〉·〈데꺽1〉·〈떼걱〉의 센말. [작]때깍.
떼꺽2[부][하자타] 〈데꺽2〉의 센말.
떼꾼-하다[형여] 〈데꾼하다〉의 센말. [작]때꾼하다.

떼ː다1[타] ①붙어 있는 것을 떨어지게 하다. ¶ 벽에 붙은 광고물을 떼다. ②한동아리로 있는 둘 사이를 갈라놓다. ¶ 새끼를 어미한테서 떼어 기르다. ③봉한 것을 뜯어서 열다. ¶ 편지의 겉봉을 떼다. ④아기를 유산시키다. ¶ 태아를 떼다. ⑤걸음을 옮기어 놓다. ¶ 발걸음을 떼다. ⑥말을 하려고 입을 열다. ¶ 토라졌는지 입을 떼지 아니한다. ⑦첫머리를 시작하다. ¶ 허두를 떼다. ⑧전체에서 한 부분을 덜어 내다. ¶ 월급의 일부를 떼어 저축하다. ⑨나쁜 버릇이나 병을 고치다. ¶ 학질을 떼다. ⑩먹던 것을 못 먹게 하다, 또는 아니 먹다. ¶ 젖을 떼다. ⑪배우던 것을 끝내다. 수료하다. ¶ 소학을 떼다. ⑫(수표·어음·증명서 따위) 문서를 만들어 주다(받다). ¶ 인감 증명을 떼다. ⑬계속하던(관계하던) 것을 그만두다. ¶ 노름에서 손을 떼다. /눈길을 떼지 않고 바라보다. ⑭(장사를 하기 위하여) 생산지나 도매상에서 많은 물건을 한꺼번에 사다. ¶ 옷을 도매로 떼다. ⑮화투로 점 따위를 보다. ¶ 화투를 떼다.
떼어 놓은 당상(堂上)[관용] 틀림없이 될 것이니 조금도 걱정할 것이 없음을 이르는 말.
떼ː다2[타] 빌려 온 것을 돌려주지 않다. ¶ 꾸어 온 돈을 떼다.
떼-도둑[명] 떼를 지어 도둑질을 일삼는 무리.
떼-도망(-逃亡)[명][하자] 한 집안이나 어떤 구성원이 모두 달아남.
떼-돈[명] 갑자기 많이 생긴 돈. ¶ 떼돈을 벌다.
떼ː-먹다[-따][타] 〈떼어먹다〉의 준말.
떼ː-밀다[~미니·~밀어][타] 힘을 들여 밀어내다. ¶ 큰 바위를 떼밀어 굴리다. [본]떠밀다.
떼-새[명] ①떼를 지어 날아다니는 새. ②〈물떼새〉의 준말.
떼-송장[명] 갑자기 한꺼번에 많이 죽어서 생긴 송장.
떼-쓰다[~쓰니·~써][자] 자기 요구만을 억지로 주장하다. ¶ 없는 돈을 당장 내놓으라고 떼쓰다.
떼어-먹다[-따][타] ①(갚아야 할 빚 따위를) 갚지 아니하다. ②(부당하게) 중간에서 가로채다. 횡령하다. ¶ 소개비를 떼어먹다. [준]떼먹다.
떼-이다[타] 〖'떼다2'의 피동〗 빌려 준 것을 못 받게 되다. ¶ 친구에게 돈을 떼이다.
떼-쟁이[명] 떼를 잘 쓰는 사람.
떼적[명] 비나 바람 따위를 막으려고 둘러치는 거적 따위.
떼전[명] 한동아리가 되어 떼를 이룬 사람들.
떼-전(-田)[명] 한 사람이 경작하는 한 물꼬에 딸려 죽 잇따라 있는 여러 배미의 논.
떼-죽음[명][하자] 한꺼번에 모조리 죽음.
떼-집다[-따][타] 착 달라붙은 것을 집어서 떼다.
떼ː-치다[타] ①(달라붙는 것을) 떼어 물리치다. ②(붙잡는 것을) 뿌리치다. ③(요구 따위를) 딱 잘라 거절하다. ④〔생각이나 정의(情誼) 같은 것을〕 딱 끊어 버리다.
떽데구루루[-데-][부] 〈덱데구루루〉의 센말. [작]땍대구루루.
떽떼굴[부] 〈덱데굴〉의 센말. [작]땍때굴.
뗀ː-석기(-石器)[-끼][명] 구석기 시대에, 인류가 돌을 두드려 쳐서 만든 도끼·칼 따위 연모를 통틀어 이르는 말. 타제 석기.
뗏-말[뗀-][명] 떼를 지어 다니는 말.
뗏말에 망아지[속담] 여럿 속에 끼어, 그럴듯하게 엄벙덤벙 지내는 사람을 이르는 말.
뗏-목(-木)[뗀-][명] 재목을 엮어 흐르는 물에 띄워 사람이나 물건을 운반하는 것. 떼4.

뗏-밥[떼빱/뗀빱]명 떼가 잘 살도록 한식 같은 때에 무덤 위에 뿌려 주는 흙. ¶ 뗏밥을 주다.
뗏-일[뗀닐]명 떼를 입히는 일.
뗏-장[떼짱/뗀짱]명 흙을 붙여 떠낸 떼의 낱장.
뗑부 〈뎅〉의 센말. 작땡².
뗑겅부하자타 〈뎅겅¹〉의 센말. 작땡강.
뗑그렁부하자타 〈뎅그렁〉의 센말. 작땡그랑.
또부 ①어떠한 행동이나 사실이 거듭됨을 나타내는 말. 그뿐이 아니고 다시. ¶ 또 사고가 났다. ②《주로 '-으면' 뒤에 쓰이거나 일정한 뜻을 가지는 의문문에 쓰이어》 그래도. ¶ 어린애라면 또 모르겠다. ③그 위에 다시 더. ¶ 그는 사업가이자 또 저술가이다.
또그르르부 〈도그르르〉의 센말. 큰뚜그르르.
또글-또글부 〈도글도글〉의 센말. 큰뚜글뚜글.
또깡-또깡부하형 (말이나 행동이) 똑똑 자른 듯이 매우 분명한 모양. 비또박또박².
또는부 '혹은'·'아니면'의 뜻을 나타내는 접속부사. ¶ 명절 때는 늘 기차 또는 고속버스를 이용한다.
또-다시부 ①거듭하여 다시. ¶ 이미 한 것을 또 다시 하라니. ②〔'다시'를 강조하는 뜻으로〕 재차. 한 번 더. 되풀이하여. ¶ 또다시 확인하다. 참다시.
또닥-거리다[-꺼-]타 자꾸 또닥또닥하다. 또닥대다. 큰뚜덕거리다. 참토닥거리다.
또닥-대다[-때-]타 또닥거리다.
또닥-또닥부하타 작고 딱딱한 물건으로 단단한 물건을 가볍게 두드릴 때 나는 소리. 큰뚜덕뚜덕. 참토닥토닥.
또드락-거리다[-꺼-]타 자꾸 또드락또드락하다. 또드락대다. 큰뚜드럭거리다.
또드락-대다[-때-]타 또드락거리다.
또드락-또드락부하타 작고 단단한 물건이 율동적으로 잇따라 부딪쳐 내는 소리. 큰뚜드럭뚜드럭.
또드락-장이[-짱-]명 '금박(金箔) 세공업자'를 속되게 이르는 말.
또라-젓[-전]명 숭어 창자로 담근 젓. *또라젓이[-저시]·또라젓만[-전-]
또랑-또랑부하형 조금도 흐린 점이 없이 아주 밝고 똑똑한 모양. ¶ 또랑또랑한 음성.
또래명 나이나 무슨 정도가 같거나 또는 어금지금한 무리. ¶ 같은 나이 또래의 아이들.
또렷-또렷[-렫-렫]부하형 ①여럿이 다 또렷한 모양. ¶ 어린이들의 또렷또렷한 눈망울. ②매우 또렷한 모양. 큰뚜렷뚜렷. 여도렷도렷.
또렷-하다[-려타-]형여 ①흐리지 않고 매우 밝거나 똑똑하다. ②섞갈려 있지 않고 분명하다. 큰뚜렷하다. 여도렷하다. **또렷-이**부.
또르르부 〈도르르〉의 센말. 큰뚜르르.
또바기부 늘 한결같이 꼭 그렇게. ¶ 이자를 한 번도 거르지 않고 또바기 내고 있다.
또박-거리다[-꺼-]자 자꾸 또박또박하다. 또박대다. 큰뚜벅거리다.
또박-대다[-때-]자 또박거리다.
또박-또박¹부하자 반듯하고 다부지게 걷는 걸음의 또렷한 발자국 소리, 또는 그 모양. 큰뚜벅뚜벅.
또박-또박²부 ①하형 (말이나 글씨 따위가) 흐리터분하지 않고 조리 있고 또렷한 모양. ¶ 글씨를 또박또박 받아쓰다. 비또깡또깡. ②(어떤 규칙이나 차례를) 한 번도 거르거나 어기지 않고 그대로 따르는 모양. ¶ 집세를 또박또박 내다.
또아리명 '똬리'의 잘못.
또야-머리명 내외명부(內外命婦)가 예장(禮裝)할 때에 틀던 머리.
또-우(-又)명 한자 부수의 한 가지. '叉'·'及' 등에서의 '又'의 이름.
또한부 ①역시. 마찬가지로. ¶ 나 또한 네 말에 찬성한다. ②그 위에 더. ¶ 돈도 있고 또한 권세도 있다.
똑¹부 조금도 틀림없이. 영락없이. ¶ 얼굴 모습이 제 아버지와 똑 닮았다.
똑²부 ①좀 작은 것이 떨어지는 소리, 또는 그 모양. ¶ 구슬이 마루에 똑 떨어지다. ②단단한 것이 쉽게 부러지면서 나는 소리, 또는 그 모양. ¶ 연필심이 똑 부러지다. ③단단한 것을 가볍게 한 번 두드릴 때 나는 소리. ④거침없이 따거나 떼는 모양. ¶ 감을 똑 따 먹다. 큰뚝¹. 참톡². **똑-똑**부 ¶ 문을 똑똑 두드리다.
똑³부 ①계속되던 것이 갑자기 그치는 모양. ¶ 소식이 똑 끊어지다. ②말이나 행동 따위를 단호하게 하는 모양. ③다 쓰고 없는 모양. ¶ 돈이 똑 떨어지다. 큰뚝².
똑-같다[-깓따]형 ①조금도 다른 데가 없다. ¶ 똑같은 모양의 신발. ②새롭거나 특별한 것이 없다. ¶ 매일 똑같은 일상생활. **똑같-이**부.
똑딱부하자타 단단한 물건을 가볍게 두드릴 때 나는 소리. 큰뚝딱¹. 참톡탁. **똑딱-똑딱**부하자타 ¶ 조그마한 시계 소리 똑딱똑딱, 쉬지 않고 일해요.
똑딱-거리다[-꺼-]자타 자꾸 똑딱똑딱하다. 똑딱대다. ¶ 똑딱선이 똑딱거리며 지나간다. 큰뚝딱거리다.
똑딱-단추[-딴-]명 수단추와 암단추를 눌러 맞추어 채우는 단추. 맞단추.
똑딱-대다[-때-]자타 똑딱거리다.
똑딱-선(-船)[-썬]명 ☞통통배.
똑-떨어지다자 ①맞아떨어지다. 빈틈없이 맞다. ②(말이나 행동 따위가) 분명하게 되다. ¶ 기한 안에 완결될는지 똑떨어지게 말해라.
똑똑-하다[-또카-]형여 ①흐리지 않아 또렷하고 환하게 알 수 있다. ¶ 안경을 쓰니 똑똑하게 보인다. ②사리에 밝고 야무지다. 영리하다. ¶ 똑똑한 아들. **똑똑-히**부.
똑-바로[-빠-]부 ①어느 쪽으로도 기울지 않고 곧게. ¶ 이 길로 똑바로 가십시오. ②틀림없이 바르게. ¶ 똑바로 말하다.
똑-바르다[-빠-][~바르니·~발라]형르 ①어느 쪽으로도 기울지 않고 곧다. ¶ 똑바르게 앉다. ②사리에 벗어나지 않고 옳다. 올바르다. ¶ 똑바른 말과 행동.
똑-하다형여 '꼭하다'의 잘못.
똘기명 채 익지 아니한 과실.
똘똘부 〈돌돌¹·²〉의 센말. ¶ 구슬이 똘똘 구르다.
똘똘-이명 똑똑하고 영리한 아이.
똘똘-하다형여 똑똑하고 영리하다. 여돌돌하다. **똘똘-히**부.
똘마니명 ①(불량한 무리에 딸린) 〈부하〉의 낮은말. ②(본데없이 막 자란) 〈아이〉의 낮은말. ¶ 장바닥 똘마니.
똘-배명 콩배나무의 열매. 아주 작고 단단하며 시고 떫음.
똘배-나무명 ☞콩배나무.
똥명 ①사람이나 동물이 먹은 음식물을 삭이고 똥구멍으로 내보내는 찌끼. 분(糞). ¶ 똥을 누다. ②갈아 쓰던 먹물이 벼루에 말라붙은 찌끼.
똥 누고 밑 아니 씻은 것 같다속담 일한 뒤끝이 개운하지 않고 꺼림칙하다는 말.

똥 누러 갈 적 마음 다르고 올 적 마음 다르다 속담 ☞뒷간에 갈 적 마음 다르고 올 적 마음 다르다.

똥 묻은 개가 겨 묻은 개 나무란다 속담 제 허물은 더 크면서, 남의 작은 허물을 들어 시비한다는 말.

똥이 무서워 피하나 더러워 피하지 속담 야비하고 고약한 사람과는 시비하지 말고 피하는 것이 낫다는 말.

똥 친 막대기 속담 천하게 되어 가치가 없는 물건이나 버림받은 사람을 이르는 말.

똥(을) 싸다 관용 '몹시 힘들다'를 속되게 이르는 말. ¶ 똥을 쌀 일이다.

똥(이) 되나 관용 '면목이나 체면이 형편없이 되다'를 속되게 이르는 말.

똥-감태기 명 온몸에 똥을 흠뻑 뒤집어쓴 꼴.

똥-값[-깝] 명 아주 싼값. 갯값. ¶ 똥값에 팔다./배추 값이 똥값으로 떨어지다. * 똥값이[-깝씨]·똥값만[-깜-]

똥-개[-깨] 명 '별로 가치 없는 잡종의 개'를 흔히 이르는 말.

똥-고집[-꼬-] 명 〈옹고집〉의 속된 말. ¶ 똥고집을 부리다.

똥-구멍[-꾸-] 명 똥을 몸 밖으로 내보내는 구멍. 항문(肛門).

똥구멍으로 호박씨 깐다 속담 '겉으로는 얌전한 체하면서 은밀히 온갖 짓을 다함'을 비유하는 말.

똥구멍이 찢어지게 가난하다 속담 살림살이가 몹시 궁색하다.

똥그라미 명 〈동그라미〉의 센말. ¶ 똥그라미를 그리다.

똥그랗다[-라타][똥그라니·똥그래] 형ㅎ 〈동그랗다〉의 센말. 큰뚱그렇다.

똥그래-지다 자 〈동그래지다〉의 센말. 큰뚱그레지다.

똥그스름-하다 형여 〈동그스름하다〉의 센말. 큰뚱그스름하다.

똥글-똥글 부하형 〈동글동글〉의 센말. 큰뚱글뚱글.

똥기다 타 귀띔하다. 내막이나 내용의 꼬투리를 암시하다.

똥-끝[-끋] 명 똥구멍에서 나오는 똥자루의 첫 끝. * 똥끝이[-끄치]·똥끝을[-끄틀]·똥끝만[-끈-]

똥끝(이) 타다 관용 ①애를 태워 똥자루가 마르고 검게 되다. ②☞똥줄(이) 타다.

똥-독(-毒)[-똑] 명 똥 속에 있는 독기. ¶ 똥독이 오르다.

똥똥 부하형 (작은 키에) 살진 몸집이 옆으로 퍼지고 굵은 모양. 큰뚱뚱. **똥똥-히** 부.

똥-물 명 ①똥이 섞인 물. ②구토가 심할 때, 먹은 음식물이 다 나오고 나중에 나오는 누르스름한 물.

똥-배[-빼] 명 '어울리지 않게 불룩하게 나온 배'를 속되게 이르는 말.

똥-싸개 명 ①똥을 가리지 못하는 아이. ②실수로 '똥을 싼 아이'를 조롱조로 이르는 말. ③'지지리 못난 사람'을 욕으로 이르는 말.

똥-오줌 명 똥과 오줌. 분뇨(糞尿).

똥오줌을 못 가리다 관용 '사리 분별을 못하다'를 속되게 이르는 말. ¶ 여기가 어떤 자리라고 네가 감히 똥오줌을 못 가리고 끼어드느냐?

똥-자루[-짜-] 명 굵고 긴 똥 덩이.

똥-장군 명 똥을 담아 나르는 오지나 나무로 만든 통(방언).

똥-줄[-쭐] 명 급히 내깔기는 똥의 줄기.

똥줄(이) 나게 관용 ☞똥줄(이) 빠지게.

똥줄(이) 당기다 관용 몹시 겁이 나다.

똥줄(이) 빠지게 관용 ①몹시 혼이 날 만큼 힘들게. ②몹시 혼이 나서 정신없이 서둘게. 똥줄(이) 나게. ¶ 똥줄이 빠지게 달아나다.

똥줄(이) 타다 관용 몹시 힘이 들거나 마음을 졸이다. 똥끝(이) 타다.

똥-집[-찝] 명 ①〈대장(大腸)〉의 속된 말. ②'몸집'을 농조로 이르는 말. ③엉덩이를 중심한 하체(下體)의 무게를 농조로 이르는 말. ④〈위(胃)〉의 속된 말. ¶ 똥집이 대단한 모양이지, 그걸 다 먹어 치우는 걸 보니.

똥-차(-車) 명 ①똥을 실어 나르는 차. ②〈고물차〉의 속된 말.

똥-창 명 소의 창자 중 새창의 한 부분.

똥창(이) 맞다 관용 '배짱이 맞다'를 속되게 이르는 말. ¶ 똥창이 맞아서 어울려 다닌다.

똥-칠(-漆) 명하자 ①똥을 묻히는 짓. ②'체면이나 명예를 크게 더럽히게 됨'을 비유하여 이르는 말.

똥-통(-桶) 명 ①똥오줌을 담거나 담아 나르는 통. ②'형편없는 물건이나 낡아 빠진 것'을 비유하여 이르는 말.

똥-파리 명 ①똥에 모여드는 파리를 두루 이르는 말. ②똥파릿과의 파리. 성충의 몸빛은 황갈색, 날개 빛깔은 누르스름함. ③'아무 일에나 간섭하거나 잇속을 찾아 덤비는 사람'을 얕잡아 이르는 말.

똬르르 부하자 〈돠르르〉의 센말.

똬ː리 명 ①짐을 일 때 머리에 받치는 고리 모양의 물건. 짚이나 천을 틀어서 만듦. ②나선 모양으로 빙빙 틀어 놓은 것, 또는 그런 모양. ¶ 뱀이 똬리를 틀다.

똴똴 부하자 〈돨돨〉의 센말.

뙈ː기 명 ①경계를 지어 놓은 논밭의 구획. 배미. ②〖의존 명사적 용법〗 일정하게 경계를 지은 논밭의 구획을 세는 단위. ¶ 밭 한 뙈기도 없다. ③《자리·요·이불 뒤에 쓰이어》 '하찮은 조가리'라는 뜻으로 쓰이는 말. ¶ 요 뙈기라도 깔고 앉지.

뙤다[뙤-/뛔-] 자 ①(실로 짠 물건의 코나 바느질한 자리의 올 따위가) 끊어지다. ②(도자기나 사기그릇 따위의) 한쪽이 깨어져 떨어지다. ③물건의 귀가 떨어지다.

뙤뙤[뙤뙤/뛔뛔] 부 말 더듬는 소리.

뙤뙤-거리다[뙤뙤-/뛔뛔-] 타 자꾸 뙤뙤 하며 말을 더듬다. 뙤뙤대다.

뙤뙤-대다[뙤뙤-/뛔뛔-] 타 뙤뙤거리다.

뙤록-거리다[뙤-꺼-/뛔-꺼-] 자타 〈되록거리다〉의 센말. 뙤록대다. 큰뛰룩거리다.

뙤록-대다[뙤-때-/뛔-때-] 자타 뙤록거리다.

뙤록-뙤록[뙤-뙤-/뛔-뛔-] 부하자타하형 〈되록되록〉의 센말. 큰뛰룩뛰룩.

뙤약-볕[뙤-뼏/뛔-뼏] 명 되게 내리쬐는 여름날의 뜨거운 볕. 폭양. * 뙤약볕이[뙤-뼈치/뛔-뼈치]·뙤약볕을[뙤-뼈틀/뛔-뼈틀]·뙤약볕만[뙤-뼌-/뛔-뼌-]

뙤-창(-窓)[뙤-/뛔-] 명 〈뙤창문〉의 준말.

뙤-창문(-窓門)[뙤-/뛔-] 명 방문에 낸 작은 창문. 준뙤창.

뚜[1] 명 〈뚜쟁이〉의 준말.

뚜[2] 부 고동(기적)이나 나팔 따위를 울리는 소리. 뚜-뚜 부.

뚜그르르 부 〈두그르르〉의 센말. 작또그르르.

뚜글-뚜글[부] 〈두글두글〉의 센말. [작]또글또글.
뚜껑[명] ①그릇의 아가리를 덮는 제구(諸具). ②어떤 물건을 보호하기 위하여 겉에 씌우는 물건. ¶ 만년필 뚜껑. ③〈모자〉의 속된 말.
뚜껑(을) 열다[관용] 일의 내막을 공개하다.
뚜껑-돌[명] ☞개석(蓋石).
뚜껑-밥[명] ①사발 바닥에다 다른 작은 그릇이나 접시를 엎어 놓고 담은 밥. ②밑에는 잡곡밥을 담고 위만 이밥을 담은 밥. ③겉치레로 잘 먹이는 듯이 차린 음식.
뚜껑-이불[-니-][명] 이불잇을 시치지 않은 솜이불.
뚜께-머리[명] 층이 지게 잘못 깎아서 뚜껑을 덮은 것처럼 된 머리.
뚜께-버선[명] 바닥이 다 해어져 발등만 덮게 된 버선.
뚜덕-거리다[-꺼-][타] 자꾸 뚜덕뚜덕하다. 뚜덕대다. [작]또닥거리다. [참]투덕거리다.
뚜덕-대다[-때-][타] 뚜덕거리다.
뚜덕-뚜덕[부][하타] 딱딱한 물건으로 잘 울리지 않는 단단한 물건을 두드릴 때 나는 소리. [작]또닥또닥. [참]투덕투덕1.
뚜덜-거리다[자] 〈두덜거리다〉의 센말. 뚜덜대다.
뚜덜-대다[자] 뚜덜거리다.
뚜덜-뚜덜[부][하자] 〈두덜두덜〉의 센말.
뚜두두둑[부] ①소나기나 우박이 잇따라 세게 떨어지는 소리. ②나뭇가지 같은 것이 서서히 부러지는 소리.
뚜드럭-거리다[-꺼-][타] 자꾸 뚜드럭뚜드럭하다. 뚜드럭대다. [작]또드락거리다.
뚜드럭-대다[-때-][타] 뚜드럭거리다.
뚜드럭-뚜드럭[부][하타] 크고 단단한 물건이 율동적으로 잇따라 부딪쳐 내는 소리. ¶ 뚜드럭뚜드럭 말발굽을 울리는 소리. [작]또드락또드락.
뚜드려-내다[타] 끌·대패 따위의 날이 있는 연장을 속내기 위해서 날의 안쪽을 망치로 자꾸 뚜드려서 우묵하게 하다. 〔이렇게 한 뒤에 철판이나 숫돌에 대고 갊.〕
뚜드리다[타] 〈두드리다〉의 센말.
뚜들기다[타] 〈두들기다〉의 센말.
뚜렷-뚜렷[-렫-렫][부][하형] 〈두렷두렷〉의 센말. [작]또렷또렷.
뚜렷-하다[-려타-][형][여] 〈두렷하다〉의 센말. ¶ 윤곽이 뚜렷하다. [작]또렷하다.
뚜르르[부] 〈두르르〉의 센말. [작]또르르.
뚜벅-거리다[-꺼-][자] 자꾸 뚜벅뚜벅하다. 뚜벅대다. [작]또박거리다.
뚜벅-대다[-때-][자] 뚜벅거리다.
뚜벅-뚜벅[부][하자] 자신 있고 뜸직하게 걷는 걸음의 뚜렷한 발자국 소리, 또는 그 모양. [작]또박또박1.
뚜-쟁이[명] ①'밀매음(密賣淫)을 주선하는 사람'을 속되게 이르는 말. ②'중매인'을 홀하게 이르는 말. [준]뚜1.
뚝1[부] ①좀 큰 것이 떨어지는 소리, 또는 그 모양. ¶ 호박이 뚝 떨어지다. ②굵고 단단한 것이 단번에 부러지면서 나는 소리, 또는 그 모양. ¶ 큰 나뭇가지가 뚝 하고 부러지다. ③단단한 것을 한 번 두드릴 때 나는 둔한 소리. [작]딱1·똑2. [참]툭1. **뚝-뚝**[부].
뚝2[부] ①계속되던 것이 갑자기 그치는 모양. 떡4. ¶ 아기가 울음을 뚝 그쳤다. [작]딱2. ②거침없이 따거나 떼는 모양. ¶ 호박을 뚝 따다. ③(거리·순위·성적 따위가) 두드러지게 떨어지는 모양. ¶ 성적이 바닥으로 뚝 떨어지다. ①②[작]똑3. ③**뚝-뚝**[부].
뚝3[부] (행동이나 말을) 단호하게. ¶ 전혀 모르는 일이라고 뚝 잡아떼다. [작]딱3.
뚝-딱1[부][하자타] 단단한 물건을 세게 두드릴 때 나는 소리. [작]똑딱. [참]툭탁. **뚝딱-뚝딱**[부].
뚝-딱2[부] 일을 거침없이 시원스럽게 해치우는 모양. ¶ 밥 한 그릇을 뚝딱 해치우다. /썰매 하나를 뚝딱 만들어 내다.
뚝딱-거리다[-꺼-][자타] 자꾸 뚝딱뚝딱하다. 뚝딱대다. ¶ 개집을 만든다면서 뚝딱거리고 있다. [작]똑딱거리다.
뚝딱-대다[-때-][자타] 뚝딱거리다.
뚝뚝-하다[-뚜카-][형][여] ①무뚝뚝하다. ②(바탕이) 거세고 단단하다. ¶ 옷감이 뚝뚝하다. [준]뚝하다. ①**뚝뚝-이**[부].
뚝발-이[-빠리][명] 〈절뚝발이〉의 준말.
뚝배기[-빼-][명] 찌개나 지짐이 따위를 끓이거나 설렁탕 따위를 담을 때 쓰는 오지그릇.
뚝배기 깨지는 소리[속담] ①음성이 곱지 못하고 탁한 것을 이르는 말. ②잘 못하는 노래나 말을 놀리거나 비꼬아 하는 말.
뚝배기보다 장맛이 좋다[속담] 겉모양보다 내용이 훨씬 낫다는 말.
뚝별-나다[-뻘라-][형] 갑자기 무뚝뚝하게 화를 내는 성질이 있다.
뚝별-스럽다[-뻘-따][~스러우니·~스러워][형][ㅂ] 갑자기 아무 일에나 불뚝불뚝 화를 내는 별난 경향이 있다.
뚝별-씨[-뻘-][명] 걸핏하면 불뚝불뚝 성을 잘 내는 성질, 또는 그런 사람.
뚝-심[-씸][명] ①굳세게 버티어 내거나 감당해 내는 육체적인 힘. ¶ 뚝심이 센 사람. ②좀 미련하게 불뚝 내는 힘. ¶ 뚝심을 쓰다.
뚝지[-찌][명] 도칫과의 바닷물고기. 몸길이 25 cm가량. 몸은 길둥글고 피부가 매끈함. 배에 빨판이 있어 바위 등에 붙으면 잘 떨어지지 않음. 우리나라 동해안과 일본·오호츠크 해 연안 등지에 분포함. 멍텅구리.
뚝-하다[뚜카-][형][여] 〈뚝뚝하다〉의 준말.
뚤뚤[부] 〈둘둘1·2〉의 센말. ¶ 물건을 신문지로 뚤뚤 말다. /방석을 뚤뚤 말아 베고 눕다.
뚫다[뚤타][타] ①구멍을 내다. ¶ 구멍을 뚫어 끈을 꿰다. ②막힌 것을 통하게 하다. ¶ 터널을 뚫다. ③장애물을 헤치다. ¶ 밀림을 뚫고 나아가다. ④(난관이나 시련을) 극복하다. ¶ 대학 입시의 관문을 뚫다. ⑤해결할 길을 찾아내다. ¶ 돈줄을 뚫다. ⑥사람의 마음이나 미래의 사실을 알다. ¶ 마음속을 뚫어 보는 눈. *뚫어[뚜러]·뚫는[뚤른]·뚫소[뚤쏘]
뚫-리다[뚤-][자] 〖'뚫다'의 피동〗 뚫어지다. ¶ 뚫린 창구멍을 막다. /십 년 묵은 체증이 뚫리다.
뚫어-뜨리다[뚜러-][타] 힘을 들여 뚫어지게 하다. 뚫어트리다.
뚫어-맞히다[뚜러마치-][타] 아주 정확하게 알아맞히다.
뚫어-새기다[뚜러-][타] (조각에서) 아주 내뚫어 구멍이 통하게 새기다.
뚫어-지다[뚜러-][자] ①구멍이나 틈이 생기다. ②(길이) 통하여지다. ③이치를 깨닫게 되다. ④《주로, '뚫어져라'·'뚫어지게'·'뚫어지도록'의 꼴로 '보다'류 동사와 함께 쓰이어》 뚫어질 정도로 집중하다. ¶ 뚫어지게 노려보다.
뚫어진 벙거지에 우박 맞듯[속담] 정신을 못 차리도록 무엇이 마구 떨어지거나 쏟아짐을 비유하는 말.
뚫어-트리다[뚜러-][타] 뚫어뜨리다.

뚫을-곤(-丨)[뚜를-]명 한자 부수의 한 가지. '中'·'串' 등에서의 '丨'의 이름.
뚱그렇다[-러타][뚱그러니·뚱그레]형ㅎ 〈둥그렇다〉의 센말. 작똥그랗다.
뚱그레-지다자 〈둥그레지다〉의 센말. 작똥그래지다.
뚱그스름-하다형여 〈둥그스름하다〉의 센말. 작똥그스름하다.
뚱글-뚱글부하형 〈둥글둥글〉의 센말. 작똥글똥글.
뚱기다타 ①(악기의 줄 따위를) 탄력성 있게 튀기어 진동하게 하다. ¶ 거문고를 뚱기다. ②슬쩍 귀띔해 주다.
뚱기-치다타 몸을 세차게 움직이다.
뚱-딴지1명 ①우둔하고 완고하며 무뚝뚝한 사람. ¶ 뚱딴지같이 제 자식을 보고도 말이 없다. ②엉뚱한 짓. ¶ 뚱딴지처럼 난데없이 무슨 소린고?
뚱-딴지2명 국화과의 다년초. 땅속줄기의 끝이 굵어져 감자 모양의 덩이줄기가 됨. 줄기에는 잔털이 있으며, 초가을에 노란 꽃이 핌. 덩이줄기는 식용 및 가축의 사료나 알코올의 원료로 쓰임. 돼지감자.
뚱딴지3명 전선을 지탱하고 절연하기 위하여 전봇대에 다는 기구.
뚱딴지-같다[-갇따]형 (행동이나 사고방식 따위가) 너무나 엉뚱하다. ¶ 뚱딴지같은 소리.
뚱뚱부하형 (살이 쪄서) 키에 비하여 몸집이 옆으로 퍼지고 굵은 모양. ¶ 뚱뚱하게 살이 찐 아이. 작똥똥. **뚱뚱-히**부.
뚱뚱-보명 뚱뚱한 사람. 뚱뚱이. 준뚱보.
뚱뚱-이명 ☞뚱뚱보. 참홀쭉이.
뚱-보명 ①'뚱한 사람'을 홀하게 이르는 말. ②〈뚱뚱보〉의 준말.
뚱ː-하다형여 ①말수가 적고 붙임성이 없다. ¶ 사람이 뚱해서 남과 잘 어울리지 못한다. ②못마땅하여 시무룩하다.
뛰-놀다[~노니·~놀아]자 ①이리저리 뛰어다니며 놀다. ②(맥박 따위가) 세게 발딱거리다.
뛰다 Ⅰ자 ①빨리 내닫다. 힘껏 달리다. ¶ 힘껏 뛰어라. ②〈달아나다〉의 속된 말. ③(멀리 가거나 높이 오르기 위하여) 몸에 반동을 넣어 위로 솟구쳐 오르다. ¶ 높이 뛰다. ④(값 따위가) 갑자기 크게 오르다. ¶ 과일 값이 크게 뛰었다. ⑤(맥박이나 심장의 고동 따위가) 크게 발딱거리거나 두근거리다. ¶ 가슴이 뛰다. ⑥(액체의 방울이) 튀어 올라 흩어지다. ¶ 흙탕물이 뛰어 옷을 버리다. ⑦《주로 '펄펄'·'펄쩍' 따위의 말과 함께 쓰이어》 단호한 태도를 보이다. 〔어떤 사실을 크게 부정함.〕 ¶ 시집을 가라니까 펄쩍 뛰더라. ⑧어떤 자격으로 일하다. ¶ 현역으로 뛰기에는 나이가 너무 많다. ⑨바쁘게 돌아다니며 일하거나 적극적으로 활동하다. ¶ 현장에서 뛰는 영업 사원.
Ⅱ타 ①그네나 널을 타거나 올라서서 놀다. ¶ 널을 뛰다. ②차례나 사이를 거르다. 건너뛰다. ¶ 두 악장을 뛰고 끝 악장을 연주하다.
뛰뛰-빵빵 Ⅰ부 자동차가 잇따라 경적을 울리는 소리.
Ⅱ명 어린아이의 말로, '자동차'를 이르는 말.
뛰룩-거리다[-꺼-]자타 〈뒤룩거리다〉의 센말. 뛰룩대다. 작뙤록거리다.
뛰룩-대다[-때-]자타 뛰룩거리다.
뛰룩-뛰룩부하자타하형 〈뒤룩뒤룩〉의 센말. 작뙤록뙤록.
뛰어-가다[-어-/-여-]자 달음박질쳐 가다. 달려가다. ¶ 비를 피해 처마 밑으로 뛰어갔다.
뛰어-나가다[-어-/-여-]자 (몸을 솟치며 밖으로) 빨리 달려서 나가다. 달려나가다.
뛰어-나다[-어-/-여-]형 (다른 것보다) 훨씬 낫다. ¶ 남보다 뛰어난 두뇌.
뛰어-나오다[-어-/-여-]자 (몸을 솟치며 밖으로) 빨리 달려서 나오다. ¶ 화재 경보가 울리자 전원이 건물 밖으로 뛰어나왔다.
뛰어-내리다[-어-/-여-] Ⅰ자 ①(몸을 솟구쳐) 높은 데서 아래로 내리다. ¶ 트럭 짐칸에서 장정들이 훌쩍 뛰어내렸다. ②(몸을 던져) 어떤 공간을 벗어나다. ¶ 달리는 열차에서 뛰어내리다.
Ⅱ타 (비탈진 길이나 통로를) 뛰어서 빨리 내려가다. ¶ 계단을 뛰어내려 가다.
뛰어-넘다[-어-따/-여-따]타 ①(몸을 솟구쳐) 높은 것을 넘다. ¶ 담을 뛰어넘다. ②(순서를) 거르고 나아가다. ¶ 고등학교 과정은 뛰어넘고 곧장 대학에 진학했다. ③(어떤 범위나 수준을) 벗어나거나 넘어서다. ¶ 예상을 뛰어넘다.
뛰어-놀다[-어-/-여-]자 뛰놀다.
뛰어-다니다[-어-/-여-]타 ①뛰거나 내달리며 이리저리 돌아다니다. ¶ 아이들이 골목길을 누비며 뛰어다니다. ②이리저리 바삐 다니다. ¶ 직장을 구하려고 여기저기 뛰어다녔다.
뛰어-들다[-어-/-여-][~드니·~들어]자 ①높은 데서 물속으로 몸을 던지다. ¶ 바닷물에 뛰어들다. ②날래게 움직여 들어오거나, 불시에 달려들 듯이 나타나다. ¶ 자동차가 인도로 뛰어들다. ③망설이거나 거리끼지 않고 가담하거나 덤벼들다. ¶ 정치 일선에 뛰어들다. ④몸을 던져 위험한 상황 속으로 가다. ¶ 단신으로 적진에 뛰어들다.
뛰어-오다[-어-/-여-]자 달음박질쳐 오다.
뛰어-오르다[-어-/-여-][~오르니·~올라] Ⅰ자르 ①(몸을 솟치어) 높은 곳으로 오르다. ¶ 차에 뛰어오르다. ②값이나 지위 따위가 갑자기 많이 오르다. ¶ 원화(貨)의 환율이 뛰어오르다.
Ⅱ타르 (비탈진 길이나 통로를) 뛰어서 빨리 올라가다. ¶ 언덕길을 뛰어오르다.
뛰쳐-나가다[-처-]자타 ①힘있게 밖으로 뛰어나가다. ②어느 곳에서 벗어나거나 갑자기 떠나 버리다. ¶ 집을 뛰쳐나가다.
뛰쳐-나오다[-처-]자타 ①힘있게 밖으로 뛰어나오다. ¶ 불이 나자 사람들이 건물 밖으로 뛰쳐나왔다. ②어느 곳에서 벗어나 나오거나 갑자기 떠나 버리다. ¶ 회사를 뛰쳐나오다.
뜀명 ①두 발을 모으고 뛰어 앞으로 나아가는 일. ②몸을 솟구쳐 높은 데에 오르거나 넘는 일.
뜀-걸음명 군대에서 의식이나 행군 때, 90 cm의 보폭으로 1분간에 180보를 걷는 걸음.
뜀뛰기^운ː동(-運動)명 필드 경기의 한 가지. 멀리뛰기·높이뛰기·세단뛰기·장대높이뛰기 따위를 통틀어 이르는 말. 도약 운동(跳躍運動).
뜀-뛰다자 두 발을 모으고 몸을 솟구쳐 앞으로 나아가거나 높은 곳으로 오르다.
뜀박-질[-찔]명하자 ①뜀을 뛰는 일. ②달음박질하는 일. 준뜀질.
뜀-질명하자 〈뜀박질〉의 준말.
뜀-틀명 기계 체조 용구의 한 가지. 찬합처럼 여러 층으로 포개 놓을 수 있는 상자 모양으로 만든 나무틀. 정면이나 측면으로 달려와서 여러 가지 방법으로 뛰어넘음.

뜀틀^운:동(-運動)명 기계 체조의 한 가지. 뜀틀을 두 손으로 짚고 넘는 운동. 도움닫기·발구르기·손짚기·공중 자세·착지 등이 뜀틀 운동의 기본 요소임.

뜨개-바늘명 〈뜨개질바늘〉의 준말.

뜨개-실명 뜨개질의 재료로 쓰이는 실.

뜨개-질[1]명하자 털실 따위로 양말·옷·장갑 등을 뜨는 일. 참편물(編物).

뜨개-질[2]명하타 남의 마음속을 떠보는 짓.

뜨개질-바늘명 뜨개질에 쓰는 긴 바늘. 대오리·쇠·플라스틱 등으로 만듦. 준뜨개바늘.

뜨갯-것[-개껃/-갣껃]명 뜨개질하여 만든 물건. 편물(編物). ＊뜨갯것이[-개꺼시/-갣꺼시]·뜨갯것만[-개껀-/-갣껀-]

뜨거워-지다자 뜨겁게 되다.

뜨거워-하다타여 뜨거운 기색을 나타내다.

뜨겁다[-따][뜨거우니·뜨거워]형ㅂ ①온도가 몹시 높다. 작따갑다. ↔차다[4]. ②센 열기가 살갗을 찌르는 듯하다. ③《비유적으로 쓰이어》 감정이 열정적으로 달아 있다. ¶ 동족에 대한 뜨거운 사랑. ④(무안하거나 부끄러워서) 얼굴이 몹시 화끈하다. ¶ 낯이 뜨거워 고개를 들 수 없었다.

-뜨기접미 《일부 명사 뒤에 붙어》 사람을 홀하게 부르는 뜻을 나타냄. ¶ 시골뜨기. /사팔뜨기.

뜨께-질명하타 '뜨개질[2]'의 잘못.

뜨끈-뜨끈부하형 매우 뜨끈한 느낌이 있는 상태. ¶ 방이 뜨끈뜨끈하다. 작따끈따끈. **뜨끈뜨끈-히**부.

뜨끈-하다형여 좀 뜨뜻하다. ¶ 뜨끈한 숭늉을 마시다. 작따끈하다. **뜨끈-히**부.

뜨끔부하형 ①찔리거나 데거나 하여 쑤시듯이 아픈 느낌. ②갑자기 마음에 강한 자극을 받아 찔리거나 켕기는 느낌. ¶ 가슴이 뜨끔하다. 작따끔. **뜨끔-히**부.

뜨끔-거리다자 ①갑자기 불에 닿는 것처럼 뜨거운 느낌이 자꾸 들다. ②마음에 강한 자극을 받아 뜨거운 느낌이 자꾸 들다. 뜨끔대다. 작따끔거리다.

뜨끔-대다자 뜨끔거리다.

뜨끔-뜨끔부하형 계속 뜨끔한 느낌이 있는 상태. 여러 군데가 뜨끔한 느낌. 작따끔따끔. **뜨끔뜨끔-히**부.

뜨내기명 ①거처할 곳이 일정하지 못하여 떠돌아다니는 사람. ②(붙박아 정하여 계속되는 일이 아니고) 가끔 하게 되는 일. ¶ 뜨내기 일감조차 없다.

뜨내기-살이명하자 여기저기 자주 옮겨 다니며 사는 일.

뜨내기-손님명 단골이 아닌, 어쩌다가 한두 번 찾아오는 손님.

뜨내기-장사명하자 붙박아 한자리에서 전문으로 하지 않고, 임시로 또는 여기저기 떠돌아다니면서 하는 장사.

뜨다[1][뜨니·떠]자 ①(가라앉지 않고) 물 표면에 있다. ¶ 배가 물 위에 떠 있다. ↔가라앉다. ②(땅에 떨어지지 않고) 공중으로 솟아오르거나 공중에 머물러 있다. ¶ 비행기가 뜨다. ③(달·해·별 등이) 솟아오르다. ¶ 보름달이 뜨다. ↔지다[1]. ④(연줄이 끊어져 연이) 날아가 버리다. ¶ 연싸움에서 내 연이 맨 먼저 떠 버렸다. ⑤(마음이 안정되지 않고) 들썽거리다. ¶ 결혼을 앞둔 김 군은 마음이 떠서 일손이 잡히지 않는 모양이다. ⑥꾸어 준 돈이나 물건을 떼이게 되다. ¶ 10만 원 돈이 떠 버렸다. ⑦'인기를 얻게 되거나 유명해짐'을 속되게 이르는 말. ¶ 무명 가수의 앨범이 뜨다. ⑧'두려운 인물이 모습을 나타냄'을 속되게 이르는 말. ¶ 경찰이 뜨다. /단속이 떴다.

뜨다[2][뜨니·떠]자 ①(쌓여 있는 곡물·채소·풀·짚 따위가) 열을 내어 썩기 시작하다. ¶ 답쌓인 짚더미가 뜨다. ②(메주·누룩 따위가) 발효(醱酵)하다. ¶ 메주가 뜨다. ③얼굴에 병색이 누렇게 나타나다. ¶ 얼굴이 붓고 누렇게 떴다.

뜨다[3][뜨니·떠]자 ①(시간·거리·감정 따위에) 거리가 생기거나 사이가 멀다(멀어지다). ¶ 동안이 뜨다. /편지 왕래가 뜨다. /두 사람 사이가 뜨다. ②틈이나 공간이 생기다. ¶ 벽지가 떠서 쿨렁쿨렁한다.

뜨다[4][뜨니·떠]타 ①비우다. ¶ 잠시 자리를 뜨다. ②거처를 멀리 옮기다. ¶ 고향을 뜨다. ③퇴직하다. ¶ 직장을 뜨다. ④죽다. ¶ 세상을 뜨다.

뜨다[5][뜨니·떠]타 ①(액체나 가루 따위를) 용기(容器)로 퍼내거나 푸다. ¶ 삽으로 흙을 뜨다. /바가지로 물을 뜨다. ②(물 위에 떠 있거나, 얕게 가라앉은 것을) 걷어 내거나 건져 올리다. ¶ 수제비를 떠 담다. ③(한지나 김 따위를) 틀에 펴서 낱장으로 만들다. ¶ 종이를 뜨다. /김을 뜨다. ④밥그릇에 숟가락질을 하며 먹다. ¶ 죽을 떠 먹다.

뜨다[6][뜨니·떠]타 ①《'각(脚)'과 함께 쓰이어》 잡은 짐승의 고기를 일정한 크기로 떼어 내다. ¶ 각을 뜨다. ②《'포(脯)'와 함께 쓰이어》 고기를 얇게 저미다. ¶ 포를 뜨다. ③큰 덩이에서 알맞은 크기로 떼어 내거나 깨어 내다. ¶ 뗏장을 뜨다. /구들장을 뜨다. /얼음장을 뜨다. ④못자리에서 모를 뽑아서 단을 짓다. ¶ 모를 뜨다. ⑤깁 따위를 옷감으로 필요한 만큼 끊어서 사다. ¶ 혼숫감을 뜨다.

뜨다[7][뜨니·떠]타 ①감은 눈을 열다. ¶ 눈을 번쩍 뜨다. ↔감다[1]. ②처음으로 귀의 청각을 느끼다. ¶ 갓난아기가 귀를 뜨다. ③시력을 다시 찾다. ¶ 장님이 눈을 뜨다.

뜨다[8][뜨니·떠]타 ①(무엇을 만들기 위해) 실·끈·노 따위로 짜거나 엮다. ¶ 그물을 뜨다. /양말을 뜨다. /매미채를 뜨다. ②한 땀 한 땀 바느질을 하다. ¶ 두 땀씩 떠서 상침을 놓다. ③먹실로 살갗에 문신을 새기다. ¶ 팔에 용을 뜨다.

뜨다[9][뜨니·떠]타 ①소가 뿔로 무엇을 받다. ¶ 소가 사람을 뜨다. ②씨름에서, 상대자를 힘껏 들어 올리다. ¶ 배지기를 뜨다. ③(무거운 물건을 목도로) 들어 옮기다. ¶ 목도로 바위를 뜨다.

뜨다[10][뜨니·떠]타 ①꼭 같은 것을 그리거나 박아 내기 위하여 본 따위를 만들다. 《주로, '본'과 함께 쓰임.》 ¶ 본을 뜨다. /지형(紙型)을 뜨다. ②약쑥을 경혈(經穴)에 놓고 태우다. 《주로, '뜸'과 함께 쓰임.》 ¶ 뜸을 뜨다.

뜨다[11][뜨니·떠]형 ①(말이나 행동이) 느리다. ¶ 동작이 뜨다. ②발육이 더디다. 늦되다. ¶ 돌이 지나도 못 서다니 자라는 것이 뜨구나. ③감수성이 둔하다. ¶ 무뚝뚝하고 눈치도 뜨다. ④말수가 적다. ¶ 말수가 뜨다. ⑤쇠붙이 따위가 불이나 열에 잘 달지 않다. ¶ 뜬 다리미. ⑥물매가 가파르지 않다. ¶ 기울기가 뜨다. ⑦연장의 날이 무디다. ¶ 면도날이 뜨다.

뜨더귀명하타 조각조각 뜯어내거나 갈가리 찢는 짓, 또는 그 물건.

뜨더귀-판명 뜨더귀를 하는 판.

뜨덤-뜨덤부하타 ①글을 서투르게 간신히 뜯어 읽는 모양. ¶ 책을 뜨덤뜨덤 읽다. ②말을 자꾸 더듬는 모양.

뜨듯-하다[-드타-]형여 알맞게 따뜻하다. ¶ 아랫목이 뜨듯하다. 작따듯하다. 센뜨뜻하다. **뜨듯-이**부.

뜨뜻미지근-하다[-뜬-]형여 ①온도가 뜨뜻한 듯하면서 미지근하다. ¶ 국물이 뜨뜻미지근하다. ②태도에 결단성과 적극성이 없다. ¶ 나는 너의 그 뜨뜻미지근한 태도가 못마땅하다.

뜨뜻-하다[-뜨타-]형여 〈뜨듯하다〉의 센말. ¶ 목욕물이 뜨뜻하다. 작따뜻하다.

뜨락명 뜰.

뜨르르부하자 ①〈드르르2〉의 센말. 작따르르. ②소문 따위가 야단스럽게 퍼지는 모양. ¶ 온 동네에 소문이 뜨르르 퍼져 야단이라네.

-뜨리다접미 동사의 어미 '-아(어)' 또는 어간에 붙어, 그 동작을 힘주어 나타내는 구실을 함. 모음으로 끝나는 어간의 경우에는 흔히 어미 '-아(어)'가 줆. -트리다. ¶ 깨뜨리다. /넘어뜨리다. /떨어뜨리다.

뜨막-하다[-마카-]형여 (왕래나 소식 따위가) 한참 동안 뜸하다.

뜨문-뜨문부하형 〈드문드문〉의 센말.

뜨물1명 곡식을 씻어 낸 부연 물.

뜨물2명 '진딧물'의 방언.

뜨스-하다형여 〈드스하다〉의 센말. ¶ 아랫목이 좀 뜨스하다. 작따스하다.

뜨습다[-따][뜨스우니·뜨스워]형ㅂ 〈드습다〉의 센말. 작따습다.

뜨악-하다[-아카-]형여 ①(마음에) 선뜻 끌리지 않다. 썩 당기지 않다. ②썩 미덥지 못하다. ¶ 생각했던 것보다 어리기 때문인지 뜨악해하는 눈치다. ③(마음이나 분위기가 맞지 않아) 서먹하다. ¶ 뜨악한 사이.

뜨음-하다형여 도수(度數)가 잦다가 한동안 머츰하다. ¶ 소식이 뜨음하다. 준뜸하다.

뜨-이다자 〖'뜨다6·7·9'의 피동〗 ①감았던 눈이 열리거나, 막혔던 귀가 뚫리는 것 같다. ¶ 잠이 깨어 눈이 뜨이다. /귀가 번쩍 뜨이는 반가운 소식. ②눈에 보이다(들어오다). ¶ 요즈음엔 한복을 입은 사람이 눈에 자주 뜨인다. ③포(脯)나 각(脚)으로 뜸을 당하다. ¶ 소 한 마리가 순식간에 각으로 뜨이다. ④떠받음을 당하다. ¶ 소한테 뜨이어 크게 다쳤다. 준띄다.

뜬-것[-걷]명 ①떠돌아다니는 못된 귀신. 뜬귀신. 부행신(浮行神). ②'뜬계집'의 잘못. *뜬것이[-거시]·뜬것만[-건-]

뜬-계집[-계-/-게-]명 어쩌다 우연히 관계하게 된 계집.

뜬-공명 ☞플라이 볼.

뜬-구름명 하늘에 떠다니는 구름. 〔흔히, 덧없는 세상일에 비유하여 씀.〕 부운(浮雲). ¶ 인생이란 뜬구름과 같다.

뜬-귀신(-鬼神)명 뜬것.

뜬-금명 일정하지 않고 시세의 변동에 따라 달리 정해지는 값.

뜬금-없다[-그멉따]형 갑작스럽고도 엉뚱하다. ¶ 뜬금없는 소리. /뜬금없는 돈이 생기다. **뜬금없-이**부 ¶ 뜬금없이 나타나다. /뜬금없이 무슨 말입니까?

뜬-눈명 밤에 잠을 자지 못한 눈. 《주로, '뜬눈으로'의 꼴로 쓰임.》 ¶ 밀린 일 때문에 뜬눈으로 밤을 새다.

뜬-돈명 뜻하지 아니한 우연한 기회에 얻은 돈. 눈먼 돈.

뜬뜬-하다형여 〈든든하다〉의 센말. 작딴딴하다.

뜬-벌이명하자 고정적이 아니고 닥치는 대로 하는 벌이.

뜬-세상(-世上)명 덧없는 세상. 부세(浮世).

뜬-소문(-所聞)명 근거 없이 떠도는 소문. 도설(塗說). 유언(流言). 유언비어(流言蜚語).

뜬-쇠[-쇠/-쉐]명 남사당놀이에서, 각 종목의 우두머리. 〔버나쇠·덜미쇠·곰뱅이쇠 따위.〕

뜬-숯[-숟]명 장작을 때고 난 뒤에 꺼서 만든 숯, 또는 피었던 참숯을 다시 꺼 놓은 숯. *뜬숯이[-수치]·뜬숯만[-순-]

뜬-용(-龍)[-뇽]명 궁전이나 절의 법당 같은 데의 천장에 만들어 놓은 용 모양의 장식. 부룡(浮龍).

뜬-재물(-財物)명 ①(수고를 들임이 없이) 뜻하지 않게 생긴 재물. ②빌려 주었거나 맡겨 놓았다가, 받지 못하게 된 재물.

뜬-저울명 비중계(比重計)의 하나. '부칭(浮秤)'을 풀어 쓴 말.

뜯게[-께]명 해지고 낡아서 못 입게 된 옷.

뜯게-질[-께-]명하타 ①해지고 낡아서 입지 못하게 된 옷의 솔기를 뜯어내는 일. ②빨래할 옷의 솔기를 뜯어내는 일.

뜯-기다[-끼-] Ⅰ자타 〖'뜯다'의 피동〗 ①뜯음을 당하다. ¶ 싸움을 말리다가 단추가 뜯기다. ②벌레 따위에게 물리다. ¶ 밤새도록 모기에게 뜯기다. ③(작은 돈이나 약간의 물건을) 뺏기다. ¶ 점심 값을 뜯기다. ④노름을 해서 돈을 잃다.

Ⅱ타 〖'뜯다'의 사동〗 ①갈비 따위를 뜯게 하다. ②(소나 염소 따위에게) 풀을 뜯어 먹게 하다.

뜯다[-따]타 ①(붙어 있는 것을) 떼어 내다. ¶ 우표를 뜯다. /단추를 뜯다. ②발기발기 찢듯이 떼어 내다. ¶ 닭 털을 뜯다. /북어를 두들겨 잘게 뜯다. ③봉투 따위를 찢거나 헐어서 열다. ¶ 봉투를 뜯다. /포장을 뜯다. ④벌레 따위가 물다. ⑤(조립되어 있는 것을) 따로따로 떼어 내다. ¶ 고장난 시계를 뜯다. ⑥현악기의 줄을 뚱겨 소리를 내다. ¶ 거문고를 뜯다. ⑦노름판에서, 개평을 얻어 내다. ⑧솔기 따위의 꿰맨 자리를 헐어서 가르다. ¶ 이불잇을 뜯어서 빨았다. ⑨풀이나 나물을 채취하다. ¶ 나물을 뜯다. ⑩가슴을 아프게 하다. ¶ 가슴을 뜯게 하는 영화. ⑪조르거나 위협하여 무엇을 빼앗거나 얻다. ¶ 업주들에게서 돈을 뜯다.

뜯어-고치다타 근본적으로 새롭게 고치다. ¶ 직제(職制)를 뜯어고치다. /집을 뜯어고치다. /얼굴을 뜯어고치다.

뜯어-내다타 ①붙어 있는 것을 떼어 내다. ¶ 벽의 광고물을 뜯어내다. /마루를 뜯어내다. ②조르거나 위협하여 무엇을 얻어 내다. ¶ 용돈 뜯어낼 궁리만 하다니. ③기계의 부분품 따위를 조각조각 떼어 내다. ¶ 수리하려고 발동기를 뜯어내다.

뜯어-말리다타 맞붙어 싸우는 것을 사이에 들어 떼어 놓다.

뜯어-먹다[-따]타 남을 조르거나 압력을 넣어 얻어먹다. ¶ 그는 노름판에서 개평을 뜯어먹고 사는 건달이다.

뜯어-벌이다타 ①무엇을 뜯어 죽 벌여 놓다. ¶ 기계를 뜯어벌이다. ②밉살스럽게 이야기를 늘어놓다.

뜯어-보다㉖ ①봉한 것을 뜯고, 속의 것을 꺼내어 보다. ¶ 편지를 뜯어보다. ②이모저모로 구분하여 자세히 살펴보다. ¶ 얼굴을 아무리 뜯어봐도 닮은 데가 한 군데도 없다. ③서투른 글의 뜻을 간신히 알아서 읽다. ¶ 영문을 간신히 뜯어보다.
뜯이[뜨지]명하타 헌 옷을 뜯어서 빨아 가지고 다시 옷을 짓는 일.
뜯이-것[뜨지걷]명 뜯이하여 다시 지은 옷. *뜯이것이[뜨지거시]·뜯이것만[뜨지건-]
뜯적-거리다[-쩍꺼-]타 자꾸 뜯적뜯적하다. 뜯적대다. 작따짝거리다.
뜯적-대다[-쩍때-]타 뜯적거리다.
뜯적-뜯적[-쩍-쩍]부하타 (손톱이나 날카로운 물건 따위로) 자꾸 뜯거나 긁어서 진집을 내는 모양. 작따짝따짝.
뜰명 집 안에 있는 평평한 땅.
뜰-낚[-락]명 물속의 중층(中層)에 사는 물고기를 낚는 낚시 방법의 한 가지. *뜰낚이[-라끼]·뜰낚만[-랑-]
뜰뜰부 ①하자타비탈진 곳으로 수레가 빨리 구르는 소리. ②명령이나 위세가 아주 잘 시행되는 모양. ¶ 그까짓 일이야 서장님 한 말씀이면 뜰뜰 해치울걸, 뭐.
뜰먹-거리다[-꺼-]타 〈들먹거리다2〉의 센말. 뜰먹대다. 작딸막거리다.
뜰먹-대다[-때-]타 뜰먹거리다.
뜰먹-뜰먹부하자타 〈들먹들먹〉의 센말. 작딸막딸막.
뜰먹-이다타 〈들먹이다2〉의 센말. 작딸막이다.
뜰썩-거리다[-꺼-]자타 〈들썩거리다〉의 센말. 뜰썩대다. 작딸싹거리다.
뜰썩-대다[-때-]자타 뜰썩거리다.
뜰썩-뜰썩부하자타 〈들썩들썩〉의 센말. 작딸싹딸싹.
뜰썩-이다자타 〈들썩이다〉의 센말. 작딸싹이다.
뜰아래-채명 한집 안에 있는, 안뜰 아래쪽의 집채. 준아래채.
뜰아랫-방(-房)[-래빵/-랟빵]명 안뜰을 사이에 두고 몸채의 건너편에 있는 방. 준아랫방.
뜰-채명 낚시에 걸린 물고기를 물에서 건져 올리는 그물이 달린 도구.
뜰-층계(-層階)[-계/-게]명 뜰에서 마루로 올라가게 되어 있는 층계.
뜸[1]명 띠나 부들 따위의 풀로 거적처럼 엮어 만든 물건. 비가 올 적에 물건을 덮거나, 볕을 가리거나 바람을 막는 데 씀.
뜸[2]명 (무엇을 흠씬 찌거나 삶은 다음 얼마 동안 그대로 두어) 제풀에 속속들이 푹 익게 하는 일. ¶ 뜸이 들다.
뜸(을) 들이다관용 일을 할 때에, 쉬거나 그 일을 만만히 하기 위하여 서두르지 않고 한동안 가만히 있는 경우를 비유하여 이르는 말.
뜸[3]명 큰 마을 가까이에 따로 몇 집씩으로 이루어진 작은 동네.
뜸[4]명 한방에서, 뜸쑥을 경혈에 놓고 불을 붙이어 뜨겁게 하는 자극 요법의 한 가지. 구(灸). 육구(肉灸). ¶ 허리에 뜸을 뜨다.
뜸-깃[-낃]명 ①뜸을 엮는 데 쓰이는 재료를 통틀어 이르는 말. 〔띠나 부들 따위.〕 ②뜸의 겉에 넘늘어지게 내민 풀잎. *뜸깃이[-끼시]·뜸깃만[-낀-]
뜸-단지명 '부항단지'의 잘못.
뜸베-질명하자 소가 뿔로 물건을 닥치는 대로 받는 일.
뜸부기명 뜸부깃과의 새. 몸길이는 수컷이 38 cm, 암컷이 33 cm가량. 몸빛은 수컷이 검은 회색이고 암컷은 갈색 바탕에 세로무늬가 있음. 논이나 풀밭·연못 등에서 삶. 우리나라에서는 흔한 여름새임.
뜸-새끼명 길마와 걸채를 얽러 매는 새끼.
뜸-손명 뜸을 엮는 줄.
뜸-쑥명 뜸을 뜨는 데 쓰는 쑥.
뜸-씨명 ☞효소(酵素).
뜸지근-하다형여 (말이나 행동이) 느리고 느긋하게 뜸직하다. 작땀지근하다.
뜸직-뜸직부하형 (말이나 행동이) 한결같이 뜸직한 모양. 작땀직땀직.
뜸직-하다[-지카-]형여 (말이나 행동이) 겉보기보다는 훨씬 무게 있어 보이다. ¶ 사람이 뜸직하여 호감이 간다. 작땀직하다. 뜸직-이부.
뜸-질명하자타 뜸을 뜨는 일.
뜸-집[-찝]명 뜸으로 이은 간단한 집.
뜸-팡이명 ①☞효모균. ②☞효소.
뜸ː-하다형여 〈뜨음하다〉의 준말. ¶ 발길이 뜸하다. /손님이 뜸하다. /소식이 뜸하다.
뜻[뜯]명 ①(무엇을 이루려고 속으로 다져 먹은) 마음. 의지(意志). ¶ 뜻을 이루다. /네 뜻이 그렇다면 한번 해 봐라. ②(말이나 글의) 속내. 의미. ¶ 글의 뜻이 통하지 않는다. ③(어떤 말이나 행동이 지닌) 가치나 중요성. 의의(意義). ¶ 선생님의 말씀에 담긴 깊은 뜻을 헤아리다. *뜻이[뜨시]·뜻만[뜬-]
뜻(을) 받다관용 남의 뜻을 받들어 그대로 하다. ¶ 아버지의 뜻을 받아 농사를 짓다.
뜻(이) 맞다관용 ①서로 마음이 통하다. ②마음에 들다.
뜻-글자(-字)[뜯끌짜]명 ☞표의 문자(表意文字). ↔소리글자.
뜻-밖[뜯빡]명 생각 밖. 예상외. 의외. ¶ 뜻밖의 일이 생겼다. /그가 장가를 간다니 참으로 뜻밖이다. *뜻밖이[뜯빠끼]·뜻밖만[뜯빵-]
뜻밖-에[뜯빠께]부 생각지도 않게. 마음먹지 않은 사이에. 의외로. ¶ 일이 뜻밖에 잘돼 나가다. /뜻밖에 좋은 기회가 주어지다.
뜻-있다[뜨딛따]형 ①일 따위를 하고 싶은 생각이 있다. ¶ 이 일에 뜻있으면 언제든지 말해라. ②겉으로 드러나지 않은 사정이나 실상이 있다. ¶ 뜻있는 미소를 보내다. ③가치나 보람이 있다. ¶ 하루하루를 뜻있게 보내라.
뜻-하다[뜨타-] Ⅰ타여 (말이나 글이) 어떤 뜻을 나타내다. ¶ 무엇을 뜻하는지 모르겠다.
Ⅱ자여 ①어떤 뜻을 마음에 품다. ¶ 뜻하는 바가 있다. ②(무엇이 일어나리라고) 미리 헤아리다. 《주로, '않다'나 반어적 의문문에 쓰임.》 ¶ 뜻하지 않은 질문.
띄ː다[띠-]자타 ①〈뜨이다〉의 준말. ¶ 눈에 띄다./귀가 번쩍 띄는 소식. ②뜨게 하다. 띄우다. ¶ 한 칸 띄다.
띄어-쓰기[띠어-/띠여-]명하타 글을 쓸 때, 어절(語節) 단위로 띄어서 쓰는 일.
띄엄-띄엄[띠-띠-]부하형 ①사이가 배지 아니하고 드물게 있는 모양. 다문다문. 드문드문. ¶ 집들이 띄엄띄엄 있는 마을. ②(잇따라 줄줄 말하거나 한꺼번에 다 읽지 않고) 자주 쉬어 가며 말하거나 건너뛰며 읽는 모양. ¶ 중요한 대목만 띄엄띄엄 읽다. /생각해 가면서 띄엄띄엄 말하다.
띄우다[1][띠-]타 편지를 부치거나 보내다. ¶ 인편에 소식을 띄워 보내다.

띄우다²[띠-]타 〖'뜨다¹~³'의 사동〗 ①물 위나 공중에 뜨게 하다. ¶ 요트를 띄우다. /글라이더를 띄우다. ②연을 날리다. ¶ 방패연을 띄우다. ③메주 따위를 뜨게 하다. ¶ 누룩을 띄우다. ④사이가 뜨게 하다. ¶ 책상 사이를 띄우다.

띠¹명 ①너비가 좁고 기다란 물건을 통틀어 이르는 말. ¶ 띠를 두르다. ②〈허리띠〉의 준말. ③아기를 업을 때 둘러매는 좁고 긴 천. ④화투의 다섯 끗짜리 패.

띠²명 활터에서 한 패 가운데 몇 사람씩 나누어 이룬 떼.

띠³명 볏과의 다년초. 산야(山野)에 흔히 자람. 높이 30~80 cm이며, 땅속 깊게 벋는 뿌리줄기의 마디마다 잔털 뿌리가 나 있음. 잎은 긴 칼 모양이며 끝이 뾰족함. 이삭 모양의 꽃은 5월에 잎보다 먼저 나와 길게 자람. 모초(茅草). 백모(白茅).

띠⁴명 태어난 해를 십이지(十二支)의 동물 이름으로 이르는 말. 〔쥐띠·소띠·범띠·토끼띠·용띠 따위.〕

띠의 〈옛〉것이. ¶ 能히 홀 띠 아닐써(*法華 6:156*). 참디.

띠-그래프(–graph)명 띠 모양으로 그린 그래프. 〔전체에 대한 각 부분이 차지하는 비율을 길이로 나누어 나타낸 것.〕

띠그르르부하형 〈디그르르〉의 센말. 작때그르르.

띠글-띠글부하형 〈디글디글〉의 센말. 작때글때글.

띠:다타 ①띠를 감거나 두르다. ②물건을 지니다. ¶ 품에 칼을 띠다. ③용무나 사명을 가지다. ¶ 중대한 임무를 띠다. ④어떤 빛깔을 조금 가지다. ¶ 붉은빛을 띤 저녁노을. ⑤표정이나 감정이 겉으로 좀 드러나다. ¶ 노기를 띠다. /미소를 띤 얼굴. ⑥사상적 빛깔이 좀 섞여 있다. ¶ 비판적 성격을 띤 발언.

띠-무늬[–니]명 띠 모양으로 된 무늬. 대문(帶紋).

띠-살문(–門)명 상·중·하 세 곳에 가는 문살을 띠 모양으로 댄 창살문의 한 가지.

띠-쇠[–쇠/–쉐]명 목재 구조물에 검쳐 대거나 꺾어 대어 보강재(補強材)로 쓰는, 가락지·감잡이 따위를 통틀어 이르는 말.

띠-씨름명하자 허리에 띠를 매어, 서로 그것을 잡고 하는 씨름의 한 가지.

띠알-머리명 '띠앗머리'의 잘못.

띠앗[–앋]명 형제자매 사이의 정의(情誼). *띠앗이[–아시]·띠앗만[–안–]

띠앗-머리[–안–]명 〈띠앗〉의 속된 말. ¶ 남매간에 그렇게도 띠앗머리가 없어서야.

띠어-보다[–어–/–여–]타 눈에 슬쩍 뜨이는 동안 여겨보다.

띠-지(–紙)명 지폐나 서류 따위를 싼 다음 가운데를 둘러매는, 가늘고 긴 종이.

띠-톱명 제재용(製材用) 기계톱의 한 가지. 띠 모양의 강철판 한쪽에 톱니를 내고, 벨트 모양으로 양 끝을 이어 고속으로 회전시켜 목재를 켜게 된 톱. 대거(帶鋸). ↔둥근톱.

띳-방(–枋)[띠빵/띧빵]명 널빤지 울타리에 가로 댄 띠 모양의 나무오리. 띳장.

띳-술[띠쑬/띧쑬]명 공복(公服)의 품대(品帶)에 다는 술. 〔술 속에 흔히 호패(號牌)를 달았음.〕

띳-장[띠짱/띧짱]명 ①☞띳방. ②광산에서, 굿을 드틸 때 양쪽 기둥 위에 가로 얹는 나무.

띳-집[띠찝/띧찝]명 띠로 지붕을 이은 허술한 집. 모사(茅舍). 모옥(茅屋).

띵부하형 ①머리가 울리듯 아픈 느낌. ¶ 머릿골이 띵 울리다. ②정신이 흐릿한 느낌.

띵띵¹부하형 속에서 불어나서 겉으로 매우 켕기는 모양. ¶ 얼굴이 띵띵 붓다. 작땡땡¹. 참팅팅.

띵띵²부하형 〈딩딩〉의 센말. ¶ 종아리가 띵띵하다. 작땡땡².

똘의 〈옛〉것을. ¶ 몸 ᄒᆞ야ᄇᆞ릴 똘 저티 아니홀씨 일후미 不驚이오(*法華 2:60*). 참돌².

ㄹ[1] 자모 리을. ①한글 자모의 넷째. ②자음의 하나. 혀끝을 윗잇몸에 가볍게 대었다가 떼면서 내는 울림소리. 받침의 경우에는 혀끝을 윗잇몸에 꼭 붙이고 혀의 양쪽으로 숨을 흘리면서 소리 냄.

ㄹ[2] 조 ①〈를〉의 준말. ¶ 날 믿어라. /회살 그만두고 식당을 차렸다. ②모음으로 끝난 체언에 붙는 관형사형 서술격 조사. 그 일을 짐작하는 뜻을 나타냄. ¶ 그는 아마 학잘 것이다. /이 산 너머가 바달 것이다. ②참일[2].

ㄹ 거다 관용 'ㄹ 것이다'가 줄어든 말. 모음으로 끝난 체언에 붙어, 추측하여 단정하는 뜻을 나타냄. ¶ 그렇게 게으름 부리다가는 또 꼴찌거다.

ㄹ 거야 관용 'ㄹ 것이야'가 줄어든 말. 모음으로 끝난 체언에 붙어, 가능성이나 추측의 뜻을 나타냄. ¶ 저렇게 놀다가는 또 낙젤 거야.

ㄹ 바에 관용 모음으로 끝난 체언에 붙어, '어차피 그렇게 된 일이면'의 뜻으로, 앞말이 뒷말의 전제나 조건이 됨을 나타냄. ¶ 비워 둔 의잘 바에 좀 앉으면 어떠냐.

ㄹ 바에야 관용 'ㄹ 바에'의 힘줌말.

-ㄹ 어미 모음이나 'ㄹ'로 끝난 어간 또는 높임의 '-시-'에 붙는, 관형사형 전성 어미. ①추측·예정·의지·가능성 등의 속뜻을 지니면서 미래 시제를 나타냄. ¶ 드디어 떠날 시간이 되었다. ②시제 관념 없이 추측 또는 가능성만을 나타냄. ¶ 발 딛고 들어설 틈도 없다. ③시간을 뜻하는 명사(때·적·제·무렵 따위) 앞에서, 시제 기능 없이 다만 뒷말을 꾸미는 구실을 함. ¶ 해가 질 무렵. ④시제 관념 없이, 그것이 일반적 사실임을 나타냄. ¶ 함께 일할 사람을 뽑다. 참-을.

-ㄹ 나위 없다 관용 모음으로 끝나는 동사 어간에 붙어, 그럴 필요가 없다는 뜻을 나타냄. ¶ 두말할 나위 없는 기정 사실.

-ㄹ 바에 관용 '어차피 그렇게 하기로 된 일이면'의 뜻으로, 앞말이 뒷말의 조건이 됨을 나타냄. ¶ 이왕 떠날 바에 미련일랑 버려라.

-ㄹ거나[-꺼-] 어미 모음이나 'ㄹ'로 끝난 동사 어간 또는 높임의 '-시-'에 붙는, 문어 투의 감탄형 종결 어미. 그렇게 하고 싶다는 스스로의 뜻을 나타냄. ¶ 묵은 시름 다 떨치고 고향으로나 갈거나. 참-을거나.

ㄹ걸[-껄] 조 모음으로 끝난 체언에 붙어, 막연한 추측의 뜻을 나타내는 종결형 서술격 조사. ¶ 이게 가야금 소릴걸. 참일걸.

-ㄹ걸[-껄] 어미 '-ㄹ 것을'이 줄어서 된 말. 모음이나 'ㄹ'로 끝난 어간에 붙는, 해체의 종결 어미. ①미루어 생각하는 뜻을 나타냄. ¶ 그건 꽤 비쌀걸. ②지난 일에 대한 후회나 아쉬움의 뜻을 토로하는 투로 나타냄. ¶ 사랑한다는 말이나 해 볼걸. /내가 잘못했다고 먼저 사과할걸. 참-을걸.

-ㄹ게[-께] 어미 모음이나 'ㄹ'로 끝난 동사 어간에 붙는, 하게체 또는 해체의 종결 어미. 자기의 의사를 드러내어 상대편에게 약속하거나 동의를 구하는 뜻을 나타냄. ¶ 또 올게. 참-을게.

ㄹ까 조 모음으로 끝난 체언에 붙어, 앞일이나 지금의 일을 짐작함에 있어 의문이나 의심의 뜻을 나타내는 종결형 서술격 조사. ¶ 저 사람이 정말 천잴까? 참일까.

-ㄹ까 어미 모음이나 'ㄹ'로 끝난 어간 또는 높임의 '-시-'에 붙는, 해체의 종결 어미. ①앞일을 짐작하여 말하는 뜻을 나타냄. ¶ 내일쯤 비가 올까? ②행동 주체의 의사를 나타냄. ¶ 내가 그쪽으로 갈까? ③의문이나 가능성을 나타냄. ¶ 딱딱한 걸 잡수실까? ④현재 정해지지 않은 일에 대하여 자기나 상대편의 의사를 묻는 뜻을 나타냄. 《주로, '-ㄹ까 하다'·'-ㄹ까 싶다'·'-ㄹ까 보다'의 꼴로 쓰임.》 ¶ 나는 목욕이나 할까 보다. 참-을까.

ㄹ꼬 조 모음으로 끝난 체언에 붙어, 'ㄹ까'의 뜻을 예스럽게 나타내는 종결형 서술격 조사. ¶ 그 사람이 누굴꼬? 참일꼬.

-ㄹ꼬 어미 모음이나 'ㄹ'로 끝난 어간 또는 높임의 '-시-'에 붙는, 해체의 의문형 종결 어미. '-ㄹ까'보다 예스러운 말씨. ①추측하여 묻는 뜻을 나타냄. ¶ 날이 언제 샐꼬? ②자기의 의지를 스스로 묻거나 상대편과 상의하는 투로 묻는 뜻을 나타냄. ¶ 외로워라, 이내 몸은 뉘와 함께 돌아갈꼬? ③가능성 여부를 묻는 뜻을 나타냄. ¶ 그 일을 어이 다 해낼꼬? 참-을꼬.

-ㄹ낫다 어미 〈옛〉-렷다. ¶ 날ᄀᆞᆺ튼 愚拙은 ᄇᆞ라도 못ᄒᆞᆯ낫다(古時調).

ㄹ는지[-른-] 조 모음으로 끝난 체언에 붙어, 막연한 의문이나 추측의 뜻을 나타내는 종결형 또는 연결형 서술격 조사. ㄹ지. ¶ 네 신붓감이 그 여잘는지 어떻게 아니? 참일는지.

-ㄹ는지[-른-] 어미 모음이나 'ㄹ'로 끝난 어간 또는 높임의 '-시-'에 붙는, 종결 어미 또는 연결 어미. 행동 주체의 의지나 추측, 가능성 여부를 묻는 뜻을 나타냄. ¶ 내 뜻을 알아줄는지. /손님이 올는지 아침부터 까치가 울어 댄다. 참-을는지.

-ㄹ다 어미 〈옛〉-ㄹ 것인가. ¶ 네 能히 내게 ᄑᆞᆯ디 몯ᄒᆞᆯ다(圓覺下三之一*88*).

-ㄹ띠니라 어미 〈옛〉-ㄹ지니라. ¶ 仔細히 ᄒᆞᆯ띠니라(永嘉序*3*).

-ㄹ띠라 어미 〈옛〉-ㄹ지라. -ㄹ 것이다. ¶ 이루혜디 몯ᄒᆞᆯ띠라(法華*3:62*).

-ㄹ똘 어미 〈옛〉-ㄹ 것을. -ㄹ 줄을. ¶ 世尊이 須達이 올똘 아ᄅᆞ시고(釋譜*6:20*).

ㄹ라 조 모음으로 끝난 체언에 붙어, 의심쩍거나 염려됨을 나타내는 해라체의 종결형 서술격 조사. ¶ 조심해라, 사나운 갤라. 참일라.

-ㄹ라 어미 모음으로 끝난 동사 또는 형용사 어간이나 높임의 '-시-'에 붙는, 해라체의 종결 어미. 그리될까 염려하는 뜻을 나타냄. ¶ 그러다가 다칠라. 참-을라.

ㄹ라고 조 모음으로 끝난 체언에 붙어, 그 사실을 의심하면서 되묻는 뜻을 나타내는 종결형 서술격 조사. ¶ 아무려면 네가 꼴찔라고. 참일라고.

-ㄹ라고 어미 모음이나 'ㄹ'로 끝난 어간 또는 높임의 '-시-'에 붙는, 해체의 종결 어미. ①그 사실을 의심하면서, 상대편에게 되묻는 뜻을

ㄹ

나타냄. ¶ 설마 나를 좋아할라고? ②상대편을 타이를 목적으로, 그 일보다 더한 일이 있음을 강조하는 뜻으로 쓰임. ¶ 너무 상심하지 말게. 나보다 더 큰 손해를 볼라고. ③반문하는 형식이되, 물음의 뜻은 없이 사실(상황)을 감탄조로 인정하는 뜻을 나타냄. ¶ 어른께서 하시는 일이니 어련하실라고. 참-을라고.

ㄹ라와조 〈옛〉보다. ¶ 널라와 시름한 나도 자고 니러 우니노라(樂詞.靑山別曲).

-ㄹ라치면어미 모음이나 'ㄹ'로 끝난 동사 어간 또는 높임의 '-시-'에 붙는, 종속적 연결 어미. '-면'의 뜻으로, 뒤의 사실을 전제로 한 가정적 조건임을 나타냄. ¶ 명절만 될라치면 고향으로 가려는 인파로 기차역은 발 디딜 틈도 없어진다. 참-을라치면.

-ㄹ락어미 모음이나 'ㄹ'로 끝난 일부 동사 어간 또는 높임의 '-시-'에 붙는 연결 어미. 주로, '-ㄹ락 말락'의 꼴로 쓰이어, 거의 되려다 말고 되려다 말고 함을 나타냄. ¶ 물방울이 떨어질락 말락 달려 있다./아기 엄마는 한 스물이나 될락 말락 하는 나이로 보였다. 참-을락.

ㄹ란조 〈옛〉랑은. 랑. ¶ 싹 마존 늘근 솔란 釣臺예 셰여 두고(鄭澈.星山別曲).

-ㄹ랏다어미 〈옛〉-렷다. ¶ 沛公이 열이셔도 束手無策흘랏다(古時調).

ㄹ랑조 ①모음으로 끝난 체언에 붙어, 조사 'ㄴ(은·는)'의 뜻으로, 주격·목적격 등에 쓰이는 보조사. ¶ 널랑 집에 가거라./돈 애길랑 꺼내지도 마라. 참일랑. ②부사격 조사 '에서'·'서' 따위나 동사의 활용형 '-서'에 붙어 그 뜻을 좀 더 뚜렷하게 하는 보조사. ¶ 살아설랑 그렇게 고생만 하더니.

ㄹ랑-은조 'ㄹ랑'의 힘줌말. ¶ 널랑은 아무 걱정 말고 공부만 열심히 해라.

-ㄹ래어미 모음이나 'ㄹ'로 끝난 동사 어간에 붙는, 해체의 종결 어미. 앞으로 할 일에 대해 자기의 의사를 잘라 말하거나, 상대편의 의사를 묻는 뜻을 나타냄. ¶ 너 또 그런 짓 할래? 참-을래.

-ㄹ래야준 '-려야'의 잘못.

ㄹ러는조 〈옛〉에게는. 더러는. ¶ 날러는 엇디 살라 ᄒᆞ고(樂詞.가시리).

ㄹ러니조 모음으로 끝난 체언에 붙어, '겠더니'의 뜻으로, 경험에 바탕을 둔 어떤 사실을 말하되, 뒤의 사실이 그것과는 다르게 전개됨을 예스럽게 나타내는 연결형 서술격 조사. ¶ 재목이 될 나물러니 누가 베어 버렸담? 참일러니.

-ㄹ러니어미 모음이나 'ㄹ'로 끝난 어간 또는 높임의 '-시-'에 붙는, 종속적 연결 어미. '-겠더니'의 뜻으로, 경험에 바탕한 가능성을 나타내거나, 그 사실을 상대편에게 단순히 일러 주거나 하면서 뒤의 사실이 이와 대립적으로 이어지게 하는 뜻을 나타냄. ¶ 줄곧 까닭을 모를러니 이제야 알겠다. 참-을러니.

ㄹ러라조 모음으로 끝난 체언에 붙어, '겠더라'의 뜻으로, 경험에 바탕을 둔 어떤 사실을 감탄조로 예스럽게 베풀어 말하는 종결형 서술격 조사. ¶ 한강이야말로 우리의 자랑거릴러라. 참일러라.

-ㄹ러라어미 모음이나 'ㄹ'로 끝난 어간 또는 높임의 '-시-'에 붙는, 문어 투의 해라체 종결 어미. '-겠더라'의 뜻으로, 경험에 바탕한 추측이나 가능성을 자기 스스로에게, 또는 상대편에게 감탄조로 말함을 나타냄. ¶ 암만 생각해도 도무지 모를러라. 참-을러라.

ㄹ런가조 모음으로 끝난 체언에 붙는 종결형 서술격 조사. ①혼자 속으로 의심쩍어하거나 묻는 뜻을 나타냄. ¶ 그게 내 실술런가? ②'런가'의 강조형으로, 스스로 느꺼워하여 묻는 뜻을 나타냄. ¶ 이게 그토록 그리던 고향의 흙냄샐런가. 참일런가.

-ㄹ런가어미 ①모음이나 'ㄹ'로 끝난 어간 또는 높임의 '-시-'에 붙는 종결 어미. '-ㄹ까'·'-ㄹ 것인가'의 뜻으로, 경험한 사실이나 의사를 묻는 뜻을 나타냄. ¶ 장마가 곧 그칠런가./이제 어디로 갈런가? 참-을런가. ②'-런가'의 힘줌말. ¶ 정녕 꿈은 아닐런가./그것이 꿈일런가 생실런가 하노라.

ㄹ런고조 모음으로 끝난 체언에 붙어, 'ㄹ런가'보다 예스럽게 나타내는 종결형 서술격 조사. ¶ 이게 분명 생실런고. 참일런고.

-ㄹ런고어미 '-ㄹ런가'의 예스러운 말. ¶ 시간이 얼마나 걸릴런고?/하객이 몇이나 될런고? 참-을런고.

-ㄹ런지어미 '-ㄹ는지'의 잘못.

-ㄹ럿다어미 〈옛〉-렷다. ¶ 舟師 이 시럼은 젼혀 업게 삼길럿다(朴仁老.船上嘆).

ㄹ레조 모음으로 끝난 체언에 붙어, '겠데'의 뜻으로, 겪어 본 바에 따른 가능성이나 추측을 나타내는 종결형 서술격 조사. ¶ 당당하게 구는 품이 제법 사낼레. 참일레.

-ㄹ레어미 모음이나 'ㄹ'로 끝난 어간 또는 높임의 '-시-'에 붙는, 하게체의 종결 어미. '-겠데'의 뜻으로, 경험한 사실에 비추어 가능성이나 추측을 나타냄. ¶ 각오가 단단한 걸 보니 해내기는 할레. 참-을레.

ㄹ레라조 모음으로 끝난 체언에 붙어, '겠더라'의 뜻으로, 막연한 추측·희망·가능성 따위를 감탄조로 나타내는 종결형 서술격 조사. ¶ 하이얀 고깔은 고이 접어 나빌레라. 참일레라.

-ㄹ레라어미 모음이나 'ㄹ'로 끝난 어간 또는 높임의 '-시-'에 붙는, 문어 투의 종결 어미. '-겠도다(-겠더라)'의 뜻으로, 추측·희망·가능성 따위를 감탄조로 나타냄. ¶ 꿋꿋한 그 기상 하늘도 찌를레라. 참-을레라.

-ㄹ려고어미 '-려고'의 잘못.

-ㄹ로다어미 〈옛〉-겠도다. ¶ 감히 먹기를 만히 못흘로다(朴解下45).

-ㄹ만뎡어미 〈옛〉-ㄹ망정. ¶ 아희야 박쥬산칠만뎡 업다 말고 내어라(古時調).

-ㄹ만졍어미 〈옛〉-ㄹ망정. ¶ 草衣를 무릅쓰고 木食을 먹을만졍(古時調).

ㄹ망정조 모음으로 끝난 체언에 붙어, '비록 그러하지만 그러나'의 뜻으로, 앞의 사실을 인정하되 뒤의 사실이 그에 매이지 아니함을 나타내는 연결형 서술격 조사. ¶ 입은 옷은 누더길망정 마음만은 왕후장상. 참일망정.

-ㄹ망정어미 모음이나 'ㄹ'로 끝난 어간 또는 높임의 '-시-'에 붙는, 종속적 연결 어미. '비록 그러하지만 그러나', '비록 그러하다 하여도 그러나'의 뜻으로, 사실이 그러하나 거기에 매이지 아니함을 나타냄. ¶ 몸은 비록 떠날망정 마음만은 그대 곁에 두고 가오./시험에 떨어질망정 부정 행위는 하지 않겠다. 참-을망정.

ㄹ밖에[-빠께]조 모음으로 끝난 체언에 붙어, '그럴 수밖에 없음'의 뜻을 나타내는 종결형 또는 연결형 서술격 조사. ¶ 잘잘못을 떠나서 욕먹는 건 며느릴밖에. 참일밖에.

-ㄹ밖에[-빠께]어미 모음이나 'ㄹ'로 끝난 어간 또는 높임의 '-시-'에 붙는 종결 어미. '그 방법밖에 다른 도리가 없음'을 뜻함. ¶ 오냐오냐하니 버릇이 나빠질밖에. 참-을밖에.

ㄹ뿐더러㉠ 모음으로 끝난 체언에 붙어, 어떤 일이 그것만으로 그치지 않고 그 밖에 다른 일이 더 있음을 나타내는 말. ¶ 그는 두 아이의 아버질뿐더러 한 여자의 남편이다. ㊟일뿐더러.

-ㄹ뿐더러㉠어미 모음이나 'ㄹ'로 끝난 어간 또는 높임의 '-시-'에 붙어, 어떤 일이 그것만으로 그치지 않고 그 밖에 다른 일이 더 있음을 나타냄. ¶ 얼굴도 예쁘장할뿐더러 마음씨도 비단결 같다. ㊟-을뿐더러.

ㄹ새[-쌔]㉠ 모음으로 끝난 체언에 붙어, 앞말이 뒷말의 전제나 원인으로서 이미 그러하거나 진행 중임을 나타내는 문어 투의 연결형 서술격 조사. ¶ 힘이 장살새 그깟 일이 문제랴. ㊟일새.

-ㄹ새[-쌔]㉠어미 모음이나 'ㄹ'로 끝난 어간 또는 높임의 '-시-'에 붙는, 문어 투의 연결 어미. ①앞말이 뒷말의 원인이나 전제가 됨을 나타냄. ¶ 그 뜻이 장할새 만인이 우러러보더라. ②그것을 기점으로 여러 행위나 상황이 동시적으로 일어남을 뜻함. ¶ 피리 소리 은은히 퍼질새 달빛은 밝고 물결 잔잔하더라. ㊟-을새.

-ㄹ샤㉠어미 〈옛〉-도다. -네. -구나. ¶ 孤臣去國에 白髮도 하도할샤(鄭澈.關東別曲).

ㄹ세[-쎄]㉠ 모음으로 끝난 체언에 붙어, 어떤 사실이나 자기의 생각을 베풀어 말하는 뜻을 나타내는 하게체의 종결형 서술격 조사. ¶ 참 대단한 솜씰세. ㊟일세.

-ㄹ세[-쎄]㉠어미 '아니다'의 어간에 붙는, 하게체의 종결 어미. 부정을 강조하거나, 단순히 부정만을 서술함. ¶ 말하는 걸 들어 보니 자네도 보통내기가 아닐세.

ㄹ세라[-쎄-]㉠ 모음으로 끝난 체언에 붙어, 행여 그렇게 될까 염려하는 뜻을 나타내는 종결형 또는 연결형 서술격 조사. ¶ 또 꼴찔세라 걱정이 태산 같다. ㊟일세라.

-ㄹ세라[-쎄-]㉠어미 모음이나 'ㄹ'로 끝난 어간 또는 높임의 '-시-'에 붙는, 종결 어미 또는 연결 어미. 행여 그렇게 될까 염려하는 뜻을 나타냄. ¶ 불면 날세라 쥐면 꺼질세라. /북쪽은 혹시 추울세라 두꺼운 옷도 준비했다. ㊟-을세라.

ㄹ세말이지[-쎄-]㉠ 모음으로 끝난 체언에 붙어, 남의 말을 되받아서 부인하는 뜻을 나타내는 종결형 서술격 조사. ¶ 누구냐고 자꾸 물으니, 글쎄 그게 아는 여잘세말이지. ㊟일세말이지.

-ㄹ세말이지[-쎄-]㉠어미 모음이나 'ㄹ'로 끝난 어간 또는 높임의 '-시-'에 붙는 종결 어미. 남의 말을 되받아서 부인하는 뜻을 나타냄. ¶ 아무리 잘 차려도 드실세말이지. ㊟-을세말이지.

-ㄹ셔㉠어미 〈옛〉-도다. -네. -구나. ¶ 몸하 ᄒᆞ올로 녈셔(樂範.動動).

-ㄹ셔뎡㉠어미 〈옛〉-ㄹ지언정. ¶ 오직 閭閻으로 히여 도로 揖讓홀셔뎡(杜初21:3).

-ㄹ셰라㉠어미 〈옛〉-ㄹ세라. ¶ 내 가논ᄃᆡ 놈 갈셰라(樂詞.翰林別曲).

-ㄹ소냐㉠어미 〈옛〉-ㄹ 것이냐. ¶ 人事ㅣ 變ᄒᆞᆫ들 山川이ᄯᆞᆫ 가실소냐(古時調).

-ㄹ쇠㉠어미 〈옛〉-ㄹ세. -로구나. ¶ 올저긔 비슨머리 헛틀언디 三年일쇠(鄭澈.思美人曲).

ㄹ수록[-쑤-]㉠ 모음으로 끝난 체언에 붙어, '그러할수록'의 뜻으로, 어떤 일이 더하여 감에 따라 다른 일이 더하거나 덜하여 감을 나타내는 연결형 서술격 조사. ¶ 빈 수렐수록 더 요란한 법이다. ㊟일수록.

-ㄹ수록[-쑤-]㉠어미 모음이나 'ㄹ'로 끝난 어간 또는 높임의 '-시-'에 붙는, 종속적 연결 어미. 어떤 일이 더하여 감에 따라 다른 일이 그에 비례하여 더하거나 덜하여 감을 나타냄. 《주로, '-면 -ㄹ수록'의 꼴로 쓰임.》 ¶ 갈수록 태산. /보면 볼수록 예쁘다. ㊟-을수록.

-ㄹ순㉠어미 〈옛〉①-ㄴ 것은. ¶ 一生에 얄뮈올슨 거뮈 外에 또 잇ᄂᆞᆫ가(古時調). ②-ㄹ 것인가. ¶ 엇디 호ᄋᆞ 이 一半 갑슬 주고 므르기고(朴解下56). ㊟손[1].

ㄹ시[-씨]㉠ 모음으로 끝난 체언에 붙어, 'ㄹ 것이'·'ㄴ 것이'의 뜻으로, 미루어 헤아린 사실이 틀림없음을 나타내는 연결형 서술격 조사. 《주로, '분명하다'와 어울리어 쓰임.》 ¶ 이건 퇴짤시 분명하다. ㊟일시.

-ㄹ시[-씨]㉠어미 '아니다'의 어간에 붙는 종속적 연결 어미. '-ㄹ 것이'·'-ㄴ 것이'의 뜻으로, 미루어 헤아린 사실이 틀림없음을 나타냄. 《주로, '분명하다'의 앞에 쓰임.》 ¶ 거짓말이 아닐시 분명하다.

-ㄹ손㉠어미 〈옛〉-ㄴ 것은. -는 것은. ¶ 아마도 변티 아닐손 바회뿐인가 ᄒᆞ노라(尹善道.五友歌). ㊟손[1].

-ㄹ식㉠어미 〈옛〉-ㄹ새. -므로. ¶ 왕이 근심홀식(五倫2:9). /天이 咎를 降ᄒᆞ실식(書解1:34). ㊟식.

-ㄹ쑨뎡㉠어미 〈옛〉-ㄹ뿐일지언정. ¶ 諸天을 아니다 니를쑨뎡 實엔 다 왜셔니라(釋譜13:7).

-ㄹ쌰㉠어미 〈옛〉-도다. -네. -구나. ¶ 얼일쌰 져 鵬鳥야 웃노라 저 鵬鳥야(古時調). /結繩을 罷ᄒᆞᆫ 後에 世故도 하도할쌰(古時調).

-ㄹ쎠㉠어미 〈옛〉-도다. -구나. ¶ 大王이 과ᄒᆞ샤 讚嘆ᄒᆞ샤ᄃᆡ 됴홀쎠 됴홀쎠(釋譜11:27).

-ㄹ쎼라㉠어미 〈옛〉-ㄹ세라. ¶ 즑어온 오늘이 幸여 안이 졈을쎼라(古時調).

ㄹ쏘냐㉠ 모음으로 끝난 체언에 붙어, 앞말의 내용을 반어적 물음의 꼴로 나타내는 종결형 서술격 조사. ¶ 글줄이나 읽었다고 다 학잘쏘냐? ㊟일쏘냐.

-ㄹ쏘냐㉠어미 모음이나 'ㄹ'로 끝난 어간 또는 높임의 '-시-'에 붙는, 해라체의 종결 어미. 사실은 그렇지 않다는 뜻으로, 강한 부정을 반어적 물음의 꼴로 나타냄. ¶ 몸이 떠난다고 마음마저 떠날쏘냐? ㊟-을쏘냐.

-ㄹ쏜㉠어미 〈옛〉-ㄹ 것은. -ㄴ 것은. ¶ 測量키 어려올쏜 冬至ᄯᆞᆯ 甲子日에 東南風인가 ᄒᆞ노라(古時調).

-ㄹ쏜가㉠어미 〈옛〉-ㄹ 것인가. -ㄴ 것인가. ¶ 白玉京 琉璃界ㄴ들 이에서 더홀쏜가(古時調).

-ㄹ쐬㉠어미 〈옛〉-ㄹ세. -로구나. ¶ 一身이 사쟈ᄒᆞᆫ이 물껏 겨워 못 견딜쐬(古時調).

-ㄹ씨고㉠어미 〈옛〉-는구나. -구나. ¶ 어화 베힐씨고 落落長松 베힐씨고(古時調).

-ㄹ작시면[-짝씨-]㉠어미 모음이나 'ㄹ'로 끝난 일부 동사 어간 또는 높임의 '-시-'에 붙는, 예스러운 말투의 종속적 연결 어미. 우습거나 같잖은 경우에 '그러한 처지에 이르게 되면'의 뜻을 나타냄. ¶ 네 꼴을 볼작시면 괴괴망측 가소롭다. ㊟-을작시면.

ㄹ지[-찌]㉠ 모음으로 끝난 체언에 붙어 쓰이는 연결형 또는 종결형 서술격 조사. 어떤 일을 추측하여 그 가능성을 묻거나 의문의 뜻을 나타냄. ㄹ는지. ¶ 다음엔 누굴지 짐작되는 게 없는가? ㊟일지.

-ㄹ지[-찌]㉠어미 모음이나 'ㄹ'로 끝난 어간 또는 높임의 '-시-'에 붙는, 해체의 종결 어미 또

는 연결 어미. 어떤 일을 추측하여 그 가능성을 묻거나 의문을 나타냄. ¶ 과연 그의 소망이 이루어질지. /그가 뭐라 대답할지 무척 궁금하다. 㕘-을지.

ㄹ지나[-찌-]㊅ 모음으로 끝난 체언에 붙어, '비록 그러할 것이나'의 뜻으로, 뒷말이 앞말에 매이지 아니함을 나타내는, 예스러운 말투의 연결형 서술격 조사. ¶ 구두쇨지나 인정은 따로 있습디다. 㕘일지나.

-ㄹ지나[-찌-]㊍ 모음이나 'ㄹ'로 끝난 어간 또는 높임의 '-시-'에 붙는, 문어 투의 종속적 연결 어미. '마땅히 그러할 것이나'의 뜻으로, 뒷말이 앞말에 매이지 아니함을 나타냄. ¶ 가 보긴 가 볼지나 곧 돌아올 거요. 㕘-을지나.

ㄹ지니[-찌-]㊅ 모음으로 끝난 체언에 붙어, '마땅히 그러할 것이니'의 뜻으로, 앞말이 뒷말의 원인이나 근거가 됨을 나타내는 예스러운 말투의 연결형 서술격 조사. ¶ 오늘의 고통이 내일의 환희일지니 힘써 일할지니라. 㕘일지니.

-ㄹ지니[-찌-]㊍ 모음이나 'ㄹ'로 끝난 어간 또는 높임의 '-시-'에 붙는, 문어 투의 종속적 연결 어미. '마땅히 그러할 것이니'의 뜻으로, 앞말이 뒷말의 원인이나 근거가 됨을 나타냄. ¶ 태양은 항상 다시 떠오를지니 희망을 버리지 말지어다. 㕘-을지니.

ㄹ지니라[-찌-]㊅ 모음으로 끝난 체언에 붙어, '마땅히 그러할 것이니라'의 뜻으로, 어떤 사실을 단정하여 장중하게 말하는 예스러운 말투의 종결형 서술격 조사. ¶ 서로 사랑함이 부부의 도릴지니라. 㕘일지니라.

-ㄹ지니라[-찌-]㊍ 모음이나 'ㄹ'로 끝난 어간 또는 높임의 '-시-'에 붙는, 문어 투의 종결 어미. '응당 그리(그러)할 것'임을 단정하여 장중하게 말하는 뜻을 나타냄. ¶ 자식은 모름지기 부모에게 효도할지니라. 㕘-을지니라.

ㄹ지라[-찌-]㊅ 모음으로 끝난 체언에 붙어, '마땅히 그리(그러)할 것이라'의 뜻으로, 단정을 나타내는 예스러운 말투의 종결형 서술격 조사. ¶ 과욕은 불행을 부르는 신홀지라. 㕘일지라.

-ㄹ지라[-찌-]㊍ 모음이나 'ㄹ'로 끝난 어간 또는 높임의 '-시-'에 붙는, 문어 투의 종결 어미. '마땅히 그리(그러)할 것이라'의 뜻을 나타냄. ¶ 대역 죄인은 죽어 마땅할지라. 㕘-을지라.

ㄹ지라도[-찌-]㊅ 모음으로 끝난 체언에 붙어, '비록 그러하더라도'의 뜻으로, 양보하여 가정함을 나타내는 연결형 서술격 조사. ¶ 네가 아무리 부잘지라도 이웃을 생각한다면 아껴 써야 한다. 㕘일지라도.

-ㄹ지라도[-찌-]㊍ 모음이나 'ㄹ'로 끝난 어간 또는 높임의 '-시-'에 붙는, 종속적 연결 어미. '비록 그러하더라도'의 뜻으로, 뒷말이 앞말에 매이지 아니함을 나타냄. ¶ 현실이 그대를 속일지라도 노하거나 슬퍼하지 마라. /그가 비록 힘은 약할지라도 기술은 좋다. 㕘-을지라도.

ㄹ지어다[-찌-]㊅ 모음으로 끝난 체언에 붙어, '마땅히 그러하여라'의 뜻을 명령조로 장중하게 나타내는 예스러운 말투의 종결형 서술격 조사. ¶ 지조를 지킴이 선비의 도릴지어다. 㕘일지어다.

-ㄹ지어다[-찌-]㊍ 모음이나 'ㄹ'로 끝난 어간 또는 높임의 '-시-'에 붙는, 문어 투의 종결 어미. '마땅히 그리하여라'의 뜻을 명령조로 장중하게 나타냄. ¶ 사람이면 누구나 하늘의 뜻에 따를지어다. 㕘-을지어다.

ㄹ지언정[-찌-]㊅ 모음으로 끝난 체언에 붙어, 어떤 사실을 인정(가정)하되, 뒷말이 거기에 매이지 아니함을 나타내는 연결형 서술격 조사. ¶ 박주산챌지언정 없다 말고 내어라. 㕘일지언정.

-ㄹ지언정[-찌-]㊍ 모음이나 'ㄹ'로 끝난 어간 또는 높임의 '-시-'에 붙는, 종속적 연결 어미. 어떤 사실을 인정(가정)하되, 뒷말이 앞말에 매이지 아니함을 나타냄. ¶ 비록 가난하게 살지언정 비굴하게 살지는 않겠다. 㕘-을지언정.

ㄹ진대[-찐-]㊅ 모음으로 끝난 체언에 붙는, 연결형 서술격 조사. 'ㄹ 것 같으면'의 뜻으로, 어떤 사실을 인정하되, 그것이 뒷말의 근거나 전제가 됨을 나타냄. ¶ 그렇게 함이 순릴진대 반대할 까닭이 없지. 㕘일진대.

-ㄹ진대[-찐-]㊍ 모음이나 'ㄹ'로 끝난 어간 또는 높임의 '-시-'에 붙는, 문어 투의 종속적 연결 어미. 어떤 사실을 인정(가정)하되, 그것이 다음 사실의 근거나 전제가 됨을 장중하게 나타냄. ¶ 그대가 그러할진대 내 어이 반대하리요. 㕘-을진대.

ㄹ진댄[-찐-]㊅ 'ㄹ진대'의 힘줌말. ¶ 그대가 여잘진댄 어찌 그런 일을 맡기겠는가.

-ㄹ진댄[-찐-]㊍ '-ㄹ진대'의 힘줌말. ¶ 병세 이미 위독할진댄 어찌 촌각을 미루리오.

ㄹ진저[-찐-]㊅ 모음으로 끝난 체언에 붙어, '마땅히 그러할 것이다'의 뜻을 영탄조로 장중하게 나타내는 예스러운 말투의 종결형 서술격 조사. ¶ 맡은 바 자기 임무를 다하는 사람이 진정한 애국잘진저. 㕘일진저.

-ㄹ진저[-찐-]㊍ 모음이나 'ㄹ'로 끝난 어간 또는 높임의 '-시-'에 붙는, 문어 투의 종결 어미. '마땅히(아마) 그러할 것이다'의 뜻을 영탄조로 장중하게 나타냄. ¶ 그 공적 길이 길이 빛날진저. /정의를 위하여 싸울진저. 㕘-을진저.

라[1]㊔ 서양 음악의 칠음 체계에서, 두 번째 음이름. 계이름 '레'와 같음.

라[2]㊅ 모음으로 끝난 체언에 붙는 서술격 조사. ①이러이러하다고 베풀어 말하는 뜻을 나타내는 종결형 서술격 조사. ¶ 어려울 때 돕는 것이 진정 친구의 의리라. ②'므로'의 뜻으로, 앞말이 뒷말의 원인이나 이유가 됨을 나타내는 연결형 서술격 조사. ¶ 부자라 씀씀이도 크다. 㕘이라[1].

라[3]㊅ ①〈라고〉의 준말. ¶ 이것이 장미라 하는 꽃이다. ②〈라서〉의 준말. ¶ 뉘라 그를 당할쏘냐?

라㊅ 〈옛〉①라고. ¶ 어듸라 더디던 돌코(樂詞.青山別曲). ②로. ¶ ᄒᆞᆫ가지라 差別이 업고(蒙法49).

라(la 이)㊔ 장음계의 여섯째 음, 또는 단음계의 첫째 음의 계이름.

-라[1]㊍ ①모음이나 'ㄹ'로 끝난 동사 어간 또는 높임의 '-시-'에 붙는, 문어 투의 해라체 종결 어미. 권하거나 명령하는 뜻을 나타냄. ¶ 소년이여, 높은 데를 보라. 㕘-으라. ②'아니다'의 어간에 붙어, 뒷말의 서술 내용과 맞섬을 보이는 연결 어미. ¶ 그건 노루가 아니라 사슴일세.

-라[2]㊍ ①〈-라고〉의 준말. ¶ 빨리 오라 일러라. ②〈-라서〉의 준말. ¶ 칭찬이 아니라 좀 서운했다.

-라㊍ 〈옛〉①-려고. ¶ 밥 머그라 믈러 올제(杜初6:14). ②-다. -다가. ¶ 잢간 안ᄌᆞ라 ᄂᆞᆫ 가마괴ᄂᆞᆫ(杜初7:1).

라고㉝ 모음으로 끝난 체언에 붙는 조사. ①남의 말을 인용함을 뜻하는 조사. ㉠남의 말을 단순히 인용하는 뜻을 나타냄. ¶ 세 시 차라고 합디다. ㉡남의 말을 인용하되, 그것을 하찮게 여기는 뜻을 나타냄. ¶ 재미있는 영화라고 해서 봤더니 별로더라. ㉢보편적·일반적 개념을 인용하는 투로, 그것을 남에게 일러 주는 뜻을 나타냄. ¶ 총 쏘는 사람을 사수라고 한다. ②별것 아니라는 뜻을 나타내는 보조사. ¶ 나라고 뭐 별다른 생각이 있겠니? ③남의 말을 인용하는 투로 되묻는 뜻을 나타내는 종결형 서술격 조사. ¶ 뭐, 내가 꼴찌라고? ㊟라[3]. ㊞이라고.

-라고어미 ①모음이나 'ㄹ'로 끝난 동사 또는 일부 형용사 어간이나 높임의 '-시-'에 붙는 연결 어미. 명령·지시·소망 등의 내용을 인용하는 뜻을 나타냄. ¶ 빨리 가라고 일러라. ㊟-라[2]. ㊞-으라고. ②'아니다'의 어간에 붙는, 종결 어미 또는 연결 어미. ㉠되묻는 뜻으로 끝맺는 말. ¶ 뭐, 이게 진짜가 아니라고? ㉡인용하는 뜻으로 앞뒤를 이어 주는 말. ¶ 이게 아니라고 우기다.

라귀명 〈옛〉 당나귀. ¶ 驢는 라귀라(月釋*21:75*).

라나㉝ 모음으로 끝난 체언에 붙어, 남의 말이 못마땅하여 얕잡아 이르거나 시들한 심정을 나타내는 종결형 서술격 조사. ¶ 자기가 뭐 수재라나. ㊞이라나.

-라나어미 모음이나 'ㄹ'로 끝난 동사 어간 또는 높임의 '-시-'에 붙는 종결 어미. 남의 말이 못마땅하여 얕잡아 이르거나 시들한 심정을 나타냄. ¶ 나더러 이불을 빨라나. ㊞-으라나.

-라네㊟ '-라고 하네'가 줄어든 말. 모음이나 'ㄹ'로 끝난 동사 어간에 붙어, 명령한 내용을 알려줌을 나타냄. ¶ 여기서 잠시 기다리라네. ㊞-으라네.

라놀린 (lanolin)명 면양의 털에서 뽑아낸 기름. 자극성이 없고 피부에 흡수되는 성질이 있어 고약이나 비누 따위의 원료로 쓰임. 양모지(羊毛脂).

라느냐㉝ '라고 하느냐'가 줄어서 된 말. 모음으로 끝난 체언에 붙어, 묻는 뜻을 나타내는 종결형 서술격 조사. ¶ 집이 어디라느냐? ㊞이라느냐.

-라느냐㊟ '-라고 하느냐'가 줄어든 말. 모음이나 'ㄹ'로 끝난 동사 어간이나 '아니다'의 어간 또는 높임의 '-시-'에 붙어, 남이 들은 사실에 대하여 묻는 뜻을 나타냄. ¶ 언제 오라느냐?/사실이 아니라느냐? ㊞-으라느냐.

라느니㉝ '라고 하느니'가 줄어서 된 말. 모음으로 끝난 체언에 붙어, '그러하다 하기도 하고 저러하다 하기도 함'을 나타내는 연결형 서술격 조사. ¶ 진짜라느니 가짜라느니 말들이 많다. ㊞이라느니.

-라느니어미 ①모음이나 'ㄹ'로 끝난 동사 어간 또는 높임의 '-시-'에 붙는 연결 어미. 《주로, '-라느니 -라느니'의 꼴로 쓰이어》 지시나 명령이 섞갈리어 나옴을 뜻함. ¶ 가라느니 오라느니 도무지 종잡을 수가 없다. ㊞-으라느니. ②'아니다'의 어간에 붙는 연결 어미. 흔히 체언에 '(이)라느니 아니라느니'의 꼴로 연결되어 쓰이어, 긍정과 부정이 섞갈림을 뜻함. ¶ 사실이라느니 아니라느니 말들이 많다.

라는㉝ '라고 하는'이 줄어서 된 말. 모음으로 끝난 체언에 붙어, 어떤 사실을 짐작하거나 인용하는 뜻을 나타내는 서술격 조사. ¶ 명색이 지도자라는 사람이 그런 짓을 하다니. ㊞이라는.

-라는㊟ '-라고 하는'이 줄어든 말. 모음이나 'ㄹ'로 끝난 동사 어간이나 '아니다'의 어간 또는 높임의 '-시-'에 붙어, 지시나 당부 또는 인정하는 내용을 전하는 뜻을 나타냄. ¶ 가라는 신호./그것이 아니라는 변명./조용히 하라는 소리 못 들었어? ㊞-으라는.

라니㉝ ①'라고 하니'가 줄어서 된 말. 모음으로 끝난 체언에 붙는 연결형 서술격 조사. ㉠상대편의 말이 의심쩍어 되묻는 뜻을 나타냄. ¶ 사고라니, 도대체 무슨 사고를 말하는 거냐? ㉡앞말이 뒷말의 원인이나 근거가 됨을 나타냄. ¶ 이 서류가 증거라니 조금 의심쩍어하는 눈치더라. ②모음으로 끝난 체언에 붙어, 상대편의 말이 의심쩍거나 놀랍다는 뜻을 나타내는 종결형 서술격 조사. ¶ 세상에, 그 둘이 형제 사이라니. ㊞이라니.

-라니어미 '-라고 하니'가 줄어서 된 말. 모음이나 'ㄹ'로 끝난 동사 어간이나 '아니다'의 어간 또는 높임의 '-시-'에 붙는, 연결 어미 또는 종결 어미. ①그 말을 조건으로서 시인하면서, 그에 상응하는 행동이 이어 옴을 나타냄. ¶ 세 시까지 오라니 뭘 타고 가지? ②미심쩍은 내용을 되짚어 묻거나, 불만스럽거나 석연치 못한 감정을 나타내어 끝맺는 말. ¶ 아니, 그게 아니라니. ㊞-으라니.

-라니어미 〈옛〉 -러니. -더니. ¶ 내 아랫 네 버디라니 부텨 法 듣즈본 德으로(釋譜*6:20*).

라니까㉝ ①'라고 하니까'가 줄어서 된 말. 모음으로 끝난 체언에 붙어, 앞말이 뒷말의 까닭이나 전제적 사실이 됨을 나타내는 연결형 서술격 조사. ¶ 공짜라니까 아주 좋아하더라. ②모음으로 끝난 체언에 붙어, 의심쩍어하는 상대편에게 거듭 다짐하는 뜻을 나타내는 종결형 서술격 조사. ¶ 글쎄, 내가 직접 만든 치마라니까. ㊞이라니까.

-라니까 《모음이나 'ㄹ'로 끝난 동사 어간이나 '아니다'의 어간 또는 높임의 '-시-'에 붙어》 Ⅰ어미 지시·명령·다짐·부정 등을 강조하는 뜻을 나타내는 종결 어미. ¶ 글쎄, 그게 사실이 아니라니까. ㊞-으라니까.
Ⅱ㊟ '-라고 하니까'가 줄어든 말. 앞말이 이유나 조건이 됨을 나타냄. ¶ 오라니까 왔겠지. ㊞-으라니까.

라ː니ː냐 (la Niña 스)명 적도 무역풍이 평년보다 강해지면서 태평양 중부 및 동부의 적도 부근의 해면 수온이 평년보다 낮아지는 현상. 기상 이변 등 세계 기후에 영향을 줌. ㊞엘니뇨.

라-단조 (-短調) [-쪼]명 '라' 음을 으뜸음으로 하는 단조.

라도㉝ 모음으로 끝난 체언에 붙는 조사. ①'라고 하여도'가 줄어서 된 말. 어떤 사실을 인정하거나 가정하되, 뒷말이 거기에 매이지 아니하고 맞서거나 그보다 더한 사실이 이어짐을 나타내는 서술격 조사. ¶ 어린아이라도 쉽게 찾을 수 있는 장소다. ②여럿 중에서 특히 그것을 가리거나 가리지 아니함을 뜻하는 보조사. ¶ 냉수라도 마셔 두어라./국수라도 좀 먹으렴. ㊞이라도.

-라도어미 '아니다'의 어간에 붙는 종속적 연결 어미. 어떤 사실을 인정하거나 가정하되, 뒷말이 거기에 매이지 아니함을 나타냄. ¶ 너 아니라도 이 일을 할 사람은 많다.

라돈 (radon)명 라듐이 알파(α) 붕괴할 때 생기는, 희가스에 딸린 자연 방사성 원소. 천연으로 지하수나 온천 등에 들어 있음. 〔Rn/86/222〕

라듐 (radium) 명 방사성 원소의 한 가지. 은백색의 금속으로 우라늄과 함께 피치블렌드 속에 존재함. 알파(α)·베타(β)·감마(γ)의 세 가지 방사선을 방사하며, 물리·화학 실험과 의료용 및 방사능의 표준으로서 사용됨. 〔Ra/88/226〕

라ː드 (lard) 명 돼지의 지방을 정제(精製)한 반고체의 기름. 식용 외에 약용·화장품용으로 쓰임.

라든지 조 모음으로 끝난 체언에 붙는 연결형 서술격 조사. ①'라고 하는 것이든지'의 뜻으로, 무엇을 생각하여 열거할 때 쓰임. ¶ 햇빛이라든지 비라든지 모두 자연이 인간에게 주는 혜택이다. ②'라고 하든지'가 줄어서 된 말. 무엇이거나 가리어 정하게 하는 뜻을 나타냄. ¶ 최 군이라든지 미스터 최라든지 편하신 대로 부르시지요. 참이라든지.

-라든지 준 '-라고 하든지'가 줄어든 말. 모음이나 'ㄹ'로 끝난 동사 어간이나 '아니다'의 어간 또는 높임의 '-시-'에 붙어, 가리어 정하도록 하는 뜻을 나타냄. 《주로, '-라든지 -라든지'의 꼴로 쓰임.》 ¶ 서라든지 앉으라든지 지시를 내리시오. 참-으라든지.

라디안 (radian) 명 호도법(弧度法)에 의한 각도의 단위. 원의 반지름의 길이와 같은 호(弧)의 길이가 원의 중심에서 이루는 각의 크기. 〔1라디안은 약 57°17′44.8″.〕 호도(弧度).

라디에이터 (radiator) 명 ①방열기(放熱器). ②자동차의 기관 냉각기.

라디오 (radio) 명 ①전파를 이용한 음성 방송. ¶ 라디오에 귀를 기울이다. ②전파로 보낸 음성 등을 수신하여 재생하는 기계 장치. ¶ 라디오를 켜다.

라디오미터 (radiometer) 명 복사선의 강도를 재는 장치. 복사계(輻射計).

라디오^방ː송 (radio放送) 명 라디오로 뉴스·음악·오락·드라마·강연 등을 청취자에게 전달하는 방송.

라디오^별 (radio―) 명 천구 상에서 강력한 전파를 방사하고 있는 점 모양의 천체.

라디오^부이 (radio buoy) 명 배나 항공기가 해상에서 조난했을 때 수면에 띄워서 전파로 그 위치를 알리는 해난 구조 부표(浮標).

라디오^비ː컨 (radio beacon) 명 특정한 부호를 가진 전파를 이용하여 항공기나 선박의 위치·방향을 확인하는 방식, 또는 그 시설. 무선 표지. 참비컨.

라디오^송ː신기 (radio送信機) 명 라디오 방송에서 전파를 내보내는 기계 장치. 음성 등을 고주파 전류로 바꾸어서 송신 안테나를 통하여 보냄.

라디오아이소토ː프 (radioisotope) 명 방사성 동위 원소.

라디오존데 (Radiosonde 독) 명 전파를 이용하여 대기(大氣) 상층의 기압·온도·습도 따위를 측정하는 장치.

라디오^컴퍼스 (radio compass) 명 항행 중인 선박이나 항공기가 라디오 비컨으로부터 오는 전파를 받아 자기의 위치를 알아내는 무선 측정기. 무선 방향 지시기.

라르간도 (largando 이) 명 악보에서, 특히 그 부분에 변화를 주도록 지시하는 말. '속도를 늦추어 가면서'의 뜻.

라르게토 (larghetto 이) 명 악보에서, 빠르기를 지시하는 말. '느리고 폭넓게'의 뜻.

라르고 (largo 이) 명 악보에서, 빠르기를 지시하는 말. '아주 느리고 폭넓게'의 뜻.

라르기시모 (larghissimo 이) 명 악보에서, 빠르기를 지시하는 말. '가장 폭이 넓고 느리게'의 뜻.

라마 (lama)[1] 명 〔'더없이 훌륭한 사람'이라는 뜻의 티베트 말로〕 '라마교의 고승(高僧)'을 이르는 말. 나마(喇嘛).

라마 (lama)[2] 명 ☞야마.

라마-교 (lama教) 명 티베트를 중심으로 발전한 불교의 한 파. 8세기 중엽 인도에서 전래한 밀교(密敎)가 티베트의 민속과 풍토에 동화되어 발달한 종교로, 기도와 주문으로 극락왕생하려는 관음(觀音) 신앙임. 북인도·몽골·네팔·중국 동북 지방 등지에도 퍼져 있음. 나마교.

라마단 (Ramaḍān 아) 명 이슬람교에서, 단식과 재계(齋戒)를 하는 달. 이슬람력의 아홉 번째 달로, 해가 뜰 때부터 질 때까지 음식·흡연·음주·성 행위 따위를 금함.

라마-승 (lama僧) 명 라마교의 승려. 나마승.

라마즈-법 (Lamaze法) 명 임부를 심리적·육체적으로 미리 준비시켜 해산할 때 고통을 줄이는 분만법. 1950년에 프랑스의 산부인과 의사 라마즈가 고안함.

라ː멘 (Rahmen 독) 명 재료 결합 부분을 견고하게 굳힌, 철근이나 철골이 뼈대가 되는 건축물의 구조 형식, 또는 그러한 구조물.

라멘타빌레 (lamentabile 이) 명 악보의 나타냄 말. '슬픈 듯이'의 뜻.

라며 조 〈라면서〉의 준말. ¶ 중요한 기계라며 조심조심 다룬다.

-라며 Ⅰ 어미 〈-라면서〉의 준말.
Ⅱ 준 '-라면서'가 줄어든 말. ¶ 어서 가라며 등을 떼민다.

라면 (ラーメン 일) 명 기름에 튀겨서 말린 국수에 양념 봉지를 따로 넣어 간단하게 조리할 수 있도록 만든 즉석식품.

라면 조 '라고 하면'이 줄어서 된 말. 모음으로 끝난 체언에 붙어, 어떤 사실(상황)을 가정(가상)하는 뜻을 나타내는 연결형 서술격 조사. ¶ 내가 너라면 그렇게 하지는 않았을 거다. 참이라면.

-라면 준 '-라고 하면'이 줄어든 말. 모음이나 'ㄹ'로 끝난 동사 어간이나 '아니다'의 어간 또는 높임의 '-시-'에 붙어, 가정의 뜻을 나타냄. ¶ 가라면 가야지. 참-으라면.

라면서 조 모음으로 끝난 체언에 붙는 서술격 조사. ①들은 사실을 다짐하거나 빈정거려 묻는 뜻을 나타내는 종결형 서술격 조사. ¶ 너도 육상 선수라면서? ②'라고 하면서'가 줄어서 된 말. 남이 말한 어떤 사실을 인용하는 뜻을 나타내는 연결형 서술격 조사. ¶ 새로 산 차라면서 자랑이 대단하더라. 준라며. 참이라면서.

-라면서 《모음이나 'ㄹ'로 끝난 동사 어간이나 '아니다'의 어간 또는 높임의 '-시-'에 붙어》 Ⅰ 어미 들은 사실을 다짐하거나 빈정거리는 뜻을 나타내는 종결 어미 또는 연결 어미. ¶ 나 혼자 다 가지라면서. 준-라며. 참-으라면서.
Ⅱ 준 '-라고 하면서'가 줄어든 말. 명령이나 당부의 말과 함께 그에 상응하는 행위가 뒤따름을 나타냄. ¶ 먼저 자라면서 형은 공부를 계속했다. 참-으라면서.

라베카 (rabeca 포) 명 네 가닥으로 된 줄을 시위로 켜서 연주하는, 호궁(胡弓)과 비슷한 모양의 포르투갈 악기.

라벤더 (lavender) 명 꿀풀과의 상록 다년초. 지중해 연안 원산으로 줄기 높이는 60 cm가량. 여름에 보라색 꽃이 수상 꽃차례로 핌. 꽃을 증류하여 라벤더 향유(香油)를 채취하는데 향수와 향료로 쓰며 약용하기도 함.

라벨(label)명 상품명이나 제조처 따위를 써서 상품에 붙이는 종이나 헝겊 조각. 레테르.

라비(rabbi)명 '랍비'의 영어식 이름.

라서조 모음으로 끝난 체언에 붙는 조사. ①'감히(능히)'의 뜻을 속뜻으로 지니면서, 주격 조사 '이(가)'의 기능으로 쓰임. ¶ 뉘라서 그를 탓하리오. ②앞말이 뒷말의 이유나 전제적 사실이 됨을 나타내는 연결형 서술격 조사. ¶ 궂은 날씨라서 그냥 집에 있기로 했다. 준라3. 참이라서.

-라서어미 '아니다'의 어간에 붙는 종속적 연결 어미. '때문에'의 뜻으로, 앞말이 뒷말의 원인이나 근거가 됨을 나타냄. ¶ 왜, 예쁜 처녀가 아니라서 실망했나? 준-라2.

라셔조 〈옛〉 라서. ¶ 뉘라셔 가마귀를 검고 흉타 ᄒᆞ돗던고(古時調).

라손조 모음으로 끝난 체언에 붙어, '라고'의 뜻을 나타내는 연결형 서술격 조사. '치다'·'하다'의 활용형과 어울려 쓰이어, 앞말을 가정하되 그것이 뒷말에 영향을 미치지 아니함을 나타냄. ¶ 그가 아무리 부자라손 치더라도 진실만은 살 수 없다. 참이라손.

-라손어미 모음이나 'ㄹ'로 끝난 동사 어간 또는 높임의 '-시-'에 붙는 종속적 연결 어미. '-라고'의 뜻으로, '치다'·'하다'의 활용형과 어울려 쓰이어, 앞말을 가정하되 그것이 뒷말에 영향을 미치지 아니함을 나타냄. ¶ 사람들이 가라손 치더라도 그곳에서 기다려야만 했다. 참-이라손.

라스트^스퍼:트(last spurt)명 경주나 경영(競泳) 따위에서, 결승점을 향한 최후의 역주를 이르는 말.

라스트^신:(last scene)명 영화나 연극 따위의 마지막 장면. ¶ 라스트 신이 매우 감동적이다.

라식(LASIK) 각막의 외피를 얇게 벗겨 내고 각막 조직에 레이저를 비추어 일부분을 절제한 뒤 벗겨 낸 외피를 다시 덮는 수술 방법. 근시·난시·원시 등의 시력을 교정하는 수술법임. ¶ 라식 수술. [Laser Associated Stromal Insitu Keratomileusis]

라야조 모음으로 끝난 체언에 붙어, 꼭 필요한 사물을 가리키거나 꼭 그래야 함을 나타내는 연결형 서술격 조사. ¶ 꼭 너라야 된다는 법이 어디 있니? 참이라야.

-라야어미 '아니다'의 어간에 붙는 종속적 연결 어미. 꼭 그러하여야 함을 나타냄. ¶ 게으른 사람이 아니라야 한다.

라야-만조 '라야'의 힘줌말. ¶ 이건 힘이 장사라야만 들 수 있다.

-라야만어미 '-라야'의 힘줌말. ¶ 색맹이 아니라야만 운전면허를 딸 수 있다.

라오조 조사 '라'와 어미 '-오'가 합쳐서 된 말. 모음으로 끝난 체언에 붙어, 어떤 사실을 설명하되 좀 대접하거나 친근한 맛이 느껴지게 베풀어 말하는, 하오체의 종결형 서술격 조사. ¶ 여기가 우리 동네라오. 참이라오.

-라오어미 '아니다'의 어간에 붙는 하오체의 종결 어미. 어떤 일이 사실이 아님을 완곡하게 또는 친근하게 베풀어 말하는 뜻을 나타냄. ¶ 그는 총각이 아니라오. /나도 나쁜 사람은 아니라오.

라온형 〈옛〉 즐거운. ¶ 人生애 슬프며 라온 이리 서르 半만ᄒᆞ니(杜初7:25). 참나온·납다.

라와조 〈옛〉 보다. ¶ 健壯ᄒᆞᆫ 男兒ㅣ 셔근 션ᄇᆡ라와 느도다(杜初6:40).

라우탈(Lautal 독)명 주조용(鑄造用) 알루미늄 합금의 한 가지. 자동차나 항공기 등의 부품이나 광학 기계의 재료로 쓰임.

라운드(round)명 ①권투 경기에서의 한 회(回). ②골프에서, 코스의 18홀을 한 바퀴 도는 일.

라운지(lounge)명 (호텔이나 여객선 따위의) 휴게실이나 사교실. ¶ 호텔 라운지에서 만나다.

라유(辣油 중)명 중화요리에 쓰는 조미료의 한 가지. 참기름에 고추를 볶아 우려낸 기름. 고추기름.

라이거(liger)명 사자의 수컷과 호랑이의 암컷과의 교배 잡종. 〔'lion'과 'tiger'를 합쳐서 줄인 말.〕 참타이곤(tigon).

라이너(liner)명 ①야구에서, 땅에 닿지 않고 직선으로 날아가는 타구. 라인 드라이브. ②정기선(定期船). 정기 항공기. ③코트 따위의 안에 대는 천이나 털 따위.

라이노타이프(linotype)명 주식기(鑄植機)의 한 가지. 키(key)를 누르면 한 행분의 모형(母型)이 기계적으로 모여지고, 이것에 녹은 활자 합금이 부어져 한 행씩의 문자가 한 덩이로 되어 동시에 주조되도록 장치된 기계. 인터타이프.

라이닝(lining)명 ①녹슬거나 삭는 것을 막기 위해 고무·법랑·알루미늄 따위를 금속의 표면에 덧바르거나 입히는 일. ②코트 따위의 속에 라이너를 대는 일.

라이덴-병(Leiden甁)명 축전기의 한 가지. 유리병의 안팎과 밑면에 납지(鑞紙)를 붙이고 병마개의 한가운데를 통해 금속 막대를 꽂아 밑면의 납지에 닿게 한 것.

라이벌(rival)명 경쟁자. 맞수. 호적수. ¶ 숙명의 라이벌.

라이선스(license)명 ①면허(인가·허가), 또는 그 증명서. ¶ 라이선스를 취득하다. ②타 기업, 특히 외국의 어떤 상표·특허·제조 기술 등의 사용 허가, 또는 그 허가증.

라이스-페이퍼(rice paper)명 삼·아마·면 등의 섬유를 원료로 하여 만든, 매우 얇은 종이. 궐련을 마는 데에 쓰이거나 사전의 인쇄 용지로 쓰임.

라이어(lyre)명 주악(奏樂)하며 행진할 때 악기에다 다는 악보 꽂이.

라이온스^클럽(Lions Club)명 유력한 사업가를 회원으로 하는 국제적인 민간 사회봉사 단체.

라이카-판(Leica判)명 사진기의 화면 치수의 하나. 〔필름 폭이 35 mm이며 24×36 mm의 화면을 일컬음.〕

라이터(lighter)명 담뱃불을 붙이는 데 쓰이는 작은 기구. 〔가스라이터 따위.〕

라이터-돌(lighter-)명 라이터에 쓰는 발화석(發火石). 준돌2.

라이트(light)명 '조명'·'조명등'으로 순화.

라이트-급(light級)명 권투·태권도 따위에서, 중량별 체급의 한 가지. 아마추어 권투는 57 kg 이상 60 kg 미만, 태권도 남자 일반부는 64 kg 초과 70 kg 이하임. 참페더급·라이트 웰터급.

라이트모티프(Leitmotiv 독)명 오페라나 표제 음악 등에서, 곡 중의 중요한 인물이나 사물 또는 특정한 감정 등을 나타내는 악구(樂句).

라이트^미들급(light middle級)명 권투·태권도 따위에서, 중량별 체급의 한 가지. 아마추어 권투에서는 67 kg 이상 71 kg 미만임. 참웰터급·미들급.

라이트^웰터급 (light welter級) 명 권투·태권도 따위에서, 중량별 체급의 한 가지. 아마추어 권투에서는 60 kg 이상 63.5 kg 미만임. 참라이트급·웰터급.

라이트^윙 (right wing) 명 축구나 하키 등에서, 포워드 중 오른쪽 끝의 위치, 또는 그곳을 맡은 선수. 우익(右翼). ↔레프트 윙.

라이트^플라이급 (light fly級) 명 아마추어 권투에서, 중량별 체급의 한 가지. 체중 48 kg 미만으로 가장 가벼운 체급임. 참플라이급.

라이트^하:프 (right half) 명 축구나 하키 등에서, 오른쪽에 있는 하프백의 위치, 또는 그곳을 맡은 선수. ↔레프트 하프.

라이트^헤비급 (light heavy級) 명 권투·태권도 따위에서, 중량별 체급의 한 가지. 아마추어 권투에서는 75.1 kg 이상 81 kg 미만임. 참미들급·헤비급.

라이프^사이클 (life cycle) 명 ☞생활사.

라이플 (rifle) 명 총신(銃身)의 안벽에 나선 모양의 홈이 새겨진 소총. 참선조총(旋條銃).

라인 (line) 명 ①선(線). 줄. ¶ 파울 라인. /공이 라인 밖으로 나가다. ②계통적으로 되는 일의 과정. ¶ 생산 라인. ③기업이나 관청의 국(局)·부(部)·과(課)·계(係)와 같은 직선적 조직. ¶ 결재 라인.

라인^댄스 (line+dance) 명 여러 여성 무용수가 한 줄로 늘어서서 다리를 같이 움직이며 추는 춤.

라인^드라이브 (line drive) 명 ☞라이너.

라인^아웃 (line out) 명 럭비에서, 공이 터치라인 밖으로 나간 뒤, 경기를 다시 시작할 때 양 팀의 공격수가 두 줄로 늘어서서 공을 서로 빼앗는 일.

라인-업 (line-up) 명 ①야구에서, 출전 선수의 타순(打順), 또는 수비 위치. ②운동 경기를 시작하기 전에 양편 선수가 한 줄로 늘어서는 일.

라인^크로스 (line cross) 명 ①배구나 배드민턴에서, 서버가 코트의 선을 넘거나 밟는 반칙. ②핸드볼 따위에서 선을 넘거나 밟는 반칙. ③하키에서, 스틱이나 손·발 등이 들어가서는 안 되는 지역의 선을 넘는 반칙.

라인^프린터 (line printer) 명 가로쓰기한 행을 한 번에 인자(印字)할 수 있는 고속 인자기.

라일락 (lilac) 명 물푸레나뭇과의 낙엽 관목. 유럽 원산의 관상용 식물로, 높이는 5 m가량. 달걀 모양의 잎이 마주나고, 초여름에 연보라나 흰 꽃이 피는데 매우 향기로움. 자정향(紫丁香).

라-장조 (-長調) [-쪼] 명 '라' 음을 으뜸음으로 하는 장조.

라조기 (←辣子鷄 중) 명 중화요리의 한 가지. 토막 친 닭고기에 녹말을 묻혀 튀긴 다음, 고추·파·마늘·생강 따위를 볶아 섞고, 녹말을 푼 물에 넣어 익혀 만듦.

라지 조 모음으로 끝난 체언에 붙어, 묻는 뜻을 나타내는 하게체의 종결형 서술격 조사. ¶ 저 개가 진돗개라지?/저 분이 이번 경기 우승자라지? 참이라지.

-라지 《모음이나 'ㄹ'로 끝난 동사 어간 또는 높임의 '-시-'에 붙어》 Ⅰ 어미 남의 말 하듯 빈정거리거나, 자기와는 상관이 없다는 투로 말함을 나타내는 해라체의 종결 어미. ¶ 갈 테면 가라지. 참-으라지.
Ⅱ 준 '-라고 하지'가 줄어든 말. 어떤 일을 간접으로 시키거나 권함을 나타냄. ¶ 친정에나 며칠 다녀오라지. 참-으라지.

라켓 (racket) 명 탁구나 테니스·배드민턴 등에서, 공이나 셔틀콕을 치는 채.

라켓-볼: (racquetball) 명 벽을 둘러친 실내 코트에서, 테니스 라켓보다 좀 작은 라켓으로 고무공을 벽면에 대고 치는 운동.

라텍스 (latex) 명 ①고무나무의 껍질에 흠을 낼 때에 분비되는 우윳빛 액체. 30~40% 고무를 함유한 콜로이드로, 포름산을 가하여 생고무를 만드는 원료로 씀. ②☞탄성 고무.

라틴 (Latin) 명 라틴 어나 라틴 계통에 딸린 것임을 나타내는 말. ¶ 라틴 음악. /라틴 문학. 참나전(羅甸).

라틴^민족 (Latin民族) 명 남부 유럽에 분포하는 아리안 족(Aryan族)에 딸린 민족.

라틴^아메리카 (Latin America) 명 아메리카에서 예전에 라틴 민족의 지배를 받았던 지역을 통틀어 이르는 말. 북아메리카 남부로부터 남아메리카에 걸쳐 있으며, 멕시코·브라질·아르헨티나 등이 이에 속함. 중남미.

라틴^어 (Latin語) 명 인도·유럽 어족의 하나로, 고대 로마에서 사용하던 언어. 지금은 사어(死語)가 되었으나, 스페인 어·이탈리아 어·프랑스 어 등의 근원이 되었음.

라틴^음악 (Latin音樂) 명 라틴 아메리카 여러 나라의 음악을 통틀어 이르는 말. 〔아르헨티나의 탱고, 브라질의 삼바, 쿠바의 룸바, 멕시코의 차차차 따위.〕

라피다멘테 (rapidamente 이) 명 악보의 나타냄 말. '급하게'·'빠르게'의 뜻.

-락 어미 모음이나 'ㄹ'로 끝난 어간에 붙는 연결 어미. '-락-락하다'의 꼴로 쓰이어, 어떤 동작이나 상태가 서로 엇바뀌어 일어남을 나타냄. ¶ 비가 오락가락한다. /화가 많이 났는지 얼굴이 푸르락누르락한다. 참-으락.

락타아제 (lactase) 명 젖당을 가수 분해 하여 포도당과 갈락토오스를 만드는 효소.

락토오스 (lactose) 명 젖당.

란 (卵) 명 《한자어 명사 뒤에 붙어》 '알'의 뜻을 나타냄. ¶ 수정란. /무정란.

란 (蘭) 명 《한자어 뒤에 붙어》 '난초'의 뜻을 나타냄. ¶ 금자란. /문주란.

란 (欄) 명 한자어 명사 뒤에 붙어, 그것을 위한 지면(紙面)임을 나타냄. ¶ 독자란. /광고란. /학습란. /가정란.

란 조 모음으로 끝난 체언에 붙는 서술격 조사. ①'라고 하는'이 줄어서 된 말. 뒤의 사실을 규정하는 뜻을 나타냄. ¶ 감기란 병은 만병의 근원이다. ②'라고 하는 것은'의 뜻으로, 지적하여 강조하는 뜻을 나타냄. ¶ 부부란 인생의 동반자다. 참이란.

란 조 〈옛〉 ㄹ랑. 랑은. ¶ 제빨란 ᄀᆞ초고 ᄂᆞᄆᆡ 것 서르 일버수믈 홀씨(月釋*1:45*).

-란 준 '-라고 하는'·'-라고 한'이 줄어든 말. 모음이나 'ㄹ'로 끝난 동사 어간이나 '아니다'의 어간 또는 높임의 '-시-'에 붙어, 명령하거나 확인하는 뜻을 나타냄. ¶ 이게 아니란 말이냐. /그만두란 사람이 누군데 이제 와서 후회냐? 참-으란.

란다 조 모음으로 끝난 체언에 붙는, 해라체의 종결형 서술격 조사. ①'라고 한다'가 줄어서 된 말. 남이 한 말을 인용하여 전달하는 뜻을 나타냄. ¶ 독서가 취미란다. ②'란 말이다'의 뜻으로 어떤 사실을 단정하되 그것을 친근하게 베풀어 말함을 나타냄. ¶ 부모를 섬기는 일은 자식 된 도리란다. 참이란다.

-란다 Ⅰ㉠어미 '아니다'의 어간에 붙는 해라체의 종결 어미. 어떤 사실을 약간의 자랑스러움을 담아 친근하게 베풀어 말하는 뜻을 나타냄. ¶ 정이란 그런 게 아니란다.
Ⅱ㉡준 '-라고 한다'가 줄어든 말. 모음이나 'ㄹ'로 끝난 동사 어간 또는 높임의 '-시-'에 붙어, 남의 말을 제삼자에게 전해 주는 뜻을 나타냄. ¶ 빨리 오란다./자기가 한 일이 아니란다. 참-으란다.

-란디어미 〈옛〉-ㄹ진대. -건대. ¶ 괴시란디 우러곰 좃니노이다(樂詞.西京別曲).

란제리(←lingerie 프)명 여성의 양장용 속옷.

란탄(Lanthan 독)명 희토류 원소의 한 가지. 은백색 금속으로 공기 중에서는 표면이 산화하여 회백색으로 됨. 〔La/57/138.9〕

랄조 '라고 할'이 줄어서 된 말. 모음으로 끝난 체언에 붙는 서술격 조사. 주로, 부정적인 말과 어울려 양보의 뜻을 나타냄. ¶ 사는 걸 보니 부자랄 수도 없더라. 참이랄.

-랄준 '-라고할'이 줄어든 말. 모음이나 'ㄹ'로 끝난 동사 어간이나 '아니다'의 어간 또는 높임의 '-시-'에 쓰임. ¶ 무턱대고 기다리랄 수야 없지. 참-으랄.

랄렌탄도(rallentando 이)명 악보에서, 변화를 주도록 지시하는 말. '점점 느리게'의 뜻. 〔나타냄말은 rall.〕 리타르단도.

람[1]조 모음으로 끝난 체언에 붙어, '란 말인가'의 뜻으로, 대상(상황)을 못마땅해하거나 빈정거리는 투로 말하는 종결형 서술격 조사. ¶ 그까짓 게 무슨 자랑거리람. 참이람[1].

람[2]조 〈라면〉의 준말. ¶ 출발이 오후람 좋겠다.

-람어미 모음이나 'ㄹ'로 끝난 동사 어간이나 '아니다'의 어간 또는 높임의 '-시-'에 붙는, 해체의 종결 어미. '-라는 말인가'의 뜻으로, 어떤 사실을 반박하면서 불평하거나 나무람을 나타냄. ¶ 누가 하람?/누가 여기까지 좇아오람? 참-으람.

람ː바ː다(lambada)명 브라질에서 일어난, 빠르고 관능적인 춤과 노래.

랍니까[람-]조 '라고 합니까'가 줄어서 된 말. 모음으로 끝난 체언에 붙어, 남이 들은 사실에 대해서 묻는 뜻을 나타내는, 합쇼체의 종결형 서술격 조사. ¶ 전화 건 곳이 어디랍니까? 참이랍니까.

-랍니까[람-]준 '-라고 합니까'가 줄어든 말. 모음이나 'ㄹ'로 끝난 동사 어간이나 '아니다'의 어간 또는 높임의 '-시-'에 붙어, 남이 들은 사실에 대해 물어봄을 나타냄. ¶ 그만두랍니까? 참-으랍니까.

랍니다[람-]조 모음으로 끝난 체언에 붙는, 합쇼체의 종결형 서술격 조사. ①'라고 합니다'가 줄어서 된 말. 들은 사실을 남에게 알려 주는 뜻을 나타냄. ¶ 그 여자가 임자랍니다. ②자기와 관련된 어떤 사실을 친근하게 베풀어 말하는 뜻을 나타냄. ¶ 얘가 제 손자랍니다. 참이랍니다.

-랍니다[람-] Ⅰ어미 '아니다'의 어간에 붙는, 합쇼체의 종결 어미. 어떤 사실을 친근하게 베풀어 말하는 뜻을 지님. ¶ 저래 뵈도 보통내기가 아니랍니다.
Ⅱ준 '라고 합니다'가 줄어든 말. 모음이나 'ㄹ'로 끝난 동사 어간이나 '아니다'의 어간 또는 높임의 '-시-'에 붙어, 남의 명령을 전해 줌을 나타냄. ¶ 빨리 오시랍니다. 참-으랍니다.

랍디까[-띠-]조 '라고 합디까'가 줄어서 된 말. 모음으로 끝난 체언에 붙어, 남이 전에 들은 사실을 돌이켜 묻는 뜻을 나타내는 종결형 서술격 조사. ¶ 직업이 뭐랍디까?/그 여자 혼자랍디까? 참이랍디까.

-랍디까[-띠-]준 '-라고 합디까'가 줄어든 말. 모음이나 'ㄹ'로 끝난 동사 어간이나 '아니다'의 어간 또는 높임의 '-시-'에 붙어, 남이 이전에 들은 사실을 물어봄을 나타냄. ¶ 어디로 가랍디까?/그걸 나더러 하랍디까? 참-으랍디까.

랍디다[-띠-]조 '라고 합디다'가 줄어서 된 말. 모음으로 끝난 체언에 붙어, 남의 말을 인용해서 사실이 그러함을 단정하여 말하는 뜻을 나타내는 종결형 서술격 조사. ¶ 근동에 소문난 효자랍디다. 참이랍디다.

-랍디다[-띠-]준 '-라고 합디다'가 줄어든 말. 모음이나 'ㄹ'로 끝난 동사 어간이나 '아니다'의 어간 또는 높임의 '-시-'에 붙어, 이전에 들은 사실을 일러 줌을 나타냄. ¶ 내일 만나랍디다. 참-으랍디다.

랍비(rabbī 히)명 유태교에서, '율법사(律法師)'를 높이어 일컫는 말. 참라비.

랍시고[-씨-]조 모음으로 끝난 체언에 붙어, '라고'의 뜻으로, 스스로 그것이라고 여기는 꼴을 빈정거리거나 어떤 사물을 얕잡아 이르는 연결형 서술격 조사. ¶ 그것도 노래랍시고 부르나. 참이랍시고.

-랍시고[-씨-]어미 '아니다'의 어간에 붙는 연결 어미. 어쭙잖은 어떤 근거를 얕잡거나 빈정거려 말하는 뜻을 나타냄. ¶ 제 딴은 무지렁이가 아니랍시고 말끝마다 문자를 쓴다.

랑조 모음으로 끝난 체언에 붙어, 둘 이상의 사물을 같은 자격으로 열거하는 뜻을 나타내는 접속 조사. ¶ 너랑 나랑 함께 가자./나는 어머니랑 많이 닮았다. 참이랑[2].

랑조 〈옛〉하고. 과. 와. ¶ 멀위랑 ᄃᆞ래랑 먹고 靑山애 살어리랏다(樂詞.靑山別曲).

랑게르한스-섬(Langerhans-)명 췌장(膵臟) 내부에 섬 모양으로 흩어져 있는 내분비선(內分泌腺) 조직. 〔1869년에 독일의 병리학자 랑게르한스(Langerhans, P.)가 발견함.〕

랑그(langue 프)명 각 개인의 머릿속에 저장된 사회 관습적인 언어의 체계. 스위스의 언어학자 소쉬르가 사용한 용어로, 개인의 언어 사용에 상대하여 사회가 채용한 제약을 통틀어 이름. 참파롤.

랑데부(rendez-vous 프)명하자 ①밀회. ②둘 이상의 우주선이 도킹(docking) 비행을 하기 위해 우주 공간에서 만나는 일.

래조 '라고 해'가 줄어서 된 말. 모음으로 끝난 체언에 붙어, 남의 말을 인용하여 전하는 뜻을 나타내는 종결형 서술격 조사. ¶ 자기 친구래. 참이래[1].

-래 Ⅰ어미 '아니다'의 어간에 붙는 해체의 종결 어미. 남이 부정한 말의 내용을 전해 줌을 나타냄. ¶ 그런 뜻으로 말한 게 아니래.
Ⅱ준 '-라고 해'가 줄어든 말. 모음이나 'ㄹ'로 끝난 동사 어간 또는 높임의 '-시-'에 붙어, 남의 말을 전해 줌을 나타냄. ¶ 선생님께서 너 빨리 오래. 참-으래.

-래도준 '-라고 해도'가 줄어든 말. ¶ 집에 가래도 안 간다. 참-으래도.

래드(rad)의 방사선 흡수량을 나타내는 단위. 1 래드는 방사선을 쬐는 물질 1g당 흡수되는 100에르그(erg)의 에너지량.

래서[조] '라고 하여서'가 줄어서 된 말. 모음으로 끝난 체언에 붙어, 앞말이 뒷말의 이유나 전제적 사실이 됨을 나타내는 연결형 서술격 조사. ¶ 박사래서 뭐든지 다 아는 것은 아니다. [참]이래서[1].

-래서[준] '-라고 해서'가 줄어든 말. 모음이나 'ㄹ'로 끝난 동사 어간 또는 높임의 '-시-'에 붙어, 어떤 내용을 전하되, 그것이 뒷말의 이유(근거·전제)가 됨을 나타냄. ¶ 아무 때나 나오래서 지금 왔다. /일찍 오래서 아침도 못 먹고 왔다. [참]-으래서.

래서야[조] '라고 하여서야'가 줄어서 된 말. 모음으로 끝난 체언에 붙어, 그러하여서는 이치에 어긋나거나 정상적이 아니라는 뜻을 나타내는 연결형 서술격 조사. ¶ 또 꼴찌래서야 체면이 뭐가 되나. [참]이래서야.

-래서야[준] '-라고 하여서야'가 줄어든 말. 모음이나 'ㄹ'로 끝난 동사 어간 또는 높임의 '-시-'에 붙어, 그리하여서는 도리가 아니라는 뜻을 나타냄. ¶ 시작도 하기 전에 그만두래서야 되겠소. [참]-으래서야.

래시-선(LASH船)[명] 짐을 실은 거룻배들을 그대로 싣고 운반하는 배. [lighters aboard ship]

래야[조] '라고 하여야'가 줄어서 된 말. 모음으로 끝난 체언에 붙어, 앞의 사물을 뒷말로 한정하되, 그 사물이 시답잖다는 느낌을 나타내는 연결형 서술격 조사. ¶ 식구래야 우리 둘뿐이다. [참]이래야[1].

-래야[준] '-라고 하여야'가 줄어든 말. 모음이나 'ㄹ'로 끝난 동사 어간 또는 높임의 '-시-'에 붙어, 앞의 내용이 뒤의 행동의 필수 요건임을 뜻함. ¶ 누구더러 하래야 잘할까? [참]-으래야.

래요[조] '라고 하여요'가 줄어서 된 말. 모음이나 'ㄹ'로 끝난 체언에 붙어, 남의 말을 인용하여 윗사람에게 알려 주는 뜻을 나타내는 종결형 서술격 조사. ¶ 그 남자가 오빠래요. [참]이래요.

-래요[준] '-라고 하여요'가 줄어든 말. 모음이나 'ㄹ'로 끝난 동사 어간이나 '아니다'의 어간 또는 높임의 '-시-'에 붙어, 남이 한 말을 일러 줌을 뜻함. ¶ 빨리 가래요. [참]-으래요.

래커(lacquer)[명] 도료(塗料)의 한 가지. 섬유소 또는 합성수지 용액에 안료 따위를 섞어 만듦. 〔건조가 빠르고 오래감.〕

랙(lac)[명] 랙깍지진디의 암컷이 분비하는 나무진 같은 노르스름한 물질. 바니시나 붉은 물감의 원료가 됨. [참]셸락.

랜(LAN)[명] 근거리 통신망. [local area network]

랜덤^액세스(random access)[명] 컴퓨터의 기억 장치에서 정보를 호출하는 방법의 한 가지. 주로 자기(磁氣) 디스크나 자기 드럼 따위에, 순서 없이 어드레스만 지정하여 저장하고 동시 호출이 가능하도록 한 방법임.

랜드-마크(land mark)[명] 어떤 지역을 대표하거나 식별하게 하는 사물 또는 표지. 〔서울 남산의 N서울타워, 여의도의 63빌딩 따위.〕

랜딩(landing)[명] ①스키에서, 점프를 한 뒤 땅에 떨어질 때 취하는 동작, 또는 그 지점. ②(비행기 따위의) 착륙.

랜턴(lantern)[명] 각등(角燈).

랠리(rally)[명] ①테니스·탁구 따위의 경기에서, 양쪽 선수가 네트를 사이에 두고 서로 공을 주고받는 상태가 계속 이어지는 일. ②자동차 경주의 한 가지. 지정된 코스를 지정된 시간과 속도로 달리게 하여 우열을 가리는 경기.

램(RAM)[명] 컴퓨터 본체에 설치하는 기억 소자의 한 가지. 사용자의 요구에 따른 정보와 명령을 처리·수행하며, 수시로 입력과 말소가 가능함. [참]롬(ROM). [random access memory]

램프(lamp)[명] ①남포등. ②알코올 따위를 연료로 하는 가열 장치.

램프(ramp)[명] 〈램프웨이〉의 준말.

램프웨이(rampway)[명] 입체 교차하는 두 개의 도로를 연결하는, 도로의 경사진 부분. [준]램프(ramp).

랩(lap)[명] ①트랙을 두 번 이상 도는 육상 경기나 스피드 스케이트에서의 그 트랙 한 바퀴. ②수영 코스의, 한 번의 왕복.

랩(rap)[명] 〔'내뱉듯이 말하다'라는 뜻으로〕 팝 음악의 한 형식. 강렬한 리듬에 맞추어 가사를 읊듯이 노래함. 랩뮤직.

랩(wrap)[명] 식료품 포장용 등으로 쓰이는 얇은 필름류. ¶ 먹다 남은 음식을 랩에 싸서 냉장고에 보관하다.

랩-뮤직(rap music)[명] ☞랩(rap).

랩소디(rhapsody)[명] 광시곡(狂詩曲).

랩^타임(lap time)[명] 육상의 장거리 경주나 수영 경기 등의 계시(計時) 경기에서, 전 코스의 일정 구간마다 걸린 시간.

랩톱^컴퓨ː터(laptop computer)[명] 무릎 위에 놓고 사용할 수 있을 정도로 작고 가벼운 휴대용 퍼스널 컴퓨터. 전원이 없어도 사용할 수 있음.

랭크-되다(rank–) [–되–/–뒈–][자] 순위가 매겨지다. ¶ 신기록을 수립하여 세계 1위에 랭크되다.

랭킹(ranking)[명] 순위. 등급. 서열. ¶ 헤비급 세계 랭킹 2위. /재계(財界) 랭킹 1위.

랴[조] 모음으로 끝난 체언에 붙어, 이치로 미루어 '어찌 그러할 것이냐'의 뜻으로, 반어적 의문을 나타내는 종결형 서술격 조사. ¶ 낳았다고 다 부모랴. [참]이랴[2].

-랴[어미] ①모음이나 'ㄹ'로 끝난 어간 또는 높임의 '-시-'에 붙는 종결 어미. '-ㄹ까 보냐'의 뜻으로, 반어적 의문을 나타냄. ¶ 무엇을 더 바라랴?/잘못한 일이 없는데 무엇이 두려우랴? ②모음이나 'ㄹ'로 끝난 동사 어간에 붙는, 해라체의 의문형 종결 어미. 자기가 앞으로 할 일에 대해 상대편의 의사를 묻는 뜻을 나타냄. ¶ 좀 도와주랴?/내가 가랴? [참]-으랴.

-랴[어미] 〈옛〉-려. ¶ 草草호 浮生애 므스 일을 ᄒᆞ랴 ᄒᆞ야(古時調).

량(量)[명] 《한자어 명사 뒤에 붙어》 '분량'이나 '수량'을 뜻함. ¶ 계획량. /생산량. /소비량.

량(輛)[의] 열차 따위의 칸을 세는 단위. ¶ 객차 3량이 탈선하다.

-러[어미] 모음이나 'ㄹ'로 끝난 동사 어간 또는 높임의 '-시-'에 붙어, 어떤 동작의 직접적인 목적을 나타내는 종속적 연결 어미. ¶ 뽕 따러 가세. [참]-으러.

러니[조] 모음으로 끝난 체언에 붙는 연결형 서술격 조사. '더니'의 예스러운 말. ¶ 본디는 덕망 높은 선비러니 이제는 그도 간신(奸臣)이 다 되었구려. [참]이러니.

-러니[어미] '아니다'의 어간에 붙는, 종속적 연결 어미. '-더니'의 예스러운 말씨로, '일찍이 어떠어떠하였더니'의 뜻을 나타냄. ¶ 본성은 악인이 아니러니 험한 세월이 그를 망쳤구려.

-러니[어미] 〈옛〉-더니. ¶ 들을 제는 우레러니(鄭澈. 關東別曲).

러니라[조] 모음으로 끝난 체언에 붙는 종결형 서술격 조사. '더니라'의 예스러운 말. ¶ 충성을 다함이 신하 된 도리러니라. [참]이러니라.

-러니라어미 '아니다'의 어간에 붙는, 문어 투의 해라체 종결 어미. '-더니라'의 예스러운 말씨. 경험을 바탕으로 하여 어떤 사실(상황)을 단정하여 말하는 뜻을 나타냄. ¶ 행복은 부(富)에 있음이 아니러니라.

러니이까조 모음으로 끝난 체언에 붙는 종결형 서술격 조사. '이더니이까'의 예스러운 말. ¶ 참한 규수러니이까? 준러이까. 참이러니이까.

-러니이까어미 '아니다'의 어간에 붙는 극존칭 과거 의문형 종결 어미. '-더니이까'의 예스러운 말씨. ¶ 그것이 아니러니이까? 준-러이까.

러니이다조 모음으로 끝난 체언에 붙는 종결형 서술격 조사. '더니이다'의 예스러운 말. ¶ 자태가 마치 선녀러니이다. 준러이다. 참이러니이다.

-러니이다어미 '아니다'의 어간에 붙어 쓰이는, 극존칭 과거 평서형 종결 어미. '-더니이다'의 예스러운 말씨. ¶ 조사해 본즉 사실이 아니러니이다. 준-러이다.

러닝(running)명 ①달리는 일. 경주(競走). ②〈러닝셔츠〉의 준말.

러닝머신ː(running machine)명 체력 단련을 위하여 제자리에서 달릴 수 있도록 만든 헬스 기구의 한 가지.

러닝메이트(running mate)명 ①미국에서, 헌법상 썩 가까운 관계에 있는 두 관직 중 아래 관직의 선거에 입후보한 사람. 특히, 부통령 입후보자를 이름. ¶ 러닝메이트로 지명되다. ②어느 일에 보조 자격으로 종사하는 사람. ③어느 특정한 사람과 항상 어울려 함께 다니는 사람.

러닝^백스(running backs)명 미식축구에서, 라인 후방에 있다가 공을 받아서 달리는 공격 팀의 선수를 통틀어 이르는 말.

러닝-샤ː쓰(←running+shirts)명 ☞러닝셔츠.

러닝-셔ː츠(running+shirts)명 ①경주나 경기 때에 입는 소매가 없는 메리야스 셔츠. 러닝샤쓰. ②소매가 없거나 짧은, 윗도리에 입는 메리야스 속옷. 준러닝.

러닝-슈ː즈(running shoes)명 ☞스파이크 슈즈.

러닝^슛(running shoot)명 농구·핸드볼 따위에서, 골을 향해 뛰어 들어가며 공을 던져 넣는 일.

러닝^패스(running pass)명 축구·럭비·농구 따위에서, 달리면서 같은 편의 선수에게 공을 넘기는 일.

러^변ː칙^활용(-變則活用)[-치콰룡]명 ☞러 불규칙 활용.

러^불규칙^용ː언(-不規則用言)[-칭뇽-]명 러 불규칙 활용을 하는 용언. 〔동사의 '이르다〈到·至〉'와 형용사의 '누르다〈黃〉'·'푸르다'가 이에 딸림.〕

러^불규칙^활용(-不規則活用)[-치콰룡]명 어간의 끝 음절 '르' 뒤에서 어미 '-어'가 '-러'로 바뀌는 불규칙 활용. 〔'이르다〈到·至〉'가 '이르어→이르러', '푸르다'가 '푸르어→푸르러'로 되는 따위.〕 러 변칙 활용.

러브(love)명 테니스나 배드민턴 경기에서, 득점이 없는 일.

러브^게임(love game)명 테니스 경기에서, 어느 한 편이 한 점도 얻지 못한 채 끝난 경기.

러브-신ː(love scene)명 연극이나 영화 따위에서, 남녀가 애정의 표현을 연기하는 장면.

러브-호텔(love+hotel)명 은밀히 성(性)을 즐기려는 남녀를 주대상으로 하여 영업하는 숙박업소를 흔히 이르는 말.

러비부 〈옛〉널리. 넓게. ¶ 러비 드로몰(龜鑑下*49*).

러셀(russell)명 등산에서, 앞서가는 사람이 눈을 밟아 다져 가면서 나아가는 일.

러셀-차(Russell車)명 제설용(除雪用) 특수 차량의 한 가지. 앞쪽에 붙인 쐐기 모양의 보습과 양쪽 날개로 눈을 쳐내면서 감. 〔제조 회사명인 'Russell and Snowplow'에서 유래함.〕

러스크(rusk)명 카스텔라나 빵 따위를 얇고 기름하게 썰어 버터나 설탕을 발라 구운 과자.

-러시니어미 〈옛〉-시더니. ¶ 金ㅅ비치러시니(月釋*2:65*).

러시아워(rush hour)명 출퇴근이나 통학 등으로 말미암아 교통이 혼잡한 시간.

러시안-룰렛(Russian roulette)명 회전식 연발 권총에 총알 한 발을 잰 다음, 몇 사람이 차례로 자기 머리에 총구를 대고 방아쇠를 당기는, 목숨을 거는 내기.

러이까조 〈러니이까〉의 준말.

-러이까어미 〈-러니이까〉의 준말.

러이다조 〈러니이다〉의 준말.

-러이다어미 〈-러니이다〉의 준말.

러울명 〈옛〉너구리. ¶ 러울爲獺(訓解).

러키-세븐(lucky seven)명 서양에서, 7을 행운의 숫자라는 뜻으로 이르는 말.

러키^존ː(lucky zone)명 야구장의 외야 담장과 그 안쪽에 마련한 울타리로 둘러싸인 구역. 〔여기 들어간 타구도 홈런이 됨.〕

러프(rough)명 골프에서, 페어웨이 밖의 잡초 따위가 우거진 거친 땅.

럭비(Rugby)명 ☞럭비풋볼.

럭비^축구(Rugby蹴球)명 ☞럭비풋볼.

럭비-풋볼ː(Rugby football)명 축구의 한 가지. 각각 15명으로 이루어진 두 팀이 80분 동안 길둥근 공을 손이나 발로 자유롭게 다루면서 상대편의 진지에 찍거나 차 넘겨 득점을 겨루는 경기. 럭비. 럭비 축구. 풋볼. 참미식축구.

럭스(lux)의 조도(照度)의 단위. 1럭스는 1촉광의 광원으로부터 1 m 거리에 있는 1 m^2의 표면의 조도임. 〔기호는 lx〕

런가조 모음으로 끝난 체언에 붙는, 종결형 또는 연결형 서술격 조사. '던가'의 예스러운 말. ¶ 이게 꿈이런가 생시런가. 참이런가.

-런가어미 '아니다'의 어간에 붙는, 하게체의 의문형 종결 어미. '-던가'의 예스러운 말씨. 추측하면서 스스로에게 또는 상대편에게 가볍게 묻는 뜻을 나타냄. ¶ 이것이 정녕 꿈은 아니런가?

-런고어미 〈옛〉-던고. ¶ 이 진실로 엇던 ᄆᆞ음이런고(孟解.梁惠王上).

런들조 모음으로 끝난 체언에 붙는, 연결형 서술격 조사. '던들'의 예스러운 말. ¶ 이 몸이 새런들 훨훨 날아갔으련만. 참이런들.

-런들어미 '아니다'의 어간에 붙는, 종속적 연결 어미. '-ㄴ들'의 예스러운 말씨. 추측하여 가정하는 조건임을 뜻함. ¶ 그 일만 아니런들 이별은 없었을 텐데.

-런마론어미 〈옛〉-련마는. ¶ 卽時예 正覺올 일우런마론(月釋*2:36*).

럼(rum)명 당밀이나 사탕수수를 발효시켜 증류한 술. 럼주. 참당밀주(糖蜜酒).

럼-주(rum酒)명 ☞럼(rum).

레(re 이)명 장음계의 둘째 음, 또는 단음계의 넷째 음의 계이름.

레가토(legato 이)명 악보의 나타냄말. '음(音)과 음 사이를 끊어지지 않도록 매끄럽게' 연주하라는 뜻.

레가티시모(legatissimo 이)명 악보의 나타냄말. '가장 원활하게'의 뜻.
레게(reggae)명 라틴 음악의 한 형식. 2·4박자의 리듬이 강약의 변화를 이루면서 경쾌한 느낌을 줌. 1970년대에 자메이카에서 비롯됨.
레그혼-종(leghorn種)명 닭의 품종의 한 가지. 이탈리아 원산의 난용종(卵用種)으로, 몸빛은 백색·갈색 등 여러 품종이 있음. 빨리 자라고 산란 능력이 뛰어남.
레늄(rhenium)명 희유원소의 한 가지. 망간과 비슷한 성질의 금속 원소임. 은백색으로 질산과 황산에 잘 녹으며, 공기 중에서는 안전하나 가루로 만들면 발화성을 띰. 가종 분해 반응의 촉매로 쓰임. 〔Re/75/186.207〕
레닌-주의(Lenin主義)[-의/-이]명 마르크스(Marx)의 공산주의를 발전시킨 레닌의 공산주의 사상과 이론.
레디-고(ready go)감 영화나 텔레비전 드라마를 찍을 때에 연출자가 출연자에게 촬영이 시작됨을 알리기 위하여 외치는 말.
레모네이드(lemonade)명 레몬의 과즙에 물·설탕 등을 타서 만든 음료. 레몬수.
레몬(lemon)명 운향과의 상록 소교목. 인도 원산의 재배 식물로 높이는 3m가량. 잎은 길둥글고 가장자리에 톱니가 있으며, 5~10월에 꽃이 핌. 열매는 길둥글고 노랗게 익으며 냄새가 좋음. 과즙에는 구연산(枸櫞酸)과 비타민 시(C)가 들어 있고 신맛이 남.
레몬-산(lemon酸)명 구연산(枸櫞酸).
레몬-수(lemon水)명 ①레몬유를 탄 물. ②☞레모네이드.
레몬-스쿼시(lemon squash)명 레몬의 과즙을 소다수에 섞어서 만든 음료수.
레몬-유(lemon油)명 레몬 껍질에서 짜낸 기름. 음식물 등의 향기를 내는 데 씀.
레몬-차(lemon茶)명 레몬 즙을 탄 홍차.
레미콘(remicon←ready-mixed concrete)명 ☞트럭믹서(truck mixer).
레버(lever)명 ①지레. ②지레 장치의 손잡이.
레벨(level)명 ①수준. 표준. ¶ 레벨이 높은 수업을 듣다. ②수준의(水準儀).
레스토랑(restaurant 프)명 서양 요리점. 양식점(洋食店).
레슨(lesson)명 일정한 시간에 받는 개인 교습. ¶ 바이올린 레슨을 받다.
레슬링(wrestling)명 두 사람의 경기자가 매트 위에서 맨손으로 맞붙어 상대편의 양 어깨를 바닥에 1초 동안 닿게 함으로써 승부를 결정짓는 운동. 경기 방식에 따라 자유형과 그레코로만형으로 구별되며, 경기자의 체중에 따라 체급이 나뉨.
레시틴(lecithin)명 인지질(燐脂質)의 한 가지. 세포막 구성의 중요한 성분으로 난황·콩기름·간장·뇌 등에 많이 들어 있음.
레위-기(←Levi記)명 구약 성서 중 '모세 오경'의 하나. 레위 족이 해야 할 제사에 관한 여러 가지 의식 및 규범 등을 적은 내용.
레이(lei)명 하와이 사람들이 목에 거는 화환.
레이다(radar)명 전파를 발사하여 그 반사파를 받아 목표물의 존재와 거리를 탐지하는 무선 감시 장치. 항공기·선박 등에 널리 이용됨. 전파 탐지기. [radio detecting and ranging]
레이더(radar)명 ☞레이다.
레이더^기구(radar氣球)명 대기 상층의 풍향 및 풍속을 관측하기 위해 레이더를 설치하여 띄우는 기구.
레이더-망(radar網)명 레이더를 많이 갖추어 어떤 지역 모두가 그 관측 범위에 들게 한 방비 태세. ¶ 레이더망에 걸리다.
레이서(racer)명 스피드 경기용의 자동차나 오토바이, 또는 그것을 타고 경주하는 경기자.
레이스(lace)명 수예 실을 코바늘 따위로 떠서 여러 가지 무늬를 나타내어 천처럼 만든 서양식 수예품. ¶ 레이스를 뜨다.
레이스(race)명 경주(競走)·경영(競泳)·경마(競馬) 따위를 통틀어 이르는 말.
레이아웃(layout)명 ①편집·디자인 등에서, 문자·회화·사진 따위의 각 구성 요소들을 일정한 지면(紙面) 안에다 배치하는 일. ②정원의 장식이나 부지 안에 건물을 배치하는 따위의 설계.
레이업^슛(layup+shoot)명 농구에서, 골 가까이에서 뛰어올라 손바닥에 공을 올려 가볍게 던져 넣는 슛.
레이온(rayon)명 인조 견사(絹絲). 인조 견사 직물.
레이윈(rawin)명 소형 무선 송신기를 기구(氣球)에 장치하여 띄워 놓고, 지상에서 무선 탐지기로 위치를 측정하여 대기 상층의 풍향·풍속을 알아내는 장치. [radio wind finding]
레이저(laser)명 전자파의 유도 방출을 이용한 빛의 증폭(增幅) 장치. 레이더·광 통신 등에 응용됨. [light amplification by stimulated emission of radiation]
레이저^광선(laser光線)명 레이저에서 방출되는 단색의 평행 광선. 파장과 위상이 일정하고 에너지 밀도가 크기 때문에 우주 통신·정밀 공작·의료 등에 널리 응용됨.
레이저^디스크(laser disk)명 레이저를 이용한 비디오디스크 방식의 한 가지. 원반 위에 기록된 음성과 화상을 레이저를 이용하여 재생하기 때문에 음질과 화질이 뛰어남.
레이저^메스(laser+mes 네)명 레이저 광선을 이용하여 만든 수술칼. 출혈 없이 예리하게 자를 수 있음.
레이저^통신(laser通信)명 레이저 광선을 이용하는 통신. 마이크로파(波)보다 많은 정보를 동시에 보낼 수 있음.
레이저^프린터(laser printer)명 레이저 광선으로 감광막 위를 주사(走査)하여 문자 잠상(文字潛像)을 만들고 토너로 현상하여 용지에 전사하는 전자 사진식 프린터. 빠르고 정확한 인쇄가 가능함.
레이콘(racon)명 신호 전파를 발사하여 항공기나 선박에다 자기의 위치·방향을 알리는 레이더용의 비컨. [radar beacon]
레인(lane)명 ①볼링에서, 볼을 굴리는 마루. 앨리(alley). ②육상·수영 등에서, 달리거나 나아가는 각 코스.
레인지(range)명 전기나 가스 따위를 이용한 조리용 가열 기구.
레인코:트(raincoat)명 비옷.
레일(rail)명 ①철길을 이루는 강재(鋼材). 궤조(軌條). ¶ 레일을 깔다. ②운동하는 물체가 제대로 달릴 수 있도록 마련해 놓은 길. 궤도. 선로. ¶ 놀이 공원의 우주 열차가 레일을 따라 달리다.
레임-덕(lame duck)명 〔'절름발이 오리'라는 뜻에서〕 임기가 남아 있는 낙선(落選) 의원이나 임기 만료를 앞둔 대통령을 이르는 말.

레저(leisure)명 ①노동과 수면 등 생활 시간 이외의 자유로운 시간. 여가. ②여가를 이용한 놀이나 오락. ¶ 레저 스포츠.
레저^산ː업(leisure産業)명 여가를 즐기는 데 필요한 시설을 제공하거나 용구·재료의 판매, 수송 등을 하는 산업.
레제드라마(Lesedrama 독)명 상연이 목적이 아닌, 읽히기 위하여 쓴 희곡.
레즈비언(lesbian)명 여자를 사랑하는 여자. 여성 동성애자. ↔게이.
레지(レジ.←register)명 다방 같은 데서 손님을 접대하며, 차를 나르는 여자.
레지던트(resident)명 수련의(修鍊醫)의 두 번째 과정에 있는 의사. 인턴 과정을 마치고 전문 과목을 수련하는 과정으로, 기간은 3년임. 〔외과 계열은 4년.〕 참수련의.
레지스탕스(résistance 프)명 점령군이나 침략자에 대한 저항 운동. 특히, 제2차 세계 대전 중 점령 독일군에 대한 프랑스의 저항 운동을 이름.
레지스터(register)명 컴퓨터에서, 주로 연산(演算)을 위한 수치로 된 정보를 등록받아 일시적으로 기억하는 회로나 장치를 통틀어 이르는 말. 〔어큐뮬레이터·범용(汎用) 레지스터·입출력 레지스터 따위.〕
레지에로(leggiero 이)명 악보의 나타냄말. '가볍고 경쾌하게'의 뜻.
레지오넬라(legionella)명 흙에 존재하는 세균의 한 가지. 특히 여름철 냉각탑 같은 시설에서 생기는 물방울 속에 들어가서 공기 중에 떠돌다가 사람에 감염하여 병을 일으킴.
레커-차(wrecker車)명 고장이 났거나 불법으로 정차하고 있는 차를 끌기 위한, 기중기를 장착한 자동차.
레코ː드(record)명 ①음반(音盤). ¶ 레코드 판매량. /레코드를 취입하다. ②컴퓨터의 정보 자료를 체계적으로 조립하는 요소. 몇 개의 기본 항목으로 조직된 파일 자료의 단위임.
레코ː드-판(record板)명 음반(音盤).
레코ː드-플레이어(record player)명 음반에 녹음되어 있는 신호를 재생하는 장치. 준플레이어.
레코딩(recording)명 '리코딩'의 잘못.
레퀴엠(requiem 라)명 ☞진혼곡(鎭魂曲).
레크리에이션(recreation)명 여가를 이용하여, 심신의 피로를 풀고 새로운 활력을 불어넣기 위해 즐기는 오락이나 스포츠 등의 활동.
레테르(letter 네)명 ☞라벨(label).
레토르트(retort)명 유리나 금속으로 플라스크 모양처럼 만든 화학 실험용 기구. 증류(蒸溜)나 건류(乾溜)를 할 때 가열기로 쓰임.
레토르트^식품(retort食品)명 가공 조리하여 주머니 같은 그릇에 넣은 다음, 레토르트 솥에서 가열 살균한 저장 식품.
레트(let)명 탁구나 테니스 따위에서, 서브한 공이 네트를 스치고 코트에 들어가거나 상대가 미처 준비하지 않은 때에 서브하는 일. 폴트(fault)가 아니며, 서브를 다시 할 수 있음.
레퍼리ː(referee)명 축구·농구·배구·권투 따위의 심판원.
레퍼리ː^스톱(referee stop)명 ☞아르에스시(RSC).
레퍼토리(repertory)명 연주가나 극단 등이 언제라도 상연 또는 연주할 수 있도록 마련한 작품이나 곡목. 연주 곡목이나 연출 목록.
레포ː츠(←leisure+sports)명 여가를 즐기면서 신체를 단련할 수 있는 운동.
레포트(report)명 '리포트'의 잘못.
레프트^윙(left wing)명 축구나 하키 등에서, 포워드 중 왼쪽 끝의 위치, 또는 그곳을 맡은 선수. 좌익(左翼). ↔라이트 윙.
레프트^하ː프(left half)명 축구나 하키 등에서, 왼쪽에 있는 하프백의 위치, 또는 그곳을 맡은 선수. ↔라이트 하프.
렌즈(lens)명 ①유리나 수정 같은 투명체의 면을 곡면(曲面)으로 만들어 빛을 모으거나 흩어지게 만든 투명한 물체. 볼록 렌즈와 오목 렌즈로 구별되며, 광학 기계 등에 쓰임. ②☞콘택트렌즈.
렌치(wrench)명 ☞스패너.
렌탄도(lentando 이)명 악보의 나타냄말. '차차 느리게'의 뜻.
렌터카ː(rent-a-car)명 이용자로부터 세를 받고 빌려 주는 자동차.
렌토(lento 이)명 악보의 나타냄말. '아주 느리고 무겁게'의 뜻.
렘마(lemma 그)명 수학에서, 정리(定理)를 이끌어 내는 도중에 얻게 되는 명제.
렙토스피라(leptospira)명 스피로헤타에 속하는, 실 모양의 미생물.
-려어미 〈-려고〉의 준말. ¶ 오늘밤 서울을 떠나려 한다.
-려어미 〈옛〉-랴. -ㄹ 것인가. ¶ 늙고 病커니 길흘 일티 아니호려(杜初*21:38*).
-려거든《모음이나 'ㄹ'로 끝난 동사 어간 또는 높임의 '-시-'에 붙어》 Ⅰ어미 '가상된 어떤 일이 실현될 경우에는'의 뜻을 나타내는 종속적 연결 어미. ¶ 눈이 오려거든 한 닷새 왔으면 좋겠다. 참-으려거든.
Ⅱ준 '-려고 하거든'이 줄어든 말. ¶ 집에 가려거든 지금 빨리 가거라. 참-으려거든.
-려고어미 ①모음이나 'ㄹ'로 끝난 동사 어간 또는 높임의 '-시-'에 붙는, 종속적 연결 어미. ㉠장차 그렇게 하려는 의도를 나타냄. ¶ 내일쯤 만나 보려고 한다. ㉡곧 일어날 움직임이나 상태의 변화를 나타냄. ¶ 기차가 막 출발하려고 한다. 준-려. ②모음이나 'ㄹ'로 끝난 어간 또는 높임의 '-시-'에 붙는, 해체의 종결 어미. 의심과 반문을 나타냄. ¶ 설마 싸우기야 하려고. /아무러면 멀쩡한 가구를 버리려고. 참-으려고.
-**려고 들다**관용 곧 그렇게 할 듯이 행동함을 나타내는 말. ¶ 자꾸 따지려고 들어서 애먹었다.
-려기에준 '-려고 하기에'가 줄어든 말. 모음이나 'ㄹ'로 끝난 동사 어간 또는 높임의 '-시-'에 붙어, 앞말이 뒷말의 원인이나 이유(근거)가 됨을 나타냄. ¶ 슬쩍 얼버무리려기에 호통을 쳤다. /대강 넘어가려기에 주최 측에 항의했다. 참-으려기에.
-려나《모음이나 'ㄹ'로 끝난 어간 또는 높임의 '-시-'에 붙어》 Ⅰ어미 추측하여 가볍게 의문을 품거나, 묻는 뜻을 나타내는 해체의 종결 어미. ¶ 날씨가 더워지려나? 참-으려나.
Ⅱ준 '-려고 하나'가 줄어든 말. ¶ 집에 언제쯤 가려나? 참-으려나.
-려네준 '-려고 하네'가 줄어든 말. 모음이나 'ㄹ'로 끝난 동사 어간에 붙어, 자기의 의사를 밝히는 뜻을 나타냄. ¶ 그만두려네. 참-으려네.
-려느냐준 '-려고 하느냐'가 줄어든 말. 모음이나 'ㄹ'로 끝난 동사 어간 또는 높임의 '-시-'에

붙어, 상대편이 하려는 동작에 대해 묻는 뜻을 나타냄. ¶ 벌써 집에 가려느냐? 참-으려느냐.

-려는준 '-려고 하는'이 줄어든 말. 모음이나 'ㄹ'로 끝난 동사 어간 또는 높임의 '-시-'에 붙어, 그리하려는 의도임을 나타냄. ¶ 공부를 하려는 학생은 마땅히 지원해 줘야지. /주려는 사람은 꿈도 안 꾸는데 김칫국부터 마신다. 참-으려는.

-려는가준 '-려고 하는가'가 줄어든 말. 모음이나 'ㄹ'로 끝난 동사 어간 또는 높임의 '-시-'에 붙어, 추측하여 가볍게 의문을 품거나 상대편의 의사를 묻는 뜻을 나타냄. ¶ 언제쯤 떠나려는가?/오늘도 눈이 오려는가? 참-으려는가

-려는고준 '-려고 하는고'가 줄어든 말. 모음이나 'ㄹ'로 끝난 동사 어간 또는 높임의 '-시-'에 붙어, 상대편의 의사를 묻는 뜻을 나타냄. '-려는가'보다 예스러운 말씨. ¶ 왜 헤어지려는고? 참-으려는고.

-려는데준 '-려고 하는데'가 줄어든 말. 모음이나 'ㄹ'로 끝난 동사 어간 또는 높임의 '-시-'에 붙어, 앞말이 뒷말의 전제가 됨을 나타냄. ¶ 막 떠나려는데 비가 쏟아졌다. 참-으려는데.

-려는지준 '-려고 하는지'가 줄어든 말. 《모음이나 'ㄹ'로 끝난 동사 어간 또는 높임의 '-시-'에 붙어》 ①막연한 의문을 나타냄. ¶ 언제나 오시려는지. ②추측하여 묻거나 의심스러워하는 뜻을 나타냄. ¶ 비가 오려는지 구름이 잔뜩 끼었다. 참-으려는지.

려니조 모음으로 끝난 체언에 붙어, 혼자 속으로 '그러하겠거니' 하고 추측하는 뜻을 나타내는 연결형 서술격 조사. ¶ 진정한 친구려니 하고 믿었는데. 참이려니.

-려니 《모음이나 'ㄹ'로 끝난 어간에 붙어》 Ⅰ어미 '그러하겠거니' 하고 혼자 속으로만 추측하여 짐작하는 뜻을 나타내는 종속적 연결 어미. 《높임의 '-시-' 뒤에서도 쓰임.》 ¶ 일이 다 잘되려니 하고 믿고 있었다. 참-으려니.
Ⅱ준 '-려고 하니'가 줄어든 말. 앞말의 결과로서 뒷말이 이끌려 나옴을 나타냄. ¶ 혼자 보내려니 마음이 안 놓인다. 참-으려니.

려니와조 모음으로 끝난 체언에 붙어, 어떤 사실을 인정하면서 그와 비슷하거나 대립되는 다른 사실을 덧붙이는 뜻을 나타내는 연결형 서술격 조사. ¶ 나도 나려니와 그 사람도 큰일 날 뻔했다. 참이려니와.

-려니와어미 모음이나 'ㄹ'로 끝난 어간 또는 높임의 '-시-'에 붙는, 종속적 연결 어미. ①'그러하겠거니와'의 뜻으로, 앞말을 인정하면서 뒷말이 그보다 더하거나 대등함을 나타냄. ¶ 날짜가 급하기도 하려니와 도와줄 사람도 없다. ②'-지마는'의 뜻으로, 어떤 일을 추정하되 그것이 뒷말에 매이지 아니함을 나타냄. ¶ 나무도 아니려니와 풀도 아닌 것이…. 참-으려니와.

-려다준 '-려다가'가 줄어든 말. ¶ 호랑이를 그리려다 고양이를 그렸다. 참-으려다.

-려다가준 '-려고 하다가'가 줄어든 말. 모음이나 'ㄹ'로 끝난 동사 어간 또는 높임의 '-시-'에 붙어, 어떤 동작이 이루어질 듯하다가 다른 동작으로 바뀜을 나타냄. ¶ 오늘 당장 떠나려다가 내일 출발하기로 했다. 참-으려다가.

-려더니준 '-려고 하더니'가 줄어든 말. 모음이나 'ㄹ'로 끝난 동사 어간 또는 높임의 '-시-'에 붙어, 어떤 일이 의도대로 되려 하다가 아니 되거나 덜 이루어짐을 나타냄. ¶ 가려더니 왜 안 갔지? 참-으려더니.

-려더라준 '-려고 하더라'가 줄어든 말. 모음이나 'ㄹ'로 끝난 동사 어간 또는 높임의 '-시-'에 붙어, 이루어지려던 과거 일을 본 대로(들은 대로) 전하는 뜻을 나타냄. ¶ 내가 막 들어서니까 선생님께서는 가시려더라. 참-으려더라.

-려던준 '-려고 하던'이 줄어든 말. 모음이나 'ㄹ'로 끝난 동사 어간 또는 높임의 '-시-'에 붙어, 앞말이 뒷말의 전제가 됨을 나타냄. ¶ 막 퇴근을 하려던 순간에 전화가 왔다. 참-으려던.

-려던가준 '-려고 하던가'가 줄어든 말. 모음이나 'ㄹ'로 끝난 동사 어간 또는 높임의 '-시-'에 붙어, 제삼자의 어떤 사실(행동)을 확인하려고 묻는 뜻을 나타냄. ¶ 그렇게 혼나고도 또 하려던가? 참-으려던가.

-려도준 '-려고 하여도'가 줄어든 말. 모음이나 'ㄹ'로 끝난 어간 또는 높임의 '-시-'에 붙어, '어떤 일을 마음먹은 대로 하여도'의 뜻으로, 뒷말이 그에 매이지 아니함을 나타냄. 〔대개, 부정하는 말이 뒤에 옴.〕 ¶ 만나려도 통 만날 수가 없다. 참-으려도.

-려면어미 모음이나 'ㄹ'로 끝난 동사 어간 또는 높임의 '-시-'에 붙는, 종속적 연결 어미. '그러한 의도라면'의 뜻으로, 앞말이 뒷말의 전제나 조건이 됨을 나타냄. ¶ 거기를 가려면 어느 길로 가야 하나요?/당사(當社)에 응시하시려면 성적 증명서와 자기 소개서를 내셔야 합니다. 참-으려면.

-려무나어미 모음이나 'ㄹ'로 끝난 동사 어간에 붙는, 해라체의 종결 어미. ①제 마음대로 하라는 뜻을 나타냄. ¶ 자고 싶으면 자려무나. ②완곡하게 요구하는 뜻을 나타냄. ¶ 편지 좀 하려무나. /자주 놀러 오려무나. 준-렴. 참-으려무나.

-려서는준 '-려고 하여서는'이 줄어든 말. 모음이나 'ㄹ'로 끝난 동사 어간 또는 높임의 '-시-'에 붙어, 앞말이 뒷말을 제한·구속함을 나타냄. ¶ 그 큰일을 혼자 힘으로 하려서는 안 되지. 참-으려서는.

-려서야준 '-려고 하여서야'가 줄어든 말. 모음이나 'ㄹ'로 끝난 동사 어간 또는 높임의 '-시-'에 붙어, 어떤 의도를 가정하되, 그 의도가 뒷말의 원인(근거)이 됨을 나타냄. 〔대개, 뒤에 부정하는 말이나 훈계조의 말이 이어짐.〕 ¶ 이제 와서 그만두려서야 시작하지 않은 것만도 못하지. 참-으려서야.

-려야준 '-려고 하여야'가 줄어든 말. 모음이나 'ㄹ'로 끝난 동사 어간 또는 높임의 '-시-'에 붙어, 하려고 의도하는 사실이나 행동이 뒷말의 조건이 됨을 나타냄. ¶ 억지로 시킨다고 되나, 스스로 하려야 되지. 참-으려야.

-려오준 '-려고 하오'가 줄어든 말. 모음이나 'ㄹ'로 끝난 동사 어간 또는 높임의 '-시-'에 붙어, 자기의 의사를 밝혀 말하는 뜻을 나타냄. ¶ 피곤해서 좀 쉬려오. 참-으려오.

-력(力)접미 《일부 명사 뒤에 붙어》 '능력'·'힘' 등의 뜻을 나타냄. ¶ 경제력. /단결력. /생활력. /인내력. /지도력. /통솔력.

-련 Ⅰ어미 모음이나 'ㄹ'로 끝난 동사 어간에 붙는, 해라체의 의문형 종결 어미. 화자가 할 의사가 있는 어떤 행동에 대하여 상대편의 의향을 친근하게 묻는 뜻을 나타냄. ¶ 내가 도와주련?/하나 더 주련? 참-으련.
Ⅱ준 '-려느냐'가 줄어든 말. ¶ 내일 가련?/무엇을 하련? 참-으련.

련곳명 〈옛〉연꽃. ¶ 련곳 거:蕖(訓蒙上7). 참년곳.
-련다준 '-려고 한다'가 줄어든 말. 모음이나 'ㄹ'로 끝난 동사 어간에 붙어, 앞으로 그렇게 하겠다는 의지를 나타냄. ¶ 혼자 가련다. 참-으련다.
련마는조 모음으로 끝난 체언에 붙어, '겠건마는'의 뜻으로, 어떤 사실이 가정이나 추측으로는 그리됨직하나 실제로는 그렇지 아니함을 나타내는 연결형 서술격 조사. ¶ 지긋하여 과묵해질 나이련마는 소견머리가 없다. 준련만. 참이련마는.
-련마는어미 모음이나 'ㄹ'로 끝난 어간 또는 높임의 '-시-'에 붙는 종속적 연결 어미. '-겠건마는'의 뜻으로, 앞일이나 가정의 사실을 추측하되, 그것이 뒷말에 매이지 아니함을 나타냄. ¶ 내일이면 보련마는 왜 이다지도 기다려질까. 준-련만. 참-으련마는.
련만조 〈련마는〉의 준말. ¶ 소문난 부자련만 남을 돕는 데는 인색하다.
-련만어미 〈-련마는〉의 준말. ¶ 시키는 대로 하련만 저렇게 못 미더워하다니….
-렴어미 〈-려무나〉의 준말. ¶ 네 뜻대로 하렴.
렴통명 〈옛〉염통. 심장. ¶ 도티 렴통앳 피(救簡 *1:97*). 참념통.
-렵니까[렴-] 《모음이나 'ㄹ'로 끝난 동사 어간 또는 높임의 '-시-'에 붙어》 Ⅰ어미 상대편이 장차 어떤 행위를 할 것인지에 대한 의사를 묻는 뜻을 나타내는 합쇼체의 의문형 종결 어미. ¶ 이 일을 어찌시렵니까? 참-으렵니까.
Ⅱ준 '-려고 합니까'가 줄어든 말. ¶ 어디로 가시렵니까? 참-으렵니까.
-렵니다[렴-] 《모음이나 'ㄹ'로 끝난 동사 어간 또는 높임의 '-시-'에 붙어》 Ⅰ어미 장차 어떤 행위를 할 자기의 의지를 베풀어 말하는 뜻을 나타내는 합쇼체의 평서형 종결 어미. ¶ 저는 내년에 고향에 돌아가렵니다. 참-으렵니다.
Ⅱ준 '-려고 합니다'가 줄어든 말. ¶ 이 일은 제가 하렵니다. 참-으렵니다.
렷다[렫따]조 모음으로 끝난 체언에 붙는 해라체의 종결형 서술격 조사. ①경험이나 이치로 미루어 사실이 으레 그러할 것임을 추정하는 뜻을 나타냄. ¶ 내년은 돼지해렷다. ②짐작되는 어떤 사실에 대해 다짐하여 확인하는 뜻을 나타냄. ¶ 그 말을 퍼뜨린 사람이 분명 너렷다. 참이렷다.
-렷다[렫따]어미 ①모음이나 'ㄹ'로 끝난 어간 또는 높임의 '-시-'나 시제의 '-았(었)-' 등에 붙는, 해라체의 평서형 종결 어미. ㉠경험이나 이치로 미루어, 으레 그렇게 되거나 그러할 것임을 추정하는 뜻을 나타냄. ¶ 강이 풀리면 배도 뜨렷다. ㉡추상되는 사실에 대해 그것을 인정하면서 더 다지는 뜻을 나타냄. ¶ 정녕 거짓이 아니렷다. ②모음이나 'ㄹ'로 끝난 동사의 어간에 붙는, 해라체의 명령형 종결 어미. ¶ 지체 없이 시행하렷다. 참-으렷다.
-령(令)접미 《일부 명사 뒤에 붙어》 '법령'이나 '명령'을 뜻함. ¶ 체포령. /시행령. /소탕령.
-령(領)접미 국명을 나타내는 대다수 명사 뒤에 붙어, 그 나라의 영토임을 뜻함. ¶ 영국령. /미국령.
-령(嶺)접미 《일부 명사 뒤에 붙어》 '재'임을 뜻함. ¶ 대관령. /추풍령.
례(例)명 《일부 명사 뒤에 붙어》 '보기'임을 뜻함. ¶ 사용례. /판결례. /인용례.

로조 모음이나 'ㄹ'로 끝난 체언에 붙는 부사격 조사. ①방향·경로를 나타냄. ¶ 이제는 어디로 갈까?/범인이 뒷길로 도망쳤다. ②원인·이유를 나타냄. ¶ 추위로 고생했다. ③재료·연장·방편을 나타냄. ¶ 쌀로 술을 빚다. /리어카로 이삿짐을 날랐다. ④신분·자격을 나타냄. ¶ 그는 학회의 대표로 회의에 참석했다. ⑤작용한 결과임을 나타냄. ¶ 수포로 돌아가다. /얼음이 물로 변하다. ⑥한정된 시간(때)임을 나타냄. ¶ 오늘로 일을 마무리 짓자. 참으로.
로 하여금관용 모음이나 'ㄹ'로 끝난 체언에 붙어 '를'·'에게' 등의 뜻을 나타냄. 《'-게 하다'와 어울려 쓰임.》 ¶ 나로 하여금 그 일을 맡아보게 하다.
-로(路)접미 《일부 명사 뒤에 붙어》 '길'을 뜻함. ¶ 보급로. /우회로. /교차로. /활주로.
로가리듬(logarithm)명 ☞로그(log).
로고조 모음으로 끝난 체언에 붙어, 괴이쩍거나 새삼스러운 느낌을 혼잣말로 나타내는 종결형 서술격 조사. ¶ 참 장한 아이로고. 참이로고.
로고(logo)명 회사명이나 상품명 등을 독특한 글자체를 쓰거나 디자인하여 나타낸 것.
-로고어미 '아니다'의 어간이나 높임의 '-시-'에 붙는, 예스러운 말투의 종결 어미. 약간의 느꺼움을 가지고, 괴이하거나 뜻밖의 사실에 대한 스스로의 감회를 나타냄. ¶ 예사 사람이 아니로고. /어허, 이거 보통 일이 아니로고.
로고스(logos 그)명 ①만물을 조화·통일하는 이성(理性). 오성(悟性). ②기독교에서, 삼위일체의 제2위인 '성자(聖子)'를 일컫는 말.
로구나조 모음으로 끝난 체언에 붙어, 새삼스럽게 깨달은 느낌을 나타내는 해라체의 종결형 서술격 조사. ¶ 그것 참 경사로구나. 준구나·로군. 참이로구나.
-로구나어미 '아니다'의 어간이나 높임의 '-시-'에 붙는, 해라체의 감탄형 종결 어미. 아랫사람에게 또는 자기 스스로에게 새삼스럽다는 느낌을 담아 서술하는 뜻을 나타냄. ¶ 네 얘기를 듣고 보니 보통 일이 아니로구나. 준-로군.
로구려조 모음으로 끝난 체언에 붙어, 어떤 사실을 새삼스러운 느낌을 담아 인정하는 뜻을 나타내는 하오체의 종결형 서술격 조사. ¶ 여기가 바로 별천지로구려. 준구려. 참이로구려.
-로구려어미 '아니다'의 어간이나 높임의 '-시-'에 붙는, 하오체의 종결 어미. 어떤 사실을 인정하면서 새삼스러운 느낌을 담아 감회 어리게 나타내는 뜻을 가짐. ¶ 품질이 그다지 좋은 게 아니로구려.
로구료조 '로구려'의 잘못.
-로구료어미 '-로구려'의 잘못.
로구먼조 모음으로 끝난 체언에 붙어, 어떤 사실을 새삼스럽게 깨닫는 느낌을 나타내는 하게체의 종결형 서술격 조사. ¶ 이제 보니 가짜로구먼. 준구먼·로군. 참이로구먼.
-로구먼어미 '아니다'의 어간이나 높임의 '-시-'에 붙는, 해체의 종결 어미. 남에게 또는 자기 스스로에게 새삼스러운 느낌을 담아 베풀어 말하는 뜻을 가짐. ¶ 사람이 할 짓이 아니로구먼. 준-로군.
로구면조 '로구먼'의 잘못.
-로구면어미 '-로구먼'의 잘못.
로군조 ①〈로구나〉의 준말. ②〈로구먼〉의 준말.
-로군어미 ①〈-로구나〉의 준말. ¶ 그냥 넘길 일이 아니로군. ②〈-로구먼〉의 준말. ¶ 이 다이아몬드는 진짜가 아니로군.

로그(log)명 수학에서, 1이 아닌 양수 a와 양수 N과의 사이에 $N=a^b$의 관계가 있을 때, 그 b를 이르는 말. 로가리듬.
로그^곡선(log曲線)[-썬]명 직각 좌표에 관하여 대수 방정식으로 나타내는 곡선.
로그^모눈종이(log-)명 로그자에 의해 그려진 모눈종이.
로그아웃(logout)명하자 다중 사용자 시스템을 사용하고 난 후, 컴퓨터에 사용을 끝내겠다는 신호를 보내고 나오는 일. ↔로그인.
로그인(login)명하자 다중 사용자 시스템을 사용하기 위하여 컴퓨터에 사용자임을 알리는 일. 미리 등록된 사용자의 특정한 이름과 암호를 입력해야만 작업을 할 수 있는 특정한 시스템 사용 환경에서 씀. ↔로그아웃.
로그-자(log-)명 로그 눈금을 새긴 계산자.
로그-표(log表)명 자연수의 상용(常用) 로그를 미리 계산하여 작성해 놓은 표.
로그^함:수(log函數)[-쑤]명 어떤 수를 밑으로 한 변수의 로그를 함수로 할 때그 함수를 이름.
로다조 모음으로 끝난 체언에 붙는, 해라체의 종결형 서술격 조사. ①'로구나'의 뜻을 예스럽게 나타냄. ¶ 과연 효자로다./그대의 가야금 연주는 천상의 소리로다. ②'다'의 뜻을 예스럽게 나타냄. ¶ 참으로 잘 어울리는 부부로다. 참이로다.
-로다어미 '아니다'의 어간이나 높임의 '-시-'에 붙는, 해라체의 종결 어미. '-다'보다 더 단정적이고, 예스러운 느낌을 나타냄. ¶ 인두겁을 썼을 뿐 인간이 아니로다.
로:더(loader)명 석탄이나 암석 등을 운반 기계에 싣는 기계.
로:데오:(rodeo)명 길들이지 않은 말이나 소를 탄 채 버티거나 길들이는 경기. 〔미국 서부의 카우보이들이 서로 솜씨를 겨룬 데서 비롯됨.〕
로도조 모음이나 'ㄹ'로 끝난 체언에 붙어 '로'와 '도'가 겹친 뜻을 나타내는 부사격 조사. ¶ 비행기로도 이틀이나 걸리는 거리다. 참으로도.
로되[-되/-뒈]조 모음으로 끝난 체언에 붙는, 연결형 서술격 조사. ①앞의 사실을 인정하면서 뒤의 사실을 덧붙여 한정하는 뜻을 나타냄. ¶ 형제는 형제로되 재산 때문에 만나기만 하면 다툰다. ②앞의 사실은 인정하나 뒤의 사실이 그에 매이지 아니함을 나타냄. ¶ 바다는 십 년 전 그 바다로되 물빛은 어찌 이리 다를까. 참이로되.
-로되[-되/-뒈]어미 '아니다'의 어간이나 높임의 '-시-'에 붙는, 종속적 연결 어미. ①어떤 일이 사실이 아님을 일단 밝혀 말하면서, 이에 덧붙여 설명하는 말이 이어짐을 뜻함. ¶ 새는 아니로되, 새같이 날 수 있는 동물이 있단다. ②뒷말이 앞말에 대립되는 뜻으로 이어짐을 나타냄. ¶ 사람은 옛사람이 아니로되, 산천은 옛 모습 그대로구나.
로듐(Rhodium 독)명 백금족(白金族) 원소의 한 가지. 회백색의 금속으로 산이나 알칼리에 녹지 아니함. 백금과의 합금, 각종 기기의 부품 등에 이용됨. 〔Rh/45/102.9055〕
로:드^게임(road game)명 프로 야구 등에서, 홈구장을 떠나서 하는 경기. 원정 경기. ↔홈 게임.
로:드^롤:러(road roller)명 길바닥이나 넓은 땅을 고르고 다지는 데 쓰이는 롤러. 수로기(修路機). 준롤러.
로:드-맵(road map)명 〔'도로 지도'라는 뜻으로〕 어떤 일을 효율적으로 추진하기 위한 단계별 목표와 지침·일정 등을 나타낸 것. ¶ 시장 개혁 로드맵./노사 관계 로드맵.
로:딩(loading)명 컴퓨터에서, 프로그램이나 데이터를 보조 기억 장치나 외부 기억 장치로부터 주기억 장치로 옮기는 일.
로딕조 〈옛〉로되. ¶ 入聲은 點 더우믄 혼가지로딕 색ᄅ니라(訓諺).
로라조 모음으로 끝난 체언에 붙어, 남의 몸가짐이나 하는 짓이 스스로를 쳐들어 뽐내는 모습을 두고 이르는 연결형 서술격 조사. ¶ 대표로라 하고 거들먹거리는 꼴이 아주 눈꼴사납다. 참이로라.
-로라어미 '아니다'의 어간에 붙는 연결 어미. 자기 동작(존재)을 의식적으로 쳐들어 말하는 뜻을 나타냄. ¶ 내 잘못은 아니로라 하고 끝까지 우기나.
-로라어미 〈옛〉-노라. ¶ 다토리 업슬 손 다문 인가 너기로라(朴仁老.陋巷詞).
로:란(LORAN)명 선박이나 항공기가 두 개의 무선 전신국으로부터 받는 전파의 도착 시각 차이를 측정하여 자신의 위치를 산출하는 장치. [long range navigation]
로렌슘(lawrencium)명 인공 방사성 원소의 한 가지. 〔Lr/103/260〕
로렐라이(Lorelei 독)명 라인 강 중류의 강기슭에 있는 큰 바위. 그 위에서 물의 요정이 노래를 불러 뱃사람을 물속으로 꾀어 들인다는 전설이 있음.
로:마(Roma)명 ☞로마 제국.
로:마^가톨릭교(Roma Catholic敎)명 사도(使徒) 베드로의 후계자로서의 교황을 세계 교회의 최고 지배자로 받들고 그 통솔 밑에 있는 기독교의 교파. 천주교. 로마교.
로:마-교(Roma敎)명 ☞로마 가톨릭교.
로:마^교:황(Roma敎皇)명 ☞교황(敎皇).
로마네스크(Romanesque 프)명 11~12세기 전반에, 유럽의 라틴계 각국에서 일어났던 미술 건축상의 양식.
로:마-서(Roma書)명 신약 성경 중의 한 편. 사도(使徒) 바울이 로마 인들에게 보낸 16장으로 된 편지. 기독교의 원리 및 신앙 체험 등에 관해 기록함.
로:마^숫:자(Roma數字)[-수짜/-숟짜]명 고대 로마 시대에 만든 숫자. 〔Ⅰ·Ⅱ·Ⅲ·Ⅳ·Ⅴ 따위.〕 참아라비아 숫자.
로:마-자(Roma字)명 라틴 어를 표기하기 위해 고대 로마 시대에 만들어진 표음 문자. 〔오늘날 유럽 여러 나라에서 쓰임.〕
로:마^제:국(Roma帝國)명 서양의 고대 최대의 제국. 이탈리아 반도에서 일어난 라틴 인의 도시 국가로, 기원전 510년에 공화정을 펴고, 기원전 27년에 제정(帝政)이 확립됨. 로마.
로망(roman 프)명 연애담이나 무용담 따위를 공상적·모험적·전기적(傳奇的)으로 다룬 통속 소설.
로맨스(romance)명 ①연애. 연애 사건. ②서양 음악에서, 서정적인 선율을 가진 가곡이나 아리아.
로맨스-그레이(romance+grey)명 머리가 희끗희끗 센 매력 있는 초로(初老)의 남성, 또는 그 머리털.
로맨스^어(Romance語)명 이탈리아 어·프랑스 어·스페인 어 등 라틴 어를 공통의 모어(母語)로 하는 여러 언어를 통틀어 이르는 말.
로맨티시스트(romanticist)명 ①낭만주의자. 낭만파. ②공상가. 몽상가.
로맨티시즘(romanticism)명 낭만주의.
로맨틱-하다(romantic-)형여 낭만적이다. ¶ 로맨틱한 분위기.

로보트(robot)명 '로봇'의 잘못.
로봇(robot)명 ①(인간의 모습과 비슷하게 만들어) 인간의 행동이나 작업 등을 자동적으로 할 수 있게 만든 기계 장치. 인조 인간. ②자동적으로 일하는 기계 장치. ③'주관이 없이 남이 조종하는 대로 움직이는 인간'을 비유하여 이르는 말. ¶ 그 사람은 말이 사장이지 사실은 로봇이나 다름없어.
로-부터조 모음이나 'ㄹ'로 끝난 체언에 붙어, 거쳐 온 출발 지점이나 대상을 나타내는 부사격 조사. ¶ 친구로부터 생일 선물을 받다. /하늘로부터 받은 음악적 재능. 참으로부터.
로브(lob)명 ☞로빙(lobbing).
로브스터(lobster)명 서양 요리에 쓰는 바닷가재.
로비(lobby)명 ①호텔이나 극장 등 사람들이 많이 드나드는 건물에서, 정문으로 이어지는 통로를 겸한 넓은 공간. ②의회에서 국회의원이 외부 사람과 만나는 응접실. ③하자권력자들에게 이해 문제를 진정하거나 탄원하는 일.
로비스트(lobbyist)명 특정 압력 단체의 이익을 위해 정당이나 의원을 상대로 청원·진정(陳情) 등을 중개하는 원외(院外) 단체의 활동자.
로빈슨^풍속계(Robinson風速計) [-계/-께]명 반구형의 바람개비 서너 개를 갖춘 회전식 풍속계. 회전수로 바람의 속도를 잼.
로빙(lobbing)명 ①테니스 따위에서, 공을 높이 쳐서 상대편의 머리 위로 넘기어 코트의 구석에 떨어뜨리는 일. 로브. ②축구에서, 완만한 포물선을 그리듯이 공을 차 올리는 일.
로뻐조 〈옛〉로써. ¶ 듧낭당 벼슬로뻐(五倫*2:11*).
로사리오(rosario 이)명 가톨릭 신자가 기도할 때 쓰는 묵주, 또는 묵주를 세면서 하는 성모 마리아에 대한 기도.
로새명 〈옛〉노새. ¶ 쇠 로새룰 티오ᄂᆞ니(月釋*21:81*). /로새 라:騾(石千*38*).
-로새라어미 〈옛〉-로구나. ¶ 東京 볼근 ᄃᆞ래 새도록 노니다가 드러 내 자리롤 보니 가ᄅᆞ리 네히로새라(樂範.處容歌).
로서조 모음이나 'ㄹ'로 끝난 체언에 붙어, '지위나 신분 또는 자격을 가지고'의 뜻을 나타내거나 '어떤 동작이 일어나거나 시작되는 출발점'의 뜻을 나타내는 부사격 조사. ¶ 선배로서 하는 말이니 흘려 듣지 마라. /싸움은 너로서 시작되었다. 참으로서.
로세조 모음으로 끝난 체언에 붙어, 'ㄹ세'의 뜻으로, 감탄을 나타내는 종결형 서술격 조사. ¶ 아주 현명한 처사로세. 참이로세.
-로세어미 '아니다'의 어간이나 높임의 '-시-'에 붙는, 하게체의 종결 어미. '-ㄹ세'와 같은 뜻이나, 더 객관적인 단정과 느꺼움을 나타냄. ¶ 모른 체한다고 넘어갈 일이 아니로세.
로셔조 〈옛〉로부터. ¶ 如來로셔 世尊애 니르리(釋譜*9:3*). /하ᄂᆞᆯ로셔 ᄂᆞ라 오ᄂᆞ니라(月釋*1:26*).
로:션(lotion)명 화장수(化粧水)나 유액(乳液) 따위와 같은, 액체 상태로 된 화장품.
-로소니어미 〈옛〉-니. -오니. ¶ 이 가매 靑州 徐州롤 훤히 열리로소니(杜重*1:8*).
-로소이다어미 〈옛〉-올시다. ¶ 샹이 무르시ᄃᆡ 눌을 니른 말인다 ᄃᆡ하여 골오ᄃᆡ 샹우로소이다(五倫*2:15*).
-로쇠어미 〈옛〉-ㄹ세. ¶ 吾東方 文憲이 漢唐宋애 비긔로쇠(朴仁老.獨樂堂).
로스(←roast)명 ☞로스트.
로스-구이(←roast-)명 소나 돼지의 로스를 불에 굽는 일, 또는 그렇게 구운 고기.
로:-스쿨(law school)명 법학 전문 대학원. 법률 이론과 실무 지식을 동시에 교육하는 3년제 석사 학위 과정.
로스^타임(loss time)명 축구·럭비 등에서, 경기 중 지체된 시간. 인저리 타임.
로:스터(roaster)명 (가스나 전기로) 생선이나 고기를 굽는 데 쓰는 기구.
로:스트(roast)명 ①고기 따위를 불에 굽는 일, 또는 그렇게 구운 요리. ②소·돼지 따위의 안심이나 등심 따위, 질이 좋고 연한 살코기. 불고기나 찜 요리에 쓰임. 로스.
로스트^제너레이션(Lost Generation)명 〔'잃어버린 세대'라는 뜻으로〕 제1차 세계 대전의 환멸에서부터 출발하여, 미국의 문화적 전통의 결여를 절감하고 고향 상실의 비원(悲願)을 여러 작품에 반영시켰던 1920년대의 일군(一群)의 미국 작가들을 이르는 말.
로써조 모음이나 'ㄹ'로 끝난 체언에 붙어, '…을 가지고'의 뜻을 나타내는 부사격 조사. '로'와 같으나, 이유·수단·조건이 더 확실함을 뜻함. ¶ 쌀로써 떡을 만든다. /말로써 천냥 빚을 갚는다고 한다. /신념과 용기로써 시련을 이겨 내자. 참으로써.
로아조 〈옛〉라야. ¶ 사괴욤 議論호믄 엇뎨 구틔여 몬졋 同調로아 ᄒᆞ리오(杜重*1:11*).
로:열-박스(royal box)명 '귀빈석'으로 순화.
로:열^젤리(royal jelly)명 꿀벌의 일벌이 여왕벌의 유충에게 먹이는 먹이. 일벌의 타액선(唾液腺)에서 나오는 분비물임. 왕유(王乳).
로:열-층(Royal層)명 고층 아파트에서, 햇빛이 잘 들고 높지도 낮지도 아니하여 생활하기에 가장 좋은 층을 이르는 말.
로:열티(royalty)명 ①공업 소유권의 사용료. ¶ 거액의 로열티를 지급하다. ②인세(印稅).
로이드-안경(Lloyd眼鏡)명 둥글고 굵은 셀룰로이드 테의 안경.
로제트(rosette)명 ①24면으로 된 장미 모양의 다이아몬드. ②천장 위에서 전등선을 끌기 위하여, 반자에 다는 하얀 사기의 반구형 기구.
로지(lodge)명 오두막. 특히, 등산객을 위한 간이 휴게소나 숙박소.
로진^백(rosin bag)명 야구에서, 투수가 공을 쥐거나 타자가 배트를 잡을 때 미끄러지는 것을 막기 위해 손에 바르는 송진 가루를 넣은 작은 주머니.
로카(ROKA)명 '대한민국 육군'을 뜻하는 약칭. [Republic of Korea Army]
로케(←location)명 〈로케이션〉의 준말.
로케이션(location)명 (촬영소 밖에서) 실제의 경치나 건조물 따위를 배경으로 영화 등을 촬영하는 일. 야외 촬영. 준로케.
로케트(rocket)명 '로켓'의 잘못.
로켓(locket)명 사진 따위를 넣어 목걸이에 다는 여성용 장신구.
로켓(rocket)명 연료를 태워서 생기는 고압 가스를 고속으로 분출시켜 그 반동으로 추진력을 얻는 장치, 또는 그러한 장치로 된 비행체. ¶ 로켓을 쏴 올리다.
로켓^엔진(rocket engine)명 (비행기 따위의) 로켓을 이용한 엔진.
로켓-탄(rocket彈)명 로켓의 추진력을 이용한 탄환.
로켓-포(rocket砲)명 로켓탄을 발사하는 포.
로코코(rococo 프)명 18세기에 프랑스를 중심으로 하여 유럽에 성행했던 건축이나 장식 따위의 미술 양식.

로크 (lock) 명 레슬링에서, 팔이나 손으로 끼어서 상대편을 꼼짝 못하게 하거나 비틀어 올리는 기술.

로큰롤ː (rock'n'roll) 명 1950년대에 미국에서 일어나 유행하기 시작한 광열적(狂熱的)인 댄스 음악. 리듬 앤드 블루스의 영향을 받아 주로 백인 사이에서 파급되었으며, 그 후 세계적으로 유행하였음. ㊟록. ㊔리듬 앤드 블루스.

로ː터리 (rotary) 명 큰 거리의 교차점 중앙에 만들어 놓은 둥근 지대.

로ː터리^클럽 (Rotary Club) 명 1905년에 미국에서 창립된, 사회봉사를 목적으로 하는 국제적인 사교 단체. 〔그 모임의 장소를 가국이 돌려가며 맡은 데서 생긴 이름.〕

로ː테이션 (rotation) 명 ①야구에서, 투수를 차례로 기용하는 일. ②6인제 배구에서, 서브권을 얻을 때마다 선수가 시계 방향으로 차례차례 자리를 옮기는 일.

로ː틴ː (low+teen) 명 십대 전반의 나이(특히 13, 14세), 또는 그 나이 또래의 소년·소녀. ㊔하이틴.

로펌 (law firm) 명 다수의 변호사들이 모여서 각자 자신의 전문 분야를 맡아 체계적이고 조직적인 법률 서비스를 제공하는 법무 법인.

로ː프 (rope) 명 굵은 밧줄.

로ː프웨이 (ropeway) 명 가공 삭도(架空索道).

로ː프-지 (rope紙) 명 마닐라삼 또는 마닐라삼에 화학 펄프를 섞은 것을 원료로 하여 만든 강도 높은 종이. 포장지 등으로 쓰임.

로ː^허ː들 (low hurdle) 명 저장애물 경주.

로ː-힐ː (←low heeled shoes) 명 굽이 낮은 여자 구두. ↔하이힐.

록 (rock) 명 〈로큰롤〉의 준말.

-록 (錄) 접미 《일부 명사 뒤에 붙어》 '기록'·'문서'의 뜻을 나타냄. ¶ 방명록. /비망록. /속기록. /회의록.

록-카페 (rock+café 프) 명 로큰롤을 들으며 그에 맞추어 춤을 출 수 있는 시설을 갖춘 술집.

록-클라이밍 (rock-climbing) 명 등산에서, 험한 암벽을 기어오르는 일, 또는 그 기술. ㊟클라이밍.

록^파이버 (rock fiber) 명 화산암으로 만든 섬유. 석면(石綿)의 대용품으로 쓰임.

-론 (論) 접미 《일부 명사 뒤에 붙어》 ①'그것에 대한 주장이나 이론'을 뜻함. ¶ 평화론. /원칙론. /진화론. ②'그것에 대한 학문 또는 학문 분야'를 뜻함. ¶ 정치론. /인식론. /작가론.

론도 (rondo 이) 명 ①프랑스에서 생겨난, 2박자 계통의 경쾌한 춤곡. 합창과 독창이 번갈아 섞이어 구성됨. ②악곡 형식의 한 가지. 주제(主題)가 몇 번 되풀이되는 동안에 다른 선율의 부주제가 삽입되는 형식. ②회선곡(回旋曲).

론ː^테니스 (lawn tennis) 명 '테니스'의 정식 이름. 〔잔디 코트에서 하는 테니스라는 뜻으로, 실내 테니스와 구별하여 붙인 명칭.〕

롤ː러 (roller) 명 ①원통형의 회전 물체. ¶ 롤러에 페인트를 묻혀 벽을 칠하다. ②〈로드 롤러〉의 준말.

롤ː러^베어링 (roller bearing) 명 회전축과 축받이 사이에 몇 개의 롤러를 끼운 축받이. 〔마찰을 적게 하기 위한 것.〕

롤ː러-블레이드 (rollerblade) 명 ☞인라인스케이트(inline skate).

롤ː러-스케이트 (roller skate) 명 창 밑에 네 개의 작은 바퀴가 달린 구두를 신고 콘크리트 바닥이나 판자를 깐 바닥을 달리는 놀이, 또는 그 기구.

롤ː링 (rolling) 명 ①배나 비행기가 좌우로 흔들리는 일. ↔피칭. ②회전하는 압연기의 롤에 금속 재료를 넣어 판자 모양으로 만드는 일.

롤ː링^밀 (rolling mill) 명 압연기(壓延機).

롤ː백^정책 (rollback政策) 명 〔원래의 위치까지 밀어붙이는 정책이란 뜻으로〕 방어하는 처지에서 벗어나, 적극적인 공세로 전환하여 상대를 반격하는 외교 정책. 〔1950년대 미국의 대소(對蘇) 정책 따위.〕

롤ː-빵 (roll-) 명 둥글게 말아서 구운 빵.

롤ː^오ː버 (roll over) 명 높이뛰기에서, 몸을 옆으로 뉘어 가로대 위를 넘는 방법.

롤ː인 (roll-in) 명하타 ①하키에서, 공이 사이드라인 밖으로 나갔을 때에, 최후로 공을 터치한 상대편 선수가 심판의 신호로 공을 굴려 들여 다시 경기를 하는 일. ②럭비에서, 스크럼을 짠 후 그 사이에 공을 굴려 넣는 일.

롤ː-필름 (roll film) 명 두루마리처럼 감아 놓은 필름.

롬ː (loam) 명 ①모래와 가는 모래, 찰흙이 거의 같은 비율로 섞인 흙. ②모래와 찰흙의 혼합물.

롬 (ROM) 명 컴퓨터 본체에 내장된 기억 소자(記憶素子)의 한 가지. 임의로 변경할 수 없고, 사용자의 조작에 따라 미리 만들어진 연산(演算) 및 실행 구조 등을 처리·수행함. ㊔램(RAM). [read only memory]

-롭다 [-따] [-로우니·-로워] 접미ㅂ 일부 명사나 관형사에 붙어, '그러함', 또는 '그럴 만함'의 뜻을 나타내는 형용사를 만듦. ¶ 슬기롭다. /향기롭다. /새롭다.

롱런 (long-run) 명하자 ①영화나 연극 등이 장기간 계속 흥행하는 일. ②권투에서, 챔피언이 선수권을 장기간 보유하는 일.

롱^숏 (long shot) 명 영화에서, 전경(全景)이 들어갈 만한 먼 거리에서 촬영하는 일.

롱^슛 (long shoot) 명 농구·축구 등에서, 멀리서 바스켓이나 골을 향하여 슛하는 일.

롱^패스 (long pass) 명 축구·핸드볼·농구 등에서, 공을 길게 차거나 던져서 하는 패스.

롱담 명 〈옛〉 농담(弄談). ¶ 내 롱담ᄒᆞ다라(釋譜 *6:24*). /놀애 브르며 춤츠며 롱담ᄒᆞ야(月釋*1:44*).

롱ᄉᆞ 명 〈옛〉 용수. ¶ 롱ᄉᆞ 추:篘(訓蒙中*12*).

-롸 어미 〈옛〉 ①-노라. ¶ ᄂᆞᆺ가온 가지로 집 일워 자롸(杜重*1:12*). ②-았노라. -었노라. ¶ 내 高麗 王京으로셔브터 오롸(老解上*1*).

뢴트겐 (Röntgen 독) Ⅰ 명 엑스선.
Ⅱ 의 방사선의 세기의 단위. 〔기호는 R〕

뢴트겐^사진 (Röntgen寫眞) 명 ☞엑스선 사진.

뢴트겐-선 (Röntgen線) 명 ☞엑스선.

뢴트겐^촬영 (Röntgen撮影) 명 엑스선을 물체에 비추어 그 물체의 투과상(透過像)을 촬영하는 일.

-료 (料) 접미 《일부 명사 뒤에 붙어》 ①'요금'의 뜻을 나타냄. ¶ 수업료. /시청료. ②'재료'의 뜻을 나타냄. ¶ 조미료. /향신료.

료화 명 〈옛〉 여뀌꽃. ¶ 료화:水葒草(四解上*6*).

-루 (樓) 접미 《일부 고유 명사 뒤에 붙어》 '다락집'·'요릿집'을 뜻함. ¶ 경회루. /부벽루. /촉석루.

루게릭-병 (Lou gehrig病) 명 온몸의 근육이 점점 위축되는 병. 원인 불명의 불치병으로, 처음에는 손·팔 등 몸의 일부가 위축되고 나중에는 전혀 걷거나 움직일 수 없게 되며, 결국 호흡곤란 등으로 사망함. 〔미국의 야구 선수 루 게릭이 이 병으로 사망한 데서 붙여진 이름임.〕

루ː머 (rumor)명 '소문'·'뜬소문'·'풍문(風聞)'으로 순화.

루ː멘 (lumen)의 광속(光束)의 단위. 1칸델라의 점광원(點光源)을 중심으로 하여, 1 m 반지름으로 그린 구면상의 1 m²의 면적을 통과하는 광속을 1루멘이라 함. 〔기호는 lm〕

루바슈카 (rubashka 러)명 러시아의 민족 의상으로, 남자들이 입는 윗도리. 깃을 세우고 왼쪽 앞가슴에서 단추로 여미어, 허리를 끈으로 매는, 좀 헐렁하게 지은 옷.

루ː버 (louver)명 광선의 조절, 환기, 배연(排煙) 등을 위해 창문 따위에 다는, 길고 좁으며 얇은 판자로 비늘처럼 만든 격자(格子).

루ː블 (rubl' 러)의 러시아의 화폐 단위. 1루블은 100코페이카. 〔기호는 Rub〕

루ː비 (ruby)명 ①강옥석(鋼玉石)의 한 가지. 붉은빛을 띤 투명한 보석. 홍옥(紅玉). 홍보석. ②인쇄에서, 7호 활자를 달리 이르는 말.

루비듐 (rubidium)명 알칼리 금속의 한 가지. 은백색의 무른 금속으로 성질은 칼륨과 비슷함. 〔Rb/37/85.4678〕

루ː비^유리 (ruby琉璃)명 금·동·셀렌 등의 콜로이드로 착색한 붉은 빛깔의 유리.

루ː스^볼ː (loose ball)명 농구 따위에서, 어느 편의 것인지 분명하지 않은 상태의 볼.

루스티카나 (rusticana 이)명 ☞루스티코.

루스티코 (rustico 이)명 악보의 나타냄말. '목가풍으로'·'민요적으로'의 뜻. 루스티카나.

루ː스-하다 (loose-)형여 행동이나 태도 따위에 절제가 없거나 긴장이 풀려 있다.

루시페라아제 (Luciferase 독)명 개똥벌레와 같은 생물이 빛을 낼 때 촉매 구실을 하는 효소. 루시페린을 산화(酸化)시키며, 그 산화 에너지로 빛을 냄.

루시페린 (luciferin)명 생물의 발광(發光)을 일으키는 물질. 단백질의 한 가지로, 산화하면 빛을 냄.

루어 (lure)명 (물고기를 속이려고) 털·플라스틱·나무·금속 따위로 물고기의 미끼 모양을 본떠서 만든 낚시용 바늘.

루어^낚시 (lure-) [-낙씨]명 루어로 하는 낚시.

루ː주 (rouge 프)명 ☞립스틱.

루지 (luge)명 올림픽 경기 종목의 한 가지. 나무 썰매에 한 사람 이상의 선수가 타고 얼음으로 굳혀진 1000 m의 경주로를 내리 달려 그 속도로 승부를 겨루는 경기.

루테ː늄 (ruthenium)명 백금족(白金族) 원소의 한 가지. 광택이 있고 단단하면서도 무른 금속으로, 다른 백금족 원소의 경도를 더하는 데 이용됨. 〔Ru/44/101.07〕

루테튬 (lutetium)명 희토류 원소의 한 가지. 아직 순수한 금속으로는 얻을 수 없으며, 산화물 및 이온(ion)의 빛은 무색임. 〔Lu/71/174.97〕

루ː트 (root)명 수학의 근(根). 〔기호는 √ 〕 승근(乘根). 참근호.

루ː트 (route)명 물품이나 정보 따위가 전하여지는 경로. ¶ 판매 루트. /정보를 입수하는 루트.

루ː틴 (routine)명 컴퓨터에서, 어떤 기능을 실행시키기 위하여 일정하게 배열하여 일련의 명령군을 이루어 놓은 프로그램의 기본 단위.

루ː틴 (rutin)명 달걀의 노른자나 토마토의 줄기 등에 들어 있는 배당체(配糖體)의 한 가지. 모세 혈관의 기능을 정상으로 유지하고 혈관을 튼튼히 하는 작용이 있어, 고혈압이나 뇌일혈을 예방하는 데 쓰임.

루ː프 (loop)명 ①(단춧구멍 대신 쓰는) 끈이나 실로 만든 고리. ②자궁 안에 장치하는, 고리 모양으로 된 피임 용구. ③〈루프선〉의 준말. ④스케이팅에서, 한쪽 스케이트의 끝으로 그린 곡선.

루ː프-선 (loop線)명 지형이 가파른 산지에 철도를 놓을 때, 선로를 소용돌이 모양으로 놓아 높은 곳에 이르도록 한 선로. 준루프.

루ː프^안테나 (loop antenna)명 안테나 소자의 도선을 루프 모양으로 둥글게 만든 안테나.

루ː피ː (rupee)의 인도·미얀마·파키스탄 등의 화폐 단위.

루ː핀 (lupine)명 콩과의 일년초 또는 다년초. 관상용 식물로, 높이 60 cm가량. 잎은 손바닥 모양으로 갈라진 겹잎임. 초여름에 줄기 끝에 등나무꽃 모양의 꽃이 곧게 핌.

루ː핑 (roofing)명 두꺼운 종이 모양의 섬유 제품에 아스팔트를 먹인 지붕 방수 재료.

룰ː (rule)명 규칙. 규약(規約). ¶ 룰을 어기다.

룰렛 (roulette)명 ①도박 용구의 한 가지. 돌아가는 원반 위에 구슬을 굴려, 그 구슬이 멈춘 자리의 숫자로 내기를 함. ②양재(洋裁) 등에서, 종이나 옷감 위에 굴리어 점선을 치는 톱니바퀴가 달린 도구.

룸메이트 (roommate)명 하숙집·기숙사 등에서 같은 방을 쓰는 사람.

룸바 (rumba 스)명 쿠바에서 시작된 4분의2 박자의 춤곡, 또는 그 춤.

룸ː-살롱 (room+salon 프)명 칸막이가 된 방에서 양주·맥주 따위의 술을 마실 수 있게 설비한 고급 술집.

룸ː-서ː비스 (room service)명 호텔 따위에서, 객실에 음식물을 날라다 주는 일.

룸펜 (Lumpen 독)명 실업자. 부랑자.

룻-기 (Ruth記)명 구약 성경 중의 한 편. 모압의 여인 '룻'의 효성과 인정미 등을 바탕으로, 헤브루의 전원생활을 기록함.

-류 (流)접미 일부 명사 뒤에 붙어, '그것의 독특한 방식(법식)이나 경향'임을 나타냄. ¶ 자기류(自己流). /불가류(佛家流).

-류 (類)접미 일부 명사 뒤에 붙어, '그것에 딸린 종류나 부류'임을 나타냄. ¶ 금속류. /식기류. /야채류.

류ː머티즘 (rheumatism)명 관절이나 근육에 심한 통증이 따르는 교원병(膠原病)의 한 가지. 〔고령자에 많음.〕

류ː트 (lute)명 르네상스 시대에 유럽에서 쓰이던, 만돌린 비슷하게 생긴 현악기.

륙색 (rucksack)명 산에 오르거나 할 때 식량이나 옷 따위 필요한 물건을 넣어 등에 지는 배낭의 한 가지.

-률 (律)접미 《모음이나 'ㄴ' 받침 이외의 끝소리로 끝난 일부 명사 뒤에 붙어》 '규범이나 법칙' 등의 뜻을 나타냄. ¶ 도덕률. /황금률. 참-율(律).

-률 (率)접미 모음이나 'ㄴ' 받침 이외의 끝소리로 끝난 일부 명사 뒤에 붙어, 그것의 '비율'임을 나타냄. ¶ 합격률. /사망률. /출생률. /경쟁률. 참-율(率).

르네상스 (Renaissance 프)명 〔'재생'·'부활'의 뜻으로〕 14세기 말에서 16세기 초에 걸쳐 이탈리아에서 일어나 전 유럽에 퍼진 예술과 학문상의 혁신 운동. 인간성의 존중, 개성의 해방 및 고전 문화의 부흥이 주된 내용임. 문예부흥.

르^변:칙^활용 (-變則活用) [-치콰룡] 명 ☞르 불규칙 활용.

르^불규칙^용:언 (-不規則用言) [-칭뇽-] 명 르 불규칙 활용을 하는 용언. 〔고르다·나르다·다르다·그르다 따위.〕

르^불규칙^활용 (-不規則活用) [-치콰룡] 명 어간의 끝 음절 '르'가 '-아(어)'로 시작되는 어미와 어울려 '으'는 탈락하고, 어미가 '-라(러)'로 바뀌는 불규칙 활용. 〔'오르다'가 '오르아→올라', '흐르다'가 '흐르어→흘러'로 활용하는 따위.〕 르 변칙 활용.

르포 (←reportage 프) 명 〈르포르타주〉의 준말.

르포-라이더 (←reportage 프+writer) 명 어떤 사건이나 고장·풍물 따위를 현지에서 직접 취재하여 기사로 싣거나 책으로 내는 사람.

르포르타:주 (reportage 프) 명 ①신문·잡지·방송 등에서의 현지 보고, 또는 보고 기사. ②사회적 관심거리가 되는 현실이나 개인의 특이한 체험을, 관찰자의 주관을 곁들이지 않고 사실 그대로 그린 문학. 기록 문학. 보고 문학. 준르포.

를 조 ①모음으로 끝난 체언에 붙어, 문장에서 그 말을 목적어가 되게 하는 목적격 조사. ¶ 노래를 부르다. /하염없이 바다를 바라보다. ②조사 '에'·'으로'나 연결 어미 '-아(어)'·'-게'·'-지'·'-고' 또는 모음으로 끝난 일부 부사 뒤에 붙어, 강조의 뜻을 나타내는 보조사. ¶ 남편은 오늘도 집에를 들어오지 않았다. /하루도 쉬지를 못했다. /빨리를 가거라. 준ㄹ2. 참을.

리 조 모음으로 끝난 체언에 붙어, '랴'의 뜻으로, 스스로에게 묻거나 한탄함을 나타내는 종결형 서술격 조사. ¶ 그러고도 어찌 형제리. /불의를 보고 방관하는 자, 그 누구리. 참이리5.

리 (里) 의 거리의 단위. 〔1리는 약 393 m.〕

리 (理) 의 《어미가 '-ㄹ'로 끝난 말 뒤에 쓰이어》 '까닭'이나 '이치'의 뜻을 나타내는 말. 《주로, '있다'·'없다'와 함께 쓰임.》 ¶ 결코 실패할 리가 없다.

리 (哩) 의 ☞마일(mile).

리 (釐·厘) 의 ①길이나 무게의 단위. '푼'의 10분의 1. ②백분율의 단위. '푼'의 10분의 1. ¶ 3할 6푼 5리.

-리 (裏) 접미 일부 명사 뒤에 붙어, '그러한 조건이나 상태'의 뜻을 나타냄. ¶ 암암리. /극비리. /비밀리.

-리- 접미 'ㄹ'·'ㄹㅎ'이나 '르'로 끝난 동사의 어근에 붙어, 그 말을 사동이나 피동으로 만듦. 〔'흘리다·굴리다'의 '리'는 사동, '뚫리다·잘리다'의 '리'는 피동의 경우임. 피동의 '리'는 길게 발음함.〕

-리- 선미 모음이나 'ㄹ'로 끝난 어간 또는 높임의 '-시-'에 붙어, 화자의 추측이나 의지를 나타냄. ¶ 내일 꼭 가리다. /이 소식을 들으면 아내가 퍽 기뻐하리라.

-리 어미 ①모음이나 'ㄹ'로 끝난 어간 또는 높임의 '-시-'에 붙어, 스스로에게 묻거나 반어적으로 되묻는 뜻을 나타내는 하게체의 종결 어미. ¶ 난들 어이 하리. ②〈-리라〉의 준말. ¶ 우리 장차 조국의 간성(干城)이 되리. /봄이 되면 제비도 돌아오리. 참-으리.

리고로소 (rigoroso 이) 명 악보의 나타냄말. '박자를 정확하게'의 뜻.

리골레토 (rigoletto 이) 명 4분의3 박자의 이탈리아 춤곡, 또는 그 춤.

리:그 (league) 명 ①야구나 축구 등 경기 단체의 연맹. ②☞리그전.

리그로인 (ligroin) 명 석유 에테르의 한 가지. 석유를 분류할 때, 100~150 ℃에서 나오는 액체. 페인트나 바니시의 용매로 쓰임.

리:그-전 (league戰) 명 경기에 참가한 개인이나 팀이 적어도 한 번은 다른 모든 선수나 팀과 대전(對戰)하게 되어 있는 경기 방식. 리그. 연맹전. 참토너먼트.

리기다-소나무 (rigida-) 명 소나뭇과의 상록 침엽 교목. 북미 원산으로 높이 25 m, 지름 1 m 가량. 나무껍질은 붉은빛이 도는 갈색인데 깊게 갈라지고, 잎은 세 개씩 또는 네 개씩 모여 남. 사방(沙防) 조림에 많이 이용됨.

-리까 어미 모음이나 'ㄹ'로 끝난 어간 또는 높임의 '-시-'·'-오-'에 붙는, 합쇼체의 의문형 종결 어미. ①앞으로의 자기 행동을 남에게 묻는 뜻을 나타냄. ¶ 내일 또 오리까? ②남에게 추측하여 반문하는 형식을 빌려, 자기 생각이 틀림없음을 은근히 강조하는 뜻을 나타냄. ¶ 그가 이런 큰일을 어찌 해내리까. 참-으리까.

리넨 (linen) 명 아마(亞麻)의 섬유로 짠 얇은 직물을 통틀어 이르는 말. 〔여름 옷감·책상보·손수건 따위를 만드는 데 많이 쓰임.〕 아마포.

리놀륨 (linoleum) 명 실내의 바닥이나 벽면에 붙이는 내수성의 건축 재료. 아마인유(亞麻仁油)의 산화물에 코르크 가루나 나무 가루 등을 섞어 천에 발라서 만듦.

-리니 어미 모음이나 'ㄹ'로 끝난 어간 또는 높임의 '-시-'에 붙는, 종속적 연결 어미. '-ㄹ 것이니'의 뜻으로, 뒷말의 조건(근거)이 되는 추측이나 의지를 나타냄. ¶ 나는 거문고를 타리니 너는 노래를 불러라. 참-으리니.

-리니라 어미 모음으로 끝난 어간 또는 높임의 '-시-'에 붙는, 문어 투의 해라체 종결 어미. '-ㄹ 것이니라'의 뜻으로, 경험을 바탕으로 하여 어떤 사실을 장중하게 베풀어 말하는 뜻을 나타냄. ¶ 세월이 가면 차차 잊혀지리니라. 참-으리니라.

-리다 어미 모음이나 'ㄹ'로 끝난 동사 어간 또는 높임의 '-시-'·'-오-'에 붙는, 하오체의 종결 어미. ①'기꺼이 그리하겠소'의 뜻으로, 자기의 의사를 나타냄. ¶ 내가 다녀오리다. /내가 사장님께 말씀 드리리다. ②'그러할 것이오'의 뜻으로, 추측하여 조심하도록 일깨워 주는 뜻을 나타냄. ¶ 그렇게 마시다가 배탈 나리다. 참-으리다.

리:더 (leader) 명 앞장서서 여러 사람을 이끌어 가는 사람. 지도자.

리:더-십 (leadership) 명 지도자로서의 능력이나 자질. 통솔력. 지도력. ¶ 리더십이 있는 사람. /리더십을 발휘하다.

리:드 (lead) 명 ①하타 앞장서서 남을 이끎. ②하타 경기 따위에서 경쟁 상대보다 우세한 상황으로 앞서는 일. ③하자 야구에서, 주자가 도루를 하려고 베이스를 떠남. ④신문의 뉴스 기사에서, 본문에 앞서 그 요점을 간추려서 쓴 짧은 문장.

리:드 (reed) 명 피리·리드 오르간·오보에·클라리넷 등의 악기에 붙이는, 탄력성 있는 얇은 조각. 입으로 불거나 하여 공기를 보내면 진동하며 소리를 냄. 서2.

리드미컬-하다 (rhythmical-) 형여 율동적이다. 음률적이다. ¶ 리드미컬한 음악.

리:드^오르간 (reed organ) 명 페달을 밟아 리드를 진동시켜서 소리를 내는 소형 오르간. 오르간.

리듬 (rhythm) 명 ①사물이 규칙적으로 되풀이될 때의 그 규칙적인 움직임. ¶ 생활의 리듬이 흐트러지다. ②음악의 3요소의 하나. 음의 장단과 강약이 일정한 규칙에 따라 되풀이되는 것. 절주(節奏). ¶ 빠른 리듬의 음악을 즐겨 듣다. /리듬에 맞추어 춤을 추다. ③글이 지닌 음성적인 가락. 시의 운율.

리듬^앤드^블루ː스 (rhythm and blues) 명 제2차 세계 대전 후, 미국의 흑인들 사이에 유행한 팝 음악. 로큰롤의 모태가 된 것으로, 강렬한 리듬과 단순한 선율이 특징임. 아르앤드 비.

리듬^체조 (rhythm體操) 명 공, 훌라후프, 로프, 리본, 곤봉 등을 다루면서 음악에 맞추어 연기하는 여성 체조. 신체조(新體操).

리라 조 모음으로 끝난 체언에 붙어, 'ㄹ 것이다'의 뜻으로, 미루어 짐작함을 나타내는 종결형 서술격 조사. ¶ 향기로 보아 이 꽃이 장미리라. 참이리라.

리라 (lira 이) 의 이탈리아의 화폐 단위.

-리라 어미 모음이나 'ㄹ'로 끝난 어간 또는 높임의 '-시-'에 붙는, 해라체의 종결 어미. '-ㄹ 것이다'의 뜻으로, 추측이나 미래의 의지를 나타냄. ¶ 언젠가는 내 뜻을 알아주시리라. 준-리. 참-으리라.

-리랏다 어미 〈옛〉-리로다. -ㄹ 것이로다. ¶ 살어리 살어리랏다 靑山애 살어리랏다(樂詞.靑山別曲).

-리로다 어미 모음이나 'ㄹ'로 끝난 어간 또는 높임의 '-시-'에 붙는, 문어 투의 종결 어미. '-리라'보다 더 장중하게 추측이나 미래의 의지를 나타냄. ¶ 내 참회와 기도로써 주님 앞에 이르리로다. 참-으리로다.

-리로소냐 어미 〈옛〉-ㄹ 것이냐. ¶ 알리로소냐 아디 몯ᄒᆞ리로소냐(老解上*1:5*).

-리로소녀 어미 〈옛〉-ㄹ 것이냐. ¶ 네 數를 알리로소녀(月釋*21:14*).

-리로소이다 어미 〈옛〉-ㄹ 것이올시다. ¶ 輪王이 ᄃᆞ외시리니 出家ᄒᆞ시면 正覺올 일우시리로소이다(月釋*2:23*).

리리시즘 (lyricism) 명 서정적인 정취. 서정주의.

-리만치 어미 ☞-리만큼.

-리만큼 어미 모음이나 'ㄹ'로 끝난 어간 또는 높임의 '-시-'에 붙는 종속적 연결 어미. '그러할 정도로'의 뜻으로, 뒷말이 앞말의 원인이 됨을 나타냄. -리만치. ¶ 모범이 되리만큼 착실한 학생이다. 참-으리만큼.

리ː머 (reamer) 명 드릴 따위로 뚫은 구멍을 알맞게 넓히거나 정밀하게 다듬는 공구(工具).

리ː메이크 (remake) 명하타 예전에 있던 영화, 음악, 드라마 따위를 새롭게 다시 만듦. 참리바이벌.

-리며 어미 〈옛〉-ㄹ 것이며. ¶ 밧ᄀᆞ 威儀 나토리며(永嘉下*19*).

리ː모델링 (remodeling) 명 낡은 건축물을 그 골조는 그대로 둔 채 배관·설비·마감재 따위를 교체하여 완전히 뜯어 고치는 일.

리모컨 (←remote control) 명 멀리 떨어져 있는 기기나 기계류를 제어하는 장치.

리모ː트^컨트롤ː (remote control) 명 원격 제어. 원격 조작.

리무진 (limousine 프) 명 ①운전석과 승객석 사이를 칸막이로 막은, 호화로운 대형 승용차. ¶ 대통령 전용의 방탄 리무진. ②공항 이용객 전용의 버스.

리바운드 (rebound) 명 ①농구에서, 슛한 공이 바스켓에 들어가지 않고 튀어 나오는 일. ②배구에서, 상대편 선수가 블로킹을 하기 위하여 올린 손에 공을 닿게 한 다음, 되돌아온 공으로 다시 공격하는 일. ③럭비에서, 공이 선수의 손·팔·다리 이외의 몸에 닿은 다음 상대편 쪽으로 가는 일.

리바운드^슛 (rebound+shoot) 명 농구에서, 공이 바스켓에 맞고 튀어 나온 것을 잡아서 슛하는 일.

리바이벌 (revival) 명하타되자 〔'부활'·'환원'의 뜻으로〕 옛 영화나 연극 따위를 다시 보이거나, 대중가요가 다시 불리는 일.

리버럴-하다 (liberal–) 형여 자유주의를 믿고 따르는 태도가 있다. ¶ 사고방식이 아주 리버럴하다.

리베로 (libero) 명 축구에서, 최종 수비수 역할을 맡으면서 공격에도 적극 가담하는 선수.

리베르만^방식 (Liebermann方式) 명 '이윤 도입 방식'을 달리 이르는 말. 1962년에 소련의 리베르만이 창안하였음.

리베이트 (rebate) 명 판매자가 지급받은 대금의 일부를 사례금 등의 형식으로 지급인에게 되돌려 주는 일, 또는 그 돈. 〔흔히, '뇌물'의 뜻으로 씀.〕

리벳 (rivet) 명 금속판 등을 잇는 데 쓰이는, 대가리가 굵은 금속의 못.

리보솜 (ribosome) 명 각종 동물 조직 세포의 세포질 안에 있는 작은 과립. 〔단백질의 생성과 합성이 이루어지는 곳.〕

리보오스 (ribose) 명 펜토오스의 한 가지. 리보핵산의 구성 요소로서 모든 생물체에 널리 존재함. 물에 녹음.

리보^핵산 (←ribose核酸) [-싼] 명 리보오스를 당(糖)의 성분으로 하는 핵산. 모든 세포핵이나 세포질 속에 핵단백질로서 들어 있음. 알칼리에 분해되기 쉬우며, 세포 내에서는 단백질의 합성에 중요한 구실을 함.

리본 (ribbon) 명 ①끈이나 띠 모양의 장식용 헝겊. ¶ 빨간 리본을 맨 소녀. ②타자기 따위에 쓰이는, 잉크를 먹인 좁은 띠.

리볼버 (revolver) 명 회전식 연발 권총.

리뷰ː (review) 명 ①비평. 평론. 서평(書評). ②평론 잡지.

리비도 (libido) 명 정신 분석학에서, 무의식의 심층(深層)에서 나오는, 인간의 행동의 바탕이 되는 근원적인 욕구. 특히, 성적 충동이나 성욕을 이름.

리비툼 (libitum 라) 명 악보의 나타냄말. '자유롭게'의 뜻.

리사이틀 (recital) 명 독창회, 또는 독주회.

리서ː치 (research) 명 조사. 조사 연구.

리셉션 (reception) 명 빈객(賓客)을 환영하기 위하여 베푸는 공식 연회(宴會).

리ː셋 (reset) 명 〔컴퓨터에서〕 ①데이터를 처리하는 기구 전체나 일부를 초기 상태로 되돌리는 일. 소거(消去). ②기억 장치나 계수기·레지스터 따위를 영(零)의 상태로 되돌리는 일.

리소좀 (lysosome) 명 가수 분해 효소를 많이 함유하고 소화 작용을 하는, 세포의 작은 기관. 식세포 작용을 하는 세포에 많이 있으며, 세균 따위의 이물(異物)이나 노후한 자신의 세포를 소화하는 따위의 구실을 함.

리솔루토 (risoluto 이) 명 악보의 나타냄말. '힘차고 분명하게'의 뜻.

리ː스(lease)명 (기계나 설비 등의) 장기간에 걸친 임대.

리스(Riss 독)명 등산 용어로, '바위의 갈라진 틈'을 이르는 말.

리ː스^산ː업(lease産業)명 기계·설비·차량·선박 등을 장기간 임대하는 산업.

리스트(list)명 목록. 명부(名簿). 일람표. 가격표. ¶ 승진 리스트를 작성하다.

리시ː버(receiver)명 ①테니스나 탁구 등에서, 서브를 받는 사람. ↔서버(server). ②음성 전류를 소리로 바꾸는 장치로, 직접 귀에 대어서 쓰는 것.

리시ː브(receive)명하타 테니스나 탁구·배구 등에서, 상대편에서 넘어온 공을 받아 넘기는 일. ↔서브(serve).

리신(lysine)명 필수 아미노산의 한 가지. 물고기, 달걀의 노른자 따위에 들어 있으며, 단백질의 입체 구조를 유지하는 구실을 함.

리아스식 해ː안(rias式海岸)[-시캐-] 톱날 모양으로 복잡하게 들쭉날쭉한 해안.

리어명 〈옛〉잉어. ¶ 리어 리ː鯉(訓蒙上21).

리어엔진^버스(rear-engine bus)명 엔진이 차체의 뒤쪽에 있는 버스.

리어-카ː(rear+car)명 차체를 쇠파이프로 만든, 바퀴가 둘 달린 작은 손수레. 자전거 뒤에 연결하기도 함.

리얼리스트(realist)명 ①실재론자. ②사실주의자. 사실파에 딸린 사람. ③현실주의자.

리얼리즘(realism)명 ①사실주의. ②현실주의.

리얼리티(reality)명 현실성. 현실감. 사실성. ¶ 리얼리티가 뛰어난 작품.

리얼타임^시스템(realtime system)명 ☞실시간 시스템.

리얼-하다(real-)형여 사실인 것처럼 느낌이 생생하다. ¶ 리얼한 연기.

리ː엔지니어링(reengineering)명 기업의 업무와 조직을 근본적으로 재구성하여 경영의 효율을 높이려는 경영 방법.

-리여어미 〈옛〉-랴. -리오. -ㄹ 것인가. ¶ 三韓올 ᄂᆞᄆᆞᆯ 주리여(龍歌20章).

리오조 모음으로 끝난 체언에 붙어, 반어적 의문을 나타내거나 한탄함을 나타내는 종결형 서술격 조사. ¶ 그게 어찌 당신만의 실수리오. 참이리오.

-리오어미 모음이나 'ㄹ'로 끝난 어간 또는 높임의 '-시-'에 붙는 종결 어미. 이치로 미루어 '어찌 그러할 것이냐'의 뜻으로, 반어적 의문을 나타내거나 한탄하는 뜻을 나타냄. ¶ 그 소식을 듣고도 내 어찌 아니 떠나리오. 참-으리오.

리을명 한글 자모(字母)의 자음 'ㄹ'의 이름.

-리이다어미 〈옛〉-리다. -ㄹ 것입니다. ¶ 이제 王이 百姓으로 더블어 ᄒᆞᆫ가지로 樂ᄒᆞ시면 王ᄒᆞ시리이다(孟解2:6).

-리잇고어미 〈옛〉-ㄹ 것입니까. ¶ 가시리 가시리잇고(樂詞.가시리).

-리이다어미 〈옛〉-리다. -ㄹ 것입니다. ¶ 比丘 ᄌᆞᄍᆞᄫᅡ 가리이다(月釋8:93).

-리잇가어미 〈옛〉-리이까. -ㄹ 것입니까. ¶ 七代之王올 뉘 마ᄀᆞ리잇가(龍歌15章).

-리잇고어미 〈옛〉-ㄹ 것입니까. ¶ 어듸 머러 威不及ᄒᆞ리잇고(龍歌47章).

리ː젠트(regent)명 남자의 머리 모양의 한 가지. 앞머리를 높게 하여 뒤로 빗어 넘기고 옆머리를 뒤로 빗어 붙인 모양.

리조트(resort)명 '휴양지'로 순화.

리졸(Lysol 독)명 크레졸과 칼리 비누를 같은 양으로 섞은 혼합액. 소독제로 쓰임. 크레졸비눗물. 〔상표명임.〕

리ː치(reach)명 주로 권투에서, 선수의 팔길이.

리케차(rickettsia)명 세균보다 작고 바이러스보다 큰 미생물을 통틀어 이르는 말. 〔발진 티푸스의 병원체 따위가 이에 딸림.〕

리코ː더(recorder)명 목관 악기의 한 가지. 옛날 플루트의 일종으로, 세로로 잡고 부는데 음색은 부드럽고 소박함.

리코ː딩(recording)명 '녹음'·'기록'으로 순화.

리콜ː(recall)명 요트 경기에서, 출발 신호보다 먼저 나간 요트를 불러들이는 일.

리콜ː-세(recall制)명 세조업체가 상품의 결함을 발견했을 때, 공개적으로 그 제품을 회수하고 수리하는 소비자 보호 제도. 특히, 자동차 따위 인명(人命)과 직접 관계되는 상품에 많이 시행됨.

리큐ː어(liqueur)명 혼성주(混成酒)의 한 가지. 증류주(蒸溜酒)나 알코올에 당류·향미료 따위를 넣어 만듦.

리타르단도(ritardando 이)명 악보에서, 변화를 주도록 지시하는 말. '점점 느리게'의 뜻. 〔기호는 rit.〕 랄렌탄도.

리터(liter)의 미터법에서 용량의 단위. 1입방 데시미터(dm^3)를 이름. 〔기호는 l 또는 lit〕

리ː터치(retouch)명 회화·조각·사진 등에서의 수정 또는 가필(加筆).

리턴^매치(return match)명 권투 따위에서, 선수권을 빼앗긴 사람이 같은 상대와 선수권을 걸고 다시 벌이는 경기.

리테누토(ritenuto 이)명 악보에서, 변화를 주도록 지시하는 말. '그 부분에서부터 좀 느리게'의 뜻. 〔기호는 riten.〕

리튬(lithium)명 알칼리 금속 원소의 한 가지. 은백색의 광택이 나며, 금속 중에서 가장 가벼움. 물과 작용하면 수산화물(水酸化物)이 되어 수소를 발생함. 〔Li/3/6.941〕

리튬^폭탄(lithium爆彈)명 수소화 리튬의 열핵(熱核) 반응을 이용한 융합형 핵무기.

리ː트(Lied 독)명 (독일에서 발달한) 시와 음악의 융합에 의한 성악곡. 서정적인 가곡.

리트머스(litmus)명 리트머스이끼나 그 밖의 이끼 종류에서 짜낸 자줏빛 색소. 알칼리에서는 청색으로, 산(酸)에서는 적색으로 변함.

리트머스^시험지(litmus試驗紙)명 리트머스 수용액에 적시어 물들인 종이. 산성이나 알칼리성의 반응을 시험하는 데 쓰임. 청색과 적색의 두 가지가 있음.

리트머스-이끼(litmus-)명 이끼의 한 가지. 지중해 지방과 남반구의 바닷가 바위에 붙어 사는데, 높이는 4~8 cm로 담황색이며 나뭇가지 모양으로 갈라지고 끝이 뾰족함. 몸 안에 들어 있는 색소에서 리트머스 액을 채취함.

리트미크(rythmique 프)명 리듬에 기초를 두는 음악 교육법의 한 가지. 감각과 기능을 발달시켜 심신의 조화를 꾀함.

리틀-병(Little病)[-뼝]명 뇌성 소아마비의 한 가지. 주로 선천적인 원인으로 일어나는 병으로, 사지, 특히 다리의 강직성(強直性) 마비가 주요 증세이며 때로는 지적 장애가 따름.

리파아제(Lipase 독)명 지방이 가수 분해 하여 글리세린과 지방산으로 되는 반응을 돕는 효소.

리파이너리^가스(refinery gas)명 석유를 정제할 때 생기는 가스를 통틀어 이르는 말.

리포이드 (lipoid) 명 유지질(類脂質).
리포ː터 (reporter) 명 신문이나 잡지 등의 탐방 기자. 보도자.
리포ː트 (report) 명 ①조사·연구의 보고나 보고서. ②연구 논문. ¶ 리포트를 작성하다.
리ː폼ː (reform) 명하타 낡고 오래된 것을 새롭게 고침. ¶ 유행이 지난 옷을 리폼하다.
리프레인 (refrain) 명 둘 이상의 절(節)로 이루어진 시나 악곡에서, 반복되어 나타나는 각 절의 마지막 부분. 후렴.
리ː프린트 (reprint) 명하타 ①사진이나 자료 등을 복사하는 일. ②책 따위를 사진 제판을 통하여 원본과 똑같이 복제하는 일. ③녹음이나 녹화 테이프를 복제하는 일, 또는 복제한 테이프.
리프트 (lift) 명 ①기중기(起重機). ②갱내용(坑內用) 양수 펌프. ③스키장이나 관광지에서, 낮은 곳으로부터 높은 곳으로 사람을 실어 나르는 의자식의 탈것.
리플레 (←reflation) 명 〈리플레이션〉의 준말.
리플레이션 (reflation) 명 디플레이션에서 벗어나기 위해, 인플레이션이 되지 않을 정도로 통화의 양을 늘리는 정책. 준리플레.
리ː플릿 (leaflet) 명 광고나 선전에 쓰이는 한 장짜리 인쇄물.
리피ː트 (repeat) 명 도돌이표.
리ː필-제품 (refill製品) 명 다 쓴 용기에 다시 채워 쓸 수 있도록 내용물만 간단하게 포장한 제품.
리ː허빌리테이션 (rehabilitation) 명 질병이나 부상 등으로 신체에 장애가 생겼거나 기능이 쇠퇴했을 경우에, 그 기능을 회복시키기 위하여 베푸는 치료나 훈련.
리허ː설 (rehearsal) 명 연극·무용·방송 따위에서의, 공개하기 전의 예비 연습. ¶ 공연을 앞두고 마지막 리허설이 한창이다.
린스 (rinse) 명 머리를 감은 뒤, 비누의 알칼리 성분을 중화시키고, 머리털에 윤기를 주기 위하여, 레몬 즙이나 유성제(油性劑) 등으로 헹구는 일, 또는 그것에 쓰는 액체.
린치 (lynch) 명 법의 절차에 의하지 않고 사사로이 가하는 형벌. ¶ 린치를 당하다. 참사매·사형(私刑).
린포르찬도 (rinforzando 이) 명 악보에서, 변화를 주도록 지시하는 말. '특별히 그 음만 강하게'의 뜻. 〔기호는 rinf.〕
릴ː (reel) Ⅰ명 ①실이나 녹음 테이프, 영화 필름 등을 감는 틀. ②낚시에서, 낚싯줄을 풀고 감을 수 있도록 낚싯대의 손잡이 부분에 달아 놓은 장치.
Ⅱ의 영화 필름의 길이의 단위. 1릴은 약 305 m.
릴ː-낚시 (reel-) [-낙씨] 명 낚싯대에 장치되어 있는 릴을 이용해서 낚싯줄을 풀었다 감았다 하면서 물고기를 낚는 낚시.
릴레이 (relay) 명 ①중계(中繼). ¶ 성화(聖火) 릴레이. ②〈릴레이 경주〉의 준말.
릴레이^경ː주 (relay競走) 명 ☞이어달리기. 준릴레이.
릴리^얀ː (lily yarn) 명 인조 견사·나일론사·견사 등으로 가늘게 짠, 신축성이 있는 끈. 편물의 재료로 쓰임.
릴리ː퍼 (reliefer) 명 구원 투수.
릴리ː프 (relief) 명 조각에서의 돋을새김. 부조(浮彫).
-릴시 어미 〈옛〉-ㄹ 것이매. ¶ 내 갑디 몯ᄒᆞ릴시(圓覺序14). 참-릴씨·시.
-릴씨 어미 〈옛〉-ㄹ 것이매. ¶ 오샤ᅀᅡ 사ᄅᆞ시릴씨(龍歌38章). 참-릴시·씨.
림 (rim) 명 자동차나 자전거 따위의 바퀴에서, 타이어가 끼워지는 둥근 쇠테.
림ː (ream) 의 양지(洋紙)를 세는 단위. 연(連).
-림 (林) 접미 《일부 명사 뒤에 붙어》 '숲'·'삼림'의 뜻을 나타냄. ¶ 국유림. /방풍림. /원시림.
림보 (limbo) 명 중앙아메리카에서 발생한 곡예 댄스. 춤을 추면서 낮게 가로놓인 막대 밑을 통과하기도 함.
림보 (←limbus 라) 명 지옥과 천당 사이에 있어, 기독교에 접할 기회가 없었던 이나 성세(聖洗)를 받지 못한 어린이·이교도·백치 들의 영혼이 사는 곳. 고성소(古聖所).
림빅 명 〈옛〉앞. ¶ 德으란 곰빅에 받즙고 福으란 림빅에 받즙고(樂範.動動).
림프 (lymph) 명 척추동물의 체액의 한 가지. 보통 림프관 안에 있는 액체를 이름. 피와 마찬가지로 몸 안을 돌면서 영양소와 면역 항체를 운반함. 림프액. 임파(淋巴).
림프-관 (lymph管) 명 림프를 나르는 관(管). 혈관과 마찬가지로 온몸에 그물 모양으로 퍼져 있고, 그 사이사이에 림프샘이 있음.
림프-구 (lymph球) 명 백혈구의 한 가지. 림프샘이나 비장(脾臟) 등에서 만들어지는 유형(有形) 성분으로, 일부는 혈액 속으로도 흐름. 면역에 중요한 구실을 함.
림프-샘 (lymph-) 명 림프관의 군데군데에 분포하는, 매듭 모양의 작은 조직. 2, 3 mm의 크기로 둥글거나 콩 모양이며, 림프 속의 세균을 거르는 구실을 함. 림프선. 림프절. 임파선.
림프-선 (lymph腺) 명 ☞림프샘.
림프-액 (lymph液) 명 ☞림프.
림프-절 (lymph節) 명 ☞림프샘.
림프절^결핵 (lymph節結核) 명 림프샘에 결핵균이 침입하여 생긴 결핵병.
림프절-염 (lymph節炎) [-렴] 명 염증을 일으키는 미생물이나 독소, 화학적 물질이 림프관을 통하여 림프샘에 들어가서 생기는 염증.
립스틱 (lipstick) 명 여자들이 입술 화장에 쓰는, 손가락만 한 막대기 모양의 연지. 루주.
립-싱크 (lip sync) 명 텔레비전이나 영화에서, 화면에 나오는 배우나 가수의 입술 움직임과 음성을 일치시키는 일.
링 (ring) 명 ①고리 모양의 물건. ②(정사각형으로 된) 권투 경기장.
링거 (Ringer) 명 〈링거액〉의 준말.
링거-액 (Ringer液) 명 생리적 식염수를 개량한 액체. 중병 환자나 출혈이 심한 사람에게 혈액 대용으로 주사함. 준링거.
링거^주ː사 (Ringer注射) 명 정맥에 링거액을 넣는 주사.
링게르 (Ringer) 명 '링거(Ringer)'의 잘못.
링^운ː동 (ring運動) 명 남자 체조 경기 종목의 한 가지. 땅에서 2.5 m 되는 높이의 대에 50 cm의 간격으로 로프에 매단 2개의 대를 잡고 링이 흔들리지 않게 조절하면서 물구나무서기·매달리기·버티기 따위의 동작을 하는 운동. 조환 운동.
링크 (link) Ⅰ명 컴퓨터에서, 두 개의 프로그램을 결합하는 일.
Ⅱ의 측량에서의 거리의 단위. 〔1링크는 1체인의 100분의 1.〕
링크 (rink) 명 실내 스케이트장.
링크^무ː역 (link貿易) 명 링크 제도의 무역.
링크-제 (link制) 명 〈링크 제도〉의 준말.

링크^제:도(link制度)명 ①수입 제한의 한 방법으로서, 일정한 상품의 수출에 대하여 그 수출품에 쓰인 원료와 같은 양, 또는 같은 가격의 원료 수입만을 허가하는 제도. ②통제 무역에서, 수출한 한도 내에서 수입하게 하는 제도. ㊜링크제.

링키지(linkage)명 외교 교섭에서 쌍방의 양보를 교묘하게 연결시켜 교섭을 성립시키는 일.

-ᄅᆞᄫᅵ접미 〈옛〉-로이. -롭게. ¶ 受苦ᄅᆞᄫᅵ 딕희여 이셔(釋譜*9:12*).

-ᄅᆞ외다접미 〈옛〉-롭다. ¶ 오락가락호매 ᄯᅩ 風流ᄅᆞ외리라(杜初*9:16*).

-ᄅᆞ왼접미 〈옛〉-로운. ¶ 神竒ᄅᆞ왼 기미과ᄂᆞᆫ 춤ᄎᆞ놋다(杜重*2:30*).

ᄅᆞᆯ조 〈옛〉를. ¶ 香과 곳과ᄅᆞᆯ(月釋*1:37*).

-ᄅᆞᇦ다접미 〈옛〉-롭다. ¶ 어ᅀᅵ 아ᄃᆞ리 외ᄅᆞᇦ고 입게 ᄃᆞ외야(釋譜*6:5*).

ᄛ〔순경음 리을〕〈옛〉옛 자음의 하나. 'ㄹ'의 순경음. ¶ ㅇ連書ㄹ下爲半舌輕音 舌乍附上腭(訓解).

ㄺ 리을기역. 'ㄹ'과 'ㄱ'의 합용 병서. 받침으로만 쓰임. 'ㄺ' 뒤에 모음으로 시작되는 어미나 조사가 이어지면 'ㄱ'이 연음(連音)이 되고, 자음으로 시작되는 어미나 조사가 이어지면 'ㄹ'을 발음하지 않음. ¶ 묽다. /ᄒᆞᆰ셩녕 도: 陶(類合下7).

ᇌ 〈옛〉리을기역시옷. 'ㄹ'·'ㄱ'·'ㅅ'의 합용 병서. 'ㅅ'은 관형격 조사(사이시옷)임. ¶ ᄃᆞᇌᄣᅢ: 酉時(訓例.合字解).

ㄻ 리을미음. 'ㄹ'과 'ㅁ'의 합용 병서. 받침으로만 쓰임. 'ㄻ' 뒤에 모음으로 시작되는 어미나 조사가 이어지면 'ㅁ'이 연음(連音)이 되고, 자음으로 시작되는 어미나 조사 또는 실사가 이어지면 'ㄹ'을 발음하지 않음. ¶ 달걀을 삶다. /삶과 죽음. /옮ᄃᆞ니ᄂᆞᆫ 다봇 ᄀᆞᆮ호라(杜重*2:28*).

ㄼ 리을비읍. 'ㄹ'과 'ㅂ'의 합용 병서. 받침으로만 쓰임. 'ㄼ' 뒤에 자음으로 시작되는 어미가 이어지면 'ㄹ'·'ㅂ' 중 어느 한쪽을 발음하지 않음. ¶ 넓디넓은 바다. /밟다. /므를 ᄇᆞᆲ보ᄃᆡ ᄯᅡ ᄇᆞᆲ듯ᄒᆞ더니(釋譜*6:34*).

ㄽ 리을시옷. 'ㄹ'과 'ㅅ'의 합용 병서. 받침으로만 쓰임. 현대어로는 '외곬으로'의 용례 하나뿐임. 옛말로는 'ᄃᆞᆳ비늘', 'ᄃᆞᆳᄡᅳ리' 등의 용례가 있으나 이때의 'ㅅ'은 관형격 사이시옷이 위로 올라 붙은 것임.

ㄾ 리을티읕. 'ㄹ'과 'ㅌ'의 합용 병서. 받침으로만 쓰임. 'ㄾ' 뒤에 모음으로 시작되는 어미가 이어지면 'ㅌ'이 연음(連音)이 되고, 자음으로 시작되는 어미가 이어지면 'ㅌ'을 발음하지 않음. ¶ 남을 훑어보다. /벼를 훑다.

ㄿ 리을피읖. 'ㄹ'과 'ㅍ'의 합용 병서. 받침으로만 쓰임. 'ㄿ' 뒤에 모음으로 시작되는 어미가 이어지면 'ㅍ'이 연음(連音)이 되고, 자음으로 시작되는 어미가 이어지면 'ㄹ'을 발음하지 않음. ¶ 읊어 보다. /읊조리다.

ㅀ 리을히읗. 'ㄹ'과 'ㅎ'의 합용 병서. 받침으로만 쓰임. 'ㅀ' 뒤에 모음으로 시작되는 어미가 이어지면 'ㅎ'이 연음(連音)이 됨과 동시에 약화되고, 'ㄱ·ㄷ·ㅈ'으로 시작되는 어미가 이어지면 아래 자음과 합쳐서 'ㅋ·ㅌ·ㅊ'으로 소리 남. ¶ 옳아. /물이 끓다.

ㅭ 〈옛〉리을여린히읗. 'ㄹ'과 'ㆆ'의 합용 병서. ¶ ᄂᆞᇙ즁ᄉᆡᇰ(月釋*21:113*). /네 ᄂᆞ치 비록 ᄉᆞᇙ지나(楞解*2:10*).

-ᇙ다어미 〈옛〉-ㄹ 것이냐. -려느냐. ¶ 언제ᅀᅡ 平津ᄭᅴ 알외ᇙ다(杜初*19:13*).

-ᇙ디언뎡어미 〈옛〉-ㄹ 것이언정. -ㄹ지언정. ¶ 모ᄆᆞ로 端正히 ᄒᆞᇙ디언뎡(蒙法*24*).

ㅁ 자모 미음. ①한글 자모의 다섯째. ②자음의 하나. 입술을 다물어 입 안을 비게 하고 목청에서 떨려 나오는 소리를 콧구멍을 통하여 내는 울림소리. 받침의 경우에는 입술을 떼지 않음.

-ㅁ¹ 접미 모음이나 'ㄹ'로 끝난 용언의 어간에 붙어, 그 말을 명사로 만들어 어떤 사실을 지칭하는 뜻을 나타내는 접사. ¶ 큰 슬픔. /보람 있는 삶. 참 -음¹.

-ㅁ² 어미 모음이나 'ㄹ'로 끝난 용언의 어간 또는 높임의 '-시-'에 붙어, 그 말을 명사형으로 만들어 서술어 기능을 갖게 하는 전성 어미. ¶ 서로 만남. /행복하게 삶. 참 -기·-음².

-ㅁ세 어미 모음이나 'ㄹ'로 끝난 동사 어간에 붙어, 기꺼이 그리하겠다는 뜻을 나타내는, 하게체의 종결 어미. ¶ 그리함세. /가 봄세. /내가 도와줌세. 참 -음세.

-ㅁ에도 어미 명사형 전성 어미 '-ㅁ'에 조사 '에'와 '도'가 합쳐서 된 말. 《주로, '-ㅁ에도 불구하고'의 꼴로 쓰임.》 ¶ 비가 옴에도 불구하고 떠났다. 참 -음에도.

-ㅁ에랴 어미 모음이나 'ㄹ'로 끝난 어간 또는 높임의 '-시-'에 붙는 종결 어미. 흔히, '-거늘 ~, -ㅁ에랴'와 같은 반문하는 꼴로 쓰이어, '그 위에 더한 일이 있어 충분하다'는 뜻을 나타냄. ¶ 살려 준 것만도 고맙거늘, 거기다 밥과 옷까지 준다 함에랴. 참 -음에랴.

ㅁ자-집(-字-) [미음짜-] 명 집채를 'ㅁ' 자 모양으로 지은 집. 미음자집.

-ㅁ직스럽다 [-쓰-따] 접미 모음이나 'ㄹ'로 끝난 동사 어간에 붙어, '그럴 만한 가치가 있음'을 나타냄. ¶ 바람직스럽다. 참 -음직스럽다.

-ㅁ직하다 [-지카-] 접미 모음이나 'ㄹ'로 끝난 동사 어간에 붙어, '그럴 만한 특성이나 가치가 있음'을 나타냄. ¶ 바람직하다. 참 -음직하다.

마¹ 명 서양 음악의 칠음 체계에서 세 번째 음이름. 계이름 미와 같음.

마² 명 ①'남쪽'의 뱃사람 말. ②〈옛〉 마파람.

마:³ 명 맛과의 다년생(多年生) 만초(蔓草). 산지에 절로 나기도 하고 밭에서 재배하기도 함. 줄기는 덩굴져 벋고 여름에 푸르스름한 꽃이 핌. 덩이뿌리는 식용, 또는 한방에서 '산약(山藥)'이라 하여 강장제로 쓰임. 산우(山芋). 서여(薯蕷).

마 명 〈옛〉 장마. 참 맣².

마:(馬) 명 장기짝의 한 가지. 한 편이 둘씩으로 모두 네 개가 있음. 날 일(日) 자 모양으로 앞으로 두 칸, 옆으로 한 칸 건너의 밭으로 움직일 수 있음. 말³.

마(麻) 명 ☞삼².

마(魔) 명 ①일에 헤살을 부리거나 재앙을 가져오는 것으로 여기는 상상의 존재. 마귀. ¶ 마가 끼다. /마가 들다. /마가 씌었는지 손대는 일마다 실패한다. ②'궂은일이 자주 일어나는 때나 곳'을 이름. 《주로, '마(魔)의'의 꼴로 쓰임.》 ¶ 마의 금요일 밤. /마의 삼각주. ③'극복하기 어려운 장벽'을 이름. 《주로, '마의'의 꼴로 쓰임.》 ¶ 그는 마라톤에서 마의 2시간 5분 벽을 깨고 세계 신기록을 수립하였다.

마(碼) 의 야드(yard). 〔1마는 91.44 cm.〕

-마 어미 모음이나 'ㄹ'로 끝난 동사 어간에 붙어, 자기가 기꺼이 그리하겠다고 약속하는 뜻을 나타내는 해라체의 종결 어미. ¶ 내가 알아보마. 참 -으마.

마:가린(margarine) 명 정제한 식물 유지(油脂)에 발효유·색소·향료·소금 등을 넣어서 버터와 비슷한 맛을 낸 식품. 인조버터.

마:가-목 명 장미과의 낙엽 교목. 산지에 나는데 높이는 6~8 m. 5~6월에 흰 꽃이 피고, 둥근 열매는 9~10월에 붉게 익음. 한방에서 열매와 나무껍질을 약재로 씀. 석남등(石南藤).

마가-복음(←Mark福音) 명 신약 성서 중의 둘째 편. 마가의 저작으로, 사복음서(四福音書) 가운데 가장 오래된 복음서. 예수의 활동·고난·죽음·부활에 이르는 생애를 기록했음.

마:각(馬脚) 명 말의 다리.

마각을 드러내다 관용 〔연극에서 말의 다리로 분장한 사람이 정체를 드러낸다는 뜻으로〕 숨기고 있던 일이나 본디 모습을 드러내다.

마각이 드러나다 관용 〔연극에서 말의 다리로 분장한 사람의 정체가 드러난다는 뜻으로〕 숨기고 있던 일이나 본디 모습이 드러나다.

마:간-석(馬肝石) 명 벼루의 재료로 쓰이는 붉은 빛깔의 돌.

마갈-궁(磨羯宮) 명 ☞염소자리.

마감 명 ①하타 (일을 마물러서) 끝을 맺음. ¶ 마감 뉴스. /협의를 마감하다. ②(미리 정해 놓은 기한이나 수량에 차서) 다루기를 끝마침, 또는 끝마치는 그때. ¶ 원서 접수 마감 날짜를 지키다.

마감(磨勘) 명 하타 옛날, 중국에서 관리의 행적을 고사(考査)하던 일.

마감-재(-材) 명 마무리 공사를 하는 건물의 실내와 외부를 꾸미는 데 쓰이는 재료.

마:갑(馬甲) 명 말에게 입히는 갑옷.

마개 명 병의 아가리 따위를 막는 물건. ¶ 코르크 마개. /술병을 마개로 막다.

마:거리:트(marguerite) 명 국화과의 다년초. 카나리아 섬 원산의 관상용 식물. 높이는 1 m가량. 잎은 깃 모양으로 깊게 갈라져 있으며 어긋맞게 남. 봄부터 여름에 걸쳐 하양·노랑 등의 꽃이 핌.

마:경(馬耕) 명 말을 부려서 논밭을 가는 일.

마경(麻莖) 명 삼의 줄기. 삼대.

마경(魔境) 명 ①악마가 사는 곳. 악마의 세계. 마계(魔界). ②밀림 따위와 같이 인적이 드물고 생명에 위험이 있는 무서운 곳. ¶ 전인미답(前人未踏)의 마경.

마:계(馬契) [-계/-게] 명 지난날, 말을 세놓는 일을 업으로 삼던 계.

마계(魔界) [-계/-게] 명 악마가 지배하는 세계. 마경(魔境).

마:계^도가(馬契都家) [-계-/-게-] 명 지난날, 마계의 일을 맡아 하던 도가.

마:곗-말(馬契-) [-곈-/-겐-] 명 지난날, 마계 도가에서 세를 놓던 말.

마고(麻姑) 명 ☞마고할미.

-마고 어미 종결 어미 '-마'에 인용을 나타내는 조사 '고'가 합쳐서 된 말. ¶ 꼭 가마고 했는데 못 갔다.

ㅁ

마고자명 한복 저고리 위에 덧입는 웃옷의 한 가지. 저고리와 비슷하나 깃과 동정이 없으며, 섶을 여미지 않고 두 자락을 맞대어 단추를 끼우게 되어 있음. 마괘자(馬褂子). 참반비(半臂).

마고-할미(麻姑-)명 ①(중국의 전설에 나오는) 늙은 선녀(仙女). 마고(麻姑). ②'노파'를 달리 이르는 말.

마골(麻骨)명 ☞겨릅대.

마광(磨光)명하타 (옥이나 돌 따위를) 갈아서 윤기를 냄, 또는 그 윤기.

마:괘-자(馬褂子)명 ☞마고자.

마구부 ①앞뒤를 가림이 없이 함부로. ¶ 아무에게나 마구 대들다. ②매우 세차게. 〔동작이나 상태를 강조함.〕 ¶ 마구 때리다. /야생마처럼 마구 달리다. ③아무렇게나. 되는대로. ¶ 돌덩이로 마구 다듬은 석기. 준막[2].

마:구(馬具)명 말을 부리는 데 쓰이는 기구.

마:구(馬廐)명 ☞마구간(馬廐間).

마:구-간(馬廐間)[-깐]명 말을 기르는 집. 구사(廐舍). 마구(馬廐). 말간.

마구리명 ①(길쭉한 물건이나 상자 등의) 양쪽 면. ¶ 베개 마구리. ②(길쭉한 물건의) 끝에 대는 물건.

마구리-판명 나무토막 따위의 마구리를 다른 면과 직각이 되도록 깎는 틀.

마구-발방명하자 분별이 없이 함부로 하는 말이나 행동.

마구-잡이명 앞뒤를 헤아림이 없이 닥치는 대로 함부로 하는 짓. 《주로, '마구잡이로'의 꼴로 쓰임.》 ¶ 작은 그릇에 마구잡이로 담다.

마:군(馬軍)명 조선 시대에, 금군(禁軍)이나 마병(馬兵) 또는 지방 영문(營門)의 기병(騎兵) 등을 두루 이르던 말.

마군(魔軍)명 ①헤살을 부리는 무리. ②불교에서, 불도를 방해하는 '온갖 번뇌나 악사(惡事)'를 비유하여 이르는 말.

마굴(魔窟)명 ①마귀가 있는 곳. ②악한 무리 또는 부도덕한 인간들이 모여 있는 곳.

마:권(馬券)[-꿘]명 경마에서, 이길 수 있는 말을 예상하여 돈을 걸고 사는 용지. 승마 투표권.

마귀(魔鬼)명 요사스러운 귀신. 마(魔).

마귀-할멈(魔鬼-)명 옛날이야기에 나오는 늙고 못된 귀신.

마그나^카르타(Magna Carta 라)명 영국 헌법의 근거가 된 최초의 문서. 흔히, '대헌장(大憲章)'이라 번역함.

마그네사이트(magnesite)명 탄산마그네슘을 주성분으로 하는 육방 정계의 광물. 특수 시멘트와 내화 벽돌, 마그네슘 따위의 제조에 쓰임.

마그네슘(magnesium)명 은백색의 가벼운 금속 원소. 전성(展性)이 좋고, 가루를 공기 중에서 가열하면 섬광을 내며 탐. 환원제·단열제·합금 재료 등으로 쓰임. 〔Mg/12/24.3050〕

마그네슘^경합금(magnesium輕合金)[-끔]명 마그네슘을 주로 하여 알루미늄·아연·망간 등을 섞은 경합금.

마그네시아(magnesia)명 산화마그네슘.

마그네시아^벽돌(magnesia甓-)[-똘]명 산화마그네슘을 주성분으로 하는 염기성 내화 벽돌의 한 가지. 제철이나 제강 또는 석회질소 제조용의 노(爐)를 만드는 데 쓰임.

마그네시아^시멘트(magnesia cement)명 산화마그네슘을 염화마그네슘 용액에 섞어서 만든 시멘트. 나뭇조각이나 톱밥 따위를 섞어 세공물이나 건축 재료를 만드는 데 쓰임.

마그네트론(magnetron)명 극초단파를 발생시키는 특수 진공관으로, 레이더·전자레인지에 이용됨.

마그네틱-테이프(magnetic tape)명 영구 자석을 이용하여 컴퓨터 따위에서 자기 녹음이나 녹화를 할 수 있는 테이프.

마그넷(magnet)명 자석(磁石). 자력(磁力).

마그녹스(magnox)명 마그네슘을 주성분으로 하여 적은 양의 알루미늄과 칼슘·베릴륨 따위를 섞어서 만든 합금.

마그마(magma)명 깊은 땅속의 암석이 높은 지열(地熱)에 녹아서 반액체 상태로 된 암석 물질. 지각 상층부나 지표로 분출하여 식어서 굳어지면 화성암이 됨. 암장.

마근(麻根)명 한방에서, '삼의 뿌리'를 약재로 이르는 말. 〔학질을 다스리는 데 쓰임.〕

마기부 '막상'의 잘못.

마:기(馬技)명 ☞마상재(馬上才).

마기-말로부 실제라고 가정하여 하는 말로. 막상말로. ¶ 마기말로 두 사람의 처지가 뒤바뀐다 해도 우정만은 변함이 없을 것이다.

마나조동조형 〈옛〉 말거나. ¶ 놀거든 쉬디마나 셧거든 솟디마나(鄭澈.關東別曲).

마:나-님명 '나이 많은 부인'을 높이어 이르는 말. ¶ 부잣집 마나님.

마냥부 ①이전과 다름없이 줄곧. ¶ 마냥 그립다. ②흐뭇하도록. ¶ 언제 보아도 마냥 즐거운 기색이다. ③느긋한 마음으로 천천히. ¶ 철길을 따라 마냥 걸었지. ④보통의 정도를 넘어 몹시. ¶ 살결이 마냥 희다. /사람이 마냥 좋다.

마냥-모명 늦게 심는 모. 늦모. ↔이른모.

마네킹(mannequin)명 화실(畫室)의 인체 모형이나 옷 가게에서 옷을 입혀 진열하는 실물 크기의 인형을 이르는 말.

마녀(魔女)명 ①마력을 지닌 여자. ②여자 마귀. ③'악독한 여자'를 비유하여 이르는 말.

마녀^사냥(魔女-)명 ☞마녀 재판.

마녀^재판(魔女裁判)명 14~17세기 유럽 여러 나라의 교회가 사회 불안과 종교적 위기 해소를 위해 이단자를 마녀로 몰아 화형에 처하던 일. 마녀 사냥.

마노(瑪瑙)명 석영의 한 가지. 흰빛이나 붉은빛이 나며, 장식품을 만드는 데 쓰임. 문석(文石).

마노라명 〈옛〉 영감님. 마님. 〔남녀를 두루 높이어 일컫는 말.〕 ¶ 본집의 마노라 슈젹이 머믄 거시 업스니(閑中錄2).

마노-미:터(manometer)명 ☞압력계(壓力計).

마:누라명 ①'아내'를 허물없이 일컫는 말. ②'중년이 넘은 여자'를 속되게 이르는 말.

마누^법전(Manu法典)[-쩐]명 B.C. 2세기~A.D. 2세기에 걸쳐 만들어졌다고 하는 인도 고대의 법전. 힌두교의 성전(聖典)으로서 종교적 색채가 강하며, 오랫동안 인도인의 권리와 의무 및 생활을 규정했음.

마는조 《평서형 종결 어미 '-다·-ㄴ다·-는다·-지·-오' 등에 붙어》 이미 있는 사실(행동)을 말하고, 그것에 구애되지 않는 다른 사실(행동)이 뒤따름을 나타내는 보조사. ¶ 하기는 한다마는 제대로 될지 의문이다. /작은 정성이지마는 그 일에 보탬이 되었으면 한다. 준만[4].

마늘명 백합과의 다년초. 서아시아 원산의 재배 식물. 땅속의 비늘줄기 속에 독특한 냄새와 매운맛이 나는 대여섯 쪽의 작은 비늘줄기가 들어 있음. 비늘줄기는 양념감이나 강장제 등으로 쓰임. 대산(大蒜). 호산(葫蒜).

마늘-모[1]명 ①마늘쪽과 같은 세모진 모양. ②바둑에서, '입 구(口)' 자로 두는 수.

마늘-모[2] 명 한자 부수의 한 가지. '去'·'參' 등에서의 'ㅿ'의 이름.

마늘-장아찌 명 마늘·마늘종·마늘잎 따위를 초와 설탕에 절였다가 진간장에 담가 두고 먹는 반찬.

마늘-종[-쫑] 명 마늘의 꽃줄기. 산대(蒜薹).

마니(摩尼←Mani 범) 명 불교에서, 용왕의 뇌 속에서 나왔다고 하는 보주(寶珠). 악을 물리치고, 흐린 물을 맑게 하며, 화를 없앤다 함. 마니주(摩尼珠).

마니-교(摩尼教) 명 3세기 때에 페르시아 사람 마니가 배화교(拜火教)를 바탕으로 하고, 기독교와 불교의 요소를 가미하여 만든 종교.

마니아(mania) 명 〔'광기(狂氣)'의 뜻으로〕 어떤 한 가지 일에 열중하는 일, 또는 그러한 사람. ¶ 골프 마니아. /컴퓨터 마니아.

마니-주(摩尼珠) 명 ☞마니(摩尼).

마닐라-삼(Manila-) 명 파초과의 다년초. 필리핀 원산으로 보르네오나 수마트라 등지에서 많이 재배함. 높이 6~7 m로 바나나와 비슷한데, 섬유는 질기고 내수성이 있어 선박용 로프를 만드는 데 쓰임.

마닐라-지(Manila紙) 명 목재 펄프에 마닐라삼을 섞어 만든, 담갈색의 질긴 종이.

마:님 명 ①지난날, '지체 높은 부인'을 높이어 일컫던 말. ②《일부 명사 뒤에 붙어》 지체 높은 이에 대한 존대의 뜻을 나타내던 말. ¶ 대감마님. /영감마님.

-마ᄂᆞᆫ 어미 〈옛〉-마는. ¶ 잡사와 두어리마ᄂᆞᆫ(樂詞.가시리).

-마ᄂᆞᆫ 어미 〈옛〉-마는. ¶ 엇뎨 ᄒᆞᆫ 메ᄂᆞᆫ 술위 업스리오마ᄂᆞᆫ(杜重12:19).

마:다[1] 타 짓찧어 부스러뜨리다. 참짓마다.

마다[2] 조 《명사 뒤에 붙어》 '빠짐없이 모두'의 뜻을 나타내는 보조사. ¶ 사람마다 밝은 표정. /날마다 새로운 기분.

마:다-하다 타여 거절하거나 싫다고 말하다. ¶ 돈을 마다하다.

마-단조(-短調)[-쪼] 명 '마' 음을 으뜸음으로 하는 단조.

마담(madame 프) 명 술집·다방 같은 곳의 안주인. ¶ 얼굴 마담.

마담-뚜(madame-) 명 주로 부유층이나 특수층을 상대로 하는 '직업적인 여자 중매인'을 속되게 이르는 말.

마당 Ⅰ 명 ①집의 둘레에 편편하게 닦아 놓은 빈 땅. ¶ 몸채 앞 넓은 마당. ②(어떤 일을 하는) 자리. 처소. ¶ 놀이 마당.
Ⅱ 의 ①(어떤 일이 벌어진) 판. 장면. 경우. 《주로, '마당에'의 꼴로 쓰임.》 ¶ 이왕 이렇게 된 마당에…. ②판소리를 세는 단위. ¶ 판소리 열두 마당. 참과장(科場)[2].
마당 벌어진 데 웬 솔뿌리 걱정 속담 〔마당이 벌어졌는데 그릇이 터졌을 때 필요한 솔뿌리를 걱정한다는 뜻으로〕 당치 않은 것으로 사건을 수습하려 함을 빗대어 이르는 말.
마당(을) 빌리다 관용 신랑이 신부의 집에 가서 초례(醮禮)를 지내다.

마당-과부(-寡婦) 명 친정에서 혼례를 올린 다음 시가로 가기 전에 신랑과 사별한 여자.

마당-극(-劇) 명 탈춤·풍물·판소리 따위의 전통적인 민속 연희를 창조적으로 계승·발전시킨 야외 연극. 주로, 사회 비판과 현실 고발의 내용을 담고 있음.

마당-놀이 명 세시별(歲時別)로 마당에서 벌이는 민속놀이를 통틀어 이르는 말.

마당-맥질[-찔] 명하자 (농가에서 가을걷이를 하기 전에) 마당의 팬 곳을 흙을 이겨 고르게 바르는 일.

마당-발 명 ①볼이 넓은 발. 참채발. ②'아는 사람이 많아 사귀고 돌아다니거나, 활동할 수 있는 범위가 넓은 사람'을 비유하여 이르는 말. ¶ 우리 동네 최고의 마당발.

마당-밟이 명 ☞지신밟기.

마당-쓰레기 명 농가에서, 마당질한 자리에 떨어진 것을 쓸어 모은 곡식.

마당-질 명하타 곡식의 이삭을 떨어 낟알을 거두는 일. 타작.

마당-통 명 지난날, 마름이 소작료를 받아들일 때 수북하게 되어 받던 섬. 〔지주에게는 가량통으로 되어 주고 나머지를 마름이 차지했음.〕 ↔가량통.

마:대(馬臺) 명 장롱의 받침다리.

마대(麻袋) 명 굵은 삼실로 짠 포대. ¶ 소금을 마대에 담다.

마도 조 〈옛〉만도. 만큼도. ¶ 비록 사ᄅᆞ미 무레 사니고도 즁싱마도 몯호이다(釋譜6:5).

마도(魔道) 명 불교에서 이르는 악마의 세계.

마도로스(←matroos 네) 명 외항선의 선원을 이르는 말.

마도-수(磨刀水) 명 한방에서, '칼을 간 숫돌물'을 약으로 이르는 말.

마-도요 명 도욧과의 새. 도요새 중에서 몸집이 가장 큼. 부리가 아래로 굽었으며, 몸빛은 연한 갈색에 검은 무늬가 있음.

마:-도위(馬-) 명 지난날, 말을 사고팔 때 흥정을 붙이는 사람을 이르던 말.

마돈나(madonna 이) 명 성모(聖母) 마리아. 성모 마리아의 화상(畫像). 〔본디는 '부인(婦人)'의 높임말임.〕

마-되[-되/-뒈] 명 말〔斗〕과 되〔升〕.

마되-질[-되-/-뒈-] 명하자 말이나 되로 곡식을 되는 일.

마:두(馬頭) 명 ①불교에서, '지옥의 옥사쟁이'를 이르는 말. ②왕조 때, 역마(驛馬)에 관한 일을 맡아보던 사람.

마:두-관세음(馬頭觀世音) 명 불교에서, 육관음·팔대 명왕의 하나. 불법을 듣고도 수행하지 않는 중생을 교화하기 위한 방편으로 머리에 말머리를 이고 성난 모습을 하였으며, 온갖 번뇌를 물리침을 나타냄.

마:두-납채(馬頭納采) 명하자 재래식 혼례에서, 혼인하는 그날 채단(采緞)을 보내는 일, 또는 그 채단.

마:두-출령(馬頭出令) 명 〔말을 세워 놓고 명령을 내린다는 뜻으로〕 갑작스레 명령을 내리는 일, 또는 그 명령.

마두-충(麻蠹蟲) 명 ☞삼벌레.

마드리갈(madrigal 프) 명 반주 없는 합창곡.

마들-가리 명 ①잔가지나 줄거리로 된 땔나무. ②해어진 옷의 남은 솔기. ③새끼나 실 따위가 흩이어 맺힌 마디.

마들-가지 명 '마들가리'의 잘못.

마디 명 ①나무나 풀의 줄기에 가지나 잎이 붙은 자리. ②길쭉한 물체에서, 사이를 두고 고리처럼 도드라지거나 잘록한 곳. ③동물의 뼈와 뼈가 맞닿은 자리. 관절(關節). ¶ 손가락 마디. ④노래나 말 따위의 한 도막. ¶ 노래 한 마디. ⑤악보에서, 세로줄과 세로줄로 구분된 부분. ⑥정상 진동이나 정상파에서 진동이 0 또는 극소가 되는 부분. ⑤참소절(小節).

마디다형 ①닳거나 없어지는 동안이 오래다. ¶ 연필이 마디게 닳다. ↔헤프다. ②자라는 속도가 더디다. ¶ 나무가 마디게 자라다.

마디-마디명 모든 마디. ¶ 마디마디에 새싹이 움트다.

마디-지다형 마디가 생겨 있다. ¶ 마디진 손.

마디-촌(-寸)명 한자 부수의 한 가지. '寺'·'封' 등에서의 '寸'의 이름.

마디-충(-蟲)명 ①식물의 줄기 속을 파먹는 벌레를 통틀어 이르는 말. ②명충나방의 유충. 명충(螟蟲).

마디충-나비(-蟲-)명 ☞명충나방.

마디-풀명 여뀟과의 일년초. 산이나 들에 나는데, 줄기 높이는 30~40 cm. 초여름에 흰빛 또는 붉은빛의 작은 꽃이 핌. 어린잎은 식용하고, 줄기와 잎은 민간에서 황달·배앓이 등에 약재로 씀. 편죽(扁竹).

마듸명 〈옛〉 맨 위. ¶ 마듸 샹:上(訓蒙下*34*).

마따나조 '말'에 붙어, '말한 바와 같이'의 뜻을 나타내는 부사격 조사. ¶ 자네 말마따나 모든 것이 새롭군.

마땅찮다[-찬타]형 흡족하게 마음에 들지 아니하다. ¶ 네가 왜 나만 그렇게 마땅찮게 여기는지 모르겠다. ＊마땅찮아[-차나]·마땅찮소[-찬쏘]

마땅-하다형여 ①(대상이나 상태가) 잘 어울리거나 알맞다. ¶ 마땅한 신랑감. ②흡족하게 마음에 들다. ¶ 하는 짓이 영 마땅하지 않다. ③(이치로 보아) 그렇게 되어야 옳다. ¶ 벌을 받아야 마땅하다. **마땅-히**부 ¶국민으로서 마땅히 할 일을 하다. /마땅히 지켜야 할 일.

마뜩잖다[-짠타]형 마음에 들 만하지 아니하다. ¶ 제품의 끝손질이 마뜩잖다. ＊마뜩잖아[-짜나]·마뜩잖소[-짠쏘]

마뜩-하다[-뜨카-]형여 《주로 '마뜩하지'의 꼴로 '아니하다'나 '못하다'와 함께 쓰이어》 마음에 들 만하다. ¶ 그 단체의 주장과 행동이 도무지 마뜩하지 않다. **마뜩-이**부.

마라카스(maracas 포)명 라틴 아메리카 음악에서의 리듬 악기의 한 가지. 야자과의 마라카 열매를 말려서 만듦.

마라톤(marathon)명 ☞마라톤 경주.

마라톤^경:주(marathon競走)명 육상 경기의 한 가지. 42.195 km를 달리는 장거리 경주임. 마라톤.

마라톤-협상(marathon協商)[-쌍]명 쉬지 아니하고 오랜 시간에 걸쳐 벌이는 협상.

마라톤-회담(marathon會談)[-회-/-훼-]명 '장시간에 걸쳐 휴회(休會)도 없이 계속되는 회담'을 '마라톤'에 비유하여 이르는 말.

마람명 〈옛〉 마름. ¶ 마람 닙회 ᄇᆞ람 나니 篷窓이 서늘코야(古時調).

마래기명 중국 청나라 관리들이 쓰던, 둘레가 넓고 운두가 낮은 모자. 투구와 비슷함.

마:래미명 방어(魴魚)의 새끼.

마:량(馬糧)명 말의 먹이. 말먹이.

마려(磨礪)명하타 (돌이나 쇠붙이 따위를) 문질러 갊.

마력(魔力)명 ①(사람으로서는 할 수 없는) 상상을 초월한 이상한 힘. ②남의 마음을 사로잡거나 현혹시키는 야릇한 힘. ¶ 마력을 지닌 웅변에 만인이 감동하다.

마:력(馬力)의 동력(動力)을 재는 단위의 한 가지. 1초 동안에 75 kg의 물체를 1 m 움직이는 힘. 〔약호는 HP·IP〕

마련 Ⅰ명 ①하타되자 준비하여 갖춤. 대비함. ¶ 집을 마련하다. /여비를 마련해야 여행을 떠나지. ②《'-ㄴ(은·는)', '-ㄹ(을·를)' 뒤에 쓰이어》 속셈. 궁리. 계획. ¶ 제딴에는 무슨 마련이 있겠지. /금년 가을에 집을 세울 마련이다.
Ⅱ의 《주로 '-기/-게' 뒤에 쓰이어》 그리됨. 그리되는 것이 당연함. ¶ 비밀이란 새어 나가게 마련인 것일세.
마련이 아니다관용 말이 아니다. 몰골이 형편없다. ¶ 흙탕물 속에서 놀고 온 아이라, 옷이 마련이 아니구나.

마:렵(馬鬣)명 ☞말갈기.

마렵다[-따][마려우니·마려워]형ㅂ 오줌이나 똥을 누고 싶은 느낌이 있다. ¶ 오줌이 마렵다.

마:령(馬齡)명 ☞마치(馬齒).

마:령-서(馬鈴薯)명 ☞감자.

마로니에(marronnier 프)명 칠엽수과의 낙엽 교목. 높이 20~25 m. 잎자루가 길며 손바닥 모양의 겹잎이 마주남. 5~6월에 붉은 무늬가 있는 흰 꽃이 피며, 둥근 열매를 맺는데 겉에 가시 모양의 돌기가 있음.

마:록(馬鹿)명 ☞고라니.

마:료(馬蓼)명 ☞개여뀌.

마루¹명 집채 안에 땅바닥보다 높게 널빤지를 평평하게 깔아 놓은 곳. 청사(廳事).

마루²명 ①산이나 지붕 따위의 길게 등성이가 진 곳. ¶ 고갯마루. ②물결의 가장 높은 부분. ¶ 풍랑의 마루는 뾰족하고 너울의 마루는 둥그스름하다. ③일이 한창인 고비.
마루 넘은 수레 내려가기속담 일의 진행이나 형세의 변화 따위가 매우 빠르거나 걷잡을 수 없는 기세임을 이르는 말.

마루-방(-房)명 바닥이 마루로 된 방.

마루^운:동(-運動)명 체조 경기의 한 가지. 탄력을 지닌 12 m 사방의 깔개 위에서 맨손 체조·뜀뛰기·공중제비 등으로 구성된 내용을, 일정한 시간 내에 율동적인 운동으로 연기해 보이는 운동.

마루^적심(-積心)[-씸]명 용마루의 뒷목을 눌러 박은 적심.

마루-청(-廳)명 마룻바닥에 까는 널조각. 마루판. 마룻장.

마루-터기명 (산이나 지붕 따위의) 마루에서 가장 두드러진 턱. 준마루턱.

마루-턱명 〈마루터기〉의 준말.

마루-판(-板)명 ☞마루청.

마루-폭(-幅)명 한복 바지나 속곳의 사폭(邪幅)을 대는 양옆의 긴 헝겊.

마룻-구멍[-루꾸-/-룯꾸-]명 서까래와 보·도리와의 사이에 있는 구멍.

마룻-귀틀[-루뀌-/-룯뀌-]명 마루청이 얹히거나 끼이게 되어 있는 길고 튼튼한 나무.

마룻-대[-루때/-룯때]명 용마루 밑에 서까래가 얹히게 된 도리. 상량(上樑).

마룻-대공(-臺工)[-루때-/-룯때-]명 마룻보 위에 마루를 받쳐 세운 동자기둥.

마룻-바닥[-루빠-/-룯빠-]명 마루의 바닥.

마룻-보[-루뽀/-룯뽀]명 용마루 아래에 있는 보. 대공을 받친 두 개의 들보.

마룻-장[-루짱/-룯짱]명 ☞마루청.

마룻-줄[-루쭐/-룯쭐]명 배의 돛을 올리고 내리는 데 쓰는 줄. 용총줄.

마:르(Maar 독)명 화산 지형의 한 가지. 마그마 속의 가스나 수증기의 약한 폭발로 이루어진 작은 화구(火口).

-마르는어미 〈옛〉-지마는. ¶ 西京이 셔울히마르는(樂詞.西京別曲).

마르다[1] [마르니·말라] 자르 ①물 또는 물기가 없어지다. ¶ 우물이 마르다. /날씨가 좋아 빨래가 잘 마른다. ②입이나 목구멍에 물기가 적어져 갈증이 나거나 축축한 기운이 없어지다. ¶ 목이 마르다. /침이 마르도록 칭찬하다. ③(몸에) 살이 빠지다. 야위다. ¶ 요새 부쩍 많이 말랐다. ④모조리 없어지다. ¶ 돈이 마르다. /씨가 마르다. ⑤감정이나 열정 따위가 없어지다. ¶ 애정이 마르다.

마르다[2] [마르니·말라] 타르 옷감이나 재목 따위를 치수에 맞추어 베고 자르다. ¶ 옷을 마르다. /천을 말라 식탁보를 만들었다.

마르멜로(marmelo 포) 명 장미과의 낙엽 교목. 중앙아시아 원산으로 높이는 5~8 m. 잎은 길둥근 모양이며, 봄에 흰 꽃 또는 담홍색의 꽃이 핌. 열매는 노랗게 익는데, 맛이 달고 향기가 있어 날로 먹거나 잼을 만듦.

마르모트(marmotte 프) 명 ☞마멋.

마르치알레(marciale 이) 명 악보의 나타냄말. '씩씩하게'·'행진곡풍으로'의 뜻.

마르카토(marcato 이) 명 악보의 나타냄말. '음 하나하나를 또렷하게 강조하여'의 뜻.

마르크(Mark 독) 의 독일의 화폐 단위. 1마르크는 100페니히.

마르크스레닌-주의(Marx-Lenin主義) [-의/-이] 명 마르크스와 엥겔스가 확립한 이론을 레닌이 발전시킨 마르크스주의.

마르크스-주의(Marx主義) [-의/-이] 명 19세기 중엽에 마르크스와 엥겔스에 의하여 기초를 이룬 혁명적 사회주의. 마르크시즘. 참공산주의.

마르크시즘(Marxism) 명 ☞마르크스주의.

마르틀레(martelé 프) 명 악보의 나타냄말. '망치로 치듯이'·'음을 아주 강하게'의 뜻.

-마른어미 〈옛〉-마는. ¶ 社稷올 돕ᄉᆞ오련마른 얼구리 이제 이 곤ᄒᆞ니(杜重6:53). 참-마른.

마른-갈이 명 하타 논에 물을 대지 않고 가는 일. ↔물갈이[1]·진갈이.

마른-걸레 명 물기가 없는 걸레. ↔물걸레.

마른-고기 명 말려 놓은 물고기나 짐승 고기.

마른-과자(-菓子) 명 물기가 없이 바싹 마르게 만든 과자. ↔진과자.

마른-국수 [-쑤] 명 ①국수틀로 뽑아낸 그대로 말린 국수. 괘면(掛麵). ②국에 말거나 비비지 아니한 국수. ¶ 마른국수 세 사리.

마른-금점(-金店) 명 하자 광산이나 광석의 매매에서 거간 노릇을 하여 구문을 얻는 일.

마른-기침 명 하자 가래가 나오지 않는 기침. 건수(乾嗽).

마른-나무 명 ①물기가 없이 바싹 마른 나무. ②죽어서 시든 나무.

마른나무에 물 날까 속담 성사될 가능성이 없는 일에 기대를 걸 필요가 없다는 뜻.

마른나무에 좀먹듯 속담 모르는 사이에 건강이 나빠지거나 재산이 없어짐을 이르는 말.

마른-날 명 맑게 갠 날. ↔진날.

마른-논 명 ☞건답(乾畓).

마른논에 물 대기 속담 ①일이 매우 힘들다는 뜻. ②힘들여 해 놓아도 성과가 없다는 뜻.

마른-눈 명 비가 섞이지 아니하고 내리는 눈. ↔진눈깨비.

마른-땅 명 ☞건조지(乾燥地).

마른-미역 명 미역과의 바닷말을 뜯어서 말린 것.

마른-바가지 명 물에 넣지 않고 쓰는 바가지.

마른-반찬(-飯饌) 명 건어물이나 포육(脯肉) 등 마른 재료로 만든 반찬. ↔진반찬.

마른-밥 명 ①국 없이 반찬만으로 먹는 밥. 건반(乾飯). ②둥글게 뭉친 밥. ③'맨밥'의 잘못.

마른-버짐 명 피부병의 한 가지. 얼굴 같은 데 가슬가슬하게 번지는 흰 버짐. 건선(乾癬). 풍선(風癬). ↔진버짐.

마른-번개 명 마른하늘에서 치는 번개.

마른-빨래 명 하자 흙이 묻은 옷을 말리어 비벼 터는 일.

마른-신 명 ①기름으로 겯지 않은 가죽신. ②마른땅에서 신는 신. 건혜(乾鞋). ↔진신.

마른-안주(-按酒) 명 (포·땅콩·과자 따위) 물기가 없는 안주. ↔진안주.

마른-옴 명 몹시 가렵고 긁으면 허물이 벗어지는 옴. 건개(乾疥). ↔진옴.

마른-일 [-닐] 명 하자 손을 물에 넣지 않고 하는 집안일. 〔바느질 따위.〕 ¶ 진일 마른일 가리지 않고 닥치는 대로 하다. ↔진일.

마른-입 [-닙] 명 ①국물이나 물을 마시지 아니한 입. ¶ 마른입에 떡부터 먹으면 체한다. ②☞잔입.

마른-자리 명 축축하지 않은 자리. ¶ 진자리 마른자리 가려 뉘다. ↔진자리.

마른-장(-醬) 명 가루로 된 간장. 건장(乾醬).

마른-장마 명 비가 거의 오지 않아서 강우량이 아주 적거나 또는 맑은 날이 계속되는 장마철.

마른-찬합(-饌盒) 명 마른반찬이나 다식 따위를 담는 찬합. ↔진찬합.

마른-천둥 명 하자 마른하늘에서 치는 천둥. 한뢰(旱雷).

마른-침 명 애가 타거나 몹시 긴장했을 때에 무의식중에 힘들여 삼키는, 물기가 적은 침.

마른침을 삼키다 관용 '몹시 걱정하거나 긴장하거나 초조해 하는 모양'을 이르는 말.

마른-타작(-打作) 명 하자 벼를 바싹 말린 뒤에 하는 타작. ↔물타작.

마른-풀 명 (꼴이나 퇴비로 쓰기 위하여) 베어서 말린 풀. 건초(乾草). ↔생풀[3].

마른-하늘 명 맑게 갠 하늘.

마른하늘에 날벼락 속담 뜻밖에 당하는 재앙을 뜻하는 말.

마른-행주 명 물에 적시지 않은 행주. ↔진행주.

마른행주-질 명 하자타 마른행주로 닦거나 훔치는 일.

마른-홍두깨 명 다듬잇감을 좀 눅진하게 하여 홍두깨에 올리는 일. ↔진홍두깨.

마름[1] 명 ①이엉을 엮어 말아 놓은 단. ②〖의존명사적 용법〗 이엉을 엮어 말아 놓은 단을 세는 단위. ¶ 이엉 한 마름.

마름[2] 명 지난날, 지주의 위임을 받아 소작지를 관리하던 사람. 사음(舍音).

마름[3] 명 마름과의 일년초. 연못이나 늪 등에 남. 뿌리는 흙 속에 내리고 줄기는 길게 자라 물 위에 뜨며 여름에 흰 꽃이 핌. 가시가 있고 네모진 열매는 먹을 수 있으며, 민간에서 약재로도 쓰임.

마름-돌 [-똘] 명 (채석장에서 떠낸 것을) 일정한 모양으로 다듬은 돌.

마름-둥글이 명 필요한 만큼 마름질하여 둥글게 말아 놓은 것.

마름-모 명 네 변의 길이가 모두 같은 사각형. 두 대각선은 서로 다른 대각선을 수직으로 이등분함. 마름모꼴.

마름모-꼴 명 ☞마름모. 능상.

마름-새[명] (옷이나 재목 따위를) 마름질해 놓은 솜씨. ¶ 마름새가 나무랄 데 없다.

마름-쇠[-쇠/-쉐][명] 끝이 날카롭고 서너 갈래가 지게 무쇠로 만든 물건. 옛날에 도둑이나 적군의 침입을 막기 위하여 길목에 깔았음. 능철(菱鐵). 여철(蔾鐵).

마름쇠도 삼킬 놈[속담] 몹시 탐욕스러운 사람을 이르는 말.

마름-자[명] 마름질하는 데 쓰이는 자.

마름-재목(-材木)[명] 알맞은 치수로 마름질해 놓은 재목.

마름-질[명][하타] 옷감이나 재목 따위를 마르는 일. 재단(裁斷). ¶ 서고리를 마름질하다.

마리[의] 물고기나 짐승 따위의 수효를 세는 단위. 수(首). ¶ 금붕어 세 마리.

마리[명] 〈옛〉 ①머리. ¶ 마리예 放光ᄒᆞ샤(月釋7:34). ②머리털. ¶ 옷과 마리ᄅᆞᆯ 路中에 펴아 시ᄂᆞᆯ(月釋7:34).

-마리[어미] 〈옛〉-으니. ¶ 正陽寺 眞歇臺 고텨올나 안ᄌᆞᆫ마리(鄭澈.關東別曲).

마리사기[명] 〈옛〉 술³. 유소(流蘇). ¶ 流蘇 俗稱 마리사기(樂範9:18).

마리오네트(marionette 프)[명] 인형극에 쓰이는, 실로 조정하는 인형, 또는 그 인형극.

마리화나(marihuana)[명] 삼의 잎이나 꽃을 말려서 만든 마약의 한 가지. [비]대마초(大麻草).

마:린(馬藺)[명] ☞꽃창포.

마:린-자(馬藺子)[명] 한방에서, '꽃창포의 씨'를 약재로 이르는 말. 〔지혈(止血)이나 통리제(通利劑)로 쓰임.〕

마림바(marimba)[명] 아프리카 계통의 목금(木琴)으로 중남미에서 발전한 타악기. 실로폰 비슷하나 약간 크고 소리가 풍부함. 음역이 넓어 독주와 합주에 널리 쓰임.

마립간(麻立干)[-깐][명] 신라 때의 임금의 칭호. 내물왕(또는 눌지왕) 때부터 지증왕 때까지 쓰였음.

-마ᄅᆞᄂᆞᆫ[어미] 〈옛〉-마는. ¶ 아바님도 어이어신마ᄅᆞᄂᆞᆫ(樂詞.思母曲).

-마ᄅᆞᆫ[어미] 〈옛〉-마는. ¶ 비 업건마ᄅᆞᆫ(龍歌34章).

마:마(媽媽)¹[명] ①'천연두'를 달리 이르는 말. 손님마마. ②〈별성마마〉·〈역신마마〉의 준말.

마마 그릇되듯[속담] '형세가 손을 쓸 수 없는 방향으로 그릇되어 나감'을 이르는 말.

마:마(媽媽)²[명] 〔지난날〕 ①임금과 그 가족들의 칭호 뒤에 붙여 쓰던 말. ¶ 중전 마마. ②'벼슬아치의 첩'을 높여 부르던 말.

마:마-꽃(媽媽-)[-꼳][명] 마마할 때, 온몸에 불긋불긋 돋아나는 것. [참]꽃. ＊마:마꽃이[-꼬치]·마:마꽃만[-꼰-]

마:마-떡(媽媽-)[명] 마마할 때, 마마꽃이 잘 솟으라고 먹는 떡. 흰무리에 소금을 치지 않고 붉은 팥을 넣어 만듦.

마마-보이(←mama's boy)[명] 자기 뜻대로 행동하지 못하고 어머니에게 의존하는 소년이나 남자.

마:마-하다(媽媽-)[자여] 천연두를 앓다.

마:맛-자국(媽媽-)[-마짜-/-맏짜-][명] 마마를 앓고 난 후 딱지가 떨어진 자리에 생기는 얽은 자국.

마:멀레이드(marmalade)[명] 오렌지나 레몬의 겉껍질로 만든 잼.

마:멋(marmot)[명] 다람쥣과의 동물. 몸길이는 30~60 cm로 다람쥐과 중에서 가장 크며, 몸빛은 회색임. 발톱이 강하여 땅을 매우 잘 팜. 평지의 바위가 많은 곳에 굴을 파고 삶. 유럽·북아메리카 등지에 분포함. 마르모트.

마면-사(麻綿絲)[명] 삼에다 면사를 섞어 만든 실.

마멸(磨滅)[명][하자][되자] 갈리어 닳아서 없어짐. ¶ 비문의 글자가 마멸되다.

마:명-간(馬鳴肝)[명] 한방에서, '누에의 똥'을 약재로 이르는 말. 〔중풍으로 말미암은 손발의 마비에 쓰임.〕 잠사(蠶砂).

마:모(馬毛)[명] 말의 털.

마모(磨耗)[명][하자][되자] (마찰되는 부분이) 닳아서 작아지거나 없어짐. ¶ 기계의 마모가 심하다. /타이어가 마모되다.

마모로다[타] 〈옛〉 마무르다. ¶ 미모로기를 ᄀᆞᄂᆞᆯ고 고로게 ᄒᆞ라(朴解中55).

마목[명] 광맥 속에 섞여 있는 유용 광물 이외의 광물을 이르는 말. [참]버력².

마:목(馬木)[명] 가마나 상여를 올려놓을 때 바닥에 괴는 네 발 달린 받침틀.

마목(痲木)[명] 〔한방에서〕 ①근육이 굳어져 감각이 없고 운동이 자유롭지 못한 병. ②문둥병이 처음으로 피부에 나타나 허는 자리.

마:목-지기(馬木-)[-찌-][명] 상여가 나갈 때, 상여의 마목을 지고 가는 상여꾼.

마무(摩撫)[명][하타] ☞무마(撫摩).

마무르다[마무르니·마물러][타르] ①(물건의 가장자리를) 가지런하게 손질하다. ②일의 뒤끝을 맺다.

마무리[명][하타][되자] 일의 끝을 맺음, 또는 그 일. ¶ 사건을 깨끗이 마무리하다.

마묵(磨墨)[명][하타] 벼루에 먹을 갊.

마물(魔物)[명] 요망한 사물(邪物).

마:미(馬尾)[명] ①말의 꼬리. ②☞말총.

마:미-군(馬尾裙)[명] 지난날, 말총으로 짜 입던 바지 모양의 여자 옷.

마:미-전(馬尾廛)[명] 말총을 팔던 가게.

마:미-조(馬尾藻)[명] ☞모자반.

마ᄆᆞᄅᆞ다[형] 〈옛〉 메마르다. ¶ 마ᄆᆞᄅᆞᆯ 교:磽(訓蒙下17). /마ᄆᆞᄅᆞᆫ ᄡᅡᄒᆡᆺ ᄇᆡᆨ셩(小解4:45).

마-바리[명] 한 마지기에 두 섬 곡식이 나는 것을 이르는 말.

마:-바리(馬-)[명] 짐을 실은 말, 또는 말에 실은 짐.

마:바리-꾼(馬-)[명] 마바리를 모는 것을 업으로 하는 사람.

마바리-집(馬-)[명] '마방집'의 잘못.

마:발(馬勃)[명] ☞말불버섯.

마:방(馬房)[명] 〔지난날〕 ①마구간을 갖추고 있던 주막집. ②절 안에 말을 매어 두던 곳.

마-방적(麻紡績)[명] 삼에서 실을 뽑아내는 일.

마:방진(魔方陣)[명] ☞방진.

마:방-집(馬房-)[-찝][명] 말을 두고 삯짐 싣는 일을 업으로 하는 집.

마법(魔法)[명] 마력으로 이상야릇한 일을 하는 술법. ¶ 마법에 걸리다. [참]마술(魔術).

마법-사(魔法師)[-싸][명] 마법(魔法)을 부리는 사람. [참]마술사·요술쟁이.

마:병[명] ①넝마. ②오래되어 허름한 물건.

마:병(馬兵)[명] ①☞기병(騎兵). ②조선 시대에, 훈련도감에 딸렸던 기병.

마:병-장수[명] 허름한 물건을 가지고 돌아다니며 파는 사람.

마:-보병(馬步兵)[명] 마병(馬兵)과 보병(步兵).

마:부(馬夫)[명] ①☞말구종. ②말을 부리는 사람. 마차꾼. [비]차부(車夫). ③배송(拜送)을 낼 때 싸리말을 모는 사람.

마:부-대(馬夫臺)명 마차에서 마부가 앉는 자리.
마:부-좌(馬夫座)명 ☞마차부자리.
마:부^타:령(馬夫-)명 배송(拜送)을 낼 때 싸리말을 모는 사람이 부르는 타령.
마:분(馬分)명 ☞마삯.
마:분(馬糞)명 말똥.
마분(麻蕡)명 한방에서, 삼의 씨나 꽃가루를 약재로 이르는 말.
마분(磨粉)명 ☞마사(磨砂).
마:분-지(馬糞紙)명 ①짚을 원료로 하여 만든, 빛이 누르고 품질이 낮은 종이. ②☞판지(板紙).
마:블(marble)명 ①대리석, 또는 대리석의 조각품. ②책이나 장부 따위의 도련친 면에 넣는 대리석 모양의 무늬, 또는 그런 무늬가 들어 있는 양지(洋紙).
마:블링(marbling)명 종이에 대리석 무늬를 만드는 기법. 물 위에 유성 물감을 떨어뜨려 저은 다음 종이를 물 위에 덮어 물감이 묻어나게 함.
마비(痲痺·麻痹)명되자 ①신경이나 근육이 정상적인 기능을 잃어 몸의 일부나 전부가 감각이 없어지는 상태. ¶ 다리의 신경이 마비되다. ②어떤 사물이 본래의 기능을 잃어 구실을 제대로 못하게 되는 상태. ¶ 교통이 마비되다.
마:비저(馬鼻疽)명 코의 점막에 염증이 생기는 말의 전염병.
마비-탕(麻沸湯)명 한방약의 한 가지. 삼의 잎과 뿌리를 달인 물. 진통제로 쓰임.
마:비-풍(馬脾風)명 ☞디프테리아.
마빗다[-빋따]타 비집어 내다. *마빗어·마빗는[-빈-]
마빡명 〈이마〉의 속된 말.
마:사(馬事)명 말을 기르고 부리는 것에 관한 모든 일.
마사(麻絲)명 베실. 삼실.
마사(磨砂)명 쇠붙이로 된 물건을 닦거나 광을 내는 데 쓰이는, 보드라운 석회질의 백토(白土). 마분(磨粉).
마-사니명 지난날, 추수할 때 마름을 대신하여 곡식을 되던 사람.
마사:지(massage)명하타 손바닥이나 손가락 끝으로 피부나 근육에 자극을 주어 신진대사를 돕거나 병을 다스리는 방법.
마:-삯(馬-)[-삭]명 말을 세낸 데 대한 삯. 마분(馬分). 마세(馬貰). *마:삯이[-삭씨]·마:삯만[-상-]
마:상(馬上)명 ①말의 등 위. ②'말을 타고 있음'을 뜻하는 말. ¶ 마상의 기수(騎手).
마:상-객(馬上客)명 말을 타고 있는 사람.
마:상-봉도(馬上奉導)명 능행(陵幸) 때 마상에 오른 임금을 편안히 모시도록, 별감들이 소리를 지르면서 경계하던 일.
마:상-쌍검(馬上雙劍)명 조선 시대, 무예 이십사반의 하나. 갑옷과 투구 따위로 무장한 무사가 말을 탄 채 양손에 요도(腰刀)를 들고 하던 검술.
마:상-월도(馬上月刀)[-또]명 조선 시대, 무예 이십사반의 하나. 갑옷·투구 따위로 무장한 무사가 말을 탄 채 월도(月刀)를 들고 하던 검술.
마:상-유삼(馬上油衫)[-뉴-]명 지난날, 말을 탈 때 입던 유삼.
마상이명 ①거룻배 따위의 작은 배. ②통나무를 파서 만든 작은 배. ②독목주(獨木舟).
마:상-재(馬上才)명 조선 시대, 무예 이십사반의 하나. 각 영문(營門)의 마군(馬軍)이 달리는 말 위에서 재주 부리기와 총 쏘기 등 여러 가지 묘기를 보였음. 마기(馬技). 마예(馬藝).
마:상-전(馬床廛)명 지난날, 마구(馬具)나 관복(官服) 따위를 팔던 가게.
마:상-치(馬上-)명 지난날, 말 탈 때 착용하던 가죽신이나 우장옷.
마:상-편곤(馬上鞭棍)명 조선 시대, 무예 이십사반의 하나. 갑옷과 투구 따위로 무장한 무사가, 말을 탄 채 편곤(鞭棍)을 들고 하던 무술.
마석(磨石)명 ①맷돌. ②하자 돌로 된 물건의 표면을 반드럽게 갊.
마-석기(磨石器)[-끼]명 〈마제 석기〉의 준말.
마:선(馬癬)명 말버짐.
마성(魔性)명 악마처럼 남의 마음을 호리는 성질. ¶ 마성을 드러내다.
마-세(-貰)명 〔지난날〕 ①말감고가 장에서 마질해 주고 받던 삯. ②마름이 소작인으로부터 소작료 외에 마질한 삯으로 더 받던 곡식.
마:세(馬貰)명 ☞마삯.
마세(massé 프)명 당구에서, 큐(cue)를 수직으로 들고 공을 치는 방법.
마-소명 말과 소. 우마(牛馬).
마-속명 곡식을 되는 말의 용량.
마손(磨損)명하자 물건의 면이 마찰에 의해 쓸리어 닳음.
마수명 ①첫 번째에 팔리는 것으로 미루어 헤아리는 그날의 장사 운수. ¶ 마수가 좋다. /오늘은 마수부터 재수가 없더니 하루 종일 파리만 날린다. ②하자 〈마수걸이〉의 준말.
마-수(-數)명 (곡식 따위를) 말로 된 수량.
마수(魔手)명 '남을 나쁜 길로 꾀거나 불행에 빠뜨리거나 하는, 음험한 수단'을 비유하여 이르는 말. 검은손. 독수(毒手). ¶ 유괴범의 마수에 걸리다. /침략의 마수를 뻗치다.
마수-걸이명하자 ①첫 번째로 물건을 파는 일. 개시(開市). ¶ 마수걸이도 못하다. ②어떤 일을 시작한 뒤 맨 처음 부딪는 일. 준마수.
마수-없이[-업씨]부 갑자기. 난데없이.
마:술(馬術)명 ①말을 잘 부리는 기술. ②말을 타고 부리는 온갖 재주. 승마술.
마술(魔術)명하자 ①사람의 마음을 호리는 이상한 술법. ②사람의 눈을 속여 이상한 일을 해 보이는 재주. 요술(妖術).
마술-사(魔術師)[-싸]명 마술을 전문으로 하는 사람. 마술쟁이. 요술쟁이. 참마법사.
마술-쟁이(魔術-)명 ☞마술사.
마스카라(mascara)명 속눈썹을 길고 짙게 보이도록 꾸미는 데 쓰는 화장품.
마스코트(mascot)명 행운의 신. 행운을 가져다 준다고 믿고 간직하는 애완품이나 소동물(小動物).
마스크(mask)명 ①병균이나 먼지 따위를 막기 위하여 입과 코를 덮는 위생 용품. ②야구의 포수나 펜싱 선수 등이 얼굴을 보호하기 위하여 쓰는 기구. ③탈. 가면. ④(연기자나 출연자 등의) 얼굴의 생김새. ¶ 마스크가 좋다.
마스크^워:크(mask work)명 영화 촬영에서, 배우가 일인이역으로 한 화면에 나와야 할 경우, 화면의 일부를 잘라 두세 번 촬영한 다음에 다시 아우르는 일.
마스터(master)명하타 (어떤 기술이나 내용을) 다 배움. 숙달함. 정복함. ¶ 영어 회화를 마스터하다.
마스터베이션(masturbation)명하자 수음(手淫).
마스터플랜(master plan)명 기본 계획. 기본 설계. ¶ 마스터플랜을 짜다.

마스토돈(mastodon) 명 장비목(長鼻目) 마스토돈티데 아목(亞目)에 딸린 화석(化石) 코끼리를 통틀어 이르는 말. 위턱의 앞니는 2.7 m 이상이며 아래턱은 짧고 극히 짧은 앞니가 있음. 미국과 시베리아 등지에서 발굴되었음.

마스트(mast) 명 돛대.

마스티프(mastiff) 명 개의 한 품종. 영국에서 사냥개 또는 경비견으로 개량된 것으로, 몸집이 큰 품종임.

마승(麻繩) 명 삼노끈.

마시다 타 ①액체를 목구멍으로 삼키다. ¶ 꿀물을 단숨에 마시다. ②(공기 따위를) 들이쉬다. ¶ 산 정상에 올라 맑은 공기를 맘껏 마셨다.

마ː식(馬食) 명 ①말먹이. ②하자타 말처럼 많이 먹음.

마ː신(馬身) 명 (주로 경마에서) ①'말의 코끝에서 궁둥이까지의 길이'를 이르는 말. ②〖의존 명사적 용법〗 말과 말 사이의 거리를 나타내는 단위. ¶ 결승점에서 불과 반 마신 차이로 승패가 결정되었다.

마신(魔神) 명 재앙을 가져오는 신.

마실 명 이웃에 놀러 다니는 일.

마숀 명 〈옛〉 마흔. ¶ 마숀 사스미 둥과(龍歌88章).

마솔 명 〈옛〉 관청. 마을2. ¶ 마솔 셔:署. 마솔 조:曹. 마솔 국:局(訓蒙中7).

마애(磨崖) 명하자 암벽(岩壁)이나 석벽(石壁)에 글자나 그림을 새김.

마애-불(磨崖佛) 명 암벽에 새긴 불상.

마야^문명(Maya文明) 명 6세기경에 중앙아메리카의 마야 족에 의해 발달된 원시 문명. 잉카 문명과 더불어 인디언 문명의 쌍벽을 이루었는데, 상당한 수준의 금속 문화를 가졌으며, 상형 문자도 사용하였음.

마약(痲藥·麻藥) 명 마취나 환각 등의 작용을 하는 약물. 습관성이 있어 여러 번 쓰면 중독 증상을 나타냄. 〔마리화나·모르핀·코카인 따위.〕

마약^중독(痲藥中毒) [-쭝-] 명 마약으로 인한 중독.

마에스토소(maestoso 이) 명 악보의 나타냄말. '장엄하게'의 뜻.

마ː역(馬疫) 명 말의 역병(疫病).

마연(磨硏) 명하타되자 ☞연마.

마엽(麻葉) 명 한방에서, '삼의 잎'을 약재로 이르는 말. 〔오래된 학질에 쓰임.〕

마ː예(馬藝) 명 ☞마상재(馬上才).

마오려 조동 〈옛〉 말구려. 말진저. ¶ 제 남진 제 계집 아니어든 일홈 뭇디 마오려(古時調).

마왕(魔王) 명 ①마귀의 우두머리. ②불교에서, 중생이 불도(佛道)에 들어가는 것을 방해하는 귀신을 이르는 말.

마요네ː즈(mayonnaise 프) 명 샐러드용 소스의 한 가지. 달걀노른자에다 식물성 기름과 식초·소금 따위를 섞어서 만듦.

마우스(Maus 독) 명 생물학 또는 의학 실험용으로 사육되는 작은 흰쥐.

마우스(mouse) 명 컴퓨터의 입력 장치의 한 가지. 손으로 잡고서 커서(cursor)를 움직이는 데 쓰는 기구.

마우스피ː스(mouthpiece) 명 ①관악기의, 입에 대고 부는 부분. ②권투 선수가 시합 때, 입 안과 이의 손상을 막기 위하여 입에 무는 물건.

마우어하ː켄(Mauerhaken 독) 명 ☞하켄.

마운드(mound) 명 야구에서, 투수가 공을 던질 때 서는 약간 높은 곳. 투수판(投手板). ¶ 마운드에 오르다. /마운드에 서다.

마ː위-답(馬位畓) 명 조선 시대에, 추수한 곡식을 역마(驛馬)의 사육비로 쓰던 논. 마윗논. 역위답(驛位畓). 참역전(驛田).

마ː위-땅(馬位-) 명 조선 시대에, 마위답(馬位畓)과 마위전(馬位田)을 아울러 이르던 말. 마전(馬田).

마ː위-전(馬位田) 명 조선 시대에, 추수한 곡식을 역마(驛馬)의 사육비로 쓰던 밭. 역위전(驛位田). 참역전(驛田).

마ː윗-논(馬位-) [-윈-] 명 ☞마위답(馬位畓).

마유(麻油) 명 삼씨기름.

마유(魔乳) 명 태어난 지 3~4일경부터 2주 정도까지 갓난아기의 유방에서 나오는 초유(初乳) 비슷한 액체.

마ː육(馬肉) 명 말고기.

마을1 명 (도시가 아닌 고장에서) 여러 집이 이웃하여 살아가는 동네. 촌락(村落). 촌리(村里).

마을(을) 가다 관용 이웃에 놀러 가다.

마을2 명 왕조 때, 관원들이 공무를 처리하던 곳. 공서(公署). 관부(官府). 관아(官衙).

마을-금고(-金庫) 명 자금의 조성 및 이용을 목적으로 마을 사람들이 조직하여 운영하는 신용 협동조합.

마을-꾼 명 ①이웃에 놀러 다니는 사람. ②이웃에 놀러 다니기를 유난히 즐겨 하는 사람. 준말꾼2.

마을-리(-里) 명 한자 부수의 한 가지. '野'·'量' 등에서의 '里'의 이름.

마을-문고(-文庫) 명 마을에 마련해 놓은 소규모의 도서관.

마을-버스(-bus) 명 정기 노선버스가 다니지 않는 지역을 운행하는 버스.

마음 명 ①사람의 몸에 깃들여서 지식·감정·의지 등의 정신 활동을 하는 것, 또는 그 바탕이 되는 것. ¶ 마음의 양식이 되는 책. ②거짓 없는 생각. ¶ 마음을 터놓고 이야기하다. ③(외부로부터의 자극에 대하여 일어나는) 기분. 느낌. ¶ 홀가분한 마음. ④(어떤 사물이나 행동에 대하여) 속으로 꾀한 뜻. ¶ 마음을 고쳐먹다. ⑤심정(心情). ¶ 반가운 마음으로 맞이하다. ⑥사랑하는 정. ¶ 그에게 마음을 두다. ⑦성의. 정성. ¶ 마음을 다하다. 준맘.

마음에 없는 염불 속담 하고 싶지 않은 일을 마지못해 하는 일을 이르는 말.

마음 한번 잘 먹으면 북두칠성이 굽어보신다 속담 마음을 올바르게 쓰면 신명(神明)이 돌본다는 말.

마음에 두다 관용 잊지 않고 기억해 두다. ¶ 그 일을 너무 마음에 두지 마라.

마음에 없다 관용 무엇을 하거나 가지고 싶은 생각이 없다.

마음에 있다 관용 무엇을 하거나 가지고 싶은 생각이 있다.

마음에 차다 관용 만족하다.

마음(을) 붙이다 관용 ①어떤 일에 마음을 기울이어 전념하다. ②정을 붙이다. ¶ 타관 객지도 마음을 붙이고 살다 보면 고향과 같이 된다네.

마음을 비우다 관용 집착이나 욕심을 버리다. ¶ 마음을 비우고 살다.

마음(을) 사다 관용 상대편이 이쪽에 흥미를 갖게 하다. 호감을 갖게 하다.

마음을 열다 관용 속마음을 터놓다. ¶ 마음을 열고 이야기하다.

마음이 가볍다 관용 기분이 홀가분하다. 근심이 없다.

마음이 돌아서다 관용 틀어졌던 마음이 풀리다.

마음이 무겁다관용 마음이 유쾌하지 못하고 침울하다. ¶ 그의 부탁을 거절해 내내 마음이 무거웠다.
마음-가짐명 ①마음을 쓰는 태도. ¶ 바른 마음가짐. ②결심. ¶ 마음가짐을 굳히다. 준맘가짐.
마음-결[-껼]명 마음의 바탕. ¶ 마음결이 비단 같다. 준맘결.
마음-고생(-苦生)[-꼬-]명 마음속으로 겪는 고생. ¶ 마음고생이 심하다. 준맘고생.
마음-껏[-껃]부 ①마음에 차도록. 실컷. ¶ 마음껏 즐기다. /마음껏 먹어라. ②마음을 다하여. 성의껏. ¶ 마음껏 대접하다. 준맘껏.
마음-눈명 사물의 참모습을 제대로 분별하는 마음의 능력. 심안(心眼).
마음-대로부 생각나는 대로. 하고 싶은 대로. ¶ 제 마음대로 행동하다. 준맘대로.
마음-먹다[-따]자타 ①하고 싶은 생각을 가지다. ¶ 그리하기로 마음먹다. ②결심하다. ¶ 마음먹고 시작한 일. 준맘먹다.
마음-보[-뽀]명 마음을 쓰는 본새. 〔주로, 나쁘게 이를 때 쓰는 말.〕 심보. ¶ 마음보가 아주 고약하다. 준맘보.
마음-성(-性)[-썽]명 타고난 마음의 바탕. 심성(心性). 준맘성.
마음-속[-쏙]명 (드러내지 않거나 드러나지 않는) 마음의 속. 내심(內心)[1]. 심중(心中). 의중(意中). 준맘속.
마음-심(-心)명 한자 부수의 한 가지. '必'·'忍' 등에서의 '心'의 이름. 참심방변.
마음-씨명 마음을 쓰는 태도. 준맘씨.
마음-자리[-짜-]명 마음의 본바탕. 심지(心地). 준맘자리.
마음-잡다[-따]자 들뜬 마음을 안정시켜 바로 가지다. ¶ 이제는 마음잡고 일한다네.
마음잡아 개장사속담 방탕하던 사람이 마음을 돌려 생업(生業)을 하려 하지만, 결국 오래가지 않아 헛일이라는 말.
마의(麻衣)[-의/-이]명 삼베옷.
마이너(minor)명 ①단조(短調). ②단음계(短音階). ↔메이저(major).
마이너스(minus)명 ①음수(陰數), 뺄셈의 기호인 '−'의 이름. 뺄셈 부호. ②하타 뺌. 감산(減算)함. ③음전극, 음전하, 또는 그 기호인 '−'. ④'적자'·'손실'·'불이익' 등을 뜻함. ¶ 마이너스 성장률. ⑤질병 따위의 검사에서 음성임을 나타내는 말. ↔플러스(plus).
마이너스^성장(minus成長)명 실질 국민 총생산이 전해에 비해 감소하는 일.
마ː이동풍(馬耳東風)명 〔말의 귀에 동풍이 불어도 말은 아랑곳하지 않는다는 뜻으로〕 남의 의견이나 충고의 말을 귀담아듣지 아니하고 흘려 버림을 이르는 말. 이백(李白)의 시에서 온 말임.
마이신(mycin)명 ①'항생제'를 흔히 이르는 말. ②〈스트렙토마이신〉의 준말.
마이실린(mycillin)명 스트렙토마이신과 페니실린의 복합제. 혼합 감염증의 치료에 쓰임.
마이오-세(←Miocene世)명 신생대 제3기를 다섯으로 나눈 때의 넷째 번 지질 시대. 중신세.
마이카나이트(micanite)명 운모로 만든, 열 및 전기 절연물의 상품명.
마이카돈(micadon)명 ☞마이카 콘덴서.
마이카^콘덴서(mica condenser)명 금속판 사이에 운모를 끼워 만든 축전기. 마이카돈.
마이크(mike)명 ☞마이크로폰.
마이크로-그램(microgram)의 백만분의 일 그램. 〔기호는 μg〕
마이크로-미ː터(micrometer) Ⅰ명 물건의 안지름·바깥지름, 또는 종이의 두께 등을 정밀하게 재는 기구. 측미계(測微計).
Ⅱ의 미터법에 의한 길이의 단위. 1마이크로미터는 1 m의 백만분의 일임.
마이크로-밸런스(microbalance)명 1 mg 이하의 아주 적은 양을 측정하는 천칭.
마이크로-버스(microbus)명 소형 버스.
마이크로-옴(microhm)의 전기 저항의 단위. 백만분의 일 옴(Ω). 〔기호는 μΩ〕
마이크로-웨이브(microwave)명 진동수가 1 GHz~300 GHz까지이고 파장이 1 mm~1 m까지인 전자파. 빛처럼 곧게 나아가는 성질을 가진 것으로, 레이더나 텔레비전 따위에 이용됨. 극초단파(極超短波). 마이크로파.
마이크로-카ː드(microcard)명 책이나 신문 등의 지면을 사진으로 축소 촬영하여 인화한 카드.
마이크로카ː드^리ː더(microcard reader)명 마이크로카드나 마이크로필름에 축소 촬영된 내용을 읽는 데 쓰이는 특수 환등기.
마이크로-컴퓨터(microcomputer)명 (미니컴퓨터보다 소규모인 컴퓨터로서) 마이크로프로세서를 중앙 처리 장치로 하고, 램(RAM), 롬(ROM), 외부 기억 장치, 주변 장치, 버스 등으로 구성된 컴퓨터. 마이크로프로세서.
마이크로-코즘(microcosm)명 ☞미크로코스모스(Mikrokosmos).
마이크로-퀴리(microcurie)의 방사성 물질의 양을 나타내는 단위. 백만분의 일 퀴리.
마이크로-톰ː(microtome)명 생물체의 조직을 현미경용 표본으로 얇게 자르는 장치.
마이크로-파(micro波)명 ☞마이크로웨이브.
마이크로-패럿(microfarad)의 전기 용량의 단위. 백만분의 일 패럿.
마이크로-폰ː(microphone)명 음파를 음성 전류로 바꾸는 장치. 전화나 방송의 송화기 따위. 마이크.
마이크로-프로세서(microprocessor)명 ①(마이크로컴퓨터의 중앙 처리 장치로 쓰이는) 하나 또는 몇 개의 고밀도 집적 회로로 구성된 프로세서의 한 가지. ②☞마이크로컴퓨터.
마이크로-필름(microfilm)명 자료나 문헌 따위를 축소 촬영하여 보존하는 데 쓰이는 불연성 필름.
마ː인(馬印)명 말의 산지를 표시하기 위하여 말의 볼기에 찍는 낙인.
마인(麻仁)명 ☞삼씨.
마일(mile)의 야드파운드법의 길이의 단위. 1마일은 약 1609 m. 〔기호는 mil〕. 리(哩). 영리(英里).
마일리지^서비스(mileage service)명 비행기나 철도를 이용하는 승객들에게, 이용한 총거리에 비례하여 항공사나 철도 회사에서 베푸는 여러 가지 혜택.
마일포스트(milepost)명 ①(배의 기준 속도를 재기 위하여) 해안에 설치해 놓은 푯대. ②이정표(里程標).
마임(mime)명 ①고대 그리스와 로마에서 성행한 즉흥 희극. ②몸짓과 표정으로 하는 연기. ③☞팬터마임.
마은명 〈옛〉마흔. ¶ 이제 마은 히로다(杜重 *2:13*). 참마순.

마올 명 〈옛〉 마을². 관청(官廳). ¶ 마올 부:府. 마올 사:司(類合上*18*). 참마술.
마자(麻子) 명 ☞삼씨.
마자-유(麻子油) 명 삼씨기름.
마ː작(麻雀) 명 중국에서 전해 온 실내 놀이의 한 가지. 네 사람이 136개의 패(牌)를 가지고 짝을 맞추는 놀이.
마ː작-꾼(麻雀-) 명 마작 놀이에 능하거나 남달리 즐기는 사람.
마장 의 십 리나 오 리 미만의 거리를 이를 때 '리(里)' 대신으로 쓰는 말. ¶ 두어 마장 더 가면 어머니 계시는 고향 집인데.
마ː장(馬場) 명 ①말을 매어 두거나 놓아기르는 곳. ②☞경마장(競馬場).
마장(魔障) 명 일이 되어 가던 중에 나타난 뜻하지 않은 탈. 마희(魔戲).
마ː장^마ː술(馬場馬術) 명 마술 경기의 한 가지. 일정한 넓이의 마장 안에서, 정해진 종목을 정해진 시간에 말을 다루어 그 솜씨를 겨루는 경기.
마-장수(馬-) 명 물건을 말에 싣고 다니며 장사하는 사람.
마장-스럽다(魔障-) [-따] [~스러우니·~스러워] 형ㅂ 어쩐지 일에 마장이 많다. 일에 헤살이 들다. **마장스레** 부.
마-장조(-長調) [-쪼] 명 '마' 음을 으뜸음으로 하는 장조.
마저 Ⅰ 부 남김없이 모두. 마지막까지 다. ¶ 저것도 마저 가져가지. /일을 마저 해야지.
Ⅱ 조 '까지도'나 '까지 모두'의 뜻으로 쓰이는 보조사. ¶ 너마저 그러기냐?/식량마저 떨어지다.
마ː적(馬賊) 명 지난날, 말을 타고 다니며 노략질하던 도둑의 무리.
마전 명하타 (피륙을 삶거나 빨아서) 바래는 일. 포백(曝白). 표백(漂白).
마-전(-廛) 명 지난날, 장터에서 곡식을 마질하던 곳.
마ː전(馬田) 명 ☞마위땅. 역전(驛田).
마ː전(馬錢) 명 마전과의 상록 교목. 높이 10~13 m. 달걀 모양의 잎이 마주나며, 가지 끝에 작은 꽃이 피어 사과보다 조금 큰 노란 장과(漿果)를 맺음. 씨는 한방에서 '마전자(馬錢子)'라 하여 약재로 쓰임.
마전(麻田) 명 삼밭.
마ː전-자(馬錢子) 명 한방에서, '마전의 씨'를 약재로 이르는 말.
마ː전-장이 명 마전을 업으로 하는 사람.
마ː전-터 명 마전하는 곳.
마접(魔接) 명하자 귀신과 접함. 신(神)이 내림. 참신접(神接).
마ː정(馬政) 명 말의 사육이나 품종 개량·번식·수출입 등에 관한 행정.
마ː제(馬蹄) 명 말굽.
마제(磨製) 명하타 갈아서 만듦, 또는 그렇게 만든 물건.
마ː제굽-토시(馬蹄-) 명 토시의 부리를 말굽 모양으로 만들어 손등을 덮게 한 토시. 말굽토시. 준마제토시.
마ː제-석(馬蹄石) 명 검푸른색으로 표면에 말굽과 같은 무늬가 있는 돌.
마제^석기(磨製石器) [-끼] 명 ☞간석기. 준마석기(磨石器).
마ː제-연(馬蹄椽) 명 말굽추녀.
마ː제-은(馬蹄銀) 명 말굽은.
마ː제-철(馬蹄鐵) 명 ①대접쇠. ②말편자.
마ː제-초(馬蹄草) 명 ☞참취.
마ː제-추녀(馬蹄-) 명 말굽추녀.
마ː제-토시(馬蹄-) 명 〈마제굽토시〉의 준말.
마ː제형^자ː석(馬蹄形磁石) 명 말굽자석.
마젤란-운(Magellan雲) 명 남반구에서 육안으로 볼 수 있는 은하계의 성운(星雲).
마-조(-調) [-쪼] 명 '마' 음(音)을 으뜸음으로 하는 음조(音調).
마조 부 〈옛〉 마주. ¶ 부텨 마조 나아 마ᄌᆞ샤(月印 *168*).
마조-장이(磨造-) 명 도자기를 가마에 넣기 전에, 매만져서 맵시를 고치는 사람.
마소히즘(masochism) 명 이성으로부터 신체적·정신적인 고통을 받음으로써 성적 쾌감이나 만족을 느끼는 병적인 심리 상태. 피학대 성욕 도착증. ↔사디즘(sadism).
마졸(魔卒) 명 마왕의 졸병.
마졸리카(majolica) 명 15세기경에 이탈리아에서 발달한 채화 도기(彩畫陶器).
마주 부 상대를 바로 향하여. 상대와 정면으로. ¶ 마주 대하다. /손을 마주 잡다.
마ː주(馬主) 명 (경마에서의) 말의 주인.
마주나-기 명 (코스모스나 수국처럼) 잎이 마디마다 두 개씩 마주 붙어 나는 일. 대생(對生). 참돌려나기·어긋나기.
마주-나다 자 줄기의 마디마다 잎이 두 개씩 붙어 나다.
마주-나무 명 마소를 매어 놓는 나무.
마주르카(mazurka) 명 폴란드의 민속 춤곡, 또는 그 곡에 맞추어 추는 발랄한 춤.
마주-잡이 명하자 두 사람이 앞뒤에서 마주 잡거나 멤, 또는 그렇게 메는 상여나 들것.
마주-치다 자타 ①마주 부딪치다. 충돌하다. ¶ 눈길이 서로 마주치다. /술잔을 마주치다. ②뜻밖에 만나다. ¶ 원수와 외나무다리에서 마주치다. ③(어떤 경우에) 부닥치다. 직면하다. ¶ 뜻밖의 장벽에 마주쳐 당황하다.
마주-하다 타여 마주 대하다. 상대하다. ¶ 나이 차이가 많아 마주하기가 거북하다.
마ː죽(馬粥) 명 말죽.
마중 명하타 오는 사람을 맞으러 나감. 나가서 맞이함. 출영(出迎). ¶ 마중을 나가다.
마중-물 명 펌프로 물을 퍼 올릴 때, 물을 끌어 올리기 위하여 먼저 윗구멍에 붓는 물.
마중지봉(麻中之蓬) 명 〔삼밭에 쑥대라는 뜻으로〕 좋은 사람들 사이에 있으면 그 영향으로 자기도 모르는 사이에 좋은 사람이 됨을 이르는 말.
마지(麻紙) 명 삼 껍질이나 삼베를 원료로 하여 만든 종이.
마지(摩旨) 명 부처에게 올리는 밥. 마짓밥.
마-지기 의 〔한 말의 씨앗을 뿌릴 만한 땅이라는 뜻으로〕 논밭의 넓이를 나타내는 단위. 〔보통, 논은 200평, 밭은 300평을 한 마지기로 침.〕 두락(斗落).
마ː지기(←馬直-) 명 조선 시대에, 내수사(內需司)와 각 궁방에 딸렸던 하인. 노자(奴子).
마지노-선(Maginot線) 명 ①제1차 세계 대전 후, 프랑스가 독일과의 국경에 구축한 방어선. 제2차 세계 대전 중인 1940년 독일군에 의해 파괴됨. ②'더는 물러설 수 없는 막다른 경우나 처지'를 비유하여 이르는 말.
마지막 명 일이나 차례의 맨 나중. 끝. 최종. 최후. ¶ 마지막까지 최선을 다하자. /영화의 마지막 회를 보고 나오다.

마ː지-못하다[-모타-]형여 마음이 내키지는 않으나, 아니 하려야 아니 할 수가 없다. 《주로, '마지못해'의 꼴로 쓰임.》 ¶ 하도 조르기에 마지못해 하기는 하였소.
마지-불기(摩旨佛器)명 불교에서, 마지를 담는 그릇. 불발(佛鉢).
마지-쇠(摩旨-)[-쇠/-쉐]명 부처에게 마지를 올릴 때 치는 쇠종.
마지-쌀(摩旨-)명 마지를 짓는 데 쓰는 쌀. 불미(佛米). 참공양미(供養米).
마ː지-아니하다조동 여 《동사의 연결 어미 '-아'·'-어'·'-여' 뒤에 쓰이어》 앞의 동사가 뜻하는 바를 강조하는 말. ¶ 애도해 마지아니하다. /존경하여 마지아니하다. 준마지않다.
마ː지-않다[-안타]조동 〈마지아니하다〉의 준말.
마직(麻織)명 〈마직물〉의 준말.
마직-물(麻織物)[-징-]명 삼 섬유를 원료로 하여 짠 피륙. 준마직.
마진(痲疹)명 ☞홍역(紅疫).
마ː진(margin)명 ①원가와 판매 가격의 차액. 차익(差益). ¶ 마진이 없는 장사라 먹고살기가 힘들다. ②판매 수수료. ③주식 매매의 증거금.
마-질명하타 곡식을 말로 되는 일.
마ː질(馬蛭)명 ☞말거머리.
마짓-밥(摩旨-)[-지빱/-짇빱]명 ☞마지(摩旨).
마-쪽명 뱃사람들이 '남쪽'을 이르는 말.
마쯧빙명 〈옛〉〈맞이〉의 높임말. ¶ 마쯧빙에 므슷 물 놀라니(龍歌95章).
마ː차(馬車)명 말이 끄는 수레.
마ː차-꾼(馬車-)명 마차를 부리는 사람. 마부(馬夫). 마차부(馬車夫).
마ː차-부(馬車夫)명 ☞마차꾼.
마ː차부-자리(馬車夫-)명 별자리의 한 가지. 북쪽 하늘의 오리온자리 북쪽에 있는, 오각형 모양의 다섯 개의 별. 마부좌(馬夫座).
마찬가지명 (비교되는 것이) 서로 같음. 매한가지. ¶ 고되기는 너나 나나 마찬가지지.
마찰(摩擦)명 ①하타되자 무엇에 대고 문지름. ¶ 손바닥으로 피부를 마찰하다. ②물리학에서, 운동하려 하는 물체, 또는 운동하고 있는 물체와 다른 물체와의 접촉 면에서 그 운동을 방해하는 힘이 작용하는 현상. ¶ 마찰이 크다. ③하자되자 둘 사이에 뜻이 맞지 않아 사이가 나빠지거나 충돌하거나 하는 일. ¶ 마찰을 피하다. /마찰을 일으키다.
마찰^계ː수(摩擦係數)[-계-/-게-]명 두 물체의 마찰면에 생기는 마찰력의 크기와 수직으로 작용하는 압력의 크기와의 비.
마찰-력(摩擦力)명 두 물체가 마찰할 때 생기는, 두 물체 사이의 저항력.
마찰^브레이크(摩擦brake)명 마찰로 회전체를 제동하는 장치.
마찰-열(摩擦熱)[-렬]명 물체와 물체가 마찰할 때 생기는 열.
마찰-음(摩擦音)명 자음의 한 갈래. 입 안이나 목청 사이의 통로를 좁혀서, 날숨이 그 사이를 비집고 나오면서 마찰하여 나는 소리. 'ㅅ·ㅆ·ㅎ'이 이에 딸림. 갈이소리.
마찰적 실업(摩擦的失業)[-쩍씨럽] 노동 수급(需給)이 일시적으로 원활하지 못하여 생기는 실업. 참만성적 실업(慢性的失業).
마찰^전ː기(摩擦電氣)명 서로 다른 두 물체의 마찰에 의하여 일어나는 전기. 참정전기.
마찰^클러치(摩擦clutch)명 마찰력으로 회전 운동을 단속(斷續)시키는 장치.
마천-루(摩天樓)[-철-]명 〔'하늘에 닿을 듯한 집'이라는 뜻으로〕 아주 높은 고층 건물을 이르는 말.
마-천우(麻天牛)명 ☞삼하늘소.
마ː철(馬鐵)명 말편자.
마ː초(馬草)명 말꼴.
마초다타 〈옛〉 맞추다. 합하다. ¶ 合掌ᄋᆞᆫ 손바당 마촐씨라(月釋2:29).
마초아부 〈옛〉 마침. 우연히. ¶ 淮陽 녜 일홈이 마초아 ᄀᆞᄐᆞᆯ시고(鄭澈.關東別曲). 참마초와·마쵸와.
마초와부 〈옛〉 마침. 우연히. ¶ 마초와 내 아니 갈셔(翻朴上53). 참마초아.
마쵸와부 〈옛〉 마침. 우연히. ¶ 마쵸와 밤일세 만경 힝혀 낫지런들 남우일 번ᄒᆞ여라(古時調). 참마초아.
마추다타 '맞추다'의 잘못.
마춤명 '맞춤'의 잘못.
마충(麻蟲)명 ☞삼벌레.
마취(痲醉)명하타되자 (수술 등을 할 때) 약물 등을 써서 생물체의 전신이나 국소의 감각을 일시적으로 마비시키는 일. 몽혼(朦昏). ¶ 마취에서 깨어나다.
마취-제(痲醉劑)명 마취하는 데 쓰이는 약. 몽혼제.
마치[1]명 ①무엇을 두드리거나 못 따위를 박는 데 쓰이는 작은 연장. 쇠뭉치에 자루가 달려 있음. ②'망치'의 잘못.
마치가 가벼우면 못이 솟는다속담 윗사람이 위엄이 없으면, 아랫사람이 순종하지 않는다는 뜻.
마치[2]부 《'같다'·'처럼'·'듯' 따위와 함께 쓰이어》 (다른 것에 비기어) 거의 비슷하게. 흡사. ¶ 마치 외국에 온 것 같다.
마ː치(馬齒)명 '자기의 나이'를 겸손하게 이르는 말. 마령(馬齡).
마치다[1]자 ①(말뚝이나 못 같은 것을 박을 때) 밑에 무엇이 닿아 받치다. ¶ 못 끝에 돌이 마치다. ②몸의 어느 부분이 결리다. ¶ 옆구리가 마치다.
마치다[2]자타 ①(하던 일을) 끝내다. 마무리하다. ¶ 회의를 마치다. ②(사람이) 생을 더 누리지 못하고 끝내다. ¶ 남은 여생을 고향에서 마치려 한다. 준맟다.
마치다타 〈옛〉 맞히다. ¶ 세사롤 마치시니(龍歌32章). /마칠 셕:射(類合下7).
마치-질명하타 마치로 무엇을 두드리거나 박는 일. 마치로 하는 일.
마침부 ①(어떤 경우나 시기에) 꼭 알맞게. ¶ 만나고 싶었는데 마침 잘 왔군. ②우연히. 공교롭게. ¶ 막 집을 나서는데 마침 그가 왔다. ③그때가 바로. ¶ 마침 시험 때라서 가지 못했어.
마침-가락[-까-]명 (어떤 경우나 조건에) 우연히 딱 들어맞음. ¶ 저 꿀단지를 비우면 꽃병으로는 마침가락이겠다.
마침-구이명하타 애벌구이한 자기(瓷器)에 다시 유약을 씌워서 완전히 구워 내는 일. 참설구이.
마침-내부 드디어 마지막에는. 결국. 종내(終乃). ¶ 마침내 작품이 완성되었다.
마침-맞다[-맏따]형 꼭 알맞다. 아주 잘 맞다. 《주로, '마침맞게'·'마침맞은'의 꼴로 쓰임.》 ¶ 방문을 잠그려던 참인데 마침맞게 잘 왔다.
마침-몰라부 그때를 당하면 어찌 될지 모르나. ¶ 서너 끼니 굶으면 마침몰라, 설마 훔쳐 먹기야 하겠니.

마침-표(-標)명 ①'.'의 이름. ②음악에서, 악장이나 악곡의 끝을 나타내는 표. 종지 기호. 종지부.

마카로니(macaroni 이)명 속이 빈, 가느다란 대롱처럼 만든 이탈리아식 국수.

마카로니-웨스턴(macaroni 이+western)명 이탈리아에서 제작한, 미국의 서부극을 본뜬 영화.

마카로니^인견사(macaroni人絹絲)명 ☞중공인견사(中空人絹絲).

마카롱(macaron 프)명 편도(扁桃)와 밀가루, 달걀흰자, 설탕 등을 넣어 만든 과자.

마칼-바람명 '북서풍(北西風)'의 뱃사람 말.

마:케팅(marketing)명 상품이나 용역을 생산자로부터 소비자에게 합리적으로 유통시키기 위한 기업의 활동.

마:케팅^리서:치(marketing research)명 시장조사(市場調査).

마:크(mark)명 ①기호. 상표(商標). 표지(標識). ②하자타 ㉠축구 따위 구기에서, 상대편의 공격을 견제하고 방해함. ¶ 상대 선수를 집중 마크하다. ㉡기록함. ¶ 2위를 마크하다.

마크라메^레이스(macramé 프+lace)명 굵은 실이나 가는 끈을 재료로 하여 매듭을 맺어 무늬를 만드는 수예의 한 가지. 손가방이나 커튼, 테이블보 따위에 이용됨.

마크로-코스모스(Makrokosmos 독)명 대우주(大宇宙). ↔미크로코스모스(Mikrokosmos).

마키다타 〈옛〉 매기다. ¶ 四弘誓中에 둘헤 마키니(圓覺下一之一5).

마키아벨리즘(Machiavellism)명 목적을 위하여서는 수단과 방법을 가리지 않고 권모술수를 부리는 행동 양식.

마타리명 마타릿과의 다년초. 높이 1 m가량. 깃 모양의, 깊이 째진 겹잎이 마주남. 7~8월에 종 모양의 노란 꽃이 산방 꽃차례로 핌. 산과 들에 절로 나는데, 어린잎은 나물로 먹음. 여랑화(女郞花). 패장(敗醬).

마:태(馬太)명 말먹이로 쓰는 콩.

마:태(馬馱)명 말의 짐바리.

마:태-복음(←Matthew福音)명 신약 성서 중의 첫째 편. 마태의 저작으로, 사복음서 중의 하나. 예수의 계도(系圖)로부터 시작하여 예수의 탄생, 광야의 시험, 산상의 설교, 베드로의 신앙 고백, 수난, 부활 등에 관하여 기록한 내용.

마테(←matrix)명 활자의 모형(母型)을 만드는 데 쓰이는 황동(黃銅)의 각봉(角棒).

마투리명 (섬을 단위로 하여 곡식을 셀 때) 한 섬을 채우지 못하고 남은 분량. 말합(末合).

마:티니(martini)명 칵테일의 한 가지. 진에 베르무트와 오렌지 비터즈를 섞고 올리브를 띄움.

마티에:르(matière 프)명 갖가지 소재나 그 사용법에 따라 미술품의 겉면에 나타난 재질의 독특한 느낌. 질감.

마-파람명 '남풍(南風)'의 딴 이름. 경풍(景風). 마풍(麻風). 앞바람. 오풍(午風).
마파람에 게 눈 감추듯속담 음식을 매우 빨리 먹어 치움을 비유하여 이르는 말.

마:판(馬板)명 ①마구간 바닥에 깐 널빤지. ②한데의, 마소를 매어 두는 곳.

마:패(馬牌)명 조선 시대에, 공사(公事)로 지방에 나가는 관원에게 역마(驛馬)를 징발할 수 있는 표로서 주던 패(牌). 지름 10 cm가량의 둥근 구리판으로 앞면에는 마필의 수효, 뒷면에는 자호(字號)와 날짜 따위를 새겼음. 〔암행어사는 이를 인장으로 썼고, 어사가 출두할 때는 역졸이 이를 들고 '암행어사 출두'를 외쳤음.〕

마:편(馬鞭)명 말채찍.

마:편-초(馬鞭草)명 마편초과의 다년초. 높이 30~60 cm. 줄기는 모가 지고 곧게 자라며, 잔주름이 많은 깃 모양의 잎이 마주남. 늦여름에 자줏빛의 작은 꽃이 줄기 끝에 이삭 모양으로 핌. 한방에서 통경제(通經劑) 따위로 쓰임.

마포(麻布)명 삼베.

마풀명 ☞해조(海藻).

마풍(麻風)명 마파람.

마풍(痲瘋)명 문둥병의 한 가지.

마풍(魔風)명 〔악마가 일으키는 바람이라는 뜻으로〕 '무시무시하게 부는 바람'을 비유하여 이르는 말.

마:피(馬皮)명 말의 가죽.

마피(麻皮)명 삼의 껍질.

마피아(Mafia 이)명 이탈리아의 시칠리아 섬을 근거로 하는 강력한 반사회적 비밀 집단. 현재는 미국의 대도시에서 마약과 도박에 관련된 범죄 조직을 형성하고 있음.

마:필(馬匹)명 말.

마하(摩訶←Mahā 범)명 《주로 다른 말이나 인명 앞에 쓰이어》 불교에서, '위대함·뛰어남·불가사의함' 따위의 뜻으로 쓰이는 말.

마하(Mach 독)의 미사일이나 항공기 따위의 속도를 나타내는 단위. 〔마하 1은 초속 약 340 m이고, 속도가 마하 1을 넘을 때 초음속이라고 함. 기호는 M〕 참마하수(Mach數).

마하반야^바라밀경(←摩訶般若波羅蜜經)명 대반야경의 정수를 간결하게 설한 경전.

마하-살(摩訶薩←Mahā sattva 범)명 〔불교에서〕 ①대성인(大聖人). ②큰 보살(菩薩).

마하-수(Mach數)의 유체(流體) 또는 유체 속에서 운동하는 물체의 속도와 유체 속에서 전해지는 음파의 속도와의 비. 〔기호는 M〕

마:한(馬韓)명 삼한의 하나. 한반도의 서남쪽에 위치한 50여의 군장(君長) 국가로 이루어졌던 나라로, 뒤에 백제에 병합됨.

마:함(馬銜)명 재갈.

마:합(馬蛤)명 ☞말조개.

마헤(Mache 독)의 공기나 온천수 따위에 들어 있는 방사능 농도의 단위.

마혜(麻鞋)[-혜/-헤]명 미투리.

마호가니(mahogany)명 멀구슬나뭇과의 상록 교목. 높이 20~30 m. 깃 모양의 겹잎이 어긋맞게 나며 여름에 흰 꽃이 원추 꽃차례로 피고, 지름 8 cm가량의 꼬투리를 맺음. 서인도제도, 남아프리카 등에 분포함. 목재는 적갈색으로 내수성이 강하여 가구재 따위로 쓰임.

마호메트-교(Mahomet教)명 ☞이슬람교.

마호메트-력(Mahomet曆)명 ☞이슬람력.

마:-호주(馬戶主)명 지난날, 역마(驛馬)를 맡아 기르던 역인(驛人).

마:황(馬黃)명 한방에서, 말의 배 속에 생기는 우황(牛黃) 같은 덩어리를 이르는 말. 〔경간(驚癎)에 약으로 쓰임.〕

마황(麻黃)명 ①마황과의 상록 관목. 높이 30~70 cm. 줄기에 뚜렷한 마디가 있고, 작은 비늘 모양의 잎이 마주남. 암수딴그루로 여름에 흰 꽃이 피고, 두 개의 씨가 들어 있는 장과를 맺음. ②한방에서, '마황의 줄기'를 약재로 이르는 말. 〔오한이나 해수 따위에 쓰임.〕

마흔수관 열의 네 곱절(의). 사십(四十).

마희(魔戲)[-히]명 ☞마장(魔障).
막[1]부 금방. 이제 바로. 바로 그때. ¶ 막 해가 돋으려 하는 광경./기차가 막 떠나다.
막[2]부 ①〈마구〉의 준말. ¶ 막 덤벼들다. ②건잡을 수 없이. 몹시. ¶ 눈물이 막 쏟아지다.
막(幕) Ⅰ명 ①비바람이나 가릴 정도로 임시로 지은 집. 막사. ¶ 막을 짓고 살다. ②칸을 막거나 공간을 가리는 데 쓰이는 넓은 피륙 따위. ¶ 막을 둘러치다. 참장막. ③극장에서, 무대와 객석 사이를 가리는 피륙. ¶ 막을 올리다.
Ⅱ의 연극에서 내용의 큰 단락을 세는 단위. 〔1막은 막을 올리고부터 내릴 때까지의 한 장면.〕 ¶ 2막 3장.
막을 내리다관용 ①무대 공연을 마치다. ②어떤 일을 마치다. ¶ 파란 많은 일생의 막을 내리다.
막이 오르다관용 ①(무대에서) 공연이 시작되다. ②어떤 일이(행사가) 시작되다. ¶ 올림픽의 막이 오르다.
막(膜)명 ①생물체의 모든 기관을 싸고 있거나 경계를 이루는 얇은 꺼풀. 〔복막·세포막 따위.〕 ②물건의 겉을 싸고 있는 얇은 꺼풀. ¶ 물에 기름의 막이 생기다.
막(漠)수관 묘(渺)의 10분의 1, 모호(模糊)의 10배가 되는 수(의). 곧, 10^{-12}.
막-접두 《일부 명사 앞에 붙어》 ①'닥치는 대로', '함부로'의 뜻을 나타냄. ¶ 막벌이./막일. ②'거친', '아무렇게나 생긴', '허드레의'의 뜻을 나타냄. ¶ 막돌./막베./막초. ③'마지막', '끝'의 뜻을 나타냄. ¶ 막둥이./막차.
막-가다[-까-]자 막되게 행동하다. 앞뒤 분별없이 행패를 부리다. ¶ 술에 취해 막가는 행동을 하다.
막간(幕間)[-깐]명 ①연극에서, 한 막이 끝나고 다음 막이 시작되기까지의 동안. ②어떤 일의 한 단락이 끝나고 다음 단락이 시작되기까지의 동안. ¶ 막간을 이용해서 한 말씀 드리겠습니다.
막간-극(幕間劇)[-깐-]명 ①본 연극의 막간에 보이는 짧은 극. 인테르메초. ②연회 따위에서, 여흥으로 하는 짧은 극.
막강(莫強)[-깡]명하형 더할 수 없이 강함. ¶ 막강 전력을 자랑하다.
막강지궁(莫強之弓)[-깡-]명 매우 세고 위력이 있는 활. 막막강궁(莫莫強弓).
막강지병(莫強之兵)[-깡-]명 매우 강한 군사. 막막강병(莫莫強兵).
막-걸다[-껄-][~거니·~걸어]타 노름판 같은 곳에서 단판으로 끝내기 위하여, 가진 돈을 몽땅 걸다.
막걸리[-껄-]명 우리나라 고유의 술의 한 가지. 주로 쌀로 빚어서 청주를 떠내지 않고 그대로 걸러 낸 술. 빛깔이 희부옇고 탁하며 알코올 함유량이 낮음. 탁주(濁酒). ↔맑은술. 참농주(農酒).
막걸-리다[-껄-]자 《'막걸다'의 피동》 (노름판 같은 데서) 막걺을 당하다.
막골(膜骨)[-꼴]명 척추동물의 경골(硬骨). 피부의 결체 조직으로 이루어진 뼈.
막-국수[-꾹쑤]명 강원도 향토 음식의 한 가지. 메밀가루를 익반죽하여 국수틀에 눌러 굵게 뽑아 삶아서, 육수와 김칫국을 붓고, 김치와 오이를 얹어 양념을 쳐서 먹음.
막급(莫及)[-끕]명하형 더 이상 이를 수 없음. ¶ 생각할수록 후회가 막급하다.
막-깎기[-깍끼]명하타 막깎는 일.
막-깎다[-깍따]타 머리털을 바싹 짧게 깎다. ¶ 다 큰 애를 막깎아 놓으니 영 보기가 싫다.
막-나이명 '막낳이'의 잘못.
막-낳이[망나-]명 아무렇게나 짠, 품질이 좋지 않은 막치 무명.
막내[망-]명 형제자매 중에서 맨 마지막으로 태어난 사람. ↔맏이.
막내-동이명 '막내둥이'의 잘못.
막내-둥이[망-]명 '막내'를 귀엽게 이르는 말.
막내-딸[망-]명 (여러 딸 가운데서) 맨 끝으로 태어난 딸.
막내-며느리[망-]명 막내아들의 아내.
막내-아들[망-]명 (여러 아들 가운데서) 맨 끝으로 태어난 아들. 계자(季子). 말자(末子).
막내-아우[망-]명 여러 아우 중에서 나이가 가장 적은 아우. 막냇동생.
막냇-누이[망낸-]명 여러 누이 중에서 나이가 가장 적은 누이.
막냇-동생(-同生)[망내똥-/망낻똥-]명 막내아우.
막-노동(-勞動)[망-]명하자 막일.
막-놓다[망노타]타 노름에서, 몇 판에 걸쳐 잃은 돈머리를 합쳐서 한목에 내기를 걸다.
막-능당(莫能當)[망-]명하형 무엇으로도 능히 당해 낼 수 없음. ¶ 막능당의 힘을 과시하다.
막다[-따]타 ①통하지 못하게 하다. ¶ 길을 막다./구멍을 막다. ②가리거나 둘러싸다. ¶ 산이 마을 북쪽을 막아 서 있다. ③하는 것을 질러 못하게 하다. ¶ 남의 말을 도중에 막다. ④남의 뜻을 받아들이지 아니하다. ¶ 남의 호의를 막다. ⑤맞서 버티다. ¶ 상대편의 공격을 막다. ⑥(무엇이) 미치지 못하게 하다. ¶ 추위를 막다. ⑦미리 어떤 일이 일어나지 않게 하다. ¶ 홍수의 피해를 미리 막다. ⑧(씨름판 따위의) 끝을 내다. ¶ 판을 막다. ⑨돈을 갚거나 결제하다. ¶ 어음을 막다./카드 대금을 막다.
막-다르다[-따-]형 《주로 '막다른'의 꼴로 쓰이어》 ①더 나아갈 수 없게 막혀 있거나 끊겨 있다. ¶ 막다른 길. ②일이 더는 어찌할 수 없는 형편에 있다. ¶ 막다른 지경.
막다른 골목이 되면 돌아선다속담 일이 궁지에 이르게 되면 계책이 생기게 마련이라는 뜻.
막다른 골목〔골〕관용 (일이) '더는 어찌할 수 없는 지경에 이름'을 비유하여 이르는 말.
막다히명 〈옛〉 막대기. ¶ 棒은 막다히라(金三 *4:7*). 참막대.
막-달[-딸]명 해산(解產)할 달.
막-담배[-땀-]명 품질이 낮은 담배. 참막초.
막대[-때]명 〈막대기〉의 준말.
막대명 〈옛〉 막대기. ¶ 막대 방:棒(訓蒙中*19*). 참막다히.
막대(莫大) '막대하다'의 어근.
막대-그래프(-graph)[-때-]명 사물의 양 따위를 막대 모양의 길이로 나타낸 그래프.
막대기[-때-]명 가늘고 긴 나무의 도막. 준막대.
막대-자석(-磁石)[-때-]명 막대기 모양으로 생긴 자석. 봉자석(棒磁石).
막대-잡이[-때-]명 ①(소경은 지팡이를 오른손에 잡으므로) 소경을 상대로 하여 말할 때 '오른쪽'을 이르는 말. 참부채잡이. ②'길을 인도하는 사람'을 속되게 이르는 말.
막-대패[-때-]명 애벌로 미는 데 쓰는 대패.
막대패-질[-때-]명하타 막대패로 대강 미는 일.
막대-하다(莫大-)[-때-]형여 엄청나게 많다. 매우 크고 많다. ¶ 막대한 손실. **막대-히**부.

막댓-가지[-때까-/-땓까-]명 가는 막대기.
막-도장(-圖章)[-또-]명 인감으로 등록하지 않은, 보통 때 쓰는 도장을 흔히 이르는 말.
막-돌[-똘]명 아무렇게나 생겨 쓸모없는 돌. 잡석.
막돌^기초(-基礎)[-똘-]명 막돌로 쌓은 기초.
막-동[-똥]명 윷놀이에서, '넉동'을 '마지막으로 나는 동'의 뜻으로 이르는 말.
막-동이명 '막둥이'의 잘못.
막돼-먹다[-뙈-따]형 〈막되다〉의 속된 말. ¶ 막돼먹은 인간.
막-되다[-뙤-/-뛔-]형 말이나 행동이 버릇없고 거칠다. 《주로, '마된'·'마되게'이 꼴로 쓰임.》 ¶ 막된 사람. /막되게 굴다.
막된-놈[-뙨-/-뛘-]명 말이나 행실이 막된 사람.
막-둥이[-뚱-]명 ①지난날, 잔심부름을 하는 나이 어린 사내아이를 이르던 말. ②'막내 자식'을 귀엽게 이르는 말.
막딕명 〈옛〉 막대기. ¶ 흔 손에 막딕 잡고 또 흔 손에 가싀 쥐고(古時調). 참막다히.
막론(莫論) '막론하다'의 어근.
막론-하다(莫論-)[망논-]타여 따져 말할 나위도 없다. 논의할 것도 없다. 《주로, '막론하고'의 꼴로 쓰임.》 ¶ 이유 여하를 막론하고 법에 따라 다스리겠다.
막료(幕僚)[망뇨]명 ①☞비장(裨將). ②육군·해군·공군의 사령관에 직속되어 보좌하는 참모.
막리지(莫離支)[망니-]명 고구려 때, 군사와 정치를 통틀어 다스리던 벼슬.
막막(寞寞) '막막(寞寞)하다'의 어근.
막막(漠漠) '막막(漠漠)하다'의 어근.
막막-강궁(莫莫強弓)[망-깡-]명 ☞막강지궁.
막막-강병(莫莫強兵)[망-깡-]명 ☞막강지병.
막막-궁산(寞寞窮山)[망-꿍-]명 인적이 없어 적막하도록 깊고 높은 산.
막막-대해(漠漠大海)[망-때-]명 끝없이 넓고 아득한 큰 바다.
막막-조(邈邈調)[망-쪼]명 ①고려 시대의 악곡의 이름. 음조(音調)가 급하고 강함. ②'강직한 사람'을 비유하여 이르는 말.
막막-하다(寞寞-)[망마카-]형여 ①고요하고 쓸쓸하다. ¶ 막막한 산중의 밤. ②의지할 데 없이 외롭다. ¶ 낯선 객지에서의 막막한 처지. ③꽉 막힌 듯이 답답하다. ¶ 귀가 막막하다. **막막-히**부.
막막-하다(漠漠-)[망마카-]형여 ①끝없이 넓고 아득하다. ¶ 막막하게 펼쳐진 사막. ②아득하고 막연하다. ¶ 앞길이 막막하다. /생계가 막막하다. **막막-히**부.
막-말[망-]명하자 함부로 지껄이는 말. 속되게 마구잡이로 하는 말. ¶ 화가 좀 났기로서니 막말을 하다니.
막-매기[망-]명 전각(殿閣)이나 신당(神堂) 따위의 건물로서 포(包)를 쓰지 않고 지은 집.
막무가내(莫無可奈)[망-]명 어찌할 수 없음. 굳게 고집하여 융통성이 없음. ¶ 아무리 사정하여도 막무가내다.
막물-태(-太)[망-]명 맨 끝물에 잡힌 명태.
막-바지[-빠-]명 ①막다른 곳. ¶ 계곡의 막바지. ②(일 따위의) 마지막 단계. ¶ 일이 막바지에 접어들다.
막-백토(-白土)[-빽-]명 석비레가 많이 섞인 백토.
막-벌[1][-뻘]명 마지막으로 처리하는 한 차례. ¶ 막벌 논매기까지 끝났다.
막-벌[2][-뻘]명 (나들이옷이 아닌) 마구 입는 옷.
막-벌다[-뻘-][~버니·~벌어]자 일을 가리지 않고 닥치는 대로 하여 돈을 벌다.
막벌-이[-뻐리]명하자 막일을 하여 돈을 버는 일. ¶ 막벌이로 생계를 꾸려 나가다.
막벌이-꾼[-뻐리-]명 막벌이로 생활하는 사람.
막벌이-판[-뻐리-]명 막벌이를 하는 일터.
막-베[-뻬]명 거칠게 짠 베.
막-베먹다[-뻬-따]타 본디 가졌던 밑천을 함부로 잘라 쓰다. ¶ 장사 밑천까지 막베먹어서야 될 말인가.
막벽(膜壁)[-뼉]명 막질(膜質)로 된 칸막이.
마부(幕府)[-뿌]명 ①변방에 지휘관이 머물면서 군사를 지휘하는 곳. ②12세기 말에서 19세기까지 일본을 통치한 쇼군의 정부.
막부득이(莫不得已)[-뿌-]부하형 '부득이'의 힘줌말.
막-불겅이[-뿔-]명 ①불겅이보다 질이 낮은 살담배. ②곱게 익지 않은 고추.
막비(幕裨)[-삐]명 ☞비장(裨將).
막비왕신(莫非王臣)[-삐-]명 왕의 신하 아닌 사람이 없음. 모두 왕의 신하임.
막비왕토(莫非王土)[-삐-]명 왕토 아닌 땅이 없음. 모두 왕의 영토임.
막-뿌리명 ☞부정근(不定根).
막사(幕舍)[-싸]명 ①임시로 허름하게 지은 집. 막(幕). ¶ 피난민 막사. ②군대가 거주하는 건물. ③지난날, 해군 기지에 주둔하여 특수 지역의 경비를 맡아보던 해병대의 단위 부대.
막-사리[-싸-]명 얼음이 얼기 전의 조수(潮水).
막-살다[-쌀-][~사니·~살아]자 아무 계획도 없이 되는대로 살림을 하다. ¶ 막사는 사람에게 저축을 하라니….
막살-이[-싸리]명하자 아무 계획도 없이 되는대로 사는 살림살이.
막상[-쌍]부 어떤 일에 부닥쳐서 실지로. ¶ 막상 얼굴을 대하고 보니 할 말이 없다.
막상(莫上)[-쌍]명 ☞극상(極上).
막상막하(莫上莫下)[-쌍마카]명하형 낫고 못하고를 가리기 어려울 만큼 서로 차이가 거의 없음. ¶ 실력이 막상막하다. 참난형난제(難兄難弟).
막상-말로[-쌍-]부 마기말로.
막-새[-쌔]명 ①재래식 골기와 지붕의 처마 끝을 꾸미는 수키와, 또는 그 수키와 끝에 달린 무늬가 새겨진 부분. 드림새. 막새기와. 묘두와. 수막새. ↔내림새. ②보통 기와로 처마를 이었을 때, 수키와의 아가리를 회로 막은 부분. ②아귀토.
막새-기와[-쌔-]명 막새.
막-서다[-써-]자 ①어려워하는 기색도 없이 함부로 대들다. ②어른이나 아이를 가리지 않고 함부로 겨루려 들다. ¶ 버릇없이 선생님께 막서다.
막설(莫說)[-썰]명하타 말을 그만둠. ¶ 이제 실패담은 막설하고 새로운 사업 이야기나 하자.
막-설탕(*-雪糖)[-썰-]명 ☞조당(粗糖).
막-소주(-燒酒)[-쏘-]명 품질이 낮은 소주.
막-술[-쑬]명 마지막으로 떠먹는 밥술. ↔첫술.
막술에 목이 멘다속담 지금까지 순조롭던 일이 마지막에 탈이 남을 이르는 말.
막시(膜翅)[-씨]명 얇은 막질(膜質)로 된 날개, 곧 벌·개미 따위의 날개.
막심(莫甚)[-씸]명하형 매우 심함. 아주 대단함. ¶ 태풍의 피해가 막심하다. **막심-히**부.
막아-벌리다타 가로막아 두 사이를 넓게 하다.

막아-서다[타] 앞을 가로막고 서다. ¶ 길을 막아서다.
막역(莫逆) '막역하다'의 어근.
막역-간(莫逆間) [-깐][명] ☞막역지간.
막역지간(莫逆之間) [-찌-][명] 허물없이 지내는 친한 친구 사이. 막역간.
막역지교(莫逆之交) [-찌-][명] 막역한 사귐.
막역지우(莫逆之友) [-찌-][명] 막역한 벗.
막역-하다(莫逆-) [마겨카-][형][여] 뜻이 맞아 서로 허물이 없다. ¶ 막역한 친구. **막역-히**[부].
막연(漠然·邈然) '막연하다'의 어근.
막연-하다(漠然-·邈然-)[형][여] ①아득하다. ¶ 근거를 찾을 길이 막연하다. ②똑똑하지 못하고 어렴풋하다. ¶ 막연한 기대. **막연-히**[부].
막왕막래(莫往莫來) [-망내][명][하자] 서로 오고 가고 함이 없음.
막이-산지[명] 열십 자로 끼워 맞춘 재목에, 빠지거나 흔들리지 않게 하려고 박는 나무못.
막-일[망닐][명][하자] ①닥치는 대로 하는 육체노동. 막노동. ②대수롭지 않은 허드렛일. [참]상일.
막일-꾼[망닐-][명] 막일을 하는 사람.
막자[-짜][명] 덩어리 약을 갈아 가루로 만드는 데 쓰이는, 작은 사기 방망이.
막-자갈[-짜-][명] 모래가 섞인 자갈.
막자-사발(-沙鉢) [-짜-][명] 막자로 약을 갈아 가루로 만드는 사발. 사기 따위로 만듦.
막-잠[-짬][명] 누에의 마지막 잠.
막-잡이[-짜비][명] ①아무렇게나 마구 쓰는 물건. 조용품(粗用品). ②어떤 물건 가운데서 좋은 것은 따로 골라내고 남은 것. ③'마구잡이'의 잘못.
막장[-짱][명] ①갱도의 막다른 곳. ②[하자]갱도 끝에서 석탄이나 광물 따위를 파내는 일.
막-장(-醬) [-짱][명] 된장의 한 가지. 볶은 콩을 갈아 메줏가루를 섞은 다음 소금, 고춧가루, 보드라운 겨 및 양념 등을 넣고 물을 알맞게 부어서 띄움.
막장-꾼[-짱-][명] 광산에서 땅을 파거나 정 따위로 돌구멍을 뚫는 노동자.
막-장부촉(-鏃) [-짱-][명] 아무 재목이나 마구 뚫어 끼우게 만든 긴 장부촉.
막장-일[-짱닐][명][하자] 막장에서 광물을 파내는 일.
막전(幕電) [-쩐][명] 멀리서 일어난 번갯불의 불빛을 받아 구름 전체가 훤하게 보이는 현상.
막-전위(膜電位) [-쩌뉘][명] 반투막으로 분리된 두 용액 사이에서 생기는 전위차(電位差).
막중(莫重) '막중하다'의 어근.
막중-국사(莫重國事) [-쭝-싸][명] 매우 중대한 나랏일.
막중-대사(莫重大事) [-쭝-][명] 매우 중대한 일.
막중-하다(莫重-) [-쭝-][형][여] 매우 중요하다. 더할 수 없이 소중하다. ¶ 막중한 임무. /책임이 막중하다. **막중-히**[부].
막지(漠地) [-찌][명] 사막처럼 거칠고 메마른 땅.
막-지르다[-찌-] [~지르니·~질러][타][르] 앞길을 막다. 앞질러 가로막다. ¶ 남의 말을 막지르다.
막지-밀[-찌-][명] 밀의 한 가지. 이른 봄에 갈아서 6~7월에 거두는데, 까끄라기가 길고 빛이 누르며 질이 낮음.
막질(膜質) [-찔][명] 막으로 된 바탕, 또는 그러한 성분의 물질.
막질리다[-찔-][자] 〖'막지르다'의 피동〗 막지름을 당하다. ¶ 앞길을 막질리다.
막-차(-車)[명] (그날에) 마지막으로 떠나거나 들어오는 차. ¶ 막차가 끊겨 집에 못 들어갔다. ↔첫차.
막차(를) 타다[관용] 어떤 일의 마지막 기회를 잡다. ¶ 비과세 혜택이 주어지는 상품에 겨우 막차를 탔다.
막차(幕次)[명] 거둥 때, 임금이 장막을 치고 임시로 머무르던 곳.
막-창자[명] ☞맹장(盲腸).
막-초(-草)[명] 품질이 매우 낮은 살담배.
막-춤[명] 일정한 형식 없이 제멋대로 추는 춤.
막-치[명] 아무렇게나 만든, 품질이 낮은 물건. 조제품(粗製品).
막-토(-土)[명] 집 따위를 지을 때, 아무 곳에서나 파서 쓰는 보통 흙.
막-판[명] ①마지막 판. ¶ 막판에 와서 헤살을 놓다. ②일이 아무렇게나 마구 되어 가는 판. ¶ 술에 취한 두 남자는 막판으로 싸웠다.
막-필(-筆)[명] 허름하게 맨, 막 쓰는 붓.
막하(幕下) [마카][명] ①지난날, 주장(主將)이 거느리던 장교와 종사관(從事官)을 아울러 이르던 말. 장하(帳下). ②지휘관이나 책임자가 거느리는 부하, 또는 그 지위.
막하(를) 잡다[관용] (장수가) 자기가 거느릴 막하를 선택하다.
막-해야[마캐-][부] 최악이나 최하의 경우라도. ¶ 막해야 밑지진 않겠지.
막후(幕後) [마쿠][명] ①보이지 아니하는 막의 뒤. ②표면으로 드러나지 아니한 뒤편. 배후. ¶ 막후 인물. /막후 협상. /막후에서 영향력을 행사하다.
막후-교섭(幕後交涉) [마쿠-][명] 표면에 나서지 아니하고 은밀히 하는 교섭.
막-흙[명] '막토'의 잘못.
막-히다[마키-][자] ①〖'막다'의 피동〗 막음을 당하다. ¶ 막힌 하수도를 뚫다. ②어려운 대목에서 잘 풀리지 않다. ¶ 말문이 막히다. /수학 문제가 잘 풀리지 않고 막힌다. ③하려던 것을 못하게 되다. ¶ 혼삿길이 막히다.
막힘-없다[마키멉따][형] 일이 순조롭게 진행되어 방해받는 것이 없다. **막힘없-이**[부] ¶ 공사가 막힘없이 진행되다.
만1[의] 동안이 얼마 계속되었음을 나타내는 말. 《주로, '만에'·'만이다'의 꼴로 쓰임.》 ¶ 이거 얼마 만인가?/3년 만에 만나다.
만2[의] 《어미 '-ㄹ(을)' 뒤에 쓰이어》 ①동작이나 상태 등에 타당한 이유가 있음을 나타내는 말. ¶ 화를 낼 만도 하다. /욕을 먹을 만도 하다. ②동작이나 상태 등이 가능함을 나타내는 말. ¶ 이해할 만은 하다.
만3[조] ①사물을 한정하여 이르는 보조사. ¶ 나만 가겠다. /공부만 해라. ②앞의 사실 또는 동작을 강조하는 보조사. ¶ 보기만 해도 마음이 흐뭇하다. ③《'하다'·'못하다'와 함께 쓰이어》 앞말이 나타내는 대상이나 내용 정도에 달함을 나타내는 보조사. ¶ 주먹만 한 감자. /이것은 저것만 못하다. ④'겨우 그 정도'의 뜻을 나타내는 보조사. ¶ 그만 일을 가지고 왜 그리 호들갑을 떠느냐? ⑤《주로 '~만 하면'의 꼴로 쓰이어》 습관적으로 나타나는 현상을 나타내는 보조사. ¶ 밥만 먹으면 속이 쓰리다.
만4[조] 접속 조사 〈마는〉의 준말. ¶ 받기는 받는다만 달갑지는 아니하다.
만(卍)[명] ①불교의 표지(標識). ②인도에 전하여 오는 길상(吉祥)의 표상. 〔불교에서는 불상의 가슴에 그림.〕
만(蠻)[명] 오랑캐, 특히 중국에서 이르는 남쪽의 오랑캐. 남만(南蠻).

만(灣)명 바다의 일부가 육지로 휘어 들어가 있는 부분. 해만(海灣).

만:(萬)수관 천의 열 곱절(의).

만에 하나관용 가능성은 거의 없지만 혹시. ¶ 만에 하나라도 약속을 어기면 안 된다.

만(滿) Ⅰ명 시기와 햇수를 꼭 차게 헤아림. 《주로, '만으로'의 꼴로 쓰임.》 ¶ 만으로 치면 올해 나이가 몇 살이냐?
Ⅱ관 ①제 돌이 꼭 참을 나타내는 말. ¶ 만 3년. ②날, 주, 달 따위의 일정 기간이 꽉 참을 나타내는 말. ¶ 기차로 만 하루가 걸리는 거리. /만 13개월 된 아이.

만가(輓歌·挽歌)명 ①상엿소리. 해로가(薤露歌). ②죽은 이를 애도하는 시가(詩歌).

만가(滿家) '만가하다'의 어근.

만:가-하다(滿家-)형여 ①집에 가득하다. ②재물과 양식이 많다.

만:각(晩覺)명 ①하타 뒤늦게 깨달음. ②하자 늙어서야 지각이 듦.

만간(滿干)명 ☞간만(干滿).

만감명 광맥(鑛脈)에 고루 들어 있는 감돌.

만:감(萬感)명 여러 가지 느낌. 온갖 생각. ¶ 만감이 교차하는 착잡한 심정.

만강(萬康) '만강하다'의 어근.

만:강(滿腔)명 마음속에 가득 참. 《주로, '만강의'의 꼴로 쓰임.》 ¶ 만강의 사의를 표하는 바입니다.

만:강-하다(萬康-)형여 〔편지 글 등에서 윗사람의 안부를 묻는 말로〕 아주 편안하다. 만안하다. ¶ 기체후 일향 만강하옵신지.

만:개(滿開)명하자 ☞만발(滿發).

만건곤(滿乾坤) '만건곤하다'의 어근.

만:건곤-하다(滿乾坤-)형여 하늘과 땅에 가득 차다. ¶ 백설이 만건곤할 제 독야청청하리라(古時調).

만:겁(萬劫)명 지극히 오랜 세월. 한없이 긴 시간. 영겁(永劫). 참겁(劫).

만:경(晩景)명 ①해가 질 무렵의 경치. 저녁 경치. 모경(暮景). ②석양의 그림자.

만:경(晩境)명 늙바탕. 모경(暮境).

만:경(萬頃)명 〔백만 이랑이라는 뜻으로〕 지면이나 수면 따위가 한없이 넓음을 이르는 말.

만경(蔓莖)명 덩굴로 된 줄기. 덩굴줄기.

만경-되다[-되-/-퉤-]자 눈에 정기가 없어지게 되다.

만:경-징파(萬頃澄波)명 한없이 넓은 바다나 호수의 맑은 물결.

만:경-차사(萬頃差使)명 지방관의 잘못을 적발하기 위하여 일정한 곳을 지정하지 않고 파견하던 어사.

만:경-창파(萬頃滄波)명 한없이 넓은 바다나 호수의 푸른 물결.

만:경-출사(萬頃出師)[-싸]명 지난날, 포교가 일정한 목적지 없이 다니면서 죄인을 잡던 일.

만:경-타령(萬頃-)명 〔긴 타령이라는 뜻으로〕 '요긴한 일을 등한히 함'을 이르는 말.

만경-하다자여 눈에 정기가 없어지다.

만:계(晩計)[-계/-게]명하타 ①뒤늦게 일을 계획함, 또는 그 계획. ②늙바탕의 일에 대해 계획함, 또는 그 계획.

만:고(萬古)명 ①아주 오랜 옛적. ¶ 만고로부터 내려오는 풍습. ②한없이 오랜 세월. 《주로, '만고에'·'만고의'의 꼴로 쓰임.》 ¶ 만고에 빛날 업적. ③세상에 그러한 유례가 없음. 《주로, '만고의'의 꼴로 쓰임.》 ¶ 만고의 효녀.

만:고-강산(萬古江山)명 오랜 세월을 통하여 변함이 없는 산천. ¶ 만고강산을 유람하다.

만:고불멸(萬古不滅)명하자 오랜 세월을 두고 길이 없어지지 않음. ¶ 만고불멸의 진리.

만:고불변(萬古不變)명하자 오랜 세월을 두고 길이 변하지 않음. 만대불변(萬代不變). 만세불변(萬世不變). ¶ 만고불변의 진리.

만:고불역(萬古不易)명하자 오랜 세월(歲月)을 두고 바뀌지 않음. 만대불역(萬代不易). 만세불역(萬世不易).

만:고불후(萬古不朽)명하자 오랜 세월을 두고 썩어 없어지지 아니함. 만대불후(萬代不朽). 만세불후(萬世不朽).

만:고-상청(萬古常青)명 오랜 세월을 두고 변함없이 늘 푸름.

만:고-역적(萬古逆賊)[-쩍]명 세상에 다시없을 끔찍한 역적.

만:고-절담(萬古絶談)[-땀]명 세상에 유례가 없을 만큼 훌륭한 말, 또는 재치 있는 말.

만:고-절색(萬古絶色)[-쌕]명 세상에 유례가 없을 만큼 뛰어난 미인.

만:고-절창(萬古絶唱)명 세상에 유례가 없을 만큼 뛰어난 명창(名唱).

만:고-천추(萬古千秋)명 한없이 오랜 세월. 영원한 세월.

만:고-천하(萬古天下)명 ①만대에 영원한 이 세상. ②아득한 옛적의 세상.

만:고-풍상(萬古風霜)명 오랜 세월을 겪어 온 수많은 고생. ¶ 만고풍상을 겪다.

만곡(彎曲)명하형 활처럼 휘우듬하게 굽음. 만굴(彎屈).

만:-공산(滿空山)명하자 (달빛 따위가) 적막한 산에 가득 참. ¶ 명월이 만공산하니 쉬어 간들 어떠리(古時調).

만:과(萬科)명 조선 시대에, 많은 인원을 뽑던 무과(武科)의 과거.

만:관(滿貫·滿款)명 ①마작에서, 점수가 최고 점수인 5백 또는 1천 점에 이르는 일. ②〈만관약(滿貫約)〉의 준말.

만:관-약(滿貫約)[-냑]명 마작에서, 만관이 되었을 때의 약(約). 준만관(滿貫).

만광(-鑛)명하자 지난날, 광주(鑛主)가 덕대에게 광산의 채굴권을 나누어 주고 분철을 받아들이던 일, 또는 그러한 광산. 참분광(分鑛).

만광(을) 트다관용 광주가 분광으로 덕대에게 채굴권을 나누어 주다.

만:교(晩交)명 ①하자 늙어서의 사귐. ②늦게(중년이 지나서) 사귄 친구.

만:구(萬口)명 ①많은 사람의 입. ②많은 사람, 또는 많은 사람이 하는 말.

만구(灣口)명 만(灣)의 어귀.

만:구-성비(萬口成碑)명 여러 사람이 칭찬하는 것은, 칭찬받는 이의 송덕비를 세워 주는 것과 같다는 뜻.

만:구-일담(萬口一談)[-땀]명 여러 사람의 의견이 일치함.

만:구-전파(萬口傳播)명하자 여러 사람의 입을 통하여 온 세상에 널리 퍼짐.

만:구-칭송(萬口稱頌)명하타 ☞만구칭찬.

만:구-칭찬(萬口稱讚)명하타 여러 사람이 한결같이 칭찬함. 만구칭송.

만:국(萬國)명 (세계의) 모든 나라. 여러 나라. 만방(萬邦). ¶ 만국 공통어.

만:국-기(萬國旗)[-끼]명 세계 여러 나라의 국기.

만ː국^박람회(萬國博覽會)[-빵남회/-빵남훼] 명 세계 각국이 자기 나라의 산업의 성과나 기술 따위를 전시·공개하는 국제적인 박람회. 엑스포(Expo).

만ː국^음성^기호(萬國音聲記號) 명 ☞국제 음성 기호(國際音聲記號).

만ː국^지도(萬國地圖)[-찌-] 명 ☞세계 지도.

만ː국^통신(萬國通信) 명 ☞국제 통신.

만ː국^표준시(萬國標準時) 명 세계 공통의 표준시. 학술상이나 항해상에 쓰이는 표준 시간이며, 그리니치 자오선에서 한밤중을 영시로 하여 나타냄.

만ː군(萬軍) 명 ①많은 군사. ②기독교에서, '만유(萬有)'의 뜻으로 쓰이는 말.

만군(蠻軍) 명 오랑캐의 군사. 야만인의 군대.

만굴(彎屈) 명하형 ☞만곡(彎曲).

만궁(彎弓) 명하자 활을 당김.

만ː권(萬卷) 명 매우 많은 책. 썩 많은 권수.

만ː권-당(萬卷堂) 명 고려 26대 충선왕(忠宣王)이 원나라 연경(燕京)에 세운 독서당(讀書堂). 당시 여·원(麗元) 문화 교류의 중심 기관이었음.

만귀잠잠(萬鬼潛潛) '만귀잠잠하다'의 어근.

만ː귀잠잠-하다(萬鬼潛潛-) 형여 깊은 밤에 모든 것이 잠든 듯이 고요하다.

만ː근(萬斤) 명 아주 무거운 무게.

만근(輓近) 명 몇 해 전부터 최근까지. 근래. 만근이래(輓近以來).

만근이래(輓近以來) 명 ☞만근(輓近).

만ː금(萬金) 명 매우 많은 돈. ¶ 만금을 준다 해도 하지 않겠다.

만ː기(晩期) 명 ①만년(晩年)의 시기. ②끝이 되는 시기. 말기(末期).

만ː기(萬機) 명 정치상의 여러 가지 중요한 일, 특히 임금의 정무(政務).

만기(滿期) 명 정해진 기한이 참. ¶ 적금이 만기가 다 되어 간다.

만기-병(滿期兵) 명 군대에서 현역의 복무 기한이 차서 제대하는 병사.

만기^어음(滿期-) 명 지급 기일이 된 어음.

만기-일(滿期日) 명 ①만기가 되는 날. ②어음이나 수표 따위에 적혀 있는 지급 기일.

만기^제대(滿期除隊) 명 군대에서의 현역 복무 기한이 차서 현역에서 해제되는 일.

만끽(滿喫) 명하타 ①마음껏 먹고 마심. ¶ 별미를 만끽하다. ②충분히 만족할 만큼 즐김. ¶ 역사 탐방 여행의 즐거움을 만끽하고 있다.

만나(manna) 명 모세가 이스라엘 민족을 이집트에서 구출하여 고국으로 돌아갈 때, 아라비아의 광야에서 여호와로부터 받았다는 음식물.

만나다 자타 ①(어떤 곳에서) 남과 얼굴을 마주 대하다. ¶ 정류장에서 그를 만나다. ②어떤 인연으로 관계를 맺게 되다. ¶ 그는 덕성스러운 아내를 만나 가정이 늘 화목하지. ③(무엇이) 마주 닿다. ¶ 선과 선이 만나다. ④(어떤 일을) 겪게 되다. ¶ 뜻밖의 교통사고를 만나다. /풍랑을 만나다. /행운을 만나다. ⑤(어떤 때를) 당하다. ¶ 제철을 만나다.

만나자 이별 관용 서로 만나서 곧 헤어짐을 이르는 말.

만ː난(萬難) 명 온갖 고난.

만난-각(-角) 명 ☞교각(交角).

만난-점(-點) 명 ☞교점(交點).

만ː-날(萬-) 부 매일. 늘. 언제나. ¶ 만날 분주한 모습이다. /만날 그 모양이다.

만남 명 만나는 일. ¶ 만남을 주선하다.

만내(灣內) 명 만의 안쪽.

만ː냥-태수(萬兩太守) 명 지난날, 녹봉을 많이 받는 원을 이르던 말.

만ː냥-판(萬兩-) 명 매우 호화롭고 규모가 큰 판국. ¶ 잔치가 그야말로 만냥판이다.

만ː년(晩年) 명 ①늙은 나이. 노년. ②일생의 끝 시기. 만절(晩節). ¶ 만년을 외롭게 보내다.

만ː년(萬年) 명 언제나 변함없이 같은 상태임을 이르는 말. ¶ 만년 꼴찌. /얼굴이 만년 소년이다.

만ː년-묵이(萬年-) 명 ☞만년치기.

만ː년불패(萬年不敗) 명하자 매우 튼튼하여 오래도록 거덜나지 아니함.

만ː년-빙(萬年氷) 명 (높은 산이나 고위도 지방에서의) 언제나 녹지 않고 얼어 있는 얼음.

만ː년-설(萬年雪) 명 (높은 산이나 고위도 지방에서의) 언제나 녹지 않고 쌓여 있는 눈.

만ː년지계(萬年之計)[-계/-게] 명 오랜 뒷날의 일까지 헤아려 세운 계획.

만ː년지택(萬年之宅) 명 오래가도록 튼튼하게 잘 지은 집.

만ː년-청(萬年青) 명 백합과의 상록 다년초. 잎은 길이 30 cm가량이고, 땅속줄기는 굵고 짤막함. 봄부터 초여름에 걸쳐 흰 꽃이 이삭 모양으로 피고, 둥근 열매가 빨갛게 익음.

만ː년-치기(萬年-) 명 오랜 기간 동안 쓰기에 알맞음, 또는 그런 물건. 만년묵이.

만ː년-필(萬年筆) 명 펜의 한 가지. 글씨를 쓸 때 펜대 속에 들어 있는 잉크가 저절로 알맞게 흘러나오도록 만든 휴대용 펜.

만ː능(萬能) 명하형 ①온갖 일에 두루 능통함. ¶ 만능 스포츠맨. ②온갖 것을 다 할 수 있음. ¶ 만능 공작 기계. /과학 만능의 시대.

만ː능^급혈자(萬能給血者)[-그펼짜] 명 〔어떠한 혈액형의 사람에게도 급혈할 수 있다는 뜻에서〕 혈액형이 O형인 사람을 이르는 말.

만다라(曼陀羅·曼荼羅←maṇḍala 범) 명 ①불교의 본질인 깨달음의 경지, 또는 부처가 증험(證驗)한 것을 그림으로 나타낸 것. ②부처나 보살의 상을 모시고 예배하며 공양하는 단.

만다라-화(曼陀羅華←mandalava 범) 명 부처가 설법할 때나 여러 부처가 나타날 때 하늘에서 내려온다는 꽃. 빛깔이 미묘하여 보는 이의 마음에 열락(悅樂)을 느끼게 한다고 함.

만ː단(萬短) 명 화투에서, 청단·초단·홍단 따위의 온갖 약을 이르는 말.

만ː단(萬端) 명 ①여러 가지 일. ②여러 가지. 갖가지. 만반(萬般). 《주로, '만단'·'만단의'의 꼴로 쓰임.》 ¶ 만단의 준비.

만ː단-개유(萬端改諭) 명하타 여러 가지 좋은 말로 잘 타이름.

만ː단-설화(萬端說話) 명하자 (가슴에 서리고 맺힌) 온갖 이야기.

만ː단-수심(萬端愁心) 명하자 여러 가지 근심 걱정. 갖은 시름.

만ː단-애걸(萬端哀乞) 명하자 여러 가지 말로 사정을 말하며 빎.

만ː단-의혹(萬端疑惑)[-다늬-/-다니-] 명 여러 가지 의심. 갖가지 의혹.

만ː단-정화(萬端情話) 명하자 여러 가지 정다운 이야기. 온갖 정담.

만ː단-정회(萬端情懷)[-회/-훼] 명 온갖 정과 회포.

만달 명 덩굴의 엉킨 모양을 나타낸 그림. 당초회(唐草繪).

만:달(晩達)명하자 늘그막에 지위와 명망 따위가 높아짐.

만:담(漫談)명하자 재미있고 익살스러운 말로 세상과 인정을 풍자하는 이야기를 함, 또는 그 이야기.

만:담-가(漫談家)명 만담을 잘하거나 직업적으로 하는 사람.

만:당(晩唐)명 한시(漢詩)를 중심으로 한 중국의 문학사에서, 당대(唐代)를 넷으로 구분한 맨 끝의 시대.

만:당(滿堂)명하형 강당 등 넓은 방에 사람이 가득 참, 또는 그 사람들. ¶ 만당의 관객들. / 만당이 우러러 축하하다.

만:당-추수(滿塘秋水)명 못에 가득 찬 가을의 맑은 물.

만:대(萬代)명 (여러 대에 걸친) 오랜 세월. 영원한 세월. 만세(萬世).

만:대불변(萬代不變)명하자 ☞만고불변.

만:대불역(萬代不易)명하자 ☞만고불역.

만:대불후(萬代不朽)명하자 ☞만고불후.

만:대-영화(萬代榮華)명 여러 대에 걸쳐서 누리는 영화.

만:대-유전(萬代遺傳)명하자 길이 전하여 내려옴, 또는 전하여 감.

만:덕(萬德)명 많은 덕행(德行). 많은 공덕(功德). 많은 선행(善行).

-만뎡어미 〈옛〉-ㄹ망정. ¶ 님과 나와 어러 주글만뎡(樂詞.滿殿春).

만:도(晩到)명하자 늦게 옴.

만:도(晩稻)명 늦벼.

만:도(滿都)명 온 도시. 도시 전체.

만도리명하자 논의 마지막 김매기. 참만물.

만돌린(mandolin)명 현악기의 한 가지. 비파와 비슷하며, 몸체의 뒷면이 바가지처럼 불룩함. 강철로 된 네 쌍의 현을 픽으로 뜯어 연주함.

만:동(晩冬)명 ①늦겨울. 모동(暮冬). ↔조동(早冬). ②'섣달'을 달리 이르는 말. ②사월(蜡月).

만두(饅頭)명 밀가루를 반죽하여 얇게 밀어 소를 넣고 둥글게 빚어서, 삶거나 찌거나 기름에 튀겨서 만든 음식.

만두-소(饅頭-)명 만두 속에 넣는 음식. 고기·두부·배추·김치·숙주나물 따위를 잘게 다진 뒤 갖은 양념을 치고 버무려서 만듦.

만두-피(饅頭皮)명 만두의 소를 싸는, 밀가루로 반죽한 반대기.

만둣-국(饅頭-)[-두꾹/-둗꾹]명 만두를 넣고 끓인 국.

만:득(晩得)명 ①하타늙어서 자식을 낳음. 만생(晩生). ②☞만득자.

만:득-자(晩得子)[-짜]명 늙어서 낳은 자식. 만득. 만생자(晩生子).

만들다[1] [만드니·만들어]타 ①(원료나 재료 등을 써서) 어떤 물건을 이루다. ¶ 자동차를 만들다. ②없던 것을 새로 이루어 내다. ¶ 규정을 만들다. ③(시간과 노력을 들여서) 어떤 상태로 이루다. 어떻게 되게 하다. ¶ 훌륭한 인재로 만들다. ④(상처 등이) 생기게 하다. ⑤(무슨 일을) 일으키거나 꾸미다. ¶ 공연한 일거리를 만들다. ⑥마련하거나 장만하다. ¶ 자금을 만들다. ⑦글·노래·책 따위를 짓거나 편찬하다. ¶ 교과서를 만들다. ⑧기관이나 단체 따위를 결성하다. ¶ 동아리를 만들다. ⑨영화 등을 제작하다. ⑩그렇게 되게 하다. ¶ 꼼짝 못하게 만들다.

만들다[2] [만드니·만들어]조동 《용언의 어미 '-게'나 '-도록' 뒤에 쓰이어》 그 동작이나 상태가 이루어지게 함을 나타내는 말. ¶ 손질하여 곱게 만들다.

만듦-새[-듬-]명 물건의 만들어진 됨됨이나 짜임새.

만:래(晩來)[말-]명 늙은 뒤. 노래(老來).

만:려(萬慮)[말-]명하자 여러 가지로 생각함, 또는 그 생각.

만:록(萬綠)[말-]명 여름철의 온갖 숲이 푸른 모양. 또는, 여름철의 푸른 숲.

만록 총중 홍일점(萬綠叢中紅一點)관용 〔'모두가 다 푸른 가운데, 한 송이 붉은 꽃'이란 뜻으로〕 ①수많은 평범한 것 가운데, 우뚝 뛰어난 오직 하나 ②많은 남자 가운데, 오직 한 사람의 여자.

만:록(漫錄)[말-]명 ☞만필(漫筆).

만:뢰(萬籟)[말뢰/말뤠]명 자연계의 만물이 바람에 불려서 울리는 소리.

만:뢰-구적(萬籟俱寂)[말뢰-/말뤠-]명하자 밤이 깊어 모든 소리가 그치고 아주 고요해짐.

만료(滿了)[말-]명하자되자 정해진 기한이 끝남. ¶ 임기가 만료되다.

만:루(滿壘)[말-]명 야구에서, 1·2·3루에 모두 주자가 있는 상태. ¶ 이사(二死) 만루.

만:루^홈:런(滿壘home run)[말-]명 야구에서, 세 베이스에 모두 주자(走者)가 있을 때에 타자가 홈런을 치는 일.

만류(挽留)[말-]명하타 붙잡고 말림. 못하게 말림. 만지(挽止). 만집(挽執). ¶ 사퇴를 만류하다.

만:리(鰻鱺)[말-]명 ☞뱀장어.

만:리-경(萬里鏡)[말-]명 ☞망원경.

만:리-동풍(萬里同風)[말-]명 〔온 천하에 같은 바람이 분다는 뜻으로〕 '천하가 통일되어 태평함'을 이르는 말.

만:리-변성(萬里邊城)[말-]명 멀리 떨어진 국경 부근에 있는 성. ¶ 萬里邊城에 一長劍 짚고 서서(古時調).

만:리-장서(萬里長書)[말-]명 아주 긴 편지나 글.

만:리-장설(萬里長舌)[말-]명 아주 장황하게 늘어놓는 말.

만:리-장성(萬里長城)[말-]명 중국 북쪽 내몽고와의 경계에 쌓은, 길이 2400여 km의 성벽. 〔전국(戰國) 시대부터 북쪽을 방위하기 위하여 쌓기 시작하였고, 진시황(秦始皇) 때에 이르러 완성되었음.〕 장성.

만리장성을 쌓다관용 남녀가 서로 교합함을 비유하여 이르는 말.

만:리-장천(萬里長天)[말-]명 아득히 높고 먼 하늘. 구만리장천. 구공(九空).

만:리지임(萬里之任)[말-]명 멀리 떨어진 지방에 나가서 맡아보는 업무. 먼 지방의 관직.

만:리-화(萬里花)[말-]명 물푸레나뭇과의 낙엽 관목. 개나리와 비슷하나 잎이 넓고 끝이 뾰족한 달걀 모양임. 봄에 노란 꽃이 잎겨드랑이에 핌. 강원도·경상북도 등지의 산골짜기에 절로 나는데, 우리나라 특산종임. 관상용으로 심음.

만:만(萬萬) Ⅰ명 ①만의 만 배, 곧 일억. ②헤아릴 수 없이 매우 많음.
Ⅱ부 아주.

만만(滿滿) '만만(滿滿)하다'의 어근.

만만(漫漫) '만만(漫漫)하다'의 어근.

만:만-다행(萬萬多幸)명하형 ☞천만다행.

만만디(慢慢的 중)명 느릿느릿함. 한가로움. ¶ 만만디로 일하다.

만:만부당(萬萬不當)명하형 ☞천부당만부당.

만:만불가(萬萬不可) 명 하형 ☞천만불가.
만:-만세(萬萬歲) 감 '만세(萬歲)'를 한층 더 강조하는 말.
만만-쟁이 명 '남에게 만만하게 보이는 사람'을 얕잡아 이르는 말.
만만찮다[-찬타] 형 ①손쉽게 다룰 수 없다. 그렇게 쉽지 않다. ¶ 만만찮은 일. ②수나 양 따위가 적지 아니하다. ¶ 금액이 만만찮다. * 만만찮아[-차나]·만만찮소[-찬쏘]
만만찮기는 사돈집 안방 속담 '자유롭지 못하고 거북함'을 이르는 말.
만:만-출세(萬萬出世)[-쎄] 명 불교에서, 인연에 따라 여러 부처가 차례로 이 세상에 나타나는 일을 이름.
만만-하다 형여 ①무르고 보드랍다. ¶ 씹기에 만만한 음식. ②다루기에 손쉬워 보이다. ¶ 보기에 만만하다. /키가 작다고 만만하게 봤다간 큰코다칠걸. ③힘들지 아니하고 손쉽다. ¶ 들고 다니기에 만만하다. 큰문문하다. **만만-히** 부.
만만-하다(滿滿-) 형여 넘칠 정도로 가득하다. ¶ 자신이 만만하다. **만만-히** 부.
만:만-하다(漫漫-) 형여 끝없이 지루하다. **만만-히** 부.
만:망(萬望) 명 하타 간절히 바람. 꼭 바람.
만:매(慢罵) 명 하타 업신여겨 마구 꾸짖음.
만:면(滿面) 명 온 얼굴. 《주로, '만면에'의 꼴로 쓰임.》 ¶ 만면에 웃음을 띠다.
만:면-수색(滿面愁色) 명 얼굴에 가득한, 근심스러운 기색.
만:면-수참(滿面羞慚) 명 얼굴에 가득한, 부끄러운 기색.
만:면-춘색(滿面春色) 명 얼굴에 가득 차 있는 기쁜 빛. 만면희색.
만:면-하다(滿面-) 형여 얼굴에 가득하다. ¶ 희색이 만면하다.
만:면-희색(滿面喜色)[-히-] 명 ☞만면춘색.
만:명(萬明) 명 무당이 섬기는 신. 말명.
만모(慢侮·謾侮) 명 하타 거만한 태도로 업신여김.
만:목(萬目) 명 많은 사람이 지켜봄, 또는 많은 사람의 눈.
만:목(滿目) 명 ①눈에 뜨이는 모든 것. ②하자 눈에 가득 참.
만목(蔓木) 명 덩굴로 뻗어 나가는 나무. 〔칡·등나무 따위.〕 참만초(蔓草).
만:목-소시(萬目所視)[-쏘-] 명 많은 사람이 다같이 지켜보는 바.
만:목-수참(滿目愁慘)[-쑤-] 명 하형 눈에 뜨이는 것이 모두 시름겹고 참담함.
만:목-황량(滿目荒涼)[-모광냥] 명 하형 눈에 뜨이는 것이 모두 거칠고 처량함.
만:무(萬無) 명 하형 《주로, 의존 명사 '리' 뒤에 쓰이어》 절대로 없음. 전혀 없음. ¶ 그럴 리 만무하다.
만:무방 명 ①예의와 염치가 도무지 없는 사람. ②막되어 먹은 사람.
만:무-시리(萬無是理) 명 하형 도무지 그럴 리가 없음. 결코 그럴 수 없음.
만:무-일실(萬無一失)[-씰] 명 하형 실패한 적이 전혀 없음. 실패할 염려가 전혀 없음.
만:문(漫文) 명 ①(일정한 형식이 없이) 마음이 내키는 대로 쓴 문장. 비수필(隨筆). ②익살과 풍자를 주로 하여 재미있게 쓴 글.
만-물 명 하자 그해의 벼농사에서 마지막으로 논의 김을 매는 일. 참만도리.
만:물(萬物) 명 ①온갖 물건. ②우주에 존재하는 모든 것. 만유(萬有). ¶ 사람은 만물의 영장(靈長)이다.
만:물-박사(萬物博士)[-싸] 명 '여러 방면에 박식한 사람'을 비유하여 이르는 말.
만:물-상(萬物相)[-쌍] 명 여러 가지 물건의 갖가지 형상.
만:물-상(萬物商)[-쌍] 명 일상생활에 필요한 온갖 물건을 파는 장사, 또는 그런 가게.
만:물지령(萬物之靈)[-찌-] 명 ①☞만물지영장(萬物之靈長). ②온갖 물건의 정령(精靈).
만:물지영장(萬物之靈長)[-찌-] 명 〔만물 가운데서 가장 영묘하고 뛰어난 것이라는 뜻에서〕 '인간'을 뜻하는 말. 만물지령.
만:물-탕(萬物湯) 명 (고기·채소·생선 따위의) 여러 가지 재료를 넣어 끓인 국.
만:민(萬民) 명 모든 백성. 모든 사람. 만성(萬姓). 조서(兆庶). 증민(蒸民).
만:민-주의(萬民主義)[-의/-이] 명 ☞세계주의.
만:반(萬般) 명 모든 일. 모든 것. 만단(萬端). 제반(諸般). 《주로, '만반'·'만반의'의 꼴로 쓰임.》 ¶ 만반의 준비를 갖추다.
만반(滿盤) '만반하다'의 어근.
만:반-진수(滿盤珍羞) 명 상에 가득히 차린 귀하고 맛있는 음식.
만:반-하다(滿盤-) 형여 (음식 따위가) 상에 가득하다.
만:발(滿發) 명 하자 많은 꽃이 한꺼번에 활짝 핌. 만개. ¶ 뒷산에는 진달래가 만발해 있다.
만:발-공양(萬鉢供養) 명 절에서 많은 바리때에 밥을 수북수북 담아 대중에게 베푸는 공양.
만:발-하다(滿發-) 자여 추측이나 웃음 따위가 한꺼번에 많이 일어나다. ¶ 추측이 만발하다. / 웃음꽃이 만발하다.
만:방(萬方) 명 여러 방면. 여러 군데.
만:방(萬邦) 명 세계의 모든 나라. 만국(萬國). 만역(萬域). ¶ 세계 만방에 천명하다.
만:방(萬放) 명 바둑에서, 91집 이상으로 이기는 일을 이르는 말.
만:-백성(萬百姓)[-썽] 명 모든 백성.
만범(滿帆) '만범하다'의 어근.
만:범-하다(滿帆-) 형여 바람이 돛에 가득하다.
만:법(萬法) 명 ①온갖 법률이나 규칙. ②불교에서, 우주 간에 존재하는 정신적·물질적인 일체의 것을 이르는 말. 제법(諸法).
만:병(萬病) 명 온갖 병. 백병(百病). ¶ 근심은 만병의 근원이다.
만:병-초(萬病草) 명 철쭉과의 상록 활엽 관목. 길둥근 혁질(革質)의 잎이 어긋맞게 남. 7월에 깔때기 모양의 흰 꽃이 가지 끝에 10~20개씩 달림. 강원도·울릉도·지리산 등지에 절로 나는데 관상용으로 심기도 함. 잎은 한방에서 '만병엽(萬病葉)'이라 하여 강장제 등으로 쓰임.
만:병-통치(萬病通治) 명 하자 ①어떤 한 가지 약이 여러 병에 두루 효험을 나타냄. ②어떤 사물이 여러 가지 사물에 두루 효력을 나타내는 경우를 이르는 말. 백병통치.
만보 명 지난날, 삯일을 하는 인부에게 그 일의 단위가 끝날 때마다 한 장씩 주던 표. 그 수효에 따라 삯을 계산함.
만:보(漫步) 명 하자 한가롭게 거닒, 또는 그러한 걸음걸이.
만보(瞞報) 명 하타 거짓으로 보고함, 또는 그 보고. 무보(誣報).
만:복(晩福) 명 만년에 누리는 복. 늦복.
만:복(萬福) 명 많은 복. 백복(百福).

만복(滿腹)명하형 (음식을 많이 먹어) 배가 잔뜩 부름.
만복-경륜(滿腹經綸)[-경뉸]명 마음속에 가득히 품고 있는 계획이나 포부.
만ː복사-저포기(萬福寺樗蒲記)[-싸-]명 조선 초기에 김시습(金時習)이 지은 한문 소설. [‘금오신화(金鰲新話)’에 실려 전함.]
만ː복-하다(萬福-)[-보카-]형여 매우 행복(幸福)하다.
만ː부(萬夫)명 ①많은 사내. ②많은 장정.
만ː부당(萬不當)명하형 〈천부당만부당〉의 준말.
만ː부당-천부당(萬不當千不當)명하형 ☞천부당만부당.
만ː-부득이(萬不得已)부하형 ‘부득이’의 힘줌말.
만ː부부당(萬夫不當)명하형 수많은 장정으로도 능히 당해 낼 수 없음.
만ː분(萬分)명 ①하타 만(萬)으로 나눔. ②대단함.
만ː분-가(萬憤歌)명 조선 연산군 때 조위(曺偉)가 지은 가사. 무오사화로 전남 순천에 귀양가 있으면서 그곳 생활을 읊은 내용.
만ː분-다행(萬分多幸)명하형 (일이 뜻밖에 잘 되어) 매우 다행임. **만분다행-히**부.
만ː분-위중(萬分危重)명하형 대단히 위중함.
만ː분지일(萬分之一)명 ①만으로 나눈 것의 하나. ②매우 적거나 작은 경우를 이르는 말. ¶ 은혜의 만분지일이나마 보답하고자….
만ː불근리(萬不近理)[-글-]명하형 전혀 이치에 맞지 아니함.
만ː불성설(萬不成說)명 (사리에 맞지 않아) 말 같지 않은 이야기.
만ː불성양(萬不成樣)명 도무지 꼴이 갖추어지지 않음.
만ː불실일(萬不失一)명하자 ①조금도 과실이 없음. ②조금도 틀림이 없음.
만ː사(萬死)명 ①아무리 하여도 목숨을 건질 수 없음. ②한방에서, 도저히 다스릴 길이 없는, 정신이 혼몽해지는 병을 이르는 말.
만ː사(萬事)명 모든 일. 온갖 일. 백사(百事). 천만사(千萬事). ¶ 만사를 제쳐 놓고 너를 도와 주마.
만사(輓詞·挽詞)명 ☞만장(輓章).
만ː사-무석(萬死無惜)명하형 (만 번 죽는다 해도 아까울 것이 없을 정도로) 죄가 매우 무거워 용서할 여지가 없음을 이르는 말.
만ː사-무심(萬事無心)명하형 ①모든 일에 무심함. ②(근심 따위로 경황이 없어) 모든 일에 소홀함.
만ː사-여생(萬死餘生)명 꼭 죽을 고비를 면하여 살게 된 목숨.
만ː사-여의(萬事如意)[-의/-이]명하형 모든 일이 뜻하는 바와 같음.
만ː사-와해(萬事瓦解)명하자 (한 가지의 잘못으로) 모든 일이 다 틀어짐.
만ː사-유경(萬死猶輕)명하형 (만 번 죽음을 당하여도 오히려 가벼울 정도로) 죄가 매우 무거움을 이르는 말.
만ː사-태평(萬事太平)명하형 ①모든 일이 잘 이루어져 평안함. ②(성질이 느긋하거나 어리석어) 모든 일에 근심 걱정이 없이 태연함. 천하태평.
만ː사-형통(萬事亨通)명하자 모든 일이 뜻한 바대로 잘 이루어짐.
만ː사-휴의(萬事休矣)[-의/-이]명 이제 더 손쓸 방도가 없이 모든 것이 끝장남. 무슨 수를 쓴다 해도 도무지 가망이 없음.

만삭(滿朔)명하자되자 아이를 낳을 달이 참. 만월(滿月). ¶ 만삭의 몸으로 직장에 나가다. 참임삭(臨朔).
만ː산(晩産)명하타 ①늘그막에 아이를 낳음. ②달이 지나서 아이를 낳음. ②↔조산(早産).
만ː산(滿山)명하자 온 산에 가득 참. ¶ 홍엽(紅葉)이 만산하다.
만ː산-편야(滿山遍野)명 산과 들에 그득히 덮임.
만살-창(滿-窓)명 창살의 격자(格子)가 가로세로 촘촘한 창.
만삼(蔓蔘)명 초롱꽃과의 다년생 만초. 긴 잎자루 끝에 달걀 모양의 잎이 어긋맞게 나며 7~8월에 자줏빛이 꽃이 핌. 중부 이북의 깊은 산에 나는데, 뿌리는 한방에서 거담제로 쓰임.
만ː상(晩霜)명 늦봄에 내리는 서리. 늦서리.
만ː상(萬狀)명 온갖 모양.
만ː상(萬祥)명 온갖 상서로운 일.
만ː상(萬象)명 온갖 사물. 형상이 있는 온갖 물건과 세상의 모든 일. 만유(萬有). ¶ 삼라(森羅)만상. /천태(千態)만상.
만ː생(晩生) Ⅰ명하타 ☞만득(晩得).
Ⅱ대 선배에게 대하여 ‘자신’을 겸손하게 이르는 말.
만생(蔓生)명하자 식물의 줄기가 덩굴져 남.
만ː생-자(晩生子)명 ☞만득자(晩得子).
만ː생-종(晩生種)명 같은 종류의 식물 중에서 성장이나 성숙이 보통보다 늦은 품종. 준만종(晩種). ↔조생종(早生種).
만ː서(萬緖)명 ①여러 가지로 얼크러진 일의 실마리. ②온갖 사정.
만ː석(萬石)명 ①벼 일만 섬. ②썩 많은 곡식.
만ː석(滿席)명 자리가 다 차는 것. ¶ 극장 안은 만석이다.
만ː석-꾼(萬石-)명 일 년에 벼 만 섬가량이 수확될 만한 논밭을 가진 부자.
만ː석-들이(萬石-)[-뜨리]명 벼 만 섬가량이 수확될 만한 땅.
만ː선(萬善)명 온갖 착한 일.
만ː선(滿船)명하자 (여객·짐·고기 등을) 배에 가득히 실음, 또는 그러한 배. ¶ 만선하여 돌아오는 고깃배.
만ː선-두리명 지난날, 벼슬아치가 겨울에 예복을 입을 때 머리에 쓰던 방한구(防寒具). 모양이 휘양과 비슷함.
만ː성(晩成)명하자타 늘그막에 성공함. 늦게야 이루어짐. ¶ 대기만성. ↔속성(速成).
만ː성(萬姓)명 ①온갖 성(姓). ②☞만민(萬民).
만성(慢性)명 ①병의 증세가 갑작스러운 변화는 없으나 잘 낫지 않고 오래 끄는 성질. ¶ 만성 두통. ↔급성(急性). ②바람직하지 않은 상태나 현상이 오래 계속됨, 또는 계속되거나 반복되어 버릇이 되다시피 된 상태를 뜻하는 말. ¶ 소음(騷音)에는 이제 만성이 되었다.
만성(蔓性)명 (식물의 줄기가) 덩굴로 뻗는 성질.
만성-병(慢性病)[-뼝]명 증세(症勢)가 만성인 병. ↔급성병.
만ː성-보(萬姓譜)명 온갖 성의 세보(世譜)를 모아 엮은 책.
만성^식물(蔓性植物)[-싱-]명 ☞덩굴 식물.
만성-적(慢性的)관명 만성인 (것). ¶ 만성적 관료주의. /만성적인 질병.
만성적 실업(慢性的失業)[-씨럽] 불경기의 만성화에 따라 실업자가 크게 늘어나는 상황. 구조적 실업. 참마찰적 실업.

만성^전염병(慢性傳染病) [-뼝] 명 증세가 천천히 나타나서 경과가 완만한 전염병. 〔결핵·매독·만성 피부염 따위.〕
만ː세(萬世) 명 ☞만대(萬代).
만ː세(萬歲)[1] 명 ①오랜 세월. ②'오래도록 삶', 또는 '영원히 살아 번영함'을 뜻하는 말.
만ː세(萬歲)[2] 감 명 축복하는 뜻으로 또는 승리를 기뻐하는 뜻으로, 두 손을 머리 위로 높이 들고 외치는 소리. ¶ 대한 독립 만세.
만ː세-동락(萬歲同樂) [-낙] 명 하자 오래도록 (영원히) 함께 즐김.
만ː세-력(萬歲曆) 명 앞으로 백 년 동안의 일월 성신의 운행과 절후(節候)를 추산하여 엮은 책력. 참 천세력(千歲曆).
만ː세-무강(萬世無疆) 명 하형 ①오랜 세대에 걸쳐 끝이 없음. ②☞만수무강.
만ː세불망(萬世不忘) 명 하타 은덕을 영원히 잊지 아니함. 영세불망(永世不忘).
만ː세불변(萬世不變) 명 하자 ☞만고불변.
만ː세불역(萬世不易) 명 하자 ☞만고불역.
만ː세불후(萬世不朽) 명 하자 ☞만고불후.
만ː세-후(萬歲後) 명 살아 있는 임금에 대하여, 그가 '세상을 떠난 뒤'를 에둘러 이르던 말.
만속(蠻俗) 명 야만스러운 풍속. 만습. 만풍.
만ː수(萬水) 명 많은 내. 여러 갈래의 내.
만ː수(萬殊) 명 모든 것이 여러 가지로 각기 다름. 가지각색으로 다름.
만ː수(萬愁) 명 온갖 시름.
만ː수(萬壽) 명 〔장수(長壽)를 빌 때 쓰는 말로〕 오래오래 삶. ¶ 만수를 누리소서.
만수(滿水) 명 (일정한 곳에) 물이 가득 참. ¶ 저수지가 만수가 되다.
만ː수(滿數) 명 하형 정한 수효에 가득함.
만ː수^가사(滿繡袈裟) 명 산천·초목·인물·글자 따위를 수놓은 가사.
만ː수-무강(萬壽無疆) 명 하자 〔장수(長壽)를 빌 때 쓰는 말로〕 수명이 끝이 없음. 만세무강(萬世無疆). ¶ 만수무강을 빕니다.
만ː수-받이 [-바지] 명 하자 ①남이 귀찮게 굴어도 좋게 받아 주는 일. ②무당이 굿을 할 때, 한 무당이 소리를 하면 다른 무당이 같은 소리를 받아 하는 일.
만ː수-산(萬壽山) 명 개성(開城) 서쪽에 있는, '송악산'의 딴 이름. ¶ 萬壽山 드렁칡이 얼거진들 긔엇더리(古時調).
만ː수-운환(漫垂雲鬟) 명 가닥가닥이 흩어져 드리워진 쪽 찐 머리. ¶ 만수운환 헝클어진 머리 이렁저렁 걷어 얹고(烈女春香守節歌).
만ː수-향(萬壽香) 명 향료의 가루를 송진 따위로 개어 굳혀 만든 선향(線香)의 한 가지.
만ː숙(晩熟) 명 하자 ①(곡식이나 과일 따위가) 늦게 익음. ↔조숙(早熟). ②(일이나 시기 따위가) 늦되어 감.
만ː숙-종(晩熟種) [-쫑] 명 같은 종류의 식물 중에서 열매가 특히 늦게 여무는 품종.
만습(蠻習) 명 ☞만속(蠻俗).
만ː승(萬乘) 명 ①일만 채의 병거(兵車). ②천자(天子), 또는 천자의 자리. 〔중국 주나라 때 천자가 병거 일만 채를 출동시켰던 데서 유래함.〕
만ː승지국(萬乘之國) 명 〔병거(兵車) 일만 채를 갖춘 나라라는 뜻으로〕 천자(天子)의 나라를 뜻하는 말.
만ː승지군(萬乘之君) 명 만승지국의 군주. 천자. 황제. 만승지주.
만ː승지위(萬乘之位) 명 천자(天子)의 높은 지위.
만ː승지존(萬乘之尊) 명 '천자(天子)의 지위'를 높이어 일컫는 말.
만ː승지주(萬乘之主) 명 ☞만승지군.
만ː승-천자(萬乘天子) 명 '천자(天子)'를 높이어 일컫는 말.
만ː시(晩時) 명 시간이나 시기가 뒤늦음.
만시(輓詩·挽詩) 명 ☞만장(輓章).
만ː시지탄(晩時之歎) 명 시기에 뒤늦었음을 원통해하는 탄식.
만ː식(晩食) 명 하자 때를 넘기어 늦게 끼니를 먹음, 또는 그 끼니.
만ː식(晩植) 명 하타 (모나 묘목 따위를) 제철이 지나서 늦게 심음. 늦심기.
만ː식-당육(晩食當肉) [-땅-] 명 시장할 때 먹으면 맛없는 음식도 고기 맛과 같다는 말.
만ː식^재ː배(晩植栽培) [-쩨-] 명 벼를 6월 하순에서 7월 상순 사이에 모내기하여 10월 하순경에 수확하는 재배 방식.
만ː신 명 '여자 무당'을 대접하여 이르는 말. 한자를 빌려 '萬神'으로 적기도 함.
만ː신(滿身) 명 ☞전신(全身).
만ː신-창(滿身瘡) 명 한방에서, '온몸에 퍼진 부스럼'을 이르는 말.
만ː신-창이(滿身瘡痍) 명 ①온몸이 성한 데가 없이 상처투성이임. ②'성한 데가 없을 만큼 엉망이 됨'을 비유하여 이르는 말. ¶ 폭격으로 마을이 만신창이가 되었다. /모든 계획이 만신창이가 되다.
만실(滿室) '만실하다'의 어근.
만ː실-우환(滿室憂患) 명 집안에 앓는 사람이 많음을 이르는 말.
만ː실-하다(滿室-) 형 여 방 안에 가득하다.
만심(慢心) 명 ①젠체하면서 남을 업신여기는 마음. ②불교에서, 자신을 지나치게 믿고 자랑하며 남을 업신여기는 마음을 이르는 말. 아만(我慢).
만심(滿心) '만심하다'의 어근.
만ː심-하다(滿心-) 형 여 마음에 흐뭇하게 족하다.
만ː심-환희(滿心歡喜) [-히] 명 하자 만족하여 한껏 기뻐함, 또는 그 기쁨.
만쌴 조 〈옛〉만큼. ¶ 道上無源水을 반만쌴 딕혀두고(朴仁老.陋巷詞).
만안(萬安) '만안하다'의 어근.
만안(灣岸) 명 만의 연안(沿岸).
만ː안-하다(萬安-) 형 여 ☞만강하다.
만ː앙(晩秧) 명 〈만이앙(晩移秧)〉의 준말.
만ː약(萬若) 명 ☞만일(萬一).
만ː양(晩陽) 명 ☞석양(夕陽).
만ː양(萬樣) 명 여러 가지 모양. ¶ 천태 만양.
만어(蠻語) 명 야만인의 말. 오랑캐의 말.
만ː억(萬億) 명 매우 많은 수.
만ː억-년(萬億年) [마넝-] 명 ☞억만년(億萬年).
만ː언(漫言) 명 ①깊이 생각하지 않고 하는 말. ②실없이 하는 말.
만ː언-사(萬言詞) 명 조선 정조 때 안조환(安肇煥)이 지은 가사. 추자도에 귀양 가 있으면서 그곳의 생활을 읊은 내용.
만ː역(萬域) 명 많은 나라. 만방(萬邦).
만연(漫然) '만연하다'의 어근.
만연(蔓延·蔓衍) 명 하자 되자 ①식물의 줄기가 널리 뻗음. ②널리 퍼짐. 번짐. ¶ 전염병의 만연을 막다. /퇴폐 풍조가 만연하다.
만연-체(蔓衍體) 명 문장의 장단에 따라 나눈 문체의 한 가지. 많은 어구를 써서 섬세한 감정을 자세하게 나타내려 하는, 문장의 흐름이 느린 문체. ↔간결체.
만ː연-하다(漫然-)형여 무슨 일을 하는 데 있어 일정한 목적이나 의식(意識)이 없다. **만연-히**부 어떤 목적이나 의식이 없이 멍하니. ¶ 만연히 나날을 보내다.
만ː열(滿悅)명하자 매우 만족하여 기뻐함, 또는 그러한 기쁨.
만ː왕(萬王)명 ①우주 만물의 왕. ②〔기독교에서, 만인을 구원하는 임금이라는 뜻으로〕 '예수'를 일컫는 말.
만왕(萬旺) '만왕하다'의 어근.
만ː왕-하다(萬旺-)형여 기력이 매우 왕성하다. 만중(萬重)하다. 〔주로, 윗사람의 안부를 묻는 편지 글에 쓰임.〕 ¶ 기체 만왕하시옵고….
만용(蠻勇)명 사리를 분별함이 없이 함부로 날뛰는 용맹. ¶ 만용을 부리다.
만ː우-절(萬愚節)명 서양 풍습에서, 악의 없는 거짓말을 하여 남을 속이며 즐기는 날. 곧, 4월 1일.
만ː운(晩運)명 ①늘그막의 운수. ②늙바탕에 돌아오는 행운.
만원(滿員)명 ①정원이 다 차는 일. ②어떠한 처소나 탈것에 사람이 가득 들어찬 상태. ¶ 관람석은 관객으로 만원을 이루다.
만원(滿願)명하자 ①불교에서, 소원이 이루어지는 일을 이름. ②일정한 날수를 정하여 부처나 보살에게 기원할 때, 그 정한 날수가 차는 일.
만원-사례(滿員謝禮)명 만원을 이루어 고맙다는 뜻으로, 극장 같은 데에서 만원이 되어 관객을 더 받지 못한다는 것을 완곡하게 이르는 말. 흔히, 매표소에 써서 붙여 놓음.
만ː월(滿月)명 ①이지러진 데가 없이 둥근 달. 보름달. 망(望). 망월(望月)[1]. 영월(盈月). ↔휴월(虧月). ②☞만삭(滿朔).
만월(彎月)명 구붓하게 이지러진 달, 곧 초승달이나 그믐달.
만ː유(萬有)명 우주에 존재하는 모든 것. 만물(萬物). 만상(萬象).
만ː유(漫遊)명하자 마음 내키는 대로 이곳저곳을 한가로이 떠돌아다니며 노닒. ¶ 만사를 잊고 만유하다.
만ː유루-없다(萬遺漏-)[-업따]형 (계획 등이 매우 치밀하여) 한 가지도 빠뜨림이 없다. **만유루없-이**부 ¶ 만유루없이 계획을 추진하다.
만ː유신-교(萬有神敎)명 ☞범신교.
만ː유신-론(萬有神論)[-논]명 ☞범신론.
만ː유심-론(萬有心論)[-논]명 ☞범심론.
만ː유-인력(萬有引力)[-일-]명 우주에 있는 질량을 가진 모든 물체 사이에 작용하는 인력.
만ː음(漫吟)명하타 일정한 글의 제목 없이 생각나는 대로 시를 지어 읊음.
만ː이(晩移)명 〈만이앙(晩移秧)〉의 준말.
만이(蠻夷)명 ①남만(南蠻)과 동이(東夷). ②야만인. 미개인. 오랑캐.
만ː-이앙(晩移秧)명 늦모내기. 준만앙·만이.
만인(挽引)명하타 끌어당김. 잡아당김.
만ː인(萬人)명 아주 많은 사람. 모든 사람. ¶ 만인이 받드는 지도자. /만인이 인정하다.
만ː인(萬仞)명 ☞만장(萬丈).
만인(蠻人)명 미개인. 야만인.
만ː인-계(萬人契)[-계/-게]명 지난날, 천 명 이상의 계원을 모아서 각각 돈을 걸게 하고, 제비를 뽑아서 차례에 따라 돈을 타게 하던 계.
만ː인-교(萬人轎)명 지난날, 백성들이 가혹한 정치를 일삼던 고을의 원이나 지방관을 몰아낼 때 태우던 가마.
만ː인-동락(萬人同樂)[-낙]명 모든 사람이 다 함께 즐김.
만ː인-산(萬人傘)명 지난날, 선정(善政)을 베푼 고을 원에게, 그 덕을 기리는 뜻으로 백성들이 주던 일산(日傘) 모양의 물건.
만ː인지상(萬人之上)명 지난날, 영의정의 지위를 이르던 말. ¶ 일인지하(一人之下) 만인지상.
만ː인-총중(萬人叢中)명 많은 사람 가운데.
만ː일(萬一)명 ①(없는 것이나 다름없으나) 드물게 있는 일, 또는 그러한 일이 있을 경우. 만약(萬若). 만혹(萬或). ¶ 만일에 대비하다. /만일을 생각해서라도 미리 조심해라. ②만 가운데 하나 정도로 아주 적은 양. ¶ 어머니의 은혜에 만일의 보답도 못했다.
만입(灣入·彎入)명하자 해안선이 완만하게 육지 쪽으로 휘어듦. ¶ 바다가 크게 만입한 곳에 발달한 어촌. /바다가 만입해 있는 지형.
만ː자(卍字)[-짜]명 ①'卍' 자 모양의 무늬나 표지. ②불교에서, 부처의 가슴·손발·두발(頭髮) 등에 나타난 길상 만덕(吉祥萬德)의 상(相)을 나타내는 표지를 이름.
만ː자-기(卍字旗)[-짜-]명 기폭의 한복판에 '卍' 자를 그려 넣은 기.
만ː자-창(卍字窓)[-짜-]명 ☞완자창.
만ː자-천홍(萬紫千紅)명 ☞천자만홍.
만ː작(滿酌)명하타 잔에 가득히 술을 따름.
만작-거리다[-꺼-]타 〈만지작거리다〉의 준말. 만작대다. ¶ 연필을 만작거리다. /옷고름을 만작거리다.
만작-대다[-때-]타 만작거리다.
만작-만작[-장-]부하타 〈만지작만지작〉의 준말. ¶ 자꾸 만작만작하면 상처가 덧난다.
만ː잠(晩蠶)명 늦게 치는 누에.
만ː장(萬丈)명 〔만 길이나 되도록〕 매우 높음, 또는 매우 깊음. 만인(萬仞). ¶ 기고(氣高)만장. /파란(波瀾)만장. /만장의 낭떠러지.
만ː장(萬障)명 온갖 장애(障礙).
만장(輓章·挽章)명 죽은 이를 애도하여 지은 글, 또는 그 글을 명주나 종이에 적어 기(旗)처럼 만든 것. 장사 때 상여를 따라 들고 감. 만사(輓詞). 만시(輓詩).
만ː장(滿場)명 ①하자회장(會場)에 가득 모임, 또는 그런 회장. ¶ 만장하신 신사 숙녀 여러분! ②회장에 모인 모든 사람들. ¶ 만장의 박수갈채.
만ː장-공도(萬丈公道)명 조금도 사사로움이 없는 매우 공평한 일.
만ː장-봉(萬丈峯)명 높디높은 산봉우리.
만ː장-생광(萬丈生光)명 ①한없이 빛이 나는 일. ②고맙기 그지없는 일.
만장이명 이물이 삐죽한, 큰 나무배.
만ː장-일치(滿場一致)명 그 자리에 있는 모든 사람의 의견이 완전히 일치하는 일. ¶ 추진 계획을 만장일치로 승인하다.
만ː장-절애(萬丈絶崖)명 매우 높은 낭떠러지.
만ː장-중(滿場中)명 많은 사람이 모인 가운데, 또는 그 사람들. 만장판. ¶ 만장중에 유난히 돋보이다.
만ː장-판(滿場-)명 많은 사람이 모인 곳. 만장중.
만ː장-폭포(萬丈瀑布)명 매우 높은 곳에서 떨어지는 폭포.

만:장-홍진(萬丈紅塵)명 ①하늘 높이 솟아오르는 먼지. ②한없이 구차스럽고 번거로운 속세(俗世).

만:재(滿載)명하타되자 ①탈것 등에 사람이나 짐을 가득 실음. ¶ 자갈을 만재한 트럭. ②신문이나 잡지 따위에 어떤 기사를 가득 실음. ¶ 재미있는 읽을거리를 만재하다.

만:재^흘수선(滿載吃水線)[-쑤-]명 선박이 사람이나 짐을 싣고 안전하게 항해할 수 있는 최대한의 흘수(吃水)를 표시한 선.

만:적(滿積)명하타 물건 따위를 가득 쌓음.

만적(蠻狄)명 오랑캐.

만:전(萬全)명하형 조금도 허술한 데가 없음. 아주 완전함. ¶ 만전의 조치. /안전사고 예방에 만전을 기하다.

만:전지계(萬全之計)[-계/-게]명 ☞만전지책.

만:전지책(萬全之策)명 조금도 허술한 데가 없는 완전한 계책. 더없이 완전한 계책. 만전지계(萬全之計).

만:전-춘(滿殿春)명 '악장가사(樂章歌詞)'에 실려 전하는, 작자 미상의 고려 속요. 〔남녀 간의 애정을 적나라하게 읊었다 하여, 조선 시대에 유학자들로부터 '남녀상열지사(男女相悅之詞)'라는 평을 들음.〕

만:절(晩節)명 ①늦은 절기. ②늙은 시절. 만년(晩年). ③오래도록 지키는 절개.

만:절-필동(萬折必東)[-똥]명 〔황하(黃河)가 여러 번 꺾여 흘러가도 필경은 동쪽의 황해로 흘러간다는 뜻으로〕 ①곡절이 있으나 필경은 본뜻대로 나간다는 말. ②충신의 절개는 꺾을 수 없다는 말.

만점(滿點)[-쩜]명 ①규정된 점수의 가장 높은 점수. ¶ 백 점 만점에 팔십 점을 맞았다. /시험에서 만점을 맞다. ②결점이나 부족한 데가 없이 아주 만족할 만한 상태. ¶ 스릴 만점. /사람됨이 그만하면 만점이다.

만:정(滿廷)명하형 조정(朝廷)이나 법정(法廷)에 사람이 가득 차 있는 일.

만:정(滿庭)명하형 온 뜰, 또는 뜰에 가득 참.

만:정-제신(滿廷諸臣)명 ☞만조백관.

만:조(滿朝)명 온 조정.

만:조(滿潮)명 밀물로 해면이 가장 높아진 상태. 고조(高潮). 찬물때. ↔간조(干潮).

만:조-백관(滿朝百官)[-꽌]명 조정의 모든 벼슬아치. 만정제신(滿廷諸臣).

만:조-선(滿潮線)명 만조 때의 해면과 육지와의 경계선. 고조선(高潮線). ↔간조선.

만조-하다형여 용모가 초라하고 채신없다.

만족(滿足)명하형스형 ①마음에 부족함이 없이 흐뭇함. ¶ 만족을 느끼다. /만족한 표정. ②부족함이 없이 충분함. ¶ 경비는 이 정도면 만족하다. /끝내 만족한 대답을 듣지 못하다. **만족-히**부. **만족스레**부.

만족(蠻族)명 야만스러운 종족. 야만족.

만족-감(滿足感)[-깜]명 마음에 흡족한 느낌. 흐뭇한 느낌. ¶ 일을 무사히 마쳤다는 만족감으로 가슴이 부듯했다.

만족-하다(滿足-)[-조카-]자여 흡족하게 여기다. ¶ 최선을 다했으니 결과에 만족한다.

만:종(晩種)명 〈만생종(晩生種)〉의 준말.

만:종(晩鐘)명 저녁 무렵에 절이나 교회 같은 데서 치는 종.

만:종-록(萬鍾祿)[-녹]명 매우 많은 봉록(俸祿).

만:좌(滿座)명 그 자리에 있는 모든 사람. 일좌(一座). ¶ 만좌의 갈채를 받다.

만:좌-중(滿座中)명 그 자리에 있는 많은 사람 가운데. ¶ 만좌중 반대 의사를 표시하는 이가 한 사람도 없다.

만:중(萬重)[1]명 ☞만첩(萬疊).

만중(萬重)[2] '만중하다'의 어근.

만:중-하다(萬重-)형여 ☞만왕(萬旺)하다.

만지(挽止)명하타 ☞만류(挽留).

만:지(滿地)명하형 땅에 가득함.

만지(蠻地)명 야만인들이 사는 땅.

만지다타 ①손으로 여기저기 누르거나 주무르다. ¶ 아픈 다리를 만지다. ②다루거나 손질하다. ¶ 그 기계 만질 줄 아니?/머리 좀 만져야지.

만지작-거리다[-꺼-]타 자꾸 만지작만지작하다. 만지작대다. ¶ 옷고름을 만지작거리다. 준만작거리다.

만지작-대다[-때-]타 만지작거리다.

만지작-만지작[-장-]부하타 무엇을 가볍게 자꾸 만지는 모양. 준만작만작.

만:지-장서(滿紙長書)명 (편지지에 가득 차게 쓴) 사연이 긴 편지.

만질만질-하다형여 살갗에 닿는 느낌이 연하고 보드랍다. ¶ 만질만질한 종이.

만집(挽執)명하타 ☞만류(挽留).

만착(瞞着)명하타 속임. 남의 눈을 속임.

만:찬(晩餐)명 저녁 식사. 특별히 잘 차려 낸 저녁 식사. 석찬(夕餐). ¶ 만찬에 초대되다. ↔조찬(朝餐).

만:찬-회(晩餐會)[-회/-훼]명 손을 청하여 저녁 식사를 겸하여 베푸는 연회.

만:천(滿天)명하형 온 하늘. 하늘에 가득함.

만:-천하(滿天下)명 온 천하. 온 세계. ¶ 비리의 전모를 만천하에 알리다.

만:첩(萬疊)명 아주 여러 겹. 만중(萬重).

만:첩-청산(萬疊青山)명 사방이 겹겹이 에워싸인 푸른 산.

만:청(晩晴)명 저녁 무렵에 갠 날씨. 저녁 무렵에 갠 하늘.

만청(蔓菁)명 ☞순무.

만청-자(蔓菁子)명 한방에서, '순무의 씨'를 약재로 이르는 말. 〔이뇨제 등으로 쓰임.〕

만초(蔓草)명 덩굴져서 벋는 풀. 덩굴풀.

만:추(晩秋)명 늦가을. 계추(季秋). 모추(暮秋). 잔추(殘秋).

만:춘(晩春)명 늦봄. 계춘(季春). 모춘(暮春). 잔춘(殘春).

만:취(晩翠)명 겨울이 되어도 변하지 않는 초목의 푸른빛.

만:취(滿醉·漫醉)명하자되자 술에 잔뜩 취함. 난취(爛醉). ¶ 만취한 상태로 집에 간신히 돌아왔다. 비대취(大醉)·명정(酩酊).

만치 Ⅰ의 ☞만큼.
Ⅱ조 ☞만큼.

만큼 Ⅰ의 ①용언 어미 '-ㄹ·-을·-ㄴ·-은' 뒤에 쓰이어, '그와 같은 정도나 한도'를 뜻하는 말. ¶ 일한 만큼 거두다. /먹을 만큼 먹다. ②용언 어미 '-ㄴ·-은·-는·-던' 뒤에 쓰이어, '그와 같은 내용이 근거가 됨'을 뜻하는 말. ¶ 이번에는 그가 손댄 만큼 제대로 고쳐졌겠지. /발이 큰 만큼 신도 크다. 만치. 참-느니만큼·-으니만큼.
Ⅱ조 체언이나 조사에 붙어, '정도가 거의 비슷함'을 나타내는 부사격 조사. 만치. ¶ 나도 너만큼 달릴 수 있다. /부모님에게만큼은 잘해 드리고 싶다.

만:태(萬態)명 여러 가지 형태. 온갖 형태.

만:파(晩播)명하타 씨앗을 제철보다 늦게 뿌림.
만:파(萬波)명 겹겹이 밀려오는 파도. 출렁거리는 수많은 파도.
만파(輓把)명 갈퀴 비슷한 농기구의 한 가지. 논밭을 고르는 데 쓰임.
만:파식-적(萬波息笛)[-쩍]명 신라 때의 전설상의 피리. 이것을 불면 온갖 소원이 성취되므로 국보로 삼았다 함.〔'삼국유사'에 의하면, 문무왕이 죽어서 된 해룡(海龍)과 김유신이 죽어서 된 천신(天神)이 합심하여 용을 시켜서 보낸 피리라 함.〕
만판부 하고 싶은 대로 실컷. 마음껏 흐뭇하게. ¶ 만판 마시고 즐기다. 참마냥
만:패불청(萬覇不聽)명하자 ①바둑에서, 큰 패가 생겼을 때, 상대가 어떠한 패를 쓰더라도 응하지 않는 일. ②아무리 집적거려도 못 들은 체하고 응하지 않음을 이르는 말.
만:평(漫評)명하타 ①일정한 형식이나 체계 없이 생각나는 대로 비평함, 또는 그런 비평. ¶ 시사 만평. ②만화로 인물이나 사회를 풍자적으로 비평함.
만폭(滿幅)명 정해진 너비에 꽉 차는 일.
만:풍(晩風)명 저녁 무렵에 부는 바람.
만풍(蠻風)명 ☞만속(蠻俗).
만:필(漫筆)명 보고 듣고 느낀 바를 마음 내키는 대로 적은 글. 만록(漫錄).
만:필-화(漫筆畵)명 ☞만화(漫畵).
만하명 〈옛〉지라. ¶ 만하 비:脾(類合上*22*).
만:하(晩夏)명 늦여름. 계하(季夏). 잔하(殘夏).
만:하(晩霞)명 ①저녁노을. ②해 질 무렵에 끼는 안개. ②석하(夕霞).
만-하다조형여《어미 '-ㄹ·-을' 뒤에 쓰이어》 ①동작이나 상태 등이 '거의 그 정도에 미치어 있음'을 뜻함. ¶ 한창 일할 만한 나이. ②어떤 사물의 값어치나 능력이 '그러한 정도임'을 뜻함. ¶ 다시 볼 만한 영화. /읽을 만한 책.
만하-바탕명 소의 지라에 붙은 고기. 설렁탕거리로 쓰임.
만:학(晩學)명하자·타 (보통 사람보다) 나이가 들어서 공부를 시작함, 또는 그 사람.
만:학(萬壑)명 첩첩이 겹쳐진 많은 골짜기.
만:학-천봉(萬壑千峯)명 첩첩이 겹쳐진 수많은 골짜기와 수많은 봉우리.
만:-항하사(萬恒河沙)명 〔천축(天竺) 동계(東界)의 항하(恒河;지금의 갠지스 강)의 모래라는 뜻으로〕'무한한, 또는 무수한 것'을 비유하여 이르는 말. 항하사. 준항사(恒沙).
만:행(萬幸)명하형 퍽 다행함. 참지행하다.
만행(蠻行)명 야만스러운 행위. ¶ 만행을 저지르다. /만행을 규탄하는 모임.
만:호(萬戶)¹명 썩 많은 집.
만:호(萬戶)²명 ①고려 시대의 군직(軍職)의 한 가지. ②조선 시대에, 각 도의 여러 진(鎭)에 배치되었던 종사품의 무관직.
만:호-장안(萬戶長安)명 '인가(人家)가 매우 많은 서울'을 이르던 말.
만:호-중생(萬戶衆生)명 썩 많은 중생. 억조창생(億兆蒼生).
만:호-후(萬戶侯)명 일만 호의 백성을 가진 제후(諸侯), 곧 세력이 큰 제후.
만:혹(萬或)부 ☞만일.
만:혼(晩婚)명하자 보통 사람보다 나이가 들어서, 곧 혼기가 지나서 결혼함, 또는 그런 결혼. ¶ 만혼의 부부. ↔조혼(早婚).
만홀(漫忽) '만홀하다'의 어근.
만:홀-하다(漫忽-)형여 무심하고 소홀하다. 만홀-히부
만:화명 소의 이자와 지라를 아울러 이르는 말.
만:화(晩花)명 ①철 늦게 피는 꽃. ②제철이 지나 늦게 피는 꽃.
만:화(萬化)명하자 끝없이 변화함. 천변만화.
만:화(滿花)명 가득 핀 온갖 꽃.
만화(慢火)명 뭉근하게 타는 불.
만:화(漫畵)명 ①풍자나 우스갯거리 등을 주로 선화(線畵)로써 경쾌하고 익살스레 그린 그림. 〔사회 비평·시사 만화 따위.〕 ②어떤 줄거리가 있는 이야기를 연속된 그림과 대화로 엮은 것. 만필화(漫筆畵).
만:화-가(漫畵家)명 만화를 그리는 것을 직업으로 하는 사람.
만:화-경(萬華鏡)명 장난감의 한 가지. 안에 세 개의 거울을 댄 원통에 잘게 오린 색종이나 색유리 따위를 넣은 것. 그것을 돌려 가며 들여다보면 여러 가지로 변하는 아름다운 무늬가 보임.
만:화-방석(滿花方席)명 갖가지 꽃무늬를 놓아서 만든 방석.
만:화-방창(萬化方暢)명하형 '봄이 되어 만물이 한창 자라남'을 이르는 말.
만:화-석(滿花席)명 갖가지 꽃무늬를 놓아서 친 돗자리.
만:화^영화(漫畵映畵)명 영화로 만든 움직이는 만화. 애니메이션 기법으로 촬영함. 참애니메이션.
만:화-책(漫畵冊)명 만화로 된 그림책.
만:홧-가게(漫畵-)[-화까-/-홧까-]명 만화책이나 무협지를 갖추어 놓고, 빌려 주거나 그 자리에서 읽게 하는 가게.
만:황-씨(萬黃氏)명 '못나고 어리석은 사람'을 농조로 이르는 말.
만회(挽回)[-회/-훼]명하타되자 (잃은 것이나 뒤떨어진 것을) 바로잡아 회복함. 처음 상태로 돌이킴. ¶ 패세(敗勢)의 만회. /실점(失點)을 만회하다.
만:휘-군상(萬彙群像)명 세상의 온갖 사물.
만:흥(漫興)명 저절로 일어나는 흥취.
만ᄒᆞ다형 〈옛〉많다. ¶ 讒口ㅣ 만ᄒᆞ야(龍歌*123*章).
많:다[만타]형 ①수효나 분량이 어떤 기준을 넘다. ¶ 인원이 많다. /많으면 많을수록 좋다. ②정도가 일정한 수준을 넘다. ¶ 유난히 정이 많다. /많은 시간이 필요하다. /젊을 때 많은 경험을 쌓아라. ↔적다². 많-이부 ¶ 책을 많이 읽다. /그에 대해서 많이는 모른다. *많:아[마나]·많:소[만쏘]
맏명 〈옛〉마당. ¶ 맏 당:場(訓蒙上7). 참맡.
맏-접두 같은 항렬 등에서의, 손위로서 첫째임을 뜻하는 말. ¶ 맏아들. /맏며느리. /맏손자. /맏형. 참맏이.
맏-간(-間)[-깐]명 배의 고물의 첫째 칸. 잠자는 곳으로 씀.
맏-누이[만-]명 맏이가 되는 누이. 큰누이.
맏-동서(-同壻)[-똥-]명 맏이가 되는 동서.
맏-딸명 맏이가 되는 딸. 큰딸. 장녀(長女).
맏-며느리[만-]명 맏아들의 아내. 큰며느리.
맏-물[만-]명 그해에 맨 먼저 나온 과일이나 곡식 또는 해산물 따위를 이르는 말. 선출(先出). 신출(新出). ↔끝물.
맏-배[-빼]명 짐승이 첫 번째로 새끼를 가지거나 낳거나 깐 것, 또는 그 새끼. 첫배.

맏-사위[-싸-]명 맏딸의 남편.
맏-상제(-喪制)[-쌍-]명 맏이가 되는 상제. 부모의 상사(喪事)를 당한 맏아들. 상주(喪主).
맏-상주(-喪主)명 '맏상제'의 잘못.
맏-손녀(-孫女)[-쏜-]명 맏이가 되는 손녀. 손녀 가운데서 맨 먼저 태어난 손녀. 큰손녀. 장손녀(長孫女).
맏-손자(-孫子)[-쏜-]명 맏이가 되는 손자. 손자 가운데서 맨 먼저 태어난 손자. 큰손자.
맏-아들명 맏이가 되는 아들. 첫째 아들. 큰아들. 장남(長男). 장자(長子).
맏-아이명 맏자식.
맏-양반(-兩班)[만냥-]명 남의 '맏아들'을 높이어 일컫는 말.
맏-언니명 맏이가 되는 언니. 큰언니.
맏-이[마지]명 ①형제자매 가운데서 맨 먼저 태어난 사람. ↔막내. ②나이가 남보다 많음, 또는 그런 사람. ¶ 그는 나보다 5년 맏이이다.
맏-자식(-子息)[-짜-]명 맨 먼저 태어난 자식. 맏아이. 큰아이.
맏-잡이[-짜비]명 '맏아들이나 맏며느리'를 낮추어 이르는 말.
맏-조카[-쪼-]명 맏이가 되는 조카. 맏형의 맏아들. 장조카. 장질(長姪).
맏-파(-派)명 맏아들의 갈래. 장손(長孫)의 계통. 장파(長派).
맏-형(-兄)[마텽]명 맏이가 되는 형. 큰형. 장형(長兄).
맏-형수(-兄嫂)[마텽-]명 맏형의 아내. 큰형수. 백수(伯嫂).
말[1]명 말과의 포유동물. 어깨의 높이는 1.2~1.7 m, 머리와 목과 다리가 길고 몸집이 큼. 목에는 갈기가 있고 발굽은 하나임. 유럽·아시아 원산으로 승마(乘馬)·사역(使役)·경마(競馬) 등으로 이용됨. 마필(馬匹).
말 가는 데 소도 간다속담 남이 하는 일이라면 자신도 노력만 하면 능히 할 수 있다는 말.
말 갈 데 소 간다속담 가서는 안 될 데를 간다는 뜻.
말 삼은 소 짚신이라속담 〔신 삼을 줄 모르는 말이 소의 신을 삼는다는 뜻으로〕 무엇을 한다고 하여 놓은 것이 뒤죽박죽이어서 못 쓰게 되었음을 이르는 말.
말 타면 경마 잡히고 싶다속담 사람의 욕심이란 한이 없음을 이르는 말.
말 한 마리 다 먹고 말 냄새 난다 한다속담 하고 싶은 대로 다 하고 나서 공연한 트집을 잡는다는 말.
말[2] Ⅰ명 곡식이나 액체 따위를 되는 데 쓰이는 원통 모양의 나무 그릇. 〔열 되들이로서 약 18 리터의 용량.〕 ¶ 말로 되다.
Ⅱ의 곡식이나 액체 따위의 용량의 단위. 〔되의 열 곱절로, 약 18리터임.〕 두(斗).
말 위에 말을 얹는다속담 욕심이 많은 사람을 이르는 말.
말[3]명 ①장기짝의 하나. 앞뒤에 '말 마(馬)' 자가 새겨져 있으며 '날 일(日)' 자로만 나아감. 마(馬). ②윷이나 고누 따위에서 쓰이는 패.
말ː[4]명 ①가랫과의 다년생 수초(水草). 줄기 높이 30 cm 이상. 전체가 녹갈색인데 가늘고 긴 잎이 어긋맞게 나고, 5~6월에 황록색의 꽃이 이삭 모양으로 핌. 연한 줄기와 잎은 나물로 먹음. ②물속에 자라는 은화식물(隱花植物)을 통틀어 이르는 말.
말ː[5]명 ①사람이 생각이나 감정을 나타내는 데 쓰는 음성, 또는 그것을 문자로 나타낸 것. 언어. ¶ 상냥한 말. /우리 겨레 고유의 말. /다른 말로 표현하다. /말로는 못할 일이 없다. ②무엇에 관련된 이야기. ¶ 그는 낚시 말만 나오면 신이 난다. ③소문이나 풍문 따위를 이르는 말. ¶ 말이 퍼지다. ④다시 강조하거나 확인하는 뜻을 나타내는 말. 《주로, '-으라는 말이다', '-다는 말이다'의 꼴로 쓰임.》 ¶ 이런 걸 먹으라는 말이냐? ⑤망정이지의 뜻을 나타내는 말. 《주로, '-으니 말이지', '-기에 말이지'의 꼴로 쓰임.》 ¶ 그 자리에 없었으니 말이지 큰일 날 뻔했다. ⑥어떤 것이 잘 이루어지지 않음을 탄식하는 말. 《주로, '-어(아)야 말이지'의 꼴로 쓰임.》 ¶ 집을 사야 되는데 돈이 있어야 말이지. 높말씀.
말로 온 동네 다 겪는다속담 〔온 동네 사람을 음식으로 대접하는 대신 말로 때운다는 뜻으로〕 실천은 하지 않고 모든 것을 말만으로 해결하려 듦을 이르는 말.
말 많은 집은 장맛도 쓰다속담 가정에 말이 많으면 살림이 잘 안 된다는 말.
말이 씨가 된다속담 불길한 말을 했을 때, 그 말대로 될 수도 있으니 함부로 말하지 말라는 말.
말 한마디에 천 냥 빚도 갚는다속담 말만 잘하면 어떤 어려움도 해결할 수 있다는 말.
말(을) 내다관용 남이 모르고 있던 일을 이야기하여 소문을 내다.
말(을) 듣다관용 ①남이 시키는 대로 하다. ¶ 말을 듣지 않는 아이. ②꾸지람이나 나무람을 당하다. ③기계 따위가 마음대로 잘 다루어지다. ¶ 핸들이 말을 잘 듣는다.
말(을) 못 하다관용 말로써 다 형용할 수 없을 정도다. ¶ 그에게도 말 못 할 사정이 있다.
말(이) 굳다관용 말할 때 더듬거려 말이 부드럽지 못하다.
말(이) 나다관용 ①남이 모르고 있던 일이 알려지게 되다. ②말이 이야깃거리로 나오게 되다. ¶ 이왕 말이 났으니 다 말하겠다.
말(이) 되다관용 ①하는 말이 이치에 맞다. ②어떤 일에 대하여 서로의 사이에 약속이 이루어지다. ¶ 내일 만나기로 말이 되어 있다. ③말거리가 되다.
말(이) 떨어지다관용 명령이나 승낙 따위의 말이 나오다.
말(이) 뜨다관용 말이 술술 나오지 않고 자꾸 막히거나 굼뜨다.
말(이) 많다관용 ①말수가 많다. 수다스럽다. ②말썽이 끊이지 아니하다.
말(이) 아니다관용 무어라고 말할 수 없을 만큼 처지가 매우 딱하다. ¶ 체면이 말이 아니다.
말ː[6]명 톱질할 때나 먹줄을 칠 때 그 밑에 받치는 나무.
말명 〈옛〉 말뚝. ¶ 橛은 말히라(楞解8:85).
말(末)의 《일부 명사 뒤에 쓰이어》 '어떤 기간(시기)의 끝, 또는 끝 무렵'임을 뜻함. ¶ 임기 말. /이달 말. /고려 말의 사회상. ↔초(初).
말-접두 일부 명사 앞에 붙어, 그것이 '보통 것보다 큰 것'임을 나타냄. ¶ 말개미. /말거미. /말매미. /말벌.
말-가웃[-욷]명 한 말하고 반 말, 곧 한 말과 반 말을 합친 양. 말아웃. ¶ 말가웃 남짓한 보리쌀. ＊말가웃이[-우시]·말가웃만[-운-]
말가ᄒᆞ다형 〈옛〉 말갛다. ¶ 至匊悤 至匊悤 於思臥 말가ᄒᆞᆫ 기픈 소희 온갓 고기 뛰노ᄂᆞ다(尹善道.漁父四時詞).

말-간(-間)[-깐]명 ☞마구간.
말갈(靺鞨)명 퉁구스 족의 일족. 시베리아, 중국 동북 지방, 우리나라의 함경도에 걸쳐 살았던 족속으로, 여진족·만주족이 모두 이 종족의 후예임.
말-갈기명 말의 목덜미에서 등까지 나 있는 비교적 긴 털. 마렵(馬鬣).
말ː-갈망명하자 한 말에 대한 뒷수습. ¶ 말을 함부로 해 놓고는 말갈망을 못해 쩔쩔맨다.
말-감고(-監考)명 지난날, 곡물 시장에서 마되질하는 일을 업으로 삼던 사람. 말잡이. 말쟁이[1]. 준감고(監考).
말ː갛다[-가타][말가니·말개]형ㅎ ①흐림이 없이 맑다. ¶ 강물이 말갛다. /말간 눈동자. /하늘이 말갛게 개었다. ②(정신이) 또렷하다. ¶ 말간 정신. 큰멀겋다.
말-개미명 ☞왕개미.
말ː개-지다자 말갛게 되다. ¶ 흙탕물이 말개지다. /정신이 말개지다.
말거(抹去)명하타되자 (기록 따위를) 지워서 없앰. 말소(抹消).
말ː-거리[-꺼-]명 ①이야기의 자료. 이야깃거리. ¶ 더 이상 말거리가 없다. ②말썽이 될 만한 일. 말썽거리. ¶ 새로운 말거리.
말-거머리명 거머릿과의 환형동물. 몸길이는 10～15 cm. 몸빛은 갈색이고 등에 다섯 줄의 검은 세로줄이 있음. 턱이 약해 사람의 피는 빨지 못함. 각지의 논이나 늪 등에서 볼 수 있음. 마질(馬蛭).
말-거미명 ☞왕거미.
말ː-결[-껼]명 무슨 말을 하는 결. 《주로, '말결에'의 꼴로 쓰임.》 ¶ 지나가는 말결에 문득 한 말.
말경(末境)명 ①늙바탕. ②끝판. ¶ 잘 나가다가 말경에 일을 망쳤다.
말ː-곁[-껻]명 남이 말하는 옆에서 덩달아 참견하는 말. *말ː곁이[-껴치]·말ː곁을[-껴틀]·말ː곁만[-껸-]
 말곁(을) 달다관용 남이 말하는 옆에서 덩달아 말하다. ¶ 말곁을 달고 나오다.
말계(末計)[-계/-게]명 궁지에 몰렸을 때, 구차하게 생각해 낸 계책. 궁계(窮計).
말-고기명 말의 고기.
 말고기 자반관용 〔말고기로 만든 자반이 붉은 색인 데서〕 '술에 취하여 얼굴이 불그레한 사람'을 조롱하여 이르는 말.
말-고삐명 말굴레에 매어서 말을 끄는 줄.
말-곡식(-穀食)[-씩]명 한 말가량 되는 곡식. 두곡(斗穀).
말-곰명 곰과의 포유동물. 불곰의 아종(亞種)으로, 몸이 크며 털 빛깔은 적갈색임. 귀와 꼬리는 작고 가슴과 어깨에 얼룩무늬가 있음. 중국 동북 지방의 특산임.
말ː-공대(-恭待)명하자 상대편에게 말을 높이어 대접함. ¶ 어린것이 어른에 대한 말공대가 제법이다.
말관(末官)명 ☞말직(末職).
말괄량이명 말이나 하는 짓이 지나치게 활달하여 여성답지 않은 여자.
말-괴불[-괴-/-궤-]명 큰 괴불주머니.
말구(末口)명 위아래를 자른 통나무의, 가는 쪽 끝머리의 지름.
말구디ᄒᆞ다자 〈옛〉 말을 더듬거리다. ¶ 말구디ᄒᆞᆯ 눌:訥(訓蒙下28).
말-구유명 말먹이를 담아 주는 그릇. 참구유.
말-구종(-驅從)명 지난날, 사람이 탄 말의 고삐를 잡고 끌거나 뒤에서 따르던 하인. 마부(馬夫).
말국명 '국물'의 잘못.
말국(末局)명 ①어떤 일이나 사건의 끝판. ②바둑 따위의 끝판.
말-굴레명 말의 머리에 씌우는 굴레.
말-굽명 ①말의 발톱. 마제(馬蹄). ②〈말굽추녀〉의 준말.
말굽-도리[-또-]명 끝이 말굽 모양으로 되어 있는 도리.
말굽-옹두리명 말굽 모양으로 생긴 소의 옹두리뼈.
말굽-은(-銀)명 은으로 말굽 모양으로 만든, 중국에서 쓰던 화폐의 한 가지. 마제은(馬蹄銀). 보은(寶銀).
말굽-자석(-磁石)[-짜-]명 말굽 모양으로 만든 자석. 마제형 자석(馬蹄形磁石). 제형 자석.
말굽-추녀명 안쪽 끝을 말굽 모양으로 만들어 추녀의 큰 서까래 양쪽에 붙이는 서까래, 또는 그렇게 만든 추녀. 마제연(馬蹄椽). 마제추녀. 준말굽. ↔선자추녀.
말굽-토시명 ☞마제굽토시.
말권(末卷)명 (여러 권으로 한 벌을 이룬 책 따위의) 맨 끝 권.
말ː-귀[-뀌]명 ①말이 뜻하는 내용. ¶ 말귀를 못 알아듣고 엉뚱한 대답을 한다. ②('밝다'·'어둡다' 등과 함께 쓰이어) 남이 하는 말의 뜻을 알아듣는 총기. ¶ 말귀가 밝다. /말귀가 어둡다. ②비뒷귀.
말그스레-하다형여 말그스름하다. 큰멀그스레하다.
말그스름-하다형여 조금 말갛다. 말그스레하다. ¶ 숭늉이 말그스름하다. 큰멀그스름하다. **말그스름-히**부.
말긋-말긋[-귿-귿]부하형 액체 속에 그만그만한 작은 덩어리들이 들어 있는 모양.
말ː기명 〔주로 한복에서〕 치마나 바지 따위의 맨 위 허리에 둘러서 댄 부분.
말기(末技)명 하찮은 재주. 변변치 못한 기술이나 기예. 말예(末藝).
말기(末期)명 ①어떤 시대나 기간의 끝장이 되는 시기. 말엽(末葉). ¶ 조선조 말기. ②어떤 일의 끝 무렵. 만기(晚期). 참초기·중기.
말ː-길[-낄]명 다른 사람과 말을 주고받을 수 있는 방도. ¶ 말길을 트다. /말길이 통하다.
 말길(이) 되다관용 (다른 사람을 통하여) 자신을 소개하는 길이 트이다. ¶ 겨우 말길이 되어 상대편을 만났다.
말ː-꼬명 말할 때에, 처음으로 입을 여는 일. ¶ 말꼬를 트다.
말ː-꼬리명 말끝. ¶ 말꼬리를 흐리다.
 말꼬리(를) 잡다관용 남이 한 말에서 탈을 잡아 말꼬투리로 삼다. 말끝을 잡다. ¶ 말꼬리를 잡고 늘어지다.
말ː-꼬투리명 시빗거리가 될 만한 말의 실마리. ¶ 말꼬투리를 잡아 따지기 시작하다.
말-꼴명 말먹이로 하는 풀. 마초(馬草).
말ː-꾸러기명 ①잔말이 많은 사람. ②말썽을 잘 일으키는 사람. 말썽꾼.
말-꾼[1]명 〈말몰이꾼〉의 준말.
말ː-꾼[2]명 〈마을꾼〉의 준말.
말끄러미부 눈을 똑바로 뜨고 가만히 한곳만 바라보는 모양. ¶ 아이는 고개를 들고 말끄러미 내 얼굴을 쳐다보았다. 큰물끄러미.

말끔부 조금도 남김없이 죄다. ¶ 발자국을 말끔 닦아 내다. /지난 일을 말끔 잊다. /말끔 거짓말이다.
말끔-하다형여 티 없이 환하고 깨끗하다. ¶ 말끔한 옷차림. /방 안을 말끔하게 치우다. 큰멀끔하다. **말끔-히**부 ①말끔하게. ¶ 거울을 말끔히 닦다. ②남김없이. 죄다. ¶ 괴로웠던 일들을 말끔히 잊어버리다.
말ː-끝[-끋]명 어떤 말을 마무리짓는 뒤끝. ¶ 말끝을 흐리다. /많은 여운을 남기면서 말끝을 맺다. ↔말머리. *말ː끝이[-끄치]·말ː끝을[-끄틀]·말ː끝만[-끈-]
말끝(을) 달다관용 일단 말을 끝마치고는 다시 덧붙여 말하기 시작하다.
말끝(을) 잡다관용 ☞말꼬리를 잡다.
말-나리[-라-]명 백합과의 다년초. 고산 지대에 절로 나는데, 줄기는 80 cm가량 자라고, 길둥근 잎이 돌려남. 6~8월에 적갈색의 무늬가 있는 주황색 꽃이 줄기 끝에 핌.
말-날[-랄]명 ☞오일(午日).
말년(末年)[-련]명 ①어떤 시기의 마지막 무렵. ¶ 고려조 말년의 사회상. ②인생의 마지막 무렵. 늘그막. ¶ 그의 말년의 작품.
말-놀음[-로름]명하자 〈말놀음질〉의 준말.
말놀음-질[-로름-]명하자 막대기나 동무들의 등을 말 삼아 타고 노는 아이들의 놀이. 준말놀음.
말ː-눈치[-룬-]명 말을 하는 가운데 은연중에 나타나는 그 말의 속뜻. ¶ 말눈치로 보아서는 쉬 승낙할 것 같지 않다.
말다[1][마니·말아]타 ①(종이나 천 따위 얇고 넓적한 물건을) 한쪽 끝이 안쪽으로 들어가게 돌돌 감아 제 몸을 싸고 돌게 하다. ¶ 돗자리를 말다. ②(얇고 넓적한 물건으로) 돌돌 감아 싸다. ¶ 종이로 담배를 말다. /김밥을 말다.
말다[2][마니·말아]타 (밥이나 국수 따위를) 물이나 국물에 넣어 풀다. ¶ 국에 밥을 말다.
말ː다[3][마니·말아]타 ①하던 일을 그만두다. ¶ 이야기를 하다 말다. /낭비를 말아야지. ②하려던 일을 하지 않다. ¶ 일을 하려다 말다. /이제부터는 원망을 말기로 했다. ③'그것이 아님'을 뜻함. 《주로, '말고'의 꼴로 쓰임.》 ¶ 그것 말고 저것으로 하지. ④앞말이 나타내는 말을 부정하는 뜻을 나타냄. 《주로, '-거나 말거나', '-거니 말거니', '-든지 말든지' 등의 꼴로 쓰임.》 ¶ 가거나 말거나 신경 안 쓴다.
말ː다[4][마니·말아]조동 ①동사의 어미 '-지' 뒤에 쓰이어, 그 동작을 그만둔다는 뜻을 나타냄. ㉠기본형으로는 쓰이지 않고 어미 활용 형태로 쓰임. ¶ 서두르지 말고 차근차근히 챙겨라. ㉡명령형인 경우 '마라'·'마'로 쓰임. ¶ 걱정하지 마라. /오지 마. ㉢문어체의 명령형이나 간접 인용에서는 '말라'의 꼴로 쓰임. ¶ 가지 말라. /뜯어 보지 말라고 하더라. ②동사의 어미 '-고(야)' 뒤에 쓰이어, 그 동작이 이루어진다는 뜻을 나타냄. ¶ 결국 떠나고 말았다. /꼭 성공하고야 말겠다. ③감각이나 심리 상태에 관계있는 말과 어울려 쓰이어, '그런 상태를 그만두다'의 뜻을 나타냄. ¶ 그리 슬퍼마라. /인간은 언제나 혼자라네, 너무 외로워 말게.
말다(抹茶)명 ☞말차(抹茶).
말-다래명 말을 탄 이의 옷에 진흙이 튀지 않도록 가죽 같은 것으로 만들어 안장 양쪽에 달아 늘어뜨리는 물건. 장니(障泥).
말ː-다툼명하자 말로써 서로 다툼, 또는 그러한 일. 말싸움. 말씨름. 입씨름. 설론(舌論). 설전. 언쟁. ¶ 사소한 일로 말다툼하다.
말단(末端)[-딴]명 ①물건의 맨 끄트머리. 말미(末尾). ②조직 따위의 중추(中樞)에서 먼, 아래나 끝 부분. ¶ 조직의 말단. /신경의 말단.
말단^가격(末端價格)[-딴까-]명 (생산자 가격이나 도매 가격에 대하여) '소매 가격'을 이르는 말. 참소비자 가격.
말-달리다자 말을 타고 달리다.
말-대[-때]명 물레질할 때, 솜을 둥글고 길게 말아 내는 수수깡 막대기.
말대(末代)[-때]명 ①☞말세(末世). ②죽 이어져 온 왕위(王位)나 가독(家督) 따위의 마지막 대(代).
말ː-대꾸명하자 남이 한 말을 받아 거슬리게 말을 함, 또는 그 말. ¶ 말끝마다 말대꾸를 하다. 준대꾸. 참말대답.
말ː-대답(-對答)명하자 윗사람의 말에 거슬리게 대답함, 또는 그 대답. ¶ 아들의 말대답에 몹시 못마땅한 기색이다. 참말대꾸.
말ː더듬-이명 말을 더듬는 사람. 준더듬이[1].
말-덕석[-썩]명 말의 등에 덮는 멍석.
말ː-동무[-똥-]명하자타 친구 삼아 이야기를 나누는 상대. 말벗.
말-두(-斗)명 한자 부수의 한 가지. '料'·'斜'·'斡' 등에서의 '斗'의 이름.
말디쟈자 〈옛〉말을 마치자. 말이 끝나자. ¶ 말디쟈 鶴을 트고(鄭澈.關東別曲).
말-똥명 말의 똥. 마분(馬糞).
말똥에 굴러도 이승이 좋다속담 고생이 되더라도 살아 있는 것이 좋다.
말똥-가리명 수릿과의 새. 편 날개의 길이는 35~41 cm. 등 쪽은 어두운 갈색이고 배 쪽은 누르스름한 빛에 가로무늬가 있음. 산림에 사는 텃새로 들곤충이나 쥐 따위를 잡아먹는 익조(益鳥)임.
말똥-거리다타 말똥말똥한 눈으로 요리조리 살피다. 말똥대다. 큰멀뚱거리다.
말똥-구리명 풍뎅잇과의 곤충. 몸길이 18 mm가량. 몸빛은 검고 광택이 있으며 두 개의 돌기가 있음. 여름철에 짐승의 똥을 굴려 굴속으로 가져가서 그 속에 알을 낳음. 쇠똥구리.
말똥-굼벵이명 말똥구리의 유충.
말똥-대다타 말똥거리다.
말똥-말똥부 ①하형 정신이 또렷한 모양. ¶ 밤을 새우고도 정신이 말똥말똥하다. ②하형 눈동자가 맑고 생기가 있는 모양. ¶ 어린것들의 말똥말똥한 눈이 눈에 선하다. ③하타 눈을 크게 뜨고 말끄러미 바라보는 모양. ¶ 선생님의 얼굴을 말똥말똥 바라보다. ③큰멀뚱멀뚱.
말똥-성게명 둥근성겟과의 극피동물. 몸빛은 감람색에 붉은색을 띠고 있으며 밤송이같이 가시가 촘촘히 돋아 있음. 바닷속 바위나 해안의 돌 밑에 붙어사는데, 성게젓의 재료가 됨.
말똥-지기명 연을 띄울 때, 연을 잡고 있다가 놓는 사람.
말똥-하다형여 눈빛이나 정신 등이 생기가 있고 맑다. **말똥-히**부.
말뚝[1]명 (무엇을 받치거나 푯말로 하기 위하여) 박아 세우는 기둥 모양의 것. ¶ 나무 말뚝.
말뚝(을) 박다관용 ①제대하지 않고 직업 군인이 되어 계속 복무하다. ②함부로 어떻게 할 수 없도록 억눌러 놓다. ¶ 더 이상 농간을 부릴 수 없도록 말뚝을 박아 놓아야지.

말뚝²명 ☞말뚝잠(簪).
말뚝-망둑어[-뚱-]명 망둑엇과의 바닷물고기. 몸은 기름하면서 옆으로 납작하며, 머리가 크고 눈이 튀어나왔음. 잘 발달된 가슴지느러미로 바닷가의 습지에서 기기도 함.
말뚝-모명 '꼬창모'의 잘못.
말뚝-벙거지[-뻥-]명 지난날, 마부들이 쓰던 전립(戰笠)의 한 가지.
말뚝-잠[-짬]명 꼿꼿이 앉은 채로 자는 잠.
말뚝-잠(-簪)[-짬]명 산호·옥·수마노 등으로 말뚝 모양으로 만든 비녀의 한 가지. 비녀 머리의 윗부분이 둥글고 앞으로 조금 구부러져 있음. 말뚝².
말ː-뜻[-뜯]명 말에 담긴 뜻. ¶ 말뜻을 이해하다. ＊말ː뜻이[-뜨시]·말ː뜻만[-뜬-]
말-띠명 ☞오생(午生).
말라기-서(←Malachi書)명 구약 성서 중의 한 편. 말라기의 예언을 적은 것으로, 도덕적 타락에 대한 경고와 심판의 날이 가까워졌음을 기록한 내용임.
말라-깽이명 '몸이 몹시 여윈 사람'을 조롱조로 이르는 말.
말라리아(malaria)명 학질모기가 매개하는 말라리아 병원충의 기생으로 일어나는 전염성 열병. 발작적인 고열(高熱)이 주기적으로 되풀이됨. 학질(瘧疾). 참하루거리.
말라리아-모기(malaria-)명 ☞학질모기.
말라리아^병ː원충(malaria病原蟲)명 말라리아의 병원체인 원생동물. 학질모기의 침과 함께 사람의 모세 혈관에 들어가, 적혈구 안에서 무성 생식으로 증식함.
말라리아-열(malaria熱)명 말라리아에 걸려서 발작적으로 일어나는 주기성 고열(高熱).
말라리아^요법(malaria療法)[-뻡]명 매독 환자에게 말라리아 병원균을 접종하여 다스리는 발열 요법.
말라-붙다[-붇따]자 물기가 바싹 마르거나 졸아서 엉겨 붙거나 들러붙다.
말라-비틀어지다자 ①사람이나 사물이 쭈글쭈글하게 말라서 뒤틀리다. ②몹시 하찮고 보잘것없다. 《주로, '말라비틀어진'의 꼴로 쓰임.》 ¶ 무슨 말라비틀어진 소린지 모르겠다.
말라-빠지다자 몹시 하찮고 보잘것없다. 《주로, '말라빠진'의 꼴로 쓰임.》
말라-죽다[-따]자 아무 쓸데 없다. 《주로, '말라죽은'·'말라죽을'의 꼴로 쓰임.》 ¶ 돈도 없는데 무슨 말라죽을 외식이냐?
말랑-거리다자 자꾸 말랑말랑한 느낌이 나다. 말랑대다. 큰물렁거리다.
말랑-대다자 말랑거리다.
말랑-말랑부하형 매우 말랑한 모양. ¶ 말랑말랑하게 익은 홍시. 큰물렁물렁.
말랑-하다형여 ①야들야들하게 보드랍고 무르다. ¶ 말랑한 인절미. ②기질이 무르고 만만하다. ¶ 억센 몸집과는 달리 기질은 말랑하다. 큰물렁하다.
말랭이명 〈무말랭이〉의 준말.
말려-들다[~드니·~들어]자 ①무엇에 차차 감기어 들어가다. ¶ 돌아가는 기계에 옷자락이 말려들다. ②본의 아니게 어떤 일에 관계되거나 끌리어 들어가다. ¶ 사건에 깊숙이 말려들다.
말로(末路)명 ①사람의 생애의 끝 무렵. 인생의 끝판. ¶ 범죄인의 비참한 말로. ②번영했던 것이 쇠퇴할 대로 쇠퇴한 마지막 상태. ¶ 부실 기업의 말로.
말롱-질명하자 ①아이들이 말을 타듯 서로 등에 타고 노는 장난. ②남녀가 말의 교미(交尾)를 흉내 내는 성적(性的) 장난.
말류(末流)명 ①강의 흐름의 아래쪽(강어귀에 가까운 곳). 하류(下流). ②☞말세(末世). ③어느 유파에서 갈려 나가 그 세력이 쇠퇴한 유파. ④하찮은 유파나 분파, 또는 거기에 딸린 사람. ⑤어떤 사람의 혈통의 끝. ⑤여예(餘裔).
말류지폐(末流之弊)[-폐/-페]명 잘되어 오던 일의 끝판에 생기는 폐단. 준유폐(流弊).
말리(末利)명 눈앞의 작은 이익.
말리(茉莉)명 물푸레나뭇과의 상록 관목. 인도·이란 원산의 관상용 식물로, 높이는 1 m가량. 여름철에 희고 누런 꽃이 가지 끝에 핌. 잎은 먹을 수 있으며 꽃은 향료로 쓰임.
말-리다¹자 ①어떤 사건에 휩쓸려 들어가다. ¶ 사기꾼의 술수에 말려 돈을 다 뜯겼다. ②〖'말다¹'의 피동〗 두르르 감기다.
말리다²타 〖'마르다¹'의 사동〗 물기·살·돈 따위를 마르게 하다.
말리다³타 (하고자 하는 일을) 못하게 하다. ¶ 싸움을 말리다.
말림명 ①하타산에 있는 나무나 풀을 함부로 베지 못하게 하고 가꾸는 일. 금양(禁養). ②〈말림갓〉의 준말.
말림-갓[-깓]명 나무를 함부로 베지 못하게 금한 땅이나 산. 준갓³·말림. ＊말림갓이[-까시]·말림갓만[-깐-]
말-마(-馬)명 한자 부수의 한 가지. '馳'·'駝' 등에서의 '馬'의 이름.
말-마당명 말 타기를 익히고 겨루는 곳.
말ː-마디명 ①(조리가 바로 서는) 말의 도막. ¶ 제법 말마디깨나 한다는 사람. ②☞어절(語節).
말마디나 하다관용 말을 제법 조리 있게 잘하다. ¶ 마을에서 말마디나 하는 사람.
말ː-막음명하자 ①남에게서 나무람의 말이나 성가신 말이 나오는 것을 꺼리어 미리 어름어름하여 그 말을 막고 벗어나는 일, 또는 그렇게 하는 말. ②서로 주고받던 이야기의 끝을 맺는 일.
말-말뚝명 말을 매는 말뚝.
말ː-맛[-맏]명 말의 느낌. 어감(語感). ＊말ː맛이[-마시]·말ː맛만[-만-]
말망(末望)명 지난날, 삼망(三望)의 끝자리, 또는 거기에 든 사람을 이르던 말.
말-매미명 매밋과의 곤충. 매미 종류 중 가장 커서 몸길이가 4.5 cm가량임. 몸빛은 검고 광택이 남. 유충으로 땅속에서 몇 해를 지낸 뒤 여름철에 나와 1~2주일 살다가 죽음. 왕매미.
말ː-머리명 ①말의 첫머리. 말의 허두. ¶ 말머리를 꺼내다. ↔말끝. ②이야기의 방향. ¶ 기색을 살피더니 슬쩍 말머리를 돌린다.
말머리-아이명 혼인한 뒤에 바로 배어 낳은 아이.
말-먹이명 말에게 먹이는 꼴이나 곡식. 마량(馬糧).
말ː명명 ①무당굿의 열두 거리 굿 중 열한째 거리의 이름. ②☞만명(萬明).
말ː명-놀이명하자 무당굿의 열두 거리 중 열한째 거리를 놂, 또는 그 놀이.
말목(-木)명 무슨 표지(標識)가 되게 세우는 나무 말뚝. 말장.
말-몫[-목]명 ①지주와 소작인이 타작마당에서 곡식을 나눌 때, 마당에 떨어진 소작인 몫의 벼. ②말잡이의 몫으로 주는 곡식. ＊말몫이[-목씨]·말몫만[-몽-]

말-몰이 명 ①하자 말을 부리는 일. ②〈말몰이꾼〉의 준말.

말몰이-꾼 명 짐 싣는 말을 몰고 다니는 사람. 준말꾼[1]·말몰이.

말ː-무(-毋) 명 한자 부수의 한 가지. '每'·'毒' 등에서의 '毋'의 이름.

말ː-문(-門) 명 ①말을 하기 위하여 여는 입. ¶ 말문을 떼다. ②말을 꺼내는 실마리. ¶ 말문이 트이다.

말문(을) 막다 관용 말을 꺼내지 못하게 하다. ¶ 자꾸 헛기침을 해서 나의 말문을 막다.

말문(을) 열다 관용 입을 떼어 말을 하기 시작하다. ¶ 침착하게 말문을 열다.

말문(末文) 명 ☞결문(結文).

말믜 명 〈옛〉 말미. ¶ 江漢ᄋᆞ로 나갈 말믜 업스니(杜初3:36).

말미 명 (어떤 일에 매인 사람이) 다른 일로 말미암아 얻는 겨를. 수유(受由). 휴가(休暇). ¶ 말미를 받다. /말미를 얻다.

말미(末尾) 명 (글이나 책의) 끝 부분. 말단(末端). ¶ 서류(書類)의 말미에 서명 날인하다.

말미암다[-따] 자 원인이나 이유가 되다. 계기가 되다. 인연이 되다. ¶ 그는 과로로 말미암아 몸살이 나고 말았다.

말미잘 명 해변말미잘목과 꽃말미잘목의 자포동물을 통틀어 이르는 말. 원기둥 모양의 몸 끝에 마치 꽃처럼 열리는 촉수가 있음. 몸빛은 녹색이나 담황색임. 촉수로 먹이를 잡아먹음. 간조선(干潮線)의 바위틈이나 모래에 묻혀 삶.

말-밀[1][-믿] 명 곡식을 마질하고 남는, 한 말이 채 안 되는 곡식. 참됫밑. ＊말밑이[-미치]·말밑을[-미틀]·말밑만[-민-]

말ː밑[2][-믿] 명 ☞어원(語源). ＊말ː밑이[-미치]·말ː밑을[-미틀]·말ː밑만[-민-]

말ː-밑천[-믿-] 명 ①말을 계속 이어 갈 거리. ¶ 말밑천이 달리다. ②말하는 데 들인 노력. ¶ 말밑천도 건지지 못하다.

말믜 명 〈옛〉 ①까닭. ¶ 말믜 유:由(類合下11). ②말미. ¶ 말믜 엳ᄌᆞᆸ고(釋譜6:15).

말믜-삼다 타 〈옛〉 말미암다. ¶ 孔子로 말믜ᅀᆞ마 옴으로 수에 至홈이 百이오 餘歲니(孟解14:34).

말ː바꿈-표(-標) 명 ☞줄표.

말-박 명 ①큰 바가지. ②(곡식을 되는) 말 대신으로 쓰는 바가지.

말ː-발[-빨] 명 말이 먹히어 들어가는 정도. 말의 권위. ¶ 말발이 세다.

말발(이) 서다 관용 말이 잘 먹히어 들어가다. 말한 대로 일이 되어 가다.

말-발굽[-꿉] 명 말의 발굽.

말발도리-나무 명 범의귓과의 낙엽 활엽 관목. 높이는 3~4 m. 잎은 길둥글며 가장자리에 톱니가 있음. 5~6월에 흰 꽃이 피며, 9월에 삭과(蒴果)가 익음. 산지에 자라는데 관상용으로 심기도 함.

말-밥[-빱] 명 한 말 정도의 쌀로 지은 밥.

말-방울 명 말의 목에 단 방울. 참워낭.

말-밭[-받] 명 윷놀이나 고누·장기 따위에서 말이 다니는 길. ＊말밭이[-바치]·말밭을[-바틀]·말밭만[-반-]

말-버둥질 명하자 말이 등을 땅에 대고 누워 네 다리로 버둥거리는 짓. 준버둥질.

말ː-버릇[-뻐륻] 명 ①자신도 모르는 사이에 으레 하는, 버릇이 된 말투. ¶ 말버릇이 거칠다. /손윗사람에게 그게 무슨 말버릇이냐! ②틀에 박힌 말투. ¶ 그의 독특한 말버릇. 구습(口習). ＊말ː버릇이[-뻐르시]·말ː버릇만[-뻐른-]

말-버짐 명 살갗에 흰 점이 생기고 가려운 병. 마선(馬癬).

말-벌 명 말벌과의 곤충. 몸길이는 암컷이 25 mm, 수컷은 20 mm가량. 가슴에 긴 털이 많고, 몸빛은 흑갈색이나 머리는 황갈색을 띰. 독침이 있으며, 작은 곤충을 잡아먹음. 대황봉(大黃蜂). 왕벌.

말ː-법(-法)[-뻡] 명 ☞어법(語法).

말법(末法)[-뻡] 명 불교에서 이르는 삼시(三時)의 하나. 석가의 입멸(入滅) 후 정법(正法)과 상법(像法)에 이어지는 1만 년 동안. 불법이 다하고 세상이 어지러워지는 마지막 시기. 말법시(末法時). 참상법(像法)·정법(正法).

말법-시(末法時)[-뻡씨] 명 ☞말법(末法).

말ː-벗[-뻗] 명하자타 서로 더불어 이야기를 주고받을 만한 사람. 말동무. ¶ 말벗을 삼다. ＊말ː벗이[-뻐시]·말ː벗만[-뻔-]

말-벗김[-벋낌] 명하타 지난날, 마름이 소작인에게서 벼를 받을 때에는 말을 후하게 되어서 받고, 지주에게 줄 때에는 박하게 마질을 하여, 남은 것을 가로채던 일.

말ː-보(-洑)[-뽀] 명 《흔히 '터지다'와 어울려 쓰이어》 하고 싶은 말이 많아서 봇물처럼 잔뜩 고여 있는 말. ¶ 옛날 단짝 동무를 만나니 말보가 터져 밤을 꼬박 새웠다.

말복(末伏) 명 삼복(三伏) 가운데 마지막 복날. 입추(立秋)부터 첫째 경일(庚日). 참중복·초복.

말ː-본 명 ☞문법(文法).

말ː-본새[-뽄-] 명 본디부터의 말씨(말투). ¶ 말본새가 거칠다. /말본새가 고약하다.

말분(末分) 명 (한평생을 세 시기로 구분했을 때의) 말년(末年), 또는 말년의 운수. 참중분(中分)·초분(初分).

말불-버섯[-섣] 명 말불버섯과의 버섯. 지름 2~3 cm의 기둥 모양의 줄기 위에 둥근 균산(菌傘)이 있고, 균산 윗부분에 작은 혹이 많음. 여름과 가을에 숲 속의 그늘진 곳에 나며, 어린것은 먹을 수 있음. 마발(馬勃). ＊말불버섯이[-서시]·말불버섯만[-선-]

말-뼈 명 '성질이 거세고 뻣뻣한 사람'을 비유하여 이르는 말.

말밤 명 〈옛〉 마름쇠. ¶ 鏃鏫ᄂᆞᆫ 말바미라(月釋21:80).

말사(末寺)[-싸] 명 불교에서, 일정한 교구의 본사(本寺)에 딸린 작은 절을 이르는 말.

말살(抹殺·抹搬)[-쌀] 명하타되자 ①(있는 사물을) 아주 없애 버림. ¶ 기록을 말살하다. ②(존재를) 아주 부정하거나 무시함. ¶ 그의 의견을 말살해 버리다.

말-상(-相) 명 생김새가 말처럼 길게 생긴 얼굴, 또는 그런 얼굴의 사람.

말석(末席)[-썩] 명 ①(모임 따위에서) 지위가 낮은 사람이나 손아랫사람이 앉는 아랫자리. ↔상석(上席). ②맨 끝의 자리. 말좌(末座). 석말(席末). 하좌(下座). ↔수석(首席). ③낮은 지위. ¶ 신입 사원이라서 아직 말석입니다.

말-세(-稅)[-쎄] 명 말감고가 마질을 한 삯으로 받는 돈.

말세(末世)[-쎄] 명 ①정치나 도의 따위가 어지러워지고 쇠퇴하여 가는 세상. 계세(季世). 말대(末代). 말류(末流). ②불교에서 이르는, 말법(末法)의 세상. ③기독교에서 이르는, 예수의 탄생부터 재림까지의 세상.

말소(抹消)[-쏘]명하타 되자 (적혀 있는 사실 등을) 지워서 없앰. 말거(抹去). ¶ 호적 말소. /등기를 말소하다.
말소^등기(抹消登記)[-쏘-]명 이미 등기된 사항의 말소를 위하여 하는 등기.
말ː-소리[-쏘-]명 ①말하는 소리. 언성. ¶ 귀에 익은 말소리. ②사람의 발음 기관에서 나오는, 말을 이루는 소리. 말의 소리. 어음(語音). 음성(音聲).
말-소수명 한 말 남짓한 양의 곡식.
말ː-속[-쏙]명 말에 담긴 깊은 뜻. ¶ 말속을 알아채다.
말속(末俗)[-쏙]명 ①말세의 풍속. ②어지럽고 타락한 풍속.
말손(末孫)[-쏜]명 먼 후대의 자손. 계손(系孫). 말예(末裔). 원손(遠孫).
말-솔명 말의 털을 빗기거나 씻기는 데 쓰이는 솔.
말ː-솜씨[-쏨-]명 말하는 재간. 말재주. 언변(言辯). ¶ 타고난 말솜씨. /말솜씨에 넘어가다.
말-수(-數)[1][-쑤]명 말로 된 수량. 두수(斗數).
말ː-수(-數)[2][-쑤]명 말의 수효, 또는 말하는 횟수. ¶ 말수가 적고 얌전한 아가씨.
말-술명 ①한 말가량의 술. 두주(斗酒). ¶ 말술도 마다하지 않는다. ②많은 양의 술. ¶ 그의 주량은 가히 말술이지.
말-승냥이명 ①'이리'를 승냥이와 비교하여 더 큰 종류라는 뜻으로 이르는 말. ②'키가 크고 성질이 사나운 사람'을 비유하여 이르는 말.
말ː-시비(-是非)명하자 말로 하는 다툼.
말ː-실수(-失手)[-쑤]명하자 해서는 안 될 말을 한 실수, 또는 그 말. 실언(失言). ¶ 깜짝 놀라 얼떨결에 말실수를 하다.
말숨명 〈옛〉 말씀. ¶ 말숨과 우숨괘 그슥ᄒᆞ얫ᄂᆞ니(杜初9:3). /말숨 길히 그츠며(圓覺序13).
말ː-싸움명하자 말다툼.
말쌀-스럽다[-따][~스러우니·~스러워서]형ㅂ 모질고 쌀쌀하다. 매몰스럽다. **말쌀스레**부.
말ː썽명 일을 틀어지게 하거나 성가신 일을 일으키는 말이나 짓, 또는 그러한 상태가 되는 것. ¶ 말썽을 부리다. /말썽을 일으키다. /에어컨이 툭하면 말썽이다.
말ː썽-거리[-꺼-]명 말썽이 될 만한 일이나 사물. 말거리.
말ː썽-꾸러기명 '말썽꾼'을 얕잡아 이르는 말. 말썽쟁이.
말ː썽-꾼명 걸핏하면 말썽을 일으키는 사람. 말꾸러기.
말ː썽-쟁이명 ☞말썽꾸러기.
말쑥-하다[-쑤카-]형여 말끔하고 깨끗하다. ¶ 말쑥한 옷차림. 큰멀쑥하다. **말쑥-이**부.
말ː씀명하자타 ①'윗사람의 말'을 높이어 이르는 말. ②상대편을 높이어 그에게 하는 '자기의 말'을 겸손하게 이르는 말. ¶ 외람되오나 제가 한 말씀 드리겠습니다.
말ː씀-언(-言)명 한자 부수의 한 가지. '語'·'詞'·'誌' 등에서의 '言'의 이름.
말ː-씨명 ①어떤 말에서 느껴지는 독특한 가락. ¶ 함경도 말씨. ②말하는 버릇이나 태도. ¶ 말씨가 공손하다. /말씨가 거칠다.
말ː-씨름명하자 말다툼.
말씬부하형 잘 익거나 물러서 말랑한 모양. 참몰씬. **말씬-히**부.
말씬-거리다자 자꾸 말씬말씬한 느낌이 나다. 말씬대다. 참몰씬거리다.
말씬-대다자 말씬거리다.
말씬-말씬부하형 물러서 매우 말랑한 모양. 참몰씬몰씬.
말씀명 〈옛〉 말씀. ¶ 나랏 말ᄊᆞ미 듕귁(中國)에 달아(訓諺).
말아-먹다[-따]타 재물 따위를 송두리째 날려 버리다. ¶ 그는 사업한다고 전 재산을 말아먹었다.
말-아웃[-욷]명 ☞말가웃. ∗말아웃이[-우시]·말아웃만[-운-]
말약(末藥)명 '가루약'의 잘못.
말언(末言)명 변변찮은 말.
말ː없음-표(-標)[마럽씀-]명 ☞줄임표.
말ː없-이[마럽씨]부 ①아무런 말도 아니하고. ¶ 말없이 결근하다. /말없이 듣고만 있다. ②아무런 사고나 말썽이 없이. ¶ 말없이 잘 지내고 있다.
말-여뀌[-려-]명 ☞개여뀌.
말엽(末葉)명 (어떤 시대를 세 시기로 구분하였을 때의) 끝 무렵. 말기(末期). ¶ 고려 말엽. /19세기 말엽. 참초엽(初葉)·중엽(中葉).
말예(末裔)명 ☞말손(末孫).
말예(末藝)명 ☞말기(末技).
말왐명 〈옛〉 ①마름. ¶ 말왐 조:藻(訓蒙上9). ②개구리밥. ¶ 프른 ᄆᆞᄅᆞ미 흰 말와몰 씨찻ᄂᆞ니(杜初21:3).
말운(末運)명 ①말년의 운수. ②말세의 시운(時運). ③이미 기울어진 운수.
말위(末位)명 '끝자리'의 구용어.
말음(末音)명 ☞끝소리. ↔두음(頭音).
말음^법칙(末音法則)명 ☞받침 규칙.
말이다타 〈옛〉 말리다[3]. ¶ 世尊이 죵죵ᄒᆞ샤 말이디 아니ᄒᆞ시니라(釋譜13:46).
말ː이을-이(-而)[-리-]명 한자 부수의 한 가지. '耐'·'耑' 등에서의 '而'의 이름.
말일(末日)명 ①어느 기간의 마지막 날. ②그 달의 마지막 날. ②참그믐날.
말자(末子)[-짜]명 막내아들.
말-잠자리명 부채장수잠자릿과의 곤충. 몸길이 8 cm, 날개 길이 10 cm가량. 몸은 검은색이고 앞머리는 누런색임. 가슴에 노란 줄이 있으며, 'T' 자 모양의 융기가 있음.
말-잡이명 지난날, 곡식의 마되질을 하던 사람. 말감고. 말쟁이[1].
말-장(-杖)[-짱]명 ☞말목.
말ː-장난명하자 실속이나 내용 없는 말을 늘어놓음.
말장-목(-杖木)[-짱-]명 말뚝으로 쓰는 나무.
말ː-재간(-才幹)[-째-]명 말재주. ¶ 나이가 어린데도 말재간이 여간 아니다.
말ː-재기명 쓸데없는 말을 꾸미어 내는 사람.
말ː-재주[-째-]명 말을 잘하는 재주. 말솜씨. 말재간. 언재(言才).
말-쟁이[1]명 지난날, 품삯을 받고 마되질을 해주던 사람. 말감고. 말잡이.
말ː-쟁이[2]명 ①말수가 많은 사람. ②말을 잘하는 사람.
말ː-적수(-敵手)[-쑤]명 (재담이나 토론 따위에서) 말을 주고받기에 알맞은 상대.
말ː-전주명하자 이쪽저쪽 다니며 말을 전하여 이간질하는 짓.
말ː전주-꾼명 말전주를 일삼는 사람.
말절(末節)[-쩔]명 ①본질적이 아닌 부분. 사소한 일. ②끝 부분. ③맨 끝 절(節). 끝마디.
말제(末弟)[-쩨]명 막내아우.
말제(末劑)[-쩨]명 가루약.

말-조개명 석패과의 민물조개. 민물조개 가운데서 가장 큰 종류로, 길둥근 조가비는 얇은 편인데, 거친 윤맥(輪脈)이 있고 녹갈색을 띠고 있음. 마합(馬蛤).
말-조롱명 지난날, 사내아이들이 차고 다니던 밤톨만 한 조롱. ↔서캐조롱. 참조롱.
말ː-조심(-操心)명하자 말이 잘못되지 않도록 삼가고 조심하는 일.
말좌(末座)[-쫘]명 ☞말석(末席).
말ː-주변[-쭈-]명 말을 막힘이 없이 잘 둘러대는 재주. ¶ 말주변이 있다(없다).
말-죽(-粥)명 콩이나 겨, 여물 등을 섞어 쑨 말의 먹이. 마죽(馬粥).
말ː-줄임표(-標)명 ☞줄임표.
말즘명 가랫과의 다년생 수초(水草). 호수나 늪, 냇물에 떼를 지어 자람. 줄기의 높이 70 cm가량. 가느다란 잎이 어긋맞게 나며, 여름에 누르스름한 꽃이 이삭 모양으로 핌.
말증(末症)[-쯩]명 다스리기 어려운 병증. 말질(末疾). 비고황지질.
말직(末職)[-찍]명 맨 끝자리의 낮은 직위. 말관(末官). ¶ 미관(微官)말직.
말-질[1]명하타 '마질'의 잘못.
말ː-질[2]명하자 ①이러니저러니 하며 말로써 다투는 짓. ¶ 이웃 간에 말질이 있었다. ②말썽이 될 만한 말을 퍼뜨리고 다니는 짓. ¶ 그렇게 말질을 함부로 하다가는 큰코다친다.
말질(末疾)[-찔]명 ☞말증(末症).
말-집[-찝]명 사방으로 추녀가 뼁 돌아가게 모말 모양으로 지은 집.
말짜(末-)명 ①가장 나쁜 물건. ②버릇없이 행동하는 사람. ¶ 인간 말짜.
말짱[1]부 《부정의 뜻을 나타내는 서술어와 함께 쓰이어》 속속들이 모두. ¶ 말짱 소용없는 일.
말짱 도루묵관용 '아무 소득이 없는 헛된 일이나 헛수고'를 속되게 이르는 말.
말짱[2]부 '말끔'의 방언.
말짱-구슬명 지난날, 중국에서 들여왔던 갖가지 빛깔의 유리구슬.
말짱말짱-하다형여 성질이 야무지지 못하고 물러서 만만하다. 큰물쩡물쩡하다.
말짱-하다[1]형여 ①흠이 없이 온전하다. ¶ 말짱한 신발. ②정신이 맑고 또렷하다. ¶ 취중에도 정신은 말짱하더군. ③몸에 탈이 없이 성하다. ¶ 이층에서 떨어졌는데도 상처 하나 없이 말짱하다. ④겉보기와 달리 속셈이 있고 약삭빠르다. ¶ 꾀가 말짱한 아이. ⑤전혀 터무니없다. ¶ 말짱한 거짓말. 큰멀쩡하다. **말짱-히**부.
말짱-하다[2]형여 성질이 야무지지 못하고 무르다. 큰물쩡하다. **말짱-히**부.
말-째(末-)명 맨 끝의 차례.
말차(抹茶)명 차나무의 어린순을 말려 가루로 만든 차. 더운물에 타서 마심. 말다(抹茶).
말ː-참견(-參見)명하자 남들이 말을 주고받는 데에 끼어들어 말하는 일. ¶ 어른이 말씀하시는데 웬 말참견이냐.
말-채명 〈말채찍〉의 준말.
말-채찍명 말을 다루는 데 쓰는 채찍. 편책(鞭策). 준말채.
말초(末梢)명 ①나뭇가지 끝. 나뭇가지 끝으로 갈려 나간 잔가지. ②사물의 끝 부분. ③사소한 일. 하찮은 일.
말초^신경(末梢神經)명 뇌와 척수에서 갈려 나와 퍼져서 몸의 각 부분과 중추 신경계를 연락하는 신경. 끝신경.
말초-적(末梢的)관명 ①근본적인 것이 아닌 (것). 하찮은 (것). ¶ 말초적 현상. /말초적인 일에 얽매이다. ②관능적인 (것). ¶ 말초적 신경만을 자극하는 삼류 소설.
말-총명 말의 갈기나 꼬리의 털. 마미(馬尾). 총[1]. ¶ 말총으로 짠 망건.
말총-머리명 조금 긴 머리를 말꼬리처럼 하나로 묶은 머리 모양새.
말총-체명 쳇불을 말총으로 짠 체.
말ː-추렴(←-出斂)명 남들이 말하는 데 한몫 끼어 몇 마디 말하는 일.
말ː-치레명하자 실속 없이 말로만 꾸미는 일.
말캉-거리다자 자꾸 말캉말캉한 느낌이 나다. 말캉대다. 큰물컹거리다. 참몰캉거리다.
말캉-대다자 말캉거리다.
말캉-말캉부하형 매우 말캉한 모양. 큰물컹물컹. 참몰캉몰캉.
말캉-하다형여 잘 익거나 곯아서 물크러질 듯이 말랑하다. 큰물컹하다. 참몰캉하다.
말코[1]명 베틀의 한 부분. 짜여져 나오는 베를 감는 대. 부티를 그 양쪽에 맴.
말-코[2]명 말의 코처럼 콧구멍이 큰 사람의 코, 또는 '그런 코를 가진 사람'을 놀림조로 이르는 말.
말코지명 무엇을 걸기 위하여 벽 따위에 달아 놓는 나무 갈고리.
말타아제(Maltase 독)명 맥아당을 분해하여 포도당으로 만드는 효소. 동물의 소화액이나 효모 속에 많이 들어 있음.
말토오스(maltose)명 맥아당(麥芽糖).
말ː-투(-套)명 말하는 이의 생각이나 느낌을 헤아릴 수 있는 말의 가락. 어투. ¶ 자신만만한 말투로 자랑을 늘어놓다.
말-판명 (윷이나 고누·쌍륙 따위의) 말이 가는 길을 그린 판.
말판(을) 쓰다관용 말을 말판에 놓다.
말-편자명 말굽에 대갈로 박아 붙이는 쇠. 마제철(馬蹄鐵). 마철(馬鐵). 편자.
말피ː기-관(Malpighi管)명 곤충류와 다족류(多足類) 등의 소화관에 딸린 가느다란 대롱 모양의 배설 기관.
말피ː기^소ː체(Malpighi小體)명 ☞신소체(腎小體).
말하명 〈옛〉지라. ¶ 말하 비ː脾(訓蒙上27).
말ː-하다자타여 ①생각이나 느낌을 말로써 남에게 이르다. ¶ 소감(所感)을 말하다. ②어떠한 사실을 남에게 알리다. ¶ 그에게 계획이 바뀐 사실을 말하다. ③어떤 일을 부탁하다. ¶ 그곳 사정을 알려 달라고 말하다. ④(사물의 선악이나 값어치 등을) 평하여 이르다. ¶ 그의 사람됨을 누구나 좋게 말하다. ⑤어떤 사실을 드러내거나 뜻하다. ¶ 옛 영화(榮華)를 말해 주는 찬란한 유물들.
말할 수 없이관용 말로써 어떻다고 나타낼 수 없을 만큼.
말ː-하자면부 예를 들어서 나타낸다면. 이를테면. 비유하여 말한다면. ¶ 문화란 말하자면, 인간의 능동적 작위(作爲)의 소산이다.
말학(末學)명 ☞후학(後學).
말합(末合)명 ①자투리. ②마투리.
말항(末項)명 맨 끝에 있는 조항, 또는 항목.
말-해명 ☞오년(午年).
말행(末行)명 글의 맨 끝 줄.
말향(抹香)명 붓순나무의 잎과 껍질로 만든 가루 향. 주로, 불공 때 쓰임.

말향-고래(抹香―)명 말향고랫과의 고래. 몸길이는 암컷이 11~12 m, 수컷은 15~18 m로 특히 앞머리가 큼. 난류(暖流)에 사는데, 흔히 200~300마리가 떼를 지어 다니면서 주로 오징어를 잡아먹음. 향유고래.

말ː-허리명 《주로 '꺾다'·'자르다' 따위 동사와 호응하여 쓰이어》 하고 있는 말의 중간. ¶ 말허리를 꺾다. /말허리를 끊다.

말-혁(―革)명 말 안장의 양옆에 꾸밈새로 늘어뜨리는 고삐. ㊟혁(革)[1].

말ː-휘갑명 이리저리 말을 잘 둘러 맞추는 일.

맑다[막따]형 ①(물이나 공기 따위가) 다른 것이 섞이거나 흐리지 않고 깨끗하다. ¶ 맑은 물. /맑은 하늘. /맑고 빛나는 눈동자. ②(정신이) 또렷하다. ¶ 맑은 정신으로 책을 정독하다. ③(마음이) 순진하고 조촐하다. ¶ 맑고 아름다운 그 마음. ④(소리가) 속되거나 흐리지 아니하고 깨끗하다. ¶ 맑은 목소리. ⑤(일의 처리 따위가) 흐리멍덩하지 않고 분명하다. ¶ 거래는 뒤가 맑아야지. ↔흐리다. * 맑아·맑고[말꼬]

맑디-맑다[막띠막따]형 썩 맑다. 더할 나위 없이 맑다. ¶ 맑디맑은 가을 하늘.

맑스그레-하다[막쓰―]형여 조금 맑다. 조금 맑은 듯하다.

맑은-대쑥명 국화과의 다년초. 높이는 30~60 cm. 잎은 국화 잎과 비슷하며 7~9월에 담황색 꽃이 핌. 산지에 절로 나며 쑥과 같은 향기가 있음. 어린잎은 먹음. 개제비쑥.

맑은-소리명 ☞안울림소리.

맑은-술명 ①곡식으로 술을 빚어 용수를 박아 떠낸 술. ②흐리지 않은 술. 〔약주나 청주 따위.〕 ↔막걸리.

맑은-장국(―醬―)[―꾹]명 쇠고기 육수에 간장이나 소금으로 간을 하여 국물을 맑게 끓인 국. ㊟장국.

맑-히다[말키―]타 ①〖'맑다'의 사동〗 (흐린 것을) 맑게 하다. ¶ 피를 맑히는 약제. ②어지러운 일을 깨끗하게 처리하다.

맘ː명 〈마음〉의 준말.

맘ː-가짐명 〈마음가짐〉의 준말.

맘ː-결[―껼]명 〈마음결〉의 준말.

맘ː-고생(―苦生)[―꼬―]명 〈마음고생〉의 준말.

맘ː-껏[―껃]부 〈마음껏〉의 준말.

맘ː-대로부 〈마음대로〉의 준말.

맘ː대로-근(―筋)명 척추동물에서, 의지에 따라 펴고 오므릴 수 있는 근육. 주로, 뼈를 싸고 있는 근육으로 손발의 근육 따위. 수의근(隨意筋). ↔제대로근.

맘마명 젖먹이가, 또는 젖먹이의 '먹을 것'을 이르는 말. ¶ 아가, 맘마 먹자.

맘ː-먹다[―따]자타 〈마음먹다〉의 준말.

맘모스(mammoth)명 '매머드'의 잘못.

맘ː-보[―뽀]명 〈마음보〉의 준말.

맘보(mambo 스)명 라틴 리듬에 재즈의 요소를 더한 강렬한 리듬의 댄스 음악.

맘보-바지(mambo―)명 통을 좁게 하여 몸에 꼭 끼게 만든 바지.

맘ː-성(―性)[―썽]명 〈마음성〉의 준말.

맘ː-속[―쏙]명 〈마음속〉의 준말.

맘ː-씨명 〈마음씨〉의 준말.

맘ː-자리[―짜―]명 〈마음자리〉의 준말.

맙ː소사[―쏘―]감 어처구니없거나 기막힌 일을 당했을 때 내는 소리. ¶ 하느님 맙소사. /세상에 맙소사.

맛[1][맏]명 ①음식물 따위가 혀에 닿았을 때 일어나는 느낌. ¶ 맛이 좋다. /맵싸한 맛. ②어떤 일에 대한 재미 또는 만족감. ¶ 살림 맛을 알게 되다. ③어떤 일을 몸소 겪음으로써 비로소 알게 되는 느낌이나 기분·분위기 따위. ¶ 농촌의 구수한 맛. /패배의 쓴 맛. * 맛이[마시]·맛만[만―]

맛(을) 들이다관용 참맛을 알게 되다. 재미를 붙이다. ¶ 낚시에 맛을 들이다.

맛(을) 붙이다관용 마음에 당겨 재미를 붙이다. 재미 보는 데 이골이 나다.

맛(이) 들다관용 음식이 익어서 제 맛이 생기다. 본디의 맛이 나다. ¶ 나박김치가 이제 한창 맛 들었다.

맛(이) 붙다관용 재미가 붙다.

맛[2][맏]명 가리맛과와 죽합과에 딸리는 조개를 통틀어 이르는 말. * 맛이[마시]·맛만[만―]

맛조 〈옛〉만큼. 만치. ¶ 佛法中에 져고맛 善根을 심고딕(月釋*21:180*).

맛-갈명 '맛깔'의 잘못.

맛곪다자 〈옛〉응하다. 대답하다. ¶ 뫼사리 소리 맛곪둣ᄒᆞ샤(金剛*127*).

맛곪다자 〈옛〉대답하다. 응답하다. ¶ 響은 맛곪는 소리라(楞解*4:125*).

맛-깔[맏―]명 음식 맛의 성질.

맛깔-스럽다[맏―따][~스러우니·~스러워]형ㅂ ①음식 맛이 입에 맞다. 입에 당길 만큼 음식의 맛이 있다. ②마음에 들다. **맛깔스레**부.

맛깔-지다형 '맛깔스럽다'의 잘못.

맛-나다[만―]형 맛이 좋다. 맛있다. ¶ 맛난 음식. /맛난 반찬.

맛나다자타 〈옛〉만나다. ¶ 니르샤딕 맛나디 아니흠돌히라(圓覺下之一*64*).

맛난-이[만―]명 ①음식의 맛을 돋우기 위하여 치는 장물. 다진 고기와 갖은 양념을 간장에 풀어서 만듦. ②'화학조미료'를 흔히 이르는 말. ③맛이 있는 음식.

맛닐다자타 〈옛〉만나다. ¶ 兵亂을 맛니러(杜初*6:36*). /害룰 맛니러 陳公이 주그니(杜初*23:11*).

맛-대가리[맏때―]명 '맛[1]'을 낮잡아 이르는 말. ¶ 맛대가리 없다.

맛됴리라타 〈옛〉〖'맛디다'의 활용형〗 맡기리라. ¶ 仁政을 맛됴리라(龍歌*83*章).

맛디다타 〈옛〉맡기다. ¶ 나라홀 아ᅀᆞ 맛디시고(月釋*1:5*). /仁政을 맛됴리라(龍歌*83*章).

맛맛-으로[만―]부 ①여러 가지를 색다른 맛으로. ¶ 맛맛으로 차려 놓은 갖가지 별미. ②마음이 당기는 대로. ¶ 맛맛으로 골라 먹다.

맛문-하다[만―]형여 몹시 지친 상태에 있다.

맛-바르다[맏빠―][~바르니·~발라]형르 맛있게 먹던 음식이 동이 나, 양에 차지 않다.

맛-배기명 '맛보기'의 잘못.

맛-보기[맏뽀―]명 맛을 보기 위하여 조금 먹어 보는 음식. ¶ 맛보기로 엿을 조금 떼어 먹다.

맛-보다[맏뽀―]타 ①음식의 맛이 어떠한지 조금 먹어 보다. ②몸소 겪어 느끼다. 경험하다. ¶ 여행의 즐거움을 맛보다.

맛보다자타 〈옛〉만나다. ¶ 곳 디는 時節에 또 너를 맛보과라(杜初*16:52*).

맛-부리다[맏뿌―]자 싱겁게 굴다. 맛없이 행동하다. 맛피우다.

맛-살[맏쌀]명 ①가리맛이나 긴맛의 속살. ㊂가리맛살. ②어묵의 한 가지. 생선살을 가공하여 게의 맛이 나도록 만든 것.

맛-소금[맏쏘―]명 화학조미료 따위를 섞은 조리용의 소금.

맛-술[맏쑬]명 요리할 때 맛을 내기 위하여 음식에 넣는 술.

맛-없다[마덥따]형 ①음식의 맛이 좋지 않다. ↔맛있다. ②재미(흥미)가 없다. ③하는 짓이 싱겁다. **맛없-이**부.

맛-있다[마딛따/마싣따]형 맛이 좋다. 맛나다. ¶ 국물이 맛있다. /맛있는 음식이라도 늘 먹으면 물리기 마련이다. ↔맛없다.

맛-장수[맏짱-]명 아무 재미도 없이 싱거운 사람.

맛-적다[맏쩍따]형 재미가 적어 싱겁다.

맛-젓[맏쩓]명 맛살로 담근 젓. ＊맛젓이[맏쩌시]·맛젓만[맏쩐-]

맛-피우다[맏-]자 맛부리다.

맜다타 〈옛〉맡다. ¶ 天下롤 맛드시릴씨(龍歌6章).

망명 가는 새끼 따위로 그물처럼 얽어 만든 큰 망태기. 꼴 따위를 담아 짊어짐.

망ː(望)[1]명 ①《주로 '보다'와 함께 쓰이어》 '동정을 살피는 일'을 뜻함. ¶ 망을 보다. ②〈천망(薦望)〉의 준말. ¶ 망에 오르다.

망(을) 서다관용 누구를 시켜, 일정한 자리에서 상대편의 동정을 살피다.

망ː(望)[2]명 ①지구를 중심으로 해와 달의 위치가 일직선이 될 때의 현상, 또는 이때 달이 가장 둥글게 보이는 상태. 만월(滿月). 망월(望月)[1]. ②음력의 보름. 망일(望日).

망(網)명 ①그물처럼 얽어 만든 것을 두루 이르는 말. 그물. ¶ 망을 떠서 만든 가리개. ②《일부 명사 뒤에 붙어》 그물처럼 널리 치밀하게 얽혀진 조직이나 체계를 뜻함. ¶ 교통망. /방송망. /수사망.

망가(亡家)명하자 집안을 결딴냄. 또는 그 집안.

망가닌(Manganin 독)명 구리·망간·니켈의 합금. 온도에 따른 전기 저항의 변화가 적어, 저항기나 전열기 등을 만드는 데 쓰임.

망가-뜨리다타 망가지게 하다. 망가트리다. ¶ 아이가 손목시계를 만지작거리더니 결국 망가뜨리고 말았다.

망가-지다자 물건이 찌그러지거나 부서져 못 쓰게 되다. 망그러지다. ¶ 망가진 녹음기.

망가-트리다타 망가뜨리다.

망ː각(妄覺)명하타 외계(外界)의 자극을 잘못 지각하거나, 없는 자극을 있는 것처럼 생각하는 지각의 병적 현상. 〔착각과 환각으로 나뉨.〕

망각(忘却)명하타되자 ①잊어버림. 망실(忘失). 망치(忘置). ②경험하였거나 학습한 내용에 대한 기억을 되살리기 어렵게 된 상태.

망각^곡선(忘却曲線)[-꼭썬]명 기억한 내용이 시간의 경과에 따라 어떻게 잊혀져 가는가를 나타내는 곡선.

망ː간(望間)명 음력 보름께.

망간(Mangan 독)명 은백색의 윤이 나는 금속 원소의 한 가지. 공기 중에서 산화하기 쉽고 화학적 작용도 강함. 철(鐵) 다음으로 널리 분포하는데, 제강(製鋼)과 합금 등에 널리 쓰임. 〔Mn/25/54.9381〕

망간-강(Mangan鋼)명 망간이 들어 있는 경도(硬度)가 높은 강철.

망간^청동(Mangan靑銅)명 구리·주석·망간으로 된 합금. 조선, 기계 부품 등에 쓰임.

망개-나무명 갈매나뭇과의 낙엽 교목. 충북과 경북의 산지에 자라는 천연기념물로, 잎은 길둥글며 어긋맞게 남. 여름에 담녹색 꽃이 피고 열매는 가을에 붉게 익음.

망객(亡客)명 망명한 정객. 망명객(亡命客).

망ː거(妄擧)명 망령된 행동. 분별없는 행동. 망동(妄動).

망건(網巾)명 상투를 튼 사람이 머리에 두르는 그물 모양의 물건.

망건 쓰자 파장(罷場)속담 때를 놓쳐 일을 이루지 못함을 이르는 말.

망건-골(網巾-)[-꼴]명 망건을 뜨거나 고칠 때 쓰는 골.

망건-꾸미개(網巾-)명 망건의 양쪽 끝과 망건 편자의 끝 부분을 꾸미는 헝겊.

망건-당(網巾-)명 망건의 윗부분. 〔윗당줄을 꿰게 되어 있음.〕 준당.

망건-당줄(網巾-)[-쭐]명 망건에 달아 상투에 동여매는 줄. 망건당에 꿰는 위 당줄과, 망건 편자 양 끝에 다는 아래 당줄이 있음. 준당줄.

망건-뒤(網巾-)명 망건의 양쪽 끝 부분. 〔뒤통수를 감싸는 부분.〕 준뒤.

망건-앞(網巾-)[-거납]명 망건의, 이마에 닿는 부분. ＊망건앞이[-거나피]·망건앞만[-거남-]

망건-장이(網巾-)명 망건을 뜨는 일을 업으로 하는 사람.

망건-집(網巾-)[-찝]명 망건(網巾)을 넣어 두는 갑(匣).

망건-편자(網巾-)명 망건을 졸라매기 위하여 말총으로 띠처럼 좁고 두껍게 짠, 망건의 아랫부분. 준편자.

망ː견(望見)명하타 멀리 바라봄.

망ː계(妄計)[-계/-게]명 망령된 계책. 잘못된 계책.

망고명하자 ①연을 날릴 때 얼레의 줄을 다 풀어 줌. ②살림이 끝장남. 파산(破產). ③일이 끝판에 이름.

망고(mango)명 옻나뭇과의 상록 교목, 또는 그 열매. 높이 20~30 m의 열대 식물. 잎은 혁질이며 2~3월에 노란 꽃이 가지 끝에 핌. 열매는 둥글거나 길둥근 모양이며, 황록색으로 익는데 식용함.

망ː곡(望哭)명하자 ①먼 곳에서 부모의 상사(喪事)를 당하여, 그쪽을 향하여 곡하는 일. ②지난날, 국상(國喪)을 당하여 대궐 문 앞에 모여서, 또는 서울 쪽을 향하여 곡하던 일.

망골(亡骨)명 언행이 몹시 고약하거나, 몹시 주책없이 구는 사람. 망물(亡物)[1].

망ː구(望九)명 〔'아흔 살을 바라본다'는 뜻에서〕 사람의 나이 '여든한 살'을 이르는 말. 망구순(望九旬).

망구다타 ①망하게 만들다. ¶ 신세를 망구다. ②파괴하여 못 쓰게 하다. ¶ 장난감을 망구다.

망ː-구순(望九旬)명 ☞망구(望九).

망국(亡國)명 ①하자나라가 망함. 나라를 망침. ②망한 나라.

망국-대부(亡國大夫)[-때-]명 망하여 없어진 나라의 벼슬아치.

망국-민(亡國民)[-궁-]명 나라가 망하여 조국을 잃은 백성. 망국지민(亡國之民).

망국-배(亡國輩)[-빼]명 나라를 망치는(망친) 무리.

망국-사(亡國史)[-싸]명 나라가 망하기까지의 경과를 적은 역사적인 기록.

망국-적(亡國的)[-쩍]관명 나라를 망치는 (것). ¶ 망국적 발언. /망국적인 행위.

망국지민(亡國之民)[-찌-]명 ☞망국민.

망국지본(亡國之本)[-찌-]명 나라를 망하게 하는 근본(장본). ¶ 사치는 망국지본이다.

망국지탄(亡國之歎) [-찌-] 명 나라가 망한 데 대한 한탄. 망국지한(亡國之恨).
망국지한(亡國之恨) [-찌-] 명 ☞망국지탄(亡國之歎).
망군(亡君) 명 세상을 떠난 임금. 선왕(先王).
망:군(望軍) 명 ☞요망군(瞭望軍).
망:궐-례(望闕禮) 명 지난날, 음력 초하루와 보름에, 각지의 수령(守令)이 궐패(闕牌)를 향해 배례(拜禮)하던 의식.
망그-뜨리다 타 '망가뜨리다'의 잘못.
망그러-뜨리다 타 '망가뜨리다'의 잘못.
망그러-지다 자 망가지다.
망그-지르다 [~지르니·~질러] 타르 잘 짜인 물건을 찌그러뜨리거나 부수어 못 쓰게 하다. ¶ 의자를 망그지르다.
망극(罔極)[1] 명 〈망극지통(罔極之痛)〉의 준말.
망극(罔極)[2] '망극하다'의 어근.
망극지은(罔極之恩) [-찌-] 명 그지없이 큰 은혜(恩惠).
망극지통(罔極之痛) [-찌-] 명 그지없이 큰 슬픔. 〔임금이나 어버이의 상사(喪事)에 대하여 이르는 말.〕 준 망극(罔極)[1].
망극-하다(罔極-) [-그카-] 형여 임금이나 어버이의 은혜가 워낙 커서 갚을 길이 없다.
망:기(望氣) 명하자 나타나 있는 기운(氣運)을 보아서 길흉의 조짐을 헤아림.
망:-꾼(望-) 명 망을 보는 사람.
망나니 명 ①지난날, 사형수(死刑囚)의 목을 베던 사람. 살수(殺手). ②'언행이 막된 몹쓸 사람'을 비유하여 이르는 말.
망녀(亡女) 명 ①죽은 딸. ②주책없고 언행이 고약한 여자.
망년지교(忘年之交) 명 ☞망년지우.
망년지우(忘年之友) 명 (연장자가) 나이를 따지지 않고 사귀는 젊은 벗. 망년지교.
망년-회(忘年會) [-회/-훼] 명 연말(年末)에, 그 해의 온갖 수고로웠던 일들을 잊어버리자는 뜻에서 베푸는 연회(宴會). 송년회.
망:념(妄念) 명 ☞망상(妄想).
망:념-간(望念間) 명 음력 보름께부터 그달 스무날께까지의 동안.
망:녕-그물 명 꿩이나 토끼 따위를 잡는 그물.
망:-다례(望茶禮) 명 음력 보름날마다 사당(祠堂)에 지내는 차례. 보름차례. 참 삭다례(朔茶禮).
망:단(妄斷) 명 망령된 판단. 그릇된 단정.
망:단(望斷) 명하자 바라던 일이 실패함.
망:-단자(望單子) [-딴-] 명 지난날, 삼망(三望)을 적던 단자.
망단-하다 Ⅰ 자여 단산(斷產)하다.
Ⅱ 타여 일을 뒤탈 없이 끝맺다. 매기단하다.
망:담(妄談) 명하자 망령된 말.
망:대(望臺) 명 망을 보기 위하여 세운 높은 대. 전망대.
망덕(亡德) 명 자신과 집안을 망칠 못된 언동.
망-돌림 명 씨름 기술의 한 가지. 왼손으로 상대의 허리춤을 잡고 오른손으로 목덜미를 잡아 돌리어 넘어뜨림.
망:동(妄動) 명하자 망령되게 행동함, 또는 그 행동. 망거(妄擧). ¶ 경거(輕擧)망동.
망:두석(望頭石) 명 ☞망주석(望柱石).
망:둑어 명 ☞망둥이.
망:둥이 명 망둑엇과의 바닷물고기를 통틀어 이르는 말. 바닷가의 모래땅이나 개펄에 사는데, 몸은 작고 좌우의 배지느러미가 빨판처럼 되어 있음. 망둑어.
망둥이가 뛰니까 꼴뚜기도 뛴다 속담 '제 분수를 모르고 남이 하는 대로 따라 함'을 놀림조로 이르는 말.
망라(網羅) [-나] 명하타되자 〔물고기를 잡는 그물과 날짐승을 잡는 그물이란 뜻에서〕 널리 빠짐없이 모음. ¶ 국내외의 명작들을 망라한 문학 전집.
망량(魍魎) [-냥] 명 ①산이나 물·나무 따위의 정기(精氣)가 어리어 된 도깨비. ②〈이매망량(魑魅魍魎)〉의 준말.
망령(亡靈) [-녕] 명 ①죽은 사람의 넋. ②'떠올리기 싫은 과거의 잔재'를 비유하여 이르는 말. ¶ 제국주의의 망령이 되살아나다.
망:령(妄靈) [-녕] 명 늙거나 정신이 흐리어 말이나 행동이 정상적인 상태가 아님, 또는 그러한 말이나 행동. ¶ 망령이 나다. /망령이 들다.
망:령-되다(妄靈-) [-녕뙤-/-녕뛔-] 형 늙거나 정신이 흐리어 말이나 행동이 정상적인 상태에서 벗어나 있다. **망령되-이** 부 ¶ 망령되이 행동하다.
망:령-스럽다(妄靈-) [-녕-따] [~스러우니·~스러워] 형ㅂ 망령되게 보이다. **망령스레** 부.
망:론(妄論) [-논] 명 되지못한 이론. 망령된 이론.
망:루(望樓) [-누] 명 망을 보기 위하여 세운 높은 다락집. 관각(觀閣).
망:륙(望六) [-뉵] 명 〔예순 살을 바라본다는 뜻에서〕 사람의 나이 '쉰한 살'을 이르는 말.
망리(網利) [-니] 명하자 이익을 독차지함.
망막(茫漠) '망막하다'의 어근.
망막(網膜) 명 안구(眼球)의 가장 안쪽에 있는, 시신경(視神經)이 분포되어 있는 막. 물체의 상을 시신경을 통해 대뇌의 시각 중추에 보내는 구실을 함. 그물막.
망막-염(網膜炎) [-망념] 명 망막 기능의 장애를 통틀어 이르는 말.
망막-하다(茫漠-) [-마카-] 형여 ①그지없이 넓다. ¶ 망막한 평원. ②희미하여 또렷하지 아니하다.
망망(忙忙) '망망(忙忙)하다'의 어근.
망망(茫茫) '망망(茫茫)하다'의 어근.
망망-대해(茫茫大海) 명 아득히 넓고 끝없이 펼쳐진 바다.
망망-하다(忙忙-) 형여 몹시 바쁘다. **망망-히** 부.
망망-하다(茫茫-) 형여 ①넓고 멀어 아득하다. ¶ 망망한 바다. ②흐릿하다. 막연하다. ¶ 생각할수록 앞일이 망망하다. **망망-히** 부.
망매(亡妹) 명 죽은 누이동생.
망매(茫昧) '망매하다'의 어근.
망매(魍魅) 명 산도깨비와 두억시니를 아울러 이르는 말.
망매-하다(茫昧-) 형여 (견문이 없어) 세상일에 매우 어둡다.
망명(亡命) 명하자 ①정치적인 이유 등으로, 제 나라에 있지 못하고 남의 나라로 몸을 피하는 일. ¶ 시국 사건으로 망명한 재야인사. ②〈망명도주(亡命逃走)〉의 준말.
망명-가(亡命家) 명 제 나라를 떠나 망명한 사람. 망명자(亡命者).
망명-객(亡命客) 명 망명한 정객. 망객(亡客).
망명-도생(亡命圖生) 명하자 몰래 멀리 달아나서 삶을 꾀함.
망명-도주(亡命逃走) 명하자 죽을죄를 지은 사람이 몰래 멀리 달아남. 준 망명.
망명-자(亡命者) 명 ☞망명가(亡命家).

망명^정부(亡命政府)명 망명한 정객들이 조직한 임시 정부.
망명-죄인(亡命罪人)[-죄-/-줴-]명 죄를 짓고 나라 밖으로 달아난 죄인.
망모(亡母)명 세상을 떠난 어머니.
망무두서(茫無頭緖)명하형 정신이 아득하여 일의 순서를 찾지 못하고 있음.
망무애반(茫無涯畔)명하형 ☞망무제애.
망무제애(茫無際涯)명하형 아득하게 넓고 그지없음. 망무애반. 비일망무제(一望無際).
망:문-과부(望門寡婦)명 정혼(定婚)을 한 뒤에 곧 남자가 죽어, 시집도 가 보지 못하고 과부가 된 여자. 까막과부.
망:문-상전(望門床廛)명 조선 시대에, 서울 종로 네거리의 서북 편에서 잡화를 팔던 가게.
망:문-투식(望門投食)명하자 (객지에서 노자가 떨어져서) 남의 집을 찾아가 끼니를 얻어먹음.
망물(亡物)[1]명 ☞망골(亡骨).
망물(亡物)[2]명 불교에서, '죽은 중의 유물'을 이르는 말.
망:물(妄物)명 망령된 짓을 하는 사람.
망박(忙迫) '망박하다'의 어근.
망박-하다(忙迫-)[-바카-]형여 일에 몰려 몹시 바쁘다.
망:발(妄發)명하자되자 ①말이나 행동을 그릇되게 하여 자신이나 조상을 욕되게 함, 또는 그런 말이나 행동. ②☞망언(妄言).
망:발-풀이(妄發-)명하자 망발한 것을 씻기 위하여 그 말을 듣거나 그 짓을 당한 사람에게 음식을 대접하면서 사과하는 일.
망:배(望拜)명하자 멀리서, 연고(緣故)가 있는 쪽을 향하여 절함, 또는 그렇게 하는 절. 요배(遙拜). ¶ 북녘을 향해 망배를 올리다.
망:백(望百)명 〔'백 살'을 바라본다는 뜻에서〕 사람의 나이 '아흔한 살'을 이르는 말.
망-백초(忘百草)명하자 (몸이 매우 건강하여) 모든 약을 잊고 지냄.
망:변(妄辯)명하타 망령되거나 조리에 닿지 않게 변론함, 또는 그 변명(辨明).
망:-보다(望-)타 상대편의 동정을 알기 위하여 멀리서 몰래 살피다.
망부(亡夫)명 세상을 떠난 남편. 선부(先夫).
망부(亡父)명 세상을 떠난 아버지.
망:부-석(望夫石)명 남편을 기다리다가 그대로 죽어서 되었다는 돌, 또는 그 위에 서서 남편을 기다렸다는 돌.
망사(忘死)명하자 〈망사생(忘死生)〉의 준말.
망사(硭砂)명 ☞염화암모늄.
망사(網紗)명 그물같이 성기게 짠 깁.
망-사생(忘死生)명하자 죽고 사는 일을 돌아보지 아니함. 준망사(忘死).
망사지죄(罔赦之罪)[-죄/-줴]명 용서할 수 없는 큰 죄.
망:상(妄想)명 ①하타있지도 않은 사실을 상상하여 마치 사실인 양 굳게 믿는 일, 또는 그러한 생각. 망념(妄念). ¶ 헛된 망상에 사로잡히다. ②정신 장애로 말미암아 생기는 잘못된 판단이나 확신. 〔피해망상·과대망상 따위.〕
망:상(望床)명 큰 잔치 때, 많은 음식을 높게 괴어 볼품으로 차린 상.
망상(網狀)명 그물처럼 생긴 모양.
망:상-광(妄想狂)명 망상에 빠지는 정신병, 또는 그 병에 걸린 사람.
망상-맥(網狀脈)명 ☞그물맥.
망상맥-엽(網狀脈葉)명 그물맥으로 된 잎.
망상-스럽다[-따][~스러우니·~스러워]형ㅂ 요망스럽고 깜찍하다. **망상스레**부.
망:상-증(妄想症)[-쯩]명 ①정신 이상으로 생기는 망상의 증세. ②객관적으로 잘못된 것인데도 옳다고 확신하고 고집하는 증세.
망:상^치매(妄想癡呆)명 정신 분열증의 하나. 환각과 망상이 심하고 피해망상으로 인해 질투심이 많아짐.
망:새명 ①큰 기와집의 대마루 양쪽 머리에 얹는 장식용 기왓장. 취와(鷲瓦). 치미(鴟尾). ②전각(殿閣)의 합각머리나 너새 끝에 얹는 용의 머리처럼 생긴 장식물. 용두(龍頭).
망:석-중[-쭝]명 ☞망석중이.
망:석중-놀이[-쭝-]명 지난날, 음력 사월 초파일에 불사(佛寺)에서 여러 사람에게 펼쳐 보이던 민속 인형극의 한 가지. 사람이 뒤에 숨어서 망석중·노루·사슴·용 따위 인형을 놀리면서 이야기를 엮어 나감. 망석중이극.
망:석중-이[-쭝-]명 ①나무로 만든 꼭두각시의 한 가지. 팔다리에 줄을 매어 잡아당겨서 춤을 추게 함. ②'남이 부추기는 대로 행동하는 사람'을 비유하여 이르는 말. 괴뢰(傀儡). 망석중. 참꼭두각시.
망:석중이-극(-劇)[-쭝-]명 ☞망석중놀이.
망:설(妄說)명하자 ☞망언(妄言).
망설-거리다타 자꾸 망설망설하다. 망설대다.
망설-대다타 망설거리다.
망설-망설부하타 이리저리 생각만 하고 태도를 결정하지 못하는 모양.
망설-이다타 머뭇거리고 뜻을 정하지 못하다. 주저하다. ¶ 대답을 망설이다.
망솔(妄率) '망솔하다'의 어근.
망:솔-하다(妄率-)형여 분별없고 경솔하다. **망솔-히**부.
망쇄(忙殺) '망쇄하다'의 어근.
망쇄-하다(忙殺-)형여 몹시 바쁘다.
망수(網綬)명 왕조 때, 조복(朝服)의 후수(後綬) 아래에 늘이던, 실로 엮은 넓은 술.
망신(亡身)명하자 말이나 행동을 잘못하여 자신의 체면이나 명예 등을 손상되게 함. ¶ 사람들 앞에서 망신을 당하다.
망:신(妄信)명하타 그릇되게 함부로 믿음.
망신-거리(亡身-)[-꺼-]명 망신을 당할 만한 거리. ¶ 잘난 척하다 망신거리가 되다.
망신-살(亡身煞)[-쌀]명 몸을 망치거나 망신을 할 언짢은 운수.
  망신살(이) 뻗치다관용 큰 망신을 당하다. 계속 망신을 당하다.
망신-스럽다(亡身-)[-따][~스러우니·~스러워]형ㅂ 망신이 될 만하다. 망신이 됨직하다. ¶ 망신스러운 꼴을 당하다. **망신스레**부.
망실(亡失)명하타되자 잃어버림.
망실(亡室)명 ☞망처(亡妻).
망실(忘失)명하타되자 ☞망각(忘却).
망아(亡兒)명 죽은 아이.
망아(忘我)명하자 어떤 대상에 마음을 빼앗기어 자신을 잊어버림. ¶ 망아의 경지에 들다.
망아지명 말의 새끼.
망야(罔夜)명하자 밤을 새움. 철야.
망야-도주(罔夜逃走)명하자 밤새워 달아남.
망양(茫洋·芒洋)명 한없이 넓은 바다.
망양-보뢰(亡羊補牢)[-뢰/-뤠]명 〔양 잃고 우리를 고친다는 뜻으로〕 '이미 일을 그르친 뒤에 뉘우쳐도 소용없음'을 이르는 말. 〔'소 잃고 외양간 고친다'와 같은 뜻의 말임.〕

망양지탄(亡羊之歎)명 ☞다기망양(多岐亡羊).
망:양지탄(望洋之歎)명 (어떤 일에) 자신의 힘이 미치지 못할 때에 하는 탄식.
망양-하다(茫洋—·芒洋—)형여 한없이 넓고 멀다. 아득히 넓고 멀다.
망:어(妄語)명 거짓말. 헛된 말.
망:언(妄言)명하자 망령(妄靈)되게 말함, 또는 그런 말. 망발(妄發). 망설(妄說).
망:언-다사(妄言多謝)명 편지 글이나 평문 따위에서, 자기의 글 가운데 망언이 있으면 깊이 사과한다는 뜻으로 쓰는 말.
망-얽이(網—)[—얼기]명 노로 그물처럼 얽어 뜬 물건.
망연(茫然) '망연하다'의 어근.
망연-스럽다(茫然—)[—따][~스러우니·~스러워]형ㅂ 망연한 데가 있다. **망연스레**부.
망연-자실(茫然自失)명하자 멍하니 정신을 잃음. ¶ 너무 큰 충격이라 한동안 망연자실할 수밖에 없었다.
망연-하다(茫然—)형여 ①아득하다. ¶ 헤어날 길이 망연하다. ②(어이가 없어서) 멍하다. ¶ 충격적인 소식에 그저 망연할 따름이다. **망연-히**부.
망:외(望外)[—외/—웨]명 바라던 것보다는 훨씬 나은 것. 기대 이상의 것(일). ¶ 망외의 기쁨.
망우(亡友)명 죽은 친구.
망우-초(忘憂草)명 ☞원추리.
망운(亡運)명 망할 운수.
망:운지정(望雲之情)명 〔멀리 구름을 바라보며 어버이를 생각한다는 뜻으로〕 어버이를 그리워하는 마음. 망운지회.
망:운지회(望雲之懷)[—회/—훼]명 ☞망운지정.
망울명 ①(유동체 속에 섞인) 작고 동글게 엉긴 덩이. ②림프샘이 부어오른 자리를 흔히 이르는 말. 결절(結節). ③〈꽃망울〉의 준말. 몽우리. ④〈눈망울〉의 준말. ①②큰멍울.
망울-망울부 ①하형 망울들이 여기저기 동글게 엉겨 있는 모양. ②망울마다. ¶ 진달래 망울망울에 봄빛이 깃들어 있다. 큰멍울멍울.
망:원-경(望遠鏡)명 먼 곳의 물체를 확대하여 보는 광학 기계. 만리경(萬里鏡). 축원경.
망:원^렌즈(望遠lens)명 먼 곳의 물체를 확대하여 찍기 위한, 초점 거리를 길게 만든 사진용 렌즈.
망:원^사진(望遠寫眞)명 망원 렌즈를 사용하여 찍은 사진.
망:월(望月)[1]명 보름달. 만월(滿月). 망(望)[2].
망:월(望月)[2]명하자 달을 바라봄. 달맞이를 함.
망은(忘恩)명하자 은혜를 잊음(모름).
망인(亡人)명 죽은 사람. 망자(亡者).
망인(鋩刃)명 서슬이 날카로운 칼날.
망:일(望日)명 보름날. 망(望)[2].
망자(亡子)명 죽은 아들.
망자(亡者)명 죽은 사람. 망인(亡人).
망자(芒刺)명 까끄라기와 가시.
망:자-존대(妄自尊大)명하자 (분별도 없이) 함부로 잘난 체함.
망자-증(芒刺症)[—쯩]명 혓바늘이 돋는 병.
망자-집(亡字—)[—짜—]명 〈도망망자(逃亡亡字)집〉의 준말.
망:작(妄作)명 자신의 작품이나 저작(著作) 따위를 겸손하게 이르는 말. 비졸작·졸저(拙著).
망:전(望前)명 음력 보름날 이전. ↔망후(望後).
망:전(望奠)명 상가에서, 매달 음력 보름날 아침에 죽은 이에게 지내는 제사. 참삭망전(朔望奠)·삭전(朔奠).
망점(網點)[—쩜]명 스크린에 나타나는 그물코 모양의 점. 단위 면적당 숫자에 따라 농담이 달라짐.
망정의 '다행이거나 잘된 일'의 뜻을 나타내는 말. 《흔히, '-니 망정이지' 또는 '-기에 망정이지'의 꼴로 쓰임.》 ¶ 미리 알았기에 망정이지 큰일 날 뻔했다.
망:정(望定)명하자 조선 시대에, 관원을 천거(薦擧)할 때 후보자로 세 사람을 지명하던 일. 삼망(三望).
망제(亡弟)명 죽은 아우.
망:제(望帝)명 '두견이'를 달리 이르는 말. 〔촉나라 망제(望帝)의 죽은 넋이 두견이가 되었다는 전설에서 유래함.〕
망:제(望祭)명 ①먼 곳에서 조상의 무덤이 있는 쪽을 향하여 지내는 제사. ②고려·조선 시대에, 매달 음력 보름에 종묘에서 지내던 제사.
망:제-혼(望帝魂)명 〔망제(望帝)의 넋이라는 뜻으로〕 '두견이'를 달리 이르는 말.
망조(亡兆)[—쪼]명 〈망징패조〉의 준말.
망조가 들다관용 망해가는 징조가 생기거나 보이다.
망조(罔措)명하자 〈망지소조〉의 준말.
망:족(望族)명 명성과 신망이 높은 집안.
망종(亡終)명 ①사람의 목숨이 끊어지는 때. 임종(臨終). ②마지막. 끝판.
망종(亡種)명 〔'아주 몹쓸 종자'라는 뜻으로〕 행실이 아주 좋지 못한 사람을 욕으로 이르는 말.
망종(芒種)명 ①까끄라기가 있는 곡식. 〔벼나 보리 따위.〕 ②이십사절기의 하나. 소만(小滿)과 하지(夏至) 사이로, 6월 6일경. 이 무렵에 보리는 익어 먹게 되고 모를 심게 된다고 함.
망종-길(亡終—)[—낄]명 사람이 죽어서 간다는 저승길.
망:주(望柱)명 〈망주석(望柱石)〉의 준말.
망:주-석(望柱石)명 무덤 앞에 세우는, 여덟 모로 깎은 한 쌍의 돌기둥. 망두석(望頭石). 화표주(華表柱). 준망주(望柱).
망중(忙中)명 바쁜 가운데. ¶ 망중에도 틈을 내어 책을 읽는다.
망중(望重) '망중하다'의 어근.
망중-유한(忙中有閑)[—뉴—]명 바쁜 가운데서도 한가한 겨를이 있음.
망중-투한(忙中偸閑)명 바쁜 가운데서도 짬을 얻어 한가로운 마음을 즐김.
망:중-하다(望重—)형여 명성과 덕망이 높다.
망중-한(忙中閑·忙中閒)명 바쁜 가운데의 한가한 때. ↔한중망(閑中忙).
망지소조(罔知所措)명하자 갈팡질팡 어찌할 바를 모름. 준망조(罔措).
망:진(望診)명하타 한방의 진단법의 한 가지. 환자의 정신 상태, 영양 상태, 얼굴빛, 살갗, 혀 등을 눈으로 살펴서 하는 진단.
망:집(妄執)명 ①하자 망상을 버리지 못하고 그것에 집착함. ②망령된 고집.
망징-패조(亡徵敗兆)명 망하거나 결딴날 징조. 준망조(亡兆).
망:참(望參)명하자 음력 보름날 사당(祠堂)에 절하고 뵙는 일.
망창(茫蒼) '망창하다'의 어근.
망창-하다(茫蒼—)형여 별안간 큰일을 당하여 생각이 아득하다. **망창-히**부.
망처(亡妻)명 죽은 아내. 망실(亡室).
망초(芒硝)명 ☞황산나트륨.

망ː춘(望春)명 ☞개나리1.
망측(罔測) '망측하다'의 어근.
망측-스럽다(罔測-)[-쓰-따][~스러우니·~스러워]형ㅂ 망측한 데가 있다. **망측스레**부.
망측-하다(罔測-)[-츠카-]형여 정상적인 상태에서 벗어나 너무나 어이가 없거나 차마 볼 수가 없다. ¶ 망측한 몰골. /그런 망측한 차림으로 어디를 나가려고 하니?/하는 행실이 망측하다. **망측-히**부.
망치명 단단한 물건이나 달군 쇠 따위를 두드리는 데 쓰이는 연장으로, 마치보다 크고 무거우며 자루가 긺.
망치(忘置)명하타 ☞망각(忘却).
망치다타 일을 못 되게 만들다. 그르치다. ¶ 집안을 망치다. /다 된 일을 망치다.
망치-뼈명 중이(中耳) 속의 세 청골(聽骨) 중 맨 바깥쪽의 뼈. 자루 부분이 고막에 붙어 고막의 진동을 안으로 전달함. 추골(槌骨). 참청골(聽骨).
망치-질명하자타 망치로 두드리는 짓.
망친(亡親)명 죽은 부모.
망ː칠(望七)명 〔일흔 살을 바라본다는 뜻에서〕 사람의 나이 '예순한 살'을 이르는 말.
망타(網打)명하타되자 〈일망타진(一網打盡)〉의 준말.
망탄(妄誕) '망탄하다'의 어근.
망ː탄-하다(妄誕-)형여 허망하고 터무니없다.
망태(網-)명 〈망태기〉의 준말.
망태기(網-)명 무엇을 넣어 가지고 다닐 수 있도록 새끼나 노 따위로 엮어서 만든 물건. 준망태.
망토(manteau 프)명 남녀가 두루 입을 수 있는 커다란 외투의 한 가지. 소매가 없이 어깨로부터 내리 걸쳐 입으며, 손을 내놓는 아귀가 있음.
망투^반ː응(Mantoux反應)명 투베르쿨린을 피부 안에 주사하여 결핵의 음성과 양성을 알아내는 진단법. 참투베르쿨린 반응.
망판(網版)명 ☞사진 동판.
망ː팔(望八)명 〔여든 살을 바라본다는 뜻에서〕 사람의 나이 '일흔한 살'을 이르는 말.
망ː패(妄悖)명하형 망령(妄靈)되고 도리에 어긋나 주책없고 막됨. **망패-히**부.
망ː평(妄評)명하타 함부로 하는 비평(批評). 그릇된 비평.
망-하다(亡-) Ⅰ자여 ①(개인이나 집안 또는 조직 따위가) 결딴이 나서 없어지다. 끝장이 나다. ¶ 집안이 망하다. /왕조가 망하다. ↔흥하다. ②못마땅한 사람이나 대상에 대하여 욕으로 이르는 말. 《주로, '망할'의 꼴로 쓰임.》 ¶ 망할 년. /망할 놈의 사회.
Ⅱ형여 몹시 고약하다. ¶ 붓이 닳아서 글씨 쓰기에 망했다. /수토(水土)가 나빠서 사람이 살기에는 망한 고장이다.
망해(亡骸)명 ☞유해(遺骸).
망ː해^도법(望海圖法)[-뻡]명 바다에 있는 섬을 뭍에서 바라보아 그 거리를 헤아리는 산법.
망ː향(望鄕)명하자 고향을 그리워함.
망ː향-가(望鄕歌)명 고향을 그리는 노래.
망형(亡兄)명 죽은 형.
망혜(芒鞋)명 '마혜(麻鞋)'의 잘못.
망혼(亡魂)명 죽은 사람의 넋. 유령.
망ː-홰(望-)명 조선 시대에, 큰 예식(禮式) 때나 의정(議政) 이상이 공무(公務)로 다닐 때 길을 밝히던 큰 횃불.
망ː후(望後)명 음력 보름날 이후. ↔망전(望前).

맞-[맏]접두 《일부 용언 또는 체언 앞에 붙어》 ①'마주'의 뜻을 나타냄. ¶ 맞걸다. /맞고소. /맞담배질. ②'걸맞은 상대'임을 나타냄. ¶ 맞먹다. /맞상대.
맞-각(-角)[맏깍]명 ☞대각(對角).
맞-갖다[맏깓따]형 마음이나 입맛에 꼭 맞다.
맞갖잖다[맏깓짠타]준 〔'맞갖지 않다'가 줄어든 말로〕 마음이나 입맛에 맞지 않다.
맞-걸다[맏껄-][~거니·~걸어]타 ①(물건을) 양쪽에 마주 걸다. ②노름판에서 서로 돈을 걸다.
맞걸-리다[맏껄-]자 〖'맞걸다'의 피동〗 마주 걺을 당하다.
맞걸-이[맏꺼리]명하자 씨름 기술의 한 가지. 안걸이에 걸린 쪽이 다시 상대편을 안걸이로 걸어 공격하는 일.
맞-겨루다[맏껴-]타 마주 상대하여 승부를 다투다.
맞-결리다[맏껼-]자 양편이 마주 결리다. ¶ 양쪽 옆구리가 맞결리다.
맞-고소(-告訴)[맏꼬-]명하자타 (고소당한 사람이 고소한 사람을 상대로) 마주 고소하는 일. 대소(對訴).
맞-고함(-高喊)[맏꼬-]명 마주 대하여 지르는 고함. 맞받아 지르는 고함. ¶ 맞고함을 치다.
맞-교군(-轎軍)[맏꾜-]명 두 사람이 메는 가마.
맞-교대(-交代)[맏꾜-]명하자 일을 할 때에, 두 조로 나뉘어 서로 교대하는 일.
맞-교환(-交換)[맏꾜-]명하타 (어떤 것을) 맞바꾸거나 서로 주고받는 일. ¶ 구단끼리 선수를 맞교환하다.
맞-구멍[맏꾸-]명 마주 뚫린 구멍.
맞꼭지-각(-角)[맏-찌-]명 두 직선이 교차할 때 생기는 네 각 중에서 서로 상대하는 두 각. 크기가 같음.
맞-남여(-籃輿)[만-]명 두 사람이 메는 남여.
맞-놓다[만노타]타 ①서로 마주 향하게 똑바로 놓다. ¶ 거울 두 개를 맞놓다. ②서로 똑같이 말을 낮추다. ¶ 두 사람은 서로 말을 맞놓고 지낸다.
맞다1[맏따]자 ①던지거나 쏜 물건이 목표물에 가 닿다. 적중(的中)되다. ¶ 화살이 과녁에 맞다. ②어떤 일이 헤아렸던 대로 되다. ¶ 예언이 그대로 맞았다. ＊맞아·맞는[만-]
맞다2[맏따]자 ①한쪽이 다른 것에 꼭 알맞다. 적합하다. ¶ 신이 발에 꼭 맞다. ②상태나 정도가 잘 어울리다. 조화되다. ¶ 장단이 맞다. /국의 간이 맞다. ③서로 어긋나지 않고 하나로 되다. 일치하다. ¶ 의견이 맞다. ④느낌이나 성미 등에 차거나 들다. ¶ 식성에 맞는 음식. ⑤틀림이 없다. ¶ 해답이 맞다. ⑥사실과 같거나 알맞다. ¶ 실정에 맞는 계획. ＊맞아·맞는[만-]
맞다3[맏따]타 ①떨어지거나 날아온 것을 몸에 받다. ¶ 비를 맞다. /날아온 돌에 맞다. ②때림을 당하다. ¶ 볼기를 맞다. ③(침 따위의) 찌름을 당하다. ¶ 주사를 맞다. ④어떠한 처지를 겪다. ¶ 퇴짜를 맞다. ⑤평가를 받다. ¶ 만점을 맞다. ⑥승낙 등을 받다. ¶ 결재를 맞다. /허락을 맞다. ＊맞아·맞는[만-]
맞다4[맏따]타 ①오는 사람을 기다려 받아들이다. ¶ 손님을 맞다. /방문객을 박수로 맞다. ②(가족이나 동료로서) 받아들이다. ¶ 며느리를 맞다. ③(시간이 흘러) 어떤 때나 상태가 됨을 겪거나 대하다. ¶ 새봄을 맞다. /광복을 맞다. ＊맞아·맞는[만-]

-맞다[맏따]접미 일부 체언이나 어근 뒤에 붙어, 그 말을 형용사로 만듦. ¶ 궁상맞다. /방정맞다. /앙증맞다. /쌀쌀맞다.
맞-닥뜨리다[맏딱-]자 서로 마주 부딪칠 정도로 닥뜨리다. 맞닥트리다.
맞-닥치다[맏딱-]자 ①양편이 마주 다다르다. ②양편이 함께 다다르다.
맞-닥트리다[맏딱-]자 맞닥뜨리다.
맞-단추[맏딴-]명 암단추와 수단추를 맞추어 채우는 단추. 똑딱단추.
맞-담[맏땀]명 돌멩이를 겹으로 마주 대어 쌓은 돌담. ↔홑담.
맞-담배[맏땀-]명 마주 대하여 피우는 담배.
맞담배-질[맏땀-]명하자 마주 대하여 담배를 피우는 짓. ¶ 어른 앞에서 맞담배질을 하다.
맞-당기다[맏땅-] Ⅰ자 양쪽으로 끌리다. Ⅱ타 서로 마주 잡아당기다. ¶ 청군과 백군이 밧줄을 힘껏 맞당겼다.
맞-닿다[맏따타]자 마주 닿다. ¶ 하늘과 수면이 맞닿은 수평선.
맞-대결(-對決)[맏때-]명하자 서로 맞서서 대결함. ¶ 우승 후보끼리 맞대결을 벌이다.
맞-대꾸[맏때-]명하자 마주 하는 말대꾸.
맞대꾸-질[맏때-]명하자 마주 말대꾸하는 짓.
맞-대다[맏때-]타 ①마주 대다. ¶ 책상을 맞대고 앉다. ②마주 대하다. ¶ 얼굴을 맞대고 의논하다. ③바로 대하다.《흔히, '맞대고'·'맞대 놓고'의 꼴로 쓰임.》¶ 맞대 놓고 비난하다.
맞-대매[맏때-]명하자 두 사람이 마지막으로 이기고 짐을 겨루는 일.
맞-대면(-對面)[맏때-]명하자타 ①서로 만나 봄. ②서로 마주 봄.
맞-대응(-對應)[맏때-]명하자 상대의 어떤 행동이나 태도에 대하여 맞서서 대응함.
맞-대하다(-對-)[맏때-]자여 서로 마주 대하다. ¶ 얼굴을 맞대하다.
맞-돈[맏똔]명 (물건을 살 때) 그 자리에서 물건 값으로 바로 치르는 돈. 즉전(卽錢). 직전(直錢). 현금(現金).
맞-두다[맏뚜-]타 (장기나 바둑 따위를) 접어주지 않고 서로 같은 자격으로 두다.
맞-두레[맏뚜-]명 두 사람이 마주 서서 물을 푸게 되어 있는 두레.
맞-들다[맏뜰-][~드니·~들어]타 ①마주 들다. ¶ 책상을 맞들다. ②(두 편이) 힘을 합하다. ¶ 백지장도 맞들면 낫다.
맞-뚫다[맏뚤타]타 양쪽에서 마주 들어가면서 뚫다.
맞뚫-리다[맏뚤-]자 〖'맞뚫다'의 피동〗 맞뚫음을 당하다. ¶ 터널이 양쪽에서 맞뚫렸다.
맞-먹다[만-따]자 (거리·분량·시간·힘 따위의 소요되는 정도가) 서로 어슷비슷하다. ¶ 기계 한 대의 작업량이 열 사람의 그것과 맞먹는다.
맞모-금[만-]명 ☞대각선(對角線).
맞-물다[만-][~무니·~물어]타 (양쪽에서) 마주 물다.
맞물-리다[1][만-]자 〖'맞물다'의 피동〗 맞묾을 당하다. ¶ 톱니바퀴가 맞물려 돌아가다.
맞물-리다[2][만-]타 〖'맞물다'의 사동〗 맞물게 하다. ¶ 수도관을 맞물려 잇다.
맞-미닫이[만-다지]명 한 홈에 두 짝을 끼워 서로 맞닫게 만든 미닫이.
맞-바꾸다[맏빠-]타 물건을 서로 바꾸다.
맞-바느질[맏빠-]명하타 실을 꿴 바늘 두 개를 한 구멍에 마주 넣어 가며 꿰매는 바느질.
맞-바둑[맏빠-]명 실력이 같은 사람끼리 두는 바둑. 상선(相先). 호선(互先).
맞-바라기[맏빠-]명 ☞맞은바라기.
맞-바람[맏빠-]명 양편에서 마주 불어오는 바람. 맞은바람.
맞-바리[맏빠-]명 지난날, 남이 팔러 가는 땔나무를 중간에서 사 가지고 시장에 가서 팔던 일.
맞-받다[맏빧따]타 ①정면으로 받다. ¶ 공을 맞받아 치다. ②(노래나 말 따위를) 이내 호응하여 받다. ¶ 질문을 재치 있게 맞받아 처리하다. ③마주 들이받다. ¶ 차량끼리 맞받은 사고.
맞받아-치다[맏빠다-]타 남의 말이나 행동에 곧바로 대응하여 나서다. ¶ 화를 내며 큰 소리로 맞받아치다.
맞-받이[맏빠지]명 맞은편에 마주 바라보이는 곳. ¶ 저 건너 맞받이에 있는 정자(亭子). 참맞은바라기.
맞-발기[맏빨-]명 (두 통을 만들어서) 파는 사람과 사는 사람이 각각 한 통씩 간수해 두는 문서.
맞-배지기[맏빼-]명 씨름 기술의 한 가지. 한편이 상대를 들거나 들었다 놓으려 할 때, 상대가 맞받아 하는 배지기.
맞배-지붕[맏빼-]명 지붕의 완각이 수직(垂直)으로 잘려진 지붕.
맞배-집[맏빼-]명 ☞뱃집[1].
맞-버티다[맏뻐-]자 마주 버티다.
맞-벌이[맏뻐리]명하자 부부가 모두 나서서 벌이하는 일, 또는 그런 부부.
맞-벽(-壁)[맏뼉]명 (흙벽을 칠 때) 안쪽에 초벽을 쳐서 마른 뒤에, 바깥쪽에서 다시 벽을 쳐서 만든 벽.
맞-변(-邊)[맏뼌]명 ☞대변(對邊).
맞-보기[맏뽀-]명 도수가 없는 안경. 평경(平鏡). 평면경(平面鏡).
맞-보다[맏뽀-]자타 마주 대하여 보다.
맞-보증(-保證)[맏뽀-]명 서로 보증을 서는 일, 또는 그 보증.
맞-부닥뜨리다[맏뿌-]자타 서로 부딪칠 정도로 가까이 서다.
맞-부딪다[맏뿌딛따]자타 마주 부딪다.
맞-부딪뜨리다[맏뿌딛-]타 마주 부딪뜨리다. 맞부딪트리다.
맞-부딪치다[맏뿌딛-]자타 마주 부딪치다.
맞-부딪트리다[맏뿌딛-]타 맞부딪뜨리다.
맞부딪-히다[맏뿌디치-]자 〖'맞부딪다'의 피동〗 맞부딪음을 당하다.
맞-부패[맏뿌-]명 분광(分鑛)을 할 때 두 사람이 동업하는 조직. 참부패·삼부패.
맞-불[맏뿔]명 ①불이 타는 맞은편에서 마주 지르는 불. ②상대편에 맞서 하는 총질. 맞총질. ③남의 담뱃불에 담배를 마주 대고 붙이는 불.
　맞불(을) 놓다관용 불이 붙은 맞은편에서 불을 지르다. ¶ 산불을 잡으려고 맞불을 놓다.
맞-불다[맏뿔-][~부니·~불어]자 마주 불다.
맞-붙다[맏뿓따]자 ①마주 닿아서 붙다. ¶ 두 쪽이 맞붙은 밤톨. ②내기나 싸움 따위에서, 서로 마주 붙다. ¶ 맞붙어 싸우다.
맞-붙들다[맏뿓뜰-][~붙드니·~붙들어]타 마주 붙들다.
맞붙-이[맏뿌치]명 ①직접 대하는 일. ②솜옷을 입을 철에 입는 '겹옷'을 솜옷에 상대하여 이르는 말. ②↔솜붙이.

맞붙-이다[맏뿌치-]타 ①〖'맞붙다'의 사동〗 마주 붙이다. ②(두 사람을) 서로 만나 보게 하다.
맞-붙잡다[맏뿓짭따]타 마주 붙잡다.
맞비겨-떨어지다[맏삐-]자 상대되는 두 가지 셈이 남거나 모자람이 없이 꼭 맞다.
맞-비비다[맏삐-]타 마주 대고 비비다. ¶ 손등을 맞비비다.
맞-상(-床)명하자 '겸상(兼床)'의 잘못.
맞-상대(-相對)[맏쌍-]명하자타 마주 상대함, 또는 그런 상대. ¶ 내가 맞상대해 주겠다.
맞-서다[맏써-]자 ①서로 마주 대하여 서다. ②(굽히지 않고) 마주 겨루다. ¶ 백전노장과 맞서다. ③(어떤 상황을) 직접 겪게 되다. ¶ 위기와 맞서다. ④'마주 서다'가 줄어서 된 말.
맞-선[맏썬]명 남녀가 결혼을 위하여 당사자끼리 직접 만나 보는 일.
맞선-각(-角)[맏썬-]명 ☞대각(對角).
맞선-꼴[맏썬-]명 ☞대칭 도형(對稱圖形).
맞-소리[맏쏘-]명 서로 답하여 하는 소리.
맞-소송(-訴訟)[맏쏘-]명 ☞반소(反訴).
맞-수(-手)[맏쑤]명 〈맞적수〉의 준말.
맞-술[맏쑬]명 서로 마주 대하여 마시는 술.
맞-싸우다[맏-]자 마주 붙어 싸우다. ¶ 적군과 맞싸우다.
맞-쐬다[맏쐬-/맏쒜-]타 비교하여 서로 대어 보다. 서로 대조(對照)하다. 준쐬다[2].
맞-씨름[맏-]명하자 ①(접어주는 일 없이) 맞붙어서 하는 씨름. ②'두 편이 맞서서 겨루거나 버티는 일'을 비유하여 이르는 말.
맞아-들이다타 ①찾아온 사람을 맞이하여 집 안으로 들게 하다. ②가족이나 동료 등으로 삼다. ¶ 며느리를 맞아들이다.
맞아-떨어지다자 셈이 어떤 대중에 꼭 맞아, 남거나 모자람이 없이 되다.
맞-연귀(←-燕口)[맏년-]명 귀끝을 맞추어 문짝 따위를 짜는 방법.
맞-욕(-辱)[맏뇩]명하자 맞대고 하는 욕.
맞은-바라기명 앞으로 마주 바라보이는 곳. 맞바라기. 참맞받이.
맞은-바람명 ☞맞바람.
맞은-쪽명 마주 보이는 쪽. 맞은편.
맞은-편(-便)명 ①상대가 되는 편, 또는 상대자. ②맞은쪽.
-맞이접미 '오는 일이나 때나 사람을 맞는 일'의 뜻을 나타내는 말. ¶ 봄맞이. /추석맞이.
맞이-하다타여 ①(닥쳐오거나 찾아오는 것을) 맞다. ¶ 새해를 맞이하다. /손님을 맞이하다. ②(관계가 있는 사람을) 맞아들이다. ¶ 사위를 맞이하다.
맞-잡다[맏짭따]타 마주 잡다. ¶ 손을 맞잡다.
맞-잡이[맏짜비]명 서로 비길 만한 것. 서로 같은 것. ¶ 비록 딸이지만 아들 맞잡이지.
맞-장구(←-長鼓)[맏짱-]명 ①두 사람이 마주 치는 장구. ②남의 말에 동조(同調)하는 일.
맞장구-치다(←-長鼓-)[맏짱-]자 남의 말에 동조하여 같은 말을 하거나 부추기거나 하다.
맞-장기(-將棋)[맏짱-]명 수가 서로 어금버금한 사람끼리 두는 장기.
맞-적수(-敵手)[맏쩍쑤]명 재주나 힘이 서로 비슷비슷한 상대. 준맞수. 참호적수(好敵手).
맞-절[맏쩔]명하자 서로 마주 하는 절.
맞-접(-椄)[맏쩝]명 가지접의 한 방법. 접붙일 접지(椄枝)와 대목(臺木)을 각각 비스듬히 자른 다음, 그 단면을 맞붙여 동여매는 방법.
맞-조상(-弔喪)[맏쪼-]명 바깥상제와 안상제가 마주 하는 조상. 〔발상(發喪)이나 성복(成服) 또는 반우(返虞) 뒤에 함.〕
맞-줄임[맏쭈림]명하타 ☞약분(約分).
맞-총질(-銃-)[맏-]명하자 상대편의 사격에 맞서 총을 쏨. 맞불. 응사(應射).
맞추다[맏-]타 ①틀리거나 어긋남이 없게 하다. ¶ 박자를 맞추다. /장부를 맞추다. ②마주 대다. ¶ 입을 맞추다. /기계의 부속품을 맞추다. ③어떤 것을 무엇에 맞도록 하다. ¶ 보조를 맞추다. /시계를 맞추다. ④(물건을 만들거나 파는 사람에게) 미리 부탁하여 만들게 하거나 사기로 약속하다. ¶ 양복을 맞추다. /떡집에다 떡을 맞추다. ⑤마음이나 정도에 맞게 하다. ¶ 간을 맞추다. /비위를 맞추다. ⑥순서를 고르게 하거나 짝을 채우다. ¶ 화투장을 맞추다. ⑦'맞히다[1]'의 잘못.
맞춤[맏-]명하타 ①서로 떨어져 있는 부분을 제자리에 맞게 대어 붙임. ②일정한 규격으로 물건을 미리 부탁하여 만듦, 또는 맞추어 만든 물건. 주문품. ¶ 맞춤 옷. /맞춤 구두.
맞춤-법(-法)[맏-뻡]명 말을 글자로 적을 때에 지켜야 하는 일정한 규칙. 철자법(綴字法). ¶ 한글 맞춤법.
맞춤-하다[맏-]형여 비슷한 정도로 알맞다. ¶ 김치가 맞춤하게 익었다. **맞춤-히**부.
맞-통[맏-]명 노름에서, 물주와 아기패의 끗수가 같은 경우를 이르는 말.
맞-혼인(-婚姻)[마토닌]명하자 ①조혼전(助婚錢)을 주지 아니하고, 혼수(婚需)의 부담을 양쪽이 똑같이 지는 혼인. ②중매가 없이 본인끼리 정하여 하는 혼인.
맞-흥정[마틍-]명하타 (거간꾼 없이) 사는 사람과 파는 사람이 직접 하는 흥정.
맞-히다[1][마치-]타 〖'맞다[2]'의 사동〗 물음에 옳은 답을 대다. ¶ 답을 맞히다.
맞-히다[2][마치-]타 ①〖'맞다[1]'의 사동〗 목표에 맞게 하다. ¶ 화살을 목표물에 맞히다. ②〖'맞다[3]'의 사동〗 ㉠(눈이나 비 따위를) 맞게 하다. ㉡(침 따위를) 맞게 하다. ㉢(어떤 좋지 않은 일을) 겪게 하다. ¶ 소박을 맞히다.
맟다[맏따]자타 〈마치다[2]〉의 준말. * 맟는[만-]
맡명 〈옛〉 마당. ¶ 마톨 다ᄋᆞ고 穀食 收斂하야(杜初7:18).
맣[1]명 〈옛〉 마[3]. ¶ 비롤 充實케 홀 마히 하고(杜重1:14).
맣[2]명 〈옛〉 장마. ¶ 마히 미양이랴. 잠기 연장 다 스려라(古時調).
맡-기다[맏끼-]타 〖'맡다[1]'의 사동〗 ①어떤 일을 부탁하거나 책임지게 하다. ¶ 담임을 맡기다. /아이를 맡기다. ②물건을 간수하게 하다. ¶ 짐을 맡기다. ③헤아려 처리하도록 남에게 떠넘기다. ¶ 재량(裁量)에 맡기다.
맡다[1][맏따]타 ①어떤 일이나 책임을 넘겨받다. ¶ 공사를 맡다. /집안 살림을 혼자서 맡게 되다. ②물건을 넘겨받아 간수하다. ¶ 짐을 맡다. ③(주문이나 증명·허락 따위를) 받다. 얻다. ¶ 면허를 맡다. /허락을 맡다. * 맡아·맡는[만-]
맡다[2][맏따]타 ①코로 냄새를 느끼다. ¶ 향기를 맡다. /흙 냄새를 맡다. ②낌새를 알아채다, 또는 알아채려고 살피다. 《주로, '냄새를 맡다'의 꼴로 쓰임.》 ¶ 벌써 냄새를 맡은 모양이지? * 맡아·맡는[만-]
맡아-보다타 책임을 지고 어떤 일을 담당하다. ¶ 총무직을 맡아보다.

매[1]명 사람이나 마소 따위를 때리는 곤장·막대기·회초리 따위, 또는 그것으로 때리는 일.
매 끝에 정든다속담 사랑의 매는, 때리는 사람이나 맞는 사람 사이를 더 가깝게 해 준다.
매도 먼저 맞는 놈이 낫다속담 어차피 당해야 할 일이라면 먼저 치르는 편이 낫다.
매로 키운 자식이 효성 있다속담 잘되라고 매도 때리고 꾸짖어 키우면, 그 자식도 커서 그 공을 알아차려 효도를 하게 된다.
매에는 장사 없다속담 매로 때리는 데에는 끝까지 버티어 낼 수가 없는 법이다.

매[2]명 〈맷돌〉·〈매통〉의 준말.

매[3]명 소렴(小殮) 때, 시체에 옷을 입히고 그 위를 매는 헝겊.

매[4]명 〈매흙〉의 준말.

매[5] Ⅰ명 ①〈매끼〉의 준말. ②맷고기나 살담배 따위를 작게 갈라 놓은 덩이.
Ⅱ의 ①맷고기나 살담배를 동여매어 놓고 팔 때에, 그것을 세는 단위. ¶ 살담배 두 매. ②젓가락의 한 쌍 한 쌍을 세는 단위. ¶ 젓가락 다섯 매.

매ː[6]명 맷과(科) 맷속(屬)의 새를 통틀어 이르는 말. 수리보다 작은데, 부리와 발톱은 갈고리 모양이며 날쌔게 낢. 마을 부근의 하늘을 높이 돌다가, 급강하하여 새나 병아리 따위를 채어 감. 사냥용으로 기르기도 함. 각응(角鷹). 송골매. 해동청(海東靑).

매ː[7]부 매우 심하게. 보통보다 공을 들여. ¶ 매 긁이다. /매 닦다.

매[8]부 양이나 염소의 울음소리. 매-매부.

매(妹)명 손아래 누이. 누이동생. 동생.

매(枚)의 (종이·널빤지 따위처럼) 얇고 넓적한 물건을 세는 단위. ¶ 원고지 오 매.

매ː(每)관 하나하나의 모두. 또는 각각의.

매부 〈옛〉 왜. 어찌. ¶ 賢弟를 매 니ᄌᆞ시리(龍歌 74章).

-매접미 《일부 명사 뒤에 붙어》 맵시나 모양을 뜻함. ¶ 눈매. /몸매. /옷매.

-매어미 모음이나 'ㄹ'로 끝난 어간 또는 높임의 '-시-'에 붙어, 앞말이 뒷말의 이유나 전제가 됨을 나타내는 종속적 연결 어미. ¶ 임이 오신다 하매 기다렸더니…. 참-으매.

매가(妹家)명 시집간 누이의 집.

매ː가(買價)[-까]명 사는 값.

매ː가(賣家)명하자 집을 팖, 또는 파는 집.

매ː가(賣價)[-까]명 파는 값.

매가리[1]명 〈맥(脈)〉의 속된 말. ¶ 매가리가 없다.

매가리[2]명 ☞전갱이.

매ː-가오리명 매가오릿과의 바닷물고기. 마름모꼴로 생겨 몸의 폭이 1m가 넘음. 가슴지느러미가 커서 날개를 편 매와 비슷함. 눈이 작고 꼬리는 채찍 모양으로 길며, 가시 모양의 등지느러미가 한 개 있음. 몸빛은 흑갈색이나 배는 흼. 우리나라·일본·중국 등지에 분포함.

매ː가-육장(賣家鬻莊)[-짱]명하자 집과 논밭을 죄다 팔아 버림.

매ː각(賣却)명하타되자 팔아 버림. 매도(賣渡). ¶ 주식을 매각하다. /부동산을 매각하다.

매ː-갈이명하자 벼를 매통에 갈아서 현미(玄米)를 만드는 일. 매조미. 조미(造米).

매ː갈잇-간(-間)[-가리깐/-가릳깐]명 매갈이하는 곳. 매조미간.

매개명 일이 되어 가는 형편.
매개(를) 보다관용 일이 되어 가는 형편을 살펴보다.

매개(媒介)명하타 ①사이에 들어 서로의 관계를 맺어 줌. ②전파(傳播)하는 일. ¶ 전염병균을 매개하는 파리.

매-개념(媒槪念)명 ☞중개념(中槪念).

매ː개-댕기명 어여머리나 큰머리를 할 때 머리를 고정시키기 위해 매는 댕기.

매개^모ː음(媒介母音)명 자음으로 끝나는 체언이나 용언의 어간 아래에, 자음으로 시작되는 조사나 어미가 이어질 때, 그 사이에 끼어 소리를 고르는 구실을 하는 모음. 〔'손으로'·'먹으니'·'잡으니' 등에서의 '으' 따위.〕 조음소(調音素).

매개-물(媒介物)명 매개하는 물건, 또는 매개가 되는 물건. 매개체(媒介體).

매개^변ː수(媒介變數)명 몇 개의 변수 사이의 함수 관계를 간접적으로 연관지어 나타내기 위하여 쓰이는 변수. 모수(母數).

매개^자음(媒介子音)명 낱말에서, 모음의 충돌을 회피하기 위하여 모음과 모음 사이에 덧들어가는 자음. 〔'소+아지→소+ㅇ+아지→송아지'에서의 'ㅇ', 'ᄒᆞ리+j+어→ᄒᆞ리여'에서의 'j' 따위.〕

매개-체(媒介體)명 매개의 구실을 하는 것. 매개물(媒介物). 매체(媒體).

매ː거(枚擧)명하타 하나하나 들어서 말함. ¶ 그 예(例)를 매거하려면 한이 없다.

매-고르다[~고르니·~골라]형르 ①모두 비슷하다. ②가지런히 고르다.

매골명 (볼품없이 된) 사람의 꼴. ¶ 영락없이 죽을 매골이로구나.

매골(埋骨)명하자 뼈를 묻음.

매골^방자(埋骨-)명 사람이나 짐승의 뼈를 묻어 남에게 재앙이 내리도록 하는 짓.

매ː관(賣官)명하자 ☞매관매직(賣官賣職).

매ː관-매ː직(賣官賣職)명하자 돈이나 재물을 받고 벼슬을 시킴. 매관(賣官). 매관육작(賣官鬻爵). 매직(賣職).

매ː관-육작(賣官鬻爵)[-뉵짝]명하자 ☞매관매직(賣官賣職).

매괴(玫瑰)[-괴/-궤]명 ①중국에서 나는 붉은 구슬의 이름. ②☞해당화(海棠花). ③해당화의 껍질과 뿌리에서 채취한 물감.

매괴^신공(玫瑰神功)[-괴-/-궤-]명 가톨릭에서, 묵주를 가지고 하는 기도를 이전에 이르던 말. 묵주 신공.

매괴-유(玫瑰油)[-괴-/-궤-]명 해당화에서 짜낸 향유.

매ː구명 천 년을 묵은 여우가 변하여 된다는 괴이한 짐승.

매ː국(賣國)명하자 사리사욕을 위하여, 또는 남의 나라의 앞잡이가 되어서 자기 나라에 해를 끼치는 일.

매ː국-노(賣國奴)[-궁-]명 매국 행위를 하는 놈. ¶ 매국노를 처단하다.

매ː국-적(賣國賊)[-쩍]명 매국 행위를 하는 역적.

매ː국-적(賣國的)[-쩍]관명 매국 행위를 하는 (것). ¶ 매국적 행위.

매귀(埋鬼)명 농촌의 민속 행사의 한 가지. 음력 정월 초이튿날부터 대보름 사이에, 농악단이 농악을 울리면서 마을의 집집마다 들어가 악귀(惡鬼)를 물리치고 복을 빌어 줌. 참지신밟기.

매그니튜ː드(magnitude)명 지진의 규모, 곧 진도(震度)를 나타내는 단위. 〔기호는 M〕

매기¹명하자 집을 지을 때, 서까래의 끝을 가지런히 맞추는 일. 방구매기와 일자매기의 두 가지가 있음.

매ː기²명 수퇘지와 암소가 흘레하여 낳는다는 짐승.

매ː기(每期) Ⅰ명 일정하게 구분해 놓은 하나하나의 시기. ¶ 매기에 지급되는 배당금.
Ⅱ부 일정하게 구분하여 정해진 기간마다. ¶ 배당금은 매기 지급한다.

매ː기(買氣)명 상품을 사고자 하는 마음. 살 사람 쪽이 느끼는 상품의 인기. ¶ 부동산 매기가 한산하다.

매기(煤氣)명 그을음이 섞인 공기.

매ː기(霉氣)명 ☞곰팡이.

매기다타 값이나 등수·차례 따위를 따져서 정하다. ¶ 차례를 매기다. 준매다³.

매기단-하다타여 일의 뒤끝을 깨끗이 마무리하거나 맺다.

매김-마디명 ☞관형절(冠形節).

매김-말명 ☞관형어(冠形語).

매김-씨명 ☞관형사(冠形詞).

매김-자리명 ☞관형격(冠形格).

매김자리-토씨명 ☞관형격 조사.

매-꾸러기명 '걸핏하면 매를 맞는 아이'를 얕잡아 이르는 말.

매ː꿰명 '모의장이'의 변말.

매끄러-지다자 매끄러운 곳에서 밀려 나가거나 넘어지다. ¶ 얼음판에서 매끄러져 팔을 다쳤다. 큰미끄러지다.

매끄럽다[-따][매끄러우니·매끄러워]형ㅂ ①물건의 겉면이 거칠지 아니하고 반드럽다. 큰미끄럽다. ②성질이 숫되지 아니하고 약바르다. ¶ 미꾸라지처럼 매끄러운 사람. ③글이나 말에 조리가 있고 거침이 없다. ¶ 구성이 매끄러운 소설.

매끈-거리다자 자꾸 매끈매끈하다. 매끈대다. 큰미끈거리다.

매끈-대다자 매끈거리다.

매끈둥-하다형여 보기에 매끈한 맛이 있다. 큰미끈둥하다.

매끈-매끈부하형 물건의 겉면이 반드러워서 닿으면 자꾸 밀려 나가는 모양. 큰미끈미끈.

매끈-하다형여 ①매끄러울 정도로 흠이나 거친 데가 없이 부드럽고 반들하다. ②생김새가 보기에 날렵하고 말쑥하다. ¶ 몸매가 매끈하다. 큰미끈하다. **매끈-히**부.

매끌-매끌부하형 거죽이 매우 매끄러운 모양. 큰미끌미끌.

매끼명 (섬 따위를 묶는 데 쓰는) 새끼나 끈 같은 것. 준매⁵.

매ː-끼(每-) Ⅰ명 한 끼니 한 끼니. ¶ 빵으로 매끼를 때우다.
Ⅱ부 한 끼니 한 끼니마다. ¶ 매끼 죽으로 연명하다.

매나니명 ①(일할 때 아무 연장도 가지지 않은) 맨손. ¶ 매나니로 무슨 일을 하겠다고 나서는 거냐. ②(아무 반찬도 없는) 맨밥. ¶ 귀한 손님을 매나니로 대접하다.

매너(manner)명 ①(어떤 행동이나 일에 대한) 태도. 버릇. 몸가짐. ¶ 저 사람은 매너가 형편없어. ②예절. ¶ 테이블 매너가 나쁘다.

매너리즘(mannerism)명 일정한 기법이나 형식 따위가 습관적으로 되풀이되어 독창성과 신선한 맛을 잃는 일, 또는 그러한 경향. ¶ 매너리즘에 빠지다.

매ː년(每年) Ⅰ명 차례로 돌아오는 그해. 매세(每歲). 매해. 세세(歲歲). 축년(逐年).
Ⅱ부 해마다. 매해. ¶ 매년 풍년이 들다.

매뉴얼(manual)명 기계나 컴퓨터 따위의 조작 방법을 설명해 놓은 사용 지침서.

매니아(mania)명 '마니아'의 잘못.

매니저(manager)명 ①(연예인·운동선수 등의) 섭외 교섭이나 시중을 드는 사람. ②(호텔 따위의) 경영자나 책임자.

매니큐어(manicure)명 손톱을 아름답게 꾸미는 일, 또는 그런 화장품.

매ː다¹타 ①끈 따위의 끝과 끝을 엇걸어서 마디를 지어 맺다. ¶ 띠를 매다. /대님을 매다. ②물건을 동여서 묶다. ¶ 보따리를 끈으로 매다. ③(어떤 대상을) 끈 같은 것으로 무엇에 이어 놓다. ¶ 말뚝에 송아지를 매다. /배를 부두에 매다. ④밧줄 따위를 공중에 가로 걸어 놓거나 드리워 있게 하다. ¶ 그네를 매다. /마당에 빨랫줄을 매다. ⑤낱낱의 것을 다발지어 하나로 만들다. ¶ 싸리로 비를 매다. ⑥무엇에서 떠나지 못할 관계를 가지다. ¶ 그를 한 가지 일에 매어 두다. ⑦옷감을 짜려고 날아 놓은 날실에 풀을 먹이고 고루 다듬어 말리어 감다. ¶ 베를 매다. ⑧가축을 기르다. ¶ 소를 매다. ⑨쉽게 벗어나지 못하고 딸리어 있다.《주로, '목을 매다'의 꼴로 쓰임.》 ¶ 주식 동향에 목을 매고 있다.

매ː다²타 논밭의 풀을 뽑다. ¶ 밭에 김을 매다.

매ː다³타 〈매기다〉의 준말.

매ː-달(每-) Ⅰ명 차례로 돌아오는 그달 그달. 매삭(每朔). 매월(每月). ¶ 매달의 생활비.
Ⅱ부 다달이. 달마다. 매삭(每朔). 매월(每月). ¶ 회비를 매달 꼬박꼬박 내고 있다.

매ː-달다[~다니·~달아]타 매어서 드리우거나 걸다. ¶ 마늘을 엮어 매달다.

매ː달-리다자 ①〖'매달다'의 피동〗 매닮을 당하다. ¶ 가지 끝에 매달린 연. ②무엇을 붙들고 아래로 늘어지다. ¶ 밧줄에 매달리다. ③주되는 것에 딸리다. ¶ 중환자 한 사람에게 간호사 두 사람이 매달리다. ④무엇에 몸과 마음을 기대다. ¶ 어머니에게 매달린 어린 자녀들. ⑤무엇에 몸과 마음이 딸려 있거나 얽매이다. ¶ 농사일에 매달리느라 쉴 겨를이 없다.

매달린 개가 누워 있는 개를 웃는다속담 남만 못한 주제에 남을 비웃는다는 말.

매ː대기명 ①진흙과 같이 질척한 것을 아무 데나 함부로 바르는 짓. ②정신없이 아무렇게나 마구 하는 몸짓. ¶ 술이 취해 길바닥에서 매대기를 치다.

매ː도(罵倒)명하타 몹시 욕하며 몰아세움. ¶ 언론이 그를 기회주의자라고 매도하고 있다.

매ː도(賣渡)명하타 팔아넘김. 매각(賣却).

매ː도^담보(賣渡擔保)명 매매의 형식으로 이루어지는 물적(物的) 담보. 돈을 꾸는 사람이 담보물을 채권자에게 파는 형식을 취하여, 대금의 형식으로 돈을 빌리는 것. 일정한 기간 안에 원금과 이자를 갚고 다시 사는 형식을 취하게 됨. 매도 저당(賣渡抵當).

매ː도-인(賣渡人)명 물건을 매도한 사람. 물건을 판 사람. ↔매수인.

매ː도^저ː당(賣渡抵當)명 ☞매도 담보.

매ː도^증서(賣渡證書)명 매도한 사실을 증명하는 서류.

매독(梅毒)명 스피로헤타 팔리다(Spirochaeta pallida)라는 나선균의 감염으로 일어나는 만성

성병(性病). 주로, 보균자의 음부나 입 등을 통하여 전염하는데, 모체로부터 태아에게 전염하기도 함. 창병(瘡病).
매동-그리다 [타] 대강 매만져서 몽똥그리다. ¶ 옷가지를 보자기에 매동그리다.
매두몰신(埋頭沒身) [-씬] [명][하자] 〔머리와 몸이 파묻혔다는 뜻으로〕 ①일에 파묻혀 헤어나지 못함. ②일에 열중하여 물러날 줄 모름.
매ː-두피 [명] 매를 산 채로 잡는 기구. 〔닭의 둥우리처럼 생겼음.〕
매ː득(買得) [명][하타] ①사서 가짐. 매입(買入). ②(물건을) 싸게 삼.
매듭 [명] ①끈이나 실 따위를 매어 마디를 이룬 것. ¶ 매듭을 풀다. ②일의 어려운 고비나 부분. ¶ 일의 매듭이 풀리자 그 다음은 순조롭게 되어 나갔다. ③어떤 일과 다른 일과의 사이에 짓는 구별이나 마무리. ¶ 일마다 매듭을 분명히 짓고 넘어가다. ④끈이나 실을 소재로 하여 엇걸어 마디를 짓거나 고를 내거나 하여 여러 가지 무늬를 만드는 일, 또는 그렇게 만든 장식품.
매듭-짓다 [-짇따] [~지으니·~지어] [타][ㅅ] ①끈이나 실 따위를 매어 마디를 만들다. ②어떤 일을 순서에 따라 마무리하다. ¶ 범인을 잡고 수사를 매듭지었다.
매력(魅力) [명] 남의 마음을 호리어 사로잡는 야릇한 힘. ¶ 매력 있는 목소리.
매력-적(魅力的) [-쩍] [관][명] 매력이 있는 (것). ¶ 매력적인 웃음.
매련 [명][하형][스형] (태도나 행동이) 답답할 만큼 어리석고 둔함. ¶ 매련한 행동. [큰]미련. **매련-히**[부]. **매련스레**[부].
매련-쟁이 [명] '매련한 사람'을 홀하게 이르는 말. [큰]미련쟁이.
매련-퉁이 [명] '몹시 매련한 사람'을 홀하게 이르는 말. [큰]미련퉁이.
매료(魅了) [명][하타][되자] 남의 마음을 홀리어 사로잡음. ¶ 관객을 매료시킨 명연기(名演技).
매ː리(罵詈) [명][하타] 욕하며 꾸짖음.
매립(埋立) [명][하타] ①팼거나 낮은 땅을 메워 돋우는 일. ¶ 하천 매립. /쓰레기를 매립하다. ②☞매축(埋築).
매립-지(埋立地) [-찌] [명] 팼거나 낮은 땅을 돌이나 흙 따위로 메워 돋운 땅.
매-만지다 [타] 잘 다듬어 손질하다. ¶ 옷차림을 매만지다. /머리를 매만지다.
매-맛 [-맏] [명] 매를 맞아 아는, 아픈 느낌. ¶ 이놈이 매맛을 좀 봐야 정신을 차리겠군. ＊매맛이[-마시]·매맛만[-만-]
매ː-매 [부] 매우 심하게 자꾸. 매우 힘을 들이거나 공들이어. ¶ 매매 동이어 묶다. /매매 씻다.
매매(昧昧) '매매하다'의 어근.
매매(賣買) [명][하타][되자] 팔고 삼. 파는 일과 사는 일. ¶ 부동산 매매 계약서.
매ː매(每每) [부] 번번이. 매번.
매매^결혼(賣買結婚) [명] 남자가 장가들 때, 신부의 생가에 재물을 치르고 신부를 데려가는 혼인 풍속. 매매혼(賣買婚). 매매 혼인.
매매-장(賣買帳) [-짱] [명] 물건을 팔고 사고 한 내용을 적는 장부.
매매-춘(賣買春) [명] 여자의 몸을 성적 대상으로 팔고 사는 일.
매매-하다(昧昧-) [형][여] (아는 것이 없어) 세상일에 어둡다. **매매-히**[부].
매매-혼(賣買婚) [명] ☞매매 결혼(賣買結婚).
매매^혼인(賣買婚姻) [명] ☞매매 결혼(賣買結婚).
매머드(mammoth) [명] ①홍적기(洪積期)에 유라시아 북부와 북미 대륙에 살았던 거대한 코끼리. ②'거대한 것'의 뜻으로 쓰이는 말. ¶ 매머드 도시. /매머드 빌딩.
매ː명(每名) [I][명] 각 사람. 매인(每人). ¶ 매명에게 고루 돌라주다.
[II][부] 각 사람마다. 매인(每人).
매ː명(買名) [명][하자] 돈으로 명예를 삼.
매ː명(賣名) [명][하자] 이익이나 허영을 위하여 자기의 이름을 세상에 들날리려 함.
매-명사(媒名辭) [명] 매개념(媒槪念)을 나타내는 명사. 중명사(中名辭).
매목(埋木) [명] ①지질 시대의 나무가 흙 속에 묻혀 탄화한 것. ②목판(木版)을 자르거나 구멍을 내어 깁는 일, 또는 그때 쓰는 나무로 만든 쐐기.
매몰(埋沒) [명][하타][되자] 보이지 아니하게 파묻거나 파묻힘. ¶ 산사태로 집이 매몰되었다.
매몰-스럽다 [-따] [~스러우니·~스러워] [형][ㅂ] 보기에 매몰한 데가 있다. 말쌀스럽다. ¶ 매몰스럽게 거절하다. **매몰스레**[부].
매몰-차다 [형] 아주 매몰하다. ¶ 매몰차게 그와의 교제를 끊다.
매몰-하다 [형][여] 인정이 없이 아주 쌀쌀하고 독하다. ¶ 성미가 워낙 매몰하여 찬 기운이 도는 듯하다.
매무새 [명] 매무시한 뒤의 모양새. 옷매무새. ¶ 매무새가 단정하다.
매무시 [명][하타] 옷을 입을 때, 매고 여미고 하며 매만지는 일. ¶ 매무시에 신경을 쓰다.
매ː문(賣文) [명][하자] 글을 지어 주고 돈을 받음. 글을 팔아서 생활하는 일. 매필(賣筆).
매ː문-매ː필(賣文賣筆) [명][하자] (돈벌이를 위하여) 글을 짓거나 글씨를 써서 팖.
매ː물(每物) [명] 낱낱(하나하나)의 물건.
매ː물(賣物) [명] 팔 물건. 팔 것.
매ː미 [명] 매밋과의 곤충을 통틀어 이르는 말. 두 쌍의 투명한 날개와 두 개의 겹눈, 대롱 모양의 긴 주둥이를 가졌음. 수컷은 배 쪽에 발음기가 있어 여름에 맑은 소리로 욺. 보통, 유충은 6~7년 동안 땅속에서 지낸 뒤에 성충이 되어, 1~3주 만에 죽음.
매미-목(-目) [명] 곤충류의 한 목(目). 몸은 달걀형·길둥근형 등 여러 가지임. 두 쌍의 날개가 있지만, 변화하거나 퇴화한 것도 있음. 주둥이는 뾰족해서 진을 빨아 먹기에 알맞음. 〔매미·진디·빈대 따위.〕
매ː미-채 [명] 매미를 잡는 데 쓰는 채.
매ː발톱-나무 [-톱-] [명] 매자나뭇과의 낙엽 활엽 관목. 산지에 나는데 높이는 2 m가량. 가시가 있으며 잎은 길둥근 모양에 날카로운 톱니가 있음. 봄에 노란 꽃이 피고, 길둥근 열매는 초가을에 붉게 익음. 가지와 잎은 한약재와 염료의 원료로 쓰임.
매ː방(每放) [I][명] (총이나 대포의) 한 방 한 방. ¶ 매방을 정확히 쏘다.
[II][부] 한 방마다. ¶ 매방 명중하다.
매ː-방울 [명] 매사냥을 할 때에, 매의 다리에 다는 방울.
매ː방-초시(每榜初試) [명][하자] 지난날, 과거를 볼 때마다 초시에는 합격되나 복시(覆試)에서 번번이 낙방함을 이르던 말.
매ː번(每番) [I][명] 각각의 차례. 매회(每回). ¶ 매번을 되짜 맞다.

Ⅱ부 번번이. 매매(每每). 매회(每回). ¶ 시합에서 매번 우승하다.
매병(梅甁)명 아가리가 좁고 어깨는 크며 밑은 홀쭉하게 생긴 병.
매복(埋伏)명하자 ①몰래 숨어 있음. ②적군을 기습하기 위하여 요긴한 곳에 숨어서 기다리는 일. ¶ 매복하고 있던 경찰에 붙잡히다.
매ː복(賣卜)명하자 돈을 받고 점을 쳐 줌.
매ː복-자(賣卜者)[-짜]명 점쟁이.
매복-치(埋伏齒)명 치관(齒冠)의 전부 또는 대부분이 잇몸 속에 묻혀 있는 이.
매부(妹夫)명 ①손위 누이의 남편. 자형(姊兄). ②손아래 누이의 남편. 매제(妹弟).
매ː-부리[1]명 지난날, 매사냥에 쓰이는 매를 맡아 기르고 부리는 사람을 이르던 말.
매ː-부리[2]명 매의 주둥이.
매ː부리-코명 매부리처럼 코끝이 구붓한 코, 또는 그런 코를 가진 사람.
매ː분(每分) Ⅰ명 일 분 일 분.
Ⅱ부 일 분마다. ¶ 매분 한 대씩 컴퓨터를 조립하다.
매비(埋祕)명하타 몰래 묻어 감춤.
매ː사(每事) Ⅰ명 하나하나의 일. 모든 일. ¶ 매사를 신중히 생각하다.
Ⅱ부 일마다. ¶ 매사 단단히 단속하다.
매사는 간주인(看主人)관용 모든 일은 주인이 처리할 일이지 손이 간섭할 일이 아니라는 말.
매사(昧事)명하형 사물의 이치에 어두움.
매ː사-가감(每事可堪)명하형 어떤 일이라도 감당할 만함.
매ː-사냥명하자 길들인 매로 꿩이나 그 밖의 새를 잡는 사냥.
매ː사냥-꾼명 매사냥을 하는 사람. 수할치.
매ː사불성(每事不成)[-썽]명하자 하는 일마다 이루어지지 않음. 하는 일마다 실패함.
매ː삭(每朔) Ⅰ명 ☞매달.
Ⅱ부 ☞매달.
매상(昧爽)명 먼동이 틀 무렵.
매ː상(買上)명하타 정부나 관공서에서 민간으로부터 물건을 사들이는 일. ¶ 하곡(夏穀) 매상. /추곡 매상. 참불하(拂下).
매ː상(賣上)명 ①〈매상고(賣上高)〉의 준말. ¶ 매상을 올리다. ②하타상품을 팖.
매ː상(每常)부 항상. 늘. 매양.
매ː상-고(賣上高)명 ①☞판매액. ②☞판매량. 준매상.
매ː상-곡(買上穀)명 정부가 농민으로부터 사들이는 양곡(糧穀).
매ː상-금(賣上金)명 ☞판매액.
매ː상-미(買上米)명 정부가 농민으로부터 사들이는 쌀.
매ː상^상환(買上償還)명 정부가 발행한 공채를, 정부가 시장 가격으로 사들여 상환하는 일.
매ː색(賣色)명하자 ☞매음(賣淫).
매생이명 갈파랫과의 해조(海藻). 대롱 모양이고 가지는 없으며 짙은 녹색을 띰. 주로 남도 지방에서 식용하며 파래와 유사하나 더 가늘고 부드러움.
매ː서(賣暑)명 ☞더위팔기.
매ː서-인(賣書人)명 기독교에서, 전도를 하면서 성서를 파는 사람. 권서(勸書).
매ː석(賣惜)명하타 (값이 오르거나 달릴 것을 예상하여) 상품을 팔지 않으려고 하는 일. 석매(惜賣). ¶ 매점(買占) 매석.
매ː설(莓舌)명 성홍열(猩紅熱)의 한 증상. 고열 때문에 혀가 딸기처럼 빨갛고 껄쭉껄쭉하게 되는 증상. 딸기혀.
매설(埋設)명하타되자 지뢰·수도관·전선 등을 땅속에 설치하는 일. ¶ 케이블 매설 공사.
매섭다[-따][매서우니·매서워]형ㅂ ①매몰차고 사납다. 모질고 독하다. ¶ 매섭게 쏘아보다. ②정도가 매우 심하다. ¶ 매서운 추위. /바람이 매섭게 분다. 큰무섭다.
매ː세(每歲)명 ☞매년(每年).
매ː세(賣勢)명하자 ①남의 세력을 빌려 호기(豪氣)를 부림. ②물건이 팔리는 기세.
매ː소(賣笑)명하자 ☞매음(賣淫).
매ː-소래명 크게 만든 소래기.
매ː소-부(賣笑婦)명 ☞매음부(賣淫婦).
매ː수(買收)명하타되자 ①(물건 따위를) 사들임. ¶ 도로 용지(用地)를 매수하다. ②금품 따위로 남을 꾀어서 제 편으로 만듦. ¶ 반대파를 돈으로 매수하다.
매ː수(買受)명하타 (물건을) 사서 넘겨받음.
매ː수-인(買受人)명 물건을 매수한 사람. 물건을 산 사람. ↔매도인.
매스^게임(mass game)명 많은 사람이 함께 하는 집단 체조나 무용.
매스껍다[-따][매스꺼우니·매스꺼워]형ㅂ ①비위가 상하여 구역이 날 듯이 속이 울렁거리는 느낌이 있다. ¶ 배멀미로 매스껍다. ②비위에 거슬리어 아니꼽다. ¶ 잘난 척하는 게 매스껍다. 큰메스껍다.
매스^미ː디어(mass media)명 대량의 정보나 지식 등을 넓은 지역의 많은 사람에게 전달하는 매체, 곧 신문·잡지·라디오·영화·텔레비전 따위를 이름. 대중 전달 매체.
매스^소사이어티(mass society)명 대중 사회.
매스-컴(←mass communication)명 신문·잡지·라디오·영화·텔레비전 등 매스 미디어를 이용하여 대량의 정보나 지식 등을 넓은 지역의 많은 사람에게 전달하는 일. 대중 전달. ¶ 매스컴을 타다.
매슥-거리다[-꺼-]자 자꾸 매슥매슥하다. 매슥대다. 큰메슥거리다.
매슥-대다[-때-]자 매슥거리다.
매슥-매슥[-승-]부하자 매스꺼운 느낌이 자꾸 일어나는 상태. ¶ 아직도 술이 덜 깨 속이 매슥매슥한다. 큰메슥메슥.
매ː-시(每時) Ⅰ명 〈매시간(每時間)〉의 준말.
Ⅱ부 〈매시간(每時間)〉의 준말.
매ː-시간(每時間) Ⅰ명 한 시간 한 시간. ¶ 매시간의 기온의 변화를 측정하다. 준매시(每時).
Ⅱ부 한 시간마다. ¶ 체온이 매시간 변하다. 준매시(每時).
매시근-하다형여 (몸에 열이 있거나 하여) 기운이 없고 나른하다. **매시근-히**부.
매ː식(買食)명 ①하자음식을 사서 먹음. ②음식점 등에서 돈을 내고 먹는 끼니 식사.
매ː신(賣身)명하자 ①몸값을 받고 남의 종이 됨. ②☞매음(賣淫).
매실(梅室)명 겨울에 매화를 가꾸는 온실.
매실(梅實)명 매실나무의 열매.
매실-나무(梅實-)[-라-]명 장미과의 낙엽 교목. 높이는 4～5m이며 끝이 뾰족한 길둥근 잎이 어긋맞게 남. 이른 봄에 흰 꽃 또는 연분홍의 꽃이 잎보다 먼저 핌. 열매는 핵과로 매실이라 하여 약으로 쓰기도 하고 술을 담그기도 함. 매화. 매화나무.
매실매실-하다형여 사람이 얄밉도록 되바라지고 반드럽다. **매실매실-히**부.

매실-주(梅實酒) [-쭈]명 매실을 설탕과 함께 소주에 담가 익힌 술.
매-싸리명 종아리채로 쓰는 가는 싸릿가지.
매씨(妹氏)명 상대편을 높이어 그의 '손아래 누이'를 일컫는 말.
매안(埋安)명하타 신주(神主)를 그의 무덤 앞에 묻는 일.
매암명 ①제자리에서 뱅글뱅글 도는 짓. ②원을 그리며 빙빙 도는 짓. 준맴.
매암-매암부 매미의 수컷이 발음기로 내는 소리.
매-암쇠[-쇠/-쉐]명 맷돌의 위짝 한가운데 박힌, 구멍이 뚫린 쇠. 맷수쇠가 들어가서 끼이게 됨. 준암쇠. ↔맷수쇠. 참맷돌중쇠.
매ː야(每夜) Ⅰ명 나날의 밤. 야야(夜夜). ¶ 매야를 바느질로 지새다.
Ⅱ부 밤마다. 야야(夜夜). ¶매야 독서를 즐기다.
매ː약(賣約)명하타 팔기로 약속함.
매ː약(賣藥)명 ①하자약을 팖. ②(의사의 처방에 따라 조제한 것이 아닌) 약국이나 약방에서 파는, 제약 회사에서 만든 의약품.
매ː약-상(賣藥商) [-쌍]명 매약만을 파는 가게. 약방(藥房). 참약종상.
매양(←每常)부 언제나. 늘. 번번이. 매상(每常). ¶ 매양 싱글벙글하는 얼굴이다.
매어-기르기명 ☞계목(繫牧).
매연(媒緣)명하타 인연이 맺어지게 함.
매연(煤煙)명 연료를 태웠을 때 생기는 그을음과 연기. ¶ 매연으로 말미암은 공해.
매염(媒染)명하타 섬유에 물감이 잘 물들지 않을 때, 섬유를 특수한 약제에 담가 그 작용으로 물들이는 방법, 또는 그 약제.
매염-료(媒染料) [-뇨]명 ☞매염제(媒染劑).
매염^물감(媒染-) [-깜]명 매염제를 써야 물을 들일 수 있는 물감을 통틀어 이르는 말. 매염료.
매염^염ː료(媒染染料) [-념뇨]명 ☞매염 물감.
매염-제(媒染劑)명 매염에 쓰이는 화학 물질. 〔백반·녹반·타닌 따위.〕 매염료(媒染料).
매옥(埋玉)명 〔옥을 묻는다는 뜻으로〕 '인재나 미인이 죽어서 땅에 묻힘'을 아깝게 여기어 이르는 말.
매옴-하다형여 조금 알알한 맛을 느낄 정도로 맵다. 큰매움하다.
매용-제(媒熔劑)명 유약을 빨리 녹게 하기 위하여 섞는 화학 물질.
매우부 보통 정도를 훨씬 넘게. 대단히. 몹시. ¶ 매우 빠른 걸음걸이.
매우(梅雨)명 〔매실이 익어서 떨어질 무렵에 오는 비라는 뜻으로〕 '유월 중순께부터 칠월 초순께까지 지는 장마'를 이르는 말.
매우-기(梅雨期)명 매우가 지는 철.
매욱-스럽다[-쓰-따] [~스러우니·~스러워] 형ㅂ 보기에 매욱한 데가 있다. 큰미욱스럽다. **매욱스레**부.
매욱-하다[-우카-]형여 하는 짓이 어리석고 둔하다. 큰미욱하다.
매운-맛[-맏]명 ①(고추의 맛같이) 혀가 아릴 정도로 얼얼한 맛. 신미(辛味). ②《주로 '보다'와 함께 쓰이어》 '모진 괴로움'을 비유하여 이르는 말. ¶ 매운맛을 봐야 정신을 차리지.
*매운맛이[-마시]·매운맛만[-만-]
매운-재명 진한 잿물을 내릴 수 있는 독한 재. 〔참나무의 재 따위.〕
매운-탕(-湯)명 고추장이나 고춧가루를 풀고 생선이나 채소를 넣어 얼큰하게 끓인 찌개.
매울-신(-辛)명 한자 부수의 한 가지. '辟'·'辯' 등에서의 '辛'의 이름.
매움-하다형여 제법 얼얼하게 느낄 만큼 맵다. ¶ 혓바닥이 매움하다. 작매옴하다.
매원(埋怨)명하타 원한을 품음.
매ː원(買怨)명하자 남의 원한을 삼.
매ː월(每月) Ⅰ명 그달 그달. 한 달 한 달. 매달. 매삭(每朔).
Ⅱ부 다달이. 달마다. 매달. 매삭(每朔). ¶ 매월 꼬박꼬박 내는 회비.
매ː월^장동(每月章動)명 ☞장동(章動).
매유통명 〈옛〉 매화틀. 가지고 다니는 변기(便器). ¶ 매유통 투:牏(訓蒙中6).
매ː음(賣淫)명하자 여자가 돈을 받고 몸을 파는 일. 매색(賣色). 매소(賣笑). 매신(賣身). 매춘(賣春).
매ː음-굴(賣淫窟)명 매음부가 많이 모여 사는 곳. 매음하는 집들이 죽 늘어서 있는 곳. 사창가(私娼街).
매ː음-녀(賣淫女)명 ☞매음부(賣淫婦).
매ː음-부(賣淫婦)명 매음하는 여자. 매소부(賣笑婦). 매음녀(賣淫女). 매춘부(賣春婦).
매이(枚移)명하자 조선 시대에, 관아 사이에 공문을 서로 주고받던 일.
매-이다자 〖'매다'의 피동〗 ①'맴'을 당하다. ¶ 말뚝에 매인 소. ②(사람이나 조직 등에 딸리어서) 자유로운 행동을 할 수 없는 처지에 놓이다. ¶ 직장에 매인 몸. /집안일에 매이어 나들이할 겨를이 없다.
매인 목숨관용 남에게 얽매여 있거나 딸리어 있어서 자유롭지 못한 처지.
매ː인(每人) Ⅰ명 ☞매명(每名). ¶ 매인의 임무가 저마다 다르다.
Ⅱ부 ☞매명(每名).
매ː인-당(每人當)부 각 사람에게 돌아가는 몫으로. ¶ 매인당 두 개씩 돌아가다.
매인-이름씨[-니-]명 ☞의존 명사(依存名詞).
매ː일(每日) Ⅰ명 그날그날. 하루하루. ¶ 매일의 일과.
Ⅱ부 날마다. 나날이. ¶ 매일 쓰는 일기.
매-일반(-一般)명 마찬가지. 매한가지. ¶ 어느 일이나 힘들기는 매일반이지.
매ː일-열(每日熱) [-렬]명 말라리아에 걸리어 매일같이 고열이 나는 증세.
매ː일^운ː동(每日運動)명 ☞일주(日週) 운동.
매ː입(買入)명하타 되자 사들임. 매득(買得). ↔매출.
매ː입^상환(買入償還) [-쌍-]명 국가나 회사가, 자기가 발행한 공채(公債)나 사채(社債)를 도로 사들여 채권을 상환하는 일.
매ː입^원가(買入原價) [-까]명 물건을 사들일 때의 가격. 원가(原價).
매ː입-장(買入帳) [-짱]명 물품의 매입에 관한 내용을 적은 장부.
매자(昧者)명 어리석고 둔한 사람.
매자(媒子)명 ☞중매(仲媒).
매ː자(賣子)명 자손이 귀하거나 자식이 있어도 몸이 허약하여 키우기 어려울 때, 그 아이가 오래 살기를 비는 뜻에서, 부처 앞이나 바위 또는 큰 나무 등에 장수(長壽)에 관한 여러 가지 글자를 새겨 놓는 일.
매자-과(-菓)명 유밀과의 한 가지. 밀가루를 반죽하여 국수처럼 썰어서 마치 실패에다 감은 실을 뽑아 놓은 것처럼 만들어 중심을 맨 다음, 끓는 기름에 띄워 만듦.

매자기명 사초과의 다년초. 논이나 습지에 자람. 굵은 땅속줄기가 가로 뻗어 끝에 덩이줄기가 달리고, 7~10월에 갈색 꽃이 이삭 모양으로 핌. 뿌리는 한방에서 약재로 쓰임.

매자-나무명 매자나뭇과의 낙엽 활엽 관목. 경기도 이북의 산지에 자라는 우리나라 특산 식물. 높이는 2m가량 자라고 가지를 많이 치며 줄기에 가시가 있음. 5월경에 누런 꽃이 핌. 잎은 독이 있으나 약으로 쓰임.

매자-십이(梅子十二)명 매실나무는 심은 지 12년 만에 열매를 맺는다는 말.

매작(媒妁)명하타 ☞중매(仲媒).

매작지근-하다[-찌-]형여 약간 따스한 듯하다. ¶ 방바닥이 매작지근하다. 큰미적지근하다.
매작지근-히부.

매-잡이[1]명 ①매듭이 지어진 품. ¶ 매잡이가 아주 단단하다. ②일을 맺어 마무름. ¶ 무슨 일이나 매잡이가 중요하다.

매ː-잡이[2]명하타 매를 잡는 사냥, 또는 매를 잡는 사람.

매장(埋葬)명하타되자 ①(시체나 유골을) 땅에 묻음. ¶ 시체를 매장하다. ②'못된 짓을 한 사람을 사회에서 용납하지 않고 따돌림'을 비유하여 이르는 말. ¶ 학계에서 매장되다.

매장(埋藏)명되자 ①(광물 따위가) 묻혀 있음. ②하타묻어서 감춤.

매ː장(買贓)명하자 장물(贓物)을 사들임.

매ː장(賣場)명 ☞판매소.

매장-꾼(埋葬-)명 매장하는 일을 하는 사람.

매장-량(埋藏量)[-냥]명 (광물 따위가) 땅속에 묻혀 있는 양.

매장^문화재(埋藏文化財)명 지하 등에 묻혀 있는 유형 문화재(有形文化財).

매장-물(埋藏物)명 매장되어 있는 물건.

매ː장이-치다(買贓-)타 장물(贓物)을 샀다가 관청에 빼앗기다.

매장-지(埋葬地)명 ☞장지(葬地).

매ː장-치기(每場-)명 장날마다 장보러 다니는 일, 또는 그렇게 하는 사람.

매저키즘(masochism)명 '마조히즘'의 잘못.

매적(埋積)명하타 ☞매축(埋築).

매전(煤田)명 ☞탄전(炭田).

매ː절(買切)명하타 반품(返品)하지 않는다는 약속으로, 있는 상품을 모개로 사는 일.

매ː점(買占)명하타 (값이 오르거나 상품이 달릴 것을 예상하고) 어떤 상품을 몰아서 사 두는 일. 사재기.

매ː점(賣店)명 (호텔·빌딩·역·학교·회사 등에서) 일상 용품을 파는 소규모의 가게.

매ː점 매ː석(買占賣惜) (값이 오르거나 상품이 달릴 것을 예상하여) 어떤 상품을 한꺼번에 많이 사 두고 되도록 팔지 않으려 하는 일.

매정-스럽다[-따][~스러우니·~스러워]형ㅂ 보기에 매정하다. **매정스레**부.

매정-하다형여 얄미울 정도로 인정이 없다. ¶ 얼음같이 차고 매정한 성미. **매정-히**부.

매제(妹弟)명 누이동생의 남편.

매조(梅鳥)명 화투짝의 한 가지. 매화와 새를 그린, 매화의 열 끗짜리 딱지.

매-조미(-糙米)명하자 ☞매갈이.

매조미-간(-糙米間)[-깐]명 ☞매갈잇간.

매조미-쌀(-糙米-)명 벼를 매통에 갈아서 왕겨만 벗긴 쌀. 조미. 현미(玄米). 참매갈이·매조미.

매조밋-겨(-糙米-)[-미껴/-믿껴]명 왕겨.

매-조이명하타 매통이나 맷돌의 닳은 이를 쪼아서 날카롭게 하는 일.

매-조이다타 매통이나 맷돌의 닳은 이를 쪼아서 날카롭게 하다. 준매죄다.

매-조지명 (일의 끝을) 맺어 마무르는 일. ¶ 일의 매조지를 단단히 하다.

매-조지다타 (일의 끝을) 단단히 잘 마무르다.

매-죄다[-죄-/-줴-]타 〈매조이다〉의 준말.

매ː주(每週) Ⅰ명 그 주일 그 주일. ¶ 매주의 행사.
Ⅱ부 (돌아오는) 주마다. ¶ 매주 하루는 산에 오른다.

매ː주(買主)명 (물건을) 사는 사람. 산 사람. 살 사람. ↔매주(賣主).

매ː주(賣主)명 (물건을) 파는 사람. 판 사람. 팔 사람. ↔매주(買主).

매ː주(賣酒)명 ①〔집에서 빚은 술에 상대하여 이르는 말로〕 파는 술. ②하자술을 팖.

매죽(梅竹)명 매화나무와 대나무.

매죽-잠(梅竹簪)[-짬]명 매화와 댓잎의 무늬를 새겨 놓은 비녀.

매ː지-구름명 비를 머금은 검은 조각구름.

매지근-하다형여 따스한 기운이 조금 있는 듯하다. 큰미지근하다. **매지근-히**부.

매지-매지부 조금 작은 물건을 여러 몫으로 나누는 모양. 큰메지메지.

매ː직(賣職)명하자 ☞매관매직(賣官賣職).

매직^넘버(magic number)명 (프로 야구에서, 수위 팀이 우승하는 데 필요한) 남은 경기에서의 승리의 횟수.

매직-미러(magic mirror)명 한쪽에서는 보통 유리처럼 투명해 보이나, 반대쪽에서 보면 거울처럼 보이게 만든 유리.

매직^아이(magic eye)명 라디오 등의 다이얼을 맞출 때, 원하는 주파수에 잘 맞았는지 어떤지를 나타내는 형광 발생 장치를 곁들인 진공관.

매직-잉크(magic+ink)명 어디에나 쓸 수 있고 빨리 마르는 잉크의 상품명.

매직-펜(magic+pen)명 매직잉크를 펠트로 된 심으로 스미어 나오게 만든 펜. 펠트펜.

매직^핸드(magic hand)명 ☞머니퓰레이터.

매진(枚陳)명하타 낱낱이 들어 말함.

매ː진(賣盡)명하타되자 상품이 모두 팔림. ¶ 입장권이 매진되었다.

매ː진(邁進)명하자 씩씩하게(힘차게) 나아감. ¶ 목표 달성을 위해 매진하다.

매-질명하타 ①매로 때리는 짓. ②'잘 이끌어 주기 위한 비판이나 격려의 말'을 비유하여 이르는 말. ¶ 많은 매질을 바랍니다.

매질(媒質)명 힘이나 파동 등의 물리적 변화를 전하는 매개물. 〔음파를 전하는 공기나 빛 또는 전자파를 전하는 진공 따위.〕

매ː집(買集)명하타 (물건을) 사 모음.

매ː집-상(買集商)[-쌍]명 농산물 등을 생산자로부터 사 모아서 도시의 시장으로 실어 가 파는 지방 상인, 또는 그런 장사.

매ː-찌명 매의 똥.

매ː차(每次) Ⅰ명 한 차례 한 차례. ¶ 매차에 검인(檢印)을 찍다.
Ⅱ부 한 차례 한 차례마다. ¶ 수량을 매차 확인하다.

매체(媒體)명 ①어떤 작용을 다른 곳으로 전하는 구실을 하는 물체. 매개체. ¶ 음파의 매체가 되는 공기. ②어떤 일을 전달하는 데 매개가 되는 것. ¶ 방송 매체. /신문 매체.

매ː초(賣草)명 지난날, '가게에서 파는 담배'를 이르던 말.
매초롬-하다형여 젊고 건강하여 윤기가 돌고 아름다운 태가 있다. ¶ 얼굴이 매초롬하다. 큰미추룸하다. **매초롬-히**부.
매축(埋築)명하타 우묵한 곳, 특히 하천이나 바다를 메워서 뭍으로 만드는 일. 매립. 매적(埋積).
매축-지(埋築地) [-찌]명 매축한 땅.
매ː춘(賣春)명하자 ☞매음(賣淫).
매ː춘-부(賣春婦)명 ☞매음부(賣淫婦).
매ː출(賣出)명하타 (물건을) 내어 팖. ¶ 매출이 늘다. ↔매입.
매ː출-장(賣出帳) [-짱]명 상품을 판 내용을 적은 장부(帳簿).
매ː-치명 매사냥으로 잡은 날짐승. ↔불치.
매치(match)명 ①시합. 경기. ¶ 타이틀 매치를 갖다. ②하타 되자 (종류나 색상·모양 따위가) 서로 어울림. ¶ 구두가 옷차림에 매치되다.
매치-광이명 ①매친 사람. ②말이나 하는 짓이 경망스럽고 푼수 없는 사람을 얕잡아 이르는 말. 큰미치광이.
매치다자 (정신에 이상이 생겨) 말이나 행동을 보통 사람과 다르게 하다. 큰미치다.
매치^포인트(match point)명 테니스·배구·탁구 등 일정한 점수를 먼저 얻어야 하는 경기에서, 승패를 가르는 마지막 한 점. 참세트 포인트.
매카ː시즘(McCarthyism)명 극단적인 반공주의(反共主義). 용공적(容共的)인 언론·사상·정치 활동에 대한 억압을 뜻하는 말. 〔1950년대 초에 공산주의가 팽창하는 데 위협을 느끼던 미국의 사회적 분위기를 이용하여 매카시가 행한 선동 정치에서 유래함.〕
매캐-하다형여 연기나 곰팡내가 나서 목이 조금 칼칼하다. ¶ 매캐한 냄새. 큰메케하다.
매콤-하다형여 냄새나 맛이 가볍게 맵다. ¶ 김치찌개 국물이 매콤하다.
매큼-하다형여 냄새나 맛이 아주 맵다. ¶ 매큼한 연기.
매탁(媒託)명하자 미리 굳게 언약을 맺음, 또는 그 언약.
매탄(煤炭)명 ☞석탄(石炭).
매탄-요(煤炭窯)명 석탄을 연료로 하여 그릇을 굽는 가마.
매ː토(買土)명하자 땅을 삼. ↔매토(賣土).
매ː토(賣土)명하자 땅을 팖. ↔매토(買土).
매-통명 벼를 넣고 갈아서 겉겨를 벗겨 내는 기구. 통나무를 잘라 위아래 두 짝으로 만듦. 목매. 목마(木磨). 준매[2].
매트(mat)명 ①침대 틀 위에 까는 두꺼운 깔개. ②기계 체조나 레슬링·유도 따위의 운동을 할 때, 충격을 덜기 위하여 바닥에 까는 깔개. ③신발의 흙을 떨기 위하여 건물의 출입구 등에 두는 깔개.
매트리스(mattress)명 두툼한 침대용 요.
매ᄐᆞ다자 〈옛〉 곰팡이 따위가 끼다. ¶ 매톨 미ː黴(訓蒙下*12*).
매ː-파(-派)명 자기편의 이념이나 주장을 관철하기 위하여 상대편과 타협하지 않고 강경하게 밀고 나가려는 사람들. ↔비둘기파.
매파(媒婆)명 혼인을 중매하는 노파.
매-판명 매갈이나 맷돌질을 할 때 바닥에 까는, 전이 없는 둥근 방석. 참맷방석.
매ː판(買辦)명 외국 자본(資本)의 앞잡이가 되어 활동함으로써 사리(私利)를 취하며, 자기 나라의 이익을 돌보지 않는 일, 또는 그 사람. 〔1770년 무렵부터 중국에 들어와 있던 외국 상사(外國商社)나 영사관 등에서, 중국 상인과 거래(去來)를 하는 데 필요한 수단으로서 고용했던 중국 사람을 이르던 말.〕
매ː판^자본(買辦資本)명 식민지나 후진국 등에서, 외국 자본과 결합하여 자국민의 이익을 억압하는 토착 자본. 예속 자본. ↔민족 자본.
매ː-팔자(-八字) [-짜]명 하는 일 없이 놀기만 하면서도 살림살이 걱정이 없는 팔자. ¶ 사지 멀쩡한 사내가 매팔자로 빈둥거릴 수 없지 않느냐.
매ː표(買票)명하타 표를 삼.
매ː표(賣票)명하타 표를 팖.
매ː표-구(賣票口)명 표를 파는 창구(窓口).
매ː표-소(賣票所)명 표를 파는 곳.
매ː표-원(賣票員)명 표를 파는 사람.
매-품명 지난날, 관가에 가서 삯을 받고 매를 대신 맞아 주는 데 들이던 품.
　매품을 팔다관용 품삯을 받고 남을 대신하여 매를 맞다.
매ː품(賣品)명 파는 물건.
매ː필(賣筆)명하자 ①(돈을 벌기 위하여) 붓글씨를 써서 팖. ②☞매문(賣文).
매-한가지명 결국 같음. 결국 마찬가지임. 매일반. ¶ 잘못하기는 너나 나나 매한가지다.
매-함지명 둥글고 평평하여 맷돌을 앉히기에 알맞은 함지.
매합(媒合)명하타 혼인을 중매함.
매ː해(每-) Ⅰ명 ☞매년(每年).
　Ⅱ부 ☞매년(每年).
매향(埋香)명하자 내세(來世)의 복을 빌기 위하여, 향을 강이나 바다에 잠가 두는 일.
매향(梅香)명 매화의 향기.
매ː혈(買血)명하자 (수혈에 대비하여) 혈액을 삼. ↔매혈(賣血).
매ː혈(賣血)명하자 혈액을 팖. ↔매혈(買血).
매형(妹兄)명 손위 누이의 남편. 매부. 자형(姉兄).
매ː호(每戶) Ⅰ명 한 집 한 집. ¶ 매호의 가족 수. /매호를 방문하다.
　Ⅱ부 한 집 한 집마다.
매호-씨명 남사당패의 줄타는 사람과 어릿광대.
매혹(魅惑)명하타 되자 매력으로 사람의 마음을 호림. ¶ 아름다운 선율에 매혹되다.
매혹-적(魅惑的) [-쩍]관명 남을 매혹할 만한 데가 있는 (것). ¶ 매혹적 선율. /매혹적인 눈매.
매혼(埋魂)명하자 (신주를 만들기 전에) 혼백(魂帛)을 무덤 앞에 묻는 일.
매홍-지(梅紅紙)명 지난날, 중국에서 들여왔던 붉은 빛깔의 종이.
매화명 '똥'의 궁중말.
　매화(를) 보다관용 똥을 누다.
매화(梅花)명 ①☞매실나무. ②매실나무의 꽃. ③화투짝의 한 가지. 매화를 그려 넣은, 2월을 상징하는 딱지.
매화-가(梅花歌)명 조선 시대 12가사 중의 하나. 작자·연대 미상. 〔'청구영언'·'남훈태평가' 등에 실려 전함.〕 매화 타령.
매화-강정(梅花-)명 찹쌀을 튀겨 매화 비슷하게 된 것(튀밥)을 강정에 묻힌 유밀과.
매화-꽃(梅花-) [-꼳]명 매실나무의 꽃. 매화(梅花). * 매화꽃이[-꼬치]·매화꽃만[-꼰-]
매화-나무(梅花-)명 ☞매실나무.
매화-다(梅花茶)명 매화 봉오리를 따서 말린 것을 끓는 물에 넣어 우린 차.
매화^매듭(梅花-)명 매화꽃 모양으로 엮어 맺은 납작한 매듭.

매화-사 (梅花詞) [명] 조선 고종 7(1870)년에 안민영(安玟英)이, 스승 박효관(朴孝寬)이 손수 가꾼 매화를 보고 읊은 여덟 수(首)의 연시조. '영매가(咏梅歌)'라고도 함.

매화-산자 (梅花饊子) [명] 유밀과의 한 가지. 찹쌀가루를 꿀로 반죽하여 얇고 네모지게 밀어서 기름에 튀긴 다음 찹쌀 튀밥을 묻힌 산자.

매화-육궁 (梅花六宮) [-꿍] [명] 바둑에서, 빈 집 여섯이 열십자 모양인 형태로 다른 돌들에 에워싸인 상태. 〔상대편이 가운데에 한 점만 놓으면 죽게 됨.〕

매화-잠 (梅花簪) [명] 매화 무늬를 새긴 비녀.

매화-점 (梅花點) [-쩜] [명] 국악 악보에서, 가사나 시조 따위의 창법(唱法)을 매화 무늬로 나타낸 점.

매화-주 (梅花酒) [명] 매화꽃을 주머니에 넣어 소주에 담가 우린 술.

매화-죽 (梅花粥) [명] 흰죽을 끓인 다음에 깨끗이 씻은 매화를 넣어 함께 쑨 죽.

매화-총 (梅花銃) [명] ☞매화포(梅花砲).

매화-타령 (梅花-) [명] '격에 맞지 않는 같잖은 언행'을 조롱하여 이르는 말.

매화^타ː령 (梅花-) [명] ①조선 시대의 잡가(雜歌)의 한 가지. ②☞매화가(梅花歌).

매화-틀 [명] (지난날 궁중에서 쓰던) 가지고 다닐 수 있게 만든 변기(便器).

매화^편문 (梅花片紋) [명] 도자기의 겉면 잿물 층에 큼직하게 놓은 매화 무늬.

매화-포 (梅花砲) [명] 종이로 만든 딱총의 한 가지. 불똥 튀는 것이 매화꽃이 떨어지는 것과 비슷함. 매화총(梅花銃).

매ː회 (每回) [-회/-훼] Ⅰ[명] 한 회 한 회. 매번(每番). ¶ 매회의 회의록.
Ⅱ[부] 한 회 한 회마다. 매번(每番). ¶ 매회 안타를 치다.

매-흙 [-흑] [명] 초벽이나 재벽을 바른 다음, 거죽을 바르는 데 쓰는 고운 흙. [준]매⁴. ＊매흙이[-흘기]·매흙만[-흥-]

매흙-질 [-흑찔] [명][하자] 벽의 거죽에 매흙을 바르는 일. [준]맥질.

맥 (脈) [명] ①심장의 운동으로 동맥에 일어나는 혈액의 주기적인 고동. 맥박(脈搏). ¶ 맥을 짚어 보다. ②〈혈맥(血脈)〉의 준말. ③〈광맥(鑛脈)〉의 준말. ④〈맥락(脈絡)〉의 준말. ¶ 글의 맥이 통하지 않는다. ⑤풍수설에서 이르는, 지세에 정기가 흐른다는 줄기. 지맥(地脈). ¶ 맥을 끊어 놓다. ⑥기운이나 힘. ¶ 맥이 없다. ⑦전해 내려오는 계통. ¶ 서도 민요의 맥을 잇다.
맥도 모르고 침통 흔든다 [속담] 일의 속내도 모르고 함부로 덤빈다는 말.
맥(도) 모르다 [관용] 일의 속내나 까닭을 모르다. ¶ 맥도 모르고 덤빈다.
맥(을) 못 추다 [관용] ①맥이 풀려서 힘을 못 쓰다. ¶ 맥을 못 추고 무너지다. ②무엇에 정신을 빼앗겨 이성을 잃다. ¶ 돈이라면 맥을 못 춘다.
맥(을) 보다 [관용] ①맥박의 상태를 짚어 보다. ②일의 속내를 은근히 살펴보다. ¶ 이쪽 사정을 은근히 맥 보는 눈치더라.
맥(을) 짚다 [관용] ①남의 속셈을 알아보다. ②핵심을 가려내다.
맥(이) 빠지다 [관용] 기운이 빠지다. 긴장이 풀리다. 의욕이 없어지다. ¶ 낙방의 소식을 듣고 맥 빠진 걸음으로 돌아왔다.
맥(이) 풀리다 [관용] 기운이 빠지고 의욕이 없어지다. ¶ 행사가 취소됐다는 소식을 듣자 온몸에 맥이 풀렸다.

맥 (貊) [명] ①상고 시대에, 랴오허(遼河) 부근에 있던 종족. ②상고 시대에, 강원도 지방에 있던 나라. 예(濊)와 잡거(雜居)하여 '예맥(濊貊)'으로 불리었음.

맥 (貘) [명] ①맥과의 포유동물을 통틀어 이르는 말. 〔말레이맥·아메리카맥 등이 있음.〕 ②중국 전설에서, 인간의 악몽(惡夢)을 먹는다는 동물. 전체적인 모습은 곰, 코는 코끼리, 눈은 무소, 꼬리는 소, 발은 범과 비슷하다 함. ③1938년 6월에 창간한 시 전문 동인지(同人誌). 퇴폐적·감상적 경향을 배격하고 주지적 요소를 강하게 표방한 것이 특징임. 통권 6호.

맥각 (麥角) [-깍] [명] ①맥각균이 볏과의 식물에 기생하여 생긴 번식체, 또는 그것을 말린 것. 길이 1~2 cm, 굵기 2.5~5 mm. 암자색으로 단단하며 뿔 모양임. ②맥각으로 만든 지혈제.

맥각-균 (麥角菌) [-깍균] [명] 맥각균과의 하등 식물. 볏과 식물의 씨방에 기생함.

맥각-병 (麥角病) [-깍뼝] [명] ☞깜부깃병.

맥간 (麥稈) [-깐] [명] 밀짚이나 보릿짚의 줄기.

맥간^세ː공 (麥稈細工) [-깐-] [명] 밀짚이나 보릿짚으로 하는 세공.

맥고 (麥藁) [-꼬] [명] 밀짚이나 보릿짚.

맥고-모 (麥藁帽) [-꼬-] [명] 〈맥고모자〉의 준말.

맥고-모자 (麥藁帽子) [-꼬-] [명] ☞밀짚모자. [준]맥고모·맥고자.

맥고-자 (麥藁子) [-꼬-] [명] 〈맥고모자〉의 준말.

맥고-지 (麥藁紙) [-꼬-] [명] 밀짚이나 보릿짚의 섬유로 만든 종이.

맥곡 (麥穀) [-꼭] [명] 보리나 밀 따위의 곡식. 하곡(夏穀). [비]맥류(麥類).

맥관 (脈管) [-꽌] [명] 동물의 체내에서 체액을 순환시키는 관. 〔혈관·림프관 따위.〕 맥도(脈道).

맥관-계 (脈管系) [-꽌계/-꽌게] [명] 모든 맥관으로 구성되는 일련의 계통. 순환계(循環系).

맥궁 (貊弓) [-꿍] [명] 고구려의 소수맥(小水貊)에서 났다는 좋은 활.

맥-낚시 (脈-) [맹낙씨] [명] 민물의 여울 등에서 찌를 쓰지 않고 대 끝이나 낚싯줄을 통하여 전해 오는 느낌으로 하는 낚시.

맥노 (麥奴) [맹-] [명] ☞보리깜부기.

맥-놀이 (脈-) [맹-] [명] 진동수가 조금 다른 두 소리가 겹쳐졌을 때, 두 소리가 서로 간섭하여 주기적으로 강약을 되풀이하는 현상. 울림.

맥농 (麥農) [맹-] [명] 보리농사.

맥다 (麥茶) [-따] [명] 보리차.

맥답 (麥畓) [-땁] [명] ☞보리논.

맥도 (脈度) [-또] [명] 맥박이 뛰는 정도.

맥도 (脈道) [-또] [명] ☞맥관(脈管).

맥동 (脈動) [-똥] [명] ①[하자] 맥박이 뜀. ②[하자] (맥박이 뛰듯이) 활력 있게 움직임. ¶ 맥동하는 수출 산업. ③(지진 이외의 원인으로 말미암은) 비교적 규칙적인 지면의 미약한 진동.

맥-동지 (麥同知) [-똥-] [명] ☞보리동지.

맥락 (脈絡) [맹낙] [명] ①혈관의 계통. ②사물의 서로 이어져 있는 관계나 연관, 또는 흐름. ¶ 맥락이 통하지 않는 글. [준]맥(脈).

맥락-관통 (脈絡貫通) [맹낙꽌-] [명][하자] 일의 줄거리가 환하게 통함.

맥락-막 (脈絡膜) [맹낭-] [명] 안구벽(眼球壁)을 이루는 얇은 막의 한 가지. 차광(遮光) 작용을 하며 안구에 영양을 공급함.

맥랑(麥浪)[맹낭]명 〔보리의 물결이란 뜻으로〕 잘 자란 보리나 밀이 바람에 일렁이는 모습.
맥량(麥涼)[맹냥]명 보리나 밀이 익을 무렵의 서늘한 날씨.
맥량(麥糧)[맹냥]명 지난날, '보리'를 여름철 양식이라는 뜻에서 이르던 말.
맥령(麥嶺)[맹녕]명 보릿고개.
맥류(脈流)[맹뉴]명 흐르는 방향은 일정하나 유량(流量)이 시간에 따라 변하는 전류. 직류에 교류가 겹친 전류 따위가 있음. ↔정상 전류.
맥류(麥類)[맹뉴]명 보리·밀·쌀보리 등을 통틀어 이르는 말. 비맥곡(麥穀).
맥리(脈理)[맹니]명 ①글이나 사물의 진세에 통하는 이치. ¶ 맥리가 닿다. ②한방에서, 맥을 짚어 보고 병을 헤아리는 이치.
맥립-종(麥粒腫)[맹닙쫑]명 ☞다래끼².
맥망(麥芒)[맹-]명 보리나 밀 따위의 까끄라기.
맥맥-이(脈脈-)[맹-]부 오래도록 끊임없이. 줄기차게. ¶ 맥맥이 이어지는 전통 문화.
맥맥-하다[맹매카-]형여 ①코가 막혀 숨 쉬기가 어렵다. ¶ 감기가 들어 코가 맥맥하다. ②생각이 잘 떠오르지 아니하여 답답하다. **맥맥-히**부.
맥문-동(麥門冬)[맹-]명 ①백합과의 다년초. 산지의 나무 그늘에 나는데, 굵고 짧은 뿌리줄기에서 잎이 모여나고, 5~6월에 작은 자줏빛 꽃이 핌. 겨우살이풀. 불사초. 오구(烏韭). ②한방에서, '맥문동의 뿌리'를 약재로 이르는 말. 〔기침·발열·강장 등에 쓰임.〕
맥박(脈搏)[-빡]명 심장의 박동에 따라 일어나는 동맥벽(動脈壁)의 주기적인 파동. 맥(脈). ¶ 맥박을 재다. /맥박이 뛴다.
　맥박(이) 치다관용 ①맥박이 뛰다. ②힘차게 움직이다.
맥박-계(脈搏計)[-빡꼐/-빡께]명 맥박의 횟수와 세기를 재는 계기(計器).
맥박^곡선(脈搏曲線)[-빡꼭썬]명 맥박의 수와 상태를 그래프로 나타낸 곡선.
맥박^부정(脈搏不整)[-빡뿌-]명 맥박이 불규칙한 상태.
맥반(麥飯)[-빤]명 보리밥.
맥반-석(麥飯石)[-빤-]명 거위 알 또는 뭉친 보리밥 모양을 한 황백색의 천연석. 예로부터, 정수(淨水) 작용이 있는 돌로 알려짐.
맥부(麥麩)[-뿌]명 밀기울.
맥분(麥粉)[-뿐]명 ①밀가루. ②보릿가루.
맥비(脈痺)[-삐]명 한방에서, 피가 엉겨 순환이 잘 안 되고 몸의 여러 곳이 조금씩 저려 오는 증세를 이르는 말.
맥석(脈石)[-썩]명 광상(鑛床)을 이루고 있는 광물 가운데서 별로 쓸모가 없는 광석.
맥소(脈所)[-쏘]명 ①짚어서 맥박이 뛰는 것을 알 수 있는 곳. ②사물의 급소.
맥수지탄(麥秀之歎)[-쑤-]명 멸망한 고국에 대한 한탄. 〔기자(箕子)가 은나라가 망한 후에, 폐허가 된 그 도읍지에 보리만 부질없이 자라는 것을 보고 한탄했다는 고사에서 유래함.〕
맥시(maxi)명 발목이 덮일 정도의 길이로 된 스커트. 참미니·미디.
맥시멈(maximum)명 ①최대한도. 최대량. 최대가격. ②극대치(極大値). ↔미니멈.
맥아(麥芽)명 ☞엿기름.
맥아-당(麥芽糖)명 ☞엿당.
맥암(脈岩)명 암석 사이에 스며든 마그마(암장)가 굳어 맥을 이룬 화성암.
맥압(脈壓)명 심장 수축기의 혈압(최고 혈압)과 확장기의 혈압(최저 혈압)과의 차.
맥-없다(脈-)[매겁따]형 기운이 없다. **맥없-이**부 ¶ 허탈감에 빠져 맥없이 주저앉다.
맥-없이(脈-)[매겁씨]부 아무 까닭도 없이. ¶ 맥없이 화를 내다. /맥없이 운다.
맥우(麥雨)명 보리가 익을 무렵에 오는 비.
맥작(麥作)[-짝]명 보리농사.
맥주(麥酒)[-쭈]명 보리의 엿기름 즙에 홉(hop)을 섞어 향기와 쓴맛이 나게 한 뒤에 효모균으로 발효시켜 만든 술.
맥주-병(麥酒甁)[-쭈뼝]명 ①맥주를 넣는 병. ②'수영을 못하는 사람'을 농조로 이르는 말.
맥-줄(脈-)[-쭐]명 맥의 줄기.
맥진(脈診)[-찐]명하타 한방에서의 진찰 방법의 한 가지. 집게손가락·가운뎃손가락·약손가락으로 환자의 요골 동맥(橈骨動脈)의 박동 상태를 보아 병증(病證)을 헤아림.
맥진(脈盡) '맥진하다'의 어근.
맥진(驀進)[-찐]명하자 (좌우를 돌아보지 않고) 힘차게 나아감. ¶ 승리를 향하여 맥진하다.
맥진-하다(脈盡-)[-찐-]자여 맥이 풀리고 기운이 빠지다.
맥-질[-찔]명하자 〈매흙질〉의 준말.
맥-쩍다[-따]형 ①열없고 쑥스럽다. ¶ 얼굴을 대하기가 새삼 맥쩍다. /이 사람아, 맥쩍게 그건 봐 뭘 해. ②심심하고 재미가 없다. ¶ 일도 없이 맥쩍게 앉아 있다.
맥차(麥茶)명 보리차.
맥추(麥秋)명 보리가 익어서 거둘 만하게 된 철. 보릿가을.
맥탁(麥濁)명 보리로 빚은 막걸리. 보리막걸리.
맥탕(麥湯)명 보리숭늉.
맥피(麥皮)명 밀기울.
맥황(麥黃)[매쾅]명 보리나 밀에 황(黃)이 내리어 누렇게 되는 병, 또는 그 보리나 밀. 참황증(黃蒸)·황모(黃麰).
맥후(脈候)[매쿠]명 한방에서, 맥박의 수나 강약에 따라서 드러나는 병의 증세를 이르는 말.
맨ː¹관 더 할 수 없을 정도나 경지에 있음을 나타내는 말. ¶ 맨 꼭대기. /맨 뒤. /맨 나중에 퇴근하다.
맨²부 다른 것은 섞이지 아니하고 온통. ¶ 온 산이 맨 철쭉으로 물들었다. /극장에 맨 여자뿐이다.
맨-접두 《일부 명사 앞에 붙어》 '다른 것을 더하지 않은', '그것만의'의 뜻을 나타냄. ¶ 맨주먹. /맨머리. /맨몸뚱이. /맨바닥.
맨-꽁무니명 밑천이 없이 맨주먹으로 하는 일, 또는 그런 일을 하는 사람.
맨ː-날부 ☞만날.
맨-눈명 안경이나 망원경·현미경 등을 이용하지 않고 보는 눈. 육안(肉眼).
맨-다리명 아무것도 가린 것이 없이 그대로 드러낸 다리. 적각(赤脚).
맨둥-맨둥부하형 산에 나무가 없어 반반한 모양. 큰민둥민둥. **맨둥맨둥-히**부.
맨드라미명 비름과의 일년초. 열대 아시아 원산의 관상용 식물로 줄기 높이는 90 cm가량. 7~8월에 닭의 볏 모양의 꽃이 빨강·노랑·하양 등 여러 가지 빛깔로 핌. 계관(鷄冠). 계관초(鷄冠草). 계관화(鷄冠花). 계두(鷄頭).
맨드리명 ①(물건의) 만들어진 모양새. ¶ 맨드리를 보니 공이 들었구나. ②옷을 입고 매만진 맵시. ¶ 몸매가 좋아서 아무 옷을 입어도 맨드리가 난다.

맨-땅명 ①아무것도 깔지 않은 땅. ¶ 맨땅에 주저앉다. ②거름을 주거나 가꾸거나 하지 않은 생땅. 나지(裸地).

맨-땅바닥[-빠-]명 아무것도 깔지 않은 땅바닥. ¶ 맨땅바닥에 짐을 부리다.

맨망명하형스형 요망스레 함부로 까불어 무게가 없음. ¶ 맨망을 떨다. **맨망-히**부 ¶ 아무 데서나 맨망히 굴다. **맨망스레**부.

맨-머리명 ①아무것도 쓰지 않은 머리. 노두(露頭). ②낭자를 얹지 않고 그대로 쪽을 찐 머리.

맨-몸명 ①아무것도 입지(걸치지) 않은 벌거벗은 몸. 알몸. ¶ 맨몸으로 헤엄치는 아이들. ②아무것도 지니지 아니한 몸. ¶ 짐은 남에게 맡기고 맨몸으로 걸어가다.

맨-몸뚱이명 〈맨몸〉의 속된 말. 알몸뚱이.

맨-바닥명 아무것도 깔지 않은 바닥. 날바닥.

맨-발명 아무것도 신지 않은 발. ¶ 맨발로 달려 나와 반기다.

맨발(을) 벗고 나서다관용 적극적으로 나서다. 발 벗고 나서다.

맨-밥명 반찬이 없는 밥. ¶ 맨밥만 먹으려니 목이 멘다.

맨-살명 아무것도 입거나 걸치거나 하지 아니하여 그대로 드러난 살. ¶ 맨살을 가리다.

맨션(mansion)명 〔'대저택'·'고급 주택'이란 뜻으로〕 대형 고급 아파트.

맨-손명 ①아무것도 가지지 않은 손. 도수(徒手). 적수(赤手). ¶ 오랜만에 들르면서 어떻게 맨손으로 들어가나?/맨손으로 시작해서 집안을 일으켰다. ②장갑 따위를 끼지 않은 손. ¶ 전선을 맨손으로 만지다.

맨손^체조(-體操)명 기계나 기구를 이용하지 않고 몸만을 움직이는 체조. 도수 체조.

맨송-맨송부하형 ①마땅히 털이 날 자리에 털이 없어 반반한 모양. ②산에 나무나 풀이 없어 반반한 모양. ③술을 마셨는데도 취하지 않고 정신이 또렷한 모양. ④일거리가 없이 지내자니 멋쩍은 모양. ¶ 하는 일 없이 맨송맨송 앉아 허송세월하다니. 큰맨숭맨숭·민숭민숭. **맨송맨송-히**부.

맨숭-맨숭부하형 〈맨송맨송〉의 큰말.

맨-얼굴명 화장을 하지 않은 얼굴.

맨-입[-닙]명 ①아무것도 먹지 아니한 입. ②아무런 대가도 치르지 아니한 상태. ¶ 맨입으로 취직을 부탁하다.

맨입에 앞 교군(轎軍) 서라 한다관용 어려운 중에 또 어려운 일이 겹친다.

맨ː재-준치명 소금에 절여 매운재의 빛처럼 파랗게 된 준치 자반.

맨-정신(-精神)명 말짱한 정신.

맨-주먹명 ①무기나 도구를 가지지 않은 주먹. 공권(空拳). ¶ 맨주먹으로 맹수와 맞서다. ②'아무것도 가진 것이 없는 상태'를 비유하여 이르는 말. 빈손. 빈주먹. ¶ 맨주먹으로 일으킨 사업.

맨투맨(man-to-man)명 일 대 일로 하는 수비. 개별 상대(個別相對). ¶ 맨투맨 작전./전면 공격에 상대 수비가 맨투맨으로 나오다.

맨투맨^디펜스(man-to-man defence)명 (축구·농구 등에서의) 대인 방어(對人防禦).

맨틀(mantle)명 ①지구의 지각(地殼)과 핵(核) 사이에 있는 중간층. 지각 바로 밑으로부터 2900 km 깊이까지의 부분. ②☞가스맨틀.

맨홀ː(manhole)명 ①하수관 따위 지하에 묻어 놓은 시설물을 점검하거나 청소할 때 드나들도록 만든 구멍. ②광산에서, 사람이 드나드는 곳.

맬서스-주의(Malthus主義) [-의/-이]명 맬서스가 제창한 인구 법칙을 인정하여, 인구의 증가를 막기 위해서는 여러 가지 억제책을 강구해야 한다는 주장.

맴ː명 〈매암〉의 준말.

맴ː-돌다[~도니·~돌아] Ⅰ자 제자리에서 빙빙 돌다.

Ⅱ자타 일정한 범위에서 같은 행동을 되풀이하다. ¶ 성적이 하위권에서 맴돌다.

Ⅲ타 원을 그리며 빙빙 돌다. ¶ 쪽빛으로 한껏 갠 가을 하늘을 독수리 한 마리가 맴돌고 있다.

맴ː돌-리다타 〖'맴돌다'의 사동〗 ①남의 몸을 제자리에서 빙빙 돌아가게 하다. ②남으로 하여금 자꾸 돌아다니게 만들다.

맴ː돌-이명 ①하자맴을 도는 일. ②☞회전체(回轉體).

맴ː돌이^전ː류(-電流) [-절-]명 변화하고 있는 자장(磁場) 안에 도체를 두었을 때, 전자 유도로 도체 안에 일어나는 소용돌이 모양의 전류. 와전류(渦電流). 푸코 전류.

맴매명 ①어린이에게 '매'를 일러 주는 말. ¶ 차돌아, 맴매 가져와! ②하타어린이에게 '매로 때린다'의 뜻으로 하는 말. ¶ 이불에다 또 쉬하면 맴매할 거야.

맴ː-맴[1]부 어린이들이 매암을 돌 때 부르는 소리, 또는 그 모양. ¶ 고추 먹고 맴맴 달래 먹고 맴맴.

맴-맴[2]부 매미의 수컷이 발음기로 내는 소리.

맵다[-따][매우니·매워]형ㅂ ①입 안이 화끈거리도록 알알한 맛이 있다. ②(날씨가) 몹시 춥다. ¶ 살을 에는 듯한 매운 날씨. ③성질이 독하거나 사납다. ¶ 매운 성미./손끝이 맵다. ④연기 따위가 눈이나 코를 자극하여 아리다. ¶ 매운 담배연기.

맵디-맵다[-띠-따][~매우니·~매워]형ㅂ 몹시 맵다.

맵살-스럽다[-쌀-따][~스러우니·~스러워]형ㅂ 보기에 미움을 살 정도로 얄미운 데가 있다. 큰밉살스럽다. **맵살스레**부.

맵시[-씨]명 곱게 다듬은 모양새. 보기에 좋은 모양새. ¶ 한복 차림의 맵시가 한결 돋보인다.

맵-싸하다형여 맵고 아린 느낌이 있다. ¶ 맵싸한 고추.

맵쌀명 쪄서 약간 말린 다음에 찧어서 껍질을 벗긴 메밀.

맵자-하다[-짜-]형여 모양이 꼭 째여 맵시가 있다. ¶ 옷차림이 맵자하다.

맵-짜다형 ①맵고 짜다. ②(성깔이) 매섭고 빈틈이 없다. ¶ 맵짠 성격. ③바람 따위가 매섭게 사납다.

맷-가마리[매까-/맫까-]명 매를 맞아 마땅한 사람.

맷-고기[매꼬-/맫꼬-]명 조금씩 갈라 내어 매를 지어 놓고 파는 쇠고기.

맷-담배[매땀-/맫땀-]명 조금씩 떼어 썰어 파는 살담배.

맷-돌[매똘/맫똘]명 곡식을 가는 데 쓰이는 재래식 기구. 둥글넓적한 돌 두 짝을 맷돌중쇠로 연결하여 포개고, 윗구멍으로 곡식을 넣어 위짝을 손잡이로 돌려서 갈게 됨. 돌매. 마석(磨石). 석마(石磨). 준매[2].

맷돌(을) 죄다관용 맷돌이나 매통의 닳은 이를 날카롭게 만들다.

맷돌-중쇠(-中-)[매똘-쐬/맫똘-쒜]명 맷돌의 아래짝의 뾰족한 수쇠와 위짝의 구멍 뚫린 암쇠를 아울러 이르는 말. 아래위 두 짝을 포갤 때 맞추게 됨. 준맷중쇠·중쇠[1]. 참매암쇠·맷수쇠.

맷돌-질[매똘-/맫똘-]명하자 맷돌에 곡식 따위를 가는 일.
맷맷-하다[맨매타-]형여 (생김새가) 거침새 없이 길고 곧다. ¶ 길가에 맷맷한 미루나무가 죽 늘어서 있다. 큰밋밋하다. **맷맷-이**부.
맷-방석(-方席)[매빵-/맫빵-]명 매통이나 맷돌 밑에 까는, 짚으로 만든 전이 있는 둥근 방석. 참매판.
맷-손[매쏜/맫쏜]명 ①(매로 때릴 때의) 매질의 세고 여린 정도. ¶ 맷손이 세다. ②매통이나 맷돌을 돌리는 손잡이.
맷-수쇠[매쑤쇠/맫쑤쉐]명 맷돌의 아래짝 한가운데 박힌 뾰족한 쇠. 준수쇠. ↔매암쇠. 참맷돌중쇠.
맷-중쇠(-中-)[매쭝쇠/맫쭝쉐]명 〈맷돌중쇠〉의 준말.
맷-집[매찝/맫찝]명 매를 맞고도 견딜 만한 몸집. ¶ 맷집이 좋다.
맹-접두 《일부 명사 앞에 붙어》'아무것도 섞지 않은'의 뜻을 나타냄. ¶ 맹물. /맹탕.
맹-(猛)접두 《일부 명사 앞에 붙어》 '맹렬함', '몹시 세참'의 뜻을 나타냄. ¶ 맹공격. /맹훈련.
맹:격(猛擊)명하타 〈맹공격〉의 준말.
맹:견(猛犬)명 사나운 개.
맹:공(猛攻)명하타 〈맹공격〉의 준말.
맹:-공격(猛攻擊)명하타 맹렬히 공격함, 또는 그런 공격. 준맹격·맹공.
맹구(盲溝)명 '자갈수멍'의 잘못.
맹귀-부목(盲龜浮木)명 ☞맹귀우목.
맹귀-우목(盲龜遇木)명 〔눈먼 거북이 물에 뜬 나무를 만났다는 뜻으로〕 어려운 판에 뜻밖에 좋은 일을 만나 어려움을 면하게 됨을 이르는 말. 맹귀부목(盲龜浮木).
맹근-하다형여 좀 매지근하다. 큰밍근하다. **맹근-히**부.
맹:금(猛禽)명 성질이 사납고 육식을 하는 조류를 통틀어 이르는 말. 몸과 날개가 크고 부리와 발톱이 날카로움. 〔매·수리·부엉이 따위.〕
맹꽁-맹꽁부하자 맹꽁이의 수컷이 울음주머니로 내는 소리.
맹:꽁이명 ①맹꽁잇과의 양서류. 몸길이 4 cm가량. 등은 푸른빛을 띤 누른빛이고, 머리와 가슴에 연노랑의 무늬가 있음. 개구리와 비슷하나 더 똥똥하며 물갈퀴가 없음. 밤에만 땅속에서 나와 활동하며, 흐린 날이나 비가 내릴 때 맹꽁맹꽁하고 소리를 냄. ②'아둔한 사람, 또는 야무지지 못하고 하는 짓이나 말이 답답한 사람'을 조롱조로 이르는 말.
맹:꽁이-덩이명 김을 맬 때 호미로 떠서 덮은 흙덩이.
맹:꽁이-맹(-黽)명 한자 부수의 한 가지. '鼂'·'鼈' 등에서의 '黽'의 이름.
맹:꽁이-자물쇠[-쐬/-쒜]명 반타원형의 고리와 몸통으로 이루어진 자물쇠.
맹도-견(盲導犬)명 장님의 길을 인도하는 개.
맹:독(猛毒)명 독성이 심한 독.
맹:독-성(猛毒性)[-썽]명 독성이 매우 심한 성질.
맹:동(孟冬)명 ①초겨울. ②'음력 시월'의 딴 이름. 참중동(仲冬)·계동(季冬).
맹동(萌動)명하자 ①초목이 싹을 틔우기 시작함. ②어떤 조짐이 나타남. ③어떤 생각이나 일이 일어나기 시작함.
맹랑(孟浪) '맹랑하다'의 어근.
맹:랑-하다(孟浪-)[-낭-]형여 ①(생각과는 달리) 매우 허망하다. ¶ 공들인 보람도 없이 맹랑하게 끝나다. ②처리하기가 어렵다. ¶ 일이 맹랑하게 꼬이다. ③함부로 얕잡아 볼 수 없을 만큼 깜찍하다. ¶ 맹랑한 아이. **맹랑-히**부.
맹렬(猛烈) '맹렬하다'의 어근.
맹:렬-하다(猛烈-)[-녈-]형여 기세가 몹시 세차다. 통렬(痛烈)하다. ¶ 맹렬한 반격을 가하다. **맹렬-히**부.
맹맹-하다[1]형여 ①음식 맛이 싱겁다. ¶ 국이 맹맹하다. ②술이나 담배 맛이 독하지 아니하다. ③마음이 허전하고 싱겁다. ¶ 기분이 맹맹하다. 큰밍밍하다. **맹맹-히**부.
맹맹-하다[2]형여 코가 막혀서 말을 할 때 콧소리가 나고 갑갑하다.
맹:모-단기(孟母斷機)명 맹자가 학업을 중도에 포기하고 돌아왔을 때, 그 어머니가 짜던 베를 칼로 끊어 학업의 중단을 훈계하였다는 고사.
맹:모-삼천(孟母三遷)명 ☞삼천지교(三遷之敎).
맹:모삼천지교(孟母三遷之敎)명 ☞삼천지교.
맹목(盲目)명 ①☞먼눈[1]. ②사리 분별에 어두움, 또는 그런 안목.
맹목^비행(盲目飛行)[-삐-]명 ☞계기 비행.
맹목-적(盲目的)[-쩍]관명 어떤 사물에 대하여 올바른 판단을 내릴 수 없게 된 (상태). ¶ 맹목적 배타주의. /맹목적인 사랑.
맹문명 ①일의 경위. 일의 속내. ¶ 맹문도 모르고 하는 말. ②경위를 모르는 상태. 참영문.
맹문-이명 '맹문을 모르는 사람'을 홀하게 이르는 말. ¶ 초등학교는 졸업해서 아주 맹문이는 아니야.
맹-물명 ①아무것도 타지 않은 맑은 물. 간을 타지 않은 물. ¶ 국이 싱겁다 못해 아주 맹물이다. ②'하는 짓이 싱겁고 야무지지 못한 사람'을 비유하여 이르는 말. ¶ 뭘 좀 할 줄 알았더니 순 맹물이다.
맹물에 조약돌 삶은 맛이다속담 아무 맛도 없음을 이르는 말.
맹:박(猛駁)명하타 맹렬히 반박함.
맹반(盲斑)명 ☞맹점(盲點).
맹방(盟邦)명 ☞동맹국(同盟國).
맹사(盲射)명하자 ☞암사(暗射).
맹:사(猛射)명하타 맹렬히 쏨, 또는 그런 사격.
맹:삭(孟朔)명 ☞맹월(孟月).
맹서(盟誓)명하자·타 〈맹세〉의 본딧말.
맹석(盲席)명 무늬 없이 친 돗자리.
맹:성(猛省)명하타 크게 뉘우쳐 깨달음. 깊이 반성함. ¶ 맹성을 촉구하다.
맹:세(猛勢)명 맹렬한 기세.
맹세(←盟誓)명하자·타 ①신이나 부처 앞에서 약속함, 또는 그 약속. ②(꼭 이루거나 지키겠다고) 굳게 다짐함, 또는 그 다짐. 본맹서(盟誓).
맹세-지거리(←盟誓-)명하자 점잖지 못한 말로 하는 맹세, 또는 그 말씨. 〔'만약 약속을 어기면 개자식이다.'하는 따위.〕
맹세-코(←盟誓-)부 굳게 다짐하고. ¶ 맹세코 술을 마시지 않겠다.
맹:수(猛獸)명 사나운 짐승. 〔사자·호랑이 따위.〕
맹숭-맹숭부하형 ①몸에 털이 있어야 할 곳이 벗어져 반반한 모양. ②산 따위에 수풀이 우거지지 아니하여 반반한 모양. ③술 따위에 취한 기분이 전혀 없이 정신이 멀쩡한 모양. ④하는 일이나 태도가 겸연쩍고 싱거운 모양.
맹:습(猛襲)명하타 맹렬하게 습격함.
맹신(盲信)명하자·타 옳고 그름의 분별이 없이 덮어놓고 믿음. 까닭도 모르면서 무작정 믿음. ¶ 종말론을 맹신하다.

맹신-자(盲信者)명 (무엇을) 분별없이 덮어놓고 믿는 사람.
맹신-적(盲信的)관명 옳고 그름의 분별이 없이 덮어놓고 믿는 (것). ¶ 맹신적 태도. /맹신적으로 믿다.
맹아(盲兒)명 눈이 먼 아이.
맹아(盲啞)명 소경과 벙어리를 아울러 이르는 말. ¶ 맹아들의 교육을 위해 전문적인 학교를 세우다.
맹아(萌芽)명 ①식물에 새로 튼 싹. ②새로운 일의 시초, 또는 그러한 조짐이 나타나는 것. ¶ 문명(文明)의 맹아.
맹아-기(萌芽期)명 ①식물의 싹이 돋아나는 시기. ②어떤 새로운 일이 비롯되는 시기. ¶ 신문학(新文學)의 맹아기.
맹아^학교(盲啞學校)[-꾜]명 시각이나 청각 장애자들에게 초등 교육·중등 교육과 아울러 특수 교육을 베푸는 학교.
맹악(猛惡) '맹악하다'의 어근.
맹ː악-하다(猛惡-)[-아카-]형여 사납고 모질다.
맹약(盟約)명하타 굳게 맹세하여 약속함, 또는 그 약속.
맹약-국(盟約國)[-꾹]명 ☞동맹국.
맹ː양(孟陽)명 '음력 정월'을 달리 이르는 말.
맹언(盟言)명 맹세의 말.
맹ː-연습(猛練習)[-년-]명하자 맹렬하게 하는 연습. 하드 트레이닝. ¶ 올림픽을 앞두고 맹연습을 하다.
맹ː용(猛勇)명하형 씩씩하고 용감함.
맹ː우(猛雨)명 세차게 내리는 비.
맹우(盟友)명 맹약으로 맺은 벗.
맹ː월(孟月)명 봄·여름·가을·겨울의 음력 첫달(정월·사월·칠월·시월)을 이르는 말. 맹삭(孟朔). 참맹춘·맹하·맹추·맹동.
맹ː위(猛威)명 맹렬한 기세. 맹렬한 위세(威勢). ¶ 태풍이 맹위를 떨치다.
맹이명 말안장의 몸뚱이 부분.
맹인(盲人)명 눈이 먼 사람. 소경. 맹자. 장님.
맹자(盲者)명 ☞맹인(盲人).
맹자-단청(盲者丹青)명 〔소경이 단청 구경한다는 뜻으로〕 사물을 바로 감정할 능력이 없이 보는 경우를 이르는 말.
맹자-정문(盲者正門)명 〔소경이 문을 바로 찾는다는 뜻으로〕 우매한 사람이 어쩌다가 이치에 맞는 일을 하였을 경우를 이르는 말.
맹장(盲腸)명 소장(小腸)과 대장(大腸)의 경계 부분에 달려 있는, 길이 6 cm가량의 끝이 막힌 장관(腸管). 막창자.
맹ː장(猛杖)명하타 형벌로 볼기를 호되게 침.
맹ː장(猛將)명 날래고 용감한 장수. 굳세고 사나운 장수. 비강장(強將).
맹장-염(盲腸炎)[-념]명 ①'충수염(蟲垂炎)'을 흔히 이르는 말. ②맹장의 염증.
맹-장자(盲障子)명 〈맹장지〉의 본딧말.
맹-장지(←盲障子)명 햇빛 따위를 막기 위하여 안팎에 두꺼운 종이를 겹으로 바른 장지. 본맹장자(盲障子). ↔명장지.
맹전(盲錢)명 구멍이 뚫리지 않은 쇠돈. 무공전(無孔錢). ↔유공전(有孔錢).
맹점(盲點)[-쩜]명 ①시신경이 망막 안으로 들어가는 곳에 있는 희고 둥근 부분. 망막이 없어 빛을 느끼지 못함. 맹반(盲斑). ②주의가 미치지 못하여 모르고 지나치기 쉬운 잘못된 점. ¶ 법의 맹점을 이용하다.
맹ː조(猛潮)명 거센 조수(潮水).
맹ː졸(猛卒)명 날래고 용감한 군사.
맹종(盲從)명하자타 (옳고 그름을 가리지 아니하고) 남이 시키는 대로 무턱대고 따름. ¶ 맹종은 굴복보다도 못하다.
맹ː종-죽(孟宗竹)명 ☞죽순대.
맹주(盟主)명 동맹을 맺은 개인이나 단체 가운데서 중심되는 인물이나 단체.
맹ː중계(孟仲季)[-계/-게]명 ①형제자매의 차례, 곧 맏이와 둘째, 셋째. ②어떤 사물의 첫째·둘째·셋째.
맹ː지(猛志)명 억센 의지.
맹진(盲進)명하자 무턱대고 나아감.
맹ː진(猛進)명하자 세찬 기세로 나아감.
맹청(盲廳)명 지난날, 소경들이 모이던 도가(都家).
맹추명 '총기가 없고 흐리멍덩한 사람'을 얕잡아 이르는 말. 큰멍추.
맹ː추(孟秋)명 ①초가을. ②'음력 칠월'의 딴 이름. 참중추(仲秋)·계추(季秋).
맹ː춘(孟春)명 ①초봄. 이른 봄. ②'음력 정월'의 딴 이름. 참중춘(仲春)·계춘(季春).
맹ː타(猛打)명하타 (잇따라) 몹시 때리거나 침. ¶ 맹타를 휘두르다.
맹탐(盲探)명하타 두서없이 함부로 뒤지거나 찾음. 맹목적으로 찾음.
맹-탕(-湯) Ⅰ명 ①맹물처럼 싱거운 국물. ¶ 국이 맹탕이다. ②실속이 없는 일이나 싱거운 사람을 이르는 말. ¶ 그는 돈 버는 데는 맹탕이다. Ⅱ부 무턱대고 그냥. ¶ 일은 안 하고 맹탕 놀기만 한다.
맹ː투(猛鬪)명하자 사납게 싸움.
맹포(猛暴) '맹포하다'의 어근.
맹ː포-하다(猛暴-)형여 성격이나 행동 따위가 몹시 거칠고 사납다.
맹ː-포화(猛砲火)명 맹렬하게 퍼붓는 포화.
맹폭(盲爆)명하타 목표도 없이 마구 폭격함, 또는 그런 폭격. 무차별 폭격. ¶ 적의 주둔지로 생각되는 지점에 맹폭을 가했다.
맹ː폭(猛爆)명하타 몹시 세차게 폭격함, 또는 그런 폭격. ¶ 전함대가 적함을 향하여 맹폭을 가했다.
맹ː풍(猛風)명 몹시 세찬 바람.
맹ː풍-열우(猛風烈雨)[-녀루]명 몹시 세차게 몰아치는 비바람.
맹ː하(孟夏)명 ①초여름. ②'음력 사월'의 딴 이름. 참중하(仲夏)·계하(季夏).
맹ː-하다형여 (사람이) 싱겁고 흐리멍덩하여 멍청한 듯하다. ¶ 맹한 눈. /하는 짓이 맹하다.
맹-학교(盲學校)[-꾜]명 시각 장애자들에게 초등 교육·중등 교육과 아울러 특수 교육을 베푸는 학교.
맹ː호(猛虎)명 몹시 사나운 범.
맹ː호-복초(猛虎伏草)명 〔'사나운 범이 풀숲에 엎드려 있다'는 뜻으로〕 영웅이 때를 기다려 한때 숨어 지냄을 이르는 말.
맹ː호-출림(猛虎出林)명 〔'사나운 범이 숲에서 나옴'의 뜻으로〕 '용맹하고 성급한 성격'을 평하여 이르는 말.
맹ː화(猛火)명 매우 세차게 타는 불.
맹ː-활동(猛活動)[-똥]명하자 활동이 맹렬함, 또는 그러한 활동.
맹ː-활약(猛活躍)명하자 맹렬하게 활약함, 또는 그러한 활약.
맹ː-훈련(猛訓練)[-훌-]명하자 맹렬하게 훈련함, 또는 그러한 훈련.

맹휴(盟休)명하자 ①〈동맹 휴교〉의 준말. ②〈동맹 휴업〉의 준말.

맺는-말[맨-]명 글·연설 따위의 마지막을 마무르는 간단한 글이나 말.

맺다[맫따] Ⅰ자 물방울이나 땀방울 따위가 생겨나 매달리다. ¶ 이마에 땀방울이 맺다. ＊맺어·맺는[맨-]
Ⅱ자타 (나무나 풀이 작고 둥근 덩이 모양의 것을) 매달아 가지게 되다. ¶ 풀 끝에 이슬이 맺다. /꽃망울을 맺다. ＊맺어·맺는[맨-]
Ⅲ타 ①(끈이나 실 따위의 끝과 끝을 엇걸어서) 매듭지게 하다. ¶ 찢어진 그물코를 맺다. ↔풀다. ②계속해 오던 일을 마무르다. 끝내다. ¶ 일의 끝을 맺다. ③사람이나 조직 따위가 서로 어떤 관계를 짓거나 이루다. ¶ 의형제를 맺다. /동맹 관계를 맺다. ＊맺어·맺는[맨-]
맺고 끊은 듯하다관용 언행이나 일의 처리가 빈틈없고 분명하다.

맺음-말명 ☞결론(結論).

맺이-관(-冠)명 말총으로 그물코를 맺듯이 한 눈 한 눈 매듭을 지어서 만든 관.

맺-히다[1][매치-]자 ①(사물이나 사람의 됨됨이가) 꼭 짜이다. ¶ 빈틈없이 맺힌 사람. ②풀리지 않고 마음속에 응어리지다. ¶ 한이 맺히다. /맺힌 데가 없는 호인(好人). ③(몸속에 피가) 엉기다. ¶ 부딪힌 자리에 피가 맺혀 퍼런 멍이 생겼다.

맺-히다[2][매치-]자 〖'맺다'의 피동〗 ①(끈이나 실 따위의 끝이) 서로 엇걸려 매듭이 지다. ¶ 맺힌 매듭을 끊어서 풀다. ②(열매나 물방울 따위가) 달리다. ¶ 사과나무에 열매가 맺히다. /거미줄에 이슬이 맺히다. /얼굴에 땀방울이 맺히다.

먀오^족(苗族 중)명 중국의 서남부인 구이저우(貴州)·윈난(雲南)·후난(湖南) 등지에 사는 소수 민족.

먈갛다[-가타][먈가니·먈개]형ㅎ 매우 말갛다. 환하게 말갛다. 큰밀겋다.

머 Ⅰ대 〈무엇〉의 준말. ¶ 머가 어쨌다고?
Ⅱ감 (흔히 어린이나 여자들이) 반말로 어리광스럽게 하는 말 끝에 붙이는 군말. ¶ 남들도 다 그러던데, 머.

머구리명 〈옛〉 개구리. ¶ 머구리 와:蛙(訓蒙上22).

머굼다타 〈옛〉 머금다. ¶ 숨은 머구믈 씨라(月釋序8). /머구믈 함:含(訓蒙下14).

머귀명 〈옛〉 오동나무. ¶ 梧桐은 머귀니(月釋7:54).

머귀-나무명 운향과의 낙엽 활엽 소교목. 가지에 가시가 있고, 잎은 깃털 모양의 겹잎으로 가장자리에 톱니가 있음. 8월에 황백색 꽃이 피며, 잎은 감기와 학질 등에 약으로 쓰임.

머그-잔(mug盞)명 원통형의 큰 찻잔.

머금다[-따]타 ①입속에 넣어 삼키지 않은 채로 있다. ¶ 물 한 모금을 머금었다가 훅 내뿜는다. ②(생각 따위를) 품다. ¶ 앙심을 머금다. ③나무나 풀 따위가 물 같은 것을 받아 지니다. ¶ 이슬을 머금은 꽃잎. ④눈물을 글썽이기만 하고 흘리지 아니하다. ¶ 눈물을 머금은 눈. ⑤(어떤 감정을) 조금 나타내다. ¶ 수줍음을 머금은 앳된 모습. /입가에 웃음을 머금고 바라보다.

머:나-멀다[~머니·~멀어]형 한없이 멀다. 멀고도 멀다. 《주로, '머나먼'의 꼴로 쓰임.》 ¶ 머나먼 이국 땅. ↔가깝디가깝다.

머니퓰레이터(manipulator)명 (방사능 물질과 같은 위험물을 다루기 위하여) 사람의 손과 같은 운동 기능을 갖게 한 원격 조작 장치(遠隔操作裝置). 매직 핸드(magic hand).

머:-다랗다[-라타][~다라니·~다래]형ㅎ 생각보다 매우 멀다. 꽤 멀다.

머더보:드(motherboard)명 컴퓨터의 주요 부품을 끼울 수 있는 주회로 기판. 주요 부품으로는 시피유(CPU), 램, 롬, 입·출력 제어기와 여러 카드를 꽂을 수 있는 확장 슬롯, 전원 단자 따위가 있음.

머드(MUD)명 컴퓨터 통신상에서 여러 사용자가 동시에 함께 사용하는 게임이나 프로그램. [Multiple User Dungeon]

머드러기명 많이 있는 과실이나 생선 중에서 크고 굵은 것. ¶ 머드러기만 골라 가다.

머드레-콩명 ①밭 가로 둘러 심은 콩. ②'그루콩'의 잘못.

머루명 ①새머루나 왕머루 따위를 통틀어 이르는 말. ②포도과의 낙엽 만목(蔓木). 잎은 심장 모양이며 뒷면에 잔털이 많음. 5~6월에 꽃이 원추 화서(圓錐花序)로 피며, 열매는 둥근데 포도알보다 작고, 초가을에 검게 익음. ③왕머루의 열매. 먹거나 술을 담그는 데 쓰임. 산포도(山葡萄). 야포도(野葡萄).

머름명 미닫이의 문지방 아래나 벽의 하인방에 모양을 내기 위하여 대는 널조각.

머름-궁창명 ☞머름청판.

머름-중방(-中枋)명 두 기둥 사이의 머름에 가로지른 중방.

머름-청판(-廳板)명 머름 사이에 낀 널쪽. 머름궁창.

머리[1]명 ①사람의 목 위 부분으로, 뇌(腦)·눈·코·입·귀가 있는 부분. ¶ 머리를 가로젓다. ②사람의 목 위 부분 가운데서 얼굴 이외의 부분. ¶ 머리에 머리카락이 하나도 없다. ③일부 짐승의 대가리. ¶ 소의 머리. ④㉠〈머리털〉의 준말. ¶ 머리가 희다. /머리를 길게 땋다. ㉡머리털의 모양. ¶ 파마 머리. /스포츠 머리. ⑤사물을 슬기롭게 판단하는 능력. 두뇌. ¶ 머리가 총명하다. /머리를 깨우치다. ⑥(어떤 물체의) 꼭대기. ¶ 언제나 머리에 흰 눈을 이고 있는 산. ⑦(어떤 집단의) 우두머리. ¶ 구성원의 머리가 되다. ⑧어떤 사물의 맨 처음. 맨 앞부분. ¶ 결론을 문장의 머리에 놓다. ⑨앞뒤가 있는 일부 물건의 앞부분. ¶ 배의 머리 부분. ⑩어떤 일의 시작. ¶ 머리도 없고 끝도 없이 늘어놓는 넋두리.
머리 검은 짐승은 남의 공을 모른다속담 사람이 짐승보다도 더 남의 은공을 모르는 수가 많다.
머리 없는 놈 댕기 치레한다속담 본바탕은 보잘것없는 놈이 겉치레는 더 한다. 못생긴 놈이 몸치장을 더 한다.
머리가 가볍다관용 기분이 상쾌하다.
머리(가) 굳다관용 ①생각이 완고하고 보수적이다. ②기억력 등이 무디다(둔하다).
머리(가) 굵다관용 ☞머리(가) 크다.
머리가 무겁다관용 기분이 개운하지 않다. 기분이 침울하다.
머리가 (잘) 돌아가다관용 기억이 잘 되거나 생각이 잘 미치다. 두뇌 회전이 빠르다.
머리가 젖다관용 어떤 관념이나 주의에 물들다. 생각이 쏠려 있다. ¶ 전통적 인습에 머리가 젖다.
머리(가) 크다관용 어른이 되다. 성장하다. 머리(가) 굵다.
머리(를) 굽히다관용 굴복하다. 머리(를) 숙이다. ¶ 머리를 굽히고 그의 부하가 되었다.
머리(를) 깎다관용 중이 되다.

머리(를) 내밀다관용 어떤 자리에 모습을 나타내다. ¶ 동창회에 머리를 내밀다.

머리(를) 맞대다관용 어떤 일을 의논하거나 결정하기 위하여 서로 마주 대하다.

머리(를) 모으다관용 의논(모의)하기 위하여 가까이 모이다. 지혜를 합치다.

머리(를) 숙이다관용 ①감동하거나 옳다고 인정하여 경의를 나타내다. ¶ 그의 희생 정신에 머리를 숙이다. ②☞머리(를) 굽히다.

머리(를) 식히다관용 휴식하다. 마음이 안정되게 하다. ¶ 머리 좀 식히고 올게.

머리(를) 싸매다관용 단단히 각오하고 덤비다. 온 힘을 다 기울이어 일에 임하다. ¶ 머리를 싸매고 입시 공부에 매달리다.

머리(를) 쓰다관용 깊이 생각하다. 지혜를 짜내다. 좋은 방법을 생각하다.

머리(를) 얹다관용 ①처녀의 땋은 머리를 풀어서, 트레머리나 쪽 찐 머리가 되게 틀어 얹다. ②처녀가 시집을 가다. ③어린 기생이 어른이 되어 머리를 쪽 찌다.

머리를 쥐어짜다관용 애를 써서 궁리하다. 지혜를 짜내다.

머리를 쳐들다관용 힘을 얻어 존재를 드러내다. 일어나다. ¶ 새로운 의욕이 머리를 쳐들다.

머리(를) 풀다관용 부모가 죽어 틀었던 머리를 풀다. 상제(喪制)가 되다.

머리(를) 흔들다관용 ①거절하거나 부인하는 뜻으로 머리를 좌우로 젓다. ②싫어서 진저리를 치다.

머리에 피도 안 마르다관용 어떤 일을 하기에는 아직 어리다. 이마에 피도 안 마르다.

머리[2]명 ①덩어리를 이룬 수량의 크기를 이르는 말. ②〈돈머리〉의 준말.

-머리접미 일부 명사 뒤에 붙어, 그 명사를 속된 말이 되게 함. ¶ 버르장머리. /인정머리.

머리부 〈옛〉 멀리. ¶ 즁이 머리 나가더(楞解 *1:33*). / 寒山ᄋᆞᆫ 머리 노뇨ᄆᆞᆯ 즐겨(南明上*28*).

머리-가지명 ☞접두사(接頭辭). ↔발가지.

머리곰부 〈옛〉'멀리'의 힘줌말. ¶ 돌하 노피곰 도ᄃᆞ샤 어긔야 머리곰 비취오시라(樂範.井邑詞).

머리-글명 ☞머리말.

머리-글자(-字)[-짜]명 구문(歐文)에서, 글 첫머리와 고유 명사의 첫 글자에 쓰는 대문자(大文字). 이니셜.

머리-기사(-記事)명 신문이나 잡지 따위의 첫머리에 싣는 중요한 기사. ¶ 도시가스 폭발 사고를 1면 머리기사로 싣다.

머리-꼭지[-찌]명 머리의 맨 위 가운데 부분.

머리-꾸미개명 머리를 예쁘게 꾸미는 물건을 통틀어 이르는 말.

머리-끄덩이명 머리털을 한데 뭉친 끝. ¶ 머리끄덩이를 꺼들다.

머리-끝[-끋]명 머리털의 끝. ¶ 화가 머리끝까지 치밀어 오른다. /머리끝을 묶다. *머리끝이[-끄치]·머리끝을[-끄틀]·머리끝만[-끈-]

머리끝에서 발끝까지관용 '몸의 전체'를 강조하여 이르는 말. 하나에서 열까지. ¶ 하고 다니는 꼴이 머리끝에서 발끝까지 맘에 안 든다.

머리-동이명 머리를 색종이로 바른 종이 연.

머리-띠명 머리를 둘러매는 수건이나 띠. ¶ 머리띠를 두르다.

머리-말명 ①책의 첫머리에 책을 펴내게 된 동기나 경위·내용 따위에 대하여 간단하게 적은 글. 권두언(卷頭言). 두서. 머리글. 서문. 서언(序言). ②☞서론(序論).

머리-맡[-맏]명 누운 사람의 머리 쪽, 또는 그 언저리. ¶ 시계를 머리맡에 두다. ↔발치. *머리맡이[-마치]·머리맡을[-마틀]·머리맡만[-만-]

머리믠놈명 〈옛〉 대머리. 독두(禿頭). ¶ 머리믠놈:禿廝(訓蒙上*29*).

머리-빡명 〈머리〉의 속된 말.

머리-빼기명 '머리가 향하여 있는 쪽'을 속되게 이르는 말.

머리-뼈명 사람이나 짐승의 머리를 이루는 뼈. 두개골(頭蓋骨). 두골(頭骨).

머리-새명 머리에 쓰개를 쓴 모양.

머리셔부 〈옛〉 멀리서. ¶ 松聲過ᄋᆞᆫ 솔소리 머리셔 듣유미오(杜重*1:5*).

머리-소리명 ☞두음(頭音).

머리-수(-首)명 한자 부수의 한 가지. '馗'·'馘' 등에서의 '首'의 이름.

머리-숱[-숟]명 머리털의 수량. ¶ 머리숱이 많다. *머리숱이[-수치]·머리숱을[-수틀]·머리숱만[-순-]

머리-쓰개명 여자가 머리에 쓰는 물건.

머리-악명 〈기(氣)〉의 속된 말.

머리악을 쓰다관용 '기를 쓰다'를 속되게 이르는 말. ¶ 머리악을 쓰고 반대하다.

머리-채명 늘어뜨린 머리털. ¶ 치렁치렁한 머리채.

머리-처네명 ☞처네.

머리-초(-草)명 기둥이나 들보 따위의 머리 부분에 그린 단청.

머리-치장(-治粧)명 머리를 곱고 예쁘게 꾸미는 일.

머리-카락명 머리털의 낱개. 준머리칼.

머리카락 뒤에서 숨바꼭질한다속담 얕은 꾀로 남을 속이려 함을 이르는 말.

머리-칼명 〈머리카락〉의 준말.

머리-털명 머리에 난 털. 두발(頭髮). 머릿결. 모발(毛髮). 준머리[1].

머리-통명 ①머리의 둘레. ¶ 머리통이 크다. ②〈머리〉의 속된 말. ¶ 머리통이 깨지다.

머리-핀(-pin)명 (주로 여자가) 머리를 치장하는 데 쓰는 핀.

머리-하다자여 파마나 드라이 등을 하여 머리를 매만지다. ¶ 머리하러 미장원에 가다.

머리-혈(-頁)명 한자 부수의 한 가지. '頃'·'頂' 등에서의 '頁'의 이름.

머릿-결[-리껼/-린껼]명 ①머리카락의 질이나 상태. ¶ 머릿결이 거칠다. ②☞머리털.

머릿-골[1][-리꼴/-린꼴]명 ①☞뇌(腦). 두뇌(頭腦). ②'머리'를 달리 이르는 말. 준골[1].

머릿-골[2][-리꼴/-린꼴]명 기름을 짤 때 떡판과 챗날을 끼는 '井' 자 모양의 틀.

머릿-기름[-리끼-/-린끼-]명 머리를 치장할 때 바르는 기름.

머릿-내[-린-]명 머리에서 나는 냄새.

머릿-니[-린-]명 잇과의 곤충. 사람의 머리털 사이에 기생하면서 피를 빨아 먹음.

머릿-달[-리딸/-린딸]명 종이 연의 머리에 붙이는 대.

머릿-돌[-리똘/-린똘]명 건축 공사에서 주춧돌을 놓을 때 공사 관계자, 시공(施工) 날짜 등을 새겨서 일정한 곳에 앉히는 돌.

머릿듸골명 〈옛〉 해골. 대가리. ¶ 머릿듸골 독:髑. 머릿듸골 루:髏(訓蒙上*28*).

머릿-방(-房)[-리빵/-린빵]명 안방 뒤에 딸려 붙은 방.

머릿-병풍(-屛風)[-리뼝-/-릳뼝-]명 머리맡에 치는 작은 병풍. 곡병(曲屛).
머릿-살[-리쌀/-릳쌀]명 ①머리 속에 있는 신경의 가닥. ②〈머리〉의 속된 말. ¶ 머릿살이 아프다.
머릿-속[-리쏙/-릳쏙]명 생각이 이루어지거나 지식 따위가 저장된다고 믿는 머리 안의 추상적인 공간. ¶ 머릿속이 복잡하다.
머릿-수(-數)[-리쑤/-릳쑤]명 ①'사람의 수'를 속되게 이르는 말. ¶ 머릿수가 늘어나다. ②돈의 액수. 돈머리. ¶ 머릿수를 채우다.
머릿-수건(-手巾)[-리쑤-/-릳쑤-]명 ①머리에 쓰는 수건. ②부녀자가 추위를 막기 위하여 머리에 쓰는 흰 수건.
머릿-장(-欌)[-리짱/-릳짱]명 머리맡에 두고 쓰는 단층(單層)으로 짠 장.
머릿-줄[-리쭐/-릳쭐]명 ①종이 연의 머릿달 양 끝을 잡아당겨 맨 줄. ②장음 표시로 글자 위에 그은 가로줄.
머무르다[머무르니·머물러]자르 ①(움직이거나 나아가던 것이) 멎다. ¶ 기차가 간이역에 잠시 머무르다. ②(일정한 자리에) 그대로 있다. ¶ 지금의 거주지에 그대로 머무르다. ③(어떤 곳에) 들어서 묵다. ¶ 이틀 동안 호텔에서 머무르다. ④(어떤 범위나 한계에) 그치다. ¶ 계획에만 머무르지 않고 실천으로 옮기다. 준머물다.
머무름-표(-標)명 뜻이 조금 중단되어 쉬는 자리에 쓰는 구두점.
머무적-거리다[-꺼-]자 자꾸 머무적머무적하다. 머무적대다. ¶ 말을 꺼내지 못하고 머무적거리기만 한다. 준머뭇거리다.
머무적-대다[-때-]자 머무적거리다.
머무적-머무적[-정-]부하자 말이나 행동을 딱 잘라서 하지 못하고 망설이는 모양. 준머뭇머뭇.
머물다[머무니·머물러]자 〈머무르다〉의 준말. ¶ 한곳에 여러 날 머물다. /준우승에 머물다.
머뭇-거리다[-묻꺼-]자 〈머무적거리다〉의 준말. 머뭇대다.
머뭇-대다[-묻때-]자 머뭇거리다.
머뭇-머뭇[-문-묻]부하자 〈머무적머무적〉의 준말. ¶ 머뭇머뭇하다가 입을 다문다.
머뭇-하다[-무타-]자여 (말이나 행동 따위를) 선뜻 행하지 못하고 망설이다. ¶ 잠시 머뭇하더니 큰 소리로 웃는다.
머믈다자 〈옛〉머무르다. ¶ 住ᄂᆞᆫ 머므러 이실씨라(月釋序*1*).
머스크-멜론(muskmelon)명 멜론의 한 가지. 겉에 그물무늬가 있고 살은 연한 녹황색인데, 향기가 매우 짙음.
머스터드(mustard)명 서양 겨자, 또는 그 열매로 만든 조리용 겨자.
머슬머슬-하다형여 탐탁스럽게 사귀지 않아서 어색하다. ¶ 말이 친구지 아직 머슬머슬한 사이야. **머슬머슬-히**부.
머슴명 농가에서 고용살이하는 남자를 이르는 말. 고공(雇工). 준멈.
　머슴(을) 살다관용 머슴 노릇을 하다.
머슴-꾼명 '머슴'을 낮추어 이르는 말.
머슴-살이명하자 머슴 노릇을 하는 생활.
머슴-아이명 ①머슴살이하는 아이. ②'남자 아이'를 낮잡아 이르는 말. 준머슴애.
머슴-애명 〈머슴아이〉의 준말.
머시[1]감 말하는 도중에 어떤 말이 얼른 떠오르지 않거나 선뜻 말하기 어려울 때 쓰는 군소리. ¶ 그 머시 말이지.
머시[2]준 '무엇이'가 줄어든 말. ¶ 머시 어째!
머쓱-하다[-쓰카-]형여 ①어울리지 아니하게 멋없이 키만 크다. ②(무안을 당하거나 홍이 꺾이어) 열없고 기가 죽어 있다. **머쓱-히**부.
머위명 국화과의 다년초. 습지에 절로 나서 자라기도 하고 재배하기도 함. 땅속줄기가 사방으로 뻗어 번식하는데, 이른 봄에 잎보다 먼저 꽃줄기가 나와 누른 꽃이 핌. 밑동에서 잎꼭지가 길게 나옴. 잎과 잎꼭지는 나물로 먹음.
머저리명 ☞어리보기.
머즉ᄒᆞ다형 〈옛〉머츰하다. ¶ 비 머즉ᄒᆞ다(譯語上*2*).
머ː-지다자 바람이 몹시 세어, 연줄이 저절로 끊어지다.
머지-않다[-안타]형 시간적으로 멀지 않다. 《주로, '머지않아'의 꼴로 쓰임.》 ¶ 머지않아 해가 솟을 것이다.
머추다타 〈옛〉멈추다. ¶ 禮義를 앗기샤 兵馬롤 머추어시니(龍歌*53*章).
머츰-하다형여 눈이나 비 따위가 잠시 그치어 뜸하다. ¶ 오랫동안 계속 내리던 비가 머츰하다.
머캐덤^도ː로(macadam道路)명 밤자갈을 깔아서 다진 길.
머ː큐로크롬(mercurochrome)명 피부 점막(皮膚粘膜) 소독제의 한 가지. 비늘 모양의 결정(結晶)으로 금속 광택이 나며, 빨간 수용액이나 연고로 만들어 상처에 바름. 〔본디는 살균 소독제의 상품명임.〕
머ː큐리(Mercury)명 로마 신화에 나오는, 신(神)들의 사자(使者).
머플러(muffler)명 ①목도리. ②소음기(消音器).
머흘다형 〈옛〉험(險)하다. ¶ 몰곤 므렌 돌히 머흐러 뵈오(杜重*1*:*28*). /白雪이 ᄌᆞᄌᆞ진 골에 구룸이 머흐레라(古時調).
먹명 ①벼루에 물을 붓고 갈아서 먹물을 만드는 재료. ②〈먹물〉의 준말. ¶ 먹으로 그린 그림. ③《일부 명사 앞에 붙어》 '검은빛을 띰'을 나타냄. ¶ 먹감. /먹구름. /먹실. /먹황새.
먹-감[-깜]명 햇볕을 받은 부분의 껍질이 검게 되는 감.
먹감-나무[-깜-]명 오래 묵은 감나무의 심재(心材). 검고 단단하며 결이 고와 세공물을 만드는 데 쓰임. 오시목(烏柿木). 흑시(黑柿).
먹-거리[-꺼-]명 사람이 살아가기 위하여 먹는 온갖 것.
먹고-살다[-꼬-][~사니·~살아]자 생계를 유지하다. ¶ 품팔이로 하루하루 먹고산다.
먹고ᄌᆞ명 〈옛〉먹통. ¶ 먹고ᄌᆞ:墨斗(譯語下*17*).
먹-구렁이[-꾸-]명 뱀과의 구렁이. 몸길이 90 cm가량. 등은 황갈색을 띤 감람색 바탕에 흑갈색의 가로무늬가 있고, 배의 각 비늘에는 세 쌍의 검은 무늬가 있음. 오사(烏蛇). 흑화사.
먹-구름[-꾸-]명 ①(비나 눈이 내릴 듯한) 검은 구름. 먹장구름. ②'불안정하거나 좋지 않은 일의 징조'를 비유하여 이르는 말. ¶ 남북 관계에 먹구름이 드리우다. 암운(暗雲).
먹국[-꾹]명하자 주먹 속에 쥔 물건의 수효를 알아맞히는 아이들의 놀이.
먹-그림[-끄-]명 ①먹으로 물체의 윤곽을 그린 그림. 그 위에 채색하여 그림을 완성함. ②☞묵화(墨畫).
먹-꼭지[-찌]명 검은 종이를 둥글게 오려 머리에 붙인 종이 연.
먹-놓다[멍노타]타 (재목 따위를 마름 때) 먹이나 연필 등으로 금을 긋다.

먹는-장사[멍-]명 먹는 음식을 만들어 파는 장사.

먹다[1][-따] Ⅰ자 ①일부 날이 있는 도구와 함께 쓰이어, 잘 들거나 잘 갈리거나 하다. ¶ 대패가 잘 먹다. ②벌레가 갉거나 하여 헐어 들어가다. ¶ 벌레가 먹은 과일. ③(물감이나 화장품 따위가) 잘 배어들거나 고르게 퍼지다. ¶ 물감(기름)이 잘 먹다. /분이 잘 먹다. ④말의 효과가 있다. ¶ 말이 잘 먹어 들어가다. ⑤(어떤 일에 돈이나 물자 또는 노력이) 들다. ¶ 재료를 많이 먹다.

Ⅱ자타 ①귀가 들리지 않게 되다. ¶ 귀가 먹다. ②코가 막혀 제 기능을 못하다. ¶ 코 먹은 소리를 하다.

먹지 않는 씨아에서 소리만 난다속담 일을 제대로 잘하지 못하는 사람일수록 핑계가 많고 큰소리만 잘 친다는 말.

먹다[2][-따]타 ①음식물을 입에 넣고 씹어서 삼키다. ¶ 사과를 먹다. ②음식물을 마시거나 빨아서, 씹지 않고 삼키다. ¶ 젖을 먹다. /술을 먹다. ③(연기 등을) 들이마시다. ¶ 담배를 먹다. ④(어떤 등급을) 차지하다. ¶ 달리기에서 일 등을 먹다. ⑤(생각이나 느낌 등을) 품다. ¶ 앙심을 먹다. /겁을 먹다. /그렇게 할 마음을 먹다. ⑥(어떤 나이에) 이르다. ¶ 아홉 살 먹은 아이. ⑦(꾸지람이나 욕을) 듣다. ¶ 욕을 먹다. ⑧(남의 것을) 제 것으로 삼다. ¶ 장군을 부르고 나서 포를 먹다. /공금을 먹다. ⑨구기 시합 등에서, 상대편에게 득점을 하게 하다. ¶ 우리 편이 두 골을 먹었다. ⑩농사를 지어 추수하다. ¶ 이 논배미에서 석 섬은 먹는다네. ⑪천이나 종이가 기름·물감 따위를 빨아들이다. ¶ 종이가 물을 먹다. ⑫뇌물을 받다. ①②⑥높자시다[1]·잡수다.

먹기는 파발이 먹고 뛰기는 역마가 뛴다속담 애쓴 사람은 제쳐 놓고 엉뚱한 사람이 보수를 받는다는 말.

먹기는 혼자 먹어도 일은 혼자 못한다속담 일은 협동해서 하는 편이 효과적이라는 말.

먹는 개도 아니 때린다속담 음식을 먹는 사람을 때리거나 꾸짖지 말라는 말.

먹는 데는 감돌이 일에는 배돌이속담 먹는 자리에는 빠지지 않으면서 일하는 자리에는 요리조리 피하는 사람을 두고 이르는 말.

먹는 떡에도 소를〔살을〕 박으라 한다속담 이왕 하는 일이면 모양 좋게 잘하는 것이 좋다는 말.

먹는 소가 똥을 누지속담 공을 들여야 보람이 나타난다는 말.

먹지 못할 풀이 오월에 겨우 나온다속담 되지 못한 주제에 거레는 퍽 한다는 말.

먹고 들어가다관용 (어떤 일을 하기에 앞서서) 미리 유리한 조건을 만들어 놓은 다음에 일에 손대다.

먹다[3][-따]조동 '무엇을 하거나 어떻게 됨'을 뜻하는 말. 《일부 동사 뒤에서 '-어 먹다'의 꼴로 쓰임.》 ¶ 깜박 잊어 먹다. /농사를 지어 먹다.

먹-당기[-땅-]명 (단청을 할 때) 먹줄을 튀겨 머리초를 구획한 검은 줄.

먹-도미[-또-]명 ☞감성돔. 준먹돔.

먹-돔[-똠]명 〈먹도미〉의 준말.

먹-똥명 ①먹물이 말라붙은 찌끼. ②먹물이 튀어 말라붙은 자국.

먹-머리동이[멍-]명 머리에 검은 종이를 붙인 연(鳶).

먹먹-하다[멍머카-]형여 갑자기 귀가 먹은 듯이 잘 들리지 않다. **먹먹-히**부.

먹-물[멍-]명 ①먹을 갈아서 만든 검은 물. 준먹. ②먹빛처럼 검은 물. 묵즙(墨汁).

먹물뜨-기[멍-]명하타 먹물로 살 속에 글씨나 그림을 떠 넣음.

먹물-주머니[멍-]명 문어나 오징어 따위에서, 먹물이 들어 있는 주머니.

먹-반달(-半-)[-빤-]명 검은 종이를 반달같이 오려 머리에 붙인 연.

먹-보[-뽀]명 '미련스럽게 음식을 많이 먹거나 음식에 대한 욕심이 많은 사람'을 놀림조로 이르는 말.

먹-빛[-삗]명 먹처럼 새까만 빛. 묵색(墨色). ＊먹빛이[-삐치]·먹빛만[-삔-]

먹-사과[-싸-]명 참외의 한 가지. 껍질이 검푸르며 단맛이 진함.

먹-새[-쌔]명 ☞먹음새.

먹-성(-性)[-썽]명 ①음식을 먹는 성미나 습성. ¶ 먹성이 좋다. /먹성이 까다롭다. ②음식을 먹는 양. ¶ 먹성이 크다.

먹-실[-씰]명 먹물을 묻힌 실.

먹실(을) 넣다관용 먹실을 꿴 바늘로 살갗을 뜨고 먹을 살 속에 넣어 문신 따위를 새기다.

먹어-나다자 자꾸 먹어서 습관이 되다.

먹여-치다타 바둑에서, 상대편의 집을 없애기 위하여 옥집이 되는 곳에 사석을 놓다.

먹은-금명 물건을 사는 데 든 값.

먹은-금새명 물건을 사는 데에 든 값의 높고 낮은 정도.

먹을-거리[-꺼-]명 사람이 먹고 살 수 있는 온갖 것.

먹을-알명 ①금이 제법 많이 박힌 광맥이나 광석. ②그다지 힘들이지 않고 차지할 수 있는 소득.

먹음-먹이명 ①먹음직한 음식들. ②'먹음새'의 잘못.

먹음-새명 ①음식을 먹는 태도. 먹새. ¶ 먹음새가 복스럽다. ②음식을 만드는 범절.

먹음직-스럽다[-쓰-따][~스러우니·~스러워]형ㅂ 보기에 먹음직하다. **먹음직스레**부.

먹음직-하다[-지카-]형여 음식이 보기에 맛이 있을 듯하다. ¶ 먹음직하게 차린 음식.

먹-이명 ①동물의 먹을거리. ¶ 새가 새끼에게 먹이를 물어다 주었다. ②가축에게 먹이는 풀이나 곡식.

먹-이다타 ①〖'먹다'의 사동〗 ㉠먹게 하다. 마시게 하다. ¶ 밥을 먹이다. /회충약을 먹이다. /젖을 먹이다. ㉡금품을 주다. ¶ 돈(뇌물)을 먹이다. ㉢욕되게 하다. 겁나게 하다. ¶ 욕(겁)을 먹이다. ㉣(물감·풀·물 따위가) 스며들게 하다. ¶ 풀을 먹이다. /장판에 들기름을 먹이다. ②(가축을) 기르다. ¶ 소를 먹이다. ③겉에 무엇을 칠하거나 입히다. ¶ 연실에 사금파리를 먹이다. /자동차에 왁스를 먹이다. ④솜틀이나 씨아에 솜을 넣어 주다. ¶ 씨아에 솜을 먹이다. ⑤돈(자금)을 들이다. ¶ 집 수리에 많은 돈을 먹이다. ⑥(작두 따위 연장에) 썰 것을 대어 주다. ¶ 작두에 풀을 먹이다. ⑦(주먹이나 발길로) 치다. ¶ 주먹으로 한 대 먹이다.

먹여 살리다관용 부양하다. ¶ 가족을 먹여 살리다.

먹이^사슬명 ☞먹이 연쇄.

먹이^연쇄(-連鎖)명 생물계의 먹이 관계를 그 생물의 식성에 따라 계통적으로 나타낸 것. 먹는 쪽과 먹히는 쪽의 관계를 차례로 연결한 계열로써 나타냄. 〔플랑크톤을 작은 물고기가 먹고, 그 물고기는 큰 물고기에게 잡아먹히는 따위.〕 먹이 사슬. 식물 연쇄.

먹이^작물(-作物)[-장-][명] ☞사료 작물.

먹이-풀[명] 가축의 사료로 쓰이는 풀.

먹잇-감[머기깜/머긷깜][명] 동물의 먹이가 되는 것. ¶ 먹잇감을 놓치다.

먹-자[-짜][명] 목수가 재목에 먹으로 금을 그을 때 쓰는 'ㄱ' 자 모양의 자. 묵척(墨尺).

먹자-골목[-짜-][명] 음식점이 즐비하게 모여 있는 골목.

먹-자리[-짜-][명] 물고기 따위가 먹이를 먹으려고 잡은 자리.

먹자-판[-짜-][명] ①여러 사람이 모여 먹고 즐기는 자리. ②서로 사리사욕을 채우기에 급급한 판국.

먹-장[-짱][명] 먹의 조각. 낱개의 먹.

먹장-구름[-짱-][명] 짙게 검은 구름. 먹구름.

먹-장삼(-長衫)[-짱-][명] 검은 물을 들인 장삼.

먹장-쇠[-짱쇠/-짱쉐][명] 마소의 배 앞쪽에 있는 짧은 멍에.

먹-장어(-長魚)[-짱-][명] 꾀장어과의 바닷물고기. 몸길이 60 cm가량. 몸은 가늘고 길쭉하며 뱀장어와 비슷함. 입은 빨판 모양으로 그 둘레에 여덟 개의 수염이 있고, 아가미구멍은 여섯 쌍이며 피부에 점액을 내어 미끄러움. 우리나라·일본 등지에 분포함.

먹-줄[-쭐][명] ①먹통에 딸려 줄을 치는 데 쓰이는, 실 따위로 된 줄. 승묵(繩墨). ②재목(材木) 따위에, 먹물로 곳거나 먹통을 써서 친 줄.

먹줄-꼭지[-쭐-찌][명] 먹줄의 맨 끝에 달린, 바늘이 박힌 나무쪽.

먹-중[-쭝][명] ①먹장삼을 입은 중. ②산대놀음에 쓰이는 탈의 한 가지.

먹지[-찌][명] 투전 따위의 돈내기에서 이긴 사람.

먹-지(-紙)[-찌][명] ☞복사지(複寫紙).

먹-집게[-찝께][명] 닳아서 짧게 된 먹 도막을 집어서 쓰는 나무집게.

먹-초[명] 꼭지 이외의 부분을 모두 검은 빛깔로 꾸민 연.

먹-치마[명] 아래쪽을 검은 빛깔로 꾸민 연.

먹-칠(-漆)[명][하자타] ①먹으로 칠함, 또는 먹처럼 검은 칠. ¶ 먹칠한 것처럼 캄캄한 밤. ②'명예나 체면 따위를 더럽히는 짓'을 비유하여 이르는 말. 똥칠. ¶ 아비 얼굴에 먹칠을 하다니.

먹-칼[명] 먹을 찍어 목재나 석재 따위에 금을 긋거나 글씨를 쓰는 데 쓰이는 기구. 댓개비의 한쪽 끝을 얇고 납작하게 깎은 것.

먹통[명] ①'바보'나 '멍청이'를 놓으로 이르는 말. ②'전화 따위가 고장이 나서 사용하지 못하게 된 것'을 비유하여 이르는 말.

먹-통(-桶)[명] ①먹물을 담는 통. ②목재나 석재에 줄을 치는 데 쓰이는 기구. 한쪽엔 먹물을 먹은 솜을 넣고, 다른 쪽엔 먹줄을 감아 두어 그 줄이 먹물 먹은 솜을 거쳐서 나오게 되어 있음.

먹-피[명] 멍이 들어서 검게 된 피.

먹혀-들다[1][머켜-][~드니·~들어][자] 이해되거나 받아들여지다. ¶ 고집불통인 막냇동생에게는 누구의 말도 먹혀들지 않았다.

먹혀-들다[2][머켜-][~드니·~들어][자] 빼앗기거나 남의 차지가 되다.

먹-황새[머쾅-][명] 황샛과의 새. 황새와 비슷한 새로 날개 길이 50 cm가량임. 등과 배는 잿빛이며, 꽁지는 검고 목과 머리는 흼. 앞 정수리는 털이 없이 붉고, 부리는 황록색이며, 눈자위는 등황색임. 시베리아 중북부에서 번식함.

먹-히다[머키-][자] 《'먹다'의 피동》 먹음을 당하다. ¶ 새우가 고래에게 먹히다. /이 일은 너무 많은 시간과 비용이 먹힌다.

먼:-가래[명] 객지에서 죽은 사람의 송장을 그곳에 임시로 묻는 일.

먼:가래-질[명][하자] 가래로 흙을 떠서 멀리 던지는 가래질.

먼:가랫-밥[-래빱/-랟빱][명] 먼가래질로 파 던지는 흙.

먼:-가리킴[명] ☞원칭(遠稱).

먼:-눈[1][명] 시각(視覺)을 잃어 보이지 아니하는 눈. 멀어 버린 눈. 맹목(盲目).

먼:-눈[2][명] 멀리 떨어진 곳을 바라보는 눈. ¶ 글씨가 커서 먼눈으로도 또렷이 보인다.

먼눈-팔다[~파니·~팔아][자] 정작 보아야 할 곳은 보지 않고 엉뚱한 곳을 보다. 한눈팔다. ¶ 먼눈팔지 말고 다녀라.

먼:-데[명] '뒷간'을 달리 이르는 말.

먼:-동[명] 날이 밝아 올 무렵의 동녘 하늘. ¶ 먼동이 트다.

먼:-먼[관] 머나먼. 아주 먼. ¶ 먼먼 옛날. /먼먼 곳에서 찾아온 손.

먼:-물[명] 먹을 수 있는 우물물. ↔누렁물.

먼: 바다 기상 예보에서, 육지로부터 20 km(동해), 또는 40 km(서·남해) 밖의 바다를 이름. ↔앞바다.

먼:-발치[명] 시선이 미치는, 조금 멀찌감치 떨어진 거리(곳). ¶ 먼발치에서 바라보다.

먼-발치기[명] '먼발치'의 잘못.

먼:-빛[-빋][명] 멀리서 언뜻 보이는 정도나 모양. 《주로, '먼빛으로'의 꼴로 쓰임.》 ¶ 먼빛으로 살피다.

먼:산-바라기(-山-)[명] ①'목을 늘인 모습이나 초점 잃은 눈동자 등이 늘 먼 데를 바라보는 듯이 보이는 사람'을 이르는 말. ②한눈파는 짓.

먼:-오금[명] 활의 한오금과 삼사미의 사이.

먼:-우물[명] 물이 맑아 먹을 수 있는 우물. ↔누렁우물.

먼:-일[-닐][명] 먼 앞날의 일. ¶ 먼일을 내다보다.

먼:장-질[명][하자] 먼발치로 총이나 활을 쏘아 대는 일. ¶ 먼장질만 해 대니 맞을 리가 있나.

먼저 [I][명] 시간적으로나 순서상 앞선 때. ¶ 먼저의 자리로 되돌아가다. /내가 먼저다. /이번에도 먼저와 같이 하면 된다. ↔나중.
[II][부] 시간이나 차례 따위에서 앞서서. ¶ 제일 먼저 떠나다.

먼저-께[명] 얼마 전의 어느 한때. ¶ 먼저께 그곳에 한 번 갔었지.

먼젓-번(-番)[-저뻔/-젇뻔][명] 지난번. ¶ 먼젓번에 왔던 사람.

먼지[명] (가루처럼) 작고 가벼운 티끌.

먼지-떨음[명][하타] ①〔겨우 옷의 먼지만 턴다는 뜻으로〕 (어린아이를) 아프지 않을 정도로 가볍게 때리는 일. ②〔걸어 두었던 옷의 먼지를 턴다는 뜻으로〕 오랜만에 나들이하는 일. ③(내기나 노름 따위에서) 정식으로 하기 전에 그저 한번 겨루어 보는 일.

먼지-떨이[명] 먼지를 떨어내는 제구. 총채.

먼지-바람[명] ①무엇이 빠르게 지나가면서 일으키는, 먼지가 섞인 바람. ¶ 버스가 먼지바람을 내며 사라졌다. ②먼지나 모래가 섞인 강한 바람.

먼지-잼[명][하자] 비가 겨우 먼지나 재우게 할 정도로 조금 옴.

먼지-투성이〖명〗 먼지가 잔뜩 끼거나 묻어 더럽게 된 상태.

먼ː-촌(-寸)〖명〗 촌수가 먼 일가. 원촌(遠寸).

멀거니〖부〗 정신없이 멍청하게. ¶ 넋 나간 사람처럼 멀거니 창밖을 바라보고 있다.

멀건-이〖명〗 '정신이 흐리멍덩한 사람'을 조롱조로 이르는 말.

멀ː겋다[-거타][멀거니·멀게]〖형ㅎ〗 ①흐릿하게 맑다. (작)말갛다. ②매우 묽다. ¶ 멀건 국.

멀ː게-지다〖자〗 멀겋게 되다. ¶ 물을 너무 많이 부어 국물이 멀게졌다.

멀ː경-몸(-冂-)〖명〗 한자 부수의 한 가지. '再'·'冒' 등에서의 '冂'의 이름.

멀-국〖명〗 '국물'의 잘못.

멀그스레-하다〖형여〗 멀그스름하다. (작)말그스레하다.

멀그스름-하다〖형여〗 조금 멀겋다. 멀그스레하다. (작)말그스름하다. **멀그스름-히**〖부〗.

멀끔-하다〖형여〗 훤하게 깨끗하다. ¶ 겉모습은 멀끔하게 생겼다만…. (작)말끔하다. **멀끔-히**〖부〗.

멀ː다¹[머니·멀어]〖자〗 ①눈이 보이지 않게 되다. 눈멀다. ¶ 눈이 멀다. ②귀가 들리지 않게 되다.

멀ː다²[머니·멀어]〖형〗 ①(공간적으로) 거리가 많이 떨어져 있다. ¶ 먼 나라. /그곳은 걸어가기엔 너무 멀다. ②(시간적으로) 동안이 오래다. ¶ 먼 훗날. ③소리가 또렷하지 아니하고 약하다. ¶ 전화 소리가 멀다. ④같거나 비슷하지 않다. ¶ 환희와는 멀지만 또 다른 감동. ⑤혈연관계가 뜨다. ¶ 먼 친척. /촌수가 멀다. ⑥(사귀며 지내는 사이가) 친근하지 아니하다. ¶ 사이가 먼 친구. ⑦《흔히 '아직'과 어울려 쓰이어》 어떤 기준·정도 따위에 미치지 못하다. ¶ 장가가려면 아직 멀었다. /네 솜씨에 비하면 난 아직 멀었어. ⑧빈도가 잦다. 《주로, '멀게'·'멀다고'의 꼴로 쓰임.》 ¶ 하루가 멀다고 술타령이다. ↔가깝다.

먼 데 무당이 영하다〖속담〗 잘 아는 사람보다 새로 만난 사람을 더 중히 여긴다는 말.

먼 사촌보다 가까운 이웃이 낫다〖속담〗 ☞가까운 남이 먼 일가보다 낫다.

멀대〖명〗 키가 크고 멍청한 사람을 놀림조로 이르는 말(방언).

멀떠구니〖명〗 새의 식도의 일부가 주머니 모양으로 되어 있는 부분. 먹이를 일시적으로 저장해 두었다가 조금씩 위로 보냄. 모이주머니. 소낭(嗉囊).

멀뚱-거리다〖타〗 자꾸 멀뚱멀뚱하다. 멀뚱대다. ¶ 문 앞에서 멀뚱거리고만 있다. (작)말똥거리다.

멀뚱-대다〖타〗 멀뚱거리다.

멀뚱-멀뚱〖부〗 ①〖하타〗눈을 멀거니 뜨고 정신없이 있거나 물끄러미 바라보는 모양. (작)말똥말똥. ②〖하형〗건더기가 적어서 국물이 멀건 상태.

멀ː리 Ⅰ〖명〗 시간적·공간적으로 먼 곳이나 시점. ¶ 멀리서 들려오는 헬기 소리. ↔가까이.
Ⅱ〖부〗 시간적·공간적으로 한 지점에서 거리가 몹시 떨어져 있는 상태로. ¶ 멀리 떨어진 고장. /앞날을 멀리 내다보다. ↔가까이.

멀ː리-뛰기〖명〗 뜀뛰기 경기의 한 가지. 일정한 거리를 도움닫기하여 발구름판에서 한 발로 굴러 멀리 뛰어, 그 뛴 거리로 승패를 겨루는 경기.

멀ː리-멀리〖부〗 매우 멀리. ¶ 노랫소리가 멀리멀리 울려 퍼지다.

멀ː리-보기〖명〗 ☞원시(遠視).

멀ː리보기-눈〖명〗 ☞원시안(遠視眼).

멀ː리-하다〖타여〗 ①가까이하지 아니하고 거리를 두다. 떨어져 있게 하다. ¶ 사람들을 멀리하고 연구에만 몰두하였다. ②피하거나 관계를 끊다. ¶ 담배를 멀리하다. /나쁜 친구를 멀리하다. ↔가까이하다.

멀-마늘〖명〗 수선화의 한 품종. 제주도의 특산종.

멀미〖명〗〖하자〗 ①자동차·배·비행기 따위를 탔을 때 흔들림을 받아 일어나는 어지럽고 메스꺼운 증세. ¶ 멀미 때문에 여행도 마음대로 못한다. ②진저리가 날 정도로 싫은 증세. ¶ 주사라는 소리만 들어도 멀미를 내는 아이.

멀쑥-하다[-쑤카-]〖형여〗 ①희멀겋고 깨끗하다. ¶ 멀쑥하게 생긴 신사. (작)말쑥하다. ②멋없이 크고 맺힌 데가 없다. **멀쑥-이**〖부〗.

멀어-지다〖자〗 ①(공간적으로) 거리가 많이 떨어지게 되다. ¶ 기적을 울리며 멀어져 가는 배. ②소리가 또렷하지 아니하고 약하게 되다. ¶ 전화 속의 목소리가 점점 멀어지더니 뚝 끊어져 버렸다. ③(사귀며 지내는 사이가) 버성기게 되다. ¶ 사이가 멀어진 친구.

멀위〖명〗 〈옛〉머루. 산포도. ¶ 멀위 포:葡. 멀위 도:萄(訓蒙上12).

멀쩡-하다〖형여〗 ①흠이 없이 온전하다. ¶ 멀쩡한 옷. ②몸에 탈이 없이 성하다. ¶ 멀쩡한 정신. /멀쩡한 몸으로 꾀병을 부리다니. ③겉보기와는 달리 엉뚱하다. ¶ 멀쩡하게 딴소리를 하다. (작)말짱하다¹. **멀쩡-히**〖부〗.

멀찌가니〖부〗 ☞멀찌감치.

멀찌감치〖부〗 거리가 좀 멀게. 좀 멀리 떨어져서. 멀찌가니. 멀찍이. ¶ 멀찌감치 물러서다.

멀찌막-하다[-마카-]〖형여〗 꽤 멀찍하다. **멀찌막-이**〖부〗.

멀찍-멀찍[-찡-]〖부〗〖하형〗 여럿의 사이가 모두 멀찍한 모양. ¶ 여러 사람이 멀찍멀찍 떨어져 앉다. **멀찍멀찍-이**〖부〗.

멀찍-하다[-찌카-]〖형여〗 거리가 좀 멀다. ↔가직하다. **멀찍-이**〖부〗 ¶ 멀찍이 서서 구경하다.

멀텁다〖형ㅂ〗 〈옛〉거칠다. 추악하다. ¶ 멀텁고 헌 때 무든 옷 ᄀᆞ라 니버(法華2:209). /氣運이 ᄌᆞ모 멀터우니(杜初8:22).

멀티-미디어(multimedia)〖명〗 영상·음성·문자 등 여러 종류의 매체를 한데 어우른 혼합 매체를 이르는 말.

멀티비전(multivision)〖명〗 여러 개의 화면에 하나의 영상이나 각기 다른 영상을 만들어 내는 것.

멀티-스크린(multiscreen)〖명〗 세 개 이상의 분할 스크린에 각각 다른 화상을 방영하여 다면적 표현을 시도하는 영화 기법.

멀험〖명〗 〈옛〉마구(馬廐). ¶ ᄆᆞ리 우러셔 녯 멀허믈 ᄉᆞ랑ᄒᆞ고(杜初9:17).

멈ː〖명〗 〈머슴〉의 준말.

멈추다〖자타〗 ①멎다. 그치다. ¶ 비바람이 멈추다. ②(계속되던 움직임이나 상태를) 멎게 하다. ¶ 일손을 멈추다. ③시선을 한곳에 두고 옮기지 아니하다. ¶ 색다른 그림에 눈길을 멈추다.

멈칫[-칟]〖부〗〖하자타〗 움직임을 갑자기 멈추는 모양. ¶ 앞서서 가다가 멈칫하더니 뭘 보았는지 쏜살같이 뛰어간다. **멈칫-멈칫**〖부〗〖하자타〗.

멈칫-거리다[-칟꺼-]〖자타〗 자꾸 멈칫멈칫하다. 멈칫대다.

멈칫-대다[-칟때-]〖자타〗 멈칫거리다.

멋[먿]〖명〗 ①(태도나 차림새 등에서 풍기는) 세련된 기품. ¶ 멋을 내다. /멋을 부리다. /어딘지 모르게 멋이 풍기는 사람. ②격에 어울리게 운치 있는 맛. ¶ 멋이 있는 표현. ③흥취를 자아내는 재미스러운 맛. ¶ 멋이 있게 한바탕 어우러져 즐긴다. ＊멋이[머시]·멋만[먼-]

멋-거리[먿꺼-]명 멋이 있는 모양. ¶ 멋거리 없는 행동.
멋거리-지다[먿꺼-]형 은근하게 멋지다.
멋-대가리[먿때-]명 〈멋〉의 속된 말. ¶ 멋대가리 없게 굴다.
멋-대로[먿때-]부 마음이 내키는 대로. 하고 싶은 대로. ¶ 멋대로 행동하다.
멋들어-지다[먿뜨러-]형 보기에 아주 멋이 있다. ¶ 고전무(古典舞)를 멋들어지게 추고 있다.
멋-모르다[먼-][~모르니·~몰라]자르 일의 영문이나 속내를 알지 못하다. ¶ 아무 일에나 멋모르고 덤빈다.
멋-스럽다[먿쓰-따][~스러우니·~스러워]형ㅂ 멋이 있어 보이다. ¶ 멋스럽게 기른 콧수염.
멋-없다[머덥따]형 (하는 짓이나 모양새가) 격에 어울리지 않고 싱겁다. **멋없-이**부 ¶ 멋없이 키만 크다.
멋-있다[머딛따/머싣따]형 보기에 좋다. 훌륭하다. 풍류스럽다. ¶ 옷차림이 멋있다. /그는 멋있는 인생을 살다 갔다.
멋-장이명 '멋쟁이'의 잘못.
멋-쟁이[먿쨍-]명 ①멋이 있는 사람. ②멋을 부리는 사람. ¶ 그동안에 아주 멋쟁이가 됐구나.
멋-지다[먿찌-]형 매우 멋이 있다. 매우 훌륭하다. ¶ 옷차림이 멋지다. /멋진 경기.
멋-질리다[먿찔-]자 생활을 기분이 내키는 대로 하게 되다. 방탕한 성질을 가지게 되다.
멋-쩍다[먿-따]형 ①(하는 짓이나 모양새가) 격에 어울리지 아니하다. ¶ 하는 짓이 멋쩍다. ②쑥스럽고 어색하다. ¶ 멋쩍은 표정.
멋ː-하다[머타-]형여 〈무엇하다〉의 준말. 《흔히, '거북하다'·'딱하다'·'미안하다'·'싫다' 등의 말 대신에, 또는 알맞은 말이 생각나지 않을 때 쓰임.》 ¶ 늘 귀찮게만 해서 멋하지만, 이 부탁은 꼭 들어주게.
멍[1]명 ①무엇에 부딪히거나 맞아서 피부에 퍼렇게 맺힌 피. ②(어떤 일의) 내부에 생긴 탈. ¶ 집안싸움으로 멍이 들었다.
멍[2]명 〈멍군〉의 준말.
멍게명 멍겟과의 원삭동물. 크기는 대개 주먹만 하며 껍데기에 젖꼭지 같은 돌기가 많음. 몸 밑에는 실 같은 것이 많이 달려 있어 그것으로 바위 따위에 달라붙어 삶. 속살은 먹음. 우렁쉥이.
멍-구럭명 성기게 떠서 만든 큰 구럭.
멍군 Ⅰ명하자 장기에서, 장군을 받아 막아 내는 일. 준멍[2].
Ⅱ감 장기에서, 장군을 받아 막아 낼 때 지르는 소리.
멍군 장군관용 두 사람의 다툼에서 옳고 그름을 가리기 어려운 경우를 이르는 말. 장군 멍군.
멍덕명 재래식 벌통 위를 덮는 뚜껑. 짚으로 바가지 비슷하게 틀어 만듦.
멍덕-꿀명 ①멍덕 안에 박힌 꿀. ②'멍청이'를 달리 이르는 말.
멍-들다[~드니·~들어]자 (무슨 일로) 타격을 입거나 속에 탈이 생기다. ¶ 뜻하지 않은 손해로 회사가 크게 멍들었다.
멍멍부 개가 짖는 소리.
멍멍-거리다자 자꾸 멍멍 소리를 내다. 멍멍대다.
멍멍-대다자 멍멍거리다.
멍멍-이명 '개'를 달리 이르는 말.
멍멍-하다형여 얼이 빠진 듯이 어리둥절하다. ¶ 한동안 멍멍하게 서 있다. **멍멍-히**부.
멍석명 짚으로 결어서 만든 큰 자리. ¶ 멍석을 깔다. /멍석을 말다.
멍석-딸기명 장미과의 낙엽 활엽 관목. 산이나 들에 흔히 나는 딸기나무. 줄기는 옆으로 뻗는데 길이는 1.5 m가량임. 잎은 한 꼭지에 3~5장씩 달리며, 꽃은 초여름에 피고, 크고 단 열매는 7월에 붉게 익음.
멍석-말이[-성-]명하타 세도가(勢道家)에서 하인이나 상민(常民)에게 가하던 사형(私刑)의 한 가지. 사람을 멍석에 둘둘 말아 몽둥이로 치던 일.
멍석-자리[-짜-]명 ①자리로 이용하는 멍석. ②멍석을 깔아 놓은 자리.
멍에명 ①(달구지나 쟁기의 채를 잡아매기 위하여) 소나 말의 목에 가로 얹는 나무. ②'어떤 처지나 형편에서 쉽게 벗어나지 못하도록 얽어매거나 억누르는 것'을 비유하여 이르는 말. ¶ 멍에를 짊어지다.
멍에(를) 메다〔쓰다〕관용 '자유로이 활동할 수 없게 어떤 일에 얽매이다'의 비유.
멍에^둔테명 성문(城門) 같은 데에 쓰이는 큰 문둔테.
멍에-목명 ①(말이나 소의) 멍에가 닿는 목 부분. ②다리를 걸친 언덕의 목이 되는 곳.
멍에^창방명 이 층으로 지은 집에서, 아래층 서까래의 위 끝을 받쳐 가로놓은 재목.
멍엣-줄[-에쭐/-엗쭐]명 인쇄물의 가를 두른 줄.
멍울명 ①(유동체 속에 섞인) 작고 둥글게 엉긴 덩이. ②림프샘이 부어오른 자리를 흔히 이르는 말. 작망울.
멍울(이) 서다관용 몸의 어느 부분에 멍울이 생기다.
멍울-멍울부 ①하형멍울들이 한데 엉겨 둥글둥글한 모양. ②멍울마다. 작망울망울.
멍청-스럽다[-따][~스러우니·~스러워]형ㅂ 보기에 멍청한 데가 있다. **멍청스레**부.
멍청-이명 '멍청한 사람'을 얕잡아 이르는 말. 멍텅구리.
멍청-하다형여 ①사물을 제대로 판단하는 능력이 없이 흐리멍덩하다. ¶ 그는 멍청해서 아무리 설명해도 이해를 하지 못한다. ②자극에 대한 반응이 무디고 어리벙벙하다. ¶ 그는 멍청하게 하늘만 보며 서 있었다. **멍청-히**부.
멍추명 '총기가 없고 아주 흐리멍덩한 사람'을 얕잡아 이르는 말. ¶ 멍추 같은 소리는 그만해라. 작맹추.
멍키^스패너(monkey spanner)명 목 부분의 나사를 돌려 아가리를 마음대로 조절하여 사용할 수 있게 만든 스패너. 자재 스패너.
멍털-멍털부하형 크고 작은 멍울이 한데 엉기어 큰 덩이를 이룬 모양.
멍텅구리명 ①☞뚝지. ②멍청이.
멍ː-하니부 멍하게. 멍히. ¶ 멍하니 앉아 있다.
멍ː-하다형여 ①얼이 빠진 듯이 자극에 대한 반응이 없다. 또는, 정신을 차리지 못하게 얼떨떨하다. ¶ 멍한 눈으로 허공만 바라본다. ②(귀가) 잠시 들리지 않는 상태에 있다. ¶ 폭탄 터지는 소리에 귀가 멍하다. **멍-히**부.
멎명 〈옛〉버찌. 벚. ¶ 니근 머지 곳답도다(杜初 15:23). /머자 외야자 綠李야(樂範.處容歌).
멎다[먿따]자 ①(계속되던 움직임이나 현상 따위가) 멈추어지다. 그만두게 되다. ¶ 시계가 멎다. /코피가 멎다. /심장의 박동이 멎다. ②(눈·비 따위가) 그치다. ¶ 비바람이 멎다. ＊멎어·멎는[먼-]

멎다 형 〈옛〉 궂다. 흉하다. ¶ 災禍는 머즐 씨라(月釋1:49). /아니옷 믹시면 나리어다 머즌 말(樂範.處容歌).

멎어-서다 자 움직임을 멈추고 그 자리에 서다. ¶ 비가 와서 차가 멎어섰다.

메¹ 명 ①☞제삿밥. ②'밥¹'의 궁중말.

메² 명 무엇을 치거나 박을 때 쓰는, 나무나 쇠로 만든 방망이.

메³ 명 ①메꽃과의 다년생 만초. 여름에 나팔 모양의 담홍색 꽃이 낮에 피었다가 밤에 시듦. 들에 저절로 나는데 뿌리줄기와 어린잎은 먹을 수 있고, 한방에서 약재로도 씀. 메꽃. 선화(旋花). ②메의 뿌리.

메⁴ 명 '산(山)'을 예스럽게 이르는 말. 참뫼².

메- 접두 《일부 명사 앞에 붙어》 '차지지 않고 메진'의 뜻을 나타냄. ¶ 메떡. /메조. ↔찰-·차-.

메가(mega) 의 〈메가바이트〉의 준말.

메가-바ː(megabar) 의 압력의 단위. 1메가바는 1 cm²에 대하여 100만 다인(dyne)의 힘이 가해질 때의 압력임. 〔기호는 Mbar〕

메가-바이트(megabyte) 의 컴퓨터에서, 데이터의 양을 나타내는 단위. 1메가바이트는 1바이트의 100만 배임. 〔기호는 MB〕 준메가.

메가-비트(megabit) 의 컴퓨터에서, 데이터의 양을 나타내는 단위. 1메가비트는 1비트의 100만 배임.

메가-사이클(megacycle) 의 ☞메가헤르츠.

메가-전자볼트(mega電子volt) 의 100만 전자볼트. 〔기호는 MeV〕

메가-톤(megaton) 의 핵융합에 따른 폭발력을 나타내는 단위. 1메가톤은 티엔티(TNT) 100만 톤의 폭발력에 해당함. 〔기호는 Mt〕

메가폰ː(megaphone) 명 목소리가 멀리까지 들리도록 말을 할 때 입에 대는 나발 모양의 기구.
메가폰을 잡다 관용 영화 따위에서 감독의 일을 맡다.

메가-헤르츠(megahertz) 의 주파수의 단위. 1메가헤르츠는 1초에 100만 사이클의 주파수를 가짐. 〔기호는 MHz〕 메가사이클.

메갈로폴리스(megalopolis) 명 몇 개의 대도시가 이어져 이루어진 큰 도시군(都市群).

메-공이 명 메처럼 만든 절굿공이.

메ː기 명 메깃과의 민물고기. 몸길이 20~100 cm. 대체로 암컷이 수컷보다 큼. 몸빛은 암갈색이며 불규칙한 무늬가 있고 비늘이 없음. 머리는 넓적하고 입이 몹시 크며 입아귀의 좌우로 두 쌍의 긴 수염이 있음.
메기(를) 잡다 관용 ①허탕을 치다. ②비를 맞거나 물에 빠져 옷이 흠뻑 젖다.

메기다 타 ①화살을 시위에 물리다. ②윷놀이에서 말을 날밭까지 옮겨 놓다. ③(노래나 소리 따위에서) 다른 사람이 받아 부르게 먼저 부르다. ¶ 앞소리를 메기다. ④(맞톱질을 할 때) 톱을 밀다.

메ː기-입 명 유난히 크게 생긴 입을 조롱하여 이르는 말.

메-기장 명 차지지 않고 메진 기장. ↔찰기장.

메ː기-주둥이 명 〈메기입〉의 속된 말.

메김-소리 명 노래를 주고받을 때 메기는 소리.

메ː-꽂다[-꼳따] 타 〈메어꽂다〉의 준말.

메-꽃[-꼳] 명 ☞메³. ＊메꽃이[-꼬치]·메꽃만[-꼰-]

메꾸다 타 ①시간을 적당히 또는 그럭저럭 보내다. ②부족하거나 모자라는 것을 채우다. ③☞메우다².

메꿎다[-꾿따] 형 고집이 세고 심술궂다. ＊메꿎어·메꿎고[-꾿꼬]

메나리 명 농부들이 논에서 일을 하며 부르는 농부가의 한 가지.

메노(meno 이) 명 악보에서, 다른 나타냄말에 덧붙여 쓰이는 말. '보다 작게'의 뜻.

메뉴(menu) 명 ①차림표. ②끼니 때 먹는 음식의 종류. ¶ 오늘 저녁 메뉴는 칼국수다. ③컴퓨터에서, 디스플레이 장치 위에 표시하여 둠으로써 명령을 선택할 수 있도록 한 조작 순서 일람표.

메ː다¹ 자 ①(구멍 따위가) 막히다. ¶ 목이 메다. ②어떤 장소에 가득 차다.

메ː다² 타 ①물건을 어깨에 걸치거나 올려놓다. ¶ 배낭을 메다. ②어떤 책임을 지거나 임무를 맡다. ¶ 나라의 장래를 메고 나갈 젊은이.

메ː다³ 타 〈메우다¹〉의 준말.

메ː다-꽂다[-꼳따] 타 '메어꽂다'를 강조하여 이르는 말.

메ː다-붙이다[-부치-] 타 '메어붙이다'를 강조하여 이르는 말.

메ː다-치다 타 '메어치다'를 강조하여 이르는 말.

메달(medal) 명 기념이나 표창의 뜻을 담은, 쇠붙이 따위로 만든 표장. 〔금메달·은메달·동메달 따위.〕

메달리스트(medalist) 명 경기 등에서 입상하여 메달을 받은 사람.

메달-박스(medal+box) 명 대회에서, 어느 나라나 집단이 메달을 많이 딸 수 있거나 따는 종목. 메달밭.

메달-밭(medal-)[-받] 명 ☞메달박스. ＊메달밭이[-바치]·메달밭을[-바틀]·메달밭만[-반-]

메두사(Medusa) 명 그리스 신화에 나오는 여자 괴물. 머리카락은 모두가 뱀이며, 그와 시선이 마주친 사람은 모두 돌이 된다고 함.

메들리(medley) 명 접속곡(接續曲).

메디안(median) 명 통계 자료를 그 크기의 차례로 늘어놓았을 때 그 중앙에 해당하는 값을 이르는 말. 자료의 개수가 짝수일 때는 중앙의 두 값의 평균값을 이름. 중앙값. 중앙치. 중위수.

메-떡 명 ①멥쌀가루로 만든 떡. ②메진 곡식으로 만든 떡. ↔찰떡.

메-떨어지다 형 (말이나 하는 짓 따위가) 어울리지 아니하고 촌스럽다.

메뚜기¹ 명 ①메뚜깃과에 속하는 곤충을 통틀어 이르는 말. ②☞벼메뚜기.
메뚜기도 유월이 한철이다 속담 ①'때를 만난 듯이 날뛰는 사람'을 빗대어 이르는 말. ②무엇이나 한창때는 짧다는 뜻.

메뚜기² 명 탕건(宕巾)이나 책갑, 활의 팔찌 따위에 달아서 물건이 벗어지지 않게 하는 기구. 흔히, 뿔을 깎아서 만듦.

메뚜기-팔찌 명 메뚜기를 단 활의 팔찌.

메-뜨다[~뜨니·~떠] 형 몸놀림이 둔하고 굼뜨다.

메로고니(merogony) 명 인공적인 단성 생식(單性生殖)의 한 가지. 동정 생식(童貞生殖).

메롱 감 '그럴 줄 몰랐지' 하는 뜻으로, 혀를 쏙 내밀며 하는 어린이 말. ¶ 메롱, 약오르지.

메르카토르^도법(Mercator圖法)[-뻡] 명 지도의 투영 도법의 한 가지. 경선을 축척에 따라 일정한 간격의 평행선으로 나타내고 위선과 경선이 직교하게 그림. 위선은 적도에서 극으로 갈수록 간격이 넓어짐.

메르헨(Märchen 독) 명 설화 문학의 한 형태. 신화나 전설에 대하여 '동화'나 '환상적인 이야기'를 이름.

메리노 (merino) 명 면양의 한 품종. 스페인 원산으로, 털은 고급 모직물의 원료로 쓰임.
메리야스 (←medias 스) 명 무명실이나 털실 따위로 촘촘하고 신축성 있게 짠 직물, 또는 그렇게 짠 의류.
메리트 (merit) 명 상품의 가격을 결정하는 품위(品位)·사용 가치·경제 효과 따위를 통틀어 이르는 말.
메린스 (← merinos 스) 명 '모슬린'의 잘못.
메-마르다 [~마르니·~말라] 형르 ①땅이 물기가 없고 기름지지 않다. ¶ 메마른 땅을 옥토로 만들다. ↔걸다[2]. ②(살갗 등이) 부드럽지 않고 가칠하다. ¶ 메마른 입술. ③사람 사이에 인정이 없거나 생활에 정서가 없다. ¶ 메마른 인정. ④공기가 건조하다.
메모 (memo) 명하타 잊지 않도록 요점을 간략히 적어 두는 일, 또는 그렇게 적은 글. 노트. ¶ 상담 내용을 메모하다.
메모리 (memory) 명 ①기억 장치. ②기억 용량. ¶ 메모리가 큰 컴퓨터.
메모-지 (memo紙) 명 메모를 하기 위한 종이.
메밀 명 여뀟과의 일년초. 중앙아시아에서 들어온 재배 식물. 줄기는 60~90 cm로 가지를 많이 침. 잎은 길쭉한 심장 모양이며, 7~10월에 흰빛에 불그스름한 기가 도는 잔꽃이 핌. 좋은 밀원 식물(蜜源植物)이며, 열매는 가루를 내어 국수나 묵을 만들어 먹음. 목맥(木麥).
메밀-가루 [-까-] 명 메밀 열매의 가루. 목말(木末). 백면(白麵).
메밀-국수 [-쑤] 명 메밀가루로 만든 국수. 백면(白麵).
메밀-꽃 [-꼳] 명 메밀의 꽃. *메밀꽃이 [-꼬치]·메밀꽃만 [-꼰-]
메밀-나깨 [-라-] 명 메밀가루를 체에 치고 난 뒤에 남은 무거리.
메밀-묵 명 메밀의 앙금으로 쑨 묵.
메밀-새 명 어떤 광석 속에 메밀 알갱이처럼 되어 끼어 있는, 산화된 다른 광물질.
메밀-응이 명 메밀가루를 타서 국수물보다 더 되게 쑨 뒤에 간을 맞춘 것.
메ː-박다 [-따] 타 〈메어박다〉의 준말.
메-밥 명 멥쌀로 지은 보통 밥을 찰밥에 상대하여 이르는 말. ↔찰밥.
메-벼 명 찰기가 없고 메진 벼. 갱도(秔稻). ↔찰벼.
메부수수-하다 형여 (말과 행동이) 어울리지 않고 촌스럽다. **메부수수-히** 부.
메ː-붙이다 [-부치-] 타 〈메어붙이다〉의 준말. ¶ 땅바닥에 냅다 메붙이다.
메밧다 타 〈옛〉 한쪽 어깨를 벗다. ¶ 座애셔 니르샤 올호 엇게 메밧고(釋譜9:29). 참메왓다.
메사 (mesa 스) 명 꼭대기는 평탄하고 둘레는 가파른 비탈인 탁상 지형(卓狀地形).
메소트론 (mesotron) 명 중간자(中間子).
메손 (meson) 명 중간자(中間子).
메-숲지다 [-숩찌-] 형 산에 나무가 우거지다.
메스 (mes 네) 명 ①수술이나 해부를 하는 데 쓰이는 칼. 해부도(解剖刀). ②'잘못된 일이나 병폐를 없애기 위한 조처'를 비유하여 이르는 말.
  메스(를) 가하다 관용 ①수술을 하다. ¶ 환부에 메스를 가하다. ②잘못된 일을 뿌리 뽑기 위하여 단호한 수단을 쓰다. 사태를 철저하게 분석하여 비판하다. ¶ 세무 비리에 메스를 가하다.
메스껍다 [-따] [메스꺼우니·메스꺼워] 형ㅂ ①비위가 상하여 구역이 날 것 같다. ¶ 속이 메스꺼운 게 체한 것 같다. ②비위에 거슬려 몹시 아니꼽다. ¶ 부자라고 거들먹거리는 꼴을 보니 메스껍다. 작매스껍다.
메스-실린더 (←measuring cylinder) 명 액체의 양을 재는 용기의 한 가지. 유리로 된 원통에 눈금이 새겨져 있음.
메스토 (mesto 이) 명 악보의 나타냄말. '슬프게'·'우울하게'의 뜻.
메스티소 (mestizo 스) 명 중남미의 스페인계 백인과 인디오의 혼혈아를 이르는 말.
메스-플라스크 (←measuring flask) 명 용적의 눈금이 있는 플라스크.
메슥-거리다 [-꺼-] 자 자꾸 메슥메슥하다. 메슥대다. 작매슥거리다.
메슥-대다 [-때-] 자 메슥거리다.
메슥-메슥 [-승-] 부하자 메스꺼운 느낌이 자꾸 나는 모양. ¶ 속이 메슥메슥하다. 작매슥매슥.
메시아 (Messiah) 명 ①구약 성서에서, 초인적인 능력을 지닌 이스라엘의 통치자를 이르는 말. ②기독교에서, '예수 그리스도'를 구세주로서 이르는 말. 구세주(救世主).
메시지 (message) 명 ①어떤 사실을 알리거나 깨우치거나 내세우기 위한 전언(傳言). ②(문학·예술 작품 따위의) 나타내고자 하는 근본 뜻. 의도. ¶ 인간성 회복의 메시지를 담은 소설. ③언어나 기호로 전하는 정보 내용.
메신저 (messenger) 명 사자(使者). 심부름꾼.
메아리 명 소리가 산이나 골짜기에 부딪혀 되울려 오는 현상, 또는 그 소리. 에코[2]. 참산울림.
메아리-치다 자 메아리로 울리다. ¶ 우승을 염원하는 온 국민의 함성이 전국에 메아리쳤다.
메어-꽂다 [-꼳따] 타 둘러메어 아래로 힘껏 던지다. 준메꽂다.
메어-박다 [-따] 타 둘러메어 아래로 힘껏 내리박다. 준메박다.
메어-붙이다 [-부치-] 타 둘러메어 바닥으로 세차게 내던지다. 준메붙이다.
메어-치다 타 둘러메어 땅에 내리치다. 준메치다.
메왓다 타 〈옛〉 한쪽 어깨를 벗다. ¶ 즉재 座로셔 니르샤 올흔 엇게 메와스시고(法華7:43). 참메밧다.
메우다[1] 타 ①통 따위에 테를 끼우다. ¶ 물통에 테를 메우다. ②북통이나 장구통 따위에 가죽이나 천을 씌우다. ③체 등의 바퀴에 쳇불을 씌우다. ④마소의 목에 멍에를 얹어서 매다. ⑤활에 시위를 얹다. 준메다[3].
메-우다[2] 타 〖'메다[1]'의 사동〗 구멍이나 빈 곳을 채우게 하다. 메꾸다. ¶ 구덩이를 메우다. /갈라진 틈을 메우다.
메-이다 자 〖'메다[2]'의 피동〗 멤을 당하다. ¶ 어깨에 메인 가방이 걸을 때마다 움직인다.
메이-데이 (May Day) 명 해마다 5월 1일에 행하여지는 국제적 노동제(勞動祭).
메이저 (major) 명 ①장조(長調). ②장음계(長音階). ↔마이너(minor).
메이커 (maker) 명 이름난 제조 회사, 또는 그 제품. ¶ 그는 메이커만 입는다.
메이크업 (makeup) 명하자 ①화장(化粧). ②배우가 출연을 위해서 하는 화장.
메인-스탠드 (main+stand) 명 경기장의 정면에 있는 관람석. 특별 관람석.
메인-이벤트 (main event) 명 (권투·레슬링 등의 경기에서) 가장 주된 경기.

메인-타이틀(main title)명 ①영화의 첫머리에 나오는, 제목을 나타내는 큰 자막. ②주가 되는 표제. ↔서브타이틀.
메인-테이블(main table)명 (연회나 파티에서) 주빈(主賓)의 식탁.
메일(mail)명 ☞이메일.
메-조명 차지지 않고 메진 조. 경속(粳粟). 황량(黃粱). ↔차조.
메조(mezzo 이)명 악보에서, 다른 나타냄말에 덧붙여 쓰는 말. '조금'·'알맞게'의 뜻. 〔메조 포르테(mezzo forte; 조금 세게) 따위.〕
메조-소프라노(mezzo-soprano 이)명 소프라노와 알토의 중간 음역의 성부(聲部), 또는 그 음역의 여자 가수.
메조^포르테(mezzo forte 이)명 악보에서, 셈여림을 나타내는 말. '조금 세게'의 뜻. 〔나타냄표는 mf〕
메조^피아노(mezzo piano 이)명 악보에서, 셈여림을 나타내는 말. '조금 여리게'의 뜻. 〔나타냄표는 mp〕
메주명 콩을 삶아 찧은 다음, 덩이를 지어 띄워 말린 것. 장을 담그는 원료임. ¶ 메주를 띄우다. /콩으로 메주를 쑤다.
메주-콩명 메주를 만드는 데 쓰는 누런 콩.
메줏-덩이[-주떵-/-줃떵-]명 덩이로 된 메주.
메지명 일이 한 가지씩 끝나는 마디.
 메지(를) 내다관용 어떤 한 가지 일을 단락을 지어 끝내다.
 메지(를) 짓다관용 어떤 일을 마무리 짓다.
메지(めじ.目地 일)명 '줄눈'·'사춤'으로 순화.
메지다형 (곡식 등에) 끈기가 적다. ¶ 메진 쌀. ↔차지다.
메지-대다타 한 가지 일을 끝내 치우다.
메지-메지부 조금 큰 물건을 여러 몫으로 나누는 모양. 작매지매지.
메-질명하타 메로 물건을 치는 일.
메-찰떡명 찹쌀가루와 멥쌀가루를 섞어 찐 시루떡.
메추라기명 꿩과의 새. 몸길이 18 cm가량. 몸빛은 황갈색에 갈색과 검은 세로무늬가 있음. 농경지 부근의 풀밭에서 볼 수 있는 겨울새인데, 근래에는 알을 얻기 위하여 많이 기름. 준메추리.
메추라기-도요명 도욧과의 새. 몸길이 19 cm가량. 등에 흑갈색의 세로무늬가 있고, 목과 가슴에는 갈색 세로무늬가 있으며 배는 흼. 꽁지는 끝이 뾰족함. 우리나라에는 봄과 가을에 들르는 나그네새임.
메추리명 〈메추라기〉의 준말.
메ː치-기명 유도의 기본 기술의 한 가지. 선 자세에서 상대를 어깨 너머로 메치는 동작.
메ː-치다타 〈메어치다〉의 준말.
메카(Mecca)명 ①이슬람 세계의 최고 성지(聖地). ②(학문이나 예술 등) 어떤 분야의 중심지로서 사람들의 동경의 대상이 되는 곳. ¶ 영화 산업의 메카.
메커니즘(mechanism)명 〔'기계 장치'라는 뜻에서〕 ①틀에 박힌 생각 또는 기계적인 처리. ②어떤 사물의 구조, 또는 그것의 작용 원리.
메케-하다형여 연기나 곰팡내가 나서 목이 매우 칼칼하다. ¶ 메케한 담배 연기. 작매캐하다.
메타-세쿼이아(Metasequoia)명 낙우송과의 낙엽 침엽 교목. 현대에 살아 남은 화석 식물의 한 가지로, 높이 35 m, 지름 2 m가량에 이름. 깃 모양의 가늘고 긴 잎은 마주남. 중국의 쓰촨(四川)과 후베이(湖北) 지방에 자생하는데, 씨나 꺾꽂이로 번식이 잘됨.
메타-센터(metacenter)명 경심(傾心).
메타포(metaphor)명 '은유'로 순화.
메탄(methane)명 빛깔과 냄새가 없는 기체 화합물. 탄화수소 중에서 가장 간단하고 가벼움. 연료 또는 각종 유기 화합물의 제조에 쓰임. 소기(沼氣). 메탄가스.
메탄-가스(methane gas)명 ☞메탄.
메탄올(methanol)명 ☞메틸알코올.
메탈리콘(metallicon)명 도금법의 한 가지. 녹인 금속을 도금할 물건의 표면에 압축 공기를 이용하여 뿜어서 입힘.
메-탕(-湯)명 ①〈국〉의 높임말. ②☞갱(羹).
메톤^주기(Meton週期)명 태음력을 태양의 주기에 맞추기 위하여, 19년 중 7년은 13개월로 하는 역법상의 순환 기간.
메트로놈ː(metronome)명 음악의 템포를 정확하게 지시하는 기계. 박절기(拍節器).
메트로폴리스(metropolis)명 대도시. 거대 도시.
메트로폴리탄(metropolitan)명 어떤 대도시가 중·소도시와 그 밖의 지역에 지배적인 영향을 끼쳐 통합의 중심을 이루었을 때, 그 대도시와 주변 지역 전체를 이르는 말.
메티오닌(methionine)명 황이 들어 있는 필수 아미노산의 한 가지. 간장염이나 중독증 따위의 치료에 쓰임.
메틸(methyl)명 ☞메틸기.
메틸-기(methyl基)명 알킬기(alkyl基)의 한 가지. $-CH_3$가 되는 1가(價)의 기(基). 메틸.
메틸렌^블루ː(methylene blue)명 청색의 염기성 염료. 결정체로 물에 잘 녹으며 살균력이 있고, 세균이나 세포 따위의 염색에도 쓰임.
메틸^바이올렛(methyl violet)명 보랏빛의 염기성 염료. 빛깔이 산뜻하여 잉크나 염료 등에 쓰임.
메틸-알코올(methyl alcohol)명 목재를 건류(乾溜)할 때 생기는 무색투명의 액체. 에틸알코올과 비슷하나 독성이 있음. 포르말린의 제조나 도료 등의 용제로 쓰임. 메탄올. 목정(木精).
메틸-에ː테르(methyl ether)명 메틸알코올을 탈수하여 만드는 기체. 불에 타기 쉬우나 냄새가 좋으며, 용제로 쓰임.
메틸^오렌지(methyl orange)명 물에 녹는, 등황색의 결정 색소. 수용액이 알칼리성이면 누른빛을, 산성이면 붉은빛을 나타냄. 리트머스와 함께 지시약으로 쓰임.
멘델레븀(mendelevium)명 인공 방사성 원소의 한 가지. 〔Md/101/258〕
멘델의 법칙(Mendel-法則)[-의-/-에-] 멘델이 1865년에 발견한, 유전에 관한 법칙. 생물의 형질은 유전 인자에 의해 결정된다는 것으로, 우열의 법칙, 분리의 법칙, 독립의 법칙을 이름.
멘셰비즘(Menshevism)명 멘셰비키의 정치적 사상 및 주의. ↔볼셰비즘.
멘셰비키(Mensheviki 러)명 〔'소수파(少數派)'라는 뜻으로〕 러시아 사회 민주 노동당의 우파(右派). 1903년, 제2차 당 대회에서 당원 자격과 투쟁 방식 등에 대해 볼셰비키와 대립하여, 폭력 혁명이나 프롤레타리아에 의한 독재를 부정하고 민주적 투쟁과 부르주아에 의한 혁명을 주장함. ↔볼셰비키.
멘스(←menstruation)명 월경(月經).
멘토ː링(mentoring)명 어떤 분야에 풍부한 경험과 지식을 가진 사람이 그렇지 못한 사람을 1:1로 전담하여 지도·코치·조언하면서 실력과 잠재력을 개발하는 활동.

멘톨(Menthol 독)명 박하뇌(薄荷腦).
멘히르(Menhir 독)명 ☞선돌.
멜ː-대[-때]명 양쪽 끝에 물건을 달아 어깨에 메는 긴 나무. 멜채.
멜라닌(melanin)명 동물의 몸 거죽에 있는 흑색 또는 흑갈색의 색소. 이것의 양에 따라 피부 및 모발의 색깔이 결정됨.
멜라민(melamine)명 석회질소를 원료로 하는 합성 물질. 멜라민 수지(樹脂)의 원료가 되고 피륙 따위의 방수 도료로 쓰임.
멜라민^수지(melamine樹脂)명 멜라민과 포르말린을 축합(縮合)하여 만든 합성수지의 한 가지. 착색이 쉽고 물과 열에 강하여 식기나 기계·도료·접착제 등의 원료로 쓰임.
멜라토닌(melatonin)명 소의 송과체(松果體)로부터 추출한 아민의 한 종류. 불임증 치료나 닭의 산란율을 높이는 데 이용됨.
멜로-드라마(melodrama)명 주로 연애를 주제로 한 통속적이고 감상적인 극.
멜로디(melody)명 선율(旋律). 곡조(曲調). ¶ 멜로디가 감미롭다.
멜로디언(melodion)명 건반 악기의 한 가지. 입으로 바람을 불어 넣으며 건반을 눌러 연주함.
멜로디오소(melodioso 이)명 악보의 나타냄말. '선율적으로'·'가요적으로'의 뜻.
멜론(melon)명 박과의 일년생 만초. 참외의 한 품종으로, 잎은 자루가 길고 손바닥처럼 갈라져 있음. 열매는 둥글거나 길둥근 모양이며 맛이 닮. 참머스크멜론.
멜ː빵명 ①짐을 어깨에 걸어 메는 줄. ②바지나 치마 따위가 흘러내리지 않도록 어깨에 걸치는 끈. ③소총을 어깨에 걸 수 있도록 만든, 띠 모양의 줄.
멜ː빵-바지명 어깨에 멜빵을 걸치게 만든 바지.
멜ː-채명 ☞멜대.
멜턴(melton)명 평직(平織)이나 사문직(斜紋織)으로 짠 모직물의 한 가지. 전면(前面)에 털이 나와 있는데, 양복감으로 쓰임.
멤버(member)명 단체를 구성하는 한 사람. 구성원. ¶ 멤버 교체.
멤버십(membership)명 단체의 한 구성원임, 또는 그 지위나 자격.
멥-새[-쌔]명 ☞멧새.
멥쌀명 메벼를 찧은 쌀. 경미(粳米). ↔찹쌀.
멧-갓[메깓/멛깓]명 산에 있는 말림갓. 산판(山坂). ＊멧갓이[메까시/멛까시]·멧갓만[메깐-/멛깐-]
멧괴-새끼[메꾀-/멛꿰-]명 성행(性行)이 거친 사람을 들고양이 같다는 뜻으로 얕잡아 이르는 말.
멧-굿[메꾿/멛꾿]명 농악으로 하는 굿. ＊멧굿이[메꾸시/멛꾸시]·멧굿만[메꾼-/멛꾼-]
멧-나물[멘-]명 ☞산나물.
멧-누에명 '산누에'의 잘못.
멧누에-고치[멘-]명 ☞산누에고치.
멧누에-나방[멘-]명 ☞산누에나방.
멧-닭[메딱/멛딱]명 꿩과의 새. 닭의 원종(原種)으로, 날개 길이는 23~27 cm. 수컷은 검은빛에 남색 광택이 나고, 눈 위에 붉은 볏이 있으며 꽁지가 두 갈래로 갈라져 활처럼 휘었음. 암컷은 까투리와 비슷함. 야계(野鷄). ↔가계(家鷄). ＊멧닭이[메딸기/멛딸기]·멧닭만[메땅-/멛땅-]
멧-대추[메때-/멛때-]명 멧대추나무의 열매. 산조(酸棗).
멧대추-나무[메때-/멛때-]명 갈매나뭇과의 낙엽 관목. 산기슭 등에 나는데, 6월경에 담녹색 꽃이 피고 열매는 가을에 익음. 대추나무와 비슷하나 가시가 있고 열매가 작음. 열매는 먹을 수 있고, 씨는 한방에서 약재로 씀.
멧-돼지[메뙈-/멛뙈-]명 멧돼짓과의 산짐승. 돼지의 원종(原種)으로, 유라시아 대륙을 중심으로 널리 분포함. 몸길이 1~1.5 m이고, 몸빛은 검은색 또는 흑갈색임. 주둥이가 매우 길고 목이 짧으며 날카로운 송곳니가 위로 솟아 있음. 잡식성이며 성질이 사나움. 고기는 식용하고 쓸개는 한방에서 약재로 쓰임. 산돼지. 산저(山猪). 야저(野猪).
멧-두릅[메뚜-/멛뚜-]명 미나릿과의 다년초. 높이 2 m가량. 깃털 모양의 겹잎이 어긋맞게 나며, 8월에 백색 또는 담녹색의 꽃이 줄기 끝에 핌. 뿌리는 '독활(獨活)'이라 하여 약재로 쓰이고, 어린순은 나물로 먹음.
멧두릅-나물[메뚜름-/멛뚜름-]명 멧두릅의 어린순을 데쳐서 무친 나물.
멧-미나리[멘-]명 산형과의 다년초. 산골짜기의 물가나 산기슭에 나는데, 줄기는 1 m가량 자라고 늦여름에 흰 꽃이 핌. 어린순은 나물로 먹음.
멧-부리[메뿌-/멛뿌-]명 산등성이나 산봉우리의 가장 높은 꼭대기.
멧-부엉이[메뿌-/멛뿌-]명 '모양이나 행동이 어울리지 않고 메부수수하게 생긴 시골 사람'을 조롱하여 이르는 말.
멧-새[메쌔/멛쌔]명 ①되샛과의 새. 날개 길이 7~8 cm, 꽁지 길이 6.5~8 cm. 참새와 비슷한데 등은 밤색에 검은 세로무늬가 있고 배는 담적갈색임. 야산이나 숲 속에서 잡초 씨나 벌레를 먹고 삶. 멥새. ②'산새'를 예스럽게 이르는 말.
멧-종다리[메쫑-/멛쫑-]명 참샛과의 새. 날개 길이 7 cm가량. 날개는 암갈색, 등은 밤색, 목·가슴·겨드랑이는 연한 갈색이고, 이마에서 머리 위까지 흑갈색의 띠가 있음. 겨울새로 11월경에 우리나라에 옴.
멧-짐승[메찜-/멛찜-]명 '산짐승'을 예스럽게 이르는 말.
며조 ①모음으로 끝난 체언에 붙어, 둘 이상의 사물을 같은 자격으로 열거하는 뜻을 나타내는 접속 조사. ¶ 개며 소며 돼지며 가축은 다 기른다. ②〈면서〉의 준말. ¶ 그는 정치가며 미술가다.
-며어미 ①〈-면서〉의 준말. ¶ 앞을 보며 걷자. ②모음이나 'ㄹ'로 끝난 어간 또는 높임의 '-시-'에 붙어, 둘 이상의 동작이나 상태 따위를 나열할 때 쓰는 연결 어미. ¶ 부인은 상냥하며 남편은 인자하다. 참-으며.
며가지명 '모가지'의 방언.
며느-님명 상대편을 높이어 그의 '며느리'를 일컫는 말.
며느리명 아들의 아내. 자부(子婦).
며느리가 미우면 발뒤축이 달걀 같다고 나무란다속담 미운 사람에 대해서는 없는 허물도 만들어 내면서 나무란다는 말.
며느리-고금명 (거르지 않고) 날마다 앓는 학질. 축일학(逐日瘧).
며느리-밑씻개[-믿씯깨]명 여뀟과의 일년생 만초. 줄기는 가시가 있어 다른 물체에 잘 붙음. 잎은 삼각형으로 어긋맞게 나며, 7~8월에 담홍색의 잔꽃이 핌. 우리나라 각지의 들이나 길가에 흔히 자라는데, 어린순은 나물로 먹음. 우리나라·일본·중국 등지에 분포함.

며느리-발톱명 ①날짐승의 수컷의 발 뒤쪽으로 튀어나온 발톱 같은 돌기. ②소나 말 따위 길짐승의 뒷발에 달린 발톱. 거(距).
며느리-서까래명 ☞부연(附椽).
며느릿-감[-리깜/-릳깜]명 며느리로 삼을 만한 여자. ¶ 며느릿감을 고르다.
며느리명 〈옛〉며느리. ¶ 며느리 싀아비 싀어미롤 셤교디(小解2:2).
며루명 각다귀의 유충. 자방충(虸蚄蟲).
며주명 〈옛〉메주. ¶ 며주 국:麴(訓蒙中21).
며츨명 〈옛〉며칠. ¶ 며츠를 셜웝ᄒ리러뇨(翻朴上75).
며칟-날[-칟-]명 그달의 몇째 날. ¶ 오늘이 며칟날이지? 준며칠.
며칠명 ①몇 날. ¶ 며칠 말미를 얻다. ②〈며칟날〉의 준말.
멱[1]명 〈멱서리〉의 준말.
멱[2]명 ①장기를 둘 때, 마(馬)나 상(象)이 다닐 수 있는 길목. ②장기를 둘 때, 장기짝을 움직일 수 있는 길. ¶ 멱도 모르면서 장기를 두다니.
멱[3]명 목의 앞쪽.
멱:[4]명 〈미역1〉의 준말. ¶ 멱을 감다.
멱:[5]명 〈미역2〉의 준말.
멱(冪)명 ☞거듭제곱.
멱:-국[-꾹]명 〈미역국〉의 준말.
멱근(冪根)[-끈]명 ☞거듭제곱근.
멱-나다[멱-]자 말[馬]의 목구멍이 퉁퉁 붓다.
멱-둥구미[-뚱-]명 짚으로 둥글고 울이 깊게 결어서 곡식 따위를 담는 그릇. 준둥구미.
멱-따다타 '목을 칼로 찌르다'를 속되게 이르는 말. ¶ 돼지 멱따는 소리.
멱목(幎目)[멱-]명 소렴(小殮) 때 송장의 얼굴을 싸는 헝겊. 면모(面帽).
멱-미레[멱-]명 소의 턱 밑 고기. 미레.
멱법(冪法)[-뻡]명 어떤 수나 식에서, 일정한 수의 거듭제곱의 값을 셈하는 법을 이르는 말. 멱승(冪乘). 멱승법(冪乘法).
멱-부리[-뿌-]명 턱 밑에 털이 많이 난 닭.
멱-부지(-不知)[-뿌-]명 ①멱도 모를 정도로 장기의 수가 약함, 또는 그러한 사람. ②'사리에 어두운 사람'을 비유하여 이르는 말.
멱-살[-쌀]명 ①사람의 목 앞쪽의 살. ②목 아래에 여민 옷깃. ¶ 멱살을 쥐다. /멱살을 잡다.
멱살-잡이[-쌀-]명하자타 멱살을 움켜잡는 일. ¶ 두 남자가 서로 멱살잡이하고 싸운다.
멱서리[-써-]명 짚으로 날을 촘촘히 결어서 곡식 따위를 담는 데 쓰는 그릇. 준멱1.
멱수(冪數)[-쑤]명 거듭제곱이 되는 수.
멱승(冪乘)[-씅]명 ☞멱법(冪法).
멱승-법(冪乘法)[-씅뻡]명 ☞멱법(冪法).
멱-신[-씬]명 짚이나 삼으로 결어서 만든 신.
멱-씨름명하자 멱살을 잡고 싸우는 짓.
멱-지수(冪指數)[-찌-]명 ☞지수(指數).
멱-통명 ☞산멱통. 산멱.
면:[1]명 개미·쥐·게 등이 파내어 놓은 보드라운 가루 흙.
면:[2]명 남색(男色)의 상대가 된 사람. 미동(美童). 연동(孌童).
면[3]조 모음으로 끝난 체언에 붙어, 앞의 사실이 가정적 조건임을 나타내는 연결형 서술격 조사. ¶ 남자면 남자답게 행동하라. 참이면.
면:(面)[1]명 ①겉으로 드러나 있는 평평한 바닥. ¶ 유리의 면처럼 맑은 호수. ②도형의 한 요소. 선의 이동으로 이루어진, 넓이가 있는 도형. ¶ 여섯 면으로 이루어진 입체. ③어떤 방면이나 분야, 또는 부분. ¶ 사회의 어두운 면. /좋은 면을 발견하다. ④어떤 쪽. ¶ 삼 면이 바다로 에워싸인 반도. ⑤〖의존 명사적 용법〗 신문이나 책 등의 각 쪽을 세는 단위. ¶ 첫 면에 실린 기사. ⑥면목. 체면. ¶ 면이 깎이다. /면을 세우다. /내 면을 봐서라도 참아 주게. ⑦검도에서 얼굴에 쓰는 호구(護具).
면:(面)[2]명 지방 행정 구역의 한 가지. 몇 개의 이(里)로 구성되며, 군(郡)에 딸림.
면(綿)명 무명 또는 무명실.
면(麪·麵)명 국수.
-면어미 모음이나 'ㄹ'로 끝난 어간 또는 높임의 '-시-'에 붙는, 종속적 연결 어미. ①뒤의 실현을 전제한 가정적 조건임을 뜻함. ㉠실현이 불확실한 가정적 조건. 《이때는 흔히, '만약'·'만일'·'혹시' 등의 부사와 호응하여 쓰임.》 ¶ 만일, 비가 오면 못 떠난다. ㉡실현이 확실한 가정적 조건. ¶ 해가 지면 어두워진다. ②다음과 같은 관용구를 이루어 쓰임. ㉠'-면 꼭', '-면 반드시'의 호응 관계로 관용되어, 그것이 습관적·반복적인 것임을 뜻함. ¶ 거기 가기만 하면 꼭 그를 만나게 마련이다. ㉡'-면 여간'의 호응 관계로 관용되어, 정도가 예상 밖으로 더함을 뜻함. ¶ 비싸면 여간 비싸야지. ㉢'-는(은)가 하면'의 꼴로 관용되어, 유사한 사실이 겹침을 뜻함. ¶ 노래를 부르는가 하면 춤도 춘다. ㉣'아니면 …이다'의 호응 관계로 관용되어, 둘 중의 하나임을 뜻함. ¶ 이 짓을 한 것은 김 서방 아니면 이 서방이지 뭐. ㉤'-면 몰라도'의 꼴로 쓰이어, 최소한의 양보 조건에 대립되는 일을 거부하거나 부정하겠음을 뜻함. ¶ 네가 오겠다면 몰라도 우리가 갈 수는 없다네. /모르면 몰라도 그런 일은 없을 거야. ㉥'(차라리) …-면 …었지'의 꼴로 쓰이어, 단호한 거부의 뜻을 나타냄. ¶ 차라리 내가 가면 갔지 너를 보낼 순 없다. ㉦'-면 …ㄹ수록'의 호응 관계로 관용되어, 정도가 심해짐을 나타내는 말의 조건이 됨을 뜻함. ¶ 가면 갈수록 첩첩산중. 참-으면.
면:각(面角)명 ①두 평면이 만나서 이루는 각. 이면각(二面角). ②☞안면각(顔面角). ③광물의 결정체에서의 면과 면 사이의 각.
면:강(面講)명하자 과거(科擧) 때 시관(試官) 앞에서 글을 외던 일.
면:검(免檢)명하자 검시(檢屍)를 면함.
면:견(面見)명하자타 직접 봄.
면견(綿繭)명 풀솜을 뽑는 허드레 고치.
면:결(面決)명하타 그 자리에서 결정함.
면:경(面鏡)명 얼굴을 비추어 보는 작은 거울. 석경(石鏡).
면:계(面界)[-계/-게]명 (행정 구역인) 면과 면의 경계.
면곡(麪麴)명 ☞면국(麪麴).
면:관(免官)명하타되자 관직에서 물러나게 함. 면직.
면:관(免冠)명하자 관이나 갓을 벗음.
면:관-돈수(免冠頓首)명하자 관을 벗고 머리가 땅에 닿도록 절을 함.
면괴(面愧) '면괴하다'의 어근.
면:괴-스럽다(面愧-)[-괴-따/-궤-따][~스러우니·~스러워]형ㅂ ☞면구스럽다. **면괴스레**부.
면:괴-하다(面愧-)[-괴-/-궤-]형여 ☞면구(面灸)하다.
면구(面灸) '면구하다'의 어근.

면ː구-스럽다(面灸-) [-따] [~스러우니·~스러워] ⓗⓑ 면구한 데가 있다. 면괴스럽다. **면구스레**ⓟ.
면ː구-하다(面灸-) ⓗⓨ 남을 마주 보기가 부끄럽다. 면괴(面愧)하다. ¶ 면구한 듯이 고개를 숙이고는 말이 없다.
면국(麵麴) 명 밀가루로 눌러서 만든 누룩. 술을 빚는 데 쓰임. 면곡(麵麯).
면ː궁(免窮) 명하자 가난에서 벗어남.
면ː급(免急) 명하자 위급한 처지에서 벗어남.
면ː급(面給) 명하타 (금품 따위를) 서로 마주 대하는 자리에서 내어 줌.
면기(眠期) 명 누에가 잠을 자는 동안
면ː-나다(面-) 자 ①체면이 서다. ②외면(外面)이 빛나다.
면난(面赧) '면난하다'의 어근.
면ː난-스럽다(面赧-) [-따] [~스러우니·~스러워] ⓗⓑ 무안하거나 부끄러운 느낌이 있다. **면난스레**ⓟ.
면ː난-하다(面赧-) ⓗⓨ (낯이 붉어질 만큼) 남을 대하기가 부끄럽다.
면ː내(面內) 명 한 면(面)의 관할 구역 안.
면ː-내다타 ①개미·쥐·게 따위가 가루 흙을 파내다. ②조금씩 훔쳐내다.
면ː내다(面-) 자 〖'면나다'의 사동〗 ①체면을 세우게 하다. ②외면(外面)이 빛나게 하다.
면ː담(面談) 명하자타 서로 만나서 이야기함. 면어(面語). 면화(面話). ¶ 면담을 나누다. /응급 환자라서 면담할 수 없다.
면ː당(面當) 명하자타 ☞면대(面對).
면ː대(面對) 명하자타 상대편과 얼굴을 마주 대함. 직접 만남. 대면(對面). 면당(面當). 면접(面接).
면ː-대칭(面對稱) 명 공간에서의 대칭. 한 평면의 양쪽에 있는 점이나 도형이 그 평면에 의하여 수직으로 이등분되었을 때, 그 평면에 대한 점이나 도형의 관계. 평면 대칭(平面對稱).
면ː도(面刀) 명 ①하타 얼굴의 잔털이나 수염을 깎는 일. ②〈면도칼〉의 준말.
면ː도-기(面刀器) 명 면도하는 데 쓰이는 기구. 〔전기면도기나 안전면도기 따위.〕
면ː도-날(面刀-) 명 ①면도칼의 날. ②안전면도기에 끼워서 쓰는 칼날.
면ː도-질(面刀-) 명하자 면도하는 일.
면ː도-칼(面刀-) 명 면도하는 데 쓰는 칼. 체도(剃刀). ㊟면도.
면ː독(面督) 명하타 직접 만나서 독촉함.
면ː려(勉勵) [멸-] 명하타 ①(스스로) 힘써 함. ¶ 공부를 면려하다. ②(남을) 격려하여 힘쓰게 함.
면력(綿力) '면력하다'의 어근.
면력-하다(綿力-) [멸려카-] ⓗⓨ 세력이 없다. 힘이 모자라다.
면련(綿連) [멸-] 명하자 이어져 끊이지 않음. 연면(連綿). **면련-히**ⓟ.
면ː례(緬禮) [멸-] 명하타 무덤을 옮기어 장사를 다시 지내는 일.
면류(麵類) [멸-] 명 국수 종류.
면ː류-관(冕旒冠) [멸-] 명 임금이 정복(正服)에 갖추어 쓰던 관.
면ː마(面馬) 명하자 장기에서, 마(馬)를 궁(宮)의 바로 앞 밭에 놓는 일, 또는 그렇게 놓인 말.
면ː마(面痲) 명 얼굴에 있는 마맛자국.
면마(綿馬) 명 꼬리고사릿과의 다년생 양치식물. 높이 1~1.4 m. 깃털 모양의 겹잎이 뭉쳐서 나며, 뿌리줄기는 살지고 덩이가 짐. 우리나라와 중국, 일본 등지의 약간 추운 지방에서 자라는데, 뿌리는 '면마근(綿馬根)'이라 하여 구충제로 쓰임. 관절(貫節).
면마-정(綿馬精) 명 면마의 뿌리에서 뽑은 녹색의 걸쭉한 액체. 촌충(寸蟲)이나 십이지장충 따위를 없애는 구충제로 쓰임.
면말(綿襪) 명 솜버선.
면-먹다 [-따] 자 ①여럿이 내기 따위를 할 때, 어떤 두 사람 사이에는 서로 이기고 짐을 따지지 아니하다. ②한편이 되다.
면ː면(面面) 명 ①(어떤 사람이나 사물 따위의) 여러 면. 각 방면. ¶ 사윗감의 면면을 살피다. ②여러 얼굴. 여러 사람. ¶ 그 자리에 참석한 면면을 소개하였다.
면면(綿綿) '면면하다'의 어근.
면ː면-상고(面面相顧) 명하자 말없이 서로 얼굴만 물끄러미 바라봄.
면ː면-이(面面-) ⓟ ①제각기. 저마다. ¶ 면면이 밝은 표정이다. ②앞앞이. ¶ 면면이 인사하다.
면면-하다(綿綿-) Ⅰ 자여 끊어지지 않고 죽 이어지다.
Ⅱ ⓗⓨ 끊어지지 않고 죽 이어져 있다. ¶ 민족 정신의 면면한 전통. **면면-히**ⓟ ¶ 면면히 이어 내려온 오천 년 역사.
면ː모(免侮) 명하자 모욕을 면함.
면ː모(面毛) 명 얼굴에 난 잔털.
면ː모(面帽) 명 ☞멱목(幎目).
면ː모(面貌) 명 ①얼굴의 모양. 면목. ②사물의 겉모습. ¶ 도시의 면모를 일신(一新)하다.
면모(綿毛) 명 솜털.
면ː목(面目) 명 ①얼굴. 얼굴의 생김새. 면모(面貌). ¶ 면목이 반주그레하다. ㊥미목. ②☞체면(體面). ¶ 면목이 서다. ③사물의 상태, 또는 모양. ¶ 면목을 새롭게 하다.
면목(이) 없다관용 부끄러워 남을 대할 낯이 없다. ¶ 신신당부하던 일을 지키지 못하여 면목이 없다.
면ː목부지(面目不知) [-뿌-] 명하자 서로 얼굴을 전혀 모름. ¶ 면목부지의 젊은이가 찾아왔다.
면ː-무식(免無識) 명하자 겨우 무식이나 면함.
면ː-무안(免無顔) 명하자 겨우 무안을 면함.
면ː무인색(面無人色) 명하형 (몹시 놀라거나 두려워서) 얼굴에 핏기가 없음. 면여토색(面如土色).
면ː문(免問) 명하자 문책이나 처벌을 면함.
면ː민(面民) 명 면(面)의 주민.
면밀(綿密) '면밀하다'의 어근.
면밀-하다(綿密-) ⓗⓨ 자세하여 빈틈이 없다. ¶ 면밀한 계획. /면밀하게 분석하다. ㊥심밀(深密)하다·치밀(緻密)하다. **면밀-히**ⓟ ¶ 면밀히 조사하다.
면ː-바르다(面-) [~바르니·~발라] ⓗⓡ 거죽이 반듯하다.
면ː박(面駁) 명하타 얼굴을 마주하여 꾸짖거나 논박함. ¶ 면박을 당하다. /면박을 주다. ㊥면질(面叱).
면-발(麵-) [-빨] 명 ☞국숫발.
면방(綿紡) 명 ☞면방적(綿紡績).
면-방적(綿紡績) 명 목화 섬유를 가공하여 실을 뽑는 일. 면방.
면-방직(綿紡織) 명 목화 섬유에서 뽑은 실을 원료로 하여 천을 짜는 일.
면-방추(綿紡錘) 명 무명실을 감는 방추.
면ː백(免白) 명하자 〈면백두(免白頭)〉의 준말.

면ː-백두(免白頭)[-뚜][명][하자] 〔민머리를 면하였다는 뜻으로〕 늘그막에야 겨우 변변치 못한 벼슬을 함. [준]면백(免白).
면ː벌(免罰)[명][하자] 벌을 면함.
면ː-빗(面-)[-빋][명] 활 도고지의 거죽을 싼 벚나무의 껍질. ＊면ː빗이[-버지]·면ː빗만[-번-]
면ː벽(面壁)[명][하자] 불교에서, 벽을 마주하고 앉아 참선하는 일.
면ː-벽돌(面甓-)[-똘][명] 건물의 표면에 쌓는, 질이 좋은 벽돌.
면병(麵餠)[명] 가톨릭에서, 미사 때 성체(聖體)를 이루기 위해 쓰는 밀떡.
면보(麵麭)[명] '면포(麵麭)'의 방언.
면ː-보다(面-)[자] 체면을 차리다.
면ː복(冕服)[명] 임금의 정복(正服), 곧 면류관(冕旒冠)과 곤룡포(袞龍袍).
면복(綿服)[명] 솜옷.
면ː복(緬服)[명] 부모의 면례(緬禮) 때 입는 시마복(緦麻服).
면봉(綿棒)[명] 끝에 솜을 말아 붙인, 가느다란 막대.
면ː부(面部)[명] 얼굴 부분.
면ː부득(免不得)[명][하자] 아무리 애를 써도 면할 수가 없음.
면ː분(面分)[명] 얼굴이나 아는 정도의 사귐.
면-비로ː드(綿←veludo)[명] 무명실을 섞거나 무명실만으로 비로드처럼 짠 천.
면ː-빗(面-)[-빋][명] 살쩍을 빗어 넘기는 작은 빗. 면소(面梳). ＊면ː빗이[-비시]·면ː빗만[-빈-]
면ː사(免死)[명][하자] 죽음을 면함.
면ː사(面謝)[명][하타] 직접 만나서 사과하거나 감사의 뜻을 나타냄.
면사(綿絲)[명] 무명실.
면ː-사무소(面事務所)[명] 한 면의 행정을 맡아보는 곳. [준]면소(面所).
면ː사-포(面紗布)[명] 결혼식 때 신부가 머리에 쓰는 흰 천. ¶ 면사포를 쓰다.
면ː상(面上)[명] 얼굴. 얼굴의 바닥.
면ː상(面相·面像)[명] ①얼굴의 생김새. 용모(容貌). ②관상에서 이르는 얼굴의 상(相).
면ː상(面象)[명][하자] 장기에서, 궁(宮)의 바로 앞 밭에 상(象)을 놓는 일, 또는 그렇게 놓인 상.
면ː상(面像)[명] 사람의 얼굴 모습만을 본떠 만든 석상이나 동상.
면상(麵床)[명] (밥 대신) 국수류를 주식(主食)으로 하여 차린 상.
면ː상-육갑(面上六甲)[-뉵깝][명][하자] 얼굴을 보고 그 사람의 나이를 짐작함.
면상-필(-筆)[명] 붓의 한 가지. 잔글씨를 쓰는 데 쓰임.
면ː-새(面-)[명] ①물건의 평평한 겉모양. ②〈체면(體面)〉의 속된 말. ¶ 면새도 제대로 차리지 못하는 주제에….
면ː색(面色)[명] 얼굴빛. 안색.
면서[조] 모음으로 끝난 체언에 붙어, 둘 이상의 사실을 아울러 나타내는 연결형 서술격 조사. ¶ 나는 한 남자의 아내면서 두 딸의 어머니다. [준]며. [참]이면서.
-면서[어미] 모음이나 'ㄹ'로 끝난 어간 또는 높임의 '-시-'에 붙는 연결 어미. ①둘 이상의 동작이나 상태 따위가 동시에 겸하여 있음을 나타냄. ¶ 밥을 먹으면서 신문을 본다. [준]-며. ②둘 이상의 동작이나 상태가 서로 맞서는 관계에 있음을 나타냄. ¶ 모르면서 아는 척한다. [참]-으면서.

면ː-서원(面書員)[명] 조선 시대에, 각 고을에 딸리어 각 면(面)의 조세를 거두어들이는 일을 맡아보던 아전.
면ː세(免稅)[명][하타][되자] 세금을 면제함.
면ː세(面稅)[-쎄][명] 지난날, 면에서 면민에게 매기어 거두던 지방세.
면ː세(面勢)[명] ①겉으로 드러나는 모양, 또는 형세. ②(행정 단위로서의) 면(面)의 형세.
면ː세-점(免稅店)[명] 면세품을 파는 가게.
면ː세-점(免稅點)[-쩜][명] 담세력(擔稅力)이 약한 대상을 위하여 세금을 면제할 때의 그 기준이 되는 한도.
면ː세-품(免稅品)[명] ①세금이 면제되는 상품. ②관세가 면제되는 수출입품.
면ː소(免訴)[명][하타][되자] 기소된 형사 피고 사건에서, 공소권(公訴權)이 없어져 기소를 면제하는 일. 공소 시효의 완성, 확정 판결, 사면, 법령 개폐 등의 경우에 발생함.
면ː소(面所)[명] 〈면사무소〉의 준말.
면ː소(面梳)[명] ☞면빗.
면ː소(面訴)[명][하타] 직접 만나서 하소연함.
면ː수(免囚)[명] 형기를 마치고 석방된 사람.
면ː수(俛首)[명][하자] 머리를 숙임.
면ː수(面數)[-쑤][명] 물체의 면이나 책 따위의 면의 수효.
면ː숙(面熟)[명][하형] 낯이 익음.
면ː술(面述)[명][하타] 마주 대하여 자세히 말함. 면진(面陳).
면ː시(免試)[명][하타][되자] 시험을 면하거나 면제함.
면ː시(面試)[명][하타] 마주 대하여 시험해 봄.
면ː식(面識)[명] (이전에 만난 적이 있어서) 서로 얼굴을 앎. ¶ 면식이 없는 사람.
면식(眠食)[명][하자] 자고 먹는 일. 침식(寢食).
면ː식-범(面識犯)[-뻠][명] 피해자와 서로 얼굴을 아는 사이인 범인. ¶ 이번 사건은 면식범의 소행이 틀림없다.
면ː신(免新)[명][하자] 조선 시대에, 새로 부임한 관원이 전부터 있던 관원에게 한턱내던 일. 면신례.
면ː신-례(免新禮)[-녜][명][하자] ☞면신. [참]허참례(許參禮).
면실(綿實·棉實)[명] 목화의 씨. 면화씨.
면실-유(綿實油)[-류][명] 목화(木花)의 씨에서 짠 기름.
면ː-싸대기(面-)[명] 〈낯〉의 속된 말.
면ː-안(面-)[명] (집 칸살이나 나무 그릇 따위의 넓이를 잴 때) 안쪽으로 마주 대한 끝과 끝의 사이.
면ː안(面眼)[명] ☞안목(眼目).
면ː알(面謁)[명][하자·타] 만나 뵘. 배알(拜謁).
면ː앙(俛仰)[명][하타] ☞부앙(俯仰).
면ː앙정-가(俛仰亭歌)[명] 조선 중종 때 송순(宋純)이 지은 가사. 향리인 담양(潭陽)에 면앙정을 짓고, 그 주변의 아름다운 경치와 그곳에서의 생활을 노래한 내용.
면ː액(免厄)[명][하자] 재앙을 벗어남.
면ː약(面約)[명][하자·타] 직접 만나서 약속함.
면양(緬羊·綿羊)[명] 솟과의 가축. 초식 동물로 성질이 순하며 무리를 지어 지냄. 털과 고기를 이용하려고 치는데, 온몸에 가늘고 곱슬곱슬한 털이 빽빽이 남. 털은 모직의 원료로 쓰이고, 고기와 가죽도 널리 이용됨. 양(羊).
면ː어(面語)[명][하자·타] ☞면담(面談).
면업(綿業)[명] 면(綿)을 재료로 하는 방적(紡績)이나 직조(織造) 따위의 공업.

면ː여토색(面如土色)명하형 (매우 놀라거나 크게 두려워하여) 얼굴이 흙빛과 같음. 면무인색(面無人色). ¶ 겁에 질려 면여토색이 되다.

면ː역(免役)명하자되자 ①조선 시대에, 특별한 사람에게 신역(身役)을 면제하던 일. ②병역 따위를 면함. ③죄수가 옥살이를 면함. 제역(除役).

면ː역(免疫)명 ①하타되자사람이나 동물의 몸 안에 들어온 항원(抗原)에 대하여 항체(抗體)가 만들어져, 같은 항원에 대해서는 발병하지 않는 현상. ¶ 면역이 생기다. ②되자같은 일이 되풀이됨에 따라 습관화되는 현상.

면ː역-성(免疫性)[-썽]명 면역이 되는 성질.

면ː역-원(免疫原)명 ☞항원(抗原).

면ː역-전(免役錢)[-쩐]명 조선 시대에, 부역을 면제받기 위하여 관청에 바치던 돈.

면ː역-질(免疫質)[-찔]명 (어떤 질병에 대하여) 면역이 되어 있는 체질.

면ː역-체(免疫體)명 ☞항체(抗體).

면ː역^혈청(免疫血淸)[며녀켤-]명 어떤 병원체(病原體)에 대한 항체(抗體)를 함유하고 있는 혈청. 전염병이나 세균성 질병의 예방에 쓰임. 참혈청 요법.

면연(綿延)명하타 끊임없이 이어서 늘임.

면ː열(面熱)명 (신경 쇠약이나 히스테리·위장병 따위로) 가끔 얼굴이 붉어지고 신열이 나는 병증.

면ː옥(面玉)명 ①☞관옥(冠玉). ②벼룻집이나 손궤 따위 기물의 위를 꾸미는 옥.

면옥(麵屋)명 국숫집.

면ː요(免夭)명하자 〔요사(夭死)를 면했다는 뜻으로〕 '나이 쉰 살을 겨우 넘기고 죽음'을 이르는 말.

면ː욕(免辱)명하자 치욕을 면함.

면ː욕(面辱)명하타 앞에 두고 욕을 함.

면ː우(面友)명 얼굴이나 알고 지내는 벗.

면원(綿遠) '면원하다'의 어근.

면원-하다(綿遠-)형여 세대의 이어짐이 오래도록 끊임이 없다.

면ː유(面諭)명하타 얼굴을 맞대하여 타이름.

면ː의(面議)[며늬/며니]명하타 얼굴을 맞대하여 의논함.

면의(綿衣)[며늬/며니]명 ①솜옷. ②무명옷.

면ː임(面任)명 조선 시대에, 지방의 동리에서 호적이나 기타의 사무를 맡아보던 사람.

면자(麵子)명 국수.

면자-전(綿子廛·棉子廛)명 조선 시대에, 솜을 팔던 시전(市廛). 면화전(綿花廛).

면작(綿作·棉作)명 목화 농사.

면ː장(免狀)[-짱]명 ①〈면허장(免許狀)〉의 준말. ②〈사면장(赦免狀)〉의 준말.

면ː장(面長)명 면의 행정을 주관하는 책임자.

면ː장(面帳)명 앞을 가리는 휘장.

면ː장(面墻)명 ①집의 앞쪽에 쌓은 담. ②〔울타리를 대한다는 뜻으로〕 '앞날을 내다보지 못함' 또는 '견식이 좁음'을 비유하여 이르는 말.

면-장갑(綿掌匣)명 무명실로 짠 장갑. 목장갑.

면ː장우피(面張牛皮)명 〔얼굴에 소가죽을 발랐다는 뜻으로〕 '몹시 뻔뻔스러운 사람'을 두고 이르는 말. 철면피(鐵面皮).

면장-탕반(麵醬湯飯)명 ☞국수장국밥.

면ː쟁-기단(面爭其短)명하자 눈앞에서 결점이나 잘못을 간(諫)함.

면ː적(面積)명 한정된 평면이나 구면(球面)의 크기. 넓이.

면ː적-계(面積計)[-꼐/-께]명 면적을 재는 기계.

면ː적-그래프(面積graph)명 여러 가지 수량의 관계를 면적으로 나타내는 도표.

면ː적^속도(面積速度)[-쏙또]명 운동하는 물체와 운동의 중심점을 잇는 직선이 운동에 따라 이루는 면적의 시간적 변화의 비율.

면ː전(面前)명 보고 있는 앞. 눈앞. ¶ 면전에서 크게 나무라다.

면ː전(面傳)명하타 직접 만나서 전하여 줌.

면전(緬甸)명 '미얀마'의 한자음 표기.

면ː절(面折)명하타 바로 마주 대하여 잘못이나 결점을 꾸짖음.

면ː절-정쟁(面折廷爭)명하타 임금 앞에서 신책(失策) 따위를 직간(直諫)함.

면ː접(面接)명하자타 ①직접 만나 봄. 면대(面對). ②〈면접시험〉의 준말. ¶ 면접을 보다.

면ː접-시험(面接試驗)[-씨-]명 직접 만나 보고 인품이나 언행 등을 시험하는 일. 준면접. 참구두시험.

면ː정(面疔)명 얼굴에 난 정(疔). 특히, 윗입술과 턱에 잘 생김.

면ː정(面情)명 얼굴이나 알 정도의 정분.

면ː제(免除)명하타되자 (책임이나 의무를) 지우지 아니함. ¶ 병역을 면제하다.

면제(綿製)명 〈면제품(綿製品)〉의 준말.

면ː제-세(免除稅)[-쎄]명 국가에 대한 의무를 면제시켜 준 대신 부과하는 조세.

면-제품(綿製品)명 무명으로 만든 물건. 무명제품. 준면제(綿製).

면ː조(免租)명하타되자 조세(租稅)의 일부 또는 전부를 면제하는 일.

면ː조-지(免租地)명 세금을 면제한 땅. 〔공공용지나 학교 부지·도로 따위.〕

면ː종(面從)명하타 보는 앞에서만 순종함.

면ː종(面腫)명 얼굴에 난 종기나 부스럼을 통틀어 이르는 말. 면창(面瘡).

면ː종(勉從)명하자타 마지못해 복종함.

면ː종-복배(面從腹背)[-빼]명하자 겉으로는 복종하는 체하면서 속으로는 배반함.

면ː종-후언(面從後言)명하자 보는 앞에서는 복종하는 체하면서 뒤에서는 헐뜯고 욕함.

면ː죄(免罪)[-죄/-줴]명하자되자 죄를 면함.

면ː죄-부(免罪符)[-죄-/-줴-]명 ①중세 로마의 가톨릭 교회에서, 신자에게 죄를 사(赦)하는 대가로 금품을 받고 발행하던 증명서. ②'책임이나 죄를 면제해 주는 조치 따위'를 비유하여 이르는 말. ¶ 면죄부를 받다.

면주(綿紬)명 ☞명주(明紬).

면주(麵酒)명 가톨릭에서, 성체(聖體)와 성혈(聖血)을 상징하여 이르는 밀떡과 포도주.

면주-실(綿紬-)명 ☞명주실.

면ː주인(面主人)[-쭈-]명 조선 시대에, 각 고을에 딸리어 여러 고을과 면(面) 사이를 오가며 심부름하던 사람.

면주-전(綿紬廛)명 지난날, 육주비전(六注比廛)의 하나. 명주를 팔던 가게.

면ː-줄(面-)[-쭐]명 장기판의 앞 끝으로부터 셋째 줄, 곧 포(包)를 놓는 줄.

면ː지(面紙)명 ①불교에서, 위패(位牌)에 쓴, 죽은 사람의 이름을 가리는 오색 종이를 이르는 말. ②책의 앞뒤 표지와 속표지 사이의 종이. 한쪽은 표지 안쪽에 붙어 있음.

면ː직(免職)명하타되자 ①일하던 자리에서 물러나게 함. ②공무원을 그 직위에서 물러나게 함. 면관(免官). 해임(解任). 해직(解職).

면직(綿織)명 〈면직물〉의 준말. 목면직(木綿織).
면직-물(綿織物)[-징-]명 무명실로 짠 피륙. 준면직.
면:진(面陳)명하타 ☞면술(面述).
면:질(面叱)명하타 마주 대하여 꾸짖음. 비면박(面駁).
면:질(面質)명하자 ☞무릎맞춤.
면:창(面瘡)명 ☞면종(面腫).
면:책(免責)명하타되자 책임이나 책망을 면함. ¶ 면책 사유.
면:책(面責)명하타 마주 대하여 책망함. 면척(面斥). ¶ 잘못을 면책하다.
면:책^특권(免責特權)[-꿘]명 국회의원이 국회에서 직무상 행한 발언과 표결에 대해서는 국회 밖에서 책임을 지지 않는 특권.
면:책^행위(免責行爲)[-채캥-]명 채무자 또는 채무자를 대신하는 제삼자가 면책을 위하여 하는 변제(辨濟)·공탁(供託)·대물 변제(代物辨濟) 등의 행위를 통틀어 이르는 말.
면:척(面斥)명하타 ☞면책(面責).
면:천(免賤)명하자타되자 천민의 신분을 면하고 평민이 됨, 또는 그렇게 해 주던 일.
면:청(面請)명하타 직접 대하여 청함.
면:추(免醜)명하자 (여자의 얼굴이) 못났다 할 정도를 겨우 면함.
면:출(免黜)명하타되자 벼슬을 갈아서 그 지위를 떨어뜨림.
면:-치레(面-)명하자 겉으로만 꾸며 체면을 세움. 사당치레. 외면치레. 이면치레.
면:탁(面託)명하타 직접 대하여 부탁함.
면:탈(免脫)명하타 (죄 따위를) 벗음.
면:파(面破)명하타 직접 만나서 약속 따위를 파기(破棄)함.
면:-판(面-)명 〈낯〉의 속된 말.
면:포(面包)명하자 장기에서, 궁(宮)의 앞 밭에 포를 놓는 일, 또는 그렇게 놓인 포.
면포(綿布)명 ☞무명.
면포(麵麭)명 개화기 때에, '빵'을 이르던 말.
면포-전(綿布廛)명 지난날, 육주비전(六注比廛)의 하나. 무명을 팔던 가게. 백목전(白木廛).
면-포플린(綿poplin)명 날과 씨를 주란사실이나 면사(綿絲)로 짜서 실켓(silket) 가공으로 완성시킨 직물.
면:품(面稟)명하타 직접 뵙고 말씀드림.
면:피(免避)명하자타 모면하여 피함.
면:피(面皮)명 낯가죽.
면:-하다(面-)자타여 (어떤 대상이나 방향을) 똑바로 향하다. ¶ 바다에 면하여 있는 마을. /도로를 면한 쪽.
면:-하다(免-)타여 ①(책임이나 의무를) 지지 않게 되다. ¶ 병역의 의무를 면하다. /책임을 면하다. ②(어떤 일을) 당하지 않게 되다. ¶ 화를 면하다. ③(어떤 처지나 고비를) 벗어나다. ¶ 셋방살이를 면하다. /가까스로 낙제점을 면하고 진급했다.
면:학(勉學)명하자 학문에 힘씀.
면:한(面汗)명 얼굴에서 나는 땀.
면:한(面寒)명 한방에서 이르는, 신경증(神經症)의 한 가지. 히스테리나 위경(胃經)의 한습(寒濕)으로 얼굴이 써늘해지는 병.
면:행(勉行)명하타 힘써 행함.
면:허(免許)명하타되자 ①국가 기관에서, 특정의 행위나 영업을 할 수 있도록 허가하는 일. ②특정 기관에서, 어떤 기술 자격을 인정하여 줌, 또는 그 자격. ¶ 자동차 운전 면허.
면:허(面許)명하타되자 보는 앞에서 허락함.
면:허-세(免許稅)[-쎄]명 특정의 행위나 영업을 면허할 때 부과하는 세금.
면:허^어업(免許漁業)명 면허에 의하여 어업권이 주어지는 어업. 〔양식(養殖) 어업이나 정치(定置) 어업 따위.〕
면:허^영업(免許營業)명 면허를 받아야만 할 수 있는 영업. 〔변호사나 공증인·세무사·약사·의사의 영업 따위.〕
면:허-장(免許狀)[-짱]명 ☞면허증. 준면장.
면:허-증(免許證)[-쯩]명 국가 기관에서, 면허의 내용이나 사실을 적어서 내주는 문서. 면허장.
면:호(免戶)명하자 지난날, 호세(戶稅)의 부과를 면하던 일.
면:화(免禍)명하자 재앙을 면함.
면:화(面話)명하자타 ☞면담(面談).
면화(綿花·棉花)명 ☞목화(木花).
면화-씨(綿花-)명 ☞면실(綿實).
면-화약(綿火藥)명 ☞솜화약.
면화-전(綿花廛)명 ☞면자전(綿子廛).
면:환(免鰥)명하자 (아내를 얻어) 홀아비의 처지를 면함.
면:회(面灰)[-회/-훼]명하타 담이나 벽의 겉에 회를 바름, 또는 그 회.
면:회(面會)[-회/-훼]명하타 (찾아가거나 찾아온 사람을) 만나 봄. ¶ 면회 장소. /면회 사절. /군(軍)에 있는 아들을 면회 가다.
면:회-실(面會室)[-회-/-훼-]명 면회하는 사람을 위하여 따로 마련한 방.
면:회^흙손(面灰-)[-회흑쏜/-훼흑쏜]명 담이나 벽에 회(灰)를 바를 때 쓰이는, 박달나무 따위로 만든 흙손.
면:흉(免凶)명하자 겨우 흉년을 면함.
멸각(滅却)명하타되자 없애 버림.
멸공(滅共)명하자 공산주의 또는 공산주의자를 멸망시킴.
멸구명 멸굿과의 곤충. 몸길이 2 mm가량. 몸빛은 녹색인데 배와 다리는 황백색임. 농작물과 과수의 해충으로 식물의 줄기 속에 있는 액즙(液汁)을 빨아 먹음.
멸구(滅口)명하타 비밀을 유지하기 위하여 그 일을 아는 사람을 가두거나 죽임.
멸균(滅菌)명하타되자 세균을 죽여 없앰. 살균(殺菌). ¶ 멸균 작용.
멸도(滅度)[-또]명 ①☞열반(涅槃). ②☞입적(入寂).
멸도(滅道)[-또]명 불교에서, 사제(四諦) 가운데 멸제(滅諦)와 도제(道諦)를 아울러 이르는 말.
멸렬(滅裂)명하자 찢기고 흩어져 형체조차 없어짐. ¶ 지리(支離)멸렬.
멸륜패상(滅倫敗常)명하자 오륜(五倫)과 오상(五常)을 깨뜨려 없앰.
멸망(滅亡)명하자되자 망하여 없어짐. ¶ 통일 신라의 멸망. /멸망한 왕조.
멸문(滅門)명하자타되자 한 집안이 멸망하여 없어짐, 또는 멸망시켜 없앰.
멸문지화(滅門之禍)명 멸문을 당하는 큰 재앙. 멸문지환.
멸문지환(滅門之患)명 ☞멸문지화(滅門之禍).
멸법(滅法)[-뻡]명 불교에서, 생멸(生滅)과 변화를 떠나고, 인연에 의하여 생긴 것이 아닌 불변의 진여(眞如)를 이르는 말. 무위법(無爲法).
멸법(蔑法)[-뻡]명하자 법을 업신여김.

멸사-봉공(滅私奉公) [-싸-] 명하자 사심(私心)을 버리고 나라나 공공(公共)을 위하여 힘써 일함.
멸살(滅殺) [-쌀] 명하타되자 씨도 없이 모조리 죽여 없앰.
멸상(滅相) [-쌍] 명 불교에서 이르는, 사상(四相)의 하나. '인연에 의하여 생긴 일체의 존재가 없어짐'을 이르는 말.
멸시(蔑視) [-씨] 명하타되자 남을 업신여김. 깔봄. ¶ 멸시를 당하다. /멸시를 받다.
멸실(滅失) [-씰] 명하자 ①있던 것이 흔적도 없이 사라짐. ②법률에서, '물품이나 가옥 따위가 그 효용을 잃을 정도로 부서짐'을 이르는 말.
멸자(滅字) [-짜] 명 ①인쇄물에서 잉크가 잘 묻지 않거나 하여 없어진 글자. ②닳거나 눌려서 뭉개진 활자.
멸적(滅敵) [-쩍] 명하자 적을 쳐서 없앰.
멸절(滅絕) [-쩔] 명하자·타되자 멸망하여 끊어짐, 또는 멸망시켜 없앰. 멸진(滅盡).
멸제(滅諦) [-쩨] 명 불교에서 이르는, 사제(四諦)의 하나. 깨달음의 목표인 열반의 경지.
멸족(滅族) [-쪽] 명하자·타되자 한 가족이나 종족이 멸하여 없어짐, 또는 멸하여 없앰.
멸종(滅種) [-쫑] 명하자·타되자 (생물의) 한 종류가 아주 없어짐, 또는 아주 없앰. 비절종(絕種).
멸죄(滅罪) [-쬐/-쮀] 명하자 ①불교에서, 부처의 힘을 빌리거나 수행으로써 일체의 죄악을 없애는 일. ②기독교에서, 하나님의 은총이나 참회 등을 통하여 죄를 없애는 일.
멸죄-생선(滅罪生善) [-쬐-/-쮀-] 명 부처의 힘으로, 현세의 죄장(罪障)을 없애고 후세의 선근(善根)을 도움.
멸진(滅盡) [-찐] 명하자·타 ☞멸절(滅絕).
멸치 명 멸칫과의 바닷물고기. 몸길이 13 cm가량. 몸은 원통 모양인데, 등이 검푸르며 배는 은백색임. 말리거나 젓 따위를 만들어 먹음. 행어(行魚).
멸치-젓 [-젇] 명 생멸치로 담근 젓. *멸치젓이 [-저시]·멸치젓만 [-전-]
멸치-조림 명 머리와 내장을 제거한 마른 멸치를 장이나 된장 국물에 넣고 조린 반찬.
멸칭(蔑稱) 명하타 경멸하여 일컬음, 또는 그러한 칭호(稱號).
멸퇴(滅退) [-퇴/-퉤] 명하타 남김없이 쳐서 물리침.
멸패(滅霸) 명하타 ①바둑에서, 상대가 쓸 팻감을 미리 없애 버림. ②폐단이 생길 만한 자리를 미리 막아 버림.
멸-하다(滅-) 자타여 쳐부수어 없어지다, 또는 그렇게 하다. ¶ 삼족(三族)을 멸하던 악습.
멸후(滅後) 명 ①망한 뒤. ②불교에서, '부처의 사후(死後)'를 이르는 말.
몃구다 타 〈옛〉 메우다. ¶ 몃굴 뎐:塡(類合下56).
몃덛 부 〈옛〉 어느새. 바로. 벌써. ¶ 來日이 또 업스랴 봄밤이 몃덛 새리(古時調).
명ː 명 〈무명〉의 준말.
명(名) Ⅰ 명 이름.
Ⅱ 의 사람의 수효를 나타내는 말. ¶ 15명. /두 명.
명(明) 명 중국 왕조의 하나. 주원장(朱元璋)이 원(元)나라를 멸망시키고 세운 나라. 〔1368~1644〕
명ː(命) 명 ①목숨. ¶ 명이 짧다. /명이 다하다. ②〈운명(運命)〉의 준말. ③〈명령(命令)〉의 준말. ¶ 임금의 명을 받들다. ④〈임명(任命)〉의 준말.
명(銘) 명 ①하타 금석(金石) 따위에 새겨 남의 공덕을 기리거나 사물의 내력을 밝힘, 또는 그 글. ②기물(器物) 따위에 새기거나 쓴 제작자의 이름. ③마음에 새기거나 글로 써 놓고 교훈으로 삼는 글귀. ¶ 좌우(座右)의 명.
명-(名) 접두 《일부 명사 앞에 붙어》 '뛰어난'·'유명한'의 뜻을 나타냄. ¶ 명문구. /명배우. /명선수. /명승부.
명가(名家) 명 ①☞명문(名門). ②어떤 일에 뛰어나 이름이 난 사람. 명인(名人). ¶ 명가의 솜씨. ③중국의 제자백가(諸子百家)의 한 가지. 명실 합일(名實合一)을 주장하고, 법술(法術)과 권세를 중시한 학파.
명가(名價) [-까] 명 세상에 알려진 명예나 평판.
명가(冥加) 명 눈에 보이지 않는, 신불(神佛)의 가호(加護). 명조(冥助).
명-가수(名歌手) 명 이름난 가수.
명가-자제(名家子弟) 명 명망이 높은 집안의 자제.
명각(銘刻) 명하타 ①☞각명(刻銘). ②마음에 깊이 새김.
명간(銘肝) 명하타 ☞명심(銘心).
명감(明鑑) 명 ①〔'맑은 거울'이라는 뜻으로〕 훌륭한 본보기. ②뛰어난 식견. ③분명한 감정(鑑定).
명감(冥感) 명하자 은연중에 감응(感應)함.
명감(銘感) 명하타 ☞명사(銘謝).
명-감독(名監督) 명 이름난 감독. 뛰어난 감독.
명개 명 갯가나 흙탕물이 지나간 자리에 앉은 검고 보드라운 흙.
명거(明渠) 명 땅 위에 시설한, 뚜껑을 덮지 않은 배수로. 개거(開渠). ↔암거(暗渠).
명ː건(命巾) 명 ☞명다리.
명검(名劍) 명 이름난 칼. 좋은 칼.
명검(名檢) 명하타 말과 행동을 윤리에 어긋나지 않도록 조심함.
명견(名犬) 명 혈통이 좋은 개. 이름난 개.
명견(明見) 명 ①밝은 식견(識見). ②(사물을) 현명하게 관찰함.
명견-만리(明見萬里) [-말-] 명하자 〔만리 밖의 일을 환하게 알고 있다는 뜻으로〕 관찰력이나 판단력 따위가 날카롭고 정확함을 이르는 말.
명결(明決) 명하타 ☞명단(明斷).
명경(明經) 명하자 ☞강경(講經).
명경(明鏡) 명 맑은 거울.
명경(冥境) 명 ☞명도(冥途).
명경-과(明經科) [-꽈] 명 ①조선 시대, 식년 문과(式年文科) 초시의 한 분과. 생원과라고도 하였음. ②고려 시대에, 경전으로 시험하던 과거의 한 분과.
명경-대(明鏡臺) 명 불교에서 이르는, 저승길의 입구에 있다는 거울. 그 앞을 지나는 이의, 생전에 행한 착한 일과 악한 일을 사실과 똑같이 보여 준다고 함.
명경-지수(明鏡止水) 명 〔'맑은 거울과 고요한 물'이라는 뜻으로〕 맑고 고요한 심경(心境)을 이르는 말.
명계(冥界) [-계/-게] 명 ☞명도(冥途).
명고(鳴鼓) 명하타 ①북을 울림. ②조선 시대에, 성균관 유생 가운데 죄를 지은 사람이 있을 때, 북에 그 이름을 써 붙이고, 관(館) 안으로 치고 돌아다니며 널리 알리던 일.
명곡(名曲) 명 뛰어난 악곡. 유명한 악곡.

명공(名工)명 이름난 장인(匠人). 명장(名匠).
명공(名公)명 뛰어난 재상. 유명한 재상.
명공-거경(名公巨卿)명 이름난 재상(宰相)과 높은 벼슬아치.
명과(銘菓)명 전통 있는 제과 업체에서, 독특한 방법으로 만들어 그 업체의 상표를 붙인 과자류.
명과기실(名過其實)명하형 이름은 크게 났으나 실상은 그만 못함. 참명불허전.
명ː과-학(命課學)명 ①운명이나 길흉 등에 관한 학문. ②조선 시대, 음양과(陰陽科) 초시(初試)의 시험 과목.
명관(名官)명 이름난 관리. 뛰어난 관리.
명관(明官)명 선정(善政)을 베푸는 관리.
명ː관(命官)명 ①조선 시대에, 전시(殿試)를 주재하던 시험관. ②왕이 직접 임명한 벼슬아치.
명관(冥官)명 저승의 관원, 곧 염마청(閻魔廳)의 관원.
명관(鳴管)명 ☞울대[2].
명광(明光)명 밝은 빛.
명교(名教)명 ①하타인륜의 명분을 밝히는 가르침. ②☞유교(儒教).
명ː교(命橋)명 ☞명다리.
명구(名句)[-꾸]명 ①뛰어나게 잘 된 글귀. ②유명한 문구.
명구-승지(名區勝地)명 이름난 지역과 경치 좋은 곳. 곧, 명승지.
명국(名局)명 바둑이나 장기 따위의 뛰어난 대전. ¶ 이번 국수전 결승은 근래 보기 드문 명국으로 꼽힌다.
명군(名君)명 이름 높은 군주(君主). 뛰어난 군주. 명왕(名王). 명주(名主).
명군(明君)명 ☞명주(明主).
명궁(名弓)명 ①☞명궁수(名弓手). ②이름난 활. 유서(由緖) 깊은 활.
명ː궁(命宮)명 ①사람의 생년월일시의 방위(方位). ②관상에서, 양미간을 이르는 말.
명-궁수(名弓手)명 활을 잘 쏘기로 이름난 사람. 명궁(名弓).
명귀(名句)명 '명구(名句)'의 잘못.
명귀(冥鬼)명 저승에 있다는 귀신.
명ː근(命根)명 ①생명의 근본. ②☞곧은뿌리.
명금(鳴金)명하자 징이나 나(鑼)·바라 따위를 쳐서 울림.
명금(鳴禽)명 ①고운 소리로 우는 새. ②연작(燕雀)의 무리에 속하는 새.
명기(名妓)명 가무(歌舞)를 잘하고 용모가 아름답기로 이름난 기생.
명기(名技)명 〈명연기(名演技)〉의 준말.
명기(名器)명 진귀한 그릇, 또는 이름난 기물.
명기(明記)명하타되자 똑똑히 밝히어 적음. ¶ 민법에 명기되다.
명기(明氣)명 ①맑고 아름다운 산천의 기운. ②명랑하고 환한 얼굴빛.
명기(明器)명 고대 중국에서, 무덤에 부장(副葬)하기 위하여 만든 토기·자기 등의 기물(器物).
명ː기(命期)명 수명의 기한.
명기(銘記)명하타 마음에 새기어 잊지 않음. 명심(銘心).
명기(銘旗)명 ☞명정(銘旌).
명낭(鳴囊)명 ☞울음주머니.
명년(明年)명 ☞내년(來年).
명년-도(明年度)명 다음해의 연도. 내년도.
명념(銘念)명하타 ☞명심(銘心).
명ː-다리(命-)[-따-]명 신불(神佛)을 모신 단(壇) 앞의 천장 가까운 곳에, 발원(發願)한 사람의 생년월일을 적어 매다는 모시나 무명. 명건(命巾). 명교(命橋).
명단(名單)명 관계자의 이름을 적은 표. ¶ 합격자 명단. /명단을 공개하다.
명단(明旦)명 내일 아침. 명조(明朝).
명단(明斷)명하자 분명하게 판단을 내림, 또는 그 판단. 명결(明決). ¶ 명단을 내리다.
명달(明達)명하형 사리(事理)에 밝고 하는 일에 막힘이 없음.
명담(名談)명 ①누구나 공감할 수 있는 훌륭한 말. ②유명한 격담(格談).
명답(名答)명 매우 잘한 대답. 꼭 알맞은 답. ¶ 그 대답이 과연 명답이다.
명답(明答)명하타 (의문의 여지가 없이) 분명히 대답함, 또는 분명한 대답.
명당(明堂)명 ①풍수지리에서 이르는, 좋은 묏자리나 집터. ②무덤 바로 앞의 평지. ③관상에서, 사람의 '이마'를 이르는 말. ④지난날, 임금이 조현(朝見)을 받던 궁전. ⑤마음에 꼭 들거나 썩 알맞은 터(자리). ¶ 여름철의 야영지로는 이 계곡이 명당이지.
명당-자리(明堂-)[-짜-]명 명당인 곳.
명당-자손(明堂子孫)[-짜-]명 명당자리에 묻힌 사람의 자손.
명덕(明德)명 ①공명정대한 덕행. ②더러워지지 않은 본디의 천성. ¶ 명덕을 밝히다.
명도(名刀)명 이름난 좋은 칼.
명도(明度)명 색의 밝고 어두운 정도.
명도(明渡)명하타 건물이나 토지 따위를 남에게 넘겨줌.
명도(明圖)명 ①무당이 신으로 받드는 청동(青銅) 거울. 명두(明斗). ②☞태주.
명ː도(命途)명 ☞명수(命數).
명도(冥途)명 불교에서, 사람이 죽어서 간다는 영혼의 세계. 명경(冥境). 명계(冥界). 명부(冥府). 명토(冥土). 저승.
명도(銘刀)명 명(銘)이 새겨져 있는 칼.
명도^신청(明渡申請)명 남이 점유하고 내주지 않는 건물이나 토지를 소유권자인 자기에게 넘겨주도록 법원에 신청하는 일.
명도-전(明刀錢)명 중국 춘추 전국 시대에 사용했던 청동 화폐의 한 가지. 작은 칼 모양인데 '明' 자와 비슷한 무늬가 있음.
명동(鳴動)명하자 울리어 진동함. ¶ 지진으로 온 도시가 명동하다.
명두(明斗)명 ☞명도(明圖).
명란(明卵)[-난]명 명태의 알.
명란(鳴鑾)[-난]명 임금의 수레에 다는 방울.
명란-젓(明卵-)[-난젇]명 명태의 알로 담근 젓. *명란젓이[-난저시]·명란젓만[-난전-]
명랑(明朗)[-낭]명하형스형 ①맑고 밝음. ¶ 명랑한 아침. ②밝고 쾌활함. ¶ 명랑한 웃음. 명랑-히부. 명랑스레부.
명려(明麗)명 '명려하다'의 어근.
명려-하다(明麗-)[-녀-]형여 (산수의 경치가) 새뜻하게 아름답다.
명ː령(命令)[-녕]명 ①하타윗사람이 아랫사람에게 시킴, 또는 그 말. ¶ 공격 명령을 내리다. 준명(命)·영(令). ②행정 기관이 법률을 실시하기 위하여 제정하는 규칙. 〔대통령령이나 부령(部令) 따위.〕 ③행정 기관이 특정인에게 부과하는 구체적인 처분. ④재판장 및 수명(受命) 법관 등이 그의 권한에 속하는 일에 관하여 하는 재판. ⑤하타컴퓨터에서, 동작을 지정함, 또는 그런 일.

명령(螟蛉) [-녕] 명 ①빛이 푸른 나방과 나비류의 유충. ②☞명령자(螟蛉子).

명:령-권(命令權) [-녕꿘] 명 명령을 내릴 수 있는 권한.

명:령^규범(命令規範) [-녕-] 명 단순히 명령 또는 금지를 정한 규범. 〔경찰 법규 따위.〕

명:령-문(命令文) [-녕-] 명 ①명령의 내용을 적은 글. ②서술어에 따른 문장 갈래의 한 가지. 말하는 이가 듣는 이에게 무엇을 시키거나 어떻게 하라는 내용의 문장. 용언의 명령형 종결 어미로 끝맺는 형식. 〔'빨리 가.', '이리 와.' 따위.〕

명:령-법(命令法) [-녕뻡] 명 문장에서 종결 어미에 나타나는 서법의 하나. 명령형 종결 어미를 써서, 말하는 이가 듣는 이에게 무엇을 시키거나 행동을 요구하는 뜻을 나타내는 표현 방법. 〔'민족의 정당한 의사를 쾌히 발표하라!' 하는 따위.〕

명:령-서(命令書) [-녕-] 명 명령의 내용을 적은 문서.

명:령-어(命令語) [-녕-] 명 컴퓨터에 연산이나 일정한 동작을 명령하는 기계어.

명령-자(螟蛉子) [-녕-] 명 〔나나니벌이 명령을 업어 기른다는 뜻에서〕 '타성(他姓)에게서 맞아들인 양자'를 비유하여 이르는 말. 명령(螟蛉). 양아들.

명:령-조(命令調) [-녕쪼] 명 명령하는 듯한 말투. ¶ 하는 말마다 명령조다.

명:령^항:로(命令航路) [-녕-노] 명 정부가 보조금을 주거나 면세 등의 혜택을 주면서 해운업자에게 운항을 명령하는 항로.

명:령-형(命令形) [-녕-] 명 종결 어미의 한 갈래. 말하는 이가 듣는 이에게 어떤 행동을 지시하는 형식. 〔'-아라·-게·-오·-ㅂ시오·-십시오·-려무나·-지요·-아요' 따위.〕

명론(名論) [-논] 명 유명한 논문이나 이론, 또는 뛰어난 언론.

명론-탁설(名論卓說) [-논-썰] 명 우수한 논문과 탁월한 학설.

명료(明瞭) '명료하다'의 어근.

명료-성(明瞭性) [-뇨썽] 명 분명하고 뚜렷한 성질.

명료-하다(明瞭-) [-뇨-] 형여 분명하고 똑똑하다. ¶ 표현이 간단하고 명료하다. 비명백하다. **명료-히**부.

명류(名流) [-뉴] 명 이름난 사람들. 명성이 있는 사람들의 무리.

명률(明律) [-뉼] 명 조선 시대에, 형조(刑曹)에 딸린 율학청(律學廳)의 종칠품 벼슬.

명리(名利) [-니] 명 명예와 이익. ¶ 명리를 좇다.

명:리(命理) [-니] 명 하늘이 내린 목숨과 자연의 이치.

명마(名馬) 명 이름난 말. 훌륭한 말.

명막(冥漠) '명막하다'의 어근.

명막-하다(冥漠-) [-마카-] 형여 아득히 멀고 넓다.

명만-천하(名滿天下) 명하자 ☞명문천하.

명망(名望) 명 명성과 인망. ¶ 널리 명망을 떨치다. 비성예(聲譽).

명망-가(名望家) 명 명망이 높은 사람.

명매기 명 ☞칼새.

명:맥(命脈) 명 생명. 목숨. ¶ 전통문화의 명맥이 이어지다.

명면-각지(名面各知) [-찌] 명하자 (같은 사람인 줄 모르고) 이름과 얼굴을 각각 따로 앎.

명멸(明滅) 명하자 ①(불빛 따위가) 켜졌다 꺼졌다 함. 깜박거림. ¶ 밤하늘에 명멸하는 별빛. ②(멀리 있는 물체가) 보였다 안 보였다 함. ¶ 먼 수평선 너머로 명멸하는 어선들.

명:명(命名) 명하타되자 (사람이나 물건 따위에) 이름을 지어 붙임.

명명(明命) 명 신불(神佛)이나 임금에게서 받은 명령, 곧 지상 명령(至上命令).

명명(明明) '명명(明明)하다'의 어근.

명명(冥冥) '명명(冥冥)하다'의 어근.

명-명덕(明明德) 명 '대학(大學)'에서 이르는 삼강령(三綱領)의 하나. 본디 타고난 맑고 밝은 덕성인 '명덕'을 밝힘.

명명백백(明明白白) '명명백백하다'의 어근.

명명백백-하다(明明白白-) [-빼카-] 형여 의심의 여지가 없이 매우 분명하다. ¶ 명명백백한 사실에 이의를 제기하다니! **명명백백-히**부.

명:명-식(命名式) 명 (새로운 사물에) 이름을 지어 붙이는 의식. ¶ 군함의 명명식.

명명-하다(明明-) 형여 ①아주 환하게 밝다. ②너무나 분명하여 의심할 바가 없다. ¶ 사건의 전모가 명명하게 밝혀졌다.

명명-하다(冥冥-) 형여 ①어둑하다. ②나타나지 아니하여 (모양을) 알 수 없다. **명명-히**부.

명모(明眸) 명 〔맑은 눈동자란 뜻으로〕 '미인'을 일컫는 말.

명모-호치(明眸皓齒) 명 〔맑은 눈과 하얀 이라는 뜻으로〕 '미인'을 이르는 말.

명목(名木) 명 ①전해 오는 내력이 있어 이름난 나무. ②품질이 좋은 향나무.

명목(名目) 명 ①물건의 이름. 사물의 호칭. 명호(名號). ②표면상 내세우는 이름. ¶ 명목뿐인 사장. ③표면상의 이유나 구실(口實). 명분. 《주로, '명목으로'의 꼴로 쓰임.》 ¶ 질서를 유지한다는 명목으로 사람들을 거칠게 다루었다.

명목(瞑目) 명 ①하자 눈을 감음. ②죽음.

명목-론(名目論) [-몽논] 명 ☞유명론(唯名論).

명목^소:득(名目所得) [-쏘-] 명 물가에 비하여 소득이 실질적으로 떨어졌을 때의 소득. 〔물가는 오르는데, 소득은 전과 같거나 늘어나도 물가만큼 늘어나지 않은 경우.〕 화폐 소득(貨幣所得).

명목^임:금(名目賃金) 명 화폐 단위로 나타낸 임금. 물가가 올라가면 이 명목 임금은 실질적으로는 떨어지는 것이 됨. 화폐 임금. ↔실질 임금.

명목^자본(名目資本) [-짜-] 명 물적(物的)인 실체 자본에 대하여 투하 자본(投下資本)의 화폐액을 이르는 말. 참실체 자본.

명목-적(名目的) [-쩍] 관명 실속은 없고 이름이나 구실만 있는 (것). ¶ 명목적 가치. /명목적인 이유.

명목^화:폐(名目貨幣) [-모콰폐/-모콰페] 명 실질적 가치와는 관계없이, 표시되어 있는 가격으로 통용되는 화폐. 〔지폐나 은행권 따위.〕

명무(名武) 명 지체 높은 무관.

명문(名文) 명 매우 잘 지은 글. 이름난 글.

명문(名門) 명 ①문벌이 좋은 집안. 명가(名家). 명벌(名閥). ②〈명문교(名門校)〉의 준말. ¶ 사학의 명문. /명문 대학 출신.

명문(名聞) 명 세상의 평판이나 명성(名聲).

명문(明文) 명 ①뚜렷하게 규정된 문구, 또는 조문(條文). ②☞증서(證書).

명문 집어먹고 휴지 똥 눌 놈 속담 법이나 의리를 예사로 어기는 사람을 욕하는 말.

명:문(命門)[명] ①☞명치. ②한방에서, 내장의 생리 작용을 조절하는 물질을 다루는 기관(器官)을 이르는 말.
명문(銘文)[명] ①금석(金石) 따위에 새긴 글. ②마음에 새겨 두어야 할 문구.
명문-가(名門家)[명] 명문에 속하는 집.
명문-거족(名門巨族)[명] 이름난 집안과 크게 번창한 집안. [비]명문대가.
명문-교(名門校)[명] 전통과 역사가 있는 이름난 학교. [준]명문(名門).
명문-대가(名門大家)[명] 훌륭한 문벌의 큰 집안. [비]명문거족.
명문-천하(名聞天下)[명][하자] 이름이 세상에 널리 알려짐. 명만천하(名滿天下).
명문-화(明文化)[명][하타][되자] ①법률의 조문에 명시함. ¶ 법률로서 명문화되어 있다. ②명확히 문서로써 나타냄. ¶ 동창회 규칙을 명문화하다.
명물(名物)[명] ①그 지방의 이름난 산물. 명산물(名産物). ②특유한 것으로 이름이 나 있는 사람이나 사물. ¶ 파리의 명물인 개선문.
명미(明媚) '명미하다'의 어근.
명미롭다(明媚-)[-따][~로우니·~로워][형][ㅂ] 아름답고 고운 데가 있다.
명미-하다(明媚-)[형][여] (자연경관이) 맑고 아름답다. ¶ 풍광(風光)이 명미하다.
명민(明敏) '명민하다'의 어근.
명민-하다(明敏-)[형][여] 총명하고 재빠르다. ¶ 명민한 두뇌. [비]총민(聰敏)하다.
명반(明礬)[명] ☞백반(白礬).
명반-석(明礬石)[명] 알루미늄과 칼륨의 함수(含水) 황산염 광물. 화성암이 변질한 것으로 백반의 원료임.
명-반응(明反應)[명] 광합성 과정에서, 빛을 받아 진행되는 화학 반응. ↔암반응(暗反應).
명-배우(名俳優)[명] 훌륭한 연기로 이름난 배우. [준]명우(名優).
명백(明白) '명백하다'의 어근.
명백-하다(明白-)[-배카-][형][여] 분명하고 뚜렷하다. ¶ 명백한 사실. [비]명료(明瞭)하다. **명백-히**[부].
명벌(名閥)[명] ☞명문(名門).
명벌(冥罰)[명] 신불(神佛)이 내리는 벌.
명법(明法)[-뻡][명] 분명한 법률.
명변(明辯)[명][하자] 명쾌하게 말함, 또는 명쾌한 말솜씨.
명보(名寶)[명] 이름난 보물.
명복(名卜)[명] 이름난 점쟁이.
명:복(命服)[명] 사대부의 정복(正服).
명복(冥福)[명] ①죽은 뒤 저승에서 받는 복. ¶ 고인(故人)의 명복을 빌다. ②불교에서 이르는, 죽은 뒤에 받는 복덕.
명부(名簿)[명] 관계자의 이름이나 주소·직업 따위를 적어 놓은 장부. 명적(名籍).
명:부(命婦)[명] 왕조 때, '봉작(封爵)을 받은 부인'을 통틀어 이르던 말. 〔내명부와 외명부의 구별이 있었음.〕
명부(冥府)[명] ①☞명도(冥途). 저승. 황천(黃泉). ②사람이 죽어서 심판을 받는다는 저승의 법정(法廷). 명조(冥曹). ¶ 명부의 사자(使者).
명부-전(冥府殿)[명] 절에서, 지장보살(地藏菩薩)을 주로 하여 염라대왕 등 시왕(十王)을 안치한 전각. 시왕전(十王殿).
명-부지(名不知)[명][하자] (얼굴만 알 정도이고) 이름을 모름, 또는 그 정도로만 아는 사람.
명부지-성부지(名不知姓不知)[명][하자] 〔이름도 성도 모른다는 뜻으로〕 전혀 알지 못하는 사람.
명분(名分)[명] ①사람이 도덕적으로 지켜야 할 도리. ¶ 대의(大義)명분. ②표면상의 이유나 구실. 명목(名目). ¶ 명분을 세우다.
명:분(命分)[명] 운명의 분한(分限). 운수(運數).
명불허전(名不虛傳)[명] 〔이름은 헛되이 전하여지는 법이 아니라는 뜻으로〕 명성(名聲)이나 명예(名譽)가 널리 알려진 데는 그럴 만한 실력이나 사실이 있음을 이르는 말. ¶ 명불허전이라, 과연 신필(神筆)이로군.
명사(名士)[명] ①이름난 선비. ②명성이 널리 알려진 사람. ¶ 이번 행사에는 각계의 명사들이 다 참석했다.
명사(名師)[명] ☞명풍(名風).
명사(名詞)[명] 사물의 이름을 나타내는 말. 대명사·수사와 함께 문장에서 체언의 구실을 함. 우리말의 경우, 조사의 도움으로 다른 말과의 문법적 관계를 나타냄. 쓰임에 따라 고유 명사와 보통 명사로, 자립성의 있고 없음에 따라 자립 명사와 의존 명사로 나뉨. 이름씨. [참]체언.
명사(名辭)[명] 논리학에서, 하나의 개념을 나타내고 명제(命題)를 구성할 수 있는 말. 〔주사(主辭)와 빈사(賓辭)로 나뉨.〕
명사(明沙)[명] 썩 곱고 깨끗한 모래. ¶ 명사십리.
명사(明絲)[명] ☞명주실.
명사(銘謝)[명][하타] 마음속에 깊이 새겨 감사함. 감명 깊이 느끼어 사례함. 명감(銘感).
명사(螟嗣)[명] 양아들.
명사-고불(名士古佛)[명] 과거(科擧)의 문과(文科)에 급제한 사람의 아버지를 일컫던 말. [준]고불(古佛).
명사-관(明査官)[명] 조선 시대에, 중요한 사건을 조사하기 위하여 감사(監司)가 특별히 보내던 임시 벼슬아치.
명사-구(名詞句)[-꾸][명] 문장에서 명사와 같은 구실을 하는 구. 〔'백두산까지 뚫린 길을 마구 달리고 싶다.'에서 '백두산까지 뚫린 길' 따위.〕
명-사수(名射手)[명] 총이나 활 따위를 썩 잘 쏘는 사람. ¶ 백발백중의 명사수.
명사-절(名詞節)[명] 문장에서 명사와 같은 구실을 하는 절. 절의 어미가 명사형 어미 '-(으)ㅁ'·'-기'로 되거나, 관형사형 어미 '-는' 뒤에 의존 명사 '것'이 더하여 이루어짐. 〔'올해도 농사가 잘되기를 바랐다.', '내가 바라는 것은 네 건강뿐이다.'에서 '농사가 잘되기', '내가 바라는 것' 따위.〕
명사-형(名詞形)[명] 용언의 활용형의 한 가지. 어간에 명사형 어미 '-(으)ㅁ'·'-기'가 붙어, 문장에서 서술의 기능을 가지면서 명사의 구실을 하는 것. 〔'그는 여전히 놀기보다 공부하기를 더 좋아한다.'에서 '놀기'·'공부하기' 따위.〕
명사형 어:미(名詞形語尾) 전성 어미의 한 가지. 용언의 어간에 붙어 앞의 말에 대한 서술의 기능을 지니면서, 뒤의 말에 대해서는 명사의 구실을 하게 하는 어말 어미. 〔'그의 인품이 원만함을 알았다.', '책을 읽기에 힘쓰다.' 등에서 '원만함'의 '-ㅁ', '읽기'의 '-기' 따위.〕 명사형 전성 어미.
명사형 전:성^어:미(名詞形轉成語尾) ☞명사형 어미.
명산(名山)[명] 이름난 산.
명산(名産)[명] 〈명산물〉의 준말.
명산-대찰(名山大刹)[명] 이름난 산과 큰 절.
명산-대천(名山大川)[명] 이름난 산과 큰 내.

명-산물(名産物)명 어떤 고장에서 나는 이름난 물건. 명물(名物). 준명산(名產).
명-산지(名產地)명 명산물이 나는 곳.
명-삼채(明三彩)명 빨강·녹색·노랑, 또는 빨강·녹색·흰색의 세 가지 유약으로 그림이나 무늬를 나타낸 명나라 때의 자기. 명자삼채(明瓷三彩).
명상(名相)명 ①<명재상(名宰相)>의 준말. ②이름난 관상쟁이.
명상(瞑想·冥想)명하타 고요히 눈을 감고 깊이 생각함, 또는 그 생각. ¶ 명상에 잠기다.
명상-곡(瞑想曲)명 명상적인 기악 소곡(小曲).
명상-록(瞑想錄)[-녹]명 명상을 적은 글.
명상-적(瞑想的)관명 명상을 하는 듯한 (것). ¶ 명상적 깊이를 가진 눈빛. /명상적인 선율.
명색(名色)명 ①어떤 부류에 넣어 부르는 이름. ¶ 명색이 사내라고 오기는 있어서…. ②실속 없이 그럴듯하게 불리는 허울만 좋은 이름. ¶ 실장은 명색일 뿐 온갖 궂은일을 도맡아 한다.
 명색이 좋다관용 실속 없이 이름만 번드르르하다. ¶ 명색이 좋아 사장이지 허수아비나 마찬가지야.
명색(明色)명 밝은 빛. 환한 빛. ↔암색.
명색(瞑色·冥色)명 엷게 어두운 빛. 해질 무렵의 어둑어둑한 빛. 모색(暮色).
명석(明夕)명 내일 저녁.
명석(明晳) '명석하다'의 어근.
명석-하다(明晳-)[-서카-]형여 (생각이나 판단이) 분명하고 똑똑하다. ¶ 명석한 두뇌.
명성(名聲)명 좋은 평판. 명예로운 평판. 성명(聲名). 성문(聲聞). 성예(聲譽). ¶ 명성이 자자하다. 비영명(令名).
명성(明星)명 샛별.
명세(名世)명 세상에 이름이 난 사람.
명세(明細)명하형 분명하고 자세함, 또는 그 내용. 내역(內譯). ¶ 명세를 밝히다. **명세-히**부.
명세-서(明細書)명 하나하나의 내용을 자세히 적은 문서. ¶ 지출 명세서.
명:세지재(命世之才)명 ①세상을 바로잡고 민생을 건질 만한 큰 인재. ②'맹자(孟子)'를 달리 이르는 말.
명소(名所)명 (아름다운 경치나 고적 따위로) 이름난 곳. ¶ 관광 명소.
명:소(命召)명 ①하타조선 시대에, 임금이 신하를 은밀히 불러들이던 일. ②조선 시대에, 임금의 명령을 받고 몰래 입궐하는 의정대신·병조 판서·포도대장·삼군부 대장 등의 관원이 지니던 표. ②명소부(命召符).
명:소-부(命召符)명 ☞명소(命召).
명수(名手)명 (기능이나 기술 등에서) 뛰어난 솜씨를 가진 사람. ¶ 사격의 명수. 비명인.
명수(名數)[1][-쑤]명 사람의 수효. ¶ 참석자의 명수를 세다.
명수(名數)[2][-쑤]명 어떤 단위의 이름을 붙여 나타낸 수치. 〔1 m·10원·다섯 개 따위.〕 ↔무명수(無名數)·불명수(不名數).
명:수(命數)명 ①타고난 수명(壽命). ②운수와 재수. 명도(命途).
명:수-법(命數法)[-뻡]명 수에 각각 알기 쉬운 이름을 붙여 조직적으로 명명(命名)하는 방법. 0~9 및 십(열)·백·천을 기본으로 하고, 만·억·조·경을 보조로 하는 방법이 일반적임.
명-수사(名數詞)명 단위성 의존 명사.
명수죽백(名垂竹帛)[-빽]명 〔'죽백'은 책 또는 역사를 뜻하는 말로〕 이름을 역사에 길이 남김.
명-순응(明順應)명 어두운 곳에서 밝은 곳으로 옮기면, 처음에는 눈이 부시어 안 보이나 차차 순응하여 정상이 되는 현상. ↔암순응(暗順應).
명승(名勝)명 경관(景觀)이 뛰어나 이름난 곳. 명승지. 비경승(景勝).
명승(名僧)명 학덕이 높은 이름난 중.
명승-고적(名勝古跡)명 뛰어난 경치와 역사적인 유적.
명-승부(名勝負)명 경기나 경쟁에서 이기고 지는 것이 멋지게 이루어지는 일. ¶ 명승부를 펼치다.
명승-지(名勝地)명 ☞명승(名勝).
명시(名詩)명 유명한 시. 써 잘 지은 시.
명시(明示)명하타되자 분명하게 가리킴(밝힘). ¶ 계약서에 계약금을 명시하다. ↔암시.
명시(明視)명하타 분명히 봄.
명시^거:리(明視距離)명 눈이 피로를 느끼지 않고 가장 똑똑하게 물체를 볼 수 있는 거리. 〔보통, 책의 경우 건강한 눈은 25 cm 정도임.〕
명시-선(名詩選)명 유명하거나 잘된 시를 모아 엮은 책.
명신(名臣)명 이름난 신하. 훌륭한 신하.
명:-실(命-)[-씰]명 귀신에게 무엇을 빌 때, 밥그릇에 쌀을 담고, 그 가운데 꽂은 숟가락에 잡아맨 실.
명실(名實)명 이름과 실상. 소문과 실제.
 명실 공히관용 알려진 이름과 실제의 내용이 꼭같이. 소문과 실상이 같게. ¶ 명실 공히 경제계의 일인자가 되다.
명실-상부(名實相符)명하형 이름과 실상이 서로 꼭 맞음.
명심(銘心)명하타 마음에 새기어 둠. 명간(銘肝). 명기(銘記). 명념(銘念). 명패(銘佩).
명심-보감(明心寶鑑)명 조선 시대에, 어린이들의 인격 수양을 위해 엮은 한문 교양서.
명심불망(銘心不忘)명하타 마음에 깊이 새겨 두고 잊지 아니함.
명씨-박이다자 (눈병으로) 눈동자에 하얀 점이 생겨 시력을 잃다.
명아(螟蛾)명 ☞명충나방.
명아주명 명아줏과의 일년초. 줄기 높이 1 m가량. 납작한 달걀꼴의 잎이 어긋맞게 나는데, 어린잎은 붉은빛을 띠고, 여름에 황록색 꽃이 이삭 모양으로 핌. 어린잎은 먹을 수 있고 씨는 건위제나 강장제로 쓰이기도 함. 학항초(鶴項草).
명아줏-대[-주때/-줃때]명 명아주의 줄기.
명안(名案)명 훌륭한 안(案). 좋은 생각.
명암(明暗)명 ①밝음과 어두움. ②'기쁨과 슬픔', '행복과 불행'을 비유하여 이르는 말. ¶ 명암이 엇갈리다. /명암이 교차하는 인생. ③그림이나 사진 등에서, 입체감을 느끼게 하는 색의 농담이나 강약.
명암(冥闇) '명암하다'의 어근.
명암-등(明暗燈)명 ①등대에서 항로 표지의 한 가지. 일정한 동안을 두고 밝아졌다 어두워졌다 함. ②일정한 동안을 두고 켜졌다 꺼졌다 하는, 자동차의 회전 신호등.
명암-법(明暗法)[-뻡]명 그림에서, 색채의 농담으로 입체 효과를 나타내는 기법.
명암^순:응(明暗順應)명 명순응과 암순응.
명암-하다(冥闇-)형여 매우 어둡다.
명야(明夜)명 내일 밤.
명:야복야(命也福也)명 연거푸 생기는 행복.
명약(名藥)명 효험이 뛰어난 약. 이름난 약.

명약관화(明若觀火) [-꽌-] 명 하형 불을 보듯이 명백함. 뻔함. ¶ 명약관화한 사실.
명언(名言) 명 ①사리에 들어맞는 훌륭한 말. ②유명한 말. ¶ 명언을 남기다.
명언(明言) 명 하타 분명히 말함, 또는 그 말.
명역(名譯) 명 매우 잘된 번역.
명연(名演) 명 매우 훌륭한 연기(연주·연출).
명-연기(名演技) [-넌-] 명 매우 훌륭한 연기. 준명기(名技).
명예(名譽) 명 ①세상에서 훌륭하다고 인정되는 이름이나 자랑, 또는 그런 존엄이나 품위. ¶ 조국의 명예를 위하여 싸우다. ②《지위나 직명(職名) 앞에 쓰이어》 공적을 기리고, 존경의 뜻을 나타내기 위하여 붙여 주는 호칭. ¶ 명예 회원. /명예 총재.
명예^교ː수(名譽敎授) 명 퇴직한 대학교수로서 교육상으로나 학술상으로 공적이 큰 사람, 또는 학계(學界)에 특별한 공로가 있는 사람에게 주는 교수 칭호.
명예-롭다(名譽-) [-따] [~로우니·~로워] 형ㅂ 명예로 여길 만하다. ¶ 명예로운 죽음. **명예로이** 부.
명예-박사(名譽博士) [-싸] 명 학술 또는 문화 발전에 공헌이 큰 사람에게, 학위 과정 이수나 학위 논문에 관계없이 주는 박사 칭호.
명예-스럽다(名譽-) [-따] [~스러우니·~스러워] 형ㅂ 명예가 될 만하다. **명예스레** 부.
명예-시민(名譽市民) 명 그 시(市)에 거주하는 시민은 아니나, 시의 발전에 크게 이바지하거나 깊은 연고가 있는 사람을 기리기 위하여 시에서 주는 시민 자격.
명예-심(名譽心) 명 명예를 바라는 마음. 명예를 중요시하는 마음.
명예^영사(名譽領事) 명 영사의 직무를 위촉받은 사람. 본국에서 파견되지 않고, 그 나라에 있는 본국 국민이나 접수국(接受國)의 국민 중에서 본국의 위촉을 받아 선임됨.
명예-욕(名譽慾) 명 명예를 얻으려는 욕망.
명예^제대(名譽除隊) 명 전상(戰傷)이나 공상(公傷)에 의한 제대. ↔불명예제대.
명예-직(名譽職) 명 봉급을 받지 아니하고 다만 명예로서 맡은 직분. 참유급직(有給職).
명예^총ː영사(名譽總領事) [-녕-] 명 총영사의 직무를 위촉받은 사람. 본국에서 파견되지 아니하고, 접수국(接受國)에 거주하는 사람 중에서 본국의 위촉을 받아 선임됨.
명예-퇴직(名譽退職) [-퇴-/-퉤-] 명 정년이나 징계에 의하지 않고, 근로자가 스스로 신청하여 직장을 그만두는 일.
명예-형(名譽刑) 명 명예를 박탈하는 것을 내용으로 하는 형벌. 〔작위나 훈장의 박탈, 자격 상실, 자격 정지 따위.〕
명예^훼ː손(名譽毁損) 명 남의 명예에 손상을 입히는 일.
명예^훼ː손죄(名譽毁損罪) [-쬐/-쮀] 명 남의 명예에 손상을 입힘으로써 성립되는 죄.
명오(明悟) 명 가톨릭에서, 사물에 대하여 밝게 깨닫는 일이나 그런 힘을 이르는 말.
명완(命頑) '명완(命頑)하다'의 어근.
명완(冥頑) '명완(冥頑)하다'의 어근.
명ː완-하다(命頑-) 형여 목숨이 모질다.
명완-하다(冥頑-) 형여 사리에 어둡고 완고하다.
명왕(名王) 명 ☞명군(名君).
명왕(明王) 명 ①☞명주(明主). ②불교에서, 악마를 무찌르고 불법을 수호한다는, 무서운 얼굴을 한 신장(神將). 특히, 부동명왕(不動明王)을 이름.
명왕-성(冥王星) 명 태양계에 있는 왜행성. 태양에서의 평균 거리는 약 59억 1000만 km. 지름은 지구의 0.47배, 공전 주기는 248.5년임. 원래 태양계의 아홉 행성 중 하나였으나 2006년부터 왜행성으로 분류됨.
명우(名優) 명 〈명배우〉의 준말.
명ː운(命運) 명 ☞운명(運命).
명월(明月) 명 ①밝은 달. 백월(白月)[1]. ②보름달. 특히, 음력 팔월 보름달.
명월위촉(明月爲燭) 명 밝은 달빛으로 촛불을 대신함.
명월-청풍(明月淸風) 명 밝은 달과 시원한 바람.
명ː위(命位) 명 작은 단위 몇을 모아 다른 등급의 단위를 정하는 일. 〔열 치를 한 자로, 60분을 한 시간으로 하는 따위.〕
명유(名儒) 명 이름난 선비.
명유(明油) 명 들기름에 무명석(無名石)을 넣어서 끓인 기름. 칠을 하거나 물건을 겯는 데 쓰임.
명의(名義) [-의/-이] 명 ①명분과 의리. ②(개인이나 기관의) 문서상의 이름. ¶ 내 명의로 계약하다.
명의(名醫) [-의/-이] 명 병을 잘 고치는, 이름난 의사. 국수(國手). 대의(大醫). 참양의(良醫).
명의(明衣) [-의/-이] 명 염습(殮襲)할 때, 죽은 이에게 맨 먼저 입히는 옷.
명의^개ː서(名義改書) [-의-/-이-] 명 권리자가 변경되었을 때, 증권상 또는 장부상의 명의를 바꾸는 일. 명의 변경.
명의^변ː경(名義變更) [-의-/-이-] 명 ☞명의 개서.
명의-인(名義人) [-의-/-이-] 명 권리자 또는 법률상의 행위자 등으로서 표면상 이름을 내세운 사람.
명이(明夷) 명 〈명이괘(明夷卦)〉의 준말.
명이-괘(明夷卦) 명 육십사괘의 하나. 곤괘(坤卦)와 이괘(離卦)를 위아래로 놓은 괘. 밝음이 땅속으로 들어감을 상징함. 준명이(明夷).
명이-주(明耳酒) 명 ☞귀밝이술.
명인(名人) 명 어떤 기예에 뛰어나 유명한 사람. 달인. 명가(名家). ¶ 대금의 명인. 비명수(名手).
명일(名日) 명 명절·국경일 등을 두루 이르는 말.
명ː일(命日) 명 ☞기일(忌日).
명일(明日) 명 ☞내일. ↔작일(昨日).
명자(名字) [-짜] 명 ①이름 자(字). ②세상에 널리 소문난 평판. ¶ 명자가 나다. ③널리 알려진 이름.
명자(名刺) 명 ☞명함(名銜).
명자(明瓷) 명 명나라 때의 자기(瓷器).
명자-나무(←榠樝-) 명 장미과의 낙엽 활엽 관목. 중국 원산의 관상용 식물로 높이는 2 m가량. 가지 끝이 가시로 변한 것도 있음. 봄에 빨강·하양 등의 꽃이 가지 끝에 피고, 길둥근 열매는 여름에 누렇게 익는데, 먹을 수 있고 약용함.
명ː-자리(命-) 명 몸 가운데 조금만 다쳐도 목숨이 위험한 자리. 급소.
명자-사미(名字沙彌) [-짜-] 명 불교에서 이르는, 삼사미(三沙彌)의 하나. 스무 살에서 일흔 살까지의 사미.
명자-삼채(明瓷三彩) 명 ☞명삼채(明三彩).
명작(名作) 명 이름난 작품(作品). 뛰어난 작품. ¶ 세계 명작. /명작 영화. 비걸작.

명장(名匠)명 이름난 장인(匠人). 명공(名工).
명장(名將)명 뛰어난 장수. 이름난 장수.
명장(明匠)명 ①학문·기술에 뛰어난 사람. ②'중'을 달리 일컫는 말.
명-장면(名場面)명 영화나 연극의 아주 훌륭한 장면. ¶ 영화의 명장면을 모아 편집하다.
명-장자(明障子)명 ☞명장지.
명-장지(←明障子)명 볕이 잘 들도록 얇은 종이를 바르거나 유리를 끼운 장지. 명장자(明障子). ↔맹장지.
명재(名宰)명 〈명재상(名宰相)〉의 준말.
명ː재경각(命在頃刻)명 거의 죽게 되어 숨이 곧 넘어갈 지경에 이름.
명재명간(明再明間)명 내일이나 모레 사이.
명-재상(名宰相)명 정사(政事)에 뛰어나 이름난 재상. 준명상(名相)·명재(名宰).
명저(名著)명 이름난 저술. 훌륭한 저서.
명적(名籍)명 ☞명부(名簿).
명적(明笛)명 명나라 때의 피리의 한 가지. 길이 70 cm가량의, 대로 만든 횡적(橫笛).
명적(鳴鏑)명 ☞우는살.
명전(明轉)명하자 연극에서, 막(幕)을 내리지 아니하고 조명이 되어 있는 채로 무대 장치나 장면을 바꾸는 일. ↔암전(暗轉).
명절(名節)[1]명 ①국가적·사회적으로 정하여 경축하는 기념일. ②전통적으로 해마다 일정하게 지키어 즐기는 날. 〔설·단오·추석 따위.〕 ¶ 추석 명절. /명절을 쇠다.
명절(名節)[2]명 명분(名分)과 절의(節義).
명절-빔(名節-)명 명절 때 입는 새 옷.
명정(明正)명하타 올바르게 밝힘.
명정(明淨) '명정하다'의 어근.
명ː정(酩酊)명하자 술에 몹시 취함. 대취(大醉). 비만취(滿醉).
명정(銘旌)명 붉은 천에 흰 글씨로, 죽은 사람의 관직이나 성명 따위를 쓴 조기(弔旗). 명기(銘旗). 정명(旌銘).
명정-거리(銘旌-)[-꺼-]명 〔죽은 뒤 명정에 올릴 만할 일이라는 뜻으로〕 '변변치 못한 사람의 분수없는 행동'을 비웃는 말.
명정언순(名正言順)명하형 명분이 바르고 말이 사리에 맞음.
명정-월색(明淨月色)[-쌕]명 밝고 맑은 달빛.
명정-하다(明淨-)형여 밝고 맑다.
명ː제(命題)명 ①하자제목을 정함, 또는 그 제목. ②논리적인 판단을 언어나 기호로 나타낸 것. 〔'A는 B이다.' 따위.〕
명조(明朝)[1]명 내일 아침. 명단(明旦).
명조(明朝)[2]명 ①중국 명나라의 조정. ②〈명조 활자〉의 준말.
명조(冥助)명 모르는 사이에 입는 신불(神佛)의 도움. 명가(冥加). 명호(冥護).
명조(冥曹)명 ☞명부(冥府).
명조지손(名祖之孫)명 이름난 조상의 자손.
명조-체(明朝體)명 ☞명조 활자.
명조^활자(明朝活字)[-짜]명 활자 자체(字體)의 한 가지. 신문이나 서적에서 가장 널리 쓰이는데, 내리긋는 획이 굵고 건너긋는 획이 가늚. 명조체. 당체(唐體). 준명조(明朝)[2].
명족(名族)명 이름난 집안의 겨레붙이.
명존실무(名存實無)명하형 이름만 있고 실속이 없음. 유명무실(有名無實).
명ː졸지추(命卒之秋)[-찌-]명 거의 죽게 된 때.
명종(鳴鐘)명하자 종을 쳐서 울림.
명종-실록(明宗實錄)명 조선 제13대 임금인 명종의 재위 22년 동안의 실록. 선조 4년에 편찬함. 34권 34책.
명좌(瞑坐)명하자 고요히 눈을 감고 앉음.
명주(名主)명 ☞명군(名君).
명주(明主)명 정사(政事)에 밝고 현명한 임금. 명군(明君). 명왕(明王).
명주(明珠)명 ①아름다운 구슬. ②방합(蚌蛤) 속에서 생긴 진주.
명주(明紬)명 명주실로 무늬 없이 짠 피륙. 면주(綿紬). 실크(silk). 필백(疋帛). ¶ 명주 두 동.
　명주 고름 같다속담 성질이 곱고 보드랍다.
　명주 옷은 사촌까지 덥다속담 가까운 사람이 부귀하게 되면 그 도움이 자신에게까지 비침을 이르는 말.
　명주 자루에 개똥속담 겉은 그럴듯하나 속은 더럽고 우악한 사람을 이르는 말.
명주(溟洲)명 큰 바다 가운데 있는 섬.
명주(銘酒)명 특별한 제조법으로 빚어 고유한 상표를 붙인 술.
명주-가(溟州歌)명 우리나라의 고대 가요. 고구려 때, 한 젊은이가 명주의 처녀와 사랑을 맺었으나 부모의 강압으로 헤어진 뒤, 다시 만나게 되기를 기원한 노래. 〔가사는 전하지 않고, '고려사'의 '악지'에 그 설화 내용이 실려 전함.〕
명주-붙이(明紬-)[-부치]명 명주실로 짠 여러 가지 피륙.
명주-실(明紬-)명 누에고치에서 뽑아낸 실. 견사(繭絲). 명사(明絲). 면주실. 비단실. 주사(紬絲). 진사(眞絲).
명주-옷(明紬-)[-옫]명 명주로 지은 옷. *명주옷이[-오시]·명주옷만[-온-]
명주-잠자리(明紬-)명 명주잠자릿과의 곤충. 편 날개 길이 8 cm, 몸길이 3.5 cm가량. 머리는 광택 있는 검은빛, 가슴은 암갈색, 가슴 아래쪽은 노란빛임.
명ː-줄(命-)[-쭐]명 〈수명(壽命)〉의 속된 말. ¶ 명줄이 길다(짧다).
명ː중(命中)명하자되자 (겨냥한 곳을 쏘아) 바로 맞힘, 또는 바로 맞음. ¶ 화살이 과녁에 명중하다.
명ː중-률(命中率)[-뉼]명 (목표물에) 명중하는 비율. ¶ 명중률이 높다(낮다).
명ː중-탄(命中彈)명 (목표물에) 명중한 탄환.
명증(明證)명 ①하타되자명백하게 증명함, 또는 명백한 증거. 명징(明徵). ②철학에서, 논증이나 검증에 의하지 않고서도 직관적으로 진리임을 알 수 있는 일. ②직증(直證).
명지(名地)명 이름난 곳.
명지(明知)명하타 명확하게 앎.
명지(明智)명 총명한 지혜. 뛰어난 지혜.
명지-바람명 부드럽고 화창한 바람.
명지-적견(明知的見)[-껸]명하타 분명하게 알고 똑똑히 봄. 밝은 지혜와 틀림없는 견해.
명질(←名日)명 민속적으로 해마다 일정하게 지키어 즐기는 날. 〔설·대보름·한가위 따위.〕
명징(明徵)명하타 ☞명증(明證).
명징(明澄) '명징하다'의 어근.
명징-하다(明澄-)형여 밝고 맑다. ¶ 명징한 문장.
명차(名車)명 품질이 좋은 훌륭한 자동차. 이름난 자동차.
명ː찬(命撰)명하타 임금이 신하에게 책을 펴내도록 명령함.
명찰(名札)명 ☞이름표.

명찰(名刹)명 이름난 절.
명찰(明察)명하타 (사정이나 사태를) 똑똑히 살핌.
명창(名唱)명 뛰어나게 노래를 잘 부르는 사람, 또는 그 노래.
명창(明窓)명 볕이 잘 드는 밝은 창.
명창(明暢) '명창하다'의 어근.
명창-정궤(明窓淨几)명 〔밝은 창에 깨끗한 책상이라는 뜻으로〕'검소하고 정결한 서재(書齋)'를 비유하여 이르는 말.
명창-하다(明暢―)형여 ①(목소리가) 밝고 시원하다. ②논지가 분명하고 조리가 있다. **명창-히**부.
명천(名川)명 이름난 강이나 내.
명천(明天)명 ①밝은 하늘. ②모든 것을 명찰하는 하느님.
명천지하(明天之下)명 〔밝은 하늘 아래라는 뜻으로〕'총명한 임금이 다스리는 태평한 세상'을 비유하여 이르는 말.
명철(明哲) '명철하다'의 어근.
명철-보신(明哲保身)명하자 총명하고 사리에 밝아서, 이치에 맞게 일을 처리하며 자신을 잘 보전함.
명철-하다(明哲―)형여 총명하고 사리에 밝다. **명철-히**부.
명첩(名帖)명 ☞명함(名銜).
명ː초(命招)명하타 임금이 신하를 부름.
명촉(明燭)명 ①밝은 촛불. ②하타 밝게 살핌.
명충(螟蟲)명 ①마디충. ②명충나방의 애벌레.
명충-나방(螟蟲―)명 명나방과의 곤충. 몸길이 1 cm가량, 편 날개 길이 2.5 cm가량. 몸빛은 담회갈색인데, 앞날개는 황갈색이나 암회갈색이고 뒷날개와 배는 흼. 연 2회 발생하는데, '마디충'이라 하는 유충은 벼 따위의 줄기를 갉아 먹는 해충임. 마디충나비. 명아(螟蛾). 이화명충.
명ː치명 사람 몸에 있는 급소의 하나로, 가슴뼈 아래 한가운데의 오목하게 들어간 곳. 명문(命門). 심와(心窩).
명ː치-끝[―끋]명 명치뼈의 아래쪽. *명ː치끝이[―끄치]·명ː치끝을[―끄틀]·명ː치끝만[―끈―]
명ː치-뼈명 명치에 내민 뼈.
명칭(名稱)명 (사물을 일컫는) 이름. 명호(名號). 명목(名目). 호칭(呼稱).
명-콤비(←名combination)명 서로 호흡이 잘 맞아 일을 잘해 내는 한 짝. ¶ 친구와 명콤비를 이루다.
명쾌(明快) '명쾌하다'의 어근.
명쾌-하다(明快―)형여 ①(말이나 글의 조리가) 분명하여 시원스럽다. ¶ 명쾌한 대답. /그의 설명은 명쾌하여 쉽게 이해된다. ②(기분이) 밝고 상쾌하다. **명쾌-히**부.
명탁(明濁)명 맑게 거른 막걸리.
명ː탁(命濁)명 불교의 오탁(五濁)의 하나. 사람의 수명이 짧아서 백 년을 채우기 어려움.
명-탐정(名探偵)명 사건 해결에 능숙한 솜씨를 발휘하는 뛰어난 탐정. 유명한 탐정.
명태(明太)명 대구과의 바닷물고기. 몸은 대구와 비슷하나 홀쭉하고 길며, 길이는 40~60 cm. 등은 청갈색이고 배는 은백색이며 옆구리에 두 줄의 암황색 세로띠가 있음. 한류성(寒流性) 어류로, 우리나라의 동해안과 오호츠크 해·베링 해 등지에 분포함. 참동태(凍太)·북어(北魚)·생태(生太)·노가리[1].
명태-덕(明太―)명 명태를 말리는 덕.
명-토(名―)명 일부러 꼭 지적하여 말하는 이름이나 설명.
명토(를) 박다관용 누구 또는 무엇이라고 이름을 대거나 지목하다. ¶ 아무개라고 명토 박아 말하다.
명토(冥土)명 ☞명도(冥途).
명투(明透) '명투하다'의 어근.
명투-하다(明透―)형여 분명히 알아서 환하다.
명판(名判)명 ①훌륭하게 내린 판결. ②〈명판관〉의 준말.
명판(名板)명 ①어떤 기관이나 대회·회의 등의 이름을 적어 눈에 잘 띄는 곳에 달아 놓는 판. ②기계나 가구 등에 붙여, 제조 회사나 상표 등을 알리는 패쪽.
명-판관(名判官)명 훌륭한 재판관. 유명한 판관. 준명판(名判).
명패(名牌)명 이름이나 직위 등을 적어 책상 따위의 위에 올려놓는 패. 참이름표.
명ː패(命牌)명 〔지난날〕 ①임금이 삼품(三品) 이상의 신하를 부를 때 사용하던, 붉은 칠을 한 나무에 '命' 자를 쓴 패. ②형장으로 보내는 사형수의 목에 걸던 패.
명패(銘佩)명하타 ☞명심(銘心).
명편(名篇)명 썩 잘된 책, 또는 작품. ¶ 동서고금의 주옥 같은 명편.
명품(名品)명 ①뛰어난 물건(작품). ②이름난 상품.
명풍(名風)명 이름난 풍수(지관). 명사(名師).
명필(名筆)명 썩 잘 쓴 글씨, 또는 글씨를 썩 잘 쓰는 사람.
명ː-하다(命―)타여 ①명령하다. ②임명하다. ¶ 선생님은 그를 반장으로 명했다.
명하-전(名下錢)명 (어떤 일을 하기 위하여 돈을 거둘 때) 앞앞이 별러서 거두는 돈.
명ː한(命限)명 목숨의 한도.
명함(名銜·名啣)명 ①성명이나 주소·근무처·신분 등을 적은 종이쪽. 명자(名刺). 명첩(名帖). ②남의 '성명'을 높여 이르는 말. ②성함(姓銜).
명함도 못 들이다관용 수준이나 정도의 차이가 커서 감히 견줄 바가 못 된다는 말.
명함을 내밀다관용 존재를 드러내어 보이다.
명함-판(名銜判)명 크기가 명함만 한 사진판. 〔길이 8.3 cm, 너비 5.4 cm 정도.〕
명해(明解)명하타 분명하게 풀이함. 분명하고 알기 쉬운 해석.
명해(溟海·冥海)명 망망(茫茫)한 바다.
명향(鳴響)명하자 소리가 메아리처럼 멀리 울리어 퍼짐.
명현(名賢)명 이름 높은 현인(賢人).
명현(明賢)명하형 밝고 현명함, 또는 그러한 사람. ¶ 명현의 글을 낭독하다.
명현(瞑眩) '명현하다'의 어근.
명현-하다(瞑眩―)형여 어지럽고 눈앞이 캄캄하다.
명호(名號)명 ①물건의 이름. 사물의 호칭. 명목(名目). 명칭(名稱). ②이름과 호.
명호(冥護)명하타 사람이 모르는 사이에 신불(神佛)이 보호함. 명가(冥加). 명조(冥助).
명화(名花)명 ①이름난 꽃. ②'아름다운 여자' 또는 '이름난 기생'을 비유하여 이르는 말.
명화(名華)명 '명문(名門)'을 아름답게 꾸며 이르는 말.
명화(名畫)명 ①썩 잘 그린 그림이나 영화. ②유명한 그림이나 영화.

명화(明火)명 장지 한가운데에 종이 한 겹만 발라서 불이 환히 비치게 한 부분.
명화-적(明火賊)명 ①☞불한당. ②조선 철종 연간에 횡행하던 도둑의 무리.
명확(明確) '명확하다'의 어근.
명확-하다(明確-)[-화카-]형여 분명하고 확실하다. ¶ 명확한 사실. /명확한 풀이. **명확-히**부.
명환(名宦)명 중요한 자리에 있는 벼슬. 미관(美官). 참요직(要職).
명-후년(明後年)명 ☞내후년.
명-후일(明後日)명 모레.
명훈(明訓)명 사리를 바르게 밝힌 가르침. 훌륭한 가르침.
몇[멷] Ⅰ수 얼마 만큼의 수. 얼마인지 모르는 수효. ¶ 아이들 몇이 공놀이를 하고 있다. /올해 네 나이가 몇이냐? ＊몇이[며치]·몇만[면-]
Ⅱ관 체언 앞에 쓰이어, 확실하지 않은 수효를 나타내는 말. ¶ 귤 몇 개만 사 오너라. /몇 사람이 왔느냐?
몇-몇[면멷] Ⅰ수 얼마 안 되는 수효를 막연히 이르는 말. ¶ 몇몇이 모여 의논하다. ＊몇몇이[면며치]·몇몇만[면면-]
Ⅱ관 체언 앞에 쓰이어, 얼마 안 되는 확실하지 않은 수임을 나타내는 말. ¶ 몇몇 사람만 오다.
몌구(袂口)[메-/메-]명 ☞소맷부리.
몌다자타 〈옛〉메다. ¶ 주거든 太行ㅅ길헤 몌엣고(杜初20:33). /모골 몌여 닐오더(月釋8:98).
몌별(袂別)[메-/메-]명하자 헤어짐. 이별.
모[1]명 ①옮겨 심기 위하여 가꾸어 기른 벼의 싹. ¶ 모를 심다. ②☞모종.
모(를) 붓다관용 밭이나 논에 못자리를 만들고 볍씨를 뿌리다.
모(를) 찌다관용 모내기를 하려고 모판에서 모를 뽑다.
모[2]명 ①물건의 거죽으로 튀어나온 뾰족한 끝. ¶ 모가 난 돌. ②성질·행동 등에서 특히 두드러지게 나타나는 점. ¶ 모가 없는 성격. ③사물을 보는 측면이나 각도. ¶ 어느 모로 보나 내가 적임자다. ④각(角). ⑤모서리. 규(圭).
모[3]명 ①윷놀이에서, 윷짝 네 개가 다 엎어진 경우를 이르는 말. 다섯 자리를 갈 수 있음. ②윷판에서, 다섯째 자리. 곧, 앞밭.
모[4]명 ①두부나 묵 따위를 잘라 놓은 덩이. ②〖의존 명사적 용법〗 두부와 묵 따위의 덩이를 세는 단위. ¶ 두부 한 모. /묵 두 모.
모(毛)명 동물의 털을 깎아 얻은 섬유. 특히, 양모(羊毛)를 이름. ¶ 모로 짠 옷감.
모ː(母)명 어머니. 어미. ¶ 어서 가서 순이 모를 데려오게나.
모(茅)명 제사를 지낼 때, 모삿그릇에 꽂는 띠의 묶음.
모ː(某) Ⅰ대 《주로 성(姓) 뒤에 쓰이어》 아무개. ¶ 박 모. /이 모.
Ⅱ관 아무. 어떤. ¶ 모 회사.
모ː(mho)의 전기 전도도(傳導度)의 단위. 단면적 1 cm^2, 길이 1 cm인 물체의 전기 저항이 1 전도 옴일 때 그 물체의 전도도. 〔옴의 역수(逆數)로, 기호는 ℧〕
모(毛)수관 사(絲)의 10배. 리(厘)의 10분의 1이 되는 수(의). 곧, 10^{-3}.
-모(帽)접미 《일부 명사 뒤에 붙어》 '모자'의 뜻을 나타냄. ¶ 등산모. /작업모. /학생모.
모가비명 막벌이꾼이나 사당패 같은 낮은 패(牌)의 우두머리. 꼭두쇠.
모가-쓰다[~쓰니·~써]타 윷놀이에서, 모개로 한꺼번에 쓰다.
모가지명 ①〈목〉의 속된 말. ②〈파면〉·〈해고〉의 속된 말. ¶ 말 안 들었다간 당장 모가지야.
모가지를 자르다관용 '해고하다'·'파면하다'를 속되게 이르는 말.
모가치명 제 앞으로 돌아오는 한 몫의 물건. ¶ 이것은 내 모가치다.
모각(模刻)명하타 조각품이나 판목(版木) 따위를 본떠서 그대로 새김.
모각-본(模刻本)[-뽄]명 모각한 판목(版木)으로 박아 낸 인쇄물.
모간(毛茛)명 ☞미나리아재비.
모간(毛幹)명 털의, 피부 표면에 노출되어 있는 부분. 모근(毛根)이 아닌 부분.
모감주명 모감주나무의 열매.
모감주-나무명 무환자나뭇과의 낙엽 활엽 교목. 절·묘지·마을 부근에 심는데, 높이 10 m가량. 잎은 달걀 모양이며 여름에 누른 꽃이 핌.
모감주^염ː주(-念珠)명 모감주로 만든 염주. 빛이 검고 알이 연밥 같음.
모ː강(母薑)명 씨로 쓰는 새앙.
모개명 이것저것 한데 몬 수효. 《주로, '모개로'의 꼴로 쓰임.》 ¶ 이 과일 모개로 얼마요?
모개명 〈옛〉목. 가장 중요한 길목. ¶ 모개 관: 關. 모개 익: 隘(訓蒙上6).
모개-모개부 여러 모개로.
모개-흥정명하타 모개로 흥정함, 또는 그 흥정.
모갯-돈[-개똔/-갣똔]명 액수가 많은 돈. 모개로 된 돈. 목돈. ↔푼돈.
모ː건(某件)[-껀]명 (불확실하거나 밝히기 어려운) 어떠한 일이나 사건. ¶ 모건으로 경찰서에 불려 가다.
모-걷기[-끼]명 목재의 모를 깎아 내어 둥글게 하는 일.
모-걸음명하자 (앞이나 뒤로 걷지 아니하고) 모로 걷는 걸음.
모걸음-질명하자 모로 걸음, 또는 모로 걷는 걸음걸이.
모ː경(冒耕)명하자 임자의 허락 없이 남의 땅에 농사를 지음, 또는 그 농사.
모ː경(暮景)명 ☞만경(晩景).
모ː경(暮境)명 늙바탕. 만경(晩境).
모ː계(母系)[-계/-게]명 (혈연관계에서) 어머니 쪽의 계통. ↔부계.
모계(牡桂)[-계/-게]명 육계(肉桂)의 한 가지. 껍질이 비교적 얇고 기름과 살이 적음. 건위 강장제(健胃強壯劑)로 씀. 목계(木桂).
모계(謀計)[-계/-게]명하자 계책을 꾀하는 일, 또는 그 계책. ¶ 적의 모계에 빠지다.
모ː계^가족(母系家族)[-계-/-게-]명 어머니 쪽의 혈연 계통을 이은 가족. ↔부계 가족.
모ː계^부화(母鷄孵化)[-계-/-게-]명 어미 닭이 알을 품어 병아리를 까는 일. ↔인공 부화.
모ː계^사회(母系社會)[-계-회/-게-훼]명 ☞모계 중심 사회.
모ː계^제ː도(母系制度)[-계-/-게-]명 혈통이나 상속 관계가 어머니 쪽의 혈통을 따라 이루어지는 원시적 사회 제도. ↔부계 제도.
모ː계^중심^사회(母系中心社會)[-계-회/-게-훼]명 혈통이나 상속 관계가 어머니 쪽을 중심으로 하여 이루어지던 원시 사회의 한 형태. 모계 사회.
모ː계-친(母系親)[-계-/-게-]명 ☞모계 혈족. ↔부계친(父系親).

모ː계^혈족(母系血族) [-계-쪽/-게-쪽] 명 어머니 쪽을 중심으로 하는 혈족. 모계친. ↔부계 혈족.
모곡(耗穀) 명 환자(還子)를 받을 때, 곡식을 쌓아 둘 동안 축이 날 것을 짐작하여 미리 한 섬에 몇 되씩 덧붙여 받던 곡식.
모골(毛骨) 명 터럭과 뼈.
모골이 송연(悚然)하다 관용 (무슨 일을 보거나 당하거나 했을 때) 끔찍스러워 몸이 오싹해지다. ¶ 지금 와서 생각해도 모골이 송연한 경험이었다.
모공(毛孔) 명 털구멍.
모과(-菓·-果) 명 네모지게 만든 과줄. 방과(方菓).
모ː과(*木瓜) 명 모과나무의 열매. 타원형으로 배와 비슷하나 거죽이 좀 울퉁불퉁함. 설탕에 절이어 먹기도 하고, 한방에서 말리어 약재로 쓰기도 함.
모ː과-나무(*木瓜-) 명 장미과의 낙엽 활엽 교목. 중국 원산으로 과수나 관상수로 심는데, 높이는 10 m가량. 잎은 달걀 모양이며 5월경에 담홍색 꽃이 핌. 열매를 '모과'라 하는데 가을에 누렇게 익음.
모과나무 심사(心思) 관용 모과나무처럼 뒤틀리어, '성질이 심술궂고 순순하지 못한 마음'을 비유하여 이르는 말.
모ː과-수(←木瓜熟) 명 ①껍질을 벗긴 모과를 삶아, 끓인 꿀에 담가서 삭힌 음식. ②파인애플의 껍질을 벗기고 썰어서 설탕물에 담근 통조림.
모관(毛冠) 명 ①가톨릭에서, 성직자가 미사 때 쓰는 사각 모자. 〔추기경은 홍색, 신부 이하의 성직자는 흑색임.〕 ②더부룩한 털로 된 새의 볏.
모관(毛管) 명 〈모세관(毛細管)〉의 준말.
모ː관(某官) 명 (불확실하거나 밝히기 어려운) 어떤 벼슬. 아무 벼슬. ¶ 모관 모직(某職)에 임명하다.
모관-수(毛管水) 명 지표 근처의 토양의 입자 사이를 채우고 있는 지하수. 식물의 성장에 가장 관계가 깊은 토양 수분임. 참흡착수(吸着水)·중력수(重力水).
모관쥬 명 〈옛〉 모감주. ¶ 모관쥬 환:槵(訓蒙上 10). /모관쥬 나모(東醫.湯液3:42).
모ː교(母校) 명 자기의 출신 학교. 자기가 졸업한 학교. ¶ 모교의 은사(恩師).
모ː교(母教) 명 ☞모훈(母訓).
모ː교(某校) 명 (불확실하거나 밝히기 어려운) 어떤 학교. 아무 학교.
모구(毛具) 명 짐승의 털로 만든 여러 가지 방한구.
모구(毛球) 명 모근(毛根)의 맨 아래에 있는, 작은 공 모양으로 된 부분.
모구(毛毬) 명 고려·조선 시대에, 사구(射毬)에 쓰던 공. 지름 28 cm가량의 공을 채로 결어서 털가죽으로 싸고, 고리를 달았으며, 고리에는 긴 끈을 꿰어 놓았음.
모ː국(母國) 명 (특히 외국에서) 자기의 조국을 이르는 말. 본국. 조국. ¶ 재일 교포의 모국 방문.
모ː국-애(母國愛) 명 (특히 외국에 있으면서 느끼는) 조국에 대한 사랑.
모ː국-어(母國語) 명 자기 나라의 말. 모어(母語). 본국어.
모군(募軍)[1] 명 (공사장 같은 데서) 품팔이하는 사람. 모군꾼.
모군(을) 서다 관용 모군이 되어 일을 하다.
모군(募軍)[2] 명 하자 군인을 모집함. 모병(募兵).
모군-꾼(募軍-) 명 ☞모군(募軍)[1].
모군-삯(募軍-) [-싹] 명 모군이 받는 품삯. *모군삯이[-싹씨]·모군삯만[-쌍-]
모군-일(募軍-) [-닐] 명 하자 토목 공사 따위의 일.
모ː권(母權) [-꿘] 명 ①(자식에 대한) 어머니로서의 권리. ②(원시 가족 제도에서) 가족에 대하여 행사하던 어머니의 지배권. ↔부권(父權).
모ː권-설(母權說) [-꿘-] 명 (고대에 부권의 존재에 앞서) 여자가 가정 및 사회의 지배권을 가졌던 시대가 있었다고 하는 설.
모ː권-제(母權制) [-꿘-] 명 고대에 여성이 가족이나 씨족의 장(長)이 되고, 정치 권력도 가졌던 사회 체제.
모규(毛竅) 명 털구멍.
모규^출혈(毛竅出血) 명 한방에서, 온몸의 털구멍에서 피가 나오는 병을 이르는 말.
모근(毛根) 명 살갗 안에 박힌, 털의 뿌리 부분. 털뿌리. 참모간(毛幹).
모근(毛堇) 명 ☞미나리아재비.
모금 의 《수 관형사 뒤에 쓰이어》 액체나 기체 따위를 입 안에 한 번 머금는 분량(分量)을 뜻하는 말. ¶ 물 두어 모금. /담배 한 모금.
모금(募金) 명 하타 되자 기부금 따위를 모음. ¶ 불우 이웃 돕기 모금 운동.
모ː기 명 모깃과의 곤충을 통틀어 이르는 말. 몸은 머리·가슴·배의 세 부분으로 이루어져 있음. 뒷날개는 퇴화하였으며 가슴에 세 쌍의 긴 다리가 있고, 주둥이는 대롱 모양임. 여름철에 암컷은 사람이나 가축의 피를 빨아 먹고, 수컷은 식물의 즙을 빨아 먹음.
모기 다리에서 피 뺀다 속담 교묘한 수단으로 약한 사람을 착취한다.
모기도 낯짝이 있지 속담 염치없고 뻔뻔스럽다는 말.
모기 보고 칼 빼기〔뽑기〕 속담 아무것도 아닌 하찮은 일에 너무 야단스레 덤빔을 이르는 말. 견문발검(見蚊拔劍).
모기(耄期) 명 여든 살에서 백 살까지의 나이, 또는 그 나이의 노인.
모ː기-각다귀 [-따-] 명 각다귓과의 곤충. 몸길이는 4 mm가량이며, 날개 길이는 5~6 mm임. 몸빛은 검고, 부드러운 회색 털이 빽빽이 났으며, 날개는 가늘고 긺. 우리나라와 일본 등에 분포함.
모-기둥 명 모가 난 기둥. ↔두리기둥.
모ː기-발순(-發巡) [-쑨] 명 하자 땅거미 뒤에 모기가 떼 지어 날아다니는 일.
모ː기-약(-藥) 명 모기를 잡거나 쫓는 데 쓰는 약.
모ː-기업(母企業) 명 (어떤 기업에 대하여) 자본의 출자 따위로 일정한 지배권을 가지는 기업. 참모회사.
모ː기작(冒器作) 명 ☞갑작(匣作).
모ː기-장(-帳) 명 모기를 막기 위해 치는 장막. 문장(蚊帳).
모ː기-향(-香) 명 모기를 쫓기 위하여 피우는 향. 제충국(除蟲菊)을 원료로 하여 막대나 나선형으로 만듦.
모ː깃-불 [-기뿔/-긷뿔] 명 모기를 쫓기 위하여 풀 따위로 연기가 나게 피우는 불.
모ː깃-소리 [-기쏘-/-긷쏘-] 명 ①모기가 날아다니는 소리. ②'아주 가냘픈 소리'를 비유하여 이르는 말.
모꼬지 명 하자 여러 사람이 놀이나 잔치 따위의 일로 모이는 일.
모끼 명 재목의 모서리를 후리는 데 쓰는 대패.

모끼-연(-椽)명 지붕의 양쪽 마구리에 대는 부연(附椽)의 서까래.
모ᄀᆡ명 〈옛〉 모기. ¶ 모ᄀᆡ 소리(楞解4:3).
모-나다형 ①모가 져 보이다. ¶ 모난 돌. ②말이나 하는 짓 따위에 남달리 두드러진 점이 있어 보이다. ¶ 모나게 행동하다. ③성질이나 언동이 원만하지 못하고 가탈스럽다. ¶ 큰형은 성격이 모난 데가 없어 아무하고나 잘 지낸다. ④물건의 쓰임에 있어 특히 효과적인 데가 있다. ¶ 돈을 쓰되 모나게 써라.
모난 돌이 정 맞는다속담 성격이나 언행이 가탈스러우면 남의 공격을 받게 된다는 말.
모나드(monad)명 철학에서, 만물을 실재하게 하는 궁극적인 구성 요소를 이르는 말. 단자(單子).
모나드-론(monad論)명 ☞단자론(單子論).
모나르키아니즘(Monarchianism)명 2세기 말에서 3세기 초에 걸쳐 나타난 기독교의 이단 사상. 신의 단일성을 강조하여, 신은 하나님뿐이라고 주장하며 삼위일체설을 부정함.
모나리자(Mona Lisa 이)명 미술에서, 1500년경에 이탈리아의 화가 다빈치가 그린 여인상을 이르는 말. 피렌체 귀족의 아내를 모델로 그렸다 하며, 신비로운 미소로 유명함.
모-나무명 ☞묘목(苗木).
모나자이트(monazite)명 세륨·토륨·지르코늄·이트륨 따위가 들어 있는 광석. 단사 정계(單斜晶系)로 알갱이 모양 또는 기둥 모양의 결정. 반투명이며 광택이 있고, 황갈색 또는 적갈색을 나타냄. 희토류 원소의 중요한 원료임.
모낭(毛囊)명 모근(毛根)을 싸고 있는 주머니처럼 생긴 부분. 털주머니.
모낭-충(毛囊蟲)명 ①모낭에 기생하는 병원충. 털진드기. ②모낭진드깃과의 절지동물. 몸길이는 암컷이 0.4 mm, 수컷이 0.3 mm가량이며 가슴에 네 쌍의 가는 다리가 있음. 사람의 눈꺼풀이나 코 주위, 머리 따위의 피지선이나 모낭에 기생함.
모-내기명하자 볏모를 못자리에서 논으로 옮겨 심는 일. 모심기. 이앙(移秧).
모내기 때는 고양이 손도 빌린다속담 모내는 시기에는 어른, 아이 할 것 없이 있는 대로 다 참여해야 할 정도로 일손이 부족하다는 말.
모-내다자 ①모를 못자리에서 논으로 옮겨 심다. 모심다. ¶ 오늘은 영식이네가 모내는 날이다. ②모종을 내다.
모ː녀(母女)명 어머니와 딸. 어이딸.
모ː년(冒年)명하자 나이를 속임.
모ː년(某年)명 (불확실하거나 밝히기 어려운) 어느 해. 아무 해. ¶ 모년 모월(某月).
모ː년(暮年)명 ☞노년(老年).
모ː념(慕念)명 사모하는 마음. 모심(慕心).
모노그램(monogram)명 두 개 이상의 글자를 한 글자 모양으로 도안한 것. 합일 문자.
모노-드라마(monodrama)명 한 사람의 배우에 의해 상연되는 연극. 참일인칭 희곡.
모노럴(monaural)명 (입체 방송이나 입체 녹음이 아닌) 하나의 재생 장치나 하나의 녹음 장치를 이용하여 하는 보통의 방송이나 녹음. 참스테레오(stereo).
모노-레일(monorail)명 단궤 철도. 단궤.
모노-마니아(monomania)명 편집광(偏執狂).
모노머(monomer)명 화학 반응으로 고분자 화합물을 만들 때에, 그 단위가 되는 화합물. 단량체(單量體).
모노-크롬(monochrome)명 ①단색(單色). ②단색화(單色畫). ③흑백 사진.
모노클(monocle)명 단안경(單眼鏡).
모노타이프(monotype)명 자동 주식기(鑄植機)의 한 가지. 활자를 한 자씩 주조하며 조판하도록 된 장치. 참주식기(鑄植機).
모노-포니(monophony)명 단음악(單音樂).
모놀로그(monologue)명 독백. ↔다이얼로그.
모-눈명 모눈종이에 나타나 있는 하나하나의 사각형.
모눈-종이명 일정한 간격으로 여러 개의 가로줄과 세로줄을 엇걸리게 그은 종이. 설계도·도안·도표 따위를 그리는 데 쓰임. 방안지.
모니(牟尼←Muni 범)명 ①인도에서, 침묵(沈默)의 행업(行業)을 닦는 행자(行者)를 이르는 말. ②〔선인(仙人)이라는 뜻으로〕 '석가(釋迦)'를 높이어 일컫는 말.
모니-불(牟尼佛)명 〈석가모니불〉의 준말.
모니터(monitor)명 ①방송이나 녹음 따위의 상태를 감시하는 장치, 또는 거기에 종사하는 기술자. ②(방송국이나 신문사 또는 기업체로부터 의뢰를 받고) 방송 프로나 신문 기사 또는 제품 따위에 대하여 의견을 내는 사람. ③방송국 부조정실(副調整室) 따위에 있는 시청 시설. ④컴퓨터에서, 그 내부 시스템 전체의 실행을 감시하는 프로그램. 특정 메모리의 내용을 화면이나 프린터에 표시할 수 있음. 단순히 화면으로 나타내는 출력 장치를 가리키기도 함. ⑤방사능 오염 감시 장치.
모니터링(monitoring)명 방송국·신문사·기업체로부터 의뢰받은 방송 프로그램이나 신문 기사 또는 제품 따위에 대하여 의견을 제출하는 일.
모닐리아-증(Monilia症)[-쯩]명 ☞칸디다증.
모ː닝-커ː피(morning+coffee)명 아침에 마시는 커피. 주로, 식사 전에 마시는 커피를 이름.
모ː닝-코ː트(morning coat)명 남자가 낮에 입는 서양식 예복의 한 가지. 프록코트 대용으로 입음.
모닝-콜ː(morning call)명 호텔 따위에서, 투숙객을 지정한 시간에 깨워 주는 서비스. 대개 전화로 해 줌.
모ː다타 〈모으다〉의 준말.
모다기-령(-令)명 ①한꺼번에 쏟아져 밀리는 여러 명령. ②뭇사람의 공격.
모다기-모다기부 여러 무더기가 있는 모양. 준모닥모닥. 큰무더기무더기.
모다깃-매[-긴-]명 뭇매.
모닥-모닥[-당-]부 〈모다기모다기〉의 준말. 큰무덕무덕.
모닥-불[-뿔]명 검불이나 잎나무 따위를 모아 피우는 불, 또는 그 불의 더미.
모-당(-糖)명 ☞각사탕.
모ː당(母堂)명 ☞대부인(大夫人).
모대(帽帶)명 ①사모(紗帽)와 각띠. ②하자관디를 입고 사모를 씀.
모대-관(帽帶官)명 관디를 입고 사모(紗帽)를 쓴, 직위가 낮은 관원.
모더니스트(modernist)명 ①현대적 경향을 좇는 사람. ②모더니즘을 신봉하는 사람.
모더니즘(modernism)명 ①현대적 취미나 유행을 좇는 경향. ②1920년대에 구미(歐美)에서 일어난, 도시적이고 근대적인 감각을 나타내는 예술상의 여러 경향.
모던^재즈(modern jazz)명 현대적인 재즈, 곧 종래의 스윙을 부정하고 멜로디와 하모니를 중요시한, 클래식 수법을 사용한 재즈.

모데라토(moderato 이)명 악보에서, 빠르기를 지시하는 말. '보통 빠르게'의 뜻.
모델(model)명 ①모형. 본보기. ¶ 신제품의 모델. ②(그림이나 조각을 제작할 때) 표현의 대상으로 삼는 인물이나 물건, 또는 직업적으로 포즈를 제공하는 사람. ③(소설이나 희곡 따위에서) 등장 인물이 되는 실재의 사람이나 소재가 되는 사건. ④조각에서 쓰는, 진흙으로 만든 원형(原型). ⑤〈패션모델〉의 준말.
모델링(modelling)명 ①모형을 만드는 일. ②(그림이나 조각에서) 명암을 조절하거나 살을 붙이어 실체감을 나타내는 일.
모델-케이스(model case)명 본보기나 표준이 될 만한 사례.
모델^하우스(model house)명 (아파트 등을 지을 때) 본보기용으로 실제와 똑같게 지어 놓은 집. 견본 주택.
모뎀(modem)명 ☞변복조 장치(變復調裝置).
모도부 〈옛〉 ①모아서. ¶ 總觀想은 모도 보는 想이라(月釋*8:15*). ②모두. ¶ 諸天을 모도 거느리고져 커든(楞解*6:12*).
모ː도(母道)명 어머니로서 지켜야 할 도리.
모도다타 〈옛〉 모으다. ¶ 알핏 그를 모도아 結ᄒ시니라(法華*2:102*).
모도록부하형 (풀이나 푸성귀 따위의) 싹이 빽빽하게 난 모양. **모도록-이**부.
모도리명 '아주 야무지고 빈틈없는 사람'을 얕잡아 이르는 말.
모ː-도시(母都市)명 가까이 있는 외곽 도시에 대하여, 경제적·문화적으로 지배적인 기능을 가지는 도시. 참위성 도시.
모ː독(冒瀆)명하타 (신성한 것이나 존엄한 것, 청정한 것 등을) 욕되게 함. ¶ 신성 모독. /법정을 모독한 죄.
모ː동(暮冬)명 늦겨울. 만동(晩冬).
모-되[-되/-뒈]명 네 모가 반듯하게 된 되. 목판되.
모두 Ⅰ명 일정한 수효나 양을 기준으로 하여, 빠짐이 없는 전체. ¶ 우리 모두의 책임이오.
Ⅱ부 일정한 수효나 양을 빠짐없이 다. 합하여 다. 전부. ¶ 가족이 모두 편안한가?/물건 값이 모두 얼마요?
모두(毛頭)명 '털끝'으로 순화.
모ː두(冒頭)명 이야기나 글의 첫머리.
모두-거리명하자 두 다리를 한데 모으고 넘어지는 일. ¶ 장애물을 모두거리로 뛰어넘다.
모두-걸기명 유도에서, 메치기의 한 가지. 상대편을 옆으로 기울여, 한 발로 상대의 발을 옮겨 가는 쪽으로 후려 넘기는 기술.
모두-걸이명 씨름에서, 한쪽 다리로 상대편의 두 다리를 한꺼번에 걸어 넘어뜨리는 발기술의 한 가지.
모두-뜀명하자 두 발을 한데 모으고 뛰는 뜀.
모두-머리명 여자의 머리를 두 가닥으로 땋지 않고 한 가닥으로 땋아 쪽 찐 머리.
모두-먹기[-끼]명 돈치기를 할 때, 맞히는 사람이 판돈을 다 차지하는 내기. ↔갉아먹기.
모ː두^절차(冒頭節次)명 형사 소송에서, 공판을 시작할 때 최초로 행하여지는 절차. 재판장의 인정 신문(人定訊問), 검사의 공소장 낭독, 피고인의 진술 등으로 이루어짐.
모ː두^진ː술(冒頭陳述)명 형사 소송에서, 재판장의 인정 신문에 이어, 검사가 공소장에 의하여 기소 요지(起訴要旨)를 진술하는 일.
모두-충(毛蠹蟲)명 ☞사면발니.
모둠명 초·중등학교에서, 효율적인 학습을 위하여 학생들을 대여섯 명 내외로 묶은 모임.
모둠-매명 '뭇매'의 잘못.
모둠-발명 뛰는 동작을 하려고 두 발을 가지런히 모은 발. ¶ 모둠발로 상대의 앞가슴을 공격하다.
모듈ː(module)명 ①건축물 따위를 지을 때 기준으로 삼는 치수. ②기어의 톱니 크기를 나타낸 값. mm로 나타낸 피치원의 지름을 톱니 수로 나누어 구함. ③컴퓨터에서, 프로그램을 기능별로 분할한 논리적인 일부분. ④컴퓨터 시스템에서, 부품을 떼 내어 교환이 쉽도록 설계되어 있을 때의 각 부분.
모ː드(mode)¹명 ①수학에서, 대푯값의 한 가지. 도수(度數)가 가장 많이 나타나는 변량(變量)의 수치. 〔기호는 Mo〕 최빈수. ②☞선법(旋法). ③복식 따위에서, '유행'을 뜻하는 말. ¶ 최신 유행 헤어 모드.
모ː드(mode)²명 특정한 작업을 할 수 있는 어떤 상태. 〔키보드에서 한글 모드란 한글을 쓸 수 있는 상태를 이름.〕
모드라기-풀명 ☞끈끈이주걱.
모드레-짚다[-집따]자 (수영에서, 팔을 번갈아 가며 앞으로 내밀 때) 윗몸을 조금 기울이며, 내민 팔을 끌어당기면서 헤엄을 치다.
모ː든관 여러 가지의. 여러 종류의. 전부의. ¶ 모든 곤충. /모든 사람.
모들뜨-기명 ①'눈을 모들뜨는 버릇이 있는 사람'을 홀하게 이르는 말. ②몸이 한쪽으로 쏠리거나 쳐들리어 넘어지는 모양. ¶ 다리를 채여 모들뜨기로 쓰러지다.
모들-뜨다[~뜨니·~떠]타 (앞을 볼 때) 두 눈동자를 다 안쪽으로 몰아서 뜨다.
모딜다형 〈옛〉 모질다. 사납다. 나쁘다. ¶ 뒤헤는 모딘 즁싱(龍歌*30*章).
모ᄃᆞᆫ관 〈옛〉 모든. ¶ 모ᄃᆞᆫ 졔:諸(類合上*16*).
모ᄃᆡ부 〈옛〉 반드시. ¶ 모ᄃᆡ 안조ᄃᆡ 端正히 호리라(蒙法*2*).
모-뜨다[~뜨니·~떠]타 ①남이 하는 짓을 꼭 그대로 흉내 내어 하다. ②모하다.
모라(帽羅)명 사모(紗帽)의 겉을 싸는 얇은 깁.
모라-복두(帽羅幞頭)[-뚜]명 조선 시대에, 전악(典樂)이 공복(公服)을 입을 때 쓰던 복두.
모라토ː리엄(moratorium)명 지급 유예.
모락-모락[-랑-]부 ①(작은 것이) 순조롭게 자라는 모양. ¶ 모종이 모락모락 자라다. ②김이나 연기 따위가 조금씩 피어오르는 모양. ¶ 연기가 모락모락 피어오르다. 큰무럭무럭.
모란(*牡丹)명 ①작약과의 낙엽 활엽 관목. 중국 원산의 관상식물로 여러 가지 재배 품종이 있는데, 높이는 2m가량. 잎은 깃 모양의 겹잎이며 5월경에 큰 꽃이 핌. 뿌리의 껍질은 한방에서 '목단피(牧丹皮)'라 하며 약재로 쓰임. 목단(牧丹). 목작약(木芍藥). ②화투짝의 한 가지. 모란을 그린, 6월을 상징하는 딱지.
모란-꽃(*牡丹-)[-꼳]명 모란의 꽃. 목단화.
* 모란꽃이[-꼬치]·모란꽃만[-꼰-]
모란-병(*牡丹屛)명 ①모란꽃을 그린 병풍. 경사스러운 때에 침. ②이해조(李海朝)의 신소설의 작품명. 〔1911년 간행.〕
모란-채(*牡丹菜)명 십자화과의 이년생 초본. 양배추의 변종으로 관상용으로 심음. 넓적한 잎은 가장자리가 비교적 밋밋한 것과 쭈글쭈글한 것의 두 가지가 있는데, 짧고 굵은 줄기에 빽빽이 달림. 날씨가 추워지면 잎의 중앙부가 흰색에서 홍자색·황색 등으로 아름답게 변함.

모:람(冒濫)명하자 윗사람에게 버릇없이 덤빔.
모람-모람부 가끔가끔 한데 몰아서.
모래명 잘게 부스러진 돌의 부스러기.
모래가 싹 난다속담 결코 있을 수 없는 일을 두고 하는 말.
모래 위에 물 쏟는 격속담 아무 소용없는 일을 하는 것을 두고 하는 말.
모래 위에 쌓은 성속담 수고해 보았자 아무 보람이 없는 일을 두고 하는 말.
모래-땅명 모래가 많은 땅.
모래-무지명 잉엇과의 민물고기. 몸길이 15 cm 가량. 머리가 크고 입술 근처는 우툴두툴하며 한 쌍의 수염이 있음. 몸빛은 은백새 바탕에 등과 옆구리는 엷은 황갈색이고, 배는 흼. 온몸에 농갈색의 무늬가 많아 모래와 비슷한 보호색을 이루고 있음. 강의 중류나 하류의 모랫바닥에 삶. 우리나라·중국·일본 등지에 분포함. 사어(沙魚). 타어(鮀魚).
모래-밭[-받]명 ①☞모래톱. 사장(沙場). ②흙에 모래가 많이 섞인 밭. ＊모래밭이[-바치]·모래밭을[-바틀]·모래밭만[-반-]
모래-벌판명 모래가 덮여 있는 벌판. 사원(沙原).
모래-사막(-沙漠)명 모래로 이루어진 사막.
모래-사장(-沙場)명 ☞모래톱.
모래-성(-城)명 ①모래를 성처럼 쌓은 것. ②'쉽게 허물어지는 것'을 비유하여 이르는 말.
모래-시계(-時計)[-계/-게]명 가운데가 잘록한 호리병 모양으로 된 그릇 위쪽에 모래를 넣고, 그 모래가 일정하게 조금씩 떨어지게 하여 시간을 재는 장치. 사루(沙漏).
모래-알명 모래의 낱 알갱이. 사립(沙粒).
모래-자갈명 낱이 잔 자갈.
모래-주머니명 ①모래를 넣은 주머니. ②새의 소화기의 한 가지. 먹이를 으깨어 부수는 작용을 함. 곡식을 먹는 새에게만 있음. 사낭(沙囊).
모래-집명 ☞양막(羊膜).
모래집-물[-짐-]명 ☞양수(羊水).
모래-찜질명하자 (몸을 튼튼하게 하거나 병을 치료하기 위하여) 뜨거운 모래 속에 몸을 묻고 땀을 내는 찜질의 한 가지. 사욕. 사증(沙蒸).
모래-톱명 강가나 바닷가에 있는 모래벌판. 모래밭. 모래사장.
모래-판명 ①모래가 많이 깔려 있는 곳. ②씨름판.
모래-펄명 모래가 덮인 개펄.
모래-흙[-흑]명 모래가 많이 섞인 흙. 보통 80 % 이상이 모래로 된 흙을 말함. 경미토. 사토. ＊모래흙이[-흘기]·모래흙만[-흥-]
모랫-길[-래낄/-랟낄]명 ①모래밭에 난 길. ②모래가 깔려 있는 길.
모랫-바닥[-래빠-/-랟빠-]명 모래가 넓게 죽 깔려 있는 바닥. ¶ 모랫바닥에 사는 생물.
모략(謀略)명하타 남을 해치려고 속임수를 써서 일을 꾸밈. ¶ 남을 중상하고 모략하다.
모:레 Ⅰ명 내일의 다음 날. 내일모레. 명후일. 재명일.
Ⅱ부 내일의 다음 날에.
모렌도(morendo 이)명 악보의 나타냄말. '차차 느리고 약하게'의 뜻.
모려(牡蠣)명 ☞굴.
모려(謀慮)명 (무슨 일을) 꾀하는 깊은 궁리.
모:련(慕戀)명하타 사모하여 늘 그리워함, 또는 그 그리움.
모:렴(冒廉)명하자 〈모몰염치〉의 준말.
모:령(冒領)명하타 ①성사(聖事)를 욕되게 함. 독성(瀆聖)함. ②자격 없이 받음.
모:령-성체(冒領聖體)명 가톨릭에서, 죄인이 죄의 사함을 받지 아니하고 성체를 받아먹는 독성(瀆聖) 행위.
모:로부 ①비껴서. 대각선으로. ¶ 모로 자르다. ②옆으로. ¶ 모로 눕다.
모로 가도 서울만 가면 된다속담 수단과 방법이야 어떻든 목적만 이루면 된다는 말.
모로명 〈옛〉무리[4]. ¶ 모로 운:暈(訓蒙下*1*).
모로매부 〈옛〉모름지기. 반드시. ¶ 必은 모로매 ᄒᆞ논 ᄠᅳ디라(訓諺).
모로미부 〈옛〉모름지기. ¶ 花門을 ᄒᆞ마 모로미 머믈우시니(杜重*4:14*). 참모로매.
모:록(冒錄)명하타 사실이 아닌 것을 사실인 것처럼 기록함, 또는 그 기록.
모록(耄碌) '모록하다'의 어근.
모록-하다(耄碌-)[-로카-]형여 늙어 빠지다.
모롱이[1]명 산모퉁이의 휘어 둘린 곳.
모롱이[2]명 ①웅어의 새끼. ②☞모쟁이[2].
모:루명 대장간에서 불린 쇠를 올려놓고 두드릴 때, 받침으로 쓰는 쇳덩이.
모:루-뼈명 중이(中耳) 속의 세 청골(聽骨) 중 가운데의 뼈. 망치뼈와 등자뼈 사이에 있으며, 귓구멍으로 들어온 음파를 내이(內耳)로 전달함. 침골(砧骨). 참청골(聽骨).
모:루-채명 달군 쇠를 모루 위에 놓고 메어칠 때 쓰는 쇠메.
모류(毛類)명 ①'털 가진 네발짐승'을 통틀어 이르는 말. 모족(毛族). ②솜털이나 강모(剛毛)를 가진 곤충. 모충(毛蟲).
모:르(moor 포)명 ☞몰(mogol).
모르다[모르니·몰라]타르 ①알지 못하다. ¶ 소식을 모르고 지내다. /저 사람은 모르는 사람이다. ②깨치지 못하다. 이해하지 못하다. ¶ 이 글은 그 뜻을 잘 모르겠다. ③기억하지 못하다. ¶ 누구였는지 잘 모르겠다. ↔알다.
모르면 약이요 아는 게 병속담 차라리 아무것도 모르고 있으면 마음이 편하여 좋은데, 좀 알고 있으면 도리어 걱정거리가 생겨서 편치 않다는 말.
모르면 몰라도관용 대개 그러리라고 믿기는 하나, 확실히 잘라 말할 수 없을 때 앞세우는 말. ¶ 모르면 몰라도 지금쯤은 도착했을 거요.
모르덴트(Mordent 독)명 꾸밈음의 한 가지. 주요음에서 2도 아래의 음을 거쳐 주요음으로 돌아오는 꾸밈음.
모르모트(←marmotte 프)명 '기니피그'를 일상적으로 이르는 말.
모르몬-교(Mormon敎)명 모르몬경(經)을 성전(聖典)으로 하여 1830년 미국인 조셉 스미스가 창립한 종교. 〔정식 명칭은 '말일 성도 예수 그리스도 교회'.〕
모:르-쇠[-쇠/-쉐]명 아는 것이나 모르는 것이나 다 모른다고 잡아떼는 일. ¶ 대답하기 곤란할 때는 모르쇠가 제일이다.
모르쇠(를) 잡다〔대다〕관용 그저 덮어놓고 모른다고 잡아떼다.
모르타르(mortar)명 회나 시멘트에 모래를 섞어서 물에 갠 것. 시간이 지나면 딱딱하게 굳으며, 벽돌이나 석재 따위를 맞붙이는 데 씀. 〔시멘트 대신에 석회를 섞은 것을 '석회 모르타르'라고 함.〕 교니(膠泥).
모르핀(morphine)명 아편에 들어 있는 알칼로이드의 한 가지. 냄새가 없고 쓴맛이 있는 무색의 결정체로 물에 잘 녹지 않음. 마취제나 진통제로 쓰임.

모르핀^중독(morphine中毒)명 모르핀 남용으로 생기는 중독증. 급성인 경우에는 몸이 떨리고 어지럽다가 토하게 되며, 호흡 중추에 마비를 일으켜 급사함.
모름지기부 마땅히. 응당. ¶ 학생은 모름지기 학업에 힘써야 한다.
모름-하다형여 (생선 따위가) 싱싱한 맛이 적고 조금 타분하다.
모리명 투전 노름에서, 여섯 장 중의 넉 장과 두 장이 각각 같은 글자로 맞추어진 경우를 이르는 말.
모리(謀利·牟利)명하자 (남은 생각지 아니하고) 제 이익만을 꾀하거나 탐함.
모리-배(謀利輩)명 공익이나 상도의(商道義) 같은 것은 아랑곳하지 않고 갖은 방법으로 자기의 이익만을 꾀하는 사람, 또는 그러한 무리.
모린(毛鱗)명 〔털과 비늘이라는 뜻으로〕 짐승과 물고기류를 통틀어 이르는 말.
모립(毛笠)명 지난날, 하인들이 쓰던 벙거지.
모ᄅ다[몰라]타 〈옛〉 모르다. ¶ 朝廷이 모ᄅ디 아니컨마ᄅᆞᆫ(杜初7:27).
모-막이명 직육면체로 된 기구의 머리와 끝을 막는 널조각.
모ː만(侮慢)명하자 거만스러운 태도로 남을 업신여기고 저만 잘난 체함.
모ː만사(冒萬死)명하자 〔만 번 죽기를 무릅쓴다는 뜻으로〕 온갖 어려움을 무릅씀.
모-말명 (곡식 따위를 되는) 네 모가 반듯한 말. 방두(方斗).
모망(茅芒)명 도자기의 전두리에 있는 흠.
모ː매(母妹)명 〈동모매(同母妹)〉의 준말.
모ː매(侮罵)명하타 업신여기어 꾸짖음.
모맥(牟麥·麰麥)명 밀과 보리.
모ː멘트(moment)명 ①(어떤 일의) 원인. 계기. 기회. ②물리학에서, 물체를 회전시키는 힘의 크기를 나타내는 양.
모면(謀免)명하타되자 (어려운 상황이나 책임·죄 따위에서) 꾀를 쓰거나 운이 좋아서 벗어남. ¶ 위기를 모면하다.
모면-책(謀免策)명 벗어나기(면하기) 위한 방책.
모ː멸(侮蔑)명하타 업신여기고 깔봄.
모ː멸-감(侮蔑感)명 모멸을 당하는 느낌. ¶ 모멸감을 느끼다.
모ː멸-스럽다(侮蔑―)[―따][～스러우니·～스러워]형ㅂ 업신여기고 깔보는 느낌이 있다.
모ː명(冒名)명하자 이름을 거짓으로 꾸며 댐, 또는 그러한 이름.
모ː모(某某) Ⅰ대 아무아무. 누구누구. ¶ 모모가 주선한 모임.
Ⅱ관 아무아무. 아무아무의. ¶ 그는 모모 대학에 강사로 나가고 있다.
모모-이부 이모저모 다. 여러모로 모두. ¶ 모모이 뜯어보다.
모ː모-인(某某人)명 ☞모모제인(某某諸人).
모ː모-제인(某某諸人)명 아무아무라는 여러 사람. 모모인.
모ː모-한(某某―)관 아무아무라고 손꼽을 만한. ¶ 모모한 인사는 다 모였다.
모ː몰(冒沒)명하자 〈모몰염치〉의 준말.
모ː몰-염치(冒沒廉恥)[―렴―]명하자 염치없는 줄 알면서도 이를 무릅쓰고 함, 또는 그런 일. ㊟모렴(冒廉)·모몰(冒沒).
모물(毛物)명 ①털이 붙은 채 다룬 가죽. ②털로 만든 물건.
모물-전(毛物廛)명 지난날, 갖옷과 털가죽으로 만든 방한구 따위를 팔던 가게.
모밀명 '메밀'의 잘못.
모ː바일(mobile)명 휴대용 단말기를 통하여 인터넷에 접속한 뒤, 현장에서 필요한 정보를 처리할 수 있도록 지원하는 무선 데이터 통신 시스템.
모-반(―盤)명 여섯 모나 여덟 모로 된 목판. ↔두리반.
모ː반(母斑)명 선천적인 원인으로 살갗에 나타난 갈색 또는 검은색 점이나 사마귀·주근깨 따위.
모반(謀反)명하자 ①배반을 꾀함. ②나라나 임금을 배반하여 군사를 일으킴.
모반(謀叛)명하자 자기 나라를 배반하고 남의 나라를 좇기를 꾀함.
모발(毛髮)명 ①사람의 몸에 난 터럭을 통틀어 이르는 말. ②사람의 머리털.
모발^습도계(毛髮濕度計)[―또계/―또게]명 탈지(脫脂)한 모발이 습도에 따라 늘었다 줄었다 하는 성질을 이용하여 상대 습도를 재게 만든 기구.
모-방(―方)명 한자 부수의 한 가지. '於'·'施' 등에서의 '方'의 이름.
모-방(―房)명 안방의 한 모퉁이에 붙어 있는 작은 방.
모방(模倣·摸倣)명하타 본뜸. 흉내 냄. 모습(模襲). 모본(模本). ¶ 남의 작품을 모방하다. ↔창조.
모방^본능(模倣本能)명 (예술·문화의 발생 또는 발달 요인으로서) 모방을 하는 인간의 본능. 유행·전통·습관 등을 형성함.
모방-색(模倣色)명 어떤 동물이, 독이나 악취·가시 등으로 제 몸을 지키는 다른 동물과 같은 몸 빛깔을 띠는 일, 또는 그 몸 빛깔. 뱀·벌·나비 따위에서 볼 수 있음.
모방-설(模倣說)명 모든 사회 현상의 근원이 모방에 있다고 하는 사회학설.
모방^예ː술(模倣藝術)[―녜―]명 자연이나 현실의 모습·동작·소리 등을 그대로 본떠서 나타내는 예술, 또는 그러한 작품.
모방^유희(模倣遊戲)[―뉴히]명 주위의 생활을 모방하는 것을 즐기는 유희. 소꿉장난이나 학교 놀이 따위.
모-밭[―받]명 묘목(苗木)을 기르는 밭. 묘포. *모밭이[―바치]·모밭을[―바틀]·모밭만[―반―]
모ː범(冒犯)명하타 일부러 법에 어긋나는 말이나 행동을 함.
모범(模範)명 본받아 배울 만한 본보기. ¶ 윗사람이 먼저 모범을 보이다. /타의 모범이 되다.
모범-림(模範林)[―님]명 조림(造林)의 본보기가 되거나, 또는 본보기로 만들어 놓은 숲.
모범-생(模範生)명 (학업과 품행이 뛰어나서) 남의 모범이 될 만한 학생.
모범-수(模範囚)명 (교도소의 규칙을 잘 지키어) 다른 죄수들의 모범이 되는 죄수.
모범-적(模範的)관명 본받아 배울 만한 (것). ¶ 모범적 사례. /모범적인 학업 태도.
모범-택시(模範taxi)명 일반 택시보다 좋은 시설을 갖추고 질이 높은 서비스를 제공하는 택시. 일반 택시보다 요금이 비쌈.
모ː법(母法)[―뻡]명 어떠한 법의 모체가 되는 법. ↔자법(子法).
모ː변(某邊)명 아무 곳.
모병(募兵)명하자 군대에서 병사를 뽑음. 모군(募軍)[2].

모본(模本)명 ①본보기가 되는 것. ¶ 모본을 보고 수를 놓다. ②☞모형(模型). ③하타☞모방(模倣).
모본-단(模本緞)명 중국에서 나는 비단의 한 가지. 품질이 정밀하고 윤이 나며 무늬가 아름다움.
모불사(貌不似)[-싸]명하형 ①꼴이 꼴 같지 않음. ②얼굴 생김새가 보잘것없거나 흉악함, 또는 그러한 사람.
모:빌(mobile)명 〔'움직이는 조각'이라는 뜻으로〕 가느다란 철사나 실 따위로 여러 가지 모양의 금속판이나 나뭇조각을 매달아 균형의 아름다움을 나타낸 조형품.
모:빌-유(mobile油)명 윤활유의 한 가지. 자동차의 엔진과 같이 빠르게 돌아가는 기계의 마찰과 마멸 및 열을 덜기 위하여 쓰임.
모-뿔명 ☞각뿔.
모뿔-대(-臺)명 ☞각뿔대.
모사(毛紗)명 털실로 짠 사(紗).
모사(毛絲)명 털실.
모사(茅沙)명 제사를 지낼 때, 그릇에 담은 모래와 거기에 꽂는 띠의 묶음. 강신(降神) 때, 띠의 묶음 위에 술을 따름.
모사(茅舍)명 ①띳집. 모옥(茅屋). ②'자기 집'을 낮추어 이르는 말.
모:사(某事)명 어떠한 일. 아무 일.
모사(帽紗)명 사모(紗帽)의 겉을 싸는 얇은 사(紗).
모사(模寫)명하타 ①무엇을 흉내 내어 그대로 나타냄. ¶ 성대(聲帶) 모사. ②어떤 그림을 보고 그대로 본떠서 그림.
모사(謀士)명 ①계책을 세우는 사람, 또는 계책에 능한 사람. ②남을 도와 꾀를 내는 사람. 책사(策士).
모사(謀事)명하타 일을 꾀함, 또는 일의 해결을 위한 꾀를 냄.
모사는 재인(在人)**이요, 성사**(成事)**는 재천**(在天)**이라**속담 일을 꾸미는 것은 사람이요, 일의 성패는 하늘의 뜻에 달렸다는 말. 성공을 미리 기대하거나 예상하기는 어려우나 모름지기 노력은 해야 한다는 뜻.
모사-기(茅沙器)명 ☞모삿그릇.
모사-꾼(謀事-)명 약은 꾀로 일을 꾸미는 사람.
모사-본(模寫本)명 원본을 본떠서 베낀 책.
모사-설(模寫說)명 철학에서, 인식(認識)은 외계 실재(實在)의 충실한 모사·반영이라고 하는 인식론상의 학설. 〔소박 실재론·유물론 따위.〕
모사^전:송(模寫電送)명 화면이나 문자 따위를 전기적 신호로 바꾸어 전송(傳送)하고, 수신하는 쪽에서 이것을 복원하는 통신 방식. 〔좁은 뜻의 팩시밀리.〕 복사 전송. 텔레팩스(telefax).
모-사탕(*-沙糖)명 ☞각사탕.
모사-품(模寫品)명 ①원작의 그림을 그대로 옮기어 그린 미술 작품. ②본떠서 그린 그림.
모산지배(謀算之輩)명 꾀를 부리어 이해타산을 일삼는 무리.
모살(謀殺)명하타되자 사람을 죽일 것을 꾀함, 또는 계획적으로 사람을 죽임. ¶ 역적을 모살하다.
모삿-그릇(茅沙-)[-사끄른/-삳끄른]명 모사를 담는 그릇. 보시기같이 생겼으며 굽이 높음. 모사기(茅沙器). ＊모삿그릇이[-사끄르시/-삳끄르시]·모삿그릇만[-사끄른-/-삳끄른-]
모:상(母喪)명 ☞모친상. ↔부상(父喪).
모상(模相)명 대상의 외부적인 형상을 있는 그대로 본떠서 나타낸 것.
모새명 잘고 고운 모래. 세사(細沙).
모색(毛色)명 ①깃이나 털의 빛깔. 털빛. ②비단의 검은빛.
모색(茅塞) '모색하다'의 어근.
모색(摸索)명하타 더듬어 찾음. ¶ 해결 방안의 모색. /정계 진출을 모색하다.
모색(貌色)명 얼굴의 생김새나 차림새.
모:색(暮色)명 해질 무렵의 경치. 저물어 가는 풍경.
모:색-창연(暮色蒼然)명하형 해질 무렵의 저녁 빛이 매우 어스레함.
모색-하다(茅塞-)[-새카-]형여 마음이 물욕(物慾)에 가리어 생각함이 어둡고 답답하다.
모생-약(毛生藥)[-냑]명 털이 나게 하는 약. 발모제(發毛劑). 양모제(養毛劑).
모샤브(moshav)명 이스라엘의 공동 취락의 한 가지. 소농(小農)들의 집합체로 농토는 각자가 경작하되, 그 밖의 것은 마을 전체가 공유함. 모체는 키부츠(kibbutz)임.
모:서(母書)명 〔어머니가 자녀에게 보내는 편지 끝에 쓰는 말로〕 '어머니가 씀'의 뜻.
모서(謀書)명 거짓으로 꾸민 문서.
모-서다자 날카롭게 모가 생기다.
모서리명 ①물건의 모가 진 가장자리. ¶ 책상의 모서리. ②수학에서, 다면체 또는 다면각의, 이웃하여 있는 두 면이 만나 이루어지는 선을 이르는 말.
모서리-각(-角)명 수학에서, 두 평면이 만나서 생기는 일종의 입체각을 이르는 말.
모서-인(謀書人)명 문서를 거짓으로 꾸민 사람.
모선(毛扇)명 지난날, 벼슬아치들이 얼굴을 가리던 방한구의 한 가지. 네모반듯하게 겹친 비단 양쪽에 털가죽으로 싼 기다란 자루를 대었음.
모:선(母船)명 ①작은 배들을 통제하는 큰 배. 어미배. ②(원양 어업 등에서) 부속 어선을 거느리고, 물자의 보급과 어획물의 처리 등을 맡아 하는 큰 배. ③우주선 중에서 사령선(司令船)과 기계선이 연결된 것. 착륙선이 돌아올 때까지 궤도를 돌면서 대기함.
모:선(母線)명 ①수학에서, 직선의 운동으로 어떤 곡면이 생겼을 경우, 그 선을 곡면에 대하여 이르는 말. ②발전소 또는 변전소에서, 개폐기를 거쳐 각 외선(外線)에 전류를 분배하는, 단면적이 큰 간선(幹線).
모:-선망(母先亡)명하자 어머니가 아버지보다 먼저 죽음. ↔부선망(父先亡).
모:설(冒雪)명하자 눈 오는 것을 무릅씀.
모:설(暮雪)명 저물녘에 내리는 눈.
모:성(母性)명 여성이 어머니로서 지니는 본능적인 성질. ↔부성(父性).
모:성-애(母性愛)명 자식에 대한 어머니의 본능적인 사랑. ↔부성애.
모:성-형(母性型)명 어머니로서의 자질을 두루 갖춘 여성형.
모:세(暮世)명 요즘의 세상.
모:세(暮歲)명 ☞세밑.
모세-관(毛細管)명 ①〈모세 혈관〉의 준말. ②모세관 현상을 일으킬 정도로 아주 가느다란 관. 준모관.
모세관^인력(毛細管引力)[-일-]명 물리학에서, 고체에 접근한 액체면의 분자를 고체가 끌어당기는 힘을 이르는 말.
모세관^현:상(毛細管現象)명 물리학에서, 가는 유리관을 액체 속에 세웠을 때, 관 안의 액면(液面)이 관 밖의 액면보다 높아지거나 낮아지는 현상을 이르는 말.

모세-교(←Moses教)명 구약 시대에 모세를 종교적·민족적 영웅으로 숭배하고, 모세 오경(五經)을 중심으로 여호와를 받들던 종교. 고교(古教).

모세^오ː경(←Moses五經)명 모세가 지었다고 전해지는 구약 성서의 처음의 다섯 편. 〔창세기·출애굽기·레위기·민수기·신명기.〕 오경(五經).

모ː-세포(母細胞)명 분열하기 전의 세포. ↔낭세포(娘細胞).

모세^혈관(毛細血管)명 동맥과 정맥을 이으며 조직 속에 그물 모양으로 퍼져 있는 가는 혈관. 이 혈관을 통해 조직에 양분과 산소를 공급하고 노폐물을 심장으로 되돌려 보냄. 실핏줄. 준모세관.

모ː션(motion)명 ①동작. 행위. ②어떠한 행동을 하기 위하여 예비적으로 취하는 몸짓. ¶ 갈 듯한 모션을 취하자 손을 잡는다.

모ː션^피칭(motion pitching)명 야구에서, 투수가 반칙을 범하지 않는 범위 내에서, 여러 가지 동작으로 타자를 현혹시키려는 투구.

모ː소(某所)명 어떤 곳. 아무 곳. 모처(某處).

모ː소(侮笑)명하타 남을 업신여기어 비웃음.

모손(耗損)명하자되자 닳거나 줄거나 하여 없어짐. 모감(耗減).

모-송곳[-곧]명 (끝 부분이) 모가 진 송곳. ＊모송곳이[-고시]·모송곳만[-곤-]

모ː수(母數)명 ①통계학에서, 모집단(母集團)의 특성을 나타내는 정수(定數)를 이르는 말. ②보합산(步合算)에서, 원금을 이르는 말. ③☞매개 변수(媒介變數).

모ː수(母樹)명 종자나 묘목 따위를 얻기 위하여 가꾸는 나무.

모ː수-림(母樹林)명 임업용 종자나 묘목을 얻기 위하여 가꾸는 숲.

모수-자천(毛遂自薦)명 자기가 자기를 추천하는 일. 〔중국 춘추 전국 시대에 조나라에서 초나라에 구원을 청할 사자를 물색할 때, 모수가 스스로 자기를 천거하였다는 고사에서 유래함.〕

모순(矛盾)명 ①되자 말이나 행동의 앞뒤가 서로 맞지 않음. 〔중국 초나라의 상인이 창과 방패를 팔면서 창은 어떤 방패도 뚫을 수 있다고 하고 방패는 어떤 창으로도 뚫지 못한다는 말을 한 데서 유래함.〕 ¶ 모순되는 말. ②논리학에서, 두 개의 개념이나 명제 사이에 의미 내용이 서로 상반되는 관계를 이르는 말.

모순^개ː념(矛盾概念)명 두 개의 개념 또는 명사(名辭)가 서로 대립하여, 양자 사이에 중간적인 것을 용납하지 않는 개념. 〔유(有)와 무(無), 삶과 죽음 따위.〕

모순-당착(矛盾撞着)명 ☞자가당착.

모순^대ː당(矛盾對當)명 형식 논리학에서의 대당 관계의 한 가지. 양(量)과 질(質)을 달리하는 두 판단의 진위(眞僞) 관계로, 두 판단이 모두 참이거나 모두 거짓이 될 수 없는 관계, 곧 한쪽이 참이면 다른 한쪽은 반드시 거짓이 되는 대당 관계를 이름.

모순^명사(矛盾名辭)명 모순 개념을 표시하는 명사. 곧, 그 속성이 서로 양립할 수 없는 명사.

모순^원리(矛盾原理)[-월-]명 ☞모순율.

모순-율(矛盾律)[-뉼]명 형식 논리학에서, 동일한 사물에 대하여 그와 모순되는 빈사(賓辭)를 술어(述語)로 할 수 없다는 것. 'A는 A 아닌 것일 수는 없다.' 또는 'A는 B인 동시에 B 아닌 것일 수는 없다.'와 같은 것. 모순 원리. 참동일률·배중률(排中律).

모순-적(矛盾的)관명 말이나 행동의 앞뒤가 서로 맞지 않는 (것). ¶ 모순적 구조. /모순적인 행동.

모숨명 ①한 줌 안에 들 만한 길고 가느다란 물건. ¶ 세 가닥으로 모숨을 갈라 머리를 땋다. ②〖의존 명사적 용법〗 (가늘고 긴 물건의) 한 줌 안에 들 만한 분량을 세는 단위. ¶ 담배 한 모숨.

모숨-모숨부 여러 모숨으로. ¶ 모숨모숨 땋아 길게 늘어뜨린 머리채.

모ː스^부ː호(Morse符號)명 미국인 모스가 고안한 전신 부호. 점과 선을 여러 가지로 배합하여 글자를 나타내는 것.

모스크(mosque)명 이슬람교의 예배당(사원).

모스키ː토-급(mosquito級)명 아마추어 권투에서, 중량별 체급의 한 가지. 45 kg 이하로, 주니어부의 최경량급임.

모슬(毛蝨)명 ☞사면발니.

모슬렘(Moslem)명 이슬람교도.

모슬린(←mousseline 프)명 얇고 보드랍게 짠 모직물.

모습명 ①(사람의) 생긴 모양. ¶ 얼굴 모습. /아기가 웃는 모습이 참 귀엽다. ②(자연이나 사물의) 생긴 꼴. ¶ 서울의 발전된 모습. ③자취나 흔적. ¶ 모습을 감추다. /아무리 기다려도 모습을 드러내지 않았다.

모습(模襲·摸襲)명하타 ☞모방(模倣).

모시명 ①모시풀의 껍질에서 뽑은 실로 짠 피륙. 저포(紵布). ②〈모시풀〉의 준말.

모시 고르다 베 고른다속담 ①처음에 뜻하던 바와는 전혀 다른 결과에 이름을 이르는 말. ②좋은 것을 골라 가지려다가 도리어 좋지 못한 것을 차지하게 됨을 이르는 말.

모시(毛詩)명 〔중국 한나라의 모형(毛亨)이 전했다고 하여〕 '시경(詩經)'을 달리 이르는 말.

모ː시(某時)명 아무 때. ¶ 모일(某日) 모시.

모시-나비명 호랑나빗과의 곤충. 편 날개 길이 7 cm가량. 몸빛은 황백색 또는 녹색을 띠며 날개는 반투명임. 우리나라에는 5월에 나타남.

모ː시다타 ①손윗사람을 받들며 가까이에서 시중들거나 함께 살다. ¶ 귀한 손님을 모시다. /시부모님을 모시고 살다. ②손윗사람을 안내하여 목적지로 가거나 오다. ¶ 선생님을 댁까지 모시다. ③손윗사람을 어떤 자리에 앉혀 드리다. ¶ 상석에 모시다. ④존귀한 대상물을 어느 곳에 자리잡게 하여 받들다. ¶ 신주(神主)를 모시다. /산소를 모시다. ⑤(제사나 장례 따위) 행사를 지내다. ¶ 제사를 모시다.

모시-박사(毛詩博士)[-싸]명 모시(毛詩), 곧 시경(詩經)에 능통한 사람을 이르는 말.

모시-조개명 ☞가무락조개.

모시-풀명 쐐기풀과의 다년초. 섬유 자원으로 재배하는 귀화 식물. 잎은 달걀 모양이며 뒷면에 잔털이 있고, 여름에 수꽃은 황백색, 암꽃은 담녹색으로 핌. 껍질의 섬유는 모시의 원료가 되고, 뿌리는 민간에서 이뇨제나 통경제로 쓰임. 저마(苧麻). 준모시.

모시^항ː라(-亢羅)[-나]명 모시로 짠 항라.

모식(模式)명 본보기가 될 만한 형식.

모식-도(模式圖)[-또]명 (어떤 것의 구조나 원리, 현상 따위를) 한눈에 알 수 있도록 도식적(圖式的)으로 그린 그림.

모신(謀臣)명 지모(智謀)에 뛰어난 신하.

모ː심(慕心)명 ☞모념(慕念).

모-심기[-끼]명하자 ☞모내기.

모-심다[-따]자 ☞모내다.
모:씨(母氏)명 흔히 아랫사람과 대화할 때 그 어머니를 이르는 말.
모아-들다[~드니·~들어]자 모여들다. ¶ 광장 앞으로 사람들이 모아들었다.
모아들-이다타 〖'모아들다'의 사동〗 모아들게 하다. ¶ 학생들을 강당으로 모아들이다.
모악-동물(毛顎動物)[-똥-]명 동물계의 한 문(門). 바다에서 부유(浮遊) 생활을 함. 몸은 무색투명하며, 가늘고 긴 대롱 모양인데, 길이 0.5~0.7 cm임. 머리에 악모(顎毛)가 있고 한두 쌍의 옆지느러미와 하나의 꼬리지느러미가 있음. 〔화살벌레 따위.〕
모:암(母岩)명 광상(鑛床)을 둘러싸고 있는 암석, 또는 광물을 지니고 있는 암석.
모:애(慕愛)명하타 사모하고 사랑함.
모:액(母液)명 고체와 액체의 혼합물에서 고체와 앙금을 뺀 나머지의 액.
모액(帽額)명 (문 따위에 치는) 발의 윗머리에 가로로 길게 댄 헝겊.
모:야(暮夜)명 이슥한 밤.
모:야간-에(暮夜間-)부 어두운 밤중에. 이슥한 밤중에.
모:야모야(某也某也)대 아무아무. 아무개 아무개.
모:야-무지(暮夜無知)명 이슥한 밤중이라서 보고 듣는 사람이 없음.
모양(模樣·貌樣) Ⅰ명 ①겉으로 본 생김새나 형상. ¶ 머리 모양이 다양하다. ②(차림새나 단장 따위를) 곱게 꾸민 꾸밈새. ¶ 모양을 잔뜩 부렸다. /열일곱이라니 모양을 낼 나이도 되었네. ③어떤 형편이나 상태, 또는 되어 가는 꼴. ¶ 사는 모양이 말이 아니다. ④체면. ¶ 나 때문에 일을 그르치고 보니 이거 원 모양이 말이 아닐세. ⑤'그러한 방법'을 뜻함. 《주로, '모양으로'의 꼴로 쓰임.》 ¶ 그 모양으로 했다가는 성공하기 어렵겠네. ⑥《비교하는 명사 뒤에 쓰이어》 어떤 모습과 같은 모습. ¶ 미친 사람 모양으로 날뛰다.
Ⅱ의 ①《'-ㄴ'·'-ㄹ' 등 관형사형 어미에 이어 쓰이어》 그렇게 짐작됨을 뜻함. ¶ 비가 올 모양이지?/저 신사가 교장 선생님이신 모양이오. ②《'모양으로'의 꼴로 쓰이거나 '같다'·'이다'와 함께 쓰이어》 그렇게 추측함을 뜻함. ¶ 얼굴을 보니 한바탕 난리를 친 모양이군.
모양이 개잘량이다속담 명예와 체면을 형편없이 잃었음을 이르는 말.
모양(이) 사납다관용 보기에 흉하다.
모양(이) 아니다관용 모양이 안되어서 차마 볼 수 없을 정도다. ¶ 며칠 되게 앓고 나더니 영 모양이 아니다.
모양(이) 있다관용 모양이 좋다. 맵시가 있다. 보기에 좋다.
모양-내다(模樣-)자 꾸미어 맵시를 내다.
모양내다 얼어 죽겠다속담 실속은 없이 겉보기나 형식만 신경 쓰다가는 낭패할 수 있음을 핀잔하는 말.
모양-새(模樣-)명 ①모양의 됨됨이. ¶ 새로 지은 집의 모양새가 나쁘다(좋다). ②체면의 꼴. ¶ 모양새를 갖추다.
모양-체(毛樣體)명 안구(眼球) 안의 수정체를 둘러싸고 있는, 가는 주름으로 된 부분. 수정체의 초점 거리를 조절하는 작용을 함.
모양체-근(毛樣體筋)명 모양체 안에 있는 평활근(平滑筋). 모양체의 신축을 맡음.
모얗명 〈옛〉모양. ¶ 金色 모야히 드닚 光이러시니(月釋2:51).
모:어(母語)명 ①☞모국어. ②같은 계통의 여러 언어가 지리적·시대적으로 분화하여 나가기 이전의, 모체가 되는 언어. 〔프랑스 어나 이탈리아 어 들에 대한 라틴 어 따위.〕
모여-나다자 ☞뭉쳐나다.
모여-들다[~드니·~들어]자 〔'모이어 들다'가 줄어서 된 말로〕 지정한 장소나 목적지로 모여오다. ¶ 장꾼이 모여들기 시작하다.
모여-오다타 '가져오다'의 궁중말. ¶ 지 모여오오(요강 가져오시오).
모역(謀逆)명 ①하사 역적질을 꾀함. ②지난날, 종묘(宗廟)나 능(陵)·궁전 등의 파괴를 꾀한 죄를 이르던 말.
모연(募緣)명하타 중이 시주(施主)에게, 돈이나 물건을 절에 기부하게 하여 선연(善緣)을 맺게 하는 일.
모:연(暮煙)명 저녁 무렵의 연기.
모연-문(募緣文)명 모연하는 글.
모영(毛穎)명 털붓.
모오리-돌명 모나지 않고 둥글둥글한 돌.
모옥(茅屋)명 ①띠나 이엉 따위로 이은 허술한 집. 띳집. 모자(茅茨). ¶ 수간(數間)모옥. ②'자기 집'을 낮추어 이르는 말. 모사(茅舍).
모와(牡瓦)명 수키와. ↔빈와(牝瓦).
모:욕(侮辱)명하타되자 깔보고 욕보임. ¶ 모욕을 당하다. /모욕을 참다.
모:욕-감(侮辱感)[-깜]명 모욕을 당한 느낌. ¶ 심한 모욕감에 얼굴이 시뻘게졌다.
모:욕-적(侮辱的)[-쩍]관명 깔보고 욕되게 하는 (것). ¶ 모욕적 언동. /호의를 모욕적으로 받아들이다.
모:욕-죄(侮辱罪)[-쬐/-쮀]명 공공연하게 남을 모욕함으로써 성립되는 죄. 〔친고죄(親告罪)임.〕
모용(毛茸)명 식물의 거죽에 생기는 잔털.
모용(貌容)명 얼굴 모양. 용모(容貌).
모우(毛羽)명 ①길짐승의 털과 날짐승의 깃. ②길짐승과 날짐승을 아울러 이르는 말.
모우(牡牛)명 소의 수컷. 수소. ↔빈우(牝牛).
모우(牦牛·旄牛)명 솟과의 동물. 무소와 비슷하며, 몸이 길쭉하고 등에는 검은 털이 있음. 알타이 산맥과 히말라야 산맥 사이의 고원 지대에서 삶.
모:우(冒雨)명하자 비를 무릅씀.
모:우(暮雨)명 저녁 무렵에 내리는 비.
모우-미성(毛羽未成)명 〔새의 깃이 덜 자라서 아직 날지 못한다는 뜻으로〕 '사람이 아직 어림'을 이르는 말.
모:운(暮雲)명 저물 무렵의 구름.
모:원-병(母原病)[-뼝]명 어머니가 원인이 되어 태아가 어머니 배 속에서 걸린 병. 말이 늦거나 무기력증이 생김.
모:월(某月)명 아무 달. ¶ 모월 모일(某日).
모:유(母乳)명 어머니의 젖. 어미젖. ¶ 아기에게 모유를 먹이다.
모:유^영양법(母乳營養法)[-뻡]명 낳은 어머니가 자기 젖으로 아기를 키우는 일. 참자연 영양.
모으다[모으니·모아]타 ①(흩어진 것을) 한곳에 합쳐 놓다. ¶ 휴지를 주워 모으다. /두 손을 모으고 기도하다. ②한곳에 오게 하다. 모집하다. ¶ 관객을 모으다. /회원을 모으다. ③한곳에 집중시키다. ¶ 의견을 모으다. /시선을 모으다. /세간의 관심을 모은 소설. ④돈이나 재물 따위

를 벌어서 축적하다. ¶ 주식 투자로 큰돈을 모았다. ⑤수집하다. ¶ 수석(壽石)을 모으는 취미. /골동품을 사 모으다. ㊅모다.

모ː음(母音)명 사람이 날숨으로 목청을 울려 입을 통하여 내는 소리. 입 안에서 장애를 받음이 없이 순하게 나오는 유성음으로, 단모음과 이중 모음의 구별이 있음. 홀소리. ㊟자음(子音).

모음-곡(-曲)명 기악곡의 한 형식. 몇 개의 곡을 모아서 하나의 곡으로 만든, 여러 악장으로 된 악곡. 조곡(組曲).

모ː음^교체(母音交替)명 ①〔인도·게르만 어족의 언어에서〕 어느 단어 중에서, 어떤 모음의 음색이나 길이가 그 단어의 의미나 기능의 변화에 따라 바뀌는 현상. 〔drink:drank:drunk 따위.〕 ②〔우리말에서〕 의미의 분화나 대립을 파생하는, 어근 모음의 교체. 〔남다〈餘〉:넘다〈溢〉, 삭다〈酵〉:썩다〈腐〉, 낡다〈古〉:늙다〈老〉 따위.〕

모ː음^도표(母音圖表)명 각각의 모음을 음성적 성질에 따라 가른 그림표. ㊟모음 삼각형.

모ː음^동화(母音同化)명 앞 음절의 'ㅏ·ㅓ·ㅗ·ㅜ'가 뒤 음절의 'ㅣ' 모음의 현상으로 'ㅐ·ㅔ·ㅚ·ㅟ'로 변하는 현상. 〔'어미'가 '에미'로 변하는 따위.〕

모ː음^삼각형(母音三角形)[-가켱]명 모음을 발음할 때의 혀의 위치와 입을 벌리는 정도 및 음색(音色)의 다름을 나타낸 삼각형 모양의 도표. ㊟모음 도표(母音圖表).

모ː음-조화(母音調和)명 국어의 모음 동화의 한 가지. 양성 모음(ㅏ·ㅗ)은 양성 모음끼리, 음성 모음(ㅓ·ㅜ·ㅡ)은 음성 모음끼리 어울리는 현상. 의성어나 의태어 또는 어간과 어미 사이에 두드러지게 나타남. 〔찰싹찰싹·얼룩덜룩, 깎아·꺾어 따위.〕 홀소리어울림.

모의(毛衣)[-의/-이]명 ☞갖옷.

모의(模擬)[-의/-이]명하타 실제와 비슷한 형식과 내용으로 연습 삼아 해 봄.

모의(謀議)[-의/-이]명하타 ①(무슨 일을) 꾀하고 의논함. ②여럿이 같은 의사로써 범죄의 계획 및 실행 수단을 의논함.

모의-고사(模擬考査)[-의-/-이-]명 ☞모의시험.

모의-국회(模擬國會)[-의구쾨/-이구퀘]명 (학교 같은 데서) 국회를 본떠서 의사(議事)의 진행 및 토론 따위를 연습 삼아 해 보는 일.

모의-시험(模擬試驗)[-의-/-이-]명 (입학 시험이나 채용 시험에 대비하여) 실제의 시험과 똑같은 방식으로 해 보는 시험. 모의고사.

모의-장(毛衣匠)[-의-/-이-]명 〈모의장이〉의 준말.

모의-장이(毛衣-)[-의-/-이-]명 지난날, 모물전에서 갖옷붙이를 만들던 장인(匠人). ㊅모의장.

모의-재판(模擬裁判)[-의-/-이-]명 (학교 같은 데서) 실제의 재판을 본떠서 논고·변론·심리·선고 등을 연습 삼아 해 보는 일.

모의-전(模擬戰)[-의-/-이-]명 군대에서, 실전에 대비하여 연습 삼아 하는 가상의 전투.

모이명 닭이나 날짐승의 먹이.

모이다[1]자 〚'모으다'의 피동〛 ①여럿이 한곳으로 오다. 집합하다. ¶ 청중이 모이다. ②돈이나 재물이 쌓이다. ¶ 푼돈이 모이어 목돈이 된다. ㊅뫼다.

모이다[2]형 작고도 여무지다. ¶ 작달막하나 똘똘하게 모인 몸매.

모이^작물(-作物)[-장-]명 모이로 쓰기 위하여 가꾸는 작물.

모이-주머니명 ☞멀떠구니.

모이-통(-桶)명 모이를 담는 통.

모ː인(某人)명 아무 사람.

모ː인(冒認)명 남의 물건을 제 것인 양 속임.

모인(摹印)명 한자의 팔체서(八體書)의 한 가지. 옥새(玉璽) 글자에 쓰던 글씨체임.

모ː일(某日)명 아무 날. ¶ 모일 모시(某時).

모임명 (어떤 목적으로) 때와 곳을 정하여 모이는 일. 집회. 회합. ¶ 동문 모임을 가지다.

모임-이름씨[-니-]명 ☞집합 명사.

모ː자(母子)명 어머니와 아들. 어이아들.

모ː자(母姉)명 어머니와 손위 누이. 자모(姉母).

모ː자(母慈)명 어머니의 사랑.

모자(茅茨)명 ①띠와 남가새. ②☞모옥(茅屋).

모자(眸子)명 눈동자.

모자(帽子)명 ①〈갓모자〉의 준말. ②현대식 쓰개를 통틀어 이르는 말. ③바둑에서, 변(邊)에 놓인 상대편 돌의 중앙 진출을 막기 위하여, 한 칸이나 두 칸 위쪽에 모자를 씌우듯이 두는 수, 또는 그 돌. ㊟모착(帽着).

모ː자^가정(母子家庭)명 (아버지가 없이) 어머니와 자식만으로 된 가정.

모ː자-간(母子間)명 어머니와 아들의 사이.

모자-걸이(帽子-)명 (객실이나 현관 등에 마련해 놓은) 모자 따위를 거는 세간.

모ː자라다자 ①어떤 기준이나 정도에 이르지 못하다. ¶ 어학 실력이 모자라다. /일손이 모자라다. /잠이 모자라다. ②지능이 정상적인 사람에 뒤지다. ¶ 좀 모자라는 사람.

모자반명 모자반과의 바닷말. 줄기는 1~3 m 이상 자라며, 부착근(附着根)으로 바위에 붙어 삶. 우리나라와 태평양 연안에 분포하는데, 연한 것은 말려서 먹고 질긴 것은 비료 따위에 쓰임. 마미조(馬尾藻).

모ː자^보ː건법(母子保健法)[-뻡]명 모체의 생명과 건강을 보호하고, 건강한 자녀를 낳아 올바르게 기르도록 함으로써 국민 보건에 이바지한다는 목적에서 제정된 법률.

모자이크(mosaic)명 미술에서, 여러 가지 빛깔의 돌이나 유리·조가비 따위의 조각을 박거나 붙여서 도안이나 그림으로 나타낸 장식물, 또는 그러한 기법.

모자이크-난(mosaic卵)명 수정란에서, 세포의 각 부분이나 할구(割球)가 특정의 기관만을 만들도록 되어 있는 알. 〔연체동물과 환형동물의 알 따위.〕 ㊟조절란(調節卵).

모자이크-병(mosaic病)명 식물에서, 바이러스의 감염으로 생기는 병의 한 가지. 잎에 황백색의 도도록한 얼룩이 생겨 모자이크 모양으로 얼룩얼룩해지고, 가장자리가 오그라듦. 담배·토마토 따위에 많음.

모자-챙(帽子-)명 모자에 달려 있는 챙.

모자-표(帽子標)명 모자에 붙이는 일정한 표지. 모장(帽章). ㊅모표(帽標).

모ː자-합(母子盒)명 큰 합 안에 작은 합이 또 들어 있는 합.

모작(模作)명하타 남의 작품을 그대로 본떠서 만듦, 또는 그 작품. ↔창작(創作).

모작-패(-牌)명 금광에서, 광부 몇 사람이 한 패가 되어서 광석을 캐어, 광주(鑛主)에게 정한 분철(分鐵)을 주고, 남는 이익을 덕대와 함께 나누어 가지는 일, 또는 그러한 패.

모-잡이명 모낼 때, 모만 심는 일꾼.

모장(帽章)명 ☞모자표(帽子標).

모:재(母材)명 ①중요 재료. 특히, 콘크리트에서의 시멘트 따위. ②용접에서, 용접되거나 절단되는 쪽의 금속 재료.

모재(募財)명하자 여러 곳에서 돈을 모음.

모-재비명 통나무 속을 파내어 길쭉하고 네모지게 만든 큰 그릇.

모-잽이명 옆 방향. ¶ 모잽이로 눕다.

모잽이-헤엄명 수영에서, 옆으로 누워서 치는 헤엄. 사이드스트로크. 횡영(橫泳).

모-쟁이[1]명 (모를 낼 때) 모춤을 별러 도르는 사람을 이르는 말.

모쟁이[2]명 숭어의 새끼. 모롱이[7].

모전(毛廛)명 ☞과물전(果物廛).

모전(毛氈)명 짐승 털의 섬유를 가열·압축하여 넓은 직물처럼 만든 것. 양탄자처럼 베실을 넣어 짠 것도 있음. 깔개 등으로 쓰임.

모-점(-點)명 세로쓰기에서 쓰이는 쉼표 '、'의 이름. 참반점(半點).

모:정(母情)명 (자식에 대한) 어머니의 정.

모정(茅亭)명 짚이나 새 같은 것으로 지붕을 인 정자(亭子).

모:정(慕情)명 사모하는 마음.

모:제(母弟)명 〈동모제(同母弟)〉의 준말.

모:제르-총(Mauser銃)명 독일의 마우저가 발명한 연발식 소총.

모조(毛彫)명 (금속·상아·조개껍데기 따위에) 끝이 날카로운 끌을 써서, 가는 선으로 무늬나 글자를 새기는 일, 또는 그 작품.

모조(模造)명 ①하타 본떠서 만듦, 또는 그 물품. 의제(擬製). ¶ 모조 보석. /유명 상표의 가방을 모조한 가짜 상품. ②〈모조품〉의 준말.

모조-금(模造金)명 금의 대용품인 합금을 통틀어 이르는 말.

모조^대:리석(模造大理石)명 시멘트에 특수한 약품을 혼합하여 경화·응결시킨 것. 경도가 높고 물·불·산에 잘 견딤. 스토니.

모조리부 하나도 빠짐없이 모두. 처음부터 끝까지 죄다. ¶ 있는 대로 모조리 잡다.

모조-석(模造石)명 ☞인조석.

모조-지(模造紙)명 (인쇄용으로 많이 쓰이는) 양지(洋紙)의 한 가지. 백상지(白上紙).

모조^진주(模造眞珠)명 유리알에 진주정(眞珠精)이라는 진주 광택을 가진 도료를 칠하여 만든 진주의 모조품. 인조 진주.

모조-품(模造品)명 모방하여 만든 물건. 준모조(模造).

모족(毛族)명 ☞모류(毛類).

모종(-種)명하타 (옮겨 심기 위하여 씨앗을 뿌려 가꾼) 어린 식물, 또는 그것을 옮겨 심는 일. 모[1].

모:종(某種)명 (불확실하거나 밝히기 어려운) 어떠한 종류. 《주로, '모종의'의 꼴로 쓰임.》 ¶ 모종의 사건. /모종의 음모를 꾸미다.

모종-비(-種-)[-삐]명 모종하기에 알맞게 때맞추어 내리는 비.

모종-삽(-種-)명 모종을 옮겨 심을 때 쓰는 조그맣고 갸쭉한 삽.

모종-순(-種筍)[-쑨]명 모종의 어린순.

모종-판(-種板)명 모종을 가꾼 자리.

모:주(母主)명 〔주로 편지 글에서〕 '자기 어머니'를 높이어 일컫는 말.

모:주(母酒)명 ①밑술. ②술을 거르고 남은 찌꺼기. 재강. ③〈모주망태〉의 준말.

모주 장사 열 바가지 두르듯속담 내용이 빈약한 것을 겉만 꾸미어 낸다는 말.

모주(謀主)명 일을 주장하여 꾀하는 사람.

모주(謀酒)명하자 술 먹을 방책을 꾀함.

모:주-꾼(母酒-)명 ☞모주망태.

모:주-망태(母酒-)명 술을 늘 대중없이 많이 먹는 사람을 농조로 이르는 말. 모주꾼. 준모주.

모:죽지랑-가(慕竹旨郞歌)[-찌-]명 신라 효소왕(孝昭王) 때 득오(得烏)가 죽지랑을 추모하여 읊은 팔구체(八句體)의 향가.

모지(拇指)명 '무지(拇指)'의 잘못.

모-지다형 ①형상이 둥글지 않고 모가 나 있다. ¶ 모지게 깎은 방망이. ②(성질이나 언행이) 모난 데가 있다. ¶ 모진 성격.

모지라-지다자 물건의 끝이 닳거나 잘려서 없어지다. ¶ 모지라진 붓. 큰무지러지다.

모지락-스럽다[-쓰-따][~스러우니·~스러워]형ㅂ 보기에 억세고 모진 듯하다. **모지락스레**부.

모지랑-붓[-붇]명 끝이 다 닳은 붓. ＊모지랑붓이[-부시]·모지랑붓만[-붇-]

모지랑-비명 끝이 다 닳은 비.

모지랑이명 (오래 써서) 끝이 닳아 모지라진 물건. ¶ 모지랑이가 된 숟갈.

모직(毛織)명 털실로 짠 피륙.

모직-물(毛織物)[-징-]명 털실로 짠 피륙·편물·양탄자 따위.

모직혼-식(毛織婚式)[-지콘-]명 결혼기념식의 한 가지. 서양 풍속으로, 결혼 40주년에 부부가 모직물로 된 선물을 주고받으며 기념함. 참견혼식(絹婚式).

모진(耗盡)명하자되자 닳거나 줄어서 다 없어짐.

모:질다[모지니·모질어]형 ①차마 못할 짓을 능히 또는 함부로 하는 성질이 있다. ¶ 마음을 모질게 먹다. ②(견디기 어려운 일을) 잘 배겨 내는 성질이 있다. ¶ 모진 것이 사람의 목숨이라…. ③(기세 따위가) 매섭고 거세다. ¶ 모진 세파. ④정도가 지나치게 심하다. ¶ 모진 학대.

모진 놈 옆에 있다가 벼락 맞는다속담 나쁜 사람을 가까이하면 그 사람과 함께 화를 입게 된다는 말.

모:질-음명 어떤 고통을 견디거나 이겨 내려고 모질게 쓰는 힘. ¶ 모질음을 쓰다.

모집(募集)명하타 ①조건에 맞는 사람이나 사물을 모음. ¶ 사원 모집. /문예 작품 모집. ②기부금 따위를 널리 구하여 모음. ¶ 기금 모집. ③채권이나 보험 따위의 청약을 권하여 모으는 일. ¶ 공채 모집. /주식을 모집하다.

모집^공채(募集公債)[-꽁-]명 발행과 함께 자금을 수납시키는 보통 공채. ↔교부 공채.

모집다[-따]타 ①남의 허물을 명백히 지적하다. ¶ 약점을 모집다. ②모조리 집다.

모:-집단(母集團)[-딴]명 통계 조사의 대상이 되는 사물의 집단. 표본을 추출하는 바탕인 전체의 집단.

모짝부 있는 대로 한 번에 몰아서. ¶ 이번 태풍에 과수원이 모짝 결딴났다. 큰무쩍.

모짝-모짝[-짱-]부 ①한쪽에서부터 차례로 모조리 뽑아 버리는 모양. ¶ 잡초를 모짝모짝 다 뽑다. ②한쪽에서부터 모조리 먹어 들어가거나 처리해 버리는 모양. ¶ 누에가 뽕잎을 모짝모짝 갉아 먹다. 큰무쩍무쩍.

모쪼록부 아무쪼록. 부디. ¶ 모쪼록 건강에 유의하시기 바랍니다.

모-찌기명하자 모판에서 모를 뽑는 일.

모착(帽着)명하자 바둑에서, 변에 있는 상대편 돌의 세력을 꺾기 위하여, 한 칸 띄워서 모자를 씌우듯 두는 일. 참모자(帽子).

모착-하다[-차카-]형여 아래위를 잘라 낸 듯이 짤막하고 똥똥하다.
모창(模唱)명 어떤 사람, 특히 가수의 창법(唱法)과 음성을 흉내 내어 노래 부르는 일.
모채(募債)명하자 공채나 사채 따위를 모집함.
모책(謀策)명하타 계책을 꾸밈, 또는 그 계책. ¶ 모책을 세우다.
모:처(某處)명 (불확실하거나 밝히기 어려운) 아무 곳. 어떤 곳. 모소(某所). ¶ 지금 모처에서 비밀 회담이 열리고 있다.
모-처럼부 ①벼르고 별러서 처음으로(가까스로). ¶ 모처럼 장만한 피아노. ②일껏 오래간만에. ¶ 모처럼 오셨는데 며칠 묵고 가셔야지요. /모처럼 하늘이 맑게 개었다.
모처럼 능참봉(陵參奉)을 하니까 한 달에 거동이 스물아홉 번속담 모처럼 기다리던 일이 이루어졌으나 어렵고 힘만 들었지 얻은 것이 없다는 말.
모처럼 태수(太守) 되니 턱이 떨어져속담 모처럼 이룬 일이 허사가 되고 말았을 때 이르는 말.
모:처혼(母處婚)명 모계 사회에서, 신랑이 신부의 씨족 집단으로 들어가서 살던 결혼 풍속. ↔부처혼(父處婚).
모:천(母川)명 송어나 연어 따위 물고기가 바다에서 거슬러 올라와, 알 낳을 곳으로 삼는 하천.
모:천(暮天)명 저물 무렵의 하늘.
모:천-국(母川國)명 송어나 연어 따위 물고기가 알을 낳는 하천을 가진 연안국(沿岸國).
모첨(茅簷)명 초가지붕의 처마.
모:체(母體)명 ①(아이나 새끼를 가진) 어미의 몸. ¶ 태아는 모체로부터 영양을 받는다. ②'현재의 형태의 기반이 되었던 것'을 비유하여 이르는 말. ¶ 구제(舊制) 사범학교를 모체로 하는 대학.
모:체^전염(母體傳染)명 병원체가 모체를 통하여 다음 세대에 전염되는 일.
모초(毛綃)명 중국에서 나는 비단의 한 가지. 모초단(毛綃緞).
모초(茅草)명 ☞띠[3].
모초-단(毛綃緞)명 ☞모초(毛綃).
모추(毛錐)명 털붓.
모:추(暮秋)명 ①늦가을. 만추(晩秋). ②'음력 구월'을 달리 이르는 말. 양추(涼秋).
모:춘(暮春)명 ①늦봄. 만춘(晩春). ②'음력 삼월'을 달리 이르는 말. ②앵월(櫻月).
모-춤명 볏모나 모종을 묶은 단.
모춤-하다형여 (길이나 분량이) 어떤 한도에 차고 좀 남다. ¶ 모춤한 작대기.
모충(毛蟲)명 송충이·쐐기벌레 등과 같은, 몸에 털이 있는 벌레를 통틀어 이르는 말. 모류.
모충(謀忠)명하자 남을 위하여 꾀를 내어 줌.
모:측(母側)명 ①어머니 곁. 어머니 슬하. ②어머니 쪽.
모치(牡痔)명 ☞수치질.
모:친(母親)명 어머니. ↔부친.
모:친-상(母親喪)명 어머니의 상사(喪事). 모상(母喪). ↔부친상.
모침(貌侵·貌寢) '모침하다'의 어근.
모침-하다(貌侵-·貌寢-)형여 ①몸집이 작고 얼굴이 못생기다. ②됨됨이가 옹졸하다.
모:칭(冒稱)명하타 이름을 거짓으로 꾸며 댐.
모추라기명 〈옛〉 메추라기. ¶ 모추라기 암:鶉(訓蒙上*17*).
모카-커:피(Mocha coffee)명 예멘의 모카에서 나는, 부드러우며 향이 진한 커피.
모:켓(moquette)명 객차 따위의 의자 천으로 많이 쓰이는, 보풀이 있는 직물. 벨벳과 비슷함.
모코명 (옛날에 입던) 길이가 짧은 저고리.
모탕명 ①나무를 패거나 자르거나 할 때, 밑에 받쳐 놓는 나무토막. ②곡식이나 궤짝 따위를 땅바닥에 쌓을 때, 밑에 괴는 나무.
모탕-세(-貰)[-쎄]명 지난날 여각(旅閣)이나 장터에서, 남의 곡식 따위를 보관하여 주고 그 세로 받던 돈.
모태명 ①(인절미나 흰떡 따위를) 안반에 놓고 한 차례에 쳐서 낼 수 있는 떡의 분량. ②〖의존 명사적 용법〗 안반에 놓고 한 차례에 쳐서 낼 수 있는 떡의 분량을 세는 단위. ¶ 인절미 한 모태.
모:태(母胎)명 ①어미의 태 안. ②'사물이 발생하거나 발전하는 데 바탕이 된 토대'를 비유하여 이르는 말. ¶ 이 기업의 모태는 구멍가게였다.
모태-끝[-끝]명 (흰떡을 안반에서 비비어 썰 때에) 가락을 맞추어 자르고 난 나머지의 떡. ＊모태끝이[-끄치]·모태끝을[-끄틀]·모태끝만[-끈-]
모:터(motor)명 ①(증기 기관이나 증기 터빈, 내연 기관 따위의) 원동기를 통틀어 이르는 말. ②전동기(電動機).
모:터-바이시클(motor bicycle)명 가솔린 엔진을 장치하여 자동적으로 움직이게 된 자전거. 모터바이크. 모터사이클. 오토바이.
모:터-바이크(motor bike)명 ☞모터바이시클(motor bicycle).
모:터-보:트(motor-boat)명 모터를 추진기로 하는 보트. 발동기정(發動機艇). 비똑딱선.
모:터사이클(motorcycle)명 ☞모터바이시클.
모:터-쇼:(motor show)명 자동차, 자동차 엔진, 자동차 부품 따위의 전시회.
모테명 지난날, 벼슬아치가 머리에 쓰던 우장(雨裝). 갈모테와 같으나 훨씬 큼.
모:텔(motel)명 자동차 여행자가 이용할 수 있는 숙박 시설.
모:토(母土)명 뫼를 쓸 때, 관(棺)이 들어가 놓일 구덩이를 만들기 위해 깎아 낸 흙.
모토(를) 뽑다관용 모토를 깎아 내다.
모토(moto 이)명 악보에서, 빠르기나 화성(和聲) 진행을 나타내는 용어에 덧붙여 쓰이는 말. '움직임'의 뜻.
모토(motto)명 일상의 행동이나 태도의 지침이 되는 짤막한 말. 표어. 좌우명(座右銘). ¶ 성실을 평생 모토로 삼다.
모투저기다타 (돈이나 물건을) 아껴서 조금씩 모으다.
모퉁이명 ①구부러지거나 꺾어져 돌아간 자리. ¶ 모퉁이를 돌다. ②(복판을 기준으로 하였을 때의) 구석진 곳이나 가장자리. ¶ 운동장 모퉁이. ③좁은 범위의 어떤 부분. ¶ 서울의 어느 모퉁이에 사는지 어떻게 아니?
모퉁잇-돌[-이똘/-읻똘]명 ①☞주춧돌. 초석(礎石). ②〔교회의 초석이 된다는 뜻으로〕 '예수'를 비유하여 이르는 말.
모:티브(motive)명 ☞모티프(motif).
모:티비즘(motivism)명 동기설(動機說).
모티프(motif 프)명 ①(문학이나 예술 작품에서의) 표현이나 창작의 동기, 또는 동기가 되는 중심 사상. 모티브. ②음악에서, 악곡을 구성하는 선율이나 리듬의 최소 단위. 동기. ③(편물·장식·벽지 따위의) 디자인의 주요한 요소.

모-판(-板)명 ①(들어가서 손질하기 편리하도록) 못자리의 사이사이를 떼어 직사각형으로 구획한 곳. ②☞묘상(苗床).
모판-흙(-板-)[-흑]명 기름진 흙이나 퇴비 따위를 섞어 모판 바닥에 까는 흙. 상토(床土). * 모판흙이[-흘기]·모판흙만[-흥-]
모포(毛布)명 담요.
모표(帽標)명 〈모자표(帽子標)〉의 준말.
모-풀명 못자리에 거름으로 넣는 풀.
모:풍(冒風)명하자 바람을 무릅씀.
모피(毛皮)명 털가죽. ¶ 모피 코트.
모피(謀避)명하타 꾀를 써서 피함, 또는 피하려고 피함.
모피-상(毛皮商)명 모피를 팔고 사는 장사, 또는 그 장수.
모필(毛筆)명 털붓.
모필-화(毛筆畫)명 붓으로 그린 그림. 동양화는 대개 이에 딸림.
모핑(morphing)명 〔'metamorphing'을 줄인 말로〕 컴퓨터 애니메이션 기법의 한 가지. 하나의 형상에서 어떠한 다른 형상으로 변환시킬 때, 그 변화 과정을 나타내는 데 사용하는 기법.
모:하(暮夏)명 ①늦여름. 만하(晩夏). ②'음력 유월'을 달리 이르는 말. ②선우월(蟬羽月).
모-하다(模-)타여 ①글씨나 그림 위에, 투명한 종이를 대어 그대로 그리다. ②본보기대로 그리다.
모하메드-교(Mohammed敎)명 ☞이슬람교.
모:한(冒寒)명하자 추위를 무릅씀.
모:함(母艦)명 〈항공모함〉·〈잠수 모함〉의 준말.
모함(謀陷)명하타 꾀를 써서 남을 어려운 처지에 빠뜨림. ¶ 간신들의 모함을 받다. 비참함.
모:항(母港)명 (어떤) 배가 근거지로 하는 항구. (어떤) 배가 출항해 온 항구.
모해(謀害)명하타 모략을 써서 남을 해침.
모:험(冒險)명하자타 ①위험을 무릅씀. ¶ 모험을 감행하다. ②성공할 가망이 적은 일을 요행을 바라며 해 봄. ¶ 요즘같은 불황기에 창업하는 것은 아주 위험한 모험이다.
모:험-가(冒險家)명 모험을 좋아하는 사람.
모:험-담(冒險談)명 모험적인 행동·견문·사실 따위에 대한 이야기. ¶ 모험담을 늘어놓다.
모:험^소:설(冒險小說)명 주인공의 모험적인 행동을 주제로 한 소설.
모:험-심(冒險心)명 모험을 즐기는 마음. 모험에 도전하기를 좋아하는 마음. ¶ 모험심이 강하다.
모:험-적(冒險的)관명 위험을 무릅쓰고 하는 (것). ¶ 모험적인 투자.
모:험-주의(冒險主義)[-의/-이]명 모험적인 정책이나 방침을 취하는 주의.
모헤어(mohair)명 앙고라염소의 털, 또는 그것으로 짠 모직물이나, 그와 비슷하게 짠 직물.
모혈(毛血)명 지난날, 종묘와 사직의 제사에 제물로 쓰던 산짐승의 털과 피.
모:형(母型)명 활자의 글자 면을 주조하는 데 쓰는, 쇠붙이로 된 틀. 자모(字母).
모형(牡荊)명 마편초과(馬鞭草科)의 낙엽 관목. 화단에 관상용으로 가꾸는데, 여름에 암자색의 꽃이 잎겨드랑이에 주렁주렁 핌. 줄기와 잎은 달이어 이뇨제와 통경제로 쓰임.
모형(模型·模形)명 ①똑같은 모양의 물건을 만들기 위한 틀. 모본(模本). ¶ 모형을 뜨다. ②원형을 줄여서 만든 본(本). 새끼꼴. ¶ 비행기 모형. ③☞그림본. ④☞수본(繡本). ⑤미술에서, 작품을 제작하기 전에 미리 만들어 보는 본보기. 준형(型).
모형-도(模型圖)명 모형을 그린 그림.
모호(模糊·糢糊)[1]수관 막(漠)의 10분의 1, 준순(逡巡)의 10배가 되는 수(의). 곧, 10^{-13}.
모호(模糊)[2] '모호하다'의 어근.
모호로비치치^불연속면(Mohorovičić不連續面)[-송-]명 지각과 맨틀과의 경계가 되는 불연속면. 지하 5~70km의 깊이에 있으며, 이 면 아래에서 지진파 속도와 밀도가 급증함. 준모호면.
모호-면(←Mohorovičić面)명 〈모호로비치치 불연속면〉의 준말.
모호-하다(模糊-)형여 흐릿하다. 분명하지 않다. ¶ 모호한 대답./모호한 태도를 보이다.
모화(帽花)명 ☞어사화.
모:화(慕化)명하자 덕을 사모하여 거기에 감화됨.
모:화(慕華)명하자 중국의 문물이나 사상을 우러러 사모함.
모:화-관(慕華館)명 조선 시대에, 중국 사신을 영접하던 곳.
모화관 동냥아치 떼쓰듯속담 경우에 닿지 않는 말로 성가시게 군다는 뜻.
모화대(帽靴帶)명 사모(紗帽)·목화(木靴)·각띠를 아울러 이르는 말.
모:화-사상(慕華思想)명 중국의 문물을 흠모하여 따르려는 사상.
모:-회사(母會社)[-회-/-훼-]명 (어떤 회사에 대하여) 자본의 참가나 임원의 파견 따위로 지배권을 가지는 회사. ↔자회사(子會社).
모:후(母后)명 임금의 어머니. 황태후.
모:훈(母訓)명 어머니의 가르침. 모교. 자훈.
목[1]명 ①척추동물의 머리와 몸통을 잇는 잘록한 부분. ¶ 목이 긴 사슴. ②〈목구멍〉의 준말. ¶ 목을 축이다. ③(어떤 물체에서) 목처럼 생긴 부분. ¶ 목이 긴 유리병. ④곡식의 이삭이 달린 부분. ¶ 벼의 목. ⑤(다른 곳으로는 빠져나갈 수 없는) 중요한 통로의 좁은 곳. ¶ 노루가 지나다니는 목. ⑥〈목소리〉의 준말. ¶ 목을 가다듬다. /목이 쉬다.
목 멘 개 겨 탐하듯속담 감당할 힘도 없으면서 지나친 욕심을 부림을 이르는 말.
목에 거미줄 치다관용 ☞입에 거미줄 치다.
목에 핏대(를) 올리다〔세우다〕관용 몹시 노하거나 흥분하다.
목에 힘을 주다관용 거드름을 피우거나 남을 깔보는 듯한 태도를 보이다. ¶ 반장이 되더니 목에 힘을 주고 다닌다.
목을 걸다관용 ①목숨을 바칠 각오를 하다. ¶ 목을 걸고 맹세하다. ②직장에서 쫓겨나는 것을 무릅쓰다. ¶ 신사업을 목을 걸고 추진하다.
목(을) 놓아〔놓고〕관용 주로 울거나 부르짖을 때에 참거나 삼가지 않고 큰 소리를 내어. ¶ 목을 놓고 울다.
목을 떼다〔따다〕관용 ☞목(을) 베다.
목(을) 베다〔자르다〕관용 (직장에서) 쫓아내다. 목을 떼다.
목(을) 축이다관용 (목이 말라) 물 따위를 조금 마시다.
목이 간들거리다관용 ①죽음을 당할 위급한 처지에 놓여 있다. ②어떤 직위에서 밀려날 절박한 형편에 놓여 있다.
목(이) 달아나다〔떨어지다〕관용 ①죽임을 당하다. ②직장에서 쫓겨나다.

목이 마르게[관용] 몹시 애타게.
목이 붙어 있다[관용] ①살아남아 있다. ②해고 당하지 않고 머물러 있다.
목이 빠지게 기다리다[관용] 몹시 애타게 기다리다.
목(이) 타다[관용] 물이 몹시 마시고 싶다.
목[2][명] 금광에서 함지질할 때 나오는, 납이나 은 따위가 섞인 가루 모양의 광석.
목[3][의] ☞결(結)[4].
목[명] 〈옛〉몫. 꿰미. ¶ 구은 구슬 갓긴 五百 목 (老解下60).
목(木)[명] ①〈목요일〉의 준말. ②오행(五行)의 하나. 방위로는 동쪽, 계절로는 봄, 빛깔로는 푸른빛에 해당함. ③무명.
목(目)[명] ①예산 편성상의 구분의 하나. 항(項)의 아래이고 절(節)의 위임. ②생물 분류상의 한 단계. 강(綱)과 과(科)의 사이.
목(牧)[명] 고려 중기 이후와 조선 시대의 지방 행정 단위. 각 목에는 정삼품의 목사(牧使)를 두어 다스리게 하였음.
목가(牧歌)[-까][명] ①목동이나 목부의 노래. ②전원생활을 주제로 한 시가나 가곡.
목가-적(牧歌的)[-까-][관명] 목가처럼 평화롭고 소박하며 서정적인 (것). ¶ 목가적 시풍. / 목가적인 풍경.
목각(木刻)[-깍][명] ①[하타](그림이나 글씨 따위를) 나무에 새김. ¶ 목각 불상(佛像). ②〈목각화〉의 준말. ③〈목각 활자〉의 준말.
목각-화(木刻畫)[-까콰][명] 나무에 새긴 그림. [준]목각.
목각^활자(木刻活字)[-까콸짜][명] 나무에 새긴 활자. 목활자(木活字). [준]목각.
목간(木竿)[-깐][명] ☞장나무.
목간(木幹)[-깐][명] 나무의 줄기.
목간(木簡)[-깐][명] 글을 적은 나뭇조각, 또는 나뭇조각에 적은 편지나 문서. 중국에서 종이가 없던 시대에, 죽간(竹簡)과 함께 쓰이었음.
목간(沐間)[-깐][명] 〈목욕간〉의 준말.
목간-통(沐間桶)[-깐-][명] ☞목욕통.
목갑(木匣)[-깝][명] 나무로 만든 갑.
목강(木強) '목강하다'의 어근.
목강-하다(木強-)[-깡-][형여] 억지가 세고 만만치 않다.
목-거리[-꺼-][명] 목이 붓고 몹시 아픈 병.
목-걸이[-꺼리][명] ①목에 거는 물건. ②보석 등을 꿰어 목에 거는 장식품.
목검(木劍)[-껌][명] 검술을 익힐 때 쓰는, 칼 모양으로 다듬은 나무 막대. 나무칼. 목도(木刀).
목격(目擊)[-껵][명][하타][되자] 눈으로 직접 봄. 목견(目見). 목도(目睹). ¶ 사고 현장을 목격한 사람을 찾다.
목격-담(目擊談)[-껵땀][명] 목격한 것에 대한 이야기. ¶ 목격담을 듣다.
목격-자(目擊者)[-껵짜][명] 어떤 일을 눈으로 직접 본 사람. ¶ 목격자를 찾다.
목견(目見)[-껸][명][하타][되자] ☞목격(目擊).
목계(木栱)[-꼐/-께][명] 박공(牔栱) 위에 부연(附椽)처럼 얹어서 기와를 받도록 한 나무.
목계(木桂)[-꼐/-께][명] ☞모계(牡桂).
목곧-이[-꼬지][명] '억지가 세어 좀처럼 굽히지 않는 사람'을 농조로 이르는 말. 강항령.
목골(木骨)[-꼴][명] 목조로 된 건축물의 뼈대, 또는 목재로 뼈대를 삼는 방식. [참]철골(鐵骨).
목-골통이(木-)[-꼴-][명] 나무로 파서 만든 골통대.
목공(木工)[-꽁][명] ①나무를 다루어 물건을 만드는 일. ②☞목수(木手).
목-공단(木貢緞)[-꽁-][명] 무명실로 짠 공단.
목공-소(木工所)[-꽁-][명] 나무를 다루어, 가구·창문틀 따위 여러 가지 물건을 만드는 곳.
목공-품(木工品)[-꽁-][명] 나무를 다루어 만든 가공품. 〔책상·소반·나막신 따위.〕
목과(木瓜)[-꽈][명] 한방에서, '모과'를 약재로 이르는 말.
목곽(木槨)[-꽉][명] 나무로 만든 네모난 외관(外棺), 또는 광(壙). 낙랑 시대와 삼국 시대의 고분에서 흔히 볼 수 있음.
목관(木棺)[-꽌][명] 나무로 짠 관.
목관(牧官)[-꽌][명] ☞목사(牧使).
목관-묘(木棺墓)[-꽌-][명] ☞널무덤.
목관^악기(木管樂器)[-꽈낙끼][명] 목질의 관으로 된 악기. 오늘날에는 구조·발음 원리가 비슷한 금속제의 것도 포함하여 이름. 〔색소폰·플루트 따위.〕 [참]금관 악기.
목광(目眶)[-꽝][명] ☞눈시울.
목교(木橋)[-꾜][명] ☞나무다리[1].
목교(目巧)[-꾜][명] ☞눈썰미.
목구(木毬)[-꾸][명] 지난날, 격구(擊毬)할 때 쓰던, 나무로 만든 공.
목-구멍[-꾸-][명] 입속 맨 안쪽의 기도와 식도로 통하는 곳. 인후(咽喉). 후문(喉門). [준]목[1].
목구멍 때도 못 씻었다[속담] 음식이 너무 적어서 아주 조금밖에 먹지 못하였다. [비]간에 기별도 안 갔다. [참]간(肝).
목구멍의 때를 벗긴다[속담] 오랜만에 맛있는 음식을 실컷 먹는다.
목구멍이 포도청(捕盜廳)[속담] 먹고살기 위하여 차마 못할 짓까지 함을 이르는 말.
목구멍에 풀칠하다[관용] 굶지 않을 정도로 겨우 먹고살다.
목구멍-소리[-꾸-][명] ☞후음(喉音).
목궁(木弓)[-꿍][명] 애끼찌나 산뽕나무로 만든 활.
목균(木菌)[-뀬][명] 말려서 꼬치에 꿴 버섯.
목극(木屐)[-끅][명] ☞나막신.
목-극토(木克土·木剋土)[-끅-][명] 오행설에서 이르는 상극(相剋)의 하나. 나무〔木〕가 흙〔土〕을 이긴다는 뜻. [참]목생화.
목근(木根)[-끈][명] 나무뿌리.
목근(木筋)[-끈][명] 콘크리트 구조물에서, 철근 대신에 심으로 넣는 나무.
목근(木槿)[-끈][명] 무궁화 또는 무궁화나무.
목금(木琴)[-끔][명] ☞실로폰.
목금(目今)[-끔] [I][명] 눈앞에 닥친 현재. 목하. ¶ 목금의 현실을 직시하다.
[II][부] 이제 곧.
목기[-끼][명] 기름틀의 챗날과 머리틀 사이에 끼는 목침처럼 생긴 나무토막.
목기(木器)[-끼][명] 나무로 만든 그릇.
목-기러기(木-)[-끼-][명] 나무로 만들어 채색을 한 기러기. 전통 혼례에서 산 기러기 대신으로 씀. 목안(木雁).
목기-법(木寄法)[-끼뻡][명] 조각술의 한 가지. 여러 가지 나뭇조각을 맞추어 모양을 만들되, 한 나무로 만든 것같이 하는 법. 기본법(寄本法).
목기-전(木器廛)[-끼-][명] 나무 그릇을 팔던 가게나 시전(市廛). 목물전.
목-낭청(睦郎廳)[몽-][명] 〔춘향전에 나오는 인물에 빗대어〕 '이래도 응 하고 저래도 응 하는 사람'을 조롱하여 이르는 말.

목낭청-조(睦郞廳調) [몽-쪼] 명 분명하지 않은 태도. 어름어름하면서 얼버무리는 말씨. 《주로, '목낭청조로'의 꼴로 쓰임.》 ¶ 목낭청조로 말하다.

목-놀림 [몽-] 명 하자 어린애의 목구멍을 축일 정도로 젖을 적게 먹임, 또는 그만큼밖에 안 나는 젖의 분량.

목농(牧農) [몽-] 명 〈목축 농업〉의 준말.

목-누름 [몽-] 명 씨름에서, 상대편의 목덜미를 팔로 눌러서 엎어지게 하는 기술.

목눌(木訥) '목눌하다'의 어근.

목눌-하다(木訥-) [몽-] 형여 순박하고 말재주가 없다.

목-다리(木-) [-따-] 명 ①☞나무다리2. ②☞협장(脇杖).

목단(牧丹) [-딴] 명 ☞모란.

목단-피(牧丹皮) [-딴-] 명 한방에서, '모란 뿌리의 껍질'을 약재로 이르는 말. 〔성질이 차서 월경 불순이나 혈증(血症)·타박상·피부 반진 따위를 고치는 데 쓰임.〕

목단-화(牧丹花) [-딴-] 명 ☞모란꽃.

목-달구(木-) [-딸-] 명 큰 나무토막으로 만든 달구.

목-달이 [-따리] 명 ①버선목의 안찝 헝겊이 겉으로 걸쳐 넘어와 목이 된 버선. ②바닥이 다 해져서 발등만 덮이는 버선.

목-담 [-땀] 명 (광산촌 등에서) 버력으로 쌓은 담.

목대1 [-때] 명 지난날, 돈치기할 때 준돈을 맞히는 데 쓰던 물건. 두꺼운 엽전이나 당백전(當百錢)을 두세 겹으로 붙이고 구멍에 봉을 박아 만들거나, 납 따위로 동글납작하게 만듦.

목대2 [-때] 명 멍에 양쪽 끝의 구멍에 꿰어서, 소의 목 양쪽에 대는 가는 나무.

목대(를) 잡다 관용 여러 사람을 거느리고 일을 시키다.

목-대야(木-) [-때-] 명 나무로 만든 대야.

목대-잡이 [-때-] 명 목대를 잡아 일을 시키는 사람.

목-대접(木-) [-때-] 명 나무로 만든 대접.

목-덜미 [-떨-] 명 목의 뒷부분. ¶ 목덜미를 잡다. /목덜미를 쓰다듬다.

목덜미를 잡히다 관용 ①약점이나 중요한 곳을 잡히다. ②피할 수 없이 죄가 드러나게 되다. ¶ 그의 범법 행위가 드디어 목덜미를 잡혔다.

목도 [-또] 명 하타 (여러 사람이) 무거운 물건이나 돌덩이를 밧줄로 얽어 어깨에 메고 옮김, 또는 그 일에 쓰는 굵고 긴 막대기.

목도(木刀) [-또] 명 ☞목검(木劍).

목도(目睹) [-또] 명 하타 되자 ☞목격(目擊).

목도-꾼 [-또-] 명 목도로 물건을 나르는 일꾼.

목-도리 [-또-] 명 (추위를 막기 위하여) 목에 두르는 천이나 뜨갯것·털가죽 따위.

목-도장(木圖章) [-또-] 명 나무로 만든 도장. 목인(木印).

목도-질 [-또-] 명 하타 목도하는 일.

목도-채 [-또-] 명 목도할 때 쓰는 굵고 긴 막대기.

목독(目讀) [-똑] 명 하타 ☞묵독(默讀).

목-돈 [-똔] 명 ①액수가 많은 돈, 또는 한목 모아 내거나 들이는 돈. 모갯돈. 뭉칫돈. ¶ 목돈을 쥐다. /목돈이 들다. /목돈 마련 저축. ②굿을 할 때, 비용으로 쓰라고 무당에게 미리 주는 돈.

목-돌림 [-똘-] 명 목이 아픈 돌림병을 통틀어 이르는 말.

목돗-줄 [-또쭐/-똗쭐] 명 목도하는 데 쓰이는 밧줄. 참목도.

목동(牧童) [-똥] 명 (풀을 뜯기며) 마소나 양을 치는 아이. 목수(牧豎).

목두(木頭) [-뚜] 명 목재를 다듬을 때 목재의 끄트머리를 잘라 버린 나무토막.

목두기 [-뚜-] 명 무엇인지 알 수 없는 귀신의 이름.

목둣-개비(木頭-) [-뚜깨-/-뚣깨-] 명 목재를 다듬을 때, 잘라 버린 나뭇개비.

목-뒤 [-뛰] 명 목의 뒤쪽.

목등-뼈 [-뜽-] 명 포유류의, 척추의 맨 윗부분. 일곱 개의 등골뼈로 됨. 경추(頸椎).

목란(木蘭) [몽난] 명 ☞목련.

목랍(木蠟) [몽납] 명 옻나무나 거망옻나무의 익은 열매를 짓찧어서 만든 납. 양초나 성냥·화장품 따위를 만드는 재료, 또는 광택을 내는 재료로 쓰임. 목초.

목력(目力) [몽녁] 명 ☞시력(視力).

목련(木蓮) [몽년] 명 목련과의 낙엽 활엽 교목. 중국 원산의 관상용 식물로, 높이 10 m가량 자라며 봄에 잎보다 먼저 흰빛 또는 자줏빛 꽃이 핌. 목란(木蘭). 참백목련·자목련.

목렴(木廉) [몽념] 명 (풍수설에서 크게 꺼리는) 무덤 속의 송장에 나무뿌리가 감기는 일.

목례(目禮) [몽녜] 명 하자 눈짓으로 가볍게 하는 인사. 눈인사. ¶ 목례로 답하다.

목로(木路) [몽노] 명 (얕은 물에서) 배가 다닐 만한 곳에 나뭇가지를 꽂아 표시한 뱃길.

목로(木壚) [몽노] 명 선술집에서, 술잔을 벌여 놓는 널빤지로 만든 좁고 기다란 상.

목로-술집(木壚-) [몽노-찝] 명 목로를 차려 놓고 술을 파는 집. 목로주점. 준목롯집.

목로-주점(木壚酒店) [몽노-] 명 ☞목로술집.

목록(目錄) [몽녹] 명 ①진열품이나 소장품 따위의 이름을 일정한 차례로 적은 기록. ¶ 도서 전시(展示) 목록. ②☞목차(目次).

목롯-집(木壚-) [몽노찝/몽녿찝] 명 〈목로술집〉의 준말.

목류(木瘤) [몽뉴] 명 ☞옹두리.

목리(木理) [몽니] 명 ①'나뭇결'로 순화. ②☞나이테. ②연륜(年輪).

목리(木履) [몽니] 명 ☞나막신.

목리-문(木理紋) [몽니-] 명 나뭇결무늬.

목마(木馬) [몽-] 명 ①어린아이들이 타고 놀 수 있게, 나무로 만든 장난감 말. ②(건축장 등에서) 발돋움으로 쓰는 기구의 한 가지.

목마(木磨) [몽-] 명 ☞매통.

목마(牧馬) [몽-] 명 하자 말을 먹여 기름, 또는 기른 그 말.

목-마르다 [몽-] [~마르니·~말라] Ⅰ 형르 ①물이 먹고 싶은 상태에 있다. ¶ 땀을 많이 흘렸더니 몹시 목마르다. ②(무엇을) 몹시 바라는 상태에 있다. 《주로, '목마르게'의 꼴로 쓰임.》 ¶ 동생을 목마르게 기다리다.

Ⅱ 자 어떠한 것을 간절히 원하다. ¶ 사랑에 목마르다.

목마른 놈이 우물 판다 속담 꼭 필요로 하는 사람이 먼저 서둘러 시작한다는 말.

목마른 송아지 우물 들여다보듯 속담 몹시 먹고 싶거나 가지고 싶어 부러워하거나 안타까워함을 이르는 말.

목마름 [몽-] 명 ①목이 말라 물이 먹고 싶은 상태. 갈증(渴症). ②어떠한 것을 간절히 원함. ¶ 학문을 향한 목마름.

목-말[몽-]명 남의 어깨 위에 두 발을 딛고 올라서거나 목뒤로 걸터앉는 일. ¶ 목말을 태우다.
목말(木末)[몽-]명 메밀가루.
목-매(木-)[몽-]명 ☞매통.
목-매기[몽-]명 〈목매기송아지〉의 준말.
목매기-송아지[몽-]명 (아직 코를 뚫지 않고) 목에 고삐를 맨 송아지. ㊟목매기.
목-매다[몽-] Ⅰ자 목매달다.
Ⅱ자타 목매달다.
목-매달다[몽-] Ⅰ자 (속되게) 어떤 일이나 사람에게 전적으로 의지하다. 목매다. ¶ 쥐꼬리만 한 월급에 다섯 식구가 목매달고 산다.
Ⅱ자타 (죽으려고 또는 죽이려고) 목을 줄에 걸어 높은 데 매어 달다. 목매다. ¶ 목매달아 죽다. /죄인을 목매달아 죽이다.
목-매아지[몽-]명 (아직 굴레를 씌우지 않고) 목에 고삐를 맨 망아지. ㊟목매지.
목-매지[몽-]명 〈목매아지〉의 준말.
목맥(木麥)[몽-]명 ☞메밀.
목-맺히다자 '목메다'의 잘못.
목-메(木-)[몽-]명 나무로 만든 메.
목-메다[몽-]자 설움이 복받쳐 목구멍이 막히다. ¶ 목멘 소리. /부모를 잃고 목메어 우는 아들.
목멱-산(木覓山·木寬山)[몽-싼]명 서울의 '남산(南山)'의 딴 이름.
목면(木綿·木棉)[몽-]명 ①목면과의 교목. 인도에서 자바에 걸쳐 나는 열대 식물. 씨는 달걀 모양으로 솜털로 덮여 있음. 솜털은 담요 따위의 원료로는 사용되나 방직용으로는 사용하지 못함. ②☞목화(木花).
목면-사(木綿絲)[몽-]명 무명실.
목면-직(木綿織)[몽-]명 ☞면직.
목면-포(木綿布)[몽-]명 무명.
목목-이[몽-]부 중요한 길목마다. ¶ 파수꾼들이 목목이 지키고 있다.
목-무장[몽-]명 (씨름·싸움을 할 때) 상투와 턱을 잡아서 빙 돌리어 넘기는 기술. ㊟무장[1].
목문(木門)[몽-]명 나무로 짠 문.
목문(木紋)[몽-]명 나뭇결.
목문-지(木紋紙)[몽-]명 나무의 빛깔과 무늬를 낸 양지(洋紙)의 한 가지.
목-물[몽-]명 ①사람의 목까지 닿을 만한 깊이의 물. ②하자(바닥에 엎드려서) 허리에서 목까지를 물로 씻는 일. 등목. 등물.
목물(木物)[몽-]명 나무로 만든 기물(器物)을 통틀어 이르는 말.
목물-전(木物廛)[몽-]명 ☞목기전.
목민(牧民)[몽-]명하자 (임금이나 원이) 백성을 다스리는 일.
목민-관(牧民官)[몽-]명 ☞목민지관.
목민-심서(牧民心書)[몽-]명 조선 순조 때 정약용(丁若鏞)이 지은 책. 이서(吏胥)의 통폐(通弊)를 지적하여 관리의 바른길을 깨우치려고 사례를 들어 풀이한 내용. 48권 16책.
목민지관(牧民之官)[몽-]명 〔목민하는 벼슬아치란 뜻으로〕 원(員) 등 '외직 문관(外職文官)'을 이르는 말. 목민관.
목밀(木蜜)[몽-]명 ☞대추[2].
목밑-샘[몽믿쌤]명 ☞갑상선(甲狀腺).
목ᄆᆞᄅᆞ다형 〈옛〉 목마르다. 갈증나다. ¶ 목ᄆᆞᄅᆞᆯ 갈:渴(訓蒙下*13*).
목반(木盤)[-빤]명 ☞목판(木板).
목-반자(木-)[-빤-]명 ①(종이를 바르지 않고) 널조각으로만 댄 반자. 널반자. ②'소란반자'를 달리 이르는 말.
목-발(木-)[1][-빨]명 '협장(脇杖)'을 흔히 이르는 말. ¶ 목발을 짚다.
목-발(木-)[2]명 '지겟다리'의 잘못.
목방(木房)[-빵]명 지난날, 목수들이 일하는 곳을 이르던 말.
목방-모군(木房募軍)[-빵-]명 지난날, 목방에 딸려 품팔이하던 사람.
목배(木杯)[-빼]명 나무로 만든 잔.
목본(木本)[-뽄]명 목질 조직으로 된 식물, 곧 나무. ↔초본(草本)[2].
목본-경(木本莖)[-뽄-]명 나무줄기.
목봉(木棒)[-뽕]명 몽둥이.
목부(木部)[-뿌]명 ①☞목질부(木質部). ②아악기(雅樂器)를 분류하는 항목의 한 가지. 〔박(拍)·축(柷)·어(敔) 등 목제(木製)의 타악기.〕
목부(牧夫)[-뿌]명 목장에서 마소나 양 따위를 돌보는 사람.
목-부용(木芙蓉)[-뿌-]명 ☞부용(芙蓉).
목불(木佛)[-뿔]명 나무부처.
목불식정(目不識丁)[-뿔-쩡]명하형 〔'丁' 자도 알아보지 못한다는 뜻으로〕 '글자를 전혀 모름, 또는 그런 사람'을 비유하여 이르는 말. 일자무식(一字無識). ¶ 목불식정은 겨우 면하다.
목불인견(目不忍見)[-뿌린-]명 (몹시 딱하거나 참혹하거나 처참하여) 차마 눈을 뜨고 볼 수 없음. ㊟불인견.
목-비[-삐]명 모낼 무렵에 한목 오는 비.
목비(木碑)[-삐]명 나무로 만든 비.
목-뼈명 목의 가운데 부분에 세로로 이어져 있는 뼈. 경골(頸骨).
목사(木絲)[-싸]명 무명실.
목사(牧使)[-싸]명 고려 중기 이후와 조선 시대에, 관찰사 아래서 지방의 각 목(牧)을 맡아 다스리던 정삼품의 외직 문관(外職文官). 목관.
목사(牧師)[-싸]명 개신교에서, 교회를 맡아 다스리고 신자를 인도하는 교역자(教役者).
목-사리[-싸-]명 소 굴레의 한 부분. 목 위와 밑으로 각각 두르는 가는 줄.
목산(目算)[-싼]명하타 ☞암산(暗算).
목살(木煞)[-쌀]명 나무에 붙어 있다는 흉한 귀신, 또는 그 귀신으로 말미암은 재앙.
목상(木商)[-쌍]명 ①지난날, 뗏목이나 재목·땔나무 따위를 도매로 사고팔던 장수. ②〈재목상(材木商)〉의 준말.
목상(木像)[-쌍]명 나무로 만든 불상(佛像)·신상(神像)·인물상 등.
목새[1][-쌔]명 물결에 밀려 한곳에 쌓인 보드라운 모새.
목새[2][-쌔]명 벼의 이삭이 팰 때, 줄기와 잎이 누렇게 말라 죽는 병.
목-생화(木生火)[-쌩-]명 오행설에서 이르는 상생(相生)의 하나. 나무〔木〕는 불〔火〕을 낳게 한다는 뜻. ㊥목극토.
목서(木犀)[-써]명 ☞물푸레나무.
목-서ː지(木serge)명 면직물의 한 가지. 무명실을 평직이나 능직으로 짠 것으로, 겉모양이나 감촉이 서지와 비슷함.
목석(木石)[-썩]명 ①나무와 돌을 아울러 이르는 말. ②〔나무와 돌이란 뜻으로〕 '감정이 무디고 무뚝뚝한 사람'을 비유하여 이르는 말.
목석-간장(木石肝腸)[-썩깐-]명 '나무나 돌과 같이 아무런 감정도 없는 마음씨'를 비유하여 이르는 말.
목석-같다(木石-)[-썩깐따]형 감정이 무디고 무뚝뚝하다. ¶ 목석같은 사내. **목석같-이**부.

목석연(木石然) '목석연하다'의 어근.
목석연-하다(木石然-) [-써견-] 형여 나무나 돌처럼 감정이나 반응이 없다. **목석연-히**부.
목석-한(木石漢) [-써칸] 명 '나무나 돌처럼 인정이 없고 감정이 무딘 사나이'를 비유하여 이르는 말.
목-선(-線) [-썬] 명 목의 윤곽을 나타내는 선. ¶ 목선이 예쁘다.
목선(木船) [-썬] 명 나무배.
목-선반(木旋盤) [-썬-] 명 ☞갈이틀.
목설(木屑) [-썰] 명 톱밥.
목성(木姓) [-썽] 명 술가(術家)에서, 오행(五行)의 목(木)에 해당하는 성, 또는 '木' 자가 포함되어 있는 성을 이르는 말. 〔김(金)·고(高)·박(朴)·조(趙)·차(車)·최(崔) 따위.〕
목성(木性) [-썽] 명 나뭇결.
목성(木星) [-썽] 명 태양으로부터 다섯 번째로 가까운 행성. 태양계의 행성 가운데서 가장 큼. 덕성(德星). 세성(歲星). 참태세(太歲).
목성(木聲) [-썽] 명 ①나무 두드리는 소리. ②관상에서, 오행(五行)의 음성 가운데 '목쉰 소리'를 이르는 말.
목성-양치(木性羊齒) [-썽냥-] 명 줄기가 나무 모양으로 된 고사리를 통틀어 이르는 말.
목성형 행성(木星型行星) [-썽-] 태양계의 행성 가운데, 지구보다 반지름과 질량이 크고 밀도가 낮은 행성. 목성·토성·천왕성·해왕성을 이름.
목-세루(←木serge) 명 '목서지'의 잘못.
목-소리 [-쏘-] 명 ①사람의 목구멍으로 내는 소리. 말소리. 성음(聲音). 음성. 준목¹·소리. ②말소리의 음색(音色). ③☞후음(喉音). ④말로 나타내는 의견이나 주장. ¶ 소비자의 목소리.
목송(目送) [-쏭] 명하타 작별한 사람이 멀어질 때까지 바라보며 보냄.
목수(木手) [-쑤] 명 나무를 다루어 집을 짓거나 기구를 만드는 일을 업으로 하는 사람. 목공(木工). 대목(大木). 높지위.
 목수가 많으면 집을 무너뜨린다속담 의견이 너무 많으면 도리어 탈을 낸다는 말. 목수 많은 집이 기울어진다.
 목수 많은 집이 기울어진다속담 ☞목수가 많으면 집을 무너뜨린다.
목수(木髓) [-쑤] 명 ☞고갱이.
목수(牧豎) [-쑤] 명 ☞목동(牧童).
목-수건(木手巾) [-쑤-] 명 무명으로 만든 수건.
목-숨 [-쑴] 명 ①살아 있기 위한 힘의 바탕이 되는 것. 명(命). 생명. ¶ 목숨을 버리다. /목숨을 건지다. ②수명(壽命). ¶ 목숨이 길다. /목숨이 다하다.
 목숨을 거두다관용 죽다.
 목숨(을) 걸다관용 어떤 목적을 위하여 죽을 각오를 하다.
 목숨(을) 끊다관용 스스로 죽거나 남을 죽이다.
 목숨을 도모(圖謀)하다관용 죽을 지경에서 살 길을 찾다.
목-쉬다 [-쒸-] 자 목이 잠겨 소리가 맑게 나오지 않다. ¶ 목쉰 소리로 대답하다.
목식(木食) [-씩] 명하자 (불에 구워 먹지 않고) 주식(主食)으로 나무뿌리·잎·과실·열매 등을 날것으로 먹는 일.
목신(木神) [-씬] 명 ☞나무귀신.
목신(牧神) [-씬] 명 그리스·로마 신화에서, 숲이나 목축을 맡아보는 신을 두루 이르는 말. 〔판(Pan)이나 파우누스(Faunus) 등.〕
목실(木實) [-씰] 명 나무 열매.
목심(木心) [-씸] 명 ☞나뭇고갱이.
목ᄉᆞ무 명 〈옛〉 목구멍. ¶ 목ᄉᆞ무 후:喉(訓蒙上26).
목안(木雁) 명 ☞목기러기.
목야(牧野) 명 가축을 놓아기르거나 목초(牧草)를 가꾸는 들판.
목양(牧羊) 명하자 양을 치거나 놓아기름.
목양(牧養) 명하자 ☞목축(牧畜).
목양-견(牧羊犬) 명 놓아기르는 양을 지키고, 해가 저물면 양 떼를 몰아 집으로 데려올 수 있게 길들여진 개.
목-양말(木洋襪) [몽냥-] 명 무명실로 짠 양말.
목양-신(牧羊神) 명 그리스 신화에 나오는 '판(Pan)'을 가리키는 말.
목어(木魚)¹ 명 ①불사(佛事) 때, 두드려 소리를 내는 기구. 나무로 만든 1 m가량의 잉어 모양으로, 속이 비어 있음. 어고(魚鼓). 어판(魚板). ②'목탁(木鐸)'을 달리 이르는 말.
목어(木魚)² 명 ☞도루묵.
목영(木纓) 명 나무 구슬을 꿰어 만든 갓끈.
목왕지절(木旺之節) 명 〔오행(五行)의 목기(木氣)가 성한 때라는 뜻으로〕 '봄철'을 달리 이르는 말.
목요(木曜) 명 〈목요일〉의 준말. 《주로, 관형어로 쓰임.》 ¶ 목요 토론.
목-요일(木曜日) 명 칠요일(七曜日)의 하나. 일요일로부터 다섯째의 날. 준목(木)·목요(木曜).
목욕(沐浴) 명하자 〔머리를 감고 몸을 씻는다는 뜻으로〕 온몸을 씻음.
목욕-간(沐浴間) [-깐] 명 목욕할 수 있도록 마련한 칸살. 준목간(沐間).
목욕-실(沐浴室) [-씰] 명 목욕하는 시설을 갖춘 방. 준욕실(浴室).
목욕-재계(沐浴齋戒) [-째계/-째게] 명하자 (제사를 지내거나 신성한 일 따위를 할 때) 목욕하여 몸을 깨끗이 하고, 부정(不淨)을 피하여 마음을 가다듬는 일.
목욕-탕(沐浴湯) 명 목욕할 수 있도록 설비를 갖추어 놓은 곳, 또는 그런 시설을 갖추어 놓고 영업을 하는 곳. 준욕탕(浴湯).
목욕-통(沐浴桶) 명 목욕물을 담는 통. 목간통. 준욕통(浴桶).
목우(木偶) 명 나무로 만든 사람의 형상. 목우인(木偶人). 목인(木人).
목우(沐雨) 명하자 비를 흠씬 맞음.
목우(牧牛) 명하자 소를 침, 또는 그 소.
목우-인(木偶人) 명 ①☞목우(木偶). ②'무능한 사람'을 비유하여 이르는 말.
목우자-수심결(牧牛子修心訣) 명 고려 희종 때, 목우자가 지은 '수심결'을 언해한 책. 조선 세조 11년에 중 신미(信眉)에 의하여 간행됨. 1권.
목^운동(-運動) 명 머리와 목을 움직여 하는, 맨손 체조의 한 가지.
목월(睦月) 명 '음력 정월'을 달리 이르는 말.
목-유경(木鍮檠) [몽뉴-] 명 나무로 만든 등잔 받침.
목이(木栮·木耳) 명 목이과의 버섯. 몸 전체가 아교질의 반투명이며, 모양이 사람의 귀와 비슷함. 갓의 지름은 2~9 cm. 가을에 뽕나무·물푸레나무 등 활엽수의 고목(枯木)에 남. 말려서 먹는데, 한방에서 치질 따위에 약재로 쓰임. 목이버섯.
목이-버섯(木栮-) [-섣] 명 ☞목이(木栮). ＊목이버섯이[-서시]·목이버섯만[-선-]
목인(木人) 명 ☞목우(木偶).
목인(木印) 명 ☞목도장.

목인(牧人)명 목장에서 마소를 치는 사람.
목자(目子)[-짜]명 ☞눈1. ¶ 목자를 부라리다.
목자(目眥)[-짜]명 눈초리.
 목자(가) 사납다관용 눈매가 몹시 사납고 심술궂게 생기다.
목자(牧子)[-짜]명 조선 시대에, 나라의 목장에서 말을 먹이던 사람.
목자(牧者)[-짜]명 ①양을 치는 사람. ②교인을 양에 비유하여, 개신교에서 목사를, 가톨릭에서 사제를 이르는 말.
목-작약(木芍藥)[-짜각]명 ☞모란.
목잔(木棧)[-짠]명 나무로 사닥다리처럼 놓은 길. 나무로 만든 잔도(棧道).
목잠[-짬]명 곡식 이삭의 줄기가 말라 죽는 병.
목잠(木簪)[-짬]명 나무로 만든 비녀. 흔히, 여자 상제(喪制)가 꽂음.
목장(木匠)[-짱]명 조선 시대에, 교서관(校書館)이나 내수사(內需司) 등 중앙의 관아나 각 도(道)에서 나무를 다루던 공장(工匠).
목장(牧場)[-짱]명 마소·양 따위를 치거나 놓아기르는 시설을 갖추어 놓은 일정 구역의 땅.
목-장갑(木掌匣)[-짱-]명 ☞면장갑.
목재(木材)[-째]명 (건축이나 가구 제조에 쓰이는) 나무로 된 재료.
목재^건류(木材乾溜)[-째걸-]명 목재를 열분해하여 고체 모양이나 액체 모양 또는 가스 모양 등의 생성물을 얻는 일.
목재-상(木材商)[-째-]명 목재를 사고팔고 하는 장사, 또는그 장수.
목재-업(木材業)[-째-]명 목재를 대상으로 하는 기업.
목재^펄프(木材pulp)[-째-]명 목재를 원료로 하여 만든 펄프. 종이나 인조 섬유 따위의 원료가 됨.
목저(木-)[-쩌]명 나무젓가락.
목저(木杵)[-쩌]명 ☞나무달구대.
목적(木賊)[-쩍]명 ①☞속새. ②한방에서, '속새의 줄기'를 약재로 이르는 말. 〔안질이나 치질·하혈(下血) 등에 쓰임.〕
목적(目的)[-쩍]명 ①이룩하거나 도달하려고 하는 목표나 방향. ¶ 목적을 달성하다. ②심리학에서, 행위에 앞서서 의지가 그 실천을 예정하는 것.
목적(牧笛)[-쩍]명 목동이 부는 피리.
목적-격(目的格)[-쩍껵]명 문장에서, 체언(體言)이 목적어 구실을 하도록 하는 조사의 성격. 부림자리. 빈격(賓格).
목적격^조:사(目的格助詞)[-쩍껵쪼-]명 문장에서, 체언에 붙어 쓰이어 그 체언이 주어의 동작이나 작용의 목적물이 되게 하는 조사. 〔'을'·'를'이 이에 딸림.〕 부림자리토씨.
목적-론(目的論)[-쩡논]명 모든 사물이나 현상은 목적을 실현하기 위하여 있는 것이라는 설. ↔기계론(機械論).
목적-물(目的物)[-쩡-]명 법률 행위의 목적이 되는 물건.
목적-범(目的犯)[-쩍뻠]명 형법상 범죄의 성립에 있어 고의(故意) 이외에 목적을 필요로 하는 범죄. 〔내란죄·무고죄·위조죄 따위.〕
목적^사회(目的社會)[-쩍싸회/-쩍싸훼]명 일정한 개인의 목적을 위하여 결합된 인간적 사회 집단. 〔주식회사 따위.〕 참기능 사회.
목적-세(目的稅)[-쩍쎄]명 특정한 경비에 쓸 목적으로 징수하는 세금. 〔도시 계획세·교육세 따위.〕 ↔보통세.
목적^소:설(目的小說)[-쩍쏘-]명 예술성보다는 정치적 또는 사회적 목적을 전제로 하고 지은 소설.
목적-시(目的詩)[-쩍씨]명 예술성보다는 정치적 또는 사회적 목적을 전제로 하고 지은 시. 참순수시.
목적-어(目的語)[-쩌거]명 문장에서, 타동사에 의하여 표현된 동작이나 작용이 미치는 대상이 되는 말. 체언, 용언의 명사형, 명사의 성격을 띤 구나 절 등에 목적격 조사(때로는 보조사)가 붙어서 이루어짐. 〔'글을 읽다'에서 '글을' 따위.〕 객어(客語). 부림말.
목적-의식(目的意識)[-쩌긔-/-쩌기-]명 자기 행위의 목적에 대한 뚜렷한 자각.
목적-지(目的地)[-쩍찌]명 목표로 삼거나 지목하는 곳. ¶ 차가 목적지에 닿았다.
목적^프로그램(目的program)[-쩍-]명 컴퓨터가 바로 읽을 수 있는 기계어로 작성된 프로그램, 또는 원시 프로그램을 기계어로 번역한 프로그램. ↔원시 프로그램.
목적-하다(目的-)[-쩌카-]타 어떤 일을 이루기 위하여 뜻을 정하다. ¶ 목적한 바를 성취하기 위하여 힘쓰다.
목적-형(目的刑)[-쩌켱]명 목적형론의 이념에 따라 과하는 형벌. ↔응보형(應報刑).
목적-형(目的形)[-쩌켱]명 용언의 연결 어미의 한 갈래. 동사에만 있는 것으로, 주어의 동작의 직접적인 목적을 나타냄. 〔'성묘하러 가다'에서 '-(으)러' 따위.〕
목적형-론(目的刑論)[-쩌켱논]명 형벌의 본질이나 목적은 응보에 있지 않고 법익의 보호와 범죄인을 교화하여 사회로 복귀시키는 데에 있다는 이론. 교육형론(教育刑論). ↔응보형론.
목전(木栓)[-쩐]명 코르크참나무의 겉껍질 안쪽에 있는 조직. 여러 켜로 이루어져 있는데, 액체나 공기가 통하지 않으며 탄력이 있음. 가공하여 보온·흡음·밀폐 장치 등에 씀. 코르크(cork).
목전(木箭)[-쩐]명 나무로 만든 화살.
목전(目前)[-쩐]명 ①눈앞. ¶ 범인을 목전에서 놓치다. ②지금 당장. ¶ 목전의 이익만을 생각하지 마라. ③가까운 장래. ¶ 졸업이 목전에 다가오다. 비목첩(目睫).
목전지계(目前之計)[-쩐-계/-쩐-게]명 (앞날을 내다보지 못하고) 눈앞의 일만 생각하는 꾀.
목-접이[-쩌비]명하자 목이 접질리어 부러짐.
목정[-쩡]명 소의 목덜미에 붙은 고기.
목정(木釘)[-쩡]명 나무못.
목정(木精)[-쩡]명 ☞메틸알코올.
목-정강이[-쩡-]명 목덜미를 이루고 있는 뼈.
목정-골(-骨)[-쩡-]명 소의 목덜미의 뼈.
목-젖[-쩟]명 연구개(軟口蓋)의 뒤 끝 한가운데에 젖꼭지처럼 아래로 드리운 둥그스름한 살. 현옹(懸壅). 현옹수(懸壅垂). *목젖이[-쩌지]·목젖만[-쩐-]
 목젖(이) 떨어지다관용 너무 먹고 싶어 하다.
목젖-살[-쩓쌀]명 편육으로 사용하는 쇠고기 부위의 한 가지.
목제(木製)[-쩨]명하타 나무를 재료로 하여 만듦, 또는 그 물건. ¶ 목제 가구. 비목조(木造).
목-제기(木祭器)[-쩨-]명 나무로 만든 제기.
목조(木彫)[-쪼]명 나무를 재료로 하는 조각, 또는 그 작품. ¶ 목조 인형.
목조(木造)[-쪼]명 나무로 지음, 또는 그 건축물. ¶ 목조 이층 건물. 비목제(木製).

목조(木槽)[-쪼]명 나무로 만든 구유.
목조^건:축(木造建築)[-쪼-]명 뼈대가 주로 목재로 된 건축물.
목족(睦族)[-쪽]명하자 친족끼리 화목하게 지냄.
목종(木鐘)[-쫑]명 집이 나무로 된 괘종시계.
목주(木主)[-쭈]명 ☞위패(位牌).
목주-가(木州歌)[-쭈-]명 목주의 어떤 효녀가 지었다고 하는 신라 가요. 가사는 전하지 않음.
목-주련(木柱聯)[-쭈-]명 나무로 만든 주련.
목죽(木竹)[-쭉]명 나무와 대.
목줄-띠[-쭐-]명 목구멍에 있는 힘줄. 준줄띠.
목즐뒤명 〈옛〉 목줄띠. ¶ 목즐뒤 상:嗓(訓蒙上*26*).
목지(木芝)[-찌]명 영지(靈芝)의 한 가지. 산속의 썩은 나무에 기생함. 모양은 나는 새나 연꽃 같음.
목지(牧地)[-찌]명 ①목장이 있는 토지. ②목장을 만들 수 있는 땅.
목-직성(木直星)[-찍썽]명 아홉 직성의 하나. 9년 만에 한 차례씩 돌아오는 길(吉)한 직성인데, 남자는 18세에 여자는 10세에 처음 든다고 함.
목직-하다[-찌카-]형여 (어떤 물건이) 보기보다 조금 무겁다. ¶ 목직한 시계. /목직한 저금통. 큰묵직하다. **목직-이**부.
목질(木質)[-찔]명 ①나무의 성질. ②나무줄기 내부의 단단한 부분. ③목재와 비슷한 성질.
목질-부(木質部)[-찔-]명 목본 식물의 관다발 안에 물관·헛물관·목질부 섬유 따위로 이루어진 부분. 주로, 수분의 통로가 됨. 목부(木部).
목질-화(木質化)[-찔-]명하자되자 식물의 세포벽에 리그닌이 쌓여 나무처럼 단단해지는 현상. 〔목재는 목질화한 세포로 이루어짐.〕 목화(木化).
목차(目次)명 (책 따위) 내용의 항목이나 제목을 차례차례로 배열한 것. 차례. 목록.
목찰(木札)명 ①☞지저깨비. ②☞목패(木牌).
목채(木寨)명 나무 울타리. 울짱.
목책(木柵)명 나무 울타리. 울짱.
목척(木尺)명 나무 자.
목첩(目睫)명 〔눈과 속눈썹이라는 뜻으로〕 거리상으로 아주 가까운 곳, 또는 시간적으로 바싹 닥쳤음을 이르는 말. ¶ 위험이 목첩에 닥치다. 비목전(目前).
목-청명 ①목에서 울려 나오는 소리. ¶ 목청이 좋다. ②☞성대(聲帶).
목청(을) 돋우다관용 목소리를 높이다.
목청-껏[-껃]부 소리를 지를 수 있는 데까지. ¶ 목청껏 만세를 외치다.
목청-문(-門)명 ☞성문(聲門).
목청-소리명 자음의 한 갈래. 목청 사이에서 나는 소리. 〔'ㅎ'이 이에 딸림.〕 성문음(聲門音).
목체(木體)명 ①나무의 형체. ②오행(五行)에서 이르는 사람의 상격(相格) 가운데 목(木)에 해당하는 상(相).
목-초(木-)명 ☞목랍(木蠟).
목초(牧草)명 가축에게 먹이는 풀. 꼴[2].
목-초산(木醋酸)명 목재를 건류하여 얻는 초산. 목재의 방부제로 쓰임.
목초-지(牧草地)명 목초가 자라는 땅. ¶ 비옥한 목초지.
목-촛대(木-臺)[-초때/-촌때]명 나무로 만든 촛대.
목총(木銃)명 나무로 만든 소총 모양의 것.
목축(牧畜)명하자 소·말·양 따위의 가축을 길러 번식시키는 일. 목양(牧養).
목축-가(牧畜家)[-까]명 목축을 업으로 하는 사람.
목축-농(牧畜農)[-충-]명 ①〈목축 농업〉의 준말. ②목축 농업을 영위하는 사람.
목축^농업(牧畜農業)[-충-]명 목축을 전문으로 하는 농업. 준목축농·목농(牧農).
목축^시대(牧畜時代)[-씨-]명 인류의 경제 발달 단계의 한 가지. 어렵(漁獵) 시대와 농업 시대의 중간 단계로, 짐승을 길들여서 물과 풀을 따라 이동하며 유목 생활을 하던 시대.
목축-업(牧畜業)명 목축을 경영하는 사업, 또는 그 직업.
목측(目測)명하타 ①☞눈대중, 눈짐작. ②눈대중으로 크기나 길이 따위를 잼. ¶ 목표 지점까지의 거리를 목측하다.
목침(木枕)명 나무토막으로 만든 베개.
목-침대(木寢臺)명 나무로 만든 침대.
목침-돌림(木枕-)명하자 놀이의 한 가지. 여러 사람이 목침을 돌리어 차례에 당한 사람이 옛이야기나 노래 따위를 하며 즐김.
목침-제(木枕題)[-쩨]명 아주 어려운 시문(詩文)의 글제.
목침-찜(木枕-)명하타 목침으로 사람을 마구 때림, 또는 그런 일.
목-타르(木tar)명 ☞나무 타르.
목탁(木鐸)명 ①절에서 독경이나 염불을 할 때 치는 기구. 나무를 둥글게 다듬고 속을 파서 방울처럼 만드는데, 고리 모양의 손잡이가 있음. ②'세상 사람을 깨우쳐 지도하는 사람이나 기관'을 비유하여 이르는 말. ¶ 신문은 사회의 목탁이다.
목탁-귀(木鐸-)[-뀌]명 (모이라는 신호로 치는) 목탁 소리를 듣는 귀.
목탁귀가 밝아야 한다속담 귀가 어두우면 먹을 밥도 얻어먹지 못한다는 말.
목탁-귀신(木鐸鬼神)[-뀌-]명 ①평생 목탁만 치다가 깨달음도 얻지 못한 채 죽은 중의 귀신. ②목탁 소리만 나면 모여든다는 귀신.
목탁-동냥(木鐸-)[-똥-]명 (중이) 목탁을 치면서 하는 동냥.
목탁-석(木鐸夕)[-썩]명 불교에서, 아침저녁으로 도량(道場)을 돌아다니면서 목탁을 두드리고 천수다라니(千手陀羅尼)를 외는 일.
목탄(木炭)명 ①숯. ②데생이나 밑그림을 그릴 때 쓰이는, 버드나무나 오동나무 따위로 만든 숯. 선이 굵고 잘 지워짐.
목탄^가스(木炭gas)명 목탄의 불완전 연소에 따라 생기는 일산화탄소를 주성분으로 하는 가스. 내연 기관에 이용됨.
목탄-지(木炭紙)명 목탄화를 그리는 데 쓰는 종이.
목탄-차(木炭車)명 지난날, 목탄 가스를 연료로 하던 자동차.
목탄-화(木炭畫)명 목탄지(木炭紙)에 목탄으로 그린 데생이나 밑그림.
목-통명 ①목구멍의 넓이. ②〈목〉의 속된 말. ¶ 목통을 조르다. ③'욕심이 많은 사람'을 조롱하여 이르는 말.
목통(木桶)명 나무통.
목통(木通)명 ①☞으름덩굴. ②한방에서, '으름덩굴의 말린 줄기'를 약재로 이르는 말. 〔성질이 차고 오줌을 잘 나오게 하는 작용이 있어, 임질과 부증(浮症)에 쓰임.〕
목판(木板)명 ①(음식 등을 담아 나르는 데 쓰는) 모지게 만든 나무 그릇. 목반(木盤). ②널조각.

목판(木版·木板)명 나무에 글이나 그림을 새긴 인쇄용의 판(版).
목판-깃(木版-)[-긷]명 깃의 부리를 동글리지 않고 넓적하게 모양 없이 단 깃. 참동구래깃. * 목판깃이[-기시]·목판깃만[-긴-]
목판-되(木版-)[-되/-뒈]명 ☞모되.
목판-본(木版本)명 목판으로 박아 낸 책. 판각본.
목-판장(木版墻)명 ☞널판장.
목판-화(木版畫)명 목판으로 찍은 판화.
목-팔사(木八絲)[-싸]명 몇 오리씩 합친 여덟 가닥의 무명실을 서로 엇결어 꼰 동그란 끈목.
목패(木牌)명 나무로 만든 패. 목찰(木札).
목편(木片)명 나뭇조각.
목포(木布)명 ①☞포목. ②절에서, 부목(負木)이 입을 옷감을 이르는 말.
목-포수(-砲手)명 사냥할 때, 짐승이 오가는 목을 지키는 포수.
목표(目標)명하타 (행동을 통하여) 이루거나 도달하려고 함, 또는 그 대상. ¶ 공격 목표. /인생 목표./목표 달성을 위해 노력하다./사업 목표를 세우다. /목표한 지점까지는 두 시간이 걸린다.
목표-물(目標物)명 목표로 하는 물건.
목피(木皮)명 나무껍질.
목필(木筆)명 ①지난날, '연필'을 달리 이르던 말. ②'목련(木蓮)'을 달리 이르는 말.
목하(目下)[모카] Ⅰ명 바로 이때. 지금. 목금(目今). 현금(現今). 《주로, '목하의'의 꼴로 쓰임.》 ¶ 목하의 국제 정세.
Ⅱ부 바로 지금. ¶ 목하 성업 중임.
목합(木盒)[모캅]명 나무로 만든 합.
목향(木香)[모캉]명 국화과의 다년초. 유럽과 북아시아 원산으로 약용 또는 관상용으로 재배함. 줄기는 2m가량이고, 잎은 길둥글며 여름에 누른 꽃이 핌. 뿌리는 한방에서 발한제·이뇨제·거담제 등으로 쓰임.
목향-채(木香菜)[모캉-]명 목향의 잎으로 무친 나물.
목험(木杴)[모컴]명 ☞넉가래.
목형(木型)[모켱]명 나무로 만든 골, 또는 틀.
목혜(木鞋)[모케/모케]명 ☞나막신.
목혼-식(木婚式)[모콘-]명 결혼 기념식의 한 가지. 서양 풍속으로, 결혼 5주년을 맞아 부부가 나무로 된 선물을 주고받으며 기념함. 참석혼식(錫婚式).
목홀(木笏)[모콜]명 나무로 만든 홀(笏). 5품 이하의 벼슬아치가 조하(朝賀)할 때에 지니던 것.
목홍(木紅)[모콩]명 차나무 속을 끓여 우려낸 붉은 물감.
목홍-빛(木紅-)[모콩삗]명 목홍을 들인 붉은 빛. 진하면 검은빛, 연하면 누른빛을 띰. * 목홍빛이[모콩삐치]·목홍빛만[모콩삔-]
목화(木化)[모콰]명하자 ☞목질화(木質化).
목화(木花)[모콰]명 아욱과의 일년초. 섬유 자원으로 재배하는 농작물로 높이는 60~80 cm. 잎은 손바닥 모양이고 가을에 누런 꽃이 핌. 열매가 익어 벌어지면 하얀 섬유가 붙은 씨가 드러남. 섬유는 실이나 피륙의 원료가 되고, 씨로는 기름을 짬. 목면(木綿). 면화. 초면(草綿).
목화(木畫)[모콰]명 공예 기법의 한 가지. 자개나 상아·금·은·진주 등을 재료로 목공예품의 표면에 상감(象嵌)을 하여 여러 가지 무늬를 나타내는 기법.
목화(木靴)[모콰]명 지난날, 모대(帽帶)할 때 신던 신. 검은 녹비로 만들었으며 목이 길고 장화 비슷함. 화자(靴子).
목화 신고 발등 긁기속담 마음에 차지 않거나 시원스럽지 못할 때 이르는 말.
목-화석(木化石)[모콰-]명 나무가 화석이 된 것.
목화-송이(木花-)[모콰-]명 목화의 열매가 익어서 벌어진 송이.
목-활자(木活字)[모콸짜]명 나무로 만든 활자. 목각 활자.
목회(木灰)[모쾨/모퀘]명 나뭇재.
목회(牧會)[모쾨/모퀘]명하자 개신교에서, 목사가 교회를 맡아서 설교를 하며 신자의 신앙 생활을 지도하는 일.
목회-유(木灰釉)[모쾨-/모퀘-]명 목회를 원료로 하여 만든 도자기용 잿물.
몫[목]명 ①여럿으로 나누어 가지는 각 부분. ¶ 이것은 네 몫이다. ②저마다 맡은 임무. ¶ 자기 몫을 다하다. ③〖의존 명사적 용법〗 '나눈 몫'을 세는 단위. ¶ 한 사람이 세 몫을 한다. ④나눗셈에서, 피제수(被除數)를 제수로 나누어 얻는 수. ¶ 6 나누기 2의 몫은 3이다. * 몫이[목씨]·몫만[몽-]
몫-몫[몽목]명 제 몫 제 몫. 각각의 여러 몫. ¶ 배급품을 몫몫으로 나누다. **몫몫-이**부 ¶ 상금을 몫몫이 나누어 가지다. * 몫몫이[몽목씨]·몫몫을[몽목쓸]
몬다위명 ①마소의 어깻죽지가 붙은 부분. ②낙타의 등에 두두룩하게 솟은 부분.
몬닥부하자 (썩거나 질척질척한 물건이) 작은 덩이로 똑 끊어지거나 잘라지는 모양. ¶ 몬닥 끊기어 나가는 낡은 새끼. 큰문덕. 거몬탁. **몬닥-몬닥**부하자.
몬드^가스(Mond gas)명 질이 낮은 석탄을 가열하여 공기 및 다량의 수증기를 통하여 만드는 가스. 주성분은 수소·일산화탄소·메탄 따위. 야금(冶金)이나 발동기(發動機)의 연료로 쓰임.
몬순ː(monsoon)명 ①계절풍. ②남서 계절풍이 부는 인도의 우계(雨季).
몬순ː-림(monsoon林)명 몬순 지대에 발달한 삼림(森林).
몬순ː^지대(monsoon地帶)명 계절풍이 부는 지대. 약 반 년을 주기로, 겨울에는 대륙에서 해양으로, 여름에는 반대로 해양에서 대륙으로 바람의 방향이 바뀌는, 대륙 변두리 지대. 계절풍대.
몬져부 〈옛〉 먼저. ¶ 筋骨올 몬져 ᄀᆞᆺ고샤(龍歌*114*章).
몬존-하다형여 성질이 가라앉아 있다.
몬탁부하자 (썩거나 무른 물건이) 작은 덩이로 톡 끊어지거나 잘라지는 모양. 큰문턱. 여몬닥.
몬탁-몬탁부하자 ¶ 가래떡을 칼로 몬탁몬탁 자르다.
몯[1]명 〈옛〉 못[2]. ¶ 몯: 釘(訓解).
몯[2]부 〈옛〉 못[4]. ¶ 平生ㄱ ᄠᅳᆮ 몯 일우시니(龍歌*12*章). /先考ㆆ ᄠᅳᆮ 몯 일우시니(龍歌*12*章).
몯거이다조동 〈옛〉 못하였나이다. ¶ ᄡᅥ 王을 敬ᄒᆞᄂᆞᆫ 바ᄅᆞᆯ 見티 몯거이다(孟解*4:6*).
몯게라조동 〈옛〉 ①못하겠노라. ¶ 나ᄂᆞᆫ 아디 몯게라(孟解*4:5*). ②못하였노라. ¶ 아디 몯게라. 믈읫 몃 마릿 그를 지스니오(杜初*22:16*).
몯게이다조동 〈옛〉 못하겠나이다. ¶ 아디 몯게이다 잇ᄂᆞ니잇가(孟解*1:19*).
몯ᄀᆞ지명 〈옛〉 모꼬지. ¶ ᄯᆞ리 婚姻ᄒᆞᆫ 몯ᄀᆞ지예 녀러 와셔(翻小*10:17*).

몯내부 〈옛〉 못내. 끝없이. ¶ 됴ᄒᆞ신 양ᄌᆞ를 몯내 보ᅀᆞᄫᆞ며(月釋2:29). /無量ᄋᆞᆫ 몯내 혤씨라(釋譜序1).
몯다자 〈옛〉 모이다. ¶ 方國이 해 모ᄃᆞ니(龍歌11章). /모돌 회: 會(類合下35).
몯ᄒᆞ다조동 〈옛〉 못하다. ¶ 五年을 改過 몯ᄒᆞ야(龍歌12章).
몰(歿)명 약력(略歷) 같은 데서 '죽음'을 뜻하는 말. 졸(卒)². ¶ 1919년 3월 몰.
몰ː(←mogol 포)명 ①단자(緞子)와 비슷한 견직물의 한 가지. ②인견사나 금실·은실 따위를 가느다란 철사 두 개에 촘촘히 끼워 비틀어서 만든 장식용 끈. 모르.
몰(Moll 독)명 〔음악에서〕 ①단조. ②단음계.
몰(mole)의 물질의 양을 나타내는 계량 단위의 한 가지. 분자나 원자·이온 등 같은 수의 물질 입자가 아보가드로수만큼 존재할 때, 1몰이라고 함. 몰분자. 그램분자. 〔기호는 mol〕
몰-접두 ①《일부 용언 앞에 붙어》 '죄다·모조리'를 뜻함. ¶ 몰밀다. /몰박다. ②《몇몇 명사 앞에 붙어》 '모두 한곳으로 몰린'을 뜻함. ¶ 몰매. /몰표.
몰-(沒)접두 일부 명사 앞에 붙어, 그 명사가 뜻하는 바가 전혀 없음을 뜻함. ¶ 몰상식. /몰인정. /몰지각.
몰가치-성(沒價値性)[-썽]명 (어떤 사물을 대할 때) 자신의 주관적 가치 판단을 억압하고 그것을 하나의 현실이나 사실로서 이해하고 파악하려는 학문상의 태도.
몰각(沒却)명하타되자 없애 버리거나 무시해 버림. ¶ 당초의 목적을 몰각하다.
몰각(沒覺)명하타 〈무지몰각(無知沒覺)〉의 준말.
몰강-스럽다[-따][~스러우니·~스러워]형ㅂ 보기에 모지락스럽고 악착하다. ¶ 몰강스럽기가 굶주린 짐승 같다. **몰강스레**부.
몰-개성(沒個性)명 어떤 대상에 마땅히 있어야 할 개성이 없는 상태.
몰개성-적(沒個性的)관명 뚜렷한 개성이 없는 (것). ¶ 몰개성적 문체. /옷차림이 몰개성적이다.
몰-경계(沒經界)[-게/-게]명하형 옳고 그름이나 선악의 구별이 전혀 없음. 참무경계(無經界)하다.
몰-경위(沒涇渭)명하형 경위가 아주 없음. ¶ 여보게, 아니 이런 몰경위가 어디 있나? 참무경위(無涇渭)하다.
몰골명 볼품이 없는 얼굴 꼴이나 모양새. ¶ 몰골이 말이 아니다.
몰골-법(沒骨法)[-뻡]명 동양화에서, 대상의 윤곽을 선으로 나타내지 않고 음영이나 농담(濃淡)으로 나타내는 기법. ↔구륵법(鉤勒法).
몰골-사납다[-따][~사나우니·~사나워]형ㅂ 얼굴이나 모양새가 좋지 않다. ¶ 저렇게 몰골사나운 차림새로 동네를 돌아다니다니.
몰골-스럽다[-따][~스러우니·~스러워]형ㅂ 몰골이 볼품없이 흉하다. **몰골스레**부.
몰끽(沒喫)명하타 (남기지 않고) 다 먹어 버림. 몰식(沒食). 몰탄(沒呑).
몰년(沒年)[-련]명 죽은 해, 또는 죽은 나이. 졸년(卒年).
몰^농도(mole濃度)명 용액의 농도를 나타내는 방법의 한 가지. 용액 1리터 중에 녹아 있는 용질의 몰수를 표시하는 방법. 분자 농도(分子濃度). 〔단위는 mol/*l* 또는 M〕
몰닉(沒溺)[-릭]명하자 헤어날 수 없을 만큼 깊이 빠지거나 열중함. ¶ 인터넷에 몰닉하다.
몰ː다[모니·몰아]타 ①(채로 치거나 소리 지르면서) 짐승 따위를 나아가게 하다. ¶ 양 떼를 몰다. ②말이나 차를 타고 부리거나 운전하다. ¶ 차를 몰다. /청노새 몰고 가는 낭군. ③공 따위를 발로 차면서 가다. ④한데 모으거나 합치다. ¶ 한데 몰아서 팔다. ⑤(막다른 지경으로) 쫓다. ¶ 사냥감을 몰다. /궁지에 몰다. ⑥몹시 나무라거나 구박하다. ¶ 잘잘못을 가리지 않고 마구 몰다. ⑦《조사 '로' 다음에 쓰이어》 남을 나쁘게 인정하여 다루다. ¶ 역적으로 몰다. ⑧함께 또는 이어서 움직이다. ¶ 팬을 몰고 다니다. /먹구름이 비를 몰고 왔다.
몰두(沒頭)[-뚜]명하자 한 가지 일에만 온 정신을 기울임. 열중. ¶ 신제품 개발에 몰두하다.
몰두-몰미(沒頭沒尾)[-뚜-]명하형 ☞무두무미(無頭無尾).
몰ː딩(moulding)명 건축·공예 따위에서, 창틀이나 가구 따위의 테두리를 장식하는 방법.
몰ː라-보다타 ①알 만한 사람이나 사물을 보고도 모르다. ¶ 10년 동안에 몰라보게 변했다. ↔알아보다. ②인사를 차려야 할 윗사람을 홀하게 대하다. ¶ 고향 어른을 몰라보다. ③진정한 가치를 제대로 평가하지 못하다. ¶ 좋은 작품을 몰라보다. /인재를 몰라보다.
몰ː라-주다타 알아주지 아니하다. ¶ 남의 속마음을 몰라주다.
몰락(沒落)명하자되자 ①(번영하던 것이) 쇠하여 보잘것없이 됨. ¶ 몰락한 양반. ②멸망하여 없어짐. ¶ 왕조의 몰락.
몰랑-거리다자 자꾸 몰랑몰랑한 느낌이 나다. 몰랑대다. 큰물렁거리다. 참말랑거리다.
몰랑-대다자 몰랑거리다.
몰랑-몰랑부하형 매우 몰랑한 모양. 큰물렁물렁. 참말랑말랑.
몰랑-하다형여 ①(감이나 복숭아 따위가 익어서) 물기가 있고 야들야들하게 보드라워 보이다. ②(몸이나 기질이) 단단하거나 야무지지 못하다. ¶ 김 과장은 사람이 너무 몰랑해서 탈이다. 큰물렁하다. 참말랑하다.
몰ː래부 남이 모르게 가만히. ¶ 몰래 숨다. /몰래 엿듣다.
몰려-가다자 ①여럿이 한쪽으로 밀려가다. ¶ 비명 소리를 듣고 그쪽으로 몰려가다. ②구름 따위가 한꺼번에 밀려가다. ¶ 먹구름이 산 너머로 몰려가다.
몰려-나다자 있던 자리에서 쫓기어 나가다. ¶ 협회에서 몰려나다.
몰려-나오다자 떼 지어 나오다. ¶ 영화가 끝나자 사람들이 몰려나왔다.
몰려-다니다자 떼 지어 다니다. ¶ 끼리끼리 몰려다니다.
몰려-들다[~드니·~들어]자 ①여럿이 떼 지어 한곳에 모이다. ¶ 총소리에 몰려든 군중. ②피곤이나 흥분 따위가 한꺼번에 닥쳐오다. ¶ 감격과 흥분이 일시에 몰려들다. ③구름이나 파도 따위가 한꺼번에 몰리다. ¶ 먹구름이 몰려드는 걸 보니 곧 비가 오겠다.
몰려-서다자 여럿이 한곳에 모여 서다. ¶ 구경꾼들이 몰려서다.
몰려-오다자 ①여럿이 한쪽으로 밀려오다. ¶ 적군이 까맣게 몰려오다. ②구름 따위가 한꺼번에 밀려오다. ¶ 태풍이 몰려오다. ③피곤이나 잠이 한꺼번에 밀려오다. ¶ 피로가 몰려오다.
몰렴(沒廉)명하형 〈몰염치(沒廉恥)〉의 준말.
몰리(沒利)명하형 이익이 아주 없음.

몰-리다¹자 ①일이 한꺼번에 밀리다. ¶ 일에 몰리어 눈코 뜰 새가 없다. ②여럿이 한꺼번에 모이다. ¶ 점심 시간엔 손님이 한꺼번에 몰린다. ③무엇이 모자라 곤란을 당하다. ¶ 돈에 몰리다.

몰-리다²자 〚'몰다'의 피동〛 몲을 당하다. ¶ 채찍을 맞고 한쪽으로 몰리는 양 떼. /역적으로 몰린 충신. /범인으로 몰리다.

몰리브덴(Molybdän 독)명 금속 원소의 한 가지. 은백색(銀白色)의 광택이 나는 단단한 금속으로 크롬과 비슷함. 주요 광석은 휘수연광(輝水鉛鑛)·수연광(水鉛鑛) 따위. 합금 재료, 전기 재료 등에 이용됨. 수연. 〔Mo/42/95.94〕

몰리브덴-강(Molybdän鋼)명 몰리브덴을 더한 강철. 성질이 강하여 총신(銃身)이나 기계의 부분품을 만드는 데 쓰임.

몰-매명 뭇매.

몰미(沒味)명하형 〈몰취미(沒趣味)〉의 준말.

몰-밀다[~미니·~밀어]타 모두 한데 밀다.

몰-박다[-따]타 촘촘히 몰아서 박다.

몰박-히다[-바키-]자 〚'몰박다'의 피동〛 몰박음을 당하다. ¶ 벽 곳곳에 못이 몰박혀 있다.

몰방(沒放)명하타 ①(총이나 포 따위를) 한곳을 향해 한꺼번에 쏨. ②(광산에서 남포 따위를) 한꺼번에 터트림.

몰방-질(沒放-)명하타 총을 몰방으로 마구 쏘아 대는 일.

몰-분자(mole分子)의 ☞몰(mole).

몰^분자수(mole分子數)명 ☞아보가드로수.

몰-비판(沒批判)명 옳고 그름을 판단하지 아니함.

몰사(沒死)[-싸]명하자 모조리 죽음. ¶ 비행기 추락으로 탑승객이 몰사하다.

몰살(沒殺)[-쌀]명하자타되자 모조리 죽임, 또는 그런 죽음. ¶ 몰살을 당하다. /적군을 몰살하다.

몰-상식(沒常識)[-쌍-]명하형 상식에 벗어나고 사리에 어두움. ¶ 몰상식한 사람.

몰서(沒書)[-써]명 ①하자(신문이나 잡지에) 기고한 글이 실리지 못하고 마는 일, 또는 그 글. ②(주소나 성명이 적히지 않아서) 전하거나 돌려보낼 수 없는 편지.

몰세(沒世)[-쎄]명 ①하자〔'일생을 다하다'의 뜻으로〕 세상을 떠남. 죽음. ②하형끝없이 오램. ⓑ영구(永久)·영세(永世).

몰소(沒燒)[-쏘]명하자타되자 모두 다 타 버리거나 태워 버림.

몰송(沒誦)[-쏭]명하타 (일정한 내용의) 글을 죄다 욈.

몰수(沒收)[-쑤]명하타되자 형법에서, 주형(主刑)에 따라 처하는 부가형(附加刑)의 한 가지. 주형의 범죄 행위와 일정한 관계가 있는 물건을 박탈하는 형벌. ¶ 장물을 몰수하다.

몰수(沒數)[-쑤]명 수량(數量)의 전부.

몰-수(mole數)명 물질의 양을 몰 단위로 나타낸 값.

몰수^게임(沒收game)[-쑤-]명 ☞몰수 경기.

몰수^경:기(沒收競技)[-쑤-]명 〔구기(球技)에서〕 경기의 거부, 고의적인 반칙의 반복·퇴장 등으로 말미암은 경기 인원의 부족 등의 사태가 발생하였을 때, 심판이 과실이 없는 편에게 승리를 선언하는 일. 몰수 게임.

몰수-이(沒數-)[-쑤-]부 있는 수효대로 죄다. ¶ 남은물건을 몰수이 운반했다.

몰식(沒食)[-씩]명하타 ☞몰끽(沒喫).

몰식-자(沒食子)[-씩짜]명 한방에서, 어리상수리혹벌의 산란으로 너도밤나뭇과 식물에 생긴 충영(蟲癭)을 약재로 이르는 말. 소아시아·시리아·이란 등지가 주산지이며, 타닌 70 %를 함유하여 몰식자산의 원료가 됨. 무식자(無食子).

몰식자-벌(沒食子-)[-씩짜-]명 ☞어리상수리혹벌.

몰식자-봉(沒食子蜂)[-씩짜-]명 ☞어리상수리혹벌.

몰식자-산(沒食子酸)[-씩짜-]명 화학에서, 오배자나 몰식자의 타닌을 가수 분해하여 얻는 산. 백색 바늘꼴의 결정으로 환원성이 강하며 떫음. 청색 잉크 제조와 사진 현상액, 염료의 원료 및 지혈제로 쓰임.

몰실(沒實) '몰실하다'의 어근.

몰실-하다(沒實-)[-씰-]형여 사실이나 실속이 없다. 참무실(無實).

몰씬부 ①하형(잘 익거나 물러서) 연하고 몰랑한 느낌. ¶ 몰씬 익은 감. 참말씬. ②(냄새나 연기 따위가) 조금 풍기거나 솟아오르는 모양. ¶ 살구 냄새가 몰씬 풍기다. 큰물씬.

몰씬-거리다자 (잘 익거나 물러서) 매우 또는 여기저기 연하고 몰랑한 느낌이 나다. 몰씬대다. 큰물씬거리다. 참말씬거리다.

몰씬-대다자 몰씬거리다.

몰씬-몰씬부 ①하형매우 몰씬한 모양, 또는 여럿이 모두 몰씬한 모양. 참말씬말씬. ②(냄새나 연기가) 조금 풍기거나 솟아오르는 모양. 큰물씬물씬.

몰아(沒我)명 자기를 몰각(沒却)하고 있는 상태. ¶ 몰아의 경지.

몰아-가다타 ①몰아서 일정한 방향으로 이끌다. ¶ 양 떼를 몰아가다. /결백한 사람을 범인으로 몰아가다. ②온통 휩쓸어 가다. ¶ 도둑이 가게 안의 물건을 몰아갔다. 참몰아오다.

몰아-내다타 ①밖으로 나가게 하거나 쫓아내다. ¶ 침략자를 몰아내다. ②어떤 처지나 상태에서 벗어나게 하다. ¶ 가난을 몰아내다. /잡념을 몰아내다.

몰아-넣다[-너타]타 ①있는 대로 휩쓸어 들어가게 하다. ¶ 몽땅 자루에 몰아넣다. /돼지를 우리에 몰아넣었다. ②어떤 처지나 상태에 빠지게 하다. ¶ 상대편을 궁지에 몰아넣다.

몰아-닥치다자 한꺼번에 세게 들이닥치다. ¶ 비바람이 몰아닥치다. /추위가 몰아닥치다.

몰아-대다타 (기를 펴지 못하도록) 마구 재촉하다. ¶ 몰아대는 바람에 할 말을 잃었다.

몰아-들다[~드니·~들어]자 한꺼번에 밀리어 들다. ¶ 곧 학생들이 강당에 몰아들 것이다.

몰아-들이다타 ①몰아서 억지로 들어오게 하다. ¶ 가축을 우리에 몰아들이다. ②있는 대로 모두 들어오게 하다.

몰아-붙이다[-부치-]타 ①한쪽으로 모두 밀어붙이다. ¶ 물건을 벽쪽으로 몰아붙이다. ②잘잘못을 따져 호되게 꾸짖다. ¶ 어찌나 심하게 몰아붙이는지 꼼짝 못하고 당했다.

몰아-세다타 〈몰아세우다〉의 준말.

몰아-세우다타 ①마구 나무라다. ②한쪽으로 내몰다. ¶ 소를 길옆으로 몰아세우다. ③근거 없이 나쁜 처지로 몰아가다. ¶ 거짓말쟁이로 몰아세우다. 준몰아세다.

몰아-쉬다타 숨 따위를 한꺼번에 모아 쉬다. ¶ 가쁜 숨을 몰아쉬다.

몰아-애(沒我愛)명 오직 그 대상의 가치 고양(高揚)만을 지향하는 사랑.

몰아-오다 Ⅰ자 한곳으로 몰려서 한목에 밀려오다. ¶ 비가 몰아오다. /양 떼가 풀밭으로 몰아오다. 참몰아가다.
Ⅱ타 온통 휩쓸어 오다. ¶ 남은 상품을 몰아오다. 참몰아가다.
몰아-주다 타 ①(여러 번에 나누어 줄 것을) 한꺼번에 주다. ¶ 밀린 임금을 몰아주다. ②(여러 사람에게 나누어 줄 것을) 한 사람에게 주다. ¶ 표를 몰아주다.
몰아-치다 Ⅰ자 한꺼번에 세게 닥치다. ¶ 비바람이 몰아치다.
Ⅱ타 ①한꺼번에 급히 하다. ¶ 며칠 일을 몰아쳐서 하루에 끝냈다 ②심하게 구박하거나 나무라다. ¶ 화가 나서 소리를 질러 가며 부하들을 몰아쳤다.
몰애 명 〈옛〉 모래. ¶ 몰애마다 흔 界오(月釋 *21:16*). /몰애 사:沙(訓蒙上*4*).
몰약(沒藥) 명 ①감람과의 소교목. 잎은 겹잎이고 꽃잎은 넷이며, 열매는 핵과(核果)임. 아라비아와 아프리카에 분포함. ②몰약의 수피(樹皮)에서 스며 나오는 수지(樹脂). 방향제(芳香劑) 및 방부제로 쓰이고, 향수나 구강 소독 및 통경제·건위제 등으로도 쓰임.
몰-염치(沒廉恥) 명하형 염치가 없음. 준몰렴(沒廉). 비파렴치(破廉恥).
몰이 명 (짐승이나 물고기를 잡을 때) 한곳으로 몰아넣는 일. ¶ 몰이 포수(砲手).
몰이-꾼 명 몰이를 맡은 사람. 구군(驅軍).
몰-이해(沒利害) [-리-] 명하자 이해를 떠남.
몰-이해(沒理解) [-리-] 명하형 이해성이 전혀 없음. ¶ 가족의 몰이해가 제일 안타깝다.
몰-인격(沒人格) [-껵] 명하형 인격을 갖추지 못함, 곧 사람답지 못함.
몰-인식(沒認識) 명하형 인식이 전혀 없음.
몰-인정(沒人情) 명하형 인정이 전혀 없음. ¶ 몰인정하게 거절하다.
몰입(沒入) 명 ①하자(어떤 일에) 빠짐. ¶ 무아지경에 몰입하다. ②지난날, 죄인의 재산을 몰수하고 그 가족을 관아의 종으로 삼던 일.
몰ᄋᆞ다 명 〈옛〉 모르다. 모ᄅᆞ다. ¶ 아ᄂᆞᆫ다 몰ᄋᆞᄂᆞᆫ다(鄭澈.關東別曲).
몰자-비(沒字碑) [-짜-] 명 〔글자를 새기지 않은 비석이란 뜻으로〕 '풍채는 좋으나 무식한 사람'을 조롱하여 이르는 말.
몰자-한(沒字漢) [-짜-] 명 '글을 전혀 모르는 사람'을 홀하게 이르는 말.
몰-지각(沒知覺) 명하형 도무지 지각이 없음. 무지각. ¶ 몰지각한 행동.
몰책(沒策) '몰책하다'의 어근.
몰책-하다(沒策-) [-채카-] 형여 계책이 없다.
몰촉(沒鏃) 명하자 (활을 너무 당겨) 화살촉이 줌통 안으로 들어옴.
몰-취미(沒趣味) 명하형 아무런 취미가 없음. 무취미. 준몰미.
몰칵 부 (코를 팍 찌를 듯이) 냄새가 갑자기 세게 나는 모양. ¶ 생선 썩는 냄새가 몰칵 코를 찔렀다. 큰물컥. **몰칵-몰칵** 부하형.
몰캉-거리다 자 자꾸 몰캉몰캉한 느낌이 나다. 몰캉대다. 큰물컹거리다. 참말캉거리다.
몰캉-대다 자 몰캉거리다.
몰캉-몰캉 부하형 매우 몰캉한 모양. 큰물컹물컹. 참말캉말캉.
몰캉-하다 형여 (너무 익거나 곪아서) 물크러질 듯이 몰랑하다. ¶ 홍시가 몰캉하게 익었다. 큰물컹하다. 참말캉하다.
몰큰 부 냄새가 갑자기 풍기는 모양. ¶ 병마개를 열자 독한 냄새가 몰큰 솟아올랐다. 큰물큰. **몰큰-몰큰** 부하형.
몰탄(沒呑) 명하타 ☞몰끽(沒喫).
몰토(molto 이) 명 악보에서, 다른 나타냄말에 덧붙여 쓰는 말. '매우'의 뜻. 〔몰토 비바체(molto vivace) 따위.〕
몰판(沒板) 명하자 바둑에서, 한 군데도 살아남은 돌이 없이 짐을 이름.
몰패(沒敗) 명하자 여지없이 짐. 여럿이 모두 패함. ¶ 몰패를 당하다.
몰-표(-票) 명 한 출마자에게 무더기로 쏠리는 표.
몰풍(沒風) '몰풍하다'의 어근.
몰풍-스럽다(沒風-) [-따] [~스러우니·~스러워] 형ㅂ 풍치(風致)나 풍정(風情)이 도무지(전혀) 없어 보이다. **몰풍스레** 부.
몰-풍정(沒風情) 명하형 풍정이 없음.
몰-풍치(沒風致) 명하형 풍치가 없음.
몰풍-하다(沒風-) 형여 풍치(風致)나 풍정(風情)이 도무지(전혀) 없다.
몰-하다 형여 부피가 생각보다 적은 듯하다.
몰후(歿後) 명 죽은 뒤.
몸 명 ①(사람이나 동물의) 머리에서 발까지 또는 거기에 딸린 것을 통틀어 이르는 말. 신체. ¶ 몸에 좋은 약. /몸이 크다. ②물건의 원 등걸. ③〈몸엣것〉의 준말. ④《형용사나 관형격 조사 '의' 뒤에 쓰이어》 '사람'이나 '신분' 등을 이르는 말. ¶ 귀하신 몸. /학생의 몸. ⑤잿물을 올리기 전의 도자기의 덩저리. 항태(缸胎). ⑥한자에서 바깥 부분을 에워싸고 있는 부수. 〔'國', '匹'에서 '口', '匚' 따위.〕
몸이 되면 입도 되다 속담 힘써 일하면 먹을 것도 잘 먹게 된다는 뜻.
몸 둘 바를 모르다 관용 어찌할 바를 모르다.
몸에 배다〔**익다**〕 관용 익숙해지다.
몸을 가지다 관용 ①아이를 배다. ②월경하다.
몸을 더럽히다 관용 정조를 잃다.
몸(을) 두다 관용 ①그것에 의탁하여 있다. ②어떤 자리에 터 잡아 있다. ¶ 소년 시절은 외삼촌 댁에 몸 두고 있었다.
몸(을) 바치다 관용 ①남을 위하여 목숨을 희생하다. ②헌신하다. ③정조를 바치다.
몸(을) 받다 관용 윗사람의 대신으로 일을 하다. ¶ 아버지의 일을 몸 받기로 하였다.
몸을 버리다 관용 ①건강을 해치다. ②정조를 더럽히다.
몸(을) 붙이다 관용 어떤 곳에 몸을 의지하여 생활하다.
몸(을) 쓰다 관용 몸으로 재간을 부리다.
몸(을) 팔다 관용 돈을 받고 정조를 팔다. 매춘하다.
몸(을) 풀다 관용 아기를 낳다. 해산하다.
몸(이) 나다 관용 몸에 살이 올라 뚱뚱해지다.
몸(이) 달다 관용 마음이 조급해지다. 안절부절 못하게 되다. ¶ 맡긴 일이 안 될까 봐 몸 달아 한다.
몸-가짐 명 몸을 움직이거나 거두는 품. ¶ 몸가짐이 얌전하다.
몸-가축 명하자 몸을 매만져 거두는 일. ¶ 몸가축을 단정히 하다.
몸-값 [-깝] 명 ①팔려 온 몸의 값, 또는 볼모로 잡은 사람을 돌려주는 대신에 요구하는 돈. ¶ 유괴범은 몸값으로 1억을 요구했다. ②사람의 가치를 돈에 빗대어 이르는 말. ¶ 선수들의 몸값이 오르다. * 몸값이[-깝씨]·몸값만[-깜-]

몸-거울명 온몸을 비출 수 있는 큰 거울. 체경.
몸-굿[-꾿]명하자 처음으로 무당이 될 때에 하는 굿. ＊몸굿이[-꾸시]·몸굿만[-꾼-]
몸-기(-己)명 한자 부수의 한 가지. '巴'·'巷' 등에서의 '己'의 이름.
몸-길이명 ☞체장(體長).
몸-꼴명 몸의 생긴 모양.
몸꼴 내다 얼어 죽는다속담 추운 날에 모양을 내느라 옷을 얇게 입는 것을 비웃는 말.
몸-놀림명 몸을 움직이는 일. ¶ 둔한 몸놀림. /몸놀림이 가볍다.
몸-닦달[-닥딸]명하자 어려움을 참으면서 받는 몸의 단련.
몸-단속(-團束)명하자 ①몸에 위험이 미치지 못하도록 조심함. ②옷차림이나 행동거지를 빈틈없이 함. ¶ 몸단속 좀 잘하고 다녀라.
몸-단장(-丹粧)명하자 ☞몸치장.
몸-담다[-따]자 어떤 조직이나 분야를 생활의 근거로 하다. ¶ 그 당시, 박 씨는 건설 회사에 몸담고 있었다. /평생을 음악에 몸담기로 결심하다.
몸-돌[-똘]명 격지를 떼어 내는 몸체가 되는 돌.
몸-동작(-動作)[-똥-]명 몸을 움직이는 동작. ¶ 날렵한 몸동작.
몸-때명 월경 때.
몸-뚱어리명 〈몸뚱이〉의 속된 말.
몸-뚱이명 ①(사람이나 짐승의) 몸의 덩치. 체구. ②(정신에 상대되는 육체만으로서의) '몸'을 이르는 말.
몸-만들기명 체력을 강화하거나 몸매를 가꾸는 일.
몸-매명 몸의 생긴 모양새. 맵물[2]. ¶ 몸매가 늘씬하다. /몸매를 가꾸다.
몸-맨두리명 몸의 모양과 태도.
몸-맵시[-씨]명 몸을 매만져 내는 맵시.
몸-무게명 몸의 무게. 체중.
몸-바탕명 ☞체질(體質).
몸-보신(-補身)명하자 ☞보신(補身).
몸-부림명하자 ①(기를 쓰거나 격한 감정을 이기지 못할 때) 온몸을 뒤흔들며 마구 부딪는 짓. ¶ 삶의 몸부림. /비보를 듣고 몸부림을 쳤다. ②잠잘 때 이리저리 뒹굴며 자는 짓.
몸부림-치다자 ①이리저리 함부로 몸부림하다. ¶ 몸부림치며 통곡하다. ②어떤 일을 이루거나 고통 따위를 견디기 위해서 고통스럽게 몹시 애쓰다. ¶ 외로움에 몸부림치다. /성공을 위해 몸부림치다.
몸빠진-살명 가느다란 화살. ↔부픈살.
몸뻬(もんぺ 일)명 여자들이 입는, 통이 넓고 고무줄로 발목을 조이게 되어 있는 바지.
몸살명 지나친 피로로 온몸이 쑤시고 오한이 나는 증세.
몸살(이) 나다관용 무엇을 몹시 하고 싶어 안달하다.
몸살 차살 하다관용 몹시 귀찮고 성가시게 행동한다는 말.
몸살-감기(-感氣)명 (몸이 몹시 피로하여 생기는) 몸살 기운이 있는 감기.
몸살-기(-氣)[-끼]명 몸살을 앓을 때와 같은 기운. 몸살이 날 것 같은 기운. ¶ 몸살기가 있다.
몸-상(-床)[-쌍]명 잔치 따위에서 큰상 앞에 차려 놓는 간단한 음식상.
몸-서리명 몹시 무섭거나 싫증이 나서 몸이 떨림, 또는 몹시 싫증이 나는 마음. ¶ 그는 전쟁 이야기라면 몸서리를 친다.
몸서리-나다자 지긋지긋하게 싫증이 나거나 무서워서 몸이 떨리다. ¶ 몸서리나는 피난 생활.
몸서리-치다자 몹시 몸서리를 내다.
몸-성히부 몸에 탈이 없고 건강하게. ¶ 몸성히 지내다.
몸-소부 ①자기 스스로. 직접. ¶ 몸소 실천하다. ②(윗사람이) 친히. ¶ 할아버지께서 몸소 가꾸시는 화초.
몸-소지(-燒紙)[-쏘-]명 치성을 드릴 때, 부정(不淨) 소지를 올린 다음, 관계된 사람들의 몸과 운수를 위하여 사르는 소지.
몸-속[-쏙]명 몸의 속. ¶ 몸속의 병균.
몸-솔[-쏠]명 몸의 가려운 데를 긁는 기구.
몸-수고[-쑤-]명하자 몸으로 힘을 들이고 애씀. ¶ 몸수고를 아끼지 않다.
몸-수색(-搜索)명하자 무엇을 찾아내려고 남의 몸을 뒤지는 일.
몸-시계(-時計)[-씨계/-씨게]명 호주머니에 넣고 다닐 수 있게 만든 시계. 회중시계.
몸-신(-身)명 한자 부수의 한 가지. '躬'·'軀' 등에서의 '身'의 이름.
몸-싸움명하자 서로 몸을 부딪치며 싸우는 일. ¶ 툭하면 여야 의원들이 의사당에서 몸싸움을 벌인다.
몸소명 〈옛〉몸소. ¶ 몸소 南陽 싸해셔 받 가라(飜小8:19). /몸소 받 가다가 니러나몰(杜初6:34).
몸알리명 〈옛〉지기(知己). ¶ 훤히 몸알리롤 맛나니(杜初8:6).
몸-약(-藥)[-냑]명 광산에서, '다이너마이트'를 이르는 말. 물약.
몸엣-것[모메껃/모멛껃]명 ①월경으로 나오는 피. 월경수(月經水). ¶ 몸엣것이 없다니 아이가 섰나 보다. ②'월경(月經)'을 에둘러서 이르는 말. 준몸. ＊몸엣것이[모메꺼시/모멛꺼시]·몸엣것만[모메껀-/모멛껀-]
몸져-눕다[-저-따][~누우니·~누워]자ㅂ (병이나 고통으로) 몸을 가누지 못하여 드러눕다. ¶ 아들 걱정으로 몸져눕다. /몸살로 몸져눕다.
몸-조리(-調理)명하자 (허약해진 몸을 회복하기 위하여) 몸을 잘 돌보는 일. 몸조섭. ¶ 산후(産後) 몸조리를 잘하다.
몸-조섭(-調攝)명하자 ☞몸조리.
몸-조심(-操心)명하자 ①(건강을 위하여) 몸을 함부로 쓰지 아니함. ②(실수가 없도록) 언행을 삼감. ¶ 감원설이 나돌자 몸조심하는 분위기가 역력했다.
몸-종[-쫑]명 양반집 여자 가까이에서 잔심부름을 하던 여자 종.
몸-주체명 몸을 가누거나 몸가짐을 잘하는 일. 《주로, 뒤에 부정의 말이 따름.》 ¶ 술에 취하여 제 몸주체도 못한다.
몸-집[-찝]명 몸의 부피. ¶ 몸집이 크다.
몸-짓[-찓]명하자 (어떤 뜻을 나타내기 위한) 몸의 움직임이나 놀림. ¶ 몸짓으로 말하다. ＊몸짓이[-찌시]·몸짓만[-찐-]
몸-차림명하자 (옷이나 신·모자 따위로) 몸을 꾸밈, 또는 그 모양새.
몸-채명 여러 채로 된 살림집에서, 주장이 되는 채. 정방(正房). 정실(正室).
몸-체(-體)명 (물체나 구조물의) 몸이 되는 부분. ¶ 비행기의 몸체.
몸-치장(-治粧)명하자 몸의 차림새를 잘 매만져서 맵시 있게 꾸밈. 몸단장. 분식(扮飾).
몸-통명 가슴·배·등으로 이루어진 몸의 중심 부분. 동부(胴部).

몸통-뼈명 ☞구간골(軀幹骨).
몸통^운:동(-運動)명 허리를 앞뒤로 굽히거나 좌우로 돌리는 운동.
몸-피명 ①몸통의 굵기. ②활의 몸의 부피.
몸-흙[-흑]명 삼포(蔘圃)에서, '거름 섞은 흙'을 이르는 말. ＊몸흙이[-흘기]·몸흙만[-흥-]
몹:시[-씨]부 더할 수 없이 심하게. 대단히. 매우. ¶ 날씨가 몹시 춥다.
몹시 데면 회(膾)도 불어 먹는다속담 무엇에 몹시 놀란 사람은 그와 비슷한 것만 보아도 미리 겁낸다는 뜻.
몹-신:(mob scene)명 연극·영화에서 군중이 나오는 장면.
몹:쓸관 못되고 고약한. ¶ 몹쓸 병. /몹쓸 사람. /몹쓸 짓. /몹쓸 놈의 팔자.
못1[몯]명 넓고 깊게 팬 땅에 늘 물이 괴어 있는 곳. 지당(池塘). ¶ 못을 파다. ＊못이[모시]·못만[몬-]
못2[몯]명 (나무 따위에 박기 위해) 끝을 뾰족하게 만든 가느다란 물건. 〔쇠못·나무못·대못 따위가 있음.〕 ＊못이[모시]·못만[몬-]
못(을) 박다관용 ①남의 마음에 상처를 입히다. ¶ 부모 가슴에 못 박는 자식. ②단정적으로 말하다. ¶ 꼭 이것이라고 못 박아서 하는 소리는 아니지만….
못(이) 박히다관용 원통한 생각이 마음속에 깊이 맺히다. ¶ 가슴에 못 박힌 한(恨).
못3[몯]명 손이나 발바닥의 살갗이 딴딴해진 자리. 굳은살. 변지(胼胝). ¶ 손바닥에 못이 박이다. ＊못이[모시]·못만[몬-]
못:4[몯]부 일부 동사 앞에 쓰이어, 그와 같은 동작에 대한 금지나 불가능 따위의 부정(否定)을 뜻하는 말. ¶ 통제 구역에는 못 들어간다. /더는 못 참겠다.
못 먹는 감 찔러나 본다속담 자기가 차지하지 못할 바에는 차라리 심술을 부려 못 쓰게 만들자는 뜻.
못 먹는 씨아가 소리만 난다속담 ①되지못한 사람이 큰소리만 친다. ②이루지도 못할 일을 시작하면서 소문만 굉장히 퍼뜨린다는 말.
못 먹는 잔치에 갓만 부순다속담 아무 이득도 없는 일에 분주하기만 하고 손해만 입는다는 말.
못 오를 나무는 쳐다보지도 마라속담 불가능한 일은 일찌감치 단념하라는 말.
못-가[몯까]명 못의 가장자리. 지반(池畔). 지변(池邊).
못-가새[모까-/몯까-]명 가새모춤에서, 가위다리 모양으로 묶은 모의 움큼, 곧 모 한 춤을 셋으로 나눈 하나.
못:갖춘-마디[몯깓-]명 박자표에 제시된 박자에 부족한 마디. 여린박으로 시작되는 첫 마디와 끝 마디에 씀. ↔갖춘마디.
못:갖춘-마침[몯깓-]명 악곡이 완전히 끝났다는 느낌을 주지 않는 형태. 불완전 종지.
못-걸이[몯꺼리]명 옷이나 모자 따위를 거는 데 쓰는 물건. 〔흔히, 조붓한 나무오리에 못을 띄엄띄엄 박아서 벽 같은 데 붙임.〕
못:-나다[몬-]형 ①사람됨이 똑똑하지 못하거나 능력이 남보다 모자라다. ¶ 그깟 일로 울다니, 사람이 왜 그리 못났어. ②(생김새가) 잘나거나 예쁘지 않다. 못생기다. ¶ 얼굴이 못났으면 마음이라도 고와야지. ↔잘나다.
못난 색시 달밤에 삿갓 쓰고 나선다〔다닌다〕속담 미운 사람이 점점 더 보기 싫은 짓만 함을 이르는 말.
못:난-이[몬-]명 '못생기거나 어리석은 사람'을 얕잡아 이르는 말.
못:내[몬-]부 ①잊지 못하고 늘. ¶ 못내 아쉽다. /10년이 지나도록 못내 그리워하다. ②그지없이. ¶ 합격(合格) 소식에 못내 기뻐하다.
못-논[몬-]명 모를 낸 논.
못:-다[몯따]부 《동사 앞에 쓰이어》 '다하지 못함'을 뜻함. ¶ 못다 한 이야기.
못-대가리[몯때-]명 평평하게 된 못의 윗부분.
못동[몯똥]명 광산에서, 파 들어가는 구덩이 안에서 갑자기 나타나는 딴딴한 부분.
못:-되다[몯뙤-/몯뛔-]형 ①(성질이나 하는 짓이) 모질고 고약하다. ¶ 못된 짓만 골라 한다. /함부로 손찌검을 하다니, 사람이 참 못됐다. ②일이 뜻대로 되지 않은 상태에 있다. ¶ 그 일이 못된 게 그 사람 때문이겠어.
못되면 조상 탓(잘되면 제 탓)속담 어떤 일이 안 됐을 때 그 원인을 스스로에게 찾는 것이 아니라 남에게 그 책임을 전가하는 경우를 비유하여 이르는 말.
못된 나무에 열매만 많다속담 못된 것이 도리어 성하게 되는 경우를 이르는 말. 못된 소나무에 솔방울만 많다.
못된 바람은 수구문〔동대문 구멍〕으로 들어온다속담 궂은일이나 잘못된 일이 있으면, 그 책임이 모두 자기에게만 돌아온다고 항변하는 말.
못된 벌레 장판방에서 모로 긴다속담 되지못한 사람이 건방진 짓을 한다는 말. 못된 송아지 엉덩이에 뿔 난다.
못된 소나무에 솔방울만 많다속담 ☞못된 나무에 열매만 많다.
못된 송아지 엉덩이에 뿔 난다속담 ☞못된 벌레 장판방에서 모로 긴다.
못된 일가(가) 항렬만 높다속담 세상에는 쓸데없는 것일수록 오히려 성하는 법이라는 말.
못:마땅-하다[몬-]형여 마음에 맞갖지 않다. ¶ 못마땅한 듯이 이맛살을 찌푸리다. **못마땅-히**부 ¶ 못마땅히 여기다.
못-물[몬-]명 ①모내기하는 데 필요한 물. ②못에 고인 물.
못:-미처[몬-]명 일정한 곳까지 채 이르지 못한 거리나 지점. ¶ 큰길 못미처에 있는 가게.
못-바늘[몯빠-]명 (종이 따위를 꿰는 데 쓰는) 못같이 생긴 바늘. 무공침(無孔針).
못-박이[몯빠기]명 소의 간(肝)에 박힌 염통 줄기, 또는 그 간.
못-밥[모빱/몯빱]명 모내기할 때 들에서 먹는 밥.
못-비[모삐/몯삐]명 모를 다 낼 만큼 흡족히 내리는 비.
못-뽑이[몯-]명 못 뽑는 데 쓰는 연장. 〔노루발장도리·방울집게 따위.〕
못:-살다[몯쌀-]〔~사니·~살아〕자 ①가난하게 살다. ¶ 못사는 집. /아무리 못산다 해도 밥이야 굶겠니. ↔잘살다. ②견디지 못하다. 또는, 기를 펴지 못하다. ¶ 창피해서 못살겠다. /저보다 작은 애들을 못살게 군다.
못살면 터 탓속담 제 잘못을 남에게 돌리고 원망함을 이르는 말.
못:-생기다[몯쌩-]형 (생긴 모양이) 남보다 빠지거나 제대로 되어 있지 않아 좋아 보이지 아니하다. 못나다. ¶ 못생긴 얼굴. /지지리도 못생겼다. /손이 참 못생겼다. ↔잘생기다.
못생긴 며느리 제삿날에 병난다속담 미운 사람이 더 미운 짓만 한다는 뜻.

못서[모써/몯써]명 〈못서까래〉의 준말.
못-서까래[모써-/몯써-]명 네모진 서까래. 준못서.
못-서다[몯써-]자 세로로 죽 늘어서다.
못ː-쓰다[몯-][~쓰니·~써]자 ①어떤 행동을 해서는 안 된다는 뜻. 《주로, '-(으)면'·'-어서'와 함께 쓰임.》 ¶ 장난질하면 못써. ②건강 상태가 나빠지다. 《주로, '못쓰게'의 꼴로 쓰임.》 ¶ 얼굴이 못쓰게 상하다.
못-자리[모짜-/몯짜-]명 ①볍모를 기르는 논이나 논바닥. 묘상(苗床). 묘판(苗板). 앙판(秧板). ②하자 논에 볍씨를 뿌림.
못-정[몯쩡]명 ①못대가리를 깊숙이 박을 때 쓰는 기름한 연장. ②광석을 떼 낼 때 쓰는 끝이 뾰족한 연장.
못정-떨이[몯쩡-]명하타 광산에서, 남포로 깨뜨린 바위나 광석을, 못정을 대고 망치로 쳐서 떨어뜨리는 일.
못정-버력[몯쩡-]명 광산에서, 남포를 쓰지 않고 정만으로 뜯어낼 수 있는 버력을 이르는 말.
못-주다[몯쭈-]자 (튼튼하게 하려고) 버그러진 사이가 맞붙도록 못을 박다.
못-줄[모쭐/몯쭐]명 모를 심을 때, 간격을 맞추기 위하여 가로로 치는 긴 줄.
못ː지-아니하다[몯찌-]형여 일정한 수준이나 정도에 미치다. 준못지않다.
못ː지-않다[몯찌안타]형 〈못지아니하다〉의 준말. ¶ 가수 못지않은 노래 실력.
못-질[몯찔]명하자 못을 박는 일.
못ː-하다[1][모타-]타여 일정한 수준에 못 미치거나 할 능력이 없다. ¶ 술을 못하다. /물음에 답을 못하다.
못하는 소리가 없다관용 ①때와 처소를 가리지 않고 아무 말이나 함부로 한다는 뜻. ②(어린 아이가) 온갖 말을 잘한다는 뜻.
못ː-하다[2][모타-]형여 ①《주로 부사격 조사 '만'이나 '보다' 뒤에 쓰이어》 비교 대상에 미치지 아니하다. ¶ 아우만 못하다. /득표수가 상대편보다 못하다. ②아무리 적게 잡아도. 《주로, '못하여도(못해도)'의 꼴로 쓰임.》 ¶ 못해도 거기까지는 사흘이 걸린다.
못ː-하다[3][모타-]조동여 《동사의 연결 어미 '-지' 뒤에 쓰이어》 ①할 수가 없다. ¶ 그것도 읽지 못하느냐. ②그렇게 해서는 안 된다. ¶ 그곳에는 가지 못한다.
못ː-하다[4][모타-]조형여 ①《형용사 어미 '-지' 뒤에 쓰이어》 정도나 상태가 미칠 수가 없다. ¶ 아름답지 못하다. /강하지 못하다. ②《일부 형용사의 어말 어미 '-다' 뒤에 '못하여(못해)'의 꼴로 쓰이어》 '정도가 너무 심하여서'를 뜻함. ¶ 손이 저리다 못하여(못해) 아프다.
몽ː명 〈몽니〉의 준말.
몽(蒙)명 〈몽괘(蒙卦)〉의 준말.
몽개-몽개부 (구름·연기 따위가) 잇달아 몽키어 나오거나 여기저기 퍼지는 모양. 큰뭉게뭉게.
몽-고문(蒙古文)[1]명하자 옛사람이 지은 글귀를 그대로 옮겨 적음.
몽고-문(蒙古文)[2]명 ☞몽골 문자.
몽고^문자(蒙古文字)[-짜]명 ☞몽골 문자.
몽고-반점(蒙古斑點)명 〈몽고점〉의 이전 일컬음.
몽고-어(蒙古語)명 ☞몽골 어(Mongol語).
몽고-점(蒙古點)명 황색 인종의 어린아이의 엉덩이에서 등에 걸쳐 나타나는 푸른 점. 태어난 다음에 나타나서 7~8세 때 사라짐. 소아반. 아반.
몽고-족(蒙古族)명 ☞몽골 족(Mongol族).
몽고-풍(蒙古風)명 ①몽골의 풍속이나 양식. ②몽골의 고비 사막으로부터 중국 동북 지방과 중국 북쪽으로 부는 건조한 바람.
몽골^문자(Mongol文字)[-짜]명 몽골 어 표기에 쓰는 문자. 13세기에 위구르 문자를 모체로 만들어졌다 함. 몽고문[2]. 몽고 문자.
몽골^어ː(Mongol語)명 몽골 족이 쓰는 언어. 알타이 어족에 속함. 몽고어.
몽골^족(Mongol族)명 중국 북부 및 동북부, 시베리아 남부 등지에 거주하는 유목 민족을 통틀어 이르는 말. 몽고족.
몽괘(蒙卦)명 육십사괘의 하나. 간괘(艮卦)와 감괘(坎卦)를 위아래로 놓은 괘. 산 밑에 샘물이 남을 상징함. 준몽(蒙).
몽구리명 ①바짝 깎은 머리. ②'중'을 농조로 이르는 말. 큰뭉구리.
몽그라-뜨리다타 힘껏 몽그라지게 하다. 몽그라트리다. ¶ 진흙으로 빚은 여인상을 그만 몽그라뜨리고 말았다. 큰뭉그러뜨리다.
몽그라-지다자 (낮게 쌓인 물건이) 무너져 주저앉다. ¶ 이번 장마에 토담 한 귀퉁이가 몽그라졌다. 큰뭉그러지다.
몽그라-트리다타 몽그라뜨리다. 큰뭉그러트리다.
몽그작-거리다[-꺼-]자타 자꾸 몽그작몽그작 하다. 몽그작대다. 준몽긋거리다. 큰뭉그적거리다.
몽그작-대다[-때-]자타 몽그작거리다.
몽그작-몽그작[-장-]부 ①하자 (나아가지 못하고) 제자리에서 조금 작은 동작으로 게으르게 행동하는 모양. ②하타 (나아가지 못하고) 제자리에서 몸이나 몸의 일부를 잇달아 가볍게 비비대는 모양. ¶ 자리에 누워 발가락만 몽그작몽그작한다. ③하타 (일을 제때 하지 못하고) 우물쭈물하는 모양. ¶ 일을 몽그작몽그작 미루다. 준몽긋몽긋. 큰뭉그적뭉그적.
몽그작-이다 Ⅰ자 (나아가지 못하고) 제자리에서 조금 작은 동작으로 게으르게 행동하다. 큰뭉그적이다.
Ⅱ타 (나아가지 못하고) 제자리에서 몸이나 몸의 일부를 잇달아 가볍게 비비대다. 큰뭉그적이다.
몽근-벼명 까끄라기가 없는 벼.
몽근-짐명 부피에 비해 무게가 제법 나가는 짐. ↔부픈짐.
몽글-거리다자 몽글몽글한 느낌을 주다. 몽글대다. 큰뭉글거리다. 거몽클거리다.
몽글다[몽그니·몽글어]형 ①곡식의 낟알이 까끄라기나 허섭스레기가 없이 알속 있게 깨끗하다. ②가루 따위가 미세하고 곱다.
몽글게 먹고 가늘게 싼다속담 큰 욕심 부리지 않고 분수를 지켜야 하며, 또 그것이 편하다는 말.
몽글-대다자 몽글거리다.
몽글-리다[1]타 《'몽글다'의 사동》 곡식의 낟알을 몽글게 하다.
몽글리다[2]타 ①어려운 일에 단련이 되게 하다. ②옷맵시를 가뜬하게 차려 모양을 내다.
몽글-몽글부하형 망울진 것이 몰랑몰랑하여 요리조리 볼가지며 매끄러운 느낌. ¶ 몽글몽글한 포도 알. 큰뭉글뭉글. 거몽클몽클.
몽ː-금척(夢金尺)명 금척무(金尺舞)에 쓰는, 길이 한 자 되는 금빛의 자. 조선 태조(太祖)가 건국하기 전에 꿈에 신선에게서 받았다는 것을 상징하여 만들었다 함.

몽긋-거리다 [-귿꺼-] [자타] 〈몽그작거리다〉의 준말. 몽긋대다. [큰]뭉긋거리다.
몽긋-대다 [-귿때-] [자타] 몽긋거리다.
몽긋-몽긋 [-근-귿] [부][하자타] 〈몽그작몽그작〉의 준말. [큰]뭉긋뭉긋.
몽깃-돌 [-기똘/-긷똘] [명] ①밀물이나 썰물 때, 뱃머리를 곧게 유지하려고 배의 뒷부분에 다는 돌. ②'낚싯봉'의 잘못.
몽니 [명] 심술궂게 욕심 부리는 성질. ¶ 몽니를 부리다. [준]몽.
  몽니(가) 궂다 [관용] 짓궂게 몽니를 부리는 성질이 있다.
  몽니(가) 사납다 [관용] 몽니가 매우 심하다.
몽니-쟁이 [명] 몽니를 함부로 부리는 사람.
몽달-귀 (-鬼) [명] 총각이 죽어서 되는 귀신. 도령귀신. 몽달귀신. ↔손말명.
몽달-귀신 (-鬼神) [명] ☞몽달귀.
몽당-붓 [-붇] [명] 끝이 모지라진 붓. 독필(禿筆). ＊몽당붓이[-부시]·몽당붓만[-분-]
몽당-비 [명] (오래 쓰거나 닳아 빠져서) 끝이 거의 모지라진 비.
몽당-소나무 [명] ☞몽당솔.
몽당-솔 [명] 키가 작고 몽톡한 소나무. 몽당소나무.
몽당-연필 (-鉛筆) [-년-] [명] 다 써서 거의 못 쓰게 된 짧은 연필 도막.
몽당-이 [명] ①끝이 닳아서 거의 못 쓰게 된 물건. ¶ 몽당이가 된 붓. ②(실이나 노끈 따위를) 공 모양으로 감은 뭉치.
몽당-치마 [명] 몹시 모지라져서 짧아진 치마.
몽동 (艨艟) [명] ☞병선(兵船).
몽동-발이 [명] (딸려 붙었던 것이 다 떨어지고) 몸뚱이만 남은 물건.
몽두 (蒙頭) [명] 조선 시대에, 죄인을 잡아 올 때 얼굴을 싸서 가리던 베.
몽둥이 [명] 조금 굵고 기름한 막대기. 흔히, 무엇을 때릴 때 씀. 간봉(杆棒). 목봉.
몽둥이-맛 [-맏] [명] 정신이 날 만큼 '얻어맞는 경험'을 이르는 말. ＊몽둥이맛이[-마시]·몽둥이맛만[-만-]
몽둥이-세례 (-洗禮) [명] 몽둥이로 마구 때리는 일. ¶ 몽둥이세례를 퍼붓다.
몽둥이-질 [명][하타] 몽둥이로 때리는 짓.
몽둥이-찜 [명][하타] 몽둥이로 마구 때리는 짓. 몽둥이찜질.
몽둥이-찜질 [명][하타] 몽둥이찜.
몽둥잇-바람 [-이빠-/-읻빠-] [명] 몽둥이로 세차게 얻어맞거나 때릴 때의 몽둥이의 기운.
몽:-따다 [자] 일부러 모르는 체하다.
몽땅 [부] ①있는 대로 죄다. ¶ 돈을 몽땅 잃다. / 물건을 몽땅 팔아넘기다. ②대번에 작게 딱 자르거나 잘리어 끊어지는 모양. ¶ 한 번에 몽땅 잘라 낸 밧줄. ②[큰]뭉떵. ②[참]몽탕.
몽땅몽땅-하다 [형][여] ①매우 몽땅하다. ②여럿이 다 몽땅하다. [큰]뭉떵뭉떵하다. [참]몽탕몽탕하다.
몽땅-하다 [형][여] (겉모양이) 싹독 잘린 도막같이 생기다. ¶ 몽땅한 키. [큰]뭉떵하다. [참]몽탕하다.
몽똑 [부][하형] ①(가늘고 짧은 것이) 끝이 잘린 듯이 무딘 모양. ¶ 몽똑한 막대기. ②생김새가 똥똥하면서 짤막한 모양. ¶ 손가락이 몽똑하다. [큰]뭉뚝. [참]몽톡. **몽똑-몽똑** [부][하형].
몽똥-그리다 [타] (작은 덩어리로) 되는대로 뭉치어 싸다. ¶ 헌 옷가지들을 몽똥그려 치우다. [큰]뭉뚱그리다.
몽롱 (朦朧) '몽롱하다'의 어근.
몽롱-세계 (朦朧世界) [-농-계/-농-게] [명] ①(술이나 약에 취하거나 졸음이 오거나 하여) 똑똑하지 않고 어렴풋한 의식 상태. ②아는 것이 똑똑하지 않고 어렴풋한 상태.
몽롱-하다 (朦朧-) [-농-] [형][여] ①(무엇이) 흐릿하고 희미하다. ¶ 달빛 아래의 몽롱한 그림자. ②(정신이나 상황 따위가) 뚜렷하지 않고 흐릿하다. ¶ 의식이 몽롱한 상태.
몽리 (蒙利) [-니] [명][하자] 〔이익을 얻는다는 뜻으로〕 저수지나 보 따위 수리 시설의 혜택을 입음.
몽:리 (夢裏) [-니] [명] ☞몽중(夢中).
몽매 (蒙昧) [명][하형] 사리에 어둡고 어리석음. ¶ 몽매를 깨우치다. /몽매한 저희들을 용서하십시오.
몽:매 (夢寐) [명] 잠을 자며 꿈을 꿈. 《주로, '몽매에'·'몽매에도'의 꼴로 쓰임.》 ¶ 몽매에도 잊지 못하는 조국.
몽:매-간 (夢寐間) [명] 꿈을 꾸는 동안. 《주로, '몽매간에'·'몽매간에도'의 꼴로 쓰임.》 ¶ 몽매간에도 잊지 못하다.
몽몽 (濛濛) '몽몽하다'의 어근.
몽몽-하다 (濛濛-) [형][여] (비나 안개 따위가 내리거나 끼어서) 앞이 자욱하고 몽롱하다.
몽:복 (夢卜) [명] ①꿈과 점(占). ②[하자]꿈으로 길흉화복을 점침, 또는 그 점.
몽비 (蒙批) [명][하자] 상소(上疏)에 대한 임금의 비답(批答)을 받음.
몽:사 (夢事) [명] 꿈에서 겪은 일.
몽상 (蒙喪) [명][하자] 상복을 입음.
몽:상 (夢想) [명] ①꿈속의 생각. ②[하타](실현성이 없는) 꿈같이 허황한 생각을 함. ¶ 몽상에 잠기다. /몽상에 젖다. /억만장자가 될 것을 몽상하다.
몽:상-가 (夢想家) [명] 꿈같이 허황한 생각을 잘 하는 사람.
몽-상문 (蒙上文) [명][하자] 한 문장 가운데 아래의 어떤 말이 위의 어떤 말에 공통적으로 관계됨, 또는 그 관계되는 구절이나 글자. 〔'여름에는 비가, 겨울에는 눈이 온다.'에서의 '온다' 따위.〕
몽:설 (夢泄) [명][하자] 성적(性的)인 쾌감을 얻는 꿈을 꾸면서 사정(射精)하는 일. 몽유(夢遺). 몽정(夢精). 설정(泄精).
몽송 (霿淞) [명] ☞상고대.
몽실-몽실 [부][하형] 통통하게 살져서 보드라운 느낌을 주는 모양. ¶ 강아지가 몽실몽실 살이 쪘다. [큰]뭉실뭉실.
몽:압 (←夢魘) [명] 자다가 가위에 눌림.
몽어-유해 (蒙語類解) [명] 몽고어 학습서. 이억성(李億成)이 편찬하여, 조선 영조 44(1768)년에 낸 책. 2권 2책.
몽:외 (夢外) [-외/-웨] [명] 꿈에도 생각지 않은 터. 천만뜻밖.
몽:외지사 (夢外之事) [-외-/-웨-] [명] 꿈에도 생각하지 못했던 뜻밖의 일.
몽우리 [명] 망울. 꽃망울.
몽:유 (夢遺) [명][하자] ☞몽설(夢泄).
몽:유-병 (夢遊病) [-뼝] [명] 잠을 자다가 자신도 모르게 일어나서 어떤 행동을 하다가 다시 잠을 자는 병적인 증세. 깬 뒤에는 이 사실을 전혀 깨닫지 못함. 몽중방황. 이혼병(離魂病).
몽은 (蒙恩) [명][하자] 은혜나 은덕을 입음. 몽혜.
몽:정 (夢精) [명][하자] ☞몽설(夢泄).
몽:조 (夢兆) [명] 꿈자리.
몽:중 (夢中) [명] 꿈속. 몽리(夢裏).

몽:중-몽(夢中夢)명 〔꿈 가운데 꿈이란 뜻으로〕 '이 세상의 덧없음'을 비유하여 이르는 말. ¶ 사람의 죽고 삶이 진실로 몽중몽이로세.

몽:중-방황(夢中彷徨)명 ①하자 꿈속에서 이리저리 헤맴. ②☞몽유병.

몽:중-설몽(夢中說夢)명하타 〔꿈속에서 꿈 이야기를 한다는 뜻으로〕 종잡을 수 없게 이야기함, 또는 그런 이야기.

몽진(蒙塵)명하자 〔먼지를 뒤집어쓴다는 뜻으로〕 임금이 난리를 피하여 다른 곳으로 자리를 옮김. ¶ 선조가 의주로 몽진하다.

몽짜명 음흉하게 몽니 부리는 짓, 또는 그렇게 하는 사람. ¶ 몽짜를 부리다. /몽짜를 치다.

몽짜-스럽다[-따][~스러우니·~스러워]형ㅂ 보기에 몽짜를 치는 듯하다. **몽짜스레**부.

몽총-하다형여 ①융통성 없이 새침하고 냉정하다. ②(길이나 부피 따위가) 조금 모자라다. ¶ 바지가 몽총하다.

몽치명 짤막한 몽둥이. 옛날에 무기로 썼음.

몽치 깎자 도둑이 뛴다속담 모처럼 세운 대책이 때가 늦어 소용없게 됨을 이르는 말.

몽치다 Ⅰ자 ①(여럿이 합쳐지거나 어울려서) 자그맣게 한 덩어리가 되다. ¶ 이불솜이 몽치다. /근육이 몽치다. ②하나로 단결하다. ¶ 전 사원이 한마음으로 똘똘 몽치다. 큰뭉치다.
Ⅱ타 (흩어졌거나 여럿인 것을) 조그맣게 한 덩어리가 되게 하다. ¶ 실을 똘똘 몽치다. 큰뭉치다.

몽클부하형 ①먹은 음식이 잘 삭지 않고 가슴에 작은 덩이로 몽쳐 있는 듯이 목직한 느낌. ②(슬픔이나 노여움 따위) 복받치는 감정으로 가슴이 갑자기 꽉 차는 듯한 느낌. ¶ 어린것의 우는 소리를 듣고 가슴이 몽클했다. 큰뭉클.

몽클-거리다자 몽클몽클한 느낌을 주다. 몽클대다. 큰뭉클거리다. 여몽글거리다.

몽클-대다자 몽클거리다.

몽클-몽클부하형 망울진 것이 몰랑몰랑하여 요리조리 볼가지며 몹시 매끄러운 느낌. 큰뭉클뭉클. 여몽글몽글.

몽키다자 여럿이 한데 엉키어 작은 덩어리가 되다. 큰뭉키다.

몽타:주(montage 프)명 ①☞몽타주 사진. ¶ 용의자의 몽타주를 작성하다. ②영화나 텔레비전의 필름에 대한 화면 구성의 기법이나 편집 방법. 따로따로 촬영한 필름을 효과적으로 편집하여 의식적인 영상 예술을 구성함. 발성 영화는 영상과 음성의 이중 몽타주로 표현함.

몽타:주^레코:드(montage 프+record)명 몽타주 사진과 같은 방법으로 여러 레코드를 하나로 편집하여 만든 음반.

몽타:주^사진(montage寫眞)명 여러 사람의 사진에서 코·입·눈매 등 부분적으로 어떤 사람의 용모와 비슷한 부분만 오려서 하나로 맞춘 사진. 흔히, 범죄 수사에서 용의자의 특징을 잡아서 그린 대용 사진으로 이용함. 몽타주. 합성 사진.

몽탕부 (물체의 한 부분이) 대번에 아주 작게 탁 잘리거나 끊어지는 모양. ¶ 머리카락을 몽탕 자르다. 큰뭉텅. 참몽땅. **몽탕-몽탕**부.

몽탕몽탕-하다형여 ①매우 몽탕하다. ②여럿이 다 몽탕하다. 큰뭉텅뭉텅하다. 참몽땅몽땅하다.

몽탕-하다형여 (겉모양이) 작게 싹둑 잘린 토막같이 생기다. ¶ 몽탕하게 썬 감자 조각. 큰뭉텅하다. 참몽땅하다.

몽:태-치다타 슬쩍 훔쳐 가지다.

몽톡부하형 ①(좀 가늘고 짧은 것이) 끝이 싹독 잘린 듯이 무딘 모양. ¶ 연필을 몽톡하게 깎다. ②생김새가 통통하면서 짤막한 모양. 큰뭉툭. 참몽똑. **몽톡-몽톡**부하형.

몽-하다(蒙-)타여 (은혜나 도움을) 입다.

몽학(蒙學)명 어린이들의 공부.

몽학-훈장(蒙學訓長)[-하쿤-]명 어린아이들을 가르치는 훈장, 또는 겨우 어린아이들이나 가르칠 정도의 훈장. 참훈장(訓長).

몽혜(蒙惠)[-혜/-헤]명하자 ☞몽은(蒙恩).

몽:혼(朦昏)명하자 ☞마취(痲醉).

몽:혼-제(朦昏劑)명 ☞마취제(痲醉劑).

몽:환(夢幻)명 꿈과 허깨비, 또는 꿈과 허깨비처럼 덧없음.

몽:환-곡(夢幻曲)명 ☞야상곡(夜想曲).

몽:환-극(夢幻劇)명 현실보다도 꿈속에 인생의 진실이 있다는 신념으로 씌어진 희곡이나 연극.

몽:환-적(夢幻的)관명 현실이 아닌 꿈과 같은 환상을 좇는 (것). ¶ 몽환적 상태. /몽환적인 분위기.

몽기다형 〈옛〉 뭉개다. ¶ 모매 터리 나샤디 다 몽기시며(月釋*2:40*).

뫃명 〈옛〉 모. 모퉁이. ¶ 東城ㅅ 모해 오래 셔셔(杜初15:3).

뫼:[뫼/뭬]명 사람의 무덤. 묘(墓). 높산소.

뫼(를) 쓰다관용 묏자리를 잡아 매장하다.

뫼[1]명 〈옛〉 진지. 밥. ¶ 文王이 훈 번 뫼 자셔든(小解*4:12*). /粥早飯 朝夕 뫼 녜와 굳티 셰시는가(鄭澈.續美人曲).

뫼[2]명 〈옛〉 산. ¶ 뫼:山(訓解). 참뫃.

뫼:다[뫼-/뭬-]자 〈모이다[1]〉의 준말.

뫼비우스의 띠(Möbius-)[-의-/-에-] 기다란 직사각형 종이를 한 번 비틀어 양쪽 끝을 맞붙여서 이루어지는 도형. 면의 안팎 구분이 없는 것이 특징이며, 창안자인 독일의 뫼비우스의 이름에서 유래함.

뫼발명 〈옛〉 멥쌀. ¶ 뫼발 경:粳. 뫼발 션:秈(訓蒙上*12*).

뫼-산(-山)[뫼-/뭬-]명 한자 부수의 한 가지. '島'·'崇' 등에서의 '山'의 이름.

뫼시다타 〈옛〉 모시다. ¶ 뫼실 비:陪. 뫼실 시:侍(類合下*14*). /夫人을 뫼샤(月釋*8:94*). 참뫼숩다.

뫼쏠명 〈옛〉 산골. ¶ 그 도적을 다가 훈 뫼쏠의 에워(老解上27). 참묏골.

뫼사리명 〈옛〉 메아리. ¶ 듣논 소리 뫼사리 곤호야(月釋*2:53*). /響은 뫼사리라(法華*1:26*).

뫼숩다타ㅂ 〈옛〉 모시다. ¶ 어마님 내 뫼숩고(月釋2:6). 참뫼시다.

뫼올히명 〈옛〉 물오리. ¶ 뫼올히:野鴨(東醫).

뫼호다타 〈옛〉 모으다. ¶ 하놀히며 사람 사는 짜홀 다 뫼호아 世界라 호느니라(月釋*1:8*).

묏:골명 〈옛〉 산골. ¶ 미친 사름ᄀ티 묏고래 수머겨샤(釋譜*6:4*). /묏고래 苦行ᄒ샤(月印*141*章).

묏:괴명 〈옛〉 살쾡이. 삵. ¶ 貍는 묏괴라(圓覺上一之二 *129*).

묏기슭명 〈옛〉 산기슭. ¶ 묏기슭 록:麓(訓蒙上*3*). /묏기슬겟 녯더러(杜重*1:19*).

묏대추-나무명 '멧대추나무'의 잘못.

묏도기명 〈옛〉 메뚜기. ¶ 묏도기 마:螞. 묏도기 자:蚱(訓蒙上*23*).

묏봉오리명 〈옛〉 산봉우리. ¶ 묏봉오리 봉:峯(訓蒙上 *3*).

묏부리명 〈옛〉 멧부리. ¶ 묏부리 악:嶽(訓蒙上*3*). /노푼 묏부리(杜初*7:23*).

묏뽕명 〈옛〉 꾸지뽕나무. ¶ 묏뽕 염:檿. 묏뽕 쟈:柘(訓蒙上10).
묏언덕명 〈옛〉 산언덕. ¶ 묏언덕 애:崖(訓蒙上3).
묏:-자리[뫼짜-/뭳짜-]명 뫼를 쓸 자리, 또는 쓴 자리. ¶ 묏자리를 보러 다니다.
묗명 〈옛〉 산(山). 메. ¶ 世間 ᄇᆞ리고 뫼해 드러(釋譜6:12).
묘:(卯)명 ①십이지(十二支)의 넷째. ②〈묘방(卯方)〉의 준말. ③〈묘시(卯時)〉의 준말.
묘:(妙)명 아주 빼어나거나 절묘함. ¶ 자연의 묘. /표현의 묘. /운용의 묘를 살리다.
묘:(昴)명 〈묘성(昴星)〉의 준말.
묘:(墓)명 뫼. ¶ 묘를 쓰다.
묘:(廟)명 ①〈종묘〉의 준말. ②〈문묘〉의 준말.
묘(畝)의 전답의 넓이의 단위, 곧 30평(坪). 단(段)의 10분의 1. 본무.
묘(渺)수관 애(埃)의 10분의 1, 막(漠)의 10배가 되는 수(의). 곧, 10^{-11}.
묘:각(妙覺)명 〔불교에서〕 ①부처의 깨달음. 참다운 깨달음. ②보살(菩薩)의 오십이위(五十二位)의 가장 높은 단계.
묘:간(妙簡)명하타 잘 골라 뽑음. 묘선(妙選).
묘:갈(墓碣)명 무덤 앞에 세우는 묘표(墓標)의 한 가지. 가첨석(加檐石)을 얹지 아니하고 머리를 둥글게 만든 작은 비석.
묘:갈-명(墓碣銘)명 묘갈에 새겨 넣은 글.
묘:경(妙境)명 ①(예술·기예 등의) 절묘한 경지. ②경치가 아주 뛰어난 곳.
묘:계(妙計)[-계/-게]명 매우 교묘한 꾀. 기묘한 계교. 묘책(妙策).
묘:계(墓界)[-계/-게]명 지난날, 품계에 따라 정하던 무덤의 구역. 〔무덤을 중심으로 하여 사방으로 정·종일품은 100보, 이품은 90보, 삼품은 80보, 사품은 70보, 오품 이하는 60보, 서민은 10보로 하였음.〕
묘:계(廟啓)[-계/-게]명하타 조정에서 임금에게 상주하던 일.
묘:곡(妙曲)명 아주 뛰어난 곡조.
묘:공(妙工)명 절묘한 세공(細工), 또는 세공에 절묘한 사람.
묘:관찰-지(妙觀察智)[-찌]명 불교에서, 사지(四智)의 하나. 바라는 대로 자유자재로 작용하는 지(智). 또는 모든 것을 바르게 추구하는 지(智), 여러 사상의 차별상을 정당하게 관찰하는 지(智).
묘:구(妙句)명 매우 잘된 글귀. 절묘한 글귀.
묘:구-도적(墓丘盜賊)명 ①무덤 속의 물건을 훔쳐 가는 도둑. ②시체를 파내어 감추고 돈을 강요하는 도둑. 준묘적(墓賊).
묘:기(妙技)명 절묘한 재주, 또는 절묘한 기술. ¶ 묘기를 부리다. /묘기를 보이다.
묘:기(妙妓)명 얼굴이 예쁜 기생.
묘:기-백출(妙技百出)명하자 절묘한 재주나 기술이 연이어 많이 나옴.
묘:년(卯年)명 태세(太歲)의 지지(地支)가 묘(卯)로 된 해. 〔정묘년(丁卯年) 따위.〕 토끼해.
묘:년(妙年)명 ☞묘령(妙齡).
묘:답(墓畓)명 〈묘위답(墓位畓)〉의 준말.
묘:당(廟堂)명 ①〔종묘(宗廟)와 명당(明堂)이라는 뜻으로〕 조정(朝廷). ②'의정부(議政府)'를 달리 이르던 말.
묘:도^문자(墓道文字)[-짜]명 묘표(墓表)·묘지(墓誌)·묘비(墓碑)·묘갈(墓碣) 등에 새기어 넣은 글자.
묘:두-와(猫頭瓦)명 ☞막새.
묘:두-현령(猫頭懸鈴)[-혈-]명 〔고양이 목에 방울 달기란 뜻으로〕 '실행하기 어려운 공론(空論)'을 이르는 말. 묘항현령(猫項懸鈴).
묘:득(妙得)명하타 묘리(妙理)를 깨달음.
묘:략(妙略)명 절묘한 계략.
묘려(妙麗) '묘려하다'의 어근.
묘:려-하다(妙麗-)형여 아주 뛰어나게 화려하다.
묘:령(妙齡)명 젊은 여자의 꽃다운 나이, 곧 20세 안팎의 나이. 묘년(妙年). ¶ 묘령의 처녀.
묘:론(廟論)명 ☞묘의(廟議).
묘:리(妙理)명 오묘한 이치. ¶ 자연의 묘리.
묘:막(墓幕)명 지난날, 무덤 가까이에 지어 묘지기가 살던 자그마한 집.
묘:말(卯末)명 십이시(十二時)의 묘시(卯時)의 끝. 〔상오 7시에 가까운 무렵.〕
묘망(渺茫) '묘망하다'의 어근.
묘:망-하다(渺茫-)형여 끝없이 넓고 아득하다. ¶ 묘망한 벌판.
묘:맥(苗脈)명 일이 곧 일어날 싹수. 일이 내비치는 실마리.
묘명(杳冥) '묘명하다'의 어근.
묘:명(墓銘)명 〈묘지명(墓誌銘)〉의 준말.
묘:명-하다(杳冥-)형여 아득하고 멀다. 그윽하고 어둡다.
묘:목(苗木)명 옮겨 심기 위해 가꾼 어린나무. 모종을 할 어린나무. 나무모. 모나무.
묘묘(杳杳) '묘묘하다'의 어근.
묘:묘-하다(杳杳-)형여 멀고 아득하다. 묘묘-히부.
묘:문(墓門)명 무덤 앞으로 들어가는 어귀.
묘:미(妙味)명 미묘한 맛, 또는 미묘한 홍취. 묘취(妙趣). ¶ 낚시의 묘미를 알다.
묘:방(卯方)명 이십사방위의 하나. 정동(正東)을 중심으로 한 15도 범위 안의 방위. 갑방(甲方)과 을방(乙方)의 사이. 준묘(卯). ↔유방(酉方).
묘:방(妙方)명 ①절묘한 방법. 묘법(妙法). ②매우 효험있는 처방. 신묘한 약방문.
묘:법(妙法)명 ①☞묘방(妙方). ②불교에서, 심오한 이법(理法), 곧 '불법'을 이르는 말.
묘:법-연화경(妙法蓮華經)[-범년-]명 대승 경전의 한 가지. 석가가 영원한 부처임을 설한 것으로, 모든 경전 중에서 가장 존귀하게 여겨짐. 준법화경(法華經).
묘:비(墓碑)명 무덤 앞에 세우는 비석. 묘석(墓石).
묘:비-명(墓碑銘)명 묘비에 새긴 글.
묘:사(描寫)명하타되자 눈으로 보거나 마음으로 느낀 것 등을 그림을 그리듯이 객관적으로 표현함. ¶ 자연 묘사. /등장인물의 심리를 잘 묘사한 작품.
묘:사(廟社)명 종묘(宗廟)와 사직(社稷)을 아울러 이르는 말.
묘:사^음악(描寫音樂)명 자연이나 현실의 음을 음악적으로 재구성하여 표현함으로써 회화적인 정경의 묘사를 꾀하는 음악. 〔베토벤의 전원 교향곡 따위.〕
묘:사-체(描寫體)명 어떠한 대상을 있는 그대로 객관적·구체적으로 표현하는 문체.
묘:산(妙算)명 ☞묘책(妙策).
묘:상(苗床)명 ①(꽃이나 나무·채소 따위의) 모종을 키우는 자리. 모판. ②☞못자리. 묘판(苗板).
묘:상-각(墓上閣)명 장사(葬事) 때, 비나 햇볕을 가리기 위하여 임시로 굿 위에 세우는 뜸집.

묘ː생(卯生)명 묘년(卯年)에 태어난 사람. 토끼띠.
묘ː석(墓石)명 ☞묘비(墓碑).
묘ː선(妙選)명하타 ☞묘간(妙簡).
묘ː성(昴星)명 이십팔수의 하나. 서쪽의 넷째 별자리. 좀생이. 육련성(六連星). 준묘(昴).
묘ː소(妙所)명 절묘한 점. 절묘한 곳.
묘ː소(墓所)명 〈산소(山所)〉의 높임말.
묘ː수(妙手)명 ①절묘한 솜씨, 또는 솜씨가 절묘한 사람. 교수(巧手). ②(바둑이나 장기 따위에서) 절묘한 수. ¶ 묘수를 두다.
묘ː수(妙數)명 기묘한 운수.
묘ː수-풀이(妙手-)명 ①바둑이나 장기 따위에서, 생각해 내기 힘든 수를 알기 쉽게 설명하는 일. ②어려운 문제에 대한 해결책을 구하는 일.
묘ː술(妙術)명 교묘한 술법. 절묘한 꾀.
묘ː시(卯時)명 ①십이시의 넷째 시. 상오 5시부터 7시까지의 동안. ②이십사시의 일곱째 시. 상오 5시 30분부터 6시 30분까지의 동안. 준묘(卯).
묘ː시-조(妙翅鳥)명 ☞가루라(迦樓羅).
묘ː실(墓室)명 〔고분(古墳)의 안이 방처럼 꾸며져 있는 데서〕'무덤 안'을 이르는 말.
묘ː악(廟樂)명 〈종묘 제례악〉의 준말.
묘ː안(妙案)명 아주 뛰어난 생각. 절묘한 방안. ¶ 묘안이 떠오르다.
묘ː안-석(猫眼石)명 보석의 한 가지. 금록석(金綠石) 중, 등불에 비춰 보면 고양이의 눈빛처럼 한 가닥의 빛이 아래위로 움직이는 보석. 빛깔은 황색 또는 황록색. 석영계 가운데서 외관이 비슷한 것을 이르기도 함. 묘정석(猫睛石).
묘ː알(廟謁)명하자 임금이 종묘에 나아가서 참배하던 일.
묘ː약(妙藥)명 ①신통하게 잘 듣는 약. ②어떤 문제를 해결하는 데 매우 효과적인 것. ¶ 두 사람을 화해시킬 묘약은 어디에도 없었다.
묘ː역(墓域)명 묘소(墓所)로 정한 구역.
묘연(杳然) '묘연(杳然)하다'의 어근.
묘연(渺然) '묘연(渺然)하다'의 어근.
묘연-하다(杳然-)형여 ①아득하고 멀다. ②알 길이 없이 감감하다. ¶ 소식이 묘연하다./행방이 묘연하다. **묘연-히**부 ¶ 묘연히 사라지다.
묘ː연-하다(渺然-)형여 아득히 멀다. 멀리 넓고 아득하다.
묘ː예(苗裔)명 여러 대를 걸친 먼 후손(後孫).
묘ː우(廟宇)명 신위(神位)를 모신 집.
묘원(渺遠) '묘원하다'의 어근.
묘원-하다(渺遠-)형여 까마득하게 멀다. **묘원-히**부.
묘ː월(卯月)명 〔월건에 십이지의 묘(卯)가 드는 달로〕'음력 이월'의 딴 이름. 참중춘(仲春).
묘ː-위답(墓位畓)명 묘위토(墓位土)의 논. 준묘답.
묘ː-위전(墓位田)명 묘위토(墓位土)의 밭. 준묘전.
묘ː-위토(墓位土)명 소출을 묘제(墓祭)의 비용으로 쓰기 위하여 경작하는 논밭.
묘ː유-권(卯酉圈)[-꿘]명 ☞묘유선.
묘ː유-선(卯酉線)명 천구(天球) 상에서, 자오선에 직각인 큰 원(圓). 곧, 동서점(東西點)과 천정(天頂)을 지나는 평면이 구와 만나는 선. 묘유권.
묘ː음(妙音)명 현묘한 소리. 매우 아름다운 음성이나 음악.
묘ː음-조(妙音鳥)명 ☞가릉빈가(迦陵頻伽).
묘ː의(廟議)[-의/-이]명 조정의 의논. 묘론(廟論).
묘ː일(卯日)명 일진(日辰)의 지지(地支)가 묘(卯)로 된 날. 〔정묘일(丁卯日)·계묘일(癸卯日) 따위.〕 토끼날.
묘ː-입신(妙入神)[-씬]명하자 사람의 솜씨로는 볼 수 없을 만큼 정묘한 일, 또는 정묘하여 신통한 지경에 이름. ¶ 묘입신한 걸작품.
묘ː적(墓賊)명 〈묘구도적(墓丘盜賊)〉의 준말.
묘ː전(墓田)명 〈묘위전(墓位田)〉의 준말.
묘절(妙絶) '묘절하다'의 어근.
묘ː절-하다(妙絶-)형여 더할 수 없이 교묘하다. 절묘(絶妙)하다. ¶ 묘절한 가락.
묘ː정(卯正)명 십이시(十二時)의 묘시(卯時)의 한가운데. 〔상오 6시.〕
묘ː정^배ː향(廟庭配享)명 고려·조선 시대에, 공로가 큰 신하를, 죽은 뒤에 종묘에 모시던 일. 참배향(配享).
묘ː정-석(猫睛石)명 ☞묘안석(猫眼石).
묘ː제(墓制)명 묘에 관한 관습이나 제도.
묘ː제(墓祭)명 산소에서 지내는 제사.
묘ː족(苗族)명 '먀오 족'을 우리 한자음으로 읽은 이름.
묘ː좌(卯坐)명 (집터나 묏자리 따위가) 묘방(卯方)을 등진 좌향, 또는 그런 자리.
묘ː좌-유향(卯坐酉向)명 (집터나 묏자리 따위가) 묘방(卯方)을 등지고 유방(酉方)을 향한 좌향.
묘ː주(卯酒)명 ☞조주(朝酒).
묘ː주(墓主)명 무덤의 임자.
묘ː지(墓地)명 무덤이 있는 땅, 또는 그 구역. 택조(宅兆). ¶ 묘지에 매장하다.
묘ː지(墓誌)명 죽은 사람의 이름·신분·행적 등을 새겨서 무덤 옆에 파묻는 돌이나 도판(陶板), 또는 거기에 새긴 글. 광지(壙誌).
묘ː-지기(墓-)명 남의 산소를 지키고 보살피는 사람. 묘직(墓直).
묘ː지-명(墓誌銘)명 묘지에 적은 명(銘). 준묘명.
묘ː직(墓直)명 ☞묘지기.
묘ː책(妙策)명 매우 교묘한 꾀. 절묘한 계책. 묘계(妙計). 묘산(妙算). ¶ 묘책이 떠오르다./묘책이 서다./묘책을 짜내다.
묘ː체(妙諦)명 오묘한 진리.
묘ː초(卯初)명 십이시(十二時)의 묘시(卯時)의 처음. 〔상오 5시가 막 지난 무렵.〕
묘ː촌(墓村)명 조상의 산소가 있는 마을.
묘ː출(描出)명하타되자 (어떤 사물이나 생각 따위를) 글이나 그림으로 묘사해 냄. ¶ 생활의 내면을 세밀히 묘출하다.
묘ː취(妙趣)명 ☞묘미(妙味).
묘ː파(描破)명하타 남김없이 밝히어 묘사해 냄. ¶ 애정 심리의 미묘한 갈등을 묘파하다.
묘ː판(苗板)명 ☞묘상(苗床). 못자리.
묘ː포(苗圃)명 모밭.
묘ː표(墓表)명 (죽은 사람의 이름·생몰 연월일·행적 따위를 새기어) 무덤 앞에 세우는 푯말이나 푯돌. 표석.
묘ː표(墓標)명 묘비 따위와 같이 무덤 앞에 세우는 표시물.
묘ː품(妙品)명 뛰어난 작품. 훌륭한 작품.
묘ː품(妙稟)명 뛰어나게 훌륭한 품성, 또는 그런 품성을 지닌 사람.
묘ː필(妙筆)명 ①매우 뛰어난 필적. ②매우 뛰어난 글씨, 또는 그림.

묘ː하(墓下)명 ①무덤이 있는 근처. ②조상의 산소가 있는 땅.
묘ː-하다(妙-)형여 ①(내용이나 생김새 따위가) 색다르고 신기하다. ¶ 묘한 이야기. /묘하게 생긴 석불. ②(내용이나 기회 따위가) 매우 공교롭거나 신기하다. ¶ 묘한 곳에서 마주치다. /묘한 인연으로 만난 사람. ③(재주나 솜씨·꾀 따위가) 매우 뛰어나거나 약빠르다. ¶ 바둑 수가 묘하다. /묘한 방법.
묘ː항-현령(猫項懸鈴)[-혈-]명 ☞묘두현령.
묘ː혈(墓穴)명 무덤 구멍, 곧 시체를 묻는 구덩이. 광혈(壙穴).
묘혈을 피다관용 〔'스스로 자기가 들어갈 무덤을 판다'는 뜻에서〕 스스로 파멸할 짓을 하다.
묘ː호(廟號)명 임금의 시호(諡號).
묘ː화(描畫)명하타 그림을 그림.
묘ː휘(廟諱)명 죽은 후에 지은 임금의 휘(諱).
묫ː-자리(墓-)[묘짜-/묟짜-]명 ☞묏자리.
무[1]명 윗옷의 양쪽 겨드랑이 밑에서부터 아래 끝까지 댄 딴 폭.
무ː[2]명 십자화과의 일년초 또는 이년초. 채소의 한 가지로 줄기는 1m가량. 뿌리에서 돋은 잎은 깃 모양의 겹잎이며, 봄에 담자색이나 흰 꽃이 핌. 잎과 뿌리는 먹고 씨는 한방에서 약재로 쓰임. 나복(蘿蔔).
무ː(戊)명 십간(十干)의 다섯째.
무ː(武)명 '문(文)'에 대하여 '무반(武班), 무관(武官), 군사(軍事), 무술, 병법' 등을 두루 이르는 말. ↔문(文).
무(無)명 없음. 존재하지 않음. ¶ 무에서 유(有)를 창조하다. ↔유(有).
무-(無)접두 《일부 명사 앞에 붙어》 '없음'의 뜻을 나타냄. ¶ 무관심. /무소식. /무조건. /무감각. /무자비.
무ː가(巫歌)명 무당의 노래.
무ː가(武家)명 대대로 호반(虎班) 벼슬을 하는 집안. 무관집.
무가(無價)[-까]명 ①가치가 없는 것. 대가가 없는 일. ¶ 잡지를 무가로 배포하다. ②값을 매길 수 없을 만큼 귀중한 것.
무가-내(無可奈)명 〈무가내하〉의 준말.
무가-내하(無可奈何)명 몹시 고집을 부리거나 버티어서 어찌할 수가 없는 일. 막무가내. ¶ 싸움을 말리려 하였으나 무가내하였다. 준무가내.
무가당(無加糖)명 당분을 넣지 않음. ¶ 무가당 오렌지 주스.
무가-보(無價寶)[-까-]명 값을 매길 수 없을 만큼 귀중한 보배. 무가지보.
무가-지(無價紙)[-까-]명 신문사에서, 무료로 나누어 주는 신문. ¶ 무가지를 배포하다.
무가지보(無價之寶)[-까-]명 ☞무가보.
무-가치(無價値)명하형 아무런 값어치가 없음.
무간(無間) '무간하다'의 어근.
무간-나락(無間奈落)명 ☞무간지옥.
무간-지옥(無間地獄)명 불교에서, 팔열 지옥의 하나. 오역죄(五逆罪)를 짓거나, 절이나 탑을 헐거나, 시주(施主)한 재물을 축내거나 한 자가 가게 된다는 지옥으로, 살가죽을 벗겨 불속에 집어넣거나 쇠매〔鐵鷹〕가 눈을 파 먹는 따위의 고통을 끊임없이 받는다고 함. 극열지옥(極熱地獄). 아비지옥(阿鼻地獄). 무간나락.
무간-하다(無間-)형여 사귀며 지내는 사이가 썩 가깝다. 무관하다. ¶ 이웃과 무간하게 지내다. 무간-히부.
무감(武監)명 〈무예별감(武藝別監)〉의 준말.
무-감각(無感覺)명하형 ①감각이 마비되어 느낌이 없음. ¶ 추위로 발가락이 무감각해지다. ②주위 사정이나 분위기 따위에 전혀 무관심함. ¶ 무감각한 사람. /무감각한 표정을 짓다.
무감^지대(無感地帶)명 무감 지진이 일어난 지대. ↔유감 지대(有感地帶).
무감^지진(無感地震)명 진도 계급 1 이하의 지진. 지진계에만 기록될 뿐 사람의 감각으로는 느낄 수 없는 정도의 약한 지진. ↔유감 지진.
무강(無疆) '무강하다'의 어근.
무강-하다(無疆-)형여 끝이 없다.
무개(無蓋)명 지붕이나 뚜껑이 없음. ↔유개.
무개-차(無蓋車)명 ①지붕이 없는 차. 〔스포츠카 따위.〕 ↔개차·유개차(有蓋車). ②☞무개화차.
무개-화차(無蓋貨車)명 지붕이 없는 화차. 무개차.
무거(無據) '무거하다'의 어근.
무거리명 (곡식 따위를 빻아서) 가루를 내고 남은 찌끼. ¶ 쌀 무거리.
무거리-고추장(-醬)명 메줏가루의 무거리로 담근 고추장.
무거불측(無據不測)명 ①성질이 아주 흉측함. ②근거가 없어 헤아리기 어려움.
무거-하다(無據-)형여 ①근거가 없다. 터무니가 없다. 무계(無稽)하다. 무근(無根)하다. ②의지할 데가 없다.
무겁명 활터의 과녁 뒤에 흙으로 둘러싼 곳.
무겁다[-따][무거우니·무거워]형ㅂ ①무게가 많다. ¶ 짐이 무겁다. ②맥이 빠져 움직이기가 힘들고 느른하다. ¶ 발걸음이 무겁다. ③정도가 심하거나 대단하다. ¶ 병이 무겁다. /죄가 무겁다. /세금이 무겁다. ④생각이나 행동 따위가 신중하다. ¶ 무겁게 입을 열다. ⑤동작이 가뿐하지 못하고 둔하다. ¶ 몸놀림이 무겁다. /만삭이라 몸이 무겁다. /불도저가 무겁게 움직이는 소리. ⑥기분이나 분위기가 언짢고 침울하다. ¶ 마음이 무겁다. /무거운 분위기. ⑦매우 소중하거나 중대하다. ¶ 책임이 무겁다. ⑧가치나 비중이 크다. ¶ 무거운 비중을 차지하다. ↔가볍다.
무겁디-무겁다[-띠-따][~무거우니·~무거워]형ㅂ 매우 무겁다. ¶ 무겁디무거운 사명.
무겁-한량(-閑良)[-거팔-]명 활터에서, 활이 맞았는가 안 맞았는가를 검사하는 사람.
무게명 ①물건의 무거운 정도. 중량. ¶ 몸의 무게. ②가치나 중대성의 정도. ¶ 일의 무게를 가려 그 차례를 정하다. ③사람의 위신이나 신중성. ¶ 사람이 무게가 있어 보인다. /무게 있는 발언. ④(마음으로 느끼는) 기쁨이나 슬픔·책임감 따위의 정도. ¶ 슬픔의 무게. /세월의 무게를 이기지 못하고 늙다.
무게가 천 근이나 된다속담 아주 묵직하고 믿음직한 사람을 두고 이르는 말.
무게(를) 잡다관용 점잔을 빼며 분위기를 무겁게 만들다. ¶ 평소와 달리 말없이 무게를 잡고 있다.
무게^중심(-中心)명 물체의 각 부분에 작용하는 중력의 합력(合力)의 작용점. 중심(重心).
무ː격(巫覡)명 무당과 박수.
무결(無缺) '무결하다'의 어근.
무결-하다(無缺-)형여 결함이나 결점이 없다.
무ː경(武經)명 군사나 병법에 관한 책.
무경계(無經界) '무경계하다'의 어근.
무경계-하다(無經界-)[-계-/-게-]형여 옳고 그름이나 선악의 구별이 전혀 없다. 참몰경계.

무경위(無涇渭) '무경위하다'의 어근.
무경위-하다(無涇渭-) 형여 경위가 아주 없다. ¶ 무경위한 행동. /무경위하게 굴다. 참몰경위(沒涇渭).
무-경험(無經驗) 명하형 경험이 없음.
무계(無稽) '무계하다'의 어근.
무계-하다(無稽-) [-계-/-게-] 형여 ☞무거(無據)하다.
무-계획(無計劃) [-계획/-게훽] 명하형 계획이 없음. ¶ 무계획한 행동.
무ː고(巫瞽) 명 무당과 판수.
무ː고(巫蠱) 명하타 〔무(巫)는 무당, 고(蠱)는 주술사란 뜻으로〕 무술(巫術)로써 남을 저주함.
무고(無故) 명하형 ①별다른 연고가 없음. ¶ 무고 결근. ②아무 탈 없음. 무사(無事). ¶ 집안 식구들이 모두 무고하다. ②↔유고(有故).
무고(無辜) '무고하다'의 어근.
무ː고(誣告) 명하타 없는 사실을 거짓으로 꾸며 남을 고발하거나 고소함. ¶ 무고 혐의로 고발 당하다.
무ː고(舞鼓) 명 ①나라 잔치 때 기생들이 춤추며 치던 큰 북. ②고전 무용의 북춤에서 쓰이는 북. ③☞북춤.
무고-감(無辜疳) 명 한방에서, 어린아이의 얼굴이 누렇게 되고 팔다리가 마르는 감병(疳病)의 한 가지.
무ː고-죄(誣告罪) [-쬐/-쮀] 명 남을 형사 처분이나 징계 처분을 받게 하려고 허위 사실을 신고함으로써 이루어지는 죄.
무고지민(無告之民) 명 ①하소연하여 구원받을 데가 없는 백성. ②의지할 데가 없는 늙은이나 부모가 없는 어린아이.
무고-하다(無辜-) 형여 아무런 잘못이나 허물이 없다. ¶ 무고한 생명. /무고한 죄명을 씌우다. **무고-히**부.
무ː곡(貿穀) 명 ☞무미(貿米).
무ː곡(舞曲) 명 ☞춤곡.
무ː곡-성(武曲星) [-썽] 명 구성(九星) 가운데 여섯째 별.
무ː곡-통(貿穀桶) 명 지난날, 곡식을 사들이는 장사치들이 쓰던 곡식 섬. 말 수가 관곡(官穀)을 담는 섬보다 많이 듦.
무골(無骨) 명 ①뼈가 없음. ②줏대가 없음. ¶ 사람이 무골이라 이래도 흥 저래도 흥이다. ③체계가 서 있지 않아서 갈피를 잡을 수 없는 문장.
무골-충(無骨蟲) 명 ①'뼈가 없는 벌레'를 통틀어 이르는 말. ②'줏대 없이 무른 사람'을 홀하게 이르는 말.
무골-충이 명 (기둥이나 문틀 따위의) 모서리에 줄을 두드러지게 쇠시리를 한 것.
무골-호인(無骨好人) 명 뼈 없이 좋은 사람, 곧 '지극히 순하여 남의 비위에 두루 맞는 사람'을 이르는 말.
무ː공(武功) 명 전쟁에서 세운 공적. 무열(武烈). 무훈(武勳). ¶ 무공을 세우다.
무공(無功) 명하형 공로가 없음. ↔유공(有功).
무ː공(誣供) 명 지난날, 거짓으로 꾸미는 공초(供招)를 이르던 말.
무공-전(無孔錢) 명 ☞맹전(盲錢). ↔유공전.
무공-침(無孔針) 명 ☞못바늘.
무ː공^포장(武功褒章) 명 국토 방위에 헌신 노력하여 그 공적이 두드러진 사람에게 주는 포장.
무-공해(無公害) 명 자연이나 사람에게 해(害)를 주지 않음. ¶ 무공해 농산물. /무공해 연료.
무ː공^훈장(武功勳章) 명 뚜렷한 무공을 세운 군인에게 수여하는 훈장. 태극·을지·충무·화랑·인헌(仁憲)의 다섯 등급이 있음.
무ː과(武科) 명 조선 시대에, 무관을 뽑던 과거. 시험은 무예와 병서(兵書)로 3년마다 실시되었으며, 초시(初試)·복시(覆試)·전시(殿試)의 3 단계였음. ↔문과(文科)[2].
무과실^책임(無過失責任) 명 손해를 발생시킨 사람에게, 고의나 과실이 없어도 법률상 손해 배상 책임을 지우는 일.
무ː과^중ː시(武科重試) 명 고려·조선 시대에, 무관의 당하관에게 10년마다 병년(丙年)에 보이던 과거. 초시(初試)와 전시(殿試)로 나누어 시행하였음.
무ː관(武官) 명 ①조선 시대, 무과(武科) 출신의 벼슬아치. 무변(武弁). ②(군에 적을 두고) 군무(軍務)를 맡아보는 관리. ↔문관(文官).
무관(無官) 명하형 관직이 없음.
무관(無冠) 명하형 〔관이 없다는 뜻으로〕 지위가 없음. 무위(無位).
무관의 제왕(帝王) 관용 〔왕관이 없는 제왕이란 뜻으로〕 '언론인, 특히 기자'를 이르는 말.
무관(無關) '무관하다'의 어근.
무관계(無關係) '무관계하다'의 어근.
무관계-하다(無關係-) [-계-/-게-] 형여 관계가 없다. 준무관하다.
무ː관-석(武官石) 명 ☞무석인(武石人). ↔문관석(文官石).
무-관심(無關心) 명 ①하형 관심이 없음. ¶ 무관심한 표정. ②하자 관심을 가지지 아니함. ¶ 결코 무관심할 일이 아니다.
무ː관-집(武官-) [-찝] 명 ☞무가(武家).
무관-하다(無關-) 형여 ①〈무관계(無關係)하다〉의 준말. ¶ 나는 그 일과는 무관하다. ②무간하다. ¶ 자주 왕래하는 무관한 사이. **무관-히**부.
무광(無光) 명하형 빛이나 광택이 없음. ¶ 무광 코팅.
무ː괴(武魁) [-괴/-궤] 명 무과(武科)의 장원.
무괴(無怪·無恠) '무괴하다'의 어근.
무괴(無愧) [-괴/-궤] 명 불교에서, 부끄러워하지 않는 일이나 거리낌 없이 하는 포악한 짓, 또는 그런 짓을 하는 사람을 이르는 말.
무괴어심(無愧於心) [-괴-/-궤-] 명하형 (언행이 발라서) 마음에 조금도 부끄러울 것이 없음.
무괴-하다(無怪-·無恠-) [-괴-/-궤-] 형여 괴이한 데가 없다. **무괴-히**부.
무교-병(無酵餠) 명 기독교에서, '효모를 넣지 않고 만든 빵'을 이르는 말.
무-교양(無敎養) 명하형 교양이 없음. ¶ 이렇게 무교양한 경우가 또 어디 있겠습니까?
무교-절(無酵節) 명 기독교에서, 유대의 달력으로 유월절(逾越節) 다음 날인 1월 15일에서 21일까지의 한 주일 동안을 이르는 말. 출애굽을 감사·기념하는 절기로 무교병(無酵餠)을 먹음.
무교회-주의(無敎會主義) [-회-의/-훼-이] 명 (세례·성찬식 등 교회 제도에 따르지 않고) 성서(聖書)의 올바른 연구와 그에 따른 새로운 인식을 바탕으로 하여 성서 속의 복음, 곧 진리에 입각한 신앙(信仰)에 의해서만 인류가 구원될 수 있음을 강조하는 주장.
무ː구(武具) 명 무기를 비롯하여 전쟁에 쓰이는 일체의 기구. 병구(兵具).
무구(無垢)[1] 명 불교에서, '번뇌(煩惱)가 없음'을 이르는 말.
무구(無垢)[2] '무구하다'의 어근.

무구-조충(無鉤絛蟲)[명] 조충과의 기생충. 소를 중간 숙주로 하고 사람의 장내(腸內)에 기생함. 몸길이 4~10 m, 몸마디는 1000~2000개 정도이고 머리에 갈고리가 없음.
무구-촌충(無鉤寸蟲)[명] '무구조충'의 구용어.
무구-포(無口匏)[명] 〔아가리 없는 박이라는 뜻으로〕 '입을 다물고 말을 아니함'을 비유하여 이르는 말.
무구-하다(無垢-)[형][여] ①(심신이) 때묻지 아니하고 깨끗하다. ¶ 무구한 어린이의 마음. ②(금·은 따위가) 불순물이 섞이지 않고 순수하다. **무구-히**[부].
무구-호(無口湖)[명] 물이 빠져나갈 하천이 없는 호수. 〔카스피 해나 사해 따위.〕 ↔유구호.
무-국적(無國籍)[-쩍][명] 어느 나라의 국적도 가지지 않는 일.
무궁(無窮)[명][하형] 끝이 없음. 한이 없음. ¶ 조국(祖國)의 무궁한 발전을 빌다. **무궁-히**[부].
무궁-무진(無窮無盡)[명][하형] 끝이 없고 다함이 없음. 무진무궁. ¶ 무궁무진한 자원. /할 말이 무궁무진하다. [준]무진(無盡)¹. **무궁무진-히**[부].
무궁-아(無窮我)[명] 천도교에서, 도를 닦아서 천인합일(天人合一)의 지경에 이른 대아(大我)를 이르는 말.
무궁-화(無窮花)[명] ①무궁화나무. ②무궁화나무의 꽃. 〔우리나라의 국화(國花)임.〕 근화(槿花).
무궁화-나무(無窮花-)[명] 아욱과의 낙엽 활엽 관목. 동부 아시아 원산으로 높이는 2~4 m. 7~10월에 꽃이 피는데, 품종이 여러 가지라서 꽃 빛깔도 담자색·담홍색·백색 등 다양함. 길둥근 열매가 10월경에 익음. 근화(槿花). 목근(木槿).
무궁화^대:훈장(無窮花大勳章)[명] 우리나라의 최고 훈장. 국내외의 원수(元首)와 그 배우자에게 수여함.
무궁화-동산(無窮花-)[명] 〔무궁화가 많이 피는 동산이라는 뜻으로〕 '우리나라'를 아름답게 이르는 말. [참]근역.
무권-대리(無權代理)[-꿘-][명] 대리권이 없는 사람이 대리인이라 칭하고 행사하는 대리 행위.
무-궤도(無軌道)[명][하형] ①궤도가 없음. ¶ 무궤도 열차. ②예절을 모르고 언행이 상궤(常軌)에 벗어나 있음. ¶ 무궤도한 생활.
무궤도^전:차(無軌道電車)[명] 도로 위에 가설된 가공 전선(架空電線)에서 전력을 공급받아 궤도 없이 달리는 전차. 트롤리버스.
무균(無菌)[명] 균이 없음. ¶ 무균 상태.
무극(無極)[명] ①[하형]끝이 없음. ②동양 철학에서, 태극(太極)의 맨 처음 상태, 곧 우주의 근원을 이르는 말. ③물리학에서, 전극(電極)이 없음을 이르는 말.
무극^대:도(無極大道)[-때-][명] 천도교에서, 우주의 본체인 '무극의 영능(靈能)'을 이르는 말.
무극성^결합(無極性結合)[-썽-][명] ☞공유 결합(共有結合).
무극성^분자(無極性分子)[-썽-][명] 화학에서, 분자 내의 음전하의 중심과 양전하의 중심이 일치하여, 전기 이중극의 성질을 나타내지 않는 분자.
무근(無根) '무근하다'의 어근.
무근지설(無根之說)[명] 근거 없는 뜬소문.
무근-하다(無根-)[형][여] ①뿌리가 없다. ②근거가 없다. 무거(無據)하다. ¶ 무근한 이야기.
무급(無給)[명] (하는 일에 대하여) 보수가 없음. 무료. ¶ 무급 휴가. /무급으로 일하다. ↔유급.
무:기(武技)[명] ☞무예(武藝).
무:기(武器)[명] ①적을 치거나 막는 데 쓰이는 온갖 도구. ¶ 공격 무기. ②'어떤 일을 하는 데 효과적인 수단이 되는 것'을 비유하여 이르는 말. ¶ 권력을 무기로 삼아 횡포를 부리다. /펜을 무기로 하여 싸우다.
무기(無期)[명] 〈무기한〉의 준말. ¶ 무기 휴업. ↔유기(有期).
무기(無機)[명] ①(그 자체에) 생활 기능을 가지고 있지 않음. ②〈무기 화학〉·〈무기 화합물〉의 준말. ↔유기(有機).
무:기(舞妓)[명] 나라의 잔치 때 춤을 추던 기생.
무:기(誣欺)[명][하타] 거짓 꾸며 속임.
무:기-고(武器庫)[명] 무기를 보관하는 창고.
무기^공채(無期公債)[명] 원금의 상환(償還) 기한을 미리 정하지 않은 공채. ↔유기 공채.
무기^금:고(無期禁錮)[명] 무기형의 한 가지. 노역(勞役)을 과하지 않고 종신토록 감금하는 형벌. ↔유기 금고.
무-기력(無氣力)[명][하형] 기력이 없음. ¶ 무기력한 대답. /무기력한 상태에 빠지다.
무-기명(無記名)[명] ①이름을 적지 아니하는 일. ↔기명. ②〈무기명식〉의 준말.
무기명-식(無記名式)[명] (증권이나 투표 따위에서) 권리자의 이름이나 상호를 적지 않는 방식. [준]무기명. ↔기명식(記名式).
무기명^투표(無記名投票)[명] 비밀 투표의 한 가지. 투표 용지에 투표자의 이름을 적지 않고 하는 투표. ↔기명 투표.
무기-물(無機物)[명] 생활 기능을 갖지 않은 물질. 공기나 물·금·은·흙 따위의 광물류 및 이들을 원료로 하여 인공적으로 만든 물질을 이름. 무기체. ↔유기물.
무기^비:료(無機肥料)[명] 무기 화합물로 된 비료. 〔광물질의 비료나 초목의 재 따위.〕 ↔유기 비료.
무기-산(無機酸)[명] 화학에서, 탄소 원자가 들어 있지 않은 산을 이르는 말. 〔황산·염산·질산 따위.〕 ↔유기산.
무기-수(無期囚)[명] 무기 징역을 선고받고 복역 중인 죄수.
무기^염류(無機塩類)[-뉴][명] 무기산과 염기가 반응하여 생긴 물질. 〔염화나트륨·황산암모늄·질산칼슘 따위.〕
무기-음(無氣音)[명] 소리 낼 때에 입김이 거세게 나지 않는 소리. 〔ㅊ·ㅋ·ㅌ·ㅍ·ㅎ 이외의 모든 자음.〕 ↔유기음(有氣音).
무기-정학(無期停學)[명] 기한을 정하지 아니한 정학.
무기-질(無機質)[명] 뼈·이·체액·혈액 등에 포함되어 있는 칼슘·인산·물·철분 따위를 통틀어 이르는 말. ↔유기질(有機質).
무기^징역(無期懲役)[명] 무기형의 한 가지. 수형자를 종신토록 교도소에 가두어 두는 징역. ↔유기 징역.
무기-체(無機體)[명] ☞무기물. ↔유기체.
무-기탄(無忌憚)[명][하형] 〈무소기탄〉의 준말.
무기-폐(無氣肺)[-폐/-페][명] 기관지가 막힘으로써 말초부의 폐 조직에 기관지로부터 공기의 흐름이 정지되어 폐의 공기 양이 결핍되는 이상 상태. 폐결핵이나 폐암 때 주로 일어남.
무-기한(無期限) [I][명] 일정한 기한이 없음. ¶ 회담을 무기한으로 연기하다. [준]무기. ↔유기한. [II][부] 한없이. ¶ 이 일을 무기한 끌 수는 없다.

무기-형(無期刑)명 수형자를 종신토록 구금하는 자유형. 무기 금고와 무기 징역이 있음. 종신형. ↔유기형(有期刑).

무기^호흡(無氣呼吸)명 생물이 산소 없이 하는 호흡. 분자 자신의 분해에 따라 에너지를 얻는 현상으로, 발효나 해당(解糖) 작용 따위가 이에 딸림. ↔유기 호흡.

무기^화ː학(無機化學)명 모든 원소와 무기 화합물을 연구하는 화학의 한 분야. 준무기.

무기^화ː합물(無機化合物)[-함-]명 탄소 이외의 모든 원소로 이루어진 화합물과 이산화탄소 등과 같은 간단한 탄소 화합물을 통틀어 이르는 말. 준무기. ↔유기 화합물.

무ː-김치명 무로 담근 김치.

무꾸리명하자 (무당이나 판수 등에게) 길흉을 점치게 하는 일.

무ː-나물명 잘게 썬 무를 삶아 간장을 쳐서 볶은 다음 양념한 나물.

무난(無難) '무난하다'의 어근.

무난-하다(無難-)형여 〔어려울 것이 없다는 뜻으로〕 말썽이나 흠잡을 것이 없다. ¶ 그만하면 무난하다. /일을 무난하게 처리하다. /성격이 무난하다. **무난-히**부 ¶ 시험에 무난히 통과하다.

무-날명 음력으로 한 달 동안에 무수기가 같은 두 날을 아울러 이르는 말. 음력으로 아흐렛날과 스무나흗날을 기준으로 함. 참다섯무날·한무날.

무남-독녀(無男獨女)[-동-]명 아들이 없는 집안의 외딸. ¶ 무남독녀로 태어나다.

무너-뜨리다타 무너지게 하다. 무너트리다. ¶ 벽을 무너뜨리다. /사회 체제를 무너뜨리다.

무너-지다자 ①높이 쌓거나 포갠 물건 따위가 허물어지다. ¶ 담이 무너지다. /큰 둑도 개미구멍으로 무너진다. ②(방어선 등이) 돌파되다. ¶ 최전선이 무너지다. ③(계획이나 구상 따위가) 이루어지지 못하고 깨지다. ¶ 기대가 무너지다. ④(제도나 질서 따위가) 유지되지 못하고 파괴되다. ¶ 사회 질서가 무너지다. ⑤《주로 '마음'·'가슴'과 함께 쓰이어》 슬픈 일 따위로 몹시 괴로운 상태가 되다. ¶ 가슴이 무너지다.

무너-트리다타 무너뜨리다.

무-넘기명 ①차서 남은 물이 저절로 아랫논으로 흘러 넘어가게 논두렁의 한 곳을 낮춘 부분. ②봇물을 대려고 도랑을 걸쳐 막은 부분.

무-넘이명 '무넘기'의 잘못.

무ː녀(巫女)명 ☞무당.

무녀리명 ①한배의 여러 마리 중에서 맨 먼저 태어난 짐승의 새끼. ②언행이 좀 모자란 '못난 사람'을 낮추어 이르는 말. 본문열이.

무념(無念)명하형 ①아무 생각이 없음. ②불교에서, 무아(無我)의 경지에 이르러 사심(私心)이나 망념(妄念)이 없음.

무념-무상(無念無想)명 ☞무상무념(無想無念). ¶ 무념무상의 경지.

무-논명 ①물이 늘 있는 논. 수답(水畓). 수전(水田). ②물을 쉽게 댈 수 있는 논.

무뇌-증(無腦症)[-뇌쯩/-눼쯩]명 뇌가 없는 선천성 기형.

무느다타 (쌓이거나 포개진 것을) 무너지게 하다. ¶ 담을 무느다. 준문다.

무능(無能)명하형 ①재능이 없음. ②〈무능력〉의 준말. ↔유능.

무-능력(無能力)[-녁]명하형 ①무엇을 할 능력이 없음. ¶ 무능력한 관리자. 준무능. ②법률상의 행위력이 없음.

무능력-자(無能力者)[-녁짜]명 ①능력이 없는 사람. ②단독으로 완전한 법률 행위를 할 수 없는 사람. 미성년자·금치산자·한정 치산자의 세 가지가 있음.

무능-화(無能化)명하자타되자 능력이 없게 됨, 또는 그렇게 되게 함.

무늬[-니]명 ①(물건의 거죽에 나타난) 어룽진 모양. ¶ 무늬가 지다. ②(옷감이나 조각 등에) 장식으로 꾸미는 여러 가지 모양. 문(紋). 문양(文樣). 문채(文彩). ¶ 무늬를 놓다.

무늬-뜨기[-니-]명하타 뜨개질에서, 무늬를 뜨는 일.

무ː단(武斷)명 ①무력으로 억압하여 다스리는 일. ¶ 무단 독재 정권. ②무력으로 일을 처리하는 일. ¶ 노조원이 사장실을 무단으로 점거하였다.

무단(無斷)명하형 미리 연락을 하거나 승낙을 받거나 하지 않고 함부로 행동하는 일. ¶ 무단 복제. /무단으로 출입하다. /무단으로 결근하다. **무단-히**부.

무단-가출(無斷家出)명하자 미리 허락을 받거나 사유를 말하지 않고 집을 나감.

무단-결근(無斷缺勤)명하자타 미리 허락을 받거나 사유를 말하지 않고 결근함, 또는 그런 결근.

무단-결석(無斷缺席)[-썩]명하자타 미리 허락을 받거나 사유를 말하지 않고 결석함, 또는 그런 결석.

무단-이탈(無斷離脫)명하자타 미리 허락을 받거나 사유를 말하지 않고 소속 단체나 조직에서 벗어남.

무ː단^정치(武斷政治)명 무력을 앞세워 행하는 강압적인 정치. 참문화 정치(文化政治).

무단-출입(無斷出入)명하자타 미리 허락을 받지 않고 함부로 드나듦.

무ː단-향곡(武斷鄕曲)명 시골에서 세도가가 백성을 권세로 억압함.

무-담보(無擔保)명 담보물이 없음. 담보물을 제공하지 않음. ¶ 무담보 대부(貸付).

무ː당명 귀신을 섬기면서 길흉(吉凶)을 점치고 굿을 하는 여자. 주로 중·북부 지방에서, 강신(降神) 체험을 통해 무속 의식을 주관하는 것이 특징임. 한자를 빌려 '巫堂'으로 적기도 함. 무녀(巫女). 무자(巫子). 사무(師巫). 참단골[1].

무당의 영신(靈神)인가속담 맥없이 있다가도 어떤 일을 맡기면 기꺼이 받아들여 날뛰는 사람을 두고 이르는 말.

무당이 제 굿 못하고 소경이 저 죽을 날 모른다속담 자기 일은 자기가 처리하기 어렵다는 말.

무ː당-개구리명 무당개구릿과의 개구리. 몸길이 4~5 cm. 몸이 납작하며 등에 혹이 많음. 등은 녹색 바탕에 불규칙한 흑색 무늬가 있고, 배 쪽은 적색 바탕에 흑색의 어룽무늬가 있음. 연못이나 산속의 개울에서 삶. 보신 강양제(補腎強陽劑), 폐병의 약재로 쓰임. 비단개구리.

무ː당-노래명 무당이 굿을 할 때에 춤을 추며 부르는 노래.

무ː당-벌레명 무당벌렛과의 곤충. 몸길이 7 mm 가량. 몸은 둥근 바가지 모양임. 보통 등은 주황색이며 흑색 반점이 있음. 진딧물을 잡아먹음.

무ː당-서방(-書房)명 ①무당의 남편. 무부(巫夫). ②'공것을 좋아하는 사람'을 조롱하여 이르는 말.

무대명 일정한 방향으로 흐르는 바닷물. 해류.

무ː대(武大)[명] ①지지리 못나고 어리석은 사람을 이르는 말. 〔중국 고대 소설 '금병매'와 '수호지'에 나오는 인물의 이름에서 유래함.〕 ②투전이나 골패 노름에서, 합친 끗수가 열이나 스무 끗으로 된 경우를 이르는 말. ¶ 3, 7 무대. /무대로 버티다.
무대(無代)[명] 〈무대상(無代償)〉의 준말.
무ː대(舞臺)[명] ①연극이나 무용·음악 따위를 공연하기 위하여 관람석 앞에 특별히 좀 높게 마련한 자리. ¶ 무대 위에 서다. ②재능이나 역량 따위를 시험해 보거나 발휘할 수 있는 활동 분야. ¶ 정치 무대. /세계를 무대로 활약하다.
무ː대^감독(舞臺監督)[명] 연출자를 도와 무대 장치에서 연극의 진행까지 종합적으로 지도·감독하는 일, 또는 그 책임자.
무ː대-극(舞臺劇)[명] 무대 위에서 하는 연극. 〔영화나 방송극 등과 구별하여 이르는 말.〕
무ː대^미ː술(舞臺美術)[명] 연극 효과를 높이기 위한 무대 장치·조명·의상·화장 따위의 조형 미술을 통틀어 이르는 말.
무-대상(無代償)[명] 값이나 삯을 받지 아니함. [준]무대(無代).
무ː대^예ː술(舞臺藝術)[명] 무대 위에서 연출되는 예술, 특히 '연극'을 이름.
무ː대^장치(舞臺裝置)[명] 무대 미술에서, 무대 위에 설치된 대도구와 소도구 따위의 설비를 통틀어 이르는 말.
무ː대^조ː명(舞臺照明)[명] 무대 미술의 한 가지. 광선으로 무대의 명암을 조절함으로써 연극적 효과를 높이는 일.
무ː대^효ː과(舞臺效果)[명] 무대 예술의 연출 효과를 돕는 것, 특히 '음향 효과'를 이름.
무더기[명] ①한곳에 수북이 쌓인 물건의 더미. ¶ 돌 무더기. /무더기로 팔아넘기다. ②〖의존 명사적 용법〗 한곳에 수북이 쌓인 물건의 더미를 세는 단위. ¶ 감자 한 무더기.
무더기-무더기[부] 여러 무더기로 되어 있는 모양. ¶ 쓰레기가 길가에 무더기무더기 쌓여 있다. [준]무덕무덕. [작]모다기모다기.
무더니기다[타] 〈옛〉불 속에 묻어 익히다. ¶ 무더니길 심:煁(訓蒙下*12*).
무-더위[명] 무더운 더위. 찌는 듯한 더위. 증열(蒸熱). 증염(蒸炎). ¶ 삼복 무더위.
무ː덕(武德)[명] 무인(武人)이 갖춘 위엄과 덕망.
무덕(無德) '무덕하다'의 어근.
무덕-무덕[-덩-][부] 〈무더기무더기〉의 준말. [작]모닥모닥.
무덕-지다[-찌-][형] 〈무드럭지다〉의 준말.
무덕-하다(無德-)[-더카-][형][여] 인덕이나 덕망이 없다. ¶ 무덕한 소치로 그렇게 되었다. ↔유덕(有德)하다.
무던-하다[형][여] ①정도가 어지간하다. ¶ 하루 품삯으로 2만 원이면 무던하다. ②성질이 너그럽고 수더분하다. ¶ 저만하면 며느리로서는 무던한 편이다. **무던-히**[부].
무덤[명] 시체나 유골을 묻은 곳. 묘. 뫼. 분묘(墳墓). 총묘(塚墓). [높]산소(山所).
무덤덤-하다[형][여] 마음에 아무 느낌이 없이 예사스럽다. ¶ 표정이 무덤덤하다. /무덤덤한 어조.
무-덥다[-따][~더우니·~더워][형][ㅂ] 찌는 듯이 덥다. ¶ 날씨가 무덥다. /무더운 여름철.
무ː도(武道)[명] ①무인이 마땅히 지켜야 할 도리. ↔문도(文道). ②무예와 무술을 아울러 이르는 말.
무도(無道) '무도하다'의 어근.
무ː도(舞蹈)[명] ①[하자]춤을 춤. ②서양식의 춤. 댄스. 무용.
무ː도-곡(舞蹈曲)[명] ☞춤곡.
무도막심(無道莫甚) '무도막심하다'의 어근.
무도막심-하다(無道莫甚-)[-씸-][형][여] 더할 수 없이 무도하다. 무도하기 이를 데 없다.
무ː도-병(舞蹈病)[-뼝][명] 신경병의 한 가지. 손·얼굴·발·혀 따위 근육이 저절로 심하게 움직이거나 발작을 일으키는 병.
무ː도-장(武道場)[명] 무예와 무술을 연습하거나 시합을 벌이는 곳.
무ː도-장(舞蹈場)[명] 여러 사람이 모여 춤을 출 수 있게 설비해 놓은 곳.
무도-하다(無道-)[형][여] 인도에 어그러지다. 도리에 벗어나다. ¶ 무도한 침략자. **무도-히**[부].
무ː도-회(舞蹈會)[-회/-훼][명] 여러 사람이 춤을 추면서 사교를 하는 모임. 댄스 파티.
무독(無毒) '무독하다'의 어근.
무독-하다(無毒-)[-도카-][형][여] ①독성이 없다. ¶ 무독한 물질. ②성질이 착하고 순하다. ¶ 무독한 사람.
무ː동(舞童)[명] ①조선 시대에, 나라 잔치 때 노래를 부르며 춤을 추던 소년. ②남사당놀이 따위에서, 남의 어깨 위에 올라가서 춤을 추거나 재주를 부리는 소년.
무동(을) 서다[관용] 서 있는 사람의 어깨 위에 올라서다.
무동(을) 타다[관용] 남의 어깨 위에 올라가 목 뒤로 걸터앉다.
무두-귀(無頭鬼)[명] 민속에서, 목이 잘려 죽은 사람의 귀신을 이르는 말.
무두-무미(無頭無尾)[명][하형] 밑도 끝도 없음. 몰두몰미(沒頭沒尾).
무ː두-장이[명] 무두질을 업으로 하는 사람.
무ː두-질[명][하타] ①(무둣대로 날가죽의 지방 등을 훑어 내어) 가죽을 부드럽게 다루는 일. ②'매우 시장하거나 병으로 속이 쓰리고 아픈 것'을 비유하여 이르는 말.
무ː둣-대[-두때/-둗때][명] 무두질할 때 쓰는 칼.
무듸다[형] 〈옛〉무디다. ¶ 무될 둔:鈍(類合下*4*).
무ː드(mood)[명] 기분. 분위기.
무드기[부] 두두룩하게 많이. 무드럭지게. ¶ 가슴에 무드기 느껴지도록 반갑다.
무드럭-지다[-찌-][형] 두두룩이 많이 쌓여 있다. [준]무덕지다.
무ː드-음악(mood音樂)[명] 선율이 부드러워 좋은 분위기를 자아내는 음악.
무득무실(無得無失)[-뚱-][명][하형] 얻음과 잃음이 없음. 득실이 없음. [비]무해무득.
무-득점(無得點)[-쩜][명] 득점이 없음. ¶ 경기가 무득점으로 끝나다.
무들기[명] 〈옛〉①개밋둑. ¶ 무들기 딜:垤(訓蒙上*4*). ②과(科). ¶ 무들기 과:科(訓蒙上*34*). ③무더기. ¶ 일쳔 거시 ᄒᆞᆫ 무들기만 ᄀᆞᆮ디 몯ᄒᆞ니(老解下7).
무등(無等)[부] 그 이상 더할 수 없이.
무등-산(無等山)[명] 백제 가요의 하나. 백제 때, 무등산에 성을 쌓아 백성이 마음 놓고 생업에 종사할 수 있게 됨을 기뻐하여 지어 부른 노래. 가사는 전하지 아니하고, '고려사'의 '악지'에 그 설화 내용만 실려 전함.
무등-하다(無等-)[형][여] ①등급이나 차별이 없다. ②정도가 그 이상 더할 수 없다.
무등-호인(無等好人)[명] 더할 나위 없이 마음이 좋은 사람.

무듸다형 〈옛〉 무디다. ¶ 鈍은 무딀 씨라(釋譜 *11:6*).

무디명 〈옛〉 무더기. ¶ 무디 퇴:堆(類合下*58*).

무디다형 ①(끝이나 날이) 뭉툭하여 날카롭지 않다. ¶ 칼날이 무디다. /펜촉이 무디다. ②느끼어 깨닫는 힘이 약하다. ¶ 감각이 무디다. ③말씨가 느릿느릿하여 시원스럽지 않다. ¶ 무딘 말씨. ↔날카롭다.

무뚝뚝-하다[-뚜카-]형여 인정스러운 데나 아기자기한 맛이 없다. ¶ 생김새부터가 무뚝뚝하게 생겼다. **무뚝뚝-이**부.

무뚝-무뚝[-뚱-]부하타 ①음식을 이로 뚝뚝 떼어 먹는 모양. ②말을 이따금씩 하는 모양. ¶ 무뚝무뚝하는 말이 다 옳은 말이다.

무뜩부 〈문뜩〉의 준말.

무뜩-무뜩[-뜽-]부 〈문뜩문뜩〉의 준말.

무-뜯다[-따]타 〈물어뜯다〉의 준말.

무람-없다[-라멉따]형 (친한 사이나 어른에게) 스스럼없고 버릇이 없다. 예의가 없다. ¶ 제 행동이 무람없더라도 너그러이 용서하십시오. **무람없-이**부.

무:략(武略)명 군사를 부리는 꾀.

무량(無量)명하형 헤아릴 수 없이 많거나 그지없음. 무한량. ¶ 감개가 무량하다.

무량-겁(無量劫)명 불교에서, 무한한 시간을 이르는 말. 아승기겁(阿僧祇劫).

무량-광(無量光)명 불교에서, 그 이익이 한량이 없어 삼세에 두루 미치는 아미타불의 광명.

무량-상수(無量上壽)명 한없이 오래 사는 수명. 무량수(無量壽).

무량-수(無量壽)명 ①한량없는 수명. 무량 상수(無量上壽). ②아미타불과 그 국토의 백성들의 수명이 한량이 없는 일.

무량-수(無量數)수관 불가사의(不可思議)의 1만 배가 되는 수(의). 곧, 10^{68}.

무량수-경(無量壽經)명 정토 삼부경(淨土三部經)의 하나. 석존이 그 출세의 본뜻인 타력(他力)의 법문을 설법한 것.

무량수-불(無量壽佛)명 수명이 한없는 부처, 곧 '아미타불'을 찬미하여 이르는 말.

무럭-무럭[-렁-]부 ①힘차게 자라는 모양. ¶ 무럭무럭 자라는 어린이. ②(연기나 냄새 따위가) 치밀어 일어나는 모양. ¶ 연기가 무럭무럭 솟아올랐다. ②작모락모락.

무럼-생선(-生鮮)명 ①'해파리'를 식료품으로 이르는 말. ②'몸이 허약한 사람'을 농으로 이르는 말. ¶ 비실거리는 게 영락없는 무럼생선이다. ③'줏대 없는 사람'을 얕잡아 이르는 말.

무렵다[-따][무러우니·무러워]형ㅂ (빈대나 벼룩 따위) 물것에 물려 가렵다.

무려(無慮)[1]부 《수량을 나타내는 말 앞에 쓰이어》 생각보다 많음을 나타낼 때 '자그마치'·'엄청나게도'와 같은 뜻을 나타냄. ¶ 생선 값이 무려 두 배나 올랐다. /무려 10만 명이나 되는 병력.

무려(無慮)[2] '무려하다'의 어근.

무려-하다(無慮-)형여 염려할 것이 없다.

무:력(武力)명 ①군사상의 위력. ②마구 욱대기는 힘. ¶ 무력으로 남을 기죽이다.

무력(無力)명하형 ①힘 또는 세력이 없거나 부침. ↔유력(有力). ②능력이나 활동력이 없음. ¶ 생활에 무력한 사람.

무력-감(無力感)[-깜]명 힘이 부치거나 없는 데서 오는 허탈하고 맥 빠진 느낌. ¶ 무력감을 느끼다. /무력감에 빠지다.

무력-소치(無力所致)[-쏘-]명 힘이 달리는 때문. 능력이 없는 까닭. ¶ 내가 당한 것은 나의 무력소치라고 할 수밖에 없다.

무:력-시위(武力示威)[-씨-]명 군사상의 힘으로 위력이나 기세를 떨쳐 보임. ¶ 무력시위를 벌이다.

무력-심[-씸]명 활의 양냥고자에 감은 물건.

무력-전(-氈)[-쩐]명 활의 양냥고자 밑에 붙인 작은 전 조각.

무:력-전(武力戰)[-쩐]명 무력을 써서 하는 싸움.

무력-증(無力症)[-쯩]명 (노쇠·병약·기갈 등으로 말미암아) 몸에 힘이 부치는 증세.

무력-피(-皮)명 활의 양냥고자 밑에 장식으로 붙인 가죽.

무력-화(無力化)[-려콰]명하자타되자 힘이 없게 됨, 또는 그렇게 함. ¶ 적의 공격을 무력화하다.

무렴(無廉)명하형 ①염치가 없음. ②염치없음을 느끼어 마음에 거북함. **무렴-히**부.

무렵의 《명사나 관형사, 또는 어미 '-을' 뒤에 쓰이어》 (일이 벌어지거나 이루어지는 시간을 중심으로) 전후(前後)의 때나 그 즈음. ¶ 해가 질 무렵.

무례(無禮)명하형 예의가 없거나 예의에 맞지 않음. 버릇없음. ¶ 무례한 언동. **무례-히**부.

무:로(霧露)명 안개와 이슬.

무록-관(無祿官)[-꽌]명 녹봉이 없는 벼슬.

무론(毋論·無論) Ⅰ명 ☞물론(勿論). Ⅱ부 ☞물론(勿論).

무:롱(舞弄)명하자 〈무문농필〉의 준말.

무롸-가다자 〈무르와가다〉의 준말.

무롸-내다타 〈무르와내다〉의 준말.

무뢰-배(無賴輩)[-뢰-/-뤠-]명 무뢰한, 또는 그 무리.

무뢰-한(無賴漢)[-뢰-/-뤠-]명 일정한 직업이 없이 돌아다니는 불량한 사람.

무료(無料)명 ①값을 받지 않음, 또는 치르지 않음. ¶ 무료 봉사. ↔유료(有料). ②☞무급(無給).

무료(無聊)명하형 ①탐탁하게 어울리는 맛이 없음. ②(흥미가 없어) 지루하고 심심함. ¶ 하는 일 없는 무료한 나날. ③조금 부끄러운 생각이 있음. ¶ 무료한 얼굴. **무료-히**부.

무룡-태명 능력은 없고 착하기만 한 사람.

무루(無漏)명 불교에서 이르는, 번뇌를 떠난 경지, 또는 번뇌를 떠나는 일. ↔유루(有漏).

무룹명 〈옛〉 무릎. ¶ 무룹 슬:膝(訓蒙下*28*).

무룹명 〈옛〉 무릎. ¶ 왼녁 밠등을 올흔녁 무루페 엿고(法華*1:55*). /무룹 국:膕(訓蒙下*28*).

무뤼명 〈옛〉 우박. ¶ 무뤼 박:雹(訓蒙上*2*).

무류(無謬)명하형 오류(誤謬)가 없음.

무류(無類) '무류하다'의 어근.

무류-하다(無類-)형여 유례가 없다. 비길 데 없다.

무륜무척(無倫無脊)명하형 일에 차례가 없음.

무르-녹다[-따]자 ①(과일이나 삶은 음식이) 익을 대로 익어 흐무러지다. ②(무슨 일이) 한창 고비에 이르다. ¶ 기회가 무르녹다. ③그늘이 매우 짙어지다. ¶ 나무 그늘이 제법 무르녹았다.

무르다[1][무르니·물러]자르 (굳은 것이) 익어서 녹실녹실하게 되다. ¶ 감이 무르다.

무른 감도 쉬어 가면서 먹어라속담 틀림없는 일이라도 잘 알아보고 조심해서 해야 한다는 말.

무르다[2] [무르니·물러] 타르 ①샀던 것을 도로 주고 돈을 되찾다. ¶ 차표를 무르다. ②이미 행한 일을 그 전의 상태로 되돌리다. ¶ 바둑을 한 수 무르다.

무르다[3] [무르니·물러] 형르 ①물기가 많아서 단단하지 아니하다. ¶ 반죽이 무르다. /땅이 무르다. ②(의지나 힘이) 여리고 약하다. ¶ 마음이 물러서 모진 소리를 못한다.

무른 땅에 말뚝 박기 속담 ①매우 하기 쉽다는 말. ②'힘 있는 자가 약한 자를 억누름'을 비유하여 이르는 말.

무르와-가다 자 (웃어른 앞에서) 물러가다. 준무롸가다.

무르와-내다 타 ①(윗사람 앞에 있는 것을) 들어 내어 오다. ②(윗사람에게 무엇을) 타내다. 준무롸내다.

무르-익다 [-따] 자 ①(과실이나 곡식 따위가) 익을 대로 푹 익다. 농란하다. 농익다. ¶ 오곡 백과가 무르익는 가을. ②(시기나 일이 성숙되어) 아주 알맞은 때에 이르다. ¶ 봄이 무르익다. /분위기가 무르익다.

무르춤-하다 자여 (무엇에 놀라거나 무안하여) 갑자기 움직임을 멈추고 뒤로 물러서려는 자세를 취하다. 준무춤하다.

무르팍 명 〈무릎〉의 속된 말. 준물팍.

무를-문서(-文書) 명 (부동산을 사고팔 때) 기한을 정하고 그 기한 안에는 무를 수 있도록 약속하는 문서.

무름-하다 형여 조금 무른 느낌이 있다. ¶ 무름하게 지은 밥.

무릅쓰다 [무릅쓰니·무릅써] 타 ①어렵고 고된 일을 그대로 견디어 참다. ¶ 역경을 무릅쓰고 성공하였다. ②위에서 내리덮이는 것을 그대로 들쓰다. ¶ 비를 무릅쓰고 행군하다.

무릇[1] [-륻] 명 백합과의 다년초. 잎은 보통 두 장이고, 초가을에 잎 사이에서 꽃대가 나와 많은 담자색 꽃이 총상 꽃차례로 핌. 삭과(蒴果)는 원뿔 모양인데, 어린잎과 인경(鱗莖)은 먹을 수 있음. * 무릇이[-르시]·무릇만[-른-]

무릇[2] [-륻] 부 헤아려 생각하건대. 대체로 보아. 대범(大凡). 대저. ¶ 무릇 사람이란 성실해야 하느니라.

무릇-하다 [-르타-] 형여 무른 듯하다. ¶ 갈비찜이 너무 무릇하다.

무:릉-도원(武陵桃源) 명 도연명(陶淵明)의 '도화원기(桃花源記)'에 나오는 별천지. 사람들이 화목하고 행복하게 살 수 있는 이상향(理想鄕). 준도원(桃源).

무릎 [-릅] 명 정강이와 넓적다리 사이에 있는 관절의 앞쪽. 슬두(膝頭). * 무릎이[-르피]·무릎만[-름-]

무릎(을) 꿇다 관용 굴복하거나 항복하다.

무릎(을) 치다 관용 기발한 발상이 떠오르거나 몹시 기쁠 때 무릎을 탁 치다. ¶ '맞았어' 하며 무릎을 치다.

무릎-걸음 [-릅꺼름] 명 무릎을 꿇은 자세로 몸을 옮기는 걸음. ¶ 무릎걸음으로 어른 앞에 다가갔다.

무릎-깍지 [-릅-찌] 명 앉아서 두 무릎을 세워 팔 안에 안기도록 깍지 낀 자세.

무릎-꿇림 [-릅꿀-] 명하타 지난날, 두 손을 뒤로 젖혀 묶은 채 무릎을 꿇리던 일. 〔흔히, 죄인을 문초할 때 하던 짓.〕

무릎-도가니 [-릅또-] 명 소의 무릎 종지뼈와 거기에 붙은 고깃덩이. 준도가니[1].

무릎-도리 [-릅또-] 명 무릎의 바로 아래쪽.

무릎-마디 [-름-] 명 ☞슬관절(膝關節).

무릎-맞춤 [-름맏-] 명하자 두 사람의 말이 어긋날 때, 제삼자나 말전주한 사람 앞에서 전에 한 말을 되풀이시킴으로써 옳고 그름이나 맞고 안 맞음을 판단하는 일. 두질(頭質). 면질(面質). 양조대변(兩造對辨). 참대질(對質).

무릎^반:사(-反射) [-릅빤-] 명 슬개골 아래의 힘줄을 약간 두드렸을 때, 사두고근이 수축하여 무릎이 펴지는 반사. 슬개건 반사.

무릎-베개 [-릅뻬-] 명하자 남의 무릎을 베개 삼아 베는 일. ¶ 무릎베개한 채 코를 골다.

무릎-장단 [-릅짱-] 명 무릎을 치며 장단을 맞추는 일.

무릎-치기[1] [-릅-] 명 무릎까지 내려오는 짧은 바지. 반바지.

무릎-치기[2] [-릅-] 명 씨름 기술의 한 가지. 상대편의 무릎을 손으로 쳐서 넘기는 기술.

무리[1] 명 ①어떤 관계로 한데 모인 여러 사람. 도중(徒衆). 유(類). ¶ 반란군의 무리. ②짐승이나 새의 떼. ¶ 양의 무리.

무리[2] 명 물에 불린 쌀을 물과 함께 매에 갈아, 체에 밭쳐 가라앉힌 앙금. 수미분(水米粉). 수분(水粉). 쌀무리.

무리[3] 명 (생산물 따위가) 한목에 떼로 나오는 시기. ¶ 오징어 무리.

무리[4] 명 해나 달의 둘레에 생긴 둥근 테 모양의 빛. 대기 가운데 아주 가는 물방울이 떠 있을 때 빛의 굴절로 생김.

무리(無理)[1] 명 ①하자 힘겨운 일을 억지로 우겨서 함. ¶ 그 몸으로 무리해서는 안 된다. ②하형 사리에 맞지 않거나 정도에서 지나치게 벗어남. ¶ 무리한 요구. /무리인 줄 알면서 부탁하다.

무리(無理)[2] 명 수학에서, 더하기·빼기·곱하기 및 멱법(冪法)의 범위에 있어서 유리 연산 이외의 관계를 포함하는 일. ↔유리(有理)[1].

무리-고치 명 (군물이 들어) 깨끗하지 못한 고치. ↔쌀고치.

무리꾸럭 명하타 남의 빚이나 손해를 대신 물어 주는 일.

무리-난제(無理難題) 명 ①무리하여 해결하기 어려운 문제. ②터무니없는 시비.

무리-떡 명 무리로 만든 떡.

무리떡-국 [-꾹] 명 무리로 반대기를 지어 썰어서 장국에 끓인 음식.

무리-무리 부 (철이나 형편을 따라서) 생산물 따위가 떼 지어 여러 차례로. ¶ 철을 맞아 시장에는 오이·가지·호박 따위가 무리무리 나오기 시작하였다.

무리-바닥 명 무리를 바닥에 먹인 미투리.

무리-송편(-松-) 명 무리로 빚어 만든 송편.

무리-수(無理手) 명 '상황에 맞지 않은 무리한 생각이나 행동'을 비유하여 이르는 말. ¶ 회사가 자금난에 몰리다 보니 그런 무리수를 두었다.

무리-수(無理數) 명 분수의 형식으로 나타낼 수 없는 실수(實數). 순환하지 않는 무한 소수로 나타나는 수. ↔유리수(有理數).

무리-식(無理式) 명 근호 안에 문자가 들어 있는 식. ↔유리식(有理式).

무리-풀 명 무릿가루로 쑨 풀. 배접(褙接)할 적에 종이의 빛을 희게 하기 위하여 씀.

무:림(武林) 명 무사 또는 무협의 세계. ¶ 무림의 고수.

무:림(茂林) 명 나무가 우거진 숲.

무릿-가루[-리까-/-릳까-]명 무리를 말린 가루.
무릿-매[-린-]명 ①잔돌을 끈에 매어 잡고 휘두르다가 한쪽 끈을 놓아 던지는 팔매. ②☞물매[3].
무릿매-질[-린-]명하자 무릿매로 하는 팔매질.
무마(撫摩)명하타 되자 〔손으로 어루만진다는 뜻으로〕 남을 어르고 달래어 위로함. 마무(摩撫). ¶ 성난 피해자들을 가까스로 무마하다.
무:-말랭이명 반찬거리로 쓰기 위하여 잘게 썰어서 말린 무. 준말랭이.
무-맛(無-)[-맏]명 아무 맛이 없음. *무맛이[-마시]·무맛만[-만-]
무망(无妄)명 〈무망괘(无妄卦)〉의 준말.
무:망(務望)명하타 꼭 이루어지기를 바람.
무망(無妄)명 〈무망중(無妄中)〉의 준말.
무망(無望) '무망하다'의 어근.
무:망(誣罔·誣妄)명하타 허위 사실을 꾸며 내어 남을 속임.
무망-괘(无妄卦)명 육십사괘의 하나. 건괘(乾卦)와 진괘(震卦)를 위아래로 놓은 괘. 천하에 우레가 행함을 상징함. 준무망.
무망-중(無妄中)명 생각하지도 않던 판. 《주로, '무망중에'의 꼴로 쓰임.》 ¶ 무망중에 어머니를 여의다. 준무망.
무망지복(毋望之福)명 뜻밖의 행복.
무망-하다(無望-)형여 가망이나 희망이 없다. 생각대로 잘 안 될 듯하다. ¶ 아무래도 당선은 무망한 노릇인 것 같다.
무매-독신(無妹獨身)[-씬]명 누이도 형제도 없는 홀몸.
무매-독자(無妹獨子)[-짜]명 딸이 없는 사람의 외아들.
무-면허(無免許)명 면허가 없음. ¶ 무면허 운전.
무명명 무명실로 짠 피륙. 나비가 좁으며 옷감으로 많이 쓰임. 40척이 한 필의 표준임. 면(綿). 면포(綿布). 목면포(木綿布). 무명베. 백목(白木). 준명.
무:명(武名)명 무용(武勇)이나 무공이 뛰어나다는 명성. ¶ 무명을 떨치다. 참문명(文名).
무명(無名)명하형 ①이름이 없음. ¶ 무명의 고지(高地). ②이름이 널리 알려져 있지 않음. ¶ 무명 시인. /무명 인사. ↔유명(有名).
무명(無明)명 불교에서, 번뇌로 말미암아 진리에 어둡고 불법을 이해하지 못하는 마음의 상태를 뜻하는 말.
무명^계:약(無名契約)[-계-/-게-]명 (민법이나 상법 등에서) 특정한 명칭 없이도 할 수 있는 계약. 비전형(非典型) 계약. ↔유명 계약.
무명-골(無名骨)명 궁둥이뼈.
무명-베명 무명실로 짠 베. 무명.
무명-석(無名石)명 바위에 붙어서 나는 흑갈색의 광물. 크기는 쌀알만 하며 윤이 남. 지혈·식상(食傷) 등에 약재로 씀.
무명^세:계(無明世界)[-계/-게]명 불교에서, 번뇌에 사로잡힌 고뇌의 세계, 곧 사바 세계(娑婆世界)를 이르는 말.
무명-소졸(無名小卒)명 이름이 알려지지 않은 하찮은 사람.
무명-수(無名數)[-쑤]명 ☞불명수. ↔명수.
무명-술(無明-)명 불교에서, 번뇌가 본심을 흐리게 하는 일을 술에 비유하여 이르는 말.
무명-실명 솜을 자아서 만든 실. 면사(綿絲). 목사(木絲). 목면사(木綿絲).
무명-씨(無名氏)명 '이름을 알지 못하거나 드러내지 않는 사람'을 높여 이르는 말. ¶ 무명씨가 지은 시조. 비실명씨(失名氏).
무명-옷[-옫]명 무명으로 지은 옷. 면의(綿衣). *무명옷이[-오시]·무명옷만[-온-]
무명-자(無名子)명 ①☞화소청(畫燒靑). ②☞흑자석(黑赭石).
무명-작가(無名作家)[-까]명 아직 사회에 이름이 널리 알려지지 않은 작가.
무명-조개명 ☞백합(白蛤).
무명-지(無名指)명 약손가락.
무명지인(無名之人)명 이름이 세상에 널리 알려지지 아니한 사람.
무명-초(無名草)명 ①이름이 없는 풀. 이름이 알려지지 아니한 풀. ②불가에서 '머리카락'을 이르는 말.
무명-활명 솜을 타는 활. 활.
무모(無毛)명하형 털이 없음.
무모(無謀)명하형 계략이나 분별이 없음. ¶ 무모한 행동. **무모-히**부.
무모-증(無毛症)[-쯩]명 선천적으로 털이 나지 않거나 발육이 불완전한 병증. 특히, 음모(陰毛)에 대하여 이르는 경우가 많음.
무무(貿貿·瞀瞀) '무무하다'의 어근.
무:무-하다(貿貿-·瞀瞀-)형여 언행이 무지하고 서투르다. **무무-히**부.
무문(無紋)명하형 무늬가 없음.
무:문-곡필(舞文曲筆)명하자 붓을 함부로 놀려 왜곡된 문사(文辭)를 씀, 또는 그 문사.
무문-근(無紋筋)명 내장벽(內臟壁)을 싼, 횡문(橫紋)이 없는 근육. 〔불수의근이나 평활근 따위.〕
무:문-농필(舞文弄筆)명하자 문부(文簿)를 마음대로 고치거나 법규의 적용을 농락함. 준무롱(舞弄).
무문^토기(無紋土器)명 ☞민무늬 토기.
무물부존(無物不存)명하형 없는 것이 없음.
무물불성(無物不成)[-썽]명하자 돈이 없이는 아무것도 이루어지지 않음을 이르는 말.
무뭉스름-하다형여 뭉뚝하고 둥그스름하다.
무미(無味) '무미하다'의 어근.
무:미(貿米)명하자 (이익을 보려고) 쌀을 많이 사들임. 무곡(貿穀).
무미-건조(無味乾燥)명하형 〔맛이 없고 메마르다는 뜻으로〕 (글이나 그림 또는 분위기 따위가) 깔깔하거나 딱딱하여 운치나 재미가 없음. 건조무미. ¶ 무미건조한 문체. /무미건조한 생활.
무미-하다(無味-)형여 맛이나 재미가 없다. ¶ 무미한 생활.
무:반(武班)명 ☞서반(西班). ↔문반(文班).
무반동-총(無反動銃)명 발사할 때 화약의 폭발력에 따른 반동이 없게 한 대전차 화기의 한 가지. 무반동포.
무반동-포(無反動砲)명 ①발사할 때, 포신의 반동이 없는 화포를 통틀어 이르는 말. ②☞무반동총.
무반-향(無班鄕)명 사대부(士大夫)가 살고 있지 않는 시골.
무:-밥명 밥솥 바닥에 무채를 펴 놓고 쌀을 안쳐 지은 밥. 양념장으로 간을 하여 먹음.
무방(無妨) '무방하다'의 어근.
무-방비(無防備)명하자 적에 대한 방어 시설과 경비가 없음. ¶ 무방비 상태.
무방비^도시(無防備都市)명 군사상의 방비가 없는 도시. 국제법상, 전시(戰時)에도 공격이 금지되어 있음. 개방 도시(開放都市). 비무장 도시. ↔방수 도시(防守都市).

무방-하다(無妨―)형여 지장이 없다. 괜찮다. ¶ 다 쓴 사람은 먼저 나가도 무방합니다.
무-배당(無配當)명 이익 배당이 없음. 특히, 주식에서 배당이 없는 일.
무배^생식(無配生殖)명 고등 식물에서, 난세포 이외의 체세포(體細胞)에서 수정이 없이 직접 포자체를 만드는 현상.
무배유^종자(無胚乳種子)명 식물에서, 완두나 밤과 같이 배젖이 없는 대신에 떡잎 부분이 살진 씨. ↔유배유 종자.
무백혈-병(無白血病)[-배켤뻥]명 백혈병의 한 증세. 병리 해부학적으로 백혈병과 같은 변화가 나타나나 말초(末梢) 혈액에는 변화가 나타나지 않는 상태.
무법(無法)명하형 ①법이나 제도가 확립되지 않아 질서가 문란함. ¶ 무법 지대. ②도리나 도덕에 어긋나고 난폭함. ¶ 무법한 짓.
무법-자(無法者)[-짜]명 ①법을 무시하는 사람. ②도리나 도덕에 어긋난 짓을 하는 사람.
무법-천지(無法天地)명 ①(제도와 질서가 문란하여) 법이 없는 것과 같은 세상. ②규율과 기강을 무시하는 판국. ③질서 없는 난폭한 행위가 행하여지는 판.
무:변(武弁)명 ☞무관(武官).
무변(無邊)명 ①하형 그지없음. 끝이 없음. ②☞무변리(無邊利).
무변-광야(無邊曠野)명 그지없이 넓은 들.
무변-대양(無邊大洋)명 ☞무변대해.
무변-대해(無邊大海)명 그지없이 넓은 바다. 무변대양.
무-변리(無邊利)[-별-]명 변리가 없음. 무변.
무변^세:계(無邊世界)[-계/-게]명 불교에서 이르는, 끝없이 넓고 큰 세계.
무변-전(無邊錢)명 변리가 없는 빚돈.
무병(無病)명하형 병이 없음. ↔유병(有病).
무병-장수(無病長壽)명하자 병 없이 오래 삶.
무:보(誣報)명하타 거짓 보고. 만보(瞞報).
무-보수(無報酬)명 보수가 없음. ¶ 무보수로 일하다.
무보증^사채(無保證社債)명 금융 기관의 보증 없이 발행되는 일반 사채. 보증 사채에 비하여 이자율이 높음. ↔보증 사채.
무:복(巫卜)명 무당과 점쟁이.
무:복(巫服)명 무당이 굿할 때 입는 옷.
무복-친(無服親)명 ①복제(服制)에 들지 아니한 가까운 친척. ②☞단문친(袒免親).
무:본(務本)명하자 근본을 닦기에 힘씀.
무본-대상(無本大商)명 〔밑천 없는 큰 장수라는 뜻으로〕 '도둑'을 비꼬아 이르는 말.
무:부(武夫)명 ①용맹한 장부. ②☞무사(武士).
무-분별(無分別)명하형 분별이 없음. 앞뒤 생각이 없음. ¶ 무분별한 행동./무분별한 국토 개발을 자제하다.
무불간섭(無不干涉)명하형 무슨 일이고 간섭하지 않는 것이 없음.
무불통지(無不通知)명하형 무엇이든지 환히 통하여 모르는 것이 없음.
무:브망(mouvement 프)명 회화나 조각 등에서 느껴지는 운동감(생동감). 동세(動勢).
무:비(武備)명 ☞군비(軍備).
무비(無比)명하형 (아주 뛰어나서) 견줄 데가 없음. ¶ 통쾌 무비의 압승./견고 무비한 요새.
무:비올라(moviola)명 발성 영화의 필름 편집용 기계. 페달을 밟아 필름을 움직이게 하면서 불필요한 부분을 잘라 냄.
무-비판(無批判)명하자 옳고 그름을 가리지 않음.
무비판-적(無批判的)관명 옳고 그름을 가리지 않는 (것). ¶ 무비판적 추종./외래 문물을 무비판적으로 받아들여서는 안 된다.
무:사(武士)명 지난날, 무도(武道)를 닦아서 무사(武事)에 종사하던 사람. 무부(武夫). 싸울아비. ↔문사(文士).
무:사(武事)명 군대나 전쟁 따위에 관한 일. ↔문사(文事).
무사(無死)명 야구에서, 아직 아웃된 사람이 한 사람도 없는 상황을 이르는 말. 노아웃. ¶ 무사 만루
무사(無似)대 〔아버지·할아버지만 같지 못하다는 뜻으로〕 '자기'를 겸사하여 이르는 말.
무사(無邪) '무사(無邪)하다'의 어근.
무사(無私) '무사(無私)하다'의 어근.
무사(無事)명하형 ①아무 일이 없음. ↔유사(有事). ②아무 탈이 없음. 무고(無故). ¶ 남편이 무사하기를 기도하다. **무사-히**부 ¶ 무사히 돌아오기를 빌다.
무사(無嗣)명하형 ☞무후(無後).
무:사(蕪辭)명 너절하게 늘어놓기만 한 변변치 못한 말.
무사가답(無辭可答)명하형 사리가 옳아서 무어라고 대꾸할 말이 없음.
무-사고(無事故)명 아무 사고가(탈이) 없음. ¶ 10년 무사고 운전.
무사-귀신(無祀鬼神)명 자손이 모두 죽어서 제사를 지내 줄 사람이 없게 된 귀신.
무:사-도(武士道)명 무사가 지켜야 할 도리. ¶ 무사도 정신.
무사-독학(無師獨學)[-도칵]명하자 스승이 없이 혼자서 학문을 익힘.
무-사마귀명 살가죽에 사마귀처럼 돋은 밥알만 한 흰 군살. 우목(疣目).
무사무려(無思無慮)명하형 아무런 생각도 근심도 없음.
무사^분열(無絲分裂)명 세포 분열의 한 형식. 핵이 있는 그대로의 상태에서 둘로 분열되어 염색체가 나타나지 않는 일로, 아메바·곰팡이 따위의 하등 생물에서 볼 수 있음. 직접 분열. ↔유사 분열.
무사-분주(無事奔走)명하형 하는 일 없이 공연히 바쁨. **무사분주-히**부.
무사불참(無事不參)명하자 무슨 일이고 참견하지 않는 일이 없음.
무사-안일(無事安逸)명하형 마땅히 해야 할 일을 하지 않고 편안함만을 누림.
무사안일-주의(無事安逸主義)[-의/-이]명 ☞무사주의.
무사자통(無師自通)명하자 스승 없이 스스로 깨쳐 앎.
무사-주의(無事主義)[-의/-이]명 모든 일에서 말썽이 없이 무난히 지내려는 소극적인 태도나 경향. 무사안일주의.
무사-태평(無事太平)명하형 ①아무 탈 없이 편안함. ¶ 무사태평한 세월. ②어떤 일에도 개의하지 않고 마음이 태평함. ¶ 내일이 시험인데도 무사태평이다.
무사-통과(無事通過)명하자타되자 아무 제재도 받지 않고 그냥 통과함. ¶ 검문소를 무사통과하다.
무사-하다(無邪―)형여 사심(邪心)이나 악의(惡意)가 없다.

무사-하다 (無私－) 형여 사사로움이 없이 공정하다. **무사-히** 부.
무산 (無産) 명 재산(재물)이 없음. ¶ 무산 대중. ↔유산(有產).
무ː산 (霧散) 명하자 되자 안개가 걷히듯 흩어져 사라짐. ¶ 모처럼의 계획이 무산되다.
무산^계급 (無產階級) [－계－/－게－] 명 재산이 없이 노동력만으로 생활해 가는 하층 계급. 〔노동자나 빈농, 하급 봉급 생활자 등.〕 프롤레타리아트. ↔유산 계급.
무ː산-선녀 (巫山仙女) 명 얼굴이 매우 아름답다는, 중국의 전설상의 선녀.
무산-자 (無產者) 명 재산이 없는 사람. 무산 계급에 속하는 사람. 프롤레타리아. ↔유산자.
무산-증 (無酸症) [－쯩] 명 만성 위염이나 암 등으로 위액의 산도(酸度)가 매우 낮아지거나 없어진 상태. 위산 결핍증.
무-살 명 물렁물렁하게 많이 찐 살. 두부살.
무-삶이 명하타 물을 대어 논을 삶는 일, 곧 써레와 나래로 논판을 고름. ↔건삶이.
무삼 (－蔘) 명 '수삼(水蔘)'의 잘못.
무상 (無上) 명하형 그 위에 더할 수 없음. 가장 좋음. 《주로, '무상의'의 꼴로 쓰임.》 ¶ 무상의 영광.
무상 (無狀) '무상하다'의 어근.
무상 (無相) 명 〔불교에서〕 ①일정한 형태나 모습이 없는 것. 공(空)의 모습. ②모든 집착에서 떠나 초연해 있음.
무상 (無常) 명 ①하형 일정한 때가 없음. ¶ 무상으로 드나들다. ②하형 덧없음. ¶ 인생의 무상을 느끼다. ③불교에서, 생멸 변화에 '상주(常住)함이 없음'을 이르는 말.
무상 (無想) 명하형 불교에서, 일체의 상념(想念)이 없음.
무상 (無償) 명 ①(한 일에 대하여) 보상이 없음. ②값이나 삯을 받지(주지) 않음. ¶ 무상 원조. /무상으로 배포하다. ↔유상(有償).
무상^계ː약 (無償契約) [－계－/－게－] 명 당사자의 한쪽만이 이익을 받게 되는 계약. 〔증여나 사용 대차, 무이자의 소비 대차, 무상 위임 따위.〕
무상-관 (無常觀) 명 세상만사가 항상 변화하여 덧없다고 보는 관념.
무상^기간 (無霜期間) 명 늦봄의 마지막 늦서리가 온 때부터 초가을의 첫서리가 내릴 때까지의, 서리가 내리지 않는 기간. 이 기간의 짧고 긴 것이 농작물 경작에 많은 영향을 끼침.
무상-대복 (無上大福) 명 다시없이 큰 복.
무상^대ː부 (無償貸付) 명 대상(代償)의 조건이 없이 빌려 줌. ↔유상 대부.
무상^명ː령 (無上命令) [－녕] 명 ☞정언적 명령.
무상-무념 (無想無念) 명 일체의 상념을 떠남. 무념무상.
무-상시 (無常時) 명 〈무시(無時)〉의 본딧말.
무상-왕래 (無常往來) [－내] 명하타 아무 때나 거리낌 없이 오고 가고 함.
무상-주 (無償株) 명 불입(拂入)의 의무가 없이 무상으로 발행되는 주식. 〔발기인주(發起人株) 따위.〕
무상^증자 (無償增資) 명 적립금을 자본으로 전입하거나 주식 배당을 출자하는 따위와 같이 자본의 법률상 증가만을 가져오는 명목상의 증자. ↔유상 증자.
무상-출입 (無常出入) 명하자타 아무 때나 거리낌없이 드나듦. ¶ 친구의 사무실에 무상출입하다.
무상-하다 (無狀－) 형여 ①아무렇게나 함부로 굴어 예절이 없다. ②아무 형상이 없다. ③공적이나 착한 행실이 없다.
무상^행위 (無償行爲) 명 어떤 일에 대한 보상이 없는 법률 행위. 〔증여나 유증, 재단 법인의 설립 행위 따위.〕 ↔유상 행위.
무-색 (－色) 명 물감을 들인 빛깔. ¶ 흰 저고리와 무색 치마.
무색 (無色)[1] 명하형 아무 빛깔이 없음. ¶ 무색의 투명한 유리. ↔유색(有色).
무색 (無色)[2] '무색하다'의 어근.
무색-계 (無色界) [－꼐/－께] 명 불교에서, 중생이 사는 삼계(三界)의 하나. 모든 색신(色身)을 벗어나 정신적으로만 사는 세계. 무색천(無色天).
무색-옷 (－色－) [－새곧] 명 물감을 들인 천으로 지은 옷. 색복(色服). 색의(色衣). 화복(華服). 준색옷. ＊무색옷이[－새고시]·무색옷만[－새곤－]
무색-천 (無色天) 명 ☞무색계(無色界).
무색-하다 (無色－) [－새카－] 형여 ①겸연쩍고 부끄럽다. ¶ 그녀는 사람들 앞에서 넘어지자 무색하여 어쩔 줄 몰라 했다. ②본래의 특색을 드러내지 못하고 보잘것없다. ¶ 프로가 무색할 정도의 실력.
무생-대 (無生代) 명 지질학에서, 캄브리아기보다 앞선 지질 시대를 이르던 말. 〔본디, 생물이 없었던 시대란 뜻으로 이 말이 생겼으나 화석이 발견됨으로써 잘 쓰이지 않게 됨.〕 무생물 시대(無生物時代).
무생-물 (無生物) 명 생활 기능이 없는 물체. 〔돌이나 물·흙 따위.〕 ↔생물(生物).
무생물^시대 (無生物時代) 명 ☞무생대(無生代).
무ː-생채 (－生菜) 명 무를 채 쳐서 양념을 하여 버무린 나물.
무-서리 명 그해의 가을 들어 처음 내리는 묽은 서리. ¶ 노오란 꽃잎이 피려고 간밤엔 무서리가 저리 내리고…. ↔된서리.
무서움 명 무서워하는 느낌. ¶ 무서움에 떨다. /무서움을 타다. 준무섬.
무서워-하다 타여 무섭게 여기다. ¶ 쥐를 무서워하다. /주사 맞기를 무서워하는 아이.
무ː석 (武石) 명 〈무석인(武石人)〉의 준말.
무ː-석인 (武石人) 명 능(陵) 앞에 세우는, 무관의 형상으로 된 돌. 무관석(武官石). 준무석. ↔문석인(文石人).
무ː선 (武選) 명 지난날, 무관(武官)·군사(軍士)의 임명이나 기타 무과(武科)에 관한 일을 이르던 말.
무선 (無線) 명 ①전선이 없거나, 사용되지 않음. ↔유선(有線). ②〈무선 전신〉의 준말. ③〈무선 전화〉의 준말.
무ː선 (舞扇) 명 춤출 때 사용하는 부채.
무선^방향^지시기 (無線方向指示器) 명 ☞라디오 컴퍼스.
무선^송ː신 (無線送信) 명 전파로 신호를 보내는 일. 무선 전신·무선 전화 등의 송신.
무선^유도탄 (無線誘導彈) [－뉴－] 명 무선 조종 방식의 유도 미사일. 지상 발사대나 비행기 따위에서 발사하여 극초단파로 원격 조종함. 가이디드 미사일.
무선^전ː신 (無線電信) 명 (멀리 떨어진 두 지점 사이에서) 전파를 이용하여 교신하는 무선 통신의 한 가지. 준무선·무전. ↔유선 전신.
무선^전ː파 (無線電波) 명 공간에 전파되는 전자파의 한 가지. 무선 연락에 이용됨. 무선파.

무선^전:화(無線電話)[명] 전파를 이용한 전화. [준]무선·무전. ↔유선 전화.
무선^조종(無線操縱)[명] (사람이 타지 않은 항공기나 함선·탱크 따위를) 전파로 멀리서 조종하는 일.
무선-철(無線綴)[명] 책을 매는 방법의 한 가지. 실이나 철사 따위로 매지 않고 접착제만을 써서 맴.
무선^통신(無線通信)[명] 전파를 이용한 통신을 통틀어 이르는 말. 〔무선 전화나 라디오 방송, 텔레비전 방송 따위.〕 ↔유선 통신.
무선-파(無線波)[명] ☞무선 전파.
무선^표지(無線標識)[명] 특정한 부호를 가진 전파를 이용하여 항공기나 선박의 위치·방향을 확인하는 방식, 또는 그 시설. 라디오 비컨.
무선^호출기(無線呼出機)[명] (호출 전용의) 휴대용 소형 수신기. 삐삐[1]. [준]호출기.
무섬[명] 〈무서움〉의 준말.
무섬-증(-症)[-쯩][명] 무서워하는 버릇이나 심리 현상. ¶ 무섬증이 생기다.
무섭다[-따][무서우니·무서워][형ㅂ] ①두려운 느낌이 있다. ¶ 밤길이 무섭다. ②겁이 나거나 놀랄 만하다. ¶ 무서운 선생. /무서운 속도. ③정도가 매우 심하다. ¶ 무서운 추위. /비가 무섭게 내린다. ④《'-ㄹ까'의 뒤에 쓰이어》'-ㄹ까 봐 걱정스럽다'의 뜻. ¶ 마음에 응어리가 질까 무섭다. ⑤'-자마자 곧'의 뜻. 《'-기가 무섭게'의 꼴로 쓰임.》 ¶ 만나기가 무섭게 셈부터 따지다. ②③[작]매섭다.
　무섭다니까 바스락거린다[속담] 남의 약점을 알고 일부러 곤란하게 한다는 말.
무성(茂盛) '무성하다'의 어근.
무성(無性)[명] ①(하등 동물로서) 암수의 구별이 없음. ↔유성(有性). ②불교에서, 자성(自性) 곧 불성(佛性)이 없음을 이르는 말.
무성(無聲)[명] 소리나 음성이 없음.
무성^생식(無性生殖)[명] 양치식물 이하의 하등 생물에서의 생식 방법. 암수의 어울림이 없이 그 자체에서 분열하거나, 싹이 나거나, 땅속줄기에서 나와 두 개 이상의 새로운 개체를 이룸. ↔유성 생식.
무성^세:대(無性世代)[명] 세대 교번을 하는 생물 가운데에서 무성 생식을 하는 세대. ↔유성 세대.
무성-시(無聲詩)[명] 〔소리 없는 시란 뜻으로〕 '회화(繪畫)'를 달리 이르는 말.
무성-아(無性芽)[명] 무성 생식으로 생긴 싹.
무성^영화(無聲映畫)[-녕-][명] (발성 영화 이전의) 녹음한 음성이 없는 영화. ↔발성 영화.
무성-음(無聲音)[명] ☞안울림소리.
무-성의(無誠意)[-의/-이][명][하형] 성의가 없음. ¶ 무성의하게 대답하다.
무:성-하다(茂盛-)[형여] ①(초목이) 우거져 있다. ¶ 잡초가 무성하다. ②생각·말·소문 따위가 마구 뒤섞이거나 퍼져 많다. ¶ 결론도 없이 논의만 무성하다. /무성한 소문만 나돌다. **무성-히**[부].
무성-화(無性花)[명] 수술과 암술이 퇴화되어 장식(裝飾)으로 피는 꽃. 〔수국(水菊)의 장식화 따위.〕 [참]양성화·중성화·단성화.
무세(無稅)[명][하형] 세금이 없음. ↔유세(有稅).
무세(無勢) '무세하다'의 어근.
무세력(無勢力) '무세력하다'의 어근.
무세력-하다(無勢力-)[-려카-][형여] ☞무세(無勢)하다.
무세-지(無稅地)[명] 세금이 없는 땅. ↔유세지.
무세-품(無稅品)[명] 세금이 붙지 않는 물품. ↔유세품. [참]면세품.
무세-하다(無勢-)[형여] ①세력이 없다. 무세력하다. ②거래의 흥정이 적고 시세가 없다.
무소[명] 무솟과의 동물. 몸길이 4 m, 어깨 높이 2 m가량. 네 다리는 짧으며 표피는 두껍고 단단함. 코 위에 한 개 또는 두 개의 뿔이 있음. 코뿔소.
무:소(誣訴)[명][하타] 없는 일을 거짓으로 꾸며 소송을 제기함.
무소고기(無所顧忌)[명][하형] ☞무소기탄.
무소기탄(無所忌憚)[명][하형] 아무것도 꺼릴 바가 없음. 무소고기(無所顧忌). [준]무기탄.
무-소득(無所得)[명][하형] 얻는 바가 아무것도 없음. 소득이 없음.
무소부재(無所不在)[명] 신(神)의 품성으로서, 존재하지 않는 곳이 없음. 어디에나 다 있음. ¶ 무소부재의 하느님.
무소부지(無所不至)[명][하형] 이르지 않는 곳이 없음. ¶ 무소부지의 권력을 휘두르다.
무소부지(無所不知)[명][하형] 모르는 것이 없음.
무소불능(無所不能)[-릉][명][하형] 능히 하지 못하는 것이 없음. 무소불위(無所不爲).
무소불위(無所不爲)[명][하형] 못할 일이 없음. 무소불능(無所不能). ¶ 무소불위의 권력.
무-소속(無所屬)[명] (어느 단체나 당파에도) 딸린 데가 없음, 또는 그 사람. ¶ 무소속 의원.
무-소식(無消息)[명][하형] 소식이 없음.
　무소식이 희소식(喜消息)[속담] 소식이 없는 것이 곧 잘 지내고 있다는 표시라는 말.
무-소외(無所畏)[-외/-웨][명] ①두려워하는 바가 없음. ②불도(佛道)를 닦음에 있어, 어떠한 장애도 두려워함이 없음을 이르는 말. 〔불안과 공포를 벗어나 마음의 평정을 얻은 상태.〕
무소용(無所用) '무소용하다'의 어근.
무소용-하다(無所用-)[형여] 아무 소용이 없다.
무-소유(無所有)[명] 가진 것이 없음.
무:속(巫俗)[명] 무당들의 풍속이나 습속. ¶ 무속 신앙.
무손(無孫)[명][하형] ①손자가 없음. ②후손이 없음.
무손(無損) '무손하다'의 어근.
무손-하다(無損-)[형여] 손해됨이 없다.
무솔다[무소니·무솔아][자] (땅이 너무 습하여) 푸성귀들이 물러서 썩다. [준]솔다[2].
무:송(霧淞)[명] ☞상고대.
무쇠[-쇠/-쉐][명] ①철에 1.7~7 %의 탄소가 들어 있는 합금. 빛이 검고 바탕이 연함. 강철보다 녹기 쉬워 주조에 알맞음. 솥이나 철관·화로 따위를 만드는 재료로 쓰임. 생철(生鐵). 선철(銑鐵). 주철(鑄鐵). ②정신적·육체적으로 '강하고 굳센 것'을 비유하여 이르는 말. ¶ 무쇠 다리.
　무쇠도 갈면 바늘 된다[속담] 꾸준히 힘쓰면 어려운 일도 이룰 수 있다는 말.
무수(無水)[명] ①물이나 물기가 없음. ②〔화학에서, 관형사적으로 쓰이어〕 ㉠결정수(結晶水)가 없음을 뜻하는 말. ¶ 무수 황산동(黃酸銅). ㉡산소산에서 물의 분자를 뺀 화합물임을 나타내는 말. ㉢수분이 없음을 뜻하는 말.
무수(無數) '무수하다'의 어근.
무수^규산(無水硅酸)[명] ☞이산화규소.
무수기[명] 썰물과 밀물의 차(差). [참]다섯무날·한무날.

무수다[타] 닥치는 대로 때리거나 부수다.
무수-다(無水茶)[명] 차의 재료만 마른 채로 먼저 먹고 물을 나중에 마시는 차.
무수리1[명] 왕조 때, 궁중에서 나인의 세숫물 시중을 맡았던 여자 종.
무-수리2[명] 황샛과의 물새. 날개 길이 80 cm가량으로 키가 큼. 목은 굵고 흰 털이 목도리 모양으로 둘렸음. 몸빛은 등 쪽이 흑갈색이고 배는 흼. 말레이 반도·인도·미얀마 등지에 분포함.
무수-물(無水物)[명] ☞산성 산화물.
무수^아비산(無水亞砒酸)[명] ☞삼산화비소.
무수^아황산(無水亞黃酸)[명] ☞이산화황.
무수^알코올(無水alcohol)[명] 98% 이상의 농도를 가진 주정(酒精).
무수-옹(無愁翁)[명] ①아무 근심 걱정이 없이 편안한 삶을 누리는 늙은이. ②어리석어서 근심 걱정을 모르고 지내는 사람.
무수^인산(無水燐酸)[명] ☞오산화인.
무수^탄ː산(無水炭酸)[명] ☞이산화탄소.
무수^탄ː산나트륨(無水炭酸Natrium)[명] ☞소다회.
무수-하다(無數-)[형][여] 셀 수 없이 많다. ¶ 무수한 별. **무수-히**[부] ¶ 무수히 많은 사연(事緣).
무수^황산(無水黃酸)[명] ☞삼산화황.
무숙-자(無宿者)[-짜][명] 묵을 곳이 없는 사람.
무순(無順)[명] 일정한 순서가 없음.
무-술[명] 제사 때, 술 대신 올리는 맑은 찬물. 현주(玄酒).
무ː술(戊戌)[명] 육십갑자의 서른다섯째.
무ː술(巫術)[명] ①무당의 방술(方術). ②☞샤머니즘.
무ː술(武術)[명] 무인으로서 갖추어야 할 여러 기술. 〔검술·궁술·창술·승마술 따위.〕
무쉬[명] 조수(潮水)가 조금 붇기 시작하는 물때. 〔조금의 다음 날인 음력 초아흐렛날과 스무나흗날을 이름.〕
무ː스(mousse 프)[명] 머리 모양을 원하는 대로 고정시키는 데 쓰는, 거품 모양의 크림. 〔상품명에서 온 말.〕
무슨[관] ①(사물의 내용이나 속성에 대한) 의문을 나타내는 말. ¶ 무슨 일로 왔나? ②사물을 꼭 집어낼 수 없을 때 들떼놓고 하는 말. ¶ 무슨 수를 쓰긴 써야겠다. ③〔'어떻게 된'·'왜'의 뜻으로〕 못마땅하거나 반대의 뜻을 강조하는 말. ¶ 무슨 사람이 그 모양이지. /대낮에 술은 무슨 술이야.
　무슨 바람이 불어서[관용] 뜻밖의 행동을 한 사람을 보고 '무슨 까닭(영문)으로'의 뜻으로 하는 말. ¶ 무슨 바람이 불어서 예까지 왔나?
　무슨 뾰족한 수 있나[관용] 아무런 신통한 수가 없다. 매우 난처하다. ¶ 흥, 제까짓 게 나선다고 남모르는 무슨 뾰족한 수 있나.
무슴[대] 〈옛〉 무엇. ¶ ᄒᆞ믈며 泉石膏肓을 고쳐 무슴ᄒᆞ료(李滉.陶山十二曲).
무-승부(無勝負)[명] 승부가 없이 비김.
무ː-승지(武承旨)[명] 조선 시대에, 무과(武科) 출신의 승지를 이르던 말.
무시(無始)[명] ①불교에서, '아무리 거슬러 올라가도 그 처음이 없음'을 이르는 말. ②시작을 알 수 없으리만큼 한없이 먼 과거.
무시(無時)[명] 일정한 때가 없음. ¶ 무시 왕래. [본]무상시(無常時).
무시(無視)[명][하타][되자] ①사물의 존재나 가치를 알아주지 아니함. ¶ 남의 의견을 무시하다. ②사람을 업신여김. ¶ 무시를 당하다.
무시근-하다[형][여] 성미가 느리고 흐리터분하다.
무시-로(無時-)[부] 시도 때도 없이. 아무 때나. 수시로. ¶ 무시로 드나드는 손님.
무시무시-하다[형][여] 매우 무서운 느낌을 주는 기운이 있다. ¶ 무시무시한 광경.
무시-무종(無始無終)[명][하형] ①〔'시작도 없고 끝도 없음'의 뜻으로〕 불교에서, 진리나 윤회(輪廻)의 무한성을 뜻하는 말. ②가톨릭에서, 하느님의 소극적 품성의 한 가지를 이르는 말.
무시-복(無時服)[명][하타] (약 따위를) 일정한 때가 없이 먹음.
무시-이래(無始以來)[명] 불교에서, '아주 먼 과거로부터'를 이르는 말.
무-시험(無試驗)[명] 시험을 치르지 않음. ¶ 무시험 전형.
무식(無識)[명][하형][스형] 학식이나 식견이 없음. 견식을 모르거나 우악스러움. ¶ 무식한 소리. /사나흘 굶은 사람처럼 무식하게 먹는다. ↔유식(有識). **무식스레**[부].
무식-꾼(無識-)[명] ☞무식쟁이.
무식-자(無食子)[-짜][명] ☞몰식자(沒食子).
무식-쟁이(無識-)[-쨍-][명] '무식한 사람'을 낮추어 이르는 말. 무식꾼.
무ː신(戊申)[명] 육십갑자의 마흔다섯째.
무ː신(武臣)[명] 무관(武官)인 신하. ↔문신.
무신(無信)[명][하형] ①신의(信義) 또는 믿음성이 없음. ↔유신(有信). ②소식이 없음.
무신경(無神經) '무신경하다'의 어근.
무신경-하다(無神經-)[형][여] ①감각이 둔하다. ②(어떤 치욕이나 자극 따위에) 반응이 없다. ¶ 무신경한 사람.
무신-론(無神論)[-논][명] 인격적인 신의 존재를 인정하지 않는, 종교·철학상의 견해나 관점. ↔유신론.
무신론-자(無神論者)[-논-][명] 무신론을 주장하거나 지지하는 사람.
무신론적 실존주의(無神論的實存主義)[-논-씰쫀-의/-논-씰쫀-이] 무신론의 처지에서 자유로운 인간의 실존을 주장하는 사상.
무신무의(無信無義)[-의/-이][명][하형] 믿음성도 의리(義理)도 없음.
무실(無失)[명] 야구에서, 실책(失策)이 없음.
무실(無實)[명][하형] 사실이나 실속이 없음.
무ː실-역행(務實力行)[-려캥][명][하자] 참되고 실속 있도록 힘써 실행함.
무심(無心)1[명][하형][스형] ①아무런 생각이 없음. ②감정이 없음. ¶ 무심한 갈매기만 오락가락한다. ③마음을 두거나 걱정함이 없음. ¶ 하늘도 무심하다. **무심-히**[부].
무심(無心)2[명] 〈무심필(無心筆)〉의 준말.
무심-결(無心-)[-껼][명] 아무 생각이 없거나 깨닫지 못하는 사이. 무심중. 《주로, '무심결에'의 꼴로 쓰임.》 ¶ 무심결에 입 밖에 내다.
무심-재(無心材)[명] 목심(木心)이 없는 재목.
무심-중(無心中)[명] 아무 생각이 없는 동안(가운데). 무심결. 무심중간. 《주로, '무심중에'의 꼴로 쓰임.》 ¶ 무심중에 한 말이니 너무 신경 쓰지 마라.
무심중-간(無心中間)[명] ☞무심중(無心中). ¶ 관대(冠帶) 깃을 달다가, 무심중간에 자끈동 부러지니 깜짝 놀라와라(弔針文).
무심-코(無心-)[부] 뜻하지 않게. ¶ 무심코 한 말이 화근이 되고 말았다.
무심-필(無心筆)[명] 딴 털로 속을 박지 않은 붓. [준]무심2.

무싯-날(無市-)[-신-]명 (정기적으로 장이 서는 곳에서) 장이 서지 않는 날.
무수관 〈옛〉무슨. ¶ 일운 일이 무수 일고(古時調).
무숨¹대 〈옛〉무엇. ¶ 落花ㅣㄴ들 쏫치 아니랴 쓰러 무숨 ᄒ리오(古時調).
무숨²관 〈옛〉무슨. ¶ 比干이 마음을 뵈엿시니 무숨 恨이 이시랴(古時調).
무쌍(無雙) '무쌍하다'의 어근.
무쌍-하다(無雙-)형여 견줄 만한 짝이 없다. 둘도 없이 썩 뛰어나다. 무쌍-히부.
무:-씨명 무의 종자.
무수명 〈옛〉무. ¶ 무수와 박만 ᄒ야 먹더라(飜小10:28).
무스다타 〈옛〉뭇다. ¶ 이 우므른 벽으로 무슨 우므리라(飜老上36).
무아(無我)명 ①자기를 잊음, 곧 무의식. ¶ 무아의 경지. ②사사로운 마음이 없음. ③불교에서, 일체는 무상(無常)한 것이므로 '나라는 존재는 없음'을 이르는 말.
무아-경(無我境)명 정신이 한곳에 통일되어 나를 잊고 있는 경지. 무아지경.
무아-도취(無我陶醉)명 자기를 잊고 무엇에 흠뻑 취함.
무아-애(無我愛)명 자기는 전혀 돌보지 않고 상대편만을 위하는 사랑.
무아지경(無我之境)명 ☞무아경(無我境).
무:악(舞樂)명 춤출 때 연주하는 아악(雅樂).
무안(無顔)명하형 부끄러워서 볼 낯이 없음. ¶ 무안을 당하다. /얼마나 무안하던지 고개를 들지 못했다. 무안-히부.
무안(을) 주다관용 남을 무안하게 하다.
무안-스럽다(無顔-)[-따][~스러우니·~스러워]형ㅂ 보기에 무안하다. ¶ 핀잔을 받고 무안스러워서 어쩔 줄 모르다. 무안스레부.
무-안타(無安打)명 야구에서, 안타가 없음. 노히트(no hit).
무애(無涯)명하형 가없이 넓음. 무제(無際).
무애(無礙·無碍)명하형 막힘이나 거침이 없음. 장애물이 없음.
무애-가(無㝵歌)명 신라 태종왕(太宗王) 때의 중 원효(元曉)가 파계하고 속인이 되어 지어 부른 노래. 자세한 내용은 전하지 아니함.
무액면-주(無額面株)[-앵-]명 주권에 액면액의 기재가 없이 주식 수만 적혀 있는 주식. 비례주(比例株). ↔액면주.
무:야(戊夜)명 오야(五夜)의 다섯째 시각. 새벽 3시에서 5시 사이. 오경(五更).
무양(無恙)명하형 몸에 탈이 없음. 무양-히부.
무:양(撫養)명하타 ☞무육(撫育).
무양무양-하다형여 너무 고지식하여 융통성이 없다. 무양무양-히부.
무어 Ⅰ대 〈무엇〉의 준말. ¶ 그건 무어냐? 준뭐. Ⅱ감 ①(남의 말에 대하여) 무슨 소리냐고 되묻거나 놀람을 나타내는 말. ¶ 무어, 얼마라고?/무어, 그게 사실이야? ②여러 말 할 것 없다는 뜻을 나타내는 말. ¶ 무어, 다 그런 거지. ③어리광조나 입버릇으로 하는 말. ¶ 그게 좋지 무어. 준머·뭐.
무어니 무어니 해도관용 '이러니저러니 해도'의 뜻으로, 다음 말을 강조할 때 쓰는 말. ¶ 무어니 무어니 해도 건강이 제일이지. 준뭐니 뭐니 해도.
무언(無言)명하형 말이 없음. ¶ 무언의 압력.
무:언(誣言)명하자 없는 일을 거짓 꾸며서 남을 해치는 말.
무언-극(無言劇)명 말은 하지 않고 몸짓과 얼굴의 표정만으로 표현하는 연극. 때로는 음악에 맞추어 춤을 추기도 함. 묵극(默劇). 팬터마임.
무언^무:용극(無言舞踊劇)명 노래나 말을 하지 않고 하는 무용극.
무언-용사(無言勇士)[-뇽-]명 〔말없는 용사라는 뜻으로〕 '싸움터에서 죽은 군인의 유골'을 이르는 말.
무언-중(無言中)명 서로 말이 없는 가운데. 《주로, '무언중에'의 꼴로 쓰임.》 ¶ 무언중에 서로의 뜻이 통했다.
무언-증(無言症)[-쯩]명 말하지도 않고 남의 물음에 대답하려 하지도 않는 병적인 태도. 정신 분열증의 긴장형에 흔히 보임.
무언-표(無言標)명 ☞줄임표.
무얼준 '무엇을'이 줄어든 말. ¶ 무얼 주랴?
무엄(無嚴) '무엄하다'의 어근.
무엄-하다(無嚴-)형여 삼가고 어려워함이 없다. ¶ 어른에게 무엄한지고. 무엄-히부.
무엇[-엇]대 이름이나 내용을 모르거나 또는 아직 정해지지 않았거나 분명치 않은 사물을 가리키는 지시 대명사. ¶ 이름이 무엇이냐?/무엇을 드릴까요? 준무어·머·뭐·뭣. *무엇이[-어시]·무엇만[-언-]
무엇-하다[-어타-]형여 〔어떤 말을 대놓고 말하기가 거북하거나 알맞게 말하기가 어려울 때〕 '거북하다, 미안하다' 따위의 말 대신에 쓰는 말. ¶ 내가 직접 찾아가기는 좀 무엇하다. 준멋하다·뭐하다·뭣하다.
무에준 '무엇이'가 줄어든 말. ¶ 무에 그리 급해서 서두르느냐?
무에리-수에감 돌팔이 장님이 점을 치라고 돌아다니며 외치는 소리.
무역(無射)명 ①십이율(十二律)의 열한째 음. ②'음력 구월'을 달리 이르는 말.
무:역(貿易)명하자타 ①지방과 지방 사이에 상품을 팔고 사거나 교환하는 상행위. ②외국 상인과 물품을 수출입하는 상행위. ¶ 무역의 불균형을 해소하다.
무:역-상(貿易商)[-쌍]명 무역을 영업으로 하는 상업, 또는 그 상인.
무:역^수지(貿易收支)[-쑤-]명 상품의 수출입으로 생기는 외국과의 대금의 수불 관계. 국제 수지의 가장 중요한 항목이 됨.
무:역-업(貿易業)명 외국과의 무역을 전문으로 하는 직업(사업).
무:역^외:^수지(貿易外收支)[-여괴-/-여궤-]명 무역 이외의 국제 수입 및 지출. 〔운임, 보험료, 대외 투자의 이윤, 외채 이자, 주식 배당, 해외 여행비, 특허권 매매비 따위.〕
무:역-풍(貿易風)명 남·북회귀선 가까이에서 적도 쪽으로 일 년 내내 일정한 방향으로 부는 바람. 지구의 자전으로 북반구에서는 북동풍, 남반구에서는 남동풍이 됨. 항신풍(恒信風).
무:역-항(貿易港)[-여캉]명 외국과의 상품 수출입 허가를 얻은 항구. 상항(商港).
무연(無緣)명하형 ①인연이 없음. ②〈무연고〉의 준말. ③전생(前生)에서 부처나 보살과 인연을 맺은 일이 없음.
무연(憮然) '무연하다'의 어근.
무-연고(無緣故)명하형 (일가친척이나 친구 등) 연고가 없음. 준무연(無緣).
무연-분(無鉛粉)명 연백(鉛白)을 함유하지 않은 분.

무연-분묘(無緣墳墓)명 자손이나 관리하는 사람이 없는 무덤. 무주총(無主塚). 무연총(無緣塚).
무연-총(無緣塚)명 ☞무연분묘.
무연-탄(無煙炭)명 탄화(炭化)가 잘되어 연기를 내지 않고 타는 석탄. 검고 금속광택이 나며, 탄소분이 90 % 이상임. ↔유연탄(有煙炭).
무ː연-하다(憮然-)형여 크게 낙담하다. **무연-히**부
무연^화ː약(無煙火藥)명 면화약(綿火藥)과 니트로글리세린과의 화합물로 만든 화약. 폭발력이 크고 폭발할 때 연기가 나지 않음.
무연^휘발유(無鉛揮發油)[-류]명 납으로 인한 대기 오염을 줄이기 위해 만든, 사에틸납이 들어 있지 않은 휘발유.
무ː열(武列)명 ☞서반(西班).
무ː열(武烈)명 ☞무공(武功).
무염(無塩)명 소금기가 없음. 소금이 들어 있지 않음.
무염(無厭) '무염하다'의 어근.
무염-식(無塩食)명 (의학적인 필요에 따라) 간을 거의 치지 않고 싱겁게 만든 식사. 무염식사.
무염-식사(無塩食事)[-싸]명 ☞무염식.
무염^원죄(無染原罪)[-죄/-줴]명 〔'원죄에 물들지 않음'의 뜻으로〕 가톨릭에서, 원죄와 그 벌을 면하는 특별한 은혜. 〔성모 마리아와 같은 경우.〕
무염지욕(無厭之慾)명 싫증이 나지 아니하는 욕심. 물릴 줄 모르는 욕심.
무염-하다(無厭-)형여 싫증 남이 없다.
무영(無影)명 그림자가 없음. 빛이 없음.
무영-등(無影燈)명 수술할 때, 광원(光源)을 집중시켜서 목적 부위에 그림자가 나타나지 않게 조명하는 장치.
무ː예(武藝)명 검술(劍術)·궁술(弓術) 등 무술에 관한 재주. 무기(武技).
무ː예-별감(武藝別監)명 조선 시대에, 훈련도감의 군사 중에서 뽑혀 궁궐 문 옆에서 숙직하며, 호위하는 일을 맡아보던 무사. 준무감.
무ː예^이ː십사반(武藝二十四般)[-싸-]명 조선 정조(正祖) 때, 십팔기에 기예(騎藝)의 여섯 가지 종류인 기창(騎槍), 마상월도(馬上月刀), 마상쌍검(馬上雙劍), 마상편곤(馬上鞭棍), 격구(擊毬), 마상재(馬上才)를 더한 것. 이십사반 무예.
무ː오(戊午)명 육십갑자의 쉰다섯째.
무ː오^말날(戊午-)[-랄]명 음력 시월의 무오일(戊午日)을 이르는 말. 〔이날 붉은팥떡을 만들어 마구(馬廐)에 고사하거나, 무시루떡을 하여 집 안 고사를 지냄.〕
무ː오-사화(戊午士禍·戊午史禍)명 조선 연산군 4(1498)년에, 유자광(柳子光) 등의 훈구파(勳舊派)가 김종직(金宗直)을 중심으로 한 사림파(士林派)에 대해 일으킨 사화.
무ː오-연행록(戊午燕行錄)[-녹]명 조선 정조 때, 서유문(徐有聞)이 청(淸)나라에 다녀와서 지은 한글 기행문. 전 6권.
무ː옥(誣獄)명 죄 없는 사람을 무고(誣告)하여 일으킨 옥사(獄事).
무외(無畏)[-외/-웨]명 ①두려움이 없음. ②부처나 보살이 대중에게 설법할 때, 태연하여 두려움이 없음.
무외-시(無畏施)[-외-/-웨-]명 불교에서 이르는, 삼시(三施)의 하나. 두려움을 없애어 주는 일. 〔병자나 외로운 이를 위로하는 일 따위.〕
무욕(無慾) '무욕하다'의 어근.
무욕-하다(無慾-)[-요카-]형여 욕심이 없다.
무ː용(武勇)명 ①무예와 용맹. ②싸움에서 용맹스러움. ¶ 무용을 떨치다.
무용(無用)명하형 ①소용이 없음. 쓸데없음. ¶ 무용한 물건들을 모두 버리다. ↔유용(有用). ②볼일이 없음.
무ː용(舞踊)명하자 음악에 맞추어 몸을 움직이어 감정과 의지를 나타내는 예술. 춤[1].
무ː용-가(舞踊家)명 춤을 잘 추는 사람이나 무용을 연구하는 사람.
무ː용-극(舞踊劇)명 무용을 주로 하여 구성된 연극.
무ː용-단(舞踊團)명 무용하는 사람으로 이루어진 단체.
무ː용-담(武勇談)명 싸움에서 용맹을 떨치고 무공(武功)을 세운 이야기. ¶ 무용담을 늘어놓다.
무ː용-수(舞踊手)명 (무용단이나 극단 따위에서) 춤추는 역할만을 맡아서 하는 사람.
무용-장물(無用長物)명 있어도 아무 쓸모가 없고, 도리어 거치적거리기만 하는 물건. ¶ 화려한 경력이 무용장물이 되다.
무용지물(無用之物)명 아무짝에도 쓸데없는 물건 또는 사람.
무우명 '무[2]'의 잘못.
무우(無憂) '무우하다'의 어근.
무ː우(霧雨)명 는개.
무우다타 〈옛〉 움직이게 하다. 흔들다. ¶ 元良올 무우리라(龍歌*71*章). 참뮈우다.
무우-석(無隅石)명 ☞뭉우리돌.
무우-수(無憂樹)명 〔'근심이 없는 나무'라는 뜻으로〕 마야 부인이 그 밑에서 석가를 순산했다는 나무. 콩과의 상록 교목으로, 본디의 이름은 아소카(Asoka).
무ː우-제(舞雩祭)명 '기우제(祈雨祭)'를 예스럽게 이르는 말.
무우-하다(無憂-)형여 근심이 없다.
무ː운(武運)명 ①전쟁의 승패에 관한 운수. ¶ 무운을 점치다. ②무인(武人)으로서의 운. ¶ 무운을 빌다.
무운-시(無韻詩)명 〔영시(英詩)에서〕 압운(押韻)이 없는, 곧 리듬의 제약을 받지 않는 시. 〔산문시의 모체(母體)라고 함.〕
무원(無援)명하형 아무런 원조가 없음.
무-원칙(無原則)명하형 원칙이 없음. ¶ 무원칙한 인사 발령.
무ː위(武威)명 무력의 위엄(위세). ¶ 무위를 떨치다.
무위(無位)명하형 일정한 직위가 없음. 무관(無冠).
무위(無爲)명 ①하형아무것도 하는 일이 없음. ②목표한 바를 이루지 못함. ¶ 우리 팀의 마지막 공격은 무위로 끝나고 말았다. ③사람의 지혜나 힘을 더하지 아니함. ④불교에서, 현상을 초월하여 상주(常住) 불변하는 존재를 이르는 말.
무위(無違) '무위하다'의 어근.
무ː위(撫慰)명하타 어루만져 위로함.
무위-도식(無爲徒食)명하자 하는 일이 없고 먹고 놀기만 함. 유수도식(遊手徒食). ¶ 무위도식하며 지내다.
무위-무능(無爲無能)명 하는 일도 없고 일할 능력도 없음.
무위-무책(無爲無策)명하자 하는 일도 없고 해볼 만한 방책도 없음.

무위-법(無爲法)[-뻡]명 불교에서, 인과 관계를 떠나 생멸(生滅) 변화함이 없는 참된 법을 이르는 말. 멸법(滅法).
무위이화(無爲而化)명 ①하자애써 공들이지 않아도 스스로 잘 이루어짐. 〔'논어'의 '위령공편'에 나오는 말임.〕 ②하자노자(老子)의 사상으로, 성인의 덕이 클수록 백성들이 스스로 잘 감화되는 일. ③천도교에서, 한울님의 전지전능으로 이룬 자존 자율(自存自律)의 우주 법칙을 이르는 말.
무위-자연(無爲自然)명 ①자연에 맡겨 부질없는 행위를 하지 않음. ②사람의 힘이 더해지지 않은 본디 그대로의 자연.
무위-하다(無違-)형여 어김이 없다.
무:육(撫育)명하타 (윗사람이 아랫사람을) 잘 보살펴 기름. 무양(撫養).
무:육지은(撫育之恩)[-찌-]명 고이 길러 준 은혜.
무:음(茂蔭)명 무성한 나무의 그늘.
무음(誣淫) '무음하다'의 어근.
무:음-하다(誣淫-)형여 거짓이 많고 아주 음탕하다. 무음-히부.
무의-무신(無義無信)[-의-/-이-]명하형 의리가 없고 신용도 없음.
무의-무탁(無依無托)[-의-/-이-]명하형 몸을 의탁할 곳이 없음. 곧, 살기가 어렵고 외로운 처지를 이름. 준무의탁.
무-의미(無意味)[-의-/-이-]명하형 ①아무 뜻이 없음. ¶ 무의미한 말. ②아무런 가치나 의의가 없음. ¶ 그런 일을 겪고 보니 부귀나 명예도 허망하고 무의미하게 느껴진다.
무의-범(無意犯)[-의-/-이-]명 ☞과실범.
무-의식(無意識)[-의-/-이-]명 ①하형의식이 없음. ②일상(日常)의 정신에 영향을 끼치고 있는 마음의 심층(深層), 곧 꿈이나 최면 따위가 아니고는 의식되지 않는 상태. 잠재의식(潛在意識). ¶ 무의식의 세계.
무의식-적(無意識的)[-의-쩍/-이-쩍]관명 스스로 의식함이 없이 하는 (것). ¶ 무의식적 행동. /무의식적인 말. ↔의식적.
무의의(無意義) '무의의하다'의 어근.
무의의-하다(無意義-)[-의의-/-이이-]형여 아무런 의의가 없다.
무의^주:의(無意注意)[-의-의/-이-이]명 대상으로부터 수동적으로 받아들여 하게 되는 주의. 강한 자극이나 흥미에 의하여 일어나는 현상의 하나임. ↔유의 주의(有意注意).
무-의지(無意志)[-의-/-이-]명 ①하형의지가 없음. ②의지의 장애로 어떤 행위가 불가능하게 되어 멍해진 상태. 〔정신병이나 신경증 환자에게서 볼 수 있음.〕
무의-촌(無醫村)[-의-/-이-]명 의사나 의료 시설이 전혀 없는 마을.
무-의탁(無依託)[-의-/-이-]명 〈무의무탁〉의 준말. ¶ 무의탁 노인.
무이(無二) '무이하다'의 어근.
무이(無異)부 다를 것이 없이 마찬가지로.
무이다자 '미다¹'의 잘못.
무-이자(無利子)명 이자가 없음. ¶ 무이자 할부 판매.
무이-하다(無二-)형여 둘도 없다. 다시없다.
무익(無益) '무익하다'의 어근.
무익-하다(無益-)[-이카-]형여 이로움이 없다. ¶ 이제 무익한 싸움은 그만둡시다.
무:인(戊寅)명 육십갑자의 열다섯째.
무:인(武人)명 ①무예를 닦은 사람. ¶ 무인 정신. ②지난날, '무관직(武官職)에 있는 사람'을 달리 일컫던 말. ↔문인(文人).
무:인(拇印)명 ☞손도장.
무인(無人)명 ①사람이 없거나 살지 않음. ¶ 무인 절도(絕島). ②일손이 모자람. ③(탈것이나 기계 따위에서) 운전하거나 작동하는 사람이 없음을 이르는 말. ¶ 무인 우주선. /무인 판매대. ③↔유인(有人).
무인-궁도(無人窮途)명 사람이 살지 않는 외딴 곳.
무인-도(無人島)명 사람이 살지 않는 섬.
무:인-석(武人石)명 ☞무석인.
무인^증권(無因證券)[-꿘]명 ☞불요인 증권(不要因證券).
무인지경(無人之境)명 ①사람이 없는 지역. ②아무것도 거칠 것이 없는 판.
무:일(戊日)명 일진(日辰)의 천간(天干)이 무(戊)로 된 날. 〔무술일(戊戌日)·무오일(戊午日)·무인일(戊寅日) 따위.〕
무일-가관(無一可觀)명하형 어느 것 한 가지도 볼 만한 것이 없음.
무일-가취(無一可取)명하형 취하거나 쓰일 만한 것이 하나도 없음.
무-일물(無一物)명 아무것도 가진 것이 없음.
무일불성(無一不成)[-썽]명하형 한 가지도 되지 않는 일이 없음.
무일불위(無日不爲)명하형 하지 않는 날이 없음.
무-일푼(無一-)명하형 (가진 돈이) 한 푼도 없음. ¶ 아버지께서는 무일푼으로 상경해 자수성가하셨다.
무임(無賃)명 삯돈을 내지 않음.
무-임소(無任所)명 공통적인 직책 이외에는 맡겨진 임무가 없음. ¶ 무임소 장관.
무임-승차(無賃乘車)명하자타 찻삯을 내지 아니하고 차를 타는 일.
무:자(戊子)명 육십갑자의 스물다섯째.
무:자(巫子)명 ☞무당.
무자(無子)명하형 ①아들이 없음. ②〈무자식(無子息)〉의 준말.
무-자격(無資格)명하형 《일부 명사 앞에 쓰이어》 자격이 없음. ¶ 무자격 운전자. ↔유자격.
무자료^거:래(無資料去來)명 세금을 내지 않으려고 거래 내역을 속이거나 계산서를 발행하지 않는 행위.
무-자리명 후삼국과 고려 시대에, 떠돌아다니며 사냥을 하거나 고리를 겯어 팔던 무리. 수척(水尺). 양수척(揚水尺).
무자맥-질[-찔]명하자 물속에 들어가서 팔다리를 놀리며 떴다 잠겼다 하는 짓. 함영(涵泳). 준자맥질.
무-자본(無資本)명하형 밑천이 없음. ¶ 무자본 사업.
무자비(無慈悲) '무자비하다'의 어근.
무자비-하다(無慈悲-)형여 〔자비심이 없다는 뜻으로〕 사정없이 냉혹하다. ¶ 무자비한 학살.
무-자식(無子息)명하형 자녀가 없음. 준무자(無子).
무자식 상팔자(上八字)속담 자식 없는 것이 도리어 걱정이 없어 마음이 편하다는 말.
무-자위명 물을 높은 데로 자아올리는 데 쓰는 농기구. 양수기(揚水機).
무자치명 뱀과의 파충류. 길이 1m가량. 적갈색 바탕에 흑색 가로줄이 넷 있으며, 머리에 'V' 자 모양의 흑갈색 얼룩무늬가 있는, 독이 없는 뱀.

무작-스럽다 [-쓰-따] [~스러우니·~스러워] 형ㅂ 무작한 태도가 있다. ¶ 주먹질을 무작스럽게 한다. **무작스레** 부.
무-작위 (無作爲) 명 (자기 생각을 떠나) 우연에 맡겨 해 보는 일. ¶ 무작위 추출(抽出).
무작위^추출법 (無作爲抽出法) [-뻡] 명 ☞임의 추출법(任意抽出法).
무-작정 (無酌定) [-쩡] 명하형 ①작정함이 없음. ¶ 무작정으로 시작해 놓고 본다. ②좋고 나쁘고를 헤아림이 없음. ¶ 무작정으로 나무라기만 한다. ③〔부사적 용법〕 무턱대고. 덮어놓고. ¶ 무작정 상경(上京)하다. /무작정 내닫다.
무작-하다 [-자카-] 형여 무지하고 우악하다. ¶ 몹시 무작한 짓을 하다.
무잡 (蕪雜) '무잡하다'의 어근.
무:잡-하다 (蕪雜-) [-자파-] 형여 사물이 되는 대로 뒤섞여서 어수선하다. ¶ 문장이 무잡하다. **무잡-히** 부.
무장[1] 명 〈목무장〉의 준말.
무장[2] 부 갈수록 더. ¶ 사태는 무장 어려워진다.
무-장 (-醬) 명 메주를 연한 소금물에 담가 익힌 다음 달이지 않고 그냥 먹는 장. 국물은 떠 먹고, 찌끼는 무장찌개를 끓여 먹음. 담수장.
무:장 (武將) 명 장수(將帥). 군대의 장군.
무:장 (武裝) 명하자되자 ①전쟁이나 전투를 위한 장비를 갖춤, 또는 그 장비나 차림새. ¶ 무장 군인. /최신 무기로 무장한 군대. ②필요한 사상이나 기술 따위를 '단단히 갖춤'을 비유하여 이르는 말. ¶ 정신 무장.
무:장-간첩 (武裝間諜) 명 전투에 필요한 장비를 갖춘 간첩.
무장-공자 (無腸公子) 명 〔창자가 없는 공자라는 뜻으로〕 ①'담력이나 기개가 없는 사람'을 얕잡아 이르는 말. ②'게'를 달리 이르는 말.
무장무애 (無障無礙) 명하형 아무런 장애가 없음. 아무 거리낌이 없음.
무장지졸 (無將之卒) 명 ①장수가 없는 군사. ②주장할 사람이 없는 무리.
무장-찌개 (-醬-) 명 무장에 소고기, 파, 무와 북어를 넣고 끓인 것.
무:장^해:제 (武裝解除) 명 ①(항복하거나 중립국으로 망명해 온 군대의) 무장을 강제로 몰수하는 일. ②(비무장 지대로 만들기 위하여) 일정한 지역의 군사적 주둔이나 시설을 철거하는 일.
무재 (無才) 명하형 재주가 없음.
무재-무능 (無才無能) 명하형 아무 재능이 없음. 재주도 능력도 없음.
무재-인 (無才人) 명 재주가 없는 사람.
무저-갱 (無底坑) 명 기독교에서, 악마가 벌을 받아 떨어진다는 '밑바닥 없는 구렁텅이'를 이르는 말.
무-저울 명 미성(尾星)의 끝에 나란히 있는 두 개의 별. 〔이 두 별이 나란히 있으면, 그해에는 비가 알맞게 내린다고 함.〕
무-저항 (無抵抗) 명하자 저항하지 않음.
무저항-주의 (無抵抗主義) [-의/-이] 명 정치적 압박에 대하여 비폭력으로 저항하는 주의. 러시아의 톨스토이와 인도의 간디 등이 주창했음. 참간디즘.
무적 명 〈옛〉 무더기. ¶ 누니 핏무적 곧고 톱과 엄괘 놀캅고(釋譜6:33).
무적 (無敵) 명하형 대적할 상대가 없을 정도로 아주 셈. ¶ 무적의 함대.
무적 (無籍) 명하형 호적이나 국적이 없음.
무:적 (霧笛) 명 (등대나 배 따위에서) 안개를 조심하라고 부는 고동.
무적-함대 (無敵艦隊) [-저캄-] 명 대적할 상대가 없을 정도로 강한 함대.
무전 명 자전거의 한 가지. 앞바퀴에는 손으로 누르는 브레이크가 있고 뒷바퀴에는 페달을 반대 방향으로 밟아 정거하게 하는 장치가 있음.
무전 (無電) 명 〈무선 전신〉·〈무선 전화〉의 준말.
무전-기 (無電機) 명 무선 전신 또는 무선 전화용 기계.
무전-여행 (無錢旅行) [-녀-] 명 여비 없이 하는 여행. ¶ 빈몸으로 무전여행을 떠나다.
무전-취식 (無錢取食) 명하자 음식 값을 낼 돈도 없이 남이 파는 음식을 청해서 먹는 일.
무-절제 (無節制) [-쩨] 명하형 절제함이 없음. ¶ 무절제한 생활.
무정 (無情) '무정하다'의 어근.
무-정견 (無定見) 명하형 일정한 주견(主見)이 없음. ¶ 무정견한 정책.
무정-란 (無精卵) [-난] 명 수정되지 않은 알. 부화하지 않음. 홀알. ↔수정란(受精卵).
무정^명사 (無情名詞) 명 식물이나 무생물을 가리키는 명사. 〔나무·풀·돌·바람 따위.〕 ↔유정명사(有情名詞).
무정-물 (無情物) 명 감각성이 없는 물건. 〔광물이나 식물의 일부.〕
무-정부 (無政府) 명 ①정부가 없음. ②정치적으로 무질서한 상태에 있음. ¶ 무정부 상태의 혼란을 겪다.
무정부-주의 (無政府主義) [-의/-이] 명 정치 권력이나 정부의 지배를 부정하고, 절대적 자유가 보장되는 사회를 이상으로 삼는 극단적인 정치 사상. 아나키즘(anarchism).
무정부주의-자 (無政府主義者) [-의-/-이-] 명 무정부주의를 믿고 받드는 사람. 아나키스트.
무정-세월 (無情歲月) 명 덧없이 흘러가는 세월.
무정수 (無定數) '무정수하다'의 어근.
무정수-하다 (無定數-) 형여 일정한 수효가 없다.
무정-스럽다 (無情-) [-따] [~스러우니·~스러워] 형ㅂ 정이 없는 느낌이 있다. ¶ 부탁을 무정스럽게 거절하다. 작매정스럽다. **무정스레** 부.
무:-정승 (武政丞) 명 조선 시대에, 무인(武人) 출신의 정승을 이르던 말.
무-정위 (無定位) 명하형 일정한 방위가 없음.
무정위-침 (無定位針) 명 극(極)의 강도(強度)가 서로 같은 두 개의 자침(磁針)을 나란히 같은 축(軸)의 위아래에 달아 극이 반대가 되게 한 기구. 두 극이 서로 같은 힘으로 어울리므로 지구 자기의 작용을 받지 않아 자침이 어떤 방향으로든 놓이게 되어 있음.
무정자-증 (無精子症) [-쯩] 명 정액 속에 전혀 정자가 없는 병적 상태. 불임의 원인이 됨.
무정-하다 (無情-) 형여 ①정이 없다. 사랑이나 동정심이 없다. ¶ 무정한 사람. ②남의 사정이나 형편에 아랑곳없다. ¶ 무정한 세월. **무정-히** 부.
무-정형 (無定形) 명하형 일정한 형체가 없음.
무정형^물질 (無定形物質) [-찔] 명 원자 또는 분자가 규칙적으로 나란히 되어 있지 아니한 고체. 〔유리나 고무·수지(樹脂) 따위.〕
무정형^탄:소 (無定形炭素) 명 결정(結晶)을 이루고 있지 않은 꼴의 탄소. 비결정성의 탄소. 〔석탄이나 목탄·유연(油煙) 따위.〕
무-젖다 [-젇따] 자 ①물에 젖다. ②어떤 환경이나 상황 따위가 몸에 배다. ¶ 속세에 무젖은 때를 씻어 내다.

무제(無際)명하형 끝이(다함이) 없음. 무애(無涯). ¶ 일망(一望)무제.
무제(無題)명 ①제목이 없음. ②예술 작품에서 '일정한 제목이 없음'의 뜻으로 어떤 제목이나 작품 이름으로 대신 쓰는 말.
무제약-자(無制約者)[-짜]명 철학에서, 스스로 존립하여 다른 아무것에도 제약받지 않는 것, 곧 절대적인 것을 이르는 말.
무-제한(無制限)명하형 제한이나 한도가 없음. ¶ 무제한의 능력.
무제한-급(無制限級)[-끕]명 체중에 제한을 두지 않는 체급.
무제한^법화(無制限法貨)[-버퐈]명 법률상 금액에 제한이 없이 통용되는 법정 화폐. 〔금화(金貨)나 중앙은행 발행의 은행권 따위.〕
무-조건(無條件)[-껀] Ⅰ명하형 아무 조건이 없음.
Ⅱ부 조건 없이. 덮어놓고. ¶ 무엇이든 무조건 줄 수는 없다.
무조건^반:사(無條件反射)[-껀-]명 동물이 가지고 있는 선천적인 반사. 〔빵을 씹으면 침이 분비되는 따위.〕 ↔조건 반사.
무조건-적(無條件的)[-껀-]관명 아무 조건도 없는 (것). ¶ 무조건적 지지. /무조건적인 믿음.
무조건^항복(無條件降伏)[-껀-]명 모든 군사력을 버리고 전승국(戰勝國)의 요구대로 따르기로 하는 항복.
무족(無足)명 ☞무지기.
무존장(無尊丈) '무존장하다'의 어근.
무존장-하다(無尊丈-)형여 어른에게 대하는 태도가 버릇이 없다.
무좀명 주로 발가락 사이 또는 발바닥에 물집이 생기거나 살갗이 갈라지거나 하는 피부병의 한 가지.
무-종아리명 장딴지와 발뒤꿈치의 사이.
무죄(無罪)[-죄/-쥐]명하형 ①잘못이나 죄가 없음. ¶ 무죄한 양민을 학살하다. ②재판상 죄가 되지 아니하거나 범죄의 증명이 없음, 또는 그 판결. ¶ 무죄 석방. ↔유죄.
무주(無主)명하형 임자가 없음.
무주-고총(無主古塚)명 자손이나 돌보는 이 없는 옛 무덤.
무주-고혼(無主孤魂)명 제사를 지낼 자손이 없어 떠돌아다니는 외로운 혼령.
무주-공산(無主空山)명 ①인가도 인기척도 전혀 없는 쓸쓸한 산. ②임자 없는 산.
무주-공처(無主空處)명 임자 없는 빈 곳.
무-주의(無主義)[-의/-이]명하형 어떠한 주의도 없음.
무주장(無主掌) '무주장하다'의 어근.
무주장-하다(無主掌-)형여 (모임 따위에서) 주장이 되어 일을 맡아보는 사람이 없다.
무주-총(無主塚)명 ☞무연분묘(無緣墳墓).
무:-죽다[-따]형 야무진 맛이 없다.
무-중력(無重力)[-녁]명 중력이 없는 것.
무중력^상태(無重力狀態)[-녁쌍-]명 중력을 느끼지 않는 상태.
무지명 한 섬이 완전하게 못 차는 곡식.
무:지(拇指)명 엄지손가락.
무지(無地)명 전체가 한 가지 빛깔로 무늬가 없음, 또는 그런 옷감.
무지(無知)명하형스형 ①아는 바나 지식이 없음. ¶ 그의 소행은 무지의 탓이다. ②하는 짓이 어리석고 우악함. ¶ 무지하게 굴다. **무지스레**부.
무지(無智) Ⅰ명하형 지혜가 없음. 꾀가 없음.
Ⅱ부하형 보통보다 훨씬 정도에 지나치게. ¶ 돈을 무지 벌다. /날씨가 무지하게 춥다.
무-지각(無知覺)명하형 지각이 없음. 몰지각.
무지개명 비가 그쳤을 때, 태양의 반대쪽 하늘에 반원 모양으로 나타나는 일곱 가지 빛의 줄. 공중에 떠 있는 물방울들에 햇빛이 굴절 반사된 현상임. 채홍(彩虹). 홍예(虹霓). 참천궁(天弓).
무지갯-빛[-개삗/-갣삗]명 무지개의 일곱 가지 빛깔, 또는 그러한 빛깔. ¶ 진주가 무지갯빛으로 빛난다. * 무지갯빛이[-개삐치/-갣삐치]·무지갯빛만[-개삔-/-갣삔-]
무지근-하다형여 ①뒤가 잘 나오지 않아 기분이 무겁다. ¶ 아랫배가 무지근하다. ②머리나 가슴이 무엇에 눌리는 듯이 무겁다. 준무직하다. **무지근-히**부.
무지기명 조선 시대에, 상류층 여인들이 예장할 때 입었던 속치마의 한 가지. 모시 12폭으로 만드는데, 홀수(3, 5, 7) 층층으로 길이와 빛깔을 달리한 여러 빛깔이 어울려 무지갯빛을 이룸. 무족(無足).
무지러-지다자 물건의 끝이 몹시 닳거나 잘라져 없어지다. ¶ 오래 써서 비가 무지러지다. 작모지라지다.
무지렁이명 ①헐었거나 무지러져서 못 쓰게 된 물건. ②'무식하고 어리석은 사람'을 얕잡아 이르는 말. ¶ 시골 무지렁이.
무지르다[무지르니·무질러]타르 ①물건의 한 부분을 잘라 버리다. ②중간을 끊어 두 동강을 내다.
무지막지(無知莫知) '무지막지하다'의 어근.
무지막지-하다(無知莫知-)[-찌-]형여 하는 짓이 매우 무지하고 상스럽다. ¶ 무지막지한 무뢰한.
무지-몰각(無知沒覺)명하형 상식이나 깨달아 아는 바가 없음. 준몰각.
무지-몽매(無知蒙昧)명하형 아는 것이 없고 사리에 어두움. ¶ 무지몽매한 원주민.
무지-무지(無知無知)부하형 놀랄 만큼 엄청나거나 대단히. ¶ 무지무지 덥다. /무지무지하게 힘이 센 사람.
무직(無職)명하형 일정한 직업이 없음.
무직-자(無職者)[-짜]명 일정한 직업이 없는 사람.
무직-하다[-지카-]형여 〈무지근하다〉의 준말.
무:진(戊辰)명 육십갑자의 다섯째.
무진(無盡)[1]명하형 ①다함이 없음. 한량이 없음. ¶ 재산이 무진으로 많다. ②〈무궁무진(無窮無盡)〉의 준말. ③〖부사적 용법〗 다함이 없이. 한량이 없이. ¶ 무진 애쓰다.
무진(無盡)[2]명 '상호 신용계(相互信用契)'의 구용어.
무진-동(-銅)명 황화철이 50% 이상 함유된 구리.
무:-진딧물[-딘-]명 진딧물과의 곤충. 몸길이 2mm가량. 몸빛은 짙은 황록색인데 날개는 투명함. 무·배추 따위를 해침.
무진-무궁(無盡無窮)명하형 ☞무궁무진.
무진-장(無盡藏)명 ①하형다함이 없이 많음. ¶ 백사장에는 하얀 모래가 무진장으로 깔려 있었다. ②불교에서, 덕이 넓어 끝이 없음. 닦고 닦아도 끝이 없는 법의(法義). ③〖부사적 용법〗 끝없이 많이. ¶ 할 말이 무진장 많다.
무질다[무지니·무질어]형 끝이 무지러져 뭉뚝하다.

무질리다자 〖'무지르다'의 피동〗 무지름을 당하다.
무-질서(無秩序) [-써] 명 하형 질서가 없음. ¶ 무질서한 거리.
무-집게 [-께] 명 물건을 물리는 데 쓰는, 집게처럼 생긴 연장.
무ː-짠지 명 무를 통으로 짜게 절여 담근 김치.
무쩍 부 있는 대로 한꺼번에 몰아서. 작 모짝.
무쩍-무쩍 [-쩡-] 부 ①한쪽에서부터 차례로 모조리 뽑아 버리는 모양. ②한쪽에서부터 차차 잘라 먹거나 처리하는 모양. 작 모짝모짝.
무ː쪽-같다 [-깓따] 형 사람의 생김새가 몹시 못나다. 〔흔히, 여자를 두고 이름.〕 **무쪽같-이** 부 ¶ 얼굴은 무쪽같이 생겼지만 마음씨는 비단결처럼 곱다.
무찌르다 [무찌르니·무찔러] 타 르 ①적을 쳐서 없애다. ¶ 침략군을 무찌르다. ②닥치는 대로 죽이다.
무찔리다 자 〖'무찌르다'의 피동〗 무찌름을 당하다.
무-차별(無差別) 명 하형 차별이 없음. ¶ 무차별 폭격을 가하다.
무-착륙(無着陸) [-창뉵] 명 하자 항공기가 목적지에 닿을 때까지 도중에 한 번도 착륙하지 않음. ¶ 태평양 횡단 무착륙 비행.
무참(無慘) '무참(無慘)하다'의 어근.
무참(無慚·無慙) '무참(無慚·無慙)하다'의 어근.
무참-스럽다(無慘-) [-따] [~스러우니·~스러워] 형 ㅂ 무참한 느낌이 있다. **무참스레** 부.
무참-하다(無慘-) 형 여 더없이 참혹하다. ¶ 무참한 최후. **무참-히** 부 ¶ 무참히 죽다.
무참-하다(無慚-·無慙-) 형 여 매우 부끄럽다. ¶ 실수를 한 그의 무참한 얼굴. **무참-히** 부.
무ː-채 명 채칼로 치거나 칼로 가늘게 썬 무, 또는 그것을 무친 반찬.
무채-색(無彩色) 명 명도(明度)의 차이는 있으나 색상(色相)과 순도(純度)가 없는 색. 〔흰색·회색·검정색 따위.〕 ↔유채색.
무책(無策) 명 하형 계책이 없음. ¶ 무책이 상책이다.
무-책임(無責任) 명 하형 ①책임이 없음. ②책임 관념이 없음. ¶ 무책임하게 굴다.
무책임^행위(無責任行爲) 명 법률상 아무런 책임이 없는 행위.
무처-가고(無處可考) 명 하형 상고(詳考)하여 볼 만한 곳이 없음.
무처부당(無處不當) 명 하형 무슨 일에든지 감당해 내지 못할 것이 없음.
무척 부 다른 것보다 훨씬. (보통 상태보다) 대단히. ¶ 무척 착한 사람. /외할아버지께서는 너를 무척 사랑하셨다.
무ː척(舞尺) 명 궁중에서 춤을 추던 남자.
무척추-동물(無脊椎動物) 명 등뼈 없는 동물을 통틀어 이르는 말. 진화 정도가 매우 낮고 원시적이며 대개 하등 동물임. 〔곤충류·거미류·지렁이 따위.〕 민등뼈동물.
무ː천(舞天·儛天) 명 예맥(濊貊)의 제천 의식(祭天儀式)의 하나로, 해마다 10월에 하늘에 제사를 지내던 일. 참 동맹(東盟)·영고(迎鼓).
무ː-청 명 무의 잎과 잎줄기.
무체-물(無體物) 명 법률에서, 전기·열·소리·빛 따위와 같이, 유형적인 존재를 가지지 않는 것을 이르는 말. ↔유체물.
무체^재산권(無體財產權) [-꿘] 명 무형(無形)의 재산적 이익을 배타적으로 지배할 수 있는 권리, 곧 인간의 정신적 산출물을 대상으로 하는 권리를 통틀어 이르는 말. 〔공업 소유권과 저작권 따위.〕
무촉-전(無鏃箭) [-쩐] 명 지난날, 사구(射毬)에 쓰던 화살. 살촉이 없고 살대 끝을 솜과 무명 헝겊으로 둥글게 싸매었음.
무ː추(舞錐) 명 ☞활비비.
무축^농가(無畜農家) [-충-] 명 (소·돼지·닭 등의) 가축을 기르지 않는 농가.
무춤 부 (놀라거나 열없는 느낌이 있을 때) 무르춤하는 태도나 모양. ¶ 왜 귀찮게 구느냐는 핀잔에 가던 걸음을 무춤 멈추었다.
무춤-하다 자 여 〈무르춤하다〉의 준말.
무취(無臭) 명 하형 냄새가 없음. ¶ 무색무취.
무취미(無趣味) '무취미하다'의 어근.
무취미-하다(無趣味-) 형 여 취미가 없다. 참 몰취미(沒趣味).
무치(無恥) '무치하다'의 어근.
무치다 타 (나물 따위에) 양념을 하여 버무리어 맛을 고르다. ¶ 산나물을 진간장에 무쳐서 먹다.
무치-하다(無恥-) 형 여 부끄러움이 없다.
무침 명 (말린 생선이나 해초·채소 따위를) 양념하여 국물 없이 무친 반찬. ¶ 미역무침. /시금치 무침.
무ː크(mook) 명 부정기 간행물로, 단행본과 잡지의 성격을 아울러 가진 책. 〔'magazine(잡지)'과 'book(단행본)'을 합친 조어(造語).〕
무타(無他) 명 다른 까닭이 아님.
무탈(無頉) '무탈하다'의 어근.
무탈-하다(無頉-) 형 여 ①병이나 변고가 없다. ¶ 그동안 무탈하냐? ②까다롭거나 스스럼이 없다. ¶ 무탈한 사이. ③탈을 잡힐 데가 없다. ¶ 무탈한 행동이었으므로 별문제 없을 것이다.
무턱-대고 [-때-] 부 일의 정당한 까닭이나 요량이 없이 마구. ¶ 그저 서양 것이라면 무턱대고 다 좋다는 사람들.
무텅이 명 거친 땅에 논밭을 일구어 곡식(穀食)을 심는 일.
무-테(無-) 명 테가 없음, 또는 그러한 물건.
무테-안경(無-眼鏡) 명 테가 없이 렌즈에 바로 안경다리가 연결된 안경.
무통^분만(無痛分娩) 명 (마취나 정신 요법으로) 산모가 진통을 느끼지 않고 아이를 낳는 일.
무퇴(無退) [-퇴/-퉤] 명 하자 물러남이 없음. 물러서지 아니함. ¶ 임전(臨戰)무퇴.
무-투표(無投票) 명 투표하는 일이 없음. 투표를 생략함. ¶ 무투표 당선.
무트로 부 한목에 많이. ¶ 무트로 가져가라.
무ː-트림 명 하자 날무를 먹은 뒤에 나는, 냄새가 고약한 트림.
무판-화(無瓣花) 명 '꽃부리와 안쪽 꽃턱이 없는 꽃'을 통틀어 이르는 말.
무패(無敗) 명 한 번도 진 일이 없음. ¶ 무패의 전적.
무편(無片) 명 〈무편삼〉의 준말.
무편-거리(無片-) 명 한방에서, 무편으로 된 약재를 이르는 말.
무편-달이(無片-) 명 한방에서, 달아서 편으로 지을 수 없는 인삼을 이르는 말.
무편무당(無偏無黨) '무편무당하다'의 어근.
무편무당-하다(無偏無黨-) 형 여 어느 한쪽으로 기울거나 치우치지 아니하고 아주 공평하다. 참 불편부당(不偏不黨).
무편-삼(無片蔘) 명 열엿 냥 한 근에 백 뿌리 이상이 달리는 아주 잔 인삼. 준 무편.

무폐(無弊) '무폐(無弊)하다'의 어근.
무폐(蕪廢) '무폐(蕪廢)하다'의 어근.
무폐-하다(無弊-) [-페-/-페-] [형][여] 아무 폐단이 없다.
무:폐-하다(蕪廢-) [-페-/-페-] [형][여] 땅을 잘 다루지 않고 버려 두어서 거칠다.
무-폭력(無暴力) [-퐁녁] [명][하형] 폭력을 쓰지 않음.
무-표정(無表情) [명][하형] 아무런 표정이 없음. ¶ 무표정한 얼굴.
무풍(無風) [명] ①바람이 없음. 기상 관측에서는 풍속이 0~0.2 m의, 연기가 곧바로 올라가는 상태를 말함. ②다른 곳의 재난이 미치지 않아 평온함.
무풍-대(無風帶) [명] 〈회귀 무풍대(回歸無風帶)〉의 준말.
무풍-지대(無風地帶) [명] ①바람이 불지 않는 지역. ②(재난이 미치지 않아) 평화롭고 안전한 곳.
무피-화(無被花) [명] ☞나화(裸花). ↔유피화(有被花). [참]단피화.
무-하기(無下記) [명] ①쓴 돈의 명세를 장부에 적지 않는 일. ②쓰고 남은 돈을 장부에 기재하지 않고 사사로이 쓰는 일.
무:-하다(貿-) [타][여] (이익을 남겨 팔려고) 물건을 모개로 사들이다.
무하지증(無何之症) [-쯩] [명] 한방에서, 병명을 몰라서 고칠 수 없는 병을 이르는 말.
무학(無學) [명] ①배운 것이 없음. ②학교에 다닌 적이 없음. ¶ 마을 장년층의 반이 무학이었다. ③불교에서, 모든 번뇌를 끊어 없애어 아라한과(阿羅漢果)를 얻은 이, 곧 더 배울 것이 없는 지위.
무한(無限) [명][하형] 한이 없음. ¶ 무한한 가능성. /무한한 감사를 드립니다. ↔유한(有限). **무한-히** [부] ¶ 무한히 애를 쓰다.
무한-경(無限景) [명] 더할 수 없이 좋은 경치. ¶ 자라, 산천의 무한경을 사랑하고, 벽계(碧溪)를 따라 올라가며…(鼈主簿傳).
무한-궤도(無限軌道) [명] 앞뒤 차바퀴의 둘레를 긴 고리 모양의 벨트로 이어 걸어 놓은 장치. 〔탱크나 트랙터 따위에 이용됨.〕
무한-급수(無限級數) [-쑤] [명] 항(項)의 수에 한정이 없는 급수. ↔유한 급수.
무한^꽃차례(無限-次例) [-꼳-] [명] ☞무한 화서(無限花序). ↔유한 꽃차례.
무한년(無限年) '무한년하다'의 어근.
무한년-하다(無限年-) [형][여] 햇수에 제한이 없다.
무한-대(無限大) [명] ①[하형]한없이 큼. ¶ 질량이 무한대로 증가하다. ②수학에서, 변수(變數)의 절댓값을 한없이 크게 할 경우의 그 변수. 부호는 'x(변수)→∞'. ↔무한소.
무-한량(無限量) [-할-] [명][하형] 한량이 없음. 끝없이 많은 양. 무량(無量).
무한-소(無限小) [명] ①[하형]한없이 작음. ②수학에서, 극한값이 한없이 0에 가까워지는 변수. 부호는 'x(변수)→0'. ↔무한대(無限大).
무한^소:수(無限小數) [명] 수학에서, 소수점 이하가 한없이 계속되는 소수. 〔원주율이나 순환 소수 따위.〕 ↔유한 소수.
무-한정(無限定) [명][하형] 한정이 없음. ¶ 돈이 무한정으로 들어가다. /무한정 기다리다. /무한정하고 잡아 두다.
무한^직선(無限直線) [-썬] [명] (길이에 한정이 있는 유한 직선에 대하여) 한없이 뻗어 나간 직선. ↔유한 직선(有限直線).
무한^책임(無限責任) [명] 채무자가 자기의 전 재산까지도 들여서 갚아야 하는 법적 책임. ↔유한 책임(有限責任).
무한^책임^사원(無限責任社員) [명] 회사 재산으로 회사 채무를 변제할 수 없는 경우, 회사 채권자에 대하여 연대로 무한 책임을 지는 사원. ↔유한 책임 사원.
무한^화서(無限花序) [명] 꽃차례의 한 가지. 가장자리나 아래에 있는 꽃부터 피기 시작하는 꽃차례. 무한 꽃차례. ↔유한 화서.
무:함(誣陷) [명][하타][되자] 없는 사실을 꾸며 남을 함정에 빠뜨림.
무-항산(無恒產) [명][하형] 일정한 생업(生業)이나 재산이 없음.
무-항심(無恒心) [명][하형] 늘 변함없이 지니고 있어야 할 올바른 마음이 없음.
무해(無害) [명][하형] 해가 없음. ↔유해.
무해-무득(無害無得) [명][하형] 해로움도 이로움도 없음. [비]무득무실(無得無失).
무-허가(無許可) [명] 허가가 없음. ¶ 무허가 건물. /무허가 영업.
무-현관(無顯官) [명][하형] (조상 가운데) 높은 관직에 있었던 이가 없음.
무혈(無血) [명] 피를 흘리지 않음, 또는 싸우지 아니함. ¶ 무혈 수술. /무혈 점령.
무혈-복(無穴鰒) [명] ①꼬챙이에 꿰지 않고 말린 큰 전복. ②과거(科擧)를 보는 데 감시를 엄하게 하여 '부정한 행위를 못하도록 하는 일'을 비유하여 이르던 말.
무혈^혁명(無血革命) [-형-] [명] 피를 흘리지 아니하고 평화스러운 수단으로 이루는 혁명.
무혐(無嫌) [명][하형] ☞무혐의(無嫌疑).
무-혐의(無嫌疑) [-혀믜/-혀미] [명][하형] 혐의가 없음. 무혐(無嫌). ¶ 무혐의로 풀려나다.
무:협(武俠) [명] 무술에 뛰어난 협객. ¶ 무협 소설. /무협 영화.
무:협-지(武俠誌) [-찌] [명] 협객들의 활약을 주 내용으로 하는 소설책.
무형(無形) [명][하형] 형체가 없음. 형상으로 나타나지 아니함. ¶ 무형의 유산. ↔유형(有形).
무형^고정^자산(無形固定資產) [명] 구체적인 형태를 가지고 있지 않은 자산. 〔저작권·특허권 등.〕 무형 자산. ↔유형 고정 자산.
무형^무:역(無形貿易) [명] (운송이나 보험 또는 해외 기업 따위) 무역 외 수지의 원천이 되는 상업 형태. ↔유형 무역.
무형-무적(無形無迹) [명][하형] 형상이나 자취가 없음. [준]무형적(無形迹).
무형^문화재(無形文化財) [명] (연극이나 음악, 공예 기술 따위) 무형의 문화적 소산으로 역사적으로나 예술적으로 가치가 큰 것. ↔유형 문화재(有形文化財).
무형-물(無形物) [명] 형체가 없이 존재하는 것. 〔바람이나 소리 따위.〕 ↔유형물.
무-형식(無形式) [명][하형] 형식이 없음. 형식이 갖추어 있지 않음.
무형-인(無形人) [명] (유형인인 자연인에 대하여) '법인(法人)'을 달리 이르는 말.
무형^자본(無形資本) [명] 무형 재산으로 된 자본. 〔기능·전매권·특허권 따위.〕 ↔유형 자본.
무형^자산(無形資產) [명] ☞무형 고정 자산. ↔유형 자산.
무형^재산(無形財產) [명] 구체적인 형태를 갖추지 아니한 재산. 〔저작권·상표권·특허권 따위.〕 ↔유형 재산.

무-형적(無形迹) 명 하형 〈무형무적〉의 준말.
무ː화(武火) 명 활활 세차게 타는 불. 강한 불. ↔문화(文火).
무화-과(無花果) 명 ①무화과나무의 열매. ②〈무화과나무〉의 준말.
무화과-나무(無花果-) 명 뽕나뭇과의 낙엽 관목. 과실나무의 한 가지로 높이는 2~3 m. 잎은 손바닥 모양으로 깊게 갈라져 있음. 봄부터 여름에 걸쳐 꽃이 피고, 꽃턱이 자라서 과실이 됨. 〔겉에서 꽃이 보이지 않으므로 무화과라고 부름.〕 준무화과.
무환자(無患子) 명 ①무환자나무의 열매. ②〈무환자나무〉의 준말.
무환자-나무(無患子-) 명 무환자나뭇과의 낙엽 활엽 교목. 산에 나며, 높이는 20m가량. 여름에 흰빛 또는 자줏빛 꽃이 핌. 재목은 가구재로 쓰고, 열매는 염주를 만드는 데 씀. 준무환자.
무회(無灰) [-회/-훼] 명 오래 묵은 미역의 뿌리. 흑산호와 비슷하며 권련 물부리나 장식품을 만드는 데 씀. 센 불에는 타지만 재가 없으므로 '무회'라고 이름.
무-회계(無會計) [-회계/-훼게] 명 광산에서, 덕대가 광부에게 생활필수품을 대 주어 채광시킨 뒤, 광주(鑛主)에게는 분철(分鐵)을 주고, 광부들에게는 분철에 상당하는 광석을 준 다음, 나머지는 덕대가 차지하는 일.
무회계^금점(無會計金店) [-회계-/-훼게-] 명 무회계 방식으로 경영하는 금광. 분철 금점.
무회-주(無灰酒) [-회-/-훼-] 명 다른 것을 섞지 아니한 전국으로 된 술.
무효(無效) 명 하형 ①효과·효력·효험이 없음. ¶ 당선을 무효로 하다. ↔유효(有效). ②법률 행위가 어떤 원인으로 당사자가 의도한 효력을 나타내지 못함. ¶ 무효 투표.
무효-화(無效化) 명 하자.타 되자 무효가 됨, 또는 무효가 되게 함. ¶ 계약을 무효화하다.
무후(無後) 명 하형 대(代)를 이어 갈 자손이 없음. 무사(無嗣). 참절손(絕孫)·절사(絕嗣).
무후-총(無後塚) 명 자손이 없는 무덤.
무ː훈(武勳) 명 ☞무공(武功).
무훼무예(無毀無譽) 명 하형 헐뜯는 일도 없고 칭찬하는 일도 없음.
무휴(無休) 명 하형 휴일이 없음. 쉬는 날이 없음.
무ː휼(撫恤) 명 하타 불쌍히 여겨 위로하고 물질적으로 도와줌. 비구휼(救恤).
무흠(無欠) '무흠하다'의 어근.
무흠-하다(無欠-) 형여 흠이 없다.
무ː희(舞姬) [-히] 명 춤을 잘 추거나 춤추는 일을 업으로 하는 여자.
묵 명 메밀이나 녹두·도토리 따위의 앙금을 되게 쑤어 굳힌 음식.
묵가(墨家) [-까] 명 제자백가의 한 파. 노(魯)나라의 사상가 묵자(墨子)가 개창하였음.
묵객(墨客) [-깩] 명 글씨를 쓰거나 그림을 그리는 사람, 또는 시문에 능한 사람. ¶ 시인 묵객.
묵계(默契) [-꼐/-께] 명 하자 말 없는 가운데 뜻이 서로 맞음, 또는 그렇게 하여 이루어진 약속. 묵약(默約). ¶ 부부간에 입양에 대한 묵계가 있었다.
묵고(默考) [-꼬] 명 하타 말없이 생각함.
묵과(默過) [-꽈] 명 하타 되자 말없이 지나쳐 버림. 알고도 모르는 체 넘겨 버림. ¶ 부정행위를 보고 묵과할 수는 없다.
묵극(默劇) [-끅] 명 ☞무언극(無言劇).
묵-기도(默祈禱) [-끼-] 명 하자 ☞묵도(默禱).
묵낙(默諾) [뭉-] 명 하타 ①은연중에 승낙의 뜻을 나타냄. ②알고도 모르는 체하고 보아 넘김.
묵념(默念) [뭉-] 명 ①하타 말없이 생각에 잠김. ②하자 마음속으로 빎. ¶ 순국선열에 대한 묵념을 올리다.
묵다 [-따] 자 ①(일정한 곳에서) 나그네로 날짜를 보내다. 유(留)하다. ¶ 여관에서 며칠 묵다. ②(일정한 기간이 지나) 오래되다. ¶ 묵은 때. /백년 묵은 여우. ③(논밭 따위가) 쓰이지 못하고 그냥 버려지다. ¶ 여러 해 묵은 비탈밭.
묵은 **거지보다 햇거지가 더 어렵다** 속담 무슨 일이든 오래 한 사람이 처음 하는 사람보다 참을성 있고 마음이 굳다는 말.
묵은 **낙지 꿰듯** 속담 일이 매우 쉽다는 말.
묵은 **낙지 캐듯** 속담 무슨 일을 단번에 시원히 해치우지 않고 두고두고 조금씩 한다는 말.
묵은 **장 쓰듯** 속담 아끼지 않고 헤프게 쓴다는 말.
묵은 **치부장〔치부책〕** 속담 〔이미 쓸데없게 된 치부책이란 뜻으로〕 소용없는 것이라 벌써 까맣게 잊어버린 것이라는 말.
묵-당수 [-땅-] 명 제물묵거리를 묵보다 훨씬 묽게 쑤어서 먹는 음식.
묵대(墨帶) [-때] 명 먹물을 들인 베띠. 묵최(墨衰)의 심제인(心制人)이 띰.
묵도(默禱) [-또] 명 하자 소리를 내지 않고 마음속으로 기도함, 또는 그 기도. 묵기도.
묵독(默讀) [-똑] 명 하타 소리를 내지 않고 읽음. 목독(目讀). ↔음독(音讀).
묵량(默諒) [뭉냥] 명 하타 말하지 않고 은연중에 양해(諒解)하여 줌.
묵례(默禮) [뭉네] 명 하자 말없이 고개만 숙여 인사함, 또는 그렇게 하는 인사.
묵립(墨笠) [뭉닙] 명 먹을 칠한 갓. 묵최(墨衰)의 심제인(心制人)이 씀.
묵묵(默默) '묵묵하다'의 어근.
묵묵부답(默默不答) [뭉-뿌-] 명 하자 입을 다문 채 아무 대답도 하지 않음. ¶ 어떤 질문에도 묵묵부답이다.
묵묵-하다(默默-) [뭉무카-] 형여 말없이 잠잠하다. **묵묵-히** 부 ¶ 묵묵히 공부에만 열중하다.
묵-물 [뭉-] 명 묵을 쑤려고 녹두 따위를 갈아서 가라앉힌 앙금의 웃물.
묵-밭 [-빧] 명 〈묵정밭〉의 준말. *묵밭이[-빠치]·묵밭을[-빠틀]·묵밭만[-빤-]
묵비(默祕) [-삐] 명 하타 비밀로 하여 말하지 않음.
묵비-권(默祕權) [-삐꿘] 명 피고나 피의자가 자기에게 불리한 진술을 거부하고 침묵할 수 있는 권리. ¶ 묵비권 행사.
묵사리 [-싸-] 명 연안 가까이에 밀려든 조기 떼가 알을 슬려고 머무르는 일, 또는 그때.
묵-사발(-沙鉢) [-싸-] 명 ①묵을 담은 사발. ②(심한 타격을 받고) 사물이 몹시 일그러지거나 망가진 상태를 이르는 말. ¶ 얼굴이 묵사발이 되다.
묵살(默殺) [-쌀] 명 하타 되자 ①보고도 못 본 체하고 내버려 둠. ②(의견이나 제언을) 듣고도 못 들은 체하고 문제 삼지 않음. ¶ 그의 의견을 묵살하다.
묵상(墨床) [-쌍] 명 먹을 올려놓는 받침.
묵상(默想) [-쌍] 명 하타 ①말없이 조용히 생각함. ¶ 때때로 묵상에 잠기는 것은 정신 건강에도 좋다. ②말없이 마음속으로 기도를 드림.

묵-새기다[-쌔-][자] (별로 하는 일 없이) 한곳에 묵으면서 세월을 보내다.
묵색(墨色)[-쌕][명] ☞먹빛.
묵색-임리(墨色淋漓)[-쌔김니][명][하형] 〔붓으로 쓴 글씨나 묵화에서 먹빛이 번지르르하게 윤이 난다는 뜻으로〕 '잘 쓴 글씨나 잘 그린 그림'을 높이 평할 때 쓰는 말.
묵색-창윤(墨色蒼潤)[-쌕-][명][하형] (붓으로 쓴 글씨나 묵화의) 먹빛이 썩 좋음.
묵선(墨線)[-썬][명] 목수가 나무를 다룰 때 쓰는 먹통의 줄, 또는 먹줄로 그은 선.
묵수(墨守)[-쑤][명][하타] ①자기의 의견이나 주장을 굳게 지킴. ②전통이나 관습을 굳게 지킴. 〔주(周)나라 묵적(墨翟)이란 사람이 성(城)을 잘 지켜 초(楚)나라 군사를 물리쳤다는 고사에서 유래함.〕 [비]고수(固守).
묵시(默示)[-씨][명][하타] ①말 없는 가운데 은연중에 자기의 의사를 나타내 보임. ②기독교에서, '계시(啓示)'를 이르는 말.
묵시(默視)[-씨][명][하타] ①말없이 눈여겨봄. ②간섭하지 않고 일이 되어 가는 대로 가만히 보기만 함. ¶ 그의 횡포를 더는 묵시할 수 없다.
묵시-록(默示錄)[-씨-][명] ☞요한 계시록.
묵시-적(默示的)[-씨-][관][명] 말 없는 가운데 은연중에 자기의 의사를 나타내 보이는 (것). ¶ 묵시적 동의. /묵시적인 합의가 이루어지다.
묵약(默約)[명][하자] ☞묵계(默契).
묵어-가다[자] 일정한 곳에 머물러서 자고 가다. ¶ 우리 집에서 하룻밤 묵어가시지요.
묵언(默言)[명][하자] 말없이 잠자코 있음.
묵연(默然) '묵연하다'의 어근.
묵연양구-에(默然良久-)[-냥-][부] 한동안 잠잠히 있다가. 한참 말없이 있다가.
묵연-하다(默然-)[형][여] 잠잠히 말이 없다. 묵연-히[부].
묵우(默祐)[명][하타] 말없이 도움.
묵은-닭[-닥][명] (알에서 깬 지) 한 해 이상 된 닭. ↔햇닭. *묵은닭이[-달기]·묵은닭만[-당-]
묵은-세배(-歲拜)[명][하자] 섣달 그믐날 저녁에 그해를 보내는 인사로 웃어른에게 드리는 절.
묵은-쌀[명] 해묵은 쌀. ↔햅쌀.
묵은-장군(-將軍)[명] ☞묵장.
묵은-해[명] (새해에 대하여) '지난해'를 이르는 말. ↔새해.
묵음(默音)[명] 단어 가운데 글자로는 있으나, 발음되지 않는 소리. 〔'밟다'·'삶다'·'젊다'에서의 'ㄹ' 따위.〕
묵-이[명] 오래 묵은 일이나 물건을 이르는 말. ¶ 두 해 묵이.
묵이-배[명] 오래 묵힐수록 맛이 나는 배의 한 가지. 딸 때에는 떫고 빡빡함.
묵인(默認)[명][하타][되자] 말 없는 가운데 승인함. 보고도 모르는 체하고 그대로 넘겨 버림. ¶ 잘못을 알면서도 묵인하다.
묵-장(-將)[-짱][명] 장기에서, 양편이 다 '장군'인 줄 모르고 지나쳐 버린 장군. 묵은장군.
묵적(默寂) '묵적하다'의 어근.
묵적-하다(默寂-)[-쩌카-][형][여] 잠잠하고 고요하다.
묵-전(-煎)[-쩐][명] 웃기떡의 한 가지. 녹말묵에 세 가지 물색을 들여 굳힌 다음, 모양 있게 썰어 말려서 기름에 지짐.
묵정-밭[-쩡받][명] 오래 묵혀 거칠어진 밭. 휴경지(休耕地). [준]묵밭. *묵정밭이[-쩡바치]·묵정밭을[-쩡바틀]·묵정밭만[-쩡반-]
묵정-이[-쩡-][명] 오래 묵은 물건.
묵존(默存)[-쫀][명][하타] 말없이 생각함, 또는 마음만이 어떤 곳에 가서 노닒.
묵종(默從)[-쫑][명][하타] 말없이 따름.
묵좌(默坐)[-쫘][명][하자] 말없이 앉아 있음.
묵주(默珠)[-쭈][명] 가톨릭에서, 묵주 기도를 드릴 때에 쓰는 성물. 구슬을 줄에 꿰고 그 끝에 십자가를 닮.
묵주^기도(默珠祈禱)[-쭈-][명] 가톨릭에서, 묵주를 가지고 성모 마리아에게 드리는 기도. 묵주 신공.
묵-주머니[-쭈-][명] ①묵물을 짜는 데 쓰는 큰 주머니. ②'짓이겨서 못 쓰게 된 물건'을 비유하여 이르는 말. ③(말썽이 일어나지 않게) 잘 달래어 주물러 놓는 일.
묵주머니(를) 만들다[관용] ①물건을 뭉개어 못 쓰게 만들다. ②싸움을 말리어 잘 조정(調停)하다.
묵주^신공(默珠神功)[-쭈-][명] ☞묵주 기도(默珠祈禱).
묵죽(墨竹)[-쭉][명] 먹으로 그린 대나무.
묵중(默重) '묵중하다'의 어근.
묵중-하다(默重-)[-쭝-][형][여] 말이 아주 적고 몸가짐이 무겁다. ¶ 묵중한 태도. 묵중-히[부].
묵즙(墨汁)[-쯥][명] ☞먹물.
묵즙-낭(墨汁囊)[-쯤-][명] ☞고락.
묵지(墨池)[-찌][명] ①먹물을 담는 그릇. ②벼루의 물을 담아 두는 오목하게 들어간 부분.
묵지(墨紙)[-찌][명] ☞복사지(複寫紙).
묵직-묵직[-찡-찍][부][하형] 낱낱이 다 묵직한 상태. ¶ 보따리들이 묵직묵직하다. 묵직묵직-이[부].
묵직-하다[-찌카-][형][여] ①(어떤 물건이) 보기보다 꽤나 무겁다. ¶ 등짐이 꽤 묵직하다. [작]목직하다. ②(사람됨이나 말씨가) 썩 틀지고 무게가 있다. ¶ 묵직한 음성. 묵직-이[부].
묵척(墨尺)[명] ☞먹자.
묵-철(-鐵)[명] 무쇠를 녹여서 만든 탄알. 주로, 새를 잡는 데 씀.
묵첩(墨帖)[명] ☞서첩(書帖).
묵-청포(-淸泡)[명] ☞탕평채(蕩平菜).
묵최(墨衰)[-최/-췌][명] 상례(喪禮)에서, 베 직령(直領)에 묵립(墨笠)과 묵대(墨帶)를 갖추어 입은 옷. 아버지가 살아 계실 때, 돌아가신 어머니의 담제(禫祭) 뒤나 생가(生家) 부모의 소상(小祥) 뒤에 심제인(心制人)이 입음.
묵필(墨筆)[명] ①먹과 붓. 필묵(筆墨). ②먹물을 찍어서 쓰는 붓.
묵향(墨香)[무컁][명] 먹의 향기.
묵허(默許)[무커][명][하타] 말없이 허락함, 또는 그대로 보아 넘김.
묵형(墨刑)[무켱][명][하타] 옛날 중국에서, 이마에 자자(刺字)하던 형벌의 한 가지.
묵화(墨畫)[무콰][명] 먹으로 그린 동양화. 먹그림. ¶ 묵화를 치다.
묵회(默會)[무쾨/무퀘][명][하타] 묵상하는 중에 깨달음.
묵훈(墨暈)[무쿤][명] (글씨나 그림의 가장자리에) 먹물이 번진 흔적.
묵흔(墨痕)[무큰][명] 먹물이 묻은 흔적.
묵-히다[무키-][타] ①〖'묵다'의 사동〗 ㉠제자리에 그냥 묵게 하다. ¶ 학비 때문에 한 해 묵히고 입학시키다. ㉡쓰지 않고 그냥 묵게 하다. ¶ 일손이 없어 밭을 여러 해 묵히고 말았다. ②재능 따위를 활용하지 않다. ¶ 글재주를 묵히다.

묶다 [묵따] 타 ①새끼나 끄나풀로 잡아매다. ¶ 볏단을 묶다. /짐을 묶다. ②(마음대로 움직이지 못하게) 몸을 얽어매다. ¶ 죄인을 묶다. ③한군데로 모아 합치다. ¶ 괄호로 묶다. /몇 권의 시집을 전집(全集)으로 묶다. ④법령 따위로 금지하거나 제한하다. ¶ 개발 제한 구역으로 묶다. ＊묶어·묶는[뭉-]

묶어-세우다 타 여러 사람이나 조직을 통일된 체계로 만들다.

묶어-치밀다 [~치미니·~치밀어] 자 한데 몰려 올라오다.

묶-음 명 ①한데 모아서 묶어 놓은 것, 또는 그 덩이. ¶ 꽃 묶음. ②〖의존 명사적 용법〗 묶어 놓은 덩이를 세는 단위. ¶ 종이 한 묶음.

묶음-표 (-標) 명 다른 것과 구별하기 위해 단어나 숫자 또는 문장의 앞뒤를 막는 부호. 〔( )·〔 〕·{ } 따위.〕 괄호(括弧). 도림.

묶-이다 자 〖'묶다'의 피동〗 묶음을 당하다. ¶ 손발이 꽁꽁 묶이다.

문 (文) 명 ①글. ②문장(文章). ③'무(武)'에 대하여, '문반(文班)·문관·학문·학예·문학' 등을 두루 이르는 말. ③↔무(武).

문 (門)[1] 명 ①드나들거나 여닫도록 된 시설. 〔방문·대문·창문 따위.〕 ②'거쳐가거나 통과해야 하는 것'을 비유하여 이르는 말. ¶ 취업의 문이 좁다.

 문(을) 닫다 관용 ①영업 시간이 다 되어 영업소나 사무실 따위의 문을 닫다. ¶ 문 닫을 시간이 되다. ②사업을 그만두다. 폐업하다. ¶ 불황으로 문을 닫다.

 문(을) 열다 관용 ①하루의 영업을 시작하다. ¶ 저 식당은 오전 7시면 문을 연다. ②사업이나 영업 따위를 시작하다. ¶ 이 서점은 3년 전에 문을 열었다. ③문호를 개방하다. ④조직 따위에서, 장벽을 두지 않고 사람을 받아들이다.

문 (門)[2] 명 《일부 명사 뒤에 붙어》 ①동식물 분류상의 한 단계로, 강(綱)의 위, 계(界)의 아래. ②씨족을 갈라서 그 집안을 가리키는 말. 《주로, 접미사적으로 쓰임.》 ¶ 이(李)문. /최(崔)문.

문 (紋) 명 ☞무늬.

문ː (問) 명 ①〈질문(質問)〉의 준말. ②〈문제(問題)〉의 준말. ↔답(答).

문 (文) 의 신의 크기를 나타내는 단위. 〔1문은 약 2.4 cm〕

문 (門) 의 대포를 세는 단위. ¶ 대포 5문.

-문 (文) 접미 《일부 명사 뒤에 붙어》 '문장·문체' 또는 '문서'를 뜻함. ¶ 감상문. /담화문. /조침문(弔針文).

문-가 (門-) [-까] 명 문의 옆. ¶ 문가에 기대어 서다.

문간 (門間) [-깐] 명 대문이나 중문이 있는 곳.

문간-방 (門間房) [-깐빵] 명 대문간 바로 옆에 있는 방. ¶ 문간방에 세들다.

문간-채 (門間-) [-깐-] 명 대문간 바로 옆에 있는 집채. 행랑채.

문감 (門鑑) 명 ☞문표(門標).

문갑 (文匣) 명 문서나 문구(文具) 따위를 넣어 두는 데 쓰는, 높이가 낮고 가로로 긴 궤.

문객 (門客) 명 권세 있는 가문의 식객(食客), 또는 그런 집안에 날마다 문안 오는 손.

문건 (文件) [-껀] 명 공적(公的)인 성격을 띤 문서나 서류.

문격 (文格) 명 ①글을 짓는 격식. ②문장의 품격.

문ː견 (聞見) 명 ☞견문(見聞).

문경 (刎頸) 명하타 ①목을 벰. ②해고(解雇)함.

문경지교 (刎頸之交) 명 생사를 함께할 만큼 절친한 사귐, 또는 그런 벗.

문고 (文庫) 명 ①책을 넣어 두는 곳. 서고(書庫). ②문서나 문방구 따위를 담아 두는 상자. ③출판물의 한 형태. 널리 보급하기 위해, 가지고 다니기 편리한 소형으로, 또 값이 싸게 만든 총서(叢書).

문고 (文藁) 명 한 사람의 시문(詩文)을 모아 놓은 원고(原稿).

문-고리 (門-) [-꼬-] 명 문을 여닫거나 잠그는 데 쓰는 고리.

문고-본 (文庫本) 명 문고 형식으로 간행한 책.

문고-판 (文庫版) 명 문고 형식으로 된 책의 판. 〔흔히, A6판(세로 14.8 cm, 가로 10.5 cm)을 이름.〕

문곡-성 (文曲星) [-썽] 명 구성(九星) 가운데 넷째 별.

문-골 (門-) [-꼴] 명 ☞문얼굴.

문과 (文科)[1] [-꽈] 명 ①수학·자연 과학 이외의 학문, 곧 인문 과학의 이론과 현상을 연구하는 학과. 〔어학·문학·사학 따위.〕 ↔이과(理科). ②대학에서, 인문 과학 부문을 연구하는 학과.

문과 (文科)[2] 명 조선 시대에, 문관(文官)을 뽑아 쓰던 과거. 시험은 3년마다 실시되었으며, 초시(初試)·복시(覆試)·전시(殿試)의 3단계로 나뉘었음. ↔무과(武科). 참대과(大科).

문과^중ː시 (文科重試) 명 조선 시대, 문과 시험의 한 가지. 문관의 당하관(堂下官)에게 10년마다 병년(丙年)에 보이던 과거. 문신 중시(文臣重試).

문관 (文官) 명 ①왕조 때, 문과(文科) 출신의 벼슬아치를 이르던 말. ↔무관(武官). ②'군무원(軍務員)'을 달리 이르는 말.

문관-석 (文官石) 명 ☞문석인(文石人). ↔무관석(武官石).

문광 (門框) 명 ☞문얼굴.

문괴 (文魁) [-괴/-궤] 명 조선 시대에, 문과(文科)의 장원(壯元)을 이르던 말.

문교 (文交) 명하자 글로써 사귐, 또는 그런 교제. ¶ 문교를 맺다.

문교 (文教) 명 ①문화와 교육을 아울러 이르는 말. ②문화에 대한 교육.

문교 (文驕) 명 학식을 믿고 부리는 교만.

문교-부 (文教部) 명 (이전에) 교육, 과학, 교과용 도서 편찬 등에 관한 사무를 맡아보던 중앙 행정 기관.

문구 (文句) [-꾸] 명 글의 구절. 글귀. ¶ 광고 문구.

문구 (文具) 명 ①〈문방구(文房具)〉의 준말. ②☞문식(文飾).

문ː구 (問求) 명하타 모르는 사실을 알려고 물음. 물어서 구함.

문-구멍 (門-) [-꾸-] 명 문에 뚫린 구멍.

문권 (文券) [-꿘] 명 지난날, 땅이나 집 따위의 소유권이나 권리를 나타낸 문서를 이르던 말. 문기(文記). 문서(文書).

문궐 (門闕) 명 궁(宮) 같은 곳의 문.

문귀 (文句) 명 '문구(文句)'의 잘못.

문금 (門禁) 명하자 지난날, 인정 이후 도성(都城)의 문을 닫고 주민의 출입을 금하던 일.

문기 (文記) 명 ☞문권(文券).

문-끈 (門-) 명 문짝에 달아 놓은 손잡이의 끈. 영자(纓子).

문내 (門內) 명 ①대문 안. ↔문외(門外). ②☞문중(門中).

문-넘이(門-)명 지난날, 대궐이나 관아에 물품을 바칠 때나 죄수가 옥에 들어갈 때, 문지기에게 주던 뇌물.
문념무희(文恬武嬉)[-히]명하형 〔문관들은 안일하게 지내고 무관들은 희롱한다는 뜻으로〕 문무관이 편히 놀기만을 일삼고 제 직분을 다하지 않음을 이르는 말.
문다[-따]타 〈무느다〉의 준말.
문단(文段)명 문장의 단락.
문단(文壇)명 문인들의 사회. 문학계. 사단(詞壇). 문림(文林). 문원(文苑). 사림(詞林). ¶ 문단에 소설가로 데뷔하다.
문단(紋緞)명 무늬가 있는 비단.
문-단속(門團束)명하자 탈이 없도록 문을 단단히 닫아 잠그는 일.
문:달(聞達)명하자 이름이 세상에 널리 알려짐. 명성(名聲)이 높아짐.
문담(文談)명 ①문학이나 문장에 관한 이야기. 문화(文話). ②편지로 하는 상담.
문답(文答)명하자 글로 회답함, 또는 그 회답.
문:답(問答)명하자 물음과 대답, 또는 서로 묻고 대답함. ¶ 양측이 모두 진지하게 문답하였다.
문:답-법(問答法)[-뻡]명 수사법상 변화법의 한 가지. 서술이나 설명 대신, 스스로 묻고 대답하는 형식을 써서 문장의 흐름에 색다른 변화 효과를 가져오는 표현 방법. 〔'그것이 과연 옳은 일인가? 아니다. 옳을 까닭이 없다.' 하는 따위.〕
문:답-식(問答式)[-씩]명 ①묻고 대답하는 형식. ②피교육자의 자기 활동을 중요시하는 처지에서, 질문과 대답을 중심으로 학습을 진행하는 방식. 참주입식(注入式).
문대다타 마구 여기저기 문지르다. ¶ 손에 묻은 기름을 옷에 문대다. /손으로 배를 문대다.
문-대령(門待令)명하자 문 열기를 기다림.
문덕부하자 (썩거나 질척질척한 물건이) 꽤 큰 덩이로 뚝 끊어지거나 잘라지는 모양. 작몬닥. 거문턱. **문덕-문덕**부하자.
문덕(文德)명 예악(禮樂)으로 사람을 교화하고 심복(心服)시키는 덕.
문덕-곡(文德曲)[-꼭]명 조선 태조 때, 정도전(鄭道傳)이 지은 악장(樂章). 조선조 태종 즉위 이전의 창업의 공적을 기린 내용으로, 모두 네 개의 장으로 이루어져 있음.
문도(文道)명 ①학예(學藝)의 길. ②문인(文人)이 닦아야 할 길. ↔무도(武道).
문도(門徒)명 ☞제자(弟子).
문:도(聞道)명하자 ①도(道)를 들음. ②도를 듣고 깨달음.
문-돋이(紋-)[-도지]명 무늬가 약간 돋아 나온 비단.
문동(文童)명 서당에서 함께 공부하는 아이.
문-동개(門-)[-똥-]명 대문의 아래 문장부를 꽂아 받치는 둔테의 구멍.
문-둔테(門-)명 문장부를 끼는 구멍이 뚫린 나무. 〔문얼굴 아래위로 가로 댐.〕 준둔테.
문둥-병(-病)[-뼝]명 나균(癩菌)의 침입으로 생기는 만성 전염병. 나병(癩病). 한센병. 대풍창(大風瘡).
문둥-이명 문둥병에 걸린 사람. 나병 환자. 풍인(風人).
문드러-지다자 ①썩거나 물러서 힘없이 처져 떨어지다. ¶ 무가 썩어서 문드러지다. /썩어 문드러진 호박. ②'몹시 속이 상하여 견디기 어렵게 됨'을 비유하여 이르는 말.
문득부 ①(생각이나 느낌 따위가) 갑자기 떠오르는 모양. ¶ 문득 고향 생각이 나다. ②어떤 행위가 갑자기 이루어지는 모양. ¶ 문득 걸음을 멈추고 뒤를 돌아본다. 센문뜩.
문득-문득[-뜽-]부 ①(어떤 생각이) 갑자기 자주. ¶ 너를 보고 싶은 생각이 문득문득 떠오른다. ②어떤 행위가 갑자기 자꾸 이루어지는 모양. 센문뜩문뜩.
문뜩부 〈문득〉의 센말. 준무뜩.
문뜩-문뜩[-뜽-]부 〈문득문득〉의 센말. 준무뜩무뜩.
문:란(紊亂)[물-]명하형 (도덕이나 질서 등이) 뒤죽박죽이 되어 어지러움. ¶ 풍기(風紀) 문란. /사회가 문란해지다. **문란-히**부.
문력(文力)[물-]명 글을 아는 힘. 글의 힘.
문례(文例)[물-]명 문장을 짓는 법이나 쓰는 법의 보기. 참예문(例文).
문:례(問禮)[물-]명하자 예절을 물음.
문로(門路)[물-]명 ①임금의 거가(車駕)가 드나드는 대궐 정문(正門)의 길. ②학문상의 지름길.
문루(門樓)[물-]명 궁문(宮門)이나 성문(城門) 위에 지은 다락집.
문리(文理)[물-]명 ①문장의 조리(條理). ②사물을 깨달아 아는 힘. ¶ 문리가 나다. /문리가 트이다. ③문과(文科)와 이과(理科).
문리과^대:학(文理科大學)[물-꽈-]명 문과 및 이과에 관한 전문적인 학술을 연구하는 단과 대학. 준문리대(文理大).
문리-대(文理大)[물-]명 〈문리과 대학〉의 준말.
문림(文林)[물-]명 ①☞문단(文壇). ②시문을 모은 책. 시문집(詩文集).
문망(文望)명 학문상의 명망.
문망(門望)명하타 왕조 때, 의정(議政)이 들어올 때, 하인이 문 앞에서 큰 소리로 이를 알리던 일.
문맥(文脈)명 글의 맥락. ¶ 문맥을 파악하다. /문맥이 통하다.
　문맥이 닿다관용 문맥이 통하다.
문맥(門脈)명 〈문정맥(門靜脈)〉의 준말.
문맹(文盲)명 ①무식하여 글을 읽지도 쓰지도 못하는 일. ¶ 문맹 타파. /문맹 퇴치. ②문맹자(文盲者).
문맹-자(文盲者)명 문맹인 사람, 곧 글을 모르는 사람. 문맹(文盲).
문-머리(門-)명 문얼굴의 위쪽.
문면(文面)명 (편지나 문서에 나타난) 글의 내용이나 취지. 서면(書面). ¶ 문면으로 보아서는 태도가 분명치 않다.
문명(文名)명 글을 잘한다는 명성(名聲). ¶ 문명을 날리다. 참무명(武名).
문명(文明)명 인지(人智)가 발달하여 인간 생활이 풍부하고 편리해진 상태. 정신문화에 대하여, 주로 인간의 외면적인 생활 조건이나 질서에 대한 물질문화를 이름. 비문화(文化). ↔미개(未開)·야만(野蠻).
문:명(問名)명하자 ①이름을 물음. ②혼인 육례(六禮)의 한 가지. 납채를 한 뒤, 남자 집에서 혼약한 여자의 혼인 운세를 점쳐 보기 위해 그 생모(生母)의 성(姓)을 묻는 일.
문명-개화(文明開化)명하자 사람의 지혜가 깨어 문명이 발달하고 생활이 편리해지는 일.
문명-국(文明國)명 〈문명국가〉의 준말.
문명-국가(文明國家)[-까]명 문화가 발달하고 민도(民度)가 높은 나라. 준문명국.

문명-병(文明病)[-뼝]명 고도로 발달된 물질 문명 생활에 따라 생기는 병증. 〔노이로제 따위.〕 문화병(文化病).
문명-사회(文明社會)[-회/-훼]명 문명이 발달한 사회.
문명-인(文明人)명 문명사회에 사는, 인지(人智)가 발달한 사람. ↔야만인.
문묘(文廟)명 공자(孔子)를 모신 사당. 근궁(芹宮). 성묘(聖廟). ㊃묘(廟).
문무(文武)명 ①문관과 무관. ②문식(文識)과 무략(武略). 문화적인 방면과 군사적인 방면. ¶ 문무를 겸비한 인재를 찾다.
문무-겸전(文武兼全)명하형 문식(文識)과 무략(武略)을 아울러 갖추고 있음. 문무쌍전.
문-무관(文武官)명 '문관과 무관'을 아울러 이르는 말.
문무-백관(文武百官)[-꽌]명 모든 문관과 무관. 모든 관원.
문무-석(文武石)명 능(陵) 앞에 세우는 문석(文石)과 무석(武石)을 아울러 이르는 말.
문무-쌍전(文武雙全)명하형 ☞문무겸전.
문묵(文墨)명 시문(詩文)을 짓거나, 서화(書畫)를 쓰거나 그리는 일.
문-문(門門)명 한자 부수의 한 가지. '閑'·'間'·'開' 등에서의 '門'의 이름.
문문(悶悶) '문문(悶悶)하다'의 어근.
문문-하다형여 ①무르고 부드럽다. ¶ 고구마가 문문하게 쪄졌다./흙이 문문하다. ②아무렇게나 함부로 다룰 만하다. ¶ 체격이 작다고 사람을 문문하게 본다. ㊅만만하다. **문문-히**부 ¶ 작다고 문문히 볼 게 아니다.
문:문-하다(問問-)타여 남의 슬픈 일이나 경사스러운 일에 물건을 보내어 위문하거나 축하하다.
문물(文物)명 법률·학문·예술·종교 따위 문화의 산물. 규문(奎文). ¶ 서양의 문물.
문물-제도(文物制度)명 문물에 관한 제도.
문미(門楣)명 문 위에 가로 댄 나무.
문민(文民)명 군인이 아닌 일반인. 〔'civilian'을 번역한 말.〕
문민-정부(文民政府)명 군인이 아닌 일반 국민이 수립한 정부.
문민-정치(文民政治)명 군인이 아닌 일반 국민이 행하는 정치.
문-바람(門-)[-빠-]명 문이나 문틈으로 들어오는 바람. 문풍(門風). ¶ 문바람이 차다.
문-바퀴(門-)명 ☞호차(戶車).
문-밖(門-)[-박]명 ①문의 바깥쪽. ¶ 문밖으로 나가다. ②성문(城門)의 밖. ③사대문 밖. ¶ 문밖에 살다. ③↔문안. ＊문밖이[-바끼]·문밖만[-방-]
문밖-출입(門-出入)[-박-]명 자기 집 문밖으로 나돌아 다님. ¶ 늦은 시간에는 문밖출입을 삼가라.
문반(文班)명 문관의 반열(班列). ↔무반(武班).
문방(文房)명 ☞서재(書齋).
문방-구(文房具)명 〔서재에 갖추어 두는 용구라는 뜻으로〕 종이나 먹·붓·펜·연필 따위, 글을 쓰거나 사무를 보거나 하는 데 필요한 기구. 문방제구. ㊃문구(文具).
문방-사보(文房四寶)명 ☞문방사우.
문방-사우(文房四友)명 서재에 갖추어야 할 네 벗인 지(紙)·필(筆)·묵(墨)·연(硯), 곧 종이·붓·먹·벼루의 네 가지를 아울러 이르는 말. 문방사보. ㊃사우(四友).

문방-제구(文房諸具)명 ☞문방구(文房具).
문:-배명 문배나무의 열매. 고살래와 비슷하며 단단하므로 물려서 먹음. 문향리(聞香梨).
문:배-나무명 장미과의 낙엽 교목. 4월에 흰 꽃이 산방 꽃차례로 피고, 둥그런 과실이 늦가을에 누렇게 익음. 나무는 여러 가지 기구를 만드는 재료가 되고, 껍질은 누른빛의 물감으로 쓰임.
문:배-주(-酒)명 좁쌀 누룩을 수수밥과 섞어 빚은 뒤 발효시켜 증류한 소주. 〔문배나무와 비슷한 향기가 난다고 하여 붙인 이름임.〕
문:뱃-내[-밴-]명 술에 취한 사람의 입에서 나는 술 냄새. 문배의 냄새와 비슷함.
문벌(門閥)명 대대로 내려온 그 집안의 지체. 가벌(家閥). 문지(門地). 세벌(世閥).
문범(文範)명 문장의 모범, 또는 모범이 되는 문장.
문법(文法)[-뻡]명 ①문장 구성 법칙. ②말소리나 단어·문장·어휘 등에 관한 일정한 규칙. ②말본.
문:법(聞法)명하자 설법(說法)을 들음.
문병(門屛)명 밖에서 집 안을 들여다보지 못하도록 대문이나 중문 안쪽에 가로막아 놓은 담이나 널빤지.
문:병(問病)명하타 앓는 사람을 찾아보고 위로함. ¶ 문병을 가다./친구를 문병하다. ㉥병문안.
문:복(問卜)명하자 점쟁이에게 점을 치게 하여 길흉을 물음. 문수(問數).
문부(文簿)명 (나중에 상고할) 문서와 장부. 문서. 문안(文案). 문적(文蹟). 부책(簿冊).
문:부(聞訃)명하자 부고(訃告)를 들음.
문비(門扉)명 문짝.
문비(門裨)명 악귀를 쫓는 뜻으로 대문에 붙이던, 신장(神將)의 화상을 그린 종이. 정월 초하룻날에 붙임.
문비를 거꾸로 붙이고 환쟁이만 나무란다속담 자기가 잘못하고서 도리어 남을 나무란다는 말.
문-빗장(門-)[-빋짱]명 문을 잠글 적에 가로지르는 나무때기나 쇠장대. ¶ 문빗장을 단단히 걸어 잠그다. ㊃빗장.
문빙(文憑)명 증거가 될 만한 문서. 증빙 서류.
문사(文士)명 ①학문으로써 입신(立身)하던 선비. ↔무사(武士). ②문필에 종사하거나 시문(詩文)에 능한 사람.
문사(文事)명 학문이나 문교에 관한 일, 또는 문학상의 일. ↔무사(武事).
문사(文思)명 문장에 담긴 사상.
문사(文詞·文辭)명 문장에 나타난 말.
문사-극(文士劇)명 문인들이 배우가 되어서 상연하는 연극. 문인극.
문-살(門-)[-쌀]명 문짝의 뼈대를 이루는 나무오리나 대오리.
문:상(問喪)명하타 ☞조상(弔喪).
문:상-객(問喪客)명 ☞조상객(弔喪客).
문-새(門-)명 문의 생김새.
문생(門生)명 〈문하생(門下生)〉의 준말.
문서(文書)명 ①실무상 필요한 사항을 문장으로 적어서 나타낸 글. ¶ 문서를 작성하다. ②소송법상 각인(各人)이 알아볼 수 있는 기호에 의하여 사상을 표시한 모든 것. ③☞문부(文簿). ¶ 노비 문서. ④☞문권(文券). ¶ 토지 문서.
문서 없는 상전속담 까닭도 없이 남에게 몹시 까다롭게 구는 사람을 이르는 말.
문서 없는 종속담 행랑살이하는 사람, 또는 아내나 며느리를 이르는 말.

문서^변ː조(文書變造)명 남의 명의로 된 문서를 아무 권한 없이 그 내용을 변경하는 행위.
문서^손ː괴(文書損壞)[-괴/-궤]명 남의 명의로 된 문서를 권한 없이 손괴하는 행위.
문서^위조(文書僞造)명 권한이 없이 남의 명의로 된 문서를 작성하거나, 허위로 자신의 문서를 작성하는 행위.
문서^은닉(文書隱匿)명 남의 문서를 감추는 행위.
문서-화(文書化)명하타되자 (말로 결정된 것을) 문서로 만듦. ¶ 노사 간의 합의 사항을 문서화하다.
문석(文石)명 ①☞마노(瑪瑙). ②〈문석인(文石人)〉의 준말.
문-석인(文石人)명 능(陵) 앞에 세우는, 문관(文官)의 형상으로 된 돌. 문관석(文官石). 준문석(文石). ↔무석인.
문선(文選)명하자 ①좋은 글을 가려 뽑음, 또는 그러한 책. ②활판 인쇄 과정에서, 원고대로 활자를 뽑음. 채자(採字).
문선-공(文選工)명 신문사나 인쇄소 등에서, 문선을 맡아 하는 사람. 채자공(採字工).
문-설주(門-柱)[-쭈]명 문의 양쪽에 세워 문짝을 끼워 닫게 한 기둥. 선단. 준설주.
문세(文勢)명 글의 기세. 문장이나 어구의 기세나 박력.
문-소리(門-)[-쏘-]명 문을 여닫는 소리.
문ː-소문(聞所聞)명하타 소문으로 전하여 들음, 떠도는 소문을 들음.
문-쇠(門-)[-쐬/-쒜]명 (놓이나 장 따위의) 문짝 바로 옆에 길이로 댄 나무토막.
문수(文殊)명 〈문수보살(文殊菩薩)〉의 준말.
문수(文數)[-쑤]명 신발의 크고 작은 치수.
문ː수(問數)명하자 ☞문복(問卜).
문수-보살(文殊菩薩)명 여래(如來)의 왼편에 있는, 지혜를 맡은 보살. 준문수(文殊).
문승(蚊蠅)명 모기와 파리.
문식(文飾)명하자 ①실속은 없이 겉만 그럴듯하게 꾸미는 일. 문구(文具). ②글을 수식함.
문신(文臣)명 문관인 신하. ↔무신(武臣).
문신(文身)명하타 살갗을 바늘로 찔러 먹물이나 다른 물감으로 글씨·그림·무늬 따위를 새기는 일, 또는 그렇게 새긴 몸. 자문(刺文). 자자(刺字). ¶ 등에 문신을 새기다.
문신(門神)명 문을 지킨다는 귀신.
문신^정시(文臣庭試)명 조선 시대에, 왕의 특명으로 정삼품 이하의 문관에게 보이던 과거.
문신^중ː시(文臣重試)명 ☞문과 중시.
문-신칙(門申飭)명하자 대문에 드나드는 사람을 감시하거나 막음.
문실-문실부 나무 따위가 죽죽 뻗어 자라는 모양. ¶ 문실문실 잘 자라는 나무.
문아(文雅)명 ①시문을 짓거나 읊거나 하는 풍류의 도(道). 소아(騷雅). ②하형시문이 운치가 있고 우아함.
문아-풍류(文雅風流)[-뉴]명 시문을 짓거나 읊거나 하는 풍류.
문-안(門-)명 사대문 안. ↔문밖.
문안(文案)명 ①☞문부(文簿). ②문서나 문장의 초안. ¶ 광고 문안. /문안을 작성하다.
문ː안(問安)명하자 웃어른에게 안부를 물음. ¶ 문안 편지를 올리다.
문안(이) 계시다관용 (왕·왕후·왕자 등이) '병이 들어 몸이 불편하시다'의 궁중말.
문ː안-드리다(問安-)자 '문안하다'의 높임말.
문ː안-침(問安鍼)명 〔병든 데를 찔러 보는 침이라는 뜻으로〕 어떤 일을 시험 삼아 미리 검사하여 보는 일.
문ː안-패(問安牌)명 각 궁전에 문안드릴 때, 출입해도 좋다는 증명으로 가지고 가던 둥근 나뭇조각의 패.
문야(文野)명 문명과 야만. 개화와 미개.
문약(文弱) '문약하다'의 어근.
문약-하다(文弱-)[무냐카-]형여 상무(尙武)의 정신이 없이 글만 숭상하여 나약하다.
문양(文樣)명 ☞무늬.
문어(文魚)명 문어과의 연체동물. 문어과에서 가장 큼. 몸통은 공처럼 둥글고 여덟 개의 발이 있음. 피부는 매끄러운데 적갈색을 띠며 그물 모양의 무늬가 있음. 몸빛은 환경에 따라서 바뀜.
문어(文語)명 ①문자 언어. ②(일상 언어에는 쓰이지 않고) 문장에만 쓰이는 말. 〔하나이다·하소서 따위.〕 ②글말·문장어. ↔구어(口語).
문-어귀(門-)명 문으로 들어가는 목의 첫머리. 문으로 통하는 첫목.
문어-문(文語文)명 문어체(文語體)로 된 문장. ↔구어문(口語文).
문어-오림(文魚-)명 말린 문어의 발을 오려서 여러 가지 모양을 낸 음식물. 예식이나 잔치 때에 어물(魚物)을 괴는 데 모양으로 놓음.
문어-체(文語體)명 문어로 쓰인 문장의 체. 글말체. 문장체. ↔구어체(口語體).
문언(文言)명 문장이나 편지의 어구.
문-얼굴(門-)명 문짝의 양옆과 위아래의 테를 이룬 나무. 문골. 문광(門框).
문여필(文與筆)명 ☞문필(文筆).
문-열이(門-)명 〈무녀리〉의 본딧말.
문-염자(門簾子)[-념-]명 추위를 막기 위해 창문이나 장지문에 치는 방장(房帳)의 한 가지. 피륙으로 길고 번듯하게 만듦.
문예(文藝)명 ①학문과 예술. ②〈문학예술〉의 준말. ③미적(美的) 현상을 사상화(思想化)하여, 언어로 표현한 예술 작품을 통틀어 이르는 말. 〔소설·시·희곡·평론·수필 따위.〕
문예-가(文藝家)명 문예에 종사하는 사람.
문예^공론(文藝公論)[-논]명 1929년 양주동(梁柱東)에 의해 창간된 순수 문예지. 당시 문단의 2대 조류였던 민족주의 문학 경향과 계급주의 문학 경향의 절충을 그 특색으로 함. 통권 3호로 폐간됨.
문예^과학(文藝科學)명 ☞문예학.
문예-극(文藝劇)명 문예 작품을 각색하여 상연하는 연극.
문예-란(文藝欄)명 (신문이나 잡지의) 문예에 관한 기사를 싣는 난.
문예^부ː흥(文藝復興)명 14세기 말에서 16세기 초에 걸쳐 이탈리아에서 일어나 전 유럽에 퍼진 예술과 학문상의 혁신 운동. 인간성의 존중, 개성의 해방 및 고전 문화의 부흥이 주된 내용임. 르네상스.
문예^비ː평(文藝批評)명 ☞문예 평론.
문예^사조(文藝思潮)명 한 시대의 문학 예술을 움직이는 사상의 뚜렷한 흐름이나 경향.
문예^연감(文藝年鑑)명 한 해 동안에 문예계에서 일어난 일을 통계적으로 기록한 책.
문예^영화(文藝映畫)명 문예 작품을 각색하여 예술성에 중점을 두고 만든 영화.
문예-지(文藝誌)명 시·소설·평론 따위 문예 작품을 주로 싣는 잡지.

문예^평ː론(文藝評論) [-논] 명 문예 사조나 문예 작품에 대한 비평. 문예 비평.
문예-학(文藝學) 명 문학사와 문학 이론 등을 과학적인 체계를 세워 연구하는 학문. 문예 과학. 참예술학.
문외(門外) [무뇌/무눼] 명 대문의 바깥. ↔문내.
문외-한(門外漢) [무뇌-/무눼-] 명 (어떤 일에 대한) 전문적인 지식이 없거나 관계가 없는 사람. ¶ 문외한의 눈에도 그 그림은 좋아 보였다.
문우(文友) 명 글로써 사귄 벗. 글벗.
문운(文運) 명 ①학문이나 예술이 크게 일어나는 운세(運勢). ②문인으로 성공할 운수.
문운(門運) 명 한 가문의 운수.
문웅(門雄) 명 ☞문호(文豪).
문원(文苑) 명 ☞문단(文壇).
문의(文義·文意) [무늬/무니] 명 글의 뜻.
문ː의(問議) [무늬/무니] 명하타 물어봄, 또는 물어서 의논함. ¶ 전화 문의. /의문 나는 점을 문의하다.
문ː이지지(聞而知之) 명하타 들어서 앎.
문인(文人) 명 ①문필이나 문예 창작에 종사하는 사람. ②지난날, '학문으로써 입신(立身)한 사람'을 이르던 말. ↔무인(武人).
문인(門人) 명 ☞문하생(門下生).
문인-극(文人劇) 명 (배우가 아닌) 문인들이 연출하고 연기하는 연극.
문인-화(文人畫) 명 동양화에서, 문인·학자 등이 여기(餘技)로 그린 그림을 이르는 말.
문ː일지십(聞一知十) 명하자 한 가지를 듣고 열 가지를 미루어 앎. 〔'논어'의 '공야장편(公冶長篇)'에 나오는 말임.〕
문자(文字)[1] 명 ①예로부터 전하여 오는 어려운 문구. 한자로 된 숙어나 성구. ②하찮게 여기는 뜻으로, '학식'을 속되게 이르는 말. ¶ 문자깨나 들었다고 으스댄다.
문자(를) 쓰다 관용 〔말할 때나 글을 쓸 때〕 ①한문으로 된 어려운 성구 따위를 섞어 쓰다. ②하찮은 지식으로 유식한 체하다. ¶ 그 꼴에 그래도 문자를 쓰네.
문자(文字)[2] [-짜] 명 ①글자. ②수학에서, 수량이나 도형 등 여러 가지 대상을 나타내기 위하여 쓰이는, 숫자 이외의 글자.
문자 그대로 관용 조금도 과장 없이 사실 그대로. ¶ 문자 그대로 송아지만 한 개다.
문자^다중^방ː송(文字多重放送) [-짜-] 명 텔레비전 방송 전파의 틈새를 이용하여 보도·일기 예보·상품 안내 등을 문자로 텔레비전 수상기에 비치게 하는 일. 텔레텍스트.
문자-반(文字盤) [-짜-] 명 시계나 계기 따위에서, 문자나 기호를 표시해 놓은 반.
문-자새(門-) 명 문호(門戶)나 창 따위를 통틀어 이르는 말.
문자^언어(文字言語) [-짜-] 명 (음성 언어에 대한 말로) 글자로 나타내는 말. 소리·뜻·형체(글자)의 세 요소를 갖추어, 읽고 쓰고 함. ↔음성 언어.
문자-학(文字學) [-짜-] 명 ☞자학(字學).
문-잡다(門-) [-따] 자 출산을 할 때, 태아의 머리가 나오기 시작하다.
문장(文狀) 명 ☞문첩(文牒).
문장(文章)[1] 명 ①어떤 생각이나 느낌을 줄거리를 세워 글자로써 적어 나타낸 것. 글발. 글월. 문(文). 월. ②〈문장가〉의 준말. ¶ 당대 제일의 문장.
문장(文章)[2] 명 1939년에 창간된 문학 종합지. 고전 문학의 발굴 및 주석에 힘쓰고, 민족 문학의 계승·발전을 위해 많은 신인을 배출하였음. 1941년에 통권 26호로 폐간됨.
문장(門長) 명 한 집안에서 항렬(行列)이나 나이가 가장 위인 사람.
문장(門帳) [-짱] 명 문이나 창문에 치는 휘장.
문장(蚊帳) 명 ☞모기장.
문장(紋章) 명 가문(家門)을 표시하는 도형. 주로, 서구나 일본의 귀족 사회에서 사용하였음.
문장-가(文章家) 명 문장을 잘 짓기로 이름난 사람. 준문장(文章)[1].
문장-도(文章道) 명 문장을 짓는 태도나 법칙.
문장-론(文章論) [-논] 명 ①문장에 관한 논설. ②문장의 성분이나 짜임 따위를 다루는 문법의 한 갈래. 구문론(構文論). 월갈.
문장-법(文章法) [-뻡] 명 ①문장을 짓는 방법. ②문장의 구조·형식·방법·종류 등에 관한 법칙.
문-장부(門-) [-짱-] 명 (문짝을 한곳에 달아 두고 여닫기 위하여) 널문짝의 한쪽 끝의 아래위로 상투같이 내밀어 문둔테 구멍에 끼우게 된 것. 장부[1].
문장^부ː사(文章副詞) 명 부사의 한 갈래. 문장 전체를 꾸미는 부사. 양태 부사와 접속 부사가 이에 딸림. 〔'설마 거짓말이야 하겠느냐.'에서의 '설마' 따위.〕
문장^부ː호(文章符號) 명 문장의 뜻을 돕거나 알아보기 쉽게 하기 위하여 쓰이는 여러 가지 부호. 〔물음표(?)·느낌표(!)·쉼표(,)·쌍점(:) 따위.〕 월점.
문장-삼이(文章三易) 명 문장이 마땅히 갖추어야 할 세 가지 요건으로, 보기 쉽고, 읽기 쉽고, 알기 쉽게 쓰라는 것.
문장^성분(文章成分) 명 문장을 구성하는 요소. 〔주성분(主成分)에는 주어·서술어·목적어·보어, 부속 성분에는 관형어·부사어, 독립 성분에는 독립어가 딸림.〕
문장-어(文章語) 명 ☞문어(文語).
문장-체(文章體) 명 ☞문어체(文語體).
문재(文才) 명 글재주.
문적 부하자 썩거나 무르고 연한 물건이 조금만 건드려도 뚝 끊어지거나 문드러지는 모양. 거문척. **문적-문적** 부하자.
문적(文蹟) 명 ☞문부(文簿).
문적(文籍) 명 적어 놓은 것, 곧 문서나 서적.
문전(文典) 명 ①문법책. ②〈문법(文法)〉을 이전에 이르던 말.
문전(門前) 명 문 앞.
문전-걸식(門前乞食) [-씩] 명하자 이 집 저 집 돌아다니며 빌어먹음.
문전-성시(門前成市) 명 〔문 앞이 저자를 이룬다는 뜻으로〕 찾아오는 사람이 많음을 이르는 말. '한서'의 '정숭전(鄭崇傳)'에 나오는 말임. ¶ 점이 용하다는 소문이 나서 요즘 그 집은 문전성시라네.
문전-옥답(門前沃畓) [-땁] 명 집 앞 가까이에 있는 기름진 논.
문전-옥토(門前沃土) 명 집 앞 가까이에 있는 기름진 땅.
문절(文節) 명 문장을, 뜻을 지닌 최소 단위로 세분한 각 단위.
문정(門庭) 명 대문 안에 있는 뜰.
문ː정(問情) 명하자 ①사정을 물음. ②지난날, 외국 배가 처음으로 항구에 들어왔을 때, 관리를 보내어 그 사정을 묻던 일.

문-정맥(門靜脈) 명 척추동물의 위·창자·이자·지라의 모세관을 돌고 온 정맥의 피를 모아서 간에 보내는 굵은 정맥. 준 문맥(門脈).

문제(門弟) 명 〈문제자(門弟子)〉의 준말.

문:제(問題) 명 ①해답을 필요로 하는 물음. ¶ 국어 시험 문제. /문제가 쉽다. 준 문(問). ②연구하거나 해결해야 할 사항. ¶ 당면 문제. ③성가신 일이나 논쟁이 될 만한 일. ¶ 문제를 일으키다. /문제를 해결하다. ④세상의 이목이 쏠리는 것. ¶ 문제의 소설(사건). ⑤어떤 사물과 관련되는 일. ¶ 이 일은 부부간의 문제다.

문:제-극(問題劇) 명 (사회나 종교 따위) 특수한 문제를 다룬 연극.

문:제^소:설(問題小說) 명 ①(정치나 사회·종교·도덕 따위) 특수한 문제를 주제로 하여 쓴 소설. ②논쟁이나 문제를 일으킨 소설.

문:제-시(問題視) 명하타 되자 문젯거리로 삼거나 주시(注視)함.

문:제-아(問題兒) 명 (지능이나 성격·행동 따위가 여느 아동과 뚜렷이 달라) 특별한 교육과 지도를 필요로 하는 아동. 〔저능아·불량아·성격 이상 아동 등.〕 문제 아동.

문:제^아동(問題兒童) 명 ☞문제아.

문:제-없다(問題—) [—업따] 형 문제 삼을 정도가 아니다. 걱정할 거리가 아니다. ¶ 우승은 문제없다. **문제없-이** 부.

문:제-의식(問題意識) [—의—/—이—] 명 대상에 대하여 문제를 제기하고 해답을 이끌어 내고자 하는 자각(自覺). ¶ 문제의식이 부족하다.

문-제자(門弟子) 명 스승의 문하(門下)에서 배우는 제자. 문하생(門下生). 준 문제(門弟).

문:제-점(問題點) [—쩜] 명 문제가 되는 점. ¶ 문제점이 드러나다. /문제점을 찾다. /문제점을 해결하다.

문:젯-거리(問題—) [—제꺼—/—젣꺼—] 명 ①여러 가지 문제를 일으킬 만한 요소, 또는 사건이나 그 핵심. ②처치하기 어려운 일이나 사물.

문젼 명 〈옛〉 문지방. ¶ 문젼 곤:閫. 문젼 역:閾(訓蒙中7). /드닐 제 문젼을 붋디 아니ᄒᆞ더시다(小解*2:39*).

문조(文鳥) 명 참샛과의 새. 참새와 비슷한데 부리가 크고 둥글게 솟았음. 머리와 꽁지는 검고, 얼굴은 희며, 등과 가슴은 회청색이고, 배는 흰색임. 벼 따위의 농작물을 크게 해침. 애완용으로 기름.

문조(文藻) 명 ①시문(詩文)을 짓는 재주. ②☞문화(文華).

문족(門族) 명 한 가문의 겨레붙이.

문:죄(問罪) [—죄/—줴] 명하타 죄를 캐어물음.

문주-란(文珠蘭) 명 수선화과의 상록 다년초. 제주도에서 자생하던 것이 관상용으로 널리 퍼짐. 비늘줄기는 원기둥꼴이고, 높이 30~50 cm로 곧게 자라며, 7~9월에 흰 꽃이 핌.

문중(門中) 명 성(姓)과 본(本)이 같은 가까운 집안. 문내(門內). ¶ 문중 회의.

문-중방(門中枋) [—쭝—] 명 문얼굴에 가로 건너 낀 중방.

문-쥐 명 여러 마리가 서로 꼬리를 물고 줄을 지어 다니는 쥐.

문증(文證) 명 글로 나타낸 증거(증명).

문지(門地) 명 ☞문벌(門閥).

문:지(聞知) 명하타 들어서 앎.

문-지기(門—) 명 문을 지키는 사람.

문-지도리(門—) [—찌—] 명 문짝을 달고 여닫게 하는 물건. 〔돌쩌귀·문장부 따위.〕

문지르다 [문지르니·문질러] 타르 무엇을 서로 대고 이리저리 밀거나 비비다. ¶ 구두를 헝겊으로 문지르다. /이 옷은 문질러야 때가 빠진다.

문-지방(門地枋) [—찌—] 명 드나드는 문에서, 양쪽 문설주 아래에 가로 댄 나무.

문직(紋織) 명 무늬가 돋아나게 짠 옷감.

문진(文鎭) 명 ☞서진(書鎭).

문:진(問診) 명하타 진단법의 한 가지. 의사가 환자 스스로 느끼는 건강 상태를 물어보아서 판단을 내리는 진단.

문:진(聞診) 명하타 진단법의 한 가지. 환자의 목소리나 냄새 등으로 분별하는 진단.

문질(文質) 명 ①겉에 나타난 꾸밈과 속바탕. ②문식(文飾)과 실질(實質).

문질(門疾) 명 한 집안에 대대로 전해 내려오는 병이나 폐풍(弊風).

문질리다 자 〖'문지르다'의 피동〗 문지름을 당하다.

문집(文集) 명 시문을 한데 모아서 엮은 책.

문-짝(門—) 명 (문틀이나 창틀에 끼워 여닫게 된) 문의 낱짝. 문비(門扉).

문짝-알갱이(門—) 명 장롱 따위의 문짝에 낀 네모나 여덟 모의 널빤지.

문-창호(門窓戶) 명 문과 창호.

문채(文彩·文采) 명 ①아름다운 광채. ②무늬.

문:책(問責) 명하타 일의 책임을 물어 꾸짖음. ¶ 문책을 당하다. /관계자를 문책하다.

문척 부하자 썩거나 무르고 연한 물건이 조금만 건드려도 툭 끊어지거나 문드러지는 모양. 여 문적. **문척-문척** 부하자.

문첩(文牒) 명 관청의 서류. 문장(文狀).

문체(文體) 명 ①문장의 양식(樣式). 〔문어체와 구어체, 간결체와 만연체 따위.〕 ②지은이의 개성이나 사상이 나타나 있는 문장의 특색. 흔히, 문장의 어구나 조사(措辭) 등에 나타남. ③한문의 체재, 곧 논변(論辯)이나 서기(序記) 따위.

문체-론(文體論) 명 언어학의 한 분과. 구문법(構文法)·어휘·억양 등 언어 표현의 개성적 특색을 특정의 작가나 국어·시대·유파 등을 대상으로 하여 연구함.

문:초(問招) 명하타 지난날, '죄인을 신문(訊問)함'을 이르던 말. ¶ 문초를 당하다.

문출(門黜) 명 지난날, 성문 밖으로 내쫓았던 가벼운 형벌.

문치(文治) 명하타 학문과 법령으로써 세상을 다스림, 또는 문덕(文德)으로써 하는 정치.

문치(門齒) 명 앞니.

문치적-거리다 [—꺼—] 자 자꾸 문치적문치적하다. 문치적대다. 준 문칫거리다.

문치적-대다 [—때—] 자 문치적거리다. 준 문칫대다.

문치적-문치적 [—정—] 부하자 (일을 딱 잘라 하지 못하고) 어물어물 자꾸 끌어 가기만 하는 모양. 준 문칫문칫.

문칫-거리다 [—칟꺼—] 자 〈문치적거리다〉의 준말.

문칫-대다 [—칟때—] 자 〈문치적대다〉의 준말.

문칫-문칫 [—친—칟] 부하자 〈문치적문치적〉의 준말. ¶ 문칫문칫 망설이기만 한다.

문턱 부하자 (썩거나 질척질척한 물건이) 꽤 큰 덩이로 툭 끊어지거나 잘라지는 모양. 작 몬탁. 여 문덕. **문턱-문턱** 부하자.

문-턱(門—) 명 ①문짝의 밑이 닿는 문지방의 윗머리. ②'어떤 일이 아주 가까이 왔음'을 비유하여 이르는 말. ¶ 봄이 문턱에 왔다.

문턱이 높다 관용 만나기가 어렵다. 상대하기가 힘들다.

문턱이 닳도록 드나들다 관용 자주 찾아가거나 드나들다.

문투(文套) 명 ①글을 짓는 법식. ②글에 나타나는 특징적인 버릇.

문-틀(門-) 명 문짝을 끼울 수 있도록 만든 틀.

문-틈(門-) 명 닫힌 문의 틈바구니.

문패(門牌) 명 성명·주소 등을 적어 대문에 다는 패.

문편(紋片) 명 도자기의 잿물에 나타난 무늬 같은 금. 단문(斷紋).

문표(門標) 명 대궐이나 영문의 출입을 허가하는 표시로 주던 표. 문감(門鑑).

문풍(文風) 명 글을 숭상하는 풍습.

문풍(門風) 명 ①한 집안에 전해 오는 법절이나 풍습. ②☞문바람.

문:풍(聞風) 명 뜬소문을 들음.

문-풍지(門風紙) 명 (문틈으로 새어 드는 바람을 막기 위하여) 문짝 가를 돌아가며 바르는 종이. 준풍지(風紙).

문필(文筆) 명 ①글과 글씨. 문여필(文與筆). ②글을 짓거나 쓰는 일.

문필-가(文筆家) 명 문필을 업으로 삼는 사람.

문하(門下) 명 ①스승의 밑, 또는 스승의 집. ¶ 퇴계(退溪) 문하. ②문하생이 드나드는 권세 있는 집.

문하-부(門下府) 명 ①고려 시대에, '중서 문하성(中書門下省)'의 고친 이름. ②조선 초에, 정사를 도맡아 보살피던 최고 의결 기관.

문하-생(門下生) 명 ①문하에서 가르침을 받는 제자. 교하생(校下生). 문인(門人). 문제자. ②세도가에 드나드는 사람. 준문생(門生).

문하-시중(門下侍中) 명 ①고려 시대에, 정사를 도맡아 보살피던 으뜸 벼슬, 또는 그 벼슬아치. ②조선 초에, 정사를 총괄하던 문하부(門下府)의 으뜸 벼슬, 또는 그 벼슬아치.

문하-인(門下人) 명 지난날, 세도 있는 집에 드나들던 지체 낮은 사람.

문학(文學) 명 ①넓은 뜻으로는, 법률학·정치학·자연 과학·경제학 등의 학문 이외의 학문을 통틀어 이르는 말. 〔순문학(純文學)·사학·철학·언어학 따위.〕 ②좁은 뜻으로는, 정서와 사상을 상상의 힘을 빌려 문자로 나타내는 예술 및 그 작품. 〔수필·시·소설·희곡·평론 따위.〕

문학-가(文學家) [-까] 명 문학을 창작하거나 연구하는 사람. 문학자.

문학^개:론(文學槪論) [-깨-] 명 문학 전반에 관한 개요를 연구하는 학문, 또는 그런 책.

문학-계(文學界) [-꼐/-께] 명 ①문학의 세계나 영역. ②문학가의 사회. 문단(文壇).

문학-관(文學觀) [-꽌] 명 문학의 가치·직능 등에 대한 독자적인 견해나 안목.

문학-도(文學徒) [-또] 명 문학 작품의 창작에 뜻을 두거나 문학을 전문적으로 연구하는 학도.

문학-론(文學論) [-항논] 명 문학의 본질이나 작품의 감상·평가에 관한 이론이나 논설.

문학-부(文學部) [-뿌] 명 대학의 학부의 한 가지. 문학·철학·사회학·사학 따위의 학과를 포함함.

문학-사(文學士) [-싸] 명 학위의 한 가지. 대학의 문학부를 졸업한 학사의 칭호.

문학-사(文學史) [-싸] 명 ①문학의 역사. ②문학의 역사적 발전 과정을 연구하는 학문.

문학-상(文學賞) [-쌍] 명 우수한 문학 작품을 창작하였거나 문학 부문에 공적이 뛰어난 사람에게 주는 상. ¶ 신인 문학상.

문학-소녀(文學少女) [-쏘-] 명 문학을 좋아하는 감상적(感傷的)인 소녀.

문학-예술(文學藝術) [-항녜-] 명 ①예술로서의 문학을 이르는 말. ②문학과 예술을 아울러 이르는 말. 준문예(文藝).

문학-자(文學者) [-짜] 명 ☞문학가.

문학-청년(文學青年) 명 문학을 좋아하는, 또는 문학가를 지망하는 청년.

문한(文翰) 명 ①문필(文筆)에 관한 일. ②문장에 능한 사람.

문한(門限) 명 지난날, 도성(都城) 안의 궁문(宮門)과 성문(城門)을 닫던 시간.

문한-가(文翰家) 명 대대로 뛰어난 문필가가 나온 집안.

문합-술(吻合術) [-쑬] 명 장기(臟器)와 장기를 접합시켜 잇는 수술.

문:항(問項) 명 문제의 항목.

문:향(聞香) 명하자 ①향기를 맡음. ②향불의 향기만을 맡고 그 향의 우열을 가리는 일.

문:향리(聞香梨) [-니] 명 ☞문배.

문헌(文獻) 명 ①문물 제도의 전거(典據)가 되는 기록. ②학문 연구에 참고 자료가 될 만한 기록이나 책. ¶ 참고 문헌.

문헌-학(文獻學) 명 ①문헌에 의하여 어떤 민족이나 시대의 문화를 이해하려는 학문. ②☞서지학(書誌學).

문형(文型) 명 문장의 유형(類型). 구조나 종류·표현법 등에 따라 나뉨. ¶ 기본 문형.

문형(文衡) 명 조선 시대에, '대제학(大提學)'을 달리 일컫던 말.

문호(文豪) 명 크게 뛰어난 문학가. 문웅(文雄). ¶ 러시아의 문호인 톨스토이.

문호(門戶) 명 ①집으로 드나드는 문. ②'외부와 교류하기 위한 통로나 수단'을 비유하여 이르는 말. ¶ 문호를 개방하다. /신문화 유입의 문호.

문화(文火) 명 뭉근하게 타는 불. ↔무화(武火).

문화(文化) 명 ①인지(人智)가 깨어 세상이 열리고 생활이 보다 편리하게 되는 일. ②철학에서, 진리를 구하고 끊임없이 진보·향상하려는 인간의 정신적 활동, 또는 그에 따른 정신적·물질적인 성과를 이르는 말. 〔학문·예술·종교·도덕 따위.〕 비문명. ③문덕(文德)으로 백성을 가르쳐 이끎. ¶ 문화 정책을 펴다.

문화(文華) 명 ①문장의 화려함. 문조(文藻). ②문명의 화려한 빛.

문화(文話) 명 ☞문담(文談).

문화^가치(文化價值) 명 ①어떤 사물이 문화재로서 지니고 있는 가치. ②문화재를 평정하는 기준이 되는 가치. 〔진·선·미 따위.〕

문화^경관(文化景觀) 명 자연에 사람의 공력을 들여서 이룩한 교통로(交通路)·도시·농촌 등의 모습. ↔자연 경관.

문화-계(文化界) [-계/-게] 명 문화와 관련 있는 사회적 분야.

문화^과학(文化科學) 명 〔신칸트학파에서 과학을 둘로 나눈 것 중의 하나로〕 대상의 일반성을 밝혀 법칙을 정립하는 자연 과학에 대하여, 사물의 일회적(一回的) 개별성을 기술하는 과학. 역사 과학. 참자연 과학.

문화^국가(文化國家) [-까] 명 (경찰국가 따위의 개념에 대립하는 것으로서) 문화의 창조·유지·발전을 최고 목적으로 하는 국가.

문화-권(文化圈)[-꿘]명 어떤 공통적 특징을 갖는 문화의 세력권 안에 있는 지역.

문화-병(文化病)[-뼝]명 ☞문명병(文明病).

문화^보:호법(文化保護法)[-뻡]명 학문과 예술의 자유를 보장하고 과학자와 예술가의 지위를 향상시킴으로써, 민족 문화의 창조·발전을 꾀하려는 취지 아래 제정된 법률.

문화-비(文化費)명 ①(교육이나 종교·예술 따위) 일반 문화 발전을 위하여 필요로 하는 비용. 〔재정학상의 용어임.〕 ②가계(家計)에서, 사교(社交)·교양·오락 따위에 쓰이는 비용.

문화-사(文化史)명 인류의 정신적·사회적 활동의 역사. 곧, 종교·과학·예술·경제 따위 변천을 사회의 문화 요소로서 연관시켜 기록한 역사.

문화^사회학(文化社會學)[-회-/-훼-]명 인간 문화를 연구 대상으로 하는 사회학.

문화-생활(文化生活)명 문화 가치를 실현하거나 문화를 누리는 생활.

문화^양식(文化樣式)명 ☞문화 유형.

문화-어(文化語)명 북한에서, 평양의 말을 중심으로 노동 계급의 이상 및 생활 감정에 맞도록 어휘·문법·철자법 따위를 규범화한 말.

문화^영화(文化映畫)명 극영화에 상대하여, '교육 영화나 과학 영화' 등을 이르는 말.

문화-유산(文化遺産)명 다음 세대에 물려줄, 민족 및 인류 사회의 모든 문화. 유형·무형의 각종 문화재나 문화 양식 따위. ¶ 우리 민족의 찬란한 문화유산.

문화^유:형(文化類型)명 문화의 여러 요소나 특질이 통합 형성되어, 그 양상이 통일과 외연(外延)을 가지고 완결된 체계를 이룬 유형. 문화 양식(文化樣式).

문화-인(文化人)명 ①지성과 교양이 있는 사람. ↔야만인(野蠻人). ②문화에 관한 일에 종사하는 사람.

문화^인류학(文化人類學)[-일-]명 인류의 생활과 역사를 문화 면에서 실증적으로 연구하려는 인류학의 한 부문. 참자연 인류학.

문화-재(文化財)명 ①문화의 소산(所産), 곧 학문이나 예술. ②문화재 보호의 대상이 되는 유형 문화재와 무형 문화재 및 기념물·민속 자료를 통틀어 이르는 말.

문화재-청(文化財廳)명 문화 체육 관광부에 딸린 중앙 행정 기관의 하나. 문화재의 보존·관리 및 활용 등에 관한 사무를 맡아봄.

문화^정치(文化政治)명 교화(敎化)로써 다스리는 정치. 참무단 정치(武斷政治).

문화-주의(文化主義)[-의/-이]명 문화의 향상과 문화 가치의 실현을 인간 생활의 최고 목적으로 하는 주의.

문화^주:택(文化住宅)명 생활상 편리하며 보건·위생에 알맞게 지은 주택.

문화^체육^관광부(文化體育觀光部)[-꽌-]명 중앙 행정 기관의 하나. 문화·체육·청소년·출판·국내 문화의 해외 홍보 및 관광 등에 관한 사무를 맡아봄.

문화^포장(文化褒章)명 문화 예술 활동을 통하여 문화 발전에 이바지한 공적이 뚜렷한 사람에게 수여하는 포장.

문화^훈장(文化勳章)명 문화 예술 발전에 공을 세워 국민 문화 향상과 국가 발전에 이바지한 공적이 뚜렷한 사람에게 수여하는 훈장. 〔금관·은관·보관(寶冠)·옥관(玉冠)·화관(花冠)의 다섯 등급이 있음.〕

문회(門會)[-회/-훼]명 문중(門中) 모임.

문:후(問候)명하자 웃어른의 안부를 물음. ¶ 큰아버지께 문후를 드리다.

묻갊다타 〈옛〉 파묻다. 장사(葬事)하다. ¶ 묻갊디 몯ᄒᆞ야(內訓*1:72*).

묻그리명 〈옛〉 무꾸리. ¶ ᄆᆞᅀᆞ미 굳티 몯ᄒᆞ야 됴쿠주믈 묻그리ᄒᆞ야(釋譜*9:36*).

묻다[1][-따]자 ①(물이나 가루 따위가) 들러붙다. ¶ 피 묻은 붕대. /구두에 흙이 묻다. ②함께 팔리거나 섞이다. 《주로, '묻어'·'묻어서'의 꼴로 쓰임.》 ¶ 승용차로 가면 나도 좀 묻어 타고 가자.

묻다[2][-따]타 ①(땅이나 다른 물건 속에) 물건을 넣고 덮어 감추다. ¶ 쓰레기를 땅에 묻다. ②드러나지 않게 숨겨 감추거나 없었던 셈으로 치다. ¶ 남의 잘못을 묻어 주다. ③얼굴을 몸이나 다른 물체에 가리듯 기대다. ¶ 양 무릎에 얼굴을 묻다. /베개에 얼굴을 묻다.

묻:다[3][-따][물으니·물어]타ㄷ ①(모르거나 궁금한 것을 알려고) 대답을 구하다. ¶ 이름을 묻다. ②잘못이나 책임을 따지다. ¶ 책임을 묻다.

묻어-가다자 함께 따라가거나 딸려 가다. ¶ 택시 탈 거면 나도 좀 묻어가자.

묻어-나다자 물건에 칠하거나 바른 것이 다른 것에 닿았을 때 거기에 옮아 묻다. ¶ 벽에서 페인트가 묻어났다.

묻어-오다자 함께 따라오거나 딸려 오다.

묻을-무명 (겨울에 먹기 위하여) 움 속에 묻어 두는 무.

묻-히다[1][무치-]자 ①〖'묻다[2]'의 피동〗 묻음을 당하다. ¶ 선산(先山)에 묻히다. /지하에 묻힌 자원. ②어떤 상태나 환경에 휩싸이다. ¶ 산이 단풍에 묻혔다. /마을이 어둠에 묻히다. ③어떤 곳에 틀어박히다. ¶ 초야에 묻혀 지내다. ④어떤 일에 몰두하다. ¶ 하루종일 일에 묻혀 산다.

묻-히다[2][무치-]타 〖'묻다[1]'의 사동〗 묻게 하다. ¶ 떡에 팥고물을 묻히다.

물[1]명 ①〔화학적으로는〕 수소 2와 산소 1의 화합물(H_2O)로서 색·냄새·맛이 없는 액체. ㉠(자연계의) 빗물·샘물·강물·바닷물 따위. ¶ 물에서 사는 생물. /화초에 물을 주다. ㉡(특히) 식수(食水). ¶ 물이 자꾸 켜이다. ②강이나 호수·바다를 두루 이르는 말. ¶ 산 넘고 물 건너. ③밀고 써는 바닷물. ¶ 물이 나가다. /물이 들어오다. ④물 모양의 액체. 〔즙액(汁液)·수액(樹液) 따위.〕 ¶ 물이 많은 과일. /나무에 물이 오르다. ⑤큰물. 홍수(洪水). ¶ 물에 잠긴 동네. ⑥《일부 명사 뒤에, '들다'·'먹다'와 함께 쓰이어》 '어떤 환경의 영향'을 비유하여 이름. ¶ 외국 물을 먹다. /대학 물을 먹다.

물 밖에 난 고기속담 '목숨이 경각에 다다랐거나 그런 운명에서 벗어날 수 없게 된 사람'을 빗대어 이르는 말. 참도마에 오른 고기.

물 본 기러기, 꽃 본 나비속담 바라던 바를 이루어 득의양양함을 이르는 말.

물에 물 탄 듯 술에 술 탄 듯속담 말이나 행동이 변화가 없이 싱겁다는 말.

물에 빠져도 정신을 차리면 산다속담 아무리 어려운 경우에도 정신을 차리고 용기를 내면 살 도리가 있다는 말.

물에 빠지면 지푸라기라도 움켜쥔다속담 위급한 때에는 무엇이나 닥치는 대로 잡고 늘어진다.

물에 빠진 놈 건져 놓으니까 내 봇짐 내라 한다속담 남의 은혜를 갚기는커녕 배신함을 이르는 말.

물이 깊어야 고기가 모인다속담 덕망이 있어야 사람이 따른다는 말.

물이 깊을수록 소리가 없다속담 사람이 잘날수록 잘난 체하거나 떠벌리거나 하지 않는다는 말.

물이 아니면 건너지 말고 인정이 아니면 사귀지 말라속담 인정에 의한 사귐이어야만 참된 사귐이라는 말.

물로 보다관용 사람을 하찮게 보거나 쉽게 생각하다.

물 뿌린 듯이관용 한자리에 모인 사람이 숙연해짐을 이르는 말.

물 쓰듯 하다관용 (돈이나 물자를) 헤프게 쓰다. ¶ 가산을 물 쓰듯 하여 탕진하다.

물에 빠진 생쥐관용 물이나 비에 흠뻑 젖어 몰골이 몹시 초췌해진 모양을 이르는 말.

물 위의 기름관용 서로 어울리지 못하고 겉돎을 이르는 말.

물(을) 내리다관용 떡가루에 꿀물이나 맹물을 쳐 가면서 성긴 체에 다시 치다.

물(을) 맞다관용 (병을 고치려고) 폭포 같은 데에 가서 물맞이를 하다.

물(을) 잡다관용 (논에 처음으로) 물을 대어 두다.

물(이) 내리다관용 (기운이 빠지거나 뜻을 잃어) 사람이 풀기가 없어지다.

물(이) 잡히다관용 살갗에 물집이 생기다. ¶ 오랫동안 망치질을 했더니 손바닥에 물이 잡혔다.

물 찬 제비관용 '몸매가 날씬하고 옷맵시가 깔끔한 사람'을 비유하여 이르는 말.

물 퍼붓듯 하다관용 ①말이 매우 빠르고 세차다. ②비가 몹시 세차게 옴을 이르는 말.

물[2]명 ①물건에 묻어서 드러나는 빛깔. ¶ 옷에 붉은 물이 들다. ②〈물감[1]〉의 준말. ③'나쁜 생각이나 행동의 영향'을 빗대어 이르는 말. ¶ 퇴폐 사상에 물이 들다.

물[3]명 생선의 싱싱한 정도. ¶ 물이 좋은 고등어.

물[4]의 ①옷을 한 번 빨 동안을 세는 말. ¶ 한 물 입은 옷. ②채소·과일·어물 따위가 어떤 동안을 두고 한목 많이 나오는 차례를 세는 말.

물명 〈옛〉 무리〔群〕. ¶ 비록 사ᄅᆞ매 무레 사니고도 즁ᄉᆡᆼ마도 몯호이다(釋譜6:5).

물(物)명 ①철학에서, 감각적인 존재 및 사고(思考)의 대상이 되는 유형·무형의 온갖 것을 통틀어 이르는 말. ②☞물건(物件)[2].

-물(物)접미 《일부 명사 뒤에 붙어》 '물건·물질'임을 뜻함. ¶ 공용물. /청과물.

물-가[-까]명 (바다나 강·내·못 따위) 물이 있는 곳의 가장자리, 또는 그 가까운 바깥. 물녘. 수변(水邊). 수애(水涯). ¶ 물가에 내보낸 어린애같이 항상 마음이 안 놓인다.

물가(物價)[-까]명 물건 값. 상품의 시장 가격. ¶ 물가 조절. /물가 통제.

물가-고(物價高)[-까-]명 물건 값이 비쌈, 또는 그 정도. ¶ 물가고에 허덕이다.

물가^연동제(物價連動制)[-까-]명 임금이나 금리 따위를 물가에 따라 조절하는 정책.

물가^정책(物價政策)[-까-]명 물가를 알맞게 유지시켜 경제적 안정을 꾀하려는 시책.

물가^지수(物價指數)[-까-]명 물가의 변동을 표시하는 통계 숫자. 어떤 기준년(基準年)의 물가를 100으로 하고, 그 후의 물가의 변동을 기준년과 비교해 보는 것.

물가^평준(物價平準)[-까-]명 물가 지수로 나타내는 상품 가격의 평균 위치.

물각유주(物各有主)명하형 물건(사물)에는 다 각기 임자가 있음.

물-갈래[-깔-]명 (강물·냇물 따위의) 물이 갈리어 나가는 가닥.

물-갈음명하타 (광택이 나도록) 석재(石材)의 표면을 물을 쳐 가며 가는 일.

물-갈이[1]명하타 논에 물을 대고 가는 일. ↔마른갈이. 참진갈이.

물-갈이[2]명하타 ①수영장이나 수족관 따위 시설에 든 물을 가는 일. ②'조직 등에서 어떤 일에 관계된 사람들을 갈아 치우는 일'을 비유하여 이르는 말. ¶ 이번 조직 개편에서는 대폭적인 물갈이가 예상된다.

물-갈퀴명 ①(오리·기러기·개구리 따위의) 발가락 사이에 있는 막(膜). 헤엄치는 데 아주 편리함. 복(蹼). ②잠수할 때 발에 끼는, 오리발 모양의 물건. 오리발.

물-감[1][-깜]명 ①물건에 빛깔을 물들이는 물질. 염료. ¶ 옥색 물감. ②그림물감. 채료(彩料). 준물[2].

물-감[2]명 감의 한 가지. 모양이 조금 길둥글고 즙액이 많음.

물-개[-깨]명 물갯과의 바다짐승. 몸은 둥글고 길쭉하며 네 다리는 물고기의 지느러미 모양인데 헤엄을 잘 침. 꼬리와 귀가 작고 온몸에 짧은 털이 있음. 몸빛은 회흑색에 아래쪽은 적갈색임. 북태평양 특산으로 알래스카 등지에서 모여 삶. 바닷개. 올눌(膃肭). 해구(海狗).

물-거름명 액체 상태로 된 비료. 〔똥·오줌을 썩힌 것이나 물에 녹인 화학 비료 따위.〕 액비(液肥).

물거리명 싸리 따위와 같이, 잡목의 우죽으로 된 땔나무.

물-거리(-距離)[-꺼-]명 만조(滿潮) 때 배가 다닐 수 있는 물길의 거리.

물-거울명 거울삼아 모양을 비추어 보는 물.

물-거품명 ①물에 생기는 거품. 부말(浮沫). 포화(泡花). ②'노력이 헛되게 된 상태나 결과'를 비유하여 이르는 말. ¶ 모든 것이 물거품이 되고 말았다. 수포(水泡).

물건(物件)[1]명 ①일정한 형체를 갖추고 있는 모든 물질적 존재. ¶ 조상 전래의 물건. ②사고파는 물품. ¶ 비싼 물건을 사다. ③'특이하거나 남다른 존재'를 비유하여 이르는 말. ¶ 녀석, 생긴 것과는 달리 물건이야.

물건을 모르거든 금 보고 사라속담 값은 물건의 질에 따라 정해지니, 좋은 물건을 사려면 비싼 것으로 사야 한다는 말.

물건(物件)[2]명 법률적으로 권리의 객체가 될 수 있는 것. 민법에서는 유체물 및 전기, 기타 관리할 수 있는 자연력을 가리킴. 물(物).

물-걸레명 물에 적시어 쓰는 걸레. ↔마른걸레.

물걸레-질명하타 물걸레로 닦는 일.

물-것[-껏]명 (모기나 빈대·이 따위) 사람이나 동물의 살을 물어 피를 빨아 먹는 벌레를 통틀어 이르는 말. *물것이[-꺼시]·물것만[-껀-]

물-결[-껼]명 ①(바람 따위로) 수면에 높낮이가 생겨 움직이는 결. 수파(水波). ¶ 물결이 일다. ②물결처럼 움직이거나 밀어닥치는 모양(것). ¶ 사람의 물결. /시대의 물결. /바람에 물결이 이는 보리밭.

물결-치다[-껼-]자 ①물결이 일어나다. ¶ 강물이 잔잔하게 물결치다. ②물결처럼 크게 움직이거나 설레다. ¶ 신선한 감동이 물결치다.

물결-털[-껼-]명 ☞섬모(纖毛).

물결-표(-標)[-껼-]명 순서나 정도 또는 동안을 나타낼 때 그 사이를 줄이는 뜻으로 쓰이는

표. 〔'사흘~닷새'·'10~20 m 크기의 나무'·'1월~3월' 등에서의 '~'를 이름.〕
물-겹것[-껃]명 홈질을 하여 지은 겹옷. *물겹것이[-꺼시]·물겹것만[-껀-]
물-겹저고리[-쩌-]명 홈질을 하여 지은 겹저고리. ¶ 숙고사 물겹저고리.
물경(勿驚)부 〔놀라지 말라는 뜻으로〕 엄청난 것을 말할 때 앞세워 이르는 말. ¶ 물경, 10만 명이나 되는 청중이 모였다.
물-경단(-瓊團)명 경단의 한 가지. 물에 삶은 다음에 고물을 묻히지 아니하고 삶은 물에 꿀과 새앙물을 쳐서 그 물째 먹는 것.
물계[-계/-게]명 찹쌀에 섞인, 멥쌀 비슷한 나쁜 쌀알.
물계(物-)[-계/-게]명 물건의 시세.
물계(物界)[-계/-게]명 ☞물질계.
물고(物故)명 ①사회적으로 이름난 사람의 죽음. ②하자타 죄인이 죽음. 죄인을 죽임.
물고(가) 나다관용 '죽다'를 속되게 이르는 말.
물고(를) 내다관용 '죽이다'를 속되게 이르는 말.
물고(를) 올리다관용 명령에 따라 죄인을 죽이다.
물-고기[-꼬-]명 물에 사는, 아가미와 지느러미가 있는 척추동물을 통틀어 이르는 말. 준고기[1].
물고기-어(-魚)[-꼬-]명 한자 부수의 한 가지.'鮒'·'鯨' 등에서의 '魚'의 이름.
물고기-자리[-꼬-]명 황도 십이궁의 하나. 페가수스자리와 고래자리 사이에 있는 별자리. 가을에 남쪽 하늘에 보이며, 11월 하순 저녁에 자오선을 통과함. 쌍어궁.
물고기-진드기[-꼬-]명 물고기진드깃과의 절지동물. 몸길이 3~5 mm. 다리는 네 쌍이며, 몸은 둥글넓적하고 투명함. 민물고기의 아가미나 살에 기생하여 피를 빨아 먹음. 어접(魚蝶).
물-고동명 '수도꼭지'의 잘못.
물-고사리명 물고사릿과의 일년초. 전라남도의 순천·광양·구례 등지의 논이나 밭에 절로 나며 흔히 어항의 수초(水草)로 이용됨. 실엽(實葉)은 길이 50 cm가량으로 자라며, 깃 모양으로 갈라짐.
물-고의[-의/-이]명 미역을 감거나 물에서 일할 때에 입는 짧은 고의.
물고-장(物故狀)[-짱]명 지난날, 죄인을 죽인 것을 보고하던 글.
물-곬[-꼴]명 물이 빠져나가는 길. *물곬이[-꼴씨]·물곬만[-꼴-]
물-관(-管)명 속씨식물의 목질부에 있는, 물의 통로가 되는 대롱 모양의 조직. 도관(導管).
물-교자(-餃子)명 ☞물만두.
물구나무서-기명 두 손으로 바닥을 짚고 몸을 거꾸로 하여 서는 일.
물구나무-서다자 두 손으로 바닥을 짚고 몸을 거꾸로 하여 서다.
물-구덩이[-꾸-]명 물이 괸 진창.
물-구멍[-꾸-]명 ①물이 흐르는 구멍. ②광산에서, 물을 조금씩 부어 가며 뚫는 남폿구멍.
물-굴젓[-젇]명 묽게 담가 국물이 많은 굴젓. *물굴젓이[-저시]·물굴젓만[-전-]
물-굽이[-꾸비]명 바다나 강줄기에서 물이 구부러져 흐르게 된 곳.
물권(物權)[-꿘]명 재산권의 한 가지. 사법상, 물건을 직접 지배할 수 있는 권리. 〔점유권·소유권·지상권·지역권·전세권·유치권·질권(質權)·저당권 등 여덟 가지로 규정되어 있음.〕
물권^증권(物權證券)[-꿘-꿘]명 물권을 나타내는 유가 증권. 참채권 증권.
물권^행위(物權行爲)[-꿘-]명 직접 물권의 변동을 발생시키는 법률 행위. 〔소유권 이전 행위·저당권 설정 행위 따위.〕
물-귀신(-鬼神)[-뀌-]명 ①물속에 있다는 잡귀(雜鬼). 수백(水伯). ②〔자기가 궁지에 빠졌을 때〕 '남까지 끌고 들어가려는 사람'을 비유하여 이르는 말. ¶ 물귀신처럼 물고 늘어지다.
물귀신(이) 되다관용 물에 빠져 죽다.
물금(-金)명 ①☞아말감. ②☞수금(水金).
물금(勿禁)명하타 지난날, 관아에서 금지한 일을 특별히 풀어 주던 일.
물긋-물긋[-근-귿]부하형 매우 물긋한 모양. ¶ 나물죽을 물긋물긋하게 쑤다.
물긋-하다[-그타-]형여 묽은 듯하다. ¶ 죽이 물긋하다.
물-기(-氣)[-끼]명 축축한 물의 기운. 수분(水分). ¶ 물기가 마르다. /물기가 많은 흙.
물-기둥[-끼-]명 기둥처럼 솟구쳐 오르는 굵은 물줄기. 수주(水柱). ¶ 물기둥이 솟다.
물-기름명 물같이 묽은 기름. 〔포마드에 대하여 동백기름 같은 것을 이름.〕
물-길[-낄]명 ①배가 다니는 길. 뱃길. ②물이 흐르거나 물을 보내는 통로. 수로(水路).
물-까마귀명 물까마귓과의 새. 몸길이 18 cm가량. 흰 눈의 주위를 제외한 몸빛은 흑갈색임. 다리가 길며 짧은 꽁지를 수직으로 세움. 낮고 신속하게 날고 가볍게 움직이며, 물속으로 잠수할 때까지 물 위를 걸음. 흔히, 계곡의 물가에 사는데, 우리나라·일본·중국 등지에 분포함.
물-까치명 까마귓과의 새. 까치보다 좀 작고 꽁지가 긺. 머리는 검고 등은 회갈색이며 배 쪽은 흼. 우리나라 중부 이북에서 번식하는 텃새임.
물-껍질[-찔]명 (부들이나 왕골 따위의) 물에 잠긴 부분의 겉껍질.
물-꼬명 ①논배미에 물이 넘어 흐르게 만들어 놓은 어귀. ②'어떤 일의 시작'을 비유하여 이르는 말. ¶ 남북 정상 회담의 물꼬를 트다.
물끄러미부 우두커니 한곳만 바라보는 모양. ¶ 물끄러미 먼 산을 바라본다. 작말끄러미.
물끄럼-말끄럼부 말없이 서로 얼굴만 물끄러미 보다가 말끄러미 보다가 하는 모양.
물-나라[-라-]명 비가 많이 와서 '큰물 진 지역'을 비유하여 이르는 말. 수국(水國).
물-난리(-亂離)[-랄-]명 ①큰물이 져서 이루는 수라장. ②물이 달리어 수돗물이나 우물물을 다투어 길으려는 소동. ¶ 수도관 파열로 물난리를 겪다.
물납(物納)[-랍]명하타 (조세 따위를 금전 이외의) 물건으로 납부함. ↔금납(金納).
물납-세(物納稅)[-랍쎄]명 금전 이외의 물건으로 납부하는 세금. ↔금납세(金納稅).
물-너울[-러-]명 (바다 같은 넓은 물에서) 크게 움직이는 물결.
물-녘명 '물가'의 방언.
물-노릇[-로른]명하자 물을 다루는 일. *물노릇이[-로르시]·물노릇만[-로른-]
물-놀이[1][-로리]명하자 ①물가에서 하는 놀이. ②물에서 노는 일.
물-놀이[2][-로리]명 (공기의 움직임으로) 잔잔한 수면(水面)에서 잔물결이 일어나는 현상.
물:다[1][무니·물어]타 물쿠다.
물어도 준치 썩어도 생치속담 본디 좋은 것은 오래되거나 변하거나 하여도 뛰어남에는 변함이 없다는 말.

물다2 [무니·물어] 타 (마땅히 내거나 주어야 할 것을) 치르다. 내다. ¶ 세금(벌금)을 물다.

물다3 [무니·물어] 타 ①(아래윗니나 부리 또는 집게 따위로) 마주 눌러 집다. ¶ 담배를 물다. ②(짐승 따위가) 이빨로 마주 누르거나 상처를 내다. ③(벌레가) 주둥이 끝으로 살을 찌르다. ¶ 모기가 물다. ④입 안에 무엇을 품다. ¶ 알사탕을 문 채 말하다. ⑤(사람이나 이권 등을) 이용하려고 차지하다. ¶ 봉을 물다.

무는 개를 돌아본다 속담 무엇이든 나서서 보채야만 관심을 끌 수 있다는 말.

무는 개 짖지 않는다 속담 무서운 사람일수록 말이 없다는 뜻.

무는 호랑이는 뿔이 없다 속담 혼자서 무엇이든 다 갖출 수는 없다는 말.

물고 늘어지다 관용 ①어떤 일을 진득하게 붙잡다. ¶ 물고 늘어지는 성미. ②꼬투리나 말끝을 잡아 자꾸 캐어묻거나 덤비다. ¶ 너 내 말을 왜 자꾸 물고 늘어지니?

물-닭 [-딱] 명 뜸부깃과의 새. 몸길이 41 cm가량. 몸빛은 흑색에 머리에만 흰색 털이 있음. 다리는 녹색이며 발에 물갈퀴가 있음. 얼지 않은 하구·민물가·하천·저수지 등에서 월동하는 겨울새로, 볏과 식물의 얇은 잎이나 곤충·작은 물고기 등을 먹고 삶. ＊물닭이 [-딸기]·물닭만 [-땅-]

물대 [-때] 명 무자위의 통(筒).

물덤벙-술덤벙 부 하자 아무 일에나 대중없이 손대거나 날뛰는 모양. ¶ 김 씨는 동네 일이라면 물색없이 물덤벙술덤벙하며 끼어든다.

물-독 [-똑] 명 물을 담아 두는 독.

물-동 [-똥] 명 광산에서, 구덩이 안의 물이 빠져나가지 못하도록 막아 세운 동바리.

물동^계ː획 (物動計劃) [-똥계획/-똥게훽] 명 ①생산 수단의 국유(國有)와 생산의 국영(國營)을 전제로 하는 사회주의적 경제 계획. ②물자의 동원에 관한 계획.

물동-량 (物動量) [-똥냥] 명 물자가 유동하는 양. ¶ 물동량이 늘다.

물-동이 [-똥-] 명 물을 긷는 데 쓰는 동이.

물-두멍 [-뚜-] 명 ☞두멍.

물-두부 (-豆腐) 명 두부를 1 cm가량의 두께로 모나게 썰어서 냄비에 담고 물을 좀 부어 살짝 끓인 음식. 양념간장에 찍어 먹음.

물-들다 [~드니·~들어] 자 ①빛깔이 옮아서 묻거나 배다. 염색되다. ¶ 단풍 잎이 벌겋게 물들다. ②(사상이나 행동·버릇 따위가) 영향을 받아 닮다. ¶ 악에 물들기 시작하다.

물들-이다 타 〚'물들다'의 사동〛 물들게 하다. 염색하다. ¶ 머리를 검게 물들이다.

물-딱총 (-銃) 명 (대통으로 만든) 물을 쏘아 보내는 장난감 총. 준물총.

물-때1 명 ①아침저녁으로 조수(潮水)가 드나드는 때. ②밀물이 들어오는 때.

물-때2 명 물에 녹아 있는 물질이 그릇 따위에 옮아 붙어서 끼는 것. ¶ 물때 묻은 항아리.

물때-썰때 명 ①밀물 때와 썰물 때. ②사물의 형편이나 내용.

물때썰때를 안다 속담 사물의 형편이나 진퇴(進退)의 시기를 잘 안다.

물-떼새 명 물떼샛과의 새를 통틀어 이르는 말. 갯벌·습초지·강가·해안 등에 삶. 우리나라에는 12종이 있으나 대부분 봄·가을에 한반도를 통과하는 나그네새이거나 겨울새임. 준떼새.

물-똥 명 〈물찌똥〉의 준말.

물똥-싸움 명 손이나 발로 물을 서로 튀기거나 끼얹는 아이들의 장난. 준물싸움.

물라토 (mulato 스) 명 라틴 아메리카에서, '백인과 흑인의 혼혈아'를 이르는 말.

물량 (物量) 명 물건의 분량. ¶ 물량 공세. /물량을 채우다.

물러-가다 자 ①있던 자리에서 뒷걸음쳐 가거나 옮겨 가다. ②윗사람 앞에 왔다가 도로 가다. 높무르와가다. ③지위나 하던 일을 내어 놓고 떠나다. ④차지하던 곳을 내어 놓고 떠나가다. 후퇴하다. ¶ 적군이 물러가다. ⑤있던 현상이나 느낌 따위가 사라져 가다. ¶ 재앙이 물러가다. /장마가 물러가고 무더위가 시작되었다. /두려움이 마음속에서 물러가다.

물러-나다 Ⅰ 자타 ①있던 자리에서 뒤나 옆으로 몸을 옮기다. ¶ 한 발자국씩만 뒤로 물러나시오. ②윗사람 앞에 있다가 도로 나오다. ¶ 어전에서 물러나다. /선생님 앞을 물러나다. ③지위나 하던 일을 내어 놓고 나오다. ¶ 장관직에서 물러나다. /영의정을 물러나다.

Ⅱ 자 꽉 짜인 물건의 틈이 벌어지다. ¶ 문설주가 물러나 문이 잘 여닫히지 않는다.

물러-서다 자 ①있던 자리에서 뒤나 옆으로 비켜 서다. ¶ 10 m 뒤로 물러서라. ②있던 직위나 하던 일을 내어 놓거나 그만두다. ¶ 자넨 그 일에서 물러서게. ③맞서 버티던 일을 그만두거나 사양하다. ¶ 노사(勞使)가 조금씩 물러서는 기미를 보인다.

물러-앉다 [-안따] 자 ①뒤로 나서서 앉다. 후퇴하여 앉다. ¶ 조금씩 뒤로 물러앉다. ②있던 직위나 하던 일을 내어 놓거나 그만두다. ¶ 회장직에서 물러앉아 한가로이 지내다.

물러-오다 자 가다가 피하여 도로 오다. ¶ 밤길을 떠났지만 폭우로 곧 물러오고 말았다.

물러-지다 자 ①흠씬 익어서 녹실녹실하여지다. ¶ 솥에 찐 고구마가 물러지다. ②굳었던 마음이 누그러지다. ¶ 오기가 물러지다.

물렁-거리다 자 자꾸 물렁물렁한 느낌이 나다. 물렁대다. 작말랑거리다·몰랑거리다.

물렁-대다 자 물렁거리다.

물렁-물렁 부 하형 매우 물렁한 모양. 작말랑말랑·몰랑몰랑.

물렁-뼈 명 ☞연골(軟骨).

물렁-살 명 ①(단단하지 아니하고) 무르고 연한 살. ②☞여린줄기.

물렁-팥죽 (-粥) [-팥쭉] 명 ①'무르고 약한 사람'을 비유하여 이르는 말. ②'몹시 물러서 뭉그러진 물건'을 비유하여 이르는 말.

물렁-하다 형여 ①매우 부드럽고 무르다. ¶ 물렁한 찹쌀떡. ②기질이 맺힌 데가 없이 썩 무르다. ¶ 사람이 물렁해서 싫은 소리를 못한다. 작말랑하다·몰랑하다.

물레1 명 솜이나 털을 자아서 실을 만드는 틀. 방거(紡車). 방차(紡車). 윤대(輪臺). 취자거.

물레2 명 둥근 도자기의 모양을 고르는 데 쓰이는 틀. 녹로. 도차(陶車). 배차(坏車). 선륜차.

물레-바퀴 명 ①물레의 바퀴. 사거(絲車). ②물레방아의 바퀴. 이 바퀴에 물이 고여 바퀴 전체가 돌아가게 됨.

물레-방아 명 물이 떨어지는 힘으로 물레바퀴를 돌려 곡식을 찧게 된 방아. 수차(水車). ¶ 물레방아를 찧다. 참물방아.

물레-질 명 하자 물레를 돌리어 실을 뽑는 일.

물렛-가락 [-레까-/-렌까-] 명 물레로 실을 자을 때 실이 감기는 쇠꼬챙이. 가락2.

물렛-돌[-레똘/-렏똘]명 물레가 움직이지 않도록, 물레 바닥의 가로지른 나무를 눌러 놓는 돌.
물렛-줄[-레쭐/-렏쭐]명 물레의 몸과 가락에 걸치어 감은 줄. 물레를 돌리면 따라서 가락이 돌게 됨.
물려-받다[-따]타 (재물이나 권리·지위 따위를) 웃어른이나 남에게서 받거나 이어받다. ¶ 재산을 물려받다. ↔물려주다.
물려-주다타 (재물이나 권리·지위 따위를) 자손이나 남에게 전하여 주다. ¶ 회사를 큰아들에게 물려주다. ↔물려받다.
물려-지내다자 (남에게 악짐이나 트집을 잡히어) 귀찮으나 어쩔 수 없어 그냥 지내다. ¶ 빚돈 때문에 늘 물려지내다.
물력(物力)명 ①재물의 힘. ②재료가 되는 온갖 물건과 노력.
물론(勿論) Ⅰ명하타 말할 필요가 없음. 《주로, '~은 물론이다'의 꼴로 쓰임.》 무론(毋論). ¶ 안내자인 내가 함께 가는 것은 물론이다. Ⅱ부 말할 것도 없이. 무론(毋論). ¶ 자네도 가나? 물론 가고말고.
물론(物論)명 ☞물의(物議).
물루(物累)명 몸을 얽매는 세상의 온갖 괴로움. 이 세상의 여러 가지 누(累).
물류(物流)명 〈물적 유통(物的流通)〉의 준말.
물리(物理)명 ①모든 사물의 바른 이치. 만물의 이치. ¶ 물리를 밝히다. ②사물에 대한 이해나 판단의 힘. ¶ 물리가 트이다. ③〈물리학〉의 준말.
물리^광학(物理光學)명 물리학의 한 분과. 빛을 파동으로 보는 처지에서 회절(回折)·편광(偏光)·분산 따위의 광학 현상을 연구하는 학문. ↔기하 광학(幾何光學).
물리다[1]자 아주 싫증이 나다. ¶ 너무 자주 먹어서 이제 국수에는 물렸다. /그 이야기는 물리도록 들었다.
물-리다[2]자 〖'물다[3]'의 피동〗 묾을 당하다. ¶ 개한테 다리를 물리다. /어젯밤 모기에게 콧등을 물렸다.
물리다[3]타 〖'무르다[1]'의 사동〗 푹 익히어 무르게 하다. ¶ 고구마를 흠씬 물린 뒤에 꺼내다.
물리다[4]타 ①〖'무르다[2]'의 사동〗 무르게 하다. ¶ 바둑 한 수를 물리다. /새로 산 신발을 물리다. ②기한을 뒤로 더 멀게 하다. ¶ 약속 날짜를 뒤로 물리다. ③(직위나 권리·재물 따위를) 다른 사람에게 내려 주다. ¶ 가보(家寶)를 큰아들에게 물리다. ④다른 쪽으로 옮겨 놓다. ¶ 책상을 벽 쪽으로 물리다. ⑤(밥상 따위를) 들어서 밖으로 내다. ¶ 밥상을 물리다.
물리다[5]타 원 칸살 밖으로, 툇간 따위를 만들어 달다. ¶ 대청이 좁아서 뒤곁으로 물려 내다.
물리다[6]타 (굿이나 푸닥거리로) 귀신을 좇아내다. ¶ 잡귀를 물리다.
물-리다[7]타 〖'물다[3]'의 사동〗 물게 하다. ¶ 아기에게 젖꼭지를 물리다.
물-리다[8]타 〖'물다[2]'의 사동〗 값을 치르게 하다. 손해를 갚게 하다. ¶ 가해자에게 치료비를 물리다.
물리^변ː화(物理變化)명 ☞물리적 변화.
물리^상수(物理常數)명 물질의 힘·시간·속도·공간 등 물리적 성질을 나타내는 수치.
물리^요법(物理療法)[-뻡]명 (약물을 쓰지 않고) 열이나 전기·광선·공기·물 등의 물리적 작용을 이용하는 치료 방법. 물리 치료.
물리^원자량(物理原子量)명 질량수 16인 산소 원자 질량의 16분의 1을 단위로 하여 측정한 원자의 질량.
물리-적(物理的)관명 ①물질의 원리에 기초한 (것). ②힘을 이용하거나 폭력을 행사하는 (것). ¶ 시위대를 물리적으로 진압하다.
물리적 변ː화(物理的變化)[-뻔-] 물질의 성분은 조금도 변하지 않고 다만 그 상태만이 변하는 현상. 물리 변화. ↔화학적 변화.
물리-치다타 ①거절하여 받아들이지 아니하다. ¶ 뇌물을 물리치다. /인사 청탁을 물리치다. ②적을 쳐서 물러나게 하다. ¶ 적군을 물리치다. ③극복하거나 치워 없애다. ¶ 유혹을 물리치다. /가난을 물리치다.
물리^치료(物理治療)명 ☞물리 요법.
물리^탐광(物理探鑛)명 지구 물리학을 응용하여, 광물이나 암석의 고유한 물리적 성질 곧 밀도·탄성·전도율 따위를 측정하여 지질의 구조나 광상의 존재를 탐지하는 방법.
물리-학(物理學)명 자연 과학의 한 부문. 물질의 운동이나 구조 및 열·빛·전자기·소리의 작용 따위에 대하여 연구하는 학문. 이학. 준물리.
물리학적 세ː계(物理學的世界)[-쩍쎄계/-쩍쎄게] 물리학적 법칙에 지배되는 세계.
물리학적 세ː계관(物理學的世界觀)[-쩍쎄계-/-쩍쎄게-] 세계를 물리학적으로 보는 견해.
물리^화ː학(物理化學)명 물리학의 이론을 바탕으로, 물질의 화학적 성질을 연구하는 과학.
물림[1]명하타 ①정해 놓은 날짜를 뒤로 미룸. ②물려받거나 물려주는 일. ¶ 어머니께서는 물림으로 받으신 반지를 내게 주셨다.
물림[2]명 집채의 앞뒤나 좌우에 달아 낸 반 칸 폭의 칸살. 퇴(退)[2].
물림-쇠[-쇠/-쉐]명 나무를 배접할 때, 양쪽에서 꼭 끼이게 물려서 죄는 쇠.
물-마명 비가 많이 와서 미처 빠지지 못하고, 땅 위에 넘치는 물.
물-마개명 물이 나오지 않게 막는 마개.
물-마루명 바닷물의 마루터기, 곧 멀리 보이는 수평선의 두두룩한 부분. 수종(水宗).
물-막이명하자 물이 흘러들거나 넘쳐 나지 않도록 막는 일. ¶ 물막이 공사.
물-만두(-饅頭)명 물에 삶은 만두. 물교자.
물만-밥명 물에 말아서 풀어 놓은 밥. 물말이. 수반(水飯). 수화반(水和飯).
물만밥이 목이 메다속담 물에 말아 먹어도 밥이 잘 넘어가지 않을 만큼 매우 슬픔에 겨움을 이르는 말.
물-말이명 ①물에 만 밥. 물만밥. ②물에 몹시 젖은 옷이나 물건.
물-맛[-맏]명 먹는 물의 맛. *물맛이[-마시]·물맛만[-만-]
물망(物望)명 여러 사람이 인정하거나 우러러보는 명망(名望). ¶ 총리 물망에 오른 사람.
물망-초(勿忘草)명 지칫과의 다년초. 유럽 원산의 관상용 화초. 전체에 털이 많고 뿌리에서 잎이 모여남. 봄부터 여름에 걸쳐 흰색·자주색·남색의 꽃이 핌.
물-맞이명하자 약수터나 폭포에 가서, 약수를 마시거나 떨어지는 물을 맞는 일.
물매[1]명 (지붕이나 낟가리 따위의) 비탈진 정도. ¶ 물매가 싸다. /물매가 뜨다.
물-매[2]명 높은 가지에 달린 과실 따위를 떨어뜨리기 위하여 던지는 몽둥이. ¶ 물매로 밤을 따다.

물-매[3] 명 한꺼번에 또는 여럿이 많이 때리는 매. 무릿매. ¶ 괴한들에게 물매를 맞다.

물매[4] 명 물에 묽게 탄 매흙을 방바닥이나 벽 따위에 바른 것.

물매-질 명 하타 ①물매를 때리는 짓. ②(밤 따위를) 물매로 따는 짓.

물-먹다[-따] 자 ①종이나 헝겊 같은 것에 물이 배어 젖다. ¶ 물먹은 종이. ②시험이나 직위에서 떨어지거나 떨리어 나다. ¶ 오늘도 운전면허 시험에서 물먹었다.

물-멀미 명 하자 넘실거리는 물결이나 흐름을 보면 어지러워지는 증세.

물-면(-面) 명 물 위의 면. 수면(水面).

물명(物名) 명 물건의 이름.

물-모 명 물속에서 자라는 어린 볏모.

물-목 명 ①물이 흘러나가는 어귀. ②광산에서, 사금(沙金)을 물에 일어 가릴 때에 금이 가장 많이 모인 맨 윗부분.

물목(物目) 명 물품의 목록.

물-못자리[-모짜-/-몯짜-] 명 물이 늘 괴어 있게 하여 모를 기르는 자리.

물-몽둥이 명 (대장장이나 석수가 쓰는) 자루가 길고 둥근 큰 쇠메.

물-문(-門) 명 ①☞수문(水門). ②☞갑문(閘門).

물물^교환(物物交換) 명 (교환의 원시적 형태로서) 화폐의 매개 없이, 물품과 물품을 직접 바꾸는 경제 행위. 바터(barter).

물물-이 부 (채소나 해산물 따위) 산물이 때를 따라 한목 한목 모개로 나오는 모양. ¶ 물물이 나오는 산나물.

물-뭍[-묻] 명 물과 뭍. 바다와 육지. ＊물뭍이[-무치]·물뭍을[-무틀]·물뭍만[-문-]

물미 명 ①땅에 꽂기 위하여, 깃대나 창대 끝에 끼워 맞추는, 끝이 뾰족한 쇠. ②지겟작대기 끝에 끼우는 쇠.

물미-작대기[-때-] 명 물미를 끝에 낀 지겟작대기.

물-밀다[~미니·~밀어] 자 ①조수(潮水)가 뭍으로 밀려 들어오다. ②사람들·짐승·물건·일감 따위가 세찬 기세로 밀어닥치다. ¶ 물밀듯이 밀려오는 서구 문화. ↔물써다.

물-밑[-믿] 명 ①(땅이나 재목의 짜임새를 수평이 되게 측량할 때) 수평선의 아래. ②'어떤 일이 은밀하게 이루어지는 상태'를 비유하여 이르는 말. ¶ 물밑 협상. ＊물밑이[-미치]·물밑을[-미틀]·물밑만[-민-]

물-바가지[-빠-] 명 물을 푸는 데 쓰는 바가지. 준물박.

물-바다 명 홍수로 말미암은 '넓은 지역의 침수 상태'를 바다에 비유하여 이르는 말. ¶ 갑자기 쏟아진 폭우로 온 마을이 물바다가 되었다.

물-바람[-빠-] 명 (강이나 바다 따위의) 물 위에서 불어오는 바람.

물-박[-빡] 명 〈물바가지〉의 준말.

물-받이[-바지] 명 (처마 끝에 달아서) 빗물을 받아 어느 한곳으로 흘러내리게 하는 물건. 함석 따위로 만듦.

물-발[-빨] 명 물이 흐르는 기세(氣勢).

물-밥 명 (판수나 무당이 굿을 하거나 물릴 때) 귀신에게 준다고 물에 말아 던지는 밥.

물-방개 명 물방갯과의 곤충. 몸길이 3.5~4 cm. 몸은 길둥글고 흑록색임. 뒷다리는 헤엄치기에 적당함. 선두리. 준방개.

물-방아 명 긴 통나무의 한쪽을 파내어 물받이를 만들고 다른 한쪽에 공이를 달아, 물받이에 물이 차고 비워짐에 따라 공이가 오르내리며 곡식을 찧게 된 방아. 수대(水碓). 참물레방아.

물방아-채 명 물방아에서, 머리에 방앗공이를 낀 긴 나무.

물방앗-간(-間)[-아깐/-앋깐] 명 물방아로 곡식을 찧는 시설을 해 놓은 집.

물-방울[-빵-] 명 (떨어지거나 맺힌) 물의 작은 덩이. 수적(水滴). ¶ 잎에 물방울이 맺히다.

물-배 명 물만 먹고 부른 배. ¶ 물배가 부르다.

물-뱀 명 ①물속에 사는 뱀을 통틀어 이르는 말. ②☞바다뱀.

물-벌레 명 물에서 사는 벌레.

물법(物法)[-뻡] 명 국제 사법에서, 관할 구역이 달라 법규의 저촉 문제가 일어났을 때, 법규의 적용을 현재 그 물건이 있는 곳의 법으로 하게 하는 법. ↔인법(人法).

물-베개 명 고무나 방수포(防水布)에 물을 넣어서 벨 수 있도록 만든 베개. 수침(水枕).

물-벼 명 아직 채 마르지 아니한 벼.

물-벼락 명 갑자기 물을 뒤집어쓰게 되는 변, 또는 그런 물. 물세례. ¶ 물벼락을 맞다.

물-벼룩 명 물벼룩과의 절지동물. 벼룩과 비슷하고 몸길이 1.2~2.5 mm. 몸빛은 무색이거나 담황색 또는 담홍색을 띰. 민물에 살며, 다섯 쌍의 다리로 뛰듯이 헤엄쳐 다님. 금붕어의 먹이용으로 기르기도 함.

물-별 명 물별과의 일년초. 습지나 물속에 나는데, 줄기 길이는 3~10 cm. 원줄기가 가로 벋으면서 뿌리가 내리며, 여름에 잎겨드랑이에 담홍색 꽃이 하나씩 핌.

물-병(-甁)[-뼝] 명 ①물을 넣는 병. ②절에서 물을 넣어 부처 앞에 올리는 병. 관정(灌頂)할 때 계(戒)를 받는 사람의 머리에 그 물을 부어 줌.

물병-자리(-甁-)[-뼝-] 명 황도 십이궁의 하나. 염소자리와 물고기자리 사이에 있는 별자리. 가을에 남쪽 하늘에 보이며, 10월 중순에 자오선을 통과함. 보병궁(寶甁宮).

물-보낌 명 하타 여러 사람을 모조리 매질함.

물-보라 명 (물결이 바위 따위에 부딪쳐) 안개 모양으로 흩어지는 잔 물방울. 수말(水沫). ¶ 물보라가 일다. /물보라를 일으키다.

물보라(가) 치다 관용 물보라가 생기다.

물-보험(物保險) 명 물건의 손상(損傷)이나 소실(燒失) 따위를 보험 사고로 하는 보험. 〔화재 보험 따위.〕 참인보험.

물-볼기 명 조선 시대에, 여자에게 태형을 하거나 곤장을 칠 때, 속옷 위에 물을 끼얹어, 살에 착 달라붙게 한 뒤에 매를 치던 일. ¶ 물볼기를 맞다. /물볼기를 치다.

물-봉선화(-鳳仙花) 명 봉선화과의 일년초. 시냇가에서 흔히 나는데, 줄기는 60 cm가량. 잎은 어긋맞게 나고 가장자리에 톱니가 있음. 8~9월에 홍자색 꽃이 핌. 물봉숭아.

물-봉숭아 명 ☞물봉선화.

물-부리[-뿌-] 명 궐련을 끼워 입에 물고 빠는 물건. 담배물부리. 빨부리. 연취(煙嘴).

물-분(-粉) 명 액체로 된 분. 수분(水粉). 참가루분.

물-불 명 〔물과 불이란 뜻으로〕 '고난이나 위험'을 비유하여 이르는 말.

물불을 가리지〔헤아리지〕 않다 관용 〔물에 빠지거나 불에 타는 고통도 마다하지 않는다는 뜻으로〕 어떠한 고난이나 위험도 무릅쓴다는 말.

물-비누 명 액체로 된 비누.

물-비린내명 물에서 나는 비릿한 냄새.
물비소시(勿祕昭示)명 〔숨김없이 밝히어 보이라는 뜻으로〕 점쟁이가 신령에게 고하는 주문(呪文)의 맨 끝마디 말.
물-빛[-삗]명 ①물감의 빛깔. ②물의 빛깔. ¶ 물빛이 흐리다. ③물과 같은 빛깔, 곧 엷은 남빛. ②③수색(水色). * 물빛이[-삐치]·물빛만[-삔-]
물-빨래명하타 약품 따위를 쓰지 않고 물로만 빨래를 함, 또는 그 일. 물세탁.
물-뽕명 비에 젖은 뽕잎.
물-뿌리개명 (화초 따위에) 물을 주는 기구. 물이 담기는 통에 내롱 보냥의 노관(導管)이 달려 있고, 그 끝에는 잔구멍이 여러 개 나 있음.
물산(物產)[-싼]명 그 지방에서 나는 물건.
물-살[-쌀]명 물이 흐르는 힘, 또는 그 속도. ¶ 물살이 세다./물살이 급하다.
물상(物象)[-쌍]명 ①자연계의 사물 및 그 변화 현상. ②지난날, 중학교에서 생물 이외의 과학 과목을 이르던 말.
물상(物像)[-쌍]명 물체의 상(像).
물상-객주(物商客主)[-쌍-쭈]명 조선 시대에 발달한 일종의 상업·금융 기관의 한 가지. 주로, 상품의 매매와 거간 및 장사치의 숙박을 업으로 하던 영업, 또는 그 사람.
물상^담보(物上擔保)[-쌍-]명 ☞물적 담보.
물상^대:위(物上代位)[-쌍-]명 담보 물권(擔保物權)의 효력이, 목적물의 법률적·사실적인 변형에 따라 변형한 물건 위에 미치는 일.
물상^보증인(物上保證人)[-쌍-]명 다른 사람의 채무를 위하여 자기 소유의 재산을 제공하는 사람. 〔남의 빚의 담보로서 자기의 소유물에 질권(質權) 또는 저당권(抵當權)을 설정하여 부담하는 따위.〕
물상^청구권(物上請求權)[-쌍-꿘]명 물권(物權)의 침해에 대하여, 그 물권 자체의 지배력을 회복하거나 예방하려는 청구권.
물-새[-쌔]명 ①물에서 살거나 물과 밀접한 관계가 있는 새를 통틀어 이르는 말. 수금(水禽). 수조(水鳥). ②〈물총새〉의 준말.
물색(物色)[-쌕]명 ①물건의 빛깔. ¶ 물색이 곱다. ②하타〔생김새나 복색으로 찾는다는 뜻에서〕 어떤 기준에 맞는 사람이나 물건을 고름. ¶ 신랑감을 물색하다. ③까닭이나 형편. ¶ 아무 물색도 모르고 날뛴다.
물색-없다[-쌔겁따]형 말이나 행동이 조리에 닿지 아니하다. 물색없-이부.
물샐틈-없다[-트멉따]형 조금도 빈틈이 없다. ¶ 물샐틈없는 경계망. 물샐틈없-이부.
물성(物性)[-썽]명 물질이 가지고 있는 성질.
물-세(-稅)[-쎄]명 관개 용수(灌漑用水)의 요금이나 수도 요금을 흔히 이르는 말.
물세(物稅)[-쎄]명 집이나 토지 따위와 같은 재화의 존재·취득에 관하여 부과하는 조세, 곧 물건을 과세의 대상으로 하는 조세. 〔물품세·재산세·소비세 따위.〕 대물세. ↔인세(人稅).
물-세례(-洗禮)명 ①기독교에서, 신자가 세례를 받는 의식의 한 가지. 예수의 죽음과 부활에 참예하며 참된 기독교인이 된다는 표시이다. ②☞물벼락.
물-세탁(-洗濯)명하타 물빨래.
물-소[-쏘]명 솟과의 물에 사는 동물을 통틀어 이르는 말. 소와 비슷한데 암수 모두 머리에 활 모양으로 굽은 뿔이 있음. 머리는 길고 귀는 짧음. 강이나 호수의 주변에 무리를 지어 삶. 운반용·경작용으로 사육함. 수우(水牛).
물-소리[-쏘-]명 물이 흐르거나 부딪치거나 하여 나는 소리. ¶ 물소리가 나다.
물-속[-쏙]명 물의 가운데. 수중(水中).
물-손[-쏜]명 ①물이 묻은 손. ②(반죽이나 밥·떡 따위의) 질고 된 정도. ¶ 물손을 보아 가며 물을 잘 부어라.
물손-받다[-쏜-따]자 (밭곡식이나 푸성귀 따위가) 물의 해를 입다.
물-송편(-松-)명 멥쌀가루를 익반죽해서 잘 치대어 놓고 송편을 빚어 녹말가루를 씌운 다음, 끓는 물에 삶아 건져 찬물에 헹구어 물을 뺀 떡. 꿀 소는 설탕과 계핏가루를 섞어서 씀.
물-수(-水)명 한자 부수의 한 가지. '泉'·'汞' 등에서의 '水'의 이름. 〔'江'·'法' 등에서 쓰일 때는 자형이 '氵'으로, 명칭은 '삼수변'으로 바뀜.〕
물-수건(-手巾)[-쑤-]명 ①물에 적신 수건. ②(음식점이나 다방 등에서 손을 닦도록 내놓는) 소독한 젖은 수건.
물-수란(-水卵)명 날달걀을 끓는 물에 깨어 넣어서 반쯤 익힌 음식. 담수란(淡水卵).
물-수랄명 '물수란'의 잘못.
물-수레명 ①(길에 먼지가 나지 않게) 물을 뿌리는 수레. ②물을 싣고 다니는 수레.
물-수리[-쑤-]명 수릿과의 새. 날개 길이 45 cm가량. 부리는 길고 검으며 갈고리 모양이고, 발가락은 크고 날카로움. 등은 암갈색, 배와 머리 꼭대기는 흰색이며, 꽁지에는 가로띠가 있음. 강이나 바다에서 물고기를 잡아먹고 삶. 우리나라에서는 드문 겨울새임. 징경이.
물-수세미[-쑤-]명 개미탑과의 다년초. 연못이나 늪에 나는데, 줄기의 길이는 50 cm가량. 땅속줄기의 마디에서 수염뿌리가 남. 잎은 줄기의 마디에서 네 개씩 돌려나고, 여름에 담황색 꽃이 핌.
물수제비-뜨다[~뜨니·~떠]자 얇고 둥근 돌을 물 위를 스치게 던져서 담방담방 수면을 튀어가게 하다.
물-숨[-쑴]명 떨어지거나 내뿜는 물의 힘. ¶ 분수의 물숨이 세다.
물시(勿施)[-씨]명하타 ①하려던 일을 그만둠. ②해 온 일을 무효로 함.
물-시계(-時計)[-씨계/-씨게]명 물을 이용하여 시간을 재던 옛날 시계를 통틀어 이르는 말. 각루(刻漏). 누각(漏刻). 누수기(漏水器).
물-시중[-씨-]명하자 물심부름.
물-신선(-神仙)[-씬-]명 좋은 말을 듣거나 언짢은 말을 듣거나 간에 기뻐할 줄도 성낼 줄도 모르는 사람을 이르는 말.
물신^숭배(物神崇拜)[-씬-]명 어떤 물건에 초자연적인 힘이 있다고 믿어, 이를 숭배하는 일. 페티시즘(fetishism).
물실-호기(勿失好機)[-씰-]명하자 좋은 기회를 놓치지 않음.
물심(物心)[-씸]명 물질과 정신.
물-심부름[-씸-]명하자 (세숫물이나 숭늉을 떠 오는 따위) 물을 나르는 잔심부름. 물시중.
물심-양면(物心兩面)[-씸냥-]명 물질적인 면과 정신적인 면. ¶ 물심양면으로 돕다.
물심-일여(物心一如)[-씨미려]명 ☞물아일체.
물-싸움명하자 ①(논이나 우물가에서) 물 때문에 일어나는 다툼. ②〈물쌈싸움〉의 준말.
물-써다자 조수(潮水)가 빠지다. ↔물밀다.

물썽-하다형여 (체질이나 성질이) 물러서 보기에 만만하다. ¶ 사람이 물썽하니까 애들까지도 가볍게 본다.

물-쑥명 국화과의 다년초. 냇가의 습지에 나며, 줄기 높이는 1m가량. 잎은 쑥잎 비슷한데 가장자리에 톱니가 있고 뒷면에 흰 털이 배게 나 있으며, 8~9월에 갈색 꽃이 핌. 연한 줄기는 나물로 먹기도 함.

물씬부 ①하형(푹 익거나 물러서) 연하고 물렁한 느낌. 참말씬. ②(냄새나 연기 따위가) 많이 풍기거나 솟아오르는 모양. ¶ 꽃 향기가 물씬 풍기다. 작몰씬.

물씬-거리다자 (푹 익거나 물러서) 매우 또는 여기저기 연하고 물렁한 느낌이 나다. 물씬대다. 작몰씬거리다. 참말씬거리다.

물씬-대다자 물씬거리다.

물씬-물씬부 ①하형매우 물씬한 모양, 또는 여럿이 모두 물씬한 모양. 참말씬말씬. ②(냄새나 연기가) 많이 풍기거나 솟아오르는 모양. 작몰씬몰씬.

물아 (物我)명 ①외물(外物)과 자아(自我). ②주관과 객관. ③물질계와 정신계.

물-아래명 흘러가는 물의 아래편. ↔물위.

물-아범명 지난날, 물을 긷는 일을 맡아 하던 남자 하인.

물아-일체 (物我一體)명 자연물과 자아(自我)가 하나가 된 상태. 대상물에 완전히 몰입(沒入)된 경지. 물심일여(物心一如).

물-안개명 강·호수·바다 따위에서 피어오르는 안개. ¶ 물안개가 서리다.

물-안경 (-眼鏡)명 물속에서 볼 수 있도록 만든 안경. 수중안경.

물-알[1]명 (덜 여물어서) 물기가 있고 말랑한 곡식의 알.
　물알(이) 들다관용 햇곡식에 이제 겨우 물알이 생기다.

물-알[2]명 수준기(水準器) 속의 기포(氣泡).

물-앵두명 물앵두나무의 열매.

물앵두-나무명 인동과의 낙엽 관목. 산지에 절로 나는데, 높이는 2~3m이고 줄기는 가운데가 비었음. 여름에 흰 입술 모양의 꽃이 쌍으로 잎겨드랑이에 핌.

물-약 (-藥) [-략]명 ①액체로 된 약을 통틀어 이르는 말. ②☞몸약.

물어-내다타 ①남에게 입힌 손해나 갚아야 할 것을 돈이나 물건으로 내주거나 갚다. ¶ 깨뜨린 유리창 값을 물어내시오. ②집안에서의 일이나 말을 밖에 나가서 퍼뜨리다. ③집 안의 물건을 몰래 집어내다.

물어-내리다타 웃어른께 물어서 어찌하라는 명령이나 지시를 받다.

물어-넣다 [-너타]타 모자라거나 써 버린 공금(公金) 따위를 채워 넣다.

물어-들이다타 동물이 먹이를 주둥이로 물어서 둥지 따위로 가져오다. ¶ 쥐가 곡물을 물어들이다.

물어-뜯다 [-따]타 ①이나 부리로 물어서 뜯다. ¶ 서로 물어뜯으며 싸우는 개. ②(벌레가) 주둥이 끝으로 살을 찌르다. ¶ 밤새 모기에게 물어뜯겼다. ③못 견디게 하거나 못 살게 굴다. 준무뜯다.

물어-물어부 묻고 또 물어서. ¶ 집을 물어물어 찾아가다.

물-어미명 지난날, 물을 긷는 일을 맡아 하던 여자 하인.

물어-박지르다 [-찌-] [~박지르니·~박질러] 타르 짐승이 덤벼들어 들이받고 물어뜯고 하면서 몸부림치다.

물어-보다자타 무엇을 밝히거나 알아내기 위하여 상대편에게 묻다. ¶ 길을 물어보다.

물-억새 [-쌔]명 볏과의 다년초. 물가나 습지에 절로 나는데, 줄기 높이는 1~2.5m. 잎은 억새와 비슷하나 톱니가 없으며, 초가을에 은백색 꽃이 이삭 모양으로 줄기 끝에 달림.

물-여우 [-려-]명 날도래과 곤충의 유충. 몸은 원통형이며 발은 세 쌍임. 풀잎 조각이나 나뭇조각·모래 따위를 모아 끈끈한 분비액으로 원통형의 집을 짓고, 그 속에 들어가 물 위를 떠다니면서 작은 곤충을 잡아먹음. 여름에 우화(羽化)하여 나비가 됨.

물여우-나비 [-려-]명 ☞날도래.

물역 (物役)명 집을 짓는 데 쓰이는 벽돌이나 돌·기와·모래·흙 따위를 통틀어 이르는 말.

물-엿 [-렫]명 묽게 곤 엿. ＊물엿이[-려시]·물엿만[-련-]

물-오르다 [~오르니·~올라]자르 ①(봄에) 나무에 물기가 오르다. ¶ 물오른 버들가지. ②가난하게 살던 사람이 잘살게 되다. ③성숙해지다. 최고조에 달하다. ¶ 물오른 처녀.

물-오리명 ☞청둥오리.

물-오징어명 말리지 않은 생오징어.

물-옥잠 (-玉簪) [-짬]명 물옥잠과의 일년초. 물속에 나는데 줄기 길이는 30cm가량. 잎은 심장 모양이며 가장자리가 밋밋하고 끝이 뾰족함. 9월경에 흰빛 또는 자줏빛 꽃이 핌. 우구화(雨久花).

물-외 [무뢰/무뤠]명 참외에 대하여 '오이'를 달리 이르는 말.

물외 (物外) [무뢰/무뤠]명 ①속세의 바깥. ②형체 있는 물건 이외의 세계. 물질을 초월한 세계.

물외-한인 (物外閑人) [무뢰-/무뤠-]명 세속의 번거로움을 피하여 한가롭게 지내는 사람.

물욕 (物慾)명 물질에 대한 욕심. ¶ 물욕을 부리다. /물욕을 채우다.

물-웅덩이명 물이 괴어 있는 웅덩이.

물-위명 물이 흘러오는 위편. 상류. ↔물아래.

물윗-배 [무뤼빼/무륃빼]명 (강물에 다니는) 뱃전이 그리 높지 않고 바닥이 평평한 배. 상류선(上流船). 수상선(水上船).

물-유리 (-琉璃) [-류-]명 이산화규소를 알칼리와 함께 녹여서 만든 유리 모양의 물건. 상품(商品)은 무색투명하거나 회색의 끈끈한 액체임. 유리·인조석·도자기의 접착제 및 내화·내산의 도료 제조에 쓰임. 수초자(水硝子). 규산칼륨.

물음-대이름씨 (-代-)명 ☞의문 대명사.

물음-표 (-標)명 문장의 끝에 쓰이어 물음이나 의심을 나타내는 부호 '?'의 이름. 의문부(疑問符).

물의 (物議) [무릐/무리]명 (이러쿵저러쿵하는) 여러 사람의 논의나 세상의 평판. 물론(物論). ¶ 물의를 일으키다. /하찮은 일로 물의를 빚다.

물이 (物異)명 세사(世事)나 만물의 괴이함. 〔정상이 아닌 기상(氣象) 현상 따위.〕

물이-꾸럭명하타 '무리꾸럭'의 잘못.

물-이끼 [-리-]명 물이끼과에 딸린 선류(蘚類)의 한 가지. 습지나 그늘진 바위 위에 자라는데, 길이는 10cm가량. 줄기는 곧게 서고 담녹색을 띰. 잎은 속이 비어 있어 물을 잘 흡수함. 식물을 먼 곳으로 옮길 때 그 뿌리를 보호하기 위하여 감싸는 데에 쓰임.

물이다 타 〈옛〉 물리다[8]. 갚게 하다. ¶ 물일 쇽: 贖. 물일 비: 陪(訓蒙下*22*).

물이-못나게[-몬-] 부 부득부득 조르는 모양. ¶ 안 된다고 하여도 어찌나 물이못나게 조르는지 할 수 없이 허락하였다.

물-일[-릴] 명 빨래·설거지 따위와 같이 물을 쓰는 일. ¶ 잦은 물일로 손에 습진이 생겼다. 비 진일.

물입(勿入) 명 '들어오지 마시오'의 뜻.

물잇-구럭 명 하타 '무리꾸럭'의 잘못.

물-자 명 ☞양수표(量水標).

물자(物資)[-짜] 명 경제나 생활의 바탕이 되는 갖가지 물건이나 재료. 물재(物材).

물-자동차(-自動車) 명 ①(길에 먼지가 나지 않게) 물을 뿌리며 다니는 차. 살수차(撒水車). ②음료수나 기타의 물을 운반하는 차. 준 물차.

물-자라 명 물장군과의 곤충. 몸길이 1.5~2 cm. 몸은 길둥글며 납작하고 몸빛은 황갈색 또는 갈색임. 논이나 못·저수지 등의 잔잔한 물가에 삶. 수컷은 등에 알을 지고 다님. 알지게.

물-장구 명 ①(헤엄칠 때, 몸이 잘 뜨도록) 발등으로 물 위를 잇달아 치는 짓. ¶ 여름에는 냇가에서 물장구를 치며 놀았다. ②물이 든 동이에 바가지를 엎어 띄우고 장단 맞추어 두드리는 짓. ②수고(水鼓)·수부(水缶).

물장구-질 명 하자 헤엄칠 때 발등으로 물장구를 치는 짓.

물장구-치다 자 ①물 위에 엎드린 자세로 떠서 발로 물 위를 내리치다. ②물동이에 엎어 띄운 바가지를 장단 맞추어 치다.

물-장군(-將軍) 명 물장군과의 곤충. 몸길이는 5~6.5 cm. 노린재목 곤충 가운데 가장 큼. 물자라와 비슷하고 몸에 비해 머리가 작은 편임. 몸빛은 회갈색 또는 갈색임. 개구리나 물고기 등의 피를 빨기 때문에 양어장의 해충임. 우리나라·중국·인도 북부 등지에 분포함.

물-장난 명 ①하자 물에서 놀거나 물을 가지고 놂, 또는 그런 장난. ②큰물로 인한 재앙.

물-장사 명 하자 ①지난날, 길거리 같은 데서 먹는 물을 팔거나, 집으로 물을 길어다 팔던 영업. ②'술이나 차 따위를 파는 영업'을 속되게 이르는 말.

물-장수 명 물장사를 하는 사람.

물재(物材)[-째] 명 ☞물자(物資).

물재(物財)[-째] 명 물건과 돈.

물-재배(-栽培) 명 ☞수경법(水耕法).

물-적(物的)[-쩍] 관 명 물질(물건)에 관한 (것). 물질적(物質的). ¶ 물적 자원. /물적 원조. /물적인 증거. ↔심적(心的)·인적(人的).

물적 담보(物的擔保)[-쩍땀-] 특정한 재산에 의한 채권의 담보. 〔저당권·질권 따위.〕 물상담보(物上擔保).

물적 유통(物的流通)[-쩡뉴-] ①원료·제품 등 상품의 사회적인 흐름. ②개별 기업이 행하는 상품의 포장·수송·하역·보관·통신 등의 여러 활동. 준 물류(物流).

물적 증거(物的證據)[-쩍쯩-] 증거 방법의 한 가지. 증거가 되는 물질적 존재나 상태. 유체물(有體物)로서의 검증물(檢證物)이나 문서 따위. 준 물증(物證). ↔인적 증거.

물정(物情)[-쩡] 명 세상의 실정이나 형편. ¶ 세상 물정에 어둡다.

물-조개젓[-젇] 명 조개젓에 뜨물을 쳐서 익힌 묽은 젓. 〔음력 정월이나 이월에 담금.〕 *물조개젓이[-저시]·물조개젓만[-전-]

물종(物種)[-쫑] 명 물건의 종류.

물주(物主)[-쭈] 명 ①(공사판이나 장사판에서) 밑천을 대어 주는 사람. ②노름판에서, 아기패를 상대로 승부를 다투는 사람. ¶ 물주를 잡다.

물-줄기[-쭐-] 명 ①(내나 강 따위의) 물이 흐르는 줄기. ②물이 좁은 구멍 같은 데서 내뻗치며 이루는 줄.

물중지대(物重地大)[-쭝-] 명 하형 생산물이 많고 지역이 넓음.

물증(物證)[-쯩] 명 〈물적 증거〉의 준말. ¶ 심증은 가는데 물증이 없다.

물-지게[-찌-] 명 물을 길어 나르는 데 쓰는 지게. 등태에 가로 길게 댄 막대기 양 끝에 물통을 걸 수 있게 만듦.

물-질 명 하자 해녀가 바다에 들어가 해산물을 따는 일.

물질(物質)[-찔] 명 ①물건의 본바탕. ②물리학에서, 자연계의 요소의 하나로, 공간의 일부를 차지하고 질량을 갖는 것. 참 물체. ③철학에서, 정신에 대하여 인간의 의식 바깥에 존재하는 것. ↔정신.

물질-감(物質感)[-찔-] 명 미술에서, 물질의 형상이나 색채·광택·무게 따위 물질의 본바탕에 대한 느낌을 이르는 말.

물질-계(物質界)[-찔계/-찔게] 명 물질의 세계. 물계(物界). ↔정신계.

물질^교대(物質交代)[-찔-] 명 ☞물질대사.

물질-대사(物質代謝)[-찔-] 명 생물학에서, 생명을 유지하기 위해 생물체가 필요한 것을 섭취하고 불필요한 것을 배설하는 일을 통틀어 이르는 말. 물질 교대. 신진대사. 준 대사(代謝).

물질^명사(物質名詞)[-찔-] 명 ①형상을 갖춘 것을 나타내는 명사. ↔추상 명사. ②〔구미어(歐美語)에서〕 나누어 셀 수 없는 것을 나타내는 명사. 〔물·불·공기 따위.〕

물질-문명(物質文明)[-찔-] 명 물질을 바탕으로 이루어진 문명. ↔정신문명.

물질-문화(物質文化)[-찔-] 명 인간이 자연환경에 적응하기 위하여 창조해 낸 문화. 〔기계나 도구, 건조물, 교통 수단 따위.〕 ↔정신문화.

물질-적(物質的)[-찔-] 관 명 물질에 관한 (것). 물적(物的). ¶ 물질적 풍요. /물질적인 피해 보상. ↔정신적.

물질-주의(物質主義)[-찔-의/-찔-이] 명 (정신적인 것을 무시하고) 의식주 따위 물질 문제를 중히 여기는 주의. ↔정신주의.

물질-파(物質波)[-찔-] 명 물리학에서, 진행하는 전자(電子) 따위의 물질 입자에 따라다니는 파동의 현상. 〔전자 현미경 등에 응용됨.〕

물-짐승[-찜-] 명 (물개·물소·하마 따위) 물에서 사는 짐승을 통틀어 이르는 말.

물-집[1][-찝] 명 지난날, 피륙을 물들이던 집.

물-집[2][-찝] 명 살가죽이 부르터 그 속에 물이 잡힌 것. 수포(水疱). ¶ 물집이 생기다.

물쩍지근-하다[-찌-] 형 여 (어떤 상태나 태도가) 더하지도 덜하지도 않아 지루한 느낌이 있다. ¶ 하는 짓이 매사에 물쩍지근하다. **물쩍지근-히** 부.

물쩡물쩡-하다 형 여 성질이 여무지지 못하고 물러서 만만하다. 작 말짱말짱하다.

물쩡-하다 형 여 성질이 여무지지 못하고 무르다. 작 말짱하다[2]. **물쩡-히** 부.

물찌-똥 명 ①죽죽 내쏘듯이 누는, 물같이 묽은 똥. ②튀겨서 생기는 물의 크고 작은 덩이. 준 물똥.

물-차(-車)명 〈물자동차〉의 준말.
물-참명 밀물이 들어와 가장 높이 찼을 때. 만조(滿潮) 때.
물체(物體)명 ①구체적인 형태를 가지고 존재하는 것. ②철학에서, 지각과 정신이 없는 유형물(有形物)을 이르는 말.
물-초명하자 온통 물에 젖음, 또는 그런 상태. ¶ 소나기를 만나 물초가 되다.
물-총(-銃)명 〈물딱총〉의 준말.
물총-새(-銃-)명 물총샛과의 새. 몸길이 17 cm 가량으로 부리가 길. 등은 광택 있는 청색과 녹색이고 목은 흰색, 배는 밤색임. 물가에 살며 총알처럼 날쌔게 물속으로 들어가 먹이를 잡아먹음. 우리나라에서는 흔한 여름새임. 어구(魚狗). 준물새.
물추리-나무명 ☞물추리막대.
물추리-막대[-때]명 쟁기의 성에 앞 끝에 가로 박은 막대기. 봇줄을 두 끝에 매어 끌도록 되었음. 물추리나무.
물치-다래명 고등엇과의 바닷물고기. 몸길이 30 cm가량이며 납작한 모양임. 몸빛은 등이 남색, 배는 은백색임.
물침(勿侵)명하타 개개거나 건드리지 못하도록 함. 침범하지 못하게 말림.
물-침대(-寢臺)명 물을 넣은 매트를 깔아 놓은 침대.
물침-잡역(勿侵雜役)명하타 지난날, 모든 잡역을 면제하여 줌을 이르던 말.
물커-지다자 〈물크러지다〉의 준말.
물컥부 냄새가 코를 찌를 듯이 갑자기 세게 나는 모양. ¶ 방 문을 열자 곰팡내가 물컥 풍긴다. 작몰칵. **물컥-물컥**부하형.
물컹-거리다자 자꾸 물컹물컹한 느낌이 나다. 물컹대다. 작말캉거리다·몰캉거리다.
물컹-대다자 물컹거리다.
물컹-물컹부하형 매우 물컹한 모양. 작말캉말캉·몰캉몰캉.
물컹-이명 ①물컹한 물건. ②몸이나 마음이 약한 사람을 홀하게 이르는 말.
물컹-하다형여 (너무 익거나 곯아서) 물크러질 듯이 물렁하다. ¶ 복숭아가 곯아서 물컹하다. 작말캉하다·몰캉하다.
물-켜다자 물을 많이 들이켜다.
물쿠다 Ⅰ자 날씨가 찌는 듯이 더워지다. Ⅱ타 너무 무르거나 풀려서 본 모양이 없어지도록 헤어지게 하다. 물다[1].
물크러-지다자 너무 썩거나 물러서 본 모양이 없어지도록 헤어지다. ¶ 감자가 썩어서 모두 물크러지다. 준물커지다.
물큰부 냄새가 한꺼번에 확 풍기는 모양. 작몰큰. **물큰-물큰**부하형.
물-타기명 매입한 주식의 가격이 하락하였을 때, 그 하락한 가격으로 매입량을 늘림으로써 매입 평균 단가를 낮추는 주식 거래 방법.
물-타작(-打作)명하자 물벼인 채로 하는 타작. 진타작. ↔마른타작.
물-탕(-湯)명 광산에서, 복대기를 삭히는 데 쓰는 청화액(青化液)을 만드는 탱크.
물-탱크(-tank)명 물을 담아 넣어 두는 큰 통.
물-통(-桶)명 ①물을 담는 통을 통틀어 이르는 말. ②물을 긷는 데 쓰는 통. 수통(水桶). 질통.
물통-줄(-桶-)[-쭐]명 (소나 양 따위 반추 동물에서) 새김질한 것이 밥통으로 넘어가는 줄. 주라통에 붙었음.
물-퉁이명 ①물에 젖어서 탱탱하게 불은 물건. ②살만 찌고 힘이 없는 사람을 놓으로 이르는 말.
물-파스(←-Pasta)명 액체로 된 파스.
물팍명 〈무르팍〉의 준말.
물-편명 시루떡 이외의 모든 떡을 통틀어 이르는 말.
물표(物票)명 물건을 보내거나 맡긴 증거가 되는 문서(쪽지).
물푸레-나무명 물푸레나뭇과의 낙엽 교목. 산이나 들에 나는데 높이는 10 m가량. 잎은 겹잎이며 가장자리에 톱니가 있고, 5월경에 잔꽃이 핌. 나무는 가구재, 껍질은 한방에서 약재로 쓰임. 규목(槻木). 목서(木犀).
물-풀명 물속이나 물가에 나는 풀을 두루 이르는 말. 수초(水草).
물품(物品)명 쓸모 있는 물건이나 제품.
물품^화:폐(物品貨幣)[-폐/-페]명 ☞상품 화폐(商品貨幣).
물풍(物豐) '물풍하다'의 어근.
물풍-하다(物豐-)형여 산물이나 물자가 풍부하다.
물-할머니명 우물이나 샘에 있다고 하는 늙은 여자 귀신.
물합-국(物合國)[-꾹]명 복합국(複合國)의 한 가지. 둘 이상의 나라가 각기 독자적인 통치자와 대외적인 지위를 가지면서 공통의 이해를 위하여 법률적 합의하에 결합을 이룬 국가.
물형(物形)명 물건의 생김새.
물-홈명 (장지를 드나들게 하거나 빈지를 끼기 위하여) 인방에 길게 파 놓은 홈.
물화(物化)명하자 ①물건의 변화. ②천명(天命)을 다하고 죽는 일.
물화(物貨)명 물품과 재화(財貨).
물활-론(物活論)명 범심론(汎心論)의 한 형태. 모든 자연물에 생명력이 있다는 생각.
물ᄒᆞ다자 〈옛〉무리 짓다. 짝하다. ¶ 당당이 너와 다ᄆᆞᆺᄒᆞ야 물ᄒᆞ야 이시리로다(杜初*11:51*).
묽다[묵따]형 ①(죽이나 반죽 따위에) 물기가 너무 많다. ¶ 묽게 쑨 나물죽. ↔되다[4]. ②(액체의) 농도가 열다. ¶ 물감을 묽게 타다. ③사람이 야무진 데가 없이 무르다. *묽어·묽고[물꼬]
묽디-묽다[묵띠묵따]형 매우 묽다.
묽숙-하다[묵쑤카-]형여 알맞게 묽다.
묽스그레-하다[묵쓰-]형여 조금 묽은 듯하다. ¶ 문을 바르는 데 쓸 풀은 좀 묽스그레하게 쑤는 것이 좋다.
뭇[1][묻]명 고기잡이에 쓰는 큰 작살. *뭇이[무시]·뭇만[문-]
뭇[2][묻]의 ①(장작이나 볏단·채소 따위의) 묶음을 세는 단위. 속(束). ¶ 장작 한 뭇. ②생선을 세는 단위. 〔생선 열 마리가 한 뭇임.〕 ¶ 낙지 한 뭇. ③지난날, 조세(租稅)를 계산하기 위한, 토지의 넓이의 단위. 〔열 줌이 한 뭇이고, 열 뭇이 한 짐임.〕 *뭇이[무시]·뭇만[문-]
뭇[3][묻]관 수적으로 여럿임을 뜻하는 성상 관형사. ¶ 뭇 사건이 연달아 일어나다.
뭇-가름[묻까-]명하타 묶음으로 된 물건을 여러 묶음으로 갈라 묶는 일.
뭇-갈림[묻깔-]명 지난날, 베어 놓은 볏단을 지주와 소작인이 절반씩 나누어 가지던 일.
뭇-나무[문-]명 단으로 묶은 땔나무.
뭇다[묻따][무으니·무어]타ㅅ ①조각을 모아서 잇다. 여러 개를 붙여서 만들다. ¶ 배를 뭇다. ②조직이나 모임을 만들다. ¶ 친목계를 뭇다.

뭇-따래기[묻-]명 연달아 나타나서 남을 괴롭히는 각색의 사람들.
뭇-떡잎[묻떵닙]명 떡잎이 셋 이상인 것. 다자엽(多子葉). 참쌍떡잎·외떡잎. *뭇떡잎이[묻떵니피]·뭇떡잎만[묻떵님-]
뭇떡잎-식물(-植物)[묻떵닙씽-]명 밑씨가 셋 이상의 떡잎을 가진 식물. 〔소나무나 삼나무 따위.〕 다자엽식물.
뭇-매[문-]명 여러 사람이 한꺼번에 덤비어 때리는 매. 몰매. ¶ 뭇매를 때리다. /뭇매를 맞다.
뭇매-질[문-]명하타 여러 사람이 덤비어 함부로 때리는 짓.
뭇-발길[묻빨낄]명 ①여러 사람의 발길. ②'여러 사람의 나무람'을 비유하여 이르는 말.
뭇발길-질[묻빨낄-]명하타 여러 사람의 발길질.
뭇-방치기[묻빵-]명하자 주책없이 남의 일에 간섭하는 짓, 또는 그 무리.
뭇-별[묻뼐]명 많은 별. 중성(衆星).
뭇-사람[묻싸-]명 여러 사람. 많은 사람. ¶ 뭇사람의 눈길을 끌다.
뭇-생각[묻쌩-]명 잡다하게 많은 생각. ¶ 뭇생각에 잠 못 이루다.
뭇-소리[묻쏘-]명 여러 사람이 저마다 이러니저러니 하는 말.
뭇-시선(-視線)[묻씨-]명 여러 사람의 눈길. ¶ 뭇시선을 끌다.
뭇-입[문닙]명 여러 사람이 나무라는 말. 중구(衆口). ¶ 쓸데없이 뭇입에 오르내리다.
뭇ː-종[무쫑/묻쫑]명 무 장다리의 어린 대.
뭇-줄[묻쭐]명 삼으로 드린 굵은 바.
뭇-짐승[묻찜-]명 여러 짐승. 백수(百獸).
뭇치다자 〈옛〉 묻히다. ¶ 紅塵에 뭇친 분네(丁克仁.賞春曲).
뭈다타 〈옛〉 묶다. ¶ 이제 類롤 조차 뭇거(圓覺上一之一38).
뭉개다 Ⅰ자 일을 빨리 하지 못하고 머무적거리다. 뭉그대다. ¶ 그까짓 일을 가지고 며칠씩이나 뭉개다니!
Ⅱ타 문질러 으깨거나 짓이기다. ¶ 송충이를 밟아 뭉개다. /담배꽁초를 구둣발로 밟아 뭉개다.
뭉개-지다자 문질리어 으깨지다. ¶ 비석에 새겨진 묘비명이 다 뭉개졌다. /삶은 감자가 다 뭉개졌다.
뭉거-지다자 〈뭉그러지다〉의 준말.
뭉게-구름명 '적운(積雲)'·'쌘구름'의 딴 이름.
뭉게-뭉게부 (구름이나 연기가) 잇달아 피어오르는 모양. ¶ 구름이 뭉게뭉게 피어오르다. 작몽개몽개.
뭉구리명 ①바짝 깎은 머리. ②'중'을 조롱조로 이르는 말. 작몽구리.
뭉그-대다 Ⅰ자 ☞뭉개다.
Ⅱ타 몸을 제자리에서 그냥 비비대다.
뭉그러-뜨리다타 힘껫 뭉그러지게 하다. 뭉그러트리다. ¶ 벽돌담을 쌓으려고 돌담을 뭉그러뜨리다. 작몽그라뜨리다. 거뭉크러뜨리다.
뭉그러-지다자 ①(높이 쌓인 물건이) 무너져 주저앉다. ¶ 토담이 큰비에 뭉그러졌다. 준뭉거지다. 작몽그라지다. ②☞뭉크러지다.
뭉그러-트리다타 뭉그러뜨리다. 작몽그라트리다. 거뭉크러트리다.
뭉그적-거리다[-꺼-]자타 자꾸 뭉그적뭉그적하다. 뭉그적대다. 준뭉긋거리다. 작몽그작거리다.
뭉그적-대다[-때-]자타 뭉그적거리다.
뭉그적-뭉그적[-정-]부 ①하자(나아가지 못하고) 제자리에서 조금 큰 동작으로 게으르게 행동하는 모양. ¶ 뭉그적뭉그적하지 말고 산책이라도 하렴. ②하타(나아가지 못하고) 제자리에 눌러앉아 비비대는 모양. ③하타(일을 제때에 하지 못하고) 우물쭈물하는 모양. ¶ 제 할 일을 뭉그적뭉그적 뒤로 미루기만 하는 사람. 준뭉긋뭉긋. 작몽그작몽그작.
뭉그적-이다 Ⅰ자 (나아가지 못하고) 제자리에서 조금 큰 동작으로 게으르게 행동하다. 작몽그작이다.
Ⅱ타 (나아가지 못하고) 제자리에서 잇달아 무겁게 비비대다. 작몽그작이다.
뭉그-지르다[~지르니·~질러]타르 무너져 주저앉게 하다. 뭉기다.
뭉근-하다형여 불이 느긋이 타거나, 불기운이 세지 않다. ¶ 뭉근한 불에 엿을 고다. **뭉근-히**부.
뭉글-거리다자 자꾸 뭉글뭉글한 느낌을 주다. 뭉글대다. 작몽글거리다. 거뭉클거리다.
뭉글-대다자 뭉글거리다.
뭉글-뭉글부하형 멍울진 것이 물렁물렁하여 이리저리 불거지며 미끄러운 느낌. 작몽글몽글. 거뭉클뭉클.
뭉긋-거리다[-귿꺼-]자타 〈뭉그적거리다〉의 준말. 뭉긋대다. 작몽긋거리다.
뭉긋-대다[-때-]자타 뭉긋거리다.
뭉긋-뭉긋[-귿-귿]부하자타 〈뭉그적뭉그적〉의 준말. 작몽긋몽긋.
뭉긋-하다[-그타-]형여 ①약간 비스듬하다. ¶ 뭉긋한 지붕. ②조금 굽어져 휘우듬하다. ¶ 산등성이가 뭉긋한 능선을 이루며 뻗어 있다.
뭉기다타 무너져 주저앉게 하다. 뭉그지르다.
뭉-때리다타 ①능청맞게 시치미를 떼다. ¶ 다 아는 일을 뭉때리지 말고 빨리 말해라. ②할 일을 일부러 아니하다.
뭉떵부 대번에 꽤 큰 덩어리로 자르거나 잘리어 끊어지는 모양. 작몽땅. 참뭉텅. **뭉떵-뭉떵**부.
뭉떵뭉떵-하다형여 여럿이 다 뭉떵하다. 작몽땅몽땅하다. 참뭉텅뭉텅하다.
뭉떵-하다형여 큰 덩어리로 뚝 잘라 놓은 듯이 짤막하고 뭉툭하다. 작몽땅하다. 참뭉텅하다.
뭉뚝부하형 ①(굵직한 것이) 끝이 잘린 듯이 무딘 모양. ②생김새가 뚱뚱하면서 짤막한 모양. 작몽뚝. 참뭉툭. **뭉뚝-뭉뚝**부하형.
뭉뚱-그리다타 ①되는대로 대강 뭉치어 싸다. ¶ 봇짐을 뭉뚱그리다. ②여러 사실을 하나로 포괄하다. ¶ 뭉뚱그려 말하다. 작몽똥그리다.
뭉실-뭉실부하형 퉁퉁하게 살져서 부드러운 느낌을 주는 모양. 작몽실몽실.
뭉우리명 뭉우리돌.
뭉우리-돌명 모난 데가 없이 둥글고 큼직한 돌. 무우석(無隅石). 뭉우리.
뭉쳐-나다[-처-]자 풀이나 나무가 무더기로 더부룩하게 나다.
뭉치명 ①한데 뚤뚤 뭉치거나 뭉뚱그린 덩이. ¶ 원고 뭉치. /돈 뭉치. ②소의 뒷다리 윗볼기의 밑에 붙은 고깃덩이. ③〖의존 명사적 용법〗 한데 뭉치거나 뭉뚱그린 덩이를 세는 단위. ¶ 지폐 두 뭉치. /주먹밥 세 뭉치.
뭉치다 Ⅰ자 ①(여럿이 합쳐지거나 어울려서) 한 덩어리가 되다. ¶ 피가 뭉치어 엉겨 붙다. /솜이 뭉치다. ②하나로 단결하다. ¶ 온 국민이 한마음으로 뭉치다. 작몽치다.
Ⅱ타 한 덩어리가 되게 하다. ¶ 눈을 뭉치어 눈사람을 만들다. 작몽치다.
뭉치-사태명 소의 뭉치에 붙은 고기. 곰국거리로 쓰임.

뭉칫-돈[-치똔/-칟똔]명 ①뭉치로 된, 액수가 많은 돈. ②☞목돈.
뭉크러-뜨리다타 아주 뭉크러지게 하다. 뭉크러트리다. ¶ 세찬 비바람이 갓 핀 목련꽃을 모두 뭉크러뜨렸다. 여뭉그러뜨리다.
뭉크러-지다자 큰 것이 썩거나 지나치게 물러서 본디의 모양을 찾아볼 수 없이 찌그러지다. 뭉그러지다. ¶ 광에 넣어 두었던 고구마가 겨울을 나면서 모두 뭉크러졌다.
뭉크러-트리다타 뭉크러뜨리다. 여뭉그러트리다.
뭉클부하형 ①먹은 음식이 잘 삭지 아니하고 가슴에 뭉쳐 있는 듯이 묵직한 느낌. ②(동정이나 감동 따위) 북받치는 감정으로 가슴이 갑자기 꽉 차는 듯한 느낌. ¶ 그 가련한 처지에 가슴이 뭉클해졌다. 작몽클.
뭉클-거리다자 뭉클뭉클한 느낌을 주다. 뭉클대다. 작몽클거리다. 여뭉글거리다.
뭉클-대다자 뭉클거리다.
뭉클-뭉클부하형 멍울진 것이 물렁물렁하여 이리저리 불거지며 미끄러운 모양. 작몽클몽클. 여뭉글뭉글.
뭉키다자 여럿이 한데 엉키어 큰 덩어리가 되다. 작몽키다.
뭉텅부 (물체의 한 부분이) 대번에 꽤 큰 덩어리로 잘리거나 끊어지는 모양. 작몽탕. 참뭉떵. **뭉텅-뭉텅**부.
뭉텅뭉텅-하다형여 여럿이 다 뭉텅하다. 작몽탕몽탕하다. 참뭉떵뭉떵하다.
뭉텅-이명 한데 뭉친 큰 덩이.
뭉텅-하다형여 (겉모양이) 꽤 큰 덩어리로 썩둑 잘린 도막같이 생기다. 작몽탕하다. 참뭉떵하다.
뭉툭부하형 ①(꽤 굵직한 것이) 끝이 잘린 듯이 무딘 모양. ¶ 뭉툭 잘리다. ②생김새가 퉁퉁하면서 짤막한 모양. ¶ 손톱이 뭉툭하다. 작몽톡. 참뭉뚝. **뭉툭-뭉툭**부하형.
뭍[묻]명 ①☞육지(陸地). 땅[1]. ¶ 뭍에 오르다. ②섬사람들이 본토를 이르는 말. ¶ 뭍으로 시집가다. ＊뭍이[무치]·뭍을[무틀]·뭍만[문-]
뭍-바람[묻빠-]명 뭍에서 바다로 부는 바람. 육풍(陸風). ↔바닷바람.
뭍-사람[묻싸-]명 (섬사람에 상대하여) '뭍에서 사는 사람'을 이르는 말.
뭍-짐승[묻찜-]명 육지에 사는 짐승.
뭐ː Ⅰ대 〈무어〉·〈무엇〉의 준말. ¶ 손 안에 들어 있는 그것이 뭐냐?
Ⅱ감 〈무어〉의 준말. ¶ 뭐, 내일 서울에 간다고?/뭐, 그 사람이 죽었다고?
뭐니 뭐니 해도관용 '무어니 무어니 해도'가 줄어서 된 말. ¶ 뭐니 뭐니 해도 내 집이 최고다.
뭐ː-하다형여 〈무엇하다〉의 준말. ¶ 그냥 달라기가 좀 뭐하다.
뭘[1]감 상대의 칭찬이나 감사의 말에 대하여, 자신의 행동이 대단찮음을 겸손하게 나타내는 말. ¶ "도와줘서 고마워." "뭘, 당연히 같이 해야 할 일인데."
뭘[2]준 '무엇을'이 줄어든 말. ¶ 뭘 그렇게 골똘히 궁리하느냐?
뭣ː[뭗]대 〈무엇〉의 준말. ＊뭣ː이[뭐시]·뭣ː만[뭔-]
뭣ː-하다[뭐타-]형여 〈무엇하다〉의 준말. ¶ 나 혼자 가기엔 좀 뭣하다.
뭬준 '무엇이'가 줄어든 말. ¶ 뭬 그다지 불만이냐?
뮈명 〈옛〉해삼(海蔘). ¶ 뮈:海蔘(物名*2:5*).
뮈다자 〈옛〉움직이다. 흔들리다. ¶ ᄇᆞᄅᆞ매 아니 뮐ᄊᆡ(龍歌2章).
뮈우다타 〈옛〉움직이게 하다. 흔들다. ¶ 色心올 뮈워 病이 나리라(蒙法*23*).
뮈지크^콩크레트(musique concrète 프)명 제2차 세계 대전 후에 생긴 전위(前衛) 음악의 한 가지. 새소리·물소리 등 자연계의 소리나 사람·기계 등이 내는 여러 소리를 녹음하여, 전기 장치로 그것을 여러 가지로 변형시켜 하나의 작품으로 구성한 것. 구체 음악(具體音樂).
뮤ː(mu 그)명 그리스 자모의 열두째 글자. 영어의 '엠(M)'에 해당함. 〔소문자 μ는 길이의 단위인 '미크론(micron)'의 기호로 쓰임.〕
뮤ː즈(Muse)명 그리스 신화에서, 학예(學藝)를 맡고 있다는 여신의 이름. 모두 9명인데 시나 음악의 신으로도 알려져 있음. 〔그리스 어로는 무사(Musa), 복수로는 무사이(Musai).〕
뮤ː지컬(musical)명 ①뮤지컬 코미디나 음악을 주로 하여 구성된 영화·연극을 두루 이르는 말. ②(현대 미국에서 발달한) 음악·무용·연극 등의 요소를 결합시킨 종합 무대 예술의 한 형식.
뮤ː지컬^쇼ː(musical show)명 음악을 주로 하여 엮은, 라디오나 텔레비전의 오락 프로.
뮤ː지컬^코미디(musical comedy)명 간단한 줄거리를 노래와 춤으로 엮어 나가는 희극.
뮤ː직^드라마(music drama)명 악극(樂劇).
뮤ː직-홀ː(music hall)명 음악당. 음악 감상실.
므겁다형ㅂ 〈옛〉무겁다. ¶ 수으리 므겁고(杜初*8:27*). /목숨 므거ᄫᅥ(月印*142*章).
므긔명 〈옛〉무게. ¶ 므긔 닐굽 돈(救簡*1:53*).
므느다타 〈옛〉물리다. 늦추다. ¶ 출ᄒᆞ리 두ᅀᅥ 히롤 므늘 ᄲᅮ니언뎡(翻小*9:50*).
므니부 〈옛〉늘이어. 계속하여. ¶ 斜陽峴山의 躑躅을 므니 ᄇᆞᆯ와(鄭澈.關東別曲).
-므로어미 모음이나 'ㄹ'로 끝난 어간 또는 높임의 '-시-'에 붙어, 앞말이 뒷말의 원인(이유·근거)이 됨을 나타내는 종속적 연결 어미. ¶ 타(他)의 모범이 되므로 이에 표창함. /키가 크므로 상대 선수보다 유리하다. 참-으므로.
므르다[믈러]자 〈옛〉물러나다. 무르다. ¶ 브즈러니 닷가 므르디 아니ᄒᆞᆯᄊᆡ오(月釋*2:37*).
므섯대 〈옛〉무엇. ¶ 바다 밧근 하ᄂᆞᆯ히니 하ᄂᆞᆯ 밧근 므서신고(鄭澈.關東別曲).
므수리명 〈옛〉물수리. ¶ 므수리 독:鴟(訓蒙上*15*).
므스대관 〈옛〉①무엇. ¶ 므스ᄒᆞ라 너를 기들오료(老解下*18*). ②무슨. ¶ 명관이 날 잡기는 므스 일고(王郎*2*).
므스것대 〈옛〉무엇. ¶ 내 므스거시 不足ᄒᆞ료(釋譜*6:24*).
므스므라부 〈옛〉무슨 까닭으로. ¶ 바미 가다가 귓것다 모딘 즁싱이 므싀엽도소니 므스므라 바미 나오나뇨 ᄒᆞ야(釋譜*6:19*).
므슥대 〈옛〉무엇. ¶ 므스게 ᄡᅳ시리(月釋*1:10*).
므슴대관 〈옛〉①무엇. ¶ 므슴 호려 ᄒᆞ시ᄂᆞ니(月釋*1:10*). ②무슨. ¶ 내 ᄯᅩ 므슴 시름ᄒᆞ리오(月釋*21:49*).
므슴다부 〈옛〉무슨 까닭인가. ¶ 므슴다 錄事니믄 녯나ᄅᆞᆯ 닛고신뎌(樂範.動動).
므슷관 〈옛〉무슨. ¶ 子息 업더니 므슷 罪오(月釋*1:7*). /므슷 이ᄅᆞᆯ 겻고오려 ᄒᆞᄂᆞᆫ고(釋譜*6:27*).
므ᄉᆞ관 〈옛〉무슨. 어떤. ¶ 하ᄂᆞᆯ의 추미러 므ᄉᆞ 일을 ᄉᆞ로리라(鄭澈.關東別曲).
므ᄉᆞ므라부 〈옛〉무슨 까닭으로. ¶ 인간이 됴터냐 므ᄉᆞ므라 ᄂᆞ려온다(古時調). 참므스므라.

므슴대관 〈옛〉①무엇. ¶ ᄒᆞ다가 몯ᄒᆞᄂᆞᆫ 일을 닐러 므슴 ᄒᆞ리(古時調). ②무슨. ¶ 네 高麗 ᄯᅡ히셔 므슴 貨物 가져온다(老解下2). 참므슴.
므싀다타 〈옛〉무서워하다. ¶ 범 므싀여(杜初21:39).
므싀엽다형ㅂ 〈옛〉무섭다. ¶ 귓거시 森然히 므싀엽도다(杜初7:24).
므지게명 〈옛〉무지개. ¶ 힌 므지게 ᄒᆡ예 ᄢᅦ니이다(龍歌50章).
므ᄌᆞ미명 〈옛〉자맥질. ¶ 므ᄌᆞ미 영:泳(訓蒙中2).
믄드시부 〈옛〉문득. 갑자기. ¶ 시르믜 오ᄆᆞᆯ 믄드시 이긔디 몯ᄒᆞ리로다(杜初3:14).
믄득부 〈옛〉문득. 갑자기. ¶ 하ᄂᆞᆳ 光明이 믄늑 번ᄒᆞ거늘(月釋2:51).
믄듯부 〈옛〉문득. 갑자기. ¶ ᄌᆞ믈쇠ᄅᆞᆯ ᄲᆞᆯ리 믄듯 닫디 몯ᄒᆞ도다(杜初24:30).
믈명 〈옛〉물. ¶ 믈 깊고 ᄇᆡ 업건마ᄅᆞᆫ(龍歌34章). /믈 슈:水(石千2).
믈다자 〈옛〉물다. ¶ 소니 가재다 므ᄅᆞ옵노이다(樂範.動動). /믈 교:咬(訓蒙下8).
믈리조치다자 〈옛〉쫓기어 물러나다. ¶ 스ᄀᆞᆷ 㝡 軍馬ᄅᆞᆯ 이길씨 ᄒᆞᄫᆞᅀᅡ 믈리조치샤 모ᄃᆞᆫ 도ᄌᆞᄀᆞᆯ 자ᄇᆞ시니이다(龍歌35章).
믈어디다자 〈옛〉무너지다. ¶ 그 뫼히 ᄒᆞᆫ 것도 업시 믈어디거늘(釋譜6:31).
믈읫부 〈옛〉무릇. ¶ 믈읫 보논 얼구리 ᄭᅮ멧 얼굴 ᄀᆞᆮᄒᆞ며(月釋2:53).
믈자ᅀᅢ명 〈옛〉무자위. ¶ 믈자ᅀᅢ 길:桔. 믈자ᅀᅢ 고:槹. 믈자ᅀᅢ 록:轆(訓蒙中15).
믉다타 〈옛〉묶다. ¶ 白玉을 믓것ᄂᆞᆫᄃᆞᆺ 東溟을 박ᄎᆞᄂᆞᆫᄃᆞᆺ(鄭澈.關東別曲). 참묶다.
믜다[1]자 〈옛〉무이다. 빠지다. ¶ 믤 독:禿(訓蒙上29). /믤 올:兀(類合下56).
믜다[2]타 〈옛〉미워하다. ¶ ᄂᆞᆷ 믜며 새오ᄆᆞ로(釋譜13:56). /믜며 ᄃᆞᆺ오ᄆᆞᆯ 간대로 니ᄅᆞ와다(金剛9).
믜ᅇᅵ다자 〈옛〉미움을 받다. ¶ 趙州의 사ᄅᆞ미게 믜ᅇᅵᆫ 고ᄃᆞᆯ 굿 아라(蒙法19).
믭다형ㅂ 〈옛〉밉다. ¶ 믜ᄫᅳᆫ 사ᄅᆞ미 일훔 쓰며(釋譜9:17). /믜올 증:憎(類合下3).
미ː(未)명 ①십이지(十二支)의 여덟째. ②〈미방(未方)〉의 준말. ③〈미시(未時)〉의 준말.
미(尾)명 ①인삼 뿌리의 잔 가닥. ②〈미성(尾星)〉의 준말.
미ː(美)[1]명 ①아름다움. ¶ 자연의 미. ↔추(醜). ②《일부 명사 앞이나 뒤에 붙어》 '아름다움'의 뜻을 나타내는 말. ¶ 미소녀. /숭고미. ③철학에서, 감성과 이성의 조화·통일에 의하여 순수한 감동을 일으키는 것. ④성적 평가 기준의 하나. 수·우·미·양·가의 다섯 등급으로 가를 때의 셋째.
미(美)[2]명 '미국(美國)'의 준말.
미(mi 이)명 장음계의 셋째 음, 또는 단음계의 다섯째 음의 계이름.
미(微)수관 홀(忽)의 10분의 1, 섬(纖)의 10배가 되는 수(의). 곧, 10^{-6}.
미-(未)접두 《일부 명사 앞에 붙어》 '아직 다 이루어지지 않음'을 뜻함. ¶ 미완성. /미성년.
미가(米價)[-까]명 쌀값.
미ː가-녀(未嫁女)명 아직 시집가지 아니한 여자.
미가-서(←Micah書)명 구약 성서 중의 한 편. 예언자 미가가 신의 계시를 적은 것으로, 대지주의 횡포와 이기적인 제사장 등을 책망하며 기도와 구원에 대한 말세론적인 내용을 기록함.
미ː-가필(未可必)명하형 아직 그렇게 되기를 바랄 수 없음.
미각(味覺)명 오감(五感)의 하나. 혀 따위로 맛을 느끼는 감각. 〔단맛·짠맛·쓴맛·신맛 따위의 감각.〕 미감(味感).
미각^기관(味覺器官)[-끼-]명 미각을 느끼는 기관. 척추동물의 경우 혀에 흩어져 있음. 미관(味官).
미각^신경(味覺神經)[-씬-]명 미각을 맡아보는 신경. 미신경.
미ː간(未刊)명 (책 따위가) 아직 간행되지 않음. 참기간(既刊).
미간(眉間)명 〈양미간(兩眉間)〉의 준말.
미간-주(眉間珠)명 불상(佛像)의 두 눈썹 사이에 있는 구슬.
미ː간-지(未墾地)명 〈미개간지(未開墾地)〉의 준말. ↔기간지(既墾地).
미ː감(未感)명하자 (병 같은 것에) 아직 감염되지 않음.
미감(味感)명 ☞미각(味覺).
미ː감(美感)명 아름다움에 대한 감각, 또는 아름답다는 느낌.
미감-수(米泔水)명 쌀뜨물.
미ː개(未開)명하형 ①아직 개화하지 못한 상태에 있음. 문명이 깨지 못한 상태에 있음. ↔문명. ②(꽃 따위가) 아직 피지 못한 상태에 있음.
미ː개간-지(未開墾地)명 아직 개간하지 않은 땅. 미경지(未耕地). 준미간지. ↔개간지.
미ː개-국(未開國)명 미개한 나라.
미ː-개발(未開發)명하타되자 아직 개발하지 아니함.
미ː개-인(未開人)명 미개한 사람(인종). 번인(蕃人). 원시인. 토매인(土昧人). ↔문명인.
미ː개-지(未開地)명 ①미개한 땅. ②〈미개척지(未開拓地)〉의 준말.
미ː-개척(未開拓)명 아직 개척하지 아니함. ¶ 아직 미개척 분야가 많다.
미ː개척-지(未開拓地)[-찌]명 아직 개척하지 않은 땅, 또는 그러한 분야. 준미개지.
미거(未擧) '미거하다'의 어근.
미ː거(美擧)명 (사회적으로 좋은 평가를 받을 만한) 훌륭한 짓. 갸륵한 행동.
미ː거-하다(未擧-)형여 사리에 어둡고 철이 없다. ¶ 대학은 나왔으나 아직 미거합니다.
미ː견(未見)명하타 아직 보지 못함.
미ː견(迷見)명 사리에 밝지 못한 견해.
미ː결(未決)명하타되자 ①아직 결정하지 않음. 미결정. 미결재. ¶ 미결 서류. ②죄의 있고 없음이 아직 확정되지 않음. ③〈미결수(未決囚)〉의 준말. ↔기결(既決).
미ː결-감(未決監)명 '구치소(拘置所)'를 일반에서 흔히 이르는 말. ↔기결감.
미ː결^구금(未決拘禁)명 〔유죄로 확정되지 않은 자에 대하여 행해진다는 뜻으로〕 '구금'을 달리 이르는 말.
미ː결-수(未決囚)[-쑤]명 '미결 수용자'를 흔히 이르는 말. 준미결. ↔기결수.
미ː결^수용자(未決收容者)명 형사 피의자나 피고인으로서 미결 수용실(구치소)에 수용되어 있는 사람. 미결수.
미ː결-안(未決案)명 미결로 있는 안건.
미ː-결재(未決裁)[-째]명하타되자 아직 결재하지 않음. 아직 결재가 나지 않음. 미결(未決).
미ː-결정(未決定)[-쩡]명하타되자 아직 결정이 나지 않음. 미결(未決).
미ː경(美境)명 아름다운 경지.
미ː경-지(未耕地)명 ☞미개간지(未開墾地).

미ː-경험(未經驗)명하타 아직 경험하지 못함.
미ː계(迷界)[-계/-게]명 〔불교에서〕 미망(迷妄)의 세계. 중생계(衆生界). ↔오계(悟界).
미곡(米穀)명 ①'쌀'로 순화. ②쌀과 갖가지 곡식.
미곡-상(米穀商)[-쌍]명 쌀과 갖가지 곡식을 사고파는 일, 또는 그런 사람이나 가게. 미상(米商). 쌀장사. 쌀장수. 쌀가게. 싸전.
미곡^연도(米穀年度)[-공년-]명 미곡의 통계적 처리를 위하여 정한 기간, 곧 11월 1일부터 다음 해 10월 31일까지의 1년간.
미골(尾骨)[1]명 척추의 맨 아랫부분에 있는 뼈. 3~5개의 작은 뼈로 이루어짐. 꽁무니뼈. 꼬리뼈. 미저골(尾骶骨).
미골(尾骨)[2]명 ☞꼬리대기.
미공(微功)명 ①대수롭지 않은 공로. ②자기의 공로를 겸손하게 이르는 말.
미ː과(未果)명하타 아직 결과를 짓지 못함.
미ː과(美果)명 ①(맛이 좋고) 아름다운 과실. ②좋은 결과.
미관(味官)명 ☞미각 기관(味覺器官).
미ː관(美官)명 ☞명환(名宦).
미ː관(美觀)명 좋은 경치. 아름다운 경관. ¶ 도시의 미관을 해치다.
미관(微官) Ⅰ명 보잘것없는 관직. 소관(小官). Ⅱ대 관리가 자기를 낮추어 이르는 말. 소관.
미관-말직(微官末職)[-찍]명 지위가 아주 낮은 관직. 미말지직(微末之職). ↔고관대작.
미ː관^지구(美觀地區)명 도시의 미관을 살리기 위하여 특별히 설정한 지구.
미괄-식(尾括式)명 글의 끝 부분에 중심 내용이 있는 산문 구성 방식. 참두괄식·양괄식·중괄식.
미광(微光)명 희미하고 약한 빛.
미ː구(未久)명하형 오래지 않음. 《주로, '미구에'의 꼴로 쓰임.》 ¶ 입춘도 지났으니 미구에 봄이 오겠지.
미구(微軀)명 ①미천한 몸. 신분이 낮은 몸. ②남에게 '자기 몸'을 겸손하게 이르는 말.
미구(彌久)명하형 동안이 매우 오램.
미ː구불원(未久不遠)명하형 얼마 오래지 않고 가까움.
미국(米麴)명 쌀누룩.
미국-톤(美國ton)의 ☞쇼트톤(short ton).
미국-흰불나방(美國-)[-구킨-라-]명 불나방과의 곤충. 날개 길이 3 cm가량. 온몸이 희며, 날개에 검은 점이 있는 것도 있음. 유충은 플라타너스·미루나무 및 농작물의 잎을 갉아 먹는 해충으로 미국이 원산임. 흰불나방.
미ː궁(迷宮)명 ①한번 들어가면 쉽게 빠져나올 길을 찾을 수 없게 된 곳. ②(범죄 사건 따위가) 복잡하게 얽혀서 판단하거나 해결하기 어렵게 된 상태. ¶ 사건이 미궁에 빠지다.
미ː귀(未歸)명하자 아직 돌아오지 않음.
미균(黴菌)명 ☞세균(細菌).
미그^전ː투기(MIG戰鬪機)명 소련의 대표적인 제트 전투기의 한 가지.
미ː급(未及)명하자 아직 미치지 못함. 아직 차지 아니함. ¶ 미급한 수준.
미ː급(未急)명하형 그다지 급하지 않음.
미ː기(未幾)명하형 동안이 얼마 되지 않음. 《주로, '미기에'의 꼴로 쓰임.》 ¶ 그가 몸을 피한 지 미기에, 곧 수색대가 들이닥쳤다.
미ː기(美技)명 훌륭한 연기나 기술. 파인 플레이.
미ː기(美妓)명 아름다운 기생.
미꾸라지명 기름종갯과의 민물고기. 몸길이 20 cm가량. 몸은 가늘고 길며 입가에 다섯 쌍의 수염이 있음. 등은 검푸르고 배는 희며 피부가 미끌미끌함. 논이나 개천·호수·못 등의 진흙 속에서 삶. 이추(泥鰍). 추어(鰍魚).
미꾸라지 용 됐다속담 미천하고 보잘것없던 사람이 크게 잘되었다는 말.
미꾸라지 한 마리가 온 웅덩이를 흐려 놓는다속담 한 사람의 좋지 않은 행동이 어떤 집단이나 여러 사람에게 나쁜 영향을 미친다는 말.
미꾸리명 기름종갯과의 민물고기. 생김새와 몸의 크기가 모두 미꾸라지와 비슷하나 비늘이 더 많고 크며, 수염이 짧음. 몸빛은 등쪽의 반이 어두운 감람색, 배 쪽의 반이 담청색이며 옆구리에 여러 줄의 세로띠가 있음. 연못이나 논도랑 및 얕은 물에서 진흙 속의 유기물을 먹고 삶.
미끄러-뜨리다타 미끄러지게 하다. 미끄러트리다.
미끄러-지다자 ①미끄러운 곳에서 밀려 나가거나 넘어지다. ¶ 얼음판에서 미끄러지다. 작매끄러지다. ②(자동차·기차 따위가) 무리 없이 또는 거침없이 나아가다. ¶ 기차는 플랫폼으로 천천히 미끄러져 나갔다. ③시험 등에서 떨어지거나 차지하고 있던 자리에서 밀려나다. ¶ 시험에 미끄러지다.
미끄러-트리다타 미끄러뜨리다.
미끄럼명 (얼음판이나 미끄럼대 따위에서) 미끄러지는 일, 또는 그런 놀이.
미끄럼-대(-臺)[-때]명 아이들이 앉아서 미끄러져 내려올 수 있도록 널빤지 따위로 경사지게 만든 놀이 시설. 미끄럼틀.
미끄럼-마찰(-摩擦)명 운동 마찰의 한 가지. 물체의 일정한 면이 다른 물체의 표면을 따라 줄곧 접촉하면서 운동할 때에 작용하는 마찰.
미끄럼-틀명 ☞미끄럼대.
미끄럽다[-따][미끄러우니·미끄러워]형ㅂ 거침없이 저절로 밀려 나갈 만큼 번드럽다. ¶ 길이 얼어서 미끄럽다. 작매끄럽다.
미끈-거리다자 자꾸 미끈미끈하다. 미끈대다. ¶ 미꾸라지가 미끈거려 손으로 잡기가 쉽지 않다. 작매끈거리다.
미끈-대다자 미끈거리다.
미끈둥-하다형여 미끈한 맛이 제법 많다. 작매끈둥하다.
미끈-미끈부하형 겉면이 번드러워서 닿으면 자꾸 밀려 나가는 모양. 작매끈매끈.
미끈-유월(←-六月)[-뉴-]명 〔미끄러지듯이 한 달이 지나간다는 뜻으로〕 '음력 유월'을 이르는 말. 참깐깐오월·어정칠월.
미끈-하다 Ⅰ자여 미끄러워서 발이나 손이 붙지 않고 미끄러지거나 밀려 나가다.
Ⅱ형여 ①미끄러울 정도로 흠이나 거침새가 없다. ¶ 미끈한 나무줄기. ②생김새가 보기에 훤칠하고 말쑥하다. ¶ 미끈하게 생긴 청년. 작매끈하다. **미끈-히**부.
미끌-미끌부하형 (거죽이) 매우 미끄러운 모양. 작매끌매끌.
미끼명 ①낚싯밥. ②'사람이나 동물을 꾀어 들이는 물건이나 수단'을 비유하여 이르는 말. ¶ 돈을 미끼로 삼다.
미나다자 〈옛〉내밀다. ¶ 人讚福盛ᄒᆞ샤 미나거신 톡애(樂範.處容歌).
미나리명 산형과의 다년초. 동양 특산으로 습한 땅에 절로 나기도 하고 미나리꽝에서 가꾸기도 함. 줄기는 30 cm가량 자라고, 잎은 깃 모양의 겹잎이며, 여름에 희고 작은 꽃이 모여 핌. 잎과 줄기는 먹음. 근채(芹菜). 수근(水芹).

미나리-꽝명 미나리를 심어 가꾸는 논.

미나리-아재비명 미나리아재빗과의 다년초. 산이나 들에 나는데 줄기와 잎에는 굵은 털이 있음. 밑동의 잎은 잎꼭지가 길고, 줄기의 잎은 잎꼭지가 없음. 6월경에 줄기 끝에서 누런 꽃이 핌. 독성이 있으나 잎은 한방에서 약재로 쓰임. 모간(毛茛). 모근(毛菫).

미나마타-병(みなまた〔水俣〕病)명 유기 수은 중독에 의한 만성 신경 질환. 1953년경부터 일본 규슈 구마모토 현(縣) 미나마타 만(灣) 주변에서 유기 수은에 중독된 어패류를 먹고 집단적으로 발생한 병. 언어 장애·시야 협착·사지 마비 등의 증상을 나타내며, 발광하여 사망에 이르기도 함.

미:남(美男)명 〈미남자(美男子)〉의 준말. ¶ 미남 배우. ↔추남(醜男).

미:-남자(美男子)명 얼굴이 잘생긴 남자. 호남아(好男兒). 준미남.

미:납(未納)명하타되자 (내어야 할 돈을) 아직 내지 못함. ¶ 재산세를 미납하다.

미:납-금(未納金)[-끔]명 아직 내지 못한 돈.

미:납-세(未納稅)[-쎄]명 아직 내지 못한 세금.

미:납-자(未納者)[-짜]명 (세금·공과금·사용료 따위를) 아직 내지 못한 사람.

미너렛(minaret)명 이슬람교 사원에 있는 첨탑(尖塔). 여기서 기도 시간을 알리는 종을 울리며, 축제일에는 불을 켬.

미네-굴명 굴과의 바닷물조개. 굴과 비슷하나 훨씬 크고 길둥근꼴임. 민물이 흘러드는 바다 밑바닥에 삶. 식용함. 토화(土花).

미네랄(mineral)명 칼슘·망간·코발트·철·인·황 등의 무기질 영양소.

미네랄-워터(mineral water)명 광물질 곧 무기질 영양소나 이산화탄소 등이 녹아 있는 물. 음료수나 양주(洋酒)에 타는 물로 많이 쓰임.

미네르바(Minerva)명 로마 신화에 나오는 여신. 주피터의 딸로, 지혜·전쟁·학예의 여신. 〔그리스 신화의 아테네에 해당함.〕

미:녀(美女)명 얼굴이 아름다운 여자. 미인(美人). 미희(美姬). ↔추녀(醜女).

미:년(未年)명 태세(太歲)의 지지(地支)가 미(未)로 된 해. 〔기미년(己未年)·신미년(辛未年) 따위.〕 양해.

미녕-하다(靡寧-)형여 〈미령하다〉의 본딧말.

미노르카(Minorca)명 닭의 한 품종. 지중해 미노르카 섬 원산의 난용종(卵用種). 몸집이 크고 깃털 빛깔은 흑색·백색 등임.

미농-반지(美濃半紙)명 반지(半紙) 크기의 미농지.

미농-지(美濃紙)명 (일본 특산의) 종이의 한 가지. 닥나무의 껍질로 만드는데 썩 얇고 질기며 깨끗하고 흼.

미뉴에트(minuet)명 프랑스에서 시작되어 17～18세기경 유럽을 중심으로 보급된 4분의3 박자의 춤곡. 모음곡이나 소나타의 셋째 악장으로도 쓰임.

미늘명 ①(물린 물고기가 빠지지 않도록) 낚시의 끝 안쪽에 있는, 가시랭이 모양의 작은 갈고리. 구거(鉤距). ②〈갑옷미늘〉의 준말.

미늘(을) 달다관용 (기와나 비늘 모양으로) 위쪽의 아래 끝이 아래쪽의 위 끝을 덮어 누르게 꾸미다.

미늘-창(-槍)명 끝이 두 가닥 또는 세 가닥으로 갈라져 있는 창.

미니(mini)명 ①'소형'의 뜻으로 쓰이는 말. ¶ 미니 카세트. ②〈미니스커트〉의 준말. ②참맥시·미디.

미니멈(minimum)명 최소 한도. 극소(極小). 극솟값. ↔맥시멈.

미니스커:트(mini-skirt)명 치마 끝이 무릎 위까지 쑥 올라오는, 짧은 스커트. 준미니.

미니어처(miniature)명 실물과 같은 모양으로 정교하게 만들어진 작은 모형(模型). 〔영화의 트릭 촬영에 쓰이는 건물 모형 따위.〕

미:다¹자 ①털이 빠져 살이 겉으로 드러나다. ②찢어지다.

미:다²타 팽팽하게 켕긴 가죽이나 종이 따위를 잘못 건드려 구멍을 내다.

미:다³타 (싫게 여기어) 따돌리고 멀리하다.

미:닫-이[-다지]명 옆으로 밀어 여닫는 방식, 또는 그런 문이나 창문. 참여닫이.

미:달(未達)명하자되자 (어떤 한도나 표준에) 아직 이르지 못함. ¶ 정원(定員) 미달.

미:달-일간(未達一間)명하형 모든 일에 다 밝아도 오직 한 부분만은 서투름.

미:담(美談)명 (남을 감동시킬 만한) 갸륵한 행동에 대한 이야기.

미담(微曇)명하형 ☞박담(薄曇).

미:답(未踏)명하타 아직 아무도 밟지 않음. ¶ 전인(前人)미답.

미대-난도(尾大難掉)명하형 〔꼬리가 커서 흔들기가 어렵다는 뜻으로〕 '어떤 일의 끝이 크게 벌어져 처리하기 어려움'을 이르는 말.

미:-대다타 ①(하기 싫거나 잘못된 일을 남에게) 밀어 넘기다. ¶ 자기 일을 남에게 미대다. ②(일을) 질질 끌어 가다. ¶ 언제 적 일을 아직까지도 미대고 있느냐?

미더덕명 원삭동물 미더덕과의 한 가지. 몸은 누런 갈색으로 가늘고 길며 자루 끝이 바위에 붙어 있음. 겉껍질은 섬유질과 같은 물질로 매우 딱딱하고 암수한몸임. 먹을 수 있으며 우리나라 전 연안에 분포함.

미:덕(美德)명 아름다운 덕성. 도덕적인 훌륭한 행동. 영덕(令德). ¶ 양보의 미덕.

미덥다[-따][미더우니·미더워]형ㅂ 믿음성이 있다. ¶ 그 사람의 약속은 미덥다.

미:도(迷途)명 ☞미로(迷路).

미독(味讀)명하타 글의 내용을 충분히 음미하면서 읽음. ¶ 수상록을 미독하다.

미돈(迷豚)명 〔미련한 자식이란 뜻으로, 남에게〕 '자기 아들'을 낮추어 이르는 말. 〔흔히, 편지글에서 씀.〕 가돈(家豚). 미아(迷兒). 비미식(迷息).

미:동(美童)명 ①잘생긴 사내아이. ②남색(男色)의 상대가 되는 아이. ②면².

미동(微動)명하자 (아주) 조금 움직임. ¶ 미동도 하지 않고 태연히 앉아 있다.

미두(米豆)명하자 현물 없이 미곡을 사고파는 일. 미곡의 시세를 이용하여 약속만으로 거래하는 일종의 투기 행위. 기미(期米).

미두-장(米豆場)명 미두를 하는 곳.

미:득(未得)명하타 아직 얻지 못함. ↔기득.

미들-급(middle級)명 권투·태권도 따위에서, 중량별 체급의 한 가지. 아마추어 권투는 71 kg 이상 75 kg 미만, 태권도 남자 일반부는 76 kg 초과 83 kg 이하임. 참라이트 미들급·라이트 헤비급.

미등(尾燈)[명] 자동차 따위의 뒤에 붙은 등.
미등(微騰)[명][하자] (물가 따위가) 조금 오름.
미:-등기(未登記)[명][하타][되자] 아직 등기를 하지 아니함. ¶ 미등기 가옥.
미디(middy)[명] 〈미디스커트〉의 준말. [참]맥시·미니.
미디-스커:트(middy skirt)[명] 치마 끝이 종아리의 중간쯤을 가리는 스커트. [준]미디.
미:디어(media)[명] 매체(媒體). 매개체. 수단. 특히, 전달의 수단이 되는 문자나 영상 따위를 이름.
미:라(mirra 포)[명] 사람이나 동물의 시체가 바짝 말라 원형(原形)에 가까운 상태로 있는 것.
미라-성(Mira星)[명] 고래자리에 있는 변광성(變光星). 약 11개월을 주기로 광도가 2등급에서 10등급까지 변화함. 평균 지름은 태양의 600배, 지구에서의 거리는 약 250광년.
미락(微落)[명][하자] (물가 따위가) 조금 떨어짐.
미란(迷亂) '미란하다'의 어근.
미란(糜爛·靡爛)[명][하자] 썩어 문드러짐.
미란다^원칙(Miranda原則)[명] 경찰이나 검찰이 피의자로부터 자백을 받기 전에 반드시 변호인 선임권·진술 거부권 등 피의자의 권리를 알려 주어야 하는 원칙.
미란-하다(迷亂-)[형][여] 정신이 헷갈려 어지럽다.
미래[명] 못자리를 고르는 데 쓰는 농기구의 한 가지.
미:래(未來)[명] ①(현재를 기준하여) 아직 다가오지 않은 때. 장래. ¶ 미래를 설계하다. [참]현재·과거. ②불교에서, 삼세(三世)의 하나, 곧 죽은 뒤의 세상. 내세. ③앞으로 있을 동작이나 상태를 나타내는 어법. ③올적.
미:래-기(未來記)[명] 앞일을 예언하여 적은 기록. 참문(讖文).
미:래-사(未來事)[명] 앞으로 닥쳐올 일. 앞일. ¶ 미래사를 누가 알리오.
미:래-상(未來像)[명] 이상(理想)으로 그리는, 미래의 모습. ¶ 나의 미래상.
미:래-세(未來世)[명] 불교에서 이르는 삼세의 하나. 미래의 세상, 곧 앞으로 닥쳐올 불세(佛世). 또는 죽은 뒤에 다시 태어날 세상. 내세(來世). 후세(後世). [참]현세·과거세.
미:래^시제(未來時制)[명] 활용어의 시제의 한 갈래. 동작이 일어나는 시간이, 말하는 이가 말하는 시간보다 나중인 시제. 선어말 어미 '-겠-'이나, 관형사형 어미 '-ㄹ'로 나타냄. 〔'내일도 계속 눈이 오겠다.'에서 '오겠다' 따위.〕
미:래^완료(未來完了)[-왈-][명] 시제에서의 완료상(完了相)의 한 가지. 미래의 동작이 완료됨을 보이는 시제. 현재 완료에 '-겠-'을 더하여 씀. 〔'지금쯤 도착했겠다.'에서 '도착했겠다' 따위.〕 올적끝남.
미:래-주의(未來主義)[-의/-이][명] 20세기 초에 이탈리아에서 일어난 전위 예술 운동의 한 경향. 전통을 부정하고 기계 문명이 가져온 도시의 약동감과 속도감을 새로운 미(美)로서 표현하려고 한 것이 그 주된 특징임. 1909년 시인 마리네티의 '미래주의 선언'이 그 효시임.
미:래^진:행(未來進行)[명] 시제에서의 진행상(進行相)의 한 가지. 미래에 동작이 진행 중일 것임을 보이는 시제. 현재 진행에 '-겠-'을 더하여 씀. 〔'친구들과 한창 놀고 있겠다.'에서 '놀고 있겠다' 따위.〕 올적나아가기.
미:래^진:행^완료(未來進行完了)[-왈-][명] 시제에서의 완료상(完了相)의 한 가지. 진행되는 동작이 미래의 어느 때에 이미 끝나 있을 것임을 보이는 시제. 〔'보름 후에나 가게 되면, 그곳의 벚꽃은 벌써 피고 있었겠다.'에서 '…고 있었겠다'의 꼴로 나타냄.〕 올적나아가기끝남.
미:래-파(未來派)[명] 미래주의를 신봉하는 예술상의 한 파.
미:래-학(未來學)[명] 미래의 사회를 예측하고 그 모델을 연구하는 학문.
미랭(未冷) '미랭(未冷)하다'의 어근.
미랭(微冷) '미랭(微冷)하다'의 어근.
미:랭-시(未冷尸)[명] 아주 늙어서 사람 구실을 제대로 하지 못하는 사람을 이르는 말.
미:랭-하다(未冷-)[형][여] 채 식지 아니하다.
미랭-하다(微冷-)[형][여] 조금 차다.
미량(微涼) '미량하다'의 어근.
미량(微量)[명] 아주 적은 분량. ¶ 미량의 독극물이 검출되다.
미량^영양소(微量營養素)[-녕-][명] ①식물이 자라는 데 매우 적은 양이기는 하지만 꼭 필요한 원소. 〔철·아연·망간·구리·염소 따위.〕 ②적은 양으로 작용하는 동물의 영양소. 〔비타민 따위.〕 미량 요소. 미량 원소.
미량^요소(微量要素)[-뇨-][명] ☞미량 영양소.
미량^원소(微量元素)[명] ☞미량 영양소.
미량-하다(微涼-)[형][여] 조금 서늘하다.
미레[명] ☞멱미레.
미레-자[명] 'T' 자 모양의 제도용 자. 티자.
미레-질[명][하자] 대패를 반대로 돌려 쥐고 앞으로 밀어 깎는 일.
미려(美麗) '미려하다'의 어근.
미려-관(尾閭關)[명] ☞미려혈(尾閭穴).
미:려-하다(美麗-)[형][여] 아름답고 곱다. ¶ 미려한 용모. /미려한 산하를 굽어보다. **미려-히**[부].
미려-혈(尾閭穴)[명] 한방에서, 등마루 뼈 끝에 있는 경혈(經穴)을 이르는 말. 미려관(尾閭關).
미력(微力)[명][하형] ①힘이 적음. 적은 힘. ②남을 위하여 보태는 '자기의 힘'을 겸손하게 이르는 말. ¶ 미력하나마 도움이 되신다면….
미련[명][하형][스형] (태도나 행동이) 어리석고 둔함. ¶ 융통성 없이 미련만 부리고 있다. [작]매련. **미련-히**[부]. **미련스레**[부].
미:련1(未練)[명] 생각을 딱 끊을 수 없음, 또는 그런 마음. ¶ 쓸데없는 미련은 버려라.
미련2(未練) '미련하다'의 어근.
미련(尾聯)[명] 한시의 율시(律詩)에서, 제7구와 제8구. 곧, 마지막 연. 결련(結聯). [참]경련(頸聯).
미련-쟁이[명] '미련한 사람'을 홀하게 이르는 말. [작]매련쟁이.
미련-퉁이[명] '몹시 미련한 사람'을 얕잡아 이르는 말. [작]매련퉁이.
미:련-하다(未練-)[형][여] ☞미숙(未熟)하다.
미렷-하다[-려타-][형][여] 살이 쪄서 군턱이 져 있거나 턱이 두툼하다.
미령(靡寧) '미령하다'의 어근.
미령-하다(靡寧-)[형][여] (어른이) 병으로 말미암아 몸이 편하지 못하다. [본]미녕(靡寧)하다.
미:로(迷路)[명] ①한번 들어가면 드나드는 곳이나 방향을 알 수 없게 된 길. ②동물이나 인간의 학습 연구에 이용되는 장치의 한 가지. 출발점에서 도착점에 이르는 길을 섞갈리게 해 놓고, 잘못 가는 횟수를 세거나 걸리는 시간을 재어, 그 횟수나 시간이 줄어드는 것을 평가함. 미도(迷途). ③☞내이(內耳). ④'해결책을 못 찾아 갈팡질팡하는 상태'를 비유하여 이르는 말. ¶ 미로 속을 헤매다.

미ː로-아(迷路兒)명 〈미아(迷兒)〉의 본딧말.
미록(麋鹿)명 고라니와 사슴.
미뢰(味蕾)[-뢰/-뤠]명 척추동물의 미각 기관(味覺器官). 〔혓바닥에 많이 분포되어 있음.〕
미ː료(未了)명하타 ☞미필(未畢).
미루-나무(←美柳-)명 버드나뭇과의 낙엽 활엽 교목. 미국에서 들여왔다 하여 미류(美柳)라 불리기도 하였음. 크기는 지름이 1 m, 높이 30 m가량에 이름. 잎은 넓은 달걀 모양인데, 길이가 너비보다 긴 것이 양버들과 다른 점임. 포플러.
미루다타 ①(일을) 나중으로 밀어 넘기다. ¶ 오늘 일을 내일로 미루지 마라. ②(일이나 책임을) 남에게 떠넘기다. ¶ 자기 책임을 남에게 미루지 마라. ③이미 알려진 사실로써 다른 것을 비추어 헤아리다. ¶ 미루어 짐작하다. /하나를 미루어 둘을 안다.
미루적-거리다[-꺼-]타 자꾸만 미루적미루적하다. 미루적대다. 준미적거리다.
미루적-대다[-때-]타 미루적거리다.
미루적-미루적[-정-]부하타 일을 자꾸 미루어 시간을 끄는 모양. 준미적미적.
미류-나무(美柳-)명 '미루나무'의 잘못.
미르명 〈옛〉 용. ¶ 미르 룡:龍(訓蒙上*10*).
미륵(彌勒)명 ①〈미륵보살〉의 준말. ②'돌부처'를 두루 이르는 말.
미륵-보살(彌勒菩薩)[-뽀-]명 도솔천에 살며, 56억 7000만 년 후에 미륵불로 나타나 중생을 제도한다는 보살. 준미륵.
미륵-불(彌勒佛)[-뿔]명 미륵보살의 후신(後身)으로 나타날 장래의 부처.
미름(米廩)명 쌀 창고.
미리부 어떤 일이 생기거나 벌어지기 전에 먼저. ¶ 가뭄에 미리 대비하다.
미리내명 '은하(銀河)' 또는 '은하수'의 방언.
미리-미리부 '미리'를 강조하는 말. ¶ 미리미리 준비하다.
미림(味淋·味醂)명 찹쌀지에밥에 소주나 누룩을 섞어 빚어 재강을 짜낸, 일본식 양주법으로 빚은 술. 맛이 달며, 조미료로 씀.
미ː립명 경험으로부터 얻은 묘한 이치. 요령. ¶ 미립을 얻다.
미립(米粒)명 쌀알.
미립(微粒)명 ①작은 알맹이. ②누에의 미립자병의 병원체가 되는 포자(胞子).
미ː립-나다[-림-]자 경험을 통하여 묘한 이치나 요령이 생기다.
미-립자(微粒子)[-짜]명 (맨눈으로는 보기 힘든) 매우 미세한 입자.
미립자-병(微粒子病)[-짜뼝]명 누에의 전염병의 한 가지. 몸에 반점이 생겨 죽게 됨.
미립자^병ː원체(微粒子病原體)[-짜-]명 누에의 미립자병을 일으키는 병원체.
미ː만(未滿)명하형 정한 수나 정도에 차지 못함. ¶ 20세 미만의 젊은이들.
미만(彌滿·彌漫)명하형 ①널리 가득 참. ②(어떤 기분이나 유행 따위가) 널리 퍼져 있음.
미ː말(未末)명 십이시(十二時)의 미시(未時)의 끝. 〔하오 3시에 가까운 무렵.〕
미말지직(微末之職)[-찌-]명 ☞미관말직.
미ː망(未忘)명 잊을 수가 없음.
미ː망(迷妄)명하자 (사리에 어두워) 실제로는 없는 것을 있는 것처럼 생각하는 일, 또는 그런 잘못된 생각. ¶ 미망 속에서 자신을 잃고 헤매는 현대인.
미ː망-인(未亡人)명 〔따라 죽지 못한 사람이란 뜻으로〕 남편이 죽고 홀몸이 된 여자. '춘추좌씨전'의 '장공편(莊公篇)'에 나오는 말임. 과부.
미맥(米麥)명 쌀과 보리.
미ː맹(未萌)명하형 ①싹이 아직 트지 않음. ②변고가 아직 생기지 않음.
미맹(味盲)명 특정한 물질에 대해서 맛을 느끼지 못하는 상태, 또는 그런 사람.
미ː명(未明)명하형 날이 채 밝지 않음, 또는 그런 때. 잔야(殘夜). ¶ 미명에 길을 나서다.
미ː명(美名)명 훌륭하게 내세운 이름. 그럴듯한 명목이나 명분 ¶ 자선 사업이란 미명 아래 사욕을 채우다.
미ː명-귀(未命鬼)명 남의 아내로서 젊어서 죽은 귀신. 남편의 후처에게 붙어 때때로 앓게 하거나 해롭게 한다 함.
미모(眉毛)명 눈썹.
미ː모(美貌)명 (여자의) 아름다운 얼굴 모습. ¶ 미모의 중년 여인. /미모가 빼어나다.
미모사(mimosa)명 콩과의 일년초. 원산지인 브라질에서는 다년초인 관상 식물. 줄기는 30 cm 가량 자라는데, 잔털과 가시가 있음. 여름에 담홍색 꽃이 피고 꼬투리를 맺음. 잎을 건드리면 곧 아래로 늘어지면서 마치 시든 것같이 오므라듦. 신경초. 감응초. 함수초.
미목(眉目)명 ①눈썹과 눈. ②〔눈썹과 눈의 생김새가 용모를 결정한다는 데서〕 얼굴 모양을 이르는 말. ¶ 미목이 수려한 젊은이.
미ː몽(迷夢)명 〔흐릿한 꿈이라는 뜻으로〕 무엇에 홀린 듯이 똑똑하지 못하고 얼떨떨한 정신 상태. ¶ 미몽에서 깨어나다.
미묘(美妙) '미묘(美妙)하다'의 어근.
미묘(微妙) '미묘(微妙)하다'의 어근.
미ː묘-하다(美妙-)형여 (무엇이라 표현할 수 없을 만큼) 아름답고 묘하다. **미묘-히**부.
미묘-하다(微妙-)형여 ①섬세하고 묘하다. ②섬세하고 야릇하여 무엇이라고 딱 잘라 말할 수 없다. ¶ 미묘한 변화. /미묘한 차이. **미묘-히**부.
미ː문(未聞)명하타 아직 듣지 못함. ¶ 미문의 기이한 사건.
미ː문(美文)명 아름다운 글.
미ː문(美聞)명 좋은 소식.
미물(微物)명 ①작고 보잘것없는 물건. ②벌레 따위 작은 동물. ③'변변치 못한 인간'을 비유하여 이르는 말. ¶ 제 앞가림도 못하는 미물에 지나지 않습니다.
미ː미(美味)명 (입에 맞는) 좋은 맛.
미미(微微) '미미하다'의 어근.
미미-하다(微微-)형여 보잘것없이 작거나 희미하다. ¶ 미미한 존재. **미미-히**부.
미믹(mimic)명 연극 따위에서, 대사 없이 손짓이나 몸짓으로 어떤 감정을 표현하는 기술. 표정술.
미반(米飯)명 쌀밥.
미ː발(未發)명하자 ①일이 아직 일어나지 아니함. ↔기발(旣發). ②아직 출발하지 아니함.
미ː-발표(未發表)명하타되자 아직 발표하지 않음. ¶ 생전의 미발표 작품이 많이 발견되다.
미ː방(未方)명 이십사방위의 하나. 남남서에서 서쪽으로 15도까지의 방위. 정방(丁方)과 곤방(坤方)의 사이. 준미(未). ↔축방(丑方).
미ː백(美白)명 살갗을 아름답고 희게 하는 것. ¶ 미백 효과. /미백 크림.
미-백색(微白色)[-쌕]명 부유스름하게 흰 빛깔.

미복(微服)명하자 (지위가 높은 사람이) 남의 눈에 띄지 않도록 초라한 옷차림으로 변장하는 일.
미복-잠행(微服潛行)[-짬-]명하타 남이 알아보지 못하게 미복으로 슬그머니 다님. 준미행.
미ː봉(未捧)명하타 ☞미수(未收).
미봉(彌縫)명하타 (잘못된 것을) 임시변통으로 이리저리 꾸며 대어 맞춤.
미봉-책(彌縫策)명 임시로 꾸며 대어 눈가림만 하는 일시적인 대책.
미분(米粉)명 쌀가루.
미분(微分)명 〔수학에서〕 ①어떤 함수의 미분 계수를 구하는 셈법. ②독립 변수(獨立變數)의 미소한 증분(增分). ③〈미분학〉의 준말.
미분^기하학(微分幾何學)명 기하학의 한 분과. 미적분을 써서 곡선이나 곡면의 성질을 연구함.
미분^방정식(微分方程式)명 미지(未知) 함수의 도함수(導函數)를 포함한 방정식.
미ː-분양(未分讓)명 정해진 양의 일부 또는 전부가 분양되지 않음. ¶ 미분양 아파트.
미-분자(微分子)명 매우 작은 분자.
미분-학(微分學)명 함수(函數)의 미분에 관한 성질을 연구하는 수학의 한 분과. 준미분.
미ː-분화(未分化)명하자 되자 아직 분화하지 않음.
미ː불(未拂)명하타 아직 지불하지 아니함.
미불(美弗)명 ☞미화(美貨).
미ː비(未備)명하형 완전하지 못함. 제대로 갖추어져 있지 아니함. ¶ 서류 미비. /이번 조치는 미비한 점이 많다.
미ː비-점(未備點)[-쩜]명 완전하지 못하거나 제대로 갖추어져 있지 않은 부분.
미쁘다[미쁘니·미뻐]형 믿음성이 있다. 미덥다. ¶ 갸륵하고 미쁘도다. 우리 젊은이여!
미ː사(美事)명 아름다운 일. 기릴 만한 일.
미ː사(美辭)명 ①아름다운 말. ②아름답게 꾸민 말. 여사(麗辭).
미사(missa 라)명 ①가톨릭교회에서 거행하는 최대의 예배 의식. 천주를 찬미하고 속죄를 원하며, 은총을 기원하는 것으로, 예수의 최후의 만찬을 본떠서 함. 성제(聖祭). ②☞미사곡.
미사-곡(missa曲)명 미사의 의식에서 신도가 부르는 찬가. 미사.
미사리[1]명 삿갓이나 방갓·전모의 안쪽에 대어, 머리에 쓸 때에 걸려 얹히게 된 둥근 테두리.
미사리[2]명 (산중에서 풀뿌리나 나뭇잎·열매 따위를 먹고 사는) 몸에 털이 많이 난 자연인.
미ː사-여구(美辭麗句)명 (듣기에 좋게) 아름답게 꾸민 말과 글귀. 아름다운 문구. ¶ 진실성 없이 미사여구만 늘어놓은 글.
미사일(missile)명 로켓이나 제트 엔진으로 추진되어, 주로 유도 장치에 의하여 자동적으로 목표에 이르는 무기. 〔지대공, 지대지, 공대지, 공대공 따위로 분류됨.〕 유도탄(誘導彈).
미삼(尾蔘)명 인삼의 잔뿌리.
미삼-차(尾蔘茶)명 미삼으로 달인 차.
미ː상(未詳)명하형 알려지지 않음. 자세하지 않음. ¶ 작자 미상의 작품.
미상(米商)명 쌀장사, 또는 쌀장수. 미곡상.
미ː상(迷想)명 어지럽게 헷갈린 생각. 갈피를 잡지 못하는 생각.
미상(微傷)명하자 가벼운 상처를 입음, 또는 그런 상처.
미ː상불(未嘗不)부 아닌 게 아니라 과연. 미상비(未嘗非). ¶ 경치가 미상불 절경이로다.
미ː상비(未嘗非)부 ☞미상불(未嘗不).
미ː-상환(未償還)명하자 아직 갚지 않음.
미색(米色)명 ①쌀의 빛깔. ②좀 노르께한 빛깔.
미ː색(美色)명 ①아름다운 빛깔. ②아름다운 여자의 얼굴, 또는 그런 여자. ¶ 미색이 출중하다.
미색(迷色)명하자 가톨릭의 칠죄종(七罪宗)의 하나. 여색(女色)에 빠지는 일.
미ː생(未生)명 미년(未年)에 난 사람. 양띠.
미ː생마(未生馬)명 바둑에서, 두 집을 짓지 못하여 완전히 살지 못한 상태를 이르는 말.
미-생물(微生物)명 (박테리아처럼) 현미경으로만 볼 수 있는 작은 생물을 통틀어 이르는 말.
미생지신(尾生之信)명 '미련하고 우직하게 지키는 약속'을 이르는 말. 〔'사기'의 '소진전'에 나오는 말로, 중국 춘추 시대에 미생이라는 사람이, 여자와 약속한 대로 다리 밑에서 기다리다, 물에 휩쓸려 죽었다는 고사에서 유래함.〕
미선(尾扇)명 ①지난날, 나라 잔치 때 쓰던 의장(儀仗)의 한 가지. 부채와 같으나 자루가 길. ②대오리의 한끝을 가늘게 쪼개어 둥글게 펴고 그것을 실로 엮어 종이를 바른 부채.
미선-나무명 물푸레나뭇과의 낙엽 관목. 충북 군자산 산기슭에 자라는 우리나라의 특산종임. 높이 1m가량. 가지는 자줏빛이 돌며 끝이 아래로 처지고 잎은 마주남. 꽃은 전해에 맺혔다가 봄에 잎보다 먼저 핌. 흰 꽃이 피는 기본종 외에도 분홍미선·상아미선·푸른미선·둥근미선 등 여러 종이 있음.
미ː설(未設)명하타 아직 차리거나 베풀어 놓지 아니함. ↔기설(既設).
미ː성(未成)명 ①하자아직 성인(成人)이 못 됨. ②하타아직 다 이루지 못함. ②↔기성(既成).
미성(尾星)명 ①이십팔수의 하나. 동쪽의 여섯째 별자리. 준미(尾). ②☞혜성(彗星).
미ː성(美聲)명 아름다운(고운) 목소리.
미성(微誠)명 ①조그마한 정성. 미침(微忱). ②'자기의 정성'을 겸손하게 이르는 말.
미성(微聲)명 겨우 들릴 만한 작은 소리.
미ː-성년(未成年)명 ①성년이 되지 않은 나이, 또는 그 사람. 미정년(未丁年). ②법률에서 만 20세가 되지 못한 나이. ↔성년(成年).
미ː성년-자(未成年者)명 아직 성년이 되지 않은 사람. 미성년인 사람. ¶ 미성년자 보호법.
미ː-성숙(未成熟)명하형 ①아직 채 여물지 못한 상태에 있음. ②익숙하지 아니함.
미ː-성인(未成人)명 아직 결혼하지 아니하여 어른이 되지 못한 사람.
미ː-성취(未成娶)명하자 아직 장가를 들지 아니함. 준미취. 비미장가. ↔기취(既娶).
미ː성-품(未成品)명 아직 완성되지 않은 물품.
미세(微細)명하형 (분간하기 어려울 만큼) 매우 가늘고 작음. ¶ 미세한 가루. /미세한 차이.
미세기[1]명 밀물과 썰물.
미ː세기[2]명 두 짝을 한 편으로 밀어 겹쳐서 여닫게 된 문이나 창.
미ː세기[3]명 광산에서, 땅속으로 비스듬히 파 들어간 구덩이.
미-세포(微細胞)명 매우 작은 세포.
미셀러니(miscellany)명 수필 가운데서, 논리성보다는 필자의 개성과 서정에 중점을 둔 신변잡기류의 수필. 〔수상(隨想)·잡문 등.〕
미션^스쿨ː(mission school)명 기독교에서, 교육과 전도를 목적으로 세운 학교.
미소(媚笑)명하자 아양 부리는 웃음.

미소(微小)명하형 아주 작음. ¶ 미소한 세균. /미소한 실책. ↔거대(巨大).
미소(微少)명하형 아주 적음. ¶ 미소한 차이.
미소(微笑)명하자 소리를 내지 않고 빙긋이 웃음, 또는 그런 웃음. ¶ 미소를 머금다. /미소를 짓다. /입가에 미소를 띠다.
미ː-소년(美少年)명 얼굴이 예쁜 소년.
미소^망ː상(微小妄想)명 자기 자신을 과소평가하는 망상. ↔발양 망상(發揚妄想).
미ː속(美俗)명 아름다운 풍속. 미풍(美風).
미송(美松)명 미국 동부 및 서부에서 산출되는 소나무의 한 가지, 또는 그 재목. 높이는 100 m에 이르며 재목은 적황색 또는 적색을 띰. 건축재 및 펄프 원료로 쓰임.
미쇄(微瑣) '미쇄하다'의 어근.
미쇄-하다(微瑣–)형 자질구레하고 보잘것없다.
미수명 설탕물이나 꿀물에 미숫가루를 탄 음료. 미식(糜食).
미ː수(未收)명하타 아직 다 거두지 못함. 미봉(未捧). ¶ 시청료의 미수가 많다.
미ː수(未遂)명하타 ①(뜻한 바를) 아직 이루지 못함. ②범죄에 착수하여 행위를 끝내지 못했거나 결과가 발생하지 않은 일. ¶ 방화(放火) 미수. /미수에 그치다. ↔기수(旣遂).
미수(米壽)명 〔'米' 자를 풀면 '八十八'이 되는 데서〕 '여든여덟 살'을 달리 이르는 말.
미수(眉壽)명하자 〔눈썹이 세도록 오래 산다는 뜻으로〕 남에게 축수(祝壽)할 때 이르는 말. ¶ 부디 미수하소서.
미ː수(美鬚)명 아름다운 수염.
미수-가리명 잘못 삼아서 못 쓰게 된 것만을 한데 묶어 놓은 삼 꼭지.
미ː수-금(未收金)명 아직 거두어들이지 못한 돈.
미ː수-범(未遂犯)명 범죄의 실행에 착수하였으나 그 행위를 끝내지 않았거나 결과가 발생하지 아니한 범죄, 또는 그 범인.
미수-연(米壽宴)명 여든여덟 살까지 장수한 것을 축하하여 베푸는 잔치.
미ː수-죄(未遂罪)[–쬐/–쮀]명 미수로 그친 범죄.
미숙(未熟) '미숙하다'의 어근.
미ː-숙련공(未熟練工)[–숭년–]명 일에 아직 익숙하지 아니한 직공.
미ː숙-아(未熟兒)명 달이 덜 차서 태어난 아이. 〔몸무게가 2.5 kg 이하인 신생아.〕↔성숙아.
미ː숙-하다(未熟–)[–수카–]형여 ①(음식이나 과실 따위가) 아직 익지 않다. ②(일에) 익숙하지 아니하여 서투르다. 미련(未練)하다. ¶ 운전면허증을 딴 지 얼마 안 돼 운전이 미숙하다.
미ː술(美術)명 공간 및 시각의 미를 표현하는 예술. 〔회화·건축·조각 따위.〕
미ː술-가(美術家)명 미술품을 창작하는 예술가.
미ː술-관(美術館)명 미술품을 보관하고 전시하여 일반의 감상·연구에 이바지하는 시설.
미ː술^대ː학(美術大學)명 미술에 관한 전문적 이론과 기예(技藝)를 연구하는 단과 대학.
미ː술-사(美術史)[–싸]명 미술의 변천과 발달 과정에 관한 역사.
미ː술-품(美術品)명 (예술적으로 만든) 미술의 작품. 〔회화·조각·공예 따위.〕
미숫-가루[–수까–/–숟까–]명 미수를 만드는 가루. 찹쌀이나 멥쌀·보리쌀 따위를 볶아서 매에 갈아 가는 체로 친 가루.
미스(miss)[1]명 실책이나 오류. ¶ 서브 미스. /교정 미스.
미스(Miss)[2]명 ①〔미혼 여성의 성(姓) 앞에 붙여〕 '양(孃)'의 뜻을 나타내는 영어식 호칭. ¶ 미스 김. ②미혼 여성. 처녀. ③일부 명사 앞에 쓰이어, 그 명사가 나타내는 범위 안의 대표적인 미인으로 선발된 미혼 여성. ¶ 미스 코리아.
미스터(mister, Mr.)명 〔남성의 성(姓) 앞에 붙여〕 '군(君)·씨(氏)' 등의 뜻을 나타내는 영어식 호칭. ¶ 미스터 박. ↔미즈.
미스터리(mystery)명 ①(설명할 수 없는) 이상한 일이나 사건. ¶ 미스터리 사건. /미스터리를 풀다. ②추리 소설. 탐정 소설.
미시명 '미수'의 잘못.
미시명 〈옛〉 미숫가루. ¶ 미시 쵸:麨(訓蒙中*20*).
미ː시(未時)명 ①십이시의 여덟째 시. 하오 1시부터 3시까지의 동안. ②이십사시의 열다섯째 시. 하오 1시 30분부터 2시 30분까지의 동안. 준미.
미시(微視)명 《일부 명사 앞에 쓰이어》 작게 보임, 또는 작게 봄. ↔거시(巨視).
미시^경제학(微視經濟學)명 경제 사회 구조를 미시적 이론과 분석에 따라서 설명하려는 근대 경제학의 한 분야. ↔거시 경제학.
미시-기의(微示其意)[–의/–이]명하타 (분명히 말하지 아니하고) 뜻만 약간 비쳐 보임.
미시-적(微視的)관명 ①인간의 감각으로는 식별할 수 없는 미세한 크기의 (것). ¶ 미시적 관찰. /미시적인 세계. ②사회·경제 현상 따위를 개별적·부분적으로 분석하려는 (태도·방법). ¶ 미시적 관점. /미시적으로 접근하다. ↔거시적.
미시적 분석(微視的分析)[–뿐–] 경제학에서의 분석 방법의 한 가지. 가계나 기업 같은 개별적 경제 주체의 경제 활동을 분석함으로써 경제 현상을 해명하려는 방법. ↔거시적 분석.
미시적 세ː계(微視的世界)[–쎄계/–쎄게] 맨눈으로는 볼 수 없고 현미경에 의해서만 볼 수 있는 미세한 세계. ↔거시적 세계.
미시즈(Mrs.)명 〔기혼 여성의 성(姓) 앞에 붙여〕 '부인·여사'를 뜻하는 영어식 호칭.
미ː식(未熄)명하자 변고나 사건이 그치지 않음.
미식(米食)명하자 쌀밥을 상식(常食)으로 함.
미ː식(美食)명하자 맛있는 음식을 먹음, 또는 그 음식. ↔악식(惡食).
미ː식(美飾)명하타 아름답게 꾸밈.
미식(迷息)명 〔변변치 못한 자식이라는 뜻으로〕 '자기의 아들이나 딸'을 겸손하게 일컫는 말. 비미돈(迷豚)·미아(迷兒).
미식(糜食)명 ☞미수.
미ː식-가(美食家)[–까]명 맛있는 음식만 가려 먹는 취미를 가진 사람.
미식-축구(美式蹴球)[–꾸]명 미국에서 발달한 럭비와 비슷한 구기. 공을 상대편 엔드 존(end zone)에 터치다운을 하거나 킥으로 크로스바를 넘김으로써 득점함. 헬멧·프로텍터를 갖추고 한 편이 11명으로 구성됨. 풋볼. 아메리칸 풋볼.
미ː신(未信)명하형 미덥지 못함.
미ː신(美愼)명 남을 높여 그의 '병(病)'을 이르는 말. 병환(病患).
미ː신(迷信)명 종교적·과학적 관점에서 헛된 것으로 여기는 믿음. 〔흔히, 점복(占卜)·굿 따위가 따르는 민속 신앙을 이름.〕 ¶ 미신 타파. /미신을 믿다.
미신(微臣) Ⅰ명 지위가 낮은 신하.
Ⅱ대 신하가 임금 앞에서, '자기'를 겸손하게 일컫는 말.

미-신경(味神經)명 ☞미각 신경(味覺神經).
미실(迷失)명하타 정신이 어지럽고 헷갈려 일을 잘못함.
미:심(未審)명하형스형 ①(일이 확실하지 않아) 마음을 놓을 수 없음. ②자세히 알지 못함. 불심(不審). ¶ 미심한 점을 물어보다. **미심-히**부. **미심스레**부.
미:심-쩍다(未審-)[-따]형 (일이 분명치 못하여) 마음에 거리끼다. ¶ 틀림없다고는 하지만 어딘지 미심쩍은 데가 있다. **미심쩍-이**부.
미싯-가루명 '미숫가루'의 잘못.
미싱(←sewing machine)명 재봉틀.
미아(迷兒)명 ①길을 잃고 헤매는 아이. 본미로아(迷路兒). ②☞미돈(迷豚). ②비미식(迷息).
미안(未安)명하형스형 ①(남에게 폐를 끼쳐) 마음이 편하지 못하고 거북함. ¶ 기다리게 해서 미안합니다. ②(남을 대하기가) 조금 부끄럽고 겸연쩍음. ¶ 만나기가 미안해서 망설이다. ③겸손히 양해를 구하는 뜻을 나타내는 말. ¶ 미안, 나 먼저 일어날게. /미안하지만, 차 좀 빼 주세요. **미안-히**부. **미안스레**부.
미:안(美顔)명 ①아름다운 얼굴. ②얼굴을 아름답게 하는 일.
미:안-수(美顔水)명 얼굴의 살결을 곱게 하기 위해 바르는, 액체로 된 화장품.
미안-쩍다(未安-)[-따]형 미안한 느낌이 있다. ¶ 나는 먼저 자리를 떠야 하는 것이 친구들에게 미안쩍었다. **미안쩍-이**부.
미:약(媚藥)명 ①성욕을 돋우는 약. 음약(淫藥). 비춘약(春藥). ②연정을 일으키게 하는 약.
미약(微弱) '미약하다'의 어근.
미약-하다(微弱-)[-야카-]형여 미미하고 약하다. 보잘것없다. ¶ 세력이 미약하다.
미양(微恙)명 ①대수롭지 않은 병. ②남에게 자기의 '병'을 겸손하게 이르는 말.
미어(謎語)명 수수께끼.
미어-뜨리다[-어-/-여-]타 '미다[2]'의 힘줌말. 미어트리다.
미어-지다[-어-/-여-]자 ①(팽팽해진 가죽이나 종이 따위가) 해져서 구멍이 나다. ②꽉 차서 터질 듯하다. ¶ 볼이 미어지게 밥을 퍼 넣다. ③(가슴이 찢어지는 듯이) 심한 고통이나 슬픔을 느끼다. ¶ 돌아가신 어머니만 생각하면 가슴이 미어진다.
미어-터지다[-어-/-여-]자 꽉 차서 곧 터질 듯하다. ¶ 출근 시간에는 전철 안이 미어터진다.
미어-트리다[-어-/-여-]타 미어뜨리다.
미역[1]명 냇물이나 강물에 몸을 담그고 씻거나 노는 일. ¶ 미역을 감다. 준멱[4].
미역[2]명 갈조류 미역과의 일년생 바닷말. 엽상체 식물로 우리나라의 남해에서 많이 남. 길이는 1.5 m가량 자라며 암갈색을 띰. 감곽(甘藿). 해채(海菜). 준멱[5].
미역-국[-꾹]명 장물에 미역을 넣어 끓인 국. 곽탕(藿湯). 준멱국.
미역국(을) 먹다관용 '직위에서 떨리어 나거나 시험에 떨어지다'를 속되게 이르는 말.
미역-귀[-뀌]명 미역의 대가리. 곽이(藿耳).
미:연(未然)명 아직 그렇게 되지 않은 상태. 《주로, '미연에'의 꼴로 쓰임.》 ¶ 안전사고를 미연에 방지하다.
미열(微熱)명 건강한 몸의 체온보다 조금 높은 체온. ¶ 미열이 있다. /미열이 계속되다.
미온(未穩) '미온하다'의 어근.
미온(微溫)명하형 미지근함.
미온-수(微溫水)명 미지근한 물. ¶ 밀가루를 미온수로 개다.
미온-적(微溫的)관명 (태도에 적극성이 없고) 미적지근한 (것). ¶ 미온적 반응. /미온적으로 대처하다.
미:온-하다(未穩-)형여 평온하지 못하다.
미:완(未完)명하타 〈미완성〉의 준말. ¶ 미완의 대기(大器).
미:-완성(未完成)명하타되자 아직 완성하지 아니함. ¶ 미완성 교향곡. 준미완(未完).
미:용(美容)명하타 얼굴이나 머리 등을 곱게 매만짐. 미장(美粧).
미:용-사(美容師)명 얼굴이나 머리를 곱게 다듬는 일을 직업으로 하는 사람.
미:용-술(美容術)명 얼굴이나 머리 모양 등을 아름답게 가꾸는 기술.
미:용-실(美容室)명 ☞미장원(美粧院).
미:용-원(美容院)명 ☞미장원(美粧院).
미:용^체조(美容體操)명 몸매를 아름답게 만들기 위하여 하는 여러 가지 체조.
미우(眉宇)명 이마의 눈썹 언저리.
미우(微雨)명 보슬비.
미욱-스럽다[-쓰-따][~스러우니·~스러워]형ㅂ 미욱한 데가 있다. ¶ 미욱스럽게 앞으로 나가기만 한다. 작매욱스럽다. **미욱스레**부.
미욱-하다[-우카-]형여 미련하고 어리석다. ¶ 미욱한 짓만 골라 한다. 작매욱하다.
미운-털명 몹시 미워하여 못살게 구는 언턱거리. ¶ 미운털이 박히다.
미움명 밉게 여기는 마음. ¶ 미움을 사다.
미워-하다타여 밉게 여기다. 밉게 보다. ¶ 죄는 미워해도 사람을 미워해서는 안 된다.
미:월(未月)명 〔월건(月建)에 십이지의 미(未)가 드는 달로〕 '음력 유월'의 딴 이름. 참계하(季夏).
미월(眉月)명 눈썹같이 생긴 초승달.
미:육(美育)명 예술을 통하여 정서를 순화함으로써 인격을 닦는 교육. 〔지육·덕육·체육과 더불어 교육의 한 부분임.〕
미음명 한글 자모의 자음. 'ㅁ'의 이름.
미음(米飮)명 쌀이나 좁쌀을 푹 끓여 체에 밭인 음식. 준밈.
미:음(美音)명 아름다운 소리. 고운 소리.
미음(微吟)명하타 나직한 목소리로 읊조림.
미음(微陰)명 ①'음력 오월'을 달리 이르는 말. 우월(雨月). ②하형☞박담(薄曇).
미음자-집(-字-)[-짜-]명 ☞ㅁ자집.
미의(微意)[-의/-이]명 '자기의 마음이나 성의'를 겸손하게 이르는 말. 〔흔히, 남에게 물건을 보낼 때 씀.〕 미지(微志). 미충(微衷).
미:-의식(美意識)[-의-/-이-]명 미(美)에 대하여 느끼고 판단하는 의식.
미-이다자 ①〖'미다[2]'의 피동〗 미어뜨림을 당하다. ②'미어지다'의 잘못.
미이라(mirra 포)명 '미라(mirra)'의 잘못.
미익(尾翼)명 항공기의 동체(胴體) 뒤 꼬리 부분의 수직 및 수평 날개. 꼬리 날개.
미:인(美人)[1]명 얼굴이 아름다운 여자. 미녀(美女). 가인(佳人). 여인(麗人).
미인(美人)[2]명 미국 사람.
미:인-계(美人計)[-계/-게]명 얼굴이 예쁜 여성을 이용하여 남을 꾀는 계략. ¶ 미인계를 쓰다.
미:인-도(美人圖)명 미인을 그린 그림. 미인화(美人畫).

미:인-박명(美人薄命)[-방-]명 아름다운 여자는 운명이 기박하거나 수명이 짧은 경우가 많다는 뜻으로 이르는 말. 가인박명. 홍안박명.
미:인-화(美人畵)명 ☞미인도(美人圖).
미:일(未日)명 일진(日辰)의 지지(地支)가 미(未)로 된 날. 〔기미일(己未日)·을미일(乙未日) 따위.〕 양날.
미작(米作)명 ☞벼농사.
미작-환지(米作換地)[-자콴-]명 개간되어 있어 논을 만들 수 있는 땅.
미장¹명 한방에서, 똥이 굳어서 잘 나오지 않을 때, 똥구멍에 넣는 약을 이르는 말. 〔검은엿으로 대추씨처럼 만든 것.〕
미장²명하타 건축 공사에서, 벽이나 천장에 회반죽 등을 바름, 또는 그런 일.
미:장(美匠)명 ☞의장(意匠).
미:장(美粧)명하타 (머리나 얼굴을) 아름답게 다듬는 일. 미용(美容).
미:장(美裝)명하타 아름답게 꾸미고 차림.
미:-장가(未-)명 아직 장가를 들지 않음. 비미성취(未成娶).
미장-공(-工)명 미장을 업으로 하는 사람.
미:장-원(美粧院)명 머리나 얼굴 모습을 아름답게 매만져 주는 일을 영업으로 하는 집. 미용실. 미용원.
미장-이명 '미장공'을 달리 이르는 말.
미장-질명하자 똥이 굳어 잘 나오지 않을 때, 파내거나 미장을 넣는 일.
미쟁-이명 '미장이'의 잘못.
미저-골(尾骶骨)명 ☞미골(尾骨).
미:-적(美的)[-쩍]관명 미에 관한 (것). 미를 느끼는 (것). ¶ 미적 감각이 뛰어나다. /건물의 미적인 면을 중시하다.
미적-거리다[-꺼-]타 ①자꾸 미적미적하다. ②〈미루적거리다〉의 준말. ¶ 일을 미적거리다 보니 어느덧 마감일이 다 되었다. 미적대다.
미:적 관찰(美的觀察)[-쩍꽌-] 미의식(美意識)을 가지고 대상을 관찰하는 일.
미적-대다[-때-]타 미적거리다.
미적-미적[-정-]부하타 ①조금씩 앞으로 미는 모양. ②〈미루적미루적〉의 준말.
미:적 범:주(美的範疇)[-쩍뻠-] 미(美)의 독특한 성질을 몇 가지의 기본적인 유형으로 분류한 것. 〔우미·숭고미·비장미 따위.〕
미-적분(微積分)[-뿐]명 수학에서, 미분과 적분을 아울러 이르는 말.
미적지근-하다[-찌-]형여 ①따스한 기운이 조금 있는 듯하다. ¶ 국이 미적지근하다. 작매작지근하다. ②(태도나 행동이) 소극적이고 흐리멍덩하다. ¶ 가타부타 말없이 미적지근한 태도를 보이다. 미적지근-히부.
미전(米廛)명 ☞싸전.
미:전(美展)명 '미술 전람회'의 준말.
미:-전향(未轉向)명하자되자 종래의 사상이나 이념 따위를 바꾸지 않고 유지함. ¶ 미전향 장기수. ↔전향.
미절명 (국거리로 쓰는) 허섭스레기 쇠고기.
미점(米點)명 동양화에서, 산수화의 필법의 한 가지. 붓을 옆으로 뉘어서 점을 찍는 표현법. 〔중국 송나라 때의 미불(米芾) 부자에 의하여 시작되었음.〕
미:점(美點)[-쩜]명 ①성품의 아름다운 점. ②☞장점(長點).
미:정(未正)명 십이시(十二時)의 미시(未時)의 한가운데. 〔하오 2시.〕
미:정(未定)명하타 아직 결정하지 못함. ↔기정(既定).
미:정-고(未定稿)명 아직 완성되지 아니한 원고. 미정초(未定草).
미:-정년(未丁年)명 ☞미성년(未成年).
미:정-초(未定草)명 ☞미정고(未定稿).
미:제(未濟)명 ①(하는 일이) 아직 끝나지 않았거나 해결되지 아니함. ¶ 미제 사건. ↔기제(既濟)¹. ②〈미제괘〉의 준말.
미제(美製)명 미국에서 만든 물건.
미:제-괘(未濟卦)명 육십사괘의 하나. 이괘(離卦)와 감괘(坎卦)를 위아래로 놓은 괘. 불 밑에 물이 있어서 물이 불을 이기지 못함을 상징함. 준미제.
미:조(美爪)명 손톱을 아름답게 다듬는 일, 또는 그 손톱.
미조(迷鳥)명 다른 지방으로 날아가다가 길을 잘못 든 철새.
미:족(未足)명하형 아직 넉넉하지 못함.
미좇다타 〈옛〉 뒤미처 좇다. ¶ 이 願不思議룰 셰여도 닐그며 미조차 니저(月釋21:174).
미:좌(未坐)명 (집터나 묏자리 따위가) 미방(未方)을 등진 좌향, 또는 그런 자리.
미:좌-축향(未坐丑向)[-추쾅]명 (집터나 묏자리 따위가) 미방을 등지고 축방을 향한 좌향.
미주(美洲)명 아메리카.
미:주(美酒)명 맛이 썩 좋은 술. 가주(佳酒).
미주^신경(迷走神經)명 연수(延髓)에서 나온 열 번째의 뇌신경. 목·가슴·내장에 분포하여 지각(知覺)과 내장의 운동·분비를 맡음.
미주알명 똥구멍을 이루고 있는 창자의 끝 부분. 밑살.
미주알-고주알부 아주 하찮은 일까지 속속들이. 고주알미주알. ¶ 미주알고주알 캐묻다.
미주알고주알 밑두리콧두리 캔다속담 속속들이 자세히 조사함을 이르는 말.
미즈(Ms)명 〔기혼·미혼의 구별이 없이〕 여성의 성 앞에 붙여 쓰는 영어식 호칭. 〔미국의 여성 해방 운동에서 생겨난 조어임.〕 ↔미스터.
미즙(米汁)명 쌀뜨물.
미증(微增)명하자타 조금 불어남. 미미하게 늚. ¶ 내년 교육 예산이 미증하다.
미:-증유(未曾有)명하형 아직까지 한 번도 있어 본 적이 없음. 전대미문. ¶ 미증유의 대사건. 참광고(曠古)하다.
미:-지(-紙)명 밀(蜜)을 먹인 종이.
미:지(未知)명하타 아직 알지 못함. ¶ 미지의 세계를 동경하다. ↔기지(既知).
미지(微旨)명 깊고 미묘한 뜻.
미지(微志)명 ☞미의(微意).
미지근-하다형여 ①따스한 기운이 좀 있는 듯하다. ¶ 방바닥이 미지근하다. 작매지근하다. ②(태도나 행동이) 소극적이다. ¶ 청중들의 반응이 미지근하다. 미지근-히부.
미지근해도 흥정은 잘한다속담 누구에게나 한 가지 재주는 있다는 말.
미:-지급(未支給)명하타되자 이미 주도록 되어 있는 돈이나 물건을 아직 주지 아니함.
미지다타 〈옛〉 밀치다. ¶ 미질 애:挨(訓蒙下10).
미:지-수(未知數)명 ①(방정식 따위에서) 값이 알려져 있지 않은 수. ↔기지수. ②앞으로 어떻게 될지 속셈할 수 없는 일. ¶ 보상을 얼마나 받게 될지는 미지수이다.
미:지-칭(未知稱)명 모르는 사람이나 사물·처소를 가리키는 대명사. 〔누구·무엇·어디 따위.〕

미진(未盡) '미진하다'의 어근.
미진(微塵)명 ①아주 작은 티끌이나 먼지. ②아주 작고 변변치 못한 물건.
미진(微震)명 진도(震度) 1의 지진. 가만히 있는 사람이나 지진에 민감한 사람에게만 느껴지는 정도의 약한 지진.
미진-설(微塵說)명 뉴턴이 제창한, 빛의 기인(起因)에 관한 설. 발광체가 내쏘는 일종의 미진이 눈을 자극하여 빛을 느끼게 된다는 내용. 〔오늘날에는 파동설(波動說)로 말미암아 부정되고 있음.〕
미ː진-처(未盡處)명 아직 끝내지 못하고 남아 있는 부분.
미ː진-하다(未盡-)형여 아직 다하지 못하다. 아직 충분하지 못하다. ¶ 1차 조사에서 미진했던 부분을 철저히 재조사하다.
미ː질(美質)명 아름다운 성질이나 본바탕.
미ː착(未着)명하자 아직 도착하지 않음.
미채(迷彩)명 위장 방법의 한 가지. 군복이나 비행기·전차·건물 따위에 여러 가지 색을 불규칙하게 칠하여 다른 물체와 구별하기 어렵게 만드는 일. 참위장(僞裝).
미채(薇菜)명 ☞고비나물.
미처부 《주로 '못하다'·'모르다'·'않다'·'없다' 따위의 부정하는 말과 함께 쓰이어》 아직. 채. ¶ 미처 몰랐다. /음식이 미처 준비가 되지 않았다.
미천(微賤) '미천하다'의 어근.
미천-하다(微賤-)형여 (신분이나 사회적 지위가) 보잘것없고 천하다. 세미(細微)하다. ¶ 미천한 신분.
미ː첩(美妾)명 용모가 아름다운 첩.
미첩(眉睫)명 ①눈썹과 속눈썹. ②(시간적으로나 공간적으로) 매우 밭은 사이.
미ː초(未初)명 십이시(十二時)의 미시(未時)의 처음. 〔하오 1시가 막 지난 무렵.〕
미ː추(美醜)명 아름다움과 추함.
미추-골(尾椎骨)명 꼬리 쪽에 있는 등골뼈.
미추룸-하다형여 한창때에, 건강하여 이들이들하고 아름다운 태가 있다. 작매초롬하다. **미추룸-히**부.
미충(微衷)명 ☞미의(微意).
미ː취(未娶)명하자 〈미성취(未成娶)〉의 준말. ↔기취(旣娶).
미취(微醉)명하자 술에 약간 취함.
미ː-취학(未就學)명하자 아직 학교에 들어가지 아니함. ¶ 미취학 아동.
미치-광이명 ①미친 사람. ②'언행이 정상적인 상태를 벗어난 사람'을 얕잡아 이르는 말. ¶ 저런 미치광이하고야 상종할 수가 있나. ③'어떤 일에 지나치게 열중하는 사람'을 홀하게 이르는 말. ①작매치광이.
미치광이 풋나물 캐듯속담 일을 아주 거칠게 한다는 뜻.
미치광이-풀명 가짓과의 다년초. 높이 30 cm가량. 잎은 달걀 모양이며, 4~5월에 검은빛을 띤 자주색 꽃이 핌. 깊은 산의 습지나 그늘에 절로 남. 독이 있어 잘못 먹으면 미치는 증상이 생긴다고 함. 뿌리와 잎은 약용함. 낭탕.
미치다[1] Ⅰ자 ①(일정한 곳에) 가 닿거나 이르다. ¶ 손이 선반에까지 미치다. /면사무소 못 미쳐 학교가 있다. /공급량이 수요량에 못 미친다. ②(어떤 사실에) 말이나 생각이 이르다. ¶ 이야기가 자기 신상 문제에 미치자 슬그머니 나갔다.
Ⅱ자타 ①(어떤 대상에) 힘이나 작용이 가 닿다. ¶ 부모의 잘못이 자식에게까지 미치다. ②끼치다. ¶ 크나큰 영향을 미치다. 준및다.
미치다[2]자 ①정신에 이상이 생기다. ¶ 그녀는 전쟁 통에 자식을 잃고 끝내 미치고 말았다. ②(언행이) 정상적인 상태를 벗어나다. ¶ 너 미쳤니, 그런 말을 하게. 작매치다. ③어떤 일에 지나칠 정도로 푹 빠지다. ¶ 춤에 미치다. /노름에 미치다. ④정신이 나갈 정도로 매우 괴로워하다. ¶ 수금이 안 돼 미치겠다. /보고 싶어 미치겠다.
미친 중놈 집 헐기다속담 당치도 않은 일에 어수선하고 분주하게 떠들거나 날뛴다는 뜻.
미친 체하고 떡판에 엎드러진다속담 도리를 잘 알면서도 눈 딱 감고 욕심을 부린다는 뜻.
미쳐 날뛰다관용 미친 듯이 마구 야단법석을 떨다.
미친-개명 ①미쳐서 헤매는 개. 광견(狂犬). ②'하는 짓이 몹시 고약한 사람'을 욕으로 이르는 말. ¶ 박 씨는 술만 마시면 미친개가 된다.
미친개 눈엔 몽둥이만 보인다속담 한 가지 일에 되게 혼이 난 다음에는 모든 것이 그것같이만 보인다는 말.
미친-년명 ①'정신이 이상해진 여자'를 욕으로 이르는 말. ②'말이나 하는 짓이 실없는 여자'를 욕으로 이르는 말.
미친-놈명 ①'정신이 이상해진 남자'를 욕으로 이르는 말. ②'말이나 하는 짓이 실없는 남자'를 욕으로 이르는 말.
미칠-이(-隶)명 한자 부수의 한 가지. '隸' 등에서의 '隶'의 이름.
미침(微忱)명 ☞미성(微誠).
미ː칭(美稱)명 ①아름답게 일컫는 이름. ②아름다운 칭찬.
미쾌(未快) '미쾌하다'의 어근.
미ː쾌-하다(未快-)형여 병이 아직 다 낫지 아니하다.
미크로-코스모스(Mikrokosmos 독)명 ①소우주(小宇宙). ②우주의 축도(縮圖)로서의 인간. 마이크로코즘. ↔마크로코스모스.
미크로-톰(Mikrotom 독)명 현미경으로 볼 수 있도록 시료의 조각을 얇게 절단하는 장치.
미크론(micron)의 미터법에서의 길이의 단위. 1000분의 1 mm. 〔기호는 μ〕
미타(未妥) '미타하다'의 어근.
미타(彌陀)명 〈아미타〉의 준말.
미타-불(彌陀佛)명 〈아미타불〉의 준말.
미타^삼존(彌陀三尊)명 아미타불과 그 협시(脇侍)인 관세음보살, 대세지보살을 아울러 이르는 말. 아미타 삼존. 준삼존.
미타-찬(彌陀讚)명 조선 시대의 불가(佛歌)의 한 가지. 미타불의 법신을 예찬한 노래로, 처용무(處容舞)의 둘째 회(回) 첫머리에 부름.
미ː타-하다(未妥-)형여 온당하지 아니하다. 타당하지 아니하다. **미타-히**부 ¶ 미타히 여기다.
미ː태(美態)명 아름다운 자태.
미ː태(媚態)명 아양을 떠는 태도.
미ː터(meter)의 미터법에 따른 길이의 기본 단위. 1 m는 100 cm. 〔기호는 m〕
미ː터-글라스(meter+glass)명 미터법에 따른 눈금을 새긴 유리그릇. 액체를 계량하는 데 쓰임.
미ː터-기(meter器)명 ①전기나 가스·수도 따위의 자동 계기를 두루 이르는 말. ②☞택시 미터.

미ː터-법(meter法)[-뻡]명 미터를 길이, 리터를 부피, 킬로그램을 질량의 기본 단위로 하는 십진법적 도량형(度量衡).
미ː터-원기(meter原器)명 미터법에 따라 길이의 기준으로 만들어 국제 도량형국이 보관하고 있는 길이 1 m의 자.
미ː터-자(meter-)명 미터법에 따라 눈금을 새긴 자를 두루 이르는 말.
미ː터-제(meter制)명 전기·가스·택시 따위의 요금을 미터기가 가리키는 대로 치르는 제도.
미토콘드리아(mitochondria)명 동식물의 세포질 속에 많이 들어 있는 과립 모양의 물질. 단백질과 지방이 주성분인데, 세포 내의 대사에 중요한 구실을 함.
미투리명 삼이나 노 따위로 짚신처럼 삼은 신. 〔흔히, 날을 여섯 개로 함.〕 마혜. 망혜. 승혜.
미트(mitt)명 야구에서, 포수(捕手)나 일루수가 공을 받기 위하여 손에 끼는 가죽 장갑.
미ː팅(meeting)명 ①하자(남녀 간의) 만남. ②모임. 집회.
미편(未便) '미편하다'의 어근.
미ː편-하다(未便-)형여 편하지 아니하다. 언짢다. ¶ 심기(心氣)가 미편하다.
미ː품(美品)명 아름답고 좋은 물품.
미품(微稟)명하타 격식을 갖추지 아니하고 넌지시 아룀.
미ː풍(美風)명 아름다운 풍속. 미속. ↔악풍.
미풍(微風)명 솔솔 부는 약한 바람. 솔솔바람.
미ː풍-양속(美風良俗)[-냥-]명 아름답고 좋은 풍속. 양풍미속(良風美俗).
미ː필(未畢)명하타 아직 마치지 못함. 미료(未了). ¶ 병역 미필.
미ː-필연(未必然)명하형 반드시 그렇지는 않음. 꼭 그런 것은 아님.
미ː필-자(未畢者)[-짜]명 (어떤 과정이나 일을) 다 마치지 못한 사람. ¶ 병역 미필자.
미ː필적 고ː의(未必的故意)[-쩍꼬의/-쩍꼬이] 자기의 행위로 말미암아 어떤 범죄 결과가 일어날 수 있음을 알면서도 그 결과의 발생을 인정하여 받아들이는 심리 상태.
미ː학(美學)명 (자연이나 인생·예술에 나타나는 아름다움의 현상·가치 따위를 연구 대상으로 하여) 미의 본질과 구조를 경험적 또는 형이상학적으로 연구하는 학문. 심미학(審美學).
미ː학-적(美學的)[-쩍]관명 미학을 기초로 한 (것). ¶ 미학적 가치. /미학적인 기능.
미한(微汗)명 ☞경한(輕汗).
미ː-해결(未解決)명하타되자 아직 해결하지 못함. ¶ 미해결 사건.
미행(尾行)명하타 ①남의 뒤를 몰래 따라감. ②경찰관 등이 요시찰인이나 용의자의 뒤를 밟으며 그 행동을 감시함.
미ː행(美行)명 아름다운 행실.
미행(微行)명하타 ①〈미복잠행〉의 준말. 간행(間行). ②국제법에서, 외교 사절이나 국가 원수가 신분을 외국 관헌에게 알리지 않고 사적으로 하는 여행.
미현(迷眩) '미현하다'의 어근.
미현-하다(迷眩-)형여 정신이 헷갈리어 갈피를 못 잡고 어지러우며 어수선하다.
미협(未協) '미협하다'의 어근.
미ː협-하다(未協-)[-혀파-]형여 뜻이 서로 맞지 아니하다.
미형(未瑩) '미형하다'의 어근.
미ː형(美形)명 아름다운 모양.
미ː형-하다(未瑩-)형여 똑똑하지 못하고 어리석다.
미혹(迷惑)명하자되자 ①마음이 흐려서 무엇에 홀림. ¶ 재물에 미혹되다. ②정신이 헷갈려 갈팡질팡 헤맴. ¶ 긴 미혹의 세월을 보내다.
미ː혼(未婚)명 (성인으로서) 아직 결혼하지 않음. ¶ 혼기가 지난 미혼 여성. ↔기혼(既婚).
미ː혼-모(未婚母)명 아직 결혼하지 않은 몸으로 아이를 낳은 여자.
미ː혼-자(未婚者)명 미혼인 사람. ↔기혼자.
미ː화(美化)명하타되자 아름답게 꾸미는 일. ¶ 환경 미화. /자기의 행위를 미화하다.
미화(美貨)명 미국의 화폐. 〔단위는 '달러(dollar)'〕 미불(美弗).
미ː화-법(美化法)[-뻡]명 수사법상 강조법의 한 가지. 표현하려는 대상을 짐짓 사실보다 미화하여 나타내는 표현 방법. 〔도둑을 '양상군자(梁上君子)'라고 하는 따위.〕
미ː화-원(美化員)명 〈환경 미화원〉의 준말.
미ː-확인(未確認)명하타되자 아직 확인되지 아니함. ¶ 미확인 보도에 의하면….
미ː확인^비행^물체(未確認飛行物體)명 정체를 알 수 없는 비행 물체. 〔비행접시 따위.〕 유에프오.
미황(未遑) '미황하다'의 어근.
미황-색(微黃色)명 노르스름한 빛깔.
미ː황-하다(未遑-)형여 미처 겨를이 없다.
미ː효(美肴)명 ☞가효(佳肴).
미후(獼猴)명 원숭잇과의 포유동물. 원숭이 가운데 가장 흔하고, 길들이기가 쉬우며, 재주를 잘 부림.
미ː흡(未洽)명하형 흡족하거나 만족하지 못함.
미ː흡-처(未洽處)명 흡족하지 못한 부분.
미ː희(美姬)[-히]명 아름다운 여자. 가희(佳姬). 미녀(美女).
믹서(mixer)명 ①시멘트·모래·자갈 따위를 뒤섞어 콘크리트로 만드는 기계. 콘크리트 믹서. ②(채소나 과실 따위를 잘게 갈아) 즙이나 가루를 내는 데 쓰는 전기 기구. ③방송국 등에서, 음량이나 음질을 조정하는 장치, 또는 그런 일을 하는 사람.
민(民)대 지난날, 조상의 무덤이 있는 곳의 백성이 그 고을 원에게 자기를 일컫던 말.
민-접두 《일부 명사 앞에 붙어》 '꾸밈새나 붙어 딸린 것이 없음'을 뜻함. ¶ 민가락지. /민비녀. /민저고리.
-민(民)접미 《일부 명사 뒤에 붙어》 '사람'·'국민'·'백성' 따위의 뜻을 나타냄. ¶ 실향민. /영세민. /유랑민.
민가(民家)명 일반 백성들이 사는 살림집. 여염집. 민호(民戶).
민간(民間)명 ①일반 서민의 사회. ②'관(官)이나 군대에 속하지 않음'을 나타내는 말. ¶ 민간 자본.
민간-단체(民間團體)명 민간인으로 이루어진 단체.
민간^방ː송(民間放送)명 민간의 자본으로 설립하여 광고료 따위로 경영하는 방송. 준민방(民放). ↔공공 방송. 참상업 방송.
민간^설화(民間說話)명 옛날부터 민간에 말로 전해 오는 이야기. 비민담(民譚).
민간^신ː앙(民間信仰)명 예로부터 민간에 전해 오는 신앙.
민간-약(民間藥)[-냑]명 민간에서 예로부터 쓰이어 내려오는 약.

민간^외ː교(民間外交) [-가뇌-/-가눼-]명 민간인끼리 예술이나 스포츠 등을 바탕하여 친선 관계를 이루는 외교.
민간-요법(民間療法) [-뇨뻡]명 민간에서 옛날부터 전해 오는, 경험을 바탕으로 한 질병(疾病) 치료법. 〔민간약·뜸질·침술 따위.〕
민간^은행(民間銀行)명 개인이나 사법인(私法人)이 설립하여 운영하는 보통 은행. 〔중앙은행이나 특수 은행에 상대되는 말.〕 참시중 은행.
민간-인(民間人)명 (관리나 군인이 아닌) 보통 사람. ↔관인.
민간-질고(民間疾苦)명 정치의 변동이나 부패로 말미암아 받는 백성의 괴로움.
민간^항ː공(民間航空)명 민간 기업이 운용하는 항공, 또는 항공사. 준민항.
민감(敏感) '민감하다'의 어근.
민감-하다(敏感-)형여 느낌이나 반응이 날카롭고 빠르다. 감각이 예민하다. ¶ 유행에 민감하다./국제 정세에 민감하게 대처하다. **민감-히**부.
민-갓머리[-간-]명 한자 부수의 한 가지. '冠'·'冥' 등에서의 '冖'의 이름.
민-거지명 '민걷이'의 잘못.
민-걷이[-거지]명 기둥면의 너비와 보의 어깨의 너비가 꼭 같을 때, 보의 어깨가 기둥면에 꼭 닿게 깎아 내는 일.
민경(民警)명 민간과 경찰.
민곤(民困)명 국민의 곤궁.
민국(民國)명 민주 정치를 하는 나라.
민군(民軍)명 ☞민병(民兵).
민궁(-宮)명 장기에서, 두 사(士)가 죽고 장(將)만 남은 궁.
민궁(民窮)명하형 국민이 가난하고 구차함.
민궁-재갈(民窮財渴)명하자 국민의 생활은 어렵고 나라의 재물은 바닥이 남.
민권(民權) [-꿘]명 국민의 권리. 신체와 재산 등을 보호 받을 권리나 정치에 참여할 수 있는 권리 따위. ¶ 민권을 신장하다.
민권^운ː동(民權運動) [-꿔눈-]명 전제 정치를 반대하고 민권의 신장을 꾀하는 운동.
민권-주의(民權主義) [-꿘-의/-꿘-이]명 ①민권의 신장을 목적으로 하는 주의. ②삼민주의의 하나. 참정권을 국민에게 평등하게 주자는 주의.
민꽃-식물(-植物) [-꼳씽-]명 ☞포자식물(胞子植物). ↔꽃식물.
민-날명 (창이나 칼 따위의) 집 속에 들어 있지 않고 그대로 드러난 날.
민-낯[-낟]명 화장을 하지 않은 여자의 얼굴. * 민낯이[-나치]·민낯만[-난-]
민단(民團)명 〈거류민단(居留民團)〉의 준말.
민달(敏達)명하자 민첩하여 온갖 일에 통달함.
민-달팽이명 민달팽잇과의 연체동물. 달팽이같이 생겼으나 껍데기가 없음. 몸길이 6 cm가량. 몸빛은 회갈색이며 검은 줄이 있고, 온몸이 미끈미끈함. 배 부분의 신축에 의하여 움직이며, 자웅 동체(雌雄同體)로 음습한 곳에 삶. 괄태충.
민담(民譚)명 설화의 한 가지. 뚜렷한 시대적 배경이나 무대가 없는, 평범한 인물의 흥미로운 체험 따위가 주된 내용임. 비민간 설화.
민답(民畓)명 민간인 소유의 논.
민답(悶沓) '민답하다'의 어근.
민답-하다(悶沓-) [-다파-]형여 (사정이 딱하여) 안타깝고 답답하다. 민울하다. **민답-히**부.
민-대가리명 〈민머리〉의 속된 말.

민도(民度)명 국민의 문화생활의 수준. ¶ 민도가 높다.
민도(憫悼)명하타 (사정을) 딱하고 섧게 여김.
민-도리명 '납도리'의 잘못.
민도리-집명 '납도리집'의 잘못.
민둥-민둥부하형 산에 나무가 없어 번번한 모양. 작맨둥맨둥. **민둥민둥-히**부.
민둥-산(-山)명 나무가 없이 흙이 드러난 번번한 산. 독산(禿山). 벌거숭이산.
민들레명 국화과의 다년초. 산이나 들의 양지바른 곳에 자라는데, 원줄기가 없고 잎은 땅속줄기에서 무더기로 남. 봄에 꽃자루 하나가 나와 그 끝에 노랗거나 흰 꽃 한 송이가 피며, 열매에는 하얀 관모가 달림. 어린잎은 나물로 먹고, 뿌리는 한방에서 발한(發汗)이나 강장(強壯)의 약재로 쓰임. 금잠초(金簪草). 포공영(蒲公英).
민등뼈-동물(-動物)명 ☞무척추동물. ↔등뼈동물.
민란(民亂) [밀-]명 ☞민요(民擾).
민력(民力) [밀-]명 국민의 노동력이나 재력.
민련(憫憐) '민련하다'의 어근.
민련-하다(憫憐-) [밀-]형여 딱하고 가엾다. **민련-히**부.
민렴(民斂) [밀-]명하타 백성에게서 돈이나 물품을 거두어들임.
민막(民瘼)명 ☞민폐(民弊).
민망(民望)명 ①국민의 희망. ②국민으로부터 받는 신망. ¶ 민망이 두터운 정치인.
민망(憫惘) '민망하다'의 어근.
민망-스럽다(憫惘-) [-따] [~스러우니·~스러워]형ㅂ 보기에 답답하고 딱하여 걱정스럽거나 안쓰러운 데가 있다. ¶ 민망스럽기 짝이 없다. **민망스레**부.
민망-하다(憫惘-)형여 보기에 답답하고 딱하여 걱정스럽거나 안쓰럽다. ¶ 혼자 떠나 보내기가 민망하다. **민망-히**부.
민-머리명 ①벼슬하지 못한 사람. ②정수리까지 벗어진 대머리. ③쪽 찌지 않은 머리.
민-며느리명 (장차 며느리를 삼으려고) 미리 데려다 기르는 여자 아이.
민멸(泯滅)명하자 되자 형적이나 모습이 아주 없어짐. 민몰(泯沒).
민몰(泯沒)명하자 되자 ☞민멸(泯滅).
민무늬-근(-筋) [-니-]명 내장이나 혈관의 벽을 이루는 근육의 한 가지. 섬유에 가로무늬가 없고 불수의적(不隨意的) 운동을 함. 평활근(平滑筋).
민무늬^토기(-土器) [-니-]명 청동기 시대에 사용한 무늬 없는 토기. 무문 토기.
민-물명 뭍에 있는 짜지 않은 물. 담수(淡水). ↔바닷물·짠물.
민물-고기[-꼬-]명 민물에서만 사는 고기를 통틀어 이르는 말. 단물고기. 담수어(淡水魚). ↔바닷물고기·짠물고기.
민물-낚시[-락씨]명 (강이나 호수·저수지 등) 민물에서 하는 낚시. 참바다낚시.
민물-도요명 도욧과의 새. 몸길이 18 cm가량. 여름철과 겨울철 깃의 색깔이 다른데, 여름에는 적갈색 바탕에 검은 반점이 있고 겨울 깃은 회색 바탕에 갈색 반점이 있음. 갯벌이나 해변·하구 또는 내륙의 물가에서 작은 무리를 이루고 삶. 우리나라에서는 흔한 나그네새임.
민민(憫憫) '민민하다'의 어근.
민민-하다(憫憫-)형여 몹시 딱하여 안쓰럽다. **민민-히**부.

민박(民泊)명하자 민가(民家)에 숙박함.
민박(憫迫) '민박하다'의 어근.
민박-하다(憫迫-)[-바카-]형여 애가 탈 정도로 걱정스럽다.
민방(民放)명 〈민간 방송〉의 준말.
민-방공(民防空)명 민간에서 하는 방공.
민-방위(民防衛)명 적의 군사적 침략이나 천재지변으로 말미암은 인명·재산상의 피해를 막기 위하여 민간인이 펴는 비군사적인 방위 행위.
민방위-대(民防衛隊)명 민방위를 목적으로 편성된 조직. 〔지역 민방위대와 직장 민방위대가 있음.〕
민법(民法)[뻡]명 ①개인의 신분이나 재산의 상속·처분에 관하여 규정한 사법(私法)의 일반법. ②민법의 법전(法典).
민법-학(民法學)[-뻐팍]명 민법의 이론을 연구하는 학문.
민병(民兵)명 평상시에는 생업에 종사하고, 비상시에만 병역에 복무하는 군대, 또는 그 대원. 민군. 참관병(官兵)·관군(官軍).
민병-대(民兵隊)명 민병으로 편성된 군대.
민병-제(民兵制)명 평상시에는 저마다 직장에서 일하고, 전쟁이 일어났을 경우에만 무장을 하여 군대를 이루는 제도.
민복(民福)명 국민의 복리(福利).
민본-주의(民本主義)[-의/-이]명 '민주주의'를 달리 이르는 말.
민-비녀명 무늬도 새기지 않고 파란도 칠하지 않은 은비녀.
민사(民事)명 ①일반 국민에 관한 일. ②사법상(私法上)의 법률관계에 관련되는 사항. ¶ 민사 재판. ↔형사(刑事).
민사(悶死)명하자 몹시 고민하다가 죽음.
민사-범(民事犯)명 민사상(民事上)의 불법 행위, 또는 그 범인.
민사-법(民事法)[-뻡]명 민사에 관한 법률을 통틀어 이르는 말. 〔민법·상법과 그 절차법인 민사 소송법 따위.〕
민사^사:건(民事事件)[-껀]명 민사 소송의 대상으로, 사법(私法)에 의하여 다루어지는 개인 사이의 사건.
민사^소송(民事訴訟)명 개인 사이 분쟁이나 이해 충돌을 국가의 재판권에 따라 법률적·강제적으로 해결·조정하기 위한 소송. 준민소(民訴).
민사^재판(民事裁判)명 법원이 민사 사건에 관해서 하는 재판. ↔형사 재판.
민사^책임(民事責任)명 불법 행위에 대한 민법상의 손해 배상 책임. ↔형사 책임.
민사^회:사(民事會社)[-회-/-훼-]명 상행위 이외의 어업·광업·농업 등의 영리 행위를 목적으로 하는 사단 법인. ↔상사 회사(商事會社).
민산(民散)명하자 포학한 정치로 백성이 배겨나지 못하여 흩어짐.
민-색떡(-色-)명 아무 꾸밈새 없이 밥소라에 수북이 담은 여러 빛깔의 색절편. ↔갖은색떡.
민생(民生)명 ①국민의 생활. ¶ 민생 치안. ②일반 국민. 생민(生民).
민생-고(民生苦)명 일반 국민의 생활고. ¶ 민생고를 해결하다.
민생-주의(民生主義)[-의/-이]명 삼민주의의 하나. 모든 계급적 압박을 떨치고 국민 생활을 풍족하게 하자는 주의.
민서(民庶)명 ☞민중(民衆).
민선(民選)명하타 국민이 뽑음. ¶ 민선 시장(市長). ↔관선(官選)·국선(國選).
민선^의원(民選議員)명 국민이 선출한 의원.
민성(民聲)명 국민의 여론.
민성-함(民聲函)명 국민이 여론을 적어 넣을 수 있도록 관청 같은 데에 마련해 놓은 상자.
민소(民訴)명 ①억울하고 원통한 사정에 대한 백성들의 호소. ②〈민사 소송〉의 준말.
민-소매명 소매가 없는 윗옷.
민속(民俗)명 민간의 풍속(습속). 민풍(民風).
민속(敏速) '민속하다'의 어근.
민속-극(民俗劇)[-끅]명 민간에 전해 오는 습속이나 전설 등을 내용으로 한 연극.
민속-놀이(民俗-)[-송-]명 각 지방의 풍속과 생활의 모습이 반영된, 민간에 전하여 오는 놀이.
민속^무:용(民俗舞踊)[-송-]명 각 지방의 생활과 풍속을 내용으로 민간에 전해 오는 무용. 〔강강술래·봉산탈춤 따위.〕
민속-사회(民俗社會)[-싸회/-싸훼]명 전통적 풍속·신앙 등이 잘 전승되고 있는 민간인 사회.
민속^소:설(民俗小說)[-쏘-]명 (옛날부터 전하여 오는) 민간 사회의 독특한 풍속이나 습관 따위를 소재로 한 소설.
민속-악(民俗樂)명 '민속 음악'을 줄이어 이르는 말.
민속^음악(民俗音樂)명 옛날부터 민간에서 전해 오는 민족 고유의 음악.
민속-촌(民俗村)명 옛 민속을 보존함으로써 전통미를 간직하고 있는 마을.
민속-하다(敏速-)[-소카-]형여 날쌔고 빠르다. 민속-히부.
민속-학(民俗學)[-소칵]명 예로부터 민간에 전해 내려오는 풍속이나 습관·전설·신앙 따위를 과학적으로 연구하는 학문.
민수(民需)명 민간의 수요(需要). 민간에서 필요로 하여 쓰는 일. ↔관수(官需).
민수-기(民數記)명 구약 성서에서 '모세 오경'의 하나. 이스라엘 민족이 시나이로부터 약속의 땅 가나안으로 가는 도중에 겪은 고난을 기록한 책임.
민숭-민숭부하형 ①털이 날 자리에 털이 없어 번번한 모양. ②산에 나무나 풀이 없어 번번한 모양. ③술을 마신 뒤에도 취하지 않고 멀쩡한 모양. 작맨송맨송. **민숭민숭-히**부.
민습(民習)명 민간의 관습.
민시(民是)명 국민이 지켜야 할 바른길.
민시(民時)명 춘경(春耕)·제초(除草)·추수(秋收) 등의 바쁜 농사철. 인시(人時).
민심(民心)명 백성들의 마음. 민정(民情). ¶ 민심은 천심(天心). /민심을 수습하다.
민아무간(民我無間)명 〔백성(남)과 나 사이에 간격이 없다는 뜻으로〕 '위정자나 지도자가 백성과 한마음이 됨'을 이르는 말.
민약-설(民約說)[-썰]명 ☞사회 계약설.
민약^헌:법(民約憲法)[미냐컨뻡]명 ☞민정 헌법(民定憲法).
민어(民魚)명 민어과의 바닷물고기. 몸길이 90 cm가량. 입은 뭉툭하고 아래턱이 위턱보다 짧으며 턱에 두 쌍의 구멍이 있음. 몸빛은 등 쪽이 회청색, 배 쪽은 연한 회색임. 근해의 바닥에서 삶.
민-엄호(-广戶)명 한자 부수의 한 가지. '厄'·'厘' 등에서의 '厂'의 이름. 민엄호밑.
민엄호-밑(-广戶-)[-믿]명 ☞민엄호. ＊민엄호밑이[-미치]·민엄호밑을[-미틀]·민엄호밑만[-민-]
민업(民業)명 민간인이 경영하는 기업. ↔관업.

민연(泯然) '민연(泯然)하다'의 어근.
민연(憫然) '민연(憫然·愍然)하다'의 어근.
민연-하다(泯然-) 형여 형적이 없다. 가뭇없다. **민연-히** 부.
민연-하다(憫然-·愍然-) 형여 딱하다. **민연-히** 부.
민영(民營) 명 민간인이 경영함. ¶ 민영 탄광. ↔관영(官營)·국영(國營).
민영^방:송(民營放送) 명 민간의 자본으로 민간인이 경영하는 방송.
민영-화(民營化) 명하타되자 관에서 운영(경영)하던 것을 민간인의 경영 체제로 바꿈. ¶ 국영 기업체의 민영화를 추진하다.
민예(民藝) 명 민중의 생활 속에 전해진, 민족 고유의 공예나 예능을 두루 이르는 말.
민완(敏腕) 명하형 일을 빠르고 재치 있게 잘 처리하는 솜씨. ¶ 민완 형사.
민완-가(敏腕家) 명 일을 빠르고 재치 있게 잘 처리하는 사람.
민요(民謠) 명 (예술적 가곡에 상대하여) 민중 속에서 자연적으로 생겨나 오랫동안 전해 내려오는, 민중의 생활 감정이 소박하게 담긴 노래를 통틀어 이르는 말.
민요(民擾) 명 폭정(暴政) 따위에 항거하여 일반 백성이 일으키는 소요. 민란(民亂).
민요-곡(民謠曲) 명 민요 형식으로 된 가곡.
민요-조(民謠調) [-쪼] 명 민요풍의 가락. ¶ 민요조의 노래.
민요-풍(民謠風) 명 민요의 가락이나 내용을 담은 형식.
민욕(民辱) 명 민족의 치욕. 민족적인 치욕.
민울(悶鬱) '민울하다'의 어근.
민울-하다(悶鬱-) 형여 ☞민답(悶沓)하다.
민원(民怨) 명 국민(주민)의 원망.
민원(民願) 명 ①주민이 행정 기관에 대하여 어떤 행정 처리를 요구하는 일. ¶ 민원 사항. /민원 사무. /민원이 발생하다. ②국민의 소원이나 청원.
민원-서류(民願書類) 명 민원 사항에 관한 서류, 곧 해당 관청에 제출하는 신고서나 허가원·증명원 따위의 서류.
민유(民有) 명 민간인의 소유. ↔국유.
민-음표(-音標) 명 점이 붙지 아니한 보통의 음표. 〔온음표, 2분음표, 4분음표, 8분음표 따위.〕 단순 음표. 참점음표.
민의(民意) [미늬/미니] 명 국민의 의사. ¶ 민의를 국정에 반영하다.
민-의원(民議院) [미늬-/미니-] 명 구(舊)헌법의 양원제 국회에서, 참의원(參議院)과 함께 국회를 구성하던 한 원(院). 다른 나라의 하원에 해당함. 참참의원.
민-의원(民議員) [미늬-/미니-] 명 〈민의원 의원〉의 준말.
민의원^의원(民議院議員) [미늬-/미니-] 명 민의원을 구성하던 국회의원. 준민의원(民議員).
민인(民人) 명 ☞인민(人民).
민자(民資) 명 민간 자본. ¶ 민자의 유치.
민장(民狀) 명 지난날, '국민의 송사·청원 등에 관계되는 서류'를 이르던 말.
민재(民財) 명 백성의 재물. 국민의 재산.
민-저고리 명 회장을 대지 않은 저고리. 참회장 저고리.
민적(民籍) 명 ①조선 말기에, 주민의 호구(戶口)를 조사하여 기록하던 장부. ②지난날, '호적(戶籍)'을 달리 이르던 말.
민정(民政) 명 ①공공의 안녕 유지와 복리 증진을 꾀하는 정무(政務). ②(군인이 아닌) 민간인이 하는 정치, 또는 그 정부. ②↔군정(軍政).
민정(民情) 명 ①국민의 살아가는 사정과 형편. ¶ 민정을 살피다. ②☞민심(民心).
민정^헌:법(民定憲法) [-뻡] 명 국민이 선출한 의회에 의하여, 또는 국민 투표에 의하여 제정된 헌법. 민약 헌법. 참흠정 헌법.
민족(民族) 명 같은 지역에서 오랫동안 공동생활을 함으로써 언어나 풍습 따위 문화 내용을 함께하는 인간 집단. 겨레.
민족^국가(民族國家) [-꾹까] 명 단일한 민족이 하나의 국가를 차지하고 있거나, 한 민족이 국민의 대다수를 이루고 있는 상태의 국가.
민-족두리 [-뚜-] 명 장식물을 달지 않은 족두리. 검은 비단 여섯 폭으로, 속에 솜을 넣어 육각형으로 만듦.
민족^문화(民族文化) [-종-] 명 한 민족의 공통적 감정·언어·풍습·생활환경 등을 터전으로 하여, 그 민족의 특성을 나타낸 문화.
민족-사(民族史) [-싸] 명 민족이 겪어 온 역사.
민족-상잔(民族相殘) [-쌍-] 명하자 ☞동족상잔(同族相殘).
민족-성(民族性) [-썽] 명 한 민족의 특유한 성질.
민족-시(民族詩) [-씨] 명 ①민족 공통의 감정이나 체험이 자연 발생적으로 우러나와 이루어진 시. 〔민요 따위.〕 ②한 민족의 전설이나 설화에서 취재하여 창작한 시. 〔이규보(李奎報)의 '동명왕편(東明王篇)' 따위.〕
민족^심리학(民族心理學) [-씸니-] 명 각 민족의 특질을 신화나 종교·풍습·언어·예술·사회 제도 등에 걸쳐 심리학적으로 연구하는 학문.
민족-아(民族我) 명 ①민족의 한 사람으로서의 나. ②민족적 인식의 주관. ③민족의식의 주체.
민족^운:동(民族運動) 명 민족의 통일이나 독립을 이룩하여, 민족이 마땅히 누려야 할 권리를 되찾기 위하여 펴는 활동.
민족-의식(民族意識) [-조긔-/-조기-] 명 ①같은 민족에 속한다는 자각. ②민족이 단결하여 그 존속과 독립을 공고히 하고, 민족의 발전을 꾀해야 한다는 생각.
민족^자결(民族自決) [-짜-] 명 다른 민족이나 국가의 간섭을 받지 않고, 자기 민족의 귀속이나 정치 조직을 그 민족 스스로 결정하는 일.
민족^자결주의(民族自決主義) [-짜-의/-짜-이] 명 각 민족은 정치적 운명을 스스로 결정할 권리가 있으며, 다른 민족의 간섭을 받을 수 없다는 주장. 제1차 세계 대전 직후인 1918년, 미국의 대통령 윌슨이 제창했음.
민족^자본(民族資本) [-짜-] 명 (식민지 또는 발전도상국 등에서) 외국 자본에 저항하는 그 나라의 토착 자본. ↔매판 자본(買辦資本).
민족-자존(民族自存) [-짜-] 명 민족이 스스로의 힘으로 삶을 누려 나감.
민족-정신(民族精神) [-쩡-] 명 ①한 민족을 결속시키는 공통의 정신. ②어떤 민족의 이상으로 하는 정신. 비민족혼.
민족-주의(民族主義) [-쭈의/-쭈이] 명 ①다른 민족의 지배를 벗어나 같은 민족으로써 나라를 이루려는 주의. ②삼민주의(三民主義)의 하나. 피압박 민족의 해방과 민족 자결 및 평등한 권리를 주장하는 주의.
민족-중흥(民族中興) [-쭝-] 명 쇠약해진 민족이 다시 번영을 이루는 일. ¶ 민족중흥의 영주, 광개토 대왕.

민족-혼(民族魂)[-조꼰]명 그 민족만이 지니고 있는 고유한 정신. ¶ 민족혼을 일깨우다. 비민족정신.
민주(民主)명 ①주권이 국민에게 있음. ②〈민주주의〉의 준말.
민주^공:화국(民主共和國)명 주권이 국민 전체에 있는 공화국. 곧, 정체는 민주제를, 국체는 공화제를 채택한 나라.
민주-국(民主國)명 〈민주 국가〉의 준말.
민주^국가(民主國家)[-까]명 민주 정체로 된 나라. 주권이 국민에게 있는 나라. 준민주국(民主國).
민주^국체(民主國體)명 주권이 국민에게 있는 국체. ↔군주 국체.
민주-대다타 몹시 귀찮고 싫증나게 굴다.
민주-스럽다형ㅂ '면구스럽다'의 잘못.
민주-적(民主的)관명 민주주의에 따르거나 민주 정신에 맞는 (것). ¶ 민주적 방법./민주적인 개혁.
민주^정체(民主政體)명 통치권이 국민의 대표자에 의하여 행사되는 정치 형태. ↔군주 정체(君主政體).
민주^정치(民主政治)명 민주주의를 기본으로 하여 행하는 정치. ↔전제 정치.
민주^제:도(民主制度)명 주권이 국민에게 있는 정치 제도.
민주-주의(民主主義)[-의/-이]명 주권이 국민에게 있고 국민을 위하여 정치를 하는 제도, 또는 그런 정치를 지향하는 사상. 준민주(民主). ↔전제주의(專制主義).
민주-화(民主化)명하자타되자 (체제나 사고방식이) 민주주의에 맞는 것으로 됨, 또는 그렇게 되게 함. ¶ 민주화 운동.
민-죽절(-竹節)[-쩔]명 아무 장식이 없는 죽절비녀.
민-줄명 개미를 먹이지 않은 연줄.
민중(民衆)명 (국가나 사회를 이루고 있는) 다수의 일반 국민. 흔히, 피지배 계급으로서의 일반 대중을 가리킴. 민서(民庶).
민중-가요(民衆歌謠)명 민중이 한마음·한뜻으로 즐겨 부를 수 있도록 만들어진 노래.
민중^예:술(民衆藝術)[-녜-]명 ①일반 대중 사이에서 생겨나 사랑받는 예술. ②(일부 특권층이나 특정 계층의 점유물이 아닌) 일반 대중을 위한 예술. ↔귀족 예술.
민중-화(民衆化)명하자타되자 ①민중에 동화(同化)하거나 동화시킴. ②민중의 것으로 되거나 되게 함.
민지(民智)명 국민의 슬기.
민지(敏智)명 예민한 슬기.
민-짜명 ☞민패.
민-책받침(←-辶-)[-빧-]명 한자 부수의 한 가지. '廷'·'廻' 등에서의 '廴'의 이름.
민천(旻天)명 ①사천(四天)의 하나인, 가을 하늘. ②〔하늘을 신격화하여 이르는 말로〕 어진 하늘.
민첩(敏捷) '민첩하다'의 어근.
민첩-하다(敏捷-)[-처파-]형여 재빠르고 날래다. ¶ 동작이 민첩하다. **민첩-히**부.
민초(民草)명 '일반 백성'을 강한 생명력을 가진 잡초에 비유하여 이르는 말.
민촌(民村)명 조선 시대에, 상사람이 모여 살던 마을. ↔반촌(班村).
민-촌충(-寸蟲)명 '무구조충'의 구용어.
민춤-하다형여 미련하고 덜되다.
민충(民衷)명 백성의 고충.
민취(民娶)명하자 지난날, 양반으로서 상사람의 딸과 혼인하던 일. ↔반취(班娶).
민치(民治)명 국민을 다스림.
민트(mint)명 ☞박하.
민툿-하다[-트타-]형여 울퉁불퉁한 데가 없이 평평하고 미끈하다. **민툿-이**부.
민-패명 아무런 꾸밈새가 없고 유달리 드러난 데도 없는 물건. 민짜.
민폐(民弊)[-폐/-페]명 민간에 끼치는 폐해. 민막(民瘼). ¶ 민폐를 끼치다./민폐를 근절하다.
민풍(民風)명 ☞민속(民俗).
민-하다형여 좀 미련하다. ¶ 민하게 굴다.
민항(民航)명 〈민간 항공〉의 준말.
민혜(敏慧) '민혜하다'의 어근.
민혜-하다(敏慧-)[-혜-/-헤-]형여 재빠르고 슬기롭다.
민호(民戶)명 ☞민가(民家).
민화(民畫)명 지난날, 실용을 목적으로 무명인이 그렸던 그림. 소박하고 파격적이며 익살스러운 것이 특징임.
민화(民話)명 민간에 전해 오는 이야기.
민활(敏活) '민활하다'의 어근.
민활-하다(敏活-)형여 날쌔고 활발하다. **민활-히**부.
민회(民會)[-회/-훼]명 고대 그리스·로마 시대의 도시 국가에 있었던 시민의 총회.
민휼(憫恤)명하타 불쌍한 사람을 도와줌.
믿명 〈옛〉①볼기. ¶ 믿 둔:臀(訓蒙上27). ②똥구멍. ¶ 믿 항:肛(訓蒙上27). ③밑〔本〕. ¶ 믿 본:本(類合下63. 石千28).
믿-기다[-끼-]자 〖'믿다'의 피동〗 믿어지다. ¶ 네 말이 믿기지 않는다.
믿다[-따]타 ①그렇게 여겨 의심하지 않다. ¶ 약속을 철석같이 믿다. ②(종교나 미신을) 받들고 따르다. ¶ 신을 믿다./미신을 믿다. ③남의 도움을 기대하다. ¶ 친구를 믿고 상경하다. ④마음을 붙이고 든든히 여기다. ¶ 회사를 믿고 열심히 일하다.
　믿는 나무에 곰이 핀다속담 믿고 있는데 뜻밖에 파탄이 생긴다는 말.
　믿는 도끼에 발등 찍힌다속담 믿고 있던 사람으로부터 해를 입는다는 말. 아는 도끼에 발등 찍힌다.
믿음명 ①믿는 마음. ¶ 자신에 대한 믿음. ②기독교에서, 하느님을 믿어 우러르는 일. 신앙. ¶ 믿음이 깊다.
믿음-성(-性)[-썽]명 믿을 만한 바탕이나 성질. 믿음직한 성질.
믿음성-스럽다(-性-)[-썽-따][~스러우니·~스러워]형ㅂ 믿음성이 있어 보이다. ¶ 그의 말은 언제나 믿음성스럽다. **믿음성스레**부.
믿음직-스럽다[-쓰-따][~스러우니·~스러워]형ㅂ 믿음직한 데가 있다. **믿음직스레**부.
믿음직-하다[-지카-]형여 믿음성이 있다. ¶ 사람이 믿음직하다.
밀[1]명 볏과의 1, 2년생 재배 식물. 높이는 1m가량이고 5월에 꽃이 핌. 페르시아 원산으로 세계 각지에서 재배하며, 열매는 빻아 밀가루를 만듦. 참밀. 소맥.
밀:[2]명 꿀 찌끼를 끓여 만든 물질. 꿀벌이 집을 짓는 데 밑자리로 삼는 벌개로 씀. 납. 밀랍. 황랍.
밀:[3]명 광산에서, 함지질할 때 나오는 사금이나 사석 따위.
밀(mil)의 야드파운드법의 길이의 단위. 〔1인치의 1000분의 1〕

밀-가루[-까-]명 밀의 가루. 맥분(麥粉). 소맥분(小麥粉). 진말(眞末).

밀가루 장사 하면 바람이 불고 소금 장사 하면 비가 온다속담 운수가 사나우면 공교롭게도 일이 매번 뒤틀려짐을 이르는 말.

밀ː-갈퀴명 벌통에서 밀을 따는 갈퀴.

밀감(蜜柑)명 운향과의 상록 활엽 관목. 높이는 3m가량 자라고, 잎은 달걀꼴에 톱니가 없음. 초여름에 흰 다섯잎꽃이 피고 열매는 초겨울에 황적색으로 익음. 제주도와 일본 등지에서 오래전부터 과수로 가꿈. 열매는 귤. 귤나무.

밀갑(密匣)명 밀부(密符)를 넣어 두는 갑.

밀-개떡명 밀가루나 밀기울로 반대기를 지어 찐 떡.

밀-거래(密去來)명하타되자 법을 어기고 몰래 하는 거래. ¶ 마약을 밀거래하다.

밀ː겋다[-거타][밀거니·밀게]형ㅎ 훤하게 멀겋다. 작말갛다.

밀계(密計)[-계/-게]명 비밀히 꾸미는 계책(計策). 밀책(密策). 비계(祕計).

밀계(密契)[-계/-게]명하자 비밀히 계약을 맺음, 또는 그 계약.

밀계(密啓)[-계/-게]명하타 신하가 임금에게 넌지시 아룀, 또는 그 글. 비계(祕啓).

밀고(密告)명하자타 남몰래 넌지시 일러바침. 고자질함. ¶ 거사 계획을 밀고하다.

밀ː-골무명 밀랍으로 만든 골무. 〔손가락 끝이 상했을 때 낌.〕

밀과(蜜菓·蜜果)명 ☞유밀과.

밀교(密敎)명 ①불교에서, 해석이나 설명을 할 수 없는 가르침이나 경전. 〔주문·진언(眞言) 따위.〕 ②후기 대승 불교의 한 파. 대일경과 금강정경에 의하여 일어났음. 비교(祕敎). ③임금이 생전에 종친이나 중신에게 남모르게 뒷일을 부탁하여 내린 교서. ①②↔현교(顯敎).

밀-국수[-쑤]명 밀가루와 날콩가루로 만든 국수, 또는 그것을 장국에 만 것.

밀ː-굽명 말의 다리에 병이 났거나 편자를 박지 않아 절룩거려서 앞으로 밀려난 굽.

밀기(密記)명하타 비밀히 적음, 또는 비밀히 적은 기록.

밀ː-기름명 밀과 참기름을 섞어 끓여서 만든 머릿기름.

밀-기울[-끼-]명 밀을 빻아 체로 가루를 내고 남은 찌끼. 맥부(麥麩). 맥피(麥皮).

밀-깜부기명 깜부기에 감염된 밀. 이삭이 병들어 새까맣게 됨.

밀ː-나물[-라-]명 백합과의 다년생 덩굴풀. 산과 들에 남. 잎자루 밑에 턱잎이 변한 덩굴손이 있어 다른 물건을 감으며, 초여름에 황록색 꽃이 핌. 어린순은 나물로 먹음.

밀ː-낫[-랃]명 풀을 밀어 깎는 낫. *밀ː낫이[-라시]·밀ː낫만[-란-]

밀ː다[미니·밀어]타 ①힘을 주어 앞으로 나아가게 하다. ¶ 유모차를 밀다. ②반반해지도록 깎다. ¶ 수염을 밀다./대패로 송판을 밀다. ③표면에 붙은 것이 떨어지도록 문지르다. ¶ 때를 밀다. ④등사하거나 인쇄하다. ¶ 등사기로 밀다. ⑤(가루 반죽을 방망이로) 넓고 얇게 펴다. ¶ 만두피를 밀다. ⑥추천하거나 추대하다. 내세워 지지하거나 도와주다. ¶ 회장으로 밀다. ⑦반반해지도록 문지르다. ¶ 구겨진 바지를 다리미로 밀다. ⑧'미루다'의 잘못.

밀담(密談)[-땀]명하자 은밀히 의논함, 또는 그 의논. ¶ 밀담을 나누다.

밀ː-대[-때]명 ①물건을 밀어젖힐 때 쓰는 막대. ②소총에서 노리쇠 뭉치와 연결되어 밀었다 당겼다 하는 긴 쇠.

밀도(密度)[-또]명 ①(어떤 면적이나 부피를 차지하고 있는) 빽빽한 정도. ¶ 밀도가 높다. ②내용의 충실한 정도. ¶ 밀도 높은 수업. ③물리학에서, 기본 단위의 체적 내에서의 일정한 물질의 질량. 〔단위는 보통 C.G.S. 단위인 g/cm^3을 씀.〕

밀도(密屠)[-또]명하타 〈밀도살〉의 준말. 도살(盜殺).

밀-도살(密屠殺)[-또-]명하타 허가 없이 가축을 도살함. 준밀도·밀살.

밀ː-돌[-똘]명 돌확 같은 데에 양념이나 곡식 따위를 갈아 부스러뜨리는 데 쓰는, 납작하고 반들반들한 돌.

밀ː-동자(-童子)명 수파련(水波蓮)의 장식으로 쓰는 밀로 작게 만든 동자의 형상.

밀ː-따기명하자 벌통에서 밀을 떼어 내는 일.

밀-따리명 늦벼의 한 가지. 꺼끄러기가 없고 빛깔이 붉음.

밀-떡명 꿀물·설탕물 또는 간수 등에 밀가루를 반죽하여 익히지 않은 날떡. 부스럼에 약으로 붙임.

밀-뚤레명 ①둥글넓적하게 뭉친 밀덩이. ②'길들어 윤이 나거나 살이 쪄서 윤택한 물건'을 비유하여 이르는 말.

밀ː-뜨리다타 갑자기 세차게 밀어 버리다. 밀트리다.

밀랍(蜜蠟)명 ☞밀².

밀레니엄(millennium)명 〔서력에 바탕을 둔 개념으로〕 1000년의 기간, 특히 1000의 단위 연도에서 시작되는 해로부터 1000년 동안의 기간을 이르는 말.

밀레니엄 버그(millennium bug) 컴퓨터가 1900년대의 연도와 2000년 이후의 연도를 구별하지 못하게 되는 오류. 컴퓨터의 연도 표시를 마지막 두 자리로 표시한 데에서 비롯됨.

밀려-가다자 ①여럿이 한꺼번에 떼를 지어 가다. ¶ 사람들이 유세장으로 밀려가다. ②(바람 따위의 힘에) 떼밀려서 가다. ¶ 바람에 밀려가는 돛단배.

밀려-나다자 ①떼밂을 당하여 어느 위치에서 다른 쪽으로 밀리다. ¶ 밖으로 밀려나다. ②어떤 자리에서 몰려나거나 쫓겨나다. ¶ 사장 자리에서 밀려나다.

밀려-다니다자 ①뒤에서 미는 힘으로 다니다. ¶ 인파에 이리저리 밀려다니다. ②여럿이 떼를 지어 이곳저곳 돌아다니다.

밀려-닥치다자 한꺼번에 여럿이 들이닥치다. ¶ 손님이 한꺼번에 밀려닥치다.

밀려-들다[~드니·~들어]자 여럿이 한목에 들이닥치다. ¶ 공연장 문이 열리자 관객이 밀려들었다.

밀려-오다자 ①여럿이 한꺼번에 떼를 지어 오다. ¶ 환영 인파가 밀려오다. ②(바람 따위의 힘에) 떼밀려서 오다. ¶ 큰 파도가 밀려오다. ③(어떤 현상이나 유행 따위가) 거세게 일어나거나 들어오다. ¶ 피로가 밀려오다./서양 문물이 밀려오다.

밀렵(密獵)명하타 허가를 받지 않고 몰래 사냥함, 또는 그런 사냥.

밀렵-꾼(密獵-)명 허가를 받지 않고 몰래 사냥하는 사람.

밀리(←millimeter)의 〈밀리미터〉의 준말.

밀리-그램(milligram)의 질량의 단위. 1그램의 1000분의 1. 〔기호는 mg〕
밀리다[1]자 ①미처 처리하지 못한 일이나 물건이 모여 쌓이다. ¶ 숙제가 밀리다. ②약해지거나 뒤처지게 되다. ¶ 석차가 2등이나 밀렸다. ③차들이 몰려들어 빨리 움직이지 못하다. ¶ 퇴근 시간에는 늘 차가 밀린다.
밀-리다[2]자 〘'밀다'의 피동〙 밂을 당하다. ¶ 상대의 힘에 밀리다.
밀리-뢴트겐(Milliröntgen 독)의 물리학에서, 엑스선(X線)이나 감마선(γ線)의 양을 나타내는 단위의 하나. 뢴트겐의 1000분의 1. 〔기호는 mR〕
밀리-리터(milliliter)의 1리터의 1000분의 1. 〔기호는 ml〕
밀리-몰(millimole)의 화학에서, 농도(濃度)의 단위. 1몰의 1000분의 1.
밀리-미크론(millimicron)의 길이의 단위. 1미크론의 1000분의 1. 〔기호는 mμ〕
밀리-미터(millimeter)의 길이의 단위. 1미터의 1000분의 1. 〔기호는 mm〕 준밀리.
밀리-바ː(millibar)의 기압을 나타내는 국제 단위. 1바의 1000분의 1. 〔기호는 mb 또는 mbar〕 참헥토파스칼.
밀리-볼트(millivolt)의 전압(電壓)의 실용 단위. 1볼트의 1000분의 1. 〔기호는 mV〕
밀리-암페어(milliampere)의 전류의 실용 단위. 1암페어의 1000분의 1. 〔기호 mA〕
밀림(密林)명 큰 나무들이 빽빽하게 들어선 수풀.
밀링^머신(milling machine)명 회전축에 고정한 칼날로 공작물을 깎는 기계.
밀ː-막다[-따]타 핑계를 대어 거절하다.
밀-만두(-饅頭)명 ①밀가루로 빚은 만두. ②매끄러운 사람을 농조로 이르는 말.
밀매(密賣)명하타 되자 금제품(禁制品)을 몰래 팖. ¶ 마약을 밀매하다.
밀-매음(密賣淫)명하자 법을 어기고 몸을 파는 일.
밀모(密毛)명 빽빽하게 난 털.
밀모(密謀)명하타 (주로 나쁜 일을) 비밀히 모의함, 또는 그 모의.
밀-무역(密貿易)명하타 세관(稅關)을 통하지 않고 몰래 하는 무역. 참밀수(密輸).
밀-문(-門)명 안이나 밖으로 밀어서 열게 된 문.
밀-물명 바닷물이 일정한 때에 해안으로 밀려 들어오는 현상, 또는 그 바닷물. 〔하루에 두 번씩 밀려 들어옴.〕 ↔썰물. 참조수(潮水).
밀믈명 〈옛〉밀물. ¶ 밀므리 사ᄋᆞ리로ᄃᆡ(龍歌67章).
밀밀(密密) '밀밀하다'의 어근.
밀밀-하다(密密-)형여 아주 빽빽하게 들어서 있다. 밀밀-히부.
밀-반입(密搬入)명하타 되자 허가 없이 물건을 들여옴. ¶ 마약을 밀반입하다. ↔밀반출.
밀-반죽명 밀가루의 반죽.
밀-반출(密搬出)명하타 되자 허가 없이 물건을 날라서 냄. ¶ 외화 밀반출. ↔밀반입.
밀ː-방망이명 가루 반죽을 밀어서 펴는 데 쓰는 방망이.
밀-범벅명 밀가루에 청둥호박과 청대콩 같은 것을 섞어 만든 범벅.
밀보(密報)명하자타 몰래 알림(보고함), 또는 그렇게 하는 보고.
밀-보리명 ①밀과 보리. ②쌀보리.
밀봉(密封)명하타 되자 (딴 사람이 열지 못하도록) 단단히 봉함. ¶ 봉투를 밀봉하다.
밀봉(蜜蜂)명 꿀벌.
밀봉-교육(密封教育)명 (간첩이나 특수 요원을 양성하기 위하여) 일정한 곳에서 외부와의 접촉을 금하고 실시하는 비밀 교육.
밀부(密夫)명 남편이 있는 여자가 남몰래 관계하는 남자. 샛서방.
밀부(密符)명 조선 시대에, 유수(留守)나 감사(監司)·병사(兵使)·수사(水使) 등에게 병란이 일어나면 즉시 군사를 동원할 수 있도록 내리던 병부(兵符).
밀부(密婦)명 아내가 있는 남자가 남몰래 관계하는 여자.
밀ː-붓[-붇]명 붓털에 밀을 먹여 빳빳하게 맨 붓. *밀ː붓이[-부시]·밀ː붓만[-분-]
밀삐명 지게에 매어 걸머지는 끈.
밀삐-세장명 지게의 윗세장 아래에 가로 박은 나무. 여기에 밀삐의 위 끝을 맴.
밀사(密事)[-싸]명 남이 모르도록 하는 일.
밀사(密使)[-싸]명 비밀히 보내는 사자(使者).
밀살(密殺)[-쌀]명하타 되자 ①(사람을) 몰래 죽임. ②〈밀도살(密屠殺)〉의 준말.
밀상(密商)[-쌍]명하자 법을 어기며 몰래 하는 장사, 또는 그 장수.
밀생(密生)[-쌩]명하자 매우 빽빽하게 남.
밀서(密書)[-써]명 비밀히 보내는 편지.
밀선(密船)[-썬]명 법을 어기고 몰래 다니는 배. ¶ 밀선으로 외국에 밀입국하다.
밀선(蜜腺)[-썬]명 꽃의 단물을 내는 조직이나 기관(器官). 꿀샘.
밀선^식물(蜜腺植物)[-썬싱-]명 밀선을 가진 식물. 꽃에서 단물을 내어 개미나 벌 같은 곤충을 모여들게 하여 가루받이를 함.
밀-소주(-燒酒)명 밀과 누룩으로 곤 소주.
밀송(密送)[-쏭]명하타 되자 몰래 보냄.
밀수(密輸)[-쑤]명하타 되자 법을 어기고 몰래 하는 수출이나 수입. 참밀무역(密貿易).
밀수(蜜水)[-쑤]명 꿀물.
밀수-꾼(密輸-)[-쑤-]명 밀수를 직업적으로 하는 사람.
밀-수입(密輸入)[-쑤-]명하타 되자 법을 어기고 몰래 하는 수입. ↔밀수출.
밀-수제비명 밀가루를 묽게 반죽하여 끓는 장국에 조금씩 떼어 넣고 익힌 음식.
밀-수출(密輸出)[-쑤-]명하타 되자 법을 어기고 몰래 하는 수출. ↔밀수입.
밀수-품(密輸品)[-쑤-]명 세관을 거치지 않고 몰래 다른 나라에서 들여온 물건.
밀식(密植)[-씩]명하타 되자 ①배게 심음. 빽빽이 심기. ¶ 볏모를 밀식하다. ②남몰래 심음.
밀실(密室)[-씰]명 아무나 함부로 드나들지 못하게 하고 비밀히 쓰는 방.
밀-쌈명 밀전병에 나물·고기·설탕·깨소금 등의 소를 넣어서 말아 놓은 음식.
밀-알명 ①밀의 낟알. ②'어떤 일의 작은 밑거름이 되는 것'을 비유하여 이르는 말.
밀알-지다형 얼굴이 반반하게 생기다.
밀약(密約)명하타 비밀히 약속함, 또는 그 약속. 짬짜미. ¶ 거사를 밀약하다.
밀어(密漁)명하자 법규를 어기고 몰래 물고기를 잡음.
밀어(密語)명하자 ①(남이 알아듣지 못하게) 비밀히 하는 말. ¶ 둘만의 밀어를 나누다. ②밀교(密教)에서, 여래(如來)의 교의(教義)를 설법하는 말.
밀어(蜜語)명 남녀 간에 은밀히 나누는 달콤한 말. ¶ 밀어를 속삭이다.
밀어-내다타 힘을 가하여 물러나게 하다. ¶ 의자를 뒤로 밀어내다. /선배를 밀어내고 승진하다.

밀어-닥치다[자] (여러 사람이나 일이) 한꺼번에 몰려 다다르다.
밀어-뜨리다[타] 힘껏 떼밀거나 밀치어 있던 자리에서 움직이게 하다. 밀어트리다. ¶ 말다툼 끝에 상대를 밀어뜨리다.
밀어-붙이다[-부치-][타] ①밀어서 한쪽 구석에 붙어 있게 하다. ¶ 책상들을 구석 쪽으로 밀어붙이고 바닥을 닦았다. ②한쪽으로 힘주어 밀다. ¶ 불도저가 흙을 밀어붙이다. ③고삐를 늦추지 않고 계속 밀다. ¶ 상대편을 밀어붙여 승리를 거두다.
밀어-상통(密語相通)[명][하자] 서신으로 남몰래 서로의 의사를 주고받음.
밀어-젖히다[-저치-][타] ①밀문을 힘껏 밀어서 열다. ¶ 창문을 밀어젖히다. ②사람이나 물건 따위를 힘껏 밀어서 한쪽으로 기울어지게 하다. ¶ 우리는 사람들을 밀어젖히고 앞으로 나아갔다.
밀어-제끼다[타] '밀어젖히다'의 잘못.
밀어-제치다[타] 매우 세차게 밀어 뒤로 가게 하다. ¶ 밀어제치는 사람들 때문에 차에 타지 못했다.
밀어-주다[타] ①적극적으로 도와주다. ②특정한 지위를 차지하도록 내세워 지지하다. ¶ 우리는 그를 대표로 밀어주기로 결정했다.
밀어^차기[명] 태권도의 발 기술의 한 가지. 상대의 공격을 막은 다음에 상대의 몸통이나 얼굴을 발바닥으로 밀어 차는 동작.
밀어-트리다[타] 밀어뜨리다.
밀왇다[타] 〈옛〉밀치다. ¶ 밀와들 졔:擠(訓蒙下24).
밀운(密雲)[명] 두껍게 낀 구름.
밀원(蜜源)[명] 꿀벌이 꿀을 빨아 오는 근원, 곧 단물을 내는 꽃.
밀원^식물(蜜源植物)[-싱-][명] 밀원이 되는 식물. 〔평지·아카시아·메밀·토끼풀 따위.〕
밀월(蜜月)[명] ①결혼 초의 즐겁고 달콤한 동안. ②〈밀월여행〉의 준말.
밀월-여행(蜜月旅行)[-려-][명] ☞신혼여행(新婚旅行). [준]밀월(蜜月).
밀유(密諭)[명][하타] 넌지시 타이름.
밀음-쇠[-쇠/-쉐][명] (가방이나 가죽 띠 따위에 장치된) 밀면 끝이 위로 들리는 쇠.
밀의(密意)[미리/미리][명] 은밀한 뜻. 숨은 뜻.
밀의(密議)[미리/미리][명][하타] 비밀히 의논함, 또는 비밀히 하는 논의.
밀-입국(密入國)[-국][명][하자] 정식 절차를 밟지 않고 몰래 입국함.
밀ː-장(-障)[-짱][명] 〈밀장지〉의 준말.
밀장(密葬)[-짱][명][하타] 남의 땅이나 묏자리에 몰래 지내는 장사.
밀장(密藏)[명] ①[하타]몰래 감추어 둠. ②불교에서, 진언종(眞言宗)의 경전(經典)을 이르는 말.
밀ː-장지(←-障子)[-짱-][명] 옆으로 밀어서 여닫는 장지. [준]밀장.
밀전(密栓)[-쩐][명][하타][되자] 단단히 마개로 막음, 또는 그 마개.
밀-전병(-煎餠)[명] 밀가루로 만든 전병.
밀접(密接)[-쩝][명][하형] ①관계가 썩 가까움. ¶ 날씨는 우리 생활과 밀접한 관련이 있다. ②썩 가깝게 맞닿아 있음. ¶ 바다와 밀접한 지역. **밀접-히**[부].
밀정(密偵)[-쩡][명][하자] 남몰래 사정을 살핌, 또는 그런 사람. 스파이.
밀제(蜜劑)[-쩨][명] (먹기 좋도록) 꿀을 바른 환약.
밀조(密造)[-쪼][명][하타] ①금제품(禁制品)을 몰래 만듦. ¶ 마약을 밀조하다. ②법을 어기고 몰래 만듦.
밀조(密詔)[-쪼][명] 은밀히 내린 조서(詔書).
밀주(密奏)[-쭈][명][하타] 몰래 임금에게 아룀.
밀주(密酒)[-쭈][명][하자] 허가 없이 몰래 술을 담금, 또는 그 술. ¶ 밀주를 담그다.
밀주(蜜酒)[-쭈][명] 꿀과 메밀가루를 섞어 빚은 술.
밀지(密旨)[-찌][명] 임금의 비밀스러운 명령.
밀집(密集)[-찝][명][하자][되자] 빽빽하게 모임. ¶ 밀집해 있는 인가(人家).
밀-짚[-찝][명] 밀의 이삭을 떨어낸 줄기. * 밀짚이[-찌피]·밀짚만[-찜-]
밀짚-꽃[-찝꼳][명] 국화과의 일년초 또는 이년초. 오스트레일리아 원산의 관상용 식물로 높이는 60~90 cm, 잎은 어긋맞게 남. 6~9월에 가지 끝에 여러 가지 빛깔의 꽃이 핌. * 밀짚꽃이[-찝꼬치]·밀짚꽃만[-찝꼰-]
밀짚-모자(-帽子)[-찜-][명] 밀짚으로 결어서 만든 여름 모자. 맥고모자.
밀착(密着)[명][하자][되자] ①빈틈없이 탄탄히 달라붙음. ¶ 밀착 수비. /밀착 취재. ②서로의 관계가 매우 가깝게 됨. ¶ 어느 쪽에도 밀착하지 않는 등거리 외교를 펴다. ③현상한 건판이나 필름 그대로의 크기로 인화지에 인화함.
밀착^인화(密着印畫)[명] 확대기를 거치지 않고 음화 필름에다 직접 인화지나 양화 필름을 대고 복사하는 일.
밀책(密策)[명] ☞밀계(密計).
밀-천신(-薦新)[명] 햇밀가루로 부친 전병으로 지내는 고사(告祀).
밀쳐-놓다[-처노타][타] 어떤 물건을 자신이 있는 곳이 아닌 다른 곳으로 옮겨 놓다. ¶ 남편은 식욕이 없는지 밥상을 한쪽으로 밀쳐놓았다.
밀-초(蜜-)[명] 밀로 만든 초. 납밀(蠟蜜). 납촉(蠟燭). 황초. 황촉(黃燭).
밀초(蜜炒)[명][하타] 한방에서, 약재에 꿀을 발라 불에 볶는 일.
밀ː치[명] 마소의 안장이나 길마에 딸린 기구. 마소의 꼬리 밑에 걺.
밀ː-치다[타] 세게 밀다. ¶ 문을 밀치며 들어서다. /어깨를 밀치다.
밀ː치락-달치락[-딸-][부][하자] 서로 밀고 잡아당기고 하는 모양. ¶ 서로 자기들의 주장(主張)만 옳다고 밀치락달치락 싸우다.
밀칙(密勅)[명] 비밀히 내린 칙지(勅旨).
밀크-셰이크(milk shake)[명] 우유에 달걀·설탕·향료·얼음 따위를 넣어 만든 음료수.
밀크-캐러멜(milk+caramel)[명] 우유를 섞어 만든 캐러멜.
밀타-승(密陀僧)[명] ①한방에서, 납을 산화(酸化)시켜 만든 누른 빛깔의 가루를 이르는 말. 살충약으로 씀. ②'일산화납'의 딴 이름.
밀타-유(密陀油)[명] 밀타승을 들기름에 녹여서 만든 유화용(油畫用)의 채료(彩料).
밀탐(密探)[명][하타] 은밀히 하는 정탐.
밀통(密通)[명][하자] ①부부가 아닌 남녀가 몰래 정을 통함. ②형편을 몰래 알려 줌.
밀ː-트리다[타] 밀뜨리다.
밀파(密派)[명][하타][되자] (밀정 따위를) 몰래 파견함. ¶ 간첩을 밀파하다.
밀ː-펌프(-pump)[명] 펌프의 한 가지. 원통과 피스톤, 위로 열리는 날름쇠로 된 펌프. 물을 높은 데로 퍼 올리는 데 쓰임. [참]빨펌프.

밀폐(密閉)[-폐/-페][명][하타][되자] 틈 없이 꼭 막거나 닫음. ¶ 밀폐된 용기.

밀-푸러기[명] 국에 밀가루를 풀어 만든 음식.

밀-풀[명] 밀가루로 쑨 풀.

밀-피(蜜皮)[명] 활시위에 바른 밀을 문지르고 씻고 하는 가죽이나 베 조각.

밀항(密航)[명][하자] 법을 어기고 몰래 해외로 항해(항행)함.

밀행(密行)[명][하자] ①남몰래 다님. ②비밀히 감. 잠행(潛行).

밀화(密畫)[명] 화면에 가득 차도록 대상을 설명적으로 치밀하게 그린 그림.

밀화(蜜花)[명] 호박(琥珀)의 한 가지. 밀과 같은 누른빛을 띠며 젖송이 같은 무늬가 있음.

밀화-잠(蜜花簪)[명] 밀화 조각에 꽃을 새기고 은으로 고달을 한 비녀.

밀화-장도(蜜花粧刀)[명] 밀화로 장식한 장도.

밀화-패영(蜜花貝纓)[명] 밀화 구슬을 꿰어 단 갓끈.

밀환(蜜丸)[명][하타] 한방에서, 약 가루를 꿀에 반죽하여 알약을 만드는 일, 또는 그렇게 만든 알약(환약).

밀회(密會)[-회/-훼][명][하자] 비밀히 모이거나 만나거나 함, 또는 그 모임. ¶ 밀회를 즐기다.

밈:[명] 〈미음(米飮)〉의 준말.

밉광-스럽다[-꽝-따][~스러우니·~스러워서][형ㅂ] 지나치게 밉살스럽다. **밉광스레**[부].

밉다[-따][미우니·미워][형ㅂ] ①(얼굴이나 생김새가) 볼품이 없다. ¶ 밉게 생긴 얼굴. ②(하는 짓이나 말이) 마음에 거슬려 싫다. ¶ 미운 짓만 골라 한다. ↔곱다[4].

미운 벌레 모로 긴다[속담] 미운 사람의 행동은 무엇이든 다 비위에 거슬린다는 말.

미운 아이〔놈〕 떡 하나 더 준다[속담] 겉으로만 귀여워함을 이르는 말.

미운 털이 박혔나[속담] 자기를 괜히 미워하는 사람을 보고 '왜 못살게 구느냐?'는 뜻으로 되물어 나무라는 말.

밉둥[-뚱][명] 어린아이의 미운 짓.

밉둥-스럽다[형ㅂ] '밉살스럽다'의 잘못.

밉디-밉다[-띠-따][~미우니·~미워][형ㅂ] '밉다'의 힘줌말. 몹시 밉살스럽다.

밉-보다[-뽀-][타] 밉게 보다. ¶ 올케가 시누이를 밉보다.

밉보-이다[-뽀-][자] 〖'밉보다'의 피동〗 밉게 보이다. ¶ 며느리가 시아버지에게 밉보이다.

밉살-맞다[-쌀맏따][형] 〈밉살스럽다〉의 속된 말.

밉살머리-스럽다[-쌀-따][~스러우니·~스러워][형ㅂ] 〈밉살스럽다〉의 속된 말. **밉살머리스레**[부].

밉살-스럽다[-쌀-따][~스러우니·~스러워서][형ㅂ] 몹시 미움을 받을 만한 데가 있다. [작]맵살스럽다. **밉살스레**[부].

밉-상(-相)[-쌍][명] 밉게 생긴 얼굴, 또는 그런 사람. ¶ 얼굴이 그렇게 밉상만은 아니다. ↔곱상.

밉스(MIPS)[명] 컴퓨터의 연산 속도를 나타내는 단위. 1 밉스는 1초에 1백만 회의 명령을 실행함.

밋[명] 〈옛〉 배의 키. ¶ 밋 타:舵(訓蒙中25).

밋구무[명] 〈옛〉 밑구멍. ¶ 밋구무:屁眼(四解上16).

밋밋-하다[민미타-][형여] ①(생김새가) 거침새 없이 꽤 길고 곧다. [작]맷맷하다. ②경사나 굴곡이 거의 없이 평평하고 비스듬하다. ¶ 가슴이 밋밋하다. /산줄기가 밋밋하게 뻗어 있다. ③두드러진 특징이 없이 평범하다. ¶ 밋밋한 투구(投球). **밋밋-이**[부].

밍근-하다[형여] 좀 미지근하다. ¶ 숭늉이 밍근하다. [작]맹근하다. **밍근-히**[부].

밍밍-하다[형여] ①음식 맛이 몹시 싱겁다. ②술이나 담배 맛이 독하지 않다. ③마음이 몹시 허전하고 싱겁다. [작]맹맹하다. **밍밍-히**[부].

밍크(mink)[명] 족제빗과의 동물. 북아메리카 원산. 족제비와 비슷하나 좀 더 큼. 몸빛은 갈색 또는 암갈색임.

밍크-코:트(mink coat)[명] 밍크의 털로 만든 코트.

및[믿][부] '그 밖에 또', '~와 함께 또'를 뜻하는 접속 부사. ¶ 사회·경제 및 문화의 발달 과정.

및다[믿따][자] 〈미치다[1]〉의 준말. ＊및는[민-]

및다[자] 〈옛〉 미치다. ¶ 녯 사롬 風流롤 미촐가 뭇 미촐가(丁克仁.賞春曲).

밑[믿][명] ①사물의 아래나 아래쪽. ¶ 돌 밑. /밑에서 올려다보다. ②부피나 깊이가 있는 사물의 아랫부분이나 아래쪽. ¶ 바다 밑. ③사물의 바탕이나 근본. ¶ 밑이 든든해야 한다. ④(지위·조직·계통 등에서) 낮은 자리. ¶ 밑에서의 건의 사항. ⑤(가족 관계에서의) 손아래. ¶ 밑의 동생. ⑥지배·보호·영향 등을 받는 처지임을 나타냄. 《주로, '밑에서'의 꼴로 쓰임.》 ¶ 일제 지배 밑에서 시달리던 우리 겨레. /어진 어머니 밑에서 자란 한석봉. ⑦〈밑동〉·〈밑구멍〉·〈밑절미〉의 준말. ⑧속곳의 가랑이가 갈리는 곳에 붙이는 마름모꼴 헝겊. ⑨수학에서, a를 y제곱하면 x가 될 때의 a. 곧, $y=\log_a x$에서의 a. ＊밑이[미치]·밑을[미틀]·밑만[민-]

밑 빠진 독〔가마/항아리〕에 물 붓기[속담] ①아무리 애써 하더라도 아무 보람이 없는 경우를 이르는 말. ②아무리 벌어도 쓸 곳이 많아 항상 모자라는 경우를 이르는 말.

밑도 끝도 없다[관용] ①(앞뒤 맥락이 어수선하여) 종잡을 수 없다. 갈피를 잡을 수 없다. ¶ 밑도 끝도 없는 유언비어. ②(앞뒤 없이 불쑥 내놓아) 갑작스럽거나 종작이 없다.

밑(이) 구리다[관용] 숨기고 있는 잘못이나 범죄 때문에 떳떳하지 못하다.

밑(이) 질기다〔무겁다〕[관용] 한곳에 눌어붙으면 좀처럼 떠나지 않는 성질이 있다.

밑-가지[믿까-][명] 나무 밑 부분에 돋아난 가지.

밑-각(-角)[믿깍][명] 수학에서, 다각형의 밑변 양 끝을 꼭짓점으로 하는 내각(內角).

밑-감[믿깜][명] 바탕이 되는 재료.

밑-갓[믿깓][명] 갓의 한 가지. 〔뿌리를 먹음.〕 ＊밑갓이[믿까시]·밑갓만[믿깐-]

밑-거름[믿꺼-][명] ①씨를 뿌리거나 모를 내기 전에 주는 거름. 원비(元肥). [참]웃거름·덧거름. ②어떤 목적을 이루는 데 바탕이 되는 것을 이르는 말. ¶ 그동안의 경험을 밑거름으로 삼다.

밑-거리[믿꺼-][명] 단청(丹靑)할 때, 먼저 한 번 바르는 엷은 옥색의 채색(彩色).

밑-구멍[믿꾸-][명] ①밑으로나 밑바닥에 뚫린 구멍. ②'항문(肛門)'이나 '여자의 음부(陰部)'를 상스럽게 이르는 말. [준]밑.

밑구멍으로 호박씨 깐다[속담] 겉으로는 안 그런 척하면서 남모르게 엉큼한 짓을 한다는 말.

밑-그림[믿끄-][명] ①애벌로 모양만을 초잡아 그린 그림. 원화(原畫). ②수본(繡本)으로 쓰려고 종이나 헝겊에 그린 그림.

밑-글[믿끌][명] ①(배우는 책에서) 이미 배운 글. ②(이미 알고 있는) 밑천이 되는 글.

밑-널[민-][명] 밑에 댄 널빤지. 저판(底板).

밑-넓이[민-]명 입체 도형에서 밑면의 넓이. 밑면적.

밑-도드리[믿또-]명 궁중 연례악(宴禮樂)인 '수연장지곡(壽延長之曲)'의 우리말 이름. 웃도드리가 편곡된 뒤의 이름.

밑-돈[믿똔]명 일정한 목적을 이루기 위하여 마련하는 돈. ¶ 밑돈을 대다.

밑-돌[믿똘]명 ①동바리의 밑을 받친 돌. ②담이나 건축물의 밑바닥에 놓은 돌.

밑-돌다[믿똘-][~도니·~돌아]타 어느 기준에 못 미치다. ¶ 목표를 밑도는 실적. ↔웃돌다.

밑-동[믿똥]명 ①긴 물건의 맨 아랫동아리. ②줄기에서 뿌리에 가까운 부분. ③나물 따위의 뿌리. 준밑.

밑두리-콧두리[믿뚜-콛뚜-]명 (확실히 알기 위해) 근본을 자세히 자꾸 캐묻는 근본. 참미주알고주알.

밑-둥명 '밑동'의 잘못.

밑-둥치[믿뚱-]명 둥치의 맨 밑 부분.

밑-들다[믿뜰-][~드니·~들어]자 (무나 감자 따위의) 뿌리가 굵게 자라다.

밑막이-문골(-門-)[민-꼴]명 문짝의 밑에 가로 낀 나무.

밑-말[민-]명 ①(남에게 부탁 따위를 할 때) 미리 다짐하여 일러두는 말. ②☞원어(原語).

밑-머리[민-]명 (치마머리나 다리를 드릴 때) 본디부터 있는 제 머리털. 본머리. ↔딴머리.

밑-면(-面)[민-]명 ①밑바닥의 면. ②입체의 밑 부분을 이루는 평면.

밑-면적(-面積)[민-]명 ☞밑넓이.

밑-바닥[믿빠-]명 ①(그릇 따위의) 바닥이 되는 밑 부분. 저면(底面). ②〔비유적으로 쓰이어〕 사회의 맨 하층. ¶ 밑바닥 생활. ③(빤히 들여다보이는) 남의 속뜻. ¶ 밑바닥이 빤한 말. ④'사물이나 현상의 바탕에 깔린 근본적인 것'을 비유하여 이르는 말. ¶ 이 작품 밑바닥에는 동양 사상에 대한 동경이 깔려 있다.

밑-바대[믿빠-]명 속곳 밑 안쪽에 덧대는 천.

밑-바탕[믿빠-]명 ①사물의 근본을 이루고 있는 실체. ¶ 부지런함이 성공의 밑바탕이 되었다. ②사람의 타고난 근본 바탕. ¶ 밑바탕이 착한 사람.

밑-반찬(-飯饌)[믿빤-]명 오래 두고 언제든 손쉽게 내먹을 수 있게 만든 반찬. 〔젓갈이나 자반·장아찌 따위.〕

밑-받침[믿빧-]명하타 되자 ①밑에 받치는 물건. ②어떤 일의 바탕으로서 받쳐 줌, 또는 받쳐 주는 것. ¶ 향토 발전의 밑받침이 되다.

밑-밥[믿빱]명 낚시할 때, 물고기가 일정한 곳에 모여들도록 미끼로 던져 놓는 먹이.

밑-변(-邊)[믿뼌]명 (삼각형이나 사다리꼴 등의) 밑바닥을 이루는 변.

밑-불[믿뿔]명 (불을 피울 때 불씨로 쓰는) 본래부터 살아 있는 불.

밑-살[믿쌀]명 ①☞미주알. ②〈보지〉의 속된 말. ③소의 볼깃살의 한 가지. 국거리로 쓰임.

밑-세장[믿쎄-]명 지게의 맨 아래의 세장.

밑-쇠[믿쐬/믿쒜]명 쇠로 만든 그릇이나 연장의 깨어진 것과 새것을 웃돈을 주고 바꿀 때, 그 깨어진 그릇이나 연장.

밑-술[믿쑬]명 ①약주를 뜨고 난 찌끼 술. 모주(母酒). ②술이 빨리 발효하도록 밑에 넣는 묵은 술.

밑-신개[믿씬깨]명 그네의 줄에 걸치고 발로 디디거나 엉덩이를 붙이게 만든 물건. 앉을깨.

밑-실[믿씰]명 재봉틀의 실톳에 감긴 실.

밑-씨[민-]명 수정(受精)한 뒤에 씨가 될 암꽃술의 기관. 배주(胚珠).

밑-씻개[믿씯깨]명 지난날, 뒤를 본 뒤 '밑을 씻어 내는 물건'을 통틀어 이르던 말.

밑-알[미달]명 (암탉이 제자리에 찾아들도록) 닭의 둥지에 넣어 두는 달걀. 소란(巢卵).

밑-음(-音)[미듬]명 음악에서, 3화음이나 7화음 등의 화음을 구성하는 데 기초가 되는 맨 밑의 음. 근음(根音).

밑-자리[믿짜-]명 ①(위치가 낮은) 밑의 자리. ¶ 맨 밑자리에 앉다. ②사람이 깔고 앉는 자리. ③맷방석이나 바구니 따위를 결을 때, 먼저 결기 시작하는 그 밑바닥 부분. ④음악에서, 화음의 밑음이 낮은 음에 놓인 자리.

밑-절미[믿쩔-]명 일이나 물건의 기초, 또는 본디부터 있는 바탕. 준밑.

밑-점(-點)[믿쩜]명 ☞기점(基點).

밑-정[믿쩡]명 젖먹이의 똥오줌을 누는 횟수.

밑-줄[믿쭐]명 드러냄표의 한 가지. 주의를 끌기 위하여, 가로쓰기의 글귀 아래에 긋는 줄. ¶ 밑줄을 긋다. /밑줄 친 말.

밑-줄기[믿쭐-]명 (나무나 풀 따위) 줄기의 밑 부분.

밑-지다[믿찌-]자타 들인 밑천보다 얻는 것이 적어 손해를 보다. 살닿다. ¶ 밑지고 팔다. /주식에 투자해서 백만 원을 밑졌다.

밑져야 본전속담 ①일이 잘못되어도 손해 볼 것은 없다는 말. ②손해 볼 것이 없으니 한번 해 보아야 한다는 말.

밑지는 장사관용 이득은커녕 손해 보는 일.

밑-짝[믿-]명 (맷돌같이) 아래위 두 짝이 한 벌로 된 물건의 아래짝. ↔위짝.

밑-창[믿-]명 ①신발의 바닥 밑에 붙이는 창. 참속창. ②'배나 그릇 따위의 맨 밑바닥'을 속되게 이르는 말.

밑-천[믿-]명 ①장사나 영업의 기초가 되는 돈이나 물건, 또는 재주나 기술. ¶ 장사 밑천. /밑천을 대 주다. ②☞본전(本錢). ¶ 밑천을 뽑다. ③'자지'의 곁말.

밑천도 못 찾다〔**건지다**〕관용 무엇을 하려다 오히려 손해만 보다.

밑천이 드러나다관용 ①평소 가려져 있던 성품이 나타나다. ②밑천이 다 없어지다.

밑천이 짧다관용 밑천이 적거나 부족하다.

밑-층(-層)[믿-]명 아래층. 하층(下層).

밑-판(-板)[믿-]명 밑에 대는 판. 밑이 되는 판.

ᄆᆞᄃᆡ명 〈옛〉마디. ¶ ᄆᆞᄃᆡ 결:節(訓蒙上1).

ᄆᆞᄅᆞ[물리·물뤼]명 〈옛〉①마루. 용마루. ¶ ᄆᆞᄅᆞ 동:棟(訓蒙中6). ②으뜸가는 것. ¶ ᄆᆞᄅᆞ 종:宗(訓蒙上32). /正宗ᄋᆞᆫ 正ᄒᆞᆫ 물리니(釋譜19:8).

ᄆᆞᄅᆞ다[1][물라]자 〈옛〉마르다. ¶ ᄀᆞ술히 洞庭엣 돌히 ᄆᆞᄅᆞ고(杜初8:5).

ᄆᆞᄅᆞ다[2][물아]타 〈옛〉마르다. 마름질하다. ¶ ᄆᆞ롤 지:裁(訓蒙下19).

ᄆᆞᄅᆞ다[3]타 〈옛〉모르다. ¶ 山林에 뭇쳐이셔 至樂을 ᄆᆞ롤것가(丁克仁.賞春曲). 참모ᄅᆞ다.

ᄆᆞᄅᆞᆫ감명 〈옛〉곶감. ¶ ᄆᆞᄅᆞᆫ 감:乾柿(老解下34).

ᄆᆞ쇼명 〈옛〉마소. 말과 소. ¶ ᄆᆞ쇼를 갓 곳갈 싀워 밥 머기나 다ᄅᆞ랴(古時調).

ᄆᆞ솜명 〈옛〉마음. ¶ 셜운 ᄆᆞ솜을 머굼고(恩重7). 참ᄆᆞᅀᆞᆷ.

ᄆᆞ술명 〈옛〉마을[1]. ¶ ᄆᆞ술 려:閭. ᄆᆞ술 리:里. ᄆᆞ술 촌:村(訓蒙中8). 참ᄆᆞᅀᆞᆶ.

ᄆᆞᅀᆞᆶ명 〈옛〉마을[1]. ¶ 몰군 ᄀᆞᄅᆞᆷ ᄒᆞᆫ 고ᄇᆡ ᄆᆞ술ᄒᆞᆯ 아나 흐르ᄂᆞ니(杜初7:3).

ᄆᆞᅀᆞᆷ 명 〈옛〉마음. ¶ 하ᄂᆞᆶ ᄆᆞᅀᆞᄆᆞᆯ 뉘 고티ᅀᆞᄫᆞ리(龍歌85章). /感ᄋᆞᆫ ᄆᆞᅀᆞᆷ 뮈울 써라(月釋序14).

ᄆᆞᅀᆞᆷᄀᆞ장 부 〈옛〉마음껏. ¶ ᄆᆞᅀᆞᆷᄀᆞ장 모다 ᄉᆞ랑ᄒᆞ야도(釋譜13:41).

ᄆᆞ야지 명 〈옛〉망아지. ¶ ᄆᆞ야지ᄅᆞᆯ 티디 말라(杜初 23:36). /ᄆᆞ야지 구:駒(訓蒙上18).

ᄆᆞ양 부 〈옛〉매양. 번번이. ¶ 졋줄 곤고노라 ᄆᆞ양 우ᄂᆞᆫ 아희 ᄃᆞᆯ와 이 누고 뎌 누고 ᄒᆞ면 얼운답디 아녜라(古時調).

ᄆᆞ이 부 〈옛〉매우. ¶ 소리를 ᄆᆞ이 ᄒᆞ야 니ᄅᆞ샤ᄃᆡ(飜小10:27). 참ᄆᆡᄫᅵ.

ᄆᆞᄋᆞᆯ 명 〈옛〉마을[1]. ¶ 우리 ᄆᆞᄋᆞᆯ희 온지비 남더니(杜重4:11). 참ᄆᆞᅀᆞᆶ.

ᄆᆞᄋᆞᆷ 명 〈옛〉마음. ¶ 거믄고 대현을 티니 ᄆᆞᄋᆞᆷ이 다 눅더니(古時調). 참ᄆᆞᅀᆞᆷ.

ᄆᆞᄎᆞ매 부 〈옛〉마침내. 마지막에. ¶ 잢간 여희오 ᄆᆞᄎᆞ매 머릴 도ᄅᆞ혀 ᄇᆞ라노라(杜初9:22).

ᄆᆞᄎᆞᆷ 명 〈옛〉마침. 마지막. ¶ 終은 ᄆᆞᄎᆞ미라(訓諺). /ᄆᆞᄎᆞᆷ 졸:卒(類合下13).

ᄆᆞᄎᆞᆷ내 부 〈옛〉마침내. ¶ ᄆᆞᄎᆞᆷ내 제 ᄠᅳ들 시러 펴디 몯ᄒᆞᇙ 노미 하니라(訓諺).

ᄆᆞᆫᄃᆞᆯ다 타 〈옛〉만들다. ¶ 뎌 긔운 흐터내야 人傑을 ᄆᆞᆫᄃᆞᆯ고쟈(鄭澈.關東別曲). 참ᄆᆡᆼᄀᆞᆯ다·ᄆᆡᆫᄃᆞᆯ다.

ᄆᆞᆫ지다 타 〈옛〉만지다. ¶ ᄆᆞᆫ질 무:撫(訓蒙下32).

ᄆᆞᆮ 명 〈옛〉맏. ¶ 그 ᄆᆞᆮ이 몬져 닐오ᄃᆡ(飜小9:66).

ᄆᆞᆮ아ᄃᆞᆯ 명 〈옛〉맏아들. ¶ ᄆᆞᆮ아ᄃᆞ리 즐어 업스니(月釋序14).

ᄆᆞᆮ아자비 명 〈옛〉큰아버지. ¶ ᄆᆞᆮ아자비 ᄇᆡᆨ:伯(訓蒙上31).

ᄆᆞᆯ[1] 명 〈옛〉말〔馬〕. ¶ ᄆᆞᆯ 우흿 대버믈(龍歌87章).

ᄆᆞᆯ[2] 명 〈옛〉변(便). ¶ ᄆᆞᆯ 보며 오좀 눌 ᄢᅵ(牧牛29).

ᄆᆞᆯ[3] 명 〈옛〉마름〔藻〕. ¶ ᄆᆞᆯ 조:藻(訓蒙上9).

ᄆᆞᆯ구ᅀᅵ 명 〈옛〉말구유. ¶ ᄆᆞᆯ구ᅀᅵ:馬槽(訓蒙中12).

ᄆᆞᆯ보기 명 〈옛〉용변(用便). ¶ 차바ᄂᆞᆯ 머거도 自然히 스러 ᄆᆞᆯ보기ᄅᆞᆯ 아니ᄒᆞ며(月釋1:26). 참ᄆᆞᆯ[2].

ᄆᆞᆯ아 타 〈옛〉〔'ᄆᆞᄅᆞ다'의 활용형〕 말라. 마름질하여. ¶ 칼로 ᄆᆞᆯ아 낸가(丁克仁.賞春曲).

ᄆᆞᆯ외다 타 〈옛〉말리다. ¶ ᄂᆞᆯ개 ᄆᆞᆯ외노라 고기 잡ᄂᆞᆫ 돌해 ᄀᆞ독ᄒᆞ얏도다(杜初7:5).

ᄆᆞᆰ다 형 〈옛〉맑다. ¶ ᄇᆞᆷ ᄇᆞᄅᆞ매 江漢이 ᄆᆞᆰ도다(杜初8:16).

ᄆᆞᆺ 부 〈옛〉가장. ¶ 왼녀긔 ᄒᆞᆫ 點을 더으면 ᄆᆞᆺ 노ᄑᆞᆫ소리오(訓諺).

ᄆᆞᆺ내 부 〈옛〉못내. ¶ 수풀에 우ᄂᆞᆫ 새ᄂᆞᆫ 春氣를 ᄆᆞᆺ내 계워(丁克仁.賞春曲).

ᄆᆞᆺ노ᄑᆞᆫ소리 명 〈옛〉가장 높은 소리. 거성(去聲). ¶ 去聲은 ᄆᆞᆺ노ᄑᆞᆫ소리라(訓諺).

ᄆᆞᆺᄂᆞᆺ가ᄫᆞᆫ소리 명 〈옛〉평성(平聲). 가장 낮은 소리. ¶ 平聲은 ᄆᆞᆺᄂᆞᆺ가ᄫᆞᆫ소리라(訓諺).

ᄆᆞᆺᄃᆞ록 자타 〈옛〉〔'ᄆᆞᆾ다'의 활용형〕 마치도록. ¶ 날 ᄆᆞᆺᄃᆞ록(杜初21:7).

ᄆᆞᆺ아ᄃᆞᆯ 명 〈옛〉맏아들. ¶ 젼쳐의 ᄆᆞᆺ아ᄃᆞᆯ 홍이 병드럿거ᄂᆞᆯ(五倫3:13). 참ᄆᆞᆮ아ᄃᆞᆯ.

ᄆᆞᆾ다 타 〈옛〉마치다[2]. ¶ 목숨 ᄆᆞᄎᆞ리잇가(龍歌51章). /아ᄎᆞ미 ᄆᆞᆾ도록(杜初16:66).

ᄆᆡ 명 〈옛〉들[1]. ¶ ᄆᆡ 야:野(訓蒙上4). 참ᄆᆡᇂ.

ᄆᆡ다[1] 타 〈옛〉동여매다. ¶ ᄆᆡᆯ 결:結(石千2).

ᄆᆡ다[2] 타 〈옛〉매다[2]. 김매다〔除草〕. ¶ 프를 ᄆᆡ야 두듥 ᄀᆞᅀᆡ 두ᄂᆞᆺ다(杜初7:34).

ᄆᆡᄃᆞᆸ 명 〈옛〉매듭. 마디. ¶ ᄆᆡᄃᆞᆸ마다 猛火ㅣ ᄉᆞ라(楞解8:66).

ᄆᆡᄫᅵ 부 〈옛〉매우. ¶ 엇뎨 ᄆᆡᄫᅵ 아니 티ᄂᆞᆫ다(三綱.烈女9). 참ᄆᆡ이·ᄆᆞ이.

ᄆᆡ샹 부 〈옛〉매양. 늘. 언제든지. ¶ ᄆᆡ샹 주렛ᄂᆞᆫ 져믄 아ᄃᆞ론 ᄂᆞᆺ비치 서의ᄒᆞ도다(杜初7:2).

ᄆᆡ야미 명 〈옛〉매미. ¶ ᄆᆡ야미 션:蟬(訓蒙上22).

ᄆᆡ야ᄒᆞ다 형 〈옛〉매정하다. ¶ 사ᄉᆞ문 엇뎨 ᄆᆡ야커뇨 ᄒᆞᆫ대(三綱.孝18).

ᄆᆡ양 명 〈옛〉매양. 늘. ¶ 마히 ᄆᆡ양이랴 장기 연장 다스려라(古時調).

ᄆᆡ이 부 〈옛〉몹시. 매우. ¶ ᄆᆡ이 므로맨 ᄂᆞ소술 거시 일ᄂᆞ니라(杜初24:62). 참ᄆᆡᄫᅵ·ᄆᆞ이.

ᄆᆡ치다 자 〈옛〉맺히다. ¶ 罪 ᄆᆡ치면(金三4:63).

ᄆᆡᆫ 관 〈옛〉맨. ¶ ᄆᆡᆫ 우層의(鄭澈.關東別曲).

ᄆᆡᆫᄃᆞᆯ다 타 〈옛〉만들다. ¶ 내 ᄒᆞᆫ불 칼을 ᄆᆡᆫᄃᆞᆯ려 ᄒᆞ노라(朴解上15). 참ᄆᆡᆼᄀᆞᆯ다·ᄆᆞᆫᄃᆞᆯ다.

ᄆᆡᆫ-믈 명 〈옛〉맹물. ¶ ᄆᆡᆫ므레 글혀 머거도(救簡3:105).

ᄆᆡᆸ다 형ㅂ 〈옛〉맵다. 사납다. 맹렬하다. ¶ 旋嵐風ᄋᆞᆫ ᄀᆞ장 ᄆᆡᄫᆞᆫ ᄇᆞᄅᆞ미라(釋譜6:30).

ᄆᆡᆺᄆᆡᆺᄒᆞ다 형 〈옛〉매끈매끈하다. ¶ 갓과 솔쾌 보ᄃᆞ랍고 ᄆᆡᆺᄆᆡᆺᄒᆞ샤(月釋2:40).

ᄆᆡᆺ치다 자 〈옛〉맺히다. ¶ 峯따라 ᄆᆡᆺ쳐 잇고(鄭澈.關東別曲). 참ᄆᆡ치다.

ᄆᆡᆼᄀᆞᆯ다 타 〈옛〉만들다. ¶ 새로 스믈여듧 字를 ᄆᆡᆼᄀᆞ노니(訓諺). 참ᄆᆡᆫᄃᆞᆯ다·ᄆᆞᆫᄃᆞᆯ다.

ᄆᆡᆽ다 타 〈옛〉맺다. ¶ ᄃᆞᆮ거셔 ᄡᅳᆫ거셔 다 ᄒᆞᆫ가지로 여르미 ᄆᆡ잣도다(杜重1:4).

ᄆᆡᇂ 명 〈옛〉들. ¶ ᄆᆡ햇 구루믄 ᄂᆞᄌᆞ기 믈로 건나가고(杜初14:12).

ᄝ 〈옛〉〔옛 자음의 하나.〕 'ㅁ'의 순경음. 〔개신(改新) 한자음 표기에 쓰였을 뿐, 국어에서의 사용례가 없어 음운 단위라 볼 수 없음.〕

ᇝ 〈옛〉미음시옷. 'ㅁ'과 'ㅅ'의 합용 병서(合用並書). 받침으로만 쓰임. ¶ 올ᄒᆞᆫ 녀그로 새볼 값도ᅀᆞᆸ고(釋譜6:21).

ㅂ 자모 비읍. ①한글 자모의 여섯째. ②자음의 하나. 목젖으로 콧길을 막고 두 입술을 다물었다가 떼면서 내는 안울림소리의 파열음. 받침의 경우에는 입술을 떼지 아니함.

ㅂ 조 〈옛〉중세 국어의 관형격 조사. 'ㅁ' 뒤에 쓰임. ¶ 覃땀ㅂ字쫑(訓諺). /사룺 쁘디리잇가(龍歌15章). 참ㅅ.

-ㅂ늰다[ㅁ넌-] 어미 모음으로 끝난 어간이나 높임의 '-시-'에 붙어, 듣거나 보거나 겪은 바에 따라 그것이 마땅한 사실임을 일러 주는 뜻을 나타내는, 하오체의 종결 어미. ¶ 소나기는 여름에 많이 옵늰다. 참-습늰다.

ㅂ니까[ㅁ-] 조 모음으로 끝난 체언에 붙어, 묻는 뜻을 나타내는 합쇼체의 종결형 서술격 조사. ¶ 이게 마지막 인삽니까? 참입니까.

-ㅂ니까[ㅁ-] 어미 모음으로 끝난 어간이나 높임의 '-시-'에 붙어, 묻는 뜻을 나타내는 합쇼체의 종결 어미. ¶ 갑니까. /봅니까. /옵니까. 참-습니까.

ㅂ니다[ㅁ-] 조 모음으로 끝난 체언에 붙는 '다³'의 높임말로, 어떤 사실을 단순히 베풀어 말하거나 동작이나 상태의 어떠함을 나타내는 합쇼체의 종결형 서술격 조사. ¶ 잘사는 나랍니다. 참입니다.

-ㅂ니다[ㅁ-] 어미 모음으로 끝난 어간이나 높임의 '-시-'에 붙어, 동작이나 상태의 어떠함이나 어떤 사실을 단순히 베풀어 말하는 뜻을 나타내는, 합쇼체의 종결 어미. ¶ 비가 옵니다. /그게 아닙니다. 참-습니다.

ㅂ디까[-띠-] 조 모음으로 끝난 체언에 붙어, 지난 일을 돌이켜 묻는 뜻을 나타내는 하오체의 종결형 서술격 조사. ¶ 무슨 샙디까? 참입디까.

-ㅂ디까[-띠-] 어미 모음으로 끝난 어간이나 높임의 '-시-'에 붙어, 상대편이 듣거나 본 과거의 사실에 대해서 묻는 뜻을 나타내는, 하오체의 종결 어미. ¶ 신부가 예쁩디까? /나보고 그리로 오랍디까? 참-습디까.

ㅂ디다[-띠-] 조 모음으로 끝난 체언에 붙어, 지난 일을 돌이켜 말하는 뜻을 나타내는 하오체의 종결형 서술격 조사. ¶ 근래에 보기 드문 훌륭한 솜씹디다. 참입디다.

-ㅂ디다[-띠-] 어미 모음으로 끝난 어간이나 높임의 '-시-'에 붙어, 듣거나 본 과거의 사실을 돌이켜 말하는 뜻을 나타내는, 하오체의 종결 어미. ¶ 갑디다. /하십디다. 참-습디다.

-ㅂ딘다[-띤-] 어미 모음으로 끝난 어간이나 높임의 '-시-'에 붙어, 듣거나 보거나 겪은 과거의 사실을 돌이켜 말하는 뜻을 나타내는, 하오체의 종결 어미. ¶ 명절이면 꼭 성묘를 하곤 합딘다. 참-습딘다.

ㅂ^벗어난끝바꿈[비읍뻐서-끋빠-] 명 ☞ㅂ 불규칙 활용.

ㅂ^변:칙^활용(-變則活用)[비읍뻔치콰룡] 명 ☞ㅂ 불규칙 활용.

ㅂ^불규칙^용:언(-不規則用言)[비읍뿔-칭농-] 명 ㅂ 불규칙 활용을 하는 용언. 〔'곱다→고와, 돕다→도와, 눕다→누워, 덥다→더워' 따위.〕

ㅂ^불규칙^활용(-不規則活用)[비읍뿔-치콰룡] 명 어간 끝음절의 받침 'ㅂ'이 모음으로 시작되는 어미 앞에서 '오(우)'로 바뀌는 불규칙 활용. 〔'돕다→도와, 덥다→더워' 따위.〕 ㅂ 벗어난끝바꿈. ㅂ 변칙 활용.

-ㅂ쇼[-쑈] 어미 〈-ㅂ시오〉의 준말. 〔'-ㅂ시오'보다 높임의 뜻이 덜함.〕 ¶ 어서 옵쇼. /편히 주무십쇼. /안녕합쇼.

-ㅂ시다[-씨-] 어미 모음이나 'ㄹ'로 끝난 동사 어간이나 높임의 '-시-'에 붙어, 어떤 행동을 함께 하자고 이끄는 뜻을 나타내는, 하오체의 종결 어미. ¶ 조용히 합시다. /함께 가십시다. 참-읍시다.

-ㅂ시오[-씨-] 어미 모음으로 끝난 동사 어간이나 높임의 '-시-'에 붙어, 손윗사람에게 권하거나 소망의 뜻을 나타내는, 합쇼체의 종결 어미. ¶ 들어오십시오. /부디 건강하십시오. /안녕히 계십시오. 준-ㅂ쇼.

바¹ 명 〈참바〉의 준말.

바² 명 서양 음악의 칠음 체계에서, 네 번째 음이름. 계이름 '파'와 같음.

바³ 의 《관형사형 뒤에 쓰이어》 ①앞에서 말한 내용이나 일 따위를 나타냄. ¶ 평소에 느낀 바를 적어라. ②'일의 방법'의 뜻을 나타냄. ¶ 어찌할 바를 모르다. ③'어차피 그리된 일이나 형편'의 뜻을 나타냄. ¶ 어차피 벌을 받을 바에는 먼저 받겠다.

바:(bar)¹ 명 ①악보(樂譜)의 마디, 또는 마디로 나누는 세로줄. ②높이뛰기 등에서, 높이를 나타내기 위하여 걸쳐 놓는 가로 막대.

바:(bar)² 명 카운터가 있으며, 주로 양주를 파는 서양식 술집.

바:(bar)³ 의 ①압력의 단위. ②기상학에서, 기압을 나타내는 단위. 〔밀리바 따위.〕

바가지 명 ①박을 타서 만든 그릇. ②〖의존 명사적 용법〗 박을 타서 만든 그릇에 액체·가루·곡물 따위를 담아 분량을 세는 단위. ¶ 쌀 두 바가지. /물 한 바가지. ③아내가 남편에게 늘어놓는 불평이나 불만의 말.

바가지(를) 긁다 관용 (가정생활의 일로) 아내가 남편에게 불평이나 불만의 말을 늘어놓다.

바가지(를) 쓰다 관용 (남의 속임수에 걸리어) 부당하게 많은 대금을 치르거나 도맡아 책임을 지게 되다.

바가지(를) 씌우다 관용 ①(남을 속이어) 부당하게 많은 대금을 받아 내다. ②어떤 일의 책임을 남에게 덮어씌우다.

바가지(를) 차다 관용 ☞쪽박(을) 차다.

-바가지 접미 《일부 명사 뒤에 붙어》 '비하'의 뜻을 더하는 말. ¶ 고생바가지. /주책바가지.

바가지-요금(-料金) 명 실제보다 터무니없이 비싼 요금.

바가텔(bagatelle 프) 명 〔'소품(小品)'이라는 뜻으로〕 가벼운 피아노 소곡(小曲)을 이르는 말.

바각 부 하자타 마른 호두와 같이 작고 단단한 물건이 서로 맞닿아서 가볍게 문질러질 때 나는 소리. 큰버걱. 센빠각. **바각-바각** 부 하자타.

바각-거리다[-꺼-] 자타 자꾸 바각바각하다. 바각대다. ¶ 천장에서 쥐가 바각거린다. 큰버걱거리다. 센빠각거리다.

바각-대다[-때-] 자타 바각거리다.

바ː걸ː(bar-girl)명 바에서 손을 접대하는 여자. 호스티스.
바게트(baguette 프)명 막대기 모양의 기다란 프랑스 빵.
바ː겐세일(bargain-sale)명 기간을 정하여 상품을 특별히 정가보다 싼값으로 파는 일. 특매(特賣). ¶ 바겐세일 기간 중이라 백화점은 사람들로 붐볐다.
바고니명 〈옛〉 바구니. ¶ 바고니 단:簞(訓蒙中11).
바곳[-곧]명 옆에 손잡이 자루가 달린 길쭉한 송곳의 한 가지. * 바곳이[-고시]·바곳만[-곤-]
바구니명 대오리나 싸리로 둥글고 속이 깊게 결어 만든 그릇.
바ː구미명 바구밋과의 곤충을 통틀어 이르는 말. 강미.
바ː구밋-과(-科)[-미꽈/-믿꽈]명 곤충강 딱정벌레목의 한 과. 몸길이는 4 mm가량이며, 몸빛은 갈색 또는 흑갈색임. 부리는 가늘고 길며 아래로 굽어 있음. 유충은 쌀·보리·옥수수 따위의 해충임.
바그르르부하자 ①적은 양의 액체가 넓게 퍼지면서 끓어오르는 모양, 또는 그 소리. ②잔거품이 한꺼번에 많이 일어나는 모양, 또는 그 소리. 큰버그르르. 센빠그르르.
바글-거리다자 자꾸 바글바글하다. 바글대다. 큰버글거리다. 센빠글거리다.
바글-대다자 바글거리다.
바글-바글부하자 ①적은 양의 액체가 자꾸 끓어오르는 모양, 또는 그 소리. ¶ 된장찌개가 바글바글 끓고 있다. ②잔거품 따위가 자꾸 일어나는 모양. ③살아 움직이는 것이 한군데 많이 모여 오글거리는 모양. ¶ 바퀴벌레가 찬장에 바글바글하다. 큰버글버글. 센빠글빠글. 참보글보글.
-바기접미 '-배기'의 잘못.
바깥[-깓]명 ①('안'에 대하여) 밖이 되는 곳. 밖. ¶ 바깥 경치를 바라보다. ②한데. ¶ 바깥에서 동생을 기다리다. ③'바깥주인'을 달리 이르는 말. ¶ 바깥에서 하는 일이라 저는 모릅니다. * 바깥이[-까치]·바깥을[-까틀]·바깥만[-깐-]
바깥-공기(-空氣)[-깓꽁-]명 '외부 세계의 움직임이나 분위기'를 비유하여 이르는 말. ¶ 바깥공기를 살피다. /바깥공기가 심상찮다.
바깥-나들이[-깐-]명하자 나들이.
바깥-날[-깐-]명 (집 안에서) 바깥의 날씨를 이르는 말. ¶ 바깥날이 음산하다.
바깥-뜰[-깓-]명 바깥채에 딸린 뜰. ↔안뜰.
바깥-마당[-깐-]명 대문 밖에 있는 마당. ↔안마당.
바깥-목(-目)[-깐-]명 기둥 같은 것의 바깥쪽.
바깥-문(-門)[-깐-]명 ①바깥채에 딸린 문. ②겹 문의 바깥쪽에 달린 문. 외문(外門). ↔안문.
바깥-바람[-깓빠-]명 ①다른 지방이나 다른 나라의 기운이나 흐름. ¶ 바깥바람을 쐬다. ②바깥의 공기, 또는 바람. ¶ 바깥바람이 차다.
바깥-반상(-飯床)[-깓빤-]명 임금에게 올리던 수라상. ↔안반상.
바깥-방(-房)[-깓빵]명 바깥채에 딸린 방. ↔안방.
바깥-벽(-壁)[-깓뼉]명 (물건의) 바깥쪽의 벽. 밭벽. 외벽(外壁). ↔안벽.
바깥-부모(-父母)[-깓뿌-]명 '아버지'를 달리 일컫는 말. 바깥어버이. 밭부모. ↔안부모.
바깥-사돈(-査頓)[-깓싸-]명 부부의 '친아버지'를 양편 사돈집에서 서로 일컫는 말. 밭사돈. ↔안사돈.
바깥-사람[-깓싸-]명 자기의 '남편'을 예사롭게 또는 낮추어 이르는 말. ↔안사람.
바깥-상제(-喪制)[-깓쌍-]명 남자 상제. 밭상제. ↔안상제.
바깥-소문(-所聞)[-깓쏘-]명 ①밖에서 들려오는 소문. ②항간에 떠도는 소문. 외문(外聞).
바깥-소식(-消息)[-깓쏘-]명 ①밖에서 전해오는 소식. ②밖에서 일어나는 일들의 형편이나 상태. ¶ 집에만 있어서 바깥소식에는 감감하다.
바깥-손님[-깓쏜-]명 남자 손님. ↔안손님.
바깥-식구(-食口)[-깓씩꾸]명 (한 집안의) 남자 식구. ↔안식구.
바깥-심부름[-깓씸-]명하자 ①바깥주인이 시키는 심부름. ②바깥일에 관한 심부름. ↔안심부름.
바깥-애[-까태]명 〔지난날〕 ①여자 하인이 상전에게 자기의 남편을 일컫던 말. ②상전이 여자 하인의 남편을 가리켜 일컫던 말.
바깥-양반(-兩班)[-깐냥-]명 ①(그 집의) 바깥주인을 높이어 이르는 말. ¶ 바깥양반 안에 계신가요? ↔안양반. ②남에게 자기 '남편'을 달리 이르는 말. ¶ 바깥양반은 출타 중입니다.
바깥-어른[-까더-]명 〈바깥주인〉의 높임말.
바깥-어버이[-까더-]명 바깥부모. 밭어버이. ↔안어버이.
바깥-옷[-까돋]명 ①바깥식구의 옷. ↔안옷. ②바깥출입을 할 때 입는 옷. * 바깥옷이[-까도시]·바깥옷만[-까돈-]
바깥-일[-깐닐]명 ①집 밖에서 하는 일. ¶ 늦도록 바깥일을 하다. ②집안 살림 이외의 일. ¶ 종일 바깥일만 보다. ↔안일. ③집 밖에서 일어나는 일.
바깥-주인(-主人)[-깓쭈-]명 남자 주인. 밭주인. 높바깥어른. ↔안주인.
바깥-지름[-깓찌-]명 관(管) 따위의, 바깥 쪽으로 잰 지름. 외경(外徑). ↔안지름.
바깥-짝명 ①일정한 거리에서 더 벗어난 범위. ②한시(漢詩)에서, 대구(對句)를 이루는 두 짝 중 뒤에 있는 짝. ③두 짝으로 된 것의 바깥에 있는 짝. ↔안짝.
바깥-쪽[-깓-]명 ①밖으로 향한 쪽. ¶ 바깥쪽으로 한 걸음 물러서다. ②밖으로 드러난 부분. ¶ 바깥쪽에는 그림으로 치장하다. 밭쪽. ↔안쪽.
바깥-채[-깓-]명 (안과 밖의 두 채로 이루어진 집에서) 바깥쪽에 있는 집채. ↔안채.
바깥-출입(-出入)[-깓-]명하자 바깥에 나다니는 일. ¶ 바깥출입을 삼가다. /오랜만에 바깥출입을 하다.
바깥-치수(-數)[-깓-]명 (기둥·관 따위의) 바깥쪽으로 잰 길이. ↔안치수.
바께쓰(バケツ일.←bucket)명 '양동이'로 순화.
바-꽃[-꼳]명 미나리아재빗과의 다년초. 줄기 높이 1 m가량. 잎은 손바닥 모양이며, 늦여름에 투구 모양의 청자색 꽃이 핌. 덩이뿌리는 '부자(附子)'라 하는데, 독이 있으며 한약재로 쓰임. 쌍란국(雙蘭菊). 오두(烏頭). * 바꽃이[-꼬치]·바꽃만[-꼰-]
바꾸다타 ①어떤 물건을 주고 그 대신 다른 물건을 받다. ¶ 원화를 달러로 바꾸다. /빈 병을 모아 엿으로 바꿔 먹었다. ②본디의 상태나 질을 다른 상태로 또는 다른 것으로 만들다. ¶ 설계를 바꾸다. /머리 모양을 바꾸다. ③이제까지의 것을 버리고 다른 것으로 갈다. ¶ 담당자를 바꾸다. /옷을 바꿔 입고 나오다. ④본디 있던 곳에서 다른 곳으로 옮기다. ¶ 자리를 바꾸다. ⑤피륙이나 쌀을 사다. ¶ 무명 한 필을 바꾸어 이불을 꾸미다.

바꾸-이다[자] 〖'바꾸다'의 피동〗 서로 바꾸어지다. [준]바뀌다.

바꿈-질[명][하타] 물건과 물건을 바꾸는 짓.

바뀌다[자] 〈바꾸이다〉의 준말. ¶ 그 사이에 실무 책임자가 바뀌었더군.

바끄러움[명] 바끄러운 마음(느낌). [준]바끄럼. [큰]부끄러움.

바끄러워-하다[자][타][여] 바끄러운 태도를 나타내다. 바끄럽게 생각하다. [큰]부끄러워하다.

바끄러이[부] ①일을 잘못하거나 양심에 거리끼어, 남을 대할 면목이 없거나 떳떳하지 못하게. ②스스러움을 느끼어 수줍게. [큰]부끄러이.

바끄럼[명] 〈바끄러움〉의 준말. [큰]부끄럼.

바끄럽다[-따][바끄러우니·바끄러워][형][ㅂ] ①양심에 거리끼어 남을 대할 낯이 없다. ②수줍은 느낌이 있다. [큰]부끄럽다.

바나나(banana)[명] ①파초과의 상록 다년초. 열대나 아열대 지방에서 과수로 재배되는데, 품종이 많음. 높이는 3~10 m, 넓고 긴 잎은 파초와 비슷함. 여름부터 가을에 걸쳐 굵은 꽃줄기에 담황색 꽃이 피며, 길고 둥근 열매는 누른빛으로 익는데, 씨가 없고 향기가 있음. ②바나나의 열매. 감초(甘蕉).

바나듐(vanadium)[명] 금속 원소의 한 가지. 퇴적암이나 석탄의 회분 속에 들어 있으며 진한 회색임. 합금 재료나 촉매 등으로 쓰임. 〔V/23/50.9414〕

바냐위다[형] 사람됨이 어수룩한 맛이 없이 매우 인색하다.

바느-실[명] 바늘과 실.

바느-질[명][하타] 바느실로 옷 따위를 짓거나 꿰매거나 하는 일. ¶ 바느질 솜씨가 좋다.

바느질-값[-깝][명] 바느질삯. ＊바느질값이[-깝씨]·바느질값만[-깜-]

바느질-고리[-꼬-][명] (바늘·실·가위 따위) 바느질에 쓰이는 물건들을 담아 두는 그릇. [준]반짇고리.

바느질-삯[-싹][명] 바느질해 주고 받는 품삯. 바느질값. ＊바느질삯이[-싹씨]·바느질삯만[-쌍-]

바느질-실[-씰][명] 바느질에 쓰는 실.

바느질-자[-짜][명] 바느질할 때에 쓰는 자. 포백척.

바느질-품[명] 생활 수단으로서 하는 삯바느질. ¶ 바느질품으로 생계를 삼다.

바느질할-치(-黹)[명] 한자 부수의 한 가지. '黻'·'黼' 등에서의 '黹'의 이름.

바늘[명] ①한끝이 뾰족한, 가늘고 긴 물건을 통틀어 이르는 말. 〔시침바늘·주삿바늘·낚싯바늘 따위.〕 ②옷 따위를 짓거나 기울 때 쓰이는, 끝이 뾰족하고 가늘고 긴 강철로 된 용구. ③뜨개질할 때에 실을 뜨는 용구. ④시계·나침반·계기 따위의 숫자나 눈금을 가리키는 것.

바늘 가는 데 실 간다[속담] '으레 따르게 되어 있는 두 사람이나 사물의 밀접한 관계'를 이르는 말.

바늘 도둑이 소도둑 된다[속담] 작은 도둑이라도 진작 그것을 고치지 않으면 장차 큰 도둑이 된다는 말.

바늘로 찔러도 피 한 방울 안 난다[속담] ①'사람의 생김새가 단단하고 야무지게 보임'을 이르는 말. ②'사람의 성격이 빈틈이 없거나 매우 인색함'을 이르는 말.

바늘-겨레[명] 바늘을 꽂아 두는 물건. 속에다 솜이나 머리털 같은 것을 넣고 헝겊 조각을 씌워 만듦. 바늘방석.

바늘-구멍[-꾸-][명] ①바늘로 뚫은 구멍. ②'겨우 바늘이나 들어갈 만한 작은 구멍'을 비유하여 이르는 말. ¶ 시험에 합격하기가 낙타가 바늘구멍 통과하기보다 어렵다. ③바늘귀.

바늘구멍으로 하늘 보기[속담] (사물의 전체를 보지 못하는) '시야가 좁은 관찰 태도'를 비유하여 이르는 말.

바늘구멍으로 황소바람 들어온다[속담] 〔추운 겨울철에는 벽이나 문에 조그만 틈만 있어도 찬 바람이 제법 세게 들어온다는 뜻으로〕 '작은 것이라도 때에 따라서는 소홀히 해서는 안 됨'을 이르는 말.

바늘-귀[-뀌][명] 실을 꿸 수 있도록 바늘 머리에 뚫어 놓은 구멍. 바늘구멍.

바늘-꽃[-꼳][명] 바늘꽃과의 다년초. 습지에 절로 나는데, 잎은 넓은 버들잎 모양이고 무딘 톱니가 있음. 여름에 붉은 자줏빛 꽃이 핌. 민간에서 전초(全草)를 감기나 지혈 등에 약으로 씀. ＊바늘꽃이[-꼬치]·바늘꽃만[-꼰-]

바늘-대[-때][명] 돗자리나 가마니를 칠 때 날 속으로 씨를 먹이는 막대기 모양의 도구.

바늘-땀[명] 바느질에서 바늘로 한 번 뜬 눈, 또는 그 길이.

바늘-밥[-빱][명] 바느질할 때에 생기는, 더 쓸 수 없을 만큼 짧게 된 실의 동강.

바늘-방석(-方席)[명] ①바늘을 꽂아 두는 물건. 바늘겨레. ②'그대로 있기가 몹시 거북하고 불안한 자리'를 비유하여 이르는 말.

바늘방석에 앉은 것 같다[관용] '그 자리에 있기가 몹시 거북하고 불안스러움'을 비유하여 이르는 말.

바늘^세ː포(-細胞)[명] ☞자세포(刺細胞).

바늘-쌈[명] 바늘 스물네 개를 은박지 따위로 납작하게 싼 것.

바늘-허리[명] 바늘의 중간 부분. ¶ 아무리 바빠도 바늘허리에 실 묶어서 못 쓴다.

바니시(varnish)[명] 도료(塗料)의 한 가지. 수지(樹脂) 따위를 녹여 만든 투명·반투명의 액체로, 바르면 윤기가 남. 니스.

바닐라(vanilla)[명] 난초과의 다년생 만초. 길둥근 잎이 줄기 끝에 어긋맞게 나고 황록색 꽃이 핌. 오이처럼 생긴 열매를 발효시켜 바닐린을 만듦.

바닐린(vanillin)[명] 합성 향료의 한 가지. 덜 익은 바닐라 열매를 발효하여 만든 무색(無色)의 결정. 과자·빵·담배·화장품 등의 향료로 널리 쓰임.

바눌[명] 〈옛〉 바늘. ¶ 바눌 아니 마치시면(龍歌*52*章). /바눌 침:鍼(訓蒙中*14*).

바다[명] ①지구 상에서, 육지 이외의 부분으로 소금물이 괴어 있는 곳. 지구 표면적의 약 4분의 3을 차지하며, 3억 6천만 km^2에 이름. 해양. ②'일대에 널리 펼쳐져 있음'을 비유하여 이르는 말. ¶ 넓은 들판이 온통 유채의 바다다. ③달이나 화성 표면의 어둡게 보이는 부분. ¶ 고요의 바다.

바다는 메워도 사람의 욕심은 못 채운다[속담] '사람의 욕심은 끝이 없음'을 이르는 말.

바다가다[타] 〈옛〉 밟아 가다. ¶ 도즈기 자최 바다가아(月釋*1:6*).

바다-가마우지명 가마우짓과의 바다 철새. 크기는 까마귀만 하며, 몸빛은 녹색을 띤 흑색임. 해안의 낭떠러지나 암초 등에 둥지를 틀고 번식을 하며, 난바다의 물고기를 잡아먹고 삶.

바다-거북명 바다거북과의 하나. 등딱지의 길이 1 m가량. 등딱지는 심장 모양으로 푸른빛임. 몸집이 크며, 네발이 지느러미처럼 생겨서 헤엄치기에 알맞음. 바다에서 물고기나 바닷말을 먹고 사는데, 산란 때 해안의 모래땅에 올라와 구덩이 속에 100~200개의 알을 낳음. 태평양과 인도양의 열대와 아열대 해역에 널리 분포함. 푸른거북.

바다-낚시[-낙씨]명 바다에서 물고기를 낚는 일. 참민물낚시.

바다디니다타 〈옛〉 받들어 가지다. ¶ 이 바다디니논 相이라(圓覺下三之二*79*).

바다-뱀명 ①바다에 사는 뱀을 통틀어 이르는 말. ②바다뱀과의 바닷물고기. 뱀장어와 비슷하게 생겼는데, 몸길이는 150 cm가량임. 몸빛은 등 쪽이 회갈색이고 배는 은백색이며 송곳니가 억셈. 물뱀.

바다-사자(-獅子)명 물갯과의 동물. 물개와 비슷하나 몸집이 훨씬 큼. 몸빛은 옅은 적갈색. 우는 소리가 사자와 비슷함. 북태평양에 많이 삶.

바다-색(-色)명 파랑과 청록의 중간색.

바다-제비명 숨샛과의 새. 참새만 하며 몸빛은 암갈색에 허리는 백색임. 날개와 꽁지 끝이 제비와 비슷함. 발가락 사이에 물갈퀴가 있고 부리는 갈퀴 모양으로 꼬부라져 있음. 해변에서 물고기를 잡아먹고 사는 여름새임. 둥지는 식용함. 해연(海燕).

바다-코끼리명 바다코끼릿과의 바다짐승. 몸길이 3.5 m, 몸무게 3 t가량. 해마(海馬)와 비슷하나 귓바퀴가 없고 코가 코끼리 모양으로 20 cm가량 늘어져 있음. 새우·오징어·물고기 등을 잡아먹으며, 북양(北洋)이나 미국의 캘리포니아 연안에서 번식함. 해마(海馬). 해상(海象).

바다-표범(-豹-)명 물범과의 동물. 생김새는 물개와 비슷하나 귓바퀴가 없음. 몸길이는 1.5~2 m로, 몸빛은 회색이며 등에 작은 검은 점이 있음. 네발은 지느러미 모양이며 뭍에서는 기어 다님. 해표(海豹).

바닥명 ①물체의 거죽을 이룬 부분. ¶ 반드르르한 마루의 바닥. /울퉁불퉁한 바닥을 흙손으로 고르다. ②밑창. 저면(底面). ¶ 연못의 바닥이 드러나다. /숟가락으로 밥그릇의 바닥을 긁는다. ③피륙 따위의 짜임새. ¶ 바닥이 고운 모시. ④(다 썼거나 없어져서) 수량이 다한 상태. ¶ 양식이 바닥이 나다. ⑤지역이나 일대를 뜻함. ¶ 항구 바닥에서 이름난 장사(壯士).

바닥(을) 긁다관용 경제적으로 최저 생활을 하다. 계급의 최하층을 맴돌다.

바닥(을) 보다관용 (일을 다 하거나 돈이나 물건을 다 써 없애어) 끝장을 보다.

바닥(을) 짚다관용 광산 등에서, 땅의 바닥 쪽으로 향하여 파 가다.

바닥(을) 치다관용 시세 따위가 하한가에 이르다. ¶ 주가가 바닥을 치다.

바닥(이) 드러나다관용 겉으로 나타나지 않았던 본색이 드러나다. ¶ 하루도 못 가서 흉계의 바닥이 드러나다.

바닥-걸기질[-껄-]명하자 논바닥이 울퉁불퉁하여 물이 고루 퍼지지 않을 때, 높은 데의 흙을 낮은 데로 끌어 내려 편평하게 하는 일.

바닥-권(-圈)[-꿘]명 (성적이나 시세 따위가) 더 이상 내려가기 어려울 만큼 낮은 상태에 속하는 범위. ¶ 주가가 바닥권을 맴돌다.

바닥-나다[-당-]자 ①(돈·물건 따위를) 다 써서 없어지게 되다. ¶ 밑천이 바닥나다. ②(신바닥 따위가) 해져서 구멍이 나다. ¶ 바닥난 고무신.

바닥-내다[-당-]타 일정한 분량의 것을 다 써 버리다. 모두 없애다.

바닥-세(-勢)[-쎄]명 (인기나 시세 따위가) 더 이상 내려가기 어려울 만큼 낮은 상태에 있는 상황. ¶ 배추 값이 바닥세에 머물러 있다.

바닥-쇠[-쐬/-쒜]명 ①'벼슬이 없는 양반'을 속되게 일컫던 말. ②그 지방에 오래전부터 사는 사람. ②본토박이.

바닥-자[-짜]명 물체의 기울기나 바닥의 높낮이를 살피는 데 쓰는 자.

바닥-재(-材)[-째]명 건물의 바닥에 쓰는 건축 재료.

바닥-짐[-찜]명 선체(船體)의 안정을 유지하기 위하여, 배의 바닥에 싣는 물이나 모래·흙 따위의 중량 화물. 밸러스트.

바닥-칠(-漆)명 여러 겹으로 바르는 칠에서 맨 먼저 바르는 칠.

바-단조(-短調)[-쪼]명 '바' 음을 으뜸음으로 하는 단조.

바닷-가[-다까/-닫까]명 바닷물과 땅이 서로 닿는 곳, 또는 그 근처의 땅. 해변. 해안.

바닷-개[-다깨/-닫깨]명 물개. 해구(海狗).

바닷-게[-다께/-닫께]명 바다에서 사는 게를 통틀어 이르는 말.

바닷-고기[-다꼬-/-닫꼬-]명 바닷물고기.

바닷-길[-다낄/-닫낄]명 바다에서 배가 다니는 일정한 물길. 해로(海路).

바닷-말[-단-]명 바다에서 나는 조류(藻類)를 통틀어 이르는 말. 해조(海藻).

바닷-모래[-단-]명 바다에서 나는 모래. 해사.

바닷-물[-단-]명 바다의 짠물. 해수(海水). 해조(海潮). ↔민물.

바닷-물고기[-단-꼬-]명 바다에서 사는 물고기. 짠물고기. 해어(海魚). 바닷고기. ↔민물고기.

바닷물-조개[-단-쪼-]명 바다에서 사는 조개. 준바닷조개.

바닷-바람[-다빠-/-닫빠-]명 (낮 동안) 바다에서 뭍으로 부는 바람. 갯바람. 해풍. ↔뭍바람.

바닷-사람[-다싸-/-닫싸-]명 배를 타고 바다에 나가 일하는 사람.

바닷-새[-다쌔/-닫쌔]명 바다에서 사는 새를 두루 이르는 말. 해조(海鳥).

바닷-조개[-다쪼-/-닫쪼-]명 〈바닷물조개〉의 준말.

바당명 〈옛〉 바닥. 참밠바당·숐바당.

바대명 ①홑적삼이나 고의의 잘 해지는 부분에 안으로 덧대는 헝겊 조각. ②바탕의 품.

바독명 〈옛〉 바둑. ¶ 바독 긔:棊(訓蒙中*19*).

바동-거리다자타 자꾸 바동바동하다. 바동대다. ¶ 다리를 바동거리며 떼를 쓰다. 큰바둥거리다·버둥거리다.

바동-대다자타 바동거리다.

바동-바동부 ①하타(자빠지거나 주저앉거나 매달려서) 팔과 다리를 내저으며 몸을 자꾸 움직이는 모양. ②하자괴로운 처지에서 벗어나려고 애를 쓰는 모양. 큰바둥바둥·버둥버둥.

바둑명 ①가로세로 각 열아홉 줄을 그어 361개의 교차점을 이루고 있는 반 위에, 두 사람이 흰 돌과 검은 돌을 번갈아 두어서 에워싼 집의 크기로 승부를 겨루는 놀이. 혁기(奕棋). ②〈바둑돌〉의 준말.

바둑-강아지[-깡-]명 털에 검은 점과 흰 점이 뒤섞여 있는 강아지.

바둑-돌[-똘]명 바둑을 두는 데 쓰는 돌. 〔검은 돌과 흰 돌이 있음.〕 기자(棋子). 기석. 바둑알. 준돌·바둑.

바둑-말[-둥-]명 털에 검은 점과 흰 점이 바둑무늬처럼 뒤섞여 있는 말.

바둑-머리[-둥-]명 어린아이의 머리털을 조금씩 모숨을 지어 여러 갈래로 땋은 머리.

바둑-무늬[-둥-니]명 두 가지 빛깔의 점이 알록알록 엇바뀌어 놓인 무늬. 바둑문.

바둑-문(-紋)[-둥-]명 바둑무늬.

바둑-쇠[-쐬/-쒜]명 마고자에 다는 바둑돌 모양의 단추.

바둑-알명 바둑돌.

바둑-은(-銀)명 은으로 바둑돌만 하게 만들어 쓰던 옛날 돈.

바둑-이명 털에 검은 점과 흰 점이 바둑무늬처럼 뒤섞여 있는 개.

바둑-점(-點)[-쩜]명 바둑돌과 같이 동글동글한 점.

바둑-판(-板)명 바둑을 두는 데 쓰는 네모진 판. 가로세로 각각 열아홉 줄이 그어져 있음. 기국(棋局). 기반(棋盤).

바둑판-연(-板鳶)[-년]명 연의 한 가지. 바둑판처럼 가로세로 줄을 긋고, 한 칸씩 건너 먹칠을 한 연.

바둥-거리다자타 〈바동거리다〉의 큰말. 바둥대다.

바둥-대다자타 바둥거리다.

바둥-바둥부하자타 〈바동바동〉의 큰말.

바드득부하자타 단단하거나 반들반들하고 질긴 물건을 마주 비비거나 갈 때에 나는 조금 야무진 소리. ¶ 이를 바드득 갈다. 큰부드득. 센빠드득. 참보드득. **바드득-바드득**부하자타.

바드득-거리다[-꺼-]자타 자꾸 바드득바드득 하다. 바드득대다. 큰부드득거리다. 센빠드득거리다.

바드득-대다[-때-]자타 바드득거리다.

바드름-하다형여 밖으로 약간 벋은 듯하다. ¶ 앞니가 약간 바드름하다. 준바듬하다. 큰버드름하다. **바드름-히**부.

바득-바득[-빠-]부 ①굳이 우기는 모양. ¶ 자기 말이 옳다고 바득바득 우기다. ②끈지게 조르는 모양. ¶ 장난감을 사 달라고 바득바득 조르다. ③악착스레 애쓰는 모양. ¶ 혼자의 힘으로 이루려고 바득바득 애쓴다. 큰부득부득. 센빠득빠득.

바들-거리다자타 자꾸 바들바들하다. 바들대다. 큰부들거리다.

바들-대다자타 바들거리다.

바들-바들부하자타 (춥거나 두렵거나 하여) 크게 드러나지 않게 몸을 떠는 모양. ¶ 두려워서 몸을 바들바들 떨다. 큰부들부들1.

바듬-하다형여 〈바드름하다〉의 준말. 큰버듬하다. **바듬-히**부.

바듯-하다[-드타-]형여 ①꼭 맞아서 빈틈이 없다. ¶ 구두가 발에 바듯하다. 큰부듯하다. ②어떠한 정도나 시간에 간신히 미치다. ¶ 먹고 살기에도 바듯하다. /예산이 바듯하다. /3시까지 거기에 도착하기에는 시간이 조금 바듯하다. 센빠듯하다. **바듯-이**부.

바디명 베틀이나 자리틀 따위에 딸린 기구의 한 가지. 날을 고르며 씨를 치는 구실을 함.

바디-나물명 산형과의 다년초. 산이나 들의 습지에 나는데, 줄기 높이는 80~150 cm. 잎은 잎자루가 길고 깃 모양으로 갈라지며, 여름에 자줏빛 꽃이 핌. 어린잎은 나물로 먹고, 뿌리는 한방에서 '전호(前胡)'라 하여 기침·담(痰) 등에 약재로 씀.

바디-질명하자 베나 가마니 따위를 짤 때 바디로 씨를 치는 일.

바디-집명 바디를 끼우는 테. 바디틀.

바디집-비녀[-삐-]명 바디집 두 짝의 머리를 잡아 꿰는 쇠나 나무.

바디-치다자 바디질을 하다.

바디-틀명 ☞바디집.

바ᄃᆞ라옴형 〈옛〉〔'바ᄃᆞ랍다'의 명사형〕 위태로움. ¶ 쟝촛 늘구매 艱難ᄒᆞ야 바ᄃᆞ라오몰 맛낫도다(杜重2:54).

바ᄃᆞ랍다형ㅂ 〈옛〉 위태롭다. ¶ 便安ᄒᆞ야 바ᄃᆞ랍디 아니ᄒᆞ시며(月釋2:56).

바따라-지다형 음식의 국물이 바특하고 맛이 있다.

바:라명 〈파루(罷漏)〉의 변한말. ¶ 지금은 문을 닫았으니, 바라 치거든 가사이다(烈女春香守節歌).

바:라(←哱囉·鈸鑼)명 ①☞나각. ②〈자바라(啫哱囉)〉의 준말.

바라타 〈옛〉〔'발다'의 활용형〕 곁따라. ¶ 실에롤 바라 書帙을 マ즈기 ᄒᆞ고(杜初7:6).

바:라기명 음식을 담는 조그마한 사기그릇. 크기는 보시기만 한데 입이 좀 더 벌어졌음.

바라다타 생각한 대로 이루어지기를 원하다. 기대하다. ¶ 조국의 통일을 바라다. /돈을 바라고 한 일이 아니다.

바라다-보다타 바라보다. ¶ 엄마는 밖에서 노는 아이들을 물끄러미 바라다보았다.

바라문(←婆羅門.Brahman 범)명 ①☞브라만. ②〈바라문교〉의 준말.

바라문-교(←婆羅門教)명 고대 인도에서 바라문 계급을 중심으로 발달한 종교. 인도교(印度教). 준바라문.

바라문-천(←婆羅門天)명 ☞범천왕(梵天王).

바라밀(←波羅蜜)명 〈바라밀다〉의 준말.

바라밀다(←波羅蜜多.paramita 범)[-따]명 〔불교에서, 차안(此岸)에서 열반의 피안(彼岸)으로 간다는 뜻으로〕 '보살의 수행'을 이르는 말. 준바라밀.

바라-보다타 ①대상을 바로 향하여 보다. ¶ 말없이 상대편의 얼굴만 바라보다. ②현상이나 사태를 자신의 시각으로 관찰하다. ¶ 세상을 바라보는 눈. ③실현 가능성이 있는 일에 기대나 희망을 가지다. ¶ 우승을 바라보다. /노모는 아들이 성공하기를 바라보고 살아왔다. ④어떤 나이에 이를 날을 가까이 두고 있다. ¶ 나이 70을 바라보다. 바라다보다.

바라보-이다자 〖'바라보다'의 피동〗 멀리서 눈에 띄다. ¶ 멀리 설악산이 바라보이다.

바:라-수(←哱囉手)명 〈자바라수〉의 준말.

바라지1명 (햇빛이 들도록) 바람벽 위쪽에 낸 자그마한 창. 들창. 바라지창.

바라지2명하타 《일부 명사와 함께 쓰이어》 ①온갖 일을 돌보아 주는 일. ¶ 남편 바라지에 온 정성을 쏟다. ②입을 것, 먹을 것 따위를 대어 주는 일. 수발. ¶ 하숙 바라지.

바라지3명 절에서 영혼을 위하여 시식(施食)할 때에 경문(經文)을 받아 읽거나 시식을 거들어 주는 사람.

바:라-지다 Ⅰ자 ①맞닿아 있거나 오므라져 있던 것이 갈라져서 틈이 생기다. ¶ 밤송이가 바라지다. ②사람의 사이가 버성기게 되다. ③(사람의 몸이나 식물의 가지 따위가) 옆으로 퍼지거나 벋게 되다. ¶ 가지가 바라지다. /키는 크지 않고 옆으로만 바라지다. ㊔벌어지다.
Ⅱ형 ①(작은 키에) 어깨와 가슴통이 넓다. ¶ 딱 바라진 어깨. ②(그릇이) 속은 얕고 위가 바듬하다. ¶ 바라진 사발. ③마음이 웅숭깊지 못하다. ¶ 이해심이라곤 하나도 없는 바라진 녀석…. ④말이나 행동이 나이에 비하여 지나치게 야무지다. ¶ 아직 어린 녀석이 좀 바라진 데가 있어.

바라지-창(-窓)명 ☞바라지1.

바:라-춤(←哱囉-)명 부처에게 재(齋)를 지낼 때, 바라를 울리고 천수다라니(千手陀羅尼)를 외면서 추는 춤.

바라크(baraque 프)명 ①임시로 지은 허술한 집. 가건물. ②군대의 막사(幕舍).

바락부 성이 나서 갑자기 기를 쓰거나 소리를 지르는 모양. ¶ 바락 성을 내다. ㊔버럭. **바락-바락**부 ¶ 바락바락 대들다. /바락바락 소리를 지르다.

바람1명 ①기압의 변화로 일어나는 대기의 흐름. ¶ 바람이 일다. /바람이 불다. ②어떤 기구를 써서 일으키는 공기의 흐름. ¶ 선풍기 바람이 너무 세다. ③(공이나 타이어 따위에 들어 있는) 공기. ¶ 바람이 새다. /바람이 빠진 축구공. ④(어떤 대상이나 이성에) 마음이 끌리어 들뜬 상태. ¶ 바람이 나다. /바람이 들다. /바람을 피우다. ⑤'풍병(風病)'을 속되게 이르는 말. ¶ 바람을 다스리다. /바람이 도지다. ⑥지나치게 부풀려 하는 말이나 행동. ¶ 제발 바람 좀 작작 불어라. ⑦사회적으로 널리 퍼지고 있는 일시적인 유행. ¶ 민주화 바람. /자유화 바람. /투기 바람이 불다. /교육계에 새 바람이 일다. ⑧매우 빠름을 이르는 말. 《주로, '바람같이'·'바람처럼'의 꼴로 쓰임.》 ¶ 바람처럼 사라지다.
바람 부는 날 가루 팔러 가듯속담 '하필 조건이 좋지 않은 때에 일을 시작함'을 이르는 말.
바람 부는 대로 살다속담 뚜렷한 주관이 없이 그때그때의 형편에 따라 살다.
바람 앞의 등불속담 '생명이나 어떠한 일이 매우 위태로운 상태에 있음'을 이르는 말.
바람이 불어야 배가 가지속담 모든 조건이 잘 갖추어져야 일이 제대로 이루어짐을 뜻하는 말.
바람(을) 넣다관용 남을 부추겨서 어떤 일을 하려는 마음이 생기도록 만들다. ¶ 바람을 넣어 앞장서게 하다.
바람(을) 쐬다관용 ①바람을 맞다. 바람을 맞게 하다. ②산책하다. ¶ 바람 쐬러 잠시 나왔다. ③한동안 다른 고장에 머물면서, 그곳 풍습 등을 보고 듣고 하다. ¶ 외국에 나가 바람 쐬고 오렴.
바람(을) 잡다관용 ①마음이 들떠 돌아다니다. ②허황한 짓을 꾸미다. ¶ 학원 가지 말고 오락실 가자고 바람을 잡다. ③(이성에 끌리거나 하여) 들뜬 생각을 하다.
바람(을) 켜다관용 바람난 짓을 하다.
바람(이) 나가다관용 ①안에 차 있는 바람이(공기가) 밖으로 나가다. ②한창 일던 기운이 사그라지다.
바람(이) 들다관용 ①무 따위의 속살에 구멍이 생겨 푸석푸석하게 되다. ¶ 바람 든 무. ②허황한 마음이 들어 들뜬 상태가 되다. ③다 되어 가는 일에 엉뚱한 탈이 생기다.
바람(이) 자다관용 ①들뜬 마음이 가라앉다. ②걱정거리나 귀찮은 일이 없어지다. ¶ 가지 많은 나무에 바람 잘 날 없단다. ③불던 바람이 그치다.

바람2명 바라는 일. 소망. 염원. ¶ 남북통일은 우리 겨레 모두의 한결같은 바람이다.

바람3의 ①《용언의 어미 '-ㄴ(은)'·'-는' 뒤에서 '바람에'의 꼴로 쓰이어》 '원인'이나 '근거'를 뜻함. ¶ 급히 달려오는 바람에 서류를 놓고 왔다. /불쑥 내미는 바람에 깜짝 놀랐잖아. ②《일부 명사 뒤에서 '바람으로'의 꼴로 쓰이어》 으레 갖추어야 할 것을 제대로 갖추지 아니한 차림새임을 뜻함. ¶ 셔츠 바람으로 손님을 맞다. /버선 바람으로 달려나와 친구를 반기다.

바람4의 실이나 노끈 따위의 한 발가량 되는 길이. ¶ 한 바람의 노끈. /명주실 두 바람.

바람-개비명 ①종이 따위로 접어서 바람의 힘으로 돌게 만든 장난감. 팔랑개비. ②☞풍향계(風向計).

바람-결[-껼]명 ①일정한 방향으로 흐르는 공기의 움직임. ¶ 훈훈한 바람결. ②꼭 집어서 말할 수는 없으나 들은 적은 있는 경우를 이르는 말. 《주로, '바람결에'의 꼴로 쓰임.》 ¶ 바람결에 들은 소문.

바람-구멍[-꾸-]명 ①공기가 드나들도록 뚫어 놓은 구멍. ¶ 창문에 바람구멍을 내다. ②(가리어진 것에) 절로 뚫려 있는 구멍. ¶ 벽에 바람구멍이 나 있군.

바람-기(-氣)[-끼]명 ①바람이 부는 기운. 바람의 기세. ¶ 바람기가 자자 수면은 마치 거울과 같다. ②조금 느껴지는 바람의 기운. ¶ 바람기가 있는 서늘한 실내. ③이성에게 쉬이 끌리는 들뜬 성질. ④아내 또는 남편 있는 사람이 다른 이성에게 마음이 끌리는 성질. ¶ 바람기가 있는 사내.

바람-꼭지[-찌]명 튜브의 바람을 넣는 구멍에 붙은 꼭지.

바람-꽃[-꼳]명 큰 바람이 일 조짐으로 먼 산에 구름같이 끼는 보얀 기운. *바람꽃이[-꼬치]·바람꽃만[-꼰-]

바람-나다자 ①(이성 관계로) 마음이 들뜨다. ¶ 바람난 처녀. ②일에 능률이 한창 나다.

바람-둥이명 ①늘 마음이 들떠서 큰소리치며 돌아다니는 사람. 풍객(風客). ②바람피우며 다니는 사람. 플레이보이.

바람-막이명 ①바람이 들이치는 데를 막는 물건. ②하자 바람을 막는 일.

바람막이-고무명 튜브 등에 넣은 바람이 나오지 못하게 막는 고무. 지렁이고무.

바람만-바람만부 바라보일 만한 정도로 뒤에 멀찍이 떨어져 따라가는 모양. ¶ 앞서가는 그녀를 바람만바람만 뒤따라간다.

바람-맞다[-맏따]자 ①풍병에 걸리다. ②몹시 마음이 들뜨다. ③상대가 약속을 지키지 않아 허탕 치다. ¶ 애인한테 바람맞다.

바람맞-히다[-마치-]타 〖'바람맞다'의 사동〗 남을 속게 하다. 허탕 치게(헛물켜게) 하다. ¶ 급한 일이 생겨 친구를 바람맞혔다.

바람-머리명 바람을 쐬면 머리가 아픈 증세.

바람-받이[-바지]명 바람을 몹시 받는 곳. ¶ 바람받이에서 자란 나무.

바람-벽(-壁)[-뼉]명 건물의 둘레나 칸살 사이를 막은 부분. 벽1. ¶ 바람벽을 치다.

바람-살[-쌀]명 세찬 바람의 기운. ¶ 매운 바람살을 안고 나아가다.

바람-세(-勢)명 불어 대는 바람의 기세. ¶ 바람세가 꺾이다. /바람세를 보고 배를 내다.
바람-잡이명 야바위꾼이나 소매치기 따위의 한 통속으로서, 일을 꾸미려고 미리 남의 얼을 빼는 구실을 하는 사람.
바람직-스럽다[-쓰-따] [~스러우니·~스러워] 형ㅂ 바라는 대로 된 데가 있다. ¶ 바람직스럽지 못한 행동. **바람직스레**부.
바람직-하다[-지카-]형여 바라는 대로 된 듯한 상태다. ¶ 흡연은 학생으로서 바람직한 행동이 아니다.
바람-총(-銃)명 대나 긴 나무통 속에 화살처럼 만든 것을 넣어 입으로 불어서 쏘는 총.
바람-풍(-風)명 한자 부수의 한 가지. '颱'·'飇' 등에서의 '風'의 이름.
바람-피우다자 배우자가 아닌 이성에게 마음이 끌리어 일시적으로 애정 관계를 가지다.
바ː랑명 중이 등에 지고 다니는 자루 모양의 큰 주머니. 걸낭. 본발낭(鉢囊).
바ː래다[1] Ⅰ자 본디의 빛깔이 옅어지거나 윤기가 없어지다, 또는 그 때문에 볼품이 없어지다. ¶ 빛깔이 바랜 낡은 옷.
Ⅱ타 (볕에 쬐거나 약물을 쓰거나 하여) 빛깔을 희게 하다. ¶ 깃광목을 삶아 봄볕에 바래다.
바래다[2]타 길을 떠나거나 되돌아가는 사람을 배웅하거나 그 자리에서 바라보면서 보내다. ¶ 손님을 버스 정류장까지 바래다.
바래다-주다타 길을 떠나거나 되돌아가는 사람을 배웅해 주다. ¶ 서울 가는 친구를 바래다주고 오는 길이다.
바램명 '바람[2]'의 잘못.
바ː랭이명 볏과의 일년초. 밭에 많이 나는 잡초. 줄기는 아랫부분이 땅 위로 벋으며 마디에서 수염뿌리가 나고, 잎은 좁고 긴 버들잎 모양임.
바로[1]부 ①(굽지 아니하고) 곧게. ¶ 선을 바로 긋다. ②올바르게. 정직하게. ¶ 마음을 바로 가지다. ③제대로 바르게. ¶ 모자를 바로 써라. ④동안을 두지 않고 곧. ¶ 지금 바로 떠나라. ⑤(다른 데 들르지 않고, 또는 시간이 늦어지지 않게) 곧장. ¶ 학교에서 바로 집으로 돌아오다. ⑥다른 것이 아니라 곧. ¶ 범인은 바로 저 사람이다. /그 정신력이 바로 승리의 원동력이다.
바로[2] Ⅰ명 기본 자세(차려 자세)로 돌아가는 동작. Ⅱ감 '바로' 하라는 구령. ¶ 우로봐! 바로!
바로미터(barometer)명 ①기압계. ②사물의 수준·상태를 아는 기준이나 척도가 되는 것. ¶ 문맹률은 한 민족의 문화 수준을 가늠하는 바로미터다.
바로-잡다[-따]타 ①굽은 것을 곧게 하다. ¶ 굽은 가지를 바로잡다. ②잘못되거나 그릇된 것을 고치거나 바르게 하다. ¶ 오자(誤字)를 바로잡다. /사회 질서를 바로잡다.
바로크(baroque 프)명 17~18세기에 유럽, 특히 프랑스·이탈리아 등지에서 유행한 그림·건축·조각·문학·음악·장식 미술 등의 한 양식. 베르사유 궁전이 이 양식의 대표적인 건물임.
바루명 〈옛〉파루(罷漏). ¶ 미실 바루 텨든 니러 ᄂᆞᆺ 시붓고(翻朴上49).
바루다타 바르게 하다. ¶ 대오(隊伍)를 바루다.
바륨(barium)명 은백색의 금속 원소의 한 가지. 상온에서 물을 분해하고 공기 중에서 잘 산화하며, 가열하면 녹색의 불꽃을 내면서 타서 산화바륨이 됨. 〔Ba/56/137.33〕
바르다[1][바르니·발라]타르 ①종이나 헝겊 따위에 풀칠을 하여 다른 물체에 붙이다. ¶ 흰 종이로 벽을 바르다. ②액체나 가루 따위를 다른 물체에 묻히다. ¶ 얼굴에 분을 바르다. /김에 참기름을 발라서 굽다. ③차진 흙 따위를 다른 물체에 붙이거나 입히다. ¶ 벽돌에 시멘트를 바르다.
바르다[2][바르니·발라]타르 ①겉을 싸고 있는 것을 벗기거나 헤치거나 하여 속에 든 알맹이를 집어내다. ¶ 알밤을 바르다. ②한데 어울려 있는 것 속에서 필요한 것(필요하지 않은 것)만 골라내다. ¶ 생선의 살을 바르다.
바르다[3][바르니·발라]형르 ①비뚤어지거나 굽지 않고 곧다. ¶ 물건을 바르게 놓다. /줄을 바르게 긋다. ②도리나 사리에 맞아 어긋남이 없다. ¶ 경위가 바르다. /예절이 바른 사람. ③정직하여 남을 속이는 일이 없다. ¶ 천성이 바른 사람. ④햇볕이 잘 비치다. ¶ 볕이 바른 남향집.
바르르부하자 ①얇고 가벼운 것이 발발 떠는 모양. ¶ 나뭇잎이 바람결에 바르르 떤다. ②적은 물이 바그르르 끓어오르는 소리, 또는 그 모양. ¶ 주전자의 물이 바르르 끓어오른다. ③경망스럽게 발끈 성을 내는 모양. ¶ 걸핏하면 바르르 성을 내곤 한다. ④(몸집이 작은 것이 경련을 일으키듯) 바들바들 떠는 모양. ¶ 성질을 삭이느라 입술을 바르르 떤다. ⑤얇고 가벼운 것이 쉽게 타오르는 모양. 큰버르르. 거파르르.
바르작-거리다[-꺼-]타 자꾸 바르작바르작하다. 바르작대다. ¶ 손발을 바르작거리며 자꾸 잠꼬대를 한다. 준바릇거리다. 큰버르적거리다. 센빠르작거리다.
바르작-대다[-때-]타 바르작거리다.
바르작-바르작[-빠-]부하타 (괴로움이나 어려운 고비에서 헤어나려고) 팔다리를 내저으며 몸을 자꾸 움직이는 모양. 준바릇바릇. 큰버르적버르적. 센빠르작빠르작.
바르-집다[-따]타 ①오므라진 것을 벌려 펴다. ②남이 모르는 일을 들추어내다. ¶ 비밀을 바르집다. ③작은 일을 크게 떠벌리다. ¶ 사소한 일을 바르집어 말하다. 큰버르집다.
바른관 오른. 오른쪽의.
바른-걸음명 군대에서 의식이나 행군 때, 77 cm의 보폭(步幅)으로 1분간에 120보를 걷는 걸음.
바른-그림씨명 ☞규칙 형용사.
바른-길명 ①쪽 곧은 길. ②도덕에 맞는 길. 참된 도리. ¶ 학생들을 바른길로 인도하다.
바른-대로부 사실과 어그러짐이 없이. 사실 그대로. ¶ 바른대로 말해라.
바른-말명 사리(도리)에 맞는 말. ¶ 말이야 바른 말이지 그게 무슨 소설이냐.
바른-손명 오른손.
바른-쪽명 오른쪽. 우측(右側).
바른-편(-便)명 오른편.
바른-풀이씨명 ☞규칙 용언.
바릇-거리다[-륻꺼-]타 〈바르작거리다〉의 준말. 바릇대다. 큰버릇거리다. 센빠릇거리다.
바릇-대다[-륻때-]타 바릇거리다.
바릇-바릇[-륻빠륻]부하타 〈바르작바르작〉의 준말. 큰버릇버릇.
바리[1]명 ①놋쇠로 만든 여자의 밥그릇. 오목주발과 같으나 중배가 더 내밀고 뚜껑에 꼭지가 있음. ②바닥에서 아가리 쪽으로 벌어져 올라가 아가리의 지름이 20 cm 이상인 토기.
바리[2]명 ①〖의존 명사적 용법〗 소나 말 따위의 등에 잔뜩 실은 짐을 세는 말. ¶ 나무 바리. /곡식 한 바리. ②윷놀이에서, '말 한 개'를 이르는 말.

바리-공주(-公主)명 무당이 지노귀새남을 할 때에 모시는 젊은 여신(女神).

바리-나무명 소나 말에 바리로 실은 땔나무.

바리-때명 절에서 쓰는 중의 밥그릇. 나무로 대접처럼 만들어 안팎에 칠을 올림.

바리때-집명 중이 쓰는 가사와 바리때를 간수해 두는 집.

바리-바리명 여러 바리. ¶ 바리바리 짐을 싸다.

바리새-교(←Pharisaee教)명 ☞바리새파.

바리새-파(←Pharisaee派)명 기원전 2세기 후반에 일어난 유대교의 한 종파. 모세의 율법을 엄격히 지켰으나, 그 교도들은 형식과 위선에 빠져 예수를 비방하고 잡아다가 십자가에 못 박히게 하였음. 바리새교.

바리-설포(-布)명 바리때를 간수할 때 사용하는 긴 천.

바리^수건(-手巾)명 바리때를 닦는 행주.

바리안-베명 〔한 필을 접어서 바리때 안에 담을 수 있는 베라는 뜻으로〕 '썩 고운 베'를 이르는 말. 바리포.

바리-전(-廛)명 조선 시대에, 서울의 종로에서 놋그릇을 팔던 가게.

바리캉(bariquant 프)명 '이발기'로 순화. 〔제조 회사명인 'Bariquand et Mare'에서 유래함.〕

바리케이드(barricade)명 적군의 침입이나 공격을 막기 위해 길목 등에 임시로 설치해 놓은 장애물. ¶ 경찰이 친 바리케이드를 뚫고 들어가다.

바리콘(バリコン일.←variable condenser)명 가변 축전기(可變蓄電器).

바리-탕기(-湯器)[-끼]명 사기로 바리처럼 만든 국그릇.

바리톤(baritone)명 ①남자 목소리에서 테너보다 낮고 베이스보다 높은 목소리, 또는 그 음역의 가수. ②관악기에서, 베이스보다 조금 높은 음의 악기. 주로 군악대용으로 쓰임. 〔바리톤 색소폰, 오보에 바리톤 따위.〕

바리-포(-布)명 바리안베.

바림명 색칠할 때에 한쪽을 진하게 하고 다른 쪽으로 갈수록 차차 엷게 칠하는 일. 그러데이션. 선염(渲染).

바ᄅᆞ부 〈옛〉바로. 곧게. 세로. ¶ 바ᄅᆞ 自性을 ᄉᆞ뭇 아ᄅᆞ샤(月釋序18).

바ᄅᆞ다형 〈옛〉바르다. 곧다. ¶ 直ᄋᆞᆫ 바ᄅᆞᆯ씨라(月釋序18).

바ᄅᆞᆯ명 〈옛〉바다. ¶ 바ᄅᆞ래 가ᄂᆞ니(龍歌2章).

바ᄅᆞᆷ명 〈옛〉발⁶. 두 팔을 펴서 벌린 길이. ¶ 바ᄅᆞᆷ 탁:托(訓蒙下34).

바바루아(bavarois 프)명 양과자의 한 가지. 우유와 달걀, 설탕 등에 젤라틴을 섞어서 익힌 다음 틀에 부어 굳힌 과자.

바ː바리(←Burberry)명 〈바바리코트〉의 준말.

바ː바리-코ː트(←Burberry coat)명 방수 처리한 무명 개버딘의 레인코트, 또는 그와 비슷한 천으로 만든 코트. 〔영국의 바바리사가 개발한 레인코트의 상표명에서 유래함.〕 준바바리.

바베큐(barbecue)명 '바비큐'의 잘못.

바ː벨(barbell)명 역도(力道)나 근육 단련에 쓰이는 운동 기구. 철봉의 양 끝에 쇠로 된 원반을 끼운 것. 역기(力器).

바벨-탑(Babel塔)명 ①구약 성경의 창세기(創世記)에 나오는 전설상의 탑. 〔노아의 자손들이 바벨에다 하늘에 닿는 탑을 쌓아 올리다가, 하나님의 노여움을 사서 이루지 못했다 함.〕 ②'공상적인 계획이나 시도(試圖)'를 비유하여 이르는 말.

바ː보명 ①지능이 부족하여 정상적으로 판단하지 못하는 사람. ②'어리석고 멍청한 사람'을 얕잡아, 또는 욕으로 이르는 말. ¶ 바보 취급을 당하다. /그 말을 믿은 내가 바보지.

바ː보-상자(-箱子)명 '텔레비전'을 부정적인 면을 강조하여 이르는 말.

바ː보-스럽다[-따][~스러우니·~스러워]형ㅂ 모자라고 바보 같은 데가 있다. ¶ 바보스러운 웃음을 짓다.

바ː보-짓[-짇]명 어리석고 못나게 노는 짓. *바ː보짓이[-지시]·바ː보짓만[-진-]

바ː비큐ː(barbecue)명 소나 돼지 등을 통째로 직접 불에 굽는 요리. 미국에서 야외 파티용으로 발날했음.

바쁘다[바쁘니·바빠]형 ①해야 할 일이 많아서 쉴 겨를이 없다. ¶ 바쁜 나날을 보내다. ②몹시 급하다. ¶ 갑자기 바쁜 일이 생기다. ③한 가지 일에만 매달려 마음의 여유가 없거나 딴 겨를이 없다. ¶ 입에 풀칠하기도 바쁘다. ④'어떤 행동이 끝나자마자 곧'의 뜻을 나타냄. 《주로, '-기가 바쁘게'의 꼴로 쓰임.》 ¶ 집에 들어서기가 바쁘게 다시 나간다.

바삐부 바쁘게. ¶ 바삐 서두르다.

바ː사기(←八朔-)명 '사리에 어둡고 이해력이 부족한 사람'을 조롱하여 이르는 말.

바삭부하자타 ①잘 마른 가랑잎 따위를 밟을 때 나는 소리. ¶ 방금 문밖에서 바삭하는 소리가 났다. ②잘 마른 것이 서로 닿거나 바스러질 때 나는 소리. ③비교적 작은 것이 산산이 부서지거나 깨어진 모양. ¶ 유리그릇이 바삭 깨지다. 큰버석. 센바싹¹. **바삭-바삭**부하자타 ¶ 바삭바삭한 튀밥 과자.

바삭-거리다[-꺼-]자타 자꾸 바삭바삭하다. 바삭대다. 큰버석거리다.

바삭-대다[-때-]자타 바삭거리다.

바서-지다자 단단한 물체가 잘게 조각이 나다. ¶ 거울이 산산이 바서지다. 큰부서지다.

바셀린(vaseline)명 석유를 증류하고 남은 기름을 고도로 정제(精製)한, 무색 또는 담황색의 유지(油脂). 〔상표명임.〕

바ː소명 한방에서, 곪은 데를 째는 데 쓰는 날이 있는 기구. 피침(披鍼).

바-소쿠리명 싸리로 만든 삼태기.

바수다타 (물체를) 두드리어 잘게 깨뜨리다. ¶ 왕소금을 잘게 바수다. 준밧다. 큰부수다.

바수-지르다[~지르니·~질러]타르 닥치는 대로 마구 바수다. 큰부수지르다.

바순ː(bassoon)명 관현악에 많이 쓰이는 목관 악기의 한 가지. 목관 악기 가운데서 가장 낮은 음을 냄. 파곳(fagott).

바스-대다자 ①진득이 있지 못하고 몸을 자꾸 옴죽거리다. ¶ 바스대는 아이를 다독다독 잠재우다. ②마음이 설레다. ¶ 가슴이 바스대어 잠을 못 이루다. ③자꾸 바스락바스락 소리를 내다. 큰부스대다.

바스라기명 잘게 바스러진 물건. ¶ 과자 바스라기. 큰부스러기.

바스락부하자타 마른 검불이나 얇은 종이 따위를 밟거나 건드리거나 뒤적일 때 나는 소리. ¶ 수풀 속에서 바스락 소리가 났다. 큰버스럭. 센빠스락. 참보스락. **바스락-바스락**부하자타.

바스락-거리다[-꺼-]자타 자꾸 바스락바스락하다. 바스락대다. 큰버스럭거리다.

바스락-대다[-때-]자타 바스락거리다.

바스락-장난[-짱-]명 자지레한 장난.

바스러-뜨리다[타] 바스러지게 하다. 바스러트리다. ¶ 꽃병을 바스러뜨리다./바싹 마른 낙엽을 밟아 바스러뜨리다. [큰]부스러뜨리다.

바스러-지다[자] ①(어떤 물체가) 깨어져 잔 조각이 나다. ¶ 바닥에 떨어진 유리가 바스러져 산산조각이 났다. ②덩이를 이룬 것이 흐슬부슬 헤지다. ③(나이에 비해) 얼굴이 몹시 여위고 주름이 잡히다. ¶ 그 예쁘던 얼굴이 몰라보게 바스러졌다. ①②[큰]부스러지다.

바스러-트리다[타] 바스러뜨리다. ¶ 흙덩이를 바스러트리다. [큰]부스러트리다.

바스스[부] ①바스라기가 이리저리 흩어지는 모양, 또는 그 소리. ②(앉았거나 누웠다가) 조용히 몸을 일으키는 모양. ③[하형]머리털 같은 것이 조금 흐트러져 꺼벙한 모양. ¶ 잠에서 막 깼는지 바스스한 머리를 하고 나왔다. ④미닫이 따위를 조용히 여닫는 모양, 또는 그 소리. [큰]부스스.

바스켓(basket)[명] 〔'바구니'라는 뜻으로〕 농구대의 링과 거기에 드리워 놓은 밑이 없는 그물.

바슬-바슬[부][하형] 덩어리진 가루 따위가 말라서 쉽게 바스러지는 모양. [큰]버슬버슬. [거]파슬파슬.

바심[1][명][하타] 집을 지을 재목을 연장으로 깎거나 다듬는 일.

바심[2][명][하타] ①풋바심. ②타작.

바심-질[명][하타] 재목을 바심하는 일.

바싹[1][부][하자타] 〈바삭〉의 센말. [큰]버썩[1].

바싹[2][부] ①물기가 아주 없이 마르거나 타 버린 모양. ¶ 논바닥이 바싹 마르다./약이 바싹 졸았다. ②아주 가까이 다가가는 모양. ¶ 바싹 다가서다. ③몹시 긴장하는 모양. ¶ 정신을 바싹 차리다./몸이 바싹 달다. ④몹시 죄는 모양. ¶ 허리띠를 바싹 죄다. ⑤외곬으로 우기는 모양. ¶ 고집을 부리며 바싹 우기다. ⑥많이 줄어드는 모양. ¶ 식량이 바싹 줄다./오랜 병으로 몸이 바싹 야위다. [큰]버썩[2]·부썩[2]. [참]바짝. **바싹-바싹**[부].

바야흐로[부] ①이제 한창. ¶ 바야흐로 인생의 황금기에 접어들다. ②이제 막. 지금 바로. ¶ 바야흐로 해가 솟으려 한다.

바오달[명] 〈옛〉 군영(軍營). 군막(軍幕). ¶ 바오달 영:營(訓蒙中8).

바오달터[명] 〈옛〉 군영터. 군막터. ¶ 바오달터:營盤(訓蒙中8).

바운드(bound)[명][하자][되자] 공이나 자동차 따위가 지면에서 튀어 오르는 일.

바위[명] ①부피가 아주 큰 돌. 바윗돌. 암석. ②가위바위보에서 주먹을 내민 것. '가위'에는 이기고, '보'에는 짐.

바위를 차면 제 발부리만 아프다[속담] 일시적인 흥분으로 일을 저지르면 자기만 손해라는 말.

바위에 달걀 부딪치기[속담] 아무리 해도 승산이 없는 부질없는 짓을 한다는 말.

바위-너설[명] 바위가 삐죽삐죽 내민 험한 곳.

바위-섬[명] 바위가 많은 섬, 또는 바위로 이루어진 섬.

바위-솔[명] 돌나물과의 다년초. 산지의 바위에 절로 나는데 줄기는 30 cm가량. 잎은 두껍고 끝이 뾰족하며, 9월경에 흰 꽃이 핌. 열매를 맺고 나면 말라 죽음.

바위^식물(－植物)[－싱－][명] 바위틈이나 바위 위에 나는 식물을 통틀어 이르는 말. 지의류(地衣類)나 선태류 따위. 암생 식물.

바위-옷[－옫][명] 바윗돌에 낀 이끼. ＊바위옷이[－오시]·바위옷만[－온－]

바위-옹두라지[명] 바위의 울퉁불퉁한 뿌다구니, 또는 그러한 바위.

바위-자리[명] 바위 모양으로 만든 불상(佛像)의 대좌(臺座).

바위-취[명] 범의귓과의 상록 다년초. 우리나라 중부 이남의 습지에 잘 자람. 온몸에 적갈색의 긴 털이 있으며, 짧은 뿌리줄기에서 잎이 모여 나고, 5월경에 흰 꽃이 핌. 민간에서 생즙을 내어 백일해·종기·화상·동상 등에 약으로 씀.

바위-틈[명] ①바위의 갈라진 틈. ②바위와 바위의 틈. ¶ 그는 바위틈에 엎드려 몸을 숨겼다.

바윗-돌[－위똘/－윋똘][명] 바위.

바윗-등[－위뜽/－윋뜽][명] 바위의 위. 바위의 윗부분.

바윗-장[－위짱/－윋짱][명] 넓적한 바위.

바음자리-표(－音－標)[명] ☞낮은음자리표.

바이[부] 《주로 '없다'·'아니다'·'못하다' 따위의 부정어와 함께 쓰이어》 아주. 전연. 도무지. ¶ 내 그 사람을 바이 모르는 바는 아니나….

바이러스(virus)[명] ①보통의 현미경으로는 볼 수 없을 정도의 미생물. 유행성 감기, 천연두 따위의 병원체임. 여과성 병원체. ②컴퓨터를 비정상적으로 작용하게 만드는 프로그램. ¶ 백신 프로그램을 설치하여 바이러스를 예방하다.

바이-메탈(bi-metal)[명] 열팽창률이 다른 얇은 두 금속판을 맞붙인 것. 온도의 변화에 따라 한쪽으로 구부러지는 성질을 이용하여 자동 온도 조절기 등에 이용됨.

바이브레이션(vibration)[명] 〔'진동(振動)'이란 뜻으로〕 성악이나 기악에서 소리를 떨리게 내는 일, 또는 그런 소리.

바이블(bible)[명] ①기독교의 성서(聖書). 성경(聖經). ②'어떤 분야에서 가장 권위가 있고, 지침이 될 만한 서적'을 비유하여 이르는 말. ¶ 경영학의 바이블.

바이샤(vaiśya 범)[명] 고대 인도의 카스트의 셋째 계급. 농·공·상업에 종사하던 서민 계급을 이름. 폐사(吠舍). [참]브라만·크샤트리아·수드라.

바이스(vise)[명] 작은 공작물을 틀로 된 아가리에 물려 고정시키는 공구.

바이애슬론(biathlon)[명] 동계 올림픽 경기 종목의 한 가지. 스키와 사격의 두 경기로 된 복합 경기로서, 스키의 주행 시간과 사격의 점수로 우열을 겨룸.

바이어(buyer)[명] 물건을 사기 위하여 외국에서 온 상인. 수입상. ¶ 외국 바이어와 계약을 맺다.

바이어스(bias)[명] ①옷감을 올에 대하여 비끼어 마른 선. ②올이 비끼어 교차된 옷감. ③〈바이어스 테이프〉의 준말.

바이어스^테이프(bias tape)[명] 천을 나비 2 cm 정도로 비끼어 잘라 만든 테이프. 시접이나 진동 둘레 따위를 싸고 꿰매는 데 쓰임. [준]바이어스.

바이얼레이션(violation)[명] 농구에서, 파울 이외의 규칙 위반을 이르는 말. ¶ 워킹 바이얼레이션.

바이-없다[－업따][형] ①견줄 데 없이 매우 심하다. ¶ 기쁘기 바이없다. ②어찌할 도리가 없다. ¶ 그 일을 감당할 길이 바이없다. ②**바이없-이**[부].

바이오닉스(bionics)[명] 생물 공학. 〔'biology(생물학)'와 'electronics(전자 공학)'의 합성어.〕

바이오리듬(biorhythm)[명] (인간의) 생명 활동에서 신체·감정·지성 등에 주기적으로 나타나는 일정한 현상. 생체 리듬.

바이오-산업(bio産業)명 생명 공학의 기술을 농업이나 공업에 이용하여 기업화한 산업.
바이오세라믹스(bioceramics)명 인공 치아·인공 뼈·인공 관절 따위와 같이 생체의 대용물로 이용되는 의료용 세라믹.
바이오센서(biosensor)명 생물의 효소나 항체 따위가 특정한 물질과만 반응하는 것을 이용하여 물질의 성질을 조사하는 계측기. 식품 제조 과정에서의 알코올이나 유기산, 어육의 신선도 따위를 측정하는 데 이용함.
바이오칩(biochip)명 세포 속의 단백질이 가지는 전기적 성질을 응용한 소자. 디엔에이(DNA) 따위 생화학 물질을 집적시킨 것으로 고도의 방식으로 정보를 인식하고 처리함.
바이오테크놀로지(biotechnology)명 생물 특유의 기능인 유전·증식·대사(代謝) 등을 물질의 생산이나 검출 등에 이용하는 기술. 생명 공학.
바이올렛(violet)명 ①제비꽃. ②보랏빛. 자색(紫色). 자줏빛.
바이올리니스트(violinist)명 바이올린 연주자. 제금가(提琴家).
바이올린(violin)명 대표적인 현악기의 한 가지. 말총으로 만든 활로 네 줄을 켜서 연주하는데, 음색이 화려함. 제금(提琴).
바이올린-족(violin族)명 바이올린·비올라·첼로·콘트라베이스 등 '바이올린을 중심으로 한 현악기'를 통틀어 이르는 말.
바이킹(Viking)명 8세기~10세기경, 유럽의 여러 해안을 휩쓸던, 모험적·호전적인 '북방 노르만 족'을 통틀어 이르는 말.
바이타글라스(Vitaglass)명 자외선을 잘 투과하는 유리. 일광욕실이나 바이타램프에 쓰임. 〔상품명임.〕
바이타램프(vitalamp)명 자외선을 많이 내는 전구. 〔상품명임.〕
바이탈륨(Vitallium)명 코발트·크롬·몰리브덴 등의 합금. 인조골(人造骨)의 재료로 쓰임.
바이트(bite)명 금속을 자르거나 깎을 때 선반 따위 공작 기계에 붙여 쓰는, 날이 있는 공구.
바이트(byte) Ⅰ명 하나의 단위로 다루어지는 이진 문자의 집합.
Ⅱ의 컴퓨터가 처리하는 정보량의 기본 단위. 8비트(bit)를 1바이트로 하며, 영문자 한 자의 표기 능력 단위가 됨. 〔기호는 B〕
바인더(binder)명 ①서류 따위를 철하는 데 쓰이는 물건. ②벼나 보리를 베어서 단으로 묶는 농업용 기계.
바올명 〈옛〉 방울. ¶ 노ᄅᆞ샛 바오리실씨(龍歌*44*章).
바자명 대나무·갈대·수수깡 따위로 발처럼 엮은 것. 울타리를 만드는 데 씀. 파자(笆子).
바자(bazaar)명 자선 사업 등의 자금을 마련하기 위하여 뜻있는 이들이 벌이는 일시적인 전시품 판매장. 바자회. 자선시(慈善市).
바자니다자 〈옛〉 바장이다. ¶ 오ᄅᆞ며 ᄂᆞ리며 헤쓰며 바자니니(鄭澈.續美人曲).
바자-울명 바자로 만든 울타리.
바ː자위다형 성미가 너무 깐깐하여 너그러운 맛이 없다.
바자-회(bazaar會)[-회/-훼]명 ☞바자(bazaar). ¶ 바자회를 열다.
바작-바작[-빠-]부 ①하자타잘 마른 물건을 자꾸 씹거나 빻거나 할 때 나는 소리, 또는 그 모양. ¶ 과자를 바작바작 씹어 먹다. ②하자잘 마른 물건이 타 들어가는 소리, 또는 그 모양. ③마음이 점점 죄어드는 모양. ¶ 바작바작 속이 탄다. ④애가 타서 입술이 점점 마르는 모양. ⑤하자진땀이 자꾸 돋아나는 모양. ¶ 바작바작 진땀이 맺히다. 큰버적버적. 센빠작빠작.
바잡다[-따][바자우니·바자워]형ㅂ ①마음이 자꾸 끌리어 참기 어렵다. ¶ 친구가 보고 싶어 마음이 바잡다. ②마음이 조마조마하고 염려스럽다. ¶ 혹시나 일이 잘못될까 하여 바잡다.
바잣-문(-門)[-잔-]명 바자울에 낸 사립문.
바장-이다자 부질없이 같은 길이나 가까운 거리를 오락가락 거닐다. ¶ 한동안 복도를 바장이다가 문득 기발한 생각이 떠올랐다. 큰버정이다.
바-장조(-長調)[-쪼]명 '바' 음을 으뜸음으로 하는 장조.
바제도ː-병(Basedow病)[-뼝]명 갑상선의 기능 항진 또는 이상으로 말미암아 갑상선이 붓고, 눈알이 불거지는 병.
바조명 〈옛〉바자. ¶ 바조 파:笆. 바조 리:籬(訓蒙中*6*). /바조 쥰:稕(訓蒙下*18*).
바주카(bazooka)명 〈바주카포〉의 준말.
바주카-포(bazooka砲)명 포신(砲身)을 어깨에 메고 직접 조준하여 발사하는, 휴대용 로켓식 대전차포(對戰車砲). 준바주카.
바지명 ①두 가랑이가 진 한복의 아랫도리 겉옷. ②〈양복바지〉의 준말.
바지명 〈옛〉기술자. ¶ 匠ᄋᆞᆫ 바지라(法華序*21*).
바ː지(barge)명 운하나 하천·항만 같은 데서, 화물을 나르는 데 쓰이는 바닥이 편평한 짐배. 바지선.
바ː-지게명 ①발채를 얹은 지게. ②접을 수 없게 만든 발채.
바지라기명 ☞바지락.
바지락명 백합과의 조개. 껍데기는 길이 4 cm, 높이 3 cm가량으로 부채 모양임. 빛깔은 다양하며 잘 바뀜. 어린 조개는 족사(足絲)로 돌에 붙어삶. 자갈이 섞인 모래펄에 많음. 바지라기. 바지락조개.
바지락-젓[-쩓]명 바지락의 살로 담근 젓. ＊바지락젓이[-쩌시]·바지락젓만[-쩐-]
바지락-조개[-쪼-]명 ☞바지락.
바지랑-대[-때]명 빨랫줄을 받치는 장대.
바지랑이명 〈옛〉 바지랑대. ¶ 兀丫:바지랑이(才物卷六物譜*1*).
바지런명하형스형 일에 꾸준하고 열심임. ¶ 그는 무슨 일이고 바지런을 떤다. 큰부지런. **바지런-히**부. **바지런스레**부.
바지로이부 〈옛〉공교하게. ¶ 古體옛 그를 조쳐 바지로이 ᄒᆞ놋다(杜初*23:39*).
바ː지-선(barge船)명 ☞바지(barge).
바지-저고리명 ①바지와 저고리. ②'제구실을 못하는 못난 사람, 또는 무지렁이 촌사람'을 조롱하여 이르는 말. ¶ 말이 사장이지 아무 권한도 없는 바지저고리다.
바지지부하자 뜨거운 쇠붙이 따위에 물이나 물기가 있는 물건이 닿아서 졸아붙을 때 나는 소리, 또는 그러한 모양. 바지직. ¶ 장조림이 바지지 졸아붙다. 큰부지지. 센빠지지.
바지직부하자 ①☞바지지. ②질긴 천 따위가 조금씩 터질 때 나는 소리, 또는 그러한 모양. ③무른 똥을 급히 눌 때 좀 되바라지게 나는 소리. 큰부지직. 센빠지직. **바지직-바지직**부하자.
바지직-거리다[-꺼-]자 자꾸 바지직바지직하다. 바지직대다. 큰부지직거리다.
바지직-대다[-때-]자 바지직거리다.
바지-춤명 바지의 허리 부분을 접어 여민 사이. ¶ 바지춤을 여미다. /바지춤을 추키다.

바짓-가랑이[-지까-/-짇까-]명 바지의 다리를 꿰는 부분. 준가랑이.
바짓-단[-지딴/-짇딴]명 바지의 아래 끝을 접어서 감친 부분.
바짓-부리[-지뿌-/-짇뿌-]명 바짓가랑이의 끝 부분. ¶ 바짓부리가 물에 젖다.
바ᄌᆞ명 〈옛〉 바자. ¶ 바ᄌᆞ문 남녁(老解下1).
바짝부 ①물기가(액체가) 졸아들거나 아주 마르는 모양. ¶ 빨래가 바짝 마르다. /국물이 바짝 졸았다. ②몹시 달라붙는 모양. ¶ 턱밑까지 바짝 다가서다. ③매우 긴장하는 모양. ¶ 정신을 바짝 차리다. ④몹시 죄는 모양. ¶ 허리띠를 바짝 죄다. ⑤갑자기 늘거나 주는 모양. ⑥몸이 몹시 마른 모양. ¶ 몸이 바짝 여위다. 큰버쩍. 참바싹[2]. **바짝-바짝**부.
바치다[1]타 ①웃어른에게 드리다. ¶ 은사께 바치는 글월. 비드리다[1]. ②자기의 정성이나 힘·목숨 등을 남을 위해서 아낌없이 다하다. ¶ 교육에 일생을 바치다. ③공물(貢物)·세금 따위를 내다.
바치다[2]타 (이성이나 음식 따위를) 지나칠 정도로 좋아하거나 즐기다. ¶ 술을 바치다. 센빠치다.
바캉스(vacance 프)명 (주로 피서나 휴양을 위한) 휴가. ¶ 동해안으로 바캉스를 떠나다.
바커스(Bacchus)명 로마 신화에 나오는, 술의 신. 〔그리스 신화의 디오니소스에 해당함.〕
바켄(Backen 독)명 스키 신의 앞부분을 스키에 고정시키는 쇠고리.
바ː-코ː드(bar code)명 상품의 관리를 컴퓨터로 처리할 수 있도록 상품에 표시해 놓은 막대 모양의 기호. 국명·회사명·상품명 등이 표시됨.
바퀴[1] Ⅰ명 굴대를 중심으로 돌거나 구르게 만든, 둥근 테 모양의 물건을 두루 이르는 말. ¶ 자동차의 바퀴. /물레의 바퀴.
Ⅱ의 어떠한 곳을 원을 그리며 빙 도는 횟수를 세는 말. ¶ 운동장을 한 바퀴 돌다.
바퀴[2]명 바퀴과의 곤충. 몸길이 1~1.5 cm. 몸은 길둥글고 납작하며 몸빛은 황갈색임. 음식물과 옷가지에 해를 끼침. 여러 종류가 전 세계에 분포함. 바퀴벌레. 비렴(蜚蠊). 향랑자(香娘子).
바퀴-벌레명 ☞바퀴[2].
바퀴-살명 자전거 등의 바퀴에서, 굴대통과 테를 잇는 가느다란 막대기나 철사.
바퀸-자국[-퀴짜-/-퀸짜-]명 바퀴가 달린 탈것이 지나간 흔적. 궤적.
바탕[1]명 ①사람의 타고난 성질이나 체질 또는 재질(才質). ¶ 바탕이 선량한 사람. ②어떤 물건의 재료 또는 품질. ¶ 바탕의 결이 곱다. ③직물이나 물체의 바닥 또는 빛깔. ¶ 노란 바탕에 녹색 무늬. ④사물이나 현상의 근본을 이루는 기초. ¶ 한(恨)을 바탕으로 한 작품. /민주화가 이루어진 바탕에는 성숙한 시민 의식이 있었다.
바탕[2]의 ①활을 쏘아 살이 이르는 거리 정도의 길이를 나타내는 말. ¶ 활 한 바탕. ②어떤 일을 한차례 끝내는 동안을 세는 단위. ¶ 윷놀이를 몇 바탕 하다. ③무렵이나 때. ¶ 늙을 바탕에 쓴 작품.
바탕[3]명 〈옛〉 ①마당. 자리. ¶ 이 노니논 바탕이니라(金三2:19). ②일터. 본바탕. ¶ 져근덧 날 됴흔 제 바탕의 나가보자(古時調).
바탕-색(-色)명 물체가 본디 가지고 있는 빛깔.
바탕-흙[-흑]명 질그릇의 밑감으로 쓰는 흙.
* 바탕흙이[-흘기]·바탕흙만[-흥-]
바탱이명 중두리와 비슷하게 생긴 작은 오지그릇의 한 가지. 중두리보다 배가 더 나왔고 아가리는 좁음.
바ː터(barter)명하타 물물 교환(物物交換).
바ː터^무ː역(barter貿易)명 ☞바터제.
바ː터-제(barter制)명 ①화폐를 매개로 하지 않고, 물품과 물품을 직접 교환하는 매매 형식. ②두 나라 사이의 수출입액을 일정한 기간 안에 완전히 균형을 이루게 하여 거래 차액의 결제를 생략하는 무역 방식. 바터 무역.
바ː텐더(bartender)명 바(bar)의 카운터에서 주문을 받고 칵테일 따위를 만드는 사람.
바통(bâton 프)명 ①☞배턴(baton). ②《주로 '넘기다'·'받다'와 함께 쓰이어》 '권한이나 의무·역할 따위를 주고받음'을 비유하여 이르는 말. ¶ 그가 바통을 이어받아 새 회장이 되었다.
바퇴다타 〈옛〉 버티다. ¶ 바퇼 듀ː拄(訓蒙下17). /祥雲이 집픠는 동 六龍이 바퇴는 동(鄭澈.關東別曲).
바투부 ①두 물체 사이가 썩 가깝게. ¶ 바투 다가서다. ②시간이 썩 짧게. ¶ 혼인 날짜를 바투 잡다. ③길이가 매우 짧게. ¶ 고삐를 바투 잡다.
바투-보기명 ☞근시(近視).
바투보기-눈명 ☞근시안(近視眼).
바특-하다[-트카-]형여 ①두 대상이나 물체·시간 따위의 사이가 가깝거나 짧다. ¶ 시간이 너무 바특하다. ②(음식의) 국물이 흥건하지 않고 톡톡하다. ¶ 국물이 바특하다. **바특-이**부.
바티다타 〈옛〉 바치다. ¶ 바틸 뎡ː呈. 바틸 공ː貢(訓蒙下21).
바티스카프(bathyscaphe 프)명 심해(深海) 관측용 잠수정.
바티칸(Vatican)명 ①교황청(敎皇廳). ②바티칸 시국(市國). ③바티칸 궁전.
바회[1]명 〈옛〉 바위. ¶ 바회 아래셔 사놋다(杜初7:31).
바회[2]명 〈옛〉 바퀴. ¶ 輪은 바회라(月釋2:38).
바히부 〈옛〉 바이. 전혀. ¶ 말씀을 고지혀 내면 결을 일이 바히 업고(古時調).
바히다타 〈옛〉 베다〔斬〕. ¶ 제 모맷 고기를 바혀 내는ᄃᆞ시 너겨ᄒᆞ며(釋譜9:12).
박[1]명 ①박과의 일년생 만초. 재배 식물인데, 줄기는 잔털이 많고 덩굴손으로 다른 물건을 감으면서 번음. 여름에 흰 꽃이 피며, 열매는 크고 둥긂. 박속은 나물로 먹고, 거죽은 삶아 말려 바가지를 만듦. 포로(匏蘆). ②〈머리통〉의 속된 말. ¶ 박 터지게 싸우다.
박(을) 타다관용 바라던 일이 어그러지다.
박 패듯관용 마구 패는 모양을 이르는 말.
박[2]명 (물이 새지 않도록 하기 위해) 배의 널빤지에 난 틈을 메우는 데 쓰는 물건.
박[3] Ⅰ명 노름판에서, 여러 번 대를 잡고 물주 노릇을 하는 일, 또는 그런 사람.
Ⅱ의 노름에서, 여러 번 지른 판돈을 세는 단위.
박[4]부 ①단단한 것을 세게 한 번 문지르거나 긁는 소리, 또는 그 모양. ②얇고 질긴 천이나 종이 따위를 단번에 찢는 소리, 또는 그 모양. 큰벅. 센빡. **박-박**부 ¶ 박박 긁다. /종이를 박박 찢다.
박(拍)명 ①국악기의 한 가지. 나뭇조각 또는 상아 조각으로 만든 타악기로서, 풍악이나 춤을 시작할 때와 마칠 때, 또는 곡조의 박자를 고르는 데 쓰임. ②〈박자〉의 준말.
박(剝)명 〈박괘(剝卦)〉의 준말.
박(箔)명 금속을 종잇장처럼 얇게 펴서 늘인 것. 〔금박·은박 따위.〕

박(泊)의 객지에서 묵는 밤의 횟수를 세는 단위. ¶ 3박 4일 일정으로 귀국하다./2박 3일 동안 동해안에서 여름휴가를 즐겼다.
박겁(迫劫)[-껍]명하타 협박하여 을러댐.
박격(迫擊)[-껵]명하타 적에게 바싹 다가가서 공격함. 덤비어서 몰아침.
박격(搏擊)[-껵]명하타 몹시 후려침.
박격(駁擊)[-껵]명하타 다른 사람의 주장이나 이론을 비난하거나 공격함.
박격-포(迫擊砲)[-껵-]명 보병의 전투를 지원하는 데 쓰이는 근거리용 곡사포(曲射砲).
박-고지[-꼬-]명 여물지 않은 박을 길게 오려서 말린 반찬거리.
박공(牔栱·欂栱)[-꽁]명 합각머리나 맞배지붕의 양쪽 끝머리에 '∧' 모양으로 붙인 두꺼운 널 또는 벽. 박풍(牔風).
박괘(剝卦)[-꽤]명 육십사괘의 하나. 간괘(艮卦)와 곤괘(坤卦)를 위아래로 놓은 괘로서, 산이 땅에 붙음을 상징함. 준박(剝).
박-구기[-꾸-]명 쪽박으로 만든 구기.
박-국[-꾹]명 박의 흰 살을 썰어 넣고 끓인 장국. 포탕(匏湯).
박국(博局)[-꾹]명 바둑 따위의 놀음을 하는 판.
박근(迫近)[-끈]명하형 정한 날짜가 바싹 다가와 가까움. ¶ 입학시험 날짜가 박근하다.
박급(薄給)[-끕]명 ☞박봉(薄俸).
박-김치[-낌-]명 여물지 않은 박을 납작납작 잘게 썰어서 담근 김치.
박-나물[방-]명 여물지 않은 박을 얇게 저미고 쇠고기를 섞어서 볶은 뒤, 갖은 양념을 하고 주물러서 만든 나물. 포채(匏菜).
박눌(朴訥) '박눌하다'의 어근.
박눌-하다(朴訥-)[방-]형여 꾸밈이 없이 소박하고 말주변이 없다.
박다[-따]타 ①어떤 물건을 다른 물체에 꽂거나 끼우다. ¶ 말뚝을 박다./자개를 박은 소반. ②음식에 소를 넣거나 무엇을 붙이다. ¶ 송편에 콩소를 박다./전에 대추를 박다. ③사진이나 인쇄물을 찍다. ¶ 기념 사진을 박다./명함을 박다. ④틀이나 판으로 눌러서 찍다. ¶ 다식판으로 다식을 박다. ⑤식물이 뿌리를 내리다. ⑥(글씨를 쓸 때에) 글자의 획 하나하나를 또렷이 하다. ¶ 글씨를 또박또박 박아 쓰다. ⑦바느질에서, 실을 곱걸어서 꿰매다. ¶ 재봉틀로 치마를 박다. ⑧바느질을 하다. ¶ 바느질 땀을 고르게 박다. ⑨장기를 둘 때에 궁이나 사를 가운데 궁밭에 들여보내다. ⑩(어떤 목적 아래) 사람을 어떤 조직체 등에 들어가 있게 하다. ¶ 끄나풀을 몰래 박아 두고 정보를 수집하다. ⑪머리나 자동차 따위를 다른 물체에 부딪치다. ¶ 출입문에 이마를 박다. ⑫머리나 얼굴 따위를 푹 숙이거나 눌러서 대다. ¶ 그릇에 코를 박고 허겁지겁 먹는다.
박다위[-따-]명 삼노나 종이를 꼬아서 만든 멜빵. 짐짝을 메는 데 씀.
박달[-딸]명 〈박달나무〉의 준말.
박달-나무[-딸라-]명 자작나뭇과의 낙엽 활엽 교목. 깊은 산에 나는데 높이는 30 m가량. 껍질은 검은 회색이며 봄에 갈색 꽃이 이삭 모양으로 핌. 나무의 질이 단단하여 목제품의 재료로 쓰임. 준박달.
박담(薄曇)[-땀]명하형 (하늘에 엷은 구름이 끼어서) 날씨가 약간 흐림, 또는 그런 날씨. 미담(微曇). 미음(微陰).
박답(薄畓)[-땁]명 메마른 논. ↔옥답(沃畓).
박대(薄待)[-때]명하타 성의 없이 아무렇게나 대접함. 푸대접. ¶ 손님을 박대하다. ↔후대(厚待).
박덕(薄德)[-떡]명 ①하형덕이 적음. ↔후덕. ②'자기의 덕행'을 겸손하게 이르는 말.
박도(迫到)[-또]명하자 가까이 닥쳐옴. ¶ 좋은 기회가 박도하다.
박도(博徒)[-또]명 노름꾼.
박동(搏動)[-똥]명하자 맥박이 뜀. ¶ 심장 박동 소리.
박두(迫頭)[-뚜]명하자 (기일이나 시간이) 가까이 닥쳐옴. 당두(當頭). ¶ 기대하시라, 개봉(開封) 박두./마감 날짜가 박두하다.
박두(樸頭)[-뚜]명 촉을 나무로 만든 화살. 〔지난날, 활쏘기를 배울 때나 무과(武科)를 보일 때 썼음.〕
박락(剝落)[방낙]명하자되자 ①발라 놓은 칠 따위가 벗겨짐. ¶ 벽화의 일부가 박락되다. ②돌이나 쇠붙이에 새겨 놓은 글씨 따위가 오래되어 긁히고 깎이어 없어짐.
박람(博覽)[방남]명하타 ①책을 두루 많이 읽음. ¶ 서사(書史)를 박람하여 관통하지 못한 것이 없다. ②여러 곳을 다니며 널리 많은 것을 봄.
박람-강기(博覽強記)[방남-]명하자 널리 여러 가지 책을 많이 읽고 기억을 잘함.
박람-회(博覽會)[방남회/방남훼]명 산업이나 기술 따위의 발전을 위하여 농업·공업·상업 등에 관한 물품을 모아, 일정한 기간 동안 여러 사람에게 보이는 모임. ¶ 산업 박람회.
박래-품(舶來品)[방내-]명 지난날, '서양에서 들여온 상품'을 이르던 말.
박략(薄略) '박략하다'의 어근.
박략-하다(薄略-)[방냐카-]형여 매우 간략하다. 후하지 못하고 아주 약소하다. **박략-히**부.
박력(迫力)[방녁]명 (행동에서 느껴지는) 강하게 밀고 나가는 힘. ¶ 박력이 넘치다./일을 박력 있게 처리하다.
박력-분(薄力粉)[방녁뿐]명 글루텐의 함량에 따라 나눈 밀가루 종류의 한 가지. 찰기가 적은 메진 밀가루. 과자나 도넛 등을 만드는 데 알맞음. 참강력분·중력분.
박렴(薄斂)[방념]명하타 〈박부렴(薄賦斂)〉의 준말.
박론(駁論)[방논]명하타되자 다른 사람의 학설이나 견해 따위를 비난하고 공격함, 또는 그 이론. 논박.
박름(薄廩)[방늠]명 ☞박봉(薄俸).
박리(剝離)[방니]명하타 (가죽·껍질 또는 붙어 있던 것을) 벗김. ¶ 가죽을 박리하여 가공하다.
박리(薄利)[방니]명 적은 이익. ↔폭리(暴利).
박리-다매(薄利多賣)[방니-]명하타 상품의 이익을 적게 보고 많이 팔아 이윤을 올리는 일.
박리-주의(薄利主義)[방니-의/방니-이]명 이익을 적게 내고 팔기를 많이 하는 경영 태도(방식).
박막(薄膜)[방-]명 ①얇은 막. ②동식물의 몸 안의 기관을 싸고 있는 얇은 꺼풀.
박막-질(薄膜質)[방-찔]명 박막처럼 생긴 물질.
박만(撲滿)[방-]명 ☞벙어리저금통.
박매(拍賣)[방-]명하타 ☞경매(競賣).
박멸(撲滅)[방-]명하타되자 모조리 잡아 없앰. ¶ 해충을 박멸하다.
박명(薄明)[방-]명 ①희미하게 밝음. ②해가 뜨기 전이나 해가 진 뒤에 한동안 하늘이 희미하게 밝아 있는 현상, 또는 그 무렵.

박명(薄命)[방-]명하형 ①운명이 기구함. ¶ 박명한 생애. ②목숨이 짧음. ¶ 박명한 시인.
박모(薄暮)[방-]명 해가 진 뒤로 컴컴하기 전까지의 어스레한 동안. 땅거미[1].
박무(薄霧)[방-]명 엷게 낀 안개.
박문(博文)'박문하다'의 어근.
박문(博聞)[방-]명하자 사물에 대해 널리 들어 많이 앎.
박문(駁文)[방-]명 (다른 사람의 학설이나 견해 따위를) 논박하는 글.
박문-강기(博聞強記)[방-]명하타 사물에 대하여 널리 듣고 보고, 그것을 잘 기억함.
박문-약례(博文約禮)[방-냑녜]명하자 널리 학식을 쌓아서 사리에 밝고 예절을 잘 지킴.
박문-하다(博文-)[방-]형여 학문에 널리 통하여 밝다.
박물(博物)[방-]명 ①여러 가지 사물에 대하여 두루 많이 앎. ②여러 가지 사물과 그에 대한 참고가 될 만한 물건. ③〈박물학〉의 준말.
박물-관(博物館)[방-]명 역사·민속·산업·과학·예술 등에 관한 자료를 널리 수집, 보관하고 전시하여 사회 교육과 학술 연구에 도움이 되게 만든 시설. ¶ 민속 박물관.
박물-군자(博物君子)[방-]명 온갖 사물을 널리 잘 아는 사람.
박물-세고(博物細故)[방-]명 자질구레한 사물.
박물-표본(博物標本)[방-]명 동물·식물·광물·지질(地質) 등의 표본.
박물-학(博物學)[방-]명 동물학·식물학·광물학·지질학 등을 통틀어 이르는 말. 준박물.
박민(剝民)[방-]명하자 과중한 조세나 부역 따위로 백성을 괴롭힘.
박박[1][-빡]부 ①털 따위를 아주 짧게 깎는 모양. ¶ 머리를 박박 밀다. ②이를 자꾸 가는 소리, 또는 그 모양. ③몹시 우기는 모양. ¶ 혼자서만 박박 우기다. 큰벅벅. 센빡빡.
박박[2][-빡]부 얼굴이 몹시 얽은 모양. 센빡빡.
박박-이[-빠기]부 틀림없이. ¶ 그가 오늘은 박박이 나타날 것이다. 큰벅벅이. 센빡빡이.
박배[-빼]명 문짝에 돌쩌귀·고리·배목 따위를 박아서 문틀에 끼워 맞추는 일.
박-벌[-뻘]명 〈호박벌〉·〈어리호박벌〉의 준말.
박보(博譜)[-뽀]명 장기 두는 법을 풀이한 책.
박복(薄福)[-뽁]명하형 복이 적음. 복이 없음. 팔자가 사나움. ¶ 박복한 상(相).
박봉(薄俸)[-뽕]명 적은 봉급. 박급(薄給). 박름(薄廩). ¶ 박봉에 시달리는 월급쟁이들.
박부(薄夫)[-뿌]명 경박한 남자.
박부득이(迫不得已)[-뿌-]부하형 일이 매우 급하여 어찌할 수가 없이. 박어부득(迫於不得). ¶ 박부득이 완공 시기를 앞당기다.
박-부렴(薄賦斂)[-뿌-]명하타 세금을 적게 거둠. 준박렴.
박빙(薄氷)[-삥]명 ①살얼음. ②근소한 차이. 《주로, '박빙의'의 꼴로 쓰임.》 ¶ 박빙의 승부. /박빙의 차로 승리하다.
박사(博士)[-싸]명 ①대학원의 박사 과정을 졸업하여 학위 논문의 심사와 시험에 합격한 사람에게 주는 학위, 또는 그 학위를 가진 사람. ②'널리 아는 것이 많거나 어느 부분에 능통한 사람'을 비유하여 이르는 말. ¶ 그가 골동품 감별에는 박사지. ③조선 시대, 성균관·홍문관·규장각·승문원에 딸린 정칠품 벼슬. ④고구려·백제 때에, 학문이나 전문 기술에 종사하는 사람에게 주던 벼슬.
박사(薄紗)[-싸]명 얇은 사(紗). ¶ 박사 고깔.
박사(薄謝)[-싸]명 약간의 사례. 박의(薄儀).
박산(薄饊)[-싼]명 산자에 꿀이나 조청을 발라 흰 세반(細飯)을 묻힌 강정의 한 가지.
박살[-쌀]명 산산이 부서지는 일. ¶ 박살이 나다. /박살을 내다.
박살(搏殺)[-쌀]명하타 손으로 쳐서 죽임.
박살(撲殺)[-쌀]명하타되자 때려 죽임. 타살.
박상(剝喪)[-쌍]명하자되자 ①벗겨져 없어짐. ②빼앗기어 잃음. ¶ 아(我) 생존권의 박상됨이 무릇 기하(幾何) ㅣ며…(己未獨立宣言書).
박상-해(雹霜害)[-쌍-]명 우박이나 서리로 말미암은 농작물의 피해. ¶ 박상해를 입다.
박-새[-쌔]명 박샛과의 새. 몸길이 14 cm가량으로 참새만 함. 머리와 목은 흑색, 뺨과 배는 흰색, 등은 회색이며 날개에 흰 띠가 있음. 겨울새이며 보호조임.
박색(薄色)[-쌕]명 (주로 여자의) 아주 못생긴 얼굴, 또는 그러한 여자. ↔일색(一色).
박서(薄暑)[-써]명 초여름의 대단하지 않은 더위.
박석(薄石)[-썩]명 넓적하고 얇은 돌.
박설(駁說)[-썰]명 다른 사람의 학설이나 견해를 비난하고 공격하는 일, 또는 그 설(說).
박설(薄雪)[-썰]명 자국눈.
박섬(縛苫)[-썸]명 복쌈.
박섭(博涉)[-썹]명하타 ①여러 가지 책을 많이 읽음. 섭렵(涉獵). ②널리 사물을 보고 들음.
박세(迫歲)[-쎄]명하자 섣달 그믐이 다가옴.
박소(朴素) '박소(朴素)하다'의 어근.
박소(薄少) '박소(薄少)하다'의 어근.
박소-하다(朴素-)[-쏘-]형여 ☞소박하다.
박소-하다(薄少-)[-쏘-]형여 얼마 되지 아니하다.
박-속[-쏙]명 박 안의, 씨가 박혀 있는 하얀 부분. ¶ 박속처럼 흰 살갗.
박속(薄俗)[-쏙]명 경박한 풍속.
박속-같다[-쏙깓따]형 피부나 치아 따위가 곱고 하얗다. ¶ 속살이 박속같다.
박속-나물[-쏭-]명 덜 여문 박을 타서 삶아 속을 버리고 살만 긁어서 무친 나물.
박송(薄松)[-쏭]명 소나무를 얇게 켠 널.
박수[-쑤]명 남자 무당.
박수(拍手)[-쑤]명하자 (환영·축하·격려·찬성 등의 뜻으로) 손뼉을 여러 번 치는 일. ¶ 박수를 치다. /귀한 손님을 박수로 맞이합시다.
박수-갈채(拍手喝采)[-쑤-]명하자 많은 사람이 일제히 손뼉을 치면서 환영하거나 칭찬하는 일. ¶ 박수갈채가 쏟아지다.
박수-례(拍手禮)[-쑤-]명 박수로 하는 인사.
박스(box)명 ①상자. 궤. ②〖의존 명사적 용법〗 상자를 단위로 세는 말. ¶ 맥주 열 박스.
박스-권(box圈)명 주가가 일정한 가격 폭 안에서만 오르내릴 때에 그 가격의 범위.
박승(縛繩)[-쏭]명 ☞포승(捕繩).
박시(博施)[-씨]명하자 많은 사람에게 널리 사랑과 은혜를 베풂.
박시-제중(博施濟衆)[-씨-]명하자 널리 사랑과 은혜를 베풀어 많은 사람을 구제함.
박식(博識)[-씩]명하형 널리 보고 들어서 아는 것이 많음, 또는 그런 사람. ¶ 금석문에 박식한 사람.
박신-거리다[-씬-]자 끊임없이 박신박신하다. 박신대다. ¶ 많은 사람으로 박신거리다. 큰벅신거리다.
박신-대다[-씬-]자 박신거리다.

박신-박신[-씬-씬]㊀㊁ 사람이나 짐승 따위가 좁은 곳에 많이 모여서 활발하게 움직이는 모양. ¶ 장터에는 사람들이 박신박신한다. ㉤벅신벅신.

박-쌈명하자 (남의 집에 보내려고) 음식을 담아 보자기로 쌈, 또는 그렇게 싼 함지박.

박쌈-질명하타 음식을 박쌈으로 도르는 일.

박씨부인-전(朴氏夫人傳)명 지은이와 지은 때를 알 수 없는 국문 고대 소설. 병자호란을 배경으로 한 군담(軍談) 소설. 박씨전.

박씨-전(朴氏傳)명 ☞박씨부인전.

박아(博雅)명하형 학식이 많고 사리의 분별이 올바름, 또는 그러한 사람.

박아-디디다타 발끝에 힘을 주어 디디다.

박악(薄惡) '박악하다'의 어근.

박악-하다(薄惡-)[-아카-]형여 ①야박하고 모질다. ¶ 성품이 박악하다. ②됨됨이가 썩 좋지 못하다. ¶ 박악한 물건을 보내오다.

박애(博愛)명하타 뭇사람을 차별 없이 두루 사랑함. 범애(汎愛). ¶ 박애 정신.

박애-주의(博愛主義)[-의/-이]명 인류는 모두 평등하며 인종·국가·계급 등을 초월하여 널리 서로 사랑해야 한다는 주의. 사해동포주의.

박약(薄弱)명하형 ①의지나 체력 따위가 굳세지 못하고 여림. ¶ 의지가 박약하다. ②불충분하거나 모자람. ¶ 과학적 근거가 박약하다.

박어부득(迫於不得)부하형 ☞박부득이(迫不得已).

박옥(璞玉)명 다듬거나 갈지 아니한 옥돌.

박옥-혼금(璞玉渾金)[바고콘-]명 〔아직 갈지 않은 옥과 제련하지 않은 금이라는 뜻으로〕 '순박하고 꾸밈이 없는 사람'을 비유하여 이르는 말.

박용(舶用)명하타 선박에 씀, 또는 그 물건. ¶ 박용 엔진.

박용^기관(舶用機關)명 선박의 원동기로 쓰이는 기관.

박용-탄(舶用炭)명 선박의 증기 기관에 쓰이는 석탄.

박우(薄遇)명하타 불친절한 대접. 박한 대우.

박-우물명 바가지로 물을 뜰 수 있는 얕은 우물. ↔두레우물.

박운(薄雲)명 엷게 낀 구름.

박운(薄運)명하형 ☞불운(不運).

박은-이명 책을 인쇄한 사람. 인쇄인.

박음-질명하타 ①실을 곱걸어서 꿰매는 바느질. 〔온박음질과 반박음질이 있음.〕 ②재봉틀로 옷감 따위를 박는 일.

박음-판(-版)명 ☞인쇄판(印刷版).

박읍(薄邑)명 ☞잔읍(殘邑).

박의(薄衣)[바긔/바기]명 얇은 옷.

박의(薄儀)[바긔/바기]명 〔'약소한 예물'이라는 뜻으로〕 '남에게 주는 예물'을 겸손하게 이르는 말. 박사(薄謝).

박이(雹異)명 우박이 내려서 농작물 등에 해를 끼치는 일.

-박이접미 ①일부 명사 뒤에 붙어, '그것이 박혀 있는 사람이나 짐승 또는 물건'임을 나타냄. ¶ 점박이. /금니박이. ②《일부 명사 또는 동사 어간 뒤에 붙어》 무엇이 박혀 있는 곳 또는 한곳에 일정하게 고정되어 있음을 나타냄. ¶ 장승박이. /붙박이.

박이-것[-걷]명 ①박아서 만든 것을 통틀어 이르는 말. ②박이옷. 참뜯이것. *박이것이[-거시]·박이것만[-건-]

박이-겹것[-껻]명 박음질하여 지은 겹옷. *박이겹것이[-껴시]·박이겹것만[-껸-]

박이-끌명 때려 박아서 자국만을 내는 끌.

박이다[1]자 ①한곳에 붙어 있거나 끼어 있다. ¶ 볼에 점이 박이다. ②(오랜 버릇 따위가) 몸에 배다. ¶ 커피에 인이 박이다. ③(어떤 생각 따위가) 깊이 배다. ¶ 낡은 사상이 머릿속에 박여 있다. ④손바닥이나 발바닥 같은 데 못이 생기다. ¶ 손바닥에 못이 박이다.

박-이다[2]타 〖'박다'의 사동〗 사진이나 인쇄물을 박게 하다. ¶ 명함을 박이다. /사진을 박이다.

박이부정(博而不精)명하형 많은 것을 알고 있으나 정밀하지 못함.

박이-연(-鳶)명 연의 한 가지. 점이나 눈알 따위의 무늬를 넣은 연.

박이-옷[-옫]명 박음질하여 지은 옷. 박이것. *박이옷이[-오시]·박이옷만[-온-]

박인-방증(博引旁證)명하자 널리 많은 예를 끌어대고 두루 증거를 보임.

박자(拍子)[-짜]명 ①음악에서, 리듬의 바탕으로 센박과 여린박이 규칙적으로 되풀이되는 음악적 시간의 기본 단위. 준박(拍). ②음악이나 춤의 가락을 돕는 장단. ¶ 박자를 맞추다.

박작-거리다[-짝꺼-]자 자꾸 박작박작하다. 박작대다. ¶ 많은 사람이 몰려 박작거리다. ㉤벅적거리다.

박작-대다[-짝때-]자 박작거리다.

박작-박작[-짝빡짝]부하자 좁은 곳에 많은 사람이 모여 어수선하게 들끓는 모양. ㉤벅적벅적.

박잡(駁雜) '박잡하다'의 어근.

박잡-하다(駁雜-)[-짜파-]형여 (지식이나 생각 따위가) 뒤섞이어 어수선하다. ¶ 박잡한 생각.

박장(拍掌)[-짱]명하자 손바닥을 침.

박장기명 〈옛〉 바둑과 장기. ¶ 여나무 亭子 아리 박장긔 버려 두고(古時調).

박-장기(-將棋·-將碁)[-짱-]명 '바둑과 장기'를 아울러 이르는 말.

박장-대소(拍掌大笑)[-짱-]명하자 손뼉을 치며 한바탕 크게 웃음.

박재(雹災)[-째]명 우박으로 말미암은 재해.

박재(薄才)[-째]명 변변치 못한 재주. 비재.

박전(搏戰)[-쩐]명하자 맞붙어 때리며 싸움.

박전(薄田)[-쩐]명 메마른 밭.

박전-박답(薄田薄畓)[-쩐-땁]명 메마른 밭과 논.

박절(迫切) '박절하다'의 어근.

박절-기(拍節器)[-쩔-]명 ☞메트로놈.

박절-하다(迫切-)[-쩔-]형여 인정이 없고 매몰스럽다. ¶ 박절하게 거절하다. **박절-히**부.

박접(剝椄)[-쩝]명 가지접의 한 방법. 대목(臺木)의 편평한 옆면의 껍질을 나란한 폭으로 조금 벗긴 다음, 그 자리에 옆면을 칼로 자른 접수(椄穗)를 대어 동여매는 방법.

박정(薄情) '박정하다'의 어근.

박정-스럽다(薄情-)[-쩡-따][~스러우니·~스러워]형ㅂ 박정한 데가 있다. **박정스레**부.

박정-하다(薄情-)[-쩡-]형여 인정이 없고 쌀쌀하다. ¶ 박정한 사람. **박정-히**부.

박제(剝製)[-쩨]명하타되자 동물의 살과 내장을 발라내고 그 안에 솜이나 심을 넣어 꿰맨 다음에 방부제로 처리하여, 살아 있을 때와 같은 모양으로 만드는 일, 또는 그 표본.

박주(-主)[-쭈]명 노름판의 물주.

박주(薄酒)[-쭈]명 ①맛이 좋지 않은 술. ②'남에게 대접하는 술'을 겸손하게 이르는 말. 조주(粗酒).

박주가리[-쭈-]명 박주가릿과의 다년생 만초. 산과 들에 절로 나는데, 줄기는 3 m가량. 여름에 엷은 자줏빛 꽃이 핌. 줄기와 잎에서 흰 즙이 나오는데, 잎·열매·뿌리는 한방에서 약재로 쓰고 연한 순은 먹기도 함. 새박덩굴.

박주-산채(薄酒山菜)[-쭈-]명 ①맛이 좋지 않은 술과 산나물. ¶ 아해야, 박주산채일망정 없다 말고 내어라〈古詩調〉. ②'남에게 대접하는 술과 안주'를 겸손하게 이르는 말.

박죽-목(-木)[-쭉-]명 물방아의 방앗공이에 가로로 박혀 있는 짤막한 나무. 〔십자목이 돌다가 마주 닿을 때 방앗공이가 걸리어 올라가게 됨.〕

박ː-쥐[-쮜]명 박쥣과의 짐승. 새처럼 날아다니는 유일한 포유류. 몸과 머리는 쥐처럼 생겼고 앞다리의 발가락 사이의 피막이 날개 구실을 함. 낮에는 어두운 곳에 숨어 있다가 밤에만 날아다님. 시력은 거의 퇴화되고, 특수한 기관에서 초음파를 내어 장애물을 피함. 복익(伏翼). 비서(飛鼠). 편복(蝙蝠).

박ː쥐-구실[-쮜-]명 '제 이익을 노리어 유리한 편에만 붙좇는 행동'을 이르는 말.

박ː쥐-나무[-쮜-]명 박쥐나뭇과의 낙엽 활엽 관목. 숲 속에 나는데, 높이는 3 m에 이름. 손바닥 모양으로 갈라진 잎이 어긋맞게 나며, 5~7월에 노란 꽃이 핌. 어린잎은 먹을 수 있음.

박ː쥐-우산(-雨傘)[-쮜-]명 자루가 달린 금속제의 뼈대에 천을 씌운 우산. 펴면 박쥐가 날개를 편 것과 같은 모양임. 참양산(洋傘).

박ː쥐-족(-族)[-쮜-]명 ①'낮에는 쉬고 밤에만 활동하는 사람'을 이르는 말. ②이리저리 이로운 편만 붙좇는, '지조가 없는 사람'을 이르는 말.

박ː쥐-향(-香)[-쮜-]명 지난날, 여러 가지 향료를 반죽하여 박쥐 모양으로 만들어 몸에 차던 향의 한 가지.

박지(薄地)[-찌]명 메마른 땅.

박지(薄志)[-찌]명 ①하형의지가 약함. ②〔'적은 사례'라는 뜻으로〕'남에게 보내는 예물'을 겸손하게 이르는 말. ②참촌지(寸志).

박지(薄紙)[-찌]명 얇은 종이. ¶ 박지로 포장한 과자.

박-지르다[-찌-][~지르니·~질러]타르 힘껏 차거나 내질러 쓰러뜨리다.

박지-약행(薄志弱行)[-찌야캥]명 의지가 약하고 일을 해낼 기력이 없음.

박지타지(縛之打之)[-찌-]명하타 ☞박타.

박직(剝職)[-찍]명하자 관직을 박탈함.

박직(樸直) '박직하다'의 어근.

박직-하다(樸直-)[-찌카-]형여 꾸밈이 없고 순직하다.

박진(迫眞)[-찐]명하형 (표현 따위가) 현실의 모습에 가까움.

박진-감(迫眞感)[-찐-]명 예술적 표현에서, 현실의 모습과 똑같을 만큼 진실감이 넘치는 느낌. ¶ 박진감 넘치는 명연기.

박진-력(迫進力)[-찐녁]명 세차게 밀고 나아가는 힘.

박차(拍車)명 ①말을 빨리 달리게 하기 위하여, 승마용 구두의 뒤축에 댄, 쇠로 만든 톱니 모양의 물건. ②일이 더 빨리 진행되도록 더하는 힘. ¶ 기술 개발에 박차를 가하다.

박차(薄茶)명 ①맛이 변변치 못한 차. ②'남에게 대접하는 차'를 겸손하게 이르는 말. ¶ 박차이지만 맛있게 드세요.

박-차다타 ①발길로 냅다 걷어차다. ¶ 대문을 박차고 나가다. ②(부닥치는 어려움 따위를) 힘차게 물리치다. ¶ 난관을 박차고 나아가다. ③흥분하여 갑자기 내쳐 버리다. ¶ 자리를 박차고 일어나다.

박찬(薄饌)명 ①변변치 못한 반찬. ②'남에게 대접하는 반찬'을 겸손하게 이르는 말.

박채(博採)명하타 널리 찾아 모음.

박채-중의(博採衆議)[-의/-이]명하타 널리 여러 사람의 의견을 들어 받아들임.

박처(薄妻)명하자 아내를 박절하게 대함. 아내에게 인정 없이 대함.

박철(縛鐵)명 못을 박기가 어려운 곳에 못 대신 검쳐 대는 쇳조각.

박-첨지(朴僉知)명 고대 인형극에 쓰이던 민속 인형의 한 가지. 꼭두각시놀음에서 박첨지 역을 함.

박첨지-놀음(朴僉知-)명 ☞꼭두각시놀음.

박초(朴硝)명 한방에서, 초석(硝石)을 한 번 구워서 만든 약재. 이뇨제로 쓰임.

박초(縛草)명 나무에 접을 붙인 다음에 겉으로 묶어 두는 볏짚 따위.

박초-바람(舶趠-)명 음력 오월에 부는 바람. 박초풍.

박초-풍(舶趠風)명 ☞박초바람.

박충(朴忠) '박충하다'의 어근.

박충-하다(朴忠-)형여 순박하고 충직하다.

박-치기[1]명하자타 머리, 특히 이마로 사람이나 물건을 들이받는 일.

박-치기[2]명하타 배의 널빤지 사이 또는 물이 스며들 만한 틈을 쇠붙이 따위로 메우는 일.

박친(Vakzin 독)명 '백신(vaccine)'의 잘못.

박타(縛打)명하타 묶어 놓고 마구 때림. 박지타지(縛之打之).

박-타다자 ①(톱 따위로) 박을 두 쪽으로 가르다. ②일이 틀려 버리다. 낭패가 되다.

박탁(剝啄)명하타 문을 두드림.

박탁-성(剝啄聲)[-썽]명 문을 두드리는 소리.

박탈(剝脫)명하자타 (칠 따위가) 벗겨짐, 또는 벗겨 냄.

박탈(剝奪)명하타되자 남의 재물이나 지위·자격 따위를 권력이나 힘으로 빼앗음. ¶ 자유를 박탈하다. /선거권이 박탈되다.

박태(薄胎)명 매우 얇게 만든 도자기의 몸.

박태기-나무명 콩과의 낙엽 활엽 관목. 중국 원산의 관상용 식물로 높이는 3~5 m. 잎은 심장 모양으로 어긋맞게 남. 4월경에 잎보다 먼저 홍자색 꽃이 피고, 8~9월에 꼬투리가 익음.

박테리아(bacteria)명 세균(細菌).

박테리오파ː지(bacteriophage)명 바이러스의 한 가지. 박테리아에 기생하여 균체(菌體)를 액화시켜 증식함.

박토(剝土)명하타되자 노천 광상(露天鑛床) 같은 곳에서, 땅 윗부분의 흙을 들어내는 일.

박토(薄土)명 메마른 땅. ↔옥토(沃土).

박-통명 타지 않은 온통의 박.

박통(博通)명하자 널리 통하여 많이 앎.

박투(搏鬪)명하자 맞붙어 때리며 싸움.

박판(薄板)명 얇은 널빤지나 철판.

박편(剝片)명 ①벗겨진 조각. ②☞격지.

박편(薄片)명 얇은 조각.

박편^석기(剝片石器)[-끼]명 큰 돌의 박편을 다듬어 연장으로 쓴 구석기 시대의 석기.

박풍(牔風)명 ☞박공(牔栱).

박피(剝皮)명하타 껍질을 벗김.

박피(薄皮)명 얇은 껍질.

박하(薄荷)[바카]명 ①꿀풀과의 다년초. 습지에 절로 나는데 재배하기도 함. 줄기 높이는 60~100 cm이며, 뿌리줄기로 번식함. 길둥근 잎이 마주나고 여름에 연한 자줏빛 꽃이 핌. 잎에서 박하유를 뽑으며, 한방에서는 말린 잎을 약재로 씀. 영생이. 민트. ②☞박하유.
박하-뇌(薄荷腦)[바카뇌/바카눼]명 박하유를 고체로 만든 무색의 결정체. 청량제·살균제 등으로 쓰임. 박하빙. 박하정. 멘톨.
박-하다(駁-)[바카-]타여 (남의 학설이나 견해 따위를) 비난하거나 공격하여 말하다.
박-하다(薄-)[바카-]형여 ①(남에 대한 마음 씀이나 태도가) 너그럽지 못하고 쌀쌀하다. ¶ 인심이 박하다. /학점이 박하다. ②이익이나 소득이 보잘것없이 적다. ¶ 이문(利文)이 박하다. ③두께가 매우 얇다. ↔후(厚)하다.
박하-물부리(薄荷-)[바카-뿌-]명 박하뇌를 넣어서 물부리처럼 만든 것. 〔담배를 끊을 때 텁텁한 입을 달래기 위하여 담배처럼 빪.〕
박하-빙(薄荷氷)[바카-]명 ☞박하뇌.
박하-사탕(*薄荷沙糖)[바카-]명 박하유를 넣어 만든 사탕.
박하-수(薄荷水)[바카-]명 ①박하의 잎을 쪄서 받아 낸 물. 위장약 등으로 쓰임. ②박하정(薄荷精)에 물을 탄 것.
박하-유(薄荷油)[바카-]명 박하의 잎을 증류하여 만든 기름과 같은 액체. 특이한 향기와 시원한 맛이 있어 식료품의 향료 등으로 널리 쓰임. 박하.
박하-정(薄荷精)[바카-]명 박하유와 알코올을 섞어 만든 무색투명한 휘발성의 액체.
박하-정(薄荷錠)[바카-]명 ☞박하뇌(薄荷腦).
박학(博學)[바칵]명하형 학식이 넓고 아는 것이 많음. ↔천학(淺學).
박학(薄學)[바칵]명하형 학식이 얕고 아는 것이 적음. 비천학(淺學).
박학-다문(博學多聞)[바칵따-]명하형 학식과 견문이 넓음.
박학-다식(博學多識)[바칵따-]명하형 학식이 넓고 아는 것이 많음.
박학-다재(博學多才)[바칵따-]명하형 학식이 넓고 재주가 많음.
박한(薄汗)[바칸]명 ☞경한(輕汗).
박할(剝割)[바칼]명하타 ☞할박(割剝).
박해(迫害)[바캐]명하타되자 (힘이나 권력 따위로) 약한 처지의 사람을 괴롭히거나 해를 입힘. ¶ 종교적 박해. /박해를 받다. /박해를 당하다. /박해에 시달리다.
박해(雹害)[바캐]명 (농작물 따위의) 우박으로 말미암아 입는 피해.
박행(薄行)[바캥]명 경박한 행동.
박행(薄幸) '박행하다'의 어근.
박행-하다(薄幸-)[바캥-]형여 행복하지 못하다.
박혁(博弈·博奕)[바켝]명 장기와 바둑.
박홍(薄紅)[바콩]명 연붉은 빛깔.
박흡(博洽) '박흡하다'의 어근.
박흡-하다(博洽-)[바크파-]형여 널리 배워서 아는 것이 많아 사물에 막히는 데가 없다. **박흡-히**부.
박-히다[바키-]자 ①〖'박다'의 피동〗 박음을 당하다. ¶ 가시가 박히다. /사진이 잘 박히다. ②어떤 모습이나 생각 따위가 인상 깊이 새겨지다. ¶ 그녀의 우아한 모습이 뇌리에 박혀 사라지지 않는다. /반공 정신이 뼛속까지 박히다. ③《주로 '틀'·'판'과 함께 쓰이어》 어떤 것이 규격화되다. ¶ 판에 박힌 직장 생활에 염증을 느끼다.
밖[박]명 ①담이나 벽 따위로 둘러서 가린 장소를 벗어난 쪽이나 곳. 바깥. ¶ 사무실 밖으로 나가다. /밖에서 기다리다. ②('속'에 대하여) 겉으로 드러나 보이는 쪽이나 부분. ¶ 감정을 밖으로 드러내다. /밖으로 보기에는 착한 것 같다. ③일정하게 한정되어 있는 곳을 벗어난 곳. ¶ 공이 라인 밖으로 나가다. ④자기의 가정이나 자기가 딸린 데가 아닌 다른 데. ¶ 저녁 식사를 밖에서 한다. /자기 일거리를 밖으로 돌리다. ⑤〖의존 명사적 용법〗 어떠한 범위나 한계를 넘어선 부분. 외(外). ¶ 상상 밖의 일. ①③↔안[1]. ＊밖이[바끼]·밖만[방-]
밖에조 오직 그것뿐임을 뜻함. 《으레 부정의 말이 뒤따름.》 ¶ 하나밖에 없는 아들. /이대로 기다릴 수밖에 없다.
반명 얇게 펴서 만든 조각. 참솜반.
반(을) 짓다관용 과자나 떡 따위를 둥글고 얇게 조각을 내어 만들다.
반:(反)명 변증법의 세 단계의 하나. 반립(反立). 반정립. ↔정(正). 참정반합(正反合).
반:(半)명 ①둘로 똑같이 나눈 것 가운데 한 부분. ¶ 두 사람이 반씩 가지다. ②(시간·공간·일 따위의) 중간이 되는 부분. ¶ 학습 시간이 반쯤 지났다. /이제 겨우 반쯤 왔다. /일이 아직 반에도 미치지 않은 상태다. ③《일부 명사 앞에 붙어》 '거의 그와 비슷한', '중간 정도의' 등의 뜻을 나타내는 말. ¶ 반죽음. /반농담. /반공일.
반(을) 타다관용 반으로 가르다.
반(瓪)명 ☞암키와.
반(班)명 ①하나의 단체를 몇으로 나눈 작은 집단. ¶ 연구 내용에 따라 반을 나누다. /한 학년이 5개의 반으로 이루어져 있다. ②한 동(洞)의 통(統)을 다시 가른, 우리나라 행정 조직의 최하 단위. ¶ 우리 반의 반장.
반(盤)명 소반·예반·쟁반 따위를 통틀어 이르는 말.
반-(反)접두 일부 명사 앞에 붙어, '반대되는', '반대하는'의 뜻을 나타내는 말. ¶ 반비례. /반작용. /반혁명. /반민주. /반체제.
반:가(半價)[-까]명 반값.
반가(班家)명 양반의 집안. ¶ 반가의 법도.
반:-가공품(半加工品)명 완전하게 가공되지 않은 미완성 상태의 물품.
반:-가부좌(半跏趺坐)명하자 불교에서, 책상다리를 하고 앉는 법의 한 가지. 오른발을 왼편 허벅다리에 얹고 왼발을 오른편 무릎 밑에 넣고 앉는 앉음새. 참결가부좌.
반:가-상(半跏像)명 반가부좌로 앉은 불상.
반:각(半角)명 ①어떤 각의 절반. ②활자의 절반 크기의 공간. 이푼. ¶ 반각을 띄우다.
반:각(返却)명하타 (보낸 물건을 받지 아니하고) 도로 돌려보냄.
반:간(反間)명하타 ☞이간(離間).
반:간접^조:명(半間接照明)[-쪼-]명 조명 방식의 한 가지. 대부분의 빛은 위로 향하게 하고 일부의 빛만을 아래로 비치게 하는 조명.
반:감(反感)명 상대편의 말이나 태도 등을 불쾌하게 생각하여 반발하거나 반항하는 감정. ¶ 반감을 사다. /반감을 갖다(품다).
반:감(半減)명하자타되자 절반으로 줆, 또는 절반으로 줄임. ¶ 값을 반감하다. /생산량이 반감되다.

반감(飯監)명 조선 시대에, 궁중에서 음식물과 진상품(進上品)을 맡아보던 벼슬아치.
반:감-기(半減期)명 방사성 원소의 원자가 붕괴하여 다른 원자로 변할 때, 본디의 원자 수가 최초의 절반으로 줄어들 때까지 걸리는 시간.
반갑다[-따][반가우니·반가워]형ㅂ (그리던 사람을 만나거나 좋은 일이 일어나서) 마음이 즐겁고 기쁘다. ¶ 오랜 가뭄 끝에 반가운 비가 오다. 반가이부 ¶ 손님을 반가이 맞이하다.
반:-값(半-)[-갑]명 정해진 값의 절반 되는 값. 반가(半價). 반금. ¶ 철 지난 옷을 반값에 사다. * 반:값이[-갑씨]·반:값만[-감-]
반:개(半開)명 ①하자타(문 따위가) 반쯤 열림, 또는 반쯤 엶. ②하자(꽃이) 반쯤 핌.
반갱(飯羹)명 밥과 국.
반거(盤踞·蟠踞)명하자 〔단단하게 뿌리를 박고 서린다는 뜻으로〕 '넓은 땅을 차지하여 세력을 떨침'을 이름.
반거(盤據·蟠據)명하자 어떠한 곳에 근거를 잡고 지킴. 근거를 단단히 잡음.
반:-거들충이(半-)명 무엇을 배우다가 그만두어 다 이루지 못한 사람. 준반거충이.
반:-거충이(半-)명 〈반거들충이〉의 준말.
반:-거치(反鋸齒)명 식물의 잎 가장자리에 있는, 아래로 향하여 생긴 톱니 모양.
반:-건성유(半乾性油)[-뉴]명 공기 중에 두면 차차 산화하여 차진 기운이 더하나 마르지는 않는 지방유. 〔참기름·목화씨 기름 따위.〕
반:-걸음(半-)명 ①한 걸음 거리의 절반 걸음. 반보(半步). 경보(頃步). ¶ 반걸음 뒤로 물러서다. ②군대의 의식 때, 보폭을 바른걸음의 반으로 하여 걷는 걸음.
반:격(反擊)명하자타 쳐들어오는 적의 공격을 막아서 되잡아 공격함. ¶ 반격에 나서다. /반격을 가하다.
반:격-전(反擊戰)[-쩐]명 적의 공격을 막아 공세로 나가는 전투나 경기.
반결(盤結)명하자되자 서려서 얽힘.
반:결구-배추(半結球-)명 배추의 한 품종. 포기 모양이 완전한 공 모양을 이루지 않고, 잎의 끝 부분이 벌어진 채로 자람.
반:-겯음(半-)명 ①하타기름기가 반쯤 묻어 배게 함. ②지난날, 기름을 적게 먹여 조금만 겯게 하여 신던 가죽신.
반경(反耕)명하타되자 '번경(反耕)'의 잘못.
반:경(半徑)명 ①행동이 미치는 범위. ¶ 행동 반경을 넓히다. ②'반지름'의 구용어.
반계-곡경(盤溪曲徑)[-계-꼉/-게-꼉]명 〔꾸불꾸불한 길이라는 뜻으로〕 '일을 순리대로 하지 않고 그릇된 방법으로 무리하게 함'을 이르는 말.
반계-수록(磻溪隨錄)[-계-/-게-]명 조선 영조 46(1770)년에 간행한 유형원(柳馨遠)의 저서. 26권 13책의 목판본. 여러 가지 제도를 연구·고증한 내용.
반:고(反古·反故)명 ☞반고지(反古紙).
반고(反庫)명하타 '번고(反庫)'의 잘못.
반고(盤古·盤固)명 ①중국에서, 천지개벽 때 처음으로 태어났다고 하는 전설상의 천자(天子). ②아득한 옛날. ②태고(太古).
반:고리-관(半-管)명 척추동물의 내이(內耳)에 있는, 평형 감각을 맡고 있는 기관. 반원형으로 된 세 개의 관에 림프가 차 있어 그 움직임으로 몸의 평형과 위치를 감각함. 삼반규관(三半規管). 세반고리관.
반:고-지(反古紙)명 글씨 따위를 써서 못 쓰게 된 종이. 반고(反古).
반:-고체(半固體)명 액체가 약간 엉긴 상태의 무른 고체. 〔묵·두부 따위.〕
반:고형-식(半固形食)명 ☞연식(軟食).
반:곡(反曲)명하자 뒤로 젖혀지거나 구부러짐. 반대로 휨. 반굴(反屈).
반곡(盤曲)명하자 얽혀 꼬부라짐. 반굴(盤屈).
반:골(半-)명 종이나 피륙 따위의 절반 폭.
반:골(反骨·叛骨)명 권위나 권세 또는 세상의 풍조 따위에 타협하지 않고 저항하는 기골(氣骨), 또는 그런 기골을 가진 사람. ¶ 반골 기질을 타고나다.
반:공(反共)명하자 공산주의에 반대하는 일.
반:공(反攻)명하타 공격을 당하거나 막고만 있던 쪽이 반대로 공격에 나섬. ¶ 반공에 나서다.
반:공(半工)명 ①한 사람 몫의 반 정도밖에 안 되는 일의 양. ②☞반품.
반:공(半空)명 〈반공중〉의 준말. 건공(乾空). 반천(半天). ¶ 반공을 날다.
반공(飯工)명 왕조 때, 대궐 안에서 밥 짓는 일을 맡아보던 사람.
반공(飯供)명하자 끼니때마다 음식을 바치는 일. 조석으로 하는 밥상 이바지.
반:-공산주의(反共産主義)[-의/-이]명 공산주의를 반대하는 일, 또는 그런 주의.
반:-공일(半空日)명 〔하오의 한나절을 쉬는 날이라는 뜻으로〕 '토요일'을, 일요일에 상대하여 이르는 말. 반휴일. ↔온공일.
반:-공전(半工錢)명 온 품삯의 절반 되는 품삯.
반:-공중(半空中)명 그리 높지 않은 공중. 건공중. 준반공.
반과(飯菓)명 밥과 과자.
반과(飯顆)명 밥알.
반:관-반:민(半官半民)명 어떤 사업을 정부와 민간 기업이 공동으로 출자하여 경영하는 형태. ¶ 반관반민의 업체.
반교-문(頒敎文)명 왕조 때, 나라에 경사가 있을 때에 널리 백성에게 알리려고 펴던 임금의 교서.
반:구(反求)명하자 어떤 일의 원인 등을 자신에게 돌려 반성하는 일.
반:구(半句)명 〔한 글귀의 반이라는 뜻으로〕 아주 적은 말. ¶ 일언반구.
반:구(半球)명 ①구를, 그 중심을 지나는 평면으로 2등분한 것의 한쪽. ②지구를 반으로 나눈 것의 한쪽.
반:구(返柩)명하타 객지에서 죽은 사람의 시체를 자기 집으로 돌려 옴. 반상(返喪).
반구(頒鳩·斑鳩)명 ☞산비둘기.
반:-구두(半-)명 신울을 낮게 하여 발등이 드러나게 만든 구두. 반화(半靴).
반:-구비(半-)명 쏜 화살이 높지도 낮지도 않게 알맞게 날아가는 일. 참온구비.
반:구-형(半球形)명 구(球)를 반으로 가른 모양. 반구의 모양.
반:군(反軍)명하자 군부(軍部)에 반대함.
반:군(叛軍)명 ☞반란군.
반:굴(反屈)명하자 뒤로 젖혀짐. 반대 방향으로 굽음. 반곡(反曲).
반굴(盤屈)명하자 ☞반곡(盤曲).
반:궁(半弓)명 대궁(大弓)의 절반 정도 크기의 짧은 활. 앉아서 쏠 수 있음.
반궁(泮宮)명 조선 시대에, 성균관과 문묘(文廟)를 아울러 이르던 말.

반:권(反卷)명하자 식물의 잎이나 꽃잎 따위가 뒤로 젖혀져 말림.

반:-그늘(半-)명 ☞반그림자.

반:-그림자(半-)명 ①크기를 가진 광원에 비치어 생긴 물체의 그림자 가운데, 약간은 빛이 들어간 흐릿한 부분.〔빛이 전혀 들지 않은 본그림자와 구분하여 이르는 말.〕반그늘. 반영(半影). ↔본그림자. ②태양 흑점의 바깥 부분을 이루는 흐릿한 부분.

반근(盤根)명 서리어 얽힌 나무뿌리.

반근-착절(盤根錯節)[-쩔]명〔서린 뿌리와 엉클어진 마디란 뜻으로〕'뒤얽혀서 처리하기 어려운 일'을 이르는 말. '후한서(後漢書)' '우후전(虞詡傳)'에 나오는 말임.

반:금(半-)명 반값.

반:금(返金)명하타 꾸었거나 맡았던 돈을 도로 돌려줌, 또는 그 돈.

반급(班給)명하타 나누어 줌.

반급(頒給)명하타 왕조 때, 임금이 봉록이나 물품 등을 신하들에게 나누어 주던 일.

반기명 잔치나 제사를 지낸 뒤에 몫몫이 담아 여러 사람에게 돌라 주는 음식. ¶ 반기를 도르다.

반:기(反旗)명 ①어떤 체제를 쓰러뜨리기 위하여 행동하려 할 때 그 집단의 표시로 내세운 기. 반기(叛旗). ②반대의 뜻이나 기세를 나타내는 표시. ¶ 반기를 들다.

반:기(半期)명 ①한 기간의 절반. ②한 해의 절반.

반:기(半旗)명 조의(弔意)를 나타내기 위하여 다는 국기.〔깃대 끝에서 기폭만큼 내려 다는데, 댕기 모양의 검은 천을 깃봉 밑에 덧달기도 함.〕조기(弔旗).

반:기(叛起)명하자 배반하여 일어남.

반:기(叛旗)명 ☞반기(反旗).

반기(飯器)명 밥그릇.

반기다타 반가워하다. 반갑게 대하다. ¶ 찾아온 옛 친구를 반기다.

반:기록^영화(半記錄映畫)[-롱녕-]명 실제로 일어난 사건을, 그 일어난 곳을 배경으로 하여 제작한 극영화. 세미다큐멘터리 영화.

반:-기생(半寄生)명 어떤 식물이 엽록소로 광합성을 하면서, 한편으로는 다른 식물에 기생하여 부족한 수분이나 양분을 섭취하며 살아가는 일. 참전기생(全寄生) 식물.

반:기-조례(半旗弔禮)명하자 반기를 달고 조의를 나타냄.

반깃-반(-盤)[-기빤/-긷빤]명 반기를 도르는 데 쓰이는 목판이나 소반.

반:-나마(半-)부 반이 조금 지나게. ¶ 맡은 일을 반나마 해치우다.

반:-나절(半-)명 한나절의 반쯤 되는 동안. 반향(半晌). ¶ 반나절이면 끝날 일.

반:-나체(半裸體)명 살을 다 가리지 않고 반쯤 드러낸 몸. 상반신이나 하반신이 맨몸인 상태. 준반라.

반:-날(半-)명 하루 낮의 절반. 한나절. 반일(半日).

반:납(返納)명하타 (꾸거나 빌린 것을) 도로 돌려줌. ¶ 대출한 책을 반납하다.

반낭(頒囊)명 조선 시대에, 궁중에서 정월 첫 자일(子日)과 첫 해일(亥日)에, 재상이나 가까운 신하에게 비단 주머니를 나누어 주던 일, 또는 그 주머니.

반:년(半年)명 한 해의 반인 여섯 달. 반세(半歲).

반:노(叛奴)명 상전을 배반한 종.

반:농(半農)명 생업으로 하는 일의 절반가량이 농업인 상태.

반:-농가(半農家)명 생업의 절반 정도가 농업인 농가.

반:농-반:공(半農半工)명 생업으로 농사를 지으면서 한편으로 가내 공업도 하는 상태.

반:농-반:도(半農半陶)명 생업으로 농사를 지으면서 한편으로 도자기도 굽는 상태.

반니쏘리명 〈옛〉 훈민정음의 'ㅿ'의 소리. 반치음(半齒音). ¶ ㅿ는 半니쏘리니(訓解).

반:-다지(半-)명 ①기둥 같은 데에 구멍을 팔 때, 내다지로 파지 않고 기둥 몸피의 반쯤만 되게 파는 일. ②'반닫이'의 잘못.

반:-닫이(半-)[-다지]명 궤의 한 가지. 앞부분의 위쪽 절반이 문짝으로 되어 있어서 아래로 젖혀 여닫음.

반:-달(半-)[1]명 한 달의 절반. 반삭(半朔). 반월(半月). ¶ 반달이 지나도록 소식이 없다.

반:-달(半-)[2]명 ①반쯤 이지러진 달. 반월(半月). ②반달 모양으로 된 종이 연의 꼭지. ③속손톱.

반:달-꼴(半-)명 반달같이 생긴 모양. 반월형.

반:달-낫(半-)[-랃]명 날이 반쯤 휘어서 반달 모양으로 생긴 낫. *반:달낫이[-라시]·반:달낫만[-란-]

반:달^돌:칼(半-)명 청동기 시대에 곡식의 이삭을 따는 데에 쓰던 반달 모양의 석기.

반달리즘(vandalism)명 도시의 공공시설이나 문화 예술을 파괴하는 행위.

반:달-문(半-門)명 윗부분을 반달 모양으로 둥글게 만든 문. 반월문(半月門).

반:달-연(半-鳶)[-련]명 꼭지에 반달 모양의 색종이를 붙인 연.

반:달음-질(半-)명하자 거의 뛰다시피 빨리 걷는 일. ¶ 반달음질을 치다.

반:달-차기(半-)명 태권도의 발기술의 한 가지. 몸통 공격을 막을 때나 상대편을 공격할 때, 정면으로 선 상태에서 발로 반원을 그리면서 차는 동작.

반답(反畓)명하타 '번답(反畓)'의 잘못.

반:당(反黨)명 ①반역을 꾀하는 무리. 반도(叛徒). ②하자당원으로서 당을 배반하는 일.

반:대(反對)명되자 ①두 사물이 위치·방향·순서 따위에서 서로 등지거나 맞섬, 또는 그러한 상태. ¶ 반대의 방향. ②하자타어떤 의견이나 제안 등에 찬성하지 아니함. ¶ 의안에 반대하다. ②↔찬성.

반대(胖大) '반대하다'의 어근.

반:대^간섭(反對干涉)명 다른 나라의 불법한 간섭을 물리치기 위하여 하는 간섭.

반:대^개:념(反對概念)명 동위 개념 가운데서 서로 가장 큰 분량이나 정도의 차이를 나타내는 개념.〔색이라는 개념 가운데서의 백(白)과 흑(黑) 따위.〕

반:대-급부(反對給付)[-뿌]명 쌍방이 의무를 가지는 계약에서, 한쪽의 급부에 대하여 다른 한쪽이 해야 할 그와 대등한 급부.〔물건을 판 사람이 상품을 넘겨주고, 산 사람이 대금을 지급하는 따위.〕

반대기명 ①(가루로 반죽한 것이나 삶은 푸성귀 따위를) 얄팍하고 둥글넓적하게 만든 조각. ¶ 반대기를 짓다. ②'소래기'의 방언.

반:대^대:당(反對對當)명 전칭 긍정 명제와 전칭 부정 명제와의 대당 관계.〔한편이 참이면 다른 편은 거짓이나, 한편이 거짓이라도 다른 편이 반드시 참이라고는 할 수 없는 것.〕

반:대-론(反對論)명 반대되는 논설.

반:대-말(反對-)명 ☞반의어.

반:대^명사(反對名辭)명 두 명사가 지시하는 각각의 사물의 내포(內包) 사이에 최대의 차이가 있을 경우의 두 명사의 관계. 〔흑(黑)과 백(白)의 관계 따위.〕
반:대^무:역풍(反對貿易風)명 무역풍의 상층에서 무역풍과 반대 방향으로 부는 바람. 적도 부근의 북반구에서는 남서풍, 남반구에서는 북서풍이 됨.
반:대-색(反對色)명 서로 보색(補色) 관계를 이루는 빛깔. 〔빨강에 대한 녹색 따위.〕
반:대-설(反對說)명 반대하는 뜻을 나타내는 견해나 이론.
반:대^신:문(反對訊問)명 증인 신문에서, 증인 신청을 한 당사자가 먼저 신문한 다음에 그 상대편 당사자가 하는 신문.
반:대-어(反對語)명 ☞반의어(反義語).
반:대-쪽(反對-)명 반대되는 방향(편).
반:대-파(反對派)명 반대되는 처지에 있는 파.
반:대-표(反對票)명 표결 때, 반대의 뜻을 적어 낸 표. 부표(否票). ↔찬성표.
반대-하다(胖大-)형여 몸이 피둥피둥하게 살지고 크다.
반:-덤핑(反dumping)명 국제 경쟁에서 우위에 서기 위해 국내 판매 가격이나 생산비보다 싼 가격으로 상품을 수출한 것에 대해, 수입국에서 덤핑한 만큼의 관세를 부과하는 일.
반:덤핑^관세(反dumping關稅)명 (덤핑을 방지하기 위하여) 덤핑 상품에 매기는 징벌적인 관세.
반도명 〈옛〉개똥벌레. ¶ 반도 형:螢(訓蒙上21).
반:도(半島)명 대륙에서 바다 쪽으로 길게 뻗어 나와 3면이 바다인 큰 육지.
반:도(半途)명 ①나아가는 길의 도중. ¶ 일기 불순으로 반도에 되돌아섰다. ②일을 다 끝맺지 못한 상태에서의 어느 때. 중도(中途).
반:도(叛徒)명 반란을 꾀하거나, 반란을 함께 일으킨 무리. 반당(反黨).
반도(蟠桃)명 삼천 년 만에 한 번씩 열매를 맺는다는 전설상의 복숭아.
반도네온(bandoneón 스)명 탱고 음악의 연주에 쓰이는 악기. 아코디언과 비슷하며 단추 모양의 건반으로 연주함.
반:도-미(半搗米)명 속겨가 벗겨지지 않을 정도로만 찧은 쌀.
반:도-반:자(半陶半瓷)명 ☞반자기(半瓷器).
반:도이폐(半途而廢)[-폐/-페]명하타 ☞중도이폐(中途而廢).
반:-도체(半導體)명 상온(常溫)에서 전기를 전도하는 성질이 양도체와 절연체의 중간 정도 되는 물질을 통틀어 이르는 말.
반:도체^소자(半導體素子)명 반도체를 이용한 전자 회로 소자. 〔정류기(整流器)·트랜지스터·발광 소자 따위.〕
반:-독립(半獨立)[-동닙]명 한 나라의 주권 일부를 다른 나라로부터 제한받고 있는 상태.
반:-독립국(半獨立國)[-동닙꾹]명 ☞일부 주권국.
반:동(反動)명하자 ①어떤 작용에 대하여 그 반대로 작용함. ¶ 버스가 급정거하는 바람에 그 반동으로 쓰러졌다. ②진보적이거나 발전적인 움직임을 반대하여 강압적으로 가로막음. ¶ 반동으로 몰리다.
반:동-기(反動期)명 ☞반항기.
반:동-력(反動力)[-녁]명 ①반동하는 힘. ②반동으로 말미암아 생기는 힘.
반:동-분자(反動分子)명 반동적인 행위를 하는 사람.
반:동-적(反動的)관명 ①어떤 작용에 대하여 그 반대로 작용하는 (것). ②진보적인 대세를 거스르려는 경향이 있는 (것). ¶ 반동적 사상. /반동적인 세력.
반:동^정당(反動政黨)명 진보적인 정당이 '보수적인 정당'을 이르는 말.
반:동-주의(反動主義)[-의/-이]명 폭력적인 수단을 써서라도 옛 체제의 유지나 부활을 꾀하려는 극단적인 보수주의.
반되명 〈옛〉개똥벌레. ¶ 반되:螢(訓解).
반되블명 〈옛〉반딧불. ¶ 반되브를 가져:取螢火(圓覺上二之三*40*).
반두명 그물의 한 가지. 양 끝에 막대기를 대어 두 사람이 맞잡고 물고기를 몰아 잡도록 되어 있음. 조망(罩網).
반두(飯頭)명 절에서 대중이 먹을 밥이나 죽을 마련하는 사람, 또는 그 직책.
반:-두부(半豆腐)명 ☞되두부.
반둥-거리다자 자꾸 반둥반둥하다. 반둥대다. ¶ 일은 않고 반둥거리기만 한다. 큰번둥거리다. 센빤둥거리다. 거판둥거리다.
반둥-대다자 반둥거리다.
반둥-반둥부하자 보기에 매련스럽도록 게으르게 마냥 놀기만 하는 모양. ¶ 날마다 반둥반둥 놀고만 있다. 큰번둥번둥. 센빤둥빤둥. 거판둥판둥.
반드럽다[-따][반드러우니·반드러워]형ㅂ ①깔깔한 데가 없이 매우 매끄럽다. ¶ 빙판이 반드럽다. ②사람됨이 어수룩한 맛이 없고 약삭빠르다. ¶ 교활하고 반드러운 사람. 큰번드럽다. 센빤드럽다.
반드레-하다형여 실속 없이 겉모양만 반드르르하다. ¶ 겉보기만 반드레하다. 큰번드레하다. 센빤드레하다.
반드르르부하형 윤기가 있고 매끄러운 모양. ¶ 이마에 반드르르하게 윤기가 흐르다. 큰번드르르. 센빤드르르.
반드시부 꼭. 틀림없이. ¶ 꿈은 반드시 이루어진다.
반득부하자타 ①작은 불빛 따위가 한 번 빛나는 모양. ¶ 불빛이 반득 스치고 지나가다. ②물건의 바닥이나 거죽이 뒤척임에 따라 비치는 광선의 상태가 갑자기 바뀌는 모양, 또는 그리 되게 하는 모양. 큰번득. 센반뜩·빤득. **반득-반득**부하자타.
반득-거리다[-꺼-]자타 자꾸 반득반득하다. 반득대다. 큰번득거리다.
반득-대다[-때-]자타 반득거리다.
반득-이다자타 ①빛이 반사하여 빛나다 말다 하다. ②눈빛이 생기 있게 빛나다. ¶ 사자가 눈을 반득이며 먹잇감을 노려본다. 큰번득이다. 센반뜩이다·빤득이다·빤뜩이다.
반들-거리다자 ①매우 반들반들하다. ¶ 마룻바닥이 반들거리다. ②자꾸 반들반들하다. ¶ 허구한 날 집에서 반들거리고 있다. 반들대다. 큰번들거리다. 센빤들거리다. ②거판들거리다.
반들-대다자 반들거리다.
반들-반들부 ①하형매끄럽게 윤기가 흐르는 모양. ¶ 닦아서 반들반들하다. /반들반들 윤기 나는 마루. ②하형(사람됨이) 어수룩한 맛이 없이 약삭빠른 모양. ¶ 반들반들한 녀석. ③하자 별로 하는 일이 없이 빤빤하게 게으름만 부리는 모양. ¶ 젊은 녀석이 날마다 반들반들 놀기만 해서야. 큰번들번들. 센빤들빤들. ③거판들판들.

반듯-반듯[-듣빤듣]㈜㈛ 여럿이 모두 반듯한 모양. ¶ 책들이 반듯반듯 꽂혀 있다. ㈕번듯번듯. ㈖반뜻반뜻.

반듯-하다[-드타-]㈐㈒ ①기울거나 굽거나 찌그러져 있지 않고 바르다. ¶ 선이 반듯하다. ②생김새가 반반하고 말끔하다. ¶ 이목구비가 반듯하다. ㈕번듯하다. ㈖반뜻하다. **반듯-이**㈜ ¶ 모자를 반듯이 쓰다.

반:등(反騰)㈎㈗ 내렸던 시세가 갑자기 올라감. ¶ 주가가 반등하다. ↔반락(反落).

반등(攀登)㈎㈗ ☞등반.

반디㈎ ☞개똥벌레.

반딧-불[-디뿔/-딛뿔]㈎ 밤에 개똥벌레의 꽁무니에서 반짝이는 불빛. 형광(螢光). 형화(螢火). **반딧불로 별을 대적하랴**㈚ '하찮은 것이 아무리 억척을 부려도 되지 않을 일을 함'을 이르는 말.

반딧-불이[-디뿌리/-딛뿌리]㈎ ☞개똥벌레.

반ᄃᆞ기㈜ 〈옛〉반드시. 꼭. 마땅히. ¶ 네 이제 반ᄃᆞ기 알라(月釋*17:78*).

반ᄃᆞᆨᄒᆞ다㈐ 〈옛〉반듯하다. ¶ 方正은 모나미 반ᄃᆞᆨᄒᆞᆯ 씨오(月釋*2:41*).

반뜩㈜㈗㈘ 〈반득〉의 센말. ㈕번뜩.

반뜩-이다㈗㈘ 〈반득이다〉의 센말. ㈕번뜩이다. ㈖빤뜩이다.

반뜻[-뜯]㈜ 작은 불빛 따위가 갑자기 나타났다가 곧 사라지는 모양. ¶ 건너편에서 불빛이 반뜻 보이더니 금세 사라졌다. ㈕번뜻. **반뜻-반뜻**㈜㈗.

반뜻-반뜻[-뜯빤뜯]㈜㈛ 〈반듯반듯〉의 센말. ㈕번뜻번뜻.

반뜻-하다[-뜨타-]㈐㈒ 〈반듯하다〉의 센말. ¶ 반뜻하게 지은 건물. /책상을 반뜻하게 놓다. ㈕번뜻하다.

반:라(半裸)[발-]㈎ 〈반나체〉의 준말. ¶ 반라의 여인상.

반:락(反落)[발-]㈎㈗ 오르던 시세가 갑자기 떨어짐. 하락. ¶ 주가가 반락하다. ↔반등.

반락(般樂)[발-]㈎㈗ 마음껏 즐기며 놂.

반:란(叛亂·反亂)[발-]㈎㈗ 정부나 지배자에게 반항하여 내란을 일으킴. 역란(逆亂). ¶ 반란을 일으키다. /반란을 모의하다.

반란(斑爛)[발-]㈎㈗ ①여러 빛깔이 섞여서 알록달록하게 빛남. ②한방에서, '마마의 발진이 곪아 터져 문드러짐'을 이르는 말.

반:란-군(叛亂軍)[발-]㈎ 반란을 일으킨 군대. 난군(亂軍). 반군. ¶ 반란군을 토벌하다.

반:란-죄(叛亂罪)[발-쬐/발-쮀]㈎ 군인이나 준군인(準軍人)이 무기를 가지고 무리를 지어 반란을 일으키거나 이적(利敵) 행위를 한 죄.

반:려(伴侶)[발-]㈎㈗ ①(생각이나 행동을 함께하는) 짝이 되는 동무. ¶ 인생의 반려. ②'늘 가까이하거나 가지고 다니거나 하는 것'을 비유하여 이르는 말. ¶ 여행의 반려로서 책이 늘 그의 손에 들려 있다.

반:려(返戾)[발-]㈎㈘㈙ ☞반환(返還). ¶ 사표를 반려하다.

반려-암(斑糲岩)[발-]㈎ 화성암의 한 가지. 암녹색 또는 검푸른 얼룩무늬가 흰색에 섞여 있음.

반려-자(伴侶者)[발-]㈎ 반려가 되는 사람. 짝[1]. ¶ 평생의 반려자인 아내.

반력(頒曆)[발-]㈎㈗ 왕조 때, 임금이 신하에게 책력을 주던 일.

반:례(返禮)[발-]㈎㈗ ☞회례(回禮).

반:로(返路)[발-]㈎ 돌아오는 길. 회로(回路).

반록(頒祿)[발-]㈎㈗ 왕조 때, 임금이 관리들에게 녹봉을 주던 일.

반:론(反論)[발-]㈎㈘ 남의 의견에 대하여 반대 의견을 말함, 또는 그 의론. ¶ 반론을 제기하다.

반료(頒料)[발-]㈎㈗ 왕조 때, 나라에서 달마다 요(料)를 나누어 주던 일.

반룡(蟠龍·盤龍)[발-]㈎ (아직 하늘에 오르지 못하고) 땅에 서리고 있는 용.

반룡(攀龍)[발-]㈎㈗ 〔용의 비늘을 끌어 잡는다는 뜻으로〕 '세력 있는 사람의 도움으로 출세함'을 비유하여 이르는 말.

반룡-부봉(攀龍附鳳)[발-]㈎ 〔용을 끌어 잡고 봉황에게 붙는다는 뜻으로〕 '훌륭한 임금을 좇아서 공명을 세움'을 비유하여 이르는 말.

반:륜(半輪)[발-]㈎ ①둥근 모양의 반쪽. 반원(半圓). ②'반달[2]'의 잘못.

반:리(反理)[발-]㈎㈗㈙ ☞배리(背理).

반:립(反立)[발-]㈎ ☞반(反).

반립(飯粒)[발-]㈎ 밥알.

반마(斑馬)㈎ 얼룩말.

반:-마상치(半馬上-)㈎ 지난날, 남자가 신던 가죽신의 한 가지.

반:-만년(半萬年)㈎ 오천 년. ¶ 반만년 역사.

반:-만성(半蔓性)[-썽]㈎ 식물의 줄기가 꿋꿋하지 못하고 거의 덩굴처럼 되는 성질.

반만쌴㈜ 〈옛〉반만큼. 반쯤. ¶ 道上 無源水을 반만쌴 ᄃᆡ혀두고(朴仁老.陋巷詞).

반:-말(半-)㈎ ①'해라'와 '하게', '하게'와 '하오'의 중간 정도에 해당하는 말씨로서, 존대도 하대도 아니게 말끝을 흐려서 하는 말. 〔'밥 먹지'·'여기 와서 좀 앉지' 하는 따위.〕 ②함부로 낮추어 하는 말. ¶ 제대로 배운 게 없어 아무에게나 반말을 한다.

반:말-지거리(半-)㈎㈗ 반말로 함부로 지껄이는 말, 또는 그런 말투. ¶ 누구에게 반말지거리냐?

반:말-질(半-)㈎㈗ 반말을 하는 짓. ¶ 너 어따 대고 반말질이야?

반:말-하다(半-)㈗㈒ 반말의 말씨를 써서 말하다. ¶ 아무에게나 반말해서는 안 된다.

반맥(班脈)㈎ 양반의 자손, 또는 그 계통.

반:맹(半盲)㈎ 한쪽 눈이 보이지 않음, 또는 그런 사람. 애꾸눈. 애꾸눈이.

반:맹-증(半盲症)[-쯩]㈎ 시야의 절반이 보이지 않는 병증.

반:-머리동이(半-)㈎ 머리 쪽에 좁다란 색종이를 붙인 연.

반:면(反面)[1]㈎ 《주로 '반면에'의 꼴로, '-은/는' 활용형 다음에 쓰이어》 앞에 말한 것과는 다름을 나타내는 말. ¶ 이 천은 열에 강한 반면에 습기에는 약하다.

반:면(反面)[2]㈎㈗ 다른 고장에서 지내다가 고향으로 돌아와서 부모를 뵘.

반:면(半面)㈎ ①전면의 절반. ¶ 지면의 반면을 화보로 꾸미다. ②사물의 어느 한쪽 면. 상대되는 다른 한쪽 면. ③얼굴을 좌우로 구분했을 때의 어느 한쪽.

반면(盤面)㈎ ①바둑·장기 따위의 판의 겉면. ②바둑이나 장기의 판에 전개되는 승부의 형세. 국면(局面). ¶ 반면이 좋지 않다. ③바둑에서 덤을 셈하지 않은 상태. ¶ 반면으로 두 집을 이기다.

반:면-교사(反面教師)㈎ 〔극히 나쁜 면만을 가르쳐 주는 선생이라는 뜻으로〕 ①중국에서 제

국주의자·반동파·수정주의자를 이르는 말. ②따르거나 되풀이해서는 안 되는 나쁜 본보기로서의 사람이나 일을 이르는 말.

반ː-면식(半面識)명 〔잠깐 만난 일이 있었을 뿐인데도 얼굴을 기억하고 있다는 뜻에서〕 조금 아는 처지. ¶ 그와는 반면식도 없다.

반ː면지분(半面之分)명 얼굴만 겨우 알 뿐 교제가 아직 두텁지 못한 사이.

반ː명(返命·反命)명하타 ☞복명(復命).

반명(班名)명 ①양반이라고 이르는 신분. ②반(班)의 이름.

반ː모(反毛)명 모직물이나 털실 따위의 지스러기를 처리하여 다시 원모(原毛)의 상태로 만든 재제품(再製品).

반ː-모음(半母音)명 국어에서, 이중 모음을 이루는 온전하지 못한 모음. 'ㅑ·ㅕ·ㅛ·ㅠ/ㅒ·ㅖ'의 첫소리인 'ㅣ[j]', 'ㅘ·ㅙ/ㅝ·ㅞ'의 첫소리인 'ㅗ/ㅜ[w]'가 이에 해당함. 반홀소리.

반ː목(反目)명하자 서로 맞서서 미워함. ¶ 반목과 대립. /반목을 해소하다.

반ː목-질시(反目嫉視)[-찔씨]명하자 서로 미워하고 시기하는 눈으로 봄.

반묘(斑猫)명 한방에서, '가뢰'를 약재로 이르는 말. 성질은 차며, 나력(瘰癧)에 씀.

반ː무(反武)명하자 지난날, 여러 대(代)를 무관으로 내려오던 집안이 문관의 집안으로 바뀌었다가, 그 자손이 다시 무관으로 돌아가는 경우를 이르는 말.

반ː문(反問)명하타 남의 물음에는 답하지 않고 도리어 되받아 물음. 되물음. ¶ 그는 웃으면서 사실이냐고 반문했다.

반문(斑紋)명 알록달록 아롱진 무늬.

반ː-물명 검은빛을 띤 짙은 남빛. 감색(紺色). 반물색. ¶ 반물 치마.

반ː물-색(-色)명 ☞반물.

반ː-물질(反物質)[-찔]명 반입자(反粒子)인 양전자·반양자·반중성자로 이루어지는 물질. 이론적일 뿐, 실재는 아직 확인되지 않았음.

반미(飯米)명 밥쌀.

반ː-미개(半未開)명 인류 사회의 발전 단계에서 미개와 문명과의 중간적 단계.

반ː-미치광이(半-)명 '말이나 하는 짓이 마치 정신이 나간 것같이 실없는 사람'을 욕으로 이르는 말.

반미-콩(飯米-)명 '밥밑콩'의 잘못.

반ː민(反民)명 ①☞반민족. ¶ 반민 특위. ②☞반민주.

반ː-민족(反民族)명 민족에 반역되는 일. 반민. ¶ 반민족 행위.

반ː-민주(反民主)명 민주주의에 반대하는 일, 또는 반대되는 일. 반민. ¶ 반민주 세력.

반-바닥명 활쏘기에서, '엄지손가락이 박힌 뿌리'를 이르는 말.

반ː-바지(半-)명 가랑이가 무릎을 덮지 않는 짧은 바지.

반ː박(反駁)명하타되자 남의 의견이나 비난에 대하여 맞서 공격하여 말함. ¶ 반박의 여지가 없다. /국한문 혼용 주장에 대하여 즉각적으로 반박 성명을 내다.

반ː박(半拍)명 음악에서의 한 박(拍)의 반.

반박(斑駁)명 ①여러 빛깔이 한데 뒤섞여 아롱진 것. ②여러 가지 것이 한데 섞이어 서로 같지 아니함.

반박지탄(斑駁之歎)[-찌-]명 한편으로 치우치는 불공정한 처사에 대한 개탄.

반ː반(半半)명 ①절반으로 가른, 또는 갈라진 각각. ¶ 찬반(贊反)이 반반이다. ②반의반.

반반(班班)명 각 반.

반반-하다형여 ①바닥이 고르고 반듯하다. ¶ 땅을 반반하게 고르다. ②생김새가 얌전하고 예쁘장하다. ¶ 반반한 얼굴. ③물건이 제법 쓸 만하고 보기에 좋다. ¶ 반반한 옷가지. ④지체가 남만 못지않게 상당하다. ¶ 반반한 집 자손. 큰번번하다. **반반-히**부.

반ː발(反撥)명하자되자 ①되받아 퉁겨짐. ②상대에 대하여 언짢게 여겨 그에 반항하는 태도를 나타내는 일. ¶ 반발이 심하다. /부당한 처사에 반발하다.

반발(班髮·斑髮)명 반백(斑白)의 머리털.

반ː발^계ː수(反撥係數)[-계-/-게-]명 두 물체가 충돌하기 전의 속도와 충돌 후의 속도의 비.

반ː발-력(反撥力)명 반발하는 힘.

반ː발-심(反撥心)[-씸]명 반발하는 마음.

반ː-밤(半-)명 하룻밤의 절반. 반소(半宵). 반야(半夜). ¶ 원고 한 장 쓰는 데 반밤이나 걸렸다.

반ː-방전(半方甎)명 직사각형으로 된 벽돌.

반ː백(半白)명 ①센 머리털이 절반이나 되는 머리털. ¶ 반백의 노인. ②현미와 백미가 반씩 섞임, 또는 그런 쌀.

반ː백(半百)명 백의 절반. 백 살의 절반. ¶ 이미 반백을 넘다.

반백(斑白·頒白)명 희끗희끗하게 센 머리털. ¶ 반백의 중노인.

반벌(班閥)명 양반의 문벌.

반ː-벙어리(半-)명 혀가 짧거나 하여 남이 잘 알아듣기 어렵게 말을 하는 사람.

반-베(斑-)명 반물의 실과 흰 실을 섞어 짠, 폭이 좁은 무명. 띠나 수건감으로 쓰임. 반포(斑布).

반ː벽(返璧)명하타 남이 선물로 보낸 물건을 받지 않고 되돌려 보냄.

반병-두리명 놋쇠로 둥글고 바닥이 편평하게 만든 국그릇.

반ː-병신(半病身)명 ①몸이 성하지 못하여 행동이 부자유스러운 사람. ②☞반편이.

반ː보(半步)명 반걸음. ¶ 반보 앞으로(뒤로).

반ː-보기(半-)명 지난날, 갓 결혼한 새색시끼리나 일가친척 관계의 부녀자끼리 만나 보고 싶을 때, 양편 집의 중간 지점까지 서로 나와서 만나 보던 풍습.

반ː복(反復)명하타되자 되풀이함. ¶ 같은 동작을 여러 번 반복하다.

반ː복(反覆)명하타 ①말이나 행동을 이랬다저랬다 하여 자주 고침. ¶ 변덕과 반복으로 신뢰를 잃다. ②생각을 엎치락뒤치락함.

반ː복(叛服)명 반역과 복종.

반ː복^기호(反復記號)[-끼-]명 ☞도돌이표.

반ː복-무상(反覆無常)[-봉-]명하형 언행이 이랬다저랬다 하여 종잡을 수 없음.

반ː복-무상(叛服無常)[-봉-]명하형 배반했다 복종했다 하여 그 태도가 한결같지 아니함.

반ː복-법(反復法)[-뻡]명 수사법상 강조법의 한 가지. 같거나 비슷한 어구를 되풀이하여 문장의 의미를 강조하는 표현 방법. 〔'산에는 꽃 피네, 꽃이 피네' 하는 따위.〕

반ː복-소인(反覆小人)[-쏘-]명 언행을 이랬다 저랬다 하는, 변변치 못한 사람.

반ː-복자(半卜者)[-짜]명 망건의 한 가지. 복자망건과 일자망건의 중간 형태의 망건.

반:복-형(反復形)[-보켱]명 연결 어미의 한 갈래. 동사에만 있는 것으로, 동작이 거듭됨을 나타냄. 반드시 상반되는 동사끼리 어울려 쓰임. 〔'오락가락한다'에서의 '-(으)락' 따위.〕
반:-봇짐(半褓-)[-보찜/-볻찜]명 손으로 들고 다닐 수 있는 작은 봇짐. ¶ 반봇짐을 싸다.
반:봉(半封)명 강이 덜 얼거나 덜 풀려서 떼로도 썰매로도 다닐 수 없는 기간.
반:-봉건(半封建)명 사회 제도나 사람의 의식 속에 봉건적 경향이 남아 있는 상태.
반:부(返附)명하타 되돌려 보냄.
반부(班祔)명하타 지난날, 대를 이을 자식이 없는 사람의 신주(神主)를 조상의 사당에 함께 모시던 일.
반:부새명 말이 좀 거칠게 내닫는 일.
반:분(半分)명하타되자 절반으로 나눔, 또는 절반의 분량. 분반(分半). ¶ 유산을 반분하다.
반:-불(半-)명 촉광을 낮추어서 켜는 등불.
반:-불겅이(半-)명 ①빛깔과 맛이 제법 좋은 중길의 살담배. ②'반쯤 불그레하게 익은 고추'를 이르는 말.
반:비(反比)명 한 비(比)의 전항(前項)과 후항(後項)을 바꾸어 이루어진 비. 〔A:B에 대한 B:A 따위.〕 역비(逆比). ↔정비(正比).
반:비(半臂)명 한복 저고리 위에 덧입는 웃옷의 한 가지. 깃과 소매가 없거나 아주 짧음. 참마고자.
반비(飯婢)명 지난날, 밥 짓는 일을 맡아보던 여자 하인. 참동자아치.
반:-비례(反比例)명하자 ①어떤 양이 다른 양의 역수(逆數)에 비례되는 관계. 역비례. ¶ 자동차의 공기 저항은 속도에 반비례한다. ↔정비례. ②어떤 사실에 반대로 비례가 되는 일. ¶ 도시 인구의 증가 폭이 클수록 이와 반비례하여 농촌 인구의 감소 폭도 커지게 된다.
반:비알-지다(半-)형 땅이 약간 비탈지다.
반빗(飯-)[-빋]명 지난날, 반찬 만드는 일을 맡아보던 여자 하인. 찬모(饌母). ＊반빗이[-비시]·반빗만[-빈-]
반빗-간(飯-間)[-빋깐]명 반찬을 만드는 곳. 찬간(饌間).
반빗-아치(飯-)[-비다-]명 지난날, 반빗 노릇을 하던 사람. 찬비(饌婢).
반빗-하님(飯-)[-비타-]명 지난날, 하인들끼리 '반빗아치'를 조금 높이어 일컫던 말.
반:빙(半氷)명하자 ①반쯤 얼어붙음, 또는 그 얼음. ②〈반취(半醉)〉의 속된 말.
반빙(頒氷)명하자 여름철에 임금이 신하들에게 얼음을 나누어 주던 일, 또는 그 얼음.
반:사(反射)명 ①하자타되자빛이나 전파 따위가 어떤 물체의 표면에 부딪혀 되돌아오는 현상. ¶ 빛의 반사. ②자극에 대하여 기계적으로 일어나는 신체의 생리적인 반응. ¶ 조건 반사.
반:사(半士)명 지난날, '반쪽 선비'라는 뜻으로, '양반의 서자(庶子)'를 얕잡아 이르던 말.
반:사(半死)명하자되자 반죽음. ¶ 모진 추위로 반사 지경에 이르다.
반사(班師)명 ①하자지난날, 군사를 철수시키던 일. ②개신교에서, 주일 학교(主日學校)의 선생을 이르는 말.
반사(頒賜)명하타 임금이 물건을 나누어 줌.
반:사-각(反射角)명 반사선과 법선(法線)이 만드는 각. 빛의 경우, 그 각도의 크기는 입사각(入射角)과 같음.
반:사-경(反射鏡)명 빛을 반사하는 거울.
반:사^광선(反射光線)명 입사 광선이 반사하여 처음의 매질(媒質) 속을 향해 진행하는 광선. 반사선. ↔입사 광선.
반:사-능(反射能)명 반사된 빛 에너지와 입사 에너지의 비(比). 참반사율.
반:사-등(反射燈)명 반사경을 써서, 빛을 한쪽으로 집중시켜 비추게 한 등.
반:사-로(反射爐)명 천장의 반사열을 이용하여 원료를 녹이는 형식의 용광로.
반:사^망:원경(反射望遠鏡)명 물체에서 오는 빛을 대물렌즈인 오목 반사경으로 반사시키고, 접안렌즈로 상(像)을 확대하여 보는 망원경.
반:사^방지막(反射防止膜)명 반사를 막기 위해 렌즈의 표면에 입힌 얇은 막.
반:사-선(反射線)명 ☞반사 광선.
반:사-시(反射時)명 생체(生體)가 자극을 받은 때로부터 실제로 반사가 일어날 때까지 걸리는 시간. 보통 0.2~0.3초 이하임.
반:사-열(反射熱)명 볕이나 불에 단 물체에서 내쏘는 열.
반:사^운:동(反射運動)명 반사에 의하여 무의식적으로 일어나는 운동.
반:사-율(反射率)명 입사(入射) 에너지와 반사 에너지의 비율. 참반사능.
반:사^이:익(反射利益)명 법률이 공익을 보호하기 위하여 어떠한 규제를 함으로써 일반인들이 간접적으로 누리게 되는 이익.
반:사^작용(反射作用)명 ①심리상으로 반사 운동이 일어나는 작용. ②파동(波動)이 반사되는 작용.
반:사-재(反射材)명 원자로의 노심(爐心)에서 발생한 중성자가 밖으로 새는 것을 막기 위하여, 노심을 둘러싸는 반사체로 쓰는 물질. 〔흑연·베릴륨·중수(重水) 따위.〕
반:사-적(反射的)관명 어떤 자극에 무의식적으로 반응하여 일어나는 (것). ¶ 반사적 행동. /쿵 하는 소리에 반사적으로 몸을 벌떡 일으키다.
반:사-체(反射體)명 반사하는 물체.
반:사^측각기(反射測角器)[-깍끼]명 광물의 결정면(結晶面)에 빛을 반사시켜서 그 결정면의 각(角)을 재는 기구.
반:사-파(反射波)명 매질(媒質) 속을 진행하는 파동이 다른 매질의 경계면에서 반사하여 방향을 바꾸는 파동.
반:-사회적(反社會的)[-회-/-훼-]관명 사회의 규범이나 질서 또는 이익에 반대되는 (것). ¶ 반사회적 견해. /반사회적인 집단 행위.
반:사회^집단(反社會集團)[-회-딴/-훼-딴]명 공공 사회의 질서와 규범을 거스르는 불순한 집단. 〔절도단 따위.〕
반:삭(半朔)명 한 달의 절반. 반달1. ¶ 소식이 끊긴 지도 어느덧 반삭이 지났다.
반:산(半産)명하타 한방에서, '유산(流産)'·'낙태(落胎)'를 달리 이르는 말. 소산(小産).
반살미명하타 혼인 뒤에 신랑이나 신부를 일갓집에서 처음으로 초대하는 일.
반삽(飯舌)명 밥주걱.
반:상(反常)명하자 이치에 어긋남.
반:상(返喪)명하타 ☞반구(返柩).
반:상(返償·反償)명하타되자 꾸거나 빌린 것을 돌려서 갚음.
반상(班常)명 양반과 상사람을 아울러 이르는 말. 상반(常班). ¶ 반상의 구별. /반상의 타파.
반상(飯床)명 ①끼니 음식으로 밥과 반찬을 차린 상차림. ②〈반상기〉의 준말.

반상(盤上) 명 ①반의 위. ②바둑판이나 장기판 위. ¶ 반상의 형세.
반상-기(飯床器) 명 격식을 갖추어 밥상 하나를 차리게 만든 한 벌의 그릇. 준반상.
반:상-낙하(半上落下) [-나카] 명하자 〔반쯤 올라가다가 떨어진다는 뜻으로〕 '처음에는 정성껏 하다가 중도에 그만두어 버림'을 이르는 말.
반:상-반:하(反上反下) 명하자 〔위아래 어느 쪽에도 들지 않는다는 뜻으로〕 '성질이나 태도가 모호함'을 이르는 말.
반-상회(班常會) [-회/-훼] 명 행정 조직의 최하 단위인 반(班)의 구성원이 갖는 월례 모임.
반색 명하자 (매우 바라던 사물이나 기다리던 사람을 보고서) 몹시 반가워함. ¶ 반색을 하며 반기다. /휴가 온 아들을 보고 반색하시는 어머니.
반색(斑色) 명 어룽진 빛깔.
반:생(半生) 명 한평생의 절반. 반평생. ¶ 반생을 예술에 바치다.
반:생-반:사(半生半死) 명하자 거의 죽게 되어 생사를 알 수 없는 지경에 이름. ¶ (춘향이) 애고애고 섧게 울 제, 자진하여 반생반사하는구나(烈女春香守節歌).
반:생-반:숙(半生半熟) 명하형 〔반쯤은 설고 반쯤은 익었다는 뜻으로〕 '기예(技藝) 따위가 아직 익숙지 못함'을 이르는 말.
반:서(反噬) 명하타 〔기르던 동물이 도리어 주인을 문다는 뜻으로〕 '은혜를 원수로 갚음'을 이르는 말.
반석(盤石·磐石) 명 ①넓고 편평한 바위. 너럭바위. ②'아주 믿음직스럽고 든든함'을 비유하여 이르는 말. ¶ 회사를 반석 위에 올려놓다. /반석 같은 국방 태세.
반선(盤旋) 명하자 산길 같은 것이 빙빙 굽이돌아서 오르게 됨.
반:-설음(半舌音) 명 훈민정음에서의 'ㄹ' 소리. 반혓소리.
반:성(反省) 명하타 자기의 언행·생각 따위의 잘잘못이나 옳고 그름을 깨닫기 위해 스스로를 돌이켜 살핌. ¶ 일기를 쓰면서 그날의 일과(日課)를 반성하다. /반성의 기미가 보이다.
반:성(半醒) 명하자 술기운이나 졸음이 반쯤 깸. 참반취(半醉).
반성(伴星) 명 연성(連星) 가운데서 빛이 어둡고 질량이 작은 쪽의 별. ↔주성(主星).
반:-성양(半成樣) 명하자 사물이 절반쯤 이루어짐.
반-성운(伴星雲) 명 중성운(重星雲) 가운데서 질량이 작은 쪽의 성운.
반성^유전(伴性遺傳) [-뉴-] 명 성염색체(性染色體) 속에 있는 유전자로 말미암아 일어나는 유전 현상.
반:성-코:크스(半成cokes) 명 석탄을 저온으로 건류하여 만든 코크스.
반:세(半世) 명 한평생의 절반. 반세상.
반:세(半歲) 명 한 해의 절반. 반년(半年).
반:-세계(反世界) [-계/-게] 명 ☞반우주.
반:-세기(半世紀) 명 한 세기의 절반, 곧 50년. ¶ 분단 반세기. 참사반세기.
반:-세상(半世上) 명 ☞반세(半世).
반-세포(伴細胞) 명 속씨식물의 체관 옆에 붙어 있는 길쭉한 세포. 체관에 공급하는 영양분의 저장 조직으로 알려져 있음.
반:소(反訴) 명하자되자 민사 소송에서, 소송이 진행되는 도중에 피고가 원고에 대하여 제기하는 소송. 맞소송.
반:소(半宵) 명 ①한밤중. ②☞반밤.
반:소(半燒) 명하자되자 (건물 따위가) 반쯤 탐. ¶ 화재로 가옥이 반소되다. 참전소(全燒).
반:-소경(半-) 명 ①애꾸눈. ②'시력이 몹시 약한 사람'을 비유하여 이르는 말. ③'문맹(文盲)'을 비유하여 이르는 말. ¶ 학교 근처에도 가 본 적이 없는 목불식정의 반소경이다.
반:-소매(半-) 명 팔꿈치 정도까지만 내려오는 짧은 소매. 반팔.
반소사(飯疏食) 명하자 〔반찬 없는 거친 밥이라는 뜻으로〕 '안빈낙도(安貧樂道)하는 군자의 생활'을 이르는 말.
반:-소설(反小說) 명 전통적인 소설의 개념을 부정하고 새로운 수법에 의한 소설의 가능성을 추구하려는 소설. 1950년대 이후 프랑스의 작가들에 의하여 시도되었음. 앙티로망.
반:-소작(半小作) 명하자 자작 농토와 소작 농토를 아울러 가지고 농사를 함, 또는 그렇게 하는 농사.
반:속(反俗) 명 세상 일반의 사고(思考)나 생활 방식을 따르지 아니함.
반송(伴送) 명하타되자 다른 물건에 붙여서 함께 딸려 보냄. ¶ 편지 속에 어머니의 사진이 반송되어 왔다.
반:송(返送) 명하타되자 도로 돌려보냄. 환송(還送). ¶ 수취인 불명으로 편지가 반송되다.
반송(搬送) 명하타되자 (화물 따위를) 운반하여 보냄. ¶ 화물을 반송하다.
반송(盤松) 명 키가 작고 가지가 가로 뻗어서 옆으로 퍼진 소나무.
반송-대(搬送帶) 명 ☞컨베이어.
반송-사(伴送使) 명 지난날, 중국 사신을 호송하던 임시 벼슬.
반송식 통신^방식(搬送式通信方式) 전신·전화선 또는 전력선에 변조(變調)한 고주파 전류를 보내어, 이를 이용하는 통신 방식.
반:-송장(半-) 명 '아주 늙거나 병이 들어 거의 죽은 사람이나 다름없게 된 사람'을 비유하여 이르는 말. ¶ 반송장이나 다름없는 몰골.
반송^전:신(搬送電信) 명 반송파(搬送波)를 이용한 전신.
반송-파(搬送波) 명 전신·전화·텔레비전 따위의 음성이나 영상의 신호파를 전송하는 데 쓰이는 고주파 전류.
반:수(反數) [-쑤] 명 ☞역수(逆數).
반:수(半睡) 명 〈반수반성〉의 준말.
반:수(半數) 명 전체의 절반의 수. ¶ 반수 이상이 찬성하다.
반수(伴隨) 명하타 짝이 되어 따름.
반수(班首) 명 ①수석(首席)의 자리에 있는 사람. ②지난날, 보부상의 우두머리.
반수(礬水) 명 명반(明礬)을 녹인 물에 아교를 섞은 것. 잉크나 먹·채료 따위가 번지는 것을 막는 데 쓰임.
반:-수둑이(半-) 명 어떤 물건이 바싹 마르지 아니하고 반쯤만 수둑수둑하게 마름, 또는 그러한 물건.
반:수-반:성(半睡半醒) 명 깊이 잠들지 못하고 반쯤 깨어 있음. 준반수.
반:수-성(半數性) [-썽] 명 생식 세포가 체세포의 반수의 염색체를 가지고 있는 상태, 또는 그러한 성질.
반:수성^가스(半水性gas) [-썽-] 명 발생로(發生爐) 가스와 수성(水性) 가스와의 혼합 가스.
반:수^세:대(半數世代) 명 감수 분열에서 수정(受精)이 될 때까지의 세대. 참배수 세대.

반ː수^염ː색체(半數染色體)명 감수 분열 때 체세포 염색체 수의 반이 된 염색체.

반ː수-주의(半獸主義)[-의/-이]명 ①인간의 성적 본능을 만족시키자는 주의. ②사람의 동물적 본능을 강조하여 성욕을 꾸밈 없이 그려서 나타내는 문예상의 한 주의.

반ː숙(半熟)명하타 (음식 따위를) 반쯤만 익힘, 또는 그렇게 익힌 것. ¶ 달걀 반숙. 참완숙.

반ː숙-란(半熟卵)[-숭난]명 반쯤 익힌 달걀.

반ː숙-마(半熟馬)[-숭-]명 ①조금 길들인 말. ②지난날, 작은 공이 있는 벼슬아치에게 내리던 상의 한 가지. 공무(公務)로 어디를 갈 때, 조금 길든 말을 언어 탈 수 있는 특전(特典)을 베풀었음.

반순(反脣)명하타 '번순(反脣)'의 잘못.

반ː승(半僧)명 ☞비승비속(非僧非俗).

반ː-승낙(半承諾)명하타 대체로 좋다는 정도로 하여 두는 승낙. ¶ 반승낙이라도 받은 게 다행이다.

반ː승-반ː속(半僧半俗)명 ☞비승비속(非僧非俗). ¶ 시인지 산문인지 알 수 없는 반승반속의 글.

반ː시(半時)명 아주 짧은 동안. ¶ 반시도 가만히 있지 못하다.

반ː시(半翅)명 꿩과의 새. 메추라기와 비슷하나 좀 더 큼. 얼굴과 목은 노랗고, 등에는 회흑색의 얼룩무늬가 있음.

반시(盤柿)명 ☞납작감.

반ː시-기호(反始記號)명 ☞다 카포(da capo).

반시-뱀(飯匙-)명 살무삿과의 뱀. 오키나와·대만 등지에 분포하는 독사. 몸길이 1.6 m가량. 머리는 세모꼴로 숟가락처럼 생기고 등은 담황색에다 두 줄의 암갈색 고리무늬가 있음. 나무 위나 풀밭에서 쥐 따위를 잡아먹고 삶.

반ː-시옷(半-)[-옫]명 한글의 옛 자모(字母)의 하나인 'ᅀ'의 이름. ＊반ː시옷이[-오시]·반ː시옷만[-온-]

반식(伴食)명 ①하자☞배식(陪食). ②'아무 능력도 없이 어떠한 직(職)에 앉아 자리만 지키고 있음'을 이르는 말.

반ː-식민지(半植民地)[-싱-]명 주권(主權)을 가지고 있기는 하나 실질적으로는 식민지나 다름없는 나라.

반ː신(半身)명 온몸의 절반.

반ː신(半信)명하타 완전히 믿지는 아니함.

반ː신(返信)명 회답하는 편지나 전보. 회신(回信). ↔왕신(往信).

반ː신(叛臣)명 임금에게 반역한 신하.

반ː신-료(返信料)[-뇨]명 '회신료'의 이전 일컬음.

반ː신-반ː의(半信半疑)[-바늬/-바니]명하타 반쯤은 믿고 반쯤은 의심함. ¶ 반신반의하는 표정을 짓다. 비차신차의.

반ː신-반ː인(半神半人)명 〔반은 신이고 반은 사람이라는 뜻으로〕 '아주 영묘(靈妙)한 사람'을 이르는 말.

반ː신불수(半身不隨)[-쑤]명 뇌출혈·혈전·종양 따위로 말미암아 몸의 절반이 마비되는 일, 또는 그런 사람.

반ː신-상(半身像)명 상반신의 사진·초상·소상(塑像) 따위를 통틀어 이르는 말.

반ː신-욕(半身浴)[-뇩]명 명치 또는 배꼽 아래 부분까지만 따뜻한 물에 담그는 목욕법.

반ː실(半失)명하자 절반가량 잃거나 손해를 봄.

반ː심(半心)명 ①할까 말까 하는 마음. ②참되게 먹지 아니하는 마음. 진정이 아닌 마음.

반ː심(叛心)명 배반하려는 마음. 반의(叛意). 배심(背心). ¶ 반심을 품다.

반ː쌍(半雙)명 쌍으로 된 것의 한쪽.

반ː-아카데미(反academy)명 고지식한 관학적(官學的) 경향을 지양하고, 청신하고 진취적인 학풍을 이루려는 정신.

반암(斑岩)명 얼룩무늬가 박혀 있는 암석.

반-암부(半暗部)명 태양의 흑점 주위의 옅은 흑색 부분. 부분 그늘.

반ː액(半額)명 정해진 금액의 절반 값. ¶ 정기 반액 세일. /청소년의 입장료는 반액이다.

반ː야(半夜)명 ①한밤중. ②☞반밤.

반야(般若←Prajñā 범)명 만물의 본질을 이해하고 불법(佛法)의 참다운 이치를 깨닫는 지혜.

반야-경(般若經)명 불교에서, 완전한 지혜의 실천이라는 '반야바라밀의 깊은 이치를 설(說)한 경전'을 통틀어 이르는 말.

반야-바라밀(←般若波羅蜜)명 불교에서, '지혜의 완성', '완전한 지혜'의 뜻으로 이르는 말.

반야바라밀다-심경(←般若波羅蜜多心經)[-따-]명 대반야경의 정수(精髓)를 뽑아 간결하게 설한 경. 준반야심경·심경[2].

반야-심경(般若心經)명 〈반야바라밀다심경〉의 준말.

반야-정관(般若正觀)명 ①지혜와 선정(禪定). ②분별과 망상을 떠난 지혜로써 잡념을 버리고 정신 통일을 한 상태.

반야-탕(般若湯)명 ☞곡차(穀茶).

반ː양(半養)명 배내. ¶ 반양으로 키우는 소.

반ː-양성자(反陽性子)[-냥-]명 ☞반양자.

반ː-양식(半洋式)[-냥-]명 반쯤 서양식을 본뜬 격식. ¶ 집 안을 반양식으로 꾸미다.

반ː-양자(反陽子)[-냥-]명 양자의 반입자(反粒子). 양자와 만나면 소멸되어 에너지로 바뀌는 성질이 있음. 반양성자. 앤티프로톤.

반ː-양장(半洋裝)[-냥-]명 ①제본법의 한 가지. 속장을 실로 매고, 겉장을 속장에 붙여 씌운 다음 겉장과 속장을 함께 마무르는 방식, 또는 그렇게 제본한 책. ②반쯤 서양식으로 꾸민 옷차림.

반ː어(反語)명 ①뜻을 강조하기 위하여, 표현하려는 뜻과는 반대되게 하는 말. ②어떤 말에 빗대어, 그 반대되는 뜻을 강조하는 말. ②아이러니. 참반어법.

반ː어(半漁)명 ☞반어업(半漁業).

반ː어-법(反語法)[-뻡]명 수사법상 변화법의 한 가지. 표현하려는 본뜻과는 반대되는 말을 함으로써 문장의 의미를 강화하는 표현 방법. 〔'참 푸지게도 준다(인색하다).', '굉장한 미인 인걸(못생겼다).', '만세 불렀다(포기했다).' 하는 따위.〕

반ː-어업(半漁業)명 주로 어업을 하면서 다른 일도 겸하여 하는 일. 반어(半漁).

반ː-여태혜(半女太鞋)[-녀-혜/-녀-헤]명 지난날, 남자가 신던 가죽신의 하나. 여태혜와 비슷함.

반ː역(反逆·叛逆)명하자타 ①나라와 겨레를 배반함. ¶ 민족 반역 행위. ②통치자에게서 나라를 다스리는 권한을 빼앗으려고 함. ¶ 반역을 꾀하다.

반ː역(反譯)명하타되자 ①옛글 따위를 지금의 말로 바꾸어 옮김. ②☞번역(飜譯). ③☞중역(重譯).

반ː역-자(反逆者)[-짜]명 반역한 사람. ¶ 민족 반역자를 처단하다.

반ː역-죄(反逆罪)[-쬐/-쮀]명 반역 행위를 한 죄.

반연(絆緣)명 뒤얽힌 인연.

반연(攀緣)[명][하타] ①더위잡고 기어오름. ②속된 인연에 끌림. ③권력 있는 사람에게 의지하여 출세함.
반연-경(攀緣莖)[명] 다른 물건에 달라붙거나 다른 물건을 더위잡고 뻗어 가는 식물의 줄기. 포도나무·담쟁이덩굴 따위.
반연-성(攀緣性)[-썽][명] (담쟁이나 호박처럼) 다른 물건에 달라붙거나 다른 물건을 더위잡고 뻗어 가는 식물의 성질.
반연^식물(攀緣植物)[-싱-][명] 반연성을 가진 만초. 포도나무·담쟁이·완두 따위.
반열(班列)[명] 품계·신분·등급의 차례. 반차(班次). ¶ 반열에 서다. /정승의 반열에 오르다.
반ː염송-포(半塩菘包)[-념-][명] 얼간쌈.
반ː영(反映)[명][되자] ①[하자]빛 따위가 반사하여 비침. ②[하타]어떤 영향이 다른 것에 미쳐 나타남. ¶ 민의(民意)를 반영하다.
반ː영(反影)[명] 반사하여 비친 그림자.
반ː영(半影)[명] ☞반그림자. ↔본영(本影).
반영(繁纓)[명] 말의 뱃대끈과 안장 양쪽에 늘어뜨리는 가슴걸이.
반ː-영구(半永久)[-녕-][명] 거의 영구에 가까움.
반ː영구-적(半永久的)[-녕-][관][명] 거의 영구에 가까운 (것). ¶ 반영구적인 건물.
반옥(飯玉)[명] 염(殮)할 때, 죽은 사람의 입에 쌀과 섞어서 넣던 구슬.
반ː-올림(半-)[명][하타] 셈할 때, 끝수가 4 이하일 때는 버리고 5 이상일 때는 10으로 올려서 계산하는 셈법. 〔12.4는 12로, 12.5는 13으로 하는 따위.〕
반ː와(泮蛙)[명] 〔'성균관(成均館)의 개구리'란 뜻으로〕'아무 일도 하지 않고 자나깨나 책만 읽는 사람'을 농조로 이르는 말.
반완(蟠蜿)[명][하자] 서리서리 굼틀거림.
반외(盤外)[바뇌/바눼][명] ①바둑·장기판 밖. ②바둑·장기의 대국 이외.
반요^식물(攀繞植物)[-싱-][명] 반연성(攀緣性)·전요성(纏繞性)이 있는 식물. 담쟁이덩굴·포도나무·나팔꽃·칡 따위.
반ː우(返虞)[명][하타] 장사 지낸 뒤에 신주(神主)를 모셔 집으로 돌아오는 일. 반혼(返魂).
반ː-우주(反宇宙)[명] 모든 물질이 반입자(反粒子)로 이루어져 있다고 하는 우주. 반세계.
반ː원(半圓)[명] 원을 이등분한 한 부분.
반ː원(半圜)[명] 지난날, 오십 전짜리 은화(銀貨)를 이르던 말. 광무(光武) 연대에 썼음.
반원(班員)[명] 반을 이루고 있는 구성원.
반ː-원주(半圓周)[명] 원둘레를 지름으로 이등분한 한쪽.
반ː원-형(半圓形)[명] 반원처럼 생긴 모양.
반ː월(半月)[명] ①☞반달[1]. ②☞반달[2].
반ː월-문(半月門)[명] ☞반달문.
반ː월-창(半月窓)[명] 반달 모양의 창.
반ː월-판(半月瓣)[명] 대동맥과 폐동맥의 출구에 있는, 반달같이 생긴 세 개의 판막. 피가 거꾸로 흐르는 것을 막는 일을 함.
반ː월-형(半月形)[명] ☞반달꼴.
반ː위(反胃)[명] ☞번위(反胃).
반ː유(泮儒)[명] 지난날, 성균관에서 생활하면서 공부하던 유생(儒生).
반ː-유대주의(反Judea主義)[-의/-이][명] 인종적·종교적·경제적인 이유로 유대 인을 배척·전멸시키려는 사상.
반ː-유동체(半流動體)[-뉴-][명] 되직한 유동체. 죽 따위와 같이 찰기가 강한 액체.
반ː음(半音)[명] 온음의 절반이 되는 음정. 반음정(半音程).
반ː-음계(半音階)[-계/-게][명] 각 음의 사이가 반음으로 이루어진 음계.
반ː-음양(半陰陽)[명] ☞남녀추니.
반ː-음정(半音程)[명] ☞반음(半音).
반ː응(反應)[명][하자] ①생체가 자극이나 작용을 받아 일으키는 변화나 움직임. ¶ 민감한 반응을 보이다. ②화학에서, 물질과 물질이 서로 작용하여 화학 변화를 일으키는 일. ¶ 산(酸)에 반응하여 빛깔이 변하다.
반ː응^물질(反應物質)[-찔][명] 서로 작용하여 화학 반응을 일으키는 물질.
반ː응^속도(反應速度)[-또][명] 화학 반응이 일어나는 속도. 반응 물질의 농도·온도·압력·촉매 따위에 따라 달리 나타남.
반ː응-열(反應熱)[-녈][명] 화학 반응에 따라 발생하거나 흡수되는 열.
반ː의(叛意)[바늬/바니][명] 배반하려고 하는 의사. 반심(叛心). ¶ 반의를 품다.
반의(斑衣)[바늬/바니][명] 여러 가지 빛깔의 옷감으로 지은 때때옷.
반ː의-반(半-半)[바늬-/바네-][명] 절반의 절반, 곧 4분의 1. 반반. 반지반(半之半).
반ː의-어(反意語)[바늬-/바니-][명] 어떤 낱말에 대하여 반대되는 뜻을 지닌 낱말. 반대말. 반대어. ↔동의어.
반의지희(斑衣之戲)[바늬-히/바니-히][명] '늙어서도 부모에게 효양(孝養)함'을 이르는 말. 〔중국의 노래자(老萊子)가 나이 일흔에 때때옷을 입고 어리광을 부려 부모를 위로한 고사에서 유래함.〕
반이(搬移)[명][하타] 짐을 운반하여 옮김. 세간을 싣고 이사함.
반ː인(泮人)[명] ☞관사람.
반ː-일(半-)[-닐][명] ①하루 일의 절반. ②어떤 일의 절반.
반ː일(反日)[명][하자] 일본에 대하여 반대함. ¶ 반일 감정이 고조되다.
반ː일(半日)[명] 반날. 한나절. ¶ 반일 근무.
반ː일-조(半日潮)[-쪼][명] 약 반일의 주기를 가지는 천체의 기조력(起潮力)에 따라 일어나는 조석(潮汐).
반입(搬入)[명][하타][되자] (어떤 곳에) 물건을 들여옴. ¶ 전시품을 반입하다. ↔반출.
반ː-입자(反粒子)[-짜][명] 보통의 소립자와 물리적 성질은 같으나, 전하(電荷)나 자기(磁氣) 모멘트의 부호가 반대인 소립자.
반ː-잇소리(半-)[-니쏘-/-닏쏘-][명] ☞반치음.
반자[명] 더그매를 두고, 천장을 평평하게 만든 시설. 〔아래쪽 겉면이 천장을 이룸.〕
　반자(를) 받다[관용] 몹시 노하여 펄펄 뛰다.
반ː자(半子)[명] 〈반자지명(半子之名)〉의 준말.
반ː자(半字)[명] 글자의 획을 줄여서 간편하게 나타낸 한자. 〔'擔'을 '担', '體'를 '体'로 쓰는 따위.〕 약자(略字). 약필(略筆). ↔정자(正字). [참]속자(俗字).
반자(班資)[명] 지위와 녹봉.
반ː-자기(半瓷器)[명] 질그릇에 가까운 사기그릇, 또는 사기그릇에 가까운 질그릇. 반도반자.
반ː-자동(半自動)[명] 기계 장치에서, 부분적으로 이루어지는 자동. ¶ 반자동 소총. [참]전자동.
반ː-자성(反磁性)[명] 자장(磁場) 안에 둔 물체가 자장과 반대 방향으로 자화(磁化)하는 성질. 초전도체의 금속에서 강하게 나타남.

반ː자성-체(反磁性體)명 반자성을 나타내는 물체. 〔금·은·구리 같은 초전도체, 산소 이외의 기체 및 유기 물질, 유리, 염류 따위.〕

반자-지(–紙)명 반자의 겉면(천장)을 꾸미기 위해 바르는 종이.

반ː자지명(半子之名)명 〔아들이나 다름없이 여긴다는 뜻으로〕 '사위'를 달리 이르는 말. 준반자.

반자-틀명 반자를 들이기 위하여 나무나 철사로 가로세로 짜서 만든 틀.

반작부하자타 빛이 반작이는 모양. 큰번적. 센반짝²·빤작·빤짝. **반작-반작**부하자타.

반작(反作)명하타 '번작(反作)'의 잘못.

반ː작(半作)명하타 ①☞소작(小作). ②수확량이 평년작의 절반밖에 되지 않음, 또는 그런 정도의 수확량.

반작-거리다[–꺼–]자타 자꾸 반작반작하다. 반작대다. 큰번적거리다.

반작-대다[–때–]자타 반작거리다.

반ː-작용(反作用)명하자 ①어떤 물체가 다른 물체에 힘을 미쳤을 때, 동시에 똑같은 크기의 힘이 되미치어 옴, 또는 그 힘. ②어떤 움직임에 대해 반대의 움직임이 생겨나는 일. ¶ 무리한 추진으로 반작용이 일어나다.

반작-이다자타 빛이 잠깐 나타났다 없어지다, 또는 그리되게 하다. ¶ 저기 멀리서 반작이는 물체가 뭔지 확인하고 오너라. 큰번적이다. 센반짝이다·빤작이다·빤짝이다.

반ː장(泮長)명 〔반궁(泮宮)의 수장(首長)이란 뜻으로〕 '대사성(大司成)'을 달리 일컫던 말.

반ː장(返葬)명하타 객사한 사람을 그가 살던 곳이나 고향으로 옮겨다 장사 지내는 일.

반ː장(叛將)명 반란을 일으킨 장수.

반장(班長)명 '반(班)'이라는 이름을 붙인 집단의 통솔자 또는 책임자. ¶ 조사 반장. /1반의 반장으로 뽑히다.

반ː-장경(半長徑)명 타원의 긴지름의 반.

반ː-장부(半–)명 (두 나무 도막을 맞대어 이을 때) 한쪽 나무에만 만든 짧은 장부.

반ː-장화(半長靴)명 목의 길이가 보통 장화의 절반 정도로 짧은 장화.

반ː적(叛賊)명 자기 나라를 배반한 역적.

반전(反田)명하타 '번전(反田)'의 잘못.

반ː전(反戰)명하자 전쟁을 반대함. ¶ 반전 시위.

반ː전(反轉)명하자되자 ①반대쪽으로 구르거나 돎. ②일의 형세가 뒤바뀜. ¶ 전세(戰勢)가 반전되다. 비역전(逆轉). ③사진에서, 현상한 음화(陰畫)를 양화(陽畫)로 만드는 일.

반ː전(半錢)명 '매우 적은 돈'을 비유하여 이르는 말. ¶ 천 원은커녕 반전도 없네.

반전(班田)명 왕조 때, 나라에서 백성에게 나누어 주던 밭.

반ː전^기류(反轉氣流)명 상공(上空)의 공기가 해면의 공기보다 따뜻한 기류.

반ː전^도형(反轉圖形)명 같은 도형이면서 보고 있는 동안에 원근이나 그 밖의 조건이 다르게 보이는 도형.

반ː전^문학(反戰文學)명 전쟁을 반대하는 사상이나 주장 따위를 주제로 다룬 문학.

반ː전^필름(反轉film)명 반전 현상으로 직접 양화(陽畫)로 만들 수 있는, 슬라이드용이나 소형 영화용 따위의 필름.

반ː-절(半–)명 ①허리를 굽혀 양손을 바닥에 짚고 앉아 고개를 숙여서 하는 여자의 절. ②아랫사람의 절을 받을 때, 그 답례로 윗몸을 반쯤 굽혀서 하는 절.

반ː절(反切)명 ①한자의 독음(讀音)을 다른 두 한자로 나타내는 방법. 첫 글자의 초성과 둘째 글자의 중성·종성을 따는 것으로, 가령 '東'자의 독음을 '德紅切'이라 하는 따위. ②한글의 '자모(字母)'를 달리 이르던 말. 〔'훈몽자회(訓蒙字會)'의 범례에 전함.〕 ③〈반절본문〉의 준말.

반ː절(半切·半截)명 ①하타절반으로 자름. ②백지 등의 전지(全紙)를 절반으로 자른 것.

반ː절(半折)명하타 반으로 꺾거나 반으로 가름. 절반. ¶ 문제를 반절도 못 풀다.

반ː절-본문(反切本文)명 한글을 그 자모순에 따라 자음자와 모음자를 결합시켜 배열한 일람표. '가갸 거겨 고교 구규 그기ᄀ/나냐 너녀 노뇨 누뉴 느니ᄂ/하햐 허혀 호효 후휴 흐히ᄒ' 등으로 되어 있으며, 한글을 처음 배우는 데 이용되었음. 준반절·본문.

반ː점(半點)명 ①온전한 점수의 절반. ¶ 반점을 주다. ②'아주 조금'의 뜻. ¶ 구름 반점도 없이 맑게 갠 하늘. ③반 시간. ¶ 반점이 더 지나다. ④문장 부호의 한 가지로 ','의 이름. ④콤마.

반점(斑點)명 얼룩얼룩한 점. 얼룩점. ¶ 이마에 반점이 생기다.

반점(飯店)명 〔밥을 파는 가게의 뜻으로〕 '음식점'을 중국식으로 이르는 말.

반점-병(斑點病)[–뼝]명 식물의 잎이나 줄기에 반점이 생기는 병.

반ː정(反正)명하자타 〔정도(正道)로 돌아감, 또는 돌이킴의 뜻으로〕 ①난리를 바로잡음. ②지난날, 나쁜 임금을 폐하고 새 임금이 들어서던 일. ¶ 인조(仁祖) 반정. /반정을 일으키다.

반정(斑晶)명 화성암 등의 낱알이 작은 석기(石基) 속에 흩어져 있는 비교적 큰 결정.

반정^공신(反正功臣)명 반정 때 공이 큰 사람에게 내리던 공신의 칭호.

반ː-정립(反定立)[–닙]명 변증법에서, 정립된 명제에 대립되는 형식으로 정해진 명제. 정반합(正反合)의 '반(反)'에 해당함. 안티테제.

반ː-정부(反政府)명 정부에 반대하는 일. ¶ 반정부 인사. /반정부 시위.

반ː제(反帝)명 제국주의에 반대함.

반ː제(返濟)명하타되자 빌려 쓴 금품을 갚음.

반ː제-품(半製品)명 가공이 덜 되어 아직 완전한 제품이 되지 못한 물건.

반ː조(半租)명 쌀에 뉘가 반쯤 섞여 있는 일.

반ː조(返照)명되자 ①하타빛이 반사되어 되쪼임, 또는 그 빛. ②하자저녁 햇빛을 받아 하늘이 붉게 비침, 또는 그 햇빛.

반조-문(頒詔文)명 지난날, 나라에 경사가 있을 때 백성에게 널리 알리던 조서(詔書).

반ː조-반ː미(半租半米)명 뉘가 반쯤 섞인 쌀.

반족(班族)명 양반의 겨레붙이.

반종(班種)명 양반의 씨.

반ː좌(反坐)명하타 지난날, 남을 무고한 사람에게, 그것과 똑같은 형량으로 처벌하던 일.

반ː좌-율(反坐律)명 지난날, 남을 무고(誣告)한 사람에게 반좌의 형(刑)을 내리던 법률.

반ː주(半周)명 ①한 바퀴의 반. ②둘레의 반을 도는 일.

반주(伴走)명하자 마라톤 경주 등에서, 자동차나 자전거로 선수와 함께 달리는 일.

반주(伴奏)명하자 성악이나 기악의 연주에 맞추어 다른 악기로 보조적으로 연주하는 일. ¶ 반주 음악. /피아노 반주에 맞추어 합창하다.

반주(斑紬)명 ☞아랑주.

반주(飯酒) 명 끼니때 밥에 곁들여서 술을 마심, 또는 그렇게 마시는 술.

반ː-주권국(半主權國)[-꿘-] 명 주권을 완전히 행사하지 못하고, 국제법상 그 일부가 제한되어 있는 나라. 일부 주권국.

반주그레-하다 형여 얼굴이나 모습이 보기에 반반하다. 큰 번주그레하다.

반주-상(飯酒床)[-쌍] 명 반주를 차려 놓은, 간단한 술상.

반ː-주인(泮主人)[-쭈-] 명 ☞관주인(館主人).

반죽 명 하타 가루에 물을 부어 이기는 일, 또는 그렇게 이긴 것. ¶ 밀가루의 반죽이 눅다.

반죽(이) 좋다 관용 (성미가 언죽번죽하여) 노염이나 부끄럼을 타는 일이 없다.

반ː-죽음(半-) 명 하자 되자 (몹시 맞거나 어려움을 겪어서) 거의 죽게 된 상태. 반사(半死).

반죽-필(斑竹筆) 명 붓대를 반죽으로 만든 붓.

반ː-중간(半中間) 명 ☞중간(中間).

반ː-중성자(反中性子) 명 중성자의 반입자. 질량은 중성자와 거의 같고 자기(磁氣) 모멘트는 반대임. 〔기호는 n̄, 또는 N̄〕

반ː증(反證) 명 ①하타 되자 어떤 주장에 대하여 그것을 부정할 증거를 드는 일, 또는 그 증거. ¶ 반증을 들다. ②어떤 사실이나 행동이 어떤 일에 대하여 반대가 된다는 것을 증명하는 것. ¶ 입대를 앞두고 외국 국적을 취득한 것은 국방 의무를 다할 생각이 없다는 반증이 아니고 무엇인가? ③민사 소송법상 상대편이 신청한 사실이나 본증을 반박하기 위한 증거. ④형사 소송법상 사실의 부존재(不存在)를 증명하는 재료. ↔본증(本證).

반ː지(半紙) 명 붓글씨를 연습하는 데 쓰이는 일본식 종이의 한 가지. 크기는 가로 35 cm, 세로 25 cm가량임.

반지(半指·斑指) 명 한 짝으로만 된 가락지. 보석 따위 장식을 붙이기도 함.

반-지기 명 《일부 명사 뒤에 붙어》 쌀이나 어떤 물건에 다른 잡것이 섞인 것을 나타낼 때 쓰는 말. ¶ 돌반지기./뉘반지기.

반지랍다[-따][반지라우니·반지라워] 형ㅂ ①기름기가 묻어서 윤이 나고 매끄럽다. 큰 번지럽다. ②하는 짓이 얄미울 정도로 교활하다.

반지레 부 하형 매끄럽고 윤이 나서 반지르르한 모양. ¶ 기름기가 반지레 도는 얼굴. 큰 번지레. 센 빤지레.

반지르르 부 하형 ①기름기 같은 것이 묻어서 윤이 나고 매끄러운 모양. ¶ 반지르르한 얼굴./반지르르 윤이 나는 마루. ②말이나 행동 따위가 실속은 없이 겉으로만 그럴듯한 모양. ¶ 말은 반지르르하게 잘한다. 큰 번지르르. 센 빤지르르.

반ː-지름(半-) 명 원이나 구(球)의 중심에서 그 원주나 구면(球面)에 이르는 선분, 또는 그 길이. ¶ 반지름 10 cm의 원.

반ː지반(半之半) 명 ☞반의반.

반지-빠르다[~빠르니·~빨라] 형르 ①말이나 하는 짓이 얄밉게 반드럽다. ¶ 반지빠른 행동. ②어중간하여 쓰기에 알맞지 아니하다.

반직(伴直) 명 하자 두 사람이 함께 번을 듦, 또는 그 일.

반ː-직선(半直線)[-썬] 명 한 직선이 선상(線上)의 한 점에 의하여 둘로 나누어진 경우, 그 각각의 부분을 이르는 말.

반ː-직업적(半職業的)[-쩍] 관 명 직업 이외의 다른 일을 거의 직업으로 삼다시피 하는 (것). ¶ 사진 촬영은 이제 반직업적인 일이 되었다.

반진(斑疹) 명 한방에서, 마진(痲疹)·성홍열(猩紅熱) 등과 같이 '온몸에 붉고 좁쌀만 한 것이 돋는 병'을 이르는 말.

반짇-고리[-꼬-] 명 〈바느질고리〉의 준말.

반질-거리다 자 ①매끄럽게 윤기가 흐르다. ¶ 이마가 반질거리다. ②일을 살살 피하면서 게으름을 피우다. ¶ 일은 하지 않고 반질거리기만 한다. 반질대다. 큰 번질거리다. 센 빤질거리다.

반질-대다 자 반질거리다.

반질-반질 부 ①하형 윤기가 흐르고 반지라운 모양. ②하자 자꾸 게으름만 피우며 반질거리는 모양. ¶ 눈에 띄지 않는 곳에서 반질반질 놀기만 한다. 큰 번질번질. 센 빤질빤질.

반ː집(半-) 명 비기는 것을 피하기 위하여 덤을 주고 두는 바둑에서 생기는 계산상의 집. 반호(半戶).

반-짓다[-짇따][~지으니·~지어] 타ㅅ (과자나 떡 따위를) 둥글고 얇게 조각을 내어 만들다.

반짝[1] 부 ①무엇을 아주 가볍고 빠르게 들어 올리는 모양. ¶ 아이를 반짝 들어 올리다. ②수그렸던 얼굴 따위를 갑자기 쳐드는 모양. ¶ 얼굴을 반짝 쳐들다. ③감았던 눈을 갑자기 뜨는 모양. ¶ 반짝 눈을 뜨다. ④갑자기 정신이 들거나 어떤 생각 따위가 머리에 떠오르는 모양. ¶ 반짝 정신이 들다./귀가 반짝 뜨이는 말. 큰 번쩍[1]. **반짝-반짝** 부.

반짝[2] 부 하자타 〈반작〉의 센말. ¶ 어둠 속에서 불빛이 반짝 빛났다. 큰 번쩍[2]. 센 빤짝.

반짝-이다 자타 〈반작이다〉의 센말. 큰 번쩍이다. 센 빤짝이다.

반ː-쪽(半-) 명 ①한 개를 두 쪽으로 쪼갠 한 쪽. ¶ 사과 반쪽도 서로 나누어 먹다. ②'살이 몹시 빠지고 야위었음'을 이르는 말. ¶ 앓고 나더니 얼굴이 반쪽이 됐다. ③'온전하지 못하거나 불완전한 것'을 비유하여 이르는 말. ¶ 야당이 불참한 반쪽 국회.

반차(班次) 명 ☞반열(班列).

반차-도(班次圖) 명 왕조 때, 나라의 의식에서 문무백관이 늘어서는 차례를 적은 그림.

반찬(飯饌) 명 밥에 곁들여 먹는 음식. 부식(副食). 부식물. 식찬(食饌). 준 찬. 참 공차반.

반찬 먹은 개 관용 구박을 받아도 아무 말 못하는 처지를 두고 하는 말.

반찬 먹은 고양이〔괭이〕 잡도리하듯 관용 잘못을 저지른 사람을 마구 혼내 주는 모양.

반찬-감(飯饌-)[-깜] 명 ☞반찬거리.

반찬-거리(飯饌-)[-꺼-] 명 반찬을 만드는 데 쓰이는 여러 가지 재료. 반찬감. ¶ 시장에 반찬거리를 사러 가다. 준 찬거리.

반찬-단지(飯饌-)[-딴-] 명 ①반찬을 담아 두는 작은 항아리. ②'필요할 때 필요한 물건을 잘 갖추어 내어 놓는 사람'을 놓으로 이르는 말.

반창(瘢瘡) 명 상처의 흔적.

반창-고(絆瘡膏) 명 상처를 보호하거나 붕대 따위를 고정시키는 데에 쓰는 접착성 헝겊이나 테이프. ¶ 일회용 반창고.

반ː채-층(半彩層) 명 태양 대기의 최하층부.

반ː천(半天) 명 ①하늘의 한가운데. 중천. ②☞반공(半空). ②반공중.

반ː-천하수(半天河水) 명 한방에서, '교목의 구멍이나 대를 잘라 낸 그루터기에 괸 빗물'을 약재로 이르는 말.

반ː청(半晴) 명 날씨가 반쯤 갬.

반ː청-반ː담(半晴半曇) 명 날씨가 반쯤은 개고 반쯤은 흐림.

반ː-체제(反體制)명 그 시대의 국가·사회를 지배하는 정치 체제에 저항하여 그것을 변혁하려고 꾀하는 일. ¶ 반체제 인사(人士).
반ː초(半草)명 ☞반흘림.
반초(飯鮹)명 ☞꼴뚜기.
반ː-초서(半草書)명 반쯤 흘려 쓴 글씨.
반ː촌(泮村)명 지난날, 성균관 근처에 있는 동네를 이르던 말.
반촌(班村)명 조선 시대에, 양반들이 모여 사는 마을을 이르던 말. ↔민촌(民村).
반쵸명 〈옛〉 파초(芭蕉). ¶ 반쵸 파:芭. 반쵸 쵸:蕉(訓蒙上8).
반ː추(反芻)명하타 ①소나 염소 따위가 한번 삼킨 먹이를 다시 입속으로 되올려 씹어서 삼키는 일. 되새김질. 새김질1. ②어떤 일을 되풀이하여 음미하거나 생각하거나 하는 일. ¶ 그가 남긴 말을 곰곰이 반추해 보다.
반ː추^동ː물(反芻動物)명 소화 형태상 반추하는 특성을 가진 동물. 〔소·염소 따위.〕
반ː추-위(反芻胃)명 반추 동물의 위. 동물에 따라 3실 또는 4실로 나뉘어져 있음.
반ː추-증(反芻症)[-쯩]명 신경성 위장 장애로 말미암아, 삼킨 음식물이 불수의적(不隨意的)으로 다시 입 안으로 역류하는 병증.
반출(搬出)명하타되자 운반하여 냄. ¶ 불법으로 문화재를 반출하다. ↔반입.
반출-증(搬出證)[-쯩]명 반출을 인정하는 증서. ¶ 목재 반출증.
반ː-춤(半-)명 '춤추는 듯이 흔들거리는 동작'을 이르는 말.
반ː취(半醉)명하자 술에 약간 취함. ¶ 반취 상태. 참만취·반성(半醒).
반취(班娶)명하자 상사람으로서 양반의 딸에게 장가드는 일. ↔민취(民娶).
반ː취-반ː성(半醉半醒)명하형 반쯤 취하고 반쯤 깨어 있음.
반ː측(反側)명 ①하자(잠을 이루지 못하거나 어떤 생각에 잠겨) 누운 채로 몸을 이리저리 뒤척임. 참전전불매. ②하타 옳지 않은 마음을 품고 배반함.
반ː-치기(半-)명 ①지난날, 가난한 양반을 이르던 말. ②쓸모없는 사람.
반ː-치음(半齒音)명 훈민정음의 'ㅿ'의 소리. 반잇소리.
반ː칙(反則)명하자 (주로 운동 경기 따위에서) 규칙을 어김, 또는 규칙에 어긋남. 파울. ¶ 반칙을 하여 퇴장당하다.
반ː침(半寢)명 큰 방에 딸린, 물건을 넣어 두게 된 작은 방.
반침(伴寢)명하자 ☞동숙(同宿).
반ː-코ː트(半coat)명 길이가 허리와 무릎의 중간쯤까지 내려오는 외투. 하프 코트.
반ː-타작(半打作)명하타 ①배메기. ②'소득이나 수확이 예상했던 양의 절반 정도밖에 되지 못함'을 이르는 말. ¶ 올해는 태풍으로 과실을 반타작밖에 못했다.
반ː탁(反託)명하자 신탁 통치를 반대함. ↔찬탁(贊託).
반ː-탈태(半脫胎)명 자기(瓷器)의 탈태의 한 가지. 진탈태(眞脫胎)보다 조금 두껍고 반투명체로 됨.
반ː-턱(半-)명 반가량의 정도.
반토(礬土)명 ☞산화알루미늄.
반토^시멘트(礬土cement)명 ☞알루미나 시멘트(alumina cement).
반ː통(泮通)명하자 조선 시대에, 성균관의 대사성(大司成)을 뽑을 때에 추천하는 세 사람의 후보자에 포함되던 일.
반ː-투과성(半透過性)[-썽]명 ☞반투성.
반ː투-막(半透膜)명 ①화학·생물학에서, 반투성을 지닌 막. 〔원형질의 세포막이나 방광막·콜로디온막 따위.〕 ②빛을 잘 통과시키지 않는 막.
반ː-투명(半透明)명하형 ①어떤 물체를 통하여 볼 때에 그 반대쪽이 흐릿하게 보임. ¶ 반투명 유리. ②한쪽에서는 다른 쪽이 환히 보이지만 반대쪽에서는 이쪽이 전혀 보이지 않음. ¶ 반사 유리의 반투명 효과.
반ː투명-체(半透明體)명 반투명한 물체.
반ː투-벽(半透壁)명 용액 중의 용매는 통과시키나 용질은 통과시키지 않는 막이나 벽. 〔방광막·세포막 따위.〕
반ː투-성(半透性)[-썽]명 원형질막 따위가 용액이나 혼합물 등에서 어떤 성분의 일부만을 가려 통과시키는 특성. 반투과성.
반ː파(半破)명하자되자 반쯤 부서짐. ¶ 폭발로 건물이 반파되다.
반ː-팔(半-)명 ☞반소매.
반패(頒牌)명하타 ☞방방(放榜).
반ː-패부(半貝付)명 장롱 따위 방세간의 앞면의 어느 한 부분에만 자개를 박는 일, 또는 그렇게 만든 가구.
반ː편(半偏)명 ①한 개를 절반으로 나눈 한 편짝. ②〈반편이〉의 준말.
반ː편-스럽다(半偏-)[-따]〔~스러우니·~스러워〕형ㅂ 사람됨이 어엿하지 못하고 지능이 모자란 것 같다. **반편스레**부 ¶ 남이 욕을 해도 반편스레 웃고만 있다.
반ː편-이(半偏-)명 지능이 보통 사람보다 매우 낮은 사람. 반병신. 준반편.
반ː-평면(半平面)명 평면을 한 직선으로 이등분했을 때 생기는 각 부분.
반ː-평생(半平生)명 (지금까지 살아온) 평생의 절반이 되는 동안. 반생. ¶ 반평생을 무대에서 보낸 노배우의 자서전.
반ː포(反哺)명하자 〔까마귀의 새끼가 자라서 먹이를 물어다가 늙은 어미에게 먹인다는 뜻으로〕 '자식이 자라서 늙은 부모를 봉양(奉養)함, 또는 은혜를 갚음'을 비유하여 이르는 말. 안갚음.
반포(斑布)명 ☞반베.
반포(頒布)명하타되자 (국가에서 공적인 일을 모든 사람이 알도록) 세상에 널리 폄. ¶ 훈민정음을 반포하다.
반ː포-조(反哺鳥)명 〔반포하는 새라는 뜻으로〕 '까마귀'를 달리 이르는 말.
반ː포지효(反哺之孝)명 자식이 자라서, 어버이가 길러 준 은혜에 보답하는 효성.
반ː-품(半-)명 하루 품의 절반. 반공(半工).
반ː품(返品)명하자타되자 사들인 물품 따위를 도로 돌려보냄, 또는 그러한 물품. ¶ 불량품을 반품하다. /재고를 반품하다.
반ː-풍수(半風水)명 서투른 풍수.
반풍수 집안 망친다속담 '서투른 재주를 함부로 부리다가 도리어 일을 그르치게 됨'을 이르는 말.
반ː하(半夏)1명 ①천남성과의 다년초. 들에 나는데, 잎은 작은 세 잎으로 된 겹잎이며 6월경에 포(苞)에 싸인 육수 화서(肉穗花序)로 핌. 구경(球莖)은 한약재로 쓰임. 끼무릇. ②한방에서, '반하의 뿌리'를 약재로 이르는 말. 담·구토·기침·습증 등에 쓰임.

반ː하(半夏)[2]명 불교에서, 하안거(夏安居)의 결하(結夏)와 하해(夏解)의 중간을 이르는 말.
반ː하-곡(半夏麯)명 한방에서, '반하와 백반과 새앙을 섞어 만든 누룩'을 이르는 말.
반ː-하다[1]자여 ①어느 이성(異性)이나 일에 홀린 듯이 마음이 끌리다. ¶ 그 여자의 미모에 반하다./매력적인 음색(音色)에 반했다. ②사람됨이나 성품 등이 매우 마음에 들다. ¶ 덕성스러운 인품에 반하다.
반ː-하다[2]형여 ①어두운 가운데 빛이 약하게 환하다. ¶ 등잔불이 반하게 비치다. ②(무슨 일의 결과가) 또렷하다. ¶ 보지 않아도 결과는 불을 보듯 반하다. ③바쁜 가운데 잠깐 겨를이 생겨 한가하다. ¶ 농번기가 지나서 좀 반하다. ④궂은비가 멎고 잠깐 해가 나서 맑다. ¶ 한낮에는 하늘이 좀 반했다. ⑤(늘 계속되던 걱정거리가) 한동안 뜨음하다. ⑥(심하던 병세가) 좀 덜하고 그만하다. ㉹번하다. ㉿빤하다. **반-히**부 ¶ 유리창을 통해 방 안이 반히 들여다보인다.
반ː-하다(反-)자여 반대가 되다. 《주로, '반하여'·'반하는'의 꼴로 쓰임.》 ¶ 매출은 준 데 반하여 수익은 증가하였다./기대에 반하는 결과를 가져왔다.
반ː한(返翰)명 ☞회한(回翰).
반ː-할인(半割引)명하타되자 어떤 액수의 반을 할인함. ¶ 조조(早朝) 반할인.
반함(飯含)명하자 염(殮)할 때, 죽은 사람의 입 속에 구슬과 쌀을 물리는 일.
반ː-함수호(半鹹水湖)명 염분이 24%가량 들어 있는 호수.
반합(飯盒)명 밥을 지을 수 있게 만든 알루미늄제의 휴대용 식기.
반ː합성^섬유(半合成纖維)[-썽-]명 천연 섬유질에 화학 처리를 하여 만든 인조 섬유.
반ː항(反抗)명하자 (부모나 손윗사람, 또는 권력이나 권위 등에) 순순히 따르지 아니하고 맞서거나 대듦. ¶ 어른에게 반항하다.
반ː항-기(反抗期)명 아동의 정신 발달의 한 단계로, 자의식(自意識)이 강렬해져서 반항하는 시기. 부모와 손윗사람의 지시나 의견을 잘 받아들이지 아니하는 시기임. 보통, 신체적 자립에 따르는 3, 4세 때와 정신적 자립에 따르는 12, 13세 때의 두 차례로 나타남. 반동기.
반ː항-심(反抗心)명 반항하는 마음.
반ː항-아(反抗兒)명 (기성 세대나 권력·권위 등에) 순순히 따르지 아니하고 맞서거나 대드는 사람. ¶ 문단의 반항아.
반ː항-적(反抗的)관명 반항하는, 또는 그런 태도나 경향이 있는 (것). ¶ 반항적인 태도.
반ː해(半楷)명 해서(楷書)보다 조금 더 부드럽게 하여 행서(行書)에 가깝게 쓰는 글씨체.
반ː핵(反核)명 《일부 명사 앞에 쓰이어》 핵무기나 핵연료의 사용을 반대함. ¶ 반핵 시위.
반핵(盤覈)명하타 곡절을 자세히 캐물음.
반ː행(半行)명 행서보다 조금 더 부드럽게 흘리어 흘림에 가깝게 쓰는 글씨체.
반행(伴行)명하자 ☞동행(同行)[1].
반행(頒行)명하타되자 책을 반포하여 발행함.
반ː향(反響)명 ①음파가 어떤 물체에 부딪쳐 같은 소리로 다시 들려오는 현상. 울림. ②어떤 일에 대한 반응으로 나타나는 현상, 또는 그 의견이나 논의. ¶ 우리 측의 정상(頂上) 회담 제의가 큰 반향을 불러일으켰다.
반ː향(半晌)명 ☞반나절.
반향(班鄕)명 양반이 많이 살던 고장.
반ː향^증상(反響症狀)명 다른 사람의 말이나 몸짓을 무의식적으로 되풀이하는 병적인 증상. 〔의지 장애의 한 가지임.〕
반ː-허락(半許諾)명하타 반쯤 허락함. ¶ 반허락이라도 받은 게 다행이다.
반혀쏘리명 〈옛〉 훈민정음의 'ㄹ'의 소리. 반설음(半舌音). ¶ ㄹ는 半혀쏘리니 閭령ㆆ字ᄍᆞᆼ 처ᅀᅥᆷ 펴아나ᄂᆞᆫ 소리 ᄀᆞᄐᆞ니라(訓諺).
반ː-혁명(反革命)[-형-]명 혁명을 뒤엎어 구체제의 부활을 꾀하는 일, 또는 그 운동.
반ː현(半舷)명 군함의 승무원을 우현 당직과 좌현 당직으로 나누었을 때의 그 한쪽.
반ː-혓소리(半-)[-혀쏘-/-혇쏘-]명 ☞반설음.
반ː호(半戶)명 ①지난날, 세금이나 추렴 따위를 다른 집의 절반이나 그 이하로 내는 집을 이르던 말. ↔독호(獨戶). ②☞반집.
반호(班戶)명 양반의 집. ↔상호(常戶).
반ː혼(返魂)명하타 ☞반우(返虞).
반혼(班婚)명하자 지난날, 상사람이 양반집 자녀와 혼인하던 일.
반ː혼-제(返魂祭)명 반우할 때 지내는 제사.
반ː-홀소리(半-)[-쏘-]명 ☞반모음.
반홍(礬紅)명 도자기에 쓰는 붉은 채색. 〔녹반(綠礬)을 태워서 만듦.〕
반ː화(半靴)명 ☞반구두.
반ː-화방(半火防)명 한옥에서, 집의 바깥 벽을 중방 아래는 돌을 섞어서 두껍게 합벽(合壁)을 치고, 위는 흙으로만 얇게 바른 벽.
반ː환(返還)명 ①하타되자(받거나 빌린 것을) 도로 돌려줌. 반려(返戾). ¶ 영토를 반환하다. ②하자되돌아오거나 되돌아감. ¶ 반환 지점을 돌다.
반환(盤桓)[1]명 어정어정 머뭇거리며 그 자리에서 멀리 떠나지 못하고 서성이는 일.
반환(盤桓)[2] '반환하다'의 어근.
반ː환-점(返還點)[-쩜]명 (방향을 바꾸어) 되돌아오거나 되돌아가는 지점.
반환-하다(盤桓-)형여 성이나 궁궐 따위가 넓고 크다.
반ː-환형(半環形)명 둥근 고리의 반쪽과 같이 생긴 모양.
반회(盤回)[-회/-훼]명하타 물의 흐름이나 길이 구불구불 돌게 됨.
반ː-회장(半回裝)[-회-/-훼-]명 ①여자 저고리의 끝동·깃·고름만을 자줏빛이나 남빛 천으로 꾸민 회장. ②☞반회장저고리.
반ː회장-저고리(半回裝-)[-회-/-훼-]명 반회장으로 꾸민 여자의 저고리. 반회장.
반ː휴(半休)명하자 한나절만 일하고 쉼, 또는 그런 날.
반ː-휴일(半休日)명 오전이나 오후 한나절만 일하고 쉬는 날. 반공일(半空日).
반ː흉반ː길(半凶半吉)명하형 한편으로는 길하기도 하고 한편으로는 흉하기도 함, 또는 그런 일.
반흔(瘢痕)명 상처나 부스럼 따위가 나은 자리에 남은 자국. ¶ 반흔이 남다.
반ː-흘림(半-)명 초서(草書)와 행서(行書)의 중간쯤 되게 흘려 쓰는 글씨체. 반초(半草).
받[1]명 〈옛〉 밖. 겉. ¶ 받 표:表(石千*10*). 참밝.
받[2]명 〈옛〉 밭. ¶ 받도 제여곰 논호며(月釋*1:45*).
받개명 〈옛〉 흙받기. ¶ 받개:泥托(訓蒙中*16*).
받-걷이[-꺼지]명하타 ①받을 돈이나 물건을 여기저기서 거두어들이는 일. ¶ 받걷이를 다니다. ②남이 무엇을 요구하거나 또는 괴로움을 끼칠 때, 그것을 잘 받아들여 돌보아 주는 일.

받-낳이[반나-]명하자 실을 사서 베를 짜는 일.

받-내다[반-]타 (몸을 움직이지 못하는 사람의) 대소변을 받아 내다.

받다[-따] Ⅰ자 ①색깔·모양이 어떤 것에 어울리다. ¶ 그는 검은색 옷이 잘 받는다. ②음식이 비위에 맞아 잘 먹히다. ¶ 오늘은 술이 잘 받는다. ③화장품 따위가 곱게 잘 발리거나, 사진이 더 잘 나오는 특성이 있다. ¶ 화장이 잘 받다.

Ⅱ타 ①(다른 사람이) 주는 것을 가지다. ¶ 선물을 받다. ②(내는 서류나 무는 돈 따위를) 거두어들이다. ¶ 입학 원서를 받다. /세금을 받다. ③자기에게로 오거나 떨어지는 것을 손으로 잡다. ¶ 공을 받다. ④(흐르거나 쏟아지는 것을) 그릇에 담기게 하다. ¶ 수돗물을 받아 밥을 짓다. ⑤(자기에게 베풀어지는 어려운 과정을) 겪다. 치르다. ¶ 교육 훈련을 받다. ⑥작용이나 영향 등을 입다. 작용이 미치는 대로 두다. ¶ 감명을 받다. /햇빛을 받아 빛깔이 바래다. ⑦(의견이나 평가 등을) 듣게 되다. ¶ 칭찬을 받다. /호평을 받다. ⑧(노래나 소리에서) 다른 사람의 뒤를 이어 부르다. ¶ 앞 사람의 노랫가락을 받아 부르다. /앞 사람의 시구(詩句)를 받아 화답하다. ⑨일을 떠맡다. ¶ 주문을 받다. /손님을 받다. /환자를 받다. ⑩(우산 따위를) 펴서 들다. ¶ 우산을 받다. ⑪밑에서 괴다. ¶ 기울어진 담을 기둥으로 받다. ⑫(산모를 도와 태어나는 아기를) 거두다. ¶ 쌍둥이를 받다. ⑬구체적인 행동이나 대답을 요구당하다. ¶ 도전을 받다. /전화를 받다. /질문(취조)을 받다. ⑭(어떤 일이나 사태를) 당하다. 입다. ¶ 구박을 받다. /의심을 받다. /죄를 받다. /벌을 받다. ⑮(물건을) 도매로 사들이다. ¶ 수박 한 접을 받아다 팔다. ⑯해진 버선이나 신 따위를 덧대어 깁다. ¶ 버선볼을 받다. ⑰(머리나 뿔, 자동차 따위로) 대상을 세게 부딪다. ¶ 어두워서 전봇대를 받을 뻔했다. ⑱점수나 학위를 따다. ¶ 박사 학위를 받다. ⑲총이나 칼 따위를 맞다. ¶ 내 칼을 받아라! ⑳다른 사람의 행동을 용납하다. 《주로 '받아 주다'의 꼴로 쓰임.》 ¶ 응석을 받아 주다.

받는 소는 소리 치지 않는다속담 일을 능히 처리할 수 있는 역량이 있는 사람은 공연한 큰소리를 치지 않는다는 말.

받아 놓은 밥상속담 '일이 이미 확정되어 틀림없음'을 이르는 말.

받다타 〈옛〉①받다. ¶ ᄇᆞᄅᆞ몰 바다 빗기 ᄂᆞᆺ놋다(杜初*10:3*). ②받들다. 바치다. 받들어 드리다. ¶ 奉ᄋᆞᆫ 바ᄃᆞᆯ 씨라(月釋序*13*).

-받다[-따]접미 《일부 명사 뒤에 붙어》 '입다'·'당하다'의 뜻을 나타냄. ¶ 사랑받다. /버림받다. /요구받다. /의심받다.

받두듥명 〈옛〉받두둑. ¶ 받두듥 롱:壟. 받두듥 판:畈(訓蒙上7).

받-들다[-뜰-][~드니·~들어]타 ①공경하여 높이 모시다. ¶ 노부모를 잘 받들다. ②가르침이나 뜻 따위를 소중히 여기며 따르다. ¶ 스승의 뜻을 받들다. ③물건을 밑에서 받아 잘 올려 들다. ¶ 잔을 받들다.

받들어-총(-銃)[-뜨러-] Ⅰ명 집총(執銃) 때의 경례로, 차려 자세에서 왼손으로 총의 중심부를 잡아 몸의 중앙부까지 들어 곧게 세우고, 오른손은 펴서 총목에 대어 경의를 나타내는 자세.

Ⅱ감 '받들어총' 하라는 구령.

받아-넘기다타 ①넘어온 공을 다시 쳐서 상대편 쪽으로 보내다. ②남의 말을 척척 받아서 대답을 잘 해치우다. ¶ 기자들의 질문을 잘 받아넘기다.

받아-들이다타 ①다른 사람이 주는 것을 받아서 자기의 것으로 하다. ¶ 보내온 물건을 받아들이다. ②남의 좋은 점을 자기의 것에 끌어들이어 이용하다. ¶ 외국의 문물을 받아들이다. /새 학설을 받아들이다. ③남의 말이나 청 따위를 옳다고 인정하여 들어주다. ¶ 충고를 받아들이다. /상대편의 요구 조건을 받아들이다. ④떠맡아 맞이하다. ¶ 난민을 받아들이다. ⑤어떤 사실 따위를 인정하고 수용하다. ¶ 불행을 현실로 받아들이다.

받아-먹다[-따]타 (주는 것을) 받아서 먹다. ¶ 새끼 제비들이 어미 제비한테서 먹이를 받아먹고 산다.

받아-쓰기명하타 초등학교 등에서, 맞춤법 따위를 올바로 익히게 하려고, 부르는 어구나 문장 등을 받아쓰게 하는 일.

받아-쓰다[~쓰니·~써]타 ①남이 부르는 대로 쓰다. ②받아쓰기로 쓰다.

받아-치다타 다른 사람의 공격이나 비판·농담 따위를 대응하여 응수하다. ¶ 상대의 농담을 농담으로 받아치다.

받을-어음명 부기에서, 소지인 또는 어음 채권자로서 지급을 받을 권리가 있는 어음. ↔지급어음.

받자[-짜]명하타 ①남이 괴롭게 굴거나 당부하는 일 따위를 잘 받아 주는 일. ¶ 귀엽다고 받자를 해 주었더니 버릇이 없다. ②지난날, 관아에서 환곡(還穀)이나 조세(租稅)를 받아들이던 일.

받-잡다[-짭따][~자오니·~자와]타ㅂ '받다'를 겸손하게 이르는 말. ¶ 아버지의 뜻을 받잡다.

받ᄌᆞ오며타 〈옛〉☞받좁다.

받좁다타ㅂ 〈옛〉①받들어 바치다. ¶ 풍류 받ᄌᆞ오며 바리 받ᄌᆞ오샤(法華*7:2*). ②받들다. ¶ 百姓이 다 본 받ᄌᆞᄫᆞ미 ᄀᆞᄐᆞᆯ씨(月釋*2:72*).

받치다 Ⅰ자 ①먹은 것이 잘 내리지 않고 치밀어 오르다. ¶ 속이 받치다. ②어떤 기운이나 심리 작용이 강하게 일어나다. ¶ 화가 받치다. /설움이 받치다. ③앉았거나 누웠을 때 바닥이 딱딱하게 배기다. ¶ 등이 받치다.

Ⅱ타 ①〔'받다'의 힘줌말〕 ㉠우산이나 양산 따위를 펴서 들다. ¶ 우산을 받치다. ㉡밑에서 다른 물건으로 괴다. ¶ 넘어지지 않게 기둥을 받치다. /책받침을 받치다. ②어떤 물건의 안이나 속에 다른 물건을 껴 대다. ¶ 내복을 받쳐 입다. ③주변에서 돕다. ¶ 조연이 잘 받쳐 주어 주인공의 연기가 살았다. ④한글에서, 모음 글자 아래에 자음 글자를 붙여 적다. ¶ '사'에 'ㄴ'을 받치면 '산'이 된다.

받침명 ①물건의 밑을 받치어 괴는 물건. ¶ 받침으로 돌을 괴다. ②한글에서, 한 음절의 끝소리가 되는 자음. 〔'책'의 'ㄱ'이나 '마당'의 'ㅇ' 따위.〕 ②참 말음·종성.

받침^규칙(-規則)명 음운 규칙의 한 가지. 국어의 자음이 종성으로 쓰일 때에, 제 음가(音價)를 내지 않고 다른 음가를 가지게 되는 법칙. 종성이 어말(語末)이나 다른 자음 앞에서 파열되지 않고 폐쇄 상태로 끝나는 불파(不破) 현상과 밀접한 관련이 있음. 〔'부엌→부억, 값도→갑도, 낱알→낟알'로 소리 나는 따위.〕 말음 법칙. 종성 규칙.

받침-대(-臺)[-때]명 무거운 물건 따위를 받쳐 놓는 데 쓰는 물건.
받침-돌[-똘]명 ①물건의 밑바닥에 받쳐 놓은 돌. ②남방식 고인돌에서, 덮개돌을 받치고 있는 돌. ②지석(支石).
받침-두리명 양복장 따위의 밑에 받침처럼 덧대어 괴는 나무.
받침-박[-빡]명 ①그릇 따위를 얹거나 받쳐 놓는 함지박. ②이남박 따위로 이는 곡식을 따르는 바가지.
받침-뿌리명 ☞지근(支根).
받침-점(-點)[-쩜]명 ☞지점(支點).
받침-틀명 물건의 밑바닥을 받치는 틀.
받-히다[1][바치-]자 《'받다'의 피동》 떠받음을 당하다. ¶ 소에게 받히다.
받-히다[2][바치-]타 《'받다'의 사동》 생산자나 도매상이 소매상에게 상품을 단골로 대 주다.
발[1]명 ①(사람이나 짐승의 다리에서) 발목뼈 아래의 부분. ¶ 발에 꼭 맞는 신. ②가구 따위의 밑을 받쳐 균형을 잡고 있는, 짧게 도드라진 부분. ¶ 장롱의 발. ③걸음. 발걸음. ¶ 발이 빠른 선수. ④한시(漢詩)의 시구 끝에 다는 운자(韻字). ¶ 발을 달다. ⑤《의존 명사적 용법》 걸음을 세는 단위. ¶ 서너 발을 물러서다.
발 없는 말이 천 리 간다속담 말을 삼가야 함을 경계하는 뜻의 말.
발(을) 벗고 따라가도 못 따르겠다속담 신발까지 벗고 쫓아가도 따라가지 못하겠다는 뜻으로, 능력·수준 차이가 커서 경쟁이 되지 못하는 경우를 비유하여 이르는 말.
발 벗고 나서다관용 적극적으로 나서다. ¶ 그는 친구의 일이라면 언제든지 발 벗고 나서는 사람이다.
발 뻗고 자다관용 걱정되거나 애쓰던 일이 끝나 마음을 놓다.
발에 채다〔**차이다**〕관용 여기저기에 흔하게 널려 있다. ¶ 요즘은 발에 차이는 게 사장이라네.
발(을) 구르다관용 몹시 안타까워 애를 태우다. ¶ 발을 동동 구르며 부상자들이 구조되는 것을 지켜보다.
발(을) 끊다관용 서로 오가지 아니하거나 관계를 끊다. ¶ 그와는 발 끊은 지 오래라네.
발(을) 벗다관용 ①신은 것을 벗다. ②아무것도 신지 아니하다.
발(을) 빼다〔**씻다**〕관용 어떤 일에서 관계를 끊고 물러나다. ¶ 동업하던 일에서 발을 빼기가 어렵다.
발(을) 타다관용 강아지 따위가 처음으로 걸음을 걷기 시작하다.
발(이) 길다관용 (무엇을 먹게 된 자리에 한몫 끼게 되어) 먹을 복이 있다.
발이 내키지 않다관용 선뜻 행동으로 옮길 마음이 나지 않다.
발(이) 넓다〔**너르다**〕관용 사교의 범위가 넓다. 지면(知面)이 많다. ¶ 김 씨는 그래도 이쪽 방면에서는 발이 넓은 편이다.
발(이) 뜨다관용 (어떤 곳에) 자주 다니지 아니하다. 이따금씩 다니다.
발(이) 맞다관용 〔걸을 때 보조가 맞는다는 뜻으로〕 말이나 행동이 일치하다.
발(이) 묶이다관용 (어떤 사연으로 말미암아) 오지도 가지도 못하게 되다. ¶ 태풍으로 제주도에서 발이 묶인 관광객들.
발이 손이 되도록 빌다관용 〔손만으로는 모자라서 발로도 빈다는 뜻으로〕 '간절히 비는 모습'을 형용하여 이르는 말. ¶ 발이 손이 되도록 빌며 사정하니까 결국은 부탁을 들어주더라.
발이 익다관용 자주 다녀 보아서 그 길에 익숙하다. ¶ 발이 익은 골목길.
발이 잦다관용 (어떤 곳에) 자주 다니다.
발이 저리다관용 (양심의 가책 따위로) 마음이 켕기다. ¶ 제 발이 저리니까 저렇게 자꾸 변명하지.
발(이) 짧다관용 (무엇을 먹게 된 자리에 늦게 이르거나 끼지 못하여) 먹을 복이 없다.
발:[2]명 가늘게 쪼갠 대오리나 갈대 같은 것으로 엮어 무엇을 가리는 데 쓰는 물건. ¶ 발을 내리다.
발:[3]명 ①피륙의 날과 씨의 굵고 가는 정도. ¶ 발이 고운 모시. ②국수 따위의 가락의 굵고 가는 정도. ¶ 발이 굵은 국수.
발:[4]명 전에 없던, 새로 생겨난 좋지 못한 버릇이나 예. ¶ 잔소리가 아주 발이 되겠다.
발:[5]명 〈발쇠〉의 준말.
발:[6]의 ①길이를 잴 때, 두 팔을 펴서 벌린 길이. ¶ 삼노 한 발. /두 발 둘레의 고목. ②《주로 '새끼' 따위의 뒤에 쓰이어》 약간의 그것이라는 말. ¶ 잠깐 사이에 새끼 발이나 꼬았다.
발(跋)명 〈발문(跋文)〉의 준말.
발(發)의 탄알·포탄·화살 따위의 수효를 나타내는 말. 방(放). ¶ 한 발의 총성. /화살 세 발이 10점에 맞다.
-발접미 《일부 명사 뒤에 붙어》 ①'기세' 또는 '힘'을 뜻함. ¶ 끗발. /말발. ②'효과'의 뜻을 나타냄. ¶ 글발. /약발. /화장발.
-발(發)접미 《일부 명사 뒤에 붙어》 ①거기서 (그 시간에) 떠난다는 뜻을 나타냄. ¶ 부산발. /서울발. /12시발. ②그곳에서의 발신(發信)임을 뜻함. ¶ 뉴욕발. /에이피(A.P)발 통신.
발-가락[-까-]명 발의 앞 끝에 따로 갈라져 있는 부분. 족지(足指).
발가락-뼈[-까-]명 발가락을 이루는 14개의 뼈. 지골(趾骨).
발가벗-기다[-벋끼-]타 《'발가벗다'의 사동》 ①발가벗게 하다. ¶ 어린애를 발가벗기고 몸을 씻기다. ②가진 것을 몽땅 써서 없애게 하거나 털어 가지다. 큰벌거벗기다. 센빨가벗기다.
발가-벗다[-벋따]자 ①알몸이 되도록 입은 옷을 모두 벗다. ¶ 발가벗고 일광욕을 하다. ②꾸밈이나 가린 것이 없이 본디의 모습 그대로 드러나다. 큰벌거벗다. 센빨가벗다.
발가-숭이명 ①옷을 입지 않은 알몸. ¶ 냇가의 발가숭이 아이들. ②'흙이 드러나 보일 정도로 나무나 풀이 없는 산이나 들'을 비유하여 이르는 말. 큰벌거숭이. 센빨가숭이.
발-가지명 ☞접미사(接尾辭). ↔머리가지.
발가-지다자 속의 것이 뒤집혀서 겉으로 드러나다. ¶ 석류 열매가 발가지다.
발각(發覺)명되자 숨기던 것이 드러남. ¶ 부정(不正)이 발각되다.
발간(發刊)명하타되자 책이나 신문 등을 박아 펴냄. ¶ 잡지를 발간하다.
발간(發柬)명하자 초대하는 글을 보냄.
발간적복(發奸摘伏)[-뽁]명하타 정당하지 못한 일이나 숨겨진 죄상을 들추어냄.
발-감개명 지난날, 버선 대신으로 발에 감던 좁고 긴 무명. 막일을 할 때나 먼 길을 걸을 때 흔히 이용했음. 감발.
발강명 발간 빛깔. 발간 물감. ¶ 발강과 노랑의 중간색. 큰벌겅. 센빨강.

발강-이명 ①발간 빛깔의 물건. 큰벌겅이. 센빨강이. ②'잉어의 새끼'를 달리 이르는 말.
발:갛다[-가타][발가니·발개]형ㅎ ①조금 연하고 산뜻하게 붉다. ¶ 얼굴이 발갛게 상기되다. ②아주 터무니없다. 《주로, '발간'의 꼴로 쓰임.》 큰벌겋다. 센빨갛다.
발간 거짓말관용 새빨간 거짓말.
발간 상놈관용 ①더할 나위 없는 상놈. ②'말이나 하는 짓이 막된 사람'을 욕으로 이르는 말.
발:개-지다자 발갛게 되다. ¶ 창피해서 얼굴이 발개지다. 큰벌게지다. 센빨개지다.
발갯-깃[-갣낃]명 죽은 꿩의 날개에서 뽑은 깃. 김 같은 것에 기름을 찍어 바르는 데 쓰임 * 발갯깃이[-갣끼시]·발갯깃만[-갣낀-]
발:-거리명 ①간사한 꾀로 남을 은근히 해롭게 하는 짓. ②남이 못된 일을 꾀하는 것을, 다른 사람에게 알리는 짓.
발-걸음[-꺼름]명 발을 옮겨서 걷는 걸음. ¶ 발걸음을 옮기다. /발걸음이 무겁다.
발걸음도 안 하다관용 (누구를) 찾아오거나 찾아가거나 하는 일이 전혀 없다. 발그림자도 아니하다.
발걸음을 재촉하다관용 길을 서둘러 가다.
발걸음이 가볍다관용 마음이나 몸이 가벼워 걸음이 날래다.
발걸음이 떨어지지 않다관용 마음이 안 놓여 선뜻 떠나지 못하다.
발-걸이명 ①책상의 다리 사이에 발을 걸쳐 놓을 수 있게 가로지른 나무. ②자전거를 탈 때 발을 걸쳐 저어 가게 되어 있는 부분.
발검(拔劍)명 검을 칼집에서 뺌.
발견(發見)명하타되자 (남이 미처 찾아내지 못하였거나 세상에 널리 알려지지 않은 것을) 먼저 찾아냄. ¶ 신대륙을 발견하다. /새로운 별이 발견되다.
발고(發告)명하타되자 ☞고발(告發).
발-고무래명 농기구의 한 가지. 고무래에 발이 대여섯 개 달린 물건. 흙덩이를 고르고 씨를 뿌린 뒤 흙을 긁어 덮는 데에 쓰임.
발관(發關)명하타 지난날, 상관(上官)이 아랫사람에게 공문을 보내던 일.
발괄명하자·타 지난날, 관아에 억울한 사정을 말이나 글로 하소연하던 일.
발광(發光)명하자 빛을 냄.
발광(發狂)명하자 ①병으로 미친 증세가 일어남. ②미친 듯이 날뜀.
발광-기(發光器)명 발광 동물의 체표(體表)에 있는, 생물 발광을 위하여 분화된 특별한 기관.
발광^도료(發光塗料)명 ☞야광 도료.
발광^동:물(發光動物)명 몸에서 빛을 내는 동물. 〔야광충·개똥벌레 따위.〕
발광^박테리아(發光bacteria)명 스스로 빛을 내는 박테리아. 발광 세균.
발광^반:응(發光反應)명 상온(常溫)에서 발광 현상을 나타내는 화학 반응.
발광^생물(發光生物)명 제 몸에서 빛을 내는 기능을 가진 생물.
발광^세:균(發光細菌)명 ☞발광 박테리아.
발광^식물(發光植物)[-싱-]명 제 몸에서 빛을 내는 기능을 가진 식물.
발광^신:호(發光信號)명 빛을 내어 하는 신호. 선박에서 명멸등(明滅燈)으로 다른 선박이나 육지와 신호하는 따위.
발광-지(發光紙)명 발광 도료를 발라 어두운 곳에서 빛이 나게 만든 종이.
발광-체(發光體)명 스스로 빛을 내는 물체. 광원(光源). 광체. ↔암체(暗體).
발광-충(發光蟲)명 몸에서 빛을 내는 곤충. 개똥벌레 따위.
발구명 ①산에서 마소가 끄는 썰매. ②'걸채'의 잘못.
발군(拔群)명하형 여럿 가운데서 특히 뛰어남. 일군(逸群). 《주로, '발군의'의 꼴로 쓰임.》 ¶ 발군의 실력을 과시하다. /발군의 성적으로 합격하다.
발군(發軍)명하자 ☞발병(發兵).
발군(撥軍)명 지난날, 역마(驛馬)를 몰아 중요한 문서를 변방에 급히 전하던 군졸.
발굴(發掘)명하타되자 ①땅속에 묻혀 있는 유적 따위를 파냄. ¶ 고분(古墳)을 발굴하다. ②아직 알려지지 않은, 뛰어난 인재나 희귀한 물건을 찾아냄. ¶ 인재를 발굴하다.
발-굽[-꿉]명 동물의 굽. 굽.
발권(發券)[-꿘]명하타되자 은행권(銀行券)·공채권(公債券) 등을 발행함.
발권^은행(發券銀行)[-꿔는-]명 은행권을 발행하는 권한을 가진 은행.
발권^제:도(發券制度)[-꿘-]명 은행권을 발행하는 제도.
발그대대-하다형여 산뜻하지 않게 발그스름하다. 큰벌그데데하다. 센빨그대대하다.
발그댕댕-하다형여 빛깔이 고르지 않게, 또는 격에 맞지 않게 발그스름하다. 큰벌그뎅뎅하다. 센빨그댕댕하다.
발그레부하형 조금 곱게 발그스름한 모양. ¶ 발그레한 볼. 큰벌그레.
발-그림자[-끄-]명 찾아오거나 찾아가거나 하는 발걸음.
발그림자도 아니하다관용 ☞발걸음도 안 하다.
발그무레-하다형여 엷게 발그스름하다. ¶ 동쪽 하늘이 발그무레하게 물들기 시작하다. 큰벌그무레하다.
발그속속-하다[-쏘카-]형여 수수하게 발그스름하다. 큰벌그숙숙하다. **발그속속-히**부.
발그스레-하다형여 발그스름하다. 큰벌그스레하다. 센빨그스레하다.
발그스름-하다형여 조금 발갛다. 발그스레하다. ¶ 발그스름하게 상기된 얼굴. 큰벌그스름하다. 센빨그스름하다. **발그스름-히**부.
발그족족-하다[-쪼카-]형여 빛깔이 산뜻한 맛이 없이 발그스름하다. 큰벌그죽죽하다. 센빨그족족하다. **발그족족-히**부.
발근(拔根)명하타 ①뿌리를 뽑음. ②(어떤 현상의) 근거가 되는 것을 아주 없애 버림. ③종기(腫氣)의 근(根)을 뽑음.
발근(發根)명하자되자 뿌리가 나오거나 뿌리를 내림.
발금(發禁)명하타 〈발매 금지〉의 준말.
발급(發給)명하타되자 발행하여 줌. 발부(發付). ¶ 여권을 발급하다.
발긋-발긋[-귿빨귿]부하형 붉은 점이 군데군데 박인 모양. ¶ 모기한테 물린 곳이 발긋발긋하게 부어 올랐다. 큰벌긋벌긋. 센빨긋빨긋. **발긋발긋-이**부.
발기(-記)명 사람이나 물건 이름을 죽 적은 글발. 건기(件記).
발기(勃起)명하자되자 ①갑자기 불끈 일어남. ②음경(陰莖)이 충혈하여 딴딴하고 꿋꿋해짐.
발기(發起)[1]명하타되자 앞장서서 새로운 일을 꾸며 시작함. ¶ 학교의 설립을 발기하다.

발기 (發起)[2]명 〔불교에서〕 ①경문(經文)을 먼저 낭독하는 사람. ②학인(學人)들이 둘러앉아 경의 뜻을 토론할 때에 경전을 읽는 사람.

발-기계 (-機械) [-끼계/-끼게] 명 (동력을 쓰지 않고) 사람이 발로 움직이는 기계. 발틀.

발:기다 타 속에 있는 것이 드러나게 헤치어 발리거나 찢어서 바라지게 하다. ¶ 밤송이를 발기다. 큰벌기다.

발:-기름 명 짐승의 뱃가죽 안쪽에 붙은 기름 덩어리.

발기-문 (發起文) 명 새로운 일을 일으킬 때에 그 취지와 목적 따위를 적은 글.

발기-발기 부 여러 조각으로 잇달아 발기어 찢는 모양. ¶ 원고를 발기발기 찢어 없애다.

발기^부전 (勃起不全) 명 과로나 내분비 장애, 뇌척수 질환 등의 원인으로 음경(陰莖)의 발기가 불충분한 병적인 상태.

발기-인 (發起人) 명 ①어떤 일을 발기한 사람. ¶ 후원회 발기인. ②주식회사의 설립을 기획하여 정관(定款)에 서명한 사람.

발기-회 (發起會) [-회/-훼] 명 어떤 일을 시작하려고 발기하여 모이는 모임.

발-길 [-낄] 명 ①걸음을 걷거나 차거나 할 때의 '발', 또는 그 '발의 힘'을 이르는 말. ¶ 발길로 걷어차다. ②오가는 발걸음. ¶ 발길을 끊다. /요즘은 발길이 뜸하다. ③앞으로 움직여 걸어 나가는 발. ¶ 발길을 돌리다. /발길 닿는 대로 걷다.

발길-질 [-낄-] 명하자타 발길로 걷어차는 짓. ¶ 무작스럽게 발길질을 하다. 준발질.

발김-쟁이 명 못된 짓을 하며 함부로 여기저기 돌아다니는 사람.

발깍 부 ①(일이나 상태가) 갑자기 딴판으로 바뀌어 소란해지거나 야단스러워지는 모양. ¶ 온 동네가 발깍 뒤집히듯 소란하다. ②갑작스레 기운을 내는 모양. ¶ 문을 발깍 밀치고 들어서다. ③갑자기 심하게 성을 내는 모양. ¶ 발깍 화를 내면서 대들다. 큰벌꺽. 센빨깍. 참발칵. **발깍-발깍** 부.

발깍-거리다 [-꺼-] 자타 자꾸 발깍발깍하다. 발깍대다. 큰벌꺽거리다. 참발칵거리다

발깍-대다 [-때-] 자타 발깍거리다.

발깍-발깍 [-빨-] 부 ①하타 음료수 따위를 시원스레 들이켜는 소리, 또는 그 모양. ②하자 빚어 담근 술이 괴어오르는 소리, 또는 그 모양. ③하자 삶는 물건이 끓으면서 나는 소리, 또는 그 모양. ④하자타 진 반죽 따위를 이길 때 나는 소리. 큰벌꺽벌꺽. 참발칵발칵.

발-꿈치 명 발의 뒤쪽의 전체.

발끈 부하자 ①참을성이 없이 갑자기 성을 내는 모양. ¶ 대수롭지 않은 일에 발끈 성을 내다. ②(어떤 일이나 상태가) 갑자기 딴판으로 바뀌는 모양. ¶ 그 소식이 전해지자, 온 사무실이 발끈 뒤집히듯 소란해졌다. ③갑자기 일어나거나 솟아오르는 모양. ¶ 해가 발끈 나오다. 큰벌끈. 센빨끈. **발끈-발끈** 부하자.

발끈-거리다 자 자꾸 발끈발끈하다. 발끈대다. 큰벌끈거리다.

발끈-대다 자 발끈거리다.

발-끝 [-끋] 명 발의 앞 끝. ¶ 소리 안 나게 발끝으로 걷다. * 발끝이[-끄치]·발끝을[-끄틀]·발끝만[-끈-]

발낭 (鉢囊) [-랑] 명 〈바랑〉의 본딧말.

발노 (發怒) [-로] 명하자 성을 냄.

발-노구 [-로-] 명 발이 달린 노구솥.

발-놀림 [-롤-] 명하자 발을 이리저리 움직이는 일. ¶ 발놀림이 빠르다.

발다 타 〈옛〉 곁따르다. 더불다. ¶ 鬼物은 어스르메 바라 돋니ᄂᆞ다(杜初8:12).

발단 (發端) [-딴] 명하자되자 어떤 일이 벌어지는 실마리. ¶ 사건의 발단은 다음과 같다.

발달 (發達) [-딸] 명하자되자 ①(생체 따위가) 자라서 차차 완전한 모양과 기능을 갖추어 감. ¶ 심신의 발달. ②어떤 것의 구실·규모 등이 차차 커져 감. 진보 발전함. ¶ 도로의 발달이 교통의 발달을 촉진한다. /저기압이 발달하다. ③훌륭한 기능을 발휘할 수 있는 상태로 됨. ¶ 청각이 발달하다.

발달^심리학 (發達心理學) [-딸-니-] 명 정신의 성장과 발달을 대상으로 하여 그 일반적 경향이나 법칙 따위를 연구하는 심리학의 한 부문. 발생 심리학.

발달^지수 (發達指數) [-딸-] 명 아동의 성숙 정도를 나타내는 지수. 심리 측정 방법에 따라 산출한 발달 연령을 생활 연령으로 나눈 것임.

발대 (發隊) [-때] 명 (순찰대·기동대 등) '대(隊)'라는 이름이 붙는 조직체를 새로 만들어 활동을 시작함.

발-덧 [-떧] 명 길을 오래도록 걸어서 생긴 발의 병. ¶ 발덧이 나서 발바닥이 부르트다. * 발덧이[-떠시]·발덧만[-떤-]

발도 (拔刀) [-또] 명하자 칼을 칼집에서 뺌.

발-돋움 명 ①키를 돋우느라고 발 밑에 괴고 서는 물건. ②하자 키를 돋우느라고 발 밑을 괴거나 발끝만 디디고 서는 짓. 종부돋움. ¶ 발돋움하여 바라보다. ③하자 더 높은 단계로 나아감. ¶ 선진국 대열로 발돋움하다.

발동 (發動) [-똥] 명 ①하자되자 (그 기능이) 활동을 일으킴. 움직이기 시작함. 일어남. ¶ 호기심이 발동하다. ②하타되자 어떤 법적 권한 따위를 행사함. ¶ 사법권을 발동하다. ③하자 동력을 일으킴. ¶ 차가 발동이 잘 걸리지 않는다.

발동-기 (發動機) [-똥-] 명 동력을 일으키는 기계. 특히, 내연 기관을 이름.

발동기-선 (發動機船) [-똥-] 명 내연 기관을 동력으로 하는 선박. 준발동선·기선.

발동기-정 (發動機艇) [-똥-] 명 ☞모터보트.

발동-력 (發動力) [-똥녁] 명 동력을 일으키는 힘.

발동-선 (發動船) [-똥-] 명 〈발동기선〉의 준말.

발-동작 (-動作) [-똥-] 명 발을 정해진 방식이나 순서에 따라 움직이는 일.

발-뒤꾸머리 [-뛰-] 명 '발뒤꿈치'를 속되게 이르는 말. 준뒤꾸머리.

발-뒤꿈치 [-뛰-] 명 발꿈치의 발바닥 부분 이외의 뒤쪽 부분. 발뒤축. 준뒤꿈치.

발뒤꿈치가 달걀 같다 속담 '미운 사람에 대해서는 없는 허물도 만들어 가면서 나무란다'는 뜻의 말.

발-뒤축 [-뛰-] 명 발뒤꿈치. 준뒤축.

발-등 [-뜽] 명 발의 윗부분.

발등에 불이 떨어지다〔붙다〕 관용 급한 일이 갑자기 눈앞에 닥치다.

발등(을) 디디다 관용 남이 하려고 하는 일을 앞질러서 먼저 하다.

발등을 밟히다 관용 자기가 하려던 일을 남이 앞질러서 먼저 하다.

발등(을) 찍히다 관용 배신을 당하다. ¶ 가장 신임했던 부하 직원에게 발등을 찍히다니….

발등의 불을 끄다 관용 눈앞에 닥친 다급한 일을 먼저 처리하다.

발-등거리[-뜽-]명 임시로 쓰려고 허름하게 만든 작은 초롱.
발등-걸이[-뜽-]명 ①씨름에서, 발뒤꿈치로 상대편의 발등을 밟아 넘기는 재주. ②철봉대 등에 두 손으로 매달렸다가 두 발등을 걸치고 거꾸로 매달리는 짓. ③하자 남이 하려는 일을 앞질러서 먼저 하는 짓.
발딱부 ①누웠거나 앉았다가 갑자기 일어나는 모양. ¶ 발딱 일어나다. ②갑자기 뒤로 반듯하게 드러눕거나 자빠지는 모양. ¶ 자리에 발딱 드러눕다. 큰벌떡. 센빨딱. **발딱-발딱**부.
발딱-거리다[-꺼-]자타 자꾸 발딱발딱하다. 발딱대다. 큰벌떡거리다. 센빨딱거리다.
발딱-대다[-때-]자타 발딱거리다.
발딱-발딱[-빨-]부 ①하자타 맥박이 빠르게 자꾸 뛰는 모양. ②하자타 심장의 고동으로 가슴이 두근거리는 모양. ③하타 물 따위를 단숨에 들이켜는 모양. ④하자타 (부자유스러운 상태에서) 마음대로 힘을 쓰거나 몸을 놀리고 싶어서 몹시 애를 쓰는 모양. 큰벌떡벌떡. 센빨딱빨딱.
발-떠퀴명 사람이 가는 곳을 따라서 길흉화복이 생기는 일.
발라-내다타 ①겉에 둘러싸여 있는 것을 벗기거나 헤집고 속의 것을 끄집어내다. ¶ 뼈를 발라내다. ②필요한 것만을 따로 추리어 내다. ¶ 요점을 발라내다. ③남의 것을 교묘하게 빼앗아 가지다. ④남의 비밀을 들추어 내다. ⑤일을 잘 처리하다.
발라당부 ①하자 가볍게 뒤로 발딱 넘어지거나 드러눕거나 하는 모양. ¶ 눈길에서 발라당 자빠지다. 큰벌러덩. ②《주로 '까지다'와 함께 쓰이어》 순진한 맛이 없이 약삭빠른 모양. ¶ 어린 것이 발라당 까졌다. 준발랑. **발라당-발라당**부하자.
발라드(ballade 프)명 ①자유로운 형식의 짧은 서사시. 담시(譚詩). ②서사적인 가곡. 담가(譚歌). 담시곡. ③대중음악에서, 사랑을 주제로 한 감상적인 노래.
발라-맞추다[-맏-]타 그럴듯한 말로 겉만 꾸며 대어 속여 넘기다.
발라-먹다[-따]타 남을 속여 재물을 빼앗아 가지다.
발란(撥亂)명하자 어지러운 세상을 다스려 편안하게 함.
발랄(潑剌) '발랄하다'의 어근.
발랄라이카(balalaika)명 우크라이나의 민속 악기의 한 가지. 공명(共鳴) 상자는 삼각형이고 현(絃)은 세 가닥임.
발랄-하다(潑剌-)형여 (표정이나 행동이) 밝고 활기가 있다. ¶ 발랄한 젊은이.
발랑(鉢囊)명 〈바랑〉의 본딧말.
발랑부 〈발라당〉의 준말. ¶ 발랑 자빠지다. 큰벌렁. **발랑-발랑**부.
발랑-거리다자타 자꾸 발랑발랑하다. 발랑대다. 큰벌렁거리다. 센빨랑거리다.
발랑-대다자타 발랑거리다.
발랑-발랑부하자 재빠른 동작으로 가분가분 움직이는 모양. 큰벌렁벌렁. 센빨랑빨랑.
발랑발랑-하다형여 성격·행동 따위가 가볍고 재빠르다. 큰벌렁벌렁하다. 센빨랑빨랑하다.
발레(ballet 프)명 음악과 미술을 곁들인 예술적인 무용.
발레리ː나(ballerina 이)명 발레에서의 여성 무용수, 특히 주역을 맡은 사람.
발렌타인-데이(Valentine Day)명 '밸런타인데이'의 잘못.
발령(發令)명하타 되자 법령·사령(辭令)·경보 따위를 발표하거나 공포함. ¶ 경보(警報)가 발령되다. /국장으로 발령되다.
발로(發露)명하자되자 (숨겨 두었거나 간직하고 있었던 것이) 겉으로 드러남. ¶ 애국심의 발로.
발록-거리다[-꺼-]자타 자꾸 발록발록하다. 발록대다. 큰벌룩거리다.
발록-구니[-꾸-]명 하는 일 없이 놀면서 공연히 돌아다니는 사람.
발록-대다[-때-]자타 발록거리다.
발록-발록[-빨-]부하자타 탄력 있는 물체가 저절로 바라졌다 오므라졌다 하는 모양. ¶ 콧구멍이 발록발록하다. 큰벌룩벌룩.
발록-하다[-로키-]형여 틈이 조금 바라져 있다. ¶ 틈이 발록하다. 큰벌룩하다.
발론(發論)명하자타 먼저 말이나 의논 따위를 꺼냄. ¶ 요구 사항을 발론하다.
발룽-거리다자타 자꾸 발룽발룽하다. 발룽대다. 큰벌룽거리다.
발룽-대다자타 발룽거리다.
발룽-발룽부하자타 탄력 있는 물체가 가볍게 바라졌다 오므라졌다 하는 모양. 큰벌룽벌룽.
발름부하자타 탄력 있는 물체가 크게 바라졌다 오므라지는 모양. ¶ 코를 발름하다. 큰벌름. **발름-히**부. **발름-발름**부하자타.
발름-거리다자타 자꾸 발름발름하다. 발름대다. 큰벌름거리다.
발름-대다자타 발름거리다.
발름-이다자타 탄력 있는 물체가 크게 바라졌다 오므라졌다 하다, 또는 그렇게 하다. 큰벌름이다.
발름-하다형여 틈이 조금 바라져 있다. ¶ 발름하게 틈이 나다. 큰벌름하다.
발리(volley)명 테니스나 축구 따위에서, 공이 땅에 떨어지기 전에 도로 치거나 차는 일.
발리다[1] Ⅰ자 〖'바르다[1]'의 피동〗 바름을 당하다. ¶ 벽에 발린 벽지.
Ⅱ타 〖'바르다[1]'의 사동〗 바르게(바르도록) 하다.
발리다[2] Ⅰ자 〖'바르다[2]'의 피동〗 발라냄을 당하다. ¶ 밤톨이 발려 나오다.
Ⅱ타 〖'바르다[2]'의 사동〗 발라내게 하다. ¶ 아우에게 밤톨을 발리다.
발ː리다[3]타 ①둘 사이를 떼어서 넓히다. ¶ 틈을 발리다. ②오므라진 것을 펴서 열다. ¶ 입을 발리다. ③열어서 속의 것을 드러내다. ¶ 껍질을 까서 발리다. 큰벌리다[2].
발리-슛(volley shoot)명 축구에서, 날아오는 공이 땅에 닿기 전에 발로 차는 슛.
발리-킥(volley kick)명 축구에서, 날아오는 공이 땅에 닿기 전에 차는 것.
발림[1]명 살살 발라맞추는 짓. ¶ 발림으로 하는 말인 줄 알지만, 그래도 기뻤다.
발림[2]명 판소리에서, 소리를 하면서 하는 가벼운 몸짓이나 팔짓 따위. 너름새.
발림-소리명 상대의 비위를 맞추기 위해 하는 말.
발림-수작(-酬酌)명 발라맞추는 수작. ¶ 발림 수작이라는 것이 뻔히 드러나다.
발마(撥馬)명 지난날, 발군(撥軍)이 타던 말.
발막명 지난날, 노인이 신던 마른신의 한 가지. 앞부리가 넓적하게 생겼는데 거기에 가죽을 대었음. 발막신.
발-막(-幕)명 조그마한 오막살이 집.
발막-신[-씬]명 ☞발막.
발맘-발맘부하자 ①남의 뒤를 살피면서 한 발 한 발 뒤따르는 모양. ¶ 아이의 뒤를 발맘발맘 따라나서다. ②팔을 벌리어 한 발씩 또는 다리를 벌리어 한 걸음씩 재어 나가는 모양.

발-맞추다[-맏-]자 여러 사람이 함께 일을 함에 있어, 서로 힘을 합쳐 돕다.
발매명하타 산판의 나무를 한목에 베어 냄.
발매(를) 넣다관용 발매를 시작하다.
발매(를) 놓다관용 촘촘히 서 있는 나무를 한목에 베어 없애다.
발매(發賣)명하타되자 상품을 팖, 또는 팔기 시작함. ¶ 새로운 제품을 발매하다.
발매^금:지(發賣禁止)명하타 팔지 못하게 하는 행정 처분. ¶ 발매 금지 도서. 준발금(發禁).
발매-나무명 발매로 생긴 땔나무.
발매-소(發賣所)명 ☞발매처.
발매-처(發賣處)명 상품 따위를 파는 곳. 발매소(發賣所).
발매-치명 발매 때, 베어 낸 큰 나무에서 쳐낸 굵고 긴 가지로 된 땔나무.
발명(發明)[1]명하타되자 (그때까지 없던 기술이나 물건 따위를) 새로 생각해 내거나 만들어 냄. ¶ 전화기를 발명하다. /특효약을 발명하다.
발명(發明)[2]명하타 ①경사(經史)의 뜻을 스스로 깨달아 밝힘. ②(죄나 잘못이 없음을) 말하여 밝힘. 변명. 폭백(暴白). ¶ 혐의가 없음을 발명하다.
발명-가(發明家)명 (그때까지 없던 기술이나 물건 따위를) 새로 생각해 내거나 만들어 내는 일을 전문적으로 하는 사람.
발명-권(發明權)[-꿘]명 발명자가 발명에 따른 이권을 독점할 수 있는 권리. 〔특허권 따위.〕
발명-무로(發明無路)명하형 죄가 없음을 밝힐 길이 없음. 무죄를 변명할 방법이 없음.
발명-왕(發明王)명 (에디슨과 같이) 특별히 많은 발명을 한 사람을 이르는 말.
발명-품(發明品)명 발명한 물품.
발모(發毛)명 몸에 털이 남. ¶ 발모 촉진제.
발-모가지명 〈발목〉의 속된 말. 발목쟁이.
발모-제(發毛劑)명 몸에 털이 나게 하는 약. 모생약(毛生藥).
발-목명 다리와 발이 이어지는 관절 부분.
발목(을) 잡히다관용 ①어떤 일에 꽉 잡혀서 벗어날 수가 없다. ②남에게 어떤 약점을 잡히다.
발목(撥木)명 비파(琵琶)를 타는 데 쓰이는, 나무로 만든 물건.
발목-마디[-몽-]명 절지동물의 다리 끝의 마디. 그 끝에 발톱이 있음. 부절(跗節).
발목-물[-몽-]명 발목이 잠길 정도의 얕은 물.
발목-뼈명 발목을 이루고 있는 뼈. 부골(跗骨). 족근골(足根骨).
발-목쟁이[-쨍-]명 발모가지.
발묘(拔錨)명하자 〔닻을 거두어 올린다는 뜻으로〕 배가 출항함. ↔투묘(投錨).
발묵(潑墨)명하자 (수묵화를 그리거나 붓글씨를 쓸 때) 먹물이 번져서 퍼짐.
발문(跋文)명 책의 본문 끝에 그 내용의 대강이나 또는 그에 관련된 일을 간략하게 적은 글. 권말기(卷末記). 발사(跋辭). 후기(後記). 준발(跋). ↔서문(序文).
발미(跋尾)명 지난날, 검시관(檢屍官)이 살인의 원인이나 정황 따위를 조사하여 기록하던 의견서.
발-밑[-믿]명 ①발바닥. ¶ 발밑에서 피가 난다. ②발바닥이 향하거나 닿는 자리. *발밑이[-미치]·발밑을[-미틀]·발밑만[-민만]
발-바닥[-빠-]명 발의 아래쪽의 편평한 부분. 족장(足掌).
발바리명 ①개의 한 품종. 몸집이 작고 얼굴이 평평하며 주둥이가 매우 짧음. 애완견으로 중국이 원산지임. ②'경망스럽게 이리저리 잘 돌아다니는 사람'을 비유하여 이르는 말.
발-바심명하타 곡식의 이삭을 발로 짓밟아서 난알을 떨어내는 일.
발-바투부 때를 놓치지 않고 재빠르게.
발반(發斑)명하자되자 천연두나 홍역을 앓을 때, 살갗에 빨간 반진(斑疹)이 돋아나는 상태.
발발[1]부 ①춥거나 겁이 나거나 하여 오들오들 떠는 모양. ¶ 추위에 발발 떨다. ②하찮은 것을 가지고 몹시 아까워하는 모양. ¶ 적은 돈을 쓰는데도 발발 떤다. ③몸을 바닥에 대고 작은 동작으로 기는 모양. 큰벌벌.
발발[2]부 많이 삭은 종이나 헝겊 따위가 손대기가 무섭게 그냥 찢어지는 모양.
발발[3]부 〈빨빨1〉의 여린말.
발발(勃勃) '발발하다'의 어근.
발발(勃發)명하자되자 어떤 큰일이 갑자기 일어남. ¶ 전쟁이 발발하다.
발발-거리다자 〈빨빨거리다〉의 여린말. 발발대다.
발발-대다자 발발거리다.
발발-하다(勃勃-)형여 사물이 한창 성하다.
발밤-발밤부하자 발길이 가는 대로 한 걸음 한 걸음 천천히 걷는 모양. ¶ 발밤발밤 나선 게 예까지 왔네.
발-밭다[-받따]형 기회를 재빠르게 붙잡아 잘 이용하는 소질이 있다. 《주로, '발밭게'의 꼴로 쓰임.》
발배(發配)명하타되자 지난날, 죄인을 배소(配所), 곧 귀양살이할 곳으로 보내던 일.
발-버둥명 〈발버둥이〉의 준말.
발버둥-이명 《주로 '치다'와 함께 쓰이어》 ①마음에 언짢거나 하여 앉거나 누워서 다리를 번갈아 버둥거리며 몸부림하는 짓. ¶ 아이가 병원에 가지 않으려고 발버둥이를 친다. ②'수단과 방법을 가리지 않고 온갖 애를 다 쓰는 일'을 비유하여 이르는 말. ¶ 기우는 사업을 되살리려고 발버둥이를 치다. 준발버둥.
발버둥-질명하자 발버둥이 치는 짓. 준버둥질.
발-병(-病)[-뼝]명 《주로, '나다'와 함께 쓰이어》 발에 생긴 병. ¶ 십 리도 못 가서 발병이 나다.
발병(發兵)명하자 군사를 일으켜서 보냄. 발군(發軍). 참출병.
발병(發病)명하자되자 병이 남. ¶ 발병 원인을 찾다. /콜레라가 발병하다.
발병-부(發兵符)명 조선 시대에, 발병을 신중하고 정확하게 하기 위하여, 왕과 병권(兵權)을 맡은 지방관이 미리 나누어 가지던 신표(信標). 준병부.
발-보이다타 ①재주를 자랑하느라고 일부러 드러내 보이다. ②무슨 일의 끝만을 잠깐 드러내 보이다. 준발뵈다.
발복(發福)명하자되자 운이 틔어 복이 닥침.
발복지지(發福之地)[-찌-]명 〔장차 운이 트일 땅이란 뜻으로〕 '좋은 묏자리'를 이르는 말.
발본(拔本)명 ①하타사물의 근본 원인을 뽑아 없앰. ②하자장사에서 밑천을 뽑음.
발본-색원(拔本塞源)명하타 폐단의 근본 원인을 아주 없앰. 〔'춘추좌씨전'에 나오는 말임.〕 ¶ 밀수(密輸)를 발본색원하다.
발-뵈다[-뵈-/-붸-]타 〈발보이다〉의 준말.
발부(發付)명하타되자 증서나 영장 따위를 발행함. 발급(發給). ¶ 소집 영장을 발부하다.

발부(髮膚)명 머리털과 피부.
발-부리[-뿌-]명 발끝의 뾰족한 부분. 족첨(足尖). ¶ 돌에 발부리를 채다.
발분(發憤·發奮)명하자 마음을 굳게 먹고 힘을 냄. 분발. ¶ 선수들의 발분으로 경기를 승리로 이끌다.
발분-망식(發憤忘食)명하자 (무슨 일을 이루려고) 발분하여 끼니마저 잊고 힘씀.
발-붙이다[-부치-]자 무엇에 의거하거나 근거하여 발판으로 삼다. ¶ 흉악범이 이 사회에 발붙이지 못하게 하자.
발붙임[-부침]명 의지할 곳. ¶ 약간의 발붙임이라도 있어야 사업을 시작해 보지.
발비명 재래식 한옥의 서까래 위에 산자(橵子)를 얹고, 알매가 새지 않도록 그 위에 까는 잡살뱅이 나뭇조각.
발-빠르다[~빠르니·~빨라]형르 어떤 일에 대처하는 데 있어 날래고 재빠르다. ¶ 통상 압력에 발빠르게 대응하다.
발-뺌명하자 책임을 면하려고 슬슬 피하는 짓, 또는 그러한 변명. ¶ 그는 불리해지니까 슬쩍 발뺌을 한다.
발사(發射)[-싸]명하타되자 총포나 로켓 따위를 쏨.
발사(跋辭)[-싸]명 ☞발문(跋文).
발사-각(發射角)[-싸-]명 ☞사각(射角).
발사-대(發射臺)[-싸-]명 (유도탄 따위의) 발사하는 장치.
발사-약(發射藥)[-싸-]명 탄알의 발사나 로켓 등의 추진에 쓰이는 액체나 고체의 화약.
발산(發散)[-싼]명 ①하자.타되자(속에 들어 있는 열이나 냄새 따위가) 밖으로 퍼져 흩어짐, 또는 퍼져서 흩어지게 함. ¶ 향기를 발산하다. ②하자.타되자(정열이나 울분 따위를 행동으로 나타내어) 밖으로 풀어 없앰. ¶ 젊음을 발산하다. ③수학에서, 변수(變數)가 극한값을 가지지 않고 한없이 커지거나 작아지는 일. ↔수렴(收斂)[1]. ④광학에서, 광선속(光線束)이 한 점에서 나온 것처럼 퍼지면서 나아가는 상태를 이르는 말.
발산-개세(拔山蓋世)[-싼-]명 〈역발산기개세(力拔山氣蓋世)〉의 준말.
발산^광선속(發散光線束)[-싼-]명 한 점에서 흩어져 나가는 광선속.
발산^렌즈(發散lens)[-싼-]명 평행 광선을 발산시키는 렌즈. 〔오목 렌즈를 이름.〕
발산-류(發散流)[-싼뉴]명 식물이 수분을 잎에서 발산함에 따라 뿌리가 수분을 빨아올리는 작용.
발산-수열(發散數列)[-싼-]명 수렴(收斂)하지 않는 수열.
발산^작용(發散作用)[-싼-]명 ☞증산 작용.
발삼(balsam)명 침엽수에서 분비되는 끈끈한 액체. 접착제·향료 등으로 쓰임.
발상(發祥)[-쌍]명하자 ①어떤 일이 처음으로 일어남(나타남). ¶ 문명의 발상. ②상서로운 조짐이 나타남.
발상(發喪)[-쌍]명하자 상제가 머리를 풀고 울기 시작함으로써 초상난 것을 이웃에 알리는 일. 거애(擧哀).
발상(發想)[-쌍]명 ①하타새로운 생각을 내놓음, 또는 그 새로운 생각. ¶ 기발한 발상. ②사상이나 감정 따위를 표현하는 일. ¶ 시적(詩的) 발상. ③악곡이 지닌 정서 따위를, 연주할 때의 빠르기나 강약 등으로 표현하는 일.
발상^기호(發想記號)[-쌍-]명 ☞나타냄표.
발상-지(發祥地)[-쌍-]명 ①나라를 세운 임금이 태어난 땅. ②역사적인 일 따위가 처음으로 일어난 곳. ¶ 인류 문명의 발상지.
발-샅[-싿]명 발가락의 사이. 발새. *발샅이[-싸치]·발샅을[-싸틀]·발샅만[-싼-]
발샅의 때관용 '아주 하찮은 것'을 비유하여 이르는 말. ¶ 발샅의 때만큼도 안 여긴다.
발-새[-쌔]명 발샅.
발색(發色)[-쌕]명 ①염색물이나 컬러 필름 따위의 빛깔의 상태. ②하자(어떤 처리를 하여) 빛깔이 나게 함.
발생(發生)[-쌩]명하자되자 ①어떤 현상이 일어남. ¶ 사고의 발생을 막다. ②어떤 것이 새로 생겨남. ¶ 해충이 발생하다. ③난자(卵子)나 배자(胚子)가 자라서 하나의 개체가 됨.
발생^생리학(發生生理學)[-쌩-니-]명 생물이 발생하는 과정 가운데 형태의 구성과 작용을 연구하는 과학.
발생^심리학(發生心理學)[-쌩-니-]명 ☞발달 심리학.
발생-적(發生的)[-쌩-]관명 발생에 관계되는 (것). ¶ 자연 발생적 현상./생물의 발생적인 측면.
발생적 연ː구(發生的硏究)[-쌩정년-] 사물의 발달·변화에 관하여, 그 발생 과정의 시간적·인과적인 과정을 살피는 연구 방법.
발생적 정ː의(發生的定義)[-쌩-쩡의/-쌩-쩡이] 정의를 내려야 할 것의 본질적 속성을 밝히기 어려운 경우, 그것의 발생 방법이나 성립 조건을 나타내어 정의로 삼는 것.
발생-학(發生學)[-쌩-]명 생물학의 한 분야. 생물의 개체 발생에 대하여 연구함.
발선(發船)[-썬]명하자 배가 떠남. 배를 띄움. ↔착선(着船).
발설(發說)[-썰]명하타되자 말을 입 밖에 냄. ¶ 회의 내용을 발설하다.
발섭(跋涉)[-썹]명하타 〔산을 넘고 물을 건넌다는 뜻으로〕 여러 곳을 두루 돌아다님. ¶ 해마다 여러 고장을 발섭하다.
발성(發聲)[-썽]명하타되자 (성악 등에서 기초적인 훈련으로서) 목소리를 내는 일, 또는 그 목소리. ¶ 발성 연습. /발성이 좋다.
발성-기(發聲器)[-썽-]명 ☞발음 기관.
발성-법(發聲法)[-썽뻡]명 (성악 등에서 기초적인 훈련으로서) 목소리를 조절하여 내는 방법.
발성^영화(發聲映畫)[-썽녕-]명 영상과 함께 소리가 들리도록 제작한 영화. ↔무성 영화(無聲映畫).
발셔다자 〈옛〉 멍울 서다. 핏발 서다. ¶ 발셔흔:膌(訓蒙中35).
발소(撥所)[-쏘]명 조선 시대에, 서울과 평안도 의주(義州) 사이에 군데군데 두었던 역참(驛站). 비참(站).
발-소리[-쏘-]명 걸을 때 발이 땅에 닿아서 나는 소리. ¶ 발소리가 나다. /발소리를 죽이다.
발송(發送)[-쏭]명하타되자 물건이나 우편물 따위를 부침. ¶ 화물의 발송.
발송-인(發送人)[-쏭-]명 물건이나 편지·서류 따위를 부친 사람.
발-송전(發送電)[-쏭-]명 발전과 송전.
발-솥[-솓]명 발이 세 개 달린 솥. *발솥이[-소치]·발솥을[-소틀]·발솥만[-손-]
발ː쇠[-쇠/-쉐]명 남의 비밀을 캐내어 다른 사람에게 일러 주는 짓. 준발[5].
발쇠(를) 서다관용 남의 비밀을 캐내어 다른 사람에게 알려 주다.

발ː쇠-꾼[-쇠-/-쉐-]명 남의 비밀을 캐내어 다른 사람에게 일러 주는 짓을 습관적으로 하는 사람.

발수(拔穗)[-쑤]명하타 (벼·보리 따위의 좋은 씨앗을 받으려고) 잘 익은 이삭을 골라서 뽑는 일, 또는 그 이삭.

발수(發穗)[-쑤]명하자 벼·보리 따위의 이삭이 팸. 출수(出穗).

발신(發身)[-씬]명하타 미천하고 가난한 처지에서 벗어나 형편이 펴임.

발신(發信)[-씬]명하타되자 ①통신을 위해 전파를 보냄. ¶ 조난 신호를 발신하다. ②편지를 부치거나 전보를 보냄. ¶ 합격 소식을 전보로 발신하다. ↔수신(受信)[1]·착신(着信).

발신-국(發信局)[-씬-]명 우편이나 전신 따위를 보낸 우체국이나 전신 전화국.

발신-기(發信機)[-씬-]명 ①신호를 보내는 기계. ②☞송신기.

발신-인(發信人)[-씨닌]명 편지나 전보 따위를 부친 사람. ↔수신인.

발신-주의(發信主義)[-씬-의/-씬-이]명 먼 곳에 있는 이에 대한 의사 표시는 발신과 동시에 효력이 생긴다고 하는 주의. ↔도달주의.

발신-지(發信地)[-씬-]명 발신한 곳.

발심(發心)[-씸]명하자 ①무슨 일을 하겠다고 마음을 먹음. ②불도(佛道)에 들고자 하는 마음을 일으킴.

발-싸개명 (버선에 발이 잘 들어가도록) 버선을 신을 때에 발을 싸는 천.

발싸심명하자 ①팔다리와 몸을 비틀면서 부스대는 짓. ②무슨 일을 하고 싶어서 애를 쓰며 들먹거리는 짓. ¶ 남의 일에 참견하고 싶어서 발싸심하다.

발-씨명 길을 걸을 때 발걸음을 옮겨 놓는 모습. ¶ 발씨가 가볍다.

발씨(가) 서투르다관용 (자주 다니지 않은 길이어서) 길이 익숙하지 못하다.

발씨(가) 익다관용 (자주 다닌 길이어서) 길이 익숙하다.

발-씨름명 다리씨름.

발아(發芽)명하자되자 ①풀이나 나무에서 싹이 틈. ②씨앗이나 포자가 활동을 시작하여 새 식물체가 껍데기를 찢고 나오는 현상. 아생(芽生).

발아-기(發芽期)명 싹이 트는 시기.

발-아래명 서 있는 곳의 바로 아래, 또는 굽어볼 수 있는 곳. ¶ 산꼭대기에 오르니 구름이 발아래에 있다.

발아-력(發芽力)명 싹이 트는 힘. 발아세.

발아-법(發芽法)[-뻡]명 ☞출아법.

발아-세(發芽勢)명 ☞발아력.

발아^시험(發芽試驗)명 씨앗의 발아율과 발아력을 시험하는 일.

발아-율(發芽率)명 뿌린 씨앗 가운데서 싹이 트는 비율. ¶ 발아율이 꽤 높은 편이다.

발악(發惡)명하자 사리를 가리지 않고 온갖 짓을 다 하며 버둥거리거나 악을 씀. ¶ 최후의 발악. /발악하며 마구 덤비다.

발악-스럽다(發惡-)[-쓰-따][~스러우니·~스러워]형ㅂ 어떠한 일에나 견디어 내는 힘이 다부지다. **발악스레**부.

발안(發案)명하타 ①어떤 새로운 안을 생각해 냄. ②의안을 내놓음. 발의(發議).

발안-권(發案權)[-꿘]명 의회에 의안을 제출할 수 있는 권한.

발안-자(發案者)명 ①의안을 생각해 낸 사람. ②토의에 부칠 의안을 제출한 사람.

발암(發癌)명하자 암이 생김. 암이 생기게 함.

발암^물질(發癌物質)[-찔]명 암이 생기게 하는 물질.

발-야구(-野球)[-랴-]명 야구와 비슷한 규칙 아래, 발로 공을 차서 승부를 겨루는 경기. 족구(足球).

발양(發陽)명하자 양기가 왕성해짐. 정력이 성해짐.

발양(發揚)명하타되자 (정신이나 기운·기세 따위를) 떨쳐 일으킴. ¶ 사기를 발양하다.

발양^망ː상(發揚妄想)명 자기 자신을 과대평가하거나 바라는 바가 충족되었다고 생각하는 망상. ↔미소 망상(微少妄想).

발양-머리(發陽-)명 양기가 왕성하게 일어나는 시기, 곧 한창때.

발어(發語)명하자 ☞발언(發言).

발언(發言)명하자타 말을 함. 의견을 말함, 또는 그 말. 발어(發語). ¶ 발언 기회를 얻다.

발언-권(發言權)[-꿘]명 회의 등에서 발언할 수 있는 권리. ¶ 발언권을 얻다. 준언권.

발-연(-鳶)[-련]명 연의 한 가지. 양쪽 가에 발 모양의 종이를 붙인 연.

발연(勃然·艴然) '발연하다'의 어근.

발연(發煙)명하자 연기를 냄.

발연-대로(*勃然大怒)명하자 발끈하며 몹시 성을 냄.

발연-변색(勃然變色)명하자 발끈 성을 내며 얼굴빛이 달라짐.

발연-제(發煙劑)명 연기를 내는 데 쓰는 약제. 흔히, 연막이나 신호용 따위 군용으로 쓰임.

발연-탄(發煙彈)명 발연제를 재어 쓰는 탄알. 총으로 쏘거나 던져서 연막(煙幕)을 치는 데 씀. 참연막탄.

발연-하다(勃然-·艴然-)형여 발끈 성을 내는 태도가 세차고 갑작스럽다. **발연-히**부.

발열(發熱)명하자되자 ①(물체가) 열이 남, 또는 열을 냄. 열을 방출함. ②(몸의 건강의 이상으로) 체온이 보통 상태보다 높아짐, 또는 그런 증상.

발열-량(發熱量)명 일정한 양의 연료가 완전히 연소했을 때 생기는 열량.

발열^반ː응(發熱反應)명 열을 내면서 진행되는 화학 반응. 탄소(炭素)의 연소 따위. ↔흡열 반응.

발열^요법(發熱療法)[-료뻡]명 말라리아를 접종하거나 발열제를 주사하여 인위적으로 체온을 높여서 병을 치료하는 방법.

발열-제(發熱劑)[-쩨]명 체온을 높이는 작용을 하는 약제.

발열-체(發熱體)명 열을 내는 물체.

발염(拔染)명하타 무늬 없이 염색된 천의 일부분에 탈색제를 섞은 풀을 찍어 바탕색의 일부를 뺌으로써 무늬를 내는 일.

발염-제(拔染劑)명 발염에서, 천의 바탕색을 빼는 데 쓰이는 약제. 산화 발염제·환원 발염제 등이 있음.

발원(發源)명하자 ①강물의 흐름이 비롯함, 또는 그 근원. ②(어떤 사상이나 현상 등이) 발생하여 일어남, 또는 그 근원. ③발원지.

발원(發願)명하타 신불에게 소원을 빎. ¶ 부처님께 발원하여 얻은 아들.

발원-문(發願文)명 시주(施主)가 서원(誓願)을 적은 글. 원문(願文).

발원-지(發源地) 명 ①강물의 근원이 비롯된 곳. ¶ 한강(漢江)의 발원지. ②사상이나 현상이 발생하여 일어난 곳. ¶ 고대 문명의 발원지.
발월(發越) '발월하다'의 어근.
발월-하다(發越-) 형여 기상이 빼어나다.
발육(發育) 명하자되자 생물이 차차 자라남.
발육-기(發育期) [-끼] 명 자라는 시기. 성장기.
발육^부전(發育不全) [-뿌-] 명 여러 가지 원인으로 말미암아 몸의 어느 기관이나 조직 등이 제대로 자라지 못한 상태.
발육-지(發育枝) [-찌] 명 ☞열매가지.
발육^지수(發育指數) [-찌-] 명 태어난 때의 몸무게를 100으로 잡아 그때그때의 몸무게를 그것에 대한 비율로 나타낸 수.
발음(發音) 명하타되자 혀·이·입술 등을 이용하여 말을 이루는 소리를 내는 일, 또는 그 소리. 소리내기. ¶ 발음이 또렷하다.
발음(發蔭) 명하자 선음(先蔭)이 내려 운수가 터짐. 조상의 덕으로 후손의 운수가 열림.
발음-기(發音器) 명 〈발음 기관〉의 준말.
발음^기관(發音器官) 명 ①동물체의, 소리를 내는 기관. 발성기. 준발음기. ②인체의, 말소리를 내는 기관. 음성 기관.
발음^기호(發音記號) 명 언어의 음을 표기하는 데 쓰이는 기호. 발음 부호. 표음 기호. 음성 기호.
발음^부호(發音符號) 명 ☞발음 기호.
발음-체(發音體) 명 그 자체가 진동되어 소리가 나는 물체. 〔악기의 소리가 나는 부분 따위.〕
발의(發意) [바릐/바리] 명하타 (계획이나 구상 따위를) 생각해 냄.
발의(發議) [바릐/바리] 명하타 회의 등에서 의안을 내놓음, 또는 그 의안. 발안(發案).
발인(發靷) 명하자 장사를 지낼 때, 상여가 집에서 떠나는 일.
발인-기(發靷記) 명 발인하기 전에 대문간에 써 붙이는, 장사에 관한 기록.
발인-제(發靷祭) 명 상여가 집을 떠날 때 상여 앞에서 지내는 제사.
발-자국 [-짜-] 명 ①발로 밟은 곳에 남아 있는 발의 자국. 족적(足迹). ②〖의존 명사적 용법〗 '한 발을 떼어 놓은 걸음'의 뜻. ¶ 서너 발자국 물러서다.
발-자귀 명 '발자국'의 방언.
발-자욱 명 '발자국'의 잘못.
발자-창(發髭瘡) [-짜-] 명 한방에서, '입아귀나 아래턱의 작은 부스럼'을 이르는 말.
발-자취 [-짜-] 명 ①발로 밟은 흔적. ②사람이 지나간 흔적. ③'지나온 과거의 역정'을 비유하여 이르는 말. ¶ 나라의 근대화에 큰 발자취를 남기다. 족적(足跡).
발자-하다 [-짜-] 형여 성미가 급하다.
발작(發作) [-짝] 명하자되자 ①어떤 증상이 갑자기 일어나는 일. ¶ 경련과 같은 발작을 일으키다. ②어떤 감정이 갑자기 일어남.
발작성^해수(發作性咳嗽) [-짝썽-] 명 백일해나 폐렴 등을 앓을 때, 발작적으로 일어나는 기침.
발작-적(發作的) [-짝쩍] 관명 ①심한 증상이 갑자기 일어났다가는 곧 사라지는 (것). ¶ 발작적인 고열이 되풀이되다. ②갑자기 감정이 고조되거나, 또는 거의 무의식 상태에서 순간적으로 어떤 동작을 하는 (것). ¶ 발작적으로 범행을 저지르다.
발작-증(發作症) [-짝쯩] 명 발작하는 증세.
발-장구 명 ①헤엄을 칠 때, 두 발을 물 위로 들었다 내렸다 하면서 물을 차는 짓. ②어린아이가 엎드리어 기어가려고 두 발을 들었다 내렸다 하는 짓. ¶ 발장구를 치다.
발-장단 [-짱-] 명 흥에 겨워 발끝이나 발뒤꿈치로 장단을 맞추는 짓. ¶ 음악에 맞추어 발장단을 하다.
발-재간(-才幹) [-째-] 명 발로 무엇을 다루는 재간.
발-재봉틀(-裁縫-) 명 발로 밟아서 돌리게 되어 있는 재봉틀. 준발틀.
발적(發赤) [-쩍] 명 염증 등으로 피부의 한 부분이 충혈하여 붉은빛을 띠게 되는 증상.
발전(發展) [-쩐] 명하자되자 ①세력 따위가 성하게 뻗어 나감. ¶ 수출액이 국내 굴지의 규모로 발전하다. ②어떤 상태가 보다 좋은 상태로 되어 감. ¶ 옛 모습은 찾아볼 수 없을 만큼 발전된 도시. ③어떤 일이 낮은 단계에서 보다 높거나 복잡한 단계로 나아감. ¶ 하찮은 일이 큰 사건으로 발전하다.
발전(發電) [-쩐] 명하자 전기(電氣)를 일으킴.
발전-관(發電管) [-쩐-] 명 진동 전류를 일으키는 데 쓰이는 진공관.
발전-기(發電機) [-쩐-] 명 수력이나 화력·원자력 따위를 이용해 전기를 일으키는 기계.
발전^기관(發電器官) [-쩐-] 명 특수한 종류의 물고기에서 볼 수 있는, 전기를 일으키는 기관.
발전도상-국(發展途上國) [-쩐-] 명 경제 발전이 선진 공업국보다 뒤떨어진 상태에 있는 나라. 개발도상국.
발전-량(發電量) [-쩐냥] 명 발전한 전기의 총량.
발전-력(發電力) [-쩐녁] 명 전기를 일으키는 힘.
발전-상(發展相) [-쩐-] 명 발전한 모습. ¶ 이 책을 통해 회사의 발전상을 한눈에 볼 수 있다.
발전-성(發展性) [-쩐썽] 명 발전할 가능성. ¶ 발전성 있는 사업.
발전-소(發電所) [-쩐-] 명 수력이나 화력·원자력 따위로 발전기를 움직여서 전기를 일으키는 곳, 또는 그 시설.
발전-적(發展的) [-쩐-] 관명 보다 발전한 단계로 벋어 가는 (것). ¶ 기구의 발전적 통폐합. / 발전적으로 지속해 온 운동.
발전-체(發電體) [-쩐-] 명 전기를 일으키는 물체.
발정(發情) [-쩡] 명하자 포유류의 성숙한 암컷이 본능적으로 성욕을 일으키는 일. 〔생리적으로 교미가 가능한 상태가 됨.〕
발정(發程) [-쩡] 명하자 길을 떠남. 계정(啓程). 비출발.
발정-기(發情期) [-쩡-] 명 포유류의 성숙한 암컷이 주기적으로 발정하는 시기.
발정^호르몬(發情hormone) [-쩡-] 명 여성 호르몬의 한 가지. 주로 난소(卵巢)에서 분비되어, 자궁과 젖샘 등의 성징(性徵)의 발달을 촉진함. 포유류의 경우 발정을 촉진하기도 함.
발제(髮際) [-쩨] 명 〈발찌〉의 본딧말.
발-족(-足) 명 한자 부수의 한 가지. '距'·'蹴' 등에서의 '足'의 이름.
발족(發足) [-쪽] 명하자타되자 어떤 단체나 모임 따위가 새로 만들어져 활동을 시작함. ¶ 선거 대책 위원회를 발족하다.
발종-지시(發蹤指示) [-쫑-] 명하타 〔사냥개를 풀어서 짐승이 있는 곳을 가리켜 잡게 한다는 뜻으로〕 방법을 가리켜 보임.
발주(發注) [-쭈] 명하타 제품이나 상품 따위를 주문함. ¶ 부품을 발주하다. ↔수주(受注).
발-주저리 [-쭈-] 명 해진 버선이나 양말 따위를 신은 너절한 발.

발진(發疹)[-찐]명하자 열병 따위로 말미암아 피부나 점막에 좁쌀만 한 종기가 돋는 일, 또는 그 종기.

발진(發振)[-찐]명하자 전기 진동을 일으킴, 또는 그 상태.

발진(發進)[-찐]명하자타 (군함이나 항공기 따위가) 기지를 출발하여 나아감. ¶ 초계기(哨戒機)가 항공모함에서 발진하다.

발진-기(發振器)[-찐-]명 전기 진동 따위를 일으키는 장치.

발진-시(發震時)[-찐-]명 지진동(地震動)이 처음으로 일어난 시각.

발진-열(發疹熱)[-찐녈]명 쥐벼룩이 옮기는 리케차로 말미암아 일어나는 급성 전염병.

발진^티푸스(發疹typhus)[-찐-]명 법정 전염병의 한 가지. 온몸에 발진이 생기고 40℃ 내외의 고열이 계속되는데, 병원체는 리케차의 일종임. 장미진(薔薇疹).

발-질명하자 〈발길질〉의 준말.

발-짓[-찓]명하자 발을 움직이는 동작. ¶ 발짓으로 가라 한다. ∗발짓이[-찌시]·발짓만[-찐-]

발-짝의 발을 한 번 떼어 놓는 걸음의 수효를 세는 말. ¶ 아기가 혼자서 두어 발짝 걸음을 옮겼다.

발짝-거리다[-꺼-]타 자꾸 발짝발짝하다. 발짝대다. 큰벌쩍거리다.

발짝-대다[-때-]타 발짝거리다.

발짝-발짝[-빨-]부하타 ①일어나려고 애를 쓰며 조금씩 움직이는 모양. ②적은 물에서 빨래를 조금씩 비벼 빠는 모양. 큰벌쩍벌쩍·불쩍불쩍.

발쪽부 ①하자타속에 든 것이 보일락 말락 하게 조금 바라졌다 닫히는 모양. ②하자입을 조금 벌려 소리 없이 웃는 모양. ¶ 소리 없이 발쪽 웃는 아리따운 모습. 큰벌쭉. 센빨쪽. **발쪽-발쪽**부하자타.

발쪽-거리다[-꺼-]자타 ①속에 든 것이 보일 듯 말 듯 자꾸 바라졌다 닫혔다 하다. ②입을 조금 벌려 소리 없이 자꾸 웃다. 발쪽대다. 큰벌쭉거리다.

발쪽-대다[-때-]자타 발쪽거리다.

발쪽발쪽-하다[-빨쪼카-]형여 여럿이 다 발쪽하다. 큰벌쭉벌쭉하다. 센빨쪽빨쪽하다.

발쪽-하다[-쪼카-]형여 좁고 긴 것이 약간 벌어져서 쳐들려 있다. 큰벌쭉하다. 센빨쪽하다. **발쪽-이**부.

발찌명 한방에서, '목뒤의 머리털이 난 가장자리의 부스럼'을 이르는 말. 본발제(髮際).

발차(發車)명하자 기차·자동차 따위가 떠남. ¶ 개문(開門) 발차 엄금.

발차(發差)명하타 왕조 때, 죄를 지은 사람을 잡아 오라고 사람을 보내던 일.

발착(發着)명하자 출발과 도착. 착발(着發).

발ː-창(-窓)명 발을 끼워서 만든 창. 염창(簾窓).

발채¹명 소의 배에 붙어 있는 기름.

발ː채²명 ①지게에 얹어서 짐을 담는 제구. 싸리나 대오리로 둥글넓적하게 결어 만듦. ②걸챗불의 바닥에 까는 거적자리.

발천(發闡)명하자되자 ①(둘러싸였거나 가려 있던 것이) 열리어 드러남. ②앞길을 개척하여 세상에 나섬.

발초(拔抄)명하타되자 글 가운데서 중요한 대목만을 뽑아 적음, 또는 그 기록.

발총(發塚)명하타 ☞굴총(掘塚).

발출(拔出)명하타되자 빼어 냄.

발췌(拔萃)명하타되자 글 가운데서 필요하거나 중요한 대목만을 가려 뽑음, 또는 그 글. ¶ 논문에서 발췌하다.

발췌-곡(拔萃曲)명 오페라와 같은 큰 규모의 악곡에서 주요 부분이나 유명한 부분만을 골라 하나의 음악으로 엮은 곡.

발췌-안(拔萃案)명 가려 뽑은 안건.

발측명 〈옛〉 발뒤축. ¶ 발측:跟(訓解).

발-치명 ①누웠을 때 발이 있는 쪽. ¶ 남의 발치에 드러눕다. ②어떤 사물의 아랫부분이나 끝 부분이 되는 곳. ¶ 외국에 나갔다가 선산 발치에나 묻힐 생각으로 돌아왔다. ↔머리맡.

발치(拔齒)명하자 이를 뽑음.

발칙-스럽다[-쓰-따][~스러우니·~스러워]형ㅂ 발칙한 태도가 있다. **발칙스레**부.

발칙-하다[-치카-]형여 ①하는 짓이 아주 괘씸하다. ②몹시 버릇이 없다. ¶ 발칙한 짓만 골라 하는구나.

발칫-잠[-치짬/-칟짬]명 남의 발치에서 자는 잠. ¶ 남의 집에서 발칫잠을 자며 자식을 가르쳤다.

발칵부 ①《주로 '뒤집다'·'뒤집히다'와 함께 쓰이어》 일이나 상태가 갑자기 딴판으로 바뀌어 소란해지거나 야단스러워지는 모양. ¶ 회사 안이 발칵 뒤집히다. ②갑작스레 기운을 내는 모양. ¶ 발칵 창문을 열다. ③갑자기 심하게 성을 내는 모양. ¶ 발칵 화를 내다. 큰벌컥. 참발깍. **발칵-발칵**부.

발칵-거리다[-꺼-]자타 자꾸 발칵발칵하다. 발칵대다. 큰벌컥거리다. 참발깍거리다.

발칵-대다[-때-]자타 발칵거리다.

발칵-발칵[-빨-]부 ①하타음료수 등을 시원스레 들이켜는 소리, 또는 그 모양. ②하자빚어 담근 술이 괴어오르는 소리, 또는 그 모양. ③하자삶는 물건이 끓으면서 나는 소리, 또는 그 모양. ④하자타진 반죽 따위를 이길 때 나는 소리, 또는 그 모양. 큰벌컥벌컥. 참발깍발깍.

발코니(balcony)명 ①서양식 건축에서, 옥외로 달아 낸, 지붕이 없고 난간이 있는 대. 노대(露臺). ②극장의 이 층 좌우에 낸 특별석.

발탁(拔擢)명하타되자 많은 사람 가운데서 특별히 사람을 뽑아 씀. 탁발. ¶ 국가 대표로 발탁되다.

발-탕기(鉢湯器)[-끼]명 보통 사발보다 아가리가 오긋한 사발.

발태(發兌)명하타 서적 따위를 펴내어 팖.

발-톱명 발가락 끝을 덮어 보호하는, 뿔같이 단단한 부분.

발톱-눈[-톰-]명 발톱의 양쪽 구석과 살이 맞닿은 부분.

발-틀명 ①☞발기계. ②〈발재봉틀〉의 준말.

발파(發破)명하타되자 바위 같은 데에 구멍을 뚫고 폭약을 넣어서 터뜨리는 일.

발-판(-板)명 ①어떤 곳을 오르내리거나 건너다니기 위하여 걸쳐 놓은 것. ②비계에 걸쳐 놓은 널. ③(높은 데 오르거나 높은 곳의 물건을 집거나 할 때) 발밑에 괴는 물건. ¶ 발판 위에 올라서도 손이 닿지 않는다. ④도약 운동에서, 뛰는 힘을 돕는 데 쓰이는 도구. 도약판. ¶ 발판을 힘차게 구르다. ⑤'어떠한 목적을 이루기 위하여 이용하는 수단'을 비유하여 이르는 말. ¶ 결혼을 새로운 인생의 발판으로 삼다. ⑥악기나 기계 따위에서, 발을 얹고 밟아 소리를 내게 하거나 무엇을 움직이게 하는 부분. ¶ 오르간의 발판.

발포(發布)명하타되자 〔법령·정강(政綱) 따위를〕 사회에 널리 펴서 알림. ¶ 계엄령을 발포하다.
발포(發泡)명하자 거품이 일어남.
발포(發疱)명하자 피부에 물집이 생김.
발포(發砲)명하자 총포를 쏨. ¶ 발포 명령을 내리다.
발포(發捕)명하타 지난날, 죄를 지은 사람을 잡으려고 포교(捕校)를 보내던 일.
발포^스티렌^수지(發泡styrene樹脂)명 거품 모양의 공간이 있는 가벼운 합성수지의 한 가지. 단열재·포장재 등으로 쓰임.
발표(發表)명하타되자 ①널리 드러내어 알림. ¶ 합격자 발표. /연구 발표. ②여러 사람 앞에서 의견이나 생각을 진술함. ¶ 그는 숫기가 없어서 발표를 잘 못한다.
발표-회(發表會)[-회/-훼]명 (학문의 연구 결과나 예술 작품 등을) 여러 사람 앞에서 발표하는 모임. ¶ 공동 연구 발표회. /무용 발표회.
발-풀무명 골풀무.
발-품명 걸어 다니는 수고. ¶ 발품을 팔다.
발-하다(發-)타여 ①빛이나 소리 따위를 내다. ¶ 빛을 발하다. /기성(奇聲)을 발하다. ②드러내어 알리다. ¶ 경고를 발하다.
발한(發汗)명하자 ☞취한(取汗).
발한-제(發汗劑)명 ☞취한제(取汗劑).
발함(發艦)명하자 ①군함이 항구를 떠남. ②항공기가 항공모함에서 날아오름.
발항(發航)명하자 배가 뱃길에 오름.
발항(發港)명하자 ☞출항(出港). ↔착항(着港).
발해(渤海)명 고구려의 장수 대조영(大祚榮)이 세운 나라. 요동을 제외한 고구려의 옛 영토를 거의 회복하여 한때 세력을 크게 떨쳤음. 신라 말엽, 요나라에 패망함. 〔699~926〕
발해(發解·拔解)명하자 되자 지난날, 과거의 '초시(初試) 합격'을 이르던 말.
발행(發行)명하타되자 ①책이나 신문 따위를 인쇄하여 사회에 펴냄. ¶ 책을 발행하다. ②(관공서·학교·회사 등이) 증명서 따위를 만들어 그것을 요구하는 사람에게 내어 줌. ③(정부가) 화폐를 만들어 사회에 내놓음. ¶ 공채(公債)를 발행하다.
발행^가격(發行價格)[-까-]명 주식이나 사채 따위를 발행할 때의 가격.
발행-고(發行高)명 ☞발행액.
발행-권(發行權)[-꿘]명 출판물 따위를 발행할 수 있는 권리.
발행-세(發行稅)[-쎄]명 사채(社債)·증권·주권(株券)·상품권 등을 발행할 때 징수하는 인지세(印紙稅).
발행^시:장(發行市場)명 유가 증권의 발행으로 장기 자금의 수급(需給)이 이루어지는 증권의 일차적 시장.
발행-액(發行額)명 유가 증권이나 화폐를 발행한 총액수. 발행고. ¶ 화폐의 발행액.
발행-인(發行人)명 ①출판물을 발행하는 사람. 펴낸이. ¶ 시사 주간지 발행인. ②어음이나 수표 따위를 발행한 사람. 발행자.
발행-자(發行者)명 ☞발행인.
발행^주식(發行株式)명 발행 예정 주식 가운데 이미 발행된 주식.
발행-처(發行處)명 출판물을 발행한 곳.
발:-향(-香)명 지난날, 여성이 노리개로 차던 향의 한 가지. 한충향(漢沖香)을 둥글게 비벼 자른 도막들을 실에 꿰어 만들었음.
발향(發向)명하자 목적지를 향해 길을 떠남.
발-허리명 발의 잘록한 중간 부분.
발-헤엄명하자 몸을 세우고 발만을 움직여서 치는 헤엄.
발현(發現·發顯)명하자타되자 (숨겨져 있던 것이) 드러남, 또는 드러나게 함. ¶ 욕망의 발현.
발현^악기(撥絃樂器)[-끼]명 현을 손가락으로 뜯거나 채 따위로 켜서 소리를 내는 악기. 〔기타·만돌린·하프 따위.〕
발호(跋扈)명하자 함부로 세력을 휘두르거나 제멋대로 날뜀. ¶ 악덕 상인이 발호하다.
발호-시령(發號施令)명하자 명령을 내려서 그대로 시행함.
발화(發火)명하자되자 불이 남.
발화(發話)명 입을 열어 말을 함. 말을(이야기를) 꺼냄.
발화-성(發火性)[-썽]명 어떤 온도에서 쉽게 발화하는 성질. ¶ 발화성이 높은 물질.
발화-시(發話時)명 말하는 사람이 말을 시작하는 때. ↔사건시.
발화^온도(發火溫度)명 ☞발화점.
발화^장치(發火裝置)명 ☞점화 장치.
발화-전(發火栓)명 ☞점화 플러그.
발화-점(發火點)[-쩜]명 어떤 물질이 공기 속이나 산소 속에서 가열되어 저절로 타기 시작하는 최저 온도. 발화 온도. 착화점(着火點). 준화점.
발회(發會)[-회/-훼]명하자 ①새로 회(會)를 조직하여 첫 모임을 엶, 또는 그 첫 모임. ②증권 거래소에서, 그해에 처음으로 여는 입회(立會). ↔납회.
발-회목[-회-/-훼-]명 다리와 발이 이어지는 관절의 잘록하게 들어간 곳.
발효(發效)명하자되자 (법률이나 규칙 등이) 효력을 나타내게 됨. ¶ 새 법령이 발효되다.
발효(醱酵)명하자되자 효모·세균·곰팡이 등의 작용으로 유기물이 분해 또는 산화·환원하여 알코올이나 탄산가스 등으로 변하는 현상. ¶ 발효 식품.
발효-균(醱酵菌)명 발효 작용을 일으키는 미생물. 효모균.
발효-소(醱酵素)명 유기 화합물을 분해하여 발효 작용을 일으키는 화합물.
발효-열(醱酵熱)명 유기물이 발효할 때 생기는 열.
발효-유(醱酵乳)명 우유 따위에 유산균이나 효모를 섞어 발효시켜 만든 유제품. 〔요구르트·젖산 음료 따위.〕
발훈(發訓)명하자 훈령(訓令)을 내림.
발휘(發揮)명하타되자 (지니고 있는 재능이나 힘 따위를) 충분히 부리어 드러냄. 떨치어 나타냄. ¶ 지도력을 발휘하다.
발흥(勃興)명하자되자 갑자기 기운을 얻어 성해짐. ¶ 민주주의의 발흥.
발흥(發興)명하자 일어나 홍함.
밝-기[발끼]명 밝은 정도. ¶ 조명의 밝기를 조절하다.
밝다[박따] Ⅰ자 ①날이 새어 환해지다. ¶ 어느새 날이 밝았다. ②어둡던 곳이 환하게 되다. ③새해가 되다. ¶ 희망찬 새해가 밝았다. ＊밝아·밝고[발꼬]·밝는[방-]
Ⅱ형 ①(어떤 물체가 발하는) 빛이 환하다. ¶ 가로등이 밝다. ②(어떤 빛깔에서 받는 느낌이) 깨끗하고 산뜻하다. ¶ 밝은 청색. ③시력이나 청력이 좋다. ¶ 귀가 밝다. /눈이 밝다. ④(분위기나 성격·표정 따위가) 즐겁고 명랑하다. ¶ 밝은 표정. ⑤(어떤 일에 관하여) 막힌 데

없이 잘 알다. ¶ 사리에 밝다. /지리에 밝다. /세상 물정에 밝다. ⑥(하는 일이) 바르고 떳떳하다. ¶ 밝은 사회. ⑦(앞날이) 기대할 만한 상태이다. ¶ 전망이 밝은 사업. ↔어둡다. ①⑤**밝-히**[부]. ＊밝아·밝고[발꼬]

밝은-홀소리[-쏘-][명] ☞양성 모음.

밝혀-내다[발켜-][타] (옳고 그름 따위를) 분명하게 알 수 있도록 드러내다. ¶ 진실을 밝혀내다. /사건의 진상을 밝혀내다.

밝-히다[발키-][타] ①〖'밝다'의 사동〗 어두운 것을 환히 밝게 하다. ¶ 등불이 어둠을 밝히다. ②일의 옳고 그름을 가려 분명하게 하다. ¶ 죄상을 밝히다. ③사실·형편 따위를 설명하여 이르다. ¶ 신분을 밝히다. /까닭을 밝히다. ④자지 아니하고 밤을 새우다. ¶ 자식 걱정에 뜬눈으로 밤을 밝히다. ⑤어떤 것을 특별히 좋아하다. ¶ 돈을 지나치게 밝히다.

밟ː다[밤따][타] ①두 팔을 벌려 길이를 재다. ②발로 한 걸음씩 걸어서 거리를 헤아리다. ③차츰차츰 앞으로 나아가다. ＊밟아·밟ː고[밤꼬]·밟ː는[밤-]

밟ː다[밥따][타] ①발로 디디거나 누르다. ¶ 잔디를 밟지 마시오. ②어떤 곳에 가다. ¶ 10년 만에 고향 땅을 밟다. ③남의 뒤를 몰래 쫓아가다. ¶ 범인의 뒤를 밟다. ④(전에 다른 사람이 한 일을) 그대로 되풀이하다. ¶ 전철(前轍)을 밟다. ⑤(어떤 순서나 절차를) 거치다. ¶ 박사 과정을 밟다. /출국 절차를 밟다. ⑥힘으로 눌러 못살게 굴다. ¶ 약자를 힘으로 밟다. ＊밟아·밟ː고[밥꼬]·밟ː는[밤-]

밟ː-다듬이[밥따-][명][하타] 피륙이나 종이 같은 것을 밟아서 구김이 펴지게 다듬는 일.

밟-히다[발피-][자] 〖'밟다'의 피동〗 밟음을 당하다. ¶ 발등이 구둣발에 밟히다.

밠둥[명] 〈옛〉 발등. ¶ 왼녁 밠둥을 올흔녁 무루페 엱고(*法華1:55*).

밠바당[명] 〈옛〉 발바닥. ¶ 밠바당이 平ᄒᆞ샤ᄃᆡ(月釋 *2:40*).

밤¹[명] 해가 진 뒤부터 날이 새기 전까지의 동안. ¶ 밤을 새우다. /동짓달 기나긴 밤. /긴 밤을 하얗게 밝히며 편지를 쓴다. ↔낮.

밤 말은 쥐가 듣고 낮 말은 새가 듣는다[속담] 비밀히 한 말이라도 새어 나가기 쉬우니 항상 말을 조심하라는 뜻.

밤 잔 원수 없고 날 샌 은혜 없다[속담] 원한이나 은혜는 세월이 지나면 쉬이 잊힌다는 말.

밤을 돕다[관용] 밤을 이용하다. 《주로 '밤을 도와'의 꼴로 쓰임.》 ¶ 밤을 도와 달려오다.

밤ː²[명] 밤나무의 열매.

밤ː³[명] 송치가 어미의 배 속에서 섭취하고 자라는 물질.

밤ː⁴[명] 놋쇠 물을 부어 놋그릇을 만드는 거푸집.

밤-거리[-꺼-][명] 밤의 길거리. ¶ 밤거리를 쏘다니다.

밤ː-게[명] 밤겟과의 게. 크기는 밤톨만 하며 등딱지는 흑갈색·담청색·암청색 등인데 배 쪽은 흼. 바닷가의 모래 땅이나 진흙 속이나 강 어귀에 삶.

밤ː-경단(-瓊團)[명] 밤 고물을 묻힌 경단.

밤-공기(-空氣)[-꽁-][명] 밤의 공기. ¶ 밤공기가 차다.

밤-교대(-交代)[-꾜-][명] 밤과 낮으로 번갈아 들며 일하는 경우, 밤에 드는 대거리. ↔낮교대.

밤-기운[-끼-][명] 밤에 느껴지는 서늘한 기운.

밤-길[-낄][명] 밤에 걷는 길. 밤의 길.

밤ː-꽃[-꼳][명] 밤나무의 꽃. 밤느정이. ＊밤ː꽃이[-꼬치]·밤ː꽃만[-꼰-]

밤-꾀꼬리[-꾀-/-꿰-][명] ☞나이팅게일.

밤ː-나무[명] 참나뭇과의 낙엽 교목. 높이 5~10 m. 초여름에 흰 꽃이 피고, 열매인 밤은 가시 송이에 싸여 자라는데 익으면 송이가 벌어짐. 나무는 단단하여 토목·건축용으로 쓰임. 평남과 함남 이남 지역에서 자람. 율목(栗木).

밤ː나무-벌레[명] 참나무하늘소의 유충. 밤나무·굴밤나무·졸참나무 따위를 파 먹는 해충임.

밤ː나무-산누에나방(-山-)[명] 산누에나방과의 곤충. 편 날개 길이 12 cm가량. 몸빛은 갈색이며 양쪽 날개에 둥근무늬가 하나씩 있음. 유충은 밤나무 따위의 잎을 갉아 먹는 해충임.

밤-나방[명] 밤나방과의 곤충. 편 날개 길이 3 cm가량. 몸빛은 황회색이며 날개는 담홍색이고, 뒷면은 담갈색임. 유충은 털이 없고 원통형으로 비대하며, 밤에 농작물을 해침.

밤-낚시[-낙씨][명] 밤에 하는 낚시.

밤-낮[-낟] Ⅰ[명] 밤과 낮. 일야(日夜). 주야(晝夜). ＊밤낮이[-나지]·밤낮만[-난-]

Ⅱ[부] 밤이나 낮이나. 늘. 언제나. ¶ 밤낮 실험에만 몰두하다.

밤낮을 가리지 않다[관용] 쉬지 않고 계속하다. ¶ 밤낮을 가리지 않고 연구하다.

밤낮이 따로 없다[관용] 어떤 일을 밤낮 쉬지 않고 계속하다.

밤낮-없이[-나덥씨][부] 늘. 언제나. 항상. ¶ 자식을 위해 밤낮없이 애쓰시는 부모님.

밤-놀이[명][하자] 밤에 노는 놀이. 야유(夜遊).

밤ː-눈¹[명] 말의 앞다리의 무릎 안쪽에 붙은 군살. 현제(懸蹄).

밤-눈²[명] 밤에 물체 등을 보는 눈의 능력.

밤눈이 어둡다[관용] (정상적인 시력을 가진 사람에 비하여) 어두운 곳에서 물체를 또렷이 보지 못하다.

밤-눈³[명] 밤에 내리는 눈.

밤ː-느정이[명] 밤나무의 꽃. 밤꽃. [준]밤늦.

밤ː-늦[-늗][명] 〈밤느정이〉의 준말. ＊밤ː늦이[-느지]·밤ː늦만[-는-]

밤-늦다[-늗따][형] 밤이 깊다. ¶ 밤늦은 시각. /밤늦게 집으로 찾아오다.

밤ː-단자(-團餈)[명] 밤 고물을 묻힌 단자.

밤-대거리(-代-)[-때-][명] (광산에서, 밤과 낮으로 패를 갈라 일할 때) 밤에 들어가 일하는 대거리. ↔낮대거리.

밤-도둑[-또-][명] 밤을 타서 남의 물건을 훔치는 짓, 또는 그런 사람.

밤듕만[부] 〈옛〉 한밤중. ¶ 日出을 보리라 밤듕만 니러ᄒᆞ니(鄭澈.關東別曲).

밤-들다[~드니·~들어][자] 밤이 깊어 가다. 으슥하여지다. ¶ 이따가 밤들거든 떠나자.

밤ː-떡[명] 밤을 섞어서 찐 떡.

밤-똥[명] (주로 어린이의 경우에) 밤마다 누게 버릇이 된 똥.

밤-마을[명] 밤에 이웃에 놀러 가는 일. ¶ 밤마을을 다니다.

밤-무대(-舞臺)[명] 밤업소에서 연예인이 공연하는 무대. ¶ 밤무대에서 노래하다.

밤-바람[-빠-][명] 밤에 부는 바람.

밤-밥¹[-빱][명] 저녁 끼니가 지나서, 밤늦게 먹는 밥. [참]야식(夜食).

밤ː-밥²[명] 보늬를 벗긴 밤을 두어서 지은 밥.

밤-배[-빼][명] 밤에 다니는 배. ¶ 오늘 밤배를 타면 내일 새벽녘에는 닿을 수 있을 것이다.

밤ː-버섯[-섣]명 송이과의 버섯. 높이 10 cm 가량. 갓의 표면은 다갈색이며 줄기는 속이 비어 있음. 가을에 밤나무나 졸참나무 따위의 썩은 밑동에서 나는데, 먹을 수 있음. *밤ː버섯이[-서시]·밤ː버섯만[-선-]

밤ː-벌레명 꿀꿀이바구미의 유충. 몸이 토실토실하고 빛깔은 노르스름함. 밤알을 파 먹는 해충임.

밤ː-볼명 입속에 밤을 문 것처럼 볼록하게 살이 찐 볼.

밤볼(이) 지다관용 볼이 볼록하게 살이 찌다.

밤-비[-삐]명 밤에 내리는 비. 야우(夜雨).

밤비에 자란 사람속담 '어리석고 덜된 사람'을 조롱조로 이르는 말.

밤ː-빛[-삗]명 ☞밤색. *밤ː빛이[-삐치]·밤ː빛만[-삔-]

밤-사이[-싸-]명 밤이 지나는 동안. ¶ 밤사이에 일어난 일들. 준밤새.

밤-새[-쌔]명 〈밤사이〉의 준말. ¶ 밤새에 마음이 변한 모양이다.

밤새-껏[-껃]부 밤새도록. 온밤 동안. ¶ 밤새껏 뜬눈으로 지새우다.

밤-새다자 밤이 지나 날이 밝아 오다. 《주로, '밤새도록'의 꼴로 쓰임.》 ¶ 밤새도록 공부하다.

밤-새우다자 잠을 자지 않고 밤을 꼬박 밝히다. ¶ 밤새워 기다려도 꿩 구워 먹은 소식이다.

밤새움명하자 잠을 자지 않고 밤을 새우는 일. ¶ 상가(喪家)에서 밤새움을 하다. 준밤샘.

밤ː-색(-色)명 익은 밤의 껍질과 같은 빛깔. 밤빛. 갈색.

밤-샘명하자 〈밤새움〉의 준말. ¶ 밤샘 공부.

밤ː-소[-쏘]명 밤을 삶아 으깨어 만든 소. ¶ 밤소를 넣은 송편.

밤-소경명 밤눈이 어두운 사람.

밤-소일(-消日)명하자 놀이 따위로 밤을 보내는 일. ¶ 마작으로 밤소일하다.

밤-손님[-쏜-]명 '도둑'의 곁말. 야객(夜客).

밤ː-송이명 밤을 싸고 있는, 가시가 돋친 겉껍데기. 율방(栗房).

밤-안개명 밤에 끼는 안개.

밤ː-알명 밤의 낱개의 알.

밤ː-암죽(-粥)명 밤으로 쑨 암죽. 보늬를 벗긴 밤을 물에 불려 강판에 간 다음, 물을 치면서 체에 걸러 쑴.

밤ː-얽이명 짐을 동일 때에 곱걸어 매는 매듭. ¶ 밤얽이를 치다.

밤-업소(-業所)[-쏘]명 밤에 영업하는 유흥주점.

밤ː-엿[-녇]명 밤톨만 한 크기로 동그랗게 빚어 콩고물이나 깨를 묻힌 엿. 율당(栗糖). *밤ː엿이[-녀시]·밤ː엿만[-넌-]

밤ː-윷[-뉻]명 밤톨만 하게 만든 윷짝. *밤ː윷이[-뉴치]·밤ː윷만[-뉸-]

밤-이슬[-니-]명 밤에 내리는 이슬.

밤이슬 맞는 놈관용 '도둑놈'의 곁말.

밤-일[-닐]명하자 ①밤에 하는 일. 야간작업. ↔낮일. ②'방사(房事)'를 에둘러서 이르는 말. ②야사(夜事).

밤ː-자갈명 밤톨만 한 자갈. 할률석(割栗石).

밤잔-물명 밤을 지낸 자리끼.

밤-잠[-짬]명 밤에 자는 잠. ¶ 악몽으로 밤잠을 설치다. ↔낮잠.

밤-장(-場)[-짱]명 ①밤에 서는 장. 야시장. ¶ 밤장이 서다. ②명절 대목 등에 밤늦게까지 서는 장.

밤-재우다타 하룻밤을 지내게 하다. ¶ 밤재운 익모초 생즙을 이른 아침에 마시다.

밤-저녁[-쩌-]명 그다지 깊지 않은 밤. ¶ 밤저녁이 되면서 기온이 차차 내려가다.

밤ː-죽(-粥)명 삶은 밤과 쌀로 쑨 죽. 쌀을 갈아서 죽을 쑤다가 밤을 삶아 체에 내린 것을 넣고 쑴.

밤-중(-中)[-쭝]명 밤이 깊은 때. 밤의 한가운데. 야중(夜中). ¶ 밤중에 어딜 나가니?

밤중만부 〈옛〉한밤중. ¶ 밤중만 술ᄒᆞ더 우러 님의 귀예 들리리라(古時調).

밤ː-즙(-汁)명 날밤을 갈아서 낸 즙을 익혀서 묵처럼 만든 음식.

밤-차(-車)명 (정해진 노선을) 밤에 다니는 자동차나 기차. ¶ 밤차로 떠나다.

밤-참(-站)명 밤에 먹는 군음식. 야찬(夜餐).

밤ː-초(-炒)명 밤으로 만든 과자의 한 가지. 날밤을 삶아 꿀을 섞어 조려 만듦.

밤ː-콩명 콩의 한 가지. 알이 굵고, 빛깔은 밤색이며 맛이 구수함.

밤ː-톨명 밤의 낱알. ¶ 밤톨만 한 녀석이 감히 내게 덤비다니.

밤ː-편명 날밤을 갈아 낸 즙에 녹말과 꿀을 넣고 조려서 굳힌 떡.

밤-하늘명 밤의 하늘. ¶ 밤하늘에 반짝이는 별들.

밥[1]명 ①쌀·보리 따위 곡식을 씻어서 솥 같은 데에 안치고 물을 부어 끓여 익힌 음식. 메[1]. ¶ 잡곡으로 지은 밥. ②끼니로 먹는 음식. 식사. ¶ 밥을 굶다. ③동물의 먹이. ¶ 물고기 밥. ④정해진 모가치. ¶ 제 밥도 못 찾아 먹다. ⑤'남에게 눌려 지내거나 이용만 당하는 사람'을 비유하여 이르는 말. ¶ 걔는 내 밥이야. /독재 정권의 밥이 되다.

밥 빌어다가 죽 쑤어 먹을 놈〔자식〕속담 '성질이 게으른데다가 소견마저 없는 사람'을 욕으로 이르는 말.

밥 구경을 못하다관용 밥을 전혀 먹지 못하고 굶다. ¶ 밥 구경을 못한 지 사흘이나 되었다.

밥 먹듯 하다관용 (흔히 있는 일처럼) 예사로 하다. ¶ 거짓말을 밥 먹듯 하다.

밥(을) 주다관용 (시계의) 태엽을 감다.

밥[2]명 도둑에게 고통을 주어서 저지른 죄를 사실대로 말하게 하는 일. ¶ 밥을 내다.

밥[3]명 《연장을 뜻하는 일부 명사 뒤에 붙어》 '무엇을 베거나 깎을 때에 생기는 재료의 부스러기'임을 뜻함. ¶ 톱밥. /대팻밥.

밥-값[-깝]명 ①밥을 먹는 데 드는 돈. ¶ 밥값을 내다. ②밥벌이가 될 정도의 구실. ¶ 제 밥값도 못하는 녀석. *밥값이[-깝씨]·밥값만[-깜-]

밥고리명 〈옛〉밥 담는 그릇. 고리. ¶ 밥고리:食籠(訓蒙中*10*).

밥-공기(-空器)[-꽁-]명 밥을 담는 데 쓰는 공기.

밥-그릇[-끄륻]명 밥을 담아 먹는 그릇. 반기(飯器). 식기(食器). *밥그릇이[-끄르시]·밥그릇만[-끄른-]

밥그릇이 높으니까 생일만큼 여긴다속담 '조금 대접을 해 주니까 더 우쭐해하는 사람'을 두고 비웃는 말.

밥그릇 싸움관용 제 실속만 채우려고 하는 싸움.

밥-도둑[-또-]명 ①'일은 하지 않고 밥이나 축내는 사람'을 빈정대어 이르는 말. 참밥벌레. ②'입맛을 돋우어 밥을 많이 먹게 하는 반찬'을 비유하여 이르는 말.

밥-맛[밤맏]명 ①밥의 맛. ¶ 밥맛이 좋은 쌀. ②밥을 비롯한 음식을 먹고 싶은 욕망. ¶ 밥맛이 떨어지다. /밥맛이 당기다. * 밥맛이[밤마시]·밥맛만[밤만-]

밥맛-없다[밤마덥따]형 하는 짓 따위에 정나미가 떨어지거나 상대하기가 싫다. **밥맛없-이**부.

밥-물[밤-]명 ①밥을 지을 때 솥에 붓는 물. ②밥이 끓을 때 넘쳐흐르는 물. 곡정수(穀精水). 식정수(食精水).

밥-밑[밤믿]명 밥을 지을 때 쌀 밑에 놓는 콩·보리쌀·팥 따위의 잡곡류. * 밥밑이[밤미치]·밥밑을[밤미틀]·밥밑만[밤민-]

밥밑-콩[밤믿-]명 밥밑으로 안치는 콩.

밥-받이[-빠지]명하타 도둑에게 밥을 내는 일. 죄인의 자백을 받는 일.

밥-벌레[-뻘-]명 '일은 하지 않고 밥이나 축내는 사람'을 빈정대어 이르는 말. 참밥도둑.

밥-벌이[-뻐리]명하자 ①겨우 밥이나 먹고 살아갈 정도의 벌이. ¶ 그것으로는 밥벌이도 안 된다. ②먹고살기 위하여 하는 벌이. ¶ 밥벌이가 될 만한 일을 찾다.

밥-보[-뽀]명 '밥을 많이 먹는 사람'을 조롱하여 이르는 말. 식충이.

밥-보자(-褓子)[-뽀-]명 ☞밥보자기.

밥-보자기(-褓-)[-뽀-]명 밥그릇이나 밥상을 덮는 베보자기. 밥보자.

밥-빼기명 아우 타느라고 밥을 많이 먹는 아이.

밥-상(-床)[-쌍]명 밥과 반찬을 차려 놓는 상(床). 소반(小盤). 식상(食床).

밥상-머리(-床-)[-쌍-]명 밥상의 한쪽 언저리. ¶ 밥상머리에 앉아 음식을 권한다.

밥-소라[-쏘-]명 밥이나 떡국·국수 따위 음식을 담는 큰 놋그릇.

밥-솥[-쏟]명 밥을 짓는 솥. * 밥솥이[-쏘치]·밥솥을[-쏘틀]·밥솥만[-쏜-]

밥-쇠[-쐬/-쒜]명 절에서 밥 먹을 때를 알리기 위하여 다섯 번 치는 종.

밥-숟가락[-쑫까-]명 밥을 떠먹는 숟가락. 밥술. 준밥숟갈.

밥숟가락(을) 놓다관용 ☞밥술(을) 놓다.

밥-숟갈[-쑫깔]명 〈밥숟가락〉의 준말.

밥-술[-쑬]명 ①몇 술 정도의 적은 밥. ¶ 밥술이나 뜨고 일해야지. ②밥숟가락.

밥술(을) 놓다관용 '죽다'의 곁말. 밥숟가락(을) 놓다.

밥술이나 뜨다〔먹다〕관용 사는 것이 그런대로 궁색하지 않다.

밥-식(-食)[-씩]명 한자 부수의 한 가지. '飮'·'飽' 등에서의 '食'의 이름.

밥-쌀명 밥을 지을 쌀. 반미(飯米).

밥-알명 밥의 낱낱의 알. 반과(飯顆). 반립(飯粒). 밥풀.

밥-자리[-짜-]명 '직장'을 속되게 이르는 말.

밥-자배기[-짜-]명 밥을 담아 두는 자배기.

밥-잔치[-짠-]명 국수나 떡 같은 것을 쓰지 않고 밥으로만 간단히 차린 잔치.

밥-장(-醬)[-짱]명 메주를 많이 넣고 되직하게 담근 간장. ¶ 밥장을 담그다.

밥-장사[-짱-]명하자 밥을 파는 장사.

밥-장수[-짱-]명 밥을 파는 사람.

밥-주걱[-쭈-]명 나무나 놋쇠 등으로 부삽처럼 만든, 밥을 푸는 기구. 반삽. 준주걱.

밥-주머니[-쭈-]명 '밥이나 축내고 아무 일도 하지 않는 사람'을 조롱하여 이르는 말. 참밥도둑.

밥-줄[-쭐]명 ①☞식도(食道). ②〔먹고 살아가는 줄이란 뜻으로〕 '직업'을 속되게 이르는 말. ②식근(食根).

밥줄이 끊어지다〔떨어지다〕관용 '직업을 잃다'를 속되게 이르는 말. ¶ 밥줄이 끊어져 살길이 막막하다.

밥죽명 〈옛〉 밥주걱. ¶ 밥죽 쵸:棗(訓蒙中19).

밥-집[-찝]명 밥을 파는 집.

밥-통(-桶)명 ①밥을 담는 통. ②☞위(胃). ③'먹는 것만 한 사람 몫을 할 뿐, 다른 일에는 제 구실을 하지 못하는 사람'을 조롱하여 이르는 말. ¶ 그 녀석은 정말 밥통이야.

밥통이 떨어지다관용 '일자리를 잃게 됨'을 속되게 이르는 말.

밥-투정명하자 밥을 먹을 때에 부리는 투정. ¶ 식성이 까다로워서 밥투정이 심하다.

밥-풀명 ①풀 대신에 무엇을 붙이는 데 쓰는 밥알. ¶ 밥풀로 붙이다. ②밥알.

밥풀-강정명 유밀과(油蜜菓)의 한 가지. 산자밥풀을 겉에 묻힌 강정.

밥풀-과자(-菓子)명 쌀로 튀기어 조청으로 버무려서 만든 과자.

밥풀-눈[-룬]명 눈꺼풀에 밥알 같은 군살이 붙어 있는 눈.

밥풀눈-이[-루니]명 밥풀눈을 가진 사람.

밥풀-칠(-漆)명하자.타 밥풀을 이겨서 바르는 일, 또는 그런 칠.

밥-하다[바파-]자여 밥을 짓다.

밧명 〈옛〉①밖. ¶ 城郭 밧 뉘 지븨(杜初23:25). ②겉. ¶ 밧 표:表(訓蒙上35). 참밝.

밧가락명 〈옛〉발가락. ¶ 밧가라ᄀ로 싸홀 누르시니(釋譜6:39).

밧고다타 〈옛〉바꾸다. ¶ 밧고몰 다 몯ᄒ면(蒙法46). /쌔를 미히 밧고리어든(杜初9:7).

밧긔명 〈옛〉〔'밝'의 처격형〕 밖에. ¶ 城 밧긔 브리 비취여(龍歌69章). 참밝.

밧기다타 〈옛〉벗기다. ¶ 투구 아니 밧기시면(龍歌52章). /기ᄅ말 밧기시니(龍歌58章).

밧다[받따]타 〈바수다〉의 준말. 큰붓다2. * 밧아·밧는[반-]

밧다1타 〈옛〉받다. 받치다. 고이다. ¶ 쑴의나 님을 보려 턱 밧고 비겨시니(鄭澈.思美人曲).

밧다2타 〈옛〉벗다. ¶ ᄂ문 밧논 오술 아니 바사(龍歌92章).

밧둥명 〈옛〉발등. ¶ 밧둥 부:跗(訓蒙上29). 참밝둥.

밧바당명 〈옛〉발바닥. ¶ 밧바다애 싀요미 니ᄂ니(楞解10:79). 참밝바당.

밧ᄇ다형 〈옛〉바쁘다. ¶ 밧볼 망:忙(類合下7). 참빛다.

밧쉬명 〈옛〉밭(田). ¶ 죵쉬 밧쉬논 엇기예 쉽거니와(古時調).

밧잣명 〈옛〉외성(外城). ¶ 밧잣 부:郛. 밧잣 곽:郭(訓蒙中8).

밧-줄[바쭐/받쭐]명 참바로 된 줄. ¶ 떨어지지 않게 밧줄로 꽁꽁 묶어라.

밧집명 〈옛〉곽(槨). ¶ 밧집 곽:槨(訓蒙中35).

밝명 〈옛〉밖. ¶ 城 밧긔 브리 비취여(龍歌69章). /萬里 밧기라(月釋1:1). 참밧1.

방:명 윷판의 맨 가운데 자리.

방을 따다관용 윷놀이에서 말을 방에서 꺾인 첫 밭에 놓다.

방(坊)명 ①지난날, 서울의 오부(五部)를 다시 나누었던 행정 구획. 오늘날의 동(洞)과 비슷함. ②조선 시대에, 황해도와 평안도에서 면(面)을 이르던 말.

방(房)[1]명 사람이 거처하기 위하여 집 안에 만들어 놓은 칸. 방사(房舍). 실(室)[1]. ¶ 방이 비다.
방 보아 똥 싼다속담 사람의 지위를 보아 대접을 달리한다.
방(을) 놓다관용 온돌방의 방바닥을 만들다.
방(房)[2]명 〈방성(房星)〉의 준말.
방(傍·旁)명 한자 부수의 한 갈래. '教·利·邦' 등에서의 '攵'·'刂'·'阝' 따위와 같이 글자의 오른쪽에 붙는 부수를 통틀어 이르는 말. ↔변(邊)[1].
방:(榜)명 ①〈방문(榜文)〉의 준말. ¶ 현상범을 잡으려고 방을 붙이다. ②〈방목(榜目)〉의 준말.
방:(放)의 ①총포를 쏘거나 남포를 터뜨리는 횟수를 세는 말. 발(發). ¶ 총 한 방. ②방망이나 구미으로 때리는 횟수를 세는 말. ¶ 한 방에 나가떨어지다. /홈런 두 방. ③방귀를 뀌는 횟수를 세는 말. ④사진을 찍는 횟수나 필름 장수를 세는 단위.
방가(邦家)명 나라. 국가.
방:가(放暇)명 ☞휴가(休暇).
방:가(放歌)명하자 큰 소리로 노래를 부름.
방가위(方可謂)부 〈방가위지〉의 준말.
방가위지(方可謂之)부 진실로 그렇다고 이를 만하게. 준방가위.
방가지-똥명 국화과의 일·이년초. 길가에 절로 나는데, 줄기 높이 1m가량이며 속이 비었음. 잎은 엉겅퀴와 비슷하나 가시가 없음. 초여름에 가지 끝에 누른빛의 두상화(頭狀花)가 핌.
방:각(倣刻)명하타 본디의 모양새를 그대로 본떠서 새김.
방각(傍刻)명하타 도장의 옆면에 글자를 새김, 또는 그렇게 새겨진 글자.
방각-본(坊刻本)[-뽄]명 조선 후기에, 민간 출판업자가 영리를 목적으로 출판한 책. 주로 목판으로 만듦. 방각판(坊刻版).
방각-탑(方角塔)명 탑신(塔身)의 평면을 네모지게 만든 탑.
방각-판(坊刻版)명 ☞방각본.
방간(防奸)명하자 간사한 짓을 못하게 막음.
방간(坊間)명 ☞시정(市井). 항간(巷間).
방갈로(bungalow)명 ①지붕이 낮고 베란다가 있는, 나무로 지은 작은 집. 인도 벵갈 지방의 민가에서 유래한 건축 양식임. ②여름철에 산이나 바닷가에서 지낼 수 있게 만든 작은 집.
방감(方酣) '방감하다'의 어근.
방감-하다(方酣-)형여 기운이나 홍이 한창 무르익어 있다.
방-갓(方-)[-갇]명 상제(喪制)가 밖에 나갈 때 쓰는 갓. 가는 대오리로 삿갓 비슷하게 결어서 만듦. 방립. *방갓이[-가시]·방갓만[-간-]
방갓-쟁이(方-)[-갇쨍-]명 '방갓을 쓴 사람'을 홀하게 이르는 말.
방강(防江)명 ☞둑[2].
방개명 〈물방개〉의 준말.
방거(紡車)명 ☞물레[1].
방:-게명 바위겟과의 게. 껍데기는 네모꼴로 암녹색임. 바닷가에 가까운 민물의 모래 속에 삶. 방해(螃蟹).
방:게-젓[-젇]명 방게를 간장에 담가 익힌 젓. *방:게젓이[-저시]·방:게젓만[-전-]
방결(防結)명하자 조선 시대에, 고을 아전이 백성에게 논밭의 세금을 덜어 주고 기한 전에 돈을 받아 아전끼리 돌려쓰기도 하고 사사로이 쓰기도 하던 일. 방납(防納).
방경(方磬)명 '방향(方響)'의 잘못.
방경(邦慶)명 나라의 경사.
방계(傍系)[-계/-게]명 직계(直系)에서 갈라져 나온 계통. ¶ 방계 조직.
방계^인족(傍系姻族)[-계-/-게-]명 배우자의 방계 혈족 및 방계 혈족의 배우자.
방계^존속(傍系尊屬)[-계-/-게-]명 방계 혈족에 속하는 존속. 백숙 부모·백숙 조부모 등.
방계-친(傍系親)[-계-/-게-]명 같은 시조에서 갈려 나간 친족 사이의 관계.
방계^친족(傍系親族)[-계-/-게-]명 '방계 혈족과 방계 인족'을 통틀어 이르는 말.
방계^혈족(傍系血族)[-계-쪽/-게-쪽]명 같은 시조(始祖)로부터 갈려 나간 혈족. 백숙 부모·형제자매·조카 등.
방계^회:사(傍系會社)[-계회-/-게훼-]명 어느 회사의 계통을 이어받은 회사로서, 자회사(子會社)보다는 그 관계가 밀접하지 않고 비교적 독자적인 경영권을 갖는 회사.
방:고(倣古)명하자 옛것을 본뜸.
방-고래(房-)[-꼬-]명 방 구들장 밑으로 낸 고랑. 불길과 연기가 통하여 나가게 되어 있음. 갱동(炕洞). 준고래[2].
방:고-주의(倣古主義)[-의/-이]명 옛날의 한문학을 추종하는 주의.
방곡(坊曲)명 이(里) 단위의 마을.
방곡(防穀)명하자 곡식을 다른 곳으로 실어 내지 못하게 막음.
방:곡(放哭)명하자 목을 놓아 욺. ¶ 대성 방곡.
방:곡(放穀)명하자 저장한 곡식을 팔기 위하여 시장에 내놓는 일.
방골(方骨)명 두개골의 하나로서, 아래턱을 떠받치는 작은 뼈.
방공(防共)명하자 공산주의 세력이 들어오거나 커지는 것을 막음. ¶ 방공 태세를 갖추다.
방공(防空)명하자 항공기나 미사일에 의한 공중으로부터의 공격을 막음. ¶ 방공 시설.
방공^연:습(防空演習)[-년-]명 ☞방공 훈련.
방공해사(妨工害事)명하타 남의 일에 방해를 놓아 해롭게 함.
방공-호(防空壕)명 공습 때에 대피하기 위하여 땅속에 마련한 시설. 대피호.
방공^훈:련(防空訓鍊)[-훌-]명 공습에 의한 피해를 막기 위하여, 적의 공습을 가상하여 실시하는 훈련. 방공 연습.
방과(方菓·方果)명 ☞모과.
방:과(放課)명하자 학교에서, 그날의 수업이 끝남, 또는 수업을 끝냄. 《주로, '전'·'후'·'시간'과 함께 쓰임.》 ¶ 방과 후의 특별 활동.
방관(傍觀)명하타 (그 일에 상관하지 않고) 곁에서 보기만 함. ¶ 방관만 하지 말고 와서 일 좀 도우렴.
방관-자(傍觀者)명 방관하는 사람.
방관-적(傍觀的)관명 직접 관여하지 않고 방관하는 (것). ¶ 방관적 성격. /방관적인 태도.
방:광(放光)명하자 빛을 내쏨.
방광(放曠) '방광하다'의 어근.
방광(膀胱)명 콩팥에서 흘러나오는 오줌을 한동안 저장하는, 엷은 막으로 된 주머니 모양의 기관. 오줌통.
방광^결석(膀胱結石)[-썩]명 방광 안에 결석이 생기는 병. 몹시 아프며 피오줌, 방뇨 장애 등을 일으킴.
방광-암(膀胱癌)명 방광 점막에 생기는 암.
방광-염(膀胱炎)[-념]명 세균의 감염 등으로 방광 점막에 생기는 염증. 오줌이 자주 마렵고, 눌 때에는 몹시 아픔.

방광^종양(膀胱腫瘍)명 방광의 벽에 생기는 종양. 오줌을 눌 때에 아프고 피가 남.
방ː광-하다(放曠-)형여 마음이 느긋하여 사물에 거리낌이 없다.
방교(邦交)명 ☞국교(國交).
방ː교(放校)명하타 되자 교칙을 어긴 학생에게 학교를 그만두게 함. 출학(黜學).
방ː구명 북과 비슷한 농악기의 한 가지. 자루가 없이 고리만 달려 있어 줄을 꿰어 메고서 침. 소리는 소고와 비슷함.
방구(防口)명하자 말을 퍼뜨리지 못하게 입을 틀어막음.
방구(旁求)명하타 두루 찾아서 구함.
방-구들(房-)[-꾸-]명 밑으로 고래를 켜서 방을 덥히게 만든 방바닥. 온돌. ¶ 방구들을 놓다. /방구들이 절절 끓는다. 준구들.
방ː구리명 물을 긷는 질그릇. 동이와 비슷하나 좀 작음.
방구-매기명 양쪽 추녀 끝보다 처마의 중간을 조금 배부르게 하는 일. ↔일자매기.
방ː-구멍명 연의 한복판에 뚫은 둥근 구멍.
방-구석(房-)[-꾸-]명 ①방의 구석. ¶ 방구석에 세워 놓다. ②'방'이나 '방 안'을 낮추어 이르는 말. ¶ 방구석에 틀어박히다.
방국(邦國)명 나라. 국가.
방ː귀명 장(腸)에서 생겨 항문으로 나오는 구린 내가 나는 기체. 방기(放氣). ¶ 방귀 냄새. /방귀를 뀌다.
 방귀가 잦으면 똥 싸기 쉽다속담 무슨 일이든지 소문이 잦으면 실현되기 쉽다는 말.
 방귀 뀐 놈이 성낸다속담 '제가 잘못하고서 도리어 성냄'을 이르는 말.
방ː귀(放歸)명 돌아가게 놓아둠.
방ː귀-벌레명 폭탄먼지벌렛과의 곤충. 몸길이 2 cm가량. 몸빛은 누르고 겉날개는 검음. 적의 공격을 받으면 배의 끝에서 악취가 나는 가스를 냄. 방비충(放屁蟲).
방그레부하자 입만 벙긋이 벌리며 소리 없이 부드럽게 웃는 모양. ¶ 방그레 미소 지어 보이다. 큰벙그레. 센빵그레.
방글부 입을 조금 벌리고 소리 없이 귀엽고 부드럽게 한 번 웃는 모양. 큰벙글. 센빵글. **방글-방글**부하자.
방글-거리다자 자꾸 방글방글하다. 방글대다. 큰벙글거리다. 센빵글거리다.
방글-대다자 방글거리다.
방금(防禁)명하타 막아서 못하게 금함.
방ː금(放禽)명하타 잡아 두었던 새를 놓아줌.
방금(方今) Ⅰ명 바로 조금 전이나 후. 방장(方將). 방재(方在). ¶ 그는 방금까지 여기 있었어. Ⅱ부 바로 조금 전이나 후에. 금방. 방장(方將). 방재(方在). ¶ 방금 소개받은 홍길동입니다.
방긋[-귿]부하자 입을 예쁘게 벌리며 소리 없이 부드럽게 한 번 웃는 모양. ¶ 방긋 웃는 아기. 큰벙긋. 센방끗·빵긋·빵끗. **방긋-방긋**부하자.
방긋-거리다[-귿꺼-]자 자꾸 방긋방긋하다. 방긋대다. 큰벙긋거리다.
방긋-대다[-귿때-]자 방긋거리다.
방긋-하다[-그타-]형여 조금 열려 있다. ¶ 창문이 방긋하다. 큰벙긋하다. 센방끗하다·빵긋하다·빵끗하다. **방긋-이**부.
방기(防己)명 ①새모래덩굴과의 낙엽 활엽 만목. 남쪽 지방의 섬에 자라는데 줄기 높이는 7 m가량. 초여름에 연한 녹색 꽃이 피고, 열매는 가을에 까맣게 익음. ②한방에서, '방기나 댕댕이 덩굴의 줄기'를 약재로 이르는 말. 이뇨·부종·각기 등에 쓰임.
방기(芳紀)명 ☞방춘(芳春).
방ː기(放氣)명 ☞방귀.
방ː기(放棄)명하타 버려 두고 돌보지 않음. 내버림. ¶ 유품을 방기하다.
방-기휘(房忌諱)명하자 해산한 집에서 부정(不淨)을 막기 어려울 경우에, 산실(産室)만을 부정과 통하지 않게 하는 일.
방ː-꾼(榜-)명 조선 시대에, 방(榜)을 전하던 사령(使令).
방끗[-끋]명하자 〈방긋〉의 센말. 큰벙끗. 센빵끗.
방끗-하다[-끄타-]형여 〈방긋하다〉의 센말. 큰벙끗하다. 센빵끗하다.
방ː-나다자 집안의 재물이 다 없어지다.
방ː-나다(榜-)자 ①과거에 급제한 사람의 성명이 발표되다. ②일이 되고 안 되는 것이 드러나서 끝나다. 탁방나다.
방납(防納)명하자 ①조선 시대에, 공물(貢物)을 돈으로 대신 바치던 일. ②☞방결(防結).
방내(坊內)명 마을 안. ¶ 동내 방내에 그가 곧 장가간다는 소문이 자자하다.
방내(房內)명 방 안.
방ː내다타 〖'방나다'의 사동〗 집안 살림을 죄다 없애다.
방년(芳年)명 여자의, 스무 살 안팎의 꽃다운 나이. 방령(芳齡). ¶ 방년 19세.
방ː념(放念)명하자 마음에 두지 않음. 마음을 놓음. ¶ 그 일에 대해서는 방념해 주십시오.
방ː뇨(放尿)명하자 오줌을 눔. ¶ 방뇨 금지.
방ː담(放談)명하자 생각나는 대로 거리낌 없이 말함, 또는 그 말. ¶ 방담을 나누다. /취재 기자 방담.
방담(放膽) '방담하다'의 어근.
방ː담-하다(放膽-)형여 (하는 일이나 성미가) 시원시원하고 대담하다.
방대(方臺)명 악기를 받쳐 놓는 여러 가지 모양의 제구.
방대(厖大·尨大) '방대하다'의 어근.
방ː대-하다(厖大-·尨大-)형여 규모나 양이 매우 크거나 많다. ¶ 방대한 계획. /방대한 예산. **방대-히**부.
방도(方道·方途)명 어떤 일을 치러 나갈 길이나 방법. ¶ 좋은 방도가 없다.
방독(防毒)명하자 독가스를 막아 냄.
방독^마스크(防毒mask)명 ☞방독면.
방독-면(防毒面)[-동-]명 독가스나 연기 따위로부터 호흡기나 눈 등을 보호하기 위하여 얼굴에 쓰는 마스크. 가스 마스크. 방독 마스크.
방독-의(防毒衣)[-도긔/-도기]명 독가스로부터 몸을 보호하기 위하여 화학적으로 처리한 의복.
방ː돈(放豚)명 ①놓아기르는 돼지. ②'제멋대로 자란 아이'를 욕으로 이르는 말.
방동(方冬)명 '음력 시월'을 달리 이르는 말. 상동(上冬).
방동사니명 사초과의 일년초. 들이나 습한 땅에 흔히 나는데, 잎은 뿌리에서 나고 세모진 꽃줄기는 곧게 자람. 여름에 적갈색 꽃이 이삭 모양으로 핌. 모양이 왕골과 비슷하나 조금 작음.
방두(方斗)명 모가 진 말. 모말.
방ː둥-구부렁이명 방둥이가 구부러진 길짐승. 대개 암컷에 있음.
방ː둥이명 길짐승의 엉덩이.

방등-산(方登山)명 고대 가요의 한 가지. 신라 말에 방등산의 도둑에게 잡힌 한 부인이, 자기 남편이 자기를 구해 주지 아니함을 원망하여 지은 노래. 〔가사는 전하지 아니하고, '고려사'의 '삼국속악조(三國俗樂條)'에 그 설화 내용만이 실려 전함.〕

방란(芳蘭)[—난]명 향기가 좋은 난초.

방:랑(放浪)[—낭]명하자타 정처 없이 이곳저곳 떠돌아다님. ¶ 이역(異域)에서 방랑하다.

방:랑-객(放浪客)[—낭—]명 ☞방랑자.

방:랑-기(放浪記)[—낭—]명 방랑 생활을 적은 기록.

방:랑-벽(放浪癖)[—낭—]명 정처 없이 떠돌아다니기를 좋아하는 버릇.

방:랑-시(放浪詩)[—낭—]명 방랑 생활을 읊은 시(詩).

방:랑-자(放浪者)[—낭—]명 이곳저곳을 떠돌아다니는 사람. 방랑객. 떠돌이.

방략(方略)[—냑]명 어떠한 일을 이루기 위하여 세운 방법과 계략.

방:량(放良)[—냥]명하타되자 지난날, 노비(奴婢)를 풀어 주어 양인(良人)이 되게 하던 일.

방:렬(放列)[—녈]명하타 사격을 할 수 있도록 포(砲)를 옆으로 죽 늘어놓음, 또는 그 대형.

방렬(芳烈) '방렬하다'의 어근.

방렬-하다(芳烈—)[—녈—]형여 ①향기가 몹시 짙다. ②☞의열(義烈)하다.

방령(方領)[—녕]명 백제 때, 오방(五方)의 장관.

방령(芳齡)[—녕]명 ☞방년(芳年).

방례(邦禮)[—녜]명 나라의 전례(典禮).

방로(房勞)[—노]명 방사(房事)로 말미암은 피로.

방:론(放論)[—논]명하타 생각나는 대로 거리낌 없이 논함, 또는 그 논의.

방루(防壘)[—누]명 적의 공격을 막기 위해 쌓은 성이나 진지. ¶ 방루를 쌓다.

방:류(放流)[—뉴]명하타되자 ①가두어 놓은 물을 터서 흘려보냄. ¶ 댐의 물을 방류하다. ②(기르기 위하여) 어린 물고기를 물에 놓아 줌. ¶ 한강에 잉어 새끼를 방류하다.

방리(方里)[—니]명 (땅을 잴 때) 사방 일 리(里)가 되는 넓이.

방립(方笠)[—닙]명 ☞방갓.

방만(放漫) '방만하다'의 어근.

방:만-하다(放漫—)형여 (하는 일이나 생각이) 야무지지 못하고 엉성하다. ¶ 방만한 경영. **방만-히**부.

방망이[1]명 나무 따위를 둥글고 길게 깎아 만들어, 무엇을 두드리는 데 쓰는 도구. 〔다듬잇방망이·빨랫방망이 따위.〕

방망이(를) 들다관용 남의 일에 헤살을 놓다.

방망이[2]명 ①어떠한 일에 참고될 만한 사항을 간단하게 추려 적은 책. ②'커닝을 하려고 글씨를 잘게 쓴 쪽지'를 속되게 이르는 말.

방망이-질명 ①하타 방망이로 두드리는 짓. ②하자타 '가슴이 몹시 두근거리는 모양'을 비유하여 이르는 말. ¶ 가슴이 방망이질하다.

방망이-찜질명하타 방망이로 인정사정없이 마구 때리는 일. ¶ 방망이찜질을 당하고 마을에서 쫓겨나다.

방:매(放賣)명하타되자 물건을 내놓고 마구 팖. 척매(斥賣). ¶ 재고품을 방매하다.

방:매-가(放賣家)명 팔려고 내놓은 집.

방면(方面)[1]명 ①어떤 장소나 지역이 있는 방향. ¶ 강원도 방면. ②어떤 분야. ¶ 문학 방면.

방면(方面)[2]명 네모반듯하게 생긴 얼굴.

방:면(放免)명하타되자 ①육체적·정신적으로 얽매인 상태에 있던 것을 풀어 줌. ②구금 중인 피의자나 형기를 마친 재소자를 내보냄. 석방. ¶ 무죄 방면.

방명(方命)명하자 명령을 어김.

방명(芳名)명 〔꽃다운 이름이란 뜻으로〕 남의 이름을 높이어 이르는 말. 방함(芳銜).

방명-록(芳名錄)[—녹]명 특별히 기념하기 위하여, 남의 성명을 기록해 두는 책. 방함록. ¶ 방명록에 기록하다. 참인명록.

방모(紡毛)명 ①☞방모사. ②하자 짐승의 털로 실을 뽑음.

방모-사(紡毛絲)명 짐승의 털을 자아서 만든 털실. 방모(紡毛).

방:목(放牧)명하타 소나 말·양 따위의 가축을 놓아기름. 방축(放畜). ¶ 젖소를 방목하다.

방:목(榜目)명 고려 시대에, 과거에 급제한 사람의 성명을 적던 책. 준방(榜).

방:목-장(放牧場)[—짱]명 소나 말·양 따위의 가축을 놓아기르는 곳.

방무-림(防霧林)명 논밭을 해무(海霧)의 피해로부터 보호하기 위하여 해안 지대에 조성한 숲.

방묵(芳墨)명 ①향기가 좋은 먹. ②남의 편지나 글을 높이어 이르는 말.

방문(方文)명 〈약방문〉의 준말.

방문(房門)명 방으로 드나드는 문.

방:문(訪問)명하자타 어떤 사람이나 장소를 찾아가서 만나거나 봄. ¶ 모교를 방문하다.

방:문(榜文)명 여러 사람에게 널리 알리기 위하여 길거리나 사람이 많이 모이는 곳에 써 붙이는 글. 준방(榜).

방:문-객(訪問客)명 찾아온 손.

방:문-기(訪問記)명 어떤 곳을 방문하여 그곳의 사정이나 인상 따위를 적은 글.

방문-주(方文酒)명 맛을 좋게 하기 위하여 특별한 방법으로 빚은 술.

방문-차(房門次)명 지게문의 덧문이나 다락문 같은 데에 붙이는, 그림이나 글씨.

방문-턱(房門—)명 방문의 문턱. ¶ 걸음마를 배우는 아기가 방문턱에 걸려 넘어지다.

방:문^판매(訪問販賣)명 판매원이 소비자가 있는 가정 등에 직접 찾아가 상품을 판매하는 일. ¶ 화장품 방문 판매.

방물명 여자에게 소용되는 화장품·바느질 기구·패물 따위를 통틀어 이르는 말.

방물(方物)명 지난날, 감사나 수령이 임금에게 바치던 그 고장의 산물.

방물-장사명하자 방물을 팔러 다니는 일.

방물-장수명 방물을 팔러 다니는 여자.

방:미(訪美)명하자 미국을 방문함.

방미-두점(防微杜漸)명하타 어떤 일이 커지기 전에 미리 막음.

방-밑(枋—)[—믿]명 재래식 건축에서, 벽이 땅에 닿은 부분. 하방의 밑. 방저(枋底). *방밑이[—미치]·방밑을[—미틀]·방밑만[—민—]

방-바닥(房—)[—빠—]명 방의 바닥.

방발명 광산에서, 굿을 꾸리는 데 양쪽에 버티어 세우는 기둥.

방:방(放榜)명하타 조선 시대에, 과거에 급제한 사람에게 증서를 주던 일. 반패(頒牌).

방방곡곡(坊坊曲曲)[—꼭]명 한 군데도 빼놓지 아니한 모든 곳. 각처. 도처(到處). ¶ 만세 소리가 삼천리 방방곡곡에 울려 퍼지다. 준곡곡.

방방-이(房房—)부 방마다. ¶ 방방이 손님으로 가득 찼다.

방-배석(方拜席)명 지난날, 벼슬아치가 예식에 참여할 때에 깔던 네모진 자리.
방백(方伯)명 ☞관찰사(觀察使).
방백(傍白)명 연극에서, 연기자가 청중에게는 들리나 무대 위의 상대편에게는 들리지 않는 것으로 약속하고 말하는 대사.
방백-신(方伯神)[-씬]명 음양도(陰陽道)에서, 방위를 다스린다는 신.
방ː벌(放伐)명 ①하타 쫓아내어 죽임. ②덕을 잃고 학정을 일삼는 군주를 쳐서 내쫓는 일. 중국의 역성 혁명관(易姓革命觀)에 의한 것임. ¶ 선양(禪讓)과 방벌.
방범(防犯)명하자 범죄가 일어나지 않도록 막음. ¶ 방범 순찰을 실시하다.
방법(方法)명 어떤 목적을 달성하기 위하여 취하는 수단. ¶ 수단과 방법을 가리지 않다./좋은 방법을 생각해 내다.
방법-론(方法論)[-범논]명 학문의 연구 방법에 관한 의론.
방벽(防壁)명 ①외적을 막기 위해 쌓은 담벽. ¶ 방벽을 쌓다. ②어떤 것을 지키는 구실을 하는 것. ¶ 조국의 방벽이 되다.
방ː벽(放辟)명하자 거리낌 없이 제멋대로 행동함.
방보(坊報)명 지난날, 방(坊)에서 관아에 올리던 보고.
방보(防報)명 지난날, 상급 관아의 지휘대로 업무를 수행할 수 없을 때에 그 이유를 적어 올리던 보고.
방ː보(放步)명하자 마음 내키는 대로 걸음, 또는 그 걸음.
방-보라명 ①벽을 만들 때에, 폭이 좁아 중깃과 외가지를 쓰기 거북한 곳에 외가지 대신 세로 지르는 나무오리. ②설외를 얽기 위하여 벽선과 벽선 사이를 버티는 막대기.
방부(防腐)명하타 썩지 못하게 막음. ¶ 방부 작용.
방부(房付)명 선방에 안거를 청하거나 먼 길을 가는 중이 객지의 절에 가서 묵어가기를 부탁하는 일.
　방부(를) 들이다관용 방부를 허락하여 받아들이다.
방부-성(防腐性)[-썽]명 어떤 물질을 썩지 않게 하는 성질.
방부-재(防腐材)명 건축 재료나 침목(枕木) 같은 것이 박테리아나 버섯 따위의 작용으로 썩는 것을 막기 위하여 쓰는 재료. 크레오소트 따위.
방부-제(防腐劑)명 미생물의 생육을 막고, 물건이 썩지 않게 하는 약제. 〔알코올이나 포르말린 따위.〕 ¶ 방부제를 첨가한 식품.
방분(方墳)명 (고분 중에서) 봉분의 모양이 네모진 무덤.
방ː분(放糞)명하자 똥을 눔.
방불(彷彿·髣髴) '방불하다'의 어근.
방ː불-하다(彷彿-·髣髴-)형여 ①거의 비슷하다. ¶ 영웅호걸과 방불하다. ②무엇과 같이 느끼게 하다. 《주로, '~을 방불케 하다'의 꼴로 쓰임.》 ¶ 실전을 방불케 하는 훈련. **방불-히**부.
방비(防備)명하타 적의 침공이나 재해를 막을 준비를 함, 또는 그 준비. ¶ 방비를 강화하다.
방비-책(防備策)명 방비하는 대책.
방ː비-충(放屁蟲)명 ☞방귀벌레.
방사(方士)명 신선의 술법을 닦는 사람.
방사(坊舍)명 절에서, 중이 거처하는 방.
방사(房事)명하자 남녀가 잠자리하는 일. 밤일. 성교. 야사(夜事). 양사(陽事). 행방(行房).
방사(房舍)명 ☞방(房)[1].
방ː사(放射)명하타되자 ①물체가 빛이나 열 같은 에너지를 밖으로 내뿜음. 복사(輻射). ¶ 빛을 방사하다. ②중앙의 한 점에서 바퀴살 모양으로 내뻗침. ¶ 소독약을 방사하다.
방ː사(放赦)명하타 가톨릭에서, 영신적 이익을 위하여 성직자가 십자가나 상본(像本)·묵주 등에 기도해 주는 준성사의 한 가지. 참축성(祝聖).
방사(放肆) '방사(放肆)하다'의 어근.
방ː사(放飼)명하타 가축을 놓아먹임.
방사(倣似) '방사(倣似)하다'의 어근.
방사(紡絲)명하자 섬유를 자아서 실을 뽑음, 또는 그 실.
방ː사-기(放射器)명 액체나 기체를 방사하는 데 쓰는 기구.
방ː사-능(放射能)명 물질을 구성하는 원자가 저절로 붕괴하여 방사선을 방출하는 성질, 또는 그 현상.
방ː사능^병기(放射能兵器)명 모든 생물·공기·물 따위의 환경을 방사성 물질로 오염시켜 사람을 해치는 병기.
방ː사능-비(放射能-)명 방사능을 띤 비. 방사능우.
방ː사능-우(放射能雨)명 ☞방사능비.
방ː사능^원소(放射能元素)명 ☞방사성 원소.
방ː사능-전(放射能戰)명 방사능 무기를 사용하여 싸우는 전쟁.
방ː사능-증(放射能症)[-쯩]명 방사선에 쬐었을 때에 일어나는 여러 가지 증세. 방사선 장애.
방ː사능-진(放射能塵)명 ☞방사진(放射塵).
방사-림(防沙林)명 산이나 바닷가에, 모래가 비에 씻기거나 바람에 날리는 것을 막기 위하여 만들어 놓은 숲.
방-사백(旁死魄)명 사백(死魄)의 다음날인 음력 초이튿날.
방ː사-상(放射狀)명 중앙의 한 점에서 사방으로 바퀴살처럼 죽죽 뻗친 모양. 방사형.
방ː사상-균(放射狀菌)명 ☞방선균(放線菌).
방ː사-선(放射線)명 방사성 원소의 붕괴에 따라 방출되는 입자선 및 복사선. 프랑스의 물리학자 베크렐이 발견하였음.
방ː사선-과(放射線科)[-꽈]명 방사선을 이용하여 병을 진단하고 치료하는 과.
방ː사선^요법(放射線療法)[-뇨뻡]명 방사선을 이용하여 질병을 치료하는 요법.
방ː사선^의학(放射線醫學)명 방사선의 인체에 대한 치료 효과를 연구하는 의학.
방ː사선^장애(放射線障礙)명 ☞방사능증.
방ː사-성(放射性)[-썽]명 물질이 방사능을 지니고 있는 일.
방ː사성^동위^원소(放射性同位元素)[-썽-]명 방사성을 지니고 있는 동위 원소.
방ː사성^물질(放射性物質)[-썽-찔]명 방사성 원소를 지니는 물질.
방ː사성^오염(放射性汚染)[-썽-]명 방사성 물질에 의한 오염.
방ː사성^원소(放射性元素)[-썽-]명 스스로 방사선을 내뿜는 원소. 방사능 원소.
방ː사-열(放射熱)명 ☞복사열.
방ː사-진(放射塵)명 핵이 폭발할 때 핵분열로 생기는, 방사능을 지닌 먼지. 낙진. 방사능진.
방ː사-하다(放肆-)형여 (하는 짓이) 거리낌이 없이 제멋대로이다.
방ː사-하다(倣似-)형여 아주 비슷하다. ¶ 방사한 사건이 또 발생했다.

방ː사-형(放射形)명 ☞방사상(放射狀).
방산(防產)명 〈방위 산업〉의 준말.
방ː산(放散)명되자 ①하자 제멋대로 흩어짐. ②하타 풀어서 헤침. ¶ 고약한 체취를 방산하다.
방산(謗訕)명하타 남을 나무라며 비웃음.
방ː산-충(放散蟲)명 원생동물 방산충류의 플랑크톤을 통틀어 이르는 말. 공 모양의 껍데기는 규산질로 딱딱하며 주위에 수많은 헛발이 실처럼 돋아나 있음. 몸길이 5 mm가량.
방상(棒狀)명 〈봉상(棒狀)〉의 본딧말.
방상-시(*方相氏)명 구나(驅儺)할 때의 나자(儺者)의 한 가지. 지난날, 인산(因山)이나 지위가 높은 사람의 행상(行喪)에 앞서 광중(壙中)의 악귀를 내쫓는 데 쓰이었음.
방새(防塞)명 적의 공격이나 침입을 막는 요새.
방색(方色)명 '동·서·남·북·중앙'의 다섯 방위에 따른 '청·백·적·흑·황'의 다섯 가지 빛깔.
방색(防塞)명하타 막아서 들어오지 못하게 함.
방색-기(方色旗)[-끼]명 동·서·남·북·중앙의 다섯 방위에 따라 각기 빛깔을 달리한 기.
방ː생(放生)명하타 불교에서, 사람에게 잡혀 죽게 된 생물을 놓아주는 일. ¶ 물고기를 방생하다.
방생(傍生)명 불교에서, 벌레·날짐승·물고기 따위를 통틀어 이르는 말.
방ː생-회(放生會)[-회/-훼]명 사람에게 잡힌 산 물고기나 산 짐승을 사서 살려 보내는 의식. 흔히, 음력 삼월 삼질이나 팔월 보름에 함.
방서(方書)명 방술(方術)을 적은 글.
방서(芳書)명 '남의 편지'를 높이어 이르는 말. 방한(芳翰).
방석(方席)명 앉을 때에 깔고 앉는 작은 자리. 좌욕(坐褥).
방ː석(放釋)명하타되자 용서하여 놓아줌.
방석-니(方席-)[-성-]명 송곳니 바로 다음에 있는 어금니.
방석-집(方席-)[-찝]명 '요정(料亭)'을 속되게 이르는 말.
방선(防船)명 조선 시대에, 수영(水營)에 딸렸던 병선(兵船)의 한 가지.
방ː선(放禪)명하자 일정한 기간의 참선(參禪)을 마치고 쉼.
방선(傍線)명 세로쓰기에서, 어떤 부분을 두드러지게 나타내려 할 때 글줄의 오른편에 내려 긋는 줄. ¶ 방선을 긋다.
방ː선-균(放線菌)명 곰팡이와 세균의 중간 형태의 미생물. 가늘고 긴 실 모양인데, 곰팡이처럼 균사(菌絲)를 만들며, 주로 흙 속에서 삶. 방사상균(放射狀菌).
방ː선균-병(放線菌病)[-뼝]명 방선균에 의해서 발생하는 만성 전염병.
방설(防雪)명하자 눈에 의한 피해를 막음.
방설-림(防雪林)명 눈에 의한 피해를 막기 위하여 조성한 숲.
방성(房星)명 이십팔수의 하나. 동쪽의 넷째 별자리. 준방(房)[2].
방ː성(放聲)명하자 크게 소리를 지름, 또는 크게 지르는 소리. ¶ 서로 격해져서 방성이 오가다.
방ː성(榜聲)명 지난날, 방꾼이 방을 전하기 위하여 크게 알리던 소리.
방ː성-대곡(放聲大哭)명하자 ☞방성통곡.
방성-머리명 보나 도리·평방(平枋) 등에 그리는 단청(丹青)의 한 가지. 꽃 한 송이를 주로 하고 실과 휘를 어긋매껴서 그림.
방ː성-통곡(放聲痛哭)명하자 목을 놓아 크게 욺. 방성대곡. ¶ 비보를 듣고 방성통곡하다.
방-세(房貰)[-쎄]명 남의 집 방에 세를 들고 내는 돈. ¶ 방세를 내다. /방세가 밀리다.
방-세간(房-)[-쎄-]명 방 안에 갖추어 두고 쓰는 세간. ¶ 방세간이나 장만하고 살다.
방소(方所)명 ☞방위(方位). ¶ 소인의 신세는 부운(浮雲)과 같사오니…어찌 방소(方所)를 두리잇고(許筠.洪吉童傳).
방소(를) 꺼리다관용 어떠한 방위를 언짢아하며 꺼리다.
방ː소(放笑)명하자 큰 소리로 웃음.
방소-항변(妨訴抗辯)명 민사 소송에서, 피고가 원고의 소송 조건의 결함을 지적하여 본안(本案)의 변론을 거부할 수 있는 소송상의 권리.
방속(方俗)명 지방의 풍속.
방손(傍孫)명 방계 혈족의 자손.
방ː송(放送)[1]명하타되자 보도나 음악·연극·스포츠 따위를 라디오나 텔레비전의 전파에 실어서 내보냄. ¶ 경기 실황을 녹화로 방송하다.
방ː송(放送)[2]명하타되자 죄인을 감옥에서 나가도록 풀어 주던 일.
방ː송^교ː육(放送教育)명 방송을 통하여 베푸는 교육.
방ː송-국(放送局)명 일정한 시설을 갖추어 방송을 하는 기관.
방ː송-극(放送劇)명 라디오나 텔레비전을 통해서 방송하는 극. 드라마. ¶ 텔레비전 방송극.
방ː송-극본(放送劇本)[-뽄]명 방송극의 전개, 장면, 배우의 대사, 동작, 음악, 음향 효과 등을 지정한 대본(臺本).
방ː송-기(放送機)명 라디오나 텔레비전 송신기.
방ː송-망(放送網)명 라디오·텔레비전의 각 방송국을 연결시켜 동시에 같은 프로그램을 방송하는 체제. 네트워크. ¶ 전국의 방송망을 연결하다.
방ː송-법(放送法)[-뻡]명 방송 사업의 내용을 규정한 법률.
방ː송^수신기(放送受信機)명 라디오 수신기, 또는 텔레비전 수상기.
방ː송-실(放送室)명 방송을 하는 방.
방ː송^주파수(放送周波數)명 방송에 사용되는 주파수.
방ː송-파(放送波)명 방송에 사용되는 중파·단파·초단파·극초단파 등을 통틀어 이르는 말.
방수(方手)명 방법과 수단.
방수(防水)명하자 물이 새거나 스며들거나 넘쳐 흐르는 것을 막음. ¶ 방수 가공.
방수(防戍)명하타 국경을 지킴. 수자리.
방수(防守)명하타 막아서 지킴.
방ː수(放水)명하타 물을 흘려보냄.
방ː수(放囚)명하자 죄수를 놓아줌.
방수(芳樹)명 ①방향(芳香)이 있는 나무. ②꽃이 한창 피어 있는 나무.
방수(傍受)명하타 무선 통신에서, 당사자가 아닌 다른 사람이 그 통신을 우연히 또는 고의적으로 수신함.
방수^도시(防守都市)명 국제법상 무차별 공격이 위법(違法)이 아닌 것으로 되어 있는, 방어력을 갖춘 도시. ↔개방 도시·무방비 도시.
방수^동맹(防守同盟)명 ☞방어 동맹.
방ː수-로(放水路)명 홍수를 막거나 발전을 위하여 인공으로 만든, 물을 흘려보내는 수로.
방수-림(防水林)명 수해를 막기 위하여 강가나 바닷가에 만들어 놓은 숲.
방수-모(防水帽)명 방수 처리가 된 모자.
방수-복(防水服)명 방수 처리가 된 옷.

방수-제(防水劑)명 종이나 헝겊·건물 등에 물이 배거나 스며들지 않도록 바르는 약제.
방수-지(防水地)명 물이 스며들지 않도록 만든 천.
방수-지(防水紙)명 방수제를 발라서 가공한 종이. 내수지(耐水紙).
방수-층(防水層)명 지붕이나 지하실의 벽과 바닥 등에, 물기가 스며드는 것을 막기 위하여 방수 재료로 시공한 부분.
방수-포(防水布)명 방수 처리를 한 피륙.
방수-화(防水靴)명 방수 처리를 하여 만든 신.
방순(芳醇)[1]명 향기롭고 맛이 좋은 술.
방순(芳醇)[2] '방순하다'의 어근.
방순-하다(芳醇-)형여 향기롭고 진하다.
방술(方術)명 ①방법과 기술. ②도교에서, 방사(方士)의 술법.
방습(防濕)명하자 습기를 막음. ¶ 방습 공사.
방습-재(防濕材)[-째]명 건물 내부에 습기가 스며드는 것을 막기 위하여 사용하는 재료. 〔도료·합성수지 따위.〕
방습-제(防濕劑)[-쩨]명 습기를 막는 데 쓰이는 약제. 〔염화칼슘·오산화인(五酸化燐) 따위.〕
방승(方勝)명 ☞금전지(金箋紙).
방승-매듭(方勝-)명 끈이나 끈 실 따위로 납작하고 네모지게 맺는 매듭.
방:시(榜示)명하타 지난날, 방문(榜文)을 붙여 널리 보이던 일.
방시레부하자 소리 없이 입만 약간 벌리고 아주 정겹게 웃는 모양. ¶ 아기가 엄마를 보고 방시레 웃는다. 큰벙시레. 센빵시레.
방식(方式)명 일정한 형식이나 방법. 법식(法式). ¶ 경기 방식. /방식이 다르다.
방식(防蝕)명하타 금속 표면의 부식을 방지하는 일. ¶ 방식 가공.
방식-제(防蝕劑)[-쩨]명 금속 표면의 부식을 방지하는 데 쓰이는 약제.
방실부 입을 약간 벌리고 소리 없이 정겹게 웃는 모양. 큰벙실. 센빵실. **방실-방실**부하자 ¶ 방실 방실 웃는 우리 아가.
방실-거리다자 자꾸 방실방실하다. 방실대다. ¶ 아이가 방실거리고 웃다. 큰벙실거리다.
방실-대다자 방실거리다.
방실-판(房室瓣)명 심장의 심방과 심실 사이에 있는 판막. 혈액의 역류를 막음.
방심(芳心)명 ①아름다운 마음. ②(남의) 친절한 마음. 방정(芳情). 방지(芳志).
방:심(放心)명하자 ①마음을 다잡지 아니하고 놓아 버림. ¶ 적을 앞에 두고 방심을 하다. /조심하면 평생 행복, 방심하면 평생 불행. ②걱정하던 마음을 놓음. ②석려(釋慮).
방심(傍心)명 삼각형의, 하나의 내각의 이등분선과 다른 두 개의 외각의 이등분선이 교차되는 점. 방접원의 중심.
방싯[-싣]부하자 입을 귀엽게 벌리며 소리 없이 한 번 가볍게 웃는 모양. ¶ 소리 없이 방싯 웃어 보이다. 큰벙싯. 센빵싯. **방싯-방싯**부하자.
방싯-거리다[-싣꺼-]자 자꾸 방싯방싯하다. 방싯대다. 큰벙싯거리다.
방싯-대다[-싣때-]자 방싯거리다.
방ᄉᆞ쥬명 〈옛〉비단 이름. ¶ 방ᄉᆞ쥬: 紡紬(同文下 *24*). /방ᄉᆞ쥬: 紡絲(漢淸*10:56*)
방아명 곡식을 찧거나 빻는 기구. 〔디딜방아·물레방아 따위.〕 ¶ 방아로 곡식을 찧다.
방아-게명 달랑겟과의 게. 등딱지 길이 9 mm, 폭 11 mm가량이며, 다리는 회색에 암색 얼룩무늬가 있음. 바닷가나 강가의 진흙 속에 살며, 간조(干潮) 때에 많이 볼 수 있음. 황해 연안에 분포함.
방아-굴대[-때]명 물레방아 바퀴의 중심을 가로지른 굵은 나무.
방아-깨비명 메뚜깃과의 곤충. 여름철 풀밭에서 많이 볼 수 있는데, 몸빛은 녹색 또는 회색이며 머리는 끝이 뾰족함. 앞날개가 배보다 길고 뒷다리가 매우 크며, 다리 끝을 잡아 쥐면 방아를 찧듯 몸을 끄덕거림.
방아-다리명 노리개의 한 가지. 허수아비와 비슷하며, 금·은·옥 따위로 만듦.
방아-두레박명 지렛대를 이용하여 물을 푸게 만든 두레박.
방아-벌레명 방아벌렛과의 곤충. 몸은 원통형으로 흑색이며, 더듬이는 톱니 모양임. 고목이나 흙 속에 사는데 보리 뿌리를 갉아 먹음. 도끼벌레.
방아-살명 소의 등심머리와 채끝 사이에 해당하는 대부분의 등심살.
방아-쇠[-쇠/-쉐]명 ①화승총에서, 화승을 끼는 굽은 쇠. 총을 쏠 때, 귀약에 불을 붙이는 데 쓰임. ②소총이나 권총 따위의 발사 장치. 방아틀뭉치에 붙어 있으며 손가락으로 잡아당겨 발사하게 됨. ¶ 방아쇠를 당기다.
방아-채명 방앗공이를 끼운 긴 나무.
방아-촉(-鏃)명 물레방아의 방앗공이 끝에 달린 무쇠 촉.
방아^타:령명 방아를 주제로 한, 경기·서도 민요의 한 가지. 4분의 3 박자로 되어 있음.
방아틀-뭉치명 총의, 방아쇠가 달려 있는 쇠뭉치 부분.
방아-품명 품삯을 받고 방아를 찧어 주는 일, 또는 그 품삯.
방아-확명 방앗공이가 떨어지는 자리에 놓인, 돌절구 모양의 우묵한 돌. 확[1].
방안(方案)명 일을 처리할 방법이나 계획. ¶ 구체적인 방안을 모색하다.
방안(方眼)명 '모눈'의 구용어.
방:안(榜眼)명 지난날, '갑과(甲科)에 둘째로 급제한 사람'을 이르던 말.
방안-지(方眼紙)명 ☞모눈종이.
방안^지도(方眼地圖)명 동서남북으로 좌표선이 그어져 있는 지도.
방앗-간(-間)[-아깐/-앋깐]명 방아를 놓고 곡식을 찧거나 빻는 곳. 정미소.
방앗-공이[-아꽁-/-앋꽁-]명 방아확에 든 곡식 따위를 내리찧는 공이.
방앗-삯[-아싹/-앋싹]명 방아를 찧는 삯. 도정료(搗精料). * 방앗삯이[-아싹씨/-앋싹씨]·방앗삯만[-아쌍-/-앋쌍-]
방애(妨礙)명하타되자 거치적거리어 일이 순조롭게 진행되지 못하도록 함.
방애-물(妨礙物)명 방애가 되는 물건. 비방해물.
방약(方藥)명 ①약제(藥劑)를 조합하는 일. ②처방에 따라 지은 약.
방약무인(傍若無人)[-양-]명하형 곁에 아무도 없는 것같이 거리낌 없이 함부로 말하거나 행동하는 태도가 있음. ¶ 방약무인한 태도에 우리 모두는 아연해했다.
방:양(放養)명하타 놓아기름.
방어(邦語)명 ☞국어(國語).
방어(防禦)명하타 상대편의 공격을 막음. ¶ 방어 태세를 하다. ↔공격.
방:어(放語)명하자 ☞방언(放言).

방어(魴魚)명 전갱잇과의 바닷물고기. 몸길이 1m 이상. 몸은 긴 물렛가락 모양임. 등은 회청색, 배는 은백색이며 주둥이에서 꼬리지느러미까지 희미한 황색 띠가 있음.

방어^기제(防禦機制)명 두려거나 불쾌한 정황 또는 욕구 불만에 직면했을 때, 스스로를 방어하기 위하여 자동적으로 취하는 적응 행위. 〔도피·억압·동일시·보상·투사·퇴행 따위.〕 적응 기제.

방어^동맹(防禦同盟)명 다른 나라의 공격에 대하여, 두 나라 이상이 공동으로 방어할 것을 목적으로 맺은 동맹. 방수 동맹.

방어-망(防禦網)명 ①적이 쳐들어오는 것을 막기 위하여 병력과 시설을 그물처럼 늘어놓은 전술적 체계. ¶ 적의 방어망을 뚫다. ②정박 중인 함선을 어뢰의 공격에서 보호하기 위하여 그 주위에 둘러친 쇠그물.

방어-벽(防禦壁)명 ①방어하기 위하여 쌓은 벽. 또는 그런 역할을 하는 것을 이르는 말. ②컴퓨터 네트워크에서 정보 보호를 위하여 인터넷으로부터의 접속을 한 군데서만 하게 하고 거기서 정보의 흐름을 통제하는 방법.

방어-사(防禦使)명 조선 시대에, 경기 이북의 각 도에 두어 병권을 장악하고 요지를 지키게 했던 종이품의 무관 벼슬.

방어-선(防禦線)명 적의 공격을 막기 위하여 진지를 구축해 놓은 전선. ¶ 적의 방어선을 돌파하다. /마지막 방어선이 무너지다.

방어-율(防禦率)명 야구에서, 투수가 한 경기에 허용하는 점수의 평균적 수치. 투수의 자책점을 투구 횟수로 나눈 다음, 이에 9를 곱하여 얻음.

방어-전(防禦戰)명 ①방어를 위주로 하는 전투. ②프로 권투 따위에서, 챔피언이 타이틀을 지키기 위해 갖는 경기. ¶ 방어전을 갖다.

방어-진(防禦陣)명 ☞방어 진지.

방어^진지(防禦陣地)명 적의 공격을 막기 위하여 지형 지물을 이용해서 만든 진지. 방어진. ¶ 방어 진지를 구축하다.

방어^해ː역(防禦海域)명 군사상의 방어를 위하여 지정된 해역.

방언(方言)명 ①표준어와는 다른, 어떤 지역이나 지방에서만 쓰이는 특유한 언어. 사투리. 참표준어. ②개신교에서, 성령을 받은 신자가 늘어놓는, 뜻을 알 수 없는 말.

방ː언(放言)명하타 무책임하게 함부로 말함, 또는 그 말. 방어(放語).

방ː언-고론(放言高論)명하자 아무 거리낌 없이 드러내 놓고 큰 소리로 말함.

방언-학(方言學)명 언어학의 한 분야로, 방언에 관하여 연구하는 학문.

방역(防役)명하자 조선 시대에, 시골 백성이 부역(賦役) 대신으로 돈이나 곡식 등을 미리 바치던 일.

방역(防疫)명하타 전염병의 발생·침입·전염 따위를 막음, 또는 그것을 위해 마련하는 조처. ¶ 여름철 방역 대책을 세우다.

방역(邦譯)명하타 외국의 글을 국어로 옮김, 또는 그 옮긴 글. ¶ '자본론'의 방역.

방역-진(防疫陣)[-찐]명 방역을 위한 의료 진용. ¶ 방역진을 파견하다.

방연(方椽)명 ①모지게 만든 서까래. ②굴도리 밑에 받치는 네모진 나무.

방연-광(方鉛鑛)명 '방연석(方鉛石)'의 구용어.

방연-석(方鉛石)명 등축 정계(等軸晶系)의 연회색 광석. 금속처럼 윤이 나는 황화연(黃化鉛)으로, 납의 중요한 원료임.

방ː열(放熱)명하자되자 열을 발산함, 또는 그 열. ¶ 방열 장치.

방ː열-기(放熱器)명 ①열을 발산시켜 공기를 따뜻하게 하는 난방 장치. ②공기나 물의 열을 발산시켜 기계를 냉각시키는 장치. 라디에이터.

방열형 음극(傍熱型陰極) 음극이 그 곁에 있는 가열기로부터 열을 받아 열전자를 방출하는 형태의 진공관.

방ː영(放映)명하타되자 텔레비전으로 방송함. ¶ 특집 드라마가 내일 저녁에 방영될 예정이다.

방영(芳詠)명 '남의 시가(詩歌)'를 높이어 이르는 말. 방음(芳吟).

방예-원조(方枘圓鑿)명 〔모난 자루와 둥근 구멍은 서로 맞지 않는다는 뜻으로〕 '사물이 서로 맞지 아니함'을 비유하여 이르는 말. 준예조(枘鑿). 비방저원개.

방옥(房屋)명 ☞가방(假房).

방외(方外)[-외/-웨]명 ①세속 밖, 곧 세속을 초월한 세계. ②구역 밖.

방외(房外)[-외/-웨]명 방의 바깥.

방외-객(方外客)[-외-/-웨-]명 그 일과는 상관이 없는 사람. ¶ 방외객을 끌어들이다.

방외-범색(房外犯色)[-외-/-웨-]명하자 자기의 아내가 아닌 다른 여자와 육체관계를 맺음.

방외-사(方外士)[-외-/-웨-]명 세속을 벗어난 고결한 사람.

방외-학(方外學)[-외-/-웨-]명 유교에서, 도교나 불교를 이르는 말.

방용(芳容)명 〔꽃다운 용모라는 뜻으로〕 남의 '용모'를 높이어 이르는 말.

방울[1]명 주로, 쇠붙이로 둥글게 만들고 그 속에 단단한 물건을 넣어, 흔들면 소리가 나게 되어 있는 물건. 영탁(鈴鐸). ¶ 방울을 울리다.

방울[2]명 ①구슬처럼 둥글게 맺힌 액체의 덩이. ¶ 이슬 방울. ②〖의존 명사적 용법〗 둥글게 맺힌 액체의 덩이를 세는 단위. ¶ 물 한 방울.

방울-꽃[-꼳]명 '물방울'을 아름답게 이르는 말. * 방울꽃이[-꼬치]·방울꽃만[-꼰-]

방울-나귀[-라-]명 몸은 작으면서 걸음이 빠른 나귀.

방울-낚시[-락씨]명 낚싯줄에 방울을 달아 놓고 그 소리에 따라 물고기를 낚아 올리는 낚시.

방울-눈[-룬]명 방울처럼 둥글고 큰 눈.

방울-방울명 한 방울 한 방울. ¶ 이슬이 풀잎에 방울방울 맺혔다.

방울-뱀명 살무삿과의 독사. 몸길이 2m가량. 몸빛은 황록색이며 등에는 암갈색의 마름모꼴 연속 무늬가 있음. 꼬리 끝에 방울 모양의 각질(角質)이 있어 위험을 당하면 흔들어 소리를 냄. 북아메리카의 사막 지대에 주로 분포함.

방울-벌레명 귀뚜라밋과의 곤충. 몸빛은 흑갈색이며 더듬이의 길이가 몸의 3배나 됨. 풀숲에 사는데, 가을에 두 날개를 비벼서 고운 소리를 냄.

방울-새[-쌔]명 되샛과의 새. 수컷의 머리와 가슴·허리는 녹색임. 흔한 텃새로, 울음소리가 매우 고우며 다른 새의 울음소리를 흉내 내기도 함.

방울-집게[-께]명 못을 뽑는 연장의 한 가지. 못대가리를 무는 부분이 둥글게 되어 있음.

방원(方圓)명 모진 것과 둥근 것.

방위(方位)명 동서남북을 기준으로 하여 정한 방향. 방소(方所). 방향.

방위 보아 똥 눈다속담 사람의 지위를 보아서 대접한다는 말.

방위(邦威)명 ☞국위(國威).

방위(防圍)명하타 (적을) 막아서 에워쌈.

방위(防衛)명하타 적이 쳐들어오는 것을 막아서 지킴. ¶ 우리 국군의 철통 같은 방위 태세.
방위-각(方位角)명 어떤 방향과 천정(天頂)을 포함한 평면이 기준 방향과 이루는 각.
방위^도법(方位圖法)[-뻡]명 지도 투영법의 한 가지. 지도의 중심으로부터 지도 상의 어떤 점까지의 방위각을 정확하게 나타낼 수 있는 도법.
방위-력(防衛力)명 방위하는 힘. ¶ 방위력 강화.
방위-비(防衛費)명 국가 예산에서 국토방위를 위하여 지출하는 경비. ¶ 방위비 지출이 늘다.
방위-사통(防僞私通)명 지난날, 아전들이 보내던 공문. '防僞'의 두 글자를 찍어서 사서(私書)가 아님을 표시하였음.
방위^산:업(防衛產業)명 국가 방위를 위한 무기나 전략 자재 등의 군수 물자를 생산하는 모든 산업. 군수 산업. 준방산(防產).
방위-선(方位線)명 방향과 위치를 나타내기 위해 그어 놓은 날줄과 씨줄.
방위-선(防衛線)명 적의 공격을 막기 위하여 부대가 배치되어 있는 전선.
방위-세(防衛稅)[-쎄]명 국토 방위를 위하여, 국방력을 증강하는 데 필요한 재원 확보를 목적으로 걷는 세금.
방위^소집(防衛召集)명 현역의 지원 또는 향토 방위를 위하여, 예비역·보충역·국민역의 장병을 대상으로 하는 병역 소집. 1994년 12월 31일 이후 폐지됨.
방위-신(方位神)명 ☞오방신장(五方神將).
방위^조약(防衛條約)명 집단 안전 보장의 필요에 따른, 방위를 목적으로 국가 간에 맺는 조약. ¶ 한미(韓美) 방위 조약.
방위-주(防衛株)명 외국 자본이나 바람직하지 못한 자본에 의해서 기업이 지배되는 것을 막기 위하여 발행하는 주식.
방유(芳油)명 대만에서 나는 방장(芳樟)을 증류하여 얻는 휘발성의 액체. 비누 향료로 쓰임.
방음(防音)명하자 시끄러운 소리를 막음. 특히, 소리가 실내로 들어오거나 실내에서 밖으로 나가는 것을 막음. 차음(遮音). ¶ 방음 시설.
방음(芳吟)명 ☞방영(芳詠).
방음^스테이지(防音stage)명 방음 장치를 한 발성 영화의 실내 촬영장.
방음^장치(防音裝置)명 외부의 소음이 실내로 들어오는 것을 막고, 또 실내의 음향이 외부로 새어 나가는 것을 막는 장치.
방음-재(防音材)명 소리를 흡수하는 성질을 지닌 건축 재료. 〔코르크·유리 섬유·펠트 따위.〕
방음^카메라(防音camera)명 발성 영화를 찍을 때, 찍는 소리가 나지 않게 만든 촬영기.
방의(謗議)[-의/-이]명하타 남을 비방하는 의론.
방:이다타 ①윷놀이에서, 말을 방에 놓다. ②목표한 자리를 힘 있게 치다. ¶ 한 대 방이다.
방이^설화(旁㐌說話)명 신라 때의 설화. '흥부전'과 비슷한 내용인데, '동사강목' 등에 전함.
방인(邦人)명 자기 나라 사람.
방:인(旊人)명 (물레를 쓰지 아니하고) 틀로 도자기를 만드는 사람.
방인(傍人)명 옆의 사람. 곁의 사람.
방:일(放逸)명하자 제멋대로 거리낌 없이 방탕하게 놂. ¶ 방일했던 생애.
방:일(訪日)명하자 일본을 방문하는 일.
방임(坊任)명 지난날, 방(坊)의 공무를 맡아보던 구실아치.
방임(房任)명 지난날, 지방 관아의 육방(六房)의 임무.
방:임(放任)명하타되자 간섭하지 아니하고 내버려 둠. ¶ 제멋대로 하도록 방임하다.
방:임-주의(放任主義)[-의/-이]명 ①간섭을 하지 않고 마음대로 하게 하는 주의. ②윤리학에서, 선악을 구별하는 데 있어 서로 다른 갖가지 의견을 허용하는 타협적·포용적인 주의.
방:임^행위(放任行爲)명 적법도 위법도 아닌, 법이 간여하지 않는 행위. 〔산책·식사·독서 등과 같은 행위.〕
방:임-형(放任形)명 용언의 연결 어미의 한 갈래. 문장에서 주어의 서술어 구실을 하면서, 뒤에 말하는 사실을 제한하지 아니하고 그대로 놓아둠을 나타냄. 〔'-더라도·-ㄹ지라도·-(으)ㄴ들·-(으)나마' 따위.〕 참구속형.
방자명하타 남이 못되기를, 또는 남에게 재앙이 내리도록 귀신에게 비는 짓.
방자(房子·幇子)명 조선 시대에, 지방 관아에서 부리던 남자 하인.
방자(芳姿)명 (젊은 여인의) 꽃다운 자태.
방자(放恣) '방자하다'의 어근.
방:자-고기명 다른 양념은 하지 않고 소금만 뿌려서 구운 짐승의 고기.
방:자-무기(放恣無忌)명하형 하는 짓이 건방지고 꺼림이 없음.
방:자-스럽다(放恣-)[-따][~스러우니·~스러워]형ㅂ 방자한 태도가 있다. **방자스레**부.
방:자-하다(放恣-)형여 꺼리거나 삼가는 태도가 보이지 않고 교만스럽다. 자방하다. 자일하다. ¶ 어른 앞에서 방자하구나. **방자-히**부.
방잠(防潛)명 적의 잠수함에 대한 방어.
방잠-망(防潛網)명 잠수함의 침입을 막기 위하여 해협이나 항만 입구 같은 데에 치는 그물.
방장(方丈)[1]명 ①사방 1장(丈)인 넓이, 또는 그 넓이의 방. ②절에서, 주지가 거처하는 방, 또는 그 주지를 일컫는 말.
방장(方丈)[2]명 ①중국의 삼신산(三神山)의 하나. ②'지리산'을 달리 이르는 말.
방장(方將) Ⅰ명 방금(方今).
Ⅱ부 방금(方今). 장차.
방장(坊長)명 지난날, 서울의 행정 구역인 방(坊)의 우두머리.
방장(房帳)[-짱]명 ①(겨울에 외풍을 막기 위하여) 방 안에 치는 휘장. ¶ 방장을 두르다. ②'모기장'의 방언.
방장(房掌)명 조선 시대에, 승정원과 지방 관아에 둔 육방(六房)의 부서.
방장부절(方長不折)명하자 〔한창 자라는 초목을 꺾지 않는다는 뜻으로〕 '장래성이 있는 사람에게 해살을 놓지 않음'을 이르는 말.
방재(方在) Ⅰ명 ☞방금(方今).
Ⅱ부 ☞방금(方今).
방재(防材)명 (적의 배가 드나들지 못하도록) 항만이나 강의 뱃길에 통나무를 쇠줄로 엮어 막아 놓은 것.
방재(防災)명하자 (화재·수재 따위의) 재해를 막음. ¶ 방재 시설.
방재^설비(防災設備)명 건축 설비에서, 재해 방지를 목적으로 하는 일체의 설비. 〔방화·소화·피뢰 설비 따위.〕
방저(枋底)명 ☞방밑.
방저-원개(方底圓蓋)명 〔네모난 바닥에 둥근 뚜껑이란 뜻으로〕 '사물이 서로 맞지 아니함'을 이르는 말. 비방예원조.
방적(紡績)명하자 동식물의 섬유를 가공하여 실을 뽑는 일. ¶ 방적 공장. 참길쌈.

방적-견사(紡績絹絲)[-껸-] 명 지스러기 고치나 풀솜 따위를 원료로 하여 뽑은 견사.
방적^공업(紡績工業)[-꽁-] 명 동식물의 섬유를 가공하여 방적하는 섬유 공업. 방적업.
방적^기계(紡績機械)[-끼계/-끼게] 명 방적사를 만드는 기계.
방적^돌기(紡績突起)[-똘-] 명 거미류의 항문 근처에 있는, 사마귀 모양의 3쌍의 돌기. 〔여기서 거미줄이 나옴.〕
방적-면사(紡績綿絲)[-정-] 명 면화를 자아서 만든 실, 또는 방적 기계로 만든 면사를 통틀어 이르는 말.
방적-사(紡績絲)[-싸] 명 ①면화·양모·삼·고치 등의 섬유를 가공하여 만든 실. ②방적 기계로 만든 외올 면사(綿絲).
방적-업(紡績業) 명 ☞방적 공업.
방전(方田) 명 네모반듯한 논.
방전(方甎) 명 네모반듯한 벽돌.
방ː전(放電) 명 되자 ①대전체(帶電體)에서 전기가 방출되는 현상. ↔충전. ②기체 따위의 절연체를 통하여 양극 간에 전류가 흐르는 현상. 〔불꽃 방전 따위.〕
방ː전-관(放電管) 명 관 속에 네온·아르곤 따위의 기체나 수은 증기를 봉입(封入)하여 방전할 수 있게 한 전자관.
방ː전-등(放電燈) 명 기체 속에서의 방전에 의한 빛을 이용하는 전등. 〔형광등·수은등·네온전구 따위.〕
방ː전-차(放電叉) 명 절연체인 에보나이트 손잡이 끝에 금속 막대를 구부러지게 붙인 것. 라이덴병 및 다른 대전체를 방전시킬 때 쓰임.
방점(傍點)[-쩜] 명 ①보는 사람의 주의를 끌기 위하여 글자의 곁이나 위에 찍는 점. ②15세기 국어 표기에서, 음절의 성조를 나타내기 위하여 글자의 왼쪽에 찍던 점. ②사성점(四聲點).
방접-원(傍接圓) 명 수학에서, 삼각형의 한 변과 다른 두 변의 연장선에 접하는 원.
방정 명 진중하지 못하고 몹시 가볍게 하는 말이나 행동. ¶ 방정을 떨다.
방정(方正) '방정하다'의 어근.
방정(芳情) 명 ☞방심(芳心). ¶ 베풀어 주신 방정과 후의에 감사합니다.
방정-꾸러기 명 '방정을 잘 떠는 사람'을 놀림조로 이르는 말.
방정-꾼 명 '방정을 떠는 사람'을 낮잡아 이르는 말.
방정-맞다[-맏따] 형 말이나 하는 짓이 몹시 경망스럽고 주책없다. ¶ 방정맞은 소리.
방정-스럽다[-따][~스러우니·~스러워] 형ㅂ 보기에 방정맞다. **방정스레** 부.
방정-식(方程式) 명 식 중의 미지수에 특정한 값을 주었을 때만 성립되는 등식. ↔항등식.
방정-하다(方正-) 형여 말이나 행동이 바르고 점잖다. ¶ 품행이 방정하다. **방정-히** 부.
방제(方劑) 명 하타 약을 조제함, 또는 그 약.
방제(防除) 명 하타 ①재앙을 막아서 없앰. 예방하여 없앰. ¶ 공해의 방제. ②농작물의 병충해를 예방하거나 없앰. ¶ 미리 농약을 준비해 논에 방제 작업을 하다.
방제(旁題) 명 신주(神主)의 아래 왼쪽에 쓴, 제사를 받드는 사람의 이름.
방조(傍助) 명 하타 곁에서 도와줌.
방조(傍祖) 명 직계가 아닌 조상, 곧 육대조(六代祖) 이상의 조상의 형제.
방조(幫助) 명 하타 남의 범죄나 자살 등을 도와줌. ¶ 자살을 방조하다.
방조-림(防潮林) 명 해안 지방에서, 바닷바람에 의한 염해(塩害)나 해일·조수(潮水) 따위의 피해를 막기 위하여 만든 숲.
방조-범(幫助犯) 명 남의 범죄 수행을 방조함으로써 성립되는 범죄, 또는 그 범인. 가담범.
방조-제(防潮堤) 명 해일 따위를 막기 위하여 해안에 쌓은 둑.
방조-죄(幫助罪)[-쬐/-쮀] 명 다른 사람의 범죄 수행을 방조함으로써 성립되는 죄.
방ː종(放縱) 명 하형 아무 거리낌 없이 함부로 행동함. ¶ 도덕적 기준이 없는 자율은 방종으로 흐르기 쉽다.
방종(傍腫) 명 부스럼이 번져서 곁으로 돋은 작은 부스럼.
방주(方舟) 명 ①네모난 모양의 배. ¶ 노아의 방주. ②하자 두 척의 배를 나란히 둠.
방주(方柱) 명 네모난 기둥.
방주(房主) 명 〈방주감찰〉의 준말.
방주(蚌珠) 명 ☞진주(眞珠).
방주(旁註·傍註) 명 본문의 옆에 단 주석.
방주-감찰(房主監察) 명 조선 시대에, 사헌부의 감찰의 우두머리. 준방주.
방죽(←防築) 명 물을 막기 위해 쌓은 둑. ¶ 방죽이 무너지다. 본방축(防築).
방죽-갓끈[-깓-] 명 연밥을 잇따라 꿰어서 만든 갓끈.
방중(房中) 명 ①방 안. ②절간 안. ②사중(寺中).
방중-술(房中術) 명 방사(房事)의 방법과 기교.
방증(傍證) 명 하타 (어떤 사실을) 간접적으로 증명하는 데 도움을 주는 증거. ¶ 방증을 수집하다.
방지(防止) 명 하타 되자 어떤 일이 일어나지 않도록 막음. ¶ 사고 방지 대책.
방지(芳志) 명 ☞방심(芳心).
방지(旁支) 명 본체에서 갈려 나간 가닥.
방-지기(房-) 명 ①방을 지키는 사람. ②지난날, 관아의 심부름꾼의 하나. ②방직(房直).
방지-책(防止策) 명 방지하기 위한 방책. ¶ 도난 방지책./청소년 범죄 방지책.
방직(方直) '방직하다'의 어근.
방직(房直) 명 ☞방지기.
방직(紡織) 명 하타 ①실을 만드는 일과 피륙을 짜는 일. ②실을 날아서 피륙을 짬.
방직^공업(紡織工業)[-꽁-] 명 원료에서 실을 만드는 방적 공업과, 그 실을 날아서 피륙을 짜는 직조 공업을 아울러 이르는 말.
방직^기계(紡織機械)[-끼계/-끼게] 명 실을 날아서 피륙을 짜는 기계.
방직-물(紡織物)[-징-] 명 방직 기계로 짠 피륙.
방직-하다(方直-)[-지카-] 형여 (심성 따위가) 바르고 곧다. ¶ 성품이 방직하다.
방진(方陣) 명 ①사각형 모양으로 친 진. ②가로 세로 또는 대각선으로 늘어놓은 숫자의 합이 모두 같게 되도록 자연수를 펼쳐 놓은 것. ②마방진(魔方陣).
방진(防塵) 명 먼지가 들어오는 것을 막음.
방ː짜 명 질 좋은 놋쇠를 녹여 거푸집에 부은 다음, 불에 달구어 가며 두드려서 만든 그릇. ¶ 방짜 유기.
방차(防遮) 명 하타 막아서 가림.
방차(紡車) 명 ☞물레[1].
방참(傍參) 명 하자 방청하려고 참여함.
방창(方暢) '방창하다'의 어근.
방창-하다(方暢-) 형여 바야흐로 화창하다.
방ː채(放債) 명 하자 여유 있는 돈을 남에게 빚으로 줌. 돈놀이.

방책(方策)명 방법과 꾀. ¶ 해결 방책을 세우다.
방책(防柵)명 말뚝을 박아서 만든, 적을 막기 위한 울타리.
방ː척(放擲)명하타 내던져 버림. 내버려 둠.
방천(防川)명 둑을 쌓아서 냇물이 넘쳐 들어오는 것을 막음, 또는 그 둑. 냇둑. ¶ 방천을 든든히 쌓다. /홍수로 방천이 무너지다.
방천-길(防川-)[-낄]명 방천 위로 난 길.
방천-숲(防川-)[-숩]명 냇물이 넘쳐 들어오는 것을 막기 위하여 가꾼 숲. *방천숲이[-수피]·방천숲만[-숨-]
방첨-탑(方尖塔)명 ☞오벨리스크.
방첩(防諜)명하자 적의 첩보 활동을 막고, 비밀이 새어 나가지 못하게 함. ¶ 방첩 활동.
방청(傍聽)명하타 (직접적인 관계가 없는 사람이) 회의나 토론·공판(公判) 따위를 곁에서 들음. ¶ 국회의 본회의를 방청하다.
방청-객(傍聽客)명 방청하는 사람. 방청인.
방청-권(傍聽券)[-꿘]명 방청을 허락하는 표.
방청-석(傍聽席)명 방청인이 앉는 자리.
방청-인(傍聽人)명 ☞방청객.
방초(防草)명 용마루의 양쪽 끝에 아귀를 물리지 않고 내림새를 엎어서 마무른 것.
방초(芳草)명 향기로운 풀. 봄의 싱그러운 풀. ¶ 녹음(綠陰)방초.
방초-박이(防草-)명 수막새가 빠지지 않도록 박는 못.
방-초석(方礎石)명 네모난 주춧돌.
방촌(方寸)명 ①〔사방 한 치의 넓이라는 뜻으로〕'좁은 땅'을 뜻함. ②〔마음이 한 치 사방의 심장에 깃든다는 뜻으로〕'가슴속', 곧 '마음'을 뜻함. ¶ 대지(大志)를 방촌에 품다.
방추(方錐)명 ①〈방추형(方錐形)〉의 준말. ②네모지게 날을 세운 송곳.
방추(紡錘)명 ①물레의 가락. ②☞북[2].
방추-근(紡錘根)명 방추형으로 생긴 저장근(貯藏根). 〔고구마 따위.〕
방추-형(方錐形)명 밑면이 정사각형인 각뿔. 준방추(方錐).
방추-형(紡錘形)명 물렛가락처럼 생긴 모양, 곧 원기둥꼴의 양 끝이 뾰족한 모양.
방축(防築)명 〈방죽〉의 본딧말.
방축(防縮)명하타 직물 따위가 줄어들지 아니하게 함.
방ː축(放畜)명하타 ☞방목(放牧).
방ː축(放逐)명 ①하타되자그 자리에서 쫓아냄. ②〈방축향리〉의 준말.
방축^가공(防縮加工)[-까-]명 직물이 세탁 따위로 줄어들지 않도록 하는 가공.
방ː축-향리(放逐鄕里)[-추캉니]명 조선 시대에, 벼슬을 삭탈하고 제 고향으로 내쫓던 일. 준방축(放逐).
방춘(芳春)명 ①꽃이 한창인 봄. ¶ 방춘 가절. ②꽃다운 나이. 방기(芳紀).
방춘-화시(方春和時)명 바야흐로 봄이 한창 화창한 때.
방ː출(放出)명하타되자 ①입자나 전자기파의 형태로 에너지를 내놓음. ¶ 에너지의 방출. ②비축해 둔 물자나 자금을 풀어서 일반에게 제공함. ¶ 정부미 방출. /자금 방출. ③프로 구단에서, 보유한 선수를 시장에 내놓음.
방ː출-궁인(放出宮人)명 왕조 때, 궁인으로 있다가 궁 밖으로 나와 살게 된 여자.
방ː출-미(放出米)명 (정부에서) 내놓는 쌀.
방충(防蟲)명하타 해충을 막음.
방충-망(防蟲網)명 파리나 모기·나방 따위 벌레들이 날아 들어오지 못하도록 창 같은 데에 치는 그물.
방충-제(防蟲劑)명 해충이 싫어하는 특이한 냄새로 해충이 꾀지 못하게 하는 약제. 〔장뇌(樟腦)·나프탈렌 따위.〕
방취(防臭)명하타 좋지 못한 냄새가 풍기지 못하도록 막음.
방취-제(防臭劑)명 좋지 못한 냄새를 없애는 데 쓰이는 약제.
방ː치(放置)명하타되자 그대로 버려 둠. 기치(棄置). ¶ 쓰레기를 길가에 방치하다.
방친(傍親)명 방계(傍系)의 친척.
방-친영(房親迎)명하자 나이 어린 신랑 신부가 초례를 하고 삼일(三日)을 치를 때에, 신부가 신방에 들어가서 얼마 동안 가만히 앉아 있다가 나오는 일.
방침(方枕)명 ☞사방침(四方枕).
방침(方針)명 〔방향을 가리키는 지남침이라는 뜻으로〕 무슨 일을 처리해 나가는 계획과 방향을 이르는 말. ¶ 경영 방침.
방카쉬ː랑스(bancassurance)명 은행 등의 금융 기관이 보험 회사와 연계하여 보험 상품을 개발·판매하는 것.
방타(滂沱)명하자 ①비가 세차게 내림. ②눈물이 줄줄 흘러내림.
방탄(防彈)명하자 탄알을 막음.
방탄(放誕) '방탄하다'의 어근.
방탄-구(防彈具)명 탄알을 막는 도구나 장치.
방탄-복(防彈服)명 (날아오는) 탄알이 뚫고 들어오지 못하도록 특수 섬유 따위로 만든 옷.
방탄-유리(防彈琉璃)[-뉴-]명 (날아드는) 탄알이 뚫지 못하도록 특수하게 가공해서 만든 유리.
방탄-조끼(防彈-)명 소총이나 권총 사격을 받았을 때, 탄알이 뚫고 들어오지 못하도록 특수 섬유 따위로 만든 조끼.
방탄-차(防彈車)명 탄알을 막을 수 있게 만든 승용차.
방ː탄-하다(放誕-)형여 터무니없는 소리만 하여 허황하다.
방ː탕(放蕩)명하형 주색(酒色)에 빠져 행실이 추저분함. ¶ 방탕한 생활을 청산하다. 방탕-히부.
방ː탕-아(放蕩兒)명 방탕한 생활을 하는 남자. 탕아. 탕자.
방토(方土)명 어느 한 지방의 땅.
방토(邦土)명 ☞국토(國土).
방토(防土)명 흙이 무너져 내리는 것을 막기 위하여 만들어 놓은 시설.
방통(旁通)명하타 자세하고 분명하게 앎.
방통이명 내기로 쏘거나 새를 잡는 데 쓰이는 작은 화살.
방-틀(方-)명 ①모를 낼 때, 못줄 대신으로 쓰이는, 눈금이 찍힌 나무틀. ②통나무나 각재를 같은 길이로 잘라서 네모지게 귀를 맞추어 '井' 자 모양으로 둘러 짠 틀.
방틀-굿(方-)[-굳]명 방틀을 쌓아, 땅속으로 곧게 파 내려간 광산(鑛山) 구덩이. *방틀굿이[-구시]·방틀굿만[-군-]
방파-제(防波堤)명 난바다로부터 밀려오는 거친 파도를 막아 항구 안의 수면을 잔잔하게 유지하기 위하여 항만에 쌓은 둑.
방판(方板)명 네모반듯한 널빤지.
방판(幫判)명 조선 말기에, 기기국(機器局)·전환국(典圜局)과 인천·부산·원산항의 감리서(監理署)의 한 벼슬.

방패(方牌)명 조선 시대에, 관아에서 부리던 하인들이 허리에 차던 네모진 나무 패.
방패(防牌)명 ①칼이나 창·화살 등을 막는 데 쓰던 무기. ②'무슨 일을 하는 데 있어서 앞장을 세울 만한 것, 또는 그런 사람'을 비유하여 이르는 말. ¶ 청년은 조국의 방패.
방패-간(防牌干)명 한자 부수의 한 가지. '平'·'年' 등에서의 '干'의 이름.
방패-막이(防牌-)명하타 어떤 것을 내세워 자기에게 닥쳐오는 공격이나 영향 따위를 막아 내는 일, 또는 그런 수단이나 방법. ¶ 권력을 방패막이로 삼아 부정을 저지르다.
방패^비늘(防牌-)명 방패 모양을 한 물고기이 비늘. 〔상어의 비늘 따위.〕
방패-연(防牌鳶)명 복판에 방구멍이 있는, 네모 반듯한 연.
방편(方便)명 〔불교에서〕 ①그때그때의 형편에 따라서 편하고 쉽게 이용하는 수단. ¶ 일시적인 방편. ②보살이 진실의 가르침으로 이끌기 위하여 임시로 세운 법문.
방폐(防弊)[-폐/-페]명하자 폐단을 막음.
방폐(房嬖)[-폐/-페]명 지난날, 감사(監司)나 수령(守令) 등의 사랑을 받는 '기생'을 이르던 말.
방포(方袍)명 〔네모진 두루마기란 뜻으로〕 '가사(袈裟)'를 이르는 말.
방:포(放砲)명하자 지난날, 군중(軍中)의 호령으로 공포(空砲)를 놓아 소리를 내던 일.
방풍(防風)[1]명하자 바람을 막음. ¶ 방풍 장치.
방풍(防風)[2]명 ①한방에서, 방풍나물의 묵은 뿌리를 약재로 이르는 말. ②☞방풍나물.
방풍-나물(防風-)명 산형과의 다년초. 약용 식물로 재배하는데, 줄기는 1 m가량. 뿌리는 10~ 20 cm의 방추형이며 여름에 흰 꽃이 핌. 한방에서 2년생의 뿌리를 취한(取汗)이나 거담(祛痰)에 약으로 씀. 방풍[2].
방풍-림(防風林)[-님]명 바람을 막기 위하여 가꾼 숲. 바람막이 숲.
방풍-원(防風垣)명 바람을 막기 위하여 만든 울타리.
방풍^중방(防風中枋)명 바람을 막기 위하여 머름처럼 기둥 아래에 낀 중방.
방풍-채(防風菜)명 방풍나물의 싹을 잘라서 데친 뒤에 소금과 기름에 무친 나물.
방풍-판(防風板)명 바람을 막기 위하여 맞배지붕의 양쪽 끝 박공 아래에 붙인 널빤지.
방:-하다(放-)타여 ①'방매하다'가 줄어서 된 말. ②죄인을 놓아주다.
방:-하다(倣-)타여 (그림·글씨·조각 따위의) 본을 뜨다.
방학(放學)명하자 학교에서 학기나 학년이 끝난 뒤, 또는 더위·추위가 심한 일정 기간 동안 수업을 쉬는 일, 또는 그 기간. ¶ 방학 숙제.
방한(防寒)명하자 추위를 막음. ¶ 방한 용구.
방한(芳翰)명 ☞방서(芳書).
방:한(訪韓)명하자 한국을 방문함. ¶ 방한 사절단.
방한-구(防寒具)명 추위를 막는 온갖 기구.
방한-모(防寒帽)명 추위를 막으려고 쓰는 모자.
방한-벽(防寒壁)명 추위를 막기 위한 벽.
방한-복(防寒服)명 추위를 막으려고 입는 옷.
방한-화(防寒靴)명 추위를 막으려고 신는 신.
방함(芳銜)명 ☞방명(芳名).
방함-록(芳銜錄)[-녹]명 ☞방명록.
방합-례(房合禮)[-함네]명하자 전통 혼례에서, 초례를 마친 다음 신방에서 신랑과 신부가 만나 인사함, 또는 그 예식.
방해(妨害)명하타되자 남의 일에 헤살을 놓아 못하게 함. ¶ 옆방의 텔레비전 소리가 공부에 방해된다.
방해(를) 놓다관용 남에게 방해가 되는 짓을 하다. ¶ 일이 성사되지 못하게 방해를 놓다.
방해(螃蟹)명 ☞방게.
방해-꾼(妨害-)명 남의 일에 방해를 놓는 사람을 얕잡아 이르는 말.
방해-물(妨害物)명 방해가 되는 물건. 비방애물.
방해-석(方解石)명 탄산칼슘을 주성분으로 하는 광물의 한 가지. 무색투명하며 유리와 같은 광택이 있음.
방해-죄(妨害罪)[-쬐/-쮀]명 권리자의 행위나 수익(受益)을 방해함으로써 성립하는 죄. 〔공무 집행 방해죄·업무 방해죄 따위.〕
방향(方向)명 ①향하거나 나아가는 쪽. 방위. ¶ 서쪽 방향. /떠나기 직전에 방향을 바꾸다. ②뜻이 향하여 나아가는 곳. ¶ 앞으로의 방향을 미리 정하다.
방향(方響)명 아악기(雅樂器)의 한 가지. 상하 두 단으로 된 가자(架子)에 장방형의 철판을 각각 여덟 개씩 드리우고, 두 개의 채로 쳐서 소리를 냄.
방향(芳香)명 좋은 향기. 가방(佳芳).
방향^계:수(方向係數)[-계-/-게-]명 평면 해석 기하학에서, 직선의 방향을 나타내는 계수.
방향^여현(方向餘弦)[-녀-]명 '방향 코사인'의 구용어.
방향-유(芳香油)[-뉴]명 식물의 잎·열매·꽃봉오리·수지(樹脂) 등에서 얻는, 좋은 향기가 있는 휘발성의 액체. 향료의 원료로 쓰이며, 장뇌유·박하유 따위가 있음.
방향-제(芳香劑)명 좋은 향기를 가지고 있는 약제를 통틀어 이르는 말.
방향족^화:합물(芳香族化合物)[-조콰함-]명 유기 화합물의 한 족. 분자 안에 벤젠 고리를 가진 화합물을 통틀어 이르는 말.
방향^코사인(方向cosine)명 해석 기하학에서, 공간의 유향 직선(有向直線)이 각 좌표축과 이루는 각의 코사인.
방향-키(方向-)명 비행기의 방향을 조정하는 장치. 수직 꼬리 날개 뒤쪽에 붙어 있음. 방향타.
방향-타(方向舵)명 ☞방향키.
방향^탐지기(方向探知機)명 지향성(指向性)이 강한 수신 안테나를 회전시켜 전파가 오는 방향을 탐지하고 측정하는 장치.
방헌(邦憲)명 ☞국법(國法).
방험-병(防險餠)명 밤·대추·호두·곶감 등을 살로만 짓찧어서 두껍게 조각을 지어 볕에 말린 음식. 피난 때나 구황(救荒)에 씀.
방형(方形)명 네모반듯한 모양.
방형(邦刑)명 나라의 형률(刑律).
방호(防護)명하타 위험 따위를 막아 안전하게 보호함. ¶ 시설을 방호하다.
방혼(芳魂)명 미인의 영혼.
방화(防火)명하자 화재를 미리 막음. ¶ 방화 훈련.
방화(邦貨)명 ①우리나라의 화폐. ②자기 나라의 화폐. ↔외화(外貨).
방화(邦畫)명 자기 나라에서 제작된 영화. ↔외화(外畫).
방:화(放火)명하자 일부러 불을 지름. ¶ 왜적이 약탈과 방화를 일삼다. 참실화(失火).
방:화(榜花)명 지난날, '과거에 급제한 사람 가운데 나이가 가장 어리고 지체가 가장 높은 사람'을 이르던 말.

방화^가공(防火加工) 명 (종이나 베·목재 따위에) 불이 잘 붙지 않도록 하는 가공.

방화^도료(防火塗料) 명 (나무 따위에 발라서) 불이 잘 붙지 않도록 하는 도료.

방화-림(防火林) 명 불이 번지는 것을 막기 위하여, 삼림의 주변 같은 데에 불에 강한 나무를 심어서 만든 숲.

방ː화-범(放火犯) 명 방화죄를 저지른 사람.

방화-벽(防火壁) 명 불이 번지는 것을 막기 위하여 건물의 내부 같은 데에 설치한, 내화 구조(耐火構造)의 벽.

방화-사(防火沙) 명 화재 때, 불을 끄는 데 쓰려고 마련해 둔 모래.

방화-선(防火線) 명 불이 번지는 것을 막기 위하여, 얼마간의 너비를 빈 땅으로 둔 지대.

방화-수(防火水) 명 화재 때, 불을 끄는 데 쓰려고 마련해 둔 물.

방화-수(防火樹) 명 불이 번지는 것을 막기 위하여 집이나 삼림의 둘레에 심는 나무. 〔은행나무·아왜나무 등 불에 강한 나무를 심음.〕

방ː화-자(放火者) 명 불을 지른 사람.

방화-전(防火栓) 명 ☞소화전.

방화-제(防火劑) 명 방화 가공이나 방화 도료 따위에 쓰이는 물질. 〔붕산소다·탄산마그네슘 따위.〕

방ː화-죄(放火罪) [-쬐/-쮀] 명 건조물·차량 따위에 일부러 불을 지름으로써 성립되는 죄.

방환(方環) 명 네모진 고리.

방환(坊還) 명 지난날, 방(坊)에서 꾸어 주던 환곡.

방ː환(放還) 명 하타 되자 지난날, 귀양살이하던 사람을 풀어 집으로 돌려보내던 일.

방황(彷徨) 명 ① 하자타 정처 없이 헤매며 돌아다님. ¶ 거리를 방황하다. ② 하자 할 바를 모르고 갈팡질팡함. ¶ 방황하는 마음.

방황^변ː이(彷徨變異) 명 ☞개체 변이.

방회(傍灰) [-회/-훼] 명 광중(壙中)의 관(棺) 언저리에 메우는 석회.

방ː효(倣效) 명 하타 모양을 따라 그대로 본받음.

방훈(芳薰) 명 꽃다운 향기. 향기로운 냄새.

방휼지세(蚌鷸之勢) [-찌-] 명 〔도요새가 방합을 먹으려고 껍데기 속에 주둥이를 넣는 순간 방합이 껍데기를 닫아 버려, 결국 서로 다투는 형세가 된다는 뜻으로〕 '서로 물러섬이 없이 맞서서 다투는 판세'를 이르는 말.

방휼지쟁(蚌鷸之爭) [-찌-] 명 '제삼자만 이롭게 하는 다툼'을 이르는 말. 〔방합과 도요새가 다투는데, 어부가 와서 지친 방합과 도요새를 다 거두어 갔다는 고사에서 유래함.〕 견토지쟁.

방하 명 〈옛〉 ①방아. ¶ 방하 디:碓(訓蒙中*11*. 四解上*49*). ②다듬잇돌. ¶ 방하는 어젯 바믯소리로다(杜初*3:36*).

방핫고 명 〈옛〉 방앗공이. ¶ 杵는 방핫괴니 굴근 막다히 ᄀᆞᄐᆞᆫ 거시라(釋譜*6:26*).

뱇다 자 〈옛〉 바빠하다. ¶ 比丘僧을 보시고 더욱 바ᄎᆞ시니(月印*44*章).

밭[받] 명 ①물을 대지 않고 작물을 심어 가꾸는 땅. 전(田). ¶ 밭을 갈다. ②무엇이 가득 들어찬 땅. ¶ 대나무 밭. /인삼 밭. ③장기나 고누·윷놀이 따위에서 말이 머무르는 자리. *밭이[바치]·밭을[바틀]·밭만[반-]

밭을 사려면 변두리를 보라 속담 농토를 사려면 경계선을 반드시 알아야 한다는 말.

밭 팔아 논 살 때는 이밥〔흰 쌀밥〕 먹자는 뜻 속담 못한 것을 버리고 나은 것을 취할 때는 더 낫게 되기를 바라고 한 것인데, 그렇지 못했을 때를 두고 하는 말.

밭-[받] 접두 《일부 명사 앞에 붙어》 '바깥'의 뜻을 나타냄. ¶ 밭걸이. /밭다리. /밭부모. /밭사돈. /밭주인.

밭-갈이[받까리] 명 하자 밭을 가는 일.

밭-걷이[받꺼지] 명 하자 밭에 심은 작물을 거두어들이는 일. ¶ 밭걷이를 마치다.

밭-걸이[받꺼리] 명 하자 씨름에서, 다리를 밖으로 대어 상대편의 오금을 걸거나 당기거나 밀거나 하는 기술. ↔안걸이.

밭-고랑[받꼬-] 명 밭의 이랑과 이랑 사이의, 홈이 진 곳. 준 밭골.

밭-곡(-穀) [받꼭] 명 〈밭곡식〉의 준말.

밭-곡식(-穀-) [받꼭씩] 명 밭에서 나는 곡식. 〔보리·밀·콩·팥 따위.〕 전곡(田穀). 전작(田作). 준 밭곡.

밭-골[받꼴] 명 〈밭고랑〉의 준말.

밭-구실[받꾸-] 명 지난날, 밭을 부치는 사람이 물던 소작료.

밭-귀[받뀌] 명 밭의 한쪽 귀퉁이.

밭-날갈이[반-] 명 소로 며칠 동안 갈려서 갈 만큼의 넓은 밭.

밭-농사(-農事) [반-] 명 하자 밭에서 농사를 지음. 전작(田作). 참 논농사.

밭다[1][받따] 자 ①액체가 바특하게 졸다. ②몸에 살이 빠져서 여위다. ¶ 난민들은 살이 밭고 힘이 없어 보였다. ③(근심이나 걱정 따위로) 몹시 안타깝고 조마조마해지다. ¶ 간이 밭아 오르다. *밭아·밭는[반-]

밭다[2][받따] 타 건더기가 섞인 액체를 체 따위로 걸러 국물만 받아 내다. ¶ 콩국을 체에 밭다. *밭아·밭는[반-]

밭다[3][받따] 형 ①재물 따위를 탐하는 정도가 지나치게 심하다. ¶ 돈에 밭다. ②입이 지나치게 짧다. ¶ 입이 밭다. /음식에 밭다. ③사물에 대한 열중 정도가 심하다. ¶ 그는 여색에 밭은 사람이다. *밭아·밭고[받꼬]

밭다[4][받따] 형 ①시간적으로 너무 여유가 없다. ¶ 밭은 일정. /떠날 날짜가 밭다. ②길이가 매우 짧다. ¶ 밭은 키. /목이 밭다. ③숨결이 가쁘고 급하다. ¶ 밭은 숨을 몰아쉬다. *밭아·밭고[받꼬]

밭다 타 〈옛〉 뱉다. ¶ 춤을 만히 바ᄐᆞ면(救簡*1:82*). 참 비밭다.

밭다리^걸ː기[받따-] 명 씨름에서, 다리 기술의 한 가지. 상대편의 오른쪽 다리가 앞으로 나와 있을 때, 오른쪽 다리로 상대편의 오른쪽 다리의 바깥을 걸고 샅바를 당겨 오른쪽 가슴으로 밀어 넘어뜨리는 공격 기술. 참 안다리 걸기.

밭-도랑[받또-] 명 밭 가로 둘려 있는 도랑. 준 밭돌.

밭-도지(-賭地) [받또-] 명 밭의 소작료로 받는 곡식 따위의 현물. ¶ 밭도지 벼.

밭-돌[받똘] 명 〈밭도랑〉의 준말.

밭-두둑[받뚜-] 명 밭의 두둑. 두둑. 밭두렁.

밭-두렁[받뚜-] 명 밭두둑.

밭-둑[받뚝] 명 밭 가에 둘려 있는 둑.

밭-뒤다[받뛰-] 자 밭을 거듭 갈다.

밭-때기[받-] 명 ①'밭떼기'의 잘못. ②'밭뙈기'의 잘못.

밭-떼기[받-] 명 채소·과일·곡물 따위를 수확하지 않은 채, 밭에 있는 그대로 모개로 사는 일.

밭-뙈기[받-] 명 '얼마 안 되는 밭'을 얕잡아 이르는 말. ¶ 손바닥만 한 밭뙈기.

밭-매기[반-] 명 하자 밭의 김을 매는 일.

밭-머리[반-] 명 밭이랑의 양쪽 끝이 되는 부분.

밭-못자리[반모짜-/반몯짜-]명 밭이나 마른논에서 물 없이 가꾸는 못자리.
밭-문서(-文書)[반-]명 밭의 소유권을 증명하는 문서.
밭-번지기[받뻔-]명 씨름에서, 왼쪽 다리를 상대편 앞으로 내어 디디어, 공격해 오는 것을 막는 기술. ↔안번지기.
밭-벼[받뼈]명 밭에 심는 벼. 육도(陸稻). 한도(旱稻).
밭-벽(-壁)[받뼉]명 ☞바깥벽.
밭-보리[받뽀-]명 밭에 심는 보리. 참논보리.
밭-부모(-父母)[받뿌-]명 ☞바깥부모.
밭-사돈(-査頓)[받싸-]명 ☞바깥사돈.
밭-상제(-喪制)[받쌍-]명 ☞바깥상제.
밭-어버이[바더-]명 ☞바깥어버이.
밭은-기침명 병이나 버릇으로, 힘도 들이지 않고 소리도 크지 않게 자주 하는 기침.
밭은-오금명 활의 대림끝과 한오금 사이.
밭-이다[바치-] Ⅰ자 〖'밭다²'의 피동〗 국물만 새어 나오도록 체 같은 데에 밭음을 당하다. Ⅱ타 〖'밭다²'의 사동〗 국물만 새어 나오도록 체 같은 데에 밭게 하다.
밭-이랑[반니-]명 밭의 이랑. 참논이랑.
밭-일[반닐]명하자 밭에서 하는 농사일.
밭-작물(-作物)[받짱-]명 밭에서 거두는 농작물.
밭장-다리[받짱-]명 걸을 때 두 발끝이 바깥쪽으로 벌어지는 다리, 또는 다리가 그렇게 생긴 사람. ↔안짱다리.
밭-쟁이[받쨍-]명 채소 농사를 전업으로 하는 사람.
밭-전(-田)[받쩐]명 한자 부수의 한 가지. '當'·'畔' 등에서의 '田'의 이름.
밭-주인(-主人)[받쭈-]명 ☞바깥주인.
밭-지밀(-至密)[받찌-]명 임금이 거처하는 방. ↔안지밀.
밭-집[받찝]명 ①'백성이 사는 집'의 궁중말. ②☞농막(農幕).
밭-쪽[받-]명 ☞바깥쪽.
밭-치다[받-]타 '밭다²'의 힘줌말.
밭-풀[받-]명 밭에 나는 잡풀.
배[1]명 ①(척추동물의) 위장 따위가 들어 있는 가슴과 골반 사이의 부분. ②길쭉한 물건의 가운데 부분. ¶ 배가 불룩한 독. ③위장(胃腸). ¶ 배가 고프다. ④〖의존 명사적 용법〗 짐승이 새끼를 낳거나 알을 까거나 하는 횟수를 세는 단위. ¶ 한 배에 아홉 마리를 낳다.
배가 남산만〔앞 남산만〕 하다속담 여자가 임신을 하여 배가 몹시 부르다.
배보다 배꼽이 더 크다속담 '딸린 것이 주되는 것보다 더 크거나 더 많음'을 이르는 말.
배(가) 맞다관용 ①남녀가 떳떳하지 못하게 관계를 맺다. ②(떳떳하지 못한 일을 하는 데) 서로 뜻이 통하다.
배(가) 아프다관용 남이 잘되는 것이 시샘이 나서 심술이 나다. ¶ 친구가 성공하는 것을 보니 배 아프냐?
배(를) 내밀다관용 남에게 아쉽게 굴거나 남의 말에 쉽게 응하지 않고, 배짱을 퉁기다.
배(를) 불리다〔채우다〕관용 옳지 못한 방법으로 재물 따위를 모아들여서 자기의 욕심을 충족시키다.
배(를) 앓다관용 남이 잘되는 것이 못마땅하고 심술이 나서 속을 태우다.
배[2]명 물 위에 떠다니며 사람이나 짐 따위를 실어 나르게 만든 탈것. 선박. 선척(船隻).
배 지나간 자리관용 아무 흔적도 남지 않은 상태를 이르는 말.
배[3]명 배나무의 열매. 참쾌과.
배 먹고 이 닦기속담 〔배를 먹으면 이까지 닦이어 희어진다는 뜻으로〕 '좋은 일이 거듭해서 생기게 되는 경우'를 이르는 말.
배 주고 속〔배 속〕 빌어먹는다속담 '큰 것은 남에게 빼앗기고 하찮은 것만 차지하게 되는 경우'를 이르는 말.
배(胚)명 ①식물의 씨 속에서 자라 싹눈이 되는 부분. 배아(胚芽). 씨눈. ②동물의 알 속에서 자라 새끼가 되는 부분. ②배자(胚子).
배:(倍)명 ①갑절, 또는 곱절. ¶ 한 해 사이에 빚이 배로 늘었다. ②〖의존 명사적 용법〗 일정한 수나 양이 그 수만큼 거듭됨을 이르는 말. ¶ 힘이 세 배나 들다.
배(杯)의 술이나 음료를 담은 잔을 세는 단위. ¶ 술 이 배.
배:(拜)의 〔절한다는 뜻으로〕 주로 편지 글에서, 경의를 나타내는 뜻으로 자기의 이름 아래에 쓰는 말. ¶ 홍길동 배.
-배(杯·盃)접미 《일부 명사 뒤에 붙어》 운동 경기 등에서, '트로피'의 뜻을 나타냄. ¶ 대통령배 전국 고교 야구 대회.
-배(輩)접미 《일부 명사 뒤에 붙어》 '무리'·'들'의 뜻을 나타냄. ¶ 소인배. /불량배. /폭력배. /모리배.
배:가(倍加)명하자타되자 갑절로 늘어남, 또는 갑절로 늘림. ¶ 노력을 배가하다. /우주 과학에 대한 흥미가 배가되다.
배각부하자타 작고 단단한 물건이 서로 닿아 갈려서 나는 소리. 큰비걱. 센빼각. **배각-배각**부하자타.
배각(排却)명하타되자 물리쳐 버림.
배각-거리다[-꺼-]자타 자꾸 배각배각하다. 배각대다. 큰비걱거리다.
배각-대다[-때-]자타 배각거리다.
배갈(←白干儿 중)명 수수를 원료로 빚은 중국식 소주. 고량주. 백주(白酒).
배:갑(背甲)명 등딱지.
배:강(背講)명하타 책을 보지 않고 돌아앉아서 욈. 배독(背讀). 배송(背誦).
배:객(陪客)명 ☞배빈(陪賓).
배:건(焙乾)명하타 불에 쬐어 말림.
배격(排擊)명하타되자 (남의 사상·의견 따위를) 싫어하여 물리침. ¶ 기회주의를 배격하다.
배:견(拜見)명하타 ①(높은 분을) 삼가 만나 뵘. ②(남의 편지나 작품 등을) 공경하는 마음으로 봄. 배관(拜觀).
배:경(背景)명 ①뒤쪽의 경치. ↔전경(前景). ②무대의 안쪽 벽에 그린 그림, 또는 무대 장치. ③사진이나 그림 등에서 그 주요 제재(題材) 뒤편에 펼쳐진 부분. ④작품의 시대적·역사적인 환경. ¶ 개화기를 배경으로 한 대하소설. ⑤뒤에서 돌보아 주는 힘. 뒷받침이 되는 힘. ¶ 정치적 배경이 든든하다. ⑥사건이나 환경을 둘러싼 주위의 정경. ¶ 사건의 배경. /역사적 배경.
배:경^음악(背景音樂)명 영화나 연극·방송극 등에서, 그 장면의 분위기를 돋우려고 연주하는 음악. 참배음(背音).
배:경^화:법(背景畫法)[-뻡]명 ☞투시 도법(透視圖法).
배:계(拜啓)[-계/-게]명 '삼가 아룀'의 뜻으로, 편지의 첫머리에 인사 차림으로 쓰는 말.

배ː-계절(拜階節) [-계-/-게-] 명 계절(階節)보다 한 층을 낮추어, 절하기 위해서 만든 무덤 앞의 평평한 자리. 배제절(拜除切).

배-고프다 [~고프니·~고파] 형 ①배 속이 비어서 음식을 먹고 싶은 느낌이 간절하다. 시장하다. ¶ 두 끼나 굶었더니 지금은 몹시 배고프다. ②끼니를 잇지 못할 정도로 생활이 넉넉하지 못하고 궁핍하다. ¶ 배고픈 생활. /배고팠던 기억이 지금은 추억으로 남아 있다.

배고픈 놈더러 요기시키란다 속담 제 일도 처리하지 못하는 사람에게 되지도 않을 것을 요구한다는 말.

배고픔 명 배가 고픈 느낌이나 상태. ¶ 배고픔에 시달리다.

배-곯다 [-골타] 자 늘 먹는 것이 적어서 배가 차지 아니하다. 굶거나 주리거나 하여 고통을 받다. ¶ 배곯고 자란 어린 시절.

배ː관(拜觀) 명 하타 ☞배견(拜見).

배ː관(配管) 명 하자 (가스나 물 등) 액체나 기체를 보내기 위하여 관을 부설함, 또는 그 부설물.

배ː관(陪觀) 명 하타 지위가 높은 사람을 모시고 함께 구경함.

배ː관-공(配管工) 명 배관 일을 하는 기술자.

배ː관-도(配管圖) 명 배관 상태를 나타낸 도면.

배ː광(背光) 명 ☞후광(後光).

배ː광-성(背光性) [-썽] 명 식물의 뿌리 등이 빛의 자극을 받았을 때 그 반대쪽으로 굽는 성질. ↔향광성. 참굴광성·배일성.

배ː교(背敎) 명 하자 ①종교의 교의(敎義)를 저버림. ②믿던 종교를 버리거나 다른 종교로 개종함.

배구(胚球) 명 동물이 맨 처음 생길 때에, 생식세포가 분열하여 속이 빈 공 모양으로 배열된 것.

배ː구(配球) 명 하자 ①야구에서, 투수가 타자에 따라 적절히 공을 조절하여 던지는 일. ②축구·농구·배구 등에서 다른 선수에게 공을 알맞게 넘겨 주는 일.

배ː구(倍舊) 명 그 전의 갑절. 배전(倍前).

배구(排球) 명 구기(球技)의 한 가지. 두 팀이 네트를 사이에 둔 직사각형의 코트 안에서 공을 손으로 쳐 넘기는 경기. 공을 상대 코트에 떨어지게 하거나 실수·반칙 등을 하게 만들어서 득점함.

배ː궤(拜跪) 명 하자 절하고 꿇어앉음.

배ː근(背筋) 명 사람의 등에 있는 근육을 통틀어 이르는 말. 등살.

배ː근(配筋) 명 하타 건축에서, 철근을 설계에 따라 벌여 놓는 일.

배ː근(培根) 명 하자 뿌리를 북돋우어 줌.

배ː금(拜金) 명 하자 돈을 지나치게 소중히 여김.

배ː금-주의(拜金主義) [-의/-이] 명 돈이나 돈의 힘을 가장 소중한 것으로 여기어, 그것에 집착하는 주의.

배ː급(配給) 명 하타 되자 ①돌라 줌. 별러서 줌. ②영리를 목적으로 하지 않고 상품을 나누어 주는 일. ¶ 식량 배급. ③통제 경제 아래에서, 수량이 한정된 물자나 물품 따위를 특별한 방법 또는 기관을 통하여 소비자에게 파는 일. ④상품 따위를 생산자에서 소비자에게 옮김, 또는 그런 유통 과정. ¶ 올 여름에 영화사에 배급되는 영화는 대작이 주류를 이룬다.

배ː급-망(配給網) [-금-] 명 효율적인 배급을 위하여 체계적으로 조직된 계통.

배ː급-소(配給所) [-쏘] 명 배급품을 내어 주는 곳. 또는 그런 일을 맡아보는 기관.

배ː급-제(配給制) [-쩨] 명 국가에서 식량이나 생활필수품 따위를 배급하는 제도.

배ː급-표(配給票) 명 배급품을 받을 수 있음을 증명하는 표.

배ː급-품(配給品) 명 배급하는 물품.

배기(排氣) 명 하타 ①안에 든 공기를 밖으로 뽑아냄. ②내연 기관 등에서, 쓸모없게 된 증기나 가스를 밖으로 내보냄, 또는 그 증기나 가스.

-배기 접미 ①나이를 나타내는 말에 붙어, 거기에 걸맞은 나이를 먹었음을 뜻함. 〔주로, 어린 아이에 대하여 씀.〕 ¶ 세 살배기. ②《일부 명사 뒤에 붙어》 앞말의 특성을 지닌 사람이나 사물을 속되게 이르는 뜻을 나타냄. ¶ 귀퉁배기. /대짜배기./공짜배기.

배기-가스(排氣gas) 명 내연 기관 등에서 내부 연소를 마치고 배출되는 가스.

배기-갱(排氣坑) 명 광산에서 갱내의 공기를 밖으로 뽑아내기 위하여 설치한 수갱(竪坑)이나 갱도.

배기-관(排氣管) 명 내연 기관 등에서 쓸모없게 된 증기나 가스를 밖으로 뽑아내는 관.

배기-기(排氣機) 명 ☞배기펌프.

배기다[1] 자 어려운 일을 잘 참고 견디다. 어떠한 경우든지 참고 지내다. ¶ 힘든 일을 배겨 내지 못하다. /술을 안 먹고는 하루도 못 배긴다.

배기다[2] 자 바닥에 닿는 몸의 부분에 단단한 것이 받치는 힘을 느끼다. ¶ 몸이 배기다. /궁둥이가 배겨서 더 못 앉아 있겠다.

배기-량(排氣量) 명 엔진 따위의 열기관에서, 실린더 안의 피스톤이 맨 위에서 맨 아래까지 내려갈 때에 배출되는 기체의 양.

배기-종(排氣鐘) 명 배기펌프를 달아 속을 진공으로 하여, 여러 가지 실험에 쓰는 종 모양의 용기(容器). 대개 유리로 만듦.

배기-판(排氣瓣) 명 내연 기관 등에서, 배기가스를 기통(氣筒)에서 내보내는 판. 폐기판.

배기-펌프(排氣pump) 명 밀폐된 용기 속의 공기를 뽑아내어 진공에 가까운 상태로 만드는 펌프. 배기기.

배ː-꼬다 타 ①(끈 같은 것을) 배배 틀어서 꼬다. ②밉살스레 비꼬다. ③몸을 바르게 가지지 못하고 배배 틀다. ¶ 경련으로 몸을 배꼬다.

배-꼽 명 ①배 한가운데에 있는, 탯줄을 끊은 자리. ②열매의 꽃받침이 붙었던 자리. ③소의 양지머리에 붙은 고기.

배꼽에 어루쇠를 붙인 것 같다 속담 눈치가 빠르고 경우가 밝아 남의 속을 들여다보듯이 환히 안다는 말.

배꼽 밑에 털 나다 관용 어른이 되다.

배꼽(을) 빼다 관용 배꼽이 빠질 정도로 몹시 우습다. ¶ 배꼽을 빼는 영화.

배꼽(을) 쥐다 관용 우스움을 참지 못하고 배를 움켜쥔 채 크게 웃다.

배꼽(이) 웃다 관용 하는 짓이 어이가 없거나 가소롭기 짝이 없다.

배꼽-노리 [-꼼-] 명 배꼽이 있는 언저리.

배꼽-시계(-時計) [-씨계/-씨게] 명 '배가 고픈 느낌으로써 끼니때 따위를 헤아리는 일'을 익살스럽게 이르는 말.

배꼽-쟁이 [-쨍-] 명 '배꼽이 유난히 큰 사람'을 조롱조로 이르는 말.

배꼽-점(-占) [-쩜] 명 골패(骨牌)로 떼는 점의 한 가지.

배꼽-점(-點)[-쩜]명 바둑판 한가운데에 있는 점, 또는 그곳에 놓은 바둑돌. 어복점(於腹點). 천원(天元). 천원점.

배꼽-참외[-차뫼/-차뭬]명 꽃받침이 붙었던 자리가 유달리 볼록하게 나온 참외.

배끗[-끋]부하자 ①물건의 사개가 잘 들어맞지 않고 어긋나는 모양. ②일이 잘못되어 어긋나는 모양. 큰비끗. 센빼끗. **배끗-배끗**부하자.

배끗-거리다[-끋꺼-]자 자꾸 배끗배끗하다. 배끗대다. 큰비끗거리다.

배끗-대다[-끋때-]자 배끗거리다.

배-나무명 능금나뭇과 배나무속(屬)의 낙엽 활엽 교목. 과실나무의 한 가지로, 높이는 2~3m. 봄에 흰 다섯잎꽃이 피고 가을에 열매를 맺는데, 맛이 달고 과즙이 많음. 이목(梨木).

배낭(胚囊)명 종자식물의 밑씨 안에 있는 자성 배우체(雌性配偶體). 나중에 그 안에서 배(胚)가 생김.

배ː낭(背囊)명 물건을 넣어 등에 질 수 있도록 천이나 가죽으로 주머니처럼 만든 것.

배ː낭-여행(背囊旅行)[-녀-]명 최소한의 경비를 들여서 하는 여행을 이르는 말. 필요한 물품을 미리 준비하여 배낭에 넣고 다님.

배내명 남의 가축을 길러서, 다 자라거나 새끼를 친 뒤에 주인과 나누어 가지는 일. 반양(半養).

배ː내-똥명 ①갓난아이가 태어난 뒤에 처음으로 누는 똥. 태변. 태시(胎屎). ②사람이 죽을 때 누는 똥.

배ː내-옷[-옫]명 ☞깃저고리. *배ː내옷이[-오시]·배ː내옷만[-온-]

배ː냇-냄새[-낸-]명 갓난아이의 몸에서 나는, 젖내와 비슷한 냄새.

배ː냇-니[-낸-]명 ☞젖니.

배냇-닭[-내딱/-낻딱]명 배내로 약속하고 기르는 닭. *배냇닭이[-내딸기/-낻딸기]·배냇닭만[-내땅-/-낻땅-]

배냇-돼지[-내뙈-/-낻뙈-]명 배내로 약속하고 기르는 돼지.

배ː냇-머리[-낸-]명 태어나서 한 번도 깎지 않은 어린아이의 머리털. 산모(產毛). 태발(胎髮).

배ː냇-버릇[-내뻐른/-낻뻐른]명 〔날 때부터 가지고 있는 버릇이라는 뜻으로〕 오래되어 고치기 힘든 버릇. *배ː냇버릇이[-내뻐르시/-낻뻐르시]·배ː냇버릇만[-내뻐른-/-낻뻐른-]

배ː냇-병신(-病身)[-내뼝-/-낻뼝-]명 날 때부터의 병신.

배냇-소[-내쏘/-낻쏘]명 배내로 약속하고 기르는 소.

배ː냇-저고리[-내쩌-/-낻쩌-]명 ☞깃저고리.

배ː냇-짓[-내찓/-낻찓]명하자 갓난아이가 자면서 웃거나 눈·코·입 등을 쫑긋거리는 짓. *배ː냇짓이[-내찌시/-낻찌시]·배ː냇짓만[-내찐-/-낻찐-]

배냉이-벌레명 방패벌렛과의 곤충. 몸길이 3.5mm가량. 몸빛은 흑갈색, 날개는 반투명으로 검은 얼룩무늬가 있음. 배나무나 벚나무의 잎 뒤에 붙어 진을 빨아 먹는 해충임.

배너^광ː고(banner廣告)명 홈 페이지에, 주로 직사각형이나 띠 모양으로 만들어 넣는 인터넷상의 광고.

배농(排膿)명하자 곪은 자리를 째서 고름을 빼냄.

배뇨(排尿)명하자 오줌을 눔.

배ː다[1]자 ①물기 따위가 스며들거나 스미어 나오다. ¶ 옷에 기름이 배다./손에 땀이 배다. ②버릇이 되어 익숙해지다. ¶ 일이 손에 배다. ③냄새가 스며들어 오래도록 남아 있다. ¶ 담배 냄새가 옷에 배다. ④느낌·생각 따위가 느껴지거나 남아 있다. ¶ 민족 정서가 배다.

배ː다[2] Ⅰ자타 ①식물의 줄기 속에 이삭이 생기다, 또는 이삭을 가지다. ¶ 벼 포기마다 벌써 이삭이 배었다. ②물고기 따위의 배 속에 알이 들다, 또는 알을 가지다. ¶ 명태가 알을 배는 시기. ③근육이 딴딴하게 뭉친 덩이가 생기다. ¶ 하루 종일 걸었더니 다리에 알이 배었다.

Ⅱ타 배 속에 아이나 새끼를 가지다. ¶ 아기를 배다.

배지 아니한 아이를 낳으라 한다속담 없는 것을 내라며 누리하게 요구한다는 말.

배다[3]타 '배우다'의 잘못.

배다[4]형 ①여럿의 간격이 서로 매우 가깝다. 촘촘하다. ¶ 싹이 배게 돋아나 있다. ②들어차 있어 빈자리가 거의 없이 비좁다. ③소견이 좁다.

배다자타 〈옛〉①망하다. ¶ 나라히 배디 아니터든(杜初*6:2*). ②망치다. 결딴내다. 없애다. ¶ 크닌 나라홀 배며 지불 亡ᄒᆞ고(內訓*1:1*).

배-다르다[~다르니·~달라]형르 형제자매가 아버지는 같으나 낳은 어머니가 다르다. 《주로, '배다른'의 꼴로 쓰임.》 ¶ 배다른 형제.

배-다리명 ①배를 나란히 잇달아 띄워 그 위에 널빤지를 건너질러 놓은 다리. 선교(船橋). 선창(船艙). 주교(舟橋). ②교각을 세우지 않고 널조각을 걸쳐 놓은 다리. 부교(浮橋).

배다릿-집[-리찝/-릳찝]명 도랑 위에 걸쳐 놓은 배다리 끝에 바로 대문이 있는 집.

배ː단(拜壇)명 배례하기 위하여 신위(神位) 앞에 만들어 놓은 단.

배ː달명 〈배달나라〉의 준말. 한자를 빌려 '倍達'로 적기도 함.

배ː달(配達)명하타되자 (물품을) 가져다가 몫몫이 갈라서 여러 군데로 나누어 줌. ¶ 우유 배달.

배ː달-겨레명 '우리 겨레'를 예스럽게 또는 멋스럽게 이르는 말. 배달민족.

배ː달-나라[-라-]명 '상고(上古) 시대의 우리나라'를 이르는 말. 준배달.

배ː달-민족(-民族)명 ☞배달겨레. 준배달족.

배ː달-원(配達員)명 배달하는 일을 직업으로 삼는 사람. ¶ 신문 배달원.

배ː달-족(-族)명 〈배달민족〉의 준말.

배달직입(排闥直入)명하자 주인의 승낙 없이 함부로 남의 집에 들어감.

배담-작용(排膽作用)명 쓸개즙이 쓸개의 수축에 따라 십이지장으로 스며드는 현상.

배ː당(配當)명하타되자 ①알맞게 벼르거나 별러서 줌, 또는 그 액(額)이나 양. ¶ 시간 배당. ②주식회사가 이익금을 주주에게 몫몫이 나누어 주는 일.

배ː당-금(配當金)명 배당하는 돈, 특히 주식에 대한 배당 이익.

배ː당-락(配當落)[-낙]명 매매되는 주식에서, 최근의 배당금을 받을 권리가 없는 상태. ↔배당부.

배ː당-률(配當率)[-뉼]명 출자액에 대한 배당금의 비율.

배ː당-부(配當附)명 매매되는 주식에서, 최근의 배당금을 받을 권리가 있는 상태. ↔배당락.

배ː당^소ː득(配當所得)명 법인으로부터 받은 이익, 이자의 배당, 잉여금의 분배 등으로 말미암은 소득.

배ː당-주(配當株)명 주주에게 현금을 배당하는 대신으로 나누어 주는, 불입이 끝난 주식.

배ː당-체(配糖體)명 당류가 알코올·페놀류의 수산기(水酸基)와 결합한 화합물.
배ː덕(背德)명하자 윤리·도덕에 어그러짐. ¶ 배덕 행위.
배ː도(背道)명하자 도리에 어긋남.
배ː도(配島)명하타 섬으로 귀양 보냄.
배ː도-겸행(倍道兼行)명하자 이틀에 갈 길을 하루에 걸음.
배ː독(拜讀)명하타 상대편을 공경하면서 그의 글월을 읽음. 배람(拜覽). 배송(拜誦).
배ː독(背讀)명하타 ☞배강(背講).
배-돌다[~도니·~돌아]자 한데 어울리지 아니하고 떨어져 밖으로만 돌다. ¶ 모두 배돌기만 하니 모임이 엉망이다. 큰베돌다.
배동명 이삭이 패려고 대가 불룩해지는 현상. ¶ 배동이 서다.
배동-바지명 벼가 배동이 설 무렵.
배-두렁이명 어린아이가 입는, 배만 겨우 가리는 좁고 짧은 두렁이.
배둥근-끌명 날이 밖으로 반달 모양을 이룬 끌.
배둥근-대패명 날의 가운데가 둥근 대패. 나무의 면을 둥글게 밀어내는 데 쓰임.
배드민턴(badminton)명 경기장 가운데에 친 네트를 사이에 두고, 라켓으로 셔틀콕이 바닥에 떨어지지 않도록 서로 쳐 넘겨 득점을 겨루는 경기.
배듬-하다형여 〈배스듬하다〉의 준말. 큰비듬하다. **배듬-히**부.
배ː등(倍騰)명하자 물건 값이 갑절로 오름.
배-따라기명 ①서경(西京) 악부(樂府) 열두 가지 춤의 한 가지. 배를 타고 중국으로 떠나는 사신의 출발 광경을 보이는 춤. 선유락. ②서도 잡가(西道雜歌)의 한 가지. 배따라기 춤을 출 때 맨 나중에 부르는 노래. 이선악곡(離船樂曲). 본배떠나기.
배딱-거리다[-꺼-]자 자꾸 배딱배딱하다. 배딱대다. 큰비딱거리다. 센빼딱거리다.
배딱-대다[-때-]자 배딱거리다.
배딱-배딱[-빼-]부 ①하자물체가 자꾸 이리저리 갸울어지는 모양. ②하형여러 개가 모두 배딱한 모양. 큰비딱비딱. 센빼딱빼딱.
배-딱지[-찌]명 게·거북 따위의 배를 싸고 있는, 뼈처럼 단단한 껍데기. 참등딱지.
배딱-하다[-따카-]형여 ①물체가 한쪽으로 조금 배스듬하게 갸울다. ¶ 고개가 배딱하다. 큰비딱하다. ②성격이나 행동 따위가 바르지 못하고 조금 배뚤어져 있다. 센빼딱하다. **배딱-이**부.
배-때명 〈배때기〉의 준말.
배때가 벗다관용 행동이나 말이 매우 거만하고 건방지다.
배-때기명 〈배1〉의 속된 말. 준배때.
배-떠나기명 〈배따라기〉의 본딧말.
배뚜로부 배뚤어지게. ¶ 줄을 배뚜로 맞추다. / 뭐가 못마땅한지 자꾸 배뚜로 나간다. 큰비뚜로. 센빼뚜로.
배뚜름-하다형여 조금 배뚤어져 있다. 큰비뚜름하다. 센빼뚜름하다. **배뚜름-히**부.
배뚝-거리다[-꺼-]자타 자꾸 배뚝배뚝하다. 배뚝대다. 큰비뚝거리다. 센빼뚝거리다.
배뚝-대다[-때-]자타 배뚝거리다.
배뚝-배뚝[-빼-]부 ①하자타물체가 한쪽으로 갸울어지며 흔들거리는 모양. ②하타한쪽 다리가 짧거나 바닥이 고르지 못하여 배틀거리며 걷는 모양. 큰비뚝비뚝. 센빼뚝빼뚝.
배뚤-거리다자타 자꾸 배뚤배뚤하다. 배뚤대다. 큰비뚤거리다. 센빼뚤거리다.
배뚤다[배뚜니·배뚤어]형 ①물체가 반듯하지 않고 한쪽으로 갸울거나 쏠려 있다. ②마음이 바르지 못하고 비꼬여 있다. 큰비뚤다. 센빼뚤다.
배뚤-대다자타 배뚤거리다.
배뚤-배뚤부하자타 ①물체가 자꾸 이리저리 갸우뚱거리는 모양. ②물체가 곧지 않고 이리저리 고부라지는 모양. 큰비뚤비뚤. 센빼뚤빼뚤.
배뚤배뚤-하다형여 물체가 곧지 않고 이리저리 고부라져 있다. ¶ 배뚤배뚤한 어린아이의 글씨. 큰비뚤비뚤하다. 센빼뚤빼뚤하다.
배뚤어-지다자 ①반듯하지 않고 한쪽으로 갸울어지거나 쏠리다. ¶ 액자가 배뚤어지다. ②마음이나 성격 따위가 바르지 못하고 배꼬이다. ③성이 나서 뒤틀어지다. 큰비뚤어지다. 센빼뚤어지다.
배라-먹다[-따]타 (먹고살 길이 없어) 남에게 거저 얻어먹다. 큰빌어먹다.
배란(排卵)명하자 되자 성숙기에 이른 포유류 암컷의 난소에서 성숙한 난자가 배출되는 일.
배ː람(拜覽)명하타 ☞배독(拜讀).
배랑-뱅이명 '거지'를 얕잡아 이르는 말. 큰비렁뱅이.
배래명 ①육지에서 멀리 떨어진 바다 위. 참난바다. ②〈배래기〉의 준말.
배ː래기명 ①물고기의 배의 부분. ②한복의 소매 아래쪽에 물고기의 배처럼 불룩하게 둥글린 부분. 준배래.
배ː량(倍量)명 (어떤 양의) 갑절이 되는 양.
배럴(barrel)의 야드파운드법에서의 부피의 단위. 주로, 액체의 계량에 씀. 석유 1배럴은 약 159리터.
배럴-스커ː트(barrel skirt)명 허리와 치맛자락에 주름을 잡아서 둥근 통 모양으로 만든 스커트.
배ː려(背戾)명하자되자 배반되고 어그러짐.
배ː려(配慮)명하타 여러모로 자상하게 마음을 씀. 염려해 줌. 배의(配意). ¶ 불편함이 없도록 각별히 배려하다.
배ː령(拜領)명하타 ☞배수(拜受).
배ː례(拜禮)명하자 절하는 예(禮), 또는 절하여 예를 표함. ¶ 국기 배례. /부처 앞에 배례하다.
배ː롱(焙籠)명 화로에 씌워 놓고 젖은 기저귀나 옷 따위를 얹어 말리는 기구.
배ː롱-나무명 ☞백일홍.
배ː롱-질(焙籠-)명하자 젖은 기저귀나 옷 따위를 배롱에 얹어 말리는 일.
배ː뢰(蓓蕾)[-뢰/-뤠]명 막 피려고 하는 꽃봉오리.
배ː료(配料)명 지난날, 귀양살이하는 사람에게 주던 식료품.
배ː륜(背倫)명하자 윤리에 어그러짐.
배ː리(背理)명하자되자 ①도리에 어긋남. 이치에 맞지 않음. ②부주의에서 생기는 추리의 착오. 반리(反理).
배ː리(陪吏)명 조선 시대에, 세자를 곁에서 모시던 나이 어린 아전(衙前).
배리다형 ①생선이나 동물의 피 또는 날콩을 씹을 때에 나는 냄새나 맛이 나다. ②하는 짓이 좀스럽고 다랍고 아니꼽다. ③너무 적어서 마음에 차지 않다. 큰비리다.
배리-배리부하형 배틀어질 정도로 야윈 모양. ¶ 몸이 배리배리하다. 큰비리비리.
배ː리-법(背理法)[-뻡]명 ☞귀류법(歸謬法).

배리착지근-하다[-찌-]형여 맛이나 냄새가 조금 배리다. 준배리치근하다·배착지근하다·배치근하다. 큰비리척지근하다.
배리치근-하다형여 〈배리착지근하다〉의 준말. 큰비리치근하다.
배립(排立)명하자 줄을 지어 죽 늘어섬.
배릿-배릿[-릳빼릳]부하형 ①맛이나 냄새가 매우 배릿한 상태. ②좀스럽고 다랍고 아니꼬움을 느끼는 모양. ¶ 하는 짓을 보니 속이 배릿배릿하다. 큰비릿비릿.
배릿-하다[-리타-]형여 조금 배린 듯하다. ¶ 배릿한 갯바람. 큰비릿하다. **배릿-이**부.
배-멀미명하자 '뱃멀미'의 잘못.
배메기명하타 지주와 소작인이 소출(所出)을 똑같이 나누어 가지는 일, 또는 그 제도. 반타작. 병작(竝作).
배메기^농사(-農事)명 배메기로 짓는 농사.
배메깃-논[-긴-]명 배메기로 부치는 논.
배ː면(背面)명 뒤쪽. 등 쪽. ↔복면(腹面).
배ː명(拜命)명하타 명령·임명을 삼가 받음.
배목명 문고리나 삼배목(三排目)에 꿰는 쇠. 못처럼 생겼으나, 대강이에 구멍이 있어 자물쇠를 꽂게 되었음.
배ː문(拜聞)명하타 전해 주는 말을 공경하는 마음으로 들음.
배ː문(配文)명 지난날, 죄인을 유배할 때 형조(刑曹)에서 유배지의 관아에 보내던 통지.
배문(排門)명 지난날, 죄인의 집 문에 그 죄목을 써서 붙이던 일.
배ː-문자(背文字)[-짜]명 책의 표지의 등 쪽에 박은 글자.
배ː물-교(拜物敎)명 원시 종교 형태의 한 가지로, 주물(呪物)의 효능을 믿고 숭배하는 종교.
배미명 ①〈논배미〉의 준말. ¶ 마을 앞 큰 배미. ②〖의존 명사적 용법〗 논의 뙈기를 세는 말. ¶ 개울 건너 열두 배미의 논.
배민(排悶)명하자 괴로움을 물리침.
배-밀이[1]명하자 ①어린아이가 엎드려서 배로 기어 다니는 짓. ②씨름의 들재간의 한 가지. 상대편을 배로 밀어서 넘어뜨리는 기술.
배-밀이[2]명하자 세 줄을 파되, 가운데 줄을 조금 넓게 파는 대패.
배-밀이[3]명하자 문살을 맞춘 뒤, 종이 바를 쪽을 대패질하여 고르게 하는 일.
배반(杯盤·盃盤)명 ①술을 마시는 잔과 그릇, 또는 술상에 놓인 그릇이나 그 안에 담긴 음식. ②흥겹게 노는 잔치.
배반(胚盤)명 조류나 파충류 따위의 알의 노른자 위에 희게 보이는 원형질.
배ː반(背反·背叛)명하타되자 신의를 저버리고 돌아섬. 등지고 나섬. ¶ 친구를 배반하다.
배반^사ː건(排反事件)[-껀]명 수학의 확률론에서, 둘 이상의 사건이 있을 때 한 사건이 일어나면 다른 사건은 절대로 일어나지 않을 경우, 그 사건 상호 간의 관계를 이르는 말.
배ː반-자(背反者)명 배반한 사람.
배ː방(陪房)명 하인들이 거처하는 방.
배ː배부 여러 번 꼬이거나 뒤틀린 모양. ¶ 실을 배배 꼬다. /배배 틀다. /배배 틀린 운명. 큰비비.
배ː백(拜白)명 '엎드려 사뢴다'는 뜻으로, 편지 끝의 이름 아래에 쓰는 말.
배뱅잇-굿[-이꾿/-읻꾿]명 서도(西道) 지방의 민속극의 한 가지. 한 사람이 창(唱)으로 여러 역할을 도맡아 하는 푸닥거리로, 죽은 배뱅이의 넋을 불러 부모와 만나게 하려는 무당·박수들의 경쟁이 그 내용임. *배뱅잇굿이[-이꾸시/-읻꾸시]·배뱅잇굿만[-이꾼-/-읻꾼-]
배변(排便)명하자 대변을 배설함.
배ː별(拜別)명하자·타 '공경하는 사람과의 작별'을 높이어 이르는 말.
배ː병(配兵)명하자 (공격이나 방어를 할 중요한 곳에) 병사를 배치함, 또는 그 병사.
배ː복(拜伏)명하자 공경하는 마음으로 절하여 엎드림. 엎드려 절함.
배ː복(拜覆·拜復)명 '삼가 회답(回答)함'의 뜻으로, 한문 투의 편지 글 첫머리에 쓰는 말. 경복(敬復). 복계(復啓).
배ː본(配本)명하타되자 ①책을 가져다 줌. ¶ 신간 도서를 각 서점에 배본하다. ②출판물을 예약한 사람에게 나누어 줌.
배ː부(背夫)명하자 남편을 배반함.
배ː부(背部)명 ①등 부분. ↔복부(腹部). ②어떤 면(面)의 뒤쪽.
배ː부(配付)명하타되자 나누어 줌. 돌라 줌. ¶ 시험지를 배부하다.
배ː부(配賦)명하타되자 돌라 매겨 줌.
배ː부-개가(背夫改嫁)명하자 남편을 저버리고 다른 남자에게로 시집감.
배ː부-도주(背夫逃走)명하자 남편을 저버리고 달아남.
배-부르다[~부르니·~불러]형르 ①(음식을 많이 먹거나 하여) 배가 불룩하다. ¶ 고기를 배부르게 먹다. ②넉넉하여 아쉬운 것이 없다. ¶ 배부른 소리를 한다. ③임신하여 배가 불룩하다.
　배부른 흥정관용 급히 서둘지 않고 천천히 배짱을 퉈겨 가며 물건을 흥정하는 일, 또는 그런 식으로 일을 처리함.
배ː부-세(配賦稅)[-쎄]명 조세 징수에서, 미리 조세 수입의 금액을 결정하여, 그것을 납세자나 과세 목표물에 별러 매기는 세.
배부장-나리명 '배가 불룩하게 나온 사람'을 조롱조로 이르는 말.
배ː분(配分)명하타되자 몫몫이 나누어 줌. 분배. ¶ 이익 배분.
배불(排佛)명하자 불교를 배척함. ¶ 배불 사상.
배-불뚝이명 배가 불뚝하게 나온 사람, 또는 물건.
배불리부 배부르게. ¶ 배불리 먹고 잘살다.
배불^숭유^정책(排佛崇儒政策)명 조선 시대에, 불교를 배척하고 유교를 숭상하던 정책.
배-붙이기[-부치-]명 명주 올이 겉으로, 무명 올이 안으로 가게 짠 피륙.
배비(排比)명하타되자 비례에 따라 몫몫이 나눔.
배ː빈(陪賓)명 ①지위가 높은 사람을 모시고 자리를 함께하는 손. 배객(陪客). ②주빈(主賓) 이외의 손.
배빗-대[-비때/-빋때]명 베틀에 딸린 기구의 한 가지. 도투마리에 베실을 감을 때, 그 사이사이에 대는 나뭇가지.
배ː사(背斜)명 물결 모양으로 습곡(褶曲)이 진 지층의 봉우리 부분. ↔향사(向斜).
배ː사(拜賜)명하타 (웃어른이 주는 것을) 공손히 받음.
배ː사(拜謝)명하자 (웃어른에게) 삼가 사례함.
배ː사(拜辭)명하타 공손히 사양함.
배ː사(倍蓰)명 〔배(倍)는 갑절, 사(蓰)는 다섯 곱절의 뜻으로〕 갑절 이상 몇 곱절 가량.
배ː사-곡(背斜谷)명 지층의 배사 부분이 침식을 받아 이루어진 골짜기.

배ː사^구조(背斜構造)명 지각의 변동이나 압력으로 생긴, 낙타의 등과 같은 모양의 지질 구조. 〔석유 광상(鑛床)은 대개 이 구조임.〕
배ː-사령(陪使令)명 지난날, 벼슬아치를 따라다니던 사령. 배하인.
배사-문(排沙門)명 쌓인 모래를 흘려 없애기 위하여 만든 수문(水門).
배ː사-축(背斜軸)명 지층의 배사(背斜)가 되는 부분의 중축(中軸).
배삭(排朔)명하타 한 달에 얼마씩 나누어 몇 달에 걸쳐 나누어 줌. 배월(排月).
배ː산임수(背山臨水)명 산을 등지고 강을 바라보는 지세(地勢).
배ː상(拜上)명하타 '삼가 올림'의 뜻으로, 흔히 한문 투의 편지 글 끝에 쓰는 말.
배ː상(拜相)명하타 정승 벼슬을 삼가 임명받음.
배상(賠償)명하타 남에게 입힌 손해를 물어 줌. ¶ 피해를 배상하다.
배상-금(賠償金)명 배상하는 돈. ¶ 배상금을 물다.
배상-꾼명 배상부리는 사람.
배상-부리다자 거드름을 피우며 몸을 아끼고 꾀만 부리다.
배ː색(配色)명하타 두 가지 이상의 색을 섞음, 또는 섞은 그 색.
배ː서(背書)명하자 ①책장이나 서면(書面) 따위의 뒤쪽에 글씨를 씀, 또는 그 글씨. ②어음·수표 등 지시 증권의 소유자가 그 증권의 뒷면에 필요한 사항을 적고 서명하여 상대편에게 주는 일. ②뒷보증·이서(裏書)·전서(轉書).
배ː서-인(背書人)명 배서에 따라 어음·수표 등의 지시 증권을 양도 또는 입질(入質)한 사람.
배ː석(拜席)명 의식(儀式)에서, 절하는 곳에 까는 자리.
배ː석(陪席)명하자 웃어른을 모시고 자리를 함께함. ¶ 정상 회담에 통역관이 배석하다.
배ː석^판사(陪席判事)명 합의제 재판에서, 재판장 이외의 판사.
배ː선(配船)명하타 (일정한 항로나 구간에 따라) 배를 별러서 배치함.
배ː선(配線)명하타되자 ①전선을 끌어다 닮. ¶ 옥내 배선 공사. ②전기 기기나 전자 부품 등의 각 부분을 전선으로 이음.
배ː선-도(配線圖)명 전기나 전자 장치의 각 부품의 배선과 수량 따위를 기호로 나타낸 그림.
배ː선-반(配線盤)명 ①전화 교환국에서, 전화 가입자로부터 오는 전선을 끌어들여서 교환기에 이끌기 전에 우선 통제하기 위하여 달아 놓은 장치. ②라디오 수신기 등에서, 진공관이나 코일 따위 여러 가지 부품을 달아 놓는 반.
배ː선-함(配線函)명 가공(架空) 케이블을 가공 나선(裸線)에 접속시키는 곳에 두는 함. 그 안에 피뢰기(避雷器)·가용편(可鎔片)·단자반(端子盤) 등을 설비하여 지나친 전압이나 전류로 말미암은 케이블의 피해를 막음.
배설(排泄)명하타되자 ①안에서 밖으로 새어 나가게 함. ②생물체가 몸 안에 생긴 노폐물을 몸 밖으로 내보내는 일. 걸러내기. 배출(排出).
배설(排設)명하타되자 의식이나 연회 등에서, 필요한 여러 가지 제구를 차려 놓음. 진설.
배설-강(排泄腔)명 배설기와 생식기를 겸한 장관(腸管)의 끝 부분. 양서류·파충류·조류 따위에서 볼 수 있음.
배설-기(排泄器)명 생체의 배설 작용을 하는 기관. 신장·요관 따위.
배설-물(排泄物)명 배설된 물질.
배설-방(排設房)명 조선 시대에, 궁중에서 차일·휘장 따위를 치는 일을 맡아보던 곳.
배설^작용(排泄作用)명 생체가 노폐물이나 불필요한 물질 등을 배설하는 작용.
배ː성(陪星)명 ☞위성(衛星).
배ː소(拜掃)명하타 조상의 묘를 깨끗이 하고 정성스레 돌봄.
배ː소(配所)명 죄인이 귀양살이를 하는 곳. ¶ 배소에 가다.
배ː소(焙燒)명하타되자 광석을 융해점 이하에서 가열하여 그 화학적 조성(組成)을 변화시키는 야금상(冶金上)의 준비 조작.
배ː속(配屬)명하자되자 어떤 곳에 배치하여 일하게 함. ¶ 배속 부대. /신입 사원이 영업부에 배속되다.
배ː속^장ː교(配屬將校)[-짱-]명 편제(編制)에 따른 소속 부대를 떠나, 일정 기간 동안 다른 부대의 지휘 아래 배치되는 장교. 특히 훈련 교관으로 학교나 훈련소 따위에 배치된 장교를 이름.
배ː송(拜送)명하타 ①해로움이나 괴로움을 끼치는 사람을 조심스럽게 보냄. ②지난날 민속에서, 천연두를 앓은 뒤 13일 만에 두신(痘神)을 떠나보내던 일.
　배송(을) 내다관용 ①두신을 배송하는 의식을 하다. ②'쫓아내다'의 곁말.
배ː송(拜誦)명하타 ☞배독(拜讀).
배ː송(背誦)명하타 ☞배강(背講).
배ː송(配送)명하타 배달과 발송. 곧, 가져다 여러 군데로 나누어 주거나 부치어 보내 줌. ¶ 신문을 각 지방에 배송하다.
배ː수(拜手)명하자 두 손을 맞잡고 절함.
배ː수(拜受)명하타되자 공손한 마음으로 삼가 받음. 배령(拜領).
배ː수(配水)명하자 ①상수도 등의 물을 여러 군데로 보냄. ¶ 배수 공사. ②논에 물을 댐.
배ː수(配囚)명 귀양살이하는 죄수.
배ː수(倍數)명 ①갑절이 되는 수. ②자연수 'a'를 다른 자연수 'b'로 나누어 나머지 없이 떨어질 때 'b'에 대한 'a'를 이르는 말. ¶ 6과 9는 3의 배수다. ②↔약수(約數).
배수(排水)명되자 ①하타 불필요한 물을 다른 곳으로 흘려 보냄. ¶ 배수 작업. /배수 시설. ②물에 뜬 물체가 그것이 물속에 잠긴 만큼의 부피의 물을 사방으로 밀어냄.
배ː수(陪隨)명하타 높은 사람을 모시고 따름.
배수-갱(排水坑)명 갱내의 물을 밖으로 뽑아내기 위하여 만든 갱도.
배ː수-관(配水管)명 상수도의 물을 보내는 관. ¶ 배수관이 터지다.
배수-관(排水管)명 물을 뽑아내는 관.
배수-구(排水口)명 불필요한 물을 빼거나 물이 빠지는 곳.
배수-구(排水溝)명 ☞배수로.
배수-량(排水量)명 ①물에 뜬 배가 그 무게로 밀어내는 물의 분량. 〔그 분량이 그 배의 중량이 됨.〕 ②펌프가 뽑아내는 물의 분량.
배수-로(排水路)명 물이 빠져나갈 수 있도록 만든 물길. 배수구(排水溝). ¶ 장마에 대비하여 배수로를 내다.
배ː수-성(倍數性)[-썽]명 어떤 생물에서 염색체의 수가, 같은 종(種)의 통상적인 기본 염색체 수의 갑절로 되어 있는 현상.
배ː수^세ː대(倍數世代)명 수정이 끝난 뒤부터 감수 분열할 때까지의 세대. 참반수 세대.

배ː수-지(配水池)명 급수 구역에 수돗물을 공급하기 위하여 만든 큰 저수지.

배ː수-진(背水陣)명 물을 등지고 치는 진. 〔'사기(史記)'의 '회음후전(淮陰侯傳)'에 나오는 말로, 한나라의 한신(韓信)이 강을 등지고 진을 쳐서 병사들이 물러서지 못하고 힘을 다하여 싸우도록 하여 조나라의 군사를 물리쳤다는 고사에서 유래함.〕

배수진을 치다관용 어떤 일에 실패하면 다시는 일어설 수 없다는 결사적인 각오로 임하다. ¶ 배수진을 치고 최후의 일전(一戰)을 벌이다.

배ː수-체(倍數體)명 배수성(倍數性)의 개체.

배ː수-탑(配水塔)명 배수하기 위하여 높이 가설한 탱크.

배수-펌프(排水pump)명 불필요한 물을 뽑아내는 데 쓰는 펌프.

배수^현ː상(排水現象)명 식물이 내부의 불필요한 수분을 물의 형태로 배출하는 현상.

배-숙(-熟)명 배의 껍질을 벗기고 통으로 삶은 뒤, 통후추를 드문드문 박고 끓인 꿀물에 담근 음식. 이숙(梨熟).

배스듬-하다형여 한쪽으로 조금 기운 듯하다. ¶ 모자를 배스듬하게 쓰다. 준배듬하다. 큰비스듬하다. **배스듬-히**부.

배스름-하다형여 거의 비슷한 듯하다. 큰비스름하다. **배스름-히**부.

배슥-거리다[-꺼-]자 자꾸 배슥배슥하다. 배슥대다. 큰베슥거리다.

배슥-대다[-때-]자 배슥거리다.

배슥-배슥[-빼-]부하자 무슨 일을 탐탁하게 여기지 않고 자꾸 배도는 모양. 큰베슥베슥.

배슥-하다[-스카-]형여 한쪽으로 조금 배스듬하다. ¶ 벽에 배슥하게 걸린 달력. 큰베슥하다·비슥하다. **배슥-이**부.

배슬-거리다[1]자 어떤 일을 슬슬 피하며 자꾸 배돌다. 배슬대다[1]. ¶ 일은 하지 않고 슬슬 눈치를 보면서 배슬거리기만 한다. 큰베슬거리다.

배슬-거리다[2]자 힘없이 자꾸 배쓱거리다. 배슬대다[2]. ¶ 병든 닭처럼 배슬거리다. 큰비슬거리다.

배슬-대다[1]자 ☞배슬거리다[1].

배슬-대다[2]자 ☞배슬거리다[2].

배슬-배슬[1]부하자 어떤 일을 슬슬 피하며 배도는 모양. 큰베슬베슬.

배슬-배슬[2]부하자 힘없이 배쓱거리는 모양. ¶ 배슬배슬 걷다. 큰비슬비슬.

배슷-하다[-스타-]형여 한쪽으로 조금 갸울다. 큰비슷하다[1]. **배슷-이**부.

배ː승(拜承)명하타 공손히 받음(들음).

배승(倍勝) '배승하다'의 어근.

배ː승(陪乘)명하자타 수레 따위에, 지체 높은 사람을 모시고 탐.

배ː승-하다(倍勝-)형여 갑절이나 더 낫다.

배ː시(陪侍)명하타 지체 높은 사람을 가까이에서 모심.

배시시부 다소곳한 모습으로 소리 없이 가볍게 웃는 모양. ¶ 형은 대답 대신 배시시 웃기만 하였다.

배ː식(配食)[1]명하타 (군대나 단체 같은 곳에서) 음식을 몫몫이 줌(날라 줌). ¶ 배식 당번. /배식 시간.

배ː식(配食)[2]명하타 ☞배향(配享).

배ː식(陪食)명하자타 웃어른을 모시고 함께 음식을 먹음. 반식(伴食). 시반(侍飯). 시식(侍食).

배ː식(培植)명하타 식물을 심어 가꿈.

배ː신(背信)명하타 신의를 저버림. ¶ 배신을 당하다. /친구를 배신하다.

배ː신(陪臣) Ⅰ명 ☞가신(家臣).
Ⅱ대 지난날, 제후의 신하가 천자에 대하여 자기를 일컫던 말.

배ː신-감(背信感)명 배신을 당하고 느끼는 속상한 감정. ¶ 배신감이 들다.

배ː신-자(背信者)명 배신한 사람. ¶ 배신자로 몰리다.

배실-거리다자 '배슬거리다[1]'의 잘못.

배ː심(背心)명 배반하려는 마음. 반심(叛心).

배ː심(陪審)명하자 ①재판의 심리에 배석함. ②배심원이 재판의 기소 또는 심리에 참여함.

배ː심-원(陪審員)명 (일반 국민으로부터 선출되어) 배심 재판에 참여하는 사람. 비참심원.

배ː심^재판(陪審裁判)명 배심원들의 의견을 토대로 하는 재판.

배-쌈명 뱃바닥의 언저리에 나무나 고무 타이어 등으로 빙 둘러싸서 일정한 높이로 붙여 올린, 배의 벽을 이루는 부분. 배의 충격을 완화하고 파손을 방지하는 기능을 함.

배쓱-거리다[-꺼-]자 자꾸 배쓱배쓱하다. 배쓱대다. 큰비쓱거리다.

배쓱-대다[-때-]자 배쓱거리다.

배쓱-배쓱[-빼-]부하자 이리저리 쓰러질 듯하면서 배스듬히 나가는 모양. 큰비쓱비쓱.

배아(胚芽)명 ☞배(胚).

배아-미(胚芽米)명 ①배아가 다 떨어져 나가지 않도록 쓿은 쌀. ②벼를 물에 담갔다가 싹이 터서 나올 듯할 때 말려서 찧은 쌀.

배악-비[-삐]명 가죽신의 창이나 울 속에 넣는, 넝마 따위를 여러 겹으로 두껍게 붙인 것. 배포(褙布). 준백비.

배ː안(拜顔)명하타 (윗사람의) 얼굴을 뵘.

배알명 '창자'를 속되게 이르는 말. 준밸.

배알이 꼴리다〔**뒤틀리다**〕관용 비위에 거슬려 아니꼽게 생각되다.

배ː알(拜謁)명하타 지체 높은 분을 만나 뵘. 면알(面謁). ¶ 왕을 배알하다.

배-앓이[-아리]명 배를 앓는 병.

배암명 '뱀'의 잘못.

배ː암-투명(背暗投明)명하자 〔어둠을 등지고 밝은 데로 나아간다는 뜻으로〕 그릇된 길을 버리고 바른길로 나아감.

배ː압(背壓)명 증기 원동기나 내연 기관에서 뿜어내는 증기나 가스의 압력.

배ː액(倍額)명 두 배의 값. ¶ 배액을 들이다.

배ː약(背約)명하자 약속을 저버림.

배ː양(培養)명하타되자 ①식물을 가꾸어 기름. ¶ 종묘 배양. ②역량을 길러 냄. ¶ 국력 배양. /인재를 배양하다. ③미생물이나 동식물의 조직의 일부를 인공적으로 길러 증식시킴. ¶ 배양된 바이러스.

배ː양-기(培養基)명 미생물을 배양하는 데 쓰는 영양물. 보통, 육즙에다 펩톤이나 우무 따위를 섞어서 만듦. 배지(培地).

배ː양-액(培養液)명 미생물이나 동식물의 조직 따위를 배양하는 데 필요한 모든 영양소가 들어 있는 시험액.

배ː양-토(培養土)명 꽃이나 목본 식물 따위를 재배하는 데 쓰려고 인위적으로 거름을 섞어 걸게 만든 흙.

배어-나다자 (어떤 기운이나 물기 따위가) 스미어 나오다. ¶ 입가에 미소가 배어나다. /손바닥에서 땀이 배어나다.

배어-들다[~드니·~들어]㉶ (어떤 기운이나 물기 따위가) 속에까지 스미다. ¶ 냄새가 배어들다. /어둠이 배어들다. /빗물이 속옷까지 배어들다.
배-어루러기명 배에 난 털의 빛깔이 얼룩얼룩한 짐승.
배ː역(背逆)명하타 은혜를 저버리고 배반함.
배ː역(配役)명하타 영화나 연극 따위에서 배우에게 어떤 역(役)을 맡김, 또는 맡긴 그 역.
배연(排煙)명 ①굴뚝 따위에서 뿜어 나오는 연기. ②하타되자 건물 따위의 안에 찬 연기를 밖으로 뽑아냄.
배연-소방차(排煙消防車)명 화재 때, 건물 안에 차 있는 연기를 빼내고 바깥 공기를 들여보낼 수 있도록 만든 소방차.
배ː열(配列·排列)명하타되자 일정한 차례나 간격으로 죽 벌여 놓음. ¶ 연대순으로 배열하다.
배엽(胚葉)명 동물의 개체 발생 초기에 나타나는 세 켜의 세포층. 내배엽·중배엽·외배엽으로 되어 있음.
배ː영(背泳)명 수영법의 한 가지. 위를 향해 반듯이 누워서 치는 헤엄. 등헤엄. 송장헤엄.
배ː외(拜外)[-외/-웨]명하타 외국의 문물이나 사상 따위를 떠받듦. ¶ 배외 사상. ↔배외(排外).
배외(排外)[-외/-웨]명하타 외국 사람이나 외국의 문물·사상 따위를 꺼리어 물리침. ¶ 배외 정책. ↔배외(拜外).
배욤㉶ 〈옛〉〔'배다'의 명사형〕 ①망침〔滅〕. ¶ 勇猛혼 士卒은 되 배요몰 ᄉᆞ랑ᄒᆞ고(杜初21:36). ②망함. 멸망함. ¶ 쁘데 犬戎이 배요몰 기들워(杜初24:22).
배ː우(配偶·配耦)명 ☞배필(配匹).
배우(俳優)명 ①영화나 연극 등에서, 극중(劇中)의 인물로 분(扮)하여 연기하는 사람. ¶ 주역을 맡은 배우. ②☞광대2.
배우다타 ①남의 가르침을 받다. ¶ 선배로부터 일을 배우다. ②남이 하는 일을 본받아 그대로 하다. ¶ 부모를 보고 배우다. ③학문을 닦다. ¶ 대학에서 함께 배운 친구. ④경험 따위를 쌓아서 알게 되다. ¶ 여행을 통해서 인생을 많이 배우다. ⑤습관이나 습성이 몸에 붙다. ¶ 술을 배우다.
배운 도둑질 같다속담 버릇이 되어 어떤 일을 자꾸 하게 된다는 말.
배ː우^상속인(配偶相續人)명 배우자인 상속인.
배ː우^생식(配偶生殖)명 두 생식 세포가 한 몸이 되어 새로운 개체를 만드는 생식.
배ː우-자(配偶子)명 생물에서, 짝이 되는 두 가지의 세포가 서로 합하여 새로운 개체를 만드는 생식 작용에서 합체나 접합에 관여하는 개개의 생식 세포. 〔정자·난자 따위.〕
배ː우-자(配偶者)명 (남편이 아내를, 아내가 남편을) '부부로서 짝이 되는 상대자'라는 뜻으로 이르는 말. ¶ 배우자를 고르다.
배ː우자^접합(配偶子接合)[-저팝]명 단세포 생물에서, 배우자에 의하여 이루어지는 접합. ↔개체 접합.
배ː우-체(配偶體)명 세대 교번(世代交番)이 이루어지는 식물에서, 배우자를 만들어 유성 생식을 하는 세대의 식물체.
배움-배움명 보거나 듣거나 하여 배운 지식이나 교양. ¶ 배움배움이 그저 그런 사람.
배움-터명 배우는 곳. 학원(學園).
배웅명하타 떠나는 사람을 일정한 곳까지 따라나가 작별하여 보냄. 배행(陪行). ¶ 떠나는 친구를 정류장까지 배웅하다.
배월(排月)명하타 ☞배삭(排朔).
배ː위(拜位)명 제사 따위에서, 헌관(獻官)이 나아가 절하는 자리.
배ː위(配位)명 부부가 다 죽었을 때 그 '아내'를 높이어 이르는 말.
배ː위(陪衛)명하자 왕조 때, 세자가 나고 들 때 그를 모시고 따르던 일.
배ː위^결합(配位結合)명 원자 간의 결합에서, 한쪽 원자에서만 제공되는 두 개의 원자가 전자(原子價電子)로만 이루어지는 결합.
배ː위-설(配位說)명 착화합물 안에 금속 원자를 중심으로 일정 수의 원자나 이온 또는 기(基)가 입체적으로 결합·배치되어 있다고 하는 설.
배ː위^화ː합물(配位化合物)[-함-]명 ☞착화합물(錯化合物).
배유(胚乳)명 ☞배젖.
배ː율(倍率)명 도형이나 상(像) 따위를 확대하거나 축소할 때의 비율. ¶ 배율이 큰 망원경.
배율(排律)명 한시체(漢詩體)의 한 가지. 오언(五言)이나 칠언(七言)의 대구(對句)를 여섯 구 이상 짝수로 배열한 것.
배ː은(背恩)명하자 은혜를 저버림. 고은(孤恩). ↔보은(報恩).
배ː은-망덕(背恩忘德)명하형 입은 은덕을 저버리고 배반함, 또는 그런 태도가 있음.
배ː음(背音)명 라디오 방송 등에서, 대사나 해설 등의 효과를 내기 위하여 뒤에서 흘려 보내는 음악이나 음향. 참배경 음악.
배ː음(倍音)명 어떤 진동체가 내는 여러 가지 음 가운데, 원음(原音)보다 많은 진동수를 가진 음.
배의(配意)[-의/-이]명하타 ☞배려(配慮).
배일(排日)1명하자 일본(日本)을 꺼리어 물리침. ¶ 배일 운동. 참항일(抗日).
배일(排日)2명하타 하루에 얼마씩 일정하게 갈라서 나눔.
배ː일-성(背日性)[-썽]명 식물의 뿌리 따위가 햇빛의 자극을 받았을 때, 그 반대쪽으로 굽는 성질. ↔향일성. 참배광성.
배ː임(背任)명하타 자기가 맡은 임무를 저버림. ¶ 배임 행위.
배ː임-죄(背任罪)[-쬐/-쮀]명 남의 일을 맡아 처리하는 사람이 그 임무에 위배되는 행위를 함으로써 재산상의 이득을 취하거나 제삼자로 하여금 이익을 취득하게 하여, 임무를 맡긴 본인에게 손해를 끼쳤을 때 성립되는 죄.
배ː입(倍入)명하자 정해진 수량보다 갑절이나 듦.
배잉(胚孕)명하타 아이나 새끼를 뱀.
배자(-子)명 〈패자(牌子)〉의 변한말.
배자(胚子)명 ☞배(胚).
배자(排字)명하타 글씨를 쓰거나 조판을 할 때, 글자를 알맞게 벌여 놓음.
배ː자(褙子)명 저고리 위에 입는, 조끼 모양으로 생긴 덧저고리.
배자-예채(-子例債)명 지난날, 잡혀가는 죄인이 법사(法司)의 사령(使令)에게 뇌물로 주던 돈.
배ː장-품(陪葬品)명 ☞부장품(副葬品).
배-재기명 '아이를 배어 배가 부른 여자'를 농조로 이르는 말.
배-저녁나방[-녕-]명 밤나방과의 곤충. 몸길이 1.5~2 cm이며, 몸빛은 회흑색임. 4~5월경에 나타나며, 유충은 배나무·벚나무·콩류 따위의 해충임.
배ː적(配謫)명하타되자 지난날, 유배할 죄인을 귀양지로 보내던 일.

배ː전(倍前)명 〔이전의 갑절이란 뜻으로〕 전보다 더함을 이르는 말. 《주로, '배전의'의 꼴로 쓰임.》 배구(倍舊). ¶ 배전의 노력을 하다. /배전의 애호를 바랍니다.

배ː전(配電)명하자 전력이나 전류를 필요한 수요자에게 공급함.

배ː전-반(配電盤)명 발전기나 변압기 등의 운전을 제어하고, 그 발생 전력을 끄는 데 필요한 기구·계기 따위를 한데 모아서 장치한 반(盤).

배ː전-선(配電線)명 발전소나 변전소에서 수요자에게 전력을 보내기 위하여 가설한 전선.

배ː전-소(配電所)명 발전소나 변전소에서 보내온 전력을 다시 수요자에게 공급하는 곳.

배ː-젊다[-점따]형 나이가 아주 젊다.

배ː점(背點)[-쩜]명 천구 상에서 태양 향점의 반대의 점. ↔향점(向點).

배ː점(配點)[-쩜]명하타 되자 점수를 배정함, 또는 배정한 그 점수. ¶ 배점이 높은 문제.

배ː접(褙接)명하타 종이나 헝겊 따위를 겹쳐 붙임. ¶ 헝겊을 배접하다.

배ː정(拜呈)명하타 공손히 받들어 올림. 진상(進上)함. 근정(謹呈).

배ː정(配定)명하타 되자 나누어서 몫을 정함. ¶ 수업 시간을 배정하다.

배정(排定)명하타되자 여러 군데로 나누어 벌여 놓음. ¶ 진열대에 상품을 배정하다.

배-젖(胚-)[-젇]명 씨앗 속에 있어, 식물이 싹틀 때에 배(胚)의 양분이 되는 조직. 배유(胚乳). 씨젖. *배젖이[-저지]·배젖만[-전-]

배ː제(背題)명 지난날, 백성들이 낸 소장(訴狀)의 뒤쪽에 판결(判決)한 내용을 기록하던 일, 또는 그 제사(題辭).

배ː제(配劑)명하타되자 여러 가지 약제를 알맞게 섞음, 또는 그 약제.

배제(排除)명하타 되자 대상을 일정 범위에서 제외함. ¶ 폭력의 배제. /무력 사용을 배제하지 않겠다고 공언하다. /사회 복지 정책에서 배제된 계층이 많다.

배ː-제절(拜除切)[-쩨-]명 ☞배계절(拜階節).

배ː-좁다[-따]형 자리가 몹시 좁다. ¶ 이곳은 여럿이 지내기에는 배좁다. 큰비좁다.

배ː종(背腫)명 ☞등창.

배ː종(陪從)명하타 지체 높은 분을 모시고 따라감.

배-주(-舟)명 한자 부수의 한 가지. '般'·'船'·'航' 등에서의 '舟'의 이름.

배주(杯酒·盃酒)명 잔에 따른 술, 또는 잔술.

배주(胚珠)명 ☞밑씨.

배주룩-배주룩[-빼-]부하형 여러 개의 끝이 다 배주룩한 모양. 큰비주룩비주룩. 센빼주룩빼주룩.

배주룩-하다[-루카-]형여 물체의 끝이 쏙 내밀려 있다. ¶ 새순이 배주룩하다. 큰비주룩하다. 센빼주룩하다. **배주룩-이**부 ¶ 배주룩이 내민 새싹들.

배죽[1]부하타 ①어떤 형체나 모습이 잠깐 살짝 나타나거나 내미는 모양. ¶ 모임에 얼굴만 배죽 내밀고 갔다. ②무슨 일이 못마땅하거나 남을 비웃거나 할 때, 입을 쏙 내미는 모양. ¶ 아무 말도 않고 입만 배죽 내밀다. 큰비죽[1]. 센배쭉[1]·빼죽[1]·빼쭉[1]. **배죽-이**부. ②**배죽-배죽**부하타.

배죽[2]부하형 물체의 한 부분(끝)이 쏙 내밀려 있는 모양. ¶ 서랍의 닫힌 틈으로 편지지가 배죽 나와 있다. 큰비죽[2]. 센배쭉[2]·빼죽[2]·빼쭉[2]. **배죽-이**부. **배죽-배죽**부하형.

배죽-거리다[-꺼-]타 (남을 비웃거나 못마땅한 일이 있을 때) 입을 쏙 내밀고 실룩거리다. 배죽대다. 큰비죽거리다.

배죽-대다[-때-]타 배죽거리다.

배ː준(陪罇)명 제식(祭式)에서, 가운데에 놓이는 준(罇)의 좌우에 벌여 놓는 그릇.

배중-론(排中論)[-논]명 ☞배중률.

배중-률(排中律)[-뉼]명 형식 논리학에서, 두 개의 모순된 개념 사이에는 제삼자가 존재할 수 없다는 논리. 배중론. 배중 원리. 참동일률·모순율.

배중^원리(排中原理)[-월-]명 ☞배중률.

배ː증(倍增)명하자타되자 갑절로 늚, 또는 갑절로 늘림. ¶ 수입량이 배증하다.

배ː지명 〈배[1]〉의 속된 말.

배지(-旨)명 〈패지(牌旨)〉의 변한말.

배ː지(培地)명 ☞배양기(培養基).

배ː지(陪持)명 ①지난날, 지방 관아에서 장계(狀啓)를 가지고 서울에 가던 사람을 이르던 말. ②☞기발(騎撥).

배지(badge)명 휘장(徽章). ¶ 의원 배지. /학교 배지를 달다.

배-지기명 씨름의 들기술. 상대편을 엉덩이로 들거나 배를 지거나 하여 넘어뜨리는 공격 기술. 〔엉덩배지기·왼배지기·들어돌려배지기 따위.〕

배-지느러미명 물고기의 배에 달린 지느러미. 복기(腹鰭).

배ː지-성(背地性)[-썽]명 식물의 줄기·가지·잎 등이 중력(重力)이 작용하는 반대 방향, 곧 땅 위쪽으로 자라는 성질. ↔향지성. 참굴지성.

배ː진(拜診)명하타 (웃어른을) 공손히 진찰함.

배ː진(拜塵)명하자타 〔윗사람이 탄 수레가 일으키는 먼지를 보고도 절을 한다는 뜻으로〕 '윗사람이나 권력가에게 아첨함'을 이름.

배ː진(倍振)명하자 〈배진동〉의 준말.

배ː-진동(倍振動)명하자 기본 진동에 대하여 그 배수로 진동함, 또는 그 진동. 준배진.

배-질명하자 ①노를 저어 배를 가게 하는 일. ②'앉아서 끄덕끄덕 조는 것'을 놓조로 이르는 말.

배ː징(倍徵)명하타 정한 액수의 갑절을 거두어들임.

배짝명 살가죽이 쪼그라질 정도로 마른 모양. 큰비쩍. 센빼짝.

배짱명 ①어떻게 하겠다고 단단히 다져 먹은 속마음. ②조금도 굽히지 않고 배를 내밀며 버티려는 성품이나 태도. ¶ 두둑한 배짱. /배짱을 부리다.

배짱(을) 내밀다관용 배짱 있는 태도로 나오다. ¶ 배짱을 내밀고 말을 듣지 않는다.

배짱(을) 튕기다관용 자기의 주장을 양보하려 하지 않고, 끝까지 버티다.

배짱(이) 맞다관용 서로 뜻이 잘 맞다.

배쭉[1]부하타 〈배죽[1]〉의 센말. ¶ 혀를 배쭉 내밀다. 큰비쭉[1]. 센빼쭉[1].

배쭉[2]부하형 〈배죽[2]〉의 센말. 큰비쭉[2]. 센빼쭉[2].

배차(坏車)명 도자기를 만드는 데 쓰는 물레. 둥근 널조각 위에 흙뭉치를 놓고 돌리면서 도자기를 만듦. 물레[2].

배ː차(配車)명하타되자 일정한 노선이나 구간에 차를 배당하여 운행함. ¶ 배차 간격.

배차(排次)명 차례를 정함, 또는 그 정해진 차례.

배착-거리다[-꺼-]타 〈배치작거리다〉의 준말. 배착대다. 큰비척거리다.

배착-대다[-때-]타 배착거리다.

배착-배착[-빼-]부하타 〈배치작배치작〉의 준말. 큰비척비척.
배착지근-하다[-찌-]형여 〈배리착지근하다〉의 준말. 큰비척지근하다.
배ː찰(拜察)명하타 공손한 마음으로 살핌.
배참명하자 꾸지람을 듣고 그 화풀이를 다른 데다 함, 또는 그 화풀이.
배참(排站)명하자 지난날, 길을 떠나기 전에 지나갈 역참(驛站)을 미리 배정하던 일.
배ː창(背瘡)명 ☞등창.
배창(俳倡)명 ☞광대[2].
배척명 굵고 큰 못을 뽑을 때에 쓰는 연장. 쇠로 만든 지레의 한 끝이 노루발장도리의 끝같이 되어 있음.
배척(排斥)명하타되자 반대하여 물리침. 빈척(擯斥). ¶ 외제 상품을 배척하다. /반대파에게 배척을 당하다.
배ː청(拜聽)명하타 공손히 들음. ¶ 스승의 말씀을 배청하다.
배초-향(排草香)명 꿀풀과의 다년초. 줄기 높이 0.4~1 m. 7~9월에 입술 모양의 자줏빛 꽃이 피며, 특수한 향내가 남. 산과 들의 물기가 많은 습한 곳에 절로 나는데, 약용으로 쓰며 어린잎은 먹음.
배ː추명 십자화과의 이년초. 채소의 한 가지. 길둥근 잎은 뿌리에서부터 포개져 자라는데 속잎은 황백색, 겉잎은 녹색임. 잎·줄기·뿌리를 다 먹을 수 있으며, 특히 잎은 김치를 담그는 데 씀. 백채(白菜).
배ː추-김치명 배추로 담근 김치.
배ː추-꼬랑이명 배추의 뿌리.
배ː추-벌레명 ①배추의 해충을 통틀어 이르는 말. ②배추흰나비의 유충.
배ː추-속대[-때]명 배추의 속에서 올라오는 잎. 배추의 속잎.
배ː추속대-쌈[-때-]명 배추속대로 싸서 먹는 쌈.
배ː추속대-찜[-때-]명 배추속대와 쇠고기를 썰어 양념한 다음, 물을 붓고 국물이 바특하게 끓인 찜.
배ː추씨-기름명 배추 씨로 짠 기름.
배ː추-좀나방명 좀나방과의 곤충. 날개 길이 1.4 cm가량. 앞날개는 회흑색에 흰 무늬가 있고 뒷날개는 회색임. 무나 배추 따위의 해충임.
배ː추-흰나비[-힌-]명 흰나빗과의 곤충. 흔히 볼 수 있는 나비로, 몸빛은 희고 앞날개의 끝은 검음. 유충은 배추·무·양배추 따위의 해충임. 백접(白蝶).
배축(胚軸)명 속씨식물의 배(胚)의 중심을 이루는 줄기 모양의 부분. 위쪽은 자라서 떡잎과 어린눈이 되며, 아래쪽은 어린뿌리가 됨. 씨눈줄기.
배ː출(倍出)명하자타되자 (소출이나 생산량 따위가) 갑절이나 더 남.
배출(排出)명하타되자 ①불필요한 물질을 밀어서 밖으로 내보냄. ¶ 공해 배출 업소를 적발하다. ②☞배설(排泄).
배ː출(輩出)명하타되자 인재가 잇달아 나옴. ¶ 많은 인재를 배출한 명문 학교.
배출-구(排出口)명 불필요한 물질을 밖으로 밀어 내보내는 곳.
배출-형(排出型)명 침·오줌·위액 등의 속에 그 사람의 혈액형을 나타내는 물질이 배출되는 유형의 사람.
배ː춧-국[-추꾹/-춘꾹]명 배추를 넣고 끓인 국.
배ː춧-속[-추쏙/-춘쏙]명 ①배추에서 겉잎에 싸인 속의 연한 잎. ②(배추로 김치를 담글 때) 배추 잎 사이에 넣는 양념.
배ː치(背馳)명하자되자 서로 반대가 되어 어긋남. ¶ 이론과 실제가 배치되다.
배ː치(配置)명하타되자 ①사람을 알맞은 자리에 나누어 앉힘. ¶ 적재적소에 인력을 배치하다. ②물건을 알맞은 자리에 나누어 둠. ¶ 학습 효과를 고려한 책상의 배치.
배치(排置)명하타되자 갈라 나누어 늘어놓음. 배포(排布). 포치(布置).
배치근-하다형여 〈배리착지근하다〉의 준말. ¶ 배치근한 냄새가 나다. 큰비치근하다.
배ː치-도(配置圖)명 ①인원이나 물자의 배치를 표시한 도면. ②(공장 따위에서) 여러 기계를 장치한 위치를 표시한 도면.
배치작-거리다[-꺼-]타 자꾸 배치작배치작하다. 배치작대다. ¶ 배치작거리며 걷다. 준배착거리다. 큰비치적거리다.
배치작-대다[-때-]타 배치작거리다.
배치작-배치작[-빼-]부하타 가볍게 배트작거리는 모양. 준배착배착. 큰비치적비치적.
배치^프로세싱(batch processing)명 ☞일괄 처리(一括處理).
배칠-거리다자타 자꾸 배칠배칠하다. 배칠대다. ¶ 술에 잔뜩 취해 배칠거리다. 큰비칠거리다.
배칠-대다자타 배칠거리다.
배칠-배칠부하자타 이리저리 배틀거리는 모양. 큰비칠비칠.
배코명 상투를 앉히려고 머리털을 깎아 낸 자리.
배코(를) 치다관용 ①상투 밑의 머리털을 돌려 깎다. ②면도하듯이 머리를 빡빡 깎다.
배코-칼명 배코를 치는 칼.
배타(排他)명하타 남이나 다른 생각 따위를 배척함. ¶ 배타 사상.
배타-성(排他性)[-썽]명 ①남이나 다른 생각 따위를 배척하는 성질. ¶ 배타성이 강하다. ②한 개의 목적물에 관한 물권(物權)이, 같은 내용을 가진 다른 권리의 존재를 허락하지 않는 일.
배타-심(排他心)명 남이나 다른 생각 따위를 배척하는 마음. ¶ 배타심을 버리다.
배타-적(排他的)관명 다른 사람이나 다른 생각 따위를 배척하려는 경향이 있는 (것). ¶ 배타적 국수주의. /배타적인 태도.
배타적 경제^수역(排他的經濟水域)[-껑-] 연안으로부터 200해리 수역 안에 들어가는 바다. 연안국은 이곳에서 모든 경제적 권리를 배타적으로 독점함.
배타-주의(排他主義)[-의/-이]명 다른 사람이나 다른 사상·생각 따위를 배척하여 받아들이려 하지 않는 사상 경향.
배-탈(-頉)명 복통·설사 따위의 배 속 병을 통틀어 이르는 말. 뱃덧. ¶ 배탈이 나다.
배태(胚胎)명하타되자 ①아이나 새끼를 뱀. ②어떤 일이 일어날 빌미를 속으로 지님. ¶ 불행의 씨앗을 배태하고 있다.
배터리(battery)명 ①'건전지'·'전지'·'축전지'로 순화. ②야구에서, '투수와 포수'를 아울러 이르는 말. ¶ 배터리를 이루다.
배턴(baton)명 릴레이 경주에서, 주자(走者)가 가지고 뛰다가 다음 주자에게 넘겨주는 짤막한 막대기. 바통.
배턴^터치(baton+touch)명 릴레이 경주에서, 주자가 다음 주자에게 배턴을 넘겨주는 일.
배토(坏土)명 질그릇의 원료로 쓰이는 흙.

배ː토(培土)명하자 식물을 흙으로 북돋아 줌, 또는 북돋아 준 그 흙.
배-통명 〈배1〉의 속된 말.
배ː통(背痛)명 한방에서, 늑막염·폐렴 따위로 흉격(胸膈)과 등이 몹시 아픈 병을 통틀어 이르는 말.
배-퉁이명 〈배통〉의 속된 말.
배트(bat)명 야구나 소프트볼 등에서, 공을 치는 방망이.
배트작-거리다[-꺼-]타 자꾸 배트작배트작하다. 배트작대다. 큰비트적거리다. 센빼트작거리다.
배트작-대다[-때-]타 배트작거리다.
배트작-배트작[-빼-]부하타 몸을 잘 가누지 못하여 약간 배틀거리는 모양. ¶ 서투른 걸음걸이로 배트작배트작 걸어가다. 큰비트적비트적. 센빼트작빼트작.
배틀부하타 힘이 없거나 어지러워, 또는 잘못하여 금방 쓰러질 듯한 모양. ¶ 쓰러질 듯 몸을 배틀하다가 일어섰다. 큰비틀. 센빼틀. 배틀-배틀부하타.
배틀-거리다타 자꾸 배틀배틀하다. 배틀대다. 큰비틀거리다.
배틀-걸음명 배틀거리며 걷는 걸음. 큰비틀걸음.
배ː틀다[배트니·배틀어]타 ①힘 있게 꼬면서 틀다. ¶ 빨래를 배틀어 짜다. /닭 모가지를 배틀다. ②일을 어그러지게 하다. 큰비틀다.
배틀-대다타 배틀거리다.
배ː틀-리다자 〖'배틀다'의 피동〗 배틂을 당하다. ¶ 팔목이 배틀리다. 큰비틀리다.
배ː틀어-지다자 ①물체가 어느 한쪽으로 꼬이거나 돌려지다. ¶ 나무가 말라 배틀어지다. ②일이 순조롭게 이루어지지 않고 꼬이게 되다. ¶ 계획이 배틀어지다. ③(못마땅하여) 마음이 틀어지다. 큰비틀어지다.
배틀-하다형여 감칠맛이 있게 조금 배릿하다. 큰비틀하다.
배팅(batting)명 야구에서의 타격.
배팅-오더(batting order)명 야구에서, 타석에 들어서는 순서. 준오더.
배ː판(背板)명 ☞등널.
배ː판(倍版)명 (책 따위의) 어떤 규격의 갑절이 되는 크기. ¶ 사륙(四六) 배판.
배판(排判)명하타되자 벌러서 차림. ¶ 육조 배판.
배ː판(褙板)명 배접할 때, 바닥에 깔고 쓰는 널.
배-편(-便)명 배가 오고 가는 편. 선편(船便). ¶ 배편을 이용하다. /배편으로 오다.
배ː포(配布)명하타되자 (신문이나 책자 따위를) 널리 나누어 줌. ¶ 유인물을 배포하다.
배포(排布·排鋪)명하타 ①궁리를 하여 일을 이리저리 조리 있게 꾀함. ②마음속에 품은 뜻의 크기나 정도. ¶ 배포가 두둑하다. /배포가 크다. ③☞배치(排置).
 배포(가) 유(柔)하다관용 급하거나 어려운 형편에도 당황하지 않고 여유를 보일 만큼 성미가 유들유들하다.
배ː포(焙脯)명 쇠고기나 돼지고기를 넓게 저며 소금을 친 다음, 화롯불에 배롱을 씌우고 그 위에 놓아 말린 포육(脯肉).
배ː포(褙布)명 ☞배악비.
배-표(-票)명 배를 타는 표. 선표(船票).
배표-분화(胚表分化)명 수정란(受精卵)의 각 부분이 배엽을 이루고, 이것이 다시 각 기관으로 분화하는 현상.
배ː품(拜稟)명하타 (어른에게) 공손히 여쭘.
배ː풍(背風)명 뒤에서 불어오는 바람.
배ː피(拜披)명하타 (어른의 편지 따위를) 공손히 펴 봄.
배ː필(配匹)명 부부로서의 짝. 배우(配偶). ¶ 배필로 삼다. /배필을 구하다.
배ː하(拜賀)명하타 삼가 치하함.
배ː-하다(拜-)타여 조정에서 벼슬을 내리다.
배ː-하인(陪下人)명 ☞배사령(陪使令).
배ː한(背汗)명 등에서 나는 식은땀.
배ː한(背寒)명 한방에서, 등에 오싹오싹한 추위를 느끼는 증세를 두루 이르는 말.
배ː합(配合)명하타되자 이것저것을 일정한 비율로 알맞게 섞어 합침. ¶ 사료를 잘 배합하나.
배ː합^금ː기(配合禁忌)[-끔-]명 약제를 배합할 때, 서로의 화학 작용에 의하여 효력이 없어지거나 감소되는 배합을 피하는 일.
배ː합-률(配合率)[-함뉼]명 배합하는 비율.
배ː합^비ː료(配合肥料)[-삐-]명 농작물에 필요한 양의 질소·인·칼륨이 골고루 들어가도록 여러 가지를 섞어서 만든 비료.
배ː합^사료(配合飼料)[-싸-]명 동물 사육에 필요한 영양소를 알맞게 배합하여 만든 사료.
배ː합-토(配合土)명 식물 성장에 필요한 무기질 비료, 유기 물질, 토양 개량제 따위를 알맞게 섞어서 만든 토양.
배해^처ː분(排害處分)명 위험성이 있는 자를 사회로부터 격리하여 사회에 대한 침해를 예방하는 처분. 참보안 처분.
배ː행(陪行)명하타 ①윗사람을 모시고 따라감. ¶ 스승을 배행하다. ②배웅. ¶ 친구를 배행하다.
배ː행(輩行)명 서로 비슷한 또래의 친구.
배ː향(配享)명하타되자 〔지난날〕 ①공신의 신주를 종묘에 모시던 일. ②학덕이 있는 사람의 신주를 문묘나 서원 따위에 모시던 일. 배식(配食)2·종사(從祀). ¶ 공자를 문묘에 배향하다.
배ː혁(背革)명 책 표지의 등만을 가죽으로 입히는 일, 또는 그 가죽.
배ː현(配玄)명 ☞수선화.
배화(排貨)명하자 특정한 나라나 사람의 물화(物貨)를 물리쳐 거래하지 아니함.
배ː화-교(拜火敎)명 ①불을 신의 상징으로서 숭배하는 종교를 통틀어 이르는 말. 현교(祆敎). ②〈조로아스터교〉의 딴 이름.
배-화채(-花菜)명 배를 얇게 썰어 꿀이나 설탕에 재었다가, 꿀을 탄 오미잣국에 넣고 실백을 띄운 화채.
배회(徘徊)[-회/-훼]명하자타 목적 없이 이리저리 거닒. 지회(遲徊). ¶ 밤거리를 배회하다.
배회-고면(徘徊顧眄)[-회-/-훼-]명 목적 없이 이리저리 거닐면서 여기저기를 기웃거림.
배회-증(徘徊症)[-회쯩/-훼쯩]명 정신병의 한 가지. 쓸데없이 여기저기를 나돌아다니는 증세.
배ː후(背後)명 ①등 뒤. 뒤쪽. ¶ 배후에서 공격하다. ②사건 따위의, 표면에 드러나지 않는 부분. 막후. ¶ 배후 세력. /배후에서 조종하다.
배ː훼(背毁)명하타 뒤에서 헐뜯음.
백(白)명 ①〈백색〉의 준말. ②〈백지〉의 준말. ¶ 백을 쥐고 바둑을 두다. ③〈백군〉의 준말. ①②↔흑.
백(伯)명 〈백작〉의 준말.
백(back)명 ①후원자. ¶ 유력한 백이 있다. ②테니스나 축구 등의 경기에서, 뒤쪽에서 주로 수비를 담당하는 사람. 후위(後衛). ③하타뒤로 가거나 보냄. ¶ 자동차는 백할 때 조심해야 한다.
백(bag)명 가방.
백(百)수관 열의 열 곱절, 곧 아흔아홉에 하나를 더한 수(의).

백 번 듣는 것이 한 번 보는 것만 못하다속담 여러 번 말로만 듣는 것보다 실제로 한 번 보는 것이 더 낫다는 말. 백문(百聞)이 불여일견(不如一見).

백-(白) 접두 《일부 명사 앞에 붙어》 '빛깔이 희다'는 뜻을 나타냄. ¶ 백설기. /백자기. /백포도주. /백장미.

-백(白) 접미 《말하는 사람의 이름 뒤에 붙어》 '말씀드린다'는 뜻을 나타냄. ¶ 관리인백. /주인백.

백가(百家) [-까] 명 ①여러 학자. 백자(百子). ②〈백가서〉의 준말.

백가-서(百家書) [-까-] 명 여러 학자의 저서. 준백가.

백가-쟁명(百家爭鳴) [-까-] 명 ①많은 학자나 논객이 거리낌 없이 자유로이 논쟁하는 일. ②1956년에 중국 공산당이 사회주의 문화 정책의 한 정치 구호로 내건 말. 공산주의 이론도 다른 사상과 개방적으로 경쟁하는 가운데 그 지도적 위치를 차지해야 한다고 한 주장. ②백화제방.

백-가지(白-) [-까-] 명 겉껍질의 빛깔이 황백색인 가지. 관상용으로 가꿈.

백각(白-) [-깍] 명 흰 빛깔의 석영(石英).

백-각사(百各司) [-깍싸] 명 조선 시대에, 서울 안의 모든 관아를 통틀어 이르던 말.

백-각전(百各廛) [-깍쩐] 명 조선 시대에, 평시서(平市署)에서 관할하던 서울의 여러 전(廛).

백간(白簡) [-깐] 명 아무 내용도 적지 않고 흰 종이만 넣은 편지.

백간-잠(白乾蠶) [-깐-] 명 ☞백강잠.

백-간죽(白簡竹) [-깐-] 명 담뱃대로 쓰는 흰 설대.

백강-균(白殭菌) [-깡-] 명 사상균(絲狀菌)의 한 가지. 누에에 기생하여 백강병을 일으킴.

백강-병(白殭病) [-깡뼝] 명 백강균이 체표(體表)에 기생함으로써 일어나는 누에의 병. 이 병에 걸린 누에는 식욕이 줄어들고, 체표에 검은 반점이 나타나면서 죽음.

백강-잠(白殭蠶) [-깡-] 명 한방에서, '죽어서 몸빛이 희게 변한 누에'를 약재로 이르는 말. 풍증(風症) 따위를 다스리는 데 쓰임. 백간잠(白乾蠶).

백-강홍(白降汞) [-깡-] 명 승홍수에 암모니아수를 더한 뒤, 그 침전물을 걸러 말린 흰 가루. 눈병이나 옴 따위 피부병의 연고로 쓰임.

백-개자(白芥子) [-깨-] 명 갓의 씨앗. 한방에서 기침과 담을 다스리는 약재로 쓰임.

백건(白鍵) [-껀] 명 건반 악기의 흰 건. 참흑건(黑鍵).

백겁(百劫) [-껍] 명 매우 오랜 세월.

백견-병(白絹病) [-껸뼝] 명 오이·담배·콩·삼 따위에 생기어 껍질을 썩게 하고, 때로는 전체를 말라 죽게 하는 병. 담자균의 기생이 원인임.

백경(白鏡) [-꼉] 명 빛깔 없는 알을 끼운 안경.

백계(白鷄) [-꼐/-께] 명 털의 빛이 흰 닭. 옥계(玉鷄).

백계(百計) [-꼐/-께] 명 온갖 계책. 여러 가지의 꾀.

백계-노인(白系露人) [-꼐-/-께-] 명 1917년의 시월 혁명(十月革命) 후 소비에트 정권에 반대하여 해외로 망명한 러시아 사람. 〔흰색을 그들의 상징으로 삼은 데서 유래함.〕

백계-무책(百計無策) [-꼐-/-께-] 명 온갖 계책이 다 소용없음. 계무소출(計無所出).

백고천난(百苦千難) [-꼬-] 명 온갖 고난. 많은 고통.

백곡(白麯) [-꼭] 명 ☞백국(白麴).

백곡(百穀) [-꼭] 명 온갖 곡식.

백골(白骨) [-꼴] 명 ①(죽은 사람의) 살이 다 썩은 뒤에 남은 흰 뼈. ¶ 백골이 진토되어 넋이라도 있건 없건(古時調). ②옻칠을 하기 전의 목기(木器)나 목물(木物).

백골-난망(白骨難忘) [-꼴란-] 명 죽어 백골이 된다 하여도 은혜를 잊을 수 없음.

백골-송(白骨松) [-꼴-] 명 ☞백송(白松).

백골-양자(白骨養子) [-꼴량-] 명하타 ☞신주양자(神主養子).

백골-집(白骨-) [-꼴찝] 명 ①'단청(丹靑)하지 않은 전각(殿閣)'을 속되게 이르는 말. ②'아무 칠도 하지 않은 집'을 속되게 이르는 말.

백골-징포(白骨徵布) [-꼴-] 명 조선 말기에, 죽은 이를 살아 있는 것처럼 문서에 올려놓고 군포(軍布)를 징수하던 일.

백-곰(白-) [-꼼] 명 털빛이 흰 곰.

백공(百工) [-꽁] 명 ①온갖 장인(匠人), 곧 온갖 기술자. ②☞백관(百官).

백공-기예(百工技藝) [-꽁-] 명 온갖 장인(匠人)의 재주.

백공천창(百孔千瘡) [-꽁-] 명 〔백의 구멍, 천의 부스럼, 곧 상처투성이란 뜻으로〕 '갖가지 폐단으로 엉망진창이 된 상태'를 이르는 말.

백과(白瓜) [-꽈] 명 박과의 일년생 만초. 참외의 변종(變種)으로 잎은 손바닥 모양이며 꽃은 노란색임. 여름에서 가을에 걸쳐 길둥근 흰색 열매를 맺는데, 열매로는 장아찌를 만들어 먹음.

백과(白果) [-꽈] 명 ☞은행(銀杏).

백과(百果) [-꽈] 명 온갖 과일. ¶ 오곡과 백과가 무르익다.

백과(百科) [-꽈] 명 ①여러 가지 학과. 모든 과목. 모든 분야. ②〈백과사전〉의 준말.

백과-사전(百科事典) [-꽈-] 명 학문·예술을 비롯한 모든 분야에 걸친 사항을 사전 형식으로 분류·배열하여 해설해 놓은 책. 백과전서. 준백과(百科).

백과-전서(百科全書) [-꽈-] 명 ①☞백과사전. ②일정한 체계 아래, 모든 학술·기예를 부문별로 해설한 총서(叢書).

백과전서-파(百科全書派) [-꽈-] 명 18세기 후반에, 프랑스에서 간행된 백과전서의 편찬에 종사하였거나 협력한 학자나 사상가들.

백과-주(百果酒) [-꽈-] 명 온갖 과일의 즙을 소주에 타서 만든 술.

백관(百官) [-꽌] 명 모든 벼슬아치. 백공(百工). 백규(百揆). 백료(百僚). ¶ 문무(文武)백관.

백관-유사(百官有司) [-꽌뉴-] 명 조정의 많은 관리.

백광(白光) [-꽝] 명 ①흰색의 빛. 백색광. ②☞코로나.

백광-석(白廣席) [-꽝-] 명 넓고 큰, 흰 돗자리.

백교-향(白膠香) [-꾜-] 명 단풍나무의 진. 한방에서, 지혈과 종기·피부병의 치료제로 씀.

백구(白球) [-꾸] 명 야구·배구·골프 따위에 쓰이는 흰 공.

백구의 향연관용 화려하게 펼쳐지는 야구·배구·골프 경기.

백구(白駒) [-꾸] 명 흰 망아지.

백구(白鷗) [-꾸] 명 ☞갈매기.

백구(百口) [-꾸] 명 ①많은 가족. ②여러 가지 구구한 변명.

백구-과극(白駒過隙)[-꾸-]명 〔흰 망아지가 달리는 것을 문틈으로 보는 것과 같이 눈 깜박할 동안이라는 뜻에서〕'세월(인생)이 덧없이 빨리 지나감'을 이르는 말. 준구극(駒隙).
백국(白菊)[-꾹]명 흰 국화.
백국(白麴)[-꾹]명 흰 누룩. 백곡(白麯).
백군(白軍)[-꾼]명 경기에서 양편을 청백(青白) 또는 홍백(紅白)으로 가를 때, 흰 빛깔의 상징물을 사용하는 편. 준백(白).
백귀(百鬼)[-뀌]명 온갖 귀신.
백귀-야행(百鬼夜行)[-뀌-]명하자 〔온갖 잡귀가 밤에 나다닌다는 뜻으로〕'아주 흉악한 무리들이 설치고 돌아다님'을 이르는 말.
백규(百揆)[-뀨]명 ☞백관(百官).
백그라운드(background)명 '배경(背景)'으로 순화.
백금(白金)[-끔]명 금속 원소 중에서 가장 무거운, 은백색의 귀금속 원소. 전성(展性)과 연성(延性)이 좋고 고온에서도 산화하지 않음. 장식품이나 이화학용 기계·전극 등에 쓰임. 〔Pt/78/195.08〕
백금(百金)[-끔]명 많은 돈.
백금^석면(白金石綿)[-끔성-]명 염화백금산의 용액에 적신 석면을 구워 만든 것. 접촉법에 의한 황산 제조에서 중요한 촉매가 됨.
백금^이리듐(白金iridium)[-끔-]명 백금과 이리듐과의 합금. 단단하고 팽창률이 낮으며 화학 약품에 침식되지 않아, 국제적 표준 원기(原器)나 만년필 펜촉 등에 쓰임.
백금족^원소(白金族元素)[-끔-]명 원소 주기율표 제8속의 귀금속. 루테늄·로듐·팔라듐·오스뮴·이리듐·백금의 여섯 원소.
백금-흑(白金黑)[-끔-]명 백금의 검은 가루. 염화백금산(塩化白金酸) 등에 포름산 나트륨이나 포르말린 등을 작용시켜 만듦. 산화·환원의 촉매로 쓰임.
백급(白芨)[-끕]명 한방에서, '대왐풀'을 약재로 이르는 말. 외과약으로 바르기도 하고 먹기도 하는데, 지혈의 효력이 있음.
백기(白氣)[-끼]명 흰빛의 기체.
백기(白旗)[-끼]명 ①바탕이 흰 기. ②군사(軍使)의 표지로 쓰이는 흰 기. ③항복의 표지로 쓰이는 흰 기. ③항기(降旗).
　백기(를) 들다관용 항복하다. 굴복하다.
백-김치(白-)[-낌-]명 배추를 통째로 소금에 싱겁게 절여 씻은 다음, 맵지 않은 소를 잎 사이에 넣어 소금물을 부어 익힌 김치.
백낙(伯樂)[뱅-]명 '인물을 알아보는 안목이 있는 사람'을 비유하여 이르는 말. 〔주(周)나라 때, 말의 감정을 잘하였던 '백낙'의 이름에서 유래함.〕
백낙-일고(伯樂一顧)[뱅-]명 〔'전국책(戰國策)' 연책(燕策)에 나오는 말로, 명마(名馬)가 백낙을 만나 비로소 세상에 알려진다는 뜻으로〕'현자(賢者)가 그를 알아주는 지기(知己)를 만나게 됨'을 이르는 말.
백난(百難)[뱅-]명 온갖 고난.
백난지중(百難之中)[뱅-]명 온갖 고난을 겪는 가운데. ¶ 백난지중에서도 목표를 잃지 않다.
백-날(百-)[뱅-] Ⅰ명 아이가 난 지 백 번째가 되는 날. 백일(百日).
Ⅱ부 늘. 언제나. ¶ 백날 말로만 떠든다. /백날 애써 봐야 헛일이다.
백납(白-)[뱅-]명 살가죽에 흰 어루러기가 생겨 점점 커지는 병. 백전풍(白癜風).
　백납(이) 먹다관용 살가죽에 흰빛의 어루러기가 생기다.
백-내장(白內障)[뱅-]명 안구의 수정체가 부옇게 흐려지는 눈병.
백-넘버(back+number)명 운동선수의 등에 붙이는 번호.
백-네트(back+net)명 야구장에서, 포수 뒤쪽에 쳐 놓은 그물. 백 스톱.
백년-가약(百年佳約)[뱅-]명 젊은 남녀가 결혼하여 한평생을 함께 지낼 것을 굳게 다짐하는 아름다운 언약. ¶ 백년가약을 맺다.
백년-대계(百年大計)[뱅-계/뱅-게]명 먼 장래를 내다보고 세우는 계획. 백년지계. ¶ 교육은 나라의 백년대계.
백년-손(百年-)[뱅-]명 ☞백년지객.
백년지객(百年之客)[뱅-]명 〔언제까지나 깍듯이 대해야 하는 어려운 손이라는 뜻으로〕처가에서 '사위'를 이르는 말. 백년손.
백년지계(百年之計)[뱅-계/뱅-게]명 ☞백년대계.
백년-초(百年草)[뱅-]명 ☞선인장.
백년-하청(百年河清)[뱅-]명 〔황허 강의 물이 맑기를 기다린다는 뜻으로〕'아무리 바라고 기다려도 실현될 가망이 없음'을 이르는 말.
백년-해락(百年偕樂)[뱅-]명하자 부부가 되어 한평생을 즐겁게 지냄.
백년-해로(百年偕老)[뱅-]명하자 부부가 되어 서로 사이 좋고 화락하게 함께 늙음.
백단(白椴)[-딴]명 ☞자작나무.
백단(百端)[-딴]명 온갖 일의 실마리.
백단-유(白檀油)[-딴뉴]명 백단향의 나뭇조각을 물과 함께 증류하여 얻는, 황색의 끈끈한 휘발성 기름. 특이한 향기가 있어 향료나 약재로 쓰임.
백-단향(白檀香)[-딴-]명 단향과의 반기생(半寄生) 상록 교목. 높이 6~10 m. 잎은 길둥글고 줄기는 청백색에 광택이 있음. 암수딴그루이며, 꽃은 처음에 연두색이었다가 빨간색으로 변함. 심재(心材)는 누르스름하고 향기가 있어 예부터 향료로 이용되었고, 불상(佛像) 등 조각물의 재료로도 쓰임. 인도 원산이며, 열대의 각지에서 재배함.
백담(白毯)[-땀]명 흰빛의 담(毯).
백담(白痰)[-땀]명 허옇고 묽은 가래.
백답(白畓)[-땁]명 (날이 몹시 가물어서) 아무 것도 심지 못한 논.
백당(白糖)[-땅]명 흰빛의 사탕. 백사탕. 백설탕.
백-당포(白唐布)[-땅-]명 ☞당모시.
백대(白帶)¹[-때]명 조례(弔禮)나 제례 때 띠는 흰 술띠.
백대(白帶)²[-때]명 <백대하>의 준말.
백대(百代)[-때]명 오랜 세월.
백대지과객(百代之過客)[-때-]명 〔한번 지나가고 나면 영원히 돌아오지 않는 나그네라는 뜻으로〕'세월'을 비유하여 이르는 말.
백대지친(百代之親)[-때-]명 여러 대에 걸쳐 가까이 지내 오는 친분.
백-대하(白帶下)[-때-]명 대하증의 한 가지. 질(膣)에서 나오는 허연 분비물. 생리적인 것과 병적인 것이 있음. 준백대(白帶)².
백-댄서(back+dancer)명 가수의 노래에 맞춰서 춤추는 일을 직업으로 하는 사람.
백덕(百德)[-떡]명 온갖 덕행.
백도(白徒)[-또]명 ①과거를 거치지 않고 벼슬아치가 되는 일, 또는 그 사람. ②훈련되어 있지 않은 군사.

백도(白桃)[-또]명 복숭아의 한 품종. 모양이 둥글며, 살이 희고 무르며 아주 닮.

백도(白道)[-또]명 천구(天球) 상에서의 달의 궤도.

백동(白銅)[-똥]명 〈백통〉의 본딧말.

백동-돈(白銅-)[-똥-]명 〈백통돈〉의 본딧말.

백동-딱지(白銅-)[-똥-찌]명 〈백통딱지〉의 본딧말.

백-동백나무(白冬柏-)[-똥뱅-]명 녹나뭇과의 낙엽 관목. 잎은 길둥글며 끝이 뾰족함. 봄에 새싹과 함께 노란 꽃이 가지 위에 모여 피고, 둥근 열매는 9월에 익음.

백동-전(白銅錢)[-똥-]명 〈백통전〉의 본딧말.

백동-화(白銅貨)[-똥-]명 〈백통화〉의 본딧말.

백두(白頭)[-뚜]명 ☞백수(白首).

백-두구(白荳蔻)[-뚜-]명 흰 육두구의 뿌리. 한방에서 위한(胃寒)·구토에 약재로 씀.

백두-대간(白頭大幹)[-뚜-]명 한반도를 동서로 크게 갈라 놓은 산줄기를 이르는 말. 백두산에서 시작하여 동쪽 해안선을 끼고 남으로 뻗다가 태백산을 거쳐 남서쪽의 지리산에 이르는 산줄기로, 그 길이가 1400 km에 달함. 두류산·금강산·설악산·덕유산 등이 자리잡고 있음.

백-두루미(白-)[-뚜-]명 ☞두루미2.

백두-옹(白頭翁)[-뚜-]명 ①머리가 허옇게 센 늙은 남자. ②☞할미꽃.

백등(白藤)[-뜽]명 흰 꽃이 피는 등나무.

백등-색(白藤色)[-뜽-]명 백등의 꽃과 같은 흰 빛깔.

백-등유(白燈油)[-뜽-]명 원유(原油)를 정제하여 만든 등유. 무색투명하고 방향(芳香)이 있음.

백-라이트(back-light)명 무대의 뒤쪽에서 비추는 조명.

백란(白卵)[뱅난]명 해묵은 누에씨. 빛깔이 검지 않고 누른빛을 띠고 있음.

백란(白蘭)[뱅난]명 ☞백목련(白木蓮).

백람(白藍)[뱅남]명 인디고(indigo)를 아연 가루로 환원시켜서 만든 흰 가루. 푸른빛의 물감을 만드는 데 쓰임.

백랍(白蠟)[뱅납]명 백랍벌레의 집, 또는 백랍벌레의 수컷의 유충이 분비한 물질을 가열·용해하여 찬물로 식혀서 만든 물건. 고약·초 따위의 원료로 쓰임. 납(蠟). 수랍(水蠟).

백랍(白鑞)[뱅납]명 ☞땜납.

백랍-금(白蠟金)[뱅납끔]명 육십갑자의 경진(庚辰)과 신사(辛巳)에 붙이는 납음(納音). 참양류목.

백랍-나무(白蠟-)[뱅남-]명 ☞쥐똥나무.

백랍-벌레(白蠟-)[뱅납뻘-]명 둥근깍지진딧과의 곤충. 진딧물같이 작고 몸빛은 등황색이며 등에 적갈색의 줄무늬가 있음. 쥐똥나무·광나무 따위에 기생함. 수컷의 유충은 백랍의 원료가 되는 흰 물질을 분비함. 백랍충.

백랍-초(白蠟-)[뱅납-]명 백랍으로 만든 초.

백랍-충(白蠟蟲)[뱅납-]명 ☞백랍벌레.

백량-미(白粱米)[뱅냥-]명 조의 한 품종. 알이 굵고 빛깔이 흰 조.

백련(白蓮)[뱅년]명 ①흰빛의 연꽃. ②〈백목련〉의 준말.

백렴(白蘞)[뱅념]명 ①☞가회톱. ②한방에서, '가회톱의 뿌리'를 약재로 이르는 말. 〔학질·경간(驚癇)·대하(帶下) 따위에 쓰임.〕

백령백리(百伶百俐)[뱅녕뱅니]명하형 여러 가지 일에 매우 영리함.

백로(白露)[뱅노]명 이십사절기의 열다섯째. 처서와 추분 사이로, 9월 8일경. 이 무렵에 이슬이 내리며 가을 기운이 스며들기 시작한다고 함.

백로(白鷺)[뱅노]명 왜가릿과의 새를 통틀어 이르는 말. 몸길이 28~142 cm. 날개는 크고 꽁지는 짧음. 다리와 발은 길며, 목은 'S' 자 모양으로 굽어짐. 숲이 있는 민물과 바닷가에 살면서 물고기·개구리·뱀·물벌레 따위를 잡아먹음.

백로-주(白露酒)[뱅노-]명 방문주의 한 가지. 쌀을 특별히 깨끗하게 씻어 담그는데, 술이 썩 맑음.

백로-지(白露紙)[뱅노-]명 〈갱지〉의 속된 말.

백록(白鹿)[뱅녹]명 흰 사슴.

백뢰(白賴)[뱅뇌/뱅눼]명하자 신문(訊問)을 받을 때 죄가 없는 것처럼 꾸며 댐.

백료(白醪)[뱅뇨]명 빛깔이 보얀 술의 한 가지. 쌀·차좁쌀·누룩 따위로 빚음.

백료(百僚·百寮)[뱅뇨]명 ☞백관(百官).

백룡(白龍)[뱅농]명 빛깔이 흰 용. 〔천제(天帝)의 사자(使者)라고 함.〕

백룡-어복(白龍魚服)[뱅농-]명 '높은 지위에 있는 사람이 미행(微行)하다가 재난을 당함'을 이르는 말. 〔신령스러운 백룡이 물고기로 둔갑하였다가 어부에게 잡혔다는 고사에서 유래.〕

백리(白狸)[뱅니]명 북극 지방에 사는 흰 여우.

백리(白痢)[뱅니]명 흰 곱똥을 누는 이질.

백리(百罹)[뱅니]명 여러 가지 근심. 백우(百憂).

백리-남방(百里南邦)[뱅니-]명 먼 남쪽 나라.

백리지명(百里之命)[뱅니-]명 고대 중국에서, 사방 백 리쯤 되는 나라, 곧 '제후국의 정령(政令)'을 이르던 말.

백리지재(百里之才)[뱅니-]명 〔사방 백 리쯤 되는 땅을 다스릴 만한 재주라는 뜻으로〕 사람됨과 수완이 보통 사람보다 크기는 하나 썩 크지는 못함을 이르는 말.

백리-향(百里香)[뱅니-]명 꿀풀과의 낙엽 관목. 높은 산이나 바닷가 바위틈에 절로 자라며, 덩굴져 옆으로 기는 줄기는 단단하고 향기가 있음. 여름에 분홍색 꽃이 피며 잎은 약재나 소스의 원료로 쓰임.

백린(白燐)[뱅닌]명 ☞황린(黃燐).

백림(伯林)[뱅님]명 '베를린'의 한자음 표기.

백립(白笠)[뱅닙]명 흰 베로 싸개를 한 갓. 〔지난날, 대상(大祥) 후 담제(禫祭) 때까지 상제(喪制)가 쓰거나, 국상 때 일반 백성이 썼음.〕

백마(白馬)[뱅-]명 털빛이 흰 말. 흰말.

백마(白麻)[뱅-]명 ☞어저귀.

백마(白魔)[뱅-]명 '큰 재해를 입힐 만큼 많이 내린 눈'을 악마에 비유하여 이르는 말.

백마비마-론(白馬非馬論)[뱅-]명 중국 전국 시대의 학자 공손룡(公孫龍)의 논법. 백(白)은 색깔을 가리키고 말은 형태를 가리키므로 백마는 말이 아니라는 논리. 〔궤변을 농(弄)하는 비유로 쓰임.〕 참견백동이(堅白同異).

백마-통(白馬通)[뱅-]명 한방에서, '흰말의 오줌'을 약재로 이르는 말.

백막(白幕)[뱅-]명 ☞백미꽃.

백막(白膜)[뱅-]명 ☞공막(鞏膜).

백만-교태(百萬嬌態)[뱅-]명 온갖 아양.

백만-금(百萬金)[뱅-]명 매우 많은 돈이나 재물. ¶ 백만금으로도 살 수 없는 우정.

백만-언(百萬言)[뱅-]명 썩 많은 말. ¶ 백만언을 소비하였으나 허사였다.

백만-장자(百萬長者)[뱅-]명 재산이 매우 많은 사람. 큰 부자.

백-말(白-)명 '흰말'의 잘못.
백망(百忙)[뱅-]명 몹시 바쁨.
백매(白梅)[뱅-]명 ①흰 매화. ②매실(梅實)을 소금에 절인 것. 한방에서, 중풍·설사·유종(乳腫) 따위에 약으로 씀. ②염매(塩梅).
백면(白麵)[뱅-]명 ①☞메밀국수. ②☞메밀가루.
백면-서생(白面書生)[뱅-]명 글만 읽고 세상일에 경험이 없는 사람.
백면-장(白麵醬)[뱅-]명 밀가루로 메주를 만들어 담근 간장.
백면-지(白綿紙)[뱅-]명 품질이 좋은 백지(白紙)의 한 가지.
백모(白茅)[뱅-]명 ☞띠³.
백모(伯母)[뱅-]명 큰어머니.
백모-근(白茅根)[뱅-]명 한방에서, '띠의 뿌리'를 약재로 이르는 말. 〔지혈제로 쓰임.〕
백-모란(*白牡丹)[뱅-]명 꽃이 흰 모란.
백목(白木)[뱅-]명 ☞무명.
백목(白目)[뱅-]명 눈알의 흰자위.
백목(柏木)[뱅-]명 ☞잣나무.
백-목련(白木蓮)[뱅몽년]명 목련과의 낙엽 교목. 중국 원산의 관상 식물인데, 높이는 15 m. 이른 봄에 잎보다 먼저 향기 있는 흰 꽃이 가지 끝에 피고, 열매는 가을에 갈색으로 익음. 백란(白蘭). 생정(生庭)². 옥란(玉蘭). ㊥백련.
백목-전(白木廛)[뱅-쩐]명 ☞면포전(綿布廛).
백묘(白描)[뱅-]명 동양화에서, 모필(毛筆)에 의한 묵선(墨線)으로만 그린 그림, 또는 그러한 기법. 백묘화.
백묘-화(白描畫)[뱅-]명 ☞백묘(白描).
백무-가관(百無可觀)[뱅-]명 (많은 것 가운데에서) 볼 만한 것이 하나도 없음.
백무-소성(百無所成)[뱅-]명 (하는 일마다) 아무것도 이루어지는 것이 없음.
백무-일실(百無一失)[뱅-씰]명 (무슨 일에나) 한 번도 실패나 실수가 없음.
백무-일취(百無一取)[뱅-]명 (많은 언행 중에서) 무엇 하나 쓸 만한 것이 없음.
백-묵(白-)[뱅-]명 녹말로 쑨 흰 묵.
백묵(白墨)[뱅-]명 ☞분필.
백문(白文)[뱅-]명 ①주석(註釋)·토·구두점 등을 달지 않은 한문. ②조선 시대에, '관인(官印)이 찍히지 않은 증서'를 이르던 말.
백문(百聞)[뱅-]명하타 여러 번 들음.
백문이 불여일견(不如一見)속담 여러 번 말로만 듣는 것보다 실제로 한 번 보는 것이 더 나음. 백 번 듣는 것이 한 번 보는 것만 못하다. ¶ 백문이 불여일견이라고, 전시장으로 나오셔서 눈으로 확인하세요.
백물(百物)[뱅-]명 온갖 물건.
백미(白米)[뱅-]명 희게 쓿은 멥쌀. 흰쌀.
백미에 뉘 섞이듯속담 '아주 드물어서 좀처럼 찾아보기 어려움'을 이르는 말.
백미(白眉)[뱅-]명 여러 사람 중에서 가장 뛰어난 사람, 또는 많은 것 중에서 가장 뛰어난 것. 〔'삼국지(三國志)'의 '촉지(蜀志) 마량전'에 나오는 말로, 중국 촉한(蜀漢)의 마씨(馬氏) 집 다섯 형제가 모두 재주가 뛰어났으나, 그중에서도 눈썹에 흰 털이 섞인 마량(馬良)이 가장 뛰어났다는 고사에서 유래함.〕 ¶ 현대시의 백미로 꼽을 만한 것들에는 어떤 것이 있을까?
백미(白薇)[뱅-]명 ①☞백미꽃. ②한방에서, '백미꽃의 뿌리'를 약재로 이르는 말. 〔풍증·학질에 약으로 쓰임.〕
백미(百媚)[뱅-]명 (사람을 홀리는) 온갖 아양.
백미-꽃(白薇-)[뱅-꼳]명 박주가릿과의 다년초. 산에 절로 나는데, 줄기는 50 cm가량. 잎은 끝이 뾰족한 길둥근 모양이며, 5~7월에 짙은 자줏빛 꽃이 핌. 잎은 민간에서 강장제 따위로 쓰임. 백막(白幕). 백미(白薇). *백미꽃이[-꼬치]·백미꽃만[-꼰-]
백-미러(back+mirror)명 자동차 등에서 운전자가 뒤쪽을 볼 수 있게 달아 놓은 거울. ¶ 백미러로 뒤를 살피다.
백미-병(白米病)[뱅-뼝]명 쌀밥만 늘 먹음으로써 비타민 B_1이 부족하여 생기는 병. 〔각기병 따위.〕
백민(白民)[뱅-]명 아무 벼슬이 없는 백성. 서민. 평민.
백반(白斑)[-빤]명 ①흰 반점. ②흰 반점이 생기는 피부병. ③태양 표면의 흑점 부근에서 흔히 볼 수 있는, 빛이 특히 강하여 흰 얼룩무늬처럼 보이는 부분.
백반(白飯)[-빤]명 ①쌀밥. 흰밥. ②흰밥에 국과 반찬을 곁들여 파는 한 상의 음식.
백반(白礬)[-빤]명 황산알루미늄 수용액에 황산칼륨 수용액을 넣었을 때 석출되는 정팔면체의 무색의 결정. 물에 잘 녹고 수렴성(收斂性)이 있으며, 매염제(媒染劑)나 의약품 등에 쓰임. 명반(明礬).
백반(百般)[-빤]명 갖가지. 제반(諸般).
백반-곽탕(白飯藿湯)[-빤-]명 쌀밥과 미역국. 〔재래 풍속으로 생일 때 먹는 음식.〕
백반-병(白斑病)[-빤뼝]명 채소 잎의 표면에 회갈색의 작은 반점이 생기는 병. 반점이 차차 커지면서 중심부로부터 회백색으로 변하며, 심하면 말라 죽게 됨.
백반-총탕(白飯蔥湯)[-빤-]명 〔쌀밥과 팟국이란 뜻으로〕 '반찬이 변변찮은 검소한 음식'을 뜻하는 말.
백발(白髮)[-빨]명 하얗게 센 머리털. ¶ 백발이 성성하다. ㊉학발.
백발-노인(白髮老人)[-빨로-]명 머리털이 허옇게 센 늙은이.
백발-백중(百發百中)[-빨-쭝]명하자 ①쏘기만 하면 어김없이 맞음. ¶ 백발백중의 명사수. ②계획이나 예상 따위가 꼭꼭 들어맞음. ¶ 요즘은 일기 예보가 백발백중이다.
백발-증(白髮症)[-빨쯩]명 젊은 나이에 머리털이 하얗게 세는 증상.
백발-홍안(白髮紅顏)[-빨-]명 흰 머리에 소년처럼 불그레한 얼굴.
백발-환흑(白髮還黑)[-빨-]명하자 ①허옇게 센 머리털에 검은 머리털이 다시 남. ②도로 젊어짐. ¶ 나이 칠십에 백발환흑이라니….
백방(白放)[-빵]명하타되자 죄 없음이 밝혀져 놓아줌. ¶ 무죄 백방.
백방(百方)[-빵]명 《주로 '백방으로'의 꼴로 쓰이어》 ①온갖 방법. ¶ 백방으로 손을 쓰다. ②여러 방면. 천방(千方). ¶ 백방으로 수소문하다.
백방-사주(白紡絲紬)[-빵-]명 흰 누에고치만으로 실을 켜서 짠 명주.
백방-천계(百方千計)[-빵-계/-빵-게]명 여러 가지 방법과 온갖 계책.
백배(百拜)[-빼]명하자 여러 번 절을 함, 또는 그 절. ¶ 돈수(頓首)백배.
백배(百倍)[-빼]부 〔백 곱절이라는 뜻으로〕 비교할 수 없을 만큼 아주. ¶ 아우보다 형이 백배 낫다.

백배-사례(百拜謝禮)[-빼-]명하자 매우 고마워서 거듭거듭 사례함. 백배치사.

백배-사죄(百拜謝罪)[-빼-죄/-빼-줴]명하자 여러 번 절을 하며 거듭거듭 용서를 빎. ¶ 아들의 병역 기피에 대하여 장관은 백배사죄하였다.

백배-치사(百拜致謝)[-빼-]명하자 ☞백배사례(百拜謝禮).

백배-하다(百倍-)[-빼-]자여 《주로 '기운'·'사기' 따위의 일부 명사와 함께 쓰이어》 크게 더하여지다. ¶ 사기 백배한 군사들은 전투를 승리로 이끌었다.

백백-교(白白教)[-빽꾜]명 1923년에 차병간(車秉幹)이 경기도 가평(加平)에서 창시한 유사 종교(類似宗教).

백번(百番)[-뻔]부 ①여러 번 거듭. ¶ 백번 타일러도 소용없다. /백번 죽어 마땅하다. ②전적으로 다. ¶ 백번 잘한 일. /교통이야 이쪽이 백번 낫지요.

백범(白帆)[-뻠]명 흰 돛.

백벽(白壁)[-뼉]명 흰 벽.

백벽-미하(白璧微瑕)[-뼝-]명하형 〔희고 아름다운 구슬에 있는 조그만 흠이란 뜻으로〕 '거의 완전하나 약간의 흠이 있음'을 비유하는 말.

백변(白邊)[-뼌]명 ①나무의 심(心)에서 바깥쪽의 좀 무르고 흰 부분. ↔황장(黃腸). ②같은 겨레붙이 중에서 기울어진 집안.

백변(白變)[-뼌]명하자 하얗게 바뀜.

백변(百變)[-뼌]명하자 여러 번 바뀜. 가지각색으로 바뀜. ¶ 백변하는 방침.

백-변두(白藊豆)[-뼌-]명 ①흰 변두. ②한방에서, '흰 변두의 열매'를 약재로 이르는 말. 소화를 돕고 설사를 그치게 하는 약재로 씀.

백변-재(白邊材)[-뼌-]명 통나무의 백변 부분에서 켜낸 목재.

백병(白兵)[-뼝]명 ①칼집에서 뽑은 칼. 백인(白刃). ②칼·창 등 접근전에 쓰이는 무기.

백병(白餠)[-뼝]명 흰떡.

백병(百病)[-뼝]명 온갖 병. 만병(萬病).

백병-전(白兵戰)[-뼝-]명하자 칼·총검 등을 휘두르며 양편이 뒤섞여서 싸우는 접근전. ¶ 백병전을 벌이다. 비육탄전.

백병-통치(百病通治)[-뼝-]명 ☞만병통치.

백복(百福)[-뽁]명 온갖 복. 만복(萬福).

백-복령(白茯苓)[-뽕녕]명 빛깔이 흰 복령. 한방에서 담증·부증·습증·설사 따위에 씀.

백-복신(白茯神)[-뽁씬]명 ☞복신(茯神).

백복-장엄(百福莊嚴)[-뽁짱-]명 많은 선행(善行)으로 복을 쌓은 공덕(功德)에 의하여 갖추어진 부처의 삼십이상(三十二相).

백부(伯父)[-뿌]명 큰아버지. 참세부(世父).

백부(柏府)[-뿌]명 고려·조선 시대에, '사헌부(司憲府)'를 달리 이르던 말.

백부-근(百部根)[-뿌-]명 파부초(婆婦草)의 뿌리. 한방에서 기침을 다스리는 데에 쓰고, 민간에서는 살충제로도 씀.

백부근-주(百部根酒)[-뿌-]명 볶은 백부근을 주머니에 넣어 술에 담가 우려낸 것. 민간에서 기침약으로 쓰임.

백-부자(白附子)[-뿌-]명 미나리아재빗과의 다년초. 산의 관목 숲이나 풀밭에서 자라는데, 원줄기는 높이가 1m에 이름. 7~8월에 연노랑 바탕에 자줏빛이 도는 꽃이 피는데 꽃잎은 두 개임. 마늘쪽 같은 뿌리는 진경제(鎭痙劑) 및 진통제로 쓰임.

백부-장(百夫長)[-뿌-]명 (고대 로마 군대의 단위인) 백 명의 군사를 거느리는 부장(部將).

백분(白粉)[-뿐]명 ①(밀이나 쌀 따위의) 흰 가루. ②여자들이 얼굴을 화장할 때 바르는 흰 가루. 연분(鉛粉). 연화(鉛華). 준분(粉).

백분(百分)[-뿐]부 '십분'을 과장하여 이르는 말. ¶ 영어 실력을 백분 발휘하다.

백분-비(百分比)[-뿐-]명 ☞백분율.

백분-산(百分算)[-뿐-]명 백분율에 관한 계산.

백분-율(百分率)[-뿐뉼]명 전체의 수나 양의 100분의 1을 단위로 하여 나타내는 비율. 백분비. 퍼센티지.

백분-표(百分標)[-뿐-]명 백분율을 나타낼 때 쓰는 부호. 〔기호는 %〕

백불유인(百不猶人)[-뿔류-]명하형 백이면 백 가지 모두 남보다 못함.

백ː비[-삐]명 〈배악비〉의 준말.

백비-탕(白沸湯)[-삐-]명 맹탕으로 끓인 물. 백탕.

백빈(白鬢)[-삔]명 허옇게 센 귀밑털. 상빈.

백사(白沙)[-싸]명 흰모래.

백사(白蛇)[-싸]명 빛깔이 흰 뱀.

백사(白絲)[-싸]명 흰 실.

백사(百司)[-싸]명 많은 관서(官署). 많은 관리.

백사(百事)[-싸]명 여러 가지의 일. 온갖 일. 만사(萬事). ¶ 백사가 다 순조롭다.

백사(帛絲)[-싸]명 흰 명주실.

백-사과(白-瓜)[-싸-]명 참외의 한 품종. 빛깔이 희며 살이 연함.

백-사기(白沙器)[-싸-]명 흰 사기.

백사불성(百事不成)[-싸-썽]명하자 여러 가지 일이 하나도 이루어지지 않음. 하는 일마다 실패하여 되는 일이 없음.

백사-여의(百事如意)[-싸-의/-싸-이]명하자 모든 일이 뜻한 대로 이루어짐.

백사-일생(百死一生)[-싸-쌩]명 여러 차례 죽을 고비를 겪다가 겨우 살아남. 구사일생.

백사-장(白沙場)[-싸-]명 강가나 바닷가의 흰 모래가 깔려 있는 곳.

백사-지(白沙地)[-싸-]명 흰 모래가 깔려 있는 땅.

백사-청송(白沙青松)[-싸-]명 흰 모래밭에 푸른 소나무가 어우러진 해안이나 강변의 아름다운 경치를 이르는 말.

백-사탕(ᐩ白沙糖)[-싸-]명 ☞백당(白糖).

백-산호(白珊瑚)[-싼-]명 산호과의 자포동물. 가지가 적고 가지마다 끝이 둥긂. 주로, 세공품을 만드는 데 쓰임.

백산-흑수(白山黑水)[-싼-쑤]명 백두산과 헤이룽 강을 아울러 이르는 말.

백삼(白衫)[-쌈]명 제관(祭官)이 제복(祭服)에 받쳐 입는 흰 빛깔의 홑옷.

백삼(白蔘)[-쌈]명 잔뿌리를 따고 껍질을 벗겨 볕에 말린 인삼. 참홍삼(紅蔘).

백상(白象)[-쌍]명 석가여래의 협시(脇侍)인 보현보살(普賢菩薩)이 타고 있는 흰 코끼리.

백상-지(白上紙)[-쌍-]명 ☞모조지.

백색(白色)[-쌕]명 하얀 빛깔. 준백(白).

백색-광(白色光)[-쌕꽝]명 백색의 빛. 낮 동안의 햇빛처럼 아무 빛깔이 없는 빛. 백광. 주광(晝光).

백색^시멘트(白色cement)[-쌕-]명 철의 함량이 1% 안팎인 흰빛의 시멘트.

백색^왜성(白色矮星)[-쌔괘-]명 백색 미광(微光)의 항성. 밀도가 매우 높은 것이 특색임.

백색^인종(白色人種)[-쌔긴-][명] 피부색으로 나눈 인종의 하나. 피부가 흰 것이 가장 큰 특색이며, 유럽 민족의 대부분이 이에 딸림. [준]백인종. [참]유색 인종(有色人種).
백색-체(白色體)[-쌕-][명] 엽록소가 없어져 희게 된 엽록체. 〔콩나물 따위.〕
백색^테러(白色terror)[-쌕-][명] 반정부 운동이나 혁명 운동을 누르기 위하여 지배 계급이 하는 탄압 행위. 〔프랑스 왕권의 상징인 흰 백합에서 유래함.〕
백서(白書)[-써][명] 정부가 정치·경제·외교 등에 관한 실정이나 시책을 국민에게 알리기 위하여 발표하는 보고서. 〔영국 정부에서, 공식 보고서에 흰 표지를 씌운 데서 유래함.〕 ¶ 경제 백서.
백서(白鼠)[-써][명] ☞흰쥐.
백서(帛書)[-써][명] 비단에 쓴 글. 글을 쓴 비단.
백-서향(白瑞香)[-써-][명] 팥꽃나뭇과의 상록 활엽 관목. 바닷가 산기슭에 나는데, 봄에 흰 꽃이 핌. 관상용으로 가꾸기도 함.
백석(白石)[-썩][명] 흰 돌.
백석(白晳)[-썩][명][하형] 살빛, 특히 얼굴빛이 희고 잘생김.
백-석영(白石英)[-써경][명] 빛깔이 없는 맑은 수정.
백선(白銑)[-썬][명] 선철(銑鐵)의 한 가지. 탄소 함유량이 3.5 % 이하이며, 주로 제강(製鋼)의 원료로 쓰임.
백선(白線)[-썬][명] 흰 줄. 흰 선.
백선(白鮮)[-썬][명] 운향과의 다년초. 산기슭에 절로 나는데, 줄기는 90 cm가량. 뿌리는 굵고 희며, 줄기는 나무처럼 단단함. 5~6월에 분홍 꽃이 핌. 뿌리는 한약재로 쓰임. 검화.
백선(白磰)[-썬][명] 질그릇의 원료인 백토(白土).
백선(白癬)[-썬][명] 백선균에 의하여 일어나는 전염성 피부병. 쇠버짐.
백선(百選)[-썬][명] 백 개를 가려 뽑음, 또는 그 백 개. ¶ 영시(英詩) 백선. /고전(古典) 백선.
백설(白雪)[-썰][명] 흰 눈.
백설-고(白雪糕)[-썰-][명] ☞백설기.
백-설기(白-)[-썰-][명] 시루떡의 한 가지. 물 내린 멥쌀가루를 고물 없이 시루에 찐 떡. 밤·대추·석이·실백 따위의 고명을 두어서 찌기도 함. 백설고. [준]설기[1]. [참]흰무리.
백설-조(百舌鳥)[-썰-][명] ①☞지빠귀. ②☞때까치. ③☞개똥지빠귀.
백설-총이(白雪驄-)[-썰-][명] 온몸의 털빛이 희고 주둥이만 검은 말.
백-설탕(*白雪糖)[-썰-][명] ☞백당(白糖).
백설-풍(白屑風)[-썰-][명] 머리가 늘 가렵고 비듬이 생기는 병. 두풍(頭風).
백성(百姓)[-썽][명] ①'국민'의 예스러운 말. ¶ 백성은 나라의 근본이다. ②지난날, 사대부가 아닌 일반 평민을 이르던 말. 창맹(蒼氓).
백세(百世)[-쎄][명] 오랜 세대.
백세(百歲)[-쎄][명] 오랜 세월.
백세-소주(百洗燒酒)[-쎄-][명] 쪄 낸 쌀가루와 보리에 누룩을 넣어 곤 소주.
백세지사(百世之師)[-쎄-][명] 후세에까지 모든 사람의 스승으로 우러름을 받을 만한 사람.
백세지후(百歲之後)[-쎄-][명] 〔'백 년 뒤'라는 뜻으로〕 '사람의 죽은 뒤'를 에둘러서 이르는 말. 백세후.
백세-창(百世瘡)[-쎄-][명] 〔누구든지 죽기 전에 한 번은 치르는 병이라는 뜻으로〕 '두창(痘瘡)'을 이르는 말.
백세-후(百歲後)[-쎄-][명] ☞백세지후.
백^센터(back center)[명] 배구에서, 후위(後衛)의 가운데 자리, 또는 그 위치에 서는 사람.
백소(白蘇)[-쏘][명] ☞들깨.
백-소주(白燒酒)[-쏘-][명] 빛깔을 들이지 않은 보통의 소주. ↔홍소주.
백손(白損)[-쏜][명] 인쇄하기 전, 수송 도중에 흠이 나서 못 쓰게 된 신문용지. ↔흑손(黑損).
백송(白松)[-쏭][명] 소나뭇과의 상록 침엽 교목. 중국 특산으로 높이는 15 m, 지름은 1.7 m가량. 밋밋한 껍질은 차차 비늘처럼 벗겨져 회백색으로 됨. 잎은 세 개씩 모여나고, 꽃은 5월에 피며, 열매는 이듬해 10월에 익음. 관상용으로 심으며, 천연기념물로 지정된 것도 있음. 백골송.
백-송고리(白松-)[-쏭-][명] 맷과의 한 가지. 날개 길이 36 cm, 부리 3 cm가량으로 온몸이 흼. 성질이 굳세고 동작이 날쌔어 사냥용으로 귀히 여김. 백송골.
백-송골(白松鶻)[-쏭-][명] ☞백송고리.
백수(白手)[-쑤][명] ☞백수건달.
백수(白水)[-쑤][명] ①깨끗하고 맑은 물. ②'깨끗한 마음'을 비유하여 이르는 말.
백수(白首)[-쑤][명] 허옇게 센 머리. 백두(白頭).
백수(白叟)[-쑤][명] 노인. 늙은이.
백수(白壽)[-쑤][명] 〔'百'에서 '一'을 빼면 '白'이 된다는 데서〕 '99세'를 이르는 말.
백수(白鬚)[-쑤][명] 허옇게 센 수염.
백수(百獸)[-쑤][명] 온갖 짐승. 뭇짐승.
백수(伯嫂)[-쑤][명] 맏형수.
백수-건달(白手乾達)[-쑤-][명] 돈 한 푼 없이 빈둥거리며 놀고먹는 건달. 백수.
백수-문(白首文)[-쑤-][명] '천자문'을 달리 이르는 말. 〔후량(後梁)의 주흥사(周興嗣)가 하룻밤 사이에 이를 만들고 머리털이 허옇게 세었다는 고사에서 유래한 말.〕
백수-백복(百壽百福)[-쑤-뽁][명] 갖가지로 써 놓은 전서(篆書)의 수복자(壽福字).
백수-북면(白首北面)[-쑤붕-][명] 재덕(才德)이 없는 사람은 늙어서도 북쪽을 향하여 스승의 가르침을 빈다는 뜻.
백수-습복(百獸慴伏)[-쑤-뽁][명][하자] 온갖 짐승이 두려워서 엎드림.
백수-증(白水症)[-쑤쯩][명] 한방에서, '심장병으로 말미암아 다리에서부터 부어오르는 병'을 이르는 말.
백수-풍신(白首風神)[-쑤-][명] 머리가 센 노인의 좋은 풍채.
백수-풍진(白首風塵)[-쑤-][명] 늙바탕에 치르는 온갖 고생. 늙바탕에 겪는 세상의 어지러움.
백숙(白熟)[-쑥][명][하타] 고기나 생선 따위를 양념하지 않고 맹물에 푹 삶아 익힘, 또는 그렇게 익힌 음식.
백숙(伯叔)[-쑥][명] 네 형제 중의 맏이와 셋째.
백숙-병(白熟餠)[-쑥뼝][명] 밀가루를 술·물·꿀로 각각 따로 반죽한 것을 한데 주물러서 조각을 낸 뒤에 번철에 익힌 떡.
백-스윙(backswing)[명][하타] 야구나 테니스·골프 따위에서, 공을 칠 때 반동을 주기 위하여 배트나 라켓·클럽 등을 뒤로 들어올리는 일.
백-스크린:(back+screen)[명] 야구에서, 투수가 던지는 공이 타자에게 잘 보이도록 외야 중앙에 설치하는 녹색의 벽.
백^스톱(back stop)[명] ①야구장에서, 포수 뒤에 친 철망 따위. 백네트. ②테니스장에서, 베이스라인의 뒤에 친 철망이나 벽 따위.

백^스트레치(back stretch)명 육상 경기장에서, 출발선 반대편의 직선 주로(走路).
백승(百勝)[-씅]명하자 (수많은 싸움에서) 언제나 이김.
백시(白柿)[-씨]명 곶감.
백신(vaccine)명 ①여러 가지 전염병의 병원균으로 만든 세균성 제제(製劑)를 통틀어 이르는 말. ②컴퓨터에서, 바이러스를 찾아내고 손상된 디스크를 복구하는 프로그램.
백실(白失)[-씰]명하타 밑천까지 몽땅 잃음.
백씨(伯氏)명 '남의 맏형'을 높이어 일컫는 말.
백아(白鵝)명 ☞거위1.
백아-절현(伯牙絕絃)명 ☞절현(絕絃).
백악(白堊)명 ①유공충(有孔蟲)이나 미생물의 시체가 쌓여서 된 석회질의 흰 암석. ②석회로 칠한 흰 벽. ③☞백토(白土).
백악(百惡)명 온갖 못된 짓. 모든 악(惡).
백악-계(白堊系)[-꼐/-께]명 백악기에 이루어진 지층.
백악-구비(百惡具備)[-꾸-]명하형 사람됨이 고약하여 온갖 못된 점을 다 갖추고 있음.
백악-기(白堊紀)[-끼]명 중생대를 셋으로 나눈 것 중의 마지막 지질 시대.
백악-질(白堊質)[-찔]명 백악의 성질. 백토질.
백안(白眼)명 〔눈알의 흰자위라는 뜻으로〕 업신여기거나 냉대하여 흘겨보는 눈. ↔청안(靑眼).
백안(白雁)명 흰 기러기.
백안-시(白眼視)명하타 업신여기거나 냉대하여 흘겨봄. 〔'진서(晉書)'의 '완적전(阮籍傳)'에 나오는 말로, 진나라 때의 죽림칠현의 한 사람인 완적이 반갑지 않은 손님은 백안으로 대하고, 반가운 손님은 청안(靑眼)으로 대한 데서 유래함.〕 ↔청안시(靑眼視).
백안-작(白眼雀)명 ☞동박새.
백야(白夜)명 밤에 어두워지지 않는 현상, 또는 그런 밤. 북극과 남극에 가까운 지방에서 여름철 일몰과 일출 사이에 박명(薄明) 현상이 계속되어 생김. 참극야(極夜).
백약(百藥)명 온갖 약. ¶ 백약이 무효다.
백약-전(百藥煎)[-쩐]명 〔한방에서〕 ①오배자와 찻잎·누룩을 섞어 버무려서 발효시킨 약. 기침·담증·하혈·치질 등에 씀. ②☞아선약.
백약지장(百藥之長)[-찌-]명 〔백약의 으뜸이란 뜻으로〕 '술'을 달리 이르는 말.
백양(白羊)명 흰 양.
백양(白楊)명 버드나뭇과의 낙엽 교목. 깊은 산이나 물가에 나는데, 높이는 15~20 m. 4월경 잎이 나기 전에 적갈색 꽃이 늘어져 핌. 재목은 성냥개비·세공물(細工物)·제지용으로 쓰임. 황철나무.
백양(百樣)명 여러 가지 모양. 백태(百態).
백양-궁(白羊宮)명 ☞양자리.
백양-지(白洋紙)명 색이 하얗고 질이 아주 좋은 서양 종이.
백어(白魚)명 ☞뱅어.
백억^세:계(百億世界)[-쎄계/-쎄게]명 부처가 백억 화신이 되어 교화(敎化)하는 세계, 곧 온 세상을 이름.
백억-신(百億身)[-씬]명 〈백억 화신〉의 준말.
백억^화:신(百億化身)[-어콰-]명 헤아릴 수 없이 많은 석가의 화신. 준백억신.
백업(back-up)명하타 ①야구에서, 수비자의 실책에 대비하여 그 뒤를 다른 수비자가 받쳐 주는 일. ②컴퓨터 파일의 원본(原本)을 복사하여 저장하는 일.
백-여우(白-)[뱅녀-]명 ①흰 여우. 백호(白狐). ②'요사스러운 여자'를 비유하여 이르는 말. 참불여우.
백연(白煙)명 흰 연기.
백연(百緣)명 여러 가지 인연.
백연-광(白鉛鑛)명 '백연석'의 구용어.
백연-석(白鉛石)명 납〔鉛〕의 주요한 원료. 주성분은 탄산연으로, 백색·회색·회흑색을 띰.
백-연와(白煉瓦)[뱅녀놔]명 ☞내화 벽돌.
백열(白熱)명 ①물체에서 흰빛이 나도록 몹시 높은 온도에서 가열하는 일. ②하자힘이나 정열 따위가 최고조에 이름, 또는 그 힘이나 열정.
백열^가스등(白熱gas燈)명 가스맨틀을 씌운 가스등. 흰빛의 불꽃이 남. 백열 와사등.
백열-등(白熱燈)[-뜽]명 백열 가스등이나 백열 전등 따위를 통틀어 이르는 말.
백열-선(白熱線)[-썬]명 백열전구 속의, 불이 켜지는 텅스텐 따위의 줄.
백열^와사등(白熱瓦斯燈)명 ☞백열 가스등.
백열-적(白熱的)[-쩍]관명 정열이나 힘의 정도가 극도에 다다른 (것).
백열-전(白熱戰)[-쩐]명 있는 힘을 다하여 맹렬히 싸우는 싸움이나 경기.
백열-전구(白熱電球)명 진공 또는 특별한 기체를 넣은 유리공 안에 가는 저항선(텅스텐 선 따위)을 넣어 흰빛을 내게 만든 전구.
백열-전등(白熱電燈)명 백열전구를 사용하는 전등.
백열^텅스텐^전구(白熱tungsten電球)명 필라멘트를 텅스텐으로 한 전구. 보통 사용하는 전구임.
백염(白塩)명 정제(精製)한 흰 소금.
백엽(百葉)명 ☞처녑.
백엽고-병(白葉枯病)[-꼬뼝]명 박테리아의 기생으로 일어나는 벼의 병. 잎의 끝에서부터 시작되어 물결 모양으로 하얗게 마름.
백엽-다(柏葉茶)[-따]명 동쪽으로 뻗은 잣나무의 잎을 따서 말렸다가 달인 차.
백엽-상(百葉箱)[-쌍]명 온도·습도·기압 등을 재기 위하여 만든 상자.
백엽-주(柏葉酒)[-쭈]명 측백나무의 잎을 담가서 우려낸 술.
백-영사(白靈砂)[뱅녕-]명 수은(水銀)을 고아서 하얀 결정으로 만든 것. 약으로 쓰임. 분상(粉霜). 은상(銀霜).
백옥(白玉)명 흰 옥(구슬).
백옥(白屋)명 (띠로 지붕을 인) 가난한 사람의 초라한 집.
백옥-경(白玉京)[-꼉]명 ☞옥경(玉京).
백옥-루(白玉樓)[배공누]명 '문인(文人)이나 묵객(墨客)의 죽음'을 이르는 말. 〔문인이나 묵객이 죽은 뒤에 간다는 천상(天上)의 누각 이름에서 유래함.〕 준옥루.
백옥-무하(白玉無瑕)[배공-]명하형 〔흠이 없는 흰 구슬이라는 뜻으로〕 '아무 흠이나 결점이 없음, 또는 그런 사람'을 비유하여 이르는 말.
백옥-반(白玉盤)[-빤]명 〔백옥으로 만든 쟁반이라는 뜻으로〕 '둥근 보름달'을 비유하여 이르는 말.
백옥-유(白玉釉)명 도자기를 구울 때 칠하는 잿물의 한 가지. 납유리 가루로 만든 사기물.
백완-반(百玩盤)명 돌날 돌잡힐 때, 여러 가지 물건을 벌여 놓는 반. 〔그 반 위에 놓인 물건 중에서 맨 먼저 집는 것으로 그 아이의 장래를 점침.〕 돌상.
백우(白雨)명 ①☞소나기. ②☞우박.

백우(百憂)명 여러 가지 근심. 백리(百罹).
백우-선(白羽扇)명 새의 흰 깃으로 만든 부채.
백운(白雲)[1]명 흰 구름. ↔흑운(黑雲).
백운(白雲)[2]명 절의 큰방 윗목 벽에 써 붙여서 손의 자리임을 나타내는 문자.
백-운모(白雲母)명 판상 또는 편상의 운모의 한 가지. 색이 없거나 연하며 광택이 남. 전기 절연체 및 내열 보온 재료로 씀. 흰돌비늘.
백운-석(白雲石)명 백운암 성분의 광물. 탄산석회 및 마그네슘·철·망간의 탄산염 광물. 마름모꼴의 결정으로 광택을 냄.
백운-소설(白雲小說)명 고려 고종 때, 이규보(李奎報)가 지은 시화(詩話) 및 잡기(雜記). 삼국 시대부터 고려 시대까지의 여러 시 작품을 해설한 내용임.
백운-타(白雲朶)명 국화의 한 종류. 꽃이 희며 꽃판이 크고 두꺼움.
백운-향(白雲香)명 ☞이화주(梨花酒).
백월(白月)[1]명 빛이 희고 밝은 달. 명월(明月). 소월(素月).
백월(白月)[2]명 불교에서, 한 달을 두 보름으로 갈라서 계명(戒命)을 설(說)할 때, 선보름을 이르는 말. ↔흑월(黑月).
백-유마(白油麻)[뱅뉴-]명 참깨.
백응(白鷹)명 흰매.
백의(白衣)[배긔/배기]명 ①흰옷. ②☞포의(布衣). ③중이 '속인(俗人)'을 이르는 말.
백의의 천사관용 '간호사(看護師)'를 아름답게 이르는 말.
백의-관음(白衣觀音)[배긔-/배기-]명 33관음의 하나. 흰옷을 입고 흰 연꽃 가운데에 앉은 관음.
백의-민족(白衣民族)[배긔-/배기-]명 〔예부터 흰옷을 즐겨 입은 데서〕'한민족'을 이르는 말.
백의-용사(白衣勇士)[배긔-/배기-]명 〔치료 중에 흰옷을 입은 데서〕'상이군인'을 이르는 말.
백의-재상(白衣宰相)[배긔-/배기-]명 ☞백의정승.
백의-정승(白衣政丞)[배긔-/배기-]명 지난날, '유생(儒生)으로 있다가 단번에 의정(議政) 벼슬에 오른 사람'을 이르던 말. 백의재상.
백의-종군(白衣從軍)[배긔-/배기-]명하자 벼슬 없이 군대를 따라 싸움터로 나아감.
백이사지(百爾思之)명하자 이모저모 많이 생각함.
백인(白人)명 백색 인종에 딸린 사람.
백인(白刃)명 서슬이 시퍼런 칼날. 백병(白兵).
백인(百人)명 (제각기 성질이 다른) 많은 사람.
백인(百忍)명 모든 어려움을 참고 견디어 냄.
백인-백색(百人百色)[-쌕]명 많은 사람이 저마다 달리 가지는 특색.
백-인종(白人種)명 〈백색 인종〉의 준말.
백일(白日)명 ①구름이 조금도 끼지 않은 맑은 날의 밝은 해. ②대낮.
백일(百日)명 ☞백날.
백일-기도(百日祈禱)명하자 (어떤 목적으로) 백 일을 기한하고 드리는 기도.
백일-기침(百日-)명 ☞백일해(百日咳).
백일-몽(白日夢)명 〔한낮에 꾸는 꿈이란 뜻으로〕'헛된 공상'을 비유하여 이르는 말.
백일^승천(白日昇天)명 정성스럽게 도를 닦아 육신을 가진 채 신선이 되어 대낮에 하늘로 올라감. 육신 승천(肉身昇天).
백일-일수(百日日收)[-쑤]명 빚의 본전과 이자를 백 일로 나누어 일정한 액수를 날마다 거두어들이는 일, 또는 그 빚.
백일-장(白日場)[-짱]명 ①조선 시대에, 유생의 학업을 권장하기 위하여 각 지방에서 베풀던, 시문(詩文) 짓기 시험. ②시문(詩文) 짓기를 겨루는 공개 행사.
백일-재(百日齋)[-째]명 사람이 죽은 지 백 일만에 드리는 불공. 준백재(百齋).
백일-주(百日酒)[-쭈]명 빚은 뒤 백 일 동안 땅속에 묻어 두었다가 먹는 술.
백일-천하(百日天下)명 ①나폴레옹 1세가 엘바섬을 탈출하여 파리에 들어가 제정(帝政)을 부활한 뒤, 워털루의 싸움에서 패하여 퇴위할 때까지의 약 백 일 간의 천하 지배. ②'짧은 기간 동안 정권(政權)을 장악했다가 물러나는 경우'를 비유하여 이르는 말.
백일-초(百日草)명 국화과의 일년초. 멕시코 원산의 관상 식물로 줄기는 60~90 cm. 6~8월에 긴 꽃줄기 끝에 국화 비슷한 꽃이 오랫동안 피는데 빛깔이 다양함. 백일홍.
백일-하(白日下)명 세상 사람이 다 알도록 뚜렷하게. 《주로, '백일하에'의 꼴로 쓰임.》¶ 그의 죄상이 백일하에 드러나다.
백일-해(百日咳)명 백일해균으로 일어나는 어린이의 호흡기 전염병. 한번 걸리면 일생 면역이 됨. 백일기침. 효증(哮症).
백일-홍(百日紅)명 ①부처꽃과의 낙엽 소교목. 중국 원산의 관상 식물로 높이는 3~7 m. 나무껍질은 연붉은 자줏빛이고, 여름에서 가을에 걸쳐 붉은 꽃이 핌. 배롱나무. 자미. ②☞백일초.
백자(白子)[-짜]명 〈백지〉의 본딧말.
백자(白字)[-짜]명 '白' 자를 새긴 왕세자의 도장.
백자(白瓷·白磁)[-짜]명 ☞백자기(白瓷器).
백자(百子)[-짜]명 ☞백가(百家).
백자(伯姉)[-짜]명 맏누이.
백자(柏子)[-짜]명 ☞잣.
백-자기(白瓷器)[-짜-]명 흰 자기. 백자(白瓷).
백자-도(百子圖)[-짜-]명 동양화에서, 여러 사내아이가 노는 모양을 그린 그림.
백자-말(柏子末)[-짜-]명 잣가루.
백자-인(柏子仁)[-짜-]명 한방에서, '측백나무 열매의 씨'를 약재로 이르는 말. 〔허한(虛汗)이나 어린이의 경간(驚癎) 따위에 약으로 씀.〕 측백자.
백자-천손(百子千孫)[-짜-]명 많은 자손.
백자^청화(白瓷青華)[-짜-]명 ☞청화 자기.
백자-탕(白子湯)[-짜-]명 ☞이리탕.
백자-판(柏子板)[-짜-]명 잣나무를 켠 널빤지.
백작(伯爵)[-짝]명 오등작(五等爵)의 셋째 작위. 후작의 아래, 자작의 위. 준백(伯).
백-작약(白芍藥)[-짜갹]명 ①작약과의 다년초. 산지에 나는데 높이는 40~50 cm. 뿌리는 굵고 육질임. 잎은 뒷면이 흰빛을 띠며, 6월경에 원줄기 끝에 흰 꽃이 한 송이씩 핌. ②한방에서, '말린 작약의 뿌리'를 약재로 이르는 말. 〔부인병이나 진통에 쓰임.〕
백장(←白丁)[-짱]명 〔지난날〕①소나 돼지 따위를 잡는 일을 업으로 하던 사람. 도한(屠漢). 백정(白丁). 포정(庖丁). 포한(庖漢). ②버들고리 겯는 일을 업으로 하던 사람.
백장도 올가미가 있어야 한다속담 장사에는 밑천이 있어야 한다는 뜻.
백장이 버들잎 물고 죽는다속담 죽을 때에도 자기의 근본을 잊지 않는다는 뜻.
백장-고누[-짱-]명 우물고누를 둘 때, 먼저 두는 편이 첫수에 상대편 말의 갈 길을 막는 짓.

백재(百齋) [-쨰]명 〈백일재〉의 준말.
백저(白苧) [-쩌]명 빛깔이 하얗게 누인 모시. 눈모시.
백전(白錢) [-쩐]명 ☞백통전.
백전(白戰) [-쩐]명 ①맨손으로 하는 싸움. ②문인(文人)들이 글재주를 겨루는 일.
백전(白顚) [-쩐]명 ☞별박이2.
백전(百戰) [-쩐]명 수많은 싸움. ¶ 백전의 용사.
백전-계(百全計) [-쩐계/-쩐게]명 안전하고 빈틈없는 계책.
백전-노장(百戰老將) [-쩐-]명 ①수없이 많은 싸움을 치른 노련한 장수. ②'세상일을 많이 겪어서 여러 가지로 능란한 사람'을 비유하여 이르는 말. 참백전노졸.
백전-노졸(百戰老卒) [-쩐-]명 ①많은 전투를 치른 노련한 병사. ②'세상일을 많이 치러서 모든 일에 노련한 사람'을 비유하여 이르는 말. 참백전노장.
백전-백승(百戰百勝) [-쩐-씅]명하자 싸울 때마다 번번이 다 이김. 백전불패. ¶ 백전백승의 무적 군대.
백전-불패(百戰不敗) [-쩐-]명하자 ☞백전백승.
백전-풍(白癜風) [-쩐-]명 ☞백납.
백절불굴(百折不屈) [-쩔-]명하자 〔백 번 꺾여도 굴하지 않는다는 뜻에서〕 어떠한 어려움에도 굽히지 않음. 백절불요.
백절불요(百折不撓) [-쩔-]명하자 ☞백절불굴.
백-점토(白粘土) [-쩜-]명 도자기의 원료인, 흰 찰흙.
백접(白蝶) [-쩝]명 ①흰나비를 통틀어 이르는 말. ②☞배추흰나비.
백접-도(白蝶圖) [-쩝또]명 동양화에서, 온갖 나비가 가지가지 꽃에서 노니는 모습을 그린 그림.
백정(白丁) [-쩡]명 ☞백장.
백정-창(白疔瘡) [-쩡-]명 한방에서, '털구멍에 나는 종기'를 이르는 말.
백제(白帝) [-쩨]명 오방신장(五方神將)의 하나. 가을을 맡은 서쪽의 신.
백제(百濟) [-쩨]명 우리나라의 고대 왕국 중의 하나. 고구려의 왕족인 온조(溫祚)가 한반도의 남서쪽에 자리 잡아 세운 나라로, 의자왕(義慈王) 때 나당(羅唐) 연합군에게 패망함. 〔B.C.18~A.D.660〕
백조(白鳥) [-쪼]명 ☞고니.
백조(白潮) [-쪼]명 1922년에 홍사용(洪思容)·이상화(李相和) 등에 의해 창간된 순문학 동인지. 초기 낭만주의 문학 운동의 중심적 역할을 하였음. 통권 3호까지 발행됨.
백조어(白條魚) [-쪼-]명 잉엇과의 민물고기. 몸길이 20~30 cm로 길고 납작함. 강준치와 비슷하나 몸 너비가 좀 더 넓음. 입이 위로 향해 있고 비늘은 둥긂. 몸빛은 등 쪽이 푸른 갈색, 배 쪽은 은백색임.
백조-자리(白鳥-) [-쪼-]명 북반구에 있는 큰 성좌. 별의 배열이 백조가 날아가는 모양과 비슷함. 참북십자성(北十字星).
백족지충(百足之蟲) [-쪽찌-]명 그리마·노래기·지네 따위와 같이 발이 많은 벌레를 통틀어 이르는 말.
백족-충(百足蟲) [-쪽-]명 ☞노래기.
백종(百種) [-쫑]명 ☞백중날.
백주(白酒) [-쭈]명 ①흰 빛깔의 술. ②☞배갈.
백주(白晝) [-쭈]명 대낮. ¶ 백주의 도심에서 일어난 살인 사건.
백주-에(白晝-) [-쭈-]부 아무 까닭 없이. 벌건 대낮에. 실제로 안 될 일을 터무니없이. ¶ 백주에 봉변을 당하다. 준백줴.
백주-창탈(白晝搶奪) [-쭈-]명하타 대낮에 남의 물건을 함부로 빼앗음.
백주^현:상(白晝現像) [-쭈-]명 사진 기술에서, 특수 장치로 된 현상 탱크를 이용하여 밝은 곳에서 하는 현상.
백중(百中·百衆) [-쭝]명 〈백중날〉의 준말.
백중(伯仲) [-쭝]명 ①맏형과 둘째 형. ②하형(기술이나 지식 따위가) 서로 어금지금하여 우열을 가리기 힘듦.
백중-날(百中-) [-쭝-]명 명일(名日)의 하나로 음력 칠월 보름날. 불가에서는 하안거(夏安居)를 마친 뒤 대중 앞에 허물을 말하여 참회를 구하며, 절에서 재를 올림. 백종(百種). 준백중.
백중-력(百中曆) [-쭝녁]명 앞으로 올 100년 동안의 일월(日月)·성신(星辰)·절후(節候) 따위를 미리 헤아려 만든 책력. 참천세력(千歲曆).
백중-맞이(百中-) [-쭝-]명하자 ①백중날에 불공을 드림, 또는 그 불공. 백중불공. ②무당이 백중날에 굿을 함, 또는 그 굿.
백중-물(百中-) [-쭝-]명 백중날이나 그 무렵에 많이 오는 비.
백중-불공(百中佛供) [-쭝-]명하자 ☞백중맞이.
백중-사리(百中-) [-쭝-]명 일 년 중, 백중 무렵에 밀물 수위가 가장 높아지는 상태.
백중-세(伯仲勢) [-쭝-]명 ☞백중지세.
백중숙계(伯仲叔季) [-쭝-꼐/-쭝-께]명 네 형제의 차례. 백(伯)은 맏이, 중(仲)은 둘째, 숙(叔)은 셋째, 계(季)는 막내를 이름.
백중지간(伯仲之間) [-쭝-]명 서로 어금지금하게 맞서는 사이.
백중지세(伯仲之勢) [-쭝-]명 서로 어금지금하여 우열을 가리기 어려운 형세. 백중세.
백줴 [-쮀]부 〈백주에〉의 준말.
백지(←白子) [-찌]명 흰 바둑돌. 본백자(白子). 준백(白). ↔흑지.
백지(白地) [-찌] Ⅰ명 ①(농사가 안 되어) 거둘 것이 없는 땅. ②정해진 근거가 없는 상태. Ⅱ부 생판으로. 백판(白板)2. ¶ 밑천도 없이 백지 무슨 장산가?
백지(白芷) [-찌]명 한방에서, '구릿대의 뿌리'를 약재로 이르는 말. 〔감기로 말미암은 두통·요통 따위에 씀.〕
백지(白紙) [-찌]명 ①흰 빛깔의 종이. ②아무것도 쓰지 않은 종이. 공지(空紙). ③〈백지상태〉의 준말. 생판. ¶ 백지나 다름없다. ④한지(韓紙)의 한 가지. 닥나무 껍질로 만든, 빛깔이 흰 종이.
백-지도(白地圖) [-찌-]명 대륙·섬·나라 등의 윤곽만 그린, 기입 연습용 또는 분포도 작성용의 지도. 암사 지도(暗射地圖).
백지^동맹(白紙同盟) [-찌-]명 시험 때, 학생들이 모두 짜고 답안지에 답을 쓰지 않고 그냥 내는 일.
백지-마(白脂麻) [-찌-]명 ☞참깨.
백지-상태(白紙狀態) [-찌-]명 ①종이에 아무것도 쓰지 않은 상태. ②어떤 사물에 대하여 아무것도 아는 것이 없는 상태. ¶ 그는 자연과학 분야에는 백지상태였다. ③어떤 사물에 대하여 아무런 선입견이 없는 상태. 준백지.
백지^수표(白地手票) [-찌-]명 수표 요건의 전부 또는 일부를 비워 두어, 후일 소지자에게 그것을 완성하도록 권리를 준 수표.

백지-애매(白地曖昧) [-찌-]명하형 까닭 없이 죄를 입고 화를 당하여 억울함.
백지^어음(白地-) [-찌-]명 어음 발행자가 어음 소지인에게, 어음 금액·지불지·만기 등 어음 요건의 전부 또는 일부의 보충권(補充權)을 부여한 어음.
백지^위임장(白紙委任狀) [-찌-짱]명 위임자의 성명만 써 놓고 다른 것은 수임자(受任者)의 마음대로 쓰게 하는 위임장.
백지-장(白紙張) [-찌짱]명 ①흰 종이의 낱장. ②'새하얀 것'을 비유하여 이르는 말. ¶ 얼굴이 백지장 같다.
백지장도 맞들면 낫다속담 아무리 쉬운 일이라도 혼자 하는 것보다 서로 힘을 합쳐서 하면 더 쉽다는 뜻.
백지^징세(白地徵稅) [-찌-]명 ①천재지변 따위로 수확이 전혀 없는 땅에 세금을 물리는 일. ②조세를 물 만한 재산이나 납세 의무가 없는 사람에게 까닭 없는 세를 물리거나, 아무 관계 없는 사람에게 빚을 물리는 일. 준백징.
백지^형법(白地刑法) [-찌-뻡]명 일정한 형벌만 법률로 규정하고, 그 범죄의 구성 요건의 규정을 다른 법령에 양보한 형벌 법규.
백지-화(白紙化) [-찌-]명하타되자 백지상태가 됨. 없었던 것으로 함. ¶ 여행 계획을 백지화하다.
백질(白質) [-찔]명 ①흰 빛깔을 지니는 성질. ②고등 동물의 신경 중추부 가운데서 신경 섬유의 집합을 이루는 부분.
백징(白徵) [-찡]명하타 〈백지 징세〉의 준말. 생징(生徵).
백차(白車)명 차체(車體)에 흰 칠을 한, 경찰·헌병 등의 순찰차.
백-차일(白遮日)명 흰 빛깔의 차일.
백차일 치듯관용 '흰옷을 입은 사람이 매우 많이 모인 모양'을 이르는 말.
백-창포(白菖蒲)명 ☞이창포(泥菖蒲).
백채(白菜)명 ☞배추.
백-채문(白彩紋)명 흰 선으로 이루어진 채문. 지폐 등에 많이 씀. ↔흑채문.
백척-간두(百尺竿頭) [-깐-]명 〔백 자나 되는 높은 장대 끝이라는 뜻으로〕 '매우 위태롭고 어려운 지경'을 이르는 말. 준간두.
백척-장고(百尺丈高) [-짱-]명 (백 자나 되는) 매우 높은 높이.
백천만-겁(百千萬劫)명 한없는 햇수. 영원한 시간.
백천만-사(百千萬事)명 온갖 일.
백철(白鐵)명 빛깔이 흰 쇠붙이. 〔양은·니켈·함석 따위.〕
백철-광(白鐵鑛)명 '백철석'의 구용어.
백철-석(白鐵石) [-썩]명 철의 황화 광물. 누런 빛깔에 금속 광택이 있음.
백첩(白貼)명 접는 부채의 한 가지. 종이와 살에 칠을 하지 않은, 살이 40~50개 되는 아주 큰 부채.
백청(白淸)명 희고 품질이 좋은 꿀.
백-청자(白靑瓷)명 ☞청백자(靑白瓷).
백체(白體)명 황체가 수정하지 않았을 경우에 그 기능을 잃고 퇴축(退縮)되어 하얗게 변화된 결합 조직성의 작은 덩어리.
백초(百草)명 온갖 풀.
백초-상(百草霜)명 ☞앉은검정.
백-초서(白貂鼠)명 ☞흰담비.
백초-피(白貂皮)명 흰담비의 모피.
백총(百摠)명 조선 시대에, 관리영(管理營)의 일을 맡아보던 정삼품 벼슬.
백축(白丑)명 한방에서, '흰 나팔꽃의 씨'를 약재로 이르는 말. 〔대소변을 통하게 하며, 부종·적취(積聚)·요통에 씀.〕
백출(白朮)명 한방에서, '삽주의 덩어리진 뿌리'를 약재로 이르는 말. 〔성질이 따뜻하여 비위(脾胃)를 돕고 소화 불량이나 구토·설사·습증(濕症) 등에 씀.〕 걸력가(乞力枷). 산강(山薑). 산계(山薊). 참창출(蒼朮).
백출(百出)명하자 여러 가지로 많이 나옴. 수없이 많이 나타남. ¶ 묘안이 백출하다.
백출-산(白朮散) [-싼]명 한방에서, 토사(吐瀉) 따위에 쓰는 탕약. 백출을 주로 하여 지음.
백출-주(白朮酒) [-쭈]명 백출을 넣어 담근 술.
백충(白蟲)명 '조충'의 구용어.
백충-창(白蟲倉)명 ☞오배자(五倍子).
백치(白雉)명 흰 꿩.
백치(白痴)명 ①뇌수의 장애나 질병 따위로 정신 작용의 발달이 저지되어, 연령에 비해 지능이 낮은 사람. 바보. 천치. ②뇌수의 장애 같은 것으로 말미암아 정신 작용이 완전치 못한 병.
백치(白齒)명 희고 깨끗한 이. 호치(皓齒).
백치-미(白痴美)명 지능이 좀 모자란 듯하고 표정이 없는 데서 느끼는 아름다움.
백치-천재(白痴天才)명 백치이면서도, 어떤 한 가지 일에는 뛰어난 재주를 가진 사람.
백^코:트(back court)명 테니스나 농구 등에서의 뒤쪽 코트.
백탁(白濁)명 ①한방에서, '오줌이 뿌옇고 걸쭉한 병'을 이르는 말. ②하형오줌이 뿌옇고 걸쭉함.
백탄(白炭)명 화력이 가장 센 참숯. 빛깔이 희읍스름함. ↔검탄(黔炭).
백탈(白脫)명하자 아무런 죄가 없다는 사실이 분명히 밝혀짐.
백탈(白頉)명 아무 까닭 없이 신역(身役)을 면하는 일.
백탕(白湯)명 ☞백비탕(白沸湯).
백태(白苔)명 ①몸의 열기나 그 밖의 원인으로 혓바닥에 끼는 황백색의 물질. ②눈병의 한 가지. 눈알에 덮이는 희끄무레한 막.
백태(百態)명 여러 가지 자태. 온갖 자태. 백양(百樣). ¶ 백인(百人) 백태.
백태^청기(白胎靑器)명 ☞청백자(靑白瓷).
백토(白土)명 빛깔이 희읍스름하고 잔모래가 많이 섞인 흙. 백악(白堊).
백토(白兔)명 털빛이 흰 토끼.
백^토스(back toss)명 배구에서, 세터가 공을 자기의 뒤쪽으로 올려 주는 토스.
백토-질(白土質)명 ☞백악질(白堊質).
백통(←白銅)명 구리·아연·니켈의 합금. 은백색으로, 화폐나 장식품 등에 쓰임. 본백동.
백통-대(←白銅-)명 백통으로 만든 담뱃대. 백통죽.
백통-돈(←白銅-)명 ☞백통전. 본백동돈.
백통-딱지(←白銅-) [-찌]명 백통으로 만든 몸시계의 껍데기. 본백동딱지.
백통-전(←白銅錢)명 동전의 한 가지. 백통으로 만든 은빛의 주화. 백전. 백통돈. 백통화. 본백동전.
백통-죽(←白銅竹)명 ☞백통대.
백통-화(←白銅貨)명 ☞백통전. 본백동화.
백파(白波)명 흰 물결.
백파(白播)명하타 거름을 주지 않은 맨땅에 씨를 뿌림.

백-파이프(bag pipe)명 스코틀랜드의 민속 악기. 가죽 주머니에 서너 개의 음관이 달려 있는 고음(高音)의 퉁소.
백판(白板)[1]명 흰 널빤지.
백판(白板)[2] Ⅰ명 아무것도 없는 형편이나 모르는 상태.
Ⅱ부 아주 생소하게. 생판. 백지(白地). ¶ 일의 공정에 관해서 백판 모르는 사람이 일을 맡았다.
백팔^번뇌(百八煩惱)[-뇌/-눼]명 불교에서 이르는 108가지의 번뇌. 사람의 6가지 감각기관으로 느끼는 고(苦)·락(樂)·불고불락(不苦不樂)이 있어 18가지가 되고, 또 여기에 탐(貪)·불탐이 있어 36가지가 되는데, 이것을 과거·현재·미래에 각각 풀면 108가지가 됨.
백팔십-도(百八十度)[-씹또]명 정반대로 바뀐 상태를 이르는 말. ¶ 태도가 백팔십도로 바뀌다.
백팔^염:주(百八念珠)[-렴-]명 실에 작은 구슬 108개를 꿰서 그 끝을 맞맨 염주. 이것을 돌리며 염불을 하면 백팔 번뇌를 물리쳐 무상(無想)의 경지에 이른다 함.
백팔-종(百八鐘)[-쫑]명 절에서, 섣달 그믐날 밤 또는 새벽과 저녁에 108번씩 치는 종. 인간의 백팔 번뇌를 없앤다고 함.
백패(白牌)명 지난날, 소과(小科)에 급제한 생원·진사에게 주던 백지의 증서.
백폐(百弊)[-폐/-페]명 온갖 폐단. 많은 폐단.
백폐-구존(百弊俱存)[-폐-/-페-]명하자 온갖 폐단이 모두 있음.
백폐-구흥(百廢俱興)[-폐-/-페-]명하자 온갖 쇠폐(衰廢)한 일이 다시 일어남.
백포(白布)명 흰 베.
백포(白泡)명 ①물의 흰 거품. ②말 따위의 짐승이 입에서 내는 흰 거품.
백포(白袍)명 흰 도포.
백-포도주(白葡萄酒)명 청포도를 주성분으로 하여 빚은 맑은 포도주.
백포-장(白布帳)명 흰 베로 만든 휘장.
백표(白票)명 ①흰색의 표. ②투표할 때 기권의 뜻으로, 아무것도 적지 않은 투표용지.
백하(白蝦)[배카]명 ☞쌀새우.
백하-해(白蝦醢)[배카-]명 ☞새우젓.
백학(白鶴)[배칵]명 ☞두루미[2].
백한(白鷳)[배칸]명 꿩과의 새. 꿩과 비슷하나 꽁지가 좀 더 길. 머리에 자흑색의 도가머리가 있고 다리는 붉음. 등은 희고 배에는 검은색과 붉은색의 긴 털이 있음. 암컷은 작은데 암탉과 비슷함. 숲 속에 살며, 강인한 조류이어서 애완용 또는 사냥새로 기름.
백합(白蛤)[배캅]명 백합과의 조개. 껍데기는 거의 둥글며 연회색에 길이 8cm가량. 민물이 흘러드는 얕은 바다의 모래나 진흙 속에 삶. 무명조개.
백합(白鴿)[배캅]명 ☞집비둘기.
백합(百合)[배캅]명 ①백합과의 다년초. 관상용으로 재배되는 식물. 땅속의 비늘줄기에서 하나의 줄기가 돋아나는데, 높이는 30~100cm. 5~6월에 줄기 끝에 2, 3개의 꽃이 옆으로 핌. 나리[1]. ②한방에서, '백합의 뿌리'를 약재로 이르는 말.
백합-화(百合花)[배카퐈]명 백합의 꽃. 나리꽃.
백해(百害)[배캐]명 온갖 해로움.
백해(百骸)[배캐]명 온몸을 이루는 모든 뼈.
백해-구통(百骸俱痛)[배캐-]명하형 온몸이 안 아픈 데가 없이 다 아픔.
백해-무익(百害無益)[배캐-]명하형 해롭기만 하고 조금도 이로울 것이 없음. ¶ 너에게는 백해무익한 일이니 절대로 하지 마라.
백-핸드(backhand)명 테니스나 탁구 등에서, 그립을 잡은 손의 손등이 상대편을 향하도록 하는 타구 방법. 참포핸드.
백행(百行)[배캥]명 온갖 행동. ¶ 효도는 백행의 근본이다.
백-혈구(白血球)[배켤-]명 혈구의 한 가지. 핵이 있으나 모양이 일정하지 않은 아메바 모양의 세포. 몸 속으로 침투하는 세균을 잡아먹음. 흰피톨. 참적혈구.
백혈-병(白血病)[배켤뼝]명 혈액 속의 백혈구가 정상보다 많아지는 병.
백형(伯兄)[배켱]명 맏형.
백호(白虎)[배코]명 ①주산(主山)에서 오른쪽으로 갈려 나간 산줄기. 우백호(右白虎). ②민속에서, 서쪽 방위의 '금(金)' 기운을 맡은 태백신을 상징한 짐승. 범의 모습으로 무덤 속의 오른쪽 벽과, 관의 오른쪽에 그렸음. ③이십팔수 중에서 서쪽에 있는, 규(奎)·누(婁)·위(胃)·묘(昴)·필(畢)·자(觜)·삼(參)의 일곱 별을 통틀어 이르는 말.
백호(白狐)[배코]명 흰 여우. 백여우.
백호(白毫)[배코]명 부처의 32상(相)의 하나. 눈썹 사이에 난 터럭으로, 광명을 무량세계(無量世界)에 비친다 함. 불상에는 진주·비취·금 따위를 박아 표시함.
백호-기(白虎旗)[배코-]명 ①조선 시대의 대오방기의 하나. 진영의 오른편 문에 세워서 우군(右軍)·우영(右營) 또는 우위(右衛)를 지휘함. 흰 바탕에 백호와 운기(雲氣)가 그려져 있고 가장자리는 누른빛임. ②대한 제국 때의 의장기(儀仗旗)의 한 가지.
백-호마(白胡麻)[배코-]명 ☞참깨.
백-호접(白蝴蝶)[배코-]명 흰나비.
백호-주의(白濠主義)[배코-의/배코-이]명 오스트레일리아에서 백인(白人) 이외의 인종, 특히 황색 인종의 입국이나 정주(定住)를 배척하던 주의.
백홋-날(白虎-)[배콘-]명 백호로 된 산(山)의 등성이.
백홍(白虹)[배콩]명 빛깔이 흰 무지개.
백화(白花)[배콰]명 흰 꽃.
백화(白話)[배콰]명 현대 중국의 회화체 언어.
백화(白禍)[배콰]명 백색 인종이 권력이나 세력을 휘둘러 유색 인종에게 화를 입히는 일. 참황화(黃禍).
백화(白樺)[배콰]명 ☞자작나무.
백화(百花)[배콰]명 온갖 꽃. 여러 가지 꽃.
백화(百貨)[배콰]명 온갖 화물. 여러 가지 상품이나 재화(財貨).
백화-난만(百花爛漫)[배콰-]명하형 온갖 꽃이 피어서 아름답게 흐드러짐.
백-화등(白花藤)[배콰-]명 협죽도과의 상록 만목. 따뜻한 지방의 산지에 남. 잎은 길둥글며 마주나고, 5~6월에 하얀 꽃이 피었다가 차차 노랑으로 변함. 잎과 줄기는 한방에서 해열제나 진통제 따위로 쓰임.
백화-문(白話文)[배콰-]명 백화로 된 중국의 글.
백화^문학(白話文學)[배콰-]명 중국의 근대 문학을, 형식 및 용어에 주안점을 두고 이르는 이름. 고문(古文)의 배격과 민중을 위한 문학을 꾀한 것으로, 1915년 후스(胡適)가 주창하였음.
백화-사(白花蛇)[배콰-]명 ☞산무애뱀.

백화^소ː설(白話小說)[배콰-]명 중국의 근대 이전의 소설로서, 구어(口語)로 씌어진 소설.
백화-왕(百花王)[배콰-]명 '모란'을 달리 이르는 말.
백화-요란(百花燎亂)[배콰-]명하형 온갖 꽃이 불타오르듯이 피어 찬란함.
백화-점(百貨店)[배콰-]명 일상생활에 필요한 온갖 상품을 각 부문별로 나누어 파는 대규모의 현대식 상점. ↔단위 상점.
백화-제방(百花齊放)[배콰-]명 ①〔많은 꽃이 한꺼번에 핀다는 뜻으로〕'갖가지 학문이나 사상이 개방적으로 발표됨'을 비유하여 이르는 말. ②☞백가쟁명(百家爭鳴).
백화-주(百花酒)[배콰-]명 온갖 꽃을 넣어 빚은 술.
백화-춘(百花春)[배콰-]명 찹쌀로만 빚은 술.
백화^현ː상(白化現象)[배콰-]명 빛이나 철·마그네슘 따위의 양분이 부족하여 색소가 만들어지지 않아, 식물체가 백색으로 되거나 색이 엷어지는 현상.
백황-색(白黃色)[배쾅-]명 희끄무레한 누런빛.
백회-혈(百會穴)[배쾨-/배퀘-]명 정수리의 숨구멍 자리. 숫구멍. 정문(頂門).
백흑(白黑)[배큭]명 〔백과 흑이라는 뜻으로〕 두 가지 대응되는 것을 나타내는 데 쓰이는 말. 〔흔히, '시와 비'·'선과 악'·'참과 거짓' 따위의 뜻으로 쓰임.〕 흑백(黑白).
백흑지변(白黑之辨)[배큭찌-]명 시와 비, 선과 악, 참과 거짓 따위를 구별하고 가려내는 일.
백희(百戲)[배키]명 온갖 연희(演戲).
밴(van)명 〔짐을 옮기는 마차라는 뜻으로〕 짐을 싣기 위하여 만든 소형차. 운전석과 조수석을 제외한 나머지 좌석을 없애 그곳에 짐을 실음.
밴대명 〈밴대보지〉의 준말.
밴대-보지명 음모(陰毛)가 나지 않은, 어른의 보지. 준밴대.
밴대-질명하자 여자끼리 성교를 흉내 내는 짓. ¶ 밴대질을 치다.
밴댕이명 청어과의 바닷물고기. 몸길이 15 cm 가량. 전어와 비슷하며 등은 청흑색, 배는 은백색임. 우리나라 서남해 연안과 일본 근해에서 많이 남.
 밴댕이 소갈머리관용 '아주 좁고 얕은 심지(心志)'를 이르는 말.
밴댕이-젓[-젇]명 밴댕이로 담근 젓. ＊밴댕이젓이[-저시]·밴댕이젓만[-전-]
밴ː덕명 요랬다조랬다 하여 변하기를 잘하는 마음이나 태도. 뱐덕. ¶ 밴덕을 떨다. /밴덕을 부리다. 큰변덕.
밴ː덕-꾸러기명 밴덕을 잘 부리는 사람. 큰변덕꾸러기.
밴ː덕-맞다[-덩맏따]형 밴덕을 부리는 태도가 있다. 뱐덕맞다. 큰변덕맞다.
밴ː덕-스럽다[-쓰-따][~스러우니·~스러워]형ㅂ 보기에 밴덕을 부리는 성질이나 태도가 있다. 뱐덕스럽다. 큰변덕스럽다. **밴덕스레**부.
밴ː덕-쟁이[-쨍-]명 밴덕스러운 사람. 뱐덕쟁이. 큰변덕쟁이.
밴둥-거리다자 자꾸 밴둥밴둥하다. 밴둥대다. 큰빈둥거리다. 센뺀둥거리다. 거팬둥거리다.
밴둥-대다자 밴둥거리다.
밴둥-밴둥부하자 하는 일 없이 얄밉게 게으름만 부리는 모양. ¶ 날마다 밴둥밴둥 놀고만 지내다. 큰빈둥빈둥. 센뺀둥뺀둥. 거팬둥팬둥.
밴드(band)[1]명 끈. 띠. ¶ 고무 밴드.
밴드(band)[2]명 취주악이나 재즈 따위의 악단. 악대. 합주단.
밴들-거리다자 자꾸 밴들밴들하다. 밴들대다. 큰빈들거리다. 센뺀들거리다. 거팬들거리다.
밴들-대다자 밴들거리다.
밴들-밴들부하자 하는 일 없이 빤빤스럽고 얄밉게 게으름만 부리는 모양. 큰빈들빈들. 센뺀들뺀들. 거팬들팬들.
밴조ː(banjo)명 미국 민요나 재즈 따위의 경쾌한 음악의 반주에 쓰이는 현악기의 한 가지. 손가락으로 줄을 뜯어 연주함.
밴텀-급(bantam級)명 권투·태권도 따위에서, 중량별 체급의 한 가지. 아마추어 권투는 51 kg 이상 54 kg 미만, 태권도 남자 일반부는 54 kg 초과 58 kg 이하임. 참플라이급·페더급.
밸ː명 〈배알〉의 준말.
 밸을 쓰다관용 ①배짱을 부리다. ②성미를 부리다.
 밸이 꼴리다〔뒤틀리다〕관용 아니꼽고 비위에 거슬려 몹시 부아가 나다.
밸러스트(ballast)명 ①선체(船體)의 안정을 유지하기 위하여 배의 바닥에 싣는 석탄·돌·쇠 따위의 물건. 〔지금은 물로 대신함.〕 바닥짐. ②철도의 선로나 도로 등에 까는 자갈.
밸런스(balance)명 ①'균형'으로 순화. ↔언밸런스. ②수지 대차(收支貸借)의 균형.
밸런타인데이(Valentine Day)명 성(聖) 발렌티누스가 순교한 제일(祭日)인 2월 14일. 유럽에서는 남녀 간에 선물을 주고받으며, 여성이 남성에게 구애(求愛)하는 풍습이 있음.
밸브(valve)명 ①관(管)이나 용기(容器) 따위에 붙어 있어, 기체의 압력 또는 기체나 액체가 드나드는 것을 조절·제어하는 장치. 판(瓣). ②금관 악기에서, 반음계 연주를 할 수 있도록 관의 길이를 조절하는 장치. ②피스톤.
뱀ː명 파충강 뱀목의 동물을 통틀어 이르는 말. 몸은 가늘고 길며 온통 비늘로 덮였음. 다리·눈꺼풀·귓구멍 등이 없고, 혀가 길며 끝이 둘로 갈라졌음. 대부분이 난생하며 변온 동물임. 세계 각지의 육지와 바다에서 삶.
뱀ː-날명 ☞사일(巳日).
뱀ː-눈명 '독살스럽게 생긴 눈'을 비유하여 이르는 말.
뱀ː-도랏[-랃]명 ☞사상자(蛇床子). ＊뱀ː도랏이[-라시]·뱀ː도랏만[-란-]
뱀ː-딸기명 장미과의 다년초. 산과 들에 절로 나는데, 줄기가 땅 위로 벋으면서 마디에서 뿌리가 내림. 4~5월에 노란 꽃이 피고, 둥근 열매가 붉게 익음. 사매(蛇莓). 지매(地莓). 잠매(蠶莓).
뱀ː-띠명 ☞사생(巳生).
뱀ː-무명 장미과의 다년초. 무와 비슷한데, 줄기 높이 25~100 cm로 잔털이 많음. 산과 들에 절로 나며, 잎과 줄기는 먹음.
뱀ː-밥명 쇠뜨기 포자의 줄기. 희고 연하여 나물로 먹기도 함. 토필(土筆).
뱀ː뱀이명 〔'배움배움이'가 줄어서 된 말로〕 예의범절이나 도덕에 대한 교양. ¶ 뱀뱀이가 없는 사람.
뱀ː-술명 소주 따위의 술에 뱀을 넣어 우려낸 술.
뱀ː-장어(-長魚)명 뱀장어과의 민물고기. 몸길이 60 cm가량. 몸은 가늘고 길쭉하여 뱀과 비슷함. 5~12년간 민물에서 살다가 산란기에 바다 깊은 곳으로 내려가 알을 낳음. 만리(鰻鱺). 준장어.
뱀ː-해명 ☞사년(巳年).
뱁-대[-때]명 ☞뱁댕이.

뱁-댕이[-땡-]명 베를 짤 때, 날이 서로 붙지 않도록 사이사이에 지르는 가는 막대. 뱁대.
뱁ː-새[-쌔]명 휘파람샛과의 새. 날개 길이 5 cm, 꽁지 6 cm가량. 굴뚝새와 비슷하나 더 곱고 예쁨. 등은 갈색, 배는 담황갈색, 다리는 회적색임. 매우 민첩함. 여름과 가을에 떼를 지어 다니며 벌레를 잡아먹는 익조(益鳥)임.
뱁새가 황새를 따라가면 다리가 찢어진다속담 '남이 한다고 덩달아 제힘에 겨운 일을 하게 되면 도리어 큰 화를 당하게 됨'을 이르는 말.
뱁ː새-눈[-쌔-]명 작고 가늘게 옆으로 째진 눈.
뱁ː새눈-이[-쌔-]명 작고도 샐룩한 눈을 가진 사람.
뱁티스트(Baptist)명〔개신교에서〕①세례를 행하는 사람. ②침례교의 신도.
뱃-가죽[배까-/밷까-]명 〈뱃살〉의 속된 말.
뱃가죽이 땅 두께 같다속담 '염치없고 배짱이 센 사람'을 조롱하여 이르는 말.
뱃가죽이 등에 붙다관용 굶어서 배가 홀쭉하고 몹시 허기지다.
뱃-고동[배꼬-/밷꼬-]명 신호를 하기 위하여 배에 장치한, '붕' 소리를 내는 고동.
뱃-구레[배꾸-/밷꾸-]명 사람이나 짐승의 배의 통. 뱃집[2].
뱃-길[배낄/밷낄]명 배가 다니는 길. 물길. 선로(船路). 수로(水路).
뱃-노래[밴-]명 ①배를 저으며 부르는 노래. 도가(棹歌). 뱃소리. ②뱃사람들의 생활을 주제로 하여 지은 노래. 선가(船歌).
뱃-놀이[밴-]명하자 배를 타고 즐기는 놀이. 선유(船遊). 주유(舟遊).
뱃-놈[밴-]명 '뱃사람'을 얕잡아 이르는 말.
뱃대-끈[배때-/밷때-]명 ①안장이나 길마를 지울 적에 마소의 배에 걸쳐서 조르는 줄. ②여자의 치마나 바지 위에 매는 끈.
뱃-덧[배떧/밷떧]명 먹은 것이 체하여 음식을 잘 받지 않는 병. 배탈. ¶ 뱃덧이 나다. * 뱃덧이[배떠시/밷떠시]·뱃덧만[배떤-/밷떤-]
뱃-두리[밷뚜-]명 항아리의 한 가지. 양념 따위를 넣어 두는 데 씀.
뱃-머리[밴-]명 배의 앞 끝. 이물. ¶ 뱃머리를 돌리다.
뱃-멀미[밴-]명하자 배를 탔을 때 어지럽고 메스꺼워 구역질이 나는 일, 또는 그런 증세. 선취(船醉). 선훈(船暈). ¶ 뱃멀미가 나다.
뱃-바람[배빠-/밷빠-]명 배를 타고 쐬는 바람.
뱃-밥[배빱/밷빱]명 배에 물이 새어 들지 못하게 틈을 메우는 물건.
뱃-병(-病)[배뼝/밷뼝]명 (사람의) 배에 생기는 온갖 병.
뱃-사공(-沙工)[배싸-/밷싸-]명 (주로 노로 젓는) 배를 부리는 사람. 선부(船夫). 준사공.
뱃-사람[배싸-/밷싸-]명 배를 부리거나 배에서 일을 하는 사람. 선인(船人). 수부(水夫).
뱃-삯[배싹/밷싹]명 배를 타거나 배에 짐을 싣는 데 내는 돈. 선가(船價)[1]. * 뱃삯이[배싹씨/밷싹씨]·뱃삯만[배쌍-/밷쌍-]
뱃-살[배쌀/밷쌀]명 배의 살이나 가죽.
뱃-소리[배쏘-/밷쏘-]명 ①뱃사공이 노를 저어 나아갈 때에 노 젓는 동작에 맞추어 부르는 소리. ②☞뱃노래.
뱃-속[배쏙/밷쏙]명 마음속. ¶ 뱃속이 편하다. / 뱃속이 들여다보이다. /뱃속을 알 수가 없다.
뱃속을 채우다관용 염치없이 자기 욕심만 차리다.
뱃속이 검다관용 마음보가 더럽고 음흉하다.
뱃-숨[배쑴/밷쑴]명 배에 힘을 주어 깊이 쉬는 숨.
뱃-심[배씸/밷씸]명 자신을 굽히지 않고 소신대로 밀고 나가는 배짱. ¶ 뱃심을 부리다.
뱃심(이) 좋다관용 뱃심을 부릴 수 있는 비위가 좋다. ¶ 뱃심 좋게 대들다.
뱃-일[밴닐]명하자 배에서 하는 일.
뱃-자반[배짜-/밷짜-]명 생선을 잡은 곳에서 바로 소금에 절여 만든 자반.
뱃-장사[배짱-/밷짱-]명하자 물건을 배에 싣고 다니면서 하는 장사.
뱃-장수[배짱-/밷짱-]명 뱃장사를 하는 사람.
뱃-전[배쩐/밷쩐]명 배의 양쪽 가장자리 부분. 선현(船舷). 현(舷). 현측(舷側).
뱃-줄[배쭐/밷쭐]명 배에 맨 밧줄. 배를 매어 두거나 끄는 데에 쓰임.
뱃-지게[배찌-/밷찌-]명 배의 짐을 나르는 데 쓰는 지게.
뱃-짐[배찜/밷찜]명 배에 실은 짐, 또는 배에 실어 나르는 짐. 선복(船卜). 선하(船荷). 선화(船貨).
뱃-집[1][배찝/밷찝]명 네 귀에 추녀를 달지 않고, 두 쪽 머리에 박공만 대어 끊은 듯이 마물러 지은 집. 맞배집.
뱃-집[2][배찝/밷찝]명 배의 통. 뱃구레. ¶ 뱃집이 꽤 크다.
뱅부 ①일정한 범위를 한 바퀴 도는 모양. ¶ 뜰을 한 바퀴 뱅 돌다. ②둘레를 둘러싸는 모양. ¶ 담으로 뱅 둘러싸이다. ③갑자기 정신이 아찔해지는 모양. ¶ 머리가 뱅 돌다. ④갑자기 눈물이 글썽해지는 모양. 큰빙. 센뺑. ①③④거팽[2].
뱅그레부하자 입을 가로 살며시 벌리며 부드럽게 웃는 모양. 큰빙그레. 센뺑그레.
뱅그르르부하자 ①작은 것이 매끄럽게 한 바퀴 도는 모양. 큰빙그르르. ②눈물이 눈시울에 맺혀 도는 모양. 센뺑그르르. 거팽그르르.
뱅글부 입을 약간 벌리면서 소리 없이 부드럽게 웃는 모양. 큰빙글. 센뺑글. **뱅글-뱅글**부하자.
뱅글-거리다자 입을 약간 벌리면서 소리 없이 자꾸 부드럽게 웃다. 뱅글대다. ¶ 대답은 하지 않고 뱅글거리기만 한다. 큰빙글거리다.
뱅글-대다자 뱅글거리다.
뱅글-뱅글부 작은 원을 그리면서 매끄럽게 도는 모양. 큰빙글빙글. 센뺑글뺑글.
뱅긋[-귿]부하자 입을 살짝 벌리며 소리 없이 귀엽게 웃는 모양. 큰빙긋. 센뱅끗·뺑긋·뺑끗.
뱅긋-이부 ¶ 그녀는 얼굴을 붉히며 뱅긋이 웃어 보였다. **뱅긋-뱅긋**부하자.
뱅긋-거리다[-귿꺼-]자 자꾸 뱅긋뱅긋하다. 뱅긋대다. 큰빙긋거리다.
뱅긋-대다[-귿때-]자 뱅긋거리다.
뱅끗[-끋]부하자 〈뱅긋〉의 센말. 센뺑끗.
뱅니명 무당의 넋두리에서, 죽은 사람의 넋이 그 배우자를 가리키는 말.
뱅-뱅부 ①물건 따위가 자꾸 도는 모양, 또는 돌리는 모양. ¶ 팽이를 뱅뱅 돌리다. ②정신이 자꾸 아찔해지는 모양. ③사람이 하는 일 없이 요리조리 슬슬 돌아다니는 모양. 큰빙빙. 센뺑뺑. 거팽팽.
뱅시레부하자 입을 살며시 벌릴 듯하면서 소리 없이 예쁘게 웃는 모양. 큰빙시레. 센뺑시레.
뱅실부 온화한 표정으로 수줍은 듯이 부드럽게 웃는 모양. 큰빙실. 센뺑실. **뱅실-뱅실**부하자.
뱅실-거리다자 자꾸 뱅실뱅실하다. 뱅실대다. 큰빙실거리다.
뱅실-대다자 뱅실거리다.

뱅싯[-싣][부][하자] 입을 살며시 벌릴 듯하면서 소리 없이 가볍게 한 번 웃는 모양. ¶ 말을 전한 다음 한 번 뱅싯 웃고 물러가다. [큰]빙싯. [센]빵싯. **뱅싯-이**[부]. **뱅싯-뱅싯**[부][하자].

뱅싯-거리다[-싣꺼-][자] 자꾸 뱅싯뱅싯하다. 뱅싯대다. [큰]빙싯거리다.

뱅싯-대다[-싣때-][자] 뱅싯거리다.

뱅:어[명] ①뱅엇과의 바닷물고기. 몸길이 10 cm 가량으로 몸은 길. 몸빛은 희고 반투명함. 봄에 하천을 거슬러 올라가 알을 낳음. 백어. ②괴도라치의 잔새끼.

뱅:어-젓[-전][명] 괴도라치의 잔새끼로 담근 젓. * 뱅:어젓이[-저시]·뱅:어젓만[-전-]

뱅:어-포(-脯)[명] 괴도라치의 잔새끼를 여러 마리 붙여서 만든 포.

-뱅이[접미] 일부 명사 뒤에 붙어, 그러한 습관·성질·모양의 것임을 얕잡아 이르는 뜻을 나타냄. ¶ 게으름뱅이. /주정뱅이. /앉은뱅이.

뱅:충-맞다[-맏따][형] 똘똘하지 못하고 어리석다. ¶ 뱅충맞은 아이. [큰]빙충맞다.

뱅:충-이[명] 뱅충맞은 사람. [큰]빙충이.

뱉:다[밷따][타] ①입 안에 든 것을 입 밖으로 내보내다. ¶ 침을 뱉다. ②차지했던 것을 도로 내놓다. ¶ 착복한 돈을 뱉어 내다. ③말 따위를 함부로 마구 하다. ¶ 욕을 마구 뱉다. * 뱉어·뱉:는[밴-]

뱌비다[타] ①두 물체를 맞대어서 가볍게 문지르다. ¶ 손으로 눈을 뱌비다. ②손바닥 등으로 재료를 문질러서 둥글거나 가락이 되게 만들다. ¶ 알약을 뱌비다. ③양념이나 재료 따위를 한데 뒤섞어 버무리다. ④구멍을 뚫으려고 송곳 따위로 이리저리 돌리다. [큰]비비다.

뱌비-대다[타] 자꾸 대고 뱌비다. [큰]비비대다.

뱌비작-거리다[-꺼-][타] 자꾸 뱌비작뱌비작하다. 뱌비작대다. ¶ 뺨을 뱌비작거리다. [준]뱌빗거리다. [큰]비비적거리다.

뱌비작-대다[-때-][타] 뱌비작거리다.

뱌비작-뱌비작[-빠-][부][하타] 무엇을 자꾸 뱌비는 모양. [준]뱌빗뱌빗. [큰]비비적비비적.

뱌비-치다[타] 함부로 뱌비작거리다.

뱌빗-거리다[-빋꺼-][타] 〈뱌비작거리다〉의 준말. 뱌빗대다. [큰]비빗거리다.

뱌빗-대다[-빋때-][타] 뱌빗거리다.

뱌빗-뱌빗[-빋뺘빋][부][하타] 〈뱌비작뱌비작〉의 준말. [큰]비빗비빗.

뱌븨다[타] 〈옛〉 비비다. 비틀다. ¶ 뱌뵐 념:捻. 뱌뵐 멸:摵(訓蒙下23).

뱐:덕[명] 요랬다조랬다 하여 변하기를 잘하는 마음이나 태도. 밴덕. [큰]변덕.

뱐:덕-맞다[-덩맏따][형] 뱐덕스럽다. 밴덕맞다. [큰]변덕맞다.

뱐:덕-스럽다[-쓰-따][~스러우니·~스러워][형][ㅂ] 보기에 뱐덕을 부리는 성질이나 태도가 있다. 뱐덕맞다. 밴덕스럽다. [큰]변덕스럽다. **뱐덕스레**[부].

뱐:덕-쟁이[-쨍-][명] 뱐덕스러운 사람. 밴덕쟁이. [큰]변덕쟁이.

뱐들-거리다[자] '밴들거리다'의 잘못.

뱐들-대다[자] '밴들대다'의 잘못.

뱐들-뱐들[부][하자] '밴들밴들'의 잘못.

뱐미주룩[부][하형] 물건의 끝이 비어져 나올 듯이 조금 내밀려 있는 모양. [큰]빈미주룩. **뱐미주룩-이**[부].

뱐뱐-하다[형][여] 조금 반반하다. ¶ 얼굴 생김새가 뱐뱐하다. **뱐뱐-히**[부].

뱐주그레-하다[형][여] 깜찍하게 반주그레하다.

뱐죽-거리다[-꺼-][자] 얄밉게도 자꾸 빈정대다. 뱐죽대다. [센]뺜죽거리다.

뱐죽-대다[-때-][자] 뱐죽거리다.

뱐:-하다[형][여] 조금 반하다. [센]뺜하다.

뱝-뛰다[자] 깡충깡충 뛰다.

버거[부] 〈옛〉 다음으로. 버금으로. ¶ 버거 舍利弗 目揵連의 물 五百올 濟渡ᄒᆞ시니(釋譜6:18). [참]벅다.

버걱[부][하자타] 크고 단단한 물건이 맞닿아서 문질러질 때 나는 소리. ¶ 이 문은 여닫을 때마다 버걱 소리를 낸다. [작]바각. [센]뻐걱. **버걱-버걱**[부][하자타].

버걱-거리다[-꺼-][자타] 자꾸 버걱버걱하다. 버걱대다. [작]바각거리다.

버걱-대다[-때-][자타] 버걱거리다.

버겁다[-따][버거우니·버거워][형][ㅂ] 힘에 겨워 다루거나 치러 내기에 벅차다. ¶ 버거운 상대. /짐이 너무 커서 나르기에 버겁다.

버국새[명] 〈옛〉 뻐꾸기. ¶ 버국새는 곧마다셔 봆곡식 심고믈 뵈아ᄂᆞ다(杜重4:19).

버굿[명] 〈옛〉 보굿. ¶ 그물 버굿:網瓢兒(譯語上22).

버그(bug)[명] 루틴이나 컴퓨터를 설계하는 과정에서 일어나는 잘못이나 기능 결함, 또는 시스템 오동작의 원인이 되는 프로그램의 잘못.

버그러-뜨리다[타] 버그러지게 하다. 버그러트리다.

버그러-지다[자] 사이가 벌어져 틈이 생기다. ¶ 창틀이 버그러지다. [센]뻐그러지다.

버그러-트리다[타] 버그러뜨리다.

버그르르[부][하자] ①많은 양의 액체가 넓게 퍼지면서 끓어오르는 소리, 또는 그 모양. ②큰 거품이 한꺼번에 많이 일어나는 소리, 또는 그 모양. [작]바그르르. [센]뻐그르르.

버근[관] 〈옛〉〔'벅다'의 활용형〕 버금가는. 다음가는. ¶ 양지 摩耶夫人만 몯ᄒᆞ실쎄 버근 夫人이 ᄃᆞ외시니라(釋譜6:1). [참]벅다.

버근-하다[형][여] 맞붙인 곳이 꼭 달라붙지 않고 틈이 벌다. **버근-히**[부].

버글-거리다[자] 자꾸 버글버글하다. 버글대다. ¶ 광장에 버글거리는 군중. [작]바글거리다. [센]뻐글거리다.

버글-대다[자] 버글거리다.

버글-버글[부][하자] ①많은 양의 액체가 자꾸 끓어오르는 모양, 또는 그 소리. ¶ 국물이 버글버글 끓다. ②거품 따위가 자꾸 버그르르 일어나는 모양. ¶ 비누 거품이 버글버글 일다. ③살아 움직이는 것이 한군데 많이 모여 우글거리는 모양. ¶ 구더기가 버글버글하다. [작]바글바글. [센]뻐글뻐글.

버금[명] (서열이나 차례에서) 으뜸의 다음.

버금-가다[자] (서열이나 차례에서) 으뜸의 다음이 되다. 다음가다. ¶ 임금에 버금가는 자리.

버금딸림-음(-音)[명] 으뜸음보다 완전5도 아래의 음. 〔딸림음 다음으로 중요한 음임.〕 하속음(下屬音). [참]딸림음·으뜸음.

버긋-하다[-그타-][형][여] 맞붙은 곳에 틈이 벌어져 조금 벙긋하다. ¶ 담벽이 갈라져서 버긋하다. **버긋-이**[부].

버꾸(←法鼓)[명] 농악기의 한 가지. 자루가 달린 작은 북. 모양은 소고와 같으나 크기는 훨씬 큼.

버꾸-놀음(←法鼓-)[명][하자] 농부들이 버꾸를 치면서 노는 놀음.

버꾸-재비(←法鼓-)[명] 농악에서 버꾸를 치는 사람.

버꾸-춤(←法鼓-)명 농악에서 버꾸재비들이 버꾸를 치면서 추는 춤.

버나명 남사당패의 여섯 가지 놀이 중에서 둘째 놀이인 '대접돌리기'를 이르는 말.

버나-쇠[-쇠/-쉐]명 남사당패에서, 버나재비의 우두머리.

버나-재비명 남사당패에서, 대접돌리기를 하는 재인(才人).

버ː너(burner)명 기체나 액체 연료 따위를 연소시키는 장치. 〔가스버너 따위.〕

버ː니어(vernier)명 ☞아들자.

버덩명 나무는 없고 잡풀만 우거진, 좀 높고 평평한 거친 들.

버덩명 〈옛〉 ①뜰층계. ¶ 버덩 폐:陛(訓蒙中6). ②다듬잇돌. ¶ 버덩 팀:砧(訓蒙中11). ③모탕. ¶ 버덩 심:椹. 버덩 질:櫍(訓蒙中15).

버둥-거리다자타 자꾸 버둥버둥하다. 버둥대다. ¶ 팔다리를 버둥거리다. /살아가려고 버둥거리다. 작바동거리다

버둥-대다자타 버둥거리다.

버둥-버둥부 ①하타(자빠지거나 주저앉거나 매달려서) 팔과 다리를 심하게 내저으며 몸을 자꾸 움직이는 모양. ¶ 버둥버둥 몸부림을 치다. ②하자어떤 처지에서 벗어나려고 크게 애를 쓰는 모양. ¶ 살려고 버둥버둥하는 모습이 애처롭다. 작바동바동.

버둥-질명하자 ①〈발버둥질〉의 준말. ②〈말버둥질〉의 준말.

버드-나무명 ①버들을 통틀어 이르는 말. 양류(楊柳). ②버드나뭇과의 낙엽 교목. 아무 곳에서나 잘 자라는데, 높이는 20 m가량. 잎은 끝이 뾰족하고 가장자리에 안으로 굽은 잔톱니가 있음. 4월경에 꽃이 피는데, 그 꽃을 '버들개지'라 함. 세공재(細工材)로 쓰고, 가로수·풍치목으로 많이 심음. 버들.

버드나무-벌레명 버드나무하늘소의 유충. 경간(驚癎)에 한약재로 쓰임.

버드나무-하늘소[-쏘]명 하늘솟과의 곤충. 온몸에 황토색의 짧은 털이 났음. 암컷에는 원통 모양의 산란관이 있음. 유천우(柳天牛).

버드러-지다자 ①끝이 밖으로 벌어지다. ¶ 앞니가 버드러지다. ②부드럽던 것이 굳어서 뻣뻣하게 되다. 센뻐드러지다.

버드렁-니명 바깥쪽으로 버드러진 앞니. ↔옥니.

버드름-하다형여 밖으로 약간 벋은 듯하다. 준버듬하다. 작바드름하다. 센뻐드름하다. **버드름-히**부 ¶ 앞니가 버드름히 돋아나다.

버들명 ☞버드나무.

버들-가지명 버드나무의 가지.

버들-강아지명 ☞버들개지.

버들-개지명 버드나무의 꽃. 솜과 비슷하며, 바람에 날려 흩어짐. 버들강아지. 유서(柳絮). 준개지.

버들-고리명 고리버들의 가지로 결어서 만든, 옷 따위를 넣는 고리.

버들-낫[-랃]명 낫의 한 가지. 보통 낫보다 날이 짧음. ＊버들낫이[-라시]·버들낫만[-란-]

버들-붕어명 천상엇과의 민물고기. 몸길이 7~8 cm. 몸은 나뭇잎 모양이고 몸빛은 암녹색인데, 옆면에는 흑갈색의 'U' 자 무늬가 많음. 더러운 물에서도 잘 살며 다른 물고기를 공격하는 성질이 있음. 하천이나 늪·연못 등에서 삶.

버들-상자(-箱子)명 고리버들로 결어 만든 상자.

버들-올벼명 올벼의 한 가지. 한식(寒食) 뒤에 심는데, 이삭에 까끄라기가 있음.

버들-옷[-드론]명 ☞대극(大戟). ＊버들옷이[-드로시]·버들옷만[-드론-]

버들-잎[-립]명 버드나무의 잎. ＊버들잎이[-리피]·버들잎만[-림-]

버들치명 잉엇과의 민물고기. 몸길이 8~15 cm. 몸빛은 칙칙한 황갈색인데, 옆구리에 짙은 갈색 비늘 모양의 무늬가 흩어져 있음.

버들-피리명 ①버들가지의 껍질로 만든 피리. ②버들잎을 접어 물고 피리 소리를 내는 일.

버듬-하다형여 〈버드름하다〉의 준말. 작바듬하다. **버듬-히**부.

버ː디(birdie)명 골프에서, 기준 타수보다 하나 적은 타수로 홀(hole)에 공을 쳐 넣는 일. 참보기(bogey)·이글(eagle)·파(par).

버라이어티^쇼ː(variety show)명 노래·춤·촌극·곡예 따위를 한데 엮은, 아주 변화가 많고 다양한 쇼.

버러시니자 〈옛〉〔'벌다'의 활용형〕 벌리어 있으니. ¶ 골골이 버러시니(鄭澈.關東別曲).

버러지명 벌레. ¶ 버러지만도 못한 놈.

버럭부 갑자기 화를 몹시 내거나 소리를 냅다 지르는 모양. ¶ 버럭 화를 내다. /버럭 소리를 지르다. 작바락. **버럭-버럭**부하자.

버렁¹명 사냥에서, 새를 잡은 매를 받을 때 끼는 두꺼운 장갑.

버ː렁²명 물체가 차지한 둘레. 또는, 어떠한 일의 범위.

버려-두다타 ①잘 간수하지 않고 아무렇게나 그냥 놓아두다. ¶ 자동차를 길가에 버려두다. ②혼자 있게 남겨 놓다. ¶ 아이를 집에 버려두고 일터로 향했다.

버력¹명 하늘이나 신불이 사람의 죄악을 징계하느라고 내린다는 벌. ¶ 버력을 내리다.

버력(을) 입다관용 버력을 당하다. ¶ 저 버력을 입을 놈.

버력²명 ①물속의 밑바닥에 기초를 만들거나, 수중 구조물의 근부(根部)를 방호하기 위하여 물속에 집어넣는 돌. ②광석 따위를 캘 때 나오는, 광물의 성분이 섞이지 않은 잡석. ②↔감돌.

버력-탕명 광산에서, 버력을 버리는 곳.

버르르부하자 ①(소견이 좁은 사람이) 대수롭지 않은 일에 성을 내는 모양. ¶ 버르르 화를 잘 내다. ②꽤 많은 액체가 가볍게 끓어오르는 모양, 또는 그 소리. ③가볍게 몸을 떠는 모양. ¶ 온몸이 버르르 떨리다. ④얇은 종이나 마른 검불 같은 데 불이 붙어 가볍게 타오르는 모양. 작바르르. 거퍼르르.

버르장-머리명 《주로 '없다'·'고치다'와 함께 쓰이어》 '버릇'을 얕잡아 이르는 말. ¶ 에이, 버르장머리 없는 녀석 같으니라고.

버르장-이명 '버릇'을 구어적으로 이르는 말.

버르적-거리다[-꺼-]타 자꾸 버르적버르적하다. 버르적대다. 준버릇거리다. 작바르작거리다. 센뻐르적거리다.

버르적-대다[-때-]타 버르적거리다.

버르적-버르적[-뻐-]부하타 (고통이나 어려운 고비에서 헤어나려고) 팔다리를 내저으며 몸을 자꾸 움직이는 모양. ¶ 좁은 틈새로 버르적버르적 기어 나오다. 준버릇버릇 작바르작바르작. 센뻐르적뻐르적.

버ː르-집다[-따]타 ①오므라진 것을 벌려서 펴다. ②숨은 일을 들추어내다. ③작은 일을 크게 떠벌리다. ¶ 공연히 일을 버르집어 놓다. 작바르집다.

버름-버름부하형 여기저기 다 버름한 모양.

버름-하다형여 ①틈이 좀 벌어져 있다. ¶ 창문이 버름하다. ②마음이 서로 맞지 아니하다. 버름-히부

버릇[-른]명 ①여러 번 거듭하는 사이에 몸에 배어 굳어 버린 성질이나 짓. 습벽(習癖). ¶ 버릇을 고치다. /좋지 못한 버릇이 생겼다. /세 살 버릇 여든까지 간다. ②어른에 대하여 차려야 할 예의. ¶ 버릇이 없다. ＊버릇이[-르시]·버릇만[-른-]

버릇-되다[-른뙤-/-른뛔-]자 버릇으로 굳어지다. ¶ 거짓말도 자주 하면 버릇된다.

버릇-소리[-른쏘-]명 ☞습관음(習慣音).

버릇-없다[-르덥따]형 어른에 대한 예절을 차릴 줄 모르다. ¶ 버릇없는 아이. **버릇없-이**부 ¶ 아무에게나 버릇없이 굴다.

버릇-하다[-르타-]조동여 《동사 어미 '-아'·'-어'·'-여' 뒤에 쓰이어》 앞의 동작을 자주 되풀이함을 나타냄. ¶ 싫은 음식도 자꾸 먹어 버릇해야 한다.

버릇-거리다[-른꺼-]타 〈버르적거리다〉의 준말. 버릇대다. 작바룻거리다.

버릇다[-른따]타 파서 헤집어 놓다. 헤집어서 흩어지게 하다. ¶ 쓰레기통을 버릇다. ＊버릇어·버릇는[-른-]

버릇-대다[-른때-]타 버릇거리다.

버릇-버릇[-른뻐른]부하타 〈버르적버르적〉의 준말. 작바룻바룻.

버리다[1]타 ①쓰지 못할 것을 없애거나 처치하다. ¶ 못 쓰게 된 종이를 버리다. ②어떤 성격이나 나쁜 버릇 따위를 떼어 없애다. ¶ 나쁜 버릇은 버려라. ③어떤 생각이나 소망 따위를 떨쳐 없애다. ¶ 허튼 생각을 버리다. /가당찮은 소원은 버려라. ④직업이나 직장 따위를 그만두고 손을 떼다. ¶ 가업(家業)을 버리지 않고 이어 오다. ⑤가정이나 고향 등을 돌보지 않고 떠나거나 관계를 끊다. ¶ 처자를 버리다. /고향을 버리고 떠나다. ⑥주의하거나 돌보지 않고 망치거나 망치게 하다. 또는, 더럽혀 쓰지 못하게 하다. ¶ 과로로 몸을 버리다. /아이를 그대로 두면 버리게 된다./흙탕물이 튀어 옷을 버렸다. ⑦《'목숨'·'생명' 따위 낱말과 함께 쓰이어》 살아 있기를 단념하다. ¶ 목숨을 버릴지언정 이름을 더럽힐 수는 없다.

버리다[2]조동 《활용 어미 '-아'·'-어'·'-여' 뒤에 쓰이어》 위의 동작을 끝내어 치움의 뜻을 나타냄. ¶ 삼켜 버리다. /던져 버리다.

버리다[1]타 〈옛〉벌리다. ¶ 밥 오나든 입 버리고 좀 오나든 눈 ᄀ모매(金三*5:25*).

버리다[2]타 〈옛〉벌이다. ¶ 每日 히 도ᄅ ᄡ 供養앳 거슬 버리고(月釋*10:120*).

버림명 어림수를 만드는 방법의 한 가지. 구하고자 하는 자리까지의 숫자는 그대로 두고 그 아랫자리인 숫자를 모두 0으로 하는 일. ↔올림. 참반올림.

버림-받다[-따]자 버림을 당하다. 버려진 바가 되다. ¶ 사랑하던 사람에게서 버림받다.

버림-치명 못 쓰게 되어 버려 둔 물건.

버ː마재비명 ☞사마귀[2].

버무리명 버무리떡.

버무리다타 어떤 것에 다른 것을 골고루 뒤섞다. ¶ 김치를 버무리다.

버무리-떡명 쌀가루에 콩이나 팥 따위를 한데 버무려 만든 떡. 버무리.

버물다[1][버무니·버물어]자 못된 일이나 범죄 따위에 관계하다. 연루되다.

버물다[2]타 '버무리다'의 잘못.

버물리다 Ⅰ자 〖'버무리다'의 피동〗 버무림을 당하다. 한데 뒤섞여 버무려지다.
Ⅱ타 〖'버무리다'의 사동〗 버무리게 하다. ¶ 나물을 버물리다.

버블^현ː상(bubble現象)명 투자·생산 따위의 실제의 조건이 따르지 않는데도 물가가 오르고 부동산 투기가 심해지고 증권 시장이 가열되면서 돈의 흐름이 활발해지는 현상. 포말현상.

버ː새명 ①말과의 짐승. 수말과 암나귀 사이에 난 잡종으로 노새와 비슷하나 몸이 더 작고 체질이 약함. 결제(駃騠). ②수말과 암노새 사이에 난 잡종의 말.

버석부하자타 ①잘 마른 가랑잎 따위가 밟혔을 때 나는 소리. ②부숭부숭한 물건이 부스러질 때 나는 소리. 작바삭. 센버썩[1]. **버석-버석**부하자타.

버석-거리다[-꺼-]자타 자꾸 버석버석하다. 버석대다. 작바삭거리다.

버석-대다[-때-]자타 버석거리다.

버선명 발에 꿰어 신는 물건. 흔히 무명으로 짓는데, 솜버선·겹버선·홑버선 등이 있음.

버선-등[-뜽]명 버선의, 발등에 닿는 부분.

버선-목명 버선의, 발목에 닿는 부분.
버선목이라 (오장을) 뒤집어 보이지도 못하고 속담 아무리 의심을 풀고 밝히려 해도 상대편이 수긍하지 않을 때 쓰는 말.

버선-발명 버선만 신은 발. ¶ 버선발로 뛰어나와 손을 잡고 반가워하다.

버선-본(-本)[-뽄]명 버선을 지을 때, 감을 마르는 데 쓰는, 종이로 된 본보기.

버선-볼[-뽈]명 ①버선의 너비. ②버선을 기울 때에 바닥 앞뒤쪽에 덧대는, 두 폭을 맞붙인 헝겊 조각.

버선-코명 버선의 앞쪽 끝에 뾰족하게 치켜 올라간 부분.

버섯[-섣]명 산이나 들의 그늘진 땅이나 썩은 나무 등에 돋아나는 하등 식물의 한 가지. 대부분이 우산 모양인데, 영양 기관인 균사체와 자실체로 번식함. 먹을 수 있는 것과 독을 지닌 것 등 종류가 다양함. 균심(菌蕈). ＊버섯이[-서시]·버섯만[-선-]

버섯-갓[-섣깓]명 ☞균산(菌傘). ＊버섯갓이[-섣까시]·버섯갓만[-섣깐-]

버섯-구름[-섣꾸-]명 ☞원자구름.

버섯-나물[-선-]명 마른 버섯을 물에 불려 쇠고기나 돼지고기를 넣고 양념을 하여 볶은 나물.

버섯-벌레[-섣뻘-]명 버섯벌렛과의 곤충. 몸길이 7 mm가량. 몸빛은 광택이 나는 녹색이고 몸은 긴 달걀 모양임. 버섯에 기생하는데, 전 세계에 분포함.

버-성기다형 ①벌어져서 틈이 있다. ②사귀어 지내는 사이가 탐탁하지 않다. ¶ 사소한 다툼으로 둘 사이가 버성기게 되었다. ③분위기가 자연스럽지 못하고 서먹서먹하다. ¶ 분위기가 너무 버성겨서 일찍 자리를 떴다.

버스(bus)명 ①많은 사람을 동시에 실어 나를 수 있는 대형의 승합 자동차. ¶ 시내 버스. ②컴퓨터의 하드웨어에서, 여러 장치나 기능 단위 사이를 연결하여 신호나 정보를 전송하는 공용(共用)의 선로.

버스러-지다자 ①겉에 있는 것이 뭉그러져 흩어지다. ②벗겨져서 해어지다. ¶ 방석이 버스러

지다. ③어떤 범위 안에 들지 못하고 벗어나다. ¶ 그 일은 기대에 너무 버스러진다.

버스럭〖부〗〖하자타〗 마른 검불이나 종이 따위를 밟거나 건드릴 때 나는 소리. ¶ 뜰에서 버스럭 소리가 났다. 〖작〗바스락. 〖센〗뻐스럭. 〖참〗부스럭. **버스럭-버스럭**〖부〗〖하자타〗.

버스럭-거리다[-꺼-]〖자타〗 자꾸 버스럭버스럭하다. 버스럭대다. ¶ 버스럭거리는 소리에 잠이 깼다. 〖작〗바스락거리다.

버스럭-대다[-때-]〖자타〗 버스럭거리다.

버스름-하다〖형여〗 버스러져서 사이가 벌름하다. **버스름-히**〖부〗.

버스트(bust)〖명〗 가슴, 특히 여자의 가슴둘레.

버슬-버슬〖부〗〖하형〗 덩어리진 가루 따위가 말라서 쉽게 버스러지는 모양. 〖작〗바슬바슬. 〖거〗퍼슬퍼슬.

버슷〖명〗 〈옛〉버섯. ¶ 버슷 시:栮. 버슷 균:菌(訓蒙上*13*).

버슷버슷-하다[-슫뻐스타-]〖형여〗 여러 사람 사이가 모두 버슷하다.

버슷-하다[-스타-]〖형여〗 두 사람 사이가 서로 버스러져 잘 어울리지 아니하다.

버썩[1]〖부〗〖하자타〗 〈버석〉의 센말. 〖작〗바싹[1].

버썩[2]〖부〗 ①물기가 아주 없이 마르거나 타 버린 모양. ¶ 버썩 마른 논. ②아주 가까이 들러붙는 모양. ③아주 단단히 죄는 모양. ④외곬으로 우기는 모양. ⑤많이 줄어드는 모양. 〖작〗바싹[2]. 〖참〗부썩[2]. **버썩-버썩**〖부〗.

버워리〖명〗 〈옛〉벙어리. ¶ 버워리 암:瘖. 버워리 아:瘂(訓蒙中*34*).

버으리왇다〖타〗 〈옛〉버그러뜨리다. 버그러져 떠나다. ¶ 녀름지싀슈메 나라훌 버으리와다쇼미 머도다(杜初*7:5*). /坐禪호몰 버으리왇디 아니ᄒᆞ놋다(杜初*9:24*).

버을다〖자〗 〈옛〉사이가 틀리어서 벌다. ¶ 어울면 모딘 버으는 거시니(月釋*2:15*). 〖참〗벙을다.

버저(buzzer)〖명〗 전자석(電磁石)을 이용하여 진동판을 진동시켜 소리를 내는 장치.

버저-비ː터(buzzer beater)〖명〗 농구에서, 종료 버저와 동시에 던진 슛이 골이 되는 일.

버적-버적[-뻐-]〖부〗 ①〖하자타〗잘 마른 물건을 자꾸 씹거나 빻거나 할 때 나는 소리, 또는 그 모양. ②〖하자〗잘 마른 물건이 타 들어가는 소리, 또는 그 모양. ③마음이 점점 죄어드는 모양. ¶ 버적버적 애타는 내 심정을 누가 알아줄꼬. ④애가 타서 입술이 점점 마르는 모양. ⑤〖하자〗진땀이 자꾸 돋아나는 모양. 〖작〗바작바작. 〖센〗뻐적뻐적.

버ː전(version)〖명〗 〔컴퓨터에서〕 ①어떤 소프트웨어가 몇 번 개정되었는지를 나타내는 번호. 기능이 보완되거나 추가될 때 버전을 올려 나감. ②한 소프트웨어를 서로 다른 시스템 환경에서 사용할 수 있도록 각각 제작된 프로그램을 이르는 말.

버젓-하다[-저타-]〖형여〗 《주로 '버젓하게'·'버젓한'의 꼴로 쓰이어》 ①흠잡히거나 굽힐 것이 없이 떳떳하고 의젓하다. ¶ 하는 짓이 버젓하다. ②남의 축에 빠지지 않을 만큼 의젓하고 번듯하다. ¶ 버젓한 신분. 〖센〗뻐젓하다. **버젓-이**〖부〗 ¶ 금연 구역에서 버젓이 담배를 피우다. /이제 어디든 버젓이 나설 수 있다.

버정-이다〖자〗 아무 생각 없이 짧은 거리를 오락가락하다. ¶ 시냇가를 버정이다. /골목에서 버정이다. 〖작〗바장이다.

버즘〖명〗 〈옛〉버짐. ¶ 버즘 선:癬(訓蒙中*33*).

버즘-나무〖명〗 버즘나뭇과의 낙엽 교목. 가로수로 흔히 심는데 높이는 30 m에까지 이름. 잎은 여러 갈래로 깊게 갈라져 있으며 암회색이나 회백색을 띤 나무껍질은 큰 조각으로 터서 떨어짐. 열매는 긴 과병(果柄) 끝에 방울 모양으로 달림.

버ː지다〖자〗 ①베어지거나 조금 긁히다. ¶ 면도날에 버지다. ②가장자리가 닳아서 찢어지게 되다. ¶ 종이를 접었던 자리가 버지다.

버짐〖명〗 백선균(白癬菌)에 의하여 일어나는 피부병을 통틀어 이르는 말. 특히, 얼굴의 백선을 이르며, 마른버짐·진버짐 등이 있음.

버쩍〖부〗 ①물기가 몹시 졸아들거나 아주 마르는 모양. ¶ 논물이 버쩍 줄다. ②몹시 달라붙는 모양. ¶ 버쩍 달라붙어서 조르다. ③몹시 긴장하거나 힘을 주는 모양. ¶ 정신이 버쩍 들다. /버쩍 힘을 주어 밀어붙이다. ④몹시 죄는 모양. ⑤갑자기 늘거나 주는 모양. ¶ 강물이 버쩍 늘다. ⑥몸이 몹시 마른 모양. 〖작〗바짝. **버쩍-버쩍**〖부〗.

버찌〖명〗 벚나무의 열매. 앵두만 하며, 맛이 새콤하고 닮. 체리. 〖준〗벚.

버치〖명〗 자배기보다 조금 깊고 크게 만든 질그릇.

버캐〖명〗 간장이나 오줌 따위 액체 속에 섞여 있던 소금기가 엉기어서 뭉쳐진 찌끼. ¶ 소금 버캐. /오줌 버캐.

버커리〖명〗 늙고 병들거나 고생살이로 말미암아 살이 빠지고 쭈그러진 여자.

버크럼(buckram)〖명〗 풀이나 아교 따위를 먹여서 빳빳하게 한 아마포(亞麻布). 책의 장정(裝幀)이나 양복 깃에 심으로 씀.

버ː크셔-종(Berkshire種)〖명〗 돼지 품종의 한 가지. 영국에서 개량한 것으로, 몸통·다리·주둥이가 짧고 털이 두꺼우며, 체질이 강건하고 번식력이 왕성함.

버클(buckle)〖명〗 가죽 허리띠 따위를 죄어 고정시키는 장치가 되어 있는 장식물.

버ː클륨(berkelium)〖명〗 초우라늄 원소의 한 가지. 사이클로트론으로 가속(加速)한 헬륨을 아메리슘에 작용시켜 인공적으로 만든 원소. 〔Bk/97/247〕

버킷(bucket)〖명〗 기중기 끝에 붙어 흙이나 모래 따위를 퍼 올리는 통.

버터(butter)〖명〗 우유 속의 지방을 분리하여 응고시킨 영양 식품. 우락(牛酪).

버터-밀크(buttermilk)〖명〗 분리기로 처리한 우유에서 버터를 빼낸 액체. 가공 음료나 분말 우유 따위의 제조에 쓰임.

버텅〖명〗〈옛〉뜰층계. ¶ 버텅 폐:陛(訓蒙中*6*).

버텅아래〖명〗 〈옛〉폐하(陛下). ¶ 陛下ᄂᆞᆫ 버텅아래니 皇帝를 바ᄅᆞ 몯 ᄉᆞᆯᄫᅡ 버텅아래ᄅᆞᆯ ᄉᆞᆲᄂᆞ니라(月釋*2:65*).

버튼(button)〖명〗 ①누름단추. ②전기 장치에 전류를 단속(斷續)시키는, 손으로 누르는 단추.

버티다 Ⅰ〖자〗 ①어려움을 참고 지내다. ¶ 물만 마시며 일주일 동안 버티다. ②맞서서 저항하다. ¶ 못하겠다고 버티다.
Ⅱ〖타〗 ①쓰러지지 않도록 괴거나 가누다. ②이어 가다. 견디어 배기다. ¶ 다리가 차량의 무게를 버티지 못하고 무너졌다.

버팀-대[-때]〖명〗 (물건을) 쓰러지지 않게 받치는 장대. 지주(支柱).

버팀-목(-木)〖명〗 (물건을) 쓰러지지 않게 버티어 세우는 나무.

버팅(butting)〖명〗 권투 경기에서, 머리로 상대편 선수를 받는 반칙 행위.

버퍼(buffer) 명 〔'완충 장치'의 뜻으로〕 컴퓨터에서, 필요한 정보를 일시 축적하거나 동작 속도가 다른 장치 사이에 데이터를 전송할 경우, 데이터를 일시적으로 머물러 있도록 하는 영역이나 레지스터.

버히다 타 〈옛〉 베다〔斬〕. ¶ 나모 버히ᄂᆞᆫ 소리 丁丁ᄒᆞ고(杜初*9:12*).

벅 부 ①단단한 것을 세게 한 번 문지르거나 긁는 소리, 또는 그 모양. ②천이나 종이 따위를 단번에 찢는 소리, 또는 그 모양. ③단번에 줄을 긋는 소리, 또는 그 모양. 작 박[4]. 센 빽. 벅-벅 부 ¶ 뒤통수만 벅벅 긁다.

벅국새 명 〈옛〉 뻐꾸기. ¶ 벅국새:布穀(譯解補*47*).

벅다 자 〈옛〉 버금가다. ¶ 聖果애 벅게코져 ᄒᆞ샬딘댄(圓覺上一之三*75*). /버글 부:副(訓蒙中*1*).

벅벅[-뻑] 부 ①머리털이나 수염 따위를 아주 짧게 깎는 모양. ②억지를 쓰면서 몹시 우기는 모양. ¶ 자기가 옳다고 끝까지 벅벅 우기다. 작 박박[1]. 센 빽빽.

벅벅-이[-뻐기] 부 틀림없이. 작 박박이. 센 빽빽이.

벅수[-쑤] 명 기다란 통나무 두 개에 각각 익살스러운 남녀의 얼굴 모양과 '天下大將軍'·'地下女將軍'이라는 글자를 새기고 마을 어귀에 세워 부락의 수호신상(守護神像)으로 삼던 표목(標木). 〔기다란 돌을 이용하는 것도 있음.〕 참 장승.

벅스킨(buckskin) 명 ①사슴이나 양의 가죽. ②사슴 가죽처럼 짠 모직물. ¶ 벅스킨 장갑.

벅신-거리다[-씬-] 자 자꾸 벅신벅신하다. 벅신대다. 작 박신거리다.

벅신-대다[-씬-] 자 벅신거리다.

벅신-벅신[-씬-씬] 부 하자 사람이나 짐승 따위가 한데 많이 모여서 활발하게 움직이는 모양. ¶ 구경꾼이 벅신벅신하다. 작 박신박신.

벅적-거리다[-쩍꺼-] 자 자꾸 벅적벅적하다. 벅적대다. 작 박작거리다.

벅적-대다[-쩍때-] 자 벅적거리다.

벅적-벅적[-쩍뻑쩍] 부 하자 사람이 많이 모여 수선스럽게 들끓는 모양. ¶ 거리가 인파로 벅적벅적하다. 작 박작박작.

벅차다 형 ①힘에 겹다. 정도에 넘쳐 감당하기가 어렵다. ¶ 하루에 끝내기는 좀 벅차다. ②(생각이나 느낌이) 넘칠 듯이 가득하다. ¶ 가슴 벅찬 감격.

벅차-오르다[~오르니·~올라] 자르 큰 감격이나 기쁨으로 가슴이 몹시 뿌듯하여 오다. ¶ 합격 소식을 듣자 가슴이 벅차올랐다.

번 명 〈시룻번〉의 준말.

번(番) Ⅰ 명 ①차례를 바꾸어 갈마드는 일. ②차례로 숙직·당직 등을 하는 일. ¶ 번을 서다.

Ⅱ 의 일의 차례나 횟수를 세는 단위. ¶ 둘째 번. /여러 번.

번을 나다 관용 번을 치르고 나오다. 입직(入直)하였다가 끝마치고 나오다.

번을 들다 관용 번차례가 되어 번소(番所)로 들어가다.

번가(煩苛·繁苛) '번가하다'의 어근.

번-가루[-까-] 명 곡식 가루를 반죽할 때에 물손을 맞추어 가며 덧치는 가루.

번가-하다(煩苛-·繁苛-) 형여 ①번거롭고 까다롭다. ②(법 따위가) 너무 복잡하고 가혹하다.

번각(翻刻·飜刻) 명 하타 ☞복각(覆刻).

번각-본(翻刻本)[-뽄] 명 ☞복각본.

번간(煩簡) 명 번거로움과 간략함. 번잡함과 간소함.

번갈(煩渴) 명 ☞번갈증.

번-갈다(番-)[~가니·~갈아] 자타 차례에 따라 갈마들다. 《주로, '번갈아'·'번갈아서'의 꼴로 쓰임.》 ¶ 번갈아 근무하다. /쌍둥이를 번갈아 가며 쳐다보다.

번갈아-듣다(番-)[-따][~들으니·~들어] 타ㄷ 한 번씩 차례에 따라 듣다. ¶ 피해자와 가해자의 이야기를 번갈아듣다.

번갈아-들다(番-)[~드니·~들어] 자 (근무 따위가) 차례에 따라 갈마들다. 차례를 돌려 가며 일을 맡다.

번갈아들-이다(番-) 타 〖'번갈아들다'의 사동〗 서로 번을 갈아들게 하다.

번갈-증(煩渴症)[-쯩] 명 병적으로 가슴이 답답하고 몹시 목이 마른 증상. 번갈.

번개 명 ①양전(陽電)과 음전(陰電)의 구름 사이의 방전 현상으로, 몹시 빠르게 번쩍이는 빛. 전광(電光). ②'동작이 아주 빠르고 날랜 사람이나 사물'을 비유하여 이르는 말. ¶ 번개같이 달아나다.

번개가 잦으면 천둥을 한다 속담 어떤 일의 조짐이 잦으면 반드시 그 일이 이루어지고야 만다는 뜻.

번개-매미충(-蟲) 명 멸굿과의 곤충. 몸길이 4 mm가량의 매미. 몸빛은 담황색인데, 등에는 번갯불 모양의 무늬가 있음. 벼·소나무 따위의 해충임.

번개-무늬[-니] 명 ☞뇌문(雷紋).

번갯-불[-개뿔/-갣뿔] 명 번개의 불빛. 전광(電光). 전화(電火).

번갯불에 솜 구워 먹겠다 속담 '거짓말을 쉽게 잘함'을 비유하여 이르는 말.

번갯불에 콩 볶아 먹겠다 속담 번갯불이 번쩍하는 사이에 해치울 만큼 재빠르다는 뜻.

번거-롭다[-따][~로우니·~로워] 형ㅂ ①일의 갈피가 복잡하고 어수선하다. ¶ 등록 절차가 번거롭다. ②조용하지 않고 어수선하다. **번거로이** 부.

번거-하다 형여 자리가 몹시 어수선하다. **번거-히** 부.

번게 명 〈옛〉 번개. ¶ 업던 번게를 하놀히 불기시니(龍歌*30*章). /번게 뎐:電(訓蒙上*2*).

번견(番犬) 명 집을 지키거나 망을 보는 개.

번경(反耕) 명 하타 되자 논을 여러 번 갈아 뒤집음.

번고(反庫) 명 하타 ①창고의 물건을 뒤적거려 조사함. ②구역질하여 토함.

번고(煩告) 명 하타 번거롭게 일러바침.

번고(煩苦) 명 하자 번민하여 괴로워함.

번국(蕃國) 명 오랑캐 나라.

번국(藩國) 명 제후(諸侯)의 나라. 번방(藩邦).

번극(煩劇·繁劇) '번극하다'의 어근.

번극-하다(煩劇-·繁劇-)[-그카-] 형여 몹시 번거롭고 바쁘다.

번급(煩急) '번급하다'의 어근.

번급-하다(煩急-)[-그파-] 형여 몹시 번거롭고도 급하다.

번-기수(番旗手) 명 왕조 때, 대궐에 번들어서 호위하던 기수.

번뇌(煩惱)[-뇌/-눼] 명 ①하자 마음이 시달려서 괴로움. ②불교에서, '마음이나 몸을 괴롭히는 모든 망념(妄念)'을 이르는 말. 〔욕망·노여움·어리석음 따위.〕

번뇌-마(煩惱魔)[-뇌-/-눼-] 명 불교에서 이르는 사마(四魔)의 하나. 탐욕·진에(瞋恚)·우치(愚痴) 등이 사람을 괴롭히고 어지럽게 하여 수행에 방해가 되는 일.

번뇌-탁(煩惱濁)[-뇌-/-눼-][명] 불교에서 이르는 오탁(五濁)의 하나. 애욕을 탐하며 마음을 괴롭히고 여러 가지 죄를 범하는 것.
번다(煩多) '번다하다'의 어근.
번다-스럽다(煩多-)[-따][~스러우니·~스러워][형ㅂ] 번다한 데가 있다. **번다스레**[부].
번다-하다(煩多-)[형여] 번거롭게 많다. [참]다번. ¶ 이런 일 저런 일로 몹시 번다하다. **번다-히**[부].
번답(反畓)[명][하타] 밭을 논으로 만듦. ↔번전.
번데기[명] ①완전 변태를 하는 곤충에서, 유충기(幼蟲期)와 성충기(成蟲期) 사이에 한동안 활동을 멈추고 있는 시기. ②누에 번데기를 양념하여 삶거나 볶은 음식.
번둥-거리다[자] 자꾸 번둥번둥하다. 번둥대다. [작]반둥거리다. [센]뻔둥거리다. [거]펀둥거리다.
번둥-대다[자] 번둥거리다. ¶ 날마다 번둥대며 놀다.
번둥-번둥[부][하자] 보기에 미련스럽도록 게으르게 마냥 놀기만 하는 모양. [작]반둥반둥. [센]뻔둥뻔둥. [거]펀둥펀둥.
번드기[부] 〈옛〉환하게. 뚜렷이. ¶ 부톄 번드기 니르디 아니ᄒᆞ시고(楞解5:30). [참]번드시·번ᄃᆞ시.
번드럽다[-따][번드러우니·번드러워][형ㅂ] ①껄껄한 데가 없이 매우 미끄럽다. ¶ 바닥이 얼음판처럼 번드럽다. ②사람됨이 어수룩한 맛이 없이 매우 약삭빠르다. ¶ 요즘 젊은이들은 너무 번드럽다. [작]반드럽다. [센]뻔드럽다.
번드레-하다[형여] 외모가 번드르르하다. [작]반드레하다. [센]뻔드레하다.
번드르르[부][하형] 윤기가 있고 매끄러운 모양. ¶ 얼굴이 번드르르하다. [작]반드르르. [센]뻔드르르.
번드시[부] 〈옛〉뚜렷이. ¶ 네 번드시 아디 몯ᄒᆞᄂᆞ다(楞解3:86). [참]번드기·번ᄃᆞ시.
번드-치다[타] ①물건을 한 번에 뒤집다. ②마음을 바꾸다.
번득[부][하자타] ①불빛 따위가 한 번 빛나는 모양. ¶ 번득하는 불빛. ②물건의 바닥이나 거죽이 뒤척임에 따라, 비치는 광선 상태가 갑자기 바뀌는 모양, 또는 그리 되게 하는 모양. [작]반득. [센]번뜩·뻔득. **번득-번득**[부][하자타].
번득-거리다[-꺼-][자타] 자꾸 번득번득하다. 번득대다. ¶ 햇빛에 금테 안경이 번득거리다. [작]반득거리다.
번득-대다[-때-][자타] 번득거리다.
번득-이다[자타] ①빛이 반사하여 빛나다 말다 하다. ②눈빛이 생기 있게 빛나다. ¶ 눈빛을 번득이며 노려보다. ③생각이나 기운 따위가 문득 비치다. ¶ 번득이는 재치. /기지가 번득이다. /살의가 번득이다. [작]반득이다. [센]번뜩이다·뻔득이다·뻔뜩이다.
번득ᄒᆞ다[형] 〈옛〉①뚜렷하다. ¶ 境과 智왜 번득ᄒᆞ며(圓覺序38). ②번듯하다. ¶ 너모 번득ᄒᆞᆫ 연(飜朴上17).
번들(bundle)[명] 컴퓨터를 구매할 때, 하드웨어나 주변 장치뿐만 아니라 소프트웨어도 포함된 가격에 사는 일.
번들-거리다[자] ①몹시 번들번들하다. ¶ 땀으로 이마가 번들거리다. ②자꾸 번들번들하다. ¶ 번들거리며 말을 듣지 않는다. 번들대다. [작]반들거리다. [센]뻔들거리다. ②[거]펀들거리다.
번들-대다[자] 번들거리다.
번들-번들[부] ①[하형]매끄럽게 윤기가 흐르는 모양. ¶ 번들번들하게 닦다. ②[하형](사람됨이) 어수룩한 데가 없이 약삭빠른 모양. ¶ 너무 번들번들한 인물이라 상대하기도 싫다. ③[하자]아무 하는 일 없이 뻔뻔하게 게으름만 부리는 모양. ¶ 번들번들 게으름만 피운다. [작]반들반들. [센]뻔들뻔들. [거]펀들펀들.
번듯-번듯[-듣뻔듣][부][하형] 여럿이 모두 번듯한 모양. ¶ 종이를 번듯번듯하게 자르다. [작]반듯반듯. [센]번뜻번뜻.
번듯-하다[-드타-][형여] ①기울거나 굽거나 찌그러지지 아니하고 바르다. ¶ 번듯한 책장. ②생김새가 훤하고 말끔하다. ¶ 이목구비가 번듯하다. /아들이 번듯하게 생겼군. ③형편이나 위세 따위가 버젓하고 당당하다. ¶ 번듯한 직장. [작]반듯하다. [센]번뜻하다. **번듯-이**[부].
번디[명] 〈옛〉번지. ¶ 번디 륙:磟. 번디 독:碡(訓蒙中17).
번ᄃᆞ시[부] 〈옛〉뚜렷이. ¶ 구만리 댱텬의 번ᄃᆞ시 걸려 이셔(古時調). [참]번드시·번드기.
번뜩[부][하자타] 〈번득〉의 센말. [작]반뜩.
번뜩-이다[자타] 〈번득이다〉의 센말. ¶ 눈빛이 번뜩이다. [작]반뜩이다. [센]뻔뜩이다.
번뜻[-뜯][부] 작은 불빛 따위가 갑자기 나타났다가 이내 없어지는 모양. ¶ 번뜻 비치다가 사라진 불빛. [작]반뜻. **번뜻-번뜻**[부][하자].
번뜻-번뜻[-뜯뻔뜯][부][하형] 〈번듯번듯〉의 센말. [작]반뜻반뜻.
번뜻-하다[-뜨타-][형여] 〈번듯하다〉의 센말. [작]반뜻하다.
번란(煩亂) '번란하다'의 어근.
번란-하다(煩亂-)[벌-][형여] 마음이 괴롭고 어지럽다.
번례(煩禮)[벌-][명] 번거로운 예법. [비]욕례(縟禮).
번로(煩勞)[벌-][명][하형] 일이 번거로워서 괴로움. **번로-히**[부].
번론(煩論)[벌-][명][하타] 번거롭게 논의함, 또는 그러한 언론.
번롱(翻弄·飜弄)[벌-][명][하타][되자] 이리저리 마음대로 놀림.
번루(煩累)[벌-][명] 번거로운 근심과 걱정.
번만(煩懣)[명][하형] 가슴속이 답답함.
번망(煩忙·繁忙) '번망하다'의 어근.
번망-하다(煩忙-·繁忙-)[형여] 번거롭고 매우 바쁘다.
번무(煩務)[명] 어수선하고 번거로운 일.
번무(繁茂)[명][하형] 초목이 무성함. 번성(蕃盛).
번무(繁務)[명] 매우 바쁜 사무.
번문-욕례(繁文縟禮)[-농녜][명] 번거롭게 형식만 차린, 까다로운 규칙과 예절. [준]번욕.
번민(煩悶)[명][하자] 마음이 번거롭고 답답하여 괴로워함. ¶ 번민에 시달리다.
번-바라지(番-)[-빠-][명][하자] 번을 든 사람에게 먹을 것을 대 주며 치다꺼리를 하는 일.
번방(番房)[-빵][명] 번을 들 때에 묵는 방.
번방(藩邦)[명] ☞번국(藩國).
번번-이(番番-)[부] 여러 번 다. 매번 다. 매양. ¶ 하는 일마다 번번이 실패하다.
번번-하다[형여] ①바닥이 거칠 것 없이 펀펀하고 번듯하다. ②생김새가 곱살스럽다. ③물건이 보기 좋고 꽤 쓸 만하다. ¶ 번번한 세간 하나 없다. ④지체가 남만 못지않게 상당하다. [작]반반하다. **번번-히**[부].
번복(翻覆·飜覆)[명][되자] ①[하자]이리저리 뒤집힘. ②[하타]이리저리 뒤쳐 고침. ¶ 진술을 번복하다.
번본(翻本·飜本)[명] ☞복각본(覆刻本).
번-분수(繁分數)[-쑤][명] 분자나 분모의 어느 한쪽 또는 양쪽이 분수로 된 분수. 복분수(複分數). ↔단분수(單分數).

번사(燔師)명 사기 굽는 가마에 불을 때는 일을 맡아 하는 사람.

번삭(煩數) '번삭하다'의 어근.

번삭-하다(煩數-) [-사카-]형여 번거롭게 잦다.

번상(番上)명하자 지난날, 시골의 군사를 골라 뽑아서 서울의 군영(軍營)으로 보내던 일.

번상(番床) [-쌍]명 지난날, 번들 때에 자기 집에서 차려 내오던 밥상.

번-서다(番-)자 번들어 지키다.

번설(煩說)명 ①너저분한 잔말. ¶ 쓸데없는 번설만 늘어놓다. ②하타마구 떠들어 소문을 냄.

번설(煩屑) '번설(煩屑)하다'의 어근.

번설(煩褻) '번설(煩褻)하다'의 어근.

번설-하다(煩屑-)형여 성가실 정도로 번거롭고 자질구레하다.

번설-하다(煩褻-)형여 번잡스럽고 더럽다.

번성(蕃盛·繁盛)명 ①하자(붇거나 늘어나거나 하여) 한창 잘되어 성함. 번연. 번창. ¶ 자손이 번성하다. /한때 번성했던 신발 수출 산업. ②하형초목이 무성함. 번무(繁茂).

번소(番所)명 번(番)을 드는 곳.

번속(蕃俗)명 오랑캐의 풍속. 야만의 풍속.

번쇄(煩瑣·煩碎) '번쇄하다'의 어근.

번쇄-철학(煩瑣哲學)명 ☞스콜라 철학.

번쇄-하다(煩瑣-·煩碎-)형여 번거롭고 자질구레하다.

번수(番數) [-쑤]명 차례의 수효.

번순(反脣)명하타 입술을 비쭉거리며 비웃음.

번식(繁殖·蕃殖·蕃息)명하자되자 붇고 늘어서 많이 퍼짐. 산식(產殖). ¶ 세균이 번식하다.

번식-기(繁殖期) [-끼]명 동물이 새끼를 치는 시기.

번식^기관(繁殖器官) [-끼-]명 식물의, 번식을 맡은 기관. 〔꽃·포자·자낭·씨·열매 따위.〕

번식-력(繁殖力) [-싱녁]명 번식하는 힘. ¶ 번식력이 뛰어나다. /번식력이 왕성하다.

번식-률(繁殖率) [-싱뉼]명 일정한 기간에 암수 한 쌍이 낳은 새끼가 자라서 성숙기에 이르는 비율.

번식성^염(繁殖性炎) [-썽념]명 세포나 섬유의 번식 또는 증식을 주체로 하는, 염증의 한 형(型). 〔결핵·신장염·나병 따위.〕

번안(翻案·飜案)명하타되자 ①안건(案件)을 뒤집어 놓음. ②남의 작품을 그 구상이나 줄거리는 바꾸지 아니하고 다른 표현 양식을 써서 새로운 작품으로 고쳐 짓는 일.

번안^소ː설(翻案小說)명 원작의 줄거리는 그대로 두고, 인정·풍속·지명·인명 같은 것을 자기 나라의 것으로 바꾸어 번역한 소설.

번역(翻譯·飜譯)명하타되자 한 나라의 말로 된 글의 내용을 다른 나라 말로 바꿔 옮김. 반역(反譯). 준역(譯).

번역-가(翻譯家) [-까]명 번역을 업으로 하는 사람.

번역-관(翻譯官) [-꽌]명 조선 말기에, 외국어를 번역하기 위하여 두었던 관리.

번역-권(翻譯權) [-꿘]명 저작권의 한 가지. 어떤 저작물을 번역·출판할 수 있는 권리.

번역-극(翻譯劇) [-끅]명 외국의 희곡을 번역하여 상연하는 극.

번역-물(翻譯物) [버녕-]명 번역한 문서나 작품.

번역-시(翻譯詩) [-씨]명 원시(原詩)를 다른 나라 말로 번역한 시.

번연(幡然·翻然) '번연하다'의 어근.

번연(蕃衍)명하자 ☞번성(蕃盛).

번연-개오(幡然開悟)명하자 이제까지 모르던 사리(事理)를 문득 깨달음.

번연-하다(幡然-·翻然-)형여 깨달음이 갑작스럽다. **번연-히**부.

번열(煩熱)명 ☞번열증.

번열-증(煩熱症) [-쯩]명 한방에서, '몸에 열이 몹시 나고 가슴속이 답답하며 괴로운 증세'를 이르는 말. 번열.

번영(繁榮)명 ①하자일이 성하게 잘됨. ¶ 날로 번영하는 사업. ②하형번성하고 영화로움. ¶ 번영한 조국.

번옥(燔玉)명 인공으로 만든 옥.

번외(番外) [버뇌/버눼]명 계획에 들어 있지 않음. ¶ 번외 경기. /번외로 치다.

번요(煩擾) '번요하다'의 어근.

번요-하다(煩擾-)형여 번거롭고 요란스럽다.

번욕(繁縟)명 〈번문욕례〉의 준말.

번우(煩憂) '번우하다'의 어근.

번우-하다(煩憂-)형여 괴롭고 근심스럽다.

번울(煩鬱) '번울하다'의 어근.

번울-하다(煩鬱-)형여 번거롭고 답답하다.

번위(反胃)명 한방에서 이르는, 위경(胃經)의 탈의 한 가지. 구역질이 나고 음식을 마구 토함. 반위(反胃).

번육(燔肉)명 구운 고기.

번육(膰肉)명 제사에 쓰고 난 고기.

번육(蕃育·繁育)명하타 왕성하게 길러 키움.

번은(燔銀)명 품질이 아주 낮은 은.

번의(翻意·飜意) [버늬/버니]명하타 먹었던 마음을 뒤집어 돌림. ¶ 귀국 계획을 번의하다.

번인(蕃人)명 ①야만인. 미개인. ②☞번족(蕃族).

번작(反作)명하타 ①조선 시대에, 아전들이 허위 문서를 작성하여 환곡(還穀)을 부정하게 출납하던 일. ②부정행위를 함.

번작(燔灼)명하타 불에 구움.

번잡(煩雜)명하형스형 번거롭게 뒤섞여 어수선함. ¶ 번잡을 떨다. /번잡한 도심. **번잡스레**부.

번적부하자타 빛이 번적이는 모양. 작반작. 센번쩍[2]·뻔적·뻔쩍. **번적-번적**부하자타 ¶ 새 차에 번적번적 윤을 내다.

번적-거리다 [-꺼-]자타 자꾸 번적번적하다. 번적대다. 작반작거리다.

번적-대다 [-때-]자타 번적거리다.

번적-이다자타 빛이 잠깐 나타났다 없어지다, 또는 그리되게 하다. 작반작이다. 센번쩍이다·뻔적이다·뻔쩍이다.

번전(反田)명하타 논을 밭으로 만듦. ↔번답.

번제(燔祭)명 구약 시대에, 유대 인이 짐승을 통째로 구워 하느님께 바치던 제사.

번조(煩燥)명 ☞번조증.

번조(燔造)명하타 (질그릇·사기그릇 따위를) 구워서 만들어 냄.

번조-관(燔造官)명 조선 시대에, 번조하는 일을 맡아보던 벼슬아치.

번조-증(煩燥症) [-쯩]명 한방에서, 마음이 답답하고 체온이 높은 증세를 이르는 말. 번조.

번족(蕃族)명 대만의 토족(土族). 번인(蕃人).

번족(蕃族·繁族)명하형 자손이 번성함, 또는 그런 집안.

번주그레-하다형여 얼굴이나 겉모습 따위가 보기에 번번하다. ¶ 말만 번주그레하게 늘어놓다. 작반주그레하다.

번죽-거리다 [-꺼-]자 얼굴은 번번하게 생긴 사람이 이죽거리면서 느물거리다. 번죽대다. 센뻔죽거리다.

번죽-대다[-때-]㉮ 번죽거리다.
번지명 농기구의 한 가지. 논밭의 흙을 고르거나 탈곡한 곡식을 긁어모으는 데 쓰임.
번지(番地)명 토지를 조각조각 나누어서 매겨 놓은 땅의 번호.
번지(蕃地)명 오랑캐가 사는 땅. 미개한 땅.
번지기명 씨름 자세의 한 가지. 몸을 바로잡고 힘을 써서 공격을 막는 자세.
번ː지다㉮ ①(액체의 묻은 자리가) 차차 넓게 퍼지다. ¶ 먹물이 번지다. ②(그 자리에 있지 않고) 넓은 범위로 차차 옮아가다. ¶ 불이 번지다. /전염병이 번지다. ③(작은 일이 크게 벌어져) 널리 옮겨 퍼지다. ¶ 소문이 번지다.
번지럽다[-따][번지러우니·번지러워]형ⓑ 기름기가 묻어서 미끄럽고 윤이 나다. ¶ 군복이 때에 절어 번지럽다. ㉣반지랍다.
번지레부하형 조금 번지르르한 모양. ㉣반지레. ㉦뻔지레.
번지르르부하형 ①기름기나 물기 같은 것이 묻어서 몹시 미끄럽고 윤이 나는 모양. ¶ 얼굴에 기름기가 번지르르하다. ②실속은 없이 겉으로만 그럴듯한 모양. ¶ 쥐뿔도 없으면서 번지르르하게 말만 늘어놓다. ㉣반지르르. ㉦뻔지르르.
번지-수(番地數)[-쑤]명 번지의 수.
번지수가 틀리다〔다르다〕관용 딱 들어맞지 않거나 방향이 다르다.
번지수를 잘못 찾다〔짚다〕관용 잘못 짚어 엉뚱한 데를 찾아가다.
번지ː^점프(bungee jump)명 〔'bungee'는 탄성 고무라는 뜻으로〕 고정 물체에 한쪽 끝을 단단히 묶은 긴 고무줄에 발목이나 몸통을 묶고 높은 다리나 탑 등에서 뛰어내림으로써 짜릿한 긴장감을 즐기는 스포츠.
번지-질명하자 번지로 흙을 고르는 일.
번질-거리다㉮ ①미끄럽게 윤기가 흐르다. ②일은 하지 않고 게으름만 피우다. 번질대다. ㉣반질거리다. ㉦뻔질거리다.
번질-대다㉮ 번질거리다.
번질-번질부 ①하형 윤기가 흐르고 번지러운 모양. ¶ 마룻바닥이 번질번질 윤이 나다. ②하자 자꾸 게으름만 피우며 번질거리는 모양. ㉣반질반질. ㉦뻔질뻔질.
번-째(番-)의 차례나 횟수를 나타내는 말. ¶ 첫번째. /몇 번째 시도냐?
번쩍[1]부 ①무엇을 아주 가볍고 쉽게 들어 올리는 모양. ¶ 쌀가마를 번쩍 지고 가다. ②수그렸던 얼굴 따위를 갑자기 쳐드는 모양. ¶ 다리를 번쩍 올리다. ③감았던 눈을 갑자기 크게 뜨는 모양. ④불쑥 어떤 생각이 떠오르거나 갑자기 정신이 드는 모양. ¶ 귀가 번쩍 뜨이는 말. ⑤무엇이 순간적으로 눈에 띄는 모양. ¶ 눈에 번쩍 띄다. ㉣반짝[1]. **번쩍-번쩍**부.
번쩍[2]부하자타 〈번적〉의 센말. ¶ 번갯불이 번쩍 빛나다. ㉣반짝[2]. ㉦뻔쩍.
번쩍-이다자타 〈번적이다〉의 센말. ㉣반짝이다. ㉦뻔쩍이다.
번차(番次)명 번을 드는 차례.
번-차례(番次例)명 돌려 가며 갈마드는 차례.
번창(繁昌)명하자 한창 잘되어 성함. 번성(繁盛). ¶ 사업이 해마다 번창하다.
번철(燔鐵)명 지짐질에 쓰는 솥뚜껑을 젖힌 모양의 무쇠 그릇. 적자(炙子). 전철(煎鐵).
번초(蕃椒)명 ☞고추.
번토(燔土)명 질그릇이나 사기그릇 따위의 원료로 쓰이는 흙.
번트(bunt)명하타 야구에서, 타자가 배트를 공에 가볍게 대는 타격법. ¶ 보내기 번트.
번폐(煩弊)[-폐/-페]명하형스형 번거로운 폐단. **번폐스레**부.
번포(番布)명 지난날, 군정(軍丁)들이 신역(身役) 대신에 바치던 무명.
번품(煩稟)명하타 번거롭게 여쭘.
번ː-하다형여 ①어두운 가운데 조금 훤하다. ¶ 동녘 하늘이 번하다. ②(무슨 일의 결과가) 뚜렷하다. ¶ 다음 얘기는 듣지 않아도 번하다. ③바쁜 가운데 잠깐 겨를이 생겨 한가하다. ¶ 일거리가 쌓여 번할 겨를이 없다. ④궂은비가 멎고 잠깐 해가 나서 맑다. ¶ 잠깐 번하더니 또 비가 쏟아진다. ⑤(늘 계속되던 걱정거리가) 한동안 뜨음하다. ⑥(심하던 병세가) 좀 덜하고 그만하다. ㉣반하다[2]. ㉦뻔하다[1]. **번-히**부 ¶ 번히 알고 있는 일을 속이려 한다.
번행-초(蕃杏草)명 석류풀과의 다년초. 따뜻한 지방의 바닷가에 나는데, 줄기는 덩굴져 60 cm 가량 벋음. 잎은 길둥근 삼각형이며 어긋맞게 나고, 봄부터 가을까지 노란 꽃이 핌. 온 포기는 민간에서 위장약으로 쓰임.
번호(番號) Ⅰ명 차례를 나타내는 호수. ¶ 번호를 매기다.
Ⅱ감 제식 훈련에서, 대형의 순서대로 번호를 부르라는 구령.
번호-기(番號器)명 자동 회전식으로 된, 번호를 찍는 기계.
번호-부(番號簿)명 번호를 적어 놓은 책.
번호-순(番號順)명 번호의 차례. ¶ 번호순으로 입장하다.
번호-패(番號牌)명 (나무·플라스틱·금속 따위로 만든) 번호를 적은 패.
번호-표(番號票)명 번호를 적은 표.
번화(繁華) '번화하다'의 어근.
번화-가(繁華街)명 도시의 번화한 거리.
번화-하다(繁華-)형여 번성하고 화려하다.
번휴(番休)명하자 지난날, 태평할 때 나라에서 번(番) 들 장정(壯丁)을 당분간 쉬게 하던 일.
벋명 〈옛〉벗. ¶ 네 버딘 줄 엇디 아는(鄭澈.關東別曲). /벋이 믿븐이 이슈미니라(小解*1:9*).
벋-가다[-까-]㉮ 올바른 길에서 버드러져 가다. ¶ 청소년 시기는 벋가기 쉬운 때다. ㉦뻗가다.
벋-나가다[번-]㉮ ☞벗나가다.
벋-나다[번-]㉮ ①끝이 밖으로 벋게 나다. ¶ 가지가 벋난다. ②옳은 길을 따르지 않고 잘못된 길로 나가다.
벋-놓다[번노타]타 ①바로잡지 아니하고 벋가게 내버려 두다. ②잠을 자야 할 때에 자지 않고 그대로 지나가다. ¶ 코 고는 소리에 긴 밤을 벋놓았다.
벋-니명 〈버드렁니〉의 준말.
벋다[-따] Ⅰ자타 ①(나뭇가지나 덩굴 따위가) 길게 자라나다. ②(길 따위가) 길게 이어져 가다. ③힘이 미치다. ¶ 온 마을에 세력이 벋어 있다. ④바깥으로 잦혀지다. ㉦뻗다.
Ⅱ형 끝이 바깥으로 버드러져 있다. ¶ 앞니가 벋다. ↔옥다.
벋어 가는 칡도 한(限)이 있다속담 사물은 무엇이든지 한도가 있다는 뜻.
벋-대다[-때-]㉮ 순종하지 않고 힘껏 버티다. ¶ 벋대지 말고 내 말을 들어라. ㉦뻗대다.
벋-디디다[-띠-]타 ①발에 힘을 주어 버티어 디디다. ②금 밖으로 나가 디디다. ㉟벋딛다. ㉦뻗디디다.

벋디ᄅ다[타] 〈옛〉 거부하다. 막다. ¶ 벋디롤 거: 拒. 벋디롤 한: 捍(類合下25).
벋-딛다[-띧따][타] 〈벋디디다〉의 준말. (센)뻗딛다.
벋버듬-하다[-뻐-][형여] ①두 끝이 바깥쪽으로 벋어서 버름하다. ②말이나 행동이 좀 거만스럽다. ③사이가 틀려 버성기다.
벋버스름-하다[-뻐-][형여] 서로의 마음이 맞지 않아 사이가 벌어져 있다.
벋-새[-쌔][명] 거의 평면으로 된 지붕의 기와.
벋-서다[-써-][자] 버티어 맞서다. (센)뻗서다.
벋음-씀바귀[명] 국화과의 다년초. 밭이나 들에 나는데, 줄기는 땅에 붙어서 벋음. 잎은 깃 모양으로 갈라졌으며, 봄과 여름에 누런빛의 꽃이 꽃줄기 끝에 핌. 강원·경기·경남·제주 등지에 분포하는데, 뿌리줄기와 어린잎은 나물로 먹음.
벋장[-짱][명] 서로 엇갈린 부재(部材) 사이에 경사지게 설치하여 그것을 버티는 부재.
벋장-다리[명] '벋정다리'의 잘못.
벋장-대다[-짱-][자] 순종하지 않고 자꾸 버티다. (센)뻗장대다.
벋정-다리[-쩡-][명] ①자유롭게 구부렸다 폈다 하지 못하고 항상 뻗치기만 하는 다리, 또는 그런 다리를 가진 사람. ②뻣뻣해서 마음대로 굽힐 수가 없게 된 물건. (센)뻗정다리.
벋쳐-오르다[-처-][~오르니·~올라][자르] (물줄기나 불줄기 같은 것이) 벋쳐서 위로 오르다. (센)뻗쳐오르다.
벋치다[자] '벋다'의 힘줌말.
벌¹[명] 매우 넓고 평평한 땅. (여)펄.
벌² [I][명] 옷이나 그릇 따위가 짝을 이루거나 여러 가지가 한데 모여서 갖추어진 한 덩이. ¶ 옷을 벌로 장만하다.
[II][의] ①옷을 세는 단위. ¶ 두루마기 한 벌. ②옷이나 그릇 따위가 짝을 이루거나 여러 가지가 모여서 갖추어진 한 덩이를 세는 단위. ¶ 치마저고리 한 벌. /반상기 두 벌.
벌ː³[명] 벌목의 곤충 가운데 개미류를 제외한 것을 통틀어 이르는 말. 몸은 머리·가슴·배의 세 부분으로 되어 있고, 머리에 한 쌍의 촉각과 세 개의 홑눈이 있음. 배는 많은 마디로 되어 있고, 가슴에 두 쌍의 날개와 세 쌍의 다리가 있음. 암컷은 꼬리 끝의 산란관에 독침이 있음. 독립 생활, 기생 생활, 단체 생활을 하는 여러 종류가 있음.
벌(罰)[명] 죄를 짓거나 잘못을 저지른 사람을 억눌러 그 잘못을 깨닫도록, 자유를 억제하거나 괴로움을 주는 일. ¶ 벌을 받다.
벌개[명] 꿀벌들이, 집을 짓는 밑자리에 밀랍을 붙여 지은 벌집. 새끼벌을 기르며 꿀과 화분을 갈무리하는 곳으로 이용함.
벌거벗-기다[-벋끼-][타] 〖'벌거벗다'의 사동〗 벌거벗게 하다. ¶ 아이를 벌거벗기고 씻기다. (작)발가벗기다. (센)뻘거벗기다.
벌거-벗다[-벋따][자] ①알몸이 되도록 옷을 죄다 벗다. ¶ 벌거벗고 자는 아이. ②꾸밈이나 가린 것 없이 본디 모습 그대로 드러나다. ¶ 벌거벗은 산. (작)발가벗다. (센)뻘거벗다.
벌거벗고 환도(環刀) 차기[속담] 격에 전혀 어울리지 않아 어색함을 이르는 말.
벌거벗은 손님이 더 어렵다[속담] ①어린아이를 대접하기가 더 어렵다는 말. ②가난한 사람을 대접하기가 더 어렵다는 말.
벌거-숭이[명] ①옷을 입지 않은 알몸. ¶ 개구쟁이들이 벌거숭이로 물놀이를 즐겼다. ②'돈이나 재산을 다 탕진하고 빈털터리가 된 사람'을 비유하여 이르는 말. ¶ 그 많던 재산을 다 날리고 하루아침에 벌거숭이가 되었다. (작)발가숭이. (센)뻘거숭이.
벌거숭이-산(-山)[명] 흙이 벌겋게 드러나 보일 정도로 나무나 풀이 없는 산. 민둥산.
벌거ᄒ다[형] 〈옛〉 벌겋다. ¶ 고존 춘 곳부리 벌거호미 이긔엿도다(杜初10:38).
벌겅[명] 벌건 빛이나 물감. (작)발강. (센)뻘겅.
벌겅-이[명] 벌건 빛깔의 물건. (작)발강이. (센)뻘겅이.
벌ː겋다[-거타][벌거니·벌게][형ㅎ] ①연하게 붉다. ¶ 벌건 눈. ②아주 터무니없다. 《'벌건'의 꼴로 쓰임.》 ¶ 벌건 거짓말. (작)발갛다. (센)뻘겋다.
벌ː게-지다[자] 벌겋게 되다. ¶ 화를 삭이지 못해 얼굴이 벌게지다. (작)발개지다. (센)뻘게지다.
벌과-금(罰科金)[명] ☞벌금.
벌교(筏橋)[명] 뗏목을 이어 만든 다리.
벌ː-구멍[-꾸-][명] 벌통의 구멍.
벌그데데-하다[형여] 좀 보기 싫게 벌그스름하다. ¶ 술기운으로 벌그데데해진 얼굴. (작)발그대대하다. (센)뻘그데데하다.
벌그뎅뎅-하다[형여] 격에 어울리지 아니하게 벌그스름하다. (작)발그댕댕하다. (센)뻘그뎅뎅하다.
벌그레[부](하형) 조금 곱게 벌그스름한 모양. ¶ 술기운으로 벌그레한 볼. (작)발그레.
벌그름-하다[형여] 〈벌그스름하다〉의 준말. **벌그름-히**[부].
벌그무레-하다[형여] 엷게 벌그스름하다. ¶ 벌그무레하게 물들기 시작한 하늘. (작)발그무레하다.
벌그숙숙-하다[-쑤카-][형여] 수수하게 벌그스름하다. (작)발그속속하다. **벌그숙숙-히**[부].
벌그스레-하다[형여] 벌그스름하다. (작)발그스레하다. (센)뻘그스레하다.
벌그스름-하다[형여] 조금 벌겋다. 벌그스레하다. ¶ 노을빛에 물들어 벌그스름한 갈대밭. (준)벌그름하다. (작)발그스름하다. (센)뻘그스름하다. **벌그스름-히**[부].
벌그죽죽-하다[-쭈카-][형여] 빛깔이 고르지 못하고 칙칙하게 벌그스름하다. (작)발그족족하다. (센)뻘그죽죽하다. **벌그죽죽-히**[부].
벌금(罰金)[명] ①재산형(財產刑)의 한 가지. 범죄의 처벌로서 부과하는 돈. ¶ 300만원 이하의 벌금에 처하다. ②규약 위반에 대한 징계로 물리는 돈. 벌과금. ¶ 모임에 불참하면 벌금을 물린다.
벌금-형(罰金刑)[명] 범죄의 처벌 방법으로 벌금을 부과하는 형(刑). ↔체형(體刑).
벌긋-벌긋[-귿뻘귿][부](하형) 산뜻하지 못한 붉은 점이 군데군데 있는 모양. ¶ 벌긋벌긋한 민둥산. (작)발긋발긋. (센)뻘긋뻘긋. **벌긋벌긋-이**[부].
벌ː기다[타] 속에 있는 것이 드러나게 헤치어 벌리거나 찢어서 벌어지게 하다. ¶ 밤송이를 벌기어 밤톨을 꺼내다. (작)발기다.
벌꺽[부] ①(일이나 상태가) 갑자기 딴판으로 바뀌어 소란해지거나 야단스러워지는 모양. ¶ 온 집안이 벌꺽 뒤집히다. ②갑작스레 기운을 내는 모양. ¶ 대문을 벌꺽 열다. ③심하게 발끈 성을 내는 모양. ¶ 벌꺽 화를 내다. (작)발깍. (센)뻘꺽. (참)벌컥. **벌꺽-벌꺽**[부].
벌꺽-거리다[-꺼-][자타] 자꾸 벌꺽벌꺽하다. 벌꺽대다. (작)발깍거리다. (참)벌컥거리다.
벌꺽-대다[-때-][자타] 벌꺽거리다.
벌꺽-벌꺽[-뻘-][부] ①(하타)음료수 따위를 시원스레 들이켜는 소리, 또는 그 모양. ②(하자)빚어 담근 술 따위가 괴어오르는 소리, 또는 그 모양. ③(하자)삶는 물건이 끓으면서 나는 소리,

또는 그 모양. ④하자타 진 반죽 따위를 이기거나 진흙 따위를 밟을 때 나는 소리. 작발깍발깍. 참벌컥벌컥.

벌ː-꿀 명 꿀. ¶ 아카시아 벌꿀.

벌끈 부하자 ①참을성이 없이 벌컥 성을 내는 모양. ¶ 벌끈 신경질을 부리다. ②(어떤 일이나 상태가) 갑자기 뒤집어엎을 듯이 시끄러운 모양. ¶ 난데없는 맹수의 출현으로 온 거리가 벌끈 뒤집혔다. 작발끈. 센뻘끈. **벌끈-벌끈** 부하자.

벌끈-거리다 자 자꾸 벌끈벌끈하다. 벌끈대다. 작발끈거리다.

벌끈-대다 자 벌끈거리다.

벌-낫 [-랃] 명 크고 자루가 긴 낫. 무성한 갈대 따위를 휘둘러 베는 데 씀. ＊벌낫이[-라시]·벌낫만[-란-]

벌ː다[1] [버니·벌어] 자 ①틈이 나서 사이가 뜨다. ¶ 마루청의 틈이 벌다. ②맞닿은 자리가 벌어지다. ③(식물의 잎이나 줄기가) 옆으로 번어나다. ¶ 모 포기가 잘 벌어서 풍년이 들겠다.

벌ː다[2] [버니·벌어] 타 ①일을 하여 돈벌이하다. ¶ 노동으로 생활비를 벌다. ②벌받거나 욕먹을 일을 스스로 하다. ¶ 욕을 벌다. /매를 벌다. ③득을 보다. ¶ 일 년은 벌고 들어가다. /밥을 얻어먹어 밥값을 벌다.

벌ː다[3] [버니·벌어] 형 물건의 몸피가 한 주먹이나 한 아름에 들 정도보다 좀 더 크다. ¶ 아름에 벌다.

벌떡 부 ①누웠거나 앉았다가 갑자기 급하게 일어나는 모양. ¶ 자리에서 벌떡 일어나다. ②별안간 뒤로 자빠지는 모양. ¶ 벌떡 드러눕다. 작발딱. 센뻘떡. **벌떡-벌떡** 부.

벌떡-거리다 [-꺼-] 자타 자꾸 벌떡벌떡하다. 벌떡대다. 작발딱거리다. 센뻘떡거리다.

벌떡-대다 [-때-] 자타 벌떡거리다.

벌떡-벌떡 [-뻘-] 부 ①하자타 맥이 거칠게 자꾸 뛰는 모양. ¶ 맥이 벌떡벌떡 뛰다. ②하자타 심장이 심하게 두근거리는 모양. ¶ 어찌나 놀랐던지 아직도 가슴이 벌떡벌떡한다. ③하타 물 따위를 단숨에 많이 들이켜는 모양. ¶ 벌떡벌떡 물을 들이켜다. ④하자타 (부자유스러운 상태에서) 힘을 쓰거나 몸을 놀리고 싶어 몹시 애쓰는 모양. 작발딱발딱. 센뻘떡뻘떡.

벌떡-증 (-症) [-쯩] 명 화가 벌떡벌떡 일어나는 병증.

벌러덩 부하자 갑자기 뒤로 넘어지거나 드러눕거나 하는 모양. ¶ 빙판길에서 벌러덩 자빠지다. 준벌렁. 작발라당. **벌러덩-벌러덩** 부하자.

벌렁 부 〈벌러덩〉의 준말. **벌렁-벌렁** 부.

벌렁-거리다 자타 자꾸 벌렁벌렁하다. 벌렁대다. ¶ 벌렁거리고 돌아다니다. /숨이 차서 어깨와 가슴이 벌렁거리다. 작발랑거리다. 센뻘렁거리다.

벌렁-대다 자타 벌렁거리다.

벌렁-벌렁 부하자 재빠른 동작으로 거분거분 움직이는 모양. 작발랑발랑. 센뻘렁뻘렁.

벌렁벌렁-하다 형여 성격·행동 따위가 아주 가볍고 재빠르다. 작발랑발랑하다. 센뻘렁뻘렁하다.

벌렁-코 명 넓적하게 벌어진 코.

벌레 명 ①곤충이나 기생충과 같은 하등 동물을 통틀어 이르는 말. 버러지. 참곤충. ②'어떤 일에 열중하는 사람'을 비유하여 이르는 말. ¶ 일벌레.

벌레 먹은 배추〔삼〕 잎 같다 속담 '얼굴에 검버섯이 나거나 기미가 끼어 보기 흉한 모습'을 비유하여 이르는 말.

벌레-그물 명 ☞포충망(捕蟲網).

벌ː레스크 (burlesque) 명 저급한 풍자와 익살이 섞여 내용이 해학적인 희가극.

벌레잡이^식물 (-植物) [-싱-] 명 ☞식충 식물.

벌레잡이-잎 [-입] 명 날아 붙는 벌레를 움켜잡아 소화 흡수하는 기능이 있는 식충 식물의 잎. ＊벌레잡이잎이[-이피]·벌레잡이잎만[-임-]

벌레-집 명 (고치 따위와 같이) 벌레가 들어가 살려고 지은 집.

벌레-충 (-蟲) 명 한자 부수의 한 가지. '蚊'·'融' 등에서의 '虫'의 이름. 벌레훼.

벌레-혹 명 ☞충영(蟲癭).

벌레-훼 (-虫) 명 ☞벌레충.

벌례-전 (罰禮錢) 명 조선 시대에, 의금부의 선임 도사(都事)가 신임 도사로부터 받던 돈.

벌룩-거리다 [-꺼-] 자타 자꾸 벌룩벌룩하다. 벌룩대다. 작발록거리다.

벌룩-대다 [-때-] 자타 벌룩거리다.

벌룩-벌룩 [-뻘-] 부하자타 탄력 있는 물체가 벌어졌다 우므러졌다 하는 모양. 작발록발록.

벌룩-하다 [-루카-] 형여 틈이 조금 크게 벌어져 있다. 작발록하다.

벌룽-거리다 자타 자꾸 벌룽벌룽하다. 벌룽대다. 작발룽거리다.

벌룽-대다 자타 벌룽거리다.

벌룽-벌룽 부하자타 탄력 있는 물체가 부드럽게 벌어졌다 우므러졌다 하는 모양. 작발룽발룽.

벌름 부하자타 탄력 있는 물체가 크고 넓게 벌어졌다 우므러지는 모양. 작발름. **벌름-벌름** 부하자타.

벌름-거리다 자타 자꾸 벌름벌름하다. 벌름대다. ¶ 코를 벌름거리다. 작발름거리다.

벌름-대다 자타 벌름거리다.

벌름-이다 자타 탄력 있는 물체가 부드럽고 넓게 벌어졌다 우므러졌다 하다, 또는 그렇게 되게 하다. 작발름이다.

벌름-하다 형여 틈이 좀 넓게 벌어져 있다. 작발름하다. **벌름-히** 부.

벌ː-리다[1] 자 〖'벌다[2]'의 피동〗 돈벌이가 되다. ¶ 돈이 잘 벌리는 장사를 하다.

벌ː리다[2] 타 ①두 사이를 떼어서 넓히다. ¶ 팔을 벌리다. ②우므러진 것을 펴서 열다. ¶ 자루를 벌리다. /한참 만에 입을 벌렸다. ③열어서 속의 것을 드러내다. ¶ 조개껍데기를 벌리다. 작발리다[3].

벌ː-매듭 명 끈목을 벌 모양으로 매는 매듭. ¶ 벌매듭으로 지어 드린 자주 댕기.

벌-모 명 ①☞허튼모. ②모판 밖에 볍씨가 떨어져 자라난 모. ③일을 겉날려서 했을 때 하는 말. ¶ 이문이 적다고 마무리를 벌모로 하다.

벌목 (伐木) 명하타 나무를 벰. 간목(刊木).

벌목-꾼 (伐木-) 명 벌목을 생업(生業)으로 삼는 일꾼.

벌-물 명 ①논이나 그릇에 물을 넣을 때 딴 데로 흘러 나가는 물. ②맛도 모르고 마구 들이켜는 물. ¶ 술을 벌물 켜듯 마신다.

벌-물 (罰-) 명 고문을 하거나 벌을 줄 때 억지로 먹이는 물. 벌수(罰水).

벌-바람 [-빠-] 명 벌판에서 부는 바람.

벌배 (罰杯) 명 술자리에서, 주령(酒令)을 어긴 사람에게 벌로 주는 술잔.

벌번 (罰番) 명 번을 들 차례가 아닌데, 벌로 들게 하는 번. 벌직(罰直).

벌벌 부 ①춥거나 두려워서 몸을 크게 떠는 모양. ¶ 무서워서 벌벌 떨다. ②하찮은 것을 가지고 몹시 아까워하는 모양. ¶ 푼돈을 내면서도 벌벌 떤다. ③몸을 구부려 좀 큰 동작으로 기는 모양. ¶ 벌벌 기다. 작발발[1].

벌ː-벙거지명 편쌈을 할 때 쌈꾼들이 쓰는 벙거지. 말뚝벙거지의 양쪽 위에 짚으로 테두리를 여러 개 틀어 얹고 종이로 꽃송이를 만들어 붙임.
벌봉(罰俸)명 ☞감봉(減俸).
벌부(筏夫)명 뗏목을 물에 띄워 타고서 물건을 나르는 일꾼.
벌-불명 등잔불이나 촛불 따위의 심지 옆으로 뻗치어 퍼지는 불, 또는 아궁이에 불을 땔 때 밖으로 내뻗치는 불. ¶ 벌불이 지다.
벌ː-비명 분봉(分蜂)할 때 그릇이나 자루 따위에 벌을 쓸어 넣는 비.
벌빙(伐氷)명하자 (간직해 두었다가 쓰려고) 강이나 호수에서 얼음장을 떠냄.
벌-시앙명 혼례 때, 신부의 큰머리 밑에 쪽을 찌는 머리. 준벌생.
벌상(伐喪)[-쌍]명하타 남의 묘지에 투장(偸葬)하는 사람을 두들겨 내쫓는 일.
벌ː-새명 벌샛과의 새. 새 종류 가운데 몸집이 가장 작은 새로, 작은 것은 말벌만 한 크기임. 나는 힘이 강해 공중에 정지한 상태에서 뾰족한 부리로 꽃에 모여드는 곤충을 잡아먹거나 꽃의 꿀을 빨아 먹음. 종류는 300종 이상에 이름.
벌-생명 〈벌사양〉의 준말.
벌-서다(罰-)자 잘못을 하여 일정한 곳에서 벌을 받다. ¶ 복도에서 두 손을 들고 벌서다.
벌선(伐善)[-썬]명하자 자기의 선행을 자랑함.
벌성지부(伐性之斧)[-썽-]명 〔성명(性命)을 베는 도끼라는 뜻으로〕 '여색에 지나치게 빠지면 사람의 성명에 해로움'을 경계하여 이르는 말.
벌수(罰水)[-쑤]명 ☞벌물.
벌-술명 맛도 모르고 마구 마시는 술. 벌주.
벌-술(罰-)[-쑬]명 놀이판 같은 데서 벌로 억지로 먹이는 술. 벌주(罰酒).
벌써부 ①이미 오래전에. ¶ 벌써 떠났다. ②예상보다 빠르게. 어느새. ¶ 벌써 가려고?/내 나이 벌써 마흔이다.
벌ː-쐬다[-쐬-/-쒜-]자 ①벌에 쏘이다. ②밤이 익기도 전에 밤송이가 터져 벌어지다.
　벌쐰 사람 같다속담 말대꾸도 없이 오자마자 달아나듯 가 버리는 사람을 이르는 말.
벌-쓰다(罰-)[~쓰니·~써]자 잘못한 일이 있어 벌을 받다.
벌씌우다(罰-)[-씨-]타 〘'벌쓰다'의 사동〙 벌쓰게 하다.
벌ː어-들이다타 일을 하여 돈이나 물건을 벌어서 가져오다. ¶ 무역으로 큰돈을 벌어들이다.
벌ː어-먹다[-따]자 벌이를 하여 먹고 살아가다. ¶ 품팔이로 근근이 벌어먹다.
벌ː어-지다자 ①갈라져 틈이 생기다. ¶ 벽의 틈이 벌어지다. ②맞닿아 있던 것이 멀어지다. ¶ 격차가 벌어지다./다리가 잘 벌어진다. ③(인간관계가) 버성기게 되다. ¶ 둘의 사이가 벌어지다. ④(눈앞에) 펼쳐지다. ¶ 눈앞에 벌어진 초원. ⑤(어떤 일이) 일어나거나 진행되다. ¶ 싸움이 벌어지다./수해 복구 사업이 벌어지다./윷판이 벌어지다. ⑥가로 번거나 퍼지다. ¶ 그 남자의 키는 잘다막하나 가슴은 딱 벌어졌다. ①②③⑥작바라지다.
벌에명 〈옛〉 벌레. ¶ 그믈 및는 벌에 돌옛도다(杜初24:47)./벌에 튱:蟲(訓蒙下3).
벌열(閥閱)명하형 나라에 공로가 많고 벼슬 경력이 많음, 또는 그런 집안. 벌족(閥族).
벌-윷[-륟]명 ①윷놀이에서, 정한 자리 밖으로 떨어져 나간 윷짝. ②윷판 없이 노는 윷. *벌윷이[-류치]·벌윷만[-륟-]

벌ː음명 건물의 한 면에서 보이는 몇 칸살의 죽 벌어져 있는 길이.
벌ː-이명하자 일을 하여 돈을 버는 일. ¶ 요즘은 벌이가 시원찮다.
벌ː이다타 ①일을 베풀어 놓다. ¶ 잔치를 벌이다./마무리는 하지 않고 일만 벌여 놓는다. ②여러 개의 물건을 죽 늘어놓다. ¶ 상품을 벌여 놓다. ③(영업을 목적으로) 시설을 차리다. ¶ 가게를 벌이다. ④어떤 일을 행하다. ¶ 시위를 벌이다./싸움을 벌이다./논쟁을 벌이다.
벌ː이-줄명 ①물건이 넘어지거나 기울어지지 않게 당겨 매는 줄. ②과녁의 솔대를 켕겨 매는 줄. ③종이 연에 벌여 매는 줄.
　벌이줄(을) 잡다관용 종이 연에 벌이줄을 벌여 매다.
벌ː이-터명 벌이하는 일터.
벌ː인-춤명 '이미 손에 댄 일을 중간에 그만둘 수 없음'을 이르는 말. ¶ 이왕 벌인춤이니 여기서 끝장을 보자.
벌ː임-새명 일이나 물건 따위를 많이 벌여 놓은 형편이나 모양새. ¶ 벌임새가 조화롭다.
벌ː잇-속[버리쏙/버릳쏙]명 ①벌이하여 생기는 잇속. ②벌이하는 속내.
벌ː잇-자리[버리짜-/버릳짜-]명 돈벌이하는 자리.
벌ː잇-줄[버리쭐/버릳쭐]명 돈벌이하는 길. ¶ 벌잇줄이 끊어지다.
벌전(罰錢)[-쩐]명 벌로 내는 돈.
벌점(罰點)[-쩜]명 잘못에 대해 벌로 따지는 점수. 다른 점수에서 벌로 빼내는 점수. ¶ 벌점이 높다./벌점을 받다.
벌제위명(伐齊爲名)[-쩨-]명 '어떤 일을 겉으로는 하는 체하면서 속으로 딴전을 부림'을 이르는 말. 〔중국 전국 시대 연나라의 장수 악의(樂毅)가 제나라를 칠 때, 제나라의 전단(田單)이 이간질을 한 고사에서 유래함.〕
벌족(閥族)[-쪽]명 ☞벌열(閥閱).
벌주(罰酒)[-쭈]명 ☞벌술. ↔상주(賞酒)
벌-주다(罰-)타 벌을 당하게 하다. ¶ 죄지은 자를 벌주다.
벌직(罰直)[-찍]명 ☞벌번(罰番).
벌ː-집[-찝]명 ①벌이 알을 낳고 먹이와 꿀을 갈무리하며 사는 집. 봉방(蜂房). 봉소(蜂巢). ②소의 양(䑋)에 있는, 벌집 모양으로 생긴 고기.
　벌집을 건드리다〔쑤시다〕관용 건드려서는 안 될 것을 공연히 건드려 큰 탈을 만났을 때 하는 말.
벌ː집-위(-胃)[-찌뷔]명 반추 동물(反芻動物)에 있는 벌집 모양의 둘째 위. 음식물을 섞어서 다시 입으로 내보내는 일을 함. 봉소위(蜂巢胃). 제이 위(第二胃).
벌쩍-거리다[-꺼-]타 자꾸 벌쩍벌쩍하다. 벌쩍대다. 작발짝거리다.
벌쩍-대다[-때-]타 벌쩍거리다.
벌쩍-벌쩍[-뻘-]부하타 ①일어나려고 애를 쓰며 이리저리 자꾸 움직이는 모양. ②많은 물에서 빨래를 대강대강 비벼 빠는 모양. 작발짝발짝.
벌쭉부 ①하자타속에 든 것이 보일락말락하게 조금 벌어졌다 닫히는 모양. ②하자입을 조금 크게 벌려 소리 없이 웃는 모양. 작발쭉. 센뻘쭉. **벌쭉-벌쭉**부하자타.
벌쭉-거리다[-꺼-]자타 ①속에 든 것이 보일 듯 말 듯 자꾸 벌어졌다 닫혔다 하다. ②입을 조금 크게 벌리면서 소리 없이 자꾸 웃다. 벌쭉대다. 작발쭉거리다.

벌쭉-대다[-때-] 자타 벌쭉거리다.
벌쭉벌쭉-하다[-뻘쭈카-] 형여 여럿이 다 벌쭉하다. 작발쪽발쪽하다. 센뻘쭉뻘쭉하다.
벌쭉-하다[-쭈카-] 형여 좁고 긴 것이 벌어져서 쳐들려 있다. 작발쪽하다. 센뻘쭉하다. **벌쭉-이**부.
벌창명하자 ①물이 많아 넘쳐흐름. ②물건이 많이 퍼짐.
벌채(伐採)명하타 나무를 베어 내거나 섶을 깎아 냄. 채벌(採伐). ¶ 무분별한 벌채로 삼림이 훼손되다.
벌책(罰責)명하타 죄과(罪過)를 꾸짖어 가볍게 벌함. ¶ 벌책 처분./벌책을 가하다.
벌초(伐草)명하자타 (봄과 가을에) 무덤의 잡풀을 베어서 깨끗이 함.
벌초-사래(伐草-)명 묘지기가 벌초하는 값으로 부쳐 먹는 논밭.
벌충명하타되자 (손실을 입거나 모자라는 것을) 다른 것으로 보태어 채움. ¶ 결손을 벌충하다.
벌-치명 벌판에 심어 놓기만 하고 가꾸지 않은 참외.
벌칙(罰則)명 법규를 어겼을 때의 처벌을 정해 놓은 규칙. ¶ 벌칙을 정하다.
벌커나이즈드^파이버(vulcanized fiber)명 무명 또는 펄프 섬유를 염화아연의 짙은 수용액에 담근 다음 압축하여 만든 가죽 대용품의 상품명. 준파이버.
벌컥부 ①(상태나 일이) 갑자기 딴판으로 바뀌어 소란해지거나 야단스러워지는 모양. ¶ 온 마을이 벌컥 뒤집히다. ②갑자기 기운을 내는 모양. ¶ 문을 벌컥 열다. ③갑자기 성을 세게 내는 모양. ¶ 그는 그녀의 말을 듣고 화를 벌컥 내었다. 작발칵. 참벌꺽. **벌컥-벌컥**부.
벌컥-거리다[-꺼-] 자타 자꾸 벌컥벌컥하다. 벌컥대다. 작발칵거리다. 참벌꺽거리다.
벌컥-대다[-때-] 자타 벌컥거리다.
벌컥-벌컥[-뻘-] 부 ①하타음료수 따위를 아주 시원스레 들이켜는 소리, 또는 그 모양. ¶ 목이 말라 물을 벌컥벌컥 들이켰다. ②하자빚어 담근 술이 괴어서 버글거리며 솟아오르는 소리, 또는 그 모양. ③하자삶는 빨래 따위가 끓을 때 나는 소리, 또는 그 모양. ④하자타진흙이나 지질한 반죽 따위를 이길 때 나는 소리. 작발칵발칵. 참벌꺽벌꺽.
벌-타령명 '무슨 일에 규율이 없고 난잡함'을 이르는 말. ¶ 주인이 없다고 일을 벌타령으로 한다.
벌ː-통(-桶)명 꿀벌을 치는 통.
벌-판명 넓은 들판. ¶ 만주 벌판.
벌-하다(罰-)타여 죄를 짓거나 잘못을 저지른 사람에게 벌을 주다. ¶ 유괴범을 엄히 벌하다.
벌-흙[-흑]명 광산 구덩이에서 광물이 나기 전의 흙. *벌흙이[-흘기]·벌흙만[-흥-]
범ː명 ☞호랑이.
범도 새끼 둔 골을 두남둔다속담 '악인이라도 제 자식에 대한 사랑은 있음'을 이르는 말.
범도 제 말[소리] 하면 온다속담 ①당사자가 없다고 함부로 흉을 보지 말라는 말. ②'남의 말을 하는데 공교롭게 그 사람이 나타나는 경우'를 이르는 말.
범 없는 골에 토끼가 스승이라속담 '잘난 사람이 없는 곳에서 못난 사람이 잘난 체함'을 이르는 말.
범에게 날개속담 '세력(위세) 있는 사람이 더욱 좋은 조건을 갖추게 됨'을 이르는 말.
범에게 물려 가도 정신만 차리면 산다속담 '아무리 위험한 경우에 처하더라도 정신만 차리면 그 위험한 고비를 모면할 수 있다'는 말.
범ː(梵)명 인도 바라문교에서 이르는, 우주의 최고 원리 또는 최고 신.
범ː(犯)의 그 사람이 형벌을 받은 횟수를 나타내는 말. ¶ 전과 5범.
범-(汎)접두 《일부 명사 앞에 붙어》 '널리 전체에 걸치는'의 뜻을 나타냄. ¶ 범민족. /범국민적. /범사회적.
-범(犯)접미 《일부 명사 뒤에 붙어》 '범행·범인'의 뜻을 나타냄. ¶ 강도범. /형사범. /정치범. /양심범. /흉악범.
범ː각(梵閣)명 ☞범궁(梵宮).
범ː간(泛看)명하타 눈여겨보지 아니하고 데면데면하게 봄.
범ː강-장달이(范彊張達-)명 〔'범강'과 '장달'은 삼국지연의(三國志演義)에 나오는 인물인데, 키가 크고 기운이 세며 흉악하게 생겼다 하여〕 '키가 크고 흉악하게 생긴 사람'을 이르는 말.
범ː경(凡境)명 (신령스러운 땅에 상대하여) '보통의 땅'을 이르는 말.
범ː경(梵境)명 절의 경내(境內).
범ː계(犯戒)[-계/-게]명하자 계율을 어김.
범ː계(犯界)[-계/-게]명하자 남의 지경(地境)을 침노함.
범ː-고래명 돌고랫과의 포유동물. 몸길이는 수컷이 10 m, 암컷은 7 m가량이며, 몸빛은 검은데 가슴과 옆구리에 뚜렷한 흰 무늬가 있음. 주둥이는 뭉뚝하고 40~50개의 날카로운 이가 있음. 40마리가량씩 떼 지어 다니는데, 물개와 물고기를 잡아먹음. 북극·남극 및 여러 해양에 분포함. 도극경(倒戟鯨).
범골(凡骨)명 ①(남다른 재주나 능력이 없는) 평범한 사람. 범인(凡人). ②신라 때, 성골(聖骨)이나 진골(眞骨)이 아닌 '평민'을 이르던 말.
범ː-골수로(汎骨髓癆)[-쑤-]명 골수 조혈 조직(造血組織)의 모든 계통이 폐쇄된 상태.
범ː과(犯科)[-꽈]명하자 ☞범법(犯法).
범ː과(犯過)명하자 허물을 저지름.
범ː과(泛過)명하자 차근차근하게 하지 않고 데면데면하게 지나침.
범ː국민-적(汎國民的)[-궁-]관명 국민 대다수에 관계되는 (것). ¶ 범국민적 염원. /범국민적인 운동.
범ː-굴(-窟)명 범이 사는 굴. 호굴. 호혈(虎穴).
범ː궁(梵宮)명 ①범천(梵天)의 궁전. ②'절과 불당'을 아울러 이르는 말. 범각(梵閣).
범ː궐(犯闕)명하자 대궐을 침범함.
범글다자 〈옛〉 얽히다. ¶ 오히려 疑悔예 범그로이다(楞嚴4:4).
범ː금(犯禁)명하자 금하는 일을 어기고 함.
범ː-꼬리명 여뀟과의 다년초. 산골짜기의 양지바른 곳에 자람. 뿌리줄기는 짧고 크며 잔뿌리가 많음. 꽃줄기는 30~80 cm 자라며, 6~7월에 원기둥꼴의 꽃이 이삭 모양으로 핌.
범ː-나비명 ☞호랑나비.
범ː나비-벌레명 호랑나비의 유충. 몸빛은 녹색이고, 머리 위에는 뿔이 두 개 있음. 탱자나무·향나무 등의 잎을 갉아 먹는 해충임.
범ː-날명 ☞인일(寅日).
범ː납(梵衲)명 중[僧].
범ː독(泛讀)명하타 정신을 기울이지 않고 데면데면하게 읽음.

범ː-돔명 황줄껍정잇과의 바닷물고기. 몸길이 20 cm가량. 나비고기와 비슷하나 조금 길고 옆으로 납작함. 몸빛은 황색으로 옆구리에 다섯 줄의 검은 세로띠가 있음. 연안의 암초 사이에서 작은 동물을 잡아먹고 사는데, 관상용으로도 기름.

범ː-띠명 ☞인생(寅生).

범ː람(汎濫·氾濫)[-남]명하자 ①물이 차서 넘쳐흐름. 범일(汎溢). ¶ 장마로 강이 범람하다. ②바람직하지 못한 것들이 많이 나돎. ¶ 외래품의 범람.

범ː람-원(氾濫原)[-나뭔]명 큰물이 질 때에 물에 잠기는, 하천의 양쪽 곁에 있는 낮은 땅. 홍함지.

범ː령(犯令)[-넝]명하자 법령·명령을 어김.

범ː령-론(汎靈論)[-녕논]명 범리론(汎理論)과 범의론(汎意論)을 조화시킨 것으로, 우주의 본체는 의지와 관념이라는 설.

범ː례(凡例)[-녜]명 책머리에 그 책을 읽어 나가는 데 필요한 사항들을 본보기로 따서 적은 글. 일러두기.

범ː례(範例)[-녜]명 모범을 삼으려고 든 예.

범ː로(犯路)[-노]명하자 ①못 다니게 된 길을 어기고 다님. ②길을 침범하여 집을 지음.

범ː론(汎論·氾論)[-논]명 ①대강대강 설명한 개괄적인 언론. ②☞범론(泛論).

범ː론(泛論)[-논]명 요령을 알 수 없는 이론. 데면데면하게 들띄워 놓고 하는 말. 범론(汎論).

범ː류(凡類)[-뉴]명 평범한 사람의 부류. ¶ 범류가 어찌 그 깊은 속뜻을 알겠습니까?

범ː리-론(汎理論)[-니-]명 만물의 본체는 이성(理性)이라는 학설. 〔헤겔의 논리적 유심론(唯心論)을 말함.〕

범ː마(犯馬)명하자 〔지난날〕 ①'상급 관원의 앞을 지나는 하급 관원이 말을 내리지 아니함'을 이르던 말. ②'하마비(下馬碑)가 있는 데에서 말을 내리지 아니함'을 이르던 말.

범ː망-경(梵網經)명 대승(大乘)의 보살이 지켜야 할 계율 중의 제일경(第一經). 상권에는 보살의 심지(心地)를, 하권에는 대승의 계율을 설하였음.

범ː문(梵文)명 ☞범서(梵書).

범ː물(凡物)명 하늘과 땅 사이에 있는 모든 물건. 만물(萬物).

범ː미-주의(汎美主義)[-의/-이]명 모든 것은 있는 그대로의 형태에 미적(美的) 성질을 지니고 있다고 보는 견지.

범ː민(凡民)명 (관리가 아닌) 보통 사람. 서민.

범ː방(犯房)명하자 방사(房事)를 함.

범ː배(凡輩)명 ☞범인(凡人).

범ː백(凡百)명 ①모든 사물. ②상규(常規)에 벗어나지 않는 언행.

범ː백-사(凡百事)[-싸]명 온갖 일. 갖가지 일.

범벅명 ①곡식 가루에 호박 같은 것을 섞어서 된풀처럼 쑨 음식. ②'한데 뒤섞여서 갈피를 잡을 수 없이 된 사물'을 비유하여 이르는 말. ¶ 양편이 한데 범벅이 되어 싸운다. ③'액체 따위가 몸에 잔뜩 묻은 상태'를 비유하여 이르는 말. ¶ 눈물로 범벅이 된 얼굴.

범벅에 꽂은 저(箸)**라**속담 '일이 튼튼하게 되지 않았음'을 비유하여 이르는 말.

범벅^타ː령명 경기 잡가(京畿雜歌)의 한 가지. 한 여인의 부정한 행실을 통하여 뒷사람에게 일부종사(一夫從事)의 교훈을 일깨워 주는 내용으로, 무당이 굿거리에 맞추어 부르는 노래임.

범범(泛泛) '범범하다'의 어근.

범ː범-하다(泛泛-)형여 사물에 대하여 꼼꼼하지 않고 데면데면하다. **범범-히**부.

범ː법(犯法)[-뻡]명하자 법에 어긋나는 일을 함. 법을 어김. 범과(犯科). ¶ 범법 행위.

범ː법-자(犯法者)[-뻡짜]명 법을 어긴 사람.

범ː본(範本)명 본보기.

범ː부(凡夫)명 ①☞범인(凡人). ②불교에서, '번뇌에 얽매여 생사(生死)를 초월하지 못하는 사람'을 이르는 말.

범ː-부채명 붓꽃과의 다년초. 높이 1 m가량. 칼 모양의 잎이 넓게 퍼져 쥘부채 비슷하며, 여름에 황적색의 여섯잎꽃이 핌. 산지나 바닷가에서 자라는데, 관상용으로 재배함. 뿌리줄기는 한방에서 약재로 쓰임.

범ː분(犯分)명하자 자기의 신분을 생각하지 않고 윗사람에게 버릇없는 짓을 함.

범ː사(凡事)명 ①모든 일. ¶ 범사에 감사하라. ②평범한 일.

범ː살-장지(←-障子)명 창문의 장살·동살을 성기게 어긋매껴서 짠 장지문.

범상(凡常) '범상하다'의 어근.

범ː상(犯上)명하자 아랫사람이 윗사람에게 해서는 안 될 짓을 함.

범ː상-하다(凡常-)형여 대수롭지 않고 예사롭다. 심상(尋常)하다. ¶ 눈빛으로 보아 범상한 인물이 아니다. **범상-히**부 ¶ 이번 사태는 범상히 여길 일이 아니다.

범ː색(犯色)명하자 함부로 색을 씀.

범ː색-건판(汎色乾板)[-껀-]명 ☞팬크로매틱 건판.

범ː-생명관(汎生命觀)명 물질과 마음을 구별하지 않고 모든 것을 영화(靈化)하여 생명과 의지를 가진다고 생각한 미개인들의 생명관 또는 자연관.

범ː서(凡書)명 평범한 책.

범ː서(梵書)명 ①범자(梵字)로 쓴 글. 범문(梵文). ②☞불경(佛經).

범ː선(帆船)명 돛단배.

범ː설(汎說)명하타 ☞개설(槪說).

범ː성(凡聖)명 범인(凡人)과 성인(聖人).

범ː성-설(汎性說)명 모든 일에 성적(性的)인 것을 강조하는 학설. 프로이트의 이론.

범ː성-일여(凡聖一如)명 상(相)의 차이는 있으나 이성(理性)에 있어서는 범부(凡夫)나 성자(聖者)가 같다는 말.

범소(凡小) '범소하다'의 어근.

범ː소(犯所)명 죄를 저지른 그 자리.

범ː소-하다(凡小-)형여 인물이 평범하고 작다.

범ː속(凡俗)명하형 평범하고 속됨.

범ː속-성(凡俗性)[-썽]명 평범하고 속된 특성.

범ː수(犯手)명하타 ①남에게 먼저 손찌검을 함. ②☞범용(犯用).

범ː승(凡僧)명 ①평범한 중. 어리석고 평범한 중. ②평범하게 사는 중. '아직 승강(僧綱)에 맡겨지지 않은 법사 자리의 중'을 이름.

범ː승(梵僧)명 계행(戒行)을 지키는 깨끗한 중. 조촐한 행덕(行德)이 있는 중.

범ː식(範式)명 ①예절이나 기물(器物) 따위의 본보기로 삼을 만한 양식. ②☞공식(公式).

범ː신-교(汎神教)명 신이 곧 우주이며, 우주가 곧 신이라고 믿는 종교. 만유신교(萬有神教).

범ː신-론(汎神論)[-논]명 신과 우주를 똑같은 것으로 보는 종교관 또는 철학관. 만유신론.

범ː실(凡失)명 운동 경기 등에서, 평범한 실수. ¶ 범실이 잦다.

범ː심-론(汎心論)[-논]명 만물에는 모두 마음이 있다고 하는 설. 만유심론(萬有心論).
범ː-아귀명 엄지손가락과 집게손가락의 갈라진 사이.
범ː아일여-론(梵我一如論)명 인도 우파니샤드 철학에서, 우주의 근본 원리인 범(梵)과 개인의 중심인 아(我)가 같다는 설.
범ː안(凡眼)명 보통 사람의 안목과 식견.
범ː안(犯顔)명하자 임금이 싫어하는 낯빛을 하는데도 거리낌 없이 바른말로 간(諫)함.
범ː애(汎愛)명하타 뭇사람을 차별 없이 두루 사랑함. 박애(博愛).
범ː애-주의(汎愛主義)[-의/-이]명 18세기 독일에서 일어난, 인류애를 기초로 한 계몽주의적 교육 운동. 교육의 전능과 인간성의 선(善)을 믿고 심신의 조화와 훈육에 중점을 두었음.
범ː야(犯夜)명하자 지난날, 인정(人定)을 친 뒤 파루(罷漏)를 치기 전에 함부로 밤거리를 나다니던 일.
범ː야(汎野)명 야당권(野黨圈)의 모든 사람, 또는 그 세력. ↔범여(汎與).
범ː어(梵語)명 ☞산스크리트.
범ː어-법(範語法)[-뻡]명 언어를 가르치는 한 방법. 실물이나 그림을 보이고 나서 그것에 해당하는 낱말의 발음을 가르친 다음에 낱말의 사용법을 알려 줌.
범ː어사(凡於事)명 세상의 모든 일.
범ː여(汎與)명 여당권(與黨圈)의 모든 사람, 또는 그 세력. ↔범야(汎野).
범연(泛然) '범연하다'의 어근.
범ː연-하다(泛然-)형여 차근차근한 맛이 없이 데면데면하다. **범연-히**부.
범ː염(犯染)명하자 ①남들이 언짢아 하는 일에 끼어들게 되거나 끌려들게 됨. ②초상집에 드나드는 일.
범ː영(帆影)명 물에 비친 돛 그림자, 또는 멀리 있는 배의 돛의 모양.
범ː왕(梵王)명 〈범천왕〉의 준말.
범ː용(凡庸)명하형 평범하고 용렬함, 또는 그런 사람.
범ː용(犯用)명하타 남의 물건이나 잘 맡아 두어야 할 물건을 써 버림. 범수(犯手).
범ː용(汎用)명 여러 가지 용도로 널리 쓰는 것.
범ː용^기관(汎用機關)명 여러 가지 용도에 사용할 수 있도록 제작된, 출력 범위 30마력 이하의 내연 기관.
범ː우(凡愚)명 평범하고 어리석은 사람.
범ː월(犯越)명하자 불법으로 남의 나라 국경을 넘어서 들어감.
범ː월-죄인(犯越罪人)[-죄-/-줴-]명 남의 나라에 불법으로 들어간 사람.
범ː위(範圍)명 ①얼마만큼 한정된 구역의 언저리. ¶ 중간고사 범위. ②어떤 힘이 미치는 한계. 테두리. ¶ 활동 범위. /조사할 대상의 범위를 정하다.
범ː음(梵音)명 ①범왕(梵王)의 음성. ②불경을 읽는 소리. ③불보살의 음성. ④부처의 가르침.
범ː음-심원(梵音深遠)명 부처의 삼십이상(三十二相)의 하나. 목소리가 맑고 부드러워 멀리까지 들리는 상.
범ː의(犯意)[버믜/버미]명 범죄 행위라는 것을 알면서도 그 일을 하려고 하는 생각. 죄를 저지를 뜻. 참고의(故意).
범ː의-귀[버믜-/버메-]명 범의귓과의 상록 다년초. 높은 산의 축축한 땅에서 자람. 줄기는 땅에 누워 뻗으며, 잎은 뿌리에서 모여남. 여름에 흰 다섯잎꽃이 핌. 우리나라 특산으로 관상용임. 잎은 기침이나 동상의 약재로 쓰임.
범ː의-론(汎意論)[버믜-/버미-]명 만물의 본질을 의지(意志)라고 하는 유심론 일파의 학설. 〔쇼펜하우어의 철학이 이에 해당함.〕
범ː의-어(汎意語)[버믜-/버미-]명 한 가지의 말이 연상(聯想)과 유추(類推)에 의하여 두 가지 이상의 뜻으로 해석될 수 있는 말.
범ː인(凡人)명 평범한 사람. 보통 사람. 범골(凡骨). 범배(凡輩). 범부(凡夫).
범ː인(犯人)명 죄를 저지른 사람. 범죄인. ¶ 범인을 검거하다. /집요한 추적 끝에 범인을 체포하였다.
범ː인^은닉죄(犯人隱匿罪)[-쬐/-쮀]명 벌금 이상의 형에 해당하는 죄를 지은 사람을 숨겨주거나 도망가게 함으로써 성립하는 죄. 준은닉죄.
범ː일(氾溢·汎溢)명하자 물이 넘쳐흐름. 범람.
범ː입(犯入)명하자 못 들어가게 되어 있는 곳을 어기고 들어감.
범ː자(梵字)[-짜]명 산스크리트를 적는 데 쓰는 인도의 옛 글자.
범ː작(凡作)명 평범한 작품.
범ː작(犯斫)명하타 베지 못하게 금한 나무를 함부로 베어 냄.
범ː장(犯葬)명하타 남의 산소의 경계를 무시하고 그 안에 들어가 장사를 지냄.
범ː장(犯贓)명하타 ①장물죄를 저지름. ②☞탐장(貪贓).
범ː장(帆檣)명 돛대.
범ː재(凡才)명 평범한 재주, 또는 그런 재주밖에 없는 사람.
범ː재(凡材)명 평범한 인재.
범ː재(犯齋)명하자 가톨릭에서, 단식재와 금육재를 어김을 이르는 말.
범ː적(犯跡·犯迹)명 죄를 저지른 흔적.
범ː전(梵殿)명 ☞불당(佛堂).
범ː절(凡節)명 법도에 맞는 모든 절차나 질서.
범ː접(犯接)명하자 조심성 없이 함부로 가까이 가서 접촉함.
범ː정(犯情)명 범죄의 정황(情況).
범ː종(梵鐘)명 절에서 사람을 모이게 하거나 시각을 알리기 위하여 치는 큰 종.
범ː죄(犯罪)[-죄/-줴]명 ①죄를 지음, 또는 지은 죄. ②법률에 따라 형벌을 받아야 할 위법 행위. ¶ 범죄를 저지르다.
범ː죄^과학(犯罪科學)[-죄-/-줴-]명 범죄의 원인·성질·결과·종류 따위를 과학적으로 연구하는 학문.
범ː죄^능력(犯罪能力)[-죄-녁/-줴-녁]명 위법 행위를 할 수 있는 사실상의 능력.
범ː죄^단체(犯罪團體)[-죄-/-줴-]명 형법상의 범죄를 실행할 목적으로 조직된 단체.
범ː죄^소ː설(犯罪小說)[-죄-/-줴-]명 범죄 사건을 제재로 하여 쓴 통속 소설. 참추리 소설.
범ː죄^심리학(犯罪心理學)[-죄-니-/-줴-니-]명 범죄인의 심리적 현상을 연구하는, 심리학의 한 부문.
범ː죄-인(犯罪人)[-죄-/-줴-]명 죄를 저지른 사람. 범인(犯人). 범죄자.
범ː죄-자(犯罪者)[-죄-/-줴-]명 ☞범죄인.
범ː죄-지(犯罪地)[-죄-/-줴-]명 범죄의 구성 요건에 해당하는 행위나 그 결과의 전부 또는 일부가 이루어진 곳.

범ː죄-학(犯罪學)[-죄-/-줴-]명 범죄의 원인·성질 따위를 인류학적 또는 사회학적으로 연구하는 학문.
범ː죄^행위(犯罪行爲)[-죄-/-줴-]명 범죄가 되는 행위. 범행.
범ː주(帆走)명하자 배가 돛에 바람을 받아 물위를 나아감.
범ː주(泛舟)명하자 배를 물에 띄움. 부주(浮舟).
범ː주(範疇)명 ①(일반적으로) 같은 성질을 가진 부류 또는 범위. ¶ 같은 범주에 들다. ②사물의 개념을 분류할 때 가장 기본적이고 보편적인 최고의 유개념(類槪念). 카테고리.
범ː찬(梵讚)명 산스크리트로 부르는, 불덕(佛德)을 찬미한 글.
범ː찰(梵刹)명 절. 사찰(寺刹).
범ː책(凡策)명 평범한 꾀.
범ː천(梵天)명 ☞범천왕.
범ː천-왕(梵天王)명 ①바라문교의 교조인 조화의 신. 〔우주 만물의 창조신으로 사바 세계를 주재한다고 함.〕 ②제석천(帝釋天)과 함께 정법(正法)을 수호하는 신. 〔부처가 세상에 나올 때마다 가장 먼저 설법을 청한다고 함.〕 바라문천. 범천. 준범왕.
범ː-천후(汎天候)명 동일한 물리적 작용으로 말미암아 수일 또는 수 주에 걸쳐 비교적 넓은 범위에 지속되는 기후 상태.
범ː청(泛聽)명하타 주의를 기울이지 않고 데면데면하게 들음.
범ː칙(犯則)명하자 규칙을 어김.
범ː칙-금(犯則金)[-끔]명 도로 교통법 따위의 규칙을 어긴 사람에게 과하는 벌금.
범ː칙-물자(犯則物資)[-칭-짜]명 규칙을 어기고 비밀히 거래하는 물자.
범ː칭(汎稱·泛稱)명 넓은 범위로 두루 일컬음(부름), 또는 그 이름.
범ː타(凡打)명하자 야구에서, 희생타·득점타·안타 따위가 되지 못한 평범한 타격.
범ː타(犯打)명하타 윗사람을 때림.
범ː태-육신(凡胎肉身)[-씬]명 사람의 몸을 통해 태어난 보통 사람의 몸. 참화신(化身).
범퇴(凡退)[-퇴/-퉤]명하자 야구에서, 타자가 아무 소득 없이 물러감. ¶ 삼자 범퇴를 당하다.
범ː패(梵唄)명 ①석가여래의 공덕을 찬미하는 노래. ②불경을 읽을 때, 곡조에 맞게 읊는 소리.
범퍼(bumper)명 자동차의 앞뒤에 장착되어 있는 완충 장치. ¶ 범퍼에 부딪히다.
범ː포(犯逋)명하타 나라에 바칠 돈이나 곡식을 써 버림. ¶ 공금을 범포하다.
범ː포(帆布)명 돛을 만드는 피륙.
범ː품(凡品)명 보통 물건. 예사로운 물건.
범ː필(犯蹕)명하자 임금이 거둥할 때 연(輦) 앞을 지나가거나 가까이 다가감, 또는 그런 무엄한 짓.
범ː-하다(犯-)타여 ①(법률·규칙 따위를) 어기다. ¶ 계율을 범하다. ②(그릇된 일을) 저지르다. ¶ 오류를 범하다. ③(남의 권리·재산·정조 따위를) 무시하거나 빼앗거나 짓밟다. ¶ 감히 범할 수 없는 위엄. /유부녀를 범하다. ④(넘어서는 안 될 경계를) 함부로 또는 모르고 들어가다. ¶ 국경을 범하다.
범ː학(梵學)명 ①불교에 관한 학문. ②범어(梵語)에 관한 학문.
범ː한(犯限)명하자 제한된 것을 범함. 제한되어 있는 범위를 넘어섬.
범ː-해명 ☞인년(寅年).
범ː행(犯行)명하자 법을 어기는 짓. 범죄 행위. ¶ 범행을 자백하다.
범ː행(梵行)명 ①불도(佛道)의 수행. ②음욕(淫慾)을 끊은 맑고 깨끗한 행실.
범ː호-밑(-虎-)[-믿]명 ☞범호엄. *범ː호밑이[-미치]·범ː호밑을[-미틀]·범ː호밑만[-민-]
범ː호-엄(-虎广)명 한자 부수의 한 가지. '虎'·'處' 등에서의 '虍'의 이름. 범호밑.
범ː혼(犯昏)명하자 날이 저물어 어둑어둑하여짐. 땅거미가 짐.
범홀(泛忽) '범홀하다'의 어근.
범ː홀-하다(泛忽-)형여 데면데면하여 탐탁하지 않다. 범홀-히부.
범ː화(汎化)명 어떤 특정한 자극에 대한 반응을 형성한 뒤에, 그 자극과 약간 다른 자극을 주어도 같은 반응이 일어나는 현상.
범ː휘(犯諱)명하타 ①웃어른의 이름을 함부로 부름. ②남의 비밀을 들추어냄.
법(法) Ⅰ명 ①국가의 강제력이 따르는 온갖 규범. ¶ 법대로 처리하다. ②〔불교에서〕 ㉠삼보(三寶)의 하나. ㉡물(物)·심(心)·선(善)·악(惡)의 모든 사상.
Ⅱ의 ①《동사의 관형사형 어미 '-는' 뒤에 쓰이어》 ㉠예의. 도리. ¶ 세상에, 그런 법이 어디 있니?/얘, 손님이 오셨는데 밖에 세워 두는 법이 어디 있니? ㉡방법. 방식. ¶ 그림 그리는 법. /요리하는 법을 배우다. ㉢'으레 그렇게 됨'을 나타내는 말. ¶ 노력하는 사람에게는 못 당하는 법이다. ②《동사의 '-는'·'-라는'의 꼴 뒤에서 '있다'·'없다'와 함께 쓰이어》 그것이 당연하거나 이미 버릇이 된 사실임을 나타내는 말. ¶ 아무리 궁해도 죽으라는 법은 없다. /그는 아무리 급해도 서두르는 법이 없다. ③《어미 '-을' 뒤에 쓰이어》 어떤 일이 그럴 것 같다는 뜻을 나타내는 말. ¶ 이번 일이 잘될 법은 하다만.
법 밑에 법 모른다속담 법을 가장 잘 지켜야 할 곳에서 도리어 법을 어기는 수가 많다는 말.
법은 멀고 주먹은 가깝다속담 사리를 따지기 전에 완력부터 부린다는 말.
법 없이 살다관용 선량하여 법의 규제가 없어도 올바르게 살 수 있다. ¶ 그이야말로 법 없이도 살 사람이다.
-법(法)접미 《일부 명사 뒤에 붙어》 '방법' 또는 '규칙'의 뜻을 나타냄. ¶ 교수법. /강조법. /요리법.
법가(法家)[-까]명 ①중국 전국 시대에, 천하를 다스리는 데는 덕치(德治)보다 법치(法治)가 근본이라고 주장한 관자(管子)·상앙(商鞅)·한비자(韓非子) 등의 학파. ②법률가. 법률 학자. ③예법(禮法)을 소중히 여기는 집안.
법가(法駕)[-까]명 임금이 거둥할 때 타던 수레의 한 가지. 문묘(文廟)·전시(殿試) 등에 갈 때 이용했음.
법-감정(法感情)[-깜-]명 법이나 법 집행에 대해 느끼는 감정.
법강(法綱)[-깡]명 법률(法律)과 기율(紀律). 법기(法紀).
법강(法講)[-깡]명 조선 시대에, 예식(禮式)을 갖추어 임금 앞에서 하던 강의. 〔아침·낮·저녁 세 차례 하였음.〕
법검(法劍)[-껌]명 '부처의 가르침이 번뇌를 잘라 버리는 것임'을 칼에 비유하여 이르는 말.
법경(法境)[-껑]명 육경(六境)의 하나. '의식(意識)의 대상'을 이르는 말.

법계(法系)[-계/-게]명 법제(法制) 또는 법문화(法文化)의 계통. 〔로마 법계·영미(英美) 법계·중국 법계·인도 법계 따위.〕
법계(法戒)[-계/-게]명 ☞율법(律法).
법계(法界)[-계/-게]명 ①불법의 범위. ②불교도의 사회. ③〈법조계〉의 준말.
법계(法階)[-계/-게]명 불도를 닦는 사람을 그 닦은 정도의 차이에 따라 등급별로 나눈 수행(修行) 계급.
법계-불(法界佛)[-계-/-게-]명 〔여래(如來)는 법계에 널리 통한다는 데서〕 '여래'를 달리 일컫는 말.
법계-신(法界身)[-계-/-게-]명 ☞법신(法身).
법고(法鼓)[-꼬]명 부처 앞에서 치는 작은 북.
법-공양(法供養)[-꽁-]명하자 부처의 가르침을 중생에게 전해 주는 일. 〔불경을 읽어 들려주는 따위.〕
법과(法科)[-꽈]명 ①법률에 관한 과목. ②대학에서, 법률을 연구하는 학과.
법관(法官)[-꽌]명 사법권을 행사하여 형사(刑事) 및 민사상(民事上)의 재판을 맡아보는 공무원. 참사법관.
법구(法句)[-꾸]명 불교 경문(經文)의 문구.
법구폐생(法久弊生)[-꾸폐-/-꾸페-]명 좋은 법도 세월이 오래되면 폐단이 생김.
법국(法國)[-꾹]명 '프랑스'의 한자음 표기.
법권(法眷)[-꿘]명 같은 법문(法門)에서 수행하는 동료.
법권(法權)[-꿘]명 법률의 권한. 법적 권한.
법규(法規)[-뀨]명 ①'법률의 규정·규칙·규범'을 통틀어 이르는 말. ②국민의 권리와 의무를 규정하여 '활동을 제한하는 법률이나 규정'을 통틀어 이르는 말.
법규^명ː령(法規命令)[-뀨-녕]명 법규의 성질을 가진 명령. 국민에게 의무를 지우거나 국민의 권리를 제한하는 것을 내용으로 하는 명령.
법^규범(法規範)[-뀨-]명 법을 구성하는 개개의 규범. 법률 규범.
법규^재량(法規裁量)[-뀨-]명 행정 관청의 재량의 한 가지. 구체적인 사실이 법률 요건에 적합한가 어떤가에 대한 재량임.
법규-집(法規集)[-뀨-]명 법규를 모아 놓은 책.
법금(法禁)[-끔]명하타 법으로써 금함, 또는 그러한 법령.
법기(法紀)[-끼]명 ☞법강(法綱).
법기(法器)[-끼]명 ①불도를 능히 수행할 수 있는 소질이 있는 사람. ②불전(佛前)에 공양하거나 재(齋)를 올릴 때, 밥을 담는 그릇. ②불기(佛器).
법난(法難)[범-]명 불교 교단이나 포교하는 사람이 받는 박해.
법담(法談)[-땀]명 ①불법을 이야기하는 일, 또는 그 이야기. ②좌담식으로 불교의 교리를 서로 묻고 대답하는 일.
법답(法畓)[-땁]명 법사(法師)에게서 물려받은 논.
법당(法堂)[-땅]명 불상을 모시고 설법도 하는 절의 정당(正堂). 법전(法殿).
법도(法度)[-또]명 ①법률과 제도. ②(생활상의) 예법이나 제도. ¶ 법도 있는 집안.
법도(法道)[-또]명 ①법률 등을 지켜야 할 도리. ②☞불도(佛道).
법등(法燈)[-뜽]명 ①부처 앞에 올리는 등불. ②〔세상의 어두움을 밝히는 등불과 같다는 뜻으로〕 '불법(佛法)'을 이르는 말. 불등(佛燈).
법라(法螺)[범나]명 ☞나각(螺角).
법랍(法臘)[범납]명 중이 된 뒤로부터 치는 나이. 〔한여름 동안을 안거(安居)하면 한 살로 침.〕 ¶ 대사의 세수(世壽)는 65세이나 법랍은 하(夏) 45이다.
법랑(琺瑯)[범낭]명 금속기·도자기 따위의 표면에 구워 올려 윤이 나게 하는 유약(釉藥). 에나멜. 파란.
법랑-유(琺瑯釉)[범낭-]명 법랑으로 된 잿물.
법랑-질(琺瑯質)[범낭-]명 ☞에나멜질.
법려(法侶)[범녀]명 불법(佛法)을 같이 배우는 벗.
법력(法力)[범녁]명 ①법률의 힘, 또는 효력. ②불법(佛法)의 위력.
법령(法令)[범녕]명 법률과 명령을 아울러 이르는 말. 준영(令).
법령^심사권(法令審査權)[범녕-꿘]명 명령·규칙·처분이 헌법과 법률에 위배되는지의 여부를 심사하는 권리.
법령-집(法令集)[범녕-]명 법령을 모아 편찬한 간행물.
법례(法例)[범녜]명 법률을 적용하거나 시행하는 데 있어서 준거로 하여야 할 일반 통칙.
법례(法禮)[범녜]명 ☞예법(禮法).
법론(法論)[범논]명 불법(佛法)의 본의(本義)에 관한 이론. 종론(宗論).
법류(法類)[범뉴]명 같은 종지(宗旨) 아래 같은 파(派)에 속하는 절이나 승려.
법륜(法輪)[범뉸]명 부처의 교화와 설법. 〔부처의 정법이 외도(外道)와 사견(邪見)을 부수고 거침새 없이 나아감을 수레바퀴가 굴러 가는 것에 비유한 말.〕
법률(法律)[범뉼]명 사회생활을 유지하기 위한 강제적인 규범. 국가가 제정하고 국민이 준수하는 법의 규율.
법률-가(法律家)[범뉼-]명 법률을 연구하여 이에 정통한 사람, 곧 법률의 전문가.
법률^고문(法律顧問)[범뉼-]명 법률에 대해서 어느 개인이나 단체·관청 등의 자문에 응하여 의견을 말해 주는 직무, 또는 그 사람.
법률-관계(法律關係)[범뉼-계/범뉼-게]명 사회생활 가운데 법률에 의하여 규정되는 관계.
법률^규범(法律規範)[범뉼-]명 ☞법 규범.
법률만능-사상(法律萬能思想)[범뉼-]명 사회생활에서의 법의 가치를 극도로 중요시하여, 법에 관한 지식과 기능을 지나치게 평가하는 사상이나 사회관.
법률-문제(法律問題)[범뉼-]명 소송에서, 사실문제에 대하여 그 사실에 대한 법률의 적용 및 해석 문제.
법률^발안권(法律發案權)[범뉼-꿘]명 법률안을 의회에 제출할 수 있는 권리.
법률^사ː무소(法律事務所)[범뉼-]명 변호사가 법률상의 여러 가지 사무를 보는 사무소.
법률^사ː실(法律事實)[범뉼-]명 법률 요건을 구성하는 하나하나의 사실.
법률^사ː항(法律事項)[범뉼-]명 헌법상 법률로써 정하여야 할 것으로 되어 있는 사항.
법률-서(法律書)[범뉼써]명 ①법률에 관한 서적. ②법령·명령을 모아서 엮은 법규집.
법률-심(法律審)[범뉼-]명 소송 사건에 관한 사실심(事實審)을 거친 재판에 대하여, 그 법령 위반의 유무만을 심사하여 재판하는 상소심급(上訴審級). ↔사실심.
법률^심사권(法律審査權)[범뉼-꿘]명 법원이 재판에 적용하여야 할 법률이 헌법에 적합한가를 심사하는 권한. 〔헌법 재판소가 가짐.〕

법률-안 (法律案) [범뉴란] 명 법률의 초안(草案). 준법안.
법률안^거ː부권 (法律案拒否權) [범뉴란-꿘] 명 대통령이, 의회에서 가결한 법률안에 대한 동의를 거부할 수 있는 권한.
법률^요건 (法律要件) [범뉼료껀] 명 법률상의 효과를 발생시키기 위하여 필요한 사실의 총체. 그 사실들의 전체가 법률을 적용할 수 있는 대상이 됨.
법률^철학 (法律哲學) [범뉼-] 명 ☞법철학.
법률-학 (法律學) [범뉼-] 명 ☞법학.
법률^행위 (法律行爲) [범뉼-] 명 사법상(私法上)의 효과를 생기게 하는 의사 표시. 매매·대차(貸借)·유언 등 사권 발생의 원인이 되는 행위.
법률-혼 (法律婚) [범뉼-] 명 혼인 신고 따위와 같은 일정한 법률상의 절차를 거쳐서 성립된 혼인 관계. ↔사실혼.
법률혼-주의 (法律婚主義) [범뉼-의/범뉼-이] 명 일정한 법률상의 절차를 거쳐야 비로소 혼인의 성립을 인정하는 주의.
법률^효ː과 (法律效果) [범뉼-] 명 법률 요건이 갖추어짐으로써 생기는 법률상의 일정한 결과.
법리 (法理) [범니] 명 ①법률의 원리. ②법에 내재하는 사리(事理). ③법적인 논리. ④불교에서 이르는, 불법의 진리, 또는 교법(教法)의 도리.
법리^철학 (法理哲學) [범니-] 명 ☞법철학.
법리-학 (法理學) [범니-] 명 ①법률에 관한 일반적 원리를 연구하는 학문. ②☞법철학.
법망 (法網) [범-] 명 '범죄자에 대한 법률의 제재'를, 물고기에 대한 그물에 비유하여 이르는 말. ¶ 법망을 빠져나가다.
법맥 (法脈) [범-] 명 불교에서, 교법(教法)을 전하는 계통을 이르는 말.
법면 (法面) [범-] 명 둑·호안(護岸)·절토(切土) 따위의 경사면.
법멸 (法滅) [범-] 명하자 불교에서, 불법(佛法)이 멸망하는 일을 이름. 〔정법(正法) 5백 년, 상법(像法) 1천 년, 말법(末法) 1만 년이 지나면 불법이 멸망한다고 함.〕
법명 (法名) [범-] 명 ①중이 되는 사람에게 종문(宗門)에서 속명(俗名) 대신에 새로 지어 주는 이름. 승명(僧名). ②불가(佛家)에서 죽은 사람에게 붙여 주는 이름. 계명(戒名). ③불교에 귀의한 재가자에게 주는 이름. 법호.
법모 (法帽) [범-] 명 법관이 법정에서 법복(法服)을 입을 때에 쓰는, 일정한 형식의 모자.
법무 (法務) [범-] 명 ①법률에 관한 사무. ②절의 불법 및 법회 의식에 관한 사무, 또는 그것을 맡아보던 고대의 승직(僧職).
법무 (法舞) [범-] 명 고구려 때부터 궁중에서 정재(呈才) 때에 추던 춤.
법무-관 (法務官) [범-] 명 〈군 법무관〉의 준말.
법무-부 (法務部) [범-] 명 중앙 행정 기관의 하나. 검찰·행형(行刑)·출입국 관리·인권 옹호 등 법무 행정을 맡아봄.
법무-사 (法務士) [범-] 명 ①'군 판사(軍判事)'의 이전 일컬음. ②남의 부탁을 받아 법원이나 검찰청에 제출할 서류를 작성해 주는 일을 업으로 하는 사람.
법무-아문 (法務衙門) [범-] 명 조선 말기에, 사법 행정·경찰·사유(赦宥) 등의 사무를 관리하고 고등 재판소 이하의 각 재판소를 감독하던 사법 관청.
법무^행정 (法務行政) [범-] 명 법률관계 및 시설의 지휘·구성 및 감독에 관한 사무를 맡아서 처리하는 일. 준법정(法政).
법문 (法文) [범-] 명 ①법률을 적은 글. ②불경(佛經)의 글.
법문 (法門) [범-] 명 ①중생이 불법으로 들어가는 문. ②법사(法師)의 문정(門庭).
법문 (法問) [범-] 명하자 불법(佛法)에 대하여 문답함, 또는 그 문답.
법문-화 (法文化) [범-] 명하타되자 법문으로 만듦. 법문이 되게 함.
법물 (法物) [범-] 명 법사(法師)에게서 물려받은 논밭이나 돈 따위의 재물.
법변 (←法芐) [-뻔] 명 한방에서, 일정한 법식에 따라 제대로 만든 좋은 '숙지황(熟地黃)'을 이르는 말. 본법하.
법보 (法寶) [-뽀] 명 삼보(三寶)의 하나. '불경'을, 보배와 같이 귀중하다는 뜻으로 이르는 말.
법복 (法服) [-뽁] 명 ①법정에서 법관들이 입는 옷. ②☞법의(法衣). ③제왕의 예복.
법사 (法司) [-싸] 명 조선 시대에, 형조(刑曹)와 한성부(漢城府)를 아울러 이르던 말.
법사 (法事) [-싸] 명 ☞불사(佛事).
법사 (法師) [-싸] 명 ①불법에 정통하고 교법(教法)의 사표가 되는 중. ②☞법주(法主).
법사 (法嗣) [-싸] 명 법통(法統)을 이어받은 후계자. 불법상의 제자.
법사^당상 (法司堂上) [-싸-] 명 조선 시대에, 법사(法司)의 당상관인 형조(刑曹)의 판서·참판·참의와 한성부(漢城府)의 판윤·좌윤·우윤을 통틀어 이르던 말.
법-사학 (法史學) [-싸-] 명 인간의 법 생활의 역사를 연구하는 학문.
법-사회학 (法社會學) [-싸회-/-싸훼-] 명 법을 역사적인 사회 현상의 하나로서 고찰하고, 법의 형성·발전·소멸의 법칙성을 연구하는 경험 과학.
법상 (法床) [-쌍] 명 설법하는 중이 올라앉는 상.
법상 (法相) [-쌍] 명 ①불교에서, 천지 만유(萬有)의 모양, 또는 그것을 설명하는 교법(教法)을 이르는 말. ②일부 국가에서, '법무부 장관'을 일컫는 말.
법상-종 (法相宗) [-쌍-] 명 유식(唯識)을 종지(宗旨)로 삼는 불교의 한 종파. 자은종(慈恩宗).
법서 (法書) [-써] 명 ①체법(體法)이 될 만큼 잘 쓴 글씨로 만든 서첩(書帖). 법첩(法帖). ②법률 서적. ③법에 정통한 사람이 판례·법률·주석 등을 자료로 하여 사사로이 편찬한 법률서.
법서 (法誓) [-써] 명 부처가 중생을 제도(濟度)하려고 하는 서원(誓願).
법석 [-썩] 명하자 시끄럽게 떠듦, 또는 그 모양. ¶ 법석을 떨다.
법석 (法席) [-썩] 명 법회 대중이 둘러앉아 불법을 강(講)하는 자리. 법연(法筵).
법석-거리다 [-썩꺼-] 자 자꾸 법석법석하다. 법석대다. ¶ 잔칫집은 좀 법석거려야 어울린다.
법석-대다 [-썩때-] 자 법석거리다.
법석-법석 [-썩뻡썩] 부하자 여럿이 시끄럽게 떠드는 소리, 또는 그 모양.
법석-이다 [-써기-] 자 여럿이 시끄럽게 떠들다.
법선 (法線) [-썬] 명 ①물리에서, 투사 광선이 경계면과 만나는 점으로부터 그 면에 수직으로 그은 직선. ②수학에서, 곡선 또는 곡면 위에 있는 임의의 접선 또는 접평면에 수직인 선.
법성 (法性) [-썽] 명 불교에서 이르는, 우주에 존재하는 모든 사물의 본성. 만유(萬有)의 본체. 참성(性)[2].

법성(法城) [-썽] 명 튼튼하고 모든 악을 막아 준다 하여 '불법(佛法)'을 성(城)에 비유하여 이르는 말.
법성(法聲) [-썽] 명 ①설법(說法)하는 소리. ②경전을 읽는 소리.
법성-종(法性宗) [-썽-] 명 신라 문무왕 때, 원효 대사가 개창(開創)한 불교의 한 종파. 일체 만유는 모두 같은 법성을 지녔으며 모든 중생은 성불할 수 있다는 종지(宗旨)를 편 종파임. 해동종(海東宗).
법성-토(法性土) [-썽-] 명 삼불토(三佛土)의 하나. 법신불(法身佛)이 사는 불토.
법수(法水) [-쑤] 명 중생의 번뇌를 깨끗이 씻어 정(淨)하게 한다 하여 '불법(佛法)'을 물에 비유하여 이르는 말.
법수(法手) [-쑤] 명 방법과 수단.
법수(法首) [-쑤] 명 난간 귀퉁이에 세운 기둥머리.
법수(法數) [-쑤] 명 '제수(除數)'의 구용어.
법술(法術) [-쑬] 명 ①방법과 기술. ②방사(方士)의 술법.
법술-사(法術士) [-쑬-] 명 술법(術法)으로 재주를 부리는 방사(方士).
법시(法施) [-씨] 명 불교에서 이르는, 삼시(三施)의 하나. 타일러 깨달음을 베푸는 일.
법식(法式) [-씩] 명 ①법도와 양식. 의식 등의 규칙. ②☞방식(方式). ③불전(佛前)의 법요 의식(法要儀式).
법신(法身) [-씬] 명 ①삼신(三身)의 하나로, 법계의 이치와 일치하는 부처의 몸, 또는 그 부처가 설한 정법(正法). 법계신. ②중.
법신-덕(法身德) [-씬-] 명 삼덕(三德)의 하나. 열반을 얻은 이에게 갖추어진 덕. 곧, 영구불멸의 법성(法性)을 구비함을 이름.
법신-불(法身佛) [-씬-] 명 삼신불(三身佛)의 하나. 대일여래불(大日如來佛)을 이르는 말. 비로자나불.
법-실증주의(法實證主義) [-씰쯩-의/-씰쯩-이] 명 법학의 연구 대상을 실정법(實定法)에 국한하고, 법을 형식 논리적으로 포착하려고 하는 처지.
법악(法樂) 명 ①나라에서 의식과 법도에 맞게 연주하던 정악(正樂). ②불교의 엄숙한 음악.
법안(法案) 명 〈법률안〉의 준말. ¶ 법안을 제출하다. /법안을 마련하다.
법안(法眼) 명 불타의 오안(五眼)의 하나. 모든 법을 관찰하는 눈.
법약(法藥) 명 중생의 번뇌를 없앤다 하여 '불법(佛法)'을 약에 비유하여 이르는 말.
법어(法語) 명 ①부처의 말씀. 불어(佛語)[1]. ②불도를 설교하는 말이나 글. ③☞법언(法言).
법언(法言) 명 바른 도리로 법도가 되게 하는 말. 법어(法語).
법언(法諺) 명 법에 관한 격언이나 속담.
법업(法業) 명 불법에 관한 사업. 법사(法事). 불사(佛事).
법역(法域) 명 ①법령의 효력이 미치는 지역적 범위. ②법령의 적용 범위.
법연(法筵) 명 ①예식을 갖추고 임금이 신하를 만나 보던 자리. ②부처 앞에 절하는 자리. ③불도를 설법하는 자리. ④☞법석(法席).
법열(法悅) 명 ①불법을 듣고 진리를 깨달아 마음에서 일어나는 기쁨. ②깊은 이치를 깨달았을 때의 사무치는 기쁨. ¶ 청자의 고운 색을 보노라면 생의 법열을 느낀다.
법옹-사(法翁師) 명 ☞노법사(老法師).
법왕(法王) 명 ①〔법을 설(說)하는 주왕(主王)이라는 뜻으로〕 '석가여래'를 높이어 일컫는 말. ②☞교황(敎皇).
법왕-청(法王廳) 명 ☞교황청.
법요(法要) 명 ①불법의 요의(要義), 곧 진리의 본질. ②☞법회(法會).
법우(法友) 명 불법으로 맺어진 벗.
법우(法雨) 명 〔불법이 중생을 덕화(德化)함이 비와 같이 빠짐이 없다는 뜻으로〕 '불법의 은혜'를 비유하여 이르는 말.
법원(法院) 명 사법권, 곧 재판하는 권한을 가진 국가 기관. 재판소.
법원(法源) 명 법의 존립 원인으로서의 현실적 사실. 무엇이 법이냐를 정할 때에 그 근거로서 드는 것을 말함. 보통, 제정법과 관습법을 주요시함.
법원^행정(法院行政) 명 ☞사법 행정. 준법정.
법유(法油) 명 들기름.
법의(法衣) [버븨/버비] 명 (가사·장삼 따위) 중이 입는 옷. 법복(法服).
법의(法意) [버븨/버비] 명 법률의 근본 취지.
법의(法義) [버븨/버비] 명 불법의 본의(本義).
법-의식(法意識) [버븨-/버비-] 명 법에 대하여 인간이 가지고 있는 규범의식, 또는 사회의식.
법-의학(法醫學) [버븨-/버비-] 명 응용 의학의 한 부문. 의학을 기초로 하여 법률적으로 중요한 사실 관계를 연구하고 해석하며 감정하는 학문.
법익(法益) 명 법률에 의해 보호되는 생활상의 이익.
법익-설(法益說) [-썰] 명 공법(公法)은 공익(公益)을, 사법(私法)은 사익(私益)을 목적으로 한 법이라는 법률상의 학설.
법인(法人) 명 자연인이 아니면서 법률상으로 권리 능력이 부여되는 사단과 재단. 공법인(公法人)과 사법인(私法人)이 있음. 참무형인(無形人). ↔자연인.
법인(法印) 명 불교를 외도(外道)와 구별하는 표지. 불법의 진실과 부동 불변함을 나타냄.
법-인격(法人格) [-껵] 명 법률상의 인격.
법인-세(法人稅) [-쎄] 명 국세의 하나로, 법인체에 매기는 소득세.
법장(法藏) [-짱] 명 부처의 교법, 또는 그것을 실천함으로써 쌓인 공덕.
법적(法跡) [-쩍] 명 불교가 전파되어 간 자취.
법-적(法的) [-쩍] 관명 법률에 따라 판단하거나 처리하는 (것). ¶ 법적 규제. /법적 조치를 취하다. /법적인 절차.
법전(法典) [-쩐] 명 어떤 종류의 법규를 체계적으로 정리하여 엮은 책.
법전(法殿) [-쩐] 명 ①☞법당(法堂). ②임금이 조하(朝賀)를 받던 정전(正殿).
법전(法煎) [-쩐] 명하타 약재(藥材)를 방문(方文)대로 달이거나 고는 일.
법정(法廷·法庭) [-쩡] 명 법관이 재판을 행하는 장소. 재판정. ¶ 법정에 서다. /법정 진술. /법정에 출두하다.
법정(法定) [-쩡] 명하타 법으로 규정함. ¶ 법정 기일. /법정 선거 비용. /법정 최고형에 처하다.
법정(法政) [-쩡] 명 ①법률과 정치. ②〈법원 행정〉의 준말. ③〈법무 행정〉의 준말.
법정^가격(法定價格) [-쩡까-] 명 법으로 정한 가격.
법정^경ː찰(法廷警察) [-쩡-] 명 법정에서의 질서 유지를 위하여 필요한 조치를 취할 수 있는 재판권의 한 작용.

법정^과:실(法定果實) [-쩡-] [명] 어떤 재물을 사용하게 하고 그 대가로 받는 금품. 〔임대료·지대(地代)·이자 따위.〕 ↔천연 과실.
법정^관리(法定管理) [-쩡괄-] [명] 부채가 많아 운영이 곤란하다고 판단되는 기업에 대하여 법원이 제삼자를 지정하여 기업 활동 전반을 관리토록 하는 것.
법정^금리(法定金利) [-쩡-니] [명] 법률로 정한 금리.
법정^기간(法定期間) [-쩡-] [명] 어떤 절차 등에 관하여 법률로 정해 놓은 기간. 〔호적상의 신고 기간이나 상고(上告) 기간 따위.〕 ↔재정 기간.
법정^대:리(法定代理) [-쩡-] [명] 본인의 위임에 의하지 않고, 법률의 규정에 의하여 생기는 대리. ↔임의 대리.
법정^대:리인(法定代理人) [-쩡-] [명] 본인의 위임과는 관계없이, 법률에 따라 당연히 대리권을 가지는 사람.
법정^대:위(法定代位) [-쩡-] [명] 대위 변제(代位辨濟)에서 정당한 이익을 가지는 제삼자가 채권자의 승낙 없이 채권자를 대위하는 일.
법정^모:욕죄(法廷侮辱罪) [-쩡-쬐/-쩡-쮀] [명] 법원의 권위를 침해함으로써 성립되는 죄. 검사(檢事)의 공소를 기다리지 않고 법관이 독자적으로 처벌할 수 있음.
법정-범(法定犯) [-쩡-] [명] 행위의 도덕적인 선악과 관계없이, 행정 법규의 위반만으로 성립되는 범죄. 행정범. ↔자연범·형사범.
법정^비:가(法定比價) [-쩡-까] [명] 복본위제(複本位制)의 나라에서, 법률에 따라 정해진 금·은 상호 간의 가치의 비율.
법정^상속분(法定相續分) [-쩡-뿐] [명] 법률에 정해진 상속 지분(持分).
법정^상속주의(法定相續主義) [-쩡-쭈의/-쩡-쭈이] [명] 상속인을 법률로써 정하여 임의로 변경함을 인정하지 않는 주의.
법정-수(法定數) [-쩡-] [명] 어떤 법률 행위를 성립시키는 데 필요한 수효.
법정^의:무(法定義務) [-쩡-] [명] 법률의 규정에 따라 마땅히 지는 의무.
법정^이:율(法定利率) [-쩡-] [명] 법에서 정한 이율. ↔약정 이율.
법정^이:자(法定利子) [-쩡-] [명] 법률의 규정에 따라 당연히 생기는 이자. 〔그 이율은 법정 이율에 의함.〕 ↔약정 이자.
법정^재산제(法定財産制) [-쩡-] [명] 부부 사이의 재산의 귀속(歸屬)이나 관리 방법 등을 법률로써 규정하는 제도.
법정^적립금(法定積立金) [-쩡정닙끔] [명] ☞법정 준비금.
법정^전염병(法定傳染病) [-쩡-뼝] [명] (콜레라·페스트·장티푸스 등과 같이) 환자의 격리 수용을 법률로 규정한 전염병.
법정^준:비금(法定準備金) [-쩡-] [명] 주식회사가 그 손실을 메울 목적으로 적립할 것을 법률로 증명하는 준비금. 법정 적립금. ↔임의 준비금.
법정^증거주의(法定證據主義) [-쩡-의/-쩡-이] [명] 법관의 사실 인정이 반드시 증거에 의해야 한다든지, 일정한 증거가 있을 때는 반드시 어떤 사실을 인정해야 한다는 소송법상의 주의. ↔자유 심증주의(自由心證主義).
법정^통화(法定通貨) [-쩡-] [명] 법률에 따라 강제 통용력이 인정된 화폐. 법정 화폐. [준]법화.
법정^투쟁(法廷鬪爭) [-쩡-] [명] 소송 당사자의 한쪽이 법정을 활용하여 자기의 정당함을 여론에 호소하기 위해 심리(審理) 때 관련된 사실이나 정치적 주장 등을 진술하는 일.
법정^혈족(法定血族) [-쩡-쪽] [명] 사실상의 혈연 관계는 아니나, 법률상 혈족으로 다루어지는 관계. 양부모와 양자 관계, 전처 출생자와 계모와의 관계 따위. 준혈족. ↔자연 혈족.
법정-형(法定刑) [-쩡-] [명] 각각의 범죄에 대하여 형법 등에 규정되는 형.
법정^화:폐(法定貨幣) [-쩡-폐/-쩡-페] [명] ☞법정 통화. [준]법폐(法幣).
법정^후:견인(法定後見人) [-쩡-] [명] 법률의 규정에 따라 당연히 후견인이 된 사람.
법제(法制) [-쩨] [명] ①법률과 제도. ②법률로 정해진 여러 가지 제도.
법제(法製) [-쩨] [명][하타] ①물건을 정해진 방법대로 만듦. ②한방에서, 약의 성질을 좀 달리 할 때에 정해진 방법대로 가공하는 일.
법제-사(法制史) [-쩨-] [명] 법제의 역사, 또는 그것을 연구하는 학문.
법-제자(法弟子) [-쩨-] [명] 불법(佛法)을 공부하는 사람.
법제-처(法制處) [-쩨-] [명] 중앙 행정 기관의 하나. 국무총리 직속 기관으로, 국무 회의에 상정될 법령안과 총리령안(案) 및 부령안(部令案)의 심사와 기타 법제에 관한 사무를 맡아봄.
법제-화(法制化) [-쩨-] [명][하타][되자] 법률로 정하여 놓음.
법조(法條) [-쪼] [명] 법률의 조문. 법령의 조항. 법조문.
법조-계(法曹界) [-쪼계/-쪼게] [명] (법관이나 검사·변호사 등) 사법(司法)에 관한 실무에 종사하는 사람들의 사회. [준]법계.
법-조문(法條文) [-쪼-] [명] ☞법조(法條).
법조-인(法曹人) [-쪼-] [명] (법관이나 검사·변호사 등) 사법(司法)에 관한 실무에 종사하는 사람.
법주(法主) [-쭈] [명] ①법문(法門)의 으뜸이라 하여 '부처'를 일컫는 말. ②불법에 통달한 사람. ③법회를 주재(主宰)하는 사람. 법사(法師). ④어떤 불교 종파의 우두머리.
법주(法酒) [-쭈] [명] 법식대로 빚은 술.
법-주권(法主權) [-쭈꿘] [명] 의회에서 제정하는 법 자체에 주권이 존재한다고 보는 개념.
법지-법(法之法) [-찌-] [명] 《'대로'와 함께 쓰이어》 법에 규정된 그대로 하여 조금도 융통성이 없음을 나타내는 말. ¶ 법지법대로 다스리다.
법-질서(法秩序) [-찔써] [명] 법에 의하여 유지되는 질서. ¶ 법질서 확립.
법-철학(法哲學) [명] 법과 법 현상(法現象) 및 법의 궁극적 가치 등의 철학적 고찰을 연구 대상으로 하는 학문. 법률 철학. 법리학. 법리 철학.
법첩(法帖) [명] ☞법서(法書).
법청(琺青·法青) [명] 푸른 에나멜 유약인 경태람(景泰藍)을 입혀 만든 도자기의 빛.
법체(法體) [명] 우주에 있는 모든 사물의 실체.
법치(法治) [명][하타] 법률에 따라 다스림, 또는 그 정치.
법치-국(法治國) [명] 〈법치 국가〉의 준말.
법치^국가(法治國家) [-까] [명] 국민의 의사에 따라 제정된 법률을 기초로 하여 국가 권력을 행사하는 나라. [준]법치국.
법치-주의(法治主義) [-의/-이] [명] 권력자의 전제를 배격하고 국가 권력의 행사가 법률에 따를 것을 주장하는 근대 입헌 국가의 정치 원리.

법칙(法則)명 ①지켜야 할 규칙. 전칙(典則). ②일정한 조건 아래에서 반드시 성립되는 사물 상호 간의 필연적·본질적인 관계. ¶ 만유인력의 법칙. ③수학의 연산 방식.

법칙^과학(法則科學)[-꽈-]명 현상을 법칙적으로 설명하고 또 예측하는 과학, 곧 '자연 과학'을 가리킴. ↔역사 과학.

법통(法統)명 ①불법(佛法)의 전통. 법문의 계통. ②참된 계통이나 전통. ¶ 삼백 년 이어온 남도창(南道唱)의 법통.

법-평면(法平面)명 공간 곡선의 한 점을 지나며, 그 점에서의 접선에 수직인 평면.

법폐(法幣)[-폐/-페]명 〈법정 화폐〉의 준말.

법풍(法風)명 중생의 번뇌를 다 날려 보낸다는 뜻에서, '불법(佛法)'을 바람에 비유하여 이르는 말.

법하(法芐)[버파]명 〈법변〉의 본딧말.

법-하다(法-)[버파-]조형여 《동사 어미 '-ㄹ'·'-을' 뒤에 쓰이어》 과거 또는 현재의 일을 추상적으로 '그러한 듯싶다', 또는 '그러할 듯싶다'는 뜻을 나타내는 말. ¶ 자초지종을 듣고 보니 그럴 법하다.

법학(法學)[버팍]명 법률에 관한 학문. 법률학.

법학-과(法學科)[버팍꽈]명 대학에서, 법학을 연구하는 학과.

법학-도(法學徒)[버팍또]명 법학을 배우고 연구하는 학생.

법학-자(法學者)[버팍짜]명 법학을 연구하는 학자.

법해(法海)[버패]명 '불법(佛法)의 넓고 큼'을 바다에 비유하여 이르는 말.

법험(法驗)[버펌]명 불법(佛法)의 영험. 수도를 함으로써 나타나는 효험.

법형(法兄)[버평]명 불가에서, '한 스승에게서 법을 함께 받은 사람'을 높이어 일컫는 말.

법호(法號)[버포]명 ☞법명.

법화(法花)[버퐈]명 ①중국 원나라·명나라 때에 많이 나온 삼채 도기(三彩陶器). ②도자기의 몸에 무늬를 그리되 그 윤곽을 가는 진흙의 선으로 그리고, 이 윤곽을 경계로 하여 남빛·자줏빛·누른빛 등 여러 가지 색의 도료(塗料)로 모양을 낸 자기.

법화(法貨)[버퐈]명 〈법정 통화〉의 준말.

법화-경(法華經)[버퐈-]명 〈묘법연화경〉의 준말.

법화^삼매(法華三昧)[버퐈-]명 참회(懺悔)나 멸죄(滅罪) 등을 위하여, '법화경'을 열심히 읽으며 수도에 힘쓰는 일.

법화-종(法華宗)[버퐈-]명 '천태종'의 딴 이름. 〔'법화경'을 근본 교의(教義)로 함.〕

법황(法皇)[버퐝]명 ☞교황(教皇).

법회(法會)[버푀/버풰]명 ①불법을 강설(講說)하는 모임. ②죽은 이를 위하여 재(齋)를 올리는 일, 또는 그 모임. ②법요(法要).

벗[1][벋]명 ①염전에 걸어 놓고 소금을 굽는 가마. 염부(塩釜). ②〈벗집〉의 준말. *벗이[버시]·벗만[번-]

벗ː[2][벋]명 (숯불이나 장작불을 피울 때) 불씨에서 불이 옮겨 붙는 숯이나 장작. *벗이[버시]·벗만[번-]

벗이 닿다관용 숯이나 장작이 여러 개가 한데 닿아서 불이 잘 피어나게 되다.

벗ː[3][벋]명 ①(나이나 처지 등이 비슷하여) 서로 가까이 사귀는 사람. 친구. 붕배(朋輩). 붕우(朋友). 우인(友人). ②'사람이 늘 가까이하여 심심함이나 지루함을 달래는 사물'을 비유하여 이르는 말. ¶ 책은 평생의 벗이다. /술을 벗 삼아 지내다. *벗이[버시]·벗만[번-]

벗 따라 강남 간다속담 자기는 하고 싶지 않으나 남에게 끌려 덩달아 하게 된다는 말.

벗-가다[벋까-]자 〈벗나가다〉의 준말.

벗-개다[벋깨-]자 구름이 벗어지고 날이 개다.

벗-걸다[벋껄-][~거니·~걸어]자 염밭에 소금 굽는 가마를 걸다.

벗겨-지다[벋껴-]자 《'벗기다'의 피동》 벗김을 당하여 벗어지다. ¶ 바람에 모자가 벗겨지다. /벗겨진 이마. /누명이 벗겨지다.

벗-기다[1][벋끼-]자 ①《'벗다'의 피동》 벗김을 당하다. ¶ 옷이 벗긴 채 묶여 있다.

벗-기다[2][벋끼-]타 ①《'벗다'의 사동》 옷이나 모자·신 따위를 벗게 하다. ¶ 옷을 벗기다. /안경을 벗기다. ②본체를 싸고 있는 가죽이나 껍질을 떼어 내다. ¶ 귤 껍질을 벗기다. ③(씌웠거나 덮었거나 한 것을) 걷거나 떼어 내어 속이 드러나게 하다. ¶ 뗏장을 벗기다. ④(걸어 놓은 것을) 떼어 버리다. ¶ 벽에 걸린 옷가지들을 벗겨 내리다. ⑤거죽을 긁어 내다. ¶ 때를 벗기다. ⑥(문고리·빗장 따위의 걸린 것을) 빼거나 끌러 열리게 하다. ¶ 빗장을 벗기다. ⑦감추어진 것이 드러나게 하다. ¶ 우주의 신비를 벗기다. ⑧(누명 따위에서) 벗어나게 하다. ¶ 누명을 벗기다.

벗기다타 〈옛〉베끼다. ¶ 히오니 즈름쌉 글월 벗기는 갑시 얼마나 ᄒᆞ뇨(老解下16).

벗-나가다[번-]자 일정한 테두리 밖으로 벗어져 나가다. 벋나가다. 준벗가다.

벗ː-님[번-]명 '벗[3]'을 다정하게 이르는 말. ¶ 세상 벗님네들 내 말 좀 들어 보소.

벗다[벋따] Ⅰ타 ①(쓰거나 입거나 신은 것 따위를) 몸에서 떼어 내다. ¶ 저고리를 벗다. /모자를 벗다. ②(몸에 지거나 메거나 걸었던 것을) 몸에서 떼어 놓다. ¶ 지게를 벗다. ③(어떤 동물이 그 성장 과정에서) 껍질 따위를 떼어 놓는 과정을 거치다. ¶ 뱀이 허물을 벗다. ④(의무나 책임 따위에서) 물러나 자유로워지다. ¶ 책임을 벗다. ⑤(억울한 죄나 형벌 따위에서) 헤어나거나 용서받다. ¶ 누명을 벗다. ⑥(잘못된 생각이나 습관 따위를) 고치어 바로잡다. ¶ 낡은 인습을 벗어 버리다. ⑦(정신적 억눌림이나 괴로운 처지에서) 헤어나다. ¶ 죄책감을 벗고 일어서다. ⑧(물질적 또는 정신적 부채를) 다 갚다. ¶ 빚을 벗다. ⑨(어리숙하거나 미숙하거나 한 태도 따위를) 없애게 되다. ¶ 촌티를 벗다. ⑩어떤 직업에서 물러나다. ¶ 군복을 벗다. /관복을 벗다. *벗어·벗는[번-]
Ⅱ자 벗어지다. ¶ 촌티가 벗다. *벗어·벗는[번-]

벗ː-바리[벋빠-]명 뒤에서 힘이 되어 주는 사람. 곁에서 도와주는 사람.

벗바리(가) 좋다관용 뒤에서 돌보아 주는 사람이 많다.

벗-새명 '번새'의 잘못.

벗어-나다자타 ①어떤 표적이나 범위·경계의 밖으로 나가다. ¶ 논제에서 벗어나다. /국경을 벗어나다. /과녁을 벗어나다. ②(부자유, 짐 되는 일, 어려운 환경 등에서) 헤어나다. ¶ 중책에서 벗어나다. ③남에게 인정을 받지 못하게 되다. ¶ 선생님의 눈에서 벗어나다. ④어떤 기준이나 도리에 어긋나다. ¶ 예의에 벗어난 행동. /학생 신분에 벗어나다.

벗어난-그림씨명 ☞불규칙 형용사.
벗어난-움직씨명 ☞불규칙 동사.
벗어난-풀이씨명 ☞불규칙 용언.
벗어-던지다타 (낡은 틀이나 체면, 방법 따위를) 단호히 벗어 내치다. ¶ 가난 때문에 체면은 벗어던진 지 오래다.
벗어-부치다타 세차게 대들 기세로 옷을 벗다. 벗어젖히다. ¶ 웃옷을 벗어부치고는 씩씩거리며 대들다.
벗어-붙이다타 '벗어부치다'의 잘못.
벗어-젖히다[-저치-]타 벗어부치다.
벗어-제치다타 '벗어젖히다'의 잘못.
벗어-지다자 ①(옷·모자·신·안경 따위가) 몸에서 흘러내리거나 떨어져 나가다. ¶ 안경이 벗어지다. ②(덮었거나 얽었거나 걸었거나 가리었던 것이) 젖혀지다. ¶ 뚜껑이 벗어지다. /문고리가 벗어지다. ③무엇에 스치어 거죽이 깎이다. ¶ 살갗이 벗어지다. /칠이 벗어지다. ④머리털이 빠져 대머리가 되다. ¶ 이마가 벗어지다. ⑤(어떤 기미나 티가) 없어져 미끈하게 되다. 벗다. ¶ 촌티가 벗어지다. ⑥(누명 따위가) 없어지다. ¶ 누명이 벗어져 다행이다.
벗-집[벋찝]명 염밭에 벗을 걸어 놓고 소금을 굽는 집. 염막(塩幕). 준벗[1].
벗ː-트다[벋-][~트니·~터]자 서로 이제껏 쓰던 경어를 그만두고 무간하게 사귀기 시작하다.
벗-풀[벋-]명 택사과의 다년초. 높이 70 cm가량. 쇠귀나물과 비슷하며 여름에 흰 꽃이 핌. 못·무논·물가 등에서 자람.
벗ː-하다[버타-]타여 ①벗으로 삼다. ¶ 자연과 벗하며 살다. ②벗트고 허물없이 지내다. ¶ 저 둘은 서로 벗하는 사이라네.
벙거지명 ①지난날, 병졸이 머리에 쓰던 모자. 털로 검고 두껍게 갓처럼 만들었음. 참전립(戰笠). ②〈모자〉의 속된 말.
벙그레부하자 만족한 듯이 입을 조금 크게 벌리면서 소리 없이 부드럽게 웃는 모양. 작방그레. 센빵그레.
벙글부 입을 조금 크게 벌리고 소리 없이 부드럽게 한 번 웃는 모양. 작방글. 센빵글. **벙글-벙글**부하자.
벙글-거리다자 자꾸 벙글벙글하다. 벙글대다. ¶ 친구는 뭐가 그리 좋은지 아까부터 벙글거린다. 작방글거리다. 센빵글거리다.
벙글다자 〈옛〉사이가 틀리어서 벌다. ¶ 벙그러진 柯枝 휘두드려 발나 주어 담고(古時調).
벙글-대다자 벙글거리다.
벙긋[-귿]부하자 만족스러운 표정으로 입을 좀 크게 벌리면서 소리 없이 부드럽게 한 번 웃는 모양. 작방긋. 센벙끗·빵긋·빵끗. **벙긋-벙긋**부하자 ¶ 아이는 너무 좋아서 입이 절로 벙긋벙긋한다.
벙긋-거리다[-귿꺼-]자 자꾸 벙긋벙긋하다. 벙긋대다. 작방긋거리다.
벙긋-대다[-귿때-]자 벙긋거리다.
벙긋-하다[-그타-]형여 조금 크게 열려 있다. 작방긋하다. 센벙끗하다·빵긋하다·빵끗하다. **벙긋-이**부.
벙끗[-끋]부하자 〈벙긋〉의 센말. 작방끗. 센빵끗.
벙끗-하다[-끄타-]형여 〈벙긋하다〉의 센말. 작방끗하다. 센빵끗하다.
벙벙-하다형여 ①정신이 얼떨떨하다. ¶ 어안이 벙벙하다. /영문을 몰라 벙벙하게 서 있다. 센뻥뻥하다. ②물이 빠지지 못하고 가득 차 있다. ¶ 들판에 물이 벙벙하다. **벙벙-히**부.
벙시레부하자 소리 없이 입만 약간 크게 벌리고 아주 순하게 웃는 모양. 작방시레. 센빵시레.
벙실부 입을 조금 크게 벌리고 소리 없이 복스럽게 웃는 모양. 작방실. 센빵실. **벙실-벙실**부하자.
벙실-거리다자 자꾸 벙실벙실하다. 벙실대다. 작방실거리다.
벙실-대다자 벙실거리다.
벙싯[-싣]부하자 입을 조금 크게 벌리며 소리 없이 한 번 가볍게 웃는 모양. 작방싯. 센빵싯. **벙싯-벙싯**부하자.
벙싯-거리다[-싣꺼-]자 자꾸 벙싯벙싯하다. 벙싯대다. 작방싯거리다.
벙싯-대다[-싣때-]자 벙싯거리다.
벙어리명 언어 장애로 말을 못하는 사람. 아자(啞者).
벙어리 냉가슴 앓듯속담 '답답한 사정이 있어도 남에게 말하지 못하고 혼자 애태우는 경우'를 이르는 말.
벙어리 발등 앓는 소리냐속담 '노랫소리나 글 읽는 소리가 신통하지 않음'을 비유하여 이르는 말.
벙어리 속은 그 어미도 모른다속담 설명을 듣지 않고는 그 사정을 정확히 알 수 없다는 말.
벙어리 재판속담 (양편 말이 다 분명하지 못하여) '시비를 가리기가 매우 어려운 경우'를 이르는 말.
벙어리 호적(胡狄)을 만나다속담 〔가뜩이나 말이 통하지 않는 오랑캐를 벙어리가 만났다는 뜻으로〕 '서로 입을 다물고 말을 하지 않는 경우'를 이르는 말.
벙어리-매미명 매미의 암컷. 〔울지 못하기 때문에 생긴 이름.〕
벙어리-뻐꾸기명 두견과의 새. 뻐꾸기와 비슷하나 조금 작고, 날개 길이 20 cm, 꽁지 길이 12~17 cm. 등은 회색이고 아래쪽은 황갈색임. 아침 일찍 울기 시작하여 종일 욺. 봄에 다른 새의 둥지에 알을 낳음.
벙어리-장갑(-掌匣)명 엄지손가락 외의 네 손가락이 한데 들어가도록 만든 장갑.
벙어리-저금통(-貯金筒)명 푼돈을 넣어 모아 두는 저금통. 박만(撲滿). 항통(缿筒).
벙을다자 〈옛〉사이가 벌다. ¶ 부텨 벙으로미 머디 아니하야(楞解5:86). 참버을다.
벙커(bunker)명 ①배의 석탄 창고. ②골프 코스 중 장애물의 하나인, 모래가 들어 있는 우묵한 곳. ③엄폐호(掩蔽壕).
벙커시ː-유(bunker C油)명 선박용 보일러의 연료로 쓰이는 중유(重油)의 한 가지. 점착성이 강하고, 잔류 탄소분이 많음.
벙테기명 ①〈벙거지〉의 낮은말. ②☞군뢰복다기.
벙ː-하다형여 정신이 또렷하지 않고 멍하다. **벙-히**부 ¶ 이 녀석아, 벙히 쳐다보지만 말고 말을 해라.
벚[벋]명 〈버찌〉의 준말. *벚이[버지]·벚만[번-]
벚-꽃[벋꼳]명 ①벚나무의 꽃. 앵화. ②화투짝의 한 가지. 벚꽃을 그린, 3월을 상징하는 딱지. *벚꽃이[벋꼬치]·벚꽃만[벋꼰-]
벚-나무[번-]명 장미과의 낙엽 활엽 교목. 산과 들에 나며 관상용으로 심기도 하는데, 높이는 20 m에 이름. 잎은 길둥글며, 봄에 분홍빛이나 흰빛의 꽃이 핌. 열매인 버찌는 앵두만 하며 초여름에 검게 익는데 먹을 수 있음. 나무껍질은 민간에서 약재로 씀임.

벟다자 〈옛〉 베어지다. ¶ 갓과 살쾌 버흐며(救解下27).

베명 ①삼실이나 무명실·명주실 따위로 짠 피륙. ②〈삼베〉의 준말.

베갈기다타 당연히 오거나 가야 하는데도 그리 하지 아니하다. ¶ 회장은 모임을 베갈기고 전화도 하지 않았다.

베개명 누울 때 머리를 괴는 물건. ¶ 베개를 베고 눕다.

베갯-머리[-갠-]명 베개를 베고 누워 있는 머리맡. 침두(枕頭). 침변(枕邊). ¶ 베갯머리에서 시중을 들다.

베갯머리-송사(-訟事)[-갠-]명 ☞베갯밑공사.

베갯-모[-갠-]명 베개의 양쪽 마구리에 대는 꾸밈새. 조그마한 널조각에 수놓은 헝겊을 덮어 씌워 만듦.

베갯밑-공사(-公事)[-갠믿꽁-]명 아내가 자기의 바라는 바를 잠자리에서 남편에게 속삭여 청하는 일. 베갯머리송사. ¶ 베갯밑공사에 안 넘어가는 남자 없다.

베갯-속[-개쏙/-갠쏙]명 베개를 통통하게 하기 위하여 속에 넣는 물건. 〔조·왕겨·메밀껍질·새털 따위를 씀.〕

베갯-잇[-갠닏]명 베개에 덧씌우는 헝겊. ＊베갯잇이[-갠니시]·베갯잇만[-갠닌-]

베ː거리명하타 꾀를 써서 남의 마음을 떠보는 짓.

베고니아(begonia)명 베고니아과의 다년초. 열대·아열대 원산의 관상용 식물로, 줄기는 15~60 cm. 잎은 대개 길둥글고 어긋맞게 나며, 분홍·하양·빨강 등 여러 가지 빛깔의 꽃이 핌.

베끼다타 글이나 그림 따위를 그대로 옮겨 적거나 그리다. ¶ 남이 한 숙제를 그대로 베끼다.

베네딕트-회(Benedict會)[-회/-훼]명 가톨릭 수도회의 하나. 이탈리아의 수사(修士) 성 베네딕트가 창립한 단체로, 복종·청빈·정절의 세 원칙을 지키며, 수행과 노동을 중시함.

베네룩스(Benelux)명 벨기에·네덜란드·룩셈부르크 등 세 나라 이름의 머리글자를 따서 부르는 말. 〔1944년 세 나라가 관세 동맹을 체결한 데서 유래함.〕

베네치아-파(Venezia派)명 이탈리아의 베네치아를 중심으로 하는 르네상스의 화파(畫派). 풍부한 색채에 의한 감각적·관능적인 표현이 특징임.

베니션^블라인드(Venetian blind)명 금속·플라스틱 등의 가늘고 긴 얇은 쪽을 같은 간격으로 엮어서 늘어뜨린 블라인드. 양쪽에 달린 끈으로 미늘을 여닫을 수 있게 되어 있음.

베니어(veneer)명 ①합판용의 얇은 판자. ②베니어합판.

베니어-합판(veneer合板)명 얇은 판자를 석 장 이상 겹쳐서 붙인 판자. 결이 서로 엇갈리게 붙였기 때문에 수축이나 팽창이 적음. 베니어. 합판.

베ː다¹타 누워서 베개 따위로 머리를 받치다. ¶ 팔을 베개 삼아 베다.

베ː다²타 ①(날이 있는 연장으로) 자르거나 끊다. ¶ 벼를 베다. ②(날이 있는 물건으로) 상처를 내다. ¶ 연필을 깎다가 손을 벴다.

베ː다(Veda 범)명 (인도의 가장 오래된 종교 경전으로) 바라문교의 경전. 인도의 종교·철학·문학의 근원이 되는 것.

베델른(Wedeln 독)명 스키에서, 좌우로 스키를 조금씩 움직이면서 활강하는 일.

베도라치명 황줄베도라칫과의 바닷물고기. 몸길이 18 cm가량, 몸빛은 회갈색임. 몸은 길쭉하면서 납작한데, 전체가 작고 둥근 비늘로 덮여 있음. 머리와 눈이 작으며, 옆줄이 없음.

베-돌다[~도니·~돌아]자 한데 섞여 어울리지 않고 따로 떨어져 밖으로만 돌다. ¶ 친구들을 피하여 혼자서 베돌다. 작배돌다.

베돌-이명 어떤 일에나 한데 어울리지 않고 따로 베도는 사람.

베드로-서(←Petrus書)명 신약 성서 중의 한 편. 베드로가 소(小)아시아의 각 지방의 신도들에게 보낸 목회 서간(牧會書簡). 신앙생활의 태도 및 예수의 재림을 주장하여 말세의 올바른 신앙을 가르친 내용임. 전서와 후서로 되어 있음.

베드^신ː(bed scene)명 연극·영화·소설 따위에서, 침실에서의 정사(情事)를 묘사한 장면.

베드-타운(bed+town)명 대도시 주변에 자리한 주거 지역. 낮에는 대도시로 일하러 갔다가 밤에는 잠을 자러 돌아온다는 데서 이르는 말. 참위성 도시.

베란다(veranda)명 양옥에서, 건물의 앞쪽으로 툇마루처럼 튀어나온 부분. ¶ 베란다에 화분을 내놓다. 참발코니·테라스.

베레(béret 프)명 천·가죽 등으로 만든, 차양이 없고 동글납작한 모자. 베레모.

베레-모(béret帽)명 ☞베레.

베르무트(vermouth 프)명 리큐어의 한 가지. 포도주에 베르무트 초(草) 등 몇 가지 향료를 우려서 만든 술.

베르사ː유^조약(Versailles條約)명 1919년 프랑스의 베르사유에서, 제1차 세계 대전의 패전국인 독일과 연합국과의 사이에 맺어진 평화 조약.

베리에이션(variation)명 변주곡(變奏曲).

베리-줄명 결채의 앞뒤 마구리 양쪽 끝에 건너질러 맨 굵은 새끼.

베릴륨(beryllium)명 은백색의 금속 원소. 융점(融點)이 높고 가볍기 때문에 미사일·로켓·원자로 등의 부재(部材)로 쓰임. 독성이 있음. 〔Be/4/9.01218〕

베-목(-木)명 삼으로 짠 옷감. 베.

베바트론(bevatron)명 양자(陽子) 가속 장치의 한 가지. 6.2베브의 양자를 낸다 하여 붙여진 이름.

베-보(-褓)명 삼베로 만든 보.

베-붙이[-부치]명 모시실·베실 따위로 짠 피륙. 포속(布屬).

베브(Bev)의 소립자(素粒子)가 갖는 에너지를 나타내는 단위. 10억 전자볼트. [billion electron volt]

베서흘다타 〈옛〉 베어 썰다. ¶ 베서흘 젼ː剸(類合下20).

베스트(vest)명 양복저고리 속에 입는 조끼.

베스트^멤버(best member)명 가장 실력 있는 사람들로 짜여진 팀, 또는 그 사람들. ¶ 결승전에 베스트 멤버를 내보내다.

베스트-셀러(best seller)명 (어떤 기간 동안) 가장 많이 팔리는 책. ¶ 이 책은 출간한 지 5일 만에 베스트셀러가 되었다.

베슥-거리다[-꺼-]자 자꾸 베슥베슥하다. 베슥대다. 작배슥거리다.

베슥-대다[-때-]자 베슥거리다.

베슥-베슥[-뻬-]부하자 무슨 일을 탐탁하게 여기지 않고 자꾸 베도는 모양. 작배슥배슥.

베슥-하다[-스카-]형여 한쪽으로 약간 기울어져 있다. 작배슥하다. **베슥-이**부.

베슬-거리다[자] 자꾸 베슬베슬하다. 베슬대다. [작]배슬거리다[1].

베슬-대다[자] 베슬거리다.

베슬-베슬[부][하자] 어떤 일을 슬슬 피하며 베도는 모양. [작]배슬배슬[1].

베-실[명] 삼겹질로 만든 실. 마사(麻絲). 포사(布絲). ¶ 베실 한 타래.

베어링(bearing)[명] 회전 운동이나 왕복 운동을 하는 축(軸)을 받치는 기계 부품. 축받이.

베-올[명] 베의 올. ¶ 베올이 굵다. /베올이 가늘다. /베올이 거칠다.

베-옷[-옫][명] 베로 지은 옷. ¶ 삼동(三冬)에 베옷을 입다. * 베옷이[-오시]·베옷만[-온-]

베-이다[사][타] 〖'베다[2]'의 피동〗 벰을 당하다. ¶ 칼에 손가락이 베이다.

베이스(base)[명] 야구에서, 내야(內野)의 네 귀퉁이가 되는 자리, 또는 거기에 놓은 흰 방석 모양의 물건. 누(壘).

베이스(bass)[명] ①성악에서, 남자의 가장 낮은 음역(音域), 또는 그 음역의 가수. ②베이스의 음역을 연주하는 악기. 〔베이스 드럼·베이스 트롬본 따위.〕 ③악곡의 최저 음부(音部). 저음(低音). ④〈콘트라베이스〉의 준말.

베이스^드럼(bass drum)[명] 지름 70~80 cm 이상의 목제나 금속제의 원통의 양면에 가죽막을 씌우고 북채로 쳐서 울리는 타악기. 관현악·관악 합주에서 사용됨. 큰북.

베이스^라인(base line)[명] ①테니스에서, 코트 양쪽 끝의, 네트와 평행인 선. ②야구에서, 베이스와 베이스를 잇는 선.

베이스-캠프(base camp)[명] ①등산할 때, 근거지로 하는 고정 천막. ②프로 야구 등에서, 매년 시즌 개시 전에 따뜻한 지방에서 하는 합숙 훈련의 근거지. ③외국군의 주둔 기지.

베이스^클레프(bass clef)[명] 저음부를 나타내는 음부 기호(音部記號). 낮은음자리표.

베이스^트롬본(bass trombone)[명] 저음(低音)을 내는트롬본.

베이식(BASIC)[명] 컴퓨터의 프로그래밍용 언어의 한 가지. 컴퓨터의 문법이 간단한 시분할(時分割) 방식의 대화형 언어임. [Beginner's All-purpose Symbolic Instruction Code]

베이지(beige)[명] 밝은 회색을 띤 황색.

베이징-인(北京人)[명] 인류와 유인원의 중간으로, 제4기 홍적세(洪積世)에 생존하였던 것으로 추측되는 인류. 학명은 시난트로푸스 페키넨시스. 〔베이징 근처에서 화석이 발견된 데서 붙여진 이름.〕 북경인.

베이컨(bacon)[명] 돼지의 등이나 배 부분의 고기를 소금에 절여 훈제(燻製)한 보존 식품.

베이킹-파우더(baking powder)[명] 빵 따위를 구울 때 부풀게 하기 위하여 쓰는 가루.

베일(veil)[명] ①여자들이 얼굴을 가리거나 꾸미기 위해 쓰거나 두르는, 망사와 같은 엷은 천. ②'무엇을 싸서 숨기는 것'을 비유하여 이르는 말. ¶ 베일에 싸인 사건의 내막.

베-자루[명] 베로 만든 자루.

베-전(-廛)[명] ☞포전(布廛).

베정적[명][하자] 폭행이나 위협을 당하였을 때 울부짖고 떠들며 항거하는 짓.

베짱-베짱[부] 베짱이가 잇따라 우는 소리.

베짱이[명] 여칫과의 곤충. 몸길이 3.5 cm가량. 몸빛은 담녹색이나 머리와 앞가슴은 갈색을 띰. 더듬이는 몸보다 갑절이나 길며, 수컷의 앞 날갯죽지 부분에 발음기가 있음.

베크렐-선(Becquerel線)[명] 우라늄에서 나오는 방사선을 이전에 이르던 말. 현재는 알파선·베타선·감마선으로 불림.

베ː타(beta 그)[명] ①그리스 어 자모의 둘째인 'B(β)'의 이름. ②〈베타선(beta線)〉의 준말. ③〈베타성(beta星)〉의 준말.

베ː타^버ː전(beta version)[명] 소프트웨어를 정식으로 발매하기 전에 시험용으로 배포하는 것.

베ː타^붕괴(beta崩壞) [-괴/-궤][명] 중성자가 베타 입자를 방출하고 양자로 변하는, 원자핵의 붕괴.

베ː타-선(beta線)[명] 원자핵의 베타 붕괴 때 나오는, 고속도의 전자(電子)로 된 방사선. 방사선 중 가장 심하게 구부러짐. [준]베타.

베ː타-성(beta星)[명] 한 성좌 중에서 밝기가 둘째인 별. [준]베타.

베ː타^입자(beta粒子) [-짜][명] 베타선을 형성하는 전자.

베ː타트론(betatron)[명] 높은 전압을 쓰지 않고도 쓴 것과 같은 정도로 전자를 가속하는 가속기의 하나. 둥근 교류 전자석의 극을 마주 놓고 자기 마당을 변화시킬 때 그 극의 주변에 따라 생기는 유도 기전력을 이용함.

베테랑(vétéran 프)[명] 어떤 방면에 오랫동안 종사하여 기술이나 기능이 뛰어난 사람. 노련한 사람. ¶ 베테랑 형사.

베-틀[명] 명주·무명·삼베 따위의 피륙을 짜는 틀.

베틀-가(-歌)[명] 구전 민요의 한 가지. 부녀자들이 베틀에서 피륙을 짜면서 그 과정을 노래한 것임.

베틀-다리[-따-][명] 베틀의 몸체가 되는, 가로누운 길고 굵은 나무. 누운다리.

베틀-신[명] 베틀의 용두머리를 잡아 돌리기 위하여 베틀신끈에 매단 신.

베틀-신끈[명] 베틀신대의 끝과 베틀신을 잇는 끈.

베틀-신대[-때][명] 베틀의 용두머리 중간에 박아 뒤쪽 아래로 휘어진 막대. 그 끝에 베틀신끈이 달림. 신찐나무. 신초리.

베풀다[베푸니·베풀어][타] ①(어떤 일을) 차리어 벌이다. ¶ 환영 잔치를 베풀다. ②(남에게 금품을 주거나 도움을 주어) 혜택을 받게 하다. ¶ 선정(善政)을 베풀다. /그동안 베풀어 주신 성의에 감사드립니다.

베프다[타] 〈옛〉 베풀다. 펴다. ¶ 일홈을 後世예 베퍼(小解2:29).

벡터(vector)[명] ①크기와 방향을 가진 양(量). 〔속도·힘·가속도 등.〕 [참]스칼라. ②심리학에서, '개체 내부의 긴장으로 생긴 추진력'을 이르는 말.

벡터^심리학(vector心理學) [-니-][명] 심리적 현상에 역학(力學)의 벡터 개념을 적용시키려고 시도한, 레빈(K. Lewin)의 학설.

벤(ben 이)[명] 악보의 나타냄말. '충분히'의 뜻.

벤^다이어그램(Venn diagram)[명] 원이나 직사각형을 써서 집합의 상호 관계를 알기 쉽게 나타낸 그림. 〔영국의 논리학자 벤(J. Venn)이 고안한 데서 붙여진 이름.〕

벤젠(benzene)[명] 콜타르에서 얻어지는, 특유의 냄새가 있는 무색의 휘발성 액체. 자동차·항공기의 연료나 염료·약품·폭약 등의 원료가 됨. 벤졸.

벤젠^중독(benzene中毒)[명] 벤젠 가스의 흡수에 의하여 생기는 중독. 두통·현기증·호흡 곤란이 나타나거나 체온과 혈압이 떨어짐.

벤졸(benzol)[명] ☞벤젠.

벤진 (benzine) 명 석유를 분류(分溜)해서 얻는 휘발유의 한 가지. 특유의 냄새를 갖는 무색의 액체로 휘발성이 강함. 용매 또는 옷의 얼룩을 지우는 데 쓰임. 석유 벤진.

벤처^기업 (venture企業) 명 첨단 기술이나 신기술을 개발하여 이를 전문화·기업화하는, 비교적 작은 규모의 기업. 컴퓨터의 소프트웨어, 생물 공학 부문에 많음.

벤처^캐피털 (venture capital) 명 고도의 기술을 가지고 있어 장래성은 있으나, 아직 경영 기반이 약하여 불확실하며 위험이 따르는 기업 활동에 모험 투자되는 자본.

벤치 (bench) 명 ①(대합실이나 공원 등에 두어) 몇 사람이 같이 앉을 수 있게 만든 긴 나무 의자. ¶ 공원 벤치. ②운동 경기장 안의 선수석과 감독석. ② 참 더그아웃.

벤치마ː킹 (bench-marking) 명 하타 기업이 특정 분야에서 뛰어난 업체의 제품이나 기술, 경영 방식 등을 면밀히 분석하여 자사의 경영과 생산에 응용하는 일.

벤토나이트 (bentonite) 명 응회암(凝灰岩) 따위가 풍화하여 된 흙. 도자기·석유 정제 등에 이용됨.

벨 (bell) 명 전기를 이용하여 소리가 나도록 한 장치. ¶ 벨을 누르다.

벨로니테 (Belonite 독) 명 화산(火山) 형식의 한 가지. 뾰족한 탑 모양의 화산.

벨ː로드롬 (velodrome) 명 경주로(競走路)를 안쪽으로 비탈지게 만든, 사이클 전용 경기장.

벨로체 (veloce 이) 명 악보에서, 빠르기를 지시하는 말. '빠르게'의 뜻.

벨벳 (velvet) 명 거죽에 곱고 부드러운 털이 돋게 짠 비단. 비로드. 우단(羽緞).

벨-소리 (bell-) 명 벨이 울릴 때 나는 소리.

벨칸토 (bel canto 이) 명 이탈리아에서 18세기에 확립된, 가창법의 한 가지. 소리의 아름다움이 특히 강조됨.

벨트 (belt) 명 ①허리띠. ¶ 가죽 벨트를 매다. ②기계에서, 동력을 전달하기 위한 피대(皮帶).

벨트^컨베이어 (belt conveyer) 명 바퀴 사이에 넓은 벨트를 걸어 돌리면서 그 위에 물건을 실어 연속적으로 일정한 곳에 운반하는 장치. 대량 생산 방식의 공장이나 광산·토목 공사장 등에서 사용함.

벰베르크^인견사 (bemberg人絹絲) 명 인조견(人造絹)의 한 가지. 〔제조법의 특허를 가진 독일 벰베르크사(社)의 상표명임.〕

벵갈라 (bengala 네) 명 '철단'의 이전 일컬음.

벵골^어 (Bengal語) 명 인도유럽 어족(語族)의 인도아리아 어파(語派)에 속하는 언어의 하나. 방글라데시 일대에서 쓰임.

벼 명 ①볏과의 일년초. 동인도 원산의 식용 작물로, 논이나 밭에 심음. 줄기는 속이 비고 마디가 있으며, 높이는 1m가량. 잎은 가늘고 길며, 가을에 줄기 끝에 이삭이 나와 꽃이 핀 다음 열매를 맺음. 그 열매를 찧은 것이 쌀임. ②벼의 열매. 정조(正租).

벼 의 〈옛〉 '따위'의 뜻을 나타냄. ¶ 사발과 그릇 벼들 사자(老解下*29*).

벼곰팡잇-병 (-病) [-이뼝/-읻뼝] 명 벼에 기생하는 곰팡이로 말미암아 생기는 병. 늦벼에 많이 발생함.

벼기다 자 〈옛〉 우기다. 고집하다. ¶ 벼기더시니 뉘러시니잇가(鄭敍.鄭瓜亭).

벼-까라기 명 벼의 까라기. 준 벼까락.

벼-까락 명 〈벼까라기〉의 준말.

벼-농사 (-農事) 명 하자 벼를 가꾸고 거두는 일. 도작(稻作). 미작(米作).

벼-때 명 벼를 거두어들이는 시기.

벼락 명 ①전기를 가진 구름과 구름 사이, 또는 구름과 땅 사이에서 일어나는 방전 현상. 번개와 천둥이 따름. 낙뢰(落雷). 벽력(霹靂). ②'크게 입는 타격'을 비유하여 이르는 말. ③'호된 꾸지람'을 비유하여 이르는 말. ④'갑작스럽게 이루어지는 것'을 비유하여 이르는 말.

벼락 치는 하늘도 속인다 속담 속이려 들면 못 속일 것이 없다는 말.

벼락 맞을 소리 관용 천벌을 받아 마땅할 만큼 당찮은 말.

벼락(을) 맞다 관용 ①(못된 짓을 하여) 천벌을 받다. ②심하게 꾸중을 듣다.

벼락(이) 내리다〔떨어지다〕 관용 ①큰 변이 생기다. ②크게 꾸지람을 듣게 되다. ¶ 할아버지로부터 벼락이 내렸다.

벼락-감투 [-깜-] 명 '갑자기 얻어 하게 된 관직이나 직책'을 조롱조로 이르는 말. ¶ 벼락감투를 쓰다.

벼락-같다 [-깓따] 형 ①'일이나 행동 따위가 몹시 빠름'을 이르는 말. ¶ 벼락같은 주먹이 날아가다. ②'소리가 크고 요란함'을 이르는 말. ¶ 목소리가 벼락같다. **벼락같-이** 부.

벼락-공부 (-工夫) [-꽁-] 명 하자 시험 날짜가 가까이 닥쳐서야 갑자기 서둘러 하는 공부.

벼락-김치 [-낌-] 명 (날배추나 날무를 간장에 절여서) 당장 먹게 만든 김치.

벼락-닫이 [-따지] 명 위짝은 붙박이고, 아래짝만 내리닫이로 되어 있는 창.

벼락-대신 (-大臣) [-때-] 명 '성질이 독하고 야무져, 어떤 어려움도 견뎌 내는 사람'을 비유하여 이르는 말.

벼락-덩이 [-떵-] 명 '밭을 맬 때 크게 뒤집어엎는 흙덩이'를 비유하여 이르는 말.

벼락-바람 [-빠-] 명 '무섭게 몰아치는 기세'를 비유하여 이르는 말.

벼락-방망이 [-빵-] 명 '뜻하지 않게 갑자기 얻어맞는 매', 또는 '호되게 맞는 매'를 비유하여 이르는 말.

벼락-부자 (-富者) [-뿌-] 명 '갑작스럽게 된 부자'를 비유하여 이르는 말. 졸부. 폭부(暴富).

벼락-불 [-뿔] 명 ①번갯불. ②'몹시 무서운 명령'을 비유하여 이르는 말. ¶ 벼락불이 떨어지다.

벼락-장 (-醬) [-짱] 명 '급하게 담그는 고추장'을 비유하여 이르는 말. 〔메주 무거리와 굵은 고춧가루를 버무려 물을 붓고, 2~3일 띄웠다가 소금을 쳐서 먹음.〕

벼락-출세 (-出世) [-쎄] 명 하자 '갑작스러운 출세'를 비유하여 이르는 말.

벼락-치기 명 '갑자기 서둘러 하는 일'을 비유하여 이르는 말. ¶ 집을 벼락치기로 짓다.

벼랑 명 험하고 가파른 비탈, 또는 그러한 지형.

벼로[1] 명 〈옛〉 벼루. ¶ 벼로앤 쇠우므렛 므리 ᄎᆞ고(杜初*8:9*). /벼로 연:硯(訓蒙上*34*).

벼로[2] 명 〈옛〉 벼랑. ¶ 벼로:峭崖(漢淸*1:39*). 참 비레.

벼록 명 〈옛〉 벼룩. ¶ 벼록 조:蚤(訓蒙上*23*).

벼루[1] 명 먹을 가는 데 쓰는, 돌이나 자기(瓷器) 따위로 만든 문방구.

벼루[2] 명 강가나 바닷가의 낭떠러지.

벼룩 명 벼룩과의 기생 곤충. 몸길이 1~3mm이며 몸빛은 적갈색임. 뒷다리가 특히 발달하여 잘 뜀. 사람과 가축의 피를 빨며 병원균을 옮기기도 함.

벼룩도 낯짝이 있다속담 '몹시 뻔뻔스러운 사람'을 두고 이르는 말.

벼룩의 간을〔선지를〕 내먹는다속담 '조그만 이익을 당치 않은 곳에서 얻어내려 하는 경우'를 이르는 말.

벼룩-나물[-룽-]명 석죽과의 이년초. 높이 25 cm가량. 밭두둑 같은 곳에 저절로 남. 여름에 흰 꽃이 피고, 열매는 삭과(蒴果)임. 어린 잎과 줄기는 먹을 수 있음.

벼룩-시장(-市場)[-씨-]명 노상(路上)에서 열리는 중고품 교환 시장. 〔프랑스 파리 근교의 도로 상에서 서는 시장에서 유래함.〕

벼룩이-자리명 석죽과의 일년초 또는 이년초. 줄기는 가늘게 여러 갈래로 갈라져 나오며 높이 25 cm가량. 들이나 밭에 절로 남. 벼룩자리.

벼룩-자리[-짜-]명 ☞벼룩이자리.

벼룻-길[-루낄/-룯낄]명 강가나 바닷가의 낭떠러지로 통하는 비탈길.

벼룻-돌[-루똘/-룯똘]명 벼루의 재료가 되는 돌. 연석(硯石).

벼룻-물[-룬-]명 먹을 갈기 위하여 벼룻돌에 붓는 물. 연수(硯水).

벼룻-집[-루찝/-룯찝]명 벼루·먹·붓·연적 따위를 넣어 두는, 납작한 상자나 조그만 책상. 연갑(硯匣). 연상(硯床).

벼르다[1][벼르니·별러]자타르 어떤 일을 하려고 마음속으로 준비를 단단히 하고 기회를 엿보다. ¶ 잔뜩 벼르기만 하다가 때를 놓쳤다.

벼르던 아기 눈이 먼다속담 기대가 너무 크면 실망도 따를 수 있음을 이르는 말.

벼르다[2][벼르니·별러]타르 어떤 비율에 따라 여러 몫으로 고르게 나누다. ¶ 적은 돈이지만 잘 별러 쓰기로 했다.

벼름명하타 여러 몫으로 고르게 별러 줌, 또는 그런 일.

벼름-벼름부하타 무슨 일을 하려고 자꾸 벼르는 모양. ¶ 벼름벼름하다가 기회를 놓쳤다.

벼름-질명하타 별러서 고루 나누는 일.

벼리명 ①그물의 위쪽 코를 꿰어 오므렸다 폈다 하는 줄. 벼릿줄. ②일이나 글의 가장 중심되는 줄거리.

벼리다타 날이나 끝이 무디어진 연장을 불에 달구고 두드리고 하여 날카롭게 만들다. ¶ 낫을 벼리다. /괭이를 벼리다.

벼릿-줄[-리쭐/-릳쭐]명 ☞벼리.

벼맡명 〈옛〉 베갯머리. 머리맡. ¶ 黃昏의 돌이 조차 벼마틔 빗최니(鄭澈.關東別曲).

벼-메뚜기명 메뚜깃과의 곤충. 몸길이 3.5 cm가량. 몸빛은 황록색, 날개는 담갈색임. 뒷다리가 길어 잘 뜀. 벼의 해충임. 메뚜기[1].

벼슬명 지난날, 관아에 나아가 공무를 맡아보던 자리, 곧 '관직(官職)'을 이르던 말.

벼슬-길[-낄]명 벼슬아치가 되는 일. 사도(仕途). 사로(仕路). 환로(宦路). ¶ 벼슬길이 막히다. /벼슬길에 오르다.

벼슬-살이명하자 벼슬아치 노릇을 하는 일.

벼슬-아치명 벼슬에 있으면서 나랏일을 맡아보는 사람. 관원(官員).

벼슬-자리[-짜-]명 벼슬의 직위. ¶ 벼슬자리에서 물러나다.

벼슬-하다자여 벼슬아치가 되다. 벼슬길에 오르다.

벼-쭉정이[-쩡-]명 알맹이가 들지 않은 벼 이삭.

벼-팔이명하자 (장사를 목적으로) 돈을 주고 벼를 사들이는 일.

벼-화(-禾)명 한자 부수의 한 가지. '科'·'秀' 등에서의 '禾'의 이름.

벼-훑이[-훌치]명 벼를 훑어 내는 데 쓰이던 재래식 농구(農具)의 한 가지. 두 개의 나뭇가지나 수숫대 등의 한 끝을 동여매서, 집게처럼 만듦. 도급기(稻扱機).

벽:명하자 〈비역〉의 준말.

벽(壁)[1]명 ①집의 둘레나 방을 둘러막은 부분. 바람벽. ¶ 벽을 허물다. ②'극복하기 어려운 한계나 장애'를 비유하는 말. ¶ 마음의 벽을 허물다.

벽에 부딪치다관용 어떤 장애물에 가로막히다. ¶ 계획이 벽에 부딪치다.

벽(을) 쌓다관용 서로 사귀던 관계를 끊다. ¶ 친척들과 벽을 쌓고 지낸 지가 벌써 오래다.

벽(壁)[2]명 〈벽성(壁星)〉의 준말.

벽(癖)명 ①무엇을 너무 지나치게 즐기는 성향. ②《일부 명사 뒤에 붙어》 고치기 어려울 만큼 굳어진 버릇. ¶ 낭비벽. /방랑벽.

벽명 〈옛〉 벽돌. ¶ 벽 벽:甓(訓蒙中*18*).

벽간(壁間)[-깐]명 벽의 기둥과 기둥 사이의 부분.

벽감(壁龕)[-깜]명 서양 건축에서, 벽에 오목하게 파 놓은 부분. 〔조각품이나 꽃병 따위를 세워 둠.〕 니치(niche).

벽개(劈開)[-깨]명하자 ①금이 가서 갈라짐. ②(광물·암석 등이) 일정한 방향으로 결을 따라 쪼개짐. ↔열개(裂開).

벽개-면(劈開面)[-깨-]명 (광물·암석 등의) 쪼개져서 갈라진 면.

벽거(僻居)[-꺼]명하자 외지고 궁벽한 곳에서 삶.

벽-걸이(壁-)[-꺼리]명 벽이나 기둥에 장식으로 걸어 두는 것을 통틀어 이르는 말. ¶ 벽걸이 시계.

벽견(僻見)[-껸]명 어느 한쪽으로 지나치게 치우친 소견이나 의견.

벽경(僻境)[-꼉]명 ☞벽지(僻地).

벽경(壁經)[-꼉]명 '서경(書經)'의 고본(古本). 〔중국 노나라 때 공자의 옛집 벽 속에서 발견된 데서 붙여진 이름.〕 벽중서(壁中書).

벽계(碧溪)[-꼐/-께]명 물이 매우 맑아 푸른빛이 도는 시내.

벽계-산간(碧溪山間)[-꼐-/-께-]명 푸른 시내가 흐르는 산골짜기.

벽계-수(碧溪水)[-꼐-/-께-]명 푸른빛이 도는 맑고 깨끗한 시냇물.

벽곡(辟穀)[-꼭]명하자 (곡식 대신에) 솔잎·대추·밤 따위를 날것으로 조금씩 먹고 삶.

벽공(碧空)[-꽁]명 푸른 하늘. 벽천(碧天).

벽-난로(壁煖爐)[병날-]명 방 안의 벽면에다 아궁이를 내고 벽 속으로 굴뚝을 통하게 한 난로. 페치카. 준벽로(壁爐).

벽담(碧潭)[-땀]명 푸른빛이 감도는 깊은 못.

벽도(碧桃)[-또]명 ①〈벽도화〉의 준말. ②선경(仙境)에 있다는 복숭아의 한 가지.

벽도-나무(碧桃-)[-또-]명 복숭아나무의 한 가지. 천엽(千葉)의 꽃이 하얗게 핌. 열매는 매우 작고 먹지 못함.

벽도-화(碧桃花)[-또-]명 벽도나무의 꽃. 준벽도(碧桃).

벽-돌(甓-)[-똘]명 진흙에 모래나 석회 따위를 차지게 반죽하여 틀에 박아 네모나게 찍어서 구워 낸 돌. 건축 재료로 쓰임. 전석(磚石).

벽돌-공(甓-工)[-똘-]명 벽돌을 만드는 직공.

벽돌-담(甓-)[-똘-]명 벽돌로 쌓은 담.

벽돌-무덤(甓-)[-똘-]명 벽돌을 쌓아 만든 무덤.

벽돌-문(甓-紋)[-똘-]명 빛깔이 다른 벽돌을 엇바꾸어 깔아 놓은 것 같은 무늬.
벽돌-집(甓-)[-똘-]명 벽돌로 지은 집.
벽두(劈頭)[-뚜]명 ①글이나 말의 첫머리. ②일의 첫머리. 일의 시작. ¶ 신년(新年) 벽두. /회의 벽두부터 장내가 소란하다.
벽력(霹靂)[병녁]명 벼락.
벽력-같다(霹靂-)[병녁깓따]형 목소리가 매우 크고 우렁차다. ¶ 벽력같은 소리로 학생들을 꾸짖다. **벽력같-이**부.
벽력-화(霹靂火)[병녀콰]명 육십갑자의 무자(戊子)와 기축(己丑)에 붙이는 납음(納音). 참송백목(松柏木).
벽련(劈鍊)[병년]명 둥근 나무를 대가리만 네모지게 대강 다듬은 길이 3m가량 되는 뗏목.
벽로(碧鷺)[병노]명 ☞해오라기.
벽로(僻路)[병노]명 사람의 왕래가 드문 으슥한 길.
벽로(壁爐)[병노]명 〈벽난로〉의 준말.
벽론(僻論)[병논]명 한쪽으로만 치우쳐서 도리에 맞지 않는 말.
벽루(僻陋)[1][병누]명 외진 두멧구석.
벽루(僻陋)[2] '벽루하다'의 어근.
벽루(壁壘)[병누]명 성벽으로 둘러싸인 성채.
벽루-하다(僻陋-)[병누-]형여 성질이 괴팍하고 견문이 좁다.
벽류(碧流)[병뉴]명 (물빛이 푸르게 보일 정도로) 맑은 물줄기.
벽립(壁立) '벽립하다'의 어근.
벽립-하다(壁立-)[병니파-]형여 (낭떠러지 따위가) 깎아지른 듯이 솟아 있다.
벽면(壁面)[병-]명 벽의 거죽. ¶ 벽면이 울퉁불퉁하다.
벽모(碧毛)[병-]명 빛깔이 푸른 털.
벽-바닥(壁-)[-빠-]명 사금(沙金)을 캐내는 구덩이의 밑이 석벽(石壁)으로 된 바닥.
벽보(壁報)[-뽀]명 여러 사람에게 알리려고 종이에 써서 벽이나 게시판 등에 붙이는 글. ¶ 벽보가 나붙다. /벽보를 붙이다.
벽보-판(壁報板)[-뽀-]명 벽이나 담에 벽보를 붙이도록 마련해 놓은 널빤지.
벽사(辟邪)[-싸]명하자 요사스러운 귀신을 물리침. ¶ 팥죽을 뿌리는 것은 붉은색이 벽사한다는 풍습에서다.
벽사-문(辟邪文)[-싸-]명 요사스러운 잡귀(雜鬼)를 물리치기 위하여 쓴 글.
벽산(碧山)[-싼]명 ☞청산(青山).
벽상(壁上)[-쌍]명 벽면의 위쪽 부분. ¶ 액자를 벽상에 걸다.
벽상-토(壁上土)[-쌍-]명 육십갑자의 경자(庚子)와 신축(辛丑)에 붙이는 납음. 참금박금.
벽색(碧色)[-쌕]명 짙푸른 빛깔.
벽서(僻書)[-써]명 ①편벽된 내용을 기록한 책. ②세상에 흔하지 않은 기이한 책.
벽서(壁書)[-써]명하자 (널리 알릴 일을) 벽에 쓰거나 써 붙임, 또는 그 글.
벽선(壁線)[-썬]명 기둥에 붙여 세우는 네모진 굵은 나무.
벽설(僻說)[-썰]명 한쪽으로 치우친 견해. 도리에 맞지 않는 설.
벽성(僻姓)[-썽]명 썩 드문 성.
벽성(壁星)[-썽]명 이십팔수의 하나. 북쪽의 일곱째 별자리. 준벽(壁)[2].
벽손[-쏜]명 장롱의 아래층 군쇠 옆에 끼우는 넉 장의 널조각.
벽수(碧水)[-쑤]명 매우 맑고 깊어 푸른빛이 도는 물. 비녹수(綠水).
벽-신문(壁新聞)[-씬-]명 뉴스 등 시사적인 내용을 신문 형식으로 꾸며서 벽이나 게시판 같은 데에 붙이는, 벽보의 한 가지.
벽심(壁心)[-씸]명 ☞심살[1].
벽안(碧眼)명 ①눈동자가 파란 눈. ¶ 벽안의 미인. ②서양 사람.
벽안-자염(碧眼紫髥)명 〔파란 눈과 붉은 수염이라는 뜻으로〕 '서양 사람'을 이르는 말.
벽언(僻言)명 한쪽으로 치우쳐 도리에 벗어난 말. 편벽된 말.
벽-오동(碧梧桐)명 벽오동과의 낙엽 활엽 교목. 높이 15 m가량. 껍질은 녹색을 띠며, 잎은 3~5갈래로 갈라져 있음. 여름에 황록색 꽃이 피고, 열매는 가을에 익음. 인가 부근에 심는데, 재목은 가구나 악기 등을 만드는 재료로 쓰임. 참청동(青桐).
벽옥(碧玉)명 ①푸른빛이 나는 고운 옥. ②석영(石英)의 변종. 불순물이 많고 불투명함. 빛은 녹색·홍색 등으로 도장 재료나 가락지 같은 장식에 쓰임.
벽와(碧瓦)명 푸른 기와. 청기와.
벽운(碧雲)명 푸른빛이 도는 구름.
벽원(僻遠) '벽원하다'의 어근.
벽원-하다(僻遠-)형여 외지고 멀다.
벽음(僻飮)명 한방에서, 양쪽 가슴 아래에 모인 물기가 흔들리어 나는 병을 이르는 말. 〔위에 탈이 생겨서 일어남.〕
벽읍(僻邑)명 외진 고을.
벽-이단(闢異端)명하자 이단을 물리침.
벽인-향(辟人香)명 지난날, 대보름에 여자들이 다리밟기를 할 때, 맨 앞의 여자가 사람을 비키라고 불을 피워 들던 향.
벽자(僻字)[-짜]명 흔히 쓰이지 않는 낯선 글자.
벽자(僻者)[-짜]명 마음이 비뚤어진 사람.
벽장(壁欌)[-짱]명 벽을 뚫어 문을 내고, 그 안을 장처럼 꾸며 물건을 넣게 만든 곳. ¶ 벽장에서 이불을 꺼내다.
벽장-돌(甓-)[-짱똘]명 네모반듯하고 썩 크게 만든 벽돌.
벽장-문(壁欌門)[-짱-]명 벽장에 달아 놓은 문.
벽장-코[-짱-]명 콧등이 넓적하고 우묵한 코, 또는 그런 코를 가진 사람.
벽재(僻在)[-째]명하자 벽지에 외따로 있음.
벽재(僻材)[-째]명 드물게 쓰이는 약재(藥材).
벽재-일우(僻在一隅)[-째-]명 외진 곳의 한구석에 외따로 있음.
벽적(癖積)[-쩍]명 한방에서, 배 속에 뭉치 같은 것이 생기는 병을 이르는 말. 〔식사를 잘못한 것이 원인이 되어, 창자의 림프샘이 부어올라 창자 속이 헐기도 하고, 창자의 일부가 굼틀거리는 증세가 일어남.〕
벽제(辟除)[-쩨]명하타 지난날, 지위 높은 사람의 행차 때, 구종 별배(驅從別陪)가 잡인의 통행을 막아 길을 치우던 일.
벽제-관(碧蹄館)[-쩨-]명 경기도 고양시에 있던 옛 역관(驛館). 조선 시대에, 중국을 드나드는 사신이 묵던 곳.
벽-조목(霹棗木)[-쪼-]명 벼락 맞은 대추나무. 〔민속에서, 이 나뭇가지를 지니고 다니면 요사한 기운을 물리친다고 함.〕
벽-좌우(辟左右)[-쫘-]명하자 (밀담을 나누려고) 곁에 있는 사람을 물림.
벽중-서(壁中書)[-쭝-]명 ☞벽경(壁經).

벽지(僻地)[-찌]명 (도시에서 멀리 떨어진) 으슥하고 한적한 곳. 외진 곳. 두메. 벽경(僻境). 벽처(僻處). ¶ 도서 벽지 주민을 위한 봉사 활동.
벽지(壁紙)[-찌]명 건물의 벽에 바르는 종이. 도배지.
벽지(擘指)[-찌]명 엄지손가락.
벽-지다(僻-)형 '외지다'의 잘못.
벽창-우(碧昌牛)명 ①평안북도의 벽동(碧潼)·창성(昌城) 지방에서 나는, 크고 억센 소. ②〈벽창호〉의 본딧말.
벽창-호(←碧昌牛)명 '미련하고 고집이 센 사람'을 비유하여 이르는 말. 본벽창우.
벽채명 광산에서, 광석을 긁어모으거나 파내는 데 쓰이는 호미 모양의 연장.
벽처(僻處)명 ☞벽지(僻地).
벽천(碧天)명 ☞벽공(碧空).
벽천(壁泉)명 건물의 벽에 붙인 조각물의 입 등에서 물이 나오도록 만든 분수.
벽청(碧靑)명 구리에 녹이 나서 생긴 푸른색.
벽체(壁體)명 건물의 벽이 되는, 측면이 넓고 두께가 얇은 부분. ¶ 아파트 벽체가 갈라지다.
벽촌(僻村)명 외진 곳에 있는 마을.
벽-치다(壁-)자 욋가지를 얽고 그 위에 이긴 흙을 발라서 벽을 만들다.
벽태(碧苔)명 푸른 이끼.
벽토(壁土)명 벽에 바른 흙.
벽토(闢土)명하자 땅을 갈아 쓸모 있게 만듦.
벽토-지(闢土地)명하자 〈벽토척지〉의 준말.
벽토-척지(闢土拓地)[-찌]명하자 버려두었던 땅을 일구어서 쓸모 있는 땅으로 만듦. 준벽토지(闢土地).
벽파(碧波)명 푸른 물결.
벽파(僻派)명 조선 영조 때, 사도 세자(思悼世子)의 폐위를 둘러싸고 일어났던 당파 싸움에서, 세자를 무고하여 비방하던 파. 〔노론(老論) 계통이 이에 딸렸음.〕 참시파(時派).
벽파(劈破)명하타되자 ①(조각조각) 쪼개어 깨뜨림. ②(발기발기) 찢어발김.
벽파-문벌(劈破門閥)명하자 문벌을 가리지 않고 인재(人材)를 뽑아 씀.
벽-하다(僻-)[벼카-]형여 ①(지역이) 한쪽으로 치우쳐서 외지다. ②(성질이나 언행이) 보통과 다르게 괴벽하다.
벽항(僻巷)[벼캉]명 외진 곳에 있는 동네.
벽항-궁촌(僻巷窮村)[벼캉-]명 외진 곳에 있는 가난한 마을.
벽해(碧海)[벼캐]명 짙푸른 바다.
벽해-상전(碧海桑田)[벼캐-]명 ☞상전벽해.
벽향(僻鄕)[벼컁]명 외따로 떨어져 있는 시골.
벽혈(碧血)[벼켤]명 '지극한 정성'을 이르는 말. 〔자결한 충신의 피가 변하여 벽옥(碧玉)이 되었다는 고사에서 유래함.〕
벽호(癖好)[벼코]명하타 인이 박일 정도로 좋아함.
벽화(壁畫)[벼콰]명 (건물이나 고분 등의) 벽에 장식으로 그린 그림. 〔넓은 뜻으로는 기둥이나 천장에 그린 것도 가리킴.〕
변명 남이 모르게 자기들끼리만 암호처럼 쓰는 말. 변말. ¶ 장사치 변.
변(便)명 〈대소변(大小便)〉의 준말.
변(邊)[1]명 한자(漢字) 부수의 한 갈래. '休'·'江'·'狗' 등에서의 '亻'·'氵'·'犭' 따위와 같이 글자의 왼쪽에 붙은 부수(部首)를 통틀어 이르는 말. ↔방(傍).
변(邊)[2]명 ①〈변리(邊利)〉의 준말. ②☞이율.
변(邊)[3]명 ①(어떤 장소나 물건의) 가장자리. ②다각형을 이루는 하나하나의 직선. ③방정식이나 부등식 등 관계식의 양쪽의 항(項). ④바둑판에서, 중앙과 네 귀를 뺀 변두리 부분. ⑤과녁의 복판이 아닌 부분.
변ː(辯·辨)명 자기의 의견이나 생각을 말하는 것. 〔문어투의 말임.〕 ¶ 사퇴의 변을 피력하다.
변ː(變)명 ①사건. 사고. 변고. 횡액. ¶ 산길을 오다가 무슨 변이라도 당했나? ②상도(常道)에 벗어난 일. 예사롭지 않은 일. ¶ 멀쩡한 날씨에 우박이라니, 거 참 변일세.
변(籩)명 대오리를 결어서 만든, 과실을 담아 놓는 데 쓰이는 제기(祭器). 굽이 높고 뚜껑이 있음.
변강(邊疆)명 ☞변경(邊境).
변ː강쇠-가(-歌)[-쇠-/-쉐-]명 ☞가루지기타령.
변ː강쇠^타ː령[-쇠-/-쉐-]명 ☞가루지기타령.
변ː개(變改)명하타되자 ☞변경(變更).
변ː격(變格)[-껵]명 본디의 격식이나 규칙에서 벗어난 일. 보통과는 다른 격식이나 규칙. 변칙(變則). ↔정격(正格).
변ː격^동ː사(變格動詞)[-껵뚱-]명 ☞불규칙 동사.
변ː격^용ː언(變格用言)[-껑뇽-]명 ☞불규칙 용언(不規則用言).
변ː격^형용사(變格形容詞)[-껵켱-]명 ☞불규칙 형용사.
변경(邊境)명 나라와 나라의 경계가 되는 변두리 지역. 변강. 변계. 변방. 변새. 변지.
변ː경(變更)명하타되자 바꾸어 고침. 변개. 변역(變易). ¶ 여행 계획을 변경하다./출발 시간이 변경되었다.
변계(邊戒)[-계/-게]명 변경 지방을 경계하는 일.
변계(邊界)[-계/-게]명 ☞변경(邊境).
변ː고(變故)명 재변(災變)이나 사고. ¶ 변고를 당하다. 비탈·사고.
변ː광-성(變光星)명 밝기가 변하는 별.
변ː괴(變怪)[-괴/-궤]명하자 ①괴이한 일. 이상야릇한 재변(災變). ②이치에 어긋나는 못된 짓.
변ː구(辯口)명 ☞변설(辯舌).
변ː국(變局)명 ①보통 때와 다른 국면. 예사롭지 않은 사태. ②하자 판국이 변함.
변기(便器)명 ①똥오줌을 받아 내는 그릇. 분지. ②똥오줌을 누도록 만든 기구. ¶ 변기가 막히다.
변-놀이(邊-)명하자 ☞돈놀이.
변ː덕(變德)명 이랬다저랬다 하여 변하기를 잘하는 일, 또는 그러한 성질. ¶ 변덕을 떨다./변덕을 부리다./변덕이 심하다. 작밴덕·밴덕.
변덕이 죽 끓듯 하다관용 걷잡을 수 없을 만큼 자주 변덕을 부리다.
변ː덕-꾸러기(變德-)명 '변덕을 잘 부리는 사람'을 낮잡아 이르는 말. 작밴덕꾸러기.
변ː덕-맞다(變德-)[-덩맏따]형 변덕스럽다. 작밴덕맞다·밴덕맞다.
변ː덕-스럽다(變德-)[-쓰-따][~스러우니·~스러워]형ㅂ 보기에 변덕을 부리는 성질이나 태도가 있다. 변덕맞다. ¶ 변덕스러운 겨울 날씨./변덕스럽게 행동하다. 작밴덕스럽다·밴덕스럽다. **변덕스레**부.
변ː덕-쟁이(變德-)[-쨍-]명 '변덕스러운 사람'을 낮잡아 이르는 말. 작밴덕쟁이·밴덕쟁이.
변독(便毒)명 ☞음식창(陰蝕瘡).
변-돈(邊-)[-똔]명 변리를 받기로 하고 빚으로 주는 돈. 변문(邊文). 변전(邊錢).

변ː동(變動)명하자되자 (상태가) 변하여 움직임. ¶ 물가 변동. /주가의 변동이 심하다.

변ː동-비(變動費)명 조업도(操業度)나 생산량의 증감에 따라 변동되는 비용. 〔직접 재료비·노무비 따위.〕 가변 비용. ↔고정비.

변ː동-성(變動性)[-썽]명 변동하는 성질.

변ː동^소ː득(變動所得)명 해마다 일정하지 않고 변동하는 소득.

변동-일실(便同一室)[-씰]명 사이가 아주 가까워 한집안 식구처럼 지내는 일.

변ː동^환ː율(變動換率)명 환율을 고정시키지 않고 외국환이나 외환 증서의 수급 사정에 따라 변동하게 하는 환시세. ↔고정 환율.

변ː동^환ː율제(變動換率制)[-쩨]명 환율을 고정시키지 않고, 외환 시장의 수급에 따라 자유로이 변동하게 하는 제도. ↔고정 환율제.

변두(藊豆)명 콩과의 재배 만초(蔓草). 잎은 칡잎과 비슷하며, 여름에 꽃자루가 나와 나비 모양의 흰색이나 담자색의 꽃이 꽃줄기 위에 핌. 씨는 어렸을 때 꼬투리와 함께 먹고, 잎은 약재로 쓰임.

변두(邊頭)명 〈변두통〉의 준말.

변두(를) 맞다관용 변두통을 고치려고 침을 맞다.

변-두리(邊-)명 ①어떤 지역의 가장자리가 되는 곳. ¶ 도시의 변두리. ②그릇 따위 물건의 가장자리. ¶ 쟁반의 변두리.

변두-통(邊頭痛)명 ☞편두통(偏頭痛). 준변두.

변ː란(變亂)[별-]명 어떤 변고로 말미암아 세상이 어지러워지는 일. 사변으로 말미암은 소란. ¶ 변란이 일어나다.

변ː량(變量)[별-]명 통계에서, 서로 다른 여러 가지 값을 취할 수 있는 양.

변려-문(騈儷文)[별-]명 한문체의 한 가지. 주로, 4자 또는 6자의 대구(對句)를 많이 써서 읽는 사람에게 미감(美感)을 주는 화려한 문체. 변체문. 사륙문(四六文). 사륙변려문. 사륙체. 준변문(騈文)·여문(儷文).

변ː론(辯論)[별-]명하타 ①사리를 밝혀 옳고 그름을 말함. ②소송 당사자나 변호인이 법정에서 하는 진술.

변ː론-가(辯論家)[별-]명 변론에 능한 사람.

변ː론^능력(辯論能力)[별-녁]명 법정에서 변론 또는 소송 행위를 할 수 있는 능력. 〔형사 소송의 상고심(上告審)에서는 변호인만이 이 능력을 가지게 됨.〕

변ː론-주의(辯論主義)[별-의/별-이]명 ①민사 소송법상, 소송의 해결, 또는 심리(審理) 자료의 수집을 당사자의 권능(權能)과 책임으로 하는 주의. ②형사 소송법상, 당사자 쌍방의 주장과 변론에 따라서 재판하는 주의.

변ː류-기(變流器)[별-]명 직류(直流)를 교류(交流)로, 교류를 직류로 바꾸는 장치.

변ː리(辨理)[별-]명하타 일을 판별하여 처리하는 일.

변리(邊利)[별-]명 남에게 돈을 빌려 쓴 대가로 치르는 일정한 비율의 돈. 길미. 이(利). 준변(邊)².

변ː리^공사(辨理公使)[별-]명 제3급의 외교 사절. 특명 전권 공사의 아래, 대리 공사의 위. 〔우리나라 직제에서는 인정하지 않음.〕

변ː리-사(辨理士)[별-]명 특허·의장·실용신안(實用新案)·상표 등의 신청이나 출원 따위의 대행을 업으로 하는 사람. 참특허 변리사.

변-말명 변으로 쓰는 말. 변. 참은어(隱語).

변ː명(辨明)명 ①하타사리를 가려내어 똑똑히 밝힘. 변백(辨白). ¶ 변명의 대자보를 붙이다. ②하자타(자신의 잘못이나 실수에 대하여) 남이 납득할 수 있도록 설명함. 발명(發明)². ¶ 구구한 변명을 잔뜩 늘어놓다. /더 이상 구차하게 변명할 여지가 없다.

변ː명(變名)명하자 (본이름을 숨기고) 다른 이름을 씀, 또는 그 이름.

변ː명-무로(辨明無路)명하형 (남의 오해에 대하여) 변명할 길이 없음.

변ː모(變貌)명하자되자 모습이 달라짐, 또는 그 모습. 변용(變容). ¶ 농촌 생활의 변모. /시골 마을이 신도시로 변모했다.

변ː모-없다(變貌-)[-업따]형 ①고지식하고 무뚝뚝하여 변통성이 없다. ②남의 사정은 아랑곳하지 않고 말이나 행동을 함부로 하는 태도가 있다. ¶ 안사돈 앞인데도 변모없게 군다. **변모없-이**부.

변ː-모음(變母音)명 ①〔게르만 어, 특히 독일어에서〕 모음 'a·o·u'가 뒤따르는 'i'나 'e'의 영향으로 음질을 바꾸는 현상, 또는 그 바뀐 음. 〔'ä·ö·ü'로 표시함.〕 ②〔우리말에서〕 모음 'ㅏ·ㅓ·ㅗ·ㅜ' 등이 그 뒤 음절의 'ㅣ' 모음을 직접, 또는 자음을 건너서 만날 때 그 'ㅣ'를 닮아서 'ㅐ·ㅔ·ㅚ·ㅟ' 등으로 바뀌는 현상. 움라우트.

변ː무(抃舞)명하자 기뻐서 덩실덩실 춤을 춤, 또는 그 춤.

변ː무(辨誣)명하타 사리를 따져서 억울함을 밝힘.

변문(騈文)명 〈변려문(騈儷文)〉의 준말.

변문(邊文)명 ☞변돈.

변ː물(變物)명 ①보통과 다른 별난 물건. 색다른 물건. ②괴짜.

변ː미(變味)명하자 음식이 쉬거나 상하여 맛이 달라짐, 또는 변한 음식 맛.

변민(邊民)명 변방에 사는 백성.

변ː박(辨駁·辯駁)명하타 자기의 옳음을 주장하고 상대편의 잘못된 점을 지적하여 논박함. ¶ 비방에 대한 변박. /변박할 길이 없다.

변ː발(辮髮·編髮)명 ①하자머리를 땋아 늘임, 또는 그 머리. ②(지난날, 만주족의 풍습으로) 남자의 머리를, 둘레는 밀어 깎고 가운데의 머리만을 땋아서 뒤로 길게 늘이던 머리. 편발.

변방(邊方)명 ☞변경(邊境).

변방(邊防)명 변경의 방비.

변ː백(辨白)명하타되자 ☞변명(辨明).

변ː법(變法)[-뻡]명 ①하자법률을 고침, 또는 그 법률. ②변칙적인 방법이나 방식.

변ː법-자강(變法自彊)[-뻡짜-]명 낡은 법을 고치어 스스로 나라를 강하게 함. 〔중국 청나라 말기에 혁신을 부르짖던 식자(識者)들이 내세운 개혁 운동의 표어.〕

변변찮다[-찬타]형 '변변하지 아니하다'가 줄어서 된 말. ¶ 대접이 변변찮다. /음식 솜씨가 변변찮다. * 변변찮아[-차나]·변변찮소[-찬쏘]

변변-하다형여 ①별다른 흠이 없이 그런대로 괜찮다. ¶ 얼굴이 변변한 편이군. ②잘 갖추어져 훌륭하거나 쓸 만하다. ¶ 대접도 변변하게 못해 드렸다. ③격에 어울리게 의젓하다. **변변-히**부 ¶ 남편 노릇 한번 변변히 못해 주었다.

변ː별(辨別)명하타되자 ①서로 다른 점을 구별함. 식별. ②(옳고 그름이나 착하고 악함 따위를) 분별함. ¶ 시비를 변별하다.

변:별-력(辨別力)명 사물의 시비·선악 등을 분별할 수 있는 힘. ¶ 변별력이 떨어지다.
변:별-역(辨別閾)[-력]명 일정한 자극의 강도를 증대 또는 감소하여 그 차이를 변별하는 데 필요한 자극의 최소량. 식별역(識別閾).
변:별^학습(辨別學習)[-씁]명 변별 반응을 형성하는 학습. 정(正), 부(負) 두 자극을 계속해서 제시하되, 정 자극에 대한 반응만이 변별되도록 하는 학습 형식.
변:병(辨柄)명 ☞철단(鐵丹).
변보(邊報)명 변방에서 들어오는 보고나 경보.
변:보(變報)명 변고를 알리는 보고. ¶ 뜻밖의 변보를 받고 놀라다.
변:복(變服)명하자 (남이 잘 알아보지 못하도록) 평소와 다르게 옷을 차려입음, 또는 그 옷. 개복(改服). ¶ 왕이 변복을 하고 미행에 나서다.
변:복조^장치(變復調裝置)[-쪼-]명 전화선을 통해 컴퓨터가 정보를 전송할 수 있도록 해 주는 통신 장치. 곧, 디지털 신호를 아날로그 신호로 변조하여 보내고, 보내 온 아날로그 신호를 원래의 디지털 신호로 복조하는 장치. 모뎀(modem).
변불신기(便不神奇)명하형 듣던 것과는 달리 별로 신기할 것이 없음.
변비(便秘)명 <변비증>의 준말. 비결(祕結).
변비(邊備)명 변경(邊境)의 경비.
변비(邊鄙)명 ①하형 중앙에서 멀리 떨어져서 하찮고 궁벽함, 또는 그런 시골. ②변방의 땅.
변비-증(便祕症)[-쯩]명 대변이 순조롭게 누어지지 않는 증세. 준변비.
변:사(辯士)명 ①입담이 좋아서 말을 잘하는 사람. ②무성 영화 시대에, 영화에 맞춰 그 줄거리나 대화 내용을 설명하던 사람.
변:사(變死)명하자 ①뜻밖의 변고로 죽음. 횡사(橫死). ¶ 추락 사고로 변사를 당하다. ②자해(自害)하여 죽음. ②자살.
변:사(變事)명 보통 일이 아닌 변스러운 일.
변:사(變詐)명하자 ①요사스럽게 요랬다조랬다 함, 또는 요리조리 속임. ②(병세가) 갑작스레 달라짐.
변:사(變辭)명하자 이미 한 말을 이러니저러니 하며 바꿈, 또는 그러한 말.
변:사-스럽다(變詐-)[-따][~스러우니·~스러워]형ㅂ 보기에 변사를 부리는 성질이나 태도가 있다. **변사스레**부.
변:사-자(變死者)명 자살이나 타살 또는 재앙 등으로 말미암아 죽은 사람.
변:사-체(變死體)명 변사자의 시체. ¶ 실종 사흘 만에 변사체로 발견되다.
변:상(辨償)명하타 ①빚을 갚음. 변제(辨濟). ②남에게 입힌 손해를 돈이나 물건 따위로 물어 줌. 판상(辦償). ¶ 피해자에게 차량 수리비를 변상하다.
변:상(變狀)명 보통과는 다른 상태나 상황.
변:상(變相)명 ①바뀐 모습이나 형상. ②지옥과 극락의 여러 모양을 그린 그림. ③부처와 보살의 법신(法身)이 여러 모습으로 변한 모양.
변:상(變喪)명 ①변사(變死)로 말미암은 상사(喪事). ②자손이 그 조상보다 먼저 죽는 일.
변상중지(邊上重地)명 변경 지방의 중요한 땅.
변새(邊塞)명 ①☞변경(邊境). ②변경에 있는 요새.
변:색(變色)명하자되자 ①빛깔이 달라짐. 감색(減色). ②(화가 나서) 얼굴빛이 달라짐. ③동물이 주위의 빛깔에 따라 몸빛을 바꿈.
변:색-병(變色病)[-뼝]명 엽록체의 감소나 다른 색소의 증가 등으로 꽃이나 잎의 빛깔이 달라지는 병. 〔위황병(萎黃病) 따위.〕
변:석(辯釋)명하타 일의 옳고 그름을 분명하게 풀어 밝힘.
변:석(辯析)명하타 일의 옳고 그름을 따지어 가림. 사리를 가리어 밝힘.
변:설(辨說)명하타 일의 옳고 그름을 분명하게 가려 설명함.
변:설(辯舌)명 입담 좋게 잘하는 말. 재치 있는 말솜씨. 변구(辯口).
변:설(變說)명하타 이제까지 자기가 주장해 오던 설(說)을 바꿈. ¶ 오류를 깨닫고 변설하다.
변성(邊城)명 변경에 있는 성.
변:성(變成)명하자되자 변하여 다르게 됨.
변:성(變性)명하자되자 ①성질이 달라짐, 또는 그 달라진 성질. ②천연 단백질이 물리적·화학적 자극을 받아 본디의 성질을 잃는 일. ③공업용 원료를 식용으로 유용(流用)하지 못하도록 다른 물질을 첨가하는 일. ④세포 또는 조직의 기능이 어떤 장애로 형태적인 변화를 일으키는 일.
변:성(變姓)명하자 다른 성(姓)으로 바꿈, 또는 그 바꾼 성.
변:성(變聲)명하자 목소리가 달라짐.
변:성^광:상(變成鑛床)명 변성 작용의 영향을 받아 본디의 광물 조성과는 다른 성질이 된 광상.
변:성-기(變成器)명 전자 유도 작용으로 한쪽 회로에서 받은 교류 전력을 변성하여 다른 쪽의 회로에 공급하는 전기 부품.
변:성-기(變聲期)명 (사춘기에 일어나는 생리 현상으로) 목소리가 달라지는 시기.
변:성-남자(變成男子)명 불교에서, '부처의 힘으로 여자가 남자로 바뀌어 태어나는 일'을 이르는 말. 〔여자는 성불(成佛)이 어려우므로 남자로 태어나 불법을 깨닫게 하기 위한 것이라고 함.〕
변:성남자-원(變成男子願)명 불교에서의 사십팔원(四十八願)의 하나. 여자가 부처를 믿어서 죽은 뒤에 남자의 몸으로 다시 태어나기를 바라는 소원.
변:성^매독(變性梅毒)명 성병(性病)의 한 가지. 병균에 감염된 후, 잠복기를 거쳐 수 년이나 수십 년 뒤에 그 증상이 나타나서 신경 계통을 침범하는 매독.
변:-성명(變姓名)명하타 성과 이름을 다른 것으로 바꿈, 또는 그 바뀐 성과 이름.
변:성^알코올(變性alcohol)명 소량의 메틸알코올이나 가솔린 등을 섞어, 그 독성이나 냄새 때문에 식용으로 쓸 수 없도록 한 에틸알코올.
변:성-암(變成岩)명 변성 작용으로 그 성질이나 조직이 바뀐 암석을 통틀어 이르는 말.
변:성^작용(變成作用)명 땅속에서, 암석이 새로운 온도나 압력 등의 영향으로 그 광물 조성이나 조직 따위가 바뀌는 일.
변:성-제(變性劑)명 어떤 물질의 성질이나 상태를 특정 용도에 맞게 변성시키기 위하여 첨가하는 약제.
변소(便所)명 대소변을 볼 수 있게 만들어 놓은 곳. 뒷간. 측간(廁間).
변:속(變速)명하자 속도를 바꿈.
변:속-기(變速機)[-끼]명 ☞변속 장치.
변:속^장치(變速裝置)[-짱-]명 (자동차 따위) 원동기에서 회전 속도나 회전력을 바꾸는 장치. 변속기.

변ː쇠(變衰)[-쇠/-쉐]명하자 변하여 쇠함.
변수(邊戍)명 변경을 지키는 일, 또는 변경을 지키는 사람.
변ː수(變數)명 ①수식 따위에서, 일정한 범위 안에서 여러 가지 수치로 변할 수 있는 수. ↔상수(常數)·항수(恒數). ②(어떤 정세나 상황 따위의) 가변적 요인. ¶ 변수로 작용하다.
변ː-스럽다(變-)[-따][~스러우니·~스러워]형ㅂ 일이 예사롭지 않고 이상하다. ¶ 무엇인지 변스러운 징조가 보인다.
변시명 〈옛〉 편수. ¶ 변시:餛飩(訓蒙中*20*).
변시(便是)부 (다른 것이 아니라) 이것이 곧. ¶ 벼슬을 사양하고 낙향하여 한운야학(閑雲野鶴)을 벗하여 소요하니, 변시 촌옹 야로라.
변ː시-증(變視症)[-쯩]명 물체가 이지러져 보이는 눈병.
변ː-시체(變屍體)명 변사(變死)한 시체.
변ː신(變身)명하자 몸이나 모습을 다르게 바꿈, 또는 그 바뀐 모습.
변ː신-술(變身術)명 변신하는 기술.
변ː심(變心)명하자 마음이 변함. ¶ 변심한 애인.
변심-거리(邊心距離)명 정다각형의 중심에서 변까지의 거리.
변-쓰다[~쓰니·~써]자 남이 모르게 암호로 말하다.
변ː씨-만두(卞氏饅頭)명 ☞편수2.
변ː압(變壓)명하타 압력을 바꿈.
변ː압-기(變壓器)[-끼]명 전자 유도 작용을 이용하여 교류의 전압이나 전류의 값 따위를 바꾸는 장치. 트랜스포머.
변ː양(變樣)명하타 모양을 바꿈.
변역(邊域)명 변경 지역. 변토(邊土).
변ː역(變易)명하자타 다르게 바뀜, 또는 다르게 바꿈. 변개(變改). 변경(變更).
변ː역(變域)명 함수에서, 변수가 취할 수 있는 값의 범위.
변ː역-생사(變易生死)[-쌩-]명 삼계(三界)의 윤회를 이미 벗어난 성자(聖者)가 성불(成佛)하기까지 받는 삼계 밖의 생사. 〔원(願)에 의한 생사이므로 육체나 수명이 자유자재로 변한다고 함.〕 참분단생사.
변연-대비(邊緣對比)명 나란히 놓인 두 가지 빛깔의 경계를 응시할 때, 그 경계를 따라서 뚜렷이 나타나는 색채 대비.
변ː온^동ː물(變溫動物)명 ☞냉혈 동물.
변옹(便癰)명 한방에서, 가래톳이 서서 멍울이 생기는 병을 이르는 말. 혈산(血疝).
변ː용(變容)명하자 사물의 형태나 모습이 바뀜, 또는 그 바뀐 형태나 모습. 변모(變貌).
변ː위(變位)명하자 물체가 그 위치를 바꿈, 또는 그 크기나 방향을 나타내는 양(量).
변ː위^기호(變位記號)명 ☞임시표.
변ː위^전ː류(變位電流)[-절-]명 외부 전계(電界)의 변위(變位)에 따라 유전체(誘電體) 속을 흐르는 전류. 전속 전류.
변ː음(變音)명 ①원음이 변하여 된 음. ②플랫(♭) 기호가 붙어 반음 내려간 음. ↔영음.
변읍(邊邑)명 변경에 외따로 떨어져 있는 고을.
변ː이(變異)명 ①매우 괴이한 일. 이변. ②하자 같은 종류의 생물의 개체가 어떤 사정으로 전혀 다른 성질이나 형상을 나타내는 일.
변ː이(變移)명하자 ☞변천(變遷).
변ː이^계ː수(變異係數)[-계-/-게-]명 표준편차를 평균값으로 나누어서 백분율로 나타낸 수.
변ː인(變因)명 성질이나 모습이 변하는 원인.
변자(邊子)명 물건의 가장자리에 대는 꾸미개.
변ː작(變作)명하타되자 ☞변조(變造).
변장(邊將)명 지난날, 첨사(僉使)·만호(萬戶)·권관(權管) 등을 통틀어 이르던 말.
변ː장(變裝)명하자 (본디 모습을 감추려고) 얼굴·옷차림·머리 모양 등을 고쳐서 다르게 꾸밈, 또는 그 다르게 꾸민 모습. ¶ 남자가 여자로 변장하다. /농군으로 변장한 모습.
변ː장-술(變裝術)명 변장하는 기술. ¶ 변장술에 능하다.
변재(邊材)명 통나무의 거죽 부분. 겉재목. ↔심재(心材).
변ː재(辯才)명 말재주. 말솜씨. 구재(口才).
변ː재(變災)명 뜻하지 않은 재앙.
변전(邊錢)명 ☞변돈.
변ː전(變轉)명하자되자 (사물이) 어떤 상태에서 다른 상태로 바뀌어 달라짐. ¶ 수시로 변전하는 국제 정세.
변ː전-소(變電所)명 발전소에서 보내오는 높은 교류의 전압을 낮추거나 정류(整流)하여 보내는 시설을 해 놓은 곳.
변ː절(變節)명하자 ①절개를 저버림. ¶ 충신으로 알려진 그의 변절은 뜻밖이었다. ②(내세워 오던) 주의나 주장을 바꿈. ¶ 개인의 영달(榮達)을 위해 변절하다. ③계절이 바뀜. 환절(換節).
변ː절-기(變節期)명 ☞환절기.
변ː절-자(變節者)[-짜]명 변절한 사람.
변ː정(辨正·卞正)명하타 사리를 따져서 일을 바로잡음.
변정(邊情)명 변경의 형편과 사정.
변ː정-원(辨定院)명 조선 시대에, 노예에 관한 문서를 보관하고 송사(訟事)를 처리하던 관아.
변ː제(辨濟)명하타 ☞변상(辨償).
변ː제(變除·變制)명하타 소상(小祥)을 마친 뒤에 상복을 빨고 수질(首絰)을 벗음, 또는 대상(大祥)을 마친 뒤에 상복을 벗음.
변ː조(遍照)명하타 부처의 광명이 온 세상과 사람의 마음을 두루 비침.
변ː조(變造)명하타 ①(이미 만들어진 물체를) 손질하여 고쳐 만듦. 변작(變作). ②(문서나 유가 증권 따위의) 형태나 내용을 다르게 고침. ¶ 수표를 변조하다. 참위조(僞造).
변ː조(變潮)명 바뀌어 가는 사조(思潮).
변ː조(變調)명하타되자 ①상태가 바뀜, 또는 상태를 바꿈. ¶ 변조를 일으키다. ②고주파 지속 전류의 진폭이나 주파수·위상(位相) 따위를 신호로 변화시킴. ¶ 주파수 변조. ③☞전조(轉調).
변ː조-관(變調管)명 변조 작용을 하는 진공관.
변ː조-기(變調器)명 변조 작용을 하는 장치.
변ː조^어음(變造-)명 서명(署名) 이외의 어음 문언(文言)을 거짓으로 변조한 어음.
변ː조^요법(變調療法)[-뻡]명 인체에 어떤 자극을 주어 변화를 일으킴으로써 저항력을 높이고 병을 고치는 요법.
변ː조^화ː폐(變造貨幣)[-폐/-페]명 (천 원권을 만 원권으로 고치는 등) 부정하게 변조한 화폐.
변족(邊族)명 문벌(門閥)이 좋은 집안 중에서 쇠퇴한 일가.
변ː종(變種)명 ①생물에서, 같은 종(種)이면서도 보통 것과 다른 것. ②'성질이나 언행 등이 남과 별나게 다른 사람'을 속되게 이르는 말.
변ː주(變奏)명하타 어떤 주제를 바탕으로 하여, 그 리듬이나 선율·화성 따위를 여러 가지로 바꾸어 연주함, 또는 그 기법.

변ː주-곡(變奏曲)명 어떤 주제를 바탕으로, 그 리듬이나 선율·화음 따위에 다양한 변화를 주어서 새로 만든 악곡. 베리에이션.
변죽(邊-)명 그릇이나 과녁 따위의 가장자리.
변죽(을) 울리다관용 바로 집어 말하지 않고, 상대가 알아챌 수 있을 정도로 에둘러서 말하다.
변죽-울림(邊-)명 에둘러서 주는 암시.
변ː증(辨證)명하타 ①변별(辨別)하여 증명함. ②직각(直覺) 또는 경험에 의하지 아니하고, 개념을 분석하여 사리를 연구하는 일.
변ː증(變症)[-쯩]명 이랬다저랬다 하며 자꾸 변하는 병증(病症).
변ː증-법(辨證法)[-뻡]명 ①그리스 철학에서, 진리에 이르기 위한 수단으로서의 문답법(問答法). ②헤겔 철학에서, 유동 변화하는 현실을 동적(動的)으로 파악하여 그 모순·대립〔正反〕의 의의를 인정하려는 사고법(思考法). 하나의 사물〔定立〕이 그 발전 과정에서 스스로의 내부에 존재하는 모순으로 말미암아 자신을 부정하는 것〔反定立〕이 생기고, 다시 이 모순을 스스로 지양〔止揚〕함으로써 보다 높고 새로운 것〔總合〕에 이르게 된다는 논리.
변ː증법적 발전(辨證法的發展)[-뻡쩍빨쩐] 자기 모순을 지양함으로써 이루어지는 진전.
변ː증법적 유물론(辨證法的唯物論)[-뻡쩍-] 마르크스·엥겔스의 세계관으로, 자연과 사회의 역사적 발전을 물질적 존재의 변증법적 발전으로 설명하는 이론. 유물 변증법.
변지(胼胝)명 ☞못3.
변지(邊地)명 ①변두리의 땅. ②☞변경(邊境).
변진(邊鎭)명 변경을 지키는 군영(軍營).
변ː질(變質)명하자되자 물질이나 사물의 성질이 바뀜. ¶ 노여움이 살기(殺氣)로 변질하다./변질된 우유.
변ː질-자(變質者)[-짜]명 (정신 작용이 바르지 않아) 병적으로 성격이 이상한 사람.
변ː채(變彩)명 광물(鑛物)에 광선을 비추고 광물의 방향을 바꾸면, 바뀔 때마다 무지갯빛이 번쩍이며 변하는 현상.
변ː천(變天)명 구천(九天)의 하나. 동북쪽 하늘.
변ː천(變遷)명하자되자 (세월이 흐르는 동안에) 변하여 달라짐. 변이(變移). ¶ 우리말의 변천.
변ː체(變體)명하자타 본디의 모양이나 체재가 바뀌거나 그것을 바꿈, 또는 변하여 달라진 모양이나 체재. 〔주로, 서체(書體)를 말할 때 쓰임.〕 이체(異體).
변체-문(駢體文)명 ☞변려문(騈儷文).
변ː출불의(變出不意)[-부릐/-부리]명하자 생각지도 않은 괴이한 일이 일어남.
변ː치(變置)명하타 ①다른 것으로 바꾸어 놓음. ②소임을 다하지 못한 관리를 다른 사람으로 바꿈.
변ː칙(變則)명하자 보통의 규칙이나 원칙에서 벗어나 달라짐, 또는 그런 형태나 형식. 변격(變格). ¶ 변칙 운영. ↔정칙(正則).
변ː칙^동ː사(變則動詞)[-똥-]명 ☞불규칙 동사.
변ː칙^용ː언(變則用言)[-칭뇽-]명 ☞불규칙 용언(不規則用言).
변ː칙^형용사(變則形容詞)[-치켱-]명 ☞불규칙 형용사.
변ː칙^활용(變則活用)[-치콰룡]명 ☞불규칙 활용.
변ː침(變針)명하자 배가 침로(針路)를 바꿈.
변ː칭(變稱)명하타 명칭을 바꿈, 또는 바뀐 그 명칭.
변ː탈(變脫)명하자타 방사성 원소가 방사선을 내어서 다른 원소로 변화함.
변탕(邊鐋)명 목재의 가장자리를 곧게 밀어 내거나 모서리를 턱지게 깎아 내는 대패.
변ː태(變態)명 ①모습이 변하는 일, 또는 그 변한 모습. ②식물의 줄기·잎·뿌리 등이 보통과는 아주 다른 형태로 변하는 일. ③하자 동물이 알에서 부화하여 성체(成體)가 되기까지 여러 가지 형태로 변하는 일. 탈바꿈. ¶ 누에가 번데기로 번데기가 성충으로 변태하다. ④〈변태 성욕〉의 준말.
변ː태-경(變態莖)명 어떤 특수 작용을 하기 위하여 형태가 변화된 식물의 줄기. 〔덩굴손이나 연근 따위.〕
변ː태-근(變態根)명 어떤 특수 작용을 하기 위하여 형태가 변화된 식물의 뿌리. 〔저장뿌리·공기뿌리 따위.〕
변ː태^성ː욕(變態性慾)명 본능의 이상(異常)이나 정신의 이상으로 나타나는 변질된 성욕. 〔사디즘·마조히즘 따위.〕 성도착. 준변태.
변ː태^심리(變態心理)[-니]명 정신의 장애나 이상(異常)으로 일어나는 심리.
변ː태^심리학(變態心理學)[-니-]명 심리학의 한 분야. 이상 심리 소유자의 심리 상태를 연구 대상으로 함. 이상 심리학.
변ː태^호르몬(變態hormone)명 곤충이 변태를 하는 데 필요한 호르몬.
변토(邊土)명 ☞변역(邊域).
변통(便通)명 변비로 잘 나오지 않던 똥이 잘 나오는 일.
변통(便痛)명 (흔히 변비증 따위로 말미암아) 똥을 눌 때에 일어나는 아픈 증세.
변ː통(變通)명하타되자 ①그때그때의 상황에 따라 융통성 있게 일을 처리함. ②(돈이나 물건을) 돌려 씀. ¶ 여비를 변통하다./이러고만 있을 게 아니라 돈을 변통해 냅시다.
변ː통-성(變通性)[-썽]명 이리저리 변통하는 성질, 또는 그런 주변. 탄력성. ¶ 고지식하기만 하여 도무지 변통성이 없다.
변ː통-수(變通數)[-쑤]명 변통하는 방법이나 수단. ¶ 아무리 생각해도 뾰족한 변통수가 없네.
변폐(便閉)[-폐/-페]명하자 한방에서, '똥이 막히어 나오지 않는 증세'를 이르는 말.
변폭(邊幅)명 ①올이 풀리지 않게 짠, 피륙의 가장자리 부분. 식서(飾緖). ②하타 겉치레를 휘갑쳐서 꾸미는 일. ②표폭(表幅).
변ː풍(變風)명 정통적·정상적이 아닌 문학 풍조.
변ː-하다(變-)자여 전과 달라지거나 딴것으로 되다. ¶ 마음이 변하다./10년이면 강산도 변한다.
변ː한(弁韓)명 삼한(三韓)의 하나. 한반도의 남쪽에 위치한 십여의 군장(君長) 국가로 이루어졌던 나라로, 뒤에 신라에 병합됨. 가라한(駕羅韓).
변ː한-말(變-)명 변하여 된 말.
변ː함-없다(變-)[-하멉따]형 달라짐이 없다. 그대로다. ¶ 변함없는 우정. **변함없-이**부.
변해(邊海)명 ①뭍에서 가까운 바다. ②아득히 먼 곳의 바다.
변ː해(辯解)명하타 잘 설명하여 밝힘.
변-향부(便香附)명 한방에서, '어린 사내아이의 오줌에 오래 담가 두었다가 꺼낸 향부자(香附子)'를 약재로 이르는 말.
변ː혁(變革)명하타되자 (사회나 제도 등을) 근본적으로 바꾸어 아주 달라지게 함. 개변(改變). 혁2. ¶ 인터넷이 생활의 일대 변혁을 일으켰다.

변혈(便血)명 대변에서 섞여 나오는 피.

변혈-증(便血症)[-쯩]명 대변에 피가 섞여 나오는 증세.

변ː형(變形)명하자타되자 ①모양이 달라지거나 달라지게 함, 또는 그 달라진 모양. ¶ 목재는 건조 과정에서 변형이 올 수 있다. ②탄성체(彈性體)가 형체나 용적을 바꾸는 일.

변ː형-균(變形菌)명 마른 나무나 마른 잎에 번식하여 아메바 모양의 운동을 하는 균류.

변ː형-능(變形能)명 〔공업 용어로〕 재료가 변형될 수 있는 한도.

변ː형^생성^문법(變形生成文法)[-뻡]명 ☞생성 문법.

변ː형-엽(變形葉)[-녑]명 보통의 잎의 기능과 크게 다른 작용을 하도록 형태가 변한 잎. 〔저장엽(貯藏葉)·엽침(葉針)·권수(卷鬚) 따위.〕

변ː호(辯護)명하타 ①그 사람에게 유리하도록 주장하여 도와줌. ¶ 친구를 변호하다. ②법정에서 변호인이 검사의 공격으로부터 피고인의 처지를 해명하고 옹호함. ¶ 변호를 맡다.

변ː호-권(辯護權)[-꿘]명 형사 소송법상 피고인이나 피의자의 이익을 보호하기 위하여 행하는 권리.

변ː호-사(辯護士)명 법률에 규정된 자격을 가지고 소송 당사자의 의뢰 또는 법원의 선임(選任)에 의하여, 소송 사무나 기타 일반 법률 사무를 행하는 것을 업으로 하는 사람.

변ː호-인(辯護人)명 형사 피고인의 변호를 맡은 변호사.

변ː화(變化)명하자되자 사물의 모양·성질·상태 등이 달라짐. ¶ 시대적 변화에 대응하다.

변ː화-구(變化球)명 야구의 투구나 배구의 서브 등에서, 진행 방향이 휘거나 뚝 떨어지거나 하여 변화하는 공.

변ː화^기호(變化記號)명 ☞변화표.

변ː화-난측(變化難測)명하형 변화가 몹시 심하여 이루 헤아리기 어려움.

변ː화-무궁(變化無窮)명하형 변화가 한없이 많음.

변ː화-무상(變化無常)명하형 변화가 많거나 심하여 종잡을 수 없음.

변ː화-무쌍(變化無雙)명하형 변화가 더할 수 없이 많거나 심함.

변ː화-법(變化法)[-뻡]명 문장 수사법의 한 가지. 단조로움을 없이 하여 문장에 생기 있는 변화를 주기 위한 표현 수법. 〔도치법·인용법·경구법·대구법 등이 이에 딸림.〕

변ː화불측(變化不測)명하형 변화가 심하여 이루 헤아릴 수 없음.

변ː화-신(變化身)명 부처 삼신(三身)의 하나로, 중생 제도(衆生濟度)를 위하여 여러 가지로 변신한 불신(佛身). 화신(化身).

변ː화-토(變化土)명 삼불토(三佛土)의 하나. 응신불(應身佛)이 사는 불토.

변ː화-표(變化標)명 악곡에서, 본디의 음에 반음계적 변화를 주기 위하여 쓰는 표. 올림표·내림표·겹올림표·겹내림표 따위가 있음. 변화기호.

변환(邊患)명 변방(邊方)에서 생기는 근심. 〔외적의 침입이나 반란 따위.〕

변ː환(變幻)명하자 갑자기 나타났다 사라졌다 하는 일. 출몰이나 변화가 종잡을 수 없이 빠름을 이르는 말. ¶ 변환 자재(自在).

변ː환(變換)명하자타 ①(어떤 사물이) 전혀 다른 사물로 변하여 바뀜, 또는 바꿈. ¶ 열에너지를 전기 에너지로 변환하다. ②수학에서, 하나의 좌표계(座標系)로 표시된 공간의 점의 위치 따위를 다른 좌표계로 나타내는 일. ③물리학에서, 어떤 핵종(核種)이 다른 원소의 핵종으로 바뀌는 일.

볃[1]명 〈옛〉 볕. ¶ 볃 양:陽(訓蒙下*1*).

볃[2]명 〈옛〉 볏[2]. ¶ 볃 화:鏵(訓蒙中*17*).

별ː명 ①태양·지구·달을 제외한 천체. 〔넓은 뜻으로는 모든 천체를 가리키고, 좁은 뜻으로는 항성(恒星)만을 가리킴.〕 성두(星斗). ②'별을 도안화한 모양'을 가리키는 말. ¶ 별을 오리다. ③'장성(將星) 급의 직위나 그 직위에 있는 사람'을 속되게 이르는 말. ¶ 별을 달다.

별 겯듯 하다관용 별이 총총 박히듯 하다. ¶ 창검(槍劍)이 별 겯듯 한 적진 속으로 뛰어들다.

별(別)관 보통과 다른. ¶ 별 이상한 소리를 다 듣겠구나.

-별(別)접미 《일부 명사 뒤에 붙어》 '구별'·'나뉨'의 뜻을 나타냄. ¶ 능력별. /직업별.

별가(別家)명 ①딴 집. 별택(別宅). ②작은집. 소실의 집.

별가(別駕)명 ①고려 시대에, 중추원의 이속(吏屬). ②조선 시대에, 승정원의 서리(書吏).

별-가락(別-)명 보통의 가락과 다른 가락.

별간(別間)명 ☞별실(別室).

별-간장(別-醬)명 ☞손님장.

별-간죽(別間竹)명 특별히 잘 만든 담배설대.

별감(別監)명 〔조선 시대〕 ①나라에서 조사·감독 등의 일로 지방에 보내던 임시 벼슬. ②액정서(掖庭署)의 예속(隸屬)의 하나. ③유향소(留鄕所)의 좌수(座首)의 버금 자리. ④남자 하인끼리 서로 부르던 존칭.

별갑(鼈甲)명 한방에서, '자라의 등딱지'를 이르는 말. 〔학질·한열(寒熱)·적취(積聚) 등의 약으로 쓰임.〕

별강(別講)명 지난날, 임금이 하루에 두 차례씩 참찬관(參贊官) 이하의 벼슬아치들에게 글을 강론하던 일.

별개(別個)명 (어떤 것에) 함께 포함시킬 수 없는 것. 딴것. ¶ 별개의 문제.

별-거(別-)명 '별것'을 구어적으로 이르는 말. ¶ 별거 아니니 신경 쓰지 마.

별거(別居)명하자 (부부 또는 한가족이) 따로 떨어져 삶. 딴살림을 함. ¶ 오랫동안 아내와 별거하다. ↔동거(同居).

별-걱정(別-)[-쩡]명 공연한 걱정. 쓸데없는 걱정. 별난 걱정. ¶ 별걱정을 다 하시는군요.

별건(別件)[-껀]명 ①보통 것과는 매우 다르게 된 물건. ②별개의 건(件). ③〈별사건〉의 준말.

별-건곤(別乾坤)명 (사람이 사는 세계라고는 생각할 수 없는) 별천지. 별세계.

별건^체포(別件逮捕)[-껀-]명 어떤 사건의 용의자로 체포해야 할 경우에, 그 사건에 대한 유력한 증거를 확보하지 못했을 때, 우선 다른 혐의로 체포하는 일.

별검(別檢)명 조선 시대에, 전설사(典設司)의 종팔품 벼슬이나 빙고(氷庫)·사포서(司圃署)의 정팔품 벼슬.

별-것(別-)[-걷]명 ①별난 것. ¶ 소문만 요란했지 실지로 가 보니 별것 아니더라. ②다른 것. ¶ 이 문제는 그것과는 별것이다. *별것이[-거시]·별것만[-건-]

별게(別揭)명하타 따로 게시함. ¶ 자세한 내용은 별게한 안내문을 참조하시오.

별격(別格)[-껵]명 보통의 격식과는 다른 격식. 별다른 격식.

별견(瞥見)명하타 흘끗 봄. 대강 훑어봄.
별고(別故)명 ①특별한 사고. 별다른 탈. ¶ 그 사이 별고 없는가? ②다른 까닭. ¶ 별고가 있어서 온 것이 아니고, 그저 궁금하여 왔다네.
별고(別庫)명 (소중한 물건을 넣어 두기 위하여) 특별히 따로 만든 곳집.
별곡(別曲)명 〔중국식 한시(漢詩)에 대하여 독특한 가락이라는 뜻으로〕 우리나라의 '가사(歌辭)'를 이르는 말. 〔관동별곡·청산별곡 따위.〕
별곤(別棍)명 특별히 크게 만든 곤장.
별공(別貢)명 고려 시대에, 공물로 받던 특별한 토산물.
별관(別館)명 본관 외에 따로 지은 건물.
별-구경(別-)명 별다른 구경. 쉽게 할 수 없는 구경. ¶ 별구경을 다 해 보는군.
별-구청(別求請)명 지난날, 사신이 외국에 나갈 때 거쳐가는 지방 관아에서 관례로 받던 여비 외에 따로 더 청하던 여비.
별군(別軍)명 본군(本軍) 이외의 별개의 군대.
별-군직(別軍職)명 조선 시대에, 별군직청(別軍職廳)에 딸린 무관 벼슬. 왕의 호위와 벼슬아치 적간(摘奸)의 일을 맡아보았음.
별궁(別宮)명 ①왕이나 왕세자의 혼례 때 왕비나 세자빈을 맞아들이던 궁전. ②특별히 따로 지은 궁.
별-궁리(別窮理)[-니]명 다른 궁리. 별의별 궁리. ¶ 별궁리를 다 해 보아도 별로 신통한 방법이 없다.
별기(別記)명하타 본문에 덧붙여 따로 적음, 또는 그 기록.
별기-군(別技軍)명 조선 고종 18(1881)년에 조직한 우리나라 최초의 신식 군대. 일본인 교관을 채용하여 사관 생도를 양성하고 군사 훈련을 시켰음.
별ː-꼭지[-찌]명 썩 작게 만들어 붙인 연의 꼭지, 또는 그런 꼭지를 붙인 연.
별-꼴(別-)명 별나게 눈에 거슬리어 보이거나 아니꼬운 꼴. ¶ 참, 별꼴 다 보겠네.
별ː-꽃[-꼳]명 석죽과의 이년초. 산이나 길가에 절로 나는데, 줄기 높이는 10~30 cm. 줄기 아래에 많은 가지를 쳐서 마치 덩굴처럼 보임. 5~6월에 하얀 다섯잎꽃이 줄기 끝에 핌. 민간에서 최유제(催乳劑)로 씀. *별ː꽃이[-꼬치]·별ː꽃만[-꼰-]
별-나다(別-)[-라-]형 보통 것과 매우 다르다. 별하다. ¶ 성질이 별나다. /별난 짓만 골라 하네.
별ː-나라[-라-]명 어느 한 별, 또는 별들이 모여 있는 세계를 지구와 같은 인간 세계로 여기어 이르는 어린이 말. ¶ 이 동화는 별나라에서 지구로 온 외계인 이야기다.
별납(別納)[-랍]명하타 ①정식으로 바치는 것 외에 따로 더 바침. ②한데 껴서 바치지 아니하고 따로따로 바침. ③다른 방법으로 요금을 치름. ¶ 우편 요금 별납.
별-놈(別-)[-롬]명 ①(성질이나 언행 따위가) 별난 놈. ¶ 세상에 별놈 다 보겠네. ②여러 가지 이상한 것. 《주로, '별놈의'의 꼴로 쓰임.》 ¶ 살다보니 별놈의 소리를 다 듣는구나.
별-다례(別茶禮)명 명절이나 삭망(朔望) 외에 특별한 일이 있을 때 지내는 다례.
별-다르다(別-)[~다르니·~달라]형르 유난히 다르다. 평상시와 다르다. ¶ 집안에 별다른 일은 없느냐?
별단(別單)[-딴]명 지난날, 임금에게 올리던 문서에 덧붙이는 문서나 명부(名簿).
별단^예ː금(別段預金)[-딴네-]명 (정기 예금·보통 예금·당좌 예금 등과는 달리) 고객으로부터 의뢰받은 일시적 자금을 처리하기 위하여 설치한 잡종 예금.
별달리(別-)부 별다르게. ¶ 음악에 별달리 흥미가 없다.
별당(別堂)[-땅]명 ①몸채의 곁이나 뒤에 따로 떨어지게 지은 집. ②절에서, 주지나 경스승 같은 이가 거처하는 방.
별대(別隊)[-때]명 본대(本隊) 밖에 따로 독립되어 있는 부대.
별도(別途)[-또]명 ①딴 방도나 방면. ¶ 별도의 수입. ②딴 용도. ¶ 별도로 쓸 데가 있는 돈.
별-도리(別道理)명 별다른 방법. 달리 쓸 수 있는 방도. ¶ 별도리 없이 물러나다.
별동(別棟)[-똥]명 따로 떨어져 있는 집채.
별동-대(別動隊)[-똥-]명 (특별 임무를 띠고) 본대와는 독립해서 행동하는 부대. 비특공대.
별ː-똥명 ☞유성(流星).
별ː똥-돌명 ☞운석(隕石).
별ː똥-별명 ☞유성(流星).
별-뜨기(別-)명 대한 제국 때, '별순검(別巡檢)'을 달리 이르던 말.
별러-주다타 몫으로 나누어 주다.
별로(別路)명 ①남과 헤어져 떠나는 길. 이별하는 길. ②다른 길.
별-로(別-)부 《'아니하다'·'없다'·'못하다' 따위의 부정의 말을 뒤따르게 하여》 '그다지'·'별반'등의 뜻을 나타냄. ¶ 요즘은 별로 바쁘지 않다.
별록(別錄)명 따로 만든 기록.
별루(別淚)명 이별을 슬퍼하여 흘리는 눈물.
별리(別離)명하자 ☞이별(離別).
별-말(別-)명 별다른 말. 뜻밖의 말. 별소리. ¶ 그래, 고맙다는 말 외에 별말은 없더냐?/이 사람, 별말을 다 하네. 높별말씀.
별-말씀(別-)명 〈별말〉의 높임말.
별-맛(別-)[-맏]명 ①별다른 맛. 유별난 맛. ¶ 철 지난 과일은 비싸기만 하고 별맛이 없다. ②☞별미(別味). *별맛이[-마시]·별맛만[-만-]
별명(別名)명 본이름 외에 그 사람의 성격·용모·태도 따위의 특징을 따서 남이 지어 부르는 이름. 닉네임. 별칭. ↔본명.
별명(別命)명 다른 명령. 별도의 명령.
별묘(別廟)명 왕실에서, 사친(私親)의 신주를 모시던 사당.
별무-가관(別無可觀)명하형 특별히 볼 만한 것이 없음. ¶ 소문과는 달리 별무가관이다.
별ː-무늬[-니]명 별 모양을 본떠서 꾸민 무늬.
별-무반(別武班)명 고려 숙종 때 편성된 군대의 이름. 윤관(尹瓘)이 여진을 치기 위하여 기병(騎兵)을 중심으로 만들었음.
별무-신통(別無神通)명하형 별로 신통할 것이 없음.
별-문서(別文書)명 조선 시대에, 서울의 각 방(坊)에서 호적 따위 공공 사무를 맡아보던 사역(使役)의 한 가지.
별문석(別紋席)명 별난 꽃무늬를 놓아서 짠 돗자리.
별-문제(別問題)명 ①딴 문제. 갈래가 다른 문제. ¶ 이것과 그것은 별문제이다. ②별난 문제. 별의별 문제. ¶ 먹고사는 데 별문제 없다.
별물(別物)명 ①보통이 아닌 특별한 것. ②〈별사람〉의 속된 말.
별미(別味)명 특별히 좋은 맛, 또는 그런 음식. 별맛. ¶ 이 고장은 비빔밥이 별미다.

별미-쩍다(別味-)[-따]형 말이나 행동이 상황에 어울리지 않게 멋없다. ¶ 난처한 질문에 별미쩍게 씩 웃고 말았다.

별ː-박이[1]명 높이 떠올라서 아주 조그맣게 보이는 연.

별ː-박이[2]명 이마에 흰 점이 있는 말. 백전(百顚). 적로마(馰盧馬).

별ː-박이[3]명 살치 끝에 붙은 쇠고기. 〔쇠고기 중에서 가장 질김.〕

별반(別飯)명 ☞별밥.

별반(別般) Ⅰ명 보통과 다름. 별양(別樣). ¶ 별반 사건.
Ⅱ부 《주로 '아니하다'·'없다'·'못하다'·'모르다' 따위 부정의 말과 함께 쓰이어》 '그다지'·'특별하게'의 뜻을 나타냄. 별양(別樣). ¶ 공장 규모가 별반 크지 않다. /품질이 별반 좋은 줄 모르겠다.

별반-거조(別般擧措)명 보통과 다른 행동. 따로 취하는 조처.

별반-조처(別般措處)명 특별히 다르게 하는 조처.

별-밥(別-)명 (콩·팥 같은 것을 넣어) 보통 밥과 다르게 지은 밥. 별반(別飯).

별방(別房)명 ☞작은집. 첩(妾).

별배(別杯)명 이별의 술잔.

별배(別陪)명 지난날, 벼슬아치의 집에서 사사로이 부리던 하인.

별-배달(別配達)명 〈별배달우편〉의 준말.

별배달-우편(別配達郵便)명 통상 배달 시간 외에도 특별한 배달인에 의하여 배달하는 우편 제도의 한 가지. 등기·속달·소포 등의 특수 우편물이 이에 해당함. 준별배달.

별-배종(別陪從)명 지난날, 임금의 거둥에 배종(陪從)하던 임시 벼슬. 〔한직(閑職)에 있는 문관이 임명되었음.〕

별-백지(別白紙)[-찌]명 품질(品質)이 아주 좋은 백지.

별법(別法)[-뻡]명 ①딴 방법. ②별난 법. ③불교에서 이르는 보편적인 가르침이 아닌, 방편(方便)에 따른 가르침.

별별(別別)관 별의별. 온갖. 가지가지. ¶ 오래 살다 보니 별별 이야기를 다 듣는군.

별보(別報)명 딴 보고. 특별한 소식.

별-복정(別卜定)[-쩡]명 지난날, 지방의 산물을 정해 놓은 양 외에 중앙이나 각 지방 관아에 더 바치던 일.

별본(別本)명 ①별도로 된 책이나 문서. ②보통의 것과 다른 모양이나 본새.

별봉(別封)명하타 ①따로 싸서 봉함, 또는 그런 편지. ②지난날, 지방 벼슬아치가 그 지방 산물을 정례(定例)로 중앙 관아에 바칠 때에, 거기에 다시 웃짐을 덧붙여 보내던 일.

별부(別付)명 지난날, 왕실에서 특별히 중국에 물건을 주문하던 일.

별부(別賦)명 이별을 주제로 한 시가(詩歌).

별비(別備)명 ①특별한 준비. ②굿을 할 때, 무당에게 목돈 외에 따로 더 주는 돈.

별ː-빛[-삗]명 별의 반짝이는 빛. 성광(星光). 성망(星芒). ¶ 희미한 별빛. *별ː빛이[-삐치]·별ː빛만[-삔-]

별사(別使)[-싸]명 ①특별한 임무를 띤 사신. ②따로 보내는 사신.

별사(別事)[-싸]명 딴 일. 특별한 일.

별사(別辭)[-싸]명 ①이별의 말. ②그 외의 말.

별-사건(別事件)[-껀]명 ①특별한 사건. ②관련이 없는 딴 사건. 준별건(別件).

별-사람(別-)명 보통과 다른 사람. 생김새나 언행 따위가 별난 사람. 별인(別人). ¶ 돈이 싫다니, 별사람 다 보겠네.

별사-배달(別使配達)[-싸-]명 특별히 따로 사람을 시켜서 배달하는 일.

별산-제(別産制)[-싼-]명 부부가 따로따로 재산을 소유하는 제도.

별-생각(別-)명 ①별다른 생각. ¶ 별생각 없이 한 말이니까 오해하지 마시오. ②별별 생각. ¶ 약속 시각이 지나자 별생각이 다 들었다.

별서(別墅)[-써]명 (자기네) 농장 가까이에 별장처럼 따로 지은 집.

별석(別席)[-썩]명 ①따로 마련한 자리. ②특별히 잘 마련하여 베푼 자리. ¶ 별석을 차리다.

별선(別扇)[-썬]명 특별히 잘 만든 부채.

별선(別選)[-썬]명하타되자 ①특별히 따로 뽑음. ②지난날, 사정(射亭)의 임원을 다시 뽑을 때, 적임자가 없으면 다른 사정의 사람을 골라서 정하던 일.

별선^군관(別選軍官)[-썬-]명 조선 시대에, 대전(大殿)을 지키던 군관. 특별히 뽑힌 장사들로 조직하였음.

별설(別設)[-썰]명하타 특별히 따로 마련함.

별성(別星)[-썽]명 ①☞봉명 사신. ②〈호구별성〉의 준말.

별성-마마(別星媽媽)[-썽-]명 〈호구별성〉의 높임말. 준마마(媽媽)[1].

별성-행차(別星行次)[-썽-]명 지난날, 봉명 사신(奉命使臣)의 행차를 이르던 말.

별세(別世)[-쎄]명하자 〔세상을 하직한다는 뜻으로〕'죽음'을 높이어 이르는 말. 기세(棄世). ¶ 여든 살을 일기로 별세하시다.

별-세계(別世界)[-계/-게]명 ①인간이 살고 있는 세계와는 다른, 딴 세계. ②속세와는 매우 다른 좋은 세계. 별천지. 별건곤. 별유천지. ③자기가 있는 곳과는 아주 다른 환경이나 사회.

별-세초(別歲抄)명 지난날, 죄인에 대한 사면(赦免)이 있을 때 해당자의 이름을 뽑아서 임금에게 보고하던 일.

별소^금ː지주의(別訴禁止主義)[-쏘-의/-쏘-이]명 동일한 사건에 관계되는 소송이 여러 번 제기되는 것을 막기 위하여 그 소송에 딸린 모든 문제를 함께 제기하도록 하고, 이후에는 제기할 수 없도록 하자는 주의.

별-소리(別-)명 별말. ¶ 듣자 듣자 하니, 나중엔 별소리를 다 하는군.

별송(別送)[-쏭]명하타 따로 보냄. ¶ 책값은 별송하겠습니다.

별-수(別-)[-쑤]명 ①《주로 '있다'·'없다'와 함께 쓰이어》 별다른 방법. 뾰족한 묘방. ¶ 친구와 의논했으나 별수가 없었다. /그 사람이라고 별수 있겠어? ②여러 가지 방법. 별의별 수단. ¶ 별수를 다 써 보았다.

별수(別數)[-쑤]명 특별히 좋은 운수. ¶ 그렇게 기다리고만 있으면 무슨 별수라도 생길 줄 아느냐?

별-수단(別手段)명 ①별다른 수단. 뾰족한 꾀. ¶ 너라고 별수단 있겠느냐? ②별의별 수단.

별순(別巡)[-쑨]명하자 특별히 순행(巡幸)함, 또는 그 순행.

별-순검(別巡檢)명 대한 제국 때, 제복을 입지 않고 사찰 업무에 종사하던 순검.

별-스럽다(別-)[-따][~스러우니·~스러워서]형ㅂ 보기에 별다르다. 여느 때와 다르게 이상하다. 별나다. ¶ 초가을에 눈이 오다니 참 별스럽구나. **별스레**뷔 ¶ 올해는 별스레 비가 많이 내렸다.

별시(別時)[-씨]명 서로 헤어질 때.

별시(別試)[-씨]명 조선 시대에, 나라에 경사가 있을 때나 병년(丙年)마다 보이던 과거.

별ː-시계(-時計)[-계/-게]명 별의 위치로 시각을 짐작하던, 고대 자연 시계의 하나.

별식(別式)[-씩]명 별다른 방식. 별의별 방식.

별식(別食)[-씩]명 (일상 먹는 음식이 아닌) 색다른 음식.

별ː-신(-辰)명 ☞별진.

별신-굿(別神-)[-씬꾿]명하자 ①남부 지방에서 어민들이 하는 굿. ②서울 근방에서 무당이 하는 굿. *별신굿이[-씬꾸시]·별신굿만[-씬꾼-]

별신-대(別神-)[-씬때]명 별신굿을 할 때 세우는 신장대.

별실(別室)[-씰]명 ①딴 방. 별간(別間). ¶ 별실에서 따로 만나다. ②☞작은집.

별안-간(瞥眼間)명 〔눈 깜박하는 동안이란 뜻으로〕 갑작스럽고 아주 짧은 동안. ¶ 별안간에 일어난 일이라 영문을 모르겠다.

별양(別樣)Ⅰ명 ☞별반(別般).
Ⅱ부 ☞별반(別般).

별-연죽(別煙竹)명 특별히 잘 만든 담뱃대.

별영(別營)명 조선 시대, 친군영(親軍營)의 하나. 고종 21년에 세워, 25년에 총어영(摠禦營)이라 고쳐 부름.

별영-색(別營色)명 조선 시대, 호조의 한 부서. 공물(貢物)의 값을 치르는 일과 훈련도감에 딸린 군사에 대한 급료 지급의 일을 맡아보았음.

별옴둑가지-소리(別-)[-까-]명 별의별 괴상한 소리. ¶ 별옴둑가지소리를 다 하는군.

별원(別院)명 ①절의 칠당(七堂) 이외에 중이 거처하기 위하여 지은 건물. ②본사(本寺)에 딸린, 따로 지은 조그만 절.

별원(別願)명 부처나 보살이 각각 개별적으로 세운 서원(誓願). 〔아미타불의 48원(願), 약사불의 12원 등.〕 ↔총원(總願).

별유(別諭)명 임금이 특별히 내리는 유고(諭告)나 유지(諭旨).

별-유사(別有司)명 지난날, 서울의 각 방(坊)에서 호적과 그 밖의 공공사무를 맡아보던 사역(使役)의 한 가지.

별유-천지(別有天地)명 ☞별세계. ¶ 가지 위에 두견새는 불여귀(不如歸)로 화답하니 별유천지 비인간(非人間)이라(鼈主簿傳).

별유-풍경(別有風景)명 세상에서 흔히 볼 수 없는 썩 좋은 경치.

별은(別銀)명 '황금(黃金)'을 달리 이르는 말.

별의(別意)[벼릐/벼리]명 ①딴 뜻. 딴 생각. 타의(他意). ¶ 뭐 별의가 있어서 하는 말은 아닐세. ②작별을 아쉬워하는 마음.

별의-별(別-別)[벼릐-/벼레-]관 가지가지로 별다른. 별별(別別). ¶ 서가에는 별의별 책들이 다 꽂혀 있다.

별ː-이끼명 별이끼과의 일년초. 습지에 나며, 줄기는 여러 갈래로 갈라져 땅 위로 뻗는데, 높이는 5 cm가량. 봄에서 가을에 걸쳐 연한 녹색의 꽃이 핌. 세계 각지에 널리 분포함.

별인(別人)명 ①별사람. ②딴 사람.

별-일(別-)[-릴]명 ①별다른 일. ¶ 별일 없이 지내다. ②드물고 이상한 일. ¶ 살다 보니 별일을 다 겪는군.

별-입시(別入侍)[-씨]명하자 지난날, 신하가 사사로운 일로 임금을 뵈던 일.

별자(別子)[-짜]명 ☞서자(庶子).

별ː-자리명 ☞성좌(星座).

별-작전(別作錢)[-쩐]명 지난날, 전세(田稅)를 받을 때, 정해진 액수 외에 따로 더 받던 돈.

별장(別莊)[-짱]명 (본집 외에) 경치 좋은 곳이나 피서지·피한지 같은 데에 따로 마련한 집.

별장(別章)[-짱]명 ①이별의 아쉬움을 주제로 한 시문(詩文). ②딴 장(章).

별장(別將)[1][-짱]명 별군(別軍)의 장교.

별장(別將)[2][-짱]명 ①고려 시대, 무관의 정칠품 벼슬. 낭장(郞將)의 아래임. ②조선 시대, 용호영(龍虎營)의 으뜸 장수로서 종이품 벼슬. ③용호영 이외의 각 영의 정삼품 벼슬. ④지방의 산성(山城)·도진(渡津)·포구(浦口)·보루(堡壘)·소도(小島) 등의 수비를 맡던 무관의 종구품 벼슬.

별장-지기(別莊-)[-짱-]명 별장을 지키며 관리하는 사람.

별재(別才)[-째]명 별다른 재주, 또는 그런 재주를 가진 사람.

별저(別邸)[-쩌]명 본저(本邸) 외에 따로 마련한 저택.

별전(別奠)[-쩐]명 조상에게 임시로 지내는 제사.

별전(別電)[-쩐]명 ①따로 친 전보. ②딴 계통으로 들어온 전보.

별전(別傳)[-쩐]명 일인 일사(一人一事)에 관한 일사 기문(逸事奇聞)을 소설적으로 서술한 것. 〔전기 소설(傳奇小說)의 일종으로, 당대(唐代)에 성행하였음.〕

별전(別殿)[-쩐]명 본전 외에 따로 지은 전각.

별전(別錢)[-쩐]명 조선 말기에, 화폐를 주조할 때 만든 기념 화폐. 〔글씨나 그림 등을 새긴 것으로, 장식품으로 이용되었음.〕

별정(別定)[-쩡]명하타 따로 정함. ¶ 별정 요금.

별정(別情)[-쩡]명 이별의 정.

별정^우체국(別定郵遞局)[-쩡-]명 (우체국이 없는 지역에서, 나라의 허가를 받아) 개인의 부담으로 시설을 갖추고 체신(遞信) 업무를 경영하는 특별한 우체국.

별정-직(別定職)[-쩡-]명 국가 공무원 중에서, 특수 경력직에 딸린 공무원의 한 가지. 국회 전문 위원, 선거 관리 위원회 및 각급 노동 위원회의 상임 위원, 감사원의 사무 차장 등이 이에 딸림.

별제(別製)[-쩨]명 특별히 만듦, 또는 그 물건. 특제(特製).

별제-권(別除權)[-쩨꿘]명 파산 재단(破產財團)에 딸린 특정 재산에 대하여, 일반 채권자에 앞서 변제받을 수 있는 권리. 특별한 선취특권(先取特權)이나 질권(質權)을 가진 자가 이 권리를 가짐.

별종(別種)[-쫑]명 ①딴 종자(種子). ②딴 종류. ③☞별짜. ¶ 그는 한여름에도 긴소매만 입는 별종이다. ④'특별히 선사하는 물건'을 예스럽게 이르는 말.

별좌(別坐)[-쫘]명 조선 시대, 서울의 각 관아에 딸린 정·종오품 낭관(郞官)의 하나.

별좌(別座)[-쫘]명 불사(佛事)가 있을 때 부처 앞에 음식을 차리는 일, 또는 그 음식을 차리는 사람.

별주(別酒)[-쭈]명 ①이별을 아쉬워하며 나누는 술. ②특별한 방법으로 빚은 술.

별주부-전(鼈主簿傳)[-쭈-]명 ☞토끼전.

별중-승(別衆僧)[-쭝-]명 갈마(羯磨)에 참석하지 않고 무리를 지어 자기네끼리 멋대로 의식을 행하는 중들.
별증(別症)[-쯩]명 어떤 병에 딸려서 생기는 딴 증세. ¶ 산후(産後) 별증.
별지(別紙)[-찌]명 서류나 편지 등에 따로 적어 덧붙이는 종이쪽. ¶ 약도를 별지에 그려 넣다.
별-지장(別支障)명 별다른 지장. ¶ 별지장 없이 일이 잘 진행되다.
별ː-진(-辰)명 한자 부수의 한 가지. '農'·'辱' 등에서의 '辰'의 이름. 별신.
별-진상(別進上)명하타 지난날, 정해진 것 외에 따로 진상을 올리던 일, 또는 그 진상.
별집(別集)[-찝]명 (서책을 내용에 따라 분류할 때) 개인의 시문집을 이르는 말. ↔총집(總集).
별-짓(別-)[-짇]명 보통과 다른 행동거지. ¶ 별짓을 다했지만 계약은 성사되지 않았다. *별짓을[-지슬]·별짓만[-진-]
별짜(別-)명 별스러운 짓을 하거나 별스럽게 생긴 사람. 별종(別種).
별ː-짜리명 '준장(准將) 이상의 장군'을 속되게 일컫는 말.
별쭝-나다형 언동이 매우 별스럽다. 별쭝맞다. ¶ 별쭝나게도 왜 지금 그런 소리를 하는가?
별쭝-맞다[-맏따]형 별쭝나다.
별쭝-스럽다[-따][~스러우니·~스러워]형ㅂ 보기에 별쭝나다. **별쭝스레**부.
별차(別差)명 ①별다른 차이. ¶ 기술에는 별차가 없다. ②조선 시대에, 동래(東萊)와 초량(草梁)의 시장(市場)에 보내던 일본어 통역.
별찬(別饌)명 별다르게 잘 만든 반찬. ¶ 용장·봉장·반단이를 되는대로 팔아다가 별찬 진지 대접하오(烈女春香守節歌).
별-채(別-)명 딴채. ¶ 할아버지께서는 별채에 거처하신다.
별책(別冊)명 따로 엮은 책. ¶ 별책으로 된 부록.
별책(別策)명 별다른 계책.
별-천지(別天地)명 ☞별세계.
별첨(別添)명하타 (서류 따위를) 따로 덧붙임.
별체(別體)명 ①보통과 다른 서체. ②보통과 다른 문체.
별초(別抄)명 ①고려 시대에, 정규군 외에 특별하게 조직된 군대의 이름. ②〈별초군〉의 준말.
별초-군(別抄軍)명 조선 시대에, 성균관 근처에 사는 장정으로 조직했던 군병의 하나. 준별초.
별치(別置)명하타 ①따로 둠. ②특별히 설치함, 또는 그것.
별-치부(別致賻)명 조선 시대에, 삼품 이하의 시종(侍從)이나 대시(臺侍)가 상사(喪事)를 당했을 때, 임금이 내리던 부의(賻儀).
별칙(別勅)명 특별한 칙명. 〔규정이나 전례(前例)를 깨고 일을 행하는 경우에 내림.〕
별칭(別稱)명 달리 부르는 이름. 별명. ¶ 봉래산은 금강산의 별칭이다.
별택(別宅)명 ①본집 외에 따로 마련해 놓은 집. ②딴 집. ②별가(別家).
별택(別擇)명하타되자 특별히 가려 뽑음.
별파(別派)명 딴 유파(流派).
별-판(別-)명 ①따로 차리는 판. ¶ 사람들이 많아 별판을 차리다. ②뜻밖에 벌어진 좋은 판세. ③아주 별스러운 도량(度量).
별-판부(別判付)명하자 지난날, 상주문(上奏文)에 대하여 임금이 특별히 의견을 덧붙이던 일, 또는 그 의견.
별편(別便)명 ①별도로 보내는 편지. ②딴 인편이나 차편. ¶ 물건은 별편으로 보내다.
별ː-표(-標)명 별 모양의 표. 〔★, ☆, * 따위.〕 ¶ 별표 참조. /일정은 별표와 같습니다.
별표(別表)명 따로 붙인 표. ¶ 별표 일정에 의하여 대회를 진행함.
별품(別品)명 ①별스러운 물품. 특별한 물품. ②또 다른 물품.
별-하다(別-)형여 보통과 다르다. 별나다. ¶ 음식맛이 좀 별하다.
별항(別項)명 딴 항목. ¶ 별항 참조.
별행(別行)명 따로 잡은 글줄. ¶ 단락이 바뀔 때는 별행을 잡아서 쓴다.
별호(別號)명 ①딴 이름. 딴 칭호. ②☞호(號). ②당호(堂號).
별화(-畫)명 단청(丹青)한 뒤에 사람·꽃·새 등을 공간에 그려 넣는 일.
별후(別後)명 헤어진 뒤. ¶ 별후에 별고 없이 지내고 있습니다.
볋명 〈옛〉벼랑. ¶ 별해 ᄇᆞ룐 빗 다호라(樂範.動動). 참비레·벼로2.
볌ː명 반지나 병마개 등이 헐거워 꼭 맞지 않을 때, 꼭 맞도록 사이에 끼우는 헝겊이나 종이. 뼘1.
볍새명 〈옛〉뱁새. ¶ 物을 體ᄒᆞ야셔 볍새의 안자쇼몰 幸히 너기노라(杜初20:47).
볍쌀명 (잡곡 쌀에 대하여) 입쌀·찹쌀 같은 벼의 쌀을 이르는 말.
볍씨명 벼의 씨. ¶ 새 품종의 볍씨를 구하다.
볏1[볃]명 닭·꿩 등의 머리 위에 세로로 붙은, 톱니 모양의 납작하고 붉은 살 조각. 계관(鷄冠). *볏이[벼시]·볏만[변-]
볏2[볃]명 보습 위에 비스듬히 대어 흙이 한쪽으로 떨어지게 한 쇳조각. *볏이[벼시]·볏만[변-]
볏-가락[벼까-/볃까-]명 벼의 까끄라기.
볏-가리[벼까-/볃까-]명 차곡차곡 쌓은 볏단 더미.
볏가릿-대[벼까리때/볃까릳때]명 농가에서, 정월 열나흗이나 보름날에 그해의 풍년을 빌기 위하여 짚으로 둑(纛)처럼 만들어 벼·수수·조·기장 따위의 이삭을 싸서 세우는 장대.
볏-가을[벼까-/볃까-]명하자 벼를 거두어 타작하는 일.
볏-귀[볃뀌]명 쟁기 뒷면의, 삼각형으로 오뚝하게 내민 부분.
볏뉘명 〈옛〉볕기. ¶ 구름 낀 볏뉘도 쬔 적이 없건마는(古時調).
볏-단[벼딴/볃딴]명 벼를 베어 묶은 단.
볏-모[변-]명 벼의 모. 앙묘(秧苗).
볏-밥[볃빱]명 보습으로 논밭을 갈 때, 볏으로 받아 넘긴 흙.
볏-섬[벼썸/볃썸]명 벼를 담은 섬.
볏-술[벼쑬/볃쑬]명 가을에 벼로 갚기로 하고 외상으로 먹는 술.
볏-자리[볃짜-]명 쟁기의 한마루에 볏이 기대게 한 자리.
볏-지게[볃찌-]명 쟁기에 딸리는 한 부분. 한쪽에 구멍을 뚫어서 쟁기 덧방 오른편에 대는 조붓한 널조각.
볏-짐[벼찜/볃찜]명 (지거나 메거나 싣거나 하여 날라 가려고) 묶거나 쌓아 놓은 볏단의 뭉텅이.
볏-짚[벼찝/볃찝]명 벼의 이삭을 떨어낸 줄기. 고초(藁草). 준짚. *볏짚이[벼찌피/볃찌피]·볏짚만[벼찜-/볃찜-]
병ː(丙)명 ①십간(十干)의 셋째. ②〈병방(丙方)〉의 준말. ③〈병시(丙時)〉의 준말.

병(兵)명 ①'이등병부터 병장까지의 군인'을 통틀어 이르는 말. ②《일부 명사 뒤에 붙어》 '군인'임을 나타냄. ¶ 보충병. /부상병. /휴가병.

병ː(病)명 ①생물체의 온몸 또는 일부의 정상적인 생리 기능이 파괴되어 건강에 이상이 생기거나 고통을 느끼게 되는 현상. ¶ 병이 낫다. 높병환. ②일부 명사 뒤에 붙어, 그런 종류(성질)의 병임을 나타냄. ¶ 귓병. /위장병. /전염병. /해소병. ③사물에 생기는 탈. 고장(故障). ④좋지 못한 버릇이나 흠. ¶ 남을 못 믿는 것도 병이다.

병 주고 약 준다속담 해를 입혀 놓고서 돕는 체한다.

병(甁)명 ①액체 따위를 담는, 목이 좁은 그릇. 유리·사기·오지 따위로 만듦. ②〖의존 명사적 용법〗 액체 따위를 병(甁)에 담아 그 분량을 세는 단위. ¶ 주스 세 병.

병가(兵家)명 ①병법(兵法)에 밝은 사람. ②전장(戰場)의 군인. ③중국 전국 시대의 제자백가(諸子百家)의 하나로, 병술(兵術)을 논하던 학파.

병ː가(病家)명 병을 앓는 사람이 있는 집. 환가(患家).

병ː가(病暇)명 병으로 말미암은 휴가. ¶ 병가를 내다.

병가-상사(兵家常事)명 〔이기고 지는 일은 전쟁에서 흔히 있는 일이라는 뜻으로〕 '한 번의 실패에 절망하지 말라는 뜻'으로 쓰는 말. ¶ 한 번의 실수는 병가상사니라.

병가자-류(兵家者流)명 병학(兵學)에 밝은 사람들.

병간(屛間)명 절의 판도방(判道房)이나 법당 정문의 좌우에 있는 칸.

병ː간(病看)명하타 〈병간호〉의 준말.

병ː-간호(病看護)명하타 앓는 사람을 잘 보살펴 도와줌. 준병간.

병ː감(病監)명 병이 든 죄수를 수용하는 감방.

병갑(兵甲)명 ①무기와 갑옷과 투구. 갑장(甲仗). 갑철(甲鐵). ②무장한 병사.

병ː객(病客)명 ①늘 병을 앓는 사람. 포병객(抱病客). ②☞병자(病者).

병거(兵車)명 전쟁에 쓰는 수레.

병ː거(竝居)명하자 한곳에 같이 삶.

병ː거(竝擧)명하타 (어떤 일을 설명할 때) 두 가지 이상의 예(例)를 함께 듦.

병거(屛去)명하타 물리쳐 버림.

병거(屛居)명하자 세상에서 물러나 집에만 들어앉아 있음.

병ː견(竝肩)명하자 ☞비견(比肩).

병ː결(倂結)명하타 행선지나 용도가 다른 차량을 한 열차로 편성하는 일.

병ː결(病缺)명하자 병으로 결석(결근)함.

병ː겸(倂兼)명하타 두 가지 이상의 일을 겸함.

병ː고(病苦)명 ①병으로 말미암은 고통. 질고(疾苦). 환고. ¶ 오랜 병고에 시달리다. ②불교에서 이르는 사고(四苦)의 하나.

병ː고(病故)명 병에 걸린 사고. 질고(疾故).

병ː골(病骨)명 병이 잦은 허약한 몸, 또는 그런 사람.

병ː과(丙科)명 조선 시대에, 과거의 복시(覆試) 합격자에게 전시(殿試)를 보여, 성적순에 따라 갑·을·병으로 분류하던 세 등급 가운데 셋째 등급. 참갑과(甲科)·을과(乙科).

병과(兵戈)명 〔싸움에 쓰는 창이란 뜻으로〕 '무기' 또는 '전쟁'을 이르는 말.

병과(兵科)[-꽈]명 군무(軍務)의 종류에 따라 가른 종별. 〔보병·포병·병참·헌병 따위.〕 병종(兵種).

병ː과(倂科)명하타 동시에 두 가지 이상의 형벌을 지우는 일. 〔자유형과 벌금형을 아울러 지우는 따위.〕

병관-좌평(兵官佐平)명 백제 때, 육좌평의 하나. 병마(兵馬)를 맡아보았음.

병교(兵校)명 ☞장교(將校).

병구(兵具)명 전쟁에 쓰는 도구. 무구(武具). 병기(兵器). 전구(戰具).

병ː구(病軀)명 병든 몸. 병체(病體). ¶ 병구를 이끌고 고향으로 돌아갔다.

병ː-구완(←病救援)명하타 앓는 사람을 잘 돌보아 시중드는 일. 간병(看病). 병시중. ¶ 병구완 3년에 효자 없다더라. 본병구원(病救援).

병ː-구원(病救援)명하타 〈병구완〉의 본딧말.

병권(兵權)[-꿘]명 〈병마지권〉의 준말. ¶ 병권을 장악하다.

병ː권(秉權)명하자 권력을 잡음.

병ː균(病菌)명 ☞병원균(病原菌). 준균.

병ː근(病根)명 ①병의 근원. 병원(病原). ②(깊이 배어서 고치기 어려운) 나쁜 습관의 근본 원인.

병기(兵器)명 전투에 쓰는 여러 가지 기구를 통틀어 이르는 말. 병구(兵具). 병장기. 참금혁.

병기(兵機)명 ①전쟁의 기회. 전기(戰機). ②전쟁의 기략(機略). ②군략(軍略).

병ː기(倂記·竝記)명하타되자 함께 적음.

병ː기(竝起)명하자 두 가지 이상의 것이 한꺼번에 일어남.

병ː기(病期)명 병의 경과를 그 특징에 따라 나눈 시기. 〔초기·잠복기·회복기 따위.〕

병기-고(兵器庫)명 병기를 넣어 두는 창고. 군기고.

병기-창(兵器廠)명 병기를 만들거나 수리하는 부대. 조병창(造兵廠).

병기-학(兵器學)명 병기의 이론·구조·제조법 등을 연구하는 학문.

병꽃-나무(甁-)[-꼳-]명 인동과의 낙엽 활엽 관목. 산기슭 양지에 나는데, 높이는 2~3 m. 잎은 끝이 뾰족한 달걀 모양이며 마주남. 늦봄에 병 모양의 누런 녹색 꽃이 피는데 차차 붉은색으로 변함.

병ː-나다(病-)자 ①몸에 병이 생기다. ¶ 좀 쉬어 가며 해라. 병날까 무섭다. ②사물에 잘못이나 탈이 나다.

병-나발(←甁喇叭)명 나발을 불듯 병을 거꾸로 입에 대고 속에 든 액체를 들이켜는 일. ¶ 술을 병나발로 마시다.

병나발(을) 불다관용 병을 거꾸로 입에 대고 속에 든 액체를 들이켜다.

병난(兵難)명 전쟁으로 말미암아 입는 재난.

병ː난(病難)명 병으로 말미암아 드는 재난.

병ː뇌(病惱)[-뇌/-눼]명 병으로 괴로워함.

병단(兵端)명 전쟁의 실마리. 전단(戰端).

병ː독(倂讀)명하타 두 가지 이상의 책을 번갈아 가며, 또는 참조하면서 읽음.

병ː독(病毒)명 병의 원인이 되는 독기.

병ː동(病棟)명 병원 안에 있는 여러 병실로 된 한 채의 건물. ¶ 내과 병동.

병ː-들다(病-)[~드니·~들어]자 ①(몸이) 병에 걸리다. ¶ 병든 몸으로 집을 나서다. ②정신 상태가 건전하지 아니하게 되다. ¶ 물질 만능의 세상이 사람들을 병들게 했다.

병-따개(瓶-)명 병의 마개를 여는 데 쓰이는 도구.
병ː란(丙亂)[-난]명 〈병자호란〉의 준말.
병란(兵亂)[-난]명 나라 안에서 싸움질하는 난리. 병변(兵變).
병략(兵略)[-냑]명 ☞군략(軍略).
병량(兵糧)[-냥]명 ☞군량(軍糧).
병려-문(騈儷文)명 '변려문'의 잘못.
병력(兵力)[-녁]명 (병사·병기 등의 총체로서의) 군대의 힘. 군력(軍力). ¶ 병력을 동원하다.
병ː력(竝力)[-녁]명하자 힘을 한데 어우름.
병ː력(病歷)[-녁]명 ①이제까지 걸렸던 병의 경력. ②어떤 병에 걸리고부터의 경과.
병ː렬(竝列)[-녈]명하자타되자 ①여럿이 나란히 벌여 섬. 여럿을 나란히 벌여 세움. ②두 개 이상의 도선(導線)이나 전지 따위를 같은 극끼리 연결하는 일. ②↔직렬(直列).
병ː렬^합성어(竝列合成語)[-녈-썽-]명 두 낱말이 어우러져 한 낱말을 이룸에 있어, 각각 제 뜻을 지니고 있으면서 한 품사를 이루고 있는 합성어. 〔마소·형제·자매·강약 따위.〕 참융합 합성어.
병ː록(病錄)[-녹]명 병의 진단이나 치료 경과 등을 적은 기록.
병ː류(竝流)[-뉴]명하자 유체(流體)가 같은 방향으로 흐름. ↔향류(向流).
병ː리(病理)[-니]명 병의 원인·발생·경과 및 그 변화 등에 관한 이론. 병의 원리.
병ː리^생리학(病理生理學)[-니-니-]명 병의 원인·과정 등을 생리학적 측면에서 연구하는 학문.
병ː리-학(病理學)[-니-]명 병리를 밝히기 위하여 병의 상태나 병체(病體)의 조직 구조, 기관의 형태 및 기능의 변화 따위를 연구하는 기초 의학.
병ː리^해ː부(病理解剖)[-니-]명 병의 원인이나 병태(病態), 치료 효과, 사인(死因) 등을 해명하기 위하여 병사한 사람의 사체를 해부하는 일.
병ː리^해ː부학(病理解剖學)[-니-]명 병리 해부에 따라 병의 원인이나 병으로 말미암은 장기(臟器)와 조직의 변화, 사인(死因) 등을 연구하는 학문.
병ː리^화ː학(病理化學)[-니-]명 병의 원인과 경과 등을 화학적 방면에서 연구하는 학문.
병ː립(竝立)[-닙]명하자되자 나란히 섬. 동시에 존재함.
병ː립^개ː념(竝立槪念)[-닙깨-]명 ☞동위 개념.
병마(兵馬)명 ①병사와 군마(軍馬). ②군대·군비·무기 등 '군(軍)이나 전쟁에 관한 모든 일'을 통틀어 이르는 말.
병ː마(病馬)명 병든 말.
병ː마(病魔)명 '병'을 '악마'에 비유하여 이르는 말. ¶ 기아와 병마에 시달리는 난민.
병-마개(甁-)명 병의 아가리를 막는 마개.
병마-사(兵馬使)명 고려 시대에 둔 무관 벼슬. 성종 8(989)년에 처음으로 양계(兩界)에 설치한 지방 행정 기구임.
병마-절도사(兵馬節度使)[-또-]명 조선 시대에, 각 지방에 두어 병마를 지휘하던 종이품의 무관. 준병사·절도사.
병마지권(兵馬之權)[-꿘]명 군을 편제하여 통수할 수 있는 권능. 통수권. 준병권.
병막(兵幕)명 군인들이 머물고 있는 막사.
병ː막(病幕)명 전염병 환자를 격리시켜 수용하기 위해 임시로 지은 집.
병ː맥(病脈)명 병든 사람의 맥박.
병-머리(甁-)명 보·도리·평방(平枋)에 그리는 단청의 한 가지. 꽃송이를 '품(品)' 자 모양으로 마주 그리고, '실'과 '휘'를 어긋매껴서 그림.
병ː명(病名)명 병의 이름. ¶ 병명도 모르는 질병에 걸려 죽다.
병-목(甁-)명 병의 잘록한 부분.
병목^현ː상(甁-現象)[-모켠-]명 도로의 폭이 병목처럼 갑자기 좁아진 곳에서 일어나는 교통 체증 현상.
병ː몰(病沒)명하자 ☞병사(病死).
병무(兵務)명 병사(兵事)에 관한 사무.
병무^소집(兵務召集)명 '근무 소집'의 구용어.
병무-청(兵務廳)명 국방부에 딸린 행정 기관. 징집·소집 등 병무 행정에 관한 사무를 맡아봄.
병문(兵門)명 ☞군문(軍門).
병문(屛門)명 골목 어귀의 길가.
병ː문(病文)명 〔병이 있는 글이라는 뜻으로〕 잘못된 흠이 있는 글.
병ː-문안(病問安)명하타 병으로 앓고 있는 이를 찾아가서 위로하는 일. 비문병(問病).
병문-친구(屛門親舊)명 '늘 길거리에 모여 뜬벌이를 하는 막벌이꾼'을 이르는 곁말. 장석친구(長席親舊).
병문^파수(屛門把守)명 임금이 거둥할 때, 길 어귀를 지키던 군사.
병ː반(病斑)명 병으로 말미암아 생기는 피부의 반점.
병반(餠盤)명 마그마가 수성암 지층의 성층면을 따라 들어가서 둥근 떡 모양으로 굳어진 화성암.
병ː발(竝發·倂發)명하자되자 두 가지 이상의 일이 한꺼번에 일어남. ¶ 사고가 병발하다. /맹장염에 복막염이 병발하다.
병ː방(丙方)명 이십사방위의 하나. 남남동에서 남쪽으로 15도까지의 방위. 사방(巳方)과 오방(午方)의 사이. 준병(丙). ↔임방(壬方).
병방(兵房)명 〔조선 시대〕 ①승정원(承政院)과 지방 관아의 육방(六房)의 하나. 병조(兵曹)의 집무 규정에 관한 일을 맡아보았음. ②지방 관아의 병방의 아전.
병법(兵法)[-뻡]명 군사 작전의 방법. 군법(軍法).
병ː법(秉法)명 불전(佛前)에서 의식을 집행하는 사람의 직명(職名).
병법-가(兵法家)[-뻡까]명 병법에 통달한 사람. 병법의 전문가.
병법-서(兵法書)[-뻡써]명 병법에 관한 책.
병ː벽(病癖)명 병적(病的)으로 굳어진 버릇.
병변(兵變)명 ☞병란(兵亂).
병ː변(病變)명 병이 원인이 되어 일어나는 생체의 변화.
병복(屛伏)명하자 세상을 피하여 숨어 삶.
병ː-본리(竝本利)[-볼-]명하타 ☞구본변.
병ː부(丙部)명 ☞자부(子部).
병부(兵部)명 ①신라 때, 군사에 관한 일을 맡아보던 관아(官衙). ②고려 시대의 육부(六部)의 하나. 군사에 관한 일을 맡아보았음.
병부(兵符)명 〈발병부(發兵符)〉의 준말.
병부(兵簿)명 병사(兵士)의 명부(名簿).
병ː부(病父)명 병든 아버지.
병ː부(病夫)명 ①병든 남편. ②병든 남자.
병ː부(病婦)명 ①병든 아내. ②병든 여자.
병부-절(兵符卩)명 한자 부수의 한 가지. '卯'·'卷' 등에서의 '卩'·'㔾'의 이름.
병부^주머니(兵符-)명 왕조 때, 발병부(發兵符)를 넣던 주머니.

병:-불공(病佛供) 명하자 병이 낫기를 비는 불공.
병불염사(兵不厭詐) 명 전쟁에서는 적을 속이는 간사한 꾀도 꺼리지 아니함.
병:불이신(病不離身) 명하형 병이 몸에서 떠날 날이 없음.
병비(兵批) 명 병조(兵曹)에서 무관의 벼슬을 골라서 뽑던 일, 또는 그 벼슬.
병비(兵備) 명 전쟁의 준비. 군비(軍備).
병사(兵士) 명 ①☞군사(軍士). ②☞사병(士兵).
병사(兵舍) 명 ☞병영(兵營). 영사(營舍).
병사(兵使) 명 〈병마절도사〉의 준말.
병사(兵事) 명 군대·전쟁·병역 등에 관한 일.
병:사(病死) 명하자 병으로 죽음. 병몰, 병폐(病斃). 높병졸(病卒).
병:사(病邪) 명 한방에서, '오래된 병자가 정신이 이상해져서 부리는 야릇한 성미'를 이르는 말.
병:사(病舍) 명 ①병원의 건물. ②병실이 있는 건물.
병:산(竝算) 명하타되자 함께 포함하여 계산하는 일. ¶ 시간 거리 병산 제도.
병:살(倂殺) 명 ☞더블 플레이.
병:살-타(倂殺打) 명 야구에서, 누상에 있는 한 명의 주자와 타자가 다 아웃이 되는 타구.
병:상(病床) 명 병자가 눕거나, 또는 누워 있는 침상. ¶ 병상에 눕다.
병:상(病狀) 명 병의 상태. 병태(病態).
병:상-병(病傷兵) 명 전장(戰場)에서 병들거나 다친 병사.
병:상^일지(病床日誌) [-찌] 명 ①병상에 있는 사람이 쓰는 일기. ②의사나 간호사가 환자의 상태나 병의 경과 따위를 날마다 적은 기록.
병:상-첨병(病上添病) 명하자 앓는 중에 또 딴 병이 겹쳐 생김.
병:색(病色) 명 병든 사람의 얼굴빛. ¶ 병색이 완연하다. /얼굴에 병색이 뚜렷하다.
병서(兵書) 명 병법(兵法)에 관한 책.
병:서(竝書) 명하타 우리말에서, 같은 자음(子音) 두 자나 다른 자음 두 자 또는 세 자를 가로로 나란히 쓰는 일. 〔'ㄲ·ㅃ·ㅄ' 따위.〕
병:석(病席) 명 병자가 앓아누워 있는 자리. 병욕(病褥). ¶ 병석에 누운 지가 벌써 두 해나 지났다.
병선(兵船) 명 ①전쟁에 쓰는 모든 배. 군선. 몽동(艨艟). 전선(戰船). 전함. ②'소맹선(小猛船)'의 고친 이름.
병:설(竝設·倂設) 명하타되자 (같은 곳에 둘 이상의 것을) 함께 설치함. ¶ 병설 중학교.
병:성(病性) [-썽] 명 병의 성질. 병질(病質).
병세(兵勢) 명 군대의 세력. 군세(軍勢).
병:세(病勢) 명 병의 상태. 병의 경과. ¶ 악화되었던 병세가 호전되다.
병:소(病所) 명 ①몸 가운데 병이 있는 부분. 병처(病處). 환부(患部). ②병자가 있는 곳. 병실.
병:소(病巢) 명 병원균이 침입하여 조직이 허물어진 부분.
병쇠(病衰) '병쇠하다'의 어근.
병:쇠-하다(病衰-) [-쇠-/-쉐-] 형여 ☞병약하다.
병:수(倂垂) 명하자 함께 후세에 남음.
병-수사(兵水使) 명 병사(兵使)와 수사(水使)를 아울러 이르는 말.
병-술(瓶-) [-쑬] 명 병에 담은 술, 또는 병에 담아서 파는 술.
병:술(丙戌) 명 육십갑자의 스물셋째.
병술-집(瓶-) [-쑬찝] 명 병술을 파는 집.
병:시(丙時) 명 이십사시의 열두째 시. 상오 10시 30분부터 11시 30분까지의 동안. 준병(丙).
병:-시중(病-) 명하타 앓는 사람을 돌보아 시중드는 일. 병구완. ¶ 병시중을 들다.
병식(屛息) 명하자 (겁이 나서) 소리를 내지 못하고 숨을 죽임.
병:신(丙申) 명 육십갑자의 서른셋째.
병:신(病身) 명 ①몸의 어느 부분이 온전하지 못한 몸, 또는 그런 사람. 불구자. ¶ 다리 병신. ②늘 병을 앓거나 고칠 수 없는 병에 걸린 몸, 또는 그런 사람. ¶ 폐를 앓는 병신. ③온전한 형체를 갖추지 못하거나 제구실을 못하는 물건. ¶ 짝을 잃어 병신이 된 신발. ④정신적·지능적으로 모자라는 사람. ¶ 여러 사람이 한 사람 병신 만들기는 쉽나. ⑤남을 얕잡아 욕하는 일. ¶ 병신, 잘난 체하네.
병신 자식이 효도한다 속담 대수롭지 않던 사람이 뜻밖에도 믿던 사람보다 오히려 더 나은 구실을 할 때 이르는 말.
병신(이) 육갑(六甲)한다 관용 못난 사람이 엉뚱한 짓을 할 때 조롱조로 이르는 말.
병:신-구실(病身-) [-꾸-] 명하자 보기에 병신이나 다름없는 못난 짓.
병:신성-스럽다(病身-) [-썽-따] [~스러우니·~스러워] 형ㅂ 병신처럼 못나고 어리석어 보이다.
병:실(病室) 명 ①병원에서, 환자가 있는 방. ②병자가 누워 있는 방. 병소(病所).
병:심(病心) 명 ①병을 앓는 처지의 마음. ②근심이 있는 마음.
병:아(病兒) 명 병든 아이. 병을 앓는 아이.
병아리 명 닭의 새끼.
병아리 오줌 관용 '고리타분하고 정신이 좀 희미한 사람'을 속되게 이르는 말.
병:안(病眼) 명 병이 난 눈.
병액(兵厄) 명 전쟁으로 말미암은 재액.
병액(兵額) 명 군사의 수효.
병:야(丙夜) 명 하루의 밤을 오야(五夜)로 나눈 셋째. 하오 열한 시부터 상오 한 시까지의 사이. 삼경(三更).
병약(病弱) '병약하다'의 어근.
병:약-하다(病弱-) [-야카-] 형여 ①병에 시달려 몸이 허약하다. ②몸이 허약하여 병에 걸리기 쉽다. 병쇠(病衰)하다. ↔강건(強健)하다.
병어 명 병엇과의 바닷물고기. 몸길이 60 cm가량으로, 넓적한 타원형임. 몸빛은 청색을 띤 은백색. 입과 눈이 아주 작음. 난해성(暖海性) 어종으로 식용함.
병어-주둥이 명 '입이 썩 작은 사람'을 농조로 이르는 말.
병역(兵役) 명 국민의 의무로서 일정한 기간 군에 복무하는 일. ¶ 병역을 필하다.
병역^기피(兵役忌避) [-끼-] 명 (몸을 숨기거나 어떤 핑계를 대거나 하여) 병역의 의무를 일부러 피하는 일.
병역^면:제(兵役免除) [-영-] 명 (불구자나 폐질자 등에 대하여) 병역을 면제하는 일.
병역-법(兵役法) [-뻡] 명 국민의 병역 의무에 관한 사항을 규정한 법률.
병역^의:무(兵役義務) 명 국민의 4대 의무의 하나. 국토 방위를 위하여 일정 기간 군에 복무해야 하는 의무.
병역^제:도(兵役制度) [-쩨-] 명 국방을 위한 병원(兵員) 충족에 관한 제도. 〔강제병 제도와 자유병(또는 지원병) 제도가 있는데, 전자는 징병제와 민병제로, 후자는 의용병제와 용병제로 나뉨.〕

병영(兵營)명 ①병사가 집단으로 들어 거주하는 집. 병사(兵舍). 영사(營舍). ②병마절도사가 있던 영문(營門).
병ː오(丙午)명 육십갑자의 마흔셋째.
병ː와(病臥)명하자 ☞와병(臥病).
병와-가곡집(甁窩歌曲集)[-찝]명 조선 정조 때에 편찬된 것으로 보이는 시조집. 편자는 알 수 없으나, 수록 작가는 172명이고 수록 시조는 1109수임.
병ː욕(病褥)명 ☞병석(病席).
병ː용(竝用·倂用)명하타되자 아울러 같이 씀. ¶ 국한문을 병용하다. 참혼용.
병원(兵員)명 병사, 또는 병사의 수효.
병ː원(病院)명 병자나 부상자를 진찰하고 치료하는 곳. 〔법적으로는, 환자 30명 이상의 수용 시설을 갖춘 곳이 병원, 그렇지 못한 곳은 의원 또는 진료소임.〕
병ː원(病原)명 병의 원인이나 근원. 병근(病根). 병인(病因).
병ː원-균(病原菌)명 병의 원인이 되는 세균. 병균(病菌).
병ː원^미생물(病原微生物)명 병원체가 되는 미생물.
병ː원-선(病院船)명 병원 시설을 갖추고 상병자(傷病者)나 조난자를 수용하여 진찰과 치료를 하거나 수송하는 배.
병ː원-체(病原體)명 생물체에 기생하여 어떤 병을 일으키는 생물. 〔세균·바이러스 따위.〕
병ː원-충(病原蟲)명 병원체가 되는 원생동물.
병ː월(丙月)명 월건(月建)의 천간(天干)이 병(丙)으로 된 달.
병위(兵威)명 군대의 위력. 병마(兵馬)의 위세.
병ː유(竝有·倂有)명하타 (두 가지 이상의 것을) 한데 아울러서 가짐.
병ː이지성(秉彝之性)명 (인간으로서의 떳떳한 길을 지켜 나가려는) 타고난 천성.
병ː인(丙寅)명 육십갑자의 셋째.
병인(兵刃)명 칼이나 창 따위와 같이 날이 있는 병기(兵器).
병ː인(病人)명 ☞병자(病者).
병ː인(病因)명 ☞병원(病原).
병ː인-교난(丙寅教難)명 ☞병인박해.
병ː인-론(病因論)[-논]명 병의 원인을 연구하는 기초 의학의 한 부문.
병ː인-박해(丙寅迫害)[-바캐]명 조선 고종 3(1866.병인)년에 일어났던, 대원군에 의한 천주교 박해 사건. 병인교난.
병ː인-양요(丙寅洋擾)[-냥-]명 조선 고종 3(1866.병인)년에, 대원군의 천주교 탄압으로 프랑스 함대가 강화도를 침범한 사건.
병ː인^요법(病因療法)[-뇨뻡]명 병의 원인을 없애거나 다스림으로써 병을 치료하는 방법. 참대증 요법(對症療法).
병ː일(丙日)명 일진(日辰)의 천간(天干)이 병(丙)으로 된 날.
병ː입-고황(病入膏肓)[-꼬-]명 〔병이 고황에 들었다는 뜻으로〕 '병이 몸속 깊이 들어 고치기 어렵게 되었음'을 이르는 말.
병ː입-골수(病入骨髓)[-꼴쑤]명 〔병이 골수에 들었다는 뜻으로〕 '병이 뼛속 깊이 스며들 정도로 그 뿌리가 깊고 중함'을 이르는 말.
병ː자(丙子)명 육십갑자의 열셋째.
병자년 까마귀 빈 뒷간 들여다보듯속담 '무엇을 찾는 사람이 행여나 하고 구차스럽게 여기저기 기웃거림'을 비웃어 이르는 말.
병ː자(病者)명 병을 앓는 사람. 병객(病客). 병인(病人). 환자. ¶ 그는 가난한 병자를 치료하는 데 일생을 바치기로 결심하였다.
병ː자-국치(丙子國恥)명 〔병자년에 당한 나라의 수치란 뜻으로〕 '병자호란'을 이르는 말.
병ː자-사화(丙子士禍)명 조선 세조 2(1456.병자)년에, 성삼문(成三問) 등 사육신(死六臣)이 단종의 복위를 꾀하다가 실패함으로써 일어난 사화.
병ː자^성ː사(病者聖事)명 가톨릭에서 이르는 칠성사(七聖事)의 하나. 병이 들거나 늙어서 죽을 위험이 있는 신자를 하느님에게 맡겨 구원을 비는 성사.
병ː자-수호조규(丙子修好條規)명 ☞강화도 조약.
병ː자-수호조약(丙子修好條約)명 ☞강화도 조약.
병ː자-호란(丙子胡亂)명 조선 인조 14(1636.병자)년에 청나라가 침입해 온 난리. 〔이듬해 정월에 청과 굴욕적인 화약(和約)을 맺음.〕 준병란(丙亂)·호란(胡亂).
병ː작(竝作·幷作)명하타 ☞배메기.
병ː작-농(竝作農)[-장-]명하자 배메기로 짓는 농사.
병ː작-반수(竝作半收)[-빤-]명 ☞배메기.
병ː작-인(竝作人)명 배메기 농사를 짓는 사람.
병장(兵仗)명 〈병장기〉의 준말.
병장(兵長)명 국군의 사병 계급의 하나. 상등병의 위, 하사의 아래로 사병 계급 중 가장 높은 계급임.
병장(屛帳)명 병풍과 장막.
병ː장(病狀)명 지난날, 병으로 일을 쉬겠다는 뜻을 적어 윗사람에게 올리던 글.
병장-기(兵仗器)명 ☞병기(兵器). 준병장.
병적(兵籍)명 ①군인의 적(신분). 군적(軍籍). ②〈병적부〉의 준말.
병적(屛迹)명하자 자취를 감추어 버림.
병ː-적(病的)[-쩍]관명 육체나 정신이 정상이 아닌 (것). ¶ 병적 망상. /병적인 흥분 상태.
병적-부(兵籍簿)[-뿌]명 군인의 신분에 관한 것을 기록하는 장부. 준병적.
병ː점(病占)[-쩜]명하자 병에 관한 길흉을 알려고 치는 점.
병정(兵丁)명 병역에 복무하고 있는 장정.
병정-개미(兵丁-)명 몸이 크고, 특히 머리와 턱이 발달한 일개미. 외적의 침입을 막거나 파수병으로서의 구실을 함.
병정-놀이(兵丁-)명하자 아이들 놀이의 한 가지. 군사 훈련이나 전투 같은 것을 본떠서 노는 놀이. 전쟁놀이.
병정^타ː령(兵丁-)명 경기 지방의 휘모리 잡가(雜歌)의 한 가지. 대한 제국 때, 신식 군대의 훈련 모습을 익살스럽게 묘사한 노래.
병제(兵制)명 ☞군제(軍制).
병ː제(竝製)명 보통으로 만든 물품. ↔상제(上製)·특제(特製).
병조(兵曹)명 고려와 조선 시대의 육조(六曹)의 하나. 무선(武選)·군무(軍務)·의위(儀衛)·우역(郵驛) 등에 관한 일을 맡아보았음.
병-조림(甁-)명하타 음식물을 썩지 않게 처리해 병에 넣어 봉하는 일, 또는 그렇게 한 식품.
병조-선(兵漕船)명 조선 시대에, 전투와 조운(漕運)의 두 가지로 쓰던 배.
병조-적간(兵曹摘奸)[-깐]명하자 〔병조(兵曹)가 간신을 들추어낸다는 뜻으로〕 '엄격하고 철저한 분석·조사'를 이르는 말.
병조^판서(兵曹判書)명 조선 시대, 병조의 정이품 으뜸 벼슬. 대사마(大司馬). 준병판.

병ː존(竝存)명하자 둘 이상이 함께 존재함. ¶ 신·구파가 병존하다.
병졸(兵卒)명 ☞군사(軍士).
병ː졸(病卒)명하자 〈병사(病死)〉의 높임말.
병ː종(丙種)명 갑·을·병 등으로 차례나 등급을 매길 때, 그 셋째 종류.
병종(兵種)명 육해공군의 군인을 그 임무에 따라서 나눈 종별. 병과(兵科).
병ː좌(丙坐)명 (집터나 묏자리 따위가) 병방(丙方)을 등진 좌향, 또는 그런 자리.
병ː좌-임향(丙坐壬向)명 (집터나 묏자리 따위가) 병방(丙方)을 등지고 임방(壬方)을 향한 좌향.
병ː주 고향(竝州故鄕)명 '오래 살아서 고향처럼 정든 타향'을 이르는 말. 〔당나라의 시인 가도(賈島)가 병주(竝州)에서 오래 살다가 떠날 때 한 말에서 유래함.〕
병ː-주머니(病-)[-쭈-]명 여러 가지 병을 가진 몸뚱이나 그러한 몸을 가진 사람을 빗대어 이르는 말.
병ː-줄(病-)[-쭐]명 오래도록 앓아 온 병이나 큰 병.
병줄(을) 놓다관용 오래 앓던 병이나 큰 병에서 벗어나다.
병ː중(病中)명 병을 앓고 있는 동안.
병ː증(病症)[-쯩]명 병의 증세, 또는 앓는 증세.
병ː증(病證)[-쯩]명 한방에서 이르는, 병의 상태나 성질.
병ː진(丙辰)명 육십갑자의 쉰셋째.
병진(兵塵)명 ☞전진(戰塵). 풍진(風塵).
병ː진(竝進)명하자되자 함께 나란히 나아감.
병ː진^운ː동(竝進運動)명 물리학에서, 강체(剛體) 또는 질점계(質點系)의 각 점이 평행으로만 이동하는 운동.
병ː진-자(丙辰字)명 조선 세종 18(1436.병진)년에 수양 대군의 글씨를 본으로 하여 만든 연활자(鉛活字).
병ː질(病質)명 ①병의 성질. 병성(病性). ②병에 걸리기 쉬운 체질.
병ː질-밑(病疾-)[-믿]명 ☞병질엄. *병ː질밑이[-미치]·병ː질밑을[-미틀]·병ː질밑만[-민-]
병ː질-안(病疾-)명 ☞병질엄.
병ː질-엄(病疾广)명 한자 부수의 한 가지. '病'·'痛' 등에서의 '疒'의 이름. 병질밑. 병질안.
병ː-집(病-)[-찝]명 ①(성격이나 행동 따위에서) 깊이 뿌리 박힌 결점. 병처(病處). 병통. ¶ 잔소리 많은 게 자네의 병집일세. ②탈의 원인. ¶ 고장 난 기계의 병집을 찾아내다.
병참(兵站)명 군대에서, 군사 작전에 필요한 물자의 보급 관리 및 재산·영현(英顯) 처리 등을 담당하는 병과.
병참^기지(兵站基地)명 병참 업무의 근거지.
병참-선(兵站線)명 작전 부대와 병참 기지를 잇는 도로·철도·항로 등의 시설을 이르는 말.
병창명 선박의 칸막이 나무.
병ː창(竝唱)명하타 가야금 따위를 연주하면서 노래하는 일. ¶ 가야금 병창.
병ː처(病妻)명 병든 아내.
병ː처(病處)명 ①몸의 병이 있는 부분. 병소(病所). 환부(患部). ②☞병집.
병ː체(病體)명 병든 몸. 병구(病軀).
병ː체-결합(竝體結合)명 (동물의) 둘 이상의 개체가 신체의 일부에서 서로 결합되어 있는 상태. 〔허리가 한데 붙은 쌍둥이의 경우 따위.〕
병ː촉(秉燭)명하자 촛불을 켜서 듦.
병ː-추기(病-)명 '병으로 늘 앓거나 자주 드러눕는 사람'을 속되게 이르는 말.
병ː축(秉軸)명하자 〔중축(中軸)을 잡는다는 뜻으로〕 정권을 잡음.
병ː축(病畜)명 병든 가축.
병ː출(迸出)명하자 ☞용출(湧出).
병ː충(病蟲)명 농작물을 병들게 하는 벌레.
병ː충-해(病蟲害)명 (식물이나 농작물 따위가) 병균이나 해충으로 말미암아 입는 해.
병ː치(倂置·竝置)명하타되자 둘 이상의 것을 같은 자리에 두거나 나란히 설치함.
병치-돔명 병치돔과의 바닷물고기. 몸길이 20 cm가량. 몸은 마름모 모양이고 몸빛은 엷은 갈색을 띤 붉은빛임. 동해와 남해에 분포함.
병ː-치레(病-)명하자 병을 몹시 또는 자주 앓는 일. ¶ 병치레하느라고 얼굴이 많이 야위었다.
병ː침(丙枕)명하자 임금이 잠자리에 듦, 또는 그 시각. 〔병야(丙夜)에 임금이 잠자리에 드는 데서 온 말.〕
병ː칭(竝稱)명하타되자 (훌륭하거나 뛰어난 점에 있어서) 나란히 일컬음. ¶ 화양 계곡은 그 유수함에 있어서 무주 구천동과 병칭한다.
병ː탄(竝呑·倂呑)명하타되자 〔아울러 삼킨다는 뜻으로〕 남의 재물·영토·주권 등을 강제로 한데 아울러서 제 것으로 삼음.
병ː탄^합병(竝呑合倂)[-뼝]명 ☞흡수 합병.
병ː탈(病頉)명 ①병으로 인한 탈. ②하자병을 내세워 핑계를 댐. ¶ 병탈하고 회의에 불참하다.
병탕(餠湯)명 ☞떡국.
병ː태(病態)명 병의 상태. 병상(病狀).
병ː통(病-)명 ☞병집. ¶ 자네는 너무 서두르는 것이 병통이라니까.
병판(兵判)명 〈병조 판서〉의 준말.
병ː패(病敗)명 ☞병폐(病弊).
병ː폐(病弊)[-폐/-페]명 (오랜 세월을 지나는 동안에) 그 사물의 내부에 생긴 폐해. 병패(病敗). ¶ 해묵은 병폐를 말끔히 씻어 내다.
병ː폐(病廢)[-폐/-페]명하자 병으로 말미암아 몸을 잘 쓰지 못하게 됨.
병ː폐(病斃)[-폐/-페]명하자 ☞병사(病死).
병풍(屛風)명 (주로 집 안에서) 장식을 겸하여 무엇을 가리거나 바람을 막거나 하기 위하여 둘러치는 물건. 여러 쪽으로 접게 만듦.
병풍을 치다관용 어떤 대상을 중심으로 사람들이 둘러서거나 둘러앉다. ¶ 장터에서 사람들이 병풍을 치고 약장수의 익살을 구경하였다.
병ː풍상서(病風傷暑)명하자 〔바람에 병들고 더위에 상한다는 뜻으로〕 '세상살이에 시달리고 쪼들림'을 비유하여 이르는 말.
병ː풍상성(病風喪性)명하자 병으로 말미암아 마음이 상하여 본성을 잃어버림.
병풍-석(屛風石)명 능의 위쪽 봉분 둘레에 둘러 세운 네모꼴의 넓적한 돌.
병풍-차(屛風次)명 '병풍을 꾸밀 그림이나 글씨'를 이르는 말.
병풍-틀(屛風-)명 병풍의 바탕이 되는, 나무오리로 짠 긴 네모꼴의 틀.
병ː필지임(秉筆之任)[-찌-]명 〔사필(史筆)을 잡은 소임(所任)이란 뜻으로〕 예문관(藝文館)의 '검열(檢閱)'을 이르던 말.
병학(兵學)명 병법(兵法)이나 군사(軍事)에 관한 학문.
병ː합(倂合)명하자타되자 ☞합병(合倂).
병ː해(病害)명 (농작물이나 가축이) 병으로 말미암아 입는 피해.

병:행(竝行)명하자타되자 ①함께 나란히 감. ¶ 도로와 철도가 병행하다. ②(둘 이상의 일을) 아울러서 한꺼번에 함. ¶ 공부와 운동을 병행하다.
병:행-맥(竝行脈)명 ☞나란히맥.
병:행^본위제(竝行本位制)명 두 가지 이상의 화폐, 주로 금화와 은화를 본위 화폐로 삼는 제도.
병:행불패(竝行不悖)명하자 '한꺼번에 두 가지 일을 치르면서도 사리에 어긋나지 아니함'을 이르는 말.
병혁(兵革)명 ①무기. ¶ 병혁을 갖추다. ②전쟁.
병화(兵火)명 전쟁으로 말미암아 일어나는 화재. 전화(戰火).
병화(兵禍)명 전쟁으로 말미암아 입는 재화(災禍). 전화(戰禍).
병:환(病患)명 〈병(病)〉의 높임말. ¶ 할아버지께서는 병환 중이시다.
병:후(病後)명 병을 앓고 난 뒤. ¶ 병후 조리를 잘하다.
병:후^면:역(病後免疫)명 한 번 병을 치른 뒤에 다시는 그 병에 걸리지 않게 되는 후천적 면역.
병ᄒᆞ다자 〈옛〉 앓다. ¶ 등에 병ᄒᆞ닐 업고(救簡*1:65*).
볕[볃]명 ①〈햇볕〉의 준말. ¶ 볕이 들다. /볕이 따갑다. /볕에 그을리다. ②양지. ¶ 볕에 앉아 졸고 있는 고양이. *볕이[벼치]·볕을[버틀]·볕만[변-]
볕-기(-氣)[볃끼]명 햇볕의 기운.
볕-뉘[변-]명 잠깐 드는 볕, 또는 볕기. ¶ 구름 낀 볕뉘도 쬔 적이 없건마는(古時調).
보[1]명 〈보시기〉의 준말.
보[2]명 〈들보1〉의 준말.
보명 〈옛〉 보습. 쟁기. ¶ 보 려:犁(訓蒙中*17*).
보:(保)[1]명 〈보포(保布)〉의 준말.
보:(保)[2]명 ①〈보증〉의 준말. ¶ 보를 서다. ②〈보증인〉의 준말. ¶ 내가 보가 되리다.
보(洑)명 논에 물을 대기 위하여 둑을 쌓고 흐르는 냇물을 가두어 두는 곳. ¶ 보가 터지다. /보를 트다(막다).
보:(補)[1]명 왕과 왕족의 예복에 다는 흉배를 이르던 말. 〔용보·봉황보·수보 따위.〕
보:(補)[2]명하타 어떤 관직(직책)을 맡김. ¶ 임(任) 국무 위원, 보 교육 과학 기술부 장관.
보(褓)명 ①물건을 싸거나 덮기 위하여 네모지게 만든 천. ②가위바위보에서, 손바닥을 펴서 내민 것. '바위'에는 이기고 '가위'에는 짐.
보:(寶)명 〈어보(御寶)〉의 준말.
보(甫)의 지난날, 평교간(平交間)이나 손아랫사람을 부를 때, 이름 뒤에 붙여 쓰던 말. ¶ 김철수 보는 장래가 유망한 청년이다.
보(步)의 걸을 때, 걸음의 수효를 세는 말. 걸음. ¶ 오십 보 거리.
-보접미 일부 명사, 동사·형용사 어간 뒤에 붙어, 그것을 유달리 즐기거나 그 정도가 심한 사람임을 나타냄. ¶ 떡보. /술보. /울보.
-보접미 일부 명사 뒤에 붙어, 그것이 잔뜩 쌓인 것을 나타냄. ¶ 심술보. /울음보. /웃음보.
-보(補)접미 어떤 관직명의 뒤에 붙어, 그 보좌관임을 나타냄. ¶ 차관보.
보:가(保家)명하자 한 집안을 온전히 지키어 나감. ¶ 보가위국(衛國).
보:가(補家)명 바둑에서, 본디 차지한 큰 집에 더 보탬이 되는 작은 집을 이르는 말.
보각부 액체가 괼 때 거품이 솟아오르면서 나는 소리. 큰부걱. **보각-보각**부하자.
보:각(補角)명 수학에서, 두 각의 합이 180°일 때, 한쪽 각을 다른 각에 대하여 이르는 말. 〔이 경우, 두 각은 서로 보각을 이룬다고 함.〕
보각-거리다[-꺼-]자 자꾸 보각보각하다. 보각대다. 큰부걱거리다.
보각-대다[-때-]자 보각거리다.
보:각-본(補刻本)[-뽄]명 목판(木版)의 판면이 고르지 않거나 없어진 부분이 있거나 할 때, 부분 또는 전면을 보수하여 박은 책.
보:간-법(補間法)[-뻡]명 함수의 값을 구하는 근사 계산법.
보:감(寶鑑)명 ①〔보배로운 거울이라는 뜻으로〕 본보기. 모범. ②(온갖 일을 처리하는 데) 본보기가 될 만한 것들을 한데 모아 엮은 책. ¶ 가정(家庭) 보감.
보:강(補強)명하타되자 (모자라는 곳이나 약한 부분을) 보태고 채워서 튼튼하게 함. ¶ 대표팀을 신인 선수들로 보강하다.
보:강(補講)명하타 (교사 또는 학교의 사정으로 말미암은) 결강·휴강을 보충하기 위해 강의함, 또는 그 강의.
보:개(寶蓋)명 ①불탑(佛塔) 상륜(相輪)의 보륜(寶輪)과 수연(水煙) 사이에 있는 닫집 모양의 부분. ②보주(寶珠) 등으로 장식된 천개(天蓋).
보:개^천장(寶蓋天障)명 (궁전이나 불전 등에서) 한가운데를 높게 하여 보개처럼 만든 천장.
보:갱(保坑)명하자 광산에서, 갱이 무너지지 않도록 보호하는 일.
보:거-상의(輔車相依)[-의/-이]명하자 (수레의 덧방나무와 바퀴처럼) 떨어질 수 없는 밀접한 관계로 서로 돕고 의지함.
보:건(保健)명 건강을 지켜 나가는 일.
보:건^교:사(保健教師)명 학교에서, 학생의 건강을 보살펴 주며 위생과 보건에 관한 교육을 담당하는 교사.
보:건-림(保健林)[-님]명 먼지나 매연 등을 막아 공중 위생에 이바지하게 하려고 도시나 공장 부근에다 가꾸는 수풀.
보:건^복지^가족부(保健福祉家族部)[-찌-뿌]명 중앙 행정 기관의 하나. 위생·식품·방역·의정(醫政)·약정(藥政) 및 사회 보장, 아동·노인·장애인 복지, 가족 등에 관한 사무를 맡아봄.
보:건-소(保健所)명 시와 군·구에 설치한 보건 행정 기관. 병의 예방과 치료 또는 공중 보건 향상에 관한 일을 맡아봄.
보:건-실(保健室)명 학교에서, 학생의 건강·위생에 관한 일을 맡아보는 곳.
보:건^체조(保健體操)명 건강의 유지와 증진을 꾀하여 하는 체조.
보:건^휴가(保健休暇)명 ☞생리 휴가.
보:검(寶劍)명 ☞보도(寶刀). 비명검.
보:격(補格)[-껵]명 문장에서, 체언이 보어 구실을 하게 하는 조사의 성격.
보:격^조:사(補格助詞)[-껵쪼-]명 문장에서, '되다'·'아니다' 앞의 체언에 붙어, 그 체언이 보어임을 표시하는 격 조사. 〔가령 '나는 학생이 아니다.'·'그분이 박사가 되었다.' 등에서 '이'·'가' 따위.〕 기움자리토씨.
보:결(補缺)명하타되자 ①빈자리를 채움. 보궐(補闕). ¶ 보결 입학. ②결점을 보충함.
보:결-생(補缺生)[-쌩]명 (정원에 빈자리가 생기어) 보결로 입학한 학생.
보:결^선:거(補缺選擧)명 ☞보궐 선거.
보:결^시험(補缺試驗)명 학교에서, 보결생을 뽑기 위해 베푸는 시험.
보:결^의원(補缺議員)명 보궐 선거에서 당선된 의원.

보:계(補階)[-계/-게]명 (마루를 더 넓게 쓰기 위하여) 대청 앞에 잇대어 만든 자리.
보:계-판(補階板)[-계-/-게-]명 보계에 쓰는 좌판(坐板). 준보판.
보고조 '더러'·'에게'의 뜻을 나타내는 부사격 조사. ¶ 너보고 그런 참견 하라더냐?/누구보고 하는 소리니?
보:고(保辜)명하타 왕조 때, 피해자의 부상이 다 나을 때까지 가해자에 대한 처벌을 보류하던 일.
보:고(報告)명 ①하자타되자주어진 임무에 대하여 그 결과나 내용을 말이나 글로 알림. ¶ 경과 보고. /보고를 드리다. ②〈보고서〉의 준말.
보:고(寶庫)명 ①보물처럼 귀중한 것이 갈무리되어 있는 곳. ¶ 지식의 보고. /경주는 불교문화의 보고이다. ②재화(財貨)가 많이 나는 땅. ¶ 중동 지방은 석유의 보고다.
보:고-문(報告文)명 문장 종류의 한 가지. 어떤 일에 대하여 연구했거나 조사한 내용을 남에게 보고하기 위하여 쓴 글.
보:고^문학(報告文學)명 ☞기록 문학.
보:고-서(報告書)명 보고하는 내용을 적은 문서. ¶ 보고서를 작성하다. /우리 회사 상품의 판매 현황을 조사하여 보고서로 제출하시오. 준보고.
보:곡(譜曲)명 ☞악보(樂譜).
보:공(補空)명하타 ①빈 곳을 채워서 메움, 또는 그 메우는 물건. ②시체를 관에 넣고 빈 곳을 옷가지 따위로 채워서 메움, 또는 메우는 그 물건.
보:과(報果)명 한 일의 보람, 또는 한 일에 대한 결과.
보:과-습유(補過拾遺)명하타 임금의 잘못을 바로잡아 고치도록 함.
보:관(保管)명하타되자 (물건 따위를) 맡아서 관리함. ¶ 이 자전거는 분해가 가능해서 보관이 편리하다. /귀중품을 금고에 보관하다.
보:관(寶冠)명 〔보배로운 관이라는 뜻으로〕 훌륭하게 꾸민 관.
보:관-계(步管系)[-계/-게]명 극피동물의 수관계(水管系). 많은 관족(管足)이 붙어 있으며, 운동·호흡·포식(捕食)을 맡음.
보:관-료(保管料)[-뇨]명 (창고업자 등이) 물품을 보관하여 준 대가로 받는 돈.
보:관-림(保管林)[-님]명 절에서 보호·관리하는 국유림(國有林).
보:관-증(保管證)[-쯩]명 (어떤 물건을) 보관하고 있음을 증명하는 문서. ¶ 현금 보관증.
보:관^창고(保管倉庫)명 물품을 맡아서 보관하는 창고.
보:관-함(保管函)명 물품을 간직하고 관리하기 위하여 넣어 두는 함.
보:교(步轎)명 조선 시대에, 벼슬아치가 타던 가마의 한 가지. 정자 모양의 지붕에 사방을 장막으로 둘렀음.
보:교-꾼(步轎-)명 보교를 메는 사람.
보:교-판(補橋板)명 배다리 위에 거는 널빤지.
보:구(報仇)명하타 앙갚음.
보구치명 민어과의 바닷물고기. 몸길이 30 cm가량. 참조기와 비슷하나 몸빛이 희고 가슴지느러미가 길며, 아래턱이 위턱을 덮음. 수심 40~100 m의 모래와 개펄에 사는데, 우리나라 및 중국·인도 등의 연해(沿海)에 분포함.
보:국(保國)명하자 나라를 보호함.
보:국(報國)명하자 나라의 은혜에 보답함.
보:국(輔國)명하자 ①나랏일을 도움. ②〈보국숭록대부〉의 준말.
보:국-숭록대부(輔國崇祿大夫)[-쑹녹때-]명 조선 시대, 정일품의 종친(宗親)·의빈(儀賓)·문무관의 품계. 준보국.
보:국-안민(輔國安民)명하자 나랏일을 돕고 백성을 편안하게 함.
보:국^포장(保國褒章)명 국가 안보에 공이 큰 사람, 또는 위험을 무릅쓰고 인명과 재산을 구조한 사람에게 주는 포장.
보:국^훈장(保國勳章)[-구쿤-]명 국가 안보에 공이 많은 사람에게 주는 훈장. 〔통일장·국선장·천수장·삼일장·광복장의 다섯 등급이 있음.〕
보:군(步軍)명 지난날, '보병(步兵)'을 이르던 말.
보:군(輔君)명하자 임금을 도움.
보굿[-굳]명 ①굵은 나무의 비늘같이 생긴 껍질. ②(그물을 물 위에 뜨게 하려고) 그물의 벼리에 듬성듬성 매다는 나무껍질 따위의 가벼운 물건. *보굿이[-구시]·보굿만[-군-]
보굿-켜[-굳-]명 나무의 겉껍질 안쪽의 껍질.
보:궐(補闕)명하타되자 ☞보결(補缺).
보:궐^선:거(補闕選擧)명 선거에 의해 선출된 의원 등이 그 임기 중에 사직·실격·사망 등으로 말미암아 궐석이 생긴 경우에 하는 선거. 보결 선거. 준보선(補選).
보:균(保菌)명하타 병균을 몸에 지니고 있음.
보:균^식물(保菌植物)[-싱-]명 병원균을 체내에 지니고 있으면서 장기간 또는 절대로 병증을 나타내지 않는 식물. 보독 식물(保毒植物).
보:균-자(保菌者)명 전염병의 병원체를 몸에 지니고 있으면서 아무런 증상이 나타나지 않는 상태의 사람.
보그르르부하자 ①적은 양의 물 따위가 끓어오르는 모양, 또는 그 소리. ②잔 거품이 한꺼번에 일어나는 모양, 또는 그 소리. 큰부그르르. 센뽀그르르.
보글-거리다자 자꾸 보글보글하다. 보글대다. 큰부글거리다. 센뽀글거리다.
보글-대다자 보글거리다.
보글-보글부하자 ①적은 양의 물 따위가 자꾸 보그르르 끓는 모양, 또는 그 소리. ¶ 된장찌개가 보글보글 끓는다. ②거품 따위가 자꾸 보그르르 일어나는 모양. 큰부글부글. 센뽀글뽀글. 참바글바글.
보금-자리명 ①새의 둥지. ②'살기에 편안하고 아늑한 곳'을 비유하여 이르는 말. ¶ 사랑의 보금자리.
　보금자리(를) 치다관용 보금자리를 만들다.
보:급(普及)명하타되자 널리 펴서 알리거나 사용하게 함. ¶ 컴퓨터가 널리 보급되었다.
보:급(補給)명하타되자 ①(물자 등을) 계속 대어 줌. ¶ 수분을 보급하다. ②모자라거나 떨어진 물자를 대어 줌. ¶ 식량을 보급하다.
보:급-계(補給係)[-께/-께]명 보급품을 맡아서 관리하는 부서, 또는 그 사람.
보:급^기지(補給基地)[-끼-]명 (전투 지역이나 함선에) 군수품을 대어 주는 근거지.
보:급-량(補給量)[-금냥]명 보급품의 수량.
보:급-로(補給路)[-금노]명 보급품을 나르는 데 이용되는 길. 보급선(補給線). ¶ 보급로가 막히다.
보:급-망(補給網)[-금-]명 보급을 위하여 체계적으로 조직된 계통.
보:급-선(補給船)[-썬]명 보급품을 실어 나르는 배.

보ː급-선(補給線)[-썬]명 ☞보급로.
보ː급-소(補給所)[-쏘]명 보급품을 맡아 다루는 곳.
보ː급-자(補給者)[-짜]명 보급하여 주는 사람, 또는 그러한 기관.
보ː급-판(普及版)명 널리 보급시킬 목적으로 원판보다 종이나 제본의 질을 낮추고 값을 싸게 하여 박아 낸 출판물.
보ː급-품(補給品)명 보급하는 물품.
보-기명 〈본보기〉의 준말. ¶ 보기를 들다.
보ː기(步騎)명 보병과 기병.
보ː기(補氣)명하자 약이나 음식 따위를 먹어서 기운을 돋움. 보원(補元).
보ː기(寶器)명 보배로운 그릇. 귀중한 그릇.
보ː기(bogey)명 골프에서, 기준 타수보다 하나 많은 타수로 홀(hole)에 공을 쳐 넣는 일. 참이글(eagle)·버디(birdie)·파(par).
보깨다자 ①(먹은 음식물이 잘 삭지 않아) 배 속이 거북하다. ¶ 음식을 급히 먹었더니 속이 보깬다. ②(무슨 일이 뜻대로 되지 않아) 마음이 자꾸 쓰이어 불편하다.
보꾹명 지붕 안쪽의 겉면. 〔반자가 없는 가옥의 천장.〕 ¶ 서까래가 갈빗대처럼 드러난 보꾹.
보난자그램(bonanzagram)명 문장의 빈 곳에 알맞은 낱말이나 글자를 채워 넣음으로써 완전한 문장을 완성하게 하는 추리 퀴즈.
보-내기(洑-)명하자 논에 물을 대기 위하여 봇도랑을 내는 일.
보내기^번트(-bunt)명 야구에서, 주자를 다음 누로 보내기 위하여 타자가 공에 배트를 가볍게 대어 내야로 굴리는 타법. 희생 번트.
보내다타 ①(물품 따위를) 한 곳에서 다른 곳으로 가게 하다. 부치다. ¶ 편지를 보내다. ②(사람이나 자동차 따위를) 가게 하다. 파견(파송)하다. ¶ 연락원을 보내다. /구급차를 보내다. ③헤어져 가게 하다. 이별하다. 죽어서 헤어지다. ¶ 정든 임을 보내다. ④(결혼·양자 등) 어떤 인연을 맺게 해 주다. ¶ 시집을 보내다. ⑤시간이나 세월을 지나가게 하다. ¶ 한가로운 나날을 보내다. ⑥(속뜻을 전할 양으로) 어떤 표정을 짓거나 동작을 해 보이다. ¶ 반기는 시선을 보내다. ⑦(어떤 시설물을 통하여) 물자 따위를 대 주다. 공급하다. ¶ 산간벽지에까지 전기를 보내다. ⑧사람을 일정한 곳에 소속되게 하다. ¶ 대학에 보내다. /아들을 군대에 보내다.
보내-오다타 ①(사람이나 사물 따위를) 어떤 사람이 있는 쪽으로 움직여 위치를 옮기다. ¶ 생일에 보내온 축전. ②일정한 임무나 목적으로 가게 하다. ¶ 보좌관을 보내오다. ③(상대편에게) 자신의 마음을 알도록 표현하다. ¶ 많은 사람이 소녀 가장에게 온정을 보내왔다.
보ː너스(bonus)명 상여금. ¶ 연말 보너스. /보너스를 타다.
보늬[-니]명 밤이나 도토리 따위의 속껍질.
보니다타 〈옛〉 자세히 보다. ¶ 들을 제는 우레러니 보니는 눈이로다(鄭澈.關東別曲).
보닛(bonnet)명 ①여성 또는 어린이용의 모자. 〔머리 위에서 뒷머리에 걸쳐 깊이 쓰고, 끈으로 턱에 맴.〕 ②기계류의 덮개, 특히 자동차 앞 엔진 부분의 덮개.
보다¹타 ①눈으로 대상의 존재나 형태적 특징을 알다. ¶ 나는 새를 보다. ②(시각으로) 즐기거나 감상하다. ¶ 영화를 보다. ③대상의 내용이나 상태 등을 알려고 살피다. ¶ 선을 보다. /맛을 보다. ④(일 따위를) 맡아서 하다. ¶ 친목회의 일을 보다. ⑤맡아서 관리하거나 지키다. ¶ 아이를 보다. /집을 보다. ⑥(어떤 행사나 격식 따위를) 치르거나 겪다. ¶ 시험을 보다. ⑦자손이 생기거나 며느리나 사위를 맞이하다. ¶ 손자를 보다. ⑧(궂은일이나 좋은 일을) 맞이하거나 당하다. ¶ 욕을 보다. /재미를 보다. ⑨마무리를 짓다. ¶ 결말을 보다. ⑩평가하다. 그렇게 여기다. ¶ 좋지 않게 보다. /만만히 볼 상대가 아니다. ⑪고려하다. 생각하다. ¶ 사정을 보다. ⑫똥이나 오줌을 몸 밖으로 내보내다. ¶ 뒤를 보다. /소피를 보러 가셨다. ⑬(올바르지 못하게) 이성 간에 정을 통하다. ¶ 샛서방을 보다. ⑭물건을 사거나 팔러 가다. ¶ 시장을 보다. ⑮(음식상 따위를) 차리다. ¶ 손님이 오셨으니 상을 좀 보아라. ⑯(볼일이 있어) 만나다. ¶ 자네를 보러 왔지. ⑰의사가 환자를 진찰하다. ¶ 원장님은 오전에만 환자를 보십니다. ⑱신문이나 잡지 따위를 구독하다. ¶ 보던 신문을 끊다. ⑲남의 결점 따위를 들추어 말하다. ¶ 친구의 흉을 보다.
보기 좋은 떡이 먹기도 좋다속담 겉이 아름다워야 속도 좋다는 뜻.
보자 보자 하니까 얻어 온 장(醬) 한 번 더 뜬다 속담 '못되게 구는 것을 보고 참으니까 고치기는커녕 더욱더 밉살스럽게 행동함'을 비유하여 이르는 말.
보란 듯이관용 남이 보고 부러워하도록 자랑스럽거나 떳떳하게. ¶ 보란 듯이 성공을 하고 말테다.
볼 낯(이) 없다관용 얼굴을 대할 수 없을 만큼 미안하다. 얼굴을 대할 면목이 없다.
볼 장(을) 다 보다관용 일이 다 틀려 버리다. 일이 아주 끝장이 나다. ¶ 일이 이쯤 되면 볼 장 다 본 셈이다.
보다²조동 동사의 어미 '-아'·'-어' 뒤에 쓰이어, 시험 삼아 함을 나타냄. ¶ 한번 생각해 볼게. /돌다리도 두드려 보고 건너라.
보다³조형 용언의 어미 '-ㄴ가'·'-는가'·'-ㄹ까'·'-을까'·'-나' 등의 뒤에 쓰이어, 짐작이나 막연한 자기 의향을 나타냄. ¶ 오늘이 어제보다 더 더운가 보다. /해낼 자신이 있는가 보다. /여기서 살까 보다. /밖에 비가 오나 보다.
보다⁴ Ⅰ부 한층 더. ¶ 보다 좋은 방법.
Ⅱ조 체언에 붙어 쓰이어, 두 가지를 대비(비교)함을 나타내는 부사격 조사. ¶ 언니보다 동생이 더 크다. /어제보다 오늘이 덥다.
보-단자(保單子)명 조선 시대에, 신분을 보증하던 문서.
보ː답(報答)명하자타 남의 은혜나 호의를 갚음. ¶ 부모님의 은혜에 보답하다.
보대끼다자 ①시달려 괴로움을 겪다. ¶ 아이들 등쌀에 한참을 보대끼다. ②(배 속이 탈이 나서) 배가 쓰리거나 울랑울랑하다. 큰부대끼다.
보ː덕(報德)명하자타 남의 은덕을 갚음.
보ː데의 법칙(Bode-法則)[-의-/-에-] 태양에서 각 행성까지의 평균 거리를 나타내는 법칙.
보ː도(步道)명 ☞인도(人道)¹. 참차도(車道).
보ː도(保導)명하타 보살피며 지도함.
보ː도(報道)명하자타되자 (신문이나 방송으로) 새 소식을 널리 알림, 또는 그 소식. ¶ 신속 정확한 보도가 신문의 생명이다.
보ː도(輔導)명하타 도와서 바르게 이끎. 보익(輔翊). ¶ 직업 보도.
보ː도(寶刀)명 보배로운 칼. 보검(寶劍).

보ː도^관ː제(報道管制)명 (정부 등에서) 비상시에 필요에 따라 취재나 보도 활동을 제한하는 일.
보ː도-국(報道局)명 방송국 따위에서, 보도에 관한 일을 맡아보는 부서.
보ː도^기관(報道機關)명 사회에서 일어난 일들을 널리 일반에게 알릴 것을 목적으로 조직된 기관.
보도독부하자타 ☞보드득. 센뽀도독. **보도독-보도독**부하자타.
보도독-거리다[-꺼-]자타 자꾸 보도독보도독하다. 보도독대다.
보도독-대다[-때-]자타 보도독거리다.
보도록부 〈옛〉 볼수록. ¶ 人心이 ᄂᆞᆺ 곧ᄐᆞ야 보도록 새롭거놀(鄭澈.星山別曲).
보ː도-부(報道部)명 (어떤 단체나 기관 등에서) 보도에 관한 일을 맡아보는 부서.
보ː도-블록(步道block)명 보도 바닥에 까는 시멘트 블록.
보ː도^사진(報道寫眞)명 보도를 목적으로 찍은 사진.
보ː도-원(報道員)명 먼 곳의 일을 현지에서 취재하여 보도하는 사람.
보ː도-진(報道陣)명 (어떤 일을) 보도하기 위하여 구성된 인적 조직.
보ː독(報毒)명하자 품고 있던 원한을 독(毒)으로 앙갚음함.
보독-보독[-뽀-]부하형 몹시 보독한 모양. 큰부둑부둑. 센뽀독뽀독.
보ː독^식물(保毒植物)[-씽-]명 ☞보균 식물.
보독-하다[-도카-]형여 물기가 거의 말라 보송보송하다. 큰부둑하다. 센뽀독하다.
보-동(洑垌)[-똥]명 보막이로 쌓은 둑. 봇둑.
보ː동-공양(普同供養)명 누구나 함께 참여할 수 있는 공양.
보동-되다[-뙤-/-뛔-]형 ①길이가 짧고 가로 퍼지다. ②키가 작고 통통하다.
보동-보동부하형 살이 통통하게 찌고 보드라운 모양. 큰부둥부둥. 거포동포동.
보-두다(保-) Ⅰ자 (보증인이 되어) 보증서에 이름을 쓰다.
Ⅱ타 보증인을 세우다.
보드기명 크게 자라지 못한 나무.
보드득부하자타 단단하고 반질반질한 물건을 서로 세게 문지를 때 나는 소리. 보도독. ¶ 잠결에 이를 보드득하고 갈다. 큰부드득. 센뽀드득. 참바드득. **보드득-보드득**부하자타.
보드득-거리다[-꺼-]자타 자꾸 보드득보드득하다. 보드득대다. 큰부드득거리다.
보드득-대다[-때-]자타 보드득거리다.
보드랍다[-따][보드라우니·보드라워]형ㅂ ①(거칠거나 딱딱하지 않고) 무르고 매끈매끈하다. ¶ 보드라운 살결. ②(가루나 모래 따위가) 곱고 잘다. ¶ 보드라운 모래. ③(사람됨이나 마음씨가) 곱고 순하며 붙임성이 있다. ¶ 마음씨가 보드랍다. ④동작이 유연하다. ¶ 몸놀림이 보드랍다. 큰부드럽다.
보드레-하다형여 퍽 보드라운 느낌이 있다. ¶ 보드레한 비단의 감촉. 큰부드레하다.
보드빌(vaudeville 프)명 음악과 무용을 곁들인 풍자적인 통속 희극.
보ː드-지(board紙)명 판지(板紙).
보드카(vodka 러)명 러시아 특산의 술. 알코올 농도 40～60 %로, 호밀·감자·옥수수 등을 원료로 함.
보득-솔[-쏠]명 가지가 많고 작달막하게 딱 바라진 소나무.
보들-보들부하형 살갗에 닿는 느낌이 매우 보드라운 모양. ¶ 보들보들한 옷감. 큰부들부들².
보듬다[-따]타 가슴에 대어 품듯이 안다. ¶ 어머니가 갓난아이를 보듬고 젖을 먹인다.
보디(body)명 ①권투에서, '몸통 부분'을 이르는 말. ②비행기나 자동차의 몸체 부분.
보디가ː드(bodyguard)명 경호원(警護員).
보디-랭귀지(body language)명 (음성이나 문자로 나타내지 않고) 표정·몸짓·손짓 등 온갖 몸놀림으로 상대편에게 뜻이나 느낌을 전하는 일.
보디^블로ː(body blow)명 권투에서, 상대편의 몸통 부분을 치는 일.
보디빌딩(body-building)명 (역기나 아령 운동 등으로) 근육을 잘 발달시켜 우람하고 보기 좋은 몸매를 가꾸는 일.
보디-워ː크(body work)명 권투에서, 경기 중에 상반신을 움직이는 동작.
보디^페인팅(body painting)명 알몸에 그림물감을 써서 환상적인 그림을 그리는 일. 미국에서 비롯된 예술 운동의 한 형태임.
보ᄃᆞ랍다형ㅂ 〈옛〉 보드랍다. ¶ ᄒᆞ다가 사ᄅᆞ미 이든 보ᄃᆞ라온 ᄆᆞᅀᆞᆷ 가지닌(法華*1:216*).
보-따리(褓-)명 ①물건을 보자기에 싼 뭉치. ②〖의존 명사적 용법〗 보자기에 꾸린 뭉치를 세는 단위. ¶ 헌 책 한 보따리.
보따리(를) 싸다관용 지금까지의 관계를 끊거나 하던 일을 그만두다.
보따리(를) 풀다관용 ①숨은 사실을 폭로하다. ¶ 그가 보따리를 풀자, 사건의 전모가 속속들이 드러났다. ②계획했던 일을 실제로 시작하다. ¶ 막상 보따리를 풀긴 했지만, 어려움이 한둘이 아니다.
보따리-장수(褓-)명 ①물건을 보자기에 싸 가지고 다니면서 파는 사람. ②'작은 규모로 하는 장사'를 비유하여 이르는 말.
보라¹명 빨강과 파랑을 혼합한 중간색. 보라색. 보랏빛.
보라²명 쇠로 쐐기처럼 크게 만든 연장. 통나무나 장작을 팰 때, 도끼로 찍은 자리에 이것을 박아 도끼머리로 내리쳐 나무가 쪼개지게 함.
보라-매명 그해에 난 새끼를 길들여서 사냥에 쓰는 매.
보라-머리동이명 머리에 보랏빛의 종이를 붙여서 만든 연.
보라-색(-色)명 빨강과 파랑을 혼합한 중간색. 보라¹. 보랏빛.
보라-성게명 만두성겟과의 극피동물. 몸은 폭이 넓은 부채 모양이고 온몸에 두껍고 빽빽한 가시가 있음. 몸빛은 진한 보라색. 우리나라와 일본 연안의 암초 등에 삶.
보라-장기(-將棋)명 오래 들여다보기만 하고 빨리 두지 않는 장기.
보라-초명 꼭지 이외의 전체를 보랏빛으로 물들인 연(鳶).
보라-치마명 위쪽 절반은 희고 아래쪽 절반은 보랏빛으로 된 연.
보라-탈명 탈춤놀이에 쓰는, 보랏빛의 탈.
보라-털명 보라털과의 바닷말. 짙은 자갈색의 가는 털 모양이고, 연안의 얕은 물에 떼를 지어 자람. 먹을 수 있음.
보ː란(寶欄)명 옛 건축물의 헌함(軒檻) 또는 난간의 한 종류.

보:란-좌(寶欄座)명 옛 건축물에서 보란을 돌려 놓은 대좌(臺座).
보람명 ①조금 드러나 보이는 표적. ¶ 보람이 남아 있다. ②하자 잊지 않기 위하여, 또는 구별이 되게 하기 위하여 표시를 함, 또는 그 표시. ¶ 보람을 두어 잊지 않게 하다. ③(한 일에 대한) 좋은 결과. 효력. ¶ 삶의 보람을 느끼다./이렇게 풍작을 이룬 것은 알뜰히 가꾼 보람이다.
보람-되다[-되-/-뒈-]형 한 일에 대한 좋은 결과나 가치, 만족감이 있다. ¶ 하루하루를 보람되게 지내다.
보:람-유(寶藍釉)명 ☞보석 남유(寶石藍釉).
보람-줄[-쭐]명 읽던 곳을 표시해 두기 위하여 책갈피에 장치해 둔 줄(끈). 가름끈.
보람-차다형 매우 보람이 있다. 해 볼 만한 의의가 있다. ¶ 보람찬 하루.
보랏-빛[-라삗/-랃삗]명 ☞보라[1]. 보라색. *보랏빛이[-라삐치/-랃삐치]·보랏빛만[-라삔-/-랃삔-]
보:력(補力)명 현상(現像)을 마친 사진 원판의 화상(畫像)의 농담(濃淡)이 불충분할 때에 약품으로 고치는 일.
보:력(寶曆)명 '임금의 나이'를 높이어 이르는 말. 보령(寶齡). 보산(寶算). ¶ 보력 쉰다섯에 승하(昇遐)하시다.
보:련(寶輦)명 ☞옥교(玉轎).
보:령(寶齡)명 ☞보력(寶曆).
보:로-금(報勞金)명 ①국가 보안법 위반자를 체포하거나 수사 기관에 통보하였을 때, 압수물이 있을 경우 상금과 함께 지급하는 돈. ②반국가 단체나 그 관련 구성원으로부터 금품을 취득하여 수사 기관에 제공하였을 경우, 그 금품 중에서 지급하는 돈.
보로기명 〈옛〉 포대기. 기저귀. ¶ 보로기 강:襁. 보로기 보:褓(訓蒙中24).
보로통-하다형여 ①부어오르거나 부풀어 올라서 볼록하다. ②불만스러운 빛이 얼굴에 나타나 있다. ¶ 저만 따돌린다고 보로통하게 토라졌다. 큰부루퉁하다. 센뽀로통하다. **보로통-히**부.
보:록(譜錄)명 악보를 모아 실은 책.
보:록(寶錄)명 보배로운 기록.
보롬명 〈옛〉 보름. ¶ 二月ㅅ 보로매 아으 노피 현 燈ㅅ블 다호라(樂範.動動).
보:료명 (솜이나 짐승의 털로 속을 넣어) 앉는 자리에 늘 깔아 두는 요.
보:루(堡壘)명 ①(적의 공격이나 접근을 막기 위하여) 돌·흙·콘크리트 따위로 튼튼하게 쌓은 진지. 보채(堡砦). ②'지켜야 할 대상'을 비유하여 이르는 말. ¶ 민주주의의 보루.
보:루(寶樓)명 '누(樓)'를 아름답게 이르는 말.
보루(ボール.일←board)의 담배를 묶어 세는 단위. 담배 열 갑을 이름.
보:류(保留)명하타되자 (어떤 일의 결정을) 뒤로 미루어 둠. ¶ 발표를 보류하다.
보:류(補流)명 다른 곳으로 이동한 바닷물을 채우듯이 흘러드는 바닷물의 흐름.
보:륜(寶輪)명 불탑에서, 상륜(相輪)의 중심이 되는 부분.
보르도-액(Bordeaux液)명 농업용 살균제의 한 가지. 석회수에 황산구리 용액을 섞은 유제(乳劑). 석회보르도액.
보르르부하자 ①몸집이 작은 것이 가볍게 떠는 모양. ②좁은 그릇에서 물이 끓어오르는 모양, 또는 그 소리. ③얇고 잘 마른 것이 타오르는 모양. 큰부르르. 거포르르.
보름명 ①열닷새 동안. ¶ 떠난 지 벌써 보름이 지났다. ②〈보름날〉의 준말. ¶ 정월 보름.
보름-날명 음력으로, 그달의 열다섯째 되는 날. 망일(望日). 준보름.
보름-달[-딸]명 음력 보름날 밤에 뜨는 둥근 달. 만월(滿月). 망월(望月)[1].
보름-사리명 ①(매월 두 차례의 한사리 가운데) 음력 보름날의 사리. ②보름 무렵에 잡힌 조기. 참그믐사리.
보름-차례(-茶禮)명 음력 보름날마다 집안 사당에서 지내는 차례. 망다례(望茶禮).
보름-치[1]명 음력 보름께 비나 눈이 오는 날씨. ¶ 보름치 탓에 달 보기는 글렀다.
보름-치[2]명 보름 동안 충당할 분량. ¶ 보름치 식량.
보리명 ①볏과의 이년초. 서아시아 원산의 식용 작물. 가을에 씨를 뿌려 초여름에 거두는데, 열매는 주요 잡곡의 한 가지임. ②보리의 열매.
보리(←菩提.Bodhi 범)명 〔불교 용어로서, 도(道)·지(智)·각(覺) 등으로 번역되는 말로〕 ①세속적인 번뇌를 끊고 얻는 깨달음의 경지. ②깨달음을 얻고 극락왕생하는 일. ③☞불도(佛道). ①②보제.
보리-강(←菩提講)명 극락왕생을 위하여 법화경(法華經)을 강설하는 법회.
보리-고추장(-醬)명 보리쌀로 밥을 짓거나 시루에 쪄서 삭힌 뒤에 담근 고추장.
보리-깜부기명 여물지 못하고 검게 병든 보리 이삭. 맥노(麥奴).
보리-논명 그루갈이로 보리를 심은 논, 또는 그 보리를 베어 낸 논. 맥답(麥畓).
보리-농사(-農事)명 보리의 씨를 뿌리고 가꾸어 거두어들이는 일. 맥농(麥農). 맥작(麥作).
보리-누름명 보리가 누렇게 익는 철.
보리누름까지 세배한다속담 '지나치게 예의를 차림'을 농조로 이르는 말.
보리-도량(←菩提道場)명 ①보살이 성도(成道)한 곳, 또는 성도를 얻으려고 수행하는 곳. ②석존이 생전에 수도하던 성지(聖地). 준도량.
보리-동지(-同知)명 지난날, '곡식을 바치고 명목만의 벼슬을 한 사람'을 조롱하여 이르던 말. 맥동지(麥同知).
보리-막걸리[-껄-]명 보리쌀로 빚어서 담근 막걸리. 맥탁(麥濁).
보리-맥(-麥)명 한자 부수의 한 가지. '麪'·'麴' 등에서의 '麥'의 이름.
보리-문(←菩提門)명 사문(四門)의 하나인 서문(西門), 곧 보리로 들어가는 문.
보리-바둑명 '법식이나 정석을 모르고 아무렇게나 두는 바둑'을 조롱하여 이르는 말.
보리-밟기[-밥끼]명하자 (보리의 웃자람과 표토가 부풀어 올라 뿌리가 들뜨는 것을 막기 위하여) 이른 봄에 보리 싹의 그루터기를 밟는 일.
보리-밥명 쌀에 보리쌀을 섞거나 보리쌀만으로 지은 밥.
보리밥에는 고추장이 제격이다속담 무엇이든지 제격에 맞도록 하는 것이 좋다는 말.
보리밥-나무[-밤-]명 보리수나뭇과의 상록 관목. 작은 가지에 은백색이나 갈색 비늘털이 있고, 잎은 어긋맞게 남. 9~10월에 은백색의 꽃이 피고, 열매는 이듬해 4~5월에 발갛게 익는데 먹을 수 있음.
보리-밭[-받]명 보리를 심은 밭. *보리밭이[-바치]·보리밭을[-바틀]·보리밭만[-반-]
보리밭에 가 숭늉 찾는다속담 '지나치게 서둘러서 행동함'을 비유하여 이르는 말.

보리-살타(←菩提薩埵.Bodhisattva 범)명 ☞보살(菩薩).
보리-새우명 보리새웃과의 절지동물. 몸길이 24 cm가량. 몸빛은 연한 청색·적갈색·검은색 따위. 우리나라·일본·타이완 연해에 널리 분포함.
보리-성(←菩提聲)명 염불하는 소리.
보리-소주(-燒酒)명 보리밥에 누룩을 섞어 담갔다가 곤 소주.
보리수(←菩提樹)[1]명 보리수나무의 열매.
보리-수(←菩提樹)[2]명 ①불교에서, 석가가 그 아래에 앉아서 도를 깨쳤다는 나무. 참사유수(思惟樹). ②뽕나뭇과의 상록 활엽 교목. 인도 원산으로, 높이는 30 m가량. 열매는 무화과와 비슷함. 〔불교에서 신성시하는 나무임.〕 ③피나뭇과의 낙엽 교목. 중국 원산으로, 높이는 3~10 m. 초여름에 담황색의 꽃이 피며, 잘고 단단한 열매가 열리는데, 염주(念珠)를 만드는 데 쓰임.
보리수-나무(←菩提樹-)명 보리수나뭇과의 낙엽 활엽 관목. 우리나라에서는 평남 이남에서 자라는데, 높이는 3 m가량. 잎은 길둥글며 뒷면에 은백색의 비늘털이 있음. 초여름에 황백색 꽃이 피고, 가을에 먹을 수 있는 둥근 열매가 붉게 익음.
보리-수단(-水團)명 삶은 통보리에 녹말을 묻혀 데친 것을 실백(實柏)과 함께 찬 오미잣물에 띄운 음료.
보리-술명 보리로 빚은 술.
보리-숭늉명 보리밥을 퍼낸 솥에 물을 붓고 끓인 숭늉. 맥탕(麥湯).
보리-심(←菩提心)명 ①불도(佛道)에 들어가 참다운 도를 구하는 마음. ②☞불심(佛心).
보리-쌀명 보리의 열매를 찧어서 껍질을 벗긴 곡식.
보리-윷[-윤]명 법식도 없이 아무렇게나 되는 대로 노는 윷. ＊보리윷이[-유치]·보리윷만[-윤-]
보리-자(←菩提子)명 보리수의 열매. 염주를 만드는 데 쓰임. 보리주.
보리자-염주(←菩提子念珠)명 보리수 열매로 만든 염주.
보리-장기(-將棋)명 '법식을 모르고 아무렇게나 두는 장기'를 조롱하여 이르는 말.
보리-주(←菩提珠)명 ☞보리자.
보리-죽(-粥)명 보리쌀을 갈아 풀처럼 쑨 죽.
보리-차(-茶)명 볶은 겉보리를 넣어서 끓인 차. 맥차(麥茶).
보리-타작(-打作)명 ①하자보릿단을 태질하거나 탈곡기로 훑어 알곡을 떨어내는 일. ②하타 '매를 되게 때림'을 속되게 이르는 말.
보리-풀명 ①보리를 갈 땅에 밑거름으로 쓰기 위하여 벤 풀이나 나뭇잎. ②하자보리풀을 베어 옴.
보리-피리명 보리 줄기를 잘라서 만든 피리.
보ː린(保隣)명하자 이웃끼리 서로 돕는 일.
보ː린^사ː업(保隣事業)명 ☞인보 사업.
보릿-가루[-리까-/-릳까-]명 보리를 볶아서 빻은 가루. 맥분(麥粉).
보릿-가을[-리까-/-릳까-]명 보리가 익어서 거둘 만하게 된 계절. 맥추(麥秋).
보릿-거름[-리꺼-/-릳꺼-]명 보리를 심을 밭에 넣는 밑거름.
보릿-겨[-리껴/-릳껴]명 보리의 속겨.
보릿-고개[-리꼬-/-릳꼬-]명 지난날, 묵은 곡식은 떨어지고 보리는 아직 여물지 않아, 농가의 식생활에서 가장 어려움을 겪게 되는 음력 사월경을 이르던 말. 맥령(麥嶺).
보릿고개가 태산보다 높다속담 '보릿고개 넘기가 매우 힘듦'을 비유하여 이르는 말.
보릿-자루[-리짜-/-릳짜-]명 보리가 든 자루.
보릿-재[-리째/-릳째]명 보리밭에 낼 재거름.
보릿-짚[-리찝/-릳찝]명 보리 이삭을 떨어낸 뒤의 줄기. ＊보릿짚이[-리찌피/-릳찌피]·보릿짚만[-리찜-/-릳찜-]
보릿짚-모자(-帽子)명 '밀짚모자'의 잘못.
보ː링(boring)명 ①구멍을 뚫는 일. 천공(穿孔). ②시추(試錐).
보ː링^머신(boring machine)명 이미 뚫어 놓은 구멍이나 기통(氣筒) 따위의 속을 둥글게 깎아 넓힐 때 쓰이는 기계.
보-막이(洑-)명하자 보를 막기 위하여 둑을 쌓거나 고치는 일.
보-만두(褓饅頭)명 〈보찜만두〉의 준말.
보ː매부 언뜻 보기에. 언뜻 보아 짐작하건대. ¶ 보매 그가 주인인 듯했다.
보ː메(baumé 프)의 액체의 비중을 나타내는 단위. 〔기호: °Bé〕
보ː메^비ː중계(Baumé比重計)[-계/-게]명 액체의 비중을 재는 기계.
보ː면(譜面)명 ①☞악보(樂譜). ②악보를 큰 종이에 적은 것.
보ː명(保命)명하자 목숨을 보전함.
보ː명-주(保命酒)명 감초·육계(肉桂)·홍화(紅花)·설탕 등을 베주머니에 넣고 소주에 담가서 5~6일 동안 우려낸 술.
보ː모(保姆)명 ①(일정한 자격을 가지고) 유치원·보육원·양호 시설 등에서 보육에 종사하는 여자 직원. ②왕조 때, 왕세자를 기르던 여자.
보ː무(步武)명 씩씩하게 걷는 걸음걸이.
보ː무-당당(步武堂堂)명하형 (행진하는) 걸음걸이가 씩씩하고 위엄이 있음. ¶ 보무당당한 우리 국군. **보무당당-히**부.
보무라지명 ①종이·헝겊 따위의 잔부스러기. 준보물. ②'보푸라기'의 잘못.
보ː무타려(保無他慮)명하형 아주 확실하여 조금도 의심할 여지가 없음.
보ː문-각(寶文閣)명 고려 시대에, 경연(經筵)과 장서(藏書)를 맡아보던 관아.
보ː문-품(普門品)명 ☞관음경(觀音經).
보물명 〈보무라지〉의 준말.
보ː물(寶物)명 ①보배로운 물건. 썩 드물고 귀한 물건. 보재(寶財). 보화(寶貨). ②국보 다음가는 문화재. ¶ 우리나라 보물 1호는 흥인지문이다.
보ː물-섬(寶物-)[-썸]명 보물이 있는 섬. 보물이 숨겨져 있다는 섬.
보ː물-찾기(寶物-)[-찯끼]명하자 (주로 야외 놀이에서) 상품의 이름을 적은 쪽지를 여기저기 감추어 놓고, 그것을 찾은 사람에게 적힌 대로 상품을 주는 놀이.
보믜명 〈옛〉 녹. ¶ 壁上에 걸린 칼이 보믜가 나단 말가(古時調).
보믜거다자 〈옛〉 녹슬었다. ¶ 돗는 몰 셔셔 늙고 드는 칼 보믜거다(古時調).
보믜다자 〈옛〉 녹슬다. ¶ 朝天路 보믜닷 말가(古時調). 참보미다.
보미다자 〈옛〉 녹슬다. ¶ 쇠 보밀 슈:銹(訓蒙下 *15*). /銀印이 보미니(杜初*20*:*10*).
보바리슴(bovarysme 프)명 자기를 현실의 자기가 아닌, 분수 이상의 존재로 인식하는 정신

작용. 〔플로베르의 소설 '보바리 부인'의 여주인공의 성격에서 유래함.〕

보ː발(步撥)명 조선 시대에, 걸어서 급한 공문서를 전하던 사람.

보ː배(←寶貝)명 ①금은(金銀)·주옥(珠玉) 등의 귀중한 물건. ②'매우 귀중한 사람'을 비유하여 이르는 말. ¶ 어린이는 나라의 보배. /우리 집안의 보배. 본보패.

보ː배-롭다(←寶貝-)[-따][~로우니·~로워]형ㅂ 보배로 삼을 만한 가치가 있다. 매우 귀중하다. ¶ 보배로운 물건. /보배로운 유산. **보배로이**부.

보ː배-스럽다(←寶貝-)[-따][~스러우니·~스러워]형ㅂ 보기에 귀하고 소중한 데가 있다. **보배스레**부.

보ː법(步法)[-뻡]명 걷는 법. 걸음걸이.

보ː법(譜法)[-뻡]명 악보의 법식.

보ː병(步兵)명 육군 병과의 하나. 소총이나 기관총 등을 가지고 싸우는 육군의 주력 부대, 또는 그에 딸린 군인. 보졸(步卒).

보ː병(寶瓶)명 절에서 쓰는 '꽃병'이나 '물병' 따위를 아름답게 이르는 말.

보ː병-것(步兵-)[-걷]명 조선 시대에, '보병목(步兵木)으로 지은 옷'을 이르던 말. *보ː병것이[-꺼시]·보ː병것만[-껀-]

보ː병-궁(寶瓶宮)명 ☞물병자리.

보ː병-대(步兵隊)명 보병으로 편성된 군대.

보ː병-목(步兵木)명 조선 시대에, 보병의 옷감으로 백성이 바치던, 올이 굵고 거친 베.

보ː보-행진(步步行進)명하자 많은 사람이 한 걸음 한 걸음 발을 맞추어 걸어감.

보ː복(報服)명 존속(尊屬)이 비속(卑屬)에 대하여 입는 복(服).

보ː복(報復)명하자타 앙갚음. ¶ 정치적 보복. /범인의 보복이 두려워 경찰에 신고하는 것이 망설여지다.

보ː복^관세(報復關稅)[-꽌-]명 자기 나라의 수출품에 대하여 어떤 나라가 부당하게 높은 관세를 물릴 경우, 그 나라로부터의 수입품에 대해서도 높은 관세를 물리는 일.

보ː복지리(報復之理)[-찌-]명 응보가 있는 자연의 이치.

보ː본(報本)명하자타 태어나거나 자라난 근본을 잊지 않고 그 은혜를 갚음.

보ː본(補本)명하타 밑진 본전을 채움.

보ː본-반시(報本反始)명하자 〔근본에 보답하고 처음으로 돌아간다는 뜻으로〕'조상의 은혜에 보답함'을 이르는 말.

보ː부-상(褓負商)명 봇짐장수와 등짐장수를 아울러 이르는 말. 부보상.

보ː부족(補不足)명하타 모자라는 것을 채움.

보ː부-청(褓負廳)명 조선 말기에, 전국의 보부상들을 관장하던 단체.

보ː불(黼黻)명 왕조 때, 임금이 입던 예복의 치마같이 만든 곤상(袞裳) 자락에 수놓은 무늬. 도끼 모양과 '亞' 모양을 수놓았음.

보ː비(補庇)명하타 보호하고 돌보아 줌.

보ː비(補肥)명하타 덧거름.

보ː비(補裨)명하타 보태어 도움.

보ː비-력(保肥力)명 땅이 거름기를 오래 지니는 힘. ¶ 보비력이 떨어지다.

보ː비리명 다랍게 인색한 사람.

보ː-비위(補脾胃)명하자 ①위경(胃經)의 기운을 돋움. ②남의 비위를 잘 맞추어 줌. ¶ 남의 보비위나 일삼는 쓸개 빠진 사람.

보빈(bobbin)명 ①방직용구의 한 가지. 실을 감는 통 또는 막대. ②전선을 감아서 코일이나 저항기를 만드는 통. ③재봉틀에서, 밑실을 감은 실패를 넣어 두는 북.

보ː빙(堡氷)명 내륙빙(內陸氷)의 끝이 바다로 흘러들어 해안을 둘러쌈으로써 이루어진 낭떠러지 모양의 얼음덩이.

보ː빙(報聘)명하자 국제간에, 답례로 외국을 방문하는 일.

보뷔명 〈옛〉 보배. ¶ 君位를 보뷔라 홀씨(龍歌 *83*章).

보-뺄목명 기둥을 뚫고 나온 들보의 머리 끝.

보ː사(步射)명하타 지난날, 군영에서 활쏘기나 총 쏘기 연습을 할 때에 달음질해 나아가면서 과녁을 향해 쏘던 일.

보ː사(報謝)명하자타 ①(물품 등을 보내어) 은혜를 갚고 은덕에 감사함. ②부처에 대한 보은의 뜻으로 자선을 베풂. ③불사(佛事)를 맡은 중에게 보시(布施)를 함.

보ː사(補瀉)명 한방에서, '보(補)하는 일과 사(瀉)하는 일'을 아울러 이르는 말. 〔허증(虛症)은 보하고, 실증(實症)은 사하여 다스림.〕

보ː사(寶砂)명 금강사(金剛砂)의 가루.

보ː사-제(報祀祭)명 기우제를 지낸 뒤에 비가 내렸을 때, 감사의 뜻으로 올리는 제사.

보삭부하자타 물기 없는 물건이 가볍게 바스러질 때 나는 소리. 큰부석. 센보싹·뽀삭. **보삭-보삭**부하자타.

보삭-거리다[-꺼-]자타 자꾸 보삭보삭하다. 보삭대다. 큰부석거리다.

보삭-대다[-때-]자타 보삭거리다.

보삭-보삭[-뽀-]부하형 살이 좀 부어오른 모양. 큰부석부석.

보ː산(寶算)명 ☞보력(寶曆).

보ː산-개(寶傘蓋)명 부처 앞에서 재(齋)를 올릴 때 쓰는, 보배 구슬로 꾸민 우산 모양의 휘장.

보살(菩薩)명 ①부처에 버금가는 성인. 보리살타. ②〈보살승〉의 준말. ③'고승(高僧)'을 높이어 이르는 말. ④'나이 많은 여신도'를 대접하여 이르는 말. ⑤〈보살할미〉의 준말.

보ː살(補殺)명하자 야구에서, 야수가 공을 잡아 누수(壘手)에게 던져 타자 또는 주자를 아웃시키는 데 간접적으로 도움을 주는 일.

보살-감투(菩薩-)명 ①돼지의 통집에 붙은 고기의 한 부분. ②잣의 속껍질 안에 있는, 잣의 대가리에 씌운 꺼풀의 한 부분.

보살-계(菩薩戒)[-계/-게]명 대승(大乘)의 보살들이 받아 지니는 계율.

보살-도(菩薩道)명 불과(佛果)를 구하는 보살이 닦는 길.

보살-승(菩薩乘)명 불교의 삼승(三乘)의 하나. 스스로 부처가 됨과 아울러 남을 깨달음에 이르게 하는 가르침. 준보살.

보살-탑(菩薩塔)명 보살의 사리(舍利)를 넣고 쌓은 일곱 층의 탑.

보-살피다타 ①어리거나 생활이 어려운 이 등을 돌보아 주다. ¶ 고아들을 보살피다. ②관심을 갖고 관리하다. ¶ 국정을 보살피다. /못자리를 보살피다.

보살-할미(菩薩-)명 머리를 깎지 않은 채 승복을 입고 절에서 불도를 닦는 늙은 여신도. 준보살.

보살-형(菩薩形)명 보살처럼 부드럽고 온화한 얼굴 모양.

보ː삼(步衫)명 장옷처럼 생긴 우장(雨裝).

보:상(報償)명하자타되자 ①남에게 진 빚이나 받은 물건을 갚음. ¶ 국채 보상 운동. ②어떤 것에 대한 대가로 갚음. ¶ 노고에 대해 보상하다.
보:상(補償)명 ①하타되자남에게 끼친 재산상의 손해를 금전으로 갚음. ¶ 피해 보상. ②국가 또는 공공 단체가 국민이 입은 재산상의 손해를 갚아 주는 일. ③심리학에서, 욕구 불만에 빠졌을 경우에 다른 행동을 함으로써 그 불만을 다스리는 일. ¶ 보상 심리.
보:상(輔相)명하자 백관(百官)을 거느리고 임금을 도와서 나라를 다스리는 일, 또는 그 사람.
보:상(褓商)명 봇짐장수.
보:상-금(補償金)명 보상하는 돈.
보:상-화(寶相華)명 ①당초(唐草)무늬의 주제로 사용된 오판화(五瓣花). 〔불교에서 이상화(理想化)한 꽃임.〕 ②〈보상화문〉의 준말.
보:상화-문(寶相華紋)명 보상화를 주제로 한 장식용 당초(唐草)무늬. 준보상화.
보:새(寶璽)명 ☞어새(御璽).
보:색(補色)명 ①'혼합했을 때 무채색이 되는 두 색, 또는 그 두 색의 관계'를 이르는 말. 〔빨강과 청록, 보라와 황록의 관계 따위.〕 여색(餘色). ②심리학에서, '한 빛깔의 소극적 잔상(殘像)으로서 나타나는 빛깔'을 이르는 말.
보:색^잔상(補色殘像) [-짠-]명 어떤 색을 뚫어지게 바라보다가 갑자기 다른 곳으로 눈을 옮겼을 때, 먼저 보던 색의 보색이 잔상으로 나타나는 현상.
보:생-불(寶生佛)명 ☞보생여래.
보:생-여래(寶生如來) [-녀-]명 밀교에서 이르는 금강계의 오불(五佛)의 하나. 보생불.
보-서다(保-)자 보증을 서다.
보:석(步石)명 ①디디고 다니려고 깔아 놓은 돌. ②☞섬돌.
보:석(保釋)명하타되자 일정한 보증금을 내게 하고 구류 중인 미결수를 석방하는 일. ¶ 피고인이 보석으로 풀려나다.
보:석(寶石)명 색채와 광택이 아름답고 산출량이 적기 때문에 장식용 등으로 귀중히 여겨지는 광물. 〔다이아몬드·에메랄드·사파이어·루비·비취 따위.〕 보옥(寶玉).
보:석-금(保釋金) [-끔]명 〈보석 보증금〉의 준말.
보:석^남유(寶石藍釉) [-성-]명 경태람(景泰藍)의 청색과 자색을 도자기에 응용한 잿물 빛깔. 보람유.
보:석^보증금(保釋保證金) [-뽀-]명 보석이 허락되었을 경우, 보석되는 피고인이 내는 보증금. 준보석금.
보:석-상(寶石商) [-쌍]명 보석이나 보석으로 만든 패물을 사고파는 가게, 또는 그런 직업이나 장수.
보:석-원(保釋願)명 보석을 허가해 줄 것을 바라는 내용의 신청, 또는 그 서류.
보:선(保線)명하타 철도의 선로를 보호하며 관리하는 일.
보:선(普選)명 〈보통 선거〉의 준말.
보:선(補選)명하타되자 〈보궐 선거〉의 준말.
보:선(補繕)명하타 보충하고 수선함.
보:선-공(保線工)명 보선 작업을 하는 사람.
보:섭(步涉)명하자 길을 걷고 물을 건넘.
보세(洑稅) [-쎄]명 〈보수세〉의 준말.
보:세(保稅)명 관세의 부과를 미루는 일.
보:세(普世)명 온 세상.
보:세^가공(保稅加工)명 외국에서 수입한 원료를 관세 부과가 미뤄진 상태에서 가공하는 일.
보:세^가공^무:역(保稅加工貿易)명 보세품을 가공하여 수출하는 방식의 무역.
보:세^공장(保稅工場)명 보세 구역의 한 가지. 수입한 물품을 보세 상태에서 제조·가공·개장(改裝)할 수 있도록 허가된 공장.
보:세^구역(保稅區域)명 수입 화물을 관세의 부과가 미루어진 채로 놓아 둘 수 있는 지역. 〔보세 창고·보세 공장·보세 전시장 따위.〕
보:세^수입(保稅輸入)명 (가공 무역을 장려하기 위하여) 관세 부과 등의 복잡한 절차를 밟지 않게 하는 수입 방법.
보:세^장치장(保稅藏置場)명 통관 절차를 밟기까지 임시로 물품을 두는 보세 구역.
보:세^전:시장(保稅展示場)명 (박람회·전시회 등의 운영을 위하여) 외국 물품을 보세 상태로 놓아 두거나 전시하는 곳.
보:세^제:도(保稅制度)명 (가공 무역이나 중계 무역의 촉진을 위하여) 수입 상품이 보세 구역에 있는 동안에는 관세의 부과를 미루는 제도.
보:세^창고(保稅倉庫)명 특허 보세 구역의 한 가지. 통관 절차가 끝나지 않은 외국 화물을 보관할 수 있게 허가된 창고.
보:세-품(保稅品)명 보세 상태에 있는 물품.
보:세^화:물(保稅貨物)명 통관 절차를 끝내지 않은 외국 화물.
보션명 〈옛〉버선. ¶ 보션 말:襪(訓蒙中23).
보:소(譜所)명 족보를 만들기 위해 임시로 설치한 사무소. 보청(譜廳).
보:속(補贖)명하타 가톨릭에서, 지은 죄 때문에 일어난 나쁜 결과를 보상하는 일.
보:속-음(保續音)명 화음의 진행에 있어서, 길게 지속하는 음.
보송-보송부하형 ①잘 말라서 물기가 없고 보드라운 모양. ¶ 빨래가 보송보송 잘 말랐다. ②(얼굴이나 살결이) 때가 빠지고 보드라운 모양. ③땀방울이 조금씩 솟아난 모양. ¶ 이마에 땀방울이 보송보송 맺히다. ④솜털 따위가 돋아 있는 모양. ¶ 아기 뺨에 솜털이 보송보송하게 나 있다. 큰부숭부숭.
보:수(步數)[1]명 바둑이나 장기에서 어려운 수를 푸는 방법.
보:수(步數)[2] [-쑤]명 걸음의 수효.
보수(保手)명 〈보증 수표〉의 준말.
보:수(保囚)명하타 죄수를 보석(保釋)함.
보:수(保守)명하타 오랜 습관·제도·방법 등을 소중히 여겨 그대로 지킴. ↔혁신.
보:수(保授)명하타 보석된 사람을 맡음.
보:수(補修)명하타되자 상했거나 부서진 부분을 손질하여 고침. ¶ 둑을 보수하다.
보:수(報酬)명 ①하타고마움에 보답함, 또는 그 보답. ②노력의 대가나 사례의 뜻으로 주는 돈이나 물품. ¶ 일당(日當)치고는 보수가 괜찮다.
보:수(報讐)명하자 앙갚음.
보:수-계(步數計) [-쑤계/-쑤게]명 걸을 때의 걸음의 수를 자동적으로 세는 계기. 보측계. 측보기.
보:수^공사(補修工事)명 보수하는 공사.
보:수^교:육(補修教育)명 ☞보습 교육.
보:수-당(保守黨)명 보수주의를 정치상의 기본 방침으로 내세운 당파.
보:수-비(補修費)명 보수하는 데 드는 돈.
보:수-성(保守性) [-썽]명 보수적인 경향이나 성질. ¶ 보수성이 강한 집안.
보-수세(洑水稅) [-쎄]명 지난날, 봇물을 쓰는 값으로 내던 돈이나 곡식. 수세(水稅). 준보세.

보ː수-적(保守的)관명 보수의 경향이 있는 (것). ¶ 보수적 태도. /보수적인 생각. ↔진보적·혁신적.

보ː수-주의(保守主義)[-의/-이]명 현재의 상태나 질서를 지키기를 좋아하고, 전통과 관습을 중히 여겨서 급격한 변화는 원하지 않는 주의 주장. ↔진보주의·혁신주의.

보ː수-파(保守派)명 보수주의를 받드는 파.

보스(boss)명 ①수령(首領). 영수(領袖). 거물(巨物). 실력자. ¶ 보스 기질이 강하다. ②(폭력이나 범죄 집단 따위에서의) 우두머리. 두목.

보스락부하자타 마른 검불·나뭇잎·종이 따위를 밟거나 뒤적일 때 나는 소리. ¶ 나무 뒤에서 보스락하는 소리가 난다. 큰부스럭. 센뽀스락. 참바스락. **보스락-보스락**부하자타.

보스락-거리다[-꺼-]자타 자꾸 보스락보스락하다. 보스락대다. 큰부스럭거리다.

보스락-대다[-때-]자타 보스락거리다.

보스락-장난[-짱-]명 좀스럽게 보스락거리는 장난.

보스^정치(boss政治)명 정계의 우두머리가 심복과의 사사로운 관계를 바탕으로 행하는 정치.

보스턴-백(Boston bag)명 바닥이 긴 네모꼴이고 가운데가 불룩한 여행용 가방.

보슬-보슬부 ①하자눈이나 비가 가늘고 성기게 조용히 내리는 모양. ¶ 봄비가 보슬보슬 내린다. ②하형덩이가 쉽게 부스러지는 모양, 또는 덩이를 이루려 해도 물기가 적어서 잘 엉기지 않는 모양. ¶ 너무 보슬보슬해서 반죽이 잘 안 된다. 큰부슬부슬. ②거포슬포슬.

보슬-비명 보슬보슬 내리는 가랑비. 큰부슬비.

보습명 쟁기나 극젱이의 술바닥에 맞추는 삽 모양의 쇳조각. 땅을 갈아 흙덩이를 일으키는 데 쓰임. 쟁기날.

보ː습(補習)명하타 정규 학습의 부족을 보충하기 위하여 학습함, 또는 그 학습.

보ː습(補濕)명 피부가 건조해지지 않도록 적당한 수분을 공급하여 촉촉함을 유지하는 것.

보ː습-과(補習科)[-꽈]명 일정한 과정을 마친 사람이 학력을 보충하기 위하여 더 받는 교육 과정.

보ː습^교ː육(補習敎育)[-꾜-]명 이미 직업을 가진 사람에게 지식과 기술 수준을 더 높이기 위하여 베푸는 교육. 보수 교육.

보습-살[-쌀]명 소의 볼기에 붙은 고기.

보승-지(保勝地)명 ☞경승지(景勝地).

보ː시(←布施)명하타 절이나 중 또는 가난한 이 등에게 돈이나 물품을 베풂, 또는 베푸는 그 돈이나 물품. 포시.

보ː시(普施)명하타 은혜를 널리 베풂.

보ː시(報時)명하자 시각을 알림.

보시기명 ①(김치나 깍두기 따위를 담는) 작은 사발. ②〖의존 명사적 용법〗 김치나 깍두기를 보시기에 담아 그 분량을 세는 단위. ¶ 나박김치 한 보시기. 준보[1].

보ː식(補植)명하타 (인공 조림에서, 심은 나무의 일부가 죽거나 하여 빈 땅이 생길 때) 나무를 더 심는 일.

보ː신(保身)명하자 ①몸을 안전하게 지킴. 보신명. ②자신의 지위·명성·재물 등을 잃지 않으려고 약게 행동하는 일.

보ː신(報身)명 부처의 삼신(三身)의 하나. 수행을 쌓은 과보(果報)에 의하여 공덕(功德)이 쌓인 불신(佛身).

보ː신(補身)명하타 (보약이나 영양 식품을 먹어서) 몸의 원기를 도움. 몸보신.

보ː신(補腎)명하자 (보약이나 영양 식품을 먹어서) 정력(精力)을 도움.

보ː-신명(保身命)명하자 ☞보신(保身).

보ː신-불(報身佛)명 삼신불(三身佛)의 하나. 노사나불(盧舍那佛)인 아미타불.

보ː신-술(保身術)명 ☞호신술.

보ː신지책(保身之策)명 자신의 안전을 지켜 나가는 계책. 준보신책.

보ː신-책(保身策)명 〈보신지책〉의 준말.

보ː신-탕(補身湯)명 〔몸의 원기를 돕는 탕국이라는 뜻에서〕 '개장국'을 달리 이르는 말.

보십명 〈옛〉 보습. ¶ 보십 ᄉᆞː耜(類合上*28*).

보ː싯-돈(←布施-)[-시똔/-싣똔]명 보시로 받은 돈.

보싹부하자타 〈보삭〉의 센말. 큰부썩[1].

보-쌈(褓-)[1]명 ①지난날, 양반집 딸이 둘 이상의 남편을 섬겨야 할 팔자인 경우, 팔자땜을 하기 위하여 외간 남자를 보자기에 싸서 붙잡아다가 딸과 재운 다음에 죽이던 일. ②노총각이 과부를 보에 몰래 싸서 데려와 부인으로 삼던 일. ③'뜻밖에 누구에게 붙잡혀 가는 일'을 비유하여 이르는 말.

보-쌈(褓-)[2]명 양푼만 한 그릇 바닥에 먹이를 붙이고, 고기가 들어갈 만한 구멍을 낸 보자기로 싸서 물속에 가라앉혀 놓고 물고기를 잡는 일, 또는 그 기구.

보-쌈(褓-)[3]명 소고기나 돼지고기를 삶아 보에 싸서 눌렀다 먹는 음식.

보쌈-김치(褓-)명 알맞은 길이로 썬 무와 배추에 갖은 양념을 한 소를, 넓은 배추 잎에 싸서 담근 김치. 흔히, 보쌈과 함께 먹음. 준쌈김치.

보쌈-질(褓-)명하타 다림질할 때, 옷을 축축한 보자기에 싸 두어 눅지게 하는 일.

보ᄉᆞ명 〈옛〉 보시기. ¶ 보ᄉᆞ 구ː甌(訓蒙中*12*).

보아(boa)명 보아과의 큰 뱀. 남아메리카에 분포하는 독이 없는 뱀으로, 길이는 약 5 m. 몸빛은 암갈색이며, 등에는 15~20개의 황갈색의 큰 무늬가 있음. 왕뱀.

보아-주다타 (잘못 따위를 탓하지 않고) 눈감아 주다. ¶ 이번 한 번만 보아주시오. 준봐주다.

보-아지명 판잣집 같은 작은 집에서, 들보 구실을 하는 물건.

보아-하니부 살펴보니. 보아서 짐작하건대. ¶ 보아하니 학생은 아닌 것 같다. 준봐하니.

보아-한들부 살펴본다고 하여도. 좋게 보아도. ¶ 보아한들 자네 소원대로는 될 성싶지 않네.

보ː안(保安)명하타 ①안전을 유지하는 일. ¶ 수사상 보안이 필요하다. ②사회의 안녕과 질서를 지키는 일. ¶ 보안 사범 일제 검거.

보ː안(保眼)명하자 눈을 보호함.

보ː안-경(保眼鏡)명 눈을 보호하려고 쓰는 안경. 양목경(養目鏡).

보ː안^경ː찰(保安警察)명 국가·사회의 안녕과 질서의 유지를 목적으로 하는 경찰. 치안 경찰.

보ː안-관(保安官)명 미국의 군(郡)에서 치안을 맡아보는 민선(民選)의 관리.

보ː안-등(保安燈)명 조명과 방범을 목적으로 골목길 등에 설치해 놓은 전등.

보ː안-림(保安林)[-님]명 공익상의 필요에 따라 국가가 벌채·개간을 금지하며 보호하고 관리하는 산림. 보존림.

보ː안-법(保安法)[-뻡]명 〈국가 보안법〉의 준말.

보ː안^처ː분(保安處分)명 (내란죄나 외환죄 등) 특정 범죄의 재범(再犯)을 막기 위해 형벌 대신 교육이나 보호 따위를 하는 처분. 참배해 처분.

보암-보암명 이모저모로 보아서 짐작할 만한 겉모양. 《주로, '보암보암에'·'보암보암으로'의 꼴로 쓰임.》 ¶ 보암보암으로는 감당해 낼 것 같더라.
보암직-하다[-지카-]형여 볼 만한 값어치가 있다.
보야흐로부 〈옛〉 바야흐로. ¶ 조식을 길러야 보야흐로 父母 은혜룰 안다 ᄒᆞ니라(朴解上*51*).
보야ᄒᆞ로부 〈옛〉 바야흐로. ¶ 보야ᄒᆞ로 孝道로 天下룰 다ᄉᆞ리샤ᄃᆡ(內訓*1:66*).
보:약(補藥)명 몸을 보(補)하는 약. 보제(補劑). ¶ 보약을 짓다.
보:양(保養)명하타 편히 쉬면서 건강의 회복을 꾀함. 비휴양.
보:양(補陽)명하자 (보약 등을 먹어서) 몸의 양기(陽氣)를 도움. ↔보음(補陰).
보:양^도시(保養都市)명 (피서지·피한지로서의 조건을 갖추었거나 온천 등이 있어) 보양지로 발달한 도시.
보:양-지(保養地)명 보양하기에 알맞은 곳.
보:양-청(輔養廳)명 조선 시대에, 원자(元子)나 원손(元孫)의 보좌와 교도의 일을 맡아보던 관아.
보:얗다[-야타][보야니·보얘]형ㅎ (연기나 안개가 낀 것같이) 투명하지 않고 희끄무레하다. ¶ 안개가 보얗게 끼다. 큰부옇다. 센뽀얗다.
보:얘-지다자 보얗게 되다. 큰부예지다. 센뽀얘지다.
보:어(補語)명 문장에서 주어와 서술어만으로는 뜻이 불완전한 경우, 그 서술어의 설명의 부족함을 보완하는 말. '되다', '아니다' 따위가 서술어인 경우 꼭 있어야 하는 문장 성분임. 〔'물이 얼음이 되다.'·'그는 천재가 아니다.'에서의 '얼음이'·'천재가' 따위.〕 기움말.
보:여(寶輿)명 천자(天子)의 수레.
보:영(報營)명하타 조선 시대에, 고을의 수령이 감영(監營)에 보고하던 일.
보:옥(寶玉)명 ①보배로운 구슬. ②☞보석(寶石).
보:온(保溫)명하타되자 ①온도를 일정하게 유지함. ②따뜻한 기운을 잘 유지함.
보:온-밥통(保溫-桶)명 밥의 온도를 일정하게 유지하도록 만든 밥통.
보:온-병(保溫瓶)명 속에 든 물건의 온도를 일정하게 유지하는 데 쓰이는 병. 〔이중으로 된 유리병 사이가 진공층으로 되어 있음.〕
보:온-재(保溫材)명 열의 전도가 낮은 재료. 보온하는 데 쓰는 재료.
보:완(補完)명하타되자 모자라는 것을 더하여 완전하게 함. ¶ 부족한 자료를 보완하다.
보:외(補外)[-외/-웨]명하타 조선 시대에, 직위가 높은 벼슬아치를 지방의 수령으로 좌천시키던 일.
보요부 〈옛〉 배게. 촘촘하게. ¶ 굽격지 보요 박은 잣딩이 무되ᄃᆞ록 ᄃᆞᆫ녀보새(古時調).
보:요(步搖)명 ☞떨잠.
보:우(保佑)명하타 보호하고 도움. ¶ 하느님이 보우하사 우리나라 만세.
보우지차(鴇羽之嗟)명 백성이 전쟁터에 끌려 나가 있어서 그 어버이를 봉양하지 못하는 탄식.
보:원(補元)명하자 ☞보기(補氣).
보:원(報怨)명하자 앙갚음.
보:위(保衛)명하타되자 보전하여 지킴. 보호하고 방위함. ¶ 나라를 보위하다.
보:위(寶位)명 ☞보조(寶祚).
보:유(保有)명하타되자 가지고 있음. ¶ 우리 군은 우수한 무기를 많이 보유하고 있다.
보:유(補遺)명하타되자 빠진 것을 나중에 거두어 보충함, 또는 그 보충한 것. ¶ 백과사전의 보유편을 새로 발간하다.
보:유-고(保有高)명 가지고 있는 물건의 수량. ¶ 외환 보유고.
보:유-량(保有量)명 가지고 있는 물건의 분량이나 수량. ¶ 원유 보유량.
보:유-미(保有米)명 (농가에서 식량용으로, 또는 정부가 식량의 수급 조절용으로) 가지고 있는 쌀. ¶ 정부 보유미를 방출하다.
보유스레-하다형여 보유스름하다. 큰부유스레하다. 센뽀유스레하다.
보유스름-하다형여 빛깔이 진하지 않고 조금 보얗다. 보유스레하다. 큰부유스름하다. 센뽀유스름하다. **보유스름-히**부.
보:유-자(保有者)명 (어떤 기능·자격·기록 따위를) 가지고 있는 사람. ¶ 높이뛰기 세계 신기록 보유자.
보:육(保育)명하타 ①(어린이를) 보살펴 기름. ¶ 아이들 보육에 힘을 쓰다. ②유아의 정상적인 발달을 목적으로 유치원·보육원·탁아소 등에서 베푸는 교육.
보:육-기(保育器)[-끼]명 체온 조절 중추가 발달되지 아니한 미숙아나 이상이 있는 신생아를 넣어 두는 격리 보온 기기. 온도와 습도가 자동적으로 조절되고 산소 공급이 가능함. 인큐베이터.
보:육-원(保育院)명 고아나 기아(棄兒) 등을 수용하여 일정한 나이까지 돌보는 시설. 고아원.
보:은(報恩)명하자 은혜를 갚음. ↔배은(背恩).
보:은(寶銀)명 ☞말굽은.
보:음(補陰)명하자 (보약 등을 먹어서) 몸의 음기(陰氣)를 도움. ↔보양(補陽).
보:응(報應)명하자되자 ☞응보(應報).
보:이(boy)명 ☞웨이터(waiter).
보-이다 Ⅰ자 『'보다1'의 피동』 (눈에) 뜨이다. ¶ 바다가 보이는 찻집. /안경을 벗고도 잔글자가 잘 보인다. 준뵈다.
Ⅱ타 『'보다1'의 사동』 ①보게 하다. ¶ 그림을 보이다. ②남의 눈에 뜨이게 하다. ¶ 추태를 보이다. /내 속을 보이다. 준뵈다.
보이다조동 《용언 어미 '-아'·'-어'·'-여' 뒤에 쓰이어》 짐작의 뜻을 나타냄. ¶ 아주 건강해 보인다.
보이^소프라노(boy soprano)명 변성기 전의 사내아이의 높은 목소리, 또는 그 음역(音域)의 소년 가수.
보이^스카우트(Boy Scouts)명 1908년 영국에서 창설되어 세계 각국에 보급되어 있는 국제적인 소년 단체. 소년단. 참걸 스카우트.
보이콧(boycott)명하타 ①어떤 일을 공동으로 받아들이지 않고 물리치는 일. ②쟁의 행위의 한 가지. 근로자들이 동맹하여 어떤 특정 제품을 사지 말도록 소비자들에게 호소하는 행위. 불매 동맹.
보:익(補益)명하타 보태어 도움. 비익(裨益).
보:익(輔翊·輔翼)명하타 ☞보도(輔導).
보:인(保人)명 보서는 사람. 비보증인.
보일(voile)명 세게 꼰 연사(撚絲)를 써서 평직으로 성기게 짠 얇은 피륙. 여름철의 여성복·어린이 옷·커튼 감 등으로 쓰임.
보일러(boiler)명 ①(난방 시설이나 욕탕 등에 더운물을 보내기 위하여) 물을 끓이는 시설.

②(증기 기관 따위를 움직이기 위하여) 밀폐된 강철통 속에서 고압의 증기를 일으키는 장치. ②기관(汽罐).

보:-일보(步一步)부 한 걸음 한 걸음. 조금씩.

보일-시(-示)명 한자 부수의 한 가지. '神'·'祭' 등에서의 '示'의 이름.

보일시-변(-示邊)명 한자 부수의 한 가지. '보일시(示)'가 글자의 변으로 올 때 '礻'로 약하여 쓰는 자형의 이름.

보일-유(boil油)명 들기름이나 아마인유 등의 건성유에 금속 산화물을 섞어서 끓인 기름. 페인트나 인쇄 잉크 등을 녹이는 데 쓰임.

보:임(補任)명하타되자 어떤 직(職)에 보(補)하여 임명함. ¶ 환경부 차관에 보임되다.

보임-새명 ☞외관(外觀).

보잇-하다[-이타-]형여 조금 보유스름한 듯하다. ¶ 보잇한 봄 안개가 마을을 덮다.

보ᄋᆞ명 〈옛〉 보시기. ¶ 보ᄋᆞ 구:甌(譯語下13).

보오리명 〈옛〉 봉우리. ¶ 그 뫼 보오리 쇠머리 ᄀᆞ톨씨(月釋1:27).

보자(褓子)명 ☞보(褓)자기.

보자기명 바다 속에 들어가서 조개나 미역 등 해산물을 따는 사람. 참해녀(海女).

보자기(褓-)명 물건을 싸는 데 쓰이는 작은 보. 보자(褓子).

보:자-력(保磁力)명 영구 자석이나 강자성체에서, 방해하는 힘을 받아도 그에 대항하여 쇠를 끌어당기는 힘을 오래 지니는 힘.

보잘것-없다[-꺼덥따]형 볼 만한 값어치가 없을 정도로 하찮다. ¶ 보잘것없는 물건. 참하잘것없다. **보잘것없-이**부.

보:장(保障)명하타되자 잘못되는 일이 없도록 보증함. ¶ 안전 보장. /신분 보장.

보:장(報狀)명 지난날, 상부 관아에 보고하던 문서.

보:장(寶藏)명하타 ①아주 소중하게 보관함. ②불교에서, 중생의 괴로움을 덜어 주는 부처의 가르침을 이르는 말.

보:장-점령(保障占領)[-녕]명 조약(條約)의 이행을 상대국에게 강제하기 위하여 상대국의 영토 일부를 점령하는 일.

보:재(補材)명 한방에서, 보약으로 쓰이는 약재.

보:재(寶財)명 ☞보물(寶物).

보-쟁기명 보습을 낀 쟁기.

보쟁이다타 부부가 아닌 남녀가 은밀한 관계를 계속 맺다.

보:전(保全)명하타되자 온전하게 잘 지키거나 지님. ¶ 환경 보전에 관한 지식. /영토를 보전하다.

보:전(補塡)명하타되자 부족한 부분을 보충하여 채움. 결손을 메움. 보충. 전보(塡補). ¶ 적자(赤字)를 보전하다.

보:전(補箋)명 ①☞부전(附箋). ②(어음이나 수표 등에서) 배서(背書)나 보증을 적을 자리가 없을 때 덧붙이는 종이쪽지.

보:전(寶典)명 ①귀중한 책. ②일상생활에 편리하게 쓰이는 내용의 책. ¶ 가정 의학 보전.

보:전^소송(保全訴訟)명 강제 집행의 보전을 목적으로 하는 특별 민사 소송 절차. 〔가처분과 가압류를 이름.〕

보:전^이:자(補塡利子)명 채무자가 채권자의 돈이나 곡물 따위를 이용한 데 대하여 그 보수로 내는 돈이나 물건.

보:전^처:분(保全處分)명 채무자가 재산을 은닉하거나 처분해 버리면 채권자의 권리를 얻을 수 없으므로 개인의 권리를 보전하기 위하여, 판결의 확정 또는 강제 집행까지의 사이에 법원이 명하는 잠정적 처분.

보:정(補正)명하타 ①모자라는 것을 보충하고 잘못된 것을 바르게 고침. ②(실험이나 관측, 근삿값 계산 등에서) 외부적 원인에 의한 오차를 없애고 참에 가까운 값을 구하는 일. ¶ 오차의 보정.

보:정(補整)명하타 모자라는 것을 보충하고 정돈하여 완전한 것이 되게 함. ¶ 체형을 보정하는 기능성 속옷.

보:정^진:자(補整振子)명 팽창률이 다른 금속을 사용하여, 온도의 변화에 관계없이 일정한 길이를 유지하도록 만든 흔들이.

보제(菩提)명 ☞보리.

보:제(補劑)명 ①☞보약(補藥). ②주약(主藥)의 작용을 돕거나 그 부작용을 막거나 하기 위하여 쓰는 약제. 조제(助劑).

보:조(步調)명 ①(여럿이 줄지어 걸을 때의) 걸음걸이 또는 걸음의 속도. ¶ 보조가 맞다. /보조를 맞추다. ②여러 사람이 함께 행동할 때, 그 방침이나 행동 통일의 상태. ¶ 공동 보조를 취하다.

보:조(補助)명하타 ①모자라거나 넉넉지 못한 것을 보태어 돕는 일, 또는 도움이 되는 그것. ¶ 국가에서 보조를 받다. /경비의 일부를 보조하다. ②일손을 돕는 일, 또는 그 사람. ¶ 간호 보조. /보조 병력. /편집 일을 보조하다.

보:조(寶祚)명 제왕의 자리. 보위(寶位).

보조개명 웃을 때 볼에 오목하게 우물져 들어가는 자리. 볼우물.

보:조^관념(補助觀念)명 수사(修辭)에서, 나타내고자 하는 내용이 잘 드러나도록 돕는 관념. 〔'내 마음은 호수'에서 원관념인 '내 마음'을 비유하는 '호수' 따위.〕

보:조-금(補助金)명 ①보조하여 주는 돈. ②국가가 공공 단체나 개인 등의 사업을 돕기 위하여 교부(交付)하는 돈. 교부금.

보:조^기관(補助機關)명 행정 관청에 딸리어 그 직무를 보조하는 기관.

보:조^기억^장치(補助記憶裝置)[-짱-]명 컴퓨터에서 주기억 장치의 용량을 확장해 주는, 외부에 딸린 기억 장치. 외부 기억 장치.

보:조^날개(補助-)명 비행기의 주날개 뒤쪽의 가장자리에 붙어 있는, 필요에 따라 움직일 수 있는 날개. 보조익(補助翼).

보:조^단위(補助單位)명 기본 단위를 더 작게 나누거나 몇 곱절로 늘린 단위. 〔길이의 기본 단위인 m에 대하여, km, cm, mm 따위.〕↔기본 단위.

보:조^동:사(補助動詞)명 (홀로는 문장의 주체를 서술할 힘이 없어) 본용언(본동사와 본형용사) 다음에서 그 뜻을 돕는 동사. 〔'감상을 적어 두다.'에서 '두다' 따위.〕 도움움직씨. 조동사. 참본동사.

보:조-부(補助簿)명 주된 장부의 기록을 더 명확하게 하기 위하여 갖추는 장부.

보:조-비(補助費)명 국가나 공공 단체가 어떤 목적을 위하여 무상으로 주는 돈. ¶ 생활 보조비. /국고 보조비.

보:조^비:료(補助肥料)명 ☞자극 비료.

보:-조사(補助詞)명 체언·부사·활용 어미 따위에 붙어서 어떤 뜻을 더해 주는 조사. 〔'도·은·는·만·까지·마저·조차…' 따위.〕 도움토씨. 특수 조사.

보:조^어:간(補助語幹)명 용언의 어간과 어미 사이에 끼어서 그 뜻을 여러 가지로 도와주는 말. 〔'가겠다·먹었다·오시다·하옵고·갈리다' 등에서의 '-겠-·-었-·-시-·-옵-·-리-' 따위를 이르는데, 학교 문법에서는 '-겠-·-었-·-시-·-옵-' 따위는 선어말 어미로, '-리-' 따위는 파생 접사로 다룸.〕 도움줄기.

보:조-역(補助役)명 도와주는 구실, 또는 그런 구실을 하는 사람.

보:조^용:언(補助用言)명 (홀로 문장의 주체를 서술할 힘이 없어) 본용언(본동사와 본형용사) 다음에서 그 뜻을 돕는 동사나 형용사. 〔보조 동사와 보조 형용사가 이에 딸림.〕 참본용언.

보:조-원(補助員)명 돕는 구실을 하는 사람. 보조인. ¶ 간호 보조원.

보:조^원장(補助元帳)[-짱]명 총계정 원장의 계정 과목의 내용을 자세히 기록하는 원장(元帳).

보:조-익(補助翼)명 ☞보조 날개.

보:조-인(補助人)명 ①☞보조원. ②형사 소송법에서, 피고인 또는 피의자의 보조자를 이르는 말.

보:조-장(補助帳)[-짱]명 ☞보조 장부.

보:조^장부(補助帳簿)명 부기에서, 주요 장부를 보족하기 위하여 계정(計定)의 명세나 거래의 내용 따위를 기록하는 장부. 보조장.

보:조-적(補助的)관명 주된 것에 대하여 보조가 되는 (것). ¶ 보조적 수단. /보조적인 임무.

보:조적 연결^어:미(補助的連結語尾)[-정년-]명 연결 어미의 한 가지. 본용언에 보조 용언을 연결하는 어말 어미. 〔'의자에 앉아 있다.', '학교에 가지 않았다.', '영화를 보게 되었다.' 에서의 '-아'·'-지'·'-게' 따위.〕

보:조^정:리(補助定理)[-니]명 수학에서, 주된 정리를 증명하기 위하여 보조로 쓰이는 정리. 예비 정리.

보:조^참가(補助參加)명 계속(繫屬) 중인 민사 소송에, 제삼자가 당사자의 어느 한편을 보조하여 소송 행위에 참가하는 일. ↔당사자 참가.

보:조-함(補助艦)명 주력함(主力艦)이나 항공 모함 이외의 함정을 통틀어 이르는 말.

보:조-항(補助港)명 주된 항구에 대하여 보조적 구실을 하는 항구.

보:조^형용사(補助形容詞)명 (홀로는 문장의 주체를 서술할 힘이 없어) 본용언(본동사와 본형용사) 다음에서 그 뜻을 돕는 형용사. 〔'이 꽃은 아름답지 아니하다.'에서의 '아니하다' 따위.〕 도움그림씨.

보:조-화(補助貨)명 〈보조 화폐〉의 준말.

보:조^화:폐(補助貨幣)[-폐/-페]명 법정 화폐의 한 가지. 본위 화폐의 보조로서 소액의 거래에 쓰이는 화폐. 〔주화나 지폐 따위.〕 준보조화.

보:족(補足)명하타 모자라는 것을 보충하여 덧붙임. ¶ 보족 설명.

보:존(保存)명하타되자 잘 지니어 상하거나 없어지거나 하지 않도록 함. ¶ 유물(遺物)을 보존하다. /환경을 보존하다.

보:존^과학(保存科學)명 물질적인 구조와 재질의 변화·노화·붕괴 등의 방지를 연구하는 과학. 〔주로, 문화재의 보존에 응용됨.〕

보:존^등기(保存登記)명 등기되어 있지 않은 부동산의 소유권을 보존하기 위하여 처음으로 등기부에 올리는 일.

보:존-림(保存林)[-님]명 ☞보안림.

보:존-비(保存費)명 어떤 물건이나 재산을 보존하는 데 드는 돈.

보:존^수역(保存水域)명 어업 자원의 보존을 위하여 연안국이 공해(公海)에 설정하여 어로(漁撈)를 제한하는 특정 수역.

보:존^식품(保存食品)명 오래 보존할 수 있도록 가공한 식품.

보:존^혈액(保存血液)명 혈액이 굳지 않도록 항응고제를 섞어 저온에서 보존한 혈액. 긴급 수혈에 쓰임.

보:졸(步卒)명 ☞보병(步兵).

보:졸-장(步卒將)[-짱]명 (탈것을 타고 다닐 만한 신분인데) '탈것이 없어 걸어만 다니는 사람'을 놓으로 이르는 말.

보:종(步從)명 〔왕조 때〕 ①하타임금이 거둥할 때, 벼슬아치들이 걸어서 뒤따르던 일. ②높은 벼슬아치의 행차 때, 노문(路文)을 받은 역에서 보내어 따르게 하던 역졸(驛卒).

보:좌(補佐·輔佐)명하타 윗사람 곁에서 사무를 도움. ¶ 장관을 보좌하다.

보:좌(寶座)명 ①☞연화좌(蓮花座). ②☞옥좌(玉座).

보:좌-관(補佐官)명 (윗사람의 직무를) 보좌하는 관리.

보:좌-인(補佐人)명 보좌하는 사람.

보죠개명 〈옛〉 보조개. ¶ 보죠개 협:頰(訓蒙上25).

보:주(補註)명하타 뜻풀이나 설명이 부족한 부분을 보충하기 위해 덧붙인 풀이.

보:주(寶珠)명 ①보배로운 구슬. ②☞여의주. ③불탑의 구륜(九輪) 위에 얹는 꼭대기 장식.

보:중(保重)명하타 건강이나 안전을 위하여 몸을 아낌. ¶ 옥체(玉體) 보중하소서.

보증(保證)명하타되자 ①(남의 신분·경력이나 어떤 사물에 대하여) 틀림이 없음을 증명하거나 책임을 짐. ¶ 신원 보증. /품질 보증. ②채무자가 채무를 이행하지 않을 경우에 본인을 대신하여 제삼자가 채무를 부담하는 일. ¶ 보증을 서다. ③☞담보(擔保). 준보(保)2.

보증^계:약(保證契約)[-계-/-게-]명 채무자가 채무를 이행하지 못할 때, 제삼자가 대신 갚겠다는 내용의 계약.

보증-금(保證金)명 계약이나 채무의 이행을 보증하는 담보로 상대편에게 내는 돈. ¶ 계약 보증금.

보증^대:부(保證貸付)명 대차 계약(貸借契約)에서, 채무자 외에 제삼자의 보증을 조건으로 하는 대부.

보증^보:험(保證保險)명 매매·고용·도급 등의 계약에 있어서 채무 불이행에 의하여 채권자가 입게 되는 손해를 전보(塡補)하기 위한 보험. 채무자를 보험 계약자, 채권자를 피보험자로 함.

보증^사채(保證社債)명 사채 발행 회사가 이자의 지급과 원금 상환에 대하여 금융 기관의 보증을 받아 발행하는 사채. ↔무보증 사채.

보증-서(保證書)명 보증하는 글. 보증한다는 뜻을 적은 문서.

보증^수표(保證手票)명 ①은행이 지급을 보증한 수표. ②☞자기앞 수표. 준보수(保手).

보증-인(保證人)명 어떤 사람의 신원이나 채무 등을 보증하는 사람. 증인. 준보(保)2. 비보인.

보증-주(保證株)명 일정한 이익 배당이 약속된 주식.

보증^준:비(保證準備)명 은행권 발행의 보증으로 상업 어음이나 국채, 그 밖의 유가 증권을 준비하는 일, 또는 그 증권. ↔정화 준비(正貨準備).

보증^채:권(保證債權)[-꿘]명 보증 채무에 대한 채권.
보증^채:무(保證債務)명 채무자가 채무를 이행하지 아니할 때, 본인을 대신하여 제삼자가 부담하는 채무.
보증^책임(保證責任)명 채무자가 채무를 이행하지 아니할 때, 그 채무를 이행해야 하는 보증인의 책임.
보:지명 여자의 음부(陰部). 소문(小門). 여근(女根). 음문(陰門). 하문(下門).
보:지(保持)명하타되자 어떤 상태를 온전하게 간직함(지님). ¶ 선수권을 오래 보지하다.
보:지(報知)명하타 알림. 기별함.
보지락의 비가 온 분량을 나타내는 말. 〔보습이 들어갈 만큼 땅속으로 스며 들어간 비의 양을 이름.〕 ¶ 단비가 한 보지락 내렸다.
보:직(補職)명하타되자 구체적인 직무의 담당을 명하는 일, 또는 그 직분. ¶ 보직을 변경하다. /국장으로 보직되다.
보:-집합(補集合)[-지팝]명 '여집합(餘集合)'의 구용어.
보짱명 꿋꿋하게 가지는 생각. 속으로 품은 요량. ¶ 보짱이 세다. /보짱이 다르다.
보찜-만두(褓-饅頭)명 잘게 빚어 만든 여러 개의 작은 만두를 보에 싸서 찐 만두. ㊟보만두.
보차다타 〈옛〉보채다. ¶ 衆生 보차디 아니호리라 盟誓ᄒᆞ야(月釋7:48).
보:채(堡砦)명 ☞보루(堡壘).
보:채(報債)명하자 빚을 갚음.
보채다자 심하게 졸라 성가시게 굴다. ¶ 아기가 젖을 달라고 보채다.
보채는 아이 밥 한 술 더 준다속담 '조르며 서두르는 사람이나 적극적으로 구하는 사람에게 더 잘해 주게 됨'을 이르는 말.
보:처(補處)명 〔부처의 자리를 보충한다는 뜻으로〕 이전 부처가 입멸(入滅)한 뒤에 부처가 되어 그 자리를 보충하는 보살.
보:-처자(保妻子)명하자 (가장으로서) 아내와 자식을 돌봄.
보:천(普天)명 ☞천하(天下).
보:천-교(普天敎)명 증산(甑山) 강일순(姜一淳)의 제자인 차경석(車京錫)이 정읍(井邑)에서 창시한, 흠치교(吽哆教) 계통의 유사 종교.
보:천-솔토(普天率土)명 온 천하.
보:천지하(普天之下)명 넓은 세상.
보:철(補綴)명하타되자 ①보충하여 한데 엮음. ②고인(古人)의 자구(字句) 등을 꿰어 맞추어서 시문(詩文)을 지음. ③상한 이를 고치거나 의치(義齒)를 해 박는 일.
보:첨(補添)명하타되자 덧붙이어 채움.
보:첩(譜牒)명 ☞족보(族譜).
보:첩-여비(←步屧如飛)[-첨녀-]명하형 걸음이 마치 날아가듯이 빠름.
보:청(普請)명하타 〔절에서〕 ①널리 시주(施主)를 청함. ②사람들에게 노역(勞役)에 종사해 줄 것을 청하는 일.
보:청(譜廳)명 ☞보소(譜所).
보:청-기(補聽器)명 귀가 어두운 사람이 청력을 보강하기 위하여 귀에 꽂는 작은 확성 장치.
보:체(保體)명 〔불교에서, 몸을 보호한다는 뜻으로〕 살아 있는 사람의 축원문의 이름 밑에 쓰는 말.
보:체(補體)명 동물의 신선한 혈액이나 림프액 속에 있는, 효소 비슷한 단백질의 한 가지. 살균성이 있으며 면역 반응에 관여함.
보:체(寶體)명 〔'귀중한 몸'이라는 뜻으로〕 편지 글에서 상대편을 높여 이르는 말. 옥체(玉體). 존체(尊體). ¶ 보체 더욱 보중(保重)하옵소서.
보:초(步哨)명 군대에서, 경비를 하거나 망을 보는 임무, 또는 그런 임무를 띤 병사. 보초병. 초병. 파수병. ¶ 보초를 서다.
보:초(堡礁)명 섬이나 육지의 해안선을 따라 얕은 바다에 나란히 발달한 산호초.
보:초-망(步哨網)명 부대의 경비를 위하여 여러 곳에 배치해 놓은 보초의 조직.
보:초-병(步哨兵)명 ☞보초(步哨).
보:총(補聰)명하타 미처 생각이 미치지 못한 일을 일깨워 줌.
보:추명 제힘으로 일을 해내겠다는 성질, 곧 '진취성'을 속되게 이르는 말. 《주로, '보추 없다'의 꼴로 쓰임.》
보:춘-화(報春花)명 난초과의 상록 다년초. 건조한 숲에 나는데 관상용으로 심기도 함. 잎은 가늘고 길며, 5~6월에 연한 황록색 세잎꽃이 피는데, 입술 모양의 꽃잎은 흰 바탕에 자줏빛 반점이 있음.
보:충(補充)명하타되자 모자란 것을 채움. 보전(補塡). ¶ 결원(缺員)을 보충하다.
보:충-권(補充權)[-꿘]명 백지 어음에 소정의 요건을 보충함으로써 완전한 어음을 만들어, 서명인의 의무를 발생하게 하는 권리.
보:충-대(補充隊)명 ①단위 부대의 결원을 채울 병력을 관리하는 부대. ②배속 근무 명령을 받기 전의 장병을 수용하는 부대. ③조선 시대에, 양반의 비첩(婢妾) 소생이 치러야 했던 군역(軍役)의 한 가지.
보:충-병(補充兵)명 군 편제(編制)에서, 부족한 병력을 채우기 위한 병사.
보:충^수업(補充授業)명 정규 학습의 부족을 보충하기 위하여 베푸는 수업.
보:충-역(補充役)[-녁]명 구병역의 한 가지. 징병 검사 결과 현역 복무를 할 수 있겠다고 판정된 사람 가운데서 현역병으로 편입되지 아니하던 병역.
보:충-적(補充的)관명 보충이 되는 (것). ¶ 보충적 해설. /상호 보충적인 요소.
보:충^판결(補充判決)명 ☞추가 판결.
보:측(步測)명하타 일정한 보폭으로 걸어서, 그 걸음 수로 거리를 어림하는 일. 걸음짐작.
보:측-계(步測計)[-꼐/-께]명 ☞보수계.
보:칙(補則)명 법령의 규정을 보충하기 위하여 마련한 규칙.
보컬(vocal)명 노래 부르는 일을 악기 연주에 상대하여 이르는 말.
보:크(balk)명 ①야구에서, 주자가 누상에 있을 때 투수가 규정에 벗어난 투구 동작을 하는 경우에 범하는 반칙. ②배드민턴에서, 서비스할 때 상대편을 현혹시키는 동작을 하는 경우에 범하는 반칙. ③볼링에서, 투구 전에 파울라인을 넘는 일.
보:크사이트(bauxite)명 알루미늄의 원광(原鑛)이 되는 암석.
보:-타이(bow tie)명 나비 모양으로 가로로 짧게 매는 넥타이. 나비넥타이.
보:탑(寶塔)명 ①귀한 보옥(寶玉)으로 장식한 탑. ②'탑'을 아름답게 이르는 말. ③☞다보탑.
보:탑(寶榻)명 임금이 앉는 자리. 옥좌(玉座). 용평상(龍平床).
보:태(步態)명 걸음걸이의 자태.

보ː태(補胎)명하자 (약을 쓰거나 영양식을 먹여) 아이 밴 여자의 기력을 도움.
보태-기명 더하기.
보태다타 ①모자라는 것을 채우다. ¶ 학비를 보태다. ②더하다. ¶ 힘을 보태다. /네 것까지 보태면 모두 열 개가 된다.
보ː토(補土)명하타 (우묵한 땅을) 흙으로 채움.
보ː통(普通) Ⅰ명 특별하거나 드물거나 하지 않고 예사로움. ¶ 보통 성적. ↔특별. Ⅱ부 대체로. 대개. 흔히. ¶ 보통 일곱 시에는 일어난다.
보ː통^감ː각(普通感覺)명 ☞유기 감각.
보ː통^개ː념(普通概念)명 ☞일반 개념.
보ː통^기ː래(普通去來)명 주식의 거래 방법의 한 가지. 매매 약정일로부터 3일째 되는 날에 주권과 대금을 주고받는 일.
보ː통^교ː육(普通教育)명 사회인으로서 필요한 기초적 교양을 베푸는 교육. 〔초등학교·중학교·고등학교의 교육이 이에 딸림.〕
보ː통-내기(普通-)명 《주로 '아니다'와 함께 쓰이어》 뛰어나지 않은 보통의 사람. 여간내기. 예사내기. ¶ 그 집 막내딸, 알고 보니 보통내기가 아니더라.
보ː통^명사(普通名詞)명 같거나 서로 비슷한 종류의 사물에 두루 쓰이는 이름을 나타내는 단어. 〔아버지·산·꽃 따위.〕 두루이름씨. 일반 명사. 참고유 명사.
보ː통-법(普通法)[-뻡]명 ☞일반법. ↔특별법.
보ː통^비ː칭(普通卑稱)명 ☞예사 낮춤.
보ː통-석(普通席)명 ☞일반석.
보ː통^선ː거(普通選擧)명 (재산·성별·학력 등에 제한을 두지 않고) 모든 성인에게 선거권과 피선거권을 주는 제도. 준보선. ↔제한 선거.
보ː통-세(普通稅)[-쎄]명 지방 자치 단체가 일반 경비에 충당하기 위하여 부과하는 조세. 〔취득세·재산세·등록세·면허세 따위.〕 ↔목적세.
보ː통^심리학(普通心理學)[-니-]명 ☞일반 심리학(一般心理學).
보ː통^열차(普通列車)[-녈-]명 급행이 아닌 열차. 완행열차.
보ː통^예ː금(普通預金)[-녜-]명 은행 예금의 한 가지. 예금자가 언제나 손쉽게 예금하거나 찾아 쓸 수 있는 방식의 예금.
보통^우편(普通郵便)명 접수한 날의 다음 날로부터 3일 이내에 배달하는 우편. 참빠른우편.
보ː통^은행(普通銀行)명 ☞일반 은행.
보ː통^작물(普通作物)[-장-]명 식용으로 하는 일반 농작물. ↔특용 작물.
보ː통^존칭(普通尊稱)명 ☞예사 높임.
보ː통-주(普通株)명 ☞통상주(通常株).
보ː통-학교(普通學校)[-꾜]명 일제 강점기에, '초등학교'를 이르던 말.
보-퉁이(褓-)명 물건을 보자기에 싼 덩이.
보ː트(boat)명 서양식의 작은 배. 단정(短艇). ¶ 보트를 띄우다.
보ː파(補播)명하타 뿌린 씨앗이 싹이 트지 않았거나 잘 자라지 않았을 때, 그 자리에 다시 씨앗을 뿌리는 일.
보ː판(保版)명하타 활자 인쇄판을 해판(解版)하지 않고 보관하여 둠.
보ː판(補板)명 <보계판(補階板)>의 준말.
보ː패(寶貝)명 <보배>의 본딧말.
보ː편(普遍)명 ①모든 것에 두루 미침. ②모든 사물에 공통되는 성질. ↔특수.
보ː편^개ː념(普遍概念)명 ☞일반 개념.
보ː편-론(普遍論)[-논]명 특수보다 보편을, 개체보다 전체를 앞세워야 한다는 주장.
보ː편-성(普遍性)[-썽]명 모든 것에 두루 통하는 성질. 모든 경우에 두루 적용되는 성질. ¶ 보편성 있는 주장.
보ː편-적(普遍的)관명 보편성을 띠는 (것). ¶ 보편적 가치. /보편적인 기준.
보ː편-주의(普遍主義)[-의/-이]명 개체보다는 보편이 보다 참된 실재(實在)라고 하는 주장. ↔개체주의.
보편-타당(普遍妥當)명하형 특별하지 않고 사리에 맞아 타당함.
보ː편타당-성(普遍妥當性)[-썽]명 어떤 경우에도 두루 통용되고 적용되는 성질. ¶ 보편타당성 있는 논리.
보ː편-화(普遍化)명하자타되자 특수한 것으로부터 보편적인 것이 되거나 되게 함. ¶ 인터넷 사용이 보편화되다.
보ː폐(補弊)[-폐/-페]명하타 폐단을 바로잡음.
보ː포(保布)명 조선 시대에, 보인(保人)에게서 군보(軍保)로 거두어들이던 베나 무명. 군보포. 준보(保)[1].
보ː폭(步幅)명 한 걸음의 너비. ¶ 보폭이 좁다.
보ː표(譜表)명 음표나 쉼표 따위를 적기 위하여 다섯 줄의 평행선을 그은 것.
보푸라기명 보풀의 낱개. 큰부푸러기.
보풀명 종이·피륙 따위의 거죽에 일어나는 잔털. ¶ 옷에 보풀이 일다. 큰부풀.
보풀다[보푸니·보풀어]자 종이나 피륙의 거죽에 보푸라기가 일어나다. 큰부풀다.
보풀-리다타 〖'보풀다'의 사동〗 보풀게 하다. 큰부풀리다.
보풀-명주(-明紬)명 고치실의 찌끼로 짠, 보푸라기가 많이 일어나는 명주.
보풀-보풀부하형 보푸라기가 잘게 일어난 모양. 큰부풀부풀.
보ː필(補筆)명하타 (서화나 문장 등에) 더 써 넣거나 그려 넣거나 함.
보ː필(輔弼)명하타 ①임금의 정사(政事)를 도움. ②윗사람의 일을 도움. ¶ 사장을 보필하다.
보ː필지신(輔弼之臣)[-찌-]명 임금을 보필하는 신하.
보ː필지임(輔弼之任)[-찌-]명 임금을 보필하는 임무. ¶ 보필지임을 다하다.
보ː필지재(輔弼之才)[-찌-]명 임금을 보필할 만한 능력, 또는 그러한 인재.
보ː-하다(補-)[1]타여 어떤 직무를 맡아보게 하다. ¶ 영업부장을 기획실장에 보하다.
보ː-하다(補-)[2]타여 영양분이 많은 음식이나 보약·침·뜸 따위로 원기(元氣)를 돕다. ¶ 침으로 기를 보하다.
보ː-하다(報-)타여 알리다. 기별하다. ¶ 급박한 정황(情況)을 보하다.
보ː학(譜學)명 계보(系譜)에 관한 학문.
보ː한-집(補閑集)명 고려 고종 때, 최자(崔滋)가 이인로(李仁老)의 파한집(破閑集)을 본떠서 지은 책. 야사(野史)나 기녀(妓女)들의 이야기를 모아 엮은 내용. 3권 1책.
보ː합(步合)명 어떤 수의 다른 수에 대한 비율. 〔소수·분수·퍼센트, 할·푼·리 따위로 나타냄.〕
보ː합(保合)명 시세가 거의 변동 없이 그대로 계속되는 일.
보ː합-산(步合算)[-싼]명 (돈을 빌리거나 할 경우에) 원금·보합·기간·이자 중에서 세 값은 알고 하나는 모를 때, 그 모르는 값을 구하는 셈법.

보ː합-세(保合勢)[-쎄]명 보합을 유지하는 시세.
보ː해(補害)명하타 손해를 보충함.
보ː행(步行)명 ①하자걸어가는 일. 걷기. ¶ 보행이 불편하다. ②먼 길에 보내는 급한 심부름, 또는 그 심부름꾼. ¶ 보행을 급히 보내다.
보ː행-객(步行客)명 걸어서 다니는 사람.
보ː행-객주(步行客主)[-쭈]명 지난날, 보행객만을 치던 집. 보행집.
보ː행-기(步行器)명 유아에게 걸음을 익히게 하는 데 쓰는, 바퀴 달린 기구.
보ː행^기관(步行器官)명 동물이 걷는 데 사용하는 운동 기관.
보ː행-꾼(步行-)명 ①'보행객'을 낮추어 이르는 말. ②삯을 받고 먼 길에 급한 심부름을 가는 사람.
보행-삯(步行-)명 '길품삯'의 잘못.
보ː행-인(步行人)명 ☞보행자.
보ː행-자(步行者)명 걸어 다니는 사람. 보행인. ¶ 보행자는 이쪽 길로 다니시오.
보ː행-집(步行-)[-찝]명 ☞보행객주.
보ː허-탕(補虛湯)명 해산 후의 허약한 몸을 보(補)하는 탕약.
보ː험(保險)명 사망·화재·사고 등 뜻하지 않은 사고에 대비하여, 미리 일정한 보험료를 내게 하고, 사고가 일어났을 때 일정한 보험금을 주어 그 손해를 보상하는 제도. ¶ 보험에 가입하다.
보ː험^가격(保險價格)[-까-]명 보험에 들 목적물을 돈으로 평가한 액수. 보험 가액.
보ː험^가액(保險價額)[-까-]명 ☞보험 가격.
보ː험^계ː약(保險契約)[-계-/-게-]명 보험자인 보험 회사와 피보험자인 가입자 사이에 맺는, 보험료나 보험금 등에 관한 계약.
보ː험-금(保險金)명 보험 사고가 생겼을 때, 보험 회사가 피보험자 또는 보험금을 받을 사람에게 지불하는 돈.
보ː험^기간(保險期間)명 보험자가 보험 책임을 지는 기간.
보ː험-료(保險料)[-뇨]명 보험에 가입한 사람이 보험자에게 내는 일정한 돈.
보ː험^약관(保險約款)[-냑꽌]명 보험자가 미리 정해 놓은, 보험 계약에 관한 여러 가지 조항.
보ː험-업(保險業)명 보험의 경영을 목적으로 하는 사업.
보ː험-의(保險醫)[-허믜/-허미]명 보험 회사로부터 위촉을 받아, 생명 보험에 가입하는 사람의 건강을 진찰하는 의사.
보ː험-자(保險者)명 피보험자로부터 보험료를 받고, 사고가 발생했을 때는 보험금을 지급할 의무를 지는 자, 곧 보험 회사를 이름. ↔피보험자.
보ː험^증권(保險證券)[-꿘]명 보험 계약이 성립한 뒤에 보험자가 발행하여 피보험자에게 주는 증권. 보험 증서.
보ː험^증서(保險證書)명 ☞보험 증권.
보ː험^회ː사(保險會社)[-회-/-훼-]명 (정부의 허가를 얻어) 보험 사업을 영위하는 회사.
보헤미안(Bohemian)명 사회의 규범이나 습속을 무시하고 자유롭게 살아가는 사람을 이르는 말. 참집시(Gypsy).
보ː현-보살(普賢菩薩)명 이지(理智)와 깨달음의 덕을 갖추고 석가의 포교를 돕는 보살. 석가의 오른쪽 협시(脇侍)로, 흔히 흰 코끼리를 타고 있음.
보ː현십원가(普賢十願歌)명 고려 초에 균여 대사(均如大師)가 지은 11수의 향가(鄕歌). 보현보살의 십종 원왕(十種願往)을 노래로 지은 것임.
보ː혈(補血)명하자되자 약을 먹어서 몸의 조혈(造血) 작용을 도움.
보ː혈(寶血)명 기독교에서, '인류의 죄를 대신 씻기 위하여 예수가 십자가에 못 박혀 흘린 피'를 이르는 말.
보ː혈-제(補血劑)[-쩨]명 빈혈의 치료나 예방을 위하여 쓰는 약. 조혈제.
보ː혜-사(保惠師)[-혜-/-헤-]명 ☞성령(聖靈).
보ː호(保護)명하타되자 (위험 따위로부터) 약한 것을 잘 돌보아 지킴. ¶ 어린이 보호 구역.
보ː호^감호(保護監護)명 범죄자의 재범 방지를 위하여, 사회로부터 격리 수용하고 감호 교화하여, 사회 복귀에 필요한 직업 훈련 등을 베푸는 일. 준감호.
보ː호^관세(保護關稅)명 국내 산업을 보호하기 위하여 자국 상품과 경쟁하는 수입품에 대하여 부과하는 관세. 준보호세.
보ː호^관찰(保護觀察)명 보호 처분을 받은 소년이나 가출소(假出所)한 범죄자 등에게, 일정한 준수 사항을 지키게 하여 그 행동을 관찰하면서 지도하는 일.
보ː호-국(保護國)명 보호 조약에 따라 다른 나라로부터 외교나 군사 등에 관하여 안전의 보장을 받는 나라. 〔국제법상 반주권국에 해당함.〕
보ː호^근로자(保護勤勞者)[-글-]명 법률에 따라 취업 제한을 두고 특별히 보호하는 근로자. 〔나이 어린 근로자나 여성 근로자 등.〕
보ː호-림(保護林)명 풍치(風致)의 보존이나 학술 연구 및 동식물 보호 등의 필요에 따라 나라에서 지정하여 보호하는 숲.
보ː호^무ː역(保護貿易)명 국내 산업의 보호·육성을 위하여, 정부가 보호 관세, 수입 할당제 등의 방법으로 외국 무역에 간섭하는 일. 관리 무역. ↔자유 무역.
보ː호^무ː역주의(保護貿易主義)[-쭈의/-쭈이]명 국내 산업을 외국 산업과의 경쟁으로부터 보호해야 한다는 주장.
보호^버력(保護-)명 수중 구조물의 땅에 박힌 부분을 방호하기 위하여 물속에 집어넣는 돌.
보ː호-색(保護色)명 주변의 빛깔과 비슷한 빛깔로 되어 있는 동물의 몸빛. 다른 동물의 공격을 피하고 자기 몸을 보호하는 구실을 함. 가림색. 참경계색.
보ː호-세(保護稅)[-쎄]명 〈보호 관세〉의 준말.
보ː호세-율(保護稅率)[-쎄-]명 보호 관세에 적용되는 세율.
보ː호-수(保護樹)명 풍치(風致)의 보존, 학술 연구, 번식 등을 위하여 보호하는 나무.
보ː호^수역(保護水域)명 수산 자원의 보호를 위하여 어업이 제한되는, 공해의 특정 구역.
보ː호-자(保護者)명 ①환자나 노약자 등 약한 처지에 있는 사람을 보호하는 사람. ②미성년자에 대하여 친권을 행사할 수 있는 사람.
보ː호^정치(保護政治)명 다른 나라의 보호 아래 하는 정치.
보ː호-조(保護鳥)명 천연기념물이나, 멸종의 우려가 있는 새 등을 보호하기 위하여 법률로 잡지 못하게 하는 새. 〔크낙새·딱따구리 따위.〕 금조(禁鳥).
보ː호^조약(保護條約)명 국제법상 보호 관계를 맺는 조약.
보ː호^조치(保護措置)명 경찰관이 행동이 수상한 사람, 또는 미아나 병자로서 응급 구호를 해야 할 만한 사람, 정신병자 등을 경찰 기관이나 병원, 구호 기관 등에 인도하는 일.

보ː호-주의(保護主義) [-의/-이] 명 ①보호 무역의 실현을 주장하는 사상, 또는 그 운동. ②형법에서, 범인의 국적이나 범죄지(犯罪地)를 가리지 않고, 자국 또는 자국민의 이익을 침범하는 모든 범죄에는 자국의 형법을 적용해야 한다는 주의.

보ː호^처ː분(保護處分) 명 가정 법원이나 지방 법원 소년부가 소년에게 선고할 수 있는 처분. 〔보호 감호, 치료 감호, 보호 관찰의 세 가지가 있음.〕

보ː화(寶貨) 명 ☞보물(寶物).

보ː화(寶華) 명 ①보옥(寶玉)으로 장식한, 존귀한 꽃. ②제불(諸佛)이 앉는 연꽃, 또는 연화대.

보ː훈(報勳) 명하자 공훈에 보답함.

복¹ 명 참복과의 바닷물고기를 통틀어 이르는 말. 몸이 똥똥하고 비늘이 거의 없음. 공격을 받으면 공기를 들이마시어 배를 불룩하게 하는 버릇이 있음. 고기는 식용하나 간장과 난소 등에 강한 독이 있음. 복어. 하돈(河豚).

복² 부 ①보드랍고 무른 물건의 거죽을 세게 갈거나 긁는 소리. ②무르고 두툼한 물건을 찢는 소리. 큰북⁴. 복-복부.

복(伏) 명 〈복날〉의 준말.

복(服) 명 〈복제(服制)〉의 준말.

복(을) **벗다** 관용 복제의 기한이 지나다.

복(을) **입다** 관용 복제에 따라 상복을 입다.

복(復) 명 〈복괘(復卦)〉의 준말.

복(福) 명 ①편안하고 만족한 상태와 그에 따른 기쁨. 좋은 운수. 복조(福祚). 행복. ¶ 복을 듬뿍 타고난 사람. /신불(神佛)에 복을 빌다. ②좋은 운수로 얻게 되는 기회나 몫. ¶ 먹을 복을 타고나다. /자식 복이 많다.

복(輻) 명 불가사리·갯결이·별불가사리 등의 극피동물에서 팔처럼 쑥 내민 부분. 참삼천발이.

복(蹼) 명 동물의 물갈퀴.

복(復) 감 초상(初喪) 때 초혼(招魂)하는 소리.

복-(複) 접두 《일부 명사 앞에 붙어》 '거듭됨'을 뜻함. ¶ 복비례. /복소수.

-복(服) 접미 일부 명사 뒤에 붙어, 그러한 '옷'임을 뜻함. ¶ 학생복. /기성복. /작업복.

복가(福家) [-까] 명 ①복이 많은 집안. ②길(吉)한 터에 지은 집.

복각(伏角) [-깍] 명 자침(磁針)이 수평면과 이루는 각도. 자기 적도(磁氣赤道)에서 0°, 자극(磁極)에서 90°가 됨. 경각(傾角). 경차(傾差).

복각(覆刻·復刻) [-깍] 명하타되자 한번 새긴 책판을 원본으로 그대로 삼아 다시 목판으로 새기는 일, 또는 그 판. 번각(翻刻).

복각-본(覆刻本) [-깍뽄] 명 한번 새긴 책판을 원본으로 삼아 그대로 다시 목판으로 새겨 펴낸 책. 번각본. 번본(翻本).

복간(復刊) [-깐] 명하타되자 간행을 중지하였거나 폐지하였던 출판물(특히 정기 간행물)을 다시 간행함. ¶ 광복 후에 복간된 신문.

복강(腹腔) [-깡] 명 척추동물의 몸에서 위·장·간장·췌장·신장·방광·자궁 등이 들어 있는 부분.

복강^동ː맥(腹腔動脈) [-깡-] 명 복부 소화기의 상반부와 비장(脾臟)을 순환하는 동맥.

복강^임ː신(腹腔姙娠) [-깡-] 명 ☞복막 임신.

복개(覆蓋) [-깨] 명 ①뚜껑. 덮개. ②하타덮개를 덮음. ¶ 하천을 복개하다.

복거(卜居) [-꺼] 명하자 좋은 땅을 찾아서 살 곳을 정함. 복지(卜地).

복거지계(覆車之戒) [-꺼-계/-꺼-게] 명 〔앞 수레가 엎어지는 것을 보고 뒤의 수레가 조심한다는 뜻으로〕 '앞 사람의 실패가 뒤따르는 사람에게는 경계가 됨'을 뜻하는 말.

복건(幅巾·幞巾) [-껀] 명 ①지난날, 심의(深衣)·학창의(鶴氅衣)에 갖추어 머리에 쓰던 건. ②어린 사내아이가 돌날이나 명절 때 머리에 쓰는 건.

복걸(伏乞) [-껄] 명하타 엎드리어 빎. 간절하게 빎. ¶ 용납해 주시기를 복걸합니다.

복검(覆檢) [-껌] 명하타되자 사체(死體)를 두 번째 검증함.

복계(伏鷄) 명 '부계(伏鷄)'의 잘못.

복계(復啓) [-꼐/-께] 명 편지 글에서 '답장 말씀을 드립니다'의 뜻으로, 답장 첫머리에 쓰는 말. 경복(敬復). 배복(拜復).

복계(覆啓) [-꼐/-께] 명하타 임무를 마치고 돌아와 임금에게 엎드려 아룀.

복고(復古) [-꼬] 명 ①하자과거의 체제나 사상·전통 따위로 돌아감. ②하타되자파괴된 것을 다시 본디의 상태로 고침.

복고(腹稿) [-꼬] 명하타 시문(詩文) 등을 지을 때 먼저 마음속으로 구상하는 일, 또는 그 내용.

복고(覆考) [-꼬] 명하타 되풀이하여 조사하고 생각함.

복고-적(復古的) [-꼬-] 관명 과거의 사상이나 전통으로 되돌아가려는 (것). ¶ 복고적 경향. /복고적인 화풍.

복고-조(復古調) [-꼬쪼] 명 (새로운 풍조에 대하여) 과거의 사상이나 전통 속에서 어떤 보람을 찾으려는 경향. ¶ 복고조 패션.

복고-주의(復古主義) [-꼬-의/-꼬-이] 명 과거의 체제나 전통으로 되돌아가려는 주의.

복고-풍(復古風) [-꼬-] 명 과거의 모습으로 되돌아간 제도나 풍속, 또는 그런 유행. ¶ 복고풍이 유행하다.

복공-증(腹空症) [-꽁쯩] 명 ☞헛헛증.

복공-판(覆工板) [-꽁-] 명 지하철 공사 따위로 인하여, 도로를 파헤친 곳에 차량이 통행할 수 있도록 깔아 놓은 철제판.

복과(復科) [-꽈] 명하타 지난날, 과거에서 낙방시킨 사람을 다시 합격시키던 일.

복과(福裹) [-꽈] 명 ☞복쌈.

복과(複果) [-꽈] 명 〈복화과(複花果)〉의 준말.

복과재생(福過災生) [-꽈-] 명하자 복이 너무 지나치면 도리어 재앙이 생김.

복-관세(複關稅) [-꽌-] 명 한 나라 안에서 똑같은 화물에 대하여 높고 낮은 두 가지의 관세율을 설정하는 제도.

복-관절(複關節) [-꽌-] 명 둘 이상의 뼈로 구성된 관절. 〔팔꿈치 관절 따위.〕 ↔단관절.

복광(複光) [-꽝] 명 ☞복색광(複色光).

복괘(復卦) [-꽤] 명 육십사괘의 하나. 곤괘(坤卦)와 진괘(震卦)가 거듭된 것으로 우레가 땅속에서 움직이기 시작함을 상징함. 준복(復).

복교(復校) [-꾜] 명하자되자 휴학이나 정학(停學) 또는 퇴학하였던 학생이 그 학교에 다시 다니게 됨. 복학(復學).

복구(復仇) [-꾸] 명하타되자 원수를 갚음.

복구(復舊) [-꾸] 명하타되자 ①부서지거나 파괴된 것을 다시 본디의 상태대로 고침. ¶ 수해 지역 복구 작업. ②컴퓨터에서, 시스템에 문제가 생겨 작동하지 않을 때, 문제가 생기기 전 상태로 회복시키는 일. ¶ 파일 복구가 불가능하다.

복구-공사(復舊工事) [-꾸-] 명하타 파괴된 것을 다시 본디의 상태대로 고치는 공사.

복-구례(復舊例) [-꾸-] 명 하타 되자 한때 없어졌던 전례(前例)를 다시 회복함.

복구^현:상(復舊現象) [-꾸-] 명 어떤 장애를 받았던 생물체가 다시 회복하는 현상.

복국-지(複局地) [-꾹찌] 명 전화국이 둘 이상 있는 도시. ↔단국지.

복군(卜軍) 명 '짐꾼'의 잘못.

복-굴절(複屈折) [-꿀쩔] 명 빛이, 광학적(光學的)으로 이방적(異方的)인 결정체로 들어갈 때 둘로 나뉘어 이중으로 굴절하는 현상. ↔단굴절.

복권(復權) [-꿘] 명 하타 되자 법률상 일정한 자격이나 권리를 상실한 사람이 이를 다시 되찾음. ¶ 100여 명의 확신범이 사면 또는 복권되다.

복권(福券) [-꿘] 명 ①공공 기관 등에서 어떤 사업 자금을 마련하기 위하여 널리 파는, 당첨금이 따르는 표. ②☞경품권. 복표(福票).

복궤(複軌) [-꿰] 명 ①두 가닥으로 된 궤도. ②〈복궤 철도〉의 준말. ↔단궤.

복궤^철도(複軌鐵道) [-꿰-또] 명 상하행(上下行) 열차가 각각 왕래할 수 있는 복선 궤도에 의하여 운행하는 철도. 준복궤. ↔단궤 철도.

복귀(復歸) [-뀌] 명 하자 되자 본디의 자리나 상태로 되돌아감. ¶ 원대(原隊) 복귀.

복극(復極) [-끅] 명 전지나 전기 분해에서 분극(分極)을 방해하는 일.

복극-제(復極劑) [-끅쩨] 명 ☞소극제(消極劑).

복근(腹筋) [-끈] 명 복벽(腹壁)을 이루고 있는 근육.

복근(複根) [-끈] 명 가랑이진 뿌리. ↔단근.

복근(複筋) [-끈] 명 철근 콘크리트의 구조에서, 두 개 이상으로 된 철근.

복기(服鰭) [-끼] 명 배지느러미.

복기(復棋·復碁) [-끼] 명 하타 한 번 두고 난 바둑의 경과를 검토하기 위하여 처음부터 두었던 차례대로 다시 벌여 놓는 일.

복길(卜吉) [-낄] 명 하타 좋은 날을 가려서 받음.

복-날(伏-) [봉-] 명 ①'복(초복·중복·말복)'이 되는 날. ②'초복'·'중복'·'말복'을 아울러 이르는 말. 복일(伏日). 준복(伏).

복년(卜年) [봉-] 명 ①왕조(王朝)가 몇 년이나 계속될 것인가를 점(占)치는 일. ②왕조가 유지되어 온 햇수.

복-놀이(伏-) [봉-] 명 하자 복날에 복달임하며 모여서 노는 놀이.

복닥-거리다 [-딱꺼-] 자 몹시 복닥복닥하다. 복닥대다. ¶ 대합실은 귀성객들로 복닥거렸다.

복닥-대다 [-딱때-] 자 복닥거리다.

복닥-복닥 [-딱뽁딱] 부 하자 많은 사람이 좁은 곳에 모여 수선스럽게 뒤끓는 모양.

복닥-판 [-딱-] 명 '떠들썩하고 복잡하여 정신을 차릴 수 없는 판국'을 이르는 말. ¶ 동네가 온통 복닥판이다.

복-달임(伏-) [-따림] 명 ①복(伏)이 든 몹시 더운 철. ②하자 복날에 복더위를 물리친다 하여 고깃국을 끓여 먹으며 노는 일. ¶ 복날도 되고 했으니 복달임이나 해야겠다.

복당(復黨) [-땅] 명 하자 되자 (제명되거나 탈당했던 사람이) 이전에 속해 있던 당에 다시 들어감.

복당(福堂) [-땅] 명 지난날, '옥(獄)'을 익살조로 달리 이르던 말.

복당-류(複糖類) [-땅뉴] 명 ☞이당류(二糖類).

복대(腹帶) [-때] 명 임부(姙婦)가 태아의 자리를 안정되게 하려고 배에 감는 띠.

복대기[1] [-때-] 명 《주로 '치다'와 함께 쓰이어》 복대기는 일. ¶ 시어머니가 며느리에게 복대기를 쳤다.

복대기[2] [-때-] 명 광석을 빻아 금을 거의 골라낸 뒤에 남은 광석 가루. 방아확 밑바닥에 처지거나 물과 함께 흘러나옴. 광미(鑛尾).

복대기-금(-金) [-때-] 명 복대기 속에서 다시 골라낸 금. 참청화금(靑化金).

복대기다 [-때-] 자 ①많은 사람이 시끄럽게 떠들어 대거나 복잡하게 왔다 갔다 하다. ¶ 복대기는 시장 골목은 언제나 정겹다. ②제정신을 차리지 못할 정도로 쾌치거나 몰아치다. ¶ 여러 가지 일에 복대기어 쉴 겨를이 없다.

복대기-탕(-湯) [-때-] 명 복대기를 삭히는 데 쓰이는 커다란 통.

복대깃-간(-間) [-때기깐/-때긷깐] 명 복대기를 삭혀 복대기금을 잡는 공장.

복-대리(複代理) [-때-] 명 하자 대리인이 자기가 대리 행사할 권리의 전부나 일부를 다시 다른 사람에게 대리하게 함, 또는 그런 일을 대리하는 사람.

복대리-인(複代理人) [-때-] 명 복대리를 위임받은 사람.

복-더위(伏-) [-떠-] 명 〈삼복더위〉의 준말.

복덕(福德) [-떡] 명 ①타고난 복과 후한 마음. ②타고난 행복.

복덕-방(福德房) [-떡빵] 명 건물이나 토지 등의 매매·대차 등에 관한 중개나 대행을 하는 곳. 참부동산업.

복덕-성(福德星) [-떡썽] 명 〔'길(吉)한 별'이란 뜻으로〕 '목성'을 달리 이르는 말. 준복성.

복덕-일(福德日) [-떠길] 명 사람의 생년월일의 간지(干支)를 팔괘(八卦)에 배당하여서 가린, 길한 일진의 날.

복-덩어리(福-) [-떵-] 명 복덩이.

복-덩이(福-) [-떵-] 명 '매우 귀중한 사물이나 사람'을 비유하여 이르는 말. 복덩어리.

복도(複道) [-또] 명 건물 안의 방과 방, 또는 건물과 건물을 잇는, 지붕이 있는 좁고 긴 통로. 각도(閣道). 골마루. 낭하(廊下). ¶ 복도에서는 뛰어다니지 마라.

복도-지(複圖紙) [-또-] 명 설계도나 지도 따위를 모사하는 데 쓰이는 얇은 종이. 투사지. 트레이싱 페이퍼.

복-독(-毒) [-똑] 명 복어의 생식샘, 특히 간장과 난소 등에 들어 있는 독(毒).

복독(服毒) [-똑] 명 하자 독약을 먹음. 음독.

복-되다(福-) [-뙤-/-뛔-] 형 복을 받아 기쁘고 즐겁다. ¶ 복된 만년의 나날을 지내다.

복두(幞頭) [-뚜] 명 과거에 급제한 사람이 홍패(紅牌)를 받을 때 쓰던 관.

복-등화(覆燈火) [-뜽-] 명 육십갑자의 갑진(甲辰)과 을사(乙巳)에 붙이는 납음(納音). 참천하수(天河水).

복-띠(服-) 명 상복(喪服)에 띠는 베띠.

복락(福樂) [봉낙] 명 행복과 즐거움. ¶ 복락을 누리다.

복란(鰒卵) [봉난] 명 전복의 알.

복랍(伏臘) [봉납] 명 삼복(三伏)과 납일(臘日).

복력(福力) [봉녁] 명 행복한 운수.

복련(覆蓮) [봉년] 명 불교 미술에서, 꽃부리가 아래로 향한 연꽃무늬. ↔앙련(仰蓮).

복련-좌(覆蓮座) [봉년-] 명 연꽃을 엎어 놓은 모양의 무늬를 둘레에 새겨 만든 대좌(臺座). ↔앙련좌(仰蓮座).

복령(茯苓)[봉녕] 명 구멍장이버섯과의 버섯. 벤 소나무의 땅속뿌리에 기생함. 한방에서 약재로 쓰임.

복령-피(茯苓皮)[봉녕-] 명 한방에서, '복령의 껍질'을 약재로 이르는 말. 이뇨제로 쓰임.

복례(復禮)[봉네] 명 하자 예(禮)에 따라 행함. 예를 바르게 실천함.

복록(復祿)[봉녹] 명 (녹봉에 변동이 있던 벼슬아치가) 다시 원래의 녹봉을 받게 되는 일.

복록(福祿)[봉녹] 명 ①복과 녹(祿). ②행복.

복룡(伏龍)[봉뇽] 명 〔못 속에 숨어 하늘에 오를 시기를 기다리는 용이란 뜻으로〕 은거하여 '세상에 알려지지 않은 인재'를 비유하여 이르는 말. 비 침룡.

복룡-간(伏龍肝)[봉뇽-] 명 재래식 부엌의 아궁이 속에서 오랫동안 불기운을 받아 누렇게 변한 '흙'을 한방에서 약재로 이르는 말. 한방에서 부종·대하 등에 약으로 쓰임.

복류(伏流)[봉뉴] 명 하자 땅 위를 흐르던 물이 선상지(扇狀地)나 사막 등에서 땅속으로 스며들어 흐르는 일, 또는 그 흐름.

복리(福利)[봉니] 명 행복과 이익. ¶ 국민의 복리를 꾀하는 여러 시책.

복리(複利)[봉니] 명 복리법으로 계산하는 이자. 복변리. 중리(重利). ↔단리(單利).

복리-법(複利法)[봉니뻡] 명 일정 기간마다 이자를 원금에 합치고, 그 합계액을 다음 기간의 원금으로 하여 거기에 이자를 붙여 나가는 이자 계산법. 중리법(重利法). ↔단리법.

복리-비(福利費)[봉니-] 명 〈복리후생비〉의 준말.

복리^사:업(福利事業)[봉니-] 명 ☞복지 사업.

복리^시:설(福利施設)[봉니-] 명 ☞복지 시설.

복리-표(複利表)[봉니-] 명 복리 계산을 한눈에 알 수 있도록 나타낸 표.

복리-후생비(福利厚生費)[봉니-] 명 복리와 후생에 관한 비용. 〔법정 복리비·후생비·퇴직금 따위.〕 준 복리비.

복마(卜馬)[봉-] 명 ①짐을 싣는 말. ②다 자란 수말. ②상마. ②↔피마.

복마-전(伏魔殿)[봉-] 명 〔마귀가 숨어 있는 전당(殿堂)이라는 뜻에서〕 번지르르한 명목 아래 끊임없이 음모가 꾸며지고 있는 '악(惡)의 근거지'를 뜻하는 말.

복막(腹膜)[봉-] 명 복벽(腹壁)의 안쪽에서 내장을 싸고 있는 얇은 막.

복막-염(腹膜炎)[봉망념] 명 복막에 생기는 염증.

복막^임:신(腹膜姙娠)[봉-] 명 수정란이 복막에 착상하여 자라는 자궁 외 임신의 한 가지. 복강 임신.

복망(伏望)[봉-] 명 하타 (웃어른의 처분을) '엎드려 (삼가) 바랍니다'의 뜻으로, 한문 투의 편지 글에서 쓰는 말. 복원(伏願). ¶ 선처해 주시기를 복망하나이다.

복면(腹面)[봉-] 명 (동물의 몸에서) 배가 있는 쪽. 배의 면. ↔배면(背面).

복면(覆面)[봉-] 명 하자 (남이 알아보지 못하게) 얼굴의 일부 또는 전부를 헝겊 따위로 가림, 또는 가리는 데 쓰이는 물건.

복면-강도(覆面強盜)[봉-] 명 (남이 알아보지 못하게) 얼굴의 일부 또는 전부를 헝겊 따위로 가리고 남의 물건을 빼앗는 도둑.

복멸(覆滅)[봉-] 명 하자타 되자 (국가·집단·집안 따위가) 망해 버림, 또는 없애 버림.

복명(復命)[봉-] 명 하타 명령에 따라 처리한 일의 결과를 보고함. 반명(返命).

복명(腹鳴)[봉-] 명 사람이나 짐승의 배에서 나는 소리. 〔창자 속의 것이 움직일 때 남.〕

복명-복창(復命復唱)[봉-] 명 하타 상급자가 내린 지시나 명령을 그대로 반복하여 말함, 또는 그렇게 하라는 명령.

복명-서(復命書)[봉-] 명 복명하는 내용을 적은 문서.

복-명수(複名數)[봉-쑤] 명 ☞제등수(諸等數). ↔단명수(單名數).

복명^어음(複名-)[봉-] 명 채무자의 이름이 두 사람 이상 적혀 있는 어음. ↔단명 어음.

복모(伏慕)[봉-] 명 하타 '엎드려 그리워함'의 뜻으로, 한문 투의 편지 글에서 쓰는 말.

복모구구(伏慕區區)[봉-] 명 '엎드려 그리워하는 정이 그지없나이다'의 뜻으로, 한문 투의 편지 글에서 쓰는 말. 복모불임.

복모불임(伏慕不任)[봉-] 명 ☞복모구구.

복-모음(複母音)[봉-] 명 ☞이중 모음.

복몰(覆沒)[봉-] 명 하자 되자 ①배가 뒤집혀 가라앉음. ②(집안이) 아주 망해 버림.

복묘(覆墓)[봉-] 명 하자 장사 지낸 뒤 사흘째 되는 날에 하는 성묘(省墓).

복무(服務)[봉-] 명 하자 직무를 맡아 일함. ¶ 군의관으로 복무하다.

복무-규정(服務規程)[봉-] 명 직무를 맡아 일하는 사람이 지켜야 할 규칙.

복무-연한(服務年限)[봉-] 명 복무하기로 정해진 일정 기간의 햇수.

복문(複文)[봉-] 명 ☞겹문장. ↔단문(單文).

복-물(伏-)[봉-] 명 복날 또는 그 무렵에 많이 내리는 비.

복-받치다[-빧-] 자 ①안이나 밑에서 솟아오르다. ②어떤 감정이 치밀어 오르다. ¶ 복받치는 슬픔을 억누를 길이 없다. 큰 북받치다.

복발(復發)[-빨] 명 하자 되자 (가라앉았던 근심이나 설움 따위가) 다시 일어남.

복발(覆鉢·伏鉢)[-빨] 명 불탑의 노반(露盤) 위에 있는, 바리때를 엎어 놓은 것처럼 생긴 부분.

복방(複方)[-빵] 명 일정한 처방에 따라 다른 약품과 섞어 만든 약제, 또는 그러한 처방이나 방문. ↔단방(單方).

복배(伏拜)[-빼] 명 하자 엎드려 절함.

복배(腹背)[-빼] 명 ①배와 등. ②앞과 뒤.

복배-수적(腹背受敵)[-빼-] 명 하자 앞뒤로 적의 공격을 받음.

복배지수(覆杯之水)[-빼-] 명 〔엎지른 물이라는 뜻으로〕 '다시 돌이킬 수 없음'을 뜻하는 말.

복백(伏白)[-빽] 명 '엎드려 (삼가) 사뢰나이다'의 뜻으로, 한문 투의 편지 글에서 흔히 쓰는 말.

복법(伏法)[-뻡] 명 하자 ☞복주(伏誅).

복벽(復辟)[-뼉] 명 하타 물러났던 임금이 다시 왕위에 오름. 중조(重祚).

복벽(腹壁)[-뼉] 명 복강을 둘러싸고 있는 안쪽 바닥. 피부·근육·복막 등으로 이루어져 있음.

복벽(複壁)[-뼉] 명 두 겹으로 된 벽.

복벽^반:사(腹壁反射)[-뼉빤-] 명 복부의 피부를 자극했을 때 복근(腹筋)이 반사적으로 오므라드는 현상.

복-변리(複邊利)[-뼐-] 명 ☞복리(複利).

복병(伏兵)[-뼝] 명 ①하자 적이 쳐들어오기를 숨어 기다렸다가 갑자기 습격하는 군사, 또는 그 군사를 숨기는 일. ②'뜻밖의 장애가 되어 나타난 경쟁 상대'를 뜻하는 말. ¶ 예기치 않은 복병을 만나 당황하다.

복-보수(復報讎)[-뽀-]명하자 앙갚음.
복-복선(複複線)[-뽁썬]명 두 쌍의 복선 선로가 나란히 놓여 있는 철도.
복복-장자(福福長者)[-뽁짱-]명 복이 많은 부자(富者).
복본(複本)[-뽄]명 ①원본(原本)과 똑같게 만든 여러 통의 부본(副本). ②(환어음에 대하여) 하나의 어음상의 권리를 나타내기 위하여 발행되는 몇 통의 어음 증권.
복-본위(複本位)[-뽀뉘]명 〈복본위제〉의 준말. ↔단본위.
복본위-제(複本位制)[-뽀뉘-]명 금과 은 등 두 가지 이상의 본위 화폐를 인정하고 있는 통화 제도. 양본위제. 준복본위. ↔단본위제.
복-본적(複本籍)[-뽄-]명 한 사람이 두 곳 이상의 호적에 등재되어 있는 경우, 그 잘못 실은 본적을 뜻하는 말.
복부(腹部)[-뿌]명 ①(사람이나 동물의) 배 부분. ↔배부(背部). ②물건의 중간 부분. ¶ 선체(船體)의 복부가 파손되다.
복부(僕夫)[-뿌]명 종으로 부리는 남자. 복종.
복부-국(複部國)[-뿌-]명 (분리된) 두 개 이상의 지역으로 이루어진 나라.
복-부르다(復-)[-뿌-]〔~부르니·~불러〕타르 초혼(招魂)하다.
복-부인(福婦人)[-뿌-]명 '부동산 투기를 일삼는 가정부인'을 속되게 이르는 말.
복부점^음부(複附點音符)[-뿌쩌믐-]명 ☞겹점음표.
복-부호(複符號)[-뿌-]명 두 개의 부호를 위아래로 함께 적은 부호 '±, ≦' 따위를 이르는 말. 복호.
복분(福分)[-뿐]명 복을 누리는 분수.
복-분수(複分數)[-뿐쑤]명 ☞번분수(繁分數).
복분-자(覆盆子)[-뿐-]명 한방에서, '복분자딸기의 열매'를 약재로 이르는 말.
복분자-딸기(覆盆子-)[-뿐-]명 장미과의 낙엽 활엽 관목. 산기슭의 따뜻한 곳에서 자라는데 높이는 3m가량. 잎은 깃 모양의 길둥근 겹잎이며, 5~6월에 분홍색 꽃이 핌. 열매는 7~8월에 붉게 익으나 점차 검게 변함. 고무딸기.
복-분해(複分解)[-뿐-]명하타되자 두 가지 화합물이 서로 반응하여 새로운 두 가지 화합물이 되는 변화.
복불복(福不福)[-뿔-]명 복분(福分)의 좋고, 좋지 아니한 정도. 곧, 사람의 운수. ¶ 당첨되고 안 되고는 복불복이니 신청서나 한번 내 보자.
복불재강(服不再降)[-뿔-]명 상례(喪禮)에서, 이중으로 강복(降服)하지 않음. 〔본생가(本生家)나 친정 부모의 복은 한 등 떨어지는 것이나, 그 경우의 부재모상(父在母喪)의 복(服)을 다시 한 등 떨어뜨리지는 않는다는 말.〕
복비(腹誹)[-삐]명하타 (말로는 나타내지 않고) 마음속으로만 욕함.
복비(複比)[-삐]명 두 개 이상의 비(比)에서, 전항(前項)끼리의 곱을 전항으로 하고, 후항(後項)끼리의 곱을 후항으로 한 비. 〔$a:b$와 $c:d$의 복비는 $ac:bd$.〕 상승비. ↔단비(單比).
복비(福費)[-삐]명 부동산 거래를 중개한 복덕방에 수수료로 주는 돈.
복비(僕婢)[-삐]명 ☞비복(婢僕).
복-비례(複比例)[-삐-]명 비례식의 한쪽 또는 양쪽이 복비의 관계에 있는 것. ↔단비례.
복빙(復氷)[-삥]명 얼음을 압축하면 압축면의 녹는점이 내려가 쉽게 녹으나 압력을 없애면 녹는점이 올라가 다시 얼음으로 되돌아가는 현상.
복사[-싸]명 〈복숭아〉의 준말.
복사(卜師)[-싸]명 점쟁이.
복사(伏射)[-싸]명하자타 소총 사격법의 한 가지로, 엎드려서 쏘는 일.
복사(服事)[1][-싸]명 가톨릭에서, 성사(聖事)를 집전하는 사제의 시종(侍從).
복사(服事)[2][-싸]명하타 복종하여 섬김.
복사(袱紗)[-싸]명 비단으로 만든 조그마한 보자기.
복사(複絲)[-싸]명 겹실.
복사(複寫)[-싸]명하타되자 ①사진·문서 따위를 본디 것과 똑같이 박는 일. ②(종이를 두 장 이상 포개어) 같은 문서를 한꺼번에 여러 벌 만드는 일. ③그림 따위를 그대로 본떠서 만듦. ④컴퓨터에서, 파일 따위를 복제하는 일.
복사(蝮蛇)[-싸]명 ☞살무사.
복사(輻射)[-싸]명하자 (열이나 빛 따위를) 한 점으로부터 사방으로 내쏨, 또는 그러한 현상. 방사(放射).
복사(覆沙)[-싸]명 흐르는 물에 실려 와서 논밭을 덮은 모래.
복사-계(輻射計)[-싸계/-싸게]명 복사선의 강도(強度)를 재는 계기.
복사-기(複寫機·複寫器)[-싸-]명 문서나 자료 등을 복사하는 데 쓰이는 기계.
복사-꽃[-싸꼳]명 〈복숭아꽃〉의 준말. *복사꽃이[-싸꼬치]·복사꽃만[-싸꼰-]
복사-나무[-싸-]명 〈복숭아나무〉의 준말.
복사^난ː방(輻射煖房)[-싸-]명 바닥·벽·천장 등에 배관하여, 거기에 더운물이나 증기를 보내어 그 복사열로 실내를 따뜻하게 하는 방법.
복사-담(蝮蛇膽)[-싸-]명 한방에서, '살무사의 쓸개'를 약재로 이르는 말.
복사-뼈[-싸-]명 발회목 위에 양쪽으로 도도록이 불거진 뼈. 거골(距骨). 과골(踝骨).
복사-선(輻射線)[-싸-]명 물체로부터 방출되는 전자기파. 적외선·가시광선·자외선·엑스선 등을 통틀어 이르는 말.
복사^안ː개(輻射-)[-싸-]명 지표면의 방사 냉각으로 수증기를 많이 지니고 있던 지표면의 공기가 냉각되어 생기는 안개.
복사^에너지(輻射energy)[-싸-]명 전자기파가 운반하는 에너지. 고온의 물체가 내쏘는 열복사의 에너지 따위.
복사-열(輻射熱)[-싸-]명 복사선이 물체에 흡수되어 생기는 열. 방사열(放射熱).
복사^전ː류(輻射電流)[-싸절-]명 송신 안테나에서 흐르는 전류.
복사^전ː송(複寫電送)[-싸-]명 ☞모사 전송.
복사-지(複寫紙)[-싸-]명 복사하는 데 끼워 쓰는 종이. 먹지. 묵지(墨紙). 탄산지.
복사-체(輻射體)[-싸-]명 빛·열·전파 등의 전자기파를 방출하는 물체.
복사-판(複寫版)[-싸-]명 ①복사하는 데 쓰이는 인쇄판. ②복사해 낸 서책 따위.
복사-필(複寫筆)[-싸-]명 종이와 종이 사이에 복사지를 끼워서 복사할 때 연필처럼 쓰는 기구.
복산형 꽃차례(複繖形-次例)[-싼-꼳-] ☞복산형 화서(複繖形花序).
복산형 화서(複繖形花序)[-싼-] 무한 화서(無限花序)의 한 가지. 산형 화서의 꽃대 끝에 다시 부챗살 모양으로 갈라져 피는 화서. 복산형 꽃차례.

복상(卜相) [-쌍] [명][하자] 새로 정승을 가려 뽑음.
복상(服喪) [-쌍] [명][하자] 거상(居喪)을 입음.
복상(福相) [-쌍] [명] 복스럽게 생긴 얼굴. 행복을 누릴 것으로 보이는 생김새. ↔빈상(貧相).
복상(複相) [-쌍] [명] 유성 생식을 하는 생물에서, 염색체를 두 쌍 가진 시기의 것. ↔단상(單相).
복상(複像) [-쌍] [명] 여러 개의 거울에 반사되어 나타난 여러 상.
복상-사(腹上死) [-쌍-] [명][하자] (심장 마비 등의 원인으로) 남녀가 잠자리하는 중에 남자가 여자의 배 위에서 갑자기 죽는 일.
복색(服色) [-쌕] [명] ①옷의 모양과 빛깔. ¶ 계절에 따른 복색의 변화. ②지난날, 신분이나 직업에 따라 달리 입던 옷의 모양이나 빛깔.
복색(複色) [-쌕] [명] 서로 다른 두 가지 이상의 색이 어우러져 이루어진 색.
복색-광(複色光) [-쌕꽝] [명] 단색광이 섞이어 이루어진 빛. 복광(複光).
복-생선(-生鮮) [명] '복¹'의 잘못.
복서(卜筮) [-써] [명][하자] ☞괘서(卦筮).
복서(伏暑) [-써] [명] ①[하자]더위를 먹음. 음서(飮暑). ②복날의 더위.
복서-증(伏暑症) [-써쯩] [명] 더위를 먹어 열이 나고 복통이나 토사(吐瀉) 등의 증세를 나타내는 병증.
복선(伏船) [-썬] [명] 해전에서 적선을 기습하기 위하여 요긴한 목에 몰래 숨겨 두는 병선.
복선(伏線) [-썬] [명] ①소설이나 희곡 등에서, 나중에 있을 사건에 대하여 미리 넌지시 비쳐 두는 기법. ②뒷일을 헤아려서 몰래 미리 마련해 두는 준비. ¶ 나중에 거절하기 위해 미리 복선을 깔아 두다.
복선(復膳) [-썬] [명][하자] 임금의 수라상에서 한때 줄였던 음식의 가짓수를 이전과 같이 다시 차리던 일.
복선(複線) [-썬] [명] ①겹줄. ②〈복선 궤도〉의 준말. ↔단선(單線).
복선(覆船) [-썬] [명][하자][되자] 배가 엎어짐.
복선^궤:도(複線軌道) [-썬-] [명] 상행선과 하행선을 따로 부설하여 각각 한쪽 방향으로만 운행하게 되어 있는 철도. 복선 철도. [준]복선. ↔단선 궤도.
복선-법(複選法) [-썬뻡] [명] 간접 선거 방식으로 피선거인을 선거하는 방법.
복선율^음악(複旋律音樂) [-써뉴르막] [명] ☞다성부 음악.
복선^철도(複線鐵道) [-썬-또] [명] ☞복선 궤도. [준]복철.
복선화음(福善禍淫) [-썬-] [명][하자] 착한 사람에게는 복이 돌아가고 악한 사람에게는 재앙이 돌아감.
복설(復設) [-썰] [명][하타][되자] 없어졌던 것을 다시 베풂. ¶ 유급(留級) 제도를 복설하다.
복성(卜姓) [-썽] [명][하타] 지난날, 첩을 얻을 때 같은 성을 피하고 다른 성에서 고르던 일.
복성(福星) [-썽] [명] 〈복덕성(福德星)〉의 준말.
복성(複姓) [-썽] [명] 두 자로 된 성. 〔남궁(南宮)·황보(皇甫)·사공(司空) 따위.〕
복성(複星) [-썽] [명] 공간적으로는 많이 떨어져 있으나 방향이 같아서 겹쳐 보이거나 가깝게 보이는 두 개 이상의 별. 광학적 이중성.
복성-설(復性說) [-썽-] [명] 중국 윤리학설의 한 가지. 사람의 본성은 선(善)한 것인데 감정이나 욕망 때문에 악(惡)이 생겨나는 것이므로, 모름지기 본성으로 돌아가야 한다는 주장.
복성-스럽다(福星-) [-썽-따] [~스러우니·~스러워] [형][ㅂ] 얼굴이 둥그스름하고 복이 있어 보이다. ¶ 복성스러운 인상. **복성스레**[부].
복성-암(複成岩) [-썽-] [명] 두 가지 이상의 광물로 이루어진 암석.
복성-종(複成種) [-썽-] [명] 잡종 강세(雜種強勢)를 이용하여 육성한 농작물의 품종. 합성 품종.
복성^화:산(複成火山) [-썽-] [명] 화구(火口)나 칼데라 안에 다른 분화구가 또 생긴 화산. 복식 화산. [준]복화산.
복세(複稅) [-쎄] [명] 두 가지 이상이 조세로 이루어져 있는 조세 제도.
복세포^동:물(複細胞動物) [-쎄-] [명] ☞다세포 동물.
복세포^생물(複細胞生物) [-쎄-] [명] ☞다세포 생물.
복세포^식물(複細胞植物) [-쎄-싱-] [명] ☞다세포 식물.
복-소수(複素數) [-쏘쑤] [명] 실수와 허수의 합으로 이루어지는 수. 〔실수 *a*, *b*를 써서 '*a*+*bi*'와 같은 형태로 나타내는 수를 이름.〕
복소-함수(複素函數) [-쏘-쑤] [명] 함수에서, 독립 변수나 종속 변수가 모두 복소수인 함수. [참]실함수.
복속(服屬) [-쏙] [명][하자] 복종하여 따름. 속복.
복속(復屬) [-쏙] [명][하타][되자] 지난날, 퇴직시킨 아전을 다시 복직시키던 일.
복송(伏頌) [-쏭] [명][하자] '엎드려 (삼가) 송축하나이다'의 뜻으로, 한문 투의 편지 글에서 쓰는 말.
복송(復誦) [-쏭] [명][하타] 되풀이하여 읽거나 외거나 함. ¶ 소월의 시를 복송하다.
복수(伏受) [-쑤] [명][하타] 〔윗사람이 주는 것을 엎드려 받는다는 뜻으로〕 공손히 받음.
복수(復水) [-쑤] [명][하자] 수증기를 응축시켜 물이 되게 하는 일, 또는 그 물.
복수(復讐) [-쑤] [명][하자] ①자기에게 쓰라린 변을 겪게 한 대상에게 그와 같은 고통을 경험하게 갚음하는 일. ¶ 지난번의 패배를 복수하다. ②원수를 갚음. 앙갚음.
복수(腹水) [-쑤] [명] (복막염·간경변 등의 질환으로) 복강(腹腔)에 액체가 괸 상태, 또는 그 괸 액체. ¶ 복수가 차다.
복수(福數) [-쑤] [명] 복을 누릴 운수.
복수(複數) [-쑤] [명] ①둘 이상의 수. ↔단수(單數). ②명사나 대명사가 가리키는 사물이 둘 이상임을 나타내는 말.
복수(覆水) [-쑤] [명][하자] 그릇이 넘어져 쏟아진 물.
복수^관세(複數關稅) [-쑤-] [명] 동일 품목에 대하여 두 가지 이상의 세율을 정해 놓고, 상대국에 따라 구분하여 적용하는 관세.
복수상 꽃차례(複穗狀-次例) [-쑤-꼳-] ☞복수상 화서.
복수상 화서(複穗狀花序) [-쑤-] 무한 화서(無限花序)의 한 가지. 수상 화서의 꽃대에 다시 수상(穗狀)으로 갈라져 피는 화서. 보리·밀 따위의 화서. 복수상 꽃차례.
복수-심(復讐心) [-쑤-] [명] 앙갚음하려는 마음.
복수^작용(復水作用) [-쑤-] [명] 증기(蒸氣)를 다시 물로 만드는 작용.
복수-전(復讐戰) [-쑤-] [명] ①복수하는 싸움. ②지난번 패배의 욕됨을 씻으려고 벌이는 경기. ②설욕전.
복수-초(福壽草) [-쑤-] [명] 미나리아재빗과의 다년초. 숲 속에 나는데, 관상용으로 심기도 함. 줄기 높이는 10~30 cm, 뿌리줄기에는 수염뿌리가 많음. 4월 초순에 노란 꽃이 원줄기와 가지 끝에 한 송이씩 핌. 한방에서는 뿌리를 강심제나 이뇨제로 씀.

복수^투표(複數投票) [-쑤-] 명 불평등 선거 방식의 한 가지. 특수한 자격을 가지는 한 선거인이 두 표 이상의 투표권을 가짐.

복수^환ː율(複數換率) [-쑤-] 명 국제 수지의 균형과 외환 시세의 안정을 위하여 적용하는 두 가지 이상의 환율.

복술(卜術) [-쑬] 명 점을 치는 방법.

복숭아 [-쑹-] 명 복숭아나무의 열매. 도실(桃實). 준복사.

복숭아-꽃 [-쑹-꼳] 명 복숭아나무의 꽃. 도화(桃花). 준복사꽃. *복숭아꽃이[-쑹-꼬치]·복숭아꽃만[-쑹-꼰-]

복숭아-나무 [-쑹-] 명 장미과의 낙엽 소교목. 과실나무의 한 가지로, 높이는 3 m가량. 늦봄에 잎보다 먼저 백색이나 담홍색 꽃이 피고 열매인 '복숭아'는 여름에 붉은빛을 띠며 익는데, 맛은 달고도 심. 준복사나무.

복숭아-뼈 [-쑹-] 명 ☞복사뼈.

복숭아-정과(-正果) [-쑹-] 명 꿀에 복숭아 살을 재어 만든 정과.

복숭아-화채(-花菜) [-쑹-] 명 껍질을 벗긴 복숭아를 얇게 썰어서, 얇게 썬 배와 함께 꿀이나 설탕에 재어 두었다가 꿀물을 타고 잣을 띄워서 만든 화채.

복숭앗-빛 [-쑹아삗/-쑹앋삗] 명 익은 복숭아의 발그스름한 빛깔. *복숭앗빛이[-쑹아삐치/-쑹앋삐치]·복숭앗빛만[-쑹아삔-/-쑹앋삔-]

복-스럽다(福-) [-쓰-따] [~스러우니·~스러워] 형ㅂ (얼굴의 생김새 따위가) 복이 있어 보이다. ¶ 달덩이처럼 복스럽게 생긴 얼굴. **복스레** 부.

복슬-복슬 [-쓸-쓸] 부하형 (짐승이) 살이 찌고 털이 많이 난 모양. ¶ 복슬복슬한 강아지. 큰북슬북슬.

복습(復習) [-씁] 명하타 배운 것을 되풀이하여 익힘. ¶ 예습과 복습을 철저히 하다. ↔예습.

복승(複勝) [-씅] 명 〈복승식〉의 준말.

복승-식(複勝式) [-씅-] 명 경마·경륜 따위에서, 1등과 2등의 순서에 구애됨 없이 동시에 맞히는 방식. 준복승. 참단승식.

복시(複視) [-씨] 명 하나의 물체가 둘로 보이거나 겹쳐 보이거나 하는 일, 또는 그런 눈.

복시(覆試) [-씨] 명 조선 시대에, 초시(初試)에 급제한 사람에게 두 번째로 보이던 과거. 회시(會試).

복식(服飾) [-씩] 명 ①옷의 꾸밈새. ②옷과 그 장식품을 아울러 이르는 말.

복식(復飾) [-씩] 명하자 중이 되었던 사람이 속세로 나와 다시 머리를 기르는 일.

복식(複式) [-씩] 명 ①둘, 또는 그 이상으로 되는 형식이나 방식. ↔단식. ②〈복식 부기〉의 준말.

복식^경ː기(複式競技) [-씩꼉-] 명 테니스·배드민턴·탁구 등에서 두 사람씩 한 조를 이루어 겨루는 경기. ↔단식 경기.

복식^디자인(服飾design) [-씩-] 명 옷과 그 장식품 등을 전문으로 하는 디자인.

복식^부기(複式簿記) [-씩뿌-] 명 모든 거래를 차변(借邊)과 대변(貸邊)으로 나누어서 적는 방식의 부기. 준복식. ↔단식 부기.

복식-품(服飾品) [-씩-] 명 (몸에 걸치거나 옷에 달거나 하여) 옷차림을 아름답게 꾸미는 꾸미개.

복식^학급(複式學級) [-씨칵끕] 명 초등학교나 중학교 등에서, 둘 이상의 학년을 하나로 편성한 학급.

복식^호흡(腹式呼吸) [-씨코-] 명 배의 근육을 움직여서 횡격막을 신축시키면서 하는 호흡 방법. 참흉식 호흡.

복식^화ː산(複式火山) [-씨콰-] 명 ☞복성 화산.

복신(茯神) [-씬] 명 한방에서, '복령(茯苓)'을 약재로 이르는 말. 백복신(白茯神).

복신(福神) [-씬] 명 사람에게 복을 가져다 준다는 신. 행복의 신.

복실-자방(複室子房) [-씰-] 명 ☞겹씨방. 준복자방. ↔단실 자방.

복심(伏審) [-씸] 명 '엎드려 (삼가) 살핀다'의 뜻으로, 한문 투의 편지 글에서 쓰는 말.

복심(腹心) [-씸] 명 ①겉으로 드러나지 않은 속마음. ¶ 복심을 털어놓다. ②☞심복(心腹).

복심(覆審) [-씸] 명하타 ①한 번 심사한 것을 다시 심사함. ②상급심에서 하급심의 심리(審理)와는 관계없이, 다시 심리하여 판단을 내리는 일, 또는 그러한 심리.

복심지질(腹心之疾) [-씸-] 명 ①배나 가슴을 앓는, 고치기 어려운 병. ②'덜어 버릴 수 없는 근심'을 비유하여 이르는 말.

복-십자(複十字) [-씹짜] 명 결핵 예방을 뜻하는 만국 공통의 표지(標識). 붉은 색의 '‡'표.

복싱(boxing) 명 권투(拳鬪).

복-쌈(福-) 명 정월 보름날에 먹는 김쌈. 박섬(縛苫). 복과(福裹).

복아(複芽) 명 한 잎겨드랑이〔葉腋〕에서 돋아난 둘 이상의 싹.

복악(複萼) 명 겹으로 된 꽃받침.

복안(腹案) 명 마음속에 품고 있는 생각(계획). ¶ 복안이 서다. /구체적인 복안을 가지고 회의에 나가다.

복안(複眼) 명 ☞겹눈.

복알(伏謁) 명하타 (지체가 높은 사람을) 삼가 엎드려 뵘.

복약(服藥) 명하타 약을 먹음. 복용(服用).

복약-자리(服藥-) [-짜-] 명 약국에서 단골로 대어 놓고 약을 지어 가는 사람을 이르는 말.

복어(-魚) 명 ☞복1.

복업(復業) 명하자 한동안 그만두었던 직업이나 직무에 다시 종사함.

복역(卜役) 명 왕조 때, 나라에서 백성에게 부담시키던 노역이나 병역(兵役).

복역(服役) 명하자 ①나라에서 의무로 지운 일, 곧 병역이나 부역을 치름. ②징역을 삶.

복역(僕役) 명 종으로서 하는 일.

복역-수(服役囚) [-쑤] 명 징역살이를 하고 있는 죄수.

복역-혼(服役婚) [보겨콘] 명 가난한 남자가 결혼할 여자의 집에서 일정 기간 일을 해 주고 그 대가로 장가를 드는 결혼 풍속.

복연(復緣) 명하자 (한때 관계를 끊었던 부부나 양자가) 다시 이전의 관계로 돌아감.

복열(伏熱) 명 ☞경열(庚熱).

복염(伏炎) 명 ☞경열(庚熱).

복염(複塩) 명 두 가지 이상의 염(塩)이 일정한 비율로 결합된 화합물.

복엽(複葉) 명 ①☞겹잎. ¶ 우상(羽狀) 복엽. ②☞천엽(千葉). ③비행기의 주익(主翼)이 아래위 두 짝으로 된 것, 또는 그 날개. ↔단엽.

복엽-기(複葉機) [-끼] 명 〈복엽 비행기〉의 준말. ↔단엽기.

복엽^비행기(複葉飛行機) [-삐-] 명 주익(主翼)이 아래위 두 짝으로 된 비행기. 준복엽기. ↔단엽 비행기.
복용(服用) 명하타 약을 먹음. 복약(服藥). ¶ 비타민을 하루에 한 알씩 복용하다.
복욱(馥郁) '복욱하다'의 어근.
복욱-하다(馥郁-) [보구카-] 형여 풍기는 향기가 그윽하다. ¶ 복욱한 국화 향기.
복운(復運) 명 회복되는 기운(시운). ¶ 천지의 복운에 제(際)하고 세계의 변조(變潮)를 승(乘)한….
복운(福運) 명 행복을 누릴 좋은 운수.
복원(伏願) 명하타 ☞복망(伏望).
복원(復元·復原) 명하타되자 원래대로 회복함. ¶ 문화재의 복원./옛 성곽의 복원 공사.
복원(復員) 명하타되자 ①군대를 전시 편제로부터 평시 편제로 되돌림. ②전시 체제를 풀어 소집 군인을 집으로 돌려보냄. ↔동원(動員).
복원(復圓) 명하자 일식 또는 월식이 끝나고 해나 달이 본디의 둥근 모양으로 돌아감, 또는 둥근 모양으로 돌아간 그 상태.
복원-력(復元力) [-녁] 명 ①손상되거나 변형된 물체가 본디 상태로 되돌아가려고 하는 힘. ②수면에 뜬 배가 다른 힘으로 말미암아 기울어졌을 때, 배의 중력(重力)과 부력(浮力) 따위의 힘이 작용하여 정상적인 상태로 되돌아가려고 하는 힘.
복원-령(復員令) [-녕] 명 복원을 지시하는 명령. ↔동원령.
복원-성(復元性) [-썽] 명 기울어진 배나 비행기 등이 복원력에 의해 정상적인 상태로 되돌아가려고 하는 성질.
복위(復位) 명하자되자 한때 폐위되었던 임금이나 후비(后妃)가 다시 그 자리에 오름.
복유(伏惟) 부 삼가 엎드려 생각하옵건대.
복은(伏隱) 명하자 납작 엎드려 몸을 숨김.
복음(福音) 명 ①반가운 소식. ②기독교에서, 그리스도에 의해서 인류가 구원을 받게 된다는 기쁜 소식, 또는 그것을 전하는 가르침. ③☞복음서.
복음(複音) 명 ①발음하는 동안에 처음과 나중이 다르게 소리 나는 모음과 자음. 〔곧, 모음 'ㅑ·ㅕ·ㅛ·ㅠ·ㅒ·ㅖ·ㅘ·ㅝ·ㅞ·ㅢ'와 자음 'ㅊ·ㅋ·ㅌ·ㅍ·ㄺ·ㄻ·ㄾ·ㅀ·ㅄ·ㄳ' 따위.〕 겹소리. ②두 개 이상의 높이가 다른 음을 동시에 냄으로써 이루어지는 음. ↔단음(單音).
복음^사:덕(福音四德) 명 가톨릭에서, 예수가 복음으로써 가르친 네 가지 덕행, 곧 겸손·가난·정결·순명(順命)을 이름.
복음-서(福音書) 명 신약 성서 중 예수의 생애와 언행을 적은 마태복음·마가복음·누가복음·요한복음의 네 책을 아울러 이르는 말. 복음.
복음^성:가(福音聖歌) 명 기독교적 신앙과 교리를 제재로 한 가요. 가스펠 송.
복음-주의(福音主義) [-의/-이] 명 복음을 받들어 실천하는 것을 중심으로 하는 주의. 특히, 믿음으로 구원을 얻는 것을 강조함.
복음-회(福音會) [-회/-훼] 명 기독교회에서, 복음을 연구하거나 전도하기 위한 모임.
복응(服膺) 명하타 (가르침 따위를) 마음에 간직하여 잊지 않음.
복의(復衣) [보긔/보기] 명 초혼(招魂)할 때 쓰는, 죽은 사람의 옷.
복이-나인(←僕伊內人) 명 조선 시대에, 나인에게 딸린 하인을 이르던 말.
복익(伏翼) 명 ☞박쥐.
복인(服人) 명 일 년이 안 되게 상복(喪服)을 입는 사람.
복인(福人) 명 복이 많은 사람. 유복한 사람.
복인(福因) 명 복을 누리게 되는 원인.
복인-복과(福因福果) [-꽈] 명 불교에서, 선행(善行)으로 말미암아 행복한 과보(果報)를 누리게 됨을 뜻하는 말. 선인선과.
복일(卜日) 명하타 그날의 길흉(吉凶)을 점침. 점을 쳐서 좋은 날을 가림.
복일(伏日) 명 ☞복날.
복임(復任) 명하자되자 이전의 관직으로 다시 돌아옴. 비복직.
복임-권(復任權) [-꿘] 명 복대리인(復代理人)을 선임할 수 있는 대리인의 권한.
복자[1] [-짜] 명 〈복자망건〉의 준말.
복자[2] [-짜] 명 〈기름복자〉의 준말.
복자(卜者) [-짜] 명 점쟁이.
복자(伏字·覆字) [-짜] 명 ①조판(組版)에서, 필요한 활자가 없는 곳에 임시로 활자를 뒤집어서 넣어 둔 것. ②하자되자 인쇄물에서, 밝히기를 꺼려 '○'이나 '×' 따위의 표를 찍음, 또는 그 표.
복자(福者) [-짜] 명 교황청에서 모든 신도의 모범으로 공경할 만하다고 지정하여 공표한 사람. 〔'성인(聖人)'의 다음 품계에 해당함.〕
복-자리(服-) [-짜-] 명 〈복인(服人)〉의 속된 말.
복자-망건(-網巾) [-짜-] 명 망건의 한 가지. 편자가 길고 당의 둘레는 짧아서 위가 오그라지게 되어 있음. 준복자1.
복-자방(複子房) [-짜-] 명 〈복실자방〉의 준말. 겹씨방.
복-자엽(複子葉) [-짜-] 명 ☞쌍떡잎. ↔단자엽.
복-자예(複雌蕊) [-짜-] 명 두 개 이상의 심피(心皮)로 이루어진 자예. ↔단자예.
복-자음(複子音) [-짜-] 명 국어에서, 둘 이상의 단자음으로 이루어진 자음. 'ㅊ·ㅋ·ㅌ·ㅍ·ㄺ·ㄻ' 따위. 거듭닿소리. 겹닿소리. 중자음. ↔단자음.
복작-거리다 [-짝꺼-] 자 자꾸 복작복작하다. 복작대다. 큰북적거리다.
복작-대다 [-짝때-] 자 복작거리다.
복작-복작 [-짝뽁짝] 부하자 많은 사람이 좁은 곳에 모여 수선스럽게 들끓는 모양. ¶ 백화점에 고객들이 복작복작 들끓다. 큰북적북적.
복작-식(複作式) [-짝씩] 명 같은 시기에, 같은 논이나 밭에 두 가지 이상의 곡식이나 채소를 심는 재배 방식.
복잡(複雜) '복잡하다'의 어근.
복잡-노동(複雜勞動) [-짬-] 명 ☞숙련노동. ↔단순노동.
복잡다기(複雜多岐) '복잡다기하다'의 어근.
복잡다기-하다(複雜多岐-) [-짭따-] 형여 ☞복잡다단하다.
복잡다단(複雜多端) '복잡다단하다'의 어근.
복잡다단-하다(複雜多端-) [-짭따-] 형여 일이 얽히고 설키어 갈피를 잡기 어렵다. 복잡다기하다. ¶ 예측할 수 없을 만큼 복잡다단한 세계 정세.
복잡-반응(複雜反應) [-짭빠능] 명 심리학에서, 자극과 반응 사이에 여러 고등 정신 작용이 끼는 반응. 복합 반응.
복잡-스럽다(複雜-) [-짭쓰-따] [~스러우니·~스러워] 형ㅂ (여러 가지 사물이나 사정 등이) 겹치거나 뒤섞여 어수선한 데가 있다. ¶ 일이 복잡스럽게 얽히다. **복잡스레** 부.

복잡-하다 (複雜―) [―짜파―] 형여 (여러 가지 사물이나 사정 등이) 겹치고 뒤섞여 어수선하다. ¶ 복잡한 사정.
복장 [―짱] 명 〈복정(卜定)〉의 변한말.
복장 (伏藏) [―짱] 명 ①하자 엎드려 숨음. ②하타 깊이 감추어 둠. ③하타 불상을 만들 때, 부처의 가슴에 금·은·칠보 따위를 넣음.
복장 (服裝) [―짱] 명 옷, 또는 옷차림.
복장 (腹臟) [―짱] 명 ①가슴 한복판. 흉당(胸膛). ¶ 복장을 치며 한탄하다. ②속마음에 품고 있는 생각. ¶ 복장이 검다.
복장(이) 타다 관용 (답답하거나 울화가 치밀어) 가슴이 타다. 애간장이 타다.
복장(이) 터지다 관용 몹시 마음에 답답함을 느끼다. ¶ 그의 답답한 언행을 보노라면 복장이 터질 것만 같다.
복장 (福將) [―짱] 명 지혜나 용맹보다는 운이 좋아서 싸움에 번번이 이기는 복 있는 장수.
복장 (複葬) [―짱] 명 장사를 지내고 일정 기간 뒤에 다시 뼈를 처리하는 장례 방식. ↔단순장.
복재 (伏在) [―째] 명하자 겉으로 드러나지 않고 속에 숨겨져 있음.
복-재기 (服―) [―째―] 명 〈복인(服人)〉의 속된 말.
복적 (復籍) [―쩍] 명하자 혼인이나 입양 등으로 호적을 떠났던 사람이 이연(離緣)으로 말미암아 본디 호적으로 되돌아가는 일.
복전 (福田) [―쩐] 명 〔복을 거두는 밭이라는 뜻으로〕 불교에서, 공양을 받을 만한 법력이 있는 이에게 공양하고 선행을 쌓아서 내생(來生)의 복을 마련하는 일을 뜻하는 말.
복절 (伏節)[1] [―쩔] 명하자 절개를 굳게 지킴.
복절 (伏節)[2] [―쩔] 명 삼복(三伏)이 든 더운 철.
복절 (腹節) [―쩔] 명 곤충의 배 부분을 이루는 고리 모양의 마디.
복점 (卜占) [―쩜] 명하타 점을 쳐서 길흉(吉凶)을 미리 가리는 일. 점복.
복점 (複占) [―쩜] 명하타 두 업체가 시장을 독점하려고 경쟁적으로 동일 상품을 시장에 공급함, 또는 그런 형태. 참 과점·독점.
복정 (卜定) [―쩡] 명 ①왕조 때, 상급 관아에서 하급 관아에 지시하여 그 지방의 산물을 거두어 바치게 하던 공물의 액수. ②지정한 일에 대하여 꼭 실행하도록 강요하는 일. 변 복장.
복정(을) 씌우다 관용 복정을 안기다.
복정(을) 안기다 관용 억지로 부담을 지우다.
복정(을) 안다 관용 억지로 맡아 부담하다.
복제 (服制) [―쩨] 명 ①상례(喪禮)에서 정한 오복(五服)의 제도. 준 복(服). ②의복에 관한 제도나 규정.
복제 (複製) [―쩨] 명하타되자 ①본디의 것과 똑같이 만듦, 또는 만든 그것. ②미술품이나 저작물을 인쇄·복사·녹음 등의 방법으로 원형 그대로 만드는 일, 또는 만든 그것.
복제-판 (複製版) [―쩨―] 명 복제한 책이나 그림 따위.
복제-품 (複製品) [―쩨―] 명 복제한 물품.
복조 (復調) [―쪼] 명하타 변조파(變調波)에서 신호를 이끌어 냄, 또는 그러한 조작.
복조 (福祚) [―쪼] 명 ☞복(福).
복-조리 (福笊籬) [―쪼―] 명 정월 초하룻날 새벽에 팔러 다니는 조리.
복족-강 (腹足綱) [―쪽깡] 명 연체동물의 한 강(綱). 잘 발달한 머리와 평평하고 잘 길 수 있는 발이 있고 똬리같이 생긴 껍데기를 가졌음. 〔고둥·소라·전복·달팽이·우렁이 따위.〕
복종 (服從) [―쫑] 명하자 남의 명령·요구·의지 등에 그대로 따름. ¶ 상관의 명령에 복종하다.
복종 (僕從) [―쫑] 명 ☞복부(僕夫).
복좌 (複座) [―좌] 명 (주로 항공기에서) '조종석이 두 자리임, 또는 그런 형식의 항공기임'을 나타내는 말. ¶ 복좌 전투기. ↔단좌(單座).
복죄 (服罪·伏罪) [―쬐/―쮀] 명하자 죄를 순순히 인정함. ¶ 판결에 복죄하다.
복주 (伏奏) [―쭈] 명하타 (임금 앞에) 엎드리어 아룀.
복주 (伏誅) [―쭈] 명하자 형벌을 받아 죽음. 사형을 당함. 복법(伏法).
복주 (輻輳·輻湊) [―쭈] 명하자 〈폭주〉의 본딧말.
복주-감투 [―쭈―] 명 지난날, 중이나 노인들이 겨울철에 쓰던 방한모의 한 가지. 양옆을 내리면 볼까지 가릴 수 있게 만들었음. 준 감투.
복주-병진 (輻輳竝臻) [―쭈―] 명 〈폭주병진〉의 본딧말.
복중 (伏中) [―쭝] 명 초복에서 말복까지의 동안.
복중 (服中) [―쭝] 명 기년복(朞年服) 이하의 상복(喪服)을 입고 있는 동안.
복중 (腹中) [―쭝] 명 배 속. ¶ 복중의 아기.
복지 (卜地) [―찌] 명하자 ☞복거(卜居).
복지 (伏地) [―찌] 명하자 땅에 엎드림.
복지 (服地) [―찌] 명 ☞양복감.
복지 (匐枝) [―찌] 명 ☞기는가지.
복지 (袱紙) [―찌] 명 〈약복지(藥袱紙)〉의 준말.
복지 (福地) [―찌] 명 ①행복하게 잘살 만한 땅. ¶ 가나안 복지. ②풍수설에서, '지덕(地德)이 좋은 땅'을 뜻하는 말. ③☞지당(地堂).
복지 (福祉) [―찌] 명 만족할 만한 생활 환경. ¶ 직원의 복지 향상에 힘쓰다.
복지^국가 (福祉國家) [―찌―까] 명 국가의 기본 목표를 국민의 생존권의 보장과 생활상의 행복을 늘려 나가는 데 두는 국가.
복지부동 (伏地不動) [―찌―] 명하자 〔땅에 엎드려 움직이지 아니한다는 뜻으로〕 '마땅히 해야 할 일을 하지 않고 몸을 사림'을 비유하여 이르는 말.
복지^사:업 (福祉事業) [―찌―] 명 국민의 생활상의 행복을 늘려 나가기 위해서 하는 온갖 사업. 복리 사업.
복지^사회 (福祉社會) [―찌―회/―찌―훼] 명 사회보장 제도가 잘 운영되어 사회 구성원의 생활이 향상되고 행복하게 생존권을 누리는 사회.
복지^시:설 (福祉施設) [―찌―] 명 국민의 사회 복지를 위한 시설. 〔보육원·양로원 등.〕 복리 시설.
복지^연금 (福祉年金) [―찌―] 명 〈국민 복지 연금〉의 준말.
복직 (復職) [―찍] 명하자되자 한때 그 직(職)을 그만두었던 사람이 다시 본디의 자리로 돌아옴. 복임(復任). ¶ 군 복무를 마치고 회사에 복직하다.
복-진자 (複振子) [―찐―] 명 강체(剛體)를, 그 내부의 한 고정점을 지나는 축에 매달아 중력의 작용으로 그 주위를 진동하게 만든 장치. 강체 진자. 실체 진자. 합성 진자.
복차 (卜―) 명 〈복채(卜債)〉의 변한말.
복차 (伏―) 명 〈복처(伏處)〉의 변한말.
복착 (服着) 명 ①하타 옷을 입음. ②입은 옷.
복찰 (卜察) 명하타 점을 쳐서 살핌.
복찻-다리 [―차따―/―찯따―] 명 큰길을 가로질러 흐르는 작은 개천에 놓은 다리.
복창 (伏悵) 명하형 '마음에 섭섭하고 궁금함'의 뜻으로, 한문 투의 편지 글에서 쓰이는 말.

복창(復唱) 명 하타 (말로써 들은 명령이나 지시 내용을 확인하기 위하여 그 자리에서) 명령이나 지시의 말을 그대로 소리 내어 외는 일.

복창(複窓) 명 ☞겹창.

복창-증(腹脹症) [-쯩] 명 배 속에 탈이 생겨 배가 팽팽하게 부어오르는 병.

복채(卜債) 명 점을 친 대가로 점쟁이에게 주는 돈. 변복차.

복처(伏處) 명 조선 시대에, 순라군이 머무르면서 경비를 하던 초소. 변복차.

복-처리(福-) 명 복이 없어 무슨 일을 하든지 잘 되지 않는 사람을 두고 이르는 말.

복철(複鐵) 명 〈복선 철도〉의 준말. ↔단철.

복철(覆轍) 명 〔앞서 가던 수레의 엎어진 자취라는 뜻으로〕 앞 사람이나 남이 실패한 전례(前例). 전철(前轍).

복첨(福籤) 명 상금이나 경품이 걸린 제비뽑기.

복첩(卜妾) 명 하타 자기와 성(姓)이 다른 여자를 가려 첩으로 맞아들이는 일.

복초(伏醋) 명 복날에 술을 삭혀서 만든 초.

복축(卜築) 명 하타 점(占)으로, 살 만한 곳을 가려서 집을 지음.

복축(伏祝) 명 하타 '엎드려 축원함'의 뜻으로, 한문 투의 편지 글에서 쓰는 말.

복-치마(服-) 명 거상(居喪)하는 여자가 상복으로 입는 치마.

복칭(複稱) 명 ①둘 이상의 사물을 아울러 이르는 이름. ②복잡한 명칭. ↔단칭(單稱).

복태(卜駄) 명 말에 실은 짐바리.

복토(覆土) 명 하자 (씨를 뿌린 다음에) 흙을 덮음, 또는 그 흙.

복통(腹痛) 명 ①배의 통증. 배가 아픈 증세. ②하자 매우 원통하고 답답함, 또는 그런 상태. ¶ 저 꼴을 보고 있자니, 복통할 노릇이다.

복판 명 ①일정한 공간이나 사물의 한가운데. ¶ 과녁 복판에 명중시키다. /마당 복판. ②소의 갈비나 대접, 또는 도가니의 중간에 붙은 고기.

복표(福票) 명 ☞복권(福券).

복학(卜學) [보칵] 명 복술(卜術)에 관한 학문.

복학(復學) [보칵] 명 하자 되자 (정학·휴학·퇴학 등으로) 학교를 떠나 있던 학생이 다시 그 학교에 다니게 됨. 복교(復校).

복학(腹瘧) [보칵] 명 한방에서, 비장(脾臟)이 부어 배 속에 뜬뜬한 것이 생기면서 한열(寒熱)이 심히 나는 어린아이의 병을 이름. 자라배.

복학(을) 잡다 관용 복학의 병근(病根)을 없애어 병을 다스리다.

복학-생(復學生) [보칵쌩] 명 복학하여 학교에 다니는 학생.

복합(伏閤) [보캅] 명 하자 왕조 때, 나라에 큰일이 있을 때 관원이나 유생이 대궐 문 앞에 엎드려 상소(上訴)하던 일.

복합(複合) [보캅] 명 하자타 되자 두 가지 이상의 것이 하나로 합쳐짐, 또는 그렇게 합침. ¶ 여러 요인이 복합되어 빚어진 대형 사고.

복합^개ː념(複合槪念) [보캅깨-] 명 많은 속성과 내용을 포함하는 개념. '동물'·'꽃'·'새' 등과 같은 개념. 복합적 개념. ↔단순 개념.

복합-관(複合管) [보캅꽌] 명 하나의 진공관 안에 둘 이상의 진공관을 넣은 관.

복합-국(複合國) [보캅꾹] 명 ☞복합 국가. ↔단일국.

복합^국가(複合國家) [보캅꾹까] 명 둘 이상의 국가가 결합하여 이루어진 국가. 〔아메리카 합중국·영국 연방 따위.〕 복합국.

복합^대ː명사(複合代名詞) [보캅때-] 명 둘 이상의 말이 어우러진 대명사. 〔이이·저이 따위.〕

복합^동ː사(複合動詞) [보캅똥-] 명 둘 이상의 말이 어우러진 동사. 〔여닫다·드나들다 따위.〕

복합-란(複合卵) [보캄난] 명 한가운데 있는 난세포와 그것을 싸고 있는 난황 세포가 한 알껍질 속에 들어 있는 알. ↔단일란.

복합^명사(複合名詞) [보캄-] 명 둘 이상의 말이 어우러진 명사. 〔고무신·가루약 따위.〕

복합^박자(複合拍子) [보캅빡짜] 명 2박자 또는 3박자 등의 단순 박자가 겹쳐서 이루어진 박자. 〔4박자·6박자·8박자 등.〕

복합^반ː응(複合反應) [보캅빠능] 명 ☞복잡반응.

복합^부ː사(複合副詞) [보캅뿌-] 명 둘 이상의 말이 어우러진 부사. 〔싱글벙글·좀더 따위.〕

복합^비타민제(複合vitamin劑) [보캅-] 명 두 가지 이상의 비타민을 혼합하여 만든 약제.

복합^사회(複合社會) [보캅싸회/보캅싸훼] 명 같은 정치 단위 안에 함께 있으면서 서로 융합되지 않는 복수의 집단을 가진 사회. ↔단순 사회.

복합^삼각주(複合三角洲) [보캅쌈-쭈] 명 둘 이상의 하천이 하나의 하구로 흘러들 때 이루어지는, 경계가 분명하지 않은 두 개의 삼각주.

복합^섬유(複合纖維) [보캅써뮤] 명 서로 다른 두 가지 이상의 섬유를 혼합한 섬유.

복합-세(複合稅) [보캅쎄] 명 하나의 화물에 대하여 종가세(從價稅)나 종량세(從量稅) 등 서로 다른 과세 표준에 따라 이중으로 부과하는 과세 제도.

복합-수(複合數) [보캅쑤] 명 ☞합성수.

복합-어(複合語) [보카버] 명 (합성어나 파생어와 같이) 둘 이상의 형태소로 이루어진 말. 〔지붕·맏아들·돌다리·치밀다 따위.〕 겹씨. 참합성어·파생어.

복합^영농(複合營農) [보캄녕-] 명 미곡(米穀) 농사와 원예·축산, 특용 작물 재배 등을 아울러 하는 농업 경영.

복합-음(複合音) [보카븜] 명 진동수가 다른 둘 이상의 순음의 결합으로 된 음.

복합-적(複合的) [보캅쩍] 관 명 두 가지 이상의 것이 하나로 합쳐져 있는 (것). ¶ 복합적 요인. /복합적인 증세.

복합적 개ː념(複合的槪念) [보캅쩍깨-] ☞복합 개념.

복합적 삼단^논법(複合的三段論法) [보캅쩍쌈-뻡] 둘 이상의 삼단 논법 사이에서, 하나의 삼단 논법의 결론이 다른 삼단 논법의 전제가 되는 논법. 연결 추리.

복합^조ː사(複合助詞) [보캅쪼-] 명 둘 이상의 조사가 결합하여 된 조사. 〔보다는·에서부터 따위.〕

복합-체(複合體) [보캅-] 명 두 가지 이상의 것이 결합하여 하나로 된 것.

복합^형용사(複合形容詞) [보카평-] 명 둘 이상의 말이 어우러진 형용사. 〔손쉽다·검붉다 따위.〕

복합^화ː산(複合火山) [보카퐈-] 명 몇 개의 화산이 겹쳐서 이루어진, 구조가 복잡한 화산. 〔복성 화산 따위.〕

복항(復航) [보캉] 명 하자 배가 떠났던 항구로 다시 돌아가는(돌아오는) 항해. 귀항(歸航).

복행(伏幸) [보캥] 명 〔한문 투의 편지 글에서〕 '자신의 다행함'을 겸손하게 이르는 말.

복-허리(伏-) [보커-] 명 복중(伏中)의 가장 무더운 고비. ¶ 복허리를 넘기다.

복호(伏虎) [보코] 명 엎드려 있는 범.

복호(復戶) [보코]명하타 조선 시대에, 충신·효자·절부(節婦) 등에게는 요역(徭役)과 전세(田稅) 이외의 잡부금을 면제하던 일.
복호(複號) [보코]명 ☞복부호(複符號).
복호-결(復戶結) [보코-]명 조선 시대에, 복호 때문에 생기는 재정의 부족을 보충하기 위하여, 일반 조세 중에서 따로 모아 예비하던 일.
복혼(複婚) [보콘]명 아내 또는 남편이 동시에 두 사람 이상 있는 혼인 형태. 〔일부다처혼·일처다부혼·집단혼 따위.〕 ↔단혼(單婚).
복화(複花) [보콰]명 꽃이나 꽃차례의 수가 변태적으로 늘어서 된 기형의 꽃.
복화-과(複花果) [보콰-]명 여러 꽃에서 생긴 많은 열매가 한데 모여서 하나의 열매처럼 생긴 과실. 〔오디나 파인애플 따위.〕 다화과. ㊗복과. ㊟단화과.
복-화산(複火山) [보콰-]명 〈복성 화산〉의 준말.
복화-술(腹話術) [보콰-]명 입술을 거의 움직이지 않고, 제 목소리와는 다른 목소리를 내어 마치 다른 사람이 말하는 것처럼 느끼게 하는 기술. 〔인형극 등에서 쓰임.〕
복화-실험(複化實驗) [보콰-]명 동시에 들어오는 두 가지 이상의 감각 자극에 대한 동시적 인식의 실험.
복-화합물(複化合物) [보콰함-]명 화합물끼리 결합하여 생긴 화합물.
복-활차(複滑車) [보콸-]명 ☞겹도르래.
볶다 [복따]타 ①마른 식품을 냄비 등에 담아 불에 올려놓고 조금 눌을 만큼 저으면서 익히다. ¶ 콩을 볶다. ②채소나 고기 따위를 냄비에 넣어 불에 올려놓고 물이나 기름을 바특이 부어 뒤적거리면서 익히다. ¶ 나물을 볶다. ③못 견디도록 재촉하거나 성가시게 하다. ¶ 일을 빨리 하라고 들들 볶다. ④'머리를 곱슬곱슬하게 파마하다'를 속되게 이르는 말. ＊볶아·볶는[봉-]
볶은 콩 먹기속담 '그만 먹겠다면서도 결국은 다 먹어 버림'을 비유하여 이르는 말.
볶아-때리다자 '볶아치다'를 낮잡아 이르는 말.
볶아-치다자 ①몹시 급하게 몰아치다. ¶ 빨리 내놓으라고 볶아치다. ②몹시 성가시게 하다.
볶은-장(-醬)명 쇠고기를 말려서 만든 가루에 깨·생강·후춧가루·파 등을 넣고, 간장·기름·설탕을 쳐서 주무른 뒤 지직하게 볶은 음식. 초장(炒醬).
볶음명 ①어떤 재료에 양념을 하여 기름이나 간장에 볶는 일, 또는 그 음식. ②《일부 명사 뒤에 쓰이어》 볶아서 만든 음식의 뜻을 나타내는 말. ¶ 오징어볶음.
볶음-밥명 밥과 잘게 썬 고기·당근·감자 따위를 섞으면서 기름으로 볶아 소금이나 간장으로 간을 맞춘 음식.
볶-이다자 〖'볶다'의 피동〗 볶음을 당하다. ¶ 콩이 볶이다. /날마다 성화 같은 재촉에 볶이다.
본(本)[1]명 ①모범이 될 만한 일. ¶ 아우도 형의 본을 받아 효성이 지극하다. ②〈본보기〉의 준말. ③본보기로 삼기 위해 오려 만든 종이. 형지(型紙). ¶ 본을 뜨다.
본(本)[2]명 〈본관(本貫)〉의 준말. ¶ 성(姓)은 같으나 본이 다르다.
본(本)[3]명 〈본전(本錢)〉의 준말.
본(本)관 (지금 말하고 있는) '이'의 뜻을 나타냄. ¶ 본 사건의 해결은 시간 문제다.
본-(本)접두 《일부 명사 앞에 붙어》 '근본·본디' 등을 뜻함. ¶ 본바탕. /본고향. /본마음.
-본(本)접미 일부 명사 뒤에 붙어, 그것이 뜻하는 내용의 '책'임을 나타냄. 〔초간본·중간본·개정본 따위.〕
본가(本家)명 분가하기 이전의 본디의 집. 본집. ↔분가.
본가(本價) [-까]명 ☞본값.
본가-댁(本家宅) [-땍]명 '본가'를 높여 이르는 말.
본각(本覺)명 불교에서 이르는 삼각(三覺)의 하나. 현상계(現象界)의 제상(諸相)을 초월한 궁극의 깨달음.
본간(本幹)명 근본이 되는 줄기. 원줄기.
본-값(本-) [-갑]명 (물건을 팔기 위하여) 그 물건을 사들일 때의 값. 본가(本價). 본전(本錢). 원가(原價). ＊본값이[-갑씨]·본값만[-감-]
본갱(本坑)명 광산에서의 주되는 갱도.
본거(本據)명 생활이나 활동의 중심이 되는 곳. 본거지. ¶ 인천에 본거를 둔 가공 무역 업체.
본거-지(本據地)명 ☞본거. 근거지.
본건(本件) [-껀]명 이 사건. 이 안건. 이 일. ¶ 본건은 증거 불충분으로 다시 경찰로 넘긴다.
본격(本格) [-껵]명 ①근본이 되는 격식이나 형식, 또는 그러한 것을 갖추고 있는 것. ②본래의 바른 방식.
본격^소ː설(本格小說) [-껵쏘-]명 소설의 제재를 사회의 현실에서 구하여 인간의 심리적 갈등을 보다 객관적으로 그리는 예술적 가치를 중시하는 소설.
본격-적(本格的) [-껵쩍]관명 ①본래의 형식이나 방식에 따르고 있는 (것). ¶ 본격적인 한국화의 기법을 익히다. ②어떤 일의 진행 상태가 제 궤도에 올라 제격에 맞게 적극적인 (것). ¶ 본격적 협상. /본격적인 여름이 다가왔다. ③격조가 높은 (것). ¶ 본격적인 작품.
본격-화(本格化) [-껴콰]명하자타되자 본격적이 됨, 또는 본격적이 되게 함. ¶ 출전에 앞서 강화 훈련을 본격화하다.
본견(本絹)명 명주실만으로 짠 비단. 순견(純絹). ↔인조견.
본-곁(本-) [-견]명 지난날, 비(妃) 또는 빈(嬪)의 친정을 이르던 말. ＊본곁이[-겨치]·본곁을[-겨틀]·본곁만[-견-]
본곁-나인(←本-內人) [-견-]명 비(妃)나 빈(嬪)이 본곁에서 데리고 들어온 나인.
본-계집(本-) [-계-/-게-]명 〈본처(本妻)〉의 속된 말.
본-고사(本考査)명 본시험을 예비 시험에 상대하여 이르는 말. ¶ 본고사를 치르다.
본-고장(本-)명 ①☞본바닥. 본처(本處). ¶ 제주도는 귤의 본고장이다. ②☞본고향. ㊗본곶.
본-고향(本故鄕)명 본디의 고향. 본고장.
본-곶(本-) [-곧]명 〈본고장〉의 준말. ＊본곶이[-고지]·본곶만[-곤-]
본과(本科) [-꽈]명 예과(豫科)·속성과(速成科)·강습과(講習科) 등의 별과(別科)가 있는 학교에서, 중심이 되는 과.
본관(本官) Ⅰ명 ①왕조 때, 제 고을의 수령(守令)을 일컫던 말. ¶ 본관 사또. ②겸관(兼官)에 대하여 그 사람의 본래의 관직.
Ⅱ대 관직에 있는 사람이 직무상 자기를 일컫는 말. 본직(本職).
본관(本貫)명 ☞관향(貫鄕). ㊗본(本)[2].
본관(本管)명 수도관·가스관·하수관 등의 지관(支管)에 대하여, 본줄기가 되는 굵은 관.
본관(本館)명 별관(別館)이나 분관(分館)에 대하여, 주가 되는 건물.

본교(本校)[명] ①분교(分校)에 대하여, 중심이 되는 학교. ②(자기가 다니고 있는) 이 학교. ②↔타교.
본국(本局)[명] ①지국(支局)이나 분국(分局)에 대하여, 중심이 되는 국(局). ②(자기가 딸리어 있는) 이곳의 국(局).
본국(本國)[명] ①(외국에 있는 사람의) 자기가 태어난 나라. 자기의 국적이 있는 나라. 고국(故國). 모국(母國). 본방(本邦). 조국. ②식민지나 피보호국에 대하여 그 보호국을 이름. 본토(本土). ③이 나라.
본국-검(本國劍)[-껌][명] 십팔기, 또는 무예 이십사반의 하나. 요도(腰刀)로 하는 검술의 한 가지.
본국-법(本國法)[-뻡][명] 당사자의 국적(國籍)이 있는 나라의 법률.
본국-어(本國語)[명] (외국에 있는 사람의) 자기 나라의 고유한 말. 모국어.
본권(本權)[-꿘][명] 사실 관계로서의 점유(占有)를 정당화시키는 실질적인 권리. 〔소유권·지상권(地上權)·질권(質權) 따위.〕
본-궤도(本軌道)[명] ①일이 본격적으로 되어 나가는 단계(형편). ¶ 본궤도에 오르다. /생산이 본궤도에 들어서다. ②근간이 되는 중요한 궤도. ¶ 우주선이 본궤도에 진입하다.
본-그늘(本-)[명] ☞본그림자.
본-그림(本-)[명] ☞원그림.
본-그림자(本-)[명] ①물체에 가리어 광원(光源)의 빛을 전혀 받지 못하는 부분. 본그늘. 본영(本影). ↔반그림자. ②태양의 흑점 한가운데에 있는 검은 부분.
본-금(本-)[명] 〈본금새〉의 준말.
본금(本金)[명] ☞본전(本錢).
본-금새(本-)[명] 본값의 높고 낮은 정도. [준]본금.
본급(本給)[명] 수당 따위를 합하지 아니한, 기본되는 급료. 기본급. 본봉(本俸).
본기(本紀)[명] 기전체의 역사책에서, 제왕의 사적을 적은 내용. 기(紀). [참]열전(列傳).
본-길(本-)[명] ①본디의 길. ②바른 길.
본-남편(本男便)[명] 개가(改嫁)하기 전의 남편. 본부(本夫).
본년(本年)[명] 올해.
본-노루[명] 태어난 지 오래된, 늙고 큰 노루.
본능(本能)[명] (동물이, 경험이나 학습 등을 통하여 후천적으로 터득한 것이 아닌) 선천적으로 타고난 성질이나 능력. 〔동물의 종(種)에 따른 고유한 행동 양식을 이름.〕
본능-적(本能的)[관][명] 본능에 따라 움직이려고 하는 (것). ¶ 본능적 욕구. /본능적으로 느끼다.
본능-주의(本能主義)[-의/-이][명] 본능을 충족시키는 일을 인생의 최대 목적으로 삼는 인생관.
본답(本畓)[명] (못자리에 대하여) 볏모를 옮겨 심을 논.
본당(本堂)[명] ①절에서, 본존(本尊)을 모신 주된 건물을 이름. ②가톨릭에서, 주임 신부가 머무르고 있는 성당을 이르는 말. ¶ 본당 신부.
본대(本隊)[명] ①군대에서, 전위(前衛)에 대하여 사령부(지휘부)가 있는 후속 부대를 이름. ②(자기가 딸려 있는) 이 부대.
본댁(本宅)[명] ①〈본집〉의 높임말. ②〈본댁네〉의 준말.
본댁-네(本宅-)[-댕-][명] 첩에 대하여 정실(正室)을 이르는 말. [준]본댁.
본-데[명] 보아서 배운 범절이나 지식 또는 솜씨. ¶ 본데가 있는 사람이다.
본데-없다[-업따][형] 보아서 배운 범절이나 지식이 없다. **본데없-이**[부] ¶ 본데없이 자라서 예절을 모르다.
본도(本島)[명] 군도(群島)나 열도(列島) 중에서, 중심이 되는 큰 섬.
본도(本道)[명] ①(지름길이 아닌) 본래의 길. ②바른 방법. 바른 도리.
본동(本洞)[명] (자기가 살고 있는) 이 동네.
본-동사(本動詞)[명] 보조 용언의 도움을 받는 동사. 자립성을 가지고 홀로 문장의 주체를 서술하는 기능을 가짐. 자동사와 타동사의 구별이 있음. 〔'그는 어제 떠나 버렸다.'에서의 '떠나(떠나다)' 따위.〕 으뜸움직씨. [참]보조 동사.
본드(bond)[명] 접착제의 한 가지. 〔본디는 상품명임.〕
본-등기(本登記)[명] 확정된 등기, 곧 등기의 본디의 효력인 대항력을 발생시키는 등기. ↔가등기.
본디[명] 어떤 사물의 처음. 또는, 겉으로 드러난 모습과는 다른 사물의 근본. 본래. 본시(本是). 원래. ¶ 나도 본디는 매우 건장한 체격이었지.
본딧-말[-딘-][명] ☞원말.
본디[부] 〈옛〉본디. ¶ 귀미틧 터리는 본디 절로 셰오(杜初*10:10*).
본때[명] 이렇다 하고 보일 만한 본보기.
본때(가) 있다[관용] ①본보기로 삼을 만한 데가 있다. ②멋이 있다.
본때를 보이다[관용] (다시는 되풀이되지 않게) 엄하게 다스리다. ¶ 다시는 그런 일이 없도록 본때를 보여 주어야겠다.
본-뜨다(本-)[~뜨니·~떠][타] ①무엇을 본보기로 하여 그대로 좇아 하다. ¶ 착한 행실을 본뜨다. ②어떤 일이나 물건을 본으로 하여 그대로 꾸미거나 만들다. ¶ 추사(秋史)의 글씨를 본떠 놓은 수(繡).
본-뜻(本-)[-뜯][명] ①근본이 되는 뜻. ②☞본의(本意). ¶ 그의 본뜻을 모르겠다. *본뜻이[-뜨시]·본뜻만[-뜬-]
본란(本欄)[볼-][명] ①잡지 등의 중심이 되는 난(欄). ②(화제로 삼고 있는) 바로 이 난(欄).
본래(本來)[볼-][명] 본디.
본래-공(本來空)[볼-][명] 불교에서, 이 세상에 있는 만물은 모두 가짜 존재이며, 본디 아무것도 없는 빈 것이라는 뜻으로 이르는 말.
본래-면목(本來面目)[볼-][명] 불교에서, 중생이 본디부터 지니고 있는, 천연 그대로의 심성(心性)을 이르는 말.
본래-성불(本來成佛)[볼-][명] 불교에서, 모든 중생은 본디부터 부처라는 뜻으로 이르는 말.
본래-유(本來有)[볼-][명] 사람마다 본디부터 지니고 있는 불성(佛性). [준]본유.
본력(本曆)[볼-][명] 약본력(略本曆) 등에 대하여, 그 바탕이 되는 자세한 달력.
본령(本領)[볼-][명] ①일의 근본이 되는 주요한 점. ¶ 민주 정치의 본령은 주권재민에 있다. ②본래의 특질, 또는 특성. ¶ 수리를 따지는 일에서 본령을 발휘하다.
본론(本論)[볼-][명] ①논문이나 논설 등의 중심이 되는 부분. ¶ 본론은 증명과 단정의 두 부분으로 이루어져 있다. [참]서론·결론. ②(화제로 삼고 있는) 이 논(論). ¶ 본론의 핵심은 바로 여기에 있다.
본루(本壘)[볼-][명] 야구에서, 포수 앞에 놓여 있는 베이스. 〔타자가 1루·2루·3루를 돌아 이곳으로 돌아오면 득점이 됨.〕 홈 베이스.
본루-타(本壘打)[볼-][명] ☞홈런.

본류(本流)[볼-]명 ①강이나 내의 원줄기. ↔지류(支流). ②중심이 되는 계통. 주된 유파. ¶ 자연주의 문학의 본류.
본리(本利)[볼-]명 ☞본변(本邊).
본-마나님(本-)명 남의 '본처(本妻)'를 높이어 일컫는 말.
본-마누라(本-)명 '아내'를 첩에 상대하여 이르는 말. 참큰마누라.
본-마음(本-)명 본디 품은 마음. 본심. 본의(本意). 본정(本情). ¶ 본마음을 털어놓다. 준본맘.
본말(本末)명 ①일의 처음과 끝. ¶ 일의 본말이 뒤바뀌다. ②일의 주가 되는 종요로운 것과 그것에 딸린 대수롭지 않은 것. ¶ 본말을 분별하지 못하니 일을 제대로 해내겠니?
본-맘(本-)명 〈본마음〉의 준말.
본망(本望)명 본디부터의 소망. 본원(本願).
본맥(本脈)명 산맥·광맥·엽맥(葉脈)·혈맥(血脈) 등의 원줄기. ↔지맥(支脈).
본-머리(本-)명 (딴머리에 대하여) 자기의 머리에서 돋아 자란 머리털. 밑머리. ¶ 본머리의 숱이 적다. ↔딴머리.
본명(本名)명 ①본이름. 실명(實名). ↔가명·별명. ②가톨릭에서, 영세 때에 성인(聖人)의 이름을 따서 짓는 이름을 이르는 말. ②세례명.
본명(本命)명 ①태어난 해의 간지(干支). ②타고난 수명(壽命). ¶ 본명을 다하다.
본-모습(本-)명 본디의 모습.
본목(本木)명 (다른 섬유가 섞이지 않은) 순수한 무명.
본무(本務)명 본래의 직무. 본분으로 하는 임무.
본-무대(本舞臺)명 ①연극이나 쇼 따위를 정식으로 공연하는 무대. ②어떤 일을 정식으로 하는 장소. ¶ 정치의 본무대에 나서다.
본문(本文)명 ①(서문이나 발문 따위에 대하여) 그 책의 주요 내용을 이룬 부분의 글. ②(주석·번역문 따위에 대하여) 본디의 글. ③〈반절본문〉의 준말.
본문(本門)명 ①☞정문(正門). ②불교에서, 중생 본유의 묘리(妙理)를 밝히는 법문(法門).
본-문제(本問題)명 ①(지엽적인 문제에 대하여) 중심이 되는 문제. ②(지금 화제로 삼고 있는) 이 문제.
본-미사(本missa)명 (가톨릭에서, 미사 가운데 '말씀의 전례' 부분을 예비 미사라고 부르는 데 대하여) '성찬(聖餐)의 전례(典禮)' 부분을 이르는 말.
본-밑(本-)[-믿]명 〈본밑천〉의 준말. ＊본밑이[-미치]·본밑을[-미틀]·본밑만[-민-]
본-밑천(本-)[-믿-]명 자본으로서 본디 들여놓은 밑천. 준본밑.
본-바닥(本-)명 ①본디부터 사는 곳. ¶ 본바닥 사람은 드물다. ②어떤 물건이 본디부터 생산되는 곳이나 많이 생산되는 곳. 근원지. 본고장. ¶ 인삼의 본바닥은 개성이다.
본-바탕(本-)명 사물의 근본이 되는 바탕, 또는 타고난 바탕. 본체(本體). 본판(本板). ¶ 다급할 때 사람됨의 본바탕이 드러난다.
본-받다(本-)[-따]타 어떤 일이나 행동 따위를 본보기로 하여 그대로 따라 하다. ¶ 어른은 아이들이 본받을 만한 행동을 해야 한다.
본방(本方)명 한방에서, 의서(醫書)에 있는 그대로의 약방문(藥方文)을 이르는 말.
본방(本邦)명 ☞본국(本國).
본방(本房)명 왕조 때, 임금의 장인댁(丈人宅)을 이르던 말.
본범(本犯)명 재물에 장물성(贓物性)을 부여하는 기본적인 재산 범죄, 또는 그러한 범죄를 저지른 사람.
본법(本法)[-뻡]명 법률 조문(條文)에서, 그 법률 자체를 가리키는 말. 이 법률. ¶ 본법의 규정에 의하여…. /본법의 효력은 공포 즉시 발생한다.
본변(本邊)명 본전과 변리. 본리(本利).
본병(本病)명 아주 낫지 않고 때때로 재발하는, 본디부터 앓고 있는 병. 본증(本症). 본질(本疾). ¶ 본병이 도지다.
본보(本報)명 신문 보도에서, 그 신문 자체를 스스로 이르는 말. ¶ 본보에 이미 보도된 바와 같이….
본보(本譜)명 오선지(五線紙)에 적은 정식 악보. ↔약보(略譜).
본보-기(本-)명 ①본을 받을 만한 것, 또는 본으로 보여 줄 만한 것. 귀감(龜鑑). ¶ 남의 본보기가 되는 행동. ②일이 어떻게 처리되는가를 알리기 위하여 실제로 보여 주는 것. ¶ 본보기로 벌을 내리다. ③☞견본. ¶ 본보기를 보고 만들다. 준보기·본(本)[1].
본보기를 내다관용 ①본보기가 될 물건을 만들다. ②어떤 일의 본보기가 되게 하다.
본-보다(本-)타 무엇을 본보기로 삼아 그대로 따라 하다. ¶ 옛 사람들의 효행을 본보다.
본봉(本俸)명 ☞본급(本給). 기본급.
본부(本夫)명 ①본남편. ②본사내.
본부(本部)명 어떤 조직의 중심이 되는 기관, 또는 그것이 있는 곳. ¶ 대학 본부. /수사 본부.
본부^사령(本部司令)명 사령부급 이상의 군부대에서, 부대의 경비·시설·행정 등을 맡아보는 사령실의 우두머리.
본부-석(本部席)명 운동 경기나 대회 등을 지휘·관전하기 위하여, 지휘 본부가 차지하고 있는 자리.
본부-장(本部長)명 회사 따위 조직의, 본부를 지휘하고 책임지는 사람.
본분(本分)명 ①그 사람이 마땅히 하여야 할 본디의 의무. ¶ 학생의 본분. ②자기에게 알맞은 분수. ¶ 본분을 지키다.
본사(本寺)명 ①관할 구역에 딸린 여러 말사(末寺)를 통할하는 큰절. 본산(本山). ②자기가 출가하여 중이 된 절. ③(자기가 딸리어 있는) 이 절.
본사(本社)명 ①(지사에 대하여) 그 회사의 중심이 되는 사업체. ¶ 본사로 발령을 받다. ↔지사(支社). ②(자기가 일하고 있는) 이 회사. ②당사(當社).
본사(本事)명 근본이 되는 일.
본사(本師)명 〔불교에서〕 ①〔으뜸가는 스승이란 뜻으로〕 '석가여래'를 이르는 말. ②종조(宗祖)로서 존경받는 스승.
본사(本詞)명 한 편의 글이나 가사(歌詞) 따위에서, 중심이 되는 글이나 가사.
본-사내(本-)명 ①'본남편'을 낮추어 이르는 말. 본서방. ②(샛서방을 가진 여자의) 본디의 남편. 본부(本夫).
본산(本山)명 ①☞본사(本寺). ②어떤 일의 근원이 되는 곳.
본-살(本-)명 (노름판 따위에서) 밑천으로 가졌던 본디의 돈의 액수. ¶ 본살 생각이 나다.
본살-하다(本-)자여 노름판 따위에서 잃었던 밑천을 되찾다.
본새(本-)명 ①생김생김. 생긴 모양새. ¶ 고양이의 본새는 영락없는 범이야. ②몸놀림이나 버릇의 됨됨이. ¶ 말하는 본새가 꼭 제 아비 같다.

본색(本色)명 ①본디의 빛깔. ¶ 본색보다 더 산뜻한 빛깔. ②본디의 성질. ¶ 본색을 감추다. /일이 다급해지니까 본색이 드러나더라.
본생(本生)명 〈본생가〉의 준말.
본생-가(本生家)명 양자로 간 사람의 생가. 생가. 준본생. ↔양가(養家).
본생-부모(本生父母)명 양자로 간 사람의 생가의 부모. 본생친. 생부모. ↔수양부모·양부모.
본생-친(本生親)명 ☞본생부모.
본서(本署)명 (지서·분서 등에 대하여) 본부가 되는 관서.
본-서방(本書房)명 본사내.
본선(本船)명 선단(船團) 따위에서, 중심이 되는 배.
본선(本線)명 도로나 철도·전선 등에서 주가 되는 선. 간선(幹線). ¶ 경부 본선. ↔지선(支線).
본선(本選)명 (예선에 대하여) 우승자를 결정하는 마지막 선발. ¶ 본선에 진출하다. 참예선.
본선^인도(本船引渡)명 ☞에프오비(FOB).
본설(本說)명 근본이 되는 설.
본성(本姓)명 본디의 성(姓).
본성(本性)명 (사람의) 본디의 성질. 타고난 성질. 천성(天性). ¶ 본성이 어질다.
본세(本稅)명 부가세를 부과하는 데 기준이 되는 조세.
본소(本訴)명 민사 소송에서, 피고로부터 반소(反訴)의 제기 등이 있을 경우, 그 계기가 된 계속(繫屬) 중인 소송.
본숭-만숭부하타 관심이 없이 건성으로 대하는 모양. ¶ 나를 보고도 본숭만숭한다.
본시(本是)명 본디. ¶ 본시의 사명. /그는 본시부터 그렇다.
본-시험(本試驗)명 (예비 또는 모의시험 등에 대하여) 주되는 시험이나 실제의 시험. ¶ 본시험에 합격하다.
본식(本式)명 본디의 방식. 정식의 방식.
본실(本室)명 ☞정실(正室).
본심(本心)명 ①본마음. 본의. 본정(本情). ¶ 그도 본심은 착하다. ②꾸밈이나 거짓이 없는 참마음. ¶ 본심을 드러내다.
본안(本案)명 ①민사 소송법에서, 원고의 주장에 따라 심리(審理)의 대상이 되어 있는 사안(事案)의 내용 그 자체를 이르는 말. ②근본이 되는 안건.
본안^판결(本案判決)명 민사 소송에서, 소(訴)에 따른 원고의 주장이 온당한가 온당하지 않은가를 판단하는 판결. ↔소송 판결.
본액(本額)명 돈의 본디 액수.
본업(本業)명 (겸하고 있는 직업에 대하여) 주가 되는 직업. 본직(本職). ¶ 그 작가는 의사가 본업이다. ↔부업. 참주업(主業).
본연(本然)명하형 (인공을 가하지 아니한) 자연 그대로의 상태. 본디 그대로의 모습. ¶ 인간 본연의 모습. /대자연을 본연의 모습대로 보존하다. **본연-히**부.
본연지성(本然之性)명 사람이 본디부터 지니고 있는 순수한 심성.
본엽(本葉)명 떡잎 뒤에 나오는 보통의 잎. 본잎.
본영(本影)명 본그림자. ↔반영(半影).
본영(本營)명 총지휘관이 있는 군영(軍營). 본진.
본-예산(本豫算)[-녜-]명 한 회계 연도의 연간 예산으로서 처음에 편성된 예산. 참추가 경정 예산.
본-용언(本用言)[-농-]명 보조 용언의 도움을 받아 주체를 서술하는 용언. 본동사와 본형용사. 〔'먹어 치우다.', '교실이 별로 넓지 아니하다.'에서 '먹어(먹다)'·'넓지(넓다)' 따위.〕 참보조 용언.
본원(本院)명 ①분원(分院)이나 지원(支院)에 대하여, 중심이 되는 원(院). ↔분원. ②(자기가 소속되어 있는) 이 원(院).
본원(本源)명 사물의 근원. ¶ 만물의 본원.
본원(本願)명 ①본래의 소원. 본망(本望). ②불교에서, 부처와 보살이 일체중생을 구하려고 세운 서원(誓願).
본원-왕생(本願往生)명 불교에서, 아미타불의 본원에 따라 극락정토에 왕생하는 일.
본원-적(本源的)관명 사물의 근원이 되는 (것). ¶ 학문의 본원적 연구에 힘쓰다. /본원적인 문제를 해결하다.
본위(本位)명 ①원래의 위치. 이전의 지위. ¶ 본위로 돌아가다. ②생각이나 행동의 중심이 되는 기준. ¶ 자기 본위의 사고방식.
본위^기호(本位記號)명 ☞제자리표.
본위^상속(本位相續)명 법정 상속권자가 상속하는 일. 참대습 상속.
본위^제ː도(本位制度)명 한 나라의 화폐 제도의 기준이 되는 본위 화폐를 근거로 하여 화폐 가치를 확정하고 유지하는 제도.
본위-화(本位貨)명 〈본위 화폐〉의 준말.
본위^화ː폐(本位貨幣)[-폐/-페]명 그 나라의 화폐 제도의 기초가 되는 화폐. 준본위화.
본유(本有)명 ①하형본디부터 있음. 태어나면서부터 지니고 있음. 《주로, '본유의'의 꼴로 쓰임.》 ②〈본래유〉의 준말. ③불교에서 이르는 사유(四有)의 하나. 현재 생존하는 몸과 마음을 이름.
본유^관념(本有觀念)명 사람이 태어나면서부터 지니고 있는 선천적 관념. 생득 관념. ↔습득 관념.
본의(本意)[보늬/보니]명 ①본디의 뜻. 본디부터 품어 온 생각. 본뜻. ¶ 본의 아니게 실수를 하다. ②본마음. 본심. 본정(本情).
본의(本義)[보늬/보니]명 ①(말이나 글자의) 본래의 뜻. ②근본이 되는 가장 중요한 의의.
본-이름(本-)[-니-]명 (가명이나 별명·예명 등에 대하여) 본디의 이름. 본명.
본인(本人) Ⅰ명 그 사람 자신. 당사자. 자신. ¶ 본인이 시인한 사실./본인의 의사가 중요하다. Ⅱ대 말하는 사람이 '자기'를 일컫는 말. ¶ 본인의 충정을 헤아려 주십시오.
본일(本日)명 ①오늘. 금일(今日). ②이날.
본-잎(本-)[-닙]명 ☞본엽(本葉). ＊본잎이[-니피]·본잎만[-님-]
본자(本字)명 약자(略字)·속자(俗字)·고자(古字) 등에 대하여, 해서체에서 기본으로 삼는 한자. 참정자(正字).
본적(本籍)명 ①호적이 있는 곳. 원적(原籍). ②〈본적지〉의 준말.
본적-지(本籍地)[-찌]명 본적이 있는 곳. 관적(貫籍). 원적지. 준본적.
본전(本傳)명 (어떤 사람의 전기 중에서) 주가 되는 전기(傳記).
본전(本錢)명 ①밑천으로 들인 돈. 본값. 본금(本金). ¶ 본전을 까먹다. 준본(本)3. ②꾸어 준 돈에서 이자를 붙이지 아니한 본디의 돈. 원금. 밑천. ¶ 이자는커녕 본전도 못 건졌다.
본전도 못 찾다관용 일한 보람은 고사하고 도리어 하지 않은 것만도 못하다. ¶ 지금 그런 말을 꺼냈다가는 본전도 못 찾는다.

본전-꾼(本錢-)명 ①사람들이 모이거나 하는 자리에 언제나 으레 와 있는 사람. ②술자리 같은 데서, 끝까지 앉아 있는 사람.
본전-치기(本錢-)명하자 (이익을 남기지 않고) 본밑천만을 받고 파는 일. ¶ 본전치기라도 하고 그만 장사를 끝내자.
본점(本店)명 ①(지점이나 분점 등에 대하여) 영업의 중심이 되는 점포. ↔지점(支店). ②이 상점. ②본포(本鋪).
본정(本情)명 본마음. 본심(本心). 본의(本意). ¶ 본정을 헤아리지 못하다.
본-정신(本精神)명 본디 그대로의 맑은 정신. 제정신. ¶ 끝내 본정신을 잃지 않다.
본제(本第)명 고향에 있는 본집. 본가(本家).
본제(本題)명 ①(논설 등에서) 중심이 되는 제목이나 과제. ¶ 이제부터 본제로 들어가겠습니다. ②본디의 제목. 원제(原題). ③이 제목.
본제-입납(本第入納)[-임-]명〔'본집으로 들어가는 편지'라는 뜻으로〕자기 집에 편지를 부칠 때, 편지 겉봉의 자기 이름 아래에 쓰는 말.
본조(本朝)명 ①우리나라의 조정(朝廷). 우리나라. 아조(我朝). ②현존하는 왕조.
본존(本尊)명 ①절의 중앙에 안치되어 신앙의 중심이 되는 부처. 주불(主佛). ②〔으뜸가는 부처라는 뜻으로〕'석가모니불'을 이르는 말.
본존-상(本尊像)명 법당 중앙에 모신 본존의 상(像).
본종(本宗)명 성과 본(本)이 같은 일가붙이.
본종(本種)명 ①본디부터 그곳에 있던 종자. 재래종. ②(변종에 대하여) 본래의 종자.
본죄(本罪)[-죄/-줴]명 ①가톨릭에서 이르는, 자신의 자유의사로 지은 죄. ②개신교에서 이르는, 원죄(原罪). ③이 죄. 법에 규정된 죄명.
본주(本主)명 본디의 주인.
본-줄기(本-)명 근본이 되는 줄기.
본증(本症)[-쯩]명 ☞본병(本病).
본증(本證)명 재판에서, 주장 책임을 지는 당사자가 주장 사실을 증명하기 위하여 제출하는 증거. ↔반증(反證).
본지(本旨)명 본디의 뜻. 본디의 취지.
본지(本地)명 (자기가 살고 있는) 이 땅. 이곳. 당지(當地).
본지(本紙)명 ①(호외 따위에 대하여) 신문의 중심이 되는 지면. ②(자기가 관계하고 있는) 이 신문. 우리 신문.
본지(本誌)명 (자기가 관계하고 있는) 이 잡지. 우리 잡지.
본지^수적(本地垂迹)명 부처나 보살이 중생을 교화(敎化)하기 위한 방편으로 여러 가지 다른 신령의 모습으로 나타나는 일.
본직(本職) Ⅰ명 ①(겸직에 대하여) 본래의 직무. 주된 직무. ②본래의 직업. 본업.
Ⅱ대 공무원이 남 앞에서 '자신'을 가리켜 일컫는 말. 본관(本官).
본진(本陣)명 ☞본영(本營).
본질(本疾)명 ☞본병(本病).
본질(本質)명 (사물이 본디부터 지니고 있는) 가장 중요한 근본적인 성질이나 요소. ¶ 소설의 본질. /문제의 본질을 파헤치다.
본질-적(本質的)[-쩍]관명 본질에 관계되는 (것). ¶ 본질적 차이. /본질적인 문제.
본질적 속성(本質的屬性)[-쩍쏙썽] 사물에 있어서 없어서는 안 될 징표로, 그것을 부정하면 그 사물 자체를 부정해 버리게 되는 것. ↔우유적 속성(偶有的屬性).
본-집(本-)명 ①분가하였거나 딴 집에 나가서 사는 사람이 '자기의 가족이 살고 있는 집'을 이르는 말. ¶ 본집에서 연락이 오다. ②☞본가(本家). ¶ 본집이 어디지? 높본댁(本宅).
본-채(本-)명 여러 채로 된 집에서 주가 되는 집채. ¶ 본채에 딸려 있는 마당.
본처(本妻)명 ☞정실(正室).
본처(本處)명 본고장.
본처^목사(本處牧師)[-싸]명 개신교의 감리 교회에서, 휴직(休職) 중에 있는 목사를 일컫는 말.
본청(本廳)명 지청(支廳)에 대하여, 중심이 되는 관청. 중앙 관청.
본체(本體)명 ①그 사물의 실제 모습. 본바탕. 정체(正體). ②(기계 따위에서, 부속물 이외의) 중심되는 부분. ¶ 컴퓨터의 본체. ③철학에서, 이성(理性)에 의해서만 파악할 수 있는, 현상의 바탕이 되어 있는 존재.
본체-계(本體界)[-계/-게]명 현상 세계의 근본이 되는 세계. 본체의 세계. ↔현상계.
본체-론(本體論)명 ☞존재론.
본체-만체부하타 보고도 보지 않은 척하는 모양. 보는 척 마는 척하는 모양. ¶ 그 사람, 날 보고도 본체만체하며 지나가더라.
본초(本初)명 사물의 시초. 사물의 근본.
본초(本草)명 ①한방에서, 약초 또는 약재로 쓰이는 식물·동물·광물을 통틀어 이르는 말. ②〈본초학〉의 준말.
본초-가(本草家)명 본초학을 연구한 사람. 본초학에 대해 조예가 깊은 사람.
본초^자오선(本初子午線)명 경도(經度)와 시각(時刻)의 기준이 되는 자오선. 〔그리니치 자오선을 이르는 말.〕
본초-학(本草學)명 한방의 약물학으로, 약재로 쓰이는 식물·동물·광물에 대하여 그 형태나 효능 등을 연구하는 학문. 준본초.
본-치명 남의 눈에 뜨이는 태도나 모습.
본칙(本則)명 ①근본이 되는 법칙. 원칙. ②법령의 본체가 되는 부분. ②↔부칙(附則).
본태(本態)명 ①본디의 모습. ②실제의 모습. ¶ 병원균의 본태를 알아내다.
본택(本宅)명 〈본댁(本宅)〉의 잘못.
본토(本土)명 ①(딸린 섬 등에 대하여) '그 나라의 주된 국토'를 가리키는 말. ②(식민지나 피보호국에 대하여) 그 보호국을 가리키는 말. 본국(本國). ③자기가 사는 고장. 본디 살던 고장. 본향(本鄕). ④《지명과 함께 쓰이어》 '바로 그 고장'을 가리키는 말. ¶ 제주도 본토 말씨로 말하니까 통 알아들을 수가 없다.
본토-박이(本土-)명 대대로 그 고장에서 살아 내려오는 사람. 바닥쇠. 본토인. ¶ 울릉도 본토박이. 준토박이.
본토-불(本土弗)명 군표(軍票)에 대하여, 미국의 정화(正貨)인 '달러'를 이르는 말.
본토-인(本土人)명 ☞본토박이.
본토-종(本土種)명 본디부터 그 고장에서 나는 종자. 토종.
본토지인(本土之人)명 그 고장에서 대대로 살아 내려온 사람.
본판(本板)명 본바탕. ¶ 본판이 저 모양이다.
본포(本圃)명 모종이나 묘목을 옮겨 심을 밭.
본포(本鋪)명 ①☞본점(本店). ②특정 상품을 제조하고 판매하는 데 주가 되는 점포.
본향(本鄕)명 ①본디 살던 고장. 본토(本土). ②시조(始祖)가 난 땅. ②관향(貫鄕).

본형(本刑)[명] (부가형에 대하여) 법원의 판결로 써 선고된 주형(主刑).

본형(本形)[명] 본디의 모양. 원형(原形).

본회(本會)[-회/-훼][명] ①〈본회의〉의 준말. ②이 회. ¶ 본회의 회원.

본회(本懷)[-회/-훼][명] ①본디부터 품고 있는 생각. ②본디부터 품고 있는 소망.

본-회의(本會議)[-회의/-훼이][명] ①(위원회 등의 예비 회의에 대하여) 구성원 전원이 참가하는 정식 회의. ¶ 본회의에 상정되다. ②국회에서, 전체 의원으로 구성되는 회의. (준)본회.

볼¹[명] 뺨의 가운데 부분. ¶ 발그레한 볼.

볼²[명] ①좁고 기름한 물건의 너비. ¶ 볼이 넓은 발 ②해진 버선의 앞뒤 바닥에 덧대어 깁는 헝겊 조각. ¶ 버선에 볼을 대다. ③연장의 날을 벼릴 때에 덧대는 쇳조각.

  볼(을) 받다[관용] 해진 버선의 앞뒤 바닥에 헝겊을 덧대어서 깁다.

볼ː(ball)[명] ①공. 구(球). ¶ 테니스 볼. ②야구에서, 스트라이크가 아닌 투구(投球). ¶ 볼을 던지다. /원 스트라이크 투 볼.

볼-가심[명](하자) 아주 적은 음식으로 시장기를 면함, 또는 그렇게 하는 일.

볼가-지다[자] ①속에 든 것이 둥글게 거죽으로 톡 비어져 나오다. ¶ 눈이 톡 볼가진 금붕어. ②숨겨졌던 일이나 어떤 현상이 두드러지게 드러나거나 갑자기 생겨나다. ¶ 자질구레한 불평들이 볼가져 나오다. (큰)불거지다.

볼각-거리다[-꺼-][타] 자꾸 볼각볼각하다. 볼각대다. (큰)불걱거리다.

볼각-대다[-때-][타] 볼각거리다.

볼각-볼각[-뽈-][부](하타) ①질긴 물건을 입을 작게 움직이며 자꾸 씹는 모양. ②빨래 따위를 물에 담가 힘주어 자꾸 주물러 빠는 모양. (큰)불걱불걱.

볼강-거리다[자] 자꾸 볼강볼강하다. 볼강대다. (큰)불겅거리다.

볼강-대다[자] 볼강거리다.

볼강-볼강[부](하자) 단단하고 오돌오돌한 물건이 잘 씹히지 아니하고 입 안에서 요리조리 볼가지는 모양. (큰)불겅불겅.

볼강-스럽다[-따][~스러우니·~스러워][형](ㅂ) 어른 앞에서 삼가는 태도가 없다. **볼강스레**[부].

볼-거리¹[-꺼-][명] 구경할 만한 물건이나 일. ¶ 이번 축제에는 연극·전시회 등 볼거리가 많다.

볼-거리²[명] 한방에서 이르는 돌림병의 한 가지. 주로 어린아이에게 많으며, 이하선(耳下腺)에 염증이 생겨 볼 아래가 불그레하게 부어 오름. 탑시종(搭顋腫).

볼-견(-見)[명] 한자 부수의 한 가지. '規'·'覓' 등에서의 '見'의 이름.

볼그대대-하다[형](여) 좀 야하게 볼그스름하다. ¶ 볼그대대하게 취한 얼굴. (큰)불그데데하다.

볼그댕댕-하다[형](여) 격에 어울리지 않게 볼그스름하다. (큰)불그뎅뎅하다.

볼그레-하다[형](여) 조금 곱게 볼그스름하다. ¶ 볼그레한 볼. (큰)불그레하다.

볼그름-하다[형](여) 〈볼그스름하다〉의 준말. (큰)불그름하다. **볼그름-히**[부].

볼그무레-하다[형](여) 옅게 볼그스름하다. ¶ 볼그무레하게 물들다. (큰)불그무레하다.

볼그속속-하다[-쏘카-][형](여) 수수하게 볼그스름하다. (큰)불그숙숙하다. **볼그속속-히**[부].

볼그스레-하다[형](여) 볼그스름하다. (큰)불그스레하다. (센)뽈그스레하다.

볼그스름-하다[형](여) 새뜻하고 곱게 조금 붉다. 볼그스레하다. (준)볼그름하다. (큰)불그스름하다. (센)뽈그스름하다. **볼그스름-히**[부].

볼그족족-하다[-쪼카-][형](여) 고르지 못하고 좀 칙칙하게 볼그스름하다. (큰)불그죽죽하다. (센)뽈그족족하다. **볼그족족-히**[부].

볼근-거리다[자타] 자꾸 볼근볼근하다. 볼근대다. (큰)불근거리다.

볼근-대다[자타] 볼근거리다.

볼근-볼근[부](하자타) 질기고 단단한 물건을 입에 넣고 자꾸 씹는 모양, 또는 그런 물건이 자꾸 씹히는 모양. (큰)불근불근.

볼긋-볼긋[-귿뽈귿][부](하형) 군데군데 곱게 조금 붉은 모양. (큰)불긋불긋. (센)뽈긋뽈긋. **볼긋볼긋-이**[부].

볼긋-하다[-그타-][형](여) 조금 붉은 듯하다. (큰)불긋하다. (센)뽈긋하다.

볼ː기[명] ①궁둥이의 살이 두두룩한 부분. 둔부(臀部). ¶ 볼기를 때리다. /볼기를 맞다. (참)엉덩이. ②〈볼기긴살〉의 준말.

볼ː기-긴살[명] 소의 볼기에 붙어 있는 길쭉한 살덩이. (준)긴살·볼기.

볼ː기-지느러미[명] ☞뒷지느러미.

볼ː기-짝[명] 〈볼기〉의 속된 말.

볼ː기짝-얼레[명] 기둥 두 개만으로 된 납작한 얼레.

볼-꼴[명] 남의 눈에 뜨이는 모양이나 태도. ¶ 볼꼴이 말이 아니다. /볼꼴이 사납다.

  볼꼴 좋다[관용] '볼꼴 사나운 것'을 야유하여 이르는 말.

볼끈[부] ①(하자)도드라지게 치밀거나 솟아오르는 모양. ¶ 힘줄이 볼끈 서다. ②(하자)성을 버럭 내는 모양. ¶ 볼끈 화를 내다. ③(하타)주먹을 단단히 쥐는 모양. ¶ 두 주먹을 볼끈 쥐다. (큰)불끈. **볼끈-볼끈**[부](하자타).

볼끈-거리다[자타] 자꾸 볼끈볼끈하다. 볼끈대다. (큰)불끈거리다.

볼끈-대다[자타] 볼끈거리다.

볼끼[명] 지난날, 볼을 싸매는 데 쓰던 방한구의 한 가지. 털가죽이나 헝겊에 솜을 두어 갸름하게 만들어서 볼을 싸매었음.

볼ː-넷(ball-)[-넫][명] ☞포볼.

볼-달다[~다니·~달아][타] 무디어진 연장의 날에 쇳조각을 덧붙이어 벼리다.

볼-되다[-되-/-뒈-][형] ①힘에 벅차서 어렵다. ②좨치는 힘이 매우 단단하다.

볼ː드(bold)[명] 구문(歐文) 활자체에서, 보통체보다 획이 굵은 체. (참)고딕.

볼-따구니[명] ☞볼때기. 볼퉁이.

볼-때기[명] 〈볼¹〉의 속된 말. 볼따구니. 볼퉁이.

볼똑[부](하자) ①볼록 솟아나와 볼가진 모양. ②갑자기 경망스레 화를 내는 모양. (큰)불뚝. (센)뽈똑. **볼똑-볼똑**[부](하자).

볼똑-거리다[-꺼-][자] 자꾸 볼똑볼똑하다. 볼똑대다. (큰)불뚝거리다.

볼똑-대다[-때-][자] 볼똑거리다.

볼똥-거리다[자] 자꾸 볼똥볼똥하다. 볼똥대다. (큰)불뚱거리다.

볼똥-대다[자] 볼똥거리다.

볼똥-볼똥[부](하자) 걸핏하면 성이 나서 얼굴이 볼록해지는 모양. (큰)불뚱불뚱.

볼락[명] 양볼락과의 바닷물고기. 몸길이 20~30 cm. 몸은 물렛가락 모양이고 주둥이 끝이 뾰족함. 몸빛은 회갈색이며 옆구리에 흑색 가로띠가 있음.

볼란테(volante 이)명 악보의 나타냄말. '가볍게'의 뜻.
볼레로(bolero 스)명 ①4분의3 박자로 된 스페인의 민속춤, 또는 그 춤곡. ②단추가 없는 여성용의 짧은 웃옷.
볼로미ː터(bolometer)명 방사(放射) 에너지의 측정에 쓰이는, 일종의 저항 온도계.
볼록부하자타 물체의 거죽이 조금 도드라지거나 쏙 내밀린 모양. ¶ 볼록 튀어나오다. 큰불룩. 센뽈록. ↔오목. **볼록-볼록**부하자타.
볼록-거리다[-꺼-]자타 자꾸 볼록볼록하다, 또는 그리 되게 하다. 볼록대다. 큰불룩거리다. 센뽈록거리다.
볼록^거울[-꺼-]명 반사면이 볼록한 거울. 넓은 범위의 것이 비치므로 자동차의 백미러 등으로 쓰임. 볼록면경. 철면경. ↔오목 거울.
볼록^다각형(-多角形)[-따가경]명 어느 내각(內角)이나 모두 180°보다 작은 각으로 되어 있는 다각형. ↔오목 다각형.
볼록-대다[-때-]자타 볼록거리다.
볼록^렌즈(-lens)명 가운데가 볼록하게 도드라진 렌즈. 통과하는 평행 광선을 한 점으로 모음. ↔오목 렌즈.
볼록면-경(-面鏡)[-롱-]명 ☞볼록 거울.
볼록-판(-版)명 인쇄판의 한 양식. 잉크가 묻는 부분이 다른 부분보다 도도록하게 도드라진 인쇄판. 〔활판·연판 따위.〕 철판(凸版). ↔오목판.
볼록-하다[-로카-]형여 물체의 거죽이 조금 도드라지거나 쏙 내밀려 있다. ¶ 배가 볼록하다. 큰불룩하다. 센뽈록하다. **볼록-이**부.
볼륨(volume)명 ①양감(量感). ¶ 볼륨이 있는 몸매. ②음량(音量). 성량(聲量). ¶ 자세히 듣기 위해 라디오의 볼륨을 높이다.
볼ː링(bowling)명 실내 경기의 한 가지. 길이 18 m가량의 평평한 마루 위에서 지름 20 cm가량의 공을 굴려 앞쪽에 세워 놓은 10개의 나무 핀을 넘어뜨려 그 수효로 점수를 계산함.
볼만-장만부하타 보기만 하고 참견하지 않는 모양. ¶ 어머니는 아들의 투덜대는 소리를 볼만장만 듣고만 계셨다.
볼만-하다형여 볼 가치가 있다. 구경거리가 될 만하다. ¶ 볼만한 책을 골라 주다. /볼만한 풍경.
볼-맞다[-맏따]자 ①손발이 잘 맞다. ②낫고 못함이 없이 서로 걸맞다.
볼맞-추다[-맏-]타 〖'볼맞다'의 사동〗 서로 차이가 없이 꼭 맞게 하다.
볼-메다형 성난 태도가 있다. 《주로, '볼멘'의 꼴로 쓰임.》 ¶ 볼멘 목소리로 불만을 말하다.
볼멘-소리명 불만스럽거나 성이 나서 퉁명스럽게 하는 말소리. ¶ 볼멘소리로 투덜거리다.
볼모명 ①어떤 약속을 보증하는 뜻으로 이편 사람을 상대편에게 넘겨 주어, 거기서 머물러 있게 하는 일, 또는 넘겨진 그 사람. ②어떤 일을 자기에게 유리하게 흥정하기 위하여 상대편 쪽의 사람을 자기 쪽에서 감금하는 일, 또는 감금당해 있는 그 사람. 유질(留質). 인질. ¶ 볼모로 잡히다.
볼-받이[-바지]명 바닥에 볼을 댄 버선.
볼ː^베어링(ball bearing)명 굴대와 축받이 사이에 여러 개의 강철 알을 끼워서, 그것들이 구름으로써 굴대가 받는 마찰을 줄일 수 있게 만든 부품.
볼-살명 뺨의 한복판에 도도록하게 붙어 있는 살. ¶ 볼살이 처지다.
볼셰비즘(Bolshevism)명 볼셰비키의 정치사상 및 주의. ↔멘셰비즘.
볼셰비키(Bol'sheviki 러)명 〔'다수파'라는 뜻으로〕 러시아 사회 민주 노동당의 좌파. 직업적 혁명가들에 의해 중앙 집권화된 당 조직 및 프롤레타리아 계급 독재를 주장함. 1918년에 러시아 공산당으로 개칭함. ↔멘셰비키.
볼-썽명 남의 눈에 뜨이는 모양이나 태도. 남의 눈에 뜨이는 체면이나 예모(禮貌).
볼썽-사납다[-따][~사나우니·~사나워]형ㅂ 체면이나 예모(禮貌)를 차리지 않아 보기에 언짢다. ¶ 행락철만 되면 볼썽사나운 춤판이 여기저기서 벌어진다.
볼쏙부 ①하자 갑자기 쏙 내밀거나 비어져 나오는 모양. ¶ 그렇게 볼쏙 튀어나오면 어떡하니! ②하타 앞뒤를 헤아림이 없이 함부로 말을 하는 모양. ¶ 볼쏙 말대답을 하다. 큰불쑥. **볼쏙-볼쏙**부하자타.
볼쏙-거리다[-꺼-]자 자꾸 볼쏙볼쏙하다. 볼쏙대다. 큰불쑥거리다.
볼쏙-대다[-때-]자 볼쏙거리다.
볼쏙-하다[-쏘카-]형여 볼록하게 쏙 나와 있다. 큰불쑥하다. **볼쏙-이**부.
볼씨명 디딜방아나 물방아의 쌀개를 받치고 있는, 기둥처럼 된 나무나 돌.
볼-우물명 ☞보조개.
볼ː-일[-릴]명 해야 할 일. 볼장. 용건(用件). 용무(用務). ¶ 급한 볼일이 생겨서 좀 늦었습니다.
볼ː^카운트(ball count)명 야구에서, 타석에 들어선 타자에게 투수가 던진 공 가운데 스트라이크의 수와 볼의 수.
볼칵-거리다[-꺼-]자타 자꾸 볼칵볼칵하다. 볼칵대다. 큰불컥거리다.
볼칵-대다[-때-]자타 볼칵거리다.
볼칵-볼칵[-뽈-]부하자타 진흙을 자꾸 밟거나 묽은 반죽 따위를 자꾸 이기거나 할 때 나는 소리, 또는 그 모양. 큰불컥불컥.
볼타-미ː터(voltameter)명 전량계.
볼타^전ː지(Volta電池)명 황산에 구리판(양극)과 아연판(음극)을 담가서 만든 전지.
볼통-거리다자 자꾸 볼통볼통하다. 볼통대다. 큰불퉁거리다.
볼통-대다자 볼통거리다.
볼통-볼통부 ①하자 걸핏하면 퉁명스러운 말을 함부로 볼쏙볼쏙하는 모양. ¶ 볼통볼통 불평을 늘어놓다. ②하형 물건의 거죽이 군데군데 볼가져 통통한 모양. 큰불퉁불퉁.
볼통-스럽다[-따][~스러우니·~스러워]형ㅂ 보기에 볼통볼통한 태도가 있다. 큰불퉁스럽다. **볼통스레**부.
볼통-하다형여 동근 모양으로 볼가져 있다. ¶ 볼통하게 내민 앞가슴. 큰불퉁하다. **볼통-히**부.
볼-퉁이명 ☞볼때기. 볼따구니.
볼트(bolt)명 둥근 쇠막대의 한쪽 끝에 대가리가 있고, 다른 끝은 나사로 되어 있는 것. 너트와 함께 기재를 죄는 데 쓰임. 참너트(nut).
볼트(volt)의 전압(電壓)의 실용 단위. 1볼트는 1옴의 도선(導線)에 1암페어의 전류가 흐를 때의 전압. 〔기호는 V〕
볼트-미ː터(voltmeter)명 전압계.
볼ː-펜(ball pen)명 펜 끝에 끼운 조그만 강철 알이 종이 따위와 마찰하는 대로 굴러서 펜대 안의 유성(油性) 잉크를 새어 나오게 만든 펜.
볼-품명 겉으로 보이는 모양새. ¶ 볼품이 좋다.

볼품-사납다[-따][~사나우니·~사나워]형ㅂ 겉으로 보기에 흉하다.

볼품-없다[-푸멉따]형 겉으로 보기에 초라하다. 보아 줄 만한 데가 없다. ¶ 볼품없는 꼬락서니. **볼품없-이**부.

볼프람(Wolfram 독)명 ☞텅스텐.

볼프람-철광(Wolfram鐵鑛)명 텅스텐의 주요한 광석. 철·망간·산소 등으로 이루어짐. 철망간중석.

볼-호령(-號令)명하자 볼멘소리로 거만하게 하는 꾸지람. ¶ 볼호령이 떨어지다.

봄명 ①한 해의 네 철 가운데의 첫째 철. 겨울과 여름 사이의 계절로 입춘에서 입하 전까지를 이름. ¶ 만물이 소생하는 봄. ②'한창 때'를 비유하여 이르는 말. ¶ 인생의 봄. ③'희망찬 앞날'을 비유하여 이르는 말. ¶ 나와 내 가족의 봄을 위하여 오늘도 나는 씨를 뿌린다.

봄(을) 타다관용 ①봄철이 되면 입맛을 잃고 잘 먹지 못하여 몸이 약해지다. ②봄기운 때문에 마음을 안정하지 못하여 기분이 들뜨다.

봄-가물[-까-]명 봄철에 드는 가뭄. 봄가뭄. 춘한(春旱). ¶ 봄가물이 들다.

봄-가뭄[-까-]명 봄가물.

봄-가을명 봄과 가을.

봄-갈이명 ①하타 봄철에 논밭을 가는 일. 춘경(春耕). ↔가을갈이. ②〈봄갈이팥〉의 준말.

봄갈이-팥[-팓]명 껍질은 희고 속이 붉은, 팥의 한 품종. 준봄갈이. ＊봄갈이팥이[-파치]·봄갈이팥을[-파틀]·봄갈이팥만[-판-]

봄-기운[-끼-]명 봄을 느끼게 해 주는 기운, 또는 그 느낌. ¶ 봄기운이 완연하다.

봄-김치명 봄배추 등으로 담근 김치.

봄-꽃[-꼳]명 봄에 피는 꽃. ¶ 봄꽃이 만발하다. ＊봄꽃이[-꼬치]·봄꽃만[-꼰-]

봄-꿈명 ①봄날에 꾸는 꿈. ②'덧없는 일이나 헛된 공상·망상' 따위를 비유하여 이르는 말. 춘몽.

봄-나들이명하자 봄기운을 즐기기 위하여 산이나 들로 나가는 일.

봄-날명 봄철의 날. 봄철의 날씨.

봄-놓이[-나-]명 봄에 짠 무명.

봄-내부 봄철 동안 내내. ¶ 봄내 바쁘게 지내다.

봄놀다자 〈옛〉 뛰놀다. ¶ 봄놀 샹:翔(訓蒙下6).

봄뇌다자 〈옛〉 뛰놀다. ¶ 踊은 봄뇔 씨오(月釋 2:14).

봄-누에명 봄에 치는 누에. 춘잠(春蠶). ↔가을누에.

봄-눈명 봄에 내리는 눈. 춘설(春雪).

봄눈 슬듯〔녹듯〕관용 ①봄에 눈이 녹아 없어지듯이 '무엇이 오래가지 아니하고 이내 슬어 없어짐'을 비유하여 이르는 말. ②'먹은 것이 금방 소화되어 내리는 것'을 이르는 말.

봄-맞이명하자 봄을 맞이하는 일. 봄을 맞아서 베푸는 놀이.

봄맞이-꽃[-꼳]명 앵초과의 일년초, 또는 이년초. 들에 절로 나는데, 줄기 높이는 10 cm가량임. 봄에 흰 오판화(五瓣花)가 핌. ＊봄맞이꽃이[-꼬치]·봄맞이꽃만[-꼰-]

봄-물명 ①봄이 되어 얼음과 눈이 녹아서 흐르는 물. ②봄철에 지는 장마. ¶ 봄물이 지다.

봄-바람[-빠-]명 봄철에 동쪽이나 남쪽에서 불어오는 바람. 춘풍(春風).

봄-밤[-빰]명 봄철의 밤. 춘야. 춘소(春宵).

봄^방학(-放學)[-빵-]명 초등학교·중학교·고등학교에서, 학년이 바뀌는 2월 말경에 일 주일 안팎으로 하는 방학. 참여름 방학·겨울 방학.

봄베(Bombe 독)명 압축된 수소나 프로판 가스 따위의 기체를 넣는, 두꺼운 강철로 만든 원통형의 용기.

봄-베기명 봄철에 벤 땔나무.

봄-볕[-뼏]명 봄철에 내리쬐는 따사로운 햇볕. 춘양(春陽). ¶ 봄볕에 얼굴이 까맣게 탔다. ＊봄볕이[-뼈치]·봄볕을[-뼈틀]·봄볕만[-뼌-]

봄-보리[-뽀-]명 이른 봄에 씨를 뿌리어 첫여름에 거두어들이는 보리. 춘맥. ↔가을보리.

봄-비[-삐]명 봄에 내리는 비. 춘우(春雨).

봄-빛[-삗]명 봄의 기운이나 경치. 봄철임을 느낄 수 있게 하는 자연의 현상. 춘색(春色). ¶ 봄빛이 물들어 가는 산과 들. /봄빛이 짙어 가다. ＊봄빛이[-삐치]·봄빛만[-삔-]

봄-새명 봄철이 계속되는 동안. ¶ 봄새에 가뭄이 계속되다.

봄-여름[-녀-]명 봄과 여름.

봄-옷[보몯]명 봄철에 입는 옷. ＊봄옷이[보모시]·봄옷만[보몬-]

봄-채마(-菜麻)명 봄에 가꾸어서 먹는 채소.

봄-철명 봄인 철. 춘계. 춘기(春期). 춘절.

봄-추위명 이른 봄의 추위. 춘한(春寒).

봅슬레이(bobsleigh)명 스위스의 알프스 지방에서 발달한 겨울 운동의 한 가지. 썰매로 급커브를 빠르게 미끄러지는 활강(滑降) 경기. 〔4인승과 2인승이 있음.〕

봇명 〈옛〉 벚나무. ¶ 樺皮 봇(漢淸13:28).

봇기다자 〈옛〉 볶이다. ¶ 여듧 受苦애 봇겨 能히 벗디 몯홀씨(月釋序4).

봇-논(洑-)[본-]명 봇물을 대는 논.

봇-도랑(洑-)[보또-/볻또-]명 봇물을 끌어대기 위하여 만든 도랑. 봇돌.

봇-돌[보똘/볻똘]명 아궁이 양쪽에 세우는 돌.

봇-돌(洑-)[보똘/볻똘]명 ☞봇도랑.

봇-둑(洑-)[보뚝/볻뚝]명 보를 둘러 막은 둑. 보동(洑垌).

봇-물(洑-)[본-]명 보에 괸 물. 보에서 나오는 물. ¶ 연극이 끝나자 봇물이 터지듯 관람객들이 밀려 나왔다.

봇-줄[보쭐/볻쭐]명 써레나 쟁기 따위를 마소에 매는 줄.

봇-짐(褓-)[보찜/볻찜]명 보자기에 싼 짐.

봇짐 내어 주며 앉아라 한다속담 속으로는 가기를 바라면서 겉으로는 붙잡는 체한다.

봇짐-장수(褓-)[보찜-/볻찜-]명 물건을 보자기에 싸서 지고 다니며 파는 사람. 보상(褓商).

봈다타 〈옛〉 볶다. ¶ 焦煎은 봇골씨라(月釋序4). /봇글 람:爁(訓蒙下13).

봉[1]명 〈봉돌〉의 준말.

봉[2]명 그릇 따위의 뚫어진 구멍이나 이의 썩은 부분에 박아서 메우는 딴 조각. ¶ 이에 봉을 해 넣다.

봉(을) 박다관용 그릇의 뚫어진 구멍이나 이의 썩은 부분에 딴 조각을 대어 메우다.

봉[3]부 ①갇혀 있던 공기나 가스가 좁은 통로로 맥없이 빠져나올 때에 나는 소리. 센뽕2. ②벌 따위가 날 때 나는 소리. 큰붕1. **봉-봉**부하자타.

봉(封)명 ①종이로 싼 물건의 덩이. ②물건 속에 따로 싸서 넣은 물건. ¶ 봉을 박다. ③혼인 때, 신랑 집에서 선채(先綵) 외에 따로 신부 집으로 보내는 돈. ④〖의존 명사적 용법〗 물건을 봉지 따위에 담아 그 분량을 세는 단위. ¶ 과자 세 봉.

봉(峯)명 산봉우리.

봉ː(鳳)명 ①〈봉황〉의 준말. ②봉황의 수컷. ③어수룩하여 무엇이나 '빼앗아 먹기 좋은 사람'을 농으로 이르는 말. ¶ 내가 네 봉이냐!/봉을 잡다.
봉ː가(鳳駕)명 ☞봉련(鳳輦).
봉강(封疆)명 ①제후(諸侯)로 봉할 때 내리는 땅. 봉토(封土). ②봉토의 경계. ②봉경(封境).
봉강(棒鋼)명 압연하여 막대 모양으로 만든 강철.
봉건(封建)명 ①〔봉토(封土)를 나누어 제후(諸侯)를 세운다는 뜻으로〕 군주가 직접 관할하는 땅 이외의 땅을 제후에게 나누어 주어 그 봉토를 다스리게 하던 일. ②☞봉건 제도.
봉건^국가(封建國家)[-까]명 봉건 제도를 바탕으로 성립된 국가.
봉건-사상(封建思想)명 봉건 사회의 성립과 존속의 바탕이 되었던 인습적·전제적(專制的)인 사상. 주종 관계나 충효의 정신 등을 중시하였음.
봉건^사회(封建社會)[-회/-훼]명 봉건 제도를 바탕으로 한 사회. 군주·제후·교회 등이 그 토지를 농노(農奴)에게 경작시켜 농산물을 거두어들이고 노역(勞役)을 시킴으로써 자급자족의 경제가 이루어졌음.
봉건^시대(封建時代)명 봉건 제도가 국가나 사회 생활의 기준이었던 시대.
봉건^유제(封建遺制)[-뉴-]명 근대 사회에 아직 남아 있는 봉건 사회의 특질. 〔봉건적인 신분 의식이나 가족주의 따위.〕
봉건-적(封建的)관명 ①신분이나 지위 등 상하 관계의 질서만을 중히 여기어, 개인의 자유나 권리를 존중하지 않는 (것), 또는 그러한 사고 방식인 (것). ②봉건 제도의 성격을 가지고 있는 (것). ¶ 봉건적 신분 제도./봉건적인 관념.
봉건-제(封建制)명 ☞봉건 제도.
봉건^제ː도(封建制度)명 군주와 제후 사이의 주종 관계를 바탕으로 하여 확립되었던 정치 제도. 봉건. 봉건제.
봉건-주의(封建主義)[-의/-이]명 ①봉건 사회의 사상. ②봉건적인 의식이나 문화의 성격.
봉ː견(奉見)명하타 삼가 받들어 봄.
봉경(封境)명 ①흙을 쌓아서 표시한 영토의 경계. ②☞봉강(封疆).
봉경(烽警)명 봉화를 올려 알리는 경보.
봉ː고(奉告)명하타 삼가 아뢺.
봉고(bongo)명 라틴 아메리카의 음악에 사용되는 북의 한 가지. 크고 작은 두 개가 한 벌임.
봉-고도(棒高跳)명 ☞장대높이뛰기.
봉고-파직(封庫罷職)명 왕조 때, 어사(御史)나 감사(監司)가 부정을 저지른 원을 파면시키고 관고(官庫)를 봉하여 잠그던 일. 봉고파출.
봉고-파출(封庫罷黜)명 ☞봉고파직.
봉곳[-곧]부하형 ①그릇에 담은 것이 그 그릇의 전보다 조금 높이 솟아 있는 모양. ②언덕이나 산봉우리 따위가 조금 높직이 솟아 있는 모양. ③겹쳐서 붙인 종이 따위가 조금 들떠 있는 모양. 큰봉긋. **봉곳-이**부. **봉곳-봉곳**부하형.
봉ː공(奉公)명하자 ①나라와 사회를 위하여 이바지함. ②☞봉직(奉職).
봉공-근(縫工筋)명 넓적다리 안쪽에 있는 근육의 한 가지.
봉과(封裹)명하타 물건을 싸서 봉함.
봉ː교(奉敎)명하자 ①임금이나 윗사람의 가르침을 받듦. ②가톨릭에서, '천주의 가르침을 믿고 실행함'을 이르는 말.
봉ː교-서(奉敎書)명 임금의 명령을 받들어 글을 쓰던 일, 또는 그 글.
봉군(封君)명하타 조선 시대에, 왕자·종친·훈신(勳臣) 등을 대군이나 군(君)에 봉하던 일.
봉군(烽軍)명 〈봉수군(烽燧軍)〉의 준말.
봉군(蜂群)명 벌의 떼.
봉ː급(俸給)명 일정한 업무에 계속 근무하는 데에 대한 대가로 받는 보수. 〔연봉·월급 따위.〕 신수(薪水).
봉ː급생활-자(俸給生活者)[-쌩-짜]명 봉급을 받아 생계를 이어 가는 사람. 샐러리맨.
봉ː급-쟁이(俸給-)[-쨍-]명 '봉급생활자'를 홀하게 이르는 말.
봉긋[-귿]부하형 꽤 도도록하거나 소복하게 솟아 있는 모양. ¶ 가슴이 봉긋하다./저기 봉긋한 야산 너머가 우리 집이다. **봉긋-이**부. **봉긋-봉긋**부하형.
봉기(蜂起)명하자 벌 떼처럼 많은 사람이 한꺼번에 들고 일어남. ¶ 민중 봉기.
봉ː납(捧納)명하타 ①물건을 바쳐 올림. 봉상(捧上). ②물건을 거두어들임. 봉입(捧入).
봉년(逢年)명하자 풍년을 만남. 봉풍(逢豊).
봉노명 ☞봉놋방.
봉놋-방(-房)[-노빵/-놑빵]명 지난날, 주막집에서 여러 나그네가 함께 묵을 수 있던 큰 방. 주막방. 봉노.
봉ː답(奉畓)명 〈봉천답(奉天畓)〉의 준말.
봉ː답(奉答)명하타 삼가 대답함.
봉당(封堂)명 재래식 한옥에서, 안방과 건넌방 사이의 마루를 놓을 자리에 흙바닥을 그대로 둔 곳.
봉ː대(奉戴)명하타되자 삼가 받들어 모심. ¶ 주상(主上)의 뜻을 봉대하다.
봉대(烽臺)명 ☞봉홧둑.
봉ː도(奉導)명하자 임금이 행차할 때, 그 거가(車駕)를 편안히 모시라고 별감(別監)들이 목청을 돋우어 외치던 일.
봉ː독(奉讀)명하타 삼가 받들어 읽음.
봉-돌[-똘]명 (낚시를 가라앉게 하기 위하여) 낚싯줄에 매는 돌이나 납덩이. 낚싯봉. 준봉[1].
봉두(峯頭)명 산봉우리의 맨 위. 봉머리. ¶ 구름 위로 솟은 봉두.
봉ː두(鳳頭)명 ①봉황의 머리 모양으로 만든 장식물. ②〈봉두고임〉의 준말.
봉두(蓬頭)명 ☞쑥대머리.
봉ː두-고임(鳳頭-)명 전각(殿閣)의 기둥머리에 대는 봉의 머리 모양의 꾸밈새. 준봉두.
봉두-난발(蓬頭亂髮)명하자 쑥대머리로 더부룩하게 엉클어짐, 또는 그 머리털. 준봉발.
봉랍(封蠟)[-납]명 마개로 막은 데나 물건을 봉한 자리에 바르는 밀랍.
봉래-산(蓬萊山)[-내-]명 ①여름철의 '금강산'을 이르는 이름. 참개골산·풍악산. ②중국의 삼신산(三神山)의 하나.
봉ː련(鳳輦)[-년]명 임금이 타던 가마의 한 가지. 꼭대기에 금동(金銅)의 봉황을 달아 놓았음. 봉가(鳳駕).
봉ː로(奉老)[-노]명하자 늙은 어버이를 받들어 모심. 비봉양.
봉ː록(俸祿)[-녹]명 ☞녹봉(祿俸).
봉ː류(捧留)[-뉴]명하타 지난날, 거두어들인 물건을 받아서 간수해 두던 일.
봉ː리(鳳梨)[-니]명 ☞파인애플.
봉ː린(鳳麟)[-닌]명 〔봉황과 기린을 아울러 이르는 말로〕 '재주가 뛰어난 젊은 남녀'를 비유하여 이르는 말.
봉만(峯巒)명 산꼭대기의 뾰족뾰족한 봉우리.
봉-머리(峯-)명 ☞봉두(峯頭).

봉:명(奉命)명하자 (임금의) 명령을 받듦.
봉:명^사:신(奉命使臣)명 임금의 명에 따라 외국으로 가는 사신. 별성(別星).
봉:모(鳳毛)명 ①'자식의 재주가 할아버지나 아버지에 뒤지지 아니함'을 이르는 말. ②'뛰어난 글재주나 풍채'를 이르는 말.
봉:모-인각(鳳毛麟角)명 〔봉황의 털과 기린의 뿔이란 뜻으로〕 '뛰어난 인물' 또는 '희귀한 물건'을 비유하여 이르는 말.
봉묘(封墓)명하자 무덤 위에 흙을 더 얹음, 또는 흙을 더 얹은 그 무덤.
봉문(蓬門)명 〔쑥대로 엮어 만든 문이란 뜻으로〕 ①'가난한 사람의 집' 또는 '은거하는 사람의 집'을 이르는 말. ②남 앞에서 '자기의 집'을 겸손하게 이르는 말.
봉물(封物)명 왕조 때, 시골에서 서울에 있는 벼슬아치에게 보내는 선물을 이르던 말. ¶ 바리바리 실은 봉물.
봉미(封彌)명하타 지난날, 과거의 답안지 오른편 끝에 이름·생년월일·주소 따위를 써서 봉하여 붙이던 일.
봉:미(鳳尾)명 ①봉황의 꽁지, 또는 그런 모양의 것. ②거문고의 끝.
봉밀(蜂蜜)명 꿀.
봉바르동(bombardon 프)명 튜바와 비슷한 대형의 저음(低音) 금관 악기.
봉-바리명 바리의 한 가지. 놋쇠로 만든 여자용 밥그릇.
봉:반(奉盤)명하자 소반을 받듦.
봉발(蓬髮)명 〈봉두난발〉의 준말.
봉방(蜂房)명 벌집. 봉와(蜂窩).
봉변(逢變)명하자 ①남에게 욕을 당함. ¶ 싸움을 말리려다가 봉변만 당했다. ②뜻밖에 화를 입음.
봉:별(奉別)명하자타 윗사람과 이별을 함.
봉별(逢別)명 만남과 이별.
봉:보-부인(奉保夫人)명 조선 초기에, 외명부의 한 품계. 종일품으로, 임금의 유모에게 내리던 칭호.
봉복(逢福)명하자 복을 만남. 좋은 일을 만남.
봉:복-절도(捧腹絶倒)[-쩔또]명하자 ☞포복절도.
봉봉(bonbon 프)명 과즙이나 양주(洋酒) 같은 것을 사탕이나 초콜릿으로 싼 과자.
봉봉-거리다자타 자꾸 봉봉 소리가 나다, 또는 그런 소리를 내다. 봉봉대다. 큰붕붕거리다.
봉봉-대다자타 봉봉거리다.
봉부동(封不動)명하타 물건을 창고에 넣고 단단히 봉하여 쓰지 못하도록 함.
봉분(封墳)명하자 흙을 둥글게 쌓아 무덤을 만듦, 또는 그 흙 무더기. 성분(成墳).
봉분-제(封墳祭)명 장사 때, 봉분한 뒤에 그 자리에서 지내는 제사. 평토제(平土祭).
봉비(封妃)명하자 왕비를 세움. 왕비로 봉함.
봉:사명 ☞소경.
봉사 기름 값 물어 주기속담 '전혀 관계 없는 일에 억울하게 배상(賠償)을 내게 되는 경우'를 이르는 말.
봉사 단청(丹靑) 구경속담 본다고 보기는 하나, 그 참모습을 모르고 본다는 말.
봉사 등불 쳐다보듯속담 '서로 아무 관계 없이 지냄'을 이르는 말.
봉:사(奉仕)명하자 ①(나라나 사회 또는 남을 위하여) 자신의 이해를 돌보지 아니하고 몸과 마음을 다하여 일함. ¶ 봉사 활동. /사회에 봉사하다. ②장수가 물건을 싼값으로 파는 일. ¶ 재고품 처분을 위한 봉사 판매.
봉:사(奉事)명 ①하자어른을 받들어 섬김. ②조선 시대에, 봉상시(奉常寺)의 종팔품 벼슬.
봉:사(奉祀)명하자 조상의 제사를 받들어 지냄. 봉제사. 주사(主祀). ¶ 외손(外孫) 봉사.
봉사(封事)명 임금에게 보내는 상소문.
봉:사-가격(奉仕價格)[-까-]명 장수가 물건을 특별히 싸게 파는 값.
봉:사-료(奉仕料)명 고객이 시중을 받은 대가로 시중해 준 이에게 주는 돈.
봉:사-손(奉祀孫)명 조상의 제사를 받들어 지내는 자손. 준사손(祀孫).
봉:사-자(奉仕者)명 봉사하는 사람.
봉산(封山)명 왕조 때, 나라에서 벌채(伐採)를 금지하던 산.
봉:산^탈:춤(鳳山-)명 황해도 봉산 지방에 전해 내려오는 탈춤. 〔중요 무형 문화재 제17호.〕
봉살(封殺)명하타되자 ☞포스 아웃.
봉상(封上)명하타 임금에게 물건을 봉하여 바침.
봉:상(捧上)명하타 ☞봉납(捧納).
봉상(棒狀)명 막대기 모양. 본방상.
봉:상-시(奉常寺)명 조선 시대에, 제향(祭享)과 시호(諡號)에 관한 일을 맡아보던 관아. 참태상부(太常府).
봉서(封書)명 ①봉투에 넣어서 봉한 편지. 봉장(封狀). ②임금이 종친이나 근신(近臣)에게 내리던 편지. ③왕비가 그 친정에 보내던 편지.
봉서-무감(封書武監)명 왕조 때, 봉서를 전하는 일을 맡아보던 무예별감(武藝別監).
봉선(封禪)명하자 고대 중국에서, 임금이 태산에서 흙으로 단을 만들어 하늘에 제사 지내던 일.
봉:선-자(鳳仙子)명 한방에서, '봉선화의 씨'를 약재로 이르는 말.
봉:선-화(鳳仙花)명 봉선화과의 일년초. 관상용으로 심는 화초의 한 가지로, 줄기 높이는 60 cm가량. 잎은 양 끝이 조붓하고 가장자리에 톱니가 있으며, 여름에 분홍·빨강·주홍·보라·하양 등의 꽃이 핌. 봉숭아.
봉:선화-가(鳳仙花歌)명 조선 헌종 때, 정일당(貞一堂) 남씨(南氏)가 지은 가사. 봉선화를 기린 내용으로 모두 100구로 이루어져 있음.
봉세(峯勢)명 산봉우리의 형세.
봉소(烽所)명 ☞봉홧둑.
봉소(蜂巢)명 ☞벌집.
봉:소(鳳簫)명 '소(簫)'를 아름답게 이르는 말.
봉소-위(蜂巢胃)명 벌집위.
봉:솔(奉率)명하자 〈상봉하솔〉의 준말.
봉:송(奉送)명하타되자 ①웃어른을 전송함. ↔봉영. ②소중한 것을 받들어 보냄. ¶ 성화를 봉송하다.
봉송(封送)명하타 물건을 싸서 보냄.
봉송(鬔鬆) '봉송하다'의 어근.
봉송-하다(鬔鬆-)형여 머리털이 흩어져 더부룩하고 부스스하다.
봉쇄(封鎖)명하타되자 ①사람이나 물건이 드나들지 못하도록 막음. ¶ 출입구를 봉쇄하다. ②실력으로 상대국의 해상 교통을 막는 일. ¶ 항구를 봉쇄하다. ③상대국의 대외적인 경제 교류를 막는 일. ¶ 경제 봉쇄. /무역 봉쇄.
봉쇄^정책(封鎖政策)명 상대국의 일정한 지역이나 교류 상대 지역을 봉쇄함으로써 정치적 목적을 이루려는 정책.
봉쇄^탄:전(封鎖炭田)명 법률로써 채광 작업을 금지하고 있는 탄전. ↔가행 탄전(稼行炭田).

봉쇄^함:대(封鎖艦隊)명 봉쇄 수역 부근을 순찰하면서 봉쇄 임무를 하는 함대.
봉쇄^화:폐(封鎖貨幣)[-폐/-페]명 경제 공황이나 국제 수지의 위기 등에서 벗어나기 위해서 취하는 화폐 정책. 대외 채무를 외화로 지급하는 것을 금하는 조처 따위.
봉:수(奉受)명하타 삼가 받음.
봉수(封手)명하자 장기나 바둑의 대국에서, 대국이 그날에 끝나지 못하고 다음 날까지 계속될 때, 그날의 마지막 수(手)를 종이에 써서 봉해 놓는 일, 또는 그 마지막 수.
봉:수(捧受)명하타 (돈이나 물건을) 거두어서 받음. 비수납(收納).
봉수(逢受)명하타 (남의 돈이나 물건을) 맡음.
봉수(逢授)명하타 (돈이나 물건을) 맡김.
봉수(烽燧)명 ☞봉화(烽火).
봉수(蓬首)명 ☞쑥대머리.
봉수-구면(蓬首垢面)명 헝클어진 머리와 때가 낀 얼굴.
봉수-군(烽燧軍)명 지난날, 봉화 올리는 일을 맡아보던 군사. 준봉군(烽軍).
봉수-대(烽燧臺)명 ☞봉횃둑.
봉수-제(烽燧制)명 고려·조선 시대에, 봉화를 올려 병란(兵亂) 등의 급한 소식을 알리던 통신 제도.
봉술(棒術)명 여섯 자 정도 되는 막대기를 무기로 사용하는 무술의 한 가지.
봉:숭아명 ☞봉선화(鳳仙花).
봉숭화명 '봉선화'의 방언.
봉:승(奉承)명하타 (웃어른의) 뜻을 이어받음. ¶ 선친의 유지(遺志)를 봉승하다.
봉:시(奉侍)명 내시(內侍)의 한 벼슬.
봉시(逢時)명하자 때를 만남.
봉시불행(逢時不幸)명하자 (공교롭게) 좋지 아니한 때를 만남.
봉시-장사(封豕長蛇)명 〔큰 돼지와 긴 뱀이란 뜻으로〕 '잔인하고 탐욕스러운 사람'을 비유하여 이르는 말.
봉신(封神)명하자 흙으로 단을 쌓고 신을 모심.
봉신-대(封神臺)명 죽은 이의 넋이 돌아가 의지한다는 곳.
봉실(蓬室)명 〔지붕을 쑥대로 인 집이란 뜻으로〕 ①'가난한 사람의 집' 또는 '은거하는 사람의 집'을 이르는 말. ②남 앞에서 '자기의 집'을 겸손하게 이르는 말.
봉:심(奉審)명하타 임금의 명을 받들어 능(陵)이나 종묘(宗廟)를 살피던 일.
봉싯[-싣]부하자 예쁘게 입을 조금 벌리고 소리 없이 웃는 모양. **봉싯-봉싯**부하자.
봉싯-거리다[-싣꺼-]자 자꾸 봉싯봉싯하다. 봉싯대다.
봉싯-대다[-싣때-]자 봉싯거리다.
봉:안(奉安)명하타되자 '안치(安置)'를 높이어 이르는 말. ¶ 부처의 진신 사리(眞身舍利)를 봉안하다.
봉:안(鳳眼)명 ①봉황의 눈. ②〔봉황의 눈처럼〕 눈꼬리가 위로 치켜진 눈.
봉애(峯崖)명 벼랑으로 된 험한 산봉우리.
봉애(蓬艾)명 ☞다북쑥.
봉액(縫掖)명 〈봉액지의〉의 준말.
봉액지의(縫掖之衣)[-찌의/-찌이]명 지난날, 선비가 입던, 옆이 넓게 터진 도포. 준봉액.
봉:양(奉養)명하타 부모나 조부모를 받들어 모심. ¶ 할머니를 봉양하다. 비봉로(奉老).
봉역(封域)명 봉토(封土)의 구역.
봉:영(奉迎)명하타 귀인(貴人)이나 웃어른을 받들어 맞음. ↔봉송(奉送).
봉영(逢迎)명하타 남이나 상대편의 뜻을 맞추어 줌. 비영합(迎合).
봉예(鋒銳) '봉예하다'의 어근.
봉예-하다(鋒銳-)형여 성질이 날카롭고 재빠르다.
봉오리명 〈꽃봉오리〉의 준말.
봉와(蜂窩)명 ☞봉방(蜂房).
봉왕(蜂王)명 ☞여왕벌.
봉:요(奉邀)명하타 (웃어른을) 삼가 청함.
봉요(蜂腰)명 ①〔벌의 허리처럼〕 잘록하게 생긴 허리. 비개미허리. ②한시(漢詩)의 평측법(平仄法)의 한 가지.
봉욕(逢辱)명하자 욕된 일을 당함. 욕을 봄. 견욕(見辱). ¶ 봉욕을 간신히 면하다.
봉우리명 〈산봉우리〉의 준말.
봉운(峯雲)명 ①산봉우리에 끼어 있는 구름. ②산봉우리 모양의 구름.
봉읍(封邑)명 제후의 영지(領地).
봉의-군신(蜂蟻君臣)[-의-/-이-]명 〔벌과 개미에게도 임금과 신하의 구별이 있다는 뜻으로〕 위계질서를 말할 때 앞세우는 말.
봉:의-꼬리(鳳-)[-의-/-에-]명 고사릿과의 다년생 상록 양치식물. 돌 틈이나 산기슭의 바위틈에서 자라며, 잎자루의 길이는 40 cm가량. 우리나라의 남부·일본 등지에 분포함.
봉인(封印)명하타 봉한 자리에 도장을 찍음, 또는 그 도장. 인봉(印封).
봉인(鋒刃)명 창이나 칼의 날.
봉인^파:훼죄(封印破毁罪)[-쬐/-쮀]명 공무원이 집행한 봉인이나 또는 압류(押留)의 표지를 손상시킴으로써 성립되는 죄.
봉입(封入)명하타 물건을 속에 넣고 봉함.
봉:입(捧入)명하타 ☞봉납(捧納).
봉:-자석(棒磁石)명 ☞막대자석.
봉작(封爵)명하타 〔지난날〕 ①제후에게 영지(領地)를 주고 관작(官爵)을 내리던 일. ②외명부·내명부·의빈(儀賓) 등을 봉하던 일.
봉:잠(鳳簪)명 머리에 봉황의 모습을 새긴 비녀. 봉채(鳳釵).
봉장(封狀)[-짱]명 ☞봉서(封書).
봉장(封章)명하타 ☞상소(上疏).
봉:장(鳳欌)명 봉황을 새긴 장롱.
봉장-풍월(逢場風月)명하자 아무 때나 어느 자리에서나 즉흥적으로 시를 지음.
봉재(封齋)명 '사순절(四旬節)'의 구용어.
봉재-수일(封齋首日)명 '재의 수요일'의 구용어.
봉적(逢賊)명하자 도둑을 만남.
봉:적(鳳炙)명 '닭고기 산적'을 익살스레 이르는 말.
봉적(鋒鏑)명 창 끝과 살촉.
봉전(葑田)명 줄의 뿌리가 썩어서 진흙과 같이 쌓이어 그 위에 농작물을 가꿀 수 있게 된 논밭.
봉접(蜂蝶)명 벌과 나비
봉:접(鳳蝶)명 ☞호랑나비.
봉:정(奉呈·捧呈)명하타 (문서나 문집 따위를) 삼가 드림. ¶ 회갑 기념 논문집 봉정.
봉정(峯頂)명 산봉우리의 맨 꼭대기.
봉제(縫製)명하타 재봉틀 따위로 박아서 만듦.
봉제-공(縫製工)명 봉제 일에 종사하는 직공.
봉:-제사(奉祭祀)명하자 ☞봉사(奉祀).
봉제-선(縫製線)명 재봉틀로 박았을 때 생기는 솔기.

봉제-품(縫製品)명 (옷·장난감·인형 등) 재봉틀이나 손으로 바느질하여 만든 물건.
봉:조(鳳鳥)명 ☞봉황(鳳凰).
봉:죽(←奉足)명하타 일을 주장하는 사람을 곁에서 도와줌. ¶ 봉죽을 들다.
봉:죽-꾼(←奉足-)명 봉죽을 드는 사람.
봉지명 '바지'의 궁중말.
봉:지(奉旨)명하자 임금의 뜻을 받듦.
봉:지(奉持)명 임금의 거둥 때 말을 타고 용대기(龍大旗)를 받들던 금군(禁軍).
봉지(封紙)명 ①종이 따위로 만든 주머니. ②〖의존 명사적 용법〗 봉지에 담긴 것을 세는 단위. ¶ 라면 두 봉지.
봉:직(奉職)명하자 공직(公職)에서 일함. 봉공(奉公). ¶ 모교에서 봉직하다.
봉짜명 '난봉쟁이'를 속되게 이르는 말.
봉착(逢着)명하자되자 맞닥뜨림. 당면함. ¶ 새로운 국면에 봉착하다.
봉:창(奉唱)명하타 엄숙하고 공손한 마음으로 노래를 부름. ¶ 애국가를 봉창하다.
봉창(封窓)명 ①하타 창문을 봉함, 또는 봉한 창문. ②벽에 구멍을 내어 종이를 바른 창.
봉창(篷窓)명 배의 창문.
봉창-고지명 음식은 제 것을 먹고 삯만 받고 일하는 고지.
봉창-질명하타 물건을 몰래 모아 감추어 두는 짓.
봉창-하다타여 ①물건을 감추어 두다. ②손해를 벌충하다. ¶ 전번에 밑진 것을 봉창하다.
봉채(封采)명 〈봉치〉의 본딧말.
봉:채(鳳釵)명 ☞봉잠(鳳簪).
봉책(封冊)명 왕후(王侯)로 봉한다는 내용을 적은 군주의 조서(詔書).
봉:천-답(奉天畓)명 ☞천수답(天水畓). 천둥지기. 준봉답.
봉초(捧招)명하타 죄인으로부터 범죄 사실에 대한 진술을 들음.
봉:추(鳳雛)명 〔봉황의 새끼라는 뜻으로〕 ①'재주와 지략이 뛰어난 소년'을 비유하여 이르는 말. ②'아직 세상에 알려지지 않은 영웅'을 비유하여 이르는 말.
봉:축(奉祝)명하타 삼가 축하함. ¶ 부처님 오신 날 봉축 법요식.
봉축(封築)명하타 (무덤을 만들기 위하여) 흙을 쌓아 올림.
봉:-충(鳳-)명 봉황을 그린 충항아리.
봉충-다리명 (사람이나 물건의) 한쪽이 짧은 다리. ¶ 책상의 봉충다리 밑을 괴다.
봉충다리의 울력걸음속담 능력이 좀 모자라는 사람도 여럿이 함께 하는 일에는 한몫 낄 수 있다는 말.
봉치(←封采)명 혼례 전에 신랑 집에서 신부 집으로 채단(采緞)과 예장(禮狀)을 보내는 일, 또는 그 물건. 본봉채(封采).
봉치(封置)명하타 봉하여 둠.
봉치-함(←封采函)명 봉치를 넣어 보내는 함.
봉:칙(奉勅)명하자 임금의 명령을 받듦.
봉:친(奉親)명하자 어버이를 받들어 모심.
봉침(蜂針)명 벌의 산란관. 〔침 모양으로 생겼음.〕
봉:침(鳳枕)명 봉황을 수놓은 베개.
봉침(縫針)명 '바늘'로 순화.
봉칫-시루(←封采-)[-치씨-/-칟씨-]명 봉치를 보내고 받는 집에서 각각 축복의 뜻으로 쪄 놓는 떡시루.
봉:탕(鳳湯)명 '닭고기로 끓인 국'을 익살스럽게 이르는 말.
봉토(封土)명하자 ①(무덤이나 제단을 만들기 위하여) 흙을 쌓아올림. ②제후를 봉하여 땅을 내줌, 또는 그 땅. ②봉강(封疆)·영지(領地).
봉투(封套)명 편지나 서류 따위를 넣기 위하여 종이 따위로 만든 주머니. 서통(書筒). ¶ 서류 봉투. /편지를 봉투에 넣다.
봉패(逢敗)명하자 실패를 당함.
봉표(封標)명 ①능침(陵寢) 자리를 미리 정하여 놓고 세우는 표. ②봉산(封山)의 경계를 나타내는 표.
봉풍(逢豐)명하사 ☞봉년(逢年).
봉피(封皮)명 물건을 싼 종이.
봉필(蓬蓽)명 〔쑥대나 가시덤불로 지붕을 인 집이란 뜻으로〕 ①'가난한 사람의 집' 또는 '은거하는 사람의 집'을 이르는 말. ②남 앞에서 '자기의 집'을 겸손하게 이르는 말.
봉필-생휘(蓬蓽生輝)명 가난한 집에 귀인이 찾아왔음을 영광스럽게 여긴다는 뜻으로하는 말.
봉-하다(封-)[1]타여 ①(문이나 봉투의 부리, 그릇의 아가리 따위를) 열지 못하게 단단히 붙이다. ¶ 투표함을 봉하다. ②입을 다물어 말을 하지 아니하다. ¶ 입을 봉하다.
봉-하다(封-)[2]타여 ①천자가 영지를 주어 제후로 삼다. ②(왕이) 작위(爵位)나 작품(爵品)을 내려 주다. ¶ 부부인(府夫人)에 봉하다.
봉함(封緘)명하타 편지나 문서 따위를 봉투에 넣고 봉하는 일.
봉함-엽서(封緘葉書)[-넙써]명 우편엽서의 한 가지. 넓이가 엽서보다 크나 접쳐 접으면 엽서와 같은 크기로 됨.
봉합(封合)명하타 봉하여 붙임.
봉합(縫合)명하타 외상(外傷)으로 갈라진 자리나 수술한 자리를 꿰매어 붙임. ¶ 봉합 수술.
봉:행(奉行)명하타 웃어른이 시키는 일을 삼가 거행함. ¶ 분부대로 봉행하다.
봉:헌(奉獻)명하타 (신불이나 존귀한 분에게) 물건을 바침. ¶ 절에 범종을 봉헌하다.
봉:헌^기도(奉獻祈禱)명 가톨릭에서, 주께서 주신 몸과 마음을 찬송과 봉사(奉仕)의 제물로 드린다는 뜻의 기도문.
봉혈(封穴)명 ①하자구멍을 막음. 구멍에 흙을 덮어 메워 버림. ②개미구멍.
봉호(封號)명 임금이 내린 호(號).
봉호(蓬蒿)명 ☞다북쑥.
봉화(烽火)명 변란(變亂) 따위를 알리기 위하여 봉홧둑에서 올리는 횃불. 낭연(狼煙). 봉수(烽燧).
봉화(를) 올리다〔들다〕관용 ①봉홧불을 켜서 높이 올리다. ②'어떤 큰일을 앞장서서 시작함'을 비유하여 이르는 말.
봉화(逢禍)명하자 불행한 변고를 당함.
봉화-간(烽火干)명 조선 시대에, 봉수군(烽燧軍)으로 종사하던 사람.
봉화-대(烽火臺)명 ☞봉홧둑.
봉화-재(烽火-)명 봉홧둑이 있는 산.
봉화-지기(烽火-)명 봉홧둑을 지키던 사람.
봉:환(奉還)명하타 도로 돌려드림.
봉환(封還)명하타 (사표 따위를 받아들이지 않고) 봉한 채 그대로 돌려보냄.
봉홧-대(烽火-)[-화때/-환때]명 진달래 가지 끝에 기름을 바르고, 불을 붙여 들고 다니는 제구.
봉홧-둑(烽火-)[-화뚝/-환뚝]명 봉화를 올릴 수 있게 되어 있는 곳. 봉대(烽臺). 봉소(烽所). 봉수대. 봉화대.
봉홧-불(烽火-)[-화뿔/-환뿔]명 봉화로 드는 횃불.

봉홧불에 산적 굽기 관용 '지나치게 서둘러 일을 그르치게 함'을 비유하여 이르는 말.

봉ː황(鳳凰) 명 고대 중국에서 상서로운 새로 여기던 상상의 새. 머리는 뱀, 턱은 제비, 등은 거북, 꼬리는 물고기 모양이며, 깃에는 오색의 무늬가 있다고 함. 봉조(鳳鳥). 봉황새. 준봉(鳳).

봉ː황-루(鳳凰樓) [-누] 명 〔봉황이 깃들이는 다락이란 뜻으로〕 '임(임금)이 계시는 곳'을 아름답게 이르는 말.

봉ː황-무(鳳凰舞) 명 영산회상곡(靈山會相曲)에 맞추어 추는 춤.

봉ː황-문(鳳凰紋) 명 봉황을 본뜬 무늬. 예부터 서상문(瑞祥紋)으로서 장식이나 그림 등에 많이 쓰였음.

봉ː황-새(鳳凰-) 명 ☞봉황.

봉ː황-음(鳳凰吟) 명 조선 세종 때 윤회(尹淮)가 지은 악장(樂章). 조선의 창업을 찬양한 내용으로 되어 있음.

봉ː황-의(鳳凰衣) [-의/-이] 명 새끼가 깨어 나온 새알의 얇은 속껍질.

봉ː황-자리(鳳凰-) 명 남천(南天)에 있는 새 모양의 별자리.

봉후(封侯) 명하타 제후로 봉함, 또는 그 제후.

봉오리 명 〈옛〉봉우리. ¶ 묏봉오리 봉:峯(訓蒙上*3*).

봏 명 〈옛〉보. 들보. ¶ ᄆᆞᄅᆞ와 보히 믈어뎌쇼몰 니ᄅᆞᄂᆞ다(杜初*9:28*).

봐[1] 준 타동사 '보다'의 활용형 '보아'가 줄어든 말. ¶ 이것 좀 봐. /잘 봐 두어라.

봐[2] 준 보조 형용사 '보다'의 활용형 '보아'가 줄어든 말. ¶ 비가 오나 봐. /그만둘까 봐. /그가 오나 봐.

봐ː-주다 타 〈보아주다〉의 준말.

봐ː-하니 부 〈보아하니〉의 준말.

뵈 명 〈옛〉베. ¶ 뵈 포:布(訓蒙中*30*).

뵈놀다 자 〈옛〉베를 날다. ¶ 뵈놀 심:紝(訓蒙下*19*).

뵈ː다 [뵈-/붸-] Ⅰ자 〈보이다〉의 준말. ¶ 화가 나니까 눈에 뵈는 게 하나도 없더라.

Ⅱ타 ①〈보이다〉의 준말. ②웃어른을 대하다. ¶ 아버님을 뵈러 고향으로 내려가다.

뵈다 형 〈옛〉배다. 꽉 차서 빈틈이 없다. ¶ 셔볼 뷘 길헤 軍馬ㅣ 뵈니이다(龍歌*98*章).

뵈짱이 명 〈옛〉질경이. ¶ 뵈짱이 부:芣. 뵈짱이 이:苢(訓蒙上*15*).

뵈-시위(-侍衛) [뵈-/붸-] 감 임금의 거둥 때, 조심해서 잘 모시라는 뜻으로 별감이 외치던 소리.

뵈아다 타 〈옛〉재촉하다. ¶ 天命을 疑心ᄒᆞ실씨 ᄭᅮ므로 뵈아시니(龍歌*13*章).

뵈야다 타 〈옛〉재촉하다. ¶ 芒鞋를 뵈야 신고 竹杖을 흣더디니(鄭澈.星山別曲).

뵈야호로 부 〈옛〉바야흐로. ¶ 도ᄌᆞ기 뵈야호로 롤라ᄒᆞ더니(翻小*9:66*). 참보야ᄒᆞ로.

뵈왓ᄇᆞ다 형 〈옛〉매우 바쁘다. ¶ 事勢ㅣ ᄆᆞ장 뵈왓ᄇᆞ더라(杜初*24:13*). 참비앗브다.

뵘ː [뵘/뷈] 명 틈이 생긴 데를 메우거나 받치는 일.

뵙ː다 [뵙따/뷉따] 타 '뵈다'를 공손하게 이르는 말. ¶ 선생님을 뵙고 말씀드리겠습니다.

뵛오리 명 〈옛〉베올. ¶ 뵛오리 루:縷. 뵛오리 로:纑(訓蒙中*24*).

부 부 기선이나 공장 등에서 내는 기적(汽笛) 소리. 부-부부.

부(父) 명 아버지.

부(夫) 명 혼인 관계에 있는 남자. 남편.

부(缶) 명 아악기의 한 가지. 흙을 구워서 밥소라 비슷하게 만든 타악기로, 대나무 채로 변죽을 쳐서 소리를 냄. 토고(土鼓). 참질장구.

부ː(否) 명 ①'아님'의 뜻을 나타내는 말. ②가부(可否) 표결에서의 반대. ¶ 가(可) 10표, 부 15표로 부결되다. ②↔가(可).

부(府) 명 고려·조선 시대에, 대도호부사 또는 도호부사가 있던 지방 관아.

부(部) Ⅰ명 ①업무 조직에서의 부서의 하나. ②우리나라 중앙 행정 기관 분류의 하나. ¶ 국무회의는 각 부의 장관이 모이는 회의다.

Ⅱ의 ①전체를 어떤 기준으로 나눈 하나하나임을 나타내는 말. ¶ 제일 부. ②책·잡지·신문 따위를 세는 단위. ¶ 신문 500부.

부ː(富) 명 ①특정한 경제 주체에 딸린 재화의 총계. ②많은 재물, 또는 넉넉한 생활. 오복(五福)의 하나. ¶ 부를 축적하다.

부ː(賦) 명 ①대구(對句)의 형식으로 각운(脚韻)을 가지는 한문 문체의 한 가지. ②시경(詩經)의, 시의 내용에 따른 분류의 한 가지. 마음에 느낀 것을 사실 그대로 읊은 것. ③과문 육체(科文六體)의 한 가지.

부ː(負) Ⅰ명 '음(陰)'의 구용어.

Ⅱ의 ☞짐[2].

부-(不) 접두 'ㄷ·ㅈ'이 두음(頭音)에 오는 일부 한자어 앞에 붙어, 그렇지 아니함을 나타냄. ¶ 부도덕. /부자유. /부적당.

부-(副) 접두 직위를 나타내는 일부 한자어 앞에 붙어, 그 직위에 '버금감'을 나타냄. ¶ 부사장. /부회장. /부면장.

-부(附) 접미 ①《날짜 뒤에 붙어》 문서나 서신의 작성·발송의 시일임을 나타냄. ¶ 3월 10일부 발송. /5월 1일부 발령. ②일부 명사 뒤에 붙어, 거기에 딸려 있음을 나타냄. ¶ 대사관부 무관.

-부(部) 접미 일부 한자어 뒤에 붙어, 그러한 부분임을 나타냄. ¶ 중심부. /어휘부.

부ː가(附加) 명하타되자 (이미 있는 것에) 덧붙임.

부ː가(富家) 명 부잣집.

부ː가^가치(附加價値) 명 기업이 일정 기간의 생산 과정에서 새로이 만들어 낸 가치. 매출액에서 재료비·동력비·연료비·감가상각비 등을 뺀 것.

부ː가^가치세(附加價値稅) [-쎄] 명 사업에서 생기는 부가 가치를 과세 표준으로 하여, 그 사업을 경영하는 개인이나 법인에게 매기는 세금.

부ː가^보ː험료(附加保險料) [-뇨] 명 보험료 중 보험 회사의 경비에 충당하는 부분.

부ː가-옹(富家翁) 명 부잣집 노인.

부ː가^원가(附加原價) [-까] 명 원가 계산상으로는 원가에 포함되나, 손익 계산상으로는 비용을 구성하지 않는 원가. 〔기업가의 임금, 자기 자본의 이자 따위.〕

부ː가-형(附加刑) 명 주형(主刑)에 덧붙여 내리는 형벌. ↔주형.

부각 명 김·다시마 따위에 찹쌀 풀을 발라 말린 것을 기름에 튀긴 반찬.

부ː각(負角) 명 '음각(陰角)'의 구용어.

부ː각(俯角) 명 ☞내려본각. ↔앙각(仰角).

부각(浮刻) 명 ①하자타되자 (사물의) 특징을 두드러지게 드러냄, 또는 두드러지게 드러남. ¶ 개성이 뚜렷이 부각되다. ②☞돋을새김.

부ː각(腐刻) 명하타 약물을 써서 유리나 금속 따위에 그림이나 글씨를 새기는 일. 식각(蝕刻).

부:감(俯瞰)명하타되자 높은 곳에서 아래를 내려다봄. 감시. 부관(俯觀). 부시(俯視). 하감(下瞰).
부:감-도(俯瞰圖)명 ☞조감도(鳥瞰圖).
부:-감목(副監牧)명 가톨릭에서, 감목이 부재중이거나 공석일 때 그 권한을 대행하는 성직자를 일컫는 말.
부:-갑상선(副甲狀腺)[-쌍-]명 갑상선 뒤에 붙은 내분비 기관. 상하 좌우 4개의 작은 조직 덩어리로 되어 있는데, 골의 형성, 칼슘과 인의 대사 등과 밀접한 관계가 있음. 곁목밑샘. 상피 소체(上皮小體).
부:강(富強)명 ①하형나라의 재정이 넉넉하고 군사력이 튼튼함. ②〈부국강병〉의 준말.
부개비 잡히다[-자피-]자 하도 졸라서 하기 싫은 일을 마지못해 하게 되다.
부객(浮客)명 떠돌아다니는 나그네.
부:거(赴擧)명하자 과거(科擧)를 보러 감.
부:거(副車)명 임금의 거둥 때, 거가(車駕) 외에 여벌로 따라가던 수레.
부걱부 액체가 괼 때 비교적 큰 거품이 솟아오르면서 나는 소리. 작보각. 부걱-부걱부하자.
부걱-거리다[-꺼-]자 자꾸 부걱부걱하다. 부걱대다. 작보각거리다.
부걱-대다[-때-]자 부걱거리다.
부:건(副件)[-껀]명 ☞여벌.
부:검(剖檢)명하타 시체를 해부하여 죽은 원인을 검사(확인)하는 일.
부검지명 짚의 잔 부스러기.
부견(膚見)명 피상적인 관찰. 천박한 생각.
부:결(否決)명하타되자 회의에서, 의안을 승인하지 않기로 결정함. ¶ 법률안이 부결되다. ↔가결.
부경(浮輕) '부경하다'의 어근.
부경-하다(浮輕-)형여 ①말이나 행동이 경솔하다. ②부피에 비해 무게가 가볍다.
부계(父系)[-계/-게]명 아버지 쪽의 혈통에 딸린 계통. ↔모계(母系).
부계(伏鷄)[-계/-게]명 알을 품고 있는 닭.
부계^가족(父系家族)[-계-/-게-]명 아버지 쪽의 혈통을 주로 하여 이룬 가족. 남계 가족. ↔모계 가족.
부계^제:도(父系制度)[-계-/-게-]명 가계(家系)가 아버지 쪽의 혈통에 따라 상속되는 제도. ↔모계 제도.
부계-친(父系親)[-계-/-게-]명 아버지 쪽의 혈족. 부계 혈족. ↔모계친.
부계^혈족(父系血族)[-계-쪽/-게-쪽]명 ☞부계친(父系親). ↔모계 혈족.
부:고(訃告)명하타 사람의 죽음을 알림, 또는 그런 글. 고부. 부보(訃報). 부음(訃音). 통부(通訃). 휘음(諱音). ¶ 부고를 받다.
부:-고환(副睾丸)명 남성 생식기의 일부. 불알 뒤쪽에 있는 가늘고 긴 기관인데, 정자(精子)를 정낭(精囊)으로 보내는 구실을 함.
부곡(部曲)명 신라 때부터 조선 초기에 걸쳐, 천민이나 죄인을 집단으로 수용하여 농기구·병기·유기 따위를 생산하게 하던 특수 행정 구획.
부:골(富骨)명 부자답게 생긴 골상(骨相).
부:골(跗骨)명 ☞발목뼈.
부:골(腐骨)명 골수염이나 골막염 등으로 말미암아 뼈의 일부가 썩어서 주위의 골조직(骨組織)으로부터 떨어져 나간 것.
부공(婦功)명 ①부인의 공덕, 또는 공적. ②가정에서 부녀자가 하는 일.
부:공(賦貢)명하타 바칠 공물을 매김.
부:과(附過·付過)명하자 관원의 잘못이나 허물을 관원 명부에 적어 두던 일.
부:과(副果)명 ☞헛열매.
부:과(賦課)명하타되자 세금이나 물릴 돈을 매겨서 부담하게 함. ¶ 벌과금을 부과하다.
부:과-금(賦課金)명 부과된 돈. 부금(賦金).
부:관(附款)명 법률 행위에서 생기는 효과의 발생과 소멸, 또는 그 일반적인 내용을 제한하기 위하여, 당사자가 특별히 덧붙인 사항. 〔조건이나 기한 따위.〕
부:관(俯觀)명하타 ☞부감(俯瞰).
부:관(副官)명 ①군대에서, 전투 명령을 제외한 모든 개인 기록과 공무상의 통신, 인사 기록 및 명령의 배포, 기타 행정 업무를 맡아보는 참모 장교, 또는 그 병과(兵科). ②〈전속 부관(專屬副官)〉의 준말.
부:관-참시(剖棺斬屍)명 왕조 때, 사후에 큰 죄가 드러난 사람에게 내리던 극형. 죄인의 관을 쪼개어 시신의 목을 베었음. 준참시.
부:광(富鑛)명 ①금속의 함유량이 많은 광석. ②산출량이 많은 광산. ↔빈광(貧鑛).
부:광-대(富鑛帶)명 풍부한 광맥을 지닌 광산 지대.
부:광-체(富鑛體)명 광상(鑛床) 가운데 쓸 만한 광물이 많은 부분.
부교(父敎)명 ①아버지의 교훈(가르침). ②아버지의 명령. ②부명(父命).
부교(浮橋)명 ☞배다리.
부:교(副校)명 조선 말기의 무관 계급의 한 가지. 정교(正校)의 아래, 참교(參校)의 위.
부:교(富驕)명 재산이 좀 있다고 부리는 교만.
부:교감^신경(副交感神經)명 자율 신경의 한 가지. 호흡·소화·순환 등을 지배하며, 교감 신경과는 반대의 작용을 함.
부:-교수(副敎授)명 대학교수의 직위의 한 가지. 정교수의 아래, 조교수의 위.
부:-교재(副敎材)명 교과서에 곁들여 보조적으로 쓰이는 교재.
부구(浮具)명 사람의 몸이 물에 떠 있게 하는 데 쓰는 도구. 〔수영용·구명용 등이 있음.〕
부구(浮漚)명 ☞자바라.
부국(部局)명 관공서나 회사 등에서 사무를 분담하여 다루는 국(局)·부(部)·과(課) 등을 통틀어 이르는 말.
부:국(富局)명 ①부자답게 보이는 상(相). ②풍수지리에서, '산수가 잘 어울린 좋은 판국'을 뜻하는 말.
부:국(富國)명 ①경제력이 넉넉한 나라. ↔빈국(貧國). ②국가 경제를 넉넉하게 하는 일.
부:국-강병(富國強兵)[-깡-]명 나라의 경제력을 넉넉하게 하고, 군사력을 튼튼하게 하는 일. 준부강.
부군(夫君)명 상대편을 높이어, 그의 '남편'을 일컫는 말. ¶ 부군의 건강은 어떠신지요?
부:군(府君)명 '돌아가신 아버지, 또는 대대의 할아버지'를 높이어 일컫는 말. 〔주로, 위패(位牌)나 지방(紙榜)에 쓰는 말.〕 ¶ 현고(顯考) 학생(學生) 부군 신위(神位).
부:군-당(府君堂)명 왕조 때, 각 관아에서 신령에게 제사 지내던 집.
부권(父權)[-꿘]명 ①남자가 가족의 통제를 위하여 가지는 가장권(家長權). ②아버지의 친권(親權). ↔모권(母權).
부권(夫權)[-꿘]명 남편이 아내에 대하여 가지는 신분 및 재산상의 권리.

부권(婦權)[-꿘]명 ☞여권(女權).
부ː귀(富貴)명하형 재산이 많고 사회적 지위가 높음. ↔빈천(貧賤).
부ː귀-공명(富貴功名)명 재산이 많고 지위가 높으며, 공을 세워 이름이 드러남.
부ː귀-다남(富貴多男)명 재산이 많고 지위가 높으며, 아들이 많음.
부ː귀-영화(富貴榮華)명 재산이 많고 지위가 높으며 영화로움. ¶ 부귀영화를 누리다.
부ː귀-재천(富貴在天)명 부귀를 누리는 일은 하늘의 뜻에 달려 있어서 사람의 힘으로는 어찌할 수 없음을 이르는 말.
부ː귀-화(富貴花)명 부귀한 상이 있다는 뜻으로, '모란꽃'을 달리 이르는 말.
부그르르부하자 ①물 따위가 야단스럽게 끓어 오르는 모양, 또는 그 소리. ¶ 주전자의 물이 부그르르 끓다. ②큰 거품이 한꺼번에 일어나는 모양, 또는 그 소리. 작보그르르. 센뿌그르르.
부극(掊克)명하타 ①권세를 믿고 함부로 금품을 거두어들임. ②조세(租稅)를 부당하게 거두어들임으로써 백성을 괴롭힘.
부근(斧斤)명 큰 도끼와 작은 도끼.
부ː근(附近)명 가까운 언저리. 근처.
부글-거리다자 자꾸 부글부글하다. 부글대다. 작보글거리다. 센뿌글거리다.
부글-대다자 부글거리다.
부글-부글부하자 ①물 따위가 자꾸 부그르르 끓는 모양, 또는 그 소리. ②거품 따위가 자꾸 부그르르 일어나는 모양. ③마음이 언짢거나 복잡하여 속이 끓는 듯하는 모양. ¶ 어제 일로 부아가 부글부글 치밀어 오르다. 작보글보글. 센뿌글뿌글.
부ː금(賦金)명 ①☞부과금. ②(연부·월부 등) 일정한 기간마다 부어 나가는 돈.
부ː급(負笈)명하자 〔책 상자를 진다는 뜻으로〕 '타향으로 공부하러 감'을 이르는 말.
부ː급-종사(負笈從師)[-쫑-]명하자 〔책 상자를 지고 스승을 따른다는 뜻으로〕 '먼 곳에 있는 스승에게로 공부하러 감'을 이르는 말.
부기명 세상일에 어둡고 사람의 마음을 알아차리지 못하는 어리석은 사람. 북숭이.
부ː기(附記)명하타되자 본문에 덧붙여서 적음, 또는 그 기록. ¶ 책 끝에 집필 동기를 부기하다.
부기(浮氣)명 (몸의 이상으로) 부은 상태. ¶ 부기를 빼다. /얼굴에 부기가 있다.
부ː기(簿記)명 (회사·상점·은행 등에서) 돈의 출납이나 재산의 증감 등을 일정한 방식으로 정리하여 장부에 적는 방법.
부ː-기감(副技監)명 이전의, 기술직 3급 공무원의 직급. 지금의 '부이사관'.
부ː기^등기(附記登記)명 주등기(主登記)에 덧붙여 그 일부를 변경하는 등기.
부기우기(boogie-woogie)명 재즈의 한 가지. 한 마디를 8박자로 하는 흥겨운 곡(노래).
부ː기-장(簿記帳)[-짱]명 부기에 쓰이는 장부.
부ː기-학(簿記學)명 부기의 원리와 방법을 연구하는 학문.
부꾸미명 찹쌀가루·밀가루·수수 가루 등을 반죽하여 번철에 지진 떡. 전병(煎餠).
부끄러움명 부끄러워하는 마음(느낌). ¶ 부끄러움을 타다. 준부끄럼. 작바끄러움.
부끄러워-하다자타여 부끄러운 태도를 나타내다. 부끄럽게 생각하다. ¶ 남 앞에 나서기를 부끄러워하다. 작바끄러워하다.
부끄러이부 ①(자기의 잘못이나 결점 따위를 강하게 의식하여) 남을 대하기가 떳떳하지 못하게. ¶ 자신의 직업을 부끄러이 여기다. ②스스럼을 느껴서 수줍게. ¶ 부끄러이 고개를 숙이다.
부끄럼명 〈부끄러움〉의 준말. 작바끄럼.
부끄럽다[-따][부끄러우니·부끄러워서]형ㅂ ①(자기의 잘못·결점 따위를 강하게 의식하여) 남을 대하기가 떳떳하지 못하다. 대할 낯이 없다. ②스스럼을 느껴서 수줍다. ¶ 남자 앞에서는 부끄러워 고개도 못 든다. 작바끄럽다.
부-나방명 ☞불나방.
부-나비명 ☞불나방.
부ː납(賦納)명하자 부과금을 냄.
부낭(浮囊)명 ①사람의 몸이 물에 떠 있게 하는 기구. 〔구명대·구명동의 따위.〕 ②☞부레.
부내(部內)명 ①한 조직이나 기관의 안. ¶ 부내의 비밀을 누설하다. ②관공서나 회사 등의 부(部)의 내부. ↔부외(部外).
부-넘기명 솥을 건 아궁이에서 방고래로 불이 넘어가게 된, 조금 높게 쌓은 부분.
부녀(父女)명 아버지와 딸.
부녀(婦女)명 〔'부인과 여자'라는 뜻으로〕 '여성'을 뜻함. 부녀자.
부녀-자(婦女子)명 ☞부녀(婦女).
부ː농(富農)명 많은 농지를 가지고 있어 생활이 넉넉한 농가, 또는 그런 농민. 부농가. ↔빈농.
부ː-농가(富農家)명 ☞부농(富農).
부-늑골(浮肋骨)[-꼴]명 ☞가늑골(假肋骨).
부ː니(腐泥·浮泥)명 바다나 호수 밑바닥에 쌓인 유기물이 썩어서 변한 검은 진흙.
부ː니-암(腐泥岩)명 부니가 굳어서 된 바위.
부닐다[부니니·부닐어]자 ①붙임성 있게 굴며 잘 따르다. ②일을 도우며 고분고분하게 굴다.
부다듯-하다[-드타-]형여 (신열이 나서 불이 달듯) 몸이 몹시 뜨겁다. **부다듯-이**부.
부다일-내(不多日內)[-래]명 (여러 날이 아닌) 며칠 이내.
부닥-뜨리다자 ①몸에 부딪힐 정도로 맞닥뜨리다. ¶ 막 대문을 나서자마자 손님과 부닥뜨렸다. ②(닥쳐온 일에) 직접 당하다. ¶ 뜻하지 않은 난관에 부닥뜨리다. 부닥트리다.
부닥-치다자 ①세게 부딪치다. ¶ 자전거가 벽에 부닥쳤다. ②어려운 문제나 반대에 직면하다. ¶ 난관에 부닥치다.
부닥-트리다자 부닥뜨리다.
부단(不斷) '부단하다'의 어근.
부단-하다(不斷-)형여 (꾸준히 잇대어) 끊임이 없다. 《주로, '부단한'의 꼴로 쓰임.》 ¶ 부단한 노력. **부단-히**부.
부달시의(不達時宜)[-의/-이]명 (지나치게 완고하여) 시대의 흐름에 적응하려는 융통성이 없음.
부ː담(負擔)명 ①하타 어떤 일이나 의무·책임 따위를 떠맡음, 또는 떠맡게 된 일이나 의무·책임 따위. ¶ 부담이 없다. /보내는 쪽에서 우송료를 부담하다. ②〈부담롱〉의 준말.
부ː담-감(負擔感)명 어떤 일이나 책임·의무 따위를 떠맡은 것에 대한 짐스러운 느낌. ¶ 경제적인 부담감이 크다.
부ː담-금(負擔金)명 부담하는 돈. ¶ 수익자 부담금.
부담기명 〈옛〉 불가래. ¶ 부담기: 楸楂子(才物譜).
부ː담-롱(負擔籠)[-농]명 물건을 담아서 말에 싣는 농짝. 준부담.

부ː담-마(負擔馬)[명] 부담롱을 싣고, 그 위에 사람이 타게 꾸민 말.

부ː담-스럽다(負擔-)[-따][~스러우니·~스러워][형][ㅂ] 부담이 되는 듯한 느낌이 있다. **부담스레**[부].

부ː담-액(負擔額)[명] 부담해야 할 돈의 액수.

부답(不答)[명][하자] 대답하지 아니함. ¶ 묵묵(默默)부답.

부답복철(不踏覆轍)[-뽁-][명] 〔뒤집힌 앞 수레의 수레바퀴 자국을 다시 밟지 않는다는 뜻으로〕 앞사람과 같은 실패를 다시 되풀이하지 아니함.

부당(不當)[명][하형] 도리에 벗어나서 정당하지 않음. 사리에 맞지 아니함. ¶ 부당 요금. /부당한 요구. **부당-히**[부].

부당(夫黨)[명] 아내가 '남편 쪽의 본종(本宗)'을 이르는 말.

부당(婦黨)[명] 남편이 '아내 쪽의 본종(本宗)'을 이르는 말.

부당당(不當當) '부당당하다'의 어근.

부당당-하다(不當當-)[형][여] 아주 사리에 맞지 않다.

부당^이ː득(不當利得)[명] 정당하지 않은 방법으로 얻는 이익.

부당지사(不當之事)[명] 정당하지 아니한 일.

부당지설(不當之說)[명] 사리에 맞지 않은 말.

부ː대(附帶)[명][하타] 《일부 명사 앞에 쓰이어》 주된 일에 곁달아서 붙임. ¶ 부대 비용.

부ː대(負袋)[명] ☞포대(包袋).

부대(浮貸)[명][하타] 금융 기관이나 회사의 회계원이 직무를 이용하여 부정 대출을 하는 일.

부대(部隊)[명] ①(군대의 일부를 이루는) 한 단위의 군인 집단. ②같은 목적 아래 행동을 같이하는 집단. ¶ 응원 부대. /박수 부대를 동원하다.

부대(富大) '부대하다'의 어근.

부대끼다[자] ①무엇에 시달려서 괴로움을 당하다. ¶ 빚 독촉에 부대끼다. ②(배 속이 탈이 나서) 배가 쓰리거나 울렁울렁하다. ¶ 속이 부대끼다. [작]보대끼다.

부ː대^면ː적(附帶面積)[명] 건물에서 보조적인 구실을 하는 공간의 면적. 〔주택에서는 살림방 이외의 면적을 이름.〕

부ː대-범(附帶犯)[명] 기소(起訴)된 범죄에 곁달려 있는 범죄.

부-대부인(府大夫人)[명] 조선 시대에, 대원군의 아내에게 내리던 작호(爵號).

부대불소(不大不小)[-쏘][명][하형] 크지도 작지도 않고 알맞음.

부ː대-사건(附帶事件)[-껀][명] 주된 사건에 곁달려 있는 사건.

부ː대-사업(附帶事業)[명] 주된 사업에 곁달아서 하는 사업.

부ː대^상ː고(附帶上告)[명] 민사 소송법에서, 상고로 시작된 소송 절차에서 피상고인이 원심 판결 또는 제일심 판결 가운데서 자기에게 불리한 부분의 변경을 바라는 신청.

부ː대^상ː소(附帶上訴)[명] 민사 소송법에서, 피상소인이 상소인의 상소에 부대하여 원심 판결을 자기에게도 유리하게 변경시킬 것을 신청하는 상소.

부ː대-시설(附帶施設)[명] 기본이 되는 건축물 따위에 덧붙어 있는 시설.

부ː대-찌개(部隊-)[명] 햄·소시지 따위를 재료로 하여 끓인 찌개. 〔미군 부대에서 나온 고기를 재료로 끓였던 데서 유래함.〕

부ː대^청구(附帶請求)[명] 민사 소송법에서, 주된 청구에 부대하여 청구되는 과실·손해 배상·위약금·권리 행사 비용의 청구.

부-대체물(不代替物)[명] 일반 거래에서, 같은 종류로서 값이 같다고 하여도 바로 그것이 아니면 안 되는 물질이나 물건. 〔토지·미술품·골동품 따위.〕 ↔대체물.

부ː대-하다(富大-)[형][여] 몸집이 뚱뚱하고 크다. ¶ 몸이 부대하다.

부ː대^항ː소(附帶抗訴)[명] 민사 소송법에서, 피항소인이 항소에 부대하여 원재판에 대한 불복의 주장을 하고, 항소 절차에서의 원심의 범위를 자기에게 유리하게 확장하는 신청.

부덕(不德)[명][하형] 덕이 없음. 덕이 부족함. ¶ 내가 부덕한 탓이다.

부덕(婦德)[명] 부녀자로서 지녀야 할 어질고 너그러운 덕행.

부도(不渡)[명] 수표나 어음의 발행 액수보다 예금 액수가 부족하여 그 지급을 받지 못하게 되는 일. ¶ 부도를 막다.

부도(父道)[명] 아버지로서 지켜야 할 도리.

부ː도(附圖)[명] 어떤 책에 부속된 그림이나 지도·도표 따위. ¶ 지리 부도.

부도(浮屠·浮圖)[명] ①☞부처. ②고승(高僧)의 사리나 유골을 넣고 쌓은 둥근 돌탑. ¶ 이 절에는 국보급의 부도가 두 기 있다. ③'중'을 달리 일컫는 말.

부도(婦道)[명] 부녀자로서 지켜야 할 도리. ¶ 부도를 지키다.

부도-나다(不渡-)[자] 기한이 되어도 수표나 어음에 적힌 돈을 지급받지 못하게 되다.

부도-내다(不渡-)[타] 기한이 되어도 수표나 어음에 적힌 돈을 지급하지 못하게 되다.

부-도덕(不道德)[명][하형] 도덕에 어긋남. 도덕적이 아님. ¶ 부도덕한 행위.

부도^수표(不渡手票)[명] 부도가 난 수표. 곧, 지급 날짜에 지급인으로 지정된 은행이 지급을 거절한 수표. 공수표(空手票).

부ː-도심(副都心)[명] 대도시에서, 도심과는 따로 형성되어 도심의 기능을 분담하고 있는 업무·상업상의 번화가.

부도^어음(不渡-)[명] 지급인이 지급을 거절한 어음. 만기일에 지급되지 않은 어음.

부도옹(不倒翁)[명] 〔넘어지지 않는 늙은이라는 뜻으로〕 '오뚝이'를 이르는 말.

부도-체(不導體)[명] 열이나 전기가 거의 통하지 않는 물체. 〔유리·자기(磁器)·운모 따위.〕 불량도체. 절연체. ↔도체·양도체.

부ː-독본(副讀本)[-뽄][명] 주된 교과서에 곁들여, 보조 교재로 쓰이는 학습용의 독본. ↔정독본.

부동(不同)[명][하형] 서로 같지 않음. ¶ 표리(表裏)가 부동하다.

부동(不動)[명][하자] ①움직이지 않음. ¶ 부동의 상태. /부동 자세. ②마음이 안정되어 흔들리지 않음. ¶ 부동의 목표. /부동의 신념으로 일을 추진하다.

부동(浮動)[명][하자] ①떠서 움직임. ②고정하여 있지 않고 이리저리 이동함. ¶ 부동 인구. ③진득하지 못하고 들뜸.

부동(符同)[명][하자] (그릇된 일을 하기 위하여) 몇 사람이 어울려서 한통속이 됨.

부동^관절(不動關節)[명] 두 뼈가 단순히 이어져 있을 뿐, 관절 운동이 적은 뼈의 연결부. ↔가동 관절(可動關節).

부동-명왕(不動明王)명 불교에서의 팔대 명왕의 하나. 대일여래(大日如來)가 모든 악마와 번뇌를 항복시키기 위하여 분노한 모습으로 나타난 형상. 부동존(不動尊).

부동-산(不動産)명 토지와 그것에 정착된 건물이나 수목 등의 재산. ↔동산.

부동산^금융(不動産金融)[-금늉/-그뮹]명 부동산을 담보하여 자금을 융통하는 일.

부동산^등기(不動産登記)명 부동산의 권리관계를 공시하기 위하여 등기부에 기재하는 일, 또는 그러한 제도.

부동산^보:험(不動産保險)명 (가옥 등) 부동산에 생기는 손해를 메울 것을 목적으로 하는 보험. 〔화재 보험·건물 보험 따위.〕

부동산^신:탁(不動産信託)명 수탁자가 신탁을 받을 때, 그 신탁 재산으로 부동산을 받아들이는 신탁.

부동산-업(不動産業)명 토지나 건물 등의 매매·대차·교환 등에 관한 중개나 대행을 하는 직업.

부동산-질(不動産質)명 부동산을 목적으로 하는 질권(質權). ↔동산질.

부동산^취:득세(不動産取得稅)[-쎄]명 취득세 중에서 매매나 증여 등에 따른 부동산 취득에 대하여, 그 취득 가격을 표준으로 하여 취득자에게 매기는 조세.

부동-성(浮動性)[-썽]명 기본적인 것이 정하여지지 않아서 확정성이 없는 성질.

부동심(不動心)명하자 어떤 외계의 충동을 받아도 마음이 움직이지 않음, 또는 그러한 마음.

부동-액(不凍液)명 (겨울철에) 자동차 엔진의 냉각수를 얼지 않게 하기 위하여 쓰는 액체.

부동^자금(浮動資金)명 일정한 자산으로 붙박여 있지 않고, 투기적 이익을 얻기 위하여 시장에 유동하고 있는 대기성(待機性) 자금.

부동-자세(不動姿勢)명 움직이지 아니하고 똑바로 서 있는 자세. ¶ 부동자세를 취하다.

부동-존(不動尊)명 ☞부동명왕(不動明王).

부동-주(浮動株)명 (투기자나 증권업자의 소유주처럼) 투자를 목적으로 시장에서 항상 사고팔 수 있는 주식. ↔고정주.

부동-초(不動哨)명 고정된 초소에서 자리를 떠나지 않고 근무하는 초병(哨兵). 입초(立哨). ↔동초.

부동-표(浮動票)명 선거 때, 그때그때의 기분이나 상황의 변화에 따라 지지하는 정당이나 후보자를 바꾸는 표. ↔고정표.

부동-항(不凍港)명 겨울에도 해면이 얼지 않는 항구. ↔동항(凍港).

부두(埠頭)명 항구에서, 배를 대어 여객이 타고 내리거나 짐을 싣고 부리는 곳. 비선창(船艙).

부두-꾼(埠頭-)명 부두에서 배의 짐을 나르는 노동자.

부두둑부하자타 〈부드득〉의 변한말.

부두-세(埠頭稅)[-쎄]명 선주(船主)가 국가에 내는 부두 사용료.

부둑-부둑[-뿌-]부하형 매우 부둑한 모양. 작보독보독. 센뿌둑뿌둑.

부둑-하다[-두카-]형여 물기가 거의 말라 굳은 듯하다. 작보독하다. 센뿌둑하다.

부둣-가(埠頭-)[-두까/-둗까]명 부두가 있는 근처.

부둥-부둥부하형 살이 통통하게 찌고 부드러운 모양. 작보동보동. 거푸둥푸둥.

부둥켜-안다[-따]자타 꼭 끌어안다. ¶ 부둥켜안고 울다.

부둥키다타 두 팔로 힘껏 안거나 두 손으로 힘껏 붙잡다. 본붙움키다.

부둥-팥[-팓]명 ①여물기는 했으나 아직 덜 말라서 부둥부둥한 대로 따서 쓰는 팥. ②아주 굵고 붉은 팥. *부둥팥이[-파치]·부둥팥을[-파틀]·부둥팥만[-팓-]

부드드-하다형여 (인색하여) 잔뜩 움켜쥐고 놓기 싫어하는 태도가 있다. 센뿌드드하다.

부드득부하자타 단단하거나 뻔질뻔질하고 질긴 물건을 마주 문지르거나 갈 때에 나는 둔한 소리. ¶ 이를 부드득 갈다. 작바드득·보드득. 센뿌드득. 변부두둑. **부드득-부드득**부하자타.

부드득-거리다[-꺼-]자타 자꾸 부드득부드득하다. 부드득대다. 작바드득거리다·보드득거리다.

부드득-대다[-때-]자타 부드득거리다.

부드럽다[-따][부드러우니·부드러워]형ㅂ ①거칠거나 딱딱하지 않고 무르고 매끈매끈하다. ¶ 살결이 부드럽다. ②사람 됨됨이나 마음씨가 곱고 순하며 붙임성이 있다. ¶ 마음씨가 부드럽다. ③일의 형편이나 동작이 뻑뻑하지 아니하다. ¶ 일이 부드럽게 풀리다./투구 폼이 부드럽다. ④(가루 따위가) 매우 잘고 곱다. ¶ 밀가루가 부드럽다. ⑤술이 독하지 아니하여서 목으로 넘기기 좋다. ¶ 양주보다는 소주가 부드럽다. 작보드랍다.

부드레-하다형여 ①제법 부드럽다. ¶ 부드레한 감촉. ②(상대가 약하여) 만만해 보이다. 작보드레하다.

부득기소(不得其所)[-끼-]명하자 ☞부득기위.

부득기위(不得其位)[-끼-]명하자 (훌륭한 능력을 지니고도) 그 능력을 펴 볼 만한 자리를 얻지 못함. 부득기소.

부득-부득[-뿌-]부 ①굳이 우기는 모양. ¶ 자기의 판단이 옳다고 부득부득 우기다. ②끈지게 조르는 모양. 작바득바득. 센뿌득뿌득.

부득불(不得不)[-뿔]부 아니할 수 없어. 마지못하여 결국. 불가불. ¶ 부득불 일을 함께 하다.

부득요령(不得要領)[-등뇨-]명하자 ☞요령부득(要領不得).

부득의(不得意)[-드긔/-드기]명하형 바라거나 뜻하던 바를 이루지 못함.

부득이(不得已)부하형 하는 수 없이. 마지못하여. 불가부득. ¶ 부득이한 사정으로 부탁을 거절하다.

부득지(不得志)[-찌]명하자 (때를 만나지 못하여) 품은 뜻을 이루지 못함.

부득책(不得策)명하자 계책이 서지 아니함.

부들[1]명 명주실이나 무명실로 꼬아서 매듭지어 놓은 줄. 가야금이나 거문고 등의 현악기의 현(絃)을 잇는 데 씀. 염미(染尾).

부들[2]명 부들과의 다년초. 늪이나 연못가에 절로 나는데, 줄기는 1 m가량이며 잎은 가늘고 긺. 여름에 누른 꽃이 이삭 모양으로 핌. 잎으로는 방석, 줄기로는 부채를 만들기도 함. 한방에서 꽃가루를 '포황(蒲黃)'이라 하여 지혈이나 통경(通經)·이뇨제로 씀. 향포(香蒲).

부들-거리다자타 자꾸 부들부들하다. 부들대다. 작바들거리다. 거푸들거리다.

부들기명 잇댄 부분의 뿌리 쪽. ¶ 어깨 부들기.

부들-기직명 '부들자리'의 잘못.

부들-대다자타 부들거리다.

부들-부들[1]부하자타 (춥거나 분하거나 무서워서) 몸을 크게 떠는 모양. ¶ 모욕적인 말을 듣고 몸을 부들부들 떨다./공포에 질려 부들부들 떨다. 작바들바들. 거푸들푸들.

부들-부들[2] 부 하형 살갗에 닿는 느낌이 매우 부드러운 모양. 작 보들보들.
부들-부채 명 부들의 줄기를 결어 만든 부채.
부들자리 명 부들의 잎이나 줄기로 결어 만든 자리. 포석(蒲席).
부듯-하다 [-드타-] 형여 ①꼭 맞아서 헐렁거리지 아니하다. 작 바듯하다. ②집어넣거나 채우는 것이 한도보다 조금 더하여 불룩하다. ¶ 부듯한 돈봉투. ③(기쁨이나 감격 따위가) 마음에 가득 차서 벅차다. ¶ 가슴이 부듯하다. 센 뿌듯하다. **부듯-이** 부.
부등(不等) '부등하다'의 어근.
부등-가(不等價) [-까] 명 값이나 값어치가 같지 않음, 또는 그러한 값이나 값어치.
부등-가리 명 부삽 대신으로 쓰는 기구. 흔히, 오지그릇이나 질그릇의 깨진 조각으로 만들어 씀.
부등-깃 [-긷] 명 갓난 날짐승 새끼의 덜 자란 깃. * 부등깃이[-기시]·부등깃만[-긴-]
부등변^삼각형(不等邊三角形) [-가켱] 명 세 변의 길이가 서로 다른 삼각형.
부등속^운:동(不等速運動) 명 속도가 일정하지 않은 운동. ↔등속 운동.
부등-식(不等式) 명 수학에서, 두 수(數) 또는 두 식(式)의 관계를 부등호로 나타낸 것. 〔A>B 따위.〕 ↔등식.
부등-엽(不等葉) 명 한 나무에 달렸으면서도 위치에 따라 모양이나 크기에 차이가 있는 잎. 〔전나무나 담쟁이덩굴의 잎 따위.〕
부등-표(不等標) 명 ☞부등호.
부등-하다(不等-) 형여 ①서로 같지 않다. ②층이 져서 고르지 않다.
부등-호(不等號) 명 두 수의 크고 작음을 나타내거나 같지 않음을 나타내는 기호. 〔<, > 따위.〕 부등표. ↔등호.
부:디 부 '꼭'·'아무쪼록'의 뜻으로, 부탁이나 소원을 말할 때 쓰는 말. ¶ 부디 성공하기를 바란다.
부디기 명 삶은 국수를 솥에서 건져 내는 데 쓰는 기구.
부디-치다 자 ①'부딪치다'의 잘못. ②'부딪히다'의 잘못.
부딪다 [-딛따] 자타 물체와 물체가 세게 마주 닿다. 물체와 물체를 세게 마주 대다. ¶ 뒤차가 앞차에 부딪다. * 부딪어·부딪는[-딘-]
부딪-뜨리다 [-딛-] 타 아주 힘 있게 부딪게 하다. 부딪트리다.
부딪-치다 [-딛-] 자타 '부딪다'의 힘줌말. ¶ 몸을 벽에 부딪치다.
부딪-트리다 [-딛-] 타 부딪뜨리다.
부딪-히다 [-디치-] 자 〖'부딪다'의 피동〗 부딪음을 당하다. ¶ 정신없이 달려가다가 자전거에 부딪히다.
부뚜 명 곡식에 섞인 쭉정이나 티끌을 날리기 위하여 바람을 일으키는 데 쓰는 돗자리. 풍석(風席). 본 붙돗.
부뚜막 명 부엌의, 아궁이 위에 걸어 놓은 솥 언저리의 평평한 자리.
　부뚜막의 소금도 집어넣어야 짜다 속담 손쉽게 할 수 있는 일이나 좋은 기회가 있어도 이용하지 않으면 소용이 없다는 말.
부뚜-질 명하타 부뚜를 펴서 중턱을 밟고, 두 손으로 양쪽 끝을 쥐고 흔들어 바람을 일으키는 일. 풍석질.
부라 감 〔'불을 불어라'는 뜻으로〕 대장간에서 풀무질할 때 하는 소리.
부라리다 타 위협하느라고 눈을 부릅뜨고 눈알을 사납게 굴리다. ¶ 눈을 부라리며 대들다.
부라-부라 Ⅰ 명 어린아이가 어른들의 부라질에 따라 두 다리를 번갈아 오르내리는 동작. Ⅱ 감 부라질을 시킬 때 하는 말.
부라-질 명하자 ①젖먹이의 두 겨드랑이를 껴서 붙잡고 좌우로 흔들며, 두 다리를 번갈아 오르내리게 하는 짓. ②몸을 좌우로 흔드는 짓.
부라퀴 명 ①야물고도 암팡스러운 사람. ②자기에게 이로운 일이면 기를 쓰고 영악하게 덤비는 사람.
부락(部落) 명 ☞촌락(村落).
부란(孵卵) 명하자타 알이 깸, 또는 알을 깜.
부:란(腐爛) 명하자 썩어 문드러짐.
부란-기(孵卵器) 명 정온기(定溫器)의 한 가지로, 달걀을 인공적으로 부화시키는 데 쓰는 기구. 부화기(孵化器).
부랑(浮浪) 명하자 일정한 거처나 직업이 없이 떠돌아다님.
부랑-배(浮浪輩) 명 부랑자의 무리.
부랑-아(浮浪兒) 명 일정한 거처가 없이 떠돌아다니는 아이.
부랑-자(浮浪者) 명 일정한 거처나 직업이 없이 떠돌아다니는 사람.
부랑-패류(浮浪悖類) 명 일정한 직업이 없이 허랑한 짓이나 하고 떠돌아다니는 무리.
부랴-부랴 부 매우 급히 서두르는 모양. ¶ 부랴부랴 짐을 꾸리다.
부랴-사랴 부 몹시 급하고 부산하게 서두르는 모양. ¶ 차 시간에 대어 가려고 부랴사랴 달려가다.
부러 부 거짓으로. 일부러. 짐짓. ¶ 부러 유쾌한 표정을 짓다.
부러-뜨리다 타 부러지게 하다. 부러트리다. 분지르다. ¶ 나무젓가락을 부러뜨리다.
부러워-하다 타여 부럽게 생각하다. ¶ 친구의 미모를 부러워하다.
부러-지다 자 꺾여서 동강이 나다.
　부러진 칼자루에 옻칠하기 속담 쓸데없는 일을 함을 이르는 말.
부러-트리다 타 부러뜨리다.
부:럼 명 ①(일 년 내내 부스럼을 앓지 않게 된다 하여) 정월 보름날에 까서 먹는 밤·잣·호두·땅콩 따위를 이르는 말. ②'부스럼'의 방언.
부럽다 [-따] [부러우니·부러워] 형ㅂ (자기보다 낫거나 좋거나 잘되는 것을 보고) 자기도 그와 같이 되고 싶은 마음이 많다. ¶ 다복한 그의 집안이 못내 부럽다. **부러이** 부.
부레 명 ①물고기의 배 속에 있는 공기주머니. 〔몸의 비중을 조절하는 구실을 함.〕 부낭(浮囊). 어표(魚鰾). ②〈부레풀〉의 준말.
부레-끓다 [-끌타] 자 몹시 성이 나다.
부레끓-이다 [-끄리-] 타 〖'부레끓다'의 사동〗 부레끓게 하다.
부레-뜸 명하타 연줄을 빳빳하고 억세게 하기 위하여 부레 끓인 물을 먹이는 일.
부레-질 명하타 부레풀로 물건을 붙이는 일.
부레-풀 명 말린 민어의 부레를 끓여서 만든 풀. 붙는 힘이 매우 강하여 목기(木器)를 붙이는 데 흔히 씀. 어교(魚膠). 어표교(魚鰾膠). 준 부레.
부력(浮力) 명 유체(流體) 속에 있는 물체를 떠오르게 하는 유체의 힘.
부:력(富力) 명 부(富)의 정도나, 부로 말미암아 얻어지는 힘. 재력(財力).
부:련(副輦) 명 거둥 때 임금이 탄 연보다 앞서 가던 빈 연. ↔정련(正輦).

부ː렴(賦斂) 명 하타 조세를 매겨서 거둠.
부령(部令) 명 행정 각부 장관이 소관 사무에 관하여 내는 법령.
부ː령(副令) 명 조선 시대에, 종친부(宗親府)에 둔 종오품 벼슬.
부ː령(副領) 명 대한 제국 때, 무관 계급의 하나. 정령(正領)의 아래, 참령(參領)의 위.
부로(父老) 명 한 동네에서 나이가 많은 어른을 높이어 일컫는 말.
부로(俘虜) 명 ☞포로(捕虜).
부ː록(附錄) 명 ①책의 끄트머리 등에 참고 자료로 덧붙이는 인쇄물. ¶ 권말(卷末) 부록. ②책이나 잡지와는 별도로, 덤으로 붙여 따로 내는 책이나 물건. ¶ 별책 부록.
부룡(浮龍) 명 절의 법당 같은 곳의 천장에 만들어 놓은 용 모양의 장식. 뜬용.
부루 부 한꺼번에 없애지 아니하고 오래가도록 늘려서.
부루-나가다 자 (일정한 기간에 써서 없어질 분량의 물건이) 그 기간이 다 지났는데도 좀 남아 있게 되다.
부루-말 명 '흰말'의 잘못.
부루-퉁이 명 불룩하게 불거져 나온 물건.
부루퉁-하다 형여 ①부어올라 불룩하다. ②불만스러운 빛이 얼굴에 나타나 있다. ¶ 동생은 뭐가 불만인지 종일 부루퉁한 표정으로 말도 안 한다. 작보로통하다. 센뿌루퉁하다. **부루퉁-히** 부.
부룩 명 보리밭이나 채소밭 따위의 밭두둑 사이나 빈 자리에 다른 종류의 농작물을 듬성듬성 심는 일. 비대우.
부룩(을) 박다〔치다〕 관용 곡식이나 채소를 심은 두둑 사이사이에 다른 것을 듬성듬성 더 심다.
부룩-소[-쏘] 명 작은 수소.
부룩-송아지[-쏭-] 명 아직 길들지 않은 송아지.
부릇[-륻] 명 무더기로 놓인 물건의 부피. ¶ 쌀가마의 부릇이 엄청나게 크다. *부릇이[-루시]·부릇만[-룬-]
부릇-동[-루똥/-룯똥] 명 상추의 줄기.
부류(浮流) 명 하자 물 위에 떠서 흐름.
부류(部類) 명 어떤 공통적인 성격 등에 따라 나눈 갈래. ¶ 그런 부류의 사람이라면 딱 질색이다.
부류^기뢰(浮流機雷) [-뢰/-뤠] 명 ①부낭 따위에 매어 적함(敵艦)의 통로나 정박지에 부류시키는 기뢰. ②매어 둔 줄이 끊어져 흘러 나간 기뢰.
부르-걷다[-따] 타 옷소매나 바짓가랑이를 힘차게 걷어 올리다.
부르다[1] [부르니·불러] 타르 ①(말이나 글 따위로) 남을 오라고 하다. ¶ 엄마가 아이를 손짓하여 부른다. ②노래를 하다. ¶ 노래를 부르다. ③물건 값을 말하다. ¶ 비싸게 부르다. ④소리를 내어 외치다. ¶ 다 같이 만세를 부릅시다. ⑤무엇이라고 가리켜 말하거나 이름을 붙이다. 일컫다. ¶ 저 산을 개골산이라고 부릅니다. ⑥이름 따위를 읽으며 대상을 확인하다. ¶ 출석을 부르다. ⑦(말이나 행동이 어떤 일을) 초래하다. ¶ 화를 부르다. /피는 피를 부른다.
부르다[2] [부르니·불러] 형르 ①배 속이 차서 가득하다. ¶ 너무 많이 먹었더니 배가 몹시 부르다. ②불룩하게 부풀거나 내민 상태에 있다. ¶ 아이를 가져 배가 부르다.
부르-대다 자 (남을 나무라기나 하는 것처럼) 야단스럽게 떠들어 대다.
부르르 부 하자 ①춥거나 무섭거나 하여 몸을 움츠리면서 가볍게 떠는 모양. ¶ 온몸이 부르르 떨리다. ②좁은 그릇에서 물이 끓어오르는 모양, 또는 그 소리. ③한데 모인 나뭇개비에 불이 붙어 타오르는 모양. 작보르르. 센푸르르.
부르릉 부 자동차 따위의 발동을 걸 때 나는 소리. **부르릉-부르릉** 부 하자타.
부르릉-거리다 자타 자꾸 부르릉부르릉하다. 부르릉대다.
부르릉-대다 자타 부르릉거리다.
부르주아(bourgeois 프) 명 자본가. 자본주의 사회의 부자. ↔프롤레타리아.
부르주아^국가(bourgeois國家) [-까] 명 부르주아가 지배권을 가진 국가.
부르주아^문학(bourgeois文學) 명 시민 문학.
부르주아^사회(bourgeois社會) [-회/-훼] 명 ①시민 사회. ②자본주의 사회.
부르주아지(bourgeoisie 프) 명 계급으로서의 부르주아를 이르는 말. 〔오늘날에는 자본가 계급을 뜻함.〕 시민 계급. 유산 계급(有產階級). ↔프롤레타리아트.
부르주아^혁명(bourgeois革命) [-형-] 명 부르주아지가 주체가 되어 봉건제를 넘어뜨리고 자본주의 사회 체제를 세운 혁명. 〔프랑스 혁명이나 영국 시민 혁명 등이 대표적인 예.〕 시민 혁명.
부르-쥐다 타 (주먹을) 힘을 들여 쥐다.
부르-짖다[-짇따] 자 ①큰 소리로 외치거나 말하다. ¶ 만세를 부르짖다. ②어떤 의견이나 주장을 열렬히 말하다. ¶ 여권 신장을 부르짖다. ③원통한 사정을 큰 소리로 말하다. ¶ 울며 부르짖다.
부르카(burqa) 명 전통적으로 이슬람 여성들이 얼굴을 가리기 위하여 걸치는 천.
부르터-나다 자 감추어져 있던 일이 드러나다. ¶ 묵은 병폐가 부르터나다.
부르트다[부르트니·부르터] 자 ①살가죽이 들뜨고 속에 물이 괴다. ¶ 발바닥이 부르트다. ②물것에 물려 살이 도톨도톨하게 부어오르다. 준부릍다.
부름자리-토씨[-짜-] 명 ☞호격 조사.
부름-켜 명 ☞형성층(形成層).
부릅뜨다[부릅뜨니·부릅떠] 타 (보기 사납도록) 눈을 크게 뜨다. ¶ 눈을 부릅뜨고 호령하다.
부릍다[-름따] 자 〈부르트다〉의 준말. *부릍는[-른-]
부리[1] 명 ①새나 짐승의 주둥이. 구문(口吻). ②물건의 끝이 뾰족한 부분. ¶ 총의 부리. ③병이나 자루 따위의, 한 끝의 열린 부분. ¶ 호리병의 부리.
부리(가) 잡히다 관용 종기가 곪느라고 한가운데가 뾰족해지다.
부ː리[2] 명 '(한 집안의) 조상의 혼령이나 대대로 모시는 귀신'을 무당이 일컫는 말.
부ː리(附利) 명 이자가 붙음.
부리나케 부 몹시 급하게. ¶ 밥을 먹자마자 부리나케 달려갔다.
부리다[1] 타 ①(사람을 시켜) 일을 하게 하다. ¶ 일꾼을 부리다. ②(마소 따위를 몰아서) 일을 시키다. ¶ 소를 부리다. ③(기계나 기구 따위를) 조종하다. ¶ 차를 부리다. ④(재주나 꾀를) 피우다. ¶ 요술을 부리다. ⑤(행동이나 성질 따위를) 계속 드러내거나 보이다. ¶ 고집을 부리다.
부리다[2] 타 ①(마소·수레·자동차·배 등에 실려 있는 짐을) 내려놓다. ¶ 부두에 화물을 부리다. ②활에서 시위를 벗기다.
부리-망(-網) 명 가는 새끼로 그물처럼 얽어서 소의 주둥이에 씌우는 물건.

부리-부리 부 하형 눈망울이 크고 담찬 기운이 있음. ¶ 부리부리한 눈이 시원스럽다.
부리-이다 자 〖'부리다'의 피동〗 남으로부터 부림을 받다.
부린-활 명 시위를 벗긴 활. ↔얹은활.
부림-꾼 명 남에게 부림을 받는 사람.
부림-말 명 ☞목적어(目的語).
부림-자리 [-짜-] 명 ☞목적격(目的格).
부림자리-토씨 [-짜-] 명 ☞목적격 조사.
부마(夫馬) 명 마부와 말.
부ː마(付魔) 명 하자 귀신이 들림.
부ː마(副馬) 명 필요에 따라 갈아타기 위하여 네 비로 함께 끌고 다니는 말.
부ː마(駙馬) 명 〈부마도위〉의 준말.
부ː마-도위(駙馬都尉) 명 임금의 사위. 국서(國壻). 준부마.
부ː마-자(付魔者) 명 귀신이 들린 사람.
부말(浮沫) 명 물거품.
부ː망(副望) 명 조선 시대에, 삼망(三望) 가운데서 둘째를 이르던 말.
부ː망(敷網) 명 ☞들그물.
부맥(浮脈) 명 피부에 손끝을 대기만 해도 뛰는 것을 쉽게 알 수 있는 맥. ↔침맥(沈脈).
부맥(浮麥) 명 밀의 쭉정이.
부ː메랑^효ː과(boomerang效果) 명 선진국이 개발도상국에 경제 원조나 투자를 한 결과, 그 나라의 생산이 수요를 초과함으로써 선진국으로 역수출(逆輸出)되어, 선진국의 해당 산업과 경쟁하게 되는 일.
부면(部面) 명 (어떤 것을) 여러 부분으로 나눈 것 중의 한 면. ¶ 물리적인 부면에 관한 일.
부명(父名) 명 아버지의 이름.
부명(父命) 명 아버지의 명령. 부교(父敎).
부명(浮名) 명 ☞허명(虛名).
부ː명(富名) 명 큰 부자로서의 명성.
부모(父母) 명 아버지와 어머니. 어버이. 양친. ¶ 부모를 공경하다. 높고당.
부모-국(父母國) 명 ☞조국(祖國).
부모-상(父母喪) 명 아버지나 어머니를 여의어 치르는 상사. 친상(親喪).
부ː목(負木) 명 절에서 땔나무를 하는 사람.
부목(浮木) 명 물 위에 떠다니는 나무.
부ː목(副木) 명 팔다리가 부러지거나 했을 때, 뼈나 근육을 고정시키기 위하여 일시적으로 대는 나무.
부ː목(腐木) 명 썩은 나무.
부ː문(赴門) 명 하자 지난날, 과거를 보기 위하여 과장(科場)에 들어가던 일.
부ː문(訃聞) 명 사람이 죽었다는 소식. 부음(訃音). ¶ 부문을 듣다.
부문(浮文) 명 진실성이 없는, 경박한 문장.
부문(部門) 명 전체를 여러 가지로 갈라 분류한 하나하나의 부분. ¶ 노벨상 문학 부문에서 수상하다.
부민(浮民) 명 이리저리 떠돌아다니는 백성. ¶ 경제가 혼란에 빠지자 부민이 늘어났다.
부ː민(富民) 명 생활이 넉넉한 국민.
부ː바 Ⅰ 명 하자 〈어부바〉의 준말.
Ⅱ 감 〈어부바〉의 준말.
부박(浮薄) '부박하다'의 어근.
부박-하다(浮薄-) [-바카-] 형 여 실없고 경솔하다. ¶ 행동거지가 부박하다.
부ː방(赴防) 명 하자 조선 시대에, 서북의 변경을 방비하기 위하여 파견 근무를 하던 일.
부방(趺方) 명 신주(神主) 밑에 까는 네모 받침.
부-방파제(浮防波堤) 명 파도를 막기 위하여 항만의 일정한 곳에 잇대어 놓은 뗏목이나 방주 따위.
부ː-배합(富配合) 명 하타 시멘트와 모래·자갈을 섞어 콘크리트를 만들 때, 시멘트를 정해진 분량보다 많이 섞는 배합. ↔빈배합.
부ː벽(付壁) 명 벽에 붙이는 그림이나 글씨.
부ː벽-서(付壁書) [-써] 명 벽에 붙이는 글씨.
부별(部別) 명 하타 ①전체를 몇 부서로 나누는 일. ②부서마다 따로따로 함. ¶ 부별 연수회.
부ː별(賦別) 명 하타 나누어 배당함. 할당.
부ː병(富兵) 명 ☞강병(強兵).
부ː보(訃報) 명 ☞부고(訃告).
부보(部譜) 명 합주할 때의 각 성부(聲部)별 연주자의 악보.
부ː보-상(負褓商) 명 ☞보부상.
부ː복(俯伏) 명 하자 고개를 숙이고 엎드림. ¶ 제단(祭壇) 아래 부복하다.
부ː본(副本) 명 원본을 복사하거나 베낀 것. 부서(副書). ↔정본(正本).
부부(夫婦) 명 남편과 아내. 내외[1]. 부처(夫妻). 높내외분.
부부 싸움은 칼로 물 베기 속담 〔칼로 물을 베어도 흔적이 없듯이〕 내외간의 싸움은 아무 일도 없었던 것처럼 곧 화합한다는 말.
부부-간(夫婦間) 명 ☞내외간(內外間).
부부-성(夫婦星) 명 견우성과 직녀성을 아울러 이르는 말.
부부-애(夫婦愛) 명 부부 사이의 사랑.
부부-유별(夫婦有別) 명 하형 오륜(五倫)의 하나. 부부 사이에는 엄격히 지켜야 할 인륜의 구별이 있음.
부-부인(府夫人) 명 조선 시대에, 외명부(外命婦)의 한 품계. 정일품인 왕비의 어머니와 대군의 아내의 칭호.
부부^재산제(夫婦財產制) 명 혼인으로 인해 생기는 부부간의 재산 관계를 규정하는 제도.
부부지약(夫婦之約) 명 ☞약혼(約婚).
부부지정(夫婦之情) 명 부부간의 애정.
부분(部分) 명 전체를 몇으로 나눈 것 중의 하나. ↔전체.
부분^그늘(部分-) 명 ☞반암부(半暗部).
부분^사회(部分社會) [-회/-훼] 명 (전체 사회에 대하여) 사회를 이루는 요소로서의 일정한 조직 집단.
부분^색맹(部分色盲) [-생-] 명 일부분의 색만을 가리지 못하는 색맹. 참전색맹(全色盲).
부분-식(部分蝕) 명 일식과 월식에서, 해나 달의 일부분만 가려지는 현상. 준분식(分蝕). ↔개기식.
부분^월식(部分月蝕) [-씩] 명 달의 일부분만이 가려지는 월식 현상. ↔개기 월식.
부분^일식(部分日蝕) [-씩] 명 해의 일부분만이 가려지는 일식 현상. ↔개기 일식.
부분-적(部分的) 관 명 전체가 아닌 한 부분에만 한정되는 (것). ¶ 부분적 기능. /부분적으로 나타나는 현상. ↔전체적.
부분^집합(部分集合) [-지팝] 명 어떤 집합이 다른 집합에 속하거나 같거나 할 때, 그 다른 집합에 대하여 어떤 집합을 이르는 말.
부분-품(部分品) 명 기계 따위의 전체의 한 부분을 이루는 물품. 준부품.
부ː불(賦拂) 명 하타 여러 차례 나누어 지급함.
부ː불^신ː용(賦拂信用) 명 상품을 미리 건네주고, 돈은 일정한 기간 안에 여러 차례 나누어 받는 일.

부ː-비강(副鼻腔)명 (콧속에서 이어져) 두개골에 있는 공기 구멍. 점막으로 싸여 있음.
부ː비강-염(副鼻腔炎)[-념]명 축농증.
부비다타 '비비다'의 잘못.
부비-대다타 '비비대다'의 잘못.
부ː비^트랩(booby trap)명 사람이나 물체가 건드리면 터지도록 보이지 않게 위장하여 설치한 장치.
부빙(浮氷)명 ①물 위에 떠 있는 얼음덩이. ②하자 강에서 얼음 조각을 떠냄.
부사(父師)명 아버지와 스승, 또는 아버지 겸 스승.
부사(府使)명 대도호부사(大都護府使)나 도호부사를 두루 일컫던 말.
부ː사(副使)명 정사(正使)를 수행하면서 보좌하던 사신(使臣).
부ː사(副詞)명 주로 용언(用言) 앞에 쓰이어, 그 용언의 뜻을 분명히 한정하는 말. 문장에서 수식어 구실을 하는데, 쓰임에 따라 성분 부사(성상·의태·의성·지시·부정 부사), 문장 부사, 접속 부사로 나뉨. 〔'잘 달리다.', '매우 뜨겁다.', '데굴데굴 굴러 가다.'에서의 '잘·매우·데굴데굴' 따위.〕 어찌씨.
부ː사-격(副詞格)[-껵]명 문장에서, 체언이 부사어 구실을 하게 하는 조사의 성격.
부ː사격^조ː사(副詞格助詞)[-껵쪼-]명 문장의 체언 뒤에 붙어서, 그 체언이 용언을 꾸미도록 하는 조사. 〔'집에서 논다.', '나더러 하란다.', '바다로 가자.', '삽으로 파다.', '소처럼 억세다.' 등에서 '에서·더러·로·으로·처럼' 따위.〕 어찌자리토씨.
부ː사-관(副士官)명 국군의 준사관(准士官)과 병(兵) 사이의 계급인 하사·중사·상사·원사를 통틀어 이르는 말.
부ː사-구(副詞句)[-꾸]명 문장에서 부사처럼 용언을 꾸미는 구. 〔'너는 더 빨리 걸어라.'에서의 '더 빨리' 따위.〕
부사리명 머리로 잘 떠받는 버릇이 있는 황소.
부ː사-어(副詞語)명 문장에서 주로 용언을 한정하며, 경우에 따라서는 관형사·부사 또는 문장 전체를 한정하기도 하는 말. 부사, 부사의 구실을 하는 단어·어절·관용어, 체언에 부사격 조사가 붙은 말, 용언의 명사형 또는 명사절에 부사격 조사가 붙은 말, 형용사의 어간에 어미 '-게'가 붙은 말 등이 부사어가 됨. 〔'몹시 춥다.', '먹을 만큼 먹었다.', '아이들이 놀이터에서 놀고 있다.', '고집이 세게 생겼다.'에서의 '몹시·먹을 만큼·놀이터에서·고집이 세게' 따위.〕
부ː-사장(副社長)명 회사에서 사장 다음가는 지위, 또는 그 지위에 있는 사람.
부ː사-절(副詞節)명 문장에서 용언을 한정하여 부사어 구실을 하는 절. 〔'세월이 물이 흐르듯 흐른다.', '꽃잎이 소리도 없이 떨어진다.', '나는 혀가 닳도록 타일렀다.'에서 '물이 흐르듯'·'소리도 없이'·'혀가 닳도록' 따위.〕
부사지(父事之)명하타 (아버지뻘 되는 어른을) 아버지처럼 대접함.
부ː사-형(副詞形)명 용언이 활용할 때, '-아(어)·-게·-지·-고' 등의 어미가 붙어 부사의 구실을 하는 어형(語形). 어찌꼴.
부산명하형스형 급하게 서두르거나 시끄럽게 떠들어 어수선함. ¶ 부산을 떨다. /잔치 준비로 온 집안이 부산하다.
부ː-산물(副產物)명 ①어떤 제품을 만드는 과정에서, 그에 딸려 얻어지는 다른 산물. ②어떤 일의 발생이나 진행에 따라서 일어나는 다른 일.
부산-처(不山處)명 산이 없는 곳, 곧 평야 지대.
부-삽명 아궁이의 재를 치거나 불을 담아 옮기는데 쓰는 작은 삽. 화삽.
부삽(浮澁) '부삽하다'의 어근.
부삽-하다(浮澁-)[-사파-]형여 반죽 같은 것이 단단하지 않고 부슬부슬하다.
부상(父喪)명 ☞부친상. ↔모상(母喪).
부ː상(付上)명하타 편지나 물건 따위를 웃어른에게 부쳐 드림.
부상(扶桑)명 동쪽 바다의 해가 뜨는 곳에 있다고 하는 신령스러운 나무, 또는 그것이 있다는 곳.
부ː상(負商)명 등짐장수. 참보부상.
부ː상(負傷)명하자 몸에 상처를 입음. 상이(傷痍). ¶ 부상을 당하다.
부상(浮上)명하자 ①물 위로 떠오름. ¶ 잠수함이 부상하다. ②어떤 현상이나 일이 관심의 대상이 되거나, 어떤 사람이 보다 나은 위치로 올라섬. ¶ 우승 후보로 부상하다.
부ː상(副賞)명 정식의 상 외에 따로 덧붙여서 주는 상. ¶ 오십만 원을 부상으로 받다.
부ː상(富商)명 자본이 넉넉한 상인.
부상-국(扶桑國)명 중국의 전설에서, 동쪽 바다 속에 있다고 일컬어진 나라.
부ː상-자(負傷者)명 다쳐서 상처를 입은 사람.
부생(浮生)명 덧없는 인생.
부ː생(復生)명하자되자 ①없어졌던 것이 다시 생겨남. ②☞부활. 소생(蘇生).
부ː생(腐生)명 ☞사물 기생(死物寄生).
부생모육(父生母育)명하자 〔'아버지는 낳게 하고 어머니는 낳아 기름'의 뜻에서〕 어버이가 (나를) 낳아 길러 줌.
부ː생^식물(腐生植物)[-싱-]명 부생하는 식물. 〔박테리아·균류 등의 대부분이 이에 딸림.〕
부생지론(傅生之論)명 사형 죄에 이의(異議)가 있을 때, 감형(減刑)을 주장하는 변론.
부서(父書)명 아버지가 씀. 〔아버지가 아들에게 주는 편지 글 끝에 쓰는 말.〕
부서(夫壻)명 ☞남편.
부서(附書)명 훈민정음에서, 중성(中聲)인 모음은 초성(初聲)의 아래나 오른쪽에 붙여서 쓴다는 표기 방식. 참병서(竝書)·연서(連書).
부ː서(符書)명 ☞부참(符讖).
부서(部署)명 (일정한 조직체 안에서) 일의 성격에 따라 여럿으로 나누어진 구실, 또는 장소. ¶ 담당 부서. /생산 부서.
부ː서(副書)명 ☞부본(副本).
부ː서(副署)명하자 법령이나 조약 따위를 새로 제정할 때, 그 문서에 대통령이 서명한 뒤를 따라 각 국무 위원이 서명하는 일.
부ː서(賦序)명 한문 문체의 하나. 부(賦)에 붙이는 서시(序詩).
부서-뜨리다타 〈부스러뜨리다〉의 준말.
부서-지다자 ①(단단한 물건이) 깨어져 조각이 나다. ¶ 뼈가 부서지다. 작바서지다. ②(일정한 형체의 것이) 망그러지다. ¶ 책상이 부서지다. ③희망이나 기대 따위가 어그러지다. ¶ 우승의 꿈이 산산이 부서지다. ④부스러지다. ¶ 과자가 부석부석 부서지다. ⑤액체가 다른 물체에 세게 부딪쳐 사방으로 흩어지다. 또는, 빛이 반사되어 눈부시게 퍼지다. ¶ 파도가 부서지는 바위섬.
부서-트리다타 〈부스러트리다〉의 준말.
부석부하자타 물기 없는 물건이 부스러질 때 나는 소리, 또는 그 모양. 작보삭. 센부썩1·뿌석.
부석-부석부하자타.

부석(斧石)명 칼슘이나 알루미늄 따위가 들어 있는 규산염 광물. 도끼 모양이며, 붕소를 함유하고 있는 것이 특징임.
부석(浮石)¹명 ①☞속돌. ②물 위에 일부분만 드러나 있어, 떠 있는 것처럼 보이는 암석.
부석(浮石)²명 ①하자 산의 바위를 깨어 석재(石材)로 뜨는 일. 채석(採石). ②공사에 쓰고 남은 석재.
부:석(剖析)명하타 ①쪼개어 가름. ②해결함.
부석-거리다[-꺼-]자타 자꾸 부석부석하다. 부석대다. 작보삭거리다.
부석-대다[-때-]자타 부석거리다.
부석-부석[-뿌-]부하형 살이 윤기 없이 부어오른 모양. 작보삭보삭.
부석-종(浮石宗)[-쫑]명 '화엄종'의 딴 이름.
부석-하다[-서카-]형여 살이 제법 부은 듯하다. ¶ 며칠 앓더니 얼굴이 부석해졌다.
부선(浮選)명 〈부유 선광〉의 준말.
부-선거(浮船渠)명 부침(浮沈)이 가능한 선박 수리용의 부양식(浮揚式) 독(dock).
부-선망(父先亡)명하자 아버지가 어머니보다 먼저 죽음. ↔모선망.
부:설(附設)명하타되자 딸리어 설치함. ¶ 공장에 기숙사를 부설하다.
부설(浮說)명 ☞부언(浮言). 표설(漂說).
부:설(敷設)명하타되자 (철도·해저 전선·기뢰 따위를) 설치함. ¶ 철도를 부설하다.
부:설-권(敷設權)[-꿘]명 철도 따위를 부설할 수 있는 권리. ¶ 외국에 철도 부설권을 주다.
부:설^수뢰(敷設水雷)[-뢰/-뤠]명 (적의 함선을 폭파할 목적으로) 바다에 부설해 놓은 수뢰. 기계 수뢰.
부:설-함(敷設艦)명 기계 수뢰를 싣고 다니면서 필요한 곳에 부설하는 일을 맡은 군함.
부섬(富贍) '부섬하다'의 어근.
부:섬-하다(富贍-)형여 재물이나 학식이 넉넉하고 풍족하다.
부성(父性)명 (자식에 대해) 아버지로서 지니는 성질. ↔모성(母性).
부성(富盛) '부성하다'의 어근.
부:성(賦性)명 ☞품성(稟性).
부:-성분(副成分)명 주성분에 딸린 성분. ↔주성분.
부성-애(父性愛)명 자식에 대한 아버지의 사랑. ↔모성애.
부:성-하다(富盛-)형여 재산이 넉넉하다.
부세(浮世)명 덧없는 세상. 뜬세상.
부:세(賦稅)명하타 세금을 매겨서 물림.
부셸(bushel)의 야드파운드법에서, 주로 밀이나 과실의 용량을 나타내는 데 쓰는 단위. 1부셸은 8갤런.
부:소(赴召)명하자 임금의 부름을 받고 그 앞에 나아가거나 나옴.
부:속(附屬)명하자되자 주된 것에 딸려 있음. ¶ 부속 기관.
부속(部屬)명하자되자 어떤 부류나 부문에 딸림.
부:속-기(附屬器)[-끼]명 ①딸려 있는 기관(器官). ②자궁에 딸려 있는 난관(卵管)과 난소(卵巢)를 아울러 이르는 말.
부:속-물(附屬物)[-송-]명 딸리어 있는 물건.
부:속^병:원(附屬病院)[-뼝-]명 (의학 연구와 환자 치료를 목적으로) 의과 대학에 부설한 병원.
부:속-서류(附屬書類)[-써-]명 주된 서류에 첨부하여 딸린 서류.
부:속^성분(附屬成分)[-썽-]명 문장에서 주성분의 내용을 수식하거나 한정하는 성분. 관형어와 부사어가 이에 딸림. 종속 성분. 참주성분·독립 성분.
부:속-실(附屬室)[-씰]명 ①어떤 방에 딸린 방. ②비서직에 해당하는 일을 하는 방.
부:속-품(附屬品)명 (어떤 기계나 기구의) 본체에 딸린 물건.
부:속-학교(附屬學校)[-소칵꾜]명 (교육 연구와 교육 실습을 위하여) 대학 등에 부설한 학교. 〔부속 중학교·부속 고등학교 등.〕
부:속-해(附屬海)[-소케]명 육지 또는 반도(半島)나 섬으로 둘러싸인 바다.
부-손명 화로에 꽂아 두고 쓰는 작은 부삽.
부:송(付送)명하타 물건을 부쳐서 보냄.
부쇠명 〈옛〉 부시. ¶ 부쇠: 火鎌(譯解下*18*).
부:수(附隨)명하자.타되자 주되는 것에 따라감, 또는 따라서 일어남. ¶ 권리에는 의무가 부수되는 법이다.
부수(俘囚)명 ☞포로(捕虜).
부:수(負數)명 '음수(陰數)'의 구용어.
부수(部首)명 한문 자전(字典)에서 글자를 찾는 데 편리하도록 분류하여 나타낸 자획(字畫)의 공통 부분. 〔'部·趙·達' 등에서의 '阝·走·辶' 따위.〕
부수(部數)[-쑤]명 책·신문·잡지 등의 수효. ¶ 발행 부수. /주문 부수.
부:수(副帥)명 ☞부장(副將).
부수다타 ①조각이 나게 두드려 깨뜨리다. 깨다⁴. ¶ 낡은 담장을 부수다. 작바수다. ②(일정한 형체의 것을) 망가뜨리다. ¶ 열쇠가 없어 문을 부수고 들어갔다. 준봇다².
부수-뜨리다타 힘 있게 부수어 버리다. 부수트리다.
부:수-비용(附隨費用)명 주된 비용에 부수하는 비용.
부수^식물(浮水植物)[-싱-]명 물에 떠서 사는 수생 식물(水生植物)의 한 가지. 〔개구리밥·마름 따위.〕 부엽 식물.
부:-수입(副收入)명 (기본 수입 외에) 부업 따위로 얻어지는 수입. 참잡수입.
부:수-적(附隨的)관명 무엇에 종속적으로 따르는 (것). ¶ 부수적 조건. /부수적인 효과.
부수-지르다[~지르니·~질러]타르 사정없이 마구 부수다. 작바수지르다.
부:수-청령(俯首聽令)[-녕]명하자 윗사람의 위엄에 눌려 고분고분 명령에 따름.
부수-트리다타 부수뜨리다.
부슷그리다자 〈옛〉 수다스럽게 떠들다. ¶ 揚雄이 또 河東賦를 지서 뒷노니 오직 부슷그려 하놀로 올여 보내요몰 기들오노라(杜初*21:11*).
부숭-부숭부하형 ①(잘 말라서) 물기가 없고 부드러운 모양. ②(얼굴이나 살결이) 때가 빠지고 부드러운 모양. ③살이 부어오른 모양. 작보송보송.
부:스(booth)명 칸막이한 자리나 좌석.
부스-대다자 ①가만히 있지 못하고 자꾸 군짓을 하다. ②자꾸 부스럭부스럭 소리를 내다. ¶ 부스대지 말고 좀 조용히 해! 작바스대다.
부스러기명 잘게 부스러진 물건. ¶ 과자 부스러기. 작바스라기.
부스러-뜨리다타 부스러지게 하다. 부스러트리다. 준부서뜨리다. 작바스러뜨리다.
부스러-지다자 ①(어떤 물체가) 깨어져 잔 조각이 나다. ¶ 과자가 부스러지다. ②덩이를 이룬 것이 흐슬부슬 헤지다. 작바스러지다.

부스러-트리다타 부스러뜨리다. 준부서트리다. 작바스러트리다.

부스럭부하자타 마른 검불이나 종이 따위를 밟거나 뒤적일 때 나는 소리. 작보스락. 센뿌스럭. 참버스럭. **부스럭-부스럭**부하자타.

부스럭-거리다[-꺼-]자타 자꾸 부스럭부스럭하다. 부스럭대다. 작보스락거리다.

부스럭-대다[-때-]자타 부스럭거리다.

부스럭지명 '부스러기'의 잘못.

부스럼명 피부에 나는 여러 가지 종기를 통틀어 이르는 말.

부스스부 ①부스러기가 헤지는 모양, 또는 그 소리. ②(앉았거나 누웠다가) 천천히 몸을 일으키는 모양. ③하형 머리털 같은 것이 몹시 헝클어져 꺼벙한 모양. ¶ 자다 일어났는지 머리가 부스스하다. 푸시시. 작바스스.

부:스터-국(booster局)명 방송의 수신이 곤란한 지역에 설치되는, 중계용 텔레비전 방송국.

부슬-부슬부 ①하자 눈이나 비가 가늘고 성기게 하염없이 내리는 모양. ¶ 가을비가 부슬부슬 내리는 아침. ②하형 덩이가 쉽게 부스러지는 모양, 또는 덩이를 이루려 해도 물기가 적어서 잘 엉기지 않는 모양. ¶ 밀가루 반죽이 말라서 부슬부슬 떨어진다. 작보슬보슬. ②거푸슬푸슬.

부슬-비명 부슬부슬 내리는 비. 작보슬비.

부시명 부싯돌을 쳐서 불똥이 일어나게 하는 쇳조각. 수금(燧金). 화도(火刀).

부시(를) 치다관용 부시로 부싯돌을 쳐서 불을 일으키다.

부시(罘罳)명 참새나 비둘기 따위의 새가 앉지 못하게 전각(殿閣)의 처마에 치는 철망.

부:시(俯視)명하타 ☞부감(俯瞰).

부시(婦寺)명 고려·조선 시대에, 궁중에서 일을 보는 여자와 환관(宦官)을 아울러 일컫던 말.

부:시(副試)명 고려·조선 시대에, 과거의 시험관으로, 상시(上試)의 다음 자리.

부시(麩豉)명 밀기울로 만든 된장.

부시다[1]타 ①그릇 따위를 깨끗이 씻다. ¶ 먹고 난 그릇을 부시다. ②'부수다'의 잘못.

부시다[2]형 (빛살이나 빛깔이 강렬하여) 마주 보기가 어렵도록 눈이 어리어리하다. ¶ 눈이 부시도록 파란 가을 하늘.

부시시부하형 '부스스'의 잘못.

부시-쌈지명 부시·부싯돌·부싯깃 등을 넣는 쌈지.

부시-통(-桶)명 부시·부싯돌·부싯깃 등을 넣어 두는 작은 통.

부식(扶植)명하타되자 ①〔뿌리를 박아 심는다는 뜻으로〕 어떠한 곳에 영향력이나 힘의 기틀을 마련함. ¶ 당내(黨內)에 세력을 부식하다. ②도와서 서게 함.

부:식(副食)명 〈부식물〉의 준말. ↔주식(主食).

부:식(腐植)명 동식물이 흙 속에서 썩어, 불완전하게 분해하여 이루어진 흑갈색의 물질.

부:식(腐蝕)명하자타되자 ①썩어 문드러짐. ②금속 따위의 표면을 약품의 작용으로 변화시키는 일. ¶ 동판을 부식하다.

부:식-니(腐植泥)[-싱-]명 부식질로 된 호수 바닥의 퇴적물.

부:식^동판(腐蝕銅版)[-똥-]명 ☞에칭.

부:-식물(副食物)[-싱-]명 주식에 곁들여서 먹는 음식. 반찬. 부식품. 준부식. ↔주식물.

부:식-비(副食費)[-삐]명 부식에 드는 비용. ↔주식비.

부:식-성(腐食性)[-썽]명 썩은 고기를 즐겨 먹는 동물의 식성.

부:식-제(腐蝕劑)[-쩨]명 조직에 작용하여 그것을 파괴하고 썩게 하는 약품. 〔산·알칼리·염산 따위.〕

부:식-질(腐植質)[-찔]명 식물질의 부패로 생기는 갈색 또는 암흑색의 물질.

부:식-층(腐植層)명 부식질이 많이 섞인 흙의 층.

부:식-토(腐植土)명 부식질을 20% 이상 포함하고 있는 흙. 썩은 흙. 대체로 녹색이나 갈색을 띠며 유기 성분이 많고 기름짐. 부토.

부:식-품(副食品)명 ☞부식물.

부:신(符信)명 지난날, 글자를 적고 도장을 찍은 나뭇조각이나 두꺼운 종잇조각을 둘로 쪼개어 서로 나누어 가졌다가 뒷날에 서로 맞추어서 증표로 삼던 물건.

부:신(副腎)명 좌우 신장 위에 한 쌍 있는 내분비 기관. 수질(髓質)과 그것을 둘러싼 피질(皮質)로 이루어짐. 결콩팥.

부:-신경(副神經)명 척추동물에 있는, 운동을 맡은 열한째의 뇌신경.

부:신경^마비(副神經痲痹)명 부신경의 마비로 일어나는 뇌신경 마비의 한 가지. 목이 기울어 비뚤어지는 증세를 나타냄.

부:신^수질(副腎髓質)명 부신의 중앙부를 이루고 있는 내분비 조직. 아드레날린을 분비함.

부:신-종(副腎腫)명 부신 피질 세포에 생기는 악성 종양.

부:신지우(負薪之憂)명 ☞채신지우(採薪之憂).

부:신지자(負薪之資)명 〔'나뭇짐이나 짊어질 하찮은 자질'이란 뜻으로〕 ①자신의 자질을 겸손하게 이르는 말. ②'보잘것없는 천한 출신'을 이르는 말.

부:신^피질(副腎皮質)명 부신의 바깥쪽을 둘러싸는 내분비 조직. 부신 피질 호르몬을 분비함.

부실(不實)명하형 ①믿음성이 적음. ②내용이 충실하지 못함. ¶ 부실 경영. ③몸이 튼튼하지 못함. ¶ 몸이 부실하다. ④곡식이 잘 여물지 못함. ¶ 벼 이삭이 부실하다.

부:실(副室)명 ☞작은집. ↔정실(正室).

부실-기업(不實企業)명 경영이 실하지 못하고 재정 상태가 불안정한 기업.

부실-화(不實化)명하자 내용이나 실속이 없게 됨.

부:심(副審)명 운동 경기에서 주심을 돕는 심판.

부:심(腐心)명하자 〔마음을 썩인다는 뜻으로〕 근심·걱정이 있거나 무엇을 생각해 내기 위해 몹시 애씀. ¶ 문제 해결을 위해 부심하다.

부싯-깃[-시낃/-싣낃]명 부시를 칠 때 불똥을 받아서 불을 붙이는 물건. 쑥 잎·수리취 등을 불에 볶아 비벼서 만듦. 화융(火絨). 준깃[4].
* 부싯깃이[-시끼시/-싣끼시]·부싯깃만[-시낀-/-싣낀-]

부싯-돌[-시똘/-싣똘]명 질이 단단하여 부시로 쳐서 불을 일으키는 데 쓰는 차돌의 하나. 수석(燧石). 화석(火石).

부끄리다자 〈옛〉 부끄러워하다. ¶ 善知識을 부끄리노라(圓覺下三之二97). 참붓그리다.

부썩[1]부하자타 〈부석〉의 센말. 작보싹.

부썩[2]부 ①외곬으로 우기는 모양. ②눈에 뜨이게 뚜렷이 나아가거나 늘어나거나 자라거나 줄어드는 모양. ¶ 키가 부썩 크다. 작바싹[2]. 참버썩[2].

부썩-부썩부 ¶ 성적이 부썩부썩 나아지고 있다.

부아명 ①☞폐장(肺臟). ②분한 마음. ¶ 부아가 나다. /부아를 내다. /부아가 치밀다. /부아를 돋우다.

부:아(副芽)명 ☞덧눈.

부아-통명 〈부아〉의 속된 말. ¶ 부아통이 터지다.
부:악(副萼)명 꽃받침의 바깥쪽에 잇대어 난 꽃받침 모양의 포엽(苞葉).
부:압(負壓)명 대기압보다 낮은 압력.
부앗-김[-아낌/-앋낌]명 부아가 일어나는 때. 《주로, '부앗김에'의 꼴로 쓰임.》 ¶ 부앗김에 편지를 찢어 버렸다.
부:앙(附-)명 〈부항(附缸)〉의 변한말.
부:앙(俯仰)명하타 ①아래를 내려다봄과 위를 쳐다봄. ②일상의 행동. 면앙(俛仰).
부:앙-기중기(俯仰起重機)명 ☞데릭 기중기.
부:앙-무괴(俯仰無愧)[-괴/-궤]명 (하늘에 대해서나 사람에 대해서나) 양심에 조금도 부끄러운 데가 없음.
부:앙-천지(俯仰天地)명하자 ☞앙천부지.
부액(扶腋)명하타 ☞곁부축.
부:약(負約)명하자 ☞위약(違約).
부:-약정(副約正)[-쩡]명 조선 시대에, 향약(鄕約)의 일을 맡아보던 직책의 한 가지. 도약정(都約正)의 아래.
부양(扶養)명하타되자 (생활 능력이 없는 사람의) 생활을 돌봄. ¶ 가족을 부양하다. 비생양(生養).
부양(浮揚)명하자타 가라앉은 것이 떠오름, 또는 떠오르게 함. ¶ 경기(景氣)를 부양하다.
부양-가족(扶養家族)명 (처자나 노부모 등) 자기가 생활을 돌보고 있는 가족.
부양-료(扶養料)[-뇨]명 ☞부양비.
부양-비(扶養費)명 부양하는 데 드는 비용. 부양료.
부양^의:무(扶養義務)명 법률상, 일정한 범위의 친족 간에 서로 지고 있는 생활 보장의 의무.
부양-책(浮揚策)명 침체된 경기(景氣)를 다시 일으키는 방책. ¶ 경기 부양책.
부어(浮魚)명 해면 가까이를 헤엄쳐 다니는 물고기. 〔다랑어·고등어·정어리 따위.〕
부:어(鮒魚)명 ☞붕어.
부어-내리다자타 비·햇빛 따위가 쏟아 붓듯이 한꺼번에 많이 내리거나 비치다.
부어-오르다[~오르니·~올라]자르 살갗 따위가 부어서 부풀어 오르다. ¶ 얼굴이 부어오르다.
부어-터지다자 ①부풀어서 터지다. ②'잔뜩 화가 나다'를 속되게 이르는 말. ¶ 부어터진 표정으로 온종일 투덜거린다.
부:언(附言)명하자타 덧붙여서 말함, 또는 그 말. ¶ 한마디 더 부언하고자 합니다.
부언(浮言)명 근거 없이 떠돌아다니는 말. 부설(浮說). 유언(流言). 표설(漂說).
부언(婦言)명 부녀자의 말씨. 여성의 말씨.
부언-낭설(浮言浪說)명 ☞유언비어.
부언-유설(浮言流說)[-뉴-]명 ☞유언비어.
부얼-부얼부 ①하형 살이 통통하게 찌고 탐스럽게 생긴 모양. ②'북슬북슬'의 잘못.
부업(父業)명 ①아버지의 직업 또는 사업. ②대대로 이어 내려오는 직업. 세업(世業). ¶ 나는 부업을 계승하고자 한다.
부업(婦業)명 여자가 하는 일. 여자의 직업.
부:업(副業)명 본업 외에 따로 가지는 직업. 여업(餘業). ↔본업(本業).
부엉-부엉부 부엉이의 우는 소리.
부엉-새명 ☞부엉이.
부엉-이명 올빼밋과의 새를 통틀어 이르는 말. 날개 길이 32 cm가량. 몸빛은 회색 바탕에 갈색 또는 담황색의 가는 가로무늬가 있음. 올빼미와 비슷한데, 눈은 크고 머리 꼭대기에 귀 모양의 깃털이 있음. 세계 각지에 분포함. 부엉새.
부엉이-살림명 자기도 모르는 사이에 부쩍부쩍 느는 살림.
부엉이-셈명 〔제 먹이도 제대로 찾아 먹지 못한다는 데서〕 이해관계에 어두운 셈.
부엌[-억]명 가정집에서, 음식을 만드는 곳. 준벜. *부엌이[-어키]·부엌만[-엉-]
부엌에서 숟가락을 얻었다속담 대단찮은 일을 하고서는 큰 공이나 세운 듯이 자랑함을 비유하여 이르는 말.
부엌-간(-間)[-억깐]명 부엌으로 쓰는 칸.
부엌-데기[-억떼-]명 부엌일을 맡아서 하는 여자를 속되게 이르는 말.
부엌-문(-門)[-엉-]명 부엌으로 드나드는 문.
부엌-비[-억삐]명 부엌에서 쓰는 비.
부엌-살림[-억쌀-]명 ①부엌에서 쓰는 온갖 세간. ¶ 부엌살림을 장만하다. ②식생활과 관련된 여러 가지 집안일. ¶ 부엌살림을 꾸려 나가다.
부엌-일[-엉닐]명하자 부엌에서 하는 일. 〔음식을 만들거나 설거지를 하는 일 따위.〕
부엌-칼[-억-]명 ☞식칼.
부여(夫餘·扶餘)명 ①중국 둥베이 지방에 살던 고대 민족의 하나. ②〈부여국〉의 준말.
부:여(附與)명하타되자 사람에게 권리·명예·임무 따위를 지니게 해 주거나, 사물이나 일에 가치·의의 따위를 붙여 줌. ¶ 동기 부여. /의미를 부여하다. /권리를 부여하다. 비부여(賦與).
부:여(賦與)명하타되자 나누어 줌. ¶ 하늘이 부여한 재능. 비부여(附與).
부여-국(夫餘國)명 고대 초기 국가의 하나. 부여족이 중국 둥베이 지방의 쑹화 강(松花江) 유역에 세운 나라로 494년에 고구려에 통합됨. 준부여.
부여-안다[-따]타 두 팔로 부둥켜안다.
부여-잡다[-따]타 붙들어 잡다. ¶ 도둑의 팔을 부여잡다. /어머니와 두 딸은 서로 손을 부여잡고 이별을 아쉬워하였다.
부:역(附逆)명하자 국가에 반역하는 일에 가담함. ¶ 6·25 전쟁 때 부역을 한 사람.
부:역(負役)명 국민이 지는 공역(公役)의 의무.
부:역(赴役)명하자 ①부역(賦役)을 치르러 나감. ②사사로이 서로 일을 도와줌.
부:역(賦役)명하자 국가나 공공 단체가 국민에게 의무적으로 지우는 노역(勞役). ¶ 부역에 동원되다.
부:역-자(附逆者)[-짜]명 부역한 사람.
부:연(附椽·婦椽)명 들연 끝에 덧얹는 짧고 네모진 서까래. 며느리서까래. 사연(師椽).
부:연(敷衍·敷演)명하타 (어떤 설명에 대하여) 덧붙여서 자세히 설명함. ¶ 부연 설명.
부:연-간판(附椽間板)명 부연 사이를 막아서 끼는 널조각.
부:연^개:판(附椽蓋板)명 부연 위에 덮어서 까는 널조각.
부:연^누르개(附椽-)명 부연의 뒷목을 눌러 박은 누르개.
부:연^추녀(附椽-)명 부연을 달기 위하여 이어 낸 추녀.
부엽(浮葉)명 물 위에 떠 있는 잎.
부엽^식물(浮葉植物)[-씽-]명 뿌리는 물속으로 내리고, 잎은 물 위로 뜨는 식물. 부수 식물.
부:엽-토(腐葉土)명 낙엽 따위가 썩어서 된 흙. 원예 비료로 쓰임.
부영(浮榮)명 (세상의) 덧없는 영화.

부ː-영사(副領事)명 총영사관이나 영사관에서 영사를 보좌하는 외교관.
부ː영양-호(富營養湖)명 물속에 영양분이 풍부하고, 많은 플랑크톤이 살고 있는 호소(湖沼). 대체로 깊이가 얕고, 물은 녹색 또는 황록색을 띰. ↔빈영양호(貧營養湖).
부ː영양-화(富營養化)명 일정한 곳에 갇힌 물에 하수나 공장 배수 등이 흘러들어, 물속의 영양 염류인 질소나 인 등의 양이 늘어나는 현상.
부ː영이명 ①선명하지 않은 부연 빛. ②털빛이 부연 짐승.
부ː옇다[-여타][부여니·부예]형ㅎ (연기나 안개가 낀 것같이) 투명하지 않고 희끄무레하다. ¶ 부연 하늘. /흙먼지가 부옇게 일다. 작보얗다. 센뿌옇다.
부ː예-지다자 부옇게 되다. ¶ 빛이 바래어 부예진 벽지. 작보얘지다. 센뿌예지다.
부옹(婦翁)대 (사위에 대하여) 장인(丈人)이 자신을 일컫는 말.
부와(夫瓦)명 ☞수키와.
부왕(父王)명 아버지인 임금.
부외(部外)[-외/-웨]명 관공서나 회사 따위의 조직에 딸리지 않은 외부. ↔부내(部內).
부외^채ː무(簿外債務)[-외-/-웨-]명 재산 목록이나 대차 대조표, 손익 계산서 등 영업 보고서에 적지 아니한 숨겨진 채무.
부요(婦謠)명 부녀자들이 부르던 민요.
부요(富饒) '부요하다'의 어근.
부ː요-하다(富饒-)형여 ☞부유(富有)하다.
부용(芙蓉)명 ①아욱과의 낙엽 관목. 중국 원산의 관상 식물로 높이는 1~3 m. 가지에 짧은 털이 있으며, 8~10월에 담홍색 꽃이 핌. 목부용. ②'연꽃'의 딴 이름. ③〈부용장〉의 준말.
부ː용(附庸)명 ①작은 나라가 독립하지 못하고 큰 나라에 딸리어 있는 일. ②남의 힘에 기대어 따로 서지 못하는 일.
부용(婦容)명 여자의 몸맵시.
부ː용-국(附庸國)명 남의 나라에 딸리어, 그 보호와 지배를 받고 있는 나라.
부용-자(芙蓉姿)명 아름다운 여자의 몸맵시.
부용-장(芙蓉帳)명 부용을 그린 방장(房帳). 준부용.
부용-향(芙蓉香)명 지난날, 혼인 때에 피우던 향의 한 가지. 향꽂이에 꽂아서 족두리하님이 들고 신부 앞에 서서 감.
부용-화(芙蓉花)명 목부용(木芙蓉)의 꽃.
부ː우(祔右)명하타 합장(合葬)할 때, 아내를 남편의 오른쪽에 묻는 일. ↔부좌(祔左).
부운(浮雲)명 ①뜬구름. ②'덧없는 인생이나 세상'을 비유하여 이르는 말.
부원(部員)명 부(部)에 딸려 있는 사람. ¶ 신입 부원.
부ː원(富源)명 재물이 생기는 근원.
부ː원-군(府院君)명 조선 시대에, 왕비의 아버지나 정일품 공신(功臣)의 작호(爵號).
부ː-원수(副元帥)명 지난날, 전시(戰時)에 두던 임시 벼슬. 도원수(都元帥)·상원수(上元帥)·원수 등의 다음가는 장수.
부월(斧鉞)명 옛날 중국에서, 천자(天子)가 제후에게 생살권(生殺權)의 상징으로서, 또는 출정하는 장군에게 통솔권의 상징으로서 주던, 작은 도끼와 큰 도끼.
부월-당전(斧鉞當前)명하자 〔작은 도끼와 큰 도끼가 눈앞에 있다는 뜻으로〕 극형(極刑)으로 죽음이 눈앞에 닥쳤음을 뜻하는 말.
부월지하(斧鉞之下)[-찌-]명 〔옛날 중국에서, 권력의 상징으로 삼았던 작은 도끼와 큰 도끼의 아래라는 뜻으로〕 '천자(天子)의 위엄'을 뜻하는 말.
부위(部位)명 어느 부분이 전체에 대하여 차지하는 위치. ¶ 몸의 여러 부위. /다친 부위를 소독하다.
부ː위(副尉)명 대한 제국 때, 무관 장교 계급의 하나. 정위(正尉)의 아래, 참위(參尉)의 위.
부유(浮遊·浮游)명하자타 ①공중이나 물 위에 떠다님. ②여기저기 놀며 다님. ③갈 곳을 정하지 않고 떠돌아다님.
부유(富有) '부유하다'의 어근.
부ː유(富裕)명하형 재물이 많아 생활이 넉넉함. ¶ 부유한 생활. ↔곤궁.
부유(蜉蝣)명 ☞하루살이.
부ː유(腐儒)명 실제 생활에 아무런 구실도 못하는 선비나 학자.
부유^기관(浮遊器官)명 수중 동물의 몸에서, 뜨고 가라앉는 구실을 맡은 운동 기관.
부유^기뢰(浮遊機雷)[-뢰/-뤠]명 물속 또는 물 위에 띄워 두는 기뢰. ↔계류 기뢰.
부유^생물(浮遊生物)명 ☞플랑크톤.
부유^선ː광(浮遊選鑛)명 유용(有用) 광물을 분리하는 선광법의 한 가지. 잘게 부순 광석에 약간의 기름을 넣은 물을 부어서 저으면, 물에 잘 젖지 않는 광물 입자가 기포에 묻어 나오게 됨. 준부선(浮選).
부유스레-하다형여 부유스름하다. 작보유스레하다. 센뿌유스레하다.
부유스름-하다형여 빛깔이 진하지 않고 좀 부옇다. 부유스레하다. 작보유스름하다. 센뿌유스름하다. **부유스름-히**부.
부유^식물(浮遊植物)[-싱-]명 줄기나 잎이 물속에 있고 뿌리가 거의 없는 수생 식물을 통틀어 이르는 말. 〔통발·벌레먹이말·개구리밥 따위.〕
부유-인생(蜉蝣人生)명 〔하루살이 인생이라는 뜻으로〕 '인생의 덧없음'을 비유하여 이르는 말.
부ː유-천하(富有天下)명 〔온 천하의 부(富)를 다 가졌다는 뜻으로〕 '천자(天子)의 부력(富力)'을 이르는 말.
부ː유-층(富裕層)명 재산이 넉넉하여 물질적으로 풍요롭게 사는 계층, 또는 그런 계층의 사람들. ¶ 이 동네에는 부유층이 많다. 참빈민층.
부ː유-하다(富有-)형여 재물이 많다. 부요하다.
부육(扶育)명하타 돌보아서 기름.
부육(傅育)명하타 소중히 돌보아 기름. ¶ 세자(世子)를 부육하다.
부ː육(腐肉)명 짐승의 썩은 고기.
부ː윤(府尹)명 ①조선 시대에, 종이품의 외관직(外官職). ②일제 강점기에, 부(府)의 행정 사무를 맡아보던 우두머리. 지금의 시장(市長).
부윤(富潤) '부윤하다'의 어근.
부ː-윤옥(富潤屋)명 재물이 넉넉하면 겉보기에도 집안이 윤택해 보임을 이르는 말.
부ː윤-하다(富潤-)형여 재물이 넉넉하다.
부ː음(訃音)명 사람의 죽음을 알리는 기별. 부고(訃告). 부문(訃聞). 휘음(諱音). ¶ 부음을 받다. /부음을 전하다.
부ː응(符應)명 ①믿음이 두터워 부처나 신명(神明)에 통함. ②천명과 인사(人事)가 일치함.
부ː응(副應)명하자 (어떤 일에) 좇아서 따름. ¶ 어머니의 기대에 부응하다.
부ː의(附議)[-의/-이]명하타 (의논해야 할 일을) 회의에 붙임. ¶ 회의에 안건을 부의하다.

부:의(賻儀)[-의/-이]명 초상난 집에 부조로 돈이나 물건을 보내는 일, 또는 그런 돈이나 물건. 향료(香料). 향전(香奠).
부:의-금(賻儀金)[-의-/-이-]명 부의로 내는 돈. ⓑ조위금.
부:-의식(副意識)[-의-/-이-]명 ☞잠재의식.
부:-의장(副議長)[-의-/-이-]명 의장을 보좌하며, 의장에게 사고가 있을 때에 그 직무를 대리하는 직위, 또는 그 직위에 있는 사람.
부이(buoy)명 ☞계선 부표(繫船浮標).
부:-이사관(副理事官)명 일반직 3급 공무원의 직급. 이사관의 아래, 서기관의 위.
부:이-어(附耳語)명 ☞귀엣말.
부:이부(富益富)[-뿌]명하자 부자일수록 더욱 큰 부자가 됨. ↔빈익빈.
부인(夫人)명 남을 높이어 그의 '아내'를 일컫는 말. 귀부인(貴夫人). 영규(令閨). 영실(令室). 합부인. 현합(賢閤).
부:인(否認)명하자.타되자 시인하지 않음. ¶ 범죄를 부인하다. ↔시인(是認).
부인(婦人)명 결혼한 여자.
부:인(副因)명 주된 원인이 아닌 이차적인 원인. 간접적인 원인. ↔주인(主因).
부인-과(婦人科)[-꽈]명 여성 생식기의 병을 다루는 임상 의학의 한 분과.
부:인-권(否認權)[-꿘]명 파산자가 파산 선고 전에 그 재산에 관하여 파산 채권자에게 손해를 끼칠 행위를 한 경우, 파산 관재인(管財人)이 이를 부인함으로써 그 효력을 잃게 하는 권리.
부인-병(婦人病)[-뼝]명 여성 생식기의 질환 및 여성 호르몬에 의한 신체의 이상을 통틀어 이르는 말.
부인-복(婦人服)명 부인용의 옷.
부인-석(婦人席)명 모임 따위에서, 여성이 앉도록 마련된 자리.
부인-용(婦人用)[-뇽]명 부인이 쓰거나 이용하게 되어 있는 것.
부인-회(婦人會)[-회/-훼]명 (교양·취미·오락·사회봉사 등을 목적으로) 부인들이 조직한 모임.
부일(夫日)명 부모의 제삿날.
부:임(赴任)명하자 임명을 받아 임지(任地)로 감. ¶ 새 직장으로 부임하다. ⓑ착임.
부자(父子)명 아버지와 아들.
부자(夫子)명 '덕행이 높아 만인의 스승이 될 만한 사람'을 높이어 일컫는 말.
부:자(附子)명 한방에서, '바꽃의 어린뿌리를 말린 것'을 약재로 이르는 말.
부:자(富者)명 살림이 넉넉한 사람. 재산이 많은 사람. 재산가. ↔빈자(貧者).
부자-간(父子間)명 아버지와 아들 사이.
부-자량(不自量)명하타 (자기의 능력·분수 등을) 스스로 헤아리지 못함, 또는 자신을 알지 못하는 상태.
부자-상전(父子相傳)명하타 ☞부전자전.
부자연(不自然) '부자연하다'의 어근.
부자연-스럽다(不自然-)[-따][~스러우니·~스러워]형ⓑ 부자연한 데가 있다. ¶ 부자연스러운 태도. **부자연스레**부.
부자연-하다(不自然-)형여 (태도 따위가) 자연스럽지 못하다.
부-자유(不自由)명하형스형 자유롭지 못함. ¶ 행동에 부자유를 느끼다. **부자유스레**부.
부자-유친(父子有親)명하형 오륜(五倫)의 하나. '아버지와 아들 사이의 도(道)는 친애(親愛)에 있음'을 이르는 말.
부-자지명 불알과 자지.
부자-탕(附子湯)명 한방 탕약의 한 가지. 말린 바꽃의 어린뿌리를 달인 것으로, 중풍·신경통·관절염 따위에 씀.
부:작(符作)명 〈부적(符籍)〉의 변한말.
부:-작용(副作用)명 ①어떤 약의, 병을 낫게 하는 작용에 곁들여 나타나는 해로운 다른 작용. 〔진통제에 의한 식욕 부진 따위.〕 ¶ 부작용이 생기다./부작용이 없다. ②어떤 일에 곁들여 일어나는 바람직하지 못한 일. ¶ 농촌의 도시화에 따르는 부작용.
부-작위(不作爲)명 마땅히 해야 할 행위를 일부러 하지 않는 일. ↔작위(作爲).
부작위-범(不作爲犯)명 마땅히 해야 할 행위를 하지 않음으로써 성립되는 범죄. ↔작위범.
부작위^채:무(不作爲債務)명 채무자가 어떤 일정한 행위를 하지 않을 것을 내용으로 하는 채무. 〔상업상의 경쟁을 하지 않기로 하는 채무 따위.〕 ↔작위 채무.
부-잔교(浮棧橋)명 밀물과 썰물로 수면의 높이가 바뀜에 따라 함께 오르내리게 되어 있는 잔교.
부잡(浮雜) '부잡하다'의 어근.
부잡-스럽다(浮雜-)[-쓰-따][~스러우니·~스러워]형ⓑ 부잡한 데가 있다. **부잡스레**부.
부잡-하다(浮雜-)[-자파-]형여 사람됨이 경솔하고 추잡스럽다.
부:잣-집(富者-)[-자찝/-잗찝]명 재산이 많고 살림이 넉넉한 집. 부가(富家).
부잣집 맏며느리 같다속담 여자의 얼굴이 복스럽고 후덕하게 생겼다.
부잣집 외상보다 비렁뱅이 맞돈이 좋다속담 장사에는 외상을 경계해야 한다는 말.
부장(部長)명 부(部)의 책임자(우두머리).
부장(部將)명 ①조선 시대에, 오위(五衛)의 종육품 벼슬. ②조선 시대에, 포도청의 군관.
부:장(副長)명 장(長)의 다음 자리에서 장을 보좌하는 사람, 또는 그 지위.
부:장(副將)명 대장(大將)이나 주장(主將)의 다음 자리에 있으면서 대장 또는 주장을 보좌하는 장수. 부수(副帥).
부:장(副章)명 훈장(勳章)의 정장(正章)에 곁들여 주는 기장(紀章).
부:장(副葬)명하타 임금이나 귀족의 장례 때, 죽은 이가 생전에 쓰던 기구나 세간 따위를 시체와 함께 묻는 일.
부장-기(不杖朞)명 상례(喪禮)에서의 오복(五服)의 하나. 재최(齊衰)만 입고 지팡이를 짚지 않는, 한 돌 동안만 입는 복(服).
부:장-품(副葬品)명 죽은 이를 묻을 때 시체와 함께 묻는 물건. 배장품(陪葬品).
부재(不才)명 재주가 없음.
부재(不在)명하자 그곳에 있지 아니함. ¶ 정책(政策) 부재.
부재(部材)명 철재·목재 등 구조물에 쓰이는 재료.
부:재(覆載)명 〔만물을 덮고 있는 하늘과 만물을 싣고 있는 땅이라는 뜻으로〕 '천지'를 이름.
부재다언(不在多言)명하자 여러 말 할 것 없음.
부재-모상(父在母喪)명하자 아버지는 살아 있고 어머니가 먼저 죽음, 또는 그 상사(喪事).
부재-자(不在者)명 ①그 자리에 없는 사람. ②법률에서, 본디의 주소를 떠나서 그곳에 있는 자기의 재산을 관리할 수 없는 상태에 있는 사람.

부재자^투표(不在者投票)명 투표일에 정당한 사유로 투표소에 갈 수 없는 유권자가 우편으로 미리 하는 투표. 군인, 해외 여행자 등이 하는 투표 방식임.
부재^주주(不在株主)명 회사의 경영에는 참여하지 않고 이익 배당에만 참여하는 군소 주주.
부재-중(不在中)명 집 또는 직장에 없는 동안. ¶ 부재중에 손님이 찾아오다.
부재^증명(不在證明)명 ☞알리바이.
부재-지주(不在地主)명 농지가 있는 곳에 살지 않는 지주.
부재-차한(不在此限)명 어떤 경우에 한해서만 은 규정에 얽매이지 아니하는 일. 〔예외임을 말할 때 흔히 쓰는 말.〕 ¶ 자네의 경우는 부재차한이야.
부-저명 〈부젓가락〉의 준말.
부저(buzzer)명 '버저'의 잘못.
부ː적(附籍)명 ①남의 호적에 얹음, 또는 그 호적. ②하타 호적부에 없는 호적을 새로 호적에 올림, 또는 그 호적.
부ː적(符籍)명 (악귀나 잡신을 쫓기 위하여) 붉은색으로 글자나 모양을 그린 종이. 벽 등에 붙이거나 몸에 지니고 다니거나 함. 신부(神符). ¶ 부적을 간직하다. 변부작(符作).
부적(簿籍)명 관청의 장부나 문서. 부첩(簿牒).
부-적격(不適格)[-껵]명하형 (어떤 일에) 알맞은 자격을 지니지 못함. ¶ 부적격 판정을 받다.
부적당(不適當) '부적당하다'의 어근.
부적당-하다(不適當-)[-땅-]형여 (어떤 기준이나 정도 따위에) 적당하지 않다. ¶ 교육자로는 부적당한 사람. 준부적하다.
부-적응(不適應)명하자 적응하지 못함. ¶ 시대의 변화에 부적응하다.
부적응-아(不適應兒)명 심리학에서, 환경에 잘 적응하지 못하는 아이.
부-적임(不適任)명하형 그 임무에 알맞지 아니함.
부적절(不適切) '부적절하다'의 어근.
부적절-하다(不適切-)[-쩔-]형여 (어떤 일에) 알맞지 아니하다. ¶ 부적절한 방법.
부적-하다(不適-)[-저카-]형여 〈부적당하다〉의 준말.
부-적합(不適合)[-저캅]명하형 알맞게 들어맞지 아니함. ¶ 부적합 판정.
부ː전명 색 헝겊으로 만든 작은 병 모양의 노리개. 두 개를 맞대어 묶어 여자 아이들이 차고 다님.
부전(不全)명하형 (몸의 기능이나 발육 등이) 온전하지 않음. 불완전함. ¶ 발육이 부전하다.
부전(不戰)명 전쟁이나 경기를 하지 않음.
부ː전(附箋)명 서류에 문제점이나 의견 따위를 적어 덧붙이는 쪽지. 보전(補箋). 부전지.
부ː전(副殿)명 절에서, 불당(佛堂)을 맡아서 돌보는 중을 이르는 말.
부전-골(跗前骨)명 ☞척골(蹠骨).
부ː-전기(負電氣)명 ☞음전기(陰電氣).
부전^마비(不全痲痺)명 어떤 기관의 기능이 상실된 것이 아니고 약화된 상태의 마비.
부전-부전부하형 남의 바쁜 사정은 생각지 않고 자기가 하고자 하는 일만 하려고 자꾸 서두르는 모양.
부전-승(不戰勝)명 (추첨이나 상대편의 기권 따위로) 싸우지 않고서 경기에 이기는 일.
부전-자승(父傳子承)명하자 ☞부전자전.
부전-자전(父傳子傳)명하자 대대로 아버지가 아들에게 전함. 부자상전. 부전자승. ¶ 부전자전이라더니 그 아들도 형편없는 망나니더군.
부ː전-조개명 여자 아이들의 노리개의 한 가지. 모시조개나 제비조개의 껍데기 두 쪽을 맞대고, 온갖 빛깔의 헝겊으로 바른 뒤에 끈을 달아 참.
부전조개 이 맞듯속담 ①'빈틈없이 잘 들어맞음'을 이르는 말. ②'사이가 아주 가까움'을 비유하여 이르는 말.
부전^조약(不戰條約)명 전쟁의 포기를 내용으로 하는 조약.
부ː전-지(附箋紙)명 ☞부전(附箋).
부절(不絕)명하자 끊이지 않음. ¶ 소식 부절.
부절(剖折)명하타 쪼개어 나눔.
부절(符節)명 돌이나 대나무쪽으로 만든 부신(符信). 〔지난날, 주로 사신(使臣)의 신표(信標)로 이용되었음.〕
부절(跗節)명 ☞발목마디.
부절여루(不絕如縷)[-려-]명하자 실처럼 가늘면서도 끊어지지 않고 계속 이어감. ¶ 부절여루하며 들리는, 은은한 퉁소 소리.
부-절제(不節制)[-쩨]명하타 절제하지 않음. 절도 있는 생활을 하지 않음. ¶ 담배를 부절제하여 폐병을 얻고 말았다.
부ː절제-하다(不節制-)[-쩨-]형여 생활을 알맞게 조절하지 못하고 방탕하다. ¶ 부절제한 생활.
부ː점(附點)[-쩜]명 ☞부점음표.
부ː점-음표(附點音標)[-쩌믐-]명 ☞점음표.
부ː접(附接)명 다른 사람이 쉽게 따를 수 있는 성품이나 태도.
부접(을) 못하다관용 가까이 사귀거나 접근하지 못하다. ¶ 워낙 성미가 까다로워 아랫사람이 부접을 못한다네.
부-젓가락[-저까-/-젇까-]명 (화로에 꽂아두고) 불덩이를 집는 데 쓰는 쇠젓가락. 화저. 준부저.
부정(不正)명하형 바르지 않음. 바르지 못한 일. ¶ 부정한 행위. /부정을 일삼다.
부정(不定)명하형 일정하지 않음. ¶ 주거 부정.
부정(不貞)명하형 (남편으로서 또는 아내로서) 정조를 지키지 않음. ¶ 부정한 행실.
부정(不逞)명 '불령(不逞)'의 잘못.
부정(不淨)명 ①하형 깨끗하지 못함. ②사람이 죽는 따위의 불길한 일. ¶ 부정이 들다. ③무당 굿의 첫 거리. ①**부정-히**부.
부정(을) 보다관용 (꺼리고 피해야 할 몸으로) 부정한 일을 하다.
부정(을) 치다관용 무당이 굿을 할 때, 첫 거리로 부정한 일을 없애다.
부정(을) 타다관용 부정한 일로 해를 입다.
부정(不精) '부정하다'의 어근.
부ː정(否定)명하타되자 그렇지 않다고 함. 그렇다고 인정하지 아니함. ¶ 사실을 부정하다. ↔긍정.
부정^경ː업(不正競業)명 ☞부정 경쟁.
부정^경ː쟁(不正競爭)명 부정한 방법으로 동업자의 이익을 해치는 영업상의 경쟁 행위. 부정 경업.
부정^관사(不定冠詞)명 인도유럽 어에서, 관사의 한 가지. 명사의 단수형 앞에 쓰이어, '하나의'·'어느' 등의 뜻을 나타냄. ↔정관사.
부정-근(不定根)명 (뿌리가 나는 곳이 아닌) 줄기나 잎에서 돋는 뿌리. 막뿌리.
부-정기(不定期)명 시기나 기한이 일정하지 않음. ¶ 부정기 간행물. /부정기로 다니는 기선. ↔정기.

부정기-선(不定期船)명 부정기로 운항하는 배. ↔정기선.

부정기-형(不定期刑)명 형기(刑期)를 확정하지 않고 복역 성적을 보아 석방의 시기를 결정하는 형. ↔정기형.

부정당(不正當) '부정당하다'의 어근.

부정당-하다(不正當-)형여 정당하지 아니하다. ↔정당하다.

부정^대:명사(不定代名詞)명 가리키는 대상이 일정하지 않은 대명사. ('아무'·'아무개'·'아무것' 따위.) 부정칭 대명사.

부정-맥(不整脈)명 심장의 박동이 고르지 못한 상태. ↔정맥.

부정-명색(不正名色)명 부정한 방법으로 얻은 떳떳하지 못한 재물.

부:정^명:제(否定命題)명 부정 판단을 언어로 나타낸 것. 소극 명제.

부정-모혈(父精母血)명 (아버지의 정(精)과 어머니의 피라는 뜻으로) '자식은 정신과 몸을 부모에게서 물려받았음'을 이르는 말.

부:정-문(否定文)명 부정을 나타내는 부사 '아니(안)'나 '못'을 쓰거나, 부정의 뜻을 나타내는 용언 '아니다·아니하다(않다)·못하다·말다'를 써서 만든 문장. ↔긍정문.

부정^방정식(不定方程式)명 계수가 유리수이고 두 개 이상의 미지수를 갖는 대수 방정식에서, 정수나 유리수의 해를 구하는 방정식.

부정-법(不正法)[-뻡]명 법의 이념이나 정신에 어긋나는 법.

부:정^부:사(否定副詞)명 성분 부사의 한 갈래. 용언(동사·형용사)의 내용을 부정하는 방식으로 한정하는 말. ('그는 아직 안 일어났다.'에서의 '안' 따위.)

부정-부패(不淨腐敗)명하자 생활이 깨끗하지 못하고 썩을 대로 썩음. ¶ 부정부패를 척결하다.

부정-사(不定詞)명 서양 문법에서, 수·인칭·시간 등에 의한 제한을 받지 않는 동사의 형태.

부정^선:거(不正選擧)명 부정한 수단이나 방법에 의한 선거.

부정^소:지(不淨燒紙)명 몸소지를 살라 올리기 전에 부정한 것을 가시기 위하여 사르는 소지.

부정^수소(不定愁訴)명 몸에 이렇다 할 탈이 없는데도 막연히 몸의 어느 부분의 고통이나 장애를 호소하는 증상.

부-정아(不定芽)명 잎겨드랑이가 아닌 곳, 곧 보통 싹이 나지 않는 자리에서 나는 싹. ↔정아(定芽).

부정액^보:험(不定額保險)[-뽀-]명 보험 사고 발생에 따른 손해의 실액(實額)을 표준으로 하여 보전 금액(補塡金額)이 결정되는 보험. ↔정액 보험.

부:정-어(否定語)명 부정하는 뜻을 나타내는 말. ('아니'·'아니다' 따위.)

부:정-적(否定的)관명 ①그렇지 않다고 부정하는 내용을 갖는 (것). ¶ 부정적 관점. /부정적인 견해. ②바람직하지 못한 (것). ¶ 부정적 관계. /부정적인 영향을 주다.

부:정적 개:념(否定的概念)[-깨-] 어떤 성질이나 상태의 비존재(非存在)를 나타내는 개념. ('행복'에 대한 '불행', '성공'에 대한 '실패' 따위.) 소극적 개념. ↔긍정적 개념.

부정-적분(不定積分)[-뿐]명 적분 가능한 연속 함수의 적분. ↔정적분.

부정-지(不定枝)명 모양·크기·자리 등이 정상이 아닌 가지.

부정지속(釜鼎之屬)명 솥·가마 등, 부엌에서 쓰는 그릇을 통틀어 이르는 말.

부정직(不正直) '부정직하다'의 어근.

부정직-하다(不正直-)[-지카-]형여 정직하지 않다.

부정-처분(不正處分)명하타 부정한 방법으로 물건을 처분함.

부정^축재(不正蓄財)[-째]명 부정한 수단과 방법으로 재물을 모음.

부정칭^대:명사(不定稱代名詞)명 ☞부정 대명사(不定代名詞).

부정^투표(不正投票)명 부정한 수단과 방법으로 하는 투표.

부:정^판단(否定判斷)명 주사(主辭)와 빈사(賓辭)의 불일치를 나타내는 판단. ('A는 B가 아니다.' 따위.) 소극적 판단.

부정-풀이(不淨-)명하자 (사람이 죽은 집에서) 부정을 없애기 위하여 무당이나 판수를 시켜 악귀를 물리치는 일.

부정-품(不正品)명 부정한 방법으로 만들었거나 부정한 수단으로 얻은 물건.

부정-풍(不定風)명 풍향이나 풍속 등이 일정하지 않은 바람.

부정-하다(不精-)형여 조촐하거나 깨끗하지 못하다. 거칠고 지저분하다.

부정-행위(不正行爲)명 옳지 못한 짓.

부정-형(不定形)명 일정하지 않은 모양이나 양식.

부정형^시(不定形詩)명 (산문시 따위와 같이) 일정한 형식에 들어맞지 않는 시, 곧 정형시가 아닌 시.

부-정확(不正確)명하형 정확하지 않음. ¶ 부정확한 제보만으로 경찰력을 동원할 수는 없다.

부제(不悌) '부제(不悌)하다'의 어근.

부제(不齊) '부제(不齊)하다'의 어근.

부:제(祔祭)명 삼년상을 마친 뒤에, 신주를 그 조상의 신주 곁에 모실 때 지내는 제사.

부제(婦弟)명 편지 글에서, 매부에 대하여 처남이 자기를 일컫는 말.

부:제(副祭)명 가톨릭에서, 부제품(副祭品)을 받은 성직자. 사제(司祭)의 아래, 차부제(次副祭)의 위.

부:제(副題)명 (주로 내용을 알리기 위하여) 책이나 논문 등의 제목 밑에 덧붙이는 작은 제목. 부제목. 부표제. ↔주제(主題).

부:-제목(副題目)명 ☞부제(副題).

부:-제조(副提調)명 조선 시대에, 비변사·교서관(校書館)·승문원 등의 정삼품 당상관.

부제-하다(不悌-)형여 연장자에 대하여 공손하지 못하다.

부제-하다(不齊-)형여 가지런하지 못하다. 정돈되어 있지 않다.

부:-제학(副提學)명 조선 시대에, 홍문관(弘文館)에 둔 정삼품 당상관.

부절업다형 〈옛〉 등한하다. 부질없다. ¶ 부졀업다:等閑(訓蒙下8).

부조(父祖)명 아버지와 할아버지, 또는 조상.

부조(不調)명하형 (날씨나 건강 상태 따위가) 고르지 못함. ¶ 위장 기능의 부조.

부조(扶助)명하타 ①남을 도와줌. ¶ 생계 부조. ②잔칫집이나 상가(喪家) 등에 물건이나 돈을 보냄, 또는 그 물건이나 돈.

부조는 않더라도 제상(祭床)이나 치지 말라속담 도와주지는 않아도 좋으니, 방해는 하지 말라는 말.

부조(浮彫)명하타되자 ☞돋을새김.

부조(浮藻)명 물에 떠 있는 마름.
부조(浮躁) '부조하다'의 어근.
부조-금(扶助金)명 부조로 내는 돈.
부-조리(不條理)명 ①하형 조리가 서지 아니함. 도리에 맞지 아니함. ¶ 사회의 부조리. ②실존주의 철학에서, 인생의 의의(意義)를 발견할 수 없는 절망적인 상황을 가리키는 말.
부조-전래(父祖傳來)[-절-]명하자 선조(先祖)로부터 전하여 내려옴. ¶ 부조전래의 가훈.
부조-증(不調症)[-쯩]명 ☞월경 불순.
부조지전(不祧之典)명 왕조 때, 공신(功臣)의 신주(神主)를 영구히 사당에 제사 지내게 하던 특전.
부조-초(不凋草)명 중국 쓰촨 성(四川省)의 나무숲 속에 나는 풀. 잎 모양은 겨우살이풀과 같으며 겨울에도 마르지 아니함. 가을에 열매가 열리며 뿌리는 염주(念珠)와 비슷한데, 한방에서 파극천(巴戟天)이라 하여 약재로 쓰임.
부조-하다(浮躁-)형여 성질이 들뜨고 방정맞다. ¶ 부조한 됨됨이. /인품이 부조하다.
부-조화(不調和)명하형 서로 잘 어울리지 아니함.
부족(不足)명하형 어떤 한도에 모자람. 넉넉하지 않음. ¶ 수면 부족. /연습 부족.
부:족(附族)명 ☞붙이기일가.
부족(部族)명 조상이 같다는 생각으로 뭉치고, 공통의 언어와 종교 등을 가지며, 하나의 정치적 통솔 아래에 있는 지역적 생활 공동체. 〔원시 민족 또는 미개 민족의 단위임.〕
부족가론(不足可論)[-까-]명 이야기할 거리가 되지 못함.
부족-감(不足感)[-깜]명 부족하다는 느낌. ¶ 부족감을 느끼다.
부족^국가(部族國家)[-꾹까]명 부족에 의하여 형성된 국가. 〔원시 사회로부터 고대 통일 국가가 성립하기까지의 과도적인 국가 형태임.〕
부족-분(不足分)[-뿐]명 모자라는 몫. ¶ 부족분을 보충하다.
부족^사회(部族社會)[-싸회/-싸훼]명 씨족이 뭉쳐 부족을 이루고 살던 원시 사회.
부족-수(不足數)[-쑤]명 불완전수의 한 가지. 어떤 수의 양의 약수의 합이 그 수의 배수보다 작은 수. 〔가령, 8은 그 약수(1·2·4·8)의 합이 배수인 16보다 작은 15이므로 부족수가 됨.〕 ↔과잉수.
부족-액(不足額)명 (어떤 액수에서) 모자라는 금액. ¶ 부족액을 채우다.
부족-증(不足症)[-쯩]명 원기가 쇠하여 몸이 약해지는 증세.
부:존-자원(賦存資源)명 경제적 목적에 이용될 수 있는 모든 천연자원.
부종(不從)명하타 따르지 아니함.
부:종(付種)명하타 ☞파종(播種).
부종(浮腫)명 ☞부증(浮症).
부:종^계:약(附從契約)[-계-/-게-]명 계약 당사자의 한쪽의 결정에 대하여, 다른 쪽에서는 그대로 따라야만 하는 계약. ↔상호 계약.
부:좌(祔左)명하타 합장(合葬)할 때, 아내를 남편의 왼쪽에 묻는 일. ↔부우(祔右).
부좌(跗坐)명 그릇을 올려놓는 받침.
부주(父主)명 아버님. 〔편지 글에 쓰이는 한문투의 말.〕
부주(←父祖)명 자손에게 유전하는 소질. ¶ 방랑벽이 그 집안의 부주이다.
부주(←扶助)명하타 '부조(扶助)'의 잘못.
부주(浮舟)명하자 ☞범주(泛舟).
부:-주교(副主教)명 가톨릭에서, 주교의 다음 자리.
부-주의(不注意)[-의/-이]명하자 주의하지 아니함. 주의가 모자람. ¶ 부주의로 인한 실수.
부주-전(父主前)[-쩐]명 아버님께. 〔편지 글에 쓰이는 한문 투의 말.〕 ¶ 부주전 상서(上書).
부주-풍(不周風)명 '서북풍(西北風)'을 달리 이르는 말.
부:중(府中)명 ①도호부(都護府) 또는 대도호부의 안. ②중국의 왕조에서, 재상(宰相)이 집무하는 관아를 이르던 말.
부중-생어(釜中生魚)명 〔오래 밥을 짓지 못하여 솥 안에 물고기가 생겨났다는 뜻으로〕 '매우 가난함'을 비유하여 이르는 말. '후한서'의 '범염전(范冉傳)'에 나오는 말임.
부중어(釜中魚)명 〔가마솥 안에 든 고기라는 뜻으로〕 '목숨이 위급한 처지에 있음'을 비유하여 이르는 말. '자치통감'의 '한기(漢記)'에 나오는 말임.
부:즉다사(富則多事)[-따-]명하자 재물이 많으면 일도 많음.
부즉불리(不卽不離)[-뿔-]명하자 붙지도 않고 떨어지지도 않음. 〔두 사람 또는 두 사물의 관계에서 이르는 말.〕
부증(浮症)명 피하 조직의 틈에 조직액(組織液) 또는 림프액이 많이 괴어 몸의 전체 또는 일부가 부어오른 상태. 부종(浮腫).
부지(不知)명하타 알지 못함.
부:지(付紙)명하타 얇은 종이를 겹으로 붙임, 또는 그렇게 붙인 종이.
부지(扶持·扶支)명하타되자 고생을 참고 어려움을 버티어 나감. ¶ 목숨을 부지하다.
부지(浮紙)명하타 종이를 떠서 만듦.
부지(敷地)명 집을 짓거나 길을 내거나 하는 데 쓰이는 땅. ¶ 공원 부지. /공장 부지.
부지-거처(不知去處)명하자 간 곳을 알지 못함.
부지기수(不知其數)명 그 수를 알지 못함. 매우 많음. ¶ 폭설 때문에 지각한 사람이 부지기수였다.
부지깽이명 아궁이에 불을 땔 때 쓰는 나무 막대기. 화곤(火棍). 화장(火杖).
부지-꾼명 실없는 짓을 잘하는 심술궂은 사람.
부:지-꾼(負持-)명 '짐꾼'의 잘못.
부지대명 〈옛〉 부지깽이. ¶ 부지대:竈杖(才物譜 卷一地譜).
부지런명하형스형 일에 열성이 있고 꾸준함. ¶ 부지런을 떨다. 작바지런. **부지런-히**부 ¶ 부지런히 일하다. **부지런스레**부.
부지불각(不知不覺)명 미처 깨닫지 못하는 결. 알지 못하는 사이. 《주로, '부지불각에'의 꼴로 쓰임.》 ¶ 부지불각에 일이 잘못되어 가고 있었다.
부지불식-간(不知不識間)[-씩깐]명 알지 못하는 사이. 《주로, '부지불식간에'의 꼴로 쓰임.》 ¶ 부지불식간에 저지른 일.
부:-지사(副知事)명 지사를 도와서 지방 행정 사무를 처리하는 국가 공무원.
부지-세상(不知世上)명하자 세상일의 돌아가는 형편을 알지 못함.
부지-세월(不知歲月)명하자 세월이 가는 줄을 알지 못함. ¶ 노름에 정신이 팔려 부지세월이군.
부지-중(不知中)명 알지 못하는 사이(동안). 《주로, '부지중에'의 꼴로 쓰임.》 ¶ 부지중에 일어난 사고. /부지중에 기한을 넘기고 말았다.

부지지[부][하자] ①뜨거운 쇠붙이 따위에 물이나 물기가 있는 물건이 닿아서 졸아붙을 때 나는 소리, 또는 그 모양. ②젖은 나무가 탈 때 나는 소리. [작]바지지. [센]뿌지지.
부지직[부][하자] ①뜨거운 쇠붙이 따위에 물기 있는 물건이 닿아서 갑자기 졸아붙을 때 나는 소리, 또는 그러한 모양. ②질긴 천 따위가 조금씩 터질 때 나는 소리, 또는 그러한 모양. ③무른 똥을 급히 눌 때 되바라지게 나는 소리. [작]바지직. [센]뿌지직. **부지직-부지직**[부][하자].
부지직-거리다[-꺼-][자] 자꾸 부지직부지직하다. 부지직대다. [작]바지직거리다.
부지직-대다[-때-][자] 부지직거리다.
부지-체면(不知體面)[명][하자] ☞불고체면.
부지하세월(不知何歲月)[명] 언제 될지 그 기한을 알지 못함. ¶ 언제 끝날지 부지하세월이다.
부ː직(付職)[명][하타] ①벼슬자리에 앉게 하여 줌. ②직업을 가지게 됨.
부ː직(副職)[명] 본직(本職) 외에 겸하고 있는 직책.
부-직포(不織布)[명] 짜지 않고 섬유를 그대로 열과 압력을 가하여 천 모양으로 만든 것. 〔펠트 따위.〕
부진(不振)[명][하형] (세력이나 성적 또는 활동 따위가) 움츠러들거나 떨어져 활발하지 못함. ¶ 학업 성적이 부진하다. /판매가 부진하다.
부진(不進)[명][하자] 앞으로 나아가지 못함.
부진(不盡)[명][하형] 다함이 없음. 언제까지고 계속하여 끊임이 없음.
부진-수(不盡數)[-쑤][명] 수학에서, 나누어서 똑 떨어지지 않는 수.
부진-자(浮塵子)[명] ☞진디등에.
부질(婦姪)[명] ☞인질(姻姪).
부질(麩質)[명] 곡식알 속에 있는 단백질.
부ː질(賦質)[명] 타고난 바탕.
부질-간(-間)[-깐][명] 놋그릇을 만드는 공장의 대장간.
부질-없다[-지럽따][형] 대수롭지 아니하거나 쓸모가 없다. ¶ 부질없는 일. **부질없-이**[부] ¶ 부질없이 울기만 한다.
부집[명][하자] 화를 돋우어 말다툼을 함, 또는 그 말다툼.
부집(父執)[명] 〈부집존장〉의 준말.
부-집게[-께][명] 숯불 따위를 집는 집게.
부집-존장(父執尊長)[-쫀-][명] 아버지의 친구로서, 나이가 아버지와 비슷한 어른. [준]부집.
부쩍[부] ①외곬으로 강하게 우기는 모양. ¶ 부쩍 우기다. ②몹시 달라붙는 모양. ③갑자기 늘거나 주는 모양. ¶ 강물이 부쩍 불었다. ④힘이나 기세 등을 단번에 크게 내는 모양. ¶ 부쩍 용을 쓰다. **부쩍-부쩍**[부].
부ː차(副次)[명] ☞이차(二次).
부ː차-시(副次視)[명][하타] 부차적인 것으로 보거나 다룸. ¶ 긴급한 문제를 부차시하다.
부ː차-적(副次的)[관][명] (본디의 것이나 주요한 것에 대하여) 종속된 관계이거나 한층 떨어진 관계인 (것). ¶ 부차적 기능. /부차적인 문제.
부ː착(附着·付着)[명] ①[하자·타][되자] 들러붙어서 떨어지지 아니함. ¶ 포스터를 벽에 부착하다. ②물리에서, 분자 사이의 힘에 의하여 종류가 다른 두 물질이 서로 들러붙는 성질.
부ː착-근(附着根)[-끈][명] 줄기를 다른 물체에 붙이기 위하여 줄기에서 나오는 짧은 뿌리.
부ː착-력(附着力)[-창녁][명] ①들러붙는 힘. ②물리에서, 서로 다른 두 종류의 물질이 접촉했을 때에 서로 들러붙는 힘.
부ː착-물(附着物)[-창-][명] 붙어 있는 물건. ¶ 부착물을 떼어 내다.
부ː착-어(附着語)[명] ☞교착어(膠着語).
부ː찰(俯察)[명][하타] 아랫사람의 형편을 두루 굽어 살핌.
부ː참(符讖)[명] 뒷날에 일어날 일을 미리 알아서 비밀히 적어 놓은 글. 부서(符書).
부창-부수(夫唱婦隨)[명][하자] 남편이 주장하고 아내가 이에 따름. 〔부부의 화합하는 도리를 뜻하는 말.〕 [참]남창여수.
부채[명] 손으로 부쳐서 바람을 일으키는 간단한 기구. 선자(扇子).
부ː채(負債)[명][하자] 남에게 빚을 짐, 또는 그 빚. ¶ 부채를 갚다.
부ː채(賦彩·傅彩)[명][하자] ☞설채(設彩).
부ː채^계ː정(負債計定)[-계-/-게-][명] 부기(簿記)에서, 부채의 증감을 기록하고 계산하기 위하여 마련된 계정. ↔자산 계정.
부채-고리[명] 접부채의 사북에 꿰어 놓은 고리.
부채-꼭지[-찌][명] 접부채의 사북이 박힌 대가리.
부채-꼴[명] ①부채처럼 생긴 모양. 선상(扇狀). ②원의 두 반지름과 호(弧)로 둘러싸인 부분.
부ː채여산(負債如山)[명][하형] 빚이 산더미같이 많음.
부채-잡이[명] 〔소경이 지팡이는 오른손에, 부채는 왼손에 쥐므로〕 소경을 상대로 말할 때 '왼쪽'을 이르는 말. [참]막대잡이.
부채-질[명] ①[하자]부채를 흔들어 바람을 일으키는 짓. ②[하타]흥분된 감정을 격해지게 하거나 싸움 따위를 더욱 부추기는 말이나 행동. ¶ 남의 일에 공연히 부채질하지 마시오. /불난 집에 부채질한다.
부채-춤[명] 부채를 들고 추는 춤.
부책(簿冊)[명] ☞문부(文簿). 장부(帳簿).
부챗-살[-채쌀/-챋쌀][명] 부채의 뼈대가 되는 여러 개의 가는 대오리.
부처[명] ①불교의 교조인 석가모니. 부도(浮屠). ②☞불상(佛像). ③대도(大道)를 깨친 불교의 성자(聖者). ④'화를 낼 줄 모르고 자비심이 두터운 사람'을 비유하여 이르는 말. ¶ 부처와 같은 사람. ①~③불타(佛陀). [높]부처님.
부처(夫妻)[명] 남편과 아내. 부부(夫婦).
부처(部處)[명] 정부 기관으로서의 '부'와 '처'를 아울러 이르는 말.
부처-꽃[-꼳][명] 부처꽃과의 다년초. 밭둑이나 습지에 나는데, 줄기는 곧고 네모지며 높이 1m가량임. 잎꼭지는 거의 없고 여름에 홍자색의 여섯 잎꽃이 핌. ＊부처꽃이[-꼬치]·부처꽃만[-꼰-]
부처-님[명] 〈부처〉의 높임말.
　부처님 가운데〔허리〕 토막[속담] (부처처럼) 어질고 착한 사람이라는 뜻.
부처님 오신 날 ☞석가 탄신일.
부처-손[명] 부처손과의 다년생 상록 양치식물. 산의 바위나 나무에 절로 나는데 높이는 30cm가량. 깃 모양으로 갈라진 줄기는 습기가 많을 때는 퍼지고, 건조할 때는 오므라듦. 한방에서 하혈이나 통경에 약재로 쓰임.
부처-혼(父處婚)[명] 신부가 신랑 쪽으로 거처를 옮기는 혼인. 부계 사회의 혼인 방식. ↔모처혼.
부척(浮尺)[명][하자] 묘지의 거리를 잴 때, 높낮이가 고르지 못한 땅바닥에 줄을 대지 않고, 팽팽하게 켕겨서 잣수를 헤아리는 일. ↔답척.
부ː척(副尺)[명] '아들자'의 구용어.
부척(跗蹠)[명] 새의 다리에서, 경골(脛骨)과 발가락 사이의 부분.

부천(部薦)명하타 고려·조선 시대에, 무과(武科)에 급제한 사람 중에서 부장(部將)이 될 만한 사람을 천거하던 일.
부천(膚淺) '부천하다'의 어근.
부천-하다(膚淺-)형여 (언행이) 천박하다.
부ː첩(府貼)명 관청에서 보내는 간단한 편지.
부첩(簿牒)명 관아의 장부와 문서. 부적(簿籍).
부ː청(俯聽)명하타 공손한 태도로 주의 깊게 들음.
부체(浮體)명 액체 위에 떠 있는 물체.
부쳐-지내다[-처-]자 남에게 기대어 살아가다.
부초(麩炒)명하타 한방에서, 약재(藥材)에 밀가루를 묻혀서 볶는 일.
부ː촉(咐囑)명하타 (일을) 남에게 부탁함.
부ː-촉매(負觸媒)[-총-]명 화학 반응에서, 반응의 속도를 느리게 하는 촉매. ↔정촉매.
부ː촌(富村)명 부자가 많은 마을. 살기가 넉넉한 마을. ↔빈촌(貧村).
부ː-총리(副總理)[-니]명 국무총리가 특별히 위임하는 사무를 처리하고, 총리의 유고(有故) 때에 그 직무를 대행하는 직위, 또는 그 사람.
부ː-총장(副總長)명 대학교 등에서, 총장을 도우며 총장의 유고(有故) 때에 그 직무를 대행하는 직위, 또는 그 사람.
부ː-총재(副總裁)명 총재를 도우며 총재의 유고(有故) 때에 그 직무를 대행하는 직위, 또는 그 사람.
부ː추명 백합과의 다년초. 중국과 인도 원산의 재배 식물. 비늘줄기에서 가늘고 긴 육질의 잎이 나옴. 잎은 먹으며, 씨는 한방에서 '구자(韭子)'라 하여 약재로 쓰임.
부ː추-구(-韭)명 한자 부수의 한 가지. '韱'·'韲' 등에서의 '韭'의 이름.
부ː추기다타 남을 들쑤시어 어떤 일을 하게 만들다. 추기다. ¶ 싸움을 걸도록 자꾸 부추기다.
부ː축명하타되자 〈곁부축〉의 준말. ¶ 그들은 다친 사람을 양쪽에서 부축하고 걸었다.
부춛-돌[-똘]명 뒷간 바닥에 부출 대신 좌우에 놓아서 발로 디디게 된 돌.
부출명 ①양복장 따위의 네 귀에 선 기둥. ②뒷간 바닥에 놓아 발로 디디게 된 널빤지.
부ː츠(boots)명 목이 긴 구두.
부치다[1]자 힘(실력)이 미치지(감당하지) 못하다. ¶ 나에게는 힘에 부치는 일이다.
부치다[2]타 (부채 같은 것으로) 흔들어서 바람을 일으키다. ¶ 부채를 부쳐 땀을 들이다.
부치다[3]타 (편지나 물건 따위를) 보내다. ¶ 인편에 짐을 부치다. /아들에게 학비와 용돈을 부치다.
부치다[4]타 논밭을 다루어서 농사를 짓다. ¶ 논 열 마지기를 부치다.
부치다[5]타 번철 따위에 기름을 두르고 밀가루 반죽 따위를 넓적하게 펴 가며 지져 만들다. ¶ 누름적을 부치다.
부치다[6]타 ①회부(回附)하다. ¶ 사건을 공판에 부치다. ②어떤 처리(처치)를 하기로 하다. ¶ 비밀에 부치다. /그 사건은 불문(不問)에 부치기로 했다. ③(어떤 자연물 따위에) 마음을 의탁하다. ¶ 사시(四時) 풍경에 부쳐 읊은 노래. ④먹고 자는 일 따위를 남에게 신세지다. 남에게 기대어 살다. ¶ 늙은 몸을 친척집에 부치어 지내다. ⑤《주로 '부쳐'·'부치는'·'부침'의 꼴로 쓰이어》 (어떤 행사 또는 기념일에 즈음하여) 글로써 의견을 나타내다. 〔주로, 글의 제목이나 부제에 씀.〕 ¶ 국군의 날에 부쳐. /청소년에 부치는 서(書).
부치다자 〈옛〉 부치이다. ¶ 버텅에 서리딘 버드른 브르매 부치놋다(杜初9:21).
부치들다타 〈옛〉 붙들다. ¶ 松間細路에 杜鵑花롤 부치들고(丁克仁.賞春曲).
부치-이다자 『'부치다[2]'의 피동』 (부채 따위로) 부침을 당하다.
부ː칙(附則)명 (법률이나 규칙을 보충하기 위하여) 끝에 덧붙이는 규정이나 규칙. ↔본칙.
부친(父親)명 〈아버지〉의 높임말. ↔모친.
부친-상(父親喪)명 아버지의 상사(喪事). 부상(父喪). ¶ 부친상을 당하다. ↔모친상.
부침(浮沈)명하자 ①물 위에 떠올랐다 잠겼다 함. ②'성(盛)함과 쇠(衰)함'을 비유하여 이르는 말. 〔인생의 기복이나 세상의 변천을 뜻하는 말.〕 ¶ 부침이 심한 인생(생애).
부침-개명 기름에 부치는 음식을 통틀어 이르는 말. 〔빈대떡·저냐·전병 따위.〕 지짐이.
부침개-질명하자 지짐질.
부침-질명하자 지짐질.
부칭(浮秤)명 액체의 비중을 재는 비중계(比重計)의 한 가지.
부치명 〈옛〉 부추. ¶ 부치 혜:薤(訓蒙上13).
부ː케(bouquet 프)명 주로, 결혼식 때 신부가 드는 작은 꽃다발. ¶ 결혼 부케. /부케를 던지다.
부킹(booking)명 ①'예약'으로 순화. ¶ 골프장 부킹. ②나이트클럽·카바레 등에서, '이성의 짝을 즉석에서 만나게 해 주는 일'을 속되게 이르는 말.
부타디엔(butadiene)명 불포화 탄화수소의 한 가지. 인화성이 있는 무색의 기체이며 압력을 주면 쉽게 액화함. 합성 고무의 원료로서 중요함.
부ː탁(付託)명하자타 어떤 일을 하여 달라고 당부하여 맡김. ¶ 취직을 부탁하다.
부탄(浮誕) '부탄하다'의 어근.
부ː탄(butane)명 천연가스 등에 들어 있는 무색 무취의 기체. 연료나 화학 공업의 원료가 됨. 부탄가스.
부ː탄-가스(butane gas)명 ☞부탄.
부ː탄올(butanol)명 부탄의 수소 원자 하나가 히드록시기로 치환된 지방족 1가(價) 알코올. 무색의 액체로, 물에 잘 녹으며 네 가지의 이성질체가 있음. 1부탄올은 당(糖)의 아세톤 부탄올 발효나 프로필렌의 합성으로 만듦. 비닐 수지 따위를 녹이는 용제로 씀. 부틸알코올. 〔화학식은 C_4H_9OH〕
부탄-하다(浮誕-)형여 경솔하고 허황하다.
부터조 《체언이나 부사어에 붙어》 '동작이 비롯되는 처음'의 뜻을 나타내는 보조사. ¶ 이것부터 시작하자. /아침 7시부터 일을 하다.
부텨명 〈옛〉 부처. ¶ 부텨를 佛이시다 ᄒᆞᄂᆞ니라(月釋序8). /부텨와 祖師왜(蒙法44).
부ː토(腐土)명 썩은 흙. 부식토(腐植土).
부토(敷土)명하자 흙이나 모래를 펴서 깖, 또는 그 흙이나 모래.
부ː-통령(副統領)[-녕]명 대통령을 보좌하고, 대통령의 유고(有故) 때에는 그 직무를 대행하는 직위, 또는 그 직위에 있는 사람.
부티명 베를 짤 때, 베틀의 말코 두 끝에 끈을 매어 베 짜는 사람의 허리 뒤로 두르는 넓은 띠.
부ː-티(富-)명 부유하게 보이는 모습이나 태도. ¶ 부티가 나다. /부티가 흐르다. ↔빈티.
부티르-산(←butyric酸)명 버터 따위에 들어 있는 빛깔이 없는 액체. 썩은 버터 같은 냄새가 나며, 물에 잘 녹음. 합성 향료의 원료임. 낙산(酪酸).

부티르산-균 (←butyric酸菌) 명 탄수화물을 발효시켜 많은 부티르산을 생성하게 하는 균. 흙·물·곡물·우유 등에 들어 있음. 낙산균(酪酸菌).
부ː틸-알코올 (butyl alcohol) 명 ☞부탄올.
부ː팅 (booting) 명 컴퓨터에서, 전원을 넣어 작업할 수 있는 환경이 만들어지기까지의 과정.
부ː판 (負板·負版) 명 최복(衰服)의 등 뒤에 늘어뜨리는 베 조각.
부판 (浮板) 명 헤엄칠 때, 물에서 몸이 잘 뜨게 하는 널빤지.
부ː판 (剖判) 명하자타 둘로 갈라서 나눔, 또는 둘로 갈려 나누어짐.
부ː패 (-牌) 명 광업(鑛業)을 함께 경영하는 사람. 삼낫무패·삼부패.
부ː패 (符牌) 명 지난날, 병부(兵符)·마패(馬牌) 등을 통틀어 이르던 말.
부ː패 (腐敗) 명하자 되자 ①썩음. 미생물의 작용으로 유기물, 특히 단백질이 악취를 내면서 분해되는 현상. ¶ 부패된 생선. ②정신적으로 타락함. ¶ 부패한 관리. /부패를 척결하다.
부ː패-균 (腐敗菌) 명 단백질·지방, 그 밖의 유기물을 부패시키는 세균을 통틀어 이르는 말. 〔유산균·대장균·고초균 따위.〕 부패 박테리아.
부ː패-물 (腐敗物) 명 부패한 물질.
부ː패^박테리아 (腐敗bacteria) 명 ☞부패균.
부ː패-병 (腐敗病) [-뼝] 명 (감자나 고구마 따위) 부드럽고 물기 많은 식물의 줄기나 뿌리가 말라 죽게 되는 병.
부ː패-상 (腐敗相) 명 부패한 상태나 모양. ¶ 그 시대의 부패상이 잘 반영된 작품.
부ː패-열 (腐敗熱) 명 유기물이 썩을 때 나는 열.
부페 (buffet 프) 명 '뷔페'의 잘못.
부ː편 (否便) 명 토의 또는 표결에서, 어떤 안건에 대하여 반대하는 편. ↔가편(可便).
부평-초 (浮萍草) 명 ☞개구리밥.
부ː포 (副砲) 명 군함에 장비한 주포의 보조로 쓰이는 중·소 구경의 속사포. ↔주포(主砲).
부-포대 (浮砲臺) 명 지난날, 항만의 방어를 위하여 바다 위에 설치했던 포대.
부ː표 (否票) 명 표결에서의 반대표. ↔가표(可票)·찬표(贊票).
부ː표 (附票·付票) 명 ①☞찌지. ②하자 쪽지를 붙임, 또는 그 쪽지. ¶ 하물에 부표를 달다.
부ː표 (附表) 명 문서 따위에 덧붙인 도표.
부표 (浮漂) 명하자 물 위에 떠서 떠돌아다님.
부표 (浮標) 명 ①물 위에 띄워 표적으로 삼는 물건. ②☞낚시찌.
부표^식물 (浮漂植物) [-싱-] 명 잎은 물 위에 뜨고 뿌리는 물속에서 영양을 얻는 식물. 〔개구리밥·마름 따위.〕
부ː-표제 (副標題) 명 ☞부제(副題).
부푸러기 명 부풀의 낱개. ¶ 부푸러기가 일어나다. 작보푸라기.
부풀 명 종이나 피륙 따위의 거죽에 일어나는 잔털. 작보풀.
부풀다 [부푸니·부풀어] 자 ①(물체의) 부피가 커지다. ¶ 빵이 제대로 부풀었다. ②살가죽이 붓거나 커지다. ¶ 젖이 부풀다. ③종이나 피륙 따위의 거죽에 부푸러기가 일어나다. 작보풀다. ④희망이나 기대에 마음이 벅차다. ¶ 부푼 꿈. /기대에 부풀다. ⑤실제보다 과장되다. ¶ 소문이란 시간이 지날수록 부풀어 나게 마련이다.
부풀-리다 타 〖'부풀다'의 사동〗 부풀게 하다. ¶ 풍선을 불어 크게 부풀렸다. /수출 실적을 부풀리다. 작보풀리다.

부풀-부풀 부하형 부푸러기가 잘게 일어난 모양. 작보풀보풀.
부품 (部品) 명 〈부분품〉의 준말.
부풍모습 (父風母習) 명하자 부모의 모습을 고루 닮음.
부프다 [부프니·부퍼] 형 ①(물건의) 무게는 가벼우나 부피는 크다. ②성질이 거칠고 급하다.
부픈-살 명 굵은 화살. ↔몸빠진살.
부픈-짐 명 무게는 나가지 않지만 부피가 큰 짐. ↔몽근짐.
부픗-부픗 [-픋뿌픋] 부하형 ①무게는 나가지 아니하지만 부피가 매우 큰 듯한 모양. ②실속은 없이 매우 엉성하게 큰 모양.
부피 명 입체가 공간 속에서 차지하는 크기. 체적.
부피^팽창 (-膨脹) 명 ☞체적 팽창(體積膨脹).
부피^팽창^계ː수 (-膨脹係數) [-계-/-게-] 명 ☞체적 팽창 계수.
부피^팽창률 (-膨脹率) [-뉼] 명 ☞체적 팽창 계수.
부ː하 (負荷) 명 ①하자 짐을 짐, 또는 그 짐. ②하타 책임을 짐. 일을 맡김. ¶ 사명을 부하하다. ③하자 되자 발전기·원동기 등의 기계에서 나오는 에너지를 소비함. ¶ 부하가 걸리다.
부하 (部下) 명 어떤 사람 아래 딸리어 그 지시에 따라야 하는 사람. 속료(屬僚). 수하(手下). 비솔정(率丁). ↔상관(上官).
부ː-하다 (富-) 형여 ①생활이 넉넉하다. 재산이 많다. ¶ 부한 생활을 누리다. ②살이 쪄서 몸이 뚱뚱하다. ¶ 몸이 너무 부하다.
부ː하-율 (負荷率) 명 일정 기간의 평균 전력 소비량의 최대 소비량에 대한 비율.
부ː합 (附合) 명하타 되자 ①서로 맞대어 붙임. ②소유자가 서로 다른 두 개 이상의 물건이 결합하여 물리적 또는 사회 경제적으로 보아 뗄 수 없는 상태가 되는 일. 〔원칙적으로 하나의 물건으로 취급됨.〕
부ː합 (符合) 명하자 되자 서로 조금도 틀림이 없이 꼭 들어맞음. 계합(契合). ¶ 민주주의에 부합하는 정치.
부ː항 (附缸) 명 ①한방에서, 고름이나 나쁜 피를 빨아내기 위하여 살갗 위에 부항단지를 붙이는 일. ②〈부항단지〉의 준말. 변부앙.
부ː항 (副港) 명 어떤 항구의 기능을 보조하기 위한 항구.
부ː항-단지 (附缸-) [-딴-] 명 한방에서, 고름이나 나쁜 피를 빨아내기 위하여 살갗 위에 붙이는 종지만 한 단지. 준부항.
부항-항아리 (附缸缸-) 명 '부항단지'의 잘못.
부행-신 (浮行神) 명 ☞뜬것.
부허 (浮虛) '부허하다'의 어근.
부허지설 (浮虛之說) 명 떠돌아다니는 허황한 말.
부허-하다 (浮虛-) 형여 근거가 없고 허황하다.
부ː험 (符驗) 명 〔조선 시대에〕 ①금군(禁軍)이 밤에 성문을 드나들 때 가지고 다니던 표신(標信). ②중국에 가는 사신이 지니던 증표. 비단으로 짠 횡축(橫軸)에 말을 수놓았음.
부헝 명 〈옛〉 부엉이. ¶ 부헝:鵂鶹(訓解). 참부훵이.
부형 (父兄) 명 ①아버지와 형. ②학교에서, '학생(아동)의 보호자'를 두루 일컫는 말.
부형-자제 (父兄子弟) 명 아버지나 형의 가르침을 받고 자라난 젊은이.
부ː형-제 (賦形劑) 명 약을 어떤 모양으로 만들거나 또는 분량을 늘리기 위하여 넣는 녹말·젖당·글루코오스 등의 물질. 〔약을 쉽게 사용하기 위한 것임.〕
부호 (扶護) 명하타 도와서 보호함.

부ː호(符號)명 ①어떤 뜻을 나타내는 기호. ②수학에서, 양수(陽數)·음수(陰數)를 나타내는 기호. 〔곧, 양의 부호인 '+', 음의 부호인 '−'.〕

부ː호(富豪)명 재산이 많고 세력이 있는 사람. 큰 부자.

부호-수(釜戶首)명 도자기 굽는 가마에 불을 넣는 화장(火匠)의 우두머리.

부화명 〈옛〉 부아. 허파. ¶ 부화 폐:肺(訓蒙上27).

부ː화(附和)명하자 (자기 주견이 없이) 남의 의견에 따름.

부화(浮華) '부화(浮華)하다'의 어근.

부화(富華) '부화(富華)하다'의 어근.

부화(孵化)명하자타되자 동물의 알이 깸, 또는 알을 깸. 알까기.

부화-기(孵化器)명 ☞부란기(孵卵器).

부ː화-뇌동(附和雷同)[-뇌-/-눼-]명하자 아무런 주견이 없이 남의 의견이나 행동에 덩달아 따름. 뇌동부화.

부화-율(孵化率)명 수정란 중에서 실지로 깐 알의 비율. ¶ 부화율을 높이다.

부화-장(孵化場)명 알을 인공적으로 깨는 곳.

부화-하다(浮華-)형여 겉보기만 화려하고 실속이 없다.

부ː화-하다(富華-)형여 부유하고 호화롭다.

부ː활(復活)명 ①하자 죽었다가 되살아남. 부생(復生). ¶ 예수의 부활. ②하자타되자 쇠퇴하거나 폐지한 것이 다시 성하게 됨, 또는 그렇게 함. ¶ 군국주의의 부활.

부ː활-절(復活節)[-쩔]명 예수의 부활을 기념하는 축제일. 춘분이 지난 뒤의 첫 만월 다음의 일요일임. 부활 주일.

부ː활^주일(復活主日)[-쭈-]명 ☞부활절.

부ː황(付黃)명하자 조선 시대에, 임금의 재가(裁可)를 받은 문서의 고쳐야 할 곳에 누런 종이쪽지를 붙이던 일.

부황(浮黃)명 오래 굶어서 살가죽이 누렇게 부어오르는 병. ¶ 부황이 나다. /부황이 들다.

부황-증(浮黃症)[-쯩]명 부황의 증세.

부ː회(附會)[-회/-훼]명하타 이치에 닿지 않는 사실을 억지로 끌어다 맞춤. ¶ 견강부회.

부회(部會)[-회/-훼]명 부문별로 나뉜 조직에서, 각 부 단위로 가지는 모임. ↔총회(總會).

부ː-회장(副會長)[-회-/-훼-]명 회장을 도우며, 회장의 유고(有故) 때에 그 직무를 대행하는 직위, 또는 그 직위에 있는 사람.

부훵이명 〈옛〉 부엉이. ¶ 부훵이 휴:鵂(訓蒙上15). 참부헝.

부ː흥(復興)명하자타되자 쇠(衰)하였던 것이 다시 일어남, 또는 쇠하였던 것을 다시 일어나게 함. 흥복(興復). ¶ 경제 부흥.

부ː흥-상(復興相)명 부흥한 모습. ¶ 괄목할 만한 부흥상.

부ː흥-회(復興會)[-회/-훼]명 개신교에서, 교인들의 믿음을 부흥시키기 위해 가지는 특별 기도회.

북[1]명 타악기의 한 가지. 나무나 쇠붙이 따위로 둥글게 통을 만들고 양쪽 마구리에 가죽을 팽팽하게 씌워서 두드림. 고(鼓).

북은 칠수록 맛이 난다속담 무슨 일이나 하면 할수록 길이 나고 잘된다는 뜻.

북은 칠수록 소리가 난다속담 못된 사람과 싸우면 손해만 커진다는 말.

북을 메우다관용 북통 양쪽에 가죽을 켕기어 씌우다.

북[2]명 ①베틀에 딸린 부속품의 한 가지. 씨올의 실꾸리를 넣는 제구로, 날 틈으로 오가며 씨를 푸는 구실을 함. 방추(紡錘). ②재봉틀에서 밑실을 감은 실톳을 넣는 물건.

북[3]명 나무나 풀의 뿌리를 싸고 있는 흙. ¶ 북을 돋우다. /고추밭에 북을 주다.

북[4]부 ①부드럽고 무른 물건의 거죽을 세게 갈거나 긁는 소리. ②무르고 두툼한 물건을 대번에 찢는 소리. 작복[2]. 센뿍. **북-북**부 ¶ 책장을 북북 찢다.

북(北)명 북쪽. ↔남(南).

북간(北間)[-깐]명 지난날, 의금부(義禁府)의 북쪽 감방(監房)을 이르던 말.

북-감사(北監司)[-깜-]명 ☞안무사(按撫使).

북-감저(北甘藷)[-깜-]명 ☞감자.

북경-인(北京人)[-꼉-]명 ☞베이징인.

북계(北界)[-꼐/-께]명 ①고조선의 평양 이서(以西)의 땅. ②동물 지리학상의 구역. 아시아·유럽·북아메리카 대륙을 포함하는 지역. ↔남계(南界).

북-고(-鼓)[-꼬]명 한자 부수의 한 가지. '鼙'·'鼗' 등에서의 '鼓'의 이름.

북곡(北曲)[-꼭]명 중국 북방계(北方系)의 가곡 및 그것을 바탕으로 한 희곡. 원곡(元曲).

북관(北關)[-꽌]명 지난날, '함경남북도 지방'을 두루 이르던 말.

북교(北郊)[-꾜]명 ①북쪽 교외. ②지난날, '서울 창의문(彰義門) 밖의 일대'를 가리키던 말.

북구(北歐)[-꾸]명 ☞북유럽. ↔남구(南歐).

북-구라파(北歐羅巴)[-꾸-]명 ☞북유럽.

북국(北國)[-꾹]명 북쪽에 위치한 나라. ↔남국(南國).

북군(北軍)[-꾼]명 미국의 남북 전쟁 때 북부 여러 주의 군대를 이르던 말. ↔남군.

북궐(北闕)[-꿜]명 지난날, 서울의 창덕궁과 경희궁에 대하여 '경복궁'을 이르던 말.

북극(北極)[-끅]명 ①지구의 자전축(自轉軸)의 북쪽 끝의 지점. ②북극과 그 부근의 지역. ¶ 북극 탐험. ③자석의 북쪽을 가리키는 극. 자북극(磁北極). ④천구(天球)의 극의 하나. 지축의 북쪽 연장선이 천구와 만나는 점. ↔남극.

북극^거ː리(北極距離)[-끅꺼-]명 어떤 천체에서 천구의 북극까지의 각거리(角距離). ↔남극 거리.

북극-계(北極界)[-끅꼐/-끅께]명 생물 지리학상의 한 구역. 북극을 중심으로 스칸디나비아 북부, 시베리아 북부, 알래스카·캐나다 북부 및 그린란드를 포함하는 지역. ↔남극계.

북극-곰(北極-)[-끅꼼]명 ☞흰곰.

북극-광(北極光)[-끅꽝]명 북극에 나타나는 극광. ↔남극광.

북극-권(北極圈)[-끅꿘]명 (북극을 중심으로 한) 북위 66°33′ 이북의 지역. ↔남극권.

북극-성(北極星)[-끅썽]명 천구의 북극에 가장 가까운 별. 위치가 거의 변하지 않기 때문에 북쪽 방향을 아는 데 이용됨. 북신(北辰).

북극^지방(北極地方)[-끅찌-]명 북극권 안에 위치하는 지역. ↔남극 지방.

북극-해(北極海)[-끄캐]명 북극권에 있는 바다. 아시아·유럽·북아메리카의 세 대륙에 둘러싸여 있음. 북빙양.

북-꿩(北-)명 꿩과의 새. 만주 특산으로 우리나라 특산의 꿩과 비슷하나, 몸빛이 더 엷고 광택이 적음. 우리나라 북부 및 우수리·아무르에 분포함.

북-녘(北-)[붕녁]명 북쪽 방면. 북방(北方). ↔남녘. ＊북녘이[붕녀키]·북녘만[붕녕-]

북단(北端)[-딴]명 북쪽 끝. ↔남단.

북당(北堂)[-땅]명 ☞자당(慈堂).

북대(北帶)[-때]명 식물 분포 구역의 한 가지. 북반구의 열대권 이북의 광대한 지역.

북대서양^조약^기구(北大西洋條約機構)[-때-끼-]명 북대서양 조약에 가맹하여 있는 미국·영국·캐나다·독일 등에 의하여 설립된 집단 안전 보장 조직. 벨기에의 브뤼셀에 본부가 있음. 나토(NATO).

북덕-명주(-明紬)[-떵-]명 질이 좋지 않은 고치에서 뽑은 실로 짠 명주.

북덕-무명[-떵-]명 질이 좋지 않은 목화나 누더기 솜 따위를 자아서 짠 무명.

북덕-지(-紙)[-떡찌]명 몹시 구겨지고 부푸러기가 일어난 종이.

북데기[-떼-]명 짚이나 풀 따위의 엉클어진 뭉텅이.

북도(北道)[-또]명 ①경기도의 북쪽에 있는 도. 곧, 황해도·평안도·함경도를 아울러 이르는 말. ②대종교(大倧敎)에서, 백두산의 북쪽 지방을 이르는 말. ↔남도.

북독(北瀆)[-똑]명 조선 시대, 사독(四瀆)의 하나. 지금의 용흥강(龍興江).

북-돋다[-똗따]타 〈북돋우다〉의 준말.

북-돋우다[-또두-]타 ①식물의 뿌리를 흙으로 덮어 주다. ②용기나 의욕 등의 심리 작용이 강하게 일어나도록 자극을 주다. ¶ 기운을 북돋우다. /용기를 북돋우다. 준북돋다.

북동(北東)[-똥]명 북쪽과 동쪽의 중간에 해당하는 방위. 동북.

북동-풍(北東風)[-똥-]명 ☞동북풍.

북두[-뚜]명 말이나 소의 등에 실은 짐과 배를 얼러서 매는 줄.

북두(北斗)[-뚜]명 〈북두칠성〉의 준말.

북두-갈고리[-뚜-]명 북두 끝에 매단 갈고리.

북두-성(北斗星)[-뚜-]명 ☞북두칠성.

북두-칠성(北斗七星)[-뚜-썽]명 큰곰자리에서 가장 뚜렷하게 보이는, 국자 모양으로 된 일곱 개의 별. 북두성. 준북두·칠성.

북두칠성이 앵돌아졌다속담 '일이 낭패가 되었음'을 비유하여 이르는 말.

북-등(-燈)[-뜽]명 안에 촛불을 켜서 들고 다니게 만든 등. 대오리로 테를 하고 종이를 발라 조그마한 북 모양으로 만듦.

북-떡명 지난날, 민간에서 돌림병이 돌 때에 병을 예방하는 뜻으로 베틀의 북으로 식구 수대로 쌀을 떠서 만들어 먹던 흰무리.

북로(北虜)[붕노]명 북쪽에 있는 오랑캐.

북로(北路)[붕노]명 ①북쪽으로 가는, 또는 북쪽에 있는 큰길. ②지난날, '서울에서 함경도로 통하는 길'을 이르던 말.

북로-남왜(北虜南倭)[붕노-]명 북쪽의 오랑캐와 남쪽의 왜적.

북록(北麓)[붕녹]명 산의 북쪽 기슭.

북류(北流)[붕뉴]명하자 북쪽으로 흐름.

북마(北馬)[붕-]명 지난날, '함경북도에서 나는 말'을 이르던 말.

북-마구리(北-)[붕-]명 광산에서, 남북으로 뚫린 구덩이의 북쪽 마구리. ↔남마구리.

북마-남선(北馬南船)[붕-]명 ☞남선북마.

북-마ː크(book mark)명 인터넷에서, 자주 찾는 사이트를 별도로 등록하여 바로 접속할 수 있게 하는 것.

북망-산(北邙山)[붕-]명 〔옛날 중국의 베이망산(北邙山)에 제왕·귀인·명사 들의 무덤이 많았다는 데서〕 '무덤이 많은 곳, 또는 사람이 죽어서 묻히는 곳'을 이름. 북망산천.

북망-산천(北邙山川)[붕-]명 ☞북망산.

북면(北面)[붕-]명 ①북쪽의 면(面). ¶ 건물의 북면을 손질하다. ②하자 북쪽을 향함. ¶ 북면하여 서 있는 동상. ③하자〔지난날, 임금은 남쪽을 향해 앉고 신하는 북쪽을 향해 앉은 데서〕 '임금을 섬김'을 이르던 말.

북문(北門)[붕-]명 북쪽으로 낸 문. ↔남문.

북미(北美)[붕-]명 ☞북아메리카.

북-바늘[-빠-]명 베틀의 북 속에 실꾸리를 넣고, 그것이 솟아 나오지 못하도록 북 시울에 끼우는 대오리.

북-반구(北半球)[-빤-]명 지구의 적도 이북의 부분. ↔남반구.

북-받자[-빧짜]명 곡식 따위를 고봉으로 되어서 받는 일.

북-받치다[-빧-]자 ①안이나 밑에서 솟거나 치밀다. ¶ 눈물이 북받치다. ②어떤 감정이 치밀어 오르다. ¶ 북받치는 설움. 작복받치다.

북방(北方)[-빵]명 ①북쪽. ②북녘. ③북쪽 지방. 삭방(朔方). 삭북(朔北). ↔남방.

북방^불교(北方佛敎)[-빵-]명 기원전 3세기경 인도 아소카 왕(Aśoka王) 때부터 인도 북부에서 발달하여 우리나라·중국·티베트·일본 등지에 퍼진 불교를 통틀어 이르는 말. 대승 불교가 중심임.

북백(北伯)[-빽]명 조선 시대에, '함경도 관찰사'를 달리 이르던 말.

북벌(北伐)[-뻘]명하자 북방(北方)의 지역을 정벌함. 북정(北征).

북변(北邊)[-뼌]명 ①북쪽 변방. ②☞북비(北鄙).

북병(北甁)[-뼝]명 〈북수병(北水甁)〉의 준말.

북-병사(北兵使)[-뼝-]명 조선 시대에, 북병영의 병마절도사.

북-병영(北兵營)[-뼝-]명 조선 시대에, 함경도 경성(鏡城)에 두었던 군영(軍營).

북부(北部)[-뿌]명 ①어떤 지역에서의 북쪽 부분. ②조선 시대에, 한성 5부 중의 북쪽 지역, 또는 그 지역의 관아를 이르던 말. ↔남부.

북-북동(北北東)[-뿍똥]명 북쪽과 북동쪽과의 사이.

북-북서(北北西)[-뿍써]명 북쪽과 북서쪽과의 사이.

북비(北鄙)[-삐]명 함경북도의 변두리 땅. 북변(北邊).

북빙-양(北氷洋)[-삥냥]명 ☞북극해(北極海).

북-살무사(北-)[-쌀-]명 살무삿과의 독사. 몸길이 60~80 cm. 몸빛은 대체로 황갈색 바탕에 흑갈색 줄무늬가 있음. 산이나 밭에서 볼 수 있는데, 맹독이 있음.

북삼(北蔘)[-쌈]명 ①함경도에서 나는 산삼. ②중국 동북부의 간도 지방에서 나는 인삼.

북상(北上)[-쌍]명하자 북쪽으로 올라감. ¶ A급 태풍이 북상하고 있다. ↔남하(南下).

북-상투[-쌍-]명 ①아무렇게나 튼 상투. ②함부로 뭉쳐 튼 여자 머리.

북새[-쌔]명 여러 사람이 한데 모여 부산을 떨며 법석이는 일. ¶ 북새를 떨다. /북새를 부리다.

북새(를) 놓다〔놀다〕관용 여러 사람이 한곳에서 부산하게 법석거리다.

북새-질[-쌔-]명하자 북새 놓는 일.

북새-통[-쌔-]명 북새 놓는 상황. ¶ 아이들 북새통에 정신을 차릴 수가 없다.
북새-판[-쌔-]명 북새를 놓는 판.
북새-풍(北塞風)[-쌔-]명 북쪽의 추운 지방에서 불어오는 찬 바람.
북서(北西)[-써]명 북쪽과 서쪽의 중간에 해당하는 방위. 서북.
북서-풍(北西風)[-써-]명 북서쪽에서 불어오는 바람. 서북풍. 여풍(麗風).
북-석(-石)[-썩]명 무덤 앞의 상석(床石)을 괴는, 북 모양으로 다듬은 둥근 돌. 고석(鼓石).
북-소리[-쏘-]명 북을 칠 때 나는 소리.
북송(北送)[-쏭]명하타 되자 물건이나 사람을 북쪽으로 보냄.
북수(北水)[-쑤]명 절에서, '뒷물'을 이르는 말.
북수(北首)[1][-쑤]명 함경도 지방에서 만들어 내던 기와의 한 종류.
북수(北首)[2][-쑤]명 상례(喪禮)에서, 죽은 사람의 머리를 북쪽으로 하여 누이는 일.
북수-병(北水甁)[-쑤뼝]명 절에서, 북수를 담는 병. 준북병.
북숫-대(北水-)[-쑤때/-쑫때]명 절에서, 북수를 부어 가면서 항문을 씻는 홈이 팬 나무 그릇.
북숭이[-쑹-]명 ①☞부기. ②<털북숭이>의 준말.
북슬-강아지[-쓸-]명 털이 북슬북슬하고 몸집이 큰 강아지.
북슬-북슬[-쓸-쓸]부하형 (짐승이) 살이 찌고 털이 많이 난 모양. 작복슬복슬.
북신(北辰)[-씬]명 ☞북극성(北極星).
북-십자성(北十字星)[-씹짜-]명 '백조자리'를 남십자성에 상대하여 이르는 말.
북-씨(北-)명 ☞북위(北緯).
북-아메리카(北America)명 육대주(六大洲)의 하나. 신대륙의 북반부. 파나마 이북의 아메리카 대륙 및 그린란드를 비롯한 섬들을 포함하는 지역. 북미(北美).
북안(北岸)명 (강이나 바다·호수의) 북쪽 기슭.
북양(北洋)명 북쪽 바다. 북해(北海).
북양^어업(北洋漁業)명 북태평양·베링 해·오호츠크 해 등 북양을 어장(漁場)으로 삼는 어업.
북어(北魚)명 마른 명태. 건명태.
  북어 뜯고 손가락 빤다속담 '거짓으로 꾸미거나 과장함'을 이르는 말.
  북어 껍질 오그라들듯관용 '재산 같은 것이 점점 줄어드는 상태'를 비유하여 이르는 말.
북어-구이(北魚-)명 북어를 토막 쳐서 물에 불린 다음 양념하여 구운 음식.
북어-보풀음(北魚-)명 더덕북어를 두드려서 잘게 뜯은 살.
북어-쾌(北魚-)명 북어 스무 마리를 한 줄에 꿰어 놓은 것.
북엇-국(北魚-)[부거꾹/부걷꾹]명 잘게 뜯은 북어를 물에 불려 간장·기름으로 양념하여 끓인 맑은장국.
북영(北營)명 ①조선 고종 때, 함경도 경성(鏡城)에 두었던 친군영(親軍營)의 하나. ②조선 시대에, '함경도의 감영(監營)'을 달리 이르던 말.
북용(北茸)명 지난날, 함경북도에서 나던 녹용.
북위(北緯)명 적도 이북의 위도. 북씨. ↔남위(南緯).
북위(北魏)명 중국 남북조 시대의 북조 최초의 나라. 〔선비족의 탁발규(拓跋珪)가 세웠음.〕
북위-선(北緯線)명 적도 이북의 위선. ↔남위선(南緯線).
북-유럽(北Europe)명 유럽의 북부, 곧 덴마크·스웨덴·노르웨이·핀란드·아이슬란드 등의 지역을 이르는 말. 북구(北歐). 북구라파.
북인(北人)명 조선 시대의 사색당파의 하나. 유성룡(柳成龍)을 중심으로 하는 남인(南人)에 대하여, 이산해(李山海)를 중심으로 하는 당파, 또는 그에 딸린 사람.
북-자극(北磁極)[-짜-]명 ☞자북극(磁北極).
북장(北醬)[-짱]명 함경도에서 만드는 된장.
북-장구(←-杖鼓)[-짱-]명 북과 장구.
북-장지(←-障子)[-짱-]명 앞뒤를 모두 종이로 바른 장지문.
북적(北狄)[-쩍]명 사이(四夷)의 하나. '북쪽 오랑캐'라는 뜻으로, 지난날 중국에서 그들의 북쪽에 사는 이민족을 얕잡아 이르던 말. 적인.
북적-거리다[-쩍꺼-]자 자꾸 북적북적하다. 북적대다. ¶ 가게 안이 손님들로 북적거린다. 작복작거리다.
북적-대다[-쩍때-]자 북적거리다.
북적-북적[-쩍뿍쩍]부하자 ①많은 사람이 좁은 곳에 모여 수선스럽게 들끓는 모양. ②좀 되직한 액체 상태의 것이 그릇에서 부글부글 끓어오르는 모양. 작복작복작.
북전[-쩐]명 ①활의 줌통에서 엄지손가락이 닿는 곳. ②줌손 엄지손가락의 첫째 마디와 둘째 마디를 아울러 이르는 말.
북점(北點)[-쩜]명 지평선과 자오선이 만나는 점 가운데서 천구의 북극에 가까운 점.
북정(北征)[-쩡]명하자 ☞북벌(北伐).
북정(北庭)[-쩡]명 ①집 안의 북쪽에 있는 뜰. ②성균관 안에 있는 명륜당의 북쪽 마당. 〔지난날, 유생들이 승학시(陞學試)를 보던 곳.〕
북종(北宗)[-쫑]명 ①중국의 신수(神秀)를 종조(宗祖)로 하는 선종(禪宗)의 한 파. ②<북종화>의 준말.
북종-화(北宗畫)[-쫑-]명 중국 회화의 2대 계보의 하나. 당나라 때 이사훈(李思訓)에서 비롯된 유파로, 누대(樓臺)와 금벽 산수(金碧山水)를 세밀하게 나타내는 것이 특색임. 준북종·북화. 참남종화.
북-주기[-쭈-]명하타 농작물의 뿌리를 흙으로 두두룩하게 덮어 주는 일.
북지(北至)[-찌]명 〔하지(夏至)에 해가 북회귀선까지 이르는 데서〕 '하지'의 딴 이름. ↔남지(南至).
북진(北進)[-찐]명하자 북쪽으로 나아감.
북진(北鎭)[-찐]명 함경도의 육진(六鎭) 지방.
북-쪽(北-)명 북극을 가리키는 쪽. 북(北). ¶ 북쪽 지역. ↔남쪽.
북창(北窓)명 북쪽으로 낸 창문. ↔남창.
북창-삼우(北窓三友)명 〔백거이(白居易)의 시에서 온 말로〕 '거문고·술·시(詩)'를 아울러 이르는 말.
북-채명 북을 치는 자그마한 방망이.
북천(北天)명 북쪽 하늘. ↔남천(南天)[1].
북천-가(北遷歌)명 조선 철종 때, 김진형(金鎭衡)이 지은 장편 기행 가사. 〔유배지에서의 생활을 읊은 내용.〕
북청^사자놀음(北青獅子-)명 함경남도 북청군 일대에 전해 내려오는 민속놀이. 정월 대보름에 잡귀를 물리친다 하여 사자를 꾸미어 집집마다 다니며 춤을 춤. 〔중요 무형 문화재 제15호.〕

북촌(北村)명 ①북쪽에 있는 마을. ②조선 시대에, 서울 안에서 북쪽에 있는 동네들을 두루 이르던 말. ↔남촌.

북-춤명 ①지난날, 나라 잔치 때에 기생이 북을 메고 추던 춤. ②북을 메고 추는 고전 무용. 무고(舞鼓).

북측(北側)명 ①북쪽. ②(서로 마주하고 있을 때) 북쪽에 자리한 쪽. ¶ 북측 대표단. ↔남측.

북치명 그루갈이로 열린 작은 오이.

북-치(北-)명 북쪽 지방의 산물 또는 생물. ↔남치.

북칠(北漆)명하자 돌에 글자를 새길 때, 글씨를 쓴 얇은 종이에 밀을 칠하여 뒤쪽에 비치는 글자의 테두리를 그려서 돌에 붙이고, 문질러서 글씨 자국이 나도록 내려 앉히는 일.

북침(北侵)명하자 남쪽에서 북쪽으로 침략함. ↔남침.

북-통(-筒)명 북의 몸이 되는 둥근 나무통.

북통(을) 지다관용 경을 읽는 동안에 병자가 죽어 경쟁이가 북을 지고 쫓겨나다.

북통(을) 지우다관용 경을 읽는 동안에 병자가 죽어 경쟁이에게 북을 지워 쫓아내다.

북-틀명 북을 올려놓는 틀.

북-편(-便)명 장구를 칠 때, 손으로 치는 면. ↔채편.

북포(北布)명 조선 시대에, '함경북도에서 나는 삼베'를 이르던 말.

북표(北標)명 지도에서, 북쪽을 가리키는 표.

북풍(北風)명 북쪽에서 불어오는 바람. 광막풍. 된바람. 삭풍(朔風). 호풍(胡風). ↔남풍.

북풍-받이(北風-)[-바지]명 북쪽에서 불어오는 바람을 마주 받는 곳.

북학(北學)[부칵]명 ①조선 영·정조 때, 청나라의 진보된 문물제도를 본받아 우리나라의 후진성을 개혁하자고 주장한 실학(實學)의 한 학풍. ②중국 남북조 시대에, 북조(北朝)에서 발달한 학풍. ②참남학(南學).

북학-론(北學論)[부캉논]명 조선 시대에, 실학자들이 청나라를 본받아 문물제도를 개량하고자 내세웠던 주장.

북학-의(北學議)[부카긔/부카기]명 조선 정조 때의 실학자 박제가(朴齊家)가 중국 북경(北京)을 내왕하며, 그곳의 제도와 습관 등을 조목별로 적어 놓은 책. 거선(車船)·성벽·궁실·도로·교량·축목 등 모두 39편으로 이루어져 있음.

북학-파(北學派)[부칵-]명 조선 시대에, 북학을 주장한 실학의 한 파. 박지원·이덕무·홍대용·박제가 등이 대표적 인물임.

북한(北限)[부칸]명 (생물 분포 따위의) 북쪽 한계.

북한(北韓)[부칸]명 휴전선 이북의 한국. ↔남한(南韓).

북-한대(北寒帶)[부칸-]명 북극권에 딸린 지역. 북위 66° 33′ 이북인 한대로서, 반 년은 낮, 반 년은 밤이 계속되며 몹시 추움. ↔남한대.

북해(北海)[부캐]명 ①북쪽의 바다. 북양(北洋). ②유럽 대륙과 영국의 사이에 있는 바다. 〔대서양의 부속해임.〕

북행(北行)[부캥]명하자 북쪽으로 감.

북-향(-香)[부컁]명 옥(玉)으로 조그마한 북처럼 만들어, 향료를 담아 몸에 차고 다니는 물건.

북향(北向)[부컁]명하자 북쪽을 향함, 또는 그 방향. ¶ 북향으로 낸 대문. ↔남향.

북향-집(北向-)[부컁찝]명 대청이 북쪽을 향해 있는 집. ↔남향집.

북향-판(北向-)[부컁-]명 북쪽을 향한 집터 또는 묏자리.

북호(北胡)[부코]명 북쪽 오랑캐의 나라.

북홍(北紅)[부콩]명 매우 짙은 붉은 물감.

북화(北畫)[부콰]명 〈북종화〉의 준말.

북-회귀선(北回歸線)[부쾨-/부퀘-]명 북위 23° 27′ 의 위선. 하지 때 해가 이 선의 바로 위에 옴. 하지선. ↔남회귀선.

분의 ①사람을 가리킬 때 그를 높이는 뜻으로 쓰는 말. ¶ 저기 계신 분. ②사람의 수를 셀 때 높이는 뜻을 나타내는 말. ¶ 손님 두 분.

분(分)명 ①〈분수(分數)²〉의 준말. ¶ 분에 넘치는 대접을 받는다. ②〈분세(分稅)〉의 준말.

분(盆)명 화초나 나무를 심는 그릇. 화분.

분에 심어 놓으면 못된 풀도 화초라 한다속담 못난 사람도 좋은 지위에 앉혀 놓으면 잘나 보인다는 말.

분(粉)명 ①가루. 분말. ②〈백분(白粉)〉의 준말. ¶ 분을 바르다. ③흰빛을 내는 채색.

분ː(憤·忿)명 원통하고 억울한 마음이나 생각. 분심(憤心). ¶ 분을 삭이다. /분을 못 이겨 울다.

분(糞)명 똥.

분(分)의 ①시간 단위의 한 가지. 한 시간의 60분의 1. ¶ 3시 30분. ②각도·경위도 등의 단위. 1도의 60분의 1. ¶ 북위 38도 2분.

분(分)수관 리(釐)의 10배, 일(一)의 10분의 1이 되는 수(의). 곧, 10^{-1}. 푼.

-분(分)접미 ①《수사 뒤에 붙어》 전체를 몇으로 나눈 부분을 뜻함. ¶ 4분의 3. ②《일부 명사 또는 수량·기간을 나타내는 명사구 뒤에 붙어》 몫이 되는 분량을 뜻함. ¶ 3인분. /열 사람분. ③《일부 명사 뒤에 붙어》 그런 물질의 성분임을 뜻함. ¶ 당분. /지방분.

분가(分家)명하자 가족의 구성원이 딴 집으로 나가 딴살림을 차림, 또는 딴살림을 차린 그 집. 분호(分戶). ¶ 분가를 시키다. ↔본가(本家).

분-가루(粉-)[-까-]명 ①분의 가루. ②분처럼 하얀 가루.

분-가시(粉-)[-까-]명 분의 중독으로 얼굴에 생기는 여드름 같은 부스럼.

분간(分揀)명하타되자 서로 같지 아니함을 가려서 앎. ¶ 방향을 분간하다. /옳고 그름을 분간하다.

분갑(粉匣)[-깝]명 분을 담는 갑.

분개(分介)명하타 부기(簿記)에서, 거래를 대변(貸邊)과 차변(借邊)으로 나누고, 각각의 계정 과목을 정하여 적는 일.

분개(分槪)명하타 사리를 분별하여 헤아림.

분ː개(憤慨)명하자·타 몹시 화를 냄. 매우 분하게 여김. 분탄(憤歎). ¶ 부당한 처사에 분개하다.

분개-없다(分槪-)[-업따]형 사리를 분별하여 헤아릴 만한 슬기가 없다. **분개없-이**부.

분개-장(分介帳)[-짱]명 회계 장부의 한 가지. 일기장(日記帳)에 적어 놓은 거래 내용을 원장(元帳)에 적기 위하여 대변과 차변으로 나누고 그 발생 순서에 따라 자세히 적는 장부.

분거(分居)명하자 한곳에 살지 않고 여기저기에 나뉘어 삶.

분ː격(憤激)명하자 매우 노엽고 분하여 크게 성을 냄. 격분(激憤). ¶ 분격에 차다. /분격을 사다.

분ː격(奮激)명하자 세차게 마음을 떨쳐 일으킴. ¶ 분격하여 재도전하다.

분ː격(奮擊)명하타 세차게 힘을 떨치고 일어나 적을 침.

분견(分遣) 명 하타 되자 조직체의 구성원의 일부를 갈라서 다른 데로 보냄.

분견-대(分遣隊) 명 본대에서 따로 갈라져 나와 근무하는 작은 부대.

분-결(粉-) [-껼] 명 분의 곱고 부드러운 결. ¶ 분결처럼 보드라운 손.

분ː-결(憤-) [-껼] 명 ☞분김. ¶ 분결에 뒤통수를 한 대 쥐어박았다.

분경(分境) 명 ☞분계(分界).

분경(奔競) 명 하타 지지 않으려고 몹시 다툼, 또는 그 다툼질.

분경(紛競) 명 하자 ☞분쟁(紛爭).

분계(分界) [-계/-게] 명 서로 나뉜 두 지역의 경계. 분경(分境).

분계-선(分界線) [-계-/-게-] 명 서로 나뉜 지역의 경계가 되는 선. ¶ 군사 분계선.

분고(奔告) 명 하타 달려가서 빨리 알려 줌.

분곡(分穀) 명 하자 거두어들인 곡식을 몫몫이 나눔.

분골(粉骨) 명 하자 〈분골쇄신〉의 준말.

분골-보효(粉骨報效) 명 하자 있는 힘을 다하여 은혜를 갚음.

분골-쇄신(粉骨碎身) 명 하자 〔뼈가 가루가 되고 몸이 부서진다는 뜻으로〕 있는 힘을 다하여 노력함. 분신쇄골. 쇄골분신. ㊟분골·쇄신.

분-공장(分工場) 명 본공장에서 따로 갈라져 나온 공장.

분과(分科) [-꽈] 명 하타 각 전문 과목이나 업무별로 갈라 나눔, 또는 그 나뉜 과목이나 업무.

분과(分課) [-꽈] 명 하타 일을 나누어 맡기 위하여 몇 개의 과(課)로 나눔, 또는 그 나뉜 과. ¶ 업무의 확장으로 분과하다.

분과-회(分科會) [-꽈회/-꽈훼] 명 대규모의 회의 따위에서, 그 채택된 의제의 내용에 따라 각각 전문 분야별로 나누어 이루어지는 회의.

분관(分管) 명 하타 나누어서 관할함.

분관(分館) 명 본관에서 나누어 따로 세운 기관이나 건물.

분광(分光) 명 하자 프리즘을 통과한 광선이 파장이 다른 단색광(單色光)으로 나뉘는 일.

분광(分鑛) 명 하자 광주(鑛主)에게 일정한 사용료를 내고 일정한 기간 동안 마음대로 채굴하는 일, 또는 그런 광산. ㊟만광.

분광(粉鑛) 명 가루 모양으로 부서진 광석.

분광-계(分光計) [-계/-게] 명 각도를 재기 위한 눈금이 있는 분광기.

분광-기(分光器) 명 빛을 스펙트럼으로 분산시켜서 그 강도와 파장을 관측하는 장치.

분광^분석(分光分析) 명 ☞스펙트럼 분석.

분광^사진(分光寫眞) 명 분광기에 촬영 장치를 하여 찍은 사진. 스펙트럼의 사진.

분광^시ː차(分光視差) 명 항성(恒星)의 스펙트럼과 광도(光度)의 관계를 이용하여 계산한 항성의 거리.

분광^연성(分光連星) [-년-] 명 망원경으로는 분리하여 식별할 수 없으나, 스펙트럼선에 나타나는 주기적 변화에 따라 검출할 수 있는 연성. ↔실시 연성(實視連星).

분광^측광(分光測光) [-꽝] 명 천체 스펙트럼을 관측하여 천체의 광도(光度)를 결정하는 일.

분광-학(分光學) 명 빛의 스펙트럼을 연구하는 광학의 한 분과. 원자나 분자의 구조를 알아보는 데 중요한 실마리를 줌.

분광^화ː학(分光化學) 명 스펙트럼을 분석하여 분자의 구조를 밝히려는 화학.

분ː괴(憤愧) [-괴/-궤] 명 하타 ①분하게 여기고 부끄러워함. ②마음에 뉘우침.

분교(分校) 명 본교에서 멀리 떨어진 다른 지역에 따로 세운 같은 계통의 학교.

분-교장(分校場) 명 본교에서 멀리 떨어진 지역의 학생들을 수용하기 위하여 따로 세운 교사(校舍). ¶ 벽지 분교장의 어린이들.

분구(分區) 명 하타 ①지역을 일정하게 나눔, 또는 나눈 그 구역. ②구(區)를 몇 개로 나눔, 또는 나눈 그 구역.

분국(分局) 명 본국(本局)에서 갈라져 나가 따로 설치된 국(局).

분권(分權) [-꿘] 명 하자 되자 권력을 분산함. ↔집권(集權).

분권-적(分權的) [-꿘-] 관 명 권력을 분산하는 (것). ¶ 분권적 체제. /분권적인 제도.

분권-주의(分權主義) [-꿘-의/-꿘-이] 명 〈지방 분권주의〉의 준말.

분궤(奔潰·犇潰) 명 하자 ☞궤주(潰走).

분궤(粉潰) 명 하자 되자 가루처럼 부스러져 흩어짐.

분규(紛糾) 명 의견이나 주장이 대립되어 일이 어지럽게 뒤얽히는 일. ¶ 유산을 둘러싼 분규.

분극(分極) 명 ①전매질(電媒質)을 전기장에 놓으면 그 양쪽 끝에 양전기와 음전기가 나타나는 현상. ②전지 안에 생긴 가스가 극판(極板)에 차서 반대 방향의 기전력을 내는 현상.

분극^전ː류(分極電流) [-쩔-] 명 물질의 분극으로 말미암아 생기는 전류.

분극화 현ː상(分極化現象) [-그콰-] (사회의 여러 세력이) 서로 대립하는 두 개의 극으로 분화 또는 집중하는 현상.

분근(分根) 명 하자 (번식을 시키려고) 하나의 뿌리를 갈라서 여럿으로 나눔, 또는 나눈 그 뿌리. ¶ 달리아의 뿌리를 분근하여 심다.

분금(分金) 명 하타 무덤에 관(棺)을 묻을 때 그 관의 위치를 똑바로 정하는 일.

분급(分級) 명 물이나 공기와 같은 유체(流體) 속에서 고체 입자의 떨어지는 속도가 그 입자의 크기에 따라 다름을 이용하여 그들을 둘 이상의 입자군(粒子群)으로 나누는 일.

분급(分給) 명 하타 되자 나누어 줌. 분여(分與). ¶ 구호품을 분급하다.

분기(分岐) 명 하자 되자 나뉘어서 여럿으로 갈라짐, 또는 그 갈래.

분기(分期) 명 한 해를 석 달씩, 넷으로 나눈 기간. ¶ 삼사(三四) 분기.

분기(紛起) 명 하자 여기저기서 말썽이 생김.

분ː기(噴氣) 명 하자 증기나 가스 따위를 뿜어냄, 또는 뿜어내는 증기나 가스.

분ː기(憤氣) 명 분한 기운. 원통한 생각. ¶ 분기를 발하다. /분기를 참지 못하다. /분기를 가라앉히다.

분ː기(奮起) 명 하자 기운을 내어 힘차게 일어남. ¶ 오등(吾等)이 자(玆)에 분기하도다.

분ː기-공(噴氣孔) 명 화산 활동의 여세로 땅속에서 화산 가스를 뿜어내는 구멍이나 갈라진 틈.

분ː기-등등(憤氣騰騰) 명 하자 분한 마음이 세차게 치밀어 오름.

분기-선(分岐線) 명 여러 갈래로 갈라진 선로(線路)나 길.

분기-점(分岐點) [-쩜] 명 여러 갈래로 갈라지는 지점, 또는 시점. 분점(分點).

분ː기-충천(憤氣衝天) 명 하자 분한 마음이 하늘을 찌를 듯이 솟구쳐 오름. 분기탱천.

분ː기-탱천(憤氣撑天) 명 하자 ☞분기충천.

분:-김(憤-) [-낌] 명 분이 왈칵 난 서슬. 분결. 《주로, '분김에'의 꼴로 쓰임.》 ¶ 분김에 욕설을 퍼붓다.

분-꽃(粉-) [-꼳] 명 분꽃과의 일년초. 관상용 화초의 한 가지. 줄기 높이는 60 cm가량. 잎은 달걀 모양. 여름부터 가을에 걸쳐 빨강·노랑·하양 등 다양한 빛깔의 꽃이 핌. 열매는 까맣게 익는데, 속에 흰 가루가 들어 있음. *분꽃이[-꼬치]·분꽃만[-꼰-]

분꽃-나무(粉-) [-꼰-] 명 인동과의 낙엽 활엽 관목. 산기슭에 나는데, 높이는 2 m가량. 잎은 넓은 달걀 모양에 톱니가 있으며 마주남. 봄에 향기가 짙은 연한 자홍색 꽃이 피고, 길둥근 열매는 가을에 검게 익음.

분납(分納) 명하타 전액을 몇 차례로 나누어서 냄. ¶ 수업료를 분납하다.

분-내(粉-) 명 분의 냄새.

분:내(分內) 명 제 분수에 맞는 정도의 것(일). ↔분외(分外).

분:내-사(分內事) 명 제 분수에 맞는 일.

분네 의 ①'분'을 좀 데면데면하게 이르는 말. ¶ 저 분네가 새로 온 이오? ②둘 이상의 사람을 높여 이르는 말.

분:노(憤怒) 명하자 분하여 몹시 성을 냄.

분뇨(糞尿) 명 똥오줌. 시뇨(屎尿).

분단(分段) 명하타 되자 ①사물을 여러 단계로 나눔, 또는 나눈 그 단계. ②문장을 내용에 따라 몇 단락으로 나눔, 또는 나눈 그 단락.

분단(分團) 명하타 ①한 단체를 구성 단위로서의 작은 집단으로 나눔, 또는 그 집단. ②학습 능률을 올리기 위하여 한 학급을 몇으로 나눔, 또는 그 하나.

분단(分斷) 명하타 되자 끊어서 동강을 냄. ¶ 국토 분단.

분단-국가(分斷國家) [-까] 명 본디 한 나라였으나 전쟁 또는 외국의 지배 등으로 말미암아 둘 이상으로 갈라진 나라.

분단-생사(分段生死) 명 불교에서, 육도(六道)에 윤회하는 범부(凡夫)의 나고 죽는 일을 이르는 말. 〔범부는 각자의 업인(業因)에 따라 신체의 크고 작음과 목숨의 길고 짧음이 구별되어 있어 '분단(分段)'이라고 함.〕 참변역생사(變易生死).

분단-신(分段身) 명 불교에서, 육도(六道)의 중생이 그 업인(業因)에 따라 받은 육신을 이르는 말. 범부(凡夫)의 몸.

분단-윤회(分段輪廻) [-뉸회/-뉸훼] 명 불교에서, 분단생사의 윤회, 곧 '나서 죽고 죽어서 다시 태어나는 생애를 되풀이하는 일'을 이르는 말.

분-단장(粉丹粧) 명하자 얼굴에 분을 바르며 곱게 꾸미는 일. ¶ 곱게 분단장을 한 신부.

분담(分擔) 명하타 되자 (일이나 부담 따위를) 나누어서 맡음. ¶ 업무 분담. /비용을 분담하다.

분담-금(分擔金) 명 나누어서 부담하는 돈.

분답(紛沓) 명하형 ☞잡답(雜沓). ¶ 집 안에서 분답 떨지 말고 밖에 나가 놀아라.

분당(分黨) 명하자타 되자 ①당파를 가름. ②당파가 갈라짐, 또는 그 갈라진 당파. ¶ 동서 분당.

분당(粉糖) 명 가루로 된 사탕.

분대 명하자 〈분대질〉의 준말.

분대(分帶) 명 〈분합대(分合帶)〉의 준말.

분대(分隊) 명 ①군대 편성 단위의 한 가지. 소대 아래의 단위로, 가장 작은 부대. ②본대에서 갈라져 나온 대. ③하자 한 부대를 여러 부대로 나눔.

분대(盆臺) 명 ☞분받침.

분대(粉黛) 명 〔분과 눈썹먹이라는 뜻으로〕 ①'분을 바른 얼굴과 눈썹먹으로 그린 눈썹'을 뜻함. ②'화장한 아름다운 여자'를 뜻함.

분:대(憤懟) 명하타 성내어 원망함.

분대-꾼 명 남에게 분대질하는 사람.

분대-장(分隊長) 명 분대를 지휘 통솔하는 직위, 또는 그 직위에 있는 부사관. 보통 하사로서 임명함.

분대-질 명하자 남을 괴롭게 하여 말썽을 일으키는 짓. ¶ 분대질을 치다. 준분대.

분도(分度) 명 ☞분한(分限).

분도-기(分度器) 명 '각도기(角度器)'의 구용어.

분독(粉毒) [-똑] 명 분에 들어 있는 연분(鉛粉), 또는 그로 말미암아 피부에 생기는 염증 따위.

분:독(憤毒) [-똑] 명 분하여 일어나는 독기.

분:-돋움(憤-) 명하타 남의 분을 돋우는 일. ¶ 공연한 일로 분돋움하지 말게.

분동(分洞) 명하타 한 동네를 두 동네 이상으로 나눔, 또는 나뉜 그 동네.

분동(分棟) 명하자 ①여러 집채로 가름. ②본병동(本病棟) 소재지 이외의 지역에 병동을 따로 지음, 또는 따로 지은 그 병동.

분동(分銅) 명 천평칭으로 물건의 무게를 달 때, 무게의 표준으로서 한쪽 저울판 위에 올려놓는 쇠붙이로 된 추.

분등(分等) 명하타 등급(等級)을 나눔.

분등(奔騰) 명하자 (물건 값이) 갑자기 뛰어오름. ¶ 주가(株價)가 분등하다. ↔분락(奔落).

분:등(噴騰) 명하자 기운차게 뿜어 오름.

분:등-천(噴騰泉) 명 ☞비등천(沸騰泉).

분디 명 산초나무의 열매. 기름을 짜거나 약재 따위로 씀.

분디-나무 명 ☞산초나무.

분락(奔落) [불-] 명하자 (물건 값이) 갑자기 크게 내림. ↔분등(奔騰).

분란(芬蘭) [불-] 명 '핀란드'의 한자음 표기.

분란(紛亂) [불-] 명하형 어수선하고 떠들썩함. ¶ 집안에 분란을 일으키다.

분략(焚掠) [불-] 명하타 집을 불태우고 재물을 빼앗음. ¶ 오랑캐가 마을을 분략하다.

분:량(分量) [불-] 명 무게·부피·수량 등의 많고 적음과 크고 작은 정도. ¶ 트럭 두 대 분량의 모래. 준양(量).

분:려(奮勵) [불-] 명하자 기운을 떨치어 힘씀.

분력(分力) [불-] 명 둘 이상의 작은 힘이 모여 한 힘을 이룰 때의 그 각각의 작은 힘을 이르는 말. ↔합력(合力).

분:력(奮力) [불-] 명하자 힘을 떨치어 일으킴. 기운을 냄. ¶ 패배를 설욕하려고 분력하다.

분로(分路) [불-] 명 전류 회로 중의 두 점을 다른 도선으로 잇는 일, 또는 그 부분.

분류(分流) [불-] 명하자 본류에서 갈라져 흐름, 또는 그 물줄기. 지류(支流).

분류(分溜) [불-] 명 액체의 혼합물을 각 성분의 비점(沸點)의 차이를 이용해서 증류하여 분리하는 방법. 분별 증류.

분류(分類) [불-] 명하타 되자 ①사물을 공통되는 성질에 따라 종류별로 가름. ¶ 우편물을 지역별로 분류하다. ②전체를 몇 가지로 구분하여 체계를 세움. ¶ 동물을 분류하다.

분류(奔流) [불-] 명하자 내달리듯이 세차게 빨리 흐름, 또는 그러한 흐름.

분류두공부시-언해 (分類杜工部詩諺解) [불-] 명 조선 성종 때, 의침(義砧)·조위(曹偉) 등이 두보(杜甫)의 시를 우리말로 번역한 책. 〔25권 17책〕 두시언해.
분류-학 (分類學) [불-] 명 생물의 유전적·형태적 차이에 바탕을 두고, 그 상호 간의 유연(類緣) 관계를 연구하는 생물학의 한 분과.
분리 (分利) [불-] 명하자 ①이익을 나눔. ②급성 질환에서 높던 체온이 갑자기 내려 정상 체온으로 되돌아감, 또는 그 상태.
분리 (分厘) [불-] 명 돈·저울·자 따위의 단위인 푼과 리. 변푼리.
분리 (分離) [불-] 명하타되자 따로 나뉘어 떨어짐, 또는 그렇게 되게 함. ¶ 쓰레기 분리 수거./소유와 경영을 분리하다./중등부와 고등부로 분리되다.
분리-기 (分離器) [불-] 명 혼합물 가운데서 모양이나 성질이 다른 물질을 분리하는 장치.
분리-도 (分離島) [불-] 명 ☞대륙도(大陸島).
분리-음 (分離音) [불-] 명 ☞데타셰(détaché).
분리-파 (分離派) [불-] 명 ①본당(本黨) 또는 본파(本派) 등에서 나뉘어 갈라져 나간 파. ②☞시세션.
분립 (分立) [불-] 명하자되자 따로 갈라져서 섬, 또는 갈라서 세움. ¶ 삼권 분립.
분마 (奔馬) 명 ①빨리 닫는 말. ②'세찬 기세'를 비유하여 이르는 말.
분만 (分娩) 명하타 ☞해산(解産).
분만 (憤懣) '분만하다'의 어근.
분만-기 (分娩期) 명 아이를 낳을 시기.
분만-실 (分娩室) 명 병원에서 아이를 낳을 때에 쓰는 방.
분ː만-하다 (憤懣-) 형여 분하고 답답하다. 분울하다.
분만^휴가 (分娩休暇) 명 ☞출산 휴가.
분말 (粉末) 명 가루.
분ː말 (噴沫) 명하자 거품을 내뿜음.
분말-기 (粉末機) 명 고체물을 빻아 가루로 만드는 기계.
분망 (奔忙) '분망하다'의 어근.
분망-하다 (奔忙-) 형여 몹시 바쁘다. ¶ 분망한 나날을 보내다. **분망-히** 부.
분매 (分賣) 명하타 한 부분씩 나누어서 팖. ¶ 토지를 조금씩 분매하다.
분맥 (分脈) 명 주맥(主脈)에서 갈라진 산맥·광맥·혈맥 따위.
분면 (粉面) 명 ①분으로 화장한 얼굴. ②신주(神主)의 분을 바른 쪽, 곧 신주의 앞쪽.
분멸 (焚滅) 명하자·타되자 불에 타서 없어지거나 불에 태워서 없앰.
분명 (分明) 부 틀림없이 확실하게. ¶ 분명 나는 그렇게 말한 적이 없다.
분명 (奔命) 명하자 임금의 명령을 받들기 위하여 바삐 뛰어다님.
분명-코 (分明-) 부 틀림없이 아주 확실하게.
분명-하다 (分明-) 형여 ①(모습이나 소리 따위가) 흐리지 않고 또렷하다. ¶ 말소리가 분명하게 들린다. ②흐릿한 점이 없이 확실하다. ¶ 사람됨이 분명하다./맺고 끊는 것이 분명하다. **분명-히** 부.
분몌 (分袂) [-메/-메] 명하자 서로 작별함. 메분. 분수(分手).
분모 (分母) 명 분수 또는 분수식에서, 가로줄의 아래에 적는 수, 또는 식. ↔분자(分子).
분묘 (墳墓) 명 무덤.
분묘^기지권 (墳墓基地權) [-꿘] 명 남의 땅 위에 묘지를 설정한 사람에게 관습법상 인정되는 지상권(地上權) 비슷한 물권(物權).
분ː무 (噴霧) 명하타 (물이나 약품 따위를) 안개처럼 내뿜음.
분ː무-기 (噴霧器) 명 (물이나 약품 따위를) 안개처럼 내뿜는 기구. 뿜이개. 안개뿜이.
분ː문 (噴門) 명 식도(食道)와 위(胃)가 이어지는 부분. 참유문(幽門).
분문 (糞門) 명 ☞항문(肛門).
분문-열호 (分門裂戶) [-녈-] 명 한 친족 또는 한 당파 속에서 패가 갈림.
분-물 (粉-) 명 분을 개어 쓰는 물.
분-미투리 (粉-) 명 실로 총을 만들고 분을 발라 썩 곱게 삼은 미투리.
분박 (分箔) 명하자 누에가 자람에 따라, 자리를 넓혀 주기 위해 다른 잠박으로 갈라 내는 일.
분반 (分半) 명하타 반(半)으로 나눔. 반분. ¶ 소출(所出)을 분반하다.
분반 (分班) 명하타 둘 또는 그 이상의 반(班)으로 나눔, 또는 그 나뉜 반.
분ː반 (噴飯) 명하자 〔입에 든 밥을 내뿜는다는 뜻으로〕 웃음을 참을 수 없음.
분-받침 (盆-) 명 화초분을 올려놓는 받침. 도자기 따위로 만듦. 분대(盆臺).
분ː발 (奮發) 명하자 마음과 힘을 떨쳐 일으킴. 발분. ¶ 금메달을 목표로 분발하다.
분방 (分房) 명하자 ①지난날, 어떤 일을 몇 개 관아(官衙)에서 나누어 맡게 함. ②부부가 방을 따로따로 씀.
분방 (奔放) 명하형 체면이나 관습 같은 것에 얽매이지 아니하고 마음대로임. ¶ 분방한 생활.
분방-자재 (奔放自在) 명 생각이나 행동하는 것이 거리낌 없고 마음대로임.
분배 (分配) 명하타되자 ①몫몫이 나눔. 배분(配分). ¶ 이익을 분배하다. ②경제학에서, 생산자가 생산에 참여하여 공헌한 비율에 따라 고르게 소득이 돌아가게 하는 과정을 이르는 말.
분배^국민^소ː득 (分配國民所得) [-궁-] 명 생산 활동에 참가한 개개의 생산 요소에 지급되는 소득의 합계. 국민 소득을 분배 면에서 본 것.
분배-액 (分配額) 명 분배하는 돈의 액수.
분백 (粉白) 명 ①분처럼 흰 빛깔. ②분처럼 흰 백지.
분벽-사창 (粉壁紗窓) [-싸-] 명 〔희게 꾸민 벽과 비단으로 바른 창이란 뜻으로〕 '아름다운 여자가 거처하는 방'을 이르는 말.
분변 (分辨) 명하타 사물의 차이를 밝힘. 변별(辨別). ¶ 까마귀는 암수를 분변하기 힘들다.
분별 명 〈옛〉 시름. 걱정. ¶ 舍利弗이 닐오뎌 분별 말라(釋譜6:27).
분별 (分別) 명하타 ①사물을 종류에 따라 나누어 가름. ¶ 형체를 분별할 수 없을 정도로 어둡다. ②(무슨 일을) 사리에 맞게 판단함, 또는 그 판단력. ¶ 분별 있는 행동을 하다. ③화학에서, 혼합물을 단계적으로 분리하는 일.
분별-력 (分別力) 명 ①사물을 구별하여 가르는 능력. ②(무슨 일을) 사리에 맞게 판단할 수 있는 능력. ¶ 분별력이 부족하다.
분별-없다 (分別-) [-벼럽따] 형 사리에 맞도록 앞뒤를 생각하는 신중함이 없다. ¶ 분별없는 행동. **분별없-이** 부.
분별^증류 (分別蒸溜) [-뉴] 명 ☞분류(分溜).
분별할-변 (分別-釆) 명 한자 부수의 한 가지. '釉'·'釋' 등에서 '釆'의 이름.

분별ᄒᆞ다 타 〈옛〉 염려하다. 근심하다. 생각하다. ¶ ᄒᆞᆫ녀ᄀᆞ론 분별ᄒᆞ시고 ᄒᆞᆫ녀ᄀᆞ론 깃거 구쳐 니러 절ᄒᆞ시고(釋譜6:3).
분:병(憤病) [-뼝] 명 분을 못 이겨 생기는 병.
분복(分服) 명하타 약 따위를 몇 번에 나누어 먹음. ¶ 하루에 세 번 분복하다.
분복(分福) 명 타고난 복. ¶ 분복대로 살다.
분본(粉本) 명 (동양화의) 밑그림. 소묘(素描).
분봉(分封) 명하타 봉건 시대에, 군주가 제후에게 땅을 주어 다스리게 하던 일.
분봉(分蜂) 명하자 여왕벌이 새 여왕벌에게 집을 물려주고, 일벌의 일부와 함께 따로 새 집을 만드는 일.
분부(分付·吩咐) 명하타 윗사람의 '당부'나 '명령'을 높여 이르는 말. ¶ 분부를 거역하다. /할아버지께서 분부하신 일.
분부(分賦) 명하타 세금이나 부역 따위를 나누어서 부과함.
분:분(忿憤) 명하타 분하고 원통하게 여김.
분분(芬芬) '분분(芬芬)하다'의 어근.
분분(紛紛) '분분(紛紛)하다'의 어근.
분분-설(紛紛雪) 명 펄펄 날리는 눈.
분분-하다(芬芬-) 형여 향기롭다. ¶ 산야에 핀 꽃이 향기도 분분하다.
분분-하다(紛紛-) 형여 ①뒤숭숭하고 시끄럽다. ¶ 세상이 분분하다. ②(흩날리는 모양이) 이리저리 뒤섞이어 어수선하다. ③(의견이 각각이어서) 갈피를 잡을 수 없다. ¶ 의견이 분분하여 아직도 결론을 내지 못했다. **분분-히** 부.
분비(分泌) 명하타 되자 세포가 생명의 유지에 필요한 물질을 만들어 그것을 세포 밖으로 배출하는 현상. ¶ 호르몬을 분비하다.
분:비(奮臂) 명하자 팔뚝을 걷어붙이며 뽐냄. 보란 듯이 자랑함.
분비-나무 명 소나뭇과의 상록 침엽 교목. 고산 지대에 자라며, 높이는 25 m가량이고 껍질은 회백색임. 5월에 자색 꽃이 피고, 녹갈색의 열매는 9월에 익음. 잎은 전나무와 비슷하나 좀 가늘고, 뒷면은 흰빛을 띰. 나무는 가볍고 부드러워 펄프재 따위로 씀.
분비-물(分泌物) 명 분비샘으로부터 분비되어 나온 물질. 〔침·위액·땀·젖 따위.〕
분비-샘(分泌-) 명 동물의 분비 작용을 하는 세포가 모여서 조직을 형성한 것. 〔외분비샘과 내분비샘이 있음.〕
분비-선(分泌腺) 명 '분비샘'으로 순화.
분비^세:포(分泌細胞) 명 분비샘을 구성하는 세포.
분비^신경(分泌神經) 명 샘세포를 흥분시킴으로써 분비를 촉진하는 신경.
분비-액(分泌液) 명 분비샘에서 분비되는 액체. 〔침·위액·젖·땀·정액 따위.〕
분사(分社) 명 ①본사에서 갈리어 나간, 본사의 하부 기관이나 사업체. ②하타 되자 기업을 분할하는 일.
분사(分詞) 명 인도유럽 어족(語族)의 여러 언어에서 나타나는 동사의 어형 변화의 한 가지. 동사가 형용사적 기능을 갖게 된 형태.
분사(焚死) 명하자 ☞소사(燒死).
분:사(憤死) 명하자 ①분을 이기지 못하여 죽음. ②분하고도 아깝게 죽음.
분:사(噴射) 명하타 되자 (기체 따위를) 세차게 내뿜음. ¶ 혼합 가스를 분사하다.
분:사난(忿思難) 명 〔분할 때에는 나중에 닥칠 어려운 처지를 생각하라는 뜻으로〕 '분할 때일수록 냉정하고 신중히 행동해야 함'을 이르는 말.
분:사^추진식 비행기(噴射推進式飛行機) [-삐-] ☞제트기(jet機).
분산(分散) 명 ①하자타 되자 갈라져 흩어짐, 또는 흩어지게 함. ¶ 인구 분산. ②파장(波長)이 다른 여러 빛이 프리즘이나 회절격자를 통과할 때 굴절률의 차이로 말미암아 갈라지는 현상. ③어떤 물질 안에 다른 물질이 자디잔 알갱이 형태로 흩어져 있는 현상. ④수학에서, 평균을 중심으로 변량(變量)들이 흩어져 있는 정도를 알기 위하여, 각 편차의 제곱의 합을 전체 도수로 나눈 값을 이르는 말.
분산(奔散) 명하자 달아나 흩어짐.
분산(墳山) 명 무덤을 쓴 산.
분산^처:리(分散處理) 명 컴퓨터의 중앙 처리 장치로부터 독립하거나, 단말기에서 정보 데이터를 처리하는 방식.
분살(焚殺) 명하타 불에 태워 죽임.
분상(奔喪) 명하자 먼 곳에서 부모의 부음(訃音)을 듣고 급히 집으로 돌아감.
분상(粉狀) 명 가루 모양.
분상(粉霜) 명 ☞백영사(白靈砂).
분상(墳上) 명 무덤의 봉긋한 부분.
분서(分署) 명 (경찰서·세무서·소방서 등) 본서(本署)의 관할 아래 따로 세운 관서(官署). 비 지서.
분서(焚書) 명 (학문이나 언론 탄압의 수단으로) 책을 불태우는 일.
분서-갱유(焚書坑儒) 명 중국의 진(秦)나라 시황제(始皇帝)가 정치에 대한 비판을 금하려고 책을 불사르고, 학자들을 산 채로 구덩이에 묻어 죽인 일. 갱유분서.
분석(分石) 명하자 조선 시대에, 지방 관리가 환곡에 쭉정이나 돌을 섞어 분량을 늘리고, 곡식을 도둑질하던 일.
분석(分析) 명하타 되자 ①복합된 사물을 그 요소나 성질에 따라서 가르는 일. ¶ 원인 분석. /심리 분석. ↔종합. ②화학적 또는 물리적 방법으로 물질의 원소를 분해하는 일. ②↔합성.
분석(糞石) 명 ①장(腸) 안에 형성된 결석(結石). 주로, 충수(蟲垂) 안에서 발견되는 것으로, 충수염의 결과나 충수의 굴절에 의해 생김. 장석(腸石). ②동물의 배설물이 화석으로 된 것.
분석^비:평(分析批評) [-삐-] 명 작품의 성분이나 요소 따위를 세부적으로 분석하여 하는 비평. ↔종합 비평.
분석-적(分析的) [-쩍] 관명 (어떤 현상에 대하여 판단을 내리거나 할 때) 여러 관점에서 몇 가지 요소로 분해하여 생각하려는 (것). ¶ 분석적 연구. /분석적으로 검토하다.
분석적 정:의(分析的定義) [-쩍쩡의/-쩍쩡이] 개념을 구성하고 있는 단순한 요소로까지 분해하여 그 구성 요소 전체를 보이는 정의.
분석-표(分析表) 명 분석의 결과를 나타낸 표.
분석^화:학(分析化學) [-서콰-] 명 화학의 한 분야. 화학 분석의 방법을 이론적·실제적으로 연구하는 학문.
분설(分設) 명하타 되자 (어떤 시설이나 사무소 따위를) 나누어서 따로 설치함. ¶ 지방 도시에 영업소를 분설하다.
분설(粉雪) 명 ☞가랑눈. 세설(細雪).
분성(分性) 명 물질의 극히 작은 데까지 나뉘어져 퍼질 수 있는 성질. 〔한 숟가락의 소금이 한 그릇의 물을 짜게 하는 일 따위.〕

분-성적(粉成赤)명하타 연지 같은 것을 많이 쓰지 않고 분으로만 엷게 꾸미는 화장.
분세(分稅)[-쎄]명 지난날, 물가에 따라 세율을 정하여 받던 잡세(雜稅)의 한 가지. 준분(分).
분-세수(粉洗手)명하자 ①세수하고 분을 바름. ②덩어리 분을 개어 바르고 하는 세수.
분소(分所)명 본부가 아닌 곳에 따로 마련한 사무소나 영업소 따위.
분속(分速)명 1분간을 단위로 하여 재는 속도. 참시속·초속.
분속(分屬)명하타되자 나누어서 별러 붙임.
분손(分損)명 해상 보험의 목적물로서의 선박 또는 짐의 일부가 감실(減失)되었을 경우의 손해. ↔전손(全損).
분쇄(粉碎)명하타되자 ①가루가 되도록 부스러뜨림. ¶ 바위를 분쇄하다. ②상대편을 철저하게 쳐부숨. ¶ 적을 분쇄하다.
분쇄-기(粉碎機)명 고체를 알맞은 크기로 부수는 기계. 크러셔.
분-쇠(粉-)[-쇠/-쉐]명 분의 재료의 한 가지. 납에 식초를 부어 푸석푸석하게 만든 것.
분수(分水)명되자 두 갈래 이상으로 갈라져 흐름, 또는 갈라져 흐르는 그 물.
분수(分手)명하자 ☞분메(分袂).
분수(分受)명하타 한목에 받지 아니하고 나누어서 받음.
분수(分數)[1][-쑤]명 어떤 수를 다른 수로 나누는 것을 분자와 분모로 나타낸 것. ↔정수.
분ː수(分數)[2]명 ①자기의 처지에 마땅한 한도. 분한(分限). ¶ 제 분수도 모르고 까분다. /분수에 맞는 생활. 준분(分). ②사물을 분별하는 슬기. ¶ 분수가 없는 사람.
분ː수(噴水)명 물을 뿜어내게 되어 있는 설비, 또는 뿜어내는 그 물.
분수-계(分水界)[-계/-게]명 땅에 내린 비가 둘 이상의 수계(水界)로 갈라지는 경계. 분수선.
분수-공(噴水孔)명 물을 뿜어내는 구멍.
분ː수-기(噴水器)명 물을 뿜어 올리는 기구.
분ː수-대(噴水臺)명 (공원 등에) 물을 뿜어 올리기 위하여 마련해 놓은 시설.
분수-령(分水嶺)명 ①분수계(分水界)가 되어 있는 산등성이. 분수 산맥. ②'일이 어떻게 될 것인가가 결정되는 고비'를 비유하여 이르는 말. ¶ 이번 경기가 결승 진출의 분수령이 될 것이다.
분수^방정식(分數方程式)[-쑤-]명 분모에 미지수가 들어 있는 방정식.
분수^산맥(分水山脈)명 ☞분수령(分水嶺).
분수상별(分袖相別)명 〔소맷자락을 떼고 서로 헤어진다는 뜻으로〕 함께 있던 사람과 헤어짐을 이르는 말.
분수-선(分水線)명 ☞분수계(分水界).
분수-식(分數式)[-쑤-]명 분수를 포함한 유리식.
분ː수-없다(分數-)[-업따]형 ①무엇을 분별할 만한 지혜가 없다. 분수를 모르다. ②아무 요량이 없다. ¶ 분수없는 행동을 하다. **분수없-이**부 ¶ 분수없이 덤벼든 일이니 금방 실패할 수밖에 없지.
분수-작별(分手作別)[-뼐]명하자 손을 놓고 이별함.
분ː수-지(噴水池)명 분수대에 딸린 못. 분수가 떨어져서 괴도록 되어 있음.
분ː수-탑(噴水塔)명 탑처럼 높이 만든 분수대.
분숙(分宿)명하자 일행이 여러 곳에 나뉘어서 숙박함. ¶ 두 여관에 분숙하다.
분승(分乘)명하자 일행이 둘 이상의 탈것에 나뉘어서 탐. ¶ 자동차 두 대에 분승하다.
분식(分食)명하타 ①나누어 먹음. ②나누어 가짐.
분식(分蝕)명 〈부분식(部分蝕)〉의 준말.
분식(扮飾)명하자 ☞몸치장.
분식(粉食)명하타 (빵·국수 등) 곡식의 가루로 만든 음식, 또는 그런 음식을 먹음.
분식(粉飾)명하타되자 내용이 없이 겉만 좋게 꾸밈. 겉치장.
분식^결산(粉飾決算)[-껼싼]명 기업이 부당한 방법으로 그 재정 상태나 경영 실적을 실제보다 지나치게 좋게 또는 지나치게 줄여서 결산하는 일.
분식^예ː금(粉飾預金)[-싱녜-]명 은행이 그 수신(受信) 성적을 가공적으로 올리기 위하여 장부상으로만 늘리는 외면상의 예금.
분식^회계(粉飾會計)[-시쾨계/-시퀘게]명 기업이 부당한 방법으로 그 재정 상태나 경영 실적을 실제와 다르게 장부에 기록하는 일.
분신(分身)명 ①본체(本體)에서 갈라져 나간 지체(支體). ¶ 작품은 나의 분신이다. ②하자부처가 중생을 구하기 위하여 여러 가지 모습으로 세상에 나타나는 일, 또는 그 모습.
분신(焚身)명하자 (스스로) 몸을 불사름. 소신(燒身).
분신-쇄골(粉身碎骨)명하자 ☞분골쇄신.
분신-자살(焚身自殺)명하자 자기의 몸에 불을 질러 스스로 목숨을 끊음.
분실(分室)명 본부가 아닌 곳에 따로 마련한 사무실. ¶ 부산 분실. /지방 분실.
분실(紛失)명하타되자 (자기도 모르는 사이에) 잃어버림. ¶ 서류를 분실하다. ↔습득.
분실-물(紛失物)명 (자기도 모르는 사이에) 잃어버린 물건.
분ː심(憤心)명 분한 마음. 분(憤).
분암(玢岩)명 사장석·각섬석·휘석 등이 섞인 화성암.
분압(分壓)명 혼합 기체를 구성하는 각 성분의 기체가 단독으로 전체 용적(容積)을 차지했다고 가정했을 경우의 압력.
분액-깔때기(分液-)명 (물과 기름 따위와 같이) 서로 섞이지 않는 액체를 따로따로 분리하는 데 쓰는, 코르크가 달린 깔때기.
분액-불(分額拂)[-뿔]명 치러야 할 돈을 몇 번으로 나누어서 치르는 일. 참할부.
분야(分野)명 사물을 어떤 기준에 따라 구분한 각각의 영역, 또는 범위. ¶ 미술 분야.
분양(分讓)명하타되자 많은 것이나 큰 덩이를 갈라서 여럿에게 넘겨줌. ¶ 아파트 분양.
분양-권(分讓權)명 분양받은 아파트 따위의 입주권.
분양-지(分讓地)명 전체를 여러 부분으로 갈라서 파는 땅.
분얼(分蘖)명하자 (벼나 보리와 같이) 땅속에 있는 마디에서 포기가 갈라져 나오는 일.
분업(分業)명하타 ①일을 나누어서 함. ②한 제품의 공정을 몇 가지 단계 또는 부분별로 나누어, 여러 사람이 분담하여 생산하는 일. ¶ 분업에 의한 대량 생산.
분업-화(分業化)[부너퐈]명하자타되자 분업의 방식으로 됨, 또는 되게 함. ¶ 생산의 분업화.
분여(分與)명하타되자 ☞분급(分給).
분연(扮演)명하자타 배우가 극중 인물로 분장하여 연기함.
분연(憤然) '분연하다'의 어근.
분ː연(奮然)부하형 크게 힘을 내는 모양. **분연-히**부 ¶ 자유를 위해 분연히 일어나다.

분ː연-하다(憤然-)형여 벌컥 성을 내다. **분연-히**부 ¶ 분연히 자리를 박차고 일어나다.
분열(分列)명하자타 (사람이나 차 따위가) 몇 줄로 나뉘어 늘어섬, 또는 늘어서게 함. ¶ 분열 행진.
분열(分裂)명하자되자 ①하나가 여럿으로 갈라짐. ¶ 당내에서 분열이 일어나다. ②생물의 세포나 핵이 갈라져서 증식되는 일. ¶ 세포 분열.
분열-법(分裂法)[-뻡]명 무성 생식법의 한 가지. 규조류와 같이 한 몸이 분열하여 번식하는 방식.
분열성^핵(分裂性核)[-썽-]명 중성자(中性子)의 영향을 받아 분열 작용을 일으키는 핵.
분열-식(分列式)명 군대 의식의 한 가지. 일정한 대형을 갖춘 여러 부대가 행진하며, 사열단 앞에 이르렀을 때 경례를 하는 의식 절차.
분열^조직(分裂組織)명 식물의 조직 중 세포분열을 활발히 하여 새로운 세포를 만들어 내는 조직.
분열-증(分裂症)[-쯩]명 〈정신 분열증〉의 준말.
분ː외(分外)[부ː뇌/부ː눼]명 분수의 밖. 분수에 넘치는 일. ¶ 분외의 대접을 받다. ↔분내(分內).
분요(紛擾) '분요하다'의 어근.
분요-하다(紛擾-)형여 어수선하고 소란스럽다.
분운(分韻)명하자 (여러 사람이 모여 한시를 지을 때) 서로 운자(韻字)를 나누고, 그 운자에 맞추어 시를 짓는 일.
분운(紛紜) '분운하다'의 어근.
분운-하다(紛紜-)형여 ①일이 복잡하게 얽혀서 어지럽다. ②(이러니저러니 하여) 세상이 떠들썩하다.
분울(憤鬱) '분울하다'의 어근.
분ː울-하다(憤鬱-)형여 분을 삭이지 못하여 가슴이 답답하다. 분만(憤懣)하다.
분원(分院)명 (병원이나 학원 등의) 본원(本院) 외에 따로 둔 시설. ↔본원.
분ː원(忿怨)명하타 몹시 분하게 여기며 원망함, 또는 그 원망.
분위기(雰圍氣)명 〔지구를 싸고 있는 공기라는 뜻에서〕 어떤 환경이나 어떤 자리 등에서 저절로 만들어져서 감도는 느낌. ¶ 가정적인 분위기. /새 직장의 분위기를 익히다.
분유(分有)명하타 나누어 가짐.
분유(粉乳)명 가루우유.
분ː유(噴油)명하자 지하의 유전(油田)에서, 석유가 천연가스의 압력에 의하여 땅 위로 높이 분출하는 일.
분ː유-정(噴油井)명 ☞자분정(自噴井).
분음(分陰)명 촌음(寸陰)보다 짧은 시간. 아주 짧은 시간. ¶ 분음을 아끼다.
분ː의(分義)[부ː늬/부ː니]명 분수를 지켜서 도리에 맞게 행동하는 일.
분의(分誼)[부늬/부니]명하자 정의(情誼)를 나눔.
분의(紛議)[부늬/부니]명 분분한 의론.
분익(分益)명하자 이익을 나눔.
분익-농(分益農)[부닝-]명 지주와 소작인이 수확을 일정 비율로 나누기로 하고 짓는 농사.
분익^농민(分益農民)[부닝-]명 분익 소작을 하는 농민.
분익^소ː작(分益小作)[-쏘-]명 분익농의 방식으로 하는 소작.
분일-제(分日制)[-쩨]명 한 해 동안의 최저 출석 일수를 정하고, 학과별로 종료제(終了制)를 채택하는 교육 제도.
분임(分任)명하타 임무를 나누어 맡음.
분임-조(分任組)명 집단 사회에서, 어떤 임무를 분담하기 위하여 구성된 말단 조직.
분자(分子)명 ①어떤 집단을 이루는 각각의 구성원. ¶ 열성 분자. ②물리학에서, 물질의 화학적 성질을 잃지 않고 존재하는 최소 입자를 이르는 말. ③분수의 가로줄 위에 있는 수. ③↔분모(分母).
분자간-력(分子間力)[-녁]명 ☞분자 간 힘.
분자^간ː^화ː합물(分子間化合物)[-함-]명 서로 다른 분자 사이에 있는 결합력의 작용으로 전형적인 원자 결합도(結合圖)로 나타낼 수 없는 화합물을 통틀어 이르는 말.
분자^간ː^힘(分子間-)명 분자와 분자 사이에 서로 작용하는 힘. 〔인력(引力)과 척력(斥力)이 있음.〕 분자간력. 분자력.
분자^구조(分子構造)명 분자 중에 있는 원자 상호 간의 결합 상태.
분자^농도(分子濃度)명 ☞몰 농도(mole濃度).
분자-량(分子量)명 탄소 12의 원자의 질량을 12로 하고, 이것을 기준으로 하여 나타낸 각 분자의 상대적 질량.
분자-력(分子力)명 ☞분자 간 힘.
분자^물리학(分子物理學)명 분자의 물리학적 특성을 연구하는 학문.
분자-병(分子病)[-뼝]명 생체 단백질 분자의 이상으로 생기는 선천성 질환. 〔이상 혈색소증(異狀血色素症) 따위.〕
분자-살(分子-)명 일정한 방향으로 달리는 분자의 흐름. 분자선(分子線).
분자^생물학(分子生物學)명 생물체를 구성하고 있는 고분자 화합물, 특히 핵산과 단백질의 분자 구조를 통하여 생명 현상을 설명하려는 학문.
분자-선(分子線)명 ☞분자살.
분자-설(分子說)명 분자가 모여서 물질을 구성한다고 주장한 아보가드로(Avogadro)의 가설(假說). 〔1811년에 발표되었음.〕
분자^스펙트럼(分子spectrum)명 기체 분자에 의하여 방출되는 빛의 스펙트럼.
분자-식(分子式)명 물질을 이루는 분자의 조성(造成)과 원자의 수를 나타내는 화학식. 〔H_2O, CO_2, NaCl 따위.〕
분자^운ː동(分子運動)명 물질을 구성하고 있는 분자 또는 원자의 끊임없는 운동.
분자^펌프(分子pump)명 고속 회전체와 기체 사이의 점성(粘性)과 마찰을 이용한 진공 펌프.
분자^화ː합물(分子化合物)[-함-]명 몇 종류의 분자가 서로 다시 결합하여서 된 고차 화합물.
분작(分作)명하타 한 논밭을 서로 나누어서 농사를 지음, 또는 그런 농사.
분잡(紛雜)명하형 많은 사람이 북적거려 어수선함. ¶ 분잡을 떨다. **분잡-히**부.
분장(分掌)명하타 일이나 사무를 한 부분씩 나누어 맡음. ¶ 사무를 분장하다. /친구와 업무를 분장하다.
분장(分贓)명하자 장물(贓物)을 나눔.
분장(扮裝)명하자 ①몸차림·옷차림을 매만져 꾸밈. ②배우가 작품 속의 인물의 모습으로 옷차림이나 얼굴을 꾸밈, 또는 그 모습. ¶ 시골 아낙네로 분장하다.
분장-사(扮裝師)명 배우들의 분장을 전문으로 맡아 하는 사람.
분장-실(扮裝室)명 배우가 분장을 할 수 있도록 만들어 놓은 방.
분재(分財)명하타 재산을 가족이나 일가붙이에게 나누어 줌.

분재(盆栽)명하타 관상(觀賞)을 위하여, 화분에 심어서 줄기나 가지를 운치 있게 다듬거나 변형시켜 가꾼 나무, 또는 그렇게 가꾸는 일.
분잿-깃(分財-)[-재낃/-잳낃]명 분재해서 돌아온 몫. *분잿깃이[-재끼시/-잳끼시]·분잿깃만[-재낀-/-잳낀-]
분ː쟁(忿爭)명하자 성을 내며 다툼.
분쟁(紛爭)명하자 어떤 말썽 때문에 서로 시끄럽게 다투는 일, 또는 그 다툼. 분경(紛競). ¶ 영토 분쟁. /분쟁을 일으키다.
분전(分錢)명 '푼돈'의 잘못.
분ː전(奮戰)명하자 힘을 다하여 싸움. 힘껏 싸움. ¶ 최후까지 분전하다.
분ː전-입미(分錢粒米)[-저님-]명 아주 적은 돈과 곡식. 변푼전입미.
분절(分節)명 ①하타 되자하나로 이어진 것을 몇 개의 도막으로 가르는 일, 또는 가른 그 도막. ②☞조음(調音).
분절^운ː동(分節運動)명 포유류의 소장(小腸)에 나타나는 소화 운동의 한 가지. 일정한 간격을 둔 수축과 이완의 연속으로 분절의 형성을 되풀이하는 운동. 소장의 내용물과 소화액과의 혼합을 위한 것임.
분절-음(分節音)명 음절을 자음과 모음으로 분리할 수 있는 음. 〔'강(ㄱ·ㅏ·ㅇ)', '닭(ㄷ·ㅏ·ㄹ·ㄱ)' 따위.〕
분점(分店)명 본점(本店)에서 따로 마련한 점포. ¶ 분점을 내다. ↔본점.
분점(分點)[-쩜]명 ①선이나 길 따위가 갈라지는 곳. 분기점. ②천구 상에서, 황도(黃道)와 적도가 만나는 점.
분점-월(分點月)[-쩌뭘]명 달이 춘분점을 지나고서부터 다시 춘분점을 지나기까지에 걸리는 평균 시간. 〔약 27.32158일, 곧 27일 7시간 43분 4초 7.〕 참교점월(交點月).
분-접시(粉-)[-씨]명 분을 개는 데 쓰이는, 작은 접시.
분ː제(分際)명 ☞분한(分限).
분제(粉劑)명 가루로 된 약제. 참액제·정제.
분젠-등(Bunsen燈)명 ☞분젠 버너.
분젠^버ː너(Bunsen burner)명 가느다란 금속관으로부터 가스를 분출시켜 공기와 혼합하여 점화함으로써 고열을 얻는 장치. 분젠등.
분젠^전ː지(Bunsen電池)명 묽은 황산을 담은 오지그릇에 아연판을 넣고, 그것을 다시 탄소봉(炭素棒)이 든 진한 질산 속에 넣은 일차 전지.
분종(盆種)명하타 화초를 화분에 심음, 또는 심은 그 화초.
분주(分株)명하타 ☞포기나누기.
분주(分註)명하자 본문 사이에, 두 줄로 나누어 작은 글자로 주석을 다는 일, 또는 그 주석.
분주(奔走)명하자 몹시 바쁘게 뛰어다님.
분주-다사(奔走多事)명하형 바쁘고 일이 많음.
분주불가(奔走不暇)명하형 몹시 바빠서 겨를이 없음.
분주-스럽다(奔走-)[-따][~스러우니·~스러워]형ㅂ 분주한 데가 있다. **분주스레**부.
분-주지(粉周紙)명 무리풀을 먹여 잘 다듬어 만든 두루마리. 전라남도에서 나며, 빛이 희고 바탕이 단단함.
분주-하다(奔走-)형여 이리저리 바쁘고 수선스럽다. ¶ 분주한 연말연시. /요즘은 너무 분주해서 정신이 하나도 없다. **분주-히**부.
분지(糞-)명 '똥과 오줌'을 함께 이르는 말.
분지(分地)명하자 땅을 나누어 줌, 또는 그 땅.
분지(分枝)명 줄기에서 갈라져 나온 가지.
분지(盆地)명 산이나 높은 대지(臺地)로 둘러싸인 평평한 땅.
분지(粉脂)명 분과 연지. 지분(脂粉).
분지(糞池)명 ☞변기(便器).
-분지(分之)접미 (분수를 읽을 때) 얼마로 '등분한 것 중의 몇'이라는 뜻. ¶ 5분지 3.
분지르다[분지르니·분질러]타르 부러뜨리다. ¶ 나뭇가지를 분질러 아궁이에 넣다.
분진(粉塵)명 티끌.
분ː진(奮進)명하자 힘을 떨쳐 일으켜 앞으로 나아감. 힘을 다하여 나아감.
분집(坌集)명하자 무더기로 마구 모여듦. 답치기로 모여듦.
분징(分徵)명하타 되자 ①여러 번으로 나누어서 받음. ②여러 사람에게 나누어서 받음.
분책(分冊)명하타 되자 한 권의 책을 여러 권으로 갈라서 제본함, 또는 그 책.
분ː천(噴泉)명 땅 위로 힘차게 솟아오르는 지하수. 비천(飛泉).
분철(分綴)명하타 되자 (문서나 신문 따위를) 여러 권으로 나누어서 맴. ¶ 서류를 분철하다.
분철(分鐵)명하자 분광업자(分鑛業者)가 그 생산량의 일부나 그에 해당하는 돈을 광주(鑛主)에게 나누어 줌, 또는 그 광석이나 돈.
분철^금점(分鐵金店)명 분철 방식으로 경영하는 금광. 무회계 금점(無會計金店).
분첩(分貼)명하타 약재(藥材)를 나누어서 첩약(貼藥)을 만듦, 또는 그렇게 만든 첩약.
분첩(粉貼)명 ①화장할 때 분을 찍어 바르는 기구. ②두꺼운 종이를 병풍처럼 접고 기름에 갠 분을 발라 결은 문방구.
분첩(粉堞)명 석회를 바른 성가퀴.
분청-사기(粉靑沙器)명 청자에 백토(白土)로 분을 바른 다음 다시 구워 낸 조선 시대의 자기. 〔고려청자의 뒤를 이은 자기임.〕
분청-음(分淸飮)명 오줌이 잘 나오게 하는 한방약. 임질·황달·습열 따위에 씀.
분체(分體)명 모체가 분열하여, 모체와 크기가 거의 같은 두 개체로 나뉘는 일.
분체(粉體)명 고체 입자가 많이 모여 있는 상태의 물체.
분초(分秒)명 분과 초, 곧 아주 짧은 시간. ¶ 분초를 다투는 일.
분촌(分寸)명 분과 촌, 곧 매우 사소한 것. 아주 근소한 것. ¶ 분촌을 가지고 다투다.
분추(奔趨)명하자 급히 달려감.
분ː출(噴出)명하자·타 되자 ①(좁은 곳에서 액체나 기체가) 세차게 뿜어 나옴, 또는 내뿜음. ¶ 용암이 분출하다. ②요구나 욕구 따위가 한꺼번에 터져 나옴, 또는 그렇게 되게 함. ¶ 집단 이기주의의 분출.
분ː출-구(噴出口)명 뿜어내는 구멍.
분ː출-물(噴出物)명 내뿜은 물질.
분ː출-암(噴出岩)명 ☞화산암(火山岩).
분취(分取)명하타 나누어 가짐.
분치(奔馳)명하자 빨리 달림.
분칠(粉漆)명하자·타 '얼굴에 분을 바르는 일'을 낮잡아 이르는 말.
분침(分針)명 시계의 분을 가리키는 긴 바늘. 각침(角針). 장침(長針). 참큰바늘.
분칭(分秤)명 (약이나 금은 따위를) 한 푼쭝으로부터 20냥쭝까지 달 수 있게 된 저울. 약저울. 약칭(藥秤). 약형(藥衡).

분탄(粉炭)명 가루 모양의 석탄. ↔괴탄(塊炭).
분:탄(憤歎)명하자타 ☞분개(憤慨).
분탕(粉湯)명 ①밀가루를 풀어서 끓인 맑은장국. ②여러 가지 고명을 넣어 만든 평안도식 도미국수. ③☞당면(唐麵).
분탕(焚蕩)명하타 ①재산을 죄다 없애 버림. ②몹시 시끄럽거나 야단스럽게 구는 일.
분탕-질(焚蕩-)명하타 분탕을 치는 짓.
분토(粉土)명 쌀을 쓿을 때 섞는, 희고 보드라운 흙가루. 토분(土粉).
분토(墳土)명 무덤의 흙.
분토(糞土)명 썩은 흙.
분토지언(糞土之言)명 쓸모가 없는 말. 이치에 닿지 않는 말. 더러운 말.
분통(粉桶)명 분을 담는 통.
분:통(憤痛)명하형 몹시 분하여 마음이 쓰리고 아픔. ¶ 분통이 터지다. /참으로 분통한 일이다.
분통-같다(粉桶-)[-갇따]형 도배를 새로 하여 방이 아주 깨끗하다. **분통같-이**부.
분:투(奮鬪)명하자 있는 힘을 다하여 싸우거나 노력함. ¶ 합격을 위하여 분투하다.
분:투-노력(奮鬪努力)명하자 있는 힘을 다하여 노력함.
분:투-쟁선(奮鬪爭先)명하자 있는 힘을 다하여 앞서기를 다툼.
분파(分派)명하자 ①여러 갈래로 나뉘어 갈라짐, 또는 갈라져 나온 것. ②중심 세력에서 갈라져 한 파를 이룸, 또는 그 파벌이나 유파. 지류(支流).
분파-주의(分派主義)[-의/-이]명 한 조직체 안에서, 한 파(派)가 자기 파의 주장만을 내세워 남의 주장을 물리치는 태도.
분판(粉板)명 분(粉)을 기름에 개어 널조각에 바른 판. 아이들의 붓글씨 연습 때 종이 대용으로 쓰였음.
분:패(僨敗)명하자 일을 잡쳐서 실패함.
분:패(憤敗)명하자 (이길 수 있는 것을) 분하게 짐. 원통하게 짐.
분포(分布)명하자되자 ①여기저기 흩어져 널리 퍼져 있음. ¶ 인구 분포. ②동식물이, 그 종류에 따라 서로 다른 구역에 나서 자라는 일. ¶ 이 꽃은 우리나라 남부에 분포한다.
분포-도(分布圖)명 분포된 상태를 나타내는 지도나 도표. ¶ 식물 분포도. /방언(方言) 분포도.
분포-율(分布率)명 분포하여 있는 비율.
분표(分表)명하타 지난날, 흉년이 들었을 때 피해의 정도에 따라 논밭의 조세를 덜어 주던 일.
분:-풀이(憤-)명하자 (앙갚음을 하거나 다른 대상에게 분을 터뜨리거나 하여) 분한 마음을 풀어 버리는 일. 해원(解冤). 설분(雪憤). ¶ 엉뚱한 사람에게 분풀이하다.
분필(分筆)명하타 한 필지(筆地)로 된 토지를 여러 필지로 나눔. ¶ 대지를 분필하다. ↔합필.
분필(粉筆)명 소석고(燒石膏)를 반죽하여 막대 모양으로 굳혀 만든 것. 칠판에 글씨를 쓰는 데 사용함. 백묵(白墨).
분하(分下)명하타 지난날, 관아의 벼슬아치들에게 연례(年例)에 따라 물품을 나누어 주던 일.
분-하다(扮-)자여 배우가 작품 속의 인물의 모습으로 꾸미다. 분장하다. ¶ 햄릿으로 분하여 열연하다.
분:-하다(忿-·憤-)형여 ①(당하지 않을 일을 당하여) 억울하고 원통하다. ¶ 멸시당한 일이 분하다. ②서운하고 아깝다. ¶ 다 이긴 시합을 져서 분하다.
분:한(分限)명 ①신분의 정도. 〔높음과 낮음, 또는 위아래 따위.〕 분수(分數)[2]. 분제(分際). ②실용 가치가 있는 일정한 한도나 양. 분도(分度). ¶ 흉년에는 분한 없는 찹쌀보다는 느루 먹는 보리가 더 요긴하다.
  분한(이) 있다관용 ①(보기보다는) 그리 많지 않다. ②얼마 안 되는 듯해도 여러 군데로 별러 쓸 수가 있다.
분:한(憤恨)명하형 분하고 한스러움.
분할(分割)명하타되자 둘 또는 그 이상으로 나눔. ¶ 연구비를 분할하여 지급하다.
분할(分轄)명하타되자 둘 또는 그 이상으로 나누어서 관할함.
분할-급(分割給)명하타 (돈을) 몇 차례로 나누어서 치르는 일. ↔일시불.
분할-불(分割拂)명하타 ☞분할급.
분할^상속(分割相續)명 한 재산을 여러 상속인에게 그 상속분에 따라 나누어서 상속하는 일.
분할^상환(分割償還)명 몇 번으로 나누어 갚음. ¶ 10년 분할 상환을 조건으로 대출을 받다.
분할^지도(分割地圖)명 한 지역을 몇 군데로 갈라서 세밀히 그린 지도.
분합(分合)명하자타 나누었다 합하였다 함.
분합(分閤)명 대청 앞쪽으로 한 칸에 네 짝씩 드리는 긴 창살문.
분합(粉盒)명 분을 담는 합.
분합-대(分合帶)[-때]명 지난날, 웃옷에 눌러 띠던 실띠의 한 가지. 준분대.
분합-들쇠(分閤-)[-뜰쐬/-뜰쒜]명 분합을 두 짝씩 올려 걸도록 도리에 박은 들쇠.
분합^장영창(分閤長映窓)[-짱-]명 분합 안쪽에 드리는 미닫이.
분-항아리(粉缸-)명 분을 담아 두는 자그마한 사기 항아리.
분해(分解)명하타되자 ①여러 부분으로 이루어진 것을 낱낱의 부분으로 가름. ¶ 총기를 분해하다. /기계를 분해해서 소제하다. ②화합물을, 간단한 분자식을 가진 둘 이상의 서로 다른 물질로 나눔. ②↔합성.
분해-기(分解器)명 기계나 기구를 분해하는 데 쓰는 연장. 〔드라이버 따위.〕
분해-능(分解能)명 현미경·망원경·사진 렌즈 따위의 대상에 대한 최소의 식별 능력.
분해-열(分解熱)명 분해 반응에 따라서 출입하는 반응열의 한 가지.
분해^전:압(分解電壓)명 전해질 용액을 계속적으로 전기 분해를 할 수 있는 최소의 전압.
분해^증류법(分解蒸溜法)[-뉴뻡]명 ☞크래킹.
분향(焚香)명하자 (부처 또는 죽은 이를 위하여) 향을 피움. 소향(燒香). ¶ 제단에 분향하다. /영정에 분향하다.
분향-재배(焚香再拜)명하자 분향을 하고 두 번 절을 함. ¶ 분향재배를 올리다.
분형(焚刑)명 지난날, 죄인을 불에 태워 죽이던 형벌. 화형(火刑).
분호(分戶)명하자 ☞분가(分家).
분호(分毫)명 일분(一分) 일호(一毫), 곧 '정도나 분량이 썩 적음'을 나타내는 말. ¶ 분호의 오차도 없다. 참추호(秋毫).
분:홍(粉紅)명 〈분홍빛〉의 준말.
분:홍-머리동이(粉紅-)명 분홍빛으로 된 머리동이.
분:홍-방(粉紅榜)명 지난날, 세도가(勢道家)의 어린아이까지도 과거에 합격시켰던 부조리를 비웃어 이르던 말.

분ː홍-빛(粉紅-)[-삗]명 흰빛이 섞인 붉은빛. 분홍색. 핑크. 핑크빛. 준분홍. *분ː홍빛이[-삐치]·분ː홍빛만[-삔-]

분ː홍-색(粉紅色)명 분홍빛. 석죽색(石竹色). 핑크색.

분ː홍-치마(粉紅-)명 ①분홍빛의 치마. ②위는 희고 아래는 분홍빛으로 된 연.

분화(分化)명 ①하자.타되자하나의 것이 진보·발달하여 복잡해짐에 따라 여러 이질적인 부분으로 갈라지는 일. ¶ 직업의 종류가 분화하다. ②생물체의 조직이나 기관(器官)이 특수화의 방향으로 잘게 갈라져 발달하는 일.

분화(盆花)명 화분에 심어 놓은 꽃.

분화(紛華) '분화하다'의 어근.

분화(焚火)명하타 불을 사름, 또는 타는 불.

분ː화(噴火)명하자 ①불을 내뿜음. ②화산의 화구에서 화산재·수증기·용암 따위를 내뿜는 일.

분ː화-구(噴火口)명 화산의 분출물을 내뿜는 구멍. 화구(火口).

분화-하다(紛華-)형여 분잡하고 화려하다.

분회(分會)[-회/-훼]명 본부 외의 지역이나 직장 따위에 따로 마련한 회(會). ¶ 청년회 분회.

분회(粉灰)[-회/-훼]명 ☞소석회(消石灰).

분획(分劃)[-획/-훽]명하타 토지 따위를 경계를 지어 가름.

분ː휘(奮揮)명하타 기운을 떨쳐 널리 드러냄.

붇명 〈옛〉붓. ¶ 붇 필:筆(訓蒙上34).

붇ː다[-따][불으니·불어]자ㄷ ①물에 젖어서 부피가 커지다. ¶ 떡쌀이 붇다. ②부피가 늘거나 수효가 많아지다. ¶ 강물이 붇다. /재산이 붇다.

불[1]명 ①물질이 열이나 빛을 내면서 타는 현상, 또는 그때 생기는 열·빛·불꽃. ¶ 가랑잎에 불이 붙다. /아궁이에 불을 지피다. ②어둠을 밝히는 빛. 광명. 등화(燈火). ¶ 등잔에 불을 켜다. ③화재(火災). ¶ 산에 불이 나다. ④욕정·정열·탐욕 따위를 비유하여 이르는 말. ¶ 욕정의 불. /마음에 불이 일어나다.

불 없는〔꺼진〕 화로, 딸 없는 사위속담 아무 쓸모가 없게 된 것을 이르는 말.

불을 끄다관용 급한 일을 서둘러 처리하다.

불(을) 놓다관용 폭약을 터뜨리기 위하여 도화선에 불을 붙이다.

불(을) 받다관용 남으로부터 큰 욕을 당하거나 큰 해를 입다.

불(을) 주다관용 남에게 큰 곤욕·해를 입히다.

불[2]명 결채나 옹구에서, 아래로 늘어져 짐을 신게 된 부분.

불[3]명 〈불알〉의 준말.

불(不)명 ①과거에서, 강경과(講經科)의 성적 등급의 한 가지. 통(通)·약(略)·조(粗)·불(不)의 네 등급 중의 최하등. ②활쏘기에서, 다섯 대에 한 대도 맞히지 못한 성적.

불(弗)명 '달러(dollar)'의 한자음 표기.

불(佛)[1]명 〈불타(佛陀)〉의 준말.

불(佛)[2]명 〈불란서(佛蘭西)〉의 준말.

불-접두《일부 명사 앞에 붙어》'붉은 빛깔을 가진'의 뜻을 나타냄. ¶ 불개미. /불곰. /불여우. /불호박.

불-(不)접두 일부 한자어 앞에 붙어, 그 말을 부정하는 뜻을 나타냄. ¶ 불공평. /불완전. /불합리.

불가(不可)명하형 ①옳지 않음. 좋지 않음. ¶ 남을 비방함은 불가하다. ②할 수 없음. 되지 않음. ¶ 주차(駐車) 불가. ↔가(可).

불가(佛家)명 ①불교를 믿는 사람, 또는 그 사회. 불문(佛門). 불법계. 석가. 석문(釋門). 석씨(釋氏). 승문(僧門). ②☞절[1].

불가(佛歌)명 부처를 찬송하여 부르는 노래. 찬불가.

불가-결(不可缺)명하형 없어서는 아니 됨. 꼭 있어야 함. ¶ 필요 불가결의 요소.

불가-근(不可近)명하형 가까이할 것이 아님. 가까이하기가 어려움.

불가근-불가원(不可近不可遠)명 가까이할 수도 멀리할 수도 없음.

불-가능(不可能)명하형 할 수 없음. 불능. ¶ 내 사전에 불가능이란 말은 없다. ↔가능.

불-가당(不可當)명하형 ①당해 낼 수 없음. ②가당하지 않음.

불-가래명 '부삽'의 방언.

불가-무(不可無)명하형 없어서는 아니 됨.

불-가물명 아주 심한 가물.

불가부득(不可不得)부하형 ☞부득이(不得已).

불-가분(不可分)명 나누려고 해도 나눌 수 없음. 뗄 수 없음. ¶ 불가분의 관계. ↔가분(可分).

불가분^급부(不可分給付)[-뿌]명 (성질이나 가치를 상하게 하지 않고는) 나눌 수 없는 급부. ↔가분 급부.

불가-분리(不可分離)[-불-]명 떼려야 뗄 수가 없음.

불가분-물(不可分物)명 (한 채의 건물 따위와 같이) 나눌 수 없는 물건. ↔가분물.

불가불(不可不)부 ☞부득불(不得不).

불가불념(不可不念)[-렴]명 마음에 두어 생각하지 않을 수 없음.

불가사리[1]명 쇠를 먹고 산다는 상상의 짐승. 몸은 곰, 코는 코끼리, 다리는 범과 비슷하게 생겼는데, 악몽(惡夢)을 물리치며 사기(邪氣)를 쫓는다고 함.

불가사리[2]명 극피동물의 한 가지. 몸은 다섯 또는 그 이상의 팔로 되어 있어 마치 별 모양과 같으며, 입은 배에, 항문은 등에 붙어 있음. 팔에 붙은 많은 관족(管足)으로 운동함. 바다에서 살면서 조개류 따위를 잡아먹음. 오귀발. 해성(海星).

불가사의(不可思議)[-의/-이] Ⅰ명하형 ①말로 나타낼 수도 없고 마음으로 헤아릴 수도 없는 오묘한 이치 또는 가르침. ¶ 불가사의한 자연의 신비. ②상식으로는 생각할 수 없는 이상야릇한 일. ¶ 불가사의한 사건.
Ⅱ수관 나유타(那由他)의 1만 배, 무량수(無量數)의 1만분의 1이 되는 수(의). 곧, 10^{64}.

불가-서(佛家書)명 불교에 관한 서적. 불교의 경전. 준불서.

불가-설(不可說)명 ①불교에서, 말로는 설명할 수 없고, 체득할 수밖에 없는 일을 이르는 말. 〔부처의 덕(德) 따위에 대해서 이르는 말.〕 ②말로 설명할 수 없는 일.

불가승수(不可勝數)[-쑤]명 수효가 하도 많아서 셀 수가 없음.

불-가시광선(不可視光線)명 '비가시광선'의 구용어.

불-가시선(不可視線)명 '비가시광선'의 구용어.

불가-어(佛家語)명 불교에서 쓰는 말.

불가역^반ː응(不可逆反應)[-빠능]명 역반응이 극히 일어나기 어려운 화학 반응.

불가역^변ː화(不可逆變化)[-뼌-]명 장차 원래대로 다시 변화할 가능성이 없는 변화. 〔열의 전도·마찰·확산 따위.〕 비가역 변화. ↔가역 변화.

불가입-성(不可入性) [-썽] 명 ☞애찬성(礙竄性).
불-가지(不可知) 명 알 수 없음.
불가지-론(不可知論) 명 ①초경험적인 것의 존재나 본질은 인식할 수 없다고 주장하는 인식론. ②인간은 신을 인식할 수 없다고 주장하는 종교적 인식론.
불가-침(不可侵) 명 침범할 수 없음.
불가침-권(不可侵權) [-꿘] 명 국제법상 외국 원수(元首)나 외교 사절이 누리는 불가침의 특권. 〔신체·명예에 관한 불가침권과 관사(館舍)·문서에 관한 불가침권 등이 있음.〕
불가침^조약(不可侵條約) 명 나라와 나라 사이에 서로 상대국을 침략하지 않을 것을 약속하는 조약.
불가피(不可避) '불가피하다'의 어근.
불가피-하다(不可避-) 형여 피할 수가 없다. ¶ 불가피한 사정으로 결근하다.
불가항-력(不可抗力) [-녁] 명 (천재지변·우발 사고 따위와 같이) 사람의 힘으로는 어찌할 수 없는 힘이나 사태. ¶ 불가항력의 사고.
불가-해(不可解) 명하형 이해할 수 없음. 알 수 없음. ¶ 불가해한 행위.
불가-형언(不可形言) 명 말로는 이루 다 나타낼 수가 없음.
불각(不覺) 명하타 깨닫지 못함.
불각(佛閣) 명 ☞불당(佛堂).
불간(不干) 명하자타 〈불간섭〉의 준말.
불-간섭(不干涉) 명하자타 간섭하지 아니함. ¶ 내정(內政) 불간섭. 준불간.
불간지서(不刊之書) 명 영원히 전하여 없어지지 않을 양서.
불감(不堪) 명하타 ①견디어 내지 못함. ②〈불감당(不堪當)〉의 준말.
불감(不敢) '불감하다'의 어근.
불감(不感) 명하타 느끼지 못함.
불-감당(不堪當) 명하타 감당하지 못함. 준불감.
불감당(不敢當) '불감당하다'의 어근.
불감당-하다(不敢當-) 형여 감히 대적하여 당해 내기가 어렵다.
불감생심(不敢生心) 명하타 (힘에 부쳐) 감히 엄두를 내지 못함. 불감생의.
불감생의(不敢生意) [-의/-이] 명하타 ☞불감생심.
불감앙시(不敢仰視) 명하타 (두려워서) 감히 쳐다보지 못함.
불감-증(不感症) [-쯩] 명 ①성교할 때, 성감(性感)을 느끼지 못하는 증세. 참냉감증. ②감각이 둔한 성질. ¶ 도덕 불감증에 걸리다.
불감-청(不敢請) 명 마음에는 간절하지만 감히 청하지 못함.
불감청이언정 고소원(固所願)**이라** 관용 감히 청하지는 못할 일이나 본래부터 바라던 바라. 고소원이나 불감청이라. 참고소원.
불감출두(不敢出頭) [-뚜] 명하자 (두려워서) 감히 머리도 내밀지 못함.
불감출성(不敢出聲) [-썽] 명하자 (위엄에 눌려서) 감히 소리를 내지 못함.
불감-하다(不敢-) 형여 감히 할 수 없다.
불-갑사(-甲紗) [-싸] 명 빛깔이 매우 붉은 갑사.
불-강아지 명 몹시 여윈 강아지.
불-같다 [-갇따] 형 ①(성격 따위가) 매우 급하고 격렬하다. ¶ 성미가 불같다. ②(정열·신념·감정 따위가) 뜨겁고 강렬하다. ¶ 불같은 정열. ③다그치는 기세가 드세거나 무섭다. ¶ 불같은 독촉이 빗발치다. **불같-이** 부.
불-개 명 일식(日蝕) 또는 월식(月蝕) 때 해나 달을 갉아 먹는다고 하는 상상의 짐승.
불-개미 명 개밋과의 곤충. 일개미는 몸길이 5~8 mm이고, 몸빛은 암적황색인데 온몸에 누런 털이 배게 남. 낙엽송의 잎으로 높은 집을 짓고 그 밑의 땅속에 삶.
불-개입(不介入) 명하자 (어떤 일에) 개입하지 않음. ¶ 군사 불개입 방침.
불개-항(不開港) 명 외국과의 통상이 허용되지 않는 항구.
불거(拂去) 명하타 ①떨어 버림. ②뿌리치고 감.
불-거웃 [-꺼욷] 명 불두덩에 난 털. 준불것. *불거웃이[-꺼우시]·불거웃만[-꺼운-]
불거-지다 자 ①속에 든 둥근 물건이 거죽으로 툭 비어져 나오다. ¶ 해어진 양말 밖으로 발가락이 불거져 나왔다. ②숨겨졌던 일이나 어떤 현상이 갑자기 드러나거나 생겨나다. ¶ 문제가 불거져 나오다. ③무엇이 둥글게 솟아오르다. ¶ 종기가 툭 불거지다. ①②작볼가지다.
불걱-거리다 [-꺼-] 타 자꾸 불걱불걱하다. 불걱대다. 작볼각거리다.
불걱-대다 [-때-] 타 불걱거리다.
불걱-불걱 [-뿔-] 부하타 ①질긴 물건을 많이 물고 입을 크게 움직이며 자꾸 씹는 모양. ②빨래 따위를 거칠게 주물러 빠는 모양. 작볼각볼각.
불건성-유(不乾性油) [-뉴] 명 공기 속에 두어도 건조하여 굳어지지 않는 기름. 〔참기름·동백기름 따위.〕 ↔건성유.
불건전(不健全) '불건전하다'의 어근.
불건전-하다(不健全-) 형여 건전하지 못하다. ¶ 불건전한 생활. /불건전한 취미.
불-것 [-껃] 명 〈불거웃〉의 준말. *불것이[-꺼시]·불것만[-껀-]
불겅-거리다 자 자꾸 불겅불겅하다. 불겅대다. 작볼강거리다.
불겅-대다 자 불겅거리다.
불겅-불겅 부하자 단단하고 우둘우둘한 물건이 잘 씹히지 않고 입 안에서 이리저리 불거지는 모양. 작볼강볼강.
불겅-이 명 붉은빛의 살담배. 홍초(紅草).
불견실(不堅實) '불견실하다'의 어근.
불견실-하다(不堅實-) 형여 견실하지 못하다.
불결(不潔) 명하형 깨끗하지 않음. 더러움. ¶ 불결한 주방. ↔청결(淸潔).
불결^공:포(不潔恐怖) 명 공포증의 한 가지. 아무리 깨끗이 씻어도 더러운 것 같은 불안을 느끼는 증세.
불-결실(不結實) [-씰] 명하자 열매를 맺지 못함. 일이 이루어지지 못함.
불경(不敬) 명하형스형 (마땅히 경의를 표해야 할 사람에게) 예의가 없음. ¶ 불경을 저지르다. **불경스레** 부.
불경(佛經) 명 불교의 가르침을 적은 경전. 내전(內典). 범서(梵書). 불전(佛典). 석전(釋典). 준경(經)[1].
불-경기(不景氣) 명 물건의 거래가 활발하지 않고, 상업이나 생산 활동에 활기가 없는 상태. 불황. ↔호경기.
불-경제(不經濟) 명 경제적이 아님. 낭비가 많음. 허투루 씀.
불경-죄(不敬罪) [-쬐/-쮀] 명 경의를 표해야 할 사람이나 사물에 대하여 불손한 언행을 함으로써 성립하는 죄. 〔1947년 이전의 일본에서, 황실·신궁·황릉에 대한 불경 행위로써 성립하던 죄에서 온 말.〕

불경지설(不經之說)명 허망하고 간사한 말. 간교하여 미덥지 못한 말.
불계(不計)[-계/-게]명하타 ①옳고 그름이나 이해관계를 따지지 않음. ②바둑에서, 승패가 뚜렷하여 집의 수효를 세지 않음. ¶ 불계로 이기다. ③사정을 가리지 않음.
불계(佛戒)[-계/-게]명 부처가 정한 계율. 〔오계(五戒)·십계(十戒)·구족계(具足戒) 따위.〕
불계(佛界)[-계/-게]명 ①여러 부처가 사는 세계. 정토(淨土). ②십계(十界)의 하나. 부처의 세계.
불계-승(不計勝)[-계-/-게-]명하자 바둑에서, 불계로 이김. ↔불계패.
불계지주(不繫之舟)[-계-/-게-]명 〔매여 있지 않은 배란 뜻으로〕 ①무념무상의 경지를 이르는 말. ②'정처 없이 떠돌아다니는 사람'을 비유하여 이르는 말.
불계-패(不計敗)[-계-/-게-]명하자 바둑에서, 불계로 짐. ↔불계승.
불고(不告)명하타 알리지 않음.
불고(不辜)명 허물이 없는 사람.
불고(不顧)명하타 돌보지 않음. 돌아보지 않음.
불고-가사(不顧家事)명하자 집안일(가정)을 돌보지 않음. ¶ 나라를 위하여 불고가사하다.
불-고기명 쇠고기 따위 살코기를 얇게 저며서 양념을 하여 재었다가 불에 구워 먹는 음식, 또는 그 고기.
불고-불리(不告不理)명 고소(告訴)가 없는 것은 심리(審理)하지 않는다는 원칙.
불고-염치(不顧廉恥)명하자 염치를 생각하지 않음. ¶ 불고염치하고 손을 내밀다.
불고이거(不告而去)명하자 가겠다는 말도 없이 떠남. 말없이 사라짐.
불고이거(不顧而去)명하자 뒤도 돌아보지 아니하고 그대로 감.
불고-이해(不顧利害)명하자 이롭고 해로움, 또는 이익과 손해를 생각하지 아니함. ¶ 불고이해하고 그 일에 참여하다.
불고-전후(不顧前後)명하자 일의 앞뒤를 돌아보지 아니함.
불고지-죄(不告知罪)[-쬐/-쮀]명 부작위범의 한 가지. 법을 위반한 자를 알면서도 수사 기관에 알리지 않음으로써 성립하는 죄.
불고-체면(不顧體面)명하자 체면을 생각하지 아니함. 부지체면. ¶ 불고체면하고 부탁하다.
불골(佛骨)명 ☞불사리(佛舍利).
불-곰명 곰과의 동물. 몸길이 2 m가량으로 곰 중에서 가장 크며, 등에 혹 모양의 융기가 있음. 몸빛은 갈색이나 주둥이와 머리는 암갈색임. 헤엄을 잘 치며 나무에도 잘 오름. 잡식성인데 썩은 고기를 즐겨 먹음. 겨울 동안 굴속에서 겨울잠을 잠. 우리나라의 북부 지방, 시베리아 등지에 분포함.
불공(不攻)명하타 공격하지 않음. 치지 않음.
불공(不恐)명하타 두려워하지 않음.
불공(不恭) '불공하다'의 어근.
불공(佛工)명 불상(佛像)이나 불구(佛具) 따위를 만드는 사람.
불공(佛供)명하자 부처 앞에 공양하는 일. 불향.
불공대천(不共戴天)명하자 〔한 하늘 아래서는 같이 살 수 없다는 뜻으로〕 '도저히 그냥 둘 수 없을 만큼 원한이 깊이 사무침'을 비유하여 이르는 말. 대천지수. 불구대천.
불공-드리다(佛供-)자 공양을 드리다.
불공-밥(佛供-)[-빱]명 ☞퇴식밥.
불공불손(不恭不遜) '불공불손하다'의 어근.
불공불손-하다(不恭不遜-)[-쏜-]형여 공손하지 않고 버릇이 없다.
불공설화(不恭說話)명 공손하지 않은 태도로 함부로 하는 말.
불공-스럽다(不恭-)[-따][~스러우니·~스러워]형ㅂ 공손하지 아니한 데가 있다. **불공스레**부.
불공-쌀(佛供-)명 불공을 드리는 데 쓰는 쌀.
불공자파(不攻自破)명하자 (적의 진지나 성 따위가) 치지 아니하여도 스스로 깨어짐.
불-공정(不公正)명하형 공정하지 아니함. ¶ 불공정 거래.
불-공평(不公平)명하형 공평하지 아니함.
불공-하다(不恭-)형여 공손하지 않다. 고분고분하지 않다.
불공함락(不攻陷落)[-낙]명하타 (적의 성이나 진지 따위를) 공격하지 않고 함락시킴.
불과(佛果)명 불도를 수행함으로써 얻는 좋은 결과.
불과(不過)부하형 《주로 수량을 나타내는 말 앞에 쓰이어》 그 정도에 지나지 못함을 나타내는 말. ¶ 우리 군사는 불과 삼 천이다. /그것은 일시적 현상에 불과하다.
불과시(不過是)부 ①겨우. 기껏해서. ②이는 다만. ¶ 불과시 제 힘자랑일 뿐이다.
불관(不關)명하자 관계하지 아니함. ¶ 성패는 불관하고 일을 시작하다.
불관지사(不關之事)명 아무 관계가 없는 일. ¶ 나와는 불관지사라.
불괴옥루(不愧屋漏)[-괴옹누/-궤옹누]명 〔'옥루'는 집에서 가장 구석진, 사람의 눈에 잘 띄지 않는 곳이란 뜻으로〕 '군자(君子)는 남이 보지 않는 곳에서도 부끄러운 행동을 하지 아니함'을 이르는 말.
불교(佛敎)명 세계 3대 종교의 하나. 기원전 5세기 초엽에 인도의 석가모니가 설법한 가르침. 이 세상에서의 온갖 번뇌를 버리고, 수행을 통하여 깨달음으로써 부처가 됨을 목적으로 함. 대승 불교와 소승 불교로 크게 나뉨. 불법(佛法).
불교-도(佛敎徒)명 불교를 믿는 사람. 불교 신도. 준불도(佛徒).
불교-문화(佛敎文化)명 불교를 바탕으로 하여 발달한 문화.
불교^미ː술(佛敎美術)명 불교에 관계되는 미술. 〔사원 건축·불상 조각·불교 회화·불구(佛具) 공예 따위.〕
불교^음악(佛敎音樂)명 불교의 의식 및 신앙 생활에 쓰이는 음악. 참범패.
불구(不久)명하형 (앞으로) 오래지 않음. 《주로, '불구에'의 꼴로 쓰임.》 ¶ 광명의 날이 불구에 올 것이다.
불구(不具)명 ①몸의 어떤 부분이 온전하지 못함. ¶ 불구의 몸으로 이룩한 일. ②편지의 끝에 붙여, 내용이나 격식을 제대로 갖추지 못하였음을 나타내는 말. ¶ 이만 그치겠습니다. 불구. ②참불비(不備).
불구(不拘) '불구하다'의 어근.
불구(佛具)명 불사(佛事)에 쓰이는 기구.
불-구경명하자 불 난 것을 구경하는 일.
불구대천(不俱戴天)명 ☞불공대천.
불-구덩이[-꾸-]명 세차게 타오르는 불의 속.
불구^동ː사(不具動詞)명 ☞불완전 동사.
불구문달(不求聞達)명하자 유명해지기를 바라지 않음. 명예를 구하지 않음.

불구소절(不拘小節)명하자 자잘한 의리·명분·예절 따위에 얽매이지 않음.
불-구속(不拘束)명하타되자 구속하지 아니함. ¶ 불구속으로 송치하다.
불-구슬명 불빛처럼 붉은 구슬.
불구-아(不具兒)명 몸의 어느 부분이 온전하지 못한 어린이. 지체 부자유아.
불구-자(不具者)명 몸의 어느 부분이 온전하지 못한 사람. 병신. 지체 부자유자.
불구-하다(不拘-)자여 거리끼지 않다. 구애받지 않다. 《주로, '-에도(-음에도) 불구하고'의 꼴로 쓰임.》 ¶ 공사다망하신데도 불구하고 왕림해 주셔서 대단히 감사합니다.
불국(佛國)명 ①부처가 사는 나라, 곧 극락정토. ②불교를 믿는 나라. 비불토.
불군(不群)명하형 다른 사람들과는 비교할 수 없을 만큼 매우 뛰어남.
불굴(不屈)명하자 어려움에 부닥쳐도 굽히지 않고 끝까지 해냄. 《주로, '불굴의'의 꼴로 쓰임.》 ¶ 백절(百折) 불굴의 정신.
불궤(不軌)명하자 ①법을 지키지 아니함. ②모반(謀叛)을 꾀함. ¶ 불궤를 꾸미다.
불궤지심(不軌之心)명 ①법이나 도리에 벗어나는 마음. ②모반을 꾀하는 마음.
불-귀[-뀌]명 화승총의 총열에 불을 대는 구멍. 준귀.
불귀(不歸)명하자 〔한번 가서는 돌아오지 않는다는 뜻으로〕 '죽음'을 비유하여 이르는 말.
불귀-객(不歸客)명 〔돌아올 수 없는 사람이란 뜻으로〕 '죽은 사람'을 비유하여 이르는 말. ¶ 영영 불귀객이 되다.
불-귀신(-鬼神)[-뀌-]명 미신(迷信)에서, 불을 맡아 다스리거나 불을 낸다고 하는 귀신. 염정(炎精).
불-규율(不規律)명 규율이 서지 아니함.
불-규칙(不規則)명하형 ①규칙에서 벗어나 있음. ②고르지 않음. 일정하지 않음.
불규칙^동:사(不規則動詞)[-똥-]명 불규칙 활용을 하는 동사. 〔'잇다→이으니, 구르다→굴러' 따위.〕 변격 동사. 변칙 동사. 벗어난움직씨. ↔규칙 동사. 참불규칙 활용.
불규칙^용:언(不規則用言)[-칭농-]명 불규칙 활용을 하는 용언. 〔불규칙 동사와 불규칙 형용사를 아울러 이름.〕 변격 용언. 변칙 용언. 벗어난풀이씨. ↔규칙 용언. 참불규칙 활용.
불규칙-적(不規則的)[-쩍]관명 규칙적이 아닌 (것). ¶ 불규칙적 현상. /불규칙적으로 식사를 하면 건강에 해롭다.
불규칙^형용사(不規則形容詞)[-치켱-]명 불규칙 활용을 하는 형용사. 〔'낫다→나으니, 밉다→미우니' 따위.〕 변격 형용사. 변칙 형용사. 벗어난그림씨. ↔규칙 형용사. 참불규칙 활용.
불규칙^활용(不規則活用)[-치콰룡]명 용언이 활용할 때 어간의 일부가 변하거나, 특정한 어미가 붙거나, 어간과 어미가 함께 변하는 일. 〔'돕다→도와서, 낫다→나으니' 따위.〕 변칙 활용. ↔규칙 활용.
불-균형(不均衡)명하형 균형이 잡혀 있지 않음. 고르지 못함. ¶ 계층 간의 불균형.
불그데데-하다형여 좀 천박하게 불그스름하다. 작볼그대대하다.
불그뎅뎅-하다형여 격에 어울리지 않게 불그스름하다. 작볼그댕댕하다.
불그레-하다형여 조금 곱게 불그스름하다. 작볼그레하다. ¶ 술기운이 올라 얼굴이 불그레하다.
불그름-하다형여 〈불그스름하다〉의 준말. 작볼그름하다. **불그름-히**부.
불그무레-하다형여 엷게 불그스름하다. 작볼그무레하다.
불그숙숙-하다[-쑤카-]형여 수수하게 불그스름하다. 작볼그속속하다. **불그숙숙-히**부.
불그스레-하다형여 불그스름하다. 작볼그스레하다. 센뿔그스레하다.
불그스름-하다형여 조금 붉다. 불그스레하다. 준불그름하다. 작볼그스름하다. 센뿔그스름하다. **불그스름-히**부.
불그죽죽-하다[-쭈카-]형여 고르지 못하고 좀 칙칙하게 불그스름하다. 작볼그족족하다. 센뿔그죽죽하다. **불그죽죽-히**부.
불근(不近) '불근(不近)하다'의 어근.
불근(不勤) '불근(不勤)하다'의 어근.
불근-거리다자타 자꾸 불근불근하다. 불근대다. 작볼근거리다.
불근-대다자타 불근거리다.
불근-불근부하자타 질기고 단단한 물건을 입에 넣고 자꾸 씹는 모양, 또는 그런 물건이 자꾸 씹히는 모양. 작볼근볼근.
불-근신(不謹愼)명하자 몸을 삼가서 조심하지 않음.
불근인정(不近人情) '불근인정하다'의 어근.
불근인정-하다(不近人情-)형여 인정에 어그러짐이 있다. 준불인정하다.
불근-하다(不近-)형여 가깝지 아니하다.
불근-하다(不勤-)형여 근실(勤實)하지 못하다.
불금(不禁)명하타 금하지(말리지) 아니함.
불급(不及)명하자 미치지 못함. ¶ 이번 작황은 평년작에도 불급하다.
불급(不急)명하형 급하지 아니함. 빠르지 아니함. ¶ 불요(不要)불급.
불긋-불긋[-귿뿔귿]부하형 군데군데 붉은 모양. 작볼긋볼긋. 센뿔긋뿔긋. **불긋불긋-이**부.
불긋-하다[-그타-]형여 조금 붉은 듯하다. 작볼긋하다. 센뿔긋하다.
불긍(不肯)명하타 ①승낙하지 아니함. 들어주지 아니함. ②즐겨 하지 아니함.
불긍저의(不肯底意)[-의/-이]명하타 마음속으로 승낙하지 아니함. 마음에 즐기지 아니함.
불-기(-氣)[-끼]명 불기운. ¶ 방에 불기가 없어 꼭 한데 같다.
불기(不起)명하자 (병으로 누운 채) 다시 일어나지 못하고 죽음.
불기(不羈)명 〔잡아맬 수 없다는 뜻에서〕 행동이 자유로움. 구속을 받지 아니함.
불기(佛紀)명 석가모니가 입멸한 해를 원년으로 삼는 불가(佛家)의 기원(紀元). 〔기원전 544년부터 시작함.〕
불기(佛器)명 부처의 공양미를 담는 데 쓰는 구리 그릇. 법기(法器).
불-기둥[-끼-]명 기둥 모양으로 높이 솟아오르는 불길.
불-기소(不起訴)명 유죄(有罪)가 될 가망이 없거나 정상(情狀)에 의하여 기소가 적당하지 않다고 인정될 때, 검사가 공소(公訴)를 제기하지 않는 일. ¶ 불기소 처분.
불-기운[-끼-]명 불의 뜨거운 기운. 불기. ¶ 불기운이 약하다.
불기이회(不期而會)[-회/-훼]명하자 뜻하지 아니한 기회에 우연히 만남.
불긴(不緊) '불긴하다'의 어근.
불긴지사(不緊之事)명 요긴하지 아니한 일.

불긴-하다(不緊-)형여 꼭 있어야 하는 것이 아니다. 긴요하지 않다. **불긴-히**부.

불-길[-낄]명 ①활활 타오르는 불꽃. ¶ 불길을 잡다. /불길에 휩싸이다. ②'세차게 타오르는 감정이나 정열'을 비유하여 이르는 말. ¶ 분노의 불길.

불길(不吉) '불길하다'의 어근.

불길지사(不吉之事)[-찌-]명 불길한 일. 좋지 않은 일.

불길지조(不吉之兆)[-찌-]명 불길한 일이 있을 징조. 불상지조(不祥之兆).

불길-하다(不吉-)형여 길하지 아니하다. 좋지 못하다. ¶ 불길한 예감이 들다.

불-김[-낌]명 불의 뜨거운 기운. 열.

불-깃[-낃]명 산불이 크게 번지지 않게 하기 위하여 타고 있는 곳의 언저리를 미리 태워 버리는 일. * 불깃이[-끼시]·불깃만[-낀-]

불-까다타 동물의 불알을 발라내다. 거세(去勢)하다. ¶ 불깐 돼지.

불-꽃[-꼳]명 ①붉게 타오르는 불. ¶ 불꽃이 이글거리다. ②금속이나 돌 따위가 서로 부딪칠 때 일어나는 불빛. 화염(火焰). * 불꽃이[-꼬치]·불꽃만[-꼰-]

불꽃(이) 튀다관용 다툼이나 경쟁이 치열하다. ¶ 불꽃 튀는 선거전.

불꽃-같다[-꼳깓따]형 일어나는 형세가 대단하다. ¶ 원생들의 자립을 위한 열정이 불꽃같다. **불꽃같-이**부.

불꽃-놀이[-꼰-]명 (경축이나 기념 행사 등에서) 화약을 쏘아 올려 공중에서 여러 가지 빛깔이나 무늬의 불꽃이 퍼지게 하는 놀이.

불꽃^반ː응(-反應)[-꼳빠능]명 ☞염색(焰色)반응.

불꽃^방ː전(-放電)[-꼳빵-]명 높은 전압을 가한 두 전극 사이의 기체가 절연성(絶緣性)을 잃고, 불꽃을 내면서 순간적으로 큰 전류가 흐르는 방전 현상. 섬화 방전(閃火放電).

불꽃-심(-心)[-꼳씸]명 ☞염심(焰心).

불-꾸러미명 불씨를 옮기려고 잎나무나 짚 뭉치 따위에 옮겨 붙인 불.

불끈부 ①하자두드러지게 치밀거나 솟아오르는 모양. ¶ 근육이 불끈 솟다. ②하자성을 벌컥 내는 모양. ¶ 불끈 화를 내다. ③하타주먹을 갑자기 단단히 쥐는 모양. ¶ 주먹을 불끈 쥐다. 작볼끈. **불끈-불끈**부하자타.

불끈-거리다자타 자꾸 불끈불끈하다. 불끈대다. 작볼끈거리다.

불끈-대다자타 불끈거리다.

불-나다[-라-]자 불이 쉽게 끄기 어려운 상태로 일어나다. ¶ 창고에 불나다.

불난 데 풀무질한다속담 남의 잘못된 일을 더 잘못되게 충동질하거나 성난 사람을 더욱 성나게 충동질한다는 말.

불-나방[-라-]명 불나방과의 곤충. 편 날개 길이 40 mm가량. 앞날개는 다갈색 바탕에 흰색의 폭이 넓은 줄무늬가 있고, 뒷날개는 주황색 바탕에 네 개의 검은 무늬가 있음. 콩·머위·뽕나무 따위의 잎을 갉아 먹는 해충임. 등아(燈蛾). 부나방. 부나비.

불-난리(-亂離)[-랄-]명 ①불이 나서 집이나 재물이 불타고 인명이 다치는 따위의 무섭고 끔찍스러운 상태. ②시비가 일어 혼잡하고 어지러운 상태.

불납(不納)[-랍]명하타 세금이나 공납금 따위를 내지 않음.

불납^결손액(不納缺損額)[-랍껼쏘낵]명 불납으로 말미암아 결손이 된 조세의 액수.

불내다[-래-]자 『'불나다'의 사동』 불이 나게 하다. ¶ 창고에 불내다.

불녕(不佞)[-령]대 〔편지 글에서 '재주가 없다'는 뜻으로〕 자기를 낮추어 일컫는 말.

불노(不怒)[-로]명하자 성내지 않음.

불-놀이[-로리]명하자 (쥐불이나 줄불 따위와 같이) 불을 놓거나 화약을 터뜨리거나 하며 노는 놀이. 화희(火戲).

불농불상(不農不商)[-롱-쌍]명하자 농사도 짓지 아니하고 장사도 하지 아니하며 그저 놀고 지냄.

불-놓이[-로-]명하자 총으로 사냥하는 일.

불능(不能)[-릉]명 ①능력이 없음. ②하형할 수 없음. 불가능. ¶ 재기(再起) 불능.

불능-범(不能犯)[-릉-]명 행위의 성질로 보아 의도하는 결과의 발생이 전혀 불가능하기 때문에 범죄를 구성하지 않는 행위. 〔신에게 빎으로써 남을 죽게 하려는 행위 따위.〕

불ː다[부니·불어] Ⅰ자 ①바람이 일어나다. ¶ 태풍이 불다. /아침저녁으로는 선선한 바람이 분다. ②유행·변화 따위가 일어나 휩쓸다. ¶ 감원 바람이 불다.

Ⅱ타 ①입술을 오므리거나 하여 입김을 내어 보내다. ¶ 손을 호호 불다. /휘파람을 불다. ②관악기를 입에 대어 입김으로 소리를 내다. ¶ 피리를 불다. /나팔을 불다. ③지은 죄를 사실대로 말하다. ¶ 공모한 사실을 불다.

불고 쓴 듯하다속담 집이 너무 가난하여 아무것도 없이 휑하니 비었다는 말.

불면 꺼질까 쥐면 터질까속담 자녀를 끔찍이 아끼며 소중히 기른다는 말.

불단(佛壇)[-딴]명 부처를 모셔 놓은 단. 수미단(須彌壇).

불당(佛堂)[-땅]명 부처를 모신 집. 범전(梵殿). 불각(佛閣). 불우(佛宇). 불전(佛殿).

불-당그래[-땅-]명 아궁이에 불을 밀어 넣거나 그러내는 데 쓰는 작은 고무래.

불-더미[-떠-]명 불이 붙은 더미. ¶ 화약을 지고 불더미 속으로 뛰어드는 것이나 마찬가지다.

불-더위명 몹시 심한 더위. 불볕더위. ¶ 삼복 불더위에 초목(草木)이 다 타는 듯하다.

불덕(佛德)[-떡]명 부처가 갖춘 공덕.

불-덩어리[-떵-]명 불덩이.

불-덩이[-떵-]명 ①(숯이나 석탄 따위의) 불이 붙어 타고 있는 덩이. ②'열이 심한 몸이나 뜨겁게 단 물체'를 비유하여 이르는 말. ¶ 불덩이 같은 몸. 불덩어리.

불도(佛徒)[-또]명 〈불교도〉의 준말.

불도(佛道)[-또]명 ①부처의 깨달음에 이르기까지의 가르침이나 수행. 보리. ②부처의 가르침. 법도(法道). 비불법(佛法).

불도그(bulldog)명 영국이 원산인 개의 한 품종. 머리가 크고 넓적하며 양쪽 볼이 처져서 사나워 보이나 성질은 온순함. 코는 납작하고 네 다리는 휘었음. 몸빛은 백색·담황갈색 등 여러 가지인데, 투견용·호신용·애완용 등으로 기름.

불도저(bulldozer)명 흙 따위를 밀어내어 땅을 고르는 건설용 차량의 한 가지.

불-돋우개명 '심돋우개'의 잘못.

불-돌[-똘]명 화로의 불이 쉬 사위지 않도록 눌러 놓는 돌이나 기와 조각.

불-되다[-되-/-뒈-]형 ①누르거나 죄는 힘이 세다. ②구박이 심하다.

불-두덩[-뚜-]명 남녀 생식기 위쪽 언저리의 두두룩한 부분.
불두덩-뼈[-뚜-]명 ☞치골(恥骨).
불두-화(佛頭花)[-뚜-]명 불두화나무의 꽃. 승두화(僧頭花).
불두화-나무(佛頭花-)[-뚜-]명 인동과의 낙엽 활엽 관목. 높이는 3 m가량. 여름에 흰 꽃이 한데 어우러져 큰 공 모양으로 피고, 둥근 열매는 초가을에 붉게 익음. 중부 이남에 분포하는데, 흔히 절에서 관상용으로 심음.
불등(佛燈)[-뜽]명 ☞법등(法燈).
불-등걸[-뜽-]명 불이 활짝 핀 숯등걸.
불-땀명 (땔나무의) 불기운이 세고 약한 정도. ¶ 장작이 덜 말라서 불땀이 적다.
불땀-머리명 (자랄 때 햇볕을 많이 받아서) 불땀이 좋은 나무의 남쪽 부분.
불땔-감[-깜]명 ①불을 땔 만한 재료. ②'쓸모없는 사람'을 조롱하여 이르는 말.
불땔-꾼명 심사가 비뚤어져 남의 일에 헤살 놓기를 좋아하는 사람.
불-똥명 ①심지의 끝이 다 타서 숯처럼 굳어진 부분. ②타는 물체에서 튀어 흩어지는 작은 불덩이.
불똥(이) 튀다관용 사건이나 말썽의 꼬투리가 엉뚱한 사람에게 번지다.
불똥-앉다[-안따]자 등화앉다.
불뚝부하자 ①불룩 솟아나와 불거진 모양. ②갑자기 화를 내는 모양. ¶ 불뚝 화를 내다. 작볼똑. 센뿔뚝. **불뚝-불뚝**부하자.
불뚝-거리다[-꺼-]자 자꾸 불뚝불뚝하다. 불뚝대다. 작볼똑거리다.
불뚝-대다[-때-]자 불뚝거리다.
불뚝-성[-썽]명 불뚝하고 내는 성.
불뚱-거리다자 자꾸 불뚱불뚱하다. 불뚱대다. 작볼똥거리다.
불뚱-대다자 불뚱거리다.
불뚱-불뚱부하자 걸핏하면 성이 나서 얼굴이 불룩해지는 모양. 작볼똥볼똥.
불뚱-이명 걸핏하면 불뚝성을 잘 내는 성질, 또는 그런 사람. ¶ 불뚱이가 나다. /불뚱이를 내다.
불란(不亂) '불란하다'의 어근.
불란-사(-紗)명 여름 옷감으로 쓰이는 서양 직물의 한 가지.
불란서(佛蘭西)명 '프랑스'의 한자음 표기. 준불(佛)².
불란-하다(不亂-)형여 흐트러지지 아니하다. 어지럽지 아니하다. ¶ 불란한 매스 게임.
불량(不良)명하형스형 ①질(質)이나 상태 따위가 좋지 않음. ¶ 불량 제품. /성적 불량. ②품행이 좋지 않음. ¶ 불량 청소년. **불량스레**부.
불량(佛糧)명 불공(佛供)에 쓸 곡식.
불량-기(不良氣)[-끼]명 행실이나 성품 따위가 나쁜 기질. ¶ 얼굴에 불량기가 흐른다.
불량-답(佛糧畓)명 〈불양답〉의 본딧말.
불량^도:체(不良導體)명 ☞부도체. ↔양도체.
불량-배(不良輩)명 상습적으로 비행(非行)을 저지르는 사람, 또는 그런 무리.
불량-분자(不良分子)명 ①성행(性行)이 불량한 사람. ②(어떤 조직체 안에서) 성행이 좋지 않은 소수의 사람.
불량-소년(不良少年)명 불량한 행위를 일삼아 하는 소년.
불량-아(不良兒)명 품행이 좋지 못한 아이.
불량-자(不良者)명 행실이 좋지 못한 사람.
불량-품(不良品)명 품질이 좋지 않은 물건.

불러-내다타 불러서 나오게 하다. ¶ 친구를 밖으로 불러내어 만나다.
불러-들이다타 불러서 들어오게 하다. ¶ 시어머니가 며느리를 방 안으로 불러들였다.
불러-오다타 ①불러서 오게 하다. ¶ 의사를 집에 불러오다. ②(어떤 행동이나 상태·감정 따위를) 일어나게 하다. ¶ 폭우가 막대한 재해를 불러왔다.
불러-일으키다타 ①남을 부추기거나 하여 어떤 행동이나 상태가 일어나게 하다. ¶ 여론을 불러일으키다. /의욕을 불러일으키다. ②어떤 일이 다른 사람의 감동을 자아내다.
불력(佛力)명 부처의 공력. 부처의 힘.
불렴(不廉) '불렴하다'의 어근.
불렴-하다(不廉-)형여 값이 싸지 아니하다.
불령(不逞)명하자 (현재의 체제에 대하여) 불만을 품고 제멋대로 행동하는 일.
불령-분자(不逞分子)명 (체제에 대하여) 불만을 품고 제멋대로 행동하는 사람.
불령지도(不逞之徒)명 불령분자의 무리.
불로(不老) '불로(不老)하다'의 어근.
불로(不勞) '불로(不勞)하다'의 어근.
불로불사(不老不死)[-싸]명하자 늙지도 아니하고 죽지도 아니함.
불로불소(不老不少)[-쏘]명 늙지도 아니하고 젊지도 아니함.
불로^소:득(不勞所得)명 노동의 대가로 얻는 소득이 아닌 소득. 〔이자·배당금·부동산 임대료 따위.〕↔근로 소득.
불로^소:득세(不勞所得稅)[-쎄]명 불로 소득에 대하여 부과하는 세금. 〔상속세·증여세·양도 소득세 따위.〕
불로장생(不老長生)명하자 늙지 않고 오래오래 삶. ¶ 불로장생의 비법을 전수하다.
불로-초(不老草)명 먹으면 늙지 않는다는 약초. 〔선경(仙境)에 있다고 함.〕
불로-하다(不老-)자여 늙지 아니하다.
불로-하다(不勞-)자여 일하지 아니하다.
불록(不祿)명 〔지난날〕 ①녹을 다 타지 않고 죽는다는 뜻으로, '선비의 죽음'을 이르던 말. ②'제후(諸侯)의 죽음'을 다른 나라에 알릴 때 겸손하게 이르던 말.
불룩부하자타 물체의 거죽이 크게 두드러지거나 쑥 내밀린 모양. ¶ 아랫배가 불룩 나오다. /아버지께서 배를 불룩해 보였다. 작볼록. 센뿔룩. **불룩-불룩**부하자타.
불룩-거리다[-꺼-]자타 자꾸 불룩불룩하다. 불룩대다. 작볼록거리다. 센뿔룩거리다.
불룩-대다[-때-]자타 불룩거리다.
불룩-하다[-루카-]형여 물체의 거죽이 크게 두드러지거나 쑥 내밀려 있다. ¶ 주머니가 불룩하다. 작볼록하다. 센뿔룩하다. **불룩-이**부.
불륜(不倫)명하형 (남녀 관계가) 윤리에서 벗어남. ¶ 불륜 행위. /불륜을 저지르다.
불리(不利)명하형 이롭지 아니함. ¶ 불리한 형세. ↔유리(有利).
불-리다¹ Ⅰ자 〖'불다'의 피동〗 바람을 받아서 날리어지다. ¶ 바람에 불려 멀리 날아가다.
Ⅱ타 〖'불다'의 사동〗 ①악기를 불게 하다. ②사실대로 말하게 하다.
불리다²자 〖'부르다¹'의 피동〗 ①남에게 부름을 받다. ¶ 형에게 불려 가다. ②노래가 부름을 당하다. ¶ 요즘 청소년들에게 가장 많이 불리는 유행가. ③이름이 붙여지다. 일컬어지다. ¶ 홍콩은 동양의 진주로 불린다.

불리다[3]타 〖'부르다[2]'의 사동〗 (배를) 부르게 하다.
불리다[4]타 〖'붇다'의 사동〗 ①물건을 물에 축여서 붇게 하다. ¶ 볍씨를 불리다. ②부피가 늘거나 수효가 많아지게 하다. ¶ 재산을 불리다.
불리다[5]타 ①쇠를 불에 달구어 성질을 변화시키다. ¶ 쇠를 불리다. ②타작할 때, 곡식을 부치거나 까불어서 잡것을 날려 버리다. ③과거에 급제한 사람에게 선배 되는 사람이 축하하러 찾아와서 삼진삼퇴(三進三退) 등을 시키며 괴롭히다.
불리-우다자 '불리다[2]'의 잘못.
불림[1]명 쇠를 불 속에 넣어 불리는 일.
불림[2]명하자 ①공범자를 부는 일. ②(노름판 같은 곳에서) 무엇이라고 불러서 남에게 알리는 짓.
불립^문자(不立文字) [-림-짜]명 〔문자로써 세우지 않는다는 뜻으로〕 불도(佛道)의 깨달음은 마음에서 마음으로 전해지는 것이지, 문자나 말로 전해지는 것이 아니라는 말.
불만(不滿)명하형스형 마음에 차지 않는 느낌, 또는 그런 마음의 표시. ¶ 불만의 소리가 높다. /불만이 쌓이다. **불만-히**부. **불만스레**부.
불-만족(不滿足)명하형스형 (바라거나 마음먹은 대로 이루어지지 아니하여) 만족스럽지 아니함, 또는 그런 상태. ¶ 애써 한 일이 불만족한 결과로 끝났다. **불만족스레**부.
불망(不忘)명하타 잊지 않음. ¶ 오매(寤寐)불망.
불망-기(不忘記)명 잊지 않기 위하여 적어 놓는 글. 메모. 비망록(備忘錄).
불망지은(不忘之恩)명 잊지 못할 은혜.
불매(不買)명하타 사지 아니함. ¶ 불매 운동.
불매(不賣)명하타 팔지 아니함.
불매^동맹(不買同盟)명 (생산자에 대한 제재 수단으로서) 소비자가 단결하여 어떤 상품을 사지 않기로 하는 약속, 또는 그 조직. 보이콧.
불면(不免)명하형 면할 수가 없음. ¶ 문책(問責) 불면의 처지에 놓이다.
불면(不眠)명하자 잠을 자지 않음, 또는 잠을 자지 못함. ¶ 불면에 시달리다.
불면불휴(不眠不休)명하자 〔자지도 아니하고 쉬지도 아니한다는 뜻으로〕 곧 잠시도 쉬지 아니하고 힘써 일함을 이르는 말. ¶ 불면불휴의 노력을 기울이다.
불면-증(不眠症) [-쯩]명 잠을 잘 수 없는 상태가 오래도록 지속되는 증세.
불멸(不滅)명하자 영원히 없어지지 않음. 멸망하지 않음. ¶ 불멸의 업적. /나는 영혼이 불멸하다는 것을 믿는다.
불멸(佛滅)명 석가모니의 죽음.
불명(不明)명하형 ①분명하지 않음. 잘 알 수 없음. 불분명. ¶ 수취인 불명. ②사리에 어두움. ¶ 불명의 소치(所致).
불명(佛名)명 ①부처의 이름. 〔아미타여래·다보여래 등.〕 불호(佛號). ②불법에 귀의한 사람에게 붙이는 이름.
불명료(不明瞭) '불명료하다'의 어근.
불명료-하다(不明瞭-) [-뇨-]형여 ☞불분명하다.
불명-수(不名數) [-쑤]명 단위의 이름을 붙이지 아니한 수. 무명수(無名數). ↔명수.
불-명예(不名譽)명하형스형 명예롭지 못함. **불명예스레**부.
불명예-제대(不名譽除隊)명 군사 법원에서 유죄 판결을 받아서 하는 제대. ↔명예제대.
불-명확(不明確)명하형 명확하지 아니함.
불모(不毛)명 ①땅이 메말라 농작물이 자라지 않는 일, 또는 그런 땅. ¶ 불모의 땅. ②'아무런 발전도 결실도 얻지 못함'을 비유하여 이르는 말. ¶ 불모의 시대.
불모(佛母)명 ①석가모니의 어머니. ②불상(佛像)을 그리는 사람.
불모이동(不謀而同)명하형 미리 짜거나 의논하거나 하지 않았는데도 의견이 같음.
불모-지(不毛地)명 ①식물이 자라지 않는 거칠고 메마른 땅. 불모지지. ②'어떤 사물이나 현상이 발달되어 있지 않은 곳'을 비유하여 이르는 말. ¶ 야구의 불모지. /조선 공업의 불모지.
불모지지(不毛之地)명 ☞불모지.
불-목명 온돌방의 아랫목에서도 가장 더운 자리, 곧 아궁이가 가까워 불길을 많이 받는 곳. ¶ 불목을 차지하다.
불목(不睦)명하형 집안끼리 또는 형제끼리 서로 사이가 좋지 아니함.
불목-하니 [-모카-]명 절에서 밥 짓고 물 긷는 일을 맡아서 하는 사람.
불무 [붊긔·붊글]명 〈옛〉 풀무. ¶ 불무로 한 象올 노기며(圓覺上一之二17). /불무 야:冶(訓蒙下7). /붊글 能히 펴디 몯ᄒᆞ야(南明下71).
불무(不無) '불무하다'의 어근.
불무-하다(不無-)형여 없지 않다. ¶ 감회가 불무하다.
불문(不文)[1]명 〈불성문(不成文)〉의 준말.
불문(不文)[2] '불문하다'의 어근.
불문(不問)명하타 ①묻지 아니함. ②밝히지 않고 덮어 둠. 캐묻지 아니함. ¶ 이번 사건은 불문에 부치기로 결정했다. ③가리지 아니함. ¶ 남녀를 불문하고 해당 분야 자격증 소지자를 찾습니다.
불문(佛文)명 프랑스 어로 된 글.
불문(佛門)명 ☞불가(佛家). 석문(釋門).
불문가지(不問可知)명 묻지 않아도 알 수 있음. ¶ 그가 집에 없다는 것은 불문가지다.
불문곡절(不問曲折) [-쩔]명하타 어떻게 된 영문인지를 묻지 아니함. 《주로, '불문곡절하고'의 꼴로 쓰임.》 ¶ 불문곡절하고 거절하다.
불문곡직(不問曲直) [-찍]명하타 옳고 그름을 묻지 아니함. 《주로, '불문곡직하고'의 꼴로 쓰임.》 ¶ 불문곡직하고 멱살부터 잡다.
불문-법(不文法) [-뻡]명 조문화(條文化)되어 있지 않으나 관례상 인정되는 법. 〔관습법·판례법 따위.〕 불문율. ↔성문법.
불문-율(不文律) [-뉼]명 ①☞불문법. ↔성문율(成文律). ②은연중에 서로 납득하여 지키고 있는 규칙. ¶ 상급생이 회장직을 맡는 것이 불문율처럼 되어 있다.
불문-하다(不文-)형여 글에 대한 지식이 없다.
불-문학(佛文學)명 프랑스 문학.
불문^헌:법(不文憲法) [-뻡]명 체계적으로 성문화하지 않은 헌법.
불뭇골명 〈옛〉 골풀무. ¶ 불뭇골 패:韛(訓蒙下7).
불미(不美) '불미하다'의 어근.
불미(佛米)명 부처 앞에 올리는 밥을 짓는 쌀. 마지쌀.
불미-스럽다(不美-) [-따] [~스러우니·~스러워]형ㅂ 불미한 데가 있다. ¶ 불미스러운 일을 저질렀다. **불미스레**부.
불미-하다(不美-)형여 아름답지 못하고 추잡하다. 떳떳하지 못하다.
불민(不敏) '불민(不敏)하다'의 어근.
불민(不憫·不愍) '불민(不憫·不愍)하다'의 어근.

불민-하다 (不敏―) 형여 ①기민(機敏)하지 못하다. ②어리석고 둔하다.
불민-하다 (不憫―·不愍―) 형여 딱하고 가엾다. ¶ 불민한 처지를 동정하다.
불-바다 명 ①사나운 기세로 넓은 지역에 걸쳐서 타오르는 불. 화해(火海). ②(밤에) 수많은 불이 환히 켜진 너른 지역. ¶ 온통 불바다를 이룬 서울의 야경(夜景).
불반 (佛盤) 명 ☞불발우(佛鉢宇).
불발 (不拔) 명하자 ①(아주 든든하여) 빠지지 아니함. ¶ 만고(萬古) 불발. ②(의지가 굳어) 흔들리지 아니함.
불발 (不發) 명하자되자 ①탄알이나 폭탄이 발사되지 않거나 터지지 아니함. ②계획했던 일을 못하게 됨. ¶ 여행 계획이 불발로 끝나다.
불발 (佛鉢) 명 ☞마지불기(摩旨佛器).
불-발기 명 세 쪽이나 네 쪽 장지의 한가운데를 교창(交窓)이나 완자창처럼 짜고 창호지를 바르는 방식. 위아래 부분은 종이로 안팎을 싸서 바름.
불발-우 (佛鉢宇) 명 불발을 받쳐 들고 다니는 큰 쟁반. 불반(佛盤).
불발-탄 (不發彈) 명 불발한 탄알이나 폭탄.
불-밤송이 명 익기 전에 말라 떨어진 밤송이.
불범 (不凡) '불범하다'의 어근.
불범 (不犯) 명 ①하자 남자와 여자가 서로 사통(私通)하지 아니함. ②하타 범하지 아니함.
불범-하다 (不凡―) 형여 ☞비범(非凡)하다.
불법 (不法) 명하형 법에 어긋나 있음. 비법(非法). ¶ 불법 주차. ↔합법(合法).
불법 (佛法) 명 부처의 가르침. 불교(佛敎). ¶ 불법에 귀의하다. 비불도(佛道).
불법^감금 (不法監禁) [-깜-] 명 (법에 따르지 아니하고) 남을 감금하여 그 자유를 속박함.
불법-계 (佛法界) [-꼐/-께] 명 ☞불가(佛家).
불법승 (佛法僧) [-씅] 명 불보(佛寶)·법보(法寶)·승보(僧寶)의 '삼보(三寶)'를 아울러 이르는 말. 곧, 부처와 부처의 가르침인 불법(佛法)과, 불법을 받드는 중.
불법-적 (不法的) [-쩍] 관명 법에 어긋나는 (것). ¶ 불법적 방법. /토지를 불법적으로 취득하다.
불법^점유 (不法占有) [-쩌뮤] 명 정당한 권리도 없이 남의 것을 점유함.
불법^행위 (不法行爲) [-버팽-] 명 고의 또는 과실에 의하여 남의 권리를 침해함으로써 손해를 입히는 행위.
불법-화 (不法化) [-버퐈] 명하자타되자 합법이 아닌 것으로 됨, 또는 그리되게 함. ¶ 국책(國策)에 어긋나는 사회 단체를 불법화하다.
불-벼락 명 호된 꾸짖음. ¶ 불벼락이 내리다.
불-벼룩 명 몹시 심하게 무는 벼룩.
불벽 (佛壁) 명 화반(花盤)과 화반 사이의 빈 데를 메우는, 흙으로 된 벽. 〔법당에서, 흔히 여기에 불상(佛像)을 그리기 때문에 이르는 말.〕
불-벽돌 (―甓―) [-똘] 명 ☞내화 벽돌.
불변 (不辨) 명하타 분간하지 못함. ¶ 선악을 불변하다.
불변 (不變) 명하자 변하지 아니함. 변하게 하지 아니함. ¶ 불변의 법칙. ↔가변(可變).
불변경-주의 (不變更主義) [-의/-이] 명 형사 소송법상의 직권주의(職權主義)의 한 가지. 공소를 제기한 이상 취소를 허용하지 아니하는 주의. ↔처분권주의.
불변^기간 (不變期間) 명 소송 행위에서, 변경하지 못하도록 법률로 정해 놓은 기간.
불변^비:용 (不變費用) 명 ☞고정비.
불변-색 (不變色) 명 오래도록 변하지 아니하는 빛깔, 또는 그런 채료(彩料). ¶ 불변색 사진.
불변-성 (不變性) [-썽] 명 변하지 않는 성질.
불변^자본 (不變資本) 명 원료·보조 재료·노동수단 등 생산 수단의 구입에 지출되는 자본. ↔가변 자본.
불-병풍 (―屛風) 명 바람받이에 놓인 화로에 바람을 막기 위해 치는 병풍. 흔히, 조그마하게 세 쪽으로 만듦.
불-볕 [-볃] 명 몹시 뜨겁게 내리쬐는 볕. *불볕이[-벼치]·불볕을[-벼틀]·불볕만[-변-]
불볕-나다 [-변-] 자 불볕이 내리쬐다.
불볕-더위 [-볃떠-] 명 불더위.
불보 (佛寶) 명 삼보(三寶)의 하나. 스스로 진리를 깨닫고, 또 남을 깨닫게 하는 부처를 보배롭다는 뜻으로 이르는 말.
불-보살 (佛菩薩) 명 부처와 보살.
불복 (不服) 명하자 ①복종하지 아니함. 불복종. ¶ 상관의 명령에 불복하다. ②복죄(服罪)하지 아니함.
불복-상고 (不服上告) [-쌍-] 명 ☞상고(上告).
불복^신청 (不服申請) [-씬-] 명 ①부당한 행정처분의 취소·변경을 관계 행정 기관에 청구하는 일. ②법원 판결에 불복하여, 동일 또는 상급 법원에 그 취소나 변경 재판을 요구하는 일.
불-복일 (不卜日) 명하자 (혼인이나 장례 따위를) 날을 받지 아니하고 지냄.
불-복종 (不服從) [-쫑] 명하자 복종하지 아니함. 불복. ¶ 명령에 불복종하다.
불-부채 명 불을 부치는 부채. 화선(火扇).
불분-동서 (不分東西) 명하자 동서를 가리지 못할 만큼 어리석음.
불분명 (不分明) '불분명하다'의 어근.
불분명-하다 (不分明―) 형여 분명하지 아니하다. 불명료하다. ¶ 기억이 불분명하다.
불분상하 (不分上下) 명하자 위아래를 가리지 못함. 상하를 분간하지 못함.
불분승부 (不分勝負) 명하자 승부를 가리지 못함.
불분주야 (不分晝夜) 명하자 밤낮을 가리지 아니하고 힘씀.
불-붙다 [-붇따] 자 ①물체에 불이 당기어 타기 시작하다. ②어떤 일이 치열하게 되다. ¶ 쌍방의 공방이 불붙기 시작하다.
  불붙는 데 키질하기 속담 일이 잘못되어 가는 판인데, 옆에서 충동질하여 더욱 잘못되어 가게 한다는 뜻.
불비 (不備) 명 ①하형 제대로 갖추지 못함. ¶ 서류 불비. ②글이 제대로 정리되어 있지 않다는 뜻으로, 한문 투의 편지 글 끝에 덧붙이는 말. ¶ 불비 상서(上書). ②참 불구(不具).
불비지혜 (不費之惠) [-혜/-헤] 명 자기에게는 손해됨이 없고, 남에게는 보탬이 되는 은혜.
불빈 (不貧) '불빈하다'의 어근.
불빈-하다 (不貧―) 형여 가난하지 아니하다.
불-빛 [-빋] 명 ①타는 불의 빛. 화광(火光). ②등불·전등 따위에서 비치는 빛. ¶ 불빛이 새어 나오다. *불빛이[-삐치]·불빛만[-삔-]
불사 (不仕) [-싸] 명하자 벼슬을 시켜도 나서서 하지 아니함.
불사 (不死) [-싸] 명 ①하자 죽지 아니함. ¶ 장생(長生)불사. ②'염불을 하다가 죽은 속인의 혼령'을 무당 사회에서 이르는 말.
  불사(가) 세다 관용 조상 중에 불사가 된 이가 있어 자손을 기르는 데 탈이 많다.
불사 (不似) '불사하다'의 어근.

불사(不俟·不竢) [-싸]명하타 기다리지 아니함.
불사(不辭) [-싸]명하타 사양하지 아니함. ¶ 일전(一戰)을 불사하다.
불사(佛寺) [-싸]명 ☞절1.
불사(佛事) [-싸]명 불가(佛家)에서 하는 행사. 법사(法事). 법업(法業).
불사(佛師) [-싸]명 불상(佛像)을 만드는 사람.
불-사르다 [~사르니·~살라]타르 ①불에 태워 없애다. 사르다. ¶ 기록을 불사르다. ②어떤 것을 남김없이 없애 버리다. ¶ 청춘을 불사르다.
불-사리(佛舍利)명 석가모니의 유골. 불골. 사리.
불사불멸(不死不滅) [-싸-]명하자 가톨릭에서 이르는 신(神)의 특성의 한 가지로, 죽지도 아니하고 없어지지도 아니하는 일.
불사-상(佛事床) [-싸-]명 무당이 굿할 때 차리는 제물상.
불사-신(不死身) [-싸-]명 ①어떤 병이나 상해(傷害)·고통 등에도 견디어 내는 일, 또는 그런 몸. ②어떤 어려움이나 실패에도 꺾이지 않는 일, 또는 그런 사람. ¶ 불사신의 용기.
불사-약(不死藥) [-싸-]명 먹으면 죽지 않는다는 선약(仙藥).
불사영생(不死永生) [-싸-]명하자 죽지 아니하고 영원히 삶.
불사이군(不事二君) [-싸-]명 한 사람이 두 임금을 섬기지 아니함. ¶ 충신은 불사이군이라.
불사-조(不死鳥) [-싸-]명 ①'어떠한 고난에도 굴하지 않고 이겨 내는 사람'을 비유하여 이르는 말. ②500년마다 제단(祭壇)의 불에 타 죽고는 그 재 속에서 다시 태어난다는 새. 이집트 신화에 나오는 '피닉스'를 이르는 말. 불새.
불사-초(不死草) [-싸-]명 ☞맥문동(麥門冬).
불사-하다(不似-) [-싸-]형여 닮지 아니하다.
불살(不殺) [-쌀]명하타 죽이지 아니함.
불-살생(不殺生) [-쌩]명하타 살아 있는 것을 죽이지 아니함.
불삽(黻翣) [-쌉]명 발인(發靷) 때, 상여의 앞뒤에 세우고 가는 제구. '亞' 자 모양을 그린 널조각에 긴 자루를 대었음.
불상(不祥) '불상(不祥)하다'의 어근.
불상(不詳) '불상(不詳)하다'의 어근.
불상(佛相) [-쌍]명 부처의 얼굴 모습.
불상(佛像) [-쌍]명 부처의 모습을 조각이나 그림으로 나타낸 것. 부처. 불체(佛體).
불-상견(不相見) [-쌍-]명하자타 (뜻이 맞지 않아서) 서로 만나지 아니함.
불-상놈(-常-) [-쌍-]명 아주 천한 상놈.
불-상능(不相能) [-쌍-]명하형 사이가 서로 좋지 아니함.
불-상당(不相當) [-쌍-]명하형 알맞지 아니함.
불-상동(不相同) [-쌍-]명하형 (두 사물이) 서로 같지 아니함.
불-상득(不相得) [-쌍-]명하형 서로 마음이 맞지 아니함.
불상-사(不祥事) [-쌍-]명 상서롭지 못한 일. 좋지 아니한 일. ¶ 불상사가 일어나다.
불-상용(不相容) [-쌍-]명하타 서로 용납하지 아니함.
불-상응(不相應) [-쌍-]명하자 ①서로 응하지 아니함. ②서로 어울리지 아니함.
불상지언(不祥之言) [-쌍-]명 상서(祥瑞)롭지 못한 말.
불상지조(不祥之兆) [-쌍-]명 ☞불길지조.
불상-하다(不祥-) [-쌍-]형여 상서롭지 못하다. 경사스럽지 아니하다.
불상-하다(不詳-) [-쌍-]형여 자세하지 아니하다. 자세히 알 수 없다. ¶ 작자(作者)가 누구인지 불상하다.
불-상합(不相合) [-쌍-]명하자 서로 맞지 아니함. 서로 부합하지 아니함.
불상-화(佛桑花) [-쌍-]명 아욱과의 상록 관목. 온실에서 재배하며, 겨울에서 초봄 사이에 붉은 다섯잎꽃이 핌.
불-새 [-쌔]명 ☞불사조.
불생불멸(不生不滅) [-쌩-]명 불교에서 이르는, 생겨나지도 아니하고 죽어 없어지지도 아니하는, 상주불멸(常住不滅)하는 진여(眞如)의 경지. 불생불사.
불생불사(不生不死) [-쌩-싸]명 ☞불생불멸.
불-생일(佛生日) [-쌩-]명 ☞불탄일(佛誕日).
불서(佛書) [-써]명 〈불가서(佛家書)〉의 준말.
불서(拂曙) [-써]명 새벽. 날이 샐 무렵. 불효(拂曉).
불석(不惜) [-썩]명하타 아끼지 아니함.
불석-신명(不惜身命) [-썩씬-]명하자 불법(佛法)을 위하여 목숨을 아끼지 아니함.
불석천금(不惜千金) [-썩-]명하자 많은 돈을 아끼지 아니함.
불선(不宣) [-썬]명 〔충분히 다 말하지 못하였다는 뜻으로〕 한문 투의 편지 글 끝에 덧붙이는 말. 손윗사람에게는 쓰지 아니함.
불선(不善) [-썬]명하형 좋지 못함. 착하지 아니함.
불선거행(不善擧行) [-썬-]명하자 맡은 일을 잘 해내지 못함.
불선불후(不先不後) [-썬-]명하자 공교롭게도 꼭 좋지 아니한 때를 만남.
불설(不屑) [-썰]명하타 대수롭지 않게 여기어 마음에 두지 아니함.
불설(佛說) [-썰]명 부처의 가르침. 불교의 가르침.
불섬(不贍) '불섬하다'의 어근.
불섬-하다(不贍-) [-썸-]형여 (살림이) 넉넉하지 못하다.
불-섭생(不攝生) [-쌩]명하자 (폭음·폭식 또는 과로 따위를 함으로써) 섭생을 잘하지 못함.
불성(不成) [-썽]명하자 이루어지지 못함.
불성(不誠) [-썽]명하형 〈불성실〉의 준말.
불성(佛性) [-썽]명 ①부처의 본성. ②모든 사람이 본디 지니고 있는, 부처가 될 수 있는 자비스러운 성질.
불성(佛聖) [-썽]명 '부처'를 거룩하게 일컫는 말.
불-성공(不成功) [-썽-]명하자 성공하지 못함.
불-성립(不成立) [-썽닙]명하자 성립되지 아니함.
불성모양(不成模樣) [-썽-]명 ①형체가 이루어지지 못함. ②몹시 가난하여 옷차림이 허술함.
불-성문(不成文) [-썽-]명 글자로 써서 나타내지 아니함. 성문화되어 있지 아니함. 준불문(不文).
불-성설(不成說) [-썽-]명 〈어불성설〉의 준말.
불-성실(不誠實) [-썽-]명하형 성실하지 못함. ¶ 불성실한 근무 자세. 준불성.
불성인사(不省人事) [-썽-]명하자 ☞인사불성.
불-세례(-洗禮)명 기독교에서, 성령의 충만으로 죄악과 부정(不淨)을 불살라 깨끗하게 됨을 이르는 말. 화세(火洗).
불세지공(不世之功) [-쎄-]명 세상에 다시 없는 큰 공로.
불세지재(不世之才) [-쎄-]명 세상에 다시 없는 큰 재주, 또는 그런 재주를 가진 사람.

불-세출(不世出) [-쎄-] 명하형 세상에 다시 없을 만큼 뛰어남. 《주로, '불세출의'의 꼴로 쓰임.》 ¶ 불세출의 명장(名將).
불소(不少) '불소하다'의 어근.
불소(弗素) [-쏘] 명 ☞플루오르.
불-소급(不遡及) [-쏘-] 명하타 ①소급하지 아니함. ②법률이 그 제정 이전의 사실에 소급하여 적용되지 아니하는 일. ¶ 불소급의 원칙.
불소-하다(不少-) [-쏘-] 형여 적지 아니하다. ¶ 그런 사례가 불소하다.
불-소화(不消化) 명 소화가 되지 아니함.
불-속 [-쏙] 명 ①'매우 고통스러운 지경'을 비유하여 이르는 말. 화중. ¶ 전쟁의 불속. ②'총포탄이 터지고 날아드는 속'을 비유하여 이르는 말. ¶ 불속을 뚫고 돌진하다.
불속(不俗) '불속하다'의 어근.
불속-하다(不俗-) [-쏘카-] 형여 속되지 아니하다.
불손(不遜) [-쏜] 명하형 공손하지 아니함. 거만함. ¶ 불손한 언동. **불손-히** 부.
불수(不隨) [-쑤] 명 (병 따위로) 몸이 마음대로 움직이지 아니하는 일. ¶ 반신(半身)불수.
불수(佛手) [-쑤] 명 〈불수감〉의 준말.
불수-감(佛手柑) [-쑤-] 명 불수감나무의 열매. 준불수.
불수감-나무(佛手柑-) [-쑤-] 명 운향과의 상록 관목. 높이는 3 m가량. 여름철에 엷은 자줏빛의 다섯잎꽃이 피고, 겨울에 길둥근 열매가 익음. 과육은 없으나 향기가 좋음. 서리가 없는 따뜻한 지방에서 화분 등에 심어 재배함.
불수-강(不銹鋼) [-쑤-] 명 녹슬지 않는 강철. 스테인리스 스틸. 스테인리스강.
불수-근(不隨筋) [-쑤-] 명 〈불수의근〉의 준말.
불-수년(不數年) [-쑤-] 명 두세 해가 다 걸리지 아니하는 동안.
불수다언(不須多言) [-쑤-] 명하형 여러 말 할 필요가 없음.
불수-산(佛手散) [-쑤-] 명 해산을 전후하여 쓰는 탕약. 궁귀탕(芎歸湯).
불-수의(不隨意) [-쑤의/-쑤이] 명 마음대로 되지 아니함.
불수의-근(不隨意筋) [-쑤의-/-쑤이-] 명 ☞제대로근. 준불수근. ↔수의근.
불-수일(不數日) [-쑤-] 명 이삼 일이 걸리지 아니하는 동안. ¶ 불수일 내에 끝날 일.
불숙(不熟) [-쑥] 명 ①하자 익지 아니함. ②하형 익숙하지 아니함.
불숙련-노동(不熟練勞動) [-쑹년-] 명 특별한 훈련을 거치지 아니하고도 익힐 수 있는 단순한 노동. 참단순 노동.
불순(不純) [-쑨] 명하형 순수하지 못함. 순진하지 아니함. ¶ 불순한 생각. **불순-히** 부.
불순(不順) [-쑨] 명하형 ①고분고분하지 아니함. ¶ 성질이 불순하다. ②순조롭지 못함. ¶ 날씨가 불순하다. **불순-히** 부.
불순-물(不純物) [-쑨-] 명 순수하지 못한 물질. ¶ 불순물이 섞인 기름. 비잡물.
불순-분자(不純分子) [-쑨-] 명 사상·이념 따위가 그 조직의 것과 달라 비판적으로 지적되는 사람.
불-순종(不順從) [-쑨-] 명하자 순종하지 아니함.
불시(不時) [-씨] 명 ①뜻하지 아니한 때. 《주로, '불시로'·'불시의'·'불시에'의 꼴로 쓰임.》 ¶ 불시의 방문객. /회의를 불시에 소집하다. ②제철이 아닌 때.
불시지수(不時之需) [-씨-] 명 때 아닌 때에 하게 되는 음식 바라지.
불시-착(不時着) [-씨-] 명하자 (항공기가 고장, 연료 부족, 기상 악화 등의 사고로) 예정 외의 지점에 임시로 착륙하는 일. 불시 착륙.
불시^착륙(不時着陸) [-씨창뉵] 명하자 ☞불시착(不時着).
불식(不食) [-씩] 명하타 먹지 아니함.
불식(不息) [-씩] 명하자 쉬지 아니함.
불식(佛式) [-씩] 명 ①불가(佛家)의 방식. ②불교의 의식. ¶ 불식 장례.
불식(拂拭) [-씩] 명하타되자 말끔하게 씻어 없앰. ¶ 오해를 불식하다.
불식자포(不食自飽) [-씩짜-] 명하자 떼어먹지 않았는데도 공금(公金)이 저절로 축나는 일.
불식지공(不息之工) [-씩찌-] 명 쉬지 아니하고 차근차근 꾸준히 하는 일.
불식지보(不食之報) [-씩찌-] 명 조상의 음덕으로 자손이 잘되는 응보.
불신(不信) [-씬] 명하타 믿지 아니함. ¶ 불신에 빠지다. /불신을 초래하다. /남을 불신하면 남도 너를 불신한다.
불신(佛身) [-씬] 명 부처의 몸. 불체(佛體).
불신-감(不信感) [-씬-] 명 믿지 못하는 마음. 미덥지 아니한 느낌. ¶ 불신감을 해소하다.
불-신실(不信實) [-씬-] 명하형 신실하지 아니함. 미덥지 않음.
불-신용(不信用) [-씨농] 명하타 신용하지 아니하거나 못함.
불-신임(不信任) [-씨님] 명하타 신임하지 아니함. ¶ 내각을 불신임하다.
불신임^결의(不信任決議) [-씨님겨릐/-씨님겨리] 명 신임하지 아니한다는 뜻의 의회의 의사 표시. 보통, 의원 내각제에서 의회가 내각이나 국무 위원에 대하여 행하는 것을 가리킴.
불신임-안(不信任案) [-씨니만] 명 불신임의 뜻을 의결하기 위한 의안. ¶ 국회에서 내각 불신임안을 제출하다.
불신-자(不信者) [-씬-] 명 (종교인의 처지에서) 신앙을 가지지 아니한 사람을 일컫는 말.
불신지심(不臣之心) [-씬-] 명 신하로서 임금을 섬기지 아니하려는 마음.
불신지심(不信之心) [-씬-] 명 믿지 않는 마음.
불신-행위(不信行爲) [-씬-] 명 신의에 어긋나는 행위. 믿을 수 없는 행위.
불실(不實) 명 '부실(不實)'의 잘못.
불실기본(不失其本) [-씰-] 명하자 본분(本分)을 잃지 아니함.
불실본색(不失本色) [-씰-] 명하자 본색을 잃지 아니함.
불실척촌(不失尺寸) [-씰-] 명하자 〔한 자 한 치도 잃지 않는다는 뜻으로〕 조금도 법도에 어그러지지 아니함.
불심(不審) [-씸] 명하형 ①자세히 알지 못함. 미심(未審). ②의심스러움.
불심(佛心) [-씸] 명 ①부처의 자비심. 부처와 같은 자비스러운 마음. 보리심. ②중생이 본디부터 지니고 있는 부처로서의 본성.
불심^검:문(不審檢問) [-씸-] 명 거동이 수상한 사람에 대하여 경찰관이나 헌병 등이 길거리 같은 곳에서 검문하는 일. 직무 질문.
불심상관(不甚相關) [-씸-] 명하형 크게 관계될 것이 아님.
불심상원(不甚相遠) [-씸-] 명하형 크게 다르지 아니하고 거의 같음.

불쌍-하다형여 가엾고 애처롭다. ¶ 그의 처지가 불쌍하다. **불쌍-히**부.

불-쏘다타 ①(과녁을) 맞히지 못하다. ②(목적을) 이루지 못하다.

불-쏘시개명 (장작을 때거나 숯불을 피울 때) 불을 옮겨 붙이기 위하여 먼저 쓰는 잎나무나 관솔 따위. 준쏘시개.

불쑥부 ①하자갑자기 쑥 내밀거나 비어져 나오는 모양. ¶ 주먹을 불쑥 내밀다. ②하타앞뒤를 헤아림이 없이 함부로 말을 하는 모양. ¶ 불쑥 말을 꺼내다. 작볼쏙. 거풀쑥. **불쑥-불쑥**부하자타.

불쑥-거리다[-꺼-]자타 자꾸 불쑥불쑥하다. 불쑥대다. 작볼쏙거리다.

불쑥-대다[-때-]자타 불쑥거리다.

불쑥-하다[-쑤카-]형여 불룩하게 나와 있다. 작볼쏙하다. **불쑥-히**부.

불-씨명 ①불을 일으키는 데 쓰려고 재 속에 묻어 두는 작은 불덩이. ¶ 불씨가 꺼지다. ②'소동이나 사건 따위를 불러일으키는 실마리'를 비유하여 이르는 말. ¶ 말썽의 불씨가 되다.

불안(不安)명하형스형 ①걱정이 되어 마음이 편하지 아니함, 또는 그런 마음. ¶ 불안에 떨다. / 불안한 표정. ②(분위기 따위가) 술렁거리어 뒤숭숭함. ¶ 국제 정세가 불안하다. **불안-히**부. **불안스레**부.

불안(佛眼)명 ①부처의 눈. ②자비로운 눈. ③불교의 오안(五眼)의 하나. 모든 법의 참모습을 환히 볼 수 있는 불심의 기능.

불안(佛顔)명 ①부처의 얼굴. ②부처와 같은 자비로운 얼굴. ③죽은 사람의 얼굴.

불안-감(不安感)명 불안한 느낌. ¶ 불안감에 휩싸이다.

불안-기(不安期)명 질서가 바로잡히지 아니하여 불안스러운 시기.

불안-심(不安心)명 ①불안한 마음. ②하자안심이 되지 아니함.

불-안전(不安全)명하형 안전하지 못함.

불-안정(不安定)명하형 안정성이 없거나 안정되지 못함. ¶ 경제적 불안정이 심화되다.

불-알명 포유동물의 수컷의 생식 기관의 일부. 정자를 만들고 남성 호르몬을 분비함. 고환(睾丸). 준불[3].

불알 두 쪽만 대그락대그락한다속담 아무것도 가진 것이 없고 알몸뿐이라는 말.

불알 밑이 근질근질하다속담 좀이 쑤셔서 가만히 앉아 있지 못한다는 말.

불알을 긁어 주다속담 남의 비위를 맞추어 주며 아첨한다는 말.

불알-친구(-親舊)명 남자 사이에서, '어릴 때부터 같이 놀면서 친하게 지낸 친구'를 이르는 말.

불앗다타ㅅ 〈옛〉불까다. ¶ 불아술 션:騸. 불아술 돈:豮(訓蒙下4).

불야-성(不夜城)명 등불이 많이 켜져 있어 밤에도 낮처럼 밝은 곳. 흔히, '도시의 환락가나 번화가의 밤 풍경'을 형용할 때 쓰는 말. 〔'한서지리지'에 나오는 말로, 밤에도 해가 떠 밝았다고 하는 중국 불야현에 있었다는 성(城)에서 유래함.〕 ¶ 불야성을 이룬 도심의 밤거리.

불양(祓禳)명하타 귀신에게 빌어 재앙을 물리침. 굿이나 푸닥거리를 함.

불양-답(←佛糧畓)명 (부처에게 올릴 쌀을 생산하는) 절에 딸린 논밭. 불향답.

불어(不漁)명 고기가 잘 잡히지 아니하는 일. 흉어(凶漁). ↔대어(大漁).

불어(佛語)[1]명 부처의 말. 부처의 가르침. 법어(法語). 불언(佛言).

불어(佛語)[2]명 프랑스 어.

불어-나다자 본디보다 커지거나 많아지다. ¶ 장마로 강물이 불어나다.

불어-넣다[-너타]타 목적하는 바 정신이나 생각을 갖도록 자극이나 영향을 주다. ¶ 청소년에게 애향심을 불어넣다.

불-어리명 바람에 불티가 날리는 것을 막기 위하여 화로에 들씌우는 것. 위에 통풍 구멍이 뚫려 있음.

불어-먹다[-따]타 돈이나 재물을 함부로 다 써서 없애다.

불어-세다타 〈불어세우다〉의 준말.

불어-세우다타 사람을 따돌려 보내다. 준불어세다.

불어-오다자 바람이 이쪽 방향으로 불다. ¶ 태풍이 불어오다.

불어-제치다자 바람이 세차게 불다.

불어-치다자 바람이 거세게 불다.

불언(不言)명하자 말을 하지 아니함.

불언(佛言)명 ☞불어(佛語)[1].

불언가상(不言可想)명하형 말을 하지 않아도 능히 짐작할 수가 있음.

불언가지(不言可知)명 말을 하지 않아도 능히 알 수가 있음.

불언불소(不言不笑)[-쏘]명하자 말도 하지 아니하고 웃지도 아니함.

불언불어(不言不語)명하자 말을 아니함.

불언실행(不言實行)명하타 말없이 실행함.

불여귀(不如歸)명 ☞두견이.

불-여우[-려-]명 ①갯과의 동물. 산속에 사는 여우의 한 가지. 우리나라 북부와 만주 동부에 분포함. ②흔히, '변덕스럽고 요사스러운 여자'를 비유하여 이르는 말.

불-여의(不如意)[-의/-이]명하형 일이 뜻처럼 잘되지 않음. ¶ 매사가 불여의하다.

불역(不易)명하자타 바뀌지 않음. 고칠 수 없음. ¶ 만고(萬古)불역.

불역(佛譯)명하타되자 프랑스 어로 번역함, 또는 그 번역문.

불역지론(不易之論)[-찌-]명 어느 시대에도 변하지 아니하는 정론(正論).

불역지전(不易之典)[-찌-]명 언제까지나 고쳐지지 아니할 규정.

불연(不然) '불연하다'의 어근.

불연(不燃)명 타지 아니함. ¶ 불연 재료.

불연(佛緣)명 부처와의 인연. 불교와의 인연.

불연(怫然)부하형 갑자기 성을 왈칵 내는 모양. **불연-히**부 ¶ 불연히 소리를 지르다.

불연-성(不燃性)[-썽]명 불에 타지 않는 성질. ¶ 불연성 건축 자재. ↔가연성.

불-연속(不連續)명 연속되어 있지 아니함. 도중에 끊어져 있음.

불연속-면(不連續面)[-송-]명 (대기 중에서) 풍향·풍속·온도 등의 기상 요소가 다른, 두 기단(氣團)의 경계면.

불연속-선(不連續線)[-썬]명 불연속면이 지표와 만나는 선. 〔이 선의 양쪽에서는 기온·습도·풍향·풍속 등이 불연속적으로 변함.〕

불연즉(不然則)부 그렇지 않으면.

불연지단(不然之端)명 (어떤 일의) 그렇지 아니한 사단(事端).

불연-하다(不然-)형여 그렇지 아니하다. ¶ 우리에게 자유를 달라, 불연하면 죽음을 달라.

불염-포(不塩脯)명 소금을 치지 아니하고 만든 육포(肉脯).
불예(不豫)명하형 임금이나 왕비가 편치 아니함.
불온(不溫) '불온하다'의 어근.
불온(不穩)명하형 ①온당하지 아니하고 험악함. ¶ 태도가 불온하다. ②치안(治安)을 해칠 우려가 있음. ¶ 불온 문서. /불온한 사상.
불온당(不穩當) '불온당하다'의 어근.
불온당-하다(不穩當-)형여 온당하지 아니하다.
불온-하다(不溫-)형여 ①따뜻하지 아니하다. ②고분고분하지 아니하다.
불완-석(不完石)명 덜 담거나 축이 나거나 하여 제대로 차지 아니한 곡식 섬.
불-완전(不完全)명하형 (필요한 조건이 빠지거나 틀리거나 하여) 완전하지 못함. ¶ 청소년은 신체적으로 아직 불완전한 상태다. ↔완전.
불완전^경ː쟁(不完全競爭)명 같은 품질의 상품이 수요의 이질성에 따라 제한된 경쟁을 하는 시장 형태.
불완전^동ː사(不完全動詞)명 어미의 활용이 완전하지 못하여 몇 가지 형태로만 활용하는 동사. 〔가로다·달다·데리다 따위.〕 불구 동사. 안갖은움직씨.
불완전^명사(不完全名詞)명 ☞의존 명사. ↔완전 명사.
불완전^변ː태(不完全變態)명 곤충의 변태 형식의 한 가지. 유충에서 번데기를 거치지 아니하고 곧 성충으로 됨. 〔잠자리·하루살이 따위에서 볼 수 있음.〕 참완전 변태.
불완전-수(不完全數)명 부족수와 과잉수를 아울러 이르는 말.
불완전^어음(不完全-)명 필요한 기재 사항을 적지 아니하였거나 기재 사항을 말소한 어음.
불완전^연소(不完全燃燒)[-년-]명 산소의 공급이 불완전한 상태의 연소. ↔완전 연소.
불완전-엽(不完全葉)[-녑]명 ☞안갖춘잎.
불완전^이ː행(不完全履行)명 채무자가 채무의 이행을 하기는 하였으나, 그 내용이 계약의 취지, 거래의 관행, 성실의 원칙에 비추어 불완전한 것.
불완전^자동사(不完全自動詞)명 어미의 활용이 완전하지 못한 자동사. 〔'가로다' 따위.〕 안갖은제움직씨.
불완전^종지(不完全終止)명 ☞못갖춘마침.
불완전^주권국(不完全主權國)[-꿘-]명 ☞일부 주권국.
불완전^중립국(不完全中立國)[-닙꾹]명 중립국으로서의 의무를 완전히 이행하지 못하는 나라.
불완전^취ː업(不完全就業)명 근로자가 그 능력을 충분히 발휘할 수 없는 상태인 채 취업하고 있는 일. 〔'잠재 실업'과 겹치는 부분도 있음.〕
불완전^타동사(不完全他動詞)명 어미의 활용이 완전하지 못한 타동사. 〔'달다'·'데리다' 따위.〕 안갖은남움직씨.
불완전^형용사(不完全形容詞)명 보충하는 말이 있어야 서술이 완전해지는 형용사. 〔'같다'·'비슷하다'·'아니다' 따위.〕 안갖은그림씨.
불완전-화(不完全花)명 ☞안갖춘꽃.
불완-품(不完品)명 완성되지 아니하였거나 완전하지 아니한 물품.
불-왕법(不枉法)[-뻡]명 뇌물은 받았으나 국법을 굽히지 아니함.
불요(不要) '불요하다'의 어근.
불요불굴(不撓不屈)명하형 〔휘지도 않고 굽히지도 않는다는 뜻으로〕 '한번 먹은 마음이 흔들리거나 굽힘이 없음'을 이르는 말. 《주로, '불요불굴의'의 꼴로 쓰임.》 ¶ 불요불굴의 의지로 일을 처리하다.
불요불급(不要不急)명하형 꼭 필요하거나 급하지 아니함. ¶ 불요불급의 공사.
불요식^행위(不要式行爲)[-시캥-]명 특별한 형식이나 방식을 필요로 하지 않는 법률 행위. ↔요식 행위.
불-요인(不要因)명 원인을 필요로 하지 아니하는 일, 또는 원인이 없어도 그 효력에는 영향이 없는 일.
불요인^증권(不要因證券)[-꿘]명 증권상의 권리가, 그 원인이 되어 있는 법률 관계의 유효한 존재를 필요로 하지 않는 유가 증권. 무인 증권(無因證券). ↔요인 증권.
불요-하다(不要-)형여 필요하지 아니하다.
불용(不用)명 ①하타 쓰지 아니함. ②하형 소용이 없음. 쓸데없음.
불용(不容)명하타 받아들이지 아니함. 용납하지 아니함. ¶ 외부 집회 불용.
불용-건(不用件)[-껀]명 쓰지 아니하거나 못 쓰게 되어 내놓은 물건.
불용-성(不溶性)[-썽]명 액체에 녹지 아니하는 성질. ¶ 불용성 물질. /불용성 지방산. ↔가용성(可溶性).
불우(不遇)명하형 ①(포부나 재능은 있어도) 좋은 때를 만나지 못함. ¶ 불우한 일생을 보내다. ②살림이나 형편이 딱하고 어려움. ¶ 불우 이웃을 도웁시다.
불우(不虞)명 미처 생각하지 못한 일. 뜻밖에 일어나는 일.
불우(佛宇)명 ☞불당(佛堂).
불우-비(不虞備)명 뜻밖에 일어나는 일에 대한 준비. 불우지비(不虞之備).
불우-시(不遇時)명하자 때를 만나지 못함.
불우지변(不虞之變)명 뜻밖에 일어난 변고.
불우지비(不虞之備)명 ☞불우비.
불우지탄(不遇之歎)명 좋은 때를 만나지 못한 것에 대한 한탄.
불우지환(不虞之患)명 뜻밖의 환난.
불우헌-집(不憂軒集)명 조선 성종 때의 학자인 불우헌(不憂軒) 정극인(丁克仁)의 가사(歌辭)를 모은 문집. 2권 1책.
불운(不運)명하형 운수가 좋지 아니함, 또는 그러한 운수. 박운(薄運). 불행. ¶ 불운이 겹치다.
불울(怫鬱)명하형 불만이나 불평이 있어 화가 치밀고 가슴이 답답함.
불원(不遠) Ⅰ명하형 (거리나 시간이) 멀지 아니함. ¶ 불원 장래. /약속한 날이 불원하다.
Ⅱ부 오래지 않아서. ¶ 불원 만나게 될 것이다. /불원 떠날 것이니 그리 아시오.
불원(不願)명하타 《주로 동작성 명사 앞에 쓰이어》 바라지 아니함.
불원-간(不遠間)명 오래지 아니한 동안. 《주로, '불원간'·'불원간에'의 꼴로 쓰임.》 ¶ 불원간 그가 올 것이다. /불원간에 무슨 연락이 있겠지.
불원-천리(不遠千里)[-철-]명하자 〔천 리도 멀다고 여기지 않는다는 뜻으로〕 '먼 길을 열심히 달려가는 것'을 형용하여 이르는 말. ¶ 친구를 만나러 불원천리하고 달려가다.
불원천-불우인(不怨天不尤人)명 〔하늘이나 남을 원망하지 아니한다는 뜻으로〕 잘되나 못 되나 남을 원망하지 않고, 분수를 지켜 자기 수양에 노력함을 이르는 말.

불유여력(不遺餘力)명하자 힘을 남김없이 다 쏟음. 있는 힘을 다함.
불유쾌(不愉快) '불유쾌하다'의 어근.
불유쾌-하다(不愉快-)형여 유쾌하지 아니하다. 불쾌하다. ¶ 생각할수록 불유쾌하다.
불유-환(不遊環)명 병·그릇 따위의 양쪽 귀에 놓거나 돌지 않도록 붙박혀 있는 고리.
불윤(不允)명하타되자 임금이 신하의 청을 허락하지 아니함. 윤허하지 아니함. ↔윤허(允許).
불윤^비:답(不允批答)명 임금이 의정(議政)의 사직(辭職)을 윤허하지 아니함.
불융통-물(不融通物)명 법률상 권리의 대상은 될 수 있으나 거래의 대상이 될 수 없는 물건. 〔공용물이나 금제품(禁制品) 따위.〕 ↔융통물.
불은(佛恩)명 부처의 은덕.
불음(不飮)명하타 마시지 아니함. ¶ 불음 불식(不食)하여 모은 재산.
불음주-계(不飮酒戒)[-계/-게]명 술 마시는 일을 금하는 계율. 〔오계(五戒) 또는 십계(十戒)의 한 가지임.〕
불응(不應)명하자타 응하지 아니함. 듣지 아니함. ¶ 임의 동행에 불응하다.
불의(不意)[부릐/부리]명 뜻밖. ¶ 불의의 사고를 당하다.
불의(不義)[부릐/부리]명하형 ①옳지 아니한 일. 사람의 도리에서 벗어나는 일. ¶ 불의에 항거하다. ↔정의(正義). ②윤리에서 벗어난 남녀 관계. ¶ 불의의 관계를 맺다.
불의(佛儀)[부릐/부리]명 불교의 의식(儀式).
불의영리(不義榮利)[부릐-니/부리-니]명 옳지 못한 방법으로 얻은 영화와 명리(名利).
불의지변(不意之變)[부릐-/부리-]명 뜻밖의 변고. 뜻밖의 봉변.
불의지인(不義之人)[부릐-/부리-]명 도리에 어긋나는 일을 하는 사람.
불의지재(不義之財)[부릐-/부리-]명 부당한 방법으로 모은 재산.
불의출행(不宜出行)[부릐-/부리-]명 그날의 운기(運氣)가 먼 길을 떠나기에 마땅하지 아니함.
불의행세(不義行勢)[부릐-/부리-]명 도리에 벗어나는 짓.
불이다자 〈옛〉불리다[1]. ¶ ᄇᆞᄅᆞ미 비로 부러 羅刹鬼國에 불여 가(法華7:50).
불-이익(不利益)[-리-]명하형 이익이 되지 아니함. ¶ 불이익을 감수하다.
불-이행(不履行)[-리-]명하타 이행하지 아니함. ¶ 계약 불이행.
불인(不人)명 사람답지 못한 사람.
불인(不仁)[1]명하형 몸의 한 부분이 마비되어 움직이기 어려움.
불인(不仁)[2] '불인하다'의 어근.
불인(不忍)명 차마 하기 어려움.
불-인가(不認可)명하타 인가하지 아니함.
불인-견(不忍見)명하형 〈목불인견〉의 준말. ¶ 불인견의 사고 현장.
불인-문(不忍聞)명하형 차마 들을 수가 없음.
불인-언(不忍言)명하형 차마 말할 수가 없음.
불인정시(不忍正視)명하형 (너무 끔찍하거나 추악하여) 차마 바로 볼 수가 없음.
불인정-하다(不人情-)형여 〈불근인정하다〉의 준말.
불인지심(不忍之心)명 차마 할 수 없는 마음.
불인지정(不忍之政)명 참기 어려운 가혹한 정치.
불인-하다(不仁-)형여 어질지 못하다.
불일(不一)명하형 ①고르지 아니함. ②〈불일치〉의 준말.
불일(不日)명 〈불일내〉의 준말.
불일-간(不日間)명 ☞불일내.
불일기단(不一其端)명 일의 가닥이나 실마리가 한둘이 아님.
불일-내(不日內)[-래]명 며칠 안. 며칠 걸리지 아니하는 동안. 《주로, '불일내로'·'불일내에'의 꼴로 쓰임.》 불일간. ¶ 불일내에 인사 발표가 있다고 한다. 준불일(不日).
불일성지(不日成之)명하타 며칠 안으로 이룸.
불일송지(不日送之)명하타 며칠 안으로 보냄.
불-일치(不一致)명하형 일치하지 아니함. ¶ 의견의 불일치. 준불일.
불임(不姙)명하자 임신되지 아니함. 임신하지 못함. ¶ 불임 수술.
불임(不稔)명하자 식물이 씨를 맺지 못하는 일.
불임-법(不姙法)[-뻡]명 인위적으로 수태 기능을 막아 불임이 되게 하는 방법. 참피임법.
불임-증(不姙症)[-쯩]명 임신하지 못하는 병증.
불입(拂入)명하타되자 ☞납부(納付).
불입-금(拂入金)[-끔]명 ☞납부금.
불입-액(拂入額)명 ☞납부금.
불입^자본(拂入資本)[-짜-]명 '납입 자본'의 구용어.
불-잉걸[-링-]명 불이 이글이글하게 핀 숯덩이. 준잉걸.
불자(不字)[-짜]명 ①못 쓰게 생긴 물건. ②검사에 불합격한 물건. ¶ 불자를 맞다.
불자(佛子)[-짜]명 ①불제자. ②☞중생(衆生).
불자(佛者)[-짜]명 불제자(佛弟子).
불-자동차(-自動車)명 ☞소방차.
불장(佛葬)[-짱]명 불교 의식으로 지내는 장사.
불장(佛藏)[-짱]명 불상을 모신 곳.
불-장난명하자 ①불을 가지고 노는 일. ②'위험한 일'을 비유하여 이르는 말. 〔특히, 남녀 간의 무분별한 연애나 정사 따위를 이름.〕 ¶ 사춘기의 불장난. ③'전쟁을 도발하는 행위'를 비유하여 이르는 말.
불적(佛跡·佛蹟)[-쩍]명 ①석가의 유적. ②불교의 사적(史跡). ③부처의 족적(足跡).
불전(-錢)[-쩐]명 노름판에서, 집주인에게 떼어 주는 돈. ¶ 불전을 떼다.
불전(佛典)[-쩐]명 ☞불경(佛經).
불전(佛前)[-쩐]명 ①부처 앞. ¶ 불전에 바치다. ②부처가 나기 전. ¶ 불전 250년.
불전(佛殿)[-쩐]명 ☞불당(佛堂).
불전(佛錢)[-쩐]명 부처 앞에 바치는 돈.
불제(祓除)[-쩨]명하타되자 (신에게 빌어서, 재앙·죄·살·부정 따위의) 상서롭지 못한 것을 떨쳐 버림.
불-제자(佛弟子)명 '불교에 귀의한 사람'을 두루 일컫는 말. 불자(佛子). 불자(佛者). 석자(釋子).
불조(佛祖)[-쪼]명 ①불교의 개조(開祖). 곧, 석가모니. ②부처와 조사(祖師).
불조-계(佛祖系)[-쪼계/-쪼게]명 석가모니불을 교주로 하여 이어 내려온 불교의 계통.
불-조심(-操心)명하자 불이 나지 아니하도록 마음을 씀. ¶ 자나 깨나 불조심.
불-종(-鐘)[-쫑]명 불이 난 것을 알리기 위하여 치는 종. 화종(火鐘).
불종(佛鐘)[-쫑]명 절에 있는 종.
불좌(佛座)[-쫘]명 불당(佛堂) 안의, 부처를 모신 자리.
불-줄[-쭐]명 〈불줄기〉의 준말.

불-줄기[-쭐-][명] 불알 밑에서부터 항문에 이르는 힘줄. [준]불줄.
불지(佛智)[-찌][명] 부처의 원만한 지혜.
불-질[명][하자.타] ①아궁이 따위에 불을 때는 일. ②총·대포 따위를 쏘는 일.
불-집[-찝][명] ①석등(石燈) 따위의 불을 켜 넣는 부분. ②아주 말썽이 되거나 위험성이 있는 곳을 이르는 말.
불집(을) 건드리다〔내다〕[관용] 위험을 스스로 만들다.
불쩍-거리다[-꺼-][타] 자꾸 불쩍불쩍하다. 불쩍대다. ¶ 아낙네들이 눈 녹은 개울에서 불쩍거리며 빨래하고 있다.
불쩍-대다[-때][타] 불쩍거리다.
불쩍-불쩍[-뿔-][부][하타] 빨래 따위를 시원스럽게 비벼 빠는 모양. [작]발짝발짝.
불차탁용(不次擢用)[명][하타] 관계(官階)의 차례를 밟지 아니하고(어기고) 특별히 벼슬에 등용함.
불착(不着)[명][되자] ①[하자] 도착하지 아니함. ②[하타] 착용하지 아니함.
불찬(不贊)[명][하자.타] 〈불찬성〉의 준말.
불-찬성(不贊成)[명][하자.타] 찬성하지 아니함. [준]불찬(不贊).
불찰(不察)[명] 잘 살피지 아니한 잘못. 주의를 기울이지 아니함으로써 저지른 잘못. ¶ 모두가 내 불찰인데 누구를 탓하겠소.
불찰(佛刹)[명] ☞절[1].
불참(不參)[명][하자] 참가하거나 참석하지 아니함. ¶ 불참을 선언하다. /회의에 불참하다. /경기에 불참하다. ↔참가·참석.
불참-자(不參者)[명] 참가 또는 참석하지 아니한 사람. 오지 않은 사람.
불-처사(佛處士)[명] 부처같이 어질고 착한 사람을 일컫는 말.
불천(佛天)[명] ①불자(佛者)가 '부처'를 하늘같이 높여 일컫는 말. ②부처와 천신(天神).
불천-위(不遷位)[명] ☞불천지위.
불천지위(不遷之位)[명] (지난날, 나라에 끼친 큰 공훈으로) 사당에 영구히 모시기를 나라에서 허락한 신위(神位). 불천위.
불-철저(不徹底)[-쩌][명][하형] 철저하지 아니함. ¶ 조사가 불철저하다.
불철-주야(不撤晝夜)[명][하자] 밤낮을 가리지 아니함. 《주로, '불철주야'·'불철주야로'의 꼴로 쓰임.》 ¶ 불철주야 학업에 정진하다. /불철주야로 연구에만 몰두하다.
불청(不聽)[명][하타] ①듣지 아니함. ②청한 것을 들어주지 아니함.
불청-객(不請客)[명] 청하지 않았는데 스스로 오거나 우연히 온 손.
불청-불탁(不淸不濁)[명] ①[하형] 맑지도 흐리지도 않음. ②훈민정음 초성 체계 중 'ㆁ·ㄴ·ㅁ·ㅇ·ㄹ·ㅿ' 등에 공통되는 음운적 특질, 곧 유성자음(有聲子音)을 이름.
불체(佛體)[명] ①☞불신(佛身). ②☞불상(佛像).
불체포^특권(不逮捕特權)[-꿘][명] 국회의원의 2대 특권의 하나. 현행범이 아닌 이상 회기(會期) 중 국회의 동의 없이는 체포 또는 구금되지 않는 특권. [참]면책 특권.
불초(不肖) [I][명][하형] ①못나고 어리석음, 또는 그러한 사람. ¶ 불초하나마 제가 이 사업을 이어받게 되었습니다. ②어버이의 이름을 더럽힐 만큼 어리석고 못난 자식. 어버이의 유업(遺業)을 이어받을 만한 재능이 없는 사람. ¶ 불초한 자식.
[II][대] ①〔'불초한 사람'이란 뜻으로〕 웃어른에게 '자기'를 낮추어 일컫는 말. ②〈불초자(不肖子)〉의 준말.
불초-고(不肖孤)[대] 〔불초한 고자(孤子), 또는 고애자(孤哀子)란 뜻으로〕 부모가 죽은 뒤 졸곡(卒哭)까지, 상제(喪制)가 자기 스스로를 일컫는 말.
불초-남(不肖男)[대] ☞불초자.
불초-녀(不肖女)[대] 〔주로 편지 글 따위에서〕 딸이 부모에 대하여 자기를 낮추어 일컫는 말.
불초-손(不肖孫)[대] 〔주로 편지 글 따위에서〕 손자가 조부모에 대하여 자기 스스로를 낮추어 일컫는 말.
불초-자(不肖子)[대] 〔주로 편지 글 따위에서〕 아들이 부모에 대하여 자기를 낮추어 일컫는 말. 불초남. [준]불초.
불초-자제(不肖子弟)[명] 어버이의 덕행이나 업적을 이어받을 만한 자질이 없는 자손.
불촉(不觸)[명][하타] 손을 대지 아니함. 건드리지 아니함.
불출(不出)[명] ①[하자] 밖에 나가지 아니함. ②[하형] 못나고 어리석음, 또는 그런 사람. ¶ 사람이 좀 불출이야.
불출(拂出)[명][하타] ☞지급(支給).
불-출마(不出馬)[명][하자] 출마하지 아니함.
불출범안(不出凡眼)[명][하형] 보통 사람의 눈으로도 알 수 있을 만큼 선악이 분명함.
불출소료(不出所料)[명] 미리 짐작했던 바와 같음.
불출-증(拂出證)[-쯩][명] 금전·물품 따위를 지급한 사실과 그 내용을 증명하는 문서.
불충(不忠)[명][하자] 충성을 다하지 아니함.
불-충분(不充分)[명][하형] 충분하지 아니함. ¶ 설명이 불충분하다.
불충불효(不忠不孝)[명][하형] 충효를 다하지 아니함.
불충-스럽다(不忠-)[-따][~스러우니·~스러워][형][ㅂ] 보기에 불충한 데가 있다. ¶ 불충스러운 일. **불충스레**[부].
불-충실(不充實)[명][하형] 충실(充實)하지 아니함. ¶ 성적이 불충실하다.
불-충실(不忠實)[명][하형] 충실(忠實)하지 아니함. ¶ 불충실한 근무 태도.
불충-하다(不忠-)[형][여] 충성을 다하지 못하다.
불취(不取)[명][하타] 가지지 아니함.
불취(不就)[명][하자] (세상일에) 나서지 아니함.
불취동성(不娶同姓)[명][하자] 성(姓)이 같은 사람끼리는 혼인을 하지 아니함.
불측(不測)[명][하형][스형] ①짐작하기 어려움. ¶ 사태 발전이 불측하다. ②마음보가 음흉함. ¶ 불측한 소행. **불측스레**[부].
불측지변(不測之變)[-찌-][명] 뜻밖에 일어나는 변고나 사고.
불-치[명] 총으로 잡은 새나 짐승. ↔매치.
불치(不治)[명][하자] ①병이 낫지 아니함. 병을 다스릴 수 없음. ¶ 불치의 병에 걸리다. ②정치가 잘못되어 어지러움.
불치(不齒)[명] 〈불치인류〉의 준말.
불치-병(不治病)[-뼝][명] 다스릴 수 없는 병. 낫지 않는 병.
불치불검(不侈不儉)[명][하형] 사치하지도 검소하지도 아니하고 수수함.
불치인류(不齒人類)[-일-][명] 사람 축에 들지 못함. [준]불치.
불치하문(不恥下問)[명][하형] (학식·지위·나이 따위가) 자기보다 아래인 사람에게 묻는 일을 부끄러워하지 아니함.

불친-소명 (식용으로 쓰기 위하여) 거세(去勢)하여 기른 소〔牛〕.
불-친절(不親切)명하형 친절하지 아니함. ¶ 손님 대접이 불친절하다.
불친화-성(不親和性)[-썽]명 종류가 다른 물질과는 서로 화합하지 아니하는 성질.
불-침(-鍼)명 ①불에 달군 쇠꼬챙이. ②흔히, 장난삼아 자는 사람을 깨우려고, 성냥개비를 태워 만든 숯 같은 것을 살갗에 붙여 세우고 불을 붙여 뜨겁게 하는 것. ¶ 불침을 놓다.
불침(不侵)명하타 침략하지 아니함, 또는 침범하지 아니함.
불침-번(不寢番)명 밤에 자지 아니하고 번을 서는 일, 또는 그 사람. ¶ 불침번을 서다.
불침-질(-鍼-)명하타 불에 달군 쇠꼬챙이로 살을 지지는, 옛날 형벌의 한 가지.
불컥-거리다[-꺼-]자타 자꾸 불컥불컥하다. 불컥대다. 작볼칵거리다.
불컥-대다[-때-]자타 불컥거리다.
불컥-불컥[-뿔-]부하자타 진흙을 자꾸 밟거나, 좀 되직한 반죽 따위를 자꾸 이기거나 할 때 나는 소리. 작볼칵볼칵.
불-콩명 콩의 한 가지. 꼬투리는 희고, 열매는 붉고 굵으며 껍질이 얇음.
불콰-하다형여 술기운을 띠거나 혈기가 좋아 얼굴이 불그레하다.
불쾌(不快) '불쾌하다'의 어근.
불쾌-감(不快感)명 불쾌한 느낌이나 감정. ¶ 불쾌감을 주다.
불쾌-스럽다(不快-)[-따][~스러우니·~스러워]형ㅂ 마음이 상쾌하지 않은 데가 있다. **불쾌스레**부.
불쾌-지수(不快指數)명 날씨에 따라 사람이 느끼는 쾌·불쾌의 정도를 기온과 습도의 관계로 나타내는 수치. 〔보통, 지수 70 이하는 쾌적, 75는 반수가 불쾌, 80 이상이면 거의 모두가 불쾌함을 느낌.〕
불쾌-하다(不快-)형여 ①(어떤 일로 기분이 상하여) 마음이 상쾌하지 않다. ¶ 불쾌한 언사. ↔유쾌하다. ②몸이 찌뿌드드하여 편하지 않다. ¶ 감기 몸살 때문에 몹시 불쾌하다. **불쾌-히**부.
불타(佛陀←Buddha 범)명 바른 진리를 깨달은 사람, 곧 부처. 〔흔히, 석가여래를 이름.〕 각왕(覺王). 대각세존. 준불(佛)[1]. 참금선(金仙).
불-타다자 ①불이 붙어서 타다. ¶ 마을이 불타다. ②정열이나 감정이 북받치다. ¶ 의욕에 불타다.
불타-오르다자 ①불이 붙어서 타오르다. ②정열이나 감정이 세차게 끓어오르다. ¶ 가슴에 불타오르는 애국심.
불탁(佛卓)명 부처를 모신 탁자(卓子).
불탄-일(佛誕日)명 석가모니가 태어난 날, 곧 음력 4월 8일을 이름. 불생일(佛生日). 석탄일.
불탑(佛塔)명 절의 탑.
불태우다타 〖'불타다'의 사동〗 ①불을 붙여 타게 하다. ¶ 집을 불태우다. ②정열이나 감정을 북받치게 하다. ¶ 사랑을 불태우다.
불토(佛土)명 ①부처의 세계인 '극락정토'를 이르는 말. ②부처가 교화한 국토. 비불국(佛國).
불통(不通)명하타되자 교통이나 통신 따위가 막혀 연락이 되지 아니함. ¶ 소식 불통. /전화가 불통되다.
불-통일(不統一)명하자 통일되지 아니함. ¶ 의견의 불통일로 휴회(休會)하다.
불퇴(不退)[-퇴/-퉤]명 ①하자 물러나지 아니함. ②하타 물리지 아니함. ¶ 일수(一手)불퇴. ③☞불퇴전.
불퇴거-죄(不退去罪)[-퇴-쬐/-퉤-쮀]명 ☞퇴거 불응죄.
불-퇴전(不退轉)[-퇴-/-퉤-]명하자 ①굳게 믿어 마음을 굽히지 않음. ¶ 불퇴전의 용기. ②보살이 수행에만 힘써 마음을 늦추지 아니하는 일. ②불퇴.
불-투도(不偸盜)명하타 훔치지 아니함.
불-투명(不透明)명하형 ①투명하지 않음. ¶ 불투명한 유리. ②(말이나 태도가) 분명하지 않음. ¶ 불투명한 태도. ③(앞으로의 전망이) 확실하지 않음. ¶ 주식 경기가 불투명하다.
불투명-색(不透明色)명 맑지 아니한 빛깔.
불투명-체(不透明體)명 빛을 통과시키지 못하는 물체.
불투수-층(不透水層)명 지하수가 전혀 스며들지 못하거나 스며들기 어려운 지층. 〔점토층·화성암층 따위.〕
불퉁-거리다자 자꾸 불퉁불퉁 말하다. 불퉁대다. 작볼통거리다.
불퉁그러-지다자 물건의 마디 따위가 불퉁불퉁하게 되다.
불퉁-대다자 불퉁거리다.
불퉁-불퉁부 ①하자 걸핏하면 부루퉁하여 퉁명스러운 말을 함부로 불쑥불쑥 하는 모양. ②하형 물건의 거죽이 군데군데 불거져 고르지 못한 모양. 작볼통볼통.
불퉁-스럽다[-따][~스러우니·~스러워]형ㅂ 보기에 불퉁불퉁한 태도가 있다. 작볼통스럽다. **불퉁스레**부.
불퉁-하다형여 둥근 모양으로 불거져 있다. 작볼통하다. **불퉁-히**부.
불-특정(不特定)[-쩡]명 특별히 정하지 아니함. ¶ 불특정 다수인을 대상으로 여론 조사를 실시하다.
불특정-물(不特定物)[-쩡-]명 거래 물건을 구체적으로 지정하지 아니하고 종류·품종·수량만으로 지시된 물건. 〔쌀 두 가마니, 사과 한 상자 따위.〕 ↔특정물.
불-티명 타는 불에서 튀는 아주 작은 불똥.
불티-같다[-갇따]형 (불티가 이리저리 흩어져 없어지는 것처럼) 내놓기가 무섭게 금방 다 팔리거나 없어지다.
불티-나다형 물건이 내놓기가 무섭게 팔리거나 없어지다. ¶ 날씨가 더워지자 에어컨이 불티나게 팔린다.
불-판(-板)명 (석쇠·번철처럼) 불에 올려놓고 고기 따위를 굽는 기구를 통틀어 이르는 말. ¶ 불판을 갈다.
불판-령(-令)[-녕]명 매우 급한 명령. ¶ 위에서 불판령이 내리다.
불패(不敗)명하자 지지 아니함. 《주로, '불패의'의 꼴로 쓰임.》 ¶ 불패의 전력.
불패(不牌)명 골패·마작의 패를 지을 때 맞지 아니함, 또는 그 패.
불펜(bullpen)명 야구장에서, 구원 투수가 경기 중에 투구 연습을 하는 곳.
불편(不便)명하형스형 ①편하지 아니함. 거북스러움. 불평(不平). ¶ 몸이 불편하다. ②편리하지 아니함. ¶ 불편을 감수해야 한다. /교통이 몹시 불편하다. ②↔편리. **불편스레**부.
불편(不偏)명하자 (어느 한쪽으로) 기울거나 치우치지 아니함.

불편부당(不偏不黨)명하형 어느 한쪽으로 기울거나 치우치지 아니하고 아주 공평함. ¶ 불편부당이 우리 신문사의 사시(社是)이다. 참무편무당하다.
불평(不平)명 ①하타마음에 들지 않아 못마땅하게 여김, 또는 그것을 말이나 행동으로 나타냄. ¶ 상사에게 불평을 하다. ②하형스형☞불편(不便). **불평스레**부.
불평-가(不平家)명 불평이 많은 사람. 불평객.
불평-객(不平客)명 ☞불평가.
불평-꾼(不平-)명 불평이 많은 사람을 홀하게 이르는 말.
불-평등(不平等)명하형 한쪽으로 치우쳐 있거나 차별이 있어 고르지 아니함. ¶ 불평등한 대우를 받다.
불평등^선ː거제(不平等選擧制)명 선거인의 선거권에 차등을 두어, 각 선거인의 선거권이 평등하지 않은 선거 제도. ↔평등 선거제(平等選擧制).
불평등^조약(不平等條約)명 조약 당사국의 국력이 대등하지 아니한 관계로, 약소국이 불리한 조건 아래 맺는 조약. 〔강대국이 약소국에 대하여 강제하는 조약.〕
불평만만(不平滿滿)명하형 마음이 불평으로 가득 차 있음.
불평-분자(不平分子)명 어떤 조직체에서, 그 시책이나 운영 등에 대하여 불만을 품고 있는 사람. ¶ 불평분자를 무마하다.
불평-불만(不平不滿)명 마음에 차지 않아 못마땅하거나 언짢게 여기는 것. ¶ 불평불만을 늘어놓다.
불폐풍우(不蔽風雨)[-폐-/-페-]명하자 (집이 헐어서) 바람과 비를 가리지 못함.
불-포화(不飽和)명하자 포화 상태에 이르지 아니함, 또는 그런 상태.
불포화^증기(不飽和蒸氣)명 압력이 최대한도에 이르지 못한 증기. ↔포화 증기.
불포화^지방산(不飽和脂肪酸)명 이중 결합이 하나 이상 있는 지방산. 참기름이나 식물성 지방에 들어 있으며, 상온에서는 액체임.
불포화^화ː합물(不飽和化合物)[-함-]명 분자 안에 탄소 원자 사이의 이중 결합 또는 삼중 결합을 포함하는 유기 화합물.
불풍-나게부 매우 바쁘게 드나드는 모양. ¶ 불풍나게 들락거리다.
불피풍우(不避風雨)명하자 비바람을 무릅쓰고 일을 함. ¶ 불피풍우하고 방방곡곡을 돌아다니다.
불필다언(不必多言)명하형 여러 말을 할 필요가 없음.
불-필요(不必要)명하형 필요하지 아니함. ¶ 불필요한 물건. /불필요한 말참견을 삼가다.
불필장황(不必張皇)명 말을 길게 늘어놓을 필요가 없음.
불필재언(不必再言)명하형 다시 말할 필요가 없음.
불필타구(不必他求)명하형 달리 더 구할 필요가 없음, 곧 자기 것만으로도 넉넉함.
불하(不下)명하자 ①어떤 수량보다 적지 아니함. ②어떤 것에 비하여 못하지 아니함. ③항복하지 아니함.
불하(拂下)명하타 국가 또는 공공 단체의 재산을 민간에 팔아넘기는 일. ¶ 불하를 받다. /국유지를 불하하다. 참매상(買上).
불하일장(不下一杖)[-짱]명하타 죄인이 매 한 대도 맞기 전에 미리 자백하는 일. 《주로, '불하일장에'의 꼴로 쓰임.》 ¶ 불하일장에 죄상을 실토했다.
불학(不學)명 ①하타배우지 못함. ②하형학문적 발전이나 성과가 없음.
불학(佛學)명 불교에 관한 학문.
불학무식(不學無識)[-항-]명하형 배우지 못하여 아는 것이 없음.
불학이문장(不學而文章)명 배우지 아니하고도 문장이 뛰어난 사람, 곧 타고난 문장가.
불한(佛韓)명 ①프랑스와 한국. ②프랑스 어와 한국어.
불한-당(不汗黨)명 ①떼를 지어 다니는 강도. 명화적(明火賊). 화적. ②남을 괴롭히는 파렴치한 무리. ¶ 저 녀석은 하는 짓이 불한당 같다. 준한당.
불한불열(不寒不熱)명 춥지도 덥지도 아니함. 알맞게 따뜻함.
불함-문화(不咸文化·弗咸文化)명 백두산을 중심으로 하여, 우리 민족이 이룩한 고대 문화. 〔최남선(崔南善)의 논설에서 비롯된 말.〕
불함-산(不咸山)명 '백두산'의 딴 이름.
불합(不合) '불합하다'의 어근.
불-합격(不合格)[-껵]명하자되자 시험이나 검사 따위에 합격하지 못함. 낙방. ↔합격.
불합격-자(不合格者)[-껵짜]명 합격하지 못한 사람.
불합격-품(不合格品)[-껵-]명 심사나 검사에서, 불합격된 물품.
불합당(不合當) '불합당하다'의 어근.
불합당-하다(不合當-)[-땅-]형여 딱 들어맞거나 알맞지 아니하다. ¶ 이치에 불합당하다.
불-합리(不合理)[-함니]명하형 이치에 맞지 아니함. 합리적이 아님. ¶ 불합리한 정책.
불합리-성(不合理性)[-함니썽]명 불합리한 성질, 또는 그러한 요소. ¶ 행정 절차의 불합리성이 드러나다.
불-합의(不合意)[-하븨/-하비]명하자 의사가 일치하지 아니함. ¶ 그 문제는 불합의로 끝났다.
불합-하다(不合-)[-하파-]형여 ①뜻이 맞지 아니하다. ②사이가 좋지 아니하다.
불항-비(不恒費)명 ☞임시비(臨時費).
불해산-죄(不解散罪)[-쬐/-쮀]명 폭행이나 협박을 하기 위하여 모인 군중이, 이를 단속할 권한이 있는 공무원의 세 번 이상의 해산 명령에 불응함으로써 성립하는 죄.
불행(不幸)명하형 ①행복하지 아니함. ②운수가 나쁨. 불운(不運). ¶ 나에게 이런 불행이 닥칠 줄이야. ↔행복.
　불행 중 다행(不幸中多幸)관용 불행한 가운데에도 그나마 요행으로 잘된 일. ¶ 불행 중 다행으로 목숨은 건졌다.
불-행위(不行爲)명 고의 또는 과실로 어떤 행위를 하지 않는 일.
불향(佛享)명하자 ☞불공(佛供).
불향-답(佛享畓·佛餉畓)명 ☞불양답(佛糧畓).
불허(不許)명하타 ①되자허락하지 아니함. 허가하지 아니함. ¶ 입국을 불허하다. /증축을 불허하다. ②하지 못함. ¶ 낙관을 불허하다. ↔허가·허락.
불-허가(不許可)명하타 허가하지 아니함.
불허-복제(不許複製)[-쩨]명 저자나 판권(版權) 소유자의 허가 없이 출판물·그림·음반 따위를 복제할 수 없음.
불현-듯[-듣]부 〈불현듯이〉의 준말.

불현-듯이 부 ①갑자기 생각이 치밀어 걷잡을 수 없게. ¶ 불현듯이 그 친구가 생각난다. /불현듯이 집에 가고 싶다. ②어떤 행동을 갑작스럽게 하는 모양. ¶ 불현듯이 자리를 박차고 일어났다. 준불현듯.
불현성^감:염(不顯性感染) [-썽-] 명 잠복기가 지나도 발병하지 아니하는 상태. 잠복 감염.
불현성^유행(不顯性流行) [-썽뉴-] 명 감염은 되었으나 발병하지 않은 상태의 병의 유행.
불협화-음(不協和音) [-혀퐈-] 명 ①☞안어울림음. ②'잘 조화되지 않는 상태나 관계'를 비유하여 이르는 말. ¶ 동업 관계에 불협화음이 생기다. ↔협화음.
불협화^음정(不協和音程) [-혀퐈-] 명 ☞안어울림 음정. ↔협화 음정.
불호(不好) 명 ①하타 좋아하지 아니함. ②하형 상황이나 형세 따위가 좋지 아니함.
불호(佛號) 명 ①☞불명(佛名). ②불교에 귀의한 사람의 불교식의 호.
불호-간(不好間) 명 서로 좋아하지 않는 사이.
불호-광경(不好光景) 명 서로 사이가 나빠 다투는 광경. 보기에 사나운 광경.
불-호령(-號令) 명하자 ①갑작스럽게 내리는 다급하고 무서운 호령. ②몹시 심한 꾸지람. ¶ 할아버지의 불호령이 떨어지다.
불-호박(-琥珀) 명 빛깔이 매우 붉은 호박.
불혹(不惑) 명 ①〈불혹지년〉의 준말. ②하자 부질없이 망설이거나 무엇에 마음이 홀리거나 하지 아니함.
불혹지년(不惑之年) [-찌-] 명 '마흔 살의 나이'를 이르는 말. 〔'논어(論語)'의 '사십이불혹(四十而不惑)'에서 나온 말.〕 준불혹.
불-화(-火) 명 한자 부수의 한 가지. '炳'·'煙' 등에서의 '火'의 이름. '無'·'熱' 등에서 쓰일 때는 자형이 '灬'로, 명칭은 '연화발'로 바뀜.
불화(不和) 명하자 서로 화합하지 못함, 또는 서로 사이좋게 지내지 못함. ¶ 고부간(姑婦間)의 불화를 해소하다.
불화(弗化) 명 ☞플루오르화.
불화(弗貨) 명 '달러'를 단위로 하는 화폐.
불화(佛畫) 명 부처의 모습을 그린 그림, 또는 불교에 관한 것을 제재로 한 그림.
불화-물(弗化物) 명 ☞플루오르화물.
불화-수소(弗化水素) 명 ☞플루오르화수소.
불화-칼슘(弗化calcium) 명 ☞플루오르화칼슘.
불-확실(不確實) [-씰] 명하형 확실하지 아니함. ¶ 미래가 불확실하다.
불확실-성(不確實性) [-씰썽] 명 확실한 판단의 바탕이 되는 체계적인 지도 원리(철학)가 없는 시대적 현상을 이르는 말. 〔경제학자 갈브레이드의 용어.〕
불-확정(不確定) [-쩡] 명하형 확정적이 아님. ¶ 계획은 아직 불확정한 상태이다.
불확정^기한(不確定期限) [-쩡-] 명 다가올 시기가 확정적이 아니거나 또는 확정할 수 없는 기한. 〔생존과 사망의 시기 따위.〕
불확정^채:무(不確定債務) [-쩡-] 명 채권의 목적인 급부(給付)가 불확정한 채무.
불환^지폐(不換紙幣) [-폐/-페] 명 정화(正貨)와 바꿀 수 없는 지폐. ↔태환 지폐.
불활성^기체(不活性氣體) [-썽-] 명 ☞비활성 기체. 희가스(稀gas).
불황(不況) 명 경기(景氣)가 좋지 못한 일, 곧 경제 활동 전체가 침체되는 상태. 불경기. ¶ 경기가 불황의 늪에 빠지다. ↔호황.
불황^카르텔(不況Kartell) 명 불황으로 상품의 가격이 생산비를 밑돌게 되었을 때, 이를 타개하기 위하여 결정되는 기업 협정.
불효(不孝) 명 ①하자 효도를 하지 아니함. ¶ 부모에게 불효하다. ②하형 효성스럽지 못함. ¶ 불효한 자식. ↔효.
불효(拂曉) 명 ☞불서(拂曙).
불효막심(不孝莫甚) '불효막심하다'의 어근.
불효막심-하다(不孝莫甚-) [-씸-] 형여 부모에게 효성스럽지 아니함이 매우 심하다. ¶ 불효막심한 자식.
불효-부(不孝婦) 명 시부모에게 효도하지 아니하는 며느리.
불효부제(不孝不悌) 명하자 부모에게 효성스럽지 못하고 어른에게 공손하지 못함.
불효-자(不孝子) Ⅰ명 불효한 자식. 불효자식. Ⅱ대 〔편지 글에서〕 부모에게 자식이 자기를 낮추어 이르는 말. ¶ 불효자가 올립니다.
불효-자식(不孝子息) ☞불효자.
불후(不朽) 명하자 썩지 아니함, 곧 영원히 없어지지 아니함. 《주로, '불후의'의 꼴로 쓰임.》 ¶ 불후의 명작.
불후지공(不朽之功) 명 오래도록 남아 빛날 큰 공로.
불휘 명 〈옛〉 뿌리. ¶ 根은 불휘라(月釋2:15). /불휘 기픈 남ᄀᆞᆫ(龍歌2章).
불휘(不諱) 명 ①하타 거리낌 없이 바른말을 하는 일. ②하자 〔피할 수 없다는 뜻으로〕 '죽음'을 이르는 말.
불휫들궐 명 〈옛〉 뿌리등걸. ¶ 불휫들궐 골:榾(訓蒙下6).
불휴(不休) 명하자 쉬지 아니함. ¶ 불휴의 고행.
붉가시-나무 [불까-] 명 참나뭇과의 상록 활엽 교목. 높이 10~20 m. 달걀 모양의 잎은 두껍고 끝이 뾰족함. 5월에 갈색의 꽃이 핌. 재목은 붉고 단단하며, 배·수레·농기구 등을 만드는 데 쓰임.
붉-나무 [붕-] 명 옻나뭇과의 낙엽 교목. 높이는 7 m가량. 굵은 가지가 드문드문 나오고 잔가지는 황색이며 털이 없음. 잎에 달리는 벌레집을 오배자라 하여 한약재나 염료로 씀. 오배자나무.
붉다 [북따] 형 빛깔이 핏빛이나 저녁놀 빛과 같다. ¶ 붉은 고추. /단풍이 붉게 물든 가을 산. * 붉어·붉고[불꼬]
붉덩-물 [북떵-] 명 붉은 황토가 섞이어 탁하게 흐르는 물.
붉-돔 [북똠] 명 도밋과의 바닷물고기. 몸길이는 40 cm가량. 참돔과 비슷하나 조금 작고 머리 위쪽이 급히 솟아 있음. 몸빛은 붉은데, 배 쪽은 담색이고 청록색의 반점이 있음. 우리나라 중부 이남, 일본 근해, 중국해 등지에 분포함. 꽃도미.
붉디-붉다 [북띠북따] 형 아주 진하게 붉다.
붉어-지다 자 점점 붉게 되어 가다. ¶ 농담 한마디에 얼굴이 붉어지다.
붉으락-푸르락 부하자 몹시 화가 나거나 흥분하거나 해서 얼굴빛이 붉게 또는 푸르게 변하는 모양.
붉은-간토기(-土器) 명 그릇의 겉면에 붉은 칠을 바르고 반들거리게 문질러서 구운 토기. 신석기·청동기 시대의 유물임.
붉은-거북 명 바다거북과의 한 가지. 등딱지의 길이 1 m가량. 등은 붉은 갈색. 네 다리는 지느러미 모양으로 넓적함. 지방은 비누 원료로 쓰임. 전 세계에 분포함.
붉은-말 명 바닷말의 한 가지. 엽록소 외에 붉은 색소를 가지고 있어 붉은빛이나 붉은 자줏빛을 띰. 홍조(紅藻).

붉은-발[명] 부스럼의 독기로 그 언저리에 나타나는, 붉게 충혈된 핏줄. 홍사(紅絲).
붉은발(이) 서다[관용] 부스럼 언저리에 붉은발이 나타나다.
붉은-보라[명] 붉은빛을 띤 보라.
붉은-빛[-빋][명] 핏빛이나 저녁놀 빛 같은 빛깔. [비]붉은색. *붉은빛이[-비치]·붉은빛만[-빈-]
붉은-색(-色)[명] 핏빛이나 저녁놀 색 같은 색깔. 적색(赤色). [비]붉은빛.
붉은-차돌[명] 빛깔이 붉은 반투명의 차돌. 홍석영(紅石英).
붉은-토끼풀[명] 콩과의 다년초. 높이는 30~60 cm가량. 잎은 세 갈래로 째졌으며 잎자루가 긺. 여름에 담홍색 또는 홍자색의 작은 나비 모양의 꽃이 핌. 서남아시아 원산으로 유럽·북미 등에서 널리 재배됨.
붉은-팥[-팓][명] 껍질 빛이 검붉은 팥. 적두(赤豆). 적소두(赤小豆). *붉은팥이[-파치]·붉은팥을[-파틀]·붉은팥만[-판-]
붉은-피톨[명] ☞적혈구(赤血球).
붉을-적(-赤)[명] 한자 부수의 한 가지. '赦'·'赫' 등에서의 '赤'의 이름.
붉-히다[불키-][타] 부끄럽거나 성이 나거나 하여 얼굴빛을 붉게 하다. ¶ 얼굴을 붉히다.
붊[명] 〈옛〉 ☞풀무.
붐:(boom)[명] ①갑자기 수요가 늘어나 값이 크게 오르는 일. ¶ 부동산 붐. ②갑자기 유행하거나 성행하는 일. ¶ 해외 여행 붐이 일다.
붐비다[형] ①많은 사람이 들끓어서 혼잡하다. ¶ 시장이 몹시 붐비다. ②많은 사물이 한데 뒤섞여서 매우 복잡하다. ¶ 일이 붐비다.
붐:-하다[형][여] 〈희붐하다〉의 준말. ¶ 동녘 하늘이 붐하게 밝아 온다. 붐-히[부].
붑[명] 〈옛〉 북. ¶ 붑 텨 사르몰 모도오딕(釋譜 *6:28*). /바밋 붑소리는 萬戶에 묽고(杜初 *22:17*). [참]붚.
붑괴다[자] 〈옛〉 끓어 뒤섞이다. ¶ 涇水는 두 ᄀᆞᆶ 소이에 붑괴놋다(杜重*1:3*).
붑마치[명] 〈옛〉 북채. ¶ 붑마치 부:桴(訓蒙中*12*).
붓[붇][명] ①가는 대 끝에 다발로 한 짐승털을 꽂고, 먹이나 그림물감을 찍어 글씨를 쓰거나 그림을 그리는 데 쓰는 물건. ②(연필·만년필·볼펜 따위) 글씨나 그림에 쓰이는 기구를 두루 이르는 말. *붓이[부시]·붓만[분-]
붓을 꺾다〔던지다〕[관용] 문필 생활을 그만두다. 붓을 놓다. ¶ 그는 일제 말기에 붓을 꺾고 숨어 살았다.
붓을 놓다[관용] ①쓰기를 그만두다. 다 쓰다. 각필(擱筆)하다. ¶ 할 말은 많으나 이만 붓을 놓겠습니다. ②☞붓을 꺾다.
붓[명] 〈옛〉 북. 〔식물의 뿌리를 싸고 있는 흙.〕 ¶ 붓도돌 비:培(訓蒙下*5*).
붓그리다[타] 〈옛〉부끄러워하다. ¶ 小롤 붓그리고 大를 ᄉᆞ랑ᄒᆞᄂᆞ니라(月釋*14:62*). [참]부끄리다.
붓-글씨[붇끌-][명] 붓으로 쓴 글씨.
붓-꽃[붇꼳][명] 붓꽃과의 다년초. 산이나 들에 절로 나는데, 관상용으로 심기도 함. 잎은 긴 칼 모양이며, 뿌리줄기가 가로 벋어 싹이 돋고 뿌리가 내림. 초여름에 자줏빛 꽃이 핌. 수창포(水菖蒲). *붓꽃이[붇꼬치]·붓꽃만[붇꼰-]
붓-끝[붇끋][명] ①붓의 뾰족한 끝. 필단(筆端). ②붓의 놀림새. 문자나 문장에서 느껴지는 힘. 필두(筆頭). 필봉(筆鋒). *붓끝이[붇끄치]·붓끝을[붇끄틀]·붓끝만[붇끈-]
붓-날다[분-][~나니·~날아][자] 말이나 행동이 경솔하고 들뜨다.
붓날-리다[분-][타] 〖'붓날다'의 사동〗 말이나 행동을 경솔하고 들뜨게 하다.
붓:다[1][붇따][부으니·부어][자][ㅅ] ①살가죽이나 몸의 특정 기관이 부풀어 오르다. ¶ 손등이 붓다. ②'화가 나서 뾰로통해지다'를 속되게 이르는 말. ¶ 잔뜩 부어 있다.
붓다[2][붇따][타] 〈부수다〉의 준말. [작]밧다. *부는[분-]
붓:다[3][붇따][부으니·부어][타][ㅅ] ①(액체나 알갱이로 된 물건 등을) 그릇 따위에 쏟아 넣다. ¶ 가마솥에 물을 붓다. /자루에 쌀을 붓다. ②씨앗을 배게 뿌리다. ¶ 무씨를 붓다. ③(불입금·곗돈 따위를) 정기적으로 치르다. ¶ 적금을 붓다.
붓-대[붇때][명] 붓의 자루. 필관(筆管).
붓도도다[타] 〈옛〉북돋우다. ¶ 붓도돌 비:培. 붓도돌 자:耔(訓蒙下*5*).
붓-두껍[붇뚜-][명] 붓의 촉을 끼워 두는 물건. 붓의 뚜껑. [준]두겁.
붓-방아[붇빵-][명] 글을 쓸 때 생각이 잘 떠오르지 아니하여 붓대만 놀리고 있는 짓.
붓방아(를) 찧다[관용] 쓰려는 글의 내용이 머리에 잘 떠오르지 아니하여 붓대만 자꾸 놀리다.
붓방아-질[붇빵-][명][하자] 붓방아를 찧는 짓.
붓-셈[붇쎔][명][하타] 종이 따위에 숫자를 써서 하는 계산. 필산(筆算).
붓순-나무[붇쑨-][명] 붓순나뭇과의 상록 활엽 교목. 숲 속의 습지에서 자라는데, 높이는 3~5 m. 잎은 어긋나고 길둥글며 특이한 향기가 있음. 4월에 꽃이 피며, 초가을에 열매가 익는데 독이 있음. 나무껍질과 열매는 향료로 쓰임.
붓-율(-聿)[붇뉼][명] ☞오직율.
붓-질[붇찔][명][하자] 붓을 놀려서 그림을 그리는 일.
붓티다[타] 〈옛〉 부치다. 보내다. ¶ 淸光을 퓌여내여 鳳凰樓의 붓티고져(鄭澈.思美人曲).
붔[명] 〈옛〉 씨. ¶ 釋種은 어딘 붓기라 ᄒᆞᄂᆞᆫ 마리라(月釋*2:7*).
붕[1][부] ①갇혀 있던 공기 따위가 좁은 통로로 빠져나오면서 나는 소리. ¶ 방귀를 붕 뀌다. [센]뿡. ②비행기나 벌 따위가 날 때 나는 소리. [작]봉[3]. 붕-붕[부][하자타].
붕[2][부] ①공중에 갑자기 떠오르거나 가슴이 뿌듯하게 흥분하는 모양. ¶ 어찌나 좋았던지 공중에 붕 뜨는 기분이었다. ②무엇이 허망하게 없어져 버린 모양. ¶ 하루아침에 집도 절도 없이 붕 뜬 신세가 되다.
붕(崩)[명][하자] 〈붕어(崩御)〉의 준말.
붕괴(崩壞)[-괴/-궤][명][하자][되자] ①허물어져 무너짐. 궤붕. 붕궤. 붕퇴. ¶ 건물이 붕괴하다. ②방사선 원소가 방사선을 내며 다른 원소로 바뀌는 현상.
붕궤(崩潰)[명][하자][되자] ☞붕괴(崩壞).
붕긋[-귿][부][하형] ①그릇에 담은 것이 그 그릇의 전보다 높이 솟아 있는 모양. ②언덕이나 산봉우리 따위가 높직이 솟은 모양. ③겹쳐서 붙인 종이 따위가 들떠 있는 모양. [작]봉긋. 붕긋-이[부]. 붕긋-붕긋[부][하형].
붕당(朋黨)[명] 뜻이 같은 사람끼리 모인 단체. 당붕. ¶ 붕당 정치. [준]당(黨).
붕대(繃帶)[명] 상처나 헌데 따위에 감는, 소독한 얇은 헝겊 띠. ¶ 붕대를 감다.
붕도(鵬圖)[명] 크게 품은 뜻. 원대한 계획. ¶ 선진 조국의 건설을 위한 붕도.

붕락(崩落)[-낙]명하자되자 ①무너져서 떨어짐. ②물건 값이 갑자기 크게 떨어짐. ②폭락(暴落).

붕배(朋輩)명 나이이 또는 지위가 비슷한 벗. 같은 또래. 벗³.

붕붕-거리다자타 자꾸 붕붕 소리가 나다, 또는 그런 소리를 내다. 붕붕대다. 작봉봉거리다.

붕붕-대다자타 붕붕거리다.

붕비(朋比)명하타 붕당(朋黨)을 지어 자기편을 두둔함.

붕사(硼砂)명 붕산나트륨의 흰 결정(結晶). 특수 유리의 원료나 도자기 유약의 원료 및 방부제 따위에 쓰임.

붕사구^반:응(硼砂球反應)명 금속의 정성 분석(定性分析)의 한 가지. 붕사 가루를 백금선에 묻혀서 가열하면 유리구슬 모양의 붕사구가 생기는데, 여기에 금속의 산화물을 묻혀서 가열하면 금속의 종류에 따라 특유한 색을 나타냄.

붕사-땜(硼砂-)명하타 붕사의 가루나 녹인 액을 써서 쇠붙이를 때우는 일.

붕산(硼酸)명 붕소(硼素)를 함유하는 무기산으로 진주 광택이 나는 비늘 모양의 결정이나 가루. 살균력은 약하나 생체에 대한 자극이 약하기 때문에 소독·세척·연고제 따위로 쓰임.

붕산-면(硼酸綿)명 붕산수에 적신 약솜. 상처의 소독이나 염증을 막는 데 쓰임.

붕산-수(硼酸水)명 붕산을 녹인 물. 방부제·소독제 따위로 쓰임.

붕산^연:고(硼酸軟膏)[-년-]명 백색 연고에 정제(精製) 라놀린과 붕산을 함께 반죽하여 만든 연고. 화상(火傷)이나 찰과상 따위에 방부성 연고로 쓰임.

붕-새(鵬-)명 고대 중국의 전설에 나오는 상상의 새. 날개 길이가 삼천 리나 되고 단번에 구만 리를 난다고 함.

붕성지통(崩城之痛)명 〔성이 무너져 내리는 슬픔이란 뜻으로〕 '남편을 여읜 아내의 슬픔'을 이르는 말. 참고분지통(鼓盆之痛).

붕소(硼素)명 비금속 원소의 한 가지. 흑갈색의 단단한 반도체의 고체이며, 천연으로는 붕산·붕사의 형태로 산출됨. 〔B/5/10.81〕

붕숭-하다형여 〈봉송(鬔鬆)하다〉의 변한말.

붕:어명 잉엇과의 민물고기. 몸길이 20~40 cm. 편평한 몸에 입이 작고 수염이 없음. 몸빛은 사는 물에 따라 다르나, 보통 등이 황갈색, 배는 은백색이며 개울이나 못에 삶. 부어(鮒魚).

붕어(崩御)명하자 임금이 세상을 떠남. 선어(仙馭). 안가(晏駕). ¶ 황제께서 붕어하시다. 준붕(崩). 비승하.

붕:어-과자(-菓子)명 붕어 모양으로 만든 과자. 붕어사탕.

붕:어-마름명 붕어마름과의 다년생 수초. 얕은 물에서 자라며, 줄기의 길이는 20~40 cm. 여름에 홍자색 꽃이 핌.

붕:어-빵명 ①붕어 모양의 틀에 밀가루 반죽과 팥소를 넣어 만든 풀빵. ②'서로 얼굴이 매우 닮은 사람'을 비유하여 이르는 말. ¶ 너는 아버지와 붕어빵이구나.

붕:어-사탕(*-砂糖)명 ①☞붕어과자. ②'속이 빈, 실속 없는 사람'을 비유하여 이르는 말.

붕:어-연적(-硯滴)명 벼루에 먹을 갈 때 쓸 물을 담아 두는, 붕어 모양으로 만든 그릇.

붕:어-자물쇠[-쐬/-쒜]명 붕어 모양으로 만든 자물쇠.

붕:어-저냐명 붕어로 만든 저냐.

붕:어-톱명 붕어처럼 등이 둥글게 생긴 톱. 나무 표면에 홈을 만들 때 쓰임.

붕우(朋友)명 ☞벗³.

붕우-유신(朋友有信)명 오륜(五倫)의 하나. 벗 사이의 도리는 믿음에 있음.

붕우-책선(朋友責善)[-썬]명하자 벗끼리 서로 좋은 일을 하도록 권함.

붕익(鵬翼)명 ①붕새의 날개. ②'앞으로 계획하고 있는 큰 사업'을 비유하여 이르는 말. ③'비행기'를 비유하여 이르는 말.

붕-장어(-長魚)명 붕장어과의 바닷물고기. 몸길이 90 cm가량으로, 생김새는 장어와 비슷함. 몸빛은 등이 다갈색, 배가 흰색임. 우리나라와 일본 등지의 근해에 분포함.

붕적-토(崩積土)명 암석의 풍화물(風化物)이 중력에 의해 비탈을 미끄러져 내려오거나 무너져 내려서 쌓인 흙.

붕정(鵬程)명 〔붕새가 날아가는 거리라는 뜻으로〕 아득히 먼 길. 멀고 먼 앞길.

붕정-만리(鵬程萬里)[-말-]명 ①머나먼 노정(路程). ②훤히 펼쳐진 긴 앞길. ¶ 붕정만리 떠나는 졸업생 여러분.

붕탑(崩塌)명하자 무너져서 두려빠짐.

붕퇴(崩頹)[-퇴/-퉤]명하자되자 ☞붕괴(崩壞).

붗다타 〈옛〉 부치다. ¶ 사ᄅᆞ미 ᄆᆞᅀᆞᄆᆞᆯ 부처 뮈울씨(牧牛36).

붗돗[붇똗]명 〈부뚜〉의 본딧말. ＊붗돗이[붇또시]·붗돗만[붇똔-]

붙다[붇따]자 ①서로 떨어지지 않게 되다. ¶ 광고판에 광고지가 붙어 있다. ②서로 가까이 마주 닿다. ¶ 조금씩 더 붙어 앉으시오. ③좇아 따르다. 추종하다. ¶ 적군에 붙다. /다수파에 붙다. ④(본디 없던 것이) 새로이 생기다. ¶ 나쁜 습관이 붙다. ⑤불이 옮아 당기다. ¶ 불이 붙다. ⑥시험 따위에 뽑히다. ¶ 취직 시험에 붙다. ⑦보태어지다. 더 늘다. ¶ 실력이 붙다. /가족 수당이 붙다. /살이 붙으니 더 좋아 보인다. ⑧딸리다. ¶ 차고(車庫)가 붙어 있는 집. ⑨아주 가까이 사귀다. ¶ 늘 붙어 다니는 두 사람. ⑩별러서 속하게 하다. ¶ 교량 공사에는 인부 열 명이 붙었다. ⑪암수가 교미(交尾)하다. ⑫겨루는 일 따위가 서로 어울려 시작되다. ¶ 싸움이 붙다. /시비가 붙다. ⑬이름이 생기다. ¶ 돼지라는 별명이 붙다. ⑭생명이 끊어지지 않고 있다. ¶ 숨이 붙어 있다. ＊붙어·붙는[분-]

붙-당기다[붇땅-]타 붙잡아 당기다.

붙-동이다[붇똥-]타 붙들어서 동이어 매다.

붙-들다[붇뜰-][~드니·~들어]타 ①꽉 쥐다. ¶ 바위너설을 붙들고 올라가다. ②달아나는 것을 잡다. ¶ 달아나는 도둑을 붙들다. ③가지 못하게 말리다. ¶ 손님을 붙들다. ④도와주다. ¶ 실의에 빠진 이를 붙들어 주다.

붙들-리다[붇뜰-]자 〖'붙들다'의 피동〗 붙듦을 당하다. ¶ 도둑이 방범 대원에게 붙들리다.

붙-따르다[붇-][~따르니·~따라]타 ☞붙좇다.

붙-매이다[붇-]자 (다른 일을 할 겨를이 없게) 몸이 어떤 일에 붙어 매이다. ¶ 집안일에 붙매이다.

붙-박다[붇빡따]타 한곳에 꽉 박이어 움직이지 않게 하다. 《주로, '붙박아'의 꼴로 쓰임.》 ¶ 천장에 전등을 붙박아 놓았다.

붙박-이[붇빠기]명 ①한곳에 꽉 들어박혀 움직이지 아니하거나 움직일 수 없는 것. ¶ 붙박이로 된 옷장. ②정해져 있어 변하지 아니하는 일. ¶ 그 가게에만 붙박이로 다닌다.

붙박-이다[붇빠기-]자 〖'붙박다'의 피동〗 한곳에만 박여 있어 움직이지 아니하다. ¶ 하루 종일 집 안에 붙박여 있다.
붙박이-별[붇빠기-]명 ☞항성(恒星).
붙박이-장(-欌)[붇빠기-]명 움직일 수 없게 벽에 붙여 만든 장.
붙박이-창(-窓)[붇빠기-]명 여닫지 못하게 고정된 창. ↔열창.
붙-안다[부단따]타 두 팔로 부둥켜 안다. ¶ 이산가족들은 서로를 붙안고 눈물을 흘렸다.
붙어-먹다[-따]자 ①남에게 의지하여 물질적인 이득이나 도움을 얻다. ②〈간통하다〉의 속된 말.
붙어-지내다자 '부쳐지내다'의 잘못.
붙-움키다[부둠-]타 〈부둥키다〉의 본딧말.
붙은-돈명 (거슬러 받아야만 어떤 액수를 치를 수 있는) 한 푼 또는 한 장으로 된 돈. ¶ 붙은 돈밖에 없으니 외상값은 내일 받으세요.
붙은-문자(-文字)[-짜]명 어떤 사물을 설명하는 데 꼭 들어맞는 숙어(熟語).
-붙이[부치]접미 《일부 명사 뒤에 붙어》 ①같은 겨레임을 나타내는 말. ¶ 겨레붙이. /일가붙이. /피붙이. ②그 물건에 딸린 같은 종류임을 나타내는 말. ¶ 쇠붙이. /금붙이.
붙이기-일가(--家)[부치-]명 (성과 본이 같다고 하여) 형식상 한 조상의 자손처럼 지내는 일가. 부족(附族).
붙-이다¹[부치-]타 〖'붙다'의 사동〗 ①꽉 달라붙어 떨어지지 않게 하다. ¶ 벽지를 벽에 붙이다. ②가까이 닿게 하다. 근접시키다. ¶ 책상을 벽 쪽으로 붙여 놓아라. ③(둘 사이를) 어울리게 하다. 소개(매개)하다. ¶ 화해를 붙이다. /흥정을 붙이다. ④불이 붙게 하다. 점화하다. ¶ 담뱃불을 붙이다. ⑤암수를 교미시키다. ¶ 발정한 돼지를 수컷과 붙이다. ⑥(마음·취미 따위를) 몸에 붙게 하다. ¶ 취미(재미)를 붙이다. /마음을 붙이고 살다. ⑦딸리게 하다. 배속시키다. ¶ 경호원을 붙이다.
붙-이다²[부치-]타 ①조건을 달다. 다른 의견을 보태다. ¶ 조건을 붙이다. ②(이름을) 달다. 명명(命名)하다. ¶ 바둑이라는 이름을 붙이다. ③(뺨을) 때리다. ¶ 따귀를 한 대 붙이다. ④윷판에 말을 달다. ⑤내기에서, 돈을 태우다. ⑥말을 걸거나 추근대며 다가서다. ¶ 말을 붙이며 악수를 청하다.
붙임-대[부침때]명 탕개붙임에서, 가로 죽 붙인 널빤지가 서로 어긋나지 못하게 하느라고 위아래쪽으로 대는 나무오리.
붙임-붙임[부침부침] Ⅰ명 ☞붙임성.
Ⅱ부 남과 붙임성 있게 잘 사귀는 모양.
붙임-성(-性)[부침썽]명 남과 잘 사귀는 성질, 또는 그런 말씨나 행동. 붙임붙임. ¶ 붙임성이 있다. /붙임성이 좋다.
붙임-줄[부침쭐]명 악보에서, 같은 높이의 두 음을 잇는 줄. 두 음을 이어 한 음으로 연주함을 나타냄. 결합선. 타이(tie).
붙임-질[부침-]명하타 나뭇조각 따위를 맞대어 풀로 붙이는 일.
붙임-틀[부침-]명 베니어판 같은 널빤지를 붙이는 데 쓰는 틀.
붙임-판(-板)[부침-]명 나뭇조각을 붙이는 데 쓰는, 쇠로 만든 판.
붙임-표(-標)[부침-]명 ①사전 등에서 합성어나 접사 또는 어미임을 나타내거나, 우리말과 외래어 또는 한자어가 결합됨을 나타내는 데 쓰이는 부호 '-'의 이름. ②구문(歐文)에서, 두 낱말을 잇거나, 행(行)이 꺾일 때 쓰이는 부호 '-'의 이름. 접합부.
붙임-풀[부침-]명 바느질할 때 쓰는, 좀 되직하게 쑨 풀.
붙임-혀[부침-]명 추녀의 양옆에 붙이는 반쪽 서까래.
붙-잡다[붇짭따]타 ①붙들어 쥐다. ¶ 손잡이를 붙잡다. /동생을 놓치지 않으려고 동생의 소매를 꼭 붙잡았다. ②달아나지 못하게 잡다. ¶ 도둑을 붙잡다. ③가지 못하게 말리다. ¶ 손님을 붙잡다. ④일자리를 얻다. ¶ 좋은 직장을 붙잡다. ⑤쓰러지거나 흔들리지 않게 잡아 주거나 도와주다. ¶ 아내의 마음을 붙잡다.
붙잡-히다[붇짜피-]자 〖'붙잡다'의 피동〗 붙잡음을 당하다. ¶ 범인이 붙잡히다.
붙-장(-欌)[붇짱]명 부엌에 붙여 만든 장.
붙-좇다[붇쫃따]자타 (공경하는 마음이나 섬기는 뜻으로) 가까이하며 따르다. 붙따르다.
뷗명 〈옛〉 북¹. ¶ 鼓는 부피라(釋譜13:21). 참붚.
뷗-달다[붑딸-][~다니·~달아]자 말과 행동이 괄괄하다.
뷗-대다[붑때-]타 뷗달게 굴다.
뷁ː[뷕]명 〈부엌〉의 준말. *뷁ː이[뷔키]·뷁ː만[뷩-]
뷔명 〈옛〉 비¹. ¶ 뷔 츄:箒(訓蒙中18).
뷔겔(Bügel 독)명 전동차의 지붕 위에서 전기를 끌어들이는 집전(集電) 장치의 한 가지.
뷔다¹자 〈옛〉 비다. ¶ 뷜 공:空(類合下49). /繡幕이 뷔여 잇다(鄭澈.思美人曲). 참븨다.
뷔다²타 〈옛〉 베다. ¶ 뷜 애:刈(訓蒙下5).
뷔틀다타 〈옛〉 비틀다. ¶ 고브며 뷔트디 아니ᄒᆞ며(月釋17:53).
뷔페(buffet 프)명 여러 가지 음식을 차려 놓고, 먹을 사람이 손수 덜어 먹을 수 있게 한 식당. ¶ 한식 뷔페.
뷰렛(burette)명 액체의 용적(容積)을 측정하면서 배출·적하(滴下)할 수 있는, 유리관으로 만든 실험 기구.
뷰ː어(viewer)명 슬라이드 따위의 투명 양화(透明陽畫)를 보기 위한 장치.
브나로드^운ː동(Vnarod運動)명 농민을 주체로 사회 개혁을 이루고자 일으킨 계몽 선전 운동. 1870년 러시아에서 청년 귀족과 학생이 주동이 되어 일어났음.
브라ː(bra)명 〈브래지어〉의 준말.
브라ː마(Brāhma 범)명 바라문교에서 이르는, 우주의 창조에 참여한 최고신(最高神). 불교에서는 '범천(梵天)'으로서 나타남.
브라ː마(Brahma)명 닭의 품종의 한 가지. 동인도 원산의 육용종(肉用種)으로 몸집이 크고, 체질이 강하여 기르기 쉬움.
브라ː마나(Brāhmana 범)명 '베다(Veda)'에 다음가는 바라문교의 경전(經典).
브라만(Brahman)명 고대 인도의 카스트의 첫째 계급. 가장 높은 지위인 승려 계급으로 제사와 교법을 다스림. 바라문(婆羅門). 참크샤트리아·바이샤·수드라.
브라보(bravo 이)감 '잘한다'·'신난다'·'좋다' 따위와 같은 뜻으로, 몹시 기뻐하거나 칭찬하거나 할 때 지르는 소리.
브라스^밴드(brass band)명 ☞관악대.
브라우저(browser)명 컴퓨터에서, 인터넷을 검색할 때 문서·영상·음성 따위의 정보를 얻기 위하여 사용하는 프로그램.

브라운-관 (Braun管) 명 진공관의 한 가지. 전류의 강약을 빛의 강약으로 바꾸는 일을 하는데, 텔레비전의 화상(畫像)을 비치는 데 이용됨.
브라운^운ː동 (Brown運動) 명 액체 속이나 기체 속에 떠 있는 미립자가 끊임없이 불규칙적으로 운동하는 현상.
브래지어 (brassiere) 명 양장(洋裝)에서, 여자의 젖을 가리거나 가슴 모양을 아름답게 하기 위하여 입는 속옷의 한 가지. 준브라.
브래킷 (bracket) 명 ①'〔 〕·[ ]·〚 〛' 등과 같은 괄호. ②벽에 붙이는 조명 기구.
브랜드 (brand) 명 '상표(商標)'로 순화. ¶ 고급 브랜드만을 고집하다.
브랜디 (brandy) 명 포도주 따위를 증류해 만드는 술. 알코올 함량 40% 이상임. 〔코냑 따위.〕
브러나다 자 〈옛〉 불거지다. ¶ 밧글 향ᄒᆞ야 브러나게 ᄒᆞ고(武藝16).
브러시 (brush) 명 ①☞솔². ②솔처럼 생긴 빗.
브레이크 (brake) 명 ①(기차·자동차·자전거 따위의) 바퀴의 회전을 멈추게 하거나 늦추게 하는 장치. 제동기. ¶ 브레이크가 파열되다. ②사물의 진행이나 활동을 억제하거나 방해하는 일. ¶ 여당의 독주에 브레이크를 걸다.
브레이크 (break) 명 ①야구에서, 투수의 투구(投球)가 꺾여 들어가는 일. ②권투에서, 클린치하고 있는 두 선수가 떨어지는 일, 또는 떨어지라는 심판의 명령.
브레이크-댄스 (break dance) 명 ☞브레이크댄싱.
브레이크-댄싱 (break dancing) 명 1980년대에 뉴욕의 흑인 소년들이 거리에서 추기 시작한 춤. 자유롭고 곡예적인 율동을 보여 줌. 브레이크댄스.
브레인 (brain) 명 〔'두뇌'라는 뜻에서〕 정부나 기업체 등에 딸리어 전문 분야에 대한 자문에 응하는 학자나 전문가의 동아리. 브레인트러스트. ¶ 브레인 역할을 하다.
브레인스토ː밍 (brainstorming) 명 자유로운 토론을 통하여 독창적인 아이디어를 이끌어 내는 집단 사고 개발법.
브레인-트러스트 (brain trust) 명 ☞브레인.
브로ː드 (broad) 명 ☞브로드클로스.
브ː로드클로스 (broadcloth) 명 면포플린의 부드러운 천의 한 가지. 와이셔츠나 여성 옷감으로 많이 쓰임. 브로드.
브로마이드 (←bromide paper) 명 ①취화은(臭化銀)을 사용한 인화지. ②예능인·운동선수 등의 초상 사진. ¶ 좋아하는 가수의 브로마이드를 방 벽에 붙이다.
브로ː치 (brooch) 명 여자의 겉저고리의 깃이나 가슴에 핀으로 꽂는 장신구의 한 가지.
브로ː커 (broker) 명 ①중개인(仲介人). 중개 상인. ②사기성이 있는 거간꾼. ¶ 여권 브로커.
브론즈 (bronze) 명 청동 또는 청동 제품.
브론토사우루스 (brontosaurus) 명 중생대의 백악기(白堊期)에 번성했던 초식 공룡.
브롬 (Brom 독) 명 할로겐족 원소의 한 가지. 불쾌한 냄새가 나는 적갈색의 휘발성 액체로, 사진의 감광 재료나 살균제 등에 쓰임. 취소(臭素). 〔Br/35/79.90〕
브롬-수 (Brom水) 명 브롬의 수용액. 노랑이나 갈색을 띠며 시약으로 쓰임. 취소수(臭素水).
브롬-지 (Brom紙) 명 사진 인화지의 한 가지. 감광 속도가 빠르며 확대용으로 쓰임. 취소지.
브롬-진 (Brom疹) 명 브롬이나 그 염류(塩類)의 복용으로 살갗에 생기는 암갈색의 발진.
브롬화-물 (Brom化物) 명 브롬과 다른 원소 또는 원자단(原子團)과의 화합물. 〔브롬화수소 따위.〕 취화물(臭化物).
브롬화-은 (Brom化銀) 명 브롬과 은과의 화합물. 담황색의 가루로, 광선에 의해 분해되어 검게 변함. 사진 건판에 쓰임. 취화은(臭化銀).
브롬화-칼륨 (Brom化Kalium) 명 브롬과 칼륨의 화합물. 광택이 있는 흰 결정으로 물에 잘 녹음. 진정제·수면제·시약(試藥)·사진 현상액의 원료 등으로 쓰임. 취화(臭化)칼륨.
브르다 타 〈옛〉 부르다¹. ¶ 놀애롤 브르리 하더(龍歌13章). /놀애 브르며 춤츠며(月釋1:44).
브리다 타 〈옛〉 부리다¹. ¶ 브릴 역:役(訓蒙中2).
브리ː더 (←breeder reactor) 명 증식로(增殖爐).
브리우다 타 〈옛〉 부리다². ¶ 어듸 브리워아 됴홀고(老解上10).
브리이다 자 〈옛〉 부림을 받다. ¶ 나는 브리인ᄃᆡ 업스니(法華6:158).
브리지 (bridge) 명 ①☞가공 의치(架工義齒). ②현악기의 기러기발. ③전기의 저항 빈도 등을 재는 장치. ④레슬링에서, 누워서 머리와 발로 몸을 버티어 폴(fall)을 막는 방법.
브리타니아^합금 (Britannia合金) [-끔] 명 주석·구리·안티몬에 아연을 조금 섞어 만든 합금.
브리ː핑 (briefing) 명하타 어떤 일에 대한 배경이나 사정·상황 따위를 간단하게 설명함, 또는 그 설명. ¶ 신임 장관에게 업무를 브리핑하다.
브릴란테 (brillante 이) 명 악보의 나타냄말. '화려하게'의 뜻.
브릴리언트 (brilliant) 명 영문 활자의 크기를 나타내는 호칭의 한 가지. 약 3.5포인트 크기의 아주 작은 활자.
브ᅀᅥㄱ 명 〈옛〉 부엌. ¶ 브ᅀᅥㄱ 듀:厨(訓蒙中9).
브ᅀᅥᆸ 명 〈옛〉 부엌. ¶ 곳다온 브ᅀᅥᆸ과 소나못 길흔 서늘호미 ᄒᆞᆫ가지로다(杜初9:30).
브ᅀᅳ름 명 〈옛〉 부스럼. ¶ ᄭᅮ메 모맷 브ᅀᅳ르믈 보아(圓覺上二之一51).
브이시ː아ː르 (VCR) 명 비디오카세트리코더(video cassette recorder).
브이아이피ː (VIP) 명 (정부 요인이나 국빈과 같이) 특별하게 대우해야 할 중요 인물. ¶ 브이아이피 대접을 받다. [very important person]
브이에이치에프 (VHF) 명 '초단파(超短波)'의 정식 주파수 구분상의 일컬음. [very high frequency]
브이오ː에이 (VOA) 명 미국의 대외(對外) 라디오 방송인 '미국의 소리' 방송. [Voice of America]
브이제이 (VJ) 명 비디오자키(video jockey).
브이티ː아ː르 (VTR) 명 비디오테이프리코더(video tape recorder).
브즈러니 부 〈옛〉 부지런히. ¶ 브즈러니 닷가 므르디 아니홀 씨오(月釋2:37).
브터 조 〈옛〉 부터. ¶ 처섬브터 다시 始作홀씨(月釋2:62). /진실로 아힛 적브테니(杜初8:64).
브텨쓰다 타 〈옛〉 붙여 쓰다. 부서(附書)하다. ¶ ㆍ와 ㅡ와 ㅗ와 ㅜ와 ㅛ와 ㅠ와란 첫소리 아래 브텨쓰고(訓諺).
브티다 타 〈옛〉 붙이다. 부치다. ¶ 브틸 텹:帖(訓蒙上35).
븓긧고 타 〈옛〉 〔'븥다'의 활용형〕 붙게끔. 의지하게 되라고. ¶ 사름마다 수비 아라 三寶애 나ᅀᅡ가 븓긧고 ᄇᆞ라노라(釋譜序6).
븓들이다 자 〈옛〉 붙들리다. ¶ 經文에 븓들인 病이라(月釋序23).

븓동기다타 〈옛〉 붙당기다. ¶ 므슴 자최예 븓동기디 아니ᄒᆞ리니(月釋*18:63*).

블명 〈옛〉 불. ¶ 블 ᄆᆞ티 다라나ᄂᆞᆫ 거실씨(月釋*1:18*). /블 화:火(訓蒙下*35*).

블곶명 〈옛〉 불꽃. ¶ 블곶 염:焰(類合下*54*). 참븘곶.

블딛다자 〈옛〉 불때다. ¶ 블디들 찬:爨(訓蒙下*12*). /몸소 블딛기ᄅᆞᆯ 잡드러(小解五*79*).

블라우스(blouse)명 여자나 어린아이가 입는, 셔츠와 비슷한 윗옷.

블라인드(blind)명 창문에 달아 햇빛을 가리는 물건.

블랙-리스트(blacklist)명 주의나 감시를 필요로 하는 인물을 적은 명부(名簿). ¶ 블랙리스트에 오르다.

블랙-마켓(black market)명 암시장(暗市場).

블랙-박스(black box)명 ①항공기의 속도·가속도·고도·방위 등이 저절로 기록되는 장치. 항공기 사고의 원인을 밝히는 데 중요한 구실을 함. ②지하 핵 실험 탐지용 지진계.

블랙-커피(black coffee)명 설탕과 크림을 넣지 않은 커피. ¶ 블랙커피를 즐겨 마시다.

블랙^코미디(black comedy)명 어두운 느낌을 자아내는, 잔혹하고 통렬한 풍자를 내용으로 하는 희극.

블랙-홀(black hole)명 항성이 진화의 최종 단계에서 폭발한 결과, 초고밀도·초강중력을 갖게 되어 빛이나 물체 따위가 그곳으로 들어가면 탈출할 수 없다는 가설적인 우주 영역.

블랭킷^에어리어(blanket area)명 〔담요로 덮인 지역이라는 뜻으로〕 방송국 주변이나 송신소 근처의, 전파가 약해지는 지역. 〔이 지역에서는 라디오가 들리지 않음.〕

블레이저-코트(blazer coat)명 밝고 화려한 빛깔의 플란넬로 낙낙하게 만든 양복 모양의 윗옷. 평상복 또는 운동선수의 유니폼용으로 쓰임.

블로ː그(blog)명 개인이 자신의 관심사에 따라 자유롭게 칼럼, 일기, 취재 기사 따위를 올리는 웹 사이트. [web+log]

블로킹(blocking)명하타 ①농구에서, 상대 선수의 앞길을 방해하는 일. ②배구에서, 상대편의 스파이크를 네트 앞에서 점프하여 두 손으로 막는 일. ③권투에서, 상대편의 공격을 팔·팔꿈치·어깨 등으로 막는 일.

블로ː홀ː(blowhole)명 가스에 의하여 생긴, 용접 금속 내의 공동(空洞). 〔용접부를 약화시키는 원인이 됨.〕

블록(bloc)명 정치나 경제상의 목적을 위하여 결합한, 단체나 국가 등의 집단. ¶ 사회주의 국가끼리 블록을 형성하다.

블록(block)명 ①길에 깔거나 벽 등을 쌓는 데 쓰는, 벽돌 모양의 콘크리트 덩이. ②시가지 따위의 구획. ¶ 한 블록을 더 걸어가시면 찾으시는 건물이 있습니다. ③쌓아 올리도록 만든 장난감. ④컴퓨터에서, 하나의 단위로서 다룰 수 있는 문자, 워드, 레코드의 집합.

블록^건ː축(block建築)명 콘크리트 블록을 모르타르로 접합시키면서 쌓아 올려 지은 건축물.

블록^경제(bloc經濟)명 광역 경제(廣域經濟).

블록ː-버스터(blockbuster)명 상업적으로 큰 성공을 거두기 위하여, 막대한 돈을 들여서 만든 대작. 특히, 대작 영화를 이름.

블론드(blond)명 금빛 머리털, 또는 그런 머리털을 가진 여자. 금발(金髮).

블루ː-라운드(Blue Round)명 각국의 근로 조건을 국제적으로 개선하고 표준화하기 위하여 노동 문제를 국제 무역 거래와 연계하여 벌이는 다자간 협상.

블루ː머(bloomer)명 ①스커트가 달리고 발목을 매게 되어 있는, 한복 바지와 비슷한 여자용 바지. ②무릎 위나 밑에서 고무줄로 졸라 매는 여자용 운동 팬츠.

블루ː벨트(blue belt)명 청정 수역(清淨水域).

블루ː스(blues)명 (미국의 흑인 음악에서 비롯된) 4박자 또는 2박자의 애조(哀調)를 띤 춤곡, 또는 그에 맞추어 추는 춤.

블루ː-진(blue jeans)명 청바지.

블루ː-칩(blue chip)명 주식 시장에서, 자본금 규모가 크며 성장성·수익성·안정성 면에서 한 나라를 대표하는 대형 우량주를 이르는 말.

블루ː-칼라(blue-collar)명 〔흔히 푸른 빛깔의 작업복을 입은 데서〕 육체 노동자. 생산 노동자. 참화이트칼라.

블루ː^필름(blue film)명 비밀 경로를 통하여 보여 주는 외설 영화.

블븓다자 〈옛〉 불이 붙다. ¶ 블브를 료:燎(訓蒙下*35*). /블브틀 연:燃(類合下*52*).

블뙤다자 〈옛〉 불 쬐다. ¶ 블뙬 비:焙(訓蒙下*13*).

븕나모명 〈옛〉 붉나무. ¶ 븕나모 겁질을 달혀(救荒*2*).

븕다형 〈옛〉 붉다. ¶ 블근 새 그를 므러(龍歌*7*章). /블글 적:赤(訓蒙中*30*). 참붉다².

븘곶명 〈옛〉 불꽃. ¶ 바미 오라니 븘고지 기우도다(杜初*23:53*).

븘나올명 〈옛〉 심지. 불꽃. ¶ 븘나오리 빗나 부러도 어루 ᄣᅳ디 몯ᄒᆞ리니(金三*3:29*).

븟곳명 〈옛〉 불꽃. ¶ 븟곳 염:燄(訓蒙下*35*). 참븘곶.

븟그리다자 〈옛〉 부끄러워하다. ¶ 븟그릴 슈:羞(類合下*32*). 참붓그리다.

븟나올명 〈옛〉 심지. 불꽃. ¶ 븟나올 주:炷(訓蒙下*35*). 참븘나올.

븟다¹[브ᅀᅥ·브ᅀᅳᆯ]자ㅅ 〈옛〉 붓다¹. ¶ 머리와 ᄂᆞᆾ과 븟거든(救簡*1:30*). /브ᅀᅳᆯ 죵:腫(訓蒙中*35*).

븟다²[브ᅀᅥ·브ᅀᅳᆯ]타ㅅ 〈옛〉 붓다³. ¶ 香油를 븟고(法華*6:141*). /브ᅀᅳᆯ 주:注(訓蒙下*11*).

븥다¹자 〈옛〉 붙다. ¶ 附ᄂᆞᆫ 브틀씨라(訓諺).

븥다²자 〈옛〉 불붙다. ¶ 브틀 분:焚(訓蒙下*35*).

븥다³타 〈옛〉 의지하다. ¶ 어버ᅀᅵ 여희오 ᄂᆞ미그에 브터 사로ᄃᆡ(釋譜*6:5*).

븨다형 〈옛〉 비다. ¶ 븬 곳에 大吉利라 쓰거나(朴解上*55*). /繡幕이 븨여 잇다(鄭澈.思美人曲). 참뷔다¹.

비¹명 먼지나 쓰레기 따위를 쓸어 내는 데 쓰는 청소 도구. 짚·싸리 따위로 만듦. 빗자루.

비²명 ①대기 중의 수증기가 식어서 물방울이 되어 땅 위로 떨어지는 것. ②화투짝의 한 가지. 비〔雨〕를 그린, 12월을 상징하는 딱지.

비 온 뒤에 땅이 굳어진다속담 풍파를 겪은 뒤에 일이 더 든든해진다는 말.

비가 오나 눈이 오나관용 어려움이 커도 언제나 한결같이. ¶ 부모는 비가 오나 눈이 오나 자식을 걱정한다.

비 오듯 하다관용 ①화살이나 총알 따위가 많이 날아오거나 떨어지다. ②눈물·땀 따위가 많이 쏟아지다. ¶ 슬픔에 눈물이 비 오듯 하였다.

비ː(比)¹명 ①어떤 양이 다른 양의 몇 배에 해당하는가를 보이는 관계. ②〈비례〉의 준말. ③〈비율〉의 준말.

비ː(比)²명 〈비괘(比卦)〉의 준말.

비ː(妃)명 ①임금의 아내. 왕비. ②황태자의 아내. ②태자비.

비ː(否)명 〈비괘(否卦)〉의 준말.

비ː(非)명 그름. 도리에 어긋남. ¶ 그 사건의 시와 비를 가리다. ↔시(是).
비ː(脾)명 〈비장(脾臟)〉의 준말.
비(碑)명 (어떤 인물이나 공적을 기념하기 위하여) 돌에 글자를 새겨서 세워 놓은 물건. 비석.
비ː(賁)명 〈비괘(賁卦)〉의 준말.
비-(非)접두 《일부 한자어 앞에 붙어》 부정(否定)의 뜻을 나타냄. ¶ 비능률. /비무장. /비폭력.
-비(費)접미 《일부 한자어 뒤에 붙어》 '비용'의 뜻을 나타냄. ¶ 교통비. /재료비. /접대비. /하숙비.
비ː가(比價)[-까]명 다른 것과 비교한 가치 또는 가격. ¶ 보리의 쌀에 대한 비가.
비ː가(悲歌)명 슬픔을 나타낸 시가(詩歌). 애조를 띤 노래. 애가(哀歌). 엘레지.
비ː-가시광선(非可視光線)명 사람의 눈에 보이지 않는 복사선의 하나. 〔자외선·적외선 따위.〕 ↔가시광선.
비ː가역^변ː화(非可逆變化)[-뼌-]명 가역 변화가 아닌 변화. 〔열의 전도·마찰·확산 따위.〕
비각명 (물과 불의 관계처럼) 서로 상극이 되는 일.
비ː각(祕閣)명 중요 문서 따위를 깊이 간직해 두던 궁중의 서고(書庫). 비부(祕府).
비각(碑閣)명 안에 비를 세워 놓은 집.
비갈(碑碣)명 비(碑)와 갈(碣).
비ː감(悲感)명하형 슬픈 느낌. 슬픈 감회. ¶ 비감에 잠기다. **비감-히**부.
비ː강(粃糠)명 ①쭉정이와 겨. ②변변치 못한 음식. ③하찮은 물건.
비ː강(鼻腔)명 콧구멍에서 인두(咽頭)에 이르기까지의 빈 곳. 콧속.
비ː강-진(粃糠疹)명 피부에 생기는 쌀겨 비슷한 비늘, 특히 머리 부분의 비듬을 이름.
비ː개(悲慨)명하타 슬퍼하고 개탄함.
비-개석(碑蓋石)명 비신(碑身) 위에 올려놓은 지붕 모양의 돌. 가첨석(加檐石).
비거(飛去)명하자 날아가 버림. 날아감.
비거(飛車)명 공중을 날아다니는 수레. 〔임진왜란 때 정평구(鄭平九)가 발명했다고 함.〕
비ː거(備擧)명하타 빠짐없이 갖춤.
비거(vigour)명 설탕이나 엿에 우유와 향료를 넣어서 만든 과자.
비ː거도-선(鼻居刀船·鼻艍舠船)명 ☞거도선.
비-거리(飛距離)명 ①야구나 골프에서, 친 볼이 날아간 거리. ②스키의 점프 경기에서, 점프대에서 착지한 지점까지의 거리.
비-거스렁이명하자 비가 갠 뒤에 바람이 불고 기온이 낮아지는 일.
비ː-거주자(非居住者)명 ①국내에 주소·거소를 두지 아니한 사람. ②거주자가 아닌 사람으로서 국내 원천 소득이 있는 개인.
비ː거주^지역(非居住地域)명 지구 위에서, 사람이 영속적으로 살 수 없는 지역.
비걱부하자타 크고 단단한 물건이 서로 닿아 갈려서 나는 소리. 작배각. 센삐걱. **비걱-비걱**부하자타.
비걱-거리다[-꺼-]자타 자꾸 비걱비걱하다. 비걱대다. ¶ 비걱거리는 층계를 밟고 올라가다. 작배각거리다.
비걱-대다[-때-]자타 비걱거리다.
비겁(卑怯) '비겁하다'의 어근.
비ː겁-하다(卑怯-)[-거파-]형여 ①겁이 많다. ②하는 짓이 버젓하지 못하고 야비하다. ¶ 비겁한 행동.
비게-질명하자 말이나 소가 가려운 곳을 긁느라고 나무나 바위 같은 데에 몸을 대고 비비는 짓.
비겨미명 쟁기 따위의 봇줄이 소의 뒷다리에 닿지 않게 하려고, 두 끝을 턱이 지게 하여 봇줄에 꿰는 막대.
비격(飛檄)명하자되자 급히 격문(檄文)을 돌림, 또는 그 격문.
비격-진천뢰(飛擊震天雷)[-찐철뢰/-찐철뤠]명 조선 선조 때, 화포공(火砲工) 이장손(李長孫)이 발명한 폭탄. 〔임진왜란 때 크게 활용되었음.〕 진천뢰.
비ː견(比肩)명하자되자 〔어깨를 나란히 한다는 뜻으로〕 낫고 못함이 없이 서로 비슷함. 병견(竝肩). ¶ 그와 비견할 만한 사람이 없다.
비ː견(鄙見)명 자기의 의견이나 소견을 겸손하게 이르는 말.
비ː결(祕訣)명 ①(무슨 일을 하는 데 있어) 남이 알지 못하는 가장 효과적인 방법. ¶ 성공의 비결. ②예언이나 점괘 따위를 상징적으로 적은 글이나 책. 비약(祕鑰). 비요(祕要). ¶ 토정(土亭)비결.
비ː결(祕結)명 ☞변비(便祕).
비ː-결정론(非決定論)[-쩡논]명 인간의 의지는 어떤 다른 원인에 제약받지 않고 자율적으로 결정할 수 있다고 주장하는 학설. 자유 의지론. ↔결정론.
비ː-결정질(非結晶質)[-쩡-]명 일정한 모양이나 구조를 가지지 아니하는 고체. 준비정질.
비ː경(祕境)명 ①신비스러운 곳. ②사람이 가본 적이 거의 없는, 알려지지 아니한 지역. ③경치가 빼어나게 아름다운 곳. ¶ 금강산의 비경.
비ː경(悲境)명 슬픈 경우. 불행한 처지.
비ː경(鼻鏡)명 콧구멍 안을 진찰할 때 쓰는, 자루 끝에 반사경을 붙인 의료 기구.
비경이명 베틀의 잉아와 사침대 사이에 있어 날실을 걸치게 되어 있는 기구. 세 개의 가는 나무오리로 얼레 비슷하게 벌려서 만들었음. 삼각(三脚).
비계[1][-계/-게]명 돼지 따위의 가죽 안쪽에 두껍게 붙은 기름의 켜. 돈지(豚脂). 비곗살. ¶ 비계 한 점.
비계[2][-계/-게]명 건축 공사 등에서, 높은 곳에서 일을 할 수 있도록 긴 나무나 쇠 파이프 등으로 가로세로 얽어서 만든 시설.
비ː계(祕計)[-계/-게]명 ①남몰래 꾸며 낸 꾀. ②(혼자만 아는) 신묘한 계책.
비ː계(祕啓)[-계/-게]명하타 ☞밀계(密啓).
비계-목(-木)[-계-/-게-]명 건축 공사 등에서, 비계를 매는 데 쓰는 가늘고 긴 통나무.
비곗-덩어리[-계떵-/-겐떵-]명 ①돼지 따위에서 뭉쳐진 비계. ②'몹시 살찐 사람'을 비유하여 이르는 말.
비곗-살[-계쌀/-겐살]명 ①☞비계[1]. ②'사람의 통통한 살'을 낮잡아 이르는 말.
비ː고(祕庫)명 다른 사람이 보아서는 안 될 귀중한 물건을 감추어 두는 곳집. 비부(祕府).
비ː고(備考)명 ①참고하기 위해 갖추어 둠. ②어떤 내용에 참고가 될 만한 사항을 덧붙여 적음, 또는 덧붙인 그 사항.
비ː고-란(備考欄)명 비고 사항을 적기 위하여 마련한 난. ¶ 비고란에 참석 여부를 표시하다.
비고로사멘테(vigorosamente 이)명 악보의 나타냄말. '힘차게'·'씩씩하게'의 뜻.
비ː곡(祕曲)명 특별한 집안이나 특별한 사람에게만 전수되어 내려온 악곡.
비ː곡(悲曲)명 슬픈 곡조. 비조(悲調).
비곤(憊困) '비곤하다'의 어근.

비ː곤-하다(憊困-)형여 지쳐서 고단하다.
비ː골(腓骨)명 ☞종아리뼈.
비ː골(鼻骨)명 ☞코뼈.
비ː골(髀骨)명 ☞넓적다리뼈.
비ː공(鼻孔)명 ☞콧구멍.
비ː-공개(非公開)명하타되자 공개하지 않음. ¶ 비공개 회담. /비공개 자료.
비ː-공식(非公式)명 공식이 아니고 사사로움. ¶ 비공식 회견.
비ː공식-적(非公式的)[-쩍]관명 공식이 아니고 사사로운 (것). ¶ 비공식적 모임. /비공식적인 방법.
비ː과세^소ː득(非課稅所得)명 사회적인 고려나 과세 기술상의 요청에 따라 세금을 매기지 않는 소득. 〔어린이 저금의 이자, 국가 유공자의 연금 따위.〕
비ː관(祕關)명 몰래 보내는 관문(關文).
비ː관(悲觀)명 ①하타 일이 뜻대로 되지 않아 슬퍼하거나 실망함. ¶ 세상을 비관하다. ②인생은 괴로움과 악뿐이므로 바랄 것이 없다는 염세관. ↔낙관.
비ː관-론(悲觀論)[-논]명 사물의 어두운 면만을 보고, 어떤 일에도 희망을 갖지 않는 염세적인 이론. ↔낙관론.
비ː관론-자(悲觀論者)[-논-]명 모든 일에 비관론을 앞세우는 사람. ↔낙관론자.
비ː관세^장벽(非關稅障壁)명 정부가 관세 이외의 방법으로 외래품을 차별하는 일. 〔수입 수량의 제한, 수출 보조금의 지급 따위가 이에 해당함.〕
비ː관-적(悲觀的)관명 일이 잘 풀리지 않고 앞날에 희망이 없는 것으로 생각하는 (것). ↔낙관적.
비ː괘(比卦)명 육십사괘의 하나. 감괘(坎卦)와 곤괘(坤卦)가 거듭된 것. 땅 위에 물이 있음을 상징함. 준비(比)[2].
비ː괘(否卦)명 육십사괘의 하나. 건괘(乾卦)와 곤괘(坤卦)가 거듭된 것. 하늘과 땅이 서로 사귀지 못함을 상징함. 준비(否).
비ː괘(賁卦)명 육십사괘의 하나. 간괘(艮卦)와 이괘(離卦)가 거듭된 것. 산 밑에 불이 있음을 상징함. 준비(賁).
비ː괴(匪魁)[-괴/-궤]명 비적(匪賊)의 괴수.
비ː교(比較)명하타되자 (둘 이상의 사물을) 서로 견주어 봄. 비량(比量). ¶ 누구와도 비교가 안 될 만큼 경험이 풍부하다. /품질을 비교하다.
비교(飛橋)명 매우 높게 걸린 다리.
비ː교(祕敎)명 ①☞밀교(密敎). ②비밀의 의식을 존중하는 종교.
비ː교격^조ː사(比較格助詞)[-껵쪼-]명 체언이나 용언의 명사형 뒤에 붙어서 그것과 다른 것을 서로 견줌을 나타내는 격조사. 〔'과'·'와'·'같이'·'만큼'·'보다'·'처럼'·'하고' 따위.〕 견줌자리토씨.
비ː교^문법(比較文法)[-뻡]명 같은 계통에 딸린 두 가지 이상의 언어를 대상으로 하여, 그 언어 사이의 친연 관계(親緣關係) 따위를 비교·연구하는 학문.
비ː교^문학(比較文學)명 두 나라 이상의 문학을 비교하여 서로의 문학 양식·사상·조류·영향 관계 등을 과학적·실증적으로 연구하는 학문.
비ː교^언어학(比較言語學)명 언어학의 한 분야. 같은 계통에 딸린 두 가지 이상의 언어의 구조를 비교하여, 서로의 계통적 관계나 변천·발달 등을 연구함.
비ː교^연ː구(比較研究)명 둘 이상의 사물을 비교하여 서로의 같고 다름, 또는 관련이나 계통을 밝히는 일.
비ː-교인(非教人)명 교인이 아닌 사람.
비ː교-적(比較的) Ⅰ부 일반적인 기준에 견주어 보아서. ¶ 비교적 자세히 나타나 있다. /비교적 쉬운 문제.
Ⅱ관명 일반적인 기준에 견주어 보는 (것). ¶ 비교적 고찰. /비교적인 관점.
비ː교전^상태(非交戰狀態)명 직접 교전은 하지 않으나 교전 당사국의 어느 한쪽을 도움으로써 다른 당사국과 대치하고 있는 긴장 상태.
비ː-교전자(非交戰者)명 전장(戰場)에 나가 있으나 직접 전투에는 참가하지 않는 사람. 〔신문 기자·의무 요원·군목(軍牧) 따위.〕
비ː교-표(比較表)명 어떤 일의 내용이나 결과를 비교하여 나타낸 표.
비ː구(比丘)명 출가하여 구족계(具足戒)를 받은 남자 중. 비구승. 높대사문.
비구(飛球)명 ☞플라이 볼.
비ː구(髀臼)명 골반의 바깥쪽 아래에 있는, 궁둥이뼈의 일부인 오목한 부분. 〔넓적다리뼈의 머리가 물려서 비구관절을 이룸.〕 관골구(髖骨臼).
비ː구-관절(髀臼關節)명 비구에 대퇴골의 머리가 물려서 된 관절. 고관절(股關節).
비ː구-니(比丘尼)명 출가하여 구족계(具足戒)를 받은 여자 중. 이승(尼僧).
비-구름명 ①비를 머금은 검은 구름. ②'난층운(亂層雲)'의 딴 이름.
비ː-구상(非具象)명 구상적인 대상을 도외시하고 직관이나 상상으로 자유로이 표현하려고 하는 예술의 한 경향. 참추상(抽象).
비ː구-승(比丘僧)명 ☞비구. ↔대처승.
비ː-군사화(非軍事化)명하타되자 군사적인 것이 되지 않게 함. 군사적인 목적이나 성격을 없앰. ¶ 원자력을 비군사화하다.
비ː굴(卑屈)명하형스형 용기가 없고 비겁함. 줏대가 없고 품성이 천함. ¶ 비굴한 행동. 비굴-히부. 비굴스레부.
비ː궁(祕宮)명 비밀의 궁전, 또는 신비에 싸여 있는 궁전.
비궁(匪躬)명하자 (임금이나 나라를 위하여) 몸을 돌보지 않고 충성을 다함.
비ː극(悲劇)명 ①인생의 불행이나 슬픔을 제재로 하여 슬픈 결말로 끝맺는 극. ↔희극(喜劇). ②매우 비참한 사건. ¶ 남북 분단의 비극. /비극이 일어나다.
비ː-극영화(非劇映畫)[-긍녕-]명 극영화가 아닌 영화. 〔기록 영화·과학 영화·교육 영화 따위.〕
비ː극-적(悲劇的)[-쩍]관명 비극과 같이 슬프고 비참한 (것). ¶ 비극적 결말./비극적 운명./비극적인 내용.
비근(卑近) '비근하다'의 어근.
비ː근(鼻根)명 불교에서 이르는 육근(六根)의 하나. 후각 기관인 '코'를 이르는 말.
비근-거리다자 자꾸 비근비근하다. 비근대다. ¶ 비근거리는 상자.
비근-대다자 비근거리다.
비근-비근부하자 물건의 사개가 느즈러져서 이리저리 흔들리는 모양.
비ː근-하다(卑近-)형여 (늘 보고 들을 수 있을 정도로) 흔하고 가깝다. 《주로, '비근한'의 꼴로 쓰임.》 ¶ 비근한 예(例).
비금(飛禽)명 날아다니는 새. 날짐승.

비금-비금부하형 서로 비슷비슷한 모양.
비ː-금속(非金屬)명 금속의 성질을 가지지 아니하는 물질을 통틀어 이르는 말. 〔일반적으로 전기나 열의 전도성이 나쁘고 금속광택을 지니지 아니함.〕 ¶ 비금속 광물.
비ː-금속(卑金屬)명 공기 중에서 산화(酸化)하기 쉬운 금속을 통틀어 이르는 말. 〔아연·알루미늄·주석 따위.〕 ↔귀금속.
비ː금속-광택(非金屬光澤)[-꽝-]명 금속의 광택이 아닌 광택을 통틀어 이르는 말. 〔유리의 광택, 수지(樹脂)의 광택 따위.〕
비ː금속^원소(非金屬元素)명 금속 원소가 아닌 원소를 통틀어 이르는 말. 〔산소·수소·질소·탄소 따위.〕 ↔금속 원소.
비금-주수(飛禽走獸)명 날짐승과 길짐승. 준비주(飛走).
비ː급(備急)명하타 급할 때 쓰려고 준비함, 또는 그 준비.
비-긋다[-귿따]자ㅅ 비를 잠시 피하여 그치기를 기다리다.
비ː기(丕基)명 군왕(君王)이 한 나라를 다스리는 큰 기업(基業).
비ː기(肥己)명하자 〈비기윤신〉의 준말.
비기(飛騎)명 썩 날랜 기병(騎兵).
비ː기(祕記)명 ①길흉이나 화복 따위를 예언한 기록. ②비밀히 기록함, 또는 그런 기록.
비ː기(祕機)명 ①심오하여 쉽게 짐작할 수 없는 중요한 일. ②비밀의 기계(機械).
비ː기(祕器)명 ①상례(喪禮)에 쓰는 기구. ②비밀의 도구. 비장의 무기.
비기다[1]자타 ①빗대어 말하다. 비유하다. ¶ 군자의 마음을 흔히 맑은 물에 비긴다. ②견주어 보다. 비교하다. ¶ 네 실력은 그 사람과 비길 바가 못 된다. /옆집 아저씨는 비길 데 없이 선량한 사람이다.
비기다[2] Ⅰ자타 (서로 어금지금하여) 승부를 내지 못하다. 무승부가 되다. ¶ 결승에서 비기다. /바둑을 비기다. 준빅다.
Ⅱ타 줄 것과 받을 것을 서로 에우다. ¶ 서로 주고받을 것을 비기다. 준빅다.
비기다[3]자 비스듬히 기대다. ¶ 난간에 비기어 서서 먼 산을 바라보다.
비기다[4]타 뚫어진 구멍에 다른 조각을 붙여 때우다. ¶ 양말 구멍에 헝겊을 비겨 꿰매다.
비기다타〈옛〉의지하다. 기대다. ¶ 턱 밧고 비겨시니 鴦衾도 ᄎᆞ도ᄎᆞᆯ샤(鄭澈.思美人曲).
비ː기-윤신(肥己潤身)명하자 제 몸만을 이롭게 함. 준비기.
비ː기지욕(肥己之慾)명 제 몸만을 이롭게 하려는 욕심.
비김-수(-手)[-쑤]명 바둑이나 장기에서, 서로 비기게 되는 수. 준빅수.
비껴-가다자타 ①비스듬히 스쳐 지나다. ¶ 공이 골대를 살짝 비껴갔다. ②어떤 감정, 표정, 모습 따위가 잠깐 스쳐 지나가다. ¶ 후회하는 빛이 그의 눈가를 비껴갔다.
비껴-들다[1][~드니·~들어]자타 비스듬히 들다. ¶ 차가운 햇살이 벽 틈으로 비껴들었다.
비껴-들다[2][~드니·~들어]타 엇비스듬하게 위로 쳐들다. ¶ 총을 비껴들다.
비껴-쓰다[~쓰니·~써]타 모자 따위를 옆이나 뒤로 비스듬히 쓰다.
비ː-꼬다타 ①(끈 따위를) 비틀어서 꼬다. ②몸을 비비 틀다. ¶ 몸을 비꼬며 애교를 떨다. ③(남의 결점 같은 것을) 바로 들어 말하지 않고 에둘러서 빈정거리다. ¶ 그는 항상 남의 말을 비꽈서 듣는다. 준꼬다.
비ː꼬-이다자 ①〖'비꼬다'의 피동〗 비틀려 꼬여지다. ¶ 비꼬인 성격. ②일이 제대로 풀리지 아니하고 잘못되어 가다. ¶ 아침부터 하는 일마다 비꼬인다. 준비꾀다.
비ː꾀다[-꾀-/-꿰-]자 〈비꼬이다〉의 준말.
비꾸러-지다자 ①몹시 비뚤어지다. ②그릇된 방향이나 딴 데로 벗어져 나가다. ¶ 계획이 비꾸러지다. 센삐꾸러지다.
비끄러-매다타 서로 떨어지지 않게 붙잡아 매다. ¶ 고삐를 기둥에 비끄러매다.
비끗[-끋]부 ①하자 물건의 사개가 꼭 들어맞지 않고 어긋나는 모양. ②하자 일이 잘못되어 어긋나는 모양. ¶ 비끗 잘못하면 비밀이 탄로 난다. ③하자타 팔이나 다리를 접질리는 모양. ¶ 발목을 비끗하다. 작배끗. 센삐끗. **비끗-비끗**부하자.
비끗-거리다[-끋꺼-]자 자꾸 비끗비끗하다. 비끗대다. 작배끗거리다.
비끗-대다[-끋때-]자 비끗거리다.
비끼다 Ⅰ자 ①비스듬히 놓이거나 늘어지다. ②비스듬히 비치다. ¶ 저녁놀이 비끼다. ③얼굴에 어떤 표정이 잠시 드러나다. ¶ 입가에 차가운 웃음이 비꼈다.
Ⅱ타 비스듬히 놓거나 차거나 하다. ¶ 고개를 비낀 채 앉아 있다.
비나리명 아첨을 하면서 남의 비위를 맞춤. ¶ 비나리를 치다.
비ː난(非難)명하타 (남의 잘못이나 흠 따위를) 책잡아 나쁘게 말함. ¶ 비난을 퍼붓다.
비ː-내구재(非耐久財)명 (견딜 힘이 약하거나 변질되거나 하여) 오래도록 쓸 수 없는 재(財). ↔내구재.
비ː너스(Venus)명 로마 신화에서의, 미(美)와 사랑의 여신. 〔그리스 신화의 아프로디테에 해당함.〕
비녀명 쪽 찐 머리가 풀어지지 않도록 꽂는 여자의 장신구. 잠(簪).
비녀(婢女)명 계집종.
비녀-장명 ①바퀴가 빠지지 않도록 굴대 머리 구멍에 지르는 큰 못. ②인방(引枋) 따위가 물러나지 않도록 기둥과 인방 머리를 얼러서 구멍을 내뚫고 꽂는 나무못. 잠(簪).
비ː년(比年)명 가까운 해. 근년(近年).
비ː노동력^인구(非勞動力人口)[-녀긴-]명 생산 연령 가운데, 통학·질병·가사 등으로 인하여 실제로는 노동 시장에 나타나지 않는 인구.
비노리명 볏과의 일년초. 양지바른 길가에 나는데, 높이 25 cm가량. 여름에 긴 타원형의 녹색 또는 보라색의 작은 꽃이 핌. 사료 식물임.
비ː-논리적(非論理的)[-놀-]관명 논리적이 아닌 (것). 조리가 닿지 않는 (것). ¶ 비논리적 사고. /비논리적인 글.
비ː-농가(非農家)명 농촌에 살기는 하나, 농사를 짓지 않는 집.
비ː뇨-기(泌尿器)명 오줌의 생성과 배설을 맡은 기관(器官).
비ː뇨기^결핵(泌尿器結核)명 비뇨기에 생긴 결핵성 염증.
비ː뇨기-과(泌尿器科)[-꽈]명 비뇨기에 관한 질병을 연구·치료하는 의학의 한 분과.
비누명 때를 씻는 데 쓰는 세척제. 〔고급 지방산의 수용성 알칼리 금속염을 주제(主劑)로 하여 만듦.〕
비누-질명하자타 때를 씻기 위하여 비누를 문지르거나 골고루 칠하는 짓.

비누-화(-化)명하자타되자 ①지방을 가수 분해 하여 비누와 글리세린을 만드는 화학 변화. ②에스테르를 알코올과 산 또는 염(塩)으로 가수 분해 하는 반응. 감화(鹼化).

비눗-갑(-匣)[-누깝/-눋깝]명 비누를 담아 두는 갑.

비눗-기[-누끼/-눋끼]명 비눗물의 기운. ¶ 비눗기가 다 가시게 말끔히 헹구다.

비눗-물[-눈-]명 비누를 푼 물.

비눗-방울[-누빵-/-눋빵-]명 둥글둥글하게 방울이 진 비누 거품.

비뉘ᄒ다형 〈옛〉비리다. ¶ 어제 바ᄆ 東녁 ᄇᄅ미 피를 부러 비뉘ᄒ니(杜初8:2).

비늘명 ①어류나 파충류 따위의 표피를 겹쳐서 덮고 있는 얇고 단단한 딱지. ②물고기 비늘 모양의 물건을 통틀어 이르는 말.

비늘-구름명 '권적운(卷積雲)'의 딴 이름.

비늘-긁기[-글끼]명 생선의 비늘을 긁어 내는 데 쓰는, 쇠로 만든 기구.

비늘-김치명 김치의 한 가지. 무를 돌려 가며 칼로 깊이 에고, 그 틈에 김칫소를 넣어 통김치와 함께 담근 것.

비늘-눈[-룬]명 식물의 겉눈으로서 비늘잎에 싸여 있는 것을 이르는 말. 인아(鱗芽).

비늘-살명 (햇빛은 막고, 통풍은 잘 되게 하기 위하여) 문살을 일정한 간격으로 비늘처럼 비껴 짠 문.

비늘-잎[-립]명 땅위줄기의 밑동 등에 붙어 있는, 비늘 모양으로 변태한 잎. 겨울눈을 싸서 보호함. 인엽(鱗葉). *비늘잎이[-리피]·비늘잎만[-림-]

비늘-줄기명 식물의 땅속줄기의 한 가지. 땅속의 짧은 줄기의 둘레에 양분을 저장하여 두꺼워진 잎이 많이 붙어서 둥근 공 모양을 이룸. 〔나리·양파·수선화 따위에서 볼 수 있음.〕 인경(鱗莖).

비ː능률-적(非能率的)[-뉼쩍]관명 능률적이 아닌 (것). ¶ 비능률적 유통 단계. /비능률적인 방법.

비ː닉(庇匿)명하타 덮어서 감춤.

비ː닉(秘匿)명하타 몰래 감춤.

비닐(vinyl)명 아세틸렌을 주된 원료로 하는 합성수지. ¶ 비닐로 만든 우산.

비닐론(vinylon)명 비닐계(系) 수지(樹脂)로 만든 합성 섬유의 한 가지. 성질이나 감촉이 솜과 비슷하며, 마찰에 강하고 습기를 잘 흡수함. 옷감·그물 등에 쓰임.

비닐-봉지(vinyl封紙)명 비닐로 만든 봉지.

비닐^섬유(vinyl纖維)명 비닐 수지의 용액으로부터 만들어 낸 합성 섬유. 비스코스를 혼합해서 만든 것도 있으며, 내수성(耐水性)이 강함.

비닐^수지(vinyl樹脂)명 염화비닐 수지, 초산비닐 수지, 폴리비닐 알코올계(系) 수지 따위를 중합(重合)하여 얻는 '합성수지'를 통틀어 이르는 말.

비닐^인쇄(vinyl印刷)명 플라스틱 인쇄의 한 가지. 특수 잉크를 써서 비닐 시트, 비닐 필름 따위에 하는 인쇄.

비닐-판(vinyl板)명 비닐 계통의 수지(樹脂)를 재료로 하여 만든 레코드판.

비닐-하우스(vinyl+house)명 채소의 촉성 재배 또는 열대 식물을 가꾸기 위하여 비닐로 만든 온상. ¶ 비닐하우스에서 채소를 촉성 재배하다.

비닐-화(vinyl化)명 유기 화합물과 아세틸렌을 작용시켰을 때 비닐 유도체가 생기는 반응.

비ː다 Ⅰ자 ①속에 든 것이 없는 상태가 되다. ¶ 주머니가 비었다. ②가진 것이 없는 상태가 되다. ¶ 빈 몸으로 돌아오다. ③사람이 없는 상태가 되다. ¶ 텅 빈 집. ④그 자리를 차지하고 있는 것이 없는 상태가 되다. ¶ 빈 땅. ⑤아는 것이 없는 상태가 되다. ¶ 머리가 빈 사람. ⑥수량이나 액수가 모자라는 상태가 되다. ¶ 한 사람이 비다. /거스름돈에서 백 원이 빈다.
Ⅱ타 '비우다'의 잘못.

빈 수레가 요란하다속담 실속 없는 사람이 겉으로 더 떠들어 댄다.

비ː-다듬다[-따]타 곱게 매만져 다듬다. ¶ 머리를 비다듬다.

비단(飛湍)명 물살이 센 여울.

비ː단(緋緞)명 명주실로 두껍고 광택이 나게 짠 피륙을 통틀어 이르는 말. 견직물. 필백(疋帛). ¶ 비단 저고리. 준단(緞).

비단(非但)부 《주로 '아니다' 따위 부정하는 말 앞에 쓰이어》 '다만'의 뜻을 나타내는 말. ¶ 비단 건강에만 좋을 뿐 아니라….

비ː단-개구리(緋緞-)명 ☞무당개구리.

비ː단-결(緋緞-)[-껼]명 비단 바탕의 곱고 부드러운 결. ¶ 비단결이 곱다. /비단결 같은 마음씨.

비ː단-구렁이(緋緞-)명 보아과(科) 비단구렁이 아과(亞科)의 뱀. 몸길이 1.5~6.5 m. 몸빛은 담갈색 바탕에 누런 반문(斑紋)이 있음. 물가의 나무 위에 살며, 작은 동물이나 새를 잡아먹고, 한 배에 10~100개의 알을 낳음. 동남아시아 일대에 분포함. 비단뱀.

비ː단-길(緋緞-)[-낄]명 ☞실크 로드.

비-단백석(非蛋白石)[-썩]명 짙은 붉은빛의 반사광을 내는 단백석.

비-단백질(非蛋白質)[-찔]명 단백질이 아닌 물질.

비ː단-뱀(緋緞-)명 ☞비단구렁이.

비ː단-벌레(緋緞-)명 비단벌렛과의 곤충. 몸길이 3~4 cm로 길쭉하고, 몸빛은 금록색. 앞날개에 구릿빛의 굵은 세로줄이 있음. 유충은 감나무·벚나무 등의 줄기를 갉아 먹는 해충임. 우리나라·일본 등지에 분포함.

비ː단-보(緋緞褓)[-뽀]명 비단으로 만든 보.
비단보에 개똥〔똥 (싼다)〕속담 겉모양은 그럴듯하나 내용은 흉하고 추잡함을 이르는 말.

비ː단-신(緋緞-)명 양쪽 옆의 거죽을 비단으로 댄 신.

비ː단-실(緋緞-)명 ☞명주실. 견사(絹絲).

비ː단-옷(緋緞-)[-다녿]명 비단으로 지은 옷을 통틀어 이르는 말. 금의(錦衣). *비ː단옷이[-다노시]·비ː단옷만[-다논-]
비단옷 입고 밤길 가기속담 생색나지 않거나 보람 없는 일을 공연히 한다는 말.

비ː단-팥(緋緞-)[-팓]명 팥의 한 가지. 껍질이 조금 두꺼우며, 검붉은 빛에 검은 점이 어룽어룽 박혀 있음. *비ː단팥이[-파치]·비ː단팥을[-파틀]·비ː단팥만[-판-]

비ː단-풀(緋緞-)명 비단풀과의 홍조식물. 실처럼 가는 줄기는 10 cm가량 곧게 서고, 가지가 많이 갈라지며, 빛깔은 어두운 자줏빛임. 외양(外洋)의 바다 속에 나는데, 식용 또는 풀을 쑤는 재료로 쓰임.

비ː답(批答)명 신하의 상소(上疏)에 대한 임금의 하답(下答).

비ː당(備堂)명 조선 시대에, 비변사의 통정대부(通政大夫) 이상의 당상관을 일컫던 말.

비:대(肥大)명하형 ①살이 쪄서 몸집이 크고 뚱뚱함. ¶ 몸이 너무 비대하여 운신이 힘들다. ②권한이나 조직 따위가 필요 이상으로 큼. ¶ 비대한 조직.
비대(碑臺)명 비(碑)의 밑받침 돌.
비:-대다타 남의 이름을 빌려 대다. ¶ 친구를 비대어 부탁하다.
비:대발괄명하자타 딱한 사정을 하소연하며 간절히 청하여 빎. ¶ 못 보낸다는 것을 비대발괄하여 가까스로 허락을 받았다.
비:대-증(肥大症)[-쯩]명 신체 조직이나 장기의 일부가 병적(病的)으로 지나치게 커지는 증세.
비덕(非德)명하형 덕이 박함, 또는 그런 사람. ¶ 비덕한 사람.
비데(bidet 프)명 ①여성용 국부(局部) 세척기. ②물로 성기나 항문을 씻어 주는 기구. 주로 변기에 설치하는데, 대소변을 본 후 밸브를 누르면 변기 중앙의 분사구에서 물이 나옴.
비:도(非道)명 도리나 인정에 어긋남.
비:도(匪徒)명 ☞비적(匪賊).
비:도(悲悼)명하자 (사람의 죽음을) 슬퍼함.
비:도덕-적(非道德的)[-쩍]관명 도덕적이 아닌 (것). 도덕에 벗어나는 (것). ¶ 비도덕적 판단. /비도덕적인 행위.
비:도-산고(悲悼酸苦)명하형 (손아랫사람의 죽음을 당하여) 코허리가 시고 속이 쓰라리도록 몹시 슬픔. 준비산(悲酸).
비독(飛讀)명하타 여기저기 건너뛰어 읽음.
비동(飛棟)명 높은 용마루의 보.
비:-동맹국(非同盟國)명 ①동맹국이 아닌 나라. ②비동맹주의 정책을 펴고 있는 나라.
비:동맹-주의(非同盟主義)[-의/-이]명 동서 두 진영의 어느 쪽과도 동맹을 맺지 않고 중립국끼리 단결하여 평화를 지키려는 주의. 〔제2차 세계 대전 이후 아시아와 아프리카의 신생국 사이에서 일어난 외교 정책의 동향.〕
비두로기명 〈옛〉비둘기. ¶ 비두로기새는 우루믈 우르디 버곡댱이사 난 됴해(鄕樂.維鳩曲).
비두리명 〈옛〉비둘기. ¶ 우는 비두리와 삿기 치는 제비예(杜初6:13).
비둔(肥鈍) '비둔하다'의 어근.
비:둔-하다(肥鈍-)형여 ①몸이 뚱뚱하여 동작이 굼뜨다. ②옷을 두껍게 입어서 몸 놀리기가 자유롭지 못하다.
비둘기명 비둘기목(目)에 딸린 새를 통틀어 이르는 말. 야생종과 집비둘기로 크게 나뉨. 머리가 작고 둥글며 부리가 짧음. 성질이 순해 길들이기 쉽고, 날개의 힘이 강하여 멀리 날 수 있음. 귀소성(歸巢性)을 이용하여 원거리 통신에 쓰기도 하며, 예부터 평화를 상징하는 새로 여김.
비둘기-장(-欌)명 비둘기를 기르는 새장.
비둘기-파(-派)명 강경 수단을 피하고, 온건하게 사태에 대처하려는 사람들을 이르는 말. ↔매파.
비듬명 머리의 살갗에서 생기는 허연 잔 비늘. 〔각질화된 표피가 엷게 벗겨지는 것.〕 두구(頭垢). 풍설(風屑).
비듬-하다형여 〈비스듬하다〉의 준말. 작배듬하다. **비듬-히**부.
비등(比等) '비등하다'의 어근.
비:등(沸騰)명하자 되자 ①액체가 끓어오름. ②물 끓듯 세차게 일어남. ¶ 여론이 비등하다.
비등(飛騰)명하자 높이 날아오름. 비양(飛揚).
비:-등기선(非登記船)명 등기의 대상이 되지 아니하는 선박. 〔총톤수 20톤 미만의 선박 따위.〕 ↔등기선.
비:등-비등(比等比等)부하형 여럿이 다 비슷하게. ¶ 모두 비등비등해서 우열을 가리기 힘들다.
비:등-점(沸騰點)[-쩜]명 ☞비점(沸點).
비:등-천(沸騰泉)명 고온의 온천 가스와 수증기가 함께 분출하여, 뜨거운 물이 거품 모양으로 부글거리며 끓어오르듯 솟아 나오는 온천. 분등천.
비:등-하다(比等-)형여 견주어 보아 서로 비슷하다. ¶ 실력이 비등하다.
비디오(video)명 ①텔레비전에서, 음성에 대하여 '화상(畫像)' 부분을 이르는 말. ↔오디오. ②텔레비전의 영상 신호를 다루는 장치나 회로. ③〈비디오테이프리코더〉의 준말. ④〈비디오카세트리코더〉의 준말. ⑤〈비디오테이프〉의 준말.
비디오-디스크(videodisk)명 텔레비전의 영상 신호와 음성 신호를 녹화한 원반.
비디오^아:트(video art)명 비디오를 사용하여 제작한 영상 표현을 통틀어 이르는 말.
비디오-자키(video jockey)명 비디오 영상을 능숙하게 조작하여 일반인에게 소개하는 사람. 브이제이.
비디오-카세트(video cassette)명 영상을 기록하는 비디오테이프를 카세트 형태로 만든 영상 재생 장치.
비디오카세트-리코:더(video cassette recorder)명 비디오테이프리코더의 한 가지. 카세트로 된 비디오테이프를 사용함. 〔약호는 VCR〕 준비디오.
비디오-테이프(video tape)명 영상 신호나 음성 신호를 기록하기 위한 자기(磁氣) 테이프. 준비디오.
비디오테이프-리코:더(video tape recorder)명 화상 신호를 기록하고 재생하는 장치. 〔약호는 VTR〕 준비디오.
비디오텍스(videotex)명 전화 회선 등을 이용하여, 정보 센터의 컴퓨터에 기억된 문자나 도형 정보를 사무실 등의 텔레비전 화면이나 개인용 컴퓨터의 영상 표시 장치에 비치게 하는 장치.
비:-디프테리아(鼻diphtheria)명 디프테리아균의 비점막(鼻粘膜) 감염으로 생기는 병.
비딱-거리다[-꺼-]자 자꾸 비딱비딱하다. 비딱대다. 작배딱거리다. 센삐딱거리다.
비딱-대다[-때-]자 비딱거리다.
비딱-비딱[-삐-]부 ①하자 물체가 자꾸 이리저리 기울어지는 모양. ②하형 여러 개가 모두 비딱한 모양. 작배딱배딱. 센삐딱삐딱.
비딱-하다[-따카-]형여 ①물체가 한쪽으로 비스듬히 기울다. ¶ 모자를 비딱하게 쓰고 나가다. ②생각이나 행동 따위가 바르지 못하고 조금 비뚤어져 있다. ¶ 비딱한 행동. 작배딱하다. 센삐딱하다. **비딱-이**부.
비뚜로부 비뚤어지게. ¶ 줄을 비뚜로 서다. 작배뚜로. 센삐뚜로.
비뚜름-하다형여 한쪽으로 조금 비뚤어져 있다. ¶ 비뚜름하게 줄을 긋다. 작배뚜름하다. 센삐뚜름하다. **비뚜름-히**부 ¶ 모자를 비뚜름히 쓰다.
비뚝-거리다[-꺼-]자타 자꾸 비뚝비뚝하다. 비뚝대다. ¶ 수레바퀴가 비뚝거리며 굴러 가다. 작배뚝거리다. 센삐뚝거리다.
비뚝-대다[-때-]자타 비뚝거리다. ¶ 술에 취해 자꾸 비뚝대다.

비뚝-비뚝[-삐-]뷔 ①하자타 물체가 한쪽으로 기울어지며 흔들거리는 모양. ②하타 한쪽 다리가 짧거나 바닥이 고르지 못하여 비틀거리며 걷는 모양. 작배뚝배뚝. 센삐뚝삐뚝.
비뚤-거리다자타 자꾸 비뚤비뚤하다. 비뚤대다. 작배뚤거리다. 센삐뚤거리다.
비뚤다[비뚜니·비뚤어]형 ①물체가 반듯하지 못하고 한쪽으로 기울어지거나 쏠려 있다. ¶ 줄이 비뚤다. ②마음이 바르지 못하고 비꼬여 있다. ¶ 성격이 비뚤다. 작배뚤다. 센삐뚤다.
비뚤-대다자타 비뚤거리다.
비뚤-비뚤부하자타 ①물체가 자꾸 이리저리 기우뚱거리는 모양. ②물체가 이리저리 구부러지는 모양. 작배뚤배뚤. 센삐뚤삐뚤.
비뚤비뚤-하다형여 물체가 곧지 않고 이리저리 구부러져 있다. ¶ 줄이 비뚤비뚤하다. 작배뚤배뚤하다. 센삐뚤삐뚤하다.
비뚤어-지다자 ①반듯하지 못하고 한쪽으로 기울거나 쏠리다. ¶ 줄이 한쪽으로 비뚤어지다. ②마음이나 성격 따위가 바르지 못하고 비꼬이다. ¶ 성격이 비뚤어지다. ③성이 나서 뒤틀어지다. ¶ 그는 조그마한 일에도 잘 비뚤어진다. 작배뚤어지다. 센삐뚤어지다.
비뚤-이명 ①몸의 어느 부분이 비뚤어져 정상적인 자세가 아닌 사람. ②마음이 비뚤어진 사람. ③비탈진 땅. 센삐뚤이.
비:라리명 ①하타 구구한 말을 하며 남에게 무엇을 청하는 짓. 비라리청. ¶ 아무리 어려워도 남에게 비라리 치지는 않는다. ②하자 민속에서, 곡식이나 천 따위를 되도록 많은 사람으로부터 얻어 모아, 그것으로 제물을 장만하여 귀신에게 비는 일.
비:라리-청(-請)명하자 ☞비라리.
비:래(比來)명 요즈음. 근래(近來).
비래(飛來)명하자 ①날아서 옴. ②비행기를 타고 옴. ¶ 홍콩에서 비래하다.
비:량(比量)명 ①하타 ☞비교(比較). ②이미 아는 사실로써 아직 모르는 사실을 미루어 아는 일. 〔연기가 오르는 것을 보고 불이 있음을 아는 것 따위.〕
비:량(鼻梁)명 콧마루.
비럭-질[-찔]명하타 구걸하거나 빌어먹는 짓.
비렁-뱅이명 '거지'를 얕잡아 이르는 말. ¶ 그 따위로 했다가는 평생 비렁뱅이 신세를 면치 못할 게다. 작배랑뱅이.
비렁뱅이 비단 얻은 것〔격〕속담 분에 넘치는 귀한 것을 얻어서 어쩔 줄 모를 때 하는 말.
비렁뱅이 자루 찢기속담 서로 위하고 동정해야 할 사람들끼리 오히려 헐뜯고 다투는 일을 이르는 말.
비레명 〈옛〉벼랑. ¶ 비레예 드라 집 지셔쇼미 굳도다(杜初9:38). 참벼로[2]·벼ᇙ.
비:력(臂力)명 팔의 힘.
비:련(悲戀)명 이루어지지 못하고 비극으로 끝나는 사랑. ¶ 비련의 주인공.
비렴(飛廉)명 〔중국 전설에서〕 ①바람을 다스린다는 신(神). 풍백(風伯). ②바람을 일으킨다는 상상의 새.
비렴(蜚蠊)명 ☞바퀴[2].
비렴-급제(飛廉及第)[-쩨]명 지난날, 과거에서 소과(小科)를 거치지 아니하고 대번에 대과(大科)에 급제한 일을 이르던 말.
비:례(比例)명하자 ①예를 들어 견주어 봄. ②어떤 수나 양이 두 곱, 세 곱 따위로 변화함에 따라 다른 수나 양도 그렇게 되는 일. 정비례. ¶ 수입에 비례하는 지출. ③두 수나 양의 비율이 다른 두 수나 양의 비율과 같은 일, 또는 그런 관계에 있는 수나 양을 다루는 산법(算法). ¶ 이 책의 가로세로는 신문의 가로세로에 비례한다. 준비(比)[1]. ④물체의 각 부분 사이의 비율. ¶ 인체의 비례를 무시한 작품.
비:례(非禮)명 예의에 어긋나는 일. ¶ 비례를 저지르다.
비례(菲禮)명 변변하지 못한 예물.
비:례(備禮)명하자 예의를 갖춤.
비:례^계:수(比例係數)[-계-/-게-]명 ☞비례 상수.
비:례^대:표제(比例代表制)명 정당의 총득표수의 비례에 따라서 당선자 수를 결정하는 선거 제도.
비:례-량(比例量)명 ①비례 관계를 이루는 몇 개의 정량(定量). ②서로 비례 관계를 이루면서 변화하는 두 양.
비:례^배:분(比例配分)명 주어진 수나 양을 주어진 비율에 따라 나누는 계산법. 안분 비례(按分比例).
비:례^상수(比例常數)명 변화하는 두 양이 비례할 때의 그 비의 값, 또는 반비례할 때의 그 곱의 값. 비례 계수. 비례 정수.
비:례^선:거(比例選擧)명 비례 대표제에 의한 선거.
비:례-세(比例稅)[-쎄]명 과세 대상의 가격에는 관계없이 같은 세율로 부과하는 세. 참누감세·누진세.
비:례-식(比例式)명 두 비(比)의 값이 같음을 나타내는 식. 〔$a:b=c:d$ 따위.〕
비:례^정:수(比例定數)명 ☞비례 상수.
비:례-주(比例株)명 ☞무액면주(無額面株).
비:례^준:비법(比例準備法)[-뻡]명 은행권 발행 제도의 한 가지. 은행이 태환권(兌換券)을 발행할 때에는, 그 발행액에 대하여 일정한 비율의 정화(正貨) 또는 금은(金銀)을 준비해야 하는 제도.
비:례^중수(比例中數)명 ☞비례 중항.
비:례^중항(比例中項)명 수학에서, 두 내항(內項)이 같은 비례식의 그 내항. 〔$a:b=b:c$일 때의 b를 a와 c의 비례 중항이라 함.〕 비례 중수. 중수(中數).
비:례-항(比例項)명 수학에서, 비례를 이루고 있는 각 항.
비로:드(←veludo 포)명 ☞벨벳.
비로소부 어느 한 시점을 기준으로 해서 '그 전까지는 이루어지지 않았던 사건이나 사태가 이루어지거나 변화하기 시작함'을 나타내는 말. ¶ 이야기를 듣고 비로소 오해가 풀렸다. /아들은 아버지의 뜻을 비로소 알게 되었다.
비로자나(毘盧遮那)명 ☞비로자나불.
비로자나-불(毘盧遮那佛)명 지덕의 빛으로 온 세상을 두루 비춘다는 부처. 법신불(法身佛). 비로자나. 준노자나불.
비로-전(毘盧殿)명 비로자나불을 모신 법당.
비록부 《'-라 하더라도'·'-(이)지만' 등의 말을 뒤따르게 하여》 어떠한 조건 등을 가정으로 내세울 때 쓰는 말. 설령. 설사. ¶ 비록 나이는 어리지만 생각이 아주 깊다. /비록 그것이 사실이라 하더라도 믿어지지 않는다.
비:록(祕錄)명 비밀의 기록, 또는 일반에게 공개되지 않은 중요한 기록. ¶ 태평양 전쟁 비록.
비록-일(飛鹿日)명 음양가(陰陽家)에서, 집을 짓는 데에 크게 나쁜 날을 이르는 말.

비ː론(比論)명하타 ①비교하여 논함. ¶ 두 작품을 함께 비론하다. ②유사점을 들어서 연구하여 거기서 결론을 예상함.

비롯다자 〈옛〉비롯하다. ¶ 효도는 어버이 셤김애 비롯고(小解2:31). 참비릇다.

비롯-되다[-롣뙤-/-롣뛔-]자 (그때부터) 어떤 일이 시작되다. ¶ 그것은 어제오늘에 비롯된 문제가 아니다.

비롯-하다[-로타-] Ⅰ자여 처음으로 시작하다. ¶ 충정에서 비롯한 일.

Ⅱ타여 여럿을 벌여 이를 때, 그 가운데의 어떤 것으로 처음을 삼다. 《주로, '비롯하여'·'비롯한'의 꼴로 쓰임.》 ¶ 이장을 비롯한 마을 사람들. /할아버지를 비롯하여 온 가족이 모였다.

비ː료(肥料)명 거름. 〔질소·인산·칼리가 중요한 3요소이며, 유기 비료와 무기 비료로 나뉨.〕

비ː료^식물(肥料植物)[-싱-]명 거름으로 이용하기 위하여 재배하는 식물. 〔자운영·토끼풀 따위.〕

비ː료^작물(肥料作物)[-장-]명 ☞녹비 작물.

비ː료-학(肥料學)명 비료의 성질·성분·제조법·사용법 및 비료와 토질과의 관계 따위를 연구하는 학문.

비루명 개나 나귀·말 따위 짐승의 피부가 헐고 털이 빠지는 병. ¶ 비루 오르다.

비루(飛樓)명 높이 세운 누각.

비ː루(悲淚)명 슬퍼서 흘리는 눈물.

비루(鄙陋) '비루하다'의 어근.

비ː-루관(鼻淚管)명 누낭(淚囊)의 아래 끝에서 하비도(下鼻道)로 통하는 누관. 누비관.

비루-먹다[-따]자 개나 나귀·말 따위 짐승이 비루에 걸리다. ¶ 비루먹은 망아지.

비루수부 〈옛〉비로소. ¶ 치위예 비루수 쐴리 ᄂᆞᆫ 돗ᄒᆞ며(杜初21:14). 참비르소.

비ː루-하다(鄙陋-)형여 (행동이나 성질 따위가) 품위가 없고 천하다. ¶ 비루한 이야기. /비루한 행동에 눈살을 찌푸리다.

비ː류(比類)명 비교할 만한 것. 동등한 것. ¶ 세계에 비류가 없는 걸작.

비ː류(非類)명 ①같지 아니한 종류. ②사람 같지 아니한 사람.

비류(飛流)명하자 (나는 듯이) 아주 세차게 흘러내림, 또는 그 흐름.

비륜(比倫) '비륜하다'의 어근.

비ː륜-하다(比倫-)형여 비교하여 같은 또래나 종류가 될 만하다. ¶ 탱자와 유자는 모양이 비륜하다.

비르서부 〈옛〉비로소. ¶ 비르서 疏解ᄅᆞᆯ 밍ᄀᆞ로니(圓覺序80). 참비르소·비르수.

비르소부 〈옛〉비로소. ¶ 世예 업슨 지조ᄅᆞᆯ 비르소 알리로소니(杜初8:18). 참비르수.

비르수부 〈옛〉비로소. ¶ 비르수 이 乾坤애 王室이 正ᄒᆞ도소니(杜重5:22).

비르숨명 〈옛〉비롯함. ¶ 잢간도 ᄆᆞᄎᆞᆷ과 비르숨 업스니(圓覺上二之三46).

비름명 비름과의 일년초. 밭이나 길가에 나는데, 줄기는 1m가량임. 잎은 넓고 달걀 모양이며 잎자루가 긺. 여름에 줄기 끝에 황록색의 잔꽃이 핌. 어린잎은 먹을 수 있음.

비릇다자타 〈옛〉비롯하다. ¶ 처엄 비릇는 거시 因이오(釋譜13:41). /비르슬 시:始(類合下63).

비릊다[-륻따]타 아이가 곧 태어날 듯한 상태가 되다. 진통이 시작되면서 산기(産氣)를 나타내다. ¶ 애를 비릊다. *비릊어·비릊는[-른-]

비ː리(非理)명 도리에 어그러지는 일. ¶ 사회의 비리를 파헤치다.

비리(鄙俚) '비리하다'의 어근.

비리다형 ①물고기 또는 동물의 피나 날콩을 씹을 때에 나는 냄새나 맛과 같다. ¶ 생선의 비린 냄새. ②하는 짓이 좀스럽고 더럽고 아니꼽다. ¶ 그만 비리게 굴게. ③너무 적어서 마음에 차지 않다. 작배리다.

비리-비리부하형 몹시 여위고 약한 모양. ¶ 겉으로 보기에는 비리비리해도 당찬 데가 있다. 작배리배리.

비리척지근-하다[-찌-]형여 맛이나 냄새가 조금 비리다. ¶ 상한 물고기가 비리척지근한 냄새를 풍기다. 준비리치근하다·비척지근하다·비치근하다. 작배리착지근하다.

비리치근-하다형여 〈비리척지근하다〉의 준말. 작배리치근하다.

비ː리-하다(鄙俚-)형여 언어나 풍속 따위가 속되고 촌스럽다. ¶ 비리한 잡가(雜歌).

비ː리-호송(非理好訟)명 이치에 닿지 않는 송사(訟事)를 잘 일으킴.

비ː린(比隣)명 처마를 잇대고 있는 이웃. 가까운 이웃.

비린(鄙吝) '비린하다'의 어근.

비린-내명 비린 냄새. 성취(腥臭). ¶ 생선 비린내가 심하다.

비린내(가) 나다관용 ☞젖비린내(가) 나다.

비ː린-하다(鄙吝-)형여 ①마음이 고상하지 못하고 더럽다. ②다랍게 인색하다.

비릿-비릿[-릳삐릳]부하형 ①냄새나 맛이 매우 비릿한 모양. ¶ 비릿비릿한 냄새를 풍기다. ②좀스럽고 구차스러워 더럽고 아니꼬움. 작배릿배릿.

비릿-하다[-리타-]형여 조금 비린 듯하다. ¶ 비릿한 냄새가 코를 찌르다. 작배릿하다. 비릿-이부.

비ː마(肥馬)명 살찐 말.

비마(飛馬)명 나는 듯이 빨리 달리는 말.

비마(萆麻·萞麻·蓖麻)명 ☞아주까리.

비ː마-경구(肥馬輕裘)명 〔살진 말과 가벼운 갖옷이라는 뜻으로〕 부귀한 사람이 나들이할 때의 차림새를 이르는 말.

비마-자(萆麻子)명 아주까리씨. 피마자.

비ː만(肥滿)명하형 살이 쪄서 몸이 뚱뚱함. ¶ 몸이 비만하여 잘 뛰지 못한다.

비ː만-증(肥滿症)[-쯩]명 몸에 지방질이 많아져서 지나치게 뚱뚱해지며 운동 장애나 기능 장애를 일으키는 증세.

비말(飛沫)명 잘게 튀어 퍼지는 물방울. ¶ 파도의 비말을 덮어쓰다.

비말^감ː염(飛沫感染)명 호흡기 전염병의 가장 일반적인 감염 형태. 환자가 재채기나 기침을 할 때 튀어나온 병원균에 의하여 감염됨.

비ː망(備忘)명 (기록을 하거나 하여) 잊어버렸을 때를 위하여 대비하는 일.

비ː망-기(備忘記)명 왕조 때, 임금의 명령을 적어서 승지(承旨)에게 전하던 문서.

비ː망-록(備忘錄)[-녹]명 잊었을 때에 대비하여 기록해 두는 책자. 메모. 불망기(不忘記).

비ː매-품(非賣品)명 일반에게는 팔지 아니하는 물건. 〔견본 또는 특정한 사람에게만 배부하는 물건 따위.〕

비면(碑面)명 비문(碑文)을 새긴, 비석의 표면.

비ː명(非命)명 재해나 사고 따위로 죽는 일. ¶ 비명에 가다. ↔천명(天命).

비ː명(悲鳴)명 몹시 놀라거나 괴롭거나 다급하거나 할 때에 지르는 외마디 소리. ¶ 자다가 별안간 비명을 지르다.
비명(碑銘)명 비면(碑面)에 새긴 글.
비ː명-횡사(非命橫死)[-횡-/-휑-]명하자 뜻밖의 재난이나 사고 따위로 죽음.
비ː모(鼻毛)명 코털.
비목(飛木)명 ☞자귓밥.
비ː목(費目)명 (인건비·사무비·교통비 따위) 비용을 용도에 따라서 분류한 항목. 비용을 지출하는 명목. ¶ 경비를 비목에 맞게 기입하다.
비목(碑木)명 나무를 깎아서 세운 비.
비ː목어(比目魚)명 ☞넙치.
비ː몽사몽(非夢似夢)명 꿈속 같기도 하고 생시(生時) 같기도 한 어렴풋한 상태. 사몽비몽.
비ː몽사몽-간(非夢似夢間)명 비몽사몽의 상태에 있는 동안. ¶ 비몽사몽간에 흘려 들은 말이라 기억이 나질 않는다.
비ː-무장(非武裝)명 무장을 하지 아니함, 또는 그러한 상태.
비ː무장^도시(非武裝都市)명 ☞무방비 도시.
비ː무장^지대(非武裝地帶)명 조약에 따라서 무장이 금지되어 있는 지역. 중립 지대.
비ː문(卑門)명 남에 대하여 '자기 가문(家門)'을 낮추어 이르는 말.
비ː문(秘文)명 ①비밀스러운 주문(呪文). ②☞비밀문서.
비문(碑文)명 비석에 새긴 글. 비지(碑誌). 비판(碑版).
비ː문(鼻門)명 콧구멍.
비ː문(鼻紋)명 소의 코 언저리에 있는 무늬. 사람의 지문(指紋)처럼 개체에 따라 무늬가 다름.
비ː-문화적(非文化的)관명 문화적이 아닌 (것). ¶ 비문화적 생활 방식./비문화적인 사회.
비ː-민주적(非民主的)관명 민주적이 아닌 (것). ¶ 비민주적 제도./비민주적 통치./비민주적으로 독점하다.
비ː밀(秘密)명 ①남에게 보이거나 알려서는 안 되는 일의 내용. ¶ 비밀이 탄로나다./비밀을 누설하다. ②숨겨져 있어서 외부에서는 알 수 없는 상태, 또는 그 내용. ¶ 전략이 비밀에 싸여 있다. ③아직 밝혀지지 않은 사실, 또는 알려지지 않은 속내. ¶ 우주의 비밀을 탐구하다. ④남에게 알리지 아니함. ¶ 비밀 공작.
비ː밀^결사(秘密結社)[-싸]명 (흔히, 정치적·종교적·범죄적 목적으로) 가입자 이외의 사람, 특히 정부 같은 데 대하여 존재나 조직·목적 따위를 비밀로 하고 있는 단체.
비ː밀-경찰(秘密警察)명 (독재 정부 따위가 권력을 유지하기 위하여) 반대파의 동태를 감시하고, 그 활동을 탄압하기 위하여 조직한 경찰.
비ː밀^누ː설죄(秘密漏泄罪)[-루-쬐/-루-쮀]명 '업무상 비밀 누설죄'의 구용어.
비ː밀-리(秘密裡)명 (어떤 일이) 남에게 알려지지 않은 가운데 행하여지고 있는 상태. 비밀한 가운데. 《주로, '비밀리에'의 꼴로 쓰임.》 ¶ 비밀리에 이루어진 계약./비밀리에 회의가 속개되다.
비ː밀-문서(秘密文書)명 남에게 알려서는 아니 될 문서. 비문(秘文).
비ː밀^선ː거(秘密選擧)명 비밀 투표로 하는 선거. ↔공개 선거.
비ː밀-스럽다(秘密-)[-따][~스러우니·~스러워]형ㅂ 무엇인가 감추려는 기색이 있다. ¶ 비밀스러운 이야기를 나누다. **비밀스레**부.
비ː밀^외ː교(秘密外交)[-미뢰-/-미뤠-]명 교섭 내용을 국민에게 알리지 않고 비밀리에 하는 외교.
비ː밀^침ː해죄(秘密侵害罪)[-쬐/-쮀]명 남의 비밀을 침해하거나 봉함 편지 따위를 뜯어보거나 함으로써 성립되는 죄.
비ː밀^통신(秘密通信)명 통신 내용이 외부에 누설되지 않도록 고안한 통신.
비ː밀^투표(秘密投票)명 선거인의 투표 내용을 비밀로 하는 투표. ↔공개 투표.
비ː밀-하다(秘密-)형여 ①비밀에 속하는 성질이 있다. ¶ 비밀한 사연. ②남에게 알리지 않으려는 태도가 있다. ¶ 비밀한 활동이 남의 눈에 띄다. ①**비밀-히**부.
비ː밀-회(秘密會)[-회/-훼]명 ①비밀히 하는 모임. ②공개되지 않은 국회의 회의.
비-바람명 ①비와 바람. ¶ 탑이 비바람에 깎이다. ②비를 몰아오면서 부는 바람. ¶ 비바람이 휘몰아치는 벌판.
비바리명 바다에서 바닷말·조개 따위를 채취하는 처녀. 준비발¹.
비바리는 말똥만 보아도 웃는다속담 어린 처녀는 우습지 않은 일에도 곧잘 웃는다는 말.
비바체(vivace 이)명 악보에서, 빠르기를 지시하는 말. '빠르고 경쾌하게'의 뜻.
비바치시모(vivacissimo 이)명 악보에서, 빠르기를 지시하는 말. '가장 생기 있고 빠르게'의 뜻.
비바크(Biwak 독)명 등산에서, 천막을 치지 않고 바위 밑이나 나무 그늘, 눈구덩이 따위를 이용한 간단한 야영을 이르는 말.
비박(菲薄) '비박하다'의 어근.
비ː박(臂膊)명 팔과 어깨.
비박-하다(菲薄-)[-바카-]형여 ①가진 것이 적다. 가난하다. ②재주나 덕망이 변변하지 못하다.
비반(肥胖) '비반하다'의 어근.
비ː반-하다(肥胖-)형여 몸에 살이 쪄서 뚱뚱하다.
비발¹명 〈비바리〉의 준말.
비발²명 드는 돈. 비용(費用).
비ː방(比方)명하타 서로 견주어 봄. 비교함. ¶ 두 제품을 꼼꼼히 비방하다.
비ː방(秘方)명 ①자기만이 알고 있는 비밀한 방법. 비법. ¶ 비방을 써서 약을 짓다./비방을 써서 아저씨의 생명을 구하다. ②비밀히 전해 오는 약방문.
비방(誹謗)명하타 남을 나쁘게 말함. 남을 헐뜯고 욕함. 산방(訕謗). ¶ 동료를 비방하다./욕설과 비방을 퍼붓다.
비ː-방수호(非放水湖)명 물이 흘러들기만 하고 흘러 나가지는 않는 호수.
비ː배(肥培)명하타 식물에 거름을 주어 가꿈.
비ː배^관리(肥培管理)[-괄-]명 농작물의 씨를 뿌려서 거두어들일 때까지의 모든 손질.
비ː백불난(非帛不煖)[-뺄란]명하자 〔비단옷이 아니면 따뜻함을 느끼지 못한다는 뜻으로〕 노인의 쇠약한 지경을 이르는 말.
비ː백비ː연(非白非煙)[-삐-]명 〔백경(白鏡)도 아니고 연경(煙鏡)도 아니라는 뜻으로〕 흰빛도 검은빛도 아닌, 아주 엷은 자수정의 빛깔을 이르는 말.
비백-서(飛白書)[-써]명 한자(漢字) 서체의 한 가지. 글자의 획에 희끗희끗한 흰 자국이 나도록 쓰는 것으로, 글씨 형태는 팔분(八分)과 비슷함.

비ː버 (beaver) 명 비버과의 동물. 큰 땅다람쥐와 비슷하나 귀가 작고, 꼬리는 배의 노처럼 넓적하며, 뒷발에는 물갈퀴가 발달하였음. 몸빛은 밤색 또는 흑색임. 하천이나 늪에 살면서 나무·흙·돌 따위로 댐을 만듦. 북유럽 및 북아메리카의 동북부에 분포함. 해리(海狸).

비ː번 (非番) 명 당번이 아님, 또는 그런 사람. ¶ 오늘은 비번이라 집에서 쉰다. ↔당번.

비-벌레 명 촉수동물의 한 가지. 몸길이 10 cm가량. 몸은 가늘고 긴데, 한쪽 끝에 말굽 모양의 흑자색 촉수 뭉치가 있어 비처럼 보임. 항문이 입 가까이에 있고 심장이 없음.

비범 (非凡) '비범하다'의 어근.

비ː범-인 (非凡人) 명 비범한 사람.

비ː범-하다 (非凡-) 형여 평범하지 않다. 특히 뛰어나다. 불범(不凡)하다. ¶ 비범한 재능. ↔평범하다. 비범-히 부.

비ː법 (非法) 명하형 ☞불법(不法).

비ː법 (祕法) [-뻡] 명 ①비밀의 방법. ②☞비방(祕方). ¶ 비법을 전수하다.

비벽 (鄙僻) '비벽하다'의 어근.

비ː벽-하다 (鄙僻-) [-벼카-] 형여 성질이 못나고 편벽되다.

비ː변 (丕變) 명하타 전부터 전하여 온 좋지 못한 풍습을 타파함.

비ː변 (鄙邊) 명 ☞비지(鄙地).

비ː변-사 (備邊司) 명 조선 시대에, 국방에 관한 일을 맡아보던 관아.

비보 (飛報) 명하타 급히 통지함. 급보. ¶ 비보를 띄우다. /비보를 받고 급히 나서다.

비ː보 (祕報) 명하자타 남몰래 보고함.

비ː보 (祕寶) 명 비밀히 간직하는 보배.

비ː보 (悲報) 명 슬픈 소식. ¶ 비보가 날아들다. /뜻밖의 비보를 접하다. ↔희보(喜報).

비ː보 (裨補) 명하타 도와서 모자람을 채움.

비보 (vivo 이) 명 악보에서, 빠르기를 지시하는 말. '빠르고 활발하게'의 뜻.

비-보라 명 세찬 바람과 함께 휘몰아치는 비.

비복 (婢僕) 명 계집종과 사내종. 노비. 복비.

비복-근 (腓腹筋) [-끈] 명 고등 척추동물의 하퇴부 뒤쪽의 피부 밑에 있는 큰 근육.

비ː본 (祕本) 명 소중히 간직하여 남에게 보이지 않는 책.

비봉 (飛蓬) 명 〔바람에 날리는 마른 쑥잎이란 뜻으로〕 ①'흔들려서 안정되지 못한 모양'을 비유하여 이르는 말. ②'나그네, 또는 나그네의 외로움'을 비유하여 이르는 말.

비ː봉 (祕封) 명하타 남이 보지 못하도록 단단히 봉함, 또는 그렇게 봉한 것.

비ː부 (祕府) 명 ☞비각(祕閣). 비고(祕庫).

비부 (婢夫) 명 계집종의 남편.

비ː부 (鄙夫) 명 어리석고 천한 사람. 도량이 좁은 사람. 이익을 탐하는 사람.

비부-쟁이 (婢夫-) 명 〈비부(婢夫)〉의 속된 말.

비ː-부피 (比-) 명 단위 질량(1 g)이 차지하는 물체의 부피. 〔밀도(密度)의 역수로 나타낸 수치임.〕 비용(比容).

비ː분 (非分) 명 ①신분이나 한도를 넘는 일. 분수에 맞지 않는 일. ②도리에 어긋나는 일.

비ː분 (悲憤) 명하자 슬프고 분함. ¶ 비분의 눈물.

비ː분-강개 (悲憤慷慨) 명하자 (의롭지 못한 일이나 잘못되어 가는 세태 따위가) 슬프고 분하여 마음이 북받침.

비ː분-총탁 (非分寵擢) 명 분에 넘치는 총애를 받고 벼슬 자리에 등용되는 일.

비ː-불능 (非不能) [-룽] 명 능히 할 수 있는 일을 일부러 하지 아니함.

비ː불발설 (祕不發說) [-썰] 명하타 비밀에 붙여 두고 말을 내지 아니함.

비브라토 (vibrato 이) 명 현악기나 관악기 또는 성악에서 음정을 아래위로 가볍게 떨어 울리게 하는 기법.

비브라폰 (vibraphone) 명 철금(鐵琴)의 한 가지. 쇠로 만든 음판(音板) 밑에 전기 장치의 공명체를 붙여서 여운의 진동음 효과를 살린 타악기.

비브리오 (vibrio 라) 명 간균(桿菌)의 한 가지. 콜레라균·장염(腸炎) 비브리오가 이에 딸림.

비븨다 타 〈옛〉 비비다. ¶ 누늘 비븨여 ᄃᆞ로 ᄇᆞ라면(圓覺上一之二*144*). 참부븨다.

비비 부 비비듯이 여러 번 꼬이거나 뒤틀린 모양. ¶ 비비 꼬다. /비비 틀다. /칡덩굴이 소나무를 비비 감아 벋어 가다. 작배배.

비비 (狒狒) 명 긴꼬리원숭잇과의 동물. 몸길이 70~140 cm, 꼬리 길이 55~70 cm. 몸빛은 암갈색이며, 얼굴은 개와 비슷함. 아프리카 지역에 분포함. 개코원숭이.

비ː비 (比比) 부 ①낱낱이. 죄다. ②흔히. 자주.

비ː비-개연 (比比皆然) 명하형 어느 것이나 죄다 그러함.

비비다 타 ①두 물체를 맞대어서 서로 문지르다. ¶ 두 손을 싹싹 비비다. ②어떤 음식물에 다른 음식물 따위를 넣고 한데 뒤섞어서 버무리다. ¶ 고추장에 밥을 비비다. ③손가락이나 손바닥으로 어떤 재료를 문질러서 동글게 만들거나 가락이 되게 만들다. ¶ 환약(丸藥)을 비비다. ④끝이 뾰족한 연장으로 구멍을 뚫으려고 이리저리 돌리다. ¶ 송곳을 비비다. ⑤(노끈 따위를) 꼬다. ¶ 심지를 비비다. 작뱌비다.

비비대-기 명 ①마구 비비는 일. ②복잡한 일을 치르느라고 부산하게 움직임.

비비대기-치다 자 ①좁은 곳에서 여러 사람이 서로 몸을 비비대듯이 하며 움직이다. ¶ 만원 버스에서 빠져나오느라고 한참이나 비비대기쳤다. ②복잡한 일을 치르느라고 부산하게 움직이다.

비비-대다 타 자꾸 대고 비비다. ¶ 두 손으로 자꾸 얼굴을 비비대다. 작뱌비대다.

비비배배 부 종달새 따위가 우는 소리.

비비-송곳 [-곧] 명 두 손바닥으로 자루를 비벼서 구멍을 뚫는 송곳. 자루가 가늘고 길며, 촉이 네모졌음. * 비비송곳이[-고시]·비비송곳만[-곤-]

비ː비ː에스 (BBS) 명 ☞전자 게시판. [bulletin board system]

비ː비-유지 (比比有之) 명하형 드물지 않고 흔함.

비비적-거리다 [-꺼-] 타 자꾸 비비적비비적하다. 비비적대다. ¶ 앉아서 자꾸 발바닥을 비비적거리다. 준비빗거리다. 작뱌비작거리다.

비비적-대다 [-때-] 타 비비적거리다.

비비적-비비적 [-삐-] 부하타 무엇을 자꾸 비비는 모양. ¶ 경단을 만들기 위해 반죽을 비비적비비적하다. 준비빗비빗. 작뱌비작뱌비작.

비비추 명 백합과의 다년초. 산지의 냇가에서 자라는데, 줄기는 곧게 서며 높이 40 cm가량. 옥잠화와 비슷한 잎이 모두 뿌리에서 돋아 비스듬히 퍼짐. 여름에 통 모양의 엷은 자줏빛 꽃이 핌. 연한 잎은 먹을 수 있음.

비빈 (妃嬪) 명 비(妃)와 빈(嬪).

비빔 명 밥이나 국수 따위에 고기·나물 등을 섞고 양념을 더하여 비빈 음식.

비빔-국수[-쑤]명 삶아 건진 국수에 여러 가지 양념을 섞어 비빈 국수.
비빔-냉면(-冷麵)명 육수(肉水)는 없이, 고기나 홍어회·나물 따위를 넣고 양념하여 비빈 냉면.
비빔-밥[-빱]명 볶은 고기나 나물 따위에 양념을 넣고서 비빈 밥. 골동반(骨董飯).
비빚-거리다[-빋꺼-]타 〈비비적거리다〉의 준말. 비빚대다. 작뱌빚거리다.
비빚-대다[-빋때-]타 비빚거리다.
비빚-비빚[-빋삐빋]부하타 〈비비적비비적〉의 준말. 작뱌빚뱌빚.
비뽙다타 〈옛〉뱉다. ¶ 허룰 비바ᄐᆞ니(蒙法31). 참밭다·비왇다.
비:사(比辭)명 비유로 쓰는 말.
비:사(卑辭)명 '자기의 말'을 겸손하게 이르는 말.
비:사(祕史)명 세상에 드러나지 아니한 역사. 숨겨진 역사상의 사실. ¶ 고려 말의 비사./건국 초기의 외교 비사.
비:사(祕事)명 비밀로 하고 있는 일.
비:사(鄙舍)명 '자기의 집'을 겸손하게 이르는 말.
비:-사량(非思量)명 선종(禪宗)에서, 생각에 얽매이지 않고 잡념을 버리는 일. 〔좌선(坐禪)에서의 요체(要諦)가 됨.〕
비사리명 싸리의 껍질. 노를 꼬는 데 쓰임.
비사문천-왕(毘沙門天王)명 '다문천왕(多聞天王)'의 딴 이름.
비사-주석(飛沙走石)명하자 ☞양사주석.
비:사-증(鼻齇症)[-쯩]명 한방에서, 코의 혈관이 확장되어 '코가 점점 커지고 두툴두툴해지며 붉어지는 병증'을 이르는 말.
비사치-기명 아이들 놀이의 한 가지. 손바닥만 한 납작하고 네모진 돌을 비석처럼 세워 놓고, 얼마쯤 떨어진 곳에서 돌을 던져 맞히거나 발로 돌을 차서 맞히어 넘어뜨리는 놀이.
비사-치다타 똑바로 말하지 않고, 에둘러서 은근히 깨우치다.
비산(飛散)명하자 사방으로 날아 흩어짐.
비:산(砒酸)명 비소 화합물의 한 가지. 비소나 무수 아비산(無水亞砒酸)을 짙은 질산 등과 함께 가열하여 얻은 무색의 결정으로 독성이 강함. 염료·안료·농약 따위의 원료로 쓰임.
비:산(悲酸)명하형 〈비도산고〉의 준말.
비:산-납(砒酸-)명 비소와 납의 화합물. 살충제로 쓰임. 비산연.
비:산^석회(砒酸石灰)[-서쾨/-서퀘]명 비산과 석회유(石灰乳)로 만든 하얀 가루. 살충제로 씀.
비:산-연(砒酸鉛)명 ☞비산납.
비:-삼망(備三望)명 조선 시대에, 한 사람의 벼슬아치를 뽑을 때에 세 사람의 후보자를 갖추어 천거하던 일.
비:상(非常)명 ①예사로운 일이 아닌 긴급 사태, 또는 이에 대응하기 위하여 신속히 내려지는 명령. ¶ 비상이 걸리다. ②하형 예사롭지 아니함. ¶ 비상한 관심을 모으다. ③하형 평범하지 않고 뛰어남. ¶ 비상한 솜씨./재주가 비상하다. ②③**비상-히**부.
비상(飛上)명하자 날아오름. ¶ 하늘을 향하여 비상하는 종달새.
비상(飛翔)명하자타 새 따위가 하늘을 낢. ¶ 비행기가 하늘로 비상하고 있다.
비:상(砒霜)명 비석(砒石)을 승화시켜서 만든 결정체. 독약임.
비상(悲傷) '비상하다'의 어근.
비:상-경계(非常警戒)[-계/-게]명 중대한 사건 따위가 일어나거나 일어날 우려가 있을 때, 특정 지역을 특히 엄중하게 경계하는 일.
비:상-경보(非常警報)명 비상사태가 일어났을 때 음향이나 신호 따위로 위급을 알리는 일, 또는 그 신호.
비:상-계엄(非常戒嚴)[-계-/-게-]명 전쟁 또는 전쟁에 준하는 사태로 사회 질서가 극도로 혼란된 지역 등에 선포하는 계엄.
비:상-구(非常口)명 건물이나 탈것 따위에서, 보통 때는 닫아 두고 돌발 사고가 일어났을 경우에만 사용하는 출입구.
비:상^구:제^절차(非常救濟節次)명 판결이 확정된 뒤, 현저한 하자가 발견되었을 경우에 인정되는 재심·비상 상고 등의 구제 절차.
비:-상근(非常勤)명 상근이 아닌 근무. 한정된 날이나 한정된 시간에만 출근하여 근무하는 일.
비:상-금(非常金)명 비상용으로 쓰기 위하여 마련해 둔 돈.
비:상^대:권(非常大權)[-꿘]명 비상사태가 발생했을 때, 국가를 보위하기 위하여 국정 전반에 걸쳐 비상조치를 할 수 있는 대통령의 권한.
비:상^대:기(非常待機)명 비상사태에 대처하기 위하여 준비를 갖추고 대기하는 일.
비:상-망(非常網)명 비상사태에 대비하기 위하여 어떤 지역에 그물처럼 이리저리 쳐 놓은 경계 태세.
비:상-비(非常費)명 뜻하지 않은 일이 일어났을 때 쓰려고 미리 마련해 두는 경비.
비:상-사건(非常事件)[-껀]명 예사롭지 아니한 특별한 사건.
비:상-사태(非常事態)명 대규모의 재해나 소요 따위 긴급을 요하는 사태. ¶ 비상사태가 발생하다. 참국가 비상사태.
비:상^상:고(非常上告)명 형사 소송에서, 판결이 확정된 후 사건의 심판이 법령에 위반되었음을 이유로 하여 검찰 총장이 대법원에 신청하는 특별 구제 절차.
비:상-석(砒霜石)명 ☞비석(砒石).
비:상-선(非常線)명 범죄 사건이나 재해 따위가 발생했을 때, 범인의 도주나 일반인의 출입 등을 막기 위하여 비상경계를 하는 구역, 또는 그런 구역을 둘러싼 선. ¶ 비상선을 치다.
비:상-소집(非常召集)명 ①긴급한 사태가 일어났을 때 필요한 사람을 급히 불러 모으는 일. ②전시 등에 예비역을 소집하는 일.
비:상-수단(非常手段)명 비상한 일이 일어났을 때 취하게 되는 임기응변의 수단. ¶ 비상수단을 취하다./비상수단을 강구하다.
비:상-시(非常時)명 뜻밖의 긴급한 사태가 일어난 때. ¶ 비상시에 대비하다. ↔평상시.
비:상-시국(非常時局)명 전쟁이나 사변 등으로 국가가 중대한 위기에 처한 시국.
비:상-식(非常食)명 비상시에 대비한 식량.
비:상식-적(非常識的)[-쩍]관명 상식에 벗어난 (것). ¶ 비상식적 발언./비상식적인 행위.
비:상-용(非常用)[-뇽]명 비상시에 씀, 또는 그때 쓰는 물건. ¶ 비상용 식량.
비:상임^이:사국(非常任理事國)명 국제 연합 안전 보장 이사회를 구성하는 15개 이사국 중 5개 상임 이사국 이외의 이사국. 〔총회에서 선출되며 임기는 2년임.〕
비:상-조치(非常措置)명 ①비상한 일이 일어났을 때 취하는 일시적인 조치. ②국가가 그 안

전을 위협받는 비상사태에 처했을 때, 대통령이 국정 전반에 걸쳐서 취하는 특별한 조치.

비ː상^착륙(非常着陸) [-창뉵] 명 비행 중인 항공기에 돌발적인 사고가 일어났을 때 예정 지점이 아닌 곳에 임시로 착륙하는 일.

비ː상-하다(悲傷-) 형여 마음이 슬프고 아프다. **비상-히** 부.

비ː색(比色) 명하타 색의 농도나 색조 따위를 비교하는 일.

비ː색(否塞) 명하자 ①(운수 따위가) 꽉 막힘. ¶ 운수가 비색하다. ②불행하여짐.

비ː색(翡色) 명 (고려청자의 빛깔과 같은) 푸른 빛깔.

비ː색-계(比色計) [-꼐/-께] 명 비색 분석에 쓰이는 장치. 〔통과하는 가시광선의 흡수 현상을 분석에 이용함.〕

비ː색^분석(比色分析) [-뿐-] 명 용액의 빛의 농도나 색조 따위를 표준 용액과 비교하여 정량하는 분석법.

비ː색-증(鼻塞症) [-쯩] 명 한방에서, 코가 막히어 숨 쉬기에 힘이 들고 냄새를 못 맡게 되는 병을 이르는 말.

비ː-생산적(非生産的) 관명 생산적이 아닌 (것). ¶ 비생산적 토론. /비생산적인 논쟁.

비서(飛絮) 명 바람에 날리는 버들개지.

비서(飛鼠) 명 ☞박쥐.

비ː서(祕書) 명 ①요직에 있는 사람에 직속하여 그의 기밀 사무 따위를 맡아보는 직위, 또는 그 사람. ②남에게 공개하지 않고 비밀히 간직하고 있는 장서. ¶ 외교 비서.

비ː서-관(祕書官) 명 고위 공무원에 딸리어 기밀 사무 따위를 맡아보는 공무원.

비ː서-실(祕書室) 명 비서관이나 비서가 사무를 보는 방, 또는 그 기관. ¶ 대통령 비서실.

비ː석(沸石) 명 나트륨·칼슘·알루미늄 등의 함수 규산염 광물.

비ː석(砒石) 명 비소·황·철로 이루어진 광물. 흑회색의 흙덩이 비슷하며 강한 독이 있음. 비상석.

비석(碑石) 명 ①☞비(碑). ②☞빗돌.

비석-차기(碑石-) 명 '비사치기'의 잘못.

비선(飛仙) 명 하늘을 날아다니는 신선.

비ː선(祕線) 명 비밀리에 거느리거나 관계를 맺고 있는, 비공식적이고 사적인 인적 조직 따위의 계통.

비설(飛雪) 명 바람에 흩날리며 내리는 눈, 또는 바람에 흩날리어 쌓인 눈.

비ː설(祕說) 명 비밀로 하여 일반에게 공개하지 않은 논설이나 학설.

비ː설(脾泄) 명 위에 탈이 생겨 소화가 안 되고 설사가 나는 병.

비-설거지 명하자 (비가 오려고 할 때) 물건들을 비에 맞지 않게 거두거나 덮거나 하는 일. 준설거지.

비성(飛星) 명 ☞유성(流星).

비ː세(非勢) 명 바둑이나 장기 따위에서, 이롭지 못한 국면. 불리한 형세. ¶ 비세를 느끼다.

비소(卑小) '비소하다'의 어근.

비ː소(砒素) 명 비금속 원소의 한 가지. 금속 광택을 지닌 회색 결정체와 누른색 가루의 두 가지가 있음. 비소 화합물은 독성이 강하며, 농약·의약 등에 쓰임. 〔As/33/74.9216〕

비ː소(鼻笑) 명하타 코웃음, 또는 코웃음을 침.

비소(誹笑) 명하타 비웃음.

비ː-소비물(非消費物) 명 한 번 써도 없어지지 아니하고, 두 번 이상 같은 용도에 쓸 수 있는 물건.

비ː-소설(非小說) 명 소설 이외의 서적.

비ː-소수(非素數) [-쑤] 명 1과 그 수 자신 외에도 약수를 가진 자연수. 〔2와 3의 곱인 6 따위.〕 합성수.

비ː소^요법(砒素療法) [-뻡] 명 (매독이나 피부병 따위에) 비소 화합물을 써서 치료하는 방법.

비ː소-제(砒素劑) 명 비소가 들어 있는 약제.

비ː소^중독(砒素中毒) 명 비소 화합물을 먹거나 비화수소(砒化水素) 가스를 들이마셨을 때에 일어나는 중독.

비ː소-진(砒素疹) 명 비소가 섞인 약을 먹거나 바른 뒤에 그 중독으로 생긴 발진(發疹).

비ː소-하다(卑小-) 형여 보잘것없이 작다. ¶ 자연 앞에 인간이란 얼마나 비소한 존재인가.

비ː속(卑俗) 명하형 격(格)이 낮고 속됨, 또는 그러한 풍속. ¶ 비속한 말씨. /비속한 노래.

비ː속(卑屬) 명 혈연관계에서, 자기의 아들과 같거나 그 이하의 항렬에 있는 친족. 아들·손자 등의 직계 비속과, 조카·종손 등의 방계 비속으로 나뉨. ↔존속(尊屬).

비ː속-어(卑俗語) 명 ☞비어(鄙語).

비ː손 명하타 두 손을 싹싹 비비면서 신에게 소원을 비는 일.

비솟-거리(誹笑-) [-소꺼-/-솓꺼-] 명 남의 비웃음을 받을 만한 일, 또는 그런 사람.

비ː송-사건(非訟事件) [-껀] 명 국가가 사법상(私法上)의 법률관계에 특별히 관여하는 사건. 〔법인(法人)에 관한 사건, 회사의 정리·청산에 관한 사건 따위.〕

비ː쇠(憊衰) [-쇠/-쉐] 명하자 몹시 고달파서 쇠약하여짐.

비ː수(匕首) 명 날이 썩 날카롭고 짧은 칼. ¶ 비수같이 예리한 질문.

비ː수(悲愁) 명하타 슬퍼하고 근심함, 또는 슬픔과 근심.

비ː수(備數) 명하타 일정한 수효를 채움.

비ː수-기(非需期) 명 (어떤 물품의) 쓰임이 많지 않은 때. ↔성수기. 참비철.

비수리 명 콩과의 다년초. 산기슭이나 들에서 자라며 줄기는 1 m가량. 위쪽은 가늘고 짧은 많은 가지로 갈라짐. 8~9월에 잎보다 짧은 흰 꽃이 잎겨드랑이에 모여서 핌. 줄기는 광주리를 만드는 재료로 쓰임.

비ː수-비(匕首匕) 명 한자 부수의 한 가지. '化'·'北' 등에서의 '匕'의 이름.

비ː술(祕術) 명 남에게 알려지지 않은 비밀의 술법. ¶ 불로장생의 비술.

비슈누(Viṣṇu 범) 명 브라마·시바와 함께 힌두교의 세 주신(主神)의 하나. 네 팔을 가졌으며, 용(龍) 위에서 명상하는 자세로 세계의 질서를 유지한다고 함.

비슈누-교(Viṣṇu敎) 명 비슈누를 최고신으로 섬기는 힌두교의 한 파.

비스듬-하다 형여 한쪽으로 조금 기운 듯하다. 준비듬하다. 작배스듬하다. **비스듬-히** 부. ¶ 의자에 비스듬히 앉아 책을 읽다.

비스러-지다 자 둥글거나 네모반듯하지 않고 조금 비뚤어지다.

비스름-하다 형여 거의 비슷한 듯하다. ¶ 비스름하게 생긴 물건. 작배스름하다. **비스름-히** 부 ¶ 비스름히 생긴 얼굴.

비스무트(Wismut 독) 명 금속 원소의 한 가지. 붉은빛을 띤 은백색의 금속으로, 전기나 열을 잘 전하지 못하며, 융점(融點)이 매우 낮음. 안료·의약품 등에 쓰임. 창연(蒼鉛). 〔Bi/83/208.9804〕

비스코ː스(viscose) 명 목재 펄프에 수산화나트륨 수용액과 이황화탄소를 더한, 불그레하고 차진 용액. 비스코스 인견(人絹)이나 셀로판의 원료로 쓰임.

비스코ː스^레이온(viscose rayon) 명 ☞비스코스 인조 견사.

비스코ː스-스펀지(viscose sponge) 명 비스코스를 해면(海綿) 모양으로 굳힌 것. 연한 물건을 씻기에 알맞음.

비스코ː스^인견(viscose人絹) 명 〈비스코스 인조 견사〉의 준말.

비스코ː스^인조^견사(viscose人造絹絲) 명 비스코스를 원료로 해서 만든 섬유. 비스코스 레이온. 준비스코스 인견.

비스킷(biscuit) 명 밀가루에 버터·우유·설탕·향료 따위를 섞어서 반죽하여 일정한 모양으로 구워 낸 양과자.

비스타^비전(Vista Vision) 명 1954년에 미국에서 개발한, 표준보다 큰 화면으로 된 영화의 한 방식. 보통 필름의 갑절쯤 되는 크기의 필름을 사용한 것으로 화면의 선명도(鮮明度)가 뛰어남.

비스토(visto 이) 명 악보의 나타냄말. '쾌속하게'의 뜻.

비슥-거리다[-꺼-] 자 자꾸 비슥비슥하다. 비슥대다.

비슥-대다[-때-] 자 비슥거리다.

비슥-비슥[-삐-] 부하자 ①어떤 일을 힘들여 하지 않는 모양. ②자꾸 따로 떨어져 가까이 아니하는 모양.

비슥-하다[-스카-] 형여 한쪽으로 조금 비스듬하다. ¶ 모자를 비슥하게 쓰고 나오다. 작배슥하다. **비슥-이** 부 ¶ 비슥이 벽에 기대다.

비슬-거리다 자 자꾸 비슬비슬하다. 비슬대다. 작배슬거리다[2].

비슬-대다 자 비슬거리다.

비슬-비슬 부하자 힘없이 비쓱거리는 모양. ¶ 비슬비슬 걸어가다. 작배슬배슬[2].

비ː습(比濕) 명 공기 속에 포함된 수증기의 양을 나타내는 말. 단위 체적의 공기 속에 포함된 수증기의 질량을 그 공기의 질량으로 나눈 수치.

비습(肥濕) '비습(肥濕)하다'의 어근.

비습(卑濕) '비습(卑濕)하다'의 어근.

비ː습-하다(肥濕-)[-스파-] 형여 몸이 살지고 습한 기운이 많다.

비ː습-하다(卑濕-)[-스파-] 형여 땅이 낮고 습기가 많다.

비슷비슷-하다[-슫삐스타-] 형여 여럿이 다 서로 비슷하다. ¶ 우리 반 아이들은 키가 모두 비슷비슷하다.

비슷-하다[1][-스타-] 형여 한쪽으로 조금 기울다. 작배슷하다. **비슷-이** 부 ¶ 비슷이 기울다.

비슷-하다[2][-스타-] 형여 거의 같다. 닮은 점이 많다. ¶ 형제처럼 얼굴이 비슷하다.

비슷한-말[-스탄-] 명 거의 같은 뜻으로 쓰이는 말. 유의어.

비승(飛昇) 명하자 ☞승천(昇天).

비ː승-비속(非僧非俗) 명 〔중도 아니고 속인도 아니라는 뜻으로〕 '이것도 저것도 아닌 어중간한 것'을 비유하여 이르는 말. 반승(半僧). 반승반속.

비ː시(非時) 명 ①제때가 아닌 때. 제철이 아닌 때. ②불교의 계율(戒律)에서, 음식물을 먹어서는 안 되는 때. 〔정오 이후를 이름.〕

비시(飛矢) 명 ☞유시(流矢).

비ː시ː(BC) 명 서력(西曆) 기원전(紀元前). ↔에이디(AD). [Before Christ]

비ː시ː^무ː기(BC武器) 명 생물 화학 무기. 〔바이러스·세균·독가스 등이 주체가 된 무기.〕 [biological and chemical weapon]

비ː시-식(非時食) 명 불교에서, 비시(非時)에 하는 식사, 곧 식사를 해서는 안 되는 때에 하는 식사를 이르는 말.

비ː시ː지ː(BCG) 명 소의 결핵균을 분리시켜 얻은 결핵 예방 백신. [Bacillus Calmette Guérin]

비ː시ː지ː^접종(BCG接種)[-쫑] 명 (결핵의 예방을 위하여) 비시지를 인체에 접종하는 일.

비식(菲食) 명 변변치 못한 음식.

비ː식(鼻息) 명 콧숨.

비신(碑身) 명 비문(碑文)을 새긴 빗돌.

비ː-신사적(非紳士的) 관명 신사답지 아니한 (것). 교양이 없고 점잖지 못한 (것). ¶ 비신사적 언동. /태도가 비신사적이다.

비ː실(備悉) 명하타 필요한 것을 두루 잘 앎. ¶ 상례(喪禮)에 대하여 비실하신 어른을 호상(護喪)으로 모시다.

비실-거리다 자 자꾸 비실비실하다. 비실대다.

비실-대다 자 비실거리다.

비실-비실 부하자 흐느적흐느적 힘없이 비틀거리는 모양. ¶ 비실비실 걸어가다가 넘어졌다.

비ː-실용적(非實用的) 관명 실용적이 아닌 (것). ¶ 비실용적 학문. /비실용적인 사치품.

비ː심(費心) 명하자 마음을 씀. 애를 씀.

비싸다 형 ①물건 값이 정도에 지나치게 많다. 값이 싸지 않다. ¶ 비싼 옷. /과일 값이 너무 비싸다. ②다른 사람의 요구에 쉽게 응하지 않고 도도하게 행동하다. 《주로, '비싸게'의 꼴로 쓰임.》 ¶ 비싸게 굴다. ③어떤 일에 대한 대가가 보통을 넘는 상태에 있다. ¶ 성공을 위해 비싼 대가를 치러야 했다. ↔싸다[4].

비싼 밥 먹고 헐한 걱정 한다 속담 쓸데없는 걱정은 하지 말라는 뜻으로 이르는 말.

비싼-흥정 명하자 ①물건을 비싸게 산 흥정. ②유리한 조건이 아닌 흥정. ↔싼흥정.

비ː쌔다 자 ①마음에는 있으면서도 안 그런 체하다. ¶ 너무 비쌔지 말고 내 말대로 해. ②무슨 일에나 어울리기를 싫어하다. ¶ 사람은 좋지만 비쌔는 점이 있다.

비쓱-거리다[-꺼-] 자 자꾸 비쓱비쓱하다. 비쓱대다. ¶ 비쓱거리며 논길을 걸어가다. 작배쓱거리다.

비쓱-대다[-때-] 자 비쓱거리다.

비쓱-비쓱[-삐-] 부하자 이리저리 쓰러질 듯하면서 비스듬히 나아가는 모양. 작배쓱배쓱.

비씨(妃氏) 명 지난날, 왕비로 간택(揀擇)된 아가씨를 높이어 일컫던 말.

비스다[빗어] 타 〈옛〉단장하다. 꾸미다. ¶ 名利를 ᄉᆞ랑ᄒᆞ야 모ᄆᆞᆯ 비스고(永嘉上26). /マ장 빗어 됴ᄒᆞᆫ 양ᄒᆞ고(月釋2:5).

비ː아(非我) 명 자아(自我)가 아닌 것. 자아에 대립하여 존재하는 모든 것. ↔자아.

비아냥-거리다 자타 얄밉게 빈정거리다. 비아냥대다. ¶ 남의 일에 공연히 비아냥거리다.

비아냥-대다 자타 비아냥거리다.

비아냥-스럽다[-따][~스러우니·~스러워] 형ㅂ 비아냥거리는 태도가 있다. **비아냥스레** 부.

비아냥-하다 자타여 얄밉게 빈정거리며 놀리다.

비아소관(非我所關) 명 내 소관이 아닌 것. 나와 아무런 관계도 없는 일.

비악부 병아리의 우는 소리. 센삐악. **비악-비악**부하자.
비-안개명 비가 쏟아질 때 안개처럼 부옇게 흐려 보이는 현상.
비ː-압축성(非壓縮性) [-썽]명 (물 따위의 유체와 같이) 압력을 가하여도 그 부피가 변하지 않는 성질. ¶ 비압축성 유체.
비ː애(悲哀)명 슬픔과 설움. ¶ 비애에 젖다.
비ː애-미(悲哀美)명 (예술 작품 등에서) 슬픔 속에서 느끼는 아름다움.
비ː야(鄙野)명 구석진 시골.
비-약(-約)명 화투 놀이에서, 비 넉 장을 갖추어 이룬 약.
비약(飛躍)명하자 ①높이 뛰어오름. ②급격히 발전하거나 향상됨. ¶ 선진국으로 비약하다. ③(이론이나 말·생각 따위가) 밟아야 할 단계나 순서를 거치지 않고 앞으로 나아감. ¶ 논리의 비약.
비ː약(祕藥)명 ①남이 모르는 비방(祕方)으로 지은 약. ②효력이 매우 좋은 약.
비ː약(祕鑰)명 ☞비결(祕訣).
비약-법(飛躍法) [-뻡]명 수사법상 변화법의 한 가지. 차례를 좇아 평탄하게 서술해 나가던 문장의 흐름을 시간적·공간적인 거리를 뛰어넘은 새로운 국면으로 전개하는 표현 방법. 〔'인생이란 따지고 보면 그런 걸세. 이제 그만 가세.' 하는 따위.〕
비약-적(飛躍的) [-쩍]관명 급격하게 향상·발전하는 (것). ¶ 비약적 진보. /비약적인 경제 성장.
비양명 얄미운 태도로 빈정거림. ¶ 비양을 치다.
비양(飛揚)명하자 ①잘난 체하고 거드럭거림. ¶ 그녀가 비양하며 내던진 말에 모두 인상을 찌푸렸다. ②높은 지위에 오름. ③☞비등(飛騰).
비ː-양심적(非良心的)관명 양심적이 아닌 (것). 양심을 속이는 (것). ¶ 비양심적 태도. /비양심적인 사람이 많은 사회는 퇴보하기 마련이다.
비어(飛魚)명 ☞날치[3].
비어(飛語·蜚語)명 근거 없이 떠도는 말. 무책임한 평판. 비언(飛言). ¶ 유언(流言)비어.
비ː어(鄙語·卑語)명 상스러운 말. 천한 말. 낮은말. 비언(鄙言).
비ː어(祕語)명 비밀스러운 말. 남이 모르게 은밀히 주고받는 말.
비ː어(備禦)명하타 미리 준비하여 막음.
비어-지다 [-어-/-여-]자 ①속에 들었던 것이 밖으로 쑥 내밀다. ¶ 갈라진 타이어 틈으로 튜브가 비어져 나오다. ②숨었거나 숨겨져 있던 것이 드러나다. ¶ 화만 나면 야비한 본성이 비어져 나온다.
비어-홀ː(beer hall)명 맥주를 전문으로 파는 술집. 간단한 요리도 제공함.
비언(飛言)명 ☞비어(飛語).
비ː언(鄙言)명 ☞비어(鄙語).
비ː언(鄙諺)명 상스러운 말. 저속한 속담.
비ː업(丕業)명 큰 사업. 대업(大業). 홍업(洪業). ¶ 왕자(王者)의 비업.
비ː에이치시ː(BHC)명 농약으로 쓰던 유기 염소계 살충제. [Benzene Hexachloride]
비엔날레(biennale 이)명 〔'2년마다'의 뜻으로〕 2년마다 열리는 국제적인 미술 전람회. 참트리엔날레.
비ː엘(B/L)명 선하 증권. [bill of lading]
비역명하자 남자끼리 성교하듯이 하는 짓. 계간(鷄姦). 남색(男色). 준벽.
비역-살 [-쌀]명 궁둥이 쪽의 살.
비연(飛鳶)명하자 연을 날리는 일. 연날리기.
비ː-연시(非聯詩)명 연(聯)을 나누지 아니한 시.
비ː열(比熱)명 어떤 물질 1g의 온도를 섭씨 1도 높이는 데 필요한 열량.
비열(卑劣·鄙劣) '비열하다'의 어근.
비ː열(脾熱)명 한방에서, 비장(脾臟)에 열기가 생기는 병을 이르는 말.
비ː열-하다(卑劣-·鄙劣-)형여 성품이나 하는 짓이 천하고 용렬하다. ¶ 비열한 행위.
비ː염(鼻炎)명 코의 점막에 생기는 염증. 비카타르. 코카타르.
비ː영리^단체(非營利團體) [-니-]명 자체의 영리를 추구하지 아니하고 공공의 이익을 목적으로 하는 단체. ↔영리 단체.
비영비영-하다형여 병으로 몸이 파리하고 기운이 없다.
비ː예(睥睨)명하타 ①곁눈으로 흘겨봄. ②(겁을 주려고) 무섭게 노려봄.
비오부 솔개의 우는 소리. **비오-비오**부.
비오디(BOD)명 생물학적 산소 요구량. [Biochemical Oxygen Demand]
비-오리명 오릿과의 새. 몸길이 66 cm가량. 원앙과 비슷하나 좀 더 큼. 몸빛은 흰색인데 날개는 오색찬란한 자줏빛임. 항만이나 연못 등에서 살며 암수가 늘 함께 놂. 수계(水鷄). 자원앙(紫鴛鴦).
비ː오-판(B五版)명 책의 판형의 한 가지. 비판(B版) 전지를 열여섯 겹으로 접은, 가로 176 mm, 세로 250 mm 크기. 사륙 배판과 거의 비슷하며, 큰 책, 잡지, 사무용지 등에 많이 이용됨. 참비판(B版).
비ː옥(肥沃)명하형 땅이 걸고 기름짐. 비요(肥饒). ¶ 논밭이 비옥하다.
비ː옥(翡玉)명 붉은 점이 박힌 비취옥.
비ː옥(緋玉)명 〔'붉은 비단옷과 옥관자(玉貫子)'라는 뜻으로〕 당상관(堂上官)의 관복을 이르던 말.
비ː옥가봉(比屋可封) [-까-]명 〔집집마다 표창할 만한 인물이 많다는 뜻으로〕 '나라에 착하고 어진 사람이 많음'을 이르는 말.
비ː옥-도(肥沃度) [-또]명 땅의 걸고 기름진 정도.
비ː옥-토(肥沃土)명 작물(作物)이 자라기에 알맞은, 걸고 기름진 땅.
비올라(viola 이)명 현악기의 한 가지. 줄이 네 개이며 활로 문질러서 소리를 냄. 차분한 음색을 지녔으며 합주에 많이 쓰임.
비올렌토(violento 이)명 악보의 나타냄말. '격렬하게'의 뜻.
비올론-첼로(violoncello 이)명 ☞첼로.
비-옷 [-옫]명 비에 젖지 않도록 하기 위해 옷 위에 덧입는 옷. 우의(雨衣). ＊비옷이[-오시]·비옷만[-온-]
비왇다타 〈옛〉 뱉다. ¶ 비와틀 토:吐(類合下6). 참비밭다.
비ː요(肥饒)명하형 ☞비옥(肥沃).
비ː요(祕要)명 ☞비결(祕訣).
비요(匪擾)명 비적(匪賊)의 무리가 일으키는 소요.
비ː용(比容)명 물체의 부피를 그 질량으로 나눈 값. 밀도의 역수(逆數)와 같음. 비부피.
비ː용(費用)명 무엇을 사거나 어떤 일을 하는 데 드는 돈. 비발[2]. 용비. ¶ 비용이 들다. /여행 비용을 부담하다.
비ː용-설(費用說)명 재화의 가치는 그것을 생산하는 데에 쓰인 노동이나 비용에 따라서 결정된다는 학설. 참노동 가치설.

비-우(-雨)명 한자 부수의 한 가지. '雲'·'雷' 등에서의 '雨'의 이름.
비우(飛宇)명 ☞비첨(飛檐).
비-우다타 〖'비다'의 사동〗 ①안에 든 것을 없애어 그 자리를 비게 하다. ¶ 그릇을 비우다. /상자를 비우다. ②있던 사람이 나가고 그 자리만 남게 하다. ¶ 방을 비우다. /사무실을 비우다. ③(살던 집을) 내주다. ④(일하던 자리에서 떠나) 한동안 그 자리에 있지 아니하다. ¶ 일자리를 비우지 말게.
비우숨타 〈옛〉〔'비웃다'의 명사형〕 ¶ 비우수믈 免티 몯ᄒᆞ리니(月釋21:15).
비-우호적(非友好的)관명 (말·행동·태도 따위가) 사이좋게 지내려는 것이 아닌 (것). 우호적이 아닌 (것). ¶ 비우호적 관계. /비우호적인 발언.
비ː운(否運)명 막힌 운수.
비운(飛雲)명 바람에 불리어 날아가는 구름.
비ː운(悲運)명 슬픈 운명. 불행한 운명. ¶ 비운의 왕자.
비욷명 〈옛〉 청어. ¶ 비욷 청:鯖(訓蒙上20).
비웃[-욷]명 (생선으로서의) 청어. *비웃이[-우시]·비웃만[-운-]
비웃-구이[-욷꾸-]명 비웃에 양념을 하여 구운 반찬.
비ː웃다[-욷따]타 빈정거리거나 업신여기다, 또는 그런 뜻으로 웃다. ¶ 사람들이 모두 나의 꿈을 비웃었다. *비ː웃어·비ː웃는[-운-]
비ː웃-음명 비웃는 일, 또는 그 웃음. 조소(嘲笑). ¶ 남에게 비웃음을 사다.
비웃적-거리다[-욷쩍꺼-]타 비웃는 태도로 자꾸 빈정거리다. 비웃적대다.
비웃적-대다[-욷쩍때-]타 비웃적거리다.
비ː원(祕苑)명 궁궐 안의 동산과 정원. 금원(禁苑). 어원(御苑).
비ː원(悲願)명 ①중생을 구하려는 부처나 보살의 서원(誓願). ②온갖 힘을 기울여서 이루려고 하는 비장한 소원. ¶ 남북통일은 우리의 비원이다.
비ː원(備員)명 정한 인원이 다 갖추어지는 일.
비ː원(鄙願)명 '자기의 소원'을 겸손히 이르는 말.
비ː위(非違)명 법에 어긋나는 일. ¶ 공무원의 비위가 발각되다.
비ː위(妣位)명 돌아가신 대대(代代)의 할머니와 돌아가신 어머니의 위(位). ↔고위(考位).
비ː위(脾胃)명 ①비장(脾臟)과 위(胃). ②음식 맛이나 어떤 사물에 대하여 좋고 언짢음을 느끼는 기분. ¶ 생선이 비위에 맞지 않다. ③아니꼽거나 언짢은 일을 잘 견디어 내는 힘. ¶ 그 사람은 비위를 맞추기가 힘들다.
비위가 떡판〔떡함지〕에 가 넘어지겠다속담 떡판 옆을 가다가 짐짓 넘어진 체하여 떡을 먹을 만큼 비위가 좋다.
비위(가) 사납다관용 남의 하는 짓이 비위에 거슬리고 언짢다.
비위(가) 상하다관용 ①마음에 언짢아 기분이 상하다. ②음식이 입에 맞지 않아 역겨운 느낌이 들다.
비위(가) 좋다관용 ①무슨 음식이나 즐겨 먹고 잘 삭이다. ②아니꼬운 일이나 언짢은 일 따위를 잘 견디어 내다.
비위(가) 틀리다관용 마음에 언짢아 기분이 틀어지다.
비위(를) 거스르다관용 ☞비위(를) 건드리다.
비위(를) 건드리다관용 남의 마음을 언짢게 하다. 비위가 상하게 작용하다. 비위(를) 거스르다. ¶ 왜 가만히 있는 사람 비위를 건드리고 그래.
비위에 거슬리다관용 ①음식의 맛이 식성에 맞지 아니하다. ②남의 하는 짓이 아니꼽고 언짢다.
비ː위-난정(脾胃難定)명 ①하자 비위가 뒤집혀 가라앉지 않음. 비위가 느긋느긋함. ②밉살스러운 꼴이 마음에 아니꼬움.
비ː-위생적(非衛生的)관명 위생적이 아닌 (것). ¶ 비위생적 환경. /비위생적인 생활.
비ː유(比喩·譬喩)명하타되자 어떤 사물의 모양이나 상태 등을 보다 효과적으로 표현하기 위하여 그것과 비슷한 다른 사물에 빗대어 표현함, 또는 그 표현 방법. 〔빗대는 방법에 따라 직유·은유·제유·의인 등이 있음.〕 ¶ 비유로 설명하다. /비유를 들다.
비ː유(卑幼)명 항렬이 낮은 사람이나 나이가 어린 사람.
비ː유-법(比喩法)[-뻡]명 수사법의 한 가지. 표현하려는 대상을 다른 대상에 빗대어 나타내는 표현 방법을 통틀어 이르는 말. 〔직유법·은유법·풍유법·제유법·의인법 따위가 이에 딸림.〕
비육명 〈옛〉 병아리. ¶ 비육:鷄雛(訓解).
비ː육(肥肉)명 살진 짐승의 고기.
비ː육(肥育)명하타 가축을 육용(肉用)으로 쓰기 위하여 짧은 시일에 살이 찌게 기르는 일. ¶ 소를 비육하다.
비ː육불포(非肉不飽)[-뿔-]명하형 〔고기가 아니고서는 배가 부르지 않다는 뜻으로〕 노인의 쇠약해진 상태를 이르는 말.
비ː육-우(肥肉牛)명 (고기를 많이 얻기 위하여) 특별히 살지게 기른 소.
비ː육지탄(髀肉之歎)[-찌-]명 능력을 발휘하여 보람 있는 일을 하지 못하고 헛되이 세월만 보내는 것을 한탄함을 이르는 말. 〔'삼국지(三國志)'의 '촉지(蜀志)'에 나오는 말로, 중국 촉나라의 유비(劉備)가, 말을 타고 천하를 호령하는 몸이 되지 못하고 헛되이 세월만 보내어, 넓적다리의 살만 찌게 됨을 한탄했다는 고사에서 유래함.〕
비ː육-판(B六版)명 책의 판형(版型)의 한 가지. 비판(B版) 전지(全紙)를 서른두 겹으로 접은, 가로 128 mm, 세로 182 mm의 크기. 사륙판과 거의 비슷하며, 일반 단행본에 많이 이용됨. 참비판(B版).
비ː율(比率)명 둘 이상의 수를 비교하여 나타낼 때, 그중 한 개의 수를 기준으로 하여 나타낸 다른 수의 비교 값. ¶ 비율이 낮다. /이번 선거는 무소속 출마자의 비율이 높은 편이다. 준비(比)[1]·율(率).
비ː율^분석법(比率分析法)[-뻡]명 기업체 등에서, 경영의 각 요인 사이의 비율을 분석함으로써 경영 성적을 밝혀내는 방법.
비ː율빈(比律賓)명 '필리핀'의 한자음 표기.
비음명 '빔1'의 잘못.
비ː음(庇蔭)명 ①차양의 그늘. ②하타 두둔하여 보살펴 줌. ¶ 신(神)의 비음을 입다.
비음(碑陰)명 ①비신(碑身)의 뒷면. ↔비표(碑表). ②비석의 뒷면에 새긴 글.
비ː음(鼻音)명 ①자음의 한 갈래. 입 안의 통로를 막고 코로 공기를 내보내면서 내는 소리. 〔울림소리 'ㅁ·ㄴ·ㅇ'이 이에 딸림.〕 통비음(通鼻音). 참구음(口音). ②코가 막힌 듯이 내는 소리. ¶ 비음이 섞인 목소리. 콧소리.

비읍 [명] 한글 자모(字母)의 자음 'ㅂ'의 이름.

비ː읍(悲泣) [명][하자] 슬피 욺.

비ː의(非義) [-의/-이] [명][하자] 의리에 어긋남, 또는 도리에 벗어남.

비ː의(悲意) [-의/-이] [명] 슬픈 뜻, 또는 슬퍼하는 뜻.

비ː의(備擬) [-의/-이] [명] 조선 시대에, 벼슬아치를 임명할 때 이조(吏曹)와 병조(兵曹)에서 세 사람의 후보자를 추천하던 일. [참]삼망(三望).

비ː이성-적(非理性的) [관][명] 이성적이 아닌 (것). ¶ 비이성적 판단. /비이성적인 행동.

비ː-이성주의(非理性主義) [-의/-이] [명] ☞비합리주의(非合理主義).

비-이슬 [명] ①비와 이슬. 우로(雨露). ②비 내린 뒤에 잎 따위에 맺힌 물방울.

비ː익(比翼) [명] 〈비익조〉의 준말.

비ː익(裨益·毘益) [명][하타][되자] ☞보익(補益).

비ː익(鼻翼) [명] 콧방울.

비ː익-연리(比翼連理) [-잉널-] [명] 〔비익조와 연리지(連理枝)라는 뜻으로〕 '부부 사이의 금실이 썩 좋음'을 비유하여 이르는 말.

비ː익-조(比翼鳥) [-쪼] [명] ①암컷과 수컷이 각각 눈과 날개가 하나씩이라서 짝을 짓지 않으면 날지 못한다는 상상의 새. [준]비익. ②'금실이 좋은 부부'를 비유하여 이르는 말.

비ː인(非人) [명] ①사람답지 못한 사람. ②속세를 버린 중이 스스로를 이르는 말.

비인(飛人) [명] 법당(法堂)의 천장이나 벽 등에 '나는 사람'의 모습을 그려 놓은 그림.

비ː인(鄙人) Ⅰ [명] 시골 사람. 두멧사람.
Ⅱ [대] 남자가 자기를 낮추어 이르는 말. 소인(小人).

비ː-인간(非人間) [명] ①(성품이나 행실이) 사람답지 못한 사람. ②〔인간 세상이 아니라는 뜻으로〕 경치가 매우 아름다운 선경(仙境)을 이르는 말. ¶ 별유천지(別有天地) 비인간.

비ː인간-적(非人間的) [관][명] 사람답지 못한 (것). 사람으로서 차마 할 수 없는 (것). ¶ 비인간적 행위. /비인간적인 대우.

비ː-인도적(非人道的) [관][명] 인도에 어긋나는 (것). ¶ 비인도적 처사. /비인도적인 만행을 저지르다.

비ː-인정(非人情) [명] 인정이 없는 일. [비]몰인정.

비ː일비ː재(非一非再) [명][하형] ①한두 번이 아니고 많음. ¶ 약속을 어기는 일이 비일비재하다. ②한둘이 아니고 많음. ¶ 실패하는 예가 비일비재였지.

비ː자(丕子) [명] 천자(天子)의 적자(嫡子). 원자(元子). 태자(太子).

비자(婢子) Ⅰ [명] 조선 시대에, 별궁·본결·종친 사이의 문안 편지를 전달하던 여자 종.
Ⅱ [대] 지난날, 여자가 자기를 낮추어 이르던 말.

비ː자(榧子) [명] 한방에서, 비자나무의 열매를 약재로 이르는 말. 〔구충제로 쓰이는데, 특히 촌충 구제(驅除)에 유효함.〕

비자(visa) [명] 외국인의 입국 허가 증명. 사증(査證). ¶ 비자를 발급받다.

비ː-자금(祕資金) [명] 기업의 공식적인 재무 감사에서도 드러나지 않고 세금 추적도 불가능하도록 특별 관리하는 부정한 자금을 통틀어 이르는 말. 주로, 무역과 계약 따위의 거래에서 관례적으로 발생하는 리베이트와 커미션 및 회계 처리의 조작 등을 통하여 조성됨. ¶ 비자금을 조성하다.

비ː자-나무(榧子-) [명] 주목과의 상록 침엽 교목. 높이는 25 m가량 자람. 잎은 두껍고 작으며 끝이 뾰족함. 봄에 꽃이 피고, 가을에 길둥근 열매가 열림. 나무는 건축·가구·바둑판 따위를 만드는 데 쓰임.

비ː자발적 실업(非自發的失業) [-쩍씨럽] 일할 능력과 의사가 있어도 일자리가 없어서 생기는 실업.

비잔틴^건ː축(Byzantine建築) [명] 동로마 제국, 곧 비잔틴 제국을 중심으로 유행한 건축 양식. 큰 돔(dome)과 색대리석(色大理石) 등의 호화로운 재료, 화려한 모자이크 장식 등을 갖춘 성당 건물이 그 특색임.

비잔틴^교ː회(Byzantine教會) [-회/-훼] [명] '그리스 정교회'의 딴 이름.

비잠주복(飛潛走伏) [명] 〔'날고, 헤엄치고, 달리고, 기는 것'이라는 뜻으로〕 새·물고기·짐승·벌레 따위를 두루 이르는 말.

비잡이 [명] 쟁기의 성에와 물추리막대를 잇는 줄.

비ː장(祕藏) [명][하타][되자] 남이 모르게 감추어 두거나 소중히 간직함. ¶ 비장의 무기. /비장의 카드를 내밀다. /가보(家寶)로 삼아 비장하다.

비장(腓腸) [명] ☞장딴지.

비ː장(備藏) [명][하타][되자] 두루 갖추어서 간직함.

비ː장(脾臟) [명] 위(胃)의 왼쪽 뒤에 있는 내장의 한 가지. 둥글고 해면(海綿) 모양으로 되어 있으며, 림프구를 만들고 노폐한 적혈구를 파괴하는 구실을 함. 지라. [준]비(脾).

비장(悲壯) '비장하다'의 어근.

비장(裨將) [명] 조선 시대에, 감사(監司)·유수(留守)·병사(兵使)·수사(水使) 등을 수행하던 무관. 막료(幕僚). 막비(幕裨).

비ː장(鄙莊) [명] 남에게 자기 소유의 논밭을 겸손하게 이르는 말.

비장-근(腓腸筋) [명] 장딴지의 근육.

비장근^경련(腓腸筋痙攣) [-넌] [명] 장딴지에 갑자기 일어나는 경련, 곧 다리에 쥐가 나는 증세.

비ː장-미(悲壯美) [명] 비장한 데서 느껴지는 아름다움. ¶ 그 영화의 압권은 라스트 신의 비장미에 있다.

비ː장-하다(悲壯-) [형][여] 슬프고도 장하다. 슬픔 속에서도 의기를 잃지 않고 꿋꿋하다. ¶ 비장한 각오. /비장한 결의가 엿보이다. **비장-히** [부].

비재(菲才·非才) [명] ①변변치 못한 재주. 단재. ②남 앞에서 자기 재능을 겸손하게 이르는 말.

비ː재산적 손ː해(非財產的損害) [-쩍쏜-] 재산 이외의 손해, 곧 생명·신체·명예·자유 등이 침해됨으로써 생기는 손해.

비ː-저항(比抵抗) [명] ☞저항률(抵抗率).

비ː적(飛迹) [명] 윌슨의 안개 상자나 거품 상자 등을 방사선 따위의 대전 입자(帶電粒子)가 통과할 때 생기는 자국.

비ː적(匪賊) [명] 떼를 지어 돌아다니면서 살인·약탈 등을 일삼는 도둑. 비도(匪徒). 적비(賊匪).

비적-비적 [-삐-] [부] 무엇에 싸인 물건이 자꾸 비어져 나오는 모양.

비ː적-성(非敵性) [-썽] [명] 적(敵)으로 대할 만한 성질을 가지고 있지 아니한 상태. ¶ 비적성 국가.

비전(飛電) [명] ①번쩍하는 번개. ②매우 급한 전보.

비전(飛箭) [명] 날아오는 화살.

비ː전(祕傳) [명] ①비밀로 하여 특정한 사람에게만 전수되는 것. ¶ 비전의 가양주(家釀酒). ②[하타][되자]비밀히 전하여 줌.

비ː전(費錢)명하자 돈을 헛되이 써서 없앰.
비전(vision)명 미래에 대한 구상. 미래상. ¶ 앞날의 비전을 제시하다.
비ː-전문가(非專門家)명 전문가가 아닌 사람. 아마추어.
비ː-전문적(非專門的)관명 전문적이 아닌 (것). ¶ 비전문적 분야./비전문적인 사람.
비ː^전ː원(B電源)명 전자관(電子管)의 음극과 양극 사이에 가하는 직류 전압을 얻기 위한 전원. ↔에이 전원(A電源).
비ː-전투원(非戰鬪員)명 직접 전투에 참가하지 않고, 전투 이외의 업무를 보는 교전국의 군인.
비ː-전해질(非電解質)명 용액 중에서 전리(電離)하지 않는 물질. 〔수크로오스·알코올·벤젠·에테르 따위.〕 ↔전해질.
비ː-전향(非轉向)명 종래의 사상이나 이념을 끝내 바꾸지 않음. 참미전향.
비ː전형^계ː약(非典型契約)[-계-/-게-]명 ☞무명 계약(無名契約).
비ː절참절(悲絶慘絶)명하형 말할 수 없이 비참함. 참절비절.
비ː점(批點)명 과거 등에서, 시관(試官)이 응시자가 지은 시나 문장을 평가할 때, 특히 잘 지은 대목에 찍던 둥근 점.
비ː점(沸點)[-쩜]명 액체가 끓기 시작할 때의 온도. 끓는점. 비등점(沸騰點).
비ː접(←避接)명하자 앓는 사람이 자리를 옮겨서 병을 다스리는 일. ¶ 시골로 비접을 보내다. /비접을 나가다. 본피접.
비ː정(批正)명하타 비평하여 잘못된 점을 고침. ¶ 기탄없는 비정을 바랍니다.
비ː정(非情)명하형 ①인간다운 감정을 가지지 않음. ②인정이 없이 몹시 쌀쌀함. ¶ 젖먹이를 버린 비정한 여인.
비ː정(秕政)명 잘못되어 어지러운 정치. 예정(穢政). ¶ 비정을 바로잡다. /비정을 캐다.
비ː-정규(非正規)명 정규가 아닌 것.
비ː-정규군(非正規軍)명 정규군이 아닌 군대. ↔정규군.
비ː-정상(非正常)명 정상이 아닌 것. ¶ 지능의 발달이 비정상이다. ↔정상.
비ː정상-적(非正常的)관명 정상적이 아닌 (것). ¶ 비정상적 방법. /비정상적인 과열 경기.
비ː-정질(非晶質)명 〈비결정질〉의 준말.
비ː제(鄙第)명 '자기의 집'을 겸손하게 이르는 말. 폐려(弊廬). 폐사(弊舍). 폐옥(弊屋).
비조(飛鳥)명 하늘을 나는 새. 날짐승.
비ː조(悲調)명 슬픈 곡조. 비곡(悲曲).
비ː조(裨助)명하타 도와줌.
비ː조(鼻祖)명 어떤 일을 가장 먼저 시작한 사람. 원조(元祖). 〔사람은 태내(胎內)에서 맨 먼저 코부터 모양을 이룬다는 설(說)에서 비롯된 말.〕 ¶ 우리나라 유학(儒學)의 비조.
비조불입(飛鳥不入)명 〔새도 날아들지 못할 만큼〕 성(城)이나 진지(陣地)의 '방비가 물샐틈없이 튼튼함'을 이르는 말.
비ː조즉석(非朝則夕)[-썩]명 〔아침이 아니면 저녁이란 뜻으로〕 '시기(時期)가 가까이 닥침'을 이르는 말.
비ː-조직적(非組織的)[-쩍]관명 조직적이 아닌 (것). ¶ 비조직적 행동. /비조직적인 대응.
비ː족(鄙族)명 자기의 겨레붙이를 남 앞에서 겸손하게 일컫는 말.
비ː-좁다[-따]형 자리가 몹시 좁다. ¶ 비좁은 골목길. /교실이 비좁다. 작배좁다.
비좌(碑座)명 비대(碑臺)에서 비신(碑身)이 놓이는 자리.
비주(飛走)명 〈비금주수(飛禽走獸)〉의 준말.
비주룩-비주룩[-뻬-]부하형 여러 개의 끝이 다 비주룩한 모양. 작배주룩배주룩. 센삐주룩삐주룩.
비주룩-하다[-루카-]형여 물건의 끝이 쑥 내밀려 있다. 작배주룩하다. 센삐주룩하다. 비주룩-이부.
비ː-주류(非主流)명 ①(사상·학술 따위의 여러 갈래에서) 중심에서 벗어난 갈래. ②어떤 조직이나 단체에서 영향력이 작은 세력. ↔주류(主流).
비죽[1]부하타 ①어떤 형체나 모습이 잠깐 슬쩍 나타나거나 내미는 모양. ¶ 그는 이따금 사무실에 얼굴만 비죽 내밀 뿐이다. ②마음에 못마땅하거나 남을 비웃거나 할 때, 입을 쑥 내미는 모양. ¶ 그녀는 걸핏하면 입을 비죽한다. 작배죽[1]. 센비쭉[1]·삐죽[1]·삐쭉[1]. 비죽-이부. ②비죽-비죽부하타.
비죽[2]부하형 물체의 한 부분(끝)이 쑥 내밀려 있는 모양. 작배죽[2]. 센비쭉[2]·삐죽[2]·삐쭉[2]. 비죽-이부. 비죽-비죽부하형.
비ː죽(比竹)명 (피리나 생황 등) 대나무로 만든 관악기.
비죽-거리다[-꺼-]타 (남을 비웃거나 못마땅한 일이 있을 때) 입을 쑥 내밀고 실룩거리다. 비죽대다. ¶ 질투가 나서 입을 비죽거리다. 작배죽거리다.
비죽-대다[-때-]타 비죽거리다.
비ː준(比準)명하타되자 서로 견주어 보는 일. 대조(對照).
비ː준(批准)명하타되자 ①신하의 상주(上奏)를 임금이 재가(裁可)하는 일. ②조약의 체결에 대하여, 국가가 최종적으로 확인하고 동의함, 또는 그 절차. ¶ 한일 조약을 비준하다.
비ː준^교환(批准交換)명 비준을 마친 조약문을 당사국끼리 서로 바꿈. 〔비준 교환에 따라 조약의 효력이 발생함.〕
비ː중(比重)명 ①어떤 물질의 질량과 그것과 같은 체적의 표준물질의 질량과의 비. 〔고체나 액체의 경우, 표준물질로서 보통의 증류수를 사용함.〕 ②다른 사물과 비교했을 때의 중요성의 정도. ¶ 국제 사회에서 비중이 높아지고 있다.
비ː중-계(比重計)[-계/-게]명 물질의 비중을 재는 기구를 통틀어 이르는 말. 〔부칭(浮秤)·비중병·비중 천칭 등이 있음.〕 하이드로미터.
비ː중-병(比重甁)명 비중계의 한 가지. 주로 액체의 비중을 재는 데 쓰는, 유리로 만든 작은 병.
비ː중^선ː광(比重選鑛)명 광물의 비중 차이를 이용하여 유용 광물(有用鑛物)을 가려내는 일.
비ː중^천칭(比重天秤)명 비중계의 한 가지. 공기나 액체 속에서 부력(浮力)의 차이를 이용하여, 고체나 액체의 비중을 재는 기구.
비ː중-표(比重表)명 액체 및 고체의 비중의 값을 나타낸 표.
비ː즈(beads)명 수예품이나 여성복 따위에 장식용으로 쓰이는 작은 유리 구슬. 〔실을 꿰는 구멍이 있음.〕
비즈니스(business)명 '사업'으로 순화.
비즈니스맨(businessman)명 사업가. 실업가.
비ː증-보살(悲增菩薩)명 불교에서, 중생을 교화하려고 부처에게 비는 보살. 중생 구제를 바라지만 자신은 색계(色界)에 오래 머물며 빨리 성불하기를 원하지 아니함.

비지¹명 ①두부를 만들 때, 두유(豆乳)를 짜고 남은 찌꺼기. ②콩을 불려 갈아서 찌개나 국에 넣으려고 두유를 짜내지 않은 것, 또는 그것을 끓인 음식.
비지 먹은 배는 연약과(軟藥果)도 싫다 한다 속담 하찮은 음식일지라도 먹어서 배가 부르면 좋은 음식이라도 더 당기지 않는다는 말.
비지²명 광석과 모암(母岩)의 가루가 섞여서 된 물질. 단층(斷層)으로 말미암은 광맥(鑛脈)과 모암의 마찰로 생기게 된 것임.
비ː지(批旨)명 상소에 대하여 임금이 내리는 하답(下答).
비지(扉紙)명 ☞속표지.
비지(碑誌)명 ☞비문(碑文).
비ː지(鄙地)명 자기가 사는 곳을 겸손하게 이르는 말. 비변(鄙邊). 비처(鄙處).
비지^껍질[-찔]명 살가죽의 겉껍질.
비지-땀명 무척 힘드는 일을 할 때 몹시 쏟아져 나오는 땀. ¶ 비지땀을 흘리다./비지땀을 쏟으며 일하다.
비지-떡명 ①비지에 쌀가루나 밀가루를 넣어 빈대떡처럼 부친 떡. ②'보잘것없는 것'을 비유하여 이르는 말. ¶ 싼 게 비지떡이라고 품질이 엉망이다.
비ː진(備盡)명하타 마음과 힘을 다함.
비-질명하자타 비로 쓰는 일. ¶ 매일 아침 마당을 비질하다.
비ː집다[-따]타 ①맞붙은 데를 벌려 틈을 내다. ¶ 뚜껑을 비집어 열다. ②좁은 틈을 헤쳐서 넓히다. ¶ 군중 사이를 비집고 들어가다. ③눈을 비벼서 다시 뜨다. ¶ 눈을 비집고 보아도 찾을 수 없다.
비짓-국[-지꾹/-짇꾹]명 비지를 넣고 끓인 국.
비짓국 먹고 용트림한다속담 실속은 없으면서도 겉모양만 그럴듯하게 꾸밈을 이르는 말.
비짜루명 백합과의 다년초. 줄기 높이는 1 m가량. 가지가 많이 벋으며 가는 실 모양의 잎이 가지마다 촘촘히 붙음. 암수딴그루로, 늦은 봄에 옅은 녹색의 잔 꽃이 잎겨드랑이에 핌. 어린잎은 식용함. 우리나라 및 일본·대만 등지에 분포함.
비쩍부 살가죽이 쭈그러질 정도로 마른 모양. ¶ 며칠 앓고 나더니 비쩍 말랐다. 작배짝. 센삐쩍.
비쭈기-나무명 차나뭇과의 작은 상록 활엽 교목. 잎은 길둥근꼴에 끝이 뾰족한데 어긋맞게 남. 암수딴그루로, 5~6월에 흰 다섯잎꽃이 잎겨드랑이에 1~3송이씩 피고, 둥근 열매는 10월에 검게 익음. 관상용이며, 재목은 세공재로 쓰임. 우리나라 및 일본·대만 등지에 분포함.
비쭉¹부하타 〈비죽¹〉의 센말. ¶ 못마땅한지 입을 비쭉하였다. 작배쭉¹. 센삐쭉¹.
비쭉²부하형 〈비죽²〉의 센말. ¶ 비쭉 내민 바위. 작배쭉². 센삐쭉².
비ː차(非次)명하자 차례에 맞지 않음, 또는 차례에 따르지 않음.
비찰(飛札)명 ①몹시 급한 편지. ②편지를 급히 띄우는 일.
비ː참(悲慘)명하형 (차마 눈 뜨고 볼 수 없을 만큼) 슬프고 참혹함. ¶ 비참한 광경. **비참-히**부.
비ː창(悲愴)명하형 마음이 몹시 슬픔.
비ː책(祕策)명 비밀의 계책. ¶ 비책을 짜내다.
비ː처(鄙處)명 ☞비지(鄙地).
비ː척(肥瘠)명 ①몸의 살찜과 여윔. ②땅의 기름짐과 메마름.
비척-거리다[-꺼-]타 〈비치적거리다〉의 준말. 비척대다. 작배착거리다.
비척-걸음[-꺼름]명 비치적거리면서 걷는 걸음.
비척-대다[-때-]타 비척거리다.
비척-비척[-삐-]부하타 〈비치적비치적〉의 준말. 작배착배착.
비척지근-하다[-찌-]형여 〈비리척지근하다〉의 준말. 작배착지근하다.
비천(卑賤) '비천(卑賤)하다'의 어근.
비천(飛天)명 하늘을 나는 신선 또는 선녀. 천녀(天女). 천인(天人).
비천(飛泉)명 ①☞폭포수. ②☞분천(噴泉).
비ː천(備薦)명하타 지난날, 의정대신(議政大臣)이 천거하여 벼슬을 시키던 일.
비천(鄙淺) '비천(鄙淺)하다'의 어근.
비천-상(飛天像)명 비천(飛天)을 나타낸 그림, 또는 조각.
비ː천-하다(卑賤-)형여 신분이 낮고 천하다. ¶ 출신이 비천하다. ↔존귀하다.
비ː천-하다(鄙淺-)형여 촌스럽고 천박하다.
비ː-철(非-)명 (옷·음식·상품 따위가) 계절에 맞지 않음. 제철이 아님.
비ː철^금속(非鐵金屬)명 철 이외의 금속을 통틀어 이르는 말. 〔구리·알루미늄·니켈·납·아연·주석·백금 따위.〕
비첨(飛檐)명 (모양내어 지은 한식 기와집의) 번쩍 들린 처마. 비우(飛宇).
비ː첩(婢妾)명 종으로 첩이 된 여자.
비첩(碑帖)명 비문(碑文)을 종이에 박아 낸 것, 또는 그것을 첩(帖)으로 만든 것. 탁본. 탑본.
비ː-체중(比體重)명 키에 대한 몸무게의 백분율.
비ː추(悲秋)명 ①쓸쓸한 가을. ②하자가을철을 쓸쓸히 여겨 슬퍼함.
비추다 Ⅰ자 견주어 보다. 《주로, '~에 비추어'의 꼴로 쓰임.》 ¶ 예산에 비추어 보다./내 경험에 비추어 볼 때 이번 일은 실패할 가능성이 높다.
Ⅱ타 ①빛을 보내어 밝게 하다. ¶ 달빛이 들판을 비추다. ②거울이나 물 따위에 모습이 나타나게 하다. ¶ 거울에 얼굴을 비추다. ③빛을 받게 하다. ¶ 햇빛에 필름을 비추다.
비추-이다자 〖'비추다'의 피동〗 비춤을 받다. 준비취다.
비ː축(備蓄)명하타되자 (만일의 경우에 대비하여) 미리 모아 둠. ¶ 식량을 비축하다.
비ː축-미(備蓄米)[-충-]명 비축하여 놓은 쌀.
비충(飛蟲)명 날벌레.
비ː취(翡翠)명 〈비취옥〉의 준말.
비ː취-금(翡翠衾)명 〔비취색의 비단 이불이라는 뜻으로〕 신혼부부가 덮는 화려한 이불.
비취다자 〈비추이다〉의 준말.
비ː취-색(翡翠色)명 비취의 빛깔. 짙은 녹색.
비ː취-옥(翡翠玉)명 보석의 한 가지. 반투명이고 짙은 녹색을 띠며 유리와 같은 광택이 있는 경옥(硬玉). 준비취.
비ː취-유(翡翠釉)명 맑은 가을 하늘과 같은 짙은 청색의 잿물.
비ː취-잠(翡翠簪)명 비취옥으로 만든 비녀.
비층-구름(-層-)명 ☞난층운.
비ː치(備置)명하타되자 갖추어 둠. ¶ 구급약품을 비치해 두었다./참고 도서를 비치하다.
비ː치-가운(beach gown)명 바닷가에서, 해수욕복 위에 입는 가운.
비치근-하다형여 〈비리척지근하다〉의 준말. 작배치근하다.

비치다 Ⅰ 자 ①빛이 나서 환하게 되다. ¶ 등불이 비치다. ②물체의 그림자가 나타나 보이다. ¶ 미닫이에 비친 사람의 그림자. ③빛이 반사하여 거울이나 수면에 모양이 나타나 보이다. ¶ 연못에 비친 수양버들의 늘어진 모습. ④(투명하거나 반투명한 것을 통하여) 속의 것이 드러나 보이다. ¶ 모시 적삼 아래로 속살이 비치다. ⑤눈을 통하여 어떤 인상이 느껴지다. ¶ 외국인의 눈에 비친 한국.
Ⅱ 타 ①(상대편의 생각을 알아보려고, 또는 자기의 의사를) 넌지시 조금 말하다. ¶ 대통령 선거에 출마할 의사를 비치다. ②얼굴 따위를 잠시 나타내다. ¶ 코빼기도 비치지 않는다.

비치적-거리다 [-꺼-] 타 자꾸 비치적비치적하다. 비치적대다. ¶ 약간 비치적거리는 걸음걸이. 준비척거리다. 작배치작거리다.

비치적-대다 [-때-] 타 비치적거리다.

비치적-비치적 [-삐-] 부 하타 한쪽으로 약간 비트적거리는 모양. ¶ 술에 취하여 비치적비치적 걷다. 준비척비척. 작배치작배치작.

비ː치-파라솔 (beach+parasol) 명 해수욕장에서 햇볕을 가리기 위하여 쓰는 큰 양산.

비칠-거리다 자타 자꾸 비칠비칠하다. 비칠대다. 작배칠거리다.

비칠-대다 자타 비칠거리다.

비칠-비칠 부 하자타 이리저리 비틀거리는 모양. 작배칠배칠.

비침-도 (-度) 명 ☞조도(照度).

비ː칭 (卑稱) 명 낮추어 일컫는 말. ↔경칭·존칭.

비ː-카타르 (鼻catarrh) 명 ☞코카타르.

비ː커 (beaker) 명 화학 실험용의, 귀때가 달린 원통형 유리그릇.

비ː컨 (beacon) 명 〔'봉화'라는 뜻에서〕 항로나 항공로 표지, 또는 표지등. 참라디오 비컨.

비ː-컨대 (比-) 부 ①비교하여 보건대. 비교하자면. ②비유하건대.

비ː켜-나다 Ⅰ 자 몸을 옮겨 물러나다. ¶ 김 선생이 오자 학생들은 복도 옆으로 비켜났다.
Ⅱ 자타 ①어떤 장소에서 벗어나다. ②어떤 문제·사건 따위의 핵심이나 중심에서 벗어나다.

비ː켜-덩이 명 김을 맬 때 흙덩이를 옆으로 빼내는 일, 또는 그 흙덩이.

비ː켜-서다 자 몸을 옮겨 물러서다. ¶ 자동차 경적 소리에 놀라 얼른 한옆으로 비켜서다.

비키니 (bikini) 명 상하가 분리되어 브래지어와 팬티로 이루어진 여자용 수영복.

비ː키다 Ⅰ 자 (무엇을 피하여) 조금 자리를 옮기다. ¶ 달려오는 자전거를 보고 한옆으로 비켰다.
Ⅱ 타 ①(방해가 되지 않게) 조금 옮겨 놓다. ¶ 화분을 비켜 놓다. ②피하여 방향을 조금 바꾸다. ¶ 영식이 집을 비켜 가다. /태풍이 남해안을 비켜 나갔다. ③(다른 사람을 위하여) 자리를 다른 곳으로 옮기다. ¶ 김 선생과 할 얘기가 있으니 자리 좀 비켜 주십시오.

비타민 (vitamin) 명 영양소의 한 가지. 동물의 성장에 꼭 필요한 유기 화합물이며, 체내에서는 합성되지 아니함. 비타민 A·B·C 등 여러 가지가 있음.

비타민^결핍증 (vitamin缺乏症) [-쯩] 명 비타민의 부족으로 일어나는 생리 기능의 장애. 〔야맹증·각기 따위.〕

비타민^과ː잉증 (vitamin過剩症) [-쯩] 명 비타민이 몸 안에 너무 많아서 일어나는 생리 기능의 장애. 식욕 부진이나 구토·황달 따위의 증상이 나타남.

비타민^디ː (vitamin D) 명 비타민의 한 가지. 혈액 속의 칼슘을 조절하며, 모자라면 구루병이 생김. 간유(肝油)·달걀 노른자 따위에 들어 있음.

비타민^비ː (vitamin B) 명 ☞비타민 비 복합체.

비타민^비ː^복합체 (vitamin B複合體) [-보캅-] 명 이전에 '비타민 비'라 불리던 것으로, 비타민 B_1·B_2·B_6·B_{12}·B_{13}·니코틴산·판토텐산 등의 여러 성분의 혼합물을 이르는 말.

비타민^비ː^식스 (vitamin B_6) 명 비타민 비 복합체의 한 가지. 항피부염 인자와 미생물류의 성장 인자이며 쌀겨·효모 따위에 들어 있음. 참피리독신.

비타민^비ː^원 (vitamin B_1) 명 비타민 비 복합체의 한 가지. 모자라면 식욕 감퇴·각기·신경증 등이 생김. 쌀겨·효모 따위에 들어 있음. 참티아민.

비타민^비ː^투 (vitamin B_2) 명 비타민 비 복합체의 한 가지. 모자라면 구내염·설염·피부염 등이 생김. 간장(肝臟)·달걀 노른자·우유 따위에 들어 있음.

비타민^비ː^트웰브 (vitamin B_{12}) 명 비타민 비 복합체의 한 가지. 모자라면 악성 빈혈이 생김. 쇠간 따위에 들어 있음.

비타민^시ː (vitamin C) 명 비타민의 한 가지. 모자라면 괴혈병이 생김. 과일·야채 따위에 들어 있음. 아스코르브산.

비타민^에이 (vitamin A) 명 비타민의 한 가지. 모자라면 발육 불량, 세균에 대한 저항력 감퇴, 야맹증 등이 일어남. 간유(肝油)·버터·야채 따위에 들어 있음.

비타민^에이치 (vitamin H) 명 비타민의 한 가지. 쥐에게 다량의 달걀 흰자를 주었을 때 피부염 등의 장애를 일으키는데, 이를 치료하는 성분으로서 발견되었음. 달걀 노른자·쇠간 따위에 많이 들어 있음.

비타민^엘 (vitamin L) 명 비타민의 한 가지. 쥐의 젖의 분비를 돕는 인자로서 쇠간·효모 등에서 분리되었으나, 사람에 대한 효과는 확실하지 않음.

비타민^엠 (vitamin M) 명 비타민의 한 가지. 비타민 비 복합체의 구성 요소. 모자라면 빈혈이 생김. 시금치·효모·쇠간 따위에 들어 있음. 엽산(葉酸).

비타민^이ː (vitamin E) 명 비타민의 한 가지. 모자라면 불임·유산 등이 일어남. 식물성 기름·야채 따위에 들어 있음. 토코페롤.

비타민-제 (vitamin劑) 명 비타민 결핍증을 예방 또는 치료하기 위한 영양제.

비타민^케이 (vitamin K) 명 비타민의 한 가지. 모자라면 혈액의 응고 시간이 길어짐. 양배추·시금치·간유 따위에 들어 있음.

비타민^피ː (vitamin P) 명 비타민의 한 가지. 모세 혈관의 저항력을 높이고, 그 투과성이 지나치게 증대하는 것을 막음. 레몬·후추 따위에 들어 있음.

비ː-타협적 (非妥協的) [-쩍] 관명 타협적이 아닌 (것). ¶ 비타협적 태도. /그는 모든 일에 비타협적이다.

비탄 (飛彈) 명 날아오는 탄환. 비환(飛丸).

비ː탄 (悲歎·悲嘆) 명 하타 슬퍼하고 탄식함. ¶ 비탄에 잠겨 있다.

비탈 명 ①산이나 언덕 따위의 비스듬히 기울어진 부분. ¶ 비탈을 오르다. ②☞기울기.

비탈-길 [-낄] 명 비탈진 언덕의 길. 사경(斜徑). 사로(斜路).

비ː-탈저(脾脫疽)[-쩌] 명 가축병인 '탄저(炭疽)'가 사람에게 걸린 경우를 이르는 말.
비탈-지다 형 땅이 가파르게 기울어져 있다. 경사지다. ¶ 비탈진 밭.
비ː탕(沸湯) 명 끓는 물.
비ː토(肥土) 명 기름진 흙. 기름진 땅. 거름흙. 옥토(沃土).
비ː토(veto) 명 거부(拒否). 거부권. ¶ 특정 정치인을 싫어하는 비토 세력이 있다.
비ː통 명 질이 낮은 백통.
비ː통(悲痛) 명 하형 몹시 슬프고 가슴이 아픔. ¶ 비통한 심정. **비통-히** 부.
비ː통(鼻痛) 명 코의 아픔. 코가 아픈 증세.
비ː통(臂痛) 명 팔의 윗마디가 저리고 아픈 병.
비ː트(beat) 명 ①관현악 등에서, 지휘자의 지휘봉이나 손의 상하 운동으로 나타내는 박자. ②(헤엄칠 때의) 물장구. ③맥놀이. ④박자. 특히 대중음악에서 강한 악센트의 리듬을 이름. ¶ 비트가 강한 음악.
비트(bit) 의 ①컴퓨터의 정보 처리 장치가 저장할 수 있는 이진수의 자릿수. 〔8비트, 16비트 따위.〕 ②이진법(二進法)에서 쓰는 숫자, 곧 0과 1.
비트적-거리다[-꺼-] 타 자꾸 비트적비트적하다. 비트적대다. ¶ 술이 거나하여 비트적거리며 돌아갔다. 작배트작거리다. 센삐트적거리다.
비트적-대다[-때-] 타 비트적거리다.
비트적-비트적[-삐-] 부하타 몸을 잘 가누지 못하여 약간 비틀거리는 모양. 작배트작배트작. 센삐트적삐트적.
비ː트^제너레이션(beat generation) 명 〔'패배의 세대'라는 뜻으로〕 미국 현대 문학사에서 로스트 제너레이션의 뒤를 이은 세대를 이르는 말. 기성의 도덕·질서·정신에서 벗어나 인간의 본디 그대로의 모습을 그리는 것이 특징임.
비틀 부하타 힘이 없거나 어지러워, 또는 몸의 균형을 잃어 금방 쓰러질 듯한 모양. 작배틀. 센삐틀. **비틀-비틀** 부하타.
비틀-거리다 타 자꾸 비틀비틀하다. 비틀대다. 작배틀거리다.
비틀-걸음 명 비틀거리는 걸음. 작배틀걸음.
비ː틀다[비트니·비틀어] 타 ①힘 있게 꼬면서 틀다. ¶ 팔을 비틀다. ②일을 어그러지게 하다. ¶ 담당자의 의견을 무시하고 위에서 일을 비틀어 버렸다. 작배틀다.
비틀-대다 타 비틀거리다.
비ː틀-리다 자 〖'비틀다'의 피동〗 비틂을 당하다. ¶ 손목이 비틀린 채로 끌려가다. 작배틀리다.
비ː틀어-지다 자 ①물체가 어느 한쪽으로 틀어져서 꼬이다. ¶ 말라서 비틀어진 명태. ②일이 순조롭게 되지 않고 잘못되다. ¶ 잘 진행되던 일이 자금 관계로 졸지에 비틀어졌다. ③사이가 나빠지다. ¶ 두 사람 사이가 비틀어지고 말았다. 작배틀어지다.
비틀-하다 형여 감칠맛이 있게 조금 비릿하다. ¶ 아기의 몸에는 아직도 비틀한 젖내가 배어 있다. 작배틀하다.
비틈-하다 형여 말뜻이 바로 드러나지 않고 짐작하여 알 만큼 그럴듯하다. **비틈-히** 부.
비파(枇杷) 명 비파나무의 열매.
비파(琵琶) 명 동양의 현악기의 한 가지. 인도에서 중국을 거쳐 삼국 시대에 우리나라에 들어왔음. 다섯 줄의 향비파와 넉 줄의 당비파가 있음.
비파-나무(枇杷-) 명 장미과의 상록 교목. 과실나무의 한 가지로, 높이는 10 m가량. 잎은 크고 길둥글며, 뒷면에 황갈색 털이 있음. 늦가을에 흰 꽃이 피고, 열매는 이듬해 6월경에 노랗게 익는데 맛이 닮.
비파-엽(枇杷葉) 명 비파나무의 잎. 한방에서, 학질·구토·각기·기침·주독(酒毒) 따위에 약으로 씀.
비ː판(批判) 명하자타되자 ①비평하여 판단함. ¶ 엄정하게 비판하다. ②좋고 나쁨, 옳고 그름을 따져 말함. 〔부정적인 의미로 쓰이는 것이 보통임.〕 ¶ 신랄하게 비판하다. ③칸트 철학에서, 이성(理性)의 능력을 음미·검토하는 일.
비판(碑版) 명 ☞비문(碑文).
비ː-판(B版) 명 인쇄용지의 규격의 한 가지. 가로 1030 mm, 세로 1456 mm 크기를 기본으로 삼아, 긴 변을 절반으로 자른 크기를 B1판으로 함.
비ː판-력(批判力)[-녁] 명 비판하는 능력. 옳고 그름을 따져 밝혀내는 힘.
비ː판-적(批判的) 관명 비판하는 태도나 처지를 취하는 (것). ¶ 비판적 시각. /비판적인 태도.
비ː판-주의(批判主義)[-의/-이] 명 비판적인 정신으로 사물을 보는 태도. 비평주의.
비ː판^철학(批判哲學) 명 선험적 관념론에 바탕을 두고 비판주의의 처지에 서는 철학. 선험철학.
비패(鄙悖) '비패하다'의 어근.
비ː패-하다(鄙悖-) 형여 비열하고 도리에 어긋나다.
비편 명 〈옛〉적(敵). ¶ 되는 엇뎨 센 비편이리오 (杜初7:25). 참피편.
비ː평(批評) 명하타되자 사물의 좋고 나쁨, 옳고 그름 따위를 평가함. ¶ 문학 비평.
비ː평-가(批評家) 명 ☞평론가.
비ː평-사(批評史) 명 문예 비평의 변천과 발달의 역사.
비ː평-안(批評眼) 명 비평하는 눈, 곧 사물의 시비나 선악 따위를 판정하는 안목.
비ː평^예ː술(批評藝術)[-녜-] 명 하나의 예술 작품으로서의 문예 비평.
비ː평-주의(批評主義)[-의/-이] 명 ☞비판주의(批判主義).
비ː-포장도로(非鋪裝道路) 명 포장이 되지 않은 도로. ↔포장도로.
비폭(飛瀑) 명 썩 높은 데서 떨어지는 폭포.
비ː-폭력주의(非暴力主義)[-퐁녁쭈의/-퐁녁쭈이] 명 옳고 그르고 간에 모든 폭력을 반대하는 주의. 참간디이즘.
비폭-징류(飛瀑澄流)[-찡뉴] 명 높은 데서 떨어지는 폭포와 맑게 흐르는 물.
비ː표(秘標) 명 (남들은 모르고 자기들만 알 수 있도록 표시한) 비밀한 표지(標識).
비표(碑表) 명 비신(碑身)의 앞면. ↔비음(碑陰).
비ː-표준어(非標準語) 명 표준어가 아닌 말.
비ː품(秘稟) 명하타 임금에게 비밀히 아룀.
비ː품(備品) 명 관공서나 회사 등에서 업무용으로 갖추어 두는 물건. 〔소모품이 아닌, 비교적 오래 보존하는 물품.〕 ¶ 사무실에 비품을 구비해 두다. ↔소모품.
비ː풍(悲風) 명 구슬픈 느낌을 불러일으키는 바람. 흔히, '가을바람'을 이름.
비ː풍-참우(悲風慘雨) 명 〔구슬픈 바람과 모진 비라는 뜻으로〕 '비참한 처지'를 비유하여 이르는 말. ¶ 비풍참우의 신세.

비ː프-스테이크(beef-steak)명 두껍게 썬 쇠고기에 소금과 후춧가루를 뿌려 구운 음식. 준스테이크.

비ː프-커틀릿(beef+cutlet)명 쇠고기에 밀가루와 푼 달걀 및 빵가루를 차례로 묻혀서 기름에 튀긴 요리.

비필(飛筆)명하타 글씨를 썩 빨리 쓰는 일, 또는 빨리 쓴 글씨.

비ː하(卑下)명 ①하타자기를 낮춤, 또는 남을 업신여기어 낮춤. ¶ 자신을 지나치게 비하하는 것도 바람직하지 않다. ②하형㉠땅이 낮음. ㉡지위가 낮음.

비ː-하다(比-)자타여 견주다. 비교하다. ¶ 노력에 비하여 성과가 미미하다. /어머니의 사랑을 어디에다 비하랴.

비ː하-정사(鼻下政事)명 〔코밑에 있는 것, 곧 입에 관한 정사라는 뜻으로〕 '겨우 먹고 살아가는 일'을 비유하여 이르는 말.

비ː-학자(非學者)[-짜]명 ①학자가 아닌 사람. 학문이 없는 사람. ②불교에서, 소승(小乘)·대승(大乘)의 학문을 닦지 않는 사람.

비ː한(悲恨)명 슬픈 원한.

비ː-합리(非合理)[-함니]명하형 불합리.

비ː합리-성(非合理性)[-함니썽]명 이성(理性)에 의하여 파악할 수 없고 논리를 초월하고 있는 성질. ↔합리성.

비ː합리-적(非合理的)[-함니-]관명 합리적이 아닌 (것). ¶ 비합리적 요소. /비합리적인 생각. ↔합리적.

비ː-합리주의(非合理主義)[-함니-의/-함니-이]명 철학에서, 궁극적인 것은 모두 이성(理性)에 의하여 파악할 수 없는 것이라는 생각. 〔신비주의·낭만주의 따위.〕 비이성주의.

비ː-합법(非合法)[-뻡]명 법률의 규정에 위반되는 일. ¶ 비합법 활동. ↔합법.

비ː합법^운ː동(非合法運動)[-뻐분-]명 비합법으로 하는 사회적 행위. 법률이 정하는 범위를 벗어나 비밀히 하는 사회 운동. 지하 운동.

비ː-합법적(非合法的)[-뻡쩍]관명 합법적이 아닌 (것). ¶ 비합법적 투쟁. /비합법적으로 돈을 벌다. ↔합법적.

비ː-합헌성(非合憲性)[-하펀썽]명 ☞위헌성(違憲性).

비ː항(卑行)명 낮은 항렬. 조카뻘 이하의 항렬. ↔존항(尊行).

비ː핵무장^지대(非核武裝地帶)[-행-]명 핵무기의 제조·저장·실험·배치·사용 등을 하지 않기로 한 지대. 준비핵 지대.

비ː핵^지대(非核地帶)[-찌-]명 〈비핵무장 지대〉의 준말.

비ː행(非行)명 도리나 도덕 또는 법규에 어긋나는 행위. ¶ 비행 청소년.

비행(飛行)명하자타 (항공기 따위가) 하늘을 날아다님. ¶ 야간 비행. /저공 비행.

비행-가(飛行家)명 비행을 전문적으로 하는 사람.

비행-기(飛行機)명 항공기의 한 가지. 프로펠러를 돌리거나 가스를 내뿜어서 하늘을 나는 기계. **비행기(를) 태우다**관용 남을 치켜세우다.

비행^기관(飛行器官)명 새나 곤충 따위가 하늘을 나는 데 쓰이는, 날개 등의 운동 기관.

비행기-구름(飛行機-)명 ☞비행기운.

비행기^대패(飛行機-)명 재목의 굽은 면을 깎는 데 쓰는 대패. 손잡이가 있어 모양이 비행기와 비슷함.

비행기-운(飛行機雲)명 비행기가 높은 하늘을 날아간 자리에 길게 꼬리를 끌며 나타나는 흰 구름. 비행기구름. 비행운. 항적운(航跡雲).

비행^기지(飛行基地)명 비행대(飛行隊) 또는 비행 활동의 근거지.

비행-단(飛行團)명 공군의 부대 편성의 한 단위. 비행 사단(飛行師團)의 아래이며, 둘 또는 세 전대(戰隊)로 이루어짐.

비행-대(飛行隊)명 비행기로써 편성된 부대.

비행-모(飛行帽)명 조종사 등 항공기의 승무원이 비행 중에 쓰는 모자.

비행-복(飛行服)명 조종사 등 항공기의 승무원이 비행 중에 입는 옷.

비행-사(飛行士)명 비행기를 조종하는 사람.

비행-선(飛行船)명 (수소나 헬륨 따위) 공기보다 가벼운 기체를 채워서 대기 중에 띄우고, 추진용 프로펠러로 비행하는 항공기. 항공선(航空船).

비ː행^소ː년(非行少年)명 이웃이나 사회에 해가 되는 짓을 하였거나 그런 짓을 할 가능성이 있는 소년. 참문제아(問題兒).

비행-술(飛行術)명 비행기를 조종하는 기술. ¶ 비행술이 뛰어나다.

비행-운(飛行雲)명 ☞비행기운.

비행-장(飛行場)명 비행기가 뜨고 내리는 데 필요한 설비를 갖춘 넓은 장소. ¶ 군용 비행장. 비공항.

비행-접시(飛行-)[-씨]명 접시 모양의 미확인 비행 물체. 참유에프오(UFO).

비행-정(飛行艇)명 동체(胴體)가 보트 모양으로 되어 있는 큰 수상 비행기.

비ː허(脾虛)명 한방에서, 지라의 기능이 약하여 소화가 잘되지 않아 몸이 쇠약해지는 병을 이르는 말.

비현(憊眩) '비현하다'의 어근.

비ː-현실적(非現實的)[-쩍]관명 현실적이 아닌 (것). ¶ 비현실적 세계. /비현실적인 이야기.

비ː-현업(非現業)명 (현장에서 행해지는 노동 업무에 대하여) 일반적인 관리 사무 부문을 이르는 말.

비ː현-하다(憊眩-)형여 피곤하여서 머리가 어지럽다.

비ː-형(B型)명 ABO식 혈액형의 한 가지. 수혈을 할 때 B형과 O형인 사람에게 피를 받을 수 있고, B형과 AB형인 사람에게 피를 줄 수 있음.

비ː형^간ː염(B型肝炎)명 ☞수혈성 황달.

비ː호(庇護)명하타 감싸 보호함. ¶ 자식이라고 무작정 비호하지 마라.

비호(飛虎)명 나는 듯이 날쌘 범.

비호-같다(飛虎-)[-간따]형 매우 용맹스럽고 날쌔다. **비호같-이**부.

비ː호-권(庇護權)[-꿘]명 정치적 망명이나 피란을 요청해 오는 외국인을 보호하는 국제법상의 권리.

비ː호-죄(庇護罪)[-쬐/-쮀]명 '범인 은닉죄'나 '증거 인멸죄' 등을 달리 이르는 말.

비화명 〈옛〉비파(琵琶). ¶ 비화 슬:瑟(訓蒙中32). / 비홧 비:琵(訓蒙中32). / 비홧 파:琶(訓蒙中32).

비화(飛火)명 ①튀어 박히는 불똥. ②하자되자 (사건 따위가) 관계가 없는 사람에게까지 미침. ¶ 그 싸움의 비화는 걷잡을 수 없게 되었다. /사건이 의외의 방향으로 비화했다.

비화(飛花)명 바람에 흩날리는 꽃잎.

비화(飛禍)명 남의 일 때문에 당하는 화.

비ː화(祕話)명 세상에 알려지지 않은 숨은 이야기. ¶ 제2차 세계 대전의 비화.
비ː화(悲話)명 슬픈 이야기. 애화(哀話).
비ː화-수소(砒化水素)명 비소와 수소의 화합물. 독성이 강하여 독가스로 쓰임.
비ː-화합물(非化合物)[-함-]명 화합물이 아닌 물질. 곧, 단 한 가지만으로 이루어진 물질.
비환(飛丸)명 ☞비탄(飛彈).
비ː환(悲歡)명 슬픔과 기쁨.
비ː활성^기체(非活性氣體)[-썽-]명 다른 물질과 화합하지 않는 기체. 불활성 기체. 희가스.
비ː황(砒黃)명 품질이 낮은 비석(砒石).
비ː황(備荒)명하타 흉년이나 재해에 대하여 미리 대비하는 일.
비ː황^식물(備荒植物)[-싱-]명 ☞구황 식물.
비ː황-저곡(備荒貯穀)명하자 흉년에 대비하여 곡식을 저장해 둠, 또는 그 곡식.
비ː회(悲懷)[-회/-훼]명 슬픈 생각. 슬픈 마음.
비ː회(鄙懷)[-회/-훼]명 남에게 대하여 자기의 '생각'을 겸손하게 이르는 말.
비ː-효율(非效率)명 들인 노력에 비하여 얻어진 결과가 보잘것없거나 작음. ↔효율.
비ː효-율(肥效率)명 비료의 효과를 나타내는 비율. 농작물의 수확량을 비교해서 측정함.
비ː효율-적(非效率的)[-쩍]관명 들인 노력에 비하여 얻어진 결과가 보잘것없거나 작은 (것). ¶ 비효율적인 유통 구조. ↔효율적.
비후(肥厚) '비후하다'의 어근.
비ː후(悲吼)명하자 크고 사나운 짐승이 슬피 욺, 또는 그 울음.
비ː후성^비ː염(肥厚性鼻炎)[-썽-]명 비강(鼻腔)의 점막이 부어서 두꺼워지는 병. 만성 비염의 한 가지로, 코가 막히는 등의 증상이 따름.
비ː후-하다(肥厚-)형여 살이 쪄서 몸집이 크고 두툼하다.
비ː훈(祕訓)명 비밀히 내리는 훈령.
비ː훈(鼻薰)명하타 훈약(薰藥)의 기운을 콧구멍에 쐬는 일.
비훼(誹毁)명하타 남의 약점이나 허물 따위를 드러내어 헐뜯음.
비ː-흉위(比胸圍)명 키에 대한 가슴둘레의 백분율.
비흐니타 〈옛〉['빟다'의 활용형] 뿌리니. ¶ 後에 두 줄기를 비흐니(月釋*1:14*).
비ː희(祕戱)[-히]명 남몰래 숨어서 즐기는 짓. [특히, 남녀의 방사(房事)를 이름.]
비ː희(悲喜)[-히]명 슬픔과 기쁨.
비ː희-교집(悲喜交集)[-히-]명하자 슬픈 일과 기쁜 일이 한꺼번에 닥침.
비ː희-도(祕戱圖)[-히-]명 ☞춘화도(春畫圖).
빅명 [바둑에서] ①두 집을 가지지 못해서 살 수는 없지만 상대도 자충이 되어 단수를 칠 수 없는 상황이 되는 일. ②쌍방의 집 수효가 같아서 비기는 일.
빅-뉴ː스(big news)명 놀라운 소식 또는 기사.
빅다[-따]자 〈비기다²〉의 준말.
빅딜ː(big+deal)명 산업계의 대규모 구조 조정 과정에서, 대기업들이 서로 중복되는 경쟁력 없는 사업 부문을 포기하거나 맞바꿈으로써 기업의 경쟁력을 강화하는 일.
빅-뱅(big bang)명 ①천문에서, 우주를 탄생시킨 대폭발. ②경제에서, 금융 규제 완화. 금융 혁신.
빅뱅-설(Big-Bang說)명 ☞대폭발설.
빅-수(-手)[-쑤]명 〈비김수〉의 준말.
빅-장(-將)[-짱]명 장기에서, 대궁이 된 때, 또는 비김수로 장군을 불러서 비기게 된 장군.
빅토리(victory)명 ['승리'라는 뜻으로] 흔히 운동 경기에서 응원할 때 이기라고 외치는 소리.
빈(賓)명 지난날의 관례(冠禮) 때, 그 절차를 잘 알아서 그 일을 주선하던 손의 한 사람.
빈(嬪)명 조선 시대, 정일품인 내명부의 칭호.
빈가(貧家)명 가난한 집.
빈가(頻伽)명 〈가릉빈가(迦陵頻伽)〉의 준말.
빈-개념(賓概念)명 ☞빈사(賓辭). ↔주개념.
빈객(賓客)명 귀한 손. 손님. 큰손².
빈격(賓格)[-껵]명 ☞목적격.
빈계(牝鷄)[-계/-게]명 암탉.
빈계-사신(牝鷄司晨)[-계-/-게-]명 [암탉이 새벽에 우는 일을 맡았다는 뜻으로] '내주장(內主張)'을 비꼬아 이르는 말.
빈고(貧苦)명하형 가난하고 고생스러움. ¶ 빈고를 이겨 내다.
빈곤(貧困)명하형 ①(주로 물질적인 것이 넉넉하지 못하여) 살림살이가 어려움. ¶ 빈곤에 시달리다. /가정이 빈곤하여 제대로 배우지 못했다. ②필요한 것이 없거나 모자람. ¶ 상상력의 빈곤. /기술력이 빈곤하다. 빈곤-히부.
빈곤^망ː상(貧困妄想)명 미소(微小) 망상의 한 가지. 자기 자신을 지나치게 가난하다고 생각하는 망상.
빈공(賓貢)명 고려 시대에, 외국인으로서 과거의 1차 시험에 급제한 사람을 일컫던 말. [주로, 송나라 사람들이었음.]
빈과-록(蘋科綠)명 도자기에 입히는, 푸른빛의 잿물.
빈광(貧鑛)명 ①금속의 함유량이 적은 광석. ②산출량이 적은 광산. ↔부광(富鑛).
빈ː-구석명 부족한 점이나 빈틈.
빈국(貧局)명 ①가난한 사회. ②농사가 잘되지 않는 메마른 땅. ③☞빈상(貧相).
빈국(貧國)명 가난한 나라. 경제력이 약한 나라. ↔부국(富國).
빈궁(貧窮)명하형 가난하여 생활이 몹시 어려움. ¶ 빈궁한 생활. /빈궁에 허덕이다. 빈궁-히부.
빈궁(嬪宮)명 왕세자의 비(妃).
빈궁(殯宮)명 죽은 왕세자나 빈궁(嬪宮)의 관(棺)을 발인(發靷) 때까지 두던 곳.
빈농(貧農)명 가난한 농민, 또는 농가. 세농(細農). ¶ 빈농의 아들로 태어나다. ↔부농(富農).
빈뇨-증(頻尿症)[-쯩]명 오줌이 지나치게 자주 마려운 병증. 삭뇨증(數尿症).
빈대명 빈댓과의 곤충. 몸길이 5 mm가량. 몸은 둥글면서 몹시 납작하고, 몸빛은 적갈색임. 고약한 냄새를 풍기며, 인가(人家)에 살면서 밤에 기어 나와 사람의 피를 빨아 먹는 해충임.
빈대도 낯짝[콧등]이 있다속담 지나치게 염치가 없는 사람을 나무라는 말.
빈대 붙다관용 수고하지 아니하고 거저 한몫 끼다. ¶ 꼭 먹을 때만 나타나서 빈대 붙는다.
빈대-고둥명 빈대고둥과의 한 가지. 길둥근꼴에 껍데기는 진한 갈색이고, 나사 모양의 가는 가시가 있음. 암초 부근에 사는데, 세계 곳곳에 분포함.
빈대-떡명 녹두를 갈아 나물이나 고기 같은 것을 섞어서 전병처럼 부쳐 만든 음식. 녹두전병.
빈대-밤명 잘고 납작하게 생긴 밤.
빈대-붙이[-부치]명 노린잿과의 곤충. 빈대와 비슷하며, 몸길이는 5~6 mm. 몸의 표면이 도톨도톨하며, 미나릿과 식물의 해충임. 우리나라와 일본 등지에 분포함.

빈도(頻度)명 어떤 일이 되풀이되어 일어나는 정도. 빈도수. 잦기. ¶ 사용 빈도. /사고 발생 빈도가 높다.
빈도(貧道)대 중이 자기를 겸손하게 이르는 말. 소승(小僧). 빈승(貧僧).
빈도-수(頻度數)[-쑤]명 ☞빈도(頻度).
빈둥-거리다자 자꾸 빈둥빈둥하다. 빈둥대다. 작밴둥거리다. 센삔둥거리다. 거핀둥거리다.
빈둥-대다자 빈둥거리다.
빈둥-빈둥부하자 하는 일 없이 매우 얄밉게 게으름만 부리는 모양. ¶ 멀쩡한 젊은이가 빈둥빈둥 놀고만 지내다. 작밴둥밴둥. 센삔둥삔둥. 거핀둥핀둥.
빈들-거리다자 자꾸 빈들빈들하다. 빈들대다. 작밴들거리다. 센삔들거리다. 거핀들거리다.
빈들-대다자 빈들거리다.
빈들-빈들부하자 하는 일 없이 뻔뻔스럽고 얄밉게 게으름만 부리는 모양. ¶ 빈들빈들 놀지만 말고 공부 좀 해라. 작밴들밴들. 센삔들삔들. 거핀들핀들.
빈랑(檳榔)[빌-]명 빈랑나무의 열매. 성질이 온(溫)하며, 심복통·설사·두통 등에 쓰임.
빈랑-나무(檳榔-)[빌-]명 종려나뭇과의 상록 교목. 높이 10～25 m. 줄기는 원기둥 모양으로 곧고, 잎은 길이가 1～2 m나 됨. 달걀 모양의 열매는 '빈랑(檳榔)'이라 하는데, 먹을 수 있고 한약재로 쓰이기도 함.
빈려(賓旅)[빌-]명 외국에서 온 나그네.
빈례(賓禮)[빌-]명하자 예의를 갖추어 손으로 대접함.
빈례(殯禮)[빌-]명 ☞장례(葬禮).
빈마(牝馬)명 ☞암말1.
빈ː-말명하자 실속이 없는 말. ¶ 빈말만 잔뜩 늘어놓는다. /빈말이라도 고맙다.
빈맥(頻脈)명 ☞속맥(速脈).
빈모(牝牡)명 (짐승의) 암컷과 수컷. 참암수.
빈모(鬢毛)명 ☞살쩍.
빈미주룩부하형 물건의 끝이 비어져 나올 듯이 좀 내밀려 있는 모양. 작밴미주룩. **빈미주룩-이**부.
빈민(貧民)명 가난한 사람들. 세민(細民).
빈민-가(貧民街)명 빈민들이 모여 사는 거리나 동네. ¶ 어린 시절을 빈민가에서 보내다.
빈민-굴(貧民窟)명 몹시 가난한 사람들이 모여 사는 지역.
빈민-촌(貧民村)명 주로 도시에서, 가난한 사람들이 모여 사는 동네.
빈민-층(貧民層)명 가난한 사람이 속하는 사회의 계층. 참부유층.
빈발(頻發)명하자 (사건 따위가) 자주 일어남. ¶ 교통사고가 빈발하다.
빈발(鬢髮)명 살쩍과 머리털.
빈ː-방(-房)명 ①사람이 없는 방. ②거처하지 않고 비워 둔 방.
빈-배합(貧配合)명 지정된 양보다 시멘트를 덜 섞은 콘크리트의 배합. ↔부배합(富配合).
빈번(頻繁) '빈번하다'의 어근.
빈번-하다(頻繁-)형여 일이 매우 잦다. 빈삭하다. ¶ 차량의 왕래가 빈번하다. **빈번-히**부.
빈ː^볼ː(bean ball)명 〔'빈(bean)'은 '머리'의 속어로〕 야구에서, 투수가 타자를 위협하기 위하여 일부러 타자의 머리 부근을 겨누어 던지는 공.
빈부(貧富)명 가난함과 넉넉함. 빈자와 부자. ¶ 빈부의 격차.
빈부귀천(貧富貴賤)명 가난하고 넉넉함과, 귀하고 천함. ¶ 빈부귀천을 막론하다.
빈분(繽紛) '빈분하다'의 어근.
빈분-하다(繽紛-)형여 많은 것이 뒤섞여 있다. 〔흔히, 수많은 꽃잎이 뒤섞여 지천으로 떨어지는 모양을 형용하는 말.〕
빈붕(賓朋)명 손으로 대접하는 친구.
빈빈(彬彬) '빈빈(彬彬)하다'의 어근.
빈빈(頻頻) '빈빈(頻頻)하다'의 어근.
빈빈-하다(彬彬-)형여 ①외관과 내용이 고루 갖추어져 훌륭하다. ②문물이 모두 성하다.
빈빈-하다(頻頻-)형여 썩 잦다. ¶ 연락이 빈빈하다. **빈빈-히**부 ¶ 빈빈히 오가는 사람들.
빈사(賓辭)명 논리학에서, 명제의 주사(主辭)에 결합되어 그것을 긴술하는 개념. 〔'소는 동물이다.', '꽃이 아름답다.'에서 '동물', '아름답다' 따위.〕 객어(客語). 빈개념. 술어. ↔주사(主辭).
빈사(瀕死)명 거의 죽을 지경에 이름. ¶ 중상을 입고 빈사 상태에 놓이다.
빈사경(瀕死境)명 ☞빈사지경.
빈-사과(-菓·-果)명 유밀과의 한 가지. 강정을 만들고 남은 잔부스러기를 기름에 지진 다음, 조청으로 버무리어 뭉쳐서 육각형으로 썰어 만듦.
빈사-지경(瀕死地境)명 거의 죽게 된 처지나 형편. 빈사경(瀕死境). ¶ 빈사지경에 빠지다. /빈사지경에 이르다. /빈사지경을 헤매다.
빈삭(頻數) '빈삭하다'의 어근.
빈삭-하다(頻數-)[-사카-]형여 ☞빈번하다. **빈삭-히**부.
빈ː-삼각(-三角)명 바둑에서, 어느 한 점을 중심으로 옆과 위 또는 아래로 한 점씩을 붙여 놓아 이룬 석 점을 이르는 말. 흔히, 말을 쓸 때에 이를 꺼림.
빈상(貧相)명 ①궁상맞고 초라한 인상. 빈국(貧局). ¶ 그는 얼굴이 빈상이다. ↔복상(福相). ②궁상맞은 모습. 가난한 양상.
빈상-설(鬢上雪)명 1908년에 나온 이해조(李海朝)의 신소설.
빈소(殯所)명 발인(發靷) 때까지 관(棺)을 놓아 두는 방. ¶ 고인의 빈소를 지키다.
빈소(嚬笑)명 얼굴을 찌푸리는 일과 웃는 일, 곧 슬픔과 기쁨.
빈ː-속명 먹은 지가 오래되어 시장한 배 속. 공복(空腹). ¶ 빈속에 커피를 마셨더니 속이 쓰리다.
빈ː-손명 ①아무것도 가진 것이 없는 손. 맨손. ②(돈이나 물건 따위를) 아무것도 가진 것이 없는 상태. ¶ 빈손으로 왔다가 빈손으로 가는 인생. **빈손 털다**관용 ①하는 일이 허사로 돌아가다. ②가졌던 재물을 몽땅 날려 버리다.
빈승(貧僧) Ⅰ명 불도(佛道)가 깊지 못한 중. Ⅱ대 ☞빈도(貧道).
빈실(賓室)명 ☞객실(客室).
빈씨(嬪氏)명 세자빈으로 뽑힌 아가씨를 가례(嘉禮) 전에 일컫던 말.
빈약(貧弱)명하형 ①가난하고 약함. ¶ 빈약한 국가. ②보잘것없음. ¶ 빈약한 지식. /체격이 빈약하다.
빈연(賓筵)명 손을 대접하는 자리.
빈영양-호(貧營養湖)명 생물이 필요로 하는 영양분을 충분히 가지고 있지 않은 호소(湖沼). ↔부영양호(富營養湖).
빈와(牝瓦)명 암키와. ↔모와(牡瓦).
빈우(牝牛)명 암소. ↔모우(牡牛).
빈읍(貧邑)명 가난한 고을.
빈익빈(貧益貧)[-삔]명하자 가난한 사람일수록 경제 활동의 기회가 적으므로 더욱 가난해지게 마련임을 이르는 말. ↔부익부(富益富).

빈자(貧者)명 가난한 사람. ↔부자(富者).
빈자-떡 명 '빈대떡'의 잘못.
빈:-자리명 ①사람이 앉아 있지 않은 자리. ¶ 빈자리가 생기다. ②결원이 되어 있는 직위. 공석(空席). ¶ 사람을 새로 뽑아 빈자리를 메우다.
빈자-소인(貧者小人)명 가난한 사람은 굽죄이는 일이 많아서 기를 펴지 못하므로, 옹졸한 사람이 되기 쉽다는 말.
빈자-일등(貧者一燈)[-뜽]명 〔가난한 사람이 부처에게 바치는 등(燈) 하나는 부자의 등 만 개보다도 더 공덕(功德)이 있다는 뜻으로〕'참마음의 소중함'을 비유하여 이르는 말.
빈전(殯殿)명 죽은 왕이나 왕비의 관(棺)을 발인(發靷) 때까지 두던 곳.
빈정-거리다자타 자꾸 빈정빈정하다. 빈정대다. ¶ 빈정거리는 말투가 마음에 안 든다.
빈정-대다자타 빈정거리다.
빈정-빈정부하자타 남을 비웃으며 놀리는 모양.
빈조(蘋藻)명 물속에서 나서 물 위로 떠오르는 풀과 물속에서 자라는 풀.
빈주(貧廚)명 가난한 집의 부엌, 곧 '가난한 살림'을 이르는 말.
빈주(賓主)명 손과 주인을 아울러 이르는 말.
빈주(蠙珠)명 ☞진주(眞珠).
빈:-주먹명 ①아무것도 가진 것이 없는 주먹. ②'어떤 일을 하는데 마땅히 가지고 있어야 할 것이 없는 상태'를 비유하여 이르는 말. ¶ 빈주먹으로 일을 시작하다. 맨주먹.
빈주지례(賓主之禮)명 손과 주인 사이에 지켜야 할 예절.
빈즉다사(貧則多事)[-따-]명 가난한 집에 번거로운 일이 많음.
빈지명 〈널빈지〉의 준말.
빈지-문(-門)명 한 짝씩 끼웠다 떼었다 하게 된 문. 〔가게의 덧문 따위.〕
빈:-집명 ①사람이 살지 않는 집. ②식구들이 밖에 나가 비워 놓은 집. 공가(空家).
빈:-창자명 (음식을 먹지 않아서 또는 먹은 음식이 다 삭아서) 비어 있는 창자.
빈처(貧妻)명 가난에 쪼들리는 아내.
빈척(擯斥)명하타되자 ☞배척(排斥).
빈천(貧賤)명하형 가난하고 천함. ↔부귀. **빈천-히**부.
빈천지교(貧賤之交)명 가난하고 어려운 때의 사귐, 또는 그러한 때에 사귄 친구.
빈첩(嬪妾)명 임금의 첩.
빈청(賓廳)명 왕조 때, 의정대신(議政大臣)들이 모여서 회의하던 곳.
빈촌(貧村)명 가난한 사람들이 사는 마을. 궁촌(窮村). ↔부촌.
빈:-총(-銃)명 탄알을 재지 않은 총.
빈추-나무명 장미과의 낙엽 활엽 관목. 높이 1.5 m가량이고 가지에는 가시가 있음. 4월에 노란 꽃이 피는데 향기가 있으며, 가을에 익는 핵과(核果)는 먹을 수 있음.
빈축(嚬蹙·顰蹙)명하자 〔얼굴을 찡그린다는 뜻으로〕 남을 비난하거나 미워함. ¶ 빈축을 받다. /빈축을 사다.
빈출(頻出)명하자 자주 나타남. 뻔질나게 일어남. ¶ 오자와 탈자가 빈출하다.
빈:-칸명 비어 있는 칸. ¶ 빈칸에 답을 써넣으시오.
빈타(貧打)명하자 야구에서, 타격 성적이 좋지 않은 상태, 곧 안타가 적은 일.
빈:-탈타리명 빈털터리. 준탈타리.
빈:-탕명 ①잣·호두·땅콩 등의 과실에서, 속에 알갱이가 들어 있지 않은 것. ②속이 빈 물건. 실속이 없는 것. ¶ 빈탕을 치다.
빈:-털터리명 재산을 다 없애고 아무것도 없게 된 사람. 빈탈타리. ¶ 사업에 실패하여 빈털터리가 되다. 준털터리.
빈:-틈명 ①사이가 떨어져 비어 있는 부분. ¶ 빈틈이 생기다. ②허술한 부분. ¶ 그가 하는 일에는 빈틈을 찾을 수가 없다.
빈:틈-없다[-트멉따]형 ①비어 있는 사이가 없다. ¶ 빈틈없는 빡빡한 일정. ②허술한 데가 없이 야무지고 철저하다. ¶ 빈틈없는 사람. /빈틈없는 성격. **빈틈없-이**부 ¶ 빈틈없이 경계하다.
빈-티(貧-)명 가난하게 보이는 모습이나 태도. ¶ 빈티가 나다. /빈티를 내다. /빈티가 흐르다. ↔부티.
빈핍(貧乏)명하형 가난함. 빈곤함.
빈한(貧寒) '빈한하다'의 어근.
빈한-하다(貧寒-)형여 살림이 몹시 가난하여 집안이 쓸쓸하다. ¶ 빈한한 살림살이. **빈한-히**부.
빈함-옥(殯含玉)명 염(殮)을 할 때, 시신(屍身)의 입에 물리는 구슬.
빈해(瀕海)명하형 바다에 가까움, 또는 그곳이나 그 지역.
빈혀명 〈옛〉 비녀. ¶ 혼 빈혀롤 프ㄴ니(翻小 *10:15*). /빈혀 계:笄(訓蒙中*24*).
빈혈(貧血)명 혈액 속에 적혈구나 헤모글로빈이 줄어든 상태. ↔다혈(多血).
빈혈-기(貧血氣)[-끼]명 빈혈 증세가 있는 기색.
빈혈-성(貧血性)[-썽]명 ①빈혈로 말미암아 생기는 병의 성질. ¶ 빈혈성 심장병. ②빈혈을 일으키기 쉬운 체질.
빈혈-증(貧血症)[-쯩]명 빈혈 상태이거나 빈혈을 일으키기 쉬운 증세.
빈호(貧戶)명 가난한 집.
빋명 〈옛〉①빚. ¶ 내 네 비들 가파(楞解*4:31*). ②값. ¶ 겨집 죻이 비디 언메잇가(月釋*8:81*).
빋디다형 〈옛〉값없다. ¶ 됴흔 거시 빋디디 아니코(翻朴上*15*).
빋싼다형 〈옛〉비싸다. ¶ 믈읫 잇는 빋싼 거시라도(翻朴上*61*).
빌:다[비니·빌어] I자타 ①(신·부처에게) 소원이 이루어지도록 바라며 청하다. ¶ 부처님께 아들의 합격을 빌다. ②잘못을 용서해 달라고 간곡히 청하다. ¶ 용서를 빌다.
II타 ①(남의 것을) 거저 달라고 사정하다. ¶ 동냥을 빌다. ②'빌리다'의 잘못.
비는 데는 무쇠도 녹는다속담 지성으로 잘못을 빌면 용서하지 않을 수 없다는 말.
빌딩(building)명 철근 콘크리트 따위로 지은 고층 건물. ¶ 고층 빌딩. /빌딩 신축이 활발하다.
빌라(villa)명 ①별장식 주택. 교외 주택. ¶ 고급 빌라. ②다세대 주택이나 연립 주택을 흔히 이르는 말.
빌레몬-서(←Philemon書)명 신약 성서 중의 한 편. 사도 바울이 신도 빌레몬에게 보낸 목회 서간(牧會書簡).
빌리다타 ①(나중에 돌려주기로 하고) 남의 물건을 얻어다가 쓰다. 빌려 오다. ¶ 빌린 연필을 잃어버렸다. ②남의 도움을 입다. ¶ 친구의 힘을 빌리다. /술기운을 빌리지 않고는 말을 못한다. ③어떤 형식이나 사실을 끌어다 쓰다. ¶ 일기 형식을 빌린 자전적 소설. ④어떤 일을 하기 위해 기회를 얻다. ¶ 이 자리를 빌려 다시 한 번 감사의 말씀을 드립니다.

빌립보-서(←Philippi書)명 신약 성서 중의 한 편. 사도 바울이 로마의 감옥에서 빌립보에 있는 초대 교회에 보낸 목회 서간(牧會書簡).

빌먹다자타 〈옛〉 빌어먹다. ¶ 나라해 빌머그라 오시니(月釋*1:5*).

빌미명 (재앙이나 병 따위의) 불행이 생기는 원인. ¶ 놀란 것이 빌미가 되어 시름시름 앓아눕다.

빌미-잡다[-따]타 빌미로 삼다. 불행이 생기는 원인으로 삼다.

빌미ᄒᆞ다타 〈옛〉 빌미잡다. ¶ 빌믜ᄒᆞ몰 즐겨 ᄒᆞᄂᆞ니라(杜初*16:19*).

빌ː-붙다[-붇따]자 (남의 환심을 사려고) 들러붙어서 알랑거리다. ¶ 주인에게 빌붙어 근근이 자리를 유지하다.

빌빌부하자 ①여리고 느리게 움직이는 모양. ¶ 시간이 없는데 빌빌하던 기계마저 멈춰 버렸다. ②축 처진 채로 느리게 움직이는 모양. ¶ 남의 눈치나 슬슬 보면서 하루 종일 빌빌하는 태도부터 고쳐라.

빌빌-거리다자 자꾸 빌빌하다. 빌빌대다. ¶ 빌빌거리는 걸 보니 어디가 아픈 모양이다.

빌빌-대다자 빌빌거리다.

빌어-먹다[-따]타 (먹고살 길이 없어) 남에게 거저 얻어먹다. ¶ 빌어먹는 한이 있어도 남을 속이지는 않겠다. 작배라먹다.

빌어먹는 놈이 콩밥을 마다할까속담 한참 궁한 판이니 좋고 나쁜 것을 가릴 만한 처지가 못 된다는 말.

빌어-먹을관감 일이 뜻대로 되지 않거나 속이 상할 때 쓰는 말. ¶ 빌어먹을 녀석. /이런 빌어먹을!

빌트-인(built-in)명 가전제품 따위를 주로 부엌 가구나 벽 안에 내장한 뒤 표면을 말끔하게 마무리하는 공법. ¶ 빌트인 식기 세척기.

빔ː[1]명 《일부 명사 뒤에 붙어》 명절이나 잔치 같은 때에 새 옷으로 차려입는 일, 또는 그 옷. ¶ 추석빔.

빔ː[2]명하타 (촉이나 자루·장부 따위를 끼울) 구멍이 헐거울 때 종이나 헝겊 또는 가죽의 조각 따위를 감아서 끼움.

빔ː(beam)명 ①건물이나 구조물의 들보나 도리. ②빛이나 전자(電子) 따위의 흐름.

빔ː^안테나(beam antenna)명 한 방향으로만 집중하여 전파를 송수신하는 안테나. 텔레비전 전파의 수신에 널리 이용됨.

빔ː-컴퍼스(beam compass)명 보통의 컴퍼스로는 그릴 수 없는 큰 원을 그릴 때 쓰는, 기다란 막대처럼 된 컴퍼스.

빕더-서다[-떠-]자 ①비켜서다. ②약속을 어기다.

빗[1][빋]명 머리털을 빗는 데 쓰는 기구. *빗이[비시]·빗만[빈-]

빗[2][빋]명 지난날, 사무 조직의 한 구분을 나타내던 말. 〔지금의 '부(部)'나 '과(課)'와 같음.〕 색(色)[1]. *빗이[비시]·빗만[빈-]

빗-[빋]접두 ①《일부 동사 앞에 붙어》 '비뚜로'·'잘못'의 뜻을 나타냄. ¶ 빗나가다. /빗디디다. /빗맞다. /빗먹다. ②《일부 명사 앞에 붙어》 '기울어진'의 뜻을 나타냄. ¶ 빗금. /빗면.

빗-가다[빋까-] Ⅰ자 〈빗나가다〉의 준말.
Ⅱ자타 〈빗나가다〉의 준말.

빗-각(-角)[빋깍]명 직각이나 평각(平角)이 아닌 각. 〔예각·둔각 따위.〕

빗-각기둥(-角-)[빋깍끼-]명 옆모서리가 밑면에 수직이 아닌 각기둥. ↔직각기둥.

빗각^삼각형(-角三角形)[빋깍쌈가켱]명 세 각이 빗각인 삼각형.

빗-금[빋끔]명 ①☞사선(斜線). ②대응·대립·대등한 것을 함께 보이는 단어와 구, 또는 절 사이에 쓰이는 쉼표 '/'의 이름.

빗기부 〈옛〉 비뚜로. 비스듬히. ¶ 醉仙을 빗기 시러(鄭澈.關東別曲).

빗-기다[빋끼-]타 남의 머리털을 빗어 주다.

빗-길[비낄/빋낄]명 비가 내리는 길, 또는 빗물에 덮인 길. ¶ 빗길에 운전 조심해라.

빗-꽂이[빋-]명 지면(地面)에 대하여, 비스듬히 꽂는 꺾꽂이의 한 방식.

빗-나가다[빈-] Ⅰ자 ①기대나 예상과 다르다. ¶ 예측이 빗나가다. ②행동·태도가 그릇된 방향으로 나가다. ¶ 빗나간 생각. 준빗가다·빗나다.
Ⅱ자타 비뚜로 나가다. ¶ 화살이 과녁에서 빗나가다. /총알이 목표물을 빗나가다. 준빗가다·빗나다.

빗-나다[빈-] Ⅰ자 〈빗나가다〉의 준말.
Ⅱ자타 〈빗나가다〉의 준말.

빗다[빋따]타 머리털을 빗으로 가지런히 고르다. *빗어·빗는[빈-]

빗-대다[빋때-]타 ①사실과 다르게 비뚜름하게 말하다. ¶ 그렇게 빗대지 말고 사실대로 말해라. ②바로 지적하지 않고 간접적으로 넌지시 지적해 말하다. ¶ 빗대어 말하다.

빗더-서다[빋떠-]자 ①바로 서지 않고 방향을 좀 틀어서 서다. ②다른 곳으로 비켜서 서다. 준빗서다.

빗-돌(碑-)[비똘/빋똘]명 비(碑)를 만든 돌. 비석(碑石).

빗-듣다[빋뜯따][~들으니·~들어]타ㄷ (말을) 잘못 듣다. 횡듣다. ¶ 친구의 말을 빗듣고 잘못 전하다.

빗-디디다[빋띠-]타 디딜 곳을 바로 디디지 못하고 다른 곳을 잘못 디디다. ¶ 계단을 빗디뎌 넘어지다.

빗-뚫다[빋뚤타]타 바로 뚫지 않고 어긋나게 뚫다.

빗-뛰다[빋-]자 ①비뚜로 뛰다. ②잘못 뛰다.

빗-뜨다[빋-][~뜨니·~떠]타 눈망울을 바로 뜨지 않고 옆으로 흘겨 뜨다. ¶눈을 빗뜨고 노려보다.

빗-맞다[빈맏따]자 ①목표에 맞지 아니하고 어긋나서 딴 자리에 맞다. ¶ 화살이 빗맞다. ②뜻한 일이 잘못되어 딴 방향으로 이루어지다. ¶ 예상이 빗맞다.

빗-먹다[빈-따]자 톱으로 나무를 쪼갤 때, 먹줄대로 나가지 아니하고 비뚜로 나가다.

빗-면(-面)[빈-]명 수평면과 90° 이내의 각을 이루고 있는 평면.

빗-모서리[빈-]명 각뿔이나 각뿔대의 두 이웃한 빗면이 만나는 모서리.

빗-물[빈-]명 비가 내려서 괸 물. 천상수(天上水). ¶ 빗물이 떨어지다.

빗-물다[빈-][~무니·~물어]타 옆으로 좀 비뚤어지게 물다. ¶ 마도로스파이프를 빗물다.

빗믈명 〈옛〉 빗물. ¶ 빗믈 료:潦(訓蒙上*6*).

빗-밑[빈믿]명 《'가볍다'·'무겁다' 등과 함께 쓰이어》 내리던 비가 그치어 날이 개기까지의 과정. *빗밑이[빈미치]·빗밑을[빈미틀]·빗밑만[빈민-]

빗밑이 가볍다관용 비가 내리다가 날이 개기까지의 동안이 오래지 않다.

빗밑이 무겁다관용 비가 내리다가 날이 개기까지의 동안이 오래고 지루하다.

빗-반자[빋빤-]명 바닥을 경사지게 만든 반자.

빗-발[비빨/빋빨]명 (보기에) 줄이 죽죽 진 것처럼 떨어지는 빗방울. ¶ 빗발이 굵어지다.
빗발-치다[비빨-/빋빨-]자 ①빗줄기가 세차게 쏟아지다. ②(탄알 따위가) 빗발처럼 세차게 쏟아지다. ¶ 총알이 빗발치다. ③(독촉이나 비난 따위가) 몹시 심하게 계속되다. ¶ 항의 전화가 빗발치다.
빗-방울[비빵-/빋빵-]명 비가 되어 떨어지는 물방울. ¶ 빗방울이 굵어지다.
빗-변(-邊)[빋뻔]명 ①비스듬히 기울어진 변. ②직각 삼각형에서 직각에 마주 대한 변.
빗-보다[빋뽀-]타 사실대로 보지 못하고 잘못 보다.
빗-빠지다[빋-]자 빗디디어 빠지다.
빗-살[빋쌀]명 빗의 가늘게 갈라진 낱낱의 살. 즐치(櫛齒). ¶ 빗살이 부러지다.
빗살^무늬[빋쌀-니]명 (빗살 같은 것으로 그은 듯이) 비스듬한 줄이 촘촘히 새겨진 무늬.
빗살무늬^토기(-土器)[빋쌀-니-]명 빗살로 그은 것 같은 평행선 무늬가 음각(陰刻)되어 있는 토기. 신석기 시대의 토기로서 유라시아 대륙 북부를 비롯하여 우리나라 등지에서 발견됨. 즐문토기.
빗살-문(-門)[빋쌀-]명 살을 엇비슷하게 어긋매껴 촘촘히 짜서 만든 문.
빗살^완자창(←-卍字窓)[빋쌀-]명 살을 엇비슷한 '卍' 자 모양으로 만든 창.
빗살-창(-窓)[빋쌀-]명 살을 엇비슷하게 어긋매껴 촘촘히 짜서 만든 창.
빗-서다[빋써-]자 〈빗더서다〉의 준말.
빗-소리[비쏘-/빋쏘-]명 비가 내리는 소리. 우성(雨聲).
빗-속[비쏙/빋쏙]명 비가 내리는 가운데. 우중(雨中). ¶ 빗속을 무릅쓰고 달려오다.
빗-솔[빋쏠]명 빗살 사이에 낀 때를 빼는 솔.
빗-아치[비다-]명 지난날, 관아의 어떤 빗에서 일하던 사람.
빗-원뿔(-圓-)[비둰-]명 축(軸)이 밑면에 수직이 되지 않는 원뿔.
빗-자루[비짜-/빋짜-]명 ①비에 달린 자루. ②☞비[1].
빗장[빋짱]명 〈문빗장〉의 준말. ¶ 빗장을 걸다. /빗장을 풀다.
빗장을 지르다관용 마음속의 생각을 남에게 드러내지 아니하고 굳게 지키다.
빗장-걸이[빋짱-]명 씨름 수의 한 가지. 오른쪽 다리로 상대편의 오른쪽 다리를 밖으로 걸고 몸을 왼쪽으로 젖히는 기술.
빗장-고름[빋짱-]명 고의 머리가 안쪽으로 숙고 구김살이 없이 반반하게 맨 옷고름.
빗장-둔태[빋짱-]명 빗장이 꽂히도록 구멍을 뚫어서 댄 기름한 나무토막.
빗장-뼈[빋짱-]명 가슴의 앞면 위쪽에 있는 뼈. 'S' 자 모양으로 좌우에 한 쌍을 이루는데, 안쪽은 가슴뼈에 이어지고 바깥쪽은 어깨뼈에 이어져 있음. 쇄골(鎖骨).
빗-접[빋쩝]명 (빗·빗치개·빗솔 등) 머리를 빗는 데 쓰는 기구를 담아 두는 그릇. 기름에 결은 종이를 접어서 만듦.
빗접-고비[빋쩝꼬-]명 빗접을 꽂아 벽에 걸어 두는 물건. 가는 나무오리로 네모지게 짜서 만듦.
빗-줄기[비쭐-/빋쭐-]명 (보기에) 줄이 진 것처럼 굵고 세차게 내리치는 빗방울. ¶ 빗줄기가 가늘어지다.
빗-질[빋찔]명하타 빗으로 머리를 빗는 짓.
빗-천장(-天障)[빋-]명 삿갓 모양으로 경사가 져 있는 천장.
빗-치개[빋-]명 빗살 틈에 낀 때를 빼거나 가르마를 타는 데 쓰는 기구. 뿔이나 쇠붙이로 만드는데, 한끝은 둥글며 얇고, 다른 한끝은 가늘고 뾰족함.
빗-투영(-投影)[빋-]명 ☞사투영(斜投影).
빗-판(-板)[빋-]명 유즐동물의 빗살해파리강만이 가진 운동 기관. 몸에 난 아주 가는 털이 빗살처럼 빽빽이 늘어서 있는 것. 이것을 움직여 물속을 헤엄쳐 다님. 즐판(櫛板).
빘다[빗고·빗디]형 〈옛〉가로 되다. 비뚤다. ¶ 빗근 남ᄀᆞᆯ ᄂᆞ라 나마시니(龍歌86章). /구브며 빗디 아니ᄒᆞ니(南明上47).
빙어타 〈옛〉☞비스다.
빙부 ①주위를 한 바퀴 도는 모양. ¶ 운동장을 한 바퀴 빙 돌다. ②둘레를 둘러싸는 모양. ¶ 사람들이 주위에 빙 둘러서다. ③정신이 아찔해지는 모양. ¶ 머리가 빙 돌다. ④갑자기 눈물이 글썽해지는 모양. ¶ 눈물이 빙 돌다. 작뱅. 센삥. ①③④거핑.
빙거(憑據)명하타 어떤 사실을 증명할 만한 증거를 댐, 또는 그런 증거.
빙결(氷結)명하자되자 얼음이 얼어붙음. 동결.
빙결(氷潔) '빙결하다'의 어근.
빙결-하다(氷潔-)형여 얼음처럼 맑고 깨끗하다.
빙경(氷鏡)명 얼음처럼 맑고 싸늘하게 보이는 달. 빙륜(氷輪).
빙고(氷庫)명 얼음을 넣어 두는 창고. 빙실. 능음.
빙고(憑考)명하타 (사실이 정확한가를) 여러 가지 근거에 비추어 상세히 검토함.
빙고(bingo)명 카드에 적힌 수를 하나하나 지워 나가면서 승부를 겨루는 놀이.
빙공영사(憑公營私)[-녕-]명하자 공적(公的)인 일을 빙자하여 개인의 이익을 꾀함.
빙과(氷菓)명 아이스캔디·셔벗 등의 얼음과자.
빙괴(氷塊)[-괴/-궤]명 얼음의 덩이.
빙구(氷球)명 ☞아이스하키.
빙그레부하자 입만 약간 벌리고 소리 없이 부드럽게 웃는 모양. ¶ 빙그레 웃는 얼굴. 작뱅그레. 센삥그레.
빙그르부 미끄럽게 한 바퀴만 도는 모양.
빙그르르부하자 미끄럽게 한 바퀴 도는 모양. ¶ 회전의자를 빙그르르 돌리다. 작뱅그르르. 센삥그르르. 거핑그르르.
빙글부 입을 슬며시 벌리며 소리 없이 한 번 부드럽게 웃는 모양. 작뱅글. 센삥글. **빙글-빙글**부하자.
빙글-거리다자 자꾸 빙글빙글하다. 빙글대다. ¶ 무슨 좋은 일이 있는지 자꾸 빙글거리다. 작뱅글거리다.
빙글-대다자 빙글거리다.
빙글-빙글부 큰 원을 그리면서 매끄럽게 도는 모양. ¶ 팔랑개비가 빙글빙글 돌다. 작뱅글뱅글. 센삥글삥글.
빙긋[-귿]부하자 입을 조금 벌리면서 소리 없이 한 번 웃는 모양. ¶ 대답 대신 빙긋하고 웃어 보이다. 작뱅긋. 센빙끗·삥긋·삥끗. **빙긋-이**부 ¶ 빙긋이 웃다. **빙긋-빙긋**부하자.
빙긋-거리다[-귿꺼-]자 자꾸 빙긋빙긋하다. 빙긋대다. 작뱅긋거리다.
빙긋-대다[-귿때-]자 빙긋거리다.
빙기(氷肌)명 ①☞빙부(氷膚). ②매화(梅花)의 맑고 고움을 형용하여 이르는 말.
빙기(氷技)명 ☞스케이팅.

빙기(氷期)[명] 빙하 시대 가운데서 특히 기후가 한랭하여 온대 지방까지도 빙하로 덮였던 시기. 빙하기.

빙기옥골(氷肌玉骨)[-꼴][명] 〔얼음 같은 살결과 옥 같은 뼈대라는 뜻으로〕 ①'매화(梅花)'를 형용하여 이르는 말. 빙자옥질. ②'미인(美人)'을 형용하여 이르는 말.

빙끗[-끋][부](하자) 〈빙긋〉의 센말. (센)삥끗.

빙낭(氷囊)[명] 얼음찜질에 쓰는 얼음주머니. 고무·비닐·방수포(防水布) 따위로 만듦.

빙당(氷糖)[명] 얼음사탕.

빙렬(氷裂)[-녈][명] ①얼음이 갈라지는 일. ②얼음이 갈라진 금 모양의 무늬.

빙렴(氷廉)[-념][명] 추위로 말미암아 땅에 붙은 송장이 어는 일.

빙례(聘禮)[-녜][명] ☞혼례(婚禮).

빙륜(氷輪)[-뉸][명] ☞빙경(氷鏡).

빙모(聘母)[명] ☞장모(丈母).

빙무(氷霧)[명] 추운 지방에서, 공중에 뜨는 미세한 얼음의 결정으로 말미암아 생기는 안개.

빙문(聘問)[명](하타) 예를 갖추어서 찾아봄.

빙문(憑文)[명] ☞빙표(憑票).

빙문(憑聞)[명](하타) 간접으로 들음.

빙물(聘物)[명] 빙문(聘問) 때 가지고 가는 예물.

빙박(氷泊)[명](하자) 배가 물길을 가는 중에 물이 얼어서 배가 얼어붙음.

빙반(氷盤)[명] 얼음판.

빙벽(氷壁)[명] 눈이나 얼음으로 덮인 암벽. ¶ 히말라야의 빙벽을 오르다.

빙부(氷夫)[명] 지난날, 강에서 얼음을 떠내는 일에 종사하던 사람.

빙부(氷膚)[명] 얼음처럼 희고 깨끗한 살결. 빙기(氷肌).

빙부(聘父)[명] ☞장인(丈人).

빙-빙[부] ①물건 따위가 자꾸 빙 도는 모양. ¶ 팔랑개비가 빙빙 돌다. ②정신이 자꾸 아찔해지는 모양. ¶ 빈혈 탓인지 눈앞이 빙빙 돈다. ③사람이 하는 일 없이 이리저리 슬슬 돌아다니는 모양. ¶ 하릴없이 공원만 빙빙 돌다. (작)뱅뱅. (센)삥삥.

빙빙과거(氷氷過去)[명](하자) '어름어름하는 사이에 어느덧 세월을 다 보냈다거나, 진실되지 못하게 어름어름 살아옴'을 익살스럽게 이르는 말.

빙-사과(氷沙菓)[명] '빈사과'의 잘못.

빙산(氷山)[명] 남극이나 북극의 바다에 떠 있는 거대한 얼음덩이. 바다로 밀려 내려온 빙하가 갈라져 생긴 것임.

빙산의 일각(一角)[관용] '외부로 나타나 있는 것은 일부분이고 나머지는 숨겨져 있음'을 비유하여 이르는 말. ¶ 이번에 밝혀진 세무 비리는 빙산의 일각에 불과하다.

빙상(氷上)[명] 얼음 위.

빙상^경:기(氷上競技)[명] 스케이팅·아이스하키 등 얼음 위에서 하는 여러 가지 경기.

빙석(氷釋)[명](하자) ☞빙해(氷解).

빙설(氷雪)[명] ①얼음과 눈. ②'청렴과 결백'을 비유하여 이르는 말.

빙설^기후(氷雪氣候)[명] 한대 기후형의 한 가지. 일 년 내내 빙설에 덮여 있고, 가장 따뜻한 달의 평균 기온이 0℃ 이하인 기후.

빙수(氷水)[명] ①얼음물. ②얼음을 눈처럼 간 다음 그 속에 삶은 팥·설탕 따위를 넣어 만든 청량음료. ¶ 과일 빙수.

빙시(憑恃)[명](하타) 남의 힘에 의지함.

빙시레[부](하자) 입을 슬며시 벌리면서 소리 없이 부드럽게 웃는 모양. (작)뱅시레. (센)삥시레.

빙식(氷蝕)[명] 빙하로 말미암은 침식. 빙하가 이동할 때 바위를 깎아 내기도 하고, 얼고 녹는 일이 되풀이됨으로써 바위가 부서지기도 함.

빙식-곡(氷蝕谷)[-꼭][명] 곡빙하(谷氷河)의 침식으로 단면(斷面)이 'U' 자 모양으로 된 계곡.

빙식^단구(氷蝕段丘)[-딴-][명] 여러 차례에 걸친 빙식 작용으로 이루어진 단구.

빙식^윤회(氷蝕輪廻)[-싱뉸회/-싱뉸훼][명] 빙하에 의한 침식 작용의 윤회. 유년기·장년기·만장년기(晩壯年期)·노년기의 차례로 지형이 변함.

빙식-호(氷蝕湖)[-시코][명] ☞빙하호.

빙신(憑信)[명](하타) 남을 믿고 의지함.

빙실[부] 입을 조금 벌릴 듯하면서 소리 없이 한 번 부드럽게 웃는 모양. (작)뱅실. (센)삥실. **빙실-빙실**[부](하자).

빙실(氷室)[명] ☞빙고(氷庫).

빙실-거리다[자] 자꾸 빙실빙실하다. 빙실대다. (작)뱅실거리다.

빙실-대다[자] 빙실거리다.

빙심옥호(氷心玉壺)[-시모코][명] 얼음이나 옥같이 깨끗하고 고운 마음.

빙싯[-싣][부](하자) 입을 슬며시 벌릴 듯하면서 소리 없이 한 번 화기롭고도 가볍게 웃는 모양. (작)뱅싯. (센)삥싯. **빙싯-이**[부]. **빙싯-빙싯**[부](하자).

빙싯-거리다[-싣꺼-][자] 자꾸 빙싯빙싯하다. 빙싯대다. (작)뱅싯거리다.

빙싯-대다[-싣때-][자] 빙싯거리다.

빙야(氷野)[명] ☞빙원(氷原).

빙어[명] 바다빙엇과의 바닷물고기. 몸길이 15 cm 가량. 몸은 가늘고 길며 머리는 뾰족함. 몸빛은 연한 회색 바탕에 은백색 세로줄이 하나 있음. 이른 봄 산란기에 하천으로 올라감. 우리나라 북부 및 일본 중부 이북에 분포함.

빙예(氷瞖)[명] 한방에서, 눈에 아무 이상이 없는 듯하면서도 앞이 잘 보이지 않는 눈병을 이르는 말.

빙옥(氷玉)[명] ①얼음과 옥, 곧 '맑고 깨끗하여 아무 티가 없음'을 비유하여 이르는 말. ②'훌륭한 장인과 사위'를 아울러 이르는 말.

빙용(聘用)[명](하타) 예(禮)를 갖추어 사람을 맞이하여 씀.

빙원(氷原)[명] 지표(地表)가 얼음으로 뒤덮인 넓은 벌판. 빙야(氷野).

빙의(憑依)[-의/-이][명](하자)(되자) ①다른 것에 몸이나 마음을 기댐. ②떠도는 영혼이 다른 사람의 몸에 옮겨 붙음. ¶ 빙의 현상.

빙인(氷人)[명] 〈월하빙인〉의 준말.

빙자(憑藉)[명](하타) ①남의 힘을 빌려 그것에 의지함. ¶ 권력을 빙자하여 큰소리치다. ②말막음으로 내세워 핑계를 댐. ¶ 병을 빙자하여 면담에 응하지 않다.

빙자-옥질(氷姿玉質)[-찔][명] ☞빙기옥골.

빙장(聘丈)[명] 〈장인(丈人)〉의 높임말.

빙전(氷田)[명] 얼음이 언 논밭.

빙점(氷點)[-쩜][명] 물이 얼기 시작하거나 얼음이 녹기 시작하는 온도, 곧 0℃. 결빙점. 어는점. 얼음점.

빙점-하(氷點下)[-쩜-][명] ☞영하(零下).

빙정(氷程)[명] 얼음이 언 길.

빙정(氷晶)[명] 대기(大氣) 중의 수증기가 0℃ 이하로 냉각되었을 때 생기는 미소(微小)한 얼음의 결정. 〔상층운(上層雲)을 형성함.〕

빙정-석(氷晶石)명 나트륨과 알루미늄의 플루오르화물. 무색 또는 백색의 광택 있는 덩어리. 약 560 ℃에서 반투명의 결정체로 바뀜. 황산에 녹으면서 플루오르화수소를 발생시킴.
빙정옥결(氷貞玉潔)[-결]명하형 절개가 얼음이나 옥(玉)과 같이 조금도 흠이 없고 순결함.
빙주(氷柱)명 고드름.
빙주-석(氷洲石)명 무색투명한 방해석(方解石)의 한 가지. 니콜 프리즘을 만드는 데 쓰임.
빙준(憑準)명하타 어떤 근거에 의하여 표준을 삼거나 일을 해 나감.
빙질(氷質)명 (사용 목적에 따라서 구분한) 얼음의 질. ¶ 빙질이 좋은 스케이트장.
빙-초산(氷醋酸)명 순도가 높은 초산. 상온 또는 저온일 때는 얼음 모양의 고체로 됨. 참아세트산.
빙ː충-맞다[-맏따]형 똘똘하지 못하고 어리석다. ¶ 빙충맞게 울기는 왜 우니? 작뱅충맞다.
빙충-맞이명 '빙충이'의 잘못.
빙ː충-이명 빙충맞은 사람. 작뱅충이.
빙층(氷層)명 해마다 얼음이 겹쳐 쌓여서 마치 지층처럼 된 얼음의 층.
빙침(氷枕)명 속에 얼음이나 냉수를 넣어서 베는, 고무나 비닐로 만든 베개. 열이 있을 때 머리를 차게 하기 위하여 씀.
빙탁(氷卓)명 〈빙하탁〉의 준말.
빙탄(氷炭)명 ①〔얼음과 숯이라는 뜻으로〕'성질이 서로 상반되거나 크게 차이가 나는 것'을 비유하여 이르는 말. ②〈빙탄불상용〉의 준말.
빙탄-간(氷炭間)명 〔얼음과 숯처럼〕 서로 화합할 수 없는 사이. ¶ 두 사람은 서로 빙탄간이다.
빙탄불상용(氷炭不相容)[-쌍-]명 〔얼음과 숯처럼〕 '두 사물이 서로 화합할 수 없음'을 이르는 말. 준빙탄.
빙택(聘宅)명 남을 높여서 그의 '처가(妻家)'를 이르는 말.
빙퇴-석(氷堆石)[-퇴-/-퉤-]명 빙하에 의하여 운반되어서 쌓인 암석·모래·점토 따위. 퇴석.
빙퉁그러-지다자 하는 짓이 꼭 비뚜로만 나가다. ¶ 그쪽에서 빙퉁그러지기만 하니 성사(成事)가 어렵다.
빙판(氷板)명 얼음판, 또는 얼어붙은 땅바닥.
빙편(氷片)명 ☞용뇌향(龍腦香).
빙폐(聘幣)[-폐/-페]명 경의(敬意)를 표하기 위하여 보내는 예물.
빙표(憑票·憑標)명 (지난날의) 여행 증명서. 여행 허가증. 빙문(憑文).
빙하(氷河)명 높은 산이나 고위도 지방의 만년설이 그 무게의 압력으로 얼음덩이가 되어, 천천히 비탈면을 흘러 내려와 강처럼 흐르는 것.
빙하^계류(氷河溪流)[-계-/-게-]명 빙하로 말미암아 생긴 산골짜기의 시냇물.
빙하-곡(氷河谷)명 빙하로 말미암아 생긴 골짜기.
빙하-기(氷河期)명 ☞빙기(氷期).
빙ː-하다형여 술이 잔뜩 취하여 정신이 어질어질하고 멍하다.
빙하^성층(氷河成層)명 빙하와 함께 흘러내린 암석이나 모래가 쌓여서 된 지층.
빙하^시대(氷河時代)명 지질 시대 중 기후가 한랭하고 빙하가 발달하였던 시대. 빙기(氷期)와 간빙기로 나뉨.
빙하^원공(氷河圓孔)명 빙하의 녹은 물을 따라 흘러 내려온 조약돌 때문에 바위에 팬 둥근 구멍.
빙하-탁(氷河卓)명 큰 퇴석(堆石)이 햇볕을 가려, 그 부분만 녹지 않고 남아서 탁자 모양을 이룬 빙하. 준빙탁.
빙하-토(氷河土)명 빙하의 통과로 말미암아 운반되어서 쌓인 흙.
빙하-호(氷河湖)명 빙하의 침식과 퇴적 작용에 의하여 생긴 큰 웅덩이에 물이 괴어서 된 호수. 빙식호.
빙해(氷海)명 얼어붙은 바다. 또는 얼음으로 뒤덮인 바다.
빙해(氷解)명하자 ①얼음이 녹음. ②꺼림한 감정이 싹 없어짐. 의문이나 의심이 완전히 풀림. 빙석(氷釋). ¶ 감정의 응어리가 빙해하다.
빙화(氷花)명 나무나 마른 풀잎 따위에 수분이 얼어붙어 흰 꽃 모양을 이룬 것.
빙환(氷紈)명 얼음같이 희고 고운 명주.
빚[빋]명 ①(꾸어 쓴 돈이나 외상값 등) 남에게 갚아야 할 돈. 부채(負債). 차금(借金). ¶ 빚을 갚다. ②'갚아야 할 은혜 따위'를 비유하여 이르는 말. *빚이[비지]·빚만[빈-]
빚 주고 뺨 맞기속담 남에게 후한 일을 하고 도리어 욕을 본다는 말.
빚(을) 놓다관용 남에게 빚을 주다.
빚(을) 주다관용 이자를 받기로 하고 남에게 돈을 꾸어 주다.
빚-거간(-居間)[빋꺼-]명하자 빚지시를 직업으로 하는 일, 또는 그 사람. 참빚지시.
빚-꾸러기[빋-]명 이곳저곳에 빚을 많이 진 사람.
빚-내다[빈-]자 빚을 얻다. ¶ 빚낸 돈으로 장사를 시작하다.
빚-놀이명 '돈놀이'의 잘못.
빚다[빋따]타 ①흙 따위를 이겨서 어떤 형태를 만들다. ②가루를 반죽하여 경단·만두·송편·주악 따위를 만들다. ¶ 송편을 빚다. ③지에밥과 누룩을 버무려 술을 담그다. ¶ 술을 빚다. ④어떤 일을 만들거나 사건 따위를 일으키다. ¶ 물의를 빚다. *빚어·빚는[빈-]
빚-더미[빋떠-]명 '많은 빚을 진 상태'를 비유하여 이르는 말. ¶ 빚더미에 올라앉다.
빚-돈[빋똔]명 빚으로 쓰는 돈. 빚으로 주는 돈. ¶ 빚돈으로 사업을 확장하다.
빚-두루마기[빋뚜-]명 많은 빚에 얽매여 헤어날 수 없게 된 사람.
빚-물이[빈-]명하자 남의 빚을 대신 갚아 줌.
빚-받이[빋빠지]명하자 남에게 빚으로 준 돈을 받아들임.
빚-보증(-保證)[빋뽀-]명하자 다른 사람이 빚을 내는 데 참여하여 보증하는 일. ¶ 빚보증을 서다.
빚어-내다타 ①흙 따위를 이겨서 어떤 형태를 만들어 내다. ¶ 도자기를 빚어내다. ②가루를 반죽하여 만두·송편 따위를 만들어 내다. ③지에밥과 누룩을 버무려 술을 담가 내다. ④어떤 일이나 사건 따위를 만들어 내다.
빚-잔치[빋짠-]명하자 빚쟁이들이 몰려와서 빚진 사람의 남은 물건을 빚돈 대신 가져가는 일.
빚-쟁이[빋쨍-]명 빚을 준 사람을 얕잡아 이르는 말. ¶ 빚쟁이에게 시달리다.
빚-지다[빋찌-]자 ①남에게 빚을 내어 쓰다. ¶ 빚진 돈을 갚다. ②남에게 신세를 지다. ¶ 친구에게 늘 빚지고 산다.
빚진 죄인(이라)속담 빚을 진 사람은 죄인처럼 빚쟁이에게 굽실거리게 된다는 말.

빚-지시[빋찌-]명하자 빚을 내거나 놓거나 하는 일의 중간에 들어 소개하는 일, 또는 그 사람. 참빚거간.

빛[빋]명 ①(태양·별·등불 따위에서 나와) 시신경을 자극하여 무엇을 알아볼 수 있게 하는 것. ¶ 태양의 밝은 빛. ②(물체가 나타내는) 빛깔. 색(色)[1]. ¶ 검붉은 빛의 열매. ③(표정이나 행동에서 느껴지는) 기색(氣色)이나 태도. ¶ 불안해하는 빛이 얼굴에 역력히 드러나다. ④번쩍이는 광택. ¶ 빛이 나도록 장롱을 닦다. ⑤희망 또는 영광 등을 비유하여 이르는 말. ¶ 고아들의 빛이 되다. ⑥무엇을 느끼게 하는 분위기. ¶ 가을의 쓸쓸한 빛이 짙어 가다. *빛이[비치]·빛만[빈-]

빛 좋은 개살구속담 보기에는 그럴듯하나 실속이 없는 것을 이르는 말.

빛을 보다관용 세상에 알려져 제 가치를 인정받다. ¶ 작가가 죽은 후에야 빛을 본 작품.

빛을 잃다관용 보잘것없는 상태로 되다. 가치가 떨어지거나 헛되이 되다. ¶ 김 선수의 뛰어난 활약도 팀의 패배로 빛을 잃었다.

빛-깔[빋-]명 물체의 거죽에 나타나는 빛의 성질, 곧 색(色)·색깔·색채. ¶ 파란 빛깔.

빛-나다[빈-]자 ①빛이 환하게 비치다. ¶ 빛나는 아침 해를 바라보다. ②윤이 나다. ¶ 대리석 바닥이 번쩍번쩍 빛나다. ③영광스럽고 자랑스러우며 아주 훌륭하게 보이다. ¶ 빛나는 전통문화.

빛내다[빈-]타 〖'빛나다'의 사동〗 ①빛나게 하다. ②(명예 따위를) 화려하게 세상에 드러내어 보이다. ¶ 나라의 이름을 빛내다.

빛-바래다[빋빠-]형 낡거나 오래되다. 《주로, '빛바랜'의 꼴로 쓰임.》 ¶ 빛바랜 사진.

빛-발[빋빨]명 내어 뻗치는 빛의 줄기.

빛-살[빋쌀]명 비치어 나가는 빛의 가닥. 광선.

빛-색(-色)[빋쌕]명 한자 부수의 한 가지. '艴'·'艶' 등에서의 '色'의 이름.

빛-없다[비덥따]형 생색이 없다. 보람이 없다. 볼 낯이 없다. **빛없-이**부 ¶ 그동안의 고생이 빛없이 되고 말았다.

빛-접다[빋쩝따][~저우니·~저워]형ㅂ 조금도 굽죄이는 데가 없이 어연번듯하고 떳떳하다.

빟다타 〈옛〉뿌리다. ¶ 여러 가짓 香 비ᄒᆞ며(月釋2:39). /이제 世尊이 큰 法을 니르시며 큰 法雨를 비흐시며(釋譜13:26). 참ᄲᅳᆷ다.

ᄇᆞᄃᆡ명 〈옛〉바디. ¶ ᄇᆞᄃᆡ 구:篾. ᄇᆞᄃᆡ 셩:筬(訓蒙中18).

ᄇᆞᄃᆡ집명 〈옛〉바디집. ¶ ᄇᆞᄃᆡ집:筬筐(訓蒙中18).

ᄇᆞ라명 〈옛〉소라. ¶ ᄇᆞ라 부ᄂᆞᆫ 호령을 ᄇᆞᆯ키미라(兵學指南1:4).

ᄇᆞ라다타 〈옛〉바라다. 바라보다. ¶ 西ㅅ 녀그로 瑤池ᄅᆞᆯ ᄇᆞ라니(杜初6:8). /ᄇᆞ랄 희:希(類合上30).

ᄇᆞ람명 〈옛〉바람. ¶ 건너신 날은 마좀 사오나온 ᄇᆞ람의(新語2:1). 참ᄇᆞᄅᆞᆷ[2].

ᄇᆞ랍다[ᄇᆞ라와]형ㅂ 〈옛〉가렵다. ¶ 瘡이 져기 ᄇᆞ랍거든(救解下3).

ᄇᆞ렵다[ᄇᆞ려워]형ㅂ 〈옛〉가렵다. ¶ 病 ᄒᆞ야 머리 빗디 몯ᄒᆞ니 니 하 므러 ᄇᆞ려워 셜워커늘(續三孝8).

ᄇᆞ리다[1]타 〈옛〉버리다. ¶ 棄ᄂᆞᆫ ᄇᆞ릴씨라(月釋序10). /捨ᄂᆞᆫ ᄇᆞ릴씨라(月釋序14).

ᄇᆞ리다[2]타 〈옛〉벌이다. ¶ 排ᄂᆞᆫ ᄇᆞ릴씨라(永嘉下73).

ᄇᆞ리다[3]타 〈옛〉바르다[2]. 베다[2]. ¶ ᄇᆞᄅᆞ며 ᄇᆞ리ᄂᆞᆫ 두 이레(永嘉下18).

ᄇᆞᄅᆞ다타 〈옛〉바르다[1]. ¶ 時ㅣ 옮ᄃᆞ록 블근 것과 粉과ᄅᆞᆯ ᄇᆞᄅᆞ니(杜重1:6).

ᄇᆞᄅᆞᆷ[1]명 〈옛〉바람벽. ¶ 石은 돌히오 壁은 ᄇᆞᄅᆞ미니 ᄇᆞᄅᆞᆷ ᄀᆞ티 션 바회ᄅᆞᆯ 石壁이라 ᄒᆞᄂᆞ니라(釋譜9:24).

ᄇᆞᄅᆞᆷ[2]명 〈옛〉바람〔風〕. ¶ 불휘 기픈 남ᄀᆞᆫ ᄇᆞᄅᆞ매 아니 뮐ᄊᆡ(龍歌2章).

ᄇᆞᄅᆞᆷ가비명 〈옛〉바람개비. ¶ ᄇᆞᄅᆞᆷ가비 익:鷁(訓蒙上17).

ᄇᆞ롯명 〈옛〉보리수. 보리수나무 열매. ¶ 十月애 아으 져미연 ᄇᆞ롯 다호라(樂範.動動).

ᄇᆞ사디다자 〈옛〉부서지다. 바서지다. ¶ 이제ᅀᅡ 아ᅀᆞ오니 가ᅀᆞ미 ᄇᆞ사디ᄂᆞᆫ ᄃᆞᆺ ᄒᆞ여이다(恩重17).

ᄇᆞᄉᆞ다[ᄇᆞᆺ아]타 〈옛〉바수다. 부수다. ¶ ᄇᆞᄉᆞᆯ 쇄:碎(類合下59). 참ᄇᆞᅀᆞ다.

ᄇᆞᄉᆡ다자 〈옛〉눈부시게 비치다〔照〕. ¶ 光風霽月이 부ᄂᆞᆫᄃᆞᆺ ᄇᆞᄉᆡᄂᆞᆫᄃᆞᆺ(朴仁老.獨樂堂). 참ᄇᆞᅀᆡ다.

ᄇᆞᅀᆞ다[ᄇᆞᇫ아·ᄇᆞᇫ오ᄃᆡ]타 〈옛〉바수다. 부수다. ¶ 내 모몰 엇뎨 드틀 ᄀᆞ티 ᄇᆞᅀᆞ디 몯관ᄃᆡ(月釋21:219). /大黃 ᄒᆞᆫ分을 사ᄒᆞ라 ᄇᆞᇫ아(救解下19).

ᄇᆞᅀᆞ와ᄆᆡ다자 〈옛〉부시다. ¶ 光明이 ᄇᆞᅀᆞ와ᄆᆡ에 비취여(月釋14:22).

ᄇᆞᅀᆞᄎᆞ다형 〈옛〉자잘하다. ¶ ᄒᆞ몰며 凡常ᄋᆡ ᄇᆞᅀᆞᄎᆞᆫ닐 엇뎨 足히 뼈 니ᄅᆞ리오(永嘉下70).

ᄇᆞᅀᆞ티다타 〈옛〉바스러뜨리다. ¶ 이 모몰 ᄇᆞᅀᆞ텨 듣글만 너겨(恩重26).

ᄇᆞᅀᆡ다자 〈옛〉눈부시게 비치다. ¶ ᄇᆞᅀᆡᆯ 죠:照. ᄇᆞᅀᆡᆯ 요:曜(訓蒙下1).

ᄇᆞ야미명 〈옛〉☞ᄇᆞ얌.

ᄇᆞ야흐로부 〈옛〉바야흐로. ¶ ᄇᆞ야흐로:方可(同文下47). 참보야ᄒᆞ로.

ᄇᆞ얌명 〈옛〉뱀. ¶ ᄇᆞ야미 가칠 므러(龍歌7章).

ᄇᆞ의다형 〈옛〉눈부시다. ¶ 히ㅅ빗 눈에 ᄇᆞ의다(譯類補1). 참ᄇᆞᅀᆡ다.

ᄇᆞᄋᆡ다형 〈옛〉눈부시다. ¶ ᄇᆞᄋᆡᆯ 영:暎(倭解上6). 참ᄇᆞᅀᆡ다.

ᄇᆞᆯ[1]명 〈옛〉벌[2]. ¶ 날마다 ᄒᆞᆫ ᄇᆞᆯ 벗고 ᄒᆞᆫ ᄇᆞᆯ ᄀᆞ라 닙ᄂᆞ니(老解下45).

ᄇᆞᆯ[2]명 〈옛〉팔. ¶ ᄇᆞᆯ:臂(訓解). /ᄇᆞᆯ 베오 누어(杜初8:28). 참ᄇᆞᆶ.

ᄇᆞᆯ[3]명 〈옛〉발〔丈〕. ¶ 웃 譬喩에셔 즈믄 ᄇᆞ리 倍히 하니(月釋21:16).

ᄇᆞᆯ[4]명 〈옛〉①벌. 겹〔重〕. ¶ 너븐 고ᄌᆞᆫ 一萬 ᄇᆞ리로다(杜初10:9). ②번. ¶ 쪙淨 겅居 텬天이 롕禮ᄅᆞᆯ 아라 세 ᄇᆞᆯ올 값도라ᄂᆞᆯ(月印151章).

ᄇᆞᆯ기부 〈옛〉밝게. ¶ ᄇᆞᆯ기 보아 글우미 업건마ᄅᆞᆫ(月釋17:11).

ᄇᆞᆯ기다타 〈옛〉밝히다. ¶ 하ᄂᆞᆯ히 ᄇᆞᆯ기시니(龍歌30章). /大義를 ᄇᆞᆯ기실ᄊᆡ(龍歌66章).

ᄇᆞᆯ뎡명 〈옛〉팔짱. ¶ ᄇᆞᆯ뎡 곳고(飜小10:13).

ᄇᆞᆯ셔부 〈옛〉벌써. ¶ 梨花ᄂᆞᆫ ᄇᆞᆯ셔 디고(鄭澈.關東別曲).

ᄇᆞᆯ써부 〈옛〉벌써. ¶ 엇뎨 ᄇᆞᆯ써 만ᄂᆞ뇨(楞解3:25).

ᄇᆞᆯ와타 〈옛〉〔'ᄇᆞᆲ다'의 활용형〕 밟아. ¶ 躑躅을 므니 ᄇᆞᆯ와(鄭澈.關東別曲).

ᄇᆞᆯ이다자 〈옛〉밟히다. ¶ ᄆᆞᆯ게 ᄇᆞᆯ이며 쇠게 ᄣᅵᆯ여(救簡1:79).

ᄇᆞᆯ키다타 〈옛〉밝히다. ¶ 아직 小宗앳 法으로 ᄡᅧ ᄇᆞᆯ키노니(家禮1:18).

ᄇᆞᆯ톡명 〈옛〉팔뚝. ¶ 두 무룹과 두 ᄇᆞᆯ톡과 뎡바기(月釋21:7).

ᄇᆞᆰ가숭명 〈옛〉발가숭이. 잠자리. ¶ ᄇᆞᆰ가숭아 ᄇᆞᆰ가숭아 져리 가면 죽ᄂᆞ니라 이리 오면 사ᄂᆞ니라(古時調).

ᄇᆞᆰ다1[형] 〈옛〉 밝다. ¶ ᄒᆡ와 ᄃᆞᆯ와 별왜 다 ᄇᆞᆰ디 아니ᄒᆞ며(月釋2:15).
붉다2[형] 〈옛〉 붉다. ¶ 브ᅀᆞᆫ 저긔 블근 ᄆᆞᅀᆞ미 허니(杜初7:15). [참]븕다.
ᄇᆞᆰ쥐[명] 〈옛〉 박쥐. ¶ ᄇᆞᆰ쥐 편:蝙. ᄇᆞᆰ쥐 복:蝠(訓蒙上22).
ᄇᆞᆰ히다[타] 〈옛〉 밝히다. ¶ ᄇᆞᆰ히다:達朝(漢淸1:27).
ᄇᆞᆲ다[발바·발와][타ㅂ] 〈옛〉 밟다. ¶ 싸홀 ᄇᆞᆯ뵈ᄃᆡ 믈 ᄇᆞᆲ듯ᄒᆞ고 므를 ᄇᆞᆯ뵈ᄃᆡ ᄯᅡ ᄇᆞᆲ듯ᄒᆞ더니(釋譜6:34).
ᄇᆞᆶ[명] 〈옛〉 팔. ¶ ᄇᆞᆯᄒᆞᆯ 드르시니(月印192章). [참]ᄇᆞᆯ2.
ᄇᆞᆺ[조] 〈옛〉 곧. 만. ¶ 王ᄇᆞᆺ 너를 ᄉᆞ랑티 아니ᄒᆞ시린댄 커니와(釋譜11:30).
ᄇᆞᆺ아디다[자] 〈옛〉 부서지다. ¶ 드트리 ᄃᆞ외의 ᄇᆞᆺ아디거늘(釋譜6:31).
ᄇᆡ1[명] 〈옛〉 배〔梨〕.
ᄇᆡ2[명] 〈옛〉 배〔舟〕. ¶ ᄀᆞᄅᆞ매 ᄇᆡ 업거늘(龍歌20章).
ᄇᆡ3[명] 〈옛〉 배〔腹〕. ¶ 腹ᄋᆞᆫ ᄇᆡ라(楞解9:64).
-ᄇᆡ[접미] 〈옛〉 들. 무리. 따위. ¶ 이 글 ᄒᆞ기로 ᄲᅥ 벋ᄇᆡ 하니(杜重1:49).
ᄇᆡ골폼[명] 〈옛〉 배고픔. ¶ ᄇᆡ골폼과 목ᄆᆞᄅᆞᆷ과(月釋2:42).
ᄇᆡ골ᄑᆞ다[형] 〈옛〉 배고프다. ¶ 아니 ᄇᆡ골ᄑᆞ며(內訓二上21).
ᄇᆡ다1[자] 〈옛〉 배다. 스미다. ¶ 香ᄋᆞᆯ 무티면 香이 ᄇᆡ오(楞解5:88).
ᄇᆡ다2[타] 〈옛〉 배다〔孕〕. ¶ 아기를 ᄇᆡ여 나ᄒᆞ시니(釋譜11:18).
ᄇᆡ다3[형] 〈옛〉 배다. 촘촘하다. ¶ 별 ᄇᆡ다:星密(漢淸1:8).
ᄇᆡᄃᆞ리[명] 〈옛〉 배다리. ¶ ᄇᆡᄃᆞ리 방:舫. ᄇᆡᄃᆞ리 항:航(訓蒙中25).
ᄇᆡ복[명] 〈옛〉 배꼽. ¶ ᄇᆡ보글 셜흔 붓글 ᄯᅳ라(牛疫8). [참]ᄇᆡᆺ복.
ᄇᆡ브르[부] 〈옛〉 배부르게. ¶ 주린 매 고기를 ᄇᆡ브르 먹디 몯ᄒᆞ얀(杜初22:29).
ᄇᆡ브르다[ᄇᆡ블어][형르] 〈옛〉 배부르다. ¶ ᄇᆡ브를 포:飽. ᄇᆡ브를 어:飫(訓蒙下19).
ᄇᆡ브리[부] 〈옛〉 배불리. ¶ ᄒᆞᄅᆞ 세 ᄢᅵ식 더롤 주어 밥을 ᄇᆡ브리 먹이고(朴解上10).
ᄇᆡ술[명] 〈옛〉 배알. 내장(內臟). ¶ 또 구리 토빈 거시 ᄇᆡ술ᄒᆞᆯ ᄲᅢ혀며(月釋21:43).
ᄇᆡ아다[타] 〈옛〉 재촉하다. ¶ 갓득에 못 슬믠 白髮은 좃ᄎᆞ 어이 ᄇᆡ안다(古時調.金天澤). [참]뵈아다.
ᄇᆡ앗ᄇᆞ다[형] 〈옛〉 바쁘다. ¶ 九萬里 長天에 무ᄉᆞᆷ 일 ᄇᆡ앗바셔(古時調). [참]뵈왓ᄇᆞ다.
ᄇᆡ야다[타] 〈옛〉 재촉하다. ¶ 芒鞋를 ᄇᆡ야 신고 竹杖을 흣더디니(鄭澈.星山別曲).
ᄇᆡ야미[명] 〈옛〉 ☞ᄇᆡ얌.
ᄇᆡ얌[명] 〈옛〉 뱀. ¶ 蛇ᄂᆞᆫ ᄇᆡ야미오 狗ᄂᆞᆫ 가히라(月釋21:42).
ᄇᆡ얌댱어[명] 〈옛〉 뱀장어. ¶ ᄇᆡ얌댱어 만:鰻(訓蒙上20).
ᄇᆡ얏ᄇᆞ다[형] 〈옛〉 바쁘다. [참]ᄇᆡ앗ᄇᆞ다.
ᄇᆡ양[명] 〈옛〉 뺑대쑥. ¶ ᄇᆡ양:青蒿(訓蒙上9).
ᄇᆡ어[명] 〈옛〉 뱅어. ¶ ᄇᆡ어 됴:鰷(訓蒙上20).
ᄇᆡ출[명] 〈옛〉 ☞ᄇᆡᆾ.
ᄇᆡ치[명] 〈옛〉 배추. ¶ ᄇᆡ치 숭:菘(訓蒙上14).
ᄇᆡ호다[타] 〈옛〉 배우다. ¶ 學ᄋᆞᆫ ᄇᆡ홀씨라(釋譜序2). /ᄇᆡ홀 학:學(訓蒙下31).
ᄇᆡᄒᆞ다[타] 〈옛〉 베풀다. ¶ 天地位를 ᄇᆡᄒᆞ야 道ㅣ 그 中에 녀거든(法華3:155).
ᄇᆡ홋[명] 〈옛〉 버릇. ¶ 손지 모딘 ᄇᆡᄒᆞ시 이실써(月釋21:32).
ᄇᆡᆨᄇᆡᆨᄒᆞ다[형] 〈옛〉 빽빽하다. ¶ ᄇᆡᆨᄇᆡᆨᄒᆞᆫ 대수헤 ᄯᅩ 겨ᅀᅳ레 筍ㅣ 나며(杜重1:14).
ᄇᆡᆨ셜아ᄆᆞᆯ[명] 〈옛〉 부루말. ¶ ᄇᆡᆨ셜아ᄆᆞᆯ:白馬(譯語下28).
ᄇᆡᆨ셩[명] 〈옛〉 백성. ¶ ᄇᆡᆨ셩 민:民(訓蒙中1). /ᄇᆡᆨ셩 밍:氓(類合下20).
ᄇᆡᆺ[명] 〈옛〉 노(櫓). ¶ ᄇᆡ와 ᄇᆡᆺ과 ᄇᆞ리고(永嘉下22). [참]ᄇᆡᆾ.
ᄇᆡᆺ고ᄆᆞᆯ[명] 〈옛〉 배의 고물. ¶ ᄇᆡᆺ고ᄆᆞᆯ 쵸:艄. ᄇᆡᆺ고ᄆᆞᆯ 튝:舳(訓蒙中26).
ᄇᆡᆺ곱[명] 〈옛〉 배꼽. ¶ ᄇᆡᆺ곱:臍(無寃1:26). [참]ᄇᆡᆺ복.
ᄇᆡᆺ곶[명] 〈옛〉 배꽃. ¶ ᄇᆡᆺ곶:梨花(訓解).
ᄇᆡᆺ니ᄆᆞᆯ[명] 〈옛〉 배의 이물. ¶ ᄇᆡᆺ니ᄆᆞᆯ 로:艫(訓蒙中26).
ᄇᆡᆺ대[명] 〈옛〉 돛대. ¶ ᄇᆡᆺ대 위:桅. ᄇᆡᆺ대 장:檣(訓蒙中25).
ᄇᆡᆺ돗[명] 〈옛〉 배돛. ¶ ᄇᆡᆺ돗ᄀᆞᆯ 여러 큰 믌겨레 메여 가라(杜重2:61).
ᄇᆡᆺ보록[명] 〈옛〉 배꼽. ¶ ᄇᆡᆺ보록:肚臍兒(譯語上35).
ᄇᆡᆺ복[명] 〈옛〉 배꼽. ¶ ᄇᆡᆺ보ᄀᆞ로 放光ᄒᆞ샤(月釋2:29). /ᄇᆡᆺ보기 깁고 둗겁고(月釋2:57).
ᄇᆡᆺ시울[명] 〈옛〉 뱃전. ¶ ᄇᆡᆺ시울 현:舷(訓蒙中26).
ᄇᆡᆾ[명] 〈옛〉 상앗대. 노(櫓). ¶ ᄇᆡ 달홀 사ᄅᆞ미 ᄒᆞ마 ᄇᆡ촐 솔피ᄂᆞ니(杜初8:54).
ㅲ 〈옛〉 비읍기역. 'ㅂ'과 'ㄱ'의 합용 병서. 초성(初聲)으로만 쓰임. 뒷날 'ㄲ' 소리로 변함.
ᄢᅢ다[타] 〈옛〉 깨다. ¶ ᄢᅢ여:析(語錄2). [참]ᄣᅢ다.
ᄢᅮᆯ[명] 〈옛〉 꿀. ¶ 기동 들온 던 버리 ᄢᅮ를 흘렛고(杜重14:9). [참]ᄲᅮᆯ.
ㅳ 〈옛〉 비읍디귿. 'ㅂ'과 'ㄷ'의 합용 병서. 초성(初聲)으로만 쓰임. 뒷날 'ㄸ' 소리로 변함.
ᄠᅡ[타] 〈옛〉 〔'ᄠᅳ다'의 활용형〕 따. ¶ 果實 ᄠᅡ 머기더니(月釋2:12). /멀위랑 ᄃᆞ래랑 ᄠᅡ 먹고(樂詞.青山別曲).
ᄠᆞᆯ기[명] 〈옛〉 딸기. ¶ ᄠᆞᆯ기 ᄆᆡ:苺(訓蒙上12).
ᄠᅥ나다[자타] 〈옛〉 떠나다. ¶ 서르 ᄠᅥ나ᄂᆞᆫ 일이 업시 살고져 ᄒᆞ노라(仁宣王后 諺簡).
ᄠᅥ디다[자] 〈옛〉 ①떨어지다. 뒤떨어지다. ¶ ᄃᆞ리예 ᄠᅥ딜 ᄆᆞᄅᆞᆯ(龍歌87章). /ᄂᆞᆷ의게 ᄠᅥ디디 말거시라(老解下38). ②터지다. ¶ ᄠᅥ딜 탁:坼(類合下56).
ᄠᅥ러디다[자] 〈옛〉 떨어지다. ¶ 命終ᄒᆞ야 녁시 無間地獄애 ᄠᅥ러디옛거늘(月釋21:20).
ᄠᅥᆯ기[명] 〈옛〉 떨기. ¶ 곳 ᄠᅥᆯ기를 나아오디 아니호ᄆᆞᆯ 웃노라(杜初13:31).
ᄠᅥᆯ다[타] 〈옛〉 떨다. ¶ 振ᄋᆞᆫ ᄠᅥᆯ씨오(月釋2:14).
ᄠᅥᆯ티다[타] 〈옛〉 떨치다. ¶ 구스를 ᄠᅥᆯ티니(杜初23:54).
ᄠᅦ1[명] 〈옛〉 떼1. 무리1. ¶ 옥식 빗체 굴근 ᄠᅦ 구룸 문혼 비단(老解下22).
ᄠᅦ2[명] 〈옛〉 떼4. ¶ 筏ᄋᆞᆫ ᄠᅦ니(楞解1:3).
ᄠᅩ로[부] 〈옛〉 따로. ¶ 卓ᄋᆞᆫ ᄠᅩ로 난 양이라(圓覺序2). [참]ᄠᆞ로.
ᄠᅱ[명] 〈옛〉 띠. ¶ ᄠᅱ 모:茅(訓蒙上9). [참]뒤1.
ᄠᅱ놀다[자] 〈옛〉 뛰놀다. ¶ ᄠᅱ놀 됴:跳. ᄠᅱ놀 텩:趯(訓蒙下27). /힌 엿은 ᄠᅱ놀오 누른 엿은 셋도다(杜初25:23).
ᄠᅱ다[타] 〈옛〉 뛰다. ¶ 三界를 ᄠᅱ여 디나샤(金剛上8). /ᄠᅱᆯ 약:躍(石千32).
ᄠᅳ다1[자] 〈옛〉 뜨다1. ¶ 이 모미 ᄠᅳᆫ 구룸 ᄀᆞᆮ거니(杜初9:17).
ᄠᅳ다2[자] 〈옛〉 뜨다2. ¶ ᄠᅳᆯ 부:缹(訓蒙下12).
ᄠᅳ다3[자] 〈옛〉 뜨다3. ¶ 閣애셔 ᄠᅳᆷ이 언메나 머뇨(老解上43).
ᄠᅳ다4[타] 〈옛〉 뜨다7. ¶ 누늘 ᄠᅳ거나 ᄀᆞᆷ거나 ᄒᆞ야(月釋8:8).

ᄠᅳ다[5] 타 〈옛〉 뜨다[10]. ¶ ᄠᅳᆷ ᄠᅳ다:灸(譯語上*63*).
ᄠᅳ다[6] 타 〈옛〉 (그네를) 뛰다. ¶ 萬里옛 글위 ᄠᅳ긴 風俗이 ᄒᆞᆫ가지로다(杜初*11:15*).
ᄠᅳ다[7] 형 〈옛〉 뜨다[11]. ¶ ᄠᅳᆫ 나괴:懶驢(譯解下*31*).
ᄠᅳ다[8] 형 〈옛〉 다르다. ¶ ᄒᆞᆫ 볼도 ᄂᆞᆷ과 견조면 만히 ᄠᅳ리라(老解下*76*).
ᄠᅳᆮ 명 〈옛〉 뜻. 생각. ¶ ᄠᅳᆮ 졍:情. ᄠᅳᆮ 지:志(訓蒙上*29*). /ᄠᅳᆮ ᄉᆞ:思(類合下*11*).
ᄠᅳᆮ다 타 〈옛〉 뜯다. ¶ 됴ᄒᆞᆫ 菜蔬ᄅᆞᆯ ᄠᅳ더(杜初*20:51*).
ᄠᅳᆮ다ᄫᅵ 부 〈옛〉 뜻대로. ¶ 求ᄒᆞᄂᆞᆫ 이ᄅᆞᆯ ᄠᅳᆮ다ᄫᅵ 일우고(月釋*21:150*).
ᄠᅳᆮ듣다 자 〈옛〉 듣다[1]. 떨어지다. ¶ 이스리 모매 ᄠᅳᆮ듣ᄂᆞᆺ다(杜初*3:43*). 참 듯듣다.
ᄠᅳᆯ 명 〈옛〉 뜰. ¶ 사ᄅᆞ미 ᄠᅳᆯ헤 ᄂᆞ라오시니(月釋*2:64*).
ᄠᅴ우다 타 〈옛〉 〔'띄우다'의 뜻으로〕 ①물이나 공중에 뜨게 하다. ¶ 몰ᄀᆞᆫ 모새 피히 비ᄅᆞᆯ ᄠᅴ워 놀리로다(杜重*1:14*). ②누룩이나 메주 따위를 뜨게 하다. 뜸들이다. ¶ ᄠᅴ울 류:餾(訓蒙下*12*).
ᄧᅵ다 타 〈옛〉 찌다[5]. ¶ ᄡᅡ히 ᄧᅵᄂᆞᆫ 둣ᄒᆞ니 헌 부체 나맷고(杜初*3:6*).
ᄠᆞ다 타 〈옛〉 따다〔摘〕. ¶ ᄡᅩᆼ을 ᄠᆞ고(內訓*2*下*69*).
ᄠᆞ로 부 〈옛〉 따로. 유다르게. ¶ ᄒᆞ나히 ᄠᆞ로 달아(月釋*2:46*).
ᄠᅢ 명 〈옛〉 때[2]. ¶ ᄠᅢ 무든 옷 닙고(釋譜*6:27*).
ㅃ 자모 쌍비읍. 'ㅂ'의 된소리. 목젖으로 콧길을 막으면서 숨길을 닫고, 입술을 다물었다가 떼면서 소리 내는 무성음.
빠각 부 하자.타 〈바각〉의 센말. 큰 뻐걱.
빠각-거리다[-꺼-] 자타 〈바각거리다〉의 센말. 빠각대다. 큰 뻐걱거리다.
빠각-대다[-때-] 자타 빠각거리다.
빠개다 타 ①작고 단단한 물체를 두 쪽으로 갈라서 조각을 내다. ¶ 호두를 돌로 빠개다. ②작고 단단한 물체의 틈을 넓게 벌리다. ③다 되어 가는 일을 어긋나게 하다. ¶ 다 된 일을 빠개 버리다. 큰 뻐개다.
빠그라-지다 자 빠개져서 못 쓰게 되다. ¶ 상자가 빠그라져 못 쓰게 되다. 큰 뻐그러지다.
빠그르르 부 하자 〈바그르르〉의 센말. ¶ 병마개를 따자 거품이 빠그르르 솟아오른다. 큰 뻐그르르.
빠근-하다 형여 ①(힘든 일 끝에) 몸의 근육이 켕기어서 움직이기에 좀 거북한 느낌이 있다. ¶ 어깨가 빠근하다. ②(어떤 일이) 힘에 좀 벅차다. ¶ 일이 혼자 힘으로는 좀 빠근하겠다. 큰 뻐근하다. **빠근-히** 부.
빠글-거리다 자 〈바글거리다〉의 센말. 빠글대다. 큰 뻐글거리다.
빠글-대다 자 빠글거리다.
빠글-빠글 부 하자 〈바글바글〉의 센말. 큰 뻐글뻐글.
빠기다 자 얄밉게 으스대며 젠체하다. 우쭐대며 자랑하다. 큰 뻐기다.
빠꿈-벼슬 명 조선 시대에, 곡물·포백·은·돈 등으로 공명첩(空名帖)을 사서 얻던 벼슬.
빠끔[1] 부 하형 작은 틈이나 구멍이 깊고 또렷하게 나 있는 모양. ¶ 빠끔하게 뚫린 구멍을 통해 동정을 살피다. 큰 뻐끔[1]. **빠끔-히** 부 ¶ 창문이 빠끔히 열려 있다. **빠끔-빠끔** 부 하형.
빠끔[2] 부 하타 ①담배를 세게 빨면서 피우는 모양. ¶ 빠끔 담배를 피우다. ②물고기 따위가 동근 입을 벌렸다 다물었다 하는 모양. 큰 뻐끔[2]. **빠끔-빠끔** 부 하타.
빠끔-거리다 타 ①자꾸 담배를 세게 빨다. ¶ 담배를 빠끔거리다. ②물고기 따위가 자꾸 동근 입을 빠끔하게 벌렸다 오므렸다 하다. 빠끔대다. 큰 뻐끔거리다.
빠끔-대다 타 빠끔거리다.
빠닥-빠닥 부 하형 (물건이) 물기가 없어 보드랍지 못하고 빡빡한 모양. ¶ 빠닥빠닥하게 마른 명태. 큰 뻐덕뻐덕.
빠-대다 자 할 일 없이 이리저리 쏘다니다.
빠드득 부 하자.타 〈바드득〉의 센말. ¶ 분해서 빠드득 이를 갈다. 큰 뿌드득.
빠드득-거리다[-꺼-] 자타 〈바드득거리다〉의 센말. 빠드득대다. 큰 뿌드득거리다.
빠드득-대다[-때-] 자타 빠드득거리다.
빠득-빠득 부 〈바득바득〉의 센말. ¶ 끝까지 빠득빠득 우겨 대다. 큰 뿌득뿌득.
빠득빠득-하다[-드카-] 형여 ①말이나 행동이 고분고분하지 아니하고 빡빡하다. 큰 뻐득뻐득하다. ②입 안에 떫은맛이 있다.
빠듯-하다[-드타-] 형여 〈바듯하다〉의 센말. ¶ 빠듯한 생활비. /일정이 빠듯하다. 큰 뿌듯하다.
빠:-뜨리다 타 ①(어떠한 곳이나 어떠한 상태에) 빠지게 하다. ¶ 함정에 빠뜨리다. /곤경에 빠뜨리다. ②갖추어야 할 것을 잘못하여 빼놓다. ¶ 명부에서 빠뜨리다. ③지녔던 것을 잃어버리다. ¶ 수첩을 빠뜨리다. 빠트리다.
빠르기-표(-標) 명 악곡(樂曲)의 빠르기를 나타내는 기호. 속도 기호.
빠르다[빠르니·빨라] 형르 ①어떤 동작을 하는 데 걸리는 시간이 짧다. 움직임이 보통보다 재다. ¶ 발걸음이 빠르다. /몸놀림이 빠르다. ②어떤 변화나 결과가 나타나는 데 걸리는 시간이 짧다. 과정이 짧다. ¶ 약의 효험이 빠르다. /일의 진척이 빠르다. ③어떤 일을 하는 데 시간적으로 아직 이르다. 기준보다 이르다. ¶ 학교에 가기에는 아직 빠르다. ④어떤 일을 알아차리는 데 날래다. ¶ 눈치가 빠르다. /이해가 빠르다.
빠르작-거리다[-꺼-] 타 〈바르작거리다〉의 센말. 빠르작대다. ¶ 그곳에서 기어 나오려고 빠르작거리다. 준 빠릇거리다. 큰 뻐르적거리다.
빠르작-대다[-때-] 타 빠르작거리다.
빠르작-빠르작 부 하타 〈바르작바르작〉의 센말. 큰 뻐르적뻐르적.
빠른-우편(-郵便) 명 접수한 날의 다음 날까지 배달되는 우편. 참 보통 우편.
빠릇-거리다[-름꺼-] 타 〈빠르작거리다〉의 준말. 빠릇대다. 여 바릇거리다.
빠릇-대다[-름때-] 타 빠릇거리다.
빠릿빠릿-하다[-릳-리타-] 형여 똘똘하고 행동이 빠르다.
빠삭-하다[-사카-] 형여 '어떤 일을 낱낱이 알고 있어 환하다'를 속되게 이르는 말. ¶ 컴퓨터에 빠삭하다.
빠스락 부 하자.타 〈바스락〉의 센말. 큰 뻐스럭.
빠이빠이(←bye-bye) 감 (어린이나 무간한 사이끼리) '잘 가', '안녕' 등의 뜻으로, 헤어질 때 하는 인사말.
빠작-빠작 부 하자.타 〈바작바작〉의 센말. ¶ 가슴이 빠작빠작 타다. 큰 뻐적뻐적.
빠져-나가다[-저-] 자타 제한된 환경이나 경계의 밖으로 나가다. ¶ 섬에서 빠져나가다. /포위망을 빠져나가다.
빠져-나오다[-저-] 자타 제한된 환경이나 경계의 밖으로 나오다. ¶ 도둑의 소굴에서 빠져나오다. /마을을 빠져나오다.

빠ː지다[1]자 ①깊은 곳에 떨어지다. ¶ 구덩이에 빠지다. /하수구에 빠지다. ②묻히다. ¶ 눈에 무릎까지 빠지다. /수렁에 빠지다. ③물에 떠 있거나 헤엄치지 못하고 물속에 잠기다. ¶ 물에 빠져 허우적대다. ④무슨 일에 마음을 빼앗기어 헤어나지 못하다. ¶ 도박에 빠져 재산을 탕진하다. ⑤어려운 처지에 놓이다. ¶ 궁지에 빠지다. ⑥(꾐이나 계략에) 속아 넘어가다. ¶ 꾐에 빠지다. ⑦박혔거나 끼었거나 막혔던 것이 그 자리에서 나오다. ¶ 이가 빠지다. /마개가 빠지다. ⑧들어 있어야 할 것이 들어 있지 아니하다. ¶ 명단에서 내 이름이 빠졌다. /글자 한 자가 빠졌다. ⑨모임이나 조직 등에서 떠나다. ¶ 단체 활동에서 빠지다. ⑩기운이나 살 따위가 줄거나 없어지다. ¶ 몸의 살이 빠지다. ⑪들어 있던 것이 밖으로 나가거나 없어지거나 하다. ¶ 풍선에서 공기가 빠지다. /열 개에서 하나가 빠졌다. ⑫긴 속을 거쳐서 저편으로 나가다. ¶ 연기가 굴뚝으로 빠지다. ⑬있던 데서 딴 데로 가다. ¶ 옆길로 빠지다. ⑭남이나 다른 것에 비하여 좀 못 미치거나 뒤떨어지다. ¶ 체력은 남에게 빠지지 않는다. ⑮결석하다. ¶ 국어학 강의 시간에 빠지다. ⑯그릇의 밑바닥이 떨어져 나가다. ¶ 밑 빠진 독에 물 붓기. ⑰묻어 있는 얼룩 따위가 없어지다. ¶ 얼룩이 빠지다. /때가 빠지다. ⑱생김새가 미끈하게 균형이 잡히다. ¶ 몸매가 잘 빠졌다.
빠ː지다[2]조형 《일부 형용사의 어미 '-아·-어' 뒤에 쓰이어》 아주 심하도록 그리 됨을 뜻함. ¶ 약아 빠진 사람. /낡아 빠진 양복.
빠지지부하자 〈바지지〉의 센말. 큰뿌지지.
빠지직부하자 〈바지직〉의 센말. 큰뿌지직.
빠ː짐-없다[-지멉따]형 하나도 빼놓지 않고 모두 다 있다. **빠짐없-이**부 ¶ 준비물을 빠짐없이 챙겨라.
빠ː짐-표(-標)명 비워 두는 글자의 자리를 나타내는 부호인 '□' 표의 이름.
빠치다타 〈바치다[2]〉의 센말.
빠ː-트리다타 빠뜨리다.
빡부 〈박[4]〉의 센말. 큰뻑.
빡빡부 ①〈박박[1]〉의 센말. ②〈박박[2]〉의 센말. ③담배를 잇달아 세게 빠는 소리, 또는 그 모양. 큰뻑뻑.
빡빡-이부 〈박박이〉의 센말. 큰뻑뻑이.
빡빡-하다[-빠카-]형여 ①물기가 적어 보드라운 맛이 없다. ¶ 팥죽이 빡빡하다. ②여유가 없이 빠듯하다. ¶ 그 일을 다 처리하기에는 날짜가 너무 빡빡하다. ③꼭 끼어서 헐렁하지 아니하다. ¶ 책상 서랍이 빡빡하다. ④두름성이 적고 고지식하다. ¶ 상대가 너무 빡빡해서 교섭이 어렵다. 큰뻑뻑하다. **빡빡-이**부.
빡작지근-하다[-짝찌-]형여 가슴이나 어깨 같은 데가 좀 빠근하게 아프거나 거북한 느낌이 있다. 큰뻑적지근하다. **빡작지근-히**부.
빤둥-거리다자 〈반둥거리다〉의 센말. 빤둥대다. 큰뻔둥거리다. 참판둥거리다.
빤둥-대다자 빤둥거리다.
빤둥-빤둥부하자 〈반둥반둥〉의 센말. 큰뻔둥뻔둥. 참판둥판둥.
빤드럽다[-따][빤드러우니·빤드러워]형ㅂ 〈반드럽다〉의 센말. 큰뻔드럽다.
빤드레-하다형여 〈반드레하다〉의 센말. ¶ 빤드레한 옷차림. 큰뻔드레하다.
빤드르르부하형 〈반드르르〉의 센말. ¶ 빤드르르한 마룻바닥. 큰뻔드르르.
빤득부하자타 〈반득〉의 센말. 큰뻔득.
빤득-이다자타 〈반득이다〉의 센말. 큰뻔득이다. 센빤뜩이다.
빤들-거리다자 〈반들거리다〉의 센말. 빤들대다. 큰뻔들거리다. 참판들거리다.
빤들-대다자 빤들거리다.
빤들-빤들부하자하형 〈반들반들〉의 센말. 큰뻔들뻔들. 참판들판들.
빤뜩-이다자타 〈반득이다〉·〈반뜩이다〉·〈빤득이다〉의 센말. 큰뻔뜩이다.
빤빤-스럽다[-따][~스러우니·~스러워]형ㅂ 보기에 아주 빤빤한 태도가 있다. 큰뻔뻔스럽다. **빤빤스레**부.
빤빤-하다형여 부끄러워해야 할 만한 일이 있어도 부끄러운 줄 모르고 예사롭다. ¶ 빤빤한 얼굴로 대하다. 큰뻔뻔하다. **빤빤-히**부.
빤작부하자타 〈반작〉의 센말. ¶ 밤 하늘에 별이 빤작 빛난다. 큰뻔적. 센빤짝.
빤작-이다자타 〈반작이다〉의 센말. 큰뻔적이다. 센빤짝이다.
빤지레부하형 〈반지레〉의 센말. 큰뻔지레.
빤지르르부하형 〈반지르르〉의 센말. ¶ 빤지르르한 이마. /빤지르르한 말만 하다. 큰뻔지르르.
빤질-거리다자 〈반질거리다〉의 센말. 빤질대다. 큰뻔질거리다.
빤질-대다자 빤질거리다.
빤질-빤질부하자하형 〈반질반질〉의 센말. 큰뻔질뻔질.
빤짝부하자타 〈반작〉·〈반짝[2]〉·〈빤작〉의 센말. ¶ 빤짝 불이 켜지다. 큰뻔쩍.
빤짝-이다자타 〈반작이다〉·〈반짝이다〉·〈빤작이다〉의 센말. 큰뻔쩍이다.
빤ː-하다형여 〈반하다[2]〉의 센말. 큰뻔하다[1].
빨의 일이 되어 가는 형편과 모양. ¶ 그 빨로 하다가는 큰일난다.
빨가벗-기다[-벋끼-]타 〈발가벗기다〉의 센말. 큰뻘거벗기다.
빨가-벗다[-벋따]자 〈발가벗다〉의 센말. 큰뻘거벗다.
빨가-숭이명 〈발가숭이〉의 센말. 큰뻘거숭이.
빨강명 〈발강〉의 센말. 큰뻘겅.
빨강-이명 〈발강이〉의 센말. 큰뻘겅이.
빨강-자주(-紫朱)명 빨강이 짙게 섞인 자줏빛.
빨ː갛다[-가타][빨가니·빨개]형ㅎ 〈발갛다〉의 센말. ¶ 빨간 고추. 큰뻘겋다.
빨ː개-지다자 〈발개지다〉의 센말. ¶ 술 한 잔에 얼굴이 빨개지다. 큰뻘게지다.
빨갱이명 '공산주의자'를 속되게 이르는 말.
빨그대대-하다형여 〈발그대대하다〉의 센말. 큰뻘그데데하다.
빨그댕댕-하다형여 〈발그댕댕하다〉의 센말. 큰뻘그뎅뎅하다.
빨그스레-하다형여 〈발그스레하다〉의 센말. 큰뻘그스레하다.
빨그스름-하다형여 〈발그스름하다〉의 센말. 큰뻘그스름하다.
빨그족족-하다[-쪼카-]형여 〈발그족족하다〉의 센말. 큰뻘그죽죽하다.
빨긋-빨긋[-귿-귿]부하형 〈발긋발긋〉의 센말. 큰뻘긋뻘긋.
빨깍부 〈발깍〉의 센말. 큰뻘꺽.
빨끈부하자 〈발끈〉의 센말. 큰뻘끈.
빨다[1][빠니·빨아]타 ①무엇에 입을 대어 액체를 입속으로 당겨 들이다. ¶ 아기가 젖을 빨다. /벌이 꿀을 빨다. ②무엇을 입속에 넣어 혓바닥으로 핥거나 녹이거나 먹거나 하다. ¶ 사탕을 입에 넣고 빨다. /아기가 손가락을 빨다. ③(공기의 압력을 이용하여 액체나 가루 따위를) 당겨 들이다.

빨다²[빠니·빨아]타 옷이나 천 따위를 물에 씻어 깨끗하게 하다. ¶ 체육복을 빨다.

빨다³[빠니·빨아]형 끝이 차차 가늘어져 뾰족하다. ¶ 턱이 빤 얼굴.

빨-대[-때]명 물이나 음료수 따위를 빨아 먹는 데 쓰는 가는 대롱.

빨딱부 〈발딱〉의 센말. 큰뻘떡.

빨딱-거리다[-꺼-]자타 〈발딱거리다〉의 센말. 빨딱대다. 큰뻘떡거리다.

빨딱-대다[-때-]자타 빨딱거리다.

빨딱-빨딱부하자타 〈발딱발딱〉의 센말. 큰뻘떡뻘떡.

빨랑-거리다자 〈발랑거리다〉의 센말. 빨랑대다. 큰뻘렁거리다.

빨랑-대다자 빨랑거리다.

빨랑-빨랑부하자 〈발랑발랑〉의 센말. ¶ 일을 빨랑빨랑 해치우다. 큰뻘렁뻘렁.

빨랑빨랑-하다형여 〈발랑발랑하다〉의 센말. 큰뻘렁뻘렁하다.

빨래명 ①하자때 묻은 옷이나 피륙 따위를 물에 빠는 일. 세탁. ②빨랫감, 또는 빤 것.

빨래-집게[-께]명 빨랫줄에 넌 빨래가 날아가거나 떨어지지 않도록 집어서 고정시켜 두는 기구.

빨래-터명 냇가나 샘터 같은 곳에 있는, 빨래하는 자리.

빨래-판(-板)명 빨래를 할 때 빨래를 올려놓고 빠는, 가로로 족족 골이 진 판.

빨랫-감[-래깜/-랟깜]명 빨래할 거리. 빨래.

빨랫-돌[-래똘/-랟똘]명 빨래를 올려놓고 빠는 넓적한 돌.

빨랫-말미[-랜-]명 장마 때 빨래를 말릴 만큼 잠깐 날이 드는 겨를. 참나무말미.

빨랫-방망이[-래빵-/-랟빵-]명 빨래를 두드려서 빠는 데 쓰이는 넓적한 방망이.

빨랫-비누[-래삐-/-랟삐-]명 빨래할 때 쓰는 비누. 세탁비누.

빨랫-줄[-래쭐/-랟쭐]명 빨래를 널어 말리는 줄. ¶ 빨랫줄에 옷을 널다.

빨르다형르 '빠르다'의 잘못.

빨리부하타 빠르게. ¶ 걸음을 빨리 걷다. /빨리 일을 마치고 퇴근하자. **빨리-빨리**부.

빨-리다 Ⅰ자 〖'빨다¹'·'빨다²'의 피동〗 빪을 당하다. ¶ 모기에게 피를 빨리다. /빨래는 단물에 더 잘 빨린다.

Ⅱ타 〖'빨다¹'·'빨다²'의 사동〗 빨게 하다. ¶ 아기에게 젖을 빨리다. /동생에게 옷을 빨렸다.

빨-병(-甁)[-뼝]명 먹는 물을 넣어서 가지고 다니며 마실 수 있게 만든 물병. 수통(水筒).

빨-부리[-뿌-]명 ☞물부리.

빨빨¹부 작은 몸집으로 바쁘게 이리저리 쏘다니는 모양. 큰뻘뻘¹. 여발발³.

빨빨²부 땀을 많이 흘리는 모양. ¶ 땀을 빨빨 흘리면서 짐을 나르다. 큰뻘뻘².

빨빨-거리다자 빨빨 쏘다니다. 빨빨대다. ¶ 밤낮 어딜 그렇게 빨빨거리고 다니니? 큰뻘뻘거리다. 여발발거리다.

빨빨-대다자 빨빨거리다.

빨아-내다타 속에 있는 것을 빨아서 겉으로 나오게 하다. ¶ 독을 빨아내다.

빨아-들이다타 ①수분·기체 따위를 빨아서 속으로 들어오게 하다. ¶ 물을 빨아들이다. /담배 연기를 빨아들이다. ②'마음을 강하게 끌어들임'을 비유하여 이르는 말.

빨아-먹다[-따]타 남의 것을 우려내어 제 것으로 만들다.

빨아-올리다타 밑에 있는 것을 빨아서 올라오게 하다. ¶ 지하수를 빨아올리다.

빨쪽부하자타 〈발쪽〉의 센말. 큰뻘쭉.

빨쪽빨쪽-하다[-쪼카-]형여 〈발쪽발쪽하다〉의 센말. 큰뻘쭉뻘쭉하다.

빨쪽-하다[-쪼카-]형여 〈발쪽하다〉의 센말. 큰뻘쭉하다.

빨치산(←partizan 러)명 ☞파르티잔.

빨-판명 낙지 따위의 발이나 거머리 따위의 입과 같이, 다른 동물이나 물체에 달라붙는 기관. 흡반(吸盤).

빨-펌프(-pump)명 피스톤에 날름쇠가 달린 펌프. 피스톤을 누르면 날름쇠가 열려 물이 올라오고 피스톤을 올리면 날름쇠가 닫히면서 물이 밖으로 흐름. 참밀펌프.

빳빳-하다[빧빠타-]형여 ①물건이 단단하고 꼿꼿하다. ¶ 종이가 너무 빳빳하다. ②풀기가 세다. ¶ 빳빳하게 풀을 먹인 옷. ③태도나 성질이 고분고분하지 않고 억세다. ¶ 빳빳하게 굴다. 큰뻣뻣하다. **빳빳-이**부.

빵부 ①갑자기 무엇이 요란하게 터지는 소리. ¶ 버스 바퀴가 빵 터지다. ②공을 세게 차는 모양, 또는 그 소리. ¶ 공을 빵 차다. ③작은 구멍이 뚫리는 모양, 또는 그 소리. ¶ 구멍이 빵 뚫린 천막. 큰뻥². 참팡. **빵-빵**부하자타.

빵(←pão 포)명 ①곡식 가루를 반죽하여 익힌 음식. ¶ 빵을 굽다. /아침 식사로 빵과 우유를 먹다. ②사람이 먹고살 음식이나 식량을 비유하여 이르는 말. ¶ 사람은 빵만으로는 살 수 없다.

빵-가루[-까-]명 말린 빵으로 낸 가루. 튀김옷으로 쓰임. ¶ 새우에 빵가루를 입혀 튀기다.

빵그레부하자 〈방그레〉의 센말. 큰뻥그레.

빵글부 〈방글〉의 센말. 큰뻥글.

빵글-거리다자 〈방글거리다〉의 센말. 빵글대다. 큰뻥글거리다.

빵글-대다자 빵글거리다.

빵긋[-귿]부하자 〈방긋〉의 센말. 큰뻥긋. 센빵끗.

빵긋-하다[-그타-]형여 〈방긋하다〉의 센말. 큰뻥긋하다. 센빵끗하다.

빵-깐명 '감방(監房)'의 변말.

빵꾸(パンク 일.←puncture)명 '펑크'로 순화.

빵끗[-끋]부하자 〈방긋〉·〈방끗〉·〈빵긋〉의 센말. 큰뻥끗.

빵끗-하다[-끄타-]형여 〈방긋하다〉·〈방끗하다〉·〈빵긋하다〉의 센말. 큰뻥끗하다.

빵-따냄명 바둑에서, 빵때림으로 상대편의 돌을 따 내는 일.

빵-때림명하자 바둑에서, 돌 네 개로 상대편의 돌 한 점을 에워싸서 잡음, 또는 그 일.

빵-빵부하자타 자동차 따위가 잇달아 경적(警笛)을 울리는 소리.

빵빵-거리다자타 (자동차 따위가) 잇달아 경적을 울려 소리를 내다. 빵빵대다.

빵빵-대다자타 빵빵거리다.

빵빵-하다형여 ①속이 가득 차 있다. ¶ 밥을 배가 빵빵하도록 먹다. ②'속이 꽉 차서 크고 탄력이 있다'를 속되게 이르는 말. ¶ 엉덩이가 빵빵하다. ③'배경과 힘이 있어 영향력이 크다'를 속되게 이르는 말. ¶ 집안이 빵빵하다.

빵시레부하자 〈방시레〉의 센말. 큰뻥시레.

빵실부 〈방실〉의 센말. 큰뻥실.

빵싯[-싣]부하자 〈방싯〉의 센말. 큰뻥싯.
빵-점(-點)[-쩜]명 〈영점(零點)〉의 속된 말. ¶ 빵점 맞았다. /사교적인 면에서는 빵점이다.
빵-집[-찝]명 빵을 만들어 파는 집.
빻:다[빠타]타 찧어서 가루를 만들다. ¶ 고추를 빻다. * 빻아[빠-]·빻:는[빤-]·빻:소[빠쏘]
빼부 ①어린아이가 새되게 우는 소리. ②피리 따위를 부는 소리. 큰삐. **빼-빼**부하자.
빼각부하자.타 〈배각〉의 센말. 큰삐걱. 센빼깍.
빼곡부하형 사람이나 물건이 어떤 공간에 가득 차 있는 모양. ¶ 창고에 쌀가마들이 빼곡하다.
　빼곡-히부 ¶ 엽서에 빼곡히 적힌 사연.
빼:기명하타 뺄셈을 함. ↔더하기.
-빼기접미 일부 명사 뒤에 붙어, 그런 특성이 있는 사람이나 물건의 뜻을 더하는 접미사. ¶ 곱빼기. /밥빼기. /악착빼기.
빼:-깃[-긷]명 매의 꽁지 위에 표를 하기 위하여 덧꽂아 맨, 새의 깃. * 빼:깃이[-기시]·빼:깃만[-긴-]
빼깍부하자.타 〈빼각〉의 센말. 큰삐꺽.
빼끗[-끋]부하자 〈배끗〉의 센말. 큰삐끗.
빼:-내다타 ①꽂히거나 박힌 것을 뽑아내다. ¶ 가시를 빼내다. /벽에서 못을 빼내다. ②남의 것을 돌라내다. ¶ 중요한 서류를 빼내다. ③여럿 가운데서 필요한 것을 골라내다. ¶ 알짜만 빼내다. ④남을 꾀어서 나오게 하다. ¶ 경쟁사에서 기술자를 빼내다. ⑤얽매인 몸을 자유롭게 해 주다. ¶ 아들을 유치장에서 빼내려고 갖은 수단을 동원하다.
빼:-놓다[-노타]타 ①한데 끼일 것을 못 끼게 하다. ¶ 나만 빼놓고 가기냐?/김치의 맛을 내는 데 빼놓을 수 없는 것이 바로 젓갈이다. ②여럿 가운데서 어떤 것을 골라 놓다. ¶ 쓸 만한 것은 따로 빼놓다.
빼:다 Ⅰ자 ①(어떤 일을) 굳이 하지 않으려고 하다. ¶ 몇 번을 빼다가 목청을 가다듬어 노래 한 가락을 부른다. ②내빼다. ¶ 사고를 저지른 후 시내 쪽으로 뺀 것 같다.
　Ⅱ타 ①(속에 들어 있는 것을) 밖으로 나오게 하다. ¶ 주머니에서 손을 빼다. /타이어의 바람을 빼다. ②(꽂히거나 박힌 것을) 뽑다. ¶ 못을 빼다. ③많은 것 가운데서 일부를 덜어 내다. ¶ 두 사람 몫을 빼다. /열에서 여섯을 빼면 넷이다. ↔더하다. ④여럿 가운데서 일부를 골라 내다. ¶ 몇 개만 빼고 나머지는 다 내다 버려라. ⑤(힘·기운·살 따위를) 줄이거나 없애다. ¶ 기운을 빼다. /뱃살 좀 빼라. /넋을 빼고 쳐다보다. ⑥길게 뽑아 늘이다. ¶ 목을 빼고 종일토록 기다리다. ⑦(목소리를) 길게 뽑다. ¶ 목청을 멋드러지게 빼다. ⑧(옷을) 매끈하게 차려입다. ¶ 새 옷을 쭉 빼고 나서다. ⑨(행동이나 태도를) 짐짓 꾸며서 하다. ¶ 점잔을 빼다. ⑩(당하지 않으려고) 슬슬 피하다. ¶ 꽁무니를 빼다. ⑪꼭 그대로 물려받다. ¶ 아들은 걸음걸이까지 제 아버지를 쏙 뺐다. ⑫(저금이나 보증금 따위를) 찾다. ¶ 카드로 돈을 빼다. ⑬(세든 것을) 비우다. ¶ 방을 빼다. ⑭(때나 얼룩 따위를) 제거하다. ¶ 바지의 얼룩을 빼다.
　빼도 박도 못하다관용 이러지도 저러지도 못하는 난처한 처지를 이르는 말.
빼:-닮다[-담따]타 생김새나 성품 따위를 그대로 닮다. ¶ 아버지를 빼닮은 아이.
빼:-도리[1]명 풍판(風板)이 기댈 수 있도록 뱃집의 양쪽 기둥 위에 얹어 밖으로 길게 내밀게 한 도리.
빼:도리[2]명하타 사물의 짜임새를 고르기 위하여 요리조리 변통하는 일.
빼:-돌리다타 슬쩍 빼내어 다른 곳으로 보내거나 남이 모르는 곳에 감추다. ¶ 회사의 기밀을 빼돌려 외부에 유출시키다.
빼딱-거리다[-꺼-]자 〈배딱거리다〉의 센말. 빼딱대다. 큰삐딱거리다.
빼딱-대다[-때-]자 빼딱거리다.
빼딱-빼딱부하자하형 〈배딱배딱〉의 센말. 큰삐딱삐딱.
빼딱-하다[-따카-]형여 〈배딱하다〉의 센말. 큰삐딱하다.
빼뚜로부 〈배뚜로〉의 센말. 큰삐뚜로.
빼뚜름-하다형여 〈배뚜름하다〉의 센말. ¶ 모자를 빼뚜름하게 쓰다. 큰삐뚜름하다.
빼뚝-거리다[-꺼-]자타 〈배뚝거리다〉의 센말. 빼뚝대다. 큰삐뚝거리다.
빼뚝-대다[-때-]자타 빼뚝거리다.
빼뚝-빼뚝부하자.타 〈배뚝배뚝〉의 센말. 큰삐뚝삐뚝.
빼뚤-거리다자타 〈배뚤거리다〉의 센말. 빼뚤대다. 큰삐뚤거리다.
빼뚤다[빼뚜니·빼뚤어]형 〈배뚤다〉의 센말. 큰삐뚤다.
빼뚤-대다자타 빼뚤거리다.
빼뚤-빼뚤부하자.타 〈배뚤배뚤〉의 센말. 큰삐뚤삐뚤.
빼뚤빼뚤-하다형여 〈배뚤배뚤하다〉의 센말. 큰삐뚤삐뚤하다.
빼뚤어-지다자 〈배뚤어지다〉의 센말. ¶ 성미가 빼뚤어지다. 큰삐뚤어지다.
빼:-먹다[-따]타 ①(남의 물건을) 돌라내어 가지다. ②(말이나 글의 구절 같은 것을) 빠뜨리다. ¶ 한 자도 빼먹지 않고 외우다. ③(꼭 해야 할 일을) 일부러 하지 않다. ¶ 강의를 빼먹다.
빼:-물다[~무니·~물어]타 ①혀를 빼어 이 사이에 들이밀고 꼭 누르다. ②(거만한 태도로, 또는 성이 나서) 입을 뿌루퉁하게 내밀다.
빼-박다타 '빼쏘다'의 잘못.
빼빼부하형 살가죽이 쪼그라져 붙을 만큼 야윈 모양. ¶ 몸이 빼빼 마르다. 큰삐삐[2].
빼:-쏘다타 매우 닮다. ¶ 얼굴이나 몸매가 제 어미를 빼쏘았구나.
빼앗-기다[-안끼-]타 〖'빼앗다'의 피동〗 빼앗음을 당하다. ¶ 마음을 빼앗기다. 준뺏기다.
빼앗다[-안따]타 ①남의 것을 강제로 제 것으로 만들다. ¶ 돈을 빼앗다. /힘으로 빼앗아 가다. ②남의 일이나 시간 따위를 억지로 가로채거나 차지하다. ¶ 일거리를 빼앗다. /시간을 빼앗다. ③남의 생각이나 마음을 쏠리게 하여 사로잡다. ¶ 그의 마음을 빼앗다. ④남의 정조 따위를 짓밟다. ¶ 순결을 빼앗다. ⑤합법적으로 남의 자격이나 권리 따위를 잃게 하다. ¶ 국수전 타이틀을 빼앗다. 준뺏다. * 빼앗아·빼앗는[-안-]
빼어-나다형 여럿 가운데서 특히 뛰어나다. ¶ 인물이 빼어나다.
빼:-입다[-따]타 옷을 매끈하게 잘 차려입다. ¶ 정장을 빼입다.
빼주룩-빼주룩부하형 〈배주룩배주룩〉의 센말. 큰삐주룩삐주룩.
빼주룩-하다[-루카-]형여 〈배주룩하다〉의 센말. 큰삐주룩하다.
빼죽[1]부하타 〈배죽1〉의 센말. 큰삐죽1. 센빼쭉1.
빼죽[2]부하형 〈배죽2〉의 센말. 큰삐죽2. 센빼쭉2.
빼짝부 〈배짝〉의 센말.

빼쪽-빼쪽부하형 여럿이 다 빼쪽한 모양. ¶ 끝이 빼쪽빼쪽하다. 큰삐쭉삐쭉.
빼쪽-하다[-쪼카-]형여 물체의 끝이 뾰족하게 날카롭다. ¶ 빼쪽한 송곳. 큰삐쭉하다.
빼쪽[1]부하타 〈배죽[1]〉·〈배쭉[1]〉·〈빼죽[1]〉의 센말. 큰삐쭉[1].
빼쪽[2]부하형 〈배죽[2]〉·〈배쭉[2]〉·〈빼죽[2]〉의 센말. 큰삐쭉[2].
빼치다타 ①빠져나오게 하다. ¶ 악의 소굴에서 빼치다. ②끝이 빨게 하다.
빼트작-거리다[-꺼-]타 〈배트작거리다〉의 센말. 빼트작대다. 큰삐트적거리다.
빼트작-대다[-때-]타 빼트작거리다.
빼트작-빼트작부하타 〈배트작배트작〉의 센말. 큰삐트적삐트적.
빼틀부하타 〈배틀〉의 센말. 큰삐틀.
빽[1]부 갑자기 높고 날카롭게 지르는 소리. 큰삑. **빽-빽**부.
빽[2]부 여럿이 좁은 곳에 촘촘히 들어 있는 모양. ¶ 난롯가에 빽 둘러앉다.
빽빽-거리다[-꺼-]자 갑자기 빽빽 소리를 지르다. 빽빽대다. 큰삑삑거리다.
빽빽-대다[-때-]자 빽빽거리다.
빽빽-하다[-빼카-]형여 ①사이가 배좁게 촘촘하다. ¶ 거리를 빽빽하게 메운 환영 인파. ②구멍이 좁아서 빨아들이기에 답답하다. ¶ 물부리가 빽빽하다. ③속이 좁아서 융통성이 없고 답답하다. ¶ 그 사람, 너무 빽빽하게 굴더라. ④국물이 적고 건더기가 많아서 되다랗다. ①②④큰삑삑하다. **빽빽-이**부.
뺀둥-거리다자 〈밴둥거리다〉의 센말. 뺀둥대다. 큰삔둥거리다. 참팬둥거리다.
뺀둥-대다자 뺀둥거리다.
뺀둥-뺀둥부하자 〈밴둥밴둥〉의 센말. 큰삔둥삔둥. 참팬둥팬둥.
뺀들-거리다자 〈밴들거리다〉의 센말. 뺀들대다. 큰삔들거리다. 참팬들거리다.
뺀들-대다자 뺀들거리다.
뺀들-뺀들부하자 〈밴들밴들〉의 센말. 큰삔들삔들. 참팬들팬들.
뺀질-거리다자 자꾸 뺀질뺀질하다. 뺀질대다. ¶ 그만 뺀질거리고 일 좀 해라.
뺀질-대다자 뺀질거리다.
뺀질-뺀질부하자 일을 충실히 하지 아니하고 요령을 피우며 얄밉게 구는 모양.
뺀질-이명 '뺀질거리는 사람'을 속되게 이르는 말.
뺄-목명 도리의 끝이 기둥을 뚫고 내민 부분.
뺄ː-셈[-쎔]명하자 어떤 수를 빼기로 셈함, 또는 그런 셈법. 감법. 감산(減算). ↔덧셈.
뺄ː셈-법(-法)[-쎔뻡]명 뺄셈을 하는 법. ↔덧셈법.
뺄ː셈^부호(-符號)[-쎔-]명 뺄셈을 나타내는 부호 '－'의 이름. 마이너스. 뺄셈표. ↔덧셈부호.
뺄ː셈-표(-標)[-쎔-]명 뺄셈 부호. ↔덧셈표.
뺏ː-기다[뺃끼-]타 〈빼앗기다〉의 준말. ¶ 강도에게 지갑을 뺏겼다.
뺏ː다[뺃따]타 〈빼앗다〉의 준말. ＊뺏어·뺏ː는[뺀-]
뺏지(badge)명 '배지(badge)'의 잘못.
뺑부 〈뱅〉의 센말. 큰삥. 참팽[2].
뺑그레부하자 〈뱅그레〉의 센말. 큰삥그레.
뺑그르르부하자 〈뱅그르르〉의 센말. 큰삥그르르. 참팽그르르.
뺑글부 〈뱅글〉의 센말. 큰삥글.
뺑글-뺑글부 〈뱅글뱅글〉의 센말. 큰삥글삥글.
뺑긋[-귿]부하자 〈뱅긋〉의 센말. 큰삥긋. 센뺑끗.
뺑끗[-끋]부하자 〈뱅긋〉·〈뱅끗〉·〈뺑긋〉의 센말.
뺑당-그리다타 고개를 비틀어 싫다는 뜻을 나타내다. 큰삥등그리다.
뺑ː-대[-때]명 ①베나 무명 따위를 날아 도투마리에 감을 때에 켜마다 지르는 제구. 〔쑥대·대오리 따위.〕 ②뺑대쑥의 줄기.
뺑ː대-쑥[-때-]명 국화과의 다년초. 뿌리줄기가 길게 뻗어 번식하며, 줄기 높이는 1m가량. 산이나 들에 절로 나는데, 늦여름에 갈색 꽃이 줄기 끝에 핌. 준뺑쑥.
뺑-뺑부하자 〈뱅뱅〉의 센말. 큰삥삥. 참팽팽.
뺑뺑-이명 숫자가 적힌 원판이 회전할 때 화살로 쏘아 맞혀 그 등급을 정하는 기구, 또는 그것으로 하는 노름.
뺑소니명 몸을 빼쳐서 급히 몰래 달아나는 짓. ¶ 뺑소니 운전사. /뺑소니를 치다.
뺑소니-차(-車)명 사람을 치어 죽거나 다치게 한 사고를 내고 도망친 차량.
뺑소니-치다자 몸을 빼쳐서 급히 도망치다.
뺑시레부하자 〈뱅시레〉의 센말. 큰삥시레.
뺑실부 〈뱅실〉의 센말. 큰삥실.
뺑싯[-싣]부하자 〈뱅싯〉의 센말. 큰삥싯.
뺑ː-쑥명 〈뺑대쑥〉의 준말.
뺑줄명 ①남이 날리는 연줄을 긴 장대나 돌멩이를 맨 실로 걸어 당겨서 빼앗는 짓. ②남의 일을 가로채는 짓.
뺑줄(을) 치다관용 남의 연이나 사물을 중간에서 가로채다.
뺘드득부하자타 틈에 빠듯하게 끼인 물체가 들어가거나 빠져나올 때 세게 마찰하여 나는 소리. 큰삐드득. **뺘드득-뺘드득**부하자타.
뺘드득-거리다[-꺼-]자타 자꾸 뺘드득뺘드득하다. 뺘드득대다. 큰삐드득거리다.
뺘드득-대다[-때-]자타 뺘드득거리다.
뺘죽-거리다[-꺼-]자 〈뱌죽거리다〉의 센말. 뺘죽대다.
뺘죽-대다[-때-]자 뺘죽거리다.
뺘ː-하다형여 〈뱌하다〉의 센말.
뺨명 ①얼굴의 양옆에 살이 도독한 부분. ¶ 뺨을 때리다. /뺨을 맞다. ②좁고 기름한 물건의 폭.
뺨-따구니명 '뺨따귀'의 잘못.
뺨-따귀명 〈뺨〉의 속된 말. 준따귀.
뺨-살[-쌀]명 ①소의 뺨에 붙은 고기. ②소의 뭉치의 거죽에 붙은 고기.
뺨-치다타 다른 것보다 못하지 않다. 훨씬 낫다. ¶ 조조 뺨칠 정도의 꾀.
뻐개다타 ①좀 크고 단단한 물체에 세게 힘을 들여 틈을 벌리거나 조각을 내다. ¶ 통나무를 뻐개다. ②다 되어 가는 일을 어긋내다. 작빠개다.
뻐걱부하자타 〈버걱〉의 센말. 작빠각.
뻐그러-지다자 〈버그러지다〉의 센말. 작빠그라지다.
뻐그르르부하자 〈버그르르〉의 센말. 작빠그르르.
뻐근-하다형여 ①(좀 힘든 일 끝에) 몸의 근육이 켕기어 움직이기에 좀 거북한 느낌이 있다. ¶ 어깨가 뻐근하다. ②가슴이 어떤 느낌으로 꽉 차서 뻐개지는 듯하다. ¶ 감격으로 가슴이 뻐근하다. 작빠근하다. **뻐근-히**부.
뻐글-거리다자 〈버글거리다〉의 센말. 뻐글대다. 작빠글거리다.
뻐글-대다자 뻐글거리다.
뻐글-뻐글부하자 〈버글버글〉의 센말. 작빠글빠글.

빼기다[자] 으스대며 젠체하다. 뽐내다. (작)빠기다.
빼꾸기[명] 두견과의 새. 두견이와 비슷하나 훨씬 큼. 몸빛은 검은빛을 띤 회색. 개개비 따위의 다른 새 둥지에 알을 낳아 새끼를 기르며, 주로 곤충류를 잡아먹고 삶. 곽공(郭公). 뻐꾹새. 포곡조.
빼꾸기-시계(-時計)[-계/-게][명] ☞뻐꾹종.
빼꾹[부] 뻐꾸기의 우는 소리.
빼꾹-새[-쌔][명] ☞뻐꾸기.
빼꾹-종(-鐘)[-쫑][명] 괘종시계의 한 가지. 시간이 되면 조그마하게 만든 뻐꾸기가 안에서 튀어나와 '뻐꾹뻐꾹' 하고 욺. 뻐꾸기시계.
빼끔[1][부][하형] 틈 또는 구멍이 크고 뚜렷하게 나(뚫려) 있는 모양. (작)빠끔[1]. **빼끔-히**[부] ¶ 포탄 자국이 빼끔히 나 있다. **빼끔-빼끔**[부][하형].
빼끔[2][부][하타] ①담배를 힘 있게 빨면서 피우는 모양. ②물고기 따위가 둥근 입을 벌렸다 다물었다 하는 모양. (작)빠끔[2]. **빼끔-빼끔**[부][하타].
빼끔-거리다[타] ①자꾸 담배를 힘 있게 빨다. ②물고기 따위가 둥근 입을 빼끔하게 벌렸다 오므렸다 하다. 빼끔대다. (작)빠끔거리다.
빼끔-대다[타] 빼끔거리다.
빼덕-빼덕[부][하형] (물건이) 물기가 없어 부드럽지 못하고 뻑뻑한 모양. (작)빠닥빠닥.
빼드러-지다[자] 〈버드러지다〉의 센말.
빼드렁-니[명] 바깥쪽으로 빼드러진 앞니.
빼드렁-이[명] 빼드렁니가 난 사람.
빼드름-하다[형][여] 〈버드름하다〉의 센말.
빼득빼득-하다[-드카-][형][여] 말이나 행동이 고분고분하지 않다. (작)빠득빠득하다.
빼르적-거리다[-꺼-][타] 〈버르적거리다〉의 센말. 빼르적대다. (작)빠르작거리다.
빼르적-대다[-때-][타] 빼르적거리다.
빼르적-빼르적[부][하타] 〈버르적버르적〉의 센말. (작)빠르작빠르작.
빼-세다[형] 뻣뻣하고 거세다.
빼스럭[부][하자타] 〈버스럭〉의 센말. (작)빠스락.
빼적-빼적[부][하자타] 〈버적버적〉의 센말. (작)빠작빠작.
빼젓-하다[-저타-][형][여] 〈버젓하다〉의 센말.
빼쭈-하다[형][여] 불쑥 내밀어 있다.
빼치다[자] '뻗치다'의 잘못.
뻑[부] 〈벅〉의 센말. (작)빡.
뻑-뻑[부] 〈벅벅〉의 센말. (작)빡빡.
뻑뻑-이[부] 〈벅벅이〉의 센말. (작)빡빡이.
뻑뻑-하다[-뻐카-][형][여] ①물기가 적어서 부드러운 맛이 없다. ¶ 반죽이 뻑뻑하다. ②여유가 없이 빠듯하다. ¶ 기한이 너무 뻑뻑하다. ③두름성이 적고 고지식하다. ¶ 사람이 그렇게 뻑뻑해서야. ④국물보다 건더기가 그들먹하게 많다. (작)빡빡하다. **뻑뻑-이**[부] ¶ 찌개를 뻑뻑이 끓이다.
뻑적지근-하다[-쩍찌-][형][여] 가슴이나 어깨 같은 데가 뻐근하고 거북한 감이 있다. ¶ 온몸이 뻑적지근하다. (작)빡작지근하다. **뻑적지근-히**[부].
뻔둥-거리다[자] 〈번둥거리다〉의 센말. 뻔둥대다. (작)빤둥거리다. (참)펀둥거리다.
뻔둥-대다[자] 뻔둥거리다.
뻔둥-뻔둥[부][하자] 〈번둥번둥〉의 센말. (작)빤둥빤둥. (참)펀둥펀둥.
뻔드럽다[-따][뻔드러우니·뻔드러워][형][ㅂ] 〈번드럽다〉의 센말. (작)빤드럽다.
뻔드레-하다[형][여] 〈번드레하다〉의 센말. (작)빤드레하다.
뻔드르르[부][하형] 〈번드르르〉의 센말. (작)빤드르르.
뻔득[부][하자타] 〈번득〉의 센말. (작)빤득.
뻔득-이다[자타] 〈번득이다〉의 센말. (작)빤득이다. (센)뻔뜩이다.
뻔들-거리다[자] 〈번들거리다〉의 센말. 뻔들대다. (작)빤들거리다. (참)펀들거리다.
뻔들-대다[자] 뻔들거리다.
뻔들-뻔들[부][하자][하형] 〈번들번들〉의 센말. (작)빤들빤들. (참)펀들펀들.
뻔뜩-이다[자타] 〈번득이다〉·〈번뜩이다〉·〈뻔득이다〉의 센말. (작)빤뜩이다.
뻔뻔-스럽다[-따][~스러우니·~스러워][형][ㅂ] 보기에 아주 뻔뻔한 태도가 있다. ¶ 저 친구, 대답하는 태도가 뻔뻔스럽군. (작)빤빤스럽다. **뻔뻔스레**[부].
뻔뻔-하다[형][여] 잘못한 일이 있어도 부끄러운 줄 모르고 예사롭다. ¶ 저 사람, 아주 뻔뻔하구먼. (작)빤빤하다. **뻔뻔-히**[부].
뻔적[부][하자타] 〈번적〉의 센말. (작)빤작. (센)뻔쩍.
뻔적-이다[자타] 〈번적이다〉의 센말. (작)빤작이다. (센)뻔쩍이다.
뻔죽-거리다[-꺼-][자] 〈번죽거리다〉의 센말. 뻔죽대다.
뻔죽-대다[-때-][자] 뻔죽거리다.
뻔지레[부][하형] 〈번지레〉의 센말. ¶ 뻔지레하게 치장하다. (작)빤지레.
뻔지르르[부][하형] 〈번지르르〉의 센말. ¶ 뻔지르르하게 꾸미다. (작)빤지르르.
뻔질-거리다[자] 〈번질거리다〉의 센말. 뻔질대다. (작)빤질거리다.
뻔질-나다[-라-][형] 매우 잦다. 《주로, '뻔질나게'의 꼴로 쓰임.》 ¶ 뻔질나게 드나들다. (센)뻔찔나다.
뻔질-대다[자] 뻔질거리다.
뻔질-뻔질[부][하자][하형] 〈번질번질〉의 센말. (작)빤질빤질.
뻔쩍[부][하자타] 〈번적〉·〈번쩍[2]〉·〈뻔적〉의 센말. ¶ 뻔쩍하고 번갯불이 하늘을 가른다. (작)빤짝.
뻔쩍-이다[자타] 〈번적이다〉·〈번쩍이다〉·〈뻔적이다〉의 센말. (작)빤짝이다.
뻔찔-나다[-라-][형] 〈뻔질나다〉의 센말.
뻔ː-하다[1][형][여] 〈번하다〉의 센말. (작)빤하다. **뻔-히**[부] ¶ 뻔히 알면서 되묻는다.
뻔-하다[2][조형][여] 《어미 '-ㄹ'·'-을' 뒤에 쓰이어》 '까딱하면 그렇게 될 형편이었으나 결국 그렇게 되지 않았음'을 뜻함. ¶ 하마터면 넘어질 뻔했다.
뻗-가다[-까-][자] 〈벋가다〉의 센말.
뻗다[-따] [I][자타] ①〈벋다〉의 센말. ②〈죽다[1]〉의 속된 말. ③'지치거나 힘이 없거나 하여 길게 눕다'를 속되게 이르는 말. ¶ 주먹 한 방에 쫙 뻗어 버렸다.
[II][타] (꼬부렸던 것을) 쭉 펴다. ¶ 두 다리 뻗고 자다.
뻗-대다[-때-][자] 〈벋대다〉의 센말.
뻗-디디다[-띠-][타] 〈벋디디다〉의 센말. (준)뻗딛다.
뻗-딛다[-띧따][타] 〈벋딛다〉의 센말. (본)뻗디디다.
뻗-서다[-써-][자] 〈벋서다〉의 센말.
뻗장-다리[명] '뻗정다리'의 잘못.
뻗장-대다[-짱-][자] 〈벋장대다〉의 센말.
뻗정-다리[-쩡-][명] 〈벋정다리〉의 센말.
뻗-지르다[-찌-][~지르니·~질러][타][르] 이 끝에서 저 끝까지 뻗쳐서 내지르다.
뻗질리다[-찔-][자] 〖'뻗지르다'의 피동〗 뻗지름을 당하다.

뻗쳐-오르다[-처-][~오르니·~올라]자르 〈벋쳐오르다〉의 센말.
뻗-치다자타 '뻗다'의 힘줌말. ¶ 힘이 뻗치다. /다리를 뻗치다.
뻗-팔이명 선천적으로나 병으로 말미암아 꾸부러지지 않는 팔, 또는 그런 팔을 가진 사람.
뻗-히다[뻐치-]자 『'뻗다'의 피동』 쭉 펴지다. ¶ 다리가 저려서 잘 뻗히지 않는다.
뻘명 '개흙'의 방언.
-뻘접미 《사회적 또는 혈연적 관계를 나타내는 대다수 명사 뒤에 붙어》 '서로의 관계(촌수나 항렬)'를 나타냄. ¶ 동생뻘. /사돈뻘. /아저씨뻘.
뻘거벗-기다[-번끼-]타 〈벌거벗기다〉의 센말. 작빨가벗기다.
뻘거-벗다[-번따]자 〈벌거벗다〉의 센말. 작빨가벗다.
뻘거-숭이명 〈벌거숭이〉의 센말. 작빨가숭이.
뻘겅명 〈벌겅〉의 센말. 작빨강.
뻘겅-이명 〈벌겅이〉의 센말. 작빨강이.
뻘:겋다[-거타][뻘거니·뻘게]형ㅎ 〈벌겋다〉의 센말. ¶ 뻘겋게 충혈된 눈. 작빨갛다.
뻘게-지다자 〈벌게지다〉의 센말. ¶ 농담 한마디에 얼굴이 뻘게지다. /그는 남들 앞에만 서면 얼굴이 뻘게진다. 작빨개지다.
뻘그데데-하다형여 〈벌그데데하다〉의 센말. 작빨그대대하다.
뻘그뎅뎅-하다형여 〈벌그뎅뎅하다〉의 센말. 작빨그댕댕하다.
뻘그스레-하다형여 〈벌그스레하다〉의 센말. 작빨그스레하다.
뻘그스름-하다형여 〈벌그스름하다〉의 센말. 작빨그스름하다.
뻘그죽죽-하다[-쭈카-]형여 〈벌그죽죽하다〉의 센말. 작빨그족족하다.
뻘긋-뻘긋[-귿-귿]부하형 〈벌긋벌긋〉의 센말. 작빨긋빨긋.
뻘꺽부 〈벌꺽〉의 센말. 작빨깍.
뻘끈부하자 〈벌끈〉의 센말. 작빨끈.
뻘때-추니명 '제멋대로 쏘다니는 계집아이'를 조롱하여 이르는 말.
뻘떡부 〈벌떡〉의 센말. 작빨딱.
뻘떡-거리다[-꺼-]자타 〈벌떡거리다〉의 센말. 뻘떡대다. 작빨딱거리다.
뻘떡-대다[-때-]자타 뻘떡거리다.
뻘떡-뻘떡부하자타 〈벌떡벌떡〉의 센말. 작빨딱빨딱.
뻘렁-거리다자타 〈벌렁거리다〉의 센말. 뻘렁대다. 작빨랑거리다.
뻘렁-대다자타 뻘렁거리다.
뻘렁-뻘렁부하자 〈벌렁벌렁〉의 센말. 작빨랑빨랑.
뻘렁뻘렁-하다형여 〈벌렁벌렁하다〉의 센말. 작빨랑빨랑하다.
뻘-바탕명 '개펄'의 방언.
뻘뻘[1]부 바쁘게 이리저리 쏘다니는 모양. 작빨빨[1].
뻘뻘[2]부 땀을 몹시 흘리는 모양. ¶ 땀을 뻘뻘 흘리다. 작빨빨[2].
뻘뻘-거리다자 뻘뻘 쏘다니다. 뻘뻘대다. 작빨빨거리다.
뻘뻘-대다자 뻘뻘거리다.
뻘쭉부하자타 〈벌쭉〉의 센말. 작빨쭉.
뻘쭉뻘쭉-하다[-쭈카-]형여 〈벌쭉벌쭉하다〉의 센말. 작빨쭉빨쭉하다.
뻘쭉-하다[-쭈카-]형여 〈벌쭉하다〉의 센말. 작빨쭉하다.

뻣뻣-하다[뻗뻐타-]형여 ①물건이 단단하고 꿋꿋하다. ¶ 뻣뻣한 표지를 대다. ②풀기가 썩 세다. ¶ 베옷에 풀을 먹여 뻣뻣하게 하다. ③태도나 성질이 고분고분하지 않고 억세다. ¶ 뻣뻣하게 맞서다. 작빳빳하다. **뻣뻣-이**부.
뻣-세다[뻗쎄-]형 뻣뻣하고 억세다.
뻥[1]명 ①〈뻥짜〉의 준말. ②'몹시 과장함'을 속되게 이르는 말. ¶ 뻥이 세다.
뻥[2]부 ①갑자기 무엇이 요란하게 터지는 소리. ②공을 세차게 차는 모양, 또는 그 소리. ¶ 공을 뻥 차다. ③큰 구멍이 뚫리는 모양, 또는 그 소리. ¶ 뻥 뚫린 구멍. 큰뻥. 삼뻥[1]. **뻥-뻥**부하자타.
뻥그레부하자 〈벙그레〉의 센말. 작빵그레.
뻥글부 〈벙글〉의 센말. 작빵글.
뻥글-거리다자 〈벙글거리다〉의 센말. 뻥글대다. 작빵글거리다.
뻥글-대다자 뻥글거리다.
뻥긋[-귿]부하자타 〈벙긋〉의 센말. 작빵긋. 센뻥끗.
뻥긋-하다[-그타-]형여 〈벙긋하다〉의 센말. 작빵긋하다. 센뻥끗하다.
뻥-까다자 '거짓말하다'를 속되게 이르는 말. 뻥치다.
뻥끗[-끋]부하자 〈벙긋〉·〈벙끗〉·〈뻥긋〉의 센말. 작빵끗.
뻥끗-하다[-끄타-]형여 〈벙긋하다〉·〈벙끗하다〉·〈뻥긋하다〉의 센말. 작빵끗하다.
뻥-나다자 '비밀이 드러나다'를 속되게 이르는 말. 작뽕나다.
뻥-놓다[-노타]자 '과장하여 말하거나 거짓말하다'를 속되게 이르는 말. ¶ 뻥놓지 말고 사실대로 말해라.
뻥-뻥부하자 연해 큰소리를 치는 모양. ¶ 자신도 없으면서 큰소리만 뻥뻥 친다.
뻥뻥-거리다자 자꾸 큰소리를 치다. 뻥뻥대다.
뻥뻥-대다자 뻥뻥거리다.
뻥뻥-하다형여 〈벙벙하다〉의 센말.
뻥시레부하자 〈벙시레〉의 센말. 작빵시레.
뻥실부 〈벙실〉의 센말. 작빵실.
뻥싯[-싣]부하자 〈벙싯〉의 센말. 작빵싯.
뻥-쟁이명 '거짓말쟁이'를 속되게 이르는 말.
뻥짜명 '거짓말' 또는 '소망이 아주 틀어져 버리는 일'을 속되게 이르는 말. 준뻥[1].
뻥-치다자 뻥까다.
뻥-튀기명하타 ①쌀·옥수수 등을 밀폐된 용기 속에서 가열하여 튀기는 일, 또는 그 튀긴 것. ②'어떤 것을 과장하여 부풀리는 일'을 비유하여 이르는 말. ¶ 소문을 뻥튀기해 퍼트리다.
뻬:빠:(ペーパー 일.←paper)명 '사포(沙布)'로 순화.
뻰찌(ペンチ 일.←pince 프)명 '펜치'로 순화.
뼁끼(ペンキ 일.←pek 네)명 '페인트'로 순화.
뼈명 ①척추동물의 얼개를 이루어 몸을 받치고 있으며, 골세포와 그 사이를 채우는 기질(基質)로 이루어진 단단한 조직. 골(骨). ¶ 뼈가 굵다. /뼈가 부러지다. ②중심 내용. 일의 핵심. ¶ 뼈만 추려 이야기하다. ③기개(氣槪). 기골(氣骨). ¶ 뼈 있는 사나이. ④속뜻. 저의(底意). ¶ 뼈 있는 말을 하다.
뼈(가) 빠지게관용 〔뼈가 빠질 정도로〕 '고통이 사무치거나 일이 힘에 겨움'을 비유하여 이르는 말. ¶ 한번 잘살아 보려고 뼈 빠지게 일하였다.
뼈도 못 추리다관용 〔죽은 뒤에 추릴 뼈도 없다는 뜻으로〕 아주 박살이 나거나 녹아 없어지다.

뼈를 깎다〔갈다〕관용 갖은 고생을 다하다. 온갖 노력을 기울이다.

뼈에 사무치다관용 원한이나 고통 따위가 깊고 강렬하다.

뼈-고도리명 뼈로 만든 화살촉.

뼈-골(-骨)명 한자 부수의 한 가지. '體'·'髓' 등에서의 '骨'의 이름.

뼈-끝[-끋]명 ①뼈마디의 끝. ②뼈에 붙은 고기. *뼈끝이[-끄치]·뼈끝을[-끄틀]·뼈끝만[-끈-]

뼈-낚시[-낙씨]명 짐승이나 물고기 따위의 뼈로 만든 낚시.

뼈-다귀명 뼈의 낱개.

뼈-대명 ①몸을 이루고 있는 뼈의 크고 작은 생김새. 골간(骨幹). 골격. ¶ 뼈대가 굵다. ②사물을 이루고 있는, 중심 되는 얼개. ¶ 문장의 뼈대. /뼈대가 튼튼한 건물.

뼈대(가) 있다관용 ①문벌이 좋다. ¶ 뼈대 있는 집안의 후손. ②심지가 굳고 줏대가 있다.

뼈대-근(-筋)명 ☞골격근(骨格筋).

뼈-도가니명 소의 무릎 종지뼈에 붙은 질긴 고기. 곰이나 회를 만드는 데 많이 씀.

뼈들다[뼈드니·뼈들어]자 ①오래 끌면서도 힘만 들고 끝이 나지 않다. ②연장을 가지고 손장난을 하다.

뼈들어-지다자 (칼이나 낫 따위 연장의) 날이 무디어 들지 않게 되다.

뼈-뜯이[-뜨지]명 소의 뼈에서 뜯어낸 매우 질긴 고기.

뼈-마디명 ①뼈와 뼈가 이어진 부분. 골관절. 골절. ¶ 뼈마디가 쑤시다. ②뼈의 낱낱의 도막.

뼈물다[뼈무니·뼈물어]자 ①무슨 일을 하려고 단단히 벼르다. ¶ 이번에는 꼭 이겨야겠다고 속으로 뼈물었다. ②옷치장을 하다. ③성을 내다. ¶ 뭐가 못마땅해서 잔뜩 뼈물고 있나?

뼈-바늘명 뼈로 만든 뜨개바늘.

뼈-붙이[-부치]명 여러 가지 뼈.

뼈-아프다[~아프니·~아파]형 (살 속의 뼈가 아플 정도로) 슬픔·뉘우침·울분 등이 마음 깊이 사무치다. 뼈저리다. ¶ 뼈아프게 후회하다.

뼈-연장명 석기 시대에, 짐승의 뼈로 만들어 쓰던 연장. 골기(骨器). 비골각기.

뼈-오징어명 오징엇과의 연체동물. 몸통 18 cm, 다리 9 cm가량. 등에 흰 가로줄무늬가 많음. 몸통 속에 들어 있는, 뼈처럼 된 석회질 물질은 약재로 씀.

뼈-저리다형 (뼛속이 저릴 정도로) 실망·후회·슬픔·울분 등이 마음속 깊이 사무치다. 뼈아프다. ¶ 불효한 것이 이제야 뼈저리게 뉘우쳐진다.

뼈-지다형 ①(겉으로는 무른 듯하나) 속이 옹골차고 단단하다. ¶ 겉보기와는 달리 워낙 뼈진 사람이라 장정도 그 앞에선 맥을 못 춘다. ②하는 말이 매우 야무지다. ¶ 어린것이 당돌하고 뼈진 말을 곧잘 한다.

뼘[1]명 ☞볌.

뼘ː[2] Ⅰ명 ①엄지손가락과 다른 손가락의 잔뜩 벌린 거리. ②장뼘.
Ⅱ의 엄지손가락과 다른 손가락으로 잰 길이를 세는 단위. ¶ 한 뼘. /두 뼘.

뼘ː-내기명하자 돈치기의 한 가지. 맞힐 돈과 던진 목대와의 거리가 정해진 뼘을 벗어나면 그 사람은 떨어지고 딴 사람이 하게 됨.

뼘ː다[-따]타 뼘으로 길이를 재다. ¶ 종이의 크기를 뼘어 보다.

뼘ː-들이로부 동안을 별로 두지 아니하고 잇따라 갈마들어서. ¶ 제자들이 뼘들이로 찾아오다.

뼘ː-치명 (주로 낚시에서) '길이가 한 뼘쯤 되는 물고기'를 이르는 말.

뼛-가루[뼈까-/뼏까-]명 ☞골분(骨粉).

뼛-골(-骨)[뼈꼴/뼏꼴]명 ☞골수(骨髓).

뼛골에 사무치다관용 골수에 사무치다. ¶ 원한이 뼛골에 사무치다.

뼛골(을) 빼다관용 기운이 다하게 만들다.

뼛골(이) 빠지다관용 뼛골이 다하도록 고생하다. ¶ 뼛골 빠지게 일하다.

뼛-성[뼈썽/뼏썽]명 갑자기 일어나는 짜증. ¶ 뼛성을 내다.

뼛-속[뼈쏙/뼏쏙]명 ☞골수(骨髓). ¶ 찬 바람이 뼛속까지 파고든다. /뼛속에 사무치는 그리움.

뽀그르르부하자 〈보그르르〉의 센말. 큰뿌그르르.

뽀글-거리다자 〈보글거리다〉의 센말. 뽀글대다. 큰뿌글거리다.

뽀글-대다자 뽀글거리다.

뽀글-뽀글부하자 〈보글보글〉의 센말. 큰뿌글뿌글.

뽀도독부하자타 〈보도독〉의 센말.

뽀독-뽀독부하형 〈보독보독〉의 센말. ¶ 뽀독뽀독한 누에고치. 큰뿌둑뿌둑.

뽀독-하다[-도카-]형여 〈보독하다〉의 센말. 큰뿌둑하다.

뽀드득부하자타 〈보드득〉의 센말. 큰뿌드득.

뽀로통-하다형여 〈보로통하다〉의 센말. ¶ 심사가 뒤틀렸는지 뽀로통해서 말도 안 한다. 큰뿌루퉁하다.

뽀록-나다[-롱-]자 '들통 나다'를 속되게 이르는 말. ¶ 거짓말이 뽀록나다.

뽀뽀명하자 '입맞춤'의 어린이 말.

뽀삭부하자타 〈보삭〉의 센말. 큰뿌석.

뽀스락부하자타 〈보스락〉의 센말. 큰뿌스럭.

뽀ː얗다[-야타][뽀야니·뽀얘]형ㅎ 〈보얗다〉의 센말. 큰뿌옇다.

뽀ː얘-지다자 〈보얘지다〉의 센말. 큰뿌예지다.

뽀유스레-하다형여 〈보유스레하다〉의 센말. 큰뿌유스레하다.

뽀유스름-하다형여 〈보유스름하다〉의 센말. 큰뿌유스름하다.

뽄새명 '본새'의 잘못.

뽈그스레-하다형여 〈볼그스레하다〉의 센말. 큰뿔그스레하다.

뽈그스름-하다형여 〈볼그스름하다〉의 센말. 큰뿔그스름하다.

뽈그족족-하다[-쪼카-]형여 〈볼그족족하다〉의 센말. 큰뿔그죽죽하다.

뽈긋-뽈긋[-귿-귿]부하형 〈볼긋볼긋〉의 센말. 큰뿔긋뿔긋.

뽈긋-하다[-그타-]형여 〈볼긋하다〉의 센말. 큰뿔긋하다.

뽈똑부하자 〈볼똑〉의 센말. 큰뿔뚝.

뽈록부하자타 〈볼록〉의 센말. 큰뿔룩.

뽈록-거리다[-꺼-]자타 〈볼록거리다〉의 센말. 뽈록대다. 큰뿔룩거리다.

뽈록-대다[-때-]자타 뽈록거리다.

뽈록-하다[-로카-]형여 〈볼록하다〉의 센말. 큰뿔룩하다.

뽐-내다 Ⅰ자 우쭐대다. 잘난 체하다. ¶ 공부 좀 잘한다고 꽤나 뽐내고 다닌다.
Ⅱ자타 보란 듯이 자랑하다. ¶ 힘을 뽐내다. /노래 실력이 있다고 뽐내다.

뽑다[-따]타 ①(박혀 있거나 꽂혀 있는 물건을) 잡아당기어 나오게 하다. ¶ 가시를 뽑다. /책꽂이에서 책을 뽑아 오다. ②(속에 들어 있는 기체나 액체를) 밖으로 나오게 하다. ¶ 주사기로 피를 뽑다. /지하수를 뽑아 올리다. ③(여럿 가운데서) 가려내다. 가려서 가지다. ¶ 장학생을 뽑다. /제비를 뽑다. ④(어떤 일에 들인 돈을) 도로 가지다. ¶ 밑천을 뽑다. ⑤(필요하지 않은 것을) 없어지게 하다. 없애다. ¶ 선입견을 뽑아 버리다. ⑥말소리를 길게 내다. ¶ 민요 가락을 간드러지게 뽑다. ⑦길게 뻗치다. ¶ 자라가 목을 길게 뽑다. ⑧길게 생긴 물건을 만들다. ¶ 실을 뽑다. ⑨운동 경기 따위에서 점수를 얻다. ¶ 전반전에 두 골을 뽑았다.

뽑아-내다타 ①박힌 것을 잡아당기어 밖으로 뽑다. ¶ 못을 뽑아내다. ②여럿 가운데서 어떤 것을 가려서 뽑다. ¶ 책장에서 사전을 뽑아내다. ③속에 들어 있는 기체나 액체를 밖으로 빼내다. ¶ 피를 뽑아내다. ④비용을 들인 만큼 거두어들이다. ¶ 일 년 만에 투자 원금을 뽑아내다. ⑤운동 경기 따위에서 점수를 내다. ¶ 후반 5분 만에 한 골을 더 뽑아냈다.

뽑-히다[뽀피-]자 〖'뽑다'의 피동〗 뽑음을 당하다. 선출되다. ¶ 대의원으로 뽑히다.

뽕[1]명 ☞뽕잎.

뽕도 따고 임도 보고〔본다〕속담 두 가지 일을 동시에 이룸을 이르는 말.

뽕[2]부 〈봉3〉의 센말. 큰뿡.

뽕[3]명 〈히로뽕〉의 속된 말.

뽕-나다자 ①'비밀이 드러나다'를 속되게 이르는 말. 큰뿡나다. ②뽕빠지다.

뽕-나무명 뽕나뭇과의 낙엽 활엽 교목 또는 관목. 6월경에 엷은 노랑의 작은 꽃이 이삭 모양으로 피며, 열매인 '오디'는 검은 자줏빛으로 익는데 먹을 수 있음. 잎은 누에의 먹이가 되며, 뿌리의 껍질은 한방에서 약재로 씀. 상목(桑木).

뽕나무-겨우살이명 겨우살잇과의 기생목(寄生木)의 한 가지. 뽕나무 가지 사이의 껍질에서 줄기가 나와 마치 다른 나뭇가지를 꽂아 놓은 것 같은 모양을 이룸. 줄기와 잎은 한약재로 쓰임. 상상기생(桑上寄生).

뽕나무-벌레명 뽕나무하늘소의 유충. 뽕나무의 해충인 나무굼벵이의 한 가지로, 한방에서 약재로 쓰임.

뽕나무-하늘소[-쏘]명 하늘솟과의 곤충. 몸길이 4 cm가량. 몸빛은 약간 푸르스름한 빛깔을 띤 흑색임. 뽕나무의 해충. 상천우(桑天牛).

뽕-놓다[-노타]타 남의 비밀을 들추어내다.

뽕-밭[-받]명 뽕나무 밭. *뽕밭이[-바치]·뽕밭을[-바틀]·뽕밭만[-반-]

뽕-빠지다자 손해를 크게 보아 밑천이 다 없어지다. 뽕나다.

뽕-뽕부 ①하자타막혔던 공기가 좁은 구멍으로 잇달아 터져 나오는 소리. ②하자자그마한 구멍이 잇달아 뚫어지는 소리, 또는 여기저기 뚫어진 모양. ¶ 창호지에 구멍이 뽕뽕 뚫려 있다. 큰뿡뿡.

뽕뽕-거리다자타 자꾸 뽕뽕하는 소리가 나다. 뽕뽕대다. 큰뿡뿡거리다.

뽕뽕-대다자타 뽕뽕거리다.

뽕-잎[-닙]명 뽕나무 잎. 상엽(桑葉). 뽕1. *뽕잎이[-니피]·뽕잎만[-님-]

뽕짝명 '트로트'를 속되게 이르는 말.

뾰두라지명 뾰루지.

뾰로통-하다형여 얼굴에 불만을 잔뜩 품은 기색이 있다. 큰쀼루퉁하다.

뾰롱-뾰롱부하형 (성질이 부드럽지 아니하여) 남에게 까다롭고 톡톡 쏘기를 잘하는 모양.

뾰루지명 뾰족하게 부어오른 작은 부스럼. 뾰두라지.

뾰조록-하다[-로카-]형여 끝이 뾰족하게 내밀어 있다. 큰쀼주룩하다. **뾰조록-이**부.

뾰족-구두[-꾸-]명 ☞하이힐.

뾰족-뾰족부하형 여럿이 다 뾰족한 모양. ¶ 봄이 되자 새싹들이 뾰족뾰족 고개를 내민다. 큰쀼죽쀼죽. 센뾰쪽뾰쪽.

뾰족-하다[-조카-]형여 ①물체의 끝이 날카롭다. ¶ 뾰족하게 솟은 산꼭대기. 큰쀼죽하다. 센뾰쪽하다. ②계책 따위가 신통하다. ¶ 포기하는 것 외에는 별 뾰족한 수가 없다. **뾰족-이**부 ¶ 마루를 뚫은 못이 뾰족이 나와 있다.

뾰주리-감명 몸이 좀 기름하고 끝이 뾰족한 감. 〔장준·고추감 따위.〕

뾰쪽-뾰쪽부하형 〈뾰족뾰족〉의 센말. ¶ 뾰쪽뾰쪽한 고슴도치의 가시. 큰쀼쭉쀼쭉.

뾰쪽-하다[-쪼카-]형여 〈뾰족하다〉의 센말. 큰쀼쭉하다.

뿌그르르부하자 〈부그르르〉의 센말. 작뽀그르르.

뿌글-거리다자 〈부글거리다〉의 센말. 뿌글대다. 작뽀글거리다.

뿌글-대다자 뿌글거리다.

뿌글-뿌글부하자 〈부글부글〉의 센말. 작뽀글뽀글.

뿌다구니명 물건의 삐죽하게 내민 부분. ¶ 나무 뿌다구니에 이마를 부딪히다. 준뿌다귀.

뿌다귀명 〈뿌다구니〉의 준말.

뿌덕뿌덕-하다[-더카-]형여 ①부드럽지 못하고 아주 뻑뻑하다. ②맛이 떫어 입 안이 텁텁하다.

뿌두둑부하자타 〈뿌드득〉의 변한말.

뿌둑-뿌둑부하형 〈부둑부둑〉의 센말. 작뽀독뽀독.

뿌둑-하다[-두카-]형여 〈부둑하다〉의 센말. 작뽀독하다.

뿌드드-하다형여 ①〈부드드하다〉의 센말. ②〈찌뿌드드하다〉의 준말.

뿌드득부하자타 〈부드득〉의 센말. 작빠드득·뽀드득. 변뿌두둑.

뿌드득-거리다[-꺼-]자타 〈부드득거리다〉의 센말. 뿌드득대다. 작빠드득거리다.

뿌드득-대다[-때-]자타 뿌드득거리다.

뿌득-뿌득부 〈부득부득〉의 센말. 작빠득빠득.

뿌듯-하다[-드타-]형여 〈부듯하다〉의 센말. 작빠듯하다.

뿌루퉁-하다형여 〈부루퉁하다〉의 센말. 작뽀로통하다.

뿌리명 ①식물의 한 부분으로서, 땅속으로 뻗어 줄기를 떠받치고, 물이나 양분을 빨아올리는 기관. ②깊이 박힌 물건의 밑동. ¶ 기둥의 뿌리. ③사물의 근본. ¶ 가문의 뿌리. ④깊숙이 자리 잡아 굳어진 것. ¶ 한약으로 병의 뿌리를 다스리다. ①④근(根).

뿌리(가) 깊다관용 내력이나 연원(淵源)이 오래다. ¶ 두 집안 사이의 뿌리 깊은 원한.

뿌리(를) 뽑다관용 폐단이나 해(害)의 근원을 말끔히 없애 버리다. ¶ 사회적 악폐를 뿌리 뽑다.

뿌리-골무명 뿌리 끝에 있는, 모자 모양으로 생긴 조직. 〔생장점을 보호하는 작용을 함.〕 근관(根冠).

뿌리-내리다자 정착하다. 뿌리박다. ¶ 백제의 문화가 현해탄을 건너 일본 땅에 뿌리내렸다. /서울에 뿌리내리고 산 지도 어언 10년이다.

뿌리다 Ⅰ 자타 눈이나 빗방울이 날려 떨어지다. ¶ 가랑비가 뿌리다.
Ⅱ 타 ①물이나 물건을 흩다. ¶ 마당에 물을 뿌리다. /유인물을 뿌리다. ②돈을 마구 쓰다. ¶ 유흥가에 돈을 뿌리고 다니다. ③소문 따위로 사람들의 입에 오르내리다. ¶ 염문을 뿌리다.
뿌리-등걸 명 뿌리가 붙어 있는 나무의 등걸.
뿌리-박다 [-따] 자타 터를 잡아 정착하다. ¶ 고향에 뿌리박고 살다.
뿌리박-히다 [-바키-] 자 어떤 것이 토대가 되어 깊이 자리가 잡히다. ¶ 남존여비 사상이 깊이 뿌리박혀 있다.
뿌리-압 (-壓) 명 식물의 뿌리가 땅속에서 흡수한 수분을 물관을 통하여 잎이나 줄기로 밀어 올리는 압력. 근압(根壓).
뿌리-줄기 명 식물의 줄기가 변하여 땅속을 뿌리처럼 뻗어 나가게 된 것. 〔연(蓮)뿌리 따위.〕 참 땅속줄기.
뿌리-채소 (-菜蔬) 명 ☞근채(根菜).
뿌리-치다 타 ①붙잡은 것을 힘껏 채어 놓치게 하거나 붙잡지 못하게 하다. ¶ 손을 뿌리치다. ②(권하거나 청하는 것을) 물리치다. ¶ 유혹을 뿌리치다. /가족의 만류를 뿌리치다. ③따라오지 못하게 하다. ¶ 경쟁자를 뿌리치다.
뿌리-털 명 식물의 뿌리 끝에 실같이 가늘게 난 털. 근모(根毛).
뿌리-혹 명 고등 식물의 뿌리에 생기는 혹 모양의 조직. 세균이나 균사(菌絲)의 침입으로 이상(異狀) 발육하여 생김. 근류(根瘤).
뿌리혹-균 (-菌) [-균] 명 콩과 식물의 뿌리에 기생하여 뿌리혹이 생기게 하는 세균. 〔뿌리에 질소질 영양을 공급하는 유익한 세균임.〕 근류균. 근류 박테리아. 뿌리혹박테리아.
뿌리혹-박테리아 (-bacteria) 명 ☞뿌리혹균.
뿌석 부 하자타 〈부석〉의 센말. 작 뽀삭.
뿌스럭 부 하자타 〈부스럭〉의 센말. 작 뽀스락.
뿌:옇다 [-여타] [뿌여니·뿌예] 형ㅎ 〈부옇다〉의 센말. 작 뽀얗다.
뿌:예-지다 자 〈부예지다〉의 센말. 작 뽀얘지다.
뿌유스레-하다 형여 〈부유스레하다〉의 센말. 작 뽀유스레하다.
뿌유스름-하다 형여 〈부유스름하다〉의 센말. 작 뽀유스름하다.
뿌장귀 명 뿔처럼 길쭉하게 내민 가장귀.
뿌지지 부 하자 〈부지지〉의 센말. 작 빠지지.
뿌지직 부 하자 〈부지직〉의 센말. 작 빠지직.
뿍 부 〈북〉의 센말.
뿐[1] 의 《용언 뒤에 쓰이어》 '다만 어떠하거나 어찌할 따름'이라는 뜻을 나타내는 말. ¶ 그저 보고플 뿐이다. /가라기에 갔을 뿐이다.
뿐[2] 조 《체언에 붙어》 '그것만이고 더는 없음' 또는 '오직 그렇게 하거나 그러하다는 것'의 뜻을 나타내는 말. ¶ 나에게는 너뿐이다. /가진 것은 이것뿐이다. /내 동생은 학교에서뿐만 아니라 집에서도 말썽꾸러기였다.
뿔[1] 명 ①(소·염소·사슴 따위) 동물의 머리에 난 단단하고 뾰족한 것. ¶ 뿔이 돋다. /뿔로 받다. ②물건의 머리나 표면에 툭 튀어나온 부분. 각(角)[1].
뿔 뺀 쇠 상이라 속담 지위는 높지만 실권(實權)이 없음을 비유한 말.
뿔[2] 명 〈성〉의 속된 말. ¶ 뿔이 단단히 나서 며칠째 말도 안 한다.
뿔-각 (-角) 명 한자 부수의 한 가지. '解'·'觸' 등에서의 '角'의 이름.
뿔-개미 명 개밋과의 곤충. 일개미는 몸길이 6~8 mm이고, 몸빛은 검은색임. 나무의 썩은 부분에서 삶.
뿔-관자 (-貫子) 명 짐승의 뿔로 만든 관자.
뿔그스레-하다 형여 〈불그스레하다〉의 센말. 작 뽈그스레하다.
뿔그스름-하다 형여 〈불그스름하다〉의 센말. 작 뽈그스름하다.
뿔그죽죽-하다 [-쭈카-] 형여 〈불그죽죽하다〉의 센말. 작 뽈그족족하다.
뿔긋-뿔긋 [-귿-귿] 부 하형 〈불긋불긋〉의 센말. 작 뽈긋뽈긋.
뿔긋-하다 [-그타-] 형여 〈불긋하다〉의 센말. 작 뽈긋하다.
뿔-끝 [-끋] 명 삼사미와 후궁(帿弓)의 뽕나무가 서로 맞닿은 부분. * 뿔끝이[-끄치]·뿔끝을[-끄틀]·뿔끝만[-끈-]
뿔-나다 [-라-] 자 〈성나다〉의 속된 말. ¶ 자기만 빼놓고 놀러 갔다고 잔뜩 뿔났더라.
뿔-나비 [-라-] 명 뿔나빗과의 나비. 편 날개 길이 4.8 cm가량. 몸빛은 흑갈색으로 각 날개에 등적색의 가로띠무늬가 있음. 아랫입술 수염이 서로 붙어서 긴 뿔처럼 뻗어 나온 것이 특징임.
뿔나비-나방 [-라-] 명 뿔나비나방과의 곤충. 몸길이 1 cm, 날개 길이 3 cm가량. 몸빛은 암갈색이고 앞날개에는 닻 모양의 얼룩무늬가 있음. 유충은 양치식물의 해충임. 닻나비.
뿔-다귀 [-따-] 명 〈성〉의 속된 말. ¶ 뿔다귀가 나다.
뿔뚝 부 하자 〈불뚝〉의 센말. 작 뽈똑.
뿔룩 부 하자타 〈불룩〉의 센말. 작 뽈록.
뿔룩-거리다 [-꺼-] 자타 〈불룩거리다〉의 센말. 뿔룩대다. 작 뽈록거리다.
뿔룩-대다 [-때-] 자타 뿔룩거리다.
뿔룩-뿔룩 부 하자타 〈불룩불룩〉의 센말. 작 뽈록뽈록.
뿔룩-하다 [-루카-] 형여 〈불룩하다〉의 센말. 작 뽈록하다.
뿔-매 명 수릿과의 새. 몸길이 71~76 cm로 수리보다 작음. 등은 암갈색이고 깃털의 끝은 백색인데 가슴과 배에는 흑색의 세로무늬가 있음. 날개와 꽁지는 길고 둥글며, 하늘에 원을 그리며 낢. 높은 산의 숲 속에 살며 사냥할 때 부림.
뿔-매미 명 뿔매밋과의 곤충. 몸길이 7 mm가량. 몸빛은 흑색인데 온몸에 황백색의 털이 많음. 앞가슴에 뿔 모양의 돌기가 두 쌍 있음. 잡초의 줄기 따위에서 사는데, 일본과 우리나라에 분포함.
뿔-면 (-面) 명 한 정점(定點)을 지나되, 그 점을 포함하지 않는 평면 상의 일정 곡선의 각 점을 통과하는 직선군(直線群)으로 생기는 면.
뿔-벌레 명 뿔벌렛과의 곤충. 몸길이 4 mm가량. 몸빛은 적갈색인데 온몸에 엷은 빛깔의 털이 나 있으며, 등에 뿔 모양의 돌기가 있음.
뿔뿔-이 부 저마다 따로따로 흩어지는 모양. ¶ 전쟁 때 가족이 뿔뿔이 헤어졌다.
뿔-쇠오리 [-쇠-/-쉐-] 명 갈매깃과의 새. 몸길이 20 cm가량. 바다쇠오리와 비슷하나 더 작음. 머리는 흑색, 등은 회색, 배는 흰색임. 섬의 해안이나 암초에서 삶.
뿔-잔 (-盞) 명 뿔로 만든 술잔.
뿔-잠자리 명 뿔잠자릿과의 곤충. 편 날개 길이 8 cm, 몸길이 3 cm가량. 촉각이 길며, 앉을 때 날개를 위로 뻗쳐 세움. 여름에 양지쪽 풀밭에 모여 삶.

뿔-종다리 [명] 종다릿과의 새. 종달새와 비슷하나 부리가 더 큼. 등과 배는 황갈색에 짙은 세로 무늬가 있고, 몸의 아랫면은 엷음. 울 때에는 머리의 흰 털을 뿔처럼 뻗치는 것이 특징임. 풀밭이나 논 근처에 삶.

뿔-체(-體) [명] 하나의 뿔면과 하나의 평면으로 둘러싸인 입체.

뿔-테 [명] 뿔로 만든 안경테.

뿕다 [형] '붉다'의 방언.

뿜:다[-따] [타] ①(속에 있는 기체나 액체 따위를) 세차게 밖으로 내보내다. ¶ 연기를 뿜다. ②(웃음이나 감정 따위를) 표정에 잔뜩 드러내 보이다. ¶ 독기를 뿜다. /분노를 뿜다.

뿜이-내다 [타] 속의 것을 뿜어서 밖으로 나오게 하다. ¶ 분화구에서 화산재를 뿜어내다.

뿜이-개 [명] ☞분무기(噴霧器).

뿡 [부] 〈붕[1]〉의 센말. (작)뽕[2].

뿡-뿡 [부] ①(하자·타)막혔던 공기가 좁은 구멍으로 잇달아 터져 나오는 소리. ②(하자)큰 구멍이 잇달아 뚫어지는 소리, 또는 여기저기 뚫어진 모양. ③(하자·타)자동차의 경적 따위가 잇달아 울리는 소리. (작)뽕뽕.

뿡뿡-거리다 [자타] 자꾸 뿡뿡하는 소리가 나다. 뿡뿡대다. (작)뽕뽕거리다.

뿡뿡-대다 [자타] 뿡뿡거리다.

쀼루퉁-하다 [형여] 얼굴에 불만을 잔뜩 품은 기색이 있다. (작)뾰로통하다.

쀼주룩-하다[-루카-] [형여] 끝이 쀼죽하게 내밀어 있다. (작)뾰조록하다. **쀼주룩-이** [부].

쀼죽-쀼죽 [부](하형) 여럿이 다 쀼죽한 모양. ¶ 머리카락이 쀼죽쀼죽 서다. /바위들이 쀼죽쀼죽하다. (작)뾰족뾰족. (센)쀼쭉쀼쭉.

쀼죽-하다[-주카-] [형여] 끝이 차차 날카롭고 빨다. (작)뾰족하다. (센)쀼쭉하다. **쀼죽-이** [부].

쀼쭉-쀼쭉 [부](하형) 〈쀼죽쀼죽〉의 센말. (작)뾰쪽뾰쪽.

쀼쭉-하다[-쭈카-] [형여] 〈쀼죽하다〉의 센말. (작)뾰쪽하다.

삐 [부] ①어린아이의 우는 소리. ②피리나 휘슬 따위를 부는 소리. (작)빼. **삐-삐** [부](하자).

삐걱 [부](하자·타) 〈비걱〉의 센말. (작)빼각. (센)삐꺽.

삐걱-빼각 [부](하자·타) 삐걱거리는 소리와 빼각거리는 소리가 한데 어울려 나는 소리.

삐꺽 [부](하자·타) 〈삐걱〉의 센말. (작)빼깍.

삐꾸러-지다 [자] 〈비꾸러지다〉의 센말.

삐끗[-끋] [부](하자) 〈비끗〉의 센말. (작)빼끗.

삐끼 [명] '유흥업소에 고용되어 호객 행위를 하는 사람'을 속되게 이르는 말.

삐:다[1] [자] (괴었던 물이) 잦아지거나 빠져서 줄다. ¶ 마당에 괴었던 물이 삐다.

삐:다[2] [자타] (몸의 어느 부분이) 비틀리거나 하여 뼈마디가 어긋나다. ¶ 손목이 삐다. /발목을 삐어 걷기 힘들다.

삐-대다 [자] 한군데에 오래 진대 붙어서 괴롭게 굴다. ¶ 남의 집에 달포나 삐대고 있으면서 미안해하는 기색도 없다.

삐드득 [부](하자·타) 틈에 빠듯하게 끼인 물체가 들어가거나 빠져나올 때 세게 문질러지며 나는 소리. (작)빼드득. **삐드득-삐드득** [부](하자·타).

삐드득-거리다[-꺼-] [자타] 자꾸 삐드득삐드득하다. 삐드득대다. (작)빼드득거리다.

삐드득-대다[-때-] [자타] 삐드득거리다.

삐딱-거리다[-꺼-] [자] 〈비딱거리다〉의 센말. 삐딱대다. (작)빼딱거리다.

삐딱-대다[-때-] [자] 삐딱거리다.

삐딱-삐딱 [부](하자)(하형) 〈비딱비딱〉의 센말. (작)빼딱빼딱.

삐딱-하다[-따카-] [형여] 〈비딱하다〉의 센말. (작)빼딱하다.

삐뚜로 [부] 〈비뚜로〉의 센말. (작)빼뚜로.

삐뚜름-하다 [형여] 〈비뚜름하다〉의 센말. (작)빼뚜름하다.

삐뚝-거리다[-꺼-] [자타] 〈비뚝거리다〉의 센말. 삐뚝대다. (작)빼뚝거리다.

삐뚝-대다[-때-] [자타] 삐뚝거리다.

삐뚝-삐뚝 [부](하자·타) 〈비뚝비뚝〉의 센말. (작)빼뚝빼뚝.

삐뚤-거리다 [자타] 〈비뚤거리다〉의 센말. 삐뚤대다. (작)빼뚤거리다.

삐뚤다[삐뚜니·삐뚤어] [형] 〈비뚤다〉의 센말. (작)빼뚤다.

삐뚤-대다 [자타] 삐뚤거리다.

삐뚤-삐뚤 [부](하자·타) 〈비뚤비뚤〉의 센말. (작)빼뚤빼뚤.

삐뚤삐뚤-하다 [형여] 〈비뚤비뚤하다〉의 센말. (작)빼뚤빼뚤하다.

삐뚤어-지다 [자] 〈비뚤어지다〉의 센말. ¶ 삐뚤어진 생각. /성격이 삐뚤어지다. /줄이 삐뚤어지다. (작)빼뚤어지다.

삐뚤-이 [명] 〈비뚤이〉의 센말.

삐라(びら 일.←bill) [명] '전단(傳單)'의 잘못.

삐리 [명] 남사당패에서, '신출내기'를 이르는 말.

삐삐[1] [명] '무선 호출기(無線呼出機)'를 흔히 이르는 말. ¶ 삐삐를 치다.

삐삐[2] [부](하형) 비틀리도록 바싹 여윈 모양. ¶ 몸이 삐삐 마르다. (작)빼빼.

삐악 [부] 〈비악〉의 센말.

삐져-나오다[-저-] [자] 속에 있는 것이 밖으로 불거져 나오다. ¶ 솜이 삐져나온 이불. /속옷이 삐져나오다.

삐주룩-삐주룩 [부](하형) 〈비주룩비주룩〉의 센말. (작)빼주룩빼주룩.

삐주룩-하다[-루카-] [형여] 〈비주룩하다〉의 센말. (작)빼주룩하다.

삐죽[1] [부](하타) 〈비죽[1]〉의 센말. (작)빼죽[1]. (센)삐쭉[1].

삐죽[2] [부](하형) 〈비죽[2]〉의 센말. (작)빼죽[2]. (센)삐쭉[2].

삐죽-이 [명] '걸핏하면 토라지는 사람'을 조롱하여 이르는 말.

삐쩍 [부] 〈비쩍〉의 센말.

삐쭉[1] [부](하타) 〈비죽[1]〉·〈비쭉[1]〉·〈삐죽[1]〉의 센말. (작)빼쭉[1].

삐쭉[2] [부](하형) 〈비죽[2]〉·〈비쭉[2]〉·〈삐죽[2]〉의 센말. (작)빼쭉[2].

삐쭉-삐쭉 [부](하형) 여럿이 다 삐쭉한 모양. ¶ 삐쭉삐쭉 돋은 장미 가시. (작)빼쭉빼쭉.

삐쭉-하다[-쭈카-] [형여] 물체의 끝이 쀼주룩하게 날카롭다. (작)빼쭉하다.

삐:지다 [자] ☞삐치다[2].

삐:치다[1] [자] 일에 시달리어 피곤하게 되다.

삐:치다[2] [자] 마음이 비틀어져 토라지다. 삐지다. ¶ 그녀는 조그마한 일에도 잘 삐친다.

삐:치다[3] [타] (글씨의) 삐침 획을 긋다.

삐:친-석삼(-三)[-쌈] [명] 한자 부수의 한 가지. '形'·'彦' 등에서의 '彡'의 이름. 터럭삼.

삐:침 [명] ☞삐침별.

삐:침-별(-丿) [명] 한자 부수의 한 가지. '乃'·'久' 등에서의 '丿'의 이름. 삐침.

삐트적-거리다[-꺼-] [타] 〈비트적거리다〉의 센말. 삐트적대다. (작)빼트작거리다.

삐트적-대다[-때-] [타] 삐트적거리다.

삐트적-삐트적부하타 〈비트적비트적〉의 센말. 작빼트작빼트작.
삐틀부하타 〈비틀〉의 센말. 작빼틀.
삑부 갑자기 새되게 내거나 지르는 소리. 작빽[1]. **삑-삑**부.
삑삑-거리다[-꺼-]자 자꾸 삑삑 소리를 내다. 삑삑대다. 작빽빽거리다.
삑삑-대다[-때-]자 삑삑거리다.
삑삑-하다[-삐카-]형여 ①빈틈이 없이 촘촘하다. ¶ 사람들이 삑삑하게 들어섰다. ②구멍이 좁아서 빨아들이기에 답답하다. ③국물이 적고 건더기가 많아서 되다랗다. 작빽빽하다. **삑삑-이**부.
삔둥-거리다자 〈빈둥거리다〉의 센말. 삔둥대다. 작뺀둥거리다. 참핀둥거리다.
삔둥-대다자 삔둥거리다.
삔둥-삔둥부하자 〈빈둥빈둥〉의 센말. 작뺀둥뺀둥. 참핀둥핀둥.
삔들-거리다자 〈빈들거리다〉의 센말. 삔들대다. 작뺀들거리다. 참핀들거리다.
삔들-대다자 삔들거리다.
삔들-삔들부하자 〈빈들빈들〉의 센말. 작뺀들뺀들. 참핀들핀들.
삘기명 띠의 어린 새순.
삘기-살명 죽바디나 쥐머리에 붙은 쇠고기.
삥부 〈빙〉의 센말. 작뺑. 참핑.
삥그레부하자 〈빙그레〉의 센말. 작뺑그레.
삥그르르부하자 〈빙그르르〉의 센말. 작뺑그르르. 참핑그르르.
삥글부 〈빙글〉의 센말. 작뺑글.
삥글-삥글부 〈빙글빙글〉의 센말. 작뺑글뺑글.
삥긋[-귿]부하자 〈빙긋〉의 센말. 작뺑긋.
삥끗[-끋]부하자 〈빙긋〉·〈빙끗〉·〈삥긋〉의 센말.
삥등-그리다타 고개를 돌려 싫다는 뜻을 나타내다. 작뺑당그리다.
삥땅명하타 '남에게 건네기 위해 받아 놓은 돈 따위의 일부를 가로채는 짓'을 속되게 이르는 말. ¶ 삥땅을 치다.
삥-삥부하자 〈빙빙〉의 센말. 작뺑뺑. 참핑핑.
삥시레부하자 〈빙시레〉의 센말. 작뺑시레.
삥실부 〈빙실〉의 센말. 작뺑실.
삥싯[-싣]부하자 〈빙싯〉의 센말. 작뺑싯.
ㅄ 비읍시옷. 'ㅂ'과 'ㅅ'의 합용 병서. ①옛글에서, 초성으로 쓰인 경우, 뒷날 'ㅆ' 소리로 변함. ②현대어에서, 받침으로 쓰이는 경우, 'ㅄ' 뒤에 모음으로 시작되는 어미가 이어지면 'ㅅ'이 발음되고, 자음으로 시작되는 어미나 조사가 이어지면 'ㅅ'은 발음되지 않음. ¶ 없어지다. /가엾다. /없는.
ᄡᅥ부 〈옛〉써. ¶ 以는 ᄡᅥ ᄒᆞ논 ᄠᅳ디라(月釋序5).
ᄡᅥ곰부 〈옛〉써. ¶ 엇뎨 ᄡᅥ곰 싀어미 싀아비ᄅᆞᆯ 拜謁ᄒᆞ리오(杜初8:67).
ᄡᅥㄱ다자 〈옛〉썩다. ¶ 외나모 ᄡᅥ근 ᄃᆞ리(鄭澈.關東別曲). 참석다.
ᄡᅩ다타 〈옛〉쏘다. ¶ ᄡᅩᆯ 사:射(訓蒙下9).
ᄡᅮᆨ명 〈옛〉쑥. ¶ ᄡᅮᆨ 번:蘩. ᄡᅮᆨ 애:艾(訓蒙上9).
ᄡᅳ다[1]타 〈옛〉쓰다〔用〕. ¶ 用은 ᄡᅳᆯ씨라(訓諺).
ᄡᅳ다[2]타 〈옛〉쓰다〔冠〕. ¶ 삿갓 빗기 ᄡᅳ고 누역으로 오슬 삼아(古時調).
ᄡᅳ다[3]형 〈옛〉쓰다〔苦〕. ¶ ᄡᅳᆫ ᄂᆞ믈 데워 내여 ᄃᆞ도록 십어 보새(古時調).
ᄡᅳ서리명 쓰레질. ¶ 門庭을 닶겨서 ᄡᅳ서리 ᄒᆞ노라(杜初10:39).
ᄡᅳᆯ게명 〈옛〉쓸개. ¶ ᄡᅳᆯ게 담:膽(訓蒙上27).
ᄡᅳᆯ다타 〈옛〉쓸다. ¶ ᄡᅳᆯ 소:掃(類合下8).
ᄡᅵ명 〈옛〉씨〔種子〕. ¶ 됴ᄒᆞᆫ ᄡᅵ 심거든 됴ᄒᆞᆫ 여름 여루미(月釋1:12).
ᄡᅡ눈명 〈옛〉싸라기눈. ¶ ᄡᅡ눈 션:霰(訓蒙上2).
ᄡᅡ다타 〈옛〉싸다. 둘러싸다. ¶ 雲霞 ᄀᆞᄃᆞᆨᄒᆞᆫ 기ᄫᅳ로 ᄡᅧ ᄡᅡ면(杜初16:67).
ᄡᆞᆯ명 〈옛〉쌀. ¶ 힌 ᄡᆞᆯ(月釋8:90).
ᄢ 〈옛〉비읍시옷기역. 'ㅂ'·'ㅅ'·'ㄱ'의 합용 병서. 초성(初聲)으로만 쓰임. 뒷날 'ㄲ' 소리로 변함.
ᄢᅢ다타 〈옛〉깨다. 깨뜨리다. ¶ 그 ᄠᅳᆮ 사교미 端正호미 나모 ᄢᅢ둣ᄒᆞ며(法華序22).
ᄢᅢ티다타 〈옛〉깨뜨리다. ¶ 큰 둘에ᄅᆞᆯ 벼라기 ᄢᅢ티니(杜初18:19).
ᄢᅢ혀다타 〈옛〉깨뜨리다. ¶ 다시 鄰虛ᄅᆞᆯ ᄢᅢ혀면(楞解3:68). 참ᄢᅢᅘᅧ다.
ᄢᅢᅘᅧ다타 〈옛〉깨뜨리다. ¶ 이를 ᄢᅢᅘᅧ 둘헤 밍ᄀᆞ라(法華4:46).
ᄢᅥ디다자 〈옛〉꺼지다. 빠지다. ¶ 브리 ᄢᅥ디거늘(釋譜23:47). / ᄢᅥ딜 멸:滅(訓蒙下35). / 오히려 ᄢᅥ디디 아니타 ᄒᆞ시니(楞解1:35).
ᄢᅦ다타 〈옛〉꿰다. ¶ ᄒᆞᆫ 사래 ᄢᅦ니(龍歌23章).
ᄢᅦ알다타 〈옛〉꿰뚫어 알다. ¶ ᄢᅦ아라 기튼 恨이 업스니(杜初24:37).
ᄢᅮᆯ명 〈옛〉꿀. ¶ ᄢᅮᆯ 짓는 버리(杜初21:6). 참ᄲᅮᆯ.
ᄢᅱ이다타 〈옛〉꾸이다. ¶ ᄢᅱ일 딕:貸(訓蒙下22).
ᄣᅢ명 〈옛〉때. ¶ 밤낫 여슷 ᄣᅢ로(釋譜9:32. 月釋7:65). 참ᄣᅵ·ᄢᅵ.
ᄣᅳ다자타 〈옛〉끄다. 꺼지다. ¶ 브리 즉자히 ᄣᅳ거늘(釋譜6:33). /욕화(欲火)ᄅᆞᆯ ᄒᆞ마 ᄣᅳ샤(月印101章).
ᄣᅳ리다타 〈옛〉꾸리다. 싸다. ¶ 하ᄂᆞᆶ 기ᄫᅳ로 太子ᄅᆞᆯ ᄣᅳ려 안ᄉᆞᄫᅡ(月釋2:43).
ᄣᅳᆯ[1]명 〈옛〉끌. ¶ ᄣᅳᆯ 착:鑿(訓蒙中16).
ᄣᅳᆯ[2]명 〈옛〉때를. 〔'ᄣᅳ'의 목적격형〕 ¶ ᄒᆞᆫ ᄣᅳᆯ 닐오미 아니라(圓覺下二之二19).
ᄣᅳᆷ명 〈옛〉틈. ¶ 金으로 ᄡᅡ해 ᄯᅩ로몰 ᄣᅳᆷ 업게 ᄒᆞ면(釋譜6:24).
ᄣᅴ명 〈옛〉때. ¶ 아히 ᄣᅴ브터 深山애 이셔 사ᄅᆞ미 이리 셜우르고(釋譜11:28).
ᄢᅵ명 〈옛〉끼. 때. ¶ 每常 밥 ᄢᅵ어나(楞解7:16).
ᄢᅵ니명 〈옛〉끼니. ¶ 여슷 ᄢᅵ니는 낫 세 밤 세히라(月釋7:65).
ᄢᅵ다타 〈옛〉끼다[3]. ¶ 활 ᄢᅵ고 시울 울여(杜初10:26).
ᄢᅵ들다타 〈옛〉껴들다. 부축하다. ¶ 달애며 ᄢᅵ들며(小解6:12).
ᄢᅵ우다타 〈옛〉끼우다. ¶ ᄢᅵ울 감:嵌(訓蒙下20).
ᄢᅵᆷ명 〈옛〉틈. ¶ 문득 보니 바횟 ᄢᅵ메 프른 너추레 두 외 여럿거늘(三綱.孝子30).
ᄦᅡ다타 〈옛〉까다. ¶ 바물 ᄦᅡ고(杜初7:32). /알 ᄦᅡ며 겻 머겨 나하(法華2:116).
ᄣ 〈옛〉비읍시옷디귿. 'ㅂ'·'ㅅ'·'ㄷ'의 합용 병서. 초성(初聲)으로만 쓰임. 뒷날 'ㄸ' 소리로 변함.
ᄣᅢ명 〈옛〉때[1]. ¶ ᄒᆞᆫ ᄣᅢ 계도록 긷다가(月釋7:9).
ᄣᅳ리명 〈옛〉종기(腫氣). 수두(水痘). ¶ ᄣᅳ리 포:疱(訓蒙中33).
ᄣᅵ다자 〈옛〉찌다. ¶ 瓶읫 믈이 ᄣᅵ며 다ᄃᆞᆫ 이피 열어늘(月印178章).
ᄣᅵ르다타 〈옛〉찌르다. ¶ ᄣᅵ를 뎌:觝. ᄣᅵ를 쵹:觸(訓蒙下8).
ᄣᅧ디다자 〈옛〉깨지다. 찢기다. ¶ 子規 새 바미 우니 묏대 ᄣᅧ디고(杜初9:8).
ᄣᅡ리다타 〈옛〉때리다. 때려 깨뜨리다. ¶ 돌기알 ᄒᆞᆫ 나출 ᄣᅡ려(救解上27).

ㅲ 〈옛〉비읍지읒. 'ㅂ'과 'ㅈ'의 합용 병서. 초성(初聲)으로만 쓰임. 뒷날 'ㅉ' 소리로 변함.

ᄧᅡᆨ명 〈옛〉짝. ¶ ᄧᅡᆨ:隻(訓解) / 合은 對ᄒᆞ야 서르 ᄧᅡᆨ 마촐씨니(月釋序7).

ᄧᅩᆨ명 〈옛〉쪽. 조각. ¶ ᄧᅩᆨ 판:瓣(訓蒙下5).

ᄧᅩᆫ머리명 〈옛〉짠 머리. 상투. ¶ 髻ᄂᆞᆫ ᄧᅩᆫ머리니 부텻 뎡바깃 ᄲᅧ 노ᄑᆞ샤 ᄧᅩᆫ머리 ᄀᆞᄐᆞ실씨(月釋*8:34*).

ᄧᅩᆾ다타 〈옛〉좇다. ¶ 버미 ᄧᅩ차 오거늘(月釋*10:24*).

ᄧᅬ다타 〈옛〉쬐다. ¶ 오직 ᄌᆞ오라셔 등어리 ᄧᅬ오(杜初*8:47*).

ᄧᅳᆫ디다타 〈옛〉돌보다. 근념(勤念)하다. ¶ 旻天之心애 그 아니 ᄧᅳᆫ디시리(龍歌*116*章).

ᄧᅳᆽ다타 〈옛〉찢다. ¶ 그 龍ᄋᆞᆯ ᄧᅳ저 머거늘(釋譜*6:32*).

ᄧᆞ다[1]타 〈옛〉①(기름 따위를) 짜다. ¶ ᄯᅩ 기름 ᄧᆞᄂᆞᆫ 殃과 말 저울로(法華*7:119*). ②(피륙 따위를) 짜다. ¶ 뵈 ᄧᆞᄂᆞᆫ 功을 구틔여 아ᄃᆞ기 ᄒᆞ리아(杜初*11:24*). ③사개를 맞추어 기구를 만들다. ¶ 車檻ᄋᆞᆫ 술위 우희 檻 ᄧᆞᆫ 씨라(楞解*8:88*).

ᄧᆞ다[2]형 〈옛〉맛이 짜다. ¶ 鹹ᄋᆞᆫ ᄧᆞᆫ 씨라(月釋*1:23*).

ᄧᅵ다타 〈옛〉째다. 찢다. ¶ 제 손토비 쇠 ᄃᆞ외야 제 모ᄆᆞᆯ ᄧᅵ야 ᄇᆞ려 죽고져 호ᄃᆡ(月釋*1:29*).

ㅳ 〈옛〉비읍티읕. 'ㅂ'과 'ㅌ'의 합용 병서. 초성(初聲)으로만 쓰임.

ᄩᅥ디다자 〈옛〉터지다. ¶ 온가짓 즁ᄉᆡᆼ이 머리옛 骨髓 ᄩᅥ디며(月釋*2:38*)/ᄩᅥ디며 믈우믄(楞解*8:102*).

ᄩᅱ놀다자 〈옛〉뛰놀다. ¶ 엇뎨 나비 여슷 窓의 ᄩᅱ노로미 이시리오(金三*5:11*).

ᄩᅱ다자 〈옛〉튀다. ¶ 말와매 두위이저 ᄒᆡᆫ 고기 ᄩᅱ놋다(杜初*25:19*).

ᄩᅱ우다타 〈옛〉튀게 하다. 뛰어오르게 하다. ¶ 현 번 ᄩᅱ운ᄃᆞᆯ ᄂᆞ미 오ᄅᆞ리잇가(龍歌*48*章).

ᄩᅳ다자 〈옛〉트다. ¶ 손바리 어러 ᄩᅳ고 갓과 ᄉᆞᆯ쾌 주게라(杜初*25:26*).

ᄩᅳᆮ다타 〈옛〉뜯다. ¶ 손소 머리 ᄩᅳᆮ고(月釋*10:24*).

ᄩᆞ다타 〈옛〉①타다[8]. ¶ 거믄고 ᄩᆞ고 ᄒᆞᄂᆞᆯ콰 ᄧᅡ홀 보더라(杜初*24:38*). ②타다[4]. ¶ ᄲᅳᆯ흔 믈과 ᄎᆞᆫ 믈 ᄩᆞ니(東醫湯液*1*).

ᄫ[1]〔순경음 비읍〕〈옛〉옛 자음의 하나. 'ㅂ'의 순경음. 아래위 입술이 닿을락 말락 한 상태에서 나는 유성음. 〔15세기 중엽에 소멸됨.〕 ¶ 대ᄫᅥᆷ〔大虎〕. /ᄀᆞᄫᆞᆯ〔邑〕. /글ᄫᅡᆯ〔文〕.

ᄫ[2]조 〈옛〉'ᄝ' 받침 아래 쓰인 관형격 조사. ¶ 斗두ᇢᄫ字ᄍᆞᆼ(訓解).

ㅅ [시옫] 자모 시옷. ①한글 자모의 일곱째. ②자음의 하나. 목젖으로 콧길을 막고 혀의 앞바닥을 윗잇몸에 가까운 입천장의 앞바닥에 닿을락 말락 하게 붙여, 내쉬는 숨으로 그 사이를 갈면서 내쉬어 소리 내는 안울림소리. 받침의 경우에는, 혀의 앞바닥이 입천장의 앞바닥에 맞닿아 입김을 막는 소리로 'ㄷ'과 같음. ＊ㅅ이[시오시]·ㅅ만[시옫ㅡ]

ㅅ 조 〈옛〉 중세 국어의 관형격 조사. ¶ 狄人ㅅ 서리예 가샤(龍歌4章). /님긊 德(龍歌118章). /眞實ㅅ ᄆᆞᅀᆞ매(蒙法1). 참ㅿ·ㄱ·ㄷ·ㅂ·ㆆ2.

ㅅ^변:칙^활용 (-變則活用) [시옫뻔치콰룡] 명 ☞ㅅ 불규칙 활용.

ㅅ^불규칙^용:언 (-不規則用言) [시옫뿔-칭농-] 명 ㅅ 불규칙 활용을 하는 용언. 〔긋다·붓다·잇다·젓다 따위.〕

ㅅ^불규칙^활용 (-不規則活用) [시옫뿔-치콰룡] 명 어간 끝 음절의 받침 'ㅅ'이 모음으로 시작되는 어미 앞에서 탈락하는 불규칙 활용. 〔'낫다→나으니·나아, 짓다→지으니·지어' 등으로 되는 따위.〕 ㅅ 변칙 활용.

사1 명 (골무나 타래버선의 두 쪽을 합쳐 마무를 때) 가장자리를 위아래로 번갈아 겹쳐 꿰매는 바느질법.

사2 명 서양 음계의 G 음의 우리나라 음이름. 〔사장조의 '도(do)'에 해당함.〕

사 조 〈옛〉야. 라야. ¶ 本이 固ᄒᆞ야사 邦이 寧ᄒᆞ리라 ᄒᆞ니(常解18). 참ᅀᅡ.

사:(士) 명 장기에서, '士' 자로 나타낸 장기짝의 한 가지. 한 편에 두 개씩으로 모두 네 개가 있음. 궁밭 안에서만 한 칸씩 자유로이 움직이면서 장을 지킴.

사:(巳) 명 ①십이지의 여섯째. 뱀을 상징함. ②〈사방(巳方)〉의 준말. ③〈사시(巳時)〉의 준말.

사:(死) 명 죽음. ¶ 생과 사. ↔생(生).

사(私) 명 ①사사로움. ¶ 공과 사를 구분하다. ↔공(公). ②자기나 자기편의 이익만 꾀하는 일. ③숨기어 드러내지 않는 일.

사(邪) 명 ①바르지 아니한 일. ↔정(正). ②〈사기(邪氣)〉의 준말.

사(社) 명 ①〈회사〉의 준말. ¶ 우리 사의 영업 전략. ②고대 중국에서, 토지의 수호신, 또는 그 신에게 지내는 제사를 이르던 말.

사:(使) 명 ①고려 시대, 삼사(三司)·밀직사(密直司) 등의 장관. ②고려·조선 시대, 목(牧)·도호부(都護府) 등 지방 관아의 으뜸 벼슬. 〔목사·부사(府使) 등.〕

사(砂) 명 풍수지리에서, 혈(穴) 주위의 형세를 이르는 말.

사(師) 명 〈사괘(師卦)〉의 준말.

사(射) 명 육예의 하나. 활을 쏘는 법. 사예.

사(紗) 명 얇고 발이 성긴 비단. 여름 옷감으로 많이 쓰임.

사:(赦) 명 ①☞사면(赦免). ②〈사전(赦典)〉의 준말.

사(詞) 명 〔악부(樂府)의 변체로〕 한시(漢詩)의 한 체(體).

사(辭) 명 한문 문체의 한 가지. 부(賦)와 비슷한데, 흔히 운어(韻語)로 씀.

사:(事) 의 《'-ㄹ'·'-을' 뒤에 쓰이어》 '일'·'것'을 뜻하는 문어 투의 말. ¶ 4월 말일까지 반드시 출두할 사.

사:(四) Ⅰ 수 넷.

Ⅱ 관 《일부 단위를 나타내는 명사 앞에 쓰이어》 ①그 수량이 넷임을 나타내는 말. ¶ 사 년. /사 미터. ②그 순서가 네 번째임을 나타내는 말. ¶ 사 장. /사 등.

사(沙·砂) 수관 섬(纖)의 10분의 1, 진(塵)의 10배가 되는 수(의). 곧, 10^{-8}.

사(絲) 수관 모(毛)의 10분의 1, 홀(忽)의 10배가 되는 수(의). 곧, 10^{-4}.

-사(士) 접미 일부 명사 뒤에 붙어, 그 방면의 전문적 기능이 공인되거나 학문이 일정한 수준에 이른 사람임을 뜻함. ¶ 변호사. /운전사. /기관사.

-사(史) 접미 일부 명사 뒤에 붙어, 그 분야의 '역사'임을 뜻함. ¶ 동양사. /철학사. /국문학사. /정치 경제사.

-사(寺) 접미 《일부 명사 뒤에 붙어》 '절'의 뜻을 나타냄. ¶ 불국사. /해인사.

-사(社) 접미 《일부 명사 뒤에 붙어》 어떤 '기관'이나 '회사'임을 뜻함. ¶ 신문사. /통신사. /잡지사. /출판사.

-사(事) 접미 《일부 명사 뒤에 붙어》 '일'을 뜻함. ¶ 중대사. /가정사.

-사(師) 접미 일부 명사 뒤에 붙어, 그 방면에 전문적인 기능을 가진 사람임을 뜻함. ¶ 요리사. /이발사.

-사(詞) 접미 《일부 명사 뒤에 붙어》 '품사'임을 뜻함. ¶ 형용사. /자동사.

-사(辭) 접미 《일부 명사 뒤에 붙어》 '말'이나 '글'임을 뜻함. ¶ 개회사. /취임사.

-사 어미 '-시어'가 줄어서 된 말. 〔'보우하시어→보우하사, 돌아오시어→돌아오사' 따위.〕

사:가(四家) 명 조선 정조(正祖) 때의 실학 대가(實學大家) 박지원(朴趾源)을 사우(師友)로 모신, 이덕무(李德懋)·유득공(柳得恭)·박제가(朴齊家)·이서구(李書九)의 네 실학자. 〔선조 때의 사대가(四大家)에 대하여 이들을 '후사가(後四家)' 또는 '실학 사가(實學四家)'라고도 함.〕

사:가(史家) 명 〈역사가〉의 준말.

사가(私家) 명 ☞사삿집.

사가(査家) 명 ☞사돈집.

사가(師家) 명 스승의 집.

사:가(賜暇) 명하자 조정에서 관리에게 휴가를 주던 일.

사가-댁(査家宅) [-땍] 명 〈사돈집〉의 높임말. 사돈댁.

사:가-독서(賜暇讀書) [-써] 명 조선 시대에, 유능한 젊은 문신들을 뽑아 휴가를 주어 독서당에서 공부하게 하던 일.

사가-판(私家版) 명 ☞가각본(家刻本).

사각 부 ①싱싱한 배나 사과 따위를 가볍게 씹을 때 나는 소리. ②눈 따위를 밟을 때 나는 소리. ③갈대나 풀을 먹인 빳빳한 천 따위가 마찰할 때 나는 소리. 큰서걱. 센싸각. **사각-사각** 부하자타.

사:각(四角) 명 ①네 각. ②네 개의 모진 귀가 있는 모양. 네모. ③〈사각형〉의 준말.

ㅅ

사ː각(史閣)명 조선 시대에, 사고(史庫) 안의 실록(實錄)을 넣어 두던 곳.

사ː각(死角)명 ①(사정거리 안에 있으면서도) 장애물이나 총포 따위의 구조로 사격할 수 없는 범위. ②(가까운 곳에 있으면서도) 눈길이나 영향이 미치지 못하는 일이나 범위.

사각(射角)명 총포를 사격할 때, 그 총신이나 포신이 수평면과 이루는 각도. 발사각.

사각(斜角)명 '빗각'의 구용어.

사각(斜脚)명 비스듬히 걸어가는 일, 또는 그러한 걸음걸이.

사각(寫角)명 사진기의 촬영 각도.

사각-거리다[-꺼-]자타 자꾸 사각사각 소리가 나다, 또는 그런 소리를 내다. 사각대다. 큰서걱거리다.

사ː각-건(四角巾)[-껀]명 지난날, 부모상을 당한 상제가 소렴(小殮) 때부터 성복(成服) 때까지 쓰던, 베로 된 건(巾). 〔두건과 같으나 위를 막지 않고 네모지게 만들었음.〕

사각-근(斜角筋)[-끈]명 목 근육의 한 가지. 숨을 들이쉬는 일을 돕는 구실을 함.

사ː각-기둥(四角-)[-끼-]명 옆면과 밑면이 사각형으로 된 각기둥. 참각기둥.

사각-대다[-때-]자타 사각거리다.

사ː각-도(四角壔)[-또]명 '사각기둥'의 구용어.

사각-도(斜角壔)[-또]명 '빗각기둥'의 구용어.

사ː각-모(四角帽)[-강-]명 〈사각모자〉의 준말.

사ː각-모자(四角帽子)[-강-]명 (주로 대학 졸업식 때 쓰는) 윗면이 네모진 모자. 사방모자. 준각모·사각모.

사각-본(私刻本)[-뽄]명 ①민간에서 사사로이 펴낸, 관본(官本)이 아닌 책. 가각본(家刻本). ↔관본. ②개인이 비용을 들여 펴낸 책.

사ː각-뿔(四角-)명 밑면이 사각형인 각뿔. 네모뿔.

사ː각-식(四角植)[-씩]명하타 논밭에 네모반듯하게 곡식 따위를 심음.

사ː각-주(四角柱)[-쭈]명 '사각기둥'의 구용어.

사각-주(斜角柱)[-쭈]명 '빗각기둥'의 구용어.

사ː각-지대(死角地帶)[-찌-]명 ①위치의 각도상 사물이 보이지 아니하게 되는 곳, 또는 거울이 사물을 비출 수 없는 곳. ¶ 차선을 바꿀 때는 사각지대를 주의해야 한다. ②'관심이나 영향이 미치지 못하는 영역'을 비유하여 이르는 말. ¶ 안전의 사각지대.

사ː각-추(四角錐)명 '사각뿔'의 구용어.

사ː각-치부(四脚置簿)명 ☞사개다리치부.

사ː각-팔방(四角八方)명 모든 방면. 여기저기. 사방팔방.

사ː각-형(四角形)[-가켱]명 네 개의 직선으로 둘러싸인 평면 도형. 네모꼴. 사변형. 준각형·사각.

사간(司諫)명 조선 시대, 사간원(司諫院)의 종삼품 벼슬.

사ː간(死諫)명하타 죽음을 무릅쓰고 간함.

사간(射干)명 한방에서, '범부채의 뿌리'를 약재로 이르는 말. 어혈·후증(喉症) 따위에 쓰임.

사간-원(司諫院)명 조선 시대, 삼사(三司)의 하나. 임금에게 간(諫)하는 일을 맡아보던 관아. 준간원.

사ː간-통(四間通)명 방 하나 크기만큼의 칸수를 네 칸으로 만든 건축 양식.

사갈명 지난날, 산에 오르거나 얼음 위를 걸을 때 미끄러지지 않도록 밑바닥에 못을 박아 신던 나막신.

사갈(蛇蠍)명 ①뱀과 전갈. ②'남을 해치거나, 몹시 불쾌한 느낌을 주는 사람'을 비유하여 이르는 말.

사갈-시(蛇蠍視)[-씨]명하타 (뱀과 전갈을 보듯) 남을 나쁘게 여겨 몹시 싫어함.

사감(私感)명 사사로운 감정.

사감(私憾)명 사사로운 일로 품은 유감(遺憾).

사감(舍監)명 ①기숙사에서 기숙생들의 생활을 감독하는 사람. ②지난날, 궁방(宮房)의 논밭을 관리하던 사람.

사ː강-웅예(四強雄蕊)명 이생 웅예(離生雄蕊)의 한 가지. 한 꽃 속에 여섯 개의 수술이 있는데, 네 개는 길고 두 개는 짧음. 〔나리꽃 따위의 수술.〕 참이강웅예(二強雄蕊).

사ː개명 ①상자 따위의 네 귀퉁이가 꼭 물리도록 가로나무와 세로나무의 끝을 요철(凹凸) 모양으로 파낸 부분, 또는 그런 짜임새. ②건축에서, 도리나 장여를 박기 위해 기둥머리를 네 갈래로 오려 낸 부분, 또는 그 짜임새.

사개(가) 맞다관용 말이나 사리의 앞뒤 관계가 딱 들어맞다.

사ː개다리-치부(四介-置簿)명 지난날, 개성 상인들 사이에 쓰이던 복식 부기의 한 가지. 금품의 출입을 여러 과목으로 나누어 대차(貸借)를 밝혀 적었음. 개성 부기. 사각치부. 준사개치부.

사ː개-대승(四個大乘)명 대승 불교의 사대 종파. 화엄종·천태종·진언종·선종의 네 종파를 이름.

사ː개-맞춤[-맏-]명 기둥머리에 사개를 내어 맞추는 일, 또는 그 부분.

사ː개-치부(四介置簿)명 〈사개다리치부〉의 준말.

사ː개-통명 ☞화통.

사ː객(使客)명 지난날, 연로(沿路)의 수령이 외국으로 파견되어 가는 '봉명 사신(奉命使臣)'을 높이어 일컫던 말.

사객(詞客)명 시문(詩文)을 잘 짓는 사람.

사ː객(謝客)명하자 찾아온 손을 만나지 아니하고 사절함.

사갱(斜坑)명 갱구에서, 땅속으로 비스듬하게 파 내려간 갱도.

사ː거(死去)명하자 죽어서 세상을 떠남. 사망. 높서거.

사거(絲車)명 물레를 돌리는 바퀴. 물레바퀴.

사거(辭去)명하자 작별하고 떠나감.

사ː-거리(四-)명 네거리.

사-거리(射距離)명 발사된 탄알·포탄·미사일 따위가 도달할 수 있는 곳까지의 거리.

사ː건(事件)[-껀]명 ①문제가 되거나 관심을 끌 만한 일. ¶ 유괴 사건./엽기적 사건. ②〈소송 사건〉의 준말. ¶ 민사 사건.

사ː건-시(事件時)[-껀-]명 문장이 나타내는 사건이 일어난 시점. 시간과 관련되는 문장을 설명할 때 쓰임. ↔발화시.

사검(查檢)명하타 ☞검사(檢査).

사ː겁(四劫)명 불교에서, 세계가 생성(生成)하여 다시 공허(空虛)로 돌아가기까지를 네 시기로 나누어 이르는 말. 곧, 성겁(成劫)·주겁(住劫)·괴겁(壞劫)·공겁(空劫).

사격(寺格)명 〔본산(本山)·별원(別院)·말사(末寺) 따위의〕 절의 자격이나 등급.

사격(射擊)명하자타 총이나 대포·활 등을 쏨.

사격^경ː기(射擊競技)[-꼉-]명 사격장에서, 정해진 총기와 탄약으로 표적을 쏘아 득점을 겨루는 경기.

사격-권(射擊圈)[-꿘]명 총포를 쏘아 목표물을 맞힐 수 있을 만한 범위.

사격-수(射擊手)[-쑤]명 ☞사수(射手).

사격-술(射擊術)[-쑬][명] 사격하는 기술.
사격-장(射擊場)[-짱][명] 사격 연습을 할 수 있게 표적 따위의 시설을 해 놓은 곳. [비]사적장.
사견(私見)[명] 개인의 사사로운 의견. ¶ 공식적인 자리이니만큼 사견은 배제해 주십시오.
사견(邪見)[명] 요사스러운 생각이나 바르지 못한 의견.
사견(絲繭)[명] 명주실을 뽑기 위하여 쓰이는 고치. [참]종견(種繭).
사결(辭訣)[명][하자] 작별 인사의 말을 함.
사:경(四更)[명] 하루의 밤을 다섯으로 나눈 넷째 시각. 상오 1시부터 3시까지. 정야(丁夜).
사:경(四京)[명] 고려 시대의 네 서울. 곧, 남경(南京:서울)·동경(東京:경주)·중경(中京:개성)·서경(西京:평양).
사:경(四經)[명] ①시경·서경·역경·춘추의 네 경서. ②좌씨춘추(左氏春秋)·곡량춘추(穀梁春秋)·고문상서(古文尙書)·모시(毛詩)의 네 가지 책.
사:경(四境)[명] 사방의 경계. 사방의 국경.
사:경(死境)[명] 죽음에 이른 경지. 죽게 된 지경. ¶ 사경을 헤매는 병자. /사경에서 벗어나다.
사경(私耕)[명] ①☞사래[1]. ②☞새경.
사경(私徑)[명] 사사로운 이익을 위한, 올바르지 못한 길. 곡경(曲徑).
사경(沙耕·砂耕)[명] ☞사경법.
사경(査經)[명][하자] 개신교에서, 교인들이 모여 성경을 함께 공부함, 또는 그 일.
사경(斜徑)[명] 비탈길.
사경(斜頸)[명] 한방에서, 목이 뒤틀려서 머리가 한쪽으로 기울어지는 병증을 이르는 말.
사경(寫經)[명][하타] 불교에서, 후세에 전하거나 공양하기 위하여 경문을 붓으로 베끼는 일, 또는 그 베낀 경문.
사경-견폐성(蛇驚犬吠聲)[-폐-/-페-][명] 원진살의 한 가지. 궁합에서, 뱀띠와 개띠는 서로 꺼린다는 말.
사경-답(私耕畓)[명] ☞사래논.
사경-법(沙耕法)[-뻡][명] 깨끗이 씻은 모래에 식물이 자라는 데 필요한 성분을 녹인 용액만을 주어서 식물을 재배하는 방법. 사경.
사경-전(私耕田)[명] ☞사래밭.
사-경제(私經濟)[명] 개인이나 사법인(私法人)의 자유 경쟁에 따르는 경제. 〔가정·회사·조합의 경제 따위.〕 ↔공경제.
사:경-추(四更-)[명] ☞사경추니.
사:경-추니(四更-)[명] 보통 닭보다 일찍 사경쯤에 우는 닭. 사경추.
사경-회(査經會)[-회/-훼][명] 개신교에서, 교인들이 일정한 기간을 정하여 성경 공부를 하는 모임.
사:계(四季)[-계/-게][명] ①봄·여름·가을·겨울의 사철. 사시(四時). ②〈사계삭(四季朔)〉의 준말. ③☞월계화(月季花).
사:계(四界)[-계/-게][명] ①천계(天界)·지계(地界)·수계(水界)·양계(陽界)를 통틀어 이르는 말. ②불교에서, 세상의 만물을 이루는 땅·물·불·바람의 네 가지 원소를 이르는 말.
사:계(四計)[-계/-게][명] 사람이 삶을 충실하게 살아가는 데 필요한 네 가지 기본이 되는 계획. 곧, 하루의 계획은 새벽에, 한 해의 계획은 봄에, 일생의 계획은 부지런함에, 한 집안의 계획은 화목함에 있다는 말.
사계(司計)[-계/-게][명] 조선 말기에, 국가의 회계 사무를 맡아보던 관원.
사계(私計)[-계/-게][명] ①자기 혼자의 생각이나 계획. ②사사로운 이익을 위한 계교.
사계(沙界·砂界)[-계/-게][명] 불교에서, 항하(恒河)의 모래처럼 '수많은 세계' 또는 '무량(無量)·무수(無數)한 것'을 이르는 말.
사계(邪計)[-계/-게][명] 바르지 못한 나쁜 계책. 간사한 꾀.
사:계(事戒)[-계/-게][명][하자] 불교에서, 모든 계행(戒行)을 지키는 일.
사계(射界)[-계/-게][명] 쏜 탄알이 미치는 범위.
사계(射稧)[-계/-게][명] 지난날, 활을 쏘기 위하여 사정(射亭)에 모이는 사원(射員)들로 조직되었던 단체.
사:계(捨戒)[-계/-게][명][하자] 불교에서, 계율을 버리고 지키지 아니함을 이르는 말.
사계(詐計)[-계/-게][명] 남을 속이려는 간사한 꾀.
사계(斯界)[-계/-게][명] (지금 말하고 있는) 이 방면의 사회. 이 분야. ¶ 사계의 권위자.
사:계-도(四季圖)[-계-/-게-][명] 병풍 따위에, 사철의 독특한 풍경을 그린 그림.
사:-계명(四誡命)[-계-/-게-][명] 천도교에서 이르는 네 가지 계명. 번복하는 마음을 두지 말 것, 물욕이 서로 가리게 하지 말 것, 헛말로 혹세(惑世)하지 말 것, 한울님을 속이지 말 것을 이름.
사:-계삭(四季朔)[-계-/-게-][명] 봄·여름·가을·겨울의 각 계절의 마지막 달. 〔음력 삼월·유월·구월·섣달을 아울러 이름.〕 [준]사계.
사:-계절(四季節)[-계-/-게-][명] ☞사철(四-). ¶ 사계절이 뚜렷한 우리나라.
사계^편사(射稧便射)[-계-/-게-][명] 지난날, 사계의 사원(射員)들이 편을 갈라 활 솜씨를 겨루던 일.
사:계-화(四季花)[-계-/-게-][명] ☞월계화.
사:고(四苦)[명] 불교에서, 사람이 평생 동안에 겪는 '생(生)·노(老)·병(病)·사(死)'의 네 가지 괴로움을 이르는 말. 사환(四患).
사:고(史庫)[명] 조선 시대에, 역사에 관한 기록이나 중요한 서적을 보관하던, 정부의 곳집.
사:고(死苦)[명] ①불교에서 이르는 사고(四苦)의 하나. 중생으로서 벗어날 수 없는 죽음의 괴로움을 이름. ②죽을 때의 고통.
사고(私考)[명] 자기 혼자만의 생각. 사사로운 고찰.
사고(私稿)[명] 사사로운 원고. 사초(私草).
사고(社告)[명] 회사에서 내는 광고. ¶ 사원 모집에 관한 사고.
사:고(事故)[명] ①뜻밖에 일어난 사건이나 탈. ¶ 자동차 사고. /추락 사고가 나다. [비]변고(變故). ②어떤 일의 까닭. ¶ 무슨 사고로 어제 결석을 했느냐? ③사람에게 해를 입히거나 말썽을 일으키는 짓. ¶ 사고를 치다.
사고(思考)[명][하타] ①생각함. 궁리함. ②☞사유(思惟). ③문제 해결의 과정에서, 그 결론에 이르기까지의 심리 작용.
사:고-결(事故缺)[명] 어떤 사고로 말미암은 결근이나 결석.
사-고기(私-)[명] ①관청의 허가 없이 몰래 잡은 쇠고기. 사육(私肉). ②'여럿이 나누어 가져야 할 것을 혼자서 차지하는 물건'을 빗대어 이르는 말.
사고-력(思考力)[명] 사고하는 능력.
사:고-무(四鼓舞)[명] 고전 무용의 한 가지. 네 개의 북을 사방에 걸어 놓고 돌아가며 빠르게 치면서 추는 춤.
사:고-무인(四顧無人)[명][하형] 주위에 사람이 없어 쓸쓸함.

사ː고-무친(四顧無親)명하형 〔사방을 돌아보아도 친척이 없다는 뜻으로〕 의지할 만한 데가 전혀 없음을 이르는 말. ¶ 사고무친의 외로운 신세./사고무친한 타향.

사ː고-뭉치(事故-)명 '걸핏하면 사고를 저지르는 사람'을 속되게 이르는 말. 사곳덩어리.

사고-방식(思考方式)명 어떤 문제를 궁리하고 헤아리는 방법과 태도. ¶ 고루한 사고방식./사고방식이 건전하다.

사ː고-전서(四庫全書)명 청나라 건륭(乾隆) 황제의 칙선(勅選)으로, 궁중과 민간의 장서 총 1만 223부 17만 2626권을, 경(經)·사(史)·자(子)·집(集)의 네 부문으로 나누고, 일곱 통씩을 등본(謄本)하여 보관한 총서.

사ː고-팔고(四苦八苦)명 ①인간의 온갖 괴로움을 이르는 말. ②불교에서, 생로병사(生老病死)의 사고(四苦)와 사랑하는 이와 헤어지는 고통, 구하여도 얻지 못하는 고통, 원수나 미워하는 사람과 만나는 고통, 오온(五蘊)이 성한 고통 등 여덟 가지 괴로움을 아울러 이르는 말.

사고-팔다[~파니·~팔아]타 (물건 따위를) 사기도 하고 팔기도 하다. ¶ 농산물을 사고팔다.

사곡(邪曲) '사곡(邪曲)하다'의 어근.

사곡(私曲) '사곡(私曲)하다'의 어근.

사곡(私穀)명 개인 소유의 곡식. ↔공곡.

사곡(絲穀)명 〈사신곡복(絲身穀腹)〉의 준말.

사곡-하다(邪曲-)[-고카-]형여 마음이 요사스럽고 바르지 못하다.

사곡-하다(私曲-)[-고카-]형여 사사롭고 바르지 못하다.

사ː골(四骨)명 '소의 네 다리뼈'를 이르는 말. 곰거리로 씀.

사ː골(死骨)명 죽은 사람의 뼈.

사골(篩骨)명 두개골의 일부. 두 눈구멍 사이에 있는, 벌집같이 생긴 뼈.

사ː곳-덩어리(事故-)[-고떵-/-곧떵-]명 ☞사고뭉치.

사공(司空)명 ①고려 시대, 삼공(三公)의 하나. ②조선 시대에, '공조 판서'를 달리 이르던 말.

사ː공(四空)명 사방의 하늘.

사공(沙工·砂工)명 〈뱃사공〉의 준말.

사공이 많으면 배가 산으로 간다〔올라간다〕속담 주장 되는 사람이 없이 저마다 이러니저러니 하면 일이 제대로 되지 않음을 이르는 말.

사ː과(四科)명 ①천도교에서, 도를 닦는 네 과정인 '성(誠)·경(敬)·신(信)·법(法)'을 이르는 말. ②유학(儒學)의 네 가지 학과인 덕행(德行)·언어(言語)·정사(政事)·문학(文學).

사과(沙果·砂果)명 사과나무의 열매. 평과(苹果).

사과(絲瓜)명 ☞수세미외.

사ː과(謝過)명하타 자기의 잘못에 대하여 용서를 빎. ¶ 사과의 선물./사과를 받다.

사과-나무(沙果-)명 장미과의 낙엽 교목. 과실나무의 한 가지로, 봄에 잎보다 먼저 하양 또는 연분홍 꽃이 가지 끝에 핌. 열매인 '사과'는 둥근데, 시면서도 단맛이 있음. 국광·홍옥·부사 등 품종이 많음.

사ː과-문(謝過文)명 사과하는 뜻을 적은 글.

사과-산(沙果酸)명 유기산의 한 가지. 덜 익은 사과나 복숭아 등에 들어 있는 이염기산(二塩基酸)·탄소·수소·산소 등을 주성분으로 하는 무색 결정성 화합물. 능금산.

사과-주(沙果酒)명 사과즙을 발효시켜서 만든 알코올성 음료.

사과-즙(沙果汁)명 사과에서 짜낸 즙.

사과-참외[-차뫼/-차뭬]명 살이 아주 연하고 물이 많은 참외.

사ː과-탕(四-湯)명 소의 뼈도가니·허파·꼬리·아롱사태를 넣어 곤 곰국.

사ː관(士官)명 ①병사를 거느리는 무관. ②'장교(將校)'를 통틀어 이르는 말.

사관(仕官)명 ①하자 벼슬살이를 함. ②왕조 때, 부하가 다달이 초하룻날에 상관을 찾아뵈던 일.

사ː관(史官)명 왕조 때, 역사를 기록하던 관원. 고려 시대에는 사관(史館)의 수찬(修撰)·검열(檢閱) 등을, 조선 시대에는 예문관의 검열과 승정원의 주서(注書) 등을 일컬었음. 사신(史臣).

사ː관(史館)명 고려 초기에, 왕의 언행과 정치 및 백관의 행적 등 모든 시정(時政)을 기록하는 일을 맡아보던 관아. 뒤에 예문춘추관(藝文春秋館)으로 고침.

사ː관(史觀)명 역사적 사실을 파악하여 해석하는 근본적인 견해. 역사관.

사ː관(四關)명 한방에서, 곽란(癨亂)을 다스리기 위하여 손과 발의 네 관절에 침을 놓아 통기(通氣)를 시키는 곳을 이르는 말.

사관(을) 트다관용 사관에 침을 놓다.

사관(舍館)명하자 객지에 머무르는 동안 남의 집에서 잠시 기숙함, 또는 그 집.

사관(査官)명 왕조 때, 검사하는 일을 맡아보던 벼슬아치.

사관(蛇管)명 ①열(熱)을 흡수하거나 방출하는 면적을 크게 하기 위하여, 나선형으로 만든 관. ②☞호스(hose).

사관(絲管)명 〔줄을 타거나 대롱을 불어 소리 내는 악기라는 뜻으로〕 '관현(管絃)' 또는 '음악'을 이르는 말.

사관(篩管)명 ☞체관.

사관(辭官)명 왕조 때, 임금의 명령을 전하던 내시(內侍) 등의 벼슬아치.

사ː관-생도(士官生徒)명 사관학교에서 장교가 되기 위해 교육을 받고 있는 생도.

사관-청(仕官廳)명 조선 시대에, 포교가 포장(捕將)의 집 근처에 머물면서 공무(公務)를 보던 곳.

사ː관-학교(士官學校)[-꾜]명 육·해·공군의 사관을 양성하는 학교.

사ː관-후보생(士官候補生)명 사관이 되기 위하여 소정의 교육 훈련을 받는 사람.

사ː광(四光)명 화투 놀이에서, 네 개의 광(光)패로써 이루어지는 약.

사광(沙鑛·砂鑛)명 사금이나 사석(沙錫) 따위를 캐내는 곳. 사광상(沙鑛床).

사광(射光)명하자 빛을 내쏨.

사광(斜光)명 비스듬히 비추는 광선.

사-광상(沙鑛床)명 ☞사광(沙鑛).

사괘(師卦)명 육십사괘의 하나. 곤괘(坤卦)와 감괘(坎卦)를 위아래로 놓은 괘. 땅속에 물이 있음을 상징함. 준사(師).

사ː괴-석(四塊石)[-괴-/-궤-]명 벽이나 돌담을 쌓는 데 쓰이는, 한 사람이 네 덩이를 질 수 있을 만한 크기의 돌.

사ː교(四敎)명 ①석가의 일생 동안의 가르침을 넷으로 나눈 것. 곧, 장교(藏敎)·통교(通敎)·별교(別敎)·원교(圓敎). ②시(詩)·서(書)·예(藝)·악(樂)의 네 가지 가르침. ③문(文)·행(行)·충(忠)·신(信)의 네 가지 가르침. ④부덕(婦德)·부언(婦言)·부용(婦容)·부공(婦功)의 네 가지 가르침.

사교(司敎)명 대종교에서, 신심이 독실하고 덕망이 높은 원로에게 주는 명예 칭호.
사ː교(死交)명 죽을 때까지도 변하지 않을 만큼 두터운 사귐.
사교(私交)명 사사로운 사귐.
사교(邪敎)명 그릇된 교리(敎理)로 사회에 해를 끼치는 종교. 사종(邪宗). ↔정교(正敎).
사교(社交)명하자 사회생활에서의 사람끼리의 사귐. 사회생활상의 교제. ¶ 사교 모임.
사교(斜交)명하자 두 평면이나 직선이 비스듬하게 교차함. 참직교(直交).
사교(斜橋)명 기울게 놓인 다리.
사교(詐巧)명하타 교묘하게 속임. 교사(巧詐).
사교-가(社交家)명 사교를 잘하는 사람. 널리 교제하기를 좋아하는 사람.
사교-계(社交界)[-계/-게]명 (특히, 상류층 사람들이) 교제하는 사회.
사교-댄스(社交dance)명 ☞사교춤.
사교-도(邪敎徒)명 사교를 믿는 사람.
사교-병(社交病)[-뼝]명 ☞성병(性病).
사교-복(社交服)명 무도회·야회(夜會)·연회 등에 참석할 때 격식에 맞추어 차려입는 옷.
사교-성(社交性)[-썽]명 ①사회생활을 하고자 하는 인간의 특성. 사회성. ②남과 잘 사귀는 성질, 또는 남과 사귀기를 좋아하는 성질. ¶ 사교성이 좋은 사람. ②비사귐성.
사교-술(社交術)명 사교하는 솜씨.
사-교육(私敎育)명 개인이나 사법인 등이 베푸는 교육. ↔공교육.
사교육-비(私敎育費)[-삐]명 공교육비 이외에 학부모가 자녀의 교육을 위하여 추가로 지출하는 경비. 〔교재비·학용품비·과외비 따위.〕
사교-적(社交的)관명 사교를 잘하는 (것). 사교에 익숙한 (것). ¶ 사교적 활동. /사교적인 사람.
사교-춤(社交-)명 (무도회 등에서) 사교를 목적으로 음악에 맞추어 남녀가 짝을 지어 추는 서양식 춤. 사교댄스.
사곰명 〈옛〉①새김〔釋〕. ¶ 그 뜯 사교미(圓覺序 9). ②새김〔刻·銘〕. ¶ 鍾鼎에 사교몰 조조 보느니(杜初3:10).
사구(司寇)명 조선 시대에, '형조 판서(刑曹判書)'를 달리 일컫던 말.
사ː구(四球)명 ☞포볼.
사ː구(死句)[-꾸]명 시구(詩句) 가운데서, 은은히 풍기는 정취가 없는 구. ↔활구.
사ː구(死球)명 ☞데드볼[2].
사구(沙丘·砂丘)명 해안·사막 등지에서, 바람에 의해 운반·퇴적되어 이루어진 모래 언덕.
사구(査究)명하타 조사하여 밝힘.
사구(射毬)명 지난날, 호반이나 한량들이 즐기던 운동의 한 가지. 한 사람이 말을 타고 모구(毛毬)를 끌면서 달려가면, 뒤에서 여러 사람이 말을 타고 쫓아가면서 촉(鏃)이 없는 화살로 모구를 쏘아 맞히던 운동.
사ː구일생(四俱一生)[-쌩]명 ☞사귀일성.
사구-체(絲球體)명 신장의 피질부에 있는, 공 모양의 작은 모세 혈관 덩어리.
사ː구-팔가(四衢八街)명 사면팔방으로 통하는 길.
사ː국(史局)명 지난날, 사관(史官)이 사초(史草)를 꾸미던 실록청(實錄廳)이나 일기청(日記廳)을 두루 이르던 말.
사ː국(事局)명 일이 되어 가는 판국.
사ː군(使君)명 지난날, '나라의 사신(使臣)'을 높이어 일컫던 말.
사ː군(事君)명하자 임금을 섬김.
사군(師君)명 '스승'을 높이어 일컫는 말.
사군(嗣君)명 ☞사왕(嗣王).
사ː군이충(事君以忠)명 세속 오계의 하나로, 임금은 충성으로써 섬겨야 한다는 계율.
사ː-군자(士君子)명 학식이 많고 덕망이 높은 사람을 이르는 말.
사ː-군자(四君子)명 ①〔품성이 군자와 같이 고결하다는 뜻으로〕 '매화·난초·국화·대나무'의 넷을 이르는 말. ②동양화에서, 매화·난초·국화·대나무를 소재로 하여 그린 묵화.
사ː-군자(使君子)명 사군자과의 상록 만목. 높이는 7m가량. 잎은 달걀 모양이며 여름에 흰 꽃이 핌. 열매는 니코틴 중독의 중화제나 살충제 따위로 쓰임.
사ː군자-탕(四君子湯)명 한방에서, 인삼·백출·백복령·감초의 네 가지를 한 돈쭝씩 넣어 달인 탕약을 이르는 말. 원기(元氣)와 소화를 돕는 데에 쓰임.
사ː군지도(事君之道)명 임금을 섬기는 도리.
사굴(私掘)명하타 ①남의 무덤을 허가 없이 사사로이 파냄. ②사사로이 광물을 캐내는 일.
사굴(蛇窟)명 뱀의 굴.
사ː궁(四窮)명 살아가기에 매우 딱한 네 가지 처지. 늙은 홀아비, 늙은 홀어미, 부모 없는 아이, 자식 없는 늙은이를 통틀어 이르는 말. 참환과고독.
사권(私權)[-꿘]명 사법(私法)에서 인정되는 재산과 신분에 관한 권리. ↔공권(公權).
사권-화(絲圈花)명 철사를 가지로 하여 비단으로 만든 조화(造花).
사ː-궤장(賜几杖)명하자 지난날, 늙어서 벼슬을 그만두는 대신이나 중신(重臣)에게 임금이 안석(案席)과 지팡이를 내리던 일.
사귀(邪鬼)명 요사스러운 잡귀. 사매(邪魅).
사귀다자타 서로 얼굴을 익혀 가깝게 지내다. 교제하다. ¶ 여러 해 사귀어 온 친구.
사ː귀-신속(事貴神速)명 일을 하는 데는 신속함을 중히 여긴다는 말.
사ː귀일성(四歸一成)[-썽]명 넷이 모여 하나가 되는 일. 〔목화 네 근이 솜 한 근으로, 수삼 네 근이 건삼 한 근으로 되는 따위.〕 사구일생.
사귐-성(-性)[-썽]명 사람들과 잘 사귀는 성품. 비사교성.
사규(寺規)명 절의 규칙.
사규(社規)명 회사의 규칙.
사그라-들다자 삭아서 없어져 가다.
사그라-뜨리다타 사그라지게 하다. 사그라트리다. ¶ 불을 사그라뜨리다. /분(忿)을 사그라뜨리다.
사그라-지다자 삭아서 없어지다. ¶ 그 말을 듣자, 분한 마음이 금세 사그라졌다.
사그라-트리다타 사그라뜨리다.
사그랑이명 다 삭아서 못 쓰게 된 물건.
사그랑-주머니명 〔'다 삭아 버린 주머니'라는 뜻으로〕 거죽 모양만 남고 속은 다 삭은 물건을 이르는 말.
사-그릇(沙-)[-른]명 〈사기그릇〉의 준말. *사그릇이[-르시]·사그릇만[-른-]
사ː극(四極)명 사방의 맨 끝.
사ː극(史劇)명 〈역사극〉의 준말.
사극(伺隙)명하자 기회를 기다림. 틈을 엿봄.
사ː근(四近)명 가까운 사방.
사ː근(事根)명 ☞사본(事本).
사근사근-하다형여 ①(성질이) 붙임성이 있고 친절하며 상냥하다. ②(배나 사과처럼) 씹히는 맛이 연하다. 큰서근서근하다. **사근사근-히**부.

사근-주(莎根酒)[명] 한방에서, 향부자의 뿌리로 담근 술을 약재로 이르는 말. 〔건위제나 진통제 따위로 쓰임.〕

사:근취원(捨近取遠)[명][하자] 가까운 것을 버리고 먼 것을 취함.

사글사글-하다[형][여] (생김새나 성질이) 상냥하고 부드럽다. ¶ 사글사글한 눈매. [큰]서글서글하다.

사글-세(←朔月貰)[-쎄][명] ①집이나 방을 빌려 쓰고 다달이 내는 세. 월세. ②〈사글셋방〉의 준말.

사글셋-방(←朔月貰房)[-쎄빵/-쎋빵][명] 사글세를 받고 빌려 주는 방. [준]사글세.

사금(沙金·砂金)[명] 강바닥이나 해안의 모래에 섞여 있는 금. 금모래.

사:금(謝金)[명] 사례로 주는 돈.

사금-광(沙金鑛)[명] 사금을 캐는 금광.

사금-석(沙金石)[명] 석영(石英)의 한 가지. 적철석이나 운모의 세편(細片)을 많이 함유한 광물. 점점이 빨간빛을 내므로 장식품으로 씀.

사금석-유(沙金石釉)[명] 천연의 사금석에서 추출한 잿물. 다금유(茶金釉).

사금-파리[명] 사기그릇의 깨어진 조각.

사:급(賜給)[명][하타] (물품 따위를) 나라에서 내려 줌. 사여(賜與).

사:기(士氣)[명] ①싸우려 하는 병사들의 씩씩한 기개. ¶ 드높은 국군의 사기. ②사람들이 일을 이룩하려는 기개. ¶ 사원들의 사기 저하.

사기(仕記)[명] 지난날, 벼슬아치의 출근을 기록하던 문서. 사진기(仕進記).

사:기(史記)[명] 역사적 사실을 적은 책. 사서. 사승(史乘). 사적(史籍). 사책(史冊).

사:기(四氣)[명] 철에 따라 바뀌는, 따스하고 덥고 서늘하고 찬 네 가지 기운.

사기(寺基)[명] 절터.

사:기(死期)[명] ①목숨이 다할(다한) 때. 임종(臨終). ②목숨을 버려야 할 때.

사기(私記)[명] 사사로운 기록.

사기(邪氣)[명] ①한방에서, 몸에 병을 가져온다는 풍한서습(風寒暑濕) 따위의 나쁜 기운. ②요사스럽고 나쁜 기운. [준]사.

사기(沙器·砂器)[명] ☞사기그릇.

사:기(使氣)[명][하자] 혈기를 부림.

사기(社基)[명] 회사의 기초.

사기(社旗)[명] 회사의 기.

사:기(事記)[명] 사건 내용을 적은 기록.

사:기(事機)[명] 일의 기틀.

사기(射技)[명] 활을 쏘는 솜씨.

사기(射騎)[명] ①궁술(弓術)과 마술(馬術). ②사수(射手)와 기수(騎手).

사기(詐欺)[명][하타] 못된 목적으로 남을 속여 착오에 빠지도록 하는 행위. ¶ 사기를 치다. /사기를 당하다.

사:기(肆氣)[명][하자] 함부로 방자한 성미를 부림.

사:기(辭氣)[명] ☞사색(辭色).

사기-그릇(沙器-)[-른][명] 백토로 빚어서 구워 만든 매끄럽고 단단한 그릇. 사기. [준]사그릇. [참]도기(陶器)·자기(瓷器). ＊사기그릇이[-르시]·사기그릇만[-른-]

사기-꾼(詐欺-)[명] 사기를 일삼는 사람. 사기사(詐欺師). 사기한(詐欺漢).

사기다[타] 〈옛〉 ①새기다1. ¶ 그 쁘들 사기거든(法華6:38). ②새기다1. ¶ 刻은 사길씨라(月釋2:49).

사기-담(沙器-)[명] 사기그릇이나 오지그릇·질그릇 따위의 깨어진 조각을 모아 둔 곳.

사기-대접(沙器-)[명] 사기그릇으로 된 대접. [준]사대접.

사기-사(詐欺師)[명] ☞사기꾼.

사기-술(詐欺術)[명] 남을 속이는 꾀(재주).

사-기업(私企業)[명] 민간에서 출자한 자본으로 운영하는 기업. ↔공기업.

사기-장(沙器匠)[명] 사기그릇을 만드는 일을 전문으로 하는 사람.

사기-전(沙器廛)[명] 사기그릇을 파는 가게. 사기점.

사기-점(沙器店)[명] ①사기그릇을 구워 만드는 곳. ②☞사기전

사기-죄(詐欺罪)[-쬐/-쮀][명] 남을 속여, 자기 또는 남이 금품을 받거나 불법으로 재산상의 이익을 얻음으로써 성립되는 죄.

사:기지은(四奇之恩)[명] 가톨릭에서, 부활한 뒤의 무손상(無損傷)·광명(光明)·신속(迅速)·투철(透徹)의 네 가지 놀라운 은혜를 이르는 말.

사기-질(沙器質)[명] ☞에나멜질.

사:기-충천(士氣衝天)[명][하자] 사기가 하늘을 찌를 듯함. ¶ 사기충천한 병사들.

사기^파:산(詐欺破産)[명] 파산자가 파산 선고 전후에, 자기 또는 남의 이익을 꾀하거나 채권자를 해칠 목적으로 그 재산의 규모 등을 변경하는 일.

사기-한(詐欺漢)[명] ☞사기꾼.

사기-횡령(詐欺橫領)[-횡녕/-휑녕][명][하타] 사기하여 남의 재물을 불법으로 차지함.

사기-흙(沙器-)[-흑][명] 사기그릇을 만드는 데 쓰는 하얀 빛깔의 흙. ＊사기흙이[-흘기]·사기흙만[-흥-]

사깃-물(沙器-)[-긴-][명] 사기그릇을 구울 때 애벌 구운 그릇을 담가 내는 잿물.

사나-나달[명] 사날이나 나달. 3, 4일이나 4, 5일.

사나이[명] 남자. 특히, 한창때의 젊은 남자. ¶ 사나이 대장부. [준]사내.

사나올[명] 〈옛〉사날1. 삼사 일. ¶ 사나올 머구릴 벼여 오니(月釋*1:45*).

사-나흘[명] 사흘이나 나흘. [준]사날1.

사:난(死難)[명][하자] 국난을 극복하기 위하여 목숨을 버림.

사날1[명] 〈사나흘〉의 준말. ¶ 사날이면 끝날 일.

사날2[명] ①제멋대로만 하는 태도 또는 성미. ¶ 사날 좋게 남의 방에서 자고 있다. ②비위 좋게 남의 일에 참견을 잘하는 일. ¶ 사날이 좋아서 아무 일에나 간섭이다.

사:납다[-따][사나우니·사나워][형][ㅂ] ①하는 짓이나 몸가짐 따위가 억세고 거칠다. ¶ 성질이 몹시 사나운 개. /사납게 몰아붙이다. ②생김새가 험상궂다. ¶ 사나운 얼굴로 노려보다. ③비바람 따위가 몹시 세차다. ¶ 비바람이 사납게 몰아치다. ④인정이 메마르고 거칠다. ¶ 인심이 사나운 동네. ⑤운수가 좋지 아니하다. ¶ 팔자가 사납다.

사나운 개 콧등 아물 틈〔날〕이 없다[속담] 싸우기 좋아하는 사람은 상처가 아물 날이 없다는 말.

사낭(沙囊)[명] ☞모래주머니.

사내[명] ①〈사나이〉의 준말. ②남의 '남편'을 얕잡아 이르는 말. ③'남자'를 달리 이르는 말. ¶ 웬 낯선 사내가 집 앞을 서성거린다. ↔계집.

사내(寺內)[명] 절 안.

사내(舍內)[명] 교사(校舍)·숙사(宿舍) 따위의 안.

사내(社內)[명] 회사 안(내부). 사중(社中).

사내끼[명] 물고기를 잡을 때, 물에 뜬 고기를 건져 내는 기구. 긴 자루 끝의 갈래 진 곳을 망처럼 얽어 만듦.

사내-놈[명] 〈사나이〉의 속된 말.
사내-대장부(-大丈夫)[명] '대장부'를 힘주어 이르는 말. ¶ 사내대장부가 그만한 일로 풀이 죽어서야 되겠니.
사내-보(社內報)[명] 사보의 한 가지. 사내에서 사원들과 그 가족을 대상으로 펴내는 간행물. ↔사외보.
사내-아이[명] 남자 아이. 남아. [낮]아이놈.
사내^유보(社內留保)[명] 매기(每期) 이익 처분의 결과로 사내에 축적된 금액. 〔각종 적립금 등이 이에 해당됨.〕
사내-자식(-子息)[명] ①〈사나이〉의 속된 말. ②〈아들〉의 속된 말.
사내-종[명] 남자 종. ↔계집종.
사냥[명][하타] ①(총이나 그물 따위로) 야생의 짐승을 잡는 일. 수렵. 전렵(畋獵). ②육식 동물이 다른 동물을 먹이로 잡는 일. ¶ 호랑이가 사슴을 사냥하다.
사냥-개[-깨][명] ①사냥할 때 부리기 위하여 길들인 개. 엽견(獵犬). 엽구(獵狗). ②〈염탐꾼〉의 속된 말.
사냥개-자리[-깨-][명] 북두칠성 남쪽에 있는 별자리. 5월 하순 무렵 저녁에는 천정(天頂)에 옴.
사냥-꾼[명] 사냥하는 사람, 또는 사냥을 업으로 하는 사람. 엽부(獵夫). 엽호(獵戶).
사냥-철[명] ①수렵법에서 일 년 중에 사냥이 허가되어 있는 시기. ②어떤 짐승을 사냥하기에 알맞은 철. 수렵기.
사냥-총(-銃)[명] 사냥에 쓰는 총. 엽총.
사냥-터[명] 사냥을 하는 곳. 엽장(獵場).
사ː녀(士女)[명] ①선비와 부인. ②남자와 여자.
사ː년(巳年)[명] 태세(太歲)의 지지(地支)가 사(巳)로 된 해. 〔기사년·을사년 따위.〕 뱀해.
사념(邪念)[명] 사악한 생각. ¶ 사념을 떨쳐 버리다.
사념(思念)[명][하타] 마음속으로 생각함, 또는 그 생각. 사려. ¶ 깊은 사념에 빠지다.
사녕(邪佞)[명] 간사하게 아첨하는 일.
사노(私奴)[명] 〈사노비〉의 준말. ↔관노.
사-노비(私奴婢)[명] 지난날, 개인의 집에서 부리던 노비. [준]사노. ↔관노비.
사ː농공상(士農工商)[명] 선비·농부·장인(匠人)·상인(商人)의 네 가지 신분을 아울러 이르던 말.
사농-시(司農寺)[명] 고려·조선 시대에, 궁중의 제사에 쓰는 곡식과 적전(籍田)의 일을 맡아보던 관아. [참]봉상시(奉常寺).
사뇌-가(詞腦歌)[-뇌-/-눼-][명] '향가(鄕歌)'를 달리 이르는 말.
사뇌-조(詞腦調)[-뇌쪼/-눼쪼][명] 사뇌가(詞腦歌)의 가락.
사느랗다[-라타][사느라니·사느래][형][ㅎ] ①물체의 온도나 체온이 조금 차다. ¶ 사느랗게 식은 숭늉. ②놀라거나 하여 가슴속이 사늘한 느낌이 있다. ¶ 뜻밖의 소식에 가슴이 금방 사느랗게 느껴지다. ③인정이 싹 가신 듯한 느낌이 있다. ¶ 안경 너머의 사느란 눈매. [큰]서느렇다. [센]싸느랗다.
사늘-하다[형][여] ①물체의 온도나 기온이 몹시 산산하다. ¶ 새벽 공기가 사늘하다. ②놀라거나 하여 가슴속에 찬 기운이 도는 듯하다. ¶ 가슴이 사늘하게 식다. ③인정이 싹 가신 듯하다. ¶ 사늘한 표정. /사늘한 태도. ④(분위기 따위가) 살랑한 느낌이 도는 듯하다. ¶ 사무실 분위기가 사늘하다. [큰]서늘하다. [센]싸늘하다. **사늘-히**[부].
사니(沙泥·砂泥)[명] 모래가 섞인 진흙.
사니-질(沙泥質)[명] 진흙과 모래가 섞여 있는 토질.
사다[타] ①대금을 치르고 물건이나 어떤 권리를 자기의 것으로 하다. ¶ 학용품을 사다. /큰 농장을 사다. ↔팔다. ②임금을 치르거나 치르기로 하고 노동력을 얻다. ¶ 짐꾼을 사다. ③돈을 치르고 사람을 청하여 즐기다. ¶ 악단을 사서 여흥을 즐기다. ④물건을 주고 돈을 마련하다. ¶ 마늘 접이나 팔아서 돈을 좀 샀지. ⑤상대편으로 하여금 어떤 마음을 일으키게 하다. ¶ 듣기 좋은 말로 환심을 사다. ⑥자기가 한 말이나 행동으로 말미암아 괴로운 일이 자신에게 미치다. ¶ 반감을 사다. /빈축을 사다. /공연한 말로 원한을 사다. ⑦(어떤 사람의 능력·태도 등의) 값어치를 인정하다. ¶ 그의 재능을 높이 사다.
　사서 고생(을) 하다[관용] 안 해도 될 일을 제 스스로 만들어 괴로운 일을 당하게 되다.
사-다리[명] 〈사닥다리〉의 준말.
사다리-꼴[명] 네 변에서 한 쌍의 대변(對邊)이 평행인 사변형.
사다리-차(-車)[명] 사다리를 장착한 특수차. 화재 진압이나 이삿짐 운반에 쓰임.
사다-새[명] 사다샛과의 물새. 몸길이 65~80 cm. 몸빛은 희고 부리가 길며, 아래 부리에 수축할 수 있는 턱주머니가 달려 있음. 다리는 짧고 물갈퀴가 있음. 유럽 남동부, 중국 북부 등지에서 볼 수 있음. 제호(鵜鶘). 펠리컨.
사닥-다리[-따-][명] 높은 곳에 올라갈 때에 디디고 오르게 만든 기구. [준]사다리.
사닥다리-분하(-分下)[-따-][명][하타] 여러 사람에게 물건이나 돈을 나누어 줄 때, 그 분수에 따라 층이 지게 주는 일.
사ː단(四端)[명] 사람의 본성인 인(仁)·의(義)·예(禮)·지(智)에서 우러나오는 측은(惻隱)·수오(羞惡)·사양(辭讓)·시비(是非)의 네 가지 마음씨. 〔'맹자'에서 유래함.〕
사ː단(事端)[명] ①일의 실마리. 사건의 실마리. ②'사달'의 잘못.
사단(社團)[명] ①일정한 목적을 위하여 조직된 단체로서, 그 단체 자체가 사회에서 하나의 단일체로서 활동하는 것. [참]재단. ②〈사단 법인(社團法人)〉의 준말.
사단(社壇)[명] 〈사직단(社稷壇)〉의 준말.
사단(師團)[명] (육군과 해병대의 편제에서) 전술상으로 독립된 부대. 육군에서는 군단의 아래, 연대의 위임.
사단(紗緞)[명] 사(紗)와 비단.
사단(詞壇)[명] 문인들의 사회. 문단.
사단^법인(社團法人)[명] 일정한 목적을 위해 조직된 단체로서, 법률상 그 권리·의무의 주체로 인정받은 것. 공익 사단 법인과 영리 사단 법인의 구별이 있음. [준]사단. [참]재단 법인.
사단-장(師團長)[명] 사단을 지휘·통솔하는 지휘관. 〔보통, 소장(少將)으로써 보함.〕
사-단조(-短調)[-쪼][명] '사' 음을 으뜸음으로 하는 단조.
사단-주속(紗緞紬屬)[명] ☞사라능단(紗羅綾緞).
사달[명] (대단찮은) 사고나 탈. ¶ 사달이 나다.
사ː달(四達)[명][하자] (길이) 이리저리 사방으로 통함. 사통(四通).
사ː달-오통(四達五通)[명] ☞사통오달.
사ː담(史談)[명] 역사적인 사실에 관한 이야기. 사화.
사담(私談)[명][하자] 사사로운 이야기. 사사로이 하는 이야기. ↔공담(公談).

사담(卸擔)명하타 ①(진 짐을) 내려놓음. ②(책임을) 벗음.
사답(寺畓)명 절에 딸린 논.
사답(私畓)명 개인 소유의 논. ↔공답.
사당[1]명 〈옛〉 사탕. ¶ 사당:*砂糖*(*痘瘡13*).
사ː당[2]명 지난날, 여러 지방을 떠돌아다니면서 노래와 춤을 팔던 여자, 또는 그 무리. 한자를 빌려 '寺黨·社黨·社堂'으로 적기도 함. 사당패. 참남사당.
사당(私黨)명 사사로운 목적으로 모인 무리.
사당(邪黨)명 간사한 무리. 간악한 무리.
사당(祠堂)명 신주를 모신 집, 또는 신주를 모시기 위하여 집처럼 자그마하게 만든 것. 사당집. 사우(祠宇).
사ː당-무(-舞)명 봉산 탈춤에서, 중들의 파계 장면을 보여 주는 춤. 사당춤.
사당-방(祠堂房)명 신주를 모셔 둔 방. 사우방.
사당-양자(祠堂養子)[-냥-]명 ☞신주양자(神主養子).
사당-집(祠堂-)[-찝]명 ☞사당(祠堂).
사ː당-춤명 ☞사당무.
사당-치레(祠堂-)명하자 ①사당을 보기 좋게 꾸미는 일. ②☞면치레.
사당치레하다가 신주 개 물려 보낸다속담 겉만 꾸미려고 애쓰다가 정작 요긴한 것은 잃어버리고 만다는 뜻.
사ː당-패(-牌)명 ☞사당2.
사대명 투전이나 골패 따위에서, 같은 짝을 모으는 일.
사ː대(四大)명 ①불교에서, 땅·물·불·바람의 네 가지를 만물의 근원이라는 뜻에서 이르는 말. ②도교에서, 도(道)·천(天)·지(地)·왕(王)의 네 가지를 우주에 있는 가장 큰 것이라는 뜻에서 이르는 말. ③팔·다리·머리·몸통의 네 부분, 곧 사람의 육신.
사대(私貸)명하타 (공금이나 남의 돈을) 사사로이 꾸어 줌. 참유용(流用).
사ː대(事大)명하자타 ①약자가 강자를 붙좇아 섬김. ②작은 나라가 큰 나라를 섬김.
사대(査對)명하타 지난날, 중국에 보내는 표(表)와 문서를 살피어 확인하던 일.
사대(師大)명 〈사범 대학〉의 준말.
사ː-대가(四大家)명 ①조선 선조 때의 이름난 네 사람의 한학자, 이정구(李廷龜)·신흠(申欽)·장유(張維)·이식(李植). ②중국 원(元)나라 말기의 이름난 네 화가, 황공망(黃公望)·예찬(倪瓚)·오진(吳鎭)·왕몽(王蒙). ③중국 명(明)나라 때, 시서화(詩書畫)에 걸쳐 이름 높던 네 대가, 심주(沈周)·당백호(唐伯虎)·문징명(文徵明)·동기창(董其昌).
사ː대교린-주의(事大交隣主義)[-의/-이]명 조선 시대에, 큰 나라인 중국은 섬기고, 왜(倭)나 여진(女眞) 등 이웃 종족과는 잘 사귀어 탈없이 지내자던 주의.
사ː대^기서(四大奇書)명 중국 명나라 때의 네 편의 걸작 장편 소설인 '수호지(水滸誌)'·'삼국지연의(三國志演義)'·'서유기(西遊記)'·'금병매(金甁梅)'를 이르는 말. 〔'금병매' 대신 '비파기'를 넣기도 함.〕
사ː대-당(事大黨)명 ①세력이 강한 쪽을 붙좇아 실리를 구하는 무리. ②☞수구당.
사ː-대문(四大門)명 조선 시대에, 서울 도성(都城)의 동서남북에 세운 네 성문. 흥인지문(興仁之門)·돈의문(敦義門)·숭례문(崇禮門)·숙정문(肅靖門)을 이름. 준사문.
사ː-대부(士大夫)명 〔지난날〕 ①문벌이 높은 사람을 일컫던 말. ②문무(文武)의 양반을 평민에 상대하여 일컫던 말. 준사부.
사ː대-사상(事大思想)명 주견(主見)이나 자주성이 없이 강한 세력을 붙좇아 안전을 꾀하는 사상.
사ː대-삭신(四大-)[-씬]명 〈사대육신(四大六身)〉의 속된 말.
사대-석(莎臺石)명 능침(陵寢)의 병풍석 대신으로 쓰는 돌.
사ː대^성ː인(四大聖人)명 고금동서(古今東西)에 으뜸가는 네 성인. 곧, 공자·석가·예수·소크라테스를 이르는 말. 〔소크라테스 대신에 마호메트를 넣기도 함.〕 사성.
사ː대-육신(四大六身)[-씬]명 〔두 팔·두 다리·머리·몸통이란 뜻으로〕 '온몸'을 이르는 말.
사-대접(沙-)명 〈사기대접〉의 준말.
사ː대^제ː자(四大弟子)명 석가의 제자 가운데서 특히 훌륭한 네 제자. 수보리(須菩提)·가전연(迦旃延)·가섭(迦葉)·목건련(目犍連)을 이름.
사ː대-주(四大洲)명 ☞사주(四洲).
사ː대-주의(事大主義)[-의/-이]명 주체성 없이, 강대국을 맹목적으로 섬기려 하거나 강대국의 문화·학문 등을 무비판적으로 받아들이려 하는 주의.
사댁(查宅)명 ☞사돈댁.
사ː덕(四德)명 〔유교에서〕 ①주역이 밝힌 자연의 네 가지 원리. 곧, 원(元)·형(亨)·이(利)·정(貞)을 이름. ②부인이 갖추어야 할 네 가지 품성. 곧, 착한 마음씨, 고운 말씨, 얌전한 솜씨, 깨끗한 맵시를 이름. ③인간이 지켜야 할 네 가지 덕. 곧, 효도·우애·충성·신의를 이름. ②③사행(四行).
사ː도(士道)명 선비로서 마땅히 지켜야 할 도리.
사도(司徒)명 ①고려 시대, 삼공(三公)의 하나. ②조선 시대에, 호조 판서를 달리 이르던 말.
사도(仕途)명 벼슬길.
사ː도(四都)명 조선 시대에, 유수(留守)를 두었던 개성·광주·수원·강화의 네 도읍.
사도(私屠)명하타 관청의 허가를 받지 않고 가축을 잡는 일.
사도(私道)명 ①공명하지 못한 방법(도리). ②개인이 내어 쓰는 길. 사유지에 낸 길. ↔공도.
사도(邪道)명 올바르지 않은 길. 사로(邪路). ↔정도(正道).
사ː도(使徒)명 ①기독교에서, 예수가 복음을 널리 전하기 위하여 특별히 뽑은 열두 제자. 종도(宗徒). ②신성한 일을 위하여 헌신적으로 일하는 사람을 비유하여 이르는 말. ¶ 평화의 사도.
사도(師道)명 스승으로서 마땅히 지켜야 할 도리.
사도(斯道)명 ①유교에서, 유교의 도덕을 이르는 말. ②(학문이나 기예 등에서의) 이 분야. 이 방면. 이 길.
사도-공(寫圖工)명 작성된 도면을 그대로 베끼는 일을 업으로 하는 사람.
사도-기(寫圖器)명 팬터그래프를 써서 원도(原圖)를 축소하거나 확대하여 등사하는 기계.
사ː도^신경(使徒信經)명 기독교의 바탕이 되는 핵심 교리를 담은 신앙 고백문. 초대 교회 이후 주일 미사나 예배 때 신자들이 신앙을 고백하는 뜻에서 욈.
사ː도-팔도(四都八道)[-또]명 조선 시대에, 우리나라의 전 지역을 이르던 말.

사ː도-행전(使徒行傳)명 신약 성서 중의 한 편. 누가의 저작으로, 베드로와 바울의 복음 행적과 초대 교회의 건설 및 발달 과정이 기록되어 있음.

사ː독(四瀆)명 왕조 때, 나라의 운명과 관련이 깊다 하여 해마다 제사를 지내던 네 강. 곧, 낙동강〔東瀆〕·한강〔南瀆〕·대동강〔西瀆〕·용흥강〔北瀆〕을 아울러 이르던 말.

사독(邪毒)명 병을 일으키는 나쁜 독기.

사독(蛇毒)명 독사의 독선(毒腺)에서 나온 독.

사독(肆毒)명하자 독한 성미를 함부로 부림.

사돈(査頓)명 ①자녀의 혼인으로 맺어진 두 집안의 어버이끼리, 또는 그 두 집안의 같은 항렬이 되는 친족끼리 서로를 부르는 말. ②혼인한 두 집안끼리 서로 아래 항렬이 되는 친족을 부르는 말. 인친(姻親). ¶ 사돈을 맺다.

사돈 남(의) 말 한다속담 제 일은 제쳐 놓고 남의 일에만 참견함을 이르는 말.

사돈 밤 바래기속담 이편에서 바래다 주면 곧 이어 다음번에는 상대편에서 바래다 주고 하여 자꾸 되풀이됨을 이름.

사돈의 팔촌관용 '남이나 다름없는 매우 먼 친척임'을 뜻함.

사돈-댁(査頓宅)[-땍]명 ①〈안사돈〉의 높임말. 사댁. 높사부인. ②〈사돈집〉의 높임말. ②사가댁.

사돈-도령(査頓-)명 '사돈집 총각'을 대접하여 일컫는 말.

사돈-집(査頓-)[-찝]명 사돈의 집. 사가(查家). 높사가댁·사돈댁.

사돈집 잔치에 감 놓아라 배 놓아라 한다속담 저와는 상관없는 일에 간섭함을 이름.

사돈-하다(査頓-)자 사돈 관계를 맺다. ¶ 두 집안이 이번에 사돈하게 되었다.

사ː동(使童)명 관청이나 회사 같은 곳에서 잔심부름을 하는 아이. 참사환(使喚).

사동(絲桐)명 '거문고'를 달리 이르는 말.

사ː-동사(使動詞)명 문장의 주어인 주체가 남으로 하여금 어떤 동작을 하도록 함을 나타내는 동사. 동사나 일부 형용사 어근에 접사 '-이-·-히-·-리-·-기-·-우-·-구-·-추-' 등이 붙어서 이루어짐. 〔먹이다·넓히다·울리다·웃기다·세우다·돋구다·낮추다 따위.〕 사역 동사. 하임움직씨. ↔주동사.

사ː동^조ː동사(使動助動詞)명 보조 동사의 한 가지. 주되는 서술어의 내용이 실제로 그리 되도록 만드는 뜻을 더해 줌. 〔'공부하게 하다.'에서 '하다'나 '잘 되게 만들다.'에서 '만들다' 따위가 이에 해당함.〕

사ː동-치마(四-)명 전체를 세로로 4등분하여 네 가지 빛깔로 꾸민 연.

사-되다(私-)형 '삿되다'의 잘못.

사-되다(邪-)형 '삿되다'의 잘못.

사두(射頭)명 어떤 사정(射亭)을 대표하는 활량들의 우두머리.

사두개-파(←Saddoukaîoi派)명 ①기원전 2세기경 바리새파에 대항하여 일어난 유대교의 한 파. ②'물질주의자'를 비유하여 이르는 말.

사ː두-고근(四頭股筋)명 넓적다리 앞쪽에 있는 네 개의 크고 단단한 근육. 대퇴 사두근.

사둔명 '사돈(査頓)'의 잘못.

사둘명 손잡이가 길고 국자처럼 생긴, 고기 잡는 그물.

사득(查得)명하타 (사실을) 조사하여 알아냄.

사-들이다타 물건 따위를 사서 들여오다. ¶ 가구를 사들이다. /토지를 사들여 농장을 만들다.

사-등롱(紗燈籠)[-농]명 사(紗)로 겉을 둘러 바른 등롱. 준사롱.

사디스트(sadist)명 사디즘의 경향이 있는 사람.

사디즘(sadism)명 이성(異性)을 학대함으로써 성적 쾌락을 느끼게 되는 변태 성욕의 한 가지. 가학 성애(加虐性愛). 가학애(加虐愛). ↔마조히즘.

사ᄃᆞ새명 〈옛〉사다새. ¶ 사ᄃᆞ새 뎨:鵜(訓蒙上*16*).

사ː또(←使道)명 〔지난날〕 ①부하인 장졸이 그 주장(主將)을 일컫던 말. ②백성이 고을 원을 공대하여 일컫던 말.

사또 떠난 뒤에 나팔 분다속담 마땅히 하여야 할 일을 제때가 지난 뒤에야 함을 조롱하여 이르는 말.

사-뜨다[~뜨니·~떠]타 (골무나 타래버선의 두 쪽을 합쳐 마무를 때) 가장자리를 위아래로 번갈아 겹쳐 꿰매다.

사뜻-하다[-뜨타-]형여 깨끗하고 말쑥하다. ¶ 옷맵시가 사뜻하다. **사뜻-이**부.

사라-능단(紗羅綾緞)명 얇은 사(紗)붙이와 두꺼운 단(緞)붙이 따위의 비단을 아울러 이르는 말. 사단주속(紗緞紬屬).

사라다명 '샐러드'로 순화.

사라사(saraça 포)명 사람이나 새·짐승·꽃 따위 무늬를 여러 가지 빛깔로 날염한 피륙.

사라센(Saracen)명 고대 그리스 로마에서 시리아 부근의 아랍 인을 부르던 이름. 중세 이후에는 이슬람교도를 통틀어 일컫던 이름.

사라-수(沙羅樹)명 용뇌향과의 상록 교목. 히말라야 산기슭에서 인도 중서부에 걸쳐 자라는데, 높이는 30 m가량. 잎은 길둥근 달걀 모양이며 끝이 뾰족함. 3월경에 노란 꽃이 핌. 사라쌍수.

사라-쌍수(沙羅雙樹)명 ①석가가 사라수 숲에서 열반(涅槃)에 들 때, 그 사방에 한 쌍씩 서 있었다는 사라수. ②☞사라수.

사라지명 지난날, 한지(韓紙)를 기름에 결어 두루주머니같이 만들어 차던 담배쌈지.

사라지다자 ①모양이나 자취가 없어지다. ¶ 하늘에 총총했던 별이 하나 둘 사라지다. ②어떤 생각이나 감정 따위가 없어지다. ¶ 슬픈 감정이 사라지다. ③'죽다'를 에둘러 이르는 말. ¶ 형장의 이슬로 사라지다. ①②큰스러지다.

사락-거리다[-꺼-]자타 자꾸 사락사락 소리가 나다, 또는 그런 소리를 내다. 사락대다. ¶ 마른 나뭇잎이 바람결에 사락거리다.

사락-대다[-때-]자타 사락거리다.

사락-사락[-싸-]부하자타 어떤 물체가 서로 가볍게 스칠 때 나는 소리.

사란(絲欄)명 ☞정간(井間).

사란(Saran)명 그물이나 낚싯줄, 텐트감 등으로 쓰이는 합성 섬유의 한 가지. 〔상표명에서 유래함.〕

사ː람명 ①가장 진보된 고등 동물. 지능이 높고 서서 걸으며, 말·연모·불을 사용하면서 문화를 만들어 내고, 사유하는 능력을 지님. 인간. 인류. ¶ 사람은 만물의 영장이다. ②법률상 권리와 의무의 주체인 자연인. ③사회나 집단의 구성원. ¶ 저이는 이 회사 사람이다. /이제 모일 사람은 다 모였나? ④어느 고장의 출신자. 겨레붙이. ¶ 서울 사람. /우리나라 사람. /김씨네 집안 사람. ⑤어른. 성인. ¶ 사람 구실 할 나이가 되었다. /한 사람 몫을 한다. ⑥인격자. 도덕적 인간. ¶ 사람다운 사람. /훌륭한 사람. ⑦사람됨. 인품. ¶ 사람이야 그만이지. /무던한 사람. ⑧남과 대화할 때 '자기 아내'를 겸손하게 이르는 말. 《주로, '이 사람이'의 꼴로 쓰임.》 ¶ 이 사람이 담근 술입니다. ⑨쓸 만한 인물. 인재. ¶ 요즘은 사람 구하기가 너무 힘들다. ⑩불특정의 '세상 사람'. ¶ 사람들의 입에 오르내리는 소문. ⑪내객. 손님. 참석자. ¶ 예식장을 꽉 메운 사람들. ⑫상대편의 대상이 되어 있는 '자기' 또는 '남'. ¶ 왜 사람을 못살게 구는 거야. /허, 사람을 마구 다루네. ⑬'이'·'그' 따위 대명사에 이어 쓰이어, '자기와 친근한 사람'을 가리킴. ¶ 에끼, 이 무정한 사람아. /야, 이 사람아 그래 얼마 만인가. ⑭〖의존명사적 용법〗 사람을 세는 단위. ¶ 한 사람. /여러 사람.

사람 나고 돈 났지 돈 나고 사람 났나[속담] 아무리 돈이 귀중하다고 해도 사람보다 더 귀중할 수는 없다는 뜻으로 이르는 말.

사람 위에 사람 없고 사람 밑에 사람 없다[속담] 사람이라면 누구나를 막론하고 자유롭고 평등한 권리를 누릴 수 있다는 말.

사람은 열 번 (다시) 된다[속담] 사람은 살아가는 동안에 여러 번 변화하고 발전한다는 뜻.

사람은 죽으면 이름을 남기고 범은 죽으면 가죽을 남긴다[속담] 인생의 목적은 좋은 일을 하여 후세에 이름을 남기는 데 있다는 말.

사람은 키 큰 덕을 입어도 나무는 키 큰 덕을 못 입는다[속담] 나무는 큰 나무가 있으면 그 밑의 작은 나무는 자라지 못하나, 사람은 큰 인재가 나면 그 주위 사람이 덕을 입는다는 말.

사람의 새끼는 서울로 보내고 마소 새끼는 시골〔제주〕로 보내라[속담] 사람은 넓고 큰 곳에서 자라야 출세할 기회가 많다는 말.

사람(을) 버리다[관용] 좋지 못한 사람이 되다.

사람(을) 잡다[관용] 극심한 곤경으로 몰아넣다. ¶ 내가 언제 그랬느냐. 괜히 사람 잡는 소리를 하지 마라.

사람(이) 되다[관용] 도덕적으로나 인격적으로 사람으로서의 자질을 갖춘 인간이 되다.

사람 죽이다[관용] ①어처구니없는 말을 하여 사람을 곤경에 몰아넣다. ②웃기는 소리나 시늉을 하여 요절복통하게 하다. ¶ 저 녀석 곱사춤을 보게나. 정말 사람 죽인다. ③사람의 마음을 황홀하게 할 정도로 좋다. ¶ 이 동치미 맛이 사람 죽인다.

사ː람-값[-깝][명] 사람으로서의 가치나 구실. ¶ 제발 사람값 좀 해라. *사ː람값이[-깝씨]·사ː람값만[-깜-]

사ː람-대이름씨(-代-)[명] ☞인칭 대명사.

사ː람-됨[-됨/-뒘][명] 사람의 됨됨이. ¶ 사람됨이 분명하다.

사ː람-멀미[명] 사람이 많은 데서 느끼는 어지러운 증세.

사ː람사람-이[부] 사람마다.

사ː람-인(-人)[명] 한자 부수의 한 가지. '今'·'企' 등에서의 '人'의 이름.

사ː람인-변(-人邊)[명] 한자 부수의 한 가지. '伊'·'住' 등에서의 '亻'의 이름.

사랑[명][하자타] ①아끼고 위하며 한없이 베푸는 일, 또는 그 마음. ¶ 어머니의 사랑. ②남녀 간에 정을 들여 애틋이 그리는 일, 또는 그러한 관계나 상대. ¶ 사랑하는 사이. /사랑에 눈멀다. ③동정(同情)하여 너그럽게 베푸는 일, 또는 그 마음. ¶ 수재민을 위한 사랑의 손길. ④어떤 사물이나 대상을 몹시 소중히 여김, 또는 그 마음. ¶ 그는 별을 사랑하고 하늘을 사랑하였다. /음악을 사랑하는 사람들의 모임. ⑤기독교에서, 긍휼(矜恤)과 구원(救援)을 위하여 예수를 내려 보낸 하나님의 뜻.

사랑(舍廊·斜廊)[명] ①한옥에서, 주로 바깥주인이 거처하는 곳. 외당. 외실. ¶ 손님을 사랑으로 모셔라. ②남 앞에서 '자기의 남편'을 높이어 일컫는 말. ¶ 사랑에서 하시는 일이라 저는 잘 모릅니다.

사랑-놀이(舍廊-)[명][하자] 지난날, 사삿집에서 사랑에 음식을 차리고 기생을 청하여 풍류와 술을 즐기면서 놀던 일.

사랑-니[명] 성년기에 입속 맨 안쪽 끝에 돋아나는 어금니. 지치(智齒).

사랑-문(舍廊門)[명] 대문 안에서 사랑방이나 사랑채로 드나드는 문.

사랑-방(舍廊房)[명] 사랑채에 있는 방, 또는 사랑으로 쓰는 방. 상방(上房).

사랑-스럽다[-따][~스러우니·~스러워][형ㅂ] 사랑하고 싶은 정이 일어나게 귀엽다. ¶ 앳되고 사랑스럽던 모습이 아직도 눈에 선하다. **사랑스레**[부].

사랑-싸움[명][하자] 사랑하는 남녀나 부부 사이에 일어나는 악의 없는 다툼.

사랑-양반(舍廊兩班)[-냥-][명] ①남의 남편을 그의 아내 앞에서 높이어 일컫는 말. ②지난날, 하인에 대하여 그 집 남자 주인을 일컫던 말.

사랑옵다[-따][사랑오우니·사랑오워][형ㅂ] 마음에 꼭 들도록 귀엽다. [본]사랑홉다.

사랑-채(舍廊-)[명] 사랑으로 쓰이는 집채.

사랑홉다[-따][형ㅂ] 〈사랑옵다〉의 본딧말.

사래¹[명] 지난날, 마름이나 묘지기가 보수로 소작료 없이 부쳐 먹던 논밭. 사경(私耕).

사래²[명] 추녀 끝에 잇대어 댄 네모난 서까래.

사래[명] 〈옛〉이랑. ¶ 지 너머 사래 긴 바틀 언제 갈려 ᄒᆞᄂᆞ니(古時調).

사래-논[명] 소작료 없이 사래로 부쳐 먹는 논. 사경답(私耕畓).

사래-답(-畓)[명] '사래논'의 잘못.

사래-밭[-받][명] 소작료 없이 사래로 부쳐 먹는 밭. 사경전. *사래밭이[-바치]·사래밭을[-바틀]·사래밭만[-반-]

사래-쌀[명] 지난날, 묘지기나 마름에게 보수로 주던 쌀.

사래-전(-田)[명] '사래밭'의 잘못.

사래-질[명][하타] (곡식을) 키 따위로 살라서 굵고 무거운 것과 잘고 가벼운 것을 따로 가려내는 짓.

사ː략(史略)[명] 간략하게 쓴 역사.

사략(些略) '사략하다'의 어근.

사략-하다(些略-)[-랴카-][형] 사소하고 간략하다.

사ː량(四樑)[명] 들보 네 개를 세로로 얹어 한 칸 반 넓이로 집을 짓는 방식.

사량(思量)[명][하타][되자] ☞사료(思料).

사량(飼糧)[명] 가축의 먹이.

사ː량-집(四樑-)[-찝][명] 사량으로 지은 집.

사ː레[명] 잘못 삼킨 음식이 숨구멍으로 조금 들어갔을 때 재채기처럼 뿜어 나오는 상태.

사ː레-들다[~드니·~들어][자] 사레들리다.

사ː레-들리다[자] 사레에 걸리다. 사레들다. ¶ 밥을 급히 먹다가 사레들리다.

사려[명] 윷판의 방에서 날밭 쪽으로 첫째 자리, 곧 방과 안찌의 사이.

사려(思慮)[명][하타] 여러 가지로 신중하게 생각함, 또는 그 생각. 사념. ¶ 사려가 부족하다. /그는 사려가 깊은 사람이다.

사ː력(死力)명 ☞죽을힘. ¶ 사력을 다하다.
사력(私力)명 (개인의) 사사로운 힘.
사ː력(事力)명 일의 되어 가는 형편과 재력.
사력(社歷)명 ①회사의 역사. 사사(社史). ②입사 후의 경력이나 햇수.
사력(沙礫·砂礫)명 모래와 자갈.
사력(肆力)명하자 ☞진력(盡力).
사력^단구(沙礫段丘)[-딴-]명 평평하고 두꺼운 사력층(沙礫層)으로 된 단구.
사력-지(沙礫地)[-찌]명 모래와 자갈로 된 땅.
사련(邪戀)명 떳떳하지 못한 남녀 간의 사랑.
사련(思戀)명하타 (이성을) 그리워함. 그립게 여김.
사렵(射獵)명하타 활로 하는 사냥.
사령(司令)명 ①하타 군대나 함선을 지휘하고 감독하는 일, 또는 그 사람. ②연대급 이상의 부대에서 일직(日直) 등 당번의 책임을 맡은 장교.
사ː령(四齡)명 누에의 석 잠 잔 뒤로부터 넉 잠 잘 때까지의 사이.
사ː령(四靈)명 전설상 신령하다는 네 가지 동물. 곧, 기린·봉황·거북·용.
사령(寺領)명 절에서 소유하는 영지(領地).
사ː령(死靈)명 죽은 사람의 영혼. ↔생령(生靈).
사령(私領)명 ①개인 소유의 영지(領地). ②제후(諸侯)의 영지.
사ː령(使令)명 ①지난날, 각 관아에서 심부름하던 사람. ②하자 명령하여 일을 하게 함.
사ː령(赦令)명 지난날, 나라에 경사가 있어 죄인을 놓아줄 때 내리던 명령.
사령(辭令)명 ①남에게 응대하는 말. ②관직이나 공직의 임면(任免)에 대한 공식적인 발령. ③〈사령장(辭令狀)〉의 준말.
사령-관(司令官)명 사령부에서 군대를 통수하는 직책, 또는 그 직책을 맡은 사람.
사ː령-방(使令房)명 지난날, 사령들이 모여 있던 곳. 사령청(使令廳).
사령-부(司令部)명 함대나 사단급 이상의 부대, 또는 위수(衛戍) 지구의 지휘관이 부대를 통수(統帥)하는 본부.
사령-서(辭令書)명 ☞사령장(辭令狀).
사령-선(司令船)명 사령관이 함대를 지휘·통솔할 때 타는 배.
사ː령^숭배(死靈崇拜)명 미개 신앙 형태의 한 가지. 사람의 영혼이 죽은 뒤에 사령(死靈)이 되어 산 사람의 화복(禍福)에 영향을 준다고 믿고 이를 섬기는 일.
사령-장(辭令狀)[-짱]명 관직이나 공직의 임면에 대한 내용을 적어 당사자에게 주는 문서. 사령서. 준사령.
사ː령-청(使令廳)명 ☞사령방.
사령-탑(司令塔)명 ①군함에서, 사령관이나 함장이 지휘하기에 편하도록 높은 위치에 설비를 한 곳. ②작전·지시 등을 하는 중추부. ¶ 한국 축구의 사령탑.
사ː례(四禮)명 관례(冠禮)·혼례(婚禮)·상례(喪禮)·제례(祭禮)의 네 가지 예(禮).
사례(私禮)명 비공식적으로 사사로이 차리는 인사.
사ː례(事例)명 일의 전례나 실례(實例). ¶ 성공 사례.
사례(射禮)명 활을 쏘는 예법. 활을 쏠 때에 행하는 의식.
사ː례(謝禮)명하자타 (언행이나 금품으로) 고마운 뜻을 나타내는 인사. ¶ 사례의 뜻을 전하다.
사ː례-금(謝禮金)명 사례의 뜻으로 주는 돈. 사례비(謝禮費). ¶ 돈을 찾아 주고 약간의 사례금을 받았다.
사ː례-비(謝禮費)명 ☞사례금.
사ː례-편람(四禮便覽)[-펼-]명 조선 숙종 때, 이재(李縡)가 관혼상제(冠婚喪祭)에 관한 제도와 절차에 대하여 적은 책. 8권 4책.
사로(仕路)명 벼슬길.
사ː로(死路)명 ①막다른 길. ②죽음의 길.
사로(邪路)명 ☞사도(邪道).
사로(沙路·砂路)명 모래가 깔린 길.
사로(思路)명 (글을 지을 때) 생각을 더듬어 나아가는 길.
사로(斜路)명 ①큰길에서 갈라져 비껴 나간 길. ②비탈길.
사로-자다자 (마음이 불안하거나 초조하여) 자는 둥 마는 둥 하게 자다.
사로-잠그다[~잠그니·~잠가]타 (빗장이나 자물쇠 따위를) 고리에 반쯤 걸어 놓다.
사로-잡다[-따]타 ①산 채로 붙잡다. 생포하다. ¶ 적병을 사로잡다. /곰을 사로잡다. ②마음이 쏠리도록 만들다. ¶ 마음을 사로잡다.
사로잡-히다[-자피-]자 〖'사로잡다'의 피동〗 ①산 채로 잡히다. ¶ 적에게 사로잡히다. ②마음이 쏠리어 얽매이다. ¶ 공포에 사로잡히다.
사ː록(四綠)명 음양설에서 이르는 구성(九星)의 하나. 곧, 목성(木星)을 이름.
사ː록(史錄)명 역사에 관한 기록.
사록(寫錄)명하타 베낌. 옮겨 씀.
사ː록(麝鹿)명 ☞사향노루.
사ː론(士論)명 선비들 사이의 공론(公論).
사ː론(史論)명 역사에 관한 논설이나 주장.
사론(私論)명 개인의 사사로운 논설이나 주장. ↔공론(公論).
사론(邪論)명 정당하지 못한 이론이나 주장.
사롱(紗籠)명 ①〈사등롱〉의 준말. ②현판(懸板)에 먼지가 앉지 못하게 덮어씌우는 사(紗).
사롱(斜籠)명 한식 건축물에서, 대문이나 중문 위에 만들어 댄 창살.
사롱(sarong 말)명 자바 토인과 말레이 인·인도인 등의 회교도가 허리에 감아서 입는 옷. 참사리(sari).
사뢰다[-뢰-/-뤠-]타 삼가 말씀을 드리다. 아뢰다. ¶ 사뢸 말씀 많사오나 이만 줄이나이다.
사ː료(史料)명 역사의 연구와 편찬에 필요한 문헌이나 유물 따위의 자료. 사재(史材).
사료(思料)명하타되자 생각하여 헤아림. 사량(思量). ¶ 그를 포상함이 옳은 줄로 사료되옵니다.
사료(飼料)명 가축 따위의 먹이.
사료^식물(飼料植物)[-싱-]명 가축의 사료로 쓰이는 식물.
사료^작물(飼料作物)[-장-]명 사료로 쓰기 위하여 재배하는 식물. 〔보리·귀리·옥수수·고구마 따위.〕 먹이 작물.
사ː료-학(史料學)명 사료를 발견·수집하여 분류·정리하는 따위의 기술적 처리를 다루는 역사학의 한 분과.
사룡(蛇龍)명 이무기가 변하여 된다는 용.
사루(沙漏·砂漏)명 ☞모래시계.
사ː류(士類)명 선비의 무리.
사류(絲柳)명 ☞수양버들.
사ː륙(四六)명 ①〈사륙문(四六文)〉의 준말. ②〈사륙판(四六版)〉의 준말.
사ː륙-문(四六文)[-륭-]명 ☞변려문(駢儷文). 준사륙.

사ː륙^반ː절(四六半切) [-빤-]명 책의 판형의 한 가지. 사륙판의 절반 크기의 규격.
사ː륙^배ː판(四六倍版) [-빼-]명 책의 판형의 한 가지. 사륙판의 갑절 크기의 규격.
사ː륙-변려문(四六騈儷文) [-뻘-]명 ☞변려문.
사ː륙-체(四六體)명 ☞변려문(騈儷文).
사ː륙-판(四六版)명 ①종이의 규격판의 한 가지. 가로 78.8 cm, 세로 109.1 cm로 B판 1번 크기보다 조금 큼. ②책의 판형의 한 가지. 사륙판 전지를 서른두 겹으로 접은 가로 130 mm, 세로 190 mm 크기. ㊟사륙. ㊟비판(B版).
사ː륜(四輪)명 ①네 개의 바퀴. ②불교에서, 이 세상을 땅 밑에서 받치고 있다는 삼륜(三輪)에 공륜(空輪)을 더한 것을 이름.
사ː륜-차(四輪車)명 바퀴가 넷인 차.
사르다¹ [사르니·살라]타르 키로 곡식 따위를 까불러 못 쓸 것을 가려내다.
사르다² [사르니·살라]타르 ①불에 태워 없애다. 불사르다. ¶ 낙엽을 사르다. ②아궁이나 화덕 따위에 불을 일으켜 붙이다. ¶ 화덕에 불을 사르다.
사르르부 ①맺혔거나 묶인 것 또는 얽힌 것이 힘없이 풀리는 모양. ¶ 끈이 사르르 풀리다. ②얼음이나 눈 따위가 저절로 녹는 모양. ¶ 사탕이 입 안에서 사르르 녹다. ③졸음이 살며시 오거나 눈이 살며시 감기거나 하는 모양. ¶ 사르르 감기는 눈. ④살며시 움직이는 모양. ¶ 나룻배가 미끄러지듯 사르르 움직였다. ⑤기운이나 감정이 저절로 풀리는 모양. ¶ 노여움이 사르르 풀리다. ⑥몸 또는 몸의 일부가 살살 아픈 모양. ¶ 배가 사르르 아프다. ㊟스르르.
사름명 모를 심은 지 4~5일 뒤에, 뿌리가 땅에 잘 내려 모가 생생한 상태. ㊟활착(活着).
사릅명 (마소 따위의) 세 살의 나이.
사릉(斜稜)명 '빗모서리'의 구용어.
사리¹명 〈한사리〉의 준말.
사리²명 ①국수나 새끼 따위를 사려서 감은 뭉치. ¶ 사리를 추가하다. ②〖의존 명사적 용법〗 국수나 새끼 따위를 사려서 감은 뭉치를 세는 단위. ¶ 국수 한 사리.
사리³명 ①윷놀이에서, 모나 윷을 이르는 말. ②〖의존 명사적 용법〗 윷놀이에서, 모나 윷을 세는 단위. ¶ 모 두 사리.
사리(私利)명 사사로운 이익. ↔공리(公利).
사리(舍利·奢利←śarīra 범)명 ①부처나 성자의 유골. 〔오늘날에는 화장한 뒤에 나오는 작은 구슬 모양의 것만을 가리킴.〕 불사리(佛舍利). ②불타의 법신(法身)의 유적(遺跡)인 경전.
사ː리(事理)명 일의 이치. ¶ 사리에 닿는 말.
사리(射利)명하자 수단 방법을 가리지 않고 이끗을 노림.
사리(闍梨←ācārya 범)명 ①중들에게 몸소 덕행을 가르치는 스승. ②고려 시대에, 귀족의 아들로서 절에 들어와 중이 된 아이를 대접하여 부르던 말.
사리(瀉痢)명하자 ☞설사(泄瀉).
사리(sari 힌)명 인도에서 주로 힌두교도의 여성이 입는 옷. 허리를 두르고 머리를 덮거나 어깨 너머로 늘어뜨림.
사리다타 ①(국수나 새끼 따위를) 헝클어지지 않게 빙빙 둘러서 포개어 감다. ②(뱀 따위가 몸을) 똬리처럼 감다. ③(비어져 나온 못 끝 따위를) 꼬부려 붙이다. ④(겁먹은 짐승 따위가 꼬리를) 뒷다리 사이로 끼다. ⑤(몸을) 아끼다. ¶ 몸을 사리다. ⑥정신을 바짝 가다듬다. ¶ 마음을 굳게 사려 먹다. ①②㊟서리다².

사리-물다 [~무니·~물어]타 이를 악물다.
사리-사리¹부 연기가 가늘게 위로 올라가는 모양.
사리-사리²부 ①사려 놓거나 사려 있는 모양. ¶ 새끼를 꼬아서 사리사리 사려 놓다. ②(어떤 감정이) 복잡하게 사려 있는 모양. ¶ 사리사리 얽힌 생각을 털어놓다. ㊟서리서리.
사리-사욕(私利私慾)명 개인의 이익과 욕심. ¶ 사리사욕만 채우다.
사리-염(寫利塩)명 ☞황산마그네슘.
사리-탑(舍利塔)명 부처의 사리를 모셔 둔 탑.
사리-풀명 가짓과의 일년초 또는 이년초. 잎은 달걀 모양이고 줄기 높이 1 m가량. 각지에 야생하는데, 잎과 씨에 맹독이 있어 마취제 따위로 쓰임.
사ː린(四隣)명 ①사방의 이웃. ②사방에 이웃한 나라들.
사ː린-교(←四人轎)명 〈사인교〉의 변한말.
사ː린-남여(←四人籃輿)명 〈사인남여(四人籃輿)〉의 변한말.
사ː린-방상(←四人方牀)명 〈사인방상(四人方牀)〉의 변한말.
사ː림(士林)명 ☞유림(儒林).
사ː림(史林)명 역사에 관한 책.
사림(詞林)명 ①시문(詩文)을 모아 엮은 책. ②시인이나 문인들의 사회. ②문단(文壇).
사림(辭林)명 ☞사전(辭典).
사립명 〈사립문〉의 준말.
사ː립(四立)명 입춘(立春)·입하(立夏)·입추(立秋)·입동(立冬)의 네 절기.
사립(沙粒)명 모래알.
사립(私立)명 개인이나 민간 단체가 설립하여 유지하는 일. ㊟공립·국립.
사립(絲笠)명 명주실로 싸개를 하여 만든 갓.
사립(簑笠)명 도롱이와 삿갓.
사립-대학(私立大學) [-때-]명 사인(私人)이나 사법인(私法人)이 설립하여 경영하는 대학.
사립-문(-門) [-림-]명 사립짝을 달아서 만든 문. 시비(柴扉). ㊟사립.
사립-짝명 나뭇가지를 엮어서 만든 문짝. 사립문의 문짝. ㊟삽짝.
사립-학교(私立學校) [-리팍꾜]명 사인(私人)이나 사법인(私法人)이 설립하여 경영하는 학교. ㊟공립학교.
사ᄅᆞ다 [살아]타 〈옛〉(목숨을) 살리다. ¶ 白龍올 살아내시니(龍歌22章). /주그닐 도로 사ᄅᆞᄂᆞ니(法華2:203).
사ᄅᆞ잡다타 〈옛〉사로잡다. ¶ 사ᄅᆞ자볼 부:俘(訓蒙下25).
사ᄅᆞᆷ명 〈옛〉사람. ¶ 사ᄅᆞᆷ 인:人(訓蒙下2. 類合上16). /네 사ᄅᆞᆷ ᄃᆞ리샤(龍歌58章).
사마(司馬)명 ①주(周)나라 때, 육경(六卿)의 하나. 군정(軍政)을 맡아보았음. ②조선 시대에, '병조 판서'를 달리 이르던 말. ③〈사마시(司馬試)〉의 준말.
사ː마(四魔)명 불교에서 이르는 네 가지 마. 곧, 온마(蘊魔)·번뇌마(煩惱魔)·사마(死魔)·천마(天魔).
사ː마(死魔)명 ①불교에서 이르는 사마(四魔)의 하나. 수명을 빼앗고 오온(五蘊)을 파멸시키는 악마. ②죽음의 신. 〔'죽음'을 마물(魔物)로 보아 이르는 말.〕
사마(邪魔)명 불교에서, 몸과 마음을 괴롭혀 수행을 방해하는 사악한 마귀를 이르는 말.
사ː마(駟馬)명 네 필의 말이 끄는 수레, 또는 그 네 필의 말.

사마괴명 〈옛〉 사마귀1. ¶ 사마괴 염:黶. 사마괴 지:痣(訓蒙中34).
사:마귀1명 피부 위에 도도록하게 생기는 각질(角質)의 작은 군살. 참흑자(黑子).
사:마귀2명 사마귓과의 곤충. 몸은 가늘고 길며, 머리는 삼각형임. 몸빛은 녹색 또는 황갈색. 앞다리가 길고 크며, 그 끝에 낫처럼 생긴 돌기가 있어 벌레를 잡아먹기에 편리함. 우리나라·일본·중국 등지에 분포함. 당랑(螳螂). 버마재비.
사마륨(samarium)명 희토류 원소의 한 가지. 누르스름한 회색을 띤 단단하고 무거운 금속. 가열하면 산화물이 되고, 무기산에 잘 녹음. 약한 자연 방사능을 지님. 〔Sm/62/150.4〕
사마^방:목(司馬榜目)명 조선 시대에, 새로 합격한 진사와 생원의 성명·연령·주소·본적 및 사조(四祖)를 기록한 명부.
사마-소(司馬所)명 조선 시대에, 고을마다 생원과 진사들이 모이던 곳.
사마-시(司馬試)명 ☞감시(監試). 준사마.
사마치명 지난날, 융복(戎服)을 입고 말을 탈 때 두 다리를 가리던 아랫도리옷.
사막(沙漠·砂漠)명 강수량이 적고 식물이 거의 자라지 않으며, 자갈과 모래로 뒤덮인 매우 넓은 불모의 땅.
사막^기후(沙漠氣候)[-끼-]명 건조 기후형의 한 가지. 밤낮의 기온 차가 심하고 태양열이 강하며 식물이 거의 자랄 수 없음. 연평균 강수량은 250 mm 이하임.
사막-꿩(沙漠-)명 사막꿩과의 새. 비둘기와 비슷하며 날개 길이 25 cm가량. 몸빛은 담황갈색인데 등에 검은 반점이 있음. 아시아 중부의 사막 지대에 살며, 장거리를 날지만 귀소성(歸巢性)이 없음.
사막-뢰(沙漠雷)[-망뇌/-망눼]명 사막 지대에서 강풍에 모래 먼지가 날릴 때 일어나는 천둥.
사:막-스럽다[-쓰-따][~스러우니·~스러워]형ㅂ 보기에 사막한 데가 있다. 큰심악스럽다. **사막스레**부.
사막^식물(沙漠植物)[-씽-]명 사막에서 자라는 식물. 건조한 기후나 소금기에 강하며, 일반적으로 잎이나 줄기 등에 살이 많음. 〔선인장 따위.〕
사막^지대(沙漠地帶)[-찌-]명 사막으로 되어 있는 지대.
사:막-하다[-마카-]형여 ①몹시 악하다. ②가혹하여 용서함이 없다. 큰심악하다.
사:말(巳末)명 십이시의 사시(巳時)의 끝. 〔상오 11시에 가까운 무렵.〕
사:말(四末)명 ①가톨릭에서 이르는, 사람이 면하지 못할 네 가지 종말. 곧, 죽음·심판·천당·지옥. ②두 손과 두 발의 끝.
사망명 장사에서 이익을 많이 보는 운수.
사:망(死亡)명하자 (사람의) 죽음. 사거(死去). 참서거(逝去)·영면(永眠)·작고(作故).
사:망-률(死亡率)[-뉼]명 ①특정한 원인으로 사망한 사람의 수와 그 원인에 관련된 전체 인원과의 비율. ¶ 비행기 사고 사망률. ②어느 인구 집단을 대상으로 한 1년간의 사망자 수가 그해의 전체 인구에서 차지하는 비율.
사:망^보:험(死亡保險)명 피보험자가 사망한 때에 한하여 보험금을 지급하는 생명 보험의 한 가지.
사:망^신고(死亡申告)명 사람이 죽었을 때 진단서 등과 함께 그 사실을 관청에 알리는 일, 또는 그 문서.
사:망-자(死亡者)명 죽은 사람.
사:망지환(死亡之患)명 죽음의 재앙.
사:망^진:단서(死亡診斷書)명 사람이 죽은 사실을 진단하여 적은 의사의 증명서.
사-매(私-)명 지난날, 권세 있는 자가 사사로이 백성을 잡아들여 때리던 매. 참린치·사형(私刑).
사매(邪魅)명 ☞사귀(邪鬼).
사매(蛇莓·蛇苺)명 ☞뱀딸기.
사매-질(私-)명하타 사매로 때리는 짓.
사:맥(死脈)명 ①죽음이 임박한 상태의 약한 맥박. ②광석을 다 채굴하여 광물이 거의 없어진 광맥.
사:맥(事脈)명 일의 내력과 갈피.
사맥(絲脈)명 지난날 귀부인을 진찰할 때, 손목에 실을 맨 뒤 옆방에서 의원이 그 한끝을 잡고 실을 통하여 느껴지는 맥박을 헤아려 병의 증세를 진단하던 일.
사:맹(四孟)명 맹춘(孟春)·맹하(孟夏)·맹추(孟秋)·맹동(孟冬)을 아울러 이르는 말. 사맹삭(四孟朔).
사:-맹삭(四孟朔)명 봄·여름·가을·겨울의 각 첫 달. 곧, 음력 정월·사월·칠월·시월. 사맹. 사맹월.
사:-맹월(四孟月)명 ☞사맹삭(四孟朔).
사:면(四面)명 ①전후좌우의 모든 방면. 사방(四方). ②네 쪽의 면. 네 면.
사:면(事面)명 ☞사체(事體).
사:면(赦免)명하타되자 죄를 용서하여 형벌을 면제함. 사(赦). ¶ 사면 복권(復權). /정치범을 사면하다.
사면(斜面)명 ①비스듬한 면. 비탈진 면. ②'빗면'의 구용어.
사면(絲麵)명 발이 가는 국수. 실국수.
사면(辭免)명하타 (맡아보던 일자리를) 그만두고 물러남. 사임(辭任).
사:면-각(四面角)명 입체각의 한 가지. 네 평면이 공통의 정점에서 만나 뾰족한 모양을 이룬 각.
사면-묘사(斜面描寫)명 대상을 정면이 아닌 엇비슷한 위치에서 묘사하는 일.
사:면발-니[-리]명 ①사면발닛과의 곤충. 사람 음부의 거웃 속에 알을 낳고 사는 작고 납작한 모양의 이. 모두충(毛蠹蟲). 모슬(毛蝨). ②'이곳저곳으로 다니며 아첨을 잘하는 사람'을 조롱조로 이르는 말.
사:면-잠(四眠蠶)명 (알에서 깬 뒤) 네 번 잠을 자는, 곧 네 번 허물을 벗고 나서 고치를 짓는 누에.
사:면-장(赦免狀)[-짱]명 죄를 사면한다는 뜻을 적은 서장(書狀). 준면장.
사:면-체(四面體)명 네 개의 삼각형으로 둘러싸인 입체. 삼각뿔.
사:면-초가(四面楚歌)명 사방이 모두 '적으로 둘러싸인 형국'이나 누구의 도움도 받을 수 없는 '고립된 상태'를 이르는 말. 〔'사기'의 '항우본기(項羽本記)'에 나오는 말로, 초나라 항우가 사면을 둘러싼 한나라 군사 쪽에서 들려오는 초나라의 노랫소리를 듣고 초나라 군사가 이미 항복한 줄 알고 놀랐다는 고사에서 유래함.〕
사:면-춘풍(四面春風)명 ☞두루춘풍. 사시춘풍.
사:면-팔방(四面八方)명 사면과 팔방. 모든 방면. ¶ 사면팔방이 산으로 둘러막힌 마을.
사:멸(死滅)명하자되자 죽어 없어짐.

사:명(死命)명 ①다 죽게 된 목숨. 죽을 목숨. ¶ 가까스로 사명을 건지다. ②죽음과 삶. 사생(死生). ¶ 사명을 초월하다.
사명(社名)명 회사의 이름.
사명(社命)명 회사의 명령.
사:명(使命)명 ①맡겨진 임무. ¶ 중대한 사명. ②사신(使臣)으로서 받은 명령.
사명(師命)명 스승의 명령.
사명(詞命·辭命)명 ①임금의 말이나 명령. ②사신이 외교 무대에서 하는 말.
사:명(賜名)명하자 공이 있는 신하에게 임금이 이름을 내려 줌, 또는 그 이름.
사:명-감(使命感)명 맡겨진 임무를 수행하려는 기개나 책임감. ¶ 투철한 사명감으로 임무를 완수하다.
사:-명산(四名山)명 우리나라에서 경치가 좋기로 이름난 금강산·구월산·묘향산·지리산을 아울러 이르는 말.
사:-명일(四名日)명 설·단오·추석·동지의 네 명일을 아울러 이르는 말. 사명절(四名節).
사:-명절(四名節)명 ☞사명일(四名日).
사모(私募)명 ①새로 주식이나 사채 등을 발행할 때, 널리 일반으로부터 모집하지 않고 발행 회사와 특정한 관계가 있는 곳에서 모집하는 일. ②금융 기관이나 거액 투자자가 주(株)를 대량으로 처분할 때, 주(株)의 급격한 시세 변동을 막기 위하여 거래소 직원이 거래소 밖에서 이를 사들이거나 매개하는 일.
사모(邪謀)명 옳지 못한 모책(謀策).
사모(思慕)명하타 ①마음에 두고 몹시 그리워함. ¶ 사모하는 사람. ②우러러 받들며 마음으로 따름. ¶ 스승을 사모하다.
사모(師母)명 스승의 부인.
사:모(紗帽)명 지난날, 관원이 관복을 입을 때 쓰던, 검은 사(紗)로 만든 모자. 오늘날에는 흔히 전통 혼례 때 신랑이 씀. 오사모(烏紗帽).
　사모에 갓끈(영자)속담 제격에 맞지 않아 어울리지 않는 모양을 이르는 말.
사모(詐冒)명하타 거짓으로 속임.
사모(詐謀)명 속여 넘기려는 꾀.
사모-곡(思母曲)명 작자와 연대 미상의 고려 가요. 어머니의 사랑을 기린 내용으로 6구체 단련(單聯)임. 〔'악장가사(樂章歌詞)'와 '시용향악보(時用鄕樂譜)'에 실려 전함.〕
사:모-관대(紗帽冠帶)명 사모와 관대를 아울러 이르는 말.
사모-님(師母-)명 ①'스승의 부인'을 높이어 일컫는 말. ②'윗사람의 부인' 또는 '남의 부인'을 높이어 일컫는 말.
사모바:르(samovar 러)명 러시아 전래의 특유한 주전자. 구리나 은으로 만든 둥근 그릇 중앙에 세로로 관을 장치하고 그 속에 숯불을 넣어서 물을 끓임.
사:모-뿔(紗帽-)명 사모의 뒤쪽에 가로 꽂은, 잠자리 날개 모양의 뿔.
사:모-싸개(紗帽-)명 사모를 싸 바른 사(紗).
사:모-정(四-亭)명 네모반듯한 정자.
사:모-턱(紗帽-)명 (건축이나 목공 등에서) 나무의 끝에 네모지게 파낸 턱. ¶ 사모턱이 지다.
사목(司牧)명하자 가톨릭이나 성공회에서, 교직자가 신도를 다스리고 지도하는 일. ¶ 사목 위원회.
사:목(事目)명 왕조 때, 공사(公事)에 관하여 정해 놓았던 규칙.
사:목(肆目)명하자 보고 싶은 대로 봄.
사목지신(徙木之信)[-찌-]명 나라를 다스리는 사람은 백성에 대한 약속을 어기지 아니함을 밝히는 일. 〔진(秦)나라 상앙(商鞅)이 수도의 남문(南門)에 세워 둔 큰 나무를 북문(北門)까지 옮기는 자에게 상금을 준다는 약속을 하고, 그 약속을 지킴으로써 법령의 미더움을 보여 주었다는 고사에서 유래함.〕
사:못-집(四-)[-모찝/-몯찝]명 지붕이 네모꼴로 된 집.
사:몽비몽(似夢非夢)명 ☞비몽사몽.
사:묘(四廟)명 부모·조부모·증조부모·고조부모의 위패를 모신 사당.
사무(寺務)명 절의 사무(事務).
사무(私務)명 사사로운 일. ↔공무(公務).
사무(私貿)명하타 지난날, 대궐에서 쓰는 물품을 공계(貢契)에서 바치기를 기다리지 않고 수시로 상인들에게서 사들이던 일.
사무(社務)명 회사의 업무. 회사의 일.
사:무(事務)명 관공서나 기업체 등에서 문서나 장부 등을 다루는 일. ¶ 경리 사무. /행정에 관한 사무. /사무를 보다.
사무(師巫)명 ☞무당.
사:무-가(事務家)명 사무를 보는 사람. 사무에 능숙한 사람.
사:무-관(事務官)명 일반직 5급 공무원. 서기관(書記官)의 아래, 주사(主事)의 위.
사:무^관리(事務管理)[-괄-]명 ①법률상 의무는 없으나 남을 위하여 그의 일을 관리하는 일. 〔남의 세금을 대신 납부해 주는 일 따위.〕 ②기업 경영에서, 생산이나 판매 등 경영 활동의 합리화를 위한 일들을 계획·통제·조정하는 일.
사:무-국(事務局)명 주로, 일반 행정 사무를 맡아보는 큰 단위의 부서. ¶ 유엔 사무국.
사:무-복(事務服)명 사무를 볼 때 입기 위하여 특별히 만든 옷.
사무사(思無邪) '사무사하다'의 어근.
사무사-하다(思無邪-)형여 마음이 올바르다. 마음에 조금도 그릇됨이 없다.
사:무송(使無訟)명하타 서로 타협하여 시비가 없도록 함.
사:무-실(事務室)명 사무를 보는 방.
사:무여한(死無餘恨)명 죽어도 한이 없음.
사:무-원(事務員)명 ☞사무직원.
사:무^자동화(事務自動化)명 (문서의 작성·보관·전송 등) 사무실에서 처리하는 일을 컴퓨터·팩시밀리 등을 활용하여 자동화하는 일. 오에이(OA).
사:무-장(事務長)명 사무직원을 지휘하고 그 사무를 관리하는 우두머리.
사:무-적(事務的)관명 ①실제 사무에 관한 (것). ¶ 사무적 처리. /사무적인 일. ②무엇을 하는 데 진심이나 성의가 없이 형식적·기계적·상투적 태도를 보이는 (것). ¶ 사무적 태도. /사무적으로 대하다.
사:무-직(事務職)명 사무를 맡아보는 직종. ↔생산직.
사:무-직원(事務職員)명 (기술직원에 대하여) 사무를 맡아보는 직원. 사무원.
사무치다자 속까지 깊이 미치어 닿다. ¶ 가슴에 사무치는 애절한 사연.
사:무한신(事無閑身)명 하는 일이 없이 한가한 몸(처지).
사:문(四門)명 ①네 개의 문. 사방의 문. ②〈사대문(四大門)〉의 준말.
사문(寺門)명 절의 문.

사ː문(死文)명 ①실제로 효력이 없는 법령이나 문장. ②내용이 충실하지 않은 불필요한 문장이나 글.

사ː문(死門)명 ①술가(術家)의 팔문(八門) 가운데 흉한 문의 하나. ②불교에서, 저승에 들어가는 문, 곧 '죽음'을 이르는 말.

사문(私門)명 남에게 '자기의 가문(家門)'을 낮추어 이르는 말.

사문(沙門)명 불교에서, 출가(出家)하여 도를 닦는 사람을 이르는 말. 중. 상문(桑門).

사문(査問)명하타 조사하여 따져 물음.

사문(師門)명 스승의 집. 스승의 문하(門下).

사문(蛇紋)명 뱀 껍질 모양의 무늬.

사ː문(赦文)명 지난날, 나라에 경사가 있을 때, 죄수를 석방하라고 임금이 내리던 글.

사문(斯文)명 ①유교에서, 유교의 도의 또는 그 문화를 이르는 말. ②'유학자(儒學者)'를 높이어 이르는 말.

사문-결박(私門結縛)명하타 지난날, 권세 있는 집안에서 사람을 사사로이 잡아들여서 자유를 얽매던 일.

사문-난적(斯文亂賊)명 유교 사상에 어긋나는 언행을 하는 사람.

사-문서(私文書)명 사인(私人)이 권리나 의무 또는 사실 증명에 관하여 작성한 문서. ↔공문서. 참사서 증서(私署證書).

사문서^위조죄(私文書僞造罪)[-쬐/-쮀]명 사문서를 거짓으로 꾸미거나 임의로 고쳐 꾸밈으로써 성립되는 죄.

사문서^훼기죄(私文書毁棄罪)[-쬐/-쮀]명 문서 훼기죄의 한 가지. 권리나 의무에 관한 남의 문서를 파손함으로써 성립되는 죄.

사문-석(蛇紋石)명 사문암(蛇紋岩) 중에서 마그네슘과 규산을 주성분으로 하는 광물. 덩이 모양, 비늘 모양 등의 것이 있으며, 빛깔은 담녹색·암녹색으로 반투명이며 윤이 남. 장식품이나 건축 재료 등으로 이용됨.

사문-암(蛇紋岩)명 사문석(蛇紋石)을 주성분으로 하는 암석. 빛깔은 암녹색이며 질이 치밀하고 윤이 남. 무늬가 아름다워 장식용으로 많이 이용됨.

사문-용형(私門用刑)[-농-]명하타 지난날, 권세 있는 집안에서 사람을 사사로이 잡아 가두거나 형벌을 가하던 일.

사ː문-유관(四門遊觀)[-뉴-]명 석가가 출가하기 전 태자로 있을 때, 동문 밖에서는 노인을, 남문 밖에서는 병자를, 서문 밖에서는 송장을, 북문 밖에서는 도 닦는 이를 보고, 늙음·병·죽음 등에서 해탈하고자 출가를 결심한 일.

사문-직(斜紋織)명 ☞능직(綾織).

사ː문-화(死文化)명하자타되자 사문(死文)이 됨, 또는 사문이 되게 함.

사ː물(四勿)명 공자가 제자 안회에게 말한 네 가지 경계. 곧, 예(禮)가 아니면 보지 말며, 듣지 말며, 말하지 말며, 행하지 말라는 것.

사ː물(四物)명 ①농촌에서 흔히 쓰는 네 가지 민속 타악기. 곧, 꽹과리·징·북·장구. ②〈사물놀이〉의 준말. ③불교에서, 법고(法鼓)·운판(雲板)·목어(木魚)·대종(大鐘)을 아울러 이르는 말.

사ː물(死物)명 ①생명이 없는 것. ↔활물(活物). ②쓰지 못할 물건. 쓸모없는 물건.

사물(私物)명 개인이 가지고 있는 물건. 사유물. ↔관물(官物).

사물(邪物)명 ①요사한 물건. ②부정 타거나 불길한 물건.

사ː물(事物)명 ①일이나 물건. ¶ 사물을 보는 눈이 날카롭다. ②사건과 목적물.

사ː물(賜物)명 ①임금이 내려 주는 물건. ②윗사람이 내려 주는 물건.

사물-거리다자 자꾸 사물사물하다. 사물대다. 큰스멀거리다.

사ː물^기생(死物寄生)명 생물이, 죽어 있는 동식물에 붙어서 양분을 섭취하며 사는 일. 〔곰팡이나 버섯 따위.〕 부생(腐生).

사ː물-놀이(四物-)[-로리]명 민속 타악기인 사물로 하는 농악 놀이. 준사물.

사물-대다자 사물거리다.

사ː물^대ː명사(事物代名詞)명 ☞지시 대명사(指示代名詞).

사물-사물부하자 작은 벌레 따위가 살갗에 기는 것같이 간질간질한 모양. 큰스멀스멀.

사ː물-잠(四勿箴)명 사물(四勿)에 대하여 중국 송나라 정이(程頤)가 지은 잠언(箴言). 사잠(四箴).

사ː물-탕(四物湯)명 한방에서, 숙지황·백작약·천궁·당귀로 지은 탕약. 어린이와 여성의 보혈(補血)에 쓰임.

사뭇[-묻]부 ①사무칠 정도로 매우. ¶ 사뭇 감정이 북받치다./사뭇 놀라다. ②계속하여 줄곧. ¶ 사뭇 떠들어 대기만 한다. ③아주 딴판으로. ¶ 듣기와는 사뭇 다르다. ④거리낌 없이 마구. ¶ 선생님 앞에서 사뭇 술을 마시다.

사미(沙彌)명 ①불도를 닦는 20세 미만의 남자를 이르는 말. ②불문에 든 지 얼마 안 되어 불법에 미숙한 어린 남자 수행자를 이르는 말. 사미승(沙彌僧).

사ː미(賜米)명하자 지난날, 나라에서 60세 이상의 노인에게 쌀을 하사하던 일, 또는 그 쌀.

사미-니(沙彌尼)명 구족계(具足戒)를 받기 이전의 여성 출가자. 참사미(沙彌).

사미-승(沙彌僧)명 ☞사미(沙彌).

사미인-곡(思美人曲)명 조선 선조 때 정철(鄭澈)이 지은 가사(歌辭). 임금을 그리는 정을 간곡(懇曲)하게 읊은 내용. 〔'송강가사(松江歌辭)'에 실려 전함.〕

사ː민(士民)명 ①육예(六藝)를 익힌 백성. ②사족(士族)과 평민.

사ː민(四民)명 ①사농공상(士農工商)의 네 계급의 백성. ②온 백성.

사민(私民)명 왕조 때, 귀족에게 매여서 그 지배를 받던 백성. ↔자유민.

사ː민-평등(四民平等)명 사농공상의 모든 백성을 평등하게 다루는 일.

사바(←娑婆.sabhā 범)명 불교에서, 중생이 갖가지 고통을 참고 견뎌야 하는 괴로움이 많은 이 세상. 사바세계. 속세(俗世). 인간 세계. 탁세(濁世). 사파.

사바나(savanna)명 열대의 비가 적은 지대의 초원. 키 큰 풀이 밀생(密生)하고 관목이 점재(點在)함.

사바나^기후(savanna氣候)명 열대 기후형의 한 가지. 우기와 건기의 구분이 뚜렷하며, 비가 가장 적은 달의 평균 강수량이 60 mm 이하임.

사바-사바(さばさば 일)명하타 뒷거래를 통하여 떳떳하지 못하게 은밀히 일을 조작하는 짓을 속되게 이르는 말.

사바-세계(娑婆世界)[-계/-게]명 ☞사바.

사박-거리다[-꺼-]자타 자꾸 사박사박하다. 사박대다. 큰서벅거리다.

사박-대다[-때-]자타 사박거리다.

사박-사박[-싸-]부하자타 ①연한 배·사과 따위를 씹을 때 나는 것과 같은 소리. ②모래밭을 걸을 때 나는 것과 같은 소리. 큰서벅서벅.

사박-스럽다[-쓰-따][~스러우니·~스러워]형ㅂ 보기에 표독하고 당돌하며 인정이 없다. **사박스레**부.

사:-박자(四拍子)[-짜]명 음악에서, 강·약·중강(中強)·약의 차례로 네 개의 박(拍)을 가진 박자. 〔2분의4 박자, 4분의4 박자, 8분의4 박자 따위.〕

사:반공배(事半功倍)명 노력은 적게 들였지만 성과는 많음.

사:반-기(四半期)명 ☞사분기(四分期).

사-반상(沙飯床)명 사기로 된 반상기(飯床器).

사:반-세기(四半世紀)명 한 세기의 4분의 1. 곧, 25년. 참반세기.

사발(沙鉢)명 ①사기로 만든 밥그릇이나 국그릇. 아래는 좁고 위는 넓은 모양임. ②〖의존명사적 용법〗 밥·국·술 따위를 사발에 담아 그 분량을 세는 단위. ¶ 밥 한 사발./막걸리 한 사발.

사발-고의(沙鉢-)[-의/-이]명 가랑이가 무릎까지만 오는 남자의 짧은 홑바지.

사발-농사(沙鉢農事)[-롱-]명하자 '밥을 빌어먹음'을 비유하여 이르는 말.

사발-막걸리(沙鉢-)[-껄-]명 (별다른 안주도 없이) 사발을 술잔으로 하여 파는 막걸리.

사발-밥(沙鉢-)[-빱]명 사발에 담은 밥. 또는, 한 사발의 밥.

사발-색(沙鉢-)명 광산에서, 사발에 감돌·감흙·복대기 따위를 넣고 물에 일어 금분이 있나 없나 보는 일. 사발 시금(沙鉢試金). ¶ 사발색을 보다.

사발-시계(沙鉢時計)[-계/-게]명 사발 모양의 둥근 탁상시계.

사발^시금(沙鉢試金)명 ☞사발색.

사발-옷(沙鉢-)[-바론]명 가랑이가 무릎 아래까지만 오는, 여자의 짧은 옷. *사발옷이[-바로시]·사발옷만[-바론-]

사발-잠방이(沙鉢-)명 가랑이가 짧은 쇠코잠방이.

사발-지석(沙鉢誌石)명 (지석 대용으로) 사발 안쪽에, 묻힌 이에 대한 사연을 먹으로 적고 밀을 발라서 무덤 앞에 묻던 것.

사발-통문(沙鉢通文)명 호소문이나 격문 따위에 연명할 때, 주동자(主動者)가 누구인지 모르도록 발기인(發起人)이나 관계자들의 이름을 둥글게 빙 둘러 적은 통문.

사:발허통(←四八虛通)명하형 주위에 막힌 데가 없이 사면팔방(四面八方)이 툭 터져서 몹시 허전함.

사:방(巳方)명 이십사방위의 하나. 남남동에서 동쪽으로 15도까지의 방위. 손방(巽方)과 병방(丙方)의 사이. 준사(巳). ↔해방(亥方).

사:방(四方)명 ①동·서·남·북의 네 방향. ②둘레의 모든 방향. 여러 곳. 사처(四處). ¶ 가루가 사방으로 흩어졌다.

사방(沙防·砂防)명 (산·바닷가·강가 등에) 흙이나 모래 따위가 비바람에 씻기어 무너져 내리는 것을 막기 위해, 나무를 심거나 돌을 쌓거나 하는 일.

사방^공사(沙防工事)명 사방 시설(沙防施設)을 하는 공사.

사:방-관(四方冠)명 지난날, 망건 위에 쓰던 네모반듯한 관.

사방^댐(沙防dam)명 하천의 흙이나 모래가 흘러내리는 것을 막기 위해 만든 댐.

사:방-등(四方燈)명 위쪽에 끈이나 들쇠가 있어 들고 다닐 수 있는 네모반듯한 등.

사:방-란(四方卵)[-난]명 초에 담가서 껍질이 물러진 알을 네모진 그릇에 넣고 삶아 굳힌 것.

사방-림(沙防林)[-님]명 토사(土沙)의 이동이나 모래 먼지 등을 막기 위하여, 해안·하안(河岸)·사구(沙丘) 등의 근처에 조성(造成)한 인공림.

사:방-모자(四方帽子)명 ☞사각모자.

사:-방영(四防營)명 조선 시대에, 평안도의 창성(昌城)·강계(江界)·선천(宣川)·삼화(三和)의 네 곳에 두었던 군영(軍營).

사:-방위(四方位)명 동·서·남·북의 네 방위.

사방^정계(斜方晶系)[-계/-게]명 결정계(結晶系)의 한 가지. 세 개의 결정축(結晶軸)이 서로 직각으로 만나되 각각의 길이가 다른 것.

사:방^제기(四方-)명 네 사람이 서로 마주 둘러서서 차례로 제기를 받아 차는 놀이.

사:방-치기(四方-)명 어린이들의 놀이의 한 가지. 땅바닥에 네모나 동그라미 등의 여러 공간을 구분해 놓고, 그 안에서 납작한 돌을 한 발을 들고 나머지 한 발로 차서 차례로 다음 공간으로 옮기어 가서 정해진 공간에 가서는 그 돌을 공중으로 띄워 받아 돌아오는 놀이.

사:방-침(四方枕)명 팔꿈치를 괴고 기대 앉을 수 있게 만든 네모난 큰 베개. 방침. 참장침(長枕).

사:방-탁자(四方卓子)[-짜]명 선반이 너덧 층으로 되어 있어 책·꽃병·다과(茶菓) 따위를 올려놓기에 알맞은, 네모반듯하고 뼈대가 가는 높은 탁자. 사방이 터져 있기 때문에 붙여진 이름임.

사:방-팔방(四方八方)명 모든 방면. 여러 방면. 사각팔방(四角八方). ¶ 사방팔방에서 모여든 사람들.

사방-형(斜方形)명 '평행 사변형'의 구용어.

사방-휘석(斜方輝石)명 사방 정계(斜方晶系)에 딸리는 휘석.

사:배(四拜)명하자 네 번 절함.

사:배(四配)명 공자묘(孔子廟)에 함께 배향(配享)된 안자(顔子)·증자(曾子)·자사(子思)·맹자(孟子)의 네 현인. 사유(四侑).

사:배(賜杯)명 임금이 신하에게 술잔을 내림, 또는 그 술잔.

사:배-체(四倍體)명 보통의 4배의 염색체 수를 가진 생물체. 자연계에는 많으나 인공적으로는 이배체(二倍體)의 개체에 콜히친 처리 등을 가하여 얻을 수 있음.

사:백(死魄)명 〔달의 검은 바닥이 줄어들기 시작한다는 뜻으로〕 음력 초하룻날, 또는 그날의 달을 이르는 말.

사백(舍伯)명 남 앞에서 자기의 '맏형'을 겸손하게 일컫는 말. 가백(家伯). 참가형(家兄).

사백(詞伯)명 '시문(詩文)에 능한 사람'을 높이어 일컫는 말. 사종(詞宗).

사:백사^병(四百四病)[-싸-]명 ①불교에서, 사람이 걸리는 모든 병을 이르는 말. 사람의 몸을 이루고 있는 땅·물·불·바람〔地水火風〕 등 네 원소의 상태가 고르지 못할 때 각각 101가지씩, 모두 404가지의 병이 일어난다 함. ②한방에서, 오장에 있는 405종의 병 중에서 죽는 병을 제외한 404종의 병을 이르는 말.

사ː백어(死白魚)명 망둥엇과의 바닷물고기. 몸길이 5 cm가량. 몸은 긴 원통형인데 비늘이 없음. 몸빛은 살아 있을 때는 반투명이지만, 죽으면 곧 흰색으로 바뀜. 산란기에는 하구(河口)에 몰려와서 하천을 거슬러 올라감. 우리나라에는 경남의 진해 연안에 분포함.

사번(事煩) '사번하다'의 어근.

사ː번-스럽다(事煩-) [-따] [~스러우니·~스러워] 형ㅂ 보기에 일이 많고 번거로운 데가 있다. **사번스레**부.

사ː번-하다(事煩-) 형여 일이 많고 번거롭다.

사ː범(事犯)명 형벌이 따르는 법령을 어긴 행위. 곧, 형벌을 받을 만한 행위. 〔경제 사범·선거 사범·폭력 사범 따위.〕

사범(師範)명 ①본받을 만한 모범. 남의 스승이 될 만한 모범. ②학술·기예(技藝)·무술 따위를 가르치는 사람. ¶ 꽃꽂이 사범. /태권도 사범.

사범^교ː육(師範敎育)명 교사의 양성을 목적으로 하는 교육.

사범^대ː학(師範大學)명 중학교나 고등학교 교사 양성을 목적으로 하는 단과 대학. 준사대.

사범-학교(師範學校) [-꾜]명 지난날, 초등학교 교사를 양성하던 교육 기관.

사법(司法)명 국가가 법률을 실제의 사실에 적용하는 행위. 법률에 따른 민사·형사상의 재판. 참입법·행정.

사ː법(四法)명 ①한시(漢詩)의 구성 방식의 한 가지인 기승전결(起承轉結)의 형식. ②불교의 삼보 중에서 법보를 나눈 교법(敎法)·이법(理法)·행법(行法)·과법(果法).

사ː법(史法)명 역사의 기록은 직필(直筆)이어야 한다는 원칙.

사ː법(死法)명 ①실제로 쓰이지 않는 법률. ②효력을 잃은 법률.

사법(私法) [-뻡]명 개인의 의무나 권리에 대하여 규정한 법률. 〔민법(民法)·상법(商法) 따위.〕 ↔공법(公法).

사법(邪法)명 ①바르지 못한 길. 그릇된 길. ②요사스러운 수법.

사법(師法)명 ①스승으로서 지켜야 할 도리. ②하타 스승으로 삼아 그를 본떠서 배움.

사법(射法) [-뻡]명 활·총포 따위를 쏘는 법.

사법(嗣法)명하자 법사(法師)에게서 불법(佛法)을 이어받음.

사법^경ː찰(司法警察) [-꼉-]명 형사 재판에 관계되는 사건을 다루는 경찰. 범죄 사실의 조사, 범인의 체포 따위에 종사함.

사법-관(司法官) [-꽌]명 사법권을 집행하는 공무원. 보통, 법관(法官)을 가리키는데, 검찰관을 포함해서 이르는 경우도 있음.

사법^관청(司法官廳) [-꽌-]명 사법 사무를 취급하는 관청, 곧 법원.

사법-권(司法權) [-꿘]명 사법을 행하는 국가 통치권의 작용. 곧, 민사·형사·행정의 재판을 포함하는 권능. 참입법권·행정권.

사법^기관(司法機關) [-끼-]명 사법권을 행사하는 국가의 기관을 통틀어 이르는 말.

사법^대ː서인(司法代書人) [-때-]명 '법무사(法務士)'의 이전 일컬음.

사법-법(司法法) [-뻡]명 사법 제도 및 사법권의 행사에 관한 법. 법원 조직법, 형사 소송법, 민사 소송법 등을 가리킴.

사법-부(司法府) [-뿌]명 삼권 분립에 따라, 사법권을 행사하는 '법원'을 이르는 말. 참입법부·행정부.

사법^서사(司法書士) [-써-]명 '법무사(法務士)'의 이전 일컬음.

사법^시험(司法試驗) [-씨-]명 법관·검찰관·변호사가 되려는 사람의 학식이나 능력을 검정하기 위하여 국가에서 실시하는 시험.

사법^연ː수생(司法硏修生) [-범년-]명 사법 시험에 합격한 사람으로서 법률에 관한 이론 및 실무와 교양에 대한 수습을 받는 사람. 연수 기간은 2년임.

사-법인(私法人)명 사법에 의하여 설립되고 규율되는 법인. 내부 조직에 따라 사단 법인과 재단 법인으로 나뉘고, 그 목적에 따라 영리 법인과 공익 법인으로 나뉨. ↔공법인(公法人).

사법^재판(司法裁判) [-째-]명 민사 및 형사 재판을 아울러 이르는 말.

사법^재판소(司法裁判所) [-째-]명 사법권을 행사하는 재판소. 우리나라는 행정 재판소를 인정하지 않기 때문에, 현재의 법원은 모두 여기에 해당됨.

사법^처ː분(司法處分)명 사법권에 의하여 이루어지는 처분, 곧 법원의 재판.

사법^행정(司法行政) [-버팽-]명 사법권의 운영에 필요한 행정 작용. 법원의 인사·회계와 등기·호적·집행관·법무사·판례 편찬(判例編纂) 등에 관한 사무. 법원 행정.

사ː벨(sabel 네)명 (본디 군인이나 경찰관이 차던) 서양식 긴 칼.

사ː벽(四壁)명 (방의) 사방의 벽.

사벽(沙壁·砂壁)명 모래와 흙을 섞어서 바른 벽.

사벽(邪辟·邪僻)명하형 마음이 비뚤고 편벽됨.

사ː변(四邊)명 ①사방의 변두리. ②주위. 근처. ③수학에서, 네 개의 변.

사ː변(事變)명 ①사람의 힘으로는 피할 수 없는 천재(天災)나 그 밖의 큰 변고. ②전쟁까지는 이르지 않았으나 병력(兵力)을 동원하지 않을 수 없는 국가적 사태나 난리. ③선전 포고 없이 이루어진 국가 간의 무력 충돌. ¶ 만주 사변.

사변(思辨)명하자 ①깊이 생각하여 시비를 가림. ②철학의 관념론에서, 경험이나 실증에 의하지 아니하고 순수한 사유(思惟)만으로 인식에 도달하려는 일.

사변(斜邊)명 '빗변'의 구용어.

사ː변-가주서(事變假注書)명 조선 시대, 승정원(承政院)의 정칠품(正七品) 벼슬. 정원 외의 주서(注書)로서, 비변사(備邊司)와 국청(鞫廳)의 일을 맡아보았음. 가관(假官).

사변-적(思辨的)관명 경험에 의하지 않고 순수한 사유(思惟)에 의한 (것). ¶ 사변적 방법. /네 생각은 너무 사변적이며 관념적이다.

사ː변-주서(事變注書)명 지난날, 사관(史官)이 기록한 사변에 관한 공식 기록.

사변^철학(思辨哲學)명 이성(理性)을 유일한 지식의 근거로 하는 철학. 〔피히테, 셸링, 헤겔의 철학 등.〕 ↔경험 철학.

사ː변-형(四邊形)명 ☞사각형.

사ː별(死別)명하자타 죽어서 이별함. ¶ 젊은 나이에 아내와 사별하다.

사ː병(士兵)명 부사관 및 병(兵). 병사. ↔장교(將校).

사ː병(死病)명 살아날 가망이 없는 병. 걸리기만 하면 죽음에 이른다는 병.

사병(私兵)명 개인이 사사로이 길러 부리는 병사. ↔관병.

사병(詐病)명하자 꾀병.

사ː보(四寶) 명 ①붓·먹·종이·벼루를 아울러 이르는 말. ②불교에서, 금·은·유리·수정(水晶)의 네 보배를 이르는 말.

사보(私報) 명 ①하자 개인적으로 통보함. ②공적인 전보에 대하여 사사로운 전보를 이르는 말. ↔공보(公報).

사보(私寶) 명 개인이 가지고 있는 보물.

사보(社報) 명 기업이 종업원과 그 가족을 대상으로 하여 펴내는 정기 간행물. 〔사내보와 사외보가 있음.〕

사보(師保) 명하타 남의 스승이 되어 가르치며 보육(保育)함, 또는 그 사람.

사-보두청(←私捕盜廳) 명 '사포도청(私捕盜廳)'의 변한말.

사보타ː주(sabotage 프) 명하자 태업(怠業).

사보텐(←sapoten 스) 명 '선인장'으로 순화.

사-보험(私保險) 명 (국가나 공공 단체가 아닌) 사인(私人)이 영위하는 보험.

사복(司僕) 명 〈사복시(司僕寺)〉의 준말.

사복(私服) 명 ①관복(官服)이나 제복이 아닌 보통 옷. ¶ 토요일은 사복 차림으로 근무한다. ②〈사복형사〉의 준말.

사복(私腹) 명 개인의 이익, 또는 욕심. ¶ 사복을 채우다.

사복(思服) 명하타 늘 생각하여 마음속에 둠.

사복-개천(司僕-川) [-깨-] 명 〔더러운 개천이라는 뜻으로〕 '욕지거리나 상말을 마구 하는, 입이 더러운 사람'을 낮추어 이르는 말.

사복-거덜(司僕-) [-꺼-] 명 지난날, 배종(陪從)의 옷차림에다 벙거지를 쓰고, 벽제(辟除)를 하며 권마성(勸馬聲)을 외치던 하인.

사복-마(司僕馬) [-봉-] 명 사복시에 딸린 말.

사복-시(司僕寺) [-씨] 명 고려·조선 시대에, 궁중의 수레와 말 따위를 관리하던 관아. 준사복(司僕).

사ː-복음(四福音) 명 신약 성서의 네 복음서. 곧, 마태복음·마가복음·누가복음·요한복음. 참사성사(四聖史).

사복-하다(私服-) [-보카-] 자여 사복을 입다.

사복-형사(私服刑事) [-보켱-] 명 (범죄 수사나 잠복 등을 위하여) 사복을 입고 근무하는 경찰관. 준사복(私服).

사ː본(事本) 명 일의 근본. 사근(事根).

사본(寫本) 명하타 ①원본을 옮기어 베낌, 또는 그 베껴 놓은 문서나 책. ②원본을 복사하거나 사진으로 찍어 만든 문서나 책. ¶ 주민 등록증 사본. /통장 사본.

사ː부(士夫) 명 〈사대부(士大夫)〉의 준말.

사ː부(四部) 명 ①네 부분. ②불교에서, 사중(四衆)을 이르는 말. ③중국에서, 고전을 분류하는 네 부문. 곧, 경부(經部)·사부(史部)·자부(子部)·집부(集部).

사ː부(史部) 명 중국 고전을 경(經)·사(史)·자(子)·집(集)의 사부로 분류한 것 중에서 '사'에 딸린 부류. 역사·지리·관직 따위에 관한 책이 이에 해당함. 을부(乙部).

사부(私夫) 명 ①지난날, 관기(官妓)가 남몰래 두고 있던 서방. ②☞샛서방.

사부(思婦) 명 근심에 잠긴 부인.

사부(師父) 명 ①스승과 아버지. ②아버지처럼 존경하는 스승. ③스승을 높이어 일컫는 말.

사부(師傅) 명 ①스승. ②조선 시대에, 세자시강원(世子侍講院)의 으뜸 벼슬인 사(師)와 부(傅). 사는 영의정이 겸하였고, 부는 좌·우의정 중의 한 사람이 겸하였음.

사부(詞賦) 명 운자(韻字)를 달아 지은 한문 문장을 통틀어 이르는 말.

사부(篩部) 명 ☞체관부.

사ː부-가(士夫家) 명 사대부의 집안.

사부랑-거리다 자타 쓸데없는 말을 함부로 자꾸 지껄이다. 사부랑대다. 큰시부렁거리다. 센싸부랑거리다.

사부랑-대다 자타 사부랑거리다.

사부랑-사부랑[1] 부하자타 쓸데없는 말을 함부로 자꾸 지껄이는 모양. 큰시부렁시부렁. 센싸부랑싸부랑.

사부랑-사부랑[2] 부하형 여러 군데가 다 사부랑한 모양. 큰서부렁서부렁.

사부랑-삽작 [-짝] 부 쉽사리 살짝 뛰어 건너거나 올라서는 모양. ¶ 고양이가 울타리에 사부랑삽작 뛰어오른다. 큰서부렁섭적.

사부랑-하다 형여 (묶거나 쌓은 것이) 착 다붙지 않고 조금 느슨하거나 버름하다. 큰서부렁하다.

사-부인(査夫人) 명 〈사돈댁〉의 높임말.

사부자기 부 ①힘들이지 않고 살짝. ¶ 담 위에서 사부자기 뛰어내리다. ②남몰래 가만히. ¶ 방문을 사부자기 열고 들어서다. 큰시부저기.

사부작-사부작 [-싸-] 부하자 잇따라 사부자기 행동하는 모양. 큰시부적시부적.

사ː-부주 명 격식 또는 규격. ¶ 사부주가 잘 맞도록 하다. /사부주가 짜이다.

사ː부-중(四部衆) 명 ☞사중(四衆).

사ː부^합주(四部合奏) [-쭈] 명 (제1바이올린, 제2바이올린, 비올라, 첼로 등) 4부로 이루어지는 기악 합주. 한 성부의 악기가 두 개 이상인 점이 사중주와 다름.

사ː부^합창(四部合唱) 명 4성부로 이루어지는 합창. 한 성부가 두 사람 이상인 점이 사중창과 다름.

사ː부-향(士夫鄕) 명 사대부가 많이 사는 고을.

사북 명 ①접부채의 살이나 가위다리의 교차된 곳에 박는 못과 같은 물건. ②가장 요긴한 부분.

사ː분(四分) 명하타되자 네 부분으로 나눔. ¶ 천하를 사분하다.

사분(私憤) 명 개인적인 분노. ↔공분(公憤).

사분-거리다 자 자꾸 사분사분하다. 사분대다. ¶ 무엇 때문인지 사분거리며 웃고 있다.

사ː분-기(四分期) 명 한 회계 연도를 4등분한 기간. 차례에 따라 일사분기, 이사분기, 삼사분기, 사사분기로 구분됨. 사반기.

사분-대다 자 사분거리다.

사ː분-면(四分面) 명 수학에서, 평면 위를 직각으로 교차하는 두 직선으로 4등분했을 때의 그 하나하나의 부분.

사분-사분 부하자 ①가만가만 행동하거나 지껄이는 모양. ②우스갯소리를 슬쩍슬쩍 하며 끈기 있게 지분거리는 모양.

사분사분-하다 형여 성질이나 마음씨가 보드랍고 상냥하다. ¶ 사분사분한 성격인 순이는 곧 그들과 친해졌다. 큰서분서분하다.

사ː분-쉼표(四分-標) 명 온쉼표의 4분의 1의 길이에 해당하는 쉼표. 〔𝄽로 나타냄.〕

사ː분-오열(四分五裂) 명하자 ①여러 갈래로 갈기갈기 찢어짐. ②여러 갈래로 분열되어 질서가 없어짐. ¶ 당이 사분오열 상태에 빠지다.

사ː분-원(四分圓) 명 한 개의 원을 서로 수직인 두 지름으로 나눈 네 부분의 하나하나.

사ː분-음(四分音) 명 온음정의 4분의 1인 음정.

사ː분-음부(四分音符) 명 ☞사분음표.

사ː분음^음악(四分音音樂)명 사분음을 사용한 음악. 19세기 말에서 20세기에 걸쳐 음정(音程)의 세분화에 따라 작곡된 사분음 피아노곡이나 현악곡·합창곡 따위.

사ː분-음표(四分音標)명 온음표의 4분의 1의 길이에 해당하는 음표. 〔♩로 나타냄.〕 사분음부(四分音符).

사ː분^포자(四分胞子)명 조류(藻類)에서 볼 수 있는 부동 포자(不動胞子). 단세포인 포자낭(胞子囊) 속에서, 한 개의 모세포(母細胞)로부터 감수 분열에 의하여 네 개의 포자가 만들어짐.

사분-하다형여 좀 사부랑하다. 큰서분하다. **사분-히**부.

사ː-분합(四分閤)명 문짝이 넷으로 되어 여닫게 되어 있는 문. 대청 앞쪽 같은 데 닮.

사ː불명목(死不瞑目)명하자 (한이 깊이 맺혀) 죽어도 눈을 감지 못함.

사불범정(邪不犯正)명하자 요사스러운(바르지 못한) 것은 바른 것을 범하지 못함.

사ː불여의(事不如意)[-의/-이]명하자 일이 뜻대로 되지 아니함. ¶ 사불여의하면 그 일에서 손을 떼기로 작정하였다.

사붓[-붇]부 발을 가볍게 얼른 내디디는 모양, 또는 그 소리. ¶ 한 걸음 사붓 내디디다. 큰서붓. 센사뿟. 거사풋. **사붓-이**부. **사붓-사붓**부하자.

사붓사붓-하다[-붇싸부타-]형여 소리가 거의 나지 않을 정도로 걸음걸이나 움직임이 가볍고 보드랍다. 큰서붓서붓하다. 센사뿟사뿟하다. 거사풋사풋하다.

사-붙이(紗-)[-부치]명 발이 곱고 성긴 깁 종류. 사속(紗屬).

사ː브르(sabre 프)명 펜싱에서 쓰이는 칼의 한 가지, 또는 그 칼로 하는 경기. 〔길이 105 cm 이하, 무게 500 g 이하.〕 참에페·플뢰레.

사비(私費)명 개인이 부담하는 비용. 개인이 가지고 있는 돈. 자비(自費). ¶ 출장 경비가 모자라 사비로 보충했다. ↔관비(官費)·공비(公費).

사비(私備)명하타 공용품(公用品)을 개인의 돈으로 마련하여 갖춤.

사비(社費)명 회사에서 내는 비용.

사비-생(私費生)명 사비로 공부하는 학생. ↔관비생(官費生).

사ː비팔산(四飛八散)[-싼]명하자 사방으로 날리어 이리저리 흩어짐.

사빈(沙濱·砂濱)명 모래가 깔려 있는 바닷가.

사빈(社賓)명 회사의 손님.

사뿐부 소리가 나지 않도록 가볍고 조심스럽게 발을 내디디는 모양. 큰서뿐. 참사푼. **사뿐-히**부. **사뿐-사뿐**부하자 ¶ 복도에서는 뛰지 말고 사뿐사뿐 걸어 다니세요.

사뿐사뿐-하다형여 ①소리가 나지 아니할 정도로 걸음걸이가 가볍다. ¶ 발걸음이 사뿐사뿐하다. ②잇따라 움직이는 것이 가볍다. 큰서뿐서뿐하다. 참사푼사푼하다.

사뿐-하다형여 ①소리가 나지 아니할 정도로 걸음걸이가 가볍다. ②움직이는 것이 가볍다. 큰서뿐하다. **사뿐-히**부.

사뿟[-뿓]부 〈사붓〉의 센말. 큰서뿟.

사뿟사뿟-하다[-뿓싸뿌타-]형여 〈사붓사붓하다〉의 센말. 큰서뿟서뿟하다.

사뱅명 〈옛〉 새우. ¶ 사뱅:蝦(訓解).

사ː사(士師)명 ①중국 주(周)나라 때, 형벌을 맡아보던 관리. ②구약 성서 시대에, 이스라엘의 종교를 보호하고, 적의 압제로부터 이스라엘 민족을 구하기 위하여 신(神)이 보낸 지도자.

사ː사(四史)명 삼국 시대까지의 중국의 역사를 기록한 네 권의 역사책. 곧, 사기(史記)·한서(漢書)·후한서(後漢書)·삼국지(三國志).

사ː사(四絲)명 네 가닥의 실을 꼬아 만든 끈목.

사ː사(死士)명 죽기를 각오하고 나선 군사.

사사(私事)명 사사로운 일. 사삿일. ↔공사.

사사(些事)명 사소한 일. 별로 중요하지 않은 일. 쇄사(瑣事). ¶ 일상생활에서의 사사.

사사(邪思)명 못된 생각. 삐뚤어진 생각.

사사(社史)명 회사의 역사. 사력(社歷).

사ː사(事事)명 모든 일. 매사(每事). ¶ 그대가 벌이는 일은 사사가 그릇되네.

사사(師事)명하타 스승으로 섬김. 스승으로 섬기며 그의 가르침을 받음. ¶ 김 선생에게서 서예를 사사하다.

사ː사(賜死)명하자타되자 지난날, 임금이 죽일 죄인을 대우하여 사약(死藥)을 내려 스스로 목숨을 끊게 하던 일.

사ː사(謝辭)명하자 ①고마움을 나타내는 말. ②사죄하는 말.

사사(辭謝)명하타 ☞사퇴(辭退).

사ː사건건(事事件件)[-껀껀] Ⅰ명 모든 일. 온갖 사건. 건건사사. ¶ 사사건건을 다 간섭하다. Ⅱ부 일마다. 매사에. 건건사사. ¶ 사사건건 들볶는다. **사사건건-이**부.

사ː사-기(士師記)명 구약 성서 중의 한 편. 여호수아로부터 사무엘 시대까지의 이스라엘 역사를 기록했음.

사사-롭다(私私-)[-따][~로우니·~로워]형ㅂ 공적(公的)이 아니고, 개인적인 성격을 띠고 있다. 《주로, '사사로운'의 꼴로 쓰임.》 ¶ 사사로운 일. /사사로운 원한. **사사로이**부.

사사-망념(私思妄念)명 몰래 혼자서 품고 있는 망령된 생각.

사사-망념(邪思妄念)명 좋지 못한 갖가지 망령된 생각.

사ː사물물(事事物物)명 모든 사물. 모든 것.

사ː-사반기(四四半期)명 ☞사사분기.

사ː-사분기(四四分期)명 1년을 네 기(期)로 나눈 그 넷째 기간, 곧 10~12월의 3개월. 사사반기.

사ː사불성(事事不成)[-썽]명하자 일마다 이루어지지 않음.

사사-스럽다(邪邪-)[-따][~스러우니·~스러워]형ㅂ 도리에 어긋나고 떳떳하지 못하다. **사사스레**부.

사ː사언청(事事言聽)명하타 일마다 남의 말을 잘 받아들임.

사ː사여생(事死如生)명하자타 죽은 이 섬기기를 산 사람 섬기듯 함. ¶ 사사여생하는 것이 봉제사(奉祭祀)의 근본정신이다.

사ː사여의(事事如意)[-의/-이]명하형 일마다 뜻대로 됨. ¶ 새해에는 사사여의하소서.

사ː사-오입(四捨五入)명하타 '반올림'의 구용어.

사ː사-조(四四調)[-쪼]명 네 음절을 가진 한 쌍이 하나의 시구를 이루는 음수율.

사ː산(四山)명 사면에 둘러 있는 산들.

사ː산(四散)명하자 사방으로 뿔뿔이 흩어짐.

사산(寺山)명 절의 소유로 되어 있는 산.

사ː산(死産)명하타되자 임신 4개월 이상이 되어 죽은 태아를 낳음.

사산(私山)명 개인이 소유하는 산.

사산(私産)명 개인 소유의 재산. 사재(私財).

사산(嗣産)명 양자(養子)가 양가(養家)에서 물려받는 재산.

사ː산-분리(四散分離) [-불-] 명하자타 사방으로 흩어져 서로 따로따로 떨어짐, 또는 따로따로 떼어 놓음.
사ː산-분주(四散奔走) 명하자 사방으로 뿔뿔이 흩어져 달아남.
사ː산-아(死産兒) 명 시체가 되어 태어난 태아.
사ː산화-삼납(四酸化三-) 명 납이나 산화연을 공기 속에서 400℃ 이상으로 가열하여 얻는 붉은빛의 가루. 붉은 안료(顔料)·도료(塗料) 따위에 쓰임. 연단(鉛丹).
사ː산화-삼철(四酸化三鐵) 명 자철석(磁鐵石)으로서 산출되는 검은빛의 물질. 자성 산화철.
사ː살 명하자 '사설(辭說)'의 변한말.
사살(射殺) 명하타되자 (활·총으로) 쏘아 죽임. ¶ 무장 간첩들은 현장에서 모두 사살되었다.
사삼(沙蔘·砂蔘) 명 ①더덕. ②한방에서, '말린 더덕의 뿌리'를 약재로 이르는 말. 거담제(祛痰劑) 따위로 쓰임.
사삼(私蔘) 명 지난날, 개인이 사사로이 쪄서 만들던 인삼. ↔관삼(官蔘).
사-삼각형(斜三角形) [-가켱] 명 '빗각 삼각형'의 구용어.
사삼-버무레 명 이삭과 수염이 길고 열매가 약간 푸른빛을 띤 조.
사삽(斜插) 명하타 비스듬히 꽂음.
사삿-사람(私私-) [-사싸-/-삳싸-] 명 사적 자격으로서의 개인. 사인(私人).
사삿-일(私私-) [-삳닐] 명 개인의 사사로운 일. 사사(私事).
사삿-집(私私-) [-사찝/-삳찝] 명 개인의 살림집. 사가(私家).
사ː상(史上) 명 〈역사상(歷史上)〉의 준말. ¶ 사상 초유의 장거(壯擧).
사ː상(四相) 명 불교에서, 생멸(生滅)·변화하는 무상(無常)의 모습을 네 가지로 정리한 것. 생(生)·노(老)·병(病)·사(死), 또는 생상(生相)·주상(住相)·이상(異相)·멸상(滅相).
사ː상(四象) 명 ①천체에서, 일(日)·월(月)·성(星)·신(辰)을 이르는 말. ②역(易)에서, 소양(少陽)·태양(太陽)·소음(少陰)·태음(太陰)을 이르는 말. ③땅속의 물·불·흙·돌을 이르는 말.
사ː상(死狀) 명 ①거의 죽게 된 상태. ②죽어 버린 상태.
사ː상(死相) 명 ①죽은 사람의 얼굴. ②죽음에 가까워진 얼굴. 죽음을 느끼게 하는 얼굴.
사ː상(死傷) 명 ①하자 죽거나 다침. ②죽은 사람과 다친 사람.
사상(沙上·砂上) 명 모래 위.
사상(私傷) 명 공무에 종사하는 시간이 아닌 때에 입은 부상. ↔공상(公傷).
사ː상(事狀·事相) 명 일의 되어 가는 형편.
사ː상(事象) 명 관찰할 수 있는 형태를 취하여 나타나는 여러 가지 일. 사실과 현상. ¶ 인생의 갖가지 사상.
사ː상(思想) 명 ①생각. ¶ 고루한 사상. ②사고 작용의 결과로 얻어진 체계적 의식 내용. ¶ 헤겔의 철학 사상. ③사회나 정치에 대한 일정한 견해. ¶ 진보적 사상.
사ː상(捨象) 명하타 (공통의 성질을 뽑아내기 위하여) 낱낱의 특수한 성질을 고려의 대상에서 제외하는 일.
사상(絲狀) 명 실과 같이 가늘고 긴 모양.
사상(寫像) 명 ①물체에서 나온 빛이 거울이나 렌즈에 반사·굴절된 후에 모여서 생기는 상(像). ②수학에서, 두 개의 집합 M과 N이 있을 때, M에 속하는 각각의 요소에 N에 속하는 요소를 대응시키는 일, 또는 그 대응 관계.
사ː상-가(思想家) 명 인생이나 사회 문제 등에 대하여 깊은 사상을 가진 사람. 철학 사상 등에 조예가 깊은 사람.
사ː상-계(思想界) [-게/-게] 명 사상 활동이 이루어지고 있는 세계, 또는 사상가들의 사회나 체계.
사상균-류(絲狀菌類) [-뉴] 명 실 모양의 균사로 이루어진 진균류. 곰팡이류가 이에 딸림.
사상균-증(絲狀菌症) [-쯩] 명 사상균 때문에 일어나는 병증. 〔백선(白癬)·전풍(癜風)·방선균병(放線菌病) 따위.〕
사상-누각(沙上樓閣) 명 〔모래 위에 세운 높은 건물이란 뜻으로〕 '겉모양은 번듯하나 기초가 약하여 오래가지 못하는 것, 또는 실현 불가능한 일 따위'를 비유하여 이르는 말.
사ː상-범(思想犯) 명 국가의 질서나 평화를 어지럽히는 사상을 품거나 퍼뜨림으로써 성립되는 범죄, 또는 그 죄를 저지른 사람.
사ː상-병(死傷兵) 명 전투에서 죽거나 다친 병사.
사ː상^의학(四象醫學) 명 조선 고종 때, 이제마(李濟馬)가 주창한 한의학의 한 학설. 사람의 체질을 태양(太陽)·태음(太陰)·소양(少陽)·소음(少陰)으로 나누어, 같은 병이라도 체질에 따라 다른 약을 써야 한다는 학설.
사ː상-자(死傷者) 명 죽은 사람과 다친 사람. ¶ 열차 사고로 많은 사상자가 생기다.
사상-자(蛇床子) 명 ①산형과의 이년초. 들에 나는데 줄기는 30~70 cm. 잎은 깃모양 겹잎이고 여름에 흰 꽃이 피며, 열매에는 가시 모양의 잔털이 있음. 뱀도랏. ②한방에서, '사상자의 씨'를 약재로 이르는 말. 주로, 요통·음위·낭습증 등에 쓰임.
사ː상-전(思想戰) 명 적국 국민의 전의(戰意)를 떨어뜨리기 위하여 펴는 이데올로기 선전.
사ː상-제자(泗上弟子) 명 공자(孔子)의 제자. 〔공자가 사수(泗水) 근처에서 제자들을 가르친 데서 유래한 말.〕
사ː상지도(事上之道) 명 웃어른을 받들고 섬기는 도리.
사상-체(絲狀體) 명 선태식물의 포자(胞子)의 싹이 터서 생기는, 녹색으로 된 실 모양의 배우체(配偶體). 원사체(原絲體).
사상-충(絲狀蟲) 명 ☞주혈사상충(住血絲狀蟲).
사ː색(四色) 명 ①네 가지 빛깔. ②조선 시대에, 정치적 대립을 일삼던 네 당파, 곧 노론(老論)·소론(少論)·남인(南人)·북인(北人).
사ː색(四塞) 명 사방이 산이나 강 따위로 둘러싸여 있는 요충지. 사색지지(四塞之地).
사ː색(死色) 명 죽을상이 된 얼굴빛. 죽은 사람과 같은 창백한 얼굴빛. ¶ 얼굴이 사색이 되다.
사색(思索) 명하타 줄거리를 세워 깊이 생각함. ¶ 철학적 사색. /사색에 잠기다.
사색(辭色) 명 말과 얼굴빛. 사기(辭氣). ¶ 속마음을 사색에 드러내지 아니하다.
사ː색^벼름(四色-) [-뼈-] 명 조선 시대에, 사색당파에게 벼슬을 고루 나누어 시키던 일. 사색 분배(四色分排).
사ː색-보(四色保) [-뽀] 명 조선 시대에, 군역을 면제받기 위하여 바치던 무명베나 곡식.
사ː색^분배(四色分排) [-뿐-] 명 ☞사색 벼름.
사색불변(辭色不變) [-뿔-] 명하자 (어려운 일을 당하여도) 태연자약하여 말이나 얼굴빛이 변하지 않음.

사ː색-잡놈(四色雜-)[-짬-]명 ①때와 처소를 가리지 아니하고 되는대로 마구 노는 잡놈. ②온갖 잡놈.
사ː색지지(四塞之地)[-찌-]명 ☞사색(四塞).
사ː색-판(四色版)명 황·청·적·흑의 네 가지 빛깔로 되어 있는 색채 원색판.
사ː생(巳生)명 사년(巳年)에 태어난 사람. 〔기사생(己巳生)·신사생(辛巳生) 따위.〕 뱀띠.
사ː생(四生)명 불교에서, 생물을 그 태어나는 방식에 따라 네 가지로 분류한 것, 곧 태생(胎生)·난생(卵生)·습생(濕生)·화생(化生)의 네 가지 생성 형태를 이르는 말.
사ː생(死生)명 죽음과 삶. 사명(死命).
사생(私生)명하자 법률상 부부가 아닌 남녀 사이에서 아이가 태어나는 일.
사생(寫生)명하타 자연의 경치나 사물 따위를 보고 그대로 그림. ¶ 사생 대회. /정물을 사생하다.
사ː생-가판(死生可判)명 ☞생사가판.
사ː생-결단(死生決斷)[-딴]명하자 (죽고 사는 것을 돌보지 않고) 끝장을 내려고 대듦. ¶ 사생결단을 내다. /사생결단하고 적진에 뛰어들다.
사ː생-관두(死生關頭)명 죽느냐 사느냐의 매우 위태한 고비. 생사관두. ¶ 사생관두에 서다.
사ː생-동고(死生同苦)명하자 죽고 삶을 같이 함. 어떤 어려움도 함께함.
사생-문(寫生文)명 자연이나 인생을 보고 느낀 그대로 묘사하는 글.
사생^식물(沙生植物)[-싱-]명 ☞사지 식물.
사생-아(私生兒)명 ☞사생자.
사-생애(私生涯)명 어떤 사람의, 개인으로서의 일생. ↔공생애(公生涯).
사ː생-유명(死生有命)명 ①사람의 생사는 다 천명에 달려 있어 인력으로는 어찌할 수 없음을 이르는 말. ②의리를 위하여 죽음을 꺼리지 않음.
사생-자(私生子)명 법률상 부부가 아닌 남녀 사이에서 태어난 아이. 사생아.
사ː생-존망(死生存亡)명 ☞생사존망.
사ː생-출몰(死生出沒)명 ☞생사존망.
사ː생-취의(捨生取義)[-의/-이]명하자 〔목숨을 버리고 의(義)를 취한다는 뜻으로〕 '의를 위해서는 생명을 돌보지 아니함'을 이르는 말.
사생-화(寫生畫)명 대상(對象)을 있는 그대로 그린 그림.
사-생활(私生活)명 개인의 사사로운 생활. ¶ 사생활이 문란하다. /남의 사생활에 간섭하다.
사ː서(士庶)명 ①〈사서인(士庶人)〉의 준말. ②일반 평민.
사서(司書)명 ①도서관에서 도서의 정리·보존 및 열람을 맡아보는 직위, 또는 그 직위에 있는 사람. ②조선 시대에, 세자시강원에서 경사(經史)와 도의(道義)를 가르치던 정육품 벼슬.
사ː서(四序)명 ☞사시(四時).
사ː서(四書)명 유교의 경전인 논어·맹자·중용·대학의 네 가지 책을 아울러 이르는 말.
사ː서(史書)명 역사를 기록한 책. 사기(史記). 사승(史乘). 사책(史冊).
사서(私書)명 ①사사로운 일을 적은 편지. 개인적인 편지. 사신(私信). ②남몰래 하는 편지. 비밀의 문서.
사서(私署)명 사인으로서의 개인적인 서명.
사서(社鼠)명 〔사람이 함부로 손댈 수 없는 사당에 숨어 사는 쥐라는 뜻으로〕 '권력층의 그늘에 숨어 사특한 짓을 일삼는 사람'을 비유하여 이르는 말.
사서(寫書)명하자 책이나 문서를 베낌, 또는 베낀 그 책이나 문서.
사서(辭書)명 ☞사전(辭典). 어전(語典).
사ː서(麝鼠)명 ☞사향뒤쥐.
사ː서-삼경(四書三經)명 유교(儒敎)의 경전인 사서와 삼경.
사ː서-오경(四書五經)명 유교(儒敎)의 경전인 사서와 오경.
사ː-서인(士庶人)명 사대부와 서인. 준사서.
사서^증서(私署證書)명 사인(私人)으로 작성, 서명한 증서. ↔공정 증서(公正證書).
사서-함(私書函)명 〈우편 사서함〉의 준말.
사ː석(死石)명 바둑에서, 상대편에게 잡혀 죽은 바둑돌. 죽은 돌.
사석(沙石·砂石)명 모래와 돌.
사석(私席)명 사사로운 자리. 사좌(私座). ↔공석(公席).
사석(砂錫)명 암석에서 떨어져 나와 강바닥이나 바다 밑바닥에 모래나 자갈과 함께 퇴적하여 있는 주석의 광석.
사석(射席)명 사수(射手)의 자리.
사ː석(捨石)명 ①바둑에서, 작전상 버릴 셈 치고 놓는 돌. ②토목 공사에서, 물 밑에 던져 넣어 기초로 삼는 돌.
사ː석^방파제(捨石防波堤)[-빵-]명 잡석(雜石)으로 둑처럼 비스듬히 쌓아 올린 방파제.
사석지지(沙石之地)[-찌-]명 모래와 돌이 많은 메마른 땅.
사ː선(四善)명 옛날 중국에서, 관리의 성적을 매길 때에 표준으로 삼던 네 가지 미덕, 곧 덕의(德義)·청신(淸愼)·공평(公平)·각근(恪勤).
사ː선(四禪)명 불교에서, 욕계(欲界)를 떠나 색계(色界)에서 도를 닦는, 초선(初禪)·이선·삼선·사선의 네 과정, 또는 그 넷째 과정.
사ː선(死線)명 ①죽을 고비. ¶ 사선을 넘다. ②범죄자나 전쟁 포로들을 가두어 놓은 곳에 설정하여, 이를 벗어나면 도주하는 것으로 보고 총살하도록 규정한 한계선.
사선(私船)명 ①개인 소유의 선박. ②국제법(國際法)상, 사인(私人)의 용도에 쓰이는 선박. ↔공선(公船).
사선(私線)명 민간에서 가설한 철도선·통신선 따위. ¶ 사선 철도. ↔관선(官線).
사선(私選)명 개인의 뜻대로 선택하거나 선임하는 일.
사선(紗扇)명 ①사(紗)를 발라 만든 부채. ②지난날, 벼슬아치가 외출할 때 풍진(風塵)을 막으려고 얼굴을 가리던 제구. 사붙이를 써서 네모진 부채 모양으로 만들었음.
사선(射線)명 ①군 사격장에서, 병사가 사격을 하려고 머무르는 선. ¶ 사선에 엎드리다. ②사격을 할 때, 총신이나 포신의 축(軸)을 목표물을 향하여 연장한 수평선.
사선(斜線)명 ①비스듬하게 그은 줄. ②하나의 직선이나 평면에 수직이 아닌 선. 빗금.
사선(蛇線)명 뱀이 기어가는 것처럼 구불구불한 줄.
사선(詐善)명하자 뒤로는 못된 짓을 하면서 겉으로는 착한 체함. 비위선.
사ː선-무(四仙舞)명 조선 시대에, 나라의 잔치 때에 추던 궁중 무용의 한 가지.
사선^변ː호인(私選辯護人)명 피고인이나 피의자가 선임한 변호인. ↔국선 변호인.
사ː선-상(四仙床)[-쌍]명 네 사람이 둘러앉게 만든, 네 다리가 달린 네모진 음식상.

사설(私設)명하타 개인이나 민간에서 설립함, 또는 그 기관이나 시설. ¶ 사설 단체./사설 기관. ↔공설(公設)·관설(官設).
사설(私說)명 아직 공인되지 않은, 개인의 학설이나 의견.
사설(邪說)명 (사람의 마음을 흐리게 하는) 잘못된 설. 이단적인 설.
사설(社說)명 신문이나 잡지 따위에서, 그 사(社)의 주장으로서 싣는 논설.
사설(絲屑)명 실보무라지.
사설(辭說)명 ①하자 잔소리로 늘어놓는 말. ¶ 사설이 길다. ②가사의 내용을 이루는 말. ③판소리 따위에서, 연기자가 사이사이에 엮어 넣는 이야기. ④창을 할 때, 소리를 길게 꺾어 넘기지 않고, 말마디를 몰아붙여 엮어 나가는 장단. 변사살.
사설-시조(辭說時調)명 시조 형식의 한 가지. 초장·중장·종장 가운데 두 구 이상이 길어진 것으로, 특히 중장이 무제한으로 길어지는 경우가 많음. 장시조(長時調). 참평시조·엇시조.
사설-탐정(私設探偵)명 사사로이 탐정 업무에 종사하는 사람.
사섬-고(司贍庫)명 ☞사섬시(司贍寺).
사섬-시(司贍寺)명 조선 시대에, 저화(楮貨)를 만들고, 지방 노비의 공포(貢布) 등에 관한 사무를 맡아보던 관아. 사섬고(司贍庫).
사ː성(四姓)명 ☞카스트.
사ː성(四星)명 〔'사주(四柱)'라는 뜻으로〕 사주단자의 봉투에 쓰는 말.
　사성(을) 받다관용 혼담이 결정되어 신랑의 사주단자를 받다.
　사성(을) 보내다관용 혼담이 결정되어 신랑의 사주단자를 신부 집으로 적어 보내다.
　사성(이) 가다관용 혼담이 결정되어 신랑의 사주단자를 가지고 가다.
　사성(이) 오다관용 혼담이 결정되어 신랑의 사주단자를 가지고 오다.
사ː성(四聖)명 ①공자·석가·예수·소크라테스의 네 성인. 사대 성인(四大聖人). ②불교에서 이르는, 불(佛)·보살(菩薩)·연각(緣覺)·성문(聲聞)의 사계(四界). ③불교에서 이르는, 아미타불(阿彌陀佛)·관세음보살(觀世音菩薩)·대세지보살(大勢至菩薩)·대해중보살(大海衆菩薩)의 네 성인.
사ː성(四聲)명 ①한자의 음절의 운(韻)을 성조(聲調)에 따라 분류한 네 가지 유형, 곧 평성(平聲)·상성(上聲)·거성(去聲)·입성(入聲). 사운(四韻). ②현대 중국어의 상평성(上平聲)·하평성(下平聲)·상성(上聲)·거성(去聲)을 아울러 이르는 말.
사성(莎城)명 무덤 뒤를 반달형으로 두둑하게 둘러 쌓은 둔덕.
사ː성(賜姓)명하자 임금이 공신에게 성(姓)을 내려 주던 일, 또는 그 성.
사ː성-보(四星褓)[-뽀]명 사주단자를 싸 보내는, 붉은 비단으로 만든 보.
사ː-성사(四聖史)명 가톨릭에서, '사복음(四福音)'을 달리 이르는 말.
사ː성-장군(四星將軍)명 '대장(大將)'을 달리 이르는 말.
사ː성-점(四聲點)[-쩜]명 15세기 국어 표기에서, 글자의 왼편에 찍어 사성을 표시하던 점. 방점(傍點). 성점(聲點).
사세(司稅)명하자 세금에 관한 사무를 주관하여 맡아봄.
사세(些細) '사세하다'의 어근.
사세(社勢)명 사업 규모나 영업 실적 따위에서 본 회사의 형세. ¶ 사세 확장./사세가 기울다.
사ː세(事勢)명 일의 되어 가는 형편.
사세(辭世)명하자 〔이 세상을 떠난다는 뜻으로〕 '죽음'을 이르는 말.
사ː세-난처(事勢難處)명하형 일의 형세가 처리하기 어려움.
사ː세부득이(事勢不得已)부하형 일의 형세가 그렇게 하지 않을 수 없어서. 세부득이.
사세-하다(些細-)형여 ☞사소(些少)하다.
사-셈(私-)명하타 공동의 재산에 관한 셈을 공개하지 않고 혼자서만 함.
사ː소(死所)명 ①(보람 있게) 죽을 곳. ¶ 진주성(晉州城) 싸움에서 사소를 얻다. ②(어떤 사람의) 죽은 곳.
사소(些少) '사소하다'의 어근.
사소(私消)명하타 공공의 금품을 사사로운 일에 씀. ¶ 회사 용품을 사소하다.
사소(私訴)명하타 범죄에 의한 손해의 배상이나 장물(贓物)의 반환을 청구하기 위하여, 공소(公訴)에 곁들여서 일으키는 민사 소송. 〔현행법에서는 인정되지 않고 있음.〕 참공소.
사-소설(私小說)명 ①작가 자신의 생활 체험이나 심경·감회 따위를 소재로 하여 쓴, 사회성이 적은 소설. ②자전적(自傳的) 형식의 일인칭 소설.
사ː소취대(捨小取大)명하자 작은 것을 버리고 큰 것을 취함.
사소-하다(些少-)형여 하잘것없이 작거나 적다. 사세(些細)하다. ¶ 사소한 금액./사소한 문제로 다투다. **사소-히**부.
사속(紗屬)명 ☞사붙이.
사속(嗣續)명하타 (집안이나 아버지의) 대(代)를 이음.
사ː속-죽(死粟粥)[-쭉]명 풋좁쌀로 쑨 죽.
사속지망(嗣續之望)[-찌-]명 대를 이을 희망.
사손(沙噀·砂噀)명 사손류의 극피동물을 통틀어 이르는 말. 해삼(海蔘).
사손(祀孫)명 〈봉사손(奉祀孫)〉의 준말.
사ː손(使孫)명 조선 시대에, 자녀가 없이 죽었을 때, 그 유산을 이어받는 가까운 친척.
사손(嗣孫)명 대를 이을 손자.
사손(獅孫)명 ☞외손(外孫).
사송(詞訟)명 조선 시대, 민사(民事)에 관한 소송.
사ː송(賜送)명하타 임금이 신하에게 물건을 내려 보냄.
사송-아문(詞訟衙門)명 조선 시대에, 사송을 맡아보던 관아들을 통틀어 이르던 말. 〔형조·한성부·사헌부와 각 지방 관찰사 등.〕
사ː수(四獸)명 ①범·표범·곰·큰곰의 네 짐승을 아울러 이르는 말. ②☞사신(四神).
사ː수(死水)명 흐르지 않고 괴어 있는 물. 죽은 물. ↔활수(活水).
사ː수(死囚)명 〈사형수〉의 준말.
사ː수(死守)명하타되자 목숨을 걸고 지킴. ¶ 진지(陣地)를 사수하다.
사수(沙水·砂水)명 모래에 밭은 물.
사수(私水)명 공공 목적에 공용(公用)되지 아니하는 물. 지하수나 우물물 따위와 같이 한곳에 괴어 있어 다른 곳으로 흘러 나가지 않는 물. ↔공수(公水).
사수(私讎)명 개인적인 원한이나 원수.
사수(邪祟)명 한방에서, 제정신을 잃고 미친 사람처럼 되는 증세를 이르는 말.

사수(査受·査收)명하타 (돈이나 물품·서류 따위를) 잘 조사하여 받음.
사수(射手)명 총포나 활 따위를 쏘는 사람. 사격수. ¶ 박격포 사수.
사수(師受)명하타 스승에게서 학문이나 기예의 가르침을 받음.
사수(詐數)명 속임수.
사수(寫手)명 글씨를 베끼어 쓰는 사람.
사수리-살명 옛날에 쓰던 화살의 한 가지.
사수-자리(射手―)명 ☞궁수자리.
사ː수^현ː상(死水現象)명 밀도가 낮고 수온이 높은 바닷물이 상대적으로 밀도가 높고 수온이 낮은 바닷물 위를 덮고 있어, 배가 나아가는 데 장애가 되는 현상.
사숙(司稤)명 조선 시대에, 곡창(穀倉)의 일을 맡아보던 벼슬.
사숙(私淑)명하타 존경하는 사람에게, 직접 가르침을 받을 수는 없으나 그 사람의 인격이나 학문을 본으로 삼고 배움. ¶ 율곡을 사숙하다.
사숙(私塾)명 사사로이 연, 조그만 교육 시설. 가숙(家塾). 글방. 서당(書堂).
사숙(舍叔)명 남에게 '자기의 삼촌'을 일컫는 말.
사숙(師叔)명 불교에서, '스승의 사형'을 이르는 말.
사ː순(四旬)명 ①40일. ②40년. ③마흔 살.
사ː순-재(四旬齋)명 기독교에서, 사순절(四旬節) 동안 고기를 금하고 예수의 고난을 되새기는 재계(齋戒).
사ː순-절(四旬節)명 기독교에서, 예수가 40일 동안 광야에서 금식하고 시험받던 수난을 기억하기 위하여 단식·속죄를 하도록 규정한 기간. 부활 주일 전 40일 동안.
사ː술(四術)명 시(詩)·서(書)·예(禮)·악(樂)의 네 가지 도(道).
사술(邪術)명 요사스러운 술법. 못된 술법.
사술(射術)명 총포나 화살 따위를 쏘는 기술.
사술(詐術)명 남을 속이는 못된 꾀.
사슬[1]명 〈쇠사슬〉의 준말.
사슬[2]명 조선 시대에, 강경과(講經科)의 등급을 표시하던 패. 동그란 나뭇조각에 통(通)·약(略)·조(粗)·불(不)의 글자를 썼음.
사슬-고리명 배목과 고리 사이에 사슬이 달린 고리.
사슬-누르미[-루-]명 꼬챙이에 꿰지 아니한 누르미.
사슬-누름적(-炙)[-루-]명 꼬챙이에 꿰지 않은 누름적.
사슬-돈명 〔끈에 꿰지 아니한 흩어진 쇠붙이 돈이란 뜻으로〕 '잔돈'을 달리 이르는 말. 산전(散錢).
사슬-문고리(-門-)[-꼬-]명 사슬고리로 된 문고리.
사슬-산적(-散炙)명 꼬챙이에 꿰지 아니한 산적. 연산적(縺散炙). 준산적.
사슬-적(-炙)명 꼬챙이에 꿰지 아니한 적(炙).
사슴명 사슴과의 포유동물. 어깨 높이 80 cm가량이고 털빛은 갈색임. 몸은 홀쭉하고 다리가 가늘고 길어 달리는 데 알맞으며, 꼬리는 짧음. 보통 수컷의 머리에는 나뭇가지 모양의 뿔이 있는데 해마다 다시 돋으며, 봄철에 새로 돋은 뿔은 녹용이라 하여 약재로 쓰임. 숲 속이나 초원에서 나뭇잎이나 풀·지의(地衣) 등을 먹고 삶. 우리나라·일본·중국·우수리 등지에 분포함.
사슴-록(-鹿)[-녹]명 한자 부수의 한 가지. '麒'·'麗'·'麝' 등에서의 '鹿'의 이름.
사슴-벌레명 사슴벌렛과의 곤충. 몸길이 3~5 cm. 몸빛은 광택 있는 검은색 또는 갈색이며, 수컷의 턱은 집게 모양으로 두 갈래로 갈라져 사슴뿔 같음. 봄과 여름에 나무나 등불에 모여듦. 우리나라·일본·대만·시베리아 등지에 널리 분포함. 하늘가재.
사슴-풍뎅이명 꽃무짓과의 곤충. 몸길이 2 cm 가량. 몸빛은 검정색임. 수컷의 머리에는 투구를 쓴 것처럼 뿔돌기가 있고, 끝은 위로 굽었음. 나무진에 모여들며, 우리나라·중국 등지에 분포함.
사습(私習)명하타 ①(스승 없이) 혼자 스스로 배워 익힘. ②활쏘기에서, 정식으로 쏘기에 앞서 연습으로 쏘는 일.
사ː승(史乘)명 역사상의 사실을 기록한 책. 사기(史記). 사서(史書).
사승(私乘)명 개인이 쓴 역사.
사ː승(使僧)명 사자(使者)인 중.
사승(師承)명하타 스승에게 가르침을 받음.
사승(師僧)명 스승인 중. 스님.
사ː-승근(四乘根)명 네제곱한 수의 승근. 〔a^4에서의 a 따위.〕
사ː승-습장(死僧習杖)[-짱]명 〔죽은 중의 볼기를 친다는 뜻으로〕 '저항력이 없는 사람에게 폭력을 가함'을 이르는 말.
사ː시(巳時)명 ①십이시의 여섯째 시. 상오 9시부터 11시까지의 동안. ②이십사시의 열한째 시. 상오 9시 30분부터 10시 30분까지의 동안. 준사(巳).
사ː시(四始)명 〔그해·그달·그날·그때의 처음이라는 뜻으로〕 '정월 초하룻날 아침'을 이르는 말. 원단(元旦).
사ː시(四時)명 ①한 해의 네 계절, 곧 봄·여름·가을·겨울. 사계. 사서(四序). 사철. ②한 달 가운데의 네 때, 곧 삭(朔:초하루)·현(弦:이레)·망(望:보름)·회(晦:그믐). ③하루의 네 때, 곧 단(旦:아침)·주(晝:낮)·모(暮:저녁)·야(夜:밤).
사ː시(四詩)명 ①시경(詩經)의 네 가지 시체(詩體), 곧 국풍(國風)·대아(大雅)·소아(小雅)·송(頌). ②시경의 네 가지 고전(古典), 곧 노시(魯詩)·제시(齊詩)·한시(韓詩)·모시(毛詩). 〔완전한 형태로 현존하는 것은 모시뿐임.〕
사ː시(史詩)명 역사적 사실을 소재로 하여 쓴 서사시.
사ː시(死時)명 ①죽을 때. ②죽은 때.
사시(沙匙)명 ①사기로 만든 숟가락. ②☞스푼.
사시(私諡)명 학덕이 뛰어난 선비이기는 하나, 지위가 낮아 나라에서 시호를 내리지 않을 때, 일가나 친척 또는 제자들이 올리던 시호.
사시(社是)명 회사나 결사(結社) 따위의 경영상의 기본 방침.
사시(徙市)명 지난날, 농사철에 몹시 가물 때, 기우제를 지내고 시장을 옮기던 일.
사ː시(捨施)명하자 절에 시주(施主)함.
사시(斜視)명 ①안근(眼筋)의 이상으로, 한쪽 눈의 시선은 어떤 목표를 향하고 있는데, 다른 쪽 눈의 시선은 딴 방향을 향하는 것. ②하타곁눈질로 흘겨봄.
사시(鯊翅)명 상어 지느러미를 껍질을 벗겨서 말린 식품.
사ː시-가절(四時佳節)명 네 철의 명절.
사시-나무명 버드나뭇과의 낙엽 교목. 산에 자라는데, 높이 10 m, 줄기의 지름 30 cm가량. 잎은 달걀 모양이고 가장자리에 물결 모양의 톱니가 있으며 약한 바람결에도 잘 파들거림.

봄에 잎보다 꽃이 먼저 핌. 나무는 상자·성냥개비 따위의 재료로 쓰임.

사시나무 떨듯관용 와들와들 몹시 떠는 모양을 빗대어 이르는 말.

사ː시-도(四時圖)명 사철의 자연 경치를 그린 그림.

사시랑이명 가냘픈 사람이나 물건.

사ː시^마지(巳時麻旨)명 절에서, 사시(巳時)에 부처 앞에 올리는 밥.

사ː시^불공(巳時佛供)명 절에서, 사시(巳時)에 올리는 불공.

사ː시-사ː철(四時四-)명 봄·여름·가을·겨울의 네 철 내내의 동안. ¶ 자넨에는 사시사철을 집에서만 보냈다.

사시-안(斜視眼)명 사팔눈.

사시안-인(斜視眼人)명 사팔뜨기.

사ː시-장철(四時長-)부 사철의 어느 때나 늘. ¶ 사시장철 눈에 덮여 있는 산꼭대기.

사ː시-장청(四時長靑)명 (대나 소나무같이) 나뭇잎이 일 년 내내 푸름.

사ː시-장춘(四時長春)명 ①일 년 내내 늘 봄과 같음. ②'늘 잘 지냄'을 비유하여 이르는 말.

사ː-시절(四時節)명 봄·여름·가을·겨울의 네 철. ¶ 춘하추동 사시절.

사ː시-춘풍(四時春風)명 '누구에게나 늘 좋은 낯으로 대하며 무사태평한 사람'을 비유하여 이르는 말. 두루춘풍. 사면춘풍.

사ː시-풍류(四時風流)[-뉴]명 ①사철 어느 때나 늘 풍류로 지내는 일. ②철에 따른 멋스러움.

사ː시-한정가(四時閑情歌)명 ☞강호사시가.

사식(私食)명 교도소나 유치장에 갇힌 사람에게, 개인이 들여보내는 음식. ↔관식.

사식(寫植)명 〈사진 식자〉의 준말.

사신(司晨)명 〔새벽을 알리는 일을 맡는다는 뜻으로〕 '닭'을 달리 이르는 말.

사ː신(史臣)명 지난날, 사초(史草)를 쓰던 신하, 곧 사관(史官).

사ː신(四神)명 천지의 사방을 맡아 다스린다는 신. 동쪽의 청룡(靑龍), 서쪽의 백호(白虎), 남쪽의 주작(朱雀), 북쪽의 현무(玄武). 사수(四獸).

사신(邪臣)명 육사(六邪)의 하나. 사심(邪心)을 품은 신하. 사악한 신하.

사신(邪神)명 재앙을 가져오는 요사스러운 귀신.

사신(私信)명 개인의 사사로운 편지. 사서(私書). 사한(私翰).

사ː신(使臣)명 지난날, 나라의 명을 받아 외국에 파견되던 신하.

사ː신(捨身)명하자 ①속세를 버리고 불문(佛門)에 들어감. 출가(出家). ②불도(佛道)를 위하여 목숨을 버림.

사신-곡복(絲身穀腹)[-뽁]명 입는 것과 먹는 것. 곡복사신. 준사곡(絲穀).

사ː신-공양(捨身供養)명 수행·보은을 위하여 부처나 보살에게 온몸을 바쳐 공양함.

사신-교(邪神敎)명 사신이나 우상 따위를 받드는 사교(邪敎).

사ː신-성도(捨身成道)명 불교에서, 다른 생물을 구하기 위하여 또는 부처에게 공양하기 위하여 자기 몸을 버림.

사신-인수(蛇身人首)명 몸은 뱀이고 머리는 사람인 형상. 고대 중국의 복희씨(伏羲氏)의 모습이 이런 괴상한 형상이었다 함.

사ː신-행(捨身行)명 목숨을 아끼지 않고 닦는 수행.

사ː실(史實)명 역사상에 실제로 있었던 일. 역사상의 사실. ¶ 사실에 근거를 두다.

사실(私室)명 개인의 방. 혼자 사사로이 쓰는 방.

사ː실(事實) Ⅰ명 실제로 있거나 실제로 있었던 일. 실사. ¶ 그런 일이 있었던 것은 사실이다. /사실을 밝히다.

Ⅱ부 실지로. 사실상. ¶ 사실 그렇다. /사실 그 점에 대해서는 마음속으로 놀라고 있었다.

사실(查實)명하타 사실(事實)을 조사함.

사실(寫實)명하타 사물의 실제의 모습을 있는 그대로 나타냄. ¶ 사실 묘사.

사ː실-무근(事實無根)명하형 사실이라는 근거가 없음. 전혀 사실과 다름. ¶ 사실무근의 헛소문.

사ː실-상(事實上)[-쌍] Ⅰ명 실제로 있었던 상태. 또는, 현재에 있는 상태. ¶ 사실상의 권력을 잡다.

Ⅱ부 실지에 있어서. 사실(事實). ¶ 우리 팀은 사실상 본선 진출이 확정되었다.

사실^소ː설(寫實小說)명 현실을 있는 그대로 그려 낸 소설. 사실주의에 입각하여 쓴 소설.

사ː실-심(事實審)명 소송 사건에서, 법률문제뿐만 아니라 사실의 인정을 중심으로 이루어지는 심리. 제일심(第一審)·항소심(抗訴審)이 이에 해당함. ↔법률심(法律審).

사실-적(寫實的)[-쩍]관명 실제의 상태 그대로인 (것). ¶ 사실적 경향. /사실적으로 묘사하다.

사실-주의(寫實主義)[-의/-이]명 객관적 사물을 있는 그대로 정확하게 그려 내려고 하는 문학·미술상의 주의. 리얼리즘.

사실-파(寫實派)명 사실주의 예술을 지향하는 유파.

사ː실^행위(事實行爲)명 법률 효과의 발생에 일정한 의사 표시가 필요하지 않은 행위. 〔주소 설정·유실물 습득·가공(加工) 따위.〕

사ː실-혼(事實婚)명 법률상으로 인정된 혼인은 아니나, 사회 관습상 사실로 인정되는 혼인 관계. ↔법률혼.

사ː심(死心)명 죽음을 각오한 마음.

사심(邪心)명 도리에 어긋난 못된 마음.

사심(私心)명 ①제 욕심을 채우려는 마음. ¶ 사심을 버리다. /사심 없는 충고. ②자기의 생각.

사심(蛇心)명 남을 해치려는 음험한 마음.

사ː심-관(事審官)명 고려 시대에, 지방을 다스리던 자치 기관의 장. 부역을 고르게 하고 풍속을 바로잡는 일을 맡아보았음.

사심-불구(蛇心佛口)명 남을 해치려는 음험한 마음을 가지고 있으면서, 입으로는 부처같이 착한 말만 하는 일, 또는 그런 사람.

사-심판(私審判)명 가톨릭에서, 사람이 죽은 후에 개개인이 따로 받게 되는 심판을 이르는 말. 참공심판(公審判).

사ː십(四十·四拾) Ⅰ수 마흔.

Ⅱ관 《일부 단위를 나타내는 명사 앞에 쓰이어》 ①그 수량이 마흔임을 나타내는 말. ¶ 사십 미터. /사십 초. /사십 년. ②순서가 마흔 번째임을 나타내는 말. ¶ 사십 등.

사십에 첫 버선속담 ①나이 들어서 늦게 관직이나 일자리를 얻게 됨을 이르는 말. ②늙어서야 뜻한 바를 이루게 됨을 이르는 말.

사ː십구공-탄(四十九孔炭)[-꾸-]명 마흔아홉 개의 구멍이 있는 커다란 연탄.

사ː십구-일(四十九日)[-꾸-]명 〔불교에서〕 사람이 죽고 나서 다음 생을 얻을 때까지의 날수. 칠칠일.

사:십구일-재(四十九日齋)[-꾸-]명 불교에서, 사람이 죽은 지 49일 되는 날에 지내는 재. 칠칠재(七七齋). 사십구재.
사:십구-재(四十九齋)[-꾸-]명 ☞사십구일재.
사:십팔-원(四十八願)명 아미타불이 보살이었을 때, 일체 중생을 구하기 위하여 세운 마흔여덟 가지 서원(誓願).
사술명 〈옛〉 댓가지. 산가지. ¶ 사술 첨:籤. 사술 듀:籌(訓蒙下22).
사슴명 〈옛〉 사슴. ¶ 사슴:鹿(訓解).
사:씨-남정기(謝氏南征記)명 조선 숙종 때, 김만중(金萬重)이 지은 국문 소설. 숙종이 인현왕후를 내친 사실을 풍자한 작품.
사:아(死兒)명 죽은 아이.
사:악(四惡)명 나라를 다스리는 데 있어서의 네 가지의 잘못. '논어'에 나오는 말로, 가르치지 아니하고서 죄를 지으면 죽이는 일, 평소에 훈련도 시키지 않고 있다가 느닷없이 공(功)을 요구하는 일, 영(令)을 느슨히 하고 있다가 끝에 가서 심하게 독촉하는 일, 어차피 주어야 할 것을 가지고 인색하게 구는 일을 이름.
사악(邪惡)명하형 (마음이나 생각이) 간사하고 악독함. ¶ 사악한 성격. 참특악(慝惡)하다.
사악(肆惡)명하자 악한 성미를 함부로 부림.
사:악(賜樂)명하자 임금이 신하에게 풍류(風流)를 내림, 또는 그 풍류.
사:-악도(四惡道)[-또]명 불교에서, 악인이 죽어서 간다는 네 가지 고통스러운 길. 곧, 지옥·아귀(餓鬼)·축생(畜生)·아수라(阿修羅).
사안(私案)명 개인적인 생각이나 계획.
사:안(事案)명 법률적으로 문제가 되어 있는 안건. ¶ 미결 사안.
사안(査案)명 사건을 조사한 기록.
사안(斜眼)명 ①흘겨보는 눈. ②사팔눈.
사:안(賜顔)명하자 자기를 찾아온 아랫사람에게 좋은 낯으로 대함.
사알(私謁)명하타 사사로운 일로 윗사람을 뵘.
사:알(賜謁)명하자 임금이 신하에게 만날 것을 허락함.
사암(沙岩·砂岩)명 모래가 물속에 가라앉아 굳어서 된 바위. 사암석.
사암-석(沙岩石)명 ☞사암.
사앗-대[-아때/-앋때]명 〈상앗대〉의 준말.
사애(私愛)명하타 ①공평하지 못하고 어느 한쪽만을 치우치게 사랑함. ②남몰래 어떤 여자를 사랑함.
사:액(賜額)명하자 임금이 사당이나 서원 등에 이름을 지어 그것을 새긴 편액(扁額)을 내리던 일.
사:액^서원(賜額書院)[-써-]명 임금이 사액한 서원.
사:야(四野)명 사방의 들.
사:약(死藥)명 먹으면 죽는 약.
사약(私約)명 개인끼리 하는 사사로운 약속.
사:약(賜藥)명하자 〔임금이, 처형해야 할 왕족이나 중신(重臣)에게〕 먹고 죽을 약을 내림, 또는 그 약. ¶ 사약을 내리다. /사약을 받다.
사약(瀉藥)명 설사가 나게 하는 약.
사양(仕樣)명 '설명(서)'·'품목'·'규격'으로 순화. 〔일본어 '시요(仕樣)'를 우리 한자음으로 읽은 말.〕 ¶ 선택 사양. /제품 사양.
사양(斜陽)명 ①서쪽으로 기울어진 해, 또는 그 햇빛. 사조(斜照). 측일(仄日). ②시세의 변천으로 사라지거나 몰락해 가는 일을 비유하여 이르는 말. ¶ 사양 기술.
사양(飼養)명하타 ☞사육(飼育).
사양(辭讓)명하타 겸손하여 받지 않거나 응하지 아니함. ¶ 자리를 사양하다.
사양-길(斜陽-)[-낄]명 새로운 것에 밀려 점점 몰락해 가는 중. ¶ 사양길로 접어들다. /사양길에 들어서다.
사양^산:업(斜陽産業)명 새로운 산업의 출현으로 쇠퇴해 가는 산업.
사양-족(斜陽族)명 세상의 변천으로 몰락한 상류 계급.
사양지심(辭讓之心)명 사단(四端)의 하나. 겸손하여 남에게 사양할 줄 아는 마음.
사-양토(沙壤土·砂壤土)명 진흙이 비교적 적게 섞인 보드라운 흙.
사:어(死語)명 전에는 쓰이었으나 현재는 쓰이지 않는 말. 비폐어(廢語). ↔활어(活語).
사어(沙魚·鯊魚)명 ①☞모래무지. ②☞상어.
사어(私語)명 ①사사로이 부탁하는 말. ②하자드러나지 않게 속삭임. 낮은 목소리로 소곤댐.
사어(射御)명 활쏘기와 말타기를 아울러 이르는 말.
사어-피(沙魚皮)명 상어의 껍질. 준어피.
사:언-시(四言詩)명 한 구(句)가 넉 자로 된 한시(漢詩).
사:업(事業)명하자 ①주로, 생산과 영리를 목적으로 하는 지속적인 경제 활동. ¶ 사업을 일으키다. /사업이 망하다. ②일정한 목적을 가지고 진행되는 비영리적인 사회 활동. ¶ 자선 사업.
사:업-가(事業家)[-까]명 사업을 하는 사람. 사업에 능한 사람. ¶ 자선 사업가.
사:업^공채(事業公債)[-꽁-]명 국가가 사업비로 충당하기 위하여 발행하는 공채.
사:업-소(事業所)[-쏘]명 어떤 사업의 활동이 이루어지는 장소. 사업장.
사:업^소:득(事業所得)[-쏘-]명 사업에서 생기는 소득.
사:업^연도(事業年度)[-엄년-]명 사업의 업무와 결산상의 편의에서 설정한 연도, 곧 결산기와 다음 결산기 사이. 영업 연도.
사:업^자본(事業資本)[-짜-]명 사업에 투자한 자본. 사업에 필요한 자본.
사:업-장(事業場)[-짱]명 ☞사업소.
사:업-주(事業主)[-쭈]명 사업을 경영하는 사람이나 조직체.
사:업-채(事業債)명 금융 기관 이외의 기업 회사가 발행하는 사채(社債).
사:업-체(事業體)명 사업하는 기관. 준업체.
사:여(賜與)명하타 나라나 관청에서 하사함. 사급(賜給).
사:역(使役)명 ①남에게 어떤 동작을 하게 하는 뜻을 나타내는 어법(語法). 〔먹이다·읽히다·살리다 따위.〕 ②하타남을 써서 일을 시킴. ¶ 사역에 차출되다.
사:역^동:사(使役動詞)[-똥-]명 ☞사동사(使動詞).
사역-원(司譯院)명 조선 시대에, 번역과 통역에 관한 일을 맡아보던 관아.
사:연(事緣)명 일의 앞뒤 사정과 까닭. ¶ 어찌 된 일인지 사연을 말해 보아라.
사연(師椽)명 ☞부연(附椽).
사연(詞筵)명 문인(文人)들이 모인 자리.
사:연(賜宴)명하자 지난날, 나라에서 잔치를 베풀던 일, 또는 그 잔치.
사연(辭緣·詞緣)명 하고자 하는, 말이나 편지의 내용. ¶ 사연이 많은 편지.

사열(査閱)명하타 ①검열이나 조사를 위하여, 실지로 하나하나 살펴봄. ②군에서, 사열관이나 지휘관 등이 열병과 분열을 통하여 군사 교육의 성과 및 장비 유지 상태 등을 실지로 살펴봄. ¶ 부대를 사열하다.

사열-대(査閱臺)[-때]명 사열식 때, 사열관이 올라서게 만든 단.

사열-식(査閱式)명 사열을 하는 의식.

사:염화-규소(四塩化硅素)명 염소의 기류(氣流) 중에서 규소와 탄화규소 또는 탄소와 무수규소의 혼합물을 가열하여 얻는 무색의 액체. 공기 중에서 발연(發煙)하며 유기 규소 화합물의 합성 원료로 쓰임. [$SiCl_4$]

사:염화-탄소(四塩化炭素)명 이황화탄소에 염소를 작용시켜서 만드는 무색의 액체. 유지류의 용제 및 살충제 따위에 쓰임. [CCl_4]

사영(私營)명하타 개인이 경영함, 또는 그 사업. ↔공영·관영·국영.

사영(射影)명하타 ①물체가 그림자를 비치는 일, 또는 그 그림자. 투영(投影). ②도형이나 입체를 다른 평면에 옮기는 일, 또는 그것에 의하여 평면에 생기는 도형.

사영(斜映)명 빛이 비스듬히 비침, 또는 그 빛.

사영(斜影)명 비스듬히 비친 그림자.

사영(寫影)명하타 물체의 형상을 비치어 나타냄, 또는 나타낸 그 그림자.

사영^기하학(射影幾何學)명 기하학 도형의 크기에는 관계없이, 점·직선·평면을 기초 도형으로 하여 그 결합 관계를 연구하는 근세 기하학의 한 체계.

사:예(四藝)명 거문고·바둑·글씨·그림의 네 가지 기예(技藝).

사예(射藝)명 활을 쏘는 기예. 사(射).

사:오(四五)관《일부 단위를 나타내는 명사 앞에 쓰이어》그 수량이 사나 오임을 나타내는 말. ¶ 사오 미터. /사오 일 만에 다시 만나게 된다.

-사오-선미 공손의 선어말 어미 '-사옵-'의 'ㅂ'이, '-면·-니·-아도·-ㄹ지' 등의 어말 어미 앞에서 줄어진 것. 〔'있사오면·먹사오니·읽사와도·있사올지' 등에서의 '사오'.〕

사오납다형ㅂ 〈옛〉사납다. 억세다. ¶ 夫人 아돌 長生이 사오납고(月釋*2:4*).

사오리명 〈옛〉발돋움. ¶ 사오리 등:凳(訓蒙中*10*).

사:오-월(四五月)명 사월과 오월. 사월이나 오월.

-사오이다어미 자음으로 끝난 어간이나 시제의 '-았(었)-'·'-겠-' 등에 붙어, '-으오이다'의 뜻을 정중하게 나타내는 합쇼체의 종결 어미. ¶ 그 일은 제가 맡겠사오이다. 준 -사외다. 참 -소이다.

사:오-일(四五日)명 ☞나달².

사:옥(史獄)명 역사에 관계되는 옥사(獄事). 참 사화(史禍).

사옥(社屋)명 회사의 건물. ¶ 사옥을 신축하다.

사온-서(司醞署)명 고려·조선 시대에, 궁중에서 쓸 술에 관한 일을 맡아보던 관아.

사:온-일(四溫日)명 겨울의 삼한사온(三寒四溫) 가운데 비교적 따뜻한 나흘 동안.

-사옵-선미 자음으로 끝난 어간이나 시제의 '-았(었)-'·'-겠-' 등에 붙어, '-으옵-'의 뜻을 정중하게 나타내는 선어말 어미. ¶ 글을 읽사옵다가…. 준 -삽-.

-사옵니까[-옴-]어미 '-사옵-'과 '나이까'가 합하여 줄어진 말. 자음으로 끝난 어간이나 시제의 '-았(었)-'·'-겠-' 등에 붙어, 묻는 뜻을 나타내는 합쇼체의 종결 어미. ¶ 내일쯤 오시겠사옵니까?

-사옵니다[-옴-]어미 '-사옵-'과 '-나이다'가 합하여 줄어진 말. 자음으로 끝난 어간이나 시제의 '-았(었)-'·'-겠-' 등에 붙어, 어떤 사실을 베풀어 말하는 뜻을 나타내는 합쇼체의 종결 어미. ¶ 어제 다녀갔사옵니다.

-사옵디까[-띠-]어미 '-사옵-'과 '-더이까'가 합하여 줄어진 말. 자음으로 끝난 어간이나 시제의 '-았(었)-'·'-겠-' 등에 붙어, 상대편이 경험한 사실을 돌이켜 묻는 뜻을 나타내는 합쇼체의 종결 어미. ¶ 쾌차하셨사옵디까?

-사옵디다[-띠-]어미 '-사옵-'과 '-더이다'가 합하여 줄어진 말. 자음으로 끝난 어간이나 시제의 '-았(었)-'·'-겠-' 등에 붙어, 경험한 사실을 돌이켜 말하는 뜻을 나타내는 합쇼체의 종결 어미. ¶ 어려움이 많사옵디다.

사옹(司饔)명 조선 시대에, 대궐 안에서 음식을 만들던 사람.

사옹-원(司饔院)명 조선 시대에, 대궐 안의 음식 장만에 관한 일을 맡아보던 관아.

사:왕(死王)명 ①죽은 왕. ②불교에서, 염라대왕을 달리 일컫는 말.

사왕(嗣王)명 왕위를 이은 임금. 사군(嗣君).

사:왕-천(四王天)명 불교에서 이르는 욕계 육천(慾界六天)의 첫째. 수미산 중턱에 있으며 사천왕(四天王)이 다스린다고 함. 준 사천.

사외(社外)[-외/-웨]명 ①회사의 건물 밖. ②그 회사 이외의 사람. ¶ 일을 사외에 맡기다.

-사외다[-외-/-웨-]어미 〈-사오이다〉의 준말. ¶ 실무에는 경험이 없사외다.

사외-보(社外報)[-외-/-웨-]명 사보의 한 가지. 기업이 대외 홍보를 위해 발행하여 외부에 무료로 배포하는 간행물. ↔사내보.

사외^이:사(社外理事)[-외-/-웨-]명 회사의 경영을 직접 맡아보는 이사 이외에 회사 밖의 전문가로 선임된 이사. 경영진과 직접적인 관계가 없으므로 객관적인 입장에서 회사의 경영 상태를 감독하고 조언할 수 있음.

사:요(史要)명 역사의 개요, 또는 그것을 쓴 책.

사욕(私慾)명 자기의 이익만을 채우려고 하는 욕망. ¶ 사리사욕. /사욕을 채우다.

사욕(邪慾)명 그릇된 욕망, 특히 음란한 욕정. ¶ 사욕에 빠지다.

사욕(沙浴·砂浴)명하자 ①닭·오리 따위 가금류가 모래나 흙을 파헤치며 몸을 비벼 대거나 흙을 끼얹거나 하는 짓. ②모래찜질.

사욕^편정(邪慾偏情)명 가톨릭에서, 도리에 어긋나는 온갖 정욕(情慾)을 이르는 말.

사용(私用)명 ①자기 개인의 용건. ②하타 공용물을 자기 개인의 일에 씀. ↔공용.

사용(私傭)명하타 사사로이 고용함. 사인(私人)에게 고용당함.

사용(社用)명 회사의 소용(용무).

사:용(使用)명하타되자 사람이나 물건 등을 쓰거나 부림. ¶ 기구를 사용하다.

사:용^가치(使用價値)명 사람의 욕망을 채워 주는 재화의 효용성. 쓸 만한 가치.

사:용-권(使用權)[-꿘]명 어떤 것을 사용할 수 있는 권리.

사:용^대:차(使用貸借)명 어떤 물건을 빌려서, 무상으로 사용하거나 수익한 뒤에 돌려줄 것을 약속함으로써 성립되는 계약.

사:용-료(使用料)[-뇨]명 무엇을 사용한 값으로 치르는 요금. ¶ 전화 사용료.

사:용-세(使用稅)[-쎄]명 소비세의 한 가지. 〔유흥세·입장세·통행세 따위.〕

사ː용-인(使用人)명 ①☞사용자. ②근로 계약(고용 계약)에 따라 정신적·육체적인 일을 하고 그 대가로 보수를 받는 사람. 고용인. 근로자.
사ː용-자(使用者)명 ①물건이나 시설 등을 쓰는 사람. 사용인. ②근로 계약(고용 계약)에 따라 근로자에게 일을 시키고 그 대가로 보수를 주는 사람. 고용인(雇用人). 고용주. 사용주. ¶ 노동자와 사용자.
사ː용^절도(使用竊盜)[-또]명 남의 재물을 주인의 승낙 없이 사용한 후에 돌려줄 생각으로 일시 사용하는 행위.
사ː용-주(使用主)명 ☞사용자.
사ː우(四友)명 ①〈문방사우(文房四友)〉의 준말. ②눈 속에서 피는 네 가지 꽃, 곧 옥매(玉梅)·납매(臘梅)·수선(水仙)·산다화(山茶花).
사ː우(四隅)명 ①네 구석. ②네 모퉁이의 방위, 곧 서남·서북·동남·동북.
사ː우(死友)명 ①죽음을 함께할 만한 극히 친한 벗. ②죽은 벗.
사우(社友)명 ①같은 회사나 결사 단체 같은 데서 함께 일하는 동료나 동지. ②사원은 아니나, 회사에서 사원과 같은 대우를 받는 사람.
사우(師友)명 ①스승과 벗. ②스승으로 삼을 만한 벗.
사우(祠宇)명 따로 세운 사당집. 사당(祠堂).
사우(斜雨)명 (바람에 날려) 비스듬히 흩날리며 내리는 비.
사우(絲雨)명 (실같이 가늘게 내리는) 가랑비.
사우(飼牛)명하자 소를 기름, 또는 그 소.
사ː우(麝牛)명 ☞사향소.
사우나(sauna)명 핀란드식의, 열기와 증기를 이용한 목욕탕. 사우나탕.
사우나-탕(sauna湯)명 ☞사우나.
사우-방(祠宇房)[-빵]명 ☞사당방(祠堂房).
사우스-포ː(southpaw)명 ①야구에서, 왼손잡이 투수. 좌완 투수. ②권투에서, 왼손잡이 선수.
사ː운(四韻)명 ①네 개의 운각(韻脚)으로 된 율시(律詩). ②☞사성(四聲).
사운(社運)명 회사의 운명이나 운수. ¶ 사운을 걸다. /사운이 기울다.
사운드-박스(sound-box)명 ①현악기의 소리가 울리는 몸통. ②구식 축음기에서, 바늘의 진동을 받아 소리를 내는 장치.
사운드^트랙(sound track)명 영화 필름의, 소리가 녹음된 부분. 음구(音溝).
사운드-판(sound版)명 대사는 없이 음악이나 음향만 나오는 영화.
사운드^필름(sound film)명 ①발성 영화(發聲映畫). ②녹음에 쓰는 필름.
사ː운지시(四韻之詩)명 네 구(句)에 운을 달아 지은 시(詩).
사원(寺院)명 ①절. 사찰. ②이슬람교·힌두교 등의 교당.
사원(私怨)명 사사로운 원한.
사원(沙原·砂原)명 모래벌판.
사원(社員)명 ①회사에 근무하는 사람. 회사원. ¶ 신입 사원. ②사단 법인을 구성하는 사람. ¶ 사원 총회.
사원(射員)명 사정(射亭)에서 활 쏘는 일에 참가한 사람.
사ː원(赦原)명하타 죄인의 정상을 참작하여 용서함. 사면함.
사원-권(社員權)[-꿘]명 사단 법인의 사원이, 사원의 자격으로 법인에 대하여 가지는 권리. 〔공익권과 자익권으로 나뉨.〕
사ː원-법(四元法)[-뻡]명 고등 수학의 한 분야. 4차원적 수량 개념인 벡터로부터 상대성 원리에 이르는, 시공(時空) 세계에 관한 이론과 응용을 연구하는 학문.
사원-전(寺院田)명 고려 시대에, 사원에 속한 토지.
사-원추(斜圓錐)명 '빗원뿔'의 구용어.
사ː원-합금(四元合金)[-끔]명 네 가지 주성분으로 이루어진 합금.
사ː월(巳月)명 〔월건(月建)에 십이지의 사(巳)가 드는 달로〕 '음력 사월'의 딴 이름. 참맹하.
사ː월(四月)명 한 해의 넷째 달. 참사월(巳月)·맹하·등월.
사월(斜月)명 서쪽 하늘에 기운 달. 지는 달.
사월(蜡月)명 '섣달'을 달리 이르는 말. 제월.
사위[1]명 딸의 남편. 여서(女壻).
 사위는 백 년 손이라속담 〔사위는 영원한 손님이라는 뜻으로〕 사위는 언제나 소홀히 할 수 없는 존재라는 말.
 사위도 반자식(이라)속담 ①장인과 장모에게 사위가 절반 제 자식이라는 뜻으로, 사위에 대한 정이 자식에 대한 정 못지않다는 말. ②사위도 때로 자식 노릇을 할 때는 한다는 말.
 사위 사랑(은) 장모속담 사위를 사랑하는 마음은 장인보다 장모가 더하다는 말.
사위[2]명하자 재앙이 올까 염려하여 어떤 사물이나 말을 꺼림. ¶ 그 물건은 이 집에서 사위하니까 들이지 마라.
사위[3]명 ①윷놀이나 주사위 놀이에서 목적한 끗수. ¶ 사위가 좀체로 오르지 않는다. ②〈큰사위[2]〉의 준말.
사ː위(四圍)명 사방의 둘레. 사주(四周). 주위. ¶ 어둠이 사위를 둘러싸다.
사위(斜位)명 모체 속에서, 태아의 위치가 바르지 못하고 비스듬히 자리 잡은 상태.
사위(詐僞)명하자 거짓을 꾸며 속임. 거짓.
사위(嗣位)명하자 왕위를 이음.
사위다자 불이 다 타서 재가 되다. ¶ 바람이 심해 숯불이 쉬 사위었다.
사위-스럽다[-따][~스러우니·~스러워]형ㅂ 어쩐지 불길하고 꺼림칙하다. ¶ 사위스러운 생각이 들다. **사위스레**부.
사-위토(寺位土)명 절에 딸린 논밭.
사윗-감[-위깜/-윋깜]명 사위로 삼을 만한 사람.
사ː유(四有)명 불교에서, 중생이 나서 죽고 다시 태어날 때까지의 1기(期)를 넷으로 나눈 것, 곧 생유(生有)·본유(本有)·사유(死有)·중유(中有)를 이르는 말.
사ː유(四侑)명 ☞사배(四配).
사ː유(四維)명 ①건(乾)·곤(坤)·간(艮)·손(巽)의 네 방위, 곧 서북·서남·동북·동남. ②나라를 유지하는 데 꼭 필요한 네 가지 근본, 곧 예(禮)·의(義)·염(廉)·치(恥).
사ː유(死有)명 불교에서 이르는 사유(四有)의 하나. 중생이 속세에서 살다가 수명이 다하여 막 죽으려고 하는 찰나.
사유(私有)명하타 개인이 소유함, 또는 그 소유물. ↔공유·국유.
사ː유(事由)명 일의 까닭. 연고. 연유(緣由). 정유(情由). ¶ 사유를 밝히다. /사유를 묻다.
사ː유(思惟)명하타 ①논리적으로 생각함. ②철학에서, 감각·지각 이외의 인식 작용. 분석·종합·추리·판단 등의 정신 작용을 뜻함. ③불교에서, '대상(對象)을 마음속에 그리며 생각함'을 이르는 말. ①②사고(思考).

사유(師儒)명 유학(儒學)의 도를 가르치는 스승.
사:유(赦宥)명하타 죄를 용서함.
사유-권(私有權)[-꿘]명 개인 소유로 할 수 있는 권리. ¶ 사유권을 인정하다.
사유-림(私有林)명 개인 또는 사법인(私法人)이 소유하는 산림. ↔공유림·국유림.
사유-물(私有物)명 개인이 소유하는 물건. 사물(私物). ↔공유물.
사유-수(思惟樹)명 '보리수(菩提樹)'를 달리 이르는 말.
사유-장(師儒長)명 고려·조선 시대에, '대사성(大司成)'을 달리 이르던 말.
사유^재산(私有財產)명 개인 또는 사법인(私法人)이 소유하는 재산. ↔국유 재산.
사유^재산제(私有財產制)명 (모든) 재산을 개인이 소유할 수 있도록 법률로써 보호하며, 소유자의 자유로운 관리·운영에 맡기는 사회 제도.
사유-지(私有地)명 개인 또는 사법인이 소유하는 토지. 사지(私地). 사토. ↔공유지·국유지.
사유^철도(私有鐵道)[-또]명 개인 또는 사기업이 소유·경영하는 철도. 준사철.
사:육(四肉)명 네발 달린 짐승의 고기.
사육(私肉)명 ☞사고기.
사:육(事育)명하자 어버이를 섬기고 자식을 낳아 기름.
사육(飼育)명하타되자 짐승 따위를 먹여 기름. 사양(飼養). ¶ 사슴을 사육하다.
사육^동:물(飼育動物)[-똥-]명 집에서 먹여 기르는 동물. ↔야생 동물.
사:-육신(死六臣)[-씬]명 조선 세조 때, 단종의 복위(復位)를 꾀하다가 실패하여 처형당한 여섯 충신. [성삼문(成三問)·박팽년(朴彭年)·유응부(兪應孚)·유성원(柳誠源)·하위지(河緯地)·이개(李塏).] 참생육신.
사:육-제(謝肉祭)[-쩨]명 가톨릭 국가에서, 사순절(四旬節) 전 3일에서 1주일 동안에 걸쳐 거행되는 축제. 술과 고기를 먹고 가장행렬 따위를 하며 즐김. 카니발.
사:율(四律)명 율시(律詩)의 한 가지. 한 구가 오언(五言)이나 칠언(七言)으로 된 여덟 구(句), 곧 네 짝으로 된 시.
사:은(四恩)명 불교에서, 중생이 이 세상에서 받는 네 가지 은혜. 곧, 부모·중생·국왕·삼보(三寶)의 은혜, 또는 국왕·부모·사장(師長)·시주(施主)의 은혜를 이름.
사은(私恩)명 사사로이 입은 은혜.
사은(師恩)명 스승의 은혜.
사:은(謝恩)명하자 입은 은혜에 대하여 감사함. ¶ 사은의 꽃다발을 드리다.
사:은-숙배(謝恩肅拜)[-빼]명하자 임금의 은혜에 감사하며 공손히 절함.
사:은-품(謝恩品)명 성원(聲援)에 감사하는 뜻으로 사례하는 물품. ¶ 사은품 증정 행사.
사:은-회(謝恩會)[-회/-훼]명 졸업생이 스승의 은혜에 감사하는 뜻으로 베푸는 모임.
사음(邪淫)[1]명 불교에서, 남녀 간의 음란한 짓을 이르는 말. 욕사행(欲邪行).
사음(邪淫)[2] '사음하다'의 어근.
사음(舍音)명 ☞마름[2].
사음(寫音)명하타 글자나 부호 따위로 소리 나는 대로 적음, 또는 그 소리. 표음(表音).
사음^문자(寫音文字)[-짜]명 ☞표음 문자.
사음자리-표(-音-標)명 ☞높은음자리표.
사음-하다(邪淫-)형여 마음이 사악하고 음란하다.
사:의(死義)[-의/-이]명하자 의(義)를 위하여 죽음, 또는 그러한 죽음.
사의(私意)[-의/-이]명 ①자기 개인의 의견. ②자기만의 욕심을 채우려는 마음.
사의(私誼)[-의/-이]명 오랫동안 사귀어 온 개인 사이의 정분.
사의(私議)[-의/-이]명 ①사적(私的)인 의논. ②하타남몰래 논의하고 비평함. 뒤에서 욕을 함.
사의(邪意)[-의/-이]명 사악한 마음. 못된 생각.
사:의(事宜)[-의/-이]명 일이 적절함. 알맞은 일.
사:의(事意)[-의/-이]명 일의 내용.
사의(寫意)[-의/-이]명 그림에서, 사물의 형태보다도 그 내용과 정신을 그려 내는 데 치중하는 화법(畫法).
사의(蓑衣)[-의/-이]명 ☞도롱이.
사:의(謝意)[-의/-이]명 ①남의 호의에 대한 감사의 뜻. ¶ 심심한 사의를 표하다. ②자신의 잘못에 대한 사과의 뜻.
사:의(謝儀)[-의/-이]명 감사의 뜻을 나타내는 예의, 또는 그 뜻으로 보내는 물품.
사의(辭意)[-의/-이]명 ①사임 또는 사퇴할 뜻. ¶ 사의를 비치다. ②말의 뜻.
사-의무(私義務)[-의-/-이-]명 사법(私法) 관계에서 성립되는 의무. ↔공의무(公義務).
사이명 ①한 곳에서 다른 한 곳까지의 떨어진 공간. ¶ 서울과 부산 사이. /마을과 학교 사이를 왕래하다. ②어떤 것과 다른 것과의 벌어진 틈. ¶ 글자와 글자 사이. /사이를 띄우다. ③어떤 때에서 다른 한 때까지의 시간적인 동안. ¶ 잠깐 사이. ④《주로, '없다'와 함께 쓰이어》 시간적 겨를이나 짬. ¶ 잠시 앉아 쉴 사이도 없다. ⑤어떤 한정된 모임이나 범위 안. ¶ 친구들 사이에는 인기가 있다. ⑥사람과 사람과의 관계. ¶ 사랑하는 사이. /사이가 좋지 않다. 준새[4].
　사이(가) 뜨다관용 ①사이가 멀다. ②서로 친하던 관계가 서먹하게 되다.
사:이(四夷)명 지난날, 중국에서 주변 민족들을 사방의 오랑캐라 하여 낮추어 이르던 말, 곧 동이(東夷)·서융(西戎)·남만(南蠻)·북적(北狄).
사이(さい[才] 일)의 목재·석재의 체적의 단위. 목재는 길이 12자에 한 치, 석재는 사방 두 자를 이름.
사이-갈이명하타 농작물이 자라는 도중에, 그 사이사이의 겉흙을 얕게 갈아서 부드럽게 하는 일. 중경(中耕).
사이다(cider)명 [본디는 사과주(沙果酒)의 뜻으로] 탄산수에 당분과 향료를 섞어 만든 청량음료.
-사이다어미 모음이나 'ㄹ'로 끝난 동사 어간에 붙어, 청유의 뜻을 나타내는 합쇼체의 종결어미. ¶ 어서 오사이다. 참-으사이다.
사이드^드럼(side drum)명 타악기의 한 가지. 베이스 드럼보다 작으며, 군악이나 취주악·관현악 따위에 두루 쓰임.
사이드라인(sideline)명 구기에서, 경기장 양쪽에 그어진 선.
사이드^브레이크(side brake)명 주차 중에 자동차가 움직이지 않도록 하기 위한 브레이크. 손으로 작동함.
사이드^스로:(←side-arm throw)명 야구에서, 투수가 몸 옆으로부터 공을 던지는 투구법.
사이드^스텝(side step)명 ①권투에서, 상대편의 타격이 빗나가게 발을 좌우로 옮기면서 피하는 기술. ②댄스에서, 한 발을 옆으로 내고 다른 발을 끌어다 붙이는 동작.

사이드스트로ː크(sidestroke)[명] 모잽이헤엄.

사이드^아웃(side out)[명] 테니스에서, 공이 사이드라인 밖으로 나가는 일.

사이드-카ː(sidecar)[명] 오토바이 등의 옆에 달린 차량, 또는 그런 차량이 달린 오토바이.

사이렌(siren)[1][명] 사이렌과의 동물. 몸길이 80 cm 가량. 몸빛은 등이 검고 흰 점이 드문드문 나 있음. 뱀장어와 비슷하며, 네 개의 발가락을 가진 짧은 앞다리가 있음. 미국 동남부에 분포함.

사이렌(siren)[2][명] 시간이나 경보 따위를 알리는 데 쓰이는 음향 장치. 많은 공기 구멍이 뚫린 원판을 빨리 회전시킴으로써 소리가 남.

사이렌(Siren)[3][명] 그리스 신화에 나오는 바다의 요정.

사이버(cyber)[명] 〔'전자 두뇌'의 뜻으로〕 컴퓨터 통신망을 이르는 말.

사이버^공간(cyber空間)[명] 컴퓨터에서, 실제 세계와 비슷하게 가상적으로 구축한 환경.

사이버네틱스(cybernetics)[명] 기계·동물·사회 등에 나타난 제어와 통신의 유사성을 발견하고, 인공두뇌의 실현과 오토메이션의 개량을 지향하는 과학의 한 분야.

사이버^대ː학(cyber大學)[명] 인터넷을 통해 강의를 듣고 학사 학위를 받을 수 있는 대학.

사이보ː그(cyborg←cybernetic+organism)[명] 특수한 환경에 적응할 수 있도록, 인공 장기 등으로 몸의 일부를 개조한 인간.

사ː이비(似而非)[명] 겉으로는 그것과 같아 보이나 실제로는 전혀 다르거나 아닌 것을 이르는 말. ¶ 사이비 종교.

사이-사이[명] 사이와 사이. ¶ 꽃잎을 책갈피 사이사이에 끼우다. [준]새새[1].

사이-시옷[-옫][명] 우리말에서, 두 개의 형태소 또는 단어가 어울려 합성 명사를 이룰 때, 앞말이 모음으로 끝나고 뒷말의 첫소리가 된소리로 나거나, 뒷말의 첫소리 'ㄴ'·'ㅁ' 앞에서 'ㄴ' 소리가 덧나거나, 뒷말의 첫소리 모음 앞에서 'ㄴㄴ' 소리가 덧날 때, 앞말에 받치어 적는 시옷(ㅅ). 〔냇가·아랫니·댓잎 따위에서의 'ㅅ'.〕 *사이시옷이[-오시]·사이시옷만[-온-]

사이-좋다[-조타][형] 서로 친하다.

사이즈(size)[명] 크기. 치수. 척도(尺度). ¶ 신발의 사이즈가 맞지 않는다.

사이-짓기[-짇끼][명][하타] 농사에서, 주된 작물 사이에 딴 작물을 심어 가꾸는 일. 간작(間作).

사이-참(-站)[명] 〈새참〉의 본딧말.

사이코드라마(psychodrama)[명] 심리극.

사이클(cycle) [I][명] ①'자전거'로 순화. ②진동수나 주파수. ③주기. ¶ 교류 전류의 사이클. ④일반적으로, 사물이 일정한 주기로 순환하는 일. ¶ 경기(景氣)에는 일정한 사이클이 있다. [II][의] 진동수나 주파수의 단위. 헤르츠(Hertz)로 표시함.

사이클로이드(cycloid)[명] 한 원이 미끄러지지 않고 일직선 위를 굴러 갈 때, 그 원둘레 위의 한 점이 그리는 곡선의 궤적.

사이클로트론(cyclotron)[명] 핵입자를 가속시키는 장치. 원자핵을 인공적으로 파괴하는 일 등에 쓰임.

사이클론(cyclone)[명] ①인도양에서 발생하는 강한 열대성 저기압. 우리나라의 태풍에 해당함. ②유체(流體) 속에 들어 있는 비중이 다른 물질을 원심력을 이용하여 분리하는 장치.

사이클링(cycling)[명][하자] (스포츠나 레크리에이션으로) 자전거를 타고 멀리 나가는 일.

사이클^히트(cycle hit)[명] 야구에서, 한 타자가 한 경기에서 1루타·2루타·3루타·홈런을 두루 친 경우를 이르는 말.

사이키델릭^아ː트(psychedelic art)[명] 환각적 분위기를 만들어 내는 예술적 기교나 효과. 실내 장식·조명·포스터 따위에 쓰임.

사이트^엘시ː(sight L/C)[명] 일람 출급 어음을 발행할 수 있는 신용장.

사이펀(siphon)[명] ①기압을 이용해서 높은 데로 끌어 올린 액체를 다시 낮은 곳으로 옮기는 데 쓰는 구부러진 관. ②수증기의 증기압을 이용하여 커피를 끓이는 유리그릇.

사이-하다[타][여] 사이에 두다. ¶ 담 하나를 두고 사이하여 살다.

사ː이후이(死而後已)[명][하타] 〔죽은 뒤에야 일을 그만둔다는 뜻으로〕 죽을 때까지 열심히 노력하여 그치지 아니함.

사익(私益)[명] 개인의 이익. ↔공익.

사익^신ː탁(私益信託)[-씬-][명] 개인의 이익을 목적으로 하는 신탁. ↔공익 신탁.

사ː인(士人)[명] 벼슬을 하지 않은 선비. 사자(士子).

사ː인(死人)[명] 죽은 사람. 사자(死者).

사ː인(死因)[명] 죽게 된 원인. ¶ 사인 규명.

사인(邪人)[명] 사심(邪心)을 품은 사람.

사인(私人)[명] 사적 자격으로서의 개인. 사삿사람. ↔공인.

사인(私印)[명] 개인의 인장. ↔관인.

사인(社印)[명] 회사의 공식 인장.

사인(沙仁·砂仁)[명] 한방에서, 축사밀(縮砂蔤)의 씨를 약재로 이르는 말. 소화제 따위로 쓰임.

사인(sign)[명][하자] ①서류 따위에 자기만의 방식으로 서명하는 일, 또는 그 서명. ②야구 따위 경기에서, 자기편끼리 손짓·몸짓 등으로 주고받는 비밀 신호. ¶ 감독의 사인에 따라 번트를 대다.

사인(sine)[명] 삼각비에서, 직각 삼각형의 한 예각의 대변과 빗변의 비를 그 각에 대해 이르는 말. 〔약호는 sin.〕

사ː인-교(四人轎)[명] 앞뒤에 각각 두 사람씩 모두 네 사람이 메는 가마. [변]사린교.

사ː인-기(四人棋)[명] 두 사람씩 한 편이 되어 넷이 두는 바둑.

사인^기관(私人機關)[명] 개인이나 사법인(私法人)이 설치한 기관.

사ː인-남여(四人籃輿)[명] 네 사람이 앞뒤에서 메는 남여. [변]사린남여.

사ː인-방상(四人方牀)[명] 앞뒤 두 사람씩 모두 네 사람이 메는 상여. [변]사린방상.

사인-북(sign+book)[명] 기념으로, 저명 인사나 인기인 등의 사인을 받아 모은 책.

사인^소추(私人訴追)[명] 국가 기관이 아닌, 사인이 행하는 형사 소송.

사ː인여천(事人如天)[-녀-][명] 천도교에서, 한울님을 공경하듯 사람도 서로 공경하고 존중하여야 한다는 가르침.

사ː인^증여(死因贈與)[명] 증여자의 사망에 의하여 효력이 발생하는 증여.

사ː인^처ː분(死因處分)[명] 당사자의 사망에 의하여 효력이 발생하는 법률 행위. 〔유언·사인 증여 따위.〕 사후 처분. ↔생전 처분.

사인-파(sine波)[명] 삼각 함수의 사인(sine) 곡선에 따라 물결 모양으로 표시되는 파동.

사인-펜(sign+pen)[명] 필기도구의 한 가지. 심(心)은 나일론이나 폴리에스테르의 섬유를 굳혀 만들고 수성(水性) 잉크를 넣음.

사:일(巳日) 명 일진(日辰)의 지지(地支)가 사(巳)로 된 날. 〔기사일(己巳日)·정사일(丁巳日) 따위.〕 뱀날.
사일(仕日) 명 벼슬자리에 있던 날수.
사일(社日) 명 입춘 후 다섯 번째의 무일(戊日)과 입추 후 다섯 번째의 무일.
사일(斜日) 명 서쪽으로 기운 해. 석양.
사일(奢佚) '사일하다'의 어근.
사일로(silo) 명 (겨울철에 대비하여) 가축의 사료 등을 저장해 두는, 둥근 탑 모양의 저장고.
사일리지(silage) 명 ☞엔실리지.
사:일-성복(四日成服) 명 하자 죽은 지 나흘 만에 상주 이하 복인들이 상복을 입는 일.
사일-하다(奢佚-) 자여 사치스럽고 방탕하게 놀다.
사임(辭任) 명 하자타 맡고 있던 일자리를 스스로 내놓고 물러남. 사면(辭免). ¶ 위원직을 사임하다.
사잇-소리[-이쏘-/-읻쏘-] 명 두 말이 어울려 한 덩어리의 단어가 될 때에, 그 사이에서 덧나는 소리. 예사소리가 된소리로 변하는 경우의 덧나는 소리나, 앞의 말이 모음으로 끝나고 뒤의 말이 'ㅁ·ㄴ'으로 시작될 때 덧나는 'ㄴ' 소리 따위. 간음(間音).
사잇소리^현:상(-現象) [-이쏘-/-읻쏘-] 명 우리말에서, 두 개의 형태소 또는 단어가 어울려 합성 명사를 이룰 때, 앞말의 끝소리가 울림소리이고, 뒷말의 첫소리가 안울림 예사소리이면 뒤의 예사소리가 된소리로 변하는 현상. 〔앞말이 모음으로 끝난 경우에는 사이시옷을 적음. '촛불·뱃사공·나뭇가지·깃발·밤길[밤낄]·등불[등뿔]…' 따위.〕
사올 명 〈옛〉사흘. ¶ 밀므리 사ᄋᆞ리로ᄃᆡ(龍歌67章).
사:자(士子) 명 ☞사인(士人).
사:자(死者) 명 죽은 사람. 사인(死人).
사자(私資) 명 ☞사재(私財).
사:자(使者) 명 ①심부름을 하는 사람. ②불교에서, 죽은 사람의 혼을 저승으로 잡아간다는 저승의 차사.
사자(師子) 명 불교에서, 스승과 제자 중을 이름.
사자(師資) 명 ①스승으로 삼고 의지하는 일, 또는 그 사람. 스승. ②스승과 제자. 스승과 제자 사이.
사자(嗣子) 명 대(代)를 이을 아들.
사자(獅子) 명 고양잇과의 맹수. 포유동물로, 몸길이 2 m, 꼬리 90 cm, 어깨 높이 1 m가량. 몸빛은 황갈색이고 수컷은 머리에 긴 갈기가 있음. 주로 밤에 얼룩말·기린·영양·멧돼지 등을 잡아먹음. 아프리카의 초원 지대에 분포함.
  사자 없는 산에 토끼가 왕〔대장〕 노릇 한다 속담 주장 되는 사람이 없게 되면 못난 사람이 세력을 부리며 뽐낸다는 말.
사자(寫字) 명 하타 글씨를 베껴 씀.
사자-관(寫字官) 명 조선 시대에, 승문원(承文院)과 규장각(奎章閣)에 두었던 벼슬.
사자구 명 황줄돔과의 바닷물고기. 몸길이 35 cm 가량. 몸빛은 연한 흑자색이고 배는 은빛 광택이 있음. 남해안의 깊은 바다에 분포함.
사자-궁(獅子宮) 명 ☞사자자리.
사자-기(獅子伎) 명 ☞사자놀음.
사자-놀음(獅子-) 명 음력 정월 대보름날, 사자탈을 쓰고 집집을 돌면서 하는 민속놀이의 한 가지. 사자놀이. 사자기(獅子伎).
사자-놀이(獅子-) 명 ☞사자놀음.
사자-무(獅子舞) 명 ☞사자춤.
사자-분신(獅子奮迅) 명 하자 사자가 미쳐 날뛰듯이, 무슨 일을 하는 데 그 기세가 매우 격렬함을 이르는 말.
사자-생(寫字生) 명 책이나 서류 등의 글씨를 베껴 써 주는 일을 업으로 하는 사람.
사자-성(獅子星) 명 사자자리의 별.
사:자-성어(四字成語) 명 한자 넉 자로 된 관용구. 〔'勸善懲惡'·'苦盡甘來' 따위.〕
사자-어금니(獅子-) 명 힘든 일을 하는 데에 없어서는 안 될 사람이나 물건을 비유하여 이르는 말.
사자-자리(獅子-) 명 황도 십이궁의 하나. 큰곰자리와 처녀자리 사이에 있는 별자리. 봄에 남쪽 하늘에 보이며, 5월 초순에 자오선을 통과함. 사자궁. 사자좌. 예좌(猊座).
사자-좌(獅子座) 명 ①☞사자자리. ②부처가 앉는 자리.
사:자-채반(使者-盤) 명 사잣밥을 담는 채반.
사자-춤(獅子-) 명 정재(呈才)에서 사자탈을 쓰고 추는 춤. 사자무.
사자-코(獅子-) 명 (사자의 코같이) 위로 향한 들창코, 또는 그런 코를 가진 사람.
사자-탈(獅子-) 명 (사자춤이나 사자놀음에 쓰는) 사자 모양의 탈.
사자-후(獅子吼) 명 하자 ①〔뭇짐승이 사자의 울부짖는 소리에 엎드려 떤다는 뜻으로〕 불교에서, 일체(一切)를 엎드려 승복하게 하는 '부처님의 설법(說法)'을 이르는 말. ②크게 열변을 토함.
사:잠(四箴) 명 ☞사물잠(四勿箴).
사잠(沙蠶·砂蠶) 명 ☞갯지렁이.
사:잣-밥(使者-) [-자빱/-잗빱] 명 초상난 집에서, 죽은 사람의 넋을 부를 때에 염라부의 사자에게 대접하는 밥. 〔세 그릇의 밥을 담 모퉁이나 대문 밖에 놓았다가 발인할 때 치움.〕
사:잣-짚신(使者-) [-자찝씬/-잗찝씬] 명 저승의 사자에게 신으라고 사잣밥과 함께 놓는 짚신.
사장(司長) 명 조선 시대에, 궁내부와 각 부에 딸리었던 사(司)의 우두머리.
사:장(四葬) 명 옛 인도와 중국에서 행하여진 네 가지 장례 방식, 곧 수장(水葬)·화장(火葬)·토장(土葬)과 조장(鳥葬) 또는 임장(林葬).
사:장(四障) 명 불교에서, 도를 닦는 데 따르는 네 가지 장애. 〔번뇌로 말미암은 혹장(惑障), 악업으로 말미암은 업장(業障), 악취(惡趣)의 과보에서 오는 보장(報障), 사견(邪見)으로 말미암은 견장(見障)을 이름.〕
사:장(四藏) 명 불교의 네 가지 경전, 곧 경장(經藏)·율장(律藏)·논장(論藏)에 주장(呪藏)이나 잡장(雜藏)을 넣은 것.
사:장(死藏) 명 하타 되자 (어떤 물건을) 활용하지 않고 그대로 간직하여 두기만 함.
사장(私藏) 명 하타 개인이 간직하거나 감추어 둠, 또는 그 물건.
사장(師丈) 명 '스승'을 높이어 일컫는 말.
사장(社長) 명 ①회사의 대표자. ②조선 시대에, 사창(社倉)의 곡식을 관리하던 사람.
사장(社章) 명 회사나 결사(結社)의 기장(記章).
사장(社葬) 명 회사가 맡아 치르는 장례.
사장(査丈) 명 사돈집 웃어른을 높이어 일컫는 말.
사장(沙場·砂場) 명 모래밭. 모래톱.
사장(師匠) 명 학문이나 기예에 뛰어나 남의 스승이 될 만한 사람.
사장(師長) 명 스승과 나이 많은 어른.

사장(紗帳)명 사로 만든 휘장.
사장(射場)명 활터.
사:장(赦狀)[-짱]명 ①형벌을 면한다는 서장(書狀). 사면장(赦免狀). ②대사(大赦)와 특사(特赦)를 명하는 서장(書狀).
사장(詞章·辭章)명 시가(詩歌)와 문장.
사장(寫場)명 ①사진관 안에, 사진 찍는 시설을 갖추어 놓은 곳. ②☞사진관.
사:장(謝狀)명 ①사례하는 편지. ②사과하는 편지.
사:장(謝章)명 ☞사표(謝表).
사장(辭狀)명 ☞사표(辭表).
사:장-간(←鎖匠間)[-깐]명 지난날, 옥졸들이 모여 있던 방.
사-장구(沙-)명 통이 사기로 된 장구.
사-장석(斜長石)명 삼사 정계(三斜晶系)에 딸리는 소다 석회 장석. 알루미늄·나트륨·칼슘 등이 들어 있는 규산염으로, 유리빛이 나며 흰색을 띰.
사-장암(斜長岩)명 주로 사장석으로 이루어진 화성암의 한 가지.
사-장조(-長調)[-쪼]명 '사' 음을 으뜸음으로 하는 장조.
사장-파(詞章派)명 조선 초·중기에, 도학(道學)도 중요하지만 문장과 시부(詩賦)도 중요하다고 하여, 도학파인 조광조(趙光祖) 일파에 맞서던 일파. 〔남효온·조위(曺偉)·김일손(金馹孫)·남곤(南袞) 등이 그 대표적 인물임.〕 ↔도학파(道學派).
사:재(史材)명 ☞사료(史料).
사:재(四宰)명〔'삼재(三宰)의 다음'이라는 뜻으로〕 조선 시대에, '우참찬(右參贊)'을 일컫던 말.
사재(私財)명 개인의 재산. 사산(私產). 사자(私資). ¶ 사재를 들여 세운 기념관.
사재(社財)명 회사의 재산.
사재(渣滓)명 찌끼.
사재-기명하타 필요 이상으로 몰아 사서 쟁여 둠. 매점(買占).
사:재발-쑥명 ☞산쑥.
사:-쟁이(←鎖-)명 〈옥사쟁이〉의 준말.
사저(私邸)명 개인의 저택(邸宅). 사제(私第). ↔공저(公邸)·관저(官邸).
사저(沙底·砂底)명 도자기 밑바닥에 잿물이 잘 묻지 아니하여 흙바닥 그대로 남은 좀 껄껄한 부분.
사저(沙渚·砂渚)명 물가의 모래밭. 모래로 된 작은 섬. 사정(沙汀).
사:적(史跡·史蹟)명 역사상의 사건과 관계가 있거나 건조물이 있던 곳. 역사상의 유적.
사:적(史籍)명 ☞사기(史記).
사적(私覿)명하타 ①관리가 사사로이 남을 만남. ②관리가 사사로운 일로 임금을 뵘.
사:적(事跡·事迹)명 오랜 동안에 걸쳐 있었던 일이나 사건의 자취. ¶ 역사상의 사적.
사:적(事績)명 (어떤 사람이 이루어 놓은) 일의 실적. 업적(業績).
사적(射的)명 ①과녁. ②하자(총이나 활을 쏘아) 과녁을 맞힘.
사:-적(史的)[-쩍]관명 역사에 관계되는 (것). ¶ 사적 자료. /동학 농민 운동의 사적 고찰. /사적인 인물.
사-적(私的)[-쩍]관명 개인에 관계되는 (것). ¶ 사적 감정. /사적인 문제를 공론에 부쳐서는 안 된다. ↔공적.
사적-비(寺跡碑)[-삐]명 절의 역사를 적은 비석.
사:적 유물론(史的唯物論)[-쩍뉴-] ☞유물 사관(唯物史觀).
사적 자치(私的自治)[-쩍짜-] 개인 사법 관계를 개인의 의사에 따라 그 원하는 대로 규율을 정하는 일.
사적-장(射的場)[-짱]명 활이나 총을 쏘는 연습장. 비사격장.
사적 제:재(私的制裁)[-쩍쩨-] ☞사형(私刑).
사:적-지(史蹟地)[-찌]명 역사상의 사건과 관계가 있거나, 그 시설의 자취가 남아 있는 곳. ¶ 유서가 깊은 사적지.
사:적 현:재(史的現在)[-쩌켠-] 과거의 일이나 역사적 사실을 생생하게 묘사하기 위하여 현재형으로 서술하는 일.
사전(寺田)명 절에 딸린 밭.
사:전(死戰)명하자 목숨을 걸고 싸움, 또는 그런 싸움.
사전(私田)명 개인 소유의 논밭. ↔공전(公田).
사전(私電)명 사사로운 전보. ↔공전(公電).
사전(私錢)명 ①〈사천〉의 본딧말. ②지난날, 민간에서 사사로이 위조한 돈.
사전(私戰)명 국가의 의사와는 관계없이, 개인이나 사사 단체가 사사로운 목적을 이루려고 함부로 외국에 대해 일으킨 전쟁.
사전(沙田·砂田)명 모래가 많이 섞인 밭.
사전(祀典)명 제사 지내는 예전(禮典).
사:전(事典)명 여러 가지 사항을 모아 일정한 순서로 배열하여 설명·해설한 책. ¶ 백과사전. 참사전(辭典).
사:전(事前)명 무슨 일이 있기 전. 무슨 일이 이루어지기 전. ¶ 사전에 알리다. ↔사후.
사:전(赦典)명 지난날, 나라에 경사가 있을 때에 죄인을 놓아주던 은전. 준사(赦).
사:전(賜田)명 고려·조선 시대에, 공신(功臣)에게 왕이 하사하던 밭.
사전(辭典)명 낱말을 모아 일정한 순서로 배열하여, 발음·뜻·용법·어원 등을 해설한 책. 사서(辭書). 사림(辭林). 어전(語典). ¶ 영어 사전. 참사전(事典).
사전-꾼(私錢-)명 지난날, 가짜 돈을 몰래 만들던 사람.
사:전-학(史前學)명 ☞선사학(先史學).
사:절(士節)명 선비의 절개.
사:절(四節)명 ☞사철.
사:절(死絶)명하자되자 한집안 사람들이 모두 죽어 대가 끊어짐.
사:절(死節)명하자 목숨을 바쳐 절개를 지킴.
사:절(使節)명 어떤 사명을 띠고 국가나 정부를 대표하여 외국에 파견되는 사람. ¶ 외교 사절. /친선 사절.
사:절(謝絶)명하타 요구나 제의를 받아들이지 않고 물리침. ¶ 면회 사절.
사절(辭絶)명하타 사양하여 받아들이지 않음.
사:-절기(四節氣)명 이십사절기 중에서 큰 절기인 춘분(春分)·하지(夏至)·추분(秋分)·동지(冬至)의 네 절기.
사:절-단(使節團)[-딴]명 사절로 외국에 가는 일단. ¶ 문화 사절단.
사절-면(斜截面)명 비스듬히 베어 낸 면.
사:절-지(四折紙)[-찌]명 전지(全紙)를 넷으로 접어 자른 크기의 종이.
사:점(死點)[-쩜]명 왕복 기관(往復機關) 등에서, 피스톤이 실린더의 중심선 위에 있어 일시적으로 속도가 제로가 되는 점.
사접(邪接)명하자 못된 귀신이 몸에 붙음.

사-접시(沙-)[-씨]명 사기로 만든 접시.
사ː정(巳正)명 십이시의 사시(巳時)의 한가운데. 〔상오 10시.〕
사정(司正)명하타 공직(公職)에 있는 사람의 규율과 질서를 바로잡는 일.
사ː정(四正)명 정북(正北:子)·정남(正南:午)·정동(正東:卯)·정서(正西:酉)의 네 방위.
사정(邪正)명 그릇됨과 올바름. 정사(正邪).
사정(私情)명 사사로운 정. ¶ 사정에 이끌리다.
사정(沙汀·砂汀)명 물가의 모래밭. 사저(沙渚).
사정(舍亭)명 ☞정자(亭子).
사ː정(使丁)명 지난날, 관아나 기관 등에서 잔심부름을 하던 남자 하인. 소사(小使).
사ː정(事情)명 ①일의 형편이나 그렇게 된 까닭. ¶ 사정이 딱하다. ②하자타 일의 형편이나 그렇게 된 까닭을 말하고 무엇을 간청함. ¶ 양해해 달라고 사정하다.
사정이 사촌보다 낫다속담 사정만 잘하면 웬만한 것은 통할 수 있다는 말.
사정(을) 두다관용 남의 형편을 헤아려 생각하다. ¶ 사정을 두지 않고 모두 빼앗다.
사정(査正)명하타 그릇된 것을 조사하여 바로잡음.
사정(査定)명하타되자 조사하거나 심사하여 결정함. ¶ 사정 가격.
사정(射亭)명 ①활량들이 모여 활을 쏘는 활터의 정자. ②활쏘기를 취미로 삼는 사람들의 모임.
사정(射程)명 사격에서, 탄환이 나가는 최대 거리. 사정거리. ¶ 사정에서 벗어나다.
사정(射精)명하자 남자의 성기에서, 정액을 내쏨. 토정(吐精). 파정(破精).
사정(寫情)명하자 실정을 그려 냄.
사정-거리(射程距離)명 ☞사정(射程). ¶ 사정거리에 들다.
사정-관(射精管)명 수정관(輸精管)의 한 부분으로, 정액을 내쏘는 관.
사ː정-사정(事情事情)명하자타 남에게 여러 가지로 부탁하고 애원하는 모양. ¶ 사정사정해서 승낙을 받았다.
사ː정-없다(事情-)[-업따]형 남의 형편이나 처지 따위를 헤아려 줌이 없이 무자비하다. **사정없-이**부 ¶ 사정없이 내몰다.
사정-편사(射亭便射)명 ☞터편사.
사제(司祭)명 〔가톨릭에서〕 ①주교(主教)와 신부(神父)를 통틀어 일컫는 말. 제사(祭司). ②주교의 아래, 부제(副祭)의 위인 성직.
사ː제(四諦)명 불교에서 이르는, 영원히 변하지 않는 네 가지 진리. 곧, 고제(苦諦)·집제(集諦)·멸제(滅諦)·도제(道諦). 고집멸도.
사제(私第)명 개인 소유의 집. 사저(私邸). 높사택(私宅).
사제(私製)명하타 개인이 만듦, 또는 만든 그 물건. ¶ 사제 폭탄. ↔관제(官製).
사제(舍弟) Ⅰ명 남에게 대하여 '자기의 아우'를 겸손하게 일컫는 말. 가제(家弟).
Ⅱ대 편지 등에서, 아우가 형에게 대하여 '자기'를 일컫는 말. ↔사형(舍兄).
사제(查弟)대 〔편지 글 등에서〕 바깥사돈 사이에, 상대에 대하여 '자기'를 겸손하게 일컫는 말.
사제(師弟)명 ①스승과 제자. ②불교에서, 한 스승의 불법을 이어받은 후배를 이르는 말.
사ː제(賜第)명하자 ①임금의 명으로, 과거에 급제한 사람과 똑같은 자격을 주던 일. ②임금의 명령으로, 사제(私第)를 내리던 일.
사제(瀉劑)명 ☞하제(下劑).
사제-곡(莎堤曲)명 조선 광해군 때 박인로(朴仁老)가 지은 가사. 〔사제(莎堤)의 좋은 경치와 이덕형(李德馨)의 안빈낙도(安貧樂道)하는 생활을 읊은 내용.〕
사제-삼세(師弟三世)명 〔스승과 제자와의 인연은, 전세·현세·내세의 삼세에 미친다는 뜻으로〕 '사제의 관계가 매우 깊음'을 이르는 말.
사제-엽서(私製葉書)[-써]명 개인이 사사로이 만들어 쓰는 우편엽서. ↔관제엽서.
사제-품(私製品)명 사사로이 만든 물품.
사ː조(四祖)명 아버지·할아버지·증조할아버지·외할아버지를 통틀어 이르는 말.
사조(査照)명하타 사실에 비추어 조사함.
사조(思潮)명 어떤 시대나 계층의 사람들 사이에 나타나는 일반적 사상의 경향. ¶ 문예 사조.
사조(斜照)명 ☞사양(斜陽).
사조(詞藻·辭藻)명 ①시문(詩文). 시문의 수사(修辭). 사화(詞華). ②뛰어난 시문, 또는 시문에 대한 뛰어난 재능.
사조(飼鳥)명 집에서 기르는 새. 농조(籠鳥). ↔야조(野鳥).
사조(寫照)명 실제의 모습을 그림, 또는 그 그림이나 초상화.
사조(辭朝)명하자 외직으로 부임하는 관원이 임금에게 하직하던 일.
사ː조-구(四爪鉤)명 지난날, 주로 적선(敵船)을 잡아당기는 데 쓰던 무기의 한 가지. 네 가닥이 난 쇠갈고리로, 사슬이나 밧줄에 매어 썼음.
사ː조^단자(四祖單子)명 지난날, 사조(四祖)의 이름·생년월일과 벼슬 등을 적던 단자.
사-조직(私組織)명 개인이 사사로운 목적을 위해 만든 조직. ¶ 사조직을 동원하다.
사ː족(士族)명 ①문벌이 좋은 집안, 또는 그 자손. ②선비의 집안, 또는 그 자손.
사ː족(四足)명 ①짐승의 네발, 또는 네발 달린 짐승. ②'사지(四肢)'를 낮추어 이르는 말.
사족(을) 못 쓰다관용 〔사지를 제대로 움직이지 못한다는 뜻으로〕 무엇에 반하거나 혹하여 꼼짝을 못하다. ¶ 술이라면 사족을 못 쓰다.
사족(蛇足)명 〈화사첨족(畫蛇添足)〉의 준말. ¶ 사족을 붙이다.
사ː족-발이(四足-)[-빠리]명 네 굽이 흰 말. 사족백이. 은제마(銀蹄馬).
사ː족-백이(四足白-)[-빼기]명 ☞사족발이.
사ː졸(士卒)명 ☞군사.
사ː종(四從)명 십촌(十寸)뻘의 형제자매. 십촌.
사종(邪宗)명 ☞사교(邪教).
사종(師宗)명 스승으로 받들어 모시는 사람.
사종(詞宗)명 ☞사백(詞伯).
사종(肆縱)명하자 방자하게 제멋대로 행동함.
사종(辭宗)명 시문(詩文)의 대가.
사ː종-성(四種姓)명 ☞카스트.
사ː좌(巳坐)명 (집터나 묏자리 따위가) 사방(巳方)을 등진 좌향, 또는 그런 자리.
사좌(私座)명 ☞사석(私席).
사좌(師佐)명 스님과 상좌(上佐).
사ː좌-해향(巳坐亥向)명 (집터나 묏자리 등에서) 사방(巳方)을 등지고 해방(亥方)을 향한 좌향.
사ː죄(死罪)[-죄/-줴]명 ①죽을죄. 죽어 마땅한 죄. ②가톨릭에서 이르는, 생명을 빼앗는 죄. 〔살인·자살·낙태 따위.〕
사죄(私罪)[-죄/-줴]명 개인이 사사로운 일로 저지른 죄. ↔공죄(公罪).

사ː죄(赦罪) [-죄/-줴] 명 하타 ①죄를 용서함. ②가톨릭에서, 고백 성사에 의해 죄를 사하는 일.

사ː죄(謝罪) [-죄/-줴] 명 하자타 자신이 지은 죄에 대하여 용서를 빎. ¶ 피해자에게 사죄하다.

사ː주(四周) 명 사방의 둘레. 사위(四圍).

사ː주(四柱) 명 ①사람이 태어난 연·월·일·시의 네 간지(干支). ¶ 사주가 좋다. ②☞사주단자(四柱單子). ¶ 사주를 받다. /사주를 보내다.

사주(가) 세다 관용 살아가는 데 파란곡절이 많은 운명을 타고나다. 팔자가 세다.

사주(를) 보다 관용 사주로 운수를 점치다.

사ː주(四洲) 명 불교에서, 수미산(須彌山)의 사방에 있다고 하는 네 개의 대주(大洲). 사대주(四大洲).

사주(私鑄) 명 하타 돈 따위를 개인이 사사로이 주조함.

사주(沙洲·砂洲) 명 해안이나 하구 같은 곳에 모래나 자갈 따위가 쌓여서 이루어진 모래톱.

사주(社主) 명 회사의 주인.

사ː주(使酒) 명 하자 술김에 기세를 부림.

사ː주(使嗾) 명 하자타 (어떤 일을 하거나 마음이 움직이도록) 남을 부추김. 사족(唆囑). ¶ 사주를 받다. /배후에서 사주하다. 비지주(指嗾).

사주(師主) 명 '중'을 대접하여 일컫는 말. 스님.

사주(飼主) 명 가축 따위를 기르는 임자.

사ː주-단자(四柱單子) [-딴-] 명 정혼한 뒤, 신랑 집에서 신랑의 사주를 적어 신부 집에 보내는 간지(簡紙). 사주. 준주단(柱單). 참사성(四星).

사-주뢰(私周牢) [-뢰/-뤠] 명 〈사주리〉의 본딧말.

사-주리(←私周牢) 명 지난날, 사삿집에서 사사로이 틀던 주리. 본사주뢰.

사-주인(私主人) 명 하자 조선 시대에, 벼슬아치가 객지에서 사삿집에 묵던 일, 또는 그 집.

사ː주-쟁이(四柱-) 명 남의 사주를 보아 주는 일을 업으로 하는 사람.

사주-전(私鑄錢) 명 하자 돈을 사주함, 또는 사주한 그 돈.

사ː주-점(四柱占) [-쩜] 명 사람이 태어난 연·월·일·시의 네 간지(干支)로 운명(運命)을 헤아려 보는 점.

사-주체(斜柱體) 명 '빗각기둥'의 구용어.

사ː주-팔자(四柱八字) [-짜] 명 ①사주의 간지(干支)가 되는 여덟 글자. ②타고난 운수. ¶ 사주팔자가 사납다.

사죽(斜竹) 명 ①과실을 그릇에 괼 때에 무너지지 않도록 꽂는 꼬챙이. ②구겨지거나 쭈그러지기 쉬운 물건을 빳빳하게 버티게 하기 위하여 틈이나 겨지에 끼는 가는 대오리.

사죽(絲竹) 명 〔사(絲)는 현악기, 죽(竹)은 관악기란 뜻으로〕 '음악'을 달리 이르는 말.

사줄 명 〈옛〉사슬. ¶ ᄡᅮ멧 갈와 사줄왜 쎄면 ᄒᆞ마 여희돗ᄒᆞ니(圓覺上二之一46). 참솨줄.

사ː중(四中) 명 하자 활쏘기에서, 화살 다섯 대를 쏘아 네 대를 맞히는 일.

사ː중(四仲) 명 중춘(仲春)·중하(仲夏)·중추(仲秋)·중동(仲冬)을 아울러 이르는 말. 참사맹(四孟).

사ː중(四重) 명 ①네 겹, 또는 네 겹으로 겹치는 일. ②☞사중금(四重禁).

사ː중(四衆) 명 불타의 네 가지 제자, 곧 비구(比丘)·비구니(比丘尼)·우바새(優婆塞)·우바이(優婆夷). 사부중(四部衆). 참사부(四部).

사중(寺中) 명 절간 안. 방중(房中).

사중(沙中·砂中) 명 모래의 속. 모래벌판의 가운데.

사중(社中) 명 ☞사내(社內).

사ː중-구생(死中求生) 명 하자 ☞사중구활.

사ː중-구활(死中求活) 명 하자 죽을 고비에서 한 가닥 살길을 찾음. 사중구생.

사ː중-금(四重禁) 명 불교에서 이르는, 살생(殺生)·투도(偸盜)·사음(邪淫)·망언(妄言)의 네 가지 금계(禁戒). 사중(四重).

사중금(沙中金·砂中金) 명 육십갑자의 갑오(甲午)와 을미(乙未)에 붙이는 납음(納音). 참산하화(山下火).

사ː중-무(四重舞) 명 네 사람이 한 동아리가 되어 추는 춤.

사ː-중삭(四仲朔) 명 네 철의 각각 가운데 달. 〔음력으로 2월·5월·8월·11월.〕 사중월(四仲月). 참사맹삭(四孟朔).

사ː중-성(四重星) 명 별 네 개가 우연히 같은 방향에 있어, 육안으로 하나처럼 겹쳐 보이는 별.

사ː-중월(四仲月) 명 ☞사중삭.

사ː중-주(四重奏) 명 실내악의 한 가지. 네 개의 다른 악기에 의한 합주임. ¶ 현악 사중주.

사ː중-창(四重唱) 명 성부(聲部)가 다른, 네 명의 가수에 의한 중창. ¶ 혼성 사중창.

사중-토(沙中土·砂中土) 명 육십갑자의 병진(丙辰)과 정사(丁巳)에 붙이는 납음(納音). 참천상화(天上火).

사ː즉동혈(死則同穴) [-똥-] 명 하자 (부부가) 죽어서 한 무덤에 묻힘.

사증(邪症) [-쯩] 명 평소에는 멀쩡한 사람이 이따금 미친 듯이 행동하는 증세.

사증(沙蒸) 명 하자 모래찜질.

사증(査證) [-쯩] 명 하타 ①조사하여 증명함. ②외국인의 여권을 조사하여, 입국을 허가한다는 증명을 함, 또는 그 증명. ¶ 입국 사증.

사증(辭證) [-쯩] 명 소송 당사자가 신청한 증거.

사-증권(私證券) [-꿘] 명 증권의 발행자가 사인인 유가 증권. 〔창고 증권·화물 상환증 따위.〕

사지[1] 명 제사나 잔치 때, 누름적이나 산적을 꽂은 꼬챙이 끝에 감아 늘어뜨리는, 길고 가느다란 종이 오리.

사지[2] 명 배의 멍에 두 끝에 세우는 짧은 나무.

사ː지(四知) 명 〔하늘과 땅, 그리고 자신과 상대편이 각각 알고 있다는 뜻으로〕 세상에는 '비밀이 없음'을 이르는 말. '후한서'의 '양진전(楊震傳)'에 나오는 말임.

사ː지(四肢) 명 ①짐승의 네 다리. ②사람의 두 팔과 다리. 사체(四體). ¶ 사지가 떨리다.

사ː지(四智) 명 부처가 갖추는 네 가지 지혜. 곧, 대원경지(大圓鏡智)·평등성지(平等性智)·묘관찰지(妙觀察智)·성소작지(成所作智).

사지(寺址) 명 절터.

사ː지(死地) 명 ①죽을 곳. ②살아날 길이 없는 매우 위험한 곳. ¶ 사지로 몰아넣다.

사지(私地) 명 개인 소유의 땅. 사유지(私有地).

사지(私智) 명 ①자기 혼자만의 좁은 생각. ②공정하지 못한 지혜.

사지(邪智) 명 간사한 지혜.

사지(沙地·砂地) 명 모래땅.

사지(沙紙·砂紙) 명 ☞사포(沙布).

사지(舍知) 명 신라 때의 17관등의 열셋째 등급. 참길사(吉士)[2].

사지(事知) '사지하다'의 어근.

사ː지곡직(事之曲直) [-찍] 명 일의 옳고 그름.

사ː지-골(四肢骨) 명 팔다리의 뼈.

사:지^궐랭(四肢厥冷)명 팔다리가 차지는 병.
사:지문지(使之聞之)명하타 자기의 뜻을 남을 시켜 간접적으로 전함.
사:지-서리(事知書吏)명 조선 시대에, 비변사에 딸려, 일을 많이 알고 손에 익어 능숙하게 처리하던 서리.
사지^식물(沙地植物)[-싱-]명 해안·강가·사막 따위의 모래땅에 자라는 식물을 통틀어 이르는 말.〔선인장이나 패랭이꽃 따위.〕사생 식물.
사지-어금니(←獅子-)명 '사자어금니'의 잘못.
사:지오등(死之五等)명 신분에 따라 달리 이르는 죽음의 다섯 가지 호칭.〔천자(天子)는 붕(崩), 제후는 훙(薨), 대부는 졸(卒), 사(士)는 불록(不祿), 서인(庶人)은 사(死).〕
사:지유무(事之有無)명 일의 있음과 없음.
사:지^축닉(四肢搐搦)[-충-]명 뇌척수(腦脊髓)의 병이나 회충 따위로 말미암아, 팔다리의 힘줄이 땅기는 병.
사지-춤(←獅子-)명 '사자춤'의 잘못.
사지-코(←獅子-)명 '사자코'의 잘못.
사지-탈(←獅子-)명 '사자탈'의 잘못.
사:지-통(四肢痛)명 한방에서, 팔다리가 쑤시고 아픈 병을 이르는 말.
사:지-하다(事知-)형여 어떤 일에 매우 익숙하다.
사직(司直)명 ①법에 따라 옳고 그름을 가리는 사람, 곧 법관.〔검사를 포함하기도 함.〕¶ 사직 당국에 고발하다. ②조선 시대에, 오위(五衛)에 딸려 있던 정오품 벼슬.
사직(社稷)명 ①(고대 중국에서, 나라를 세울 때 임금이 단을 쌓아 제사를 지내던) 토신(土神)과 곡신(穀神). ②나라 또는 조정.
사직(辭職)명하자타 직무를 그만두고 물러남.
사직-단(社稷壇)[-딴]명 임금이 토신(土神)과 곡신(穀神)에게 제사를 지내던 제단. 준사단(社壇).
사직-서(社稷署)[-써]명 조선 시대에, 사직단의 일을 맡아보던 관아.
사직-서(辭職書)[-써]명 ☞사직원(辭職願).
사직-원(辭職願)명 사직할 뜻을 밝히고 허락을 구하는 일, 또는 그 문서. 사직서(辭職書).
사직위허(社稷爲墟)명 〔사직이 폐허가 되었다는 뜻으로〕나라가 망하는 일.
사직지신(社稷之臣)[-찌-]명 나라를 지키는 중신(重臣). 주석지신(柱石之臣).
사직지신(社稷之神)[-찌-]명 (임금이 사직단에서 제사 지내는) 토신(土神)과 곡신(穀神).
사진(仕進)명하자 벼슬아치가 정해진 시각에 출근함. ↔사퇴(仕退).
사:진(四診)명 한방에서, 환자를 진찰하는 네 가지 방법. 곧, 시진(視診)·문진(聞診)·문진(問診)·촉진(觸診)을 이름.
사진(沙塵·砂塵)명 모래가 바람에 날아올라서 자욱한 먼지처럼 보이는 것.
사진(寫眞)명 사진기로 물체의 화상(畫像)을 찍어 내는 기술, 또는 인화지에 나타낸 그 화상.
사진-결혼(寫眞結婚)명하자 사진으로만 선을 보고 하는 결혼.
사진-관(寫眞館)명 사진 찍는 시설을 갖추어 놓고, 고객의 주문에 따라 그 사람의 사진을 찍어 주는 업소. 사장(寫場).
사진-기(仕進記)[-끼]명 ☞사기(仕記).
사진-기(寫眞機)명 렌즈를 사용하여, 필름 또는 건판에 사람이나 물체를 찍는 기계. 카메라.
사진^기자(寫眞記者)명 보도용의 사진을 직업적으로 찍는 사람.
사진^동판(寫眞銅版)명 사진·그림 따위의 밝고 어두운 부분을 그물눈 모양의 크고 작은 점으로 나타낸 인쇄용 볼록판. 그물판. 망판.
사진^등:급(寫眞等級)명 별의 밝기를 사진 건판에 나타나는 광도(光度)로 정한 등급.
사진^렌즈(寫眞lens)명 사진기에 붙어 있는 촬영용 렌즈.〔초점 거리와 에프(F) 넘버에 의하여 특성을 표시함.〕
사진-사(寫眞師)명 사진을 찍는 일을 업으로 하는 사람.
사진^섬광^전:구(寫眞閃光電球)명 실내 또는 야간 사진 촬영 때 쓰는 특수한 전구. 전구 속에 알루미늄박(箔)과 산소를 넣고 전류를 통하면, 순간적으로 타서 강렬한 빛을 내게 됨. 준섬광 전구.
사진-술(寫眞術)명 사진의 촬영이나 감광 재료 만들기, 또는 현상·인화·확대 등 사진에 관한 기술.
사진^식자(寫眞植字)[-짜]명 사진 식자기에 의한 인쇄 기술의 한 가지. 활자를 쓰지 않고, 문자나 기호 따위를 음화(陰畫)로 만들어서, 인화지나 필름에 한 자 한 자 인자(印字)하는 기법. 준사식(寫植).
사진^식자기(寫眞植字機)[-짜-]명 사진 식자를 하는 기계. 하나의 글자를 렌즈에 의하여 여러 가지로 확대·축소·변형할 수 있음.
사:진-신퇴(巳進申退)[-퇴/-퉤]명 지난날, 벼슬아치가 사시(巳時:오전 10시경)에 출근하고 신시(申時:오후 5시경)에 퇴근하던 일.
사진^요판(寫眞凹版)[-뇨-]명 ☞그라비어.
사진^유제(寫眞乳劑)[-뉴-]명 ☞감광제.
사진의부진(辭盡意不盡)[-지늬-/-지니-]명하형 말은 다 하였으되, 말하고 싶은 뜻은 다하지 못함.〔표현이 못 미침을 안타까워하는 말.〕
사진^저:작권(寫眞著作權)[-꿘]명 문예·학술·미술에 관한 사진에 대하여 인정되는 저작권.
사진^전:송(寫眞電送)명 사진이나 그림 따위를 전기적 신호로 바꾸고, 유선 또는 무선으로 먼 곳에 보내어 재현하는 방법.
사진^제:판(寫眞製版)명 사진술을 응용하여 인쇄판을 만드는 방법.
사진^철판(寫眞凸版)명 인쇄용 사진판의 한 가지. 아연판이나 동판에 감광제를 바르고, 여기에 영상(影像)을 인화한 다음, 영상이 아닌 부분을 산(酸)으로 부식시켜서 만드는 철판.
사진-첩(寫眞帖)명 사진을 붙여 두기 위한, 두꺼운 종이로 만든 책. 앨범.
사진^측량(寫眞測量)[-충냥]명 지표(地表)를 항공기에서 사진으로 촬영하고, 그것을 바탕으로 측량을 해서 지도를 만드는 일.
사진-틀(寫眞-)명 (벽에 걸거나 책상 위에 놓을 수 있게 만든) 사진이나 그림을 끼워 두는 틀.
사진-판(寫眞版)명 ①사진 제판법에 따라 만든 인쇄판을 통틀어 이르는 말. 콜로타이프·동판·아연판·플라스틱판 따위가 있으며, 제법에 따라 철판(凸版)·요판(凹版)·평판(平版)으로 나뉨. ②신문이나 잡지 따위에서, 사진으로 인쇄된 면.
사진^판정(寫眞判定)명 스포츠 경기·경마 따위에서, 고속도 촬영 사진을 이용하여 순위를 판정하는 일.
사진^평판(寫眞平版)명 오프셋 인쇄용의 평판의 한 가지. 알루미늄판 따위의 표면에 감광제를 바르고, 네거티브 필름을 포개어 노출시켜 만드는 인쇄판.

사질(舍姪)명 남 앞에서 '자기의 조카'를 겸손하게 일컫는 말.
사질-토(沙質土)명 모래 성분(成分)이 많은 흙.
사:집(四集)명 우리나라 불교에서, 초학자가 불교를 배우는 데에 기본이 되는 네 가지 책. 곧, 서장(書狀)·도서(都序)·선요(禪要)·절요(節要)를 이름.
사집(私集)명 (아직 출판되지 않은) 개인의 시집이나 문집.
사짜-신명 울이 낮고 코가 큰 남자용 가죽신.
사:차^방정식(四次方程式)명 미지수의 최고 차수가 4차인 항을 가지는 방정식. 〔$ax^4+bx^3+cx^2+dx+e=0$의 꼴로 나타남.〕
사:차불후(死且不朽)명하자 〔죽더라도 썩지 않는다는 뜻으로〕 육체는 없어져도 그 명성만은 영원히 남는다는 말.
사:-차손(死差損)명 생명 보험에서, 실제 사망자 수가 예정 사망자 수보다 많음으로써 생기는 보험 회사의 손해. ↔사차익.
사:-차원(四次元)명 차원이 넷 있는 것. 보통, 공간의 3차원에 시간의 1차원을 포함시킨 개념을 뜻함.
사:차원^공간(四次元空間)명 물리학, 특히 상대성 이론에서 3차원 공간에 제4차원으로서의 시간을 합친 네 개의 차원을 통일적으로 생각한 연속체.
사:차원^세:계(四次元世界)[-계/-게]명 삼차원의 세계에 넷째 차원으로서의 시간을 보태어, 공간과 시간을 합쳐서 생각한 세계. 〔상대성 이론에서 쓰이는 개념.〕 시공 세계.
사:-차익(死差益)명 생명 보험에서, 예정 사망자 수보다 실제 사망자 수가 적음으로써 생기는 보험 회사의 이익. ↔사차손.
사찬(沙湌)명 신라 때의 17관등의 여덟째 등급. 참급벌찬.
사찬(私撰)명하자 개인이 편찬함, 또는 그 편찬물.
사:찬(賜饌)명하자 임금이 신하에게 음식을 내려 줌, 또는 그 음식.
사:찰(四察)명하타 눈·귀·입·마음의 네 가지로 살피어 아는 일.
사찰(寺刹)명 절. 범찰(梵刹). 사원(寺院).
사찰(私札)명 개인 사이에 주고받는 편지. 사함(私函). ↔공찰(公札).
사찰(伺察)명하타 (남이 하는 일을) 은근히 엿보아 살핌.
사:찰(使札)명 심부름하는 이에게 주어서 보내는 편지.
사찰(査察)명하타 ①(규정에 따라 처리되고 있는지를) 조사하여 살핌. ②지난날, 주로 사상적 동태를 살펴서 조사·처리하던 경찰의 한 직무.
사참(寺站)명 어떤 절에서 다른 절로 가는 도중에 한동안 쉬었다 떠나거나 끼니를 먹게 되는 절.
사:참(事懺)명하자 불교에서, 예불이나 송경(誦經) 따위로 잘못을 뉘우치는 일.
사참(奢僭) '사참하다'의 어근.
사참-하다(奢僭-)형여 분수에 넘치게 사치하고 방자스럽다.
사창(私娼)명 당국의 허가 없이 매음하는 여자. ↔공창.
사창(社倉)명 조선 시대에, 각 고을에 환곡(還穀)을 쌓아 두던 곳집.
사창(紗窓)명 사(紗)로 바른 창.
사창-가(私娼街)명 사창이 많이 모여 있는 곳. 매음굴. 사창굴.
사창-굴(私娼窟)명 ☞사창가.
사채(私債)명 사인(私人) 사이에 지는 빚. ¶사채가 눈덩이처럼 불어나다.
사채(社債)명 주식회사가 자금을 일반인에게서 빌리기 위하여 발행하는 증권. 〔주식과 달리 일정한 이자가 붙고, 일정한 기한이 지나면 상환됨.〕 회사채(會社債).
사채권-자(社債權者)[-꿘-]명 사채의 채권자.
사채^시:장(私債市場)명 공식 금융 기관의 융자가 아닌 개인 융자가 거래되는 시장.
사:책(史冊·史策)명 역사를 적은 문서. 사기(史記). 사서(史書).
사책(寫冊)명 ☞수사본.
사처(←下處)명하자 점잖은 손이 객지에서 묵음, 또는 묵고 있는 그 집을 높이어 이르는 말.
사:처(四處)명 여러 곳. 사방.
사처(私處)명 개인이 거처하는 곳.
사:천(四天)명 ①네 철의 하늘. 〔봄의 창천(蒼天), 여름의 호천(昊天), 가을의 민천(旻天), 겨울의 상천(上天).〕 ②〈사천왕〉·〈사왕천〉의 준말.
사천(沙川·砂川)명 바닥에 모래가 많은 내.
사천(私賤)명 지난날, 개인의 집에서 부리거나 매매되던 종.
사천(←私錢)명 ①개인의 돈. ②여자가 절약하여 몰래 모아 둔 돈. 본사전.
사:천(祀天)명하자 하늘에 제사 지냄.
사천-대(司天臺)명 고려 시대에, 천문에 관한 사무를 맡아보던 관아.
사:천-왕(四天王)명 불교에서, 사왕천의 주신(主神)으로서, 수미산을 중심으로 한 사방의 세계를 지킨다는 네 신. 〔동쪽의 지국천왕(持國天王), 서쪽의 광목천왕(廣目天王), 남쪽의 증장천왕(增長天王), 북쪽의 다문천왕(多聞天王).〕 준사천.
사:천왕-문(四天王門)명 불교에서, 절을 지키게 한다는 뜻으로, 좌우에 사천왕을 만들어 세운 문.
사:-철(四-)명 봄·여름·가을·겨울의 네 철. 사계(四季). 사계절. 사시(四時). 사절(四節).
사철(沙鐵·砂鐵)명 모래 모양으로 잘게 부스러져, 하상(河床)이나 해안에 모래나 자갈과 함께 쌓여 있는 자철광. 철사(鐵砂).
사철(私鐵)명 〈사유 철도〉의 준말. ↔국철(國鐵).
사:철-나무(四-)[-라-]명 노박덩굴과의 상록 관목. 중부 이남에 나는데, 관상용으로 심기도 함. 높이는 3 m가량이며 잎은 길둥글고 두꺼움. 6~7월에 녹색 꽃이 피고, 둥근 열매는 가을에 붉게 익음. 동청(冬靑).
사:철-란(四-蘭)명 난초과의 상록 다년초. 건조한 숲 속에 나는데, 줄기의 아랫부분이 가로로 벋으면서 뿌리가 내리고, 흰 줄무늬가 있는 잎은 밑 부분에 모여서 남. 여름에 흰 바탕에 붉은빛이 도는 꽃이 핌.
사:철-베고니아(四-begonia)명 베고니아과의 다년초. 브라질 원산의 관상용 식물. 높이 15~30 cm. 줄기는 붉은색인데, 아랫부분에서 가지가 많이 갈라짐. 잎은 끝이 뾰족한 심장 모양이며 고르지 않은 톱니가 있음. 흰색, 붉은색 등의 꽃이 봄부터 가을까지 잇달아 핌.
사:철-쑥(四-)명 국화과의 다년초. 냇가 모래땅에 나는데, 줄기 높이는 30~100 cm. 잎은 깃털 모양으로 갈라지고, 8~9월에 노란 꽃이 핌. 어린잎은 먹을 수 있고, 잎과 줄기는 한방에서 황달 등에 약재로 쓰임. 더위지기. 인진(茵蔯).

사첩(寺牒)명 절에서 관청에 보내는 공문서.
사첫-방(←下處房)[-처빵/-첟빵]명 '웃어른이나 점잖은 손이 묵고 있는 방'을 높이어 이르는 말.
사청(乍晴)명하자 오던 비가 그치고 잠깐 갬.
사ː체(四體)명 ①☞사지(四肢). ②서예에서, 네 가지 서체. 〔고문(古文)·전(篆)·예(隸)·초(草).〕
사ː체(史體)명 역사 기술의 체재. 〔기전체(紀傳體)·편년체(編年體)·기사 본말체(紀事本末體)를 삼대 사체라 이름.〕
사ː체(死體)명 사람이나 동물의 죽은 몸뚱이. ¶ 사체 부검. /사체 유기.
사ː체(事體)명 사리와 체면. 사면(事面).
사체(斜體)명 오른쪽 또는 왼쪽으로 비스듬히 기울어진 자체(字體). 참이탤릭.
사체(寫體)명 조선 시대에, 사자관(寫字官)이 쓰던 글씨체.
사체(辭遞)명하자 벼슬을 내놓고 물러남.
사ː체^검ː안(死體檢案)명 의사가, 자기가 치료하고 있던 환자가 아닌 사람의 시체에 대하여, 그 사망 사실을 의학적으로 확인하는 일.
사ː체^유기죄(死體遺棄罪)[-죄/-줴]명 사체나 유골 따위를 방치하거나 은닉함으로써 성립되는 죄.
사ː초(巳初)명 십이시에서 사시(巳時)의 처음. 〔상오 9시가 막 지난 무렵.〕
사ː초(史草)명 지난날, 사관(史官)이 기록하여 두던 사기(史記)의 초고(草稿).
사초(私草)명 ☞사고(私稿).
사초(莎草)[1]명 ①사초과의 골사초·산사초 등을 통틀어 이르는 말. ②☞향부자. ③☞잔디.
사초(莎草)[2]명하자타 무덤에 떼를 입히고 다듬음. 〔흔히, 한식(寒食)에 함.〕
사초(飼草)명 가축의 사료로 쓰이는 풀.
사-초롱(紗-籠)명 사(紗)를 겉에 바른 초롱.
사촉(唆囑)명하타 ☞사주(使嗾).
사ː촌(四寸)명 ①네 치. ②아버지의 친형제의 아들딸. 참외사촌.
사촌이 땅을 사면 배가 아프다속담 '남이 잘되는 것을 시기함'을 이르는 말.
사ː촌-척(四寸戚)명 사촌뻘 되는 척분. 〔곧, 고모의 자녀, 외삼촌의 자녀, 이모의 자녀들 사이의 관계.〕
사ː촌^형제(四寸兄弟)명 사촌 형과 사촌 동생이 되는 사이. 종형제(從兄弟).
사추(邪推)명하타 (남의 말이나 행동에 대해) 의심을 품고 짐작함. 나쁘게 추측함.
사ː-추덕(四樞德)명 윤리 신학에서의 중요한 네 가지 덕, 곧 지덕(智德)·의덕(義德)·용덕(勇德)·절덕(節德)을 아울러 이르는 말.
사축명 품삯으로 농군에게 떼어 주는 논밭.
사축(私蓄)명하타 개인이 몰래 저축함, 또는 그 저축한 재물.
사축(飼畜)명하자 가축을 기름.
사축-서(司畜署)[-써]명 조선 시대에, 마소 이외의 가축을 기르는 일을 맡아보던 관아.
사춘-기(思春期)명 몸의 생식 기능이 거의 완성되며, 이성(異性)에 관심을 가지게 되는 젊은 시절. 춘기 발동기.
사출(査出)명하타 조사하여 드러냄.
사출(射出)명하타되자 ①화살이나 탄알 따위를 쏘아 냄. ②액체 따위를 뿜어냄.
사출-기(射出機)명 ☞캐터펄트.
사출-나다(査出-)[-라-]자 조사를 당하여 잘못이나 허물이 드러나다.
사출-맥(射出脈)명 평행맥(平行脈)의 한 가지로, 잎자루의 맨 끝에서 죽죽 벋어 나간 잎맥. 〔종려(棕櫚)의 잎 같은 것.〕
사출-수(射出髓)[-쑤]명 나무줄기의 중심부에서 가장자리 쪽으로 방사선처럼 벋어 나간 조직. 〔주로, 물과 양분을 나르는 구실을 함.〕
사출^좌ː석(射出座席)명 전투기 따위에서, 사고가 났을 때 조종사가 밖으로 탈출할 수 있도록 사출 장치가 붙어 있는 좌석.
사춤명 ①갈라지거나 벌어진 틈. ②벽이나 담의 갈라진 틈을 진흙으로 메우는 일. 참줄눈.
사춤(을) 치다관용 벽이나 담의 틈을 진흙으로 메우다.
사충(詐忠)명 거짓으로 꾸미는 충성.
사취(沙嘴·砂嘴)명 해안에서 바다 가운데로 부리처럼 길게 벋어 나간 모래톱.
사취(詐取)명하타 거짓으로 속여서 남의 것을 빼앗음. ¶ 돈을 사취하다.
사취(辭趣)명 글이나 말의 뜻하는 내용.
사치(奢侈)명 ①하자 분수에 넘치게 옷·음식·거처 따위를 치레함. ②하형스형 분수에 넘치게 호사스러움. ¶ 옷이 사치스럽다. ②**사치스레**부.
사치-비(奢侈費)명 생활필수품 이외의 소비재에 드는 비용.
사치-성(奢侈性)[-씽]명 사치스러운 성질. ¶ 사치성 소비재.
사치-세(奢侈稅)[-쎄]명 비생산적이며 사치적인 소비와 지출에 대하여 부과하는 간접세. 〔우리나라에서는 '특별 소비세'라는 이름으로 과세되고 있음.〕
사치-품(奢侈品)명 사치스러운 물건.
사ː칙(四則)명 더하기·빼기·곱하기·나누기의 네 가지 셈법. 사칙산(四則算).
사칙(舍則)명 기숙사나 공동 숙사(共同宿舍) 등에서의 규칙.
사칙(社則)명 회사의 규칙.
사ː칙-산(四則算)[-싼]명 ☞사칙(四則).
사친(私親)명 ①서자(庶子)의 생모(生母). ②종실(宗室)에서 들어와 즉위한 임금의 친부모. ③임금의 생어머니인 빈(嬪).
사ː친(事親)명하자 어버이를 섬김.
사친(思親)명하자 어버이를 생각함.
사친-가(思親歌)명 지은이와 연대를 알 수 없는, 조선 시대의 내방 가사. 〔시집간 여자가 그 친정 부모를 그리워하는 내용.〕
사ː친이효(事親以孝)명 세속 오계의 하나로, 어버이를 효도로써 섬겨야 한다는 계율.
사ː친지도(事親之道)명 어버이를 섬기는 도리.
사친-회(師親會)[-회/-훼]명 지난날, 학교와 가정과의 관계를 긴밀히 하여 학생의 교육 효과를 높이기 위해 교사와 학부모들로 이루어졌던 협력 단체.
사ː칠-론(四七論)명 주자학의 사단(四端)과 칠정(七情)을 연구하는 학문. 〔이황(李滉)이 처음 제창하였음.〕
사침명 〈사침대〉의 준말.
사침-대[-때]명 베틀의 비경이 옆에서 날의 사이를 띄워 주는 두 개의 나무 막대. 교곤(攪棍). 준사침.
사칭(詐稱)명하자타 이름·직업·나이·주소 따위를 거짓으로 속여 말함. 위칭(僞稱). ¶ 사기꾼은 자신이 고위층의 친척이라고 사칭하고 다녔다.
사카로오스(saccharose)명 ☞수크로오스.
사카리미터(saccharimeter)명 검당계(檢糖計).

사카린(saccharin)명 인공 감미료의 한 가지. 설탕의 약 500배의 단맛을 지니고 있음. 콜타르의 한 성분인 톨루엔을 원료로 하여 만듦. 감정(甘精).

사타구니명 〈샅〉의 속된 말. 준사타귀.

사타귀명 〈사타구니〉의 준말.

사탁(私槖)명 사사로이 모아 둔 돈, 또는 그 돈 주머니.

사탁(思度)명하타 생각하고 헤아림.

사탄(沙灘·砂灘)명 바닥이 모래인 여울.

사탄(詐誕) '사탄하다'의 어근.

사탄(Satan)명 기독교에서, 하나님에게 적대하는 '악마'를 이르는 말.

사탄-하다(詐誕-)형여 언행이 간사하고 허황하다.

사탑(寺塔)명 절에 있는 탑.

사탑(斜塔)명 비스듬히 기울어져 서 있는 탑. ¶ 피사의 사탑.

사탕(*沙糖·砂糖)명 ①사탕수수나 사탕무를 원료로 하는 대표적인 감미료. 흰색의 결정이며 단맛이 강하고 물에 잘 녹음. ②설탕 따위를 끓여서 여러 가지 모양으로 만든, 단 과자.

사탕-무(*沙糖-)명 명아줏과의 이년초. 남유럽 원산의 재배 식물. 잎은 근대의 잎과 비슷하고 초여름에 담녹색의 잔꽃이 핌. 뿌리는 무처럼 생겼는데 살이 많고 맛이 달아, 그 즙을 고아서 사탕을 만듦. 감채. 첨채(甜菜).

사탕-밀(*沙糖蜜)명 ☞당밀(糖蜜).

사탕-발림(*沙糖-)명하자 달콤한 말로 비위를 맞추어 살살 달래는 일, 또는 그런 말이나 짓. ¶ 사탕발림으로 하는 말.

사탕-수수(*沙糖-)명 볏과의 다년초. 인도 원산의 재배 식물. 잎과 줄기는 옥수수와 비슷하며 높이는 2~4 m. 줄기에서 짠 즙을 고아 사탕을 만듦. 감자(甘蔗).

사탕-절이(*沙糖-)명 과일이나 야채 따위를 설탕물에 절이는 일, 또는 그 식품.

사탕-초(*沙糖醋)명 설탕을 넣고 끓인 초.

사태명 소의 무릎 뒤쪽 오금에 붙은 고기. 곰거리로 쓰임.

사:태(死胎)명 배 속에서 죽어 나온 아이.

사태(沙汰·砂汰)명 ①비로 말미암아 산이나 언덕의 토사(土沙)가 한꺼번에 무너져 내리는 일. ②'사람이나 물건이 한꺼번에 많이 몰려나옴'을 비유하여 이르는 말.

사:태(事態)명 일의 되어 가는 형편이나 상태. ¶ 사태가 호전되다.

사태(沙胎·砂胎)명 도자기의 면이 모래알이 박힌 것처럼 거칠거칠하게 된 것.

사태(蛇蛻)명 한방에서, 살갗이 뱀 허물처럼 되는 증상.

사택(私宅)명 '사제(私第)'를 높여 이르는 말.

사택(舍宅)명 ①살림집. ②'관사(官舍)' 또는 '사택(社宅)'을 흔히 이르는 말. ¶ 교장 사택.

사택(社宅)명 사원용 주택.

사탸그라하^운:동(Satyagraha運動)명 〔'진리의 장악'이라는 뜻으로〕 1919년에 인도의 간디가 제창한, 무저항·비폭력·불복종의 항영(抗英) 운동.

사:토(死土)명 풍수지리에서, 한 번 파내었던 흙을 이르는 말.

사토(沙土·砂土)명 모래흙. 모래땅.

사토(私土)명 ☞사유지(私有地).

사토-장이(莎土-)명 구덩이를 파고 무덤을 만드는 일을 업으로 하는 사람.

사토-질(沙土質)명 모래 성분으로 된 토질.

사:통(四通)명하자 (도로 따위가) 사방으로 통함. 이리저리 통함. 사달(四達).

사통(私通)명하자타 ①공사(公事)에 관하여 편지 따위로 사사로이 통함, 또는 그러한 편지. ②부부 아닌 남녀가 몰래 정을 통함. ②내통(內通).

사:통-오달(四通五達)명하자 길이 여러 군데로 막힘없이 통함. 사달오통. 사통팔달.

사:통-팔달(四通八達)[-딸]명하자 ☞사통오달.

사퇴(仕退)[-퇴/-퉤]명하자 벼슬아치가 일과를 마치고 퇴근하는 일. 파사(罷仕). 퇴사(退仕). ↔사진(仕進).

사퇴(蛇退)[-퇴/-퉤]명 한방에서, '뱀의 허물'을 약재로 이르는 말. 어린아이의 풍증(風症)과 외과(外科)에 쓰임.

사퇴(辭退)[-퇴/-퉤]명 ①하타사양하여 받아들이지 않음. 사사(辭謝). ②하자타어떤 지위에서 물러남. ¶ 의원직을 사퇴하다.

사:투(死鬪)명하자 죽을힘을 다하여 싸움. ¶ 사투를 벌이다.

사투(私鬪)명하자 사사로운 이해나 감정 문제 등으로 서로 다툼, 또는 그런 다툼.

사:투리명 (표준어가 아닌) 어느 지역에서만 쓰이는 말. 방언(方言). 와어(訛語). 와언(訛言). 토어(土語). ↔표준어.

사-투영(斜投影)명 수학에서, 입체에 평행 광선을 비추어, 광선과 수직이 아닌 평면 위에 그림자를 투사하는 일, 또는 그 그림자의 그림. 빗투영.

사특(私慝)명 숨기고 있는 비행(非行).

사특(邪慝) '사특하다'의 어근.

사특-하다(邪慝-)[-트카-]형여 못되고 악하다. ¶ 사특한 신하. /사특한 행동.

사파(娑婆)명 ☞사바(娑婆).

사파리(safari)명 ①(주로, 아프리카 동부에서 하는) 수렵 여행. ②야생의 동물을 놓아기르는 자연 공원에서 차를 타고 다니며 차 안에서 구경하는 일.

사:-파수(四把手)명 기둥 위를 오려 내어 네 모서리만 남겨 놓은 부분. 〔그 자리에 도리와 보를 끼워 맞춤.〕

사파이어(sapphire)명 푸른빛의 강옥석(鋼玉石). 투명한 것은 보석으로 쓰임. 청옥(青玉).

사판(仕版)명 벼슬아치의 명부.

사판(私版)명 개인이 자비(自費)로 출판하는 일, 또는 그 책.

사:판(事判)명하타 절의 재산을 관리하고 사무를 맡아 처리함.

사판(祠板·祠版)명 ☞신주(神主).

사:판-중(事判-)명 절에서, 재산 관리 등의 사무를 맡아보는 중.

사:판-화(四瓣花)명 ☞네잎꽃.

사:팔-눈[-룬]명 한쪽 눈의 시선이 바르게 향하지 않는 눈, 곧 사시(斜視)의 눈. 또는 그런 눈을 가진 사람. 사시안(斜視眼).

사:팔-뜨기명 '사팔눈을 가진 사람'을 얕잡아 이르는 말. 사시안인(斜視眼人).

사:패(賜牌)명하자 고려·조선 시대에, 임금이 왕족이나 공신에게 전지(田地)나 노비를 하사하거나, 전공(戰功)을 세운 향리에게 부역(賦役)을 면하게 해 주던 일, 또는 그에 관한 문서.

사:패-기지(賜牌基地)명 임금이 준 터.

사:패-지(賜牌地)명 ☞사패지지.

사ː패지지(賜牌之地)명 임금이 내려 준 전지(田地). 사패지.

사ː폐(事弊)[-폐/-페]명 일의 폐단.

사폐(辭陛)[-폐/-페]명하자 지난날, 먼 길을 떠나는 사신이 임금에게 하직 인사를 드리던 일.

사ː포(四包)명 전각(殿閣) 따위의 목조 건축에서, 공포(栱包)를 넷으로 겹친 것.

사포(沙布·砂布)명 유리 가루나 금강사(金剛砂) 따위를 종이나 천에 바른 것. 금속이나 나무 제품 따위의 거죽을 닦거나 문지르는 데 쓰임. 사지(沙紙). 여지(鑢紙).

사포닌(Saponin)명 식물계에 널리 존재하는 배당체의 비당(非糖) 부분이 여러 고리 화합물로 이루어진 것을 통틀어 이르는 말. 강심제·이뇨제 따위로 쓰임.

사-포도청(私捕盜廳)명 지난날, 백성을 함부로 잡아다가 형벌하는 권세 있는 집을 이르던 말. 사포청. 변사보두청.

사포-서(司圃署)명 조선 시대에, 궁중의 원포(園圃)나 채소 따위에 관한 일을 맡아보던 관아.

사-포청(私捕廳)명 ☞사포도청.

사폭(邪幅)명 남자 한복 바지의 허리와 마루폭 사이에 잇대어 붙이는 네 쪽의 폭. 〔큰사폭과 작은사폭이 있음.〕

사ː표(四表)명 〔나라의 사방이라는 뜻으로〕 세상 또는 온 천하를 이르는 말. 사해(四海).

사ː표(四標)명 사방의 경계표.

사ː표(死票)명 선거 때, 낙선한 후보자에게 던짐으로써 보람 없이 되어 버린 표.

사표(師表)명 학식과 인격이 높아 세상 사람의 모범이 되는 일, 또는 그런 사람. ¶ 그 선생님이야말로 우리가 사표로 삼아야 할 분이다.

사ː표(謝表)명 벼슬을 제수(除授)받은 벼슬아치가, 임금의 은혜에 감사하는 뜻으로 올리는 글. 사장(謝章).

사표(辭表)명 사직한다는 뜻을 적어서 내는 문서. 사장(辭狀). ¶ 사표를 수리하다.

사푼부 소리가 크게 나지 않도록 가볍게 움직이거나 발을 내디디는 모양. 큰서푼. 참사뿐. **사푼-사푼**부하자.

사푼사푼-하다형여 ①소리가 나지 않을 정도로 걸음걸이가 가볍다. ②잇따라 움직이는 것이 매우 가볍다. 큰서푼서푼하다. 참사뿐사뿐하다.

사품명 어떤 일이나 동작이 진행되는 '마침 그 때(기회)'를 뜻함. 《주로, '사품에'의 꼴로 쓰임.》 ¶ 감시원이 잠시 눈을 돌리는 사품에 슬쩍 빠져나가다.

사풋[-푿]부 발을 가볍게 재빨리 내디디는 모양, 또는 그 소리. ¶ 얼른 서둘러서 한 걸음 사풋 내디디다. 큰서풋. 여사붓. 참사뿟. **사풋-사풋**부하자.

사풋사풋-하다[-푿싸푸타-]형여 소리가 거의 나지 아니할 정도로 걸음걸이나 움직임이 가볍고 보드랍다. 큰서풋서풋하다. 여사붓사붓하다. 참사뿟사뿟하다.

사ː풍(士風)명 선비의 기풍.

사풍(邪風)명 ①경솔한 언행. 점잖지 못한 태도. ②좋지 못한 풍습.

사풍-맞다(邪風-)[-맏따]형 언행이 경솔하다.

사풍-세우(斜風細雨)명 비껴 부는 바람과 가늘게 내리는 비. 세우사풍. 세풍사우.

사풍-스럽다(邪風-)[-따][~스러우니·~스러워]형ㅂ 언행이 경솔한 데가 있다. **사풍스레**부.

사프란(saffraan 네)명 붓꽃과의 다년초. 온대 지방에서 재배하는 관상 식물의 한 가지. 뿌리는 마늘 모양의 구근(球根)이고 잎은 가늘고 길. 10~11월경에 새 잎 사이에서 연한 자줏빛의 향기 짙은 꽃이 핌.

사피(斜皮)명 ①☞돈피(獤皮). ②장구의 줄을 고를 때에 죄었다 늦추었다 하는 가죽 고리.

사피(蛇皮)명 뱀의 껍질.

사피-장(斜皮匠)명 조선 시대, 경공장(京工匠)의 한 가지. 상의원(尙衣院)에 딸린 공장(工匠)으로, 모피 특히 초피(貂皮)를 다루던 장인(匠人).

사피즘(sapphism)명 여자의 동성애. 여성끼리의 성적 유희. 〔고대 그리스의 여성 시인 사포(Sappho)와 그 문하생들이 즐겼다는 데서 유래함.〕

사ː필(史筆)명 역사를 기록하는 필법(筆法).

사ː필귀정(事必歸正)명하자 모든 잘잘못은 반드시 바른길로 돌아옴.

사-하다(瀉-)자여 설사하다.

사ː-하다(赦-)타여 죄나 잘못을 탓하거나 벌하지 않고 용서하다. ¶ 죄를 사하다.

사ː-하다(謝-)자타여 사례하다.

사ː-하다(賜-)타여 하사(下賜)하다.

사-하다(辭-)타여 ①사양하다. ¶ 호의를 사하다. ②사퇴하다. ③사직하다.

사ː학(四學)명 조선 시대에, 세가 자제(勢家子弟)를 가르치기 위하여 서울에 설치하였던, 동학·서학·남학·중학의 네 교육 기관.

사ː학(史學)명 〈역사학〉의 준말.

사ː학(死學)명 실제로 활용될 수 없는, 쓸모없는 학문.

사학(私學)명 개인이 설립한 교육 기관, 곧 사립학교. ¶ 사학의 명문.

사학(邪學)명 조선 시대에, 주자학에 반대되거나 위배되는 학문을 가리키던 말.

사학(斯學)명 이 학문. 그 학문. ¶ 사학의 권위.

사ː학-가(史學家)[-까]명 역사학을 연구하는 사람.

사한(私恨)명 ①사사로운 원한. ②마음속에 몰래 품은 원한.

사한(私翰)명 사사로이 주고받는 편지. 사신(私信). ↔공한.

사한-단(司寒壇)명 조선 시대에, 사한제(司寒祭)를 지내던 단.

사한-제(司寒祭)명 조선 시대에, 겨울에 이상기온으로 따뜻할 때, 눈이 내리지 않을 때, 선달에 얼음을 떠서 빙고(氷庫)에 넣을 때, 춘분날 빙고 문을 열 때에 각각 지내던 제사.

사함(私函)명 ☞사찰(私札). ↔공함.

사함-석(蛇含石)명 한방에서, '뱀이 겨울잠을 잘 때에 입에 물고 있다가 봄에 뱉은 흙덩이'를 약재로 이르는 말. 사황(蛇黃) 대용으로 쓰임.

사합(沙盒·砂盒)명 사기로 만든 합.

사ː합-사(四合絲)[-싸]명 네 가닥으로 꼬아 만든 실.

사ː항(四項)명 ①네 가지 항. ②수학에서, 비례식·방정식 등의 넷째 항.

사ː항(事項)명 일의 조목.

사항(詐降)명하자 거짓으로 항복함.

사ː해(四海)명 ①사방의 바다. ②온 천하. 사표(四表). ¶ 명성이 사해에 떨치다. ③불교에서, '수미산(須彌山)을 둘러싼 사방의 바다'를 이르는 말.

사:해(死骸)명 죽은 사람이나 동물의 몸, 또는 그 몸을 이룬 뼈.

사해(詞海)명 〔사조(詞藻)의 바다라는 뜻으로〕 '문장과 시가의 풍부함'을 이르는 말.

사해(詐害)명하타 못된 꾀로 남을 속여 해를 입힘, 또는 그러한 해악(害惡).

사:해-동포(四海同胞)명 ☞사해형제.

사:해동포-주의(四海同胞主義)[-의/-이]명 ☞박애주의.

사:해-용왕(四海龍王)명 동서남북 네 바다에 있다는 네 용왕.

사해^행위(詐害行爲)명 채무자가 고의로 재산을 감소시켜 채권자가 충분한 변상을 받을 수 없게 하는 행위.

사:해-형제(四海兄弟)명 〔세상 사람들은 모두 형제와 같다는 뜻으로〕 '세상의 모든 사람'을 친밀하게 이르는 말. '논어'의 '안연편(顔淵篇)'에 나오는 말로, 사해에 있는 사람을 모두 형제라고 한 데서 유래함. 사해동포.

사핵(查覈·查核)명하타 (사실을) 자세히 조사하여 밝혀냄.

사:행(四行)명 ①사람이 마땅히 지켜야 할 충(忠)·효(孝)·우애(友愛)·신의(信義)의 네 가지 도덕 행위. ②☞사덕(四德).

사행(私行)명하자 ①(개인의) 사사로운 행위. ②남몰래 함. 넌지시 함. ③(공무원 등이) 사사로운 일로 외출하거나 여행함.

사행(邪行)명 올바르지 못한 행위. ¶ 사행을 일삼다.

사:행(使行)명 사신의 행차.

사행(射倖)명하자 요행을 노림.

사행(蛇行)명하자 ①뱀처럼 구불구불 휘어서 기어감. ②하천 따위가 뱀이 기어가는 모양으로 구불구불하게 흐름.

사행^계:약(射倖契約)[-계-/-게-]명 요행을 노려서 하는 계약. 〔경마·복권 따위.〕

사행-성(射倖性)[-썽]명 요행을 바라는 성질. ¶ 사행성을 조장하다.

사:행-시(四行詩)명 한 작품, 또는 작품의 각 연(聯)이 넉 줄로 된 시.

사행-심(射倖心)명 요행을 노리는 마음.

사:행정^기관(四行程機關)명 흡입·압축·폭발·배기의 모든 동작을 두 번의 피스톤 운동, 곧 사행정으로 완료하는 내연 기관.

사:향(四向)명 동서남북의 네 방향.

사향(思鄕)명하자 고향을 생각함.

사:향(麝香)명 사향노루 수컷의 하복부에 있는 향낭을 쪼개어 말린 흑갈색의 가루. 약재나 향료 따위로 쓰임.

사:향-고양이(麝香-)명 사향고양잇과의 짐승. 몸길이 60 cm, 꼬리 길이 30 cm가량. 고양이와 비슷하며, 생식기와 항문 사이에 사향낭이 있어 냄새를 풍김. 남아프리카와 남아시아에 분포함.

사:향-낭(麝香囊)명 사향노루 수컷의 하복부에 달린 특수한 분비샘. 〔이를 떼어 말린 것이 '사향'임.〕 준향낭.

사:향-내(麝香-)명 사향의 냄새.

사:향-노루(麝香-)명 사향노룻과의 짐승. 사슴보다 훨씬 작으며, 암수 모두 뿔이 없음. 수컷의 하복부에 사향낭이 달려 있음. 우리나라와 중국·중앙아시아 등지에 분포함. 궁노루. 사록(麝鹿).

사:향-뒤쥐(麝香-)명 뒤쥣과의 짐승. 쥐와 비슷한데, 주둥이가 뾰족하고 눈이 작음. 몸 옆에 악취를 풍기는 분비샘이 있음. 밤에 인가 근처에서 사람에게 해로운 곤충을 잡아먹고 삶. 인도 원산이며, 동양 전역에 분포함. 사서(麝鼠).

사:향-소(麝香-)명 솟과의 짐승. 북아메리카의 북쪽 끝, 툰드라에 떼를 지어 삶. 어깨 높이 1.5 m가량. 좌우의 뿔이 서로 붙어 있음. 몸에서 특이한 향기가 나며 그 냄새가 멀리까지 풍김. 사우(麝牛).

사:향-수(麝香水)명 사향으로 만든 향수.

사헌-대(司憲臺)명 고려 초기, 정치에 관하여 논의하고 풍속을 바로잡으며, 벼슬아치의 잘못을 가려내어 다스리던 관아.

사헌-부(司憲府)명 ①고려 말기에, 사헌대를 달리 이르던 말. ②조선 시대, 삼사(三司)의 하나. 정사를 비판하고 벼슬아치의 잘못을 가려내어 백성의 억울함을 다스리던 관아. 상대(霜臺). 준헌부.

사:혈(四穴)명 퉁소의 한 가지. 길이 두 치 너 푼, 지름 다섯 푼가량의 대나무나 상아 따위로 만드는데, 앞쪽에 셋, 뒤쪽에 한 개의 구멍이 있어 열두 가지의 음(音)을 냄.

사:혈(死血)명 (부르트거나 헌데에 모여 시커멓게 된) 죽은피.

사혈(瀉血)명하자 (치료의 목적으로) 환자의 피를 얼마간 뽑아냄.

사혐(私嫌)명 개인적인 혐오나 혐의.

사:형(死刑)명하타되자 범죄인의 생명을 끊는 형벌. 〔교수형(絞首刑)·참형(斬刑)·총살형(銃殺刑)·화형(火刑) 따위.〕 극형(極刑). 생명형(生命刑).

사형(私刑)명 개인이 사사로이 범죄자에게 가하는 제재. 사적 제재. 사형벌(私刑罰). 참사매·린치.

사:형(似形)명 비교적 미세한 광물이 모여, 그 광물의 정형과는 관계없이 산출될 경우의 결정형. 참자형(自形).

사형(舍兄) Ⅰ명 남과 말할 때 '자기의 형(兄)'을 겸손하게 일컫는 말. 가형(家兄).
Ⅱ대 〔주로, 편지 글에서 쓰이어〕 형이 아우에 대하여 '자기'를 일컫는 말. ↔사제(舍弟).

사형(查兄)명 바깥사돈 사이에 상대편을 높이어 일컫는 말.

사형(師兄)명 ①나이와 학덕(學德)이 자기보다 높은 사람을 높이어 일컫는 말. ②불교에서, 한 스승의 불법(佛法)을 이어받은 선배를 일컫는 말.

사형(詞兄)명 친구로 사귀는 학자나 문인끼리 서로를 높이어 일컫는 말.

사-형벌(私刑罰)명 ☞사형(私刑).

사:형^선고(死刑宣告)명 공판정에서 사형에 처한다는 내용을 알리는 일.

사:형-수(死刑囚)명 사형 선고를 받은 죄수. 준사수(死囚).

사:형-장(死刑場)명 사형을 집행하는 장소. 형장(刑場).

사호(社號)명 회사의 칭호.

사호(絲毫)명 매우 적은 수량.

사:호(賜號)명하자 임금이 호(號)를 내려 줌, 또는 그 호.

사호다자 〈옛〉 싸우다. ¶ 白骨은 사화 주근 사ᄅᆞ미 뼈라(杜重*1:4*). 참싸호다.

사혼(私混)명하타 지난날, 면서원(面書員)이 고복채(考卜債)를 환곡(還穀)과 함께 거두어들이던 일.

사흠명 〈옛〉싸움. ¶사호믄 어느 말미로 定ᄒᆞ리오(杜初7:*14*).
사ː화(士禍)명 조선 시대에, 정객(政客)이나 선비들이 정치적 반대파에게 몰리어 입던 큰 화난(禍難), 또는 그 사건.
사ː화(四華)명 〔불교에서〕 ①석가가 법화경을 설할 때 하늘에서 내려왔다는 네 가지 연꽃. 곧, 만다라화·마하만다라화·만수사화·마하만수사화. ②무량수경에서 이르는 네 가지 연꽃.
사ː화(史畫)명 〈역사화(歷史畫)〉의 준말.
사ː화(史話)명 역사 이야기. 사담(史談).
사ː화(史禍)명 ①사필(史筆)로 말미암은 옥사(獄事). ②사서(史書)에 관련된 필화(筆禍). 참사옥(史獄).
사ː화(死火)명 ①꺼진 불. ②불교에서, '죽음'을 불이 꺼짐에 비유하여 이르는 말.
사ː화(死貨)명 통용되지 않는 돈, 또는 재화.
사화(私和)명하자 ①송사(訟事)의 당사자끼리 화해하여 풀어 버림. ②원한을 품고 있는 사람끼리 원한을 풀고 화해함.
사화(私話)명하자 사사로이 하는 말.
사화(詞華)명 아름답게 수식한 시문(詩文). 뛰어난 시문.
사ː-화산(死火山)명 구조나 암질(岩質)로 보아 화산임이 인정되지만, 유사(有史) 이래로 화산 활동의 기록이 없는 화산. ↔활화산. 참휴화산.
사ː화-잠(四化蠶)명 한 해에 네 번 알을 스는 누에. 〔성장이 빠르고 고치가 작음.〕
사ː환(仕宦)명하자 벼슬살이를 함.
사ː환(四患)명 ①정치하는 사람에게 우환이 되는 네 가지 일. 곧, 허위·사사로움·방심·사치. ②☞사고(四苦).
사ː환(使喚)명 관청이나 사삿집에 고용되어 잔심부름을 맡아 하는 사람. 참사동(使童).
사환(社還)명 조선 고종(高宗) 때, '환곡(還穀)'을 고쳐 부르던 이름.
사ː환-가(仕宦家)명 대대로 벼슬하는 집안.
사환곡-제(社還穀制)[-쩨]명 조선 시대에, 춘궁기에 농민에게 곡식이나 종자를 꾸어 주었다가 추수한 다음 되돌려 받던 제도.
사ː활(死活)명 죽음과 삶. 죽느냐 사느냐의 갈림. ¶사활이 걸린 문제.
사-활강(斜滑降)명 스키에서, 사면(斜面)을 비스듬히 잘라 직선으로 활강하는 기법.
사홧-술(私和-)[-화쑬/-홧쑬]명 사화하는 뜻으로 함께 나누는 술.
사황(蛇黃)명 뱀 쓸개에 병적으로 생기는 물질. 한방에서 약재로 쓰임.
사회명 〈옛〉사위. ¶사회 녀기셔 며느리 녁 지블 婚이라 니ᄅᆞ고(釋譜*6:16*).
사회(司會)[-회/-훼]명 ①하자집회나 예식 등에서, 진행을 맡아봄. ¶사회를 보다. ②〈사회자〉의 준말.
사ː회(死灰)[-회/-훼]명 불이 꺼진 재.
사회(沙灰)[-회/-훼]명 굴 껍데기를 태워서 만든 가루.
사회(社會)[-회/-훼]명 ①공동생활을 하는 인간의 집단. ¶인류 사회. ②(역사적으로) 어떤 특정한 발전 단계를 이룬 집단. ③생활의 정도나 직업의 동질성 등으로 형성된 사람들의 세계. ¶문인 사회. ④(군대나 학교 등) 어떤 조직체에 딸린 사람이 그 조직체 밖의 세상을 이르는 말. ¶사회 진출. ⑤세상. ¶사회를 놀라게 하다. ⑥지난날, 마을 사람들이 사일(社日)에 모이던 일.
사회의 목탁(木鐸)관용 사회를 각성시키고 바른 길로 이끄는 사람이나 사물. 〔흔히, 신문이나 신문 기자를 이름.〕
사회^간ː접^자본(社會間接資本)[-회-짜-/-훼-짜-]명 ☞사회 자본.
사회^개ː량주의(社會改良主義)[-회-의/-훼-이]명 자본주의 사회의 체제를 유지하면서 점진적으로 그 폐해를 고쳐 나가려는 주의. 개량주의.
사회^개발(社會開發)[-회-/-훼-]명 교통과 주택, 보건과 교육 등 생활환경을 향상시킴으로써 국민의 복지를 꾀하는 일.
사회^개벽(社會開闢)[-회-/-훼-]명 천도교에서 이르는 삼대 개벽의 하나. 사회 제도와 생활양식, 물질 등을 변혁시켜 사회를 새롭게 한다는 후천적 인문(人文) 개벽.
사회^경제(社會經濟)[-회-/-훼-]명 ①각 경제 단위의 활동이 사회적 상호 의존에 의하여 이루어지는 경제 상태. ↔고립 경제. ②☞국민 경제.
사회^계ː약설(社會契約說)[-회게-썰/-훼게-썰]명 사회나 국가는 그 구성원인 개인 간의 평등한 계약에 따라 성립한다는 설. 민약설(民約說). 준계약설.
사회^계층(社會階層)[-회게-/-훼게-]명 한 사회 안에서, 능력이나 재산의 정도 또는 지위나 교육 수준 따위로 구별되는 동질성의 인간 집단. 〔서민층·부유층 따위.〕
사회^공학(社會工學)[-회-/-훼-]명 인간의 사회적 행동을 과학적으로 연구·분석하여 사회 생활상의 실제 문제를 해결하려고 하는 학문.
사회^과ː정(社會過程)[-회-/-훼-]명 사회의 구조가 변화하고 발전하는 동태적인 과정. 〔문화적 과정이나 경제적 과정 따위.〕
사회^과학(社會科學)[-회-/-훼-]명 인간 사회의 여러 현상을 과학적·체계적으로 연구하는 학문을 통틀어 이르는 말. 〔정치학·경제학·사회학·역사학 따위.〕 참인문 과학(人文科學)·자연 과학(自然科學).
사회-관(社會觀)[-회-/-훼-]명 사회를 통일적인 전체로 보고 그 의의와 가치 등에 대하여 가지는 견해나 주장.
사회-관계(社會關係)[-회-계/-훼-게]명 사람과 사람 사이에 사회적 행동의 교환이 계속된 결과로 생기는 일정한 인간관계.
사회^교ː육(社會教育)[-회-/-훼-]명 청소년이나 성인들에게 학교 교육 이외에 사회인으로서 필요한 사항에 대해 베푸는 교육 활동.
사회^구조(社會構造)[-회-/-훼-]명 사회의 형태를 이루는 여러 기능을 유기적으로 배치하는 기관이나 조직 따위 요소의 체제.
사회^국가(社會國家)[-회-까/-훼-까]명 국민 각자에 대하여 인간다운 생존을 보장할 것을 임무로 하는 국가. 사회 정의의 실현을 주목적으로 하는 국가.
사회-권(社會權)[-회꿘/-훼꿘]명 〈사회적 기본권(社會的基本權)〉의 준말.
사회^규범(社會規範)[-회-/-훼-]명 사회생활을 규제하며, 사회 질서를 유지하기 위하여 그 구성원에게 요구하는 당위적(當爲的) 관념. 〔법이나 종교·도덕 따위.〕
사회-극(社會劇)[-회-/-훼-]명 사회 문제를 다룬 극. 극중의 사건의 사회적 배경이나 기반, 등장인물이 소속된 사회적 환경 등을 중시하는 연극이나 희곡.

사회-단체(社會團體) [-회-/-훼-] 명 사회사업이나 사회 문제의 해결을 목적으로 하는 단체.

사회^도태(社會淘汰) [-회-/-훼-] 명 사회의 진화 속에서, 적응성이 없거나 불필요한 것이 의식적으로 배제되는 따위의 도태.

사회-면(社會面) [-회-/-훼-] 명 신문에서, 일상생활 속의 사건이나 사고 기사를 싣는 지면.

사회^문:제(社會問題) [-회-/-훼-] 명 사회 제도의 모순이나 결함에서 생기는 여러 가지 문제. 〔노동·주택·인구·실업·범죄 문제 따위.〕

사회^민주주의(社會民主主義) [-회-의/-훼-이] 명 폭력 혁명이나 프롤레타리아 독재의 방식을 부정하고, 합법적이고 점진적인 방법으로 사회주의를 실현하려고 하는 주의.

사회-법(社會法) [-회뻡/-훼뻡] 명 (개인의 이해관계에 중점을 두는 시민법에 대하여) 인간의 실질적 평등이나 사회적 조화의 달성을 목적으로 하는 법을 통틀어 이르는 말. 〔노동법·경제법·사회 보장 제도 따위.〕

사회^법칙(社會法則) [-회-/-훼-] 명 ①사회 질서를 유지하려는 목적으로 시행되는 모든 법칙. ②사회의 변화, 특히 사회 진화를 지배하는 법칙. ③되풀이하여 생기는 사회 현상을 지배하고 있는 법칙.

사회^변:동(社會變動) [-회-/-훼-] 명 한 사회의 현존하는 질서 및 정신적·물질적 문명의 형태가 변화하는 일이나 과정.

사회^변:혁(社會變革) [-회-/-훼-] 명 사회 질서를 의도적으로 바꾸는 일.

사회^병:리(社會病理) [-회-니/-훼-니] 명 개인·집단 문화 등에서의 기능 장애나 이상 현상. 곧, 범죄·실업·빈곤 따위의 사회적 질환.

사회^병:리학(社會病理學) [-회-니-/-훼-니-] 명 사회를 유기체로 보고, 사회 병리의 현상을 사회학적 처지에서 연구하는 학문.

사회^보:장(社會保障) [-회-/-훼-] 명 국민의 질병이나 실업·노쇠 등으로 생기는 생활상의 문제를 국가가 제도적으로 보장하는 일.

사회^보:험(社會保險) [-회-/-훼-] 명 질병·실업·사망 따위의 재난을 당한 근로자나 그 가족을 보호하기 위하여, 국가가 법에 의하여 시행하는 보험 제도를 통틀어 이르는 말. 〔산업 재해 보험·건강 보험 따위.〕

사회^복지(社會福祉) [-회-찌/-훼-찌] 명 국민의 생활 안정과 복리 향상을 추구하는 광범한 사회적 시책의 총체.

사회-본능(社會本能) [-회-/-훼-] 명 어떤 종류의 동물이, 개체 유지·종족 보존을 위하여 무리를 이루어 생활하는 선천적 경향.

사회^본위주의(社會本位主義) [-회-의/-훼-이] 명 사회의 존속이나 발전을 위해서는 개인의 복리를 희생시켜도 무방하다고 하는 주의.

사회-봉사(社會奉仕) [-회-/-훼-] 명 사회 복지에 이바지하기 위하여 개인의 이해를 돌보지 않고 하는 행위.

사회-부(社會部) [-회-/-훼-] 명 신문사에서, 신문의 사회면을 맡은 부서. ¶ 사회부 기자.

사회^부조(社會扶助) [-회-/-훼-] 명 ☞공적 부조. 국가 부조.

사회^분화(社會分化) [-회-/-훼-] 명 ☞사회적 분화.

사회-사상(社會思想) [-회-/-훼-] 명 ①사회 체제나 사회 제도의 바람직한 모습에 관하여 체계적(體系的)으로 파악하는 사상. ②사회에 대하여 가지는 생각이나 태도.

사회-사업(社會事業) [-회-/-훼-] 명 사회적으로 보살펴 줄 필요가 있는 사람들에 대한 원조·육성·후생을 위한 조직적 활동. 〔실업 보호 사업·아동 보호 사업·의료 보호 사업 따위.〕

사회-상(社會相) [-회-/-훼-] 명 사회의 모습. 사회의 실태. 사회의 현상. ¶ 문학 작품은 사회상을 반영하기 마련이다.

사회-생활(社會生活) [-회-/-훼-] 명 ①여러 형태의 인간들이 집단으로 모여 질서를 지키며 살아가는 공동생활. ②군대 따위의 특수한 조직체에서의 생활에 대하여 사회인으로서의 생활. ¶ 군에서 제대하여 차차 사회생활에 적응해 가다. ③벌이나 개미 따위 동물의 군집 생활.

사회-성(社會性) [-회썽/-훼썽] 명 ①어떤 사회가 가지고 있는 성질. ②집단을 만들어 생활하려는 인간의 근본 성질. ③집단생활에 적응이 잘 되는 소질. 사교성. ④흔히 예술 작품에서, 사회 문제에 대하여 관심을 기울이는 경향. ¶ 사회성이 짙은 영화.

사회^소:설(社會小說) [-회-/-훼-] 명 사회 문제나 사회 현실을 주제로 한 소설.

사회^실재론(社會實在論) [-회-째-/-훼-째-] 명 사회를 그 구성원인 각 개인들과는 별개의 독자적인 실재로 보고, 개인보다 사회가 우위에 있다고 주장하는 사회학설. 사회 유기체설이 대표적임. ↔사회 유명론.

사회-심(社會心) [-회-/-훼-] 명 사회를, 각 개인의 마음이 종합해서 이루어진 하나의 유기체로 볼 때의 그 마음을 이르는 말.

사회^심리학(社會心理學) [-회-니-/-훼-니-] 명 개인 또는 집단의 의식이나 행동을, 그 사회 환경의 모든 조건이나 특성과의 연관 아래에서 해명하려고 하는 심리학의 한 분야.

사회-아(社會我) [-회-/-훼-] 명 남과의 상호 관계를 의식함으로써 일어나는, 사회적 존재로서의 자아의 관념.

사회-악(社會惡) [-회-/-훼-] 명 사회의 구조적 모순에서 비롯되는 악. 〔도박·매춘·빈곤·범죄 따위.〕

사회^연대(社會連帶) [-회-/-훼-] 명 사회의 구성원으로서의 상호 의존 관계.

사회^운:동(社會運動) [-회-/-훼-] 명 사회의 변혁이나 개량, 또는 사회 문제의 해결을 위하여 지속적으로 행하는 집단 운동. 〔노동조합 운동·여성 운동·학생 운동 따위.〕

사회^위생학(社會衛生學) [-회-/-훼-] 명 사회 대중의 건강 상태 개선과 향상을 꾀하기 위해 그 방책을 연구하는 학문.

사회^유:기체설(社會有機體說) [-회-/-훼-] 명 사회 체제를 생물의 체제와 비교하여, 사회를 자연 유기체와 비슷한 존재로 보는 학설. 콩트·스펜서 등이 주장함.

사회^유대(社會紐帶) [-회-/-훼-] 명 ☞사회적 유대.

사회^유명론(社會唯名論) [-회-논/-훼-논] 명 사회에는 개인이 실재할 뿐 사회는 명목에 지나지 않으며, 개인은 사회보다 우위에 있다고 주장하는 사회학설. ↔사회 실재론.

사회^유:형(社會類型) [-회-/-훼-] 명 ☞사회형(社會型).

사회^윤리(社會倫理) [-회율-/-훼율-] 명 ①인간의 사회적 생활에 관한 행동을 규제하는 도덕적 규범. ↔개인 윤리. ②도덕을 인간의 사회적 조건에서 설명하는 윤리학설.

사회-의식(社會意識) [-회의-/-훼이-] 명 사회의 구성원이 공통으로 가지고 있는 사고(思考)·감정(感情)·의사(意思)의 총체. 〔도덕·관습·이데올로기·계급 의식 따위.〕

사회^의학(社會醫學) [-회-/-훼-] 명 질병 발생의 사회적 요인을 연구하여 사회 환경이나 생활 조건의 개선을 꾀하고, 국민의 건강 향상을 도모하려는 의학.

사회^이동(社會移動) [-회-/-훼-] 명 한 개인이나 집단이 어떤 사회적 위치에서 다른 사회적 위치로 이동하거나 변화하는 일. 〔수평 이동과 수직 이동이 있음.〕

사회-인(社會人) [-회-/-훼-] 명 ①사회 구성원으로서의 한 개인. ②(학교나 군대 등) 어떤 조직체 속에서 지내는 사람이 그 조직체 밖의 사람을 가리켜 이르는 말.

사회^인류학(社會人類學) [-회일-/-훼일-] 명 인간 사회를 널리 비교 연구하여, 그것을 기능적·종합적으로 파악하려는 문화 인류학의 한 부문.

사회^입법(社會立法) [-회-뻡/-훼-뻡] 명 사회 문제의 해결을 위하여, 사회 정책적 관점에서 행하는 법률의 제정, 또는 그 법률.

사회-자(司會者) [-회-/-훼-] 명 모임이나 예식·방송 프로그램 등의 진행을 맡아보는 사람. 준사회.

사회^자본(社會資本) [-회-/-훼-] 명 국민 경제 발전의 기초가 되는 공공시설. 〔도로·항만·공항·댐·통신·우편·용수 따위.〕 사회 간접 자본.

사회-장(社會葬) [-회-/-훼-] 명 사회에 이바지한 공적이 많은 사람이 죽었을 때에 그와 관련된 각 사회단체가 연합하여 치르는 장례.

사회-적(社會的) [-회-/-훼-] 관명 사회에 관계되는 (것). 사회성을 지닌 (것). ¶ 사람은 사회적 동물이다. /사회적인 행동.

사회적 감:정(社會的感情) [-회-깜-/-훼-깜-] 사회생활에서 느끼는 감정. 〔애국심이나 애향심 따위.〕

사회적 개:성(社會的個性) [-회-깨-/-훼-깨-] 한 사회를 다른 사회와 비교하여 볼 때, 그 사회가 갖는 독특한 성질. 〔국민성이나 지방색 따위.〕

사회적 거:리(社會的距離) [-회-꺼-/-훼-꺼-] 개인과 개인, 집단과 집단, 개인과 집단 사이의 친소(親疏)의 정도에서 비롯되는 감정적 거리.

사회적 구속(社會的拘束) [-회-꾸-/-훼-꾸-] 집단이 그 집단의 질서를 유지하기 위하여 구성원의 비사회적 행동을 구속하는 일.

사회적 기본권(社會的基本權) [-회-끼-/-훼-끼-] 국가의 사회 보장 시책에 따라서 이익을 받을 국민의 권리. 〔건강한 생활을 누릴 권리, 휴식을 취할 권리, 교육을 받을 권리, 근로의 권리, 근로자의 단결권 따위.〕 준사회권.

사회적 긴장(社會的緊張) [-회-낀-/-훼-낀-] 국제간이나, 한 나라 안의 집단·당파·계급 간의 상호 교섭에서 오는 불화·반목·대립 등의 긴장된 관계나 상태를 이르는 말. 〔겉으로 드러나지는 않지만 자칫하면 터질 것 같은 잠재적인 투쟁 상태를 이름.〕

사회적 부적응아(社會的不適應兒) [-회-뿌-/-훼-뿌-] 소속된 사회 질서에 잘 적응하지 못하는 아동. 〔나태아(懶怠兒)·불량아 따위.〕

사회적 분업(社會的分業) [-회-뿌넙/-훼-뿌넙] 사회 전체의 노동이 농업·공업·상업 등 각종의 산업 분야로 나누어진 상태.

사회적 분화(社會的分化) [-회-뿐-/-훼-뿐-] 사회가 단순하고 동질적인 상태에서 복잡하고 이질적인 상태로 변화하는 과정. 사회 분화(社會分化).

사회적 성:격(社會的性格) [-회-썽껵/-훼-썽껵] ①남과 잘 어울리는 사교적인 성격. ②같은 집단이나 계층에 딸리는 성원의 성격에서 공통적인 특성을 뽑아내어 유형화한 추상적인 성격의 형(型). 〔남성적 성격·관료적 성격·보수적 성격 따위.〕

사회적 소:득(社會的所得) [-회-쏘-/-훼-쏘-] 근로자가 임금 이에 복리 시설이나 사회 보험 따위로 얻는 간접적인 소득.

사회적 암:시(社會的暗示) [-회-/-훼-] 군중 심리나 소속 집단의 분위기에 이끌리어 어떤 관념이나 신념 따위를 무비판적으로 받아들이는 심리 작용.

사회적 압력(社會的壓力) [-회저감녁/-훼저감녁] 개인이나 집단의 태도·의견·행동 따위를 특정한 방향으로 유도하거나 변화시키는 사회적 영향.

사회적 욕망(社會的欲望) [-회정뇽-/-훼정뇽-] 개인이 국가·법률·도덕·종교 등의 힘을 빌려, 공공의 복리 증진과 사회의 안녕질서를 유지하려고 하는 욕망. 〔국방·치안·공중 위생·공공시설 등에 대한 욕망 따위.〕

사회적 유대(社會的紐帶) [-회정뉴-/-훼정뉴-] 사회생활에서, 어떤 개인이 다른 개인과 굳게 맺어져 있는 상태. 〔언어·풍속·종교·혈연·지연 따위.〕 사회 유대.

사회적 적응(社會的適應) [-회-쩌긍/-훼-쩌긍] 인간이 그가 속해 있는 사회적 환경과 조화를 이루는 일.

사회적 지위(社會的地位) [-회-찌-/-훼-찌-] 소속이나 직업, 출신이나 능력 등에 따라 전체 사회 속에서 차지하는 위치.

사회적 풍토(社會的風土) [-회-/-훼-] 특정한 집단이나 지역 사회에 지속적으로 나타나 보이는 특유의 분위기.

사회^정책(社會政策) [-회-/-훼-] 명 노동 문제나 실업 문제 따위의 사회 문제를 해결하기 위하여 국가나 공공 단체가 베푸는 정책.

사회^제:도(社會制度) [-회-/-훼-] 명 관습이나 법률에 따라 고정되고 조직화된 행위 양식, 곧 사회적으로 지지되고 있는 정치나 경제 제도.

사회^조사(社會調査) [-회-/-훼-] 명 집단이나 사회에서 일어나는 여러 가지 사상(事象)을 알아내기 위하여 실시하는 조사.

사회^조직(社會組織) [-회-/-훼-] 명 인간의 생존과 질서를 유지하기 위하여 일정한 규율로 묶어 놓은 조직.

사회-주의(社會主義) [-회-의/-훼-이] 명 사유 재산 제도를 폐지하고 생산 수단의 사회적 공유(共有)를 기본으로 하는 사회 제도, 또는 그런 사회를 실현하려는 사상.

사회주의^문학(社會主義文學) [-회-의-/-훼-이-] 명 ☞프롤레타리아 문학.

사회^진:화(社會進化) [-회-/-훼-] 명 일정한 방향에 따라 사회가 계속적으로 변화하고 발달하는 일. 〔자연 과학의 진화론을 사회적으로 응용한 개념임.〕

사회^진:화론(社會進化論) [-회-/-훼-] 명 사회는 일정한 방향과 목표 아래 끊임없이 발전하고 변동되어 간다고 보는 이론.

사회^질서(社會秩序) [-회-써/-훼-써]명 사회를 구성하는 여러 요소나 세력이 일정한 통제 아래에서 조화를 유지하는 관계.

사회^집단(社會集團) [-회-딴/-훼-딴]명 상호 의존 관계에 있는 인간의 집합체. 〔가족 등의 공동 집단, 학교나 직장 등의 이익 집단 따위.〕

사회^참여(社會參與) [-회-/-훼-]명 (학자나 예술가 등이) 사회 문제에 관심을 가지고 그 일에 간섭하는 일. 앙가주망.

사회^철학(社會哲學) [-회-/-훼-]명 사회를 형이상학적으로 연구하여 그 존재 가치를 규명하고자 하는 철학의 한 부문.

사회^체육(社會體育) [-회-/-훼-]명 (학교 교육 활동 이외의) 일반 사회인이 때와 장소를 가리지 않고 하는 여러 가지 체육 활동.

사회^체제(社會體制) [-회-/-훼-]명 ①어떤 특정한 주장이나 원리에 의해 통일적으로 질서화한 사회관계의 총체. ¶ 파시즘적 사회 체제. ②사회적 역사 발전의 특정 단계. ¶ 봉건적 사회 체제. ③어떤 목표나 사태에 일시적으로 대응하기 위한 사회의 체계. ¶ 전시 사회 체제.

사회^통ː계(社會統計) [-회-계/-훼-게]명 사회 현상에 관한 여러 가지 통계. 〔인구 통계·경제 통계·문화 통계 따위.〕

사회^통ː계학(社會統計學) [-회-계-/-훼-게-]명 수량적 재료를 기초로 하여, 사회적 대량 현상을 관찰함으로써, 사회 현상의 규칙성·법칙성을 발견하려는 학문.

사회^통념(社會通念) [-회-/-훼-]명 사회 일반에 널리 퍼져 있는 상식이나 견해.

사회^통ː제(社會統制) [-회-/-훼-]명 사회가 그 구성 단위인 개인이나 하위 집단의 동조와 복종을 확보하는 수단 및 과정.

사회-학(社會學) [-회-/-훼-]명 사회관계의 여러현상 및 사회 조직의 원리·법칙·역사 등을 체계적·실증적으로 연구하는 사회 과학의 한 부문.

사회^혁명(社會革命) [-회형-/-훼형-]명 사회 제도의 근본적인 변혁을 목표로 하는 혁명.

사회^현ː상(社會現象) [-회-/-훼-]명 ①사회관계에서 일어나는 법률·종교·정치·교육 등의 온갖 현상. ②개인의 사상(事象)이 아닌 사회 그 자체로서의 사실.

사회-형(社會型) [-회-/-훼-]명 사회 조직상으로 나타나 있는 여러 가지 유형. 〔이익 사회·공동 사회, 또는 산업적 사회·군사적 사회 따위.〕 사회 유형.

사회^형상(社會形象) [-회-/-훼-]명 다수의 사회관계의 복합적 통일체. 〔군집·집단·추상성 집합체 등으로 구별됨.〕

사회^형태(社會形態) [-회-/-훼-]명 사회의 구조적인 형태. 〔노예 사회·봉건 사회·자본주의 사회·사회주의 사회 따위.〕

사회-화(社會化) [-회-/-훼-]명하자타되자 ①(사회 안에서) 개인끼리의 상호 작용·상호 영향의 과정. ②개인이 사회의 구성원으로서, 그 사회에 동화되어 가는 과정. ③사물이 사회 전반에 퍼져 그 사회 전체의 것이 되는 일. ④사적인 존재를 공적인 존재로 바꾸어 가는 일.

사횟대명 〈옛〉 상앗대. ¶ 사횟대 고:篙(訓蒙中25. 四解下18).

사ː효(四爻)명 육효(六爻)의 넷째 효.

사ː후(死後)명 죽은 뒤. 신후(身後). ↔생전.

사후 약방문(藥方文)속담 때를 놓치고 난 뒤에 기울이는 헛된 노력을 이르는 말.

사후(伺候)명하자 ①웃어른의 분부를 기다림. ②웃어른을 뵙고 문안을 드림.

사ː후(事後)명 일이 끝난 뒤. ¶ 사후 승낙. ↔사전(事前).

사후(射侯)명 활쏘기에서, 과녁으로 쓰는 베. 〔사방 열 자가량이며, 가운데에 둥근 표적을 그렸음.〕

사ː후^강ː도(事後強盜)명 절도범이 훔친 것을 빼기지 않으려고, 또는 체포를 피하거나 증거를 없애려고 폭행이나 협박을 하는 행위.

사ː후^강직(死後強直)명 죽은 뒤에 근육이나 관절 등이 뻣뻣해지는 현상. 죽은 지 2~4시간이 지나면 나타나기 시작함. 사후 경직.

사ː후^경직(死後硬直)명 ☞사후 강직.

사ː후-공명(死後功名)명 죽은 뒤에 내리는 벼슬이나 시호(諡號).

사ː후-명장(死後名將)명 죽은 뒤에 비로소 그 이름이 높게 드러나는 장수.

사후-선(伺候船)명 조선 시대에, 수군절도사가 있는 군영(軍營)에 딸렸던 척후용 전선(戰船).

사ː후-심(事後審)명 원심(原審)의 기록을 바탕으로 하여 원판결의 당부(當否)를 심판하는 심급(審級). 상소심(上訴審)의 한 형태로서, 상고심(上告審)이 이에 해당함.

사ː후^처ː분(死後處分)명 ☞사인 처분.

사훈(社訓)명 사원(社員)으로서 지켜야 할, 회사의 방침.

사훈(師訓)명 스승의 교훈.

사휘(辭彙)명 ☞어휘(語彙).

사흗-날[-흔-]명 〈초사흗날〉의 준말. 준사흘.

사흘명 ①세 날. ②〈초사흗날〉·〈초사흘〉·〈사흗날〉의 준말.

사흘 굶어 도둑질 아니 할 놈 없다속담 아무리 착한 사람이라도 몹시 궁하게 되면 옳지 못한 짓을 하게 된다는 말.

사흘이 멀다 하고관용 어떤 일의 횟수가 매우 잦게. ¶ 그는 사흘이 멀다 하고 시골에 계신 부모님을 찾아가 뵙는다.

사흘-돌이명 사흘에 한 번씩. 《주로, '사흘돌이로'의 꼴로 쓰임.》 ¶ 벌써 장마철인가, 사흘돌이로 비가 오네.

사히다자 〈옛〉 쌓이다. ¶ 平原에 사힌 뼈는 뫼두곤 노파 잇고(朴仁老.太平詞).

사홀다타 〈옛〉 썰다. ¶ 딥 사홀며 버히며(月釋 *21:43*). /剉는 마ᄂᆞ리 사홀씨라(月釋*21:76*).

삭부 ①무엇을 단번에 베거나 자르는 모양, 또는 그 소리. ¶ 칼로 종이를 삭 베다. ②무엇을 거침없이 밀거나 쓸어 버리는 모양. ¶ 낙엽을 삭 쓸어 모아 태우다. ③조금도 남김없이 모두. 흔적도 없이 아주. ¶ 삭 치워 버리다. /삭 먹어 버리다. 큰석². 센싹². **삭-삭**부.

삭명 〈옛〉 싹. ¶ 神足은 삭 남 ᄀᆞᆮ고(圓覺上二之二 *118*). /곡식 삭 망:芒(類合下*51*). 참삯.

삭(朔) Ⅰ명 ①〈합삭(合朔)〉의 준말. ②〈삭일(朔日)〉의 준말.

Ⅱ의 '달¹'의 예스러운 말. ¶ 떠나온 지 삼 삭이 지났습니다.

삭(蒴)명 ①선태류의 포자낭. ②☞삭과(蒴果).

삭-갈다[-깔-] [~가니·~갈아]타 논을 미리 갈지 못하고 모낼 때에 이르러 한 번만 갈다.

삭갈-이[-까리]명하타 논을 삭가는 일.

삭감(削減) [-깜]명하타되자 깎아서 줄임. 감삭(減削). ¶ 예산을 삭감하다.

삭거(削去) [-꺼]명하타 깎아서 버림. 삭제해 버림.

삭고(朔鼓) [-꼬]명 아악에서, 풍악의 시작을 알릴 때 치는 북의 한 가지. 나무로 만든 틀에 북을 매달고, 틀 위에 해 모양을 꾸며 흰 칠을 하였음.

삭과(削科) [-꽈]명하타 과거(科擧)의 규칙을 위반하여 급제한 사람의 급제를 취소하던 일.

삭과(蒴果) [-꽈]명 열과(裂果)의 한 가지. 속이 여러 칸으로 나뉘고 칸마다 씨가 많이 들어 있는 열매. 〔나팔꽃·나리 따위.〕 삭(蒴).

삭구(索具) [-꾸]명 배에서 쓰는 밧줄이나 쇠사슬 따위를 통틀어 이르는 말.

삭뇨-증(數尿症) [상-쯩]명 한방에서, 오줌이 자주 마려운 병증을 이르는 말. 방광 결석(結石)·요도 질환 따위로 생김. 빈뇨증.

삭다 [-따]자 ①오래되어 썩은 것처럼 되다. ¶ 천이 삭다. ②툭툭하던 것이 묽어지다. ¶ 팥죽이 삭다. ③먹은 음식이 소화되다. ¶ 먹은 것이 잘 삭지 않는다. ④흥분이나 긴장이 가라앉다. ¶ 분이 삭다. ⑤젓·김치 따위가 익어서 맛이 들다. ¶ 새우젓이 잘 삭다. ⑥사람의 얼굴이나 몸이 생기를 잃다. ¶ 며칠 심하게 앓더니 얼굴이 많이 삭았다.

삭-다례(朔茶禮) [-따-]명 달마다 초하룻날 사당에서 지내는 차례. 참망다례(望茶禮).

삭도(削刀) [-또]명 절에서, 중들이 머리털을 빤빤하게 밀어 깎을 때 쓰는 칼.

삭도(索道) [-또]명 〈가공 삭도(架空索道)〉의 준말.

삭둑 [-뚝]부 연하고 작은 물건을 단번에 베거나 자르는 모양, 또는 그 소리. ¶ 무를 삭둑 자르다. 큰석둑. 센싹둑. **삭둑-삭둑**부하자타.

삭둑-거리다 [-뚝꺼-]자타 자꾸 삭둑삭둑하다. 삭둑대다. 큰석둑거리다.

삭둑-대다 [-뚝때-]자타 삭둑거리다.

삭둑삭둑-하다 [-뚝싹뚜카-]형여 글의 문맥이 토막토막 끊어져 잘 통하지 않다. 센싹둑싹둑하다.

삭마(削磨) [상-]명하자타 ①깎고 갊. ②바람이나 수온의 변화, 하천을 흐르는 암석 따위로 바닥을 이룬 암석이 깎이는 일.

삭막(索莫·索寞·索漠) '삭막하다'의 어근.

삭막-하다(索莫-·索寞-·索漠-) [상마카-]형여 ①잊어버려 생각이 아득하다. ¶ 예전의 기억이 삭막하다. ②황폐하여 쓸쓸하다. ¶ 초겨울의 삭막한 풍경.

삭말(削抹) [상-]명하타 깎아서 지워 버림. 삭제하고 말소함.

삭망(朔望) [상-]명 ①음력 초하루와 보름. ②〈삭망전(朔望奠)〉의 준말.

삭망-고조(朔望高潮) [상-]명 음력 초하루에서 보름 사이의 만조(滿潮).

삭망-월(朔望月) [상-]명 달이 음력 초하루에서 다음 초하루까지, 또는 보름에서 다음 보름까지 가는 데 걸리는 기간. 〔29일 12시간 44분 3초가량.〕 태음월(太陰月).

삭망-전(朔望奠) [상-]명 상중(喪中)에 있는 집에서, 매달 초하룻날과 보름날 아침에 지내는 제사. 준삭망(朔望). 참삭전(朔奠).

삭맥(數脈) [상-]명 ☞속맥(速脈).

삭면(索麵) [상-]명 밀가루를 소금물로 반죽하여 기름을 치고 얇게 밀어서 실오리처럼 썬 것을 햇볕에 말린 국수. 삶아서 찬물에 담갔다가 먹음.

삭-모 [상-]명 논을 삭갈이하여 심은 모.

삭모(削毛) [상-]명하자 털을 깎음.

삭모(槊毛) [상-]명 깃대나 창대 따위의 머리에 이삭 모양의 술을 만들어 다는, 붉은 빛깔의 가는 털. 상모(象毛).

삭박(削剝) [-빡]명하자타 ①깎아서 벗김, 또는 닳아서 벗어짐. ②물·바람·파도 따위의 힘으로 지반(地盤)이 깎여 평평해지는 일.

삭받다자 〈옛〉삯을 받다. 품값을 받다. ¶ 삭바돌 용:傭. 삭바돌 고:雇(訓蒙中2).

삭발(削髮) [-빨]명하자 ①길렀던 머리를 박박 깎음, 또는 그러한 머리. 낙발(落髮). 체발(剃髮). ②출가함. 중이 됨.

삭발-염의(削髮染衣) [-빨려믜/-빨려미]명 불문(佛門)에 들어가 머리털을 깎고 검은 옷을 입음.

삭발-위승(削髮爲僧) [-빠뤼-]명하자 머리를 깎고 중이 됨. 낙발위승(落髮爲僧).

삭방(朔方) [-빵]명 ☞북방(北方).

삭방-도(朔方道) [-빵-]명 고려 성종(成宗) 때 두었던 도(道)의 하나. 〔지금의 강원도 북부 지방.〕

삭변-증(數便症) [-뼌쯩]명 한방에서, 장(腸)에 탈이 나서 대변이 잦은 병증을 이르는 말.

삭북(朔北) [-뿍]명 ☞북방(北方).

삭-삭 [-싹]부 ①무엇을 거침없이 자꾸 밀거나 쓸거나 비비거나 베거나 하는 모양, 또는 그 소리. ¶ 낙엽을 삭삭 쓸어담다. /색종이를 삭삭 오리다. 큰석석. ②조금도 남김 없이. ¶ 누룽지를 삭삭 긁어 먹었다. 센싹싹.

삭삭(數數) [-싹]부 자주자주.

삭삭-거리다 [-싹꺼-]자타 자꾸 삭삭 하는 소리가 나다, 또는 그런 소리를 내다. 삭삭대다. 큰석석거리다.

삭삭-대다 [-싹때-]자타 삭삭거리다.

삭서(朔書) [-써]명 ①조선 시대에, 승정원(承政院)에서 마흔 살 이하의 문관(당하관)을 추려, 매달 초하룻날에 써내게 하던 해서(楷書)와 전서(篆書). ②지난날, 글방에서 쓰는 습자(習字)를 이르던 말.

삭신 [-씬]명 몸의 근육과 뼈마디. ¶ 몸살로 온 삭신이 다 쑤신다.

삭-심다 [-씸따]타 삭갈아서 모를 심다.

삭아-접(削芽椄)명 접붙이기의 한 방법. 접본(椄本)의 측면을 접도(椄刀)로 깎아 접붙일 눈을 붙이고 묶음.

삭여(朔餘)명 한 달이 넘음. 한 달 남짓함. ¶ 당상(當喪) 후 삭여를 두문불출하다.

삭역(朔易)명하자 해가 바뀜. 새해로 바뀜.

삭연(索然) '삭연하다'의 어근.

삭연-하다(索然-)형여 외롭고 쓸쓸하다. **삭연-히**부 ¶ 이역(異域)의 객창(客窓)에 삭연히 앉아 고국을 생각하다.

삭월(朔月)명 음력으로 매달 초하룻날의 달.

삭월-세(朔月貰)명 '사글세'의 잘못.

삭월세-방(朔月貰房)명 '사글셋방'의 잘못.

삭은-니명 벌레 먹은 이. 충치.

삭-이다타 〖'삭다'의 사동〗 ①먹은 것을 소화시키다. ②한창 달아오른 마음을 가라앉히다. ¶ 분을 삭이다. /마음의 고통을 남몰래 삭이다.

삭일(朔日)명 음력으로 매달 초하룻날. 준삭(朔).

삭적(削籍) [-쩍]명하타 ☞제적(除籍).

삭-전(-田) [-쩐]명 오래 경작하여 땅이 메마른 밭.

삭전(朔奠) [-쩐]명 상중(喪中)에 있는 집에서, 음력 매달 초하룻날 아침에 지내는 제사. 참망전·삭망전.

삭정-이[-쩡-]명 (살아 있는 나무에 붙은 채) 말라 죽은 작은 가지.
삭제(削除)[-쩨]명하타 되자 ①깎아서 없앰. ②지워 버림. ¶ 명단에서 이름을 삭제하다.
삭제(朔祭)[-쩨]명 왕실에서, 음력 초하루마다 조상에게 지내던 제사.
삭조(索條)[-쪼]명 ☞강삭(鋼索).
삭지(朔地)[-찌]명 북방에 있는 땅.
삭직(削職)[-찍]명하타 〈삭탈관직(削奪官職)〉의 준말.
삭참(朔參)명하자 음력 초하루마다 사당(祠堂)에 참배하는 일.
삭체(數遞)명하자타 벼슬아치를 자주 갊, 또는 그런 일.
삭출(削黜)명하타 벼슬을 빼앗고 내쫓음.
삭-치다(削-)타 ①지우거나 뭉개어 없애 버리다. ②양쪽의 셈을 서로 맞비기다.
삭탈(削奪)명하타 〈삭탈관직〉의 준말.
삭탈-관작(削奪官爵)명하타 ☞삭탈관직.
삭탈-관직(削奪官職)명하타 지난날, 죄를 지은 사람의 벼슬과 품계를 빼앗고 이름을 사판(仕版)에서 없애던 일. 삭탈관작. 준삭직·삭탈.
삭풍(朔風)명 겨울철에 북쪽에서 불어오는 찬 바람. 북풍(北風). ¶ 삭풍은 나무 끝에 불고 명월은 눈 속에 찬데(古時調).
삭회(朔晦)[사쾨/사퀘]명 음력 초하루와 그믐.
삭-히다[사키-]타 〖'삭다'의 사동〗 젓·김치 따위를 삭게 하다. ¶ 단술 항아리를 아랫목에 묻고 삭히다.
삯[삭]명 ①일을 한 데 대하여 보수로 주는 돈이나 물품. 품삯. 임금(賃金). ¶ 삯으로 쌀을 받다. ②어떤 물건이나 시설을 이용하고 주는 대가. 세(貰). ¶ 삯을 내다. *삯이[삭씨]·삯만[상-]
삯명 〈옛〉 싹. ¶ 삭시 나셔 싸흘 들치다(漢清 *10:3*).
삯-꾼[삭-]명 삯을 받고 일하는 일꾼. 고군(雇軍). 놉. ¶ 삯꾼이 달리는 농번기.
삯-돈[삭똔]명 삯으로 받는 돈. 삯전.
삯-말[상-]명 세를 주고 빌려 쓰는 말〔馬〕.
삯-메기[상-]명하자 농촌에서, 끼니는 먹지 않고 품삯만 받고 하는 일.
삯-바느질[삭빠-]명하자 삯을 받고 하는 바느질. ¶ 삯바느질로 겨우 연명하던 시절.
삯-방아[삭빵-]명 삯을 받고 찧어 주는 방아.
삯-일[상닐]명하자 삯을 받고 하는 일. ↔공일.
삯-전(-錢)[삭쩐]명 ☞삯돈.
삯-짐[삭찜]명 삯을 받고 나르는 짐. ¶ 삯짐을 지다.
삯-팔이[삭-]명하자 삯을 받고 막일을 하여 주는 일. 품팔이. ¶ 삯팔이로 입에 풀칠을 하다.
삯팔이-꾼[삭-]명 ☞품팔이꾼.
산(山)명 ①육지의 표면이 주위의 땅보다 훨씬 높이 솟은 부분. 산악(山岳). ②〈산소〉의 준말. ¶ 할아버지 산에 벌초하러 가다.
　산 밑 집에 방앗공이(가) 논다〔귀하다〕속담 그 고장의 산물이 오히려 그곳에서는 더 귀하다는 말.
　산 밖에 난 범이요 물 밖에 난 고기라속담 ①근거로 삼을 기반을 잃어버려 맥을 못 추게 된 경우를 이르는 말. ②제 능력을 발휘할 수 없는 처지로 몰려난 경우를 가리키는 말.
　산보다 골이 더 크다속담 무슨 일이 사리에 맞지 않게 됨을 이르는 말.
　산에 가야 범을 잡는다속담 목적을 이룰 수 있는 방법과 방향으로 행동하여야 성공할 수 있다는 말.
　산이 높아야 골이 깊다속담 사람이란 외형부터 커야 그 품은 포부도 크다는 말.
　산 진 거북이요 돌 진 가재〔자라〕라속담 의지할 근거가 든든한 상태임을 이르는 말.
　산 넘어 산관용 갈수록 고생이 겹치거나 더 심해짐을 이르는 말.
　산 설고 물 설다관용 고향을 멀리 떠나 있어 모든 것이 낯설고 서름서름하다는 말.
산(疝)명 〈산증(疝症)〉의 준말.
산:(算)명 셈. ¶ 산이 맞지 않다.
산(酸)명 물에 녹으면 산성 반응을 나타내는 수소 화합물을 통틀어 이르는 말. 물에 녹았을 때 이온화하여 수소 이온이 생김. 신맛이 있고, 푸른 리트머스 시험지를 붉은빛으로 바꿈. 〔황산·염산·질산 따위.〕 ↔염기.
-산(産)접미 지역을 나타내는 명사 뒤에 붙어, 그곳에서 산출된 물건임을 나타냄. ¶ 국내산. /일본산.
산가(山家)명 산속에 있는 집.
산:가(産家)명 아이를 해산한 집.
산가(酸價)[-까]명 유지(油脂) 1g 중에 함유되어 있는 유리된 지방산을 중화하는 데 필요한 수산화칼륨의 mg 수.
산가야창(山歌野唱)명 〔산과 들의 노래라는 뜻으로〕 시골에서 부르는 소박한 노래.
산:-가지(算-)[-까-]명 지난날, 수효를 셈할 때 쓰던 물건. 대나 뼈 따위로 젓가락처럼 만듦.
산각(山脚)명 산기슭.
산간(山間)명 산과 산 사이. 산골짜기로 된 곳. ¶ 산간 오지. /산간 지대.
산간-벽지(山間僻地)[-찌]명 산간의 외진 곳.
산간-벽촌(山間僻村)명 산간의 외진 마을.
산간^분지(山間盆地)명 지반이 아래로 휘어들어 감으로써 이루어진 분지.
산간-수(山澗水)명 산골을 흐르는 물.
산감(山監)명 〈산감독(山監督)〉의 준말.
산-감독(山監督)[-깜-]명 ①산의 나무를 함부로 베지 못하게 관리·감독하는 사람. ②광산에서 일하는 인부나 작업 상황을 감독하는 사람. ②준산감.
산강(山薑)명 ①☞삽주. ②☞백출(白朮).
산:개(刪改)명하타 글의 잘못된 곳을 지우고 고쳐서 바로잡음.
산:개(散開)명되자 ①하자흩어져 벌림. ②하타 전투에서, 적의 포화로부터의 피해를 줄이기 위하여 밀집하고 있던 병사들이 각기 일정한 거리를 두고 흩어짐, 또는 그와 같이 흩어진 대형. 소개(疏開).
산:개^대형(散開隊形)명 전투를 하기 위하여, 병사들이 일정한 거리를 두고 넓게 벌린 대형. 사격에 유리하고, 아군의 피해를 적게 할 수 있음.
산:개^성단(散開星團)명 항성이 천구 상의 한 지역에 불규칙하게 모여 있는 별의 집단. ↔구상 성단.
산객(山客)명 ①속세를 떠나 산에 사는 사람. ②등산하는 사람. 등산객. ③'철쭉'의 딴 이름.
산거(山居)명하자 산중에서 삶.
산:견(散見)명하자되자 여기저기서 보임. 이곳저곳에서 발견됨.
산경(山徑)명 산길.
산경(山景)명 산의 경치.

산계(山系)[-계/-게]명 하나의 계통을 이루고 있는 몇 개의 산지나 산맥을 통틀어 이르는 말.
산계(山薊)[-계/-게]명 ①☞삽주. ②☞백출(白朮).
산계(山鷄)[-계/-게]명 ☞꿩.
산ː계(散階)[-계/-게]명 ☞산관(散官).
산계-야목(山鷄野鶩)[-계-/-게-]명 〔꿩과 들오리라는 뜻으로〕 '성미가 팔팔하여 다잡을 수 없는 사람'을 비유하여 이르는 말.
산ː고(産苦)명 아이를 낳는 고통. 산로(産勞). ¶ 산고를 겪다.
산ː고(産故)명 아이를 낳는 일.
산고딕명 〈옛〉 상고대. ¶ 산고딕: 花霜(譯語上2).
산고수장(山高水長)명 〔산은 언제까지나 높고, 물은 영원히 흐른다는 뜻으로〕 '인자(仁者)나 군자(君子)의 덕이 오래도록 전해짐'을 비유하여 이르는 말.
산고수청(山高水淸)명하자 〔산이 높고 물이 맑다는 뜻으로〕 자연의 경관이 뛰어남을 이르는 말.
산곡(山谷)명 산골짜기.
산ː곡(産穀)명하자 곡식을 생산함, 또는 생산한 그 곡식.
산ː곡(散穀)명 흩어진 곡식의 낟알.
산곡-풍(山谷風)명 산풍(山風)과 곡풍(谷風). 곧, 맑게 갠 날 낮에 골짜기에서 산 위로 치부는 골바람〔谷風〕과, 밤에 산 위에서 골짜기로 내리부는 산바람〔山風〕.
산ː골명 한방에서, '자연동(自然銅)'을 약재로 이르는 말. 절골(折骨) 등 뼈의 병증에 쓰임.
산-골(山-)[-꼴]명 외진 산속.
산ː골(散骨)명 화장(火葬)한 유골을 나무나 잔디 밑에 묻거나 강이나 산, 혹은 지정된 장소에 뿌리는 장례 방법.
산-골짜기(山-)[-꼴-]명 산과 산 사이의 깊숙이 패어 들어간 곳. 산곡(山谷). ¶ 산골짜기로 난 길. 준산골짝.
산-골짝(山-)[-꼴-]명 〈산골짜기〉의 준말.
산과(山-)명 '산국'의 잘못.
산과(山果)명 산에서 나는 과일.
산ː과(産科)[-꽈]명 임신·분만 등에 관한 전문 의술의 한 분야.
산ː과^겸자(産科鉗子)[-꽈-]명 난산(難産) 때, 의사가 태아의 머리를 집어서 모체 밖으로 꺼내는 데 쓰는 금속제 기구.
산곽(山郭)명 ①우뚝 높이 솟아 벽같이 된 산. ②☞산촌(山村). ③산중의 성곽.
산곽(山廓)명 골상학(骨相學)에서, 눈동자의 상반부를 이르는 말.
산ː곽(産藿)명 산모(産母)가 먹을 미역.
산ː관(散官)명 지난날, 일정한 관직이 없이 관계(官階)만을 가지던 벼슬아치. 산계(散階). 산반(散班). 산직(散職).
산ː광(散光)명 ①불규칙하게 흩어진 광선. ②방향이 일정하지 않기 때문에 그늘이 지지 않는 빛. 〔북쪽 창으로 들어오는 빛, 흐린 날의 빛, 간유리를 통한 빛 따위.〕
산ː광^성운(散光星雲)명 ☞가스 성운.
산괴(山塊)[-괴/-궤]명 산계(山系)나 산맥에서 따로 떨어져 있는 산의 덩어리.
산ː구(産具)명 아이를 낳을 때에 쓰는 여러 가지 기구.
산국(山菊)명 ☞산국화.
산-국화(山菊花)[-구콰]명 국화과의 다년초. 산이나 들에 나는데 줄기 높이는 60~90 cm. 잔가지를 많이 침. 잎은 깃 모양으로 깊게 갈라지고 어긋맞게 나며, 가을에 가지 끝에 노란 꽃이 핌. 꽃은 한방에서 약재로 쓰임. 산국. 들국화.
산군(山君)명 ①☞산신령. ②〔산의 왕이라는 뜻으로〕'범'을 달리 이르는 말.
산군(山軍)명 지난날, 나라의 산림(山林)을 지키던 사람.
산군(山郡)명 ☞산읍(山邑).
산군(山群)명 산의 무리. 많이 모여 있는 산.
산-군읍(山郡邑)명 산골에 있는 여러 고을.
산굴(山窟)[-꿀]명 산속에 있는 굴.
산-굽이(山-)[-꾸비]명 산의 굽이진 곳.
산궁-수진(山窮水盡)명하자 ☞산진수궁.
산규(山葵)명 ☞고추냉이.
산-그늘(山-)[-끄-]명 산이 햇빛을 가리어서 생긴 그늘.
산근(山根)명 ①골상학에서, 콧마루와 두 눈썹 사이를 가리키는 말. ②산줄기가 벋어 나가기 시작한 곳.
산근(酸根)명 ☞산기(酸基).
산금(山金)명 암석 중의 석영맥(石英脈)에서 산출되는 자연금(自然金).
산금(山禽)명 산새.
산ː금(産金)명하자 금을 생산함. ¶ 산금 지대.
산기(山氣)명 산에서 느끼는 맑고 서늘한 기운.
산기(疝氣)명 ☞산증(疝症).
산ː기(産氣)[-끼]명 아이를 낳을 듯한 기미. 산점(産漸). ¶ 산기가 있어 병원에 가다.
산ː기(産期)명 아이를 낳을 시기. ¶ 산기가 가까워지다. /산기를 놓치다.
산ː기(酸基)명 산(酸)의 분자에서 금속과 치환할 수 있는 수소 원자를 뺀 나머지 원자단(原子團). 염(塩)의 음성(陰性) 부분을 이룸. 산근(酸根).
산ː-기둥명 한옥에서, 벽에 붙지 않고 대청 복판 따위에 따로 선 기둥.
산-기슭(山-)[-끼슥]명 산 밑의 편평한 부분. 산각(山脚). 산록(山麓). *산기슭이[-끼슬기]·산기슭만[-끼승-]
산-길(山-)[-낄]명 산에 있는 길. 산속의 길. 산경(山徑). 산로(山路).
산-꼬대(山-)명하자 밤중에 산 위에 바람이 불어 몹시 추워짐, 또는 그 현상.
산-꼭대기(山-)[-때-]명 산의 맨 위. 산머리. 산두(山頭). 산정(山頂).
산-나리(山-)명 백합과의 다년초. 산에 나는데, 줄기 높이는 1~1.5 m. 잎은 버들잎 모양이며, 6~7월에 적갈색 반점이 있는 흰 꽃이 핌. 비늘줄기는 먹을 수 있음.
산-나물(山-)명 산에 나는 나물. 멧나물. 산채(山菜).
산-난초(山蘭草)명 ☞각시붓꽃
산내(山內)명 ①산속. ②절의 경계 안.
산-내림(山-)명하타 산에서 벤 나무를 평지까지 끌어 내리는 일.
산내^말사(山內末寺)[-싸]명 본사(本寺)와 같은 산에 있는 말사. ↔산외 말사.
산농(山農)명 산지(山地)에서 짓는 농사.
산-누에(山-)명 산누에나방과의 나방의 유충. 누에와 비슷하나 훨씬 크고 무게는 네 배 정도임. 몸 마디가 9개이며 긴 털이 있고, 몸빛은 흑갈색임. 뽕이나 떡갈나무·참나무 따위의 잎을 먹음. 넉잠을 잔 후 번데기가 되며, 담갈색 고치에서는 질이 좋은 실을 뽑음. 산잠(山蠶). 야잠(野蠶). 작잠(柞蠶).
산누에-고치(山-)명 산누에가 지은 고치. 멧누에고치. 야견(野繭). 작견(柞繭). 작잠견(柞蠶繭).

산누에-나방(山—)명 산누에나방과의 곤충을 통틀어 이르는 말. 몸이 아주 큰데 주로 밤에 활동함. 유충은 활엽수의 해충임. 멧누에나방. 산잠아(山蠶蛾). 새누에나방. 야잠아(野蠶蛾). 작잠아(柞蠶蛾).
산다(山茶)명 ☞동백나무.
산다리명 팥의 한 가지. 열매가 잘고 흼.
산다-화(山茶花)명 동백나무의 꽃.
산-닥나무(山—)[—당—]명 팥꽃나뭇과의 낙엽 활엽 관목. 높이 1.5m가량. 여름에 노란 꽃이 핌. 나무껍질은 창호지 등 한지(韓紙)의 원료로 씀.
산-달(山—)명 산으로 된 지형. 산지(山地).
산ː-달(產—)[—딸]명 아이를 낳을 달. 산삭. 산월(產月). 해산달.
산달(山獺)명 ①☞담비. ②☞검은담비. ③☞너구리.
산달-피(山獺皮)명 ☞잘[1].
산ː답(散畓)명 한 사람의 소유로서 여기저기 흩어져 있는 논.
산당(山堂)명 〈산신당〉의 준말.
산대[—때]명 물고기를 뜨거나 하는 데 쓰는, 장대에 그물 주머니를 단 기구.
산대(山臺)명 ①길가나 빈 터에 높은 대를 쌓아 놓고 연극 따위를 하는 일. 또는 그 임시 무대. ②☞산대놀음. 변산디.
산ː대(散大)명하자 (죽을 때가 임박해서) 눈동자가 커다랗게 열리는 일.
산대(蒜臺)명 ☞마늘종.
산대-극(山臺劇)명하자 ☞산대놀음.
산대-놀음(山臺—)명하자 고려 시대에 비롯되어 조선 시대를 거쳐 오늘날까지 전해 오는 우리나라 고유의 가면극. 민속적인 놀이의 성격을 띤 것으로 양반이나 파계승에 대한 조롱, 서민 생활, 처첩 관계 등을 풍자적으로 나타냄. 양주 별산대·봉산탈춤·오광대·송파 산대 따위가 전함. 산대. 산대극. 산대놀이. 산대도감극. 산대잡극. 나의(儺儀). 산붕희(山棚戲). 오산(鼇山).
산대-놀이(山臺—)명하자 ☞산대놀음.
산대-도감(山臺都監)명 산대놀음을 하는 사람들의 모임. 변산디도감.
산대도감-극(山臺都監劇)명 ☞산대놀음.
산대-잡극(山臺雜劇)[—끅]명하자 ☞산대놀음.
산대-탈(山臺—)명 산대놀음에 쓰이는 탈. 바가지나 종이·나무를 재료로 하여 만드는데, 상좌탈·연잎탈·노장탈·먹중탈·취발이탈 따위가 있음. 변산디탈.
산대-판(山臺—)명 산대놀음을 하는 곳. 변산디판.
산-더미(山—)[—떠—]명 물건이나 일이 매우 많음을 비유하여 이르는 말. ¶ 쌀가마가 산더미같이 쌓여 있다. /할 일이 산더미 같다.
산도(山圖)명 묏자리의 그림.
산ː도(產道)명 아기가 태어날 때 지나는 모체 안의 경로(經路).
산도(酸度)명 ①☞산성도(酸性度). ②염기 한 분자 속에 들어 있는 수산기(水酸基)의 수(數).
산독-증(酸毒症)[—쯩]명 혈액 속의 산(酸)과 알칼리의 균형이 깨져서 혈장(血漿)이 산성으로 기우는 일, 또는 그때의 증상. 산성병. 산중독(酸中毒). 아시도시스. ↔알칼리 중독.
산ː-돈(算—)[—똔]명 노름판 같은 데서, 산가지 대신으로 셈하는 데 쓰이는 돈.
산-돌림(山—)[—똘—]명 ①여기저기 돌아다니며 한 줄기씩 내리는 소나기. ②산기슭으로 내리는 소나기.
산-돌배(山—)[—똘—]명 ①〈산돌배나무〉의 준말. ②산돌배나무의 열매.
산돌배-나무(山—)[—똘—]명 장미과의 낙엽 활엽 교목. 마을 근처나 산지에 나는데, 높이는 10m 가량. 늦봄에 흰 꽃이 피고, 둥근 열매는 가을에 노랗게 익는데 먹을 수 있음. 산리. 준산돌배.
산-돌이(山—)명 ①다른 산에서 온 호랑이. ②산에 익숙한 사람.
산동(山洞)명 ☞산촌(山村).
산동(山童)명 두메에서 사는 아이.
산ː동(散瞳)명 교감 신경의 지배를 받는 동공(瞳孔) 확대근의 작용으로, 동공이 확대되는 현상. ↔축동(縮瞳).
산-동네(山洞—)[—똥—]명 ☞달동네.
산ː동-약(散瞳藥)[—냑]명 동공(瞳孔)을 확대시키는 작용을 하는 약. 백내장(白內障)의 수술이나 안저 검사(眼底檢查) 따위에 쓰임.
산동-주(山東紬)명 중국 산둥 지방에서 생산되는 명주. 산누에의 고치로 짬. 견주(繭紬).
산-돼지(山—)[—뙈—]명 ☞멧돼지.
산두(山斗)명 〈태산북두(泰山北斗)〉의 준말.
산두(山頭)명 산꼭대기.
산두-화(山頭火)명 육십갑자의 갑술(甲戌)과 을해(乙亥)에 붙이는 납음(納音). 참윤하수(潤下水).
산드러-지다형 ①태도가 경쾌하고 맵시 있다. 큰선드러지다. ②간드러지다.
산득부 (무엇에 닿거나 하여) 살갗이나 몸에 갑자기 사느란 느낌이 드는 모양. 큰선득. 센산뜩. 산득-산득부하자.
산득-거리다[—꺼—]자 자꾸 산득산득하다. 산득대다. 큰선득거리다. 센산뜩거리다.
산득-대다[—때—]자 산득거리다.
산들-거리다자 ①바람이 자꾸 산들산들 불다. ②산드러지고 상냥하게 행동하다. 산들대다. 큰선들거리다.
산들다[산드니·산들어]자 바라던 일이 글러지다. ¶ 비가 오는 바람에 운동회는 산들어지고 말았다.
산들-대다자 산들거리다.
산들-바람명 ①산들산들 부는 바람. 큰선들바람. ②풍력 계급의 3등급에 해당하는 바람. 초속 3.4~5.4 m. 나뭇잎과 잔가지가 일정하게 흔들리고 깃발이 가볍게 나부끼며, 해면은 군데군데 흰 물결이 생김. 연풍(軟風).
산들-산들부하자 ①(바람이) 사느랗고 부드럽게 부는 모양. ②시원스러우면서도 가볍게 행동하는 모양. 큰선들선들.
산-등(山—)[—뜽]명 ☞산등성이.
산-등성(山—)[—뜽—]명 〈산등성이〉의 준말.
산등성-마루(山—)[—뜽—]명 산등성이의 가장 높은 곳. 산척(山脊). 준등성마루·산마루.
산-등성이(山—)[—뜽—]명 산의 등줄기. 산등. 준산등성·등성이. 참능선(稜線).
산디명 〈산대(山臺)〉의 변한말.
산디-도감(—都監)명 〈산대도감(山臺都監)〉의 변한말.
산디-탈명 〈산대탈〉의 변한말.
산디-판명 〈산대판〉의 변한말.
산딕명 〈옛〉 산디놀음. ¶ 산딕: 鼇山(譯語下*23*).
산-딸기(山—)명 ①산딸기나무의 열매. ②〈산딸기나무〉의 준말.
산딸기-나무(山—)명 장미과의 낙엽 활엽 관목. 산이나 들에 나는데, 줄기 높이는 2m가량. 온몸에 가시가 돋아 있음. 6월경에 흰 꽃이 피고, 둥근 열매는 7~8월에 황홍색으로 익는데 먹을 수 있음. 준산딸기.

산-딸나무(山-)[-라-]명 층층나뭇과의 낙엽 활엽 교목. 산지의 숲 속에 나는데, 높이는 6m 가량. 잎은 달걀 모양이며 마주남. 6월경에 흰 꽃이 피고, 열매는 10월경에 붉게 익는데 먹을 수 있음.

산ː-똥명 배탈로 말미암아 먹은 음식물이 다 삭지 않고 나오는 똥.

산뜩부 〈산득〉의 센말. 큰선뜩.

산뜩-거리다[-꺼-]자 〈산득거리다〉의 센말. 산뜩대다. 큰선뜩거리다.

산뜩-대다[-때-]자 산뜩거리다.

산뜻[-뜯]부 (동작이) 시원스럽고 날렵한 모양. ¶ 시아버지가 들어서자, 새색시는 산뜻 일어나 자리를 비켰다. 큰선뜻.

산뜻-하다[-뜨타-]형여 ①(기분이나 느낌이) 깨끗하고 시원하다. ¶ 산뜻한 아침 공기. ②(차림새나 생김새가) 아담하고 조촐하다. ¶ 모시옷 차림이 산뜻하다. 큰선뜻하다. **산뜻-이**부.

산ː락(散落)[살-]명하자 흩어져 따로 떨어짐.

산ː란(産卵)[살-]명하자 알을 낳음.

산ː란(散亂)[1][살-]명 물리에서, 파동(波動)이나 입자선(粒子線)이 물체에 부딪쳐 여러 방향으로 불규칙하게 흩어지는 일.

산란(散亂)[2] '산란하다'의 어근.

산ː란-관(産卵管)[살-]명 곤충의 배 끝에 있는, 알을 낳는 기관. 여치 등에서 볼 수 있으며, 주삿바늘 모양으로 되어 있음.

산ː란-기(産卵期)[살-]명 알을 낳는 시기.

산ː란무통(散亂無統)[살-]명하형 흩어지고 어지러워 갈피를 잡을 수 없음.

산ː란성^사고(散亂性思考)[살-썽-]명 사고 장애의 한 가지. 피로할 때나 꿈꿀 때처럼 여러 단편적인 것이 줄거리도 없이 무질서하게 어울려 엇갈리는 사고.

산ː란-파(散亂波)[살-]명 대기(大氣)의 불규칙한 굴절률 따위로 말미암아 여러 방향으로 진로를 바꾸는 전파.

산ː란-하다(散亂-)[살-]형여 어지럽고 어수선하다. ¶ 정신이 산란하다. **산란-히**부.

산ː란^회유(産卵回游)[살-회-/살-훼-]명 어류 따위가 알을 낳기 위하여 규칙적으로 이동하는 일. 〔바다에서 강으로 올라가는 연어·송어 따위나, 강에서 바다로 내려가는 뱀장어·참게 따위.〕

산ː략(刪略)[살-]명하타 문구(文句) 등을 깎아서 줄임. 〔쪽지나 편지의 첫머리 또는 끝에 쓰는 문어 투의 말.〕

산령(山嶺)[살-]명 산봉우리. 산봉(山峯).

산령(山靈)[살-]명 ☞산신령.

산로(山路)[살-]명 산길.

산ː로(産勞)[살-]명 ☞산고(産苦).

산록(山麓)[살-]명 산기슭.

산ː록(散錄)[살-]명 마음에 떠오르는 것을 붓 가는 대로 써 둔 기록.

산록-대(山麓帶)[살-때]명 식물의 수직 분포상의 한 지대. 산의 맨 아래로 교목대의 아래 지대.

산록^빙하(山麓氷河)[살-뼁-]명 산악 빙하의 한 가지. 산허리에서 산기슭에 걸쳐 퍼져 있는 빙하.

산뢰(山籟)[살뢰/살뤠]명 산바람이 나뭇가지를 스쳐 울리는 소리.

산류(山流)[살-]명 경사가 급한 골짜기를 타고 흐르는 내.

산ː류(産瘤)[살-]명 해산(解産) 때, 태아의 신체 일부가 산도(産道)의 압박 때문에 혹같이 부어오르는 증상.

산류(酸類)[살-]명 산이 있는 화합물을 통틀어 이르는 말. 〔질산·염산·황산 따위.〕 ↔염기류.

산ː륜(散輪)[살-]명 무거운 물건을 옮길 때, 그 밑에 괴는 둥근 나무토막.

산ː륜-질(散輪-)[살-]명하자 산륜을 밑에 괴고 무거운 물건을 밀어 옮기는 일.

산릉(山陵)[살-]명 ①산과 언덕. ②왕조 때, 인산(因山) 전에 아직 이름을 정하지 않은 새 능을 이르던 말.

산릉(山稜)[살-]명 능선. ¶ 산릉을 따라 오르다.

산릉-도감(山陵都監)[살-]명 임금이나 왕비의 능을 새로 만들 때, 임시로 베풀던 관아.

산리(山里)[살-]명 산속에 있는 마을.

산리(山理)[살-]명 민속에서, 묏자리의 내룡(來龍)·방향·위치에 따라 재앙과 복이 좌우된다는 이치를 이르는 말.

산리(山梨)[살-]명 ①☞산돌배나무. ②☞돌배나무.

산림(山林)[살-]명 ①산과 숲. 산에 있는 숲. ¶ 산림 보호. ②도회지에서 멀리 떨어져 있는 산야(山野). ③☞산장(山長).

산림-계(山林契)[살-계/살-게]명 산림 소유자와 현지 주민이 협력하여, 조림 및 육림 사업을 위해 이·동 단위로 조직한 계.

산림-녹화(山林綠化)[살-노콰]명 식목(植木)이나 사방 공사(沙防工事)·산림 보호 등으로 산을 푸르게 가꾸는 일.

산림-대(山林帶)[살-]명 주로 기후·토양 등의 차이에 따라 나타나는 산림의 대상(帶狀) 분포대. 수평적 산림대와 수직적 산림대로 나뉨.

산림-문하(山林門下)[살-]명 학덕은 높으나 벼슬을 하지 않는 선비의 문하.

산림-욕(山林浴)[살-뇩]명 ☞삼림욕.

산림^조합(山林組合)[살-]명 산림계의 원활한 업무 운영을 도모하여 공동 이익의 증진을 목적으로, 산림 조합법에 따라 설립된 단체.

산림^지대(山林地帶)[살-]명 산림이 있는 지대.

산림-처사(山林處士)[살-]명 산골에 파묻혀 글이나 읽고 지내는 사람.

산림천택(山林川澤)[살-]명 〔산과 숲과 내와 못이라는 뜻으로〕 '자연'을 이르는 말. 준산택.

산림-청(山林廳)[살-]명 농림 수산 식품부에 딸린 중앙 행정 기관의 하나. 산림의 보호·육성, 산림 자원의 증식, 임산물의 이용과 개발, 산림 경영의 연구와 개선에 관한 사무를 맡아봄.

산림-학파(山林學派)[살-]명 조선 연산군 때 무오사화(戊午士禍)를 비롯하여 사화와 당쟁이 심해지자 강호(江湖)에 묻혀 독서와 문장으로 낙을 삼던 학자들.

산-마루(山-)명 〈산등성마루〉의 준말. 참산정(山頂).

산-마루터기(山-)명 산마루의 두드러진 턱.

산막명 〈옛〉움집. ¶ 산막 와ː窩(訓蒙中9).

산막(山幕)명 사냥꾼이나 약초를 캐는 사람 등이 쓰려고 산속에 임시로 지은 간단한 막사.

산ː만(刪蔓)명 인사는 빼고 바로 할 말로 들어가겠다는 뜻으로, 편지 글 첫머리에 쓰는 말. ¶ 산만 하옵고, ….

산만(散漫) '산만하다'의 어근.

산ː만^신경계(散漫神經系)[-계/-게]명 신경 세포가 산재하여 그물 모양으로 연결된 미분화(未分化)의 신경계. 자포동물에서 볼 수 있음. ↔집중 신경계.

산ː만-하다(散漫-)형여 어수선하여 질서나 통일성이 없다. ¶ 주의가 산만하다. /글이 산만하다.

산ː-말명 살아 있는 말. 적절하고도 꼭 알맞게 표현한 말.

산ː망(散亡)명하자되자 흩어져 없어짐.

산ː망-스럽다[-따][~스러우니·~스러워]형ㅂ 언행이 경망하고 좀스럽다. ¶ 하는 짓이 산망스럽기만 하다. **산망스레**부.

산매(山魅)명 산속에서 산다는 괴물. 요사스러운 산 귀신.

산매(가) 들리다관용 요사스러운 산 귀신이 몸에 붙다.

산ː매(散賣)명하타 낱개로 팖. 소매(小賣). ↔도매(都賣).

산ː매-상(散賣商)명 ☞소매상.

산ː매-업(散賣業)명 ☞소매업.

산-매자(山-)명 산매자나무의 열매.

산매자-나무(山-)명 철쭉과의 낙엽 관목. 산 중턱에 나는데, 높이는 1m가량. 잎은 달걀 모양이며 어긋맞게 남. 여름에 불그스름한 네잎꽃이 피고, 둥근 열매는 가을에 붉게 익음. 열매는 먹을 수 있음.

산ː매-점(散賣店)명 ☞소매점.

산맥(山脈)명 많은 산이 길게 이어져 줄기 모양을 하고 있는 산지. 산줄기. ¶ 태백산맥.

산-머리(山-)명 산꼭대기. ¶ 그린 듯이 산머리에 걸려 있는 반달.

산-멀미(山-)명 ☞산악병(山岳病).

산ː-멱명 ☞산멱통. 멱통.

산ː-멱통명 살아 있는 동물의 목구멍. 멱통. 산멱. ¶ 돼지의 산멱통을 찌르다.

산면(山面)명 산의 표면

산명(山鳴)명 ☞산울림.

산ː명(算命)명하자 운수를 점침, 또는 그 점.

산ː명^선생(算命先生)명 명수(命數)의 길흉을 점치는 사람.

산명수려(山明水麗)명하형 산과 물이 맑고 아름다움, 곧 '자연의 경치가 아름다움'을 이르는 말. ¶ 산명수려한 고장.

산명수자(山明水紫)명하형 산수의 경치가 매우 아름다움. 산자수명(山紫水明).

산명수청(山明水淸)명하형 산수가 맑고 깨끗함, 곧 '자연의 경치가 좋음'을 이르는 말.

산ː모(産毛)명 ☞배냇머리. 태발(胎髮).

산ː모(産母)명 해산한 지 며칠 되지 않은 여자. 산부(産婦). 해산어미.

산모(酸模)명 ☞수영.

산-모롱이(山-)명 산모퉁이의 휘어져 돌아간 곳. ¶ 산모롱이를 돌아서 가다.

산ː모-섬유(散毛纖維)명 ☞괴깔.

산-모퉁이(山-)명 산기슭의 내민 귀퉁이. ¶ 산모퉁이를 돌아 사라지는 그림자.

산ː목(散木)명 재목으로서 쓸모가 없는 나무.

산ː-목숨[-쑴]명 살아 있는 목숨.

산ː-몸명 살아 있는 몸. 생체(生體).

산무애-뱀(山-)명 뱀과의 독이 없는 뱀. 몸길이 1.5 m가량. 몸빛은 암갈색이고 목에서 꼬리까지 흰 줄이 양쪽에 있음. 한방에서 '화사(花蛇)'라 하여 문둥병·풍약(風藥)·보신(補身) 등의 약재로 쓰임. 백화사(白花蛇).

산문(山門)명 ①산의 어귀. ②절, 또는 절의 누문(樓門).

산ː문(産門)명 아이 낳는 여자의 음부. 포문(胞門). 해탈문(解脫門).

산ː문(散文)명 글자의 수나 운율 따위에 구애됨이 없이, 자유롭게 쓴 보통의 문장. ¶ 산문 형식으로 쓰인 서사시. ↔운문(韻文).

산ː문-시(散文詩)명 형식에 따른 시의 한 갈래. 산문체로 쓴 시. 자유시처럼 내재율을 가지나, 행과 연(聯)의 구별이 없음.

산ː문-정신(散文精神)명 자유로운 문장을 표현하려는 정신. 곧, 귀족적·봉건적 형식주의를 거부하고, 운문의 외형적 규범 및 비현실적·낭만주의적인 정신을 배제하여, 현실주의에 의해 파악된 시민 사회의 적나라한 현실을 산문으로 표현하려는 정신.

산ː문-체(散文體)명 운율의 유무에 따른 문체의 한 갈래. 산문으로 된 보통의 문체. 참운문체(韻文體).

산ː물(産物)명 ①그 지방에서 산출되는 물건. ¶ 이 고장의 이름난 산물. ②'어떤 일의 결과로서 생겨나거나 얻게 된 것'을 비유하여 이르는 말. ¶ 노력의 산물. /시대적 산물.

산미(山味)명 산에서 나는 나물이나 과실 따위의 맛.

산ː미(産米)명 ①농사를 지어 수확한 쌀. ②☞해산쌀.

산미(酸味)명 신맛.

산믜ᄌᆞ명 〈옛〉 산매자. ¶ 산믜ᄌᆞ 욱:栯(訓蒙上11).

산-바람(山-)[-빠-]명 ①산에서 부는 바람. ②주로 밤에, 산마루에서 산기슭 쪽으로 내리 부는 바람. 산풍(山風). 재넘이.

산-박쥐(山-)[-빡쮜]명 애기박쥣과의 동물. 몸길이 8 cm가량. 박쥐보다 몸이 크고 머리 폭이 넓으며 몸빛은 밤색임. 산속에 사는데, 여름철에 날아다니며 곤충을 잡아먹음. 그 똥은 '오령지(五靈脂)'라 하여 한방에서 약재로 쓰임. 산편복(山蝙蝠). 한호충(寒號蟲).

산ː반(散班)명 ☞산관(散官).

산-받이[-바지]명 남사당놀이에서, 덜미를 놀 때 인형과 대화하는 사람.

산ː발(散發)명하자되자 일이 한꺼번에 일어나지 아니하고 여기저기서 이따금 일어남. ¶ 지진이 산발하다.

산ː발(散髮)명하자 머리를 풀어 헤침, 또는 그 머리. ¶ 산발을 한 여인.

산ː발-성(散發性)[-썽]명 전염병 따위가 차례로 퍼지지 않고, 여기저기서 불쑥불쑥 발생하는 성질.

산ː발-적(散發的)[-쩍]관명 일이 한꺼번에 일어나지 않고, 여기저기서 이따금 발생하는 (것). ¶ 산발적 교전. /산발적으로 지진이 일어나다.

산-밤(山-)[-빰]명 산밤나무의 열매.

산-밤나무(山-)[-빰-]명 ①산에서 저절로 나서 자란 밤나무. ②참나뭇과의 낙엽 활엽 교목. 산지에서 자라는데, 가을에 밤나무의 열매보다 작은 밤알이 익음. 열매는 먹거나 한방에서 약재로 쓰임.

산방(山房)명 ①산속에 있는 집, 또는 그 집의 방. 산장(山莊). ②절의 건물. ③《흔히 아호(雅號) 따위의 뒤에 쓰이어》 '서재(書齋)'의 뜻을 나타내는 말. ¶ 회재(晦齋) 산방.

산방(訕謗)명하타 남을 흉보고 헐뜯음. 비방(誹謗).

산ː방(産房)명 ☞산실(産室).

산ː방(散枋)명 도리 위에 서까래를 걸기 위하여 한쪽 머리는 두껍게, 한쪽 머리는 얇게 깎아서 추녀 곁에 붙이는 나뭇조각.

산ː방^꽃차례(繖房-次例)[-꼳-]명 ☞산방화서(繖房花序).

산ː방-화서(繖房花序)명 식물에서, 무한 화서(無限花序)의 한 가지. 꽃자루의 길이가 아래에 달리는 것일수록 길어져서 꽃이 거의 평면으로 가지런하게 핌. 〔유채나 마타리 따위.〕 산방 꽃차례.
산배(山背)명 산등성이의 뒤쪽.
산벌(山伐)명하자 산에 있는 나무를 벰.
산ː법(算法)[-뻡]명 셈을 하는 법. 셈법.
산-벚나무(山-)[-번-]명 장미과의 낙엽 활엽 교목. 바다에 가까운 숲에서 자라는데 관상용으로 심기도 함. 벚나무와 비슷하며 높이는 25 m가량. 나무껍질은 흑갈색이며 잎은 길둥글고 가장자리에 톱니가 있음. 봄에 담홍색 꽃이 피고 여름에 열매인 '버찌'가 열림. 산앵(山櫻).
산ː-벼락명 〔죽지 않을 정도로 맞은 벼락이란 뜻으로〕 '혼이 날 만큼 호되게 당한 재난'을 비유하여 이르는 말. ¶ 산벼락을 맞다.
산병(疝病)[-뼝]명 ☞산증(疝症).
산ː병(散兵)명 야전(野戰)에서, 병사를 한군데에 밀집시키지 않고 일정한 간격으로 산개시키는 일, 또는 그 병사. 산졸(散卒).
산ː병(散餠)명 떡의 한 가지. 개피떡 비슷하게 반달 모양으로 빚어 소를 넣고 아주 잘게 만들어, 여러 가지 물감을 들이고 세 개나 다섯 개씩을 붙인 떡. 참꼽장떡.
산ː병-선(散兵線)명 부대를 밀집시키지 않고, 적당한 간격으로 산개시킨 전투선.
산ː병-전(散兵戰)명 부대가 산개한 상태로 하는 전투.
산ː병-호(散兵壕)명 적전(敵前)에 산개한 병사들이 전투 시에 이용하기 위하여 만든 호. 엄보(掩堡). 비참호(塹壕).
산ː보(刪補)명하타 불필요한 것은 없애고, 모자라는 것은 보충하는 일.
산ː보(散步)[-뽀]명하자타 ☞산책.
산ː-보살(-菩薩)명 ①불교에서, '덕이 높은 중'을 이르는 말. ②'보살과 같은 어진 마음을 가진 사람'을 비유하여 이르는 말. 비산부처.
산복(山腹)명 산의 허리. 산의 중턱.
산봉(山峯)명 산봉우리. 산령(山嶺).
산-봉우리(山-)[-뽕-]명 산의 가장 높이 솟은 부분. 산령(山嶺). 산봉(山峯). ¶ 한라산 산봉우리. 준봉우리.
산ː부(産婦)명 ☞산모(産母).
산-부리(山-)[-뿌-]명 산의 어느 부분이 부리같이 쑥 내민 곳.
산ː부인-과(産婦人科)[-꽈]명 임신·분만 및 부인병을 맡아보는 의술의 한 분과, 또는 그러한 것을 전문으로 진료하는 곳.
산ː-부처명 ①불교에서, '도를 통하여 부처처럼 된 중'을 이르는 말. ②'아주 착하고 어진 사람'을 비유하여 이르는 말. 비산보살.
산분(酸分)명 어느 물질에 포함되어 있는 산(酸)의 양. 참산도(酸度).
산-불(山-)[-뿔]명 산에 난 불. 산화(山火).
산붕(山崩)명 지진이나 큰비 등으로 산의 일부가 갑자기 무너져 내리는 현상.
산붕-희(山棚戲)[-히]명하자 ☞산대놀음.
산비(酸鼻) '산비하다'의 어근.
산-비둘기(山-)[-삐-]명 비둘깃과의 새. 몸빛은 회갈색이며 목에 검은 띠무늬가 있음. 흔히 촌락 근처의, 다소 높은 산의 혼합림(混合林)에 사는 텃새임. 반구(頒鳩).
산-비취(山翡翠)명 ☞자주호반새.
산-비탈(山-)[-삐-]명 산기슭이나 산허리의 비탈진 곳.
산ː비-하다(酸鼻-)형여 〔'코가 시큰시큰하다'는 뜻으로〕 몹시 비통하거나 참혹하여서 코가 찡하다.
산빈(山殯)명 산속에 만들어 놓은 빈소.
산-뽕(山-)명 ①☞산뽕나무. ②산뽕나무의 잎.
산-뽕나무(山-)명 뽕나뭇과의 낙엽 활엽 교목. 산과 들에 나는데, 높이는 7~8 m. 잎은 달걀 모양이며 가장자리에 톱니가 있음. 5월경에 꽃이 피고, 열매는 6월경에 익음. 열매는 먹고, 잎은 양잠 사료로 쓰임. 산뽕. 산상(山桑).
산사(山寺)명 산속에 있는 절.
산사(山査)명 ①☞산사나무. ②☞산사자.
산ː사(散史)명 지난날, 관직에 있지 않고 민간에 있어 문필에 종사하던 사람.
산사-나무(山査-)명 장미과의 낙엽 활엽 교목. 산지에서 자라는데, 높이는 6 m가량. 잎은 달걀 모양이며 어긋맞게 나고, 5월경에 흰 꽃이 핌. 한방에서, 열매를 '산사자(山査子)'라 하여, 소화제 따위의 약재로 씀. 산사(山査). 아가위나무.
산-사람(山-)[-싸-]명 산에서 사는 사람.
산사-육(山査肉)명 한방에서, 씨를 발라낸 산사자의 살을 약재로 이르는 말. 건위 소화제 따위로 쓰임.
산사-자(山査子)명 한방에서, '산사나무의 열매'를 약재로 이르는 말. 산사(山査). 아가위.
산-사태(山沙汰)명 지진이나 큰비 등으로, 산 중턱에 있는 암석이나 토사 따위가 갑자기 무너져 내리는 현상. 산태(山汰). ¶ 갑작스러운 집중 폭우로 산사태가 나다.
산ː삭(刪削)명하타 불필요한 글자나 글귀 따위를 지워 버림. 산제(刪除).
산ː삭(産朔)명 임신한 부인이 아이를 낳을 달. 산월(産月). 해산달.
산ː산-이(散散-)부 여지없이 흩어지거나 깨어지거나 하는 모양. ¶ 산산이 부서지다. /산산이 깨어진 꿈.
산ː산-조각(散散-)명 아주 잘게 부서지거나 깨어진 여러 조각. ¶ 유리그릇이 바닥에 떨어져 산산조각이 나다.
산산-하다형여 (공기가) 좀 사늘한 느낌이 있다. ¶ 산산한 바람. /조석으로 산산한 기운이 감돌다. 큰선선하다1.
산삼(山蔘)명 깊은 산속에 저절로 나서 자란 삼. 참가삼(家蔘).
산상(山上)명 ①산 위. ¶ 산상에서 내려다보다. ↔산하. ②뫼를 쓰는 일을 하는 곳.
산상(山相)명 산의 형상이나 기상.
산상(山桑)명 ☞산뽕나무.
산상^보ː훈(山上寶訓)명 예수가 갈릴리 호숫가의 산 위에서 기독교인으로서의 덕에 관하여 행한 설교, 또는 그 내용이 기록된 '신약 성서'의 마태복음 5~7장을 이르는 말. 산상 수훈(山上垂訓).
산상^수훈(山上垂訓)명 ☞산상 보훈.
산-새(山-)[-쌔]명 산에 사는 새를 통틀어 이르는 말. 멧새. 산금(山禽). 산조(山鳥).
산색(山色)명 산 빛. 산의 경치. ¶ 금강산은 산색이 수려하다.
산서(山墅)명 ☞산장(山莊).
산ː서(算書)명 수판 놓는 법을 적은 책.
산석(山石)명 ①산에 있는 돌. ②능에서 산신제(山神祭)를 지낼 때 쓰는 돌.

산-석류(山石榴) [-성뉴] 명 가을에 꽃이 피는 철쭉의 한 가지.

산성(山城) 명 산에 쌓은 성.

산성(酸性) 명 산의 성질, 또는 어떤 물질이 산의 성질을 띠고 있는 일. 신맛이 있고, 푸른 리트머스 시험지를 붉게 변화시킴. ↔염기성.

산성-도(酸性度) 명 ①용액의 산성의 정도. 수소 이온의 농도나 수소 이온 지수로 표시함. ②산의 강도(強度). 산도(酸度).

산성^반ː응(酸性反應) 명 산성임을 나타내는 반응. 푸른 리트머스 시험지를 붉은빛으로 변화시키는 따위의 반응. ↔알칼리성 반응.

산성^백토(酸性白土) 명 산성 반응을 나타내는 점토(粘土)의 한 가지. 흰색 또는 담황색을 띤 미세한 분말로서, 건조제나 석유의 탈색 따위에 쓰임.

산성-병(酸性病) [-뼝] 명 ☞산독증(酸毒症).

산성-비(酸性-) 명 황 화합물이 섞여서 수소 이온 농도 지수(pH)가 5.6 이하인 비. 철이나 대리석을 부식시키고 동식물에 피해를 줌.

산성^비ː료(酸性肥料) 명 산성인 비료, 또는 계속 사용하면 땅이 산성이 되는 비료. 〔황산암모늄이나 과인산석회 따위.〕

산성^산화물(酸性酸化物) 명 물과 화합하여 산소산을 이루고 염기와 반응하여 염을 만드는 산화물. 〔탄산 무수물·탄산나트륨 무수물 따위.〕 무수물(無水物).

산성^식물(酸性植物) [-싱-] 명 산성 토양에서 잘 자라는 식물. ↔알칼리 식물.

산성^식품(酸性食品) 명 식품이 체내에서 소화 흡수된 뒤, 산성 물질이 생겨 체액(體液)의 산성도를 높이는 식품. 〔곡류·육류·생선 따위.〕 ↔알칼리성 식품.

산성-암(酸性岩) 명 이산화규소가 많이 포함되어 있는 화성암. 〔화강암·유문암(流紋岩) 따위.〕 ↔염기성암.

산성-염(酸性塩) [-념] 명 수소 원자가 염기 중의 금속 원자와 치환되어 염이 생길 때, 수소의 일부가 남아 있는 염.

산성^염ː료(酸性染料) [-념뇨] 명 색소 분자 속에 산성기(酸性基)를 가지고 산의 성질을 띤 수용성의 합성 염료.

산성-일기(山城日記) 명 조선 인조 때, 어느 궁녀가 쓴 일기체 수필. 병자호란(丙子胡亂)을 중심으로 하여 치욕적인 외교의 일면을 객관적으로 서술하였으며, 아울러 인조반정 때의 일까지도 상세하게 기록하였음.

산성-천(酸性泉) 명 염산이나 황산 따위의 산이 많이 포함되어 있는 광천(鑛泉).

산성^토양(酸性土壤) 명 산성 물질이 많이 들어 있는 흙. 강우량이 많은 곳에 많으며, 농사에는 부적합함.

산성-화(酸性化) 명하자타되자 산성으로 변함, 또는 산성으로 변화시킴. ¶ 토양의 산성화.

산세(山勢) 명 산의 형세. ¶ 산세가 험한 곳.

산소(山所) 명 ①'무덤'을 높이어 이르는 말. ¶ 할아버지 산소. ②무덤이 있는 곳. 영역(塋域). 준산. 높묘소. 낮뫼.

산소(酸素) 명 맛·냄새·빛깔이 없는 기체 원소. 대기 부피의 5분의 1, 물의 질량의 9분의 8, 지각(地殼)의 질량의 2분의 1을 차지하며, 대부분의 원소와 잘 화합함. 〔O/8/15.9994〕

산소-땜(酸素-) 명 산소 용접.

산ː-소리 명하자 남에게 굽죄지 않으려고 하는 큰소리.

산소-마스크(酸素mask) 명 〔고공(高空)이나 갱속 등〕 산소가 희박한 곳에 들어갈 때 쓰는 산소 탱크가 연결된 마스크.

산소-산(酸素酸) 명 산소를 포함하고 있는 무기산(無機酸).

산소^아세틸렌^불꽃(酸素acetylene-) [-꼳] 명 ☞산소 아세틸렌염.

산소^아세틸렌염(酸素acetylene焰) 명 산소와 아세틸렌 가스를 적당한 비율로 섞어서 좁은 구멍으로 뿜어 나오게 하여 붙인 불. 철판 따위를 용접하거나 절단하는 데 쓰임. 산소 아세틸렌 불꽃.

산소^요법(酸素療法) [-뻡] 명 ☞산소 흡입.

산소^용접(酸素鎔接) 명 산소와 아세틸렌의 혼합 가스를 연소(燃燒)시켜, 그 불꽃으로 하는 용접. 산소땜.

산소^호흡(酸素呼吸) 명 생물이 외계에서 산소를 흡입하여 체내에서 유기물을 산화함으로써 필요한 에너지를 얻고, 이때에 발생하는 이산화탄소를 몸 밖으로 배출하는 일. 유기 호흡.

산소^화ː합물(酸素化合物) [-합-] 명 ☞산화물.

산소^흡입(酸素吸入) 명 호흡 곤란이나 빈혈 등 여러 가지 요인으로 신체 조직 내에 산소가 결핍되었을 때나 전신 마취로 수술을 할 때 등에, 산소를 흡입시켜 조직의 가스 교환을 돕는 일. 산소 요법.

산-속(山-) [-쏙] 명 산의 속. 산내. 산중(山中).

산-솔새(山-) [-쌔] 명 휘파람샛과의 새. 날개 길이 6 cm, 꽁지 길이 5 cm가량. 등 쪽 날개는 암녹색이며 턱·가슴·배는 어두운 흰색임. 활엽수림에서 살며, 우리나라에서는 봄과 가을에 흔히 볼 수 있음.

산송(山訟) 명 산소(山所)에 관한 송사(訟事).

산ː-송장 명 살아 있으나 죽은 것이나 다름없는 사람을 이르는 말. ¶ 산송장이 다 되다.

산수(山水) 명 〔산과 물이란 뜻으로〕 ①자연의 경치. ¶ 산수가 아름답다. ②산에서 흘러내리는 물. ③〈산수화〉의 준말.

산ː수(刪修) 명하타 불필요한 자구(字句)나 문장을 지우고 고침. 산정(刪定).

산수(傘壽) 명 〔'傘' 자의 획수를 줄여 '수'로 쓰는 데서〕 나이 '여든 살'을 이름.

산ː수(算數) 명 ①☞산술. ②지난날, 초등학교 교과의 한 가지. 수량이나 도형의 기초적인 원리·법칙 등을 가르쳤음.

산수-도(山水圖) 명 ①산수의 형세를 그린 약도. ②☞산수화(山水畫).

산수-병(山水屛) 명 산수화(山水畫)를 그린 병풍.

산-수소(酸水素) 명 산소와 수소의 화합물.

산수소^불꽃(酸水素-) [-꼳] 명 산소와 수소의 혼합 기체를 태워서 얻은 고온의 불꽃. 약 3000℃로, 백금이나 석영을 녹일 수 있음. 산수소염(酸水素焰).

산수소-염(酸水素焰) 명 ☞산수소 불꽃.

산수소^취ː관(酸水素吹管) 명 산수소 불꽃을 내는 데 쓰이는 관.

산-수유(山茱萸) 명 한방에서, 산수유나무의 열매를 약재로 이르는 말. 해열제나 강장제 따위로 쓰임. 석조(石棗).

산수유-나무(山茱萸-) 명 층층나뭇과의 낙엽 활엽 교목. 우리나라의 중부 이남 지역에서 자람. 봄에 잎보다 먼저 노란 꽃이 핌. 길이 1.5 cm가량의 길둥근 열매는 가을에 붉게 익는데 한방에서는 '산수유'라 하여 약재로 쓰임. 석조(石棗).

산수-이(山水異)[명] 산수에 일어나는 이상한 일. 〔산붕(山崩)·산명(山鳴)·해일(海溢), 또는 강물이 변하거나 하는 따위.〕

산수-화(山水畫)[명] 동양화에서, 자연의 풍경을 제재(題材)로 하여 그린 그림. 산수도(山水圖). [준]산수.

산ː술(刪述)[명][하타] 불필요한 부분을 지우고 기술(記述)함.

산ː술(算術)[명] 일상생활에 응용할 수 있는 수량에 관한 기초적인 수학, 또는 초보적인 계산법. 산수.

산ː술-급수(算術級數)[-쑤][명] ☞등차급수.

산ː술-적(算術的)[-쩍][관][명] 산술의 방식으로 이루어지는 (것). ¶ 산술적 평균.

산ː술^평균(算術平均)[명] 여러 수의 합을 그 개수로 나눈 평균값. 상가 평균(相加平均). ↔기하 평균(幾何平均).

산스크리트(Sanskrit)[명] 인도유럽 어족 중 인도·이란 어파에 딸리는 고대 인도 아리아 어. 전 인도의 고급 문장어로서 오늘날까지 내려오며, 불경이나 고대 인도 문학은 이것으로 기록되었음. 범어(梵語).

산승[명] 찹쌀가루를 반죽하여 얇게 밀어서 둥글게 잘라 기름에 지진 떡.

산승(山僧) [I][명] 산사(山寺)의 중.
[II][대] 중이 자기를 낮추어 이르는 일인칭 대명사.

산ː식(產殖)[명][하자][되자] ☞번식.

산ː식(散植)[명] ☞허튼모.

산ː식(算式)[명] 가·감·승·제(加減乘除) 등의 부호를 써서 계산하는 순서나 방법을 나타낸 식.

산-식물(酸植物)[-싱-][명] 몸의 세포액 가운데 능금산이나 수산(蓚酸)과 같은 유기산이 많이 들어 있는 식물. 〔수영·괭이밥·선인장 따위.〕

산신(山神)[명] ☞산신령.

산ː신(產神)[명] 민속에서, 출산을 맡은 신. 삼신할머니.

산신-각(山神閣)[명] 절에서, 산신을 모신 집. 산왕단(山王壇).

산신-나무(山神-)[명] 민속에서, 무덤을 보호한다고 하여 무덤 부근에 심는 나무. 산신목(山神木).

산신-당(山神堂)[명] 산신을 모신 사당. 산제당(山祭堂). [준]산당.

산-신령(山神靈)[-실-][명] 민속에서, 산을 맡아 수호한다는 신령. 산군(山君). 산령. 산신.

산신-목(山神木)[명] ☞산신나무.

산신-제(山神祭)[명] 산신에게 지내는 제사. [준]산제(山祭).

산신^탱화(←山神幀畫)[명] 산신을 그린 족자.

산ː실(產室)[명] ①아이를 낳는 방. 산방(產房). ②어떤 일을 꾸미거나 이루어 내는 곳, 또는 그 바탕. ¶ 독립운동의 산실.

산ː실(散失)[명][하타][되자] (책이나 문헌·서류 따위가) 흩어져 잃어버리거나 없어짐. ¶ 전쟁으로 말미암아 산실된 서류.

산ː실-청(產室廳)[명] 조선 시대에, 비빈(妃嬪)의 출산에 관한 일을 맡아보던 궁내의 임시 관아.

산ː심(散心)[명][하자] ①마음이 어지럽게 흩어짐. ②딴생각을 함. ②[참]방심(放心).

산-쑥(山-)[명] 국화과의 다년초. 산지에 나는데, 줄기는 1.5~2 m. 줄기와 잎 뒷면에 흰 솜털이 남. 잎은 쑥보다 조금 넓으며, 8~9월에 노란색의 꽃이 핌. 어린순은 먹고, 잎은 말려서 약재로 씀. 사재발쑥. 애호(艾蒿).

산ː아(產兒)[명][하자] 아이를 낳음, 또는 그 아이. ¶ 산아를 제한하다. /산아를 보살피다.

산ː아^제ː한(產兒制限)[명] 인공적인 수단으로 수태나 출산을 제한하는 일.

산ː아^조절(產兒調節)[명] 산아 제한을 위하여 인공적으로 수태나 출산을 조절하는 일.

산악(山岳·山嶽)[명] 육지 가운데 다른 곳보다 두드러지게 솟아 있는 높고 험한 부분. 산(山). ¶ 산악 지대. /산악 훈련.

산악-국(山岳國)[-꾹][명] 국토의 대부분이 산지인 나라. 산악이 많은 나라.

산악-기상(山岳氣像)[-끼-][명] 산악처럼 씩씩하고 장엄한 기상.

산악^기후(山岳氣候)[-끼-][명] 산악 특유의 기후. 산지가 높아짐에 따라 기온이 낮아지고, 일기의 변화가 심하며 바람도 세어짐.

산악-림(山岳林)[사낭님][명] 산악 지대의 수풀. ↔평지림(平地林).

산악-병(山岳病)[-뼝][명] 높은 산에 올랐을 때, 기압이 낮아지고 산소가 부족하게 됨으로써 일어나는 병. 가슴이 뛰고 숨이 가빠지며 두통·구토·이명(耳鳴)·현기증 따위 증상이 따름. 고산병(高山病). 산멀미. 산취(山醉).

산악^빙하(山岳氷河)[-빙-][명] 높은 산의 산마루나 산꼭대기 가까운 계곡에 이루어진 빙하. [참]내륙 빙하·대륙 빙하.

산악-숭배(山岳崇拜)[-쑹-][명] 산악을 신성한 존재나 영적인 존재로 믿고 숭배하는 일.

산악-인(山岳人)[명] 등산을 남달리 잘하거나 즐기는 사람. ¶ 산악인들로 구성된 답사반.

산악-자전거(山岳自轉車)[-짜-][명] 산이나 험한 길에서 타기에 적합하도록 만든 자전거.

산악-전(山岳戰)[-쩐][명] 산악 지대에서 벌어지는 전투.

산악^철도(山岳鐵道)[-또][명] 아프트식(Abt式) 철도로 된 산악 지대의 철도.

산악-회(山岳會)[사나쾨/사나퀘][명] 산악을 애호하거나 등산을 즐기는 사람들의 모임.

산안(山眼)[명] 민속에서, 묏자리의 좋고 나쁨을 잘 알아보는 눈을 이르는 말.

산앵(山櫻)[명] ☞산벚나무.

산-앵두(山-)[명] ①☞산앵두나무. ②산앵두나무의 열매. 산이스랏.

산앵두-나무(山-)[명] 철쭉과의 낙엽 활엽 관목. 산지의 숲 속에 나는데, 높이는 1 m가량. 잎은 갸름하면서 양 끝이 뾰족함. 봄에 붉은빛이 도는 꽃이 피고, 가을에 둥근 열매가 붉게 익으며 먹을 수 있음. 산앵두. 산이스랏나무.

산야(山野)[명] 산과 들을 아울러 이르는 말. ¶ 조국의 산야를 굽어보다.

산약(山藥)[명] 한방에서, '마의 뿌리'를 약재로 이르는 말. 강장제나 요통·설사 따위에 쓰임.

산ː약(散藥)[명] 가루약.

산양(山羊)[명] ①솟과의 동물. 산악 지대에 사는데, 몸길이 100~120 cm, 키 68~72 cm. 암수 모두 끝이 뾰족한 뿔이 있으며, 털빛은 주로 회색 또는 다갈색임. ②☞염소.

산양(山陽)[명] 산의 남쪽. ↔산음(山陰).

산양(山養)[명] 산에 옮겨 심어 기른 인삼.

산양-유(山羊乳)[-뉴][명] 염소의 젖.

산양-자리(山羊-)[명] ☞염소자리.

산양-좌(山羊座)[명] ☞염소자리.

산양-피(山羊皮)[명] 염소의 가죽.

산-언덕(山-)[명] 산이 언덕처럼 낮아진 부분. 구롱(丘壟).

산ː업(產業)[명] ①사람이 생활하기 위하여 하는 일. ②근대의, 생산을 목적으로 하는 사업. 농업·공업·수산업·임업·광업 따위. 넓게는 생산과 직접 관계되지 않는 상업·금융업·서비스업 따위도 포함시킴.

산ː업-계(産業界)[-꼐/-께][명] 산업에 종사하는 사람들의 세계(사회). ¶ 산업계 소식.

산ː업-공해(産業公害)[-꽁-][명] 공장에서 배출되는 매연이나 폐수·소음 따위로 말미암은 공해.

산ː업^교ː육(産業敎育)[-꾜-][명] (농업·공업·수산업 따위) 생산적인 직업에 필요한 지식·기능·태도 등을 가르치기 위한 교육을 통틀어 이르는 말.

산ː업^구조(産業構造)[-꾸-][명] 한 나라의 국민경제에 존재하는 각 산업의 짜임새와 그 관계.

산ː업^규격(産業規格)[-뀨-][명] 원료에서부터 기계나 제품에 이르기까지 산업의 모든 물품의 종류나 특성·모양·크기 등을 결정하는 규격.

산ː업^금융(産業金融)[-끔늉/-끄뮹][명] 생산적인 자본을 대상으로 하는 금융.

산ː업^기계(産業機械)[-끼계/-끼게][명] 여러 가지 산업에 직접·간접으로 쓰이는 기계를 통틀어 이르는 말. 〔건설 기계·섬유 기계·화학 기계 따위.〕

산ː업^도시(産業都市)[-또-][명] 산업이 발달한 도시, 또는 주민의 대부분이 산업에 종사하고 있는 도시. 〔공업 도시·광업 도시 따위.〕

산ː업^디자인(産業design)[명] 대량으로 생산되는 공산품에 대한 디자인.

산ː업^민주주의(産業民主主義)[사님-의/사님-이][명] 산업의 관리 운영에 대하여, 노동자의 발언권과 참가권을 인정하는 사상과 체제.

산ː업^박람회(産業博覽會)[-빵남회/-빵남훼][명] 산업 진흥을 위하여, 여러 가지 생산품을 한자리에 모아 일반에게 관람시키는 박람회.

산ː업^부문(産業部門)[-뿌-][명] 생산을 하는 경제적 행위의 영역.

산ː업^사회(産業社會)[-싸회/-싸훼][명] 여러 가지 산업 분야의 전문적인 지식인과 고도의 기술자가 가장 우대받는, 분업화·전문화·조직화된 사회.

산ː업^스파이(産業spy)[명] 기업의 기밀이나 정보 등을 다른 기업에 몰래 팔거나 제공하거나 하는 사람.

산ː업^심리학(産業心理學)[-씸니-][명] 산업 활동에 종사하는 인간의 심리를 연구 대상으로 하는 응용 심리학의 한 부문. 직업 심리학·노동 심리학·광고 심리학의 세 분야로 나뉨.

산ː업^연관표(産業聯關表)[사넘년-][명] 일정 기간 동안에 이루어진 모든 경제 거래를 산업 부문별로 나누어, 각 부문의 투자와 생산의 상호 관계를 나타낸 표.

산ː업-예비군(産業豫備軍)[사넘녜-][명] 자본주의 사회의 고도화에 따라 생기는 완전 실업자나 반실업자 따위의 과잉 노동 인구.

산ː업용 로봇(産業用robot)[사넘농-] 작업 현장에서 인간을 대신하여 노동을 하는 로봇.

산ː업용 상품(産業用商品)[사넘농-] 생산자가 재생산을 위하여 사용하는 원료용이나 재료용의 상품.

산ː업^의학(産業醫學)[명] 직업병에 대한 임상 의학적 연구를 하는 사회 의학의 한 분야.

산ː업^입지(産業立地)[-찌][명] 산업 활동을 하기 위한 곳, 또는 그곳의 경제적·지리적 조건.

산ː업^자금(産業資金)[-짜-][명] 산업 활동을 하는 데 필요한 자금. 시설 자금과 운전 자금으로 나눔.

산ː업^자본(産業資本)[-짜-][명] 산업에 투자되어 상품 생산에 쓰이는 자본.

산ː업^재해(産業災害)[-째-][명] 작업 환경이나 작업 활동 등의 노동 과정에서 일어나는 근로자의 신체적 장애. [준]산재(産災).

산ː업^재해^보ː상^보ː험(産業災害補償保險)[-째-][명] 근로자가 업무상 질병이나 부상 및 사망 등 재해를 입었을 때, 이를 보상하기 위한 보험 제도. [준]산재 보험.

산ː업^지리학(産業地理學)[-찌-][명] 산업 배치의 합리성을 연구하는 지리학의 한 부문.

산ː업^채ː권(産業債券)[-꿘][명] 산업 자금을 조달하기 위하여 발행하는 채권.

산ː업-체(産業體)[명] 생산하는 업체.

산ː업^통상^자원부(産業通商資源部)[명] 중앙 행정 기관의 하나. 상업·무역·공업 및 에너지, 우편·우편환 등에 관한 사무를 맡아봄.

산ː업^통ː제(産業統制)[명] 각 산업 분야에서, 자유 경쟁을 국가의 힘으로 또는 어떤 산업체가 자주적으로 제한하는 일.

산ː업^폐ː기물(産業廢棄物)[-폐-/-페-][명] 산업 활동에 따라 생긴 폐기물.

산ː업^포장(産業褒章)[명] 산업의 개발이나 발전에 공이 있는 사람에게 수여하는 포장.

산ː업^표준^규격(産業標準規格)[명] 산업 제품의 생산·유통·소비의 편의를 위하여 제정한 표준 규격.

산ː업^합리화(産業合理化)[사너팜니-][명] 생산이나 유통의 과정에서 생산성을 높여 제품의 원가를 낮추고 이윤의 증대를 꾀하는 일.

산ː업^항ː공(産業航空)[사너팡-][명] 항공 측량이나 기상 관측·농약 살포·어군 탐지 등, 각종 산업에 이용되는 항공.

산ː업^혁명(産業革命)[사너평-][명] 기계의 등장으로 말미암아 이전의 수공업적 산업이 자본주의적인 공장제 산업으로 바뀌게 된 산업 사회의 일대 변혁. 1760년 영국에서 시작되어 유럽 각국에 파급되었음.

산ː업-화(産業化)[사너퐈][명][하자.타][되자] 산업으로 됨, 또는 산업으로 돌림. 산업의 형태로 나타남.

산ː업^훈장(産業勳章)[사너푼-][명] 국가 산업 발전에 이바지한 사람에게 수여하는 훈장. 금탑·은탑·동탑·철탑·석탑의 다섯 등급이 있음.

산역(山役)[명][하자] 무덤을 만듦, 또는 그 작업.

산역-꾼(山役-)[명] 산역을 하는 사람.

산연(潸然)[부][하형] 눈물이 줄줄 흐르는 모양.

산ː열(散熱)[명][하자] 열을 방산(放散)함.

산염(山塩)[명] 산에서 캐낸 소금. [참]암염(岩塩).

산-염화물(酸塩化物)[-념-][명] 산의 수산기를 염소로 바꾸어 놓은 화합물.

산영(山影)[명] 산의 그림자.

산ː-영장(-永葬)[-녕-][명][하타] 민속에서, 병을 낫게 하기 위하여 제웅을 병자(病者)의 송장처럼 꾸며 거짓 장사(葬事)를 지내는 일, 또는 그 제웅.

산예(狻猊)[명] 신라 때의 가면극의 한 가지. 사자의 탈을 쓰고 머리와 꼬리를 흔들며 춤을 추는 놀이.

산-올벼[명] 쌀알이 작은 올벼의 한 가지.

산옹(山翁)[명] 산골에 사는 늙은이.

산와(山蝸)[명] ☞달팽이.

산왕-단(山王壇)[명] ☞산신각(山神閣).

산왕-대신(山王大神)[명] 불교에서, 산을 지키는 신장(神將)을 이르는 말.

산외^말사(山外末寺) [사늬-싸/사눼-싸]명 본사(本寺)에서 떨어져 딴 산에 있는 말사(末寺). ↔산내 말사.
산요(山腰)명 산허리.
산욕(山慾)명 좋은 묏자리를 얻으려는 욕심.
산ː욕(産褥)명 ①해산할 때에 산모가 까는 요. ②☞산욕기.
산ː욕-기(産褥期) [-끼]명 아이를 낳은 후 생식기가 정상 상태로 회복되기까지의 기간. 보통 6~8주가 걸림. 산욕.
산ː욕-부(産褥婦) [-뿌]명 산욕에 누워 조리하는 산부(産婦). 산욕기에 있는 여자.
산ː욕-열(産褥熱) [사뇽녈]명 해산 때 생식기 속에 생긴 상처에 연쇄상 구균(連鎖狀球菌) 따위가 침입하여 생기는 병.
산용(山容)명 산의 생김새.
산용-수상(山容水相)명 산의 우뚝 솟은 모양과 물의 흐르는 모양. 곧, 산천의 형세를 이르는 말. 산용수태(山容水態).
산용-수태(山容水態)명 ☞산용수상.
산ː용^숫ː자(算用數字) [-수짜/-숟짜]명 아라비아 숫자.
산우(山芋)명 ☞마[3].
산우(山雨)명 산에 내리는 비.
산운(山雲)명 산에 끼어 있는 구름.
산운(山運)명 민간에서, 묏자리의 좋고 나쁨에 따라 생긴다는 운수.
산ː-울명 〈산울타리〉의 준말.
산ː울(散鬱)명하자 우울한 기분을 떨어 버림.
산-울림(山-)명 (땅속의 변화로) 산이 울리는 일, 또는 그 소리. 산명(山鳴). 참메아리.
산ː-울타리명 살아 있는 나무를 심어서 만든 울타리. 준산울.
산ː원(産院)명 산부(産婦)나 초생아(初生兒)를 돌보아 주는 시설을 한 곳.
산ː원(散員)명 ①직무 없는 인원. ②고려·조선 시대, 정팔품 무관 벼슬.
산ː월(産月)명 ☞해산달. 산삭(山朔).
산ː유(産油)명 원유(原油)를 생산하는 일.
산유(酸乳)명 우유나 탈지유를 유산균으로 발효시킨 음료.
산ː유-국(産油國)명 원유를 생산하는 나라.
산유-화(山有花)명 메나리의 한 가지.
산ː육(産育)명하타 아이를 낳아서 기름.
산음(山陰)명 볕이 잘 안 드는, 산의 북쪽 편. ↔산양(山陽).
산음(山蔭)명 민속에서, 좋은 자리에 뫼를 씀으로써 그 자손이 받는다는 복.
산읍(山邑)명 산골에 있는 고을. 산군(山郡).
산ː의(産衣) [사늬/사니]명 갓난아이에게 처음으로 입히는 깃저고리.
산-이스랏(山-) [-니-랃]명 ☞산앵두. *산이스랏이[-니-라시]·산이스랏만[-니-란-]
산이스랏-나무(山-) [-니-란-]명 ☞산앵두나무.
산인(山人)명 ①깊은 산속에서 세상을 멀리하고 사는 사람. ②산속에 사는 중이나 도사.
산ː인(散人)명 세상일을 멀리하고 한가로이 사는 사람.
산일(山日)명 산속에서의 나날.
산ː일(散佚·散軼·散逸)명하자되자 (한데 모은 책이나 서류 따위가) 더러 흩어져서 빠져 없어짐.
산ː입(算入)명하타되자 (예산이나 경비 따위를) 셈에 넣음. ¶ 경조금을 복리비에 산입하다.
산ː자(橵子)명 지붕 서까래나 고미 위에 흙을 받기 위해 엮어 까는 나뭇개비나 수수깡 따위.
산ː자(饊子·糤子)명 찹쌀가루 반죽을 모나고 넓적하게 썰어 말려 기름에 튀긴 것에, 조청이나 꿀을 바르고 산자밥풀 따위를 묻힌 유밀과.
산-자고(山茨菰·山慈姑)명 ☞까치무릇.
산ː자-널(橵子-)명 지붕 서까래 위에 까는 널빤지. 산자판(橵子板).
산-자락(山-)명 산의 기슭 부분. 산기슭의 비탈진 부분. ¶ 구름이 산자락에 걸려 있다.
산ː자-밥풀(饊子-)명 산자나 강정 따위의 겉에 묻히기 위하여, 말려서 기름에 튀긴 지에밥.
산자-수명(山紫水明)명하형 〔산은 자줏빛으로 선명하고 물은 맑다는 뜻으로〕 산수의 경치가 썩 아름다움. 산명수자(山明水紫).
산ː-자전(-字典)명 〔살아 있는 자전이란 뜻으로〕'낱말이나 한자 등을 두루 많이 알고 있는 사람'을 흔히 이르는 말.
산ː자-판(橵子板)명 ☞산자널.
산작(山雀)명 ☞곤줄박이.
산작(山鵲)명 ☞삼광조(三光鳥).
산잠(山蠶)명 ☞산누에.
산잠-아(山蠶蛾)명 ☞산누에나방.
산잡(散雜) '산잡하다'의 어근.
산ː잡-하다(散雜-) [-자파-]형여 어수선하고 난잡하다.
산ː-장(-葬)명하타 ☞생장(生葬).
산장(山長)명 초야에 묻혀 사는 학덕이 높은 선비. 산림(山林).
산장(山莊)명 ①산에 있는 별장. 산서(山墅). ②산에 오른 사람이 쉬거나 묵을 수 있도록 산속에 베푼 시설을 흔히 이르는 말. ③☞산방(山房).
산ː장(散杖)명하자 지난날, 죄인을 신문할 때, 위협할 의도로 형장(刑杖)이나 태장(笞杖)을 죄인의 눈앞에 벌여 놓던 일.
산장(酸漿)명 ①☞꽈리. ②한방에서, 꽈리의 뿌리를 약재로 이르는 말. 허로(虛勞)·번열(煩熱)·황달(黃疸) 따위에 쓰임.
산재(山齋)명 산에 지은 서재, 또는 산에 운치 있게 지은 집.
산ː재(産災)명 〈산업 재해〉의 준말.
산ː재(散在)명하자되자 이곳저곳에 흩어져 있음.
산ː재(散材)명 쓸모없는 재목이나 인재.
산ː재(散財)명하자 돈을 마구 씀. 재산을 이리저리 써서 없애 버림.
산ː재(散齋)명하자 제사를 지내기 전에 목욕하고 재계(齋戒)함.
산ː-재목(-材木)명 아직 다듬지 아니한, 산판에서 자른 채로 있는 목재.
산ː재^보ː험(産災保險)명 〈산업 재해 보상 보험〉의 준말.
산-쟁이(山-)명 산속에서 사냥이나 약초 캐는 일을 업으로 삼는 사람. 산척(山尺).
산저(山豬·山猪)명 ☞멧돼지.
산저-담(山豬膽)명 한방에서, 멧돼지의 쓸개를 약재로 이르는 말. 소화를 돕고 가래를 삭이는 데 쓰임.
산저-황(山豬黃)명 한방에서, 멧돼지의 배 속에 생기어 뭉킨 누런 물질을 약재로 이르는 말. 간질 치료제나 지혈제로 쓰임.
산적(山賊)명 산속에 숨어 살면서 남의 재물을 빼앗는 도둑.
산적(山積)명하자되자 물건이나 일이 산더미같이 쌓임. ¶ 해야 할 숙제가 산적해 있다.
산ː적(散炙)명 ①쇠고기 따위를 길쭉길쭉하게 썰어 양념을 하여 꼬챙이에 꿰어서 구운 적. 적회(炙膾). ②〈사슬산적〉의 준말.

산:적-꽂이 명 마룻대 위에 얹힐 서까래 머리 쪽에 구멍을 뚫고 흘러내리지 않도록 잇대어 꿴 싸리나 대.

산:적-도둑(散炙-)[-또-] 명 ①'맛있는 음식만 골라 먹는 사람'을 농조로 이르는 말. ②〔친정에 와서 이것저것 좋은 것만 챙겨 간다 하여〕'시집간 딸'을 농조로 이르는 말.

산-적정(酸滴定)[-쩡] 명하자 중화할 때, 색소의 빛깔을 이용해서 산의 양을 알칼리의 표준액에 의해 적정함.

산적-하다(山積-)[-저카-] 형여 일이나 물건 따위가 산더미처럼 많이 쌓여 있다. ¶ 산적한 업무량.

산전(山田) 명 산에 있는 밭.

산전(山巓) 명 ☞산정(山頂).

산:전(產前) 명 아이를 낳기 바로 전. ↔산후.

산:전(散田) 명 이곳저곳에 흩어져 있는 밭.

산:전(散錢) 명 ☞사슬돈.

산전-수전(山戰水戰) 명 〔'산에서의 싸움, 물에서의 싸움'이란 뜻으로〕'세상일의 온갖 고난을 겪은 경험'을 비유하여 이르는 말. ¶ 산전수전을 다 겪다.

산:점(產漸) 명 해산할 기미. 산기(產氣).

산정(山亭) 명 산속에 지은 정자.

산정(山頂) 명 산꼭대기. 산전(山巓).

산정(山情) 명 ①산의 정경(情景). ②산에서 느끼는 정취.

산정(山精) 명 ①☞삽주. ②☞창출(蒼朮). ③산의 정령(精靈).

산:정(刪定) 명하타 ☞산수(刪修).

산:정(散政) 명 지난날, 도목정사를 거치지 않고 임시로 벼슬을 내리던 일.

산:정(算定) 명하타되자 셈하여 정함. ¶ 산정 가격. /분양가를 산정하다. /임금으로 산정된 금액.

산제(山祭) 명 〈산신제〉의 준말.

산:제(刪除) 명하타 ☞산삭(刪削).

산:제(散劑) 명 가루로 된 약.

산제-당(山祭堂) 명 ☞산신당(山神堂).

산조(山鳥) 명 산새.

산:조(散調) 명 전통 음악에서, 가야금·거문고·대금 따위를 장구의 반주로 연주하는 기악 독주 악곡. 〔처음에는 진양조로 느리게 시작하여 점점 급하게 중모리·자진모리·휘모리로 바꾸어 연주함.〕 ¶ 대금 산조. /가야금 산조.

산조(酸棗) 명 ☞멧대추.

산조-인(酸棗仁) 명 한방에서, 멧대추 씨의 속 알맹이를 약재로 이르는 말. 원기를 돕고, 땀을 흘리지 않게 함.

산:졸(散卒) 명 ①☞산병(散兵). ②장기에서, 모여 있지 않고 흩어져 있는 졸. ↔합졸.

산주(山主) 명 ①산의 임자. ②산대탈을 보존하는 사람. ③무당들이 조직한 신청(神廳) 직명(職名)의 한 가지.

산주(山紬) 명 명주의 한 가지.

산:주(算珠) 명 ①수를 셈하는 데 쓰는 구슬. ②활의 순(巡)을 셈하는 데 쓰는 구슬.

산죽(山竹) 명 산에 저절로 난 대.

산준수급(山峻水急) 명하형 산의 형세가 험하고 물살이 빠름.

산-줄기(山-)[-쭐-] 명 큰 산에서 길게 뻗어 나간 산의 줄기. 산맥.

산중(山中) 명 산속. ¶ 산중 생활.

산중-귀물(山中貴物) 명 ①그 고장에서는 나지 않는 귀한 물건. ②산속에서만 나는 귀한 물건.

산^중독(酸中毒) 명 ☞산독증(酸毒症).

산중-신곡(山中新曲) 명 조선 인조 때, 윤선도(尹善道)가 지은 시조. 〔만흥(漫興)·조무요(朝霧謠)·하우요(夏雨謠)·일모요(日暮謠)·야심요(夜深謠)·오우가(五友歌)·기세탄(饑歲歎) 등 모두 18수로 '고산유고'에 실려 있음.〕

산중-재상(山中宰相) 명 산중에 은거하면서, 중대한 일이 있을 때에만 나와서 나라의 자문에 응하는 사람. 〔중국 양나라의 도홍경이 산속에 살면서 나라에 대사(大事)가 있을 때는 늘 참여했다는 데서 유래함.〕

산중-호걸(山中豪傑) 명 〔산속의 호걸이라는 뜻으로〕'범'을 이르는 말.

산증(疝症)[-쯩] 명 한방에서, 아랫배와 불알에 탈이 생겨 붓고 아픈 병을 이르는 말. 산기(疝氣). 산병(疝病). 준산(疝).

산:-증인(-證人) 명 어떤 분야의 역사 따위를 생생하게 증언할 수 있는 사람. ¶ 민주화 운동의 산증인.

산지 명 ☞산지못.

산지(山地) 명 ①☞산달. ②산이 많고 들이 적은 지대. ③묏자리로 쓰기에 알맞은 땅.

산지(山紙) 명 산골에서 수공업으로 만들어 내는 질이 낮은 종이.

산:지(產地) 명 ①〈산출지〉의 준말. ¶ 산지 가격. /사과의 산지. ②사람이 태어난 땅.

산-지기(山-) 명 남의 산이나 뫼를 맡아 지키는 사람. 산직(山直).

산지니(山-) 명 산속에서 자라 오랜 해를 묵은 매나 새매. 산진. 산진매. 참수지니.

산지-대(山地帶) 명 낙엽 활엽수가 우거져 있는 지대. 〔우리나라에서는 해발 1000~1500 m의 층이 이에 딸림.〕

산지-못[-몯] 명 재목 따위의 이음이나 맞춤 자리를 든든히 하기 위하여 박는 굵은 나무못. 산지. *산지못이[-모시]·산지못만[-몬-]

산:지사방(散之四方) 명하자 여기저기 사방으로 흩어짐, 또는 그러한 모양. ¶ 산지사방으로 흩어지다.

산:-지식(-知識) 명 현실 생활에 활용할 수 있는 살아 있는 지식.

산:-지옥(-地獄) 명 ☞생지옥(生地獄).

산직(山直) 명 ☞산지기.

산:직(散職) 명 ☞산관(散官).

산진(山陳) 명 ☞산지니.

산진-매(山陳-) 명 ☞산지니.

산진수궁(山盡水窮) 명하자 〔산이 다하고 물이 막힌다는 뜻으로〕 피해 나갈 도리가 없는 아주 막다른 지경에 이름. 산궁수진(山窮水盡).

산진해미(山珍海味) 명 ☞산해진미(山海珍味).

산진해착(山珍海錯) 명 ☞산해진미(山海珍味).

산:질(散帙) 명하자 ☞낙질(落帙).

산-짐승(山-)[-찜-] 명 산에서 사는 짐승. 참멧짐승.

산창(山窓) 명 산속에 있는 집의 창.

산채(山菜) 명 산나물.

산채(山寨·山砦) 명 ①산에 돌이나 목책을 둘러서 만든 성채(城砦). ②산적들의 소굴.

산:책(散策) 명하자타 (한가한 마음으로 또는 가벼운 기분으로) 이리저리 거닒. 산보(散步). ¶ 강가를 산책하다.

산척(山尺) 명 ①산을 재는 데 쓰는 자. ②☞산쟁이.

산척(山脊) 명 산등성마루.

산-척촉(山躑躅) 명 ①☞산철쭉. ②☞진달래.

산천(山川)명 ①산과 내. ②자연, 또는 자연의 경치. 산택(山澤). 산하(山河). ¶ 고향 산천.
산천초목(山川草木)명 산과 내와 풀과 나무, 곧 '자연'을 이르는 말.
산-철쭉(山-)명 철쭉과의 낙엽 활엽 관목. 산지의 습한 땅에 나는데 관상용으로 심기도 함. 높이는 1.5 m가량 자라며 잔가지에는 갈색 털이 있음. 잎은 길둥글거나 갸름하며, 늦봄에 홍자색 꽃이 가지 끝에 핌. 우리나라·일본 등지에 분포함. 산척촉(山躑躅).
산체(山體)명 산 전체의 생김새.
산초(山草)명 ①산에서 나는 풀. ②산의 밭에 심은 담배.
산초(山椒)명 산조나무의 열매. 향신료로 쓰임.
산ː초(散草)명 묶어 놓지 않은 살담배.
산초-나무(山椒-)명 운향과의 낙엽 활엽 관목. 산야에 절로 나는데 높이 3 m가량. 잔가지에 가시가 있고, 잎은 어긋남. 8~9월에 흰 꽃이 산방화서로 피고, 열매는 익기 전에 따서 먹기도 하고 말려서 기름도 짬. 우리나라·중국·일본 등지에 분포함. 분디나무.
산초어(山椒魚)명 ☞도롱뇽.
산촌(山村)명 산속에 자리한 마을. 두메. 산곽(山郭). 산동(山洞).
산ː촌(散村)명 집들이 한곳에 모여 있지 않고 드문드문 흩어져 있는 마을. ↔집촌.
산ː출(產出)명하타되자 물건을 생산해 냄. ¶ 석탄을 산출하다.
산ː출(算出)명하타되자 계산해 냄. 셈함. ¶ 산출된 자료. /두 곳 사이의 거리를 산출하다.
산ː출-가(算出價)[-까]명 계산해 낸 값. 셈친 값. ¶ 산출가를 정하다.
산ː출-물(產出物)명 산출되는 물건. ¶ 그 지방 특유의 산출물.
산ː출-지(產出地)[-찌]명 산출되는 곳. ¶ 배의 산출지. 준산지.
산취(山醉)명 ☞산악병(山岳病).
산치(山梔)명 ☞산치자나무.
산ː치(散置)명하타 이리저리 흩어 놓음.
산-치성(山致誠)명 민속에서, 산신령에게 정성을 드리는 일. ¶ 산치성을 드리다.
산-치자(山梔子)명 한방에서, '산치자나무의 열매'를 약재로 이르는 말. 이뇨제·지혈제·해열제 따위로 쓰임.
산치자-나무(山梔子-)명 산에 야생하는 치자나무. 열매는 한방에서 약재로 쓰임. 산치.
산칠(山漆)명 산에 절로 나는 옻나무.
산타(Santa)명 〈산타클로스〉의 준말. ¶ 산타 할아버지.
산타^마리아(Santa Maria)명 ☞성모 마리아.
산타클로스(Santa Claus)명 크리스마스 전날 밤에 굴뚝으로 들어와 어린이들에게 선물을 가져다준다는, 붉은 옷을 입은 흰 수염의 노인. 준산타.
산-탁목(山啄木)[-탕-]명 ☞청딱따구리.
산ː탄(散彈)명 ①☞산탄(霰彈). ②포나 총의 사격에서 탄착점이 널리 퍼져 흩어진 것.
산ː탄(霰彈)명 폭발과 동시에 많은 잔 탄알이 퍼져 나가게 된 탄환. 가까운 거리에 있는 새나 짐승 따위를 잡는 데나 클레이 사격에 쓰임. 산탄(散彈).
산태명 〈옛〉 삼태기. ¶ 산태 궤ː蕢. 산태 본ː畚(訓蒙中*19*).
산태(山汰)명 산비탈이 무너져 생기는 사태(沙汰). 산사태.
산택(山澤)명 ①☞산천. ②〈산림천택〉의 준말.
산-턱(山-)명 산이 비탈져 내려오다가 조금 두두룩해진 곳. ¶ 산턱을 기어오르다.
산토(山兎)명 ☞산토끼.
산-토끼(山-)명 토낏과의 짐승으로 야생의 토끼를 통틀어 이르는 말. 집토끼에 비하여 앞다리가 훨씬 길며, 몸의 위쪽은 회갈색이나 암갈색이지만 겨울에는 온몸이 하얗게 변함. 유럽과 아시아 각지의 산지에 서식함. 산토(山兎). 야토(野兎).
산토닌(santonin)명 회충약의 한 가지. 무색무취의 결정성 가루.
산통(疝痛)명 복부 내장의 질환으로 갑자기 격렬하게 일어나는 간헐적 복통.
산ː통(產痛)명 ☞진통(陣痛).
산ː통(算筒)명 소경이 점칠 때 쓰는, 산가지를 넣는 조그마한 통.
산통(을) 깨다관용 어떤 일을 이루지 못하게 뒤틀다.
산ː통-계(算筒契)[-꼐/-께]명 계원들이 일정한 곗돈을 내고 통에 든 계알을 흔들어 뽑힌 사람에게 일정한 금액을 태워 주는 계. 준통계(筒契).
산ː통-점(算筒占)명 산통 속에 꽂거나 완전히 집어넣은 산가지를 구멍으로 집어내어, 그 산가지가 나타내는 수효에 따라 치는 점.
산ː파(產婆)명 ①'조산사(助產師)'의 이전 일컬음. ②☞산파역.
산ː파(散播)명하타되자 흩어뿌리기.
산ː파-법(產婆法)[-뻡]명 대화를 통하여 상대편의 막연하고 불확실한 지식을 진정한 개념으로 유도하는 교수법의 한 가지. 소크라테스법.
산ː파-술(產婆術)명 해산이나 임부(姙婦)·태아 등을 다루는 기술.
산ː파-역(產婆役)명 어떤 일을 곁에서 잘 주선하여 이루어지게 하는 구실, 또는 그러한 일을 하는 사람. 산파. ¶ 조합 설립의 산파역을 맡다.
산판(山坂)명 ☞멧갓.
산ː판(算板)명 ☞수판(數板).
산판겉목-돌[-건-똘]명 석재를 채취할 때, 필요한 크기보다 더 크게 떠낸 돌.
산ː패(酸敗)명하자되자 음식물이 부패하여 맛이 시어짐, 또는 술이나 지방류 따위의 유기물이 공기 속에서 산화 또는 가수 분해 되어 역한 냄새와 맛이 나는 현상.
산ː패-액(酸敗液)명 신물.
산ː패-유(酸敗乳)명 산패한 젖.
산ː편(散片)명 (깨어져) 산산이 흩어진 조각.
산-편복(山蝙蝠)명 ☞산박쥐.
산포(山砲)명 ①〈산포수〉의 준말. ②산악전에 적합하도록 만들어진 대포.
산ː포(散布)명하자타되자 (여기저기) 흩어져 퍼짐, 또는 흩어지게 퍼뜨림.
산ː포(散脯)명 쇠고기를 아무렇게나 조각을 떠서 소금에 주물러 볕에 말린 포.
산포(撒布)명 '살포(撒布)'의 잘못.
산-포도(山葡萄)명 ①☞머루. ②☞담쟁이덩굴.
산ː포-도(散布度)명 도수 분포(度數分布)의 모양을 조사할 때, 변량(變量)들이 흩어져 있는 정도를 하나하나의 수로 나타낸 값. 〔분산·표준 편차 따위.〕
산-포수(山砲手)명 산속에서 사냥을 업으로 하며 사는 사람. 준산포.

산ː표(散票)명하자 투표에서, 표가 한 사람에게 모이지 아니하고 여러 사람에게 흩어짐, 또는 흩어진 그 표.
산풍(山風)명 산바람.
산피(山皮)명 산짐승의 가죽.
산하(山下)명 산 아래. ↔산상.
산하(山河)명 자연, 또는 자연의 경치. 산천.
산하(傘下)명 어떤 인물이나 기구·조직 따위의 세력 밑. ¶ 산하 단체. /그 산하에 들다.
산하-화(山下火)명 육십갑자의 병신(丙申)과 정유(丁酉)에 붙이는 납음(納音). 참평지목(平地木).
산ː학(產學)명 산업과 학문.
산ː학(算學)명 셈에 관한 학문.
산ː학^협동(產學協同) [-하켭똥]명 산업계와 교육 기관이 교육과 연구 활동에서의 제휴나 원조를 통하여 기술 교육과 생산성의 향상을 도모하는 일.
산해(山害)명 민속에서, 묏자리가 좋지 못하여 입는다는 해. 산화(山禍).
산해(山海)명 산과 바다.
산해진미(山海珍味)명 산과 바다의 온갖 산물로 차린 음식. 산진해미. 산진해착(山珍海錯). 수륙진미(水陸珍味).
산행(山行)명하자 산에 감. 산길을 감.
산-허리(山-)명 ①산 둘레의 중턱. 산요(山腰). ¶ 산허리에 걸려 있는 구름. ②산등성이의 잘록한 곳. ¶ 산허리에 난 길.
산ː현(散見)명하자 여기저기에 드문드문 나타남. 참산견(散見).
산혈(山穴)명 ①민속에서, 산의 정기가 모였다는 묏자리. ②산에 팬 구멍.
산ː혈(產血)명 해산할 때 나오는 피.
산협(山峽)명 ①산속의 골짜기. ②☞두메.
산형(山形)명 산의 생김새.
산ː형^꽃차례(繖形-次例) [-꼳-]명 ☞산형 화서(繖形花序).
산ː형^화서(繖形花序)명 무한 꽃차례의 한 가지. 꽃대의 끝에 여러 꽃자루가 방사상(放射狀)으로 나와, 그 끝에 꽃이 하나씩 피는 꽃차례. 〔미나리나 파꽃 따위.〕 산형 꽃차례.
산호(山戶)명 산속에 사는 화전민의 집.
산호(山呼)명 〈산호만세〉의 준말.
산호(珊瑚)명 산호과의 자포동물을 통틀어 이르는 말. 나뭇가지 모양의 군체(群體)를 이루고 사는데, 윗면 중앙에 입이 있고 그 주위에 깃털 모양의 촉수가 있음. 죽으면 살이나 기관은 썩고 각질만 남음.
산호-도(珊瑚島)명 산호초가 바다 위에 드러나 이루어진 섬.
산호-만세(山呼萬歲)명 지난날, 임금에게 축하하는 뜻으로 부르던 만세. 〔중국 한나라 무제가 쑹산 산에서 제사를 지낼 때 신민(臣民)들이 만세를 삼창한 데서 유래함.〕 준산호.
산호-망(珊瑚網)명 산호를 어획(漁獲)하는 데 쓰이는 어구(漁具).
산호-수(珊瑚樹)명 ☞아왜나무.
산호-유(珊瑚釉)명 산홋빛 유약.
산호-잠(珊瑚簪)명 산호로 만든 비녀.
산호-주(珊瑚珠)명 산호로 만든 구슬.
산호-지(珊瑚枝)명 ☞산홋가지.
산호-초(珊瑚礁)명 산호 군체의 분비물이나 각질 따위가 쌓여서 이루어진 석회질의 암초.
산호-충(珊瑚蟲)명 산호류를 이루는 폴립을 통틀어 이르는 말.
산호혼-식(珊瑚婚式)명 결혼기념식의 한 가지. 서양 풍속으로, 결혼 35주년을 맞아 부부가 산호로 된 선물을 주고받으며 기념함. 비취혼식(翡翠婚式)이라고도 함. 참모직혼식(毛織婚式).
산홋-가지(珊瑚-) [-호까-/-혿까-]명 나뭇가지처럼 생긴 산호의 가지. 산호지(珊瑚枝).
산홋-빛(珊瑚-) [-호삗/-혿삗]명 산홋가지의 빛깔과 같이 연한 분홍빛. ＊산홋빛이[-호삐치/-혿삐치]·산홋빛만[-호삔-/-혿삔-]
산화(山火)명 산불.
산화(山花)명 산에 피는 꽃.
산화(山禍)명 민속에서, 묏자리가 좋지 못하여 입는다는 재앙. 산해(山害).
산ː화(散花·散華)명 ①하자〔꽃처럼 떨어진다는 뜻으로〕 '전사(戰死)함'을 미화하여 이르는 말. ¶ 낙동강 전선에서 산화하다. ②하자부처에 대한 공양으로 부처 앞에 꽃을 뿌림, 또는 그 일. ③꽃은 피는데 열매를 맺지 못한 꽃.
산화(酸化)명하자되자 어떤 물질이 산소와 화합함, 또는 어떤 물질에서 수소를 제거함. ↔환원(還元).
산화-구리(酸化-)명 구리와 산소의 화합물. 산화 제일구리와 산화 제이구리가 있음. 산화동.
산화-대(酸化帶)명 주로, 산화 작용으로 말미암아 변질이 진행된 광상(鑛床)의 부분.
산화-동(酸化銅)명 ☞산화구리.
산화-마그네슘(酸化magnesium)명 마그네슘의 산화물. 금속마그네슘을 공기 속에서 가열하든지 탄산마그네슘을 열분해하여 얻는 흰 가루. 의약품이나 내화 재료 따위로 쓰임. 고토(苦土). 마그네시아.
산화-물(酸化物)명 어떤 원소와 산소와의 화합물을 통틀어 이르는 말. 산소 화합물.
산화 물감(酸化-) [-깜]명 섬유 위에서 산소와 화합하여야 염색되는 물감. 〔아닐린 블랙 따위.〕 산화 염료.
산화-바륨(酸化barium)명 질산바륨을 가열하여 얻는 무정형의 흰 가루. 수산화물이나 과산화물의 제조 원료로 많이 쓰임. 중토(重土).
산화-수소(酸化水素)명 '물'의 화학적인 이름.
산화-수은(酸化水銀)명 수은의 산화물을 통틀어 이르는 말. 산화 제일수은과 산화 제이수은이 있음.
산화-아연(酸化亞鉛)명 천연적으로는 홍아연광으로 산출되고, 공업적으로는 아연을 태워서 만든 하얀 가루. 공업 약품이나 의약품 및 안료 따위의 원료로 쓰임. 아연화(亞鉛華).
산화-안티몬(酸化Antimon)명 안티몬과 산소의 화합물. 안티몬을 공기 속에서 융점 이상으로 가열하여 얻는 흰 결정성 가루.
산화-알루미늄(酸化aluminium)명 천연적으로는 강옥석(鋼玉石)으로 산출되고, 공업적으로는 보크사이트나 명반석 따위를 원료로 하여 만들어지는 흰 가루. 알루미늄의 제조 원료나 연마제 따위로 쓰임. 반토(礬土). 알루미나.
산화-염(酸化焰)명 ☞겉불꽃.
산화^염ː료(酸化染料) [-뇨]명 ☞산화 물감.
산화-은(酸化銀)명 은과 산소의 화합물. 등축정계의 검은 가루로, 탈(脫)할로겐 등에 쓰임.
산화-제(酸化劑)명 산화를 일으키는 물질. 〔산소·오존·할로겐 따위.〕 ↔환원제(還元劑).
산화^제ː이구리(酸化第二-)명 산화구리의 한 가지. 구리를 공기 속에서 강하게 가열하거나 수산화구리를 가열하여 얻는 검은 가루. 착색제·산화제 따위로 쓰임. 산화 제이동. 흑색 산화동.

산화^제:이동(酸化第二銅)명 ☞산화 제이구리.
산화^제:이철(酸化第二鐵)명 천연으로는 적철석(赤鐵石)으로서 산출되고, 공업적으로는 황산철을 가열해서 만드는 붉은빛의 가루. 안료(顔料)·연마재(硏磨材) 따위에 쓰임.
산화^제:일구리(酸化第一--)명 천연으로는 적동석으로서 산출되는 붉은빛의 결정성 가루. 반도체의 성질을 가지며, 습기가 많은 공기 속에서는 산화 제이동으로 됨. 안료, 배의 밑바닥에 칠하는 도료, 광전지 따위에 쓰임. 산화 제일동.
산화^제:일동(酸化第一銅) [-똥]명 ☞산화 제일구리.
산화^제:일철(酸化第一鐵)명 공기를 차단한 용기 속에서 철을 575℃ 이상으로 가열했을 때 생기는 검은 가루.
산화-질소(酸化窒素) [-쏘]명 질소 산화물을 통틀어 이르는 말. 아산화질소·삼이(三二)산화질소·이산화질소 따위가 있음.
산화-철(酸化鐵)명 철과 산소와의 화합물을 통틀어 이르는 말. 산화 제일철, 산화 제이철, 사삼(四三)산화철 따위가 있음.
산화-칼슘(酸化calcium)명 석회석을 가열해서 만드는 흰 가루. 물을 가하면 많은 열을 내어 수산화칼슘이 됨. 카바이드의 원료, 토질 개량용 등으로 쓰임. 생석회(生石灰).
산화-탄소(酸化炭素)명 탄소의 산화물. 〔일산화탄소·이산화탄소·이산화삼탄소 따위.〕
산:회(散會) [-회/-훼]명하자 회를 마치고 흩어짐. ¶ 간단히 이야기를 끝내고 곧 산회했다.
산:후(産後)명 아이를 낳은 직후. ¶ 산모의 산후 조리. ↔산전(産前).
산:후-조리원(産後調理院)명 산모의 몸조리를 위하여 전문적인 시설을 갖추어 놓은 사설 요양원.
산:-후취(-後娶)명 살아 있는 아내를 두고 다시 장가드는 일.
산힝명 〈옛〉사냥. ¶ 산힝 슈:狩(訓蒙下9).
삳명 〈옛〉삿자리. ¶ 삳 뎜:簟(類合上24. 訓蒙中11). /벼개와 삳 가지고(杜初9:25). 참삸.
삳갇명 〈옛〉삿갓. ¶ 삳갇:篛笠(訓蒙中15).
살¹명 ①동물체를 이루고 있는 조직의 한 가지. 피부 아래에 있어 근육과 더불어 뼈를 싸고 있는 연한 부분. ¶ 살이 오르다. ②과실의 껍질과 씨 사이에 있는 연한 부분. ③조개·게 따위의 껍데기 속에 차 있는 연한 부분.
살이 살을 먹고 쇠가 쇠를 먹는다속담 동포 형제끼리 서로 해침을 이르는 말.
살로 가다관용 (먹은 것이) 살이 되다.
살을 깎다관용 몹시 애쓰며 노력하거나 고생하다. ¶ 살을 깎는 노력.
살(을) 붙이다관용 말이나 글 따위의 뼈대가 되는 부분에, 수식하는 말을 덧붙이다.
살(을) 섞다관용 부부 생활을 하다.
살을 에고 소금 치는 소리관용 신랄한 꾸지람이나 비판의 말.
살을 에다관용 추위나 슬픔이 아주 심하다. ¶ 살을 에는 추위.
살(이) 깊다관용 살이 두껍다.
살²명 ①창문·얼레·부채·갓모·연 따위의 뼈대가 되는 나무오리나 대오리. ②빗의 낱낱의 오리. ③(옷 따위의) 풀기나 윤기. ④떡살로 찍은 무늬. ⑤《주로 합성어에 쓰이어》 해·별·불 또는 흐르는 물 따위의 내비치는 기운. ¶ 물살. /햇살. ⑥《주로 합성어에 쓰이어》 주름이나 구김으로 생기는 금. ¶ 눈살. /이맛살. ⑦〈어살〉의 준말. ⑧〈화살〉의 준말.
살을 먹이다관용 화살을 시위에 대고 활을 당기다.
살(을) 박다관용 흰떡에 떡살로 무늬를 박다.
살(을) 잡다관용 쓰러져 가는 집 따위를 바로 일으켜 세우다, 곧 살잡이를 하다.
살(이) 잡히다관용 ①구김살이 생기다. ②살얼음이 얼다.
살³명 노름판에서, 걸어 놓은 돈에 더 태우는 돈. ¶ 살을 지르다.
살⁴의 《고유어 수사 뒤에 쓰이어》 나이를 세는 말. ¶ 일곱 살. 비세(歲).
살(煞)명 ①사람이나 물건 따위를 해치는 독하고 모진 기운, 곧 악귀의 짓. ②친족 사이에 좋지 않은 띠앗머리.
살을 맞다관용 (초상집이나 잔칫집에 갔다가) 어떤 불길한 힘이 작용하여 갑자기 탈이 나다.
살(이) 가다관용 대수롭지 않은 일로 다치거나 하는 경우에, 그것을 '귀신의 짓'으로 여기어 이르는 말.
살이 끼다관용 어떤 불길한 힘이 작용하다.
살(이) 나가다관용 ☞살(이) 내리다.
살(이) 내리다관용 ①달라붙었던 악귀가 떨어져 나가다. ②사나운 띠앗머리가 떨어져 나가다. 살(이) 나가다. ↔살(이) 오르다.
살(이) 붙다관용 ☞살(이) 오르다.
살(이) 세다관용 띠앗머리가 사납다. ¶ 저 집 형제는 살이 세다.
살(이) 오르다관용 ①궂은 악귀의 짓이 들러붙다. ②일가친척 사이에 사나운 띠앗머리가 들러붙다. 살(이) 붙다. ↔살(이) 내리다.
살-가죽 [-까-]명 동물의 몸 거죽을 싸고 있는 껍질. 피부.
살갑다 [-따] [살가우니·살가워]형ㅂ ①(집이나 세간 따위가) 겉으로 보기보다 속이 너르다. ②마음씨가 부드럽고 다정스럽다. ¶ 안주인의 태도가 무척 살갑다. 큰슬겁다.
살강명 그릇 따위를 얹어 놓기 위하여 부엌 벽에 드린 선반.
살강 밑에서 숟가락 얻었다〔주웠다〕속담 횡재한 것 같으나 임자가 분명하여 아무 보람이 없음을 이르는 말.
살강-거리다자 자꾸 살강살강하다. 살강대다. 큰설겅거리다. 센쌀강거리다. 거살캉거리다.
살강-대다자 살강거리다.
살강-살강부하자 설익은 밥이나 콩 따위가 씹힐 때 나는 소리, 또는 그러한 느낌. 큰설겅설겅. 센쌀강쌀강. 거살캉살캉.
살-갗 [-깓]명 ①살가죽의 겉면. ②피부. *살갗이 [-까치]·살갗만 [-깐-]
살-거름명 씨를 뿌릴 때, 씨와 섞어 쓰는 거름. ¶ 감자 살거름으로 쓰려고 재를 모으다.
살-거리 [-꺼-]명 몸에 붙은 살의 정도와 모양. ¶ 살거리가 투실하다.
살-걸음명 화살이 날아가는 속도.
살-결 [-껼]명 살갗의 결. ¶ 고운 살결.
살-결박(-結縛)명하타 (죄인 따위를) 옷을 벗기고 알몸뚱이로 묶음.
살구명 살구나무의 열매.
살구-꽃 [-꼳]명 살구나무의 꽃. 행화(杏花). *살구꽃이 [-꼬치]·살구꽃만 [-꼰-]
살구-나무명 장미과의 낙엽 소교목. 중국 원산의 과실나무로 높이는 5m가량. 봄에 잎보다 먼저 연분홍 꽃이 피고, 열매는 여름에 노랗게 익음. 열매는 과실로 먹고, 씨는 행인(杏仁)이라 하여 한방에서 약재로 쓰임.

살-군두명 (꺾쇠 대신 쓰는) 가랫날을 장부의 바닥에 얼러 매는 줄.

살균(殺菌)명하타되자 (약품이나 열 따위로) 세균을 죽임. 멸균(滅菌).

살균-력(殺菌力)[-녁]명 세균을 죽이는 힘.

살균-제(殺菌劑)명 살균하는 데 쓰이는 약제. 〔승홍·요오드·붕산·알코올·포르말린 따위.〕

살그니부 〈살그머니〉의 준말. 큰슬그니.

살그머니부 남몰래 넌지시. 준살그니·살그미. 큰슬그머니.

살그미부 〈살그머니〉의 준말. 큰슬그미.

살근-거리다자 자꾸 살근살근하다. 살근대다. 큰슬근거리다.

살근-대다자 살근거리다.

살근-살근부하자 물체가 서로 맞닿아서 가볍게 비벼지는 모양. ¶ 다치지 않게 살근살근 문질러라. 큰슬근슬근.

살금-살금부 눈치를 살펴 가며 몰래 살그머니 하는 모양. ¶ 살금살금 기어 오다. 큰슬금슬금.

살긋-하다[-그타-]형여 샐긋하다. 큰실긋하다. 센쌀긋하다. **살긋-이**부.

살-기¹[-끼]명 몸에 살이 붙은 정도.

살기²명 연어과의 민물고기. 몸길이 16∼20 cm. 은어와 비슷하며 몸빛은 은백색인데, 아가미와 옆줄 아래로 갈색 반점이 많음. 숲 속의 맑은 물이나 연못·하천 등에 삶.

살기(殺氣)명 살인이라도 할 것 같은 무서운 기색이나 분위기. 살벌한 기운. ¶ 살기 등등한 얼굴.

살기-담성(殺氣膽盛)명하형 살기가 있어서 무엇이라도 무섭지 않음.

살기등등(殺氣騰騰) '살기등등하다'의 어근.

살기등등-하다(殺氣騰騰-)형여 살기가 얼굴에 잔뜩 올라 있다.

살기-충천(殺氣衝天)명하형 살기가 가득 차서 하늘을 찌를 듯함.

살-길¹[-낄]명 화살이 날아가는 길.

살ː-길²[-낄]명 살아가기 위한 방도. ¶ 제각기 살길을 찾아가다.

살-깃[-낃]명 화살 뒤끝에 붙인 새의 깃. ∗살깃이[-끼시]·살깃만[-낀-]

살ː-날[-랄]명 ①앞으로 살아 있을 날. ②잘살게 될 날. ¶ 우리도 살날이 멀지 않았다.

살-내[-래]명 몸에서 나는 냄새. 체취(體臭).

살년(殺年)[-련]명 크게 흉년이 든 해.

살-눈[-룬]명 ☞주아(珠芽).

살ː다¹[사니·살아]자 ①목숨을 이어 가다. 생존하다. ¶ 고기는 물에서 산다. ②(사람답게) 생활하다. ¶ 가정을 이루어 살다. ③일정한 거처(처소)에서 지내다. 보금자리를 지키며 누리다. ¶ 고향에서 살다. /이 고가(古家)에서 오대(五代)째 살고 있다. ④예술 작품 따위가 생동감 있게 표현되다. ¶ 마지막 한 줄로 이 시(詩)가 살았다. ⑤바둑의 돌이나 장기의 말 따위가 상대에게 잡히지 않게 되다. ¶ 죽을 뻔했던 대마가 살았다. ⑥불 따위가 꺼지지 않고 빛과 열을 계속 내고 있다. ¶ 화로의 짚불이 살아 있다. ⑦유용하다. 쓸모가 있다. ¶ 산 교훈. /산 역사. /살아 있는 규범. ⑧일정한 장소에서 계속 시간을 보내다. ¶ 온종일 낚시터에서 살다. ⑨기억 속에 남다. ¶ 영원히 가슴속에 살아 있을 추억. ①⑤⑥↔죽다¹.

산 (사람) 입에 거미줄 치랴속담 사람은 아무리 가난하여도 먹고살 수는 있다는 말.

산 호랑이 눈썹 (찾는다)속담 도저히 불가능한 것을 얻으려고 함을 이르는 말.

살ː다²[사니·살아]타 ①계속 지탱하다. 버티어 지내다. ¶ 10년을 더 살다. ②어떤 직책이나 신분으로 지내다. ¶ 벼슬을 살다. /머슴을 살다. ③징역이나 귀양살이 따위를 치르다. ¶ 징역을 살다.

살ː다³[사니·살아]형 기준이나 표준에 조금 크거나 많다. ¶ 근수를 좀 살게 달아 주오.

살-다듬이명하타 다듬잇살이 오르도록 짓두드리는 다듬질.

살-담배명 썬 담배. 각연초(刻煙草). 절초(切草). ↔잎담배.

살-닿다[-다타]자 본밑천에 손해가 나다. 밑지다.

살-대[-때]명 ①기둥이나 벽 따위가 넘어가는 것을 막기 위하여 버티는 나무. ②〈화살대〉의 준말.

살-덩어리[-떵-]명 살로 이루어진 덩어리. 살덩이. ¶ 돼지고기를 살덩어리로만 사다.

살-덩이[-떵-]명 살덩어리.

살도(殺到)명 '쇄도(殺到)'의 잘못.

살-돈명 ①노름의 밑천이 되는 돈. ②어떤 일을 하여 밑졌을 때, 본디 그 밑천이 되었던 돈. ②육전(肉錢).

살ː똥-스럽다[-따][~스러우니·~스러워]형ㅂ 말이나 행동 따위가 독살스럽고 당돌하다. **살똥스레**부.

살뜰-하다형여 ①매우 알뜰하다. 규모가 있고 착실하다. ②사랑하고 위하는 마음이 지극하다. ¶ 시부모를 살뜰하게 보살피다. **살뜰-히**부.

살-뜸명하자 맨살에다 바로 대고 뜨는 뜸.

살랑부하자 바람이 가볍게 부는 모양. 큰설렁.

살랑-거리다자타 자꾸 살랑살랑하다. 살랑대다. 큰설렁거리다. 센쌀랑거리다.

살랑-대다자타 살랑거리다.

살랑-살랑부 ①하자 좀 살랑한 바람이 잇따라 가볍게 부는 모양. ②하자타 팔을 가볍게 저어 바람을 내면서 걷는 모양. 큰설렁설렁¹. 센쌀랑쌀랑.

살랑살랑-하다형여 매우 살랑한 느낌이 있다. 큰설렁설렁하다. 센쌀랑쌀랑하다.

살랑-하다형여 ①서늘한 바람이 불어 조금 추운 듯하다. ¶ 때는 봄이라지만 아직 바람결이 살랑하다. ②갑자기 놀라 가슴속에 찬바람이 돌다. 큰설렁하다. 센쌀랑하다.

살래-살래부하타 머리 따위를 작은 동작으로 가볍게 가로흔드는 모양. ¶ 고개를 살래살래 젓다. 큰설레설레. 센쌀래쌀래.

살략(殺掠·殺略)명하타 목숨과 금품을 빼앗음.

살롱(salon 프)명 ①유럽, 특히 프랑스의 상류 사회의 저택에서, 부인이 주최하던 사교적 모임. ②미술 전람회, 또는 전람실. ③다방·미장원·바·카바레 따위의 이름으로 흔히 쓰이는 말.

살롱^음악(salon音樂)명 ①살롱 같은 곳에서 적은 인원으로 연주하는 가벼운 음악. ②고전적인 명곡을 대중적인 가락으로 편곡한 경음악(輕音樂).

살륙(殺戮)명하타되자 '살육(殺戮)'의 잘못.

살리다¹타 ①어떤 부분을 없애지 않고 있는 그대로 남겨 두거나 좀 보태거나 하다. ¶ 원줄기는 살리고 곁가지만 치다. /모서리를 살리다. ②활용하다. ¶ 배운 지식을 살리다. /경험을 살리다.

살-리다²타 〖'살다'의 사동〗 ①죽게 된 것을 살게 하다. ¶ 죽은 목숨을 살리다. /꺼져 가는 불길을 다시 살리다. ②생활 방도를 강구하여 목숨을 유지하게 하다. ¶ 가족을 먹여 살리다.

살리실-산(salicyl酸)명 바늘 모양으로 된 무색의 결정. 뜨거운 물 또는 알코올에 잘 녹음. 신맛과 자극성이 있으며, 강한 살균 작용을 함. 방부제·의약·염료 따위로 널리 쓰임.

살림명 ①하자 한 집안을 이루어 살아가는 일. ¶ 살림을 나다. /살림을 도맡아서 하다. ②살아가는 상태나 형편. ¶ 살림이 궁하다. /살림이 꿀리다. ③집 안에서 주로 쓰는 세간. ¶ 살림을 장만하다.

살림(을) 맡다관용 한 집안의 살림 전반에 대한 관리·감독권을 맡아 하다.

살림-꾼명 ①살림을 맡아서 하는 사람. ②살림을 알뜰하게 잘 꾸려 가는 사람.

살림-때명 살림에 시달리어 찌든 기색. ¶ 살림때가 묻은 아낙네의 옷차림.

살림-방(-房)[-빵]명 살림하는 방.

살림-살이명 ①하자 살림을 차려서 사는 일, 또는 그 규모나 형편. ¶ 단출한 살림살이. ②살림에 쓰이는 세간. ¶ 결혼 3년 만에 살림살이가 꽤 늘었다.

살림-집[-찝]명 살림하는 집.

살림-터명 생활하는 곳.

살-막(-幕)명 어살을 쳐 놓고 물고기가 걸리기를 기다리기 위하여 지어 놓은 움막.

살-막이(煞-)명 '살풀이'의 잘못.

살-맛[1][-맏]명 ①남의 살과 서로 맞닿아서 느끼는 느낌. ②성행위의 즐거움. ＊살맛이[-마시]·살맛만[-만-]

살ː-맛[2][-맏]명 세상을 살아 나가는 재미. ¶ 살맛이 안 난다. /살맛을 잃다. ＊살ː맛이[-마시]·살ː맛만[-만-]

살망-살망부 살망한 다리로 걷는 모양. 큰설멍설멍.

살망-하다형여 ①아랫도리가 어울리지 않게 가늘고 길다. ②옷이 몸에 어울리지 않게 짧다. 큰설멍하다.

살며시부 가볍게 또는 드러나지 않게 넌지시. ¶ 살며시 자리를 뜨다. 큰슬며시.

살멸(殺滅)명하타 죽여 없앰. ¶ 세균을 살멸하다.

살몃-살몃[-면쌀면]부 거듭 살며시 행동하는 모양. 큰슬몃슬몃.

살모넬라-균(salmonella菌)명 장내 병원균(腸內病原菌)의 한 무리. 장티푸스·파라티푸스·식중독 따위의 원인이 됨.

살모-사(殺母蛇)명 ☞살무사.

살-목(-木)명 집을 살잡이할 때, 기둥을 솟구는 지렛대.

살무사명 살무삿과의 독사. 몸길이 70 cm가량. 대가리는 삼각형이며 목은 가늘고 꼬리는 홀쭉함. 온몸은 어두운 회색에 검은 동전 모양의 무늬가 많음. 음습한 산골짜기나 돌무덤 등에 살며 쥐·개구리 따위를 잡아먹음. 복사(蝮蛇). 살모사(殺母蛇).

살-문(-門)명 문살을 가로세로 넣어 짠 문.

살미명 전각(殿閣)이나 누각(樓閣) 따위의 건축에서, 기둥 위와 도리 사이를 장식하는, 촛가지를 짜서 만든 부재(部材).

살미^살창(-窓)명 촛가지를 짜서 살을 박아 만든 창문.

살믿명 〈옛〉 살밑. ¶ 살믿 족:鏃(訓蒙中29).

살-밀이명하자 문살의 등을 밀어서 장식하는 일.

살-밀치명 말의 꼬리에 걸어 안장에 매는 끈.

살-밑[-믿]명 화살 끝에 박은 뾰족한 쇠. 살촉. 화살촉. ＊살밑이[-미치]·살밑을[-미틀]·살밑만[-민-]

살-바람명 ①봄철에 부는 찬 바람. ②좁은 틈에서 새어 드는 찬 바람.

살-받이[-바지]명 (과녁의 앞뒤와 양쪽에) 화살이 날아와 떨어지는 자리.

살-방석(-方席)명 방석 모양으로 만든, 화살을 닦는 제구.

살벌(殺伐)명하형 분위기나 풍경, 또는 인간관계 따위가 거칠고 서먹서먹함. ¶ 살벌한 분위기.

살-별명 ☞꼬리별. 혜성.

살-보시(←-布施)명하자 '여자가 중에게 몸을 허락함'을 조롱하여 이르는 말.

살부지수(殺父之讎)명 아버지를 죽인 원수.

살-붙이[-부치]명 ①가까운 혈족. 〔주로, 부모와 자식 관계에서 씀.〕 ②뼈가 붙지 않은 짐승의 살코기.

살비(撒肥)명하자 비료를 뿌림.

살-빛[-삗]명 살갗의 빛깔. 살색. ＊살빛이[-삐치]·살빛만[-삔-]

살ː사(salsa 스)명 쿠바의 리듬에 로큰롤·솔·재즈 따위를 혼합한 활기에 넘치는 라틴 음악, 또는 그 음악에 맞춰 추는 춤.

살사^장치(撒沙裝置)[-싸-]명 기관차의 바퀴가 헛돌거나 미끄러지는 것을 방지하기 위해 레일 위에 모래를 뿌리는 장치.

살살[1]부 ①남이 모르게 살그머니. 살금살금. ¶ 살살 뒤를 밟다. ②가만히. ¶ 눈치를 살살 보다. /눈웃음을 살살 치다. ③그럴듯한 말이나 행동으로 남을 달래거나 꾀는 모양. ¶ 살살 꾀어 데려오다. ④바람이 보드랍게 부는 모양. ¶ 살살 부는 봄바람. ⑤(잘 녹는 물질이) 모르는 사이에 녹는 모양. ¶ 사탕이 입 안에서 살살 녹는다. 큰슬슬.

살살[2]부 ①적은 양의 액체가 찬찬히 고루 끓는 모양. ¶ 찻물이 살살 끓는다. ②온돌방의 방바닥이 골고루 뭉긋하게 더운 모양. ¶ 방바닥이 살살 끓는구나. 큰설설[1]. 센쌀쌀.

살살[3]부 ①살래살래 흔드는 모양. ②작은 벌레가 기어 다니는 모양. 큰설설[2].

살살[4]부 배가 조금씩 쓰리면서 아픈 모양. ¶ 배가 살살 아프다. 센쌀쌀.

살살-거리다자 ①작은 벌레가 계속해서 가만가만 기어 다니다. ②눈웃음을 치며 자꾸 알랑거리다. ③계속해서 달래며 가만가만 야살을 떨다. 살살대다.

살살-대다자 살살거리다.

살살-이명 '간사하게 알랑거리는 사람'을 얕잡아 이르는 말.

살살-하다형여 ①간사하고 교활하다. ②매우 아슬아슬하다. ③가냘프고 약하다.

살상(殺傷)[-쌍]명하타 되자 죽이거나 상처를 입힘. ¶ 인명을 살상하다.

살-색(-色)[-쌕]명 살빛.

살생(殺生)[-쌩]명하자·타 되자 사람이나 동물 따위의 산 것을 죽임.

살생-계(殺生戒)[-쌩계/-쌩게]명 불교에서, 오계(五戒) 또는 십계(十戒)의 하나. 살생을 해서는 안 된다는 계율.

살생-금단(殺生禁斷)[-쌩-]명 불교에서, 자비의 정신으로 생물을 애호하기 위하여 새·짐승 따위의 사냥을 금하는 일.

살생-부(殺生簿)[-쌩-]명 ①계유정난 때, 수양대군이 죽이고 살릴 사람의 이름을 적어 둔 명부. ②어떤 조직에서, '퇴출시킬 사람의 이름을 적은 명부'를 비유하여 이르는 말. ¶ 살생부가 나돌다.

살생-유택(殺生有擇) [-쌩-]명 세속 오계의 하나로, 함부로 살생을 하지 말아야 한다는 계율.
살생-죄(殺生罪) [-쌩죄/-쌩줴]명 불교에서, 무자비한 살생을 범한 죄, 또는 그 죄로 인해 받는 벌을 이르는 말.
살서-제(殺鼠劑) [-써-]명 쥐를 죽이는 약. 〔아비산·황린 따위.〕 쥐약.
살-성(-性) [-썽]명 살갗의 성질.
살성(殺星) [-썽]명 사람의 명수(命數)를 맡고 있다는 불길한 별.
살-소매명 팔과 소매 사이의 빈틈.
살-손명 ①연장 따위를 쓰거나 장갑을 끼거나 하지 않고 직접 대어 만지는 손. ¶ 살손으로 집다가 가시에 찔렸다. ②일을 정성껏 하는 손. ¶ 잡손이 어이 살손일까?
　살손(을) 붙이다관용 일을 다잡아 정성을 다하다. ¶ 살손을 붙여 마무리 작업을 하다.
살수(殺手) [-쑤]명 ①칼과 창을 가진 군사. ②지난날, 죄인의 목을 치던 사람. ②망나니.
살수(撒水) [-쑤]명하자 물을 뿌림.
살-수건(-手巾) [-쑤-]명 화살을 문질러 닦는 수건. 참살수세미.
살수-기(撒水器) [-쑤-]명 물을 뿌리는 기구.
살-수세미[-쑤-]명 활촉을 문질러 닦는 데 쓰는, 대로 만든 수세미.
살수-차(撒水車) [-쑤-]명 (먼지가 일지 않도록) 한길에 물을 뿌리며 다니는 자동차. 물자동차.
살신성인(殺身成仁) [-씬-]명하자 몸을 죽여 인(仁)을 이룸, 곧 옳은 일을 위하여 자기 몸을 희생함. 〔'논어'의 '위령공편(衛靈公篇)'에 나오는 말임.〕
살-쐐기명 여름철에 생기는 피부병의 한 가지. 가렵고 따끔거림.
　살쐐기(가) 일다관용 살쐐기가 나다.
살아-가다자 ①목숨을 이어 가다. ¶ 대대로 살아갈 이 땅. ②살림을 해 나가다. ¶ 행복하게 살아가다.
살아-나다자 ①죽었거나 거의 죽게 된 것이 다시 생명을 이어 살게 되다. ¶ 구사일생으로 살아나다. ②꺼지게 된 불이 다시 피어 오르다. ¶ 휘발유를 뿌리니 죽어가던 모닥불이 살아났다. ③몹시 어려운 고비를 벗어나다. ¶ 부도 직전이던 회사는 채권단의 배려로 살아났다. ④잊었던 기억이 다시 떠오르다. ¶ 사진을 보니 옛 기억들이 새록새록 살아난다. ⑤약해졌던 세력이 다시 성해지다. ¶ 팀워크가 살아나다.
살아-남다[-따]자 ①여럿 가운데 얼마가 죽음을 면하여 살아서 남아 있게 되다. ¶ 이번 지진으로 살아남은 사람은 몇 명 안 된다. ②어떤 일이나 효력 따위가 계속되다. ¶ 가슴에 큰 감동으로 살아남은 고전. ③어떤 분야에서 밀려나지 않고 유지하다. ¶ 생존 경쟁에서 살아남다.
살아내다타 〈옛〉 살려내다. ¶ 白龍올 살아내시니(龍歌*22*章).
살아-생이별(-生離別) [-니-]명 '생이별'을 강조하는 말.
살아-생전(-生前)명 이 세상에 살아 있는 동안. 곧, '생전'을 강조하는 말. ¶ 살아생전에 남북통일을 보고 싶다.
살아-오다자 ①목숨을 이어 오다. ¶ 반평생을 살아오다. ②죽지 않고 돌아오다. ¶ 전쟁터에서 구사일생으로 살아오다. ③어떤 일정한 일자리에서 일해 오거나 일정 기간 동안 어떤 일을 겪어 오다. ¶ 그는 30여 년을 교사로 살아왔다. ④어떤 종류의 인생이나 생애·시대 따위를 견디며 지내 오다. ¶ 고난의 삶을 살아오다.
살아-평생(-平生)명 사람이 살아가는 일생 내내의 동안. ¶ 살아평생 이런 희한한 일은 처음 겪는다.
살-언치명 언치에 덧댄 작은 짚자리나 부대 조각.
살-얼음명 얇게 살짝 언 얼음. 박빙(薄氷).
　살얼음 밟듯이관용 (몹시 위험한 지경에서) 매우 조심스럽게.
살얼음-판(-板)명 ①살얼음이 언 얼음판. ②'몹시 위태롭고 아슬아슬한 지경'을 비유하여 이르는 말. ¶ 살얼음판을 걷는 듯하다.
살없는-창(-窓) [사럼-]명 창살이 없이 문얼굴만 있는 창.
살-여울[-려-]명 급하고 빠른 여울물.
살오닉명 〈옛〉 살의 오닉. 오닉〔矢筈〕. ¶ 살오닉 괄:筈(訓蒙中*29*).
살오다타 〈옛〉 살리다. ¶ 이온 플을 다 살와 내여스라(鄭澈.關東別曲).
살옥(殺獄)명 조선 시대에, 살인 사건에 대한 '옥사(獄事)'를 이르던 말.
살-올실명 ☞근섬유(筋纖維).
살육(ˇ殺戮)명하타되자 (많은 사람을) 마구 죽임. ¶ 살육을 저지르다.
살육-장(ˇ殺戮場) [-짱]명 살육이 벌어지는 곳.
살육지변(ˇ殺戮之變) [-찌-]명 많은 사람을 마구 죽이는 변고.
살의(殺意) [사릐/사리]명 사람을 죽이려는 생각. ¶ 살의를 띠다. /살의를 품다. /살의에 가득찬 눈빛.
-살이접미 《일부 명사나 용언의 어간 뒤에 붙어》 무엇에 종사하거나 기거하여 살아감을 뜻함. ¶ 고용살이. /더부살이. /시집살이. /타향살이.
살인(殺人)명하자 사람을 죽임. ¶ 살인 사건. /살인 혐의.
살인-강도(殺人強盜)명 사람을 죽이고 재물을 빼앗는 도둑.
살인-광(殺人狂)명 사람을 죽이는 데 재미를 붙인 듯이 함부로 살인하는 사람.
살인^광선(殺人光線)명 사람을 죽이거나 무기를 파괴할 수 있는 강한 에너지를 가진 광선. 〔레이저 광선 따위.〕
살인-귀(殺人鬼)명 예사로 사람을 죽이는 냉혹한 사람을 악귀에 비유하여 이르는 말. 살인마.
살인-극(殺人劇)명 사람을 죽이는 소동.
살인-나다(殺人-)자 살인 사건이 생기다.
살인-내다(殺人-)자 사람을 죽이다.
살인-마(殺人魔)명 ☞살인귀.
살인^미ː수(殺人未遂)명 사람을 죽이려다가 이루지 못함.
살인-범(殺人犯)명 살인죄를 범한 사람, 또는 그 죄. 살해범.
살인-자(殺人者)명 살인을 한 사람.
살인-적(殺人的)관명 사람의 몸이 견디지 못할 정도로 몹시 심한 (것). ¶ 살인적 더위. /살인적인 한파.
살인-죄(殺人罪) [-쬐/-쮀]명 (고의로) 사람을 죽임으로써 성립하는 죄.
살-잡이명하자 기울어져 가는 집 따위를 살대 등으로 버티어 바로 일으켜 세우는 일.
살장[-짱]명 광산 구덩이 속에서 동발과 띳장 사이에 끼워서 흙과 돌 따위가 떨어지지 않게 하는 나무나 널.
살-전(-錢)명 '살돈'의 방언.

살-점(-點)[-쩜]명 큰 덩어리에서 베어 낸 살의 조각.
살정-제(殺精劑)[-쩡-]명 정자(精子)를 죽이는 약, 곧 피임약.
살-조개명 ☞꼬막.
살주-마(殺主馬)[-쭈-]명 주인도 몰라보고 해치는 난폭한 말.
살줄-치다[-쭐-]자 연을 얼리다가 섰던 자리를 바꾸거나, 얼레를 이리저리 넘기어서 다시 풀리게 하다.
살-지다형 ①몸에 살이 많고 튼실하다. ¶ 살진 암탉. ②땅이 기름지다. ¶ 살진 논밭.
살-지르다[~지르니·~질러]자르 ①킨살을 시르다. ②노름판에서, 걸어 놓은 돈에 덧붙이기로 돈을 더 대어 놓다. ③어살을 지르다.
살지무석(殺之無惜)[-찌-]명 죽여도 아깝지 아니함. 〔지은 죄가 매우 무거움을 이르는 말.〕
살-집[-찝]명 살의 부피. ¶ 살집이 좋다.
살짓명 〈옛〉 살깃. ¶ 살짓 령: 翎(訓蒙中*29*).
살짝부 ①남에게 들키지 않게 얼른. ¶ 과자를 살짝 집어 먹다. ②힘들이지 않고 능숙하게. ¶ 살짝 들어 올리다. ③심하지 않게 약간. ¶ 살짝 얼굴을 붉힌다. /버섯을 살짝 데치다. ④표 나지 않게 가만히. ¶ 그녀는 그 일을 내게만 살짝 귀띔해 주었다. 큰슬쩍. **살짝-살짝**부.
살짝-곰보[-꼼-]명 조금 얽은 곰보.
살짝-궁[-꿍]부 '살짝'을 강조하여 이르는 말.
살쩍명 ①관자놀이와 귀 사이에 난 털. 귀밑털. 빈모(鬢毛). ②〈살쩍밀이〉의 준말.
살쩍-밀이[-쩡-]명 살쩍을 망건 속으로 밀어 넣는, 대나 뿔로 만든 물건. 준살쩍.
살쭈명 〈쇠살쭈〉의 준말.
살찌명 쏜 화살이 날아가는 모양새.
살-찌다자 몸에 살이 많아지다. 살이 오르다.
살찐 놈 따라 붓는다속담 실속 없이 남이 하는 대로 따라 할 필요가 없음을 이르는 말.
살찌-우다타 〖'살찌다'의 사동〗 몸에 살이 많아지게 하다. ¶ 돼지를 살찌우다.
살-차다형 ①흐르는 살별의 꼬리가 세차다. ②마음씨가 차고 매섭다.
살-창(-窓)명 인방(引枋)이나 문틀에 살대를 나란히 세워 낸 창. 살창문. 전창(箭窓).
살-창문(-窓門)명 ☞살창.
살천-스럽다[-따][~스러우니·~스러워]형ㅂ 쌀쌀하고 매섭다. **살천스레**부.
살초-제(殺草劑)명 ☞제초제(除草劑).
살-촉(-鏃)명 화살 끝에 박은 뾰족한 쇠. 살밑. 화살촉.
살충(殺蟲)명하자 벌레를 죽임.
살충-등(殺蟲燈)명 해충을 잡기 위해 마련한 등. 유아등(誘蛾燈).
살충-제(殺蟲劑)명 농작물·가축·인체에 해가 되는 벌레를 죽이거나 없애는 약제. 구충제.
살치명 쇠갈비의 윗머리에 붙은 고기.
살-치다자 못 쓰게 된 글에 '×' 모양의 줄을 그어 못 쓴다는 뜻을 나타내다.
살-친구(-親舊)명 남색(男色)의 상대가 되는 친구.
살캉-거리다자 자꾸 살캉살캉하다. 살캉대다. 큰설컹거리다. 센쌀캉거리다. 여살강거리다.
살캉-대다자 살캉거리다.
살캉-살캉부하자 설익은 밤이나 콩 따위가 가볍게 씹히는 소리, 또는 그러한 느낌. ¶ 땅콩이 덜 볶이어 살캉살캉하게 씹힌다. 큰설컹설컹. 센쌀캉쌀캉. 여살강살강.

살코기명 (뼈·비계·심줄 따위가 섞이지 않은) 살로만 된 고기. 참정육(精肉).
살쾡이명 고양잇과의 산짐승. 고양이와 비슷한데 몸집이 좀 크며, 몸빛은 갈색이고, 등에 흑갈색 줄무늬와 얼룩무늬가 있음. 성질이 매우 사나우며, 밤에 꿩이나 다람쥐 따위를 잡아먹음. 들고양이. 삵. 야묘.
살타토(saltato 이)명 현악(絃樂)에서, 활을 현 위에서 튀게 하여 연주하는 주법. 살탄도.
살탄도(saltando 이)명 ☞살타토.
살-통명 어떤 물건을 살대를 받친 채로 자리를 옮기는 도구.
살파(撒播)명하타 (씨를) 골고루 뿌림. ¶ 볍씨를 살파하다.
살팍-지다[-찌-]형 (힘살이) 살지고 단단하다. ¶ 나이에 비해 살팍지게 생겼다.
살-판[1]명 국궁(國弓)에서, 화살 50시(矢)를 쏘아 20시를 과녁에 맞히는 일. 참대살판·소살판.
살-판[2]명 남사당패의 여섯 가지 놀이 중의 셋째 놀이. 땅재주 광대가 두 손으로 땅을 짚고 공중제비를 넘는 일. 살판뜀.
살-판[3]명 '살얼음판'의 잘못.
살-판(-板)명 집을 살잡이할 때에 기둥을 솟구는 데 쓰는 널.
살ː판-나다자 좋은 일이나 돈이 생겨 살기가 넉넉해지다. 기를 펴고 살 수 있게 되다. ¶ 많은 유산이 굴러 들어와 살판났다. /이제 어른들의 간섭이 없어졌으니 살판났구나.
살판-뜀명 ☞살판2.
살판-쇠[-쇠/-쉐]명 남사당패에서, 몸을 날려 재주를 넘는 재인(才人)의 우두머리.
살펴-보다타 하나하나 자세히 주의해 보다. ¶ 주위를 샅샅이 살펴보다. 높감하다.
살-평상(-平牀)명 바닥에 좁은 나무오리를 일정한 사이를 두고 대어서 만든 평상.
살포명 논의 물꼬를 트거나 막거나 할 때에 쓰는 네모진 삽.
살포(撒布)명하타되자 일대에 흩어 뿌림. ¶ 비행기로 농약을 살포하다.
살포시부 매우 보드랍고 가볍게. 살며시. ¶ 살포시 눈을 감다.
살포-제(撒布劑)명 ①소독이나 살충을 위하여 뿌리는 약제를 통틀어 이르는 말. ②몸의 습하기 쉬운 곳에 생기는 습진이나 피부의 상처 따위를 예방하거나 고치기 위하여 뿌리는 외용약.
살-풀이(煞-)명 ①하자흉살을 피하려고 하는 굿. ②남도(南道) 살풀이에서 파생된 민속 무용의 한 가지.
살풀이-장단(煞-)명 무악(巫樂) 장단의 한 가지.
살-품명 가슴과 옷 사이의 빈틈.
살-풍경(殺風景)명 ①아주 보잘것없거나 몹시 쓸쓸한 풍경. ②하형아주 단조롭고 흥취가 없음. ¶ 거리가 매우 살풍경하다. ③살기를 띤 광경.
살피명 ①두 땅이 맞닿은 경계를 나타낸 표. ②물건과 물건 사이를 구별한 표.
살피다[1]타 ①조심하여 자세히 보다. ¶ 눈치를 살피다. /집 안의 동정을 살피다. ②어떤 현상을 관찰하거나 미루어 헤아리다. ¶ 정세를 살피다.
살피다[2]형 짜거나 엮은 물건이 얇팍하고 성기다. ¶ 무명이 너무 살피다. 큰설피다.
살핏-살핏[-핃쌀핃]부하형 (피륙 따위가) 여기저기 살핏하게 짜인 모양. 큰설핏설핏.
살핏-하다[-피타-]형여 짜거나 엮은 것이 좀 얇고 성긴 듯하다. ¶ 살핏한 모시. 큰설핏하다.

살해(殺害)명하타되자 남을 죽임. 남의 생명을 해침. ¶ 유괴한 아이를 살해하다.
살해-범(殺害犯)명 사람을 죽인 범인. 살인범.
살-홍(-紅)명 홍살문·정문·샛문 따위의 위에 가로 댄 살창.
살활(殺活)명 죽임과 살림.
살획(殺獲)[-획/-훽]명하타 죽임과 사로잡음, 또는 죽이거나 사로잡음.
삵[삭]명 ☞살쾡이. * 삵이[살기]·삵만[상-]
삵-괭이명 '살쾡이'의 잘못.
삵-피(-皮)[삭-]명 털째로 벗긴 살쾡이의 가죽. 야묘피(野貓皮).
삶:[삼]명 ①사는 일. 살아 있는 일. 생(生). ¶ 보람찬 삶. /삶에 대해 회의를 느끼다. ↔죽음. ②목숨. 생명. * 삶:이[살미]·삶:만[삼-]
삶-기다[삼-]자 《'삶다'의 피동》 삶아지다.
삶:다[삼따]타 ①(물건을) 물에 넣고 끓이다. ¶ 달걀을 삶다. ②(남을) 달래거나 꾀거나 으르거나 하여 고분고분하게 만들다. ¶ 고집이 센 사람이니 잘 삶아 두어라. ③논밭의 흙을 써레로 썰고 나래로 골라서 노글노글하게 하다. ¶ 밭을 삶다. * 삶아·삶:고[삼꼬]·삶:는[삼-]
삶-이명하자 ①논을 삶는 일. 건삶이와 무삶이가 있음. ②(못자리를 마련하지 않고) 잘 삶은 논에 바로 볍씨를 뿌리는 일. ②수부종.
삷명 〈옛〉삽. ¶ 헌 삿갓 자른 되롱 삷 집고 호믜 메고(古時調).
삼[1]명 배 속의 아이를 싸고 있는 막과 태반(胎盤). 태(胎). 태보(胎褓).
　삼(을) 가르다관용 해산한 뒤에 탯줄을 끊다. 태를 가르다.
삼[2]명 ①뽕나뭇과의 일년초. 중앙아시아 원산의 재배 식물. 줄기는 1~2.5 m이며 곧게 자람. 잎은 손바닥 모양으로 갈라지는 겹잎이며, 여름에 연녹색 꽃이 핌. 줄기 껍질은 섬유의 원료가 되며 씨로는 기름을 짬. 대마(大麻). 마(麻). ②대마·저마·아마·황마를 두루 이르는 말.
삼[3]명 병으로 말미암아 눈동자에 좁쌀만 하게 생기는 희거나 붉은 점.
삼[4]명 뱃바닥에 댄 널.
삼(參)명 〈삼성(參星)〉의 준말.
삼(蔘)명 ①〈인삼〉의 준말. ②'인삼(人蔘)'과 '산삼(山蔘)'을 두루 이르는 말.
삼(三·參) Ⅰ수 셋.
Ⅱ관 《일부 단위를 나타내는 명사 앞에 쓰이어》 ①그 수량이 셋임을 나타내는 말. ¶ 삼 년. /삼 개월. ②그 순서가 세 번째임을 나타내는 말. ¶ 삼 학년. /교실은 삼 층에 있다.
삼가부 삼가는 마음으로. 조심하는 마음으로 정중히. ¶ 삼가 고인의 명복을 빌다.
삼가다타 ①무엇을 꺼려 몸가짐 따위를 조심스럽게 하다. ¶ 말을 삼가다. ②무엇을 꺼려 양(量)이나 횟수가 지나치지 않도록 줄이다. ¶ 바깥출입을 삼가다. /술과 담배를 삼가시오.
삼-가리(三街里)명 ☞삼거리.
삼가-하다타여 '삼가다'의 잘못.
삼각(三角)명 ①세모. ②〈삼각형〉의 준말. ③〈삼각법〉의 준말.
삼각(三刻)명 세 시각, 또는 셋째 시각.
삼각(三脚)명 ①☞비경이. ②〈삼각가(三脚架)〉의 준말.
삼각(三覺)명 부처가 갖춘 깨달음의 세 가지 상(相), 곧 자각(自覺)·각타(覺他)·각행원만(覺行圓滿)을 아울러 이르는 말.
삼각-가(三角架)[-까]명 도가니를 걸쳐 놓는 데 쓰는, 정삼각형 모양의 기구.
삼각-가(三脚架)[-까]명 망원경이나 사진기·나침반 같은 것을 얹어 놓는, 세 발 달린 받침대. 삼발이. 준삼각.
삼각-강(三角江)[-깡]명 조류(潮流) 따위로 삼각주가 형성되지 못하고 하구(河口)가 침식되어 나팔 모양으로 벌어진 강.
삼각-건(三角巾)[-껀]명 부상자의 응급 치료 따위에 쓰이는 삼각형의 헝겊. 정사각형의 천을 대각선으로 잘라서 만듦.
삼각-관계(三角關係)[-꽌계/-꽌게]명 ①세 사람, 또는 세 단체 사이의 관계. ¶ 한국·일본·중국 간의 삼각관계. ②세 남녀 사이의 연애 관계. ¶ 삼각관계에 빠지다.
삼각-근(三角筋)[-끈]명 어깻죽지와 팔의 윗마디뼈를 잇고 있는 삼각형의 근육.
삼각-급수(三角級數)[-끕쑤]명 삼각 함수를 항(項)으로 하는 급수.
삼각-기둥(三角-)[-끼-]명 밑면이 삼각형인 각기둥. 세모기둥.
삼각-대(三脚臺)[-때]명 사진기·기관총 따위를 얹어 놓는, 세 발 달린 받침대.
삼각^동맹(三角同盟)[-똥-]명 세 나라나 세 사람 사이에 맺어진 동맹.
삼각^무:역(三角貿易)[-강-]명 두 나라 사이의 무역상의 불균형을 없애기 위하여 제삼국을 개입시켜 서로 균형을 유지해 나가는 무역.
삼각^방정식(三角方程式)[-빵-]명 미지수나 미지수의 식의 삼각 함수를 포함하는 방정식.
삼각-법(三角法)[-뻡]명 삼각 함수나 그 응용 등, 삼각형의 변과 각 사이의 양적 관계에 따른 여러 가지 기하학적 도형을 연구하는 수학의 한 분과. 준삼각.
삼각-비(三角比)[-삐]명 직각 삼각형의 변의 비. 참삼각 함수.
삼각-뿔(三角-)명 밑면이 삼각형인 각뿔. 세모뿔.
삼각-산(三角山)[-싼]명 '서울 북한산(北漢山)'의 딴 이름. 백운대(白雲臺)·만경대(萬景臺)·인수봉(仁壽峯)의 세 봉으로 이루어짐. '화산(華山)'이라고도 함.
　삼각산 바람이 오르락내리락속담 바람이 제멋대로 오르락내리락한다는 뜻으로, 거들거리고 놀아나는 모양을 이르는 말. 삼각산 풍류.
　삼각산 풍류속담 ☞삼각산 바람이 오르락내리락.
삼각-수(三角鬚)[-쑤]명 두 뺨과 턱에 나 삼각형을 이루고 있는 수염.
삼각-익(三角翼)명 ☞델타 날개.
삼각익-기(三角翼機)[-끼]명 두 날개의 평면 모양이 삼각형인 비행기.
삼각-자(三角-)[-짜]명 삼각형의 자. 밑각이 60°와 30°의 직각 삼각자와 45°의 이등변 삼각자가 있음. 세모자.
삼각-점(三角點)[-쩜]명 삼각 측량 때, 기준으로 선정된 세 정점, 또는 그 점에 설치한 표지.
삼각-주(三角洲)[-쭈]명 강물에 떠 내려온 토사(土沙)가 하구(河口)에 퇴적되어 이루어진 충적 평야(沖積平野)의 한 가지. 대체로 삼각형을 이루고 있음. 삼릉주(三稜洲). 델타.
삼각-주(三角柱)[-쭈]명 '삼각기둥'의 구용어.
삼각-지(三角紙)[-찌]명 곤충을 채집할 때 쓰는 삼각형의 종이봉투.
삼각-철(三角鐵)명 ☞트라이앵글.
삼각-추(三角錐)명 '삼각뿔'의 구용어.

삼각^측량(三角測量)[-층냥]명 삼각법을 응용한 측량법. 실지 측량이 가능한 거리나 각도에서 실지 측량이 불가능한 거리나 표고(標高) 따위를 구하는 기초적인 방법.
삼각-파(三角波)명 방향이 다른 둘 이상의 물결이 겹쳐서 된 불규칙한 높은 파도.
삼각-패(三角貝)명 중생대(中生代)의 표준 화석으로, 쥐라기·백악기의 지층에서 많이 찾아볼 수 있는 조개.
삼각-표(三角表)명 〈삼각 함수표〉의 준말.
삼각^플라스크(三角flask)명 밑면이 평평한 원뿔 모양의 플라스크.
삼각^함ː수(三角函數)[-가캄쑤]명 직각 삼각형에서, 직각이 아닌 밑각의 크기가 일정할 때 그 각도와 삼각비와의 관계를 여섯 가지의 함수로 나타낸 것. 사인(sinθ)·코사인(cosθ)·탄젠트(tanθ)·코탄젠트(cotθ)·시컨트(secθ)·코시컨트(cosecθ). 참삼각비(三角比).
삼각^함ː수표(三角函數表)[-가캄쑤-]명 삼각 함수의 값을 정리한 표. 준삼각표.
삼각-형(三角形)[-가경]명 일직선 상에서 있지 않은 세 개의 점을 세 직선으로 연결하여 이루어진 도형. 세모꼴. 준삼각.
삼간(三竿)명하자 ☞일고삼장(日高三丈).
삼간-동발(三間-)명 광산에서, 구덩이를 받친 세 개씩의 동바리 중 가운데에 있는 동바리를 이르는 말.
삼간-두옥(三間斗屋)명 〔세 칸에 한 말들이밖에 안 되는 집이라는 뜻으로〕 몇 칸 안 되는 '오막살이집'을 비유하여 이르는 말.
삼간-초가(三間草家)명 〔세 칸짜리 초가집이라는 뜻으로〕 보잘것없는 초가집을 이르는 말. 삼간초옥. 초가삼간.
삼간-초옥(三間草屋)명 ☞삼간초가(三間草家).
삼-간택(三揀擇)명하타 임금이나 왕자·왕녀의 배우자를 고를 때, 세 번 고른 다음에 정하던 일.
삼간-통(三間通)명 세 칸이 모두 통하게 되어 있는 집.
삼강(三綱)명 유교 도덕의 기본이 되는 세 가지 도리. 곧, 임금과 신하〔君臣〕, 아버지와 자식〔父子〕, 남편과 아내〔夫婦〕 사이에 지켜야 할 떳떳한 도리.
삼-강령(三綱領)[-녕]명 '대학(大學)'의 근본 정신인 세 강령. 곧, 명명덕(明明德)·신민(新民)·지어지선(止於至善).
삼강-오륜(三綱五倫)명 삼강과 오륜.
삼강-오상(三綱五常)명 삼강과 오상. 강상.
삼강-행실도(三綱行實圖)[-또]명 조선 세종 때, 설순(偰循) 등이 왕명으로 삼강의 모범이 될 충신·효자·열녀를 사적(史蹟)에서 뽑아 그 덕행을 찬양하여 편찬한 책. 3권 1책.
삼개(三開)명 지난날, 죽을죄에 해당하는 죄인이 비록 자복(自服)을 하더라도 세 번 국청(鞫廳)을 열고 신중히 조사·보고하던 일.
삼거(三車)명 불교의 법화경에서, 양거(羊車)·녹거(鹿車)·우거(牛車)를 각각 성문승(聲聞乘)·연각승(緣覺乘)·보살승(菩薩乘)의 삼승(三乘)의 가르침으로 비유하여 이르는 말. 참삼승(三乘).
삼-거리(三-)명 ①길이 세 방향(方向)으로 갈라진 곳. 세거리. 삼가리. ②〈갖은삼거리〉의 준말.
삼-거웃[-꺼욷]명 삼 껍질을 다듬을 때에 긁혀 떨어진 검불. *삼거웃이[-꺼우시]·삼거웃만[-꺼운-]

삼검(三檢)명하타 지난날, 살인 사건이 났을 때 시체를 세 번 검사하던 일, 또는 그 세 번째의 검사.
삼겹-살(三-)[-쌀]명 비계와 살이 세 겹으로 되어 있는 것처럼 보이는 돼지고기. 주로 갈비에 붙어 있음.
삼겹-실(三-)[-씰]명 세 올로 꼰 실. 삼합사(三合絲).
삼경(三更)명 하루의 밤을 다섯으로 나눈 셋째 시각. 하오 열한 시부터 이튿날 상오 한 시까지. 병야(丙夜).
삼경(三京)명 고려 시대에, 중경(개성)·서경(평양)·동경(경주), 또는 서경·동경·남경(서울)을 이르던 말.
삼경(三庚)명 ☞삼복(三伏).
삼경(三徑·三逕)명 〔은자(隱者)가 뜰에 작은 길 세 개를 내고 송(松)·죽(竹)·국(菊)을 심었다는 고사에서〕 은자가 사는 집의 뜰.
삼경(三經)명 시경(詩經)·서경(書經)·주역(周易)의 세 경서.
삼경(三敬)명 천도교에서, 경천(敬天)·경인(敬人)·경물(敬物)을 아울러 이르는 말.
삼계(三戒)[-계/-게]명 ①논어(論語)에서 이르는, 일생 동안 경계해야 할 세 가지 일. 〔청년기에는 여색(女色), 중년기에는 투쟁(鬪爭), 노년기에는 이욕(利慾).〕 ②불교에서, 출가계·재가계·도속 공수계를 아울러 이르는 말.
삼계(三界)[-계/-게]명 〔불교에서〕 ①생사유전(生死流轉)이 그침 없는 중생계를 욕계(欲界)·색계(色界)·무색계(無色界)의 셋으로 분류한 것. 삼유(三有). ②천계(天界)·지계(地界)·인계(人界), 곧 하늘·사람·땅의 세 세계를 이르는 말. ③과거·현재·미래의 세 세계. ③삼세(三世).
삼계(三計)[-계/-게]명 곡식을 가꾸는 1년의 계획, 나무를 가꾸는 10년의 계획, 인재를 기르는 종신(終身)의 계획을 이르는 말.
삼계-유일심(三界唯一心)[-계-씸/-게-씸]명 불교에서, 삼계는 오직 마음에서 이룩된 것이며 마음만이 유일한 실재(實在)라는 뜻으로 하는 말. 삼계일심(三界一心).
삼계-일심(三界一心)[-계-씸/-게-씸]명 ☞삼계유일심.
삼계-제천(三界諸天)[-계-/-게-]명 불교에서, 욕계(欲界)·색계(色界)·무색계(無色界)에 있는 모든 하늘을 이르는 말.
삼계-탕(蔘鷄湯)[-계-/-게-]명 ☞계삼탕.
삼계-팔고(三界八苦)[-계-/-게-]명 불교에서, 삼계의 중생이 겪는다고 하는 여덟 가지 고통. 〔생로병사와 애별리(愛別離)·원증회(怨憎會)·구부득(求不得)·오음성(五陰盛).〕
삼계-화택(三界火宅)[-계-/-게-]명 불교에서, 삼계의 괴로움을 불난 집에 비유한 말로, '고뇌가 가득한 세계'를 이르는 말.
삼고(三古)명 상고(上古)·중고(中古)·하고(下古)의 세 고대(古代).
삼고(三考)명하타 세 번 생각함. 잘 생각함. ¶ 상황을 삼고하다.
삼고(三苦)명 불교에서 이르는 고고(苦苦)·괴고(壞苦)·행고(行苦)의 세 가지 고통.
삼고(三顧)명하타 ①세 번 찾아봄. ②〔삼고초려(三顧草廬)의 고사에서〕 '임금이나 윗사람이 특별히 신임하거나 우대하는 일'을 이르는 말.
삼고-초려(三顧草廬)명 〔중국 후한(後漢)의 유비(劉備)가 난양에 은거하고 있던 제갈량(諸葛亮)의 초옥(草屋)을 세 번 찾아가 간청하여 드디어 제갈량을 군사(軍師)로 맞아들인 일에서〕 '인재를 맞아들이기 위해서 여러 번 찾아가서 예를 다하는 일'을 이름.

삼골(三骨)명 신라 때, 왕족 및 귀족의 혈통이던 성골(聖骨)·진골(眞骨)·제이골(第二骨)의 세 가지. 참골품(骨品).

삼공(三公)명 ①☞삼정승(三政丞). ②고려 시대에, 태위(太尉)·사도(司徒)·사공(司空)을 아울러 이르던 말.

삼공-육경(三公六卿)[-뉵경]명 조선 시대에, 삼정승과 육조 판서를 아울러 이르던 말.

삼-공형(三公兄)명 조선 시대에, 각 고을의 호장(戶長)·이방(吏房)·수형리(首刑吏)의 세 관속. 준공형.

삼과(三過)명 불교에서, 몸과 입과 뜻이 저지르는 세 가지 허물.

삼과(三寡)명 양생법(養生法)의 한 가지. 기호와 욕심·말·생각을 적게 하여 정(精)·기(氣)·신(神)을 기르는 일. 참삼양(三養).

삼관(三館)명 조선 시대에, 홍문관(弘文館)·예문관(藝文館)·교서관(校書館)을 아울러 이르던 말.

삼관(三觀)명 불교 천태종의 관법(觀法)에서, 공(空)·가(假)·중(中)의 삼제(三諦)의 진리를 관찰하는 일.

삼관-왕(三冠王)명 ①운동 경기에서, 세 종목이나 세 부문에 걸쳐 우승을 하거나 수위를 차지한 사람. ¶ 육상에서 삼관왕을 차지하다. ②세 종류의 칭호나 영예를 동시에 가지고 있는 사람.

삼광(三光)명 해와 달과 별. 삼정(三精).

삼광-조(三光鳥)명 까마귓과의 새. 날개 길이 9 cm, 수컷의 꽁지 길이 30 cm 이상. 등은 수컷이 암자색, 암컷이 갈색이며 배는 흼. 우리나라와 일본에서 번식하는 여름새로 암수 한 쌍씩 활엽수림에서 삶. 산작(山鵲).

삼교(三校)명 (인쇄에 넘어가기 전에) 세 번째 보는 교정, 또는 그 교정지.

삼교(三敎)명 유교·불교·도교, 또는 유교·불교·선교의 세 종교.

삼구(三仇)명 가톨릭에서, 착한 일을 못하게 방해하는 육신·세속·마귀의 세 가지를 원수에 비겨 이르는 말.

삼구(三垢)명 ☞삼독(三毒).

삼구(三懼)명 임금이 조심해야 할 세 가지 일. 곧, 아랫사람의 말을 참고하지 않는 일, 연로(年老)하여 교만해지는 일, 듣기만 하고 행하지는 않는 일을 이름.

삼구^부동총(三九不動塚)명 민속에서, 음력 삼월과 구월에 무덤을 건드리면 재앙이 있다 하여 무덤 옮기기를 피하는 일.

삼국(三國)명 ①고구려·백제·신라의 세 나라. ②중국 후한(後漢) 말기에 일어난 위(魏)·오(吳)·촉(蜀)의 세 나라.

삼국^사기(三國史記)[-싸-]명 고려 인종 23(1145)년에 김부식(金富軾) 등이 왕명으로 편찬한 역사책. 신라·백제·고구려 세 나라의 개국에서 멸망까지의 역사를 기전체(紀傳體)로 기록하였음. 〔'삼국유사(三國遺事)'와 함께 우리나라 최고(最古)의 사서(史書).〕 50권 10책.

삼국^시대(三國時代)[-씨-]명 ①우리나라에서, 신라·백제·고구려가 정립(鼎立)하고 있던 시대. ②중국에서, 위(魏)·오(吳)·촉(蜀)이 정립하고 있던 시대.

삼국-유사(三國遺事)[-궁뉴-]명 고려 충렬왕 때, 중 일연(一然)이 쓴 역사책. 신라·백제·고구려 세 나라의 사적 및 신화·전설·시가(詩歌) 등이 풍부하게 수록되어 있음. 〔'삼국사기(三國史記)'와 함께 우리나라 최고(最古)의 사서(史書).〕 5권 3책.

삼군(三軍)명 ①전군(全軍). ②육·해·공군을 통틀어 이르는 말. ③지난날, 군대의 중군과 좌익·우익을 통틀어 이르던 말.

삼군-도총제부(三軍都摠制府)명 고려 말기·조선 초기에, 중외(中外)의 군사를 통할하던 기관.

삼-군문(三軍門)명 조선 시대에, 훈련도감·금위영·어영청의 세 군문. 삼영문(三營門).

삼군-부(三軍府)명 조선 말기에, 중요한 군무를 의논하던 관아.

삼-굿[-꾿]명 삼을 벗기기 위하여 찌는 구덩이나 큰 솥. ＊삼굿이[-꾸시]·삼굿만[-꾼-]

삼굿-하다[-꾸타-]자여 (삼을 벗기려고) 삼굿에 삼을 넣고 찌다.

삼권(三權)[-꿘]명 입법권·사법권·행정권을 아울러 이르는 말.

삼권^분립(三權分立)[-꿘불-]명 국가 권력의 집중으로 인한 폐단을 막기 위하여, 국가 권력을 입법·사법·행정으로 나누어 분담하는 통치 조직의 기본 원리.

삼귀(三歸)명 〈삼귀의(三歸依)〉의 준말.

삼-귀의(三歸依)[-의/-이]명 〔불문(佛門)에 처음 들어와서 행하는 의식으로서〕 불(佛)·법(法)·승(僧)의 삼보(三寶)에 귀의하는 일. 준삼귀(三歸).

삼극(三極)명 ①☞삼재(三才). ②전기의 양극·음극·그리드의 세 극.

삼극^진공관(三極眞空管)[-찐-]명 이극 진공관의 양극과 음극 사이에 그리드라는 극을 하나 더 넣어 전류와 전압 등의 증폭이나 변조·검파 따위에 사용하는 진공관.

삼금(三笒)명 대금(大笒)·중금(中笒)·소금(小笒)의 세 가지 악기(樂器). 삼죽(三竹). 본삼함(三笒).

삼기다자타 〈옛〉 ①생기다. 태어나다. ¶ 이 몸이 삼기실제 님을 조차 삼기시니(鄭澈.思美人曲). ②지어 내다. 만들어 내다. ¶ 혼몸 둘헤 논화 부부롤 삼기실샤(古時調).

삼-꽃[-꼳]명 ①삼〔麻〕의 꽃. 한방에서 약재로 쓰임. ②한방에서, 젖먹이의 피부에 나타나는 불긋불긋한 점을 이르는 말. ＊삼꽃이[-꼬치]·삼꽃만[-꼰-]

삼-끈명 삼 껍질로 꼰 끈.

삼-나무(杉-)명 낙우송과의 상록 교목. 일본 특산으로, 줄기는 곧고 높이는 40 m가량. 나무껍질은 갈색이며, 잎은 짧은 바늘 모양임. 건축이나 가구재로 쓰임. 삼목(杉木). 삼송(杉松).

삼남(三男)명 ①셋째 아들. ②세 아들. 삼 형제. ¶ 슬하에 삼남 이녀를 두다.

삼남(三南)명 영남(嶺南)·호남(湖南) 및 충청(忠淸) 지방을 통틀어 이르는 말. 삼남삼도.

삼남-삼도(三南三道)명 ☞삼남.

삼남이명 지난날 하인(下人)이 쓰던, 대〔竹〕로 결어 만든 모자.

삼-놓이[-나-]명하자 삼베를 놓는 일.

삼녀(三女)명 ①셋째 딸. ②세 딸. 딸 삼 형제.

삼년부조(三年不弔)명하자 삼 년의 상기(喪期)를 마칠 때까지 조상(弔喪)하지 아니하거나 못함. 삼상불문(三喪不問).

삼년불비(三年不蜚)명 〔삼 년 동안이나 날지 않는다는 뜻으로〕 '후일에 웅비(雄飛)할 기회를 기다림'을 이르는 말. '사기'의 '골계 열전'에 나오는 말로, '三年不蜚不鳴'에서 유래함.

삼년-상(三年喪)명 부모의 상을 당하여 세 해 동안 거상(居喪)하는 일. 삼년초토(三年草土). ㊟삼상(三喪).

삼년-초토(三年草土)명 ☞삼년상(三年喪).

삼-노명 〈삼노끈〉의 준말.

삼-노끈명 삼 껍질로 꼰 노끈. ㊟삼노.

삼-노두(蔘蘆頭)명 인삼(人蔘) 대가리에 붙은 줄기의 밑동.

삼농(蔘農)명 인삼을 재배하는 농사.

삼-눈명 눈망울에 삼이 생겨 몹시 쑤시고 눈알이 붉어지는 병.

삼:다[1][-따]타 ①남을 자기와의 어떤 관계자가 되게 하다. ¶ 사위로 삼다. /제자로 삼다. /양자로 삼다. ②무엇을 무엇으로 하거나 무엇으로 여기다. ¶ 경쟁의 대상으로 삼다. /다시없는 영광으로 삼다. /위기를 전화위복의 계기로 삼다. ③무엇을 무엇으로 가정하다. 《주로, '삼아'의 꼴로 쓰임.》 ¶ 딸을 친구 삼아 이야기하다.

삼:다[2][-따]타 ①(짚신이나 미투리 따위를) 만들다. ¶ 짚신을 삼다. ②(삼이나 모시 따위의 섬유를 찢어) 비비어 꼬아서 잇다.

삼다(三多)명 〔중국 송(宋)나라의 구양수(歐陽脩)가 말한〕 글 짓는 공부의 세 방면의 노력, 곧 많이 짓고〔多作〕, 많이 읽고〔多讀〕, 많이 생각함〔多思〕을 뜻하는 말로서 '주다(做多)·간다(看多)·상량다(商量多)'를 일컫는 말.

삼다-도(三多島)명 〔바람이 많고, 돌이 많고, 여자가 많은 섬이라는 뜻으로〕 '제주도'를 달리 이르는 말. ㊟삼무도.

삼-단[-딴]명 삼의 묶음. 삼을 묶은 단.

삼단 같은 머리관용 '숱이 많고 길이가 긴 머리'를 비유하여 이르는 말.

삼단(三端)명 〔군자가 삼가야 할 세 가지 끝이라는 뜻으로〕 문사(文士)의 붓끝, 무사(武士)의 칼끝, 변사(辯士)의 혀끝을 이르는 말.

삼단^교:수(三段敎授)명 ①교수 과정을 직관(直觀)·총괄(總括)·응용(應用)의 세 단계로 나누어 하는 교수법. ②단원 전개에서, 예비·교수·정리의 세 단계.

삼단^논법(三段論法)[-뻡]명 두 개의 전제와 하나의 결론으로 되는 추리 논법. 대전제와 소전제에서, 공통의 매명사(媒名辭)를 매개념(媒概念)으로 하여 결론을 이끌어 냄. 〔'가축은 동물이다. 돼지는 가축이다. 그러므로 돼지는 동물이다.' 따위와 같은 논법.〕

삼단-뛰기(三段-)명 ☞세단뛰기.

삼-단전(三丹田)명 도가(道家)에서 이르는 상(上)·중(中)·하(下)의 세 단전. 곧, 뇌·심장·배꼽 아래의 단전을 이름. 단전(丹田).

삼단^전:법(三段戰法)[-뻡]명 배구에서, '리시브·토스·스파이크'의 정통적 공격법.

삼-달덕(三達德)[-떡]명 어떠한 경우에도 일반에게 통하는 세 가지 덕(德). 곧, 지(智)·인(仁)·용(勇)을 이름.

삼-당상(三堂上)명 〔조선 시대에〕 ①육조의 세 당상관인 판서·참판·참의를 통틀어 이르던 말. ②나라의 큰 행사나 역사(役事) 때 두던 도감(都監)의, 도제조(都提調)·제조·부제조의 세 당상관을 이르던 말.

삼-당숙(三堂叔)명 아버지의 팔촌 형제. 삼종숙(三從叔).

삼-대[-때]명 삼의 줄기. 마경(麻莖).

삼대(三代)명 ①아버지와 아들·손자의 세 대(代). 삼세(三世). ¶ 한 집에서 삼대가 살다. ②중국의 하(夏)·은(殷)·주(周)의 세 왕조.

삼대^개벽(三大開闢)명 천도교에서, 정신 개벽, 민족 개벽, 사회 개벽 등 세 가지의 개벽을 아울러 이르는 말.

삼대목(三代目)명 신라 진성 여왕 2(888)년에, 각간(角干) 위홍(魏弘)과 대구 화상(大矩和尙)이 왕명으로 엮은 향가집. 〔후세에 전하지 아니함.〕

삼대-선(三-船)명 돛대를 세 개 세운 큰 배. 세대박이.

삼-대양(三大洋)명 태평양·대서양·인도양을 통틀어 이르는 말.

삼-대월(三大月)명 음력으로 연거푸 세 번 계속되는 큰달. ↔삼소월.

삼대-일월(三代日月)명 중국에서, 왕도 정치(王道政治)가 잘 이루어졌다는 하(夏)·은(殷)·주(周)의 세 왕조 시대.

삼대^추영(三代追榮)명 ☞삼대 추증.

삼대^추증(三代追贈)명 조선 시대에, 종이품 이상의 벼슬아치의 부(父)·조(祖)·증조(曾祖)에게 벼슬을 추증하여 당상관 대우를 하던 일. 삼대 추영.

삼덕(三德)명 ①정직(正直)·강(剛)·유(柔)의 세 가지 덕. ②지(智)·인(仁)·용(勇)의 세 가지 덕. ③기독교에서 이르는, 믿음·소망·사랑의 세 가지 덕. ④불교에서 이르는, 법신(法身)·반야(般若)·해탈(解脫), 또는 지덕(智德)·단덕(斷德)·은덕(恩德)의 세 가지 덕.

삼덕-송(三德頌)[-쏭]명 가톨릭에서, 믿음·소망·사랑의 세 가지 덕을 구하는 기도문을 이르는 말.

삼도(三道·三途)명 ☞삼악도(三惡道).

삼도(三道)명 ①부모에 대한 세 가지 효도. 곧, 부모를 봉양하고, 상사(喪事)에 근신하고, 제사를 받드는 일. 삼행(三行). ②불교에서, 성문(聲聞)이나 보살(菩薩)이 수행하는 세 과정으로, 견도(見道)·수도(修道)·무학도(無學道)를 이르는 말. ③군사를 쓰는 세 가지 방법으로, 정병(正兵)·기병(奇兵)·복병(伏兵)을 이르는 말.

삼도-내(三途-)명 불교에서, 사람이 죽어서 저승으로 가는 길에 건너게 된다는 내를 이르는 말. 삼도천(三途川).

삼도^수군통제사(三道水軍統制使)명 임진왜란 때, 이순신에게 경상·전라·충청 삼도의 수군을 통솔하게 하기 위하여 두기 시작한 무관직. ㊟통제사.

삼도-습의(三度習儀)[-스븨/-스비]명 왕조 때, 나라의 큰 의식을 치르기 위해 행하던 세 차례의 예행 연습.

삼도^육군통어사(三道陸軍統禦使)[-꾼-]명 조선 고종 때, 충청도 병마절도사로 하여금 삼남(三南)의 잇달은 민란을 효과적으로 수습하게 하기 위하여 경상·전라 양도의 병권까지 겸하게 했던 임시 무관직. ㊟통어사.

삼도-천(三途川)명 ☞삼도내.

삼도^통:어사(三道統禦使)명 조선 후기에, 경기도 수군절도사로 하여금 충청·황해의 수군까지 지휘 통솔할 수 있는 병권을 주어 겸직하게 했던 직제. ㊟통어사.

삼독(三毒)명 불교에서, 착한 마음을 해치는 '탐욕·진에·우치'의 세 가지 번뇌를 아울러 이르는 말. 삼구(三垢).

삼독(蔘毒)명 인삼이 체질에 맞지 않거나 인삼을 지나치게 먹어서 생기는 신열. 삼불. 삼열(蔘熱).

삼-돌이(三-)명 감돌이·베돌이·악돌이를 아울러 이르는 말.

삼동(三冬)명 ①겨울의 석 달. 동삼(冬三). 동삼삭(冬三朔). 비구동(九冬). ②세 해의 겨울. 3년.

삼동(三同)명하타 세 가지의 물건을 합함, 또는 합한 것.

삼-동네(三洞-)명 가까운 이웃 동네.

삼동-물림(三-)명 담배설대 중간에 은이나 금을 물려 빼었다 끼웠다 하는 담뱃대.

삼동-치마(三-)명 전체 길이를 셋으로 나누어 세 가지 빛깔을 칠한 연.

삼동-편사(三同便射)명 지난날, 두 사정(射亭)이 각기 당상(堂上)·출신(出身)·한량의 세 계급을 합쳐 편을 짜서 활쏘기를 겨루던 경기.

삼두-박근(三頭膊筋)[-끈]명 ☞상완 삼두근.

삼두-육비(三頭六臂)[-뻬]명 〔머리가 셋, 팔이 여섯이나 되어 세 사람 몫을 하는 괴물이란 뜻으로〕'몹시 힘이 센 사람'을 비유하여 이르는 말. 참삼면육비(三面六臂).

삼두-음(三豆飮)명 같은 분량의 녹두·팥·검정콩에 물을 붓고 감초나 댓잎을 조금 넣어 끓인 물. 여름에 차 대신 마심.

삼두^정치(三頭政治)명 고대 로마 공화정 말기에, 두 차례에 걸쳐 세 사람의 유력한 정치가에 의해 이루어졌던 정치.

삼등(三等)명 세 번째 등급. ¶ 삼등 열차.

삼-딸(蔘-)명 인삼의 열매.

삼라(森羅) '삼라하다'의 어근.

삼라-만상(森羅萬象)[-나-]명 우주 속에 존재하는 온갖 사물과 모든 현상.

삼라-하다(森羅-)[-나-]형여 (우거진 숲의 나무처럼) 많이 늘어서 있다.

삼락(三樂)[-낙]명 군자의 세 가지 즐거움. 곧, 부모가 다 살아 계시고 형제가 다 무고한 일, 위로 하늘과 아래로 사람에게 부끄러울 것이 없는 일, 천하의 영재(英才)를 얻어서 가르치는 일. 군자삼락(君子三樂). 인생삼락. 참일락·이락.

삼량(三樑)[-냥]명 보를 석 줄로 놓아 한 칸통으로 집을 짓는 방식.

삼력(三力)[-녁]명 조선 시대에, 역(力)의 셋째 등급으로 50근 무게의 물건을 두 손에 하나씩 들고 100보를 가던 시험. 참역(力).

삼렬(森列) '삼렬하다'의 어근.

삼렬-하다(森列-)[-녈-]형여 촘촘하게 늘어서 있다. ¶ 숲에는 키 큰 나무들이 삼렬해 있다.

삼령(三齡)[-녕]명 누에의 두 잠이 깬 뒤로부터 석 잠 잘 때까지의 사이.

삼령(三靈)[-녕]명 ①천(天)·지(地)·인(人), 또는 천·지·인의 신(神). 삼재(三才). ②일(日)·월(月)·성신(星辰).

삼령-오신(三令五申)[-녕-]명 〔세 번 호령하고 다섯 번 거듭 말한다는 뜻으로〕'되풀이하여 자세히 명령함'을 이르는 말.

삼례(三禮)[-녜]명 ①하자세 번 절함. ②'예기(禮記)·주례(周禮)·의례(儀禮)'의 세 책.

삼례-업(三禮業)[-녜-]명 고려 시대에, 잡과(雜科)의 한 과목으로 예기·주례·의례의 삼례로 시험을 보이던 일.

삼로(三老)[-노]명 노인을 나이에 따라 나눈 세 등급. 백살의 노인을 상수(上壽), 여든 살의 노인을 중수(中壽), 예순 살의 노인을 하수(下壽)라 하였음.

삼론(三論)[-논]명 삼론종에서 경론으로 삼는 세 가지 책. 곧, 용수(龍樹) 보살이 지은 중론(中論)과 십이문론(十二文論), 그 제자인 제파(提婆)가 지은 백론(百論).

삼론-종(三論宗)[-논-]명 삼론(三論)을 기본 경전으로 하는 대승 불교의 한 파.

삼루(三壘)[-누]명 야구에서, 이루와 본루 사이에 있는 셋째 베이스.

삼루(滲漏)[-누]명하자 액체가 스며 나옴.

삼루-수(三壘手)[-누-]명 야구에서, 삼루를 지키는 선수.

삼루-타(三壘打)[-누-]명 야구에서, 타자가 한 번에 삼루까지 갈 수 있도록 친 안타.

삼류(三流)[-뉴]명 (사물을 세 부류로 나눌 때) 일류나 이류에 들지 못하는 가장 낮은 등급. ¶ 삼류 소설.

삼륙-판(三六版)[-뉵-]명 책의 판형의 한 가지. 가로 약 103 mm(세 치), 세로 약 182 mm(여섯 치) 크기의 것.

삼륜(三輪)[-뉸]명 ①세 개의 바퀴. ②불교에서, 이 세상을 땅 밑에서 받치고 있다는 금륜(金輪)·수륜(水輪)·풍륜(風輪)을 통틀어 이르는 말.

삼륜-차(三輪車)[-뉸-]명 바퀴가 셋인 차.

삼릉(三稜)[-능]명 ①세 모서리. ②한방에서, '매자기의 뿌리'를 약재로 이르는 말. 산후 악혈(惡血)을 다스리고 적취(積聚)·징가(癥瘕) 따위를 푸는 데 씀.

삼릉-경(三稜鏡)[-능-]명 ☞프리즘.

삼릉-근(三稜筋)[-능-]명 '삼각근'의 구용어.

삼릉-장(三稜杖)[-능-]명 지난날, 죄인을 때리는 데 쓰던 세모 방망이.

삼릉-주(三稜洲)[-능-]명 ☞삼각주(三角洲).

삼릉-체(三稜體)[-능-]명 세모진 물체.

삼릉-침(三稜鍼)[-능-]명 침을 놓을 때 쓰는 세모진 침. 악혈(惡血)을 내거나 하는 데 쓰임.

삼리-혈(三里穴)[-니-]명 경혈(經穴)의 한 가지. 종지뼈 아래의 바깥쪽으로 오목한 곳.

삼림(森林)[-님]명 나무가 많이 우거진 곳. 수풀. ¶ 삼림 자원. /삼림 보호.

삼림-대(森林帶)[-님-]명 활엽수·침엽수 따위의 교목이 번식하여 큰 삼림을 이룬 지대.

삼림-욕(森林浴)[-님녹]명하자 맑은 공기를 쐬고 정신적인 편안을 얻기 위하여 숲 속에 들어가 숲 기운을 쐬는 일. 산림욕.

삼림^지대(森林地帶)[-님-]명 나무가 많이 우거져 있는 지대.

삼림^철도(森林鐵道)[-님-또]명 임산물을 운반하기 위해 특별히 부설한 철도.

삼림-학(森林學)[-님-]명 ☞임학(林學).

삼림^한:계선(森林限界線)[-님-계-/-님-게-]명 삼림대와 고산대의 경계선. 산이 높아질수록 기후가 차서 삼림대가 없어지고 고산대가 나타남.

삼림^화:재^보:험(森林火災保險)[-님-]명 화재로 말미암은 삼림의 피해를 메워 주기 위한, 화재 보험의 한 가지.

삼립(森立)[-닙]명하자 (나무 숲처럼) 빽빽이 들어섬.

삼-마(-麻)명 한자 부수의 한 가지. '麾'·'麼' 등에서의 '麻'의 이름.

삼-마누라명 무당굿 열두 거리 가운데의 셋째 거리.

삼망(三忘)명 〔사마천의 '사기(史記)'에 나오는 말로〕군인이 전장에서 잊어야 할 세 가지 일. 곧, 명령을 받고서는 집을 잊고, 싸움터에 나가서는 부모를 잊고, 공격의 북소리를 듣고서는 자신을 잊어야 한다는 것.

삼망(三望)명 〔조선 시대에〕 ①벼슬아치를 추천할 때 후보자 셋을 천거하던 일. 망정(望定). ②시호(諡號)를 정할 때, 세 가지를 들어 그중에서 하나를 고르던 일.
삼매(三昧←samādhi 범)명 ①불교에서, 잡념을 버리고 한 가지 일에만 정신을 집중하는 일. ②다른 말 아래 쓰이어, 그 일에 열중하여 여념이 없음을 이르는 말. 삼매경. ¶ 독서삼매.
삼매-경(三昧境)명 ☞삼매.
삼매-당(三昧堂)명 절에서, 중이 들어앉아 법화 삼매 또는 염불 삼매를 닦는 법당.
삼매-승(三昧僧)명 삼매당에서 법화 삼매나 염불 삼매를 닦는 중.
삼매야^만다라(←三昧耶曼陀羅)명 불보살이나 명왕(明王)·제천(諸天) 등이 가지고 있는, 기장(器仗)이나 인(印) 등으로 나타낸 만다라.
삼매야-형(三昧耶形)명 부처나 보살(菩薩)의 본원(本願)을 상징하는 칼·활·구슬 따위의 기장(器仗)이나 인계(印契). 〔문수보살(文殊菩薩)이 들고 있는 칼이나 관세음보살이 들고 있는 연꽃 따위.〕
삼먁-삼보리(←三藐三菩提.Samyak-sambodhi 범)[-쌈-]명 부처의 깨달음, 또는 깨달음의 경지를 이르는 말.
삼면(三面)명 세 방면. ¶ 삼면이 바다로 둘러싸인 나라.
삼면-각(三面角)명 세 개의 평면이 한 점에서 만날 때 생기는 입체적인 각.
삼면-경(三面鏡)명 거울 세 개가 나란히 붙은 경대(鏡臺). 〔자기의 모습을 세 방향에서 볼 수 있게 만든 거울.〕
삼면^계:약(三面契約)[-계-/-게-]명 서로 처지가 다른 세 사람 사이에서 맺어지는 계약. 〔채권자·채무자·인수인 사이에 이루어지는 채무 인수 계약 따위.〕
삼면^소송(三面訴訟)명 세 당사자 이상이 서로 대립하여 다투는 소송.
삼면육비(三面六臂)[-뉵삐]명 〔얼굴 셋, 팔 여섯이란 뜻으로〕 혼자서 여러 사람 몫의 구실을 함을 이르는 말. ¶ 삼면육비의 맹활약. 참삼두육비(三頭六臂).
삼면-잠(三眠蠶)명 (알에서 깬 뒤) 세 번 잠을 자는, 곧 세 번 허물을 벗고 나서 고치를 짓는 누에.
삼-명일(三名日)명 ☞삼명절.
삼-명절(三名節)명 지난날, 임금의 생일, 정월 초하루, 동지(冬至)의 세 명절을 아울러 이르던 말. 삼명일.
삼모(三毛)명하타 〈삼모작(三毛作)〉의 준말.
삼모-작(三毛作)명하타 일 년 동안에 세 가지의 농작물을 차례로 같은 경지에 재배하여 거두는 일, 또는 그런 토지 이용법. 준삼모.
삼모-창(三-槍)명 날이 세모진 창.
삼목(杉木)명 ☞삼나무.
삼목지형(三木之刑)[-찌-]명 지난날, 죄인의 목에 칼을 씌우고, 발에 차꼬를 채우던 형벌.
삼무(三務)명 봄·여름·가을 세 철의 농사일.
삼무(三無)명 〔예기(禮記)에서, 소리 없는 음악, 체(體) 없는 예(禮), 복(服) 없는 상(喪)이란 뜻으로〕 정신은 있으나 형식이 없음을 이르는 말.
삼무-도(三無島)명 〔도둑이 없고, 거지가 없고, 대문이 없는 섬이란 뜻으로〕 '제주도'를 달리 이르는 말. 참삼다도.
삼문(三門)명 ①대궐이나 관아 등의 앞에 있는 세 개의 문. 곧, 정문·동협문(東夾門)·서협문(西夾門). ②불교에서, '산문'을 '삼해탈문'에 비유하여 이르는 말. ③불교에서, 교(敎)·율(律)·선(禪)을 아울러 이르는 말.
삼물(三物)명 〈회삼물(灰三物)〉의 준말.
삼물-막(三物幕)명 매장할 때 쓸 석회·모래·백토를 섞기 위하여 세운 뜸집.
삼민-주의(三民主義)[-의/-이]명 중국의 쑨원(孫文)이 제창한 중국 민주주의 혁명의 정치 이론. 민족주의·민권주의·민생주의의 세 주의로서, 신해혁명(辛亥革命)의 지도 원리가 되었음.
삼밀(三密)명 불교에서, 손으로 인계(印契)를 맺는 신밀(身密), 입으로 진언(眞言)을 외는 구밀(口密), 마음으로 본존(本尊)을 바라보는 의밀(意密)을 통틀어 이르는 말.
삼밀-유가(三密瑜伽)[-류-]명 불교에서, 행자의 삼밀이 여래의 삼밀과 상응 융화하는 일.
삼밀-행법(三密行法)[-뻡]명 밀교에서, 삼밀의 행업을 쌓는 일, 또는 그 방법을 이르는 말.
삼바(samba)명 브라질의 대표적인 춤곡, 또는 그 춤. 4분의2 박자로 빠르며 정열적임.
삼박부 작고 연한 물건이 잘 드는 칼에 아주 쉽게 베어지는 모양. 큰섬벅. 센삼빡·쌈박. **삼박-삼박**부하자.
삼박-거리다[-꺼-]자타 자꾸 삼박삼박하다. 삼박대다. 큰슴벅거리다. 센쌈박거리다.
삼박-대다[-때-]자타 삼박거리다.
삼박-삼박[-쌈-]부하자타 눈에 먼지 따위가 들어가 자꾸 깜박거리고 싶은 상태. 큰슴벅슴벅. 센쌈박쌈박.
삼-박자(三拍子)[-짜]명 ①음악에서, 3박이 한 단위가 되는 박자. ②어떤 대상에게 있어야 할 세 가지 요소. ¶ 삼박자를 고루 갖추다.
삼반(三反)명하자 ①세 번 왕복함. ②세 차례나 거듭 반역함.
삼-반규관(三半規管)명 ☞반고리관.
삼발-이명 ①발이 셋 붙은 쇠로 만든 기구. 화로의 재 속에 박아 놓고 주전자·냄비 따위를 올려놓아 음식물을 끓이는 데 씀. 동그랑쇠. ②☞삼각가(三脚架).
삼발-점(三-點)[-쩜]명 ☞귀결부(歸結符).
삼-밭[-받]명 삼을 심어 가꾸는 밭. 마전(麻田). ＊삼밭이[-바치]·삼밭을[-바틀]·삼밭만[-반-]
삼밭에 쑥대속담 삼밭에 자라는 쑥대는 저절로 곧아진다는 뜻으로, 좋은 사람들 사이에 있으면 그 영향으로 자기도 모르게 좋은 사람이 됨을 이르는 말. 참마중지봉(麻中之蓬).
삼-밭(蔘-)[-받]명 인삼을 가꾸는 밭. 삼포(蔘圃). ＊삼밭이[-바치]·삼밭을[-바틀]·삼밭만[-반-]
삼배(三杯)명 석 잔. 술 석 잔.
삼배(三拜)명하자 ①세 번 절함. ②불교에서, 이마를 지면에 대고 세 번 무릎 꿇고 배례하는 예법.
삼-배목(三-)명 비녀장에 배목 셋을 꿴 장식.
삼배지치(三北之恥)명 세 번 싸워 세 번 패하는 부끄러움. 곧, 싸울 때마다 지는 부끄러움.
삼배-체(三倍體)명 보통 염색체의 3배의 염색체 수를 가진 생물체. 이배체와 동질인 사배체와의 교잡에 의해 생기는 것으로 보통 씨가 생기지 않음. 씨 없는 과일을 인위적으로 만들어 내는 데 이용됨.
삼백(三白)명 음력 정월에 내리는 눈, 또는 정월 초하루로부터 사흘 동안 내리는 눈.

삼백예순-날(三百-)[-뱅녜-]명 일 년을 두고 날마다. 일 년 내내. 변함없이 언제나. ¶ 삼백예순날 마음 편할 날이 하루도 없다.

삼백-주(三白酒)[-쭈]명 술의 한 가지. 백출(白朮)·백복령(白茯苓)·백하수오(白何首烏)를 같은 분량으로 술 항아리에 넣었다가 20일 만에 건져 내어 마심. 양기를 돕는 데 좋다고 함.

삼백-초(三白草)명 삼백초과의 다년초. 제주도의 습지에서 자라는데 높이는 50~100 cm. 흰색 뿌리줄기가 진흙 속을 가로 벋어 번식함. 잎은 염통 모양이고 초여름에 흰 꽃이 핌. 잎·꽃·뿌리가 희다 하여 삼백초라 불리며, 한방에서 중약(重藥)이라 하여 이뇨제 등으로 쓰임.

삼-벌레명 삼하늘소의 유충. 나무굼벵이의 한 가지로 삼의 줄기를 파먹는 해충. 한방에서 경풍의 약재로 쓰임. 마두충. 마충.

삼-법사(三法司)[-싸]명 조선 시대에, 형조(刑曹)·한성부(漢城府)·사헌부(司憲府)를 통틀어 이르던 말. 준삼사.

삼-베명 삼실로 짠 피륙. 마포(麻布). 준베.

삼베-길쌈명하자 삼 껍질을 찢어서 실을 만들어 베를 짜는 일.

삼베-옷[-옫]명 삼베로 만든 옷. 마의(麻衣). *삼베옷이[-오시]·삼베옷만[-온-]

삼벽(三碧)명 음양설에서 이르는 구성(九星)의 하나, 곧 목성(木星)을 이름.

삼-별초(三別抄)명 고려 시대의 특수 부대. 13세기 초, 최우(崔瑀)가 치안 유지를 위해 조직한 야별초(夜別抄)가 좌·우별초로 개편되고, 뒷날 몽고의 침입 때 조직된 신의군(神義軍)과 함께 삼별초가 되었음.

삼보(三甫)명 절에서, 주로 손님을 접대하는 일을 맡아보는 중.

삼보(三報)명 불교에서 이르는 세 가지 과보(果報). 곧, 순현보(順現報)·순생보(順生報)·순후보(順後報)를 이름.

삼보(三寶)명 ①부처와, 부처의 가르침을 적은 경전과, 그 가르침을 펴는 중. 곧, 불(佛)·법(法)·승(僧). ②맹자(孟子)에서, 땅·백성·정치를 이르는 말. ③도가(道家)에서, 귀·눈·입을 이르는 말.

삼보-가지(三寶加持)명 불(佛)·법(法)·승(僧)의 가호(加護), 또는 그 가호를 비는 기도.

삼-보리(←三菩提)명〔불교에서〕①성문보리(聲聞菩提)·연각보리(緣覺菩提)·제불보리(諸佛菩提)의 세 가지 보리. ②방편보리(方便菩提)·실지보리(實智菩提)·진성보리(眞性菩提)의 세 가지 보리.

삼보-인(三寶印)명 선종(禪宗)에서 쓰는 도장. 전자(篆字)로 '佛法僧寶(불법승보)'라고 새김.

삼보-일배(三步一拜)명 세 걸음 걷고 한 번 절하는 행위를 반복하는 불교의 수행법.

삼보-정(三步庭)명 아주 좁은 마당.

삼복(三伏)명 ①초복(初伏)·중복(中伏)·말복(末伏)을 통틀어 이르는 말. 삼경(三庚). ②여름철의 가장 더운 기간.

삼복(三復)명하타 세 번 되풀이함.

삼복(三覆)명하타 ①☞삼복제(三覆制). ②삼복제의 세 번째 심판.

삼복-더위(三伏-)[-떠-]명 삼복 무렵의 몹시 심한 더위. 준복더위.

삼복-제(三覆制)[-쩨]명 고려 시대에, 죽을죄를 지은 죄인의 심사를 신중히 하기 위해 시행하던 삼심 제도(三審制度). 초복(初覆)·재복(再覆)·삼복(三覆)이 있음. 삼복.

삼복-증염(三伏蒸炎)[-쯩-]명 삼복 절기의 찌는 듯한 심한 더위.

삼본(三本)명 순자(荀子)에서 이르는 예(禮)의 세 가지 근본. 곧, 천지(天地)·선조(先祖)·군사(君師)를 이름.

삼봉-낚시(三鋒-)[-낙씨]명 세 갈래의 갈고리가 있는 낚시.

삼부(三父)명 복제(服制)에서, 최복(衰服)인 아버지와 구별하는 세 가지 계부. 같이 사는 계부, 같이 살지 않는 계부, 친모가 후살이 간 데 따라가서 섬기는 계부를 이름. 참팔모(八母).

삼부(三府)명 입법부·사법부·행정부의 세 기관을 아울러 이르는 말.

삼부(三部)명 ①세 부분. 세 부문. ②밀교에서, 태장계(胎藏界)의 만다라에 있어서의 연화부(蓮華部)·금강부·불부(佛部)를 이르는 말.

삼부(三賦)명 세 종류의 부세(賦稅). 곧, 조(租)·용(庸)·조(調)를 이름.

삼부(蔘附)명 인삼과 부자(附子).

삼부-경(三部經) 불교에서, 계통이 같은 중요한 세 가지 경전을 묶은 것. 정토(淨土)의 삼부, 대일(大日)의 삼부, 법화(法華)의 삼부.

삼부-곡(三部曲)명 삼부작(三部作)의 악곡.

삼부리명 포교(捕校)의 우두머리.

삼-부여(三扶餘)명 고구려의 모체가 되었던 북부여·동부여와 백제의 모체가 되었던 남부여를 통틀어 이르는 말.

삼부^요인(三府要人)명 입법부·사법부·행정부, 곧 국회·법원·정부의 중요한 지위에 있는 사람.

삼-부자(三父子)명 아버지와 두 아들을 아울러 이르는 말. ¶ 삼부자가 함께 여행을 떠났다.

삼부-작(三部作)명 소설·희곡·음악·그림 따위에서, 세 부분으로 갈라져 있으나 내용적으로 서로 관련되어, 전체적으로 통일되어 있는 작품.

삼-부패(三-)명 분광(分鑛)을 할 때, 세 사람이 동업하는 조직. 참맞부패·부패.

삼부^합주(三部合奏)[-쭈]명 현악기 또는 관악기가 세 성부(聲部)를 맡아서 연주하는 합주.

삼부^합창(三部合唱)명 세 성부(聲部)에 의한 합창. 여성 삼부 합창, 남성 삼부 합창, 혼성 삼부 합창 등이 있음.

삼부^형식(三部形式)명 ☞세도막 형식.

삼부-회(三部會)[-회/-훼]명 14세기 초에 구성된 프랑스의 신분제 의회. 성직자·귀족·평민의 세 신분으로 조직되었음.

삼분(三分)명하타되자 셋으로 나눔. ¶ 돈을 정확히 삼분해서 나누어 가지다.

삼분-법(三分法)[-뻡]명 대상을 세 가지로 나누어 생각하는 방법.〔대·중·소, 또는 천(天)·지(地)·인(人) 따위.〕

삼분-오열(三分五裂)명하자되자 여러 갈래로 갈리어 흩어짐. ¶ 당(黨)이 삼분오열 상태에 빠지다.

삼분-정립(三分鼎立)[-닙]명하자 천하를 셋으로 나누어 세 나라가 솥발처럼 서로 벌여 섬. ¶ 고구려·백제·신라의 삼분정립 시대.

삼분-천하(三分天下)명하자 한 나라를 세 사람이 나누어 차지함.

삼-불[-뿔]명 해산(解産)한 뒤에 태(胎)를 사르는 불.

삼-불(蔘-)[-뿔]명 ☞삼독(蔘毒).

삼불(三佛)명 ①☞삼신(三身). ②서방 정토의 주불(主佛)인 아미타불과, 사바세계의 교주인 석가모니불, 염불하는 중생의 왕생을 보증하는 제불(諸佛)을 이르는 말.

삼-불거(三不去)명 칠거(七去)의 사유가 있는 아내라도 버리지 못하는 세 가지 경우. 곧, 부모의 삼년상을 같이 치른 경우, 장가들 때 가난하다가 뒤에 부유해진 경우, 돌아가 의지할 곳이 없는 경우를 이름.

삼불^보리(←三佛菩提)명 법(法)·보(報)·응(應)의 삼신(三身)의 불과(佛果). 곧, 법신불 보리(法身佛菩提)·보신불 보리(報身佛菩提)·응신불 보리(應身佛菩提).

삼-불외(三不畏)[-부뢰/-부뤠]명 거상(居喪) 중에 있는 사람이 두려워하지 말아야 한다는 '비·도둑·범'의 세 가지를 이르는 말.

삼불^제ː석(三佛帝釋)명 무당이 굿할 때에 쓰는 부처에 그린 그림.

삼-불토(三佛土)명 삼신(三身)이 사는 세 불토. 곧, 법신불(法身佛)이 사는 법성토(法性土), 보신불(報身佛)이 사는 수용토(受用土), 응신불(應身佛)이 사는 변화토(變化土)를 이름.

삼-불행(三不幸)명 맹자(孟子)가 말한 세 가지 불행. 곧, 재산을 모으기에만 전념하는 일, 자기 처자만을 사랑하는 일, 부모에 대한 효도를 소홀히 하는 일.

삼-불혹(三不惑)명 빠지지 말아야 할 세 가지. 곧, 술·여색·재물.

삼-불효(三不孝)명 맹자(孟子)가 말한 세 가지 불효. 곧, 부모를 불의(不義)에 빠지게 하는 일, 부모를 가난 속에 버려 두는 일, 자식이 없어 조상의 제사를 끊기게 하는 일.

삼-불후(三不朽)명 언제까지나 스러지지 않는 세 가지. 곧, 세워 놓은 덕(德), 이루어 놓은 공, 후세에 교훈이 될 훌륭한 말.

삼-빛(三-)[-삗]명 단청(丹靑)에서, 채색(彩色)의 진한 정도의 한 단계. 이빛보다 진한 빛깔. ＊삼빛이[-삐치]·삼빛만[-삔-]

삼빡부 〈삼박〉의 센말. 큰섬뻑.

삼사(三士)명 '삼군 사관학교(三軍士官學校)'를 줄여 이르는 말.

삼사(三史)명 중국의 대표적인 세 사서(史書). 사기(史記)·한서(漢書)·후한서(後漢書)를 가리키지만, 후한서 대신 동관한기(東觀漢記) 또는 전국책(戰國策)을 넣는 경우도 있음.

삼사(三司)명 ①고려 시대에, 전곡(錢穀)의 출납과 회계에 관한 사무를 맡아보던 기관. ②조선 시대에, 사헌부·사간원·홍문관을 통틀어 이르던 말. ③〈삼법사(三法司)〉의 준말.

삼사(三使)명 〔조선 시대에〕 ①중국으로 가던 정사(正使)·부사(副使)·서장관(書狀官)의 세 사신. ②일본으로 가던 통신사(通信使)·부사(副使)·종사관(從事官)의 세 사신.

삼사(三思)명하타 무슨 일에 대해, 여러 번 깊이 생각함.

삼사(三師)명 고려 시대에, 태사(太師)·태부(太傅)·태보(太保)를 통틀어 이르던 말.

삼사(三徙)명 맹자(孟子)의 어머니가 어린 맹자의 좋은 버릇을 기르기 위해 세 번이나 이사한 일. 삼천(三遷).

삼사(三赦)명 지난날, 죄를 용서받을 수 있는 세 가지 대상에 드는 사람. 곧, 7세 이하의 어린이, 80세 이상의 늙은이, 정신 박약자.

삼사(三四)수관 일부 단위를 나타내는 명사 앞에 쓰이어, 그 수량이 셋이나 넷임을 나타내는 말. ¶ 삼사 인.

삼사-계(三事戒)[-계/-게]명 불교에서, 몸〔身〕·입〔口〕·뜻〔意〕의 삼업(三業)을 삼가는 일, 또는 그것을 경계하는 계율. 삼업계(三業戒).

삼사미명 ①세 갈래로 갈라진 곳. ②활의 먼오금과 뿔끝과의 사이, 곧 대와 뽕나무가 서로 이어진 부분.

삼-사미(三沙彌)명 나이에 따라 사미를 셋으로 가른것. 곧, 7~13세의 구오 사미(驅烏沙彌), 14~19세의 응법 사미(應法沙彌), 20세 이상의 명자 사미(名字沙彌).

삼-사반기(三四半期)명 ☞삼사분기.

삼-사분기(三四分期)명 1년을 네 기로 나눈, 그 셋째 기간. 곧, 7·8·9월의 3개월. 삼사반기.

삼사-월(三四月)명 삼월과 사월.

삼사월 긴긴 해관용 음력 삼월과 사월(봄철)의 낮이 매우 길게 느껴짐을 이르는 말.

삼사^정계(三斜晶系)[-계/-게]명 결정계의 한 가지. 세 축의 길이가 각각 틀리고, 서로 사각(斜角)을 이루어 얽힌 결정계.

삼사-조(三四調)[-쪼]명 시가(詩歌)에 쓰이는 음수율(音數律)의 한 가지. 세 음절과 네 음절이 되풀이되는 율조. 〔특히, 시조에서 중심이 되는 음수율임.〕

삼사-하다형여 서로의 사이가 어울리지 아니하고 서먹하다. 큰섬서하다.

삼사-합계(三司合啓)[-꼐/-께]명 조선 시대에, 사헌부·사간원·홍문관이 합의하여 임금에게 상주(上奏)하던 일.

삼산(三山)명 〈삼신산(三神山)〉의 준말.

삼산화-비소(三酸化砒素)명 흰색 또는 무색투명한 비결정성 덩어리나 분말로 된, 독성이 강한 약품. 비상(砒霜)·백비(白砒) 따위로 불리어 왔으며, 쥐약·살충제·매염제(媒染劑)·수피 보존제(獸皮保存劑)로 쓰임. 무수 아비산.

삼산화-황(三酸化黃)명 황의 산화물인 무색의 결정성 고체. 물에 녹으면 황산이 되어 강한 산화 작용을 일으키며, 금속 산화물과 화합하여 황산염을 만듦. 무수 황산.

삼살-방(三煞方)명 세살(歲煞)·겁살(劫煞)·재살(災煞)에 해당하는 불길한 방위.

삼삼(三三)명 바둑판의 가로세로 각각 제3선이 만나는 네 귀의 네 점.

삼삼(森森) '삼삼(森森)하다'의 어근.

삼삼오오(三三五五)명 서너 또는 대여섯 사람씩 여기저기 무리 지어 다니거나 무슨 일을 하는 모양. ¶ 삼삼오오 재잘대며 교문을 나서는 학생들.

삼삼-하다형여 ①음식이 좀 싱거운 듯하면서도 맛있다. 큰심심하다[1]. ②잊혀지지 않고 눈 앞에 보는 것같이 또렷하다. ¶ 아직도 그때 일이 눈에 삼삼하다. ③생김새나 됨됨이가 마음이 끌리게 그럴듯하다. ¶ 얼굴이 삼삼하다. **삼삼-히**부.

삼삼-하다(森森-)형여 나무가 우거져서 빽빽이 들어차 있다. **삼삼-히**부.

삼-삿반(蔘-盤)[-삳빤]명 인삼을 담아서 널어 말리는 삿반.

삼상(三上)명 〔지난날〕 ①시문(詩文)을 끊을 때의 등급의 한 가지. 열두 등급 중의 일곱째 등급. 이하(二下)와 삼중(三中)의 중간 급임. ②시문을 구상하기에 알맞은 세 곳. 곧, 마상(馬上)·침상(枕上)·측상(廁上).

삼상(三喪)명 ①〈삼년상(三年喪)〉의 준말. ②초상(初喪)·소상(小祥)·대상(大祥)을 아울러 이르는 말.

삼상(三殤)명 미성년으로 죽은 경우에 그 나이에 따라 가른 세 가지 구분. 곧, 상상(上殤)·중상(中殤)·하상(下殤).

삼상(蔘商)명 인삼을 파는 장사, 또는 장수.

삼상^교류(三相交流)명 전압·전류의 주파수·진폭이 각각 같으며 위상의 차가 120°인 교류. 〔전송 노선수(傳送路線數)에 비하여 전송 전력(傳送電力)이 큼.〕

삼상불문(三喪不問)명하자 ☞삼년부조.

삼상지탄(參商之歎)명 삼성(參星)과 상성(商星)이 멀리 동서로 떨어져 있듯이, 두 사람이 멀리 헤어져 만나기 어려운 데 대한 한탄.

삼-상향(三上香)명 분향(焚香)할 때에 향을 세 번 집어 불에 사르는 일.

삼색(三色)명 ①세 가지의 빛깔. ②불교에서, 오근(五根)·오경(五境)·무표색(無表色)으로 구분된 색법(色法)을 통틀어 이르는 말.

삼색-과(三色果)[-꽈]명 〈삼색과실〉의 준말.

삼색-과실(三色果實)[-꽈-]명 관혼상제(冠婚喪祭)에 쓰이는 세 가지 빛깔의 과실. 흰색의 깎은 밤, 붉게 익은 대추, 검은 잣을 일컬었으나, 근래에는 잣 대신 검게 말린 곶감을 널리 씀. 준삼색과.

삼색-군보(三色軍保)[-꾼-]명 조선 시대의 군보의 하나. 세 사람의 군정(軍丁) 중 두 사람은 군역(軍役)을 면제하는 대신, 베나 무명 따위를 바치게 하던 일.

삼색-기(三色旗)[-끼]명 ①세 가지 빛깔로 된 기. ②프랑스의 국기. 청·백·적으로, 자유·평등·박애를 나타냄.

삼색-도(三色桃)[-또]명 한 나무에 세 가지 빛깔의 꽃이 피는 복숭아나무.

삼색-보(三色保)[-뽀]명 삼색군보(三色軍保)로 받은 베나 무명 따위.

삼색-판(三色版)명 빨강·파랑·노랑의 세 가지 색으로 분해한 석 장의 판을 세 번 찍어서 원본의 색채 그대로 인쇄하는 제판 인쇄법.

삼색-휘장(三色揮帳)[-새퀴-]명 상여(喪輿)에 치는 휘장의 한 가지. 빨강·파랑·노랑의 세 가지 빛깔로 되어 있음.

삼생(三生)명 불교에서, 전생(前生)과 금생(今生)·후생(後生)을 이르는 말.

삼생(三牲)명 종묘 제사 때 차리는 산 제물(祭物)로서의 세 가지 짐승. 곧, 소·양·돼지를 이름.

삼생-아(三生兒)명 ☞세쌍둥이.

삼생^연분(三生緣分)[-년-]명 〔삼생에 걸쳐 끊을 수 없는 연분이라는 뜻으로〕 '부부 사이의 인연'을 이르는 말. 삼생지연(三生之緣).

삼생^원:수(三生怨讎)명 삼생에 걸쳐 끊을 수 없는 깊은 원수.

삼생지연(三生之緣)명 ☞삼생 연분.

삼선(三選)명하자되자 선거 따위에서, 세 번 당선됨. ¶ 삼선 의원.

삼-선근(三善根)명 불교에서, 온갖 선(善)의 근원이 되는 무탐(無貪)·무진(無瞋)·무치(無痴)를 이르는 말.

삼성(三性)명 불교에서 이르는 인간의 세 가지 성품. 곧, 선성(善性)과 악성(惡性)과 무기성(無記性)을 이름.

삼성(三省)[1]명하타 하루에 세 번씩 자신이 한 일에 대해 반성함. 매일 몇 번이고 자신을 반성함. ¶ 일일(一日) 삼성 오신(吾身).

삼성(三省)[2]명 고려 시대에, 중앙의 최고 의정기관(議政機關)이던 중서성(中書省)·문하성(門下省)·상서성(尙書省)을 이르던 말.

삼성(三聖)명 ①건국 신화에서의 환인·환웅·환검. 삼신(三神). ②세계의 세 성인, 곧 석가·공자·예수. ③고대 그리스의 세 성인, 곧 소크라테스·플라톤·아리스토텔레스. ④중국의 세 성인. ㉠공자(孔子)·노자·안회(顔回). ㉡요(堯)·순(舜)·우(禹).

삼성(參星)명 이십팔수의 하나. 서쪽의 일곱째 별자리. 준삼(參).

삼성-교(三聖敎)명 우리나라 고유 종교의 한 가지. 환인(桓因)·환웅(桓雄)·환검(桓儉)을 숭배하는 종교.

삼성-국문(三省鞫問)[-궁-]명 ☞삼성추국.

삼성-들리다자 ①음식을 욕심껏 먹다. ②무당이 굿할 때에 음식물을 욕심껏 입에 넣다.

삼성-사(三聖祠)명 환인·환웅·환검의 세 성인을 모신 사당.

삼성^장군(三星將軍)명 '중장(中將)'을 달리 이르는 말.

삼성-추국(三省推鞫)명 조선 시대에, 의정부(議政府)·사헌부(司憲府)·의금부(義禁府)의 관원이 모여 앉아서 삼강오륜을 범한 죄인을 심문하던 일. 삼성국문(三省鞫問).

삼성-혈(三姓穴)명 제주시 동문 밖에 있는 전설적인 세 구멍. 고(高)·부(夫)·양(良·梁) 삼신이 나와 탐라국을 세웠다 함.

삼세(三世)명 ①☞삼대(三代). ②불교에서, 전세(前世)·현세(現世)·내세(來世)를 아울러 이르는 말. 삼계(三界). ③☞삼제(三際).

삼세(三稅)명 조선 시대의 세 가지 조세(租稅). 곧, 전세(田稅)·대동미(大同米)·호포(戶布) 또는 군포(軍布).

삼-세번(三-番)명 더도 덜도 말고 꼭 세 번.

삼세-시방(←三世十方)명 불교에서 이르는 삼세와 시방. 곧, 끝없는 시간과 공간.

삼세-요달(三世了達)명 부처의 지혜로 과거·현재·미래에 걸친 모든 것을 환히 깨달음.

삼세-인과(三世因果)명 불교에서, 과거·현재·미래의 삼세를 통해 인과응보 관계가 있는 일.

삼세-제불(三世諸佛)명 과거·현재·미래에 나타나는 모든 부처.

삼세치윤(三歲置閏)명 음력에서 윤달이 삼 년만에 한 번씩 드는 일.

삼-세판(三-)명 더도 덜도 말고 꼭 세 판.

삼소(三蘇)명 ①고려 시대에, 임금이 때때로 머물던 우소(右蘇, 개풍군 백마산), 좌소(左蘇, 장단군 백악산), 북소(北蘇, 신계의 기달산)를 이르는 말. ②중국 송대(宋代)의 문장가 소순(蘇洵)·소식(蘇軾)·소철(蘇轍)의 삼부자(三父子)를 아울러 이르는 말.

삼-소월(三小月)명 음력에서, 세 번 연거푸 드는 작은 달. ↔삼대월.

삼-소임(三所任)명 지난날, 동네 소임인 동장(洞長)·집강(執綱)·풍헌(風憲)의 일을 번갈아 맡아보던 세 사람.

삼속(三屬)명 친가·외가·처가의 삼족.

삼-손우(三損友)명 사귀어서 손해가 되는 세 가지 유형의 벗. 곧, 편벽된 벗, 착하기만 하고 줏대가 없는 벗, 말만 잘하고 성실하지 못한 벗을 이름. 손자삼우(損者三友). ↔삼익우(三益友).

삼송(杉松)명 ☞삼나무.

삼-쇠(三-)[-쇠/-쉐]명 농악·두레·걸립패에서 꽹과리를 치는 상쇠·중쇠 다음의 셋째 쇠잡이.

삼수(三手)명 임진왜란 때, 훈련도감에 두었던 포수(砲手)·사수(射手)·살수(殺手)를 통틀어 이르던 말.

삼수(三壽)명 장수(長壽)를 셋으로 구분한 것. 곧, 100세 이상인 상수(上壽), 80세 이상인 중수(中壽), 60세 이상인 하수(下壽)를 이름.

삼수(滲水)명하자 ①물에 잠김. ②물이 스며듦, 또는 그 물.

삼수-갑산(三水甲山)[-싼]명 〔함경남도에 있는 삼수와 갑산이 지세가 험하고 교통이 불편하여 가기 어려운 곳이라는 뜻에서〕 '몹시 어려운 지경'을 비유하여 이르는 말. 《주로, '가다'의 활용형과 어울려 쓰임.》 ¶ 내일은 삼수갑산에 갈망정…. /나중에야 삼수갑산을 가는 한이 있어도….

삼수-량(三手糧)명 ☞삼수미(三手米).

삼수-미(三手米)명 조선 시대에, 삼수(三手)를 훈련하는 비용에 쓰려고 거두던 세미(稅米). 삼수량.

삼수-변(三水邊)명 한자 부수의 한 가지. '江'·'河' 등에서의 '氵'의 이름.

삼수-병(三手兵)명 ☞삼수(三手).

삼순(三旬)명 ①상순·중순·하순을 통틀어 이르는 말. 삼한(三澣). ②서른 날. ¶ 떠나온 지 삼순이 지났구나. ③서른 살.

삼순(三巡)명 ①활을 세 번째 쏘는 차례. ②초순(初巡)·재순(再巡)·삼순(三巡)의 세 차례. ③세 번 순찰함.

삼순-구식(三旬九食)명 〔서른 날에 아홉 끼니밖에 못 먹는다는 뜻으로〕 '가난하여 끼니를 많이 거름'을 이르는 말.

삼승(三乘)명 ①'세제곱'의 구용어. ②〔중생을 수레에 태워 열반의 언덕으로 실어 나른다는 뜻으로〕 성문승(聲聞乘)·연각승(緣覺乘)·보살승(菩薩乘)의 세 가지 교법을 이르는 말. ②참삼거(三車).

삼승-근(三乘根)명 '세제곱근'의 구용어.

삼승-비(三乘比)명 '세제곱비'의 구용어.

삼승-포(三升布)명 ☞석새삼베.

삼시(三始)명 〔연·월·일의 시작이란 뜻으로〕 정월 초하루를 이르는 말. 삼원(三元). 삼조(三朝). 원단(元旦).

삼시(三施)명 불교에서, 어려운 이에게 베푸는 세 가지 보시(布施). 곧, 재물을 베푸는 재시(財施), 설법으로 깨달음을 베푸는 법시(法施), 병자나 외로운 이에게 기쁨을 베푸는 무외시(無畏施).

삼시(三時)명 ①하루의 세 끼니, 또는 세 끼니 때. ②과거·현재·미래. ③농사의 세 철. 곧, 봄·여름·가을. ④불교에서, 부처가 열반한 뒤의 불법(佛法)의 성쇠(盛衰)를 나타내는 시대 구분. 곧, 정법시(正法時)·상법시(像法時)·말법시(末法時).

삼시-교(三時教)명 불교 법상종(法相宗)에서, 석가 일대의 설교를 유교(有教)·공교(空教)·중도교(中道教)의 삼기(三期)로 구분한 것.

삼시-보(三時報)명 ☞삼시업(三時業).

삼시-선(三時禪)명 불교에서, 새벽과 낮과 저녁의 세 때에 하는 좌선(坐禪). 삼시 좌선(三時坐禪).

삼시-업(三時業)명 불교에서, 선악의 업(業)을, 그 업과를 받는 시기에 따라 세 가지로 나눈 것. 곧, 이승에서 받는 순현업(順現業), 다시 태어나서 받는 순차업(順次業), 세 번째 태어나서 받는 순후업(順後業). 삼시보(三時報).

삼시^염ː불(三時念佛)명 불교에서, 새벽·낮·저녁의 세 때에 하는 염불.

삼-시울(三-)[-울]명 세 가닥으로 비벼 꼰 노끈. ＊삼시울이[-울기]·삼시울만[-웅-]

삼시^좌ː선(三時坐禪)명 ☞삼시선(三時禪).

삼식(三食)명 아침·점심·저녁의 세 끼의 식사.

삼-신명 생삼으로 거칠게 삼은 신.

삼신(三身)명 불교에서, 부처가 변신하여 세상에 나타난 세 가지 모습. 곧, 법신(法身)·보신(報身)·응신(應身). 삼불(三佛).

삼신(三辰)명 해와 달과 별(특히, 북두칠성)을 통틀어 이르는 말.

삼신(三神)명 ①☞삼성(三聖). ②민속 신앙에서 이르는, 아기를 점지한다는 신령. 삼신할머니. ②높삼신상제·삼신제왕.

삼신-메(三神-)명 민속 신앙에서, 삼신에게 빌 때 차려 놓는 밥.

삼신-불(三身佛)명 불교에서 이르는, 법신불(法身佛)·보신불(報身佛)·응신불(應身佛).

삼-신산(三神山)명 중국 전설에서, 신선이 산다는 세 산. 곧, 봉래산(蓬萊山)·방장산(方丈山)·영주산(瀛州山). 〔우리나라에서는 금강산·지리산·한라산을 이름.〕 준삼산(三山).

삼신-상제(三神上帝)명 '삼신(三神)'을 높이어 일컫는 말. 삼신제왕.

삼신-제왕(三神帝王)명 ☞삼신상제.

삼신-풀이(三神-)명하자 삼신에게 비는 일.

삼신-할머니(三神-)명 '삼신(三神)'을 흔히 일컫는 말. 산신(產神).

삼-실명 삼 껍질로 만든 실. 대마사(大麻絲).

삼실(三室)명 ①☞삼취(三娶). ②낡은 재목으로 세 번째 고쳐 지은 집.

삼심^제ː도(三審制度)명 같은 사건에 대하여 세 번의 재판을 받을 수 있도록 한 제도.

삼십(三十) Ⅰ수 서른.
Ⅱ관 《일부 단위를 나타내는 명사 앞에 쓰이어》 ①그 수량이 서른임을 나타내는 말. ¶ 삼십 년. /삼십 가구. /우리 모임의 정원은 삼십 명이다. ②그 순서가 서른 번째임을 나타내는 말. ¶ 삼십 층.

삼십 리 강짜관용 매우 심한 강짜.

삼십삼-신(三十三身)[-쌈-]명 관세음보살이 중생을 제도하기 위하여 나타내 보인다는 서른세 가지의 화신(化身).

삼십삼-천(三十三天)[-쌈-]명 ☞도리천.

삼십-성도(三十成道)[-썽-]명 석가가 서른 살에 도를 이룬 일.

삼십육-계(三十六計)[-심뉵꼐/-심뉵께]명 ①노름의 한 가지. 물주(物主)가 맞힌 사람에게 살돈의 36배를 주는 노름. ②서른여섯 가지의 계략. 많은 꾀. ③형편이 불리할 때, '달아나는 일'을 이르는 말. 〔'자치통감(資治通鑑)'에 나오는 말로 '三十六計 走爲上策(서른여섯 가지의 계책 가운데 달아나는 것이 최고의 계책이다.)'에서 유래함.〕

삼십육계 줄행랑이 제일〔으뜸〕속담 형편이 불리할 때는 도망쳐 화를 면하는 것이 상책임.

삼십육계(를) 놓다〔**찾다**〕관용 급하게 도망을 치다. 삼십육계 줄행랑을 놓다〔치다〕.

삼십육계 줄행랑을 놓다〔**치다**〕관용 ☞삼십육계(를) 놓다〔찾다〕.

삼십육-금(三十六禽)[-심뉵끔]명 오행(五行)에서, 십이지(十二支)에 각각 세 동물을 배분한 서른여섯 가지 짐승. 〔'자(子)'의 제비·쥐·박쥐, '축(丑)'의 소·게·자라 따위.〕

삼십이-상(三十二相)명 부처가 갖춘, 서른두 가지의 뛰어난 신체적 특징.

삼십일^본산(三十一本山)명 (광복 이전에) 우리나라의 서른한 곳에 있던 불교의 본사(本寺).

삼십^초^룰ː(三十秒rule)명 아마추어 농구에서, 공을 가진 팀이 30초 이내에 슈팅을 하게 되어 있는 규칙.

삼-씨명 삼의 씨. 한방에서 난산(難産)·공수병(恐水病)·변비증 따위의 약재로 씀. 마인(麻仁). 마자(麻子).

삼씨-기름명 삼씨로 짠 기름. 대마유(大麻油). 마유(麻油). 마자유(麻子油).

삼악(三樂)명 아악(雅樂)·향악(鄕樂)·당악(唐樂)을 통틀어 이르는 말.

삼-악도(三惡道)[-또]명 불교에서, 중생이 악업의 결과로 죽어서 가게 된다는 세 괴로운 세계. 곧, 지옥도(地獄道)·축생도(畜生道)·아귀도(餓鬼道). 삼도(三道). 삼악추. 삼악취.

삼-악성(三惡聲)[-썽]명 세 가지의 듣기 싫은 흉한 소리. 곧, 초혼(招魂)하는 소리, 불이 나서 외치는 소리, 도둑을 쫓는 소리를 이름. ↔삼희성.

삼-악추(三惡趣)명 ☞삼악도(三惡道).

삼-악취(三惡趣)명 ☞삼악도(三惡道).

삼양(三養)명 ①사람이 길러야 할 세 가지 일. 분수에 만족하여 복을 기르고, 음식을 절제하여 기(氣)를 기르고, 낭비를 삼가 재물을 불리는 일. ②삼과(三寡)에 의하여 신(神)·정(精)·기(氣)를 기르는 양생법(養生法). 참삼과(三寡).

삼언-시(三言詩)명 한시(漢詩)에서, 한 구(句)가 석 자로 된 고체시(古體詩).

삼엄(三嚴)명 〔엄한 세 사람이란 뜻으로〕 '임금과 아버지와 스승'을 이르는 말.

삼엄(森嚴) '삼엄하다'의 어근.

삼엄-하다(森嚴-)형여 분위기 따위가 무서우리만큼 엄숙하다. ¶ 삼엄한 경계. **삼엄-히**부.

삼업(三業)명 불교에서, 신업(身業)·구업(口業)·의업(意業)을 이르는 말. 곧, 인과응보(因果應報)의 원인이 되는 신체 동작, 언어 표현, 심적(心的) 행위의 세 가지. 준업.

삼업(蔘業)명 인삼을 생산하는 사업.

삼업-계(三業戒)[-꼐/-께]명 ☞삼사계.

삼-에스(三S)명 〔스포츠(sports)·섹스(sex)·스크린(screen), 또는 스피드(speed)의 머리글자를 딴 말로〕 운동과 성(性)과 영화, 또는 속도의 세 가지를 가리키는 말.

삼에스^운:동(三S運動)명 산업의 전문화(specialization)·표준화(standardization)·단순화(simplification)를 촉진하여 생산성 향상을 구체화하려는 운동.

삼에스^정책(三S政策)명 대중을 3S에 몰두하게 함으로써 정치적 무관심으로 유도하여, 지배자가 마음대로 대중을 조종할 수 있게 하려는 우민 정책(愚民政策)의 한 가지. 참우민 정책.

삼에프^폭탄(三F爆彈)명 수소 폭탄의 겉을 천연 우라늄으로 싼 핵폭탄. 〔핵분열(fission) → 핵융합(fusion) → 핵분열(fission)로 반응이 진행되는 데서 붙여진 이름.〕

삼엠^정책(三M政策)명 사람(man)·돈(money)·무기(munitions)의 세 가지에 관한 정책.

삼여(三餘)명 ☞독서삼여(讀書三餘).

삼-역성(三易姓)[-썽]명하자 〔세 번 성을 바꾼다는 뜻으로〕 외손녀가 자식을 낳은 것을 이르는 말.

삼연(森然) '삼연하다'의 어근.

삼-연음부(三連音符)[-녀늠-]명 ☞셋잇단음표.

삼연-하다(森然-)형여 ①나무가 배게 들어서서 무성하다. ②엄숙하다. **삼연-히**부.

삼열(蔘熱)명 ☞삼독(蔘毒).

삼염화-비소(三塩化砒素)[-념-]명 상온(常溫)에서 무색인 기름 모양의 액체. 공기 중에서 발연(發煙)함. 각종 비소 화합물의 원료임.

삼엽-충(三葉蟲)명 절지동물 삼엽충류 화석 동물을 통틀어 이르는 말. 가장 큰 것은 몸길이 45 cm가량으로, 타원형이고 납작하며 머리·가슴·꼬리로 구분됨. 평안남도, 황해도 일대의 고생대(古生代) 지층에서 발견됨.

삼-영문(三營門)명 ☞삼군문(三軍門).

삼오-야(三五夜)명 ☞십오야(十五夜).

삼오칠언-시(三五七言詩)명 삼언구(三言句) 두 구(句), 오언구(五言句) 두 구, 칠언구(七言句) 두 구로 이루어진 한시(漢詩).

삼오-판(三五版)명 책의 판형의 한 가지. 가로 약 84 mm(세 치), 세로 약 148mm(다섯 치) 크기의 것. 참삼륙판.

삼왕(三王)명 중국 상고 시대의 세 왕. 곧, 하(夏)의 우왕(禹王), 은(殷)의 탕왕(湯王), 주(周)의 문왕(文王) 또는 무왕(武王).

삼외(三畏)[사뫼/사뭬]명 논어에서, 군자가 두려워하고 조심해야 할 세 가지. 곧, 천명(天命)과, 대인(大人)의 말과, 성인(聖人)의 말. 참삼구(三懼)·삼단(三端).

삼요(三樂)명 논어에서, 세 가지 좋아하는 것. 곧, 예악(禮樂)을 좋아하고, 사람의 착함을 좋아하고, 어진 벗이 많음을 좋아하는 익자삼요(益者三樂)와, 교만(驕慢)을 좋아하고, 놀기를 좋아하고, 주색(酒色)을 좋아하는 손자삼요(損者三樂)를 아울러 이르는 말.

삼욕(三慾)명 불교에서, 식욕(食慾)과 수면욕(睡眠慾)과 음욕(淫慾)의 세 가지 욕심을 통틀어 이르는 말.

삼용(蔘茸)명 인삼과 녹용.

삼우(三友)명 ①〔백거이(白居易)의 북창삼우시(北窓三友詩)에 나오는 말로〕 함께 어울리는 세 가지 운치로, 시와 술과 거문고. ②세한삼우(歲寒三友)인 송(松)·죽(竹)·매(梅). ③산수(山水)·송죽(松竹)·금주(琴酒). ④삼익우(三益友)와 삼손우(三損友).

삼우(三虞)명 〈삼우제(三虞祭)〉의 준말.

삼우-제(三虞祭)명 장사를 치르고 나서 세 번째 지내는 제사. 준삼우.

삼원(三元)명 ①상원(上元)과 중원(中元)과 하원(下元). ②도가(道家)에서 이르는, 하늘과 땅과 물. ③☞삼시(三始). ④☞삼재(三才).

삼원(三垣)명 〔고대 중국의 천문학에서〕 별자리의 세 구획. 곧, 북극 부근의 자미원(紫微垣), 사자궁 부근의 태미원(太微垣), 사견궁(蛇遣宮) 부근의 천시원(天市垣).

삼원(三遠)명 산수화(山水畫)의 원근법(遠近法). 곧, 산기슭에서 산꼭대기를 쳐다보는 고원(高遠), 산 앞에서 산 뒤쪽을 살피는 심원(深遠), 가까운 산에서 먼 산을 바라보는 평원(平遠)의 세 가지.

삼-원색(三原色)명 모든 빛깔을 재현할 수 있는 기본적인 세 빛깔. 그림물감에서는 빨강·노랑·파랑, 빛에서는 빨강·녹색·파랑.

삼월(三月)명 한 해 가운데 셋째가 되는 달. 참진월·계춘·가월.

삼월^삼짇날(三月三-)[-진-]명 ☞삼짇날.

삼월^혁명(三月革命)[-형-]명 ①1848년 3월에 독일과 오스트리아 각지에서 일어난 일련의 자유주의적 혁명. ②1917년 3월에 일어난 러시아의 제2차 부르주아 혁명. 〔러시아력(曆)으로는 2월이었으므로 이월 혁명(二月革命)이라고도 함.〕 이월 혁명.

삼위(三位)명 기독교에서, 성부(聖父)·성자(聖子)·성신(聖神)을 아울러 이르는 말. 성삼위.

삼위-일체(三位一體)명 ①세 가지 것이 하나로 통일되는 일. 삼자(三者)가 뜻을 모아 하나가 되는 일. ¶ 학생·학부모·교사가 삼위일체가 되다. ②기독교에서, 성부(聖父)와 성자(聖子)와 성신(聖神)은 신이 세 가지 모습이 되어 나타난 것으로, 원래는 한 몸이라는 생각. 참성삼위(聖三位).

삼유(三由)명 지난날, 벼슬아치가 말미를 연기해 달라고 세 번씩 청하던 일.

삼유(三有)명 ☞삼계(三界).

삼유-생사(三有生死)명 불교에서, 삼계(三界)를 유전(流轉)하며 생사를 거듭하는 일, 또는 그러한 생사를 이르는 말.

삼은(三隱)명 고려 말기의 성리학자인 포은(圃隱) 정몽주(鄭夢周), 목은(牧隱) 이색(李穡), 야은(冶隱) 길재(吉再)의 세 사람을 아울러 이르는 말.

삼의(三衣)[사믜/사미]명 중이 입는 세 가지 가사. 곧, 대의(大衣)·칠조의(七條衣)·오조의(五條衣).

삼의(三儀)[사믜/사미]명 ☞삼재(三才).

삼이(三易)명 (한문의) 문장을 쉽게 쓰는 세 가지 조건. 곧, 보기 쉽게 쓰고, 쉬운 글자를 쓰고, 읽기 쉽게 써야 한다는 것.

삼-이웃(三-)[-니욷]명 이쪽저쪽의 가까운 이웃. ¶ 삼이웃이 모여 의논하다. /삼이웃 집을 돌아다녀 간신히 돈을 구했다. *삼이웃이[-니우시]·삼이웃만[-니운-]

삼-익우(三益友)명 사귀어서 유익한 세 가지 유형의 벗. 정직한 벗, 성실한 벗, 견문이 넓은 벗을 이름. 익자삼우(益者三友). ↔삼손우(三損友).

삼익-주의(三益主義)[-쭈의/-쭈이]명 기업 경영에서, 이윤은 자본주와 경영자와 노동자에게 일정한 비율로 분배되어야 한다는 주의.

삼인성호(三人成虎)명 〔여러 사람이 거리에 범이 나왔다고 하면, 거짓말이라도 참말로 곧이듣게 된다는 뜻으로〕 근거 없는 말도 여러 사람이 하면 이를 믿게 된다는 말.

삼인-칭(三人稱)명 ☞제삼 인칭.

삼인칭^소:설(三人稱小說)명 주인공이 삼인칭 대명사로 되어 있는 소설.

삼일(三一)명 ①천일(天一)·지일(地一)·태일(泰一)의 세 신(神). ②도가(道家)에서, 정(精)·신(神)·기(氣)가 하나가 된 허무의 도(道).

삼일(三日)명 ①개신교에서, 주일 뒤 사흘째 되는 날. 곧, 수요일을 예배하는 날로 이르는 말. ②혼인한 지 사흘째 되는 날. ③해산(解產)한 지 사흘째 되는 날.

삼일 안 새색시도 웃을 일속담 결혼한 지 삼일도 안 된 새색시마저도 웃을 일이라는 뜻으로, 웃지 않고서는 도저히 배길 수 없는 일을 비유적으로 이르는 말.

삼일-곡(三日哭)명하자 ①사당(祠堂)이 타 버렸을 때, 사흘 동안 슬피 우는 일. ②오랫동안 울어 댐.

삼일^기도회(三日祈禱會)[-회/-훼]명 개신교에서, 주일의 사흘 뒤인 수요일 밤에 갖는 기도회. 삼일 예배.

삼일^신고(三一神誥)명 대종교에서, 단군이 한울·한얼·한울집·누리·참이치의 다섯 가지를 삼천 단부(三千團部)에게 가르쳤다는 말.

삼일-신행(三日新行)명 혼례를 치른 지 사흘 만에 하는 혼행(婚行).

삼일^예배(三日禮拜)[-례-]명 ☞삼일 기도회.

삼일-우(三日雨)명 (사흘 동안이나 내리는) 흡족한 비. ¶ 천년 노룡(千年老龍)이 풍운(風雲)을 언제 어더 삼일우(三日雨)롤 디련는다(鄭澈. 關東別曲).

삼일^운:동(三一運動)명 ☞기미독립운동.

삼일-유가(三日遊街)[-류-]명 지난날, 과거에 급제한 사람이 사흘 동안 시관(試官)과 선배·친척 등을 방문하던 일. ¶ 삼일유가한 연후에 산소에 소분(掃墳)하고 전하(殿下)께 숙배하니(烈女春香守節歌).

삼일-장(三日葬)명 죽은 지 사흘 만에 지내는 장사.

삼일-절(三一節)[-쩔]명 기미독립운동을 기념하는 국경일. 〔매년 3월 1일.〕

삼일-점고(三日點考)명 지난날, 수령이 부임한 지 사흘째 되는 날에 관속(官屬)을 점고하던 일.

삼일-정신(三一精神)명 삼일 운동에서 나타난 우리 겨레의 독립 정신과 평화 애호 정신.

삼일-제(三日製)[-쩨]명 조선 시대에, 음력 삼월 초사흗날에 보이던 과거. 화제(花製).

삼일-주(三日酒)[-쭈]명 담근 지 사흘 만에 마시는 술.

삼일-천하(三日天下)명 〔사흘 동안 천하를 얻는다는 뜻으로〕 '아주 짧은 기간 정권을 잡았다가 무너짐'을 비유하여 이르는 말.

삼일치^법칙(三一致法則)명 연극은 하나의 사건이, 24시간 이내에, 같은 장소에서 전개되어야 한다는, 때·곳·줄거리의 일치를 주장하는 이론. 17세기에 프랑스의 고전극 작자들에 의하여 확립된 법칙임.

삼입(滲入)명하자 물 따위가 스며듦.

삼자(三者)명 ①세 사람. ¶ 삼자 회담. ②당사자가 아닌 사람. 제삼자(第三者). ¶ 삼자가 끼어들다.

삼자-대면(三者對面)명하자 ☞삼조대질.

삼자^범퇴(三者凡退)[-퇴/-퉤]명 야구에서, 타자 세 사람이 잇달아 출루하지 못하고 물러나는 일. ¶ 9회 말도 삼자 범퇴로 끝났다.

삼-자승(三自乘)명 '세제곱'의 구용어.

삼작(三作)명 ①〈삼작노리개〉의 준말. ②〈대삼작(大三作)〉의 준말.

삼작-년(三昨年)[-장-]명 그끄러께.

삼작-노리개(三作-)[-장-]명 부녀자의 장신구의 한 가지. 밀화(蜜花)·옥·산호·금·은 따위로 만든 세 개의 노리개를 황색·적색·남색의 세 가닥 진사(眞絲) 끝에 색깔을 맞추어 단 것. 준삼작. 참단작노리개.

삼작-야(三昨夜)명 그끄저께 밤.

삼작-일(三昨日)명 그끄저께.

삼-잡이명 민간에서, 삼눈을 앓을 때 미신적인 방법으로 예방하는 일.

삼장명 〈농삼장〉의 준말.

삼장(三長)명 사가(史家)에게 필요한 세 가지의 자질. 곧, 재지(才智)·학문·식견을 이르는 말.

삼장(三場)명 과거(科擧)의 초시(初試)와 복시(覆試)와 전시(殿試)를 통틀어 이르던 말. ¶ 삼장 장원(壯元).

삼장(三障)명 불도 수행이나 선근(善根)을 행하는 데 있어서의 세 가지 장애. 탐욕(貪慾)·진에(瞋恚)·우치(愚痴) 등의 번뇌장(煩惱障)과, 오역(五逆)·십악(十惡) 등의 업장(業障)과, 지옥(地獄)·아귀(餓鬼)·축생(畜生) 등의 보장(報障).

삼장(三藏)명 ①불전(佛典)을 세 종류로 분류한 것. 곧, 경장(經藏)·율장(律藏)·논장(論藏). 경률론(經律論). ②삼장(三藏)에 통달한 고승을 높이어 일컫는 말.

삼장(蔘場)명 ☞삼포(蔘圃).

삼장-교(三藏敎)명 경(經)·율(律)·논(論)의 삼장에 나타난 석가여래의 가르침.

삼장^법사(三藏法師)[-싸]명 ①경(經)·율(律)·논(論)의 삼장에 통달한 고승. ②당(唐)나라의 고승인 '현장(玄奘)'을 흔히 일컫는 말.

삼장-선(三檣船)명 돛대가 세 개 있는 배.

삼장-육재일(三長六齋日)[-뉵째-]명 불교에서, 음력 정월·오월·구월의 각 초하룻날과 보름날을 이르는 말.

삼장-제(三長制)명 모임 따위에서, 우두머리로 세 사람을 뽑는 제도. 한 사람은 정(正), 두 사람은 부(副)가 됨.

삼재(三才)명 ①천(天)·지(地)·인(人)의 셋을 이르는 말. 삼극(三極). 삼령(三靈). 삼원(三元). 삼의(三儀). ②관상(觀相)에서, 얼굴의 세 부분. 곧, 이마와 코와 턱.

삼재(三災)명 불교에서, 세계가 파멸할 때 일어난다는 세 가지 재해. 전란·질병·기근의 소삼재(小三災)와 화재(火災)·수재(水災)·풍재(風災)의 대삼재(大三災)가 있음.

삼재(三宰)명 〔재열(宰列)에서 이상(貳相)의 다음이라는 뜻으로〕 좌참찬(左參贊)을 일컫던 말.

삼재-팔난(三災八難)[-란]명 삼재와 팔난. 곧, 모든 재난(災難).

삼적(蔘賊)명 밭의 인삼을 훔치는 도둑.

삼전(三傳)명 춘추삼전(春秋三傳). 곧, 좌씨전(左氏傳)·공양전(公羊傳)·곡량전(穀梁傳).

삼전-업(三傳業)명 고려 시대에, 잡과(雜科)의 한 과목. 삼전(三傳)으로 과거를 보였음.

삼절(三絕)명 ①세 가지 뛰어난 것. ¶ 송도(松都)의 삼절. ②세 가지 뛰어난 재주, 또는 세 가지 뛰어난 재주를 가진 사람. ③세 수(首)의 절구(絕句). ④☞위편삼절(韋編三絕).

삼정(三正)명 ①천(天)·지(地)·인(人)의 올바른 도리. ②삼강(三綱)의 올바른 도리.

삼정(三政)명 지난날, 나라의 정사(政事) 가운데 가장 중요했던 전정(田政)·군정(軍政)·환곡(還穀)의 세 가지를 이르던 말. ¶ 나라가 어지러우니 삼정이 문란하다.

삼정(三精)명 ☞삼광(三光).

삼정(蔘精)명 인삼의 유효 성분만을 추출하여 만든 약제. 인삼의 진액.

삼-정승(三政丞)명 조선 시대에, 영의정(領議政)·좌의정(左議政)·우의정(右議政)을 통틀어 이르던 말. 삼공(三公). 참태정(台鼎).

삼제(三際)명 불교에서, 과거·현재·미래를 이르는 말. 삼세(三世).

삼제(三諦)명 불교에서 이르는, 공제(空諦)·가제(假諦)·중제(中諦)의 세 가지 진리.

삼제(芟除)명하타 〔풀을 베어 없앤다는 뜻으로〕 악인(惡人)·악폐(惡弊) 따위를 아주 없애 버림. ¶ 악습을 삼제하다.

삼조(三曹)명 지난날, 호조(戶曹)·형조(刑曹)·공조(工曹)를 통틀어 이르던 말.

삼조(三朝)명 ①☞삼시(三始). ②그달의 초사흗날. ③삼대(三代)의 왕조(王朝), 또는 삼대의 조정(朝廷).

삼조-대면(三造對面)명하자 ☞삼조대질.

삼조-대질(三造對質)명하자 원고·피고·증인이 모여서 하는 무릎맞춤. 삼자대면. 삼조대면.

삼족(三族)명 ①아버지와 아들과 손자. ②부모와 형제와 처자. ③친족(親族)과 외족(外族)과 처족(妻族). ¶ 옛날, 왕조 시대에는 역모(逆謀)를 꾀한 자에게는 삼족을 멸하던 멸문지화의 형벌이 있었다.

삼족-반(三足盤)[-빤]명 발이 셋 달린 소반(小盤).

삼족-오(三足烏)명 ①중국의 신화에 나오는, 해 속에 산다는 세 발 가진 까마귀. ②'태양'을 달리 이르는 말.

삼족^토기(三足土器)명 고대의, 발이 세 개 달린 토기.

삼존(三尊)명 ①받들어 모셔야 할 세 분. 곧, 임금과 아버지와 스승. ②불교에서, 본존(本尊)과 그 좌우의 두 협시(脇侍)를 이르는 말. 〔미타 삼존(彌陀三尊)·약사 삼존(藥師三尊)·석가 삼존(釋迦三尊) 따위.〕

삼종(三宗)명 불교에서, 존재의 실상에 대해 설명하는 세 가지의 교의. 곧, 법상·법성·파상.

삼종(三從)명 〈삼종형제〉의 준말.

삼종-경(三鐘經)명 '삼종 기도'의 구용어.

삼종^기도(三鐘祈禱)명 가톨릭에서, 천사 가브리엘의 성모 마리아에 대한 수태 고지를 기념하여 아침·낮·저녁의 세 차례 종이 울릴 때마다 올리는 기도를 이르는 말. 참안젤루스.

삼종-매(三從妹)명 팔촌 누이.

삼종-매부(三從妹夫)명 팔촌 누이의 남편.

삼종-손(三從孫)명 칠촌 조카의 아들. 곧, 육촌 형제의 손자.

삼종-수(三從嫂)명 팔촌 형제의 아내.

삼종-숙(三從叔)명 아버지의 팔촌 형제. 구촌 아저씨. 삼당숙(三堂叔).

삼종-씨(三從氏)명 ①자기의 삼종형을 남에게 말할 때 쓰는 말. ②남의 삼종형제를 높이어 이르는 말.

삼종-의탁(三從依托)[-의-/-이-]명 ☞삼종지의(三從之義).

삼종-자(三從姊)명 팔촌 누이.

삼종-제(三從弟)명 팔촌 동생.

삼종-조(三從祖)명 할아버지의 육촌 형제.

삼종지의(三從之義)[-의/-이]명 지난날, 여자가 지켜야 했던 도리. 곧, 어려서는 아버지를, 시집가서는 남편을, 남편이 죽은 뒤에는 아들을 따라야 했던 일. 삼종의탁(三從依托).

삼종-질(三從姪)명 팔촌 형제의 아들. 구촌(九寸) 조카.

삼종-형(三從兄)명 팔촌 형.

삼종-형제(三從兄弟)명 팔촌 형제. 한 고조(高祖)의 후손. 아버지의 재종형제에게서 난 자녀. 준삼종(三從).

삼주(三走)명 지난날, 달음질 취재(取才)에서의 셋째 등급을 이르던 말.

삼주-기(三周忌)명 사람이 죽은 지 만 2년이 되는 제삿날.

삼죽(三竹)명 ①저·생(笙)·필률(觱篥)의 세 가지 관악기. ②☞삼금(三笒).

삼중(三中)명 ①하자국궁(國弓)에서, 화살 다섯 대를 쏘아 세 대를 맞히는 일. ②지난날, 시문(詩文)을 꼲을 때의 등급의 하나. 열두 등급 가운데 여덟째 등급. 삼상(三上)과 차상(次上)의 중간 급임.

삼중(三重)명 ①세 겹. ¶ 삼중 유리. ②세 가지가 겹치는 일, 또는 세 번 거듭되는 일. ¶ 삼중 추돌.

삼중^결합(三重結合)명 분자 내의 두 원자가 세 개의 원자가(原子價) 단위로 이루어진 결합. 〔CH≡CH 따위.〕

삼중-고(三重苦)명 세 가지 고통이 겹치는 일. 특히, 소경에다 귀머거리·벙어리까지 겹친 사람의 경우를 이르는 말.

삼중-례(三中禮)[-녜]명 지난날, 새로 들어온 사원(射員)이 화살 다섯 중 처음으로 세 대를 맞혔을 때, 선생을 비롯하여 여러 사람에게 술잔치를 베풀어 사례하던 일.

삼중-살(三重殺)명 ☞트리플 플레이.

삼중-석(三重席)명 빈객(賓客)을 예(禮)로써 대접할 때, 세 겹으로 까는 자리.

삼중-성(三重星)명 세 개의 별이 우연히 같은 방향에 있어, 육안이나 도수(度數) 낮은 망원경으로는 하나처럼 보이는 별.

삼중^수소(三重水素)명 수소의 동위 원소로, 중수소의 한 가지. 질량수가 셋인 인공 방사성 원소. 원자핵은 양자 한 개와 두 개의 중성자로 이루어지며 수소 폭탄의 부재료, 방사성 추적자 등에 이용됨. 트리튬.

삼중-점(三重點)[-쩜]명 ①하나의 곡선이 셋으로 나뉘어 갈라져서 통과하는 동일점(同一點). ②불순물이 들어 있지 않은 물질의 기상(氣相)·액상(液相)·고상(固相)이 공존하는 상태.

삼중-주(三重奏)명 세 가지 악기에 의한 합주. 피아노·바이올린·첼로에 의한 피아노 삼중주, 바이올린·비올라·첼로에 의한 현악 삼중주 등이 있음.

삼중^주명곡(三重奏鳴曲)명 삼중주(三重奏)에 의한 소나타.

삼중-창(三重唱)명 성부(聲部)가 다른 세 사람의 가수가 부르는 중창.

삼중^협주곡(三重協奏曲)[-쭈-]명 세 개의 독주 악기를 가진 협주곡.

삼지(三知)명 도(道)를 깨닫는 데 있어서의 천분(天分)의 세 층. 곧, 나면서부터 아는 생지(生知), 배워서 아는 학지(學知), 애써서 아는 곤지(困知).

삼지(三指)명 줌손의 아래 세 손가락.

삼지(三智)명 〔불교에서, 지혜를 세 가지로 분류한 것으로〕 ①도종지(道種智)·일체지(一切智)·일체종지(一切種智). ②범부(凡夫)와 외도(外道)의 지혜인 세간지(世間智), 성문(聲聞)과 연각(緣覺)의 지혜인 출세간지(出世間智), 불(佛)과 보살의 지혜인 출세간상상지(出世間上上智). ③외지(外智)·내지(內智)·진지(眞智).

삼지구엽-초(三枝九葉草)명 매자나뭇과의 다년초. 경기도 이북의 계곡에 절로 나는데, 줄기는 높이 자라다가 세 가닥으로 가지를 치며, 각 가지에 세 개의 잎이 달림. 잎을 말린 것을 한방에서 음양곽(淫羊藿)이라 하여 술에 담가 강장(強壯)·강정제(強精劑)로 씀.

삼지-끈(三指-)명 활을 쏠 때 삼지(三指)에 끼는, 실로 만든 가락지.

삼지-놓이(三指-)[-노-]명 손가락 셋을 합한 폭(幅)만 한 넓이.

삼지니(三-)명 세 살이 된 새매. 동작이 느려서 사냥에 적당하지 못함. 삼진(三陳).

삼지-례(三枝禮)명 〔비둘기는 어미 비둘기가 앉은 자리에서 셋째 가지 아래에 앉는다는 뜻에서〕 '사람은 마땅히 부모를 공경해야 함'을 이르는 말.

삼지-사방(-四方)명 '산지사방'의 잘못.

삼지-창(三枝槍)명 ①☞당파창(鏜鈀槍). ②〈포크(fork)〉의 속된 말.

삼직(三職)명 절의 주지(住持)를 돕는 세 교직. 곧, 총무(總務)·교무(敎務)·재무(財務)를 이르는 말.

삼ː진(三眞)명 대종교에서, 사람이 나면서 받는 세 가지의 참된 것. 곧, 성(性)·명(命)·정(精)을 이르는 말.

삼진(三振)명 ☞스트라이크 아웃.

삼진(三陳)명 ☞삼지니.

삼진-삼퇴(三進三退)[-퇴/-퉤]명 지난날, 과거에 급제한 사람을 축하하는 뜻으로, 그 선진(先進)이 찾아와서, 세 번 앞으로 나오고 세 번 뒤로 물러가게 하며 불리던 일.

삼-진작(三眞勺)명 고려 가요에서 가장 빠른 곡조의 이름. '정과정(鄭瓜亭)'이 이 곡조로 되었음.

삼짇-날[-진-]명 음력 삼월 초사흗날. 상사(上巳). 삼월 삼짇날. 중삼(重三). 준삼질.

삼질(三-)명 〈삼짇날〉의 준말.

삼징칠벽(三徵七辟)명 지난날, 나라에서 초야에 묻혀 사는 인재에게 벼슬을 주겠다고 여러 차례 부르던 일.

삼차(三叉)명 세 가닥. 세 갈래.

삼차(三次)명 정식·방정식·대수 곡선 따위의 차수(次數)가 3인 것.

삼차^곡선(三次曲線)[-썬]명 삼차 방정식이 나타내는 곡선.

삼차^방정식(三次方程式)명 미지수의 최고멱(最高冪)이 3차인 방정식. 〔$ax^3+bx^2+cx+d=0$의 꼴로 나타남.〕

삼차^산ː업(三次產業)명 ☞제삼차 산업.

삼차-색(三次色)명 두 빛깔을 섞은 이차색에 다시 다른 빛깔 한 가지를 더 섞은 색.

삼차^신경(三叉神經)명 뇌신경의 하나. 안신경(眼神經), 상악 신경(上顎神經), 하악 신경(下顎神經)의 셋으로 갈라지며, 안면의 지각(知覺)과 운동을 맡고 있음.

삼차^신경통(三叉神經痛)명 ☞안면 신경통.

삼-차원(三次元)명 세로·가로·높이의 세 차원을 지닌 입체적 공간.

삼차원^세ː계(三次元世界)[-계/-게]명 차원이 셋인 공간의 현실적 세계. 참사차원 세계.

삼차원^영화(三次元映畫)[-녕-]명 ☞입체 영화(立體映畫).

삼창(三唱)명하타 세 번 되풀이해서 외침. ¶ 만세를 삼창하다.

삼채(三彩)명 세 가지 빛깔의 유약을 발라 구워 낸 도자기. 〔당삼채·명삼채(明三彩) 따위.〕

삼척(三尺)명 ①석 자. ②〈삼척검(三尺劍)〉의 준말. ③〈삼척법(三尺法)〉의 준말.

삼척-검(三尺劍)[-껌]명 길이가 석 자 정도 되는 긴 칼. 준삼척.

삼척-동자(三尺童子)[-똥-]명 〔키가 석 자밖에 되지 않는 아이라는 뜻으로〕 '철부지 어린아이'를 이르는 말. ¶ 삼척동자라도 아는 일.

삼척-법(三尺法)[-뻡]명 〔고대 중국에서, 석 자 길이의 죽간(竹簡)에 법률을 적은 데서〕 명문화된 법률을 이르는 말. 준삼척.

삼척-장검(三尺長劍)[-짱-]명 〔길이가 석 자나 되는 장검이란 뜻으로〕 길고 큰 칼.

삼척-추수(三尺秋水)명 날이 시퍼렇게 선 긴 칼을 이르는 말.

삼천(三遷)명 ①하자세 번 옮김. ②〈삼천지교(三遷之敎)〉의 준말. 삼사(三徙).

삼천(三千)명 불교의 천태종에서, 만유(萬有)를 통틀어 이르는 말.

삼천-갑자(三千甲子)[-짜]명 ①육십갑자의 삼천 배. 곧, 18만 년. ②꼭두각시놀음에 나오는 머리 검은 늙은이.

삼천갑자 동방삭이도 저 죽을 날은 몰랐다속담 사람은 누구나 자기에게 닥쳐올 운명에 대해서는 잘 알지 못함을 비유적으로 이르는 말.

삼천갑자 동방삭[관용] 중국 전한의 동방삭이 18만 살이나 살았다는 데서 장수하는 사람을 비유적으로 이르는 말.

삼천^대:천세계(三千大千世界)[-계/-게][명] 불교에서 이르는 상상의 세계. 곧, 수미산(須彌山)을 중심으로 이루어진 한 세계의 천 배를 소천세계(小千世界), 소천세계의 천 배를 중천세계(中千世界)라 하는데, 이 중천세계를 천 배한 대천세계와 소, 중의 3종류 천세계를 이름. [준]삼천 세계.

삼천-리(三千里)¹[-철-][명] 〈삼천리강산〉·〈삼천리강토〉의 준말.

삼천리(三千里)²[-철-][명] 1929년에 김동환(金東煥)이 창간(創刊)한 종합 교양지. 통권 155호까지 발행.

삼천리-강산(三千里江山)[-철-][명] 우리나라의 강산. [준]삼천리¹.

삼천리-강토(三千里疆土)[-철-][명] 우리나라의 강토. [준]삼천리¹.

삼천-만(三千萬)[명] 〔지난날, 우리나라 인구가 약 삼천만이었던 데서〕 우리 국민 전체를 가리키던 말. ¶ 삼천만 동포.

삼천-발이(三千-)[명] 삼천발잇과의 극피동물. 몸길이 12 cm가량. 불가사리와 비슷한데 몸빛은 흑갈색이고, 팔 모양으로 생긴 다섯 개의 복(輻)이 있음. 대한 해협 일대에 분포.

삼천^세:계(三千世界)[-계/-게][명] 〈삼천 대천세계(三千大千世界)〉의 준말.

삼천지교(三遷之敎)[명] 맹자(孟子)의 어머니가 아들의 교육을 위하여 집을 세 번이나 옮긴 일. 어린아이의 교육에는 환경이 매우 중요하다는 뜻으로 쓰임. 맹모삼천. 맹모삼천지교. [준]삼천.

삼-첨판(三尖瓣)[명] 사람이나 포유류의 심장에서, 우심방(右心房)과 우심실(右心室) 사이에 있는 판막. 심방에서 심실로 들어간 피가 역류하는 것을 막음.

삼첩-계(三疊系)[-꼐/-께][명] 지질 시대의 중생대의 삼첩기에 퇴적한 지층.

삼첩-기(三疊紀)[-끼][명] ☞트라이아스기.

삼첩-지(三疊紙·三貼紙)[-찌][명] 백지보다 길이와 폭이 크고 두꺼우며, 품질이 낮은 누르께한 종이.

삼청(三青)[명] 그림을 그릴 때 쓰는 진채(眞彩)의 한 가지. 빛이 하늘빛처럼 푸름.

삼청(三淸)[명] 도교(道敎)에서, 신선이 산다는 옥청(玉淸)·상청(上淸)·태청(太淸)의 세 궁을 통틀어 이르는 말.

삼청(三請)[명][하타] 노래 따위를, 한 사람에게 잇달아 세 번을 청하는 일. ¶ 삼청을 받다.

삼청-냉돌(三廳冷突)[명] 〔방에 불을 때지 않던 금군(禁軍)의 삼청에서 유래한 말로〕 '차디찬 방'을 이르는 말.

삼청-좌(三請座)[명][하자] 혼인 때, 신부 집에서 신랑이 오기를 세 번 청함, 또는 그 일.

삼체(三體)[명] ①세 개의 형체나 물체. ②물질의 세 가지 상태. 곧, 고체·액체·기체. ③글씨의 세 가지 체. 곧, 해서(楷書)·행서(行書)·초서(草書). ④중국 명(明)나라 때부터 쓰인 회화 기법의 세 가지 체. 곧, 해체(楷體)·초체(草體)·행체(行體).

삼체^웅예(三體雄蘂)[명] 수꽃술이 세 몸으로 되어 있는 합생 웅예(合生雄蘂)의 한 가지. 〔고추나물의 수꽃술 따위.〕

삼초(三焦·三膲)[명] 한방에서 이르는 육부(六腑)의 하나. 상초·중초·하초로 나뉨.

삼초-룰:(三秒rule)[명] 농구에서, 공격 편의 선수가 상대편 바스켓에 가까운 제한 구역 안에서 3초 이상 머무를 수 없도록 한 규칙. 이를 어기면 반칙이 됨.

삼촌(三寸)[명] ①세 치. ②아버지의 형제.

삼촌-댁(三寸宅)[-땍][명] 〈숙모〉의 속된 말.

삼촌불률(三寸不律)[명] (길이가) 짧은 붓.

삼촌-설(三寸舌)[명] 〔세 치밖에 안 되는 짧은 혀라는 뜻으로〕 '뛰어난 언변(言辯)'을 비유하여 이르는 말. '사기'의 '평원군전(平原君傳)'에 나오는 말로, 중국 전국 시대에, 평원군의 식객 모수(毛遂)가 초나라의 구원병 20만을 동원하도록 설득한 데서 유래함. ¶ 때로는 삼촌설이 군대보다도 더 큰 힘을 발휘한다.

삼추(三秋)[명] ①가을의 석 달 동안. 구추(九秋). ②세 해의 가을. 곧, 삼 년의 세월. ③긴 세월.

삼추 같다[관용] 기다리는 시간이 매우 지리한 경우를 이르는 말. ¶ 하루가 삼추 같다.

삼춘[명] '삼촌(三寸)'의 잘못.

삼춘(三春)[명] ①봄의 석 달 동안. 구춘(九春). ②세 해의 봄.

삼춘-류(三春柳)[-출-][명] ☞능수버들.

삼출(滲出)[명][하자][되자] (액체가) 스며 배어 나옴.

삼출성^결핵(滲出性結核)[-썽-][명] 삼출성 염증이 주된 증상인 결핵. 발열·객담이 심하며 화학 요법이 잘 듣지 아니함.

삼출성-염(滲出性炎)[-썽념][명] 삼출을 주로 하는 급성 염증을 통틀어 이르는 말.

삼출-액(滲出液)[명] ①내부에서 표면으로 스며 나오는 액체. ②염증이나 혈관벽(血管壁)의 이상 때문에 혈관 밖으로 배어 나오는 혈액과 조직 성분의 혼합물.

삼취(三吹)[명] 지난날, 군대가 출발할 때에 나팔을 세 번 불던 일.

삼취(三娶)[명][하자] 세 번째 장가감, 또는 그 세 번째의 아내. 삼실(三室).

삼층-밥(三層-)[-빱][명] 삼 층이 되게 지은 밥. 밥을 서툴게 지어서, 솥의 밥이 맨 위는 설고, 중간은 제대로 되고, 맨 아래는 탄 것을 이르는 말.

삼층-장(三層欌)[-짱][명] 삼 층으로 된 옷장.

삼치[명] 고등엇과의 바닷물고기. 몸길이 1 m가량. 몸은 가늘고 길며 작은 비늘로 덮여 있음. 등은 회청색에 배는 은백색임. 옆구리에 7~8개의 회색 반점이 있으며 이빨이 창끝처럼 날카로움. 식용하며, 우리나라와 일본, 하와이, 오스트레일리아 등지의 근해에 분포함.

삼친(三親)[명] 가장 가까운 세 친족 관계. 곧, 부자·부부·형제.

삼칠(三七)[명] '스물한 살'을 달리 이르는 말.

삼칠-일(三七日)[명] ☞세이레.

삼칠일 금기(三七日禁忌)[관용] 아이를 낳은 뒤 세이레 동안 삼가고 지키는 여러 가지 일.

삼칠-제(三七制)[-쩨][명] 지난날, 지주에게 소작료로 소출의 3할을 주고, 소작인이 7할을 차지하던 제도.

삼-칼[명] 삼〔麻〕의 잎을 치는 데 쓰는 나무칼.

삼-칼(蔘-)[명] 수삼(水蔘)으로 백삼(白蔘)을 만들 때 꺼풀을 긁어 내는 대칼.

삼키다[타] ①입에 넣어 목구멍으로 넘기다. ¶ 알약을 삼키다. ②큰 것이 작은 것을 휩싸서 흔적도 없이 하다. ¶ 큰 파도가 고깃배를 삼키다. ③남의 것을 불법으로 차지하다. ¶ 사기꾼이 국유지를 삼키려다가 체포되었다. ④(나오려는 눈물·웃음 따위를) 억지로 참다. ¶ 울분을 삼키다.

삼탄(三歎·三嘆)명하타 ①여러 번 한탄함. ②여러 번 감탄함.
삼탄(滲炭)명하타 탄소 또는 탄소가 발생하는 물질을 철과 밀접시켜서 가열하여, 융점 이하의 온도에서 탄소를 철 속에 삼입(滲入)시키는 방법.
삼탄-강(滲炭鋼)명 표면만을 삼탄하여 굳힌 강(鋼). 인성(靭性)이 매우 강하여 마모나 충격·진동에 잘 견딤.
삼태명 '삼태기'의 방언.
삼태(三胎)명 〈삼태생〉의 준말.
삼태-그물명 대〔竹〕로 삼태기같이 결은 그물.
삼태기명 대나 짚으로 워어, 거름·흙·쓰레기 따위를 담아 나르는 그릇.
삼태기로 앞 가리기속담 속이 뻔히 들여다보이는 짓을 하는 어리석음을 이르는 말.
삼태-불명 채소, 특히 콩나물·숙주 따위에 지저분하게 많이 난 잔뿌리.
삼태-생(三胎生)명 한 태에 세 아이를 낳음, 또는 그 아이들. 세쌍둥이. 준삼태.
삼태-성(三台星)명 큰곰자리에 딸린 자미성(紫微星)을 지키는 별. 〔각 한 쌍씩의 상태성(上台星)·중태성(中台星)·하태성(下台星)으로 이루어짐.〕
삼태-육경(三台六卿)[-경]명 삼정승(三政丞)과 육조 판서(六曹判書).
삼탯-국(三太-)[-태꾹/-탣꾹]명 콩나물·두부·북어를 넣고 고추장을 풀어서 끓인 국.
삼토(三吐)명 손을 극진하게 맞이함을 이르는 말. 〔옛날 주공(周公)이, 식사하는 동안 세 번이나 입에 든 음식을 토해 내고 찾아온 사람을 맞이했다는 고사에서 유래함.〕
삼토(蔘土)명 인삼을 재배하려고 거름한 땅.
삼투(滲透)명하자되자 ①스며듦. ②용매는 통과시키나 용질은 통과시키지 않는 반투막(半透膜)을 고정시키고, 양쪽에 농도가 다른 용액을 따로 넣으면 일정량의 용매가 용액 속으로 스며들어 양쪽의 농도가 같아지는 일.
삼투-압(滲透壓)명 삼투 현상이 일어날 때, 삼투하려는 용매가 반투막에 주는 압력. 침투압.
삼투^작용(滲透作用)명 농도가 다른 두 용액을 반투막(半透膜)으로 막아 놓았을 때, 그 두 용액의 농도가 서로 같아질 때까지 낮은 농도의 용매가 높은 농도의 용액 속으로 이동하는 작용.
삼파-전(三巴戰)명 셋이 서로 얽혀 다투거나 겨룸. ¶ 삼파전을 벌이다.
삼판(三板)명 〈삼판선(三板船)〉의 준말.
삼판(杉板)명 삼(杉)나무로 된 판자.
삼판-선(三板船)명 항구 안에서 사람이나 짐을 나르는 중국식의 작은 배. 준삼판.
삼판-양승(三-兩勝)[-냥-]명하타 세 번 승부를 겨루어 두 번 이김, 또는 그런 승부.
삼팔(三八)명 〈삼팔주(三八紬)〉의 준말.
삼팔-따라지(三八-)명 ①노름판에서, 세 끗과 여덟 끗이 짝이 된, 한 끗짜리의 패. ②'삼팔선 이북에서 월남한 동포'를 속되게 이르던 말.
삼팔-선(三八線)[-썬]명 북위 38°선. 〔특히, 제이 차 세계 대전 직후 한반도가 남북으로 나뉘게 된 경계선을 이르는 말.〕
삼팔-주(三八紬)[-쭈]명 중국에서 나던 명주의 한 가지. 준삼팔.
삼포(三浦)명 조선 세종 때, 일본과의 통신·교역을 목적으로 개항한 동래의 부산포(釜山浦), 웅천(熊川)의 제포(薺浦), 울산의 염포(塩浦).
삼포(蔘圃)명 인삼(人蔘)을 재배하는 밭. 삼밭. 삼장(蔘場).
삼포-식(三圃式)명 〈삼포식 농법〉의 준말.
삼포식 농법(三圃式農法)[-싱-뻡] 농지를 셋으로 나누고, 매년 3분의 1씩을 번갈아 가며 휴경지(休耕地)로 하여 지력(地力)을 회복시키는 농사법. 준삼포식.
삼품(三品)명 ①벼슬 품계의 정삼품과 종삼품. ②그림의 세 가지 품. 곧, 신품(神品)·묘품(妙品)·능품(能品). ③옛날 선비의 세 가지 품위. 곧, 도덕에 뜻을 둔 선비, 공명에 뜻을 둔 선비, 부귀에 뜻을 둔 선비.
삼하(三下)명 지난날 시문(詩文)을 꼲을 때, 등급의 한 가지. 열두 등급 가운데서 아홉째 등급. 삼중(三中)과 차상(次上)의 중간 급임.
삼하(三夏)명 ①여름 석 달. 비구하(九夏). ②세 해의 여름.
삼-하늘소[-쏘]명 하늘솟과의 곤충. 몸길이 15 mm가량. 등은 검은데 회색 잔털이 나 있어 암회색으로 보이고 촉각은 검음. 유충은 '삼벌레'라 하는데 삼의 줄기를 파먹는 해충(害蟲)이며, 성충은 엉겅퀴 잎을 갉아 먹음. 마천우(麻天牛).
삼ː-하다형여 (어린아이의 성질이) 순하지 않고 사납다.
삼학(三學)명 ①불교를 배워 도를 깨달으려는 이가 반드시 닦아야 할 세 가지. 곧, 계학(戒學)·정학(定學)·혜학(慧學). ②조선 시대에, 음양과에서 과거를 보이던 천문·지리·명과(命課)의 세 학문. ③도학(道學)·유학(儒學)·불학(佛學).
삼한(三澣)명 ☞삼순(三旬).
삼한(三韓)명 상고 시대, 우리나라 남부에 위치해 있던 세 군장(君長) 국가. 곧, 마한(馬韓)·진한(辰韓)·변한(弁韓).
삼한-갑족(三韓甲族)[-쪽]명 〔우리나라에서〕 대대로 문벌이 높은 집안.
삼한^사ː온(三寒四溫)명 겨울철에 우리나라와 중국 동북부 등지에서, 대개 사흘쯤 추위가 계속되다가 다음의 나흘쯤은 비교적 포근한 날씨가 계속되는 주기적 기후 현상.
삼한-중보(三韓重寶)명 고려 중엽에 쓰이던 엽전의 한 가지. 〔삼한통보보다 좀 늦게 사용됨.〕
삼한-통보(三韓通寶)명 고려 중엽에 쓰이던 엽전의 한 가지.
삼-할미명 '분만을 돕는 일을 하는 노파'를 낮추어 일컫는 말.
삼함(三笒)명 〈삼금(三笒)〉의 본딧말.
삼함(三緘)명 절에서, 몸·입·뜻을 삼가라는 뜻으로 거처하는 방에 써 붙이는 글.
삼합-미음(三合米飮)[-함-]명 쇠고기·해삼·홍합을 넣고 물을 부어 흠뻑 끓인 다음, 찹쌀을 넣고 고아서 만든 미음.
삼합-사(三合絲)[-싸]명 ☞삼겹실.
삼항-식(三項式)명 세 개의 항으로 된 다항식.
삼해리-설(三海里說)명 영해(領海)의 범위를 썰물 때의 해안선에서 3해리까지로 하는 국제 법상의 한 학설.
삼행(三行)명 ①☞삼도(三道). ②하자신랑이 세 번째로 처가에 인사하러 감, 또는 그 인사.
삼헌(三獻)명하자 기제사, 상중(喪中) 제례, 시향(時享) 때에 술잔을 세 번 올리는 일. 곧, 초헌·아헌·종헌.
삼혁^오ː인(三革五刃)명 갑옷·투구·방패의 세 가죽 무장과 칼〔刀〕·큰 칼〔劍〕·세모창〔矛〕·갈래진 창〔戟〕, 화살의 다섯 가지 무기.

삼현(三絃)명 거문고·가야금·향비파의 세 현악기.
삼현-금(三絃琴)명 줄이 셋인 거문고.
삼-현령(三懸鈴)[-혈-]명하자 지난날, 몹시 급한 공문(公文)을 보낼 때, 봉투에 세 개의 동그라미를 찍던 일.
삼현^육각(三絃六角)[-뉵깍]명 삼현과 육각. 거문고·가야금·향비파와 북·장구·해금·피리와 한 쌍의 태평소로 된 기악 편성.
삼혈-포(三穴砲)명 총신(銃身)이 세 개가 겹쳐 있는 총.
삼혜(三慧)[-혜/-헤]명 불교에서, 경전을 들어서 아는 문혜(聞慧), 진리를 생각하여 아는 사혜(思慧), 실천 수행하여 아는 수혜(修慧)의 세 가지 지혜.
삼혹(三惑)명 불교에서, 도를 닦는 데 장애가 되는 세 가지 번뇌. 〔견사혹(見思惑)·진사혹(塵沙惑)·무명혹(無明惑).〕
삼혼(三魂)명 사람의 몸속에 있다고 하는 태광(台光)·상령(爽靈)·유정(幽精)의 세 가지 정혼(精魂).
삼혼-칠백(三魂七魄)명 사람의 혼백을 통틀어 이르는 말.
삼화(三和)명 불교에서 이르는 근(根)·경(境)·식(識) 세 가지의 화합.
삼-화음(三和音)명 어느 음 위에 3도 음정의 음과 5도 음정의 음을 겹친 화음.
삼환-설(三丸說)명 조선 시대의 학자 김석문(金錫文)이 해·지구·달의 세 천체가 모두 둥글다고 주장한 학설. 〔박지원의 '열하일기'에 기록되어 있음.〕
삼황(三皇)명 고대 중국의 전설상의 세 임금. 곧, 복희씨(伏羲氏)·신농씨(神農氏)·황제(黃帝), 또는 천황씨(天皇氏)·지황씨(地皇氏)·인황씨(人皇氏).
삼-회장(三回裝)[-회-/-훼-]명 여자 저고리의 깃·소맷부리·겨드랑이에 갖추어 댄 회장.
삼회장-저고리(三回裝-)[-회-/-훼-]명 삼회장으로 된 저고리. 결마기.
삼-회향(三回向)[-회-/-훼-]명 자기가 지은 선근 공덕을 일체 중생의 깨달음을 위해 되돌아보는 회향의 세 가지. 보리회향(菩提回向), 중생회향(衆生回向), 실제회향(實際回向)을 이름.
삼효(三孝)명 유교(儒敎)에서 이르는 세 가지 효행. 첫째, 어버이를 우러러 받들고, 다음에 어버이를 욕되게 하지 않으며, 끝으로 어버이를 잘 봉양하는 일.
삼-희성(三喜聲)[-히-]명 세 가지의 듣기 좋은 소리. 곧, 다듬이 소리, 글 읽는 소리, 갓난아이 우는 소리를 이름. ↔삼악성(三惡聲).
삽명 ①땅을 파고 흙을 뜨는 데 쓰는 연장. ②〖의존 명사적 용법〗 흙이나 모래 따위를 삽에 담아 그 분량을 세는 단위. ¶ 석탄 한 삽. /흙 두 삽.
-삽-선미 〈-사옵-〉의 준말. ¶ 재물이 많삽더니.
삽-괭이[-꽹-]명 볼이 좁고 자루가 긴 괭이.
삽구(揷句)[-꾸]명하타 글귀나 인용구 등을 문장 속에 끼워 넣음, 또는 그 글귀.
삽뇨-증(澁尿症)[삼-쯩]명 ☞오줌소태.
삽도(揷圖)[-또]명 인쇄물 따위에 끼워 넣어 내용의 이해를 돕는 그림. 삽화(揷畫).
삽듀명 〈옛〉 삽주. ¶ 삽듀 튤: 茉(訓蒙上*13*).
삽말(揷-)[삼-]명하자 말뚝을 박음.
삽목(揷木)[삼-]명하타 ☞꺾꽂이.
삽미(澁味)[삼-]명 떫은맛.
삽사리[-싸-]명 ①개의 한 품종. 털이 북슬북슬하게 많이 나 있음. 천연기념물 제368호임. 더펄개. 삽살개. ②메뚜깃과의 곤충. 몸길이 3 cm가량. 몸빛은 누르고 날개는 잿빛을 띤 누른색인데, 배 길이보다 짧음. 수컷은 앞날개가 짧고 끝이 뭉툭함. 여름에 풀밭에서 사는데, 우리나라와 일본·중국 등지에 분포함.
삽살-개[-쌀-]명 ☞삽사리.
삽살개(의) 뒷다리속담 삽살개 뒷다리처럼 볼품이 없는 모양을 비유적으로 이르는 말.
삽살개히명 〈옛〉 삽살개. ¶ 犬 가히 견 俗呼 삽살개히 日絡絲狗(訓蒙上*10*).
삽삽(颯颯) '삽삽(颯颯)하다'의 어근.
삽삽(澁澁) '삽삽(澁澁)하다'의 어근.
삽삽-하다(颯颯-)[-싸파-]형여 불어오는 바람이 쌀쌀하고 쓸쓸하다.
삽삽-하다(澁澁-)[-싸파-]형여 ①맛이 몹시 떫다. ②매끄럽지 않고 껄껄하다. ③말이나 문장이 분명치 않아 이해하기 어렵다.
삽상(颯爽) '삽상하다'의 어근.
삽상-하다(颯爽-)[-쌍-]형여 ①바람이 시원하게 불어 상쾌하다. ¶ 삽상한 봄바람. ②(태도나 행동이) 가든가든하고 날렵하다.
삽수(揷穗)[-쑤]명 꺾꽂이하려고 식물체에서 잘라 낸 뿌리나 줄기 또는 잎.
삽시(揷匙)[-씨]명하자 제사 때 숟가락을 메에 꽂는 일.
삽시(霎時)[-씨]명 〈삽시간(霎時間)〉의 준말.
삽시-간(霎時間)[-씨-]명 아주 짧은 동안. 《주로, '삽시간에'의 꼴로 쓰임.》 순시(瞬時). 일순간. ¶ 삽시간에 먹어 치우다. 준삽시.
삽식(揷植)[-씩]명하타 ☞꺾꽂이.
삽앙(揷秧)명하자 모를 논에 꽂음.
삽어(澁語)명 더듬거리는 말. 비눌언(訥言).
삽연(颯然) '삽연하다'의 어근.
삽연-하다(颯然-)형여 쏴 부는 바람이 가볍고 시원하다. **삽연-히**부.
삽요-사(揷腰辭)명 ☞접요사(接腰辭).
삽입(揷入)명하타되자 꽂아 넣음. 끼워 넣음. ¶ 좌약을 삽입하다. /단서 조항을 삽입하다.
삽입-곡(揷入曲)[-꼭]명 ☞에피소드.
삽입-구(揷入句)[-꾸]명 어떤 문장 가운데에, 그 문장의 성분 따위와 직접 관계가 없이 끼워 넣은 구절.
삽제(澁劑)[-쩨]명 맛이 떫은 약제.
삽주[-쭈]명 국화과의 다년초. 산지의 건조한 곳에 나는데, 줄기 높이 30~100 cm. 잎은 길둥글고 가장자리에 톱니가 있으며, 7~10월에 줄기 끝에 흰 꽃이 핌. 한방에서 덩어리진 뿌리를 백출(白朮), 덩이가 지지 않은 뿌리를 창출(蒼朮)이라 하여 약재로 씀. 산강(山薑). 산계(山薊). 산정(山精).
삽주-벌레[-쭈-]명 삽주벌렛과의 곤충. 몸길이 약 1.5 mm. 몸빛은 짙은 고동색. 앞뒤 날개에 긴 털이 빽빽이 나 있음. 벼의 해충임.
삽지(揷枝)[-찌]명하자 ☞꺾꽂이.
삽지(揷紙)[-찌]명하자 인쇄할 때에 기계에 종이를 먹임.
삽지-공(揷紙工)[-찌-]명 인쇄할 때에 기계에 종이를 먹이는 사람.
삽-질[-찔]명하자 삽으로 땅을 파거나 흙을 떠내는 일.
삽-짝명 〈사립짝〉의 준말.
삽-차(-車)명 유압을 이용하여 기계 삽으로 땅을 파내는 차. 포클레인.

삽체(澁滯)[명][하자] (일이) 걸림이 많아 나아감이 더디어짐.
삽탄(揷彈)[명][하자] 총기에 탄알을 잼.
삽혈(歃血)[사펼][명][하자] 서로 맹세할 때, 희생으로 잡은 짐승의 피를 나누어 마시거나, 입언저리에 칠함, 또는 그 일. ¶ 삽혈 동맹.
삽화(揷花)[사퐈][명][하자] 꽃꽂이.
삽화(揷畫)[사퐈][명] (주로, 신문·잡지·서적의 문장 속에서) 문장의 내용을 보완하거나 이해를 돕도록 장면을 묘사하여 그린 그림. 삽도.
삽화(揷話)[사퐈][명] 문장이나 연극 속에 끼워 넣은, 본 줄거리와는 직접 관계없는 이야기. 에피소드.
삽화-가(揷畫家)[사퐈-][명] 삽화 그리는 일을 직업으로 하는 사람.
삿[삳][명] 〈삿자리〉의 준말. ＊삿이[사시]·삿만[산-]
삿-갓[삳깓][명] ①대오리나 갈대로 거칠게 결어서 비나 볕을 가리는 갓. ②버섯의 균산(菌傘). ＊삿갓이[삳까시]·삿갓만[삳깐-]
　삿갓(을) 씌우다[관용] ☞바가지(를) 씌우다.
삿갓-가마[삳깓까-][명] 지난날, 초상 중의 상제가 타던 가마. 가장자리에 흰 휘장을 두르고, 위에 큰 삿갓을 덮어서 꾸몄음. 초교(草轎).
삿갓-구름[삳깓꾸-][명] 외따로 떨어진 산봉우리의 꼭대기 부근에 걸리는 삿갓 모양의 구름.
삿갓-나물[삳깐-][명] ①백합과의 다년초. 산지의 숲에 절로 나는데, 키는 30 cm가량. 잎은 버들잎과 비슷하며 줄기에 6~8개의 잎이 돌려남. 여름에 황록색 꽃이 핌. 어린순은 나물로 먹지만 뿌리는 유독성임. 삿갓풀. ②☞우산나물.
삿갓-들이[삳깓뜨리][명] 논에, 삿갓이 들어갈 만큼 드물게 심은 모.
삿갓-반자[삳깓빤-][명] 반자틀을 하지 않고 서까래에 그냥 바른 반자.
삿갓-버섯[삳깓뻐섣][명] 삿갓버섯과의 식용 버섯. 내피막이 없고 줄기가 길. 학버섯. ＊삿갓버섯이[삳깓뻐서시]·삿갓버섯만[삳깓뻐선-]
삿갓-연(-椽)[삳깐년][명] (보꾹이 천장으로 된 집에서) 보꾹의 겉으로 드러난 서까래.
삿갓-장이[삳깓짱-][명] 삿갓 만드는 일을 직업으로 하는 사람.
삿갓-쟁이[삳깓쨍-][명] 삿갓을 쓰고 다니는 사람.
삿갓-집[삳깓찝][명] 삿갓 모양으로 만든 집.
삿갓-풀[삳깐-][명] ☞삿갓나물.
삿기[명] 〈옛〉 새끼[2]. ¶ 仙鶴이 삿기 치니(鄭澈.關東別曲).
삿ː대[삳때][명] 〈상앗대〉의 준말.
삿ː대-질[삳때-][명][하자] ①〈상앗대질〉의 준말. ②다투거나 대화할 때 상대편을 향해 팔을 뻗치거나 막대기 따위를 내지르는 짓.
삿-되다(私-)[삳뙤-/삳뛔-][형] 보기에 하는 행동이 개인적인 성질을 띠고 있다.
삿-되다(邪-)[삳뙤-/삳뛔-][형] 보기에 하는 행동이 바르지 못하고 나쁘다.
삿-반(-盤)[삳빤][명] 갈대로 채반같이 만든 그릇.
삿-자리[삳짜-][명] 갈대로 결어 만든 자리. [준]삿.
상ː(上)[1][명] (차례나 등급을 '상·중·하' 또는 '상·하'로 나누었을 때) 앞의 부분, 또는 잘하거나 훌륭한 등급.
상ː(上)[2][명] 〈상감(上監)〉의 준말.
상(床)[명] 소반·책상·평상 따위를 통틀어 이르는 말. ¶ 상을 푸짐하게 차리다.
　상을 보다[관용] 음식상을 차리다.
상(相)[명] ①얼굴의 생김새. ¶ 귀인의 상을 가졌다. ②얼굴의 표정. ¶ 화가 난 상.
　상(을) 보다[관용] ①사람의 상을 보아 길흉·운명을 판단하다. ②지세를 살펴 길흉을 점치다.
　상(을) 보이다[관용] (관상쟁이 따위에게) 관상을 보게 하다.
상(商)[1][명] '몫'의 구용어.
상(商)[2][명] 동양 음악의, 오음(五音) 음계의 둘째 음. [참]궁상각치우.
상(商)[3][명] 〈상업〉의 준말.
상(祥)[명] '소상'과 '대상'을 아울러 이르는 말.
상(喪)[명] ①〈거상(居喪)〉의 준말. ②부모와 승중(承重)의 조부모, 증조부모의 고조부모 및 맏아들의 상사에 대한 의례.
상(象)[명] 장기에서 '象' 자로 나타낸 장기짝의 한 가지. 한 편이 둘씩으로 모두 네 개가 있음. 쓸 용(用) 자 모양으로 앞으로 세 칸, 옆으로 두 칸 건너의 밭으로 움직일 수 있음.
상(想)[명] ①작품을 제작하는 작자의 구상(構想). ②불교에서, 만상(萬象)의 모양을 마음에 비쳐 들여서 객관적으로 생각하는 정신 작용.
상(像)[명] ①광선의 반사 굴절로 인해 생기는 물체의 형상. 〔실상과 허상이 있음.〕 ②(조각이나 그림 따위의) 형체. ¶ 성모(聖母)의 상. ③일부 명사 뒤에 붙어, 그 부면(部面)에 있어서 바람직한 모습임을 나타냄. ¶ 어머니상. /지도자상.
상(賞)[명] 훌륭한 일이나 잘한 일을 기리기 위하여 주는 표적(表迹).
-상(上)[접미] 《일부 명사 뒤에 붙어》 '그것에 관한'·'그것에 있어서'의 뜻을 나타냄. ¶ 법률상. /이론상. /역사상. /절차상. /형편상.
-상(狀)[접미] 《일부 명사 뒤에 붙어》 모양이나 상태를 뜻함. ¶ 나선상(螺線狀). /연쇄상(連鎖狀). /포도상(葡萄狀). /방사상(放射狀).
-상(商)[접미] 《일부 명사 뒤에 붙어》 그러한 장사(장수)임을 뜻함. ¶ 고물상. /미곡상. /보부상. /잡화상. /포목상.
상가(桑稼)[명] 누에치기와 농사짓는 일.
상가(商家)[명] 장사를 업으로 하는 집.
상가(商街)[명] 상점이 많이 늘어서 있는 거리.
상가(喪家)[명] ①초상집. ②상제(喪制)의 집. 상갓집.
상가지구(喪家之狗)[명] ①초상집의 개. 주인 없는 개. ②초라한 모습으로 얻어먹을 것만 찾아다니는 이를 빈정거리어 이르는 말.
상가^평균(相加平均)[명] ☞산술 평균.
상각(償却)[명] ①[하타]보상하여 갚아 줌. ②〈감가상각(減價償却)〉의 준말.
상간(相姦)[명][하자] 남녀가 불의(不義)의 사통(私通)을 함. ¶ 근친상간.
상간-자(相姦者)[명] 간통한 상대자.
상간-혼(相姦婚)[명] 간통으로 이혼했거나 형(刑)을 선고받은 사람이 상간자와 결혼하는 일.
상ː감(上監)[명] 〈임금〉의 높임말. [준]상(上)[2].
상감(象嵌)[명] ①금속·도자기·목재 등의 표면에 무늬를 파고 그 속에 금·은 등을 넣어 채우는 기술, 또는 그 작품. ②연판 따위의 인쇄판에서, 수정할 곳을 도려내고 고친 것을 끼워 넣는 일.
상ː감-마마(上監媽媽)[명] 〈임금〉의 높임말.
상감^세ː공(象嵌細工)[명] 상감을 하는 세공.
상감^청자(象嵌青瓷)[명] 장식 무늬를 상감으로 세공하여 만든 청자.
상ː-갑판(上甲板)[명] (배의) 맨 위층의 갑판.
상갓-집(喪家-)[-가찝/-갇찝][명] ☞상가(喪家).

상갓집 개 (노릇)관용 천대를 받으면서도 비굴하게 얻어먹으러 기어드는 가련한 꼴을 비유적으로 이르는 말.
상강(霜降)명 이십사절기의 하나. 한로(寒露)와 입동(立冬) 사이로, 10월 23일경임. 이 무렵에 서리가 내리기 시작한다고 함.
상개(床蓋)명 온도의 하강이나 수분의 증발 등을 막기 위하여 덮는 온상의 뚜껑.
상ː객(上客)명 ①(자기보다) 지위가 높은 손님. 상좌(上座)에 모실 만한 손님. 상빈(上賓). 큰손[2]. ②☞위요(圍繞)[1].
상객(商客)명 여기저기 떠돌아다니며 장사하는 사람. 상려(商旅).
상객(常客)명 늘 찾아오는 손님.
상거(相距)명하자 서로 떨어져 있음, 또는 떨어져 있는 두 곳의 거리. ¶ 한 십 리 상거한 마을.
상-거래(商去來)명 상업상의 거래.
상ː-거지(上-)명 말할 수 없을 만큼 불쌍한 거지. ¶ 거지 중의 상거지.
상ː건(上件)[-껀]명 품질이 아주 좋은 물건. 상품(上品). 참상길.
상건(床巾)[-껀]명 ☞상보(床褓).
상-것(常-)[-껏]명 ①지난날, 양반이 평민을 얕잡아 이르던 말. ②남을 심하게 욕으로 이르는 말. 센쌍것. ＊상것이[-꺼시]·상것만[-껀-]
상ː게(上揭)명하타 위에 게재하거나 게시함, 또는 그 사항. ↔하게(下揭).
상격(相格)명 관상에서 이르는, 사람의 얼굴 생김새. ¶ 귀인풍의 상격. /상격이 천박하다.
상격(相隔)명하자 서로 떨어져 있음.
상격(賞格)명 ①(공로에 따라) 상을 주는 격식. ②과거에 급제한 사람을 기리기 위하여 임금이 내리던 책 따위. 상전(賞典).
상ː견(上繭)명 질이 좋은 상등 누에고치.
상견(相見)명하자 서로 봄.
상견(常見)명 불교에서, 세계나 모든 존재는 영겁 불변의 실재이며, 사람은 죽으나 자아(自我)는 없어지지 않는다고 고집하는 그릇된 견해를 이르는 말. ↔단견(斷見).
상ː견(想見)명하타 생각하여 봄.
상견-례(相見禮)[-녜]명 ①서로 공식으로 만나 보는 예(禮). ¶ 양국 원수의 상견례. ②마주 서서 하는 절. ③고려·조선 시대에, 신임 사부(師傅)나 빈객(賓客)이 동궁(東宮)을 뵙던 예(禮).
상ː경(上京)명하자 (시골에서) 서울로 올라옴. 상락(上洛). 출경(出京). ¶ 친구의 부고(訃告)를 받고 급히 상경했다. ↔하경(下京). 참입경(入京).
상ː경(上卿)명 조선 시대, 정일품과 종일품의 판서(判書).
상경(相敬)명하자 ①(마주 이야기를 할 때) 서로 경어를 씀. ②서로 공경함.
상경(常經)명 마땅하고도 떳떳한 도리.
상경(祥慶)명 경사스러운 일. 기꺼운 일.
상ː계(上界)[-계/-게]명 〈천상계(天上界)〉의 준말. ↔하계(下界).
상ː계(上計)[-계/-게]명 ☞상책(上策).
상ː계(上啓)[-계/-게]명하타 조정이나 윗사람에게 아룀.
상계(相計)[-계/-게]명하타 채권자와 채무자가 서로 같은 종류의 채권·채무를 가지는 경우에, 그 채권과 채무를 같은 액수로 소멸시키는 일. 상쇄(相殺).
상계(商界)[-계/-게]명 〈상업계〉의 준말.
상계(商計)[-계/-게]명 장사하는 수단. 상략(商略).
상계(詳計)[-계/-게]명 차근차근 세운 계책.
상계^계ː약(相計契約)[-계계-/-게게-]명 두 사람 이상이 서로 채무(債務)를 지고 있는 경우, 그 채무를 같은 액수로 동시에 소멸시키는 계약. 상쇄 계약.
상계^관세(相計關稅)[-계-/-게-]명 상대 수출국이 특정 상품에 대하여 수출 장려금·보조금 등의 혜택을 주어 그 가격을 현저하게 싸게 하였을 때, 수입국이 경쟁력 상계를 위해 과하는 차별 관세.
상ː고(上古)명 ①오랜 옛날. 상세(上世). ②역사의 시대 구분의 한 가지. 문헌이 있는 한도에서 가장 오랜 옛날로, 국사에서는 대개 삼한(三韓) 때까지를 이름.
상ː고(上考)명 지난날, 관원의 고시(考試)에서 '성적이 우량함'을 이르던 말.
상ː고(上告)명하타 ①윗사람에게 아룀. ②상소(上訴)의 한 가지. 고등 법원, 지방 법원 합의부 등의 제2심 판결에 대하여, 법령(法令) 위반 등을 이유로 그 파기 또는 변경을 상급 법원에 신청하는 일. 불복상고. 참항고(抗告)·항소(抗訴).
상ː고(尙古)명하자 옛 문물을 소중히 여김.
상고(相考)명하타 서로 견주어 고찰함. ¶ 필적(筆跡)을 상고하다.
상고(商高)명 〈상업 고등학교〉의 준말.
상고(商賈)명 ☞장수.
상고(喪故)명 ☞상사(喪事).
상고(詳考)명하타 자세히 참고함. 상세히 검토함. ¶ 문헌을 상고하다.
상ː고^기각(上告棄却)명 상고의 시기가 법률상 시한을 넘었거나, 심리 결과 적법하지 않거나 이유 없다고 판단되었을 때 내리는 종국 판결.
상고대명 나무나 풀에 눈같이 내린 서리. 몽송(霧淞). 무송(霧淞). 수상.
상ː고-대(上古代)명 ☞상고 시대.
상고-머리명 앞머리는 가지런히 두고, 뒷머리와 옆머리는 치올려 깎으며, 정수리를 평평하게 깎아 다듬은 머리.
상고-배(商賈輩)명 장사치.
상ː고^법원(上告法院)명 상고심을 하는 법원. 곧, 대법원.
상ː고-사(上古史)명 상고 시대에 관한 역사.
상고-선(商賈扇)명 품질이 낮은 부채.
상고-선(商賈船)명 상품을 싣고 다니는 장삿배. 상선(商船).
상ː고^시대(上古時代)명 역사 시대로서 가장 오랜 시대. 상고대. 상대(上代).
상ː고-심(上告審)명 상고한 소송 사건에 대한 심판.
상ː고-장(上告狀)[-짱]명 상고의 의사를 표시한 서류.
상ː고-하포(上告下布)명 지난날, 나라에 중대한 일이 있을 때, 위로 종묘에 고하고 아래로 백성에 알리던 일.
상골(象骨)명 코끼리의 뼈.
상ː공(上工)명 상등(上等)의 기술공.
상ː공(上空)명 ①높은 하늘. ②어떤 지역에 수직되는 공중. ¶ 서울 상공.
상공(相公)명 〈재상(宰相)〉의 높임말.
상공(商工)명 〈상공업〉의 준말.
상공(常貢)명 세공(歲貢)으로 보통 바치는 일정한 공물. 참별공(別貢).
상공(翔空)명하자 하늘을 날아다님.
상-공업(商工業)명 상업과 공업. 준상공.

상공^회:의소(商工會議所) [-회의-/-훼이-] 명 상공업자들이 상공업의 개선과 발전을 꾀하여 조직한 사단 법인. 준상의(商議).

상과(桑果) 명 짧은 꽃대에 많은 꽃이 한 덩어리로 엉기어 피며, 열매가 다닥다닥 붙어 여는 과실. 〔오디·파인애플 따위.〕

상과(商科) [-꽈] 명 상업에 관한 교과목.

상과^대:학(商科大學) [-꽈-] 명 상업 및 경제에 관한 전문적인 학술과 경영 기술을 학습하고 연구하는 대학. 준상대.

상:관(上官) 명 직책이 어떤 사람보다 높은 자리에 있는 사람. 비상사(上司). ↔부하·하관(下官).

상관(相關) 명 ①하타되자 서로 관련을 가짐, 또는 그 관련. ②하자 남의 일에 간섭함. ¶ 네가 상관할 일이 아니다. ③하자타 남녀가 육체적 관계를 맺음. ④두 개의 양이나 현상이 어느 정도 규칙적으로 같은 시간에 변화되어 가는 성질.

상관^개:념(相關概念) 명 상대 개념 중에서 특히 관계가 깊어, 한쪽이 없으면 다른 한쪽이 존재할 수 없는 개념. 〔'위'와 '아래', '형'과 '아우' 따위.〕

상관^계:수(相關係數) [-계-/-게-] 명 상관관계의 성질이나 정도를 나타내는 수치.

상관-관계(相關關係) [-계/-게] 명 ①서로 영향을 줄 수 있는 연관된 관계. ②수학에서, 한쪽의 수량이 변함에 따라 다른 쪽도 변하는 관계.

상관-설(相關說) 명 인식론(認識論)에서, 주관과 객관은 서로 분리할 수 없는 존재라는 이론.

상관-성(相關性) [-썽] 명 두 사물 사이에 상관되는 성질이나 특성.

상-관습(商慣習) 명 상업상의 관습.

상관습-법(商慣習法) [-뻡] 명 상사(商事)에 관한 관습법. 민법(民法)에 우선하는 효력을 지님.

상관-없다(相關-) [-과넙따] 형 ①서로 관련되는 바가 없다. ¶ 그것은 나와는 상관없는 일이다. ②《주로, '-어도' 절과 함께 쓰이어》 괜찮다. 염려할 것 없다. ¶ 그 일은 하루 이틀 늦어도 상관없다. 관계없다. **상관없-이** 부 ¶ 성패에 상관없이 일단 실행하기로 하다. /불황에 상관없이 사업을 늘려 가다.

상관-있다(相關-) [-과닏따] 형 관계있다. ¶ 그 일은 나와 상관있다.

상:광(上鑛) 명 선광(選鑛)하지 않고 제련소에 보낼 수 있을 만큼 품질이 좋은 광석.

상광(祥光) 명 ☞서광(瑞光).

상:괘(上卦) [-꽤] 명 ①두 괘로 된 육효(六爻)에서 위의 괘. ②가장 좋은 점괘. ↔하괘.

상괭이 명 돌고랫과의 포유동물(哺乳動物). 돌고래 무리 가운데 가장 작은 종류로, 등지느러미가 없고 머리가 둥글며, 주둥이가 튀어나오지 않은 것이 특징임. 우리나라 연해와 인도양 및 서태평양 해안의 얕은 바다에 서식함.

상:교(上敎) 명 ①임금의 지시. ②윗사람의 가르침.

상:구(上矩) 명 외행성(外行星)이 태양의 동쪽에 있어 황경(黃經)의 차가 90°인 경우, 또는 그 시간.

상구(喪具) 명 장례 때 쓰이는 제구(諸具).

상:구-보리(←上求菩提) 명 불교에서, 보살이 깨달음을 얻기 위하여 보리의 지혜를 구하고 닦는 일. ↔하화중생(下化衆生).

상:국(上國) 명 ①지난날, 작은 나라의 조공(朝貢)을 받던 큰 나라. ②강의 상류 지역에 자리 잡고 있는 나라.

상국(相國) 명 조선 시대에, 영의정·좌의정·우의정을 통틀어 이르던 말. 상신(相臣).

상국(喪國) 명하자 나라를 잃어버림.

상국(霜菊) 명 서리가 내릴 때 피는 국화.

상군(湘君) 명 상수(湘水)의 여신. 중국 상고 시대에, 요(堯)임금의 딸 아황(娥皇)과 여영(女英)이 함께 순(舜)임금에게 시집갔다가, 순임금이 죽자 상수에 몸을 던져 신이 되었다고 함.

상군(廂軍) 명 임금의 거둥 때 호위하던 군사.

상궁(尙宮) 명 조선 시대에, 정오품(正五品) 내명부(內命婦)의 칭호.

상궁지조(傷弓之鳥) 명 〔한 번 화살을 맞아 다친 새는 구부러진 나무만 보아도 놀란다는 뜻으로〕 '한 번 혼이 난 일로 말미암아 무슨 일이든 항상 두려워하고 경계함'을 이르는 말. 경궁지조(驚弓之鳥).

상:권(上卷) 명 상·중·하 세 권 또는 상·하 두 권으로 책을 갈랐을 때의 첫째 권.

상권(商圈) [-꿘] 명 ①어떤 상업의 중심지, 또는 물자의 직접 거래가 이루어지는 지역. ②상업상의 세력권.

상권(商權) [-꿘] 명 상업상의 권리. 상업상의 주도권. ¶ 상권 다툼. /상권을 장악하다.

상궤(常軌) 명 항상 따라야 할 바른길. ¶ 언행이 상궤를 벗어나다.

상귀(翔貴) 명하자 ☞등귀(騰貴).

상규(常規) 명 일상의 규칙. 일반적인 규칙. 상률(常律). 상칙(常則).

상그레 부하자 눈과 입을 귀엽게 움직이며 소리 없이 부드럽게 웃음 짓는 모양. ¶ 상그레 웃으면서 인사를 대신하다. 큰성그레. 센쌍그레.

상극(相剋) 명하자되자 ①오행설에서, 목(木)은 토(土)를, 토(土)는 수(水)를, 수(水)는 화(火)를, 화(火)는 금(金)을, 금(金)은 목(木)을 이기는 일을 이르는 말. ↔상생(相生). ②두 사람 또는 사물이 서로 맞지 않거나 마주치면 서로 충돌하는 상태임을 이르는 말. ¶ 저 두 사람은 서로 상극이다.

상:근(上根) 명 부처의 가르침을 깨닫는 뛰어난 능력과 자질, 또는 그런 능력과 자질을 갖춘 사람. ↔하근(下根).

상근(常勤) 명하자 매일 일정 시간을 근무함. ¶ 상근 직원.

상근^백피(桑根白皮) 명 한방에서, 뽕나무 뿌리의 속껍질을 약재로서 이르는 말. 이뇨·거담(祛痰)에 효력이 있음. 상백피.

상글-거리다 자 자꾸 상글상글하다. 상글대다. 큰성글거리다. 센쌍글거리다.

상글-대다 자 상글거리다.

상글-방글 부하자 상글거리면서 방글거리는 모양. 큰성글벙글. 센쌍글빵글.

상글-상글 부하자 눈과 입을 귀엽게 움직이며 소리 없이 자꾸 웃는 모양. ¶ 상글상글 웃으면서 춤을 추다. 큰성글성글. 센쌍글쌍글.

상:금(上金) 명 품질이 좋은 금.

상금(賞金) 명 상으로 주는 돈.

상금(償金) 명 ①갚아 주는 돈. ②배상(賠償)하여 주는 돈.

상금(尙今) 부 지금까지. 아직까지. ¶ 어젯밤에 집을 나간 그는 상금 돌아오지 않았다.

상:급(上級) 명 위의 등급이나 계급. ¶ 상급 관청. ↔하급.

상급(賞給) 명하타 상으로 줌, 또는 그런 돈이나 물건.

상:급-반(上級班) [-빤] 명 ☞윗반.

상ː급^법원(上級法院) [-뻐뷘] 명 상하 관계에 있는 법원 사이에서, 등급이 위인 법원. 상급심을 하는 법원. ↔하급 법원.
상ː급-생(上級生) [-쌩] 명 학년이 높은 학생. ↔하급생.
상ː급-심(上級審) [-씸] 명 상급 법원에서 하는 소송의 심리(審理). ↔하급심.
상ː급-자(上級者) [-짜] 명 계급이 위인 사람.
상긋 [-귿] 부 하자 상냥한 표정으로 소리 없이 가볍게 웃는 모양. ¶ 상긋 웃어 보이고 자리에서 일어서다. 큰성긋. 센상끗·쌍긋·쌍끗. **상긋-이** 부 ¶ 상긋이 웃으면서 고개를 숙이다. **상긋-상긋** 부 하자.
상긋-거리다 [-귿꺼-] 자 자꾸 상긋상긋하다. 상긋대다. 큰성긋거리다.
상긋-대다 [-귿때-] 자 상긋거리다.
상긋-방긋 [-귿빵귿] 부 하자 상긋거리면서 방긋거리는 모양. ¶ 무슨 좋은 일이 있는지 상긋방긋하면서 돌아온다. 큰성긋벙긋. 센상끗방끗·쌍긋빵긋·쌍끗빵끗.
상긔 부 〈옛〉 아직. ¶ 소치는 아희들은 상긔 아니 니럿느냐(古時調).
상ː기(上記) 명 하자 어떤 글의 위나 앞에 적음, 또는 그 내용. ¶ 상기한 바와 같다. ↔하기(下記).
상ː기(上氣) 명 ①한방에서, 피가 머리로 모여 얼굴이 붉어지고 두통·이명(耳鳴) 등을 일으키는 증세. ② 하자 되자 (홍분이나 수치심 때문에) 얼굴이 화끈 달아오름. ¶ 상기한 얼굴.
상기(相器) 명 재상(宰相)이 될 만한 기량(器量).
상기(祥氣) 명 상서로운 기운.
상ː기(爽氣) 명 상쾌한 기분.
상기(喪氣) 명 하자 기가 꺾임. 풀이 죽음.
상기(喪期) 명 상복을 입는 동안. 거상 기간.
상기(詳記) 명 하타 상세히 기록함, 또는 그 기록. 상록(詳錄). ¶ 제원(諸元)까지 상기해 두다.
상ː기(想起) 명 하타 되자 지난 일을 생각해 냄. 환상(喚想). ¶ 불행했던 시절을 상기하다.
상기(霜氣) 명 서리의 찬 기운.
상기다 형 ①공간적으로 사이가 뜨다. ②관계가 깊지 못하고 버성기다. 큰성기다.
상ː-기도(上氣道) 명 기도의 윗부분. 비강(鼻腔)·구강(口腔)·인두(咽頭)·후두(喉頭) 등을 통틀어 이르는 말.
상ː-기둥(上-) 명 안방과 마루 사이에 있는 가장 중요한 기둥.
상-기생(桑寄生) 명 한방에서, 뽕나무겨우살이의 줄기와 잎을 약재로 이르는 말. 그늘에서 말려 부인병의 요통·동태(動胎)·하혈(下血) 따위의 치료제로 씀.
상ː-길(上-) [-낄] 명 여럿 가운데서 가장 좋은 품질. 상질(上秩). ¶ 상길의 무명. ↔핫길.
상깃-상깃 [-긷쌍긷] 부 하형 여러 군데가 모두 상깃한 모양. 큰성깃성깃.
상깃-하다 [-기타-] 형여 조금 상긴 듯하다. 큰성깃하다.
상끗 [-끋] 부 하자 〈상긋〉의 센말. 큰성끗. 센쌍끗.
상끗-방끗 [-끋빵끋] 부 하자 〈상긋방긋〉의 센말. 큰성끗벙끗. 센쌍끗빵끗.
상ː납(上-) 명 '주석(朱錫)'의 이전 일컬음.
상ː납(上納) 명 하타 ①지난날, 나라에 조세 등을 바치던 일. ¶ 세곡을 상납하다. ②(뇌물 같은 것으로) 윗사람에게 금품을 바침, 또는 그 금품. ¶ 금품을 상납하고 이권을 따내다.
상ː납-금(上納金) [-끔] 명 ①☞상납전. ②윗사람에게 바치는 돈.
상ː납-미(上納米) [-남-] 명 지난날, 조세로 바치던 쌀, 또는 경창(京倉)에 들이던 쌀.
상ː납-전(上納錢) [-쩐] 명 지난날, 조세로 바치던 돈. 상납금.
상냥-스럽다 [-따] [~스러우니·~스러워] 형ㅂ 보기에 상냥한 느낌이 있다. ¶ 손님을 상냥스럽게 대하다. **상냥스레** 부.
상냥-하다 형여 성질이 사근사근하고 부드럽다. ¶ 상냥하게 말하다. **상냥-히** 부.
상-년(常-) 명 ①지난날, 신분이 낮은 여자를 낮추어 일컫던 말. ②'본데없이 막된 여자'라는 뜻으로, 버릇이 없는 여자를 욕으로 이르는 말. 센쌍년. 참상놈.
상ː년(上年) 명 지난해.
상ː념(想念) 명 마음속에 떠오르는 생각. ¶ 갖가지 상념이 오락가락하다.
상노(床奴) 명 지난날, 밥상을 나르거나 잔심부름을 하던 어린아이.
상ː-노인(上老人) 명 ☞상늙은이.
상-놈(常-) 명 ①지난날, 신분이 낮은 남자를 낮추어 일컫던 말. 상한(常漢). ②'본데없이 막된 놈'이라는 뜻으로, 버릇이 없는 남자를 욕으로 이르는 말. 센쌍놈. 참상년.
상ː농(上農) 명 농사를 많이 짓는 농부, 또는 그러한 농가(農家).
상ː농-주의(尙農主義) [-의/-이] 명 ☞중농 주의.
상ː-늙은이(上-) 명 늙은이들 중에 가장 나이가 많은 늙은이. 상노인(上老人).
상-다리(床-) [-따-] 명 상에 붙어서 상을 받치는 다리.
상다리가 부러지다〔휘어지다〕 관용 상에 음식을 매우 많이 차려 놓다. ¶ 상다리가 휘어지게 잔뜩 차리다.
상ː단(上段) 명 ①글의 첫째 단. ②위의 단. ¶ 침대 차의 상단.
상ː단(上端) 명 위쪽 끝. ¶ 굴뚝 상단에 피뢰침이 붙어 있다. ↔하단(下端).
상ː단(上壇) 명 절에서, 불상을 봉안한 곳.
상ː-단전(上丹田) 명 도가(道家)에서, 삼단전(三丹田)의 하나인 뇌(腦)를 이르는 말.
상ː단^축원(上壇祝願) 명 불상을 봉안한 상단을 향하여 축원하는 일.
상ː달(上-) [-딸] 명 〈시월상달〉의 준말.
상ː달(上達) 명 하타 되자 ①아랫사람의 의견 따위를 윗사람에게 알림. ¶ 하의(下意)상달. ②학문이나 기술 따위가 크게 발달함. ↔하달.
상담(相談) 명 하타 (문제를 풀거나 궁금증을 풀기 위하여) 서로 의논함. 상의(相議).
상담(常談) 명 ①일상의 평범한 말. ②상스러운 말.
상담(商談) 명 하자 상업상의 대화나 교섭. ¶ 수출입 상담을 나누다. /외국 바이어와 상담이 이루어지다.
상담(象膽) 명 한방에서, '건조한 알로에의 액즙'을 약재로 이르는 말. 변비나 살균 작용 따위에 쓰임.
상담(嘗膽) 명 하자 〈와신상담〉의 준말.
상담-소(相談所) 명 어떤 일에 관해 묻고 의논할 수 있도록 설치한 사회 시설이나 업소. ¶ 결혼 상담소. /법률 상담소. /직업 상담소.
상담-역(相談役) [-녁] 명 상담의 상대가 되어 주는 사람. 특히, 회사 같은 곳에서, 중요한 문제에 대한 조언이나 분쟁의 조정 등을 위해서 두는 직책, 또는 그 사람.
상담-원(相談員) 명 상담 활동을 전문으로 하는 사람. 카운슬러.

상답명 자녀의 혼인 때, 또는 뒷날에 쓰기 위하여 마련해 둔 옷감.

상ː답(上畓)명 토질 따위가 좋아서 벼가 잘되는 논. 상등답(上等畓). ↔하답(下畓).

상ː답(上答)명하자 아랫사람이 윗사람에게 대답이나 회답을 함. ↔하답(下答).

상당(相當)명 ①하자 일정한 액수나 수치 따위에 해당함. ¶ 시가 오억 원 상당의 부동산. ②하자 어느 정도에 가깝거나 알맞게 됨. ¶ 작업량에 상당하는 보수. ③하형 어지간히 많음. ¶ 영화의 상당 부분이 심의에 걸리다. /상당 기간 노력한 흔적이 보이다. **상당-히**부.

상당-수(相當數)명 어지간히 많은 수. ¶ 상당수의 학생들이 아르바이트를 한다.

상당-액(相當額)명 ①어지간히 많은 금액. ¶ 증권에 상당액을 투자하다. ②어떤 기준에 알맞은 금액. ¶ 별도로 봉급 상당액을 지급하다.

상당-직(相當職)명 지난날, 품계(品階)에 알맞은 벼슬을 이르던 말.

상당-하다(相當-)형여 정도가 대단하다. ¶ 상당한 실력가. /그 사람은 영어 실력도 상당하다. **상당-히**부.

상ː대(上代)명 ①☞윗대. ②☞상고 시대.

상ː대(上隊)명 ☞상띠.

상대(相對)명 ①하자타 되자 ㉠서로 마주 대함, 또는 그 대상. ¶ 그런 사람과는 상대하기 싫다. ㉡서로 겨룸, 또는 겨룰 만한 대상. ¶ 그 따위는 상대도 되지 않는다. ②〈상대자(相對者)〉의 준말. ¶ 경쟁 상대. ③철학에서, 서로 관계하고 있어 그것과 떨어져서는 존재할 수 없는 것. 대응. ③↔절대.

상대(商大)명 〈상과 대학〉의 준말.

상대(霜臺)명 '사헌부(司憲府)'의 다른 이름.

상대^가격(相對價格)[-까-]명 어떤 상품을 기준으로 하여 나타낸, 다른 상품의 상대적 교환 가치. ↔절대 가격.

상대^개ː념(相對概念)명 다른 개념과의 비교로 그 뜻이 보다 명백해지는 개념. 〔하늘과 땅, 밤과 낮 따위.〕 ↔절대 개념.

상대-국(相對國)명 외교 교섭의 상대편이 되는 나라.

상대-권(相對權)[-꿘]명 특정인을 의무자로 하는 사권(私權)의 한 가지. 〔채무에 대한 채권 따위.〕 ↔절대권.

상대^높임법(相對-法)[-뻡]명 높임법의 한 갈래. 말하는 이가 말 듣는 이를 높이는 법. 해체(해라체·하게체), 해요체(하오체·합쇼체)의 등분이 있으며, 공손의 선어말 어미 '-옵-·-오-', '-삽-·-사오-', '-잡-·-자오-'를 쓰기도 함. 〔'주옵소서'·'했사오니'·'받잡고' 따위.〕 참주체 높임법.

상ː-대등(上大等)명 신라 때의 가장 높은 벼슬, 또는 그 벼슬아치. 상신(上臣).

상대-매매(相對賣買)명 파는 사람과 사는 사람이 합의 계약을 맺고 하는 매매.

상대-방(相對方)명 ☞상대편.

상대-별곡(霜臺別曲)명 조선 태종 때 권근(權近)이 지은 경기체가 형식의 노래. 상대(霜臺), 곧 사헌부 내의 생활을 읊어, 조선의 창업을 칭송한 내용. 〔'악장가사(樂章歌詞)'에 실려 전함.〕

상대-설(相對說)명 ☞상대주의.

상대-성(相對性)[-썽]명 모든 사물이 각각 독립적으로 존재하지 않고, 다른 사물과 의존적인 관계를 지니고 있는 성질.

상대성^원리(相對性原理)[-썽월-]명 ①등속 운동을 하는 모든 관성(慣性)의 좌표계(관측자)에 있어서는, 보편적 물리 법칙은 같은 형태로 나타난다는 원리. ②☞상대성 이론.

상대성^이ː론(相對性理論)[-썽-]명 아인슈타인이 제창한 물리학상의 기본 이론. 상대성 원리를 전제로 한 이론으로, 특수 상대성 이론과 일반 상대성 이론으로 대별됨. 상대성 원리.

상대^속도(相對速度)[-또]명 어떤 물체에서 본 다른 물체의 상대적인 속도.

상대^습도(相對濕度)[-또]명 어떤 공기에 포함된 수증기의 양과 그 온도에서의 포화 수증기의 양과의 백분비. 관계 습도.

상대-어(相對語)명 뜻이 상대되는 말. 〔밤과 낮, 소년과 소녀 따위.〕

상대-역(相對役)명 연극이나 영화 등에서, 어떤 역의 상대가 되는 역. 특히, 주역(主役)의 상대가 되는 역. ¶ 주인공의 상대역을 맡다.

상대^연대(相對年代)명 화석(化石)이나 지질상의 변화 등을 기준으로 하여 추정하는 암석 상호간의 시대적 관계.

상대^운ː동(相對運動)명 한 물체의 다른 물체에 대한 상대적인 운동.

상대^음감(相對音感)명 기준이 되는 음에 따라 상관되는 다른 음의 높이를 식별하는 청각 능력. ↔절대 음감.

상대^의ː무(相對義務)명 권리에 대하여 서로 대립하는 위치에 있는 의무. 〔채권에 대한 채무 따위.〕 ↔절대 의무.

상대-자(相對者)명 서로 상대가 되는 사람. ¶ 경쟁 상대자가 나타나다. 준상대.

상대-적(相對的)관명 다른 것과의 관계나 대립·상관 등으로 존재하는 (것). ¶ 상대적 우위. /상대적으로 생각하다. ↔절대적.

상ː-대정맥(上大靜脈)명 정맥의 한 가지. 머리·얼굴·팔 따위 몸의 위쪽 피를 모아 들이는 큰 핏줄.

상대-주의(相對主義)[-의/-이]명 진리나 가치의 절대성을 부인하고 모든 것은 상대적이라는 입장에 서는 학설. 상대설. ↔절대주의.

상대-편(相對便)명 서로 상대가 되는 쪽. 상대방. ¶ 상대편과 의논하여 결정하다.

상대^평ː가(相對評價)[-까]명 한 집단 내에서의 상대적 위치로써 개인의 학력을 평가하는 일. ↔절대 평가.

상ː덕(上德)명 웃어른에게서 받은 은덕.

상ː도(上都)명 고려 시대에, 신라와 고구려의 수도였던 동경(東京:경주)과 서경(西京:평양)을 이르던 말.

상도(常度)명 변함없는 법도(法度).

상도(常道)명 ①늘 정해져 있어 변하지 않는 도리. ¶ 정치의 상도. ②항상 사람이 지켜야 할 도리. ¶ 상도에 어긋나다.

상도(商道)명 ☞상도덕(商道德).

상도(傷悼)명하자 마음이 아플 정도로 몹시 슬퍼함. 참통도(痛悼)하다.

상ː도(想到)명하자 생각이 미침. ¶ 지난 일을 회상하다가 문득 그 일에 상도했다.

상도(霜刀)명 서슬이 서릿발처럼 날카로운 칼.

상도-꾼(喪徒-)명 '상두꾼'의 잘못.

상-도덕(商道德)명 상업을 하는 데 있어 지켜야 할 도덕. 상도. 상도의. 상업도덕.

상-도의(商道義)[-의/-이]명 ☞상도덕.

상-돌(床-)[-똘]명 무덤 앞에 제물(祭物)을 차려 놓기 위하여 마련해 놓은 돌상. 상석(床石).

상ː동(上冬)명 '음력 시월'을 달리 이르는 말. 소춘(小春).
상ː동(上同)명 위에 적힌 사실과 똑같음. 동상.
상동(相同)명 ①서로 같음. ②생물의 기관이 형태나 기능은 서로 다르나 발생 기원이 같은 일. 〔새의 날개와 짐승의 앞다리 따위.〕 참상사(相似).
상동^기관(相同器官)명 다른 생물 간의 상동 관계에 있는 기관. 〔사람의 손과 짐승의 앞다리와 새의 날개, 또는 선인장의 가시와 호박의 덩굴손 따위.〕
상ː동-인(上洞人)명 중국 북부 저우커우뎬(周口店) 부근의 석회암 동굴에서 출토된 화석 인류.
상동-증(常同症)[-쯩]명 똑같은 동작이나 말 따위를 계속해서 반복하는 정신 질환의 한 증상.
상-되다(常-)[-뙤-/-뛔-]형 말이나 하는 짓이 본데없고 막되어 천하다. 센쌍되다.
상ː두(上頭)명 〈상투〉의 본딧말.
상두(喪-)명 〈상여〉의 속된 말.
상두(←桑土)명 한방에서, 뽕나무 뿌리의 껍질을 약재로서 이르는 말. 이뇨(利尿)·진해(鎭咳) 따위의 약으로 쓰임.
상두-꾼(喪-)명 행상(行喪) 때 상여를 메는 사람. 상여꾼.
상두받잇-집(喪-)[-바지찝/-바짇찝]명 지나가는 상여가 그 집 대문을 마주친 뒤에야 돌아 나가게 자리잡은 집. 〔민속에서 매우 꺼리는 집의 하나임.〕
상두-복색(喪-服色)[-쌕]명 ①상여를 꾸미기 위해 치는 오색의 비단 휘장. ②겉은 번듯하나 속이 보잘것없는 것을 비유하여 이르는 말.
상둣-도가(喪-都家)[-두또-/-둗또-]명 상여(喪輿)를 두는 집.
상득(相得) '상득하다'의 어근.
상득-하다(相得-)[-드카-]형여 서로 마음이 맞다.
상ː등(上等)명 높은 등급. 참중등·하등.
상ː등(上騰)명하자 물가 따위가 오름. ↔하락.
상등(相等) '상등하다'의 어근.
상ː등-답(上等畓)명 ☞상답(上畓).
상ː등-병(上等兵)명 국군의 사병 계급의 하나. 일등병의 위, 병장의 아래. 준상병.
상ː등-석(上等席)명 좋은 자리. ¶ 상등석에 앉아서 관람을 하다.
상ː등-전(上等田)명 토질이 썩 좋은 논밭.
상ː등-품(上等品)명 품질이 좋은 물품.
상등-하다(相等-)형여 정도가 서로 같거나 비슷하다.
상ː띠(上-)명 ①연전띠내기에서, 화살을 먼저 던져 짠 띠. ②연전띠내기에서, 활을 쏘아 가장 많이 맞힌 띠. 상대(上隊). ↔하띠.
상ː락(上洛)[-낙]명하자 ☞상경(上京).
상락(常樂)[-낙]명 불교에서 이르는 영원한 즐거움. 곧, 깨달음의 경지.
상ː란(上欄)[-난]명 위의 난. ↔하란(下欄).
상란(喪亂)[-난]명 전쟁·전염병·천재(天災) 따위로 사람이 많이 죽는 일.
상ː람(上覽)[-남]명하타 ☞어람(御覽).
상람(詳覽)[-남]명하타 상세히 봄.
상ː략(上略)[-냑]명하타 글을 쓰거나 말을 할 때, 앞부분을 쓰지 않고 생략함. ↔하략.
상략(商略)[-냑]명 상업상의 책략. 장사하는 꾀. 상계(商計).
상략(詳略)[-냑]명 자세함과 간략함.
상ː량(上樑)[-냥]명 ①☞마룻대. ②하자 집을 지을 때, 기둥에 보를 얹고 위에 마룻대를 올림.
상량(商量)[-냥]명하타 헤아려 생각함.
상량(爽涼) '상량하다'의 어근.
상량-대(上樑-)명 '마룻대'의 잘못.
상량-도리(上樑-)명 '마룻대'의 잘못.
상ː량-문(上樑文)[-냥-]명 상량을 축복하는 글. 상량식의 축문. 〔흔히, 붓으로 마룻대에 씀.〕
상ː량-식(上樑式)[-냥-]명 상량할 때에 베푸는 의식.
상ː량-신(上樑神)[-냥-]명 ☞성주.
상ː량^장여(*上樑長欐)[-냥-]명 마룻대 밑에서 마룻대를 지고 있는 장여.
상ː량^쪼구미(上樑-)[-냥-]명 마룻대를 받치고 있는 들보 위의 짧은 기둥.
상ː량-하다(爽涼-)[-냥-]형여 날씨가 상쾌하고 시원하다. ¶ 상량한 가을 날씨.
상려(商旅)[-녀]명 이곳저곳 떠돌아다니면서 장사하는 사람. 상객(商客).
상련(相連)[-년]명하자타 서로 이어짐. 서로 잇댐.
상련(相憐)[-년]명하자 서로 가엾게 여겨 동정함.
상ː례(上例)[-녜]명 앞이나 위에서 든 예. ¶ 상례와 같은 일이 한두 건이 아니다.
상례(相禮)[-녜]명 ①조선 시대, 통례원(通禮院)의 종삼품 벼슬. 조하(朝賀)·제사 등 예식에 관한 일을 맡아보았음. ②대한 제국 때, 장례원(掌禮院)·예식원(禮式院)의 주임관(奏任官).
상례(常例)[-녜]명 보통 있는 예. 흔히 있는 예. 통례(通例). 항례(恒例). ¶ 상례처럼 되다.
상례(常禮)[-녜]명 두루 많이 지키는 일상의 예식.
상례(喪禮)[-녜]명 상중(喪中)에 행하는 모든 예절. 흉례(凶禮).
상로(商路)[-노]명 장삿길.
상로(霜露)[-노]명 서리와 이슬.
상ː로-교(上路橋)[-노-]명 다리의 도리 위에 통로를 만들어 놓은 보통의 다리. 참하로교.
상로-배(商路輩)[-노-]명 장사치.
상록(常綠)[-녹]명 겨울에도 잎이 떨어지지 않고 사철 푸른 상태.
상록(詳錄)[-녹]명하타 ☞상기(詳記).
상록(賞祿)[-녹]명 왕조 때, 상으로 주던 녹(祿).
상록^관ː목(常綠灌木)[-녹꽌-]명 사철 내내 잎이 푸른 관목. 늘푸른떨기나무.
상록^교목(常綠喬木)[-녹꾜-]명 사철 내내 잎이 푸른 교목. 늘푸른큰키나무.
상록-송(常綠松)[-녹쏭]명 사철 내내 잎이 푸른 소나무.
상록-수(常綠樹)[-녹쑤]명 사철 내내 푸른 나무. 늘푸른나무. ↔낙엽수.
상록^활엽수(常綠闊葉樹)[-노콰렵쑤]명 사철 내내 잎이 푸른 활엽수. 늘푸른넓은잎나무.
상론(相論·商論)[-논]명하타되자 서로 의논함. 상의(相議).
상론(常論)[-논]명 평범한 의론.
상론(詳論)[-논]명하타 상세히 논함, 또는 그 논설. ¶ 헌법에 대하여 상론하다.
상ː루하습(上漏下濕)[-누-]명 〔위에서는 비가 새고 아래로는 습기가 찬다는 뜻으로〕 '허술하고 가난한 집'을 이르는 말.
상ː류(上流)[-뉴]명 ①강물 따위가 흘러내리는 위쪽, 또는 그 지역. 물위. ②사회적 지위나 생활 수준·교양 등이 높은 계층. ↔하류.

상:류^계급(上流階級) [-뉴계-/-뉴게-] 명 사회적 지위나 생활 수준·교양 등이 높은 계급.
상:류^사회(上流社會) [-뉴-회/-뉴-훼] 명 상류 계급에 속하는 사람들의 사회. 상층 사회. ↔하류 사회.
상:류-선(上流船) [-뉴-] 명 ☞물윗배.
상:류-층(上流層) [-뉴-] 명 상류 생활을 하고 있는 사회 계층.
상:륙(上陸) [-뉵] 명하자 (배에서) 뭍으로 오름. ¶ 대규모 관광단이 부산에 상륙했다.
상륙(商陸) [-뉵] 명 한방에서, '자리공의 뿌리'를 약재로 이르는 말. 부종·적취(積聚) 따위를 다스리는 데 쓰임.
상륙(象陸) [-뉵] 명 〈쌍륙(雙六)〉의 본딧말.
상:륙-세(上陸稅) [-뉵쎄] 명 화물을 육지에 내려놓는 데에 부과하는 세금.
상:륙용 주정(上陸用舟艇) [-뉵뇽-] 상륙 작전 때에 쓰이는, 인원·장비 등을 육지로 나르는 배.
상:륙^작전(上陸作戰) [-뉵짝쩐] 명 해상으로부터 적지에 상륙하는 공격 작전. ¶ 인천 상륙 작전.
상륜(相輪) [-뉸] 명 ①불탑의 수연(水煙) 바로 아래에 있는, 청동으로 만든 아홉 층의 둥근 테. 구륜(九輪). 공륜(空輪). ②〈상륜탑〉의 준말.
상륜-탑(相輪塔) [-뉸-] 명 한 개의 기둥 위에 상륜을 올린 탑. 철이나 청동으로 만들고 속에 경권(經卷)을 넣어 둠. 준상륜.
상률(常律) [-뉼] 명 일상의 규칙. 보통의 규율. 상규(常規).
상:리(上里) [-니] 명 (위아래로 갈라진 마을의) 윗마을. ↔하리(下里).
상리(相離) [-니] 명하자 서로 떨어짐.
상리(商利) [-니] 명 상업상의 이익.
상리(商理) [-니] 명 장사하는 도리나 이치.
상리(常理) [-니] 명 보통의 도리. 당연한 이치.
상리^공:생(相利共生) [-니-] 명 다른 종류의 생물끼리 서로 이익을 얻는 공생 상태.
상린-관계(相隣關係) [-닌-계/-닌-게] 명 인접한 부동산의 소유자나 이용자 상호 간의 법적 관계.
상린-자(相隣者) [-닌-] 명 법률적으로, 상린관계에 있는 당사자.
상림(霜林) [-님] 명 서리가 내린 수풀, 또는 서리를 맞아 잎이 시들기 시작한 수풀.
상립(喪笠) [-닙] 명 '방갓'을 상스러이 이르는 말.
상마(-馬) 명 다 자란 수말. 복마. ↔피마.
상:마(上馬) 명 ①좋은 말. ②하자 말에 올라탐. ②↔하마(下馬).
상마(相馬) 명하타 말의 생김새를 보고 그 말의 좋고 나쁨을 감정하는 일.
상마(桑麻) 명 뽕나무와 삼.
상마-잠적(桑麻蠶績) 명 뽕으로 누에를 치고, 삼으로 길쌈하는 일.
상마지교(桑麻之交) 명 전원에서 한가로이 지내는 사람끼리의 수수한 사귐.
상막-하다 [-마카-] 형여 기억이 분명하지 않고 아리송하다.
상-말(常-) 명 ①하자 상스러운 말. 낮은말. 센쌍말. ②☞이언(俚言). 속어.
상망(相望)[1] 명하자 서로 바라봄.
상망(相望)[2] 명 재상이 될 만한 명망(名望).
상망(喪亡) 명하자타 잃어버림. 망해 버림.
상:망(想望) 명하타 ①생각하며 바라봄. 사모함. ②어떤 일이 오기를 마음속으로 그리며 기다림. 기대함.
상망지지(相望之地) 명 서로 바라보이는 매우 가까운 곳, 또는 그 거리.
상-머리(床-) 명 (음식상을 받았을 때의) 상의 앞, 또는 옆. ¶ 상머리에 앉아서 쓸데없는 온갖 넋두리를 늘어놓다.
상:-머슴(上-) 명 (힘도 세고 농사일에도 밝아) 일을 잘하는 장정 머슴.
상:면(上面) 명 윗면. 위쪽의 겉면. ↔하면.
상면(相面) 명하자타 ①서로 대면함. ¶ 상면해서 이야기하다. ②서로 처음으로 만나 인사하고 알게 됨. ¶ 그를 처음으로 상면하다.
상:명(上命) 명 ①상사(上司)의 명령. 상부(上部)의 명령. ¶ 상명 하복. ②임금의 명령.
상명(常命) 명 사람의 보통 수명. 사람이 제 명대로 사는 수명.
상명(爽明) '상명(爽明)하다'의 어근.
상명(詳明) '상명(詳明)하다'의 어근.
상명(喪明) 명하자 ①☞실명(失明). ②아들의 상사(喪事)를 당하는 일.
상명(償命) 명하타 살인한 사람을 죽임.
상명지통(喪明之痛) 명 아들을 잃은 슬픔.
상:명-하다(爽明-) 형여 시원하고 밝다. **상명-히** 부.
상명-하다(詳明-) 형여 상세하고 분명하다. **상명-히** 부.
상모(相貌·狀貌) 명 얼굴의 생김새.
상모(象毛) 명 ①☞삭모(槊毛). ②농악무에 쓰는, 전립 꼭지에 흰 새털이나 종이 오리로 꾸며 돌리게 된 것.
상모-끝(象毛-) [-끋] 명 상모끝과의 해면동물. 깊이 300~500 m의 바다 밑에 사는 희귀한 생물. 몸은 컵 모양으로, 길이 15 cm가량. 50 cm 가량 처진 자루 끝을 진흙에 묻혀 몸을 지탱함. 자루는 장식품으로 쓰임. *상모끝이[-끄치]·상모끝을[-끄틀]·상모끝만[-끈-]
상모-돌리기(象毛-) 명 농악에서, 전복(戰服)을 입고 털상모나 열두 발 상모를 돌리며 추는 춤.
상:-모막이(上-) 명 나무 그릇의 윗마구리에 막아 댄 조각.
상모-솔새(象毛-) [-쌔] 명 상모솔샛과의 새. 몸길이 9 cm가량. 부리에 긴 털이 많아 콧구멍을 덮고 있음. 한쪽 날개 길이 5~6 cm. 몸빛은 대체로 황록색이며, 머리 꼭대기에 선명한 황색 띠가 있음. 유라시아 대륙에 분포함.
상:-모전(上毛廛) 명 조선 시대에, 서울 종로에 있던 과실 가게.
상:-목(上-) 명 내나 강의 상류 쪽.
상:목(上木) 명 ①품질이 썩 좋은 무명. ②품질이 썩 좋은 나무. ③하타☞상재(上梓).
상목(桑木) 명 ☞뽕나무.
상목(常木) 명 품질이 변변치 못한 무명.
상목(橡木) 명 ☞상수리나무.
상목재지(常目在之) [-쩨-] 명하타 〔항상 눈이 거기에 있다는 뜻으로〕 늘 눈여겨보게 됨.
상몽(祥夢) 명 길한 조짐이 있는 좋은 꿈. 상서로운 꿈. 길몽(吉夢).
상묘(相墓) 명하자 지관(地官)이 묘지를 가려 잡거나, 쓴 묘를 감정하는 일.
상묘(桑苗) 명 뽕나무 모종.
상무 명 '상모(象毛)'의 잘못.
상:무(尙武) 명하자 무(武)를 숭상함(중히 여김). ¶ 상무의 기상(氣像). 참상문(尙文).
상무(常務) 명 ①일상의 업무. ②〈상무위원〉의 준말. ③〈상무이사〉의 준말.
상무(商務) 명 상업상의 용무.

상무-관(商務官)명 해외 공관(公館)에 주재하여 통상(通商) 사무를 맡아보는 공무원.
상무-위원(常務委員)명 어떤 위원회나 단체 따위에서, 일상의 업무를 처리하기 위하여 선정된 위원. 준상무.
상무-이사(常務理事)명 재단이나 회사 등의 이사 중, 특히 일상의 업무를 집행하는 기관, 또는 그 사람. 준상무.
상ː문(上文)명 앞부분의 글. 위의 글.
상ː문(上聞)명하타 임금이 듣게 함.
상ː문(尙文)명하자 문예를 숭상함(중히 여김). 참상무(尙武).
상ː문(尙門)명 조선 시대에, 내시부(內侍府)에 딸려, 궁문(宮門)을 지키는 일을 맡아보던 종팔품 벼슬.
상문(桑門)명 ☞사문(沙門).
상문(喪門)명 지극히 흉한 방위(方位).
상문(傷門)명 술가(術家)의 팔문(八門) 가운데 흉한 문의 하나.
상문(詳問)명하타 상세히 물음, 또는 그 질문.
상문-방(傷門方)명 상문의 방위(方位), 곧 불길한 방위.
상문-살(喪門煞)[-쌀]명 사람이 죽은 방위로부터 퍼진다는 살.
상문-상(喪門床)[-쌍]명 무당이 굿할 때에 뒷전풀이에 쓰는 제물상의 한 가지.
상문-풀이(喪門-)명하자 초상집에서 그 집에 드나드는 사람들이 부정(不淨)을 타지 않도록 판수 집에 가서 경을 읽는 일.
상-물림(床-)명 〈큰상물림〉의 준말.
상ː미(上米)명 품질이 썩 좋은 쌀. 참중미(中米)·하미(下米).
상ː미(上味)명 썩 좋은 맛.
상미(詳味)명하타 찬찬히 맛을 봄. 참음미(吟味).
상미(賞味)명하타 칭찬하면서 맛을 봄. 맛있게 먹음.
상미(賞美)명하타 칭찬함.
상미(嘗味)명하타 맛을 봄. 먹어 봄.
상미만(尙未晩) '상미만하다'의 어근.
상ː미만-하다(尙未晩-)형여 아직 늦지 아니하다.
상ː미-전(上米廛)명 조선 시대에, 서울 종로 서쪽에 있던 싸전.
상민(常民)명 상사람. 비상인(常人).
상민-단(商民團)명 조선 시대에, 보부상들로 조직되었던 단체.
상밀(詳密) '상밀하다'의 어근.
상밀-하다(詳密-)형여 자상하고 세밀하다. 상밀-히부.
상ː박(上膊)명 팔꿈치로부터 어깨에 이르는 부분. 상완(上腕). 위팔. 참하박.
상박(相搏)명하자 ①서로 마주 때림. ②씨름.
상박(商舶)명 ☞상선(商船).
상박(霜雹)명 서리와 우박.
상ː박-골(上膊骨)[-꼴]명 상박을 이루는 대롱 모양의 긴 뼈. 상완골(上腕骨). 참하박골.
상ː박-근(上膊筋)[-끈]명 상박골을 싸고 있는 근육.
상ː박^동ː맥(上膊動脈)[-똥-]명 상박 속에 있는 굵은 동맥.
상ː반(上半)명 아래위로 절반 나눈 그 위쪽 부분. ↔하반(下半).
상ː반(上盤)명 광맥(鑛脈)의 위쪽에 있는 모암(母岩). ↔하반(下盤).
상반(床飯)명 ☞상밥.
상반(相反)명하자되자 서로 반대되거나 어긋남. ¶ 상반된 견해.
상반(相半)명하형 서로 반반임. 서로 어금지금함. ¶ 공과(功過)가 상반하다.
상반(相伴)명하자 서로 짝이 됨.
상반(常班)명 상민과 양반. 반상(班常).
상ː-반각(上反角)명 비행기의 정면에서 볼 때, 위쪽으로 치켜 오른 날개의 기준면과 수평면이 이루는 각도.
상ː-반기(上半期)명 한 해나 어떤 일정 기간을 둘로 나눈 그 앞의 절반 동안. ↔하반기.
상ː-반부(上半部)명 둘로 나눈 위쪽 절반 부분. ↔하반부.
상ː-반신(上半身)명 사람 몸에서, 허리부터 위의 부분. 윗도리. 윗몸. ¶ 상반신을 찍은 사진. 비상체(上體). ↔하반신.
상반-심(相反心)명 서로 반대되는 마음.
상발(霜髮)명 흰 머리털. 백발(白髮).
상-밥(床-)[-빱]명 음식점에서, 상에 갖추어서 파는 밥. 상반(床飯).
상밥-집(床-)[-빱찝]명 상밥을 파는 집.
상ː방(上方)명 위쪽. 위쪽 방향. ↔하방(下方).
상ː방(上房)[1]명 ①지난날, 관아의 우두머리가 있던 방. ②☞사랑방.
상ː방(上房)[2]명 절의 서기(書記).
상ː방(上枋)명 〈상인방(上引枋)〉의 준말.
상방(相妨)명하타 서로 방해함.
상배(床排)명하자 음식상을 차리는 일. ¶ 상배를 보다.
상배(喪配)명하자 〈상처(喪妻)〉의 높임말.
상배(賞盃·賞杯)명 공로자나 입상자에게 상으로 주는 잔. 〔금배(金杯)·은배(銀杯)·목배(木杯) 따위.〕
상백-사(常白絲)[-싸]명 우리나라에서 생산되던 흰 명주실, 또는 그 실로 만든 연줄. 참당백사(唐白絲)·떡줄.
상ː백시(上白是)[-씨]명 ☞상사리.
상-백피(桑白皮)명 ☞상근 백피(桑根白皮).
상ː번(上番)명 ①위의 순번, 또는 그 사람. ②번(番)이 갈리어 교대 근무를 하러 들어가는 사람. 든번. ③하자지난날, 군인이 돌림 차례가 되어 번을 들러 군영(軍營)으로 들어가던 일. ④하자지난날, 변방이나 지방에서 번을 들기 위해 서울로 올라가던 일. ↔하번(下番).
상ː번-병(上番兵)명 〔지난날〕 ①지방에서 교대로 번을 들러 서울로 올라오던 병사. ②군영에서 번을 들 차례가 된 병사.
상벌(賞罰)명 ①상과 벌. ②하타잘한 것에는 포상하고 잘못한 것에는 벌을 주는 일. ¶ 상벌 규정.
상법(相法)[-뻡]명 ☞상술(相術).
상법(商法)[-뻡]명 ①장사하는 이치. 장사하는 방법. ②영리 기업에 관한 법규, 또는 상업에 관한 사권(私權) 관계의 법률. ③☞상법전.
상법(常法)[-뻡]명 ①일정한 법규. 변하지 않는 법. ②보통의 방법.
상법(像法)명 불교에서 이르는, 삼시(三時)의 하나. 정법(正法) 다음에 오는 1000년 동안. 〔불법이나 수행은 겉으로 행하여질 뿐, 깨달음의 경지에 이를 수 없는 시기.〕 상법시. 참삼시(三時).
상법-시(像法時)[-씨]명 ☞상법(像法).
상법-전(商法典)[-뻡쩐]명 상법에 관한 일반 기본 법규를 통일적·체계적으로 편찬한 성문법(成文法). 상법.
상변(喪變)명 ☞상사(喪事).

상ː병(上兵)명 〈상등병(上等兵)〉의 준말.
상병(傷兵)명 부상당한 병사.
상병(傷病)명 부상과 질병.
상병-자(傷病者)명 다치고 병이 든 사람.
상보(床褓)[-뽀]명 음식상을 덮는 보자기. 상건(床巾).
상보(尙父·尙甫)명 임금이 특별한 대우로 신하에게 내리던 칭호의 한 가지. 〔중국의 주(周)나라 무왕(武王)이 태공망(太公望)에게 내렸고, 우리나라에서는 고려 경종(景宗)이 신라의 경순왕(敬順王)에게 내렸음.〕
상보(相補)명하자 서로 보충함. ¶ 상보 관계.
상보(常步)명 일제 강점기에, 기미대가 가상 느린 속도로 행진하던 걸음걸이.
상보(商報)명 ①상사(商社)의 회보(會報). ②상업에 관한 소식을 실은 간행물.
상보(詳報)명하타되자 자세히 보고함, 또는 그 보고. 자세히 알림, 또는 그 소식. ↔약보(略報).
상보-성(相補性)[-썽]명 물리에서, 두 개의 성질이 서로 상보 관계에 있는 성질. 곧, 위치를 확정하면 운동량이 확정되지 않고, 운동량을 확정하면 위치가 확정되지 않는 두 가지 성격의 관계를 이르는 말. 〔전자 따위 미소한 입자의 입자성과 파동성의 관계 따위.〕
상복(尙服)명 조선 시대에, 의복을 맡아보던 종오품 내명부(內命婦)를 일컫던 말.
상복(常服)명하타 약이나 음식 따위를 오랜 기간 동안 계속해서 먹음. ¶ 종합 비타민을 상복하다.
상복(祥福)명 상서로운 일과 복된 일.
상복(喪服)명 상중에 있는 상제나 복인이 입는 예복. 소복(素服). 흉복(凶服).
상복(殤服)명 여덟 살에서 열아홉 살 사이에 죽은 자녀에 대하여 입던 복제(服制).
상복(償復)명하타 갚거나 물어 줌.
상본(像本)명 가톨릭에서, 천주나 성인 등의 화상(畫像)을 이르는 말.
상ː봉(上峯)명 가장 높은 산봉우리.
상봉(相逢)명하자타 서로 만남. ¶ 이산가족 상봉.
상ː봉-하솔(上奉下率)명하자 위로는 부모를 모시고, 아래로는 아내와 자식을 거느림. 준봉솔.
상ː부(上府)명 ☞상사(上司).
상ː부(上部)명 ①위쪽 부분. ②보다 높은 직위나 기관. ¶ 상부의 지시. ↔하부.
상부(相扶)명하자 서로 부축함. 서로 도움.
상부(相符)명하자 서로 들어맞음.
상부(桑婦)명 뽕잎을 따는 부녀자.
상부(喪夫)명하자 남편을 여읨. 남편의 상고를 당함. ↔상처(喪妻).
상부(孀婦)명 〈청상과부〉의 준말.
상ː부^구조(上部構造)명 ①윗부분의 구조. ②철학에서, 사회 형성의 기초인 경제 구조에 대하여, 정치·법률·도덕·예술 등의 관념 및 이에 대응하는 제도와 기구의 총체를 이르는 말. 〔마르크스주의자가 경제 구조를 하부 구조라고 한 데서 이름.〕 상층 구조.
상ː-부사(上副使)명 상사(上使)와 부사(副使).
상부-살(喪夫煞)[-쌀]명 과부가 될 불길한 살.
상부-상조(相扶相助)명하자 서로서로 도움. ¶ 품앗이에는 상부상조의 정신이 살아 있다.
상-부인(湘夫人)명 중국 전설에서, 천제(天帝)의 딸로 상군(湘君)과 함께 상수(湘水)에 산다는 여신.
상분(嘗糞)명하자 ①부모의 병세를 살피기 위하여 그 대변을 맛봄. ②몹시 아첨함을 비유하여 이르는 말.
상분지도(嘗糞之徒)명 〔똥도 핥을 놈이라는 뜻으로〕 '남에게 아첨하여 어떤 부끄러운 짓도 마다하지 않는 사람'을 이르는 말.
상비(常備)명하타되자 늘 갖추어 둠. ¶ 구급약을 상비하다.
상비(喪費)명 초상을 치르는 데 드는 모든 비용. 상수(喪需).
상비(傷悲)명하자 통탄하고 슬퍼함.
상비-군(常備軍)명 국가 비상사태에 대비하여 편성된 군대, 또는 그런 군인.
상비-금(常備金)명 유사시에 대비하여 늘 마련하여 두는 돈.
상비-병(常備兵)명 상비군으로 복무하는 병사.
상비-약(常備藥)명 언제든지 쓸 수 있도록 늘 갖추어 두는 약.
상비-충(象鼻蟲)명 바구밋과의 벌레를 통틀어 이르는 말.
상비-함(常備艦)명 평시나 전시에 관계없이 일정 병력과 장비를 갖추고 있는 군함.
상ː빈(上賓)명 ☞상객(上客).
상빈(傷貧)명하자 가난에 쪼들려 마음이 상함.
상빈(霜鬢)명 희게 센 귀밑털. 백빈(白鬢).
상사명 ①'쌍사'의 잘못. ②화살대 아래를 대통으로 싼 부분.
상ː사(上巳)명 ☞삼짇날.
상ː사(上士)명 ①국군의 부사관 계급의 하나. 중사의 위, 원사(元士)의 아래임. ②불교에서, '보살'을 달리 이르는 말.
상ː사(上司)명 위 등급의 관청이나 기관, 또는 자기보다 계급이 위인 사람. 상부(上府). 윗사람. 상급자. ¶ 상사의 명령. 비상관(上官). ↔하사(下司).
상ː사(上使)명 ①☞정사(正使). ②하자지난날, 상급 관아에서 하급 관아에 명하여 죄인을 잡아 오게 하던 일.
상ː사(上舍)명 지난날, 생원(生員)이나 진사(進士)를 달리 이르던 말.
상사(相似)명 ①하형(모양이) 서로 비슷함. ②'닮음'의 구용어. ③동식물에서, 종류가 다른 생물의 기관이 발생 계통으로는 그 기원이 다르지만, 모양과 기능은 일치하는 현상. 〔새의 날개와 곤충의 날개 따위.〕
상사(相思)명하자 서로 생각하고 그리워함.
상사(商社)명 ①상품의 유통에 관한 사업을 하는 기업. ②〈상사 회사〉의 준말.
상사(商事)명 상업에 관한 모든 일.
상사(常事)명 〈예상사(例常事)〉의 준말.
상사(祥事)명 ☞대상(大祥).
상사(喪事)명 (집안의) 사람이 죽은 불행한 일. 상고(喪故). 상변(喪變).
상사(想思)명하타 곰곰이 생각함.
상사(殤死)명하자 나이가 스무 살이 되기 전에 죽는 일, 또는 그 죽음.
상사(賞詞)명 칭찬하는 말.
상사(賞賜)명하타 임금이 상으로 줌.
상사-곡(相思曲)명 남녀 사이의 서로 그리워하는 정을 읊은 노래. 〔조선 시대의 십이 가사의 하나.〕
상-사기(常沙器)[-싸-]명 품질이 낮은 백사기.
상사^다각형(相似多角形)[-가켱]명 서로 닮은 두 다각형. 곧, 두 도형의 대응되는 각끼리 모두 같거나, 변끼리의 비가 모두 일정한 다각형.
상사-대패명 '쌍사밀이'의 잘못.
상사-도(相似圖)명 일정한 비율로 축소하거나 확대한 그림.

상사디야 감 민요, 특히 농부가(農夫歌)의 후렴구의 한 가지. ¶ 에헤야 얼럴럴 상사디야.

상-사람(常-)[-싸-] 명 조선 중기 이후에, 양반들이 평민을 이르던 말. 상민(常民). 상인(常人). ↔양반.

상사-례(庠謝禮) 명 지난날, 자녀의 스승에게 주는 예물을 이르던 말.

상:사리(上-) 명 〔웃어른에게 올리는 편지의 첫머리나 끝에 쓰이어〕 '사뢰어 올림'의 뜻을 나타내는 말. 상백시(上白是).

상사-마(相思馬) 명 발정(發情)하여 성질이 사나워진 수말.

상사^매매(商事賣買) 명 당사자의 쌍방 또는 한쪽에 대하여 상행위가 되는 매매.

상사-목 명 두드러진 턱이 있고 그 다음이 잘록하게 된 골짜기.

상사-몽(相思夢) 명 남녀 사이에 서로 그리워하며 꾸는 꿈.

상사-밀이 명 '쌍사밀이'의 잘못.

상-사발(常沙鉢)[-싸-] 명 품질이 낮은 사발.

상사-뱀(相思-) 명 상사병으로 죽은 남자의 혼이 변하여, 그리워하던 여자의 몸에 붙어 다닌다는 뱀.

상사-범(常事犯) 명 국사범(國事犯)이 아닌 보통의 범죄, 또는 그 범인.

상사^법정^이:율(商事法定利率)[-쩡-] 명 상행위에 따라 생긴 채무의 법정 이율.

상사-별곡(相思別曲) 명 ①조선 태종 때의 학자 양촌(陽村) 권근(權近)이 지은 경기체가. 조선 왕조 창업의 위대함을 노래한 내용으로, '악장가사'에 실려 전함. 모두 5장. ②조선 시대의 십이 가사의 하나. 작자와 연대 미상으로, 남녀 간의 그리움을 노래한 내용.

상사-병(相思病)[-뼝] 명 어떤 이성을 그리워한 나머지 생기는 병. 화풍병(花風病). ¶ 상사병이 나다. /상사병을 앓다.

상사^보증(商事保證) 명 상행위(商行爲)에 관한 모든 보증.

상사불견(相思不見) 명 하타 서로 그리워하나 만나지 못함.

상사불망(相思不忘) 명 하타 서로 그리워하여 잊지 못함.

상사-비(相似比) 명 ☞닮음비.

상사^비:송사건(商事非訟事件)[-껀] 명 상사에 관한 비송사건. 〔회사 및 경매에 관한 사건, 사채(社債)에 관한 사건, 회사의 청산에 관한 사건 및 상업 등기 따위.〕

상사^시효(商事時效) 명 상사 채권의 소멸 시효. 〔상행위로 생긴 채무는 5년 동안 행사하지 않으면 소멸 시효가 이루어짐.〕

상사-원(商社員) 명 상사(商社)에 근무하는 사람. ¶ 외국 주재 상사원.

상사^위임(商事委任) 명 상행위의 위임.

상:사-일(上巳日) 명 음력 정월의 첫 번째 사일(巳日). 〔이날 머리를 빗으면 그해 집 안에 뱀이 들어온다고 하여 남녀 모두 빗질을 하지 않았음.〕

상사-일념(相思一念)[-렴] 명 서로 그리워하는 한결같은 생각.

상사^중개인(商事仲介人) 명 다른 사람들 사이에서 상행위의 중개를 업으로 하는 사람.

상사^채:권(商事債權)[-꿘] 명 상행위로 말미암아 생긴 채권.

상-사향(常麝香)[-싸-] 명 (당사향에 대하여) 우리나라의 사향을 이르는 말.

상사-형(相似形) 명 '닮은꼴'의 구용어.

상사-화(相思花) 명 수선화과의 다년초. 중국 원산의 관상 식물로, 꽃줄기는 60 cm가량. 여름에 연한 홍자색의 여섯잎꽃이 핌. 꽃이 필 무렵은 잎이 이미 시든 뒤이며, 꽃과 잎이 등지어 서로 보지 못한다 해서 이 이름으로 불림. 우리나라·일본 등지에 분포함.

상사^회:사(商事會社)[-회-/-훼-] 명 상행위를 위하여 설립된 영리 사단 법인. 〔합명 회사, 합자 회사, 주식회사, 유한 회사 따위.〕 준상사. ↔민사 회사.

상산(常山) 명 ①운향과의 낙엽 활엽 관목. 잎은 길둥글며 어긋나고, 높이는 2 m가량. 봄에 황록색 꽃이 피는데, 우리나라의 호남 지방 및 일본에 분포함. 뿌리는 약재로, 목재는 세공용으로 쓰임. ②한방에서, 조팝나무의 뿌리를 약재로 이르는 말. 성질이 차고 독하여 학질이나 담 등의 치료제로 쓰임.

상산(傷產) 명 과로 따위로 양수(羊水)가 미리 터져 해산이 힘들게 되는 일.

상:산-상(上山床)[-쌍] 명 굿을 할 때, 무당이 삼마누라에게 올리는 제상(祭床).

상:상(上上) 명 그 위에 더 없을 만큼 가장 좋음. 상지상(上之上). 최상(最上).

상:상(上相) 명 ☞영의정(領議政).

상:상(上殤) 명 하자 삼상(三殤)의 하나. 나이 열다섯 살에서 스무 살 사이의 소년이 장가들기 전에 죽음, 또는 그 사람. 장상(長殤). 참중상·하상.

상상(床上·牀上) 명 ①마루나 의자의 위. ②〔자리에서 일어난다는 뜻으로〕 '병의 회복'을 이르는 말.

상:상(想像) 명 하타 ①되자 머릿속으로 그려서 생각함. ¶ 상상의 날개를 펴다. ②현재의 지각(知覺)에는 없는 사물이나 현상을 과거의 경험·관념에 근거하여 재생시키거나 만들어 내는 마음의 작용.

상:상-건(上上件)[-껀] 명 상건(上件) 중의 상건. 가장 좋은 것.

상상-기생(桑上寄生) 명 ☞뽕나무겨우살이.

상:상-력(想像力)[-녁] 명 상상하는 능력. 상상하는 마음의 작용.

상:상-봉(上上峯) 명 여러 봉우리 중에서 제일 높은 봉우리. ¶ 백두산 상상봉에 태극기를 휘날리다.

상:상-외(想像外)[-외/-웨] 명 예상 밖. ¶ 상상외의 좋은 성적을 올리다.

상:상^임:신(想像姙娠) 명 임신에 대한 강박 관념 때문에 일어나는 신체 증상. 입덧이나 태동의 자각 또는 진통 따위가 실제 임신한 증세와 같이 나타남.

상:상-적(想像的) 관명 사실이나 현실에 의하지 않고 상상에 의한 (것). ¶ 상상적 체험. /상상적인 그림.

상:상-치(上上-) 명 상치 중에도 상치. 가장 품질이 좋은 물건.

상:상-품(上上品) 명 상품 중의 상품. 최상품.

상:상-화(想像畫) 명 실물을 보지 않고 상상하여 그린 그림.

상:색(上色) 명 좋은 빛깔.

상:색^탁기(上色琢器)[-끼] 명 품질이 좋은 탁기.

상:생(上生) 명 극락왕생하는 이의 성질이나 그 행위의 차이에 따라서 나눈 아홉 계급 중, 상품(上品)·중품(中品)·하품(下品)의 각각의 상위(上位).

상생(相生) 명 하자 ①오행설(五行說)에서, 금(金)은 수(水)를, 수는 목(木)을, 목은 화(火)를, 화는 토(土)를, 토는 금(金)을 나게 함, 또는 그 관계를 이르는 말. ↔상극(相剋). ②화합하여 함께 발전함. ¶ 노사 상생의 합의.

상생-상극(相生相剋) 명 상생과 상극. 오행설(五行說)에서, 금(金)·목(木)·수(水)·화(火)·토(土)의 운행이 서로 조화되는 관계와 조화될 수 없는 관계를 이르는 말.

상생지리(相生之理) 명 오행(五行)이 상생하는 이치(理致).

상ː서(上書) 명 하자 웃어른에게 글을 올림, 또는 그 글. ↔하서(下書).

상ː서(尙書)[1] 명 ☞서경(書經).

상서(尙書)[2] 명 ①고려 시대, 육부(六部)의 우두머리. 참 육부(六部). ②진시황(秦始皇) 이래의 중국의 상서성(尙書省) 및 당·송 때의 중앙 육부(六部)의 우두머리.

상서(庠序) 명 〔향교(鄕校)를, 주나라에서는 '상(庠)'으로, 은나라에서는 '서(序)'로 일컬은 데서〕 '학교'를 이르는 말.

상서(相書) 명 〈관상서(觀相書)〉의 준말.

상서(祥瑞) 명 복스럽고 길한 징조. 경서(慶瑞).

상서-롭다(祥瑞-)[-따][~로우니·~로워] 형 ㅂ 복스럽고 길한 일이 있을 듯하다. ¶ 상서로운 조짐이 보이다. **상서로이** 부.

상서-성(尙書省) 명 ①고려 시대에, 백관(百官)을 총령(總領)하던 삼성(三省)의 하나. ②옛날 중국의, 일반 행정을 집행하던 중앙 관청.

상ː석(上席) 명 (차례나 위계가 있는 자리에서) 윗자리. ¶ 선생님을 상석으로 모시다. ↔말석.

상석(床石) 명 ☞상돌.

상석(象石) 명 능(陵)·원(園)에 세우는, 사람이나 짐승 모양의 석물(石物).

상ː선(上仙·上僊) 명 하자 ①하늘에 올라 선인(仙人)이 됨. ②귀인의 죽음.

상ː선(上船) 명 하자 배에 오름. ↔하선(下船).

상ː선(上善) 명 가장 뛰어난 선(善).

상선(相先) 명 ☞맞바둑.

상선(商船) 명 상업을 위해 항해하는 여객선·화물선·화객선(貨客船)을 통틀어 이르는 말. 상고선(商賈船). 상박(商舶).

상선-기(商船旗) 명 항해 중인 상선에 달아 국적과 선적(船籍)을 밝히는 기.

상선^포ː획(商船捕獲)[-획/-훽] 명 전시(戰時)에 교전국의 군함이 적국 또는 중립국의 상선을 포획하는 일.

상선^호ː송(商船護送) 명 전시(戰時)에 군함이 상선을 호송하는 일.

상선^회ː사(商船會社)[-회-/-훼-] 명 상선으로 여객과 화물을 실어 나르는 영리 회사.

상설(常設) 명 하타 되자 《주로, 일부 명사 앞에 쓰이어》 항상 마련하여 둠, 또는 그 시설이나 설비. ¶ 상설 시장. /상설 할인 매장.

상설(詳說) 명 하타 자세하게 속속들이 풀이함, 또는 그 풀이. ¶ 시간 관계상 상설할 수 없다.

상설(霜雪) 명 서리와 눈.

상설-관(常設館) 명 언제든지 이용할 수 있도록 시설을 갖추어 놓은 건물.

상설^영화관(常設映畫館)[-령-] 명 영화만 늘 상영하는 극장.

상설^위원(常設委員) 명 ☞상임 위원.

상ː성(上聲) 명 ①한자 사성(四聲)의 하나. 처음이 낮고 끝이 높은 소리. ②15세기 국어의 사성(四聲)의 하나. 훈민정음 등에서는 글자 왼쪽에 점 두 개로 나타내었음. ¶ 與:영文문字·쫑·로(訓諺). 참 방점(傍點).

상성(喪性) 명 하자 ①본성을 잃어버리고 마치 딴 사람같이 변함. ¶ 그 여자는 사고로 자식을 잃고 상성이 되었다. ②몹시 보챔. ¶ 어린애처럼 웬 상성이냐?

상ː세(上世) 명 ①☞상고(上古). ②☞윗대.

상세(商勢) 명 상품이 거래되는 상황. 상업의 형세. ¶ 상세가 활발하다.

상세(詳細) '상세하다'의 어근.

상세-하다(詳細-) 형 여 자상하고 세밀하다. 위세하다. ¶ 상세한 풀이. **상세-히** 부 ¶ 약도를 상세히 그리다.

상ː소(上疏) 명 하자 임금에게 글을 올림, 또는 그 글. 봉장(封章). 주소(奏疏). 진소(陳疏).

상ː소(上訴) 명 하타 하급 법원의 판결·명령·결정 등에 불복하여 상급 법원의 심리를 청구하는 일. 〔항소·상고·항고가 있음.〕

상ː소-권(上訴權)[-꿘] 명 법원의 판결·명령·결정 등에 불복하는 당사자가 상급 법원에 상소할 수 있는 소송법상의 권리.

상ː소권-자(上訴權者)[-꿘-] 명 상소를 제기할 수 있는 권리를 가진 사람.

상ː소-대개(上疏大槪) 명 상소한 글의 줄거리. 준 소개(疏槪).

상-소리(常-)[-쏘-] 명 상스러운 말. 상스러운 소리. 센 쌍소리.

상-소반(常小盤)[-쏘-] 명 값싸게 만든 소반.

상ː소^법원(上訴法院) 명 상소 사건을 심리하는 상급 법원.

상ː소-심(上訴審) 명 상소 법원의 심리.

상속(相續) 명 하타 되자 ①이어 줌, 또는 이어받음. ②친족법에서, 호주로서의 권리·의무 또는 재산에 관한 권리·의무를 물려받는 일. 〔호주 상속과 재산 상속의 두 가지가 있음.〕

상속^결격(相續缺格)[-껼껵] 명 (상속에 관한 범죄 행위 따위로) 상속권을 상실하는 일.

상속-권(相續權)[-꿘] 명 상속인이 상속의 효력으로서 가지도록 법률로 인정한 권리.

상속^능력(相續能力)[-송-녁] 명 법률상 상속인이 될 수 있는 자격.

상속-법(相續法)[-뻡] 명 신분과 재산의 상속에 관하여 규정한 법률.

상속-분(相續分)[-뿐] 명 유산 상속인이 여러 명일 때, 그 각 사람이 재산을 물려받는 비율.

상속-세(相續稅)[-쎄] 명 상속 또는 유증(遺贈)으로 재산을 얻은 이에게 부과하는 세금.

상속-인(相續人) 명 상속을 받는 사람. 곧, 상속권이 있는 사람. 상속자. ↔피상속인.

상속-자(相續者)[-짜] 명 ☞상속인.

상속^재산(相續財産)[-째-] 명 상속인이 피상속인으로부터 물려받는 재산.

상속^채ː권자(相續債權者)[-꿘-] 명 상속 재산의 채권자.

상송(相送) 명 하타 서로 보냄.

상쇄(相殺) 명 하타 ①되자 셈을 서로 비김. ¶ 수입과 지출을 상쇄하다. ②☞상계(相計).

상쇄^계ː약(相殺契約)[-계-/-게-] 명 ☞상계 계약(相計契約).

상ː쇠(上-)[-쇠/-쉐] 명 농악에서, 무리의 맨 앞에서 전체를 지휘하며 꽹과리를 치는 사람.

상ː수(上手) 명 남보다 나은 솜씨나 수, 또는 그 사람. 고수(高手). ↔하수(下手)[1].

상ː수(上水) 명 음료수 등으로 쓰기 위하여 수도관을 통해 보내는 맑은 물. ↔하수(下水).

상ː수(上壽)명 ①장수한 것을 상·중·하로 나눌 때 가장 많은 나이, 곧 100세 또는 100세 이상을 이름. 참중수(中壽)·하수(下壽). ②하자나이가 보통 사람보다 아주 많음, 또는 그 나이. ③☞헌수(獻壽).

상ː수(上數)명 ☞상책(上策).

상수(常數)명 ①수식 따위에서, 늘 일정하여 변하지 않는 값을 가진 수나 양. 항수(恒數). ↔변수. ②물질의 물리·화학적 성질을 표시하는 수치. 곧, 어떠한 상태 아래 있는 물질의 성질에 관한 일정량을 보이는 수로, 비열(比熱)·비중(比重)·굴절률(屈折率) 같은 것. ③불교에서 이르는, 본디 정해진 운명. ③정수(定數).

상수(常隨)명하타 일정한 업무를 띠고 늘 따라다님.

상수(喪需)명 ☞상비(喪費).

상ː수-도(上水道)명 음료수 등으로 쓰기 위한 물을 수도관 등으로 급수하는 설비. 준수도. ↔하수도.

상ː수리명 상수리나무의 열매. 상실(橡實). 참도토리.

상ː-수리(上守吏)명 신라 때, 볼모 겸 고문으로 지방에서 경주(慶州)에 와 있던 향리.

상ː수리-나무명 참나뭇과의 낙엽 교목. 높이 20~25 m. 잎은 길둥글고 가장자리에 톱니가 있음. 열매인 '상수리'는 이듬해 10월에 익는 둥근 견과(堅果)로, 먹을 수 있음. 재목은 질이 단단하여 용도가 넓고, 참숯의 원료가 됨. 우리나라·일본·중국 등지에 분포함. 상목(橡木). 참나무.

상ː수리-밥명 상수리쌀에 붉은팥 간 것을 넣어 지은 뒤, 풀 때에 꿀을 쳐서 담은 밥.

상ː수리-쌀명 상수리를 삶아서 겨울에 얼리었다가, 봄에 녹은 것을 말려서 쓿은 다음, 알갱이에 물을 쳐 가며 빻은 것. 밥·떡·묵을 만들어 먹음.

상수^비ː례(常數比例)명 어떤 화합물이 조성(組成)될 때에 각 물질 사이의 일정불변한 비례. 정수 비례.

상ː순(上旬)명 초하루부터 초열흘까지의 동안. 상완(上浣). 상한(上澣). 초순. 참중순·하순.

상ː순(上脣)명 윗입술. ↔하순(下脣).

상술(床-)[-쑬]명 안주를 상에 차리고 이에 곁들여서 파는 술.

상ː술(上述)명하타 (문장 따위의) 위에 또는 앞에 말하거나 적음. ¶ 상술한 바와 같다.

상술(相術)명 인상(人相)이나 가상(家相) 따위를 보고 점을 치는 방법. 상법(相法).

상술(商術)명 장사하는 솜씨.

상술(詳述)명하타 자세하게 진술함. ¶ 사건의 내용을 상술하다. ↔개술(概述).

상-스럽다(常-)[-쓰-따][~스러우니·~스러워]형ㅂ 말씨나 하는 짓이 천하다. ¶ 상스러운 말버릇. 센쌍스럽다. **상스레**부.

상습(常習)명 (못된 버릇을) 몇 차례고 되풀이하는 일. ¶ 상습 절도.

상습-범(常習犯)[-뻠]명 같은 범죄 행위를 몇 번이고 되풀이하는 일, 또는 그런 죄를 지은 사람. ¶ 폭행 상습범./도박 상습범.

상습-자(常習者)[-짜]명 어떤 좋지 않은 일을 몇 차례고 되풀이하는 사람.

상습-적(常習的)[-쩍]관명 좋지 않은 일을 버릇처럼 하는 (것). ¶ 상습적 절도./상습적으로 대마초를 피우다.

상습-화(常習化)[-스퐈]명하타 되자 늘 하는 버릇처럼 반복함. ¶ 마약 복용을 상습화하다.

상ː승(上昇·上升)명하자 되자 위로 올라감. ¶ 물가 상승./인기가 날로 상승하다. ↔하강·하락.

상승(相承)명하타 ①서로 계승함. ②불교에서, 사승(師僧)이 전해 준 교법을 제자가 그대로 이어 가는 일.

상승(相乘)명하타 ①둘 이상의 수를 서로 곱함, 또는 그 곱한 결과. ②두 가지 이상의 요소가 서로 효과를 더하는 일.

상승(常勝)명하자 번번이 이김. 늘 이김.

상승 가도를 달리다관용 상승하는 기세를 몰아 계속 나아가다.

상ː승-경(上昇莖)명 ☞덩굴줄기.

상승-군(常勝軍)명 적과 싸워서 늘 이기는 군대.

상ː승^기류(上昇氣流)명 대기 중에서 위로 오르는 공기의 흐름. 구름이나 비의 원인이 됨. ↔하강 기류.

상ː승-도(上昇度)명 상승하는 정도.

상ː승-력(上昇力)[-녁]명 위로 올라가는 힘.

상승-비(相乘比)명 두 개의 비 $a:b$와 $c:d$에 대하여, 전항(前項)끼리의 곱 ac를 전항으로 하고, 후항(後項)끼리의 곱 bd를 후항으로 한 비. 곧, $ac:bd$. 복비(複比).

상승-상부(相勝相負)명하자 (싸움이나 내기 따위의) 이기고 진 횟수가 서로 같아 비김.

상ː승-선(上昇線)명 위로 향해 올라가는 선. ↔하강선(下降線).

상ː승-세(上昇勢)명 어떤 현상의 상승하는 기세 또는 상태. ¶ 물가의 상승세가 꺾이다. ↔하락세.

상승^작용(相乘作用)명 여러 요소가 겹쳐 작용하여, 따로따로 작용했을 때보다 큰 효과를 나타내는 일. ¶ 두 가지 약물의 상승 작용.

상승-장군(常勝將軍)명 적과 싸울 때마다 늘 이기는 장군.

상승-적(相乘積)명 둘 이상의 수를 서로 곱하여 얻는 값.

상승^평균(相乘平均)명 ☞기하 평균.

상ː승^한ː도(上昇限度)명 항공기가 오를 수 있는 가장 높은 고도. 〔항공기의 성능을 나타내는 용어의 한 가지.〕

상승-효과(相乘效果)명 상승 작용에 의하여 나타나는 효과.

상ː시(上試)명 조선 시대, 과거(科擧)의 시관(試官)의 우두머리. 참부시(副試).

상시(常時)명 ①〈평상시(平常時)〉의 준말. ②임시가 아닌 관례대로의 보통 때. 항시(恒時). ¶ 운전면허증은 상시 휴대하고 다녀야 한다.

상시지계(嘗試之計)[-계/-게]명 남의 뜻을 시험하여 떠보는 꾀.

상ː식(上食)명 상가(喪家)에서, 아침저녁으로 궤연(几筵) 앞에 차려 올리는 음식.

상식(尙食)명 조선 시대에, 종오품인 내명부(內命婦)를 일컫던 말.

상식(相識)명하자 서로 면식(面識)이 있음.

상식(常食)명하타 늘 먹음, 또는 그 음식. ¶ 보리밥을 상식하다.

상식(常識)명 보통 사람으로서 으레 가지고 있을 일반적인 지식이나 판단력. ¶ 상식 밖의 행동.

상식-가(常識家)[-까]명 상식이 풍부한 사람, 또는 상식적인 사람.

상식-적(常識的)[-쩍]관명 상식이 되는 (것). ¶ 상식적 생각./상식적으로 판단하다.

상식-학파(常識學派)[-시칵-]명 진리의 마지막 근거를 상식에 두어야 한다고 주장하는 계몽 철학의 한 학파. 영국의 토머스 리드를 대표로 하여, 18세기 말에서 19세기 초에 걸쳐서 나타남.

상식-화 (常識化) [-시콰] 명 하자타 되자 상식적인 것으로 됨, 또는 상식적인 것이 되게 함.
상:신 (上申) 명 하타 상부 기관이나 윗사람에게 의견이나 상황 따위를 말이나 글로 여쭘. 계고(啓告). ¶ 부하 직원의 표창을 상신하다. 비품의.
상:신 (上臣) 명 ☞상대등(上大等).
상신 (相臣) 명 ☞상국(相國).
상신 (相信) 명 하타 서로 믿음.
상신 (喪神) 명 하자 ☞실신(失神).
상신 (傷神) 명 하자 정신을 해침.
상신 (霜信) 명 〔서리와 함께 온 소식이라는 뜻으로〕 '기러기'를 이르는 말.
상신-간 (相信間) 명 서로 믿는 사이.
상:신-서 (上申書) 명 상신할 내용을 기록해 놓은 문서. 비품의서.
상-신석 (常信石) 명 강원도에서 나는 비상(砒霜). 한방에서, 학질·누창·치루 따위를 다스리는 약재로 씀.
상실 (桑實) 명 뽕나무의 열매, 곧 오디.
상실 (喪失) 명 하타 되자 (기억이나 자신·자격·권리·의미 등 주로 추상적인 것을) 잃어버림. ¶ 가치관 상실. /머리를 다쳐 기억을 상실하다. /응시 자격을 상실하다.
상실 (詳悉) 명 하타 내용을 자세하게 앎.
상실 (橡實) 명 ☞상수리.
상실-감 (喪失感) 명 무엇인가를 잃어버린 후의 느낌이나 감정, 또는 그런 감정 상태. ¶ 상실감에 빠지다.
상심 (喪心) 명 하자 ☞실심(失心).
상심 (傷心) 명 하자타 마음 아파함. 슬프게 생각함, 또는 그 상한 마음. 상혼(傷魂). ¶ 아들의 실패에 몹시 상심하다.
상심 (詳審) 명 하타 자세하게 살핌.
상:-씨름 (上-) 명 씨름판에서 우승을 가리는 씨름. 소걸이.
상아 (象牙) 명 코끼리의 위턱에 길게 뻗은 두 개의 어금니. 옅은 황백색이며 결이 치밀하고 아름다워 여러 가지 세공품에 쓰임.
상아 (詳雅) '상아하다'의 어근.
상아 (孀娥) 명 ☞항아(姮娥).
상아-질 (象牙質) 명 이의 중앙부를 이루는 황백색의 물질. 법랑질(琺瑯質)보다는 연하고, 뼈보다는 단단함.
상아-탑 (象牙塔) 명 ①속세를 떠나 조용히 예술을 사랑하는 태도나, 현실 도피적인 학구 태도를 이르는 말. ②대학 또는 대학의 연구실 따위를 달리 이르는 말. 〔프랑스의 비평가 생트뵈브(Sainte Beuve)가 비니(Alfred Vigny)의 태도를 비평한 말에서 유래함.〕
상아-하다 (詳雅-) 형여 자상하고 단아하다. 차분하고 예의 바르다.
상아-홀 (象牙笏) 명 일품(一品)에서 사품(四品)까지의 벼슬아치가 임금을 뵐 때 조복(朝服)에 갖추어 쥐던, 상아로 만든 홀.
상:악 (上顎) 명 위턱. ↔하악(下顎).
상:악-골 (上顎骨) [-꼴] 명 위턱을 이루는 한 쌍의 뼈. ↔하악골.
상:악-동 (上顎洞) [-똥] 명 부비강(副鼻腔)의 한 가지. 상악골체의 가운데에 있는 한 쌍의 공동(空洞)을 가리킴.
상압^증류 (常壓蒸溜) [-쯩뉴] 명 원유를 일정한 압력 상태에서 가열하여 약 300℃까지의 유출유(溜出油)와 찌꺼기 기름을 가르는 방법. 〔끓는점의 차이를 이용하여, 등유·경유·가스·가솔린 등으로 갈라 냄.〕 ↔진공 증류.
상앗-대 [-아때/-앋때] 명 물가에서 배를 띄울 때나 물이 얕은 곳에서 배를 밀어 나갈 때 쓰는 장대. 준사앗대·삿대.
상앗대-질 [-아때-/-앋때-] 명 하자 상앗대로 배를 움직이게 하는 일. 준삿대질.
상앗-빛 (象牙-) [-아삗/-앋삗] 명 상아의 빛깔, 또는 상아와 같은 빛깔. 곧, 옅은 황백색. *상앗빛이[-아삐치/-앋삐치]·상앗빛만[-아삔-/-앋삔-]
상애 (相愛) 명 하자 서로 사랑함.
상애-상조 (相愛相助) 명 하자 서로 사랑하고 서로 도움. 참상부상조.
상야 (霜野) 명 서리가 내린 들. 초목이 서리를 맞아 시든 들.
상야-등 (常夜燈) 명 밤새도록 밝혀 두는 등.
상:약 (上藥) 명 좋은 약.
상약 (相約) 명 하타 서로 약속함, 또는 그 약속.
상약 (常藥) 명 가정이나 개인의 경험에 의하여 쓰는 약. 참민간약.
상약 (嘗藥) 명 하자 ①병자, 특히 앓아누운 임금이나 부모에게 약을 올릴 때 먼저 맛을 보는 일. ②약을 먹음.
상양 (相讓) 명 하타 서로 사양함.
상양 (徜徉) 명 하자 이리저리 거닒.
상양 (賞揚) 명 하타 기리어 높임.
상어 명 연골어강(綱) 악상어목(目)의 바닷물고기를 통틀어 이르는 말. 몸길이 40 cm에서 18 m 이상인 것까지 다양함. 원추형의 몸에, 꼬리지느러미는 칼 모양이며 피부는 방패 비늘로 덮여 있음. 난생 또는 난태생으로 성질이 몹시 사나움. 고기는 먹을 수 있고, 껍질은 공구(工具)의 장식으로 씀. 교어(鮫魚). 사어(沙魚).
상:언 (上言) 명 하자 백성이 임금에게 글월을 올림, 또는 그 글월.
상:언-별감 (上言別監) 명 임금의 거둥 때에 백성이 올리는 글을 받아들이던 벼슬아치.
상업 (商業) 명 하자 상품을 사고팔아 이익을 얻는 일, 또는 그러한 목적으로 하는 사업. 곧, 도매업·소매업·중개업 따위의 영업. 준상(商)[3].
상업-계 (商業界) [-께/-께] 명 상업 또는 상업하는 사람들의 사회. 준상계.
상업^고등학교 (商業高等學校) [-꼬-꾜] 명 상업에 관한 지식과 실무 교육을 전문적으로 베푸는 실업 고등학교. 준상고.
상업^공:황 (商業恐慌) [-꽁-] 명 상업 거래에서 투기 활동으로 말미암아 수많은 상사(商社)가 파산을 하게 되는 공황.
상업^교:육 (商業教育) [-꾜-] 명 상업에 필요한 이론과 실기를 가르치는 교육.
상업-국 (商業國) [-꾹] 명 상업을 중심적인 산업으로 하는 나라.
상업^금융 (商業金融) [-끔늉/-끄뮹] 명 상거래에 필요한 운전 자금의 융통. 보통 60일 또는 90일을 기한으로 하는 단기 금융임.
상업^기관 (商業機關) [-끼-] 명 상거래에 편의를 주어 상업의 발달을 돕는 기관. 〔은행·해운·철도 따위.〕
상업-도덕 (商業道德) [-또-] 명 ☞상도덕.
상업^등기 (商業登記) [-뜽-] 명 상법의 규정에 의하여 법정 사항을 공시(公示)할 목적으로 상업 등기부에 하는 등기.
상업^등기부 (商業登記簿) [-뜽-] 명 등기소에 비치되어 있는, 상업 등기를 위한 공부(公簿). 회사에 관한 여러 가지 사항을 등기·공시함으로써 거래하는 데 신용을 보증함.

상업^디자인(商業design)명 상품의 판매를 촉진하기 위한 디자인. 〔포스터나 신문 광고, 포장지 따위의 디자인.〕

상업^미ː술(商業美術)[-엄-]명 상업적 목적을 가진 응용 미술의 한 부문. 〔광고 도안, 포장 따위.〕

상업^방ː송(商業放送)[-빵-]명 광고 방송 수입 따위로 경영하는 방송 사업.

상업^부ː기(商業簿記)[-뿌-]명 상거래에 따라 생기는 손익의 계산을 주목적으로 하는 부기의 한 가지. 단식(單式)과 복식(複式)으로 나뉨. 일기장·분개장·원장 따위 장부가 있음.

상업-신문(商業新聞)[-씬-]명 불특정 다수(不特定多數)의 독자를 구독 대상으로 하여 발행하는 신문. 〔특히, 당파적 신문인 기관지 따위에 대하여 이르는 말.〕 상업지.

상업^신ː용(商業信用)[-씨농]명 산업 자본가 및 상업 자본가가 상품의 거래에 따라 서로 주고받는 신용. 〔외상 거래 따위.〕

상업^신ː용장(商業信用狀)[-씨농짱]명 신용장의 한 가지. 수입업자의 의뢰에 따라 거래 은행이 어음의 신용에 대해 책임을 지겠다는 내용을 적은 보증서(保證書).

상업^어음(商業-)명 실제의 상거래가 원인이 되어 발행한 환어음이나 약속 어음. 곧, 상품 매각에 대한 대금으로 발행하는 어음 따위. 상품 어음.

상업-영어(商業英語)[-엄녕-]명 국제적 상거래를 위하여 쓰이는 영어. 대부분 문학적·외교적 수사(修辭)가 배제된 실무적인 용어를 구사함.

상업^은행(商業銀行)명 예금을 주된 자금원(資金源)으로 하여 단기의 운전 자금을 공급하는 은행. 시중 은행이나 지방 은행이 그 대표적인 것임.

상업^자본(商業資本)[-짜-]명 상업에 투자하여 이윤을 얻기 위한 자본.

상업^장부(商業帳簿)[-짱-]명 상인이 그 영업 및 재산의 상태를 분명히 하기 위하여 상법상의 의무로서 작성하는 장부. 일기장, 재산 목록, 대차 대조표의 세 가지가 있음.

상업^증권(商業證券)[-쯩꿘]명 상업 거래에 쓰이는 유가 증권. 〔어음·수표·화물 인환증(貨物引換證)·선화 증권·창고 증권 따위.〕

상업-지(商業紙)[-찌]명 ☞상업신문.

상업-학(商業學)[-어팍]명 상업의 원리와 법칙 등을 연구하는 학문. 물품이 생산되어 소비자에 이르기까지의 운송·금융·보험·창고·경영 등에 대해 연구함. 준상학(商學).

상-없다(常-)[-업따]형 상리(常理)에 벗어나다. 막되고 상스럽다. ¶ 그런 상없는 짓 하지 마라. **상없-이**부 ¶ 상없이 일찍이 와 아해와 실내(室內) 다 큰 병이 나게 하였다(東溟日記).

상여(喪輿)명 시체를 묘지까지 나르는 제구. 〔가마같이 생긴 것으로 상여꾼이 메고 감.〕 행상(行喪).

상여(賞與)명하타 ①상으로 금품을 줌, 또는 그 금품. ②관청이나 회사 같은 데서 직원들의 공적 따위를 참작하여 급료와는 별도로 돈을 줌, 또는 별도로 주는 그 돈.

상여-금(賞與金)명 상여로 주는 돈. 보너스.

상여-꾼(喪輿-)명 ☞상두꾼. 향도.

상ː연(上椽)명 오량(五樑) 이상의 집에서, 중도리와 마룻대에 가파르게 걸치는, 지붕 위쪽의 서까래.

상ː연(上演)명하타되자 연극 따위를 무대에서 펼쳐 보임. 공연. ¶ 전국 순회 상연. /춘향전을 상연하다.

상연(爽然) '상연하다'의 어근.

상ː연-권(上演權)[-꿘]명 저작물을 공중 앞에서 연기를 통해 상연하는 권리.

상ː연-료(上演料)[-뇨]명 일정 기간 동안 어떤 작품의 흥행권을 저작자로부터 양도받은 데 대하여 치러 주는 돈.

상ː연-하다(爽然-)형여 몸과 마음이 상쾌하다. 아주 시원하다. **상연-히**부.

상엽(桑葉)명 뽕잎.

상엽(霜葉)명 서리를 맞아 단풍이 든 잎사귀.

상엿-소리(喪輿-)[-여쏘-/-엳쏘-]명 상여를 메고 갈 때 상여꾼들이 부르는 구슬픈 소리. 만가(輓歌). 참해로가(薤露歌)·향도가.

상엿-집(喪輿-)[-여찝/-엳찝]명 상여와 그에 딸린 제구를 넣어 두는 오두막. 〔보통, 마을 옆이나 산 밑의 외딴 곳에 지음.〕 곳집.

상ː영(上映)명하타되자 (극장 같은 데서) 영화를 영사(映寫)하여 관객에게 보임. ¶ 동시 상영. /외설 영화의 상영을 금지하다.

상ː영-권(上映權)[-꿘]명 영화 저작물을 공중 앞에서 상영하는 권리.

상ː-영산(上靈山)명 영산회상(靈山會相)의 첫째 곡조. 둘째나 셋째 곡조보다 매우 느린데, 네 장(章)으로 되어 있음. 참잔영산·중영산.

상예(賞譽)명하타 칭찬함. 기림.

상ː오(上午)명 밤 열두 시부터 낮 열두 시까지의 사이. 오전(午前). ↔하오(下午).

상ː오(晌午)명 ☞정오(正午).

상ː옥(上屋)명 (부두나 정거장의 플랫폼 같은 곳에서) 화물의 일시 보관을 위해, 또는 승객용으로 지은, 지붕과 기둥만 있는 건물.

상온(常溫)명 ①늘 일정한 온도. 항온(恒溫). ②일 년 중의 평균 기온. ③보통의 온도. ¶ 콩기름은 상온에서는 액체 상태다.

상ː온(想蘊)명 오온(五蘊)의 하나. 어떤 사물을 생각하며 옳고 그름, 선하고 악함 따위를 상상하는 마음의 작용.

상온^동ː물(常溫動物)명 ☞정온 동물.

상온-층(常溫層)명 ①땅속의 온도가 기온의 변동에 영향을 받지 않고 늘 일정한 층. 항온대(恒溫帶). 항온층. ②☞등온층(等溫層).

상ː완(上浣)명 ☞상순(上旬).

상ː완(上腕)명 ☞위팔.

상완(賞玩)명하타 사물의 아름다움이나 좋은 점을 음미하여 아끼고 사랑함. ¶ 청자(靑瓷)를 상완하다.

상ː완-골(上腕骨)명 ☞상박골(上膊骨).

상ː완^삼두근(上腕三頭筋)명 위팔의 뒤쪽에 있는 큰 근육. 〔주로, 팔꿈치를 펴는 작용을 함.〕 삼두박근.

상ː완^이ː두근(上腕二頭筋)명 위팔의 앞쪽에 있는 큰 근육. 팔을 굽히는 일을 함. 〔이 근육이 수축하면 '알통'이 생김.〕 이두박근.

상ː왕(上王)명 〈태상왕(太上王)〉의 준말.

상욕(相辱)명하자 서로 욕함.

상욕-상투(相辱相鬪)[-쌍-]명하자 서로 욕설을 퍼부으며 맞붙어 싸움.

상용(常用)명하타되자 일상적으로 늘 씀. ¶ 소화제를 상용하다. /영어를 상용하다.

상용(常傭)명하타 항상 고용하고 있음.

상용(商用)명 ①상업적인 용무. ¶ 상용 여권. ②하타장사하는 목적에 씀.

상용(賞用)명하타 (어떤 물품이) 마음에 들어 즐겨 사용함.
상용-대수(常用對數)명 '상용로그'의 구용어.
상용-로그(常用log)명 10을 밑으로 하는 로그. 십진법에 의한 수치 계산에 쓰임.
상용-문(商用文)명 상업적인 연락이나 거래 따위에 쓰이는 일정한 문체의 사무적인 글.
상용-시(常用時)명 일반적으로 쓰이고 있는 시간. 평균 태양시로서 밤 열두 시에서 다음 날 밤 열두 시까지의 24시간을 하루로 함.
상용-어(常用語)명 일상생활에 쓰는 말. 늘 쓰는 말. ¶ 영어를 상용어로 하는 민족.
상용-어(商用語)명 상업적인 거래에서 쓰이는 일정한 용어.
상용-차(商用車)명 상업적인 목적으로 사용되는 차. 주로, 승객이나 화물을 실어 나르는 데 쓰임. 〔버스·트럭 따위.〕
상용-한자(常用漢字)[-짜]명 많고 복잡한 한자 사용의 불편을 덜기 위하여, 글자 수를 제한하여 지정한 한자.
상용-화(常用化)명하자타되자 (어떤 제품이나 기술이) 널리 보급되어 일상적으로 널리 쓰이게 되는 것, 또는 그렇게 되게 하는 것. ¶ PDA가 상용화된 것은 얼마 되지 않는다.
상용-화(商用化)명하자타되자 (어떤 물건이) 상업용으로 만들어지는 것, 또는 그렇게 되게 하는 것. ¶ 치매 예방제가 내년쯤에 상용화될 예정이다.
상:우(上愚)명 '바보는 아니면서도 편벽된 의견을 가진 사람'을 이르는 말.
상우(相遇)명하자타 서로 만남.
상:우(喪偶·喪耦)명하자 ☞상처(喪妻).
상우(賞遇)명하타 잘못을 뉘우치고 마음을 바로잡은 죄수에게 상으로 베풀어 주는 특별 대우.
상우다(傷-)타 상하게 하다.
상우-례(相遇禮)명하자 신랑이 처가의 친척과, 또는 신부가 시가의 친척과 정식으로 처음 만나 보는 예식. 참동상례.
상운(祥雲)명 상서로운 구름. 서운(瑞雲).
상운(祥運)명 복되고 길한 운수. 서운(瑞運).
상운(商運)명 상업상의 운수. ¶ 상운이 트이다.
상:원(上元)명 삼원(三元)의 하나. 음력 정월 보름날. 정월 대보름. 참중원·하원.
상:원(上院)명 양원제의 의회에서 하원(下院)과 함께 의회를 구성하는 의원. 우리나라 제2공화국 때의 참의원에 해당함. 참하원.
상원(桑園)명 뽕나무 밭. 상전(桑田).
상:-원수(上元帥)명 고려 시대에, 출정(出征)하는 군대를 통솔하던 장수, 또는 지방의 병권을 쥐고 있던 장수.
상월(祥月)명 대상(大祥)을 치르는 달.
상월(霜月)명 ①서리가 내린 밤의 달. ②'동짓달'을 달리 이르는 말.
상:위(上位)명 높은 지위. 높은 순위. ↔하위.
상위(相位)명 ①정승의 자리. ②의정부의 하례(下隷)가 '의정(議政)'을 일컫던 말.
상위(相違)명하자 서로 어긋남. 서로 틀림. ¶ 위의 사실과 상위 없음.
상위(常委)명 〈상임 위원회〉의 준말.
상위(霜威)명 ①서리가 내려 찬 기운이 심함. ②서릿발 같은 위엄.
상:위^개:념(上位概念)명 다른 개념보다 크고 넓은 외연(外延)을 가진 개념. '생물'은 '동물'이나 '식물'에 대하여 상위 개념임. 고급 개념. ↔하위 개념.
상:위-권(上位圈)[-꿘]명 윗길에 속하는 범위. ¶ 성적이 상위권에 들다. ↔하위권.
상:유(上諭)명 임금의 말씀.
상은(傷恩)명하자 은정(恩情)을 상하게 함.
상:음(上音)명 ①기본음에 대하여, 그것보다 진동수가 많고 높은 음. 〔음은 기본음과 상음으로 구성되고, 그 강한 정도에 따라 각 음색이 정하여짐.〕 ②(넓은 뜻의) 배음(倍音).
상:음(上淫)명하자 자기보다 지위가 높은 여자와 사통(私通)함.
상응(相應)명하자되자 ①서로 응함. ¶ 안팎에서 상응하다. ②서로 맞음. 알맞음. ¶ 신분에 상응한 대우. ③서로 기맥이 통함.
상:의(上衣)[-의/-이]명 윗옷. ↔하의(下衣).
상:의(上意)[-의/-이]명 ①임금의 뜻. ②윗사람의 뜻. 상지(上旨). ↔하의(下意).
상:의(上醫)[-의/-이]명 진단이나 치료 기술이 뛰어난 의사.
상:의(上議)[-의/-이]명하타 (어떤 일을) 의제에 올림. 의안으로 올림.
상의(尙儀)[-의/-이]명 조선 시대에, 정오품인 '내명부(內命婦)'를 일컫던 말.
상의(相依)[-의/-이]명하자 서로 의지함.
상의(相議·商議)[-의/-이]명하타 서로 의논함. 상론(相論). ¶ 일단 만나서 그 문제를 상의하자./부모님과 결혼 문제를 상의하다.
상의(常衣)[-의/-이]명 늘 입고 있는 옷. 보통 때 입는 옷. 평복(平服).
상의(商議)[-의/-이]명 〈상공 회의소〉의 준말.
상의(詳議)[-의/-이]명하타 상세하게 의논함, 또는 그렇게 하는 의논. ¶ 사건의 해결책을 밤늦도록 상의하다.
상의-원(尙衣院)[-의-/-이-]명 조선 시대에, 임금의 의대(衣襨)와 대궐 안의 재물을 맡아보던 관아.
상:의-하달(上意下達)[-의-/-이-]명 윗사람의 뜻을 아랫사람에게 전함. ↔하의상달.
상:의-하상(上衣下裳)[-의-/-이-]명 저고리와 치마. 윗옷과 아래옷.
상이(相異) '상이하다'의 어근.
상이(桑栮·桑耳)명 뽕나무에 돋는 버섯.
상이(傷痍)명 몸에 입은 상처. 부상. ¶ 상이 연금.
상이(霜異)명 ①제철이 아닌 때에 내린 서리. ②☞상재(霜災).
상이-군인(傷痍軍人)명 전투나 군사상의 공무 중에 상처를 입은 군인.
상이-기장(傷痍記章)명 전투나 공무를 수행하다가 다친 사람에게 주는 기장.
상이-용사(傷痍勇士)명 군에서 복무하다가 부상을 입고 제대한 병사.
상이-점(相異點)[-쩜]명 서로 다른 점. ¶ 두 작품은 여러 면에서 상이점이 많다.
상이-하다(相異-)형여 서로 다르다. ¶ 상이한 환경에서 자란 두 사람.
상:인(上人)명 지덕(智德)을 갖춘 중을 높이어 일컫는 말.
상인(常人)명 상사람. 비상민(常民).
상인(商人)명 장수.
상인(喪人)명 ☞상제(喪制).
상인(霜刃)명 서슬이 시퍼런 칼날.
상인^계급(常人階級)[-계-/-게-]명 ①양반이 아닌 보통 백성. ②서민층. 평민층.
상:-인방(上引枋)명 기둥과 기둥 사이의 벽 윗부분에 가로지르는 나무. 윗중방. 준상방(上枋). 참중인방·하인방.

상ː-인일(上寅日)명 정월의 첫 범날. 〔이날 여자가 남의 집에서 대소변을 보면 호환(虎患)을 당한다 하여 바깥출입을 삼갔음.〕

상인해물(傷人害物)명하자 사람을 해치고 물건에 손상을 끼침.

상-일(常-)[-닐]명하자 별다른 기술을 필요로 하지 않는 노동. ¶ 상일이라도 해야 생계를 유지할 판이다. 참막일.

상일(常日)명 보통의 날. 평일.

상일(祥日)명 대상(大祥)을 치르는 날.

상일-꾼(常-)[-닐-]명 상일을 하여 살아가는 사람. 참막일꾼.

상임(常任)명하타 늘 그 임무를 맡고 있음. ¶ 상임 지휘자.

상임^위원(常任委員)명 ①항상 일정한 임무를 담당하는 위원. 상설 위원. ②국회에서, 상임 위원회를 구성하는 위원.

상임^위원회(常任委員會)[-회/-훼]명 ①일정한 업무를 담당하는 위원회. ②국회에서, 의원을 각 전문 부문별로 나누어 조직한 상설 위원회. 국회 상임 위원회. 준상위(常委).

상임^이ː사국(常任理事國)명 ①국제적인 모임에서 이사국의 지위를 가지는 나라. ②국제 연합의 안전 보장 이사회에서 임기의 제약을 받지 않고 계속해서 의석을 보유하는 나라. 곧, 미국·영국·러시아·프랑스·중국의 다섯 나라. 참비상임 이사국.

상임^집행^위원(常任執行委員)[-지팽-]명 일정한 임무를 늘 맡아 집행하는 위원.

상ː자(上梓)명하타 〈상재(上梓)〉의 본딧말.

상자(相者)명 ☞관상쟁이.

상자(桑梓)명 '조상 대대의 고향'을 이르는 말. 〔'시경(詩經)'에 나오는 말로, 옛날 중국에서 울타리에 뽕나무와 가래나무를 심어 자손에게 남겼다는 데서 유래함.〕

상자(箱子)명 ①나무나 판지(板紙) 따위로 만든 그릇. 주로 네모나게 만듦. ¶ 선물 상자. ②〖의존 명사적 용법〗 물건을 상자에 담아 그 분량을 세는 단위. ¶ 사과 한 상자.

상자(橡子)명 상수리나 도토리.

상자-다식(橡子茶食)명 상수리나 도토리를 갈아 무리를 내어 말려서, 꿀과 반죽하여 판에 박은 다식.

상자-목(桑柘木)명 육십갑자의 임자(壬子)와 계축(癸丑)에 붙이는 납음(納音). 참대계수.

상-자성(常磁性)명 물체를 자장(磁場) 안에 놓으면, 자장과 같은 방향으로 자화(磁化)되는 성질. 〔자장을 없애면 자성(磁性)을 잃음.〕

상자성-체(常磁性體)명 상자성을 나타내는 물체. 강한 자석에는 끌리나, 자장이 없어지면 자성을 잃음. 〔망간·백금·알루미늄 따위.〕

상ː-자일(上子日)명 음력 정월의 첫 쥐날. 〔이날 농가에서 새벽에 방아를 찧거나 콩을 볶으면서, '쥐 주둥이 지진다'고 주문을 외면 그 해에는 쥐가 없어진다고 함.〕

상자-주(橡子酒)명 상수리나 도토리를 넣고 담근 술.

상ː작(上作)명 곡식이 썩 잘됨.

상잔(相殘)명하자 서로 싸우고 해침. ¶ 골육(骨肉)상잔의 비극.

상ː장명 광 구덩이의 동바리 사이와 띳장 사이에 끼워, 천판(天板)이나 좌우의 벽에서 돌이나 흙이 떨어지지 않게 막는 작은 나무.

상ː장(上長)명 ①나이가 자기보다 위인 사람. 손윗사람. ②지위가 자기보다 위인 사람.

상ː장(上狀)명 경의(敬意)나 조의(弔意)를 표하여 올리는 편지.

상ː장(上場)명하타되자 주식 따위를 시장 거래의 목적물로 하기 위해 거래소에 등록하는 일. ¶ 회사의 주식이 증권 거래소에 상장되었다.

상장(喪杖)명 상제(喪制)가 짚는 지팡이. 부상(父喪)에는 대나무 막대, 모상(母喪)에는 오동나무 막대를 씀.

상장(喪章)명 상중(喪中)임을 나타내기 위해 옷가슴이나 소매에 다는 표.

상장(喪葬)명 장사(葬事)를 비롯하여 상중(喪中)에 치르는 모든 예식.

상장(賞狀)[-짱]명 학업·행실·업적 등을 칭찬하는 뜻을 적어서 상으로 주는 증서.

상ː-장군(上將軍)명 ①신라 때, 대장군과 하장군 사이의 지위에 있던 무관. ②고려 시대, 이군(二軍)과 육위(六衛)의 으뜸 장수.

상ː장-주(上場株)명 증권 거래소에 상장된 주식.

상ː장^회ː사(上場會社)[-회-/-훼-]명 발행한 주식이 증권 거래소에 상장되어 있는 주식회사.

상재(上-)명 '상좌(上佐)'의 잘못.

상ː재(上才)명 남보다 뛰어난 재주, 또는 그러한 재주를 가진 사람.

상ː재(上梓)명하타되자 〔지난날, 가래나무가 판목(板木)으로 쓰인 데서〕 글자를 판목에 새기는 일, 또는 책을 출판하는 일. 상목(上木). 본상자(上梓). 참간행.

상ː재(上裁)명 ①임금의 재가(裁可). ②상부(上部)의 결재.

상재(相才)명 재상이 될 만한 재능.

상재(商才)명 장사하는 재능.

상재(霜災)명 (철 이르게 또는 철 늦게까지 내리는) 서리 때문에 곡식이 입는 해. 상이(霜異). 상해(霜害). ¶ 상재로 수확이 줄다.

상쟁(相爭)명하자 서로 다툼. ¶ 상쟁을 벌이다.

상-쟁이(相-)명 〈관상쟁이〉의 준말.

상저-가(相杵歌)명 고려 속요의 한 가지. 방아 찧을 때 부르던 노동요로, 부모를 섬기는 효성을 노래한 내용. 작자와 연대 미상. 〔'시용향악보(時用鄕樂譜)'에 실려 전함.〕

상적(相敵) '상적하다'의 어근.

상적(商敵)명 상업상의 경쟁자.

상-적광토(常寂光土)[-꽝-]명 〔항상 변하지 아니하는 광명 세계라는 뜻으로〕 불교에서, '부처의 처소나 빛나는 마음의 세계'를 이르는 말. 상적토.

상적-토(常寂土)명 ☞상적광토.

상적-하다(相敵-)[-저카-]형여 서로 걸맞거나 비슷하다. ¶ 나이가 상적하니 금실 또한 좋을 터이지요.

상ː전(上田)명 소출이 많은 좋은 밭. ↔하전(下田). 참상토(上土).

상ː전(上典)명 종에 대하여 그 '주인'을 이르는 말. ¶ 상전을 모시다. /상전 노릇을 하다.

상전의 빨래에 종의 뒤축이 희다속담 남의 일을 하여 주면 그만한 소득이 있다.

상ː전(上殿)명하자 궁전으로 올라감. 전상(殿上)에 오름.

상전(床廛)명 지난날, 잡화를 팔던 가게.

상전(相傳)명하타되자 대대로 서로 전함.

상전(相戰)명하자 서로 싸움. 서로 겨룸.

상전(桑田)명 ☞상원(桑園).

상전(商戰)명 상업상의 경쟁.

상전(詳傳)명 상세한 전기(傳記).

상전(賞典)명 ☞상격(賞格).

상전-벽해(桑田碧海) [-벽캐] [명] 〔뽕밭이 변하여 푸른 바다가 된다는 뜻으로〕 '세상일이 덧없이 바뀜'을 이르는 말. 벽해상전. 창상지변(滄桑之變). 창해상전. [준]상해(桑海).

상:전-옥답(上田沃畓) [-땁] [명] 소출이 많은 좋은 밭과 기름진 논.

상-전이(相轉移) [명] 물질이 조건에 따라 한 형태에서 다른 형태로 이행하는 현상. 〔융해·고화·기화·응결 따위.〕

상점(商店) [명] 가게.

상접(相接) [명][하자] 서로 한데 닿음. ¶ 피골이 상접하다.

상:정(上丁) [명] 음력으로 매달 첫째 정(丁)의 날. 연세(練祭)나 담제(禫祭)는 대개 이날에 지냄. [참]중정(中丁)·하정(下丁).

상:정(上程) [명][하타][되자] (의안을) 회의에 내놓음. ¶ 주5일 근무에 대한 법률안을 정기 국회에 상정하다.

상정(常情) [명] 누구나 가지고 있는 보통의 인정.

상정(詳定) [명][하타] 왕조 때, 나라의 어떤 제도나 관아에서 쓰는 물건의 값, 세액(稅額), 공물액(貢物額) 등을 심사하고 결정하여 오랫동안 바꾸지 못하게 하던 일.

상정(傷情) [명][하자] 정분(情分)을 해침.

상:정(想定) [명][하자타][되자] (어떤 정황을) 가정적으로 생각하여 판정하는 일. ¶ 이 유적지는 고려 시대의 것으로 상정된다.

상정-례(詳定例) [-녜] [명] 상정한 규례(規例).

상정-예문(詳定禮文) [-녜-] [명] 〈고금상정예문(古今詳定禮文)〉의 준말.

상:제(上帝) [명] 하느님. 천제(天帝).

상:제(上第) [명][하자] 과거에서 첫째로 급제하던 일, 또는 첫째로 급제한 사람.

상:제(上製) [명] 상등으로 만든 것. ¶ 상제로 꾸민 접부채. ↔병제(竝製).

상제(相制) [명][하타] 서로 견제함.

상제(常制) [명] 항상 정해져 있는 제도.

상제(喪制) [명] ①부모 또는 승중(承重) 조부모의 거상(居喪) 중에 있는 사람. 극인(棘人). 상인(喪人). ②상중의 복제(服制).

상제(喪祭) [명] 상례(喪禮)와 제례(祭禮).

상제(霜蹄) [명] 굽에 흰 털이 난 좋은 말〔馬〕.

상제-나비(喪制-) [명] 흰나빗과의 곤충. 편 날개 길이 7 cm가량. 몸빛은 검으며, 몸이 둔해서 잘 날지 못함. 7월경에 나타나는데, 유충은 사과나무·벚나무 따위의 잎을 해침.

상제-설(相制說) [명] 몸과 정신 사이에 서로 제약하는 인과 관계를 인정하는 학설.

상:조(尙早) [명] 〈시기상조〉의 준말.

상조(相助) [명][하자] 서로 도움. ¶ 이웃과 상조하며 산다.

상조(相照) [명][하타] 서로 대조함.

상조(商調) [명] 동양 고전 음악의 오음계(五音階) 중, 상(商)의 음을 주음으로 하는 음계. [참]오음(五音).

상:족(上蔟) [명][하타] 막잠을 자고 난 누에를 발이나 섶에 올리는 일.

상:존(尙存) [명][하자] 아직 그대로 있음. ¶ 상존하는 일제의 잔재를 청산하다.

상존(常存) [명][하자] 언제나 존재함. ¶ 핵무기의 위협이 상존하는 시대.

상:-존호(上尊號) [명][하자] 임금의 성덕(聖德)을 기리기 위하여 존호를 지어서 올림.

상종(相從) [명][하자] 서로 따르며 의좋게 지냄. ¶ 그런 소인배와는 다시는 상종하고 싶지 않다.

상:-종가(上終價) [-까] [명] 증권 거래소에서, 하루에 오를 수 있는 최고 한도까지 올라간 주가(株價). 상한가. ↔하종가(下終價).

상:좌(上佐) [명] ①☞행자(行者). ②사승(師僧)의 대를 이을 여러 제자 가운데서 가장 높은 사람.

상:좌(上座) [명] ①윗자리. 높은 자리. ↔하좌(下座). ②절에서, 주지(住持)·강사(講師)·선사(禪師)가 앉는 자리.

상좌 중의 법고 치듯 [속담] 무엇을 아주 빨리 쾅쾅 치는 모양을 비유적으로 이르는 말.

상:좌-승(上座僧) [명] 상좌에 앉는 중.

상:좌평(上佐平) [명] 백제의 좌평의 으뜸 벼슬.

상:주(上主) [명] 가톨릭에서의 천주(天主).

상:주(上奏) [명][하자타] 임금에게 말씀을 아룀. 주상.

상:주(上酒) [명] 썩 좋은 술.

상주(常主) [명] ①정해진 주인. ②임금. 천자.

상주(常住) [명][하자] ①한곳에서 늘 살고 있음. ②불교에서, 생멸의 변화가 없이 늘 존재함. ③☞상주승물(常住僧物).

상주(常駐) [명][하자] 늘 주둔하거나 주차(駐箚)해 있음. ¶ 상주 대사(大使). /군대가 상주하다.

상주(喪主) [명] 주장이 되는 상제(喪制). 맏상제.

상주 보고 제삿날 다툰다 [속담] 정확히 아는 사람 앞에서 자기의 틀린 것을 고집한다는 뜻.

상주(詳註) [명] 상세한 주석(註釋). ¶ 상주를 달아 이해를 돕다.

상주(賞酒) [명] 상으로 주는 술. ↔벌주.

상주-물(常住物) [명] ☞상주승물(常住僧物).

상주-부단(常住不斷) [명] ☞상주불멸(常住不滅).

상:주-불(上住佛) [명] 염주 위에 꿴 큰 구슬.

상주-불멸(常住不滅) [명] 불교에서, 본연진심(本然眞心)이 사라지지 않고 영원히 있음을 이르는 말. 상주부단(常住不斷).

상:주-서(上奏書) [명] 임금께 아뢰는 글.

상주-승물(常住僧物) [명] 절에 딸린 논밭이나 건물·집기 따위의 재물을 통틀어 이르는 말. 상주(常住). 상주물.

상:주-안(上奏案) [명] 임금께 올리는 안건.

상주-인구(常住人口) [명] 한 지역에 상주하는 인구. 〔일시적 현재자(現在者)는 제외되고, 일시적 부재자(不在者)는 포함됨.〕

상준(詳準) [명][하타] 자세히 견주어 살핌.

상중(喪中) [명] ①상(喪)을 당하고부터 장례를 치를 때까지의 동안. 기중(忌中). ②상제로 있는 동안.

상:중하(上中下) [명] ①위와 가운데와 아래. ②상등과 중등과 하등.

상:지(上旨) [명] 임금의 마음. 상의(上意).

상:지(上肢) [명] 어깨·팔·손을 통틀어 이르는 말. ↔하지(下肢).

상:지(上智) [명] ①보통 사람보다 뛰어난 슬기, 또는 그런 슬기를 지닌 사람. ②가톨릭에서 이르는, 천주의 지혜.

상지(相地) [명][하타] 땅의 위치 따위를 보아 길흉을 판단하는 일.

상지(相知) [명][하자] 서로 앎, 또는 아는 사이.

상지(相持) [명][하자] 양보하지 않고 서로 제 의견을 고집함.

상지(常紙) [명] 품질이 좋지 않은 보통의 종이.

상:지-골(上肢骨) [명] 팔과 손을 이루는 뼈들을 통틀어 이르는 말.

상:지-근(上肢筋) [명] 어깨·팔·손에 있는 근육을 통틀어 이르는 말.

상:지-대(上肢帶) [명] 어깨·팔·손을 지탱하는 골격. 견대(肩帶).

상ː지상(上之上)명 ①지난날, 시문(詩文)을 끊을 때의 등급의 한 가지. 열두 등급 중 최상급. 상지중(上之中)보다 윗길임. ②'더할 수 없이 좋음'을 비유하여 이르는 말

상ː지-전(上知殿)명 절에서, 대웅전과 법당을 맡아보는 임원의 숙소.

상ː지중(上之中)명 지난날, 시문(詩文)을 끊을 때의 등급의 한 가지. 열두 등급 중 둘째 등급. 상지상(上之上)과 상지하(上之下)의 중간임.

상ː지하(上之下)명 지난날, 시문(詩文)을 끊을 때의 등급의 한 가지. 열두 등급 중 셋째 등급. 상지중(上之中)과 이상(二上)의 중간임.

상ː직(上直)명하자 ①☞당직. ②☞숙직.

상ː직(上職)명 윗자리, 또는 윗자리에 있는 직원.

상직(常職)명 ①일상의 직무나 직업. ②일정한 직무나 직업.

상ː직-꾼(上直-)명 ①당직이 된 사람. ②☞상직파(上直婆).

상ː직-파(上直婆)명 아낙에서 부녀(婦女)들의 심부름을 하는 노파. 상직꾼.

상ː질(上秩)[-찔]명 ☞상길. ↔하질(下秩).

상ː질(上質)명 질이 썩 좋음. ¶ 상질의 석탄. ↔하질(下質).

상집(翔集)명하자 날아와 모임.

상징(象徵)명하타되자 어떠한 사상이나 개념 따위를, 그것을 상기시키거나 연상시키는 구체적인 사물이나 감각적인 말로 바꾸어 나타내는 일, 또는 그 사물이나 말. 〔'비둘기는 평화의 상징'이라 할 때의 '비둘기', '백색은 순결의 상징'이라 할 때의 '백색' 따위.〕 표징.

상징-극(象徵劇)명 인간의 숙명 따위를 암시나 상징에 의하여 표현하는 희곡이나 연극. 자연주의에 대한 반동으로, 19세기 후반 프랑스에서 비롯되었음.

상징-시(象徵詩)명 19세기 말, 프랑스를 중심으로 하여 일어난 상징주의에 의한 시. 대상의 서술적 표현을 부정하고 음악적·암시적·상징적으로 표현하였음.

상징-어(象徵語)명 의성어나 의태어와 같이, 자연·사람·동물들의 소리나 동작·상태 등을 상징하여 만든 말. 〔달랑달랑·생글생글·출렁출렁·꿀꿀·솔솔 따위.〕

상징-적(象徵的)관명 상징하여 나타낸 (것). ¶ 상징적 표현. /상징적인 의미.

상징-주의(象徵主義)[-의/-이]명 19세기 말, 프랑스 시단(詩壇)을 중심으로 일어났던 문학·예술의 한 경향. 고답파의 객관주의에 반대하고, 분석에 의해 포착할 수 없는 주관적 정서를 상징적으로 형상화하여, 대상의 종합적 이미지를 파악하려고 한 것이 그 주된 특징임. 표상주의(表象主義). 심벌리즘.

상징-파(象徵派)명 상징주의를 주장하는 예술상의 한 파.

상징-화(象徵化)명하타되자 상징으로 됨. 상징으로 만듦. ¶ 우리의 국력을 상징화한 작품.

상ː차(上車)명하자타 짐 따위를 차에 싣는 일. ¶ 모래를 상차하다. ↔하차(下車).

상-차례(床次例)명 음식상을 차리는 순서.

상차^운ː송(相次運送)명 몇 사람의 운송인이 책임을 연대하여 운송하는 일. 연대 운송.

상착(常着)명 평소에 입는 옷.

상ː찬(上饌)명 썩 좋은 반찬.

상찬(常餐)명 늘 먹는 식사.

상찬(常饌)명 늘 먹는 반찬.

상찬(賞讚)명하타되자 ☞찬상(讚賞).

상찰(詳察)명하타 자세히 살핌.

상ː찰(想察)명하타 생각하여 헤아림.

상참(常參)명하자 조선 시대에, 의정을 비롯한 중신들이 날마다 편전(便殿)에서 임금께 나랏일을 아뢰던 일.

상ː창(上唱)명 ①뛰어난 창(唱). ②하타되자 높은 소리로 창을 함.

상창(傷創)명 다친 상처.

상채(喪債)명 초상을 치르느라고 진 빚.

상채(償債)명하자 빚을 갚음.

상채기명 '생채기'의 잘못.

상ː책(上策)명 제일 좋은 꾀. 상계(上計). 상수(上數). ¶ 길이 막힐 때는 돌아가는 게 상책이다. ↔하책(下策).

상책(商策)명 상업에 관한 계책.

상ː처(喪妻)명하자 아내를 여읨. 상우(喪偶). 높상배(喪配). ↔상부(喪夫).

상처(傷處)명 ①몸의 다친 자리. ¶ 상처가 덧나다. ②피해를 입은 흔적. ¶ 전쟁의 상처.

상척(相斥)명하자 서로 물리침.

상ː천(上天)명 ①하늘. ↔하토(下土). ②하느님. ③사천(四天)의 하나인 겨울 하늘.

상천(常賤)명 상인(常人)과 천인(賤人).

상천(霜天)명 서리가 내리는 밤의 하늘.

상-천우(桑天牛)명 ☞뽕나무하늘소.

상ː천-하지(上天下地)명 〔위에 있는 하늘과 아래에 있는 땅이라는 뜻으로〕 '온 천지'를 이르는 말.

상ː첨(上籤)명 신묘(神廟) 같은 데서 산가지로 길흉을 점칠 때의, 가장 길한 산가지.

상ː청(上廳)명 윗사람이 있는 처소나 관청. 위청.

상청(常青) '상청하다'의 어근.

상청(喪廳)명 〈궤연(几筵)〉의 속된 말.

상청-하다(常青-)형여 늘 푸르다.

상ː체(上體)명 몸의 윗부분. ¶ 상체를 일으키다. 비상반신. ↔하체.

상체(相替)명하타 서로 바꿈.

상ː초(上草)명 품질이 아주 좋은 살담배.

상ː초(上焦)명 한방에서 이르는 삼초(三焦)의 하나. 횡격막(橫膈膜)의 위. 혈액의 순환과 호흡 기능을 맡은 부위로 심장과 폐장이 이에 딸림. 참중초·하초.

상초(霜草)명 서리 맞아 시든 풀.

상ː초-열(上焦熱)명 한방에서, 상초(上焦)에 열이 생겨 목구멍이 붓고, 입 안이 헐며, 머리가 아프고, 눈이 벌게지는 병을 이르는 말.

상ː총(上寵)명 임금의 총애. 임금의 은총.

상추명 국화과의 일년초. 잎을 먹을 수 있어 채소로 널리 재배됨. 가지가 많이 갈라지고 전체에 털이 없음. 꽃은 6~7월에 노랗게 핌. 유럽이 원산지로 전 세계에 분포함.

상추 밭에 똥 싼 개는 저 개 저 개 한다속담 한 번 나쁜 짓을 하다가 들킨 사람은, 나쁜 일이 드러날 적마다 의심을 받게 된다는 말.

상ː추(上秋)명 ①초가을. ②'음력 칠월'을 달리 이르는 말. 신추(新秋).

상ː추(爽秋)명 상쾌한 가을.

상추-쌈명 상추 잎에 밥과 된장·고추장 등을 싸서 먹는 쌈, 또는 그렇게 먹는 음식.

상ː춘(上春)명 ①초봄. ②'음력 정월'을 달리 이르는 말.

상춘(常春)명 늘 계속되는 봄. 일 년 내내 봄과 같은 기후. ¶ 상춘의 나라.

상춘(賞春)명하자 봄 경치를 구경하며 즐김.

상춘-객(賞春客)명 봄 경치를 즐기는 사람. 참향춘객(享春客).

상춘-곡(賞春曲)명 조선 성종 때, 정극인(丁克仁)이 지은 가사. 고향의 봄 경치를 읊은 내용으로, 가사 문학 작품의 효시(嚆矢)라 일컬어짐. 〔'불우헌집(不憂軒集)'에 실려 전함.〕

상춘-등(常春藤)명 ☞댕댕이덩굴.

상:충(上衝)명하자 위로 치밀어 오름.

상충(相沖)명하자 ①어울리지 않고 서로 마주침. ②〔방위(方位)·일진(日辰)·시(時) 따위가〕 서로 맞질림.

상충(相衝)명하자되자 맞지 않고 서로 어긋남. ¶ 의견이 상충되다.

상췌(傷悴)명하자 마음이 상하여 얼굴이 파리하고 몸이 축남.

상:측(上側)명 위쪽. ↔하측.

상측(喪側)명 시체의 곁.

상:층(上層)명 ①위의 층. ②위의 계급. 높은 계급. ↔하층.

상:층^계급(上層階級)[-계-/-게-]명 사회적 신분과 생활 수준이 높은 계급, 또는 그런 계층의 사람. ↔하층 계급.

상:층^구조(上層構造)명 ☞상부 구조.

상:층^기단(上層氣團)명 대기(大氣)의 침강 현상에 의하여 발생한, 고층에서의 매우 건조한 기단.

상:층^기류(上層氣流)명 상공(上空)의 기류.

상:층-류(上層流)[-뉴]명 상층의 조류(潮流) 또는 기류(氣流).

상:층^사:회(上層社會)[-회/-훼]명 ☞상류 사회(上流社會).

상:층-운(上層雲)명 높이에 따른 구름 분류의 한 가지. 중위도 지방의 경우 5~13 km의 고공에 나타나는 구름으로, 미세한 얼음의 결정으로 이루어진 권운(卷雲)·권적운(卷積雲)·권층운(卷層雲)을 이름. 위턱구름. 참중층운·하층운.

상치명 '상추'의 잘못.

상:-치(上-)명 크기나 종류가 같은 물건들 가운데 질이 가장 좋은 것. 상품(上品). 참중치·하치.

상:치(上齒)명 윗니.

상:치(尙齒)명하자 나이 많은 사람을 위하는 일. 노인을 존경하는 일.

상치(相馳)명하자되자 (일이나 뜻이) 서로 어긋남. 어그러짐. ¶ 의견이 상치되다.

상치(常置)명하타 늘 비치하거나 설치하여 둠.

상:치-세전(尙齒歲典)명 조선 시대에, 신년 초에 조관(朝官)의 부인 중 70세가 넘은 이에게 쌀·고기·소금 따위를 내리던 일.

상:-치은(上齒齦)명 윗잇몸. ↔하치은.

상칙(常則)명 정해진 규칙. 일상의 규칙. 상규(常規).

상친(相親)명하자 서로 가까이 지냄.

상친-간(相親間)명 서로 가까이 지내는 사이.

상:침(上針)명 ①좋은 바늘. ②바느질법의 한 가지. 저고리의 깃이나 보료·방석 따위의 솔기에, 장식으로 실밥이 겉으로 드러나게 하는 박음질.

상침(을) 놓다관용 박이옷이나 보료·방석 따위의 가장자리에 실밥이 겉으로 드러나게 꿰매다.

상칭(相稱)명 ①하형서로 균형이 맞음. 서로 같음. ②하자어떤 사물의 구성 요소가 중앙의 수직선 또는 수평선의 양쪽에 고르게 배열되어 서로 대응하고 균형이 잡힘, 또는 그러한 상태.

상쾌(爽快) '상쾌하다'의 어근.

상:쾌-하다(爽快-)형여 기분이 아주 시원하고 거뜬하다. 상활(爽闊)하다. ¶ 아침 공기가 상쾌하다. **상쾌-히**부.

상크름-하다형여 ①옷감 등의 발이 매우 가늘고 성기다. ¶ 상크름한 모시 적삼. ②바람결이 (공기가) 선선하다. ¶ 날씨가 좀 상크름하다. 큰성크름하다.

상큼부 발을 가볍게 사뿐사뿐 들어 걷는 모양. 큰성큼. **상큼-상큼**부 ¶ 상큼상큼 걸어오다.

상큼-하다[1]형여 ①옷을 입은 모양이 강동하다. ②윗도리에 비해 아랫도리가 좀 엉성하게 갈쭉하다. 큰성큼하다.

상큼-하다[2]형여 (냄새나 맛 따위가) 향기롭고 시원하다. ¶ 상큼한 풀 냄새를 맡으며 들길을 거닐었다.

상탁(牀卓)명 제상(祭牀)과 향탁(香卓).

상:탁하부정(上濁下不淨)[-타카-]명 〔윗물이 흐리면 아랫물도 깨끗하지 않다는 뜻으로〕 윗사람의 몸가짐이나 마음가짐이 발라야 아랫사람의 행실도 바르게 된다는 말.

상탄(傷歎·傷嘆)명하타 마음이 상하여 슬퍼함.

상탄(賞歎·賞嘆)명하타 크게 칭찬함.

상탐(詳探)명하타 자세히 찾아봄.

상탑(牀榻)명 깔고 앉거나 눕거나 하는 제구. 〔평상(平牀)·와탑(臥榻) 따위.〕 탑(榻).

상:탕(上湯)명 온천 안에서 제일 뜨거운 곳. 참중탕·하탕.

상태(狀態)명 사물이나 현상이 처해 있는 현재의 모양 또는 형편. ¶ 평온한 상태.

상태(常態)명 평상시의 모양이나 형편.

상태^감:정(狀態感情)명 외부적 조건보다 몸과 마음의 균형 상태에 따라 나타나는 불안·초조·권태·활기·희망 따위의 감정.

상태-도(狀態圖)명 물질의 상태의 변화를 기하학적으로 나타낸 도표.

상태-량(狀態量)명 물질이나 물리적 공간인 물질계 또는 장(場)의 거시적 상태에 대해 정해진 값을 취하는 양. 온도·압력 및 농도 등에 따라 결정되는 열역학적인 양.

상:토(上土)명 농사짓기에 썩 좋은 땅. ↔하토.

상토(牀土)명 모판흙.

상:토-권(上土權)[-꿘]명 남의 토지를 개간하는 사람이 가지는, 그 토지의 경작권.

상:토하사(上吐下瀉)명하자 위로는 토하고 아래로는 설사함. 준토사(吐瀉).

상통(相-)명 〈얼굴〉의 속된 말. 상판대기. ¶ 잔뜩 찌푸린 상통.

상:통(上通)명하타 아랫사람이 윗사람에게 의사를 통하는 일.

상통(相通)명하자되자 ①서로 길이 트임. ②서로 마음과 뜻이 통함. ③서로 공통됨. ¶ 피차간에 상통되는 점이 많다.

상통(傷痛) '상통하다'의 어근.

상:통-천문(上通天文)명하자 천문을 환히 앎. 참하달지리(下達地理).

상통-하다(傷痛-)형여 마음이 몹시 상하고 아프다.

상:퇴(上腿)[-퇴/-퉤]명 하지(下肢)의 윗부분. 골반에서 무릎까지를 가리키는 말. 넓적다리. 대퇴(大腿). ↔하퇴(下腿).

상투명 지난날, 성인 남자의 전형적인 머리 모양. 머리털을 끌어 올려 정수리 위에 틀어서 감아 맨 것. 본상두.

상투가 국수버섯 솟듯속담 되지못하게 어른 행세를 하며 남을 함부로 부리는 이를 이르는 말.

상투(를) 잡다관용 가장 높은 시세에 주식을 매입하다.

상투(를) 틀다관용 (총각이) 장가를 가서 어른이 되다.

상투 위에 올라앉다관용 상대를 만만히 보아, 깔고 앉는 태도를 취하다.

상투(相鬪)명하자 서로 싸움.

상투(常套)명 보통으로 하는 투. 예사의 버릇.

상투-관(-冠)명 지난날, 머리털이 적은 노인이 관을 쓸 때, 검은 종이나 베로 만들어 상투에 씌우던 물건.

상투-기둥명 위를 상투처럼 만들어 도리에 구멍을 뚫어서 얹게 된 기둥.

상투-꼬부랑이명 '상투쟁이'의 잘못.

상투-어(常套語)명 버릇이 되어 늘 쓰는 예사로운 말. 투어(套語).

상투-장이명 '상투쟁이'의 잘못.

상투-쟁이명 '상투 튼 사람'을 얕잡아 이르는 말.

상투-적(常套的)관명 항상 하는 버릇처럼 된 (것). ¶ 상투적 표현. /상투적인 수법.

상툿-고[-투꼬/-툳꼬]명 상투의 틀어 감은 부분.

상툿-바람[-투빠-/-툳빠-]명 상투 튼 사람이 갓이나 건(巾)을 쓰지 않고 맨머리로 나선 차림새.

상파(床播)명하자 묘상(苗床)에 씨를 뿌림.

상ː-판(上-)[1]명 첫판. 시작 판. ↔하판[1].

상ː판(上-)[2]명 절의 큰방의 윗목. 손님들이 앉게 되어 있음. ↔하판[2].

상-판(相-)명 〈상판대기〉의 준말.

상판(床板)명 ①판 모양의 평평한 구조체. ②교량에서, 교각과 교각 위에 걸쳐 놓는 바닥판.

상-판대기(相-)[-때-]명 〈얼굴〉의 속된 말. 상통. 준상판.

상-판때기(相-)명 '상판대기'의 잘못.

상ː-팔십(上八十)[-씹]명 ☞궁팔십(窮八十).

상팔십이 내 팔자관용 가난하게 사는 것이 내 팔자라는 말.

상ː-팔자(上八字)[-짜]명 썩 좋은 팔자. ¶ 무자식이 상팔자라는 옛말이 딱 들어맞는다.

상ː패(上牌)명 ①골패·화투·트럼프 따위의 좋은 패. ②조선 시대에, 홍문관(弘文館)의 서책을 출납할 때 쓰던, 상아로 만든 패.

상패(常悖) '상패하다'의 어근.

상패(賞牌)명 상으로 주는 패.

상패-하다(常悖-)형여 성질이 비틀리어 막되다. **상패-히**부.

상ː편(上篇)명 상·하편 또는 상·중·하편으로 된 책의 첫째 편.

상ː평(上平)명 〈상평성(上平聲)〉의 준말.

상평-곡(常平穀)명 조선 시대에, 상평청에 보존해 두던 곡식.

상ː-평성(上平聲)명 한자의 사성(四聲) 중에서, 평성 서른 운(韻)을 상하로 나눈, 위의 열다섯 운. 처음부터 끝까지 그 소리가 다르지 않음. 준상평. ↔하평성.

상평-창(常平倉)명 고려·조선 시대에, 곡가 조정(穀價調整)을 위하여 국가에서 설치한 기관. 풍년이 들 때 곡물을 비싼 값에 사들였다가, 흉년이 들 때 싼값에 팖.

상평-청(常平廳)명 ①조선 인조 11(1633)년에 설치하여, 상평통보(常平通寶)를 주조하던 관아. ②조선 인조 26(1648)년에 진휼청(賑恤廳)을 고쳐 부른 이름.

상평-통보(常平通寶)명 조선 인조 11(1633)년에 만들어 쓰기 시작하여 약 200년간 통용되던 엽전.

상포(常布)명 품질이 좋지 않은 베.

상포(商布)명 지난날의 상거래에서 화폐 대신으로 쓰던 포목.

상포(商鋪)명 ☞가게.

상포(喪布)명 초상(初喪) 때 쓰는 포목.

상포-계(喪布契)[-계/-게]명 초상(初喪) 때의 비용을 서로 돕기 위한 계. 초상계.

상ː표(上表)명하자 임금에게 표(表)를 올림.

상표(商標)명 사업자가, 자기가 취급하는 상품을 남의 상품과 구별하기 위하여 붙이는 고유의 표지.

상표-권(商標權)[-꿘]명 상표의 등록에 따라, 상표를 독점적으로 사용할 수 있는 권리.

상표-법(商標法)[-뻡]명 기업의 신용 확보와 부정한 경쟁의 방지를 목적으로 제정된 상표와 상표권에 관한 법.

상ː품(上品)명 ①높은 품격. ②☞상치. ③불교에서, 극락왕생의 아홉 등급 중에서 윗자리 셋을 이르는 말. 참중품·하품.

상품(商品)명 ①사고파는 물품. ②시장에서의 상거래를 목적으로 하여 생산된 유형 또는 무형의 재화(財貨).

상품(賞品)명 상(賞)으로 주는 물품.

상품^관ː리(商品管理)[-괄-]명 재고품의 종류나 수량을 알맞게 유지하며, 상품을 사들여서 고객에게 인도할 때까지 관리하는 일.

상품-권(商品券)[-꿘]명 백화점 등의 상점에서 발행한 무기명의 유가 증권. 권면(券面)에 적힌 금액만큼 발행 상점에서 상품과 바꿀 수 있음.

상품^담보(商品擔保)명 상품을 은행 대출의 담보물로 하는 일.

상품-명(商品名)명 생산자나 공급자가 자기의 상품에 붙인 고유의 이름.

상품^목록(商品目錄)[-몽녹]명 상품의 종류와 품질에 대한 소개, 거래 조건 따위를 적어 고객에게 배부하는 책자.

상품별^링크제(商品別link制)명 ☞개별 링크제.

상품^신ː탁(商品信託)명 상품을 관리 또는 처분할 목적으로 하는 신탁.

상품^어음(商品-)명 ☞상업 어음.

상ː품^연대(上品蓮臺)[-년-]명 불교에서 이르는, 극락세계의 가장 높은 연대.

상품^유통(商品流通)[-뉴-]명 화폐를 매개로 한 상품의 교환.

상품^작물(商品作物)[-장-]명 시장에 내다 팔기 위해 재배하는 농작물.

상품-진열창(商品陳列窓)명 ☞진열창.

상품-학(商品學)명 상품의 합리적 소비를 위해, 상품의 종류·품질·규격·생산 방식 등을 연구하는 학문.

상품-화(商品化)명하자타되자 상품이 되게 함. 상품으로 됨. ¶ 발명품을 상품화하다.

상품^화ː폐(商品貨幣)[-폐/-페]명 물물 교환 시대에 화폐 구실을 하던 물품. 〔조가비·털가죽·짐승·베·곡물 따위.〕 물품 화폐.

상품^회전율(商品回轉率)[-회-뉼/-훼-뉼]명 일정 기간의 평균 상품 재고량으로, 그 기간의 상품 매출 원가를 나눈 몫.

상풍(傷風)명 한방에서, 바람기로 말미암아 생기는 모든 병증을 이르는 말.

상풍(霜楓)명 서리 맞은 단풍. 시든 단풍.

상풍-고절(霜風高節)명 곤경에 처하여도 굽히지 않는, 서릿바람 같은 높은 절개.

상풍-증(傷風症)[-쯩]명 한방에서, '코감기'를 이르는 말.

상풍-패속(傷風敗俗)명하자 풍속을 문란하게 함, 또는 부패하고 어지러워진 풍속.
상ː피(上皮)명 거죽을 덮은 가죽.
상피(相避)명하자 ①지난날, 일가·친척 등의 관계로 말미암아 같은 곳에서 벼슬하는 일이나, 청송(聽訟)·시관(試官) 따위를 피하던 일. ②가까운 친척인 남녀 사이의 성적(性的)인 관계. ¶ 상피가 나다. /상피 붙다.
상피(象皮)명 코끼리의 가죽.
상피리명 ☞게르치.
상피-병(象皮病)[-뼝]명 림프관이나 정맥의 국소성 만성 정체나 사상충의 기생으로 말미암아 주위의 피부나 피하 조직이 증식되어, 단단하고 두꺼운 코끼리의 피부와 같이 되는 병.
상ː피^세ː포(上皮細胞)명 상피 조직을 이루는 세포.
상ː피^소ː체(上皮小體)명 ☞부갑상선.
상ː피^조직(上皮組織)명 동물체의 거죽·체강·기관(器官) 따위의 표면을 싸는 조직. 상피를 이루고 있는 세포가 맞닿아서 된 것으로, 내부 보호·분비·배설·흡수 및 감각 작용을 맡아 함.
상ː필(想必)부 반드시. ¶ 당신의 생각도 상필 저와 같을 것입니다.
상ː하(上下)명 ①위와 아래. 위아래. ¶ 상하 좌우로 흔들다. ②낫고 못함. ③윗사람과 아랫사람. ¶ 상하가 합심하다. ④높고 낮음. ⑤하타 오르고 내림.
상하(常夏)명 일 년 내내 여름과 같은 기후. ¶ 상하의 섬 하와이.
상하-걸(霜下傑)명 '국화'를 달리 이르는 말.
상ː-하권(上下卷)명 두 권으로 가른 책의 상권과 하권.
상ː하노소(上下老少)명 윗사람·아랫사람·늙은이·젊은이 모두. 곧, 모든 사람.
상-하다(傷-) Ⅰ자여 ①(몸의 어느 부위가) 다치거나 헐거나 하다. ¶ 한눈팔다가 넘어져서 무릎이 상했다. ②(옷 따위 물건이) 해어지거나 헐거나 하다. ¶ 땅바닥에 끌리는지 바짓부리가 상했다. ③(음식, 또는 음식의 재료가) 맛이 가거나 썩거나 하다. ¶ 상한 생선. /우유가 상했다. ④여위다. ¶ 입시 공부를 하느라고 얼굴이 많이 상했구나.
Ⅱ자타여 (근심이나 슬픔 등으로) 마음이 언짢게 되다. ¶ 혹시 제 말씀에 기분이 상하신 것은 아니신지요?/친구의 지나친 농담에 마음을 상하다.
상-하다(尙-)타여 공주나 옹주를 결혼시키다.
상ː하-대(上下-)명 아래위의 영창대.
상ː하-동(上下洞)명 윗동네와 아랫동네.
상ː하-동(上下動)명하자 아래위로 움직이는 진동. 진앙(震央) 부근의 지진에서 흔히 볼 수 있음. ↔수평동(水平動).
상ː하-부(上下部)명 상부와 하부.
상ː하-분(上下墳)명 상하장(上下葬)으로 쓴, 부부의 무덤. 연분(連墳).
상ː하불급(上下不及)명 〈상하사불급〉의 준말.
상ː하사불급(上下寺不及)명 〔아래위 절에서 걸식에 실패했다는 뜻으로〕 '양쪽 일에 다 실패함'을 이르는 말. 준상하불급.
상ː하-상몽(上下相蒙)명하자 윗사람과 아랫사람이 서로 속임.
상ː-하수도(上下水道)명 상수도와 하수도.
상ː하-순설(上下脣舌)명 남의 입에 오르내림. 남의 비평을 받음.
상ː하-장(上下葬)명 부부의 묘를 위아래로 잇대어 자리 잡게 하는 장사.
상ː하지분(上下之分)명 위아래의 분별.
상ː하-탱석(上下撑石)명하자 〔윗돌 빼어 아랫돌 괴고, 아랫돌 빼어 윗돌 괸다는 뜻으로〕 몹시 꼬이고 다급한 일을 임시변통으로 이리저리 견디어 나감을 이르는 말.
상ː-하현(上下弦)명 상현과 하현.
상ː하-화목(上下和睦)명하자 위아래가 서로 화목하게 지냄.
상ː하-화순(上下和順)명하형 위아래가 서로 마음이 맞고 온화함.
상ː학(上學)명하자 학교에서 그날의 공부를 시작함. ↔하학(下學).
상학(相學)명 인상(人相)이나 수상(手相) 따위로 사람의 성격이나 운명을 판단하는 학문.
상학(商學)명 〈상업학(商業學)〉의 준말.
상학-자(相學者)[-짜]명 상학을 연구하는 사람.
상ː학-종(上學鐘)[-쫑]명 상학 시간을 알리는 종. ↔하학종(下學鐘).
상ː한(上限)명 ①(일정한 범위가 있을 때의) 위쪽의 한계. ¶ 청동기 시대의 상한. /농경지 소유에 상한을 두다. ↔하한(下限). ②수학에서, 집합을 이룬 요소 중 가장 큰 것과 같거나, 큰 요소들 중에서 가장 작은 것.
상ː한(上澣)명 ☞상순(上旬).
상한(常漢)명 상놈.
상한(象限)명 '사분면(四分面)'의 구용어.
상한(傷寒)명 〔한방에서〕 ①추위 때문에 생기는 열병. 〔감기·유행성 열병 따위.〕 ②과도한 방사나 지나친 성욕의 억제로 나타나는 병을 이르는 말.
상ː한-가(上限價)[-까]명 ☞상종가(上終價). ↔하한가(下限價).
상한-동계(傷寒動悸)[-계/-게]명 한방에서, 가슴이 울렁거리는 급성 열병을 이르는 말.
상한-동기(傷寒動氣)명 한방에서, 적취(積聚)와 한기(寒氣)가 부딪쳐 복통이 크게 일어나는 상한을 이르는 말.
상한-번조(傷寒煩燥)명 한방에서, 번조가 심한 상한을 이르는 말.
상ː한-선(上限線)명 더 이상 올라갈 수 없는 한계선. ↔하한선.
상한-양증(傷寒陽症)[-냥-]명 한방에서, 체온이 높아지는 양증의 상한을 이르는 말. 발열·오한·두통·숨가쁨 등의 증세가 나타남. 태양증(太陽症). 준양증. ↔상한음증.
상한-음증(傷寒陰症)명 한방에서, 혈액 순환이 순조롭지 못한 음증의 상한을 이르는 말. 손발이 차거나 기맥(氣脈)이 약해지며, 토사 따위의 증세가 나타남. 태음증(太陰症). 준음증. ↔상한양증.
상한-이증(傷寒裏症)명 한방에서, 찬 것을 좋아하고 더운 것을 싫어하며, 갈증을 느끼고 헛소리를 하며 변비가 생기는 병증을 이르는 말.
상한-전율(傷寒戰慄)명 한방에서, 열이 높고 오한이 심한 상한을 이르는 말.
상한-표증(傷寒表症)명 한방에서, 병이 생긴 뒤 이삼 일 동안 머리가 아프고, 팔다리가 느른하며, 오한과 열이 나는 급성 열병을 이르는 말.
상ː합(上合)명 ☞외합(外合).
상합(相合)명하자 ①서로 맞음. ②서로 만남.
상ː항(上項)명 위의 항목.
상항(商港)명 상선이나 무역선의 출입이 많은 항구. 무역항.

상해(桑海) 명 하자 〈상전벽해(桑田碧海)〉의 준말.

상해(傷害) 명 하타 남의 몸에 상처를 내어 해를 입힘. ¶ 상해 사건이 일어나다. /전치 5주의 상해를 입히다.

상해(詳解) 명 하타 상세하게 풀이함, 또는 상세한 풀이. ¶ 국문법 상해.

상해(霜害) 명 ☞상재(霜災).

상해^보:험(傷害保險) 명 피보험자가 우연한 사고로 상해를 입었을 때 치료비 및 급료의 지급 등 보험금을 지급하는 보험. 〔개인 보험과 사회 보험이 있음.〕

상:해^임시^정부(上海臨時政府) 명 ☞대한민국 임시 정부.

상해-죄(傷害罪) [-쬐/-쮀] 명 고의로 남의 몸에 상처를 입힘으로써 성립하는 죄.

상해^치:사(傷害致死) 명 고의로 남의 몸에 상처를 입힌 나머지 죽게 하는 일.

상:행(上行) 명 하자 ①위쪽으로 올라감. ②지방에서 서울로 올라감. ↔하행.

상행(常行) 명 ①늘 하는 일. 평소의 행동. ②누구나 하는 보통의 행위. ③옛날부터의 관행.

상행(喪行) 명 묘지로 장사 지내러 가는 사람들의 행렬. 상여를 따르는 행렬.

상행-삼매(常行三昧) 명 천태종에서, 여름철의 90일 동안 탑 따위를 돌면서, 입으로 아미타불을 부르고, 마음으로 아미타불을 생각하며 수행하는 일.

상:행-선(上行線) 명 ①지방에서 서울로 올라가는 도로나 선로. ②지방에서 서울로 올라가는 교통수단. ¶ 상행선 좌석은 3일 전에 매진되었다. ↔하행선.

상-행위(商行爲) 명 매매·교환·운수·임대·중개 등 영리를 목적으로 하는 행위. ¶ 불공정한 상행위.

상:행-하효(上行下效) 명 윗사람이 하는 일을 아랫사람이 본받음.

상:향(上向) 명 하자 ①위쪽으로 향함. ②(상태·수량 따위가) 커지거나 많아지거나 좋아져 감. ¶ 목표를 상향 조정하다. ③물가 따위 시세가 오름. ¶ 추곡 수매가를 상향 조정하다. ↔하향(下向).

상:향(尙饗) 명 '신명께서 제물을 받으소서'라는 뜻으로 제례 축문의 끝에 쓰는 말. 참 유세차.

상향(常香) 명 불전(佛前)에 늘 피워 두는 향.

상:현(上玄) 명 하늘, 또는 하느님.

상:현(上弦) 명 음력 7, 8일경에 나타나는 달의 상태. 초승달과 보름달의 중간쯤 되는 반달이며, 활시위 모양이 위를 향하고 있음. 상현달. 초현. ↔하현.

상:현-달(上弦-) [-딸] 명 ☞상현. ↔하현달.

상:혈(上血) 명 하자 되자 ①☞토혈(吐血). ②흥분하여 핏기가 위로 솟구쳐 오름.

상형(相形) 명 얼굴 모양.

상형(常形) 명 일정한 모양. 일정한 형식.

상형(象形) 명 ①하타 어떤 물건의 모양을 본뜸. ②〈상형 문자〉의 준말.

상형(賞刑) 명 포상(褒賞)과 형벌.

상형^문자(象形文字) [-짜] 명 물체의 모양을 본떠서 만든 글자. 〔한자(漢字)의 일부와 고대 이집트 문자 따위.〕 그림글. 준 상형.

상혜(霜蹊) [-혜/-헤] 명 서리가 내린 산길.

상:호(上戶) 명 조선 시대, 연호법(煙戶法)의 한 등급. 서울에서는 현임(現任) 일·이품(一二品)의 벼슬아치의 집, 시골에서는 식구 15인 이상의 집을 이름.

상호(相互) Ⅰ 명 상대가 되는 이쪽과 저쪽 모두. ¶ 상호 신뢰. /상호 이해. /상호 작용.
Ⅱ 부 상대가 되는 이쪽과 저쪽이 함께. ¶ 상호 견제하다.

상호(相好)[1] 명 하자 서로 좋아함.

상호(相好)[2] 명 〔불교에서〕 ①불신(佛身)의 각 부분의 신체적 특징을 이르는 말. ②얼굴의 모양.

상호(相呼) 명 하타 서로 부름.

상호(桑戶) 명 〔뽕나무로 얽은 지게문이라는 뜻으로〕 '가난한 집'을 이르는 말.

상호(常戶) 명 상민(常民)의 집. ↔반호(班戶).

상호(商戶) 명 ①장사하는 집. ②장사하는 집의 수효.

상호(商號) 명 상인이 영업상 자기를 표시하기 위하여 쓰는 명칭. 상점이나 회사의 이름.

상호-감응(相互感應) 명 ☞상호유도.

상호^계:약(相互契約) [-계-/-게-] 명 계약 당사자가 서로 평등하고 자유로운 처지에서 맺는 계약. ↔부종 계약.

상호^교:수법(相互敎授法) [-뻡] 명 우수한 학생을 조교(助敎)로 뽑아 그로 하여금 다른 학생을 가르치게 하는 교수법.

상호-권(商號權) [-꿘] 명 상인이 남의 방해를 받지 않고 상호를 사용하며, 남이 부정하게 상호를 사용하는 것을 막을 수 있는 권리.

상호^동화(相互同化) 명 음운의 동화 현상 가운데, 앞뒤의 두 음이 서로 영향을 끼치는 경우. 〔'사이'가 '새'로, '백리'가 '뱅니'로 되는 따위.〕

상호^방위^조약(相互防衛條約) 명 두 나라 또는 그 이상의 나라 사이에서, 어느 한 나라가 제삼의 나라로부터 침략을 받으면, 나머지 나라가 군사적 원조를 하기로 의무화한 조약.

상호^보:험(相互保險) 명 같은 위험을 당할 우려가 있는 여러 사람이 단체를 만들어 서로 구제하는 일을 목적으로 하는 비영리 보험. 상호 회사에 의해 운영됨. ↔영리 보험.

상호^보:험^회:사(相互保險會社) [-회-/-훼-] 명 ☞상호 회사(相互會社).

상호 부:금(相互賦金) 명 일정한 기간을 정하여, 그 중도 또는 만기시에 은행이 가입자에게 일정한 금액을 지급하고, 가입자는 그 기간 내에 그 금액을 나누어 내는 금융 제도.

상호^부조(相互扶助) 명 서로 돕는 일.

상호^부조론(相互扶助論) 명 러시아의 크로포트킨의 학설. 생존 경쟁을 생물 및 인간 사회의 진화의 요인이라고 하는 다윈의 학설에 반대하여, 자발적인 상호 부조와 협동 관계를 진화의 요인이라 하였음.

상호^원:조^조약(相互援助條約) 명 다른 나라로부터 침략을 받았을 때, 서로 원조할 것을 약정(約定)한 조약.

상호^원:조^투표(相互援助投票) 명 자기가 발의한 의안에 찬성투표를 해 주는 조건으로 상대편이 제출한 의안에 찬성투표를 하는 일.

상호-유도(相互誘導) 명 한 코일의 전류가 변화하면 이웃 코일에도 전류 현상이 나타나거나 변화가 일어나게 되는 현상. 상호감응. 호상감응. ↔자기 유도·자체 유도.

상호^조약(相互條約) 명 ☞호혜 조약.

상호^조합(相互組合) 명 가입자 서로의 이익을 꾀하는 것을 목적으로 하는 조합.

상호-주의(相互主義) [-의/-이] 명 자국인이 상대국(相對國)에서 누리고 있는 범위 안에서 외국인에게도 같은 정도의 권리를 인정한다는 주의.

상호^회ː사(相互會社)[-회-/-훼-]명 상호 보험을 목적으로 하는 특수 법인. 상호 보험 회사.
상혼(商魂)명 장사에 갖은 노력을 다하여 악착같이 돈을 모으려는 상인의 정신. ¶ 얄팍한 상혼./지칠 줄 모르는 상혼.
상혼(喪魂)명하자 몹시 놀라 얼이 빠짐.
상혼(傷魂)명하자타 ☞상심(傷心).
상혼-낙담(喪魂落膽)[-땀]명하자 ☞낙담상혼.
상홀(象笏)명 상아로 만든 홀.
상화명 〈옛〉 만두. ¶ 상화 만:饅(訓蒙中*20*)./혹 효근 상화 먹고(老解下*48*).
상화(床花)명 잔칫상 따위에 꽂는 조화(造花).
상화(相和)명하자 서로 잘 어울림.
상ː화(想華)명 ☞수필(隨筆).
상화(霜花·霜華)명 ①'서리'를 꽃에 비유하여 이르는 말. ②〈상화떡〉의 준말. ③'흰머리'와 '흰 수염'을 비유적으로 이르는 말.
상화-고(霜花糕)명 ☞상화떡.
상화-떡(霜花-)명 밀가루를 체에 쳐서 누룩과 막걸리 따위로 부풀린 다음, 꿀팥소를 넣고 빚어 시루에 쪄 낸 여름철의 음식. 상화고. 상화병. 준상화(霜花).
상화-방(賞花坊)명 지난날, 창기(娼妓)를 두고 손님을 받던 기생집.
상화-병(霜花餠)명 ☞상화떡.
상화-점(霜花店)명 ☞쌍화점(雙花店).
상확(相確·商確)명하타 ①서로 의논하여 확정함. ②서로 확인함.
상확(詳確) '상확하다'의 어근.
상확-하다(詳確-)[-화카-]형여 자세하고 확실하다. **상확-히**부.
상환(相換)명하타 되자 맞바꿈. 서로 교환함. ¶ 현금과 상환하다.
상환(償還)명하타되자 ①빚을 갚음. ¶ 사채(社債)를 상환하다. ②다른 것으로 대신해 돌려줌.
상환^공채(償還公債)명 확정 공채의 한 가지. 일정 기간 안에 공채의 원금 상환을 규정한 것.
상환-권(償還權)[-꿘]명 어음·수표의 상환 의무자가 상환 권리자의 상환 청구를 기다리지 않고, 자진하여 어음이나 수표를 환수할 수 있는 권리.
상환^기금(償還基金)명 공채를 상환하기 위하여 특별히 마련해 두는 기금.
상환^적립금(償還積立金)[-정닙끔]명 상환 주식을 갚거나 사채(社債)를 상환하기 위하여 적립하는 준비금.
상환^주식(償還株式)명 발행 당초부터 일정한 기간이 지나면 주주에게 상환하도록 되어 있는 주식.
상환-증(相換證)[-쯩]명 물품과 맞바꾸는 증서.
상활(爽闊) '상활하다'의 어근.
상ː활-하다(爽闊-)형여 ☞상쾌(爽快)하다.
상ː황(上皇)명 〈태상황(太上皇)〉의 준말.
상황(狀況)명 어떤 일의 그때의 모습이나 형편. ¶ 피해 상황./심각한 상황.
상황(桑黃)명 뽕나무비늘버섯과의 버섯. 산뽕나무에 생기는데, 갓은 검은색이며 고리 홈과 가로세로 홈이 있고, 가장자리는 누런색임. 약용하며 우리나라 서북부에 분포함. 상황버섯.
상황(常況)명 평상시의 형편.
상황(商況)명 상업의 형편. 상품의 거래 상황. ¶ 상황이 활기를 띠다.
상황-도(狀況圖)명 어떤 일의 진행 과정을 나타내 주는 도표.
상황-버섯(桑黃-)[-섣]명 ☞상황(桑黃). *상황버섯이[-버서시]·상황버섯만[-선-]
상황-실(狀況室)명 관청이나 군대 같은 데서, 어떤 일의 전반적인 상황을 파악하기 위해 여러 자료나 설비를 갖추어 두는 특별한 방.
상황-판(狀況板)명 상황을 판단할 수 있는 도표 따위의 자료를 붙여 놓은 판.
상ː회(上廻)[-회/-훼]명하타 (어떤 수량이나 기준을) 웃돎. ¶ 평년작을 상회하다. ↔하회.
상회(相會)[-회/-훼]명하자 서로 만남.
상회(常會)[-회/-훼]명 정기적으로 여는 모임.
상회(商會)[-회/-훼]명 ①상호의 끝 부분을 이루어 상점 또는 회사임을 나타내는 말. ¶ 평택 상회. ②여러 사람이 함께 장사하는 상업상의 조합. ¶ 니주 배 상회.
상회(傷懷)[-회/-훼]명하자타 마음속으로 애통히 여김.
상회-례(相會禮)[-회-/-훼-]명 서로 처음으로 만날 때에 하는 인사.
상회-수(桑灰水)[-회-/-훼-]명 뽕나무 잿물. 종기를 씻거나 찜질하는 데 쓰임.
상효(霜曉)명 서리 내린 새벽.
상ː후(上候)명 ①☞성후(聖候). ②하자 편지로 웃어른의 안부를 물음.
상ː후-하박(上厚下薄)명하형 윗사람에게는 후하고, 아랫사람에게는 박함. ↔하후상박.
상훈(賞勳)명 ①상과 훈장. ¶ 광복절 기념 상훈 대상자 명단. ②하타 훈공을 기리어 상을 줌.
상휼(相恤)명하타 (재난 따위를 당하여) 서로 돕고 보살핌.
상흔(傷痕)명 상처의 흔적. 흉터. ¶ 전쟁의 상흔.
상힐(相詰)명하타 서로 트집 잡아 비난함.
샅[삳]명 ①아랫배와 두 허벅다리가 이어진 어름. 고간(股間). 서혜(鼠蹊). ②두 물건 사이의 틈. *샅이[사치]·샅을[사틀]·샅만[산-]
샅명 〈옛〉 삿자리. ¶ 사티 눕고져 ᄉᆞ랑ᄒᆞ고(杜初*15:9*). 참삳.
샅-바[삳빠]명 ①씨름할 때 넓적다리와 허리에 매어 상대편의 손잡이로 쓰는, 무명으로 만든 바. ②지난날, 죄인의 다리를 얽어 묶던 바.
샅바^씨름[삳빠-]명 다리에 샅바를 걸고 하는 씨름.
샅바-지르다[삳빠-][~지르니·~질러]자르 허리와 다리를 샅바로 묶다. 샅바채우다.
샅바-채우다[삳빠-]자 ☞샅바지르다.
샅샅-이[삳싸치]부 빈틈없이 모조리. 속속들이. 틈마다. ¶ 샅샅이 뒤지다.
샅-폭(-幅)[삳-]명 바지 같은 것의 샅에 대는 좁다란 헝겊.
샇다타 〈옛〉 쌓다. ¶ 돌홀 사하(杜初*10:15*)./사흘 젹:積(類合下*58*, 石千*10*).
새[1]명 (산과 들에서 자라는) 띠나 억새 따위를 통틀어 이르는 말.
새[2]명 금의 성분이 들어 있는 구새.
새ː[3]명 ①날짐승을 통틀어 이르는 말. ②참새.
　새 까먹은 소리속담 근거 없는 말. 헛소문.
　새는 앉는 데마다 깃이 든다〔떨어진다〕속담 이사가 잦으면 세간이 준다는 뜻.
　새도 가지를 가려서 앉는다속담 처신을 가려서 하라는 말.
　새 발의 피속담 무시해도 좋을 만큼 아주 하찮은 일이나 극히 적은 분량.
새ː[4]명 〈사이〉의 준말. ¶ 눈 깜짝할 새./그 새 안녕하신지.
　새(가) 뜨다관용 ①사이가 좀 떨어져 있다. ②서로의 정분이 가깝지 아니하다.
새[5]의 피륙의 날을 세는 단위. ¶ 석 새 삼베.

새⁶[관] 새로운. 낡지 않은. ¶ 새 옷. ↔헌.
새 바지에 똥 싼다[속담] 미운 짓만 골라서 한다는 말.
새¹[명] 〈옛〉새로운 것. ¶ 다시 새로 비혀(法華 3:94). /사괴요문 蓋롤 기우료매 새 곧디 아니ᄒᆞ도다(杜初20:28).
새²[명] 〈옛〉이엉. ¶ 새 닐 셤:苫(訓蒙下18).
새³[부] 〈옛〉새로. ¶ 沙彌ᄂᆞᆫ 새 出家ᄒᆞᆫ 사ᄅᆞ미니(釋譜 6:2). /이 閻浮提옛 모딘 일 짓던 즁ᄉᆡᆼ이 새 주근 사ᄅᆞᆷ돌히니(月釋21:25).
새(璽)[명] 〈국새(國璽)〉의 준말.
새-[접두] '-앟다' 꼴로 끝나는 일부 색채 형용사 앞에 붙어, 그 빛깔이 매우 산뜻하게 짙음을 나타냄. ¶ 새파랗다. /새빨갛다. /새하얗다. /새카맣다. [큰]시-. [참]샛-.
-새[접미] 《일부 명사 또는 용언의 명사형 뒤에 붙어》 됨됨이·상태·정도 따위의 뜻을 나타냄. ¶ 생김새. /꾸밈새. /모양새. /만듦새. /쓰임새.
새ː-가슴[명] ①흉골(胸骨)이 불거져 새의 가슴처럼 생긴 가슴. ②'겁이 많거나 도량이 좁은 사람의 마음'을 비유하여 이르는 말.
새갓-통(-桶)[-갇-][명] 생나무를 귀때가 있는 크고 길쭉한 바가지처럼 깎아 물을 한쪽으로 따를 수 있게, 위에 손잡이를 건너질러 단 그릇.
새개(鰓蓋)[명] ☞아감딱지.
새-것[-걷][명] ①새로 나오거나 새로 알려진 것. ¶ 자동차를 새것으로 바꾸다. ②아직 한 번도 사용하지 않은 것. ¶ 포장도 뜯지 않은 새것이다. ③낡지 아니하고 아직 성한 물건. ¶ 이 구두는 일 년을 신었는데 아직도 새것이다. ↔헌것. * 새것이[-거시]·새것만[-건-]
새겨-듣다[-따][~들으니·~들어][타ㄷ] ①잊지 않도록 주의 깊게 듣다. ¶ 내일 준비물을 얘기할테니 새겨듣도록 하세요. ②말하고자 하는 본래의 뜻을 잘 헤아려 듣다. ¶ 그의 말은 잘 새겨듣지 않으면 오해하기 쉽다.
새경[명] 농가에서, 일 년 동안 일해 준 대가로 주인이 머슴에게 주는 곡물이나 돈. 〔흔히, 연말에 치름.〕 사경(私耕).
새ː-고기[명] ①새의 고기. 조육(鳥肉). ②참새의 고기.
새-고자리[명] 지게의 위쪽 세장 위의 좁은 사이.
새골(鰓骨)[명] ☞아감뼈.
새곰-새곰[부][하형] 모두가 다 새곰하거나, 몹시 새곰한 모양. ¶ 새곰새곰한 햇사과. [큰]시굼시굼. [거]새콤새콤.
새곰-하다[형여] 조금 시다. ¶ 배추김치가 새곰하다. [큰]시굼하다. [거]새콤하다.
새공(鰓孔)[명] ☞아감구멍.
새그무레-하다[형여] 조금 새금한 듯하다. [큰]시그무레하다. [거]새크무레하다.
새ː-그물[명] 새를 잡는 데 쓰는 그물. 조망(鳥網).
새근-거리다¹[자타] ①고르지 아니하고 가쁘게 숨 쉬는 소리가 나다, 또는 그런 소리를 내다. ¶ 동생은 가쁜 숨을 새근거리며 뛰어왔다. [큰]시근거리다¹. ②어린아이가 곤히 잠들어 숨쉬는 소리가 자꾸 나다. 새근대다¹. ¶ 아이가 새근거리며 잔다. [센]쌔근거리다.
새근-거리다²[자] (뼈마디가) 조금 신 느낌이 자꾸 들다. 새근대다². ¶ 삔 발목이 새근거려 걷기에 불편하다. [큰]시근거리다². [거]새큰거리다.
새근-대다¹[자타] ☞새근거리다¹.
새근-대다²[자] ☞새근거리다².
새근덕-거리다[-꺼-][자타] 자꾸 새근덕새근덕하다. 새근덕대다. ¶ 새근덕거리며 급히 걸어오다. [큰]시근덕거리다. [센]쌔근덕거리다.
새근덕-대다[-때-][자타] 새근덕거리다.
새근덕-새근덕[-쌔-][부][하자타] 좀 거칠고 가쁘게 숨 쉬는 모양. [큰]시근덕시근덕. [센]쌔근덕쌔근덕.
새근-발딱[부][하자타] 몹시 숨이 차서 새근거리며 할딱이는 모양. ¶ 새근발딱 달려오더니 맨땅에 털썩 주저앉는다. [큰]시근벌떡. [센]쌔근발딱. 새근발딱-새근발딱[부][하자타].
새근발딱-거리다[-꺼-][자타] 자꾸 새근발딱새근발딱하다. 새근발딱대다. [큰]시근벌떡거리다.
새근발딱-대다[-때-][자타] 새근발딱거리다.
새근발딱-이다[자타] 몹시 숨이 차서 새근거리며 할딱이다.
새근-새근¹[부][하자타] ①가쁘게 숨 쉬는 모양. ②곤히 잠든 어린아이가 조용히 숨을 쉬는 모양. [큰]시근시근¹. [센]쌔근쌔근.
새근-새근²[부][하형] (뼈마디가) 자꾸 새근한 느낌이 있는 상태. ¶ 무릎이 새근새근하다. [큰]시근시근². [거]새큰새큰.
새근-하다[형여] (뼈마디가) 조금 시다. ¶ 다친 발목이 새근하다. [큰]시근하다. [거]새큰하다.
새금-새금[부][하형] 여럿이 다 새금하거나 약간 새금한 모양. [큰]시금시금. [거]새큼새큼.
새금-하다[형여] 조금 신 맛이 있다. ¶ 어제 담근 김치가 벌써 새금해졌다. [큰]시금하다. [센]새큼하다. 새금-히[부].
새기다¹[타] ①글씨나 그림 따위를 나무나 돌 같은 데에 파서 나타내다. 조각하다. ¶ 비석에 비문을 새기다. /팔에 문신을 새기다. ②마음에 깊이 기억하다. 명심하다.
새기다²[타] ①(말이나 글을) 알기 쉽게 풀이하다. ¶ 뜻을 새기다. ②(외국어를) 번역하다. ¶ 우리말로 새긴 소설.
새기다³[타] (소·양 따위의 반추 동물이) 먹은 음식을 게워서 다시 씹다.
새긴-잎[-닙][명] (무의 잎과 같이) 가장자리가 패어 들어간 식물의 잎. * 새긴잎이[-니피]·새긴잎만[-님-]
새긴-창(-窓)[명] '새김창'의 잘못.
새김¹[명] 글씨나 그림 따위를 나무나 돌 같은 데에 새기는 일. 새김질².
새김²[명] ①말이나 글의 뜻을 쉽게 풀이함. ②한문이나 외국어를 우리말로 번역함. ③전통적으로 어떤 한자에 붙어 있어 그 뜻을 나타내는 우리말 단어. 〔'하늘 천(天)'에서의 '하늘' 따위.〕 ④윷놀이에서, 모나 윷이 나오든지 남의 말을 잡을 때 한 번 더 윷을 던지는 일.
새김-질¹[명][하타] ☞반추(反芻).
새김-질²[명] ☞새김¹.
새김-창(-窓)[명] 여러 가지 꽃무늬 따위를 새겨서 만든 창.
새김-칼[명] 조각하는 데 쓰는 칼. 각도(刻刀). 조각도(彫刻刀).
새-까맣다[-마타][~까마니·~까매][형ㅎ] ①빛깔이 아주 까맣다. ¶ 새까만 눈동자. [큰]시꺼멓다. [참]새카맣다. ②전혀 아는 것이 없다. ¶ 국제 정세에 대해서는 아주 새까맣다. ③매우 까마득하다. ¶ 새까만 후배. ④'아주 잊고 있어 기억에 없음'을 비유하여 이르는 말. 《주로, '새까맣게'의 꼴로 쓰임.》 ¶ 약속한 것을 새까맣게 잊고 있었다. ⑤'헤아릴 수 없이 매우 많음'을 비유하여 이르는 말. 《주로 '새까맣게'의 꼴로 쓰임.》 ¶ 벌들이 새까맣게 몰려오다.
새-까매지다[자] 새까맣게 되다. ¶ 여름휴가를 지내고 얼굴이 새까매져 돌아왔다. [큰]시꺼메지다.

새-꽤기명 띠·갈대·억새 따위의 껍질을 벗긴 줄기. 준꽤기.
새꽤기에 손 베었다속담 변변치 못한 사람에게, 또는 어쭙잖은 일 때문에 뜻밖의 해를 입었다는 말.
새끼[1]명 짚으로 꼰 줄. 새끼줄.
새끼[2]명 ①짐승의 어린것. ¶ 돼지 새끼. ②〈자식〉의 속된 말. ¶ 제 새끼 예쁘지 않은 사람은 없다. ③본전에 대한 변리.
새끼(를) 치다관용 ①동물이 새끼를 낳거나 알을 까서 번식하다. ②무엇을 바탕으로 하여 그 수가 늘어나게 하다. ¶ 돈이 새끼를 치다.
새끼-가락명 새끼손가락과 새끼발가락.
새끼-꼴명 ☞모형(模型).
새끼-똥구멍[-꾸-]명 항문 위의 조금 옴폭 들어간 부분.
새끼-발가락[-까-]명 다섯 발가락 가운데서 가장 작은 발가락.
새끼-발톱명 새끼발가락의 발톱.
새끼-벌레명 ☞애벌레.
새끼-손가락[-까-]명 다섯 손가락 가운데서 가장 작은 손가락.
새끼-손톱명 새끼손가락의 손톱.
새끼-시계(-時計)[-계/-게]명 고대(古代)의 불시계의 한 가지. 새끼 끝에 불을 붙여 타 들어간 길이로써 시간을 헤아리던 것.
새끼-줄명 ☞새끼[1].
새끼-집명 짐승의 자궁(子宮).
새끼-틀명 볏짚으로 새끼를 꼬는 기계.
새ː-나다자 비밀이 드러나다. 새다.
새-나무명 띠나 억새 따위의 땔감.
새-날명 ①새로 밝아 오는 날. ②새로운 시대. ③닥쳐올 앞날.
새남명하자 〈지노귀새남〉의 준말.
새남-터명 지금의 서울 신용산(新龍山)의 철교와 인도교 부근의 옛 지명. 〔조선 말기에 죄인의 사형을 집행하던 곳으로, 특히 천주교도들의 순교지로 유명함.〕
새내(塞內)명 ①요새의 안. ②중국의 만리장성의 안쪽. ↔새외(塞外).
새-내기명 '신입생' 또는 '신출내기'를 이르는 말. ¶ 새내기 환영식.
새너토리엄(sanatorium)명 ①요양소. 〔특히, 맑은 공기와 햇빛이 풍부한 교외나 고원(高原) 등에 세워진 결핵 요양소.〕 ②학교 부속 병원.
새-노랗다형ㅎ '샛노랗다'의 잘못.
새ː누에-나방명 ☞산누에나방.
새-눈치명 감성돔과의 바닷물고기. 감성돔과 매우 닮았음. 몸길이 30 cm가량. 몸빛은 연한 회색. 옆구리에 비늘줄과 나란히 암회색 세로띠가 있음. 우리나라 동해와 남해에 분포함.
새-니다자 〈옛〉 이엉을 이다. ¶ 새니다(譯解 *17*). /새닐 셤:苫(訓蒙下*18*).
새ː다[1]자 ①(틈이나 구멍으로) 빠져나오거나 흘러나오다. ¶ 바람이 새다. /창문 틈으로 희미한 불빛이 새다. /가마니에서 쌀이 새다. ②비밀이 외부에 알려지다. 새나다. ¶ 말이 새어 나가다. ③(모임 같은 데서) 슬그머니 빠져나가다. ¶ 회의 도중에 새어 나갔구나. ④(돈이나 물건 따위가) 일정 양에서 조금씩 부족해지거나 주인이 모르는 사이에 다른 데로 빠져나가다. ¶ 쓸데없이 새는 돈만 막으면 부자가 될 수 있다. ⑤(대화·토론·발표 따위가) 주된 화제에서 벗어나다. ¶ 대화의 주제가 엉뚱한 방향으로 샌다. ⑥원래 가야 할 곳으로 가지 않고 다른 곳으로 가다. ¶ 동생은 학원에 가지 않고 친구들과 오락실로 샜다.
새ː다[2]자 (날이) 밝아 오다. ¶ 날이 훤히 새다.
새다[3]타 '새우다[1]'의 잘못.
새-다래명 새다랫과의 바닷물고기. 몸길이 50 cm가량. 몸 전체가 둥글넓적하며, 폭은 23 cm가량임. 앞이마가 몹시 불룩하며, 주둥이 앞쪽은 거의 수직임. 우리나라의 남해 및 인도양 등지에 분포함.
새-달명 다음 달. 오는 달. 내월(來月).
새ː-대가리명 ①새의 머리. ②'연(鳶)의 꼭지'의 딴 이름.
새-댁(-宅)명 ①〈새색시〉의 높임말. ②혼인 때, 혼가(婚家)끼리 서로 부르는 말.
새-되다[-되-/-뒈-]형 목소리가 높고 날카롭다. ¶ 어린아이가 새되게 악을 쓰며 운다.
새ː-둥주리명 짚 따위로 바구니 비슷하게 엮어 만든 새의 보금자리.
새득-새득[-쌔-]부하형 약간 시들고 말라 윤기가 없는 모양. ¶ 방 안의 화초들이 새득새득하다. 큰시득시득.
새ː-들다[~드니·~들어]타 ①거간을 하다. 흥정을 붙이다. ②중매를 하다. ¶ 삼촌이 새들어서 이루어진 혼사.
새들-새들부하형 약간 시들어 생기가 없는 모양. ¶ 새들새들한 잎. /가물에 새싹이 새들새들하다. 큰시들시들.
새ː-때명 끼니와 끼니 사이의 중간 때.
새ː-똥명 새의 똥. 조분(鳥糞).
새뜻-하다[-뜨타-]형여 새롭고 산뜻하다. ¶ 옷차림이 새뜻하다. **새뜻-이**부.
새-로부 ①새롭게 다시. ¶ 새로 시작하자. ②없던 것이 처음으로. ¶ 이 모든 것이 새로 밝혀진 사실들이다.
새로에조 《조사 '은(는)'의 뒤에 붙어》 '고사하고'·'물론'·'커녕'의 뜻을 나타내는 보조사. ¶ 예습은새로에 숙제도 안 한다.
새록-새록[-쌔-]부 ①새로운 물건이나 일이 자꾸 생기는 모양. ¶ 되는 일은 하나도 없고 새록새록 탈만 생긴다. ②거듭 새로움을 느끼게 되는 모양. ¶ 봄이 되니 새록새록 고향 생각이 간절하다.
새-롭다[-따][~로우니·~로워]형ㅂ ①새삼스럽다. ¶ 학창 시절이 새롭다. ②항상 새것의 상태로 있다. ¶ 네 가방은 언제 봐도 새롭구나. ③전에 없던 것이다. ¶ 새로운 기술. ④《일부 시간이나 수량을 나타내는 말을 주어로 하여》 절실하게 필요하다. ¶ 단돈 만 원이 새롭다. **새로-이**부.
새롱-거리다자 자꾸 새롱새롱하다. 새롱대다. 큰시룽거리다.
새롱-대다자 새롱거리다.
새롱-새롱부하자 ①자꾸 실없이 해롱거리며 까부는 모양. 큰시룽시룽. ②남녀가 점잖지 못한 말로 서로 희롱하는 모양.
새마을^운ː동(-運動)명 근면·자조·협동 정신을 바탕으로 한 지역 사회 개발 운동. 1970년부터 시작됨.
새마을^포장(-褒章)명 새마을 운동을 통하여 지역 사회 개발과 주민 복리 증진에 이바지한 사람에게 주던 포장.
새마을^훈장(-勳章)명 새마을 운동을 통하여 국가나 사회 발전에 큰 공을 세운 사람에게 주는 훈장. 자립장·자조장·협동장·근면장·노력장의 다섯 등급이 있음.

새ː-막(-幕)명 새를 쫓기 위해 논이나 밭 가에 임시로 아무렇게나 지은 막.
새-말명 새로 생긴 말. 신어(新語).
새-말갛다형ㅎ '샛말갛다'의 잘못.
새-말개지다자 '샛말개지다'의 잘못.
새-맑다[-막따]형 아주 맑다. ¶ 새맑은 계곡물.
새ː-매명 수릿과의 새. 편 날개 길이 20~26 cm. 암컷이 훨씬 큼. 노란 다리, 새카맣고 날카로운 발톱과 부리, 등황색의 눈빛 등을 제외하고는 몸 전체가 회색임. 육식성으로 작은 새를 잡아먹음. 5월에 알을 낳아 번식함. 수컷을 '난추니', 암컷을 '익더귀'라 함. 길들여 사냥용으로 씀. 도롱태[2].
새ː-머리명 소의 갈비와 뼈마디 사이에 붙은 고기. 찜에 쓰임.
새무룩-하다[-루카-]형여 ①마음에 못마땅하여 말없이 보로통해 있다. 큰시무룩하다. 센쌔무룩하다. ②날이 흐리고 습하다. ¶ 곧 비라도 내릴 것 같은 새무룩한 날씨. **새무룩-이**부.
새ː-무리명 ☞조류(鳥類).
새-문(-門)명 서대문(西大門), 곧 '돈의문(敦義門)'의 딴 이름. 〔남대문이나 동대문보다 훨씬 나중에 지었다는 뜻으로 일컫던 이름.〕
새-물명 ①(생선이나 과실 따위의) 새로 나온 것. ¶ 새물 갈치. ②빨래하여 갓 입은 옷.
새물-거리다자 자꾸 새물새물하다. 새물대다. 큰시물거리다. 센쌔물거리다.
새물-내[-래]명 빨래하여 갓 입은 옷에서 나는 냄새. ¶ 어머니께서는 새물내 나는 모시옷으로 갈아입으셨다.
새물-대다자 새물거리다.
새물-새물부하자 입술을 샐그러뜨리며 소리 없이 자꾸 웃는 모양. 큰시물시물. 센쌔물쌔물.
새물-청어(-靑魚)명 ①새로 나온 청어. ②'일에 경험이 없는 사람'을 비유하여 이르는 말.
새미명 잉엇과의 민물고기. 몸길이 10~13 cm. 몸빛은 연한 청색이고, 주둥이는 둥글며 몸 표면에 구름 모양의 얼룩무늬가 없어 다른 잉어류와 구별됨.
새ː박명 박주가리 열매의 씨. 한방에서 정기를 돕고 허로(虛勞)를 다스리는 데에 쓰임. 작표(雀瓢). 나마자(蘿藦子).
새ː박-덩굴[-떵-]명 ☞박주가리.
새ː박-뿌리명 박주가리의 뿌리. 한방에서 강장제로 쓰임. 하수오(何首烏). 토우(土芋).
새ː발-심지(-心-)명 새의 발처럼 밑이 세 갈래가 되게 꼬아 세워 놓는 심지.
새ː발-장식(-裝飾)명 쇠로 새 발처럼 만들어 문짝에 박는 꾸밈새.
새-밭[-받]명 억새가 우거진 곳. *새밭이[-바치]·새밭을[-바틀]·새밭만[-반-]
새배명 〈옛〉새벽. ¶ 물근 새배 그 비예 밥 머겨(杜初25:2). /새배 신:晨. 새배 효:曉(訓蒙上1).
새ː-벼룩명 쥐벼룩과의 벼룩. 몸길이 1 mm가량. 닭의 볏에 붙어 피를 빨며, 암종(癌腫)을 일으킴. 사람이나 개·고양이 따위의 몸에도 기생함.
새벽[1]명 ①날이 밝을 무렵. 동트기. ②밤 12시부터 날이 샐 때까지의 동안. ¶ 새벽 두 시.
새벽 호랑이(다)속담 세력을 잃고 물러나게 된 신세를 비유하여 이르는 말.
새벽[2]명 ①누런빛의 차지고 고운 흙. ②누런빛의 차지고 고운 흙에 모래나 말똥 따위를 섞어서 초벽(初壁)에 덧바르는 흙. ③하자〈새벽질〉의 준말.
새벽-같이[-까치]부 아침에 아주 일찍이. ¶ 새벽같이 일어나 신문을 돌리다.
새벽-길[-낄]명 날이 밝을 무렵에 일찍 걷는 길. ¶ 새벽길을 떠나다.
새벽-녘[-병녁]명 새벽이 될 무렵. 신명(晨明). 효천(曉天). ¶ 새벽녘에야 잠이 들었다. *새벽녘이[-병녀키]·새벽녘만[-병녕-]
새벽-달[-딸]명 (음력 하순의) 새벽에 보이는 달.
새벽달 보려고 으스름달 안 보랴속담 아직 닥치지 않은 미래의 일만 생각하여, 지금 당장의 일을 무시할 수는 없다는 뜻.
새벽달 보자고 초저녁부터 기다린다속담 일을 너무 일찍 서두른다는 뜻.
새벽-닭[-딱]명 새벽녘에 우는 닭. ¶ 새벽닭 우는 소리에 잠을 깨다. *새벽닭이[-딸기]·새벽닭만[-땅-]
새벽-동자[-똥-]명하자 새벽에 밥을 짓는 일.
새벽-바람[-빠-]명 새벽에 부는 바람.
새벽-밥[-빱]명하자 새벽에 밥을 지음, 또는 그 밥.
새벽-별명 '샛별'의 잘못.
새벽-빛[-삗]명 동이 트는 훤한 빛. *새벽빛이[-삐치]·새벽빛만[-삔-]
새벽-일[-병닐]명 새벽에 하는 일.
새벽-잠[-짬]명 새벽녘에 든 잠.
새벽-종(-鐘)[-쫑]명 새벽에 치는 종.
새벽-질[-찔]명하자 벽이나 방바닥에 새벽을 바르는 일. 준새벽[2].
새별명 〈옛〉샛별. ¶ 새별:明星(譯語上1).
새보(璽寶)명 옥새(玉璽)와 옥보(玉寶).
새-봄명 겨울을 보내고 새로 맞는 이른 봄. 신춘(新春). ¶ 새봄을 맞이하다.
새부리명 〈옛〉새의 부리. ¶ 새부리 췌:嘴(訓蒙下6).
새-빨갛다[-가타][~빨가니·~빨개]형ㅎ 매우 짙게 빨갛다. ¶ 새빨간 장미./새빨갛게 익은 사과. 큰시뻘겋다.
새빨간 거짓말관용 전혀 터무니없는 거짓말.
새빨개-지다자 새빨갛게 되다. ¶ 무안을 당하자 얼굴이 새빨개졌다. 큰시뻘게지다.
새-뽀얗다[-야타][~뽀야니·~뽀얘]형ㅎ 아주 뽀얗다. ¶ 새뽀얀 안개. 큰시뿌옇다.
새뽀얘-지다자 새뽀얗게 되다. ¶ 짙은 새벽 안개로 새뽀얘진 오솔길. 큰시뿌예지다.
새-사람명 ①새로 시집온 사람을 손윗사람이 이르는 말. ¶ 새사람이 들어오다. ②이전의 나쁜 생활 태도를 버리고 새 출발을 한 사람. ¶ 새사람이 되어 돌아오다. ③기독교에서, 성령(聖靈)의 힘을 입어 회개하고 거듭난 사람.
새-살명 헌 자리에 새로 돋아나는 살. 생살.
새살-거리다자 자꾸 새살새살하다. 새살대다. 큰새실거리다·시설거리다.
새살-궂다[-굳따]형 실없이 새살거리는 데가 있다. 큰새실궂다·시설궂다.
새살-대다자 새살거리다.
새살-떨다[~떠니·~떨어]자 실없이 새살스럽게 굴다. 큰새실떨다·시설떨다.
새-살림명하자 새로 꾸리는 살림. ¶ 결혼하고서 바로 분가하여 새살림을 차리다.
새살-새살부하자 샐샐 웃으면서 재미있게 자꾸 지껄이는 모양. 큰새실새실·시설시설.
새살-스럽다[-따][~스러우니·~스러워]형ㅂ 보기에 새살궂다. 큰새실스럽다·시설스럽다. **새살스레**부.

새ː삼¹명 메꽃과의 일년초. 나무에 붙어사는 기생 식물. 줄기는 황갈색의 철사 모양이고, 잎은 퇴화하여 비늘 모양이며, 기생근으로 양분을 섭취함. 8~9월에 흰 꽃이 핌. 씨앗은 '토사자(菟絲子)'라 하여 한방에서 약재로 쓰임. 토사(菟絲). ㊟샘³.

새ː삼²부 ①이미 알고 있는 일인데도 다시금 새롭게. ¶ 그의 언변에 새삼 놀랐다./새삼 옛날이 그립다. ②지난 일을 이제 와서 공연히 들추어내는 듯이. ¶ 새삼 예전의 일을 문제 삼는 이유가 뭐냐?

새삼-스럽다[-따][~스러우니·~스러워]형ㅂ ①이미 알고 있는 일인데도 새로운 일인 것처럼 생생한 느낌이 있다. 새롭다. ¶ 그의 우정이 새삼스럽게 고마웠다. ②지난 일을 이제 와서 공연히 들추어내는 느낌이 있다. ¶ 새삼스럽게 그 일을 문제 삼는 이유를 모르겠다. **새삼스레**부.

새ː-새¹명 〈사이사이〉의 준말.

새ː새²부 실없이 경박하게 웃는 모양. ㊟새실새실.

새새-거리다자 실없이 까불며 자꾸 웃다. 새새대다. ¶ 가끔 새새거리기를 잘한다.

새새-대다자 새새거리다.

새ː새-틈틈명 모든 사이와 모든 틈. ¶ 새새틈틈으로 물이 스며들다.

새-색시[-씨]명 갓 결혼한 젊은 여자. 각시. 신부(新婦). ㊟색시. ㊟새댁·새아기씨.

새서(璽書)명 임금의 옥새가 찍힌 문서.

새-서방(-書房)명 '신랑'을 흔히 일컫는 말.

새서-표리(璽書表裏)명 임금이 신하에게 주던 포상(褒賞)의 한 가지. 새보를 찍은 유서(諭書)와 관복(官服)감으로 주는 명주나 비단 두 필.

새ː-소리명 새가 우는 소리. 조성(鳥聲).

새-소엽(鰓小葉)명 ☞조름.

새수-나다자 ①갑자기 좋은 수가 생기다. ②뜻밖에 재물이 생기다.

새수-못하다[-모타-]자여 손을 대지 못하다.

새-순(-筍)명 새로 나온 순. ¶ 감나무의 새순./새순이 돋아나다.

새시(sash)명 ①드레스의 허리나 모자 같은 데 달아 장식하는 띠. ②금속제의 창틀이나 어리, 문얼굴 따위. ¶ 알루미늄 새시.

새신(賽神)명하자 신에게 제사를 지내는 일. 곧, 굿이나 푸닥거리 따위를 하는 일.

새-신랑(-新郞)[-실-]명 갓 결혼한 신랑.

새신-만명(賽神萬明)명 ①굿이나 푸닥거리를 하는 무당. ②경솔하고 방정맞은 사람을 이르는 말.

새실-거리다자 자꾸 새실새실하다. 새실대다. ㊟시설거리다. ㊟새살거리다.

새실-궂다[-굳따]형 실없이 새실거리는 데가 있다. ㊟시설궂다. ㊟새살궂다.

새실-대다자 새실거리다.

새실-떨다[~떠니·~떨어]자 실없이 새실스럽게 굴다. ㊟시설떨다. ㊟새살떨다.

새실-새실부하자 실없이 까불며 웃는 모양. ㊟시설시설. ㊟새살새살. ㊟새새²·샐샐.

새실-스럽다[-따][~스러우니·~스러워]형ㅂ 보기에 새실궂다. ㊟시설스럽다. ㊟새살스럽다. **새실스레**부.

새-싹명 ①식물의 새로 돋은 싹. 신아(新芽). ¶ 장미의 새싹./새싹이 돋아나다. ②'어린이'를 비유하여 이르는 말. ¶ 어린이는 나라의 새싹.

새삼명 〈옛〉 새삼. ¶ 새삼 토:菟. 새삼 ᄉᆞ:蕬(訓蒙上4).

새-아기명 시부모가 새 며느리를 친근하게 이르는 말. ¶ 우리 새아기, 참 부지런도 하다.

새-아기씨명 〈새색시〉의 높임말. ㊟새아씨.

새-아씨명 〈새아기씨〉의 준말.

새-아주머니명 새로 시집온 형수나 제수 또는 아주머니뻘 되는 여자를 일컫는 말.

새ː-알명 ①새의 알. ②참새의 알.

새ː알-사탕(*-沙糖)명 새알만 한 크기로 동그랗게 만든 사탕.

새ː알-심(-心)명 팥죽 속에, 찹쌀가루나 수수가루 등을 반죽하여 새알만 한 크기로 동글동글하게 빚어 넣은 덩이. ㊟샐심.

새ː알 콩명 콩의 한 가지. 한편은 푸르고, 다른 한편은 검거나 희며 아롱아롱한 점이 있음.

새ː알-팥[-팓]명 팥의 한 가지. 알이 잘며, 한편은 희고 다른 한편은 아롱아롱한 줄이 있음. *새ː알팥이[-파치]·새ː알팥을[-파틀]·새ː알팥만[-판-]

새암명하타 '샘²'의 잘못.

새암-바르다형르 '샘바르다'의 잘못.

새암-바리명 '샘바리'의 잘못.

새앙명 ①생강과의 다년초. 열대 아시아 원산인데, 우리나라에서는 중부 이남에서 재배됨. 줄기 높이는 30~50 cm. 뿌리는 매운맛에 향기가 좋아서 차(茶)·양념으로 쓰이고, 한방에서 약재로도 쓰임. 생. 생강(生薑). ②새앙의 뿌리.

새앙-각시[-씨]명 왕조 때, 새앙머리를 한 어린 궁녀를 이르던 말. 애기나인.

새앙-나무명 ☞생강나무.

새앙-머리명 지난날, 계집아이가 예장(禮裝)을 할 때에 머리를 두 갈래로 갈라서 땋던 머리 모양. ㊟생머리.

새앙-뿔명 ①새앙뿌리의 뿌다귀. ②두 개가 모두 짧게 난 소의 뿔. 생강뿔. 생뿔.

새앙-손이명 손가락이 모두 잘려서 손이 새앙처럼 된 사람.

새앙-술명 새앙의 즙을 내어 만든 술. 생강주(生薑酒).

새앙-엿[-녇]명 새앙즙을 넣고 곤 엿. 생강엿. *새앙엿이[-녀시]·새앙엿만[-년-]

새앙-쥐명 '생쥐'의 잘못.

새앙-쥐치명 쥐칫과의 바닷물고기. 쥐치와 모양이 비슷하나 몸 높이가 낮음. 비늘이 몹시 거칠고, 몸빛이 회갈색임. 몸 전체의 길이 12 cm 가량. 우리나라·일본·오스트레일리아 등의 연안에 분포함.

새앙-즙(-汁)명 새앙을 짓찧거나 갈아서 짜낸 물. 생강즙(生薑汁).

새앙-차(-茶)명 새앙을 넣어 달인 차. 생강차.

새앙-초(-醋)명 새앙즙을 넣고 끓여 낸 초. 생강초.

새앙-토끼명 ☞생토끼.

새앙-편명 새앙의 즙을 내어 꿀과 검은 엿을 넣고 조려서 반대기를 지은 다음, 잣가루를 뿌려서 만든 떡.

새-어머니명 아버지가 새로 맞이한 아내.

새-언니명 오빠의 아내를 일컫는 말. ㊟올케.

새-엄마명 '새어머니'를 친근하게 일컫는 말.

새열(鰓裂)명 상어나 가오리 따위 연골어류의 아가미 뒤쪽에 나 있는 구멍. 호흡을 할 때 이곳에서 물이 나옴.

새오다타 〈옛〉 새우다〔妬〕. 시기(猜忌)하다. ¶ 敬亭ㅅ 그를 새오디 말라(杜初22:18)./夫人이 새와 네 아ᄃᆞᄅᆞᆯ 업게 호리라(月釋2:5).

새옹명 놋쇠로 만든 작은 솥.

새옹-득실(塞翁得失)[-씰]명 한때의 이(利)가 뒤에 해(害)가 되기도 하고, 한때의 화(禍)가 뒤에 복(福)을 가져올 수도 있다는 말.〔'회남자(淮南子)'의 고사(故事)에서 유래함.〕 새옹화복(塞翁禍福). 참새옹지마.

새옹지마(塞翁之馬)명 인생의 길흉화복은 항상 바뀌어 미리 헤아릴 수가 없다는 말.〔'회남자'의 '인간훈(人間訓)'에 나오는 말로, 옛날에 북방의 한 늙은이가 기르던 말이 달아났다가 준마(駿馬) 한 필을 데려왔는데, 그의 아들이 그 말을 타다가 다리가 부러져 전쟁에 나가지 않게 되어 목숨을 구했다는 고사에서 유래함.〕 ¶ 인간 만사 새옹지마. /새옹지마라고 별들 날도 오겠지. 참새옹득실.

새옹-화복(塞翁禍福)명 ☞새옹득실.

새외(塞外)[-외/-웨]명 ①성채의 밖. ②변토(邊土), 곧 중국의 만리장성(萬里長城) 밖을 이르던 말. ↔새내.

새요명 〈옛〉새우[1]. ¶ 새요 하:鰕(訓蒙上*10*). 참사비.

새우[1]명 절지동물 중, 다섯 쌍의 다리를 가진 갑각류(甲殼類)를 통틀어 이르는 말. 몸은 머리·가슴 부분과 배 부분으로 되어 있음. 머리와 가슴은 한 개의 껍데기로 덮여 있으며, 배 부분은 일곱 마디로 이루어져 있어서 자유로이 구부릴 수 있음.

새우로 잉어를 낚는다속담 밑천을 적게 들여 큰 이득을 얻는다는 말.

새우[2]명 산자와 기와 사이에 까는 흙.

새우-난초(-蘭草)명 난초과의 다년초. 뿌리줄기가 새우처럼 마디가 많고 옆으로 벋으며 잔뿌리가 돋음. 잎은 길이 15~25 cm, 폭 4~6 cm이며 주름이 져 있음. 꽃은 4~5월에 흰색·자주색·적자색으로 핌. 우리나라 남부 지방의 숲속에서 자라는데, 뿌리줄기는 민간에서 강장제로 쓰임. 관상용임.

새우다[1]타 온밤을 자지 않고 뜬눈으로 밝히다. ¶ 숙제를 하느라고 밤을 새우다.

새우다[2]타 샘을 하다. ¶ 다른 사람의 성공을 새우지 마라.

새우-등명 새우처럼 구부러진 등.

새우등-지다자 등이 새우처럼 구부러지다. ¶ 새우등진 할머니.

새우-잠명 (비좁은 곳에서) 새우처럼 몸을 꼬부리고 자는 잠. ¶ 텐트 안이 좁아 새우잠을 잤다.

새우-젓[-젇]명 잔 새우로 담근 젓. 백하해. 준새젓. * 새우젓이[-저시]·새우젓만[-전-]

새ː-을(-乙)명 한자 부수의 한 가지. '九'·'乳' 등에서의 '乙'·'乚'의 이름.

새-잎[-입]명 초목의 새로 돋아난 잎. * 새잎이[-이피]·새잎만[-임-]

새ː-잡다[1][-따]타 남의 비밀을 엿듣다.

새-잡다[2][-따]타 광산에서, 도태법(淘汰法)에 의하여 도광기(搗鑛機)로 찧은 복대기에서 금가루가 섞인 새를 가려내다.

새ː-장(-欌)명 새를 가두어 기르는 장. 조롱(鳥籠). ¶ 새장에 갇힌 새.

새-장가명 남자가 새로 하는 결혼. ¶ 새장가를 들다.

새전(賽錢)명하자 신불(神佛) 앞에 돈을 바침, 또는 그 돈.

새ː-점(-占)명 새에게 점괘를 적은 쪽지를 뽑게 하여 그것을 가지고 길흉화복을 판단하는 점.

새ː-젓[-젇]명 〈새우젓〉의 준말. * 새ː젓이[-저시]·새ː젓만[-전-]

새ː-조(-鳥)명 한자 부수의 한 가지. '鳳'·'鳴' 등에서의 '鳥'의 이름.

새ː-조개명 새조갯과의 조개. 볼록한 부채꼴의 담갈색 조가비 두 쪽이 속살을 마주 싸고 있음. 조가비 폭 6 cm, 높이 10 cm가량. 진흙 섞인 바닷가 모래땅에서 삶. 흔히 횟감으로 쓰이며, 새고기 맛이 남.

새줄랑이명 방정맞고 경솔한 사람을 조롱조로 이르는 말. 비촐랑이.

새ː-중간(-中間)명 '중간'의 힘줌말. ¶ 새중간에 끼이다. /새중간에 서서 아주 난처하다.

새-집[1]명 ①새로 지은 집. ②새로 장만하여 든 집. ③새색시를 허물없이 이르는 말. 높새댁. ④새로 맺은 사돈의 집.

새ː-집[2]명 새의 보금자리.

새-집명 〈옛〉초가집. ¶ 지우닌 오직 새지비니라(杜初*6:52*). /菴은 새지비라(法華*2:244*).

새ː쪽명 '동쪽'의 뱃사람 말.

새ː-참명 일하다가 잠시 쉬는 동안, 또는 그때에 먹는 간단한 음식. 본사이참. 참중참.

새ː-창(←-腸)명 소의 창자의 한 부분. 이자머리와 똥창을 합한 부분으로, 국거리로 쓰임.

새척지근-하다[-찌-]형여 음식이 쉬어서 맛이 약간 새큼하다. ¶ 새척지근한 맛이 돌다. 준새치근하다. 큰시척지근하다. **새척지근-히**부.

새-청명 날카로운 목소리. 새된 목소리.

새초[1]명 〈새초미역〉의 준말.

새초[2]명 조그마하게 만든 엽전.

새초롬-하다 Ⅰ자여 ☞새치름하다.
Ⅱ형여 ☞새치름하다. **새초롬-히**부.

새초-미역명 길이 70 cm, 폭 7 cm 정도로 잘라서 말린 미역. 장곽보다 짧고 더 검으며 품질이 좋음. 준새초[1].

새ː-총(-銃)명 ①새를 잡는 데 쓰는 공기총. 조총. ②'Y' 자 모양의 나뭇가지에 고무줄을 매고 공깃돌을 재어서 튀겨 쏘는 아이들의 장난감.

새ː-추(-隹)명 한자 부수의 한 가지. '雅'·'雁' 등에서의 '隹'의 이름.

새ː치명 젊은 사람의 머리에 섞여 난 흰 머리카락.

새치근-하다형여 〈새척지근하다〉의 준말. 큰시치근하다.

새ː-치기명하자 ①차례를 어기고 남의 자리에 슬며시 끼어드는 짓. ¶ 입장권을 사는데 새치기를 하다. ②맡은 일을 하는 짬짬이 다른 일을 하는 짓.

새치롬-하다형여 '새치름하다'의 잘못.

새치름-하다 Ⅰ자여 얌전한 체하는 기색을 꾸미다. 새초롬하다. ¶ 눈을 새치름하게 내리깔다. 큰시치름하다.
Ⅱ형여 시치미를 떼는 태도가 천연덕스럽다. 새초롬하다. 큰시치름하다. **새치름-히**부.

새치미명 천연덕스럽게 시치미를 떼는 태도. 준새침.

새치-부리다자 아주 사양하는 체하다. ¶ 욕심이 없는 듯 짐짓 새치부리고 앉아 있다.

새침명 〈새치미〉의 준말.

새침-데기[-떼-]명 새침한 버릇이 있는 사람을 홀하게 이르는 말. ¶ 새침데기 아가씨.

새침데기 골로 빠진다속담 보기에 얌전한 사람일수록 속은 엉뚱하다는 말.

새침-하다 Ⅰ자여 짐짓 쌀쌀한 기색을 꾸미다. 큰시침하다.
Ⅱ형여 쌀쌀맞게 시치미를 떼는 태도가 있다. ¶ 새침한 표정을 짓다. 큰시침하다.

새-카맣다[-마타][~카마니·~카매]형ㅎ 빛깔이 아주 까맣다. ¶ 새카맣게 타다. 큰시커멓다. 참새까맣다.

새-카매지다자 새카맣게 되다. ¶ 아이가 하루 종일 나가 놀더니 손이 새카매져 들어왔다. 큰시커메지다.

새코-미꾸리명 기름종갯과의 민물고기. 낙동강·금강·한강 수계(水系)에 분포하는 우리나라 특산 어종. 몸길이 15~17 cm. 몸은 옆이 납작하고, 주둥이는 긴 편. 몸에는 암황색 구름무늬가 있으며, 맑은 물의 큰 바위나 자갈 틈에 삶.

새ː코찌리명 조의 한 가지. 까끄라기가 길고 씨가 누름.

새곰달곰-하다형여 조금 시면서 맛깔스럽게 달다. ¶ 오렌지 셔벗이 새콤달콤하다. 참새큼달큼하다.

새콤-새콤부하형 모두가 다 새콤하거나, 몹시 새콤한 모양. ¶ 새콤새콤한 사과의 맛. 큰시쿰시쿰. 여새곰새곰.

새콤-하다형여 〈새곰하다〉의 거센말. ¶ 새콤한 키위 주스. 큰시쿰하다.

새ː-콩명 콩과의 일년초. 들에서 절로 자라는 덩굴 식물로 1~2 m의 긴 줄기에 거친 털이 나 있음. 잎은 길둥글고 8~9월에 밝은 자줏빛 꽃이 핌. 열매는 땅속에 맺는데, 몹시 잘아 새들의 먹이가 됨.

새크러먼트(sacrament)명 기독교에서, 신의 은총을 신도에게 전하는 의식. 가톨릭에서는 '성사(聖事)'라 하여 성세·견진·성체·고백·병자·신품·혼인의 일곱 가지가 있으며, 개신교에서는 세례와 성찬의 두 가지가 있음.

새크무레-하다형여 〈새그무레하다〉의 거센말. 큰시크무레하다.

새큰-거리다자 자꾸 새큰새큰하다. 새큰대다. ¶ 이가 새큰거리며 아프다. 큰시큰거리다. 여새근거리다[2].

새큰-대다자 새큰거리다.

새큰-새큰부하형 자꾸 새큰한 느낌이 있는 모양. 큰시큰시큰. 여새근새근[2].

새큰-하다형여 뼈마디 같은 데가 매우 새근하다. 큰시큰하다. 여새근하다.

새큼달큼-하다형여 조금 새큼하면서 맛깔스럽게 달다. 참새콤달콤하다.

새큼-새큼부하형 모두가 다 새큼하거나, 매우 새큼한 모양. 큰시큼시큼. 여새금새금.

새큼-하다형여 매우 새금하다. ¶ 김치가 새큼하게 익다. 큰시큼하다. 여새금하다. **새큼-히**부.

새ː-털명 새의 털.

새ː털-구름명 '권운(卷雲)'·'털구름'의 딴 이름.

새퉁명 밉살스럽고 경망한 짓. 또는, 어처구니없는 짓.

새퉁-빠지다형 매우 새퉁스럽다.

새퉁-스럽다[-따][~스러우니·~스러워]형ㅂ 어이없을 만큼 새삼스럽다. **새퉁스레**부.

새퉁-이명 야살스럽고 경망한 짓, 또는 그런 짓을 하는 사람.

새-파랗다[-라타][~파라니·~파래]형ㅎ ①빛깔이 아주 짙게 파랗다. ¶ 바닷물이 새파랗다. /새파란 가을 하늘. ②썩 젊다. 아직 어리다. 《주로, '새파랗게'·'새파란'의 꼴로 쓰임.》 ¶ 새파랗게 젊은 사람. ③몹시 놀라거나 춥거나 하여 얼굴에 핏기가 없다. ¶ 새파랗게 질리다. ①③큰시퍼렇다.

새-파래지다자 새파랗게 되다. ¶ 무엇에 놀랐는지 새파래진 얼굴로 뛰어왔다. 큰시퍼레지다.

새-판명 새로운 판. 새로 벌이거나 벌어진 판. ¶ 새판을 벌이다.

새ː-팥[-팓]명 콩과의 일년초. 산과 들에 절로 자라는 덩굴 식물로 줄기 몸에 거친 털이 나 있음. 잎은 녹두와 비슷하나 조금 작고, 8월경에 노란 꽃이 핌. 열매는 팥보다 훨씬 잘며 우리나라 전역에 분포함. * 새ː팥이[-파치]·새ː팥을[-파틀]·새ː팥만[-판-]

새-품명 억새의 꽃.

새-하얗다[-야타][~하야니·~하얘]형ㅎ 아주 하얗다. ¶ 새하얀 눈. 큰시허옇다.

새하얘-지다자 새하얗게 되다. ¶ 사십 조반에 머리털이 새하얘지다. 큰시허예지다.

새-해명 새로 시작되는 해. 신년. ¶ 새해를 맞이하다. ↔묵은해.

새해^전갈(-傳喝)명 지난날, 정초에 양반이나 부잣집 부녀들이 인척·친척의 집에 계집종을 보내어 새해 인사를 전하던 일.

새해^차례(-茶禮)명 정월 초하룻날 지내는 차례. 떡국차례. 신세 차례(新歲茶禮).

새ː-호리기명 맷과의 새. 매 비슷한데 날개 길이 24~28 cm로 좀 작음. 몸빛은 아랫배가 노르스름하고, 가슴과 옆구리에 검은 점이 많으며, 꽁지에 검은 갈색의 띠가 있음. 작은 새나 새의 새끼를 잡아먹음.

색[1]명 광산에서, 새를 찾기 위해 감돌이나 감흙 또는 복대기의 일부를 떠내어 사발에 담고 물에 일어서 시금(試金)하는 일. ¶ 색을 보다. 참사발 시금(沙鉢試金).

색ː[2]부 좁은 틈으로 김이나 바람이 세차게 새어 나오는 소리. 큰식.

색(色)[1]명 ①빛깔. ¶ 색이 짙다. ②색사(色事) 또는 여색(女色). ¶ 색을 좋아하다. /색을 밝히다. ③지난날, 사무의 한 분장(分掌)을 이르던 말. 빗[2].

색(을) 갈다관용 사물을 이것저것 색다른 것으로 갈아 바꾸다.

색을 쓰다관용 ①성교를 하다. ②성적 교태를 부리는 일을 흔히 이르는 말.

색(色)[2]명 불교에서, 형상과 색채를 가지고, 직관적 감각으로 인식되는 모든 존재 또는 물질을 이르는 말. 색법(色法). 참공(空).

색(sack)명 어깨에 메고 다닐 수 있게 만든 자그마한 배낭.

색각(色覺)[-깍]명 시각에서, 빛깔을 식별하는 감각. 색신(色神).

색-갈이(色-)[-까리]명하타 봄에 묵은 곡식을 꾸어 주었다가 가을에 새 곡식으로 길미를 붙여 받는 일.

색감(色感)[-깜]명 ①색에 대한 감각. 색채 감각. ②어떤 색에서 받는 느낌. 색채감. ¶ 색감이 부드럽다.

색경(色境)[-꼉]명 육경(六境)의 하나. '눈으로 볼 수 있는 대상'을 이르는 말.

색계(色界)[-꼐/-께]명 ①불교에서 이르는 삼계(三界)의 하나. 욕계(欲界)와 무색계의 중간 세계로, 탐욕에서는 벗어났으나 아직 색심(色心)까지는 벗지 못한 세계. ②여색의 세계.

색골(色骨)[-꼴]명 지나치게 색을 좋아하는 사람, 또는 그런 생김새. 호색꾼.

색광(色狂)[-꽝]명 색을 미친 듯이 좋아하는 사람. 곧, 색에 미친 사람. 색정광.

색구(色驅)[-꾸]명 지난날, 높은 벼슬아치를 따라다니던 하인배의 우두머리.

색구(索具)명 '삭구(索具)'의 잘못.

색깔(色-)명 ①빛깔. ¶ 저고리 색깔이 곱기도 하다. ②정치나 이념상의 경향. ¶ 정치적 색깔보다는 능력이 우선이다.
색깔-치(色-)명 동물 색소의 한 가지. 오징어·문어 등 두족류와 새우·게 따위의 갑각류에게서 볼 수 있는 담청색의 색소. 참색소체.
색난(色難)[생-]명 ①자식이 항상 부드러운 얼굴빛으로 부모를 섬기기가 어렵다는 말. ②부모의 얼굴빛을 살펴 항상 그 뜻에 맞게 봉양하기가 어렵다는 말.
색-노끈(色-)[생-]명 ①고운 물감을 들인 노끈. ②색종이로 꼰 지노.
색-다르다(色-)[-따-][~다르니·~달라]형르 종류가 다르다. 보통과는 달리 특색이 있다. ¶ 색다른 취미. /색다른 방법을 시도하다.
색달(色疸)[-딸]명 ☞여로달(女勞疸).
색-대(色-)[-때]명 섬이나 가마니 속에 든 곡식 따위를 찔러서 빼내어 보는 연장. 간색대. 태관(兌管).
색-대님(色-)[-때-]명 고운 빛이나 무늬가 있는 천으로 만든 대님.
색-대리석(色大理石)[-때-]명 흰빛이 아닌, 다른 빛깔을 띤 대리석.
색-대자(色帶子)[-때-]명 오색실로 간결러서 짠 띠.
색덕(色德)[-떡]명 여자의 미모와 미덕.
색도(色度)[-또]명 광학적으로 수치화(數值化)된 빛깔의 성질, 또는 그 수치.
색도(索道)명 '삭도(索道)'의 잘못.
색도-계(色度計)[-또계/-또게]명 색도를 측정하는 기구. 흔히, 삼색 색도계를 사용함.
색-동(色-)[-똥]명 오색 빛깔의 헝겊을 층이 지게 차례로 잇대어 만든, 아이들의 저고리나 두루마기의 소맷감.
색동(色動)[-똥]명 (놀라거나 성이 나서) 얼굴빛이 변함.
색동-옷(色-)[-똥옫]명 색동을 대서 만든 옷. * 색동옷이[-똥오시]·색동옷만[-똥온-]
색동-저고리(色-)[-똥-]명 색동으로 소매를 대어 만든 저고리.
색등(色燈)[-뜽]명 빨강·노랑·파랑 따위의 빛깔로 비치는 등.
색-떡(色-)명 여러 가지 빛깔로 물들여 만든 떡. 색병(色餠).
색량-계(色量計)[생냥계/생냥게]명 색의 농도를 비교 측정하여 그 색소량(色素量)을 재는 기계.
색론(色論)[생논]명하자 조선 시대에, 사색당파 사이에 벌어졌던 논쟁.
색리(色吏)[생니]명 조선 시대에, 감영(監營)이나 군아(郡衙)에서 전곡(錢穀)의 출납과 관리를 맡아보던 아전.
색마(色魔)[생-]명 색을 탐내어 비도덕적 행동을 일삼는 사람을 마귀에 비유하여 이르는 말.
색-망치[생-]명 광산에서 사발색을 볼 때에 쓰는 망치.
색맹(色盲)[생-]명 빛깔을 가려내지 못하는 상태, 또는 그러한 증상이 있는 사람. 색소경. 참색약(色弱).
색면(索麵)명 '삭면(索麵)'의 잘못.
색목(色目)[생-]명 조선 시대, 사색당파의 이름.
색목-인(色目人)[생-]명 중국 원나라 때, 터키·이란·아라비아 등 서역(西域) 종족들을 통틀어 이르던 말.
색-무명(色-)[생-]명 물들인 무명.
색-미투리(色-)[생-]명 총에 여러 가지 물감을 들인 아이들의 미투리.
색-바꿈(色-)[-빠-]명하타 같은 데 쓰는 물건 가운데서, 마음에 맞는 것으로 바꿈.
색-바람[-빠-]명 이른 가을에 부는 선선한 바람.
색법(色法)[-뻡]명 ☞색(色)2. ↔심법(心法).
색병(色餠)[-뼝]명 ①☞색떡. ②☞색절편.
색복(色服)[-뽁]명 빛깔이 있는 의복. 무색옷.
색^분해(色分解)[-뿐-]명 컬러 인쇄를 하기 위해 그림이나 사진의 빛깔을 바탕이 되는 몇 가지 색으로 가르는 일.
색-비름(色-)[-삐-]명 비름과의 일년초. 줄기 높이 1.5 m가량. 8~9월에 담황색의 자잘한 꽃이 핌. 정원에 재배함. 당비름.
색사(色事)[-싸]명하자 남녀 간의 정사. 남녀 간의 육체적인 교접. 성교.
색사(色絲)[-싸]명 ☞색실.
색-사발(-沙鉢)[-싸-]명 광물의 색을 보기 위해 정해 놓고 쓰는 사발.
색-사지(色-)[-싸-]명 잔치 때, 누름적 꼬챙이 끝에 감는 다섯 가지 빛깔의 종이 오리.
색상(色相)[-쌍]명 ①빛깔의 세 속성의 하나. 어떤 빛깔을 다른 빛깔과 구별하는 데 근거가 되는 빛깔의 특질. 참명도(明度)·채도(彩度). ②☞색조(色調). ¶ 색상이 다양하다. ③불교에서, 눈으로 볼 수 있는 형상을 이르는 말.
색상(色傷)[-쌍]명하자 방사가 지나쳐서 병이 생김, 또는 그 병.
색-상자(色箱子)[-쌍-]명 여러 가지 빛깔의 종이로 바른 상자.
색상-환(色相環)[-쌍-]명 색상에 따라 계통적으로 색을 둥그렇게 배열한 것. 색환(色環).
색색[-쌕]부하타 ①잠을 잘 때에 조용히 숨을 쉬는 소리, 또는 그 모양. ②숨을 약간 가쁘고 불규칙하게 쉬는 소리, 또는 그 모양. 큰식식. 센쌕쌕.
색색(色色)[-쌕]명 ①여러 가지. ②여러 가지 빛깔. ¶ 색색으로 꾸미다. **색색-이**부.
색색-거리다[-쌕꺼-]타 자꾸 색색 소리를 내다. 색색대다. 큰식식거리다.
색색-대다[-쌕때-]타 색색거리다.
색선(色扇)[-썬]명 여러 가지 색종이나 색 헝겊을 붙여 만든 부채.
색소(色素)[-쏘]명 빛깔의 바탕이 되는 물질. 물체가 빛깔을 띠는 데 바탕이 되는 성분. ¶ 유해 색소. /천연 색소.
색소^결핍증(色素缺乏症)[-쏘-쯩]명 선천적으로 피부에 색소가 적은 증세.
색-소경(色-)[-쏘-]명 ☞색맹(色盲).
색소-뇨(色素尿)[-쏘-]명 체내의 혈색소·담즙 색소 등이 섞여 나오는 오줌.
색소^세:포(色素細胞)[-쏘-]명 동물의 몸빛을 이루는 색소가 들어 있는 세포.
색소-체(色素體)[-쏘-]명 식물 세포의 세포질 안에 들어 있는, 색소를 함유한 작은 알갱이. 엽록체·백색체·유색체 등이 있음. 참색깔치.
색소폰:(saxophone)명 금속제 목관 악기의 한 가지. 세로로 잡고서 불며, 부드러운 음색과 풍부한 음량을 지녔음. 경음악·취주악에 많이 쓰임.
색쇠애이(色衰愛弛)[-쐬-/-쒜-]명하자 젊어서 사랑받던 미인도 늙어지면 그 사랑을 잃는다는 말.
색^수차(色收差)[-쑤-]명 렌즈가 맺는 물체의 상이, 빛의 파장에 따른 굴절률의 차이로, 빛깔에 따라 그 위치나 배율이 달라지는 현상.

색-순응(色順應)[-쑤능]명 광원(光源)에 따라 물체의 빛깔이 달라 보일 때, 그 차이를 적게 하는 눈의 자동 조절 기능.

색스혼ː(saxhorn)명 금관 악기의 한 가지. 군악대 및 관현악에 편성되는 악기로, 음역(音域)에 따라 여러 종류가 있음.

색ː시[-씨]명 ①아직 결혼을 하지 않은 처녀. ¶ 참한 색시. 비규수(閨秀). ②술집 등의 접대부. ③〈새색시〉의 준말. ¶ 갓 시집온 색시를 보려고 동네 아낙네들이 모여들었다.

색시 그루는 다홍치마 적에 앉혀야 한다속담 ①아내를 순종하게 하려면 신혼(新婚) 초부터 다잡아야 한다는 뜻. ②사람을 가르치거나 길들이기 위해서는 처음부터 엄하게 다잡아야 한다는 뜻.

색시 짚신에 구슬 감기가 웬일인고속담 분에 넘치는 호사나 사치는 도리어 보기에 어색하다는 말.

색시(色視)[-씨]명 빛깔이 없는 물체가 빛깔이 있는 것처럼 보이는 눈의 병적 증상.

색ː시-걸음[-씨-]명 새색시처럼 조심스럽고 얌전하게 걷는 걸음.

색신(色身)[-씬]명 불교에서, 물질적인 형태를 지닌 육신을 이르는 말.

색신(色神)[-씬]명 ☞색각(色覺).

색-실(色-)[-씰]명 물을 들인 실, 특히 여러 가지 고운 빛깔로 물들인 실. 색사(色絲).

색심(色心)[-씸]명 ①색정(色情)이 깃든 마음. ②불교에서, 유형의 물질과 무형의 정신을 이르는 말.

색ː싯-감[-씨깜/-씯깜]명 신부가 될 만한 처녀. 색시로 삼을 만한 대상자. 신붓감.

색ː싯-집[-씨찝/-씯찝]명 ①접대부를 두고 술을 파는 집. ②결혼한 여자의 친정을 속되게 이르는 말.

색-안경(色眼鏡)명 ①렌즈에 빛깔이 들어 있는 안경. ②'주관이나 감정에 사로잡힌 편견이나 선입관'을 비유하여 이르는 말. ¶ 색안경을 쓰고 보다.

색약(色弱)명 (색맹만큼 심하지는 않으나) 빛깔을 잘 구별하지 못하는 상태, 또는 그러한 사람. 참색맹(色盲).

색-연필(色鉛筆)[생년-]명 물감을 심에 섞어 빛깔이 나게 만든 연필.

색-온도(色溫度)명 발광체의 온도를 나타내는 방법의 한 가지, 또는 그 수치. 직접 잴 수 없는 고온도의 물체나 별 등의 온도를 잴 때 이용됨.

색-옷(色-)[새곧]명 〈무색옷〉의 준말. *색옷이[새고시]·색옷만[새곤-]

색욕(色慾)명 이성(異性)에 대한 성적인 욕망. 성욕. 음심(淫心).

색원(塞源)명하타 근원을 아주 없애 버림. ¶ 발본(拔本)색원.

색-유리(色琉璃)[생뉴-]명 빛깔이 있는 유리. 착색유리.

색의(色衣)[새긔/새기]명 ☞무색옷.

색인(索引)명 책 속의 낱말이나 사항 등을 쉽게 찾아볼 수 있도록 일정한 순서로 배열해 놓은 목록. 찾아보기.

색장-나인(←色掌內人)[-짱-]명 왕조 때, 궁중에서 편지를 전하는 일을 맡아보던 나인.

색전(塞栓)[-쩐]명 혈관 속에 정체하여 혈액의 정상적 순환을 막는 불용성(不溶性) 물질.

색전-증(塞栓症)[-쩐쯩]명 혈관·림프관 등에서 생기거나 외부에서 들어간 이물질(異物質)이 혈관 속으로 들어가 혈관을 막게 됨으로써 일어나는 병증(病症).

색-절편(色-)[-쩔-]명 흰떡에 갖가지 물을 들여 절편판에 박아 낸 떡. 색병.

색정(色情)[-쩡]명 남녀 간의 성적 욕망. 욕정. 정욕. ¶ 색정을 도발하는 영화.

색정-광(色情狂)[-쩡-]명 ☞색광(色狂).

색정^도ː착(色情倒錯)[-쩡-]명 ☞성도착.

색정-적(色情的)[-쩡-]관명 남녀 간의 색정을 도발하는 (것). 성적(性的). ¶ 색정적 표현. /색정적인 묘사.

색정적 피ː해망상(色情的被害妄想)[-쩡-] 피해망상의 한 가지. 성적(性的)인 폭행을 당하는 것으로 생각하는 이상 심리.

색조(色租)[-쪼]명 지난날, 세곡(稅穀)이나 환곡(還穀)을 받을 때나 타작을 할 때에, 정부나 지주가 간색(看色)으로 받던 곡식.

색조(色調)[-쪼]명 ①빛깔의 조화. ②빛깔의 농담(濃淡)·강약(強弱)·명암(明暗) 따위의 정도나 상태. 색상(色相). ¶ 색조가 짙은 화장.

색조(索條)명 '삭조(索條)'의 잘못.

색-종이(色-)[-쫑-]명 물을 들인 종이. 색지.

색주(色紬)[-쭈]명 물을 들인 명주.

색주-가(色酒家)[-쭈-]명 손에게 술과 색을 겸하여 파는 술집, 또는 그러한 여자. 색줏집.

색-줄멸(色-)[-쭐-]명 색줄멸과의 바닷물고기. 몸이 정어리와 비슷하고, 옆구리에는 폭이 넓고 푸른빛을 띤 은백색의 세로띠가 한 줄 있음. 비늘이 몸에 찰싹 붙어 있는데, 비늘 가장자리는 둔한 톱니 모양임. 우리나라 동남해 등지에 분포함.

색줏-집(色酒-)[-쭈찝/-쭏찝]명 ☞색주가.

색즉시공(色卽是空)[-쯕씨-]명 반야심경에 나오는 말로, 이 세상에 존재하는 모든 형체(색)는 공(空)이라는 말. 곧, 형상은 일시적인 모습일 뿐, 실체는 없다는 것. 참공즉시색.

색지(色紙)[-찌]명 색종이.

색지움^렌즈(色-lens)[-찌-]명 굴절률이 다른 몇 개의 렌즈를 써서 색 수차(色收差)를 보정(補正)한 렌즈. 소색 렌즈.

색-차지(色次知)명 놀이에 기생을 주선하는 일을 맡은 사람.

색채(色彩)명 ①빛깔. ¶ 색채가 아름답다. ②'어떤 사물이 지닌 경향이나 성질'을 비유하여 이르는 말. ¶ 보수적인 색채가 농후하다.

색채-감(色彩感)명 어떤 색채에서 받는 느낌. 색채가 잘 조화되거나 못된 데에 대한 느낌. 색감.

색채^감ː각(色彩感覺)명 색채에 대한 감각. 색각(色覺). ¶ 색채 감각이 뛰어나다.

색채-상징(色彩象徵)명 색채로 어떤 사상(事象)을 상징하는 일. 〔신호등의 색채로써 직진(直進)·대기(待機) 따위를 나타내거나 색기(色旗)로 일기 예보를 나타내는 따위.〕

색채-설(色彩說)명 색채 감각의 현상을 설명하는 심리학적 학설.

색채^영화(色彩映畫)명 ☞천연색 영화.

색-채움(色-)명하자 물건 따위를 구색을 갖추어 채우는 일. 준색챔.

색채^조절(色彩調節)명 빛깔이 사람에게 주는 심리적·생리적·물질적 영향을 고려하여 피로 방지나 재해 방지, 능률 향상 등에 도움이 되도록 적절하게 빛깔을 조절하는 일.

색채^청ː각(色彩聽覺)명 ☞색청(色聽).

색채^토기(色彩土器)명 ☞채화기(彩畫器).

색채^팔면체(色彩八面體)명 헤링(Hering)의 사색설(四色說)에 기초하여 광각(光覺)의 체계를 나타내는 팔면체.
색책(塞責)명하자 책임을 면하기 위하여 겉으로만 둘러대어 꾸밈.
색-챔(色-)명 〈색채움〉의 준말.
색청(色聽)명 일정한 소리, 특히 모음을 들으면 일정한 색채를 느끼게 되는 현상. 색채 청각.
색체(色滯)명하형 얼굴에 화색(和色)이 없음.
색출(索出)명하타되자 (사람이나 물건을) 뒤져서 찾아냄. ¶ 범인을 색출하다.
색칠(色漆)명하자타 색을 칠함, 또는 그 칠. ¶ 크레용으로 색칠한 그림.
색-코ː트(sack coat)명 ①남자용 양복의 윗도리. ②유아용의 짧고 느슨한 겉저고리.
색탐(色貪)명하자 색을 몹시 탐함.
색태(色態)명 ①여자의 곱고 아름다운 태도. ②빛깔의 태.
색택(色澤)명 빛나는 윤기. 광택(光澤).
색판(色板)명 색칠을 한 널빤지.
색판(色版)명 빛깔을 넣은 인쇄물.
색한(色漢)[새칸]명 ①여색을 몹시 좋아하는 사내. 호색한(好色漢). ②☞치한(痴漢).
색향(色香)[새캉]명 ①꽃 따위의 빛깔과 향기. ②'아름다운 용모'를 비유하여 이르는 말.
색향(色鄕)[새캉]명 미인이 많이 나는 고장.
색환(色環)[새콴]명 ☞색상환(色相環).
색황(色荒)[새쾅]명하자 여색(女色)에 흠씬 빠지는 일. 색정을 함부로 쓰는 일.
샌ː-님명 ①〈생원님〉의 준말. ②행동이나 성격이 얌전하거나 고루하고 융통성이 없는 사람을 농조로 이르는 말.
샌ː님-탈명 산대놀음에서 쓰는 탈의 한 가지. 늙은 선비의 모습을 나타낸 것이 많음.
샌드백(sandbag)명 모래를 담은 자루. 특히, 권투 연습에서, 치는 힘을 기르기 위하여 걸어 놓고 치는 것.
샌드-스키ː(sand-ski)명 눈 대신 모래 위에서 타는 스키.
샌드위치(sandwich)명 ①얇게 썬 두 쪽의 빵 사이에 고기나 달걀·채소 따위를 넣은 간편한 대용식 빵. ②사이에 끼이거나 끼여 있는 상태를 비유하여 이르는 말. ¶ 샌드위치가 되어 이러지도 저러지도 못하다.
샌드위치-맨(sandwich man)명 몸의 앞뒤에 광고판(廣告板)을 달고, 거리를 걸어다니며 선전·광고를 하는 사람.
샌드페이퍼(sandpaper)명 사지(沙紙). 사포(沙布). 여지(鑢紙).
샌들(sandal)명 발등 부분이 거의 드러나고 끈이나 밴드로 여미게 되어 있는 여름용 구두.
샌퍼라이즈(Sanforize)명하타 직물, 특히 면직물에 물리적 수지 가공(樹脂加工)을 하여 주름이 지거나 줄어들지 않게 하는 방법, 또는 그렇게 가공한 직물. 〔본디는 상표명〕
샐그러-뜨리다타 샐그러지게 하다. 샐그러트리다. 큰실그러뜨리다. 센쌜그러뜨리다.
샐그러-지다자 물체가 한쪽으로 배뚤어지거나 기울어지다. ¶ 비스듬하게 샐그러진 문짝. 큰실그러지다. 센쌜그러지다.
샐그러-트리다타 샐그러뜨리다. 큰실그러트리다. 센쌜그러트리다.
샐긋[-귿]부하자타 (어떤 물체가) 한쪽으로 약간 기울어지는 모양. 살긋. 큰실긋. 센쌜긋. **샐긋-샐긋**부하자타.
샐긋-거리다[-귿꺼-]자타 자꾸 샐긋샐긋하다. 샐긋대다. 큰실긋거리다. 센쌜긋거리다.
샐긋-대다[-귿때-]자타 샐긋거리다.
샐긋-하다[-그타-]형여 (어떤 물체가) 한쪽으로 약간 기울어져 있다. 큰실긋하다. 센쌜긋하다. **샐긋-이**부.
샐기죽부하자타 (어떤 물체가) 한쪽으로 천천히 조금 기울어지는 모양. 큰실기죽. 센쌜기죽. **샐기죽-이**부. **샐기죽-샐기죽**부하자타.
샐기죽-거리다[-꺼-]자타 자꾸 샐기죽샐기죽하다. 샐기죽대다. 큰실기죽거리다. 센쌜기죽거리다.
샐기죽-대다[-때-]자타 샐기죽거리다.
샐ː-녘[-력]명 날이 샐 무렵. *샐ː녘이[-려키]·샐ː녘만[-령-]
샐ː-닢[-립]명 〔중국 청나라 때 쓰던 반 푼짜리의 작은 황동전을 이르던 말로〕'아주 적은 돈'을 뜻함. ¶ 샐닢만큼의 값어치도 없다. *샐ː닢이[-리피]·샐ː닢만[-림-]
샐러드(salad)명 채소·과일에 냉육(冷肉)·햄·달걀 따위를 곁들여 소스를 친 서양 음식.
샐러드-드레싱(salad dressing)명 샐러드에 치는 소스. 〔마요네즈 소스 따위.〕
샐러드-유(salad油)명 샐러드에 쓰이는 기름. 〔올리브유 따위.〕
샐러리-맨(←salaried man)명 봉급생활자.
샐룩부하자타 근육의 한 부분이 갑자기 움직이는 모양. 큰실룩. 센쌜룩. **샐룩-샐룩**부하자타.
샐룩-거리다[-꺼-]자타 자꾸 샐룩샐룩하다. 샐룩대다. 큰실룩거리다.
샐룩-대다[-때-]자타 샐룩거리다.
샐비어(salvia)명 ①꿀풀과의 일년초. 줄기의 아랫부분이 목질이며 줄기 높이는 60~90 cm. 여름부터 가을까지 자잘한 종 모양의 빨간 꽃이 조롱조롱 달려 핌. 브라질 원산으로 변종이 많으며, 흔히 빽빽이 심어 관상용으로 가꿈. ②☞세이지.
샐ː-샐부 실없이 자꾸 살며시 웃는 모양. ¶ 얄밉게 샐샐 웃지 마라. 큰실실. 참새실새실.
샐ː-심(-心)명 〈새알심〉의 준말.
샐쭉부하자타 (마음에 고까운 생각이 들어) 입이나 눈을 한쪽으로 살짝 일그러뜨리는 모양. ¶ 눈을 샐쭉 흘기다. 큰실쭉. 센쌜쭉. **샐쭉-샐쭉**부하자타.
샐쭉-거리다[-꺼-]자타 자꾸 샐쭉샐쭉하다. 샐쭉대다. ¶ 입을 샐쭉거리며 홱 돌아섰다. 큰실쭉거리다.
샐쭉-경(-鏡)[-꼉]명 타원형의 안경.
샐쭉-대다[-때-]자타 샐쭉거리다.
샐쭉-하다[-쭈카-]형여 ①마음에 못마땅하여 조금 싫어하는 태도가 있다. ②한쪽으로 갸쭉하게 샐그러져 있다. 큰실쭉하다. 센쌜쭉하다. **샐쭉-이**부.
샘ː[1]명 ①땅에서 물이 솟아 나오는 곳. ¶ 바위틈에서 샘이 솟다. 참우물. ②〈샘터〉의 준말. ③생물체 속에서, 어떤 종류의 물질을 분비하거나 배설하는 세포 조직. 선(腺).
샘ː[2]명하타 ①자기보다 나은 처지에 있는 사람을 공연히 미워하거나 싫어하는 일, 또는 그런 마음. ¶ 대수롭지 않은 일에도 샘을 낸다. ②남에게 지기를 싫어하고 남이 잘되는 것을 부러워하는 일, 또는 그런 마음. ¶ 샘이 많은 아이. 비강샘.
샘ː[3]명 〈새삼1〉의 준말.
샘ː-구멍[-꾸-]명 샘물이 솟는 구멍.

샘ː-나다[자] 샘하는 마음이 생기다.
샘ː-내다[타] 샘하는 마음을 가지다.
샘ː-물[명] 샘에서 나오는 물. 천수(泉水).
샘ː물-받이[-바지][명] ☞샘받이.
샘ː-바르다[~바르니·~발라][형][르] 샘이 심하다. 샘이 많다.
샘ː-바리[명] 샘이 심한 사람. 샘이 많은 사람.
샘ː-받이[-바지][명] ①샘물을 끌어대는 논. 샘물받이. ②샘물이 나는 논.
샘ː-솟다[-솓따][자] (힘이나 용기 따위가) 왕성하게 일어나다. ¶ 힘이 샘솟다.
샘ː-창자[명] ☞십이지장.
샘ː-터[명] ①샘이 있는 곳. ②샘이나 우물가의 빨래터. [준]샘¹.
샘플(sample)[명] 본보기. 간색. 표본.
샘플링(sampling)[명] ①'표본'·'표본 뽑기'로 순화. ②표본 추출(標本抽出).
샘플-카ː드(sample card)[명] 상품 표본을 카드로 꾸민 것.
샛-[샏][접두] 빛깔을 뜻하는 일부 형용사 앞에 붙어, 그 빛깔이 선명하고 짙음을 나타냄. ¶ 샛노랗다. [큰]싯-. [참]새-.
샛ː-강(-江)[새깡/샏깡][명] 큰 강에서 갈려 나가 중간에 섬을 이루어 놓고 다시 합쳐지는 작은 강.
샛-검불[새껌-/샏껌-][명] 새나무에 섞인 잡풀의 검불.
샛ː-길[새낄/샏낄][명] 큰길로 통하는 작은 길. 간도(間道). 간로(間路). ¶ 샛길로 빠지다. /샛길로 질러가다.
샛-노랗다[샌-라타][~노라니·~노래][형][ㅎ] (빛깔이) 매우 노랗다. ¶ 샛노란 개나리. /샛노란 은행잎. [큰]싯누렇다.
샛노래-지다[샌-][자] 샛노랗게 되다. [큰]싯누레지다.
샛ː-눈[샌-][명] 감은 듯이 살짝 뜨고 보는 눈.
샛-돔[샏똠][명] 샛돔과의 바닷물고기. 몸길이 20 cm가량. 몸은 길둥근꼴로 등이 위로 튀어나왔으며 머리와 입은 둥글고 작음. 몸빛은 전체적으로 푸른빛이 도는 은백색이며, 몸에서 점액을 많이 내어 미끌미끌함. 우리나라의 황해 및 일본 연안 등지에 분포함.
샛마[명] 〈옛〉 동남풍.
샛-마파람[샌-][명] '동남풍'의 뱃사람 말.
샛-말갛다[샌-가타][~말가니·~말개][형][ㅎ] 아주 말갛다. [큰]싯멀겋다.
샛-말개지다[샌-][자] 샛말갛게 되다. [큰]싯멀게지다.
샛-멸[샌-][명] 샛멸과의 바닷물고기. 몸은 가늘고 길며 아주 연함. 몸길이 23 cm가량. 몸빛은 등이 쪽빛을 띤 은빛이고, 배는 흰색임. 심해성(深海性)이며, 부산에서 포항에 이르는 동남해안에 분포함.
샛ː-문(-門)[샌-][명] ①정문(正門) 외에 정문 가까이 따로 만든 작은 문. ②방과 방 사이를 튼 작은 문.
샛-바람[샏빠-][명] '동풍'의 뱃사람 말.
샛-밥[명] '곁두리'의 방언.
샛ː-벽(-壁)[새뼉/샏뼉][명] 방과 방 사이를 칸막이한 벽.
샛ː-별[새뼐/샏뼐][명] ①새벽에 동쪽 하늘에서 빛나는 '금성(金星)'을 이르는 말. 계명성(啓明星). 명성(明星). ②장래에 크게 성장할 만한 사람. 신성(新星). ¶ 김 선수는 한국 축구계를 이끌어 갈 샛별이다.
샛-비늘치[샏삐-][명] 샛비늘칫과의 바닷물고기. 온몸에 발광기(發光器)가 발달되어 있는 고기로, 우리나라 남부 연해와 일본 근해·인도양·대서양 등지에 분포함.
샛ː-서방(-書房)[새써-/샏써-][명] 남편 몰래 관계를 맺고 있는 남자. 간부(間夫). 사부(私夫).
샛ː-장지(←-障子)[새짱-/샏짱-][명] 방과 방 사이에 칸막이한 장지. 간장지.
샛줄-멸[샏쭐-][명] 청어과의 바닷물고기. 몸길이 10 cm가량. 눈퉁멸을 닮았으며, 등은 푸른빛이 나고 아감딱지에서 꼬리지느러미까지에는 곧게 은백색 띠가 있음. 주둥이는 뾰족하고 눈이 머리 크기에 비해 큰 편임.
샛-하얗다[형] '새하얗다'의 잘못.
생ː[명] ☞새앙.
생(生)[명] ①생명. ¶ 생을 받다. ②삶. ¶ 생과 사(死). ↔사(死).
생(笙)[명] 〈생황(笙簧)〉의 준말.
생(生)[대] 〔흔히, 편지 글에 쓰이어〕 윗사람에게 '자기'를 낮추어 일컫는 말. 시생(侍生).
생-(生)[접두] 《일부 명사 앞에 붙어》 ①익지 않았거나 마르지 않았음을 나타냄. ¶ 생쌀. /생나무. ②날것이거나 가공하지 않았음을 나타냄. ¶ 생굴. /생가죽. ③피륙을 빨거나 누이지 않았음을 나타냄. ¶ 생명주. /생모시. ④애매하거나 공연함을 나타냄. ¶ 생고집. /생트집. ⑤살아서 당하는 불행을 나타냄. ¶ 생고생. /생이별. /생지옥. ⑥직접 낳았음을 나타냄. ¶ 생부모. /생어머니.
-생(生)¹[접미] ①《성(姓) 뒤에 붙어》 '젊은이' 또는 '홀하게 대할 수 있는 사람'임을 나타냄. ¶ 김생(金生). /허생(許生). ②《일부 명사 뒤에 붙어》 '학생'임을 나타냄. ¶ 연구생. /실습생.
-생(生)²[접미] ①연월일이나 간지(干支) 뒤에 붙어, '그때에 태어났음'을 나타냄. ¶ 1933년생. /임신생(壬申生). ②햇수 뒤에 붙어, 생물이 그만한 햇수로 자랐음을 나타냄. ¶ 20년생 소나무. /8년생 반달곰. ③'기(期)·학년' 따위에 붙어, 그에 해당하는 사람(또는 학생)임을 나타냄. ¶ 2기생. /3학년생.
생가(生家)[명] ①(그 사람의) 태어난 집. ②양자로 간 사람의 생부모의 집. 본생가(本生家). ②↔양가(養家).
생-가슴(生-)[명] 공연한 근심이나 걱정으로 상하는 마음. [참]냉가슴.
생가슴(을) 뜯다〔앓다〕[관용] 무리하거나 공연한 일로 속을 태우다.
생-가죽(生-)[명] 다루지 아니한 가죽. 생피(生皮).
생가죽(을) 벗기다[관용] 갖은 수단을 다하여 재산 따위를 몽땅 앗아 가다.
생-가지(生-)[명] ①살아 있는 나무의 가지. ②베어서 마르지 않은 나뭇가지. ¶ 소나무 생가지로 군불을 때다.
생각[명][하자타][되자] ①(머리를 써서) 궁리함. 사고(思考). ¶ 생각을 짜내다. /인간은 생각하는 갈대. ②가늠하여 헤아리거나 판단함. 분별(分別). ¶ 앞뒤 생각 없이 한 말. ③마음이 쏠림. 바라는(하고 싶은) 마음. 관심. 욕심. ¶ 술 생각이 간절하다. ④무엇을 이루거나 하려고 마음먹음. ¶ 그만둘 생각이다. ⑤어떤 사물에 대해 가지는 견해. ¶ 케케묵은(낡은) 생각. ⑥느끼어 일어나는 마음. ¶ 부끄러운 생각. ⑦(새로운 것 또는 잊고 있던 것이) 머리에 떠오름. 깨달음. ¶ 좋은 생각이 떠오르다. /겨우 생각이 나다. ⑧(지난 일을) 돌이켜 봄 또는 떠올려 봄. 추억. 기억. ¶ 고향 생각. /생각을 더듬다.

⑨(앞날의 일을) 머릿속에 그려 봄, 또는 내다봄. 상상. 예측. ¶ 10년 후의 네 모습을 생각해 봐. ⑩그리거나 그리워하는 마음. 아끼거나 염려하는 마음. ¶ 어머님 생각. /자식 생각에 밤잠을 설치다. ⑪마음을 써 줌, 또는 헤아려 주는 마음. 고려. 배려. ¶ 한 번 더 생각해 주시오. ⑫그렇게 여김. 간주(看做). ¶ 오지 않으면 포기한 것으로 생각하겠다.

생각다 못하여〔못해〕관용 아무리 생각해도 신통한 수가 없어서.

생각이 꿀떡 같다관용 (무엇을 할) 생각이 매우 간절하다.

생각(生角)명 ①갈기 전에 잘라 내거나 뽑아낸 사슴의 뿔. ②삶지 아니한 짐승의 뿔.

생각-나다[-강-]자 생각이 일어나다. ¶ 생각나는 대로 의견을 말씀해 주십시오. /주말 저녁이라 그런지 술이 생각난다.

생각-씨명 ☞관념사(觀念詞).

생-갈이(生-)명하타 ①〈홍두깨생갈이〉의 준말. ②'애벌갈이'의 잘못.

생-감(生-)명 필에서 끊은 온전한 새 천.

생강(生薑)명 ☞새앙.

생강-나무(生薑-)명 녹나뭇과의 낙엽 활엽 관목. 높이 3 m가량이며 달걀 모양의 잎이 돌려 남. 암수딴그루인데 2월에 잎보다 먼저 노란 꽃이 핌. 9월에 장과(漿果)가 붉게 익으며, 우리나라 중남부와 중국·일본 등지에 분포함. 꽃과 가지를 꺾으면 향기가 남. 열매로는 기름을 짬. 새앙나무. 생나무.

생강-뿔(生薑-)명 ☞새앙뿔. 생뿔.

생강-손이(生薑-)명 '새앙손이'의 잘못.

생강-엿(生薑-)[-녇]명 ☞새앙엿. ＊생강엿이[-녀시]·생강엿만[-년-]

생강-주(生薑酒)명 ☞새앙술.

생강-즙(生薑汁)명 ☞새앙즙.

생강-차(生薑茶)명 ☞새앙차.

생강-초(生薑醋)명 ☞새앙초.

생-거름(生-)명 제대로 썩지 않은 거름.

생-걱정(生-)[-쩡]명하자 대수롭지 않은 일 때문에 하는 공연한 걱정.

생-건지황(生乾地黃)명 한방에서, '날로 말린 지황의 뿌리'를 이르는 말. 〔보혈과 지혈(止血) 따위에 약재로 쓰임.〕 건하(乾芐). 준건지황. 참생지황·숙지황.

생겁(生怯)명 대수롭지 않은 일로 내는 겁.

생-것[-걷]명 날것. ¶ 생것을 잘못 먹어 배탈이 나다. ＊생것이[-거시]·생것만[-건-]

생게-망게부하형 갑자기 벌어진 뜻밖의 일이 엉뚱하고 터무니없는 모양.

생겨-나다자 ①없던 것이 생기어 나오다. 생기다. ②출생하다. 발생하다. ¶ 의혹이 생겨나다.

생견(生絹)명 ☞생명주.

생견(生繭)명 ☞생고치. ↔건견(乾繭).

생경(生梗)명하자 두 사람 사이에 불화가 생김.

생경(生硬) '생경하다'의 어근.

생경지-폐(生梗之弊)[-폐/-페]명 두 사람 사이의 불화로 말미암은 폐단.

생경-하다(生硬-)형여 ①세상의 사정에 어둡고 완고하다. ¶ 노인들은 계약 결혼에 대해 생경할 수밖에 없다. ②익숙하지 않아 어색하다. ¶ 도시 생활이 생경하다. ③시문(詩文)이 어색하고 세련되지 못하다. ¶ 조잡하고도 생경한 시구(詩句).

생계(生界)[-계/-게]명 생물의 사회. 생물의 세계.

생계(生計)[-계/-게]명 (의식주의 면에서) 살아갈 방도. 구복지계(口腹之計). 생도(生道). 생로. 활계(活計). ¶ 생계를 유지하다. /생계가 막연하다.

생계-무책(生計無策)[-계-/-게-]명하형 생계의 방책이 전혀 없음.

생계-비(生計費)[-계-/-게-]명 생계에 드는 비용.

생계비^지수(生計費指數)[-계-/-게-]명 생계비를 구성하는 상품이나 서비스의 가격 변동을 지수화하고, 이로써 생계비의 오르내림을 측정하려는 여러 가지 물가 지수를 두루 이르는 말. 참물가 지수(物價指數).

생고(生苦)명 불교에서 이르는 사고(四苦)의 하나. 태(胎) 속에 들어서면서부터 태어날 때까지 겪는 고통.

생-고기(生-)명 날고기.

생-고무(生-)명 탄성 고무의 원료. 파라고무나무의 껍질에서 빼낸 유액(乳液)을 초산(醋酸)으로 굳혀 판자 모양으로 만든 것. 탄성 고무의 원료가 됨. 천연고무.

생-고사(生庫紗)명 생견(生絹)으로 짠 고사. ↔숙고사(熟庫紗).

생-고생(生苦生)명하자 까닭 없이 하는 고생. ¶ 생고생을 사서 하다.

생-고집(生固執)명 까닭 없이 공연히 부리는 고집.

생-고치(生-)명 (속에 번데기가 살아 있는) 아직 말리지 않은 고치. 생견(生繭).

생곡(生穀)명 ①익히지 않은 곡식. ②하자곡식이 남. 곡식이 산출됨.

생과(生果)명 ☞생과실(生果實).

생-과부(生寡婦)명 ①남편이 살아 있는데도 멀리 떨어져 있거나 소박을 맞아 혼자 있는 여자. ¶ 남편이 멀리 지방으로 발령을 받아 졸지에 생과부 신세가 되었다. ②갓 결혼했거나 약혼만 했다가 남자가 죽어 혼자된 여자. ¶ 생과부로 평생을 수절하다.

생-과실(生果實)명 아직 덜 익은 과실. 생과. 생과일. 생실과(生實果).

생-과일(生-)명 ①가공하지 않은 싱싱한 과일. ¶ 생과일 주스. ②☞생과실.

생-과자(生菓子)명 ☞진과자.

생광(生光)명하자스형 ①빛이 남. ②자랑스러워 낯이 남. 생색(生色). ¶ 공사다망하시더라도 일차 왕림해 주시면 생광이겠습니다. ③아쉬운 때에 잘 쓰게 되어 보람이 있음. ¶ 생광스럽게 썼다. **생광스레**부.

생-광목(生廣木)명 누이지 아니한 광목.

생-굴(生-)명 익히지 않았거나 절이지 않은, 날것의 굴.

생-귀신(生鬼神)명 제명대로 살지 못하고 억울하게 죽은 사람의 영혼.

생그레부하자 상냥한 표정으로 눈과 입을 조금 움직여 소리 없이 부드럽게 웃는 모양. 큰싱그레. 센쌩그레.

생글부하자 즐거운 표정으로 소리 없이 부드럽게 웃는 모양. ¶ 피곤한 기색도 없이 생글 웃어 보이다. 큰싱글. 센쌩글. **생글-생글**부하자.

생글-거리다자 자꾸 생글생글하다. 생글대다. 큰싱글거리다. 센쌩글거리다.

생글-대다자 생글거리다.

생글-방글부하자 못내 즐거운 듯이 눈과 입을 예쁘게 움직이면서 소리 없이 자꾸 웃는 모양. 큰싱글벙글. 센쌩글빵글.

생글-뱅글 부하자 매우 재미있다는 듯이 눈과 입을 예쁘게 움직이면서 소리 없이 자꾸 웃는 모양. 센쌩글뺑글.
생금(生金) 명 아직 불리지 아니한, 캐낸 그대로의 금.
생금(生擒) 명하타 사로잡음. 생포(生捕).
생급-스럽다[-쓰-따][~스러우니·~스러워] 형ㅂ ①(하는 짓이) 엉뚱하고 갑작스럽다. ②(하는 말이) 터무니없다. **생급스레** 부.
생긋[-귿] 부하자 상냥하게 눈으로 한 번 웃어 보이는 모양. ¶ 생긋하면서 눈인사로 맞이하다. 큰싱긋. 센생끗·쌩긋·쌩끗. **생긋-이** 부. **생긋-생긋** 부하자.
생긋-거리다[-귿꺼-] 자 자꾸 생긋생긋하다. 생긋대다. 큰싱긋거리다.
생긋-대다[-귿때-] 자 생긋거리다.
생긋-뱅긋[-귿뺑귿] 부하자 마음에 흐뭇한 듯이 눈과 입을 귀엽게 움직이면서 소리 없이 자꾸 웃는 모양. 큰싱긋벙긋. 센생끗뱅끗·쌩긋뺑긋·쌩끗뺑끗.
생긋뱅긋-거리다[-귿뺑귿꺼-] 자 자꾸 생긋뱅긋하다. 생긋뱅긋대다. 큰싱긋벙긋거리다.
생긋뱅긋-대다[-귿뺑귿때-] 자 생긋뱅긋거리다.
생기(生氣) 명 싱싱하고 힘찬 기운. ¶ 생기가 돌다. /생기를 잃다. /비가 내려 작물에 생기가 넘치다. 비생채(生彩).
생기(生起) 명하자되자 생겨남, 또는 일어남. 발생(發生). 야기(惹起). ¶ 순간적으로 생기하는 사고.
생기(省記) 명 ①하타☞약기(略記). ②조선 시대에, 관아에서 당직자의 이름을 기록하던 서류.
생기다[1] 자 ①없던 것이 있게 되다. ¶ 걱정거리가 생기다. ②제 손에 들어오다. ¶ 돈이 생기다. ③일어나다. 발생하다. ¶ 탈이 생기다.
생기다[2] 조동 《어미 '-게' 뒤에 쓰이어》 어떠한 지경에 이르게 되다. ¶ 큰일나게 생겼다. /다 된 죽에 코 풀게 생겼다.
생기다[3] 조형 《어미 '-게' 뒤에 쓰이어》 '보이다'의 뜻으로 쓰이는 말. ¶ 귀엽게 생기다.
생기-론(生氣論) 명 생물의 생명 현상은 물질적 자연법칙이나 현상으로는 설명이 될 수 없는, 생물 특유의 원리인 생기(生氣)에 의하여 지배되고 파악된다는 이론이나 주장. 생기설.
생기발랄(生氣潑剌) '생기발랄하다'의 어근.
생기발랄-하다(生氣潑剌-) 형여 생기가 있고 발랄하다. ¶ 생기발랄한 여학생들.
생기-법(生氣法)[-뻡] 명 일진(日辰)과 나이를 팔괘(八卦)의 수로 나누어 그날의 운수를 알아보는 법.
생기-보다(生氣-) 자 생기법(生氣法)으로 그날의 운수를 보다.
생기-복덕(生氣福德)[-떡] 명 〈생기복덕일〉의 준말.
생기-복덕일(生氣福德日)[-떠길] 명 생기일과 복덕일이 겹친 아주 길한 날. 준생기복덕.
생기-설(生氣說) 명 ☞생기론.
생기-일(生氣日) 명 생기법에 따라 고른, 운수 좋은 날.
생기-짚다(生氣-)[-집따] 자 생기법(生氣法)에 따라 일진(日辰)과 나이를 팔괘에 맞추어, 길일을 따져 보다.
생기-판(省記板) 명 조선 시대에, 관아에서 당직자의 이름을 써서 보이던 게시판.
생김-새 명 생긴 모양. 생김생김.
생김-생김 명 생김새. ¶ 생김생김이 참하다.
생-김치(生-) 명 막 담가서 미처 삭지 않은 김치. 날김치.
생-꾼(生-) 명 ☞생무지.
생끗[-끋] 부하자 〈생긋〉의 센말. 큰싱끗. 센쌩끗. ¶ 아내는 생끗 웃더니 말을 꺼냈다.
생끗-뱅끗[-끋뺑끋] 부하자 〈생긋뱅긋〉의 센말. 큰싱끗벙끗. 센쌩끗뺑끗.
생ː-나무 명 ☞생강나무.
생-나무(生-) 명 ①베어서 마르지 않은 나무. ②살아 있는 나무. 생목(生木)[1].
생-나물(生-) 명 (나물거리를) 익히지 않고 날것으로 무친 나물.
생-난리(生亂離)[-날-] 명 까닭 없이 매우 시끄럽게 들볶아 대는 판국. ¶ 생난리가 나다. /생난리를 치다.
생남(生男) 명하자 아들을 낳음. 득남(得男). 생자(生子). ↔생녀(生女).
생남-기도(生男祈禱) 명하자 아들을 낳게 해 달라고 신불에게 드리는 기도.
생남-례(生男禮)[-녜] 명하자 아들을 낳고 한턱내는 일. 득남례. 생남턱.
생남-주(生男酒) 명 생남례로 내는 술.
생남-턱(生男-) 명 ☞생남례.
생녀(生女) 명하자 딸을 낳음. 득녀(得女). ↔생남(生男).
생년(生年) 명 태어난 해.
생-년월일(生年月日) 명 태어난 해와 달과 날. ↔졸년월일(卒年月日).
생-년월일시(生年月日時)[-씨] 명 태어난 해와 달과 날과 시각. 참사주(四柱).
생-논(生-) 명 갈이질이 잘 되지 못한 논.
생-니(生-) 명 아프거나 썩지 아니한 이. 탈 없이 멀쩡한 이.
생-담배(生-) 명 피우지도 않으면서 그냥 태우거나 타고 있는 상태로 둔 담배.
생-당목(生唐木) 명 ☞생옥양목.
생-당포(生唐布) 명 누이지 않은 당모시.
생도(生徒) 명 ①지난날, 중등학교 이하의 학생을 이르던 말. ②사관학교를 비롯한 군사 교육 기관의 학생.
생도(生道) 명 ☞생계(生計).
생-돈(生-) 명 공연히 쓰이거나 억울하게 드는 돈. ¶ 생돈이 들다.
생동 명 광맥 중에서 아직 채굴하지 않은 곳.
생동(生動) 명 ①하자살아서 생기 있게 움직임. ¶ 만물이 생동하는 봄. ②하형(그림이나 조각 또는 글씨 따위의 예술품이) 살아 움직이는 듯이 힘이 있음.
생동(生銅) 명 불리지 않은 구리.
생동-감(生動感) 명 살아 움직이는 듯한 느낌. 동세(動勢). ¶ 생동감이 넘치다.
생동-생동 부하형 지치거나 기운이 꺾이지 않고 본디의 원기가 그대로 남아 있어 생생한 모양. ¶ 날이 샐 때까지 기운이 생동생동했다. 큰싱둥싱둥.
생동-쌀 명 생동찰의 쌀. 청량미(青粱米). 청정미.
생동-찰 명 이삭에 털이 있고, 낟알이 잘며, 푸른빛을 띠는 차조의 한 가지.
생동-팥[-팓] 명 음력 4~5월에 심는 팥의 한 가지. * 생동팥이[-파치]·생동팥을[-파틀]·생동팥만[-판-]
생-되다(生-)[-뙤-/-뛔-] 형 일에 익숙하지 못하고 서투르다. ¶ 솜씨가 생되어 일을 맡길 수가 없다.
생득(生得) 명 타고남. 날 때부터 지님.

생득^관념(生得觀念)[-꽌-]명 ☞본유 관념.

생득-설(生得說)[-썰]명 인간은 태어나면서 어떤 일정한 관념이나 사고의 형식을 지니고 태어난다는 주장.

생득-적(生得的)[-쩍]관명 태어날 때부터 지니고 있는 (것). ¶ 생득적인 언어 습득 능력.

생디칼리슴(syndicalisme 프)명 의회주의를 배격하고 노동조합의 혁명적 직접 행동으로 사회 체제를 바꾸려 하였던 급진적 사회주의 사상.

생-딱지(生-)[-찌]명 아직 덜 나은 헌데의 딱지. ¶ 생딱지가 앉다.

생-딴전(生-)명 엉뚱한 딴 짓. ¶ 하라는 공부는 안 하고 생딴전만 부린다.

생-땅(生-)명 갈거나 파 본 적이 없는 굳은 땅. 생지(生地). ¶ 생땅을 일구다.

생때-같다(生-)[-갇따]형 몸이 튼튼하여 통병이 없다. 《주로, '생때같은'의 꼴로 쓰임.》 ¶ 생때같은 자식을 잃다.

생-떡국(生-)[-꾹]명 쌀가루를 익반죽하여 떡국같이 끓인 음식.

생-떼(生-)명 당치도 않은 일에 억지를 부리는 떼. ¶ 생떼를 부리다. /생떼를 쓰다.

생-떼거리(生-)명 〈생떼〉의 속된 말.

생뚱-맞다[-맏따]형 (하는 짓이나 말이) 앞뒤가 서로 맞지 아니하고 엉뚱하다. ¶ 생뚱맞은 소리를 잘도 한다.

생뚱-스럽다[-따][~스러우니·~스러워]형ㅂ (하는 짓이나 말이) 앞뒤가 서로 맞지 아니하고 엉뚱한 데가 있다. **생뚱스레**부.

생래(生來)[-내]명 ①세상에 태어난 이래. ¶ 생래 초문이다. ②타고남. ¶ 생래의 불구.

생랭(生冷)[-냉]명 ☞생랭지물(生冷之物).

생랭지물(生冷之物)[-냉-]명 날것과 찬 것. 생랭(生冷).

생략(省略)[-냑]명하타되자 (한 부분을) 덜어서 줄이거나 뺌. 약(略). ¶ 이하 생략.

생략-법(省略法)[-냑뻡]명 수사법상 변화법의 한 가지. 문장을 아예 생략하거나 중도에서 나머지 말을 생략하여 독자에게 함축미나 여운·암시 등을 느끼게 하는 표현 방법. 〔'꽃잎이 진다. 하나, 둘…' 따위.〕

생략^삼단^논법(省略三段論法)[-냑쌈-뻡]명 이론은 간결하면서 표현은 강한 효과를 얻기 위하여, 대전제·소전제·결론의 삼단 논법 전개 단계 중 하나를 생략한 것.

생략-표(省略標)[-냑-]명 ☞줄임표.

생량(生涼)[-냥]명하자 (가을이 되어) 서늘한 기운이 생김.

생량-머리(生涼-)[-냥-]명 (가을이 되어) 서늘하여질 무렵.

생력(省力)[-녁]명 힘이나 수고를 줄임.

생력-꾼(生力-)[-녁-]명 기운이 펄펄 솟는 사람.

생력^농업(省力農業)[-녕-]명 (기계화·협동화·집단화 등으로) 노동력을 절약하는 농업.

생력-화(省力化)[-녀콰]명하자타되자 작업의 기계화·자동화 등으로 노동력이나 수고를 줄이는 일.

생령(生靈)[-녕]명 ①☞생명(生命). ②산 사람의 영혼. ↔사령(死靈). ③☞생민(生民).

생례(省禮)[-녜]명하자 예절의 격식을 줄인다는 뜻으로, 상중(喪中)에 있는 사람에게 보내는 편지 글의 첫머리에 쓰는 말. 생식(省式).

생로(生路)[-노]명 ☞생계(生計).

생로병사(生老病死)[-노-]명 불교에서 이르는 네 가지 고통. 나고, 늙고, 병들고, 죽는 일. 사고(四苦).

생록-지(生漉紙)[-녹찌]명 닥나무의 겉껍질로 뜬 종이.

생률(生栗)[-뉼]명 ①☞날밤². ②겁질과 보늬를 벗기고 나부죽하게 친 날밤. 흔히, 잔치나 제사 때 쓰임.

생률(을) 치다관용 날밤의 껍질과 보늬를 벗기고 나부죽하게 다듬다.

생리(生利)[-니]명하자 이익을 냄.

생리(生理)[-니]명 ①생물체의 생명 활동과 관련되는 현상, 또는 그 원리. ②생활의 방식 또는 습성. ¶ 그 사람의 생리로는 그런 반응을 보이는 것이 이상할 것이 없다. ③하자☞월경(月經).

생리-대(生理帶)[-니-]명 ☞개짐.

생리-사별(生離死別)[-니-]명하자 살아서도 떨어져 있다가 죽어서 아주 헤어짐.

생리^식염수(生理食鹽水)[-니-]명 사람의 체액과 삼투압(滲透壓)을 같게 한 0.9%의 소금물. 체액 대용액(體液代用液). ㊂식염수.

생리^심리학(生理心理學)[-니-니-]명 심리학적인 사상(事象)을 생리 과정과의 관련에서 파악하여 생리학적 방법으로 연구하는 학문.

생리-위생(生理衛生)[-니-]명 ①생리와 위생. ②생리학과 위생학. ③월경과 관련된 위생.

생리-일(生理日)[-니-]명 월경이 있는 날.

생리^작용(生理作用)[-니-]명 생물의 생활하는 작용. 곧, '혈액 순환·호흡·소화·배설·생식 따위의 모든 작용'을 통틀어 이르는 말.

생리-적(生理的)[-니-]관명 ①생명 활동과 관계되는 (것). ¶ 생리적 발작. /생리적인 변화. ②생긴 대로의 본능적인 (것). ¶ 생리적 본능. /생리적인 욕구.

생리적 분업(生理的分業)[-니-뿌넙] 생물의 각 기관이 분업적으로 활동하여 기능을 발휘함으로써 유기체를 유지·발달시키는 일.

생리적 영도(生理的零度)[-니정녕-] 인간의 피부 감각으로 따뜻함이나 차가움을 느낄 수 없는 온도. 〔대개 28~29° C.〕

생리-통(生理痛)[-니-]명 ☞월경통(月經痛).

생리-학(生理學)[-니-]명 생물의 생리 작용과 생명 현상의 유기적 기능을 연구하는 생물학의 한 분야.

생리^휴가(生理休暇)[-니-]명 생리일에 주어지는 유급 휴가. 〔여성 근로자의 청구에 따라 한 달에 하루씩 인정됨.〕

생마(生馬)명 ①길들이지 않은 말. ㊥야생마(野生馬). ②갓 태어난 망아지.

생마 갈기 외로 길지 바로 길지속담 〔갓 태어난 망아지의 갈기가 왼쪽으로 눕게 될지, 오른쪽으로 눕게 될지 알 수 없다는 뜻으로〕 어린이가 자라서 어떤 사람이 될지 미리 예측하기 어렵다는 말.

생마 잡아 길 들이기〔들이지〕속담 버릇없고 배우지 못해서 성깔이 고약한 사람은 가르쳐 바로잡기 어렵다는 뜻.

생마(生麻)명 삶지 않은 삼.

생마-새끼(生馬-)명 ①길들이지 않은 망아지. ②'예의를 모르는 사람'을 속되게 이르는 말.

생-매(生-)명 길들이지 아니한 매.

생매(生埋)명하타되자 (산 것을) 그대로 땅속에 파묻음. 생장(生葬).

생-매장(生埋葬)명하타되자 ①(사람을) 산 채로 묻음. ②(잘못이 없는 사람에게) 허물을 씌워 어떤 지위에서 몰아내거나 명예를 추락시킴.

생-맥주(生麥酒)[-쭈]명 살균(殺菌) 공정을 거치지 않은 맥주.

생-머리명 〈새앙머리〉의 준말.

생-머리(生-)명 ①(파마 따위를 하지 않은) 나서 자란 그대로의 머리. ¶ 생머리를 길게 늘어뜨린 소녀. ②아무렇지도 않다가 특별한 이유 없이 갑자기 아픈 머리. ¶ 생머리를 앓다.

생-먹다(生-)[-따]타 ①(남의 말을) 듣지 않다. ¶ 남의 말을 생먹다가는 후회한다. ②모르는 체하다. ¶ 자네만 그 일을 생먹긴가?

생-멧소(生-)[-메쏘/-멘쏘]명 지난날, 소 한 마리 값의 돈을 빌려 쓰고 갚을 때까지 도조(賭租)를 이자로 물던 일.

생면(生面)명 ①〈생면목〉의 준말. ↔숙면(熟面). ②하자 생색을 냄.

생면-강산(生面江山)명 ①처음으로 보는 낯선 강산. ②난생 처음 듣고 보는 일.

생면-대책(生面大責)명하타 내막도 모르면서 관계없는 사람을 그릇 책망함.

생-면목(生面目)명 낯선 얼굴. 처음 대하는 얼굴. 준생면.

생면부지(生面不知)명 이전에 만나 본 일이 없어 전혀 모르는 사람, 또는 그런 관계. ¶ 생면부지인 저를 잘 돌봐 주셔서 감사합니다.

생멸(生滅)명하자 (우주 만물의) 생겨남과 없어짐.

생명(生命)명 ①살아 있기 위한 힘의 바탕이 되는 것. 목숨. 생(生). 생령(生靈). ②사물을 유지하는 기간. ¶ 정비를 잘해야 기계의 생명이 길어진다. ③사물의 핵심(核心). ¶ 책의 생명은 내용이다. ④어떤 사회적 존재로서의 특질. ¶ 학자로서의 생명을 잃다. ⑤딴 존재와 구별되는, 생물로서의 특성을 보여 주는 추상적 활동.

생명^감:정(生命感情)명 본능적 욕구와 직접 관련되는 감정. 〔허기·갈증·성적 흥분 따위.〕

생명^공학(生命工學)명 생물 특유의 기능인 유전·증식(增殖)·대사(代謝) 등을, 물질의 생산이나 검출(檢出) 등에 이용하는 기술. 바이오테크놀로지.

생명^과학(生命科學)명 생명 현상이나 생물의 갖가지 기능을 밝혀 그 성과를 농업·의학·환경의 보존이나 개선 따위의 인류 복지에 응용하려는 종합 과학.

생명-권(生命權)[-꿘]명 생명에 대한 불법적인 침해로부터 보호받을 법적 권리.

생명-력(生命力)[-녁]명 생명의 힘. ¶ 혹독한 추위를 견디어 온 강인한 생명력.

생명-록(生命錄)[-녹]명 기독교에서, '교인의 명부'를 이르는 말.

생명^보:험(生命保險)명 피보험자가 사망하거나 일정한 연령에 이르러야 일정한 금액의 지급을 약정한 보험.

생명-선(生命線)명 ①나라나 조직 등이 살아남기 위하여 꼭 지켜야 할 한계, 또는 최저 생활의 여건. ②삶을 보장해 주는 요긴한 수단. ¶ 안전벨트는 승객의 생명선이다. ③수상(手相)에서, 수명을 나타내는 손금.

생명-소(生命素)명 생명을 유지하는 데 필요한 요소(要素).

생명-수(生命水)명 〔영적 생명을 유지하는 데 필요한 물이란 뜻으로〕 기독교에서, 하나님의 복음을 이르는 말. 생수. 영생수(永生水).

생명-수(生命樹)명 ①☞선악과나무. ②생명의 원천이나 인류의 발상지로서의 나무. 〔북유럽·중동·인도 등지의 민간 신앙이나 신화에 나타남.〕 세계수(世界樹).

생명^연금(生命年金)[-년-]명 지급 기일에 살아 있어야만 지급되는 연금.

생명-점(生命點)[-쩜]명 덜미의 바로 위, 꼭뒤 아래의 약간 오목한 곳. 〔호흡 중추와 심장 중추가 있는데, 이곳을 바늘로 찌르면 죽음.〕

생-명주(生明紬)명 생사로 짠 명주. 생견(生絹). 준생주(生紬).

생-명주실(生明紬-)명 ☞생사(生絲).

생명^철학(生命哲學)명 체험으로서의 삶에서 출발하여 삶의 직접적인 파악을 지향하는 철학. 〔'삶의 철학'이라고도 함.〕

생명-체(生命體)명 생명이 있는 물체.

생명-표(生命表)명 국민의 생존·사망에 대하여, 생존율·사망률·평균 여명(餘命) 등을 연령별·남녀별 등으로 나타낸 표.

생명-형(生命刑)명 ☞사형(死刑).

생-모(生-)명 윷놀이에서, 말을 새로 달아야 하는 모.

생모(生母)명 (자기를) 낳은 어머니. 생어머니. 친어머니. ↔양모(養母).

생-모시(生-)명 누이지 않은 모시. 생저(生苧).

생:-목(-木)명 ☞당목(唐木). 본서양목.

생목(生-)명 입까지 치밀어 오르는, 배 속의 삭지 아니한 음식물. ¶ 생목이 올라 속이 거북하다.

생목(生木)[1]명 ☞생나무.

생목(生木)[2]명 누이지 않은 무명.

생-목숨(生-)[-쑴]명 ①살아 있는 목숨. ¶ 생목숨을 끊다. ②생사람의 목숨.

생몰(生沒)명 태어남과 죽음. ¶ 생몰 연대.

생-몰년(生沒年)[-련]명 태어난 해와 죽은 해. 생졸년(生卒年). ¶ 생몰년 미상(未詳).

생-무지(生-)명 어떤 일에 익숙하지 못한 사람. 생꾼. 생수(生手). ¶ 그런 생무지에게 일을 맡기다니….

생문(生門)명 술가의 팔문(八門) 가운데 길한 문의 하나.

생-문자(生文字)[-짜]명 새로 만들어져 널리 쓰이지 않아서 생된 문자나 용어.

생물(生物)명 ①스스로 영양을 섭취하며, 생장·번식·운동을 기본으로 하는 생활 현상을 가진 유기체. 동물과 식물로 크게 나뉨. 유생물(有生物). ↔무생물. ②☞생물학. ¶ 생물 수업.

생물^검:정(生物檢定)명 생물이 물질에 대하여 나타내는 생체 반응으로 물질의 성분·효력·성질 따위를 검정하는 일. 화학적 방법으로 측정할 수 없는 극히 적은 양의 물질의 증명이나 정량(定量)에 쓰임.

생물^계:절(生物季節)[-계-/-게-]명 식물의 싹트기나 열매 맺기, 동물의 털갈이나 탈바꿈, 물고기의 회유 등 계절에 따른 생물의 변화.

생물^공학(生物工學)명 생물학적인 과정의 지식과 방법을 기술적인 과제의 해결에 응용하는 과학. 생체 공학. 바이오닉스.

생물-권(生物圈)[-꿘]명 생물학에서, 생물이 생활하고 있는 장소 전체를 이르는 말. 〔물속이나 땅속 또는 공중의 극히 얇은 부분에 한정되어 있음.〕 생활권.

생물^기상학(生物氣象學)명 대기의 물리적·화학적 환경 조건이나 변화가 생체에 미치는 영향을 연구하는 학문.

생물^물리학(生物物理學)명 생명 현상이나 생리 작용을 물리적 방법으로 연구하는 학문.

생물^발광(生物發光)명 생물체에서 빛이 발생되는 현상. 〔일부의 균류나 반딧불이·야광충 따위에서 볼 수 있음.〕

생물^발전(生物發電)[-쩐]명 생물체에서 전기가 일어나는 현상.

생물-상 (生物相) [-쌍] 명 일정한 지역에 살고 있는 생물의 모든 종류.
생물^시대 (生物時代) 명 무생물 시대의 다음 시대. 지질학상 고생대(古生代)·중생대(中生代)·신생대(新生代)로 나눔.
생물-암 (生物岩) 명 생물의 생리 작용이나 유해(遺骸)가 퇴적하여 생성된 수성암(水成岩)의 한 가지. 〔석탄·석회암·구아노 따위.〕
생물^요법 (生物療法) [-료뻡] 명 생물학적 약제를 사용하는 치료법.
생물^전ː기 (生物電氣) 명 생물의 조직이나 기관에서 일어나는 전기 현상.
생물^지리학 (生物地理學) 명 지구 상의 생물 분포에 관하여 연구하는 학문. 동물 지리학과 식물 지리학이 있음.
생물-체 (生物體) 명 살아 있는 물체.
생물-학 (生物學) 명 생물의 기능·구조·발달·분포 및 생명 현상 전반을 연구하는 자연 과학의 한 분야. 생물(生物).
생물학^무ː기 (生物學武器) [-항-] 명 ☞생물학 병기(生物學兵器).
생물학^병기 (生物學兵器) [-뼝-] 명 세균이나 바이러스, 기타 생화학 물질을 이용하여 인간·가축·식물 등을 살상하거나 말려 죽이는 병기를 통틀어 이르는 말. 생물학 무기.
생물학적 리듬 (生物學的rhythm) [-쩍-] 생물체에서 볼 수 있는 주기적 현상.
생물학적 산소^요구량 (生物學的酸素要求量) [-쩍싼-] 물의 오염도를 나타내는 지표의 한 가지. 물속의 유기 물질을 호기성(好氣性) 미생물이 산화·분해하는 데 필요한 산소의 양. 〔단위는 ppm.〕 비오디(BOD). 참 화학적 산소 요구량.
생물학-전 (生物學戰) [-쩐] 명 사람과 동식물에게 질병을 일으키게 하거나 물질을 썩게 하는 미생물을 무기로 사용하는 전쟁. 세균전(細菌戰). 참 화생방전(化生放戰).
생물^화ː학 (生物化學) 명 ☞생화학(生化學).
생-미사 (生missa) 명 가톨릭에서, 살아 있는 이를 위하여 드리는 미사를 이르는 말.
생민 (生民) 명 〔살아 있는 백성이란 뜻으로〕 일반 국민. 민생(民生). 생령(生靈).
생밀 (生蜜) 명 정제하지 않은 꿀.
생박 (生縛) 명 하타 사로잡아 묶음.
생반 (生飯) 명 선종(禪宗)에서, 끼니 음식을 먹기 전에 아귀 또는 새와 들짐승 따위에게 주기 위하여 조금 떠내는 밥. 여동밥.
생-밤 (生-) 명 ☞날밤[2].
생-방송 (生放送) 명 하타 되자 스튜디오나 현장에서 직접 하는 방송. 참 녹음 방송·녹화 방송.
생배-앓다 (生-) [-알타] 자 〔공연히 배를 앓는다는 뜻으로〕 남이 잘되는 것을 시기하다. ¶ 체, 입사 동기가 승진했다고 생배앓을 게 뭐람.
생-백신 (生vaccine) 명 독성(毒性)을 없애거나 약하게 한, 살아 있는 균 또는 바이러스로 만든 백신. 균이나 바이러스를 죽여서 만든 백신에 비해 면역성도 길고 효과도 강함.
생-베 (生-) 명 누이지 않은 베. 생포(生布).
생-벼락 (生-) 명 ①아무 죄도 없이 맞는 벼락. ②아무 잘못도 없이 뜻밖에 당하는 재앙. ¶ 생벼락을 맞다. 날벼락.
생별 (生別) 명 하자타 〈생이별(生離別)〉의 준말.
생병 (生病) 명 무리한 일을 해서 생긴 병. ¶ 밤샘을 일삼더니 생병이 났다.
생복 (生鰒) 명 익히지 않은 전복. ↔숙복(熟鰒).
생부 (生父) 명 자기를 낳은 아버지. 친아버지. 생아버지. ↔양부(養父).
생-부모 (生父母) 명 양자로 간 사람의 생가(生家)의 부모. 본생부모(本生父母). ↔양부모.
생불 (生佛) 명 덕행(德行)이 뛰어난 중으로서, 살아 있는 부처로 숭앙받는 사람. 활불(活佛).
생불-불이 (生佛不二) 명 ☞생불일여.
생불여사 (生不如死) [-려-] 명 〔삶이 죽음만 못하다는 뜻으로〕 '몹시 곤란한 지경에 빠져 있음'을 뜻하는 말.
생불-일여 (生佛一如) 명 불교에서, 중생의 본성(本性)과 부처의 법신(法身)은 본래 같은 것이며 차별이 없다는 뜻. 생불불이.
생비 (省費) 명 하자 비용을 아낌.
생-뿔 명 ☞새앙뿔. 생강뿔.
생-사 (-紗) 명 ☞서양사(西洋紗).
생사 (生死) 명 ①삶과 죽음. ¶ 생사 불명. /생사를 같이하다. ②태어남과 죽음.
생사 (生絲) 명 삶지 않은 명주실. 날실[2]. 생명주실. ↔연사(練絲).
생사-가판 (生死可判) 명 하자 사느냐 죽느냐를 따지어 판단함. 사생가판.
생사-경 (生死境) 명 사느냐 죽느냐의 위급한 지경. 사경(死境).
생사-관두 (生死關頭) 명 ☞사생관두.
생-사당 (生祠堂) 명 지난날, 지방관(地方官)의 선정(善政)을 기리어, 백성들이 그의 생시(生時)에 그를 제사 지내던 사당.
생사-대해 (生死大海) 명 불교에서, '끝없는 윤회(輪廻)의 세계'를 '바다'에 비유하여 이르는 말.
생-사람 (生-) 명 ①아무 허물이 없는 사람. ②아무 관계도 없는 사람. ¶ 생사람을 붙잡고 하소연하다. ③생때같은 사람.
　생사람(을) 잡다 관용 아무 허물도 관계도 없는 사람에게 누명을 씌워 고생시키다.
생사-입판 (生死立判) 명 살고 죽는 것이 당장에 판정됨.
생사-존망 (生死存亡) 명 살아 있음과 죽어 없어짐. 사생존망. 사생출몰.
생사-탕 (生蛇湯) 명 산 뱀을 달인 탕약.
생산 (生産) 명 하타 ① 되자 인간 생활에 필요한 물건을 만듦. ¶ 식량을 생산하다. ↔소비. ②아이를 낳음. 출산(出産). ¶ 중전 마마께서 왕자를 생산하셨다. ③(동물이) 새끼를 낳음.
생산-가 (生産價) [-까] 명 ☞생산 가격.
생산^가격 (生産價格) [-까-] 명 생산비에 평균 이윤을 보탠 가격. 생산가.
생산-고 (生産高) 명 ①☞생산량. ②☞생산액.
생산^공채 (生産公債) 명 생산과 관련한 사업 경비를 마련하기 위하여 발행하는 공채.
생산^과ː잉 (生産過剩) 명 사회의 구매력(購買力)을 초과하여 상품이 생산되는 일.
생산^관ː리 (生産管理) [-괄-] 명 ①기업 경영에서, 생산 공정을 과학적으로 계획하고 통제하는 일. ②쟁의 행위의 한 가지. 근로자들이 실력으로 사용자의 의사를 물리치고 공장을 관리하며 경영하는 행위. 업무 관리.
생산^교ː육 (生産教育) 명 ①생산 기술(技術)과 노동(勞動)을 인간 형성의 핵심(核心)으로 삼는 교육. ②보통 교육에서의 생산 기술과 노동의 교육. 〔중·고등학교의 기술이나 가정 따위가 이에 해당됨.〕
생산^금융 (生産金融) [-금늉/-그뮹] 명 생산을 위하여 사용될 자금의 공급. ↔소비 금융.

생산^기간(生產期間)[명] 생산재(生產財)가 생산물이 되어 나오기까지의 기간.

생산^기관(生產機關)[명] 생산 수단에서 노동력을 제외한 기계와 원료 따위를 통틀어 이르는 말.

생산^도시(生產都市)[명] 생산 활동이 중심적 기능으로 되어 있는 도시. ↔소비 도시.

생산-량(生產量)[-냥][명] 일정 기간에 생산되는 분량. 생산고. ↔소비량.

생산-력(生產力)[-녁][명] 물질적인 재화(財貨)를 생산할 수 있는 힘. 생산 수단(生產手段)과 그것을 사용하여 물건을 만드는 사람, 곧 노동력(勞動力)으로 이루어짐.

생산-물(生產物)[명] 생산된 물건.

생산-비(生產費)[명] 생산에 드는 비용. 원료비·노임·동력비 등의 가변 비용(可變費用)과, 사무비·판매비·감가 상각비·이자 등의 불변 비용(不變費用)으로 나뉨.

생산비-설(生產費說)[명] 상품 가격은 그 상품의 생산비에 따라 결정된다는 설.

생산-성(生產性)[-썽][명] 노동·설비·원료 등의 투입량과 그 생산량과의 비율.

생산성^향:상^운:동(生產性向上運動)[-썽-][명] 산업을 합리화하여 생산의 능률을 높임으로써 생산과 이윤을 증가시키고 임금 인상을 실행하여 국민의 생활수준을 향상시키려는 운동.

생산^수단(生產手段)[명] 재화(財貨)를 생산하는 과정에서 물질적 조건으로서 사용되는 것. 토지·원료 등의 노동 대상(勞動對象)과, 기계·공장·교통 등의 노동 수단으로 나뉨.

생산-액(生產額)[명] 일정 기간에 생산되는 재화의 액수. 생산고. ↔소비액.

생산^양식(生產樣式)[-냥-][명] 인간의 생존에 필요한 생활 수단을 얻는 역사적·사회적 양식. 〔원시 공산제, 노예제, 봉건제, 자본주의, 사회주의의 다섯 가지 기본형이 있음.〕

생산-업(生產業)[명] 재화를 생산하는 사업, 또는 그런 사업에 종사하는 직업.

생산^연령(生產年齡)[-녈-][명] 생산 활동에 종사할 수 있는 연령. 포괄적인 경제 활동의 기준으로, 보통 만 15세 이상 65세 미만을 이름.

생산^요소(生產要素)[-뇨-][명] 생산을 하기 위해 반드시 갖추어야 할 요소. 곧, 토지·자본·노동의 세 가지를 가리킴.

생산-자(生產者)[명] ①재화(財貨)의 생산에 종사하는 사람. ②자연계에서, 무기물로부터 유기물을 합성하는 생물. 광합성을 하는 녹색 식물 따위. ↔소비자.

생산자^가격(生產者價格)[-까-][명] 생산자가 생산물을 상인이나 그 밖의 중간 업자에게 파는 가격. ↔소비자 가격.

생산^자본(生產資本)[명] 생산 요소, 곧 노동력과 생산 수단의 형태로서 생산 과정을 구성하는 자본. (참)유통 자본.

생산-재(生產財)[명] 생산의 과정에서 쓰이는 재화. 넓은 뜻으로는 자본재(資本財)와 같으나, 좁은 뜻으로는 원자재(原資材)와 같이 한 번의 생산으로 없어지고 마는 재화를 뜻함. ↔소비재.

생산-적(生產的)[관][명] ①생산과 관계있거나 생산성이 높은 (것). ¶ 생산적 활동./생산적인 일. ②새로운 것이 생겨나게 하는 (것). ¶ 생산적 의견./생산적인 생각.

생산^조합(生產組合)[명] 같은 업종 또는 같은 지역의 생산자가 조직한 협동조합.

생산-지(生產地)[명] 생산하거나 생산된 곳. ¶ 생산지 가격. ↔소비지.

생산^지수(生產指數)[명] 어떤 시점을 기준으로 하여 생산량의 변동의 상태를 나타내는 지수.

생산-직(生產職)[명] 공장에서 물건을 직접 만드는 일을 맡아보는 직종. ↔사무직.

생산^카르텔(生產Kartell)[명] 같은 산업 부문의 기업들이 서로의 이익을 위하여 조직한 카르텔.

생산-품(生產品)[명] 생산되는 물품. ↔소비품.

생-살(生-)[명] ①새살. ②환부(患部)가 아닌 성한 살. ¶ 생살을 도려내는 아픔.

생살(生殺)[명](하타) 살리는 일과 죽이는 일. 생지살지(生之殺之). 활살(活殺).

생살-권(生殺權)[꿘][명] 살리고 죽이는 권리. 생살지권(生殺之權).

생살-여탈(生殺與奪)[-려-][명](하타) 〔살리기도 하고 죽이기도 하고, 주기도 하고 빼앗기도 한다는 뜻으로〕 남의 목숨이나 재물을 마음대로 함.

생살여탈-권(生殺與奪權)[-려-꿘][명] 생살여탈을 마음대로 할 수 있는 절대적인 권리.

생살지권(生殺之權)[-찌꿘][명] ☞생살권.

생삼(生蔘)[명] ☞수삼(水蔘).

생삼-사칠(生三死七)[명] 사람이 태어난 뒤의 사흘 동안과, 죽은 뒤의 이레 동안. 〔민간에서는 이 기간을 부정(不淨)하다 하여 꺼리는 풍습이 있음.〕

생-삼팔(生三八)[명] 생사로 짠 삼팔주(三八紬).

생색(生色)[명] 남에게 어떤 도움을 준 일로 떳떳해지는 체면. 생광(生光). ¶ 생색을 쓰다.

생색-나다(生色-)[-생-][자] 체면이 서다. 낯나다. ¶ 생색날 일만 골라서 한다.

생색-내다(生色-)[-생-][타] 남에게 무엇을 베푼 데 대하여 체면이 선 것을 공치사하여 드러내어 보이다. ¶ 제가 준 것처럼 생색내는 꼴이라니….

생-생가(生生家)[명] 친아버지의 생가.

생-생목(生-木)[명] 누이지 않은 당목(唐木).

생생-발전(生生發展)[-쩐][명](하자) 끊임없이 활동하면서 힘차게 발전함.

생생이[명] 노름판 같은 데서, 속임수를 써서 돈을 빼앗는 짓.

생생이-판[명] 생생이를 하는 판.

생생-자(生生字)[명] 조선 정조 때, 중국 취진판자전(聚珍版字典)의 자체(字體)대로 만든 나무 활자.

생생지리(生生之理)[명] 모든 생물이 생겨나고 퍼지는 자연의 이치.

생생-하다[형여] ①생기(生氣)가 왕성하다. 신선하고 발랄하다. ¶ 생선이 물이 좋아 생생하다. (큰)싱싱하다. (센)쌩쌩하다. ②눈에 보이는 듯 또렷하다. ¶ 아직도 그때의 기억이 생생하다. 생생-히[부].

생생-화육(生生化育)[명](하타) 천지자연이 만물을 가꾸어 우주를 경영함.

생석(生石)[명] 맷돌 따위를 만드는 데 쓰는 회청색의 광석(鑛石).

생석-매(生石-)[-성-][명] 생석으로 만든 맷돌.

생-석회(生石灰)[-서쾨/-서퀘][명] '산화칼슘'을 흔히 이르는 말. 강회(剛灰). (준)생회.

생선(生鮮)[명] 말리거나 절이지 않은, 잡은 그대로의 신선한 물고기. 생어(生魚). 선어(鮮魚). 어선(魚鮮). (참)활어(活魚).

생선-간(生鮮干)[명] 조선 시대에, 궁중에 물고기를 잡아 바치던 천역자(賤役者).

생선-국(生鮮-)[-꾹][명] 생선을 넣고 끓인 국. 어탕(魚湯).

생선-묵(生鮮-)[명] ☞어묵.

생선-장(生鮮場)명 ☞어시장(魚市場).
생선-전(生鮮煎)명 생선 살을 넓적하게 저며 소금을 뿌리고 밀가루와 달걀을 씌워 지진 음식. 어전(魚煎).
생선-전(生鮮廛)명 ①생선 가게. ②조선 시대에, 서울 종로 서쪽에 있던, 생선을 팔던 노점.
생선-젓(生鮮-)[-젇]명 ☞식해(食醢). *생선젓이[-저시]·생선젓만[-전-]
생선-회(生鮮膾)[-회/-훼]명 ☞어회(魚膾).
생성(生成)명 ①하자타 되자 사물이 생겨남, 또는 생겨 이루어지게 함. ¶ 화산이 생성되다. ②철학에서, 사물이 어떤 상태로부터 변하여 다른 상태로 됨을 이르는 말.
생성^문법(生成文法)[-뻡]명 미국의 언어학자 촘스키 등이 주창한 언어 이론. 인간 의식 내면에 숨겨진 무한한 언어 생성 능력의 기술(記述)을 목적으로 하는 것. 변형 생성 문법.
생세지락(生世之樂)명 세상에 태어나서 살아가는 재미.
생소(生疎) '생소하다'의 어근.
생-소나무(生-)명 ①(말라 죽은 소나무에 대하여) 살아 있는 소나무. ②벤 지 얼마 되지 않아 아직 마르지 않은 소나무. 생솔.
생-소리(生-)명하자 ①이치에 맞지 않는 엉뚱한 말. ¶ 괜한 생소리로 사람 잡지 마세요. ②노래를 할 때 가다듬어서 소리를 내지 않고 목에서 나오는 대로 소리를 냄, 또는 그런 소리.
생-소산(生燒散)명하타 불교에서, 자기 몸을 태워 부처에게 공양하는 일. 생화장(生火葬).
생소-하다(生疎-)형여 ①낯설다. ¶ 생소한 관계. /모든 것이 생소하기만 한 타향 생활. ②서투르다. ¶ 생소한 업무.
생-손명 〈생인손〉의 준말.
생-솔(生-)명 ☞생소나무. ¶ 생솔이라 불땀이 적다.
생수(生手)명 ☞생무지.
생수(生水)명 ①끓이거나 소독하거나 하지 않은 맑은 샘물. ②☞생명수(生命水). ③'먹는 샘물'을 흔히 이르는 말.
생수-받이(生水-)[-바지]명 땅에서 나오는 물을 받아서 경작하는 논.
생숙(生熟)명 ①날것과 익은 것. ②서투름과 익숙함. ¶ 십여 편 글 중에 우열과 생숙이 뚜렷하여….
생숙-탕(生熟湯)명 끓인 물에 냉수를 탄 물. 한방에서, 곽란이나 구토에 약으로 씀.
생시(生時)명 ①태어난 시간. ②잠자지 않는 동안. ¶ 꿈이냐, 생시냐. ③살아 있는 동안. ¶ 부모님 생시에 잘해 드려라.
생식(生食)명하타 음식을 익히지 않고 날로 먹는 일. ¶ 민물고기는 생식하지 않는 것이 좋다. ↔화식(火食).
생식(生殖)명하타 ①낳아서 불림. ②생물이 자기와 같은 종류의 생물을 새로이 만들어 내는 일. 유성 생식과 무성 생식으로 나뉨.
생식(省式)명하자 ☞생례(省禮).
생식-기(生殖期)[-끼]명 생식이 이루어지는 시기. 생식에 알맞은 계절.
생식-기(生殖器)[-끼]명 생물의 유성 생식을 하는 기관. 〔동물에서는 정소(精巢)·고환(睾丸)·음경(陰莖)·난소(卵巢)·자궁·질(膣) 따위, 식물에서는 암술·수술 따위.〕 교접기(交接器). 성기(性器).
생식^기능(生殖機能)[-끼-]명 생물이 새로운 개체를 생식할 수 있는 기능.
생식기^숭배(生殖器崇拜)[-끼-]명 풍요와 생산의 상징으로서 생식기를 숭배하는 원시 신앙.
생식^불능(生殖不能)[-뿔릉]명 성교는 가능하나 임신이 되지 않는 상태.
생식-샘(生殖-)[-쌤]명 정소(精巢)와 난소(卵巢)를 통틀어 이르는 말. 생식선. 생식소(生殖巢). 성선(性腺). 성소(性巢).
생식-선(生殖腺)[-썬]명 ☞생식샘.
생식^세:포(生殖細胞)[-쎄-]명 생식을 위하여 분화(分化)한 세포. 생물체를 구성하는 세포 중에서 다음 세대를 만들어 내는 바탕이 되는 세포. 성세포(性細胞).
생식-소(生殖素)[-쏘]명 생식 세포 속에 있어서 형질(形質) 유전의 특수한 능력을 가진 물질.
생식-소(生殖巢)[-쏘]명 ☞생식샘.
생식-수관(生殖輸管)[-쑤-]명 생식 기관의 일부. 수정관이나 수란관과 같이 생식 세포나 배(胚)를 간직했다가 외부로 내보내는 관.
생식-욕(生殖慾)[-싱뇩]명 본능적으로 생식을 하고자 하는 생물의 욕구.
생신(生辰)명 〈생일(生日)〉의 높임말.
생신(生新)[1]명하자 종기나 상처가 아물면서 새살이 나옴.
생신(生新)[2] '생신하다'의 어근.
생신-차례(生辰茶禮)명 죽은 사람의 생일에 지내는 차례. 보통 삼년상 안에 지냄.
생신-하다(生新-)형여 산뜻하고 새롭다.
생-실과(生實果)명 ☞생과실(生果實).
생심(生心)명하자 하려는 마음을 냄, 또는 그 마음. 생의(生意). ¶ 견물생심.
생-쌀(生-)명 익히지 아니한 쌀.
생-아버지(生-)명 양자나 양녀로 간 사람이 친아버지를 일컫는 말. 생부(生父). 친아버지. ↔양아버지.
생안-발명 '생인발'의 잘못.
생안-손명 '생인손'의 잘못.
생애(生涯)명 ①이 세상에 살아 있는 동안. 한평생. ¶ 생애에서 결코 잊을 수 없는 일. ②한평생 중에서 어떤 일에 관계한 동안. ¶ 교육가로서의 생애. ③생활을 위한 사업. ⓢ생계(生計).
생애^교:육(生涯敎育)명 ☞평생 교육.
생-야단(生惹端)[-냐-]명하자 ①공연히 떠들고 법석거리는 일. ¶ 아이들이 생야단이다. ②공연히 심하게 꾸짖는 일. ¶ 생야단을 맞다. ③아주 난처하거나 곤란하게 된 일. ¶ 폭우로 교통이 두절되어 갈 수가 없으니 생야단이다.
생약(生藥)명 동물·식물·광물 중에서 약으로 쓸 성분이 들어 있는 부분을 채취하여, 그대로 쓰거나 말리거나 썰거나 정제하여 쓰는 약재.
생양(生養)명하타 기르는 일. ㉥부양(扶養).
생-양가(生養家)명 생가와 양가.
생양가-봉사(生養家奉祀)명 양자로 나간 사람이 생가의 제사까지 받드는 일.
생-양목(生洋木)명 ☞생옥양목.
생어(生魚)명 ①살아 있는 물고기. ②☞생선.
생-어머니(生-)명 양자나 양녀로 간 사람이 친어머니를 일컫는 말. 생모(生母). 친어머니. ↔양어머니.
생-억지(生-)[-찌]명 아무런 까닭도 없이 생판으로 부리는 억지. ¶ 안 되는 줄 알면서도 생억지를 쓰다.
생업(生業)명 생활비를 벌기 위한 직업. ¶ 문필(文筆)을 생업으로 삼다.
생영(生榮)명하자 삶을 누림.

생-옥양목(生玉洋木)명 빨지 아니한 옥양목. 생당목(生唐木). 생양목(生洋木).
생왕(生旺)명 ①하자 왕성하게 삶. ②자유로이 삶. ¶ 생왕을 누리다.
생왕-방(生旺方)명 〔오행(五行)으로 보았을 때의〕 좋은 방위.
생-외가(生外家)[-외-/-웨-]명 양자로 간 사람의, 생가(生家) 쪽의 외가.
생-욕(生辱)명 생판으로 당하는 욕.
생-우유(生牛乳)명 소에서 짜낸 그대로의, 끓이지 않은 우유. 준생유(生乳).
생-울타리(生-)명 '산울타리'의 잘못.
생원(生員)명 ①조선 시대에, 소과(小科)의 종장(終場)에 급제한 사람을 일컫던 말. 신분상 선비로서 사회적 공인을 받았음. ②'나이 많은 선비'를 대접하여 이르던 말.
생원-님(生員-)명 상사람이 선비를 부르던 말. 준샌님.
생원님이 종만 업신여긴다속담 무능한 사람이 자기 손아랫사람에게만 큰소리치며 잘난 체한다는 말.
생월(生月)명 태어난 달.
생월-생시(生月生時)명 태어난 달과 태어난 시. ¶ 생월생시로 점(占)을 치다.
생유(生有)명 불교에서 이르는 사유(四有)의 하나. 모태에 의탁하여 처음으로 생을 받는 순간.
생유(生乳)명 ①〈생우유〉의 준말. ②끓이지 않은 우유나 양유. 생젖.
생-유기(生油氣)명 ☞에틸렌.
생육(生肉)명 날고기.
생육(生育)명되자 ①하자생물이 나서 자람. ¶ 생육 기간이 짧은 품종. ②하타낳아서 기름.
생-육신(生六臣)[-씬]명 조선 시대에, 단종(端宗)을 폐위(廢位)시킨 세조(世祖)에 불복하여 평생 야인(野人)으로 지조를 지키며 살았던 여섯 충신. 곧, 이맹전(李孟專)·조려(趙旅)·원호(元昊)·김시습(金時習)·남효온(南孝溫)·성담수(成聃壽). 참사육신(死六臣).
생-윷(生-)[-늍]명 윷을 놀 때, 네 개의 말이 전혀 뭉치지 못하고 모두 따로 흩어져 돌게 된 사위. * 생윷이[-뉴치]·생윷만[-는-]
생-으로(生-)부 ①익거나, 마르거나, 삶지 아니한 채로. 날것으로. ②저절로 되지 않고 무리하게. ¶ 생으로 떼어 내다.
생-음악(生音樂)명 관객 앞에서 실제로 노래하거나 연주하는 생생한 음악.
생의(生意)[-의/-이]명하자 ☞생심(生心).
생이명 새뱅잇과의 새우. 몸길이 26~30 mm. 암컷이 수컷보다 큼. 보통 갈색이며 암컷은 배 한가운데 무늬가 뚜렷하지만 수컷은 희미함. 연못·저수지·냇물 등 민물에서 삶. 여름 내내 산란 번식함. 젓을 담그거나 말려서 먹음. 토하.
생이 벼락 맞던 이야기를 한다속담 ①쓸데없는 잔소리를 즐겨 하는 것을 핀잔하는 말. ②까맣게 잊어버린 옛일을 새삼스럽게 이야기함을 이르는 말.
생이-가래명 생이가랫과의 일년초. 논밭이나 연못 등의 물 위에 떠서 자라는데, 길이는 7~10 cm. 잎은 세 개씩 돌려나는데 마주난 두 잎은 물 위에 뜨고, 물속에 잠기는 잎은 뿌리 구실을 함.
생-이별(生離別)[-니-]명하자.타 (혈육이나 부부끼리 어쩔 수 없는 사정으로) 살아서 이별함, 또는 그런 이별. 준생별(生別). 참사별(死別).
생이지지(生而知之)명하자 ☞생지(生知).
생인(生人)명 ①살아 있는 사람. ②처음 보는 낯선 사람.
생인(生因)명 (사물의 현상이) 생긴 원인.
생인-발명 발가락 끝에 종기가 나서 곪는 병.
생인-손명 손가락 끝에 종기가 나서 곪는 병. ¶ 생인손을 앓다. 준생손.
생일(生日)명 태어난 날. 탄생일. 돌[1]. 높생신.
생일-날(生日-)[-랄]명 생일이 되는 날.
생일날 잘 먹으려고 이레를 굶는다속담 어떻게 될지도 모를 앞일을 미리부터 지나치게 기대한다는 말.
생일-맞이(生日-)명하자 생일날 신명(神明) 앞에 음식을 차려 놓고, 무당이나 판수로 하여금 복을 빌게 하던 일.
생일^불공(生日佛供)명 생일에 올리는 불공. ¶ 절에 가서 생일 불공을 드리다.
생일-빠낙(生日-)명 생일잔치를 베푸는 때.
생일-상(生日床)[-쌍]명 생일을 축하하기 위해 음식을 차려 놓은 상. ¶ 생일상을 받다.
생일-잔치(生日-)명하자 생일에 베푸는 잔치. 수연(晬宴). 호연(弧宴). ¶ 생일잔치에 초대받았다.
생-입(生-)[-닙]명 쓸데없이 놀리는 입. ¶ 생입 놀리다가 큰코다친다.
생자(生子)명하자 ☞생남(生男).
생자(生者)명 ①산 사람. ②생명이 있는 것.
생-자리(生-)명 손을 대지 아니한 자리.
생자-필멸(生者必滅)명 불교에서, 생명이 있는 것은 반드시 죽을 때가 있다는 뜻으로 이르는 말.
생장(生長)명하자 나서 자라거나 큼. ¶ 생장 과정. /생장 발육. /생장이 뜨다.
생장(生葬)명하타되자 산 채로 땅에 묻음. 산장. 생매.
생장^곡선(生長曲線)[-썬]명 ☞성장 곡선.
생장^운:동(生長運動)명 식물의 각 부분의 성장이 균등하지 않음으로써 일어나는 운동. 자극에 의한 굴성(屈性)·경성(傾性)이 대부분임. 성장 운동.
생-장작(生長斫)명 마르지 않은 장작.
생장-점(生長點)[-쩜]명 식물의 뿌리 끝과 줄기 끝에 있는, 세포 분열을 하며 생장을 촉진하는 부분. 성장점(成長點). 자람점.
생장^호르몬(生長hormone)명 ☞성장 호르몬.
생재(生財)명하자 재물을 늘림.
생재(眚災)명하자 과실(過失)이나 우연한 일로 잘못을 저지름, 또는 그로 말미암아 생긴 재앙.
생-재기(生-)명 종이·피륙 따위의 성한 부분.
생재기(가) 미다관용 생재기가 구멍이 나거나 찢어지다.
생재지방(生財之方)명 ①재물을 늘리는 방법. ②살아 나갈 방도.
생저(生苧)명 ☞생모시.
생전(生前)명 살아 있는 동안. 죽기 전. ¶ 그가 생전에 거처하던 방. ↔사후.
생전-예수(生前豫修)[-녜-]명 ☞역수(逆修). 예수(豫修).
생전^처:분(生前處分)명 법률에서, 당사자의 생전에 효력이 발생하는 재산의 처분 행위. 당사자의 사망과는 관계없는 법률 행위. 생전 행위. ↔사인 처분(死因處分).
생전^행위(生前行爲)명 ☞생전 처분.
생정(生庭)[1]명 '생가(生家)'를 높이어 이르는 말. ↔양정(養庭).

생정(生庭)[2] 명 ☞백목련(白木蓮).

생-정문(生旌門) 명 효자나 열녀를 기리기 위하여 그 동네 어귀에 세우던 정문(旌門).

생-젖(生-)[-젇] 명 ①☞생유(生乳). ②억지로 일찍 떼는 젖. ¶ 생젖을 떼다. ＊생젖이[-저지]·생젖만[-전-]

생존(生存) 명하자 (죽지 않고) 살아 있음. 살아남음. 존명(存命). ¶ 생존을 위하여 싸우다. / 기적적으로 생존한 사람.

생존^경ː쟁(生存競爭) 명 ①(살아남기 위하여) 먹이나 사는 곳 따위를 서로 차지하려는 생물 사이의 경쟁. ②(생활이나 지위 따위를 둘러싸고) 인간 사회에서 일어나는 모든 경쟁.

생존-권(生存權)[-꿘] 명 국민이, 인간답게 살아가기 위한 여러 가지 조건의 확보를 국가에 요구할 수 있는 권리.

생존^보ː험(生存保險) 명 생명 보험의 한 가지. 피보험자가 일정한 나이에 이르렀을 때 보험금을 받게 되어 있는 보험.

생존-자(生存者) 명 ①살아 있는 사람. ②살아남은 사람.

생졸-년(生卒年)[-련] 명 ☞생몰년(生沒年).

생주(生紬) 명 〈생명주(生明紬)〉의 준말.

생-죽음(生-) 명하자 제명대로 살지 못하고 죽음. ¶ 교통사고로 생죽음을 당하다.

생중(生中) 명 술에 취하지 않았을 때. ¶ 생중에 한 말. ↔취중(醉中).

생-중계(生中階)[-계/-게] 명하타되자 운동 경기나 행사 따위의 실황을 실시간으로 그대로 보여 주는 중계방송. ¶ 올림픽 개막식 생중계.

생ː-쥐 명 쥣과의 포유동물. 쥐 종류 가운데서 가장 작음. 등은 흑갈색이고 배는 흰색임. 전 세계의 인가(人家)나 농경지에서 살면서 곡물이나 채소 따위를 해침.

생쥐 볼가심할 것도 없다 속담 아무 먹을 것도 없이 매우 가난하다는 뜻.

생즉무생(生卽無生)[-증-] 명 불교에서, 태어난다고 하는 그 사실도, 실은 인연에 따른 가생(假生)일 뿐이므로, 근본을 따지면 무생(無生)이라고 하는 생각.

생즙(生汁) 명 과일이나 채소 따위의 식물을 짓찧거나 갈아서 짜낸 즙.

생지(生地) 명 ①☞생땅. ②생소한 땅. ③출생한 곳. ④〔사지(死地)에 대하여〕 살아 돌아올 수 있는 땅, 곧 생명이 안전한 곳.

생지(生知) 명하자 삼지(三知)의 하나. 배우지 않아도 스스로 깨달아 앎. 생이지지(生而知之).

생지(生紙) 명 가공을 하지 않은, 뜬 채로의 종이.

생지살지(生之殺之)[-찌] 명하타 ☞생살(生殺).

생지안행(生知安行) 명하자 천성이 총명하여, 배우지 않고도 도리를 깨달아 편안하고 쉽게 이를 실행함.

생-지옥(生地獄) 명 살아 있으면서, 마치 지옥에 떨어진 것 같은 심한 고통을 겪는 일. 산지옥. ¶ 출근 때의 지하철은 생지옥이다.

생지-주의(生地主義)[-의/-이] 명 국적 취득(國籍取得)에 관한 원칙의 한 가지. 출생 때의 부모의 국적에 관계없이 출생지에 따라 국적을 결정하게 되어 있음. 출생지주의.

생-지황(生地黃) 명 한방에서, '지황 뿌리의 날것'을 이르는 말. 혈증(血症)을 다스리는 데 쓰임. 참숙지황(熟地黃).

생진(生進) 명 생원과 진사를 아울러 이르던 말.

생진-과(生進科) 명 생원과(生員科)와 진사과(進士科)를 아울러 이르던 말.

생-진헌(生進獻) 명 얇고 가벼운 생모시.

생질(甥姪) 명 누이의 아들.

생-질녀(甥姪女)[-려] 명 누이의 딸.

생-질부(甥姪婦) 명 누이의 며느리.

생질-서(甥姪壻) 명 누이의 사위.

생징(生徵) 명하타 ☞백징(白徵).

생-짜(生-) 명 ①날것. ¶ 고기를 생짜로 먹다. ②손대지 않은 그대로의 것. 날짜[2].

생ː쪽-매듭[-쫑-] 명 생강 쪽 모양으로 맺은 전통 매듭의 한 가지. '우물 정(井)' 자로 얽고 둥근 귀가 세 쪽으로 둘러싸이게 맺음.

생채(生彩) 명 생생한 빛이나 기운. ¶ 얼굴에 생채가 돌다. 비생기.

생채(生菜) 명 익히지 않은 나물.

생-채기 명 (손톱 따위) 가늘고 날카로운 것에 긁히거나 할퀴어져 생긴 작은 상처.

생ː철(-鐵) 명 얇은 철판의 양면에 주석을 입힌 것. 양철.

생철(生鐵) 명 ☞무쇠.

생ː철-통(-鐵桶) 명 ☞양철통.

생청 명 시치미를 떼고 하는, 앞뒤가 맞지 않는 말.

생청(生淸) 명 꿀.

생청-붙이다[-부치-] 자 시치미를 떼고 앞뒤가 맞지 않는 말을 하다.

생청-스럽다[-따][~스러우니·~스러워] 형ㅂ 생청을 붙이는 태도가 있다. **생청스레** 부.

생체(生體) 명 생물의 몸. 살아 있는 몸. 산몸. ¶ 생체를 해부하다.

생체^검ː사(生體檢査) 명 환자의 생체의 일부분을 외과적(外科的)으로 떼어 내어 현미경 같은 것을 사용하여 병리 조직학적으로 검사하는 일.

생체^결정(生體結晶)[-쩡] 명 생물체 안에서 이루어지는 결정 작용. 진주조개의 진주층 형성이나, 사람의 신장·담낭(膽囊)에 생기는 결석(結石) 같은 것.

생체^공학(生體工學) 명 ☞생물 공학.

생체^리듬(生體rhythm) 명 ☞바이오리듬.

생체^반ː응(生體反應) 명 ① 살아 있는 세포 안에서만 나타나는 정색 반응(呈色反應)이나 침전 반응(沈澱反應). ②☞생활 반응.

생체^산화(生體酸化) 명 생물이 에너지를 얻기 위하여 체내에서 음식물을 산화할 때의 그 산화 환원 반응.

생체^색소(生體色素)[-쏘] 명 생물의 체내에 존재하는 유색 물질.

생체^실험(生體實驗) 명 (사람의) 살아 있는 몸을 사용하여 실험하는 일.

생체^염ː색(生體染色) 명 생물의 발생이나 구조 등을 알아보기 위하여, 생체의 세포나 조직을 물들이는 일.

생체^전ː기(生體電氣) 명 생물의 생명 활동에 따라서 생기는 전기.

생초(生草) 명 살아 있거나 마르지 아니한 풀. 생풀. ↔건초(乾草).

생초(生綃) 명 생사(生絲)로 얇게 짠 사(紗)붙이의 한 가지.

생-초목(生草木) 명 살아 있는 풀과 나무.

생초목에 불붙는다 속담 뜻밖의 화를 당하거나 요절(夭折)하거나 하는 경우의 '기막히는 정상(情狀)'을 비유하여 이르는 말.

생-초상(生初喪) 명 생죽음한 사람의 초상.

생축(生祝) 명 절에서, 살아 있는 사람을 위하여 복을 비는 일.

생치(生雉) 명 익히지 않은 꿩고기.

생치^곤:란(*生齒困難) [-골-] 명 이가 돋아날 때 그 부위의 잇몸에 염증을 일으키는 일.
생칠(生漆) 명 ①달이지 아니한 옻칠. ②정제(精製)하지 않은 옻나무의 진.
생-크림(生cream) 명 우유에서 뽑아낸 지방분. 서양 요리나 양과자(洋菓子)·커피 따위에 쓰임.
생탄(生誕) 명하자되자 ☞탄생(誕生).
생탈(生頉) 명하자 일부러 탈을 만듦.
생태(生太) 명 말리거나 얼리지 않은, 잡은 그대로의 명태.
생태(生態) 명 생물이 자연계에서 생활하고 있는 모습. ¶ 개미의 생태를 관찰하다.
생태-계(生態系) [-계/-게] 명 일정한 지역이 생물 공동체와 이들의 생명 유지의 근원이 되는 무기적(無機的) 환경이 서로 복잡한 상호 의존 관계를 유지하면서 균형과 조화를 이루는 자연의 체계. 생태학의 대상이 됨.
생태^변:화(生態變化) 명 생물이 환경에 좇아서 생태를 바꾸는 일.
생태적 지위(生態的地位) [-찌-] 생물이 생태계 안의 먹이 연쇄 속에서 차지하는 위치.
생태-학(生態學) 명 생물과 환경과의 상호 작용을 연구하는 생물학의 한 분야.
생태-형(生態型) 명 같은 종(種)의 생물이 서로 다른 환경에 적응함으로써 유전적으로 고정된 형.
생-토끼 명 생토낏과의 동물. 토끼와 비슷하나 몸집이 작고, 귀는 쥐처럼 짧고 둥글며 꼬리가 없음. 산의 바위나 돌이 많은 곳에 모여 살면서 밤에 활동함. 새앙토끼.
생-트집(生-) 명하자 아무 까닭 없이 공연히 부리는 트집. ¶ 생트집을 잡다.
생-파리(生-) 명 '남이 말을 붙일 수도 없게 성격이 쌀쌀하고 까다로운 사람'을 농조로 이르는 말. ¶ 그 친구 생파리라 도무지 정이 안 간다.
　생파리 잡아떼듯 속담 말도 붙여 보지 못하도록 쌀쌀하게 거절하는 경우를 이르는 말.
생판(生-) Ⅰ 명 (어떤 일에 대하여) 전혀 모름, 또는 그 모르는 사람. 백지(白紙). ¶ 그 일에 대해서 완전히 생판이야.
　Ⅱ 부 아주 생소하게. 백판(白板)[2]. 전혀. ¶ 생판 낯선 사람.
생폐(生弊) [-폐/-페] 명하자 폐단이 생김.
생폐(牲幣) [-폐/-페] 명 희생(犧牲)과 폐백(幣帛).
생포(生布) 명 ☞생베.
생포(生捕) 명하타 사로잡음. 생금(生擒). ¶ 적장(敵將)을 생포하다.
생-풀(生-)[1] 명 밀가루나 쌀가루를 물에 풀어서 그대로 쓰는 풀.
생-풀(生-)[2] 명하자 누이어 낸 모시 따위를 필째로 풀을 먹여서 다듬지 않고 말리는 일. 둘이 마주 잡고 흔들어 말림.
생-풀(生-)[3] 명 마르지 아니한 싱싱한 풀. 생초(生草). ↔마른풀.
생-피(生-) 명 동물의 몸에서 갓 뽑아낸 피. 생혈(生血). ¶ 노루의 생피.
생피(生皮) 명 무두질하지 않은 동물의 가죽. 날가죽. 생가죽.
생-핀잔(生-) 명 아무 까닭 없는 핀잔.
생-필름(生film) 명 아직 감광(感光)하지 않은 필름. 사용하지 않은 필름.
생필-품(生必品) 명 〈생활필수품〉의 준말.
생-하수(生下水) 명 정화(淨化)하지 않고 그대로 흘려보내는 하수.
생합(生蛤) 명 익히지 아니한 대합조개.
생-합성(生合成) [-썽] 명 생체(生體) 안의 생리적 반응에 의한 유기 물질의 합성. 〔인공적인 화학 합성에 대하여 쓰는 말.〕
생-항라(生亢羅) [-나] 명 ①☞당항라(唐亢羅). ②익히지 않은 항라.
생혈(生血) 명 ☞생피.
생-호령(生號令) 명하자 ☞강호령.
생혼(生魂) 명 가톨릭에서, 생물의 생활하는 힘, 곧 생명력을 이르는 말.
생혼-나다(生魂-) 자 뜻밖에 몹시 혼나다.
생화 명 살아가는 데 도움이 되는 벌이. ¶ 살림이 쪼들리면 무슨 생화라도 해야지.
생화(生花) 명 살아 있는 초목에서 꺾은 꽃. ↔조화(造花).
생-화장(生火葬) 명하타 ☞생소산(生燒散).
생-화학(生化學) 명 생물체를 구성하는 물질이나 생물의 생명 현상을 화학적으로 연구하는 학문. 생물 화학.
생환(生還) 명하자 ①되자 살아 돌아옴. ¶ 사지(死地)에서 생환하다. ②야구에서, 주자(走者)가 본루까지 돌아와 한 점을 얻는 일.
생활(生活) 명하자 ①살아서 활동함. ②생계를 유지하여 살아감. ¶ 생활의 방편. /생활에 여유가 있다. ③어느 일정한 조직에 딸리어 그 구성원으로 활동함. ¶ 직장 생활. /군대 생활. ④어떤 행동이나 활동을 하며 살아가는 상태. ¶ 문필가 생활. /연구 생활.
생활-고(生活苦) 명 (생활해 나가는 데 있어) 가난 때문에 겪는 괴로움.
생활-공간(生活空間) 명 물리적 공간이 균등한 넓이를 가지고 있는 데 대하여, 주관적인 심리로 파악되는 공간을 이르는 말.
생활^공:동체(生活共同體) 명 함께 생활해 가는 협동적 조직체.
생활^교:육(生活教育) 명 생활 학습을 통하여 이루어지는 교육.
생활-권(生活圈) [-꿘] 명 ①지역의 주민이 일상생활을 하는 데 있어, 행정 구역에 관계없이 밀접하게 결합되어 있는 범위. ¶ 서울의 서부 생활권. ②☞생물권.
생활-권(生活權) [-꿘] 명 사회적·문화적·경제적으로 일정한 수준의 생활을 할 수 있는 권리.
생활-급(生活給) 명 노동자의 최저 생활비를 보장하는 임금, 또는 그러한 임금 체계. 생활 임금.
생활^기록부(生活記錄簿) [-뿌] 명 학생의 지적(知的)·정의적(情意的)·신체적·사회적 발달 상황과 교육 목적을 위한 환경 정보 따위를 기록한 장부.
생활^기후(生活氣候) 명 인간의 생활과 기후의 관계를 연구하는 기후학의 한 분야.
생활-난(生活難) [-란] 명 가난 때문에 겪는 생활의 어려움. ¶ 물가 앙등으로 생활난에 시달리다.
생활-력(生活力) 명 사회생활을 해 나가는 데에 필요한 능력. 특히, 경제적 능력에 대해 이르는 경우가 많음. ¶ 생활력이 무척 강하다.
생활^반:응(生活反應) 명 법의학(法醫學)에서 이르는, 살아 있을 때에만 일어나는 갖가지 반응. 곧, 외상부(外傷部)에 나타나는 피하 출혈 따위를 이름. 생체 반응.
생활-비(生活費) 명 생활에 드는 비용. ¶ 벌써 생활비가 다 떨어졌다.
생활-사(生活史) [-싸] 명 생물의 개체가 발생하고 자라서 다음 세대를 만들고 죽을 때까지의 생활 과정. 라이프 사이클.

생활-상(生活相)[-쌍]명 살아가는 형편. 생활하는 상태. ¶ 도시 영세민의 생활상.
생활^설계사(生活設計士)[-계-/-게-]명 보험 계약의 모집을 직업으로 하는 사람.
생활-수준(生活水準)명 소득 수준이나 소비 수준 또는 여가 이용 상태 등에 따라 수량적으로 헤아리는 생활의 내용이나 정도. ¶ 경제 성장으로 생활수준이 향상되었다.
생활-신조(生活信條)명 생활을 해 나가는 데 있어서 굳게 믿어 지키고 있는 생각. ¶ 정직을 생활신조로 삼다.
생활-양식(生活樣式)[-량-]명 사회나 집단이 공통적으로 갖고 있는 생활에 대한 인식이나 생활하는 방식. ¶ 옛날과 다른 생활양식.
생활^연령(生活年齡)[-렬-]명 생일을 기점으로 세는 나이. 역연령(曆年齡). ↔정신 연령.
생활-용수(生活用水)[-룡-]명 일상생활을 하는 데에 쓰이는 물.
생활-인(生活人)명 세상에서 활동하며 살아가는 사람.
생활^임:금(生活賃金)명 ☞생활급(生活給).
생활^준:비설(生活準備說)명 교육의 목적은 장래의 사회생활에 대한 준비를 하는 데 있다는 학설. 루소·듀이 등의 아동 중심주의의 교육관에 대한 전통적 교육관을 가리킴.
생활^지도(生活指導)명 학생들이 현실 생활에 적응하여, 그 주체적인 생활 방식을 찾아 나갈 수 있도록 지도하는 일. 학습 지도에 대응하는 교육의 한 분야임.
생활^통지표(生活通知表)명 학교에서 각 학생의 지능·생활 태도·건강 상태·학업 성적·출결 사항 등을 적어서 학부형에게 보내거나 참고로 하는 표. ㊅통지표.
생활-파(生活派)명 현실적인 생활과 실생활에서의 체험을 중시하는 예술상의 한 파.
생활^평면(生活平面)명 각 가정에서 실제로 생활을 영위하고 있는 소비의 수준.
생활-필수품(生活必需品)[-쑤-]명 일상생활에 꼭 있어야 하는 물품. ㊅생필품.
생활-하수(生活下水)명 일상생활을 하는 데에 쓰이고 하천으로 내려오는 더러운 물.
생활-학교(生活學校)[-꾜]명 (교과서 중심의 학교 교육에 대하여) 어린이의 자치적인 생활을 중심으로 하여 모든 학습을 어린이들의 현실 생활로부터 출발시키려는 교육론에 바탕을 둔 학교.
생활^학습(生活學習)[-씁]명 실생활 속에서 산지식을 습득하고, 실천 생활을 통하여 기능을 익히기 위하여 하는 학습.
생활^현:상(生活現象)명 영양·번식·생장·운동·지각(知覺) 등 생물체의 특유한 여러 현상.
생활-형(生活形)명 생물, 특히 식물이 그 생활 환경의 여러 조건에 영향을 받아 적응하게 된 생활양식.
생활-화(生活化)명하타되자 일상생활 속에 한 관습으로 익음, 또는 익게 함. ¶ 아침 운동을 생활화하다. /질서가 생활화되니 오히려 편하다.
생활-환경(生活環境)명 ①생활하는 주위의 사정이나 형편. ②(자연환경에 대하여) 인간에 의해서 조성된 물질적 환경이나 인간관계에 의한 환경.
생황(笙簧·笙篁)명 아악에 쓰이는 관악기의 한 가지. 둥근 나무통 위의 둘레에 17개의 죽관(竹管)을 세우고, 나무통에 붙은 주전자 귀때 같은 부리로 불게 되어 있음. ㊅생(笙).
생황-장(生黃醬)명 콩과 밀가루로 메주를 만들어 담근 간장.
생회(生灰)[-회/-훼]명 〈생석회〉의 준말.
생획(省畫)[-획/-훽]명하타 글자의 획을 줄여서 씀.
생후(生後)명 태어난 뒤. ¶ 생후 2개월 된 아기.
생흔(生痕)명 퇴적물의 표면이나 내부에 찍혀 있는 생물의 발자국이나 기어간 자국, 또는 배설물 등 생활을 나타내는 흔적.
생-흙(生-)[-흑]명 ①생땅의 흙. ②이겨지지도 물에 잘 풀리지도 않는 흙. *생흙이[-흘기]·생흙만[-흥-]
-샤어미 〈옛〉-시어. ¶ 海東六龍이 ᄂᆞᄅᆞ샤(龍歌*1*章).
-샤딕어미 〈옛〉-시되. ¶ 世尊이 너기샤딕(月釋*21:4*). /줄기롤 가져 겨샤딕(月釋*1:9*).
샤라부루명 싸리 종류의 하나. 차조기와 비슷하며, 잎과 뿌리는 무쳐서 먹음.
샤마괴명 〈옛〉사마귀. ¶ 샤마괴 염:黶. 샤마괴 지:痣(訓蒙中*34*).
샤:머니즘(shamanism)명 시베리아 북부의 원주민 사이에서 시작되어 극동 지방으로 전해진 원시 종교의 한 형태. 샤먼, 곧 무당이나 박수가 신 내린 상태에서 신령이나 죽은 이의 영혼을 불러내어, 길흉의 판단이나 예언 따위를 하게 하는 것. 무술(巫術).
샤:먼(shaman)명 샤머니즘에서, 영혼과 대화할 수 있다는 무당이나 박수.
샤모명 ☞댓닭.
샤모트(Schamotte 프)명 내화 점토(耐火粘土)를 1300~1400°C의 고온으로 가열한 후 부수어서 3 mm 이하의 알갱이로 만든 것. 내화 벽돌의 재료로 쓰임.
샤쓰(←shirts)명 ☞셔츠.
-샤사어미 〈옛〉-시어야. ¶ 諸佛도 出家ᄒᆞ샤사 道理롤 닷ᄀᆞ시ᄂᆞ니(釋譜*6:12*).
샤약명 〈옛〉작약(芍藥). ¶ 샤약 쟉:芍. 샤약 약:藥(訓蒙上*7*).
샤옹명 〈옛〉남편. ¶ 夫는 샤오이오, 妻는 가시라(月釋*1:12*). /샤옹 부:夫(訓蒙上*31*).
샤워(shower)명하자 소나기처럼 물을 뿌리는 샤워기를 이용하여 몸을 씻는 일.
샤워-기(shower器)명 냉수나 온수를 뿌리는 물뿌리개 모양의 목욕용 장치.
샤:프(sharp)명 ①〈샤프펜슬〉의 준말. ②음악에서 반음 올리라는 기호 '#'의 이름. 올림표. ↔플랫.
샤프롱(chaperon 프)명 사교계에 처음으로 나가거나 미인 대회 등에 나가는 아가씨를 수행하며 돌보는 나이 지긋한 여자.
샤:프-펜슬(sharp+pencil)명 연필의 심을 조금씩 밀어내면서 쓰는 필기 용구. 〔'에버 샤프 펜슬'이라는 상품명에서 온 말.〕 ㊅샤프(sharp).
-샨어미 〈옛〉-신. ¶ 御製는 님금 지스샨 그리라(訓諺). /님금 ᄐᆞ샨 술위롤 思憶ᄒᆞ니라(杜初*20:42*).
샨체(Schanze 독)명 스키의 비약 경기에서 높이 뛰어오를 수 있도록 설치한 대(臺).
-샬어미 〈옛〉-실. ¶ 즈믄 힐 長存ᄒᆞ샬 藥이라 받ᄌᆞᆸ노이다(樂範.動動).
샬:레(Schale 독)명 둥글고 운두가 낮으며 뚜껑이 있는 과학 실험용의 유리그릇. 세균의 배양 따위에 쓰임.
샴-쌍둥이(Siam雙-)명 ☞샴쌍생아.
샴-쌍생아(Siam雙生兒)명 기형적으로 몸의 일부가 붙어서 태어난 일란성 쌍생아. 샴쌍둥이.

샴페인(champagne)[명] 탄산가스가 들어 있는, 무색투명한 포도주. 원래 프랑스의 샹파뉴 지방의 특산물임.

샴푸ː(shampoo)[명] ①(하타)머리를 감는 일. ②머리를 감는 데 쓰는 액.

샷(shot)[명] 골프 따위에서, 공을 한 번 치는 일.

-샷다[어미] 〈옛〉-시도다. ¶ 周公도 聖人이샷다. 世上 사룸 드러스라(古時調).

샹들리에(chandelier 프)[명] 천장에 매단, 화려한 장식이 있는 전등 또는 촛대.

샹송(chanson 프)[명] 프랑스의 대중적인 가요.

샹녜[부] 〈옛〉늘. 항상. ¶ 法身이 샹녜 이셔(月釋序*1*).

샹ᄃᆞᄫᅵ다[형] 〈옛〉상스럽다. ¶ 여러 가짓 샹ᄃᆞᄫᆞᆫ 이리 나니라(月釋*1:43*).

샹ᄒᆡ오다[타] 〈옛〉상하게 하다. ¶ 敢히 헐워 샹ᄒᆡ오디 아니홈이(小解*2:28*).

섀도ː-복싱(shadow-boxing)[명] (상대를 염두에 두고) 혼자서 하는 권투 연습.

섀도ː^캐비닛(shadow cabinet)[명] 영국 야당의 최고 지도부. 각기 담당 업무가 정해져 있는 15명의 의원으로 구성되어 있으며, 정권을 잡으면 곧 내각(內閣)이 될 수 있음.

섀미(chamois)[명] (부드럽게 무두질한) 어린 양이나 염소의 가죽. (참)스웨이드.

섀시(chassis)[명] ①자동차의 차대(車臺). ②라디오나 텔레비전 따위의 부품을 고정시키는 금속제의 틀.

서[1][명] 〈서까래〉의 준말.

서[2][명] 피리와 같은 목관 악기의 부리에 끼워, 입으로 공기를 불어 넣어 진동시킴으로써 소리를 내는, 대나무 따위로 만든 얇고 기름한 조각. 리드(reed).

서ː[3][관] ㄷ·ㅁ·ㅂ·ㅍ·ㅎ 등을 첫소리로 하는 의존 명사 앞에 쓰이는, 수관형사 '세'의 변이 형태. 〔서 돈·서 말·서 발·서 푼·서 홉 따위.〕

서[4][조] ①사람의 수효를 나타내는 명사나 접사 '-이-'가 붙은 수사에 붙어, 그 말이 주어의 자격을 가지게 하는 조사. ¶ 둘이서 길을 나서다. ②'-고'·'-아'·'-어' 등의 어미에 붙어, 그 말뜻을 분명하게 나타내는 보조사. ¶ 돈을 벌고서 쓸 생각을 해라. /먹어서 나쁠 것은 없지만.

서[5][조] 〈에서〉의 준말. ¶ 여기서 저기까지.

서(西)[명] 서쪽. ↔동(東).

서ː(序)[명] ①한문 문체(文體)의 한 가지. 시문(詩文)이나 책의 머리에 그 저술(著述)의 취지 따위를 적은 문장. ②〈서문(序文)〉의 준말.

서ː(署)[명] 경찰서·소방서·세무서·영림서(營林署) 등 '서(署)' 자가 붙은 관서의 준말. ¶ 서까지 함께 갑시다.

서-(庶)(접두) 《친척 관계를 뜻하는 일부 명사 앞에 붙어》 정실(正室) 이외의 여자에게서 난 사람임을 나타냄. ¶ 서동생. /서삼촌.

서ː가(序歌)[명] 서문(序文)이나 서사(序詞)를 대신하는 노래.

서가(書架)[명] 책을 얹어 두는 시렁. 여러 단으로 된 책꽂이. 서각(書閣).

서가(書家)[명] 붓글씨에 능숙한 사람. 서사(書師). (낮)서공.

서ː가(庶家)[명] 〔적가(嫡家)에 대하여〕 서파(庶派)의 집을 이르는 말. ↔적가(嫡家).

서각(書閣)[명] ①☞서가(書架). ②☞서재(書齋).

서ː각(犀角)[명] ①무소의 뿔. ②한방에서, '무소의 뿔'을 약재로 이르는 말. 뿔의 끝 부분을 가루로 만들어 해열제로 씀.

서간(西間)[명] 조선 시대에, 의금부(義禁府) 안 서쪽에 있었던 옥사(獄舍). (참)남간(南間).

서간(書簡·書柬)[명] 편지.

서간-문(書簡文)[명] 편지 글. 편지투의 글. 서한문(書翰文).

서간문-집(書簡文集)[명] 여러 가지 편지를 본보기로 모아 엮은 책.

서간^문학(書簡文學)[명] ☞서한 문학(書翰文學).

서간-전(書簡箋)[명] ☞서한전.

서간-집(書簡集)[명] 편지 글을 모아 엮은 책.

서간-체(書簡體)[명] ☞서한체(書翰體).

서ː간충비(鼠肝蟲臂)[명] 〔쥐의 간이나 벌레의 앞다리란 뜻으로〕 '쓸모없거나 하찮은 것'을 비유하여 이르는 말.

서ː감(暑感)[명] 여름에 드는 감기.

서ː거(逝去)[명](하자) 〈사거(死去)〉의 높임말.

서거리-깍두기[-뚜-][명] 소금에 절인 명태 아가미를 넣고 담근 깍두기.

서걱[부] ①싱싱한 사과나 배 따위의 과일을 씹을 때 나는 소리. ②눈 따위를 밟을 때 나는 소리. ③갈대나 풀을 먹인 천 따위가 마찰할 때 나는 소리. (작)사각. (센)써걱. **서걱-서걱**[부](하자타).

서걱-거리다[-꺼-][자타] 자꾸 서걱서걱하다. 서걱대다. (작)사각거리다.

서걱-대다[-때-][자타] 서걱거리다.

서경(西京)[명] 고려 시대의 사경(四京)의 하나. 지금의 평양.

서경(西經)[명] 영국의 그리니치 천문대를 지나는 자오선(子午線)을 기준으로 하여, 서쪽의 180° 까지의 경도(經度). ↔동경(東經).

서경(書痙)[명] 붓글씨를 많이 쓰는 이에게 오는 신경증. 손에 동통(疼痛)·마비·경련 등이 일어나 글씨를 쓰기가 어려워짐.

서경(書經)[명] 삼경(三經)의 하나. 중국의 요순(堯舜) 시대부터 주대(周代)에 이르기까지의 정사(政事)에 관한 문헌을 수집하여 공자가 편찬하였다고 하는 책. 상서(尙書). (참)삼경.

서ː경(敍景)[명](하자) 자연의 풍경을 글로 나타냄.

서ː경-문(敍景文)[명] 자연의 풍경을 나타낸 글.

서경-별곡(西京別曲)[명] 작자·연대 미상의 고려 가요. 서경에 사는 여인이 임과 이별하는 애틋한 심정을 읊은 내용. 〔'악장가사'에 실려 전함.〕

서ː경-시(敍景詩)[명] 자연의 경치를 읊은 시.

서계(書契)[-계/-게][명] ①글자, 특히 나무에 새긴 글자. ②증거로 쓰이는 문서. ③조선 시대에, 왜국(倭國)이나 야인(野人)의 입국 사증(入國查證)을 겸하였던 외교 문서.

서계(書啓)[-계/-게][명] 조선 시대에, 임금의 명을 받아 무슨 일을 처리한 신하가 결과를 보고하여 올리던 문서.

서ː계(庶系)[-계/-게][명] 서가(庶家)의 계통.

서고(書庫)[명] 책을 넣어 두는 곳집. 문고. 책고. ¶ 서고에 가득한 고서(古書).

서ː고(暑苦)[명] 더위로 말미암아 비롯되는 괴로움. ↔한고(寒苦).

서ː고(鼠姑)[명] ☞쥐며느리.

서ː고(誓告)[명](하타) 임금이 중요한 국사(國事)를 종묘에 알리던 일.

서고동저(西高東低)[명] 우리나라 부근의 겨울의 대표적 기압 배치로, 시베리아 남쪽 연안에 고기압이, 태평양 쪽에 저기압이 발달하는 현상.

서ː고-문(誓告文)[명] 서고(誓告)하는 글.

서ː곡(序曲)[명] ①오페라·오라토리오·모음곡 따위의 첫머리에 연주되어 도입부의 구실을 하는 악곡. 서악(序樂). 오버추어. ¶ 카르멘 서곡. /

경기병 서곡. ②'어떤 큰일의 시초'를 비유하여 이르는 말. ¶ 그 일은 다가올 불행의 서곡에 불과했다.

서:곡(黍穀)명 조·수수·옥수수 따위의 잡곡.

서공(書工)명 〈서가(書家)〉의 낮춤말.

서과(西瓜)명 '수박'으로 순화.

서:곽(暑霍·暑癨)명 한방에서, 더위로 말미암아 일어나는 토사곽란을 이르는 말.

서관(西關)명 ☞서도(西道).

서관(書館)명 ☞서점(書店).

서:관(敍官)명하자되자 ☞임관(任官).

서광(西光)명 불교에서 이르는, 서방 정토(西方淨土)의 광명.

서:광(瑞光)명 ①상서로운 빛. 상광(祥光). ②길한 조짐. 좋은 일이 있을 징조.

서:광(曙光)[1]명 ①동이 틀 때 비치는 빛. 신광(晨光). ②일의 전도(前途)에 나타나기 시작한 희망적인 징조. ¶ 앞길에 서광이 비치다.

서:광(曙光)[2]명 1919년에 오상순(吳相淳)·이병도(李丙燾) 등이 참여하여 만든 종합지. 민족주의적인 논설과 신문예 운동에 이바지함.

서교(西敎)명 〔서양 종교라는 뜻으로〕 '기독교'를 달리 이르는 말.

서:교-증(鼠咬症)[-쯩]명 쥐·족제비·고양이 따위에 물린 상처로부터 일종의 스피로헤타가 침입하여 일어나는 병. 상처가 붓거나 아프거나 하며, 오한(惡寒)·발열(發熱)·두통 따위의 증세가 계속됨. 서독증(鼠毒症).

서구(西歐)명 ①서유럽. ②지난날, 미국과 서유럽을 중심으로 한 자유 민주주의 진영을 두루 이르던 말. 비구미(歐美). ↔동구(東歐).

서구-적(西歐的)관명 서구의 특색이나 특징을 가진 (것). ¶ 서구적인 외모. ↔동양적.

서권(書卷)명 ☞서책(書冊).

서궐(西闕)명 〔서쪽의 대궐이라는 뜻으로〕 '경희궁(慶熙宮)'을 달리 이르던 말.

서궤(書几)명 책상.

서궤(書櫃)명 ①책을 넣어 두는 궤짝. ②'아는 것이 많은 사람'을 비유하여 이르는 말.

서귀다타 ①서로 바꾸다. ②서로 달리하다.

서그러-지다자 너그럽고 서글서글하게 되다.

서그럽다[-따][서그러우니·서그러워]형ㅂ 성질이 서글서글하고 너그럽다.

서근서근-하다형여 ①(성질이) 붙임성이 있고 친절하며 싹싹하다. ②(배나 사과처럼) 씹히는 맛이 연하다. 작사근사근하다. **서근서근-히**부.

서글서글-하다형여 (생김새나 성질이) 너그럽고 상냥하다. ¶ 서글서글한 눈매./듬직한 몸매에 서글서글한 성품. 작사글사글하다.

서글프다[서글프니·서글퍼]형 ①슬프고도 허전하다. ¶ 서글픈 계절./서글픈 신세. ②섭섭하고 언짢다. ¶ 손자를 보내는 할머니의 표정은 못내 서글퍼 보였다.

서글피부 서글프게. ¶ 소쩍새 서글피 우는 밤.

서기(西紀)명 〈서력기원〉의 준말.

서기(書記)명 ①문서를 관리하거나 기록을 맡아보는 사람. ②사회주의 국가에서, 정당의 서기국(書記局)의 구성원. ¶ 공산당 제일 서기. ③일반직 8급 공무원의 직급. 주사보의 아래, 서기보의 위.

서:기(瑞氣)명 상서로운 기운. 경사스러운 분위기. ¶ 서기가 어리다. 비가기(佳氣).

서:기(暑氣)명 더운 기운. ↔한기(寒氣).

서:기(庶幾)부 거의.

서기-관(書記官)명 일반직 4급 공무원의 직급. 부이사관의 아래, 사무관의 위. 부(部)·청(廳)·처(處)의 과장 급임.

서:기발(序記跋)명 서문(序文)·본문(本文)·발문(跋文)을 아울러 이르는 말.

서기-보(書記補)명 일반직 9급 공무원의 직급(職級). 서기(書記)의 아래.

서:기-양두각(鼠忌羊頭角)명 원진살(元嗔煞)의 한 가지. 궁합에서, 쥐띠는 양띠를 꺼린다는 말.

서기-장(書記長)명 ①서기의 우두머리. ②사회주의 국가에서, 중앙 집행 위원회에 딸린 서기국(書記局)을 통솔하는 직위, 또는 그 직위에 있는 사람.

서:기지망(庶幾之望)명 거의 될 듯한 희망.

서까래명 마룻대에서 보 또는 도리에 걸친 통나무. 연목(椽木). 준서[1].

서껀조 체언 뒤에 두루 붙어, '여럿 가운데 함께 섞어서'의 뜻을 나타내는 보조사. ¶ 배서껀 사과서껀 많이 먹었다.

서낙-하다[-나카-]형여 장난이 심하고 극성스럽다. ¶ 아이들이 하도 서낙해서 벌을 주었다. 준선하다[1]. **서낙-히**부.

서남(西南)명 ①서쪽과 남쪽. 남서. ②〈서남간〉의 준말. ↔동북.

서남-간(西南間)명 서쪽과 남쪽 사이, 또는 그 방위. 준서남.

서남-방(西南方)명 서남쪽.

서-남서(西南西)명 서쪽과 남서쪽의 중간이 되는 방위. 서쪽에서 시계 반대 방향으로 22.5° 되는 방위.

서남-아시아(西南Asia)명 아시아 남서부의 지역을 두루 이르는 말. 아프가니스탄·이란·이라크·시리아·요르단·이스라엘·터키 및 아라비아 반도 등이 이 지역에 딸림.

서남-쪽(西南-)명 서쪽과 남쪽의 사이. 서남방.

서남-풍(西南風)명 ☞남서풍(南西風).

서남-향(西南向)명 ☞남서향(南西向).

서낭(←城隍)명 ①민간에서, 서낭신이 붙어 있다는 나무. ②〈서낭신〉의 준말. 본성황(城隍).

서낭에 가 절만 한다속담 뜻도 모르고 남의 흉내만 열심히 낸다는 말.

서낭에 난 물건이냐속담 물건 값이 너무 헐할 때 이르는 말.

서낭-단(←城隍壇)명 서낭신에게 제사 지내는 단. 본성황단(城隍壇).

서낭-당(←城隍堂)명 서낭신을 모신 당집. 본성황당.

서낭-상(←城隍床)[-쌍]명 무당이 굿을 할 때 차려 놓는 제물상(祭物床)의 한 가지. 본성황상.

서낭-신(←城隍神)명 민간에서 이르는, 토지와 마을의 수호신(守護神). 본성황신. 준서낭.

서낭-제(←城隍祭)명 서낭신에게 지내는 제사. 본성황제(城隍祭).

서너관 《일부 단위를 나타내는 말 앞에 쓰이어》 셋이나 넷 가량의. ¶ 서너 되./서너 집.

서너-째수관 셋째나 넷째쯤 되는 차례(의).

서넛[-넏]수 셋이나 넷. 삼사(三四). *서넛이[-너시]·서넛만[-넌-]

서:녀(庶女)명 첩의 몸에서 난 딸. ↔적녀.

서-녘(西-)[-녁]명 서쪽. 서쪽 방면. *서녘이[-녀키]·서녘만[-녕-]

서느렇다[-러타][서느러니·서느레]형ㅎ ①물체의 온도나 기후가 좀 찬 느낌이 들 정도로 서늘하다. ¶ 음식이 서느렇게 식다. ②놀라거나 무서워서 가슴에 찬 기운이 도는 것 같다. ¶ 간담이 서느렇다. 작사느랗다. 센써느렇다.

서늘-바람명 초가을에 부는 서늘한 바람.

서늘-하다형여 ①몹시 선선하다. ¶ 서늘한 바람./서늘한 날씨. ②놀라거나 하여 가슴속에 찬 기운이 도는 듯하다. ¶ 간담을 서늘케 하는 공포 영화. ③(분위기 등이) 설렁한 느낌이 도는 듯하다. 작사늘하다. 센써늘하다. **서늘-히**부.

서다 Ⅰ자 ①위를 향하여 곧은 자세가 되다. 직립(直立)하다. ¶ 담 밖에 서서 안을 넘어다보다. ②일어서다. 기립(起立)하다. ¶ 늙은이가 무릎을 짚고 가까스로 서다. ③움직이던 것이 멈추다. ¶ 시계가 서다./완행열차가 역마다 서다. ④꼿꼿이 위로 뻗다. ¶ 머리털이 쭈뼛 서다./새 옷이라 옷깃이 빳빳이 서다. ⑤건립(建立)되다. ¶ 선불이 서다./새로운 공장이 서다. ⑥(연장 따위의) 날이 날카롭게 되다. ¶ 칼날이 서다. ⑦점(占)하다. 위치를 잡다. 어떤 지위에 오르다. ¶ 우위에 서다./대표자 자리에 서다. ⑧(무지개·핏발 따위가) 줄이 서서 길게 나타나다(생기다). ¶ 비 갠 하늘에 무지개가 서다./달무리가 서다. ⑨(씨름판이나 시장 따위가) 열리다. 판이 벌어지다. ¶ 5일마다 장이 서다. ⑩배 속에 아이가 생기다. ¶ 아이가 서나 보다. ⑪(나라나 기관 따위가) 창건되다. 설립되다. ¶ 산골에도 학교가 서다. ⑫상품의 값이 매겨지다. ¶ 금이 서다. ⑬명령·규칙·기강·위엄 등이 제대로 시행되다(유지되다·관통되다). ¶ 교통질서가 서다./위신이 서다./면목이 서다. ⑭이치·논리 따위가 맞다. 일관성이 있다. ¶ 논리가 서다./말발이 서지 않다. ⑮수립되다. 결정되다. ¶ 계획이 서다./줏대가 서 있는 사람./결심이 서다. ⑯《'…에 서다'의 꼴로 쓰이어》 위치에 놓이다. 처하다. ¶ 기로에 서다./선두에 서다./중간에 서서 중재하다.
Ⅱ타 ①어떤 일을 맡아보거나 책임을 지다. ¶ 보증을 서다./중매를 서다./보초를 서다. ②줄을 짓다. ¶ 2열 종대로 줄을 서다.
설 사돈 있고 누울 사돈 있다속담 같은 경우라도 사람에 따라 대하는 태도가 달라야 한다는 말.
설 제 궂긴 아이가 날 제도 궂긴다속담 일의 시작이 순조롭지 못하면 내내 그렇다는 말.

서단(西端)명 서쪽 끝.

서단(西壇)명 〈서방 토룡단〉의 준말.

서당(書堂)명 글방. 당(堂). 사숙(私塾).
서당 개 삼 년에 풍월(을) 한다〔읊는다〕속담 어떤 방면에 아는 것이 없는 사람도, 그 방면에 오래 끼여 있으면 어느 정도 익히게 된다는 말.
서당 아이들은 초달(楚撻)**에 매여 산다**속담 ①글을 배우는 아이들은 선생의 벌을 가장 두려워한다는 말. ②어떤 조직에 매여 있으면, 어쩔 수 없이 그 조직의 생활에 따르게 된다는 뜻.

서대[1]명 소 앞다리에 붙은 고기.

서대[2]명 〈서대기〉의 준말.

서ː대(犀帶)명 조선 시대에, 일품(一品)의 벼슬아치가 두르던, 서각(犀角)으로 꾸민 띠. 서띠.

서대기명 참서댓과의 바닷물고기. 몸은 혀 또는 신 바닥 모양으로 납작함. 몸빛은 갈색임. 비늘이 잘고 두 눈이 모두 왼쪽에 붙어 있음. 준서대[2].

서-대륙(西大陸)명 서반구(西半球)의 대륙, 곧 남미 대륙과 북미 대륙.

서덜[1]명 강가나 냇가의 돌이 많은 곳. ¶ 서덜을 지나자 모래톱이 나타났다.

서덜[2]명 생선의 살을 발라낸 나머지.

서도(西道)명 황해도와 평안도를 아울러 이르는 말. 서관(西關). 서로(西路). 서토(西土).

서도(書刀)명 ①옛날 중국에서, 대나무에 글씨를 새기거나 새긴 글씨를 깎아 내는 데 쓰던 칼. ②종이를 자르는 작은 칼.

서도(書道)명 붓글씨를 정신 수양의 관점에서 이르는 말.

서도(書圖)명 글씨와 그림.

서독(西瀆)명 사독(四瀆)의 하나. 지금의 대동강.

서독(書牘)명 편지.

서ː독(暑毒)명 더위 때문에 생긴 병.

서ː독-증(鼠毒症)[-쯩]명 ☞서교증(鼠咬症).

서돌명 서까래·도리·보·기둥 따위의 재목을 통틀어 이르는 말.

서동(書童)명 서당에서 글을 배우는 아이. 학동(學童). ¶ 서동과 목동.

서-동문(書同文)명 〈거동궤서동문〉의 준말.

서ː동부언(胥動浮言)명하자 일부러 거짓말을 퍼뜨려 인심을 꼬드김.

서ː-동생(庶同生)명 서모의 몸에서 난 동생.

서동-요(薯童謠)명 신라 진평왕 때 서동(薯童: 뒷날의 백제 무왕)이 지었다는 우리나라 최초의 4구체 향가. 서동이 진평왕의 딸인 선화 공주를 사모하던 끝에 아내로 맞기 위해 이 노래를 지어 아이들로 하여금 부르게 하였다고 함.

서ː두(序頭)명 어떤 차례의 첫머리. ¶ 대화체로 서두를 전개하다.

서두(書頭)명 ①글의 첫머리. ②책 면의 위의 빈 자리. ③초벌 맨 책의 가장자리를 도련(刀鍊) 침, 또는 그 가장자리.

서두르다[서두르니·서둘러]자타르 일을 빨리 끝내려고 바쁘게 움직이다, 또는 급하게 처리하려고 하다. ¶ 서두르지 않으면 약속 시간에 늦겠다. 준서둘다.

서둘다[서두니·서둘러]자타 〈서두르다〉의 준말.

서든^데스(sudden death)명 ①미식축구나 축구 따위에서, 연장전 방식의 하나. 연장전에 들어가 어느 한 팀이 먼저 득점하면 경기가 끝남. ②골프의 플레이 오프에서, 연장 1홀씩으로 승부를 결정하는 방식.

서등(書燈)명 글을 읽기 위해 켜 놓는 등불.

서ː-띠(犀-)명 ☞서대(犀帶).

서라-말명 온몸에 거무스레한 점이 드문드문 섞인 흰 말.

서라벌(徐羅伐)명 ①'신라(新羅)'를 이전에 이르던 말. ②'경주(慶州)'를 이전에 이르던 말.

서랍명 책상·장롱·경대·문갑 등에 붙어, 앞으로 빼었다 끼웠다 할 수 있게 만들어 여러 가지 물건을 담는 상자.

서ː랑(壻郞)명 남을 높이어 그의 '사위'를 일컫는 말.

서래(西來)명하자 ①서쪽에서 옴. ②서쪽 나라에서 옴(전해 옴).

서ː량(恕諒)명하타 사정을 살피어 용서함.

서ː러워-하다타여 서럽게 여기다. 설워하다.

서ː럽다[-따][서러우니·서러워]형ㅂ 원통하고 슬프다. 섧다. ¶ 푸대접을 받아 서럽다.

서력(西曆)명 서양의 책력.

서력-기원(西曆紀元)[-끼-]명 예수가 탄생한 해를 원년(元年)으로 삼는 서력의 기원. 〔실제는 예수의 생후 4년째가 원년이라고 함.〕 그리스도 기원. 준서기(西紀).

서례(書例)명 ☞서식(書式).

서로 Ⅰ명 짝을 이루거나 관계를 맺고 있는 상대. 상호(相互). ¶ 서로를 아끼다.
Ⅱ부 (이쪽은 저쪽을, 저쪽은 이쪽을 향하거나 위하여) 함께. ¶ 서로 돕다./서로 미워하다.

서로(西路)명 ①서쪽으로 가는 길. ②☞서도.
서ː로(庶老)명 지난날, 서민(庶民)으로서 나이 일흔 살이 넘은 노인을 이르던 말.
서로-서로 Ⅰ명 '서로'를 힘주어 이르는 말. Ⅱ부 '서로'를 힘주어 이르는 말.
서로-치기명하타 똑같은 일을 서로 바꾸어 가며 해 주는 것.
서록(書錄)명하타 ☞기록.
서록(書簏)명 ①책을 넣어 두는 궤짝. ②'내용의 참뜻은 잘 이해 못한 채 많이 읽기만 하는 사람'을 비유하여 이르는 말.
서ː론(序論·緖論)명 말이나 글에서 본격적인 논의를 하기 위한 실마리가 되는 부분. 머리말. 서설(序說). 참본론·결론.
서론(書論)명 ①서적에 쓰인 논의. ②서법(書法)에 대한 논의.
서ː료(庶僚)명 일반 관료.
서류(書類)명 기록이나 사무에 관한 문서. ¶ 소송(訴訟) 서류. /건축 허가 서류.
서ː류(庶流)명 서자(庶子)의 계통. 서가(庶家)의 출신. ↔적류(嫡流).
서ː류(庶類)명 보통의 종류, 또는 여러 가지 종류의 것.
서류^송ː청(書類送廳)명 피의자를 구속하지 않고 사건에 관한 수사 서류와 증거물만을 경찰서에서 검찰청으로 넘기는 일.
서류-철(書類綴)명 여러 가지 서류를 매어 둘 수 있게 만든 책, 또는 한데 맨 서류.
서류-함(書類函)명 서류를 넣어 두는 함.
서르부 〈옛〉서로. ¶ 文字와로 서르 ᄉᆞᄆᆞᆺ디 아니ᄒᆞᆯᄊᆡ(訓諺). 참서르.
서른수관 열의 세 곱절(의). 삼십(三十).
서른세 해 만에 꿈 이야기 한다속담 오래 묻어 두었던 일을 이야기함을 비꼬아 하는 말.
서름서름-하다형여 아주 서름하다.
서름-하다형여 ①남과 가깝지 못하여 서먹하다. ¶ 서름하게 지내는 사이. ②사물에 익숙하지 못하다. ¶ 배운 지 얼마 안 돼 아직은 서름하다.
서릉-씨(西陵氏)명 ☞선잠(先蠶).
서릊다[-륻따]타 (좋지 못한 것을) 쓸어 치우다. *서릊어·서릊는[-른-]
서리¹명 ①기온이 빙점 아래로 떨어질 때, 대기 중의 수증기가 그대로 얼어 지표면 또는 그 가까운 물체들에 하얗게 엉겨 붙은 가루 모양의 얼음. ②'심한 피해나 타격' 따위를 비유하여 이르는 말.
서리 맞은 구렁이〔**병아리**〕속담 '힘이 없고 동작이 몹시 굼뜬 사람'을 비유하여 이르는 말.
서리(를) 맞다관용 타격을 받아 풀이 죽다.
서리(를) 이다관용 머리가 하얗게 세다.
서리²명하타 여럿이 남의 물건을 훔쳐다 먹는 장난. 〔콩 서리·닭 서리·수박 서리 따위.〕 ¶ 서리를 맞다.
서리³명 무엇이 많이 모여 있는 무더기의 가운데. ¶ 사람 서리에서 빠져나오다. /나무 서리에 끼우다.
서리명 〈옛〉사이. 서리³. ¶ 人間ᄋᆞᆫ 사ᄅᆞᆷ 서리라(月釋1:9).
서ː리(胥吏)명 ☞아전(衙前).
서리(書吏)명 조선 시대에, 경아전(京衙前)에 속하는 하급 서리(胥吏). 주로 서책(書冊)을 보관하는 임무를 맡았음.
서리(犀利) '서리하다'의 어근.
서ː리(鼠李)명 ☞갈매나무.
서ː리(暑痢)명 더위를 먹고 설사를 하는 계절적인 탈. 열리(熱痢).
서ː리(署理)명하타 결원이 된 어떤 직위의 직무를 대신함, 또는 그 사람. ¶ 국무총리 서리.
서리-꽃[-꼳]명 유리창 따위에 엉긴 수증기가 얼어붙어 꽃처럼 무늬를 이룬 것. *서리꽃이[-꼬치]·서리꽃만[-꼰-]
서리-꾼명 서리를 하는 장난꾼.
서리다¹자 ①수증기가 찬 기운을 받아 물방울이 되어 엉기다. ¶ 유리창에 김이 서리다. ②(향기가) 가득 풍기다. ¶ 국화 향기 서린 뜰. ③(거미줄, 식물의 덩굴, 가는 뿌리, 철조망 같은 가느다란 줄이) 한곳에 많이 얼크러지다. ¶ 거미줄이 서리다. ④(어떤 생각이) 마음에 자리 잡다. ¶ 가슴에 서리는 한(恨). ⑤(표정 또는 사건의 현장 등에) 어리어 나타나다. ¶ 망국의 한이 서린 백마강. /그리움이 가득 서린 눈망울. /조상의 얼이 서린 문화재.
서리다²타 ①(국수나 새끼 따위를) 헝클어지지 않게 빙빙 둘러서 포개어 감다. ②(뱀 따위가 몸을) 똬리처럼 감다. 작사리다.
서리-병아리명 ①이른 가을에 깬 병아리. ②'힘없고 추레한 것'을 비유하여 이르는 말.
서리-서리부 ①서려 놓거나 서려 있는 모양. ¶ 춘풍은 이불 아래 서리서리 넣었다가…. ②(어떤 감정이) 복잡하게 서려 있는 모양. ¶ 가슴에 서리서리 얽힌 회포. 작사리사리².
서ː리-자(鼠李子)명 한방에서, '갈매'를 약재로 이르는 말. 하제(下劑)로 씀.
서ː리지탄(黍離之歎)명 〔나라가 망하여 그 대궐 터에 기장이 무성함을 보고 탄식하였다는 고사에서〕 세상의 영고성쇠(榮枯盛衰)가 무상함을 탄식한다는 말.
서리태명 콩의 한 품종. 10월경에 서리를 맞은 후에 수확하는 만생종으로 콩알이 굵으며, 껍질은 검고 속은 연둣빛임.
서ː리-피(鼠李皮)명 갈매나무의 껍질. 염료로 쓰이고, 한방에서는 하제(下劑)로도 쓰임.
서ː리-하다(犀利-)형여 (병장기 따위가) 단단하고 날카롭다. ¶ 서리한 칼날.
서림(書林)명 ☞서점(書店).
서릿-바람[-리빠-/-릳빠-]명 서리 내린 아침의 쌀쌀한 바람.
서릿-발[-리빨/-릳빨]명 ①겨울에 지표의 수분이 얼어서 성에처럼 된 것. ②서리가 내리는 기운.
서릿발이 서다관용 ①땅거죽에 가늘고 긴 얼음 줄기의 묶음이 생기다. ②서릿발처럼 준엄하고 매서운 기운이 있다.
서릿발(이) 치다관용 ①서릿발을 이루다. ②기세가 매우 무섭고 준엄하다.
서릿-점(-點)[-리쩜/-릳쩜]명 대기 중의 수분이 냉각되어 서리가 되기 시작할 때의 온도.
서ᄅᆞ부 〈옛〉서로. ¶ 妻子ᄃᆞᆯ히 ᄃᆞ라가 서ᄅᆞ 보내ᄂᆞ니(杜重4:1). 참서르.
서-마구리(西-)명 광산에서, 동서로 벋은 맥을 따라 뚫은 구덩이의 서쪽 마구리.
서ː막(序幕)명 ①연극의 시작이 되는 첫 막. ②무슨 일의 시작. ¶ 전쟁의 서막.
서막을 올리다관용 어떤 일이 시작되다.
서ː맥(徐脈)명 ☞지맥(遲脈). ↔속맥(速脈).
서머-스쿨ː(summer school)명 하기 학교(夏期學校). 여름학교. 하기 강습회.
서머^타임(summer time)명 여름철에, 일조 시간(日照時間)을 유효하게 이용하기 위하여 표준 시간을 한 시간쯤 앞당기는 제도. 일광 절약 시간. 하기 시간(夏期時間).
서머-하다형여 면목이 없다. **서머-히**부.

서먹서먹-하다[-써머카-]㉻㉯ 매우 서먹하다. ¶ 서먹서먹한 자리. /서로 인사는 하였으나 서먹서먹하여 별 말도 없이 앉아 있었다.
서먹-하다[-머카-]㉻㉯ 낯이 익지 않아 어색하다. 어울려 행동하기가 자연스럽지 못하다. ¶ 처음 대하는 얼굴이라 좀 서먹하다.
서면(西面)명 ①서쪽으로 향한 면. ②하자서쪽을 향함.
서면(書面)명 ①글씨를 적어 놓은 지면(紙面), 또는 그 내용. 문면(文面). ②문서 또는 편지. ¶ 서면으로 보고하다.
서ː면(恕免)명하타 용서하여 죄를 묻지 않음.
서ː면(黍麵)명 기장으로 뽑은 국수.
서면^결의(書面決議)[-겨릐/-겨리]명 (유한회사 또는 회원이 한정되어 있는 단체에서) 회합을 하지 않고, 각 구성원의 서면에 의한 의사 표시로써 하는 결의.
서면^계ː약(書面契約)[-계-/-게-]명 서면의 작성을 계약 성립의 요건으로 하는 계약. ↔구두 계약.
서면^심리(書面審理)[-니]명 법원이 구두 변론에 의하지 않고, 주로 당사자나 소송 관계인이 제출한 서면으로 심리하는 일. ↔구두 심리(口頭審理).
서면^심리주의(書面審理主義)[-니-의/-니-이]명 소송 심리의 방식에서, 당사자의 변론과 법원의 증거 조사 등을 서면으로써 해야 한다는 주의. ㊀서면주의. ↔구술주의.
서면^위임(書面委任)명 서면의 작성을 성립 요건으로 하는 위임.
서면-주의(書面主義)[-의/-이]명 〈서면 심리주의(書面審理主義)〉의 준말.
서명(書名)명 책 이름.
서ː명(署名)명하자 자기의 이름을 문서에 적음, 또는 그 이름. ¶ 영수증에 서명하다.
서ː명^날인(署名捺印)명 문서에 서명을 하고 도장을 찍음. 기명날인(記名捺印).
서ː명^대ː리(署名代理)명 대리인이 그 대리권에 의하여 직접 본인의 서명을 하는 일.
서ː명^운ː동(署名運動)명 어떤 주장이나 의견에 대한 많은 사람의 찬성 서명을 얻기 위한 운동.
서ː모(庶母)명 아버지의 첩.
서목(書目)명 ①책의 목록. ②보고서의 개요를 따로 뽑아 보고서에 덧붙인 것.
서ː목-태(鼠目太)명 ☞쥐눈이콩.
서ː몽(瑞夢)명 상서로운 꿈.
서묘(西廟)명 서울 서대문 밖에 있던 관왕묘(關王廟). 1902년에 세웠다가 1909년에 동묘와 합쳐짐.
서무(西廡)명 문묘(文廟) 안의 서쪽 행각(行閣). 고려·조선 시대에, 여러 유현(儒賢)의 위패를 배향하던 곳. ↔동무(東廡).
서ː무(庶務)명 어떤 특정한 이름을 붙일 수 없는 여러 가지 일반적인 사무, 또는 그런 일을 맡아보는 사람.
서ː무(署務)명 '서(署)' 자가 붙은 기관, 곧 경찰서·세무서·소방서 등의 사무.
서무-날명 무수기를 볼 때, 음력 열이틀과 스무이레를 이르는 말.
서문(西門)명 서쪽의 문. 서쪽으로 낸 문.
서ː문(序文)명 머리말. 서사(序詞). 서제(序題). ㊀서(序). ↔발문(跋文).
서ː문(誓文)명 〈서약문〉의 준말.
서ː물(庶物)명 여러 가지 사물.
서ː민(庶民)명 ①일반 국민. ②귀족이나 상류층이 아닌 보통 사람. 백민(白民). 범민(凡民). 서인(庶人). 하민(下民).
서ː민^계급(庶民階級)[-계-/-게-]명 서민층의 계급.
서ː민^금융(庶民金融)[-금늉/-그뮹]명 서민 계급에 대한 금융. 상호 신용 금고·전당포 등이 행하는 소액의 금융.
서ː민-적(庶民的)관명 서민다운 태도나 경향이 있는 (것). ¶ 서민적 경향. /서민적인 친근감.
서ː민-층(庶民層)명 서민에 속하는 계층.
서바이벌^게임(survival game)명〔'생존 게임'의 뜻으로〕모의총으로 전쟁놀이를 즐기는 레저 스포츠.
서반(西班)명 왕조 때, 무관(武官)의 반열. 무반(武班). 무열(武列). 호반(虎班). ↔동반(東班).
서-반구(西半球)명 경도(經度) 0°에서 서쪽으로 경도 180°선까지 이르는 지구의 반쪽 부분. ↔동반구(東半球).
서반아(西班牙)명 '스페인'의 한자음 표기.
서ː발(序跋)명 서문(序文)과 발문(跋文).
서방(西方)명 ①서쪽. 서쪽 방향. ②서쪽 지방. 서부 지역. ③〈서방 국가〉의 준말. ④〈서방 극락〉의 준말. ①②↔동방(東方).
서방(書房)[1]명 '남편'을 속되게 이르는 말.
서방(을) 맞다관용 남편을 얻다.
서방(書房)[2]의 ①지난날, 벼슬이 없는 남자의 성 아래에 붙여 일컫던 말. ②성(姓)에 붙여 사위나 매제, 아래 동서 등을 일컫는 말. ¶ 요즘 김 서방 건강은 좀 어떠니?
서방^국가(西方國家)[-까]명 (공산 국가에 대하여) 미국과 서유럽의 국가들을 중심으로 한 자유 민주주의 진영의 국가군을 이르는 말. 서방 세계(西方世界). ㊀서방.
서방^극락(西方極樂)[-긍낙]명 불교에서, 서쪽 십만억토(十萬億土)의 저쪽에 있다고 하는 극락 세계. 서방 세계. 서방 정토. ㊀서방.
서방-님(書房-)명 ①'남편'을 높이어 일컫는 말. ②결혼한 시동생을 일컫는 말. ③지난날, 상사람이 벼슬 없는 선비를 일컫던 말.
서방-맞이(書房-)명하자 남편을 맞는 일.
서방^세ː계(西方世界)[-계/-게]명 ①☞서방 극락. ②☞서방 국가.
서방^정토(西方淨土)명 ☞서방 극락. 극락정토(極樂淨土).
서방-주(西方主)명〔불교에서, 서방 극락의 주인이라는 뜻으로〕'아미타불'을 이르는 말.
서방-질(書房-)명하자 남편이 있는 여자가 샛서방을 보는 짓. 화냥질. ↔계집질.
서방-측(西方側)명 서방 국가의 쪽.
서방^토룡단(西方土龍壇)명 조선 시대에, 오방토룡제(五方土龍祭)를 지내던 제단의 하나. 〔서울의 마포에 있다가 양화진(楊花津) 옆으로 옮겼음.〕 ㊀서단(西壇).
서ː배(鼠輩)명 쥐새끼같이 하찮은 무리.
서ː버(server)[1]명 테니스나 탁구·배구 등에서, 서브하는 쪽, 또는 그 사람. ↔리시버.
서ː버(server)[2]명 주된 정보의 제공이나 작업을 수행하는 컴퓨터 시스템. 클라이언트 시스템이 요청한 작업이나 정보의 수행 결과를 돌려줌.
서벅-거리다[-꺼-]자타 자꾸 서벅서벅하다. 서벅대다. ㉶사박거리다.
서벅-대다[-때-]자타 서벅거리다.
서벅-돌[-똘]명 단단하지 않고 잘 부스러지는 무른 돌.

서벅-서벅[-써-]부하자타 ①사과나 배 따위를 씹을 때 나는 것과 같은 소리. ②모래밭을 걸을 때 나는 것과 같은 소리. 작사박사박.
서법(書法)[-뻡]명 글씨 쓰는 법.
서:법(敍法)[-뻡]명 문장의 내용에 대한, 말하는 사람의 심적 태도를 나타내는 동사의 어형 변화. 〔의문법·청유법 따위.〕
서벽(書癖)명 글 읽기를 좋아하는 성벽(性癖).
서:보(徐步)명 천천히 걷는 걸음.
서부(西部)명 ①어떤 지역의, 서쪽 부분. ②조선 시대에, 한성을 5부로 나누었을 때 서쪽 지역. 또는, 그 지역을 관할하던 관아를 이르던 말.
서부-극(西部劇)명 〈서부 활극〉의 준말.
서부렁-서부렁부하형 여러 군데가 다 서부렁한 모양. 작사부랑사부랑2.
서부렁-섭적[-쩍]부 가볍게 슬쩍 뛰어 건너거나 올라서는 모양. ¶ 서부렁섭적 개울을 건너뛰다. 작사부랑삽작.
서부렁-하다형여 (묶거나 쌓은 물건이) 꼭 다붙지 않고 느슨하거나 버성기다. ¶ 서부렁하게 쌓아 놓은 장작더미. 작사부랑하다.
서부^영화(西部映畫)명 개척기의 미국 서부를 배경으로 한 영화.
서부진언(書不盡言)명 글로는 의사를 충분히 표현할 수 없음.
서-부터조 〈에서부터〉의 준말. ¶ 부산서부터 따라오다. /여기서부터 남의 땅이다.
서부^활극(西部活劇)명 개척기의 미국 서부를 배경으로 한 활극. 준서부극.
서북(西北)명 ①서쪽과 북쪽. ②〈서북간〉의 준말. 북서. ③서도(西道)와 북관(北關) 지방을 통틀어 이르는 말.
서북-간(西北間)[-깐]명 서쪽과 북쪽의 사이가 되는 방위. 건방(乾方). 준서북.
서-북서(西北西)[-써]명 서쪽과 서북쪽의 중간이 되는 방위.
서북송탐(西北松耽)[-쏭-]명 지난날, 서도(西道)·북관(北關)·송도(松都)·탐라(耽羅)를 아울러 이르던 말.
서북-쪽(西北-)명 서쪽과 북쪽의 사이가 되는 쪽.
서북-풍(西北風)명 ☞북서풍(北西風).
서북-향(西北向)[-부컁]명 서북쪽을 향한 방위, 또는 서북쪽을 향하고 있는 일.
서분서분-하다형여 (성질이나 마음씨가) 부드럽고 친절하다. ¶ 사람됨이 까다롭지 아니하고 서분서분하다. 작사분사분하다.
서분-하다형여 좀 서부렁하다. 작사분하다. **서분-히**부.
서분한-살명 굵으면서 가벼운 화살.
서:불-한(舒弗邯)명 ☞이벌찬(伊伐飡).
서붓[-붇]부 발을 가볍게 얼른 살짝 내디디는 모양, 또는 그 소리. 작사붓. 센서뿟. 거서풋. **서붓-이**부. **서붓-서붓**부하자.
서붓서붓-하다[-붇써부타-]형여 소리가 거의 나지 않을 정도로 걸음걸이나 움직임이 거볍고 부드럽다. 작사붓사붓하다. 센서뿟서뿟하다. 거서풋서풋하다.
서:브(serve)명하자 테니스·탁구·배구 따위 경기에서, 공격 쪽에서 먼저 공을 상대편 코트에 쳐 넣는 일, 또는 그 공. 서비스. ↔리시브.
서브루:틴(subroutine)명 컴퓨터에서, 하나의 작업을 이루기 위한 여러 루틴의 조직 안에서, 어떤 특정 문제를 처리하기 위해 따로 준비되어 있다가 호출 명령에 따라 쓰이는 루틴. 참루틴.
서브타이틀(subtitle)명 ①부제(副題). ②영화나 텔레비전 등에서의 보조 자막. ↔메인타이틀.
서:비스(service)명하자타 ①☞서브. ②생산된 재화를 운반·배급하거나 생산이나 소비에 필요한 노무를 제공함. ③보수를 바라지 않고 남을 위하여 봉사함, 또는 그 봉사. ¶ 서비스 정신. /점원의 서비스가 좋다. ④상점 따위에서 값을 싸게 해서 팔거나 경품 따위를 붙여 팖. ¶ 서비스 세일. /서비스 품목.
서:비스^공장(service工場)명 '자동차 수리 공장'을 속되게 이르는 말.
서:비스^라인(service line)명 테니스에서, 서비스 박스의 뒤쪽 선. 〔서브한 공이 이 선 밖으로 나가면 폴트가 됨.〕
서:비스^박스(service box)명 테니스에서, 서브를 그 안에 넣어야 되는 직사각형의 구획.
서:비스^산:업(service產業)명 제1차·제2차 산업을 기초로 하여 서비스라는 무형(無形)의 상품을 제공하는 산업을 통틀어 이르는 말. 〔운수·통신·상업·금융·관광 산업 따위.〕 참제삼차 산업.
서:비스-업(service業)명 서비스 산업에 속하는 업종, 곧 생산이나 상품의 유통에는 직접 관계없이 노무·편의 따위를 제공하는 업종을 통틀어 이르는 말.
서:비스^에이스(service ace)명 배구·테니스·탁구 따위에서, 서브한 공을 상대편이 받지 못하여 득점하는 일, 또는 그 서브. 에이스.
서-빙고(西氷庫)명 조선 시대에, 동빙고와 함께 얼음의 채취·보존·출납을 맡아보던 관아.
서뿐부 소리가 나지 않도록 가볍게 움직이거나 발을 내디디는 모양. ¶ 서뿐 방으로 들어오다. 작사뿐. 참서푼. **서뿐-히**부. **서뿐-서뿐**부하자.
서뿐서뿐-하다형여 ①소리가 나지 아니할 정도로 걸음걸이가 매우 거볍다. ¶ 발걸음이 서뿐서뿐하다. ②잇따라 움직이는 것이 매우 거볍다. 작사뿐사뿐하다. 참서푼서푼하다.
서뿐-하다형여 ①소리가 나지 아니할 정도로 걸음걸이가 매우 거볍다. ②움직이는 것이 매우 거볍다. 작사뿐하다. **서뿐-히**부.
서뿟[-뿓]부 〈서붓〉의 센말. 작사뿟. 참서풋.
서뿟서뿟-하다[-뿓써뿌타-]형여 〈서붓서붓하다〉의 센말. 작사뿟사뿟하다. 참서풋서풋하다.
서:사(序詞)명 머리말. 서문(序文).
서사(書士)명 대서(代書)나 필사(筆寫)를 업으로 하는 사람.
서사(書史)명 ①☞서적(書籍). ②경서(經書)와 사기(史記).
서사(書司)명 절에서, '서기(書記)'를 이르는 말.
서사(書舍)명 지난날, 선비들이 모여서 글공부를 하던 집.
서사(書師)명 붓글씨에 능한 사람. 서가(書家).
서사(書肆)명 ☞서점(書店).
서사(書寫)명하자 글씨를 베껴 씀.
서사(書辭)명 편지의 글. 편지에 적힌 사연.
서:사(敍事)명하타 사실이나 사건 따위를 있는 그대로 적는 일.
서:사(誓詞)명 맹세하는 말. 서언(誓言).
서:사-문(敍事文)명 서사체(敍事體)로 쓴 글. 참서정문(抒情文).
서:사-시(敍事詩)명 국가나 민족의 역사적 사건에 얽힌 신화나 전설 또는 영웅의 사적 등을 서사적으로 읊은 장시(長詩). 참극시(劇詩)·서정시(抒情詩).
서사-왕복(書辭往復)명하자 편지가 오고 감.
서:사-적(敍事的)관명 사실이나 사건 따위를 있는 그대로 적는 (것). ¶ 서사적 표현. /서사적인 글.

서ː사-체(敍事體)명 사실을 있는 그대로 객관적으로 서술하는 문체.
서산(西山)명 서쪽의 산.
서산(書算)명 지난날, 서당에서 책을 읽은 횟수를 세던 물건. 좁다란 종이를 봉투처럼 접어 겉에 눈금을 내어 에이고 이를 접었다 폈다 하며 헤아렸음. 서수(書數).
서산-낙일(西山落日)명 ①서산에 지는 해. ②'힘이나 형세 따위가 기울어진 상황'을 비유하여 이르는 말.
서산-대(書算-)[-때]명 지난날, 선비나 학동들이 책의 글자를 짚기도 하고 서산을 눌러 두기도 하던 가는 막대기.
서산-마루(西山-)명 서쪽에 있는 산의 꼭대기.
서ː-삼촌(庶三寸)명 ☞서숙(庶叔).
서ː상(瑞相)명 상서로운 조짐. 서조(瑞兆).
서ː상(暑傷)명하자 더위를 먹음.
서-상방(西上房)명 남향 대청의 오른쪽에 안방이 있는 집. ↔동상방(東上房).
서상-학(書相學)명 필적(筆跡)으로 그 사람의 성격이나 심리 따위를 연구하는 학문.
서ː색(鼠色)명 쥐색. 쥣빛.
서ː색(曙色)명 ①새벽의 빛. ②서광(曙光)을 받은 새벽녘의 경치.
서생(書生)명 ①학업을 닦는 젊은이. ②유학(儒學)을 공부하는 사람. ③글만 읽어 세상일에 어두운 선비.
서ː생(庶生)명 첩의 소생. 서출(庶出).
서생^문학(書生文學)명 문학 청년의 아직 습작 과정에 있는 문학, 또는 그 수준의 작품.
서ː-생원(鼠生員)명 '쥐'를 의인화하여 이르는 말.
서서(徐徐) '서서하다'의 어근.
서서(筮書)명 점쟁이가 점을 치러 온 사람의 길흉을 적은 글장.
서ː서(瑞西)명 '스위스'의 한자음 표기.
서ː서(署書)명 한자의 팔체서(八體書)의 한 가지. 오늘날에는 전하지 아니함.
서ː서(誓書)명 〈서약서(誓約書)〉의 준말.
서서^뛰어들기[-어-/-여-]명 헤엄치러 물에 들어갈 때에 발을 굴러서 선 채로 발부터 물에 들어가는 동작.
서ː서-하다(徐徐-)형여 천천하다. **서서-히**부 ¶ 지난 일들을 서서히 털어놓기 시작하다.
서ː설(序說)명 ☞서론(序論).
서ː설(敍說)명하타 차례대로 설명함.
서ː설(絮說)명하타 지루하게 이야기를 늘어놓음, 또는 그 이야기.
서ː설(棲屑)명하자 한곳에 머물지 않고 떠돌아 다님.
서ː설(暑泄)명 더위를 먹고 하는 설사.
서ː설(瑞雪)명 상서로운 눈.
서ː성(瑞星)명 상서로운 조짐을 보이는 별. 경성(景星). 덕성(德星).
서성-거리다자타 자꾸 서성서성하다. 서성대다. ¶ 선뜻 들어오지 못하고 밖에서 서성거리다.
서성-대다자타 서성거리다.
서성-서성부하자타 (어떤 일을 결단하지 못하거나 불안하여) 한곳에 서 있지 못하고 왔다 갔다 하는 모양.
서성-이다자타 한곳에 서 있지 못하고 왔다 갔다 하다. ¶ 대문 밖에서 수상한 사람이 서성인다.
서ː세(逝世)명하자 〈죽음〉의 높임말.
서ː속(黍粟)명 ①기장과 조. ②'조'의 방언.
서ː손(庶孫)명 ①서자(庶子)의 아들. ②아들의 서자. ↔적손(嫡孫).
서ː수(序數)명 차례를 나타내는 수. 〔첫째·둘째·열째 따위.〕
서수(書手)명 잔글씨 쓰기를 업으로 하는 사람, 또는 잔글씨에 능한 사람.
서수(書數)명 ☞서산(書算).
서ː-수사(序數詞)명 사물의 차례를 나타내는 수사. 〔첫째·둘째 등의 고유어 계통과, 제일·제이 등의 한자어 계통이 있음.〕 참양수사.
서ː수-필(鼠鬚筆)명 쥐의 수염으로 만든 붓.
서숙(書塾)명 글방.
서숙(庶叔)명 할아버지의 서자. 서삼촌.
서ː숙(棲宿)명하자 ☞서식(棲息).
서ː술(敍述)명하타되자 어떤 사실을 차례를 좇아 말하거나 적음. ¶ 사실을 상세히 서술하다.
서ː술-격(敍述格)[-껵]명 문장에서, 체언이 서술어 구실을 하게 하는 조사의 성격. 참주격.
서ː술격^조ː사(敍述格助詞)[-껵쪼-]명 체언에 붙어, 그 체언을 문장의 서술어가 되게 하는 조사. 〔'이다'를 기본형으로 하는 모든 활용형이 이에 딸림. 받침 없는 말 뒤에서는 '이'가 생략되기도 함.〕
서ː술-부(敍述部)명 문장에서, 술어와 그 수식어로 된 부분. 〔'부지런한 학생은 열심히 공부한다.'에서 '열심히 공부한다' 따위.〕 술부(述部). ↔주어부(主語部).
서ː술-어(敍述語)명 문장에서, 주어의 동작·상태·성질 따위를 서술하는 말. 〔'배도 과일이냐, 배가 달다, 배가 열리다'에서 '과일이냐·달다·열리다' 따위.〕 술어(述語). 풀이말. ↔주어.
서ː술-절(敍述節)명 문장에서, 주어의 상태·동작·성질 등을 서술하는 절(節). 〔'오늘 밤은 달이 밝다.', '토끼는 앞발이 짧다.'에서 '달이 밝다', '앞발이 짧다' 따위.〕 술어절. 풀이마디.
서ː술-형(敍述形)명 어미 변화에서, 어미를 서술로 맺는 어형.
서스펜디드^게임(suspended game)명 야구에서, 경기를 속행(續行)할 수 없게 되었을 때 뒷날 다시 경기를 계속할 것을 조건(條件)으로 중단된 경기.
서스펜스(suspense)명 영화·연극·소설 따위에서, 관객이나 독자로 하여금 가슴 죄며 아슬아슬하게 하는 불안감이나 긴장감, 또는 그러한 장면이나 수법. ¶ 스릴과 서스펜스.
서슬명 ①(칼날 따위의) 날카로운 끝 부분. ②(언행의) 날카로운 기세.
서슬이 시퍼렇다관용 ☞서슬(이) 푸르다〔퍼렇다〕.
서슬(이) 푸르다〔퍼렇다〕관용 ①칼날 따위가 날카롭게 빛나다. ②기세가 등등하다. 서슬이 시퍼렇다.
서슴-거리다자 자꾸 서슴서슴하다. 서슴대다. ¶ 딱 잘라 말하지 못하고 자꾸 서슴거리다./조금도 서슴거리지 말고 말하시오.
서슴다[-따]자타 《주로 '서슴지'의 꼴로 '않다'·'말다' 따위의 부정어와 함께 쓰이어》 (말이나 행동을) 딱 잘라 결정하지 못하고 머뭇거리다. ¶ 조금도 서슴지 않고 안으로 들어오다.
서슴-대다자 서슴거리다.
서슴-서슴부하자 자꾸 서슴는 모양.
서슴-없다[-스멉따]형 (언행에) 서슴거리는 티가 없다. 주저함이 없다. ¶ 서슴없는 태도로 나오다. **서슴없-이**부 ¶ 아무라도 좋으니 서슴없이 말해 보시오./서슴없이 따라나서다.
서ː습(暑濕)명 〈서습지기(暑濕之氣)〉의 준말.
서ː습지기(暑濕之氣)[-찌-]명 더운 기운과 습한 기운. 준서습.

서ː승(序陞)명하타 지난날, 관직에 있던 햇수에 따라 벼슬이나 품계를 올리던 일.
서시명 노름판에서, '여섯 끗'을 이르는 말.
서ː시(序詩)명 ①긴 시의 머리말 구실을 하는 시. ②책의 서문 대신으로 싣는 시.
서시(薯豉)명 감자로 담근 된장.
서시-옥시(西施-)[-씨]명 '미인'을 달리 이르는 말.
서식(書式)명 서류의 양식. 서류를 작성하는 법식. 서례(書例).
서ː식(棲息)명하자 (동물이 어떤 곳에) 깃들여 삶. 서숙(棲宿). ¶ 잉어가 서식하는 곳.
서ː식-지(棲息地)[-찌]명 동물이 깃들여 사는 곳. ¶ 반달곰 서식지.
서신(書信)명 편지. ¶ 서신을 주고받다.
서ː신(庶神)명 여러 귀신.
서실(書室)명 ☞서재(書齋).
서씨-체(徐氏體)명 중국 오대(五代)의 서희(徐熙)에게서 비롯된 화조화(花鳥畫) 양식의 한 가지. 몰골법으로 생의(生意)를 나타냄으로써 후세 문인 화가들이 즐겨 따름.
서-아시아(西Asia)명 아시아의 서부. 〔아프가니스탄·이란·이라크·쿠웨이트 같은 나라들이 딸려 있는 지역.〕
서ː악(序樂)명 ☞서곡(序曲).
서안(西岸)명 (강·바다·호수의) 서쪽 기슭. ¶ 라인 강 서안에 있는 작은 도시. ↔동안(東岸).
서안(書案)명 ①문서의 초안. ②책상.
서안^해ː양성^기후(西岸海洋性氣候)[-썽-]명 온대 습윤 기후형의 한 가지. 연중(年中) 습기가 많으며, 편서풍의 영향으로 여름철에는 서늘하고, 겨울철에는 따뜻함.
서ː압(署押)명하타 수결(手決)을 둠.
서ː약(誓約)명하자타 맹세하고 약속함. ¶ 서약을 깨다. /교칙에 따르겠다고 서약을 하다. /서약한 바를 잘 지키다.
서ː약-문(誓約文)[-양-]명 서약하는 글, 또는 그 문건(文件). 서약서. 준서문(誓文).
서ː약-서(誓約書)[-써]명 서약하는 글, 또는 그런 내용의 문건(文件). 서약문. 서장(誓狀). ¶ 서약서를 쓰다. 준서서(誓書).
서양(西洋)명 동양에서, 유럽과 미주(美洲)의 여러 나라를 이르는 말. 구미(歐美). ↔동양(東洋). 참태서(泰西).
서양-과자(西洋菓子)명 ☞양과자(洋菓子).
서양-관(西洋館)명 ☞양관(洋館).
서양-목(西洋木)명 ☞당목(唐木). 변생목.
서양-사(西洋史)명 서양 여러 나라의 역사. ↔동양사(東洋史).
서양-사(西洋紗)명 가는 무명 올로 바닥이 설피게 짠 피륙. 준양사(洋紗). 변생사.
서양-식(西洋式)명 서양에서 하는 양식(樣式)이나 격식. 준양식(洋式).
서양^요리(西洋料理)[-뇨-]명 서양에서 발달한 요리. 서양식 요리. 준양요리.
서양^음악(西洋音樂)명 서양에서 발생하여 발달한 음악. 준양악.
서양-인(西洋人)명 서양의 여러 나라 사람. 준양인(洋人).
서ː-양자(壻養子)명하타 사위를 양자로 삼음, 또는 그러한 양자.
서양-장기(西洋將棋)명 ☞체스(chess).
서양-종(西洋種)명 원산지가 서양인 종자. 양종.
서양-풍(西洋風)명 서양식의 모양. 서양의 양식을 본뜬 모양. 준양풍.
서양-화(西洋化)명하자타되자 서양의 문화나 양식(樣式)을 닮아 감. ¶ 근래에 생활양식이 많이 서양화되는 경향이 있다.
서양-화(西洋畫)명 서양에서 발달한 그림 기법으로 그려진 수채화·유화·목탄화·판화 따위. 준양화(洋畫). ↔동양화.
서어(齟齬·鉏鋙) '서어하다'의 어근.
서어-하다(齟齬-·鉏鋙-)형여 ①뜻이 맞지 않아 좀 서름하다. ¶ 서어한 사이. ②익숙하지 않아 서름서름하다. 서어-히부.
서언(西諺)명 서양 속담.
서ː언(序言·緖言)명 머리말.
서ː언(誓言)명 맹세하는 말. 서사(誓詞).
서ː얼(庶孼)명 서자(庶子)와 그 자손. 일명(逸名). 초림(椒林).
서ː얼-차대(庶孼差待)명 조선 시대에, 서얼을 차별 대우 하던 일.
서여(薯蕷)명 ☞마3.
서역(西域)명 ①서쪽 지역. ②지난날, 중국 서쪽에 있던 나라들을 통틀어 이르던 말. 좁게는 신장(新疆) 일대를, 넓게는 중앙아시아와 서아시아 및 인도까지를 포함하였음.
서역(書役)명하자 글씨, 특히 잔글씨를 쓰는 수고로운 일.
서연(書筵)명 ①고려 시대에, 학자들이 임금에게 학문을 진강(進講)하던 일, 또는 그 자리. ②조선 시대에, 학자들이 왕세자에게 학문을 강론하던 일, 또는 그 자리.
서연-관(書筵官)명 왕조 때, 서연에 참여하는 벼슬아치를 이르던 말.
서ː열(序列)명 (연령·지위·성적 따위의) 일정한 순서에 따라 늘어서는 일, 또는 그 순서. ¶ 서열을 정하다.
서ː열(暑熱)명 ☞서염(暑炎).
서ː염(暑炎)명 심한 더위. 서열(暑熱).
서영(西營)명 〔조선 시대에〕 ①창덕궁 서쪽에 있던 금위영(禁衛營)의 분영(分營). ②경희궁 서쪽에 있던 훈련도감의 별영(別營). ③평양에 두었던 친군영(親軍營).
서영-사(西營使)명 조선 시대에, 서영의 주장(主將)을 이르던 말.
서예(書藝)명 서도(書道)를 조형 예술의 관점에서 이르는 말.
서예-가(書藝家)명 붓글씨를 전문으로 하는 예술가.
서-오릉(西五陵)명 경기도 고양시에 있는 경릉(敬陵)·창릉(昌陵)·명릉(明陵)·익릉(翼陵)·홍릉(弘陵)의 다섯 능을 아울러 이르는 말. 사적 제198호.
서옥(書屋)명 글방.
서완(徐緩) '서완하다'의 어근.
서ː완-하다(徐緩-)형여 몹시 느리다.
서왕-모(西王母)명 중국 신화에서, 곤륜산(崑崙山)에 산다는 반인반수(半人半獸)의 여자 선인.
서ː용(恕容)명하타 ☞서유(恕宥).
서ː용(敍用)명하타 조선 시대에, 죄가 있어 면관당하였던 사람을 다시 임용하던 일.
서ː우(瑞雨)명 곡물의 생장을 돕는 고마운 비. 자우(慈雨).
서ː우(暑雨)명 여름날에 내리는 비.
서ː운(瑞雲)명 복되고 길한 조짐이 보이는 구름. 상서로운 구름. 상운(祥雲).
서ː운(瑞運)명 복되고 길한 운수. 상서로운 운수. 상운(祥運).
서ː운(曙雲)명 새벽녘에 끼는 구름.

서운-관(書雲觀)명 고려 시대에, 천문(天文)·역수(曆數)·측후(測候)·각루(刻漏) 등의 일을 맡아보던 관아.

서운-하다형여 마음에 모자라 섭섭함을 느끼다. ¶ 그가 한 말이 몹시 서운하다./서운한 느낌이 들다./이거, 헤어지기 서운한데. **서운-히**부 ¶ 너무 서운히 생각지 말게.

서울명 ①한 나라의 중앙 정부가 있는 곳. 국도(國都). 수도(首都). 도성(都城). 경락(京洛). 경사(京師). 경성(京城). 도읍. ②우리나라의 수도.

서울 (가서) 김 서방 찾는다〔**찾기**〕속담 무턱대고 막연하게 찾아감을 이르는 말.

서울 소식은 시골 가서 들어라속담 가까운 주위의 소식이 오히려 먼 곳에 더 잘 알려져 있다는 말.

서울이 낭〔**낭떠러지**〕**이라니까 과천**〔**삼십 리**〕**부터 긴다**속담 미처 일을 시작하기도 전에 지레 겁부터 냄을 이르는 말.

서울-까투리명 수줍어하는 기색이 없는 사람을 빗대어 이르는 말.

서울-깍쟁이[-쨍-]명 시골 사람이 까다롭고 인색한 서울 사람을 밉게 여기어 이르는 말.

서울-내기[-래-]명 서울에서 태어난 사람. 경종(京種). ↔시골내기.

서울-뜨기명 서울 사람을 조롱하여 이르는 말. ↔시골뜨기.

서원(書院)명 조선 시대에, 선비들이 모여 명현(明賢)을 제사하고 학문을 강론하며 인재를 키우던 사설 기관(私設機關).

서:원(署員)명 (경찰서·세무서·소방서 따위) '서(署)' 자가 붙은 관공서에서 근무하는 사람을 두루 이르는 말.

서:원(誓願)명하타 ①자기가 하고자 하는 일을 신불에게 맹세하고 그것이 이루어지기를 기원함, 또는 그 기원. ②부처나 보살이 중생을 제도(濟度)하려는 소원이 이루어지도록 기원하는 일. ③기독교에서, 구약 시대의 풍습으로 여호와에게 어떤 은혜를 빌고 그 보답으로 헌물(獻物)을 맹세하는 일.

서:원-력(誓願力)[-녁]명 (부처나 보살이) 서원하는 염력(念力).

서:위(敍位)명하타 위계(位階)를 내림.

서:위(暑威)명 몹시 심한 더위. ¶ 서위가 한풀 꺾이다. ↔한위(寒威).

서:유(恕宥)명하타 (잘못을) 너그럽게 용서함. 서용(恕容).

서유-견문(西遊見聞)명 조선 고종 32(1895)년에 유길준(兪吉濬)이 미국 시찰에서 보고 들은 바를 쓴 책. 〔한글과 한문을 섞어 써서 언문일치(言文一致) 운동의 선구가 됨.〕

서유-기(西遊記)명 중국의 4대 기서(奇書)의 하나. 명나라 때 오승은(吳承恩)이 지은 고전 대하 소설(大河小說).

서-유럽(西Europe)명 서부 유럽. 〔유럽 서부에 있는 프랑스·독일·영국 등의 국가가 있는 지역.〕 서구(西歐). ↔동유럽.

서융(西戎)명 사이(四夷)의 하나. '서쪽 오랑캐'라는 뜻으로, 지난날 중국에서 그들의 서쪽에 사는 이민족을 얕잡아 이르던 말. 서이(西夷).

서음(書淫)명 글 읽기를 지나치게 즐기는 일, 또는 그런 사람.

서:응(瑞應)명 왕의 훌륭한 다스림이 하늘을 감응시켜 나타난 복스러운 조짐.

서의(書意)[-의/-이]명 책이나 편지 등에 쓰여 있는 글의 뜻.

서:의(誓意)[-의/-이]명 맹세하는 마음.

서의히부 〈옛〉성기게. 엉성하게. ¶ 工夫ㅣ ᄒᆞ다가 ᄒᆞ워기 ᄒᆞᆫ 디위 ᄒᆞ고 서의히 ᄒᆞᆫ 디위 ᄒᆞ야(蒙法*38*).

서의ᄒᆞ다형 〈옛〉성기다. 엉성하다. ¶ 박 니피 ᄆᆞ장 서의ᄒᆞ도다(杜初*16:73*).

서이수 '셋'의 방언.

서이(西夷)명 ☞서융(西戎).

서인(西人)명 조선 선조 때, 심의겸(沈義謙)을 중심으로 형성된 당파, 또는 그 당파에 딸렸던 사람. ↔동인(東人).

서:인(庶人)명 벼슬이 없는 서민.

서:임(敍任)명하타 벼슬자리를 내림.

서에명 〈옛〉성엣장. ¶ 서에:流凘(訓解).

서자(書字)[-짜]명 ①간략한 편지. ②글이나 글자.

서:자(庶子)명 ①첩에게서 태어난 아들. 별자(別子). 얼자(孼子). ↔적자. ②☞중자(衆子).

서:자(逝者)명 죽은 사람.

서:-자녀(庶子女)명 첩에게서 태어난 아들딸.

서자서아자아(書自書我自我)명 〔글은 글대로 나는 나대로라는 뜻으로〕 '글을 읽되 정신은 딴 데 쓰고 있음'을 이르는 말.

서:작(敍爵)명하자 작위(爵位)를 내림.

서장(西藏)명 '티베트'의 한자음 표기.

서장(書狀)명 ①편지. ②〈서장관(書狀官)〉의 준말.

서:장(署長)명 (경찰서·세무서·소방서 따위와 같이) '서(署)' 자가 붙은 기관의 최고 직위에 있는 사람.

서:장(誓狀)[-짱]명 ☞서약서(誓約書).

서장-관(書狀官)명 조선 시대에, 중국에 보내는 사신을 수행하여 기록을 맡던 임시 벼슬. 준서장(書狀).

서-장대(西將臺)명 지난날, 산성(山城)의 서편에 높이 쌓아 만들어 놓은 대. 〔거기에 장수가 올라서서 군사를 지휘하였음.〕

서재(西齋)명 성균관이나 향교의 명륜당 앞 서쪽의, 유생들이 거처하며 공부하던 곳.

서재(書齋)명 ①책을 갖추어 두고, 책을 읽거나 글을 쓰는 방. 문방(文房). 서각(書閣). 서실(書室). ②글방.

서재다[1]형 〈옛〉대담하다. 교만하다. ¶ 서재다:倨傲(同文上*23*).

서재다[2]형 〈옛〉소홀하다. ¶ 힝시리 서재여〔疎〕(恩重*13*).

서재^문학(書齋文學)명 현실성이 없는, 이론적이고 관념적인 문학.

서재-인(書齋人)명 사회 현실과는 동떨어져 서재에만 박혀 있는 학자나 문필가를 이르는 말.

서재^평론(書齋評論)[-논]명 문학·예술의 현실을 도외시하거나 실제와 유리된 관념적인 평론.

서적(書籍)명 책. 서사(書史).

서:적(鼠賊)명 좀도둑.

서전(書典)명 책.

서전(書傳)명 송(宋)나라 주희(朱熹)의 제자 채침(蔡沈)이 '서경(書經)'에 주해를 단 책.

서:전(瑞典)명 '스웨덴'의 한자음 표기.

서:전(緖戰)명 ①전쟁 초기의 첫 번째 싸움. ②운동 경기의 첫 번째 경기. ¶ 과감한 공격으로 서전을 승리로 장식하다.

서:절(暑節)명 더운 철. 삼복(三伏)의 때.

서ː절(鼠竊)[명] 〈서절구투(鼠竊狗偸)〉의 준말.
서ː절-구투(鼠竊狗偸)[명] 〔쥐나 개처럼 가만히 물건을 훔친다는 뜻으로〕 '좀도둑'을 욕으로 이르는 말. [준]서절.
서점(西漸)[명][하자] (어떤 세력이나 영향 따위가) 점점 서쪽으로 옮김. ¶ 문화의 서점. ↔동점.
서점(西點)[-쩜][명] 지평선과 자오선이 만나는 남점(南點)에서 서쪽으로 90° 되는 점.
서점(書店)[명] 책을 팔거나 사는 가게. 서관(書館). 서림(書林). 서사(書肆). 서포(書鋪). 책방(册房). 책사(册肆). 책점(册店).
서점^운ː동(西漸運動)[명] (미국의 서부 개척 시대에) 서부 미개척 지대로 정주지(定住地) 확대 및 인구 이동을 위하여 벌였던 운동.
서정(西征)[명][하자] 서쪽을 정벌함.
서정(西庭)[명] ①집 안의 서쪽에 있는 뜰. ②명륜당 서쪽의 넓은 뜰. 승학시(陞學試)를 보는 유생들이 앉던 곳.
서ː정(抒情·敍情)[명][하자] 자기의 감정을 말이나 글 따위로 나타내는 일.
서ː정(庶政)[명] 온갖 정사(政事).
서ː정-문(抒情文)[명] 자기의 감정을 나타낸 글. [참]서사문(敍事文).
서ː정^소ː곡(抒情小曲)[명] 낭만적이며 환상적인 소품곡.
서ː정-쇄신(庶政刷新)[명] 정사(政事)의 처리에서, 폐단을 없애고 면목을 새로이 함.
서ː정-시(抒情詩)[명] 시의 3대 장르 중의 하나. 시인의 사상·감정을 서정적·주관적으로 읊은 시. [참]극시·서사시.
서ː정-적(抒情的)[관][명] 감정의 흐름과 정서에 흐뭇이 젖어 드는 (것). ¶ 서정적 표현. /서정적인 내용.
서ː제(序題)[명] ☞서문(序文).
서ː제(庶弟)[명] 서모에게서 난 아우.
서ː제-막급(噬臍莫及)[-끕][명] 〔사향노루가 제 배꼽 때문에 잡힌 줄 알고 배꼽을 물어뜯어도 이미 때가 늦었다는 뜻으로〕 '후회해도 소용없음'을 이르는 말. 후회막급.
서제-소(書題所)[명] 지난날, 정일품 벼슬아치의 사신(私信)에 관한 일을 맡아보던 곳.
서ː조(瑞兆)[명] ☞서상(瑞相).
서ː-조모(庶祖母)[명] 할아버지의 첩.
서ː족(庶族)[명] 서자의 자손으로 이루어진 겨레붙이. 좌족(左族).
서죄(書罪)[-죄/-줴][명][하타] 지난날, 못된 조신(朝臣)이 있을 때 사헌부의 감찰이 야다시(夜茶時)에 그의 잘못을 흰 널판에 적어 그의 집 문 위에 붙이던 일.
서ː죄(恕罪)[-죄/-줴][명][하타] 정상을 살펴 죄를 용서함.
서ː주(序奏)[명] 교향곡이나 소나타 따위의 도입부로서 연주되는, 조용하고 느린 악곡. 전주(前奏).
서주(書籌)[명] 글씨 쓰기와 셈하기.
서죽(筮竹)[명] 무속에서, 점치는 데 쓰는 댓개비.
서중(書中)[명] 책·문서·편지 따위에 쓰인 글 가운데. ¶ 서중의 한 구절을 인용하다.
서ː중(暑中)[명] 한여름의 더운 때. 여름의 더운 동안. ¶ 서중 문안.
서증(書贈)[명][하타] 글씨를 써서 증정함.
서증(書證)[명] 문서로써 하는 재판상의 증거. [참]인증(人證).
서ː증(暑症)[-쯩][명] ①더위. ②더위 먹은 증세.
서지(書旨)[명] 서면의 취지.
서지(書誌)[명] ①책. ②책이나 문헌에 대한 내용 목록. ③고문헌이나 희귀본에 대한 체재·내용·가치·보존 상태 따위에 대하여 밝힌 조목조목의 기록.
서ː지(serge)[명] 양복감의 한 가지. 본디는 견모교직(絹毛交織)이었으나, 근래에는 주로 소모사(梳毛絲)로써 능직(綾織)으로 짠 양복감을 이름.
서지-학(書誌學)[명] 책의 분류와 해제(解題)·감정(鑑定) 따위의 연구를 하는 학문. 문헌학(文獻學).
서ː직(黍稷)[명] (지난날, 나라의 제사 때 날로 쓰던) 찰기장과 메기장.
서진(西進)[명][하자] 서쪽으로 나아감.
서진(書鎭)[명] 책장이나 종이쪽이 바람에 날리지 않도록 누르는 물건. 문진(文鎭).
서질(書帙)[명] ①책. ②한 권 또는 여러 권의 책을 한목에 싸서 넣어 두는 싸개.
서지다[형] 〈옛〉 교만하다. ¶ 서진 쳬ᄒᆞ다:揑大款(漢淸8:21).
서-쪽(西-)[명] 해가 지는 쪽. 서녘. 서방(西方). 서(西). ↔동쪽.
서쪽에서 해가 뜨다[관용] 절대로 있을 수 없는 일이나 아주 희귀한 일에 대하여 이르는 말. ¶ 생전 웃지 않던 자네가 파안대소라니, 서쪽에서 해가 뜨겠구먼.
서ː차(序次)[명] 차례.
서ː차-법(序次法)[-뻡][명] 가까운 데서 먼 데로, 쉬운 것에서 어려운 것으로, 아는 것에서 모르는 것으로 풀어서 적어, 읽는 이가 알기 쉽게 하는 표현법.
서찰(書札)[명] 편지. ¶ 이 서찰을 김 대감에게 긴히 전해 드려라.
서창(西窓)[명] 서쪽으로 난 창. ↔동창.
서창(書窓)[명] 서재의 창, 또는 서재.
서ː창(敍唱)[명] 오페라나 오라토리오 등에서, 가사를 마치 이야기하듯이 노래하는 부분, 또는 그러한 양식. 〔흔히, 주인공의 처지나 사건을 서술하는 부분.〕
서ː창(舒暢)[명][하자] 여유 있게 아량을 가지고 지냄. 한가로이 지냄.
서책(書册)[명] 책. 간책(簡策). 서권(書卷). 판적.
서척(書尺)[명] 편지.
서ː척(敍戚)[명][하자] 후대에 오면서 멀어진 딴 성의 겨레붙이끼리 척분(戚分) 관계를 서로 말하는 일.
서천[명] 목수의 품값.
서천(西天)[명] ①서쪽 하늘. ②〈서천 서역국(西天西域國)〉의 준말.
서ː천(暑天)[명] ①무더운 여름의 하늘. ②더운 날씨.
서ː천(曙天)[명] 새벽 하늘.
서천^서역국(西天西域國)[-꾹][명] 지난날, '인도(印度)'를 이르던 말. [준]서천(西天).
서철(西哲)[명] 서양의 훌륭한 사상가나 철학자.
서첨(書籤)[명] 책의 제목으로 써 붙인 글씨.
서첩(書帖)[명] 이름난 이의 글씨를 모아 꾸며 만든 책. 묵첩(墨帖).
서체(書體)[명] 글씨체. [준]체(體)1.
서ː체(暑滯)[명] 한방에서, 더위로 생기는 체증을 이르는 말.
서초(西草)[명] 평안도 지방에서 나는 잎담배를 이르는 말.
서초-머리(西草-)[명] 서초와 같이 빛이 누르고 나슬나슬한 머리.

서ː총-대 (瑞葱臺) 명 〔조선 시대에〕 ①임금이 무관들의 궁술을 살펴보기 위해 창덕궁 안에 설치했던 대. ②〈서총대과〉의 준말.
서ː총대-과 (瑞葱臺科) 명 조선 시대에, 서총대에서 임금이 친림(親臨)하여 행하던 무과(武科). 준서총대.
서ː총대-베 (瑞葱臺-) 명 〔서총대를 쌓을 비용으로 백성들에게서 거둔 포목이 질이 나빴던 데서〕 '품질 낮은 무명베'를 농조로 이르는 말. 서총대포(瑞葱臺布).
서ː총대-포 (瑞葱臺布) 명 ☞서총대베.
서추 (西樞) 명 조선 시대에, '중추부(中樞府)'를 달리 이르던 말.
서축 (書軸) 명 글씨를 쓴 두루마리.
서ː축 (鼠縮) 명 (곡식의) 쥐가 먹어 축이 난 것.
서ː출 (庶出) 명 첩의 소생. 서생(庶生). 첩출(妾出). 측출(側出). ↔적출(嫡出).
서ː치 (序齒) 명 나이의 차례대로 함. ¶ 서치에 따라 배정하다.
서치 (書痴) 명 글 읽기에만 골똘하여 세상일을 돌아보지 않는 어리석음.
서ː치라이트 (search-light) 명 탐조등(探照燈).
서캐 명 이의 알.
　서캐 훑듯 속담 빠뜨림 없이 샅샅이 뒤지거나 조사한다는 뜻.
서캐-조롱 명 민속에서, 여자 아이들이 연말연시에 액막이로 차고 다니던 콩알만 한 조롱. 위 아래 것은 빨갛고 가운데 것은 노란, 세 개의 조롱 끝에 엽전을 매달았음. ↔말조롱.
서캐-훑이 [-훌치] 명 빗살이 촘촘한 참빗의 한 가지. 서캐를 훑어 내는 데 쓰임.
서ː커스 (circus) 명 곡마(曲馬). 곡예(曲藝).
서ː클 (circle) 명 같은 이해관계나 취미·직업 따위에 따라 결합된 사람들, 또는 그 단체. 동아리. ¶ 독서 서클. /서클 활동.
서ː킷 (circuit) 명 ①(전기의) 회로. ②(자동차 경주 따위의) 환상(環狀) 코스. ③(골프 따위의) 순회 경기.
서ː킷^브레이커 (circuit breaker) 명 주식 시장에서, 주가 지수의 하락 폭이 갑자기 커질 경우, 시장에 미치는 충격을 줄이기 위하여 주식 매매를 일시적으로 정지시키는 일.
서ː킷^트레이닝 (circuit training) 명 일련의 운동을 되풀이함으로써 호흡이나 근육 등을 단련하여 몸의 전반적인 힘을 기르는 체력 단련법.
서털-구털 부 하형 언행이 침착·단정하지 못한 모양. ¶ 서털구털 지껄이다.
서토 (西土) 명 ①불교에서, '서방 정토(西方淨土)'를 이르는 말. ②☞서도(西道).
서통 (書筒) 명 봉투.
서ː퇴 (暑退) [-퇴/-퉤] 명 하자 되자 더위가 물러감.
서ː투르다 [서투르니·서툴러] 형르 ①일에 익숙하지 못하다. ¶ 일이 서투르다. /서투른 장단. ②낯이 익지 않아서 어색하고 서먹하다. ¶ 서투른 분위기. 준서툴다.
　서투른 무당이 장구만 나무란다 속담 능력이 부족한 사람이 자신의 능력은 모르고 도구만 탓한다는 말.
　서투른 숙수가 (피나무) 안반만 나무란다 속담 제 기술이 모자라서 일이 안 되는 줄은 모르고 도구가 나쁘다고 탓한다는 말.
서ː툴다 [서투니·서툴러] 형 〈서투르다〉의 준말.
서ː파 (庶派) 명 서자(庶子)의 자손. ↔적파.
서판 (書板) 명 글씨를 쓸 때에 종이 밑에 까는 널조각.
서편 (西便) 명 서쪽 편. ↔동편(東便).
서편-제 (西便制) 명 판소리 유파의 한 가지. 부드러우면서도 구성지고 애절한 계면조를 바탕으로 함. 전라도 서남 지방에 전승됨. 참동편제·중고제.
서평 (書評) 명 책의 내용을 평한 글. ¶ 신간 서평.
서포 (書鋪) 명 ☞서점(書店).
서포-만필 (西浦漫筆) 명 조선 숙종 때의 문인 김만중(金萬重)이 지은 책. 제자백가(諸子百家)를 논하고 신라 이후의 시를 평한 내용. 2권 2책.
서포ː터 (supporter) 명 ①운동선수 등이 생식기 나위 중요 부위를 보호하기 위하여 몸에 대거나 차는 보호대. ②특정 팀을 응원하기 위하여 조직된 단체의 일원.
서폭 (書幅) 명 글씨를 써서 꾸민 족자.
서표 (書標) 명 읽던 곳을 찾기 쉽도록 책장 사이에 끼워 두는 종이 오리. 표지. ¶ 책갈피에 서표를 끼워 두다.
서푼 부 소리가 크게 나지 않도록, 가볍게 발을 내디디는 모양. 비서픗. 작사푼. 참서뿐. 서푼-서푼 부 하자 ¶ 서푼서푼 걸어오다.
서ː-푼 명 ①한 푼의 세 곱. ②아주 보잘것없는 적은 돈이나 값어치를 이르는 말. ¶ 서푼어치도 안 되는 물건.
서푼-목정 [-쩡] 명 소의 목덜미 아래에 붙은 살.
서푼서푼-하다 형여 ①소리가 나지 않을 정도로 걸음걸이가 가볍다. ②잇따라 움직이는 것이 매우 가볍다. 작사푼사푼하다. 참서뿐서뿐하다.
서ː품 (序品) 명 경전(經典)에서, 그 내용을 추려 나타낸 개론(概論) 부분.
서ː품 (敍品) 명 하타 되자 가톨릭에서, 정해진 수도 과정을 거치거나 자격·요건을 갖춘 사람을 안수에 의해 주교·사제(司祭)·부제(副祭) 등에 임명하는 일.
서ː품-식 (敍品式) 명 가톨릭에서, 서품(敍品)을 하는 예식을 이르는 말. 〔이 예식을 치름으로써 성직자가 됨.〕
서픗 [-픋] 부 발을 가볍게 얼른 내디디는 모양, 또는 그 소리. 비서푼. 작사픗. 여서붓. 참서뿟. 서픗-서픗 부 하자.
서픗서픗-하다 [-픋써푸타-] 형여 소리가 거의 나지 아니할 정도로 걸음걸이나 움직임이 가볍고 부드럽다. ¶ 서픗서픗한 걸음걸이. 작사픗사픗하다. 여서붓서붓하다.
서풍 (西風) 명 서쪽에서 불어오는 바람. 갈바람1. 참하늬바람.
서풍 (書風) 명 서예의 글씨체. ¶ 호쾌한 서풍.
서ː피 (犀皮) 명 무소의 가죽.
서ː피 (鼠皮) 명 쥐의 가죽.
서ː핑 (surfing) 명 ☞파도타기.
서하 (書下) 명 하타 임금이 친히 벼슬을 시킬 사람의 이름을 적어 내리던 일.
서ː하 (暑夏) 명 매우 무더운 여름.
서학 (西學) 명 ①지난날, 서양의 학문을 이르던 말. ②조선 시대에, 천주교를 이르던 말. ③조선 시대에, 서울 서부에 둔 사학(四學)의 하나.
서ː학 (暑瘧) 명 ☞열학(熱瘧).
서한 (書翰) 명 편지.
서ː한 (暑寒) 명 ☞한서(寒暑).
서한-문 (書翰文) 명 편지에 쓰이는 문체, 또는 그런 문체로 쓴 글. 서간문(書簡文).
서한^문학 (書翰文學) 명 편지 글 형식으로 된 문학 작품. 〔서한시·서한체 소설 따위.〕 서간문학.

서한-전(書翰箋)명 편지지. 서간전(書簡箋).
서한-지(書翰紙)명 편지지.
서한-체(書翰體)명 서한문 형식의 문체. 서간체(書簡體). ¶ 서한체 소설.
서함(書函)명 ①☞편지. ②편지를 모아 두는 함. ③책을 넣어 두는 함.
서ː합(噬嗑)명 〈서합괘(噬嗑卦)〉의 준말.
서ː합-괘(噬嗑卦)[-꽤]명 육십사괘의 하나. 이괘(離卦)와 진괘(震卦)가 거듭된 것으로, 번개와 우레를 상징함. 준서합.
서해(西海)명 서쪽에 있는 바다.
서-해안(西海岸)명 서쪽 해안.
서행(西行)명 ①하자서쪽으로 감. ②불교에서, 서방 정토(西方淨土)에 왕생하는 일.
서ː행(徐行)명하자 자동차나 기차 따위가, 천천히 나아감. ¶ 서행 운전.
서향(西向)명하자 서쪽을 향함, 또는 서쪽 방향. ¶ 서향 대문.
서ː향(瑞香)명 팥꽃나뭇과의 상록 관목. 중국 원산으로 높이는 1 m가량. 잎은 양 끝이 좁고 길둥근 모양이며 어긋맞게 남. 3~4월에 흰빛 또는 붉은 자줏빛 꽃이 피는데 향기가 짙음.
서향-집(西向-)[-찝]명 대청이 서쪽을 향하고 있는 집.
서향-판(西向-)명 집터나 묏자리 따위가 서쪽으로 향한 터전.
서ː혈(棲穴)명 짐승이 사는 굴.
서-협문(西夾門)[-혐-]명 궁궐이나 관아의 삼문(三門) 가운데 서쪽에 있는 문. 참동협문.
서ː형(庶兄)명 서모에게서 난 형.
서ː혜(鼠蹊)[-혜/-헤]명 ☞샅.
서ː혜-관(鼠蹊管)[-혜-/-헤-]명 서혜 인대(靭帶)를 바닥으로, 외복사근과 복횡근의 근막에 의해 이루어진 길이 4 cm가량의 관. 남자는 정색(精索)이, 여자는 자궁 원인대가 통하고 있음.
서ː혜^림프샘(鼠蹊lymph-)[-혜-/-헤-]명 ☞서혜샘.
서ː혜^림프^육아종(鼠蹊lymph肉芽腫)[-혜-/-헤-]명 성병의 한 가지. 음부에 미란(糜爛)·수포(水疱)·소궤양(小潰瘍) 등이 생기며, 서혜부의 림프샘이 크게 붓고 큰 경결물(硬結物)을 만드는 질환. 제사 성병(第四性病).
서ː혜-부(鼠蹊部)[-혜-/-헤-]명 하복부의 하지(下肢)와 맞닿은 안쪽. 치골부(恥骨部)의 양쪽에 있는 세모꼴의 범위를 이름.
서ː혜-샘(鼠蹊-)[-혜-/-헤-]명 서혜부에 있는 림프샘. 서혜 림프샘.
서화(書畫)명 글씨와 그림.
서ː화(瑞花)명 〔풍년이 들게 하는 꽃이라는 뜻으로〕 '눈〔雪〕'을 달리 이르는 말.
서화-가(書畫家)명 서화에 능한 사람, 또는 이를 전문으로 하는 사람.
서화-상(書畫商)명 서화를 전문으로 사고파는 장사, 또는 그러한 사람.
서화-전(書畫展)명 글씨·그림 등의 전람회.
서화-첩(書畫帖)명 서화를 모아 꾸민 책.
서화-포(書畫鋪)명 서화를 사고파는 가게.
서ː회(敍懷·舒懷)[-회/-훼]명하자 품은 생각을 말함.
서ː훈(敍勳)명하자 훈등(勳等)과 훈장을 내림. ¶ 유공자에 대한 서훈.
서흐레[1]명 〈옛〉써레. ¶ 서흐레 파:杷(訓蒙中*17*).
서흐레[2]명 〈옛〉층계. 등급. ¶ 陛는 서흐레라(法華*2*:*104*). /서흐레 급:級(訓蒙下*31*).

석ː[1]관 수관형사 '세'가 '냥·달·동·섬·자·장·줄·짐' 등의 의존 명사 앞에 쓰일 때의 변이 형태. ¶ 석 냥. /석 달. /석 섬. /석 자. /석 장. /석 줄. /석 짐.
석[2]부 ①무엇을 단번에 베거나 자르거나 하는 모양, 또는 그 소리. ¶ 무를 석 자르다. /나무의 밑동을 석 잘라 버리다. ②무엇을 거침없이 밀거나 쓸어 버리거나 하는 모양. ¶ 문을 석 밀어젖히다. /책상을 석 뒤로 물리다. ③조금도 남김없이 모두. 흔적도 없이 아주. ¶ 그릇에 묻은 기름기를 석 닦아 내다. 작삭. 센썩[1]. **석-석**부.
석(錫)명 ☞주석(朱錫).
석(釋)[1]명 출가하여 불법에 귀의한 사람이 석가의 제자임을 나타내기 위하여 성(姓)으로 쓰는 말.
석(釋)[2]명하자 〔불교에서〕 ①아침저녁으로 부처 앞에 예불하는 일. ②절에서, 새벽에 목탁과 종을 쳐서 사람을 깨우는 일. ¶ 석을 치다.
석(石)의 ☞섬[1]. ¶ 공양미 삼백 석.
-석(席)접미 《일부 명사 뒤에 붙어》 '자리'의 뜻을 나타냄. ¶ 관람석. /내빈석. /특별석.
석가(石瘕)[-까]명 한방에서, 자궁에 어혈이 모여 아이를 밴 것처럼 월경이 없고 아랫배가 아픈 병증을 이르는 말.
석가(釋迦)[-까]명 ①크샤트리아 계급, 곧 왕족에 딸린 종족의 하나. 석가모니는 이 종족에서 났음. ②〈석가모니〉의 준말.
석가(釋家)[-까]명 ☞불가(佛家).
석가-모니(釋迦牟尼←Sākyamuni 범)[-까-]명 불교의 개조(開祖). 세계 4대 성인 가운데 한 사람. 석씨. 준석가.
석가모니-불(釋迦牟尼佛)[-까-]명 부처로서의 석가모니. 준모니불.
석가모니-여래(釋迦牟尼如來)[-까-]명 '석가모니'를 높이어 일컫는 말. 준석가여래.
석가-법(釋迦法)[-까-]명 밀교(密敎)에서, 석가모니를 본존으로 하여 온갖 장애나 질환 따위를 물리치기 위하여 쌓는 비법.
석-가산(石假山)[-까-]명 산을 본떠, 정원에 돌을 쌓아서 만든 산. 준가산(假山).
석가^삼존(釋迦三尊)[-까-]명 석가를 중심으로 문수(文殊)·보현(普賢)의 두 보살을 협시(脇侍)로 한 세 상(像).
석가-세존(釋迦世尊)[-까-]명 '석가모니'를 높이어 일컫는 말. 준석존(釋尊)·세존(世尊).
석가-여래(釋迦如來)[-까-]명 〈석가모니여래〉의 준말.
석가^탄ː신일(釋迦誕辰日)[-까-]명 석가모니의 탄신일인 사월 파일을 이르는 말. 강탄절(降誕節). 부처님 오신 날. 불탄일(佛誕日). 초파일.
석가-탑(釋迦塔)[-까-]명 석가의 치아·뼈·모발·사리 등을 모셔 둔 탑.
석가^탱화(←釋迦幀畫)[-까-]명 석가모니의 화상.
석각(夕刻)[-깍]명 저녁 무렵.
석각(石角)[-깍]명 돌의 뾰족한 모서리.
석각(石刻)[-깍]명하타 돌에 글이나 그림을 새김, 또는 그렇게 새긴 것.
석각-장이(石刻-)[-깍짱-]명 '석수(石手)'를 달리 이르는 말.
석각-화(石刻畫)[-까콰]명 돌에 새긴 그림. 비석 따위에 새긴 그림.
석간(夕刊)[-깐]명 〈석간신문〉의 준말. ↔조간(朝刊).

석간(石澗) [-깐] 명 돌이 많은 산골짜기를 흐르는 시내.

석간-송(石間松) [-깐-] 명 바위틈에서 자란 소나무.

석간-수(石間水) [-깐-] 명 바위틈에서 흘러나오는 샘물. 돌샘. 석천(石泉).

석간-수(石澗水) [-깐-] 명 돌이 많은 산골짜기를 흐르는 시냇물.

석간-신문(夕刊新聞) [-깐-] 명 일간 신문 가운데에서, 저녁때 발행하는 신문. 석간지. 준석간. ↔조간신문.

석간-주(石間硃) [-깐-] 명 붉은 산화철이 많이 섞여 빛깔이 붉은 흙. 채색 도자기의 붉은빛을 내는 데 쓰임. 대자(代赭). 적토(赤土). 자토(赭土). 주토(朱土). 토주(土朱).

석간-지(夕刊紙) [-깐-] 명 ☞석간신문. ¶ 석간지에 게재하다. ↔조간지.

석간-토혈(石間土穴) [-깐-] 명 바위틈에 무덤 구덩이를 팔 만한 땅.

석갈(釋褐) [-깔] 명하자 지난날, 문과에 급제하여 처음으로 벼슬하던 일.

석감(石龕) [-깜] 명 불상을 두기 위하여 돌로 만든 감실.

석-감청(石紺靑) [-깜-] 명 남동석(藍銅石)을 빻아서 낸 짙고 검푸른 빛의 천연물감. ↔화감청(花紺靑).

석강(夕講) [-깡] 명하자 임금이 저녁에 신하들과 더불어 글을 강론하던 일, 또는 그 강론.

석검(石劍) [-껌] 명 석기 시대의, 돌로 만든 칼. 돌칼.

석겁(石蛙) [-껍] 명 ☞거북다리.

석-결명(石決明)[1] [-껼-] 명 한방에서, '전복 껍데기'를 약재로 이르는 말. 〔안약으로 쓰임.〕

석-결명(石決明)[2] [-껼-] 명 콩과의 일년초. 멕시코 원산으로, 줄기 높이 1~1.5 m. 잎은 깃 모양의 겹잎이며, 여름에 노란 다섯잎꽃이 핌. 차로 이용되기도 하고, 한방에서 완하제·강장제·해독제 등으로 쓰임.

석경(夕景) [-꼉] 명 ①저녁 햇빛의 그늘. ②저녁 경치.

석경(石徑·石逕) [-꼉] 명 돌이 많은 좁은 길. 또는, 돌이 많은 산길.

석경(石磬) [-꼉] 명 아악기의 한 가지. 돌로 만든 경쇠로서 소리가 맑음. 돌경.

석경(石鏡) [-꼉] 명 ①유리로 만든 거울. ②몸에 지닐 수 있도록, 자그마하게 만든 거울. ②면경(面鏡).

석계(石階) [-꼐/-께] 명 섬돌. 석단(石段). 석제(石梯).

석고(石膏) [-꼬] 명 ①단사 정계(單斜晶系)의 광물. 황산칼슘과 물을 성분으로 한 광물로, 비료·시멘트의 원료가 되며, 고온으로 가열하면 소석고(燒石膏)가 됨. ②〈소석고〉의 준말.

석고-끌(石膏-) [-꼬-] 명 석고상을 만들 때 쓰는 끌.

석고-대죄(席藁待罪) [-꼬-죄/-꼬-줴] 명 〔거적을 깔고 앉아 벌을 주기를 기다린다는 뜻으로〕 죄과에 대한 처벌을 기다림.

석고^붕대(石膏繃帶) [-꼬-] 명 ☞깁스붕대.

석고-상(石膏像) [-꼬-] 명 석고로 만든 상.

석고-형(石膏型) [-꼬-] 명 미술이나 공예품 따위를 만들 때 쓰는,석고로 만든 형.

석곡(夕哭) [-꼭] 명하타 상제가 소상(小喪) 때까지 저녁때마다 신주 앞에서 곡을 하는 일.

석곡(石斛) [-꼭] 명 ☞석골풀.

석골-풀(石-) [-꼴-] 명 난초과의 상록 다년초. 고목이나 바위에 기생하는데, 관상용으로도 가꿈. 줄기는 무더기로 나며, 초여름에 연분홍색이나 흰색 꽃이 핌. 한방에서 잎과 줄기를 건위·강장제로 씀. 석곡(石斛).

석공(石工) [-꽁] 명 ①☞석수(石手). 돌장이. ②〈석공업〉의 준말.

석공-업(石工業) [-꽁-] 명 돌이나 콘크리트 따위를 다루는 작업. 준석공.

석과불식(碩果不食) [-꽈-씩] 명 〔큰 과실은 다 먹지 않고 남긴다는 뜻으로〕 '자기의 욕심을 버리고 자손에게 복을 끼쳐 줌'을 이르는 말.

석곽(石槨) [-꽉] 명 돌로 만든 외관(外棺).

석곽-묘(石槨墓) [-꽉-] 명 ☞돌덧널무덤.

석관(石棺) [-꽌] 명 돌로 만든 관. 돌널.

석관-묘(石棺墓) [-꽌-] 명 ☞돌널무덤.

석광(石鑛) [-꽝] 명 ☞석혈(石穴).

석광(錫鑛) [-꽝] 명 주석을 파내는 광산.

석괴(石塊) [-꾀/-꿰] 명 ☞돌덩이.

석교(石交) [-꾜] 명 돌처럼 단단하고 굳은 사귐.

석교(石橋) [-꾜] 명 ☞돌다리[2].

석교(釋敎) [-꾜] 명 석가모니의 가르침, 곧 '불교'를 이르는 말.

석구(石臼) [-꾸] 명 ☞돌절구.

석-굴(石-) [-꿀] 명 '굴조개'를 달리 이르는 말.

석굴(石窟) [-꿀] 명 〔토굴(土窟)에 대하여〕 바위에 뚫린 굴. 암굴(岩窟). ¶ 석굴 사원(寺院).

석궁(石弓) [-꿍] 명 ①중세 유럽에서 쓰던 활의 한 가지. 돌을 쏘는 데에 썼음. ②소총 모양의 몸체에 홈을 파고, 그 위에 화살을 잰 뒤 시위를 당겨 놓고 방아쇠로 격발하는 무기.

석권(席卷·席捲) [-꿘] 명하타 (자리를 말아 가듯이) 닥치는 대로 영토를 휩쓺. 무서운 기세로 세력을 펼치거나 휩쓺. ¶ 천하를 석권하다. /신제품으로 국내 시장을 석권하다.

석권지세(席卷之勢) [-꿘-] 명 무서운 힘으로 세력을 펼치거나 휩쓸 기세. ¶ 석권지세로 판도를 넓혀 나가다.

석궐(石闕) [-꿜] 명 중국에서, 제왕의 능묘(陵墓)나 묘(廟) 등의 입구에 세웠던, 일종의 장식적인 문.

석귀(石龜) [-뀌] 명 ☞남생이.

석금(石金) [-끔] 명 돌에 박혀 있는 금.

석기(石基) [-끼] 명 화성암에서, 반정(斑晶) 이외의 부분. 마그마가 분출할 때 냉각해서 생긴 유리질(琉璃質)이나 미세한 결정으로 이루어짐.

석기(石器) [-끼] 명 여러 가지 돌로 만든 기구, 특히 석기 시대의 유물을 이름. 돌연모.

석기(炻器) [-끼] 명 질흙을 재료로 하여 빚어서 설구이를 하지 아니하고, 단번에 구워 낸 도자기의 한 가지. 흡수성이 거의 없고 투명하지 아니함. 건축 재료·주방용·화장실 용기 따위로 널리 쓰임. 참도기(陶器)·자기(瓷器).

석기^시대(石器時代) [-끼-] 명 고고학상의 시대 구분의 하나. 인류가 석기를 쓰던 시대. 구석기 시대와 신석기 시대로 나뉨.

석남-등(石南藤) [성-] 명 ☞마가목.

석녀(石女) [성-] 명 ①아이를 낳지 못하는 여자. 돌계집. ②성욕이나 성적 흥분을 느끼지 못하는 여자.

석년(昔年) [성-] 명 ①여러 해 전. ②지난해.

석노(石砮) [성-] 명 석기 시대에 쓰이던, 돌로 만든 살촉.

석뇌-유(石腦油) [성뇌-/성눼-] 명 ☞나프타.

석다[-따]㉠ ①쌓인 눈이 안에서부터 녹다. ②담근 술이나 식혜 같은 것이 익을 때, 괴는 거품이 속으로 사라지다.

석다㉠ 〈옛〉썩다. ¶ 朽ᄂᆞᆫ 서글씨라(月釋序24). / 서글 부:腐(訓蒙下13).

석다-치다[-따-]㉡ 말에 재갈을 물리고 채치며 달리다.

석단(石段)[-딴]㉢ 돌로 만든 계단. 석계. 섬돌.

석단(石壇)[-딴]㉢ 돌로 만든 단.

석대(石臺)[-때]㉢ ①돌로 쌓아 만든 밑받침. ②돌을 쌓아 만든 대.

석대(碩大) '석대하다'의 어근.

석대-하다(碩大-)[-때-]㉣ (몸집이) 굵고 크다.

석덕(碩德)[-떡]㉢ ①높은 덕. ②덕이 높은 이. 〔특히, 덕이 높은 중을 이르는 말.〕

석도(石刀)[-또]㉢ 돌칼.

석-돌[-똘]㉢ 〈푸석돌〉의 준말.

석:-동[-똥]㉢ 윷놀이에서, 세 번째의 동.

석두(石頭)[-뚜]㉢ 돌대가리.

석둑[-뚝]㉤ 연한 물건을 단번에 베거나 자르는 모양, 또는 그 소리. ¶ 호박의 썩은 부분을 석둑 베다. ㉥삭둑. ㉦썩둑. 석둑-석둑㉤㉧.

석둑-거리다[-뚝꺼-]㉡ 자꾸 석둑석둑하다. 석둑대다. ㉥삭둑거리다.

석둑-대다[-뚝때-]㉡ 석둑거리다.

석등(石燈)[-뜽]㉢ 돌로 만든 등. 석등롱. 장명등.

석-등롱(石燈籠)[-뜽농]㉢ 석등. 장명등.

석란(石欄)[성난]㉢ 돌로 만든 난간.

석랍(石蠟)[성납]㉢ ☞파라핀.

석량(碩量)[성냥]㉢ 큰 도량(度量).

석려(釋慮)[성녀]㉢㉨ 염려하던 마음을 놓음. 안심함. 방심(放心).

석력(石礫)[성녁]㉢ 조약돌. 자갈.

석로(碩老)[성노]㉢ 학문과 덕행이 높은 노인.

석로(釋老)[성노]㉢ 석가와 노자(老子).

석록(石綠)[성녹]㉢ ①☞녹청(綠靑). ②'공작석(孔雀石)'을 달리 이르는 말.

석룡-자(石龍子)[성농-]㉢ ☞도마뱀.

석류(石榴)[성뉴]㉢ ①석류나무의 열매. ②한방에서, 석류 껍질을 약재로 이르는 말. 설사·복통·대하증 따위를 다스림. ③떡의 웃기의 한 가지. 찹쌀가루를 반죽하여 붉은빛을 들여 석류 모양으로 빚은 다음에 기름에 지져 얹음.

석류(石瘤)[성뉴]㉢ ☞석영(石癭).

석류-꽃(石榴-)[성뉴꼳]㉢ 석류나무의 꽃. 석류화. *석류꽃이[성뉴꼬치]·석류꽃만[성뉴꼰-]

석류-나무(石榴-)[성뉴-]㉢ 석류나뭇과의 낙엽 활엽 교목. 높이는 3~6 m. 초여름에 짙은 주홍색 꽃이 피고 가을에 열매가 익음. 열매와 나무껍질·뿌리는 말려서 약재로 씀.

석류-목(石榴木)[성뉴-]㉢ 육십갑자의 경신(庚申)과 신유(辛酉)에 붙이는 납음. ㉩대해수(大海水).

석류-석(石榴石)[성뉴-]㉢ 마그네슘·망간·알루미늄·칼슘·철 가운데 두 가지 성분을 함유한 규산염 광물의 한 가지. 빛깔은 적색·갈색·황색·녹색·흑색 등이며, 고운 것은 보석으로 쓰이고 조잡한 것은 연마재(硏磨材)로 쓰임.

석류-잠(石榴簪)[성뉴-]㉢ 꼭지에 금이나 은으로 석류꽃 송이를 새긴 비녀.

석류-피(石榴皮)[성뉴-]㉢ 한방에서, 석류나무 껍질이나 뿌리를 약재로 이르는 말. 구충제로 쓰임.

석류-화(石榴花)[성뉴-]㉢ 석류꽃.

석리(石理)[성니]㉢ (암석·석재 따위의) 표면의 감촉이나 육안으로 판단되는 외관.

석림(石淋·石痳)[성님]㉢ 임질(淋疾)의 한 가지로, 신장(腎臟)이나 방광(膀胱)에 결석(結石)이 생기는 병.

석마(石馬)[성-]㉢ 능침(陵寢)의 문인석과 무인석 곁에 세우는, 돌로 만든 말.

석마(石磨)[성-]㉢ 맷돌.

석말(席末)[성-]㉢ ☞말석(末席).

석망(碩望)[성-]㉢ 크고 높은 명망.

석매(惜賣)[성-]㉢㉧ ☞매석(賣惜).

석면(石綿)[성-]㉢ ☞돌솜.

석면^도기(石綿陶器)[성-]㉢ 원료 속에 석면을 넣어서 만든 도기. 잘 깨어지지 않고 질김.

석면-사(石綿絲)[성-]㉢ 석면의 섬유를 가공하여 만든 실. 내화성·내열성이 양호하나 인체에 유해함.

석면^슬레이트(石綿slate)[성-]㉢ 시멘트에 석면을 섞고 물로 이겨서 만든 슬레이트. 벽을 치거나 지붕을 이는 데 쓰임.

석면-판(石綿板)[성-]㉢ 석면을 주원료로 하여 만든 판. 전기 절연재·연마재 등으로 쓰임.

석면^펠트(石綿felt)[성-]㉢ 석면의 섬유로 만든 펠트. 방화재·흡음재(吸音材) 등으로 씀.

석명(釋明)[성-]㉢㉪㉫ ①사실을 설명하여 밝힘. ②오해나 비난 따위에 대하여, 사정을 설명하고 양해를 구함. ¶ 석명을 구하다.

석명-권(釋明權)[성-꿘]㉢ 법원이 사건의 내용을 명백히 하기 위하여, 법률상·사실상의 사항에 관하여 당사자에게 진술·설명할 기회를 주고 입증을 촉구하는 권한.

석명^의:무(釋明義務)[성-]㉢ 석명권을 법원의 의무로 보아 이르는 말.

석모(席帽)[성-]㉢ 마음에 차지 않는 벼슬.

석-목탁(釋木鐸)[성-]㉢ 절에서, 석(釋)을 할 때 치는 목탁.

석무(夕霧)[성-]㉢ 저녁에 끼는 안개. 저녁 안개.

석묵(石墨)[성-]㉢ ☞흑연(黑鉛).

석문(石文)[성-]㉢ 비석이나 벽돌·기와 따위에 새긴 글.

석문(石門)[성-]㉢ 돌로 만든 문.

석문(石紋)[성-]㉢ 돌에 난 무늬.

석문(席門)[성-]㉢ 〔멍석으로 문을 가린다는 뜻으로〕 '가난한 집'을 이르는 말.

석문(釋文)[성-]㉢ ①전서·초서·행서체의 글자를 보통 쓰는 글자로 고쳐 쓰는 일, 또는 그 글자. ②불교의 경론(經論)을 풀이한 글.

석문(釋門)[성-]㉢ ☞불가(佛家). 불문(佛門).

석물(石物)[성-]㉢ 무덤 앞에 돌로 만들어 놓은 물건. 〔석인(石人)·석수(石獸)·석주(石柱)·석등(石燈)·상석(床石) 따위.〕

석민(惜閔·惜愍)[성-]㉢㉧ 애석해하고 슬퍼함.

석밀(石蜜)[성-]㉢ ☞석청(石淸).

석박(錫箔)[-빡]㉢ ☞납지.

석반(夕飯)[-빤]㉢ 저녁밥.

석반(石盤)[-빤]㉢ ☞석판(石板).

석반-석(石盤石)[-빤-]㉢ 석반을 만드는 데 쓰이는 석재(石材). 〔점판암(粘板岩) 따위.〕

석반어(石斑魚)[-빠너]㉢ ☞쥐노래미.

석발-미(石拔米)[-빨-]㉢ 돌을 가려낸 쌀.

석방(釋放)[-빵]㉢㉧㉫ ①잡혀 있는 사람을 용서하여 놓아줌. ②법에 의하여, 구금을 해제함. 방면(放免). ¶ 피의자를 석방하다.

석-방향(石方響)[-빵-]㉢ 민속 악기의 한 가지. 돌로 만든 방경(方磬). ㉩철방향.

석-벌(石-)[-뻘]명 바위틈에 집을 짓고 사는 꿀벌. 〔석벌이 친 꿀을 석청(石淸)이라 함.〕
석벌의 집관용 (바위틈에 지은 석벌의 집과 같이) '몹시 엉성하게 생긴 물건'을 비유하여 이르는 말.
석범(釋梵)[-뻠]명 불교에서, 제석(帝釋)과 범천(梵天)을 이르는 말.
석벽(石壁)[-뼉]명 ①돌로 쌓아 올린 벽. ②암석으로 이루어진 절벽.
석별(惜別)[-뼐]명하자 헤어지는 것을 섭섭하게 여김. ¶ 석별의 눈물. /석별의 정을 나누다.
석별-연(惜別宴)[-뼈련]명 석별의 정을 나누기 위하여 베푸는 연회.
석보-상절(釋譜詳節)[-뽀-]명 조선 세종 29(1447)년에 수양 대군(首陽大君)이 왕명을 받아 소헌 왕후(昭憲王后)의 명복을 빌기 위해 지은 책. 〔석가모니의 일대기로, 당나라 도선(道宣)의 석가씨보(釋迦氏譜)와 법화경·지장경 등에서 뽑아 한글로 번역한 것임.〕 24권 24책.
석복(惜福)[-뽁]명하자 검소하게 생활하여 복을 길이 누리도록 함.
석봉-천자문(石峯千字文)[-뽕-]명 조선 선조 때, 한석봉(韓石峯)의 글씨로 판각한 천자문.
석부(石斧)[-뿌]명 돌도끼.
석부(石趺)[-뿌]명 〔부좌(趺坐)나 비석 받침 따위의〕 돌로 만든 받침대.
석부(石部)[-뿌]명 국악기의 전통적 분류 방법의 하나. 악기를 만드는 여덟 가지 재료 중에서 돌을 쓴 악기를 이르는 말.
석부(釋負)[-뿌]명하자 ①크고 무거운 책임을 면함. ②지난날, 의정(議政)의 자리에서 물러나는 일을 이르던 말.
석분(石糞)[-뿐]명 지질 시대 동물의 똥이 굳어서 된 화석.
석불(石佛)[-뿔]명 돌로 만든 불상. 돌부처.
석불가난(席不暇暖)[-뿔-]명하자 〔앉은 자리가 따뜻해질 겨를이 없다는 뜻으로〕 '매우 바쁘게 활동함'을 이르는 말.
석비(石碑)[-삐]명 돌비.
석-비레(石-)[-삐-]명 푸석돌이 많이 섞인 흙.
석비레-담(石-)[-삐-]명 석비레로 쌓은 담.
석사(碩士)[-싸]명 ①학위의 한 가지. 대학원에서 소정의 과정을 마치고 학위 논문이 통과된 사람에게 수여하는 학위, 또는 그 학위를 받은 사람. ¶ 석사 과정. /석사 논문. ②지난날, 벼슬이 없는 선비를 높이어 이르던 말.
석산(石山)[-싼]명 돌로 이루어진 산. 돌산.
석산(石蒜)[-싼]명 수선화과의 다년초. 중국 원산인데 우리나라에는 일본을 거쳐 들어왔음. 비늘줄기는 겉껍질이 검고 길둥글며, 가늘고 긴 잎이 무더기로 남. 9~10월에 잎이 마른 다음에 비늘줄기에서 꽃자루가 나와 여러 개의 붉은 꽃이 우산 모양으로 핌. 한방에서, 비늘줄기를 거담이나 구토를 가라앉히는 약으로 씀.
석산-화(石蒜花)[-싼-]명 석산의 꽃. 가을에 꽃대 끝에 붉게 핌.
석ː-삼년(-三年)[-쌈-]명 〔세 번 거듭된 삼년, 곧 아홉 해라는 뜻으로〕 '오랜 시일'을 이르는 말. ¶ 그런 걸음으로는 석삼년이 걸려도 이르지 못하겠다.
석상(石床)[-쌍]명 ☞혼유석(魂遊石).
석상(石像)[-쌍]명 돌을 조각하여 만든 형상.
석상(席上)[-쌍]명《일부 명사 뒤에 쓰이어》어떤 모임의 자리. 여러 사람이 모인 자리. ¶ 회의 석상에서 질문을 하다.
석-상식(夕上食)[-쌍-]명 저녁상식.
석상-휘호(席上揮毫)[-쌍-]명 앉은자리에서 휘둘러 쓴 글씨나 그림.
석ː-새[-쌔]명 〈석새삼베〉의 준말.
석ː새-베[-쌔-]명 〈석새삼베〉의 준말.
석새베에 열새 바느질속담 ①나쁜 것을 가지고도 기술만 좋으면 훌륭한 물건을 만들 수 있다는 말. ②'서로 어울리지 않는 것'을 비유하여 이르는 말.
석ː새-삼베[-쌔-]명 240올의 날실로 짜, 성기고 굵은 삼베. 삼승포(三升布). 준석새·석새베.
석ː새-짚신[-쌔집씬]명 총이 아주 성기고 굵은 짚신.
석새짚신에 구슬 감기속담 '차림새가 전혀 어울리지 않는 것'을 비유하여 이르는 말.
석서(鼫鼠)[-써]명 다람쥣과의 포유동물. 중국 둥베이 지방 특산의 다람쥐. 몸빛은 황록색에 흑색을 띠며, 곡물을 해침. 털로는 붓을 맴.
석석[-썩]부 무엇을 거침없이 자꾸 밀거나 쓸거나 비비거나 베거나 하는 모양, 또는 그 소리. ¶ 마룻바닥을 석석 문지르다. /종이를 석석 오리다. 작삭삭. 센썩썩.
석석(錫石)[-썩]명 정방 정계에 딸리는 주석의 주요한 광물. 기둥 모양, 추 모양, 바늘 모양 등의 결정 형태로, 황갈색·적갈색·회흑색 등의 빛깔을 가진 투명 또는 반투명의 광석임. 나트륨과 함께 숯으로 가열하여 주석을 생산함.
석석-거리다[-썩꺼-]자타 자꾸 석석 하는 소리가 나다, 또는 그런 소리를 내다. 석석대다. 작삭삭거리다.
석석-대다[-썩때-]자타 석석거리다.
석성(石聖)[-씽]명 덕이 높고 믿음이 굳은 중.
석송(石松)[-쏭]명 석송과의 상록 다년생 양치식물. 산에 절로 나는데, 줄기는 땅 위를 기면서 벋음. 잎은 가늘고 길며 줄기에 빽빽이 남.
석송-자(石松子)[-쏭-]명 한방에서, '석송의 포자'를 약재로 이르는 말. 피부의 헌데를 다스리는 데 쓰임.
석-쇠[-쐬/-쒜]명 고기나 생선 따위를 굽는 데 쓰는 부엌세간의 한 가지. 굵은 쇠테에 가는 철사로 그물처럼 엮어 만듦. 적철. ¶ 석쇠에 구운 생선.
석-쇠(釋-)[-쐬/-쒜]명 절에서, 석(釋)을 할 때 치는 종.
석쇠-무늬[-쐬-니/-쒜-니]명 ☞격자무늬.
석수(石手)[-쑤]명 돌의 세공을 전문으로 하는 사람. 돌장이. 석공. 석장(石匠).
석수(石數)[-쑤]명 곡식을 담은 섬의 수효. 곡식을 섬으로 헤아린 수효.
석수(石獸)[-쑤]명 무덤 앞에 세운, 돌로 만든 짐승의 상(像). 돌짐승. 참석물(石物).
석수(汐水)[-쑤]명 저녁때에 밀려왔다가 밀려가는 바닷물. 석조(夕潮). ↔조수(潮水).
석수-선(石數船)[-쑤-]명 석수(石數)로 용적(容積)을 나타내는 배.
석수-어(石首魚)[-쑤-]명 ☞조기[1]. 준석어.
석수-장이(石手-)[-쑤-]명 '석수(石手)'를 홀하게 이르는 말.
석수장이 눈깜작이부터 배운다속담 〔석수장이가 돌 쪼는 기술보다도 먼저 튀는 돌 조각을 피하기 위하여 눈 깜짝이는 것부터 배운다는 뜻으로〕 '어떤 일을 내용보다도 형식부터 배우는 것'을 비유하여 이르는 말.
석수-질(石手-)[-쑤-]명하자 석수가 돌을 다루는 일.

석순(石筍)[-쑨]명 석회동에서 흔히 볼 수 있는 죽순 모양의 암석. 물에 녹은 석회암이 천장에서 떨어지면서 오랫동안 굳어서 됨. 돌순.
석순(席順)[-쑨]명 ☞석차(席次).
석시(昔時)[-씨]명 옛날. 옛적.
석식(夕食)[-씩]명 저녁밥.
석신(石神)[-씬]명 돌을 신으로 받들어 모시는 민간 신앙의 신.
석-신명(惜身命)[-씬-]명하자 몸을 조심하여 위험한 짓을 하지 않음. 몸과 목숨을 아낌.
석실(石室)[-씰]명 돌방. ¶ 고분의 석실.
석실-묘(石室墓)[-씰-]명 ☞돌방무덤.
석실-분(石室墳)[-씰-]명 ☞돌방무덤.
석씨(釋氏)명 ①☞석가모니. ②☞불가. 승려.
석씨-매듭명 납작이매듭의 상하좌우로 생쪽매듭이 둘러싼 모양의 매듭.
석안(石案)명 ☞혼유석(魂遊石).
석안유심(釋眼儒心)[-뉴-]명 〔석가의 눈과 공자의 마음이란 뜻으로〕 '매우 자비스럽고 인자함'을 이르는 말.
석약(石藥)명 주례(周禮)에서 이르는, 돌로서 약재가 되는 것.
석양(夕陽)명 ①저녁 해. 낙양(落陽). 낙조(落照). 만양(晩陽). 석일(夕日). ¶ 석양에 붉게 물든 하늘. ②저녁나절. ¶ 아침에 나가신 아버지는 석양에 돌아오셨다. ③'노년(老年)'을 비유하여 이르는 말. ¶ 인생의 석양에 서다.
석양(石羊)명 능 주위에 돌로 만들어 세운 양 모양의 조각물.
석양-녘(夕陽-)[-녁]명 저녁나절. 해 질 무렵. ＊석양녘이[-녀키]·석양녘만[-녕-]
석양-볕(夕陽-)[-뼏]명 저녁 볕. 저녁 햇볕. ＊석양볕이[-뼈치]·석양볕을[-뼈틀]·석양볕만[-뼌-]
석양-빛(夕陽-)[-삗]명 저녁 빛. 저녁 햇빛. ¶ 석양빛에 곱게 물들다. ＊석양빛이[-삐치]·석양빛만[-삔-]
석양-천(夕陽天)명 해가 질 무렵의 하늘.
석양-판(夕陽-)명 해 질 무렵, 또는 석양빛이 비치는 곳. 잔양판.
석어(石魚)명 〈석수어(石首魚)〉의 준말.
석-얼음(石-)명 ①물 위에 떠 있는 얼음. ②유리창 같은 데 붙어 있다가 녹는 얼음. ③수정 속에 보이는 잔 줄.
석연(夕煙)명 저녁나절에 밥을 짓는 연기.
석연(釋然) '석연하다'의 어근.
석-연대(石蓮臺)[성년-]명 ☞돌연대.
석-연자(石蓮子)[성년-]명 한방에서, 오래 묵은 연밥을 약재로 이르는 말.
석연-하다(釋然-)형여 《뒤에 '않다'·'못하다' 따위의 부정어와 함께 쓰이어》 미심쩍거나 꺼림칙한 일들이 완전히 풀려 마음이 개운하다. ¶ 그의 말에는 아무래도 석연하지 못한 데가 있다. **석연-히**부 ¶ 석연히 풀리지 않는 마음.
석염(石塩)명 ☞돌소금.
석엽(腊葉)명 책갈피 같은 데 끼워서 눌러 만든 나뭇잎 따위의 표본.
석영(石英)명 이산화규소로 된 육방 정계(六方晶系)의 광물. 종이나 기둥 모양을 하고 있으며 유리와 같은 광택이 남. 도자기나 유리의 원료로 쓰이며, 순수한 것은 수정이라고 함. 차돌.
석영(石癭)명 아주 단단한 혹. 석류(石瘤).
석영-렌즈(石英lens)명 석영 유리로 만든 렌즈.
석영-사(石英砂)명 석영이 부서져서 생긴 모래. 유리의 원료 따위로 쓰임. 규사(硅砂).
석영^유리(石英琉璃)[-뉴-]명 이산화규소만으로 된 유리. 순수한 석영의 분말을 용해시켜 만듦. 내열성(耐熱性)이 뛰어나, 내열용 기구나 광학 기기용 렌즈 따위에 쓰임.
석-웅황(石雄黃)명 ①천연으로 나는 등황색 비소 화합물. 염료·화약 등의 재료로 쓰임. 준석황(石黃)·웅황(雄黃). ②석웅황으로 만든 누른 빛의 물감. 탁한 진채(眞彩)로서 단청에 흔히 쓰임.
석월(夕月)명 저녁달.
석위(石葦)명 고란초과의 다년생 상록 양치식물. 바위나 고목 줄기에 붙어 자라는데, 관상용으로 심기도 함. 뿌리줄기는 가로로 길게 벋고, 잎은 두꺼운 혁질이며 뒷면에 털이 있음. 한방에서 잎과 뿌리를 이뇨제로 씀.
석유(石油)명 ①천연으로 지하에서 솟아나는 탄화수소류의 혼합물. 불에 잘 타며, 정제하여 휘발유·등유·경유·중유 따위를 만듦. ②'등유(燈油)'를 달리 이르는 말.
석유(碩儒)명 ☞거유(巨儒).
석유^기관(石油機關)명 휘발유·등유·경유·중유 따위를 연료로 하는 내연 기관(內燃機關). 석유 발동기. 석유 엔진.
석유-난로(石油煖爐)[-날-]명 등유를 연료로 하는 난로.
석유-남포(←石油lamp)명 석유램프.
석유-등(石油燈)명 석유램프.
석유-램프(石油lamp)명 석유를 연료로 하는 램프. 석유남포. 석유등.
석유^발동기(石油發動機)[-똥-]명 ☞석유 기관(石油機關).
석유-벤진(石油benzine)명 ☞벤진.
석유^산:업(石油產業)명 원유의 탐사·채굴·수송·정제·판매 등을 하는 산업.
석유^수출국^기구(石油輸出國機構)[-끼-]명 석유의 가격 안정과 생산 조정을 목적으로, 산유국 회의에서 설립한 기구. 오펙(OPEC).
석유^에:테르(石油ether)명 원유를 분류(分溜)할 때 40~70℃에서 생기는 무색의 액체. 연료·용매 등으로 쓰임.
석유^엔진(石油engine)명 ☞석유 기관.
석유^유제(石油乳劑)명 비눗물을 석유에 타서 젖빛으로 만든 약제. 구충제·소독제로 씀.
석유^정제(石油精製)명 원유를 물리적·화학적으로 처리하여 휘발유·중유·경유 등의 여러 가지 석유 제품을 제조하는 일. 정유(精油).
석유^제:품(石油製品)명 석유를 원료로 하여 처리하고 가공한 제품. 연료 가스·휘발유·등유·경유·중유 등의 연료를 비롯하여, 윤활유·파라핀·아스팔트 등이 있음.
석유^지질학(石油地質學)명 석유 광상(鑛床)을 연구 대상으로 하는 지질학의 한 분야.
석유^코:크스(石油cokes)명 석유를 정제할 때 생기는 찌꺼기로 만든 코크스. 야금(冶金)·공업 연료·전극(電極) 따위에 쓰임.
석유^탐사(石油探査)명 석유가 매장되어 있는 곳을 탐사하는 일.
석유-풍로(石油風爐)[-노]명 석유를 연료로 쓰는 풍로.
석유^피치(石油pitch)명 석유 제품의 한 가지. 석유를 증류하고 남은 찌꺼기로서 겉보기에는 아스팔트와 흡사함. 땔감이나 도료(塗料)의 원료·전극(電極) 원료·전선 피복 등에 쓰임.
석유^합성(石油合成)[-썽]명 산화탄소와 수소를 원료로 하여 인조 석유를 만드는 일.

석유^혈암(石油頁岩)명 석유가 들어 있는 혈암. 저온 건류로써 석유를 얻을 수 있음. 유모 혈암(油母頁岩). 함유 혈암(含油頁岩).
석유^화ː학^공업(石油化學工業)[-꽁-]명 석유 제품이나 천연가스를 원료로 하여 연료 및 윤활유 이외의 화학 제품을 만들어 내는 공업.
석유^화ː학^콤비나ː트(石油化學kombinat)명 석유 정제를 중심으로 하고, 나프타 센터를 석유 화학 공장의 중핵으로 하여 여러 석유 관련 공장을 파이프로 연결·결합시켜 하나의 공장 집단을 형성한 것.
석-유황(石硫黃)[성뉴-]명 ☞황(黃).
석융(石絨)명 ☞돌솜.
석음(夕陰)명 해가 진 뒤의 어슴푸레한 때.
석음(惜陰)명하자 시간을 아낌.
석의(釋義)[서긔/서기]명하타 글의 뜻을 해석(解釋)함.
석이(石栮·石耳)명 석이과에 딸린 버섯. 흔히 깊은 산의 바위 위에 남. 몸은 편평한 엽상체(葉狀體)로서, 가운데는 검은빛이고 거칠며 가장자리는 회색으로 번들거림. 향기와 풍미가 있음. 석이버섯.
석-이다타 〖'석다'의 사동〗(더운 기운이) 담근 술이나 식혜 따위를 석게 하다.
석이-버섯(石栮-)[-섣]명 ☞석이. *석이버섯이[-서시]·석이버섯만[-선-]
석인(石人)명 무덤 앞에 세운 돌로 만든 사람. 〔문관석이나 무관석 따위.〕 인석(人石).
석인(石印)명 ①돌에 새긴 도장. ②〈석판 인쇄(石版印刷)〉의 준말.
석인(昔人)명 ☞고인(古人).
석인(碩人)명 덕이 높은 사람.
석인-본(石印本)명 석판 인쇄로 찍은 책.
석인-석수(石人石獸)[-쑤]명 무덤 앞에 돌로 다듬어 세운 사람이나 짐승의 형상.
석일(夕日)명 ☞석양(夕陽).
석일(昔日)명 ☞옛날.
석임명하자 담근 술이나 식혜 따위가 익을 때, 부글부글 괴면서 거품이 속으로 삭음, 또는 그 일.
석자[-짜]명 철사를 잘게 엮어 작은 바가지 모양으로 만든 부엌세간의 한 가지. 긴 손잡이가 달려 있어 튀김 따위를 건져 낼 때에 씀. 누표(漏杓). ¶ 노랗게 익은 새우튀김을 석자로 건져 내다.
석자(席子)[-짜]명 돗자리.
석자(釋子)[-짜]명 석가모니의 제자. 불제자(佛弟子).
석잠(石蠶)[-짬]명 한방에서, '물여우'를 약재로 이르는 말. 해열·이뇨제로 쓰임.
석장(石匠)[-짱]명 ☞석수(石手).
석장(石腸)[-짱]명 ☞철석간장(鐵石肝腸).
석장(席長)[-짱]명 ☞좌장(座長).
석장(錫杖)[-짱]명 중이 들고 다니는 지팡이. 머리 부분에 큰 고리가 있는데, 거기에 몇 개의 작은 고리가 꿰여 있어 흔들면 소리가 남.
석ː장-볏(-張-)[-짱볃]명 석 장으로 된 닭의 볏. *석ː장볏이[-짱벼시]·석ː장볏만[-짱변-]
석-장승(石-)[-짱-]명 돌로 만들어 세운 장승.
석재(石材)[-째]명 토목·건축 및 비석·조각 따위의 재료로 쓰는 돌.
석재(碩才)[-째]명 뛰어난 재능·해박한 지식, 또는 그러한 재능이나 지식을 지닌 사람.
석저(石疽)[-쩌]명 한방에서, 살이 돌처럼 단단해지는 종기를 이르는 말.
석전(夕奠)[-쩐]명 염습(殮襲) 때부터 장사 때까지 날마다 저녁때에 신위(神位) 앞에 제물(祭物)을 올리는 의식.
석전(石田)[-쩐]명 돌이 많은 밭. 돌밭.
석전(石殿)[-쩐]명 돌로 지은 전당.
석전(石戰)[-쩐]명하자 돌팔매질로 승부를 겨루는, 우리나라의 민속놀이의 한 가지. 돌싸움. 석전놀이.
석전(釋典)[-쩐]명 ☞불경(佛經).
석전(釋奠)[-쩐]명 〈석전제〉의 준말.
석전-경우(石田耕牛)[-쩐-]명 〔'사살밭을 가는 소'라는 뜻으로〕 '부지런하고 인내심이 강한 성격'을 평하여 이르는 말.
석전-놀이(石戰-)[-쩐-]명하자 ☞석전(石戰).
석전-제(釋奠祭)[-쩐-]명 문묘(文廟)에서 공자를 제사 지내는 의식. 음력 2월과 8월의 첫째 정일(丁日)에 거행함. 준석전.
석정(石井)[-쩡]명 ☞돌우물.
석정(石鼎)[-쩡]명 ☞돌솥.
석정(石精)[-쩡]명 ☞나프타.
석제(石梯)[-쩨]명 ☞섬돌. 석계(石階).
석조(夕照)[-쪼]명 저녁 햇살. 석휘(夕暉). 여휘(餘暉).
석조(夕潮)[-쪼]명 저녁 무렵에 밀려왔다가 밀려가는 바닷물. 석수(汐水).
석조(石造)[-쪼]명 돌로 만드는 일, 또는 그 물건. ¶ 석조 건물.
석조(石彫)[-쪼]명 돌에 조각함, 또는 그러한 조각품.
석조(石棗)[-쪼]명 ①한방에서, '산수유'를 약재로 이르는 말. ②산수유나무.
석조-전(石造殿)[-쪼-]명 돌로 지은 전각.
석족(石鏃)[-쪽]명 〈석촉(石鏃)〉의 본딧말.
석존(釋尊)[-쫀]명 〈석가세존〉의 준말.
석-종유(石鍾乳)[-쫑-]명 ☞돌고드름.
석좌^교ː수(碩座敎授)[-쫘-]명 어떤 기업이나 개인이 기부한 기금으로 연구 활동을 하도록 대학에서 지정한 교수.
석주(石柱)[-쭈]명 돌로 된 기둥.
석죽(石竹)[-쭉]명 ☞패랭이꽃.
석죽-색(石竹色)[-쭉쌕]명 분홍색.
석지(石地)[-찌]명 돌이 많은 땅.
석지(石芝)[-찌]명 석산호류(石珊瑚類)의 산호. 타원형이며 긴지름은 25 cm에 이름. 군체(群體)를 이루지 않으며 뼈는 흼.
석질(石質)[-찔]명 돌의 본바탕. 돌의 품질.
석질-운석(石質隕石)[-찌룬-]명 주성분이 규산염 광물로 된 운석.
석차(席次)명 ①자리의 차례. 석순(席順). ②성적의 차례. ¶ 석차를 매기다. /석차가 지난번보다 떨어졌다.
석찬(夕餐)명 ☞만찬(晩餐).
석창(石槍)명 돌로 만든 창.
석-창포(石菖蒲)명 천남성과의 다년초. 물가에 나는데, 뿌리줄기는 가로 벋으며 마디가 많고, 마디 아래에서 수염뿌리가 남. 가늘고 긴 잎은 뿌리줄기 끝에서 무더기로 나며, 초여름에 노란 꽃이 핌. 뿌리줄기는 한방에서 진통·진정·건위제 따위로 쓰임.
석척(蜥蜴)명 ☞도마뱀.
석천(石泉)명 ☞석간수(石間水).
석철-운석(石鐵隕石)명 주성분이 금속과 규산염 광물로 이루어진 운석.
석청(石淸)명 석벌이 산속의 나무와 바위틈에 집을 짓고 그 속에 모아 둔 꿀. 석밀(石蜜).

석촉(石鏃)명 돌로 만든 화살촉. 본석족(石鏃).
석총(石塚)명 ☞돌무덤.
석축(石築)명 ①돌로 쌓아 만든 옹벽의 한 가지. ②돌로 쌓아 만드는 일.
석출(析出)명하타되자 ①용액에서 고체를 분리해 내거나 화합물을 분석해서 그것을 구성하고 있는 물질을 분리해 냄. ②통계 자료 따위를 분석하여 전반적인 경향을 알아냄.
석-치다(釋-)자 절에서, 아침저녁으로 예불할 때 종을 치다.
석탄(石炭)명 땅속에 묻힌 식물이 오랜 세월에 걸친 지압(地壓)이나 지열(地熱)의 영향으로 변질해서 생긴 가연성의 퇴적암. 연료나 화학 공업의 원료 등으로 쓰임. 매탄(煤炭). 준탄(炭).
석탄^가스(石炭gas)명 석탄을 건류해서 얻는 가스. 메탄·수소를 주성분으로 하는 가연성의 기체로, 연료로 쓰임.
석탄-갱(石炭坑)명 ☞탄갱(炭坑).
석탄^건류(石炭乾溜)[-걸-]명 석탄을 용기에 넣고 공기를 차단하여 가열·분해하는 일. 건류에 의하여 석탄 가스·콜타르·가스액 따위는 분리되고 코크스만 남음.
석탄-계(石炭系)[-계/-게]명 석탄기(石炭紀)에 생긴 지층(地層)인 해성층(海成層)과 육성층(陸成層)을 통틀어 이르는 말.
석탄-광(石炭鑛)명 ☞탄광(炭鑛).
석탄-기(石炭紀)명 지질 시대의 시대 구분의 하나. 고생대의 다섯 번째의 시대. 유럽에서는 이 시대의 지층 속에 많은 석탄이 들어 있어 이 이름이 붙여짐.
석탄-산(石炭酸)명 ☞페놀(phenol).
석탄산-수(石炭酸水)명 0.1~0.2 %의 순석탄산이 녹아 있는 무색투명한 액체. 희석하여 방부제·소독제로 씀.
석탄^액화(石炭液化)[-애콰]명 석탄을 원료로 하여 석유와 비슷한 액체인 탄화수소를 얻는 방법. 석탄을 고온·고압에서 열분해함과 동시에 수소를 첨가해서 얻음.
석-탄자(石彈子)명 쇠뇌로 튀겨서 쏘는 잔돌멩이.
석탄-재(石炭-)[-째]명 석탄이 다 타고 남은 찌꺼기.
석탄-층(石炭層)명 석탄이 산출되는 지층. 탄상(炭床). 탄층(炭層).
석탑(石塔)명 돌로 쌓은 탑. 돌탑.
석태(石苔)명 ☞돌김.
석투(石投)명 고려 시대에, 별무반(別武班)에 딸리어 돌팔매질을 맡았던 군대.
석투-당(石投幢)명 신라 때, 돌팔매질을 하던 군대.
석판(石板)명 석반석(石盤石)을 얇게 깎아 석필(石筆)로 글씨를 쓰거나 그림을 그릴 수 있게 만든 것. 석반(石盤).
석판(石版)명 ①〈석판 인쇄〉의 준말. ②석판 인쇄나 석판화에 쓰이는 원판.
석판-석(石板石)명 석판의 원료가 되는 석회암. 탄산칼슘이 주성분임.
석판^인쇄(石版印刷)명 평판 인쇄의 한 가지. 석판석에 비누와 기름을 섞은 재료로 그림이나 글자를 그려서 제판하여, 물과 기름의 반발성을 응용하여 인쇄하는 방법. 오프셋 인쇄의 근본이 된 기술이었으나 요즘은 거의 쓰이지 않음. 준석판(石版)·석인(石印).
석판-화(石版畫)명 석판에 그림을 그려서 찍어 낸 그림.
석패(惜敗)명하자 운동 경기 따위에서 매우 적은 득점 차이로 아깝게 지게 되는 일. ¶ 한 점 차로 석패하고 말았다.
석편(石片)명 돌의 깨어진 조각.
석폐(石肺)[-폐/-페]명 직업병인 진폐(塵肺)의 한 가지. 광산이나 공장 등에서 발생한 광물성 먼지를 장기간 들이마심으로써, 그것이 쌓여서 병적인 변화를 일으킨 폐.
석필(石筆)명 납석 따위를 붓 모양으로 만들어, 석판 위에 글씨나 그림을 그리는 데 쓰는 문방구.
석필-석(石筆石)명 납석(蠟石)의 한 가지. 석필을 만들거나, 가루로 만들어 내화 벽돌을 만드는 원료로 씀.
석하(夕霞)[서카]명 ①해가 질 무렵의 안개. 만하(晩霞). ②저녁노을.
석학(碩學)[서칵]명 학식이 많고 학문이 깊음, 또는 그런 사람. ¶ 세계적인 석학.
석함(石函)[서캄]명 ☞돌함.
석해(石蟹)[서캐]명 ☞가재.
석핵^석기(石核石器)[서캑썩끼]명 타제 석기의 한 가지. 돌덩이의 겉 부분을 깨어 내고 남은 속 부분의 돌로 만든 도끼나 괭이 따위의 석기.
석현(昔賢)[서켠]명 옛날의 현인. 고현(古賢).
석혈(石穴)[서켤]명 광물이 바위 속에 들어 있는 광산. 석광.
석호(石虎)[서코]명 능원(陵園)에 세우는 석수(石獸)의 한 가지. 돌로 만든 범. 호석(虎石).
석호(潟湖)[서코]명 사주(沙洲)나 사취(沙嘴) 따위의 발달로 바다의 일부분이 떨어져 나와서 생긴 호수.
석-혹(石-)[서콕]명 '석영(石癭)'을 흔히 이르는 말.
석혼-식(錫婚式)[서콘-]명 결혼 기념식의 한 가지. 서양 풍속으로, 결혼 10주년을 맞아 부부가 주석(朱錫)으로 된 선물을 주고받으며 기념함. 주석혼식. 참동혼식.
석화(石火)[서콰]명 ①부시로 부싯돌을 쳤을 때 일어나는 불. ②돌이나 금속 따위가 세게 부딪혔을 때 일어나는 불. ③부싯돌의 불처럼 '몹시 빠른 순간적인 동작 따위'를 비유하여 이르는 말.
석화(石化)[서콰]명하자 죽은 생물의 뼈가 땅속에 묻혀 있는 동안에 광물화하여 돌처럼 됨, 곧 화석이 되는 일.
석화(石花)[서콰]명 ①☞굴. ②☞지의(地衣)[1].
석화(石貨)[서콰]명 돌로 만든 화폐. 〔오세아니아 등의 원주민이 쓰던 것임.〕
석화(席畫)[서콰]명하자 연회나 집회 따위의 석상(席上)에서, 주문에 따라 그 자리에서 그림을 그리는 일, 또는 그 그림.
석화(錫花)[서콰]명 윤택이 없는 흰빛으로 된 납 성분이 들어 있는 잿물.
석화-광음(石火光陰)[서콰-]명 '몹시 빠른 세월'을 비유하여 이르는 말.
석화-반(石花飯)[서콰-]명 ☞굴밥.
석화-죽(石花粥)[서콰-]명 ☞굴죽.
석화-채(石花菜)[서콰-]명 ☞우뭇가사리.
석황(石黃)[서쾅]명 〈석웅황(石雄黃)〉의 준말.
석회(石灰)[서쾨/서퀘]명 생석회와 소석회를 통틀어 이르는 말. 준회(灰).
석회-각(石灰殼)[서쾨-/서퀘-]명 탄산석회가 땅의 겉쪽에 나와서 굳어진 지각(地殼).
석회-동(石灰洞)[서쾨-/서퀘-]명 ☞종유동.

석회^모르타르(石灰mortar)[서쾨-/서퀘-]명 소석회에 모래를 섞어 물로 반죽한 것. 건축 재료로 벽 따위를 바르는 데 쓰임.
석회-보르도액(石灰Bordeaux液)[서쾨-/서퀘-]명 ☞보르도액.
석회-분(石灰分)[서쾨-/서퀘-]명 석회의 성분.
석회^비ː료(石灰肥料)[서쾨-/서퀘-]명 칼슘을 주성분으로 하는 비료. 토양의 성질을 개선하여 작물에 대한 양분의 공급력을 높임.〔직접 양분이 되지 않기 때문에 '간접 비료'라 불림.〕
석회-석(石灰石)[서쾨-/서퀘-]명 ☞석회암.
석회-수(石灰水)[서쾨-/서퀘-]명 소석회의 용액. 무색투명한 염기성 액체. 소독·살균제로 쓰임. 횟물.
석회-암(石灰岩)[서쾨-/서퀘-]명 탄산칼슘을 주성분으로 하는 흰색 또는 회색의 수성암. 내화재(耐火材)·시멘트·비료 따위의 원료로 쓰임. 석회석. 횟돌.
석회-유(石灰乳)[서쾨-/서퀘-]명 소석회를 물에 포화(飽和) 이상으로 섞어서 만든 희고 뿌연 액체. 소독제로 쓰임. 유상 석회(乳狀石灰).
석회-유(石灰釉)[서쾨-/서퀘-]명 탄산석회를 매용제(媒熔劑)로 한 잿물을 통틀어 이르는 말.
석회^유황^합제(石灰硫黃合劑)[서쾨-쩨/서퀘-쩨]명 생석회와 황의 가압(加壓) 혼합에 의하여 만들어지는 농약. 생석회에 의하여 황의 살균력이 강화되기 때문에 병충해의 구제(驅除)에 유효함.
석회-정(石灰穽)[서쾨-/서퀘-]명 석회암 지대에 생기는 우묵하게 꺼진 곳. 돌리네.
석회-질(石灰質)[서쾨-/서퀘-]명 석회 성분을 주로 가지고 있는 물질.
석회-질소(石灰窒素)[서쾨-쏘/서퀘-쏘]명 고온의 카바이드에 질소를 작용시켜 얻는 거무스름한 가루. 질소 비료로 쓰임.
석회-층(石灰層)[서쾨-/서퀘-]명 바다에 퇴적한 탄산칼슘이나 생물체가 변질하여 생긴 석회암의 층.
석회-토(石灰土)[서쾨-/서퀘-]명 석회가 많이 섞인 흙. 곧, 탄산석회의 함유율이 15% 이상인 흙.
석후(夕後)[서쿠]명 저녁밥을 먹고 난 뒤.
석훈(夕曛)[서쿤]명 해가 진 뒤의 어스레한 빛.
석휘(夕暉)[서퀴]명 ☞석조(夕照).
섞-갈리다[석깔-]자 갈피를 못 잡게 여러 가지가 한데 뒤섞이다. ¶ 기억이 섞갈리다.
섞다[석따]타 ①다른 것을 넣어 서로 합치다. ¶ 쌀과 잡곡을 섞다. ②다른 것을 군데군데 끼워 넣다. ¶ 거짓말을 섞어 가면서 이야기하다. *섞어·섞는[성-]
섞-바꾸다[석빠-]타 서로 번갈아 차례를 바꾸다. ¶ 빨강과 노랑을 섞바꾸어 나타내다.
섞바뀌다[석빠-]자 〖'섞바꾸다'의 피동〗 서로 차례가 바뀌다.
섞박-지[석빡찌]명 김치의 한 가지. 절인 무와 배추를 썬 다음, 여러 가지 고명에 젓국을 조금 치고 익힌 것.
섞-사귀다[석싸-]자 지위나 처지가 다른 사람끼리 서로 사귀다.
섞-이다자 〖'섞다'의 피동〗 섞음을 당하다. ¶ 물과 기름은 섞이지 않는다.
섞임-겹닿소리[-따쏘-]명 ☞혼성복자음.
섟[1][석]명 순간적으로 불끈 일어나는 격한 감정. ¶ 소식을 듣는 섟에 쏟아진 눈물. /섟 김에 상을 엎어 버리다. *섟이[석씨]·섟만[성-]
섟(이) 삭다관용 ①불끈 일어났던 감정이 풀어지다. ②의심이 풀리다.
섟[2][석]명 배를 매어 두기 좋은 물가. *섟이[석씨]·섟만[성-]
선ː명 ①사람의 됨됨이를 가려보는 일. ¶ 선을 보다. ②물건의 좋고 나쁨을 가려보는 일.
선(先)명하자 ①첫째 차례. ②바둑이나 장기를 두기 시작할 때, 상대(相對)보다 먼저 둠, 또는 먼저 두는 그 사람. ¶ 네가 선이니 흑을 가지고 두어라.
선(扇)명 임금이 거둥할 때 쓰던 부채.
선ː(善)명 ①하형 착하고 올바름. ¶ 선을 행하다. ②윤리학에서, 도덕적 생활의 최고 이상(理想). ↔악(惡).
선(腺)명 ☞샘[1].
선(線)명 ①금이나 줄. ¶ 가늘게 그은 선. /선을 긋다. ②수학에서, 점의 이동에 따라 생기는 도형.〔직선·곡선 따위.〕 ③경계가 되는 줄. 경계를 나타내는 줄. ¶ 선을 넘다. ④물체의 윤곽을 이루는 부분. ¶ 선이 아름답다. ⑤정해진 기준이나 표준. ¶ 10명 선. /그 선에서 타결되다. ⑥맺고 있는 관계. ¶ 그 사람과 선이 닿다.
선을 대다관용 (잇속이나 배경이 될) 기관이나 사람과 관계를 맺다.
선이 가늘다관용 ①(생김새가) 섬세하고 약하다. ②(성격이) 잘고 꼼꼼하다.
선이 굵다관용 ①(생김새가) 투박하고 뚜렷하다. ②(성격이) 여리지 않고 대담하다.
선(璇)명 별의 이름. 북두칠성의 국자 모양의 끝에서 둘째 별.
선(縇)명 옷이나 자리(방석) 따위의 가장자리를 딴 헝겊으로 가늘게 싸서 두르는 일, 또는 그 선.
선ː(選) Ⅰ명 여럿 가운데서 가려 뽑는 일. ¶ 가까스로 선에 들다.
Ⅱ의 여럿 가운데서 뽑힌 횟수나 차례를 세는 단위. ¶ 오 선 국회의원.
선(禪)명 〔불교에서〕 ①삼문(三門)의 하나. 정신을 가다듬어 번뇌를 버리고 진리를 깊이 생각하며 무아(無我)의 경지로 드는 일. 참교(敎). ②〈선종〉의 준말. ③〈좌선(坐禪)〉의 준말.
선-접두 《일부 명사 앞에 붙어》 '익숙하지 못한', '덜된', '격에 맞지 않은' 등의 뜻을 나타냄. ¶ 선잠. /선무당. /선머슴. /선웃음. /선하품.
선-(先)접두 《일부 명사 앞에 붙어》 ①'앞선'·'먼저'의 뜻을 나타냄. ¶ 선도지(先賭地). /선보름. /선머리. /선이자. ②'돌아간(죽은)'의 뜻을 나타냄. ¶ 선대왕(先大王). /선대인(先大人). /선외가(先外家). /선대부인(先大夫人).
-선(船)접미 《일부 명사 뒤에 붙어》 '배'를 뜻함. ¶ 여객선. /연락선. /유조선. /무역선.
-선(腺)접미 《일부 명사 뒤에 붙어》 '어떤 물질을 내보내는 샘'의 뜻을 나타냄. ¶ 혈관선. /소화선. /먹물선. /점액선.
-선(線)접미 《일부 명사 뒤에 붙어》 철도나 항공 노선을 뜻함. ¶ 경부선. /호남선. /장항선. /국제선. /국내선.
-선(選)접미 《일부 명사 뒤에 붙어》 '여럿 가운데서 가려 뽑음'을 뜻함. ¶ 고문선(古文選). /당시선(唐詩選). /명작선. /단편선.
선가(仙家)명 ①☞선관(仙館). ②☞도가(道家).
선가(仙駕)명 임금이나 신선이 타는 수레.
선가(船架)명 선박을 수리하기 위하여 물으로 끌어올리는 설비.
선가(船歌)명 뱃노래.

선가(船價)[1][-까]명 뱃삯. 선비(船費).
선가 없는 놈이 배에는 먼저 오른다속담 실력이 없는 사람이 남보다 먼저 나서서 덤벙거린다는 말.
선가(船價)[2][-까]명 조선 시대에, 세곡(稅穀)을 선박으로 운반할 때 각 군(郡)에 내던 부가세.
선:가(善價)[-까]명 후하게 주는 값이나 삯.
선가(禪家)명 ①☞선종(禪宗). ②선종의 사원(寺院). ③선종의 중. 선객(禪客).
선가^오:종(禪家五宗)명 선가의 다섯 종파. 곧, 임제종(臨濟宗)·운문종(雲門宗)·조동종(曹洞宗)·위앙종(潙仰宗)·법안종(法眼宗).
선각(先覺)명 ①하타 남보다 앞서서 깨달음. ↔후각(後覺). ②〈선각자〉의 준말.
선각-자(先覺者)[-짜]명 남보다 앞서서 사물의 도리를 깨달은 사람. 준선각. 비선지자.
선간(線間)명 줄과 줄의 사이. 두 줄의 사이.
선:감(善感)명하자 종두(種痘) 따위가 잘 접종(接種)되어 효과가 나타남.
선강(銑鋼)명 선철(銑鐵)과 강철(鋼鐵).
선개-교(旋開橋)명 배가 지나갈 수 있도록 하기 위해, 다리 중앙의 교각을 축으로 하여 다리의 전체나 일부를 수평으로 회전시킬 수 있게 한 다리. 회선교(回旋橋).
선객(仙客)명 ☞신선(神仙).
선객(先客)명 먼저 온 손님.
선객(船客)명 배를 탄 손님. 배의 승객.
선객(禪客)명 ☞선가(禪家).
선거(船車)명 배와 수레.
선거(船渠)명 ☞독(dock).
선:거(選擧)명하타되자 일정한 조직이나 집단에서 그 대표자나 임원을 투표 등의 방법으로 뽑음. ¶ 국회의원 선거. /대통령 선거.
선:거^공보(選擧公報)명 후보자의 경력이나 정견 따위를 적은 문서. 선거 관리 위원회가 발행하여 유권자에게 배부함.
선:거^공약(選擧公約)명 선거를 앞두고, 정당이나 입후보자가 선거권자에게 제시하는 공적인 약속.
선:거^공영(選擧公營)명 선거 운동의 자유 방임이 가져오는 폐단을 막기 위하여 개별적 선거 운동을 폐지하고, 독립된 선거 관리 기관으로 하여금 선거를 관리하게 하는 일. 공영 선거.
선:거^관리^위원회(選擧管理委員會)[-괄-회/-괄-훼]명 선거 및 선거에 관한 여러 가지 사무를 관리하는 기관. 준선관위.
선:거-구(選擧區)명 의원을 선출하는 단위로서 나누어진 구역.
선:거-권(選擧權)[-꿘]명 대통령·국회의원·지방 의회 의원 등의 선거에 참여하여 투표할 수 있는 국민의 권리. 참피선거권.
선:거-법(選擧法)[-뻡]명 선거에 관한 법.
선:거^사:범(選擧事犯)명 각종 선거법에 관련된 범법 행위, 또는 그 범법자.
선:거^소송(選擧訴訟)명 선거 및 당선의 효력을 시비하여, 선거의 일부나 전부에 대한 무효를 주장하는 소송.
선:거^운:동(選擧運動)명 선거에서, 특정 후보자를 당선시킬 목적으로, 선거인을 대상으로 하여 벌이는 모든 활동.
선:거-인(選擧人)명 선거권을 가진 사람. 유권자. ¶ 선거인 명부.
선:거-일(選擧日)명 선거하는 날.
선:거^자격(選擧資格)명 선거인이 될 수 있는 법률상의 자격.
선:거^재판(選擧裁判)명 대법원을 제일심 법원으로 하여 선거 소송을 다루는 재판.
선:거-전(選擧戰)명 선거에 입후보한 사람끼리 당선을 목표로 벌이는 경쟁. ¶ 치열한 선거전.
선건전곤(旋乾轉坤)명 〔하늘과 땅을 뒤집는다는 뜻으로〕 ①나라의 폐풍(弊風)을 크게 고침. ②난리를 평정함.
선-걸음명 이왕 내디딘 걸음. 현재 걷고 있는 그대로의 걸음. 《주로, '선걸음에'·'선걸음으로'의 꼴로 쓰임.》 ¶ 선걸음에 은행도 다녀오지.
선겁다[-따][선거우니·선거워]형ㅂ ①놀랍다. ¶ 선거운 사건. /선거운 재난. ②재미나지 못하다. ¶ 선거운 일.
선격(船格)명 지난날, 배를 부리던 결꾼.
선견(先見)명하타 일이 일어나기 전에 미리 아는 일. 장래의 일을 내다보는 일.
선견(先遣)명하타 미리 보냄. 앞서 내보냄.
선견-대(先遣隊)명 주력 부대에 앞서서 미리 보내는 부대.
선견-자(先見者)명 앞으로 닥쳐올 일을 미리 짐작하여 아는 사람.
선견지명(先見之明)명 닥쳐올 일을 미리 아는 슬기로움.
선결(先決)명하타되자 다른 일보다 먼저 해결함. ¶ 선결 조건. /그것이 선결되어야 다른 일도 해결된다.
선결-문제(先決問題)명 어떤 소송 사건을 판결하기 전에 먼저 결정하여야 하는 문제.
선경(仙境)명 ①신선이 산다는 곳. 선계(仙界). 선향(仙鄕). ②속세를 떠난 깨끗한 곳.
선계(仙界)[-계/-게]명 ☞선경. ↔속계(俗界).
선계(船契)[-계/-게]명 어촌에서, 배를 장만하거나 수리하기 위하여 모은 계.
선:계(善計)[-계/-게]명 뛰어난 계략.
선고(先考)명 남에게 세상을 떠난 자기의 아버지를 일컫는 말. 선군(先君). 선친(先親). 높선부군(先父君)·황고(皇考). ↔선비(先妣).
선고(先姑)명 세상을 떠난 시어머니.
선고(宣告)명하타되자 ①중대한 사실을 선언하여 알림. ¶ 암이라는 선고를 받다. /파산을 선고하다. ②공판정에서 재판관이 재판의 판결을 당사자에게 알림. ¶ 사형 선고를 내리다.
선고(船庫)명 작은 배를 넣어 두는 곳집.
선:고(選考)명하타 ☞전형(銓衡).
선고^유예(宣告猶豫)명 범죄자의 정상을 참작하여 형의 선고를 일정 기간 유예하는 일. 〔그 기간을 무사히 지내면 형사 책임을 묻지 않음.〕
선고-장(先考丈)명 남의 죽은 아버지를 높이어 일컫는 말. 준선장(先丈).
선고-형(宣告刑)명 하나하나의 구체적인 사건에 대하여, 법원이 법률을 적용해서 형량을 정해 선고하는 형.
선:곡(選曲)명하타하자 많은 곡 중에서 고름. ¶ 선곡이 잘된 음악 프로그램.
선골(仙骨)명 세속을 초월한 신선 같은 풍모.
선공(先攻)명하자타 야구 따위에서, 먼저 공격을 시작함. ¶ 상대 팀의 선공으로 경기가 시작되었다.
선공(船工)명 배를 만드는 목공.
선:공-감(繕工監)명 고려·조선 시대에, 토목·영선(營繕)을 맡아보던 관아.
선:공-무덕(善供無德)명 〔부처에게 잘 공양하였으나 공덕이 없다는 뜻으로〕 남을 위하여 힘껏 노력하였으나, 거기에 대한 아무런 보람이 없음을 이르는 말.

선공후사(先公後私) 명 하자 사사로운 일이나 이익보다 공사(公事)나 공익(公益)을 앞세움을 이르는 말.

선:과(善果) 명 착한 일에 대하여 돌아오는 좋은 과보(果報). ↔악과(惡果).

선:과(選果) 명 하타 과일을 크기에 따라, 또는 성한 것과 성하지 않은 것 따위로 가려냄, 또는 그 과실.

선:과(選科) [-꽈] 명 규정된 학과 중에서, 일부 과목만을 선택하여 학습하는 과정.

선과(禪科) 명 조선 시대에, 중에게 보이던 과거의 한 가지. 주로 선종(禪宗) 계열의 중을 3년마다 한 차례에 30명 정도 뽑아 도첩(度牒)을 주었음. 참 교과(教科)

선:과-기(選果機) 명 사과·감·귤·배 따위의 과일을 크기에 따라 구분하여 골라내는 데 쓰는 기계.

선관(仙官) 명 ①선경(仙境)에 있다는 관원. ②'여자 무당'의 딴 이름. ②참 여무(女巫).

선관(仙館) 명 신선이 산다는 집. 선가(仙家).

선:관위(選管委) 명 〈선거 관리 위원회(選擧管理委員會)〉의 준말.

선:광(選鑛) 명 하타 캐어 낸 광석에서 쓸 것과 못 쓸 것을 가려냄, 또는 그 작업.

선:광-기(選鑛機) 명 선광을 하는 기계.

선광-성(旋光性) [-썽] 명 직선 편광(直線偏光)이 어떤 물질 속을 통과할 때, 그 물질의 편광면을 회전시키는 성질.

선교(仙教) 명 선도(仙道)를 닦는 종교.

선교(宣教) 명 하타 종교를 전하여 널리 폄침. 비 포교(布教).

선교(船橋) 명 ①☞배다리. ②배의 상갑판 앞쪽에 있어, 선장이 운항에 대한 지휘를 하는 곳.

선:교(善巧) 명 부처가 중생의 자질(資質)에 맞추어 정교하게 중생을 가르치는 일.

선:교(善交) 명 하자 잘 사귐. 우호적으로 교제함.

선:교(善教) 명 좋은 교훈.

선교(禪教) 명 ①선종(禪宗)과 교종(教宗). ②선학(禪學)과 교법(教法).

선교-관(宣教官) 명 조선 시대에, 반교문(頒教文)을 읽던 임시 벼슬.

선교-사(宣教師) 명 종교의 가르침을 펴는 사람, 특히 기독교의 선교를 위하여 외국에 파견된 사람.

선구(先驅) 명 ①하자 말을 탄 행렬에서 앞장을 섬, 또는 그 사람. ②☞선구자. ¶ 실학의 선구.

선구(船具) 명 배에서 쓰이는 온갖 기구(도구).

선:구(選球) 명 하자 야구에서, 타자가 투수의 던진 공이 볼인지 스트라이크인지를 분간함. ¶ 야간 경기라 선구에 어려움이 따랐다.

선:구-안(選球眼) 명 야구에서, 투수가 던진 공을 선구하는 타자의 능력.

선구-자(先驅者) 명 다른 사람에 앞서서 어떤 일의 중요성을 인식하여 그 일을 실행한 사람. 선구. ¶ 자동차 공업의 선구자. 비 선도자.

선:국(選局) 명 하자 라디오나 텔레비전 등의 수신기를 조절하여, 여러 방송국 중에서 어떤 방송국을 고름.

선군(先君) 명 ①☞선왕. ②☞선고(先考).

선굴(仙窟) 명 ①신선이 사는 곳. ②속세 밖의 거처.

선-굿 [-굳] 명 서서 하는 무당의 굿. *선굿이[-구시]·선굿만[-군-]

선궁(仙宮) 명 신선이 산다는 궁전.

선궁(禪宮) 명 '절'을 달리 이르는 말.

선:근(善根) 명 〔불교에서〕 ①좋은 과보(果報)를 낳게 하는 착한 일. ②온갖 선(善)을 낳는 근본이 되는 것.

선글라스(←sunglasses) 명 눈부신 일광(日光)으로부터 눈을 보호하기 위해 쓰는 색안경.

선금(仙禽) 명 ①선계(仙界)에 산다는 신령한 새. ②'두루미[2]'의 딴 이름.

선금(先金) 명 (물건 값이나 품삯 따위의 일부 또는 전부를) 미리 치르는 돈. ¶ 선금을 받다./선금을 걸다. 비 착수금.

선급(先給) 명 하타 (값이나 삯을) 미리 치러 줌. 선하(先下). 전도(前渡). ↔후급.

선급(船級) 명 외국 항로에 취항하는 선박에 대하여 그 규모·구조·설비 등에 따라 선급 협회가 매기는 국제적인 등급.

선급-금(先給金) [-끔] 명 미리 치르는 돈. 전도금. ↔선수금.

선급^비:용(先給費用) [-삐-] 명 일정한 계약에 따라 계속적으로 용역을 제공하고 그 대가를 지급받을 때, 아직 제공되지 않은 용역에 대하여 미리 지급한 대가를 이르는 회계 용어. 〔선급 보험료·선급 임차료 따위.〕

선급-선(船級船) [-썬] 명 선급이 주어진 배.

선기(先期) 명 하자 약속한 기한보다 앞섬.

선기(船旗) 명 배에 다는 기.

선기후인(先己後人) 명 하자 남의 일보다 자신의 일을 먼저 처리하는 일.

선-나다(禪-) 자 법당이나 선당(禪堂)에서 참선을 마치고 나오다. ↔선들다.

선나-후주(先拿後奏) 명 대한 제국 때, 먼저 범인을 잡은 다음 임금에게 알리던 일. 범인이 주임관(奏任官)일 때 체포하던 절차임. ↔선주후나.

선난(船難) 명 배가 항해 중에 당하는 재난.

선:남(善男) 명 ①성품이 착한 남자. ②불법에 귀의한 남자.

선:남-선:녀(善男善女) 명 ①착하고 어진 사람들. ②곱게 단장한 남자와 여자. ③불교에 귀의한 사람들.

선납(先納) 명 하타 되자 ☞예납(豫納). 전납(前納).

선내(船內) 명 배의 안. ¶ 선내 식당.

선내다(禪-) 타 〖'선나다'의 사동〗 참선을 마친 사람을 선당에서 나가게 하다. ↔선들이다.

선녀(仙女) 명 선경(仙境)에 산다는 여자 신선. 선아(仙娥). 선자(仙子). 옥녀(玉女).

선:녀(善女) 명 ①성품이 착한 여자. ②불법에 귀의한 여자.

선니(禪尼) 명 불문(佛門)에 든 여자. 선문(禪門)에 귀의한 여자.

선다-님 명 〈선달(先達)〉의 높임말.

선:다-형(選多型) 명 객관식 문제 형식의 한 가지. 여러 개의 답지(答肢) 중에서 요구하는 수효만큼 답을 고르게 하는 형식. ¶ 사지 선다형.

선-단 명 ①홑두루마기 앞섶이나 치마폭에 세로로 세워 댄 단. ②☞문설주.

선단(仙丹) 명 먹으면 장생불사(長生不死)의 신선이 된다고 하는 영약(靈藥). 금단(金丹). 선약(仙藥). 단약(丹藥).

선단(先端) 명 앞쪽의 끝.

선단(船團) 명 여러 척의 배로 이루어진 집단. ¶ 남태평양에서 조업 중인 참치잡이 선단.

선단-식(船團式) 명 '재벌이 규모의 확장을 위해 여러 기업을 거느리고 운영하는 방식'을 비유하여 이르는 말. ¶ 선단식 경영.

선달 명 살목이나 살판 위에 세우는 나무.

선달(先達)명 조선 시대에, 과거에 급제는 하였으나 벼슬길에 오르지 못한 사람을 일컫던 말. 〔병과(丙科) 합격자 중 정원(定員)이 없을 때 벼슬을 내리지 않았음.〕 높선다님.
선당(禪堂)명 절 안에 있는 참선하는 집. 〔대개 절의 왼쪽에 자리 잡고 있음.〕
선-대(禪-)[-때]명 절에서, 대쪽으로 부챗살처럼 만들어, 치면 소리가 나는 제구. 선들이고 선낼 때마다 침.
선대(先代)명 조상의 대, 또는 그 시대. 선세(先世). ↔당대(當代)·후대(後代).
선대(先貸)명하타 뒷날에 치를 돈을 기일에 앞서 미리 꾸어 줌.
선대(船隊)명 여러 척의 배로 구성된 부대. ¶ 수송 선대.
선대(船臺)명 배를 만들 때 선체를 올려놓는 대.
선ː대(善待)명하타 잘 대접함. 선우(善遇).
선대(禪代)명하자 시대가 바뀜, 또는 바뀐 시대.
선대(禪臺)명 참선할 때 쓰는 선대를 올려놓는 대. 선상(禪床).
선-대부인(先大夫人)명 남의 죽은 어머니를 높이어 일컫는 말.
선-대왕(先大王)명 세상을 떠난 전왕(前王)을 높이어 일컫는 말.
선-대인(先大人)명 남의 죽은 아버지를 높이어 일컫는 말.
선-대칭(線對稱)명 대칭의 한 가지. 한 직선을 사이에 두고 똑같은 두 도형이 같은 거리에서 서로 맞서 있는 대칭. 선맞섬. 참점대칭·면대칭.
선ː덕(善德)명 바르고 착한 덕행. ↔악덕(惡德).
선덕(禪德)명 선(禪)으로 밝은 진리에 이르러 덕망이 높은 사람.
선도(仙桃)명 ①신선 나라에 있다는 복숭아. ②지난날, 헌선도(獻仙桃)를 출 때 올리던, 나무로 만들어 구리로 잎사귀를 단 복숭아.
선도(仙道)명 신선의 도.
선도(先到)명하자 먼저 도착함.
선도(先渡)명 선물 거래(先物去來)에서, 계약 이후 일정 기간이 지난 다음 화물을 인도하는 일.
선도(先導)명하타 앞장서서 이끎. ¶ 지식 산업을 선도하는 종합 출판사.
선ː도(善途)명 ①선근(善根)을 닦는 길. ②불상을 만들어 불도에 귀의하는 일.
선ː도(善道)명 바르고 착한 도리.
선ː도(善導)명하타 올바른 길로 인도함. ¶ 비행 소년을 선도하다.
선도(鮮度)명 (생선·고기·채소 따위의) 신선한 정도. ¶ 생선의 선도 유지. 비신선도(新鮮度).
선도(禪道)명 ①참선하는 도. ②☞선종(禪宗).
선도-기(線度器)명 길이의 표준기(標準器) 또는 길이를 재는 자를 통틀어 이르는 말.
선도미후지미(先掉尾後知味)명 〔개가 음식을 먹을 때 먼저 꼬리를 흔들고 나서 맛을 본다는 뜻으로〕 '무엇을 먼저 계획한 다음에야 그것을 얻음'을 이르는 말.
선도-반(仙桃盤)명 지난날, 헌선도(獻仙桃)를 출 때 선도를 담던 은쟁반. 준도반.
선도-자(先導者)명 앞장서 이끄는 사람. 비선구자(先驅者).
선도^장치(先導裝置)명 시계(視界)가 좋지 않을 때 이용되는 레이더 유도 장치.
선도-적(先導的)관명 앞서서 인도하는 (것).
선-도지(先賭地)명 가을에 받을 것을 당겨서 봄에 미리 받는 도지. ¶ 먹을 양식도 없는 판국에 선도지라니요?
선도-창(先導唱)명 여러 사람이 패를 갈라 함께 소리를 부를 때 먼저 메기는 일, 또는 먼저 메기는 구실을 맡은 사람.
선-도표(線圖表)명 통계 숫자를 곡선이나 꺾은 선으로 나타낸 도표. 참꺾은선 그래프.
선-돈(先-)명 '선금(先金)'의 잘못.
선-돌명 신석기 시대의 거석 유물(巨石遺物). 멘히르(Menhir). 입석(立石).
선동(仙洞)명 신선이 사는 곳.
선동(仙童)명 선경(仙境)에 산다는 아이 신선.
선동(煽動)명하타되자 (어떤 행동 대열에 참여하도록 문서나 언동으로) 대중의 감정을 부추기어 움직이게 함. 선양(煽揚). ¶ 대중을 선동하여 시위를 벌이다.
선동-적(煽動的)관명 남을 부추기어 움직이게 하는 (것). ¶ 선동적 행위. /선동적인 언동을 삼가다.
선두(先頭)명 첫머리. 선머리. ¶ 선두에 서다. /우리나라 선수가 선두에 나섰다.
선두(船頭)명 이물. ↔선미(船尾).
선두리명 ☞물방개.
선-둥이(先-)명 쌍둥이 가운데 먼저 난 아이. ↔후둥이.
선드러-지다형 태도가 맵시 있고 경쾌하다. 작산드러지다.
선-드리다(禪-)자 '선들이다'의 잘못.
선득부 (무엇에 닿거나 하여) 살갗이나 몸에 갑자기 서느런 느낌이 드는 모양. 작산득. 센선뜩. **선득-선득**부하자.
선득-거리다[-꺼-]자 자꾸 선득선득하다. 선득대다. 작산득거리다. 센선뜩거리다.
선득-대다[-때-]자 선득거리다.
선들-거리다자 ①바람이 자꾸 선들선들 불다. ②선드러지고 시원스럽게 행동하다. 선들대다. 작산들거리다.
선-들다(禪-)[~드니·~들어]자 법당이나 선당(禪堂)에 참선하러 들어가다. ↔선나다.
선들-대다자 선들거리다.
선들-바람명 선들선들 부는 바람. 작산들바람.
선들-선들부하자 ①(바람이) 서느렇고 부드럽게 부는 모양. ②시원스러우면서도 가볍게 행동하는 모양. 작산들산들.
선들-이다(禪-)타 〖'선들다'의 사동〗 참선하러 법당(法堂)이나 선당에 들어가게 하다. ↔선내다.
선등(先登)명하자 앞서서 먼저 오름.
선등(先等)명하자 (남보다) 먼저 함.
선ː-떡명 익지 않은(설익은) 떡.
선ː떡-부스러기[-뿌-]명 ①선떡의 부스러진 조각. ②실속 없이 모여 있는 어중이떠중이. ③흩어지면 다시 결합하기 어려운 엉성한 일.
선ː-똥명 (너무 많이 먹거나 하여) 완전히 삭지 않고 나오는 똥.
선뜩부 〈선득〉의 센말. 작산뜩.
선뜩-거리다[-꺼-]자 〈선득거리다〉의 센말. 선뜩대다. 작산뜩거리다.
선뜩-대다[-때-]자 선뜩거리다.
선뜻[-뜯]부 (동작이) 시원스럽고 날렵한 모양. ¶ 달라는 대로 돈을 선뜻 내주었다. 작산뜻.
선뜻-하다[-뜨타-]형여 ①(기분이나 느낌이) 깨끗하고 시원하다. ②(차림새나 생김새가) 아담하고 조촐하다. 작산뜻하다. **선뜻-이**부.
선래(先來)[설-]명 왕조 때, 사신의 귀국에 앞서서 돌아오던 역관(譯官).
선ː량(善良)[설-]명하형 착하고 어짊.

선ː량(選良)[설-]명 ①하자 인재를 선출함, 또는 그 인재. ②'국회의원'을 달리 이르는 말.
선려(仙侶)[설-]명 동행자, 또는 같이 노는 사람을 칭찬하여 이르는 말.
선려(先廬)[설-]명 조상 때부터 살고 있는 집.
선려(鮮麗)[설-]명하형 산뜻하고 아름다움.
선력(宣力)[설-]명하타 힘써 주선함.
선령(先靈)[설-]명 조상이나 선열의 넋.
선령(船齡)[설-]명 배가 진수한 때로부터 지난 햇수. 배의 나이. 참함령(艦齡).
선례(先例)[설-]명 ☞전례(前例). 준예(例).
선례후학(先禮後學)[설-]명 먼저 예의를 익히고 나서 학문을 하라는 말. 〔곧, 예의가 으뜸이라는 뜻〕
선로(船路)[설-]명 뱃길.
선로(船艫)[설-]명 ☞고물[1].
선로(線路)[설-]명 ①☞레일. ②송전선이나 전화선의 유선 전기 회로.
선ː록(選錄)[설-]명하타 가려서 적음.
선루(船樓)[설-]명 ①배 위의 다락집. ②배의 상갑판에 건물처럼 만든 구조물. 〔흔히, 선원실·여객실을 설비함.〕
선류(蘚類)[설-]명 선태류(蘚苔類) 중에서 잎과 줄기가 뚜렷한 종류를 통틀어 이르는 말. 〔헛뿌리는 다세포(多細胞)로 되고 잎에는 주맥이 있는 것이 특징임.〕
선륜(線輪)[설-]명 '코일'을 이전에 이르던 말.
선륜-차(旋輪車)[설-]명 ☞물레[2].
선리(先利)[설-]명 ☞선변(先邊).
선ː리(善吏)[설-]명 선량한 관리.
선ː린(善隣)[설-]명 이웃과 사이좋게 지냄, 또는 그러한 이웃.
선ː린^정책(善隣政策)[설-]명 이웃 나라와 친선을 도모하는 정책.
선림(禪林)[설-]명 '선종(禪宗)의 절'을 달리 이르는 말.
선마(宣麻)명 왕조 때, 임금이 신하에게 궤장(几杖)을 내릴 때 함께 주던 글.
선망(先望)명 ☞선보름. ↔후망(後望).
선ː망(羨望)명하타되자 부러워함. ¶ 선망의 눈길.
선망후실(先忘後失)명하타되자 자꾸 잊어버리기를 잘함.
선-맞섬(線-)[-맏썸]명 ☞선대칭.
선매(先買)명하타 남보다 먼저 삼. 예매(豫買).
선매(先賣)명하타 미리 팖. 예매(豫賣).
선매-권(先買權)[-꿘]명 (물건이나 권리 따위를) 남보다 우선적으로 살 수 있는 권리.
선-머리(先-)명 ①일정한 순서가 있는 일의 맨 처음. ②행렬 따위의 앞부분. 선두. ↔후머리.
선ː-머슴명 심하게 장난을 치면서 덜렁거리는 사내아이. ¶ 계집아이가 선머슴같이 군다.
선면(扇面)명 (헝겊이나 종이를 바른) 부채의 겉면.
선명(宣明)명하타 (어떤 사실을) 분명히 밝혀 선언함. ¶ 출마할 뜻을 내외에 선명하다.
선명(鮮明)명하형 ①산뜻하고 밝음. ¶ 선명한 원색 사진. ②(견해나 태도가) 뚜렷함. ¶ 태도가 선명하다. **선명-히**부.
선모(旋毛)명 ☞가마[1].
선모(腺毛)명 식물이나 곤충의 몸 겉에 나 있는 털의 한 가지. 점액·독액 따위를 분비함. 토마토 줄기의 털이나 송충이의 털 따위.
선ː모(羨慕)명하타 부러워하며 사모함.
선모-충(旋毛蟲)명 선모충과의 선형동물. 몸길이 1~4 mm로 실 모양임. 돼지·개·쥐 따위의 소장(小腸)에 기생함.
선묘(先墓)명 ☞선산(先山).
선묘(線描)명하타 (그림을) 선으로만 그림.
선묘(鮮妙)명하형 산뜻하고 미묘함. **선묘-히**부.
선무(先務)명 먼저 해야 할 일.
선무(宣撫)명하타 국민이나 점령지 주민에게 정부 또는 본국의 시책을 이해시키어 민심을 안정시키는 일.
선무^공작(宣撫工作)명 선무하는 활동.
선ː-무당명 익숙하지 못한 무당.
선무당이 사람 잡는다〔죽인다〕속담 미숙한 사람이 잘하는 체하다가 일을 그르친다는 말.
선무당이 장구 탓한다속담 ①할 줄 모르는 사람일수록 핑계가 많다. ②서투른 솜씨를 핑계 대어 변명한다.
선무-사(宣撫使)명 조선 시대에, 왕명을 받들어 재해지 등의 민심을 안정시키던 임시 벼슬.
선문(先文)명 ☞노문(路文).
선문(을) 놓다관용 ☞노문(을) 놓다.
선문(先聞)명 일이 생기기 전에 앞서서 전하여지는 소문. 선성(先聲).
선문(旋紋)명 소용돌이무늬.
선문(線紋)명 줄무늬.
선문(禪門)명 ①☞선종. ②불문(佛門)에 들어간 남자.
선-문답(禪問答)명하자 ①불교에서, 참선하는 사람들끼리 진리를 찾기 위하여 주고받는 대화를 이르는 말. ②현실에 주어진 문제와는 상관없이 한가로이 주고받는 이야기를 놀림조로 이르는 말. ¶ 질문에 시종일관 선문답만 하다.
선물(先物)명 거래 계약 조건의 한 가지. 장래 일정한 시기에 현품을 주고받기로 하고 매매 계약을 하는 일.
선ː물(膳物)명하타 (인사나 기념, 또는 정을 나타내는 뜻으로) 남에게 물품을 줌, 또는 그런 물품.
선물^거ː래(先物去來)명 선물(先物)을 조건으로 하는 거래. 선물 매매.
선물^매매(先物賣買)명 ☞선물 거래.
선물-환(先物換)명 장래의 일정 기일 또는 일정 기간 내에 일정액의 금액을 일정한 환율로 결제할 것을 미리 약속한 외국환. 예약환(豫約換).
선물환^시세(先物換時勢)명 선물환의 거래에 적용되는 시세.
선미(船尾)명 ☞고물[1]. ↔선두(船頭).
선ː미(善美)명하형 착하고 아름다움.
선미(線美)명 파선(波線)이나 곡선에서, 선 그 자체의 아름다움.
선미(鮮美)명하형 산뜻하고 아름다움.
선미(禪味)명 ①선(禪)의 취미. ②탈속한 취미.
선미-기(船尾旗)명 고물에 올리는 기.
선미-등(船尾燈)명 고물에 다는 항해등.
선미-묘(船尾錨)명 고물에 있는 닻.
선미-파(船尾波)명 배가 달릴 때, 고물 뒤로 이어지는 흰 물결.
선민(先民)명 ①선대의 백성. ②☞선철(先哲).
선ː민(選民)명 ①선택받은 백성. ②이스라엘 백성이, 스스로를 하느님의 선택을 받은 백성이라는 뜻으로 이르는 말.
선ː민-사상(選民思想)명 ☞선민의식.
선ː민-의식(選民意識)[-미늬-/-미니-]명 스스로를 하나님의 선택을 받은 백성이라고 믿는, 이스라엘 사람의 종교적·민족적 우월감. 선민사상.
선-바람명 차리고 나선 그대로의 차림새. 《주로, '선바람에'·'선바람으로'의 꼴로 쓰임.》 ¶ 선바람으로 달려 나가다.

선ː바람-쐬다[-쐬-/-쒜-][자] 낯선 지방에 가서 그 지방의 물정을 경험하다.
선박(船舶)[명] ☞배2. 〔주로, 규모가 큰 축에 드는 배를 이르는 말.〕 ¶ 외국 선박이 부두에 정박하다.
선박^관리인(船舶管理人)[-꽐-][명] 선박 공유자(船舶共有者)의 법정 대리인으로서, 법정 사항을 제외한, 선박의 이용에 관한 일체의 행위를 할 권한을 가진 사람.
선박^등기(船舶登記)[-뜽-][명] 선적항(船籍港)을 관리하는 관청이, 선박의 소유권, 선박 관리인 등에 관하여 선박 등기부에 올려 적는 일.
선박^보ː험(船舶保險)[-뽀-][명] 선박의 항해에서 생기는 손해를 보상받을 것을 목적으로 하는 해상 보험의 한 가지.
선박^서류(船舶書類)[-써-][명] 선장이 선박 안에 언제나 갖추어 두어야 하는 서류. 〔선박 국적 증서, 선원 명부, 항해 일지 따위.〕
선반(宣飯)[명][하자] 왕조 때, 관아에서 벼슬아치들에게 끼니를 베풀던 일, 또는 그런 끼니.
선반(을) 놓다[관용] 공사장이나 부역장 같은 곳에서 일꾼들에게 식사 시간을 주다.
선반(旋盤)[명] 금속 소재를 회전시켜 갈거나 파내거나 도려내는 금속 공작 기계. [참]갈이 기계.
선반(←懸盤)[명] 벽에 매어서 물건을 얹어 두는 널빤지. ¶ 선반 위의 꿀단지. [본]현반.
선반-턱(←懸盤-)[명] 선반 가장자리에 따로 붙인 나무.
선-발[명] 집 안에서 일하느라고 줄곧 서서 돌아다니는 상태. 《주로, '선발로'·'선발에'의 꼴로 쓰임.》 ¶ 잔칫날이라 하루 종일 선발로 지냈다.
선발(先發)[명][하자] ①(남보다) 미리 나서거나 떠남. ↔후발(後發). ②야구에서, 1회부터 출전하는 일. ¶ 선발 투수.
선ː발(選拔)[명][하타][되자] (많은 가운데서) 추려 뽑음. 택발. ¶ 선발 고사(考査).
선발-대(先發隊)[-때][명] (다른 대원이나 부대보다) 앞서서 출발한 대원이나 부대. ↔후발대(後發隊).
선발^발전^도상국(先發發展途上國)[-쩐-][명] (다른 미개발 국가나 개발도상 국가들보다) 앞서서 개발도상국이 된 나라. [참]개발도상국.
선발-제인(先發制人)[명][하자] 남의 꾀를 먼저 알아차리고, 일이 생기기 전에 미리 막음.
선ː방(善防)[명][하타] 공격을 잘 막아 냄. ¶ 구원 투수의 선방으로 경기를 이겼다.
선방(禪房)[명] 참선하는 방. 선실(禪室).
선배(先輩)[명] ①같은 분야에 자기보다 먼저 들어서서 활동한 사람. 선진(先進). 전배. ¶ 직장 선배. ②같은 학교에 자기보다 먼저 들어온 사람, 또는 먼저 거친 사람. ¶ 고등학교 3년 선배. ↔후배(後輩).
선-버들[명] 버드나뭇과의 낙엽 교목. 높이 5~10 m. 잎은 길둥글며 가장자리에 잔 톱니가 있음. 봄에 잎과 함께 길이 2~8 cm의 원통형 꽃이 핌. 우리나라 북부·중국 동북 지방·일본 등지에 분포하는데, 제방용이나 땔감으로 심음.
선번(先番)[명] 남보다 먼저 하여야 할 차례가 됨, 또는 그 차례나 차례가 된 사람.
선번(線番)[명] 〈선번호(線番號)〉의 준말.
선-번호(線番號)[명] (철사·전선 따위의) 굵기를 나타내는 번호. [준]선번.
선ː벌(選伐)[명][하타] 나무를 골라서 베어 냄. [비]간벌(間伐). [참]남벌(濫伐).
선법(旋法)[-뻡][명] 일정한 음계에 따라 만들어진 선율에 대하여 그 변화의 성격을 규제하는 법칙. 선율법의 기초가 됨. 모드(mode)1.
선법(禪法)[-뻡][명] 참선하는 법.
선-변(-邊)[명] 빌려 쓴 돈에 대하여, 다달이 갚는 변리. ↔누운변.
선변(先邊)[명] 빚을 얻을 때에 본전에서 미리 떼어 내는 변리. 선리(先利). 선이자.
선ː변(善變)[명][하자] (성품·행동·형편·사물 따위가) 전보다 좋아짐. 바람직하게 달라짐.
선ː별(選別)[명][하타][되자] 가려서 골라내거나 추려 냄. 선분(選分). ¶ 종자 선별이 다수확의 첫째 조건이다.
선ː별^금융(選別金融)[-금늉/-그뮹][명] 금융 기관에서 자금 압박을 받을 경우에, 대상을 선별하여서 융자하는 일. 선별 융자.
선ː별^융자(選別融資)[-륭-][명] ☞선별 금융(選別金融).
선병(腺病)[명] 삼출성(滲出性)이거나 림프성 체질을 가진 어린아이에게서 많이 나타나는 결핵성 전신병(全身病).
선병-자(先病者)[명] 같은 병을 먼저 앓은 사람.
선병-질(腺病質)[명] 뼈가 가늘고 가슴이 편평하며 목의 림프절이 잘 붓는 허약아의 상태를 통틀어 이르는 말.
선ː보(繕補)[명][하타][되자] 고치고 기움(보충함).
선ː-보다[타] ①(주로 결혼 상대가 될) 사람의 됨됨이를 직접 만나서 알아보다. ¶ 사윗감을 선보다. ②물건의 좋고 나쁨을 가려보다.
선-보름(先-)[명] 한 달의 초하루부터 15일 동안. 선망(先望). ↔후보름.
선ː보-이다[타] 〖'선보다'의 사동〗 선을 보게 하다. ¶ 신랑감을 선보이다. /자동차의 새 모델을 선보이다. [준]선뵈다.
선복(船卜)[명] 뱃짐.
선복(船腹)[명] ①배의 중간 허리. ②선박의, 화물을 싣는 곳.
선봉(先鋒)[명] 맨 앞장. 전봉. ¶ 선봉에 서다.
선봉-대장(先鋒大將)[명] 앞장선 군대를 거느리는 장수. 선봉장.
선봉-장(先鋒將)[명] ☞선봉대장.
선ː-뵈다[-뵈-/-붸-][타] 〈선보이다〉의 준말.
선부(先夫)[명] 죽은 남편. 망부(亡夫).
선부(先父)[명] 죽은 아버지. 선친(先親).
선부(船夫)[명] 뱃사공.
선ː부(善否)[명] 좋음과 좋지 않음. 양부(良否).
선-부군(先父君)[명] 〈선고(先考)〉의 높임말.
선-부형(先父兄)[명] 돌아가신 아버지와 형.
선부후빈(先富後貧)[명] 처음에는 부자이다가 나중에는 가난해짐. ↔선빈후부.
선분(線分)[명] 직선 위의 두 점 사이에 한정된 부분. 유한 직선(有限直線).
선ː분(選分)[명][하타] ☞선별(選別).
선ː-불[명] 설맞은 총알. ↔된불.
선불 맞은 노루〔호랑이〕 뛰듯[속담] 분에 못 이겨 거칠게 행동함을 이르는 말.
선불(을) 걸다[관용] ①선불리 건드리다. ②상관없는 일에 참견하다가 해를 입다.
선불(을) 놓다[관용] 설부른 타격을 주다.
선불(仙佛)[명] ①신선과 부처. ②선도(仙道)와 불도(佛道).
선불(先拂)[명][하타] ☞선급(先給). ↔후불(後拂).
선ː불선(善不善)[-썬][명] ①착함과 착하지 아니함. ②잘됨과 잘못됨.
선ː불-질[명][하자] 서투르게 총을 쏨.

선비[1] [명] ①지난날, 학식은 있으나 벼슬하지 않은 사람. ②'학덕을 갖춘 이, 또는 학문을 닦는 이'를 예스럽게 이르는 말. ③'어질고 순한 사람'을 비유하여 이르는 말.

선-비[2] [명] 자루가 길어, 서서 쓸게 된 비.

선비(先妣) [명] 남에게 세상을 떠난 자기 어머니를 이르는 말. 선자(先慈). 전비(前妣). ↔선고(先考).

선비(船費) [명] ①☞선가(船價)[1]. ②선박을 운항하는 데 드는 비용.

선비-사(-士) [명] 한자 부수의 한 가지. '壻'·'壹' 등에서의 '士'의 이름.

선빈후부(先貧後富) [명] 처음에는 가난했으나 나중에는 부자가 됨. ↔선부후빈.

선사(仙槎) [명] 신선이 타고 다닌다는 뗏목.

선사(先史) [명] 역사 시대 이전의 역사. 〔문헌이나 기록이 없어 유적이나 유물로만 파악되는 역사를 이름.〕

선사(先祀) [명] 선조(先祖)에 대한 제사.

선사(先師) [명] 세상을 떠난 스승.

선사(旋師) [명][하자] 지난날, 싸움에 이기어, 군사를 돌려 돌아옴을 이르던 말.

선ː사(善事) [명] ①좋은 일. 착한 일. ②[하타] (윗사람을) 잘 섬김. ③[하타] 신불(神佛)에게 공양함.

선ː사(善射) [명][하타] (활·총 따위를) 잘 쏨.

선ː사(膳賜) [명][하타] ①(친근·애정·존경의 뜻을 나타내기 위하여) 남에게 물품 따위를 줌. ¶ 꽃다발을 한 아름 선사하다. ②(기쁨·행복 따위를) 가져다 줌. ¶ 월드컵 우승이 온 국민에게 기쁨을 선사하였다.

선사(禪寺) [명] 선종의 절. 선찰(禪刹).

선사(禪師) [명] ①〈중〉의 높임말. ②선종의 법리에 통달한 중.

선ː사(繕寫) [명][하타][되자] ①잘못을 바로잡아 고쳐 베낌. ②부족한 점을 보충하여 정서함. ③문서를 수집하여 기록함.

선ː사-상관(善事上官) [명][하자] 상관을 잘 섬김.

선사^시대(先史時代) [명] 고고학(考古學)에서 이르는 시대 구분의 한 가지. 곧, 역사 시대 이전의 시대. 문헌적 사료가 없는 석기 시대, 청동기 시대를 이름.

선ː사-품(膳賜品) [명] 선사하는 물품.

선사-학(先史學) [명] 선사 시대의 일을 연구하는 학문. 사전학(史前學).

선산(先山) [명] 조상의 무덤, 또는 무덤이 있는 곳. 선묘(先墓). 선영(先塋).

선ː산(善散) [명][하타] 돈을 규모 있게 잘 씀.

선산-발치(先山-) [명] 선산의 산기슭. 선산의 한쪽 구석. ¶ 선산발치에 묻히다.

선상(先上) [명][하타] 물건 값이나 빚의 일부를 먼저 받음.

선상(扇狀) [명] 접부채를 펼친 것과 같은 모양. 부채꼴.

선상(船上) [명] ①배 위. ②(항해 중의) '배를 타고 있음'을 이르는 말.

선상(船商) [명] ①배를 사고파는 장수. ②배에 물건을 싣고 다니며 파는 장수.

선상(線上) [명] ①선의 위. ②(사물의 분기점이 되는) 일정한 상태. ¶ 기아 선상에 놓여 있는 아프리카 난민.

선상(線狀) [명] 선(線)의 모양. 실처럼 가늘고 긴 모양. 선형.

선ː상(選上) [명][하타] ①골라 뽑아서 바침. ②왕조 때, 지방의 노비(奴婢)를 뽑아서 중앙의 관아에 보내던 일.

선상(禪床) [명] ①선가(禪家)에서 중이 설법할 때 올라앉는 법상(法床). ②☞선대(禪臺).

선상-대장(先廂大將) [명] 임금이 거둥할 때, 전위군(前衛軍)을 거느리던 장수.

선상-지(扇狀地) [명] 시내가 산지에서 평지로 흐를 때, 물의 흐름이 갑자기 느려져서 골짜기 어귀에 자갈이나 모래가 퇴적하여 이루어진 부채꼴 모양의 지형.

선상-진(先廂陣) [명] 임금이 거둥할 때, 앞을 지키던 전위대(前衛隊).

선상-탄(船上歎) [명] 조선 선조 때 박인로(朴仁老)가 지은 가사. 〔임진왜란 때 통주사(統舟師)로 부산에 내려가 있을 때의 작품으로, 전쟁의 비애와 평화를 바라는 마음을 읊은 내용.〕

선-상피(腺上皮) [명] 분비 작용이 특히 왕성한 상피 조직. 〔편도선(扁桃腺)·림프선을 제외한 모든 선(腺).〕

선색(鮮色) [명] 산뜻한 빛깔. 고운 빛깔.

선ː-샘 [명] (땅속으로 스며들었던) 빗물이 되솟아 나는 샘.

선생(先生) [명] ①(남을) 가르치는 사람. 교사·교수 등. ¶ 국어 선생. ②《성명이나 직명 따위의 뒤에 쓰이어》 그를 높이어 일컫는 말. ¶ 김구 선생. /의사 선생. ③어떤 일에 경험이 많거나 아는 것이 많은 사람. ¶ 그 일에 관한 한 그는 선생이다. ④조선 시대에, 성균관의 교무 직원. ⑤자기보다 나이가 적은 남자 어른을 높이어 일컫는 말. ¶ 선생은 어떻게 생각하십니까? [높] 선생님.

선생-님(先生-) [명] 〈선생〉의 높임말.

선생-안(先生案) [명] 조선 시대에, 각 관아에서 전임 관원의 성명·직명·생년월일 등을 기록하던 책. 안책(案冊).

선서(宣誓) [명][하자타] 여러 사람 앞에서 공개하여 맹세하는 일. ¶ 대통령 취임 선서.

선ː서(善書) [명] ①좋은 책. 양서. ②[하타] 글씨를 잘 씀, 또는 잘 쓴 글씨.

선서-식(宣誓式) [명] 선서를 하는 의식.

선선-하다[1] [형][여] (공기가) 좀 서늘한 느낌이 있다. ¶ 9월로 접어드니 새벽 공기가 제법 선선하다. [작] 산산하다. **선선-히** [부].

선선-하다[2] [형][여] ①(성미가) 시원스럽고 쾌활하다. ②주저하거나 망설이지 않다. **선선-히** [부] ¶ 청을 선선히 들어주다.

선성(先聖) [명] 옛 성인(聖人).

선성(先聲) [명] ①전부터 알려진 명성. ¶ 선성은 익히 들었습니다. ②☞선문(先聞).

선성-탈인(先聲奪人) [명][하자] 먼저 소문을 퍼뜨려 상대의 기세를 꺾음. 또는, 먼저 소리를 질러 상대의 기세를 꺾음.

선세(先世) [명] ☞선대(先代).

선세(先貰) [명] (주로 부동산의 임차료에서) 빌려 쓰는 사람이 빌려 주는 사람에게 주는 보증금.

선-셈(先-) [명][하타] 물건을 받기 전이나 기한 전에 치르는 셈.

선소(鮮少·尠少·尟少) '선소하다'의 어근.

선-소리[1] [명][하자] 민속악에서, 대여섯 사람이 둘러서서 부르는 노래. 입창(立唱). ↔앉은소리.

선ː-소리[2] [명][하자] 경위에 닿지 않는 덜된 말. ¶ 익은 밥 먹고 선소리한다. [비] 횡설수설.

선-소리(先-) [명][하자] 민요를 부를 때 한 사람이 먼저 메기는 소리. 메김소리.

선소리-꾼(先-) [명] 선소리에서 메김소리를 메기는 사람.

선소리-치다(先-) [자] 맨 앞에서 소리 지르다.

선소-하다(鮮少―·尠少―·尟少―)[형][여] 매우 적다.
선속(船速)[명] 선박의 항해 속도.
선-손(先―)[명] ①남이 하기 전에 앞서 하는 일. 선수(先手). ②먼저 한 손찌검.
선손(을) 걸다[관용] 먼저 손찌검하다. 선수(를) 걸다.
선손(을) 쓰다[관용] ☞선수(를) 쓰다.
선손-질(先―)[명][하자] 먼저 손을 대어 때림, 또는 그렇게 때리는 짓.
선손질 후 방망이[속담] 먼저 남에게 해를 입히면 자기는 뒤에 더 큰 해를 입게 됨을 뜻하는 말.
선수(先手)[명] ①☞선손. ②장기나 바둑에서, 먼저 두거나 상대편이 수를 쓰기 전에 중요한 자리에 먼저 수를 쓰는 일. ↔후수(後手).
선수(를) 걸다[관용] ☞선손(을) 걸다.
선수(를) 쓰다[관용] 남이 하기 전에 앞서 하거나 공격하다. 선손(을) 쓰다. 선수(를) 치다.
선수(를) 치다[관용] ①☞선수(를) 쓰다. ②남이 예상하기 전에 앞질러서 대책을 쓰다. ¶ 내 그럴 줄 알고 선수를 쳤다.
선수(船首)[명] ☞이물.
선ː수(善手)[명] 솜씨가 뛰어난 사람.
선ː수(選手)[명] ①(어떠한 기술이나 운동 따위에 뛰어나) 여럿 중에서 대표로 뽑힌 사람. ¶ 야구 선수. /국가 대표 선수. ②'어떤 일을 능숙하게 잘 하거나 버릇으로 자주 하는 사람'을 비유하여 이르는 말. ¶ 군대 생활 삼 년에 다림질하는 데는 선수가 되었다.
선ː수(選授)[명][하타] 인재를 골라 벼슬 자리를 줌.
선ː수-권(選手權)[―꿘][명] (어떤 부문의 경기에서) 가장 우수한 개인이나 단체에 주는 자격.
선수-금(先受金)[명] (용역이나 상품의 값을 몇 차례에 걸쳐 나누어 받기로 하였을 때) 미리 받는 돈. 전수금. ↔선급금.
선ː수-단(選手團)[명] (어떤 경기의) 선수들로 조직된 단체.
선ː수-상(膳羞床)[―쌍][명] 무당이 굿할 때 차려 놓는 제물상(祭物床)의 한 가지.
선수^수익^계ː정(先受收益計定)[―꼐―/―께―][명] 계속적인 용역의 제공을 내용으로 한 계약에 의하여 아직 제공되지 않은 용역의 대가로 미리 받은 수익 계정. 〔선수 이자 계정·선수 보험료 계정 따위.〕
선ː수-촌(選手村)[명] 올림픽 경기 등에서, 선수나 임원을 위해 특별히 마련된 집단 숙박 시설.
선술(仙術)[명] 신선이 쓰는 술법(術法).
선술-집[―찝][명] 술청 앞에 선 채로 술을 마시게 된 술집. ¶ 선술집에서 막걸리를 한잔 걸쳤다.
선승(先勝)[명][하자] (여러 번을 겨루는 경기 등에서) 첫판을 먼저 이김.
선승(禪僧)[명] ①참선하고 있는 중. ②선종의 중.
선시(宣示)[명][하타][되자] 널리 선포하여 알림.
선-시력(線視力)[명] 매우 가는 선의 있고 없음을 분간할 수 있는 눈의 능력. [참]점시력(點視力).
선ː시선ː종(善始善終)[명][하자] 처음이나 끝이나 한결같이 잘함.
선식(禪食)[명] ①불가에서, 참선을 할 때 머리를 맑게 하고 위에 부담을 주지 않기 위해 먹는 음식. ②여러 가지 곡류 따위를 찌거나 볶거나 하여 가루로 만든 음식.
선신-세(鮮新世)[명] ☞플라이오세.
선실(船室)[명] 승객들이 쓰도록 된 배 안의 방.
선실(禪室)[명] ①☞선방(禪房). ②〈승려(僧侶)〉의 높임말.
선실기도(先失其道)[명][하자] (어떤 일을 하는 데에) 먼저 그 방법부터 잘못됨.
선ː심(善心)[명] ①착한 마음. ↔악심(惡心). ②남을 돕고자 하여 베푸는 후한 마음.
선심(을) 쓰다[속담] 남에게 후한 마음을 베풀다. ¶ 선심 쓰는 셈 치고 오늘은 자네가 한턱내지.
선심(線審)[명] 〈선심판〉의 준말.
선-심판(線審判)[명] (선을 긋고 그 안에서 하는 경기에서) 경기장의 선과 관련된 규칙을 맡아 보는 보조 심판. [준]선심(線審).
선아(仙娥)[명] ☞선녀(仙女).
선악(仙樂)[명] 신선의 풍악(風樂).
선ː악(善惡)[명] 착함과 악함.
선ː악-개오사(善惡皆吾師)[―깨―][명] 〔착한 일도 악한 일도 모두 나의 스승이라는 뜻으로〕 '세상의 일은 무엇이나 내 몸가짐에 대한 깨우침이 될 수 있음'을 이르는 말.
선ː악-과(善惡果)[1][―꽈][명] (구약 성서 '창세기'에서) 선악과나무의 금단의 열매. 아담과 이브는 여호와의 계명을 어기고 이를 따 먹어 에덴 동산에서 쫓겨났다 함.
선ː악-과(善惡果)[2][―꽈][명] 불교에서, 선과(善果)와 악과(惡果)를 이르는 말.
선ː악과-나무(善惡果―)[―꽈―][명] (구약 성서 '창세기'에서) 에덴 동산에 있었다는 나무. 이 나무의 열매를 따 먹으면 선과 악을 알게 된다고 하였음. 생명수(生命樹). 선악수.
선ː악-관(善惡觀)[―꽌][명] 선과 악에 관한 견해.
선ː악불이(善惡不二)[―뿌리][명] 불교에서, 선과 악은 둘이 아니고 한 가지로 불법의 이치에 귀착한다는 말.
선ː악-상반(善惡相半)[―쌍―][명][하형] 착함과 악함이 서로 반(半)씩 섞여 있음.
선ː악-수(善惡樹)[―쑤][명] ☞선악과나무.
선ː악지보(善惡之報)[―찌―][명] 선과 악에 대한 응보.
선약(仙藥)[명] ①☞선단(仙丹). ②효험이 썩 뛰어난 약. ②성약(聖藥).
선약(先約)[명][하자·타][되자] 먼저 약속함, 또는 그 약속. ¶ 선약이 있어서 오늘 저녁에는 시간을 내기 힘들겠습니다.
선양(宣揚)[명][하타][되자] 널리 떨침. ¶ 국위를 선양하다.
선양(煽揚)[명][하타] ☞선동(煽動).
선양(禪讓)[명][하자] ☞선위(禪位).
선어(仙馭)[명] ①〔신선이 탄다는 뜻으로〕 '학(鶴)'을 이르는 말. ②[하자]☞붕어(崩御).
선ː어(善語)[명][하자] 말을 잘함.
선어(鮮魚)[명] ☞생선.
선어말^어ː미(先語末語尾)[명] 실질 형태소인 어간과 형식 형태소인 어말 어미 사이에서, 높임·공손·시제 따위를 나타내는 형식 형태소. 〔'입으시었다'에서 '-시-'·'-었-' 따위.〕 [참]어말 어미.
선언(宣言)[명][하자·타][되자] ①(자신의 뜻을) 널리 펴서 나타냄. ②(국가나 단체가 방침·주장 따위를) 정식으로 공표함. ¶ 중립을 선언하다. /개최를 선언하다. ③어떤 회의의 진행에 한계를 두기 위하여 말함, 또는 그런 말. ¶ 개회 선언. /폐회를 선언하다.
선언-문(宣言文)[명] ☞선언서.
선언-서(宣言書)[명] 선언하는 내용을 적은 글. 선언문. ¶ 선언서를 낭독하다.
선ː언-율(選言律)[―뉼][명] 전통적 형식 논리 하에서, 서로 모순되는 두 명제의 어느 한쪽에 진리가 있다는 원리.

선:언-적(選言的) 관명 몇 개의 배타적 개념이나 빈사(賓辭) 중에서 선택될 것임을 나타낸 (것). 참가언적·정언적.

선:언적 개:념(選言的槪念) [-깨-] 동일한 개념에 내포되면서 서로 배타적인 외연성을 가진 개념. 〔'그것이 사람이라면 반드시 남자 또는 여자다.'에서 '남자'와 '여자'는 '사람'에 모두 내포되면서, 서로 배타적 외연의 관계임.〕

선:언적 명:제(選言的命題) [-쩡-] 선언적 판단을 내용으로 하는 명제. 〔'A는 P, 또는 Q, 또는 R이다.'의 형식으로, '그는 천제이거나 바보이다.'에서 '천재'와 '바보'.〕 참가언적 명제·정언적 명제.

선:언적 삼단^논법(選言的三段論法) [-쌈-뻡] 대전제를 선언적 명제로 하는 복합적 삼단 논법의 한 가지. 〔'(대전제) A는 P 또는 Q다. (소전제) A는 P가 아니다. (결론) 그러므로, A는 Q다.'의 논법.〕 참가언적 삼단 논법·정언적 삼단 논법.

선:언적 판단(選言的判斷) 하나의 주사(主辭)에 대하여 둘 이상의 빈사(賓辭)가 선택적으로 결합되는 판단. 〔'범인은 A나 B나 C 중의 하나이다.' 따위의 판단.〕 참가언적 판단·정언적 판단.

선업(先業) 명 ①불교에서 이르는, 전생(前生)에서 지은 선악의 업인(業因). ②선대(先代)의 기업(基業).

선:업(善業) 명 불교에서 이르는, 좋은 과보(果報)를 받을 일. 정업(淨業). ↔악업.

선:여인교(善與人交) 명하자 남을 공경하여 오래도록 잘 사귐.

선연(仙緣) 명 신선과의 인연.

선연(船緣) 명 ☞뱃전.

선:연(善緣) 명 좋은 인연.

선연(嬋姸) '선연(嬋姸)하다'의 어근.

선연(嬋娟) '선연(嬋娟)하다'의 어근.

선연(鮮姸) '선연(鮮姸)하다'의 어근.

선연-하다(嬋姸-) 형여 (몸맵시가) 날씬하고 아름답다. 선연-히 부.

선연-하다(嬋娟-) 형여 (얼굴이) 곱고 예쁘다. 선연-히 부.

선연-하다(鮮姸-) 형여 산뜻하고 아름답다. 선연-히 부.

선열(先烈) 명 ①의(義)를 위해 목숨을 바친 열사. ¶ 선열들의 뜻을 기리다. ②선대(先代)의 여덕(餘德).

선열(禪悅) 명 선정(禪定)에 들어선 법열(法悅).

선열-법희(禪悅法喜) [-버피] 명 참선하는 즐거움과 설법을 듣는 기쁨.

선열-위식(禪悅爲食) 명 불교에서, '선정(禪定)에 들어 침식을 잊고 즐거이 지냄'을 이르는 말.

선염(渲染) 명 ☞바림.

선염-법(渲染法) [-뻡] 명 화면에 물을 축여, 마르기 전에 물감을 칠해 몽롱한 효과를 나타내는 채색 기법의 한 가지.

선영(先塋) 명 ☞선산(先山).

선온(宣醞) 명하타 왕조 때, 임금이 신하에게 술을 내리던 일, 또는 그 술.

선옹(仙翁) 명 신선 노인.

선-완장(先阮丈) 명 남의 죽은 삼촌을 높이어 일컫는 말.

선왕(先王) 명 ①선대의 임금. 망군(亡君). 선군(先君). ②옛날의 성군(聖君).

선왕-유제(先王遺制) [-뉴-] 명 선왕이 남긴 제도(制度).

선:왕-재(善往齋) 명하자 불교에서, 죽은 사람을 좋은 세계에 태어나게 하기 위하여 부처 앞에 공양하는 일.

선:외(選外) [서뇌/서눼] 명 선(選)에 들지 못함.

선-외가(先外家) [서뇌-/서눼-] 명 선대의 외가.

선:외-가작(選外佳作) [서뇌-/서눼-] 명 입선은 안 되었으나 꽤 잘된 작품.

선용(仙容) 명 선인(仙人)의 용모.

선용(先用) 명하타 ①선셈으로 미리 꾸어 씀. ②남에 앞서서 먼저 씀.

선:용(善用) 명하타되자 알맞게 잘 씀. 올바르게 씀. ¶ 여가 선용. ↔악용(惡用).

선:용(選用) 명하타 여럿 가운데서 골라 씀.

선우(單于) 명 흉노족(匈奴族)이 그들의 군장(君長)을 일컫던 '샨위'의 한자음 표기.

선:우(善友) 명 착하고 어진 벗.

선:우(善遇) 명하타 ☞선대(善待).

선우-월(蟬羽月) 명 '음력 유월'을 달리 이르는 말.

선우후락(先憂後樂) 명 '자신보다 세상을 먼저 생각하는 지사(志士)의 마음씨'를 이르는 말. 〔'범중엄(范仲淹)'의 '악양루기(岳陽樓記)'에 나오는 말로, 근심되는 일은 남보다 앞서 근심하고 즐길 일은 남보다 나중에 즐긴다는 뜻에서 유래함.〕

선운(船運) 명하타 배로 실어 나름.

선운-산 명 광산에서, 광물을 파내는 구덩이의 왼편을 이르는 말. 참개원산·상원산.

선운산-가(禪雲山歌) 명 우리나라의 고대 가요. 백제 때, 한 여인이 싸움터에 나가 돌아오지 않는 남편을 기다리며 선운산에 올라가 지어 부른 노래. 〔가사는 전하지 않고, '고려사'의 '악지'에 그 설화 내용만이 전함.〕

선:-웃음 명 (우습지도 않은데) 꾸미어 웃는 거짓 웃음. ¶ 선웃음을 짓다.

선원(船員) 명 선박의 승무원. 뱃사람. 선인(船人).

선원(禪院) 명 좌선을 주로 하는 도량.

선원계보기략(璿源系譜記略) [-계-/-게-] 명 조선 왕실의 족보. 숙종 때 처음 펴낸 뒤, 임금이 즉위할 때마다 보간하였음.

선원-수첩(船員手帖) 명 선원(船員)의 신분을 증명하는 수첩.

선원-실(船員室) 명 배 안의, 선원(船員)들이 거처하는 방.

선원-주의(先願主義) [-의/-이] 명 둘 이상의 출원(出願)이 있을 때, 먼저 출원된 것을 우선적으로 다루는 주의. 〔특허권·광업권 따위.〕

선위(禪位) 명하자 (임금이) 다음 임금에게 왕위를 물려줌. 선양(禪讓).

선위-사(宣慰使) 명 왕조 때, 재해·병란 등이 있은 뒤 왕명으로 백성의 질고(疾苦)를 위문하던 임시 벼슬, 또는 그 벼슬아치.

선유(先儒) 명 선대의 유학자.

선유(宣諭) 명하타 지난날, 임금의 훈유(訓諭)를 널리 백성들에게 공포하던 일.

선유(船遊) 명하자 뱃놀이. 주유(舟遊)

선유(善柔) '선유하다'의 어근.

선유-락(船遊樂) 명 지난날, 나라 잔치 때 추던 춤의 한 가지. 무기(舞妓)가 채선(彩船)을 끌고 행선(行船)하는 시늉을 하며 추는 춤. 배따라기.

선유-사(宣諭使) 명 지난날, 나라에 병란이 있을 때 왕명을 받들어 백성들을 가르치고 타이르던 임시 벼슬.

선:유-하다(善柔-) 형여 ①아첨을 잘하고 성실성이 없다. ②마음이 여리고 약하다.

선율(旋律)명 높낮이와 리듬을 지닌 음의 흐름. 멜로디. ¶ 감미로운 선율이 흐르는 찻집.
선율(禪律)명 〔불교에서〕 ①선종(禪宗)과 율종(律宗). ②선종의 계율.
선음(先蔭)명 조상의 숨은 은덕.
선ː음(善飮)명하타 술을 좋아하거나 잘 마심.
선의(船醫)[서늬/서니]명 배 안에서 선원이나 승객 등의 진료 업무를 맡아보는 의사.
선ː의(善意)[서늬/서니]명 ①착한 마음. 좋은 뜻. ¶ 선의의 경쟁./선의만으로는 해결될 수 없다. ②남을 위하는 마음. 남을 좋게 보려는 마음. 호의(好意). ¶ 친구의 비판을 선의로 받아들이다. ③법률적으로, 어떤 사실을 모르고 하는 일. ¶ 선의의 피해자. ↔악의(惡意).
선의(鮮衣)[서늬/서니]명 산뜻하고 고운 옷.
선ː의^점유(善意占有)[서늬-/서니-]명 법률에서, 점유할 권리가 없는 사람이 권리가 있는 것으로 잘못 알고 하는 점유를 이르는 말.
선-이자(先利子)[-니-]명 ☞선변(先邊). ¶ 선이자를 떼다.
선익-지(蟬翼紙)[-찌]명 두께가 매미의 날개같이 매우 얇은 종이의 한 가지.
선인(仙人)명 ①☞신선(神仙). ②도(道)를 닦는 사람.
선인(先人)명 ①☞선친(先親). ②☞조상. 선조(先祖). ③전대(前代)의 사람. 옛날 사람. ¶ 선인들의 생활양식. ③↔후인(後人).
선인(船人)명 뱃사람. 선원(船員).
선ː인(善人)명 착한 사람. ↔악인(惡人).
선ː인(善因)명 불교에서, 선과(善果)를 가져오는 원인이 되는 선행을 이르는 말. ↔악인(惡因).
선ː인-선ː과(善因善果)명 불교에서, 착한 일을 하면 그로 말미암아 반드시 좋은 과보(果報)를 얻게 됨을 이르는 말. 복인복과(福因福果). ↔악인악과.
선인-장(仙人掌)명 선인장과의 다년초. 중남미의 열대·아열대에 퍼져 있는 다육경 식물(多肉莖植物)인데 관상용으로도 많이 재배함. 잎이 가시 모양으로 변하여 수분의 증발을 막음. 줄기는 육질이고 즙이 많으며, 여러 가지 빛깔의 꽃이 핌. 전 세계에 약 1700종이 알려져 있음. 백년초(百年草). 패왕수(霸王樹).
선인-죽(仙人粥)명 새박뿌리의 껍질을 벗기고 저며서 끓이다가 흰쌀을 넣고 쑨 죽.
선-일[-닐]명하자 서서 하는 일. ¶ 온종일 선일을 하였더니 허리가 아프다. ↔앉은일.
선일(先日)명 전날. 전일(前日).
선임(先任)명하타 어떤 직책이나 임무를 먼저 맡음, 또는 그 사람. ¶ 선임 연구원. ↔후임.
선임(船賃)명 뱃삯.
선ː임(選任)명하타되자 많은 사람 가운데서 선출하여 임명함. ¶ 새로 선임된 위원.
선임-권(先任權)[-꿘]명 고참자가 신참자보다 우대를 받을 권리.
선임-자(先任者)명 어떤 직책이나 직무를 먼저 맡아 하던 사람. ↔후임자.
선임-제(先任制)명 신참자보다 고참자를 우대하는 제도.
선입(先入)명하자 ①먼저 들어가거나 들어옴. ②《보통, 단독으로는 쓰이지 않고 뒤에 딴말이 붙어》 그런 것들이, 이미 머릿속에 자리잡고 있는 일.
선ː입(選入)명하타 가려 뽑아서 넣음.
선입-감(先入感)[-깜]명 ☞선입관.
선입-견(先入見)[-껸]명 ☞선입관.
선입-관(先入觀)[-꽌]명 어떤 일에 대하여, 이전부터 머릿속에 들어 있는 고정적인 관념이나 견해. 선입감. 선입견. 선입주견. ¶ 선입관에 사로잡히다./그의 그런 행동은 그릇된 선입관이 빚어낸 오해였다.
선입-주견(先入主見)[-쭈-]명 ☞선입관.
선자(仙子)명 ①☞신선. ②☞선녀. ③용모가 아름다운 여자를 이르는 말.
선자(先子)명 옛사람. 특히, 세상을 떠난 아버지나 스승.
선자(先慈)명 남에게, 죽은 자기의 어머니를 일컫는 말. 선비(先妣). ↔선친(先親).
선자(扇子)명 ①부채. ②〈선자추녀〉의 준말.
선ː자(選者)명 많은 작품 가운데서, 좋은 것을 골라 뽑는 일을 맡은 사람.
선자^개ː판(扇子蓋板)명 선자추녀의 서까래를 덮은 널빤지.
선자^고래(扇子-)명 편 부챗살 모양으로 놓은 방고래.
선-자귀[1]명 반 칸 퇴의 두 짝으로 된 분합문.
선-자귀[2]명 서서 나무를 깎게 된 큰 자귀.
선-자물쇠[-쐬/-쒜]명 미닫이 문짝에서만 쓰이는, 간단한 구조로 된 자물쇠. 〔배목에 비녀장을 꽂게 되어 있음.〕
선자^서까래(扇子-)명 편 부챗살 모양으로 배치한 서까래. 선자연.
선자-연(扇子椽)명 ☞선자 서까래.
선자-옥질(仙姿玉質)[-찔]명 기품이 있고 맵시가 고운 미인을 형용하여 이르는 말.
선자-지(扇子紙)명 부채 따위에 바르는 데 쓰이는 단단하고 질긴 흰 종이.
선자-추녀(扇子-)명 서까래를 편 부챗살 모양으로 댄 추녀. 준선자. ↔말굽추녀.
선ː-잠명 깊이 들지 못하거나 충분히 자지 못한 잠. 겉잠. 헛잠. ¶ 선잠을 깨다.
선잠(先蠶)명 인간에게 맨 처음 누에를 치는 법을 가르쳤다는 신. 서릉씨(西陵氏). 잠신(蠶神).
선장(先丈)명 〈선고장(先考丈)〉의 준말.
선장(船匠)명 배를 만드는 목수.
선장(船長)명 배에 탄 승무원의 우두머리로서, 항해를 지휘하고 선원을 감독하는 사람.
선장(船檣)명 배의 돛대.
선장(禪杖)명 ①승려의 지팡이. ②참선을 할 때, 졸음을 쫓기 위해서 쓰는, 대로 만든 지팡이.
선장-등(船檣燈)명 배가 가는 방향을 알리기 위하여 돛대에 다는 등.
선재(仙才)명 썩 뛰어난 재주.
선재(先在) '선재하다'의 어근.
선재(船材)명 배를 만드는 데 쓰이는 자재.
선재-하다(先在-)형여 이전부터 있다.
선저(船底)명 배의 밑바닥.
선적(先跡·先蹟)명 조상들의 사적(事跡).
선적(船積)명하타되자 배에 짐을 실음. ¶ 배가 선적을 마치고 출항하다.
선적(船籍)명 선박 원부(原簿)에 등록되어 있는 선박 소속지를 나타내는 적(籍). ¶ 파나마 선적을 가진 배.
선적-도(船積圖)[-또]명 배 안에 실은 모든 화물의 위치를 나타낸 도면.
선적-항(船積港)[-저캉]명 화물을 선적하는 항구.
선적-항(船籍港)[-저캉]명 배의 선적(船籍)이 있는 항구. 또는, 항해하지 않을 때에 배가 머무를 곳으로 예정한 항구.

선전(宣傳)명하자타되자 ①주의·주장이나 어떤 사물의 존재·효능 따위를 사람들에게 설명하고 이해와 공감을 얻기 위해 널리 알림. ¶ 신제품을 선전하다. ②과장하여 말을 퍼뜨림. ¶ 교묘한 선전에 속아 넘어가다.

선전(宣戰)명하자 다른 나라에 대하여 전쟁 개시를 선언함. ¶ 선전을 포고하다.

선전(旋轉)명하자타 빙빙 돌아서 굴러 감, 또는 굴러 가게 함.

선:전(善戰)명하자 실력 이상으로 잘 싸움. 최선을 다하여 잘 싸움. ¶ 선전 분투. /우리 팀은 강팀을 만나 기대 이상으로 선전하였으나 아깝게 패하고 말았다.

선전(縇廛·線廛)명 육주비전(六注比廛)의 하나. 비단을 팔던 가게.

선전-관(宣傳官)명 조선 시대에, 선전관청에 딸린 무관 벼슬.

선전-관청(宣傳官廳)명 조선 시대에, 형명(形名)·계라(啓螺)·시위(侍衛)·전령(傳令)·부신(符信)의 출납 등을 맡아보던 관아.

선전-문(宣傳文)명 선전하는 취지·내용 따위를 적은 글.

선전-전(宣傳戰)명 선전에 의한 경쟁. ¶ 판매를 위한 치열한 선전전을 전개하다.

선전-탑(宣傳塔)명 선전이나 계몽을 목적으로 일정 기간 동안 세우는 높은 건조물.

선전^포:고(宣戰布告)명 상대국에 대하여 전쟁 개시 의사를 선언하는 일.

선점(先占)명하타 ①남보다 앞서 차지함. ¶ 신제품 개발이 시장 선점보다 중요하다. ②〈선점 취득〉의 준말.

선:점(選點)[-쩜]명하타 측량을 하기 전에 현지에 미리 기점(基點)이 될 만한 곳을 고름.

선점^취:득(先占取得)명 ①민법상, 소유자가 없는 물건을 남보다 먼저 점유하는 일. ②국제법상, 어느 나라 영토에도 들어 있지 않은 땅을 딴 나라보다 먼저 점유하는 일. 준선점(先占).

선접(先接)명하타 과거(科擧) 때, 남보다 먼저 과장(科場)에 들어가서 좋은 자리를 잡던 일. ¶ 선접을 잡다.

선접-꾼(先接-)명 과거 때, 제일 먼저 선접(先接)한 사람.

선정(先正)명 옛날의 현철(賢哲). 옛 현인.

선:정(善政)명하자 바르고 좋은 정치. ¶ 선정을 베풀다. ↔악정(惡政).

선정(煽情)명하타 어떤 감정, 특히 욕정을 북돋아 일으킴.

선:정(選定)명하타되자 많은 것 중에서, 골라서 정함. 택정(擇定). ¶ 교재의 선정. /새로 선정된 임원.

선정(禪定)명 불교에서, 속정(俗情)을 끊고 마음을 가라앉혀 삼매경에 이르는 일. 정(定).

선:정-비(善政碑)명 선정을 베푼 관리의 덕을 기념하기 위하여 세운 비석.

선정-적(煽情的)관명 어떤 감정, 특히 욕정을 북돋아 일으키는 (것). ¶ 선정적 몸짓. /선정적인 장면.

선제(先制)명하타 다툼이나 겨루기 등에서 상대편보다 선손을 써서 자기편에 유리하게 함.

선제(先帝)명 〈선황제(先皇帝)〉의 준말.

선제(先除)명하타 먼저 뺌. 먼저 덜어 냄.

선제-공격(先制攻擊)명하타 상대편을 제압하기 위하여 먼저 손을 써서 공격하는 일. ¶ 선제공격으로 적의 기세를 꺾다.

선:제-후(選帝侯)명 중세 독일, 곧 신성 로마 제국의 제후 가운데 황제의 선거에 관여할 수 있었던 일곱 사람의 제후.

선조(仙鳥)명 ☞가릉빈가(迦陵頻伽).

선조(先祖)명 ①한집안의 시조. ②한집안의 조상. ②선인(先人).

선조(先朝)명 ①먼저 임금의 조정. 먼저 임금의 시대. ②이전의 왕조.

선조(線條)명 ☞필라멘트(filament).

선조-관(宣詔官)명 조선 시대에, 나라에 경사가 있을 경우에 조서(詔書)를 읽어서 이를 널리 알리던 임시 벼슬.

선조-총(旋條銃)명 지난날, '라이플(rifle)'을 이르던 말.

선족(跣足)명 맨발.

선:종(善終)명하자 가톨릭에서, 임종할 때 성사(聖事)를 받아 대죄(大罪)가 없는 상태에서 죽는 일을 이르는 말.

선종(腺腫)명 선상피(腺上皮) 세포가 증식하여 생기는 양성 종양. 〔주로, 위장이나 자궁의 점막에 많이 생김.〕

선:종(選種)명하자 (좋은 것으로) 씨앗을 고름.

선종(禪宗)명 불교의 한 종파. 참선을 통해 불도를 터득하려는 종파로서, 6세기 초에 달마 대사가 중국에 전함. 선가(禪家). 선도(禪道). 선문(禪門). 준선(禪). ↔교종(敎宗).

선종영가집-언해(禪宗永嘉集諺解)[-녕-]명 조선 시대에, 한글로 번역된 불서의 한 가지. 당(唐)나라 현각(玄覺)이 짓고, 송(宋)나라 행정(行靖)이 주를 달고 정원(淨源)이 수정한 '선종영가집'을 세조(世祖)가 구결(口訣)을 달고 혜각 존자(惠覺尊者)와 신미(信眉) 등이 번역하여 간행한 책.

선주(先主)명 ①선대의 군주. ②전번의 주인. 전주(前主). ↔후주(後主).

선주(船主)명 배의 임자.

선-주민(先住民)명 어떤 민족이나 종족이 그 땅을 차지하기 전에 그곳에서 살았던 흔적을 남긴 민족이나 종족.

선주-민족(先住民族)명 (지금 살고 있는 사람들보다) 먼저 그 고장에 살고 있던 민족.

선-주인(船主人)명 지난날, 배로 나르는 물건의 흥정을 붙이던 사람.

선주후나(先奏後拿)명 대한 제국 때, 먼저 임금에게 알린 다음 범인을 잡던 일. 범인이 칙임관일 때 체포하던 절차임. ↔선나후주(先拿後奏).

선-줄명 세로로 박혀 있는 광맥(鑛脈).

선지명 짐승을 잡아서 받은 피. 선지피.

선지(先志)명 선친의 뜻. 조상의 유지(遺志).

선지(先知)명 ①하타앞일을 미리 앎. ②하타남보다 먼저 도(道)를 깨침. ③〈선지자〉의 준말.

선지(宣旨)명하타 왕조 때, 어명(御命)을 널리 알리던 일, 또는 그 내용을 적은 글.

선지(宣紙)명 서화에 쓰이는 중국 종이.

선:-지식(善知識)명 불법을 설(說)하여 사람을 불도(佛道)로 들게 하는 덕이 높은 중. 지식(智識).

선지-자(先知者)명 ①세상일을 남보다 먼저 깨달아 아는 사람. 비선각자. ②지난날 '예언자'를 이르던 말. 준선지(先知).

선지증(船之證)[-쯩]명 지난날, 선박으로 화물을 운송할 때 발급하던 증서.

선지-피명 ①선지. ②갓 흘러나온 신선한 피. 선혈.

선지-후행설(先知後行說)명 주자학(朱子學)에서, 먼저 사리를 알고 난 뒤에 그 아는 바를 그대로 실행해야 한다고 주장하는 설. ↔지행합일설.

선진(先陣)명 싸움터에서, 본진(本陣) 앞에 진을 치거나 앞장서 나가는 군대.

선진(先進)명하자 ①어떤 분야에서, 나이나 지위·기량 등이 앞섬, 또는 그런 사람. 선배. ¶ 선진 인사. ②발전의 단계나 진보의 정도 등이 다른 것보다 앞서거나 앞서 있는 일. ¶ 선진 문명. ↔후진(後進).

선진-국(先進國)명 다른 나라의 경제 개발이나 문화 향상에 이바지할 수 있을 만큼 경제·문화 등이 앞선 나라. ↔후진국.

선-진배(先進排)명하타 〈선진배후수〉의 준말.

선진배-후수(先進排後受)명하타 먼저 물건을 바치고 뒤에 값을 받는 일. 준선진배.

선진^사회(先進社會)[-회/-훼]명 개인 소득이 높고 문화가 고도로 발달한 사회.

선ː집(選集)명 한 사람 또는 여러 사람의 작품 가운데, 어떤 기준을 두고 골라 뽑은 작품을 한데 모은 책. ¶ 현대 소설 선집.

선짓-국[-지꾹/-짇꾹]명 선지, 풋배추 데친 것 등을 뼈 곤 국물에 넣고 간을 하여 끓인 국.

선차(先次)명 지난번. 먼젓번.

선차(旋車)명 발로 돌리는 물레.

선착(先着)명 ①하자 남보다 먼저 도착함. ②하타〈선착수〉의 준말. ③하타〈선착편〉의 준말.

선-착수(先着手)[-쑤]명하타 어떤 일에 남보다 먼저 손을 대는 일. 준선착.

선착-순(先着順)[-쑨]명 먼저 와 닿는 순. ¶ 선착순으로 등록을 받다.

선착-장(船着場)[-짱]명 ☞나루.

선착-편(先着鞭)명하타 어떤 일에 남보다 먼저 착수하거나 자리를 잡는 일. 선참(先站). 준선착·선편.

선찰(禪刹)명 ☞선사(禪寺).

선참(先站)명 ①하타 ☞선착편. ②하자 남보다 먼저 길을 떠남.

선참-후계(先斬後啓)[-계/-게]명 왕조 때, 군율(軍律)을 어긴 사람을 먼저 처형한 다음 임금에게 아뢰던 일.

선창(先唱)명하타 ①맨 먼저 주창함. ②노래나 구호 따위를 맨 먼저 부르거나 외침. ¶ 교장의 선창으로 만세를 부르다.

선창(宣暢)명하타 드러내어 세상에 널리 폄.

선창(船倉)명 배의 짐을 싣는 칸.

선창(船窓)명 배의 창문.

선창(船廠)명 ☞조선소(造船所).

선창(船艙)명 ①물가에 다리처럼 만들어 배를 댈 수 있게 마련한 곳. 잔교(棧橋). 비부두. 준창(艙). ②☞배다리.

선창(癬瘡)명 한방에서, '버짐'을 이르는 말.

선채(先債)명 앞서 진 빚. ¶ 선채가 있음에도 불구하고 또 빚을 지다.

선채(先綵)명 혼례 전에, 신랑 집에서 신부 집으로 보내는 채단.

선ː채-마니(善採-)명 산삼을 잘 캐는 능숙한 심마니.

선ː책(善策)명 좋은 대책이나 계책.

선ː처(善處)명하타되자 어떤 문제를 잘 처리함. 적절히 조처함. ¶ 아무쪼록 선처를 바랍니다.

선척(先尺)명 지난날, 돈을 받기 전에 먼저 관아에 써 주는 영수증을 이르던 말.

선척(船隻)명 ☞배2.

선천(先天)명 어떤 성질이나 체질을, 태어날 때부터 몸에 지니고 있는 일. ↔후천.

선천-독(先天毒)명 본래부터 몸에 지니고 있는 병독(病毒).

선천-론(先天論)[-논]명 ☞선천설.

선천-병(先天病)[-뼝]명 태어날 때부터 가지고 있는 병.

선천^부족(先天不足)명 한방에서, 태어날 때부터 몸이 허약한 상태를 이르는 말.

선천-사(先天事)명 태어나기 전의 일. 옛일.

선천-설(先天說)명 모든 사람은 태어날 때부터 성질과 지식·능력 따위를 지니고 있다고 보는 학설. 선천론. 천부설.

선천-성(先天性)[-썽]명 태어날 때부터 가지고 있는 성질. 타고난 성질. ¶ 선천성 언어 장애.

선천성^기형(先天性畸形)[-썽-]명 태어날 때부터의 신체적인 기형. 〔배냇병신의 의학적 용어.〕

선천성^매독(先天性梅毒)[-썽-]명 태아가 모체 안에 있을 때 감염된 매독.

선천성^면ː역(先天性免疫)[-썽-]명 어떤 병원체에 대하여, 태어날 때부터 가지고 있는 면역. 자연 면역.

선천-적(先天的)관명 ①태어날 때부터 갖추고 있는 (것). ¶ 선천적 기질. /그는 선천적으로 약한 체질이다. /선천적으로 소질이 있다. ②☞아프리오리. ↔후천적.

선철(先哲)명 옛날의 현철(賢哲). 옛 현인. 선민. 선현. 전철(前哲). ¶ 선철의 가르침.

선철(銑鐵)명 무쇠.

선체(船體)명 ①배의 몸체. ¶ 가라앉은 선체를 끌어 올리다. ②실은 짐이나 부속품 따위를 제외한 선박 그 자체.

선초(扇貂)명 부채고리에 매어 늘어뜨린 장식. 선추(扇錘).

선추(扇錘)명 ☞선초.

선축(先蹴)명하자 축구 따위에서, 경기를 시작할 때 공을 먼저 차는 일.

선출(先出)명 만물.

선ː출(選出)명하타되자 여럿 가운데서 고르거나 뽑아냄. ¶ 새 임원을 선출하다.

선취(先取)명하타 남보다 먼저 차지함.

선취(船醉)명 뱃멀미.

선-취득(先取得)명하타 남보다 먼저 얻음.

선취-점(先取點)[-쩜]명 운동 경기 등에서, 상대편보다 먼저 딴 득점.

선취^특권(先取特權)[-꿘]명 법률에서, 채무자의 재산이나 권리를 다른 채권자보다 우선적으로 취득할 수 있는 권리.

선측(船側)명 ☞뱃전.

선ː치(善治)명하타 백성을 잘 다스림.

선친(先親)명 남에게, 돌아가신 자기의 아버지를 일컫는 말. 선고(先考). 선부(先父). 선인(先人). ↔선자(先慈).

선침(仙寢)명 임금의 무덤. 능(陵).

선칼도-방(-刀傍)명 한자 부수의 한 가지. '劍'·'到' 등에서의 '刂'의 이름.

선캄브리아-대(先cambria代)명 캄브리아기 이전의 지질 시대. 약 46억~5억 7000만 년 전으로, 시생대와 원생대로 나뉨.

선-키명 섰을 때의 키. ↔앉은키.

선탁(宣託)명하타 ☞신탁(神託).

선ː탄(選炭)명하자 파낸 원탄(原炭)에서 불량탄·불순물 따위를 가려내고 용도에 따라 탄질별(炭質別)로 나눔, 또는 그 작업.

선ː탄^공장(選炭工場)명 탄광이나 제철소 따위에 딸려 선탄 작업을 하는 공장.
선ː탄-장(選炭場)명 선탄 작업을 하는 곳.
선탈(蟬脫)명하자 〔매미가 허물을 벗는다는 뜻으로〕 속세의 일에서 초연히 벗어남. 낡은 인습이나 속박에서 벗어남.
선탑(禪榻)명 참선을 할 때 앉는 의자.
선태(鮮太)명 갓 잡은 싱싱한 명태.
선태(蘚苔)명 ☞이끼1.
선태-류(蘚苔類)명 '선태식물'을 통틀어 이르는 말.
선태-식물(蘚苔植物)[-싱-]명 포자식물의 한 가지. 그늘지고 습기 찬 곳에 살 자라고, 줄기·가지·잎의 구별이 없는 엽상체이며 헛뿌리로 양분을 취함. 고등 식물 중에서 가장 원시적인 식물임.
선ː택(選擇)명하타되자 둘 이상의 것에서 마음에 드는 것을 골라 뽑음. ¶ 직업 선택./달리 선택할 여지가 없다.
선ː택^과목(選擇科目)[-꽈-]명 필수 과목 이외에, 학생 스스로가 선택하여 이수할 수 있는 과목. ¶ 선택 과목으로 불어를 택하다. ↔필수 과목.
선ː택-권(選擇權)[-꿘]명 ①선택할 수 있는 권리. ②선택 채권에서, 여러 개의 변제물이나 변제 조건 가운데 그 하나를 채무자가 선택 결정할 수 있는 권리.
선ː택-도(選擇度)[-또]명 어떤 특별한 신호를 다른 신호와 구별해서 수신할 수 있는 수신 능력의 정도.
선ː택^배ː양법(選擇培養法)[-뻬-뻡]명 식물의 품종 개량법의 한 가지. 같은 종자의 식물 가운데 좋은 종자를 골라 배양함으로써 우수한 품종을 만들어 내는 법.
선ː택-형(選擇刑)[-태켱]명 법정형(法定刑)에 둘 이상의 것을 규정하고, 선고할 때 그중의 어느 것을 선택하도록 한 형.
선ː택-형(選擇型)[-태켱]명 학력이나 사상(事象)을 객관적으로 측정하기 위하여 제시되는 문항 형식의 한 가지. 하나의 물음에 대한 답안을 둘 이상 제시하고, 그 가운데서 정답을 고르게 하는 방식. 〔진위형·선다형·배합형 따위가 있음.〕
선탠(suntan)명 살갗을 햇볕에 알맞게 그을려서 고운 갈색으로 만드는 일.
선퇴(蟬退)[-퇴/-퉤]명 한방에서, 매미의 허물을 약재로 이르는 말. 열병이나 소아 경련 따위를 다스리는 데에 쓰임.
선ː투(善投)명하자 (투수가) 공을 잘 던짐.
선-팔십(先八十)[-씹]명 ☞궁팔십(窮八十).
선패(宣牌)명 임금이 관원을 부를 때 쓰던 패.
선-팽창(線膨脹)명 온도가 높아짐에 따라 고체의 길이가 늘어나는 현상. 참체팽창(體膨脹).
선팽창^계ː수(線膨脹係數)[-계-/-게-]명 물체의 온도를 1℃ 올렸을 때의 그 길이의 늘어나는 비율. 참체팽창 계수.
선편(先鞭)명하타 〈선착편〉의 준말.
선편(船便)명 배편.
선ː평(選評)명하타 많은 작품 가운데서 좋은 것을 골라 비평함, 또는 그 비평.
선포(宣布)명하타되자 (공적으로) 세상에 널리 알림. ¶ 계엄령을 선포하다.
선폭(船幅)명 가장 넓은 데서 잰 배의 너비.
선표(船票)명 배를 타는 표. 배표.
선풍(仙風)명 선인과 같은 뛰어난 기질. 선인과 같은 풍모.
선풍(旋風)명 ①회오리바람. ②'돌발적으로 발생하여 사회에 큰 영향을 끼칠 만한 사건, 또는 그로 말미암아 일어난 어지러운 상태'를 비유하여 이르는 말. ¶ 사건 관련자들에 대한 대대적인 검거 선풍이 불다.
선풍(颱風)명 온대나 아한대에 발생하는, 이동성 저기압에 따라 일어나는 회오리바람.
선풍-기(扇風機)명 작은 전동기의 축에 몇 개의 날개를 달아 그 회전으로 바람을 일으키게 하는 기계 장치.
선풍-도골(仙風道骨)명 〔선인의 풍모와 도사의 골격이란 뜻으로〕 남달리 뛰어나고 고아한 풍채를 이르는 말.
선풍-적(旋風的)관명 돌발적으로 발생하여, 사회에 큰 영향을 끼치거나 관심의 대상이 될 만한 (것). ¶ 선풍적인 인기.
선하(先下)명하타 ☞선급(先給).
선하(船荷)명 뱃짐.
선-하다1형여 〈서낙하다〉의 준말.
선ː-하다2형여 잊혀지지 않고 눈앞에 똑똑히 보이는 듯하다. ¶ 그의 모습이 눈에 선하다. 선-히부.
선ː-하다(善-)형여 착하다. 어질다. ¶ 선한 얼굴./선하게 살다. ↔악하다.
선하심후하심(先何心後何心)명 〔먼저는 무슨 마음이고 나중에는 또 무슨 마음이냐는 뜻으로〕 이랬다저랬다 하는 변덕스러운 마음을 탓할 때 이르는 말.
선하-주(船荷主)명 배에 실은 짐의 주인.
선하^증권(船荷證券)[-꿘]명 ☞선화 증권.
선ː-하품명 몸에 이상이 있을 때나 재미없는 일을 할 때에 나는 하품.
선학(仙鶴)명 '두루미2'를 아름답게 이르는 말.
선학(先學)명 그 사람보다 먼저 그 학문을 연구한 사람. 학문상의 선배. ↔후학(後學).
선학(禪學)명 선종(禪宗)의 교의(敎義)를 연구하는 학문.
선학-원(禪學院)명 선학(禪學)을 연구하기 위하여 세운 학원.
선한(先限)명 장기 청산 거래(淸算去來)의 한 가지. 매매 계약에서 상품 인수까지의 기간이 가장 긴 거래, 또는 그 상품. ↔당한(當限).
선행(先行)명 ①하자 남보다 먼저 감. 앞서 감. ¶ 시대에 선행하다. ②하타되자 딴 일보다 먼저 함, 또는 그런 행위. ¶ 무엇보다도 질서 확립이 선행되어야 한다.
선행(旋行)명하자 돌아서 감. 돌면서 감.
선ː행(善行)명 착한 행동. 선량한 행실. ¶ 선행을 표창하다. /선행을 베풀다. ↔악행(惡行).
선행^조건(先行條件)[-껀]명 ①선행해야 할 조건. ②법률에서, 권리 이전이 생기기 전에 일어난 조건을 이르는 말.
선향(仙鄕)명 ☞선경(仙境).
선향(先鄕)명 ☞관향(貫鄕).
선향(線香)명 향료의 가루를 송진 따위로 개어 가늘고 길게 굳혀 만든 향.
선험-론(先驗論)[-논]명 ☞선험주의.
선험-적(先驗的)관명 경험에 앞서는 (것). 대상에 관계없이 대상을 인식하는 선천적인 가능성을 밝히려는 태도에 관한 (것). 초월론적(超越論的).
선험적 관념론(先驗的觀念論)[-꽌-논] 칸트 철학에서, 인식은 경험에서 생기는 것이 아니고 선천적인 직관 및 사고에 따라 이루어진다는 이론.

선험-주의(先驗主義) [-의/-이] 명 선험적인 것의 존재를 주장하여, 그것을 철학의 원리로 삼는 주의. 〔칸트의 선험적 관념론, 에머슨의 초월주의 따위.〕 선험론.

선험^철학(先驗哲學) 명 ☞비판 철학.

선-헤엄 명 곧추서서 치는 헤엄. ↔앉은헤엄.

선현(先賢) 명 ☞선철(先哲).

선현(船舷) 명 뱃전. ¶ 선현에 부딪치는 파도.

선혈(鮮血) 명 갓 흘러나온 붉은 피. 신선한 피. 선지피. ¶ 선혈이 낭자한 사고 현장.

선형(扇形) 명 ①부채와 같은 모양. ②'부채꼴'의 구용어.

선형(船形) 명 배의 모양.

선형(船型) 명 배의 겉모양을 나타낸 모형.

선형(線形) 명 선처럼 가늘고 길게 생긴 모양. 선상(線狀).

선형-동물(線形動物) 명 후생동물의 한 문. 몸은 길고 가는 선 모양이며 마디가 없음. 혈관·호흡기가 없고 암수딴몸인데, 다른 동물에 기생하는 것이 많음. 〔회충·요충·편충·십이지장충 따위.〕

선ː-형용(善形容) 명 하타 그럴싸하게 시늉이나 형용을 잘함.

선혜-당상(宣惠堂上) [-혜-/-헤-] 명 조선 시대에, 선혜청의 제조(提調)를 일컫던 말. 준 혜당(惠堂).

선혜-청(宣惠廳) [-혜-/-헤-] 명 조선 시대에, 대동미·포(布)·전(錢)의 출납을 맡아보던 관아.

선호(船號) 명 배의 이름.

선ː호(選好) 명 하타 되자 여러 가지 중에서 특별히 가려서 좋아함. ¶ 남아 선호 사상.

선ː호-도(選好度) 명 여러 가지 중에서 특별히 가려서 좋아하는 정도. ¶ 정당 선호도를 조사하다.

선혹(煽惑) 명 하타 사람을 선동하여 현혹되게 함. 부추기어 홀리게 함.

선-홍색(鮮紅色) 명 산뜻하고 밝은 다홍색. 짙은 붉은빛.

선홍치(鮮紅-) 명 선홍칫과의 바닷물고기. 몸은 가늘고 길며, 옆으로 납작함. 몸빛은 선홍색이나 옆구리와 배 부분은 은백색임. 몸길이 60 cm 이상. 난해성(暖海性)이며, 우리나라 동남 해안에서 남태평양까지 널리 분포함.

선화(仙化) 명 하자 〔신선으로 화하였다는 뜻으로〕 늙어서 병이나 고통 없이 곱게 죽음.

선화(旋花) 명 ☞메[3].

선화(船貨) 명 배에 실은 화물. 뱃짐.

선ː화(善化) 명 하자 사람을 깨우치고 이끌어 착하게 되도록 함.

선ː화(善畫) 명 조선 시대에, 도화서(圖畫署)에 딸렸던 종육품 잡직(雜職).

선화(線畫) 명 색을 칠하지 않고 선으로만 그린 그림.

선화-당(宣化堂) 명 조선 시대에, 각 도의 관찰사가 집무하던 곳. 참 당헌(棠軒).

선화^증권(船貨證券) [-꿘] 명 해상 운송에서 선적 화물의 인도 청구권이 표시된 유가 증권. 운송인이 발행하는데, 화물을 받아 실었음을 증명하고 운송 뒤에 증권 소유자에게 넘겨주기로 약속한 증권임. 선하 증권.

선화-지(仙花紙) 명 ①닥나무 껍질로 만든, 질기며 빛이 누르스름한 종이. ②일제 강점기에, 헌 종이나 폐지를 재생해서 만든 질이 낮은 종이. 봉지를 만들거나 물건을 쌀 때 포장지로 많이 쓰였음.

선화^철판(線畫凸版) 명 문자나 선화 따위를 사진 제판한 아연 철판.

선화후과(先花後果) 명 〔먼저 꽃이 피고 뒤에 열매를 맺는다는 뜻으로〕 '먼저 딸을 낳고 뒤에 아들을 낳음'을 이르는 말.

선환(旋環) 명 하자 원을 그리며 돎.

선황(先皇) 명 〈선황제〉의 준말.

선-황제(先皇帝) 명 선대의 황제. 준 선제·선황.

선회(旋回) [-회/-훼] 명 하자타 되자 ①원을 그리며 돎. ②항공기가 곡선을 그리듯 진로를 바꿈. ¶ 선회 비행. ③노선이나 방침 따위를 바꿈. ¶ 강경 대응으로 선회하다.

선회(禪會) [-회/-훼] 명 참선을 하기 위한 모임.

선회-계(旋回計) [-회계/-훼게] 명 비행기가 방향을 바꿔 돌 때에, 그 도는 속도를 나타내는 항공 계기.

선후(先後) 명 ①앞뒤. 먼저와 나중. 전후(前後). ¶ 선후가 뒤바뀌다. ②하타 앞서거니 뒤서거니 함. ¶ 약속 시간에 선후하여 도착하다.

선ː후(善後) 명 뒷날을 위해 잘 처리하는 일. 뒷갈망을 잘하는 일. ¶ 선후 조처.

선후-걸이(先後-) 명 말의 '가슴걸이와 후걸이'를 아울러 이르는 말.

선후-당착(先後撞着) 명 하자 앞뒤가 서로 맞지 아니하고 모순됨.

선후-도착(先後倒錯) 명 하자 일의 앞뒤 순서가 뒤바뀜. 먼저 할 일과 나중에 할 일이 서로 뒤바뀜.

선-후배(先後輩) 명 선배와 후배. ¶ 대학교 선후배 사이.

선ː후지책(善後之策) 명 뒷갈망을 잘하기 위한 방책. 선후책.

선후-차(先後次) 명 일의 앞뒤. 앞뒤의 차례.

선후-창(先後唱) 명 민요를 부르는 방식의 하나. 한 사람이 선창하면 한 사람, 혹은 여러 사람이 후렴 따위를 이어 부르는 방식.

선ː후-책(善後策) 명 선후지책. ¶ 사건의 선후책을 강구하다.

선-후천(先後天) 명 선천과 후천.

선ː후-평(選後評) 명 문예 작품 등을 고르고 나서 그 경과와 함께 작품에 대해서 하는 선자(選者)의 비평.

선후-획(先後畫) [-획/-훽] 명 글씨를 쓸 때, 획을 긋는 앞뒤의 순서. 〔'왼쪽에서 오른쪽으로, 위에서 아래로, 둘레에서 속으로'와 같은 기본 순서.〕

선훈(船暈) 명 뱃멀미.

선ᄒᆞ다 형 〈옛〉 서낙하다. 그악하다. ¶ 잡ᄉᆞ와 두어리마ᄂᆞᄂᆞᆫ 선ᄒᆞ면 아니올셰라(樂詞.가시리).

설ː-달[-딸] 명 음력으로 한 해의 마지막 달. 음력 십이월. 극월(極月). ¶ 섣달 그믐날.

섣달이 둘〔열아홉〕이라도 시원치 않다 속담 아무리 시일을 연기하여도 일을 성취시키거나 일이 이루어질 가망이 없다는 말.

섣ː달그믐[-딸-] 명 음력으로 한 해의 마지막 날. 제일(除日).

섣ː달-받이[-딸바지] 명 음력 섣달 초순께에 함경도 앞바다로 몰려드는 명태의 떼, 또는 그때에 잡힌 명태.

섣ː-부르다[-뿌-] [~부르니·~불러] 형르 솜씨가 설고 어설프다. ¶ 매사에 섣부른 사람.

섣ː불리[-뿔-] 부 섣부르게. 어설프게. ¶ 섣불리 다루다가는 큰일 난다.

설ː 명 ①새해의 첫날, 또는 그날을 명절로 이르는 말. 원단(元旦). ¶ 설을 쇠다. ②새해의 첫머리. 연수(年首). 연시(年始).

설 명 〈옛〉 살[4]. ¶ 닐굽 설 머거(月釋8:101). /나히 다ᄉᆞᆺ 서레(內訓2:60).

설(說) 명 ①견해(見解). 주장. ¶ 그의 설을 좇다. /서로 설을 달리하다. ②학설. ¶ 뉴턴의 설. ③소문. 풍설. ¶ 중대 발표가 있으리라는 설이 나돌다. ④한문(漢文) 문체의 한 가지. 사물의 이치를 해설하고 그에 대한 자기 의견을 서술한 문체.

설- 접두 《동사나 동사에서 전성된 명사 앞에 붙어》 '불충분함'을 나타냄. ¶ 설구이. /설삶다. /설익다. /설죽다.

-설(說) 접미 《일부 명사 뒤에 붙어》 '견해'·'학설'·'풍설' 따위의 뜻을 나타냄. ¶ 진화설. /지동설.

설가(挈家) 명 하자 온 가족을 이끌고 가거나 옴. 설권(挈眷). 솔가(率家).

설-가다 형 광맥이 탐탁하지 못하고 금(金)의 함유량도 적다.

설강-증(舌強症) [-쯩] 명 혀가 굳어서 말을 잘 못하게 되는 병.

설객(說客) 명 '세객(說客)'의 잘못.

설거지 명 ①하타 음식을 먹고 난 뒤의 그릇 따위를 씻어서 치우는 일. ¶ 저녁 설거지를 하다. ②하타 여기저기 널려 있는 물건 등을 거두어 치우는 일. ¶ 마당 설거지. ③〈비설거지〉의 준말.

설거지-물 명 설거지할 때 쓰는 물. 개숫물.

설거지-통(-桶) 명 설거지물을 담는 통. 개수통.

설겅-거리다 자 자꾸 설겅설겅하다. 설겅대다. ¶ 설겅거리는 팥밥. 작 살강거리다. 센 썰겅거리다. 거 설컹거리다.

설겅-대다 자 설겅거리다.

설겅-설겅 부 하자 설익은 밤이나 콩 따위가 씹힐 때 나는 소리, 또는 그러한 느낌이 드는 모양. ¶ 설익은 콩밥이 설겅설겅하다. 작 살강살강. 센 썰겅썰겅. 거 설컹설컹.

설겆-이 명 '설거지'의 잘못.

설견(屑繭) 명 부스러기 고치.

설경(舌耕) 명 하자 ①글을 가르쳐 생계를 세우는 일. ②(강의나 강연·변호·보도 따위) 말을 하는 것으로 벌이를 삼는 일.

설경(雪徑) 명 눈이 쌓인 좁은 길. 눈길[2].

설경(雪景) 명 눈이 내리는 경치. 눈이 쌓인 경치. 설색(雪色). ¶ 달빛 아래 교교히 펼쳐진 설경.

설경(說經) 명 ①하자 불교에서, 경문(經文)을 해설하는 일. ②조선 시대에, 경연청(經筵廳)에서 경서(經書)를 설명하던 정팔품 벼슬.

설계(雪溪) [-계/-게] 명 눈이 쌓인 골짜기. 눈이 녹을 때가 되어도 녹지 않고 남아 있는 골짜기.

설계(說戒) [-계/-게] 명 하타 불교에서, 승려들이 보름마다 대중을 모아 놓고 계율을 들려주며, 지난 보름 동안을 반성하게 하여 죄지은 이로 하여금 참회하게 하는 일.

설계(設計) [-계/-게] 명 하타 되자 ①공사나 공작 등에서, 공사비·재료·구조 따위의 계획을 세워 도면 같은 데에 구체적으로 명시하는 일. ¶ 설계대로 건물을 짓다. ②(앞으로 이루어야 할 일에 대해) 구체적인 계획을 세움. ¶ 생활 설계. /미래를 설계하다.

설계(設契) [-계/-게] 명 하자 계를 만듦. ↔파계(破契).

설계-도(設計圖) [-계-/-게-] 명 설계한 것을 그린 도면.

설계-사(設計士) [-계-/-게-] 명 설계를 전문으로 하는 기사. ¶ 건축 설계사.

설계-자(設計者) [-계-/-게-] 명 설계한 사람. 설계하는 사람.

설골(舌骨) 명 후두(喉頭)의 위쪽, 혀뿌리의 아래쪽에 있는 'V' 자 모양의 작은 뼈.

설광(雪光) 명 눈빛, 또는 눈처럼 흰 빛.

설교(說教) 명 하자타 ①종교상의 교리를 널리 설명함, 또는 그 설명. ②(남에게 무엇을 설득시키려고) 여러 말로 타일러 가르침, 또는 그 가르침. ¶ 감히 뉘 앞에서 설교하려 드느냐?

설-구이 명 하타 ①유약을 바르지 않고 낮은 열로 굽는 일, 또는 그렇게 구운 질그릇. ②자기(瓷器)를 만들 때, 마침구이를 하기 전에 슬쩍 구워서 굳히는 일. 애벌구이. 초벌구이.

설국(設局) 명 하자 ①약국(藥局)을 냄. ②노름판을 벌임.

설국(雪國) 명 ①눈이 많이 내리는 나라나 지방. ②온통 눈으로 하얗게 뒤덮인 세상.

설굴(雪窟) 명 눈이 쌓인 구덩이.

설궁(說窮) 명 하자 ☞설빈(說貧).

설권(舌卷) 명 혀가 말리어 펴지지 않는 병.

설권(挈眷) 명 하자 ☞설가(挈家).

설권-증권(設權證券) [-꿘-꿘] 명 증권의 작성에 의하여 비로소 그 증권상의 권리가 발생하는 유가 증권. 〔어음·수표 따위.〕

설근(舌根) 명 ①혀의 목에 가까운 부분. 혀뿌리. ②불교에서 이르는 육근(六根)의 하나. 미각 기관인 '혀'를 이르는 말.

설근(舌筋) 명 혀를 움직이는 근육.

설기[1] 명 〈백설기〉의 준말.

설기[2] 명 싸리채나 버들채 같은 것으로 결어서 만든 장방형의 상자. 〔아래위 두 짝으로 되어서 위짝으로 아래짝을 덮게 되어 있음.〕

설기(泄氣) 명 하자 휘발성 물질의 기운이 새어서 빠져나감.

설기(雪肌) 명 ☞설부(雪膚).

설기-떡 명 '백설기'의 방언.

설-깨다 자 잠이 아직 완전히 깨지 못하다. ¶ 새벽에 설깬 상태로 전화를 받아 기억이 나지 않는다.

설-꼭지 [-찌] 명 질그릇 따위의 넓죽한 꼭지.

설깃 [-낃] 명 소의 볼기짝에 붙은 고기. * 설깃이[-끼시]·설깃만[-낀-]

설ː-날 [-랄] 명 정월 초하룻날. 신원(新元). 원일(元日).

설-늙은이 [-르그니] 명 나이는 그리 많지 않으나 기질이 몹시 노쇠한 사람.

설니(雪泥) [-리] 명 ①눈과 진흙. ②눈으로 뒤범벅이 된 진땅.

설니-홍조(雪泥鴻爪) [-리-] 명 〔눈 위나 진흙 위의 기러기 발자국이 시간이 지나면 자취도 없이 사라지듯이〕 '인생의 자취가 덧없음'을 비유하여 이르는 말.

설ː다[1] [서니·설어] 자 ①덜 익다. ¶ 밥이 설다. ②잠이 넉넉하지 않거나 깊지 않다. ¶ 간밤에 잠이 설었는지 하루 종일 피곤하다.

설ː다[2] [서니·설어] 형 ①서투르다. ¶ 아직 손이 설다. ②익숙하지 못하다. 낯익지 못하여 서먹하거나 어색하다. ¶ 낯이 설다. /귀에 선 목소리.

설다[3] 형 '섧다'의 잘못.

설다 타 〈옛〉치우다. 설거지하다. ¶ 갸ᄉᆞ롤 몯 다 서러 잇는 ᄃᆞ시 ᄒᆞ얫더니(月釋23:74). /우리 잘 더 서러 보아지라(飜老上25).

설-다듬이 명 대강대강 다듬는 다듬이.

설-다루다 타 선불리 다루다. 서투르게 처리하다. ¶ 벌통을 설다루어 봉변을 당하다.

설단(舌端) [-딴] 명 혀끝. 설첨(舌尖).

설단-음(舌端音) [-따늠] 명 ☞혀끝소리.

설단-증(舌短症)[-딴쯩][명] 혀가 오그라들어 말을 못하게 되는 병. 음강증(陰強症).

설대[-때][명] 〈담배설대〉의 준말.

설-데치다[타] 조금 설게 데치다. ¶ 설데친 시금치.

설도(舌刀)[-또][명] 〔'칼날 같은 혀'라는 뜻으로〕 날카롭고 매서운 말.

설도(說道)[-또][명][하자] 사람이 지켜야 할 바른 도리를 설명함.

설두(舌頭)[-뚜][명] 혀끝.

설두(設頭)[-뚜][명][하타] (어떤 일에 다른 사람을 동참시키려고) 앞장을 서서 일을 주선함. ¶ 설두할 사람이 나서지 않는다.

설득(說得)[-뜩][명][하자.타][되자] 잘 설명하거나 타이르거나 해서 납득시킴. 설복. ¶ 경찰은 범인에게 자수하기를 설득했다.

설득-력(說得力)[-뜽녁][명] 남을 설득하는 힘. ¶ 김 과장의 주장이 더 설득력이 있어 보인다.

설득^요법(說得療法)[-뜽뇨뻡][명] 신경증 환자에 대하여, 환자의 이성에 호소해서 치료를 꾀하는 정신 요법.

설-듣다[-따][~들으니·~들어][타ㄷ] 제대로 듣지 못하다. 선불리 듣다. ¶ 설명을 설들었더니 기계를 어떻게 작동하는지 모르겠다.

설라믄[조] '설랑은'의 잘못.

설랑[조] 〔조사 '서'와 'ㄹ랑'이 합쳐서 이루어진 보조사.〕 '서는'·'에서는'의 뜻. ¶ 여기설랑 놀지 말고 저기서 놀아라.

설랑-은[조] '설랑'의 힘줌말.

설량(雪量)[명] 눈이 내린 양(量).

설렁[명] 처마 끝에 매달아 놓고 사람을 부를 때 흔들어 소리를 내는 방울. [본]현령(懸鈴).

설렁[부][하자] 바람이 가볍게 부는 모양. [작]살랑.

설렁-거리다[자타] 자꾸 설렁설렁하다. 설렁대다. [작]살랑거리다. [센]썰렁거리다.

설렁-대다[자타] 설렁거리다.

설렁-설렁¹[부] ①[하자]좀 설렁한 바람이 잇달아 가볍게 부는 모양. ②[하자.타]팔을 가볍게 저어 바람을 일으키며 걷는 모양. [작]살랑살랑. [센]썰렁썰렁.

설렁-설렁²[부] 무엇에 얽매이지 않고 가벼운 마음으로 일을 처리하거나 움직이는 모양. ¶ 박 씨는 매사를 설렁설렁 처리한다.

설렁설렁-하다[형여] 매우 설렁한 느낌이 들다. [작]살랑살랑하다. [센]썰렁썰렁하다.

설렁-줄[-쭐][명] 설렁이 울리도록 잡아당기게 되어 있는 줄.

설렁-탕(-湯)[명] 소의 머리·양지·사태·사골·무릎도가니·내장 따위를 푹 고아서 만든 국. 밥을 말고 소금·파·후춧가루 따위를 넣어서 먹음.

설렁-하다[형여] ①(서늘한 기운이 있어) 좀 추운 듯하다. ¶ 방 안이 설렁하다. ②갑자기 놀라 가슴속에 찬바람이 도는 것 같다. ③텅 빈 듯이 휑뎅그렁하다. ¶ 사무실이 설렁하다. [작]살랑하다. [센]썰렁하다.

설레[의] 설레는 행동. 설레는 바람. ¶ 어린아이들 설레에 넋이 다 나갔다.

설레기[명] 가벼운 낚싯봉을 달거나 아예 달지 않고, 낚시 채비가 물살을 따라 떠내려가게 해서 낚는 방법.

설레다[자] ①마음이 들떠서 가라앉지 않다. ¶ 수학 여행이 내일로 닥치니 가슴이 설렌다. ②가만히 있지 않고 자꾸만 움직이다. ¶ 아이들이 설레어 아무 일도 할 수가 없었다.

설레-발[명] 몹시 서두르며 부산하게 구는 행동. ¶ 설레발을 떨다.

설레발-치다[자] 몹시 서두르며 부산하게 굴다.

설레-설레[부][하타] (머리 따위를) 가볍게 가로흔드는 모양. ¶ 고개를 설레설레 젓다. [작]살래살래. [센]썰레썰레.

설레-이다[자] '설레다'의 잘못.

설령(雪嶺)[명] 눈 쌓인 산봉우리.

설령(設令)[부] 《뒤에 오는 '-다 하더라도' 따위와 함께 쓰이어》 그렇다 하더라도. 설사(設使). 설약(設若). 설혹(設或). 유혹(猶或). ¶ 설령 내가 거기 있었다 하더라도 별수 없었겠지.

설로(雪路)[명] 눈 덮인 길. 눈길². 설정(雪程).

설론(舌論)[명][하자] 말다툼.

설리-고(雪梨膏)[명] 새앙 끓인 물에 잘게 썬 배와 호두의 속살 및 붕사 가루를 넣어서 다시 끓인 다음에 꿀을 탄 원기 회복제. 술탈·감기 따위에도 씀.

설-립(-立)[명] 한자 부수의 한 가지. '端'·'童' 등에서의 '立'의 이름.

설립(設立)[명][하타][되자] (학교·회사 따위의 단체나 기관을) 새로 세움. ¶ 도서관을 설립하다.

설립^강ː제(設立強制)[-깡-][명] 일정한 자격을 갖춘 사람에 대하여, 법령으로 단체의 설립을 명령하는 일. 〔의사회·변호사회 등 공공 목적을 가진 단체가 이에 해당함.〕

설립^행위(設立行爲)[-리팽-][명] 사단 법인이나 재단 법인·회사 따위를 설립하기 위한 행위. 〔정관(定款)의 작성, 재산의 출연(出捐) 따위의 행위.〕

설마[부] 《되묻는 말과 함께 쓰이어》 '아무리 그러하기로'의 뜻을 나타내는 말. ¶ 설마 달아나기야 하겠나?

설마가 사람 죽인다〔**잡는다**〕[속담] '설마 그럴리야 없겠지.' 하는 믿음이나 방심의 결과로 크게 낭패를 본다는 말.

설마(雪馬)[명] 〈썰매〉의 본딧말.

설-마르다[~마르니·~말라][자르] 덜 마르다. ¶ 설마른 장작.

설만(褻慢) '설만하다'의 어근.

설만-하다(褻慢-)[형여] 행동이 거만하고 무례하다. **설만-히**[부].

설망(-網)[명] 견지낚시에서, 미끼를 담아 물 밑으로 내리는 그물 주머니.

설망-낚시(-網-)[-낙씨][명] 밑밥을 넣은 설망을 물 밑에 고정시켜 놓고 하는 견지낚시.

설-맞다[-맏따][타] ①총알 따위가 빗맞다. ¶ 설맞은 멧돼지처럼 날뛰다. ②매 따위를 덜 맞다.

설맹(雪盲)[명] 눈에서 반사되는 태양 광선 때문에 각막(角膜)이나 결막(結膜)에 일어나는 염증.

설멍-설멍[부] 설멍한 다리로 걷는 모양. ¶ 얼음판 위를 설멍설멍 걸어가다. [작]살망살망.

설멍-하다[형여] ①아랫도리가 가늘고 길어 어울리지 않다. ②옷이 몸에 어울리지 않게 짜름하다. ¶ 일 년 전에 산 윗도리가 벌써 설멍하다. [작]살망하다.

설면-자(雪綿子)[명] ☞풀솜.

설면-하다[형여] ①자주 못 만나 좀 설다. ②정답지 않다.

설명(說明)[명][하타][되자] 어떤 일의 내용이나 이유, 의의 따위를 알기 쉽게 밝혀서 말함. ¶ 당시 상황을 자세히 설명해 보아라. [비]해설.

설명-문(說明文)[명] 사물의 이치를 설명하여 읽는 이의 지식과 이성에 호소하는 글.

설명^문법(說明文法)[-뻡][명] 문법 현상의 발생이나 변화 따위를 비교·설명하는 문법. 성질상 역사 문법이나 비교 문법인 경우가 많음. ↔기술 문법(記述文法).

설명-서(說明書)명 사물의 내용·이유·사용법 등을 설명한 문서.

설명-형(說明形)명 용언 어미의 한 갈래. 문장에서 주어의 서술어 구실을 하면서 부연 설명하는 말을 뒤따르게 하는 형식. 〔'아기가 자는데 그 모습이 천사 같더라.'에서의 '-는데' 따위. 이 밖에 '-는(은)바·-으(되)·-(더)니·-(나)니' 등이 있음.〕

설문(設問)명하타 문제나 질문을 만들어 냄, 또는 그 문제나 질문. ¶ 설문 조사. /설문에 응하다.

설문-지(設問紙)명 (조사를 하거나 통계 자료 등을 얻기 위해) 어떤 사항에 대한 문제나 질문을 인쇄해 놓은 종이.

설믜명 〈옛〉 눈썰미. ¶ 설믜 모도와 有德ᄒᆞ신가ᄉᆞ매(樂範.動動).

설미(雪眉)명 ①흰 눈썹. ②눈썹이 하얗게 센 노인.

설미지근-하다형여 ①(충분히 익고 뜨거워야 할 음식 따위가) 설익고 미지근하다. ②무슨 일에 임하는 태도가 매우 소극적이다. **설미지근-히**부.

설ː-밑[-믿]명 ☞세밑. *설ː밑이[-미치]·설ː밑을[-미틀]·설ː밑만[-민-]

설백(雪白) '설백하다'의 어근.

설백-하다(雪白-)[-배카-]형여 눈처럼 희다.

설법(說法)[-뻡]명하타 불교의 이치를 가르침. ¶ 주지(住持)의 설법을 듣다.

설-보다타 잘못 보다. 건성으로 보다. ¶ 그때 설보아서 그런지 통 기억이 나지 않네요.

설복(說伏·說服)명하타되자 ☞설득.

설봉(舌鋒)명 '날카롭고 매서운 말'을 창 끝에 비유하여 이르는 말. ¶ 설봉을 휘두르다.

설봉(雪峯)명 눈이 덮인 산봉우리.

설부(雪膚)명 눈처럼 흰 살갗. 설기(雪肌).

설부-화용(雪膚花容)명 〔눈처럼 흰 살결과 꽃같이 예쁜 얼굴이라는 뜻으로〕 '아름다운 여인의 모습'을 이르는 말.

설분(雪憤)명하자 분풀이.

설분-신원(雪憤伸寃)명하자 ☞신원설치.

설비(設備)명하타되자 어떤 일을 하는 데 필요한 건물이나 장치·기물 따위를 갖추는 일, 또는 그런 물건. ¶ 전기 설비. /안전 설비를 갖추다.

설-비슴명 '설빔'의 방언.

설비^자금(設備資金)명 기업에서, 공장·기계·점포(店鋪)의 창설·확장·개량 등 고정적인 설비에 충당되는 자금.

설비^자본(設備資本)명 건물·기계 등 설비로서 보유되는 고정 자본.

설비^투자(設備投資)명 기업이 사업 활동에 필요한 설비를 증설하거나 신설하기 위한 투자.

설빈(說貧)명하자 구차스러운 살림의 형편을 남에게 이야기함. 설궁(說窮).

설ː-빔명하자 설에 새로 차려입고 신는 옷·모자·신 따위.

설사(泄瀉)[-싸]명하자 (배탈 따위로 누는) 묽은 똥, 또는 그런 똥을 눔. 사리(瀉痢). ¶ 설사가 나다.

설사(設使)[-싸]부 ☞설령(設令). ¶ 설사 그렇다손 치더라도 이번만은 허락할 수 없다.

설사-약(泄瀉藥)[-싸-]명 설사병을 다스리는 약. 설사를 멎게 하는 약. 지사제(止瀉劑).

설산(雪山)[-싼]명 ①눈이 쌓인 산. ②'히말라야의 산지'를 달리 이르는 말.

설산-대사(雪山大士)[-싼-]명 '석가(釋迦)'를 높이어 일컫는 말.

설산-동자(雪山童子)[-싼-]명 석가가 과거세에서 보살행을 닦을 때에 동자로 있으면서 설산에서 고행하던 때의 이름.

설산-성도(雪山成道)[-싼-]명 석가(釋迦)가 설산에서 수도하여 성도(成道)한 일.

설삶-기다[-삼-]자 《'설삶다'의 피동》 덜 삶아지다. ¶ 설삶긴 감자 맛.

설-삶다[-삼따]타 푹 익지 않도록 덜 삶다.

설삶은 말〔소〕 대가리속담 고집이 세며 말을 알아듣지 못하는 사람을 이르는 말.

설상(舌狀)[-쌍]명 혀의 모양. 혀처럼 생긴 모양.

설상(雪上)[-쌍]명 눈 위.

설상(楔狀)[-쌍]명 쐐기와 같은 모양.

설상-가상(雪上加霜)[-쌍-]명 〔눈 위에 또 서리가 덮인 격이라는 뜻으로〕 '어려운 일이 연거푸 일어남'을 비유하여 이르는 말. ¶ 아버지가 교통사고로 입원하시고 설상가상으로 어머니마저 몸져누우셨다.

설상-차(雪上車)[-쌍-]명 캐터필러 따위를 장비하여 눈 위나 얼음 위를 달릴 수 있도록 된 차.

설상-화(舌狀花)[-쌍-]명 설상 화관으로 된 꽃.

설상^화관(舌狀花冠)[-쌍-]명 아랫부분은 대통처럼 되고 윗부분은 혀처럼 편평하게 생긴 꽃부리. 〔민들레꽃 따위.〕

설색(雪色)[-쌕]명 ①눈빛. 흰색. ②☞설경(雪景). ¶ 설색이 눈부신 산야.

설선(雪線)[-썬]명 높은 산이나 극지(極地)에서, 일 년 내내 눈이 녹지 않고 남아 있는 곳과 그렇지 않은 곳과의 경계선. 항설선(恒雪線).

설설1부 ①그릇의 물이 천천히 고루 끓는 모양. ¶ 주전자의 물이 설설 끓기 시작하다. ②온돌방의 바닥 전체가 고루 뭉긋하게 뜨끈뜨끈한 모양. 《'~ 끓다'의 꼴로 쓰임》 ¶ 구들이 귀가 밝아 조금만 때어도 설설 끓는다. 작살살2.

설ː설2부 ①설레설레 흔드는 모양. ¶ 진절머리가 난다는 듯이 머리를 설설 흔들었다. ②좀 큰 벌레가 천천히 기는 모양. ¶ 송충이들이 설설 기어다니다. 작살살3.

설설 기다관용 (남 앞에서) 주눅이 든 태도를 보이거나 순종하다. ¶ 부장 앞에서는 설설 기고 말 한마디 못한다.

설성(舌聲)[-썽]명 ☞설음(舌音).

설수(雪水)[-쑤]명 눈이 녹은 물. 눈석임물.

설시(設始)[-씨]명하타 처음으로 시작함.

설-신경(舌神經)[-씬-]명 혀의 앞부분의 점막에 분포되어 있는, 미각(味覺)과 지각(知覺)을 맡은 신경.

설심주의(設心做意)[-씸-의/-씸-이]명하자 계획적으로 간사한 꾀를 꾸밈.

설안-형창(雪案螢窓)명 〔옛날 진(晉)나라 손강(孫康)이 눈빛으로 글을 읽고, 차윤(車胤)이 반딧불로 글을 읽었다는 고사에서〕 '어려운 가운데서 학문에 힘씀'을 이르는 말.

설암(舌癌)명 혀에 생기는 암. 〔보통 혀의 뒷부분 가장자리에 생김.〕

설야(雪夜)명 눈이 내리는 밤.

설야(雪野)명 눈이 덮인 들.

설약(設若)부 ☞설령(設令).

설엇다타 〈옛〉 서릊다. 설거지하다. ¶ 사발 뎝시 설어즈라(飜老上43).

설연(設宴)명하자 잔치를 베풂. 설연(設筵).

설연(設筵)명하자 ①(사람들이 모일) 자리를 마련함. ②☞설연(設宴).

설염(舌炎)명 혀의 염증. 〔혀의 끝이나 가장자리에 흰빛이나 회백색 반점이 생기고 몹시 아픔.〕

설영(設營)명하자 야영장(野營場)·진영(陣營), 기타 시설을 미리 설비하여 준비함.
설왕설래(說往說來)명하자 무슨 일의 시비를 따지느라고 말로 옥신각신함. 언거언래(言去言來). 언왕설래(言往說來).
설-외(-椳)[서뢰/서뤠]명 벽 속에 세로로 세워서 얽은 외. ↔누울외.
설욕(雪辱)명하타 (승부 따위에 이김으로써) 전에 패배했던 부끄러움을 씻어 내고 명예를 되찾음. 설치(雪恥). ¶ 이번 경기에서는 지난번의 패배를 기어코 설욕하겠다. 비쾌설(快雪).
설욕-전(雪辱戰)[-쩐]명 설욕하기 위한 싸움. 분풀이를 위한 싸움. 복수전.
설ː움명 서럽게 느껴지는 마음. 서러움.
설워-하다자타여 ☞서러워하다.
설원(雪原)명 ①눈에 뒤덮여 있는 벌판. ②고산지대나 극지대에서 볼 수 있는, 눈이 녹지 않고 늘 쌓여 있는 곳.
설원(雪冤)명하타 원통함을 풂.
설월(雪月)명 ①눈과 달. ②눈 위에 달이 비치는 경치.
설유(說諭)명하타 말로써 타이름.
설-유두(舌乳頭)[-류-]명 혓바닥에 빽빽이 나 있는 자잘한 돌기.
설음(舌音)명 혀끝이 윗잇몸에 닿아 소리 나는 자음. 〔'ㄴ·ㄷ·ㄸ·ㅌ' 따위.〕 혓소리. 설성(舌聲).
설ː-음식(-飮食)명 설에 해 먹는 색다른 음식. 〔떡국·수정과·약식·유밀과 따위.〕
설의(雪意)[서릐/서리]명 눈이 내릴 듯한 기미.
설의-법(設疑法)[서릐뻡/서리뻡]명 수사법상 변화법의 한 가지. 누구나 다 아는 사실을 짐짓 의문 형식으로 제시하여 독자가 스스로 결론을 내리게 하는 표현 방법. 〔'자유 없이 살기를 원하십니까?' 하는 따위.〕
설이(雪異)명 때 아닌 눈. 전에 없이 많이 오는 눈. ¶ 설이 분분(紛紛)한 날.
설-익다[-릭따]자 ①충분히 익지 못하다. ¶ 설익은 고기. /설익은 과일. ↔농익다. ②어설프다.
설인(雪人)명 히말라야 산맥의 설선(雪線) 부근에 살고 있는 것으로 전해지는, 사람을 닮은 전설상의 짐승.
설-자리[-짜-]명 활을 쏠 때에 서는 자리.
설-잡다[-따]타 꽉 잡지 못하고 어설프게 잡다.
설-잡죄다[-쬐-/-쮀-]타 어설프게 잡죄다.
설-장구(←-杖鼓)명 일어서서 장구를 어깨에 걸어 메고 치는 장구.
설재(雪災)[-째]명 ☞설해(雪害).
설저(舌疽)[-쩌]명 혀에 생기는 부스럼.
설전(舌戰)[-쩐]명하자 말다툼. ¶ 설전을 벌이다. /설전이 오가다.
설전(雪田)[-쩐]명 눈밭.
설전(雪戰)[-쩐]명하자 ☞눈싸움2.
설전-음(舌顫音)[-쩌늠]명 혀끝을 굴리듯 하여 내는 소리. 〔'사람'·'구름'에서의 'ㄹ' 소리 따위.〕 굴림소리. 전설음(顫舌音).
설정(泄精)[-쩡]명하자 ☞몽설(夢泄).
설정(設定)[-쩡]명하타되자 ①새로 마련하여 정함. ¶ 목표를 설정하다. /문제를 설정하다. ②권리나 의무가 새로이 발생하게 함. ¶ 저당권을 설정하다.
설정(雪程)[-쩡]명 눈이 쌓인 길. 설로(雪路).
설제(雪堤)[-쩨]명 (눈이 많이 오는 고장에서, 눈사태로 말미암은 철로의 피해를 막기 위한 임시 조처로) 단단히 뭉친 눈덩이를 축대처럼 비탈에 쌓아 올린 것.
설제(設題)[-쩨]명하타 문제(文題)나 제목을 설정함, 또는 그 문제나 제목.
설종(舌腫)[-쫑]명 ☞중혀.
설주(-柱)[-쭈]명 〈문설주〉의 준말.
설죽(雪竹)[-쭉]명 ☞자죽(紫竹).
설-죽다[-따]자 덜 죽다. 아주 죽지 않다.
설중(雪中)[-쭝]명 눈이 내리는 속. 눈 속.
설중-매(雪中梅)[-쭝-]명 눈 속에 핀 매화.
설중-사우(雪中四友)[-쭝-]명 겨울에도 즐길 수 있는 네 가지 꽃. 곧, 옥매(玉梅)·다매(茶梅)·납매(臘梅)·수선(水仙).
설중-송백(雪中松柏)[-쭝-]명 〔눈 속에서도 푸른 송백이라는 뜻으로〕 '변하지 않는 굳은 절조'를 비유하여 이르는 말.
설증(泄症)[-쯩]명 설사하는 증세.
설진(舌診)[-찐]명 혀의 상태를 보아서 병을 진단하는 일.
설채(設彩)명하자되자 색을 칠함. 부채(賦彩).
설천(雪天)명 눈이 내리는 날.
설철(屑鐵)명 ①쇠 부스러기. ②☞헌쇠.
설첨(舌尖)명 혀끝. 설단(舌端).
설-취하다(-醉-)자여 덜 취하다.
설측-음(舌側音)명 혀끝을 윗잇몸에 댄 채 혀의 양쪽 트인 곳으로 소리 내거나, 그 혀를 떼면서 내는 소리. 〔'달'·'술'의 'ㄹ', 또는 '빨리'·'갈림'의 'ㄹㄹ' 소리 따위.〕 혀옆소리.
설치명 괴도라치의 새끼. 몸빛은 흼. 〔이를 말린 것이 '뱅어포'임.〕
설치(雪恥)명하타되자 ☞설욕(雪辱).
설치(設置)명하자 되자 ①기계나 설비 따위를 마련하여 둠. ¶ 철조망을 설치하다. ②어떤 기관을 마련함. ¶ 소비자 보호 센터를 설치하다.
설치(楔齒)명하자 염습(殮襲)하기에 앞서 입에 낟알을 물리려고 시체의 이를 벌리는 일.
설-치다[1]자 몹시 날뛰다. 급히 서둘러 마구 덤비다. ¶ 불량배들이 설치고 다니다.
설-치다[2]타 필요한 정도에 미치지 못하고 그만두다. ¶ 잠을 설치다.
설치-류(齧齒類)명 ☞쥐목.
설치^미ː술(設置美術)명 미술 작품을 주위 공간과 융합하게 설치하는 것, 또는 그렇게 완성시킨 미술.
설컹-거리다자 자꾸 설컹설컹하다. 설컹대다. 작살캉거리다. 센썰컹거리다. 여설겅거리다.
설컹-대다자 설컹거리다.
설컹-설컹부하자 설익은 밤이나 콩 따위가 씹히는 소리, 또는 그러한 느낌. 작살캉살캉. 센썰컹썰컹. 여설겅설겅.
설탕(*雪糖·*屑糖)명 수크로오스를 주성분으로 하는 감미료. 무색이며 물에 잘 녹음.
설태(舌苔)명 몸에 병이 났을 때, 혀의 표면에 생기는 이끼 모양의 물질. 〔특히, 위장병이나 몸에 열이 많이 날 때 생기기 쉬움.〕
설토(說吐)명하타 사실을 모두 털어놓고 말함. 실토(實吐). 토설(吐說).
설-통(-筒)명 〈설통발〉의 준말.
설-통발(-筒-)명 강이나 개울 속에 거꾸로 세워 놓은 통발. 상류에서 내려오는 물고기를 잡을 때 씀. 준설통.
설파(說破)명하타되자 ①사물의 내용을 밝혀 말함. ¶ 생명의 기원(起源)을 설파하다. ②상대편의 이론을 깨뜨려 뒤엎음. 논파(論破). ¶ 천동설을 설파하다.
설파-제(sulfa劑)명 ☞술파제.
설편(雪片)명 눈송이.

설폐(說弊)[-폐/-페]명하자 폐단에 대하여 말함.
설폐-구폐(說弊救弊)[-폐-폐/-페-페]명하자 무엇이 폐단인지를 밝혀 그것을 바로잡을 방법을 말함.
설-포장(設布帳)명 바깥에 치는, 베나 무명 따위로 만든 휘장.
설풍(雪風)명 ☞눈바람.
설피(雪皮)명 눈이 많이 내리는 고장에서, 눈이 깊은 곳을 다닐 때 신의 바닥에 대는, 칡이나 노 따위로 넓적하게 만든 물건.
설피다형 (짜거나 엮은 것이) 성기고 거칠다. ¶ 이 베는 너무 설피다. 작살피다2.
설피-창이명 거칠고 성기게 짠 피륙.
설핏[-핃]부하형 ①해의 밝은 빛이 약해진 모양. ②잠깐 나타나거나 떠오르는 모양. ¶ 두려운 생각이 설핏 머리를 스쳤다. ③풋잠이나 얕은 잠에 빠져 든 모양. ②③**설핏-설핏**부하형.
설핏-설핏[-핃썰핃]부하형 (피륙 따위가) 여기저기 설핏한 모양. 작살핏살핏.
설핏-하다[-피타-]형여 짜거나 엮은 것이 좀 성기고 거친 듯하다. 작살핏하다.
설-하다(說-)타여 상대편을 납득시키거나 이해시키기 위하여 도리를 밝히며 알아듣게 말하다. ¶ 교리를 설하다.
설하-선(舌下腺)명 ☞혀밑샘.
설하^신경(舌下神經)명 척추동물의 12쌍째의 뇌신경. 연수(延髓) 뒤로 나와 혀나 턱에 분포하여 그 운동을 지배함.
설한(雪恨)명하자 원한을 씻음. 한풀이를 함.
설한(雪寒)명 눈이 오거나 온 뒤의 추위.
설한-풍(雪寒風)명 눈과 함께 휘몰아치는 차고 매서운 바람. 눈바람.
설합(舌盒)명 '서랍'의 잘못.
설해(雪害)명 농작물·교통 기관·가옥 따위가, 많은 눈이나 눈사태 따위로 입는 재해. 설재(雪災). 설화(雪禍).
설형(楔形)명 쐐기와 같이, 한쪽 끝이 넓고, 다른 쪽 끝으로 갈수록 차차 좁아지고 있는 모양.
설형^문자(楔形文字)[-짜]명 기원전 3500~1000년에 바빌로니아, 아시리아, 고대 페르시아 등 서남아시아에서 쓰인 쐐기 모양의 글자.
설혹(設或)부 ☞설령(設令).
설화(舌禍)명 ①말의 내용이 법에 저촉되거나 사람들의 비난을 받거나 함으로써 입게 되는 화. ②남의 험담이나 중상(中傷) 따위로 입게 되는 불행한 일.
설화(屑話)명 자질구레한 이야기.
설화(雪花·雪華)명 ①'눈송이'를 꽃에 비유하여 이르는 말. ②나뭇가지에 쌓인 눈발.
설화(雪禍)명 ☞설해(雪害).
설화(說話)명 ①한 민족 사이에 전승되어 온 이야기를 통틀어 이르는 말. 신화·전설·민담으로 구분됨. ②이야기. 옛날이야기.
설화^문학(說話文學)명 설화를 소재로 한, 문학적인 내용이나 형태를 가지는 것. 서사적·전기적(傳奇的)·우화적(寓話的)·종교적·교훈적·서민적 요소를 가짐.
설화^석고(雪花石膏)[-꼬]명 석고의 한 가지. 희고 치밀하며 입자가 미세한 석고로, 보드랍고 찰기가 있음. 질이 좋은 것은 조각용으로 쓰임. 앨러배스터.
설화^소ː설(說話小說)명 설화를 소재로 한 소설.
설화-지(雪花紙)명 지난날, 강원도 평강 부근에서 나던 백지(白紙)의 한 가지.
섧명 〈옛〉설기. ¶ 섧 협:篋. 섧 ㅅ:笥(訓蒙中13). /楊公이 설글 뻐러내야(杜初16:21).
섧ː다[설따][설우니·설워]형ㅂ 원통하고 슬프다. 서럽다.
섬1 Ⅰ명 짚으로 엮어 만든 멱서리. 곡식 따위를 담는 데 쓰임.
Ⅱ의 곡식이나 액체의 용량을 나타내는 단위. 한 말의 열 곱절. 〔약 180리터임.〕 석(石). ¶ 벼 열 섬.
섬2명 ①돌로 쌓은 층계(계단). ②☞섬돌.
섬ː3명 둘레가 물로 둘러싸인 육지.
섬명 〈옛〉지대(址臺). ¶ 階砌ᄂᆞᆫ 서미라(月釋2:27).
섬(纖)수관 미(微)의 10분의 1, 사(沙)의 10배가 되는 수(의). 곧, 10^{-7}.
섬개(纖芥)명 검부러기.
섬-거적[-꺼-]명 섬을 엮거나, 또는 섬을 뜯어 낸 거적. 준거적.
섬게명 ☞성게.
섬경(纖莖)명 가늘고 약한 식물의 줄기.
섬-곡식(-穀食)[-꼭씩]명 한 섬쯤 되는 곡식.
섬광(閃光)명 순간적으로 번쩍 빛나는 빛. ¶ 섬광이 번쩍이다.
섬광^계ː수기(閃光計數器)[-계-/-게-]명 ☞신틸레이션 계수관.
섬광-등(閃光燈)명 밤에 등대에서 비치는 등댓불의 한 가지. 섬광을 짧게, 계속적으로 내비치어, 선박이나 항공기에게 육지의 존재, 위험한 장소 따위를 알림.
섬광^스펙트럼(閃光spectrum)명 개기 일식(皆既日蝕)의 시작과 끝날 무렵에 순간적으로 관측되는 스펙트럼.
섬광^신ː호(閃光信號)명 밤에 순간적으로 빛을 내비치어 하는 신호. 선박끼리 또는 선박과 육지 사이에 많이 이용됨.
섬광^전ː구(閃光電球)명 〈사진 섬광 전구〉의 준말.
섬교(纖巧) '섬교하다'의 어근.
섬교-하다(纖巧-)형여 섬세하고도 공교하다.
섬기다타 ①윗사람이나 어른을 모시어 받들다. ②남을 아끼다.
섬ː-나라명 섬으로 이루어진 나라. 도국(島國). 해국(海國).
섬-누룩명 품질이 낮은 누룩.
섬도(纖度)명 섬유나 실의 굵기의 정도.
섬도-지(閃刀紙)명 도련을 칠 때 귀가 접혀서 베어지지 않고 남은 종이.
섬-돌[-똘]명 오르내리게 된 돌층계. 댓돌. 보석(步石). 석계(石階). 석단(石段). 석제(石梯). 섬2. ¶ 섬돌 위에 놓인 고무신 한 켤레.
섬-떡명 ①한 섬이나 되는 쌀로 만든 떡. ②☞고수레떡.
섬뜩부하형 (무엇을 보거나 듣거나 하여) 갑자기 소름이 끼치도록 끔찍하고 무서운 느낌이 드는 모양. ¶ 등골이 섬뜩하다. **섬뜩-섬뜩**부하형.
섬라(暹羅)[-나]명 타이의 예전 이름인 '시암(Siam)'의 한자음 표기.
섬려(纖麗) '섬려하다'의 어근.
섬려-하다(纖麗-)[-녀-]형여 섬세하고 곱다.
섬록-암(閃綠岩)[-노감]명 사장석(斜長石)·각섬석(角閃石)·흑운모를 주성분으로 하는 심성암(深成岩). 빛이 검푸르며, 건축용 석재로 쓰임.
섬마-섬마감 어린아이에게 따로 서기를 가르칠 때, 일으켜 잡았던 손을 떼려 하면서 하는 말. 따로따로따따로.

섬망(譫妄)명 의학에서, 의식 장애 상태의 한 가지. 외계에 대한 의식이 엷어지고, 망상이나 착각이 일어나는 증세. ¶ 고열로 섬망 상태에 빠지다.
섬-멍구럭명 섬을 묶어서 친 얽이.
섬멸(殲滅)명하타 되자 남김없이 무찔러 없앰. ¶ 적을 섬멸하다.
섬멸-전(殲滅戰)[-쩐]명 적을 섬멸하는 전투.
섬모(纖毛)명 ①몹시 가는 털. ②생물체의 세포 표면에 있는 가는 털 모양의 돌기. 박테리아, 하등 동물, 하등 조류(下等藻類) 등에서 볼 수 있으며, 이것을 움직여 이동을 함. 물결털.
섬모^운ː동(纖毛運動)명 섬모충류가 가진 섬모에 의한 운동. 보트의 노 모양으로 끊임없이 움직여, 물속에서 몸을 이동시키거나 수류(水流)를 일으켜서 먹이를 끌어당기거나 하는 구실을 함.
섬모-충(纖毛蟲)명 원생동물의 한 가지. 물속이나 흙 속에 사는데, 몸 거죽에 운동 기관으로서 섬모를 가지며, 그것으로 몸을 이동시키거나 먹이를 끌어당기거나 함. 〔짚신벌레·종벌레 따위.〕
섬박(殲撲)명하타 때려 부숨.
섬-밥[-빱]명 쌀 한 섬으로 지은 밥.
섬벅부 크고 연한 물건이 쉽게 베어지는 모양. ¶ 수박을 칼로 섬벅 베다. 작삼박. 센섬뻑·썸벅·썸뻑. **섬벅-섬벅**부하자.
섬-벼명 섬에 넣은 벼.
섬복-지(纖匐枝)[-찌]명 아주 가늘게 뻗어 나간 가지.
섬부(贍富) '섬부하다'의 어근.
섬부-하다(贍富-)형여 (재산 따위가) 흡족하게 풍부하다. 섬족(贍足)하다.
섬뻑부 〈섬벅〉의 센말. 작삼빡.
섬ː-사람[-싸-]명 섬에 사는 사람. 도민(島民).
섬서-하다형여 서로 지내는 사이가 서먹하다. 작삼사하다.
섬서흐레명 〈옛〉지대의 층계. ¶ 섬서흐레:階級(譯語上*19*).
섬섬(閃閃)부하형 빛이 번쩍번쩍하는 모양.
섬섬(纖纖) '섬섬하다'의 어근.
섬섬-약골(纖纖弱骨)[-냑꼴]명 ☞섬섬약질.
섬섬-약질(纖纖弱質)[-냑찔]명 가냘프고 여린 체질. 섬섬약골.
섬섬-옥수(纖纖玉手)[-쑤]명 가냘프고 고운 여자의 손.
섬섬-하다(纖纖-)형여 여리고 가냘프다. **섬섬-히**부.
섬세(纖細) '섬세하다'의 어근.
섬세-하다(纖細-)형여 ①곱고 가늘다. ¶ 짜임새가 섬세하다. ②(감정이나 감각 따위가) 여리면서도 날카롭다. ¶ 섬세한 신경. ③(자질구레한 일에까지) 아주 찬찬하고 세밀하다. ¶ 심리 묘사가 섬세하다. **섬세-히**부.
섬소(纖疎) '섬소하다'의 어근.
섬소-하다(纖疎-)형여 (체격이나 물건의 구조 따위가) 어설프거나 약하다.
섬수(纖手)명 가냘픈 손.
섬썹다형ㅂ 〈옛〉①약하고 둔하다. ¶ 섬써온 사르미 양 곧더라(飜小*10:12*). ②싱겁다. ¶ 섬썹고 놀라올슨 秋天에 기러기로다(古時調).
섬아연-광(閃亞鉛鑛)명 '섬아연석'의 구용어.
섬아연-석(閃亞鉛石)명 등축 정계(等軸晶系)에 딸린 광물. 흔히, 황색·황갈색·갈색·녹갈색을 띠나 흰색도 더러 있음. 순수한 것은 67 %의 아연을 함유하는데, 투명 또는 반투명의 광물로 가장 주요한 아연 광석임.
섬약(纖弱) '섬약하다'의 어근.
섬약-하다(纖弱-)[서먀카-]형여 가늘고 약하다. 연연(軟娟)하다.
섬어(譫語)명하자 ①헛소리. ②잠꼬대.
섬ː-엄나무명 섬엄나뭇과의 상록 활엽 관목. 높이 3 m가량. 혁질(革質)의 잎은 타원형으로 광택(光澤)이 있음. 초여름에 백색에서 황색으로 변하는 다섯잎꽃이 가지 끝에 핌. 삭과(蒴果)는 12월에 익어 세 갈래로 갈라짐. 제주도와 일본 등지에 분포함.
섬여(蟾蜍)명 두꺼비.
섬연(纖姸) '섬연하다'의 어근.
섬연-하다(纖姸-)형여 날씬하고 아름답다.
섬영(閃影)명 번득이는 그림자.
섬운(纖雲)명 얇고 자잘하게 깔린 구름.
섬월(纖月)명 가느다란 달. 〔초승달이나 그믐달을 이르는 말.〕
섬유(纖維)명 ①가는 실 모양의 고분자 물질. ¶ 섬유 산업. ②동식물의 세포나 원형질(原形質)이 분화하여 된 가는 실 모양의 물질. ¶ 섬유 조직. /신경 섬유.
섬유(纖柔) '섬유하다'의 어근.
섬유^공업(纖維工業)명 천연 섬유나 화학 섬유를 가공(加工)하여 실이나 직물을 만드는 공업.
섬유-소(纖維素)명 식물성 섬유의 주된 성분을 이루는 흰 탄수화물. 셀룰로오스.
섬유^식물(纖維植物)[-싱-]명 ☞섬유 작물.
섬유^작물(纖維作物)[-장-]명 종이·실·천 따위의 원료인 섬유를 얻으려고 재배하는 식물. 〔목화·삼·닥나무·모시풀 따위.〕 섬유 식물.
섬유^제ː품(纖維製品)명 섬유를 원료로 하여 만든 제품. 〔보통은 의류 제품을 이름.〕
섬유^조직(纖維組織)명 섬유 세포로 된 생체 조직.
섬유-종(纖維腫)명 결합 조직 세포와 그 섬유로 된 양성의 종양. 피부나 비강(鼻腔) 등에 생김.
섬유-질(纖維質)명 섬유로써 이루어진 물질.
섬유-판(纖維板)명 목재 따위의 식물 섬유를 압축해서 만든 판재. 연질(軟質)과 경질(硬質)의 것이 있으며, 흡음성(吸音性)·단열성(斷熱性)이 있기 때문에 건축물의 내장(內裝) 따위에 쓰임.
섬유-하다(纖柔-)형여 가늘고 연약하다.
섬ː-잣나무[-잔-]명 소나뭇과의 상록 침엽 교목. 산지에 나며, 높이 30 m가량. 꽃은 6월경에 피고, 열매는 이듬해 9월경에 익는데, 잣나무의 열매보다 조금 작음. 울릉도에 분포하며, 관상용으로 심기도 함.
섬전(閃電)명 순간적으로 번쩍하는 번갯불, 또는 전기의 섬광.
섬조(纖條)명 ①금속 등의 가는 줄. ②☞필라멘트.
섬족(贍足) '섬족하다'의 어근.
섬족-하다(贍足-)[-조카-]형여 ☞섬부하다.
섬주(蟾注)명 두꺼비 모양으로 만든 연적.
섬-지기의 볍씨 한 섬의 모를 심을 만한 논의 넓이. 〔2000~3000평의 넓이.〕
섬진(纖塵)명 미세한 티끌.
섬질명하타 널빤지의 옆을 대패로 밀어내는 일.
섬-짝명 '허름한 섬거적'을 속되게 이르는 말.
섬쩍지근-하다[-찌-]형여 무섭고 꺼림칙한 느낌이 오랫동안 사라지지 않다. ¶ 그날 밤에 들은 이야기가 섬쩍지근하다. **섬쩍지근-히**부.

섬토(蟾兎)명 〔달 속에 금 두꺼비와 토끼가 있다는 전설에서〕 '달'을 달리 이르는 말.
섬-통명 곡식을 담은 섬의 부피.
섬호(纖毫)명 ①썩 가는 털. ②썩 작은 사물을 비유하여 이르는 말.
섬화(閃火)명 번쩍이는 불빛.
섬화^방:전(閃火放電)명 ☞불꽃 방전.
섭금-류(涉禽類)[-끔뉴]명 조류(鳥類)를 생활 형태상으로 분류한 한 갈래. 다리와 목·부리가 가늘고 길며 날개는 크고 강함. 주로 얕은 물가에서 걸어다니며 물고기나 곤충 따위를 잡아먹음. 〔두루미·백로·황새 따위.〕
섭동(攝動)[-똥]명 ①행성이나 소행성 따위의 운동이 케플러의 법칙에서 벗어나는 현상. ②역학계(力學系)에 있어서 주요한 힘의 작용으로 생기는 운동이, 다른 부차적인 힘의 영향으로 교란되는 일.
섭력(涉歷)[섬녁]명하타 갖가지 일을 두루 겪음.
섭렵(涉獵)[섬넙]명하타 ①널리 이곳저곳을 다니면서 찾음. ¶ 산야를 섭렵하다. ②책을 이것저것 널리 읽음. 박섭(博涉). ¶ 고대사(古代史)에 관한 문헌을 섭렵하다.
섭리(燮理)[섬니]명하타 음양을 고르게 다스림.
섭리(攝理)[섬니]명 ①하타㉠(병중에) 잘 조리함. ㉡일을 대신하여 처리함. ②기독교에서, 세상의 모든 것을 다스려 나가는 신의 의지 또는 은혜. ¶ 신의 섭리. ③자연계를 지배하고 있는 이법(理法). ¶ 자연의 섭리. ④☞승통(僧統). ③비천칙(天則).
섭백(鑷白)[-빽]명하타 센 머리털을 뽑아 버림.
섭복(懾服)[-뽁]명하자 두려워 복종함.
섭사(攝祀)[-싸]명하타 남을 대신하여 제사를 지냄.
섭-산적(-散炙)[-싼-]명 고기를 난도질하여 갖은 양념을 하고 반대기를 지어 구운 적.
섭-새기다[-쌔-]타 (글자나 그림이 두드러져 오르도록) 속이 뜨게 파내거나 뚫어지게 새기다.
섭-새김[-쌔-]명하타 조각에서, 글자나 그림이 두드러지도록 섭새기는 일. 참돋을새김·양각(陽刻).
섭새김-질[-쌔-]명하타 섭새김하는 일.
섭생(攝生)[-쌩]명하자 ☞양생(養生).
섭섭-하다[-써파-]형여 ①(잃거나 헤어지게 되어) 아깝고 서운하다. ¶ 정담도 못 나누고 섭섭하게 헤어지다. ②(남의 태도나 대접이) 흡족하지 않다. ¶ 네가 그런 말을 하다니 정말 섭섭하구나. **섭섭-히**부 ¶ 섭섭히 생각지 마라.
섭세(涉世)[-쎄]명하자 세상을 살아감.
섭-수(-數)[-쑤]명 볏짚·잎나무 따위의 수량.
섭수(涉水)[-쑤]명하자 물을 건넘. 비도하.
섭수(攝受)[-쑤]명하타 부처가 중생을 자비심으로 돌보고 보호함.
섭수-금(涉水禽)[-쑤-]명 섭금류(涉禽類)의 새. 섭수조(涉水鳥).
섭수-조(涉水鳥)[-쑤-]명 ☞섭수금.
섭심(攝心)[-씸]명하자 불교에서, 정신을 집중시켜 산란하지 않게 하는 일.
섭씨(攝氏)명 섭씨온도계의 눈금의 이름. 〔'C'를 기호로 함.〕 참화씨(華氏).
섭씨온도-계(攝氏溫度計)[-계/-게]명 물의 어는점을 0°C, 끓는점을 100°C로 한 온도계. 참화씨온도계.
섭양(攝養)명하자 ☞양생(養生).
섭-옥잠(鑷玉簪)[-짬]명 대가리를 뚫고 여러 가지 무늬를 새긴 옥비녀.
섭외(涉外)[서뵈/서붸]명하타 ①외부와 연락·교섭하는 일. ¶ 섭외 활동. /출연자를 섭외하다. ②어떤 법률 사항이 내외국에 관계·연락되는 일.
섭위(涉危)명하자 ☞섭험(涉險).
섭유(囁嚅)명하자 머뭇거리며 말을 못하고 입만 벌렸다 오므렸다 함.
섭유(顳顬)명 관자놀이.
섭유-골(顳顬骨)명 관자놀이를 이루고 있는 머리뼈의 옆쪽 좌우의 평평한 뼈.
섭유-근(顳顬筋)명 섭유골을 싸고 있는 부채 모양의 근육.
섭적[-쩍]부 ☞서부렁섭적.
섭정(攝政)[-쩡]명하자 임금이 직접 통치할 수 없는 때에 임금을 대신하여 정치함, 또는 그 사람. ¶ 어린 왕을 대신하여 대비가 섭정하다.
섭-조개[-쪼-]명 ☞털격판담치.
섭-죽(-粥)[-쭉]명 쌀과 섭조개를 넣고 쑨 죽.
섭중(攝衆)[-쭝]명하자 부처가 중생을 거두어 보호함.
섭-집게[-찝께]명 섭조개를 잡는 데 쓰는 집게.
섭취(攝取)명하타되자 ①(양분 따위를) 몸속에 빨아들임. ¶ 영양분을 골고루 섭취하다. ②(사물을) 자기 것으로 받아들임. ¶ 많은 지식을 섭취하다.
섭치명 여러 가지 중에서 변변하지 못한 것.
섭포(懾怖)명하타 두려워함.
섭-하다형여 '섭섭하다'의 잘못.
섭행(攝行)[서팽]명하타 ①(남의 일을) 대신 행함. ②(일을) 겸하여 행함.
섭험(涉險)[서펌]명하자 위험을 무릅씀. 섭위(涉危).
섭호-샘(攝護-)[서포-]명 ☞전립샘.
섭호-선(攝護腺)[서포-]명 ☞전립샘.
섭화(攝化)[서퐈]명하타 부처가 중생을 가르치어 인도함.
섭ᄒᆞ다타 〈옛〉섭새기다. ¶ ᄒᆞᆫ 됴ᄒᆞᆫ 고즐 섭ᄒᆞ고(飜朴上*16*).
섯근타 〈옛〉섞은. 〔'섥다'의 활용형〕 ¶ 道理롤 솔펴 섯근 것 업시 眞實ᄒᆞ야(月釋*2:60*). 참섥다.
섯긔다형 〈옛〉성기다. ¶ 므술롤히 섯긔니 누른 니퍼 디고(杜初*11:41*).
섯돌다자 〈옛〉섞여 돌다. 마구 돌다. 세차게 돌다. ¶ 銀ᄀᆞᄐᆞᆫ 무지게 玉ᄀᆞᄐᆞᆫ 龍의 초리 섯돌며 뿜는 소리(鄭澈.關東別曲).
섯듣다자 〈옛〉섞여서 떨어지다. ¶ 瓔珞과 옷과 곳비왜 섯듣더니(月釋*2:42*).
섯등[섣뜽]명 염전에서, 바닷물을 거르기 위해 땅바닥을 다지고, 가장자리를 넓고 길게 둘러막은 시루 같은 장치.
섯디ᄅᆞ다[섯딜어]자 〈옛〉섞갈리다. 마구 뒤섞이다. ¶ 섯딜어 어즈러우미 어느 時節에 훤ᄒᆞ며(楞解*3:116*).
섯-밑[선믿]명 소의 혀 밑에 붙은 살코기. 본혓밑. ＊섯밑이[선미치]·섯밑을[선미틀]·섯밑만[선민-]
섯버믈다자 〈옛〉섞여 엉키다. ¶ 하ᄂᆞᆳ香이 섯버므러 곧곧마다 봆비치 나더라(月釋*2:52*).
섯불다타 〈옛〉섞어 불다. 합주하다. ¶ 鼓角을 섯부니 海雲이 다 것ᄂᆞᆫ ᄃᆞᆺ(鄭澈.關東別曲).
섯자명 〈옛〉석자. ¶ 섯자:漏杓(訓蒙中*19*).
섥다자타 〈옛〉섞다. ¶ 道理롤 솔펴 섯근 것 업시 眞實ᄒᆞ야(月釋*2:60*). /고롬과 피왜 섯거(楞解*1:42*).
섰다[섣따]명 화투장을 한 패에 두 장씩 나누어 하는 노름의 한 가지.

성ː[1]명 불유쾌한 충동으로 왈칵 치미는 노여움. ¶ 성을 내다. 높역정.
성이 머리끝까지 나다관용 성이 극도에 이르도록 나다.
성ː[2]의 《주로 어미 '-ㄴ'·'-는'·'-ㄹ' 뒤에 '싶다'·'부르다'와 함께 쓰이어》 추측 및 가능성을 나타냄. ¶ 모레나 되어야 일이 끝날 성 싶다.
성ː(性)[1]명 (사람의) 천성. 본성. 성미.
성(에)〔성(이)〕 차다관용 마음에 흐뭇하다.
성ː(性)[2]명 불교에서, 사람이 본래부터 갖추고 있는 불변의 본질로서의 '법성(法性)'이나 '불성(佛性)'을 이르는 말.
성ː(性)[3]명 ①생물의 암수나 사람의 남녀의 구별. ②(사람의) 생식에 관한 본능이나 기능. ¶ 성에 관한 올바른 지식. ③인도·유럽 계통 언어에서, 명사나 대명사에 문법적으로 매기는 남성·여성·중성의 구별.
성ː(姓)명 한 줄기의 혈통끼리 가지는 칭호. 높성씨(姓氏)[1].
성을 갈겠다관용 다시는 하지 않겠다고 다짐을 하거나 단언(斷言)할 때에 맹세지거리로 하는 말. ¶ 사실이 아니면 내 성을 갈겠다.
성(星)명 〈성성(星星)〉의 준말.
성(省)명 ①〔옛날 중국에서 '궁중(宮中)'의 뜻으로 쓰인 말로〕 중앙 정부 또는 중앙 관서를 이르던 말. 〔중서성(中書省)을 이름.〕 ②중국의 지방 행정 구역 중 가장 큰 단위. ③일부 외국의 중앙 행정 기관.
성(城)명 (적의 공격을 막기 위해) 높이 쌓은 큰 담이나 구조물.
성ː(聖)관 가톨릭에서, 시성(諡聖)이 된 이의 이름 앞에 붙이는 말. ¶성 바오로. /성 베드로.
성-(聖)접두 종교적인 사물 앞에 붙어, '거룩한'의 뜻으로 쓰이는 말. ¶ 성금요일. /성삼위.
-성(成)접미 황금의 순도를 나타내는 말. 〔10성(成)이 순금임.〕
-성(性)접미 일부 명사 뒤에 붙어, 그러한 성질이나 경향임을 나타냄. ¶ 민족성. /필연성. /우수성.
성가(成家)명하자 ①따로 한 집을 이룸. ¶ 너도 이제 삼십이 넘었으니 성가할 나이가 되었구나. ②학문이나 기술이 뛰어나서 한 체계를 이룸. ③☞성취(成娶).
성ː가(聖架)명 가톨릭에서, '십자가'를 달리 이르는 말.
성ː가(聖家)명 가톨릭에서, 예수·마리아·요셉으로 이루어지는 집안을 이르는 말.
성ː가(聖歌)명 ①성스러운 노래. 성악(聖樂). ②기독교에서 부르는, 종교 가곡을 통틀어 이르는 말. 참복음 성가·찬송가.
성ː가(聖駕)명 '임금이 탄 수레'를 높이어 이르는 말.
성가(聲價)[-까]명 좋은 평판.
성ː가-대(聖歌隊)명 기독교에서, 예배나 미사 때 성가를 부르기 위하여 조직한 합창대. 찬양대.
성가시다형 (자꾸 들볶거나 번거롭게 굴어) 귀찮거나 괴롭다. ¶ 몸이 아프니 만사가 성가시다.
성ː-가정(聖家庭)명 가톨릭에서, 성모 마리아, 요셉, 예수로 이루어진 거룩한 가정을 이르는 말. 크리스트교적 가족의 모범으로 삼음.
성-가퀴(城-)명 (몸을 숨겨 적을 공격할 수 있도록 하기 위해) 성 위에 덧쌓은 낮은 담. 성첩(城堞). 여장(女牆).
성ː가-회(聖家會)[-회/-훼]명 가톨릭에서, 성가(聖家)를 본받는다는 뜻으로 세운 신자의 단체를 이르는 말.
성각(城閣)명 ☞성루(城樓).
성간^가스(星間gas)명 성간 물질의 대부분을 차지하는 기체.
성간^물질(星間物質)[-찔]명 별과 별 사이의 공간에 떠 있는 성간 가스·우주 먼지 따위의 극히 희박한 물질.
성ː감(性感)명 성기나 성감대를 자극할 때 느끼는 생리적 쾌감.
성ː감(聖鑑)명 임금이 분별하여 아는 일.
성감(誠感)명하타 (남을) 참된 마음으로 대하여 감동하게 함.
성ː감-대(性感帶)명 자극을 받으면 성적 흥분을 일으키는 몸의 부위.
성ː개(盛開)명하자 ①(꽃·열매 따위가) 한창 피거나 열림. ②(시장 따위가) 한창 성하게 열림.
성ː거(盛擧)명 ☞장거(壯擧).
성겁(成劫)명 불교에서 이르는 사겁(四劫)의 하나. 처음으로 세계가 열리고 생물이 생성한 20중겁(中劫)의 동안. 참사겁.
성ː게명 극피동물의 성게류에 딸린 동물을 통틀어 이르는 말. 몸은 둥글넓적한 공 모양으로 지름 6 cm가량. 몸빛은 자흑색으로 온몸에 가시가 돋아 있음. 입은 한가운데 있고 항문은 위에 있음. 일본·우리나라 연해에 분포함. 섬게.
성격(成格)명하자 격식을 이룸.
성ː격(性格)[-껵]명 ①각 개인이 가지고 있는 특유한 성질. 품성. ¶ 낙천적인 성격. ②사물이나 상태 그 자체의 성질. ¶ 이 사건의 성격은 뭔가 애매하다. ③심리학에서, 각 개인을 특징짓는 지속적이며 일관된 행동 양식.
성ː격-극(性格劇)[-껵끅]명 주인공의 성격이나 내면적인 특성에 따라 사건 전개가 필연적으로 이루어지는 연극, 또는 희곡.
성ː격^묘ː사(性格描寫)[-꼉-]명 (소설이나 희곡·영화 등에서) 등장인물의 독특한 성격을 그려 내는 일.
성ː격^배우(性格俳優)[-껵빼-]명 인물의 개성적인 성격을 능숙하게 표현하는 재능을 지닌 배우.
성ː격^이ː상(性格異常)[-껴기-]명 정신적 불안정 상태의 한 가지. 감정이나 의지의 통제력에 결함이 있는 사람, 또는 그 상태.
성ː-결(性-)[-껼]명 성품의 곱고 사나운 정도나 상태. 준결[2].
성ː결(聖潔)명하형 거룩하고 깨끗함.
성ː결-교(聖潔教)명 동양에서 정착된 개신교의 한 교파. 〔미국 감리 교회의 신자 카우만 등이 1901년에 '동양 선교회'를 설치함.〕
성ː결^교ː회(聖潔教會)[-회/-훼]명 성결교, 또는 그 교파의 교회.
성ː경(聖經)명 각 종교에서, 그 종교의 가르침의 중심이 되는 책. 〔기독교의 성서, 불교의 대장경, 유교의 사서오경, 회교의 코란 따위.〕 성서(聖書). 성전(聖典).
성경(誠敬)명 ①정성스러움과 공경스러움. ②하타정성을 다하여 공경함.
성경(聲境)명 육경(六境)의 하나. '귀로 들을 수 있는 대상'을 이르는 말.
성ː경-대(聖經臺)명 ☞독경대(讀經臺).
성경신(誠敬信)명 천도교의 수도 신조(修道信條)로서, '정성·공경·믿음'을 이르는 말.
성ː경-현전(聖經賢傳)명 성현이 지은 글이나 책. 〔성인의 글을 경(經), 현인의 글을 전(傳)이라 함.〕 준경전(經傳).
성ː계(姓系)[-계/-게]명 ①성씨(姓氏)와 그 계통. ②☞계도(系圖).

성:계-제도(姓階制度)[-계-/-게-]명 태어나면서부터 이미 정해지는 사회적 계급이나 신분 제도. 〔인도의 카스트 제도가 그 대표적인 예.〕
성:골(聖骨)명 신라 때, 골품(骨品)의 한 가지. 부모가 모두 왕족인 혈통, 또는 그 사람. 참진골(眞骨).
성공(成功)명하자 ①뜻을 이룸. ¶ 실패는 성공의 어머니. ↔실패. ②부(富)나 사회적 지위를 얻음. ¶ 성공하여 금의환향하다. ②비출세.
성:공(性空)명 불교에서, 모든 사물의 실성(實性)은 원래 공허하다고 하는 말.
성:공(聖功)명 거룩한 공적.
성:공(聖供)명 삼보의 공양물.
성공-리(成功裏)[-니]명 일이 성공적으로 잘 되는 가운데. 《주로, '성공리에'의 꼴로 쓰임.》 ¶ 연주회를 성공리에 마치다.
성공-적(成功的)관명 성공했다고 할 만한 (것). ¶ 월드컵 대회의 성공적 개최.
성:-공회(聖公會)[-회/-훼]명 영국 국교회의 전통과 조직을 같이하는 개신교의 한 교파.
성과(成果)[-꽈]명 이루어 내거나 이루어진 결과. ¶ 성과를 올리다.
성과-급(成果給)[-꽈-]명 일의 성과에 따라 지급하는 임금.
성곽(城郭·城廓)명 ①성, 또는 성의 둘레. ②내성(內城)과 외성(外城)을 아울러 이르는 말.
성곽^도시(城郭都市)[-또-]명 (외적을 막기 위하여) 사방을 성곽으로 둘러싼 도시.
성관(成冠)명하자 관례(冠禮)를 치름.
성:관(盛觀)명 성대한 구경거리.
성관(誠款)명 ☞성심(誠心).
성:-관세음(聖觀世音)명 모든 관음의 근본이 되는 관음. 준성관음.
성:-관음(聖觀音)명 〈성관세음〉의 준말.
성:관음-법(聖觀音法)[-뻡]명 성관음을 본존으로 하고 기도하는 법.
성광(成狂)명하자 미친 사람이 됨.
성광(星光)명 별빛.
성:광(聖光)명 가톨릭에서, 성체 강복 때에 성체를 받들어 모시는 기물(器物)을 이르는 말.
성:교(性交)명하자 남녀가 육체적으로 관계함. 교구(交媾). 교접(交接). 교합(交合). 구합(媾合). 방사(房事). 색사(色事). 행방(行房).
성:교(聖教)명 ①(책봉 때 내리던) 임금의 교명(教命). ②공맹(孔孟)의 가르침. ③가톨릭이나 불교에서, 자신들의 종교를 이르는 말.
성교(聲教)명 (임금이나 성인이) 덕으로 백성을 감화시키는 교육.
성:-교육(性教育)명 (청소년을 대상으로 하여) 성(性)에 관한 과학적인 지식을 올바르게 지도하기 위한 교육. 참순결 교육.
성:교^중절법(性交中絕法)[-뻡]명 피임법의 한 가지. 성교 때, 정액을 질 밖에 사정(射精)하는 일.
성:-교회(聖教會)[-회/-훼]명 '천주교회'를 달리 이르는 말.
성구(成句)[-꾸]명 ①하자글귀를 이룸. ②두 단어 또는 그 이상의 단어가 어우러져 나타내는 복합어. ③옛사람의 글이나 관습적으로 쓰이는 말 중에서 널리 알려져 있는 글귀. ¶ 고사(故事) 성구. 참관용구.
성:구(聖句)[-꾸]명 성서의 글귀.
성국(成局)명 체격이나 구조 따위가 알맞게 어울림.
성군(成群)명하자 떼를 짓거나 무리를 이룸.
성군(星群)명 ①같은 방향에서 늘 함께 보이는 별의 무리. ②같은 방향으로 공통적인 운동을 하는 항성의 무리.
성:군(聖君)명 덕으로 나라를 다스린, 어질고 훌륭한 임금. 성왕(聖王). 성제(聖帝). 성주(聖主).
성군-작당(成群作黨)[-땅]명하자 (여럿이 못된 짓을 하려고) 떼를 지어 모이어 패거리를 이룸, 또는 그러한 패거리.
성:궁(聖躬)명 임금의 몸. 성체(聖體).
성규(成規)명 성문화(成文化)한 규칙.
성균-관(成均館)명 조선 시대에, 유교의 교육을 맡아보던 최고의 국립 교육 기관. 참경학원(經學院)·태학(太學)·학궁.
성균관 개구리속담 '자나 깨나 글만 읽는 사람'을 놓으로 이르는 말.
성그레부하자 부드러운 태도로 소리 없이 눈웃음을 짓는 모양. 작상그레. 센썽그레.
성:극(聖劇)명 성경에 나오는 사실을 소재로 한 종교극.
성근(誠勤) '성근하다'의 어근.
성근-하다(誠勤-)형여 성실하고 부지런하다. **성근-히**부.
성글-거리다자 자꾸 성글성글하다. 성글대다. 작상글거리다. 센썽글거리다.
성글다[성그니·성글어]형 ☞성기다.
성글-대다자 성글거리다.
성글-벙글부하자 성글거리면서 벙글거리는 모양. 작상글방글. 센썽글뻥글.
성글-성글부하자 눈과 입을 귀엽게 움직이며 소리 없이 부드럽게 자꾸 웃는 모양. 작상글상글. 센썽글썽글.
성금명 말한 것이나 일한 것의 보람. ¶ 자네 말이 성금이 섰는지 일이 잘 풀렸네.
성금(誠金)명 정성으로 내는 돈. ¶ 성금을 내다.
성:-금요일(聖金曜日)명 가톨릭에서 이르는 '고난의 날'. 〔예수가 십자가에 못 박혀 죽은 금요일. 부활절의 이틀 전.〕
성급(性急) '성급하다'의 어근.
성:급-하다(性急-)[-그파-]형여 성질이 매우 급하다. ¶ 성급한 행동. **성급-히**부.
성긋[-귿]부하자 상냥한 표정으로 소리 없이 한 번 가볍게 눈웃음을 짓는 모양. 작상긋. 센성끗·썽긋·썽끗. **성긋-성긋**부하자. **성긋-이**부.
성긋-거리다[-귿꺼-]자 자꾸 성긋성긋하다. 성긋대다. 작상긋거리다.
성긋-대다[-귿때-]자 성긋거리다.
성긋-벙긋[-귿뻥귿]부하자 성긋거리면서 벙긋거리는 모양. 작상긋방긋. 센성끗벙끗·썽긋뻥긋·썽끗뻥끗.
성기(成器)명하자 ①그릇을 완전히 만듦, 또는 그 그릇. ②사람의 됨됨이나 재질이 제 몫을 하기에 이름.
성:기(性器)명 ①(주로 사람의 외부 생식기 중에서) 남자의 '음경'과 '고환', 여자의 '음문'을 두루 이르는 말. ②☞생식기.
성기(星期)명 ①'칠월 칠석'을 달리 이르는 말. ②〔견우와 직녀가 서로 만나는 날이라는 데서〕 '혼인날'을 이르는 말.
성:기(盛氣)명하자 왕성한 기운이 버쩍 오름, 또는 그 왕성한 기운.
성:기(盛期)명 한창때.
성기(聲氣)명 음성과 기색.
성기다형 ①공간적으로 사이가 뜨다. ¶ 성긴 머리카락을 빗어 넘기다. ②관계가 긴밀하지 못하고 버성기다. 성글다. 작상기다.

성기-상통 (聲氣相通) 명 하자 ①서로 소식이 통함. ②서로 마음이 통함.
성깃-성깃 [-긷썽긷] 부 하형 여러 군데가 모두 성깃한 모양. ¶ 성깃성깃한 머리털. 작 상깃상깃.
성깃-하다 [-기타-] 형 여 조금 성긴 듯하다. 작 상깃하다.
성:-깔 (性-) 명 날카롭고 매서운 성질을 부리는 태도나 버릇, 또는 그 성질. ¶ 성깔이 있다.
성:깔-머리 (性-) 명 〈성깔〉의 속된 말.
성끗 [-끋] 부 하자 〈성긋〉의 센말. 작 상끗. 여 성긋.
성끗-벙끗 [-끋뻥끋] 부 하자 〈성긋벙긋〉의 센말. 작 상끗방끗. 센 썽끗뻥끗.
성:-나다 자 ①성이 나다. 노여움이 일어나다. ¶ 성난 표정. ②(흥분하여) 거친 기운이 나다. ¶ 성난 파도. ③(잘못 건드려 종기가) 덧나다. ¶ 술을 마셨더니 코에 난 뾰루지가 성났다.
성남 (城南) 명 도성(都城)의 남쪽, 또는 그 지역.
성:낭 (聖囊) 명 (우리나라 가톨릭의 초기 교회에서) 미사나 봉성체(奉聖體) 때 성체를 넣던 주머니.
성내 (城內) 명 성의 안. 성안. ↔성외(城外).
성:-내다 자 ①성을 내다. 노여움을 드러내다. ②(흥분하여) 거친 기운을 내다.
성냥[1] 명 문지르면 불이 일어나는 약제를 작은 나뭇개비 끝에 묻힌 발화 제구의 한 가지.
성냥[2] 명 하타 쇠를 불에 불리어 재생하거나 연장을 만듦.
성냥-갑 (-匣) [-깝] 명 성냥개비를 담은 갑. 흔히 갑의 겉면 몇 군데에 적린(赤燐)·이산화망간·규사 따위의 마찰제를 발랐음.
성냥-개비 [-깨-] 명 성냥의 낱개비. 〔한쪽에 염소산칼륨·황화안티몬·황 따위의 발화 물질을 발랐음.〕
성냥-노리 명 대장장이가 외상으로 일해 준 품값을 선달에 농가로 다니며 거두던 일.
성냥-일 명 '대장일'의 잘못.
성:녀 (聖女) 명 가톨릭에서, 성인품(聖人品)에 오른 여성을 이르는 말.
성년 (成年) 명 사람으로서 지능이나 신체가 완전히 성숙한 나이. 대개 만 20세가 차는 나이를 이름. ↔미성년.
성:년 (盛年) 명 혈기 왕성한 한창때 나이, 또는 그 나이의 사람.
성:년 (聖年) 명 가톨릭에서, 성년 대사(聖年大赦)를 행하는 해. 〔1470년부터 25년마다 설정되고, 특별한 해에 설정되기도 함.〕
성:년^대:사 (聖年大赦) 명 성년을 기하여 교황(敎皇)이 전 세계의 가톨릭 신자에게 내리는 대사.
성년-식 (成年式) 명 ①왕이나 왕족이 성년에 이른 때에 베푸는 의식. ②미개 사회에서, 일정한 나이가 된 남녀에게 씨족이나 종교 단체 등의 성원으로서의 자격을 주기 위해 베푸는 의식. ③☞관례(冠禮).
성:노 (盛怒) 명 하자 몹시 화를 냄.
성:능 (性能) 명 기계 따위가 지닌 성질과 일을 해내는 능력. ¶ 성능이 뛰어나다.
성:능^곡선 (性能曲線) [-썬] 명 (기계의 출력·효율·에너지의 소비 등) 성능을 나타내는 곡선.
성단 (星團) 명 천구 상에 군데군데 모여 있는 항성의 집단.
성:단 (聖壇) 명 ①신을 모신 단. ②신성한 단.
성:단 (聖斷) 명 임금의 판단.
성:담-곡 (聖譚曲) 명 ☞오라토리오.
성당 (成黨) 명 하자 도당(徒黨)을 이룸.
성:당 (盛唐) 명 당(唐)나라의 문학사를 그 융성 단계로 보아, 초당(初唐)·성당·중당(中唐)·만당(晩唐)의 네 시기로 나눈, 그 둘째 시기.
성:당 (聖堂) 명 ①가톨릭의 교회당. ②공자(孔子)의 묘당(廟堂).
성대 명 성댓과의 바닷물고기. 몸길이는 40 cm 이상으로, 가늘고 길며 주둥이가 삐죽함. 몸빛은 등이 자회색 바탕으로 암적색 무늬가 많은데, 등지느러미에는 청색 반점이 뚜렷함. 식용함.
성대 (盛大) '성대하다'의 어근.
성:대 (聖代) 명 ☞성세(聖世).
성:대 (聖帶) 명 ☞천사옥대(天賜玉帶).
성대 (聲帶) 명 후두(喉頭)의 중앙에 있는, 소리를 내는 기관. 목청.
성대-모사 (聲帶模寫) 명 다른 사람의 목소리나 짐승의 울음 따위를 흉내 내는 일.
성:대-하다 (盛大-) 형 여 행사 따위의 규모가 아주 성하고 크다. 썩 크고 장하다. ¶ 장례를 성대하게 치르다. **성대-히** 부.
성덕 (成德) 명 하자 덕을 닦아 큰 인격을 이룸, 또는 그러한 사람.
성:덕 (盛德) 명 크고 높은 덕.
성:덕 (聖德) 명 ①성인(聖人)의 덕. ②임금의 덕. 건덕(乾德).
성덕-군자 (成德君子) [-꾼-] 명 덕이 높고 인격이 훌륭한 사람.
성도 (成道) 명 하자 ①도(道)를 닦아 진리를 터득함. ②불교에서, 도를 깨달아 부처가 됨을 뜻하는 말. ③석가모니가 음력 선달 초여드렛날 보리수 밑에서 부처가 된 일.
성:도 (性度) 명 성품과 도량.
성도 (星圖) 명 ☞항성도(恒星圖).
성:도 (聖徒) 명 ①가톨릭 신도 중 성자(聖者)의 자리에 오른 사람. ②개신교에서, '신도'를 높이어 일컫는 말.
성:도 (聖都) 명 종교적으로, 그 종교의 신도에게 존중의 대상이 되는 '거룩한 도시'. 영도(靈都).
성:도 (聖道) 명 ①성인(聖人)의 도. ②불교에서, 자력문(自力門)으로 도를 깨닫는 교법을 이르는 말.
성:도^검:사 (性度檢査) 명 심리학적으로 개인이 어느 정도 남성적 또는 여성적 성질을 가지는가를 양적으로 측정하는 성격 검사.
성:-도덕 (性道德) 명 남녀 간의 성(性)에 대한 사회적 윤리. ¶ 성도덕이 문란해지다.
성:-도착 (性倒錯) 명 일반인의 경향에서 보아 크게 벗어나는 성행위의 한 유형. 곧, 성행위에서의 변태적 습성. 〔사디즘·마조히즘·노출증 따위.〕 변태 성욕. 색정 도착.
성동 (成童) 명 열다섯 살 이상의 소년.
성동 (城東) 명 도성의 동쪽, 또는 그 지역.
성:동 (盛冬) 명 한겨울.
성두 (星斗) 명 ①별. ②북두(北斗)와 남두(南斗)를 아울러 이르는 말.
성두-토 (城頭土) 명 육십갑자의 무인(戊寅)과 기묘(己卯)에 붙이는 납음(納音). 참 백랍금(白鑞金).
성라 (星羅) '성라하다'의 어근.
성라-기포 (星羅棋布) [-나-] 명 하형 (별이나 바둑돌처럼) 많이 벌여 있는 모양.
성라-하다 (星羅-) [-나-] 형 여 하늘의 별처럼 많이 늘어서 있다.
성:람 (聖覽) [-남] 명 하타 ☞어람(御覽).
성:랍 (聖蠟) [-납] 명 가톨릭에서, '축성(祝聖)된 초'를 이전에 이르던 말. 성촉(聖燭).
성랑 (城廊) [-낭] 명 성곽에 세워 놓은 누각.

성량(聲量)[-냥]명 목소리의 크기나 분량의 정도. 음량. ¶ 성량이 풍부하다.
성:려(聖慮)[-녀]명 임금의 생각. 임금의 마음.
성:력(聖曆)[-녁]명 ①성덕(聖德)이 있는 제왕이 다스리는 태평한 세상. ②제왕의 나이.
성력(誠力)[-녁]명 ①정성과 힘. ②성실한 노력.
성:령(性靈)[-녕]명 영묘한 성정(性情). 넋. 정신.
성:령(聖靈)[-녕]명 기독교에서 이르는 삼위일체의 제3위. 진리의 신으로서 신자의 영적 생활의 근본이 되며, 교회를 세우고 다스리는 힘의 원천으로서 인격화된 초자연적 존재. 성신(聖神). 보혜사(保惠師). 참삼위일체.
성:령^출세(性靈出世)[-녕-쎄]명 천도교에서, 사람이 죽은 뒤에는 그 성령이 미래의 사람의 성령 속에 다시 태어난다는 말.
성례(成禮)[-네]명하자 혼인의 예식을 지냄.
성:례(聖禮)[-네]명 ①거룩한 예식. ②개신교에서, 세례식·성찬식 등의 예식을 이르는 말. 참성사.
성:론(性論)[-논]명 사람의 타고난 성품에 관한 논의. 〔성선설과 성악설의 논쟁이 그 대표적인 것임.〕 성설(性說).
성루(城樓)[-누]명 성곽의 곳곳에 세운 다락집. 성각(城閣).
성루(城壘)[-누]명 ①성 바깥 둘레의 토담. ②☞성보(城堡).
성루(聲淚)[-누]명 울음소리와 흐르는 눈물.
성류(星流)[-뉴]명 천체 상의 항성들이 집단적으로 어떤 방향을 향하여 운동하는 현상. 〔현재로는 은하계의 은하면에 평행하며, 오리온자리와 뱀자리를 각각의 향점(向點)으로 하는 두 방향의 성류가 있는 것으로 알려져 있음.〕
성률(聲律)[-뉼]명 ①음악의 가락. 음률. 율려(律呂). ②한자의 사성(四聲)의 규율.
성:리(性理)[-니]명 ①사람의 성품과 자연의 이치. ②인성(人性)의 원리.
성:리-학(性理學)[-니-]명 중국 송대(宋代)에 일어난 유학의 한 계통. 그 이전의 훈고학(訓詁學)에 만족하지 않고, 인간 본연의 성(性)을 발현하기 위하여 물(物)에 대한 이(理)를 참고하지 않으면 안 된다는 것이 그 철학적 주지(主旨)임. 주자학(朱子學). 이학(理學).
성림(成林)[-님]명하자 (나무가 자라) 숲을 이룸.
성립(成立)[-닙]명하자되자 (사물이) 이루어짐. ¶ 범죄의 구성 요건이 성립되다.
성립^예:산(成立豫算)[-님네-]명 국회의 의결을 거쳐서 성립된 국가 예산.
성:-마르다(性-)[~마르니·~말라]형르 도량이 좁고 성미가 급하다.
성:만(盛滿)명하형 ①풍성하고 그득함. ②(집안이) 번성함. 참영만(盈滿)하다·영성(盈盛)하다.
성:-만찬(聖晩餐)명 〔예수가 12제자와 나눈 '마지막 저녁 식사'를 뜻하는 말로〕 성찬식에서 드는 식사.
성망(星芒)명 별의 광망(光芒). 별빛.
성:망(盛望)명 널리 기림을 받는 덕망.
성망(聲望)명 명성과 덕망.
성:면(聖面)명 ①임금의 얼굴. 용안(龍顔). ②예수의 용모. 성용(聖容).
성명(成命)명 (신하의 신상에 관하여) 임금이 내리는 명령.
성:명(姓名)명 성과 이름. 씨명(氏名). ¶ 성명 석 자도 못 쓰는 주제에 말은 잘한다. 높성함(姓銜).
성:명(性命)명 인성(人性)과 천명(天命).
성:명(盛名)명 크게 떨치는 이름.
성:명(聖名)명 가톨릭에서, 천주(天主)와 천신(天神)과 신앙적 성인(聖人)의 '이름'을 높이어 일컫는 말.
성:명(聖明)명 임금의 밝은 지혜.
성명(聲名)명 ☞명성(名聲).
성명(聲明)명하타 (일정한 사항에 관한 견해나 태도를) 여러 사람에게 공개하여 발표하는 일. ¶ 남북 공동 성명.
성:명부지(姓名不知)명 성명을 알지 못함. 전혀 아는 사이가 아님. 성부지명부지. ¶ 성명부지의 사람에게 그 일을 맡기다니….
성명-서(聲明書)명 성명하는 뜻을 적은 글.
성:명-없다(姓名-)[-업따]형 사회적·인격적 존재가 보잘것없다. 이름 없다.
성:명^철학(姓名哲學)명 성명을 음양오행설로 풀어 길흉을 가리는 점(占)의 한 가지.
성:명^판단(姓名判斷)명 성명으로 그 사람의 운명을 점치는 일.
성명-학(星命學)명 사람의 운명과 길흉을 판단하는 학문.
성:모(聖母)명 ①지난날, 백성이 국모(國母)를 성스럽게 여기어서 일컫던 말. ②☞성모 마리아.
성:모(聖謨)명 나라를 다스리는 데 있어서의 임금의 방침 또는 방책.
성모(聲貌)명 말소리와 얼굴 모습.
성:-모둠(姓-)명하자 지난날, 지닐총을 겨루던 놀이의 한 가지. 책의 일정한 범위 안에서 성자(姓字)를 많이 찾아 적던 내기.
성:모^마리아(聖母Maria)명 예수의 어머니를 일컫는 말. 산타 마리아. 성모(聖母).
성목(成木)명하자 (재목이 될 정도로) 나무가 자람, 또는 그러한 나무.
성묘(省墓)명하자 조상의 산소에 가서 인사를 드리고 산소를 살피는 일. 간산(看山). 참묘(參墓). 성추(省楸).
성:묘(聖廟)명 ☞문묘(文廟).
성무(星霧)명 ☞성운(星雲).
성문(成文)명하타 문서나 문장으로 작성하여 나타냄, 또는 그 문서나 조문.
성문(城門)명 성의 출입구에 만든 문.
성:문(聖門)명 ①공자의 도(道). 공자의 가르침. ②공자의 문하(門下). 공문(孔門).
성문(聲門)명 후두부(喉頭部)에 있는 발성 기관. 호흡할 때에는 벌어져 삼각형이 되고 발성할 때에는 사이가 좁아짐. 목청문.
성문(聲紋)명 〔'목소리의 무늬'라는 뜻으로〕 음성의 전자 진동파를 주파수 분석 장치로 채취해 낸 그래프. 〔사람마다 독자적인 형상을 가지므로 지문(指紋)과 비슷한 효용을 나타냄.〕
성문(聲聞)명 ①☞명성(名聲). ②〔'부처의 음성을 들은 이'라는 뜻으로〕 '불제자'를 이르는 말. ③〈성문승(聲聞乘)〉의 준말.
성문-계(聲聞界)[-계/-게]명 십계(十界)의 하나. 곧, 불제자의 세계.
성문^계:약(成文契約)[-계-/-게-]명 (약속 내용이나 조목을) 문서로 만들어서 맺은 계약.
성문-법(成文法)[-뻡]명 ☞성문율. ↔불문법.
성문-승(聲聞乘)명 불교에서, 삼승(三乘)의 하나. 성문의 목적인 아라한의 깨달음을 얻게 하는 교법. 준성문. 참삼승(三乘).
성문-승(聲聞僧)명 성문승(聲聞乘)을 닦는 중. 곧, 아라한이 되고자 수도하는 소승 불자.

성문-율(成文律)[-뉼]명 문서의 형식을 갖추어 공포된 법률. 성문법. ↔불문율.
성문-음(聲門音)명 성문이 진동하여 나는 소리. 〔'ㅇ·ㅎ'이 이에 딸림.〕 목청소리.
성문^헌:법(成文憲法)[-뻡]명 일정한 절차에 따라 문자로 표현되고 문서의 형식을 갖추어 성립된 헌법. 참불문 헌법.
성문-화(成文化)명하자타되자 문장으로 옮겨 작성함.
성:물(聖物)명 ①신성한 물건. ②종교적 의식에 사용되는 여러 가지 거룩한 물건. 〔십자가·성모상 따위.〕
성:미(性味)명 성정(性情)과 취미. 성질과 비위.
성미가 가시다관용 발끈 일어난 성미가 가라앉다. ¶ 배배 꼬이고 뒤틀어진 성미가 가시지 않아 동료들의 애를 태웠다.
성미(誠米)명 ①신불(神佛)에게 정성으로 바치는 쌀. ②기독교와 천도교 교인이, 아침저녁에 밥할 쌀에서 식구 한 사람당 한 순가락씩 떠내어 모았다가 교당에 바치는 쌀. ②참기도미.
성:미-나다(性味-)형 성미가 발끈 일다.
성:미-부리다(性味-)자 좋지 못한 성미를 마구 드러내다.
성:-바지(姓-)명 성(姓)의 종류. ¶ 여러 성바지로 이루어진 동네.
성:반(聖盤)명 가톨릭에서, 미사에 쓰는 성체를 담아 두는 접시.
성:배(聖杯·聖盃)명 ①신성한 술잔. ②예수가 최후의 만찬 때 쓴 술잔.
성:범(聖凡)명 ①성인과 범부(凡夫). ②거룩함과 평범함.
성:-범죄(性犯罪)[-죄/-줴]명 개인의 성적(性的) 자유를 해치거나 성도덕에 반하는 행위 따위를 함으로써 성립되는 범죄. 〔강간·추행·간음 따위.〕
성:법(聖法)[-뻡]명 ①거룩한 법. ②성인(聖人)이 정한 거룩한 법도.
성:벽(性癖)명 ①오랫동안 몸에 밴 버릇. ②성질과 버릇.
성벽(城壁)명 성곽의 벽.
성변(星變)명 별의 위치나 빛에 생긴 이상(異常). ¶ 성변을 관측하다.
성:별(性別)명 남녀, 또는 암수의 구별. ¶ 병아리의 성별을 감별하다.
성:별(聖別)명하타 신성한 일에 쓰기 위해 따로 구별하는 것. 참축성(祝聖).
성병(成病)명하자 (근심·걱정으로) 병이 됨. ¶ 고민 끝에 마침내 성병하다.
성:병(性病)[-뼝]명 성교 등으로 말미암아 전염되는 병. 〔임질·매독 따위.〕 사교병(社交病). 화류병.
성보(城堡)명 산성(山城) 밖에 임시로 구축한 소규모의 요새. 성루(城壘).
성복(成服)명하자 초상이 났을 때 상복을 처음 입는 일.
성:복(盛服)명 잘 차려입은 옷. 성장(盛裝).
성부(成否)명 ☞성불성(成不成).
성부(城府)명 ①☞성시(城市). ②마음속에 쌓은 담. 〔남과 이야기할 때 마음을 터놓지 않음을 뜻함.〕
성:부(聖父)명 기독교에서, 삼위일체의 제1위를 일컫는 말. 하느님.
성부(聲部)명 발성이 가능한 높낮이에 따라 구분한 음역(音域)의 부분. 〔소프라노·알토·테너·베이스 따위.〕
성:부동-남(姓不同-)명 성(姓)이 달라서 남일 뿐, 일가처럼 가까운 사람.
성:부지-명부지(姓不知名不知)명 성도 이름도 모름. 성명부지.
성북(城北)명 도성(都城)의 북쪽, 또는 그 지역.
성분(成分)명 ①화합물·혼합물 따위를 이루고 있는 물질. ¶ 비료의 성분. ②전체를 구성하고 있는 부분. ¶ 문장의 성분.
성분(成墳)명하자 ☞봉분(封墳).
성분^부:사(成分副詞)명 부사의 한 갈래. 문장에서 상태나 정도를 나타내면서 '어떻게'의 형식으로 한 성분을 꾸미는 부사. 〔성상 부사, 지시 부사, 부정 부사가 이에 딸림.〕
성분-비(成分比)명 한 물질을 구성하고 있는 여러 성분의 화학적 정량의 비.
성불(成佛)명하자 모든 번뇌에서 해탈하여 불과(佛果)를 이룸. 곧, 부처가 됨.
성불-도(成佛圖)[-또]명 극락과 지옥을 비기어 만들어 승부를 겨루는 오락 용구의 한 가지.
성불성(成不成)[-썽]명 일의 되고 못 됨. 성부(成否). ¶ 결과의 성불성은 하늘에 맡기자.
성:비(性比)명 〔같은 종(種) 가운데서〕 암수 개체 수의 비율. 흔히, 암컷의 개체 수나 전체 개체 수에 대한 수컷의 개체 수로 나타냄.
성빈(成殯)명하자 빈소를 만듦.
성사(成事)명하자타되자 일이 이루어짐, 또는 일을 이룸. ¶ 성사만 된다면 내 한턱내지./계약이 성사하다.
성:사(盛事)명 훌륭하고 큰 일.
성:사(聖史)명 지난날 가톨릭 신자들이, 마태오·마르코·루가·요한 등 사복음서의 사실(史實)을 이르던 말.
성:사(聖事)명 ①거룩한 일. ②가톨릭에서 이르는 일곱 가지 성스러운 행사. 〔세례·견진·고백·성체·병자·신품·혼인의 일곱 행사를 이름.〕
성:사(聖師)명 천도교에서, '제3대 교주 손병희(孫秉熙)'를 높이어 일컫는 말.
성:사-극(聖史劇)명 ☞신비극(神祕劇).
성사-재천(成事在天)명 '일의 되고 못 됨은 천운(天運)에 달렸음'을 뜻하는 말.
성산(成算)명 일이 이루어질 가능성. ¶ 그 일은 전혀 성산이 없는 일이다.
성산(星散)명하자 사물이 새벽 하늘의 별처럼 사방으로 흩어지거나 뿔뿔이 헤어짐.
성산-가야(星山伽倻)명 경상북도 성주 부근에 자리했던 고대 군장 국가(君長國家). 육 가야(六伽倻)의 하나로, 532년 신라에 병합됨.
성산-별곡(星山別曲)명 조선 명종 때 정철(鄭澈)이 지은 가사. 성산(星山)의 서하당(棲霞堂)·식영정(息影亭)을 중심으로 한 사시(四時)의 풍경과, 이 집의 주인이며 문인인 김성원(金成遠)의 풍류를 읊은 내용.
성:삼(聖三)명 《성삼위(聖三位)》의 준말. 참삼위일체.
성:-삼위(聖三位)명 기독교에서, 삼위일체인 거룩한 세 위격. 곧, 성부(聖父)와 성자(聖子)와 성령(聖靈). 삼위(三位). 준성삼.
성:상(性狀)명 ①사람의 성질과 행실. ②사물의 성질과 상태.
성:상(性相)명 불교에서, 만물의 본체와 현상, 곧 모든 사물을 이르는 말.
성상(星狀)명 별 모양. 흔히, 방사상(放射狀) 돌기가 있는 형상을 이름.
성상(星象)명 ①별을 통틀어 이르는 말. ②별자리의 모양.

성상(星霜)명 〔별은 일 년에 하늘을 한 바퀴 돌고, 서리는 해마다 내린다는 뜻에서〕 '세월' 또는 '일 년 동안의 세월'을 비유하여 이르는 말.
성상(城上)명 성곽의 위.
성:상(聖上)명 왕조 때, 자기 나라의 살아 있는 '임금'을 높이어 일컫던 말.
성:상(聖像)명 ①성인(聖人)이나 임금의 초상. ②기독교에서 이르는, 그리스도나 성모의 초상.
성:상^관형사(性狀冠形詞)명 사물의 성질이나 상태가 어떠하다고 꾸미는 관형사. 〔새·헌·맨·참·헛·갖은·온갖·모든·외딴·사회적·예술적 따위.〕
성:상^부:사(性狀副詞)명 부사를 그 수식하는 내용에 따라 가른 한 갈래. 문장에서 상태나 정도를 나타내면서 '어떻게'의 형식으로 다른 말을 한정하는 단어. 〔잘·더욱·매우·더구나·차라리·높이·깊이·많이·하물며·가령 따위.〕
성:상-학(性相學)명 인상(人相)·골상(骨相)·수상(手相) 따위를 보고 사람의 성질이나 운명을 판단하는 학문.
성:상^형용사(性狀形容詞)명 사람이나 사물의 성질이나 상태를 나타내는 형용사. 〔쓰다·달다·고프다 따위.〕
성새(城塞)명 ☞성채(城砦).
성색(聲色)명 ①말소리와 얼굴빛. 언어와 태도. ②노래와 여색. ¶ 성색에 빠지다.
성:-생활(性生活)명 인간 생활 중에서, 성에 관계되는 생활. ¶ 부부간의 성생활.
성서(城西)명 도성(都城)의 서쪽, 또는 그 지역.
성:서(盛暑)명 한더위.
성:서(聖書)명 ①기독교의 성전(聖典). 성경. ②성인이 쓰거나, 성인의 말씀으로 이루어진 책.
성석(成石)명하자 회(灰) 따위가 굳어져서 돌처럼 됨, 또는 그 돌.
성:석(聖石)명 가톨릭에서, 순교자의 유해가 들어 있는 돌 판을 이르는 말. 〔주교가 축성(祝聖)하여 제대(祭臺) 중심에 안치함.〕
성:선(性腺)명 ☞생식샘.
성:선-설(性善說)명 인간의 본성은 선천적으로 선하며, 나쁜 행위는 물욕에서 생겨난 후천적인 것이라고 주장한 맹자(孟子)의 설. ↔성악설(性惡說).
성:설(性說)명 인간 본성의 선악에 관한 설. 〔성선설·성악설·선악 혼효설 따위.〕
성:설(盛設)명하타 잔치를 크게 베풂.
성성(星星)명 이십팔수의 하나. 남쪽의 넷째 별자리. 준성(星).
성:성(聖性)명 ①거룩한 품성. ②가톨릭에서, '거룩함'을 이르는 말.
성성(星星) '성성하다'의 어근.
성성-이(猩猩-)명 성성잇과의 짐승. 키 1.4 m가량. 원숭이와 비슷한데, 팔이 길어 서 있어도 손끝이 땅에 닿음. 얼굴 이외의 온몸에 황갈색의 긴 털이 나 있음. 영리하나 성미는 매우 느리고 힘이 셈. 보르네오·수마트라 등지의 삼림에 살며, 대개 나무 위에서 생활함. 오랑우탄.
성성-전(猩猩氈)명 진한 빨강으로 물들여 짠 전(氈).
성성-하다(星星-)형여 센 머리털이 희끗희끗하다. ¶ 백발이 성성한 노신사.
성세(成勢)명하자 세력을 이룸, 또는 그 세력.
성:세(盛世)명 국운이 한창 융성한 세대.
성:세(聖世)명 어진 임금이 다스리는 세대. 성대(聖代).
성:세(聖洗)명 ☞성세 성사.
성세(聲勢)명 명성과 위세. ¶ 성세를 떨치다.
성:세^성:사(聖洗聖事)명 가톨릭에서 이르는 칠성사(七聖事)의 하나. 물로 씻는 예식으로 이루어지는 세례(洗禮). 〔이 세례를 받음으로써 비로소 교회의 다른 성사도 받을 자격을 갖추게 됨.〕 성세(聖洗).
성:-세포(性細胞)명 ☞생식 세포.
성:소(性巢)명 ☞생식샘.
성:소(聖召)명 가톨릭에서, 하느님의 '부르심'을 이르는 말. 특히, 성직 생활이나 수도 생활을 하도록 부르시는 일을 이름.
성속(成俗)명 ①옛 풍속. 예로부터의 풍속. ②하자 좋은 풍속을 이룸.
성:손(姓孫)명 몇 대가 지난 뒤의 자손. 후손.
성:손(聖孫)명 임금의 손자나 자손.
성:쇠(盛衰)[-쇠/-쉐]명 사물이 성하는 일과 쇠하는 일. 흥체. ¶ 영고성쇠. 비소장(消長).
성:쇠지리(盛衰之理)[-쇠-/-쉐-]명 성하고 쇠함이 끊임없이 잇달아 바뀌는 이치.
성수(成遂)명하타 어떤 일을 이루어 냄.
성수(成數)명하타 일정한 수효를 이룸.
성수(成獸)명 다 자란 짐승.
성수(星宿)명 ①고대 중국에서, 천구 상의 별을 이십팔수로 나눈 것. 성좌에 해당함. ②모든 성좌의 별.
성수(星數)명 ☞운수(運數).
성:수(聖水)명 가톨릭에서, 종교적인 용도를 위하여 사제가 교회의 이름으로 축성(祝聖)한 물을 이르는 말. ¶ 성수를 뿌리다.
성:수(聖壽)명 임금의 나이.
성:수-기(盛需期)명 어떤 물품의 한창 쓰이는 때. ¶ 성수기에 접어들다. ↔비수기. 참한철.
성:수-만세(聖壽萬歲)명하자 ☞성수무강.
성:수-무강(聖壽無疆)명하자 임금이 오래 살기를 비는 말. 성수만세. ¶ 성수무강하옵소서.
성:수불루(盛水不漏)명하형 〔물을 채워도 새지 않는다는 뜻으로〕 '주의가 구석구석까지 미쳐 빈틈이 없음'을 이르는 말.
성숙(成熟)명하자 되자 ①곡식이나 과일 등이 무르익음. ②몸이나 마음이 완전히 자람. ¶ 성숙한 여인. ③경험이나 훈련을 쌓아 익숙해짐. ¶ 성숙한 연기. /정치적인 성숙. ④어떠한 일을 하는 데 적당한 시기에 이름. ¶ 분위기가 성숙되기를 기다리다.
성숙-기(成熟期)[-끼]명 ①성숙해 가는 동안. ¶ 성숙기에 알맞은 조건. ②성숙된 시기. ③사람의 성숙이 한창인 때. ¶ 성숙기의 청소년은 영양분을 충분히 섭취해야 한다.
성숙-란(成熟卵)[-숭난]명 난소 안에서 성숙한 난세포.
성숙-아(成熟兒)명 모태 안에서 완전히 발육하여 태어난 아기. ↔조산아·미숙아.
성:-스럽다(聖-)[-따][~스러우니·~스러워]형ㅂ 거룩하다. 고결하고 위대하다. ¶ 성스럽게 들려오는 교회의 종소리. **성스레**부.
성습(成習)명하자 되자 버릇이 됨.
성시(成市)명하자 ①사람이 많이 모여 홍청거림. ¶ 장거리가 성시를 이루다. ②장이 섬. 시장을 이룸.
성시(城市)명 성벽이 있는 시가. 성벽으로 둘러싸인 시가. 성부(城府).
성:시(盛時)명 ①나이가 젊고 혈기가 왕성한 때. ②운세나 세력이 한창인 때.
성:시(盛市)명 성황을 이룬 시장.
성시-증(聲嘶症)[-쯩]명 한방에서, 창병이나 후두 등의 이상으로 목이 쉬는 증세.

성ː식(盛飾)명하자 ☞성장(盛裝).
성식(聲息)명 소식. 음신(音信).
성신(星辰)명 뭇별.
성ː신(聖臣)명 인격이 뛰어난 신하. 〔육정(六正)의 하나.〕
성ː신(聖神)명 기독교에서, 삼위일체의 제3위를 일컫는 말. 성령(聖靈).
성ː신^강ː림(聖神降臨)[-님]명 기독교에서, 예수 부활 후 제50일. 곧, 일곱째 일요일에 성신이 제자들 위에 강림한 일.
성ː신-말법(-法)[-뻡]명 무당들이 점을 치고 굿을 하는 법을 적은 책의 이름.
성신^숭배(星辰崇拜)명 별을 신성한 것으로 믿고 우러르며 받드는 신앙, 또는 그에 따르는 의례. 원시 미개 민족이나 중국·바빌로니아·아라비아·인도 등의 고대 사회에서 찾아볼 수 있음.
성ː신-쌍전(性身雙全)명 천도교에서, 영혼과 육체를 하나로 보는 생각.
성실(成實)명하자 곡식 따위가 다 자라서 열매를 맺음.
성실(誠實)명하형 (태도나 언행 등이) 정성스럽고 참됨. 착하고 거짓이 없음. ¶ 성실한 생활 태도. /성실하게 일하다. 성실-히부.
성ː심(聖心)명 〔가톨릭에서〕 ①예수의 거룩한 마음, 곧 인간을 향한 예수의 사랑을 이르는 말. ②성모의 거룩한 마음, 곧 하느님과 인간을 향한 성모의 사랑을 이르는 말.
성심(誠心)명 정성스러운 마음. 거짓 없는 참된 마음. 단념(丹念). 성관(誠款). ¶ 성심으로 대하다.
성심-껏(誠心-)[-껃]부 정성을 다하여. ¶ 성심껏 돕다. /성심껏 간호하다.
성ː심^성ː월(聖心聖月)명 가톨릭에서, 예수의 성심(聖心)을 특별히 공경하는 달, 곧 양력 6월을 이르는 말.
성심-성의(誠心誠意)[-의/-이]명 참되고 성실한 마음과 뜻.
성심성의-껏(誠心誠意-)[-의껃/-이껃]부 참되고 성실한 마음과 뜻을 다하여. ¶ 성심성의껏 돕다.
성-싶다[-십따]조형 《용언의 관형사형 '-ㄴ·-은·-는·-ㄹ·-을' 뒤에 쓰이어》 '-것 같다'와 같이 추측·예상·추리 따위의 뜻을 나타내는 말. 성하다[2]. ¶ 비가 올 성싶다. /그의 짓이 아닌 성싶다. /그가 허락할 성싶지 않다. 참듯싶다.
성ː씨(姓氏)[1]명 〈성(姓)〉의 높임말.
성ː씨(姓氏)[2]명 ☞각시씨.
성ː악(聖樂)명 성가·미사곡 등의 종교 음악을 두루 이르는 말. 성가(聖歌).
성악(聲樂)명 사람의 목소리를 통하여 어떤 사상이나 감정을 표현하는 음악. ↔기악(器樂).
성악(性惡) '성악하다'의 어근.
성악-가(聲樂家)[-까]명 가곡이나 오페라 따위의 성악을 전문으로 하는 사람.
성ː악-설(性惡說)[-썰]명 인간의 본성은 악하며, 좋은 행위는 교육이나 학문·수양 등 후천적인 작위(作爲)에 의해서 하게 되는 것이라고 주장하는 순자(荀子)의 설. ↔성선설.
성ː악-하다(性惡-)[-아카-]형여 성정(性情)이 악하다.
성-안(城-)명 성벽으로 둘러싸인 안. 성중(城中).
성안(成案)명하타되자 어떤 일에 대한 안을 작성함, 또는 그 안. ¶ 성안한 사업 계획.
성ː안(聖顏)명 ☞용안(龍顏).
성애명 ①물건을 사고팔 때, 흥정이 다 된 증거로 옆에 있는 사람들에게 술·담배 등을 대접하는 일. ②물건을 살 때, 값어치 이외의 다른 물건을 덤으로 얹어 받는 일.
성ː애(性愛)명 남녀 간의 성적인 애정. 본능적인 애욕. ¶ 성애 영화.
성애-술명 성애로 내거나 마시는 술. ¶ 성애술에 거나해지다.
성야(星夜)명 별빛이 밝은 밤.
성ː야(聖夜)명 〔거룩한 밤이란 뜻으로〕 성탄절 전날 밤.
성약(成約)명하자 계약이 이루어짐.
성ː약(聖藥)명 효력이 아주 신통한 약. 선약(仙藥).
성양(成樣)명하타 모양이나 형식을 갖춤.
성어(成魚)명 다 자란 물고기. ↔치어(稚魚).
성어(成語)명 ①이전부터 세상에서 흔히 인용되어 온 말. ¶ 고사 성어. ②☞숙어(熟語).
성ː어-기(盛漁期)명 계절적으로 어떤 물고기가 많이 잡히는 시기. ↔어한기(漁閑期).
성ː언(聖言)명 ①성인의 말. ②성서에 기록된 말.
성업(成業)명하자되자 학업이나 사업 등을 이룸.
성ː업(盛業)명 사업이나 장사가 잘되는 일, 또는 그러한 사업이나 장사. ¶ 성업 중인 가게.
성ː업(聖業)명 ①거룩한 사업. ②임금의 대업.
성에[1]명 ①추운 겨울에, 유리창이나 벽 같은 데 김이 서려서 서리처럼 허옇게 얼어붙은 것. ¶ 창문에 성에가 끼다. ②〈성엣장〉의 준말.
성에[2]명 쟁깃술의 윗머리에서 앞으로 뻗치어 나간 가장 긴 나무.
성엣-장[-에짱/-엗짱]명 물 위에 떠서 흘러가는 얼음덩이. 유빙(流氷). ¶ 강물을 따라 성엣장이 떠내려가다. 준성에[1].
성역(城役)명 지난날, 성을 새로 쌓거나 고쳐 쌓는 역사.
성ː역(聖域)명 ①신성한 지역. 특히 종교상 신성하여 범해서는 안 되게 되어 있는 지역. ¶ 성역을 범하다. ②전화(戰火) 등으로 피해를 입는 일이 없도록 당사국 간에 양해가 되어 있는 지역. ③함부로 침범할 수 없는 나름대로의 구역이나 문제 삼아서는 안 되는 사항. ¶ 성역 없는 수사.
성역(聲域)명 사람이 낼 수 있는 가장 높은 음에서 가장 낮은 음까지의 범위.
성역-당상(城役堂上)[-땅-]명 왕조 때, 성역(城役)을 잘 감독한 공으로 승진한 통정대부(通政大夫).
성ː연(盛宴·盛筵)명 성대한 잔치. ¶ 성연을 베풀다.
성ː열(盛熱)명 한더위.
성ː염(盛炎)명 한더위.
성ː-염색체(性染色體)[-념-]명 성(性)을 결정하는 데 직접 관계되는 염색체.
성ː영(聖詠)명 가톨릭에서, 구약 성서의 '시편(詩篇)'의 이전 일컬음.
성예(聲譽)명 명성. 명예. 비명망(名望).
성오(省悟)명하타 잘못을 반성하여 깨달음.
성옥(成獄)명하타되자 지난날, 살인 사건에 관해 재판하던 일.
성ː왕(盛旺)명하형 ☞왕성(旺盛). 성왕-히부.
성ː왕(聖王)명 ☞성군(聖君).
성외(城外)[-외/-웨]명 성문 밖. ↔성내(城內).
성ː욕(性慾)명 이성과의 성행위를 바라는 욕망. ¶ 성욕이 감퇴되다.
성ː욕^묘ː사(性慾描寫)[-용-]명 소설이나 드라마에서, 남녀 간의 육정적 욕망을 묘사하는 일.

성:욕^이:상(性慾異常)명 심리적 원인이나 신체적 질환에 따른 성욕의 장애.
성:용(聖容)명 ①신불의 거룩한 모습. ②임금의 용자(容姿). 성면(聖面).
성우(成牛)명 다 자란 소.
성우(星雨)명 ☞유성우(流星雨).
성:우(聖佑)명 가톨릭에서, '은총(恩寵)'을 이전에 이르던 말.
성우(聲優)명 라디오 방송극이나 텔레비전·영화 녹음 등에서 목소리만으로 연기하는 배우.
성운(星雲)명 구름처럼 보이는 천체. 가스나 우주 먼지로 이루어진 은하계 내의 성운과 항성의 대집단인 은하계 외의 성운으로 나뉨. 성무(星霧).
성:운(盛運)명 융성하는 운수.
성:운(聖運)명 ①임금의 운. ②임금이 될 운.
성운^가:설(星雲假說)명 ☞성운설(星雲說).
성운-군(星雲群)명 은하계 외의 일부에 모여 있는, 수 개 또는 수십 개의 은하계 외의 성운의 집단.
성운-단(星雲團)명 은하계 외의 일부에 모여 있는, 수백 또는 수천 개의 은하계 외의 성운의 집단.
성운-선(星雲線)명 행성상 성운 따위의 스펙트럼에 나타나는 특수한 휘선(輝線).
성운-설(星雲說)명 칸트와 라플라스가 주창한, 태양계의 기원에 관한 가설. 성운 가설.
성:웅(聖雄)명 거룩하리만큼 뛰어난 영웅. ¶ 성웅 이순신 장군.
성원(成員)명 ①어떤 단체나 조직을 구성하고 있는 인원. 구성원. ¶ 사회 성원. ②어떤 회의 등을 성립시키는 데 필요한 인원. ¶ 성원 미달로 유회(流會)되다.
성원(聲援)명하타 (응원이나 원조 따위로) 사기나 기운을 북돋아 줌. ¶ 도전자에게 아낌없는 성원을 보내다. /각계의 뜨거운 성원에 힘입어 재기에 성공하다.
성원-국(成員國)명 국제적인 조직에서, 그 성원으로 되어 있는 국가.
성월(星月)명 별과 달.
성:월(聖月)명 가톨릭에서, 1년 중 어느 달을 예수와 성모, 또는 성인에게 봉헌하도록 교회가 특별히 지정한 달. ¶ 성모 성월.
성위(星位)명 항성의 자리.
성위-표(星位表)명 별의 이동을 적어 넣은 표. 항성의 자리·크기·밝기·변광(變光) 주기·운동·거리 따위를 적음.
성:유(聖油)명 가톨릭에서, 주교에 의하여 축성(祝聖)된 올리브유(油)를 이르는 말. 〔교회의 전례 때 쓰이며 크리스마스 성유, 병자의 성유, 성세 성유가 있음.〕
성:유(聖諭)명 임금의 말. 칙유(勅諭).
성유-법(聲喩法)[-뻡]명 ☞의성법(擬聲法).
성육(成育)명하자 태어나서 자람, 또는 자라서 크게 됨. ¶ 치어(稚魚)의 성육.
성:은(盛恩)명 넘치도록 큰 은혜.
성:은(聖恩)명 임금의 은혜. ¶ 성은이 망극하옵나이다. 비우은(優恩).
성음(聲音)명 음성. 목소리.
성음^문자(聲音文字)[-짜]명 ☞표음 문자.
성음-학(聲音學)명 ☞음성학.
성읍(城邑)명 고을.
성:의(盛儀)[-의/-이]명 성대한 의식.
성:의(聖意)[-의/-이]명 ①☞성지(聖旨). ②가톨릭에서, 천주의 '거룩한 뜻'을 이전에 이르던 말.
성의(誠意)[-의/-이]명 정성스러운 마음. 참된 마음. ¶ 성의를 보이다.
성의-껏(誠意-)[-의껃/-이껃]부 있는 성의를 다하여. 정성껏. ¶ 성의껏 돌보아 주다.
성인(成人)명 이미 성년이 된 사람. 어른. 대인(大人). ¶ 성인이 되다.
성인(成因)명 어떤 사물이 이루어진 원인. ¶ 빙하의 성인을 조사하다.
성:인(聖人)명 ①지덕(智德)이 뛰어나 세인의 모범으로서 숭상받을 만한 사람. 〔유교에서는 요(堯)·순(舜)·우(禹)·탕(湯) 및 문왕(文王)·무왕(武王)·공자(孔子) 등을 가리킴.〕 ②가톨릭에서, 신앙과 성덕(聖德)이 특히 뛰어난 사람에게 교회에서 시성식(諡聖式)을 통하여 내리는 칭호. 성자(聖者). 참성녀(聖女).
성인도 시속(時俗)을 따른다속담 상황에 따른 응변(應變)은 어쩔 수 없는 일이라는 뜻으로 쓰이는 말.
성인^교:육(成人敎育)명 사회 교육의 한 가지. 이미 사회에 나와 일하고 있는 성인을 대상으로, 그들에게 사회인으로서 필요한 지식을 익히게 하기 위해 베푸는 교육.
성:인-군자(聖人君子)명 '성인이나 군자처럼 행실이 점잖고 어질며 학식과 덕이 높은 사람'을 비유하여 이르는 말.
성인-병(成人病)[-뼝]명 중년기 이후에 많이 나타나는 병을 통틀어 이르는 말. 〔동맥 경화·당뇨병·암·심장병·고혈압 따위.〕
성인지미(成人之美)명 남의 뛰어난 점을 도와 더욱 빛나게 하는 일.
성:일(聖日)명 기독교에서, 성스러운 날이라는 뜻으로 '일요일'을 이르는 말. 주일(主日).
성일(誠一) '성일하다'의 어근.
성일-하다(誠一-)형여 마음에 품은 뜻이 한결같이 참되고 굳다.
성:자(姓字)[-짜]명 성(姓)을 나타내는 글자.
성자(省字)[-짜]명 조선 시대에, 왕세자가 군사 관계 문서에 찍던, '성(省)' 자가 새겨진 도장.
성:자(盛者)명 세력을 크게 떨치는 사람.
성:자(聖子)명 기독교에서, 삼위일체의 제2위인 예수 그리스도를 일컫는 말.
성:자(聖者)명 ①☞성인(聖人). ②불교에서, 온갖 번뇌를 끊고 정리(正理)를 깨달은 사람을 일컫는 말. ③기독교에서, 순교자나 거룩한 신자를 높이어 일컫는 말.
성:자-신손(聖子神孫)명 〔성인의 아들이나 신의 자손이라는 뜻으로〕 '역대의 임금이나 임금의 혈통'을 이르는 말.
성:자필쇠(盛者必衰)[-쐬/-쒜]명 한번 성한 자는 반드시 쇠하게 마련이라는 말.
성:작(聖爵)명 가톨릭에서, 미사 때 성혈(聖血), 곧 포도주를 담는 잔을 이르는 말.
성장(成長)명하자 되자 ①(사람이나 동물 등) 생물이 자라남. ¶ 아이들의 성장을 지켜보다. ②사물의 규모가 커짐. ¶ 고도의 경제 성장.
성장(星章)명 별 모양의 표지, 또는 그러한 모양의 기장(記章).
성장(城將)명 성을 지키는 장수.
성:장(盛粧)명하자 남의 눈을 끌 만큼 화려하게 화장(化粧)함, 또는 그러한 화장.
성:장(盛裝)명하자 옷을 화려하게 차려입음, 또는 그러한 차림. 성복(盛服). 성식(盛飾). ¶ 성장한 미인. /성장을 하고 나서다.
성장^곡선(成長曲線)[-썬]명 생물의 성장의 시간적인 경과를 나타내는 곡선. 생장 곡선.

성장-기(成長期)명 ①성장하는 동안. ②성장하는 시기. 발육기. ¶ 성장기에 접어들다.
성장-률(成長率)[-뉼]명 주로 경제적인 성장 정도를 나타내는 비율. ¶ 성장률이 높다.
성장-선(成長線)명 조가비나 물고기의 비늘 표면에서 볼 수 있는 연륜(年輪) 모양의 선.
성장-세(成長勢)명 어떤 일이나 상태가 자라가는 형세나 기세. ¶ 높은 성장세를 보이다.
성장-소(成長素)명 식물의 성장을 촉진하는 식물 호르몬. 생장소.
성장^운ː동(成長運動)명 ☞생장 운동.
성장-점(成長點)[-쩜]명 식물의 줄기나 뿌리 끝에 있어, 세포 분열을 하고 성장을 촉진하는 부분. 생장점.
성장-주(成長株)명 수익(收益)의 신장률이 높은 기업의 주식.
성장^호르몬(成長hormone)명 포유류의 성장을 촉진하는 단백계(蛋白系)의 호르몬. 뇌하수체 전엽(前葉)에서 분비됨. 생장 호르몬.
성ː재(聖裁)명 임금의 재가(裁可).
성적(成赤)명하자 전통 혼례 때, 신부의 얼굴에 분을 바르고 연지를 찍는 일.
성적(成績)명 ①어떤 일을 한 뒤에 나타난 결과. ¶ 근무 성적./올림픽에서 좋은 성적을 거두다. ②(학교 등에서의) 학생들의 학업이나 시험의 결과. ¶ 학과 성적이 오르다.
성ː적(聖跡·聖蹟)명 ①성인의 사적, 또는 그 유적. ②가톨릭에서, 기적(奇跡), 곧 초자연적인 계시의 표지로서 하느님이 행하는, 눈으로 감지할 수 있는 사건을 이르는 말.
성적(聲績)명 명성(名聲)과 공적(功績).
성ː-적(性的)[-쩍]관명 남녀의 성이나 성욕에 관계되는 (것). ¶ 성적 욕망을 억제하다./성적인 표현.
성적-분(成赤粉)[-뿐]명 전통 혼례에서, 성적(成赤)할 때 바르는 분(粉).
성적-표(成績表)명 성적을 기록한 표. 특히, 학업 성적의 일람표.
성전(成典)명 ①성문화(成文化)된 법전. ②정해진 법식이나 의식.
성ː전(性典)명 성(性)에 관한 사항을 다룬 책.
성ː전(盛典)명 성대한 의식.
성ː전(聖典)명 ①어떤 종교에서, 교의(教義)의 근본이 되는 책. 〔불교의 대장경, 기독교의 성서, 이슬람교의 코란 등.〕 ②성인이 쓴 책, 또는 성인의 언행을 적은 책.
성ː전(聖殿)명 ①신성한 전당. ②(가톨릭의) 성당. ③(개신교의) 예배당.
성ː전(聖傳)명 가톨릭에서, 성서에 기록되지 않은 채 교회 초창기부터 전해 내려온 예수의 가르침과 신앙생활상의 여러 가지 관행을 이르는 말.
성ː전(聖戰)명 거룩한 사명을 띤 전쟁. 주로 종교적 이데올로기를 위한 전쟁을 이름. 〔흔히, 전쟁을 합리화하기 위한 말임.〕
성ː-전환(性轉換)명하자 남성 또는 여성으로 자라서 그 기능을 발휘하고 있던 것이, 여러 가지 원인으로 그 반대의 성적(性的) 특징을 나타내는 현상. ¶ 성전환 수술.
성ː절(聖節)명 성인이나 임금의 탄생일을 축하하는 명절.
성점(聲點)[-쩜]명 한자의 사성(四聲)을 표시하는 부호점. 사성점(四聲點).
성정(成丁)명하자 사내의 나이가 열여섯 살이 됨, 또는 그 사람.
성ː정(性情)명 사람의 성질과 심정. 타고난 성질. 성품. 정성(情性). ¶ 착한 성정을 타고나다.
성ː정-머리(性情-)명 〈성정(性情)〉의 속된 말. ¶ 성정머리가 고약하다.
성ː제(聖帝)명 ①☞성군(聖君). ②☞성제님.
성ː제(聖祭)명 ①종교적인 축제. ②가톨릭에서, '미사'를 달리 이르는 말.
성ː제-님(聖帝-)명 무당이나 전내(殿內) 등이 위하는 관우(關羽)의 혼. 성제.
성ː제-명왕(聖帝明王)명 덕(德)이 높고 지혜가 밝은 임금.
성조(成鳥)명 다 자라서 생식 능력을 가진 새.
성ː조(聖祖)명 ①임금의 조상. ②가톨릭에서, 예수의 선조인 아브라함·이삭·야곱을 이르는 말.
성ː조(聖祚)명 임금의 자리. 제위(帝位).
성ː조(聖朝)명 〔성군이 다스리는 조정이란 뜻으로〕 '당대의 조정'을 높이어 이르던 말.
성ː조(聖詔)명 임금의 칙유(勅諭).
성조(聲調)명 ①목소리의 가락. ②평(平)·상(上)·거(去)·입(入)의 사성(四聲)의 가락, 곧 사성의 높낮이와 길고 짧음.
성조(性燥) '성조하다'의 어근.
성조-기(星條旗)명 미국의 국기. 〔현재의 주를 상징하는 50개의 별과, 독립 당시의 주를 상징하는 열세 줄의 붉은빛과 흰빛으로 된 가로줄이 그려져 있음.〕
성ː조-하다(性燥-)형여 성질이 조급하다. ¶ 그의 성조함 때문에 일을 그르쳤다.
성ː족(盛族)명 세력이 있는 집안.
성졸(性拙) '성졸하다'의 어근.
성ː졸-하다(性拙-)형여 성질이 옹졸하다.
성종(成宗)명 대종가(大宗家)에서 파가 갈린 뒤, 4대를 거쳐서 새로 생긴 종가.
성종(成腫)명하자 종기가 곪음.
성종(醒鐘)명 ☞경시종(警時鐘).
성좌(星座)명 천구 상의 항성군(恒星群)을 신화나 전설에 나오는 신·영웅·동물·기물 따위의 형상으로 가상하여 구분한 것. 현재 여든여덟 개의 성좌가 있음. 별자리.
성ː좌(聖座)명 ①신성한 자리. ②가톨릭에서, 로마의 주교좌, 교황과 교황을 보좌하는 교황청의 각 성(省) 및 재판소 등의 행정 기관까지를 통틀어 이르는 말.
성좌-도(星座圖)명 성좌를 그려 넣은 천체도.
성주명 민간에서, 집을 지키고 보호한다는 신령. 상량신.
　성주(를) 받다관용 성주받이를 하다.
성주(星主)명 조선 시대에, '제주 목사(濟州牧使)'를 달리 이르던 말.
성주(城主)명 〔지난날〕 ①성을 지키는 주장(主將)을 이르던 말. ②조상의 무덤이 있는 지방의 수령을 이르던 말. ③고을의 원을 달리 이르던 말.
성ː주(聖主)명 ☞성군(聖君).
성ː-주간(聖週間)명 가톨릭에서, 부활 대축일 전의 한 주간을 이르는 말. 수난 주간.
성ː-주기(性週期)명 ①암컷의 발정 주기. ②사람의 월경 주기.
성주-받이[-바지]명하자 민간에서, 집을 새로 짓거나 이사를 한 뒤에, 다시 성주를 받아들인다고 하는 굿. 성줏굿.
성주-제(-祭)명 민간에서, 음력 시월 상달 말날〔午日〕을 택하여 성주에게 드리는 제사. 〔주로, 안주인이 햇곡식으로 간략한 제상을 마련하여 안택(安宅)을 빎.〕

성주-탕(醒酒湯)명 '해장국'을 달리 이르는 말.
성주-풀이명하자 민간에서, 무당이 성주받이를 할 때 복을 빌어 부르는 노래.
성죽(成竹)명 〔대를 그릴 때, 머릿속으로 한번 그려 본 다음 붓을 놀린다는 뜻으로〕 '미리 생각하고 있던 계획'을 이르는 말.
성줏-굿[-주꾿/-줃꾿]명 ☞성주받이.
성줏-상(-床)[-주쌍/-줃쌍]명 민간에서, 굿할 때 성주를 위하여 차려 놓는 상.
성중(城中)명 성안.
성:중(聖衆)명 불교에서, 모든 보살과 성자를 이르는 말.
성:지(性智)명 본디 타고난 지혜.
성지(城池)명 ①성 둘레에 파 놓은 못. ¶ 성지를 메우다. ②성벽을 둘러싼 해자(垓字).
성지(城址)명 ☞성터.
성:지(聖旨)명 임금의 뜻. 성의(聖意). 성충(聖衷). 어지(御旨).
성:지(聖地)명 종교와 깊은 관계가 있어, 신성시되는 땅. ¶ 성지 예루살렘.
성:지(聖枝)명 가톨릭에서, 성지 주일에 사제에 의해서 축성(祝聖)된 나뭇가지를 이르는 말.
성:지(聖智)명 성인의 슬기. 뛰어난 지혜.
성:지^순례(聖地巡禮)[-술-]명 차례로 여기저기 성지를 찾아다니며 참배하는 일.
성:지^주일(聖枝主日)명 가톨릭에서 이르는, 부활절 한 주일 전의 주일(主日). 〔예수가 수난 전에 예루살렘에 입성한 것을 기념하는 날임.〕
성:직(聖職)명 ①성스러운 직분. ②기독교에서, 교칙에 따라 하느님께 봉사하는 직무, 또는 그러한 직분.
성직(誠直) '성직하다'의 어근.
성:직-자(聖職者)[-짜]명 종교적 직분을 맡은 사람. 〔목사·신부·승려 따위.〕
성직-하다(誠直-)[-지카-]형여 참되고 바르다. 성실하고 정직하다.
성:질(性質)명 ①날 때부터 가지고 있는 기질. 성품. ¶ 타고난 성질. /성질이 까다롭다. ②사물이나 현상이 본디부터 가지고 있는, 다른 것과 구별되는 특징. ¶ 사건의 성질을 자세히 알아보다. /물에 잘 녹는 성질.
성:질-나다(性質-)[-라-]자 언짢거나 못마땅한 것이 있어 화가 나다.
성:질-내다(性質-)[-래-]자 성질을 억제하지 못하고 밖으로 드러내어 신경질을 부리다. 성질부리다. ¶ 그는 조그마한 일에도 곧잘 성질낸다.
성:질-부리다(性質-)자 성질내다. ¶ 별일도 아닌데 그렇게 성질부리면 되겠어?
성:징(性徵)명 (남녀·암수 등) 성별에 따라 신체에 나타나는 성적인 특징.
성차(星次)명 ①별의 위치. ②이십팔수의 차례.
성:찬(盛饌)명 푸짐하게 잘 차린 음식.
성:찬(聖餐)명 ①기독교에서, 성찬식 때 쓰는 빵과 포도주를 이르는 말. ¶ 성찬의 전례. ②불교에서, 부처 앞에 올렸던 음식.
성:찬-식(聖餐式)명 기독교에서, 예수의 최후를 기념하여 그의 살과 피를 상징하는 빵과 포도주를 나누는 의식.
성찰(省察)명하타 ①자신이 한 일을 돌이켜 보고 깊이 생각함. ¶ 자신을 성찰하다. ②가톨릭에서, 고백 성사를 받기 전에 먼저 성령의 도움을 구하고, 자기 양심을 살피어 지은 죄를 생각해 내는 일을 이르는 말.
성창(盛昌) '성창하다'의 어근.
성:창-하다(盛昌-)형여 세력이 왕성하다.
성채(星彩)명 ①별빛 광채. ②어떤 광물에 일정한 방향에서 빛을 비추었을 때 생기는 별 모양의 빛의 상(像).
성채(城砦)명 성과 요새. 성새(城塞). ¶ 성채를 쌓다. /성채를 지키다.
성책(成冊)명 책으로 됨. 책으로 만듦.
성책(城柵)명 성에 둘러친 목책(木柵).
성:-천자(聖天子)명 덕이 높은 천자.
성천-포락(成川浦落)명하자 논밭이 흐르는 냇물에 스치어 떨어져 나가는 일.
성:철(聖哲)명 성인과 철인. '성'은 지덕이 뛰어나고 통하지 않는 것이 없는 사람, '철'은 슬기로워서 사리에 밝은 사람을 이름.
성첩(成貼)명하타되자 지난날, 문서에 관인(官印)을 찍던 일.
성첩(城堞)명 ☞성가퀴.
성청(成廳)명하자 지난날, 세도가 있는 집의 하인들이 떼전을 짜던 일. ¶ 성청하여 행패하다.
성체(成體)명 다 자라서 생식 능력을 갖춘 동물, 또는 그런 몸.
성:체(聖體)명 ①☞성궁(聖躬). ②가톨릭에서, 빵과 포도주로 상징된 예수의 몸과 피를 이르는 말.
성:체^강:복(聖體降福)명 가톨릭에서, 주일이나 특별한 날에 사제가 성체로써 하느님의 은총을 비는 일.
성:체^대:회(聖體大會)[-회/-훼]명 가톨릭에서, 성체에 대한 신심(信心)을 앙양하기 위해 열리는 성직자·수도자 및 평신도들의 국제적인 집회.
성:체^성:사(聖體聖事)명 가톨릭에서 이르는 칠성사(七聖事)의 하나. 성체를 배령(拜領)하는 성사.
성:촉(聖燭)명 ☞성랍(聖蠟).
성:총(盛寵)명 극진한 사랑. 크나큰 총애.
성:총(聖聰)명 임금의 총명.
성:총(聖寵)명 ①임금의 은총. ¶ 성총을 입다. ②가톨릭에서, 사람을 영원한 생명으로 이끄는 하느님의 은총을 이르는 말.
성추(省楸)명하자 ☞성묘(省墓).
성:추(盛秋)명 가을이 한창인 때.
성-추행(性醜行)명하자타 강간 따위의 짓을 하거나 성적으로 희롱하는 짓.
성축(成軸)명하자 지난날, 시회(詩會) 때에 지은 시들을 두루마리에 차례로 옮겨 적던 일.
성:축(聖祝)명하자 성탄을 축하함.
성충(成蟲)명 (애벌레가) 다 자라서 생식 능력을 지니게 된 곤충. 어른벌레. 엄지벌레. 자란벌레. ↔유충(幼蟲).
성:충(聖衷)명 임금의 뜻. 성지(聖旨).
성충(誠忠)명하자 ☞충성.
성취(成娶)명하자 장가듦. 장가들어 아내를 맞음. 성가(成家).
성취(成就)명하타되자 목적한 바를 이룸. ¶ 소원이 성취되다. /계획했던 일을 성취하다.
성취(腥臭)명 비린내.
성취(醒醉)명 술에 취하는 일과 술이 깨는 일.
성취-동기(成就動機)명 목적한 바를 이루어 보겠다는 행동이나 의욕의 근거.
성취^지수(成就指數)명 교육의 성과와 학습 가능성의 관계를 수량적으로 표시한 수. 교육 지수의 지능 지수에 대한 백분율로 나타냄. 에이큐(AQ).
성층(成層)명하자 층을 이루는 일, 또는 그 층.

성층-권(成層圈) [-꿘] 명 대류권(對流圈)과 중간권(中間圈) 사이에 있는 거의 안정된 대기층. 〔지표에서 11~55 km.〕

성층-면(成層面) 명 지층을 이룬 물질이 퇴적했을 때의 면.

성층-암(成層岩) 명 ☞수성암(水成岩).

성층^화ː산(成層火山) 명 화산회(火山灰)·화산력(火山礫)·용암 따위가 자주 분출하여, 그 분출물이 층을 이루는 가운데 퇴적해서 된 화산. 층상 화산.

성치(星馳) 명 하자 흡사 별똥이 떨어지는 것처럼 매우 급히 달림.

성ː칙(聖勅) 명 임금의 명령.

성ː칭(盛稱) 명 하타 매우 칭찬함. 대단한 칭찬.

성크름-하다 형여 ①(바람이 잘 통하게) 옷감 등의 발이 가늘고 성기다. ¶ 성크름한 모시 옷. ②바람기가 많고 쌀쌀하다. ¶ 날씨가 제법 성크름하다. 작 상크름하다.

성큼 부 ①다리를 높이 들어 크게 떼어 놓는 모양. ¶ 마루로 성큼 올라서다. 작 상큼. ②동작이 망설임이 없이 빠르고 시원스러운 모양. ¶ 손을 들고 성큼 나아가다. ①**성큼-성큼** 부.

성큼-하다 형여 ①(키가 큰 사람의) 옷을 입은 모양이 겅둥하다. ②윗도리에 비하여 아랫도리가 좀 어울리지 않게 길쭉하다. ¶ 성큼한 다리로 휘청거리며 걷다. 작 상큼하다[1].

성ː탄(聖誕) 명 ①임금의 탄생, 또는 성인(聖人)의 탄생. ②〈성탄절〉의 준말. ¶ 성탄을 축하하다.

성ː탄-목(聖誕木) 명 ☞크리스마스트리.

성ː탄-일(聖誕日) 명 ①임금이나 성인이 태어난 날. ②기독교에서 이르는, 예수가 태어난 날.

성ː탄-절(聖誕節) 명 기독교에서, 예수가 태어난 날을 명절로 이르는 말. 크리스마스. 준 성탄.

성ː택(聖澤) 명 임금의 덕택(德澤).

성ː택-무(聖澤舞) [-탱-] 명 조선 시대 궁중 무용의 한 가지. 외국의 사신을 위로하는 연회에서 추던 당악무(唐樂舞)로서, 12명이 추는 군무(群舞)임.

성-터(城-) 명 성이 있었던 자리. 성지(城址). ¶ 백제의 옛 성터.

성ː토(盛土) 명 하자 흙을 쌓음.

성토(聲討) 명 하타 여러 사람이 모여서 어떤 잘못을 비판하고 규탄함. ¶ 성토 대회. /부정 사실을 들어 강력히 성토하다.

성ː-토요일(聖土曜日) 명 가톨릭에서 이르는, 부활 주일의 전날, 곧 예수가 무덤 속에 머물러 있었음을 기억하는 날.

성ː판(聖板) 명 지난날 가톨릭에서, '성작(聖爵)의 덮개'를 이르던 말.

성패(成敗) 명 일의 성공과 실패. ¶ 성패에 관계되는 문제.

성ː패(聖牌) 명 ①왕조 때, 은사(恩赦)에 부쳐서 내리던 여러 가지 패물. ②가톨릭에서, 예수·마리아·성인·교회 등을 새긴 동전 모양의 금속패를 이르는 말. 중세에는 성지 순례자에게 순례지의 교회에서 이를 수여하던 관습이 있었음.

성ː-폭력(性暴力) [-퐁녁] 명 성적인 행위로 남에게 육체적 손상 및 정신적·심리적 압박을 주는 물리적 강제력.

성ː-폭행(性暴行) [-포캥] 명 하타 '강간(強姦)'을 에둘러서 이르는 말.

성표(成標) 명 하타 증서를 작성함.

성표(星表) 명 항성이나 성단(星團)·성운(星雲) 등의 위치·거리·광도·운동·스펙트럼형 따위의 특성을 나타낸 표. 항성표.

성ː풀-이 명 하자 성난 마음을 푸는 일. 분풀이. ¶ 아랫사람에게 성풀이하다.

성ː품(性品) 명 성질과 됨됨이. 성질과 품격. ¶ 차분한 성품. /성품이 어질다.

성ː품(性稟) 명 사람의 타고난 성질. 성정(性情). 천품(天稟). ¶ 성품이 온화하다.

성ː품(聖品) 명 가톨릭에서, 칠품(七品) 가운데 상위에 속하는 주교직·사제직·부제직을 이르는 말. 대품(大品). 참 칠품(七品).

성ː품^성ː사(聖品聖事) 명 ☞신품 성사.

성풍(腥風) 명 ①피비린내가 풍기는 바람. ②몹시 살벌한 기운.

성풍(盛豊) '성풍하다'의 어근.

성ː풍-하다(盛豊-) 형여 ☞풍성(豊盛)하다.

성하(星河) 명 ☞은하(銀河).

성하(城下) 명 성의 아래, 또는 성 밑에 있는 마을.

성ː하(盛夏) 명 한여름.

성ː하(聖下) 명 가톨릭에서, '교황'을 높이어 일컫는 말.

성-하다[1] 형여 ①상한 데 없이 온전하다. ¶ 성한 데가 한 군데도 없구나. ②병이나 상처가 없다. ¶ 성한 사람. **성-히** 부.

성-하다[2] 조형 여 성싶다.

성ː-하다(盛-) Ⅰ 형여 ①(기운이나 세력이) 한창 왕성하다. ¶ 목축이 성한 지역. /화학 공업이 성한 나라. ②(나무나 풀이) 싱싱하게 우거지다. ¶ 앞뜰에 잡초가 성하다. **성-히** 부.
Ⅱ 자여 ①(기운이나 세력이) 한창 일어나다. ¶ 죄악이 성하는 것을 막아야 한다. ②(물고기·벌레 따위가) 번식하여 그 수가 부쩍 늘어나다. ¶ 날이 더워지니 모기가 성한다. ③(집안이나 자손이) 흥하다. ¶ 자손이 성하다.

성ː하-목욕(聖河沐浴) 명 힌두교에서, 성스러운 갠지스 강에 몸을 잠가 죄를 씻는 일.

성ː하-염열(盛夏炎熱) 명 한여름의 몹시 심한 더위.

성하지맹(城下之盟) 명 〔도성(都城)의 성 밑에서 항복하여 맺는 맹약이라는 뜻으로〕 '굴욕적인 강화(講和)의 맹약'을 이르는 말.

성학(星學) 명 '천문학(天文學)'을 이전에 이르던 말.

성ː학(聖學) 명 〔성인이 가르친 학문이라는 뜻으로〕 '유학(儒學)'을 이르는 말.

성학-가(星學家) [-까] 명 ①천문으로 길흉을 점치는 사람. 점성가(占星家). ②'천문학자'의 이전 일컬음.

성ː함(姓銜) 명 '성명(姓名)'을 높이어 이르는 말. 명함(名銜). ¶ 선생님 성함을 말씀해 주십시오. 비 함자(銜字).

성ː합(聖盒) 명 가톨릭에서, 성체를 모시어 두는 합을 이르는 말.

성ː해(聖骸) 명 가톨릭에서, 성인(聖人)의 유해를 이르는 말.

성ː행(性行) 명 성질과 행실. ¶ 내 동생은 학창 시절 내내 성행이 바른 모범생이었다.

성ː행(盛行) 명 하자 되자 매우 성하게 행하여짐. ¶ 단속이 느슨해지자 밀수가 다시 성행하다.

성ː-행위(性行爲) 명 성욕을 만족시키기 위한 행위. 〔흔히 '성교'를 이름.〕

성ː향(性向) 명 성질의 경향. ¶ 아파트를 좋아하는 신세대의 성향.

성ː향(姓鄕) 명 ☞관향(貫鄕).

성향(聲響) 명 울려서 나는 소리.

성ː현(聖賢) 명 성인과 현인. ¶ 성현의 가르침.

성혈(腥血) 명 비린내 나는 피.

성ː혈(聖血)명 가톨릭에서, 예수가 십자가에서 흘린 피, 또는 성찬식에서 그 피를 상징하여 쓰는 포도주를 이르는 말.

성형(成形)명하타되자 ①일정한 모양을 이룸. ②흙을 빚어 그릇의 형체를 만듦. ③의학에서, 외과적 수단으로 신체의 어떤 부분을 고치거나 만듦. ¶ 성형 미인.

성형(星形)명 별의 모양. 별 같은 모양. 별꼴.

성형^도법(星形圖法)[-뻡]명 지도 투영법(投影法)의 한 가지. 별 모양의 윤곽 안에 남극이나 북극을 중심으로 하여 세계 전도(世界全圖)를 나타내는 방법.

성형^수술(成形手術)명 주로 인체의 부분 손상이나 기형(畸形)의 교정 또는 미용을 위하여 하는 외과적 수술.

성형-외과(成形外科)[-외꽈/-웨꽈]명 성형 수술을 전문으로 하는 외과.

성형-품(成形品)명 원료에 물리적 조작을 가하여 일정한 모양으로 만들어 낸 물건. 특히, 플라스틱 제품에 대하여 이름.

성형-형(成形型)명 도자기를 성형하는 데 쓰는 틀. 석고·질그릇·금속 따위로 만듦.

성호(城壕)명 ☞해자(垓字).

성ː호(聖號)명 가톨릭에서, 가슴 앞에 손으로 긋는 십자가 모양을 이르는 말.

성ː-호르몬(性hormone)명 동물의 생식샘에서 분비되는 호르몬. 생식기의 발육과 성징(性徵)의 발현 등에 작용함.

성호-사설(星湖僿說)명 조선 영조 때의 학자 성호(星湖) 이익(李瀷)이 지은 책. 천지·만물·인사(人事)·경사(經史)·시문(詩文) 등으로 나누어, 그의 해박한 실학적 논술을 모은 내용. 30권 30책.

성혼(成婚)명하자되자 혼인이 이루어짐. ¶ 성혼을 선포하다.

성홍-열(猩紅熱)[-녈]명 목의 통증과 함께 고열(高熱)이 나고 온몸에 두드러기가 돋으며, 살갗이 빨갛게 되는 전염병의 한 가지. 어린이에게 많음. 양독(陽毒).

성화(成火)명하자 ①(마음대로 되지 않아) 몹시 애가 탐, 또는 그런 상태. ¶ 성화가 나다. ②몹시 성가시게 구는 일. ¶ 성화를 부리다.

성화(를) 대다관용 몹시 성가시게 굴다. ¶ 놀러 가자고 어찌나 성화를 대는지 견딜 수가 없다.

성화(를) 시키다〔**비치다**〕관용 몹시 성가시게 굴어 애를 먹이다.

성화를 바치다관용 성화가 나게 하다. ¶ 우리 집 막내둥이는 노는 데에만 정신이 팔려 제 엄마에게 성화를 바치는 녀석이다.

성화(星火)명 ①별똥별. 유성(流星). ②별똥별이 떨어질 때의 불빛. ③불티. ④매우 다급하게 굴거나 몹시 조르는 짓.

성ː화(盛火)명 활활 타오르는 불.

성ː화(聖火)명 ①신에게 바치는 신성한 불. ②올림픽 대회 때, 그리스의 올림피아에서 태양열로 채화(採火)한 불을 릴레이식으로 운반하여 대회가 끝날 때까지 주경기장의 성화대에 켜 놓는 횃불. 〔국내 체육 대회에서도 이를 본떠서 함.〕

성ː화(聖化)명하타되자 ①성스럽게 함. ②성인이나 임금이 덕화(德化)함. ③가톨릭에서, 인간이 하느님의 성성(聖性)에 이르거나 참여함.

성ː화(聖花)명 부처 앞에 바치는 꽃.

성ː화(聖畫)명 ☞종교화(宗敎畫).

성화(聲華)명 영화로운 명성.

성화-같다(星火-)[-갇따]형 (독촉 따위가) 몹시 심하고 다급하다. **성화같-이**부 ¶ 옆에서 성화같이 재촉하는 통에 한눈팔 틈도 없다.

성ː화-대(聖火臺)명 올림픽 대회 등의 주경기장에 설치하여, 경기가 진행되는 동안 성화를 켜 둘 수 있도록 한 장치.

성화-독촉(星火督促)명하자타 성화같이 재촉함.

성황(城隍)명 〈서낭〉의 본딧말.

성ː황(盛況)명 (모임이나 행사 따위가) 성대하고 활기에 찬 모양. ¶ 공연이 성황을 이루다.

성황-단(城隍壇)명 〈서낭단〉의 본딧말.

성황-당(城隍堂)명 〈서낭당〉의 본딧말.

성ː황-리(盛況裏)[-니]명 성황을 이룬 가운데. 《주로, '성황리에'의 꼴로 쓰임.》 ¶ 성황리에 열렸다./연주회가 성황리에 끝나다./모든 대회를 성황리에 마쳤다.

성황-상(城隍床)명 〈서낭상〉의 본딧말.

성황-신(城隍神)명 〈서낭신〉의 본딧말.

성황-제(城隍祭)명 〈서낭제〉의 본딧말.

성회(成會)[-회/-훼]명하자 회의가 성립됨. ↔유회(流會).

성ː회(盛會)[-회/-훼]명 성대한 모임.

성ː회(聖灰)[-회/-훼]명 가톨릭에서, 성회례에 사용하기 위하여 지난해에 축성한, 종려나무 가지를 태워서 얻은 재를 이르는 말.

성ː회-례(聖灰禮)[-회-/-훼-]명 가톨릭에서, 사제(司祭)가 신도의 머리 위에 성회를 뿌리는 의식을 이르는 말. 사순절이 시작되는 첫날인 수요일에 행함.

성ː회-일(聖灰日)[-회-/-훼-]명 '재의 수요일'의 구용어.

성ː후(聖候)명 임금의 안후(安候). 상후(上候).

성ː훈(聖訓)명 성인(聖人)이나 임금의 교훈.

성ː휘(聖諱)명 성인의 휘(諱).

성ː희(性戲)[-히]명 성적(性的)인 유희. ¶ 성희 장면이 많은 영화.

성ː-희롱(性戲弄)[-히-]명하자타 이성을 상대로 하여, 상대편의 의사에 관계없이 성적으로 수치심을 주는 말이나 행동을 함, 또는 그러한 말이나 행동.

섶[1][섭]명 덩굴지거나 줄기가 가냘픈 식물을 받쳐 주기 위하여 곁들여 꽂아 두는 막대기. ¶ 나팔꽃에 섶을 대다. *섶이[서피]·섶만[섬-]

섶[2][섭]명 두루마기나 저고리 따위의 깃 아래에 달린 긴 조각. ¶ 섶이 날렵하다. *섶이[서피]·섶만[섬-]

섶[3][섭]명 〈섶나무〉의 준말. *섶이[서피]·섶만[섬-]

섶 지고 불로 들어가려 한다속담 짐짓 그릇된 짓을 하여 화를 자초하려 한다는 말.

섶[4][섭]명 누에가 올라가 고치를 짓도록 마련한 짚이나 잎나무. 누에섶. 잠족. ¶ 누에를 섶에 올리다. *섶이[서피]·섶만[섬-]

섶[5][섭]명 물고기가 그곳에 모이도록 물속에 쌓아 놓은 나무. *섶이[서피]·섶만[섬-]

섶-나무[섬-]명 잎나무·풋나무·물거리 따위를 통틀어 이르는 말. 준섶[3].

섶-청올치[섭-]명 꼬지 아니한 청올치.

섶-폭(-幅)[섭-]명 섶의 나비.

세ː관 수사 '셋'이 수 관형사로 쓰일 때의 꼴. ¶ 세 개(個)./세 사람./세 마리.

세 사람만 우겨 대면 없는 호랑이도 만들어 낼 수 있다속담 ①여럿이 힘을 합치면 안 되는 일이 없다는 말. ②여럿이 퍼뜨린 말이나 소문은 결국 참말로 믿게 된다는 말.

세 살 적 버릇〔마음〕이 여든까지 간다속담 어릴 때에 들인 버릇은 좀처럼 고치기 어렵다는 말.

세ː(世)명 지질 시대의 '기(紀)'를 다시 나눈 단위의 한 가지. 〔홍적세·충적세 따위.〕

세ː(貰)명 돈을 받고 집이나 방 또는 그 밖의 물건을 빌려 주는 일, 또는 그 돈. 삯. ¶ 세를 들이다.

세ː(稅)명 〈조세(租稅)〉의 준말.

세ː(勢)명 ①힘. 기운. ¶ 세가 꺾이다. ②세력. 판세. 형세(形勢). ¶ 고립의 세.

세ː(世)의 《한자어 수사 뒤에 쓰이어》 서양에서, 부자(父子)가 같은 이름을 계속 쓰거나 한 왕조에서 같은 왕호(王號)를 대를 이어 사용할 때 그 차례를 나타냄. ¶ 헨리 팔 세. /록펠러 이 세.

세ː(歲)의 《한자어 수사 뒤에 쓰이어》 나이를 나타내는 말. ¶ 만 이십팔 세. 비살.

-세어미 《일부 동사 어간에 붙어》 평교간이나 손아랫사람에게 함께 하자는 뜻을 나타내는 하게체의 종결 어미. ¶ 같이 가세.

세ː가(世家)명 여러 대(代)에 걸쳐서 나라의 중요한 자리를 차지하고 있는 집안. 세족. ¶ 명문 세가.

세ː가(貰家)명 셋집.

세ː가(勢家)명 권세 있는 집안. 세문(勢門).

세ː가-자제(勢家子弟)명 권세 있는 집안의 자제. 세도가(勢道家)의 자제.

세ː간명 집안 살림에 쓰는 온갖 물건. 살림살이. 가장집물. 세간살이. ¶ 이사 가기 전날에 세간을 미리 꾸리다.

세ː간(世間)명 ①사람들이 살아가는 곳. 세상. ②불교에서, '변하며 흘러 멈추지 않는 현상 세계'를 이르는 말.

세ː간-살이명 ☞세간.

세ː간-차지(-次知)명 남의 세간을 맡아보는 사람.

세ː간-치장(-治粧)명하자 세간을 매만지고 꾸미고 하는 일.

세ː강속말(世降俗末)[-송-]명하형 세상이 그릇되어 풍속이 어지러움.

세ː객(歲客)명 세배하러 다니는 사람. 세배꾼.

세ː객(勢客)명 권세 있는 사람.

세ː객(說客)명 능란한 말솜씨로 유세(遊說)하며 다니는 사람.

세ː거(世居)명하자 한 고장에서 대대로 살아감.

세ː-거리명 ☞삼거리.

세ː거지지(世居之地)명 대대로 사는 고장.

세ː견-선(歲遣船)명 조선 세종 때에, 일본 쓰시마 도주(島主)에게 내왕을 허락한 무역선. 매년 일정한 수의 배로 제한했으며 주로 양곡을 실어 갔음.

세ː경(細徑)명 좁은 길. 세로(細路).

세ː경(細莖)명 가는 줄기.

세ː계(世系)[-계/-게]명 (한 집안이나 왕실의) 대대(代代)의 계통.

세ː계(世界)[-계/-게]명 ①지구 위의 모든 지역. 온 세상. 모든 나라. ¶ 세계 각국. /세계 평화. ②(지구를 포함한) 우주 전체. ¶ 하느님이 세계를 창조하시다. ③같은 종류끼리의 모임이나 이념·목적 따위를 같이하는 사람의 집단, 또는 관찰 방법에 따른 사물 현상의 특수한 범위. ¶ 곤충의 세계. /음악인들의 세계. ④한정된 어떤 심리적 경역(境域). ¶ 미(美)의 세계. ⑤철학에서, 인간의 인식 대상이 되는, 객관적 현상의 모든 범위를 이르는 말. ¶ 정신의 세계와 물질의 세계. ⑥불교에서 이르는, 중생이 사는 이 현상계. 〔'世'는 과거·현재·미래의 삼세(三世), '界'는 동서남북과 상하(上下)를 가리킴.〕

세ː계(歲計)[-계/-게]명하자 ①한 회계 연도 내의 세입(歲入)·세출(歲出)을 계산함, 또는 그런 총계. ②일 년 동안의 수입과 지출을 계산함, 또는 그런 총계.

세ː계^공민(世界公民)[-계-/-게-]명 세계 국가 또는 세계 협력체의 구성원.

세ː계^공ː황(世界恐慌)[-계-/-게-]명 1929년에 미국의 금융 시장에서 일어난 금융 공황으로 비롯되어, 세계의 자본주의 국가에 파급된 공황.

세ː계-관(世界觀)[-계-/-게-]명 세계 및 거기에 사는 인간의 존재에 대하여 통일적·체계적으로 파악한 견해.

세ː계^국가(世界國家)[-계-까/-게-까]명 민족의 차별 없이 온 세계를 하나로 하여, 인류 모두를 그 국민으로 하자는 이상적인 국가. 세계 연방.

세ː계^기록(世界記錄)[-계-/-게-]명 운동 경기 따위에서, 그때까지의 기록을 깬 세계 최고 기록. 세계 신기록.

세ː계^기상^기구(世界氣象機構)[-계-/-게-]명 국제 연합 전문 기구의 한 가지. 기상 관측에 관한 국제 협력의 촉진, 관측망의 확립, 기상 정보의 교환 등을 목적으로 함. 본부는 제네바에 있음.

세ː계-기시(世界起始)[-계-/-게-]명 불교에서, '우주 개벽'을 이르는 말.

세ː계^기업(世界企業)[-계-/-게-]명 세계적 규모의 기업. 다국적 기업.

세ː계^대ː전(世界大戰)[-계-/-게-]명 세계적인 규모로 벌어지는 큰 전쟁. 흔히, 20세기 전반기에 있었던 제1차 세계 대전(1914～1918)과 제2차 세계 대전(1939～1945)을 이름.

세ː계-력(世界曆)[-계-/-게-]명 날짜와 요일이 일정하게 짝 지어지도록 한 역법(曆法). 일 년을 네 계절로 나누고, 계절마다 첫날을 일요일로 하며, 연말(年末)에 요일이 없는 날 하루(윤년에는 이틀)를 둠.

세ː계-만방(世界萬邦)[-계-/-게-]명 세계의 모든 나라. ¶ 세계만방에 고하다. /대한 남아의 기개를 세계만방에 떨치다.

세ː계-무대(世界舞臺)[-계-/-게-]명 세계적인 범위의 활동 분야. ¶ 세계무대로 도약하다.

세ː계^무ː역(世界貿易)[-계-/-게-]명 ☞국제 무역.

세ː계^무ː역^기구(世界貿易機構)[-계-끼-/-게-끼-]명 가트(GATT)를 대체하여 국제 무역의 규정을 통괄하는 기구. 무역 분쟁 조정, 관세 인하 요구, 덤핑 규제 등의 법적 권한과 구속력을 행사하며 본부는 제네바에 있음. 더블유티오(WTO).

세ː계^문학(世界文學)[-계-/-게-]명 ①보편적 인간성을 추구하여 세계 여러 나라 사람에게 널리 이해될 수 있는, 인류 공유의 문화재로서의 문학. ②우리나라 문학에 대하여 세계 각국의 문학을 흔히 이름.

세ː계^보ː건^기구(世界保健機構)[-계-/-게-]명 국제 연합 전문 기구의 한 가지. 보건 분야에서의 국제 협력을 위한 기구. 본부는 제네바에 있음. 더블유에이치오(WHO).

세ː계-사(世界史)[-계-/-게-]명 세계 전체를 통일적으로 연관시킨 인류의 역사.

세ː계-상(世界像) [-계-/-게-] 명 어떤 일정한 관점이나 한정된 사유(思惟) 안에서 보는 세계의 모습. 어떤 세계관에 의한 세계의 모습.
세ː계-수(世界樹) [-계-/-게-] 명 ☞생명수.
세ː계-시(世界時) [-계-/-게-] 명 세계 공통의 시각으로 쓰이고 있는 그리니치 평균 태양시를 이르는 말. 각국 표준시의 기준이 됨. 우리나라의 표준시는 세계시보다 9시간 빠름.
세ː계^시ː장(世界市場) [-계-/-게-] 명 ①세계 무역에 의하여 이루어지는 추상적인 시장. ¶ 이번 신제품은 세계 시장에 내놓아도 손색이 없다. ②☞국제 시장.
세ː계^신기록(世界新記錄) [-계-/-게-] 명 ☞세계 기록.
세ː계-어(世界語) [-계-/-게-] 명 ☞국제어.
세ː계^연방(世界聯邦) [-계-/-게-] 명 ☞세계 국가.
세ː계-열강(世界列強) [-계-/-게-] 명 세계의 여러 강대국.
세ː계-인(世界人) [-계-/-게-] 명 ①세계의 모든 사람. ②세계적으로 활약하는 유명한 사람.
세ː계^인권^선언(世界人權宣言) [-계-꿘-/-게-꿘-] 명 1948년 국제 연합 총회에서 채택된 인권에 관한 세계 선언. 세계의 모든 국민이나 국가가 달성해야 할 인권 존중의 기준을 보인 것. 법적 구속력은 없음.
세계-적(世界的) [-계-/-게-] 관명 ①세계 전체를 대상 범위로 하는 (것). ¶ 세계적 명성. /세계적인 호황. ②세계에서 가장 뛰어난 수준에 이른 (것). ¶ 세계적 수준. /세계적인 규모.
세ː계^정부(世界政府) [-계-/-게-] 명 세계 국가의 정부.
세ː계-정신(世界精神) [-계-/-게-] 명 ①세계를 통제하고 지배하는 근원적인 힘. 신(神)과 거의 같은 뜻으로 쓰임. ②세계사 속에서 자기를 실현하는 정신. 헤겔의 역사 철학의 기본적인 개념.
세ː계^정책(世界政策) [-계-/-게-] 명 국력이 미치는 세력 범위를 세계적으로 확대하려는 제국주의적 팽창 정책.
세ː계^종교(世界宗教) [-계-/-게-] 명 인종·국적·성별 따위를 초월하여 세계적으로 널리 신봉되는 종교. 〔기독교·불교·이슬람교 따위.〕
세ː계-주의(世界主義) [-계-의/-게-이] 명 국가나 민족을 초월하여 온 인류를 한 동포로 보고 인류 사회의 통일을 꾀하려는 주의. 만민주의(萬民主義). 코즈모폴리터니즘.
세ː계주의-자(世界主義者) [-계-의-/-게-이-] 명 세계주의를 신봉하는 사람. 코즈모폴리턴.
세ː계^지도(世界地圖) [-계-/-게-] 명 세계를 나타낸 지도. 만국 지도.
세ː계 지적 소유권 기구(世界知的所有權機構) [-계-쩍-꿘-/-게-쩍-꿘-] 국제 연합의 전문 기구의 한 가지. 발명·상표·의장(意匠) 등에 관한 공업 소유권 및 문학·음악·미술 작품에 대한 저작권 등을 국제적으로 서로 보호하고 보호받기 위한 기구.
세ː계-화(世界化) [-계-/-게-] 명하자타 세계적으로 되거나 되게 함. ¶ 기술의 세계화가 이루어져야 품질의 세계화가 이루어진다.
세ː계^화ː폐(世界貨幣) [-계-폐/-게-페] 명 세계 어느 나라에서나 자유롭게 유통되는 화폐.
세ː고(世故) 명 세상의 모든 일. 속세의 일.
세ː고(細故) 명 자그마한 사고. 작은 탈.
세ː곡(稅穀) 명 조세(租稅)로 내는 곡식.
세ː골-장(洗骨葬) 명 ☞두벌묻기.
세ː골-창(細骨窓) 명 ☞세살창.
세ː공(細工) 명하타되자 섬세한 잔손질이 많이 가는 수공(手工). ¶ 보석 세공.
세ː공(細孔) 명 작은 구멍.
세ː공(歲功) 명 ①해마다 철에 따라 해야 할 일. ②해마다 철을 따라 짓는 농사.
세ː공(歲貢) 명 해마다 나라에 바치는 공물.
세ː공-물(細工物) 명 잔손을 많이 들여 만든 물건. 세공품.
세ː공-품(細工品) 명 ☞세공물.
세ː관(細管) 명 가는 관.
세ː관(稅關) 명 개항장(開港場)이나 공항·국경 등에서, 수출입품에 세금을 물리고 선박이나 화물의 단속 따위를 맡고 있는 관청.
세ː관-가치장(稅關假置場) 명 세관에서 검사한 물건을 임시로 보관하는 곳.
세ː관^공항(稅關空港) 명 항공기에 의한 수입 화물에 관세를 물리기 위해 법률로 지정한 공항.
세ː관-도(稅關渡) 명 화물을 세관에서 인도하는 것을 조건으로 하는 매매 계약.
세ː관^보ː세^구역(稅關保稅區域) 명 통관 절차를 밟고자 하는 물품을 보관하거나 검사하기 위해 설정한 구역.
세ː관-원(稅關員) 명 세관에서 여객의 소지품이나 수출입 화물에 대한 관세의 부과와 징수에 대한 사무를 맡아보는 공무원.
세ː광(洗鑛) 명하타 파낸 광석에 붙은 흙과 잡물을 물로 씻어 내는 일.
세ː괘(細罫) 명 (인쇄소에서 조판할 때에 쓰는) 가는 괘선(罫線).
세ː교(世交) 명 대대로 이어 온 교분. ¶ 그 집안과 우리 집안은 세교가 있다.
세ː교(世教) 명 ①세상의 가르침. 세상의 풍화(風化). ②'유교(儒教)'를 달리 이르는 말.
세ː구(世仇) 명 대대로 내려오는 원수.
세구(歲久) '세구하다'의 어근.
세ː구-하다(歲久-) 형여 여러 해가 지나다. 지난 세월이 오래되다. ¶ 헤어진 지 세구하여….
세궁(細窮) '세궁하다'의 어근.
세ː궁-역진(勢窮力盡) [-녁찐] 명하자 기세가 꺾이고 힘이 다 빠짐.
세ː궁-하다(細窮-) 형여 형세(形勢)가 약하고 궁하다. 매우 가난하다. ¶ 세궁한 집안 형편.
세ː권(稅權) [-꿘] 명 ①조세를 거둘 수 있는 권리. 과세(課稅)할 수 있는 권리. ②국제 무역에서, 관세의 징수를 대등하게 유지하는 권리.
세ː규(世規) 명 세상에서 널리 인정된, 보편적이며 상식적인 규범.
세ː균(細菌) 명 생물체 가운데 가장 미세하고 가장 하등에 속하는 단세포 생물체를 두루 이르는 말. 땅속, 물속, 공기 속, 생물체 속 등에 널리 분포하여 종류가 많음. 다른 것에 기생하여 발효나 부패를 일으키고, 병원(病原)이 되는 것도 있음. 박테리아. 미균(黴菌). 준균(菌).
세ː균^무ː기(細菌武器) 명 ☞세균 병기.
세ː균^바이러스(細菌virus) 명 세균류에 기생하는 바이러스.
세ː균^병기(細菌兵器) 명 병원균이나 인체에 해로운 세균·바이러스를 적지(敵地)에 뿌리는 폭탄 따위의 병기. 세균 무기.
세ː균-역적(勢均力敵) [-녁쩍] 명하형 세력이 서로 균등하고 힘이 엇비슷함.
세ː균-전(細菌戰) 명 ☞생물학전(生物學戰).
세ː균-학(細菌學) 명 세균의 형태나 성질 따위를 연구하는 생물학의 한 분과.

세ː극(細隙)명 ①좁은 틈. ②빛·분자·전자·원자의 흐름을 제한해서 통과시키는 장치.
세ː근(細根)명 잔뿌리.
세ː금(稅金)명 국가나 지방 공공 단체가 조세(租稅)로서 징수하는 돈. 세전(稅錢).
세ː금(貰金)명 ☞셋돈. 세전(貰錢).
세ː기(世紀)명 ①시대 또는 연대. ②서력(西曆)에서, 100년을 단위로 하여 세는 시대 구분. ③《주로 '세기의'의 꼴로 쓰이어》 '썩 드문, 뛰어난'의 뜻을 나타냄. ¶ 세기의 영웅. ④〖의존 명사적 용법〗 백 년 동안을 세는 단위. ¶ 21세기의 청사진.
세ː기(細技)명 운동 경기 따위에서의 자잘한 재간. 잔기술. ¶ 세기에 능한 선수.
세ː기(貰器)명 세를 받고 빌려 주는 그릇.
세ː기-말(世紀末)명 ①한 세기의 끝. ②병적·퇴폐적인 풍조가 나타났던 유럽, 특히 프랑스의 19세기 끝 무렵, 또는 그런 경향이 일어나는 어떤 사회의 몰락기(沒落期).
세ː기말-적(世紀末的)[-쩍]관명 세기말과 같은 경향이 있는 (것). ¶ 세기말적 풍조. /세기말적인 현상.
세ː기-병(世紀病)[-뼝]명 그 세기 특유의 병적인 경향.
세ː기-적(世紀的)관명 그 세기를 대표할 만한 (것). ¶ 세기적 명작. /세기적인 사건.
세ː-끼명 〔아침·점심·저녁으로 하루에 세 번 먹는 밥이라는 뜻으로〕 하루하루의 끼니. ¶ 세끼 밥도 제대로 먹지 못할 정도로 가난하다.
세-나다¹자 부스럼 따위가 덧나다.
세ː-나다²자 (찾는 사람이 많아) 물건이 잘 팔려 나가다. ¶ 한여름이라 얼음이 세나지.
세ː-나절명 잠깐이면 끝날 일을 질질 끌어서 늦어지는 동안을 조롱하여 이르는 말. ¶ 체, 벌써 세나절은 지났겠군.
세ː납(稅納)명하자 ☞납세(納稅).
세ː-내다(貰-)타 세(貰)를 주고 남의 것을 빌려 쓰다. ¶ 자동차를 세내다.
세ː념(世念)명 ①명리(名利)를 구하는 마음. ②세상살이를 위한 여러 가지 생각.
세ː농(細農)명 ①소규모로 짓는 농사. ②〈세농가〉의 준말. ②빈농(貧農).
세ː농-가(細農家)명 ①농사를 소규모로 짓는 농가. ②몹시 가난한 농가. 준세농.
세ː-놓다(貰-)[-노타]타 세(貰)를 받고 남에게 집(방)이나 물건을 빌려 주다.
세ː뇌(洗腦)[-뇌/-눼]명하타되자 어떤 사상이나 주의를 주입시켜 거기에 물들게 하는 일. 흔히, 공산주의 사상의 인위적 주입을 이름. ¶ 세뇌 교육.
세ː뇨-관(細尿管)명 혈액 중의 노폐물을 오줌으로 걸러 내는, 신장 속의 수많은 가는 관.
세ː-누비(細-)명 촘촘하고 곱게 누빈 누비.
세ː다¹자 ①머리털이 희어지다. ¶ 머리가 세다. ②얼굴의 혈색이 없어지다.
세ː다²타 수효를 헤아리다. ¶ 돈을 세다.
세ː다³형 ①힘이 많다. ¶ 기운이 세다. ②심지가 굳다. ¶ 고집이 세다. ③세력이 크다. 세차다. ¶ 바람이 세다. /불길이 세다. /물살이 세다. ④장기·바둑 따위의 수가 높다. ¶ 바둑이 세다. ⑤견디는 힘이 강하다. ¶ 열에 세다. ⑥주량(酒量)이 많다. ¶ 술이 세다. ⑦딱딱하고 뻣뻣하다. ¶ 가시가 세다. /풀기가 세다. ⑧보드랍지 않고 거칠다. ¶ 살결이 세다. ⑨일이 벅차서 감당해 내기 힘들다. 힘이 들어 견뎌 내기 어렵다. ¶ 일이 세다. ⑩물에 광물질 따위가 섞여 쓰기에 나쁘다. ¶ 물이 세서 때가 안 빠진다. ⑪궂은일이 자주 일어나 좋지 않다. ¶ 터가 세다. /팔자가 세다.
세ː단(細斷)명하타 가늘게 자름. 잘게 자름.
세ː단(歲旦)명 정월 초하루 아침. 원단(元旦).
세단(sedan)명 상자 모양의 승용차. 좌석이 두 줄이고 문이 넷인, 4~5인승의 가장 전형적인 차.
세ː단-뛰기(-段-)명 육상 경기의 한 가지. 도움닫기의 속력을 이용하여 홉·스텝·점프 등 세 번의 뜀뛰기를 연속적으로 하여 그 거리를 겨루는 경기. 삼단뛰기.
세ː담(細談)명하자 쓸데없는 잔말.
세ː답(洗踏)명하자 빨래.
세ː답(貰畓)명 남에게 세(貰)를 내고 얻어서 농사를 짓는 논.
세ː답족백(洗踏足白)[-쪽빽]명 〔상전의 빨래에 종의 발뒤꿈치가 희어진다는 뜻으로〕 '남의 일을 하여 얻어지는 소득'을 이르는 말.
세ː대(世代)명 ①같은 시대에 살아서 공통의 의식을 가지는 비슷한 연령층, 또는 그 사람들. ¶ 아버지의 세대. /젊은 세대. /세대 간의 갈등. ②약 30년을 한 구분으로 하는 연령층, 또는 그 사람들. ¶ 세대에 따라 사고방식의 차이가 크다. ③어버이·자식·손자로 이어지는 대(代).
세ː대(世帶)명 ☞가구(家口).
세ː대(細大)명 세사(細事)와 대사(大事). 자질구레한 일과 큰일.
세ː대^교번(世代交番)명 어떤 종류의 동식물에서, 생식법이 서로 다른 세대가 주기적 또는 불규칙적으로 번갈아 나타나는 현상. 무성 생식과 유성 생식의 교대가 대표적임. 세대 윤회.
세ː대-교체(世代交替)명 (어떤 일을 맡아서 하던) 나이 든 사람들을 젊은 사람들로 바꾸는 일. 또는, 앞 세대가 하던 일을 뒤 세대가 이어받아 맡는 일. ¶ 지도자의 세대교체.
세ː대-박이명 ☞삼대선.
세ː대^윤회(世代輪廻)[-회/-훼]명 ☞세대 교번(世代交番).
세ː대-주(世帶主)명 ☞가구주(家口主).
세댱명 〈옛〉 세장. 울짱. ¶ 세댱 칙:柵(訓蒙中6).
세ː덕(世德)명 여러 대를 걸쳐 쌓아 온 가문의 미덕.
세ː도(世道)명 ①세상을 올바르게 다스리는 길. ②세상을 살아가는 데에 지켜야 할 도의. ¶ 세도를 지키며 살아가다.
세ː도(勢道)명하자 정치의 권세, 또는 그 권세를 마구 휘두르는 일. ¶ 세도 가문. /세도를 부리다.
세도가 빨랫줄이다관용 지위나 권세가 든든하고 길다.
세ː도-가(勢道家)명 세도하는 사람. 세도 있는 집안. ¶ 장안의 세도가.
세도-꾼(勢道-)명 세도를 부리는 사람.
세ː도막^형식(-形式)[-마켱-]명 악곡의 기본 형식의 하나. 보통 여덟 마디로 된 큰악절 셋으로 이루어짐. 삼부 형식(三部形式).
세ː도-인심(世道人心)명 세상의 도의와 사람의 마음. ¶ 부패한 관료와 기울어진 세도인심.
세ː도-재상(勢道宰相)명 세도를 잡아 대권을 좌우하는 재상. 세도 정치를 하는 재상.
세ː도^정치(勢道政治)명 조선 정조 이후, 세도가에 의하여 좌우되던 정치를 이르는 말.
세ː독(細讀)명하타 자세하게 읽음. 비정독.

세:동가리-돔명 나비고깃과의 바닷물고기. 몸길이 15 cm가량. 몸길이 정도로 아래위가 길어 전체 모양이 사각형에 가까움. 머리가 짧고 눈을 가로지르는 띠와 옆구리를 두르는 넓은 두 줄의 갈색 띠가 있음. 우리나라와 일본·대만·필리핀 등지의 연해에 분포함.

세:뚜리명 ①한 상(床)에서 셋이 함께 식사하는 일. ②(새우젓 따위를 나눌 때) 한 독을 세 몫으로 나누는 일, 또는 그렇게 나눈 한 몫.

세라믹(←ceramics)명 고온으로 열처리하여 만든 비금속의 무기질 고체 재료를 통틀어 이르는 말. 내화성이 뛰어남. 〔도자기·유리·시멘트 따위.〕

세:량(細涼)명 가는 바탕에 얇은 깁으로 바른 갓양태. 참중량(中涼).

세레나:데(serenade)명 ①〔저녁 음악이란 뜻으로〕 밤에 애인의 집 창 밑에서 남자가 부르거나 연주하던 사랑의 노래. ②18세기에 시작된 기악 형식의 한 가지. 교향곡보다 규모가 작으며, 보통 5~6악장으로 이루어짐. 소야곡(小夜曲).

세:려(細慮)명 ①하타 꼼꼼히 생각함, 또는 그 생각. ②세심한 배려.

세:력(勢力)명 ①남을 누르고 자기가 마음대로 행동할 수 있는 힘. 세(勢). ¶ 정치적 세력. ②어떤 속성이나 힘을 가진 집단. ¶ 주도 세력. /용공 세력을 뿌리 뽑다.

세:력-가(勢力家)[-까]명 (어떤 지역이나 어떤 사회 따위에서) 세력을 가진 사람.

세:력-권(勢力圈)[-꿘]명 ①지배력이나 영향력이 미치는 범위. ¶ 세력권에 들다. ②☞텃세권.

세:련(洗練·洗鍊)명하타 (글이나 교양·인품 따위를) 갈고 다듬어 우아하고 고상하게 함.

세:련-되다(洗練-)[-되-/-뒈-]형 ①글·언행·취미 등이 어색하지 않고 잘 다듬어져 있다. ¶ 세련된 문장. ②모습이 촌스러운 데가 없이 맵시가 있다. ¶ 세련된 몸가짐. /세련된 옷차림.

세:련-미(洗練味)명 세련된 맛. ¶ 세련미가 넘치는 아가씨.

세:렴(細簾)명 가는 대〔竹〕로 촘촘히 엮은 발.

세:례(洗禮)명 ①기독교에서, 신자가 될 때에 베푸는 의식. 〔종파에 따라 머리 위를 물로 적시기도 하고, 머리에 물을 붓기도 하며, 몸을 물에 잠그기도 함.〕 참성세 성사(聖洗聖事). ②'한꺼번에 몰아치는 비난이나 공격'을 비유하여 이르는 말. ¶ 폭탄 세례. /달걀 세례를 퍼붓다.

세:례-명(洗禮名)명 가톨릭 신자가 세례 때 받는 이름. 사도(使徒)나 성자(聖者)의 이름에서 땀. 본명(本名).

세:로명 (좌우의 방향에 대하여) 아래위의 방향, 또는 그렇게 놓인 상태. 종(縱). ¶ 세로로 갈라진 틈. /세로로 내리긋다. ↔가로.

세:로(世路)명 세상을 살아가는 길. 행로(行路). ¶ 거칠고 험한 세로.

세:로(細路)명 작은 길. 좁은 길. 세경(細徑).

세:로-결명 (판자나 종이 따위의) 세로로 난 결. ↔가로결.

세:로-금명 세로로 그은 금. 세로줄. 종선. ↔가로금.

세:로-대명 ☞세로축. ↔가로대.

세:로-띠명 세로로 길게 된 띠. 종대(縱帶). ↔가로띠.

세:로-무늬[-니]명 세로로 길게 나타난 무늬. ↔가로무늬.

세:로쓰-기명하타 글줄이 세로로 되게 글을 써나가는 일, 또는 그런 방식. 내리쓰기. 종서(縱書). ↔가로쓰기.

세로^좌:표(-座標)명 좌표 평면 위의 어느 점에서 세로축에 그은 수선과 세로축이 만나는 점의 좌표. 와이 좌표. 종좌표(縱座標). ↔가로 좌표.

세:로-줄명 ①세로로 그은 줄. 세로금. 종선(縱線). ↔가로줄. ②보표(譜表)에서, 마디를 구분하기 위하여 세로로 긋는 줄.

세:로-지명 ①종이를 뜬 자국이 세로로 된 종이의 결, 또는 그 종이. ②세로로 긴 종이나 피륙 따위의 조각. ↔가로지. ②준세지.

세:로-짜기명 조판(組版)에서, 글줄이 세로로 되게 짜는 방식. 종조(縱組). ↔가로짜기.

세:로-축(-軸)명 직교 좌표(直交座標)에서 세로로 잡은 좌표축. 흔히, 종속 변수를 나타냄. 세로대. 와이축. 종축(縱軸). ↔가로축.

세:로-획(-畫)[-획/-훽]명 글자의 세로로 내리긋는 획. ↔가로획.

세:록(世祿)명 대대로 받는 국록. 가록(家祿).

세:록지신(世祿之臣)[-찌-]명 대대로 국록을 받는 신하. 준세신(世臣).

세:론(世論)명 ☞여론(輿論).

세:론(細論)명하타 자세하게 의논함, 또는 그 의논.

세:롱(細聾)명 가는귀가 먹어서 작은 소리를 듣지 못하는 일.

세:루(世累)명 세상의 번거로운 일이나 걱정거리.

세:류(洗流)명 비행기가 날 때 날개 뒤쪽에서 일어나는 기류. 약간 아래로 향함.

세:류(細柳)명 ☞세버들. ¶ 세류 춘풍(春風).

세:류(細流)명 작은 시내.

세륨(cerium)명 희토류 원소의 한 가지. 전성(展性)과 연성(延性)이 있고 주석보다 단단하나 아연보다는 연함. 발화 합금(發火合金)으로 널리 쓰이며, 일반 금속이나 비철 금속 등의 합금 소재로도 이용됨. 〔Ce/58/140.12〕

세륨-족(cerium族)명 희토류 원소 중, 란탄·세륨·프라세오디뮴·네오디뮴·프로메튬·사마륨의 여섯 원소를 통틀어 이르는 말.

세:리(稅吏)명 세금을 징수하는 관리.

세:리(勢利)명 ①세력과 권리. ②권세와 이욕.

세리신(sericin)명 피브로인(fibroin)과 함께 누에고치의 섬유를 구성하는 단백질. 〔뜨거운 물에 담그면 피브로인만 남고 녹아 버림.〕

세리오소(serioso 이)명 악보의 나타냄말. '비장하게·장중하게'의 뜻.

세:린(細鱗)명 ①물고기의 자잘한 비늘. ②작은 물고기.

세:립(細粒)명 자디잔 알갱이.

세:마(貰馬)명 ☞셋말.

세:-마치명하자 대장간에서 쇠를 불릴 때, 세 사람이 돌려 가면서 치는 큰 마치, 또는 그렇게 치는 일.

세:마치-장단명 국악에서, 세마치를 치는 것 같은 8분의9 박자의 빠른 장단.

세:-마포(細麻布)명 ☞세포(細布).

세:만(歲晩)명 ☞세밑.

세:말(細末)명하타 썩 곱게 빻음, 또는 그렇게 빻은 가루.

세:말(歲末)명 ☞세밑.

세:망(勢望)명 권세와 인망. ¶ 세망을 아울러 가지다.

세:맥(細脈)명 지맥(支脈)과 지맥 사이를 잇는 가는 잎맥.

세ː면(洗面)명하자 얼굴을 씻음. 세수(洗手). 세안(洗顔). ¶ 자고 일어나면 세면부터 해야지.
세ː면(細麵)명 ☞실국수.
세ː면-구(洗面具)명 〈세면도구〉의 준말.
세ː면-기(洗面器)명 세숫대야. 대야.
세ː면-대(洗面臺)명 세면 시설을 해 놓은 대.
세ː면-도구(洗面道具)명 얼굴을 씻거나 머리를 감거나 하는 데 쓰이는 용품. 비누·칫솔·치약·수건·빗·면도기 따위. 준세면구.
세ː면-장(洗面場)명 세면 시설을 해 놓은 곳. 세수간.
세ː-모명 삼각형의 세 개의 모. 삼각(三角).
세ː모(世母)명 세부(世父)의 아내. 백모(伯母).
세ː모(細毛)명 ①가는 털. ②☞참가사리.
세ː모(歲暮)명 ☞세밑.
세ː모-기둥명 ☞삼각기둥.
세ː모-꼴명 ☞삼각형.
세ː모-끌명 날은 반듯하나 등이 모져서 세모를 이룬 끌. 장붓구멍 따위의 모서리 부분을 깎아 내는 데 쓰임.
세ː모-나다형 ☞세모지다.
세ː모-뿔명 ☞삼각뿔.
세ː모-송곳[-곧]명 끝이 삼각뿔의 꼭짓점처럼 세모진 송곳. *세ː모송곳이[-고시]·세ː모송곳만[-곤-]
세ː-모시(細-)명 올이 썩 가는 고운 모시. 세저(細苧). ↔장작모시.
세ː모-자명 ☞삼각자.
세ː모-제(歲暮祭)명 왕조 때, 섣달 그믐날 밤에 나라에서 지내던 제사.
세ː모-줄명 쇠붙이를 깎는 데 쓰는, 단면(斷面)이 세모로 된 줄.
세ː모-지다형 세모가 나 있다. 세모나다.
세ː목(細木)명 올이 썩 가는 무명.
세ː목(細目)명 〈세절목〉의 준말.
세ː목(稅目)명 조세(租稅)의 종목.
세ː목-장(細目帳)[-짱]명 세목을 기록하는 장부.
세ː-몰이(勢-)명 선거를 앞두고 유세 따위를 통하여 자신의 지지 세력을 늘리려고 분위기를 조성하는 일. ¶ 세몰이에 나서다.
세ː무(世務)명 세상살이에서 해야 할 온갖 일.
세ː무(細務)명 자질구레한 사무. 대수롭지 않은 일. 하찮은 일.
세ː무(稅務)명 세금을 매기고 거두어들이는 행정 사무.
세ː무-사(稅務士)명 세무 서류의 작성이나 세무 상담, 세무 대리 등 납세에 관한 사무를 전문적으로 하는 사람, 또는 그러한 직업. 〔법정 자격을 갖추어야 함.〕
세ː무^사찰(稅務査察)명 조세 범칙(犯則) 행위에 대한 강제 조사.
세ː무-서(稅務署)명 국세청(國稅廳)에 딸린 일선 기관으로서 내국세의 부과·징수에 관한 사무를 맡아보는 관서.
세ː무^조사(稅務調査)명 세법에 따라 세무 당국이 행하는 조사.
세ː묵(細墨)명 ☞시먹.
세ː문(細紋)명 자잘한 무늬. 세밀한 무늬.
세ː문(勢門)명 ☞세가(勢家).
세ː문(歲問)명하자 지난날, 해마다 일정한 시기에 봉물(封物)을 보내어 문안하던 일. 〔흔히, 지방에서 서울의 벼슬아치에게 보냈음.〕
세ː-문안(歲問安)명하자 새해에 문안을 드림, 또는 그 문안.
세ː물(貰物)명 세놓은 물건.
세ː물-전(貰物廛)명 지난날, 혼례나 장사(葬事)에 쓰일 물건 따위를 세놓던 가게. 도가(都家).
세물전 영감이다관용 세상의 온갖 자질구레한 일을 많이 아는 사람을 별명으로 이르는 말.
세ː미(世味)명 세상살이에서 겪고 느끼게 되는 괴로움이나 즐거움. 세상맛.
세미(細美) '세미(細美)하다'의 어근.
세미(細微) '세미(細微)하다'의 어근.
세ː미(稅米)명 조세(租稅)로 바치던 쌀.
세ː미(歲米)명 지난날, 세초(歲初)에 나라에서 늙은이를 위하여 주던 쌀.
세미나(seminar)명 ①(대학 같은 곳에서) 교수의 지도 아래 지정된 주제를 가지고 학생들이 공동으로 토론·연구하게 하는 교육 방법. ②(학회 같은 곳에서) 지명된 몇 회원이 분담된 소주제(小主題)에 대하여 연구 발표하고, 이를 바탕으로 전 회원의 토론을 통하여 소주제의 연쇄로 된 대주제에 이르도록 하는 연구 활동.
세미다큐멘터리(semidocumentary)명 (영화나 방송 따위에서) 기록적인 필름에 극적인 요소를 더하여 현장감을 높인 기록 영화나 방송, 또는 그러한 수법.
세미콜론(semicolon)명 쌍반점(雙半點).
세미클래식(←semiclassical music)명 클래식 악곡 가운데 가벼운 소품이나 분위기 위주의 경음악을 이르는 말.
세미파이널(semifinal)명 권투 경기에서, 주요 경기 전에 벌이는 대전.
세미프로(semi-pro)명 반직업적인 선수. [semi-professional]
세ː미-하다(細美-)형여 가늘고 곱다.
세ː미-하다(細微-)형여 ①매우 자잘하다. 세소하다. ②신분이 매우 낮다. ③☞미천하다.
세ː민(細民)명 〈영세민〉의 준말. 빈민(貧民).
세밀(細密) '세밀하다'의 어근.
세ː밀-하다(細密-)형여 자세하고 빈틈없다. ¶ 세밀하게 그린 그림. 세밀-히부
세ː밀-화(細密畫)명 세밀한 묘사로 대상을 치밀하게 나타낸 그림.
세ː-밑(歲-)[-믿]명 한 해의 마지막 때. 섣달 그믐께. 모세(暮歲). 설밑. 세만(歲晩). 세말. 세모(歲暮). 세저(歲底). 세종(歲終). 연말. 연종(年終). *세ː밑이[-미치]·세ː밑을[-미틀]·세ː밑만[-민-]
세ː반(細飯)명 찐 찹쌀을 말려서 튀겨 대강 빻아 만든 가루. 〔산자 따위에 묻힘.〕
세ː반-강정(細飯-)명 세반을 고물로 묻힌 강정.
세ː-반고리관(-半-管)명 ☞반고리관.
세ː반-산자(細飯糤子)명 산자에 조청을 발라 여러 가지 빛깔의 세반을 묻힌 것.
세ː-받다(洗-)[-따]자 가톨릭에서, 신부로부터 세례를 받다. ↔세주다.
세ː발(洗髮)명하자 머리를 감음.
세ː발-솥[-솓]명 다리가 세 개 달린 솥. *세ː발솥이[-소치]·세ː발솥을[-소틀]·세ː발솥만[-손-]
세ː발-자전거(-自轉車)명 (어린아이들이 타는) 바퀴가 셋 달린 낮은 자전거.
세ː배(歲拜)명하자 섣달그믐이나 정초에 하는 인사. 세알(歲謁).
세ː배-꾼(歲拜-)명 세배하러 다니는 사람.
세ː배-상(歲拜床)[-쌍]명 세배하러 온 사람을 대접하는 음식상.
세ː-백목(細白木)[-뱅-]명 올이 가늘고 고운 무명.

세ː-백저(細白苧) [-쩌]명 누여서 빛이 희어진, 발이 가는 모시.
세ː뱃-값(歲拜-) [-배깝/-밷깝]명 세뱃돈. *세ː뱃값이[-배깝씨/-밷깝씨]·세ː뱃값만[-배깜-/-밷깜-]
세ː뱃-돈(歲拜-) [-배똔/-밷똔]명 세배하러 온 아이들에게 주는 돈. 세뱃값.
세ː-버들(細-)명 가지가 가는 버드나무. 세류.
세ː벌(世閥)명 ☞지체. 문벌.
세ː벌-상투명 고를 두 번 돌려 짠 상투.
세ː벌-장대(-長臺)명 세 층으로 포개어 놓은 긴 댓돌.
세ː법(稅法) [-뻡]명 국세(國稅)의 종목과 세율 및 징수와 처벌 등에 관한 법률을 통틀어 이르는 말. 조세법(租稅法).
세ː변(世變)명 세상의 변고.
세ː별(細別)명하타되자 세밀하게 구별함.
세ː보(世譜)명 계보(系譜)를 모아 엮은 책.
세ː보(細報)명하타 자세하게 보고함, 또는 그 보고.
세ː부(世父)명 〔집안의 대를 잇는 아버지라는 뜻으로〕 '백부(伯父)'를 이르는 말.
세ː부(細部)명 자세한 부분. ¶ 세부 내용. /세부 사항.
세ː-부득이(勢不得已)부하형 일의 형세가 그렇게 하지 않을 수 없어서. 사세부득이.
세ː부-적(細部的)관명 세세한 부분까지 미치는 (것). ¶ 세부적 사항. /세부적인 묘사.
세ː분(洗粉)명 물건을 닦는 데 쓰이는 가루.
세ː분(細分)명하타되자 ①잘게 나눔. ②자세하게 분류함. ¶ 담당 업무를 세분하다.
세ː분-화(細分化)명하자타되자 사물이 여러 갈래로 잘게 나누어짐, 또는 그렇게 나누어지게 함. ¶ 교과 과정의 세분화. /시장이 세분화되다. /등급을 세분화하다.
세ː불-양립(勢不兩立) [-량닙]명 〔비슷한 두 세력은 공존할 수 없다는 뜻으로〕 '자웅을 겨루는 두 세력 사이에 화친이 있을 수 없음'을 이르는 말.
세ː비(歲費)명 ①국가 기관이 한 해 동안 쓰는 비용. 세용(歲用). ②국회의원이 받는 보수 및 수당.
세ː-뿔명 ☞날걸.
세ː사(世事)명 〈세상사(世上事)〉의 준말.
세ː사(世祀)명 대대로 지내는 제사.
세ː사(世嗣)명 ☞후손(後孫).
세ː사(細沙)명 보드라운 모래. 모새. 시새.
세ː사(細事)명 자질구레한 일.
세ː사(細査)명하타 빈틈없이 세밀하게 조사함, 또는 그 조사.
세ː사(細思)명하타 꼼꼼하게 챙겨 가며 생각함, 또는 그렇게 하는 생각.
세ː사(歲事)명 일 년 동안에 일어나는 일.
세ː사-난측(世事難測)명 세상일의 변천이 심하여 미리 알기 어려움.
세ː살(歲煞)명 삼살방(三煞方)의 하나. 해에 따라 독한 음기(陰氣)의 살이 있다는 방위. 〔범·말·개의 해는 북북동에, 뱀·닭·소의 해는 동남동에, 원숭이·쥐·용의 해는 남남서에, 돼지·토끼·양의 해는 서북서에 있다 함.〕
세ː살-문(細-門)명 살을 성기게 대어 엉성하고 거칠게 만든 창문.
세ː살-부채(細-)명 살이 가느다란 부채.
세ː살-창(細-窓)명 살이 매우 가느다란 창문. 세골창(細骨窓).
세ː상(世上)명 ①사회(社會). 세간(世間). ¶ 세상에 널리 알려지다. /세상을 떠들썩하게 하다. /세상 물정을 모르다. ②사는 동안. 한평생. 일생. ¶ 한 많은 세상을 살아가다. ③(특정의) 시대. 동안. 시절. ¶ 순 임금이 다스리던 세상. /일제 하의 어둡던 세상. ④마음대로 할 수 있는 판. 세월(歲月). ¶ 제 세상을 만난 듯이 날뛴다. ⑤〔천상(天上)에 대하여〕 지상(地上). ¶ 천부인(天符印) 세 개를 가지고 세상에 내려오시다. ⑥(구속된 상황에서 본) 바깥 사회. ¶ 세상에 나가면, 나도 마음잡고 살아 보겠다. ⑦속세. 진세(塵世). ¶ 세상을 멀리하고 산속에 숨어 살다. ⑧〈세상인심〉의 준말. ¶ 따뜻한 세상. /냉정한 세상. /참으로 야속한 세상이로구나. ⑨〖부사적 용법〗 ㉠아주. 비할 바 없이. ¶ 세상 편한 사람. /세상 좋은 물건. ㉡도무지. 조금도. ¶ 아무리 타일러도 세상 말을 들어야지.
세상(을) 떠나다〔뜨다〕관용 죽다. 세상을 버리다.
세상(을) 버리다관용 ①깊은 산속 같은 데에 들어가 사회와 인연을 끊고 살다. ②☞세상(을) 떠나다〔뜨다〕.
세상이 바뀌다관용 ①사회 체제가 바뀌다. ②사회 제도나 문물이 크게 달라지다.
세ː상(世相)명 ☞세태(世態).
세ː상-만사(世上萬事)명 세상의 온갖 일.
세ː상-맛(世上-) [-맏]명 세상 살아가는 재미나 여러 가지 취미. 세미(世味). *세ː상맛이[-마시]·세ː상맛만[-만-]
세ː상-모르다(世上-) [~모르니·~몰라]자르 ①세상 물정을 모르다. ②깊은 잠에 빠져 아무것도 의식 못하다. ¶ 피곤하다고 하더니 세상 모르고 잔다.
세ː상-사(世上事)명 세상일. 준세사(世事).
세ː상-살이(世上-)명 세상을 살아가는 일. 삶을 이어 가는 일. ¶ 세상살이에 밝다. /세상살이가 고달프다.
세ː상-없다(世上-) [-업따]형 다시없다. 견줄 데 없다. 천하없다. ¶ 그는 세상없는 착한 사람이다.
세ː상-없어도(世上-) [-업써-]부 무슨 일이 있어도. 기어코. 천하없어도. ¶ 세상없어도 이 일은 해내고야 말겠다.
세ː상-없이(世上-) [-업씨]부 더할 나위 없이. 아무리. 천하없이. ¶ 세상없이 떠들어도 소용없다.
세ː상-에(世上-)감 너무나 뜻밖의 일에 크게 놀라거나 지독하다는 뜻으로 쓰이는 말. ¶ 나 원 세상에, 사람으로서 그럴 수가 있나.
세ː상-인심(世上人心)명 세상 사람들의 마음씨. ¶ 세상인심이 야속도 하다. 준세상.
세ː상-일(世上-) [-닐]명 세상에 있는 일. 사회에서 일어나는 일들. 세상사(世上事). ¶ 세상일이 내 뜻대로만 되면 얼마나 좋겠니.
세ː상-천지(世上天地)명 '세상'의 힘줌말. 《주로, '세상천지에'의 꼴로 쓰임.》 ¶ 세상천지에 이런 법도 있나.
세ː서(細書)명하타 글씨를 잘게 씀, 또는 잘게 쓴 글씨. 잔글씨.
세ː서(歲序)명 한 해의 계절·세시(歲時)·절기 따위가 바뀌는 순서.
세ː서-성문(細書成文)명하타 잔글씨로 글을 씀, 또는 글씨를 잘게 쓴 문서나 기록.
세ː석(細石)명 잔돌.
세ː석(細席)명 올이 가는 돗자리.

세ː석-기(細石器)[-끼]명 ☞잔석기.
세ː선(細線)명 가는 줄. 가는 금.
세ː설(世說)명 ☞세평(世評).
세ː설(洗雪)명하타 부끄럼 따위를 씻어 버림. 설욕(雪辱).
세ː설(細雪)명 가랑눈. 분설(粉雪).
세ː설(細說)명 ①하자 잔말. 잔소리. ②하타 자세히 설명함, 또는 그런 설명. ③소인(小人)들의 너절한 말.
세ː섯-덩이[-섣떵-]명 김맬 때, 앞으로 떠서 뒤엎는 흙덩이.
세ː성(歲星)명 ☞목성(木星).
세ː세(世世)명 ☞대대(代代).
세세(細細) '세세하다'의 어근.
세ː세(歲歲)명 ☞매년(每年).
세ː세-상전(世世相傳)명하타 대를 이어 전함.
세ː세생생(世世生生)명 불교에서, 몇 번이든지 다시 환생하는 일, 또는 그 때.
세ː세손손(世世孫孫)명 ☞대대손손.
세ː세-연년(歲歲年年)명 '매년(每年)'의 힘줌말. ¶ 세세연년이 풍작이다.
세ː세-하다(細細-)형여 ①아주 자세하다. ¶ 세세한 설명. ②자디잘아 보잘것없다. ¶ 세세한 일에 신경을 쓰다. ③매우 가늘다. 세세-히부.
세소(細小) '세소하다'의 어근.
세ː소-하다(細小-)형여 ☞세미(細微)하다.
세ː속(世俗)명 ①이 세상. 범속한 세상. 속세(俗世). ¶ 세속을 등지다. ②세상의 풍속. ¶ 세속에 물들다.
세ː속^오ː계(世俗五戒)[-계/-게]명 신라 진평왕 때, 원광 법사(圓光法師)가 지은 화랑의 계명. 사군이충(事君以忠)·사친이효(事親以孝)·교우이신(交友以信)·임전무퇴(臨戰無退)·살생유택(殺生有擇)의 다섯 가지를 이름. 오계. 오교.
세ː속-적(世俗的)[-쩍]관명 ①성(聖)스럽지 못한 (것). ②세속의 범주를 벗어나지 못한 (것). ¶ 세속적 기준. /세속적인 가치.
세ː손(世孫)명 〈왕세손〉의 준말.
세ː손-강서원(世孫講書院)명 조선 시대에, 왕세손을 시강(侍講)하던 관아. 준강서원.
세ː손-궁(世孫宮)명 〔왕조 때〕 ①세손이 거처하던 궁. ②〈왕세손〉의 높임말.
세ː손목-카래명 장부꾼 한 사람과 줄꾼 두 사람이 하는 가래질.
세ː수(世守)명하타 대대로 지켜 내려옴.
세ː수(世壽)명 중의 세속의 나이. 참법랍(法臘).
세ː수(世讎)명 대를 이어 온 원수.
세ː수(洗手)명하자 손이나 얼굴을 씻음. 세면(洗面).
세ː수(稅收)명 조세(租稅) 징수에 의한 수입. 세수입(稅收入).
세ː수-간(洗手間)[-깐]명 세수하도록 따로 마련된 곳. 세면장.
세ː수-수건(洗手手巾)명 세수한 뒤 얼굴에 묻은 물을 닦아 내는 수건.
세ː-수입(稅收入)명 ☞세수(稅收).
세ː수-천(歲首薦)명 왕조 때, 세초(歲初)에 지방 수령을 할 만한 이를 추천해 올리던 일.
세ː숫-대야(洗手-)[-수때-/-숟때-]명 세숫물을 담아 세수하는 그릇.
세ː숫-물(洗手-)[-숟-]명 세수하는 물.
세ː숫-비누(洗手-)[-수삐-/-숟삐-]명 세수할 때 쓰는 비누. 화장비누.
세슘(cesium)명 알칼리 금속 원소의 한 가지. 자연계에 널리 분포하나 그 양은 극히 적음. 전연성(展延性)이 풍부한 은백색 금속으로, 물과 격렬한 반응을 일으키며, 습한 공기 중에서도 발화(發火)함. 광전관(光電管)의 재료로 쓰이며, 세슘 원자의 진동수를 이용하여 원자 시계도 만듦. 〔Cs/55/132.9054〕
세ː습(世習)명 세상의 풍습.
세ː습(世襲)명하타되자 (신분·작위·재산 등을) 대를 이어 물려주거나 받는 일. ¶ 세습 왕조. /권력 세습.
세ː습^군주국(世襲君主國)[-꾼-]명 혈통에 따라 군주의 지위가 세습되는 국가.
세ː습^재산(世襲財産)[-째-]명 대대로 한 집안의 계승자가 물려받기는 하나, 자유 처분 또는 채권자의 강제 집행이 불가능한 재산.
세ː습-적(世襲的)[-쩍]관명 세습하는 (것).
세ː승(細繩)명 ①가는 노끈. ②가는 새끼줄. ③모시의 발.
세ː시(歲時)명 ①일 년 중의 그때그때. ¶ 세시 풍속. ②새해. 설.
세ː시-기(歲時記)명 일 년 중의 행사를 철에 따라 적어 놓은 책.
세ː시-증(歲時甑)명 〔설떡을 찌는 시루라는 뜻으로〕 같은 행사 때에 쓰려고 뭇사람이 동시에 찾는 물건을 비유하여 이르는 말.
세ː신(世臣)명 〈세록지신(世祿之臣)〉의 준말.
세ː신(細辛)명 한방에서, '족두리풀'이나 '민족두리풀'의 뿌리를 이르는 말. 땀을 내거나 가래를 삭이는 약재로 쓰임. 참족두리풀.
세ː-실(細-)명 가는 실.
세ː실(世室)명 신위를 모시는, 종묘(宗廟)의 방.
세ː-실과(細實果)명 잘게 만든 숙실과(熟實果).
세ː심(洗心)명하자 마음을 깨끗하게 함.
세심(細心) '세심하다'의 어근.
세ː심-하다(細心-)형여 꼼꼼하게 주의를 기울여 빈틈이 없다. 세심-히부 ¶ 세심히 준비하다.
세ː-쌍둥이(-雙-)명 한 태(胎)에서 난 세 아이. 삼생아(三生兒). 삼태생(三胎生).
세ː악(細樂)명 왕조 때, 군중(軍中)에서 장구·북·피리·저·해금 등 몇 가지의 국악기로 편성되었던 소규모의 군악. 참대취타(大吹打).
세ː악-수(細樂手)[-쑤]명 왕조 때, 세악(細樂)을 연주하던 군사.
세ː-안(歲-)명 새해가 되기 이전. 세전(歲前).
세ː안(洗眼)명하자 눈을 씻음.
세ː안(洗顔)명하자 얼굴을 씻음. 세면(洗面).
세ː안(細案)명 자세하고 빈틈없는 안건.
세ː알(歲謁)명하자 ①☞세배. ②지난날, 섣달그믐날이나 설날에 사당(祠堂)에 인사 드리던 일.
세ː알-모끼명 (한꺼번에 줄을 셋씩 치도록) 이가 셋 있는 대패.
세ː액(稅額)명 세금의 금액.
세ː약(洗藥)명 병든 부위나 상처 따위를 씻는 약.
세ː양(歲陽)명 음양의 구별로 '천간(天干)'을 이르는 말. ↔세음(歲陰).
세ː언(世諺)명 ☞속담(俗談).
세ː언(洗堰)명 얕은 하천을 가로질러 콘크리트 등으로 만든, 수량(水量) 조절용의 둑. 평시에는 길이 되고 물이 불으면 둑이 됨.
세ː업(世業)명 대대로 물려 내려오는 직업. 가업(家業). 부업(父業). ¶ 세업을 물려받다.
세ː여(歲餘)명 한 해 남짓한 동안.
세ː여파죽(勢如破竹)명하형 〔기세가 대나무를 쪼개는 것과 같다는 뜻으로〕 기세가 맹렬하여 대항할 적이 없음을 이르는 말.
세ː연(世緣)명 세상의 온갖 인연.

세ː열(細裂)명하자타되자 잘게 갈라짐. 또는 잘게 찢음.
세ː염(世染)명 어지러운 이 세상의 너절하고 구저분한 일들.
세ː염(勢焰)명 불꽃 같은 기세. 성한 세력.
세ː-영산(細靈山)명 ☞잔영산.
세ː외(世外)[-외/-웨]명 세속을 벗어난 곳.
세ː요(細腰)명 ①가는 허리. ②허리가 가늘어 날씬한 여인. 〔미인을 형용하는 말.〕
-세요어미 ☞-셔요. ¶ 어서 오세요. /안녕히 가세요.
세ː용(歲用)명 ☞세비(歲費).
세ː우(細雨)명 가랑비
세ː우(貰牛)명 세를 내고 부리는 소.
세우다타 〖'서다'의 사동〗 ①세로로 서게 하다. 일으키다. ¶ 기둥을 세우다. /앉아 있는 아이를 세우다. ②(움직이는 것을) 멈추게 하다. ¶ 버스를 세우다. /돌아가는 기계를 세우다. ③(날 같은 것을 갈아서) 날카롭게 하다. ¶ 칼날을 숫돌에 갈아서 세우다. ④짓거나 만들다. 축조(築造)하다. ¶ 건물을 세우다. ⑤(뜻을) 정하다. ¶ 청운의 뜻을 세우다. ⑥(제도·조직·전통·업체·기관 따위를) 새로 이룩하다. 일으키다. ¶ 나라를 세우다. /전통을 세우다. /학교를 세우다. ⑦〔계획·방침·안(案) 따위를〕 짜다. ¶ 예산을 세우다. /안을 세우다. /새로운 교육 방침을 세우다. ⑧(어떤 일에) 이바지하다. ¶ 공적을 세우다. ⑨잃지 않고 보전하다. 유지하다. ¶ 체면을 세우다. ⑩굳게 주장하다. 고집하다. ¶ 제 주장만 세우다. /고집을 박박 세우다. ⑪(어떤 구실을) 맡게 하다. ¶ 그를 보증인으로 세우다. ⑫(어떤 자리에) 있게 하다. 나아가게 하다. ¶ 그를 선두에 세우다. /대통령 후보자로 세우다. ⑬영(令)이 서게 하다. ¶ 군령(軍令)을 세우다.
세ː우-사풍(細雨斜風)명 ☞사풍세우.
세ː운(世運)명 세상의 길흉이나 화복.
세워-총(-銃) Ⅰ명 차려 자세로 소총을 곧게 세워 잡고 개머리판을 오른발 옆의 지면에 닿게 하는 집총 자세.
Ⅱ감 '세워총' 하라는 구령.
세ː원(稅源)명 조세(租稅)의 근원, 곧 징세 대상이 될 온갖 소득이나 재산.
세ː월(歲月)명 ①흘러가는 시간. 광음(光陰). 연광(年光). 연화(年華). ¶ 유수 같은 세월. ②경기(景氣)나 여건 또는 환경. ¶ 요즘은 세월이 좋아졌다. ③☞세상(世上). ¶ 제 세월 만난 듯이 활개를 치다.
세월이 약속담 아무리 괴로운 마음의 상처도 시간이 지나면 아물어 잊혀진다는 말.
세월을 만나다관용 좋은 때를 만나 활개를 치다.
세월이 좀먹다관용 세월이 가지 아니하다.
세ː월-없다(歲月-)[-워럽따]형 ①일이 언제 끝날지 모를 만큼 더디고 느리다. ②돈벌이가 잘 안 되다. ¶ 세월없는 장사. 세월없-이부 ¶ 일을 세월없이 끌고 간다.
세ː월여류(歲月如流)[-려-]명 〔세월이 물같이 흘러간다는 뜻으로〕 '세월이 빠름'을 비유하여 이르는 말.
세ː위(勢威)명 떨치는 기세와 위엄.
세ː유(世儒)명 ①세상에 영합하는 속된 유학자. ②대대로 집안의 전통적 학문을 전하는 유자(儒者).
세ː육(歲肉)명 정초(正初)에 쓰는 고기.
세ː율(稅率)명 〈과세율〉의 준말. ¶ 당정 협의를 거쳐 세율을 조정하다.
세ː은(稅銀)명 지난날, 은을 파는 가게에서 세(稅)로 바치던 은(銀).
세ː음(歲陰)명 음양의 구별로 '지지(地支)'를 이르는 말. ↔세양(歲陽).
세ː응(世應)명 역학(易學)에서, 괘효(卦爻)가 상응함을 뜻함.
세ː의(世誼)[-의/-이]명 대대로 사귀어 온 정의(情誼). 참세교(世交).
세ː의(世醫)[-의/-이]명 대를 이은 의업(醫業), 또는 그러한 의원(醫員).
세ː의(歲儀)[-의/-이]명 세밑에 선사하는 물건. 세찬(歲饌).
세ː-이레명 아기가 난 날로부터 스무하루째 되는 날. 삼칠일(三七日).
세이브(save)명 ①야구에서, 동점이나 역전이 될 수 있는 상황에서 구원 등판한 투수가 끝까지 리드를 지켜 팀을 승리하게 하는 일. ②하타 컴퓨터의 데이터나 프로그램을 기억 장치에 저장시키는 일.
세이지(sage)명 꿀풀과의 다년초. 남부 유럽 원산으로, 다 자란 키는 30~90 cm. 잎은 달걀 모양에서 길둥근 모양으로 여러 가지임. 꽃은 관상용 샐비어와 비슷하며 자줏빛임. 식물 전체에서 향기가 나는데, 잎은 약용 또는 양식(洋食)의 향신료로 쓰이므로 '약용 샐비어'라고도 함. 샐비어.
세이프(safe)명 ①야구에서, 주자가 아웃을 면하는 일. ②테니스 따위의 구기에서, 공이 규정선 안에 떨어지는 일. ↔아웃.
세이프티^번트(safety+bunt)명 야구에서, 타자가 일루에 살아 나가기 위해 하는 번트.
세ː인(世人)명 세상 사람. ¶ 세인의 여론.
세ː인(細人)명 ①☞간첩. ②☞소인(小人).
세일(sale)명하타 판매, 특히 염가 판매.
세일러-복(sailor服)명 목 뒤쪽의 네모진 넓은 깃과 특이한 넥타이에 한두 줄의 테를 두른 수병(水兵)의 윗도리, 또는 이를 본뜬 여성복이나 아동복을 통틀어 이르는 말.
세ː-일배(歲一拜)명하자 윗사람에게 한 해에 한 번 세배 드리는 일.
세일즈-맨(salesman)명 (주로 방문 판매를 목적으로 하는) 판매원. 외판원.
세ː입(稅入)명 조세(租稅)에 의한 수입.
세ː입(歲入)명 한 회계 연도에 있어서의 총수입. ↔세출.
세ː입^보ː전^공채(歲入補塡公債)[-뽀-]명 적자를 메우기 위해 발행하여, 그 수입이 일반 경비의 재원이 되는 공채.
세ː자(世子)명 〈왕세자〉의 준말.
세ː자(洗者)명 가톨릭에서, 영세를 받을 사람에게 세례를 행하는 사람을 이르는 말.
세ː자(細字)명 자잘하게 쓴 글자. 잔글씨.
세ː자(細疵)명 하찮은 흠이나 티.
세ː자-궁(世子宮)명 ①〈왕세자〉의 높임말. ②왕세자가 거처하던 궁전. 동궁(東宮). 춘궁(春宮).
세ː자-부(世子傅)명 왕세자의 스승. 〔조선 시대에는 의정(議政)이 겸하였음.〕
세ː자-빈(世子嬪)명 왕세자의 아내.
세ː자-사(世子師)명 왕세자의 스승. 〔조선 시대에는 영의정이 겸하였음.〕
세ː자-시강원(世子侍講院)명 조선 시대에, 왕세자의 교육을 맡아보던 관아.
세ː작(細作)명 ☞간첩(間諜).

세장명 지게나 걸채 따위의, 두 짝이 마주 짜여 있도록 가로질러 박은 나무.

세:장(世丈)명 대대로 두터운 교분을 맺고 있는 집안의 어른.

세:장(洗腸)명하자 병의 치료를 위하여 장 속의 유독성 물질을 제거하여 깨끗이 하는 일.

세장(細長) '세장하다'의 어근.

세:장지지(世葬之地)명 대대로 집안에서 묘를 쓰는 땅. 참선산.

세:장-하다(細長-)형여 가늘고 길다.

세:재(世才)명 세상살이를 재치 있고 슬기롭게 해 나가는 사람, 또는 그러한 재주.

세:저(細苧)명 ☞세모시.

세:저(歲底)명 ☞세밑.

세:전(世傳)명하타 여러 대를 전해 내려옴, 또는 전해 줌. ¶ 가업을 세전하다.

세:전(細箭)명 ☞아기살.

세:전(貰錢)명 ☞셋돈.

세:전(稅錢)명 ☞세금(稅金).

세:전(歲前)명 설을 맞기 전. 새해가 되기 이전. 세안. ↔세후(歲後).

세:전^노비(世傳奴婢)명 지난날, 한 집안에서 대를 이어 내려오던 종.

세:전-문(細箭門)명 아기살같이 문살이 잚은 문.

세:전지물(世傳之物)명 대대로 전하여 내려오는 물건.

세:전지보(世傳之寶)명 대대로 전하여 내려오는 보물.

세:-절목(細節目)명 자질구레한 조목. 준세목(細目).

세:정(世情)명 ①세상의 물정. ¶ 세정에 어둡다. ②세태와 인정.

세:정(洗淨)명하타 (물이나 소독액 등으로) 깨끗하게 씻음. 세척(洗滌).

세:정(細情)명 ①세세히 맺힌 정. ②자세한 사정. ¶ 남의 세정을 헤아리다.

세:정(稅政)명 세무에 관한 행정.

세:정-제(洗淨劑)명 ☞세제(洗劑).

세:제(世弟)명 〈왕세제(王世弟)〉의 준말.

세:제(世諦)명 ☞속제(俗諦).

세:제(洗劑)명 ①몸이나 기구·의류 따위에 묻은 물질을 씻어 내는 데 쓰이는 물질. 〔비누 따위.〕 세정제. ¶ 중성 세제. /합성 세제. ②☞세척제.

세:제(稅制)명 조세(租稅)에 관한 제도. ¶ 새 정부 출범과 함께 대폭적인 세제 개혁이 단행되었다.

세:제(歲除)명 ☞제석(除夕).

세:-제곱명하타 같은 수 셋을 곱한 값, 또는 곱하는 일. 〔$2\times2\times2$ 또는 $a\times a\times a$로서, 2^3 또는 a^3으로 표기하고 '2의 세제곱' 또는 'a의 세제곱'으로 읽음.〕

세:제곱-근(-根)[-끈]명 어떤 수 a를 세제곱한 값이 b일 때, a를 b에 대하여 이르는 말. 〔2의 세제곱은 8이므로, 2는 8의 세제곱근이 됨.〕

세:제곱근^풀이(-根-)[-끈-]명 세제곱근을 푸는 계산. 개입방.

세:제곱-비(-比)[-삐]명 비교되는 항(項)의 세제곱 되는 수치의 비. 〔길이의 값으로 나타낸 부피의 비 따위. 곧, 반지름의 비가 $a:b$인 두 개 구(球)의 부피의 비는 $a^3:b^3$으로 나타남과 같은 것.〕

세:족(世族)명 ☞세가(世家).

세:족(洗足)명하자 발을 씻음. 탁족(濯足).

세:족(勢族)명 권세가 있는 겨레붙이.

세:존(世尊)명 〈석가세존〉의 준말.

세:존-단지(世尊-)[-딴-]명 영·호남의 일부 지역에서, 농신(農神)에게 바치는 뜻으로 햇곡식을 넣어 모시는 단지.

세:종(歲終)명 ☞세밑.

세:주(細註·細注)명 ①자세한 주석. ②잔글씨로 단 주석.

세:주(歲酒)명 설에 쓰는 술.

세:-주다(洗-)자 가톨릭에서, 신부가 세례를 주다. ↔세받다.

세:-주다(貰-)타 셋돈을 받고 집이나 물건을 빌려 주다. ¶ 문간방을 세주다.

세:줄-베도라치명 장갱잇과의 바닷물고기. 몸은 옆으로 넓적함. 몸길이 13 cm가량. 몸빛은 잿빛을 띤 누른빛으로 희미한 흑갈색 가로띠가 있고, 몸 양쪽으로 석 줄의 검은 띠가 있음. 우리나라·일본 등지의 연해에 분포함.

세:줄-볼락명 양볼락과의 바닷물고기. 몸은 방추형으로 옆이 넓적하며 몸빛은 녹황색임. 몸길이 30 cm 이상이고, 옆에 석 줄의 흑갈색 세로띠가 그어져 있음. 동해안과 서해안의 얕은 바다에 분포함.

세:줄-얼게비늘명 동갈돔과의 바닷물고기. 몸길이 15 cm가량. 몸은 방추형이고 몸빛은 복숭아색임. 옆구리에 석 줄의 짙은 세로줄이 있음. 눈이 큰 열대성이지만 우리나라 남해에도 분포함.

세:지명 〈세로지〉의 준말.

세:지(世智)명 세상을 살아 나가는 지혜.

세:진(世塵)명 〔세상의 먼지라는 뜻으로〕 세상의 잡다한 일을 이르는 말.

세:진-계(細塵計)[-계/-게]명 공기 중의 먼지의 함유량을 측정하는 기계.

세-째수관 '셋째'의 잘못.

세:차(洗車)명하타 자동차의 겉·바퀴·엔진 등에 묻은 흙이나 먼지 따위를 씻어 내는 일.

세:차(貰車)명 자동차를 세놓는 일, 또는 그 세놓는(은) 차.

세:차(歲次)명 간지(干支)를 좇아서 정한 해의 차례. 참유세차.

세:차(歲差)명 지구의 자전축이 황도면(黃道面)의 축의 둘레를 도는 현상. 이는 춘분점의 이동 현상으로 나타나며, 1주기가 2만 5800년인데 1년에 50.3초가량 서쪽으로 이동함.

세:-차다형 힘 있고 억세다. ¶ 불길이 세차다./비바람이 세차다.

세:차^운:동(歲差運動)명 회전 운동을 하는 물체의 회전축이 어떤 부동축(不動軸)의 둘레를 회전하는 현상. 〔약간 기울어져 돌고 있는 팽이의 축이 연직축(鉛直軸)을 기준으로 회전하는 운동, 인공위성의 궤도면의 축이 지구 자전축을 회전하는 운동, 지구의 세차 현상 따위.〕

세:차-장(洗車場)명 세차 시설을 갖추고 세차를 업으로 하는 곳.

세:찬(歲饌)명 ①설에 차려서 대접하는 음식. ②☞세의(歲儀).

세찬 가다관용 세찬을 보내다.

세:찬-계(歲饌契)[-계/-게]명 세찬을 장만하기 위하여 모으는 계.

세:찰(細察)명하타 자세히 살핌.

세:책(貰冊)명 세를 받고 빌려 주는 책. 대본(貸本).

세:책-례(洗冊禮)[-챙녜]명 ☞책씻이.

세:척(洗滌)명하타되자 깨끗이 씻음. 세정(洗淨). ¶ 이 세제는 세척 효과가 뛰어나다.

세:척-기(洗滌器)[-끼]명 의료 기구의 한 가지. 상처나 코·위·질(膣) 따위를 세척하는 데 쓰임.

세:척-제(洗滌劑)[-쩨]명 상처·눈·질(膣) 따위의 국소나 세균이 침입하기 쉬운 곳을 소독하거나 씻어 내는 약제. 세제(洗劑).
세첨(細尖) '세첨하다'의 어근.
세:첨-하다(細尖-)형여 (끝이) 가늘고 뾰족하다.
세:초(洗草)명하자 조선 시대에, 실록을 편찬하고 나서 뒷날의 구설을 막기 위하여 초고를 없애 버리던 일.
세:초(歲初)명 설. 정초(正初).
세:초(歲抄)명 〔조선 시대에〕 ①음력 유월과 선달의 초하루에, 조관(朝官) 중에서 허물이 있는 자의 이름을 적어서 왕에게 올리던 문서. 〔왕이 보고 이름에 점을 찍어 내린 자는 좌천 또는 강등하였음.〕 ②군인 중 사망·도망·질병으로 말미암아 생긴 결원을 음력 유월과 선달에 보충하던 일.
세:초-연(洗草宴)명 조선 시대에, 세초(洗草)를 끝낸 뒤 베풀던 잔치.
세:총(細葱)명 실파.
세:출(歲出)명 한 회계 연도에 있어서의 총지출. ↔세입(歲入).
세-출입(歲出入)명 세출과 세입.
세치(細緻) '세치하다'의 어근.
세:치-각(-角)명 〈세치각목〉의 준말.
세:치-각목(-角木)[-강-]명 세 치 폭으로 네모지게 만든 재목. 준세치각.
세:치-하다(細緻-)형여 자세하고 빈틈이 없다.
세:칙(細則)명 기본이 되는 규칙을 다시 나누어 자세하게 만든 규칙. ¶ 시행 세칙.
세:칙(稅則)명 조세의 부과·징수에 관한 규칙.
세:침(細針)명 가는 바늘. 작은 바늘.
세:칭(世稱)명 《주로 명사 앞에 쓰이어》 세상에서 흔히 말함. ¶ 그가 다니는 대학이 세칭 일류 대학이지.
세컨드(second)명 ①권투에서, 선수의 보호와 작전 지시를 맡아보는 사람. ②'첩(妾)'을 속되게 이르는 말.
세:코-짚신[-집씬]명 (발이 편하도록) 앞의 양편에다 약간의 총을 터서 코를 낸 짚신.
세코짚신에는 제 날이 좋다속담 무엇이든지 분수에 맞는 것이 좋다는 말.
세쿼이아(sequoia)명 낙우송과의 상록 교목. 세계에서 가장 크고 가장 오래 살아 있는 나무로서 유명하며, 미국 서부 캘리포니아에 2종이 있음.
세크(sec)명 ☞시컨트(secant).
세:탁(洗濯)명하타되자 빨래.
세:탁-기(洗濯機)[-끼]명 빨래하는 기계.
세:탁-물(洗濯物)[-탕-]명 빨랫감.
세:탁-비누(洗濯-)[-삐-]명 빨랫비누.
세:탁-소(洗濯所)[-쏘]명 시설을 갖추고 세탁하는 일을 업으로 하는 곳.
세:탁-제(洗濯劑)[-쩨]명 빨래할 때 쓰이는 비누와 약품 따위 세제(洗劑)를 통틀어 이르는 말.
세:탄(洗炭)명하자 석탄을 씻어 불순물이나 불량품을 없애는 일.
세탄(cetane)명 포화 파라핀계 탄화수소의 한 가지. 세텐에 수소를 가하거나 팔미트산의 환원으로 얻어짐. 디젤 엔진에 쓰이는 연료의 내폭성(耐爆性) 판정용으로 쓰임.
세:태(世態)명 세상의 형편이나 상태. 세상(世相).
세:태^소:설(世態小說)명 그 사회의 인정·유행·풍속·제도 따위 세태를 묘사한 소설.
세:태-인정(世態人情)명 세상의 형편과 인심의 움직임.
세터(setter)명 ①배구에서, 공격수에게 토스하여 공격을 하게 하는 선수. ②영국 원산의 사냥개의 한 가지.
세텐(cetene)명 불포화 탄화수소의 한 가지. 고래 기름 속에 들어 있으며 알코올이나 에테르에 녹음.
세:톨-박이명 밤알이 세 톨 들어 있는 밤송이.
세:-톱(細-)명 이가 잘고, 날이 얇은 톱.
세:투(歲鬪)명 정초에 하는 노름.
세트(set)명 ①가구·도구 따위의 한 벌. 일습(一襲). ¶ 커피 세트. ②촬영장 안의 영화 촬영용 장치, 또는 연극의 무대 장치. ③배구·탁구·테니스 등의 경기에서 한 판의 승부, 또는 그 판. ¶ 첫 세트를 가볍게 이기다. ④파마할 때 머리카락을 마는 일.
세트^스코어(set score)명 배구·탁구·테니스 등의 경기에서, 쌍방이 이긴 판의 수(數). ¶ 세트 스코어 3대 1로 이기다.
세트^포인트(set point)명 배구·탁구·테니스 등의 경기에서, 세트의 승부를 결정짓는 마지막 한 점. 참게임 포인트.
세트^포지션(set position)명 야구에서, 투수가 타자를 향해 공을 던질 때, 먼저 한 발을 완전히 투수판에 대고 다른 쪽 발을 앞으로 내밀어, 공을 두 손으로 몸 앞쪽에 쥐고서 잠시 정지하도록 규정되어 있는 자세.
세트^플레이(set play)명 구기 경기에서, 2~3명의 선수가 상대편의 방어 형태에 따라 조직적·계획적으로 펼치는 공격 전술.
세팅(setting)명 ①하타(주변물과의 미적 관계나 일의 목적 따위를 고려하면서) 사물을 배치하거나 새로 갖추는 일. ¶ 언니는 세팅이 단조로운 다이아몬드 반지를 끼고 있다. ②하타열을 가하여 머리카락을 둥글게 말아 올려 전체적인 머리 모양을 보기 좋게 다듬는 일. ¶ 세팅 퍼머. ③하타녹음·영화 촬영 따위에 필요한 장치를 배치하는 일. ④식자할 때 앞줄이나 행이 움직이지 않도록 스틱에 넣은 자.
세:파(世波)명 파도처럼 거센 세상살이의 어려움. ¶ 모진 세파를 헤치고 살다.
세:파(世派)명 한 겨레붙이에서 갈려 나간 파.
세:파(細波)명 잔물결.
세팍타크로(sepaktakraw)명 세 사람씩으로 이루어진 두 편이 배드민턴 코트와 같은 규격의 코트에서 등나무 줄기로 엮은 타크로 공을 상대편 코트에 차 넘기는 경기. 15점 3세트 경기이며, 1990년 북경 아시안 게임에서 정식 종목으로 채택됨.
세퍼릿^코:스(separate course)명 육상 경기의 중·단거리나 스피드 스케이트 경주에서, 주로(走路)가 구분되어 있는 코스. 400 m 이내의 경주에서는 경기자마다 주로가 구분됨. 참오픈 코스.
세:편(細片)명 작은 조각.
세:평(世評)명 세상 사람들의 비평. 세설(世說). ¶ 세평에 귀를 기울이다.
세:평(細評)명하타 자세하게 비평함, 또는 그러한 비평.
세:포(細布)명 가는 삼실로 짠, 썩 고운 삼베. 세마포(細麻布).
세:포(細胞)명 ①생물체를 구성하는 최소 단위로서의 원형질. 〔세포질·세포핵으로 이루어짐.〕 ②어떤 단체나 조직의 최소 구성 단위. 〔흔히, 공산당 조직의 최소 구성 단위를 이름.〕
세:포^단체(細胞團體)명 단체의 조직 요소로서의 하급 단체.

세ː포-막 (細胞膜) 명 ①동물 세포의 원형질을 싸고 있는 막. ②식물 세포의 표면을 싸고 있는 셀룰로오스의 막.
세ː포-벽 (細胞壁) 명 식물 세포의 가장 바깥쪽에 있는 피막. 셀룰로오스와 펙틴이 주성분으로, 세포를 보호하고 그 모양을 유지하는 기능을 함.
세ː포^분열 (細胞分裂) 명 하나의 세포가 둘 또는 그 이상으로 나누어지면서 분열하는 일.
세ː포-설 (細胞說) 명 모든 생물은 세포로 이루어져 있으며, 그 세포는 생물의 생명 활동의 기본 단위라고 하는 학설.
세ː포^식물 (細胞植物) [-싱-] 명 ☞엽상 식물. ↔유관 식물(有管植物).
세ː포-액 (細胞液) 명 식물 세포의 공포(空胞)를 채우고 있는 액체. 무기 염류·당류·유기산·색소·타닌·알칼로이드 등이 녹아 있음.
세ː포^융합 (細胞融合) 명 생명 공학 기술의 한 가지. 서로 다른 두 개의 세포를 융합시켜 두 가지 성질을 아울러 가진 세포를 만드는 기술.
세ː포^조직 (細胞組織) 명 ①세포의 연결로 된 생물체의 조직. ②단체의 기반으로서의 말단 조직.
세ː포-질 (細胞質) 명 세포의 원형질(原形質) 가운데서 핵질(核質)을 제외한 모든 부분을 통틀어 이르는 말.
세ː포-학 (細胞學) 명 생물체의 구성 단위인 세포를 연구 대상으로 하는 학문.
세ː포-핵 (細胞核) 명 세포의 원형질 속에 있는 구형(球形)의 소체(小體). 생물의 생명원으로, 막으로 둘러싸인 핵액(核液) 속에 염색사와 몇 개의 인(仁)이 들어 있음. 핵(核).
세ː풍 (細風) 명 솔솔 부는 바람.
세ː풍-사우 (細風斜雨) 명 ☞사풍세우.
세ː-피리 (細-) 명 국악기의 한 가지. 향(鄕)피리와 비슷하나 조금 가늘고 작은데, 세악(細樂)에 편성되며, 가곡·가사·시조 등의 반주용으로 쓰임.
세피아 (sepia) 명 수채화 따위에 쓰이는 그림물감의 한 가지. 오징어의 먹물에서 뽑아 만든 암갈색의 물감.
세ː필 (洗筆) 명하자 (글씨를 쓰고 난 뒤) 붓을 씻음.
세ː필 (細筆) 명 ①하타 잔글씨로 씀, 또는 잔글씨 쓰기. ②잔글씨를 쓰는 붓.
세ː한 (歲寒) 명 심한 추위, 또는 겨울.
세ː한-삼우 (歲寒三友) 명 동양화의 화제(畫題)의 한 가지. 추운 겨울철에도 잘 견디는 '소나무·대나무·매화나무'를 이르는 말.
세ː항 (世行) 명 대대로 교분이 있는 집안의 같은 또래의 벗.
세ː혐 (世嫌) 명 (두 집안 사이에) 대대로 내려오는 미움과 원한.
세ː형-동검 (細形銅劍) 명 우리나라에서 출토되는 동검의 하나. 청천강 이남에서 출토되며 청동기 후기에서부터 철기 전기의 유물임.
세ː화 (細畫) 명 세밀하게 그린 작은 그림.
세ː화 (歲畫) 명 조선 시대에, 설날을 기리는 뜻으로 임금이 신하에게 내려 주던 그림.
세ː환 (世患) 명 세상살이의 근심 걱정.
세ː황 (歲況) 명 설을 쇠는 사정. 새해의 형편.
세ː후 (歲後) 명 설을 쇤 뒤. ↔세전(歲前).
섹스 (sex) 명 ①암컷과 수컷 또는 남자와 여자의 구별. 성별(性別). ②성교.
섹스-어필 (sex-appeal) 명하자 성적인 매력을 보임.
섹스텟 (sextet) 명 육중주(六重奏). 또는 육중창(六重唱).
섹시-하다 (sexy-) 형여 성적 매력이 있다. 선정적이다. ¶ 섹시한 몸매.
섹터 (sector) 명 컴퓨터의 자기 디스크나 자기 드럼 따위에 구분하여 놓은 정보 기록 영역의 단위. 디스크의 중심에서 방사상(放射狀)으로 나눈 부채꼴의 구획임.
섹트-주의 (sect主義) [-의/-이] 명 ☞분파주의.
센ː-개 명 털빛이 흰 개.
센ː-둥이 명 털빛이 흰 동물. 특히, 흰 털의 강아지를 이름. 흰둥이.
　센둥이가 검둥이고 검둥이가 센둥이다 속담 센둥이건 검둥이건 모두 개임에는 다름없다는 뜻으로, 겉이 달라도 본질은 같을 때 쓰는 말.
센ː-말 명 뜻은 같으면서 어감이 예사말보다 억센 말. ('굼틀'에 대하여 '꿈틀' 따위.) 참 거센말·여린말.
센ː-머리 명 희어진 머리털.
센ː-물 명 칼슘염·마그네슘염 따위의 광물질이 비교적 많이 들어 있는 물. 경수(硬水). ↔단물.
센ː-바람 명 풍력 계급의 7등급에 해당하는 초속 13.9~17.1 m의 바람. 큰 나무 전체가 흔들리고 바람을 향해 걷기가 힘들며, 해상은 파도가 점점 거칠게 일어나 물마루가 부서짐. 강풍.
센ː-박 (-拍) 명 악곡의 한 마디 안에서 세게 연주되는 박자. ↔여린박.
센서 (sensor) 명 ☞감지기(感知器).
센서스 (census) 명 ①국세 조사(國勢調査). 인구 조사. ②특정의 사회 현상에 대하여 특정의 시간에 일제히 시행하는 전수(全數) 조사. ¶ 공업 센서스.
센ː-소리 명 된소리와 거센소리를 통틀어 이르는 말.
센스 (sense) 명 ①사물의 미묘한 속내를 직감하는 능력. 감수성. ¶ 센스가 빠르다. ②분별. 판단력.
센ː-입천장 (-天障) [-닙-] 명 ☞경구개(硬口蓋).
센ː입천장-소리 (-天障-) [-닙-] 명 ☞경구개음(硬口蓋音).
센터 (center) 명 ('중심'·'중앙'이라는 뜻으로) ①어떤 분야의 전문적·종합적 기능이나 설비가 집중되어 있는 곳. ¶ 문화 센터./수리 센터. ②축구·배구·농구 따위의 단체 구기에서, 중앙에 선 공격수나 수비수. ¶ 센터의 멋진 플레이.
센터^라인 (center line) 명 운동 경기장의 중앙에 그어 놓은 선.
센터링 (centering) 명하타 축구나 하키 경기에서, 공을 슈팅할 수 있도록 골 앞의 중앙에 있는 선수 쪽으로 패스하는 일.
센터^서ː클 (center circle) 명 농구·축구·아이스하키 등에서, 경기장 중앙에 그어 놓은 원.
센터^포ː워드 (center forward) 명 축구 선수의 기본 위치에서, 전방 중앙에 위치하여 공격의 중심이 되는 경기자.
센터^플라이 (center fly) 명 야구에서, 중견수 쪽으로 높이 쳐 올린 공.
센터^필ː드 (center field) 명 야구의 중견(中堅). 외야에서 한가운데의 수비 위치임.
센터^하ː프 (center half) 명 ☞하프 센터.
센ː-털[1] 명 빛깔이 희어진 털.
센ː-털[2] 명 억센 털. 빳빳한 털. 강모(剛毛).
센트 (cent) 의 미국의 화폐 단위의 한 가지. 100분의 1달러.
센티 (centi) 의 〈센티미터〉의 준말.
센티-그램 (centigram) 의 무게 단위의 한 가지. 100분의 1그램.

센티-리터 (centiliter) 의 용량(容量) 단위의 한 가지. 100분의 1리터.

센티멘털리즘 (sentimentalism) 명 감상주의.

센티멘털-하다 (sentimental-) 형여 감상적이고 감정적인 데가 있다. ¶ 가을이면 대개 좀 센티멘털한 기분을 느낀다. 준센티하다.

센티-미터 (centimeter) 의 길이 단위의 한 가지. 100분의 1미터. 준센티(centi).

센티-하다 (← sentimental-) 형여 〈센티멘털하다〉의 준말.

셀 (cell) 명 컴퓨터에서, 기억 장치로서의 기능을 갖는 위치를 나타내는 단위. 즉 한 비트, 한 바이트, 또는 한 워드 같은 정보의 한 단위에 대한 기억 장소임.

셀러리 (celery) 명 산형과의 일년초 또는 이년초. 잎과 줄기는 녹색이며 여름에 흰 꽃이 핌. 독특한 향기와 단맛이 있어 서양 요리에 흔히 쓰임.

셀레늄 (selenium) 명 ☞셀렌.

셀렌 (Selen 독) 명 원소의 한 가지. 천연으로는 황광(黃鑛)·황철석(黃鐵石) 등의 황화물(黃化物) 중에 소량으로 들어 있으며, 성질은 황과 비슷함. 유리의 탈색이나 광전지(光電池)·정류기(整流器)·합금 재료 등에 이용됨. 셀레늄. 〔Se/34/78.96〕

셀로텍스 (Celotex) 명 (나무나 사탕수수·볏짚 따위) 식물 섬유질의 분말을 교착제(膠着劑)로 고온·고압 아래 굳혀 판자 모양으로 만든 건축 재료. 흡음재(吸音材)·단열재 등으로 이용됨.

셀로판 (cellophane) 명 비스코스를 원료로 하여 만든 무색투명한 종이 모양의 재생 셀룰로오스. 셀로판지.

셀로판-지 (cellophane紙) 명 ☞셀로판.

셀로판-테이프 (cellophane tape) 명 셀로판의 한 쪽 면에 접착제를 발라서 만든 접착용의 투명한 테이프.

셀룰라아제 (cellulase) 명 셀룰로오스를 분해하는 효소. 곰팡이·세균 따위의 몸 안에 들어 있음. 초식 동물의 소화관 안에서 섬유소가 분해되는 것은 장 내에 사는 원생동물이나 세균이 가진 이 효소에 의한 것임.

셀룰로오스 (cellulose) 명 식물의 세포막이나 섬유의 주성분. 보통, 펄프·솜 등에서 채취되어 종이나 옷감의 원료로 쓰이는 한편, 폭약의 원료가 되기도 함. 섬유소.

셀룰로이드 (celluloid) 명 니트로셀룰로오스와 장뇌(樟腦)를 3:1의 비율로 섞어서 만든 플라스틱의 한 가지. 순수한 것은 무색투명하나, 충전제(充塡劑)를 가하여 반투명·불투명 제품도 생산함. 완구·학용품·필름 등의 원료로 쓰임.

셀프-서ː비스 (self-service) 명 음식점이나 슈퍼마켓 등에서 고객이 필요한 것을 스스로 챙기도록 하는 판매 방법.

셀프-타이머 (self-timer) 명 일정 시간이 지나면 자동적으로 셔터가 눌러지도록 한 사진기의 시한 장치(時限裝置).

셈ː Ⅰ명하타 ①수효를 세는 일. ②수식(數式)을 풀어 값을 헤아리는 일. ¶ 나누는 셈. 참연산(演算)·운산(運算). ③주고받을 액수와 수량을 서로 따져 밝히는 일. ¶ 셈이 분명하다. ④값을 치르는 일. ¶ 점심 값은 내가 셈하지. ⑤〈셈판〉의 준말.
Ⅱ의 ①어떤 형편이나 결과. ¶ 그 정도면 아주 잘한 셈이다. ②어떻게 하겠다는 생각. ¶ 이제 어쩔 셈인지 모르겠다. ③미루어 가정함. ¶ 속은 셈 치다. /없는 셈 치다.

셈(을) 차리다 관용 앞뒷일을 잘 생각하여 점잖게 행동하다. ¶ 셈을 차릴 줄 알다.

셈(을) 치다〔잡다〕 관용 계산하다. 셈하다. ¶ 얼마나 되는지 셈을 쳐 보자.

셈이 질기다 관용 셈해 주어야 할 돈이나 물건 따위를 좀처럼 주지 않다. ¶ 당신은 셈이 질겨서 거래할 수 없소.

셈ː-나다 자 사물을 분별하는 슬기가 생겨나다.

셈ː-들다 [~드니·~들어] 자 사물을 잘 분별하는 슬기가 있게 되다. ¶ 스무 살이면 셈들 나이도 되었다.

셈ː-법 (-法) [-뻡] 명 ☞산법(算法).

셈ː-본 명 ①셈이 법치. ②고등학교 교과인 '수학'을 이전에 이르던 말.

셈ː-속 [-쏙] 명 ①옥신각신한 사실의 내용. ¶ 저렇게 떠들어 대는 셈속이 뭘까? ②겉으로 드러내지 않는 속내. ¶ 당신의 셈속을 헤아릴 수가 없군요.

셈ː-씨 명 ☞수사(數詞).

셈^어ː족 (Sem語族) 명 히브리 어·아랍 어·페니키아 어 등, 북아프리카에서 서남아시아에 걸쳐 쓰이는 말을 통틀어 이르는 말.

셈ː여림-표 (-標) [-녀-] 명 악보에서, 그 곡을 강하게 또는 약하게 하라는 뜻을 나타내는 부호나 말. 강약 부호(強弱符號).

셈ː-제기 명 한 번에 계속해서 찬 수효의 많고 적음에 따라 승부를 정하는 제기 놀이의 한 가지.

셈ː-판 (-板) 명 ①사실의 형편, 또는 원인이나 이유. ¶ 어찌 된 셈판이냐. 준셈. ②☞수판(數板).

셈ː-평 명 ①(이해관계를 따지어) 셈을 쳐 보는 생각. ¶ 셈평이 밝은 사람. ②생활의 형편. ¶ 취직을 하고부터 집안의 셈평이 차차 펴였다.

셈프레 (sempre 이) 명 악곡의 빠르기말이나 나타냄말에 덧붙어 쓰이는 말. '항상'·'늘'의 뜻. 〔sempre piano(항상 여리게) 따위.〕

셈플리체멘테 (semplicemente 이) 명 악보의 나타냄말. '단순하게'의 뜻.

셋ː [섿] 수 '둘'에 하나를 더한 수. 삼(三). 참서·석·세. * 셋ː이[세시]·셋ː만[센-]

셋ː-겸상 (-兼床) [섿껌-] 명 한 상에서 세 사람이 함께 먹도록 차린 상.

셋ː-돈 (貰-) [세똔/섿똔] 명 남의 것을 빌려 쓰고 그 값으로 내는 돈, 또는 남에게 빌려 주고 그 세로서 받는 돈. 세금(貰金). 세전(貰錢).

셋ː-말 (貰-) [센-] 명 세를 받고 빌려 주는 말. 세마.

셋ː-방 (貰房) [세빵/섿빵] 명 셋돈을 내고 빌려 쓰는 방, 또는 셋돈을 받고 남에게 빌려 주는 방.

셋ː방-살이 (貰房-) [세빵-/섿빵-] 명하자 남의 집 방을 빌려서 사는 살림살이. ¶ 셋방살이 십 년에 눈치만 늘었다.

셋ː-붙이 [섿뿌치] 명 개피떡 세 개를 붙여 만든 산병(散餅)의 한 가지.

셋ː-잇단음표 (-音標) [센닏따늠-] 명 잇단음표의 한 가지. 4분음표나 2분음표 따위를 3등분하여 연주하라는 뜻을 나타내는 음표. 삼연음부(三連音符). 트리플렛.

셋ː-줄 (勢-) [세쭐/섿쭐] 명 권세의 힘을 이용할 수 있는 연줄. 뒷줄.

셋ː-집 (貰-) [세찝/섿찝] 명 셋돈을 내고 빌려 쓰는 집, 또는 셋돈을 받고 빌려 주는 집. 세가(貰家). 대가(貸家).

셋ː-째[섿-] Ⅰ수관 둘째의 다음 차례(의). Ⅱ명 맨 앞에서부터 세어 모두 세 개째가 됨을 이르는 말. ¶ 그 녀석이 깬 유리창이 이걸로 셋째다.

셋ː째-가리킴[섿-]명 ☞제삼 인칭.

셍기다타 ①이것저것 주워대서 말하다. ¶ 무슨 말을 그렇게 주워 셍기니? ②일거리를 계속 대어 주다.

셓수 〈옛〉셋. ¶ 세흔 세히오(月釋*1:15*).

셔명 〈옛〉서까래. ¶ 셔 연:椽(訓蒙中*6*).

셔다자 〈옛〉서다. ¶ 아바님 뒤헤 셔샤(龍歌*28*章). /玉節이 알픠 셧다(鄭澈.關東別曲).

셔방명 〈옛〉서방. ¶ 네 쑬 셔방은 언제나 마치ᄂᆞ손다(古時調).

셔방맞다자 〈옛〉시집가다. ¶ 당가들며 셔방마조몰 다 婚姻ᄒᆞ다 ᄒᆞᄂᆞ니라(釋譜*6:16*).

셔ː벗(sherbet)명 과즙에 물·우유·크림·설탕 따위를 넣고, 아이스크림 모양으로 얼린 얼음과자.

셔볼명 〈옛〉서울. ¶ 도ᄌᆞ기 셔볼 드더니(龍歌*49*章).

-셔요어미 높임의 선어말 어미 '-시-'와 어미 '-어요'를 합하여 줄여 이르는 말. 모음이나 'ㄹ'로 끝난 어간 뒤에 붙어, 그리하도록 권하는 뜻을 나타내는 합쇼체의 종결 어미. -세요. ¶ 식기 전에 드셔요. 참 -으셔요.

셔울명 〈옛〉서울. ¶ 아바님 셔울 겨샤(月釋*10:1*). /셔울 경:京(訓蒙中*7*). 참셔볼.

셔ː츠(shirts)명 윗도리 밑에 받쳐 입는 서양식 속옷을 통틀어 이르는 말. 샤쓰.

셔터(shutter)명 ①두루마리처럼 위로 감아올리거나 내리게 된 철제 덧문. ¶ 셔터를 내리다(올리다). ②사진기에서, 광선이 들어가는 구멍을 순간적으로 여닫는 장치. ¶ 셔터를 누르다.

셔틀-버스(shuttle bus)명 일정한 구간을 정기적으로 반복하여 다니는 버스.

셔틀콕(shuttlecock)명 배드민턴 경기에 쓰이는 깃털 공.

셗명 〈옛〉고삐. ¶ 셕슬 치자ᄇᆞ시니(龍歌*7*章). 참혁.

션븨명 〈옛〉선비. ¶ 션븨 슈:儒(訓蒙上*34*).

션비명 〈옛〉선비. ¶ 션비를 아ᄅᆞ실씨(龍歌*80*章). /션비 ᄉᆞ:士(類合上*17*).

션ː-찮다[-찬타]형 〈시원찮다〉의 준말.

셜흔명 〈옛〉서른. ¶ 나히 셜흐니 몬ᄒᆞ야셔(杜初*8:21*). /뭇ᄉᆞ올 보디 몬ᄒᆞ얀디 셜흔 히니(杜初*9:26*). /셜흔근 균:鈞(類合下*23*).

셟다형ㅂ 〈옛〉섧다. 괴롭다. ¶ 죽기는 셟지 아녀도(古時調).

셤명 〈옛〉섬. ¶ 셤 안해 자싫 제(龍歌*67*章). /셔미 퍼러ᄒᆞ도다(杜初*21:40*).

셤기다타 〈옛〉섬기다. ¶ 우흿 사ᄅᆞᆷ 셤기며(飜小*10:21*). /獨夫受ㄹ 셤기시니(龍歌*11*章).

셧-아웃(shutout)명 야구에서, 상대편에게 한 점도 주지 않고 이기는 일.

셩냥바지명 〈옛〉장인(匠人). ¶ 네 百姓은 그위 실ᄒᆞ리와 녀름지ᄉᆞ리와 셩냥바지와 흥졍바지왜라(楞解*3:88*).

셩녕명 〈옛〉수공업(手工業). ¶ 工倕의 셩녕인가 鬼斧로 다ᄃᆞᆫ믄가(鄭澈.關東別曲).

셰다[1]자 〈옛〉세다. 희어지다. ¶ 셴머리:白頭(杜初*10:6*). /셴 하나비롤(龍歌*19*章).

셰다[2]타 〈옛〉〚'셔다'의 사동〛 세우다. ¶ 中興主를 셰시니(龍歌*11*章). /千尋 絕壁을 半空애 셰여 두고(鄭澈.關東別曲).

-셰라어미 〈옛〉-세라. -구나. ¶ 桃花 뜬 ᄆᆞᆯ근 물에 山影조차 줌겨셰라(古時調).

셰르파(Sherpa)명 히말라야 등반대의 길 안내나 짐의 운반을 위해 고용되는 티베트계 네팔인들을 이르는 말.

셰리(sherry)명 스페인 원산인 백포도주의 한 가지. 노란빛을 띤 갈색으로, 알코올 성분과 감미(甘味)가 강하고 방향(芳香)을 지님.

셰어(share)명 상품의 시장 점유율. ¶ 우리 회사 상품의 셰어를 늘리다.

셰우다타 〈옛〉세우다. ¶ 몸을 셰워(小解*2:29*). 참셰다.

셰이크핸드^그립(shakehand grip)명 탁구에서, 악수를 하듯이 라켓을 쥐는 방식. ↔펜홀더 그립.

셰이퍼(shaper)명 소형 공작품의 평면이나 홈을 깎는 공작 기계.

셰일(shale)명 ☞이판암. 혈암.

셰퍼ː드(shepherd)명 독일 원산인 개의 한 품종. 몸은 늑대와 비슷하며 매우 영리함. 특히, 용맹하고 후각이 예민하여 경찰견·군용견 등으로 이용됨.

셸(shell)명 경쾌하게 가늘고 긴 경조용(競漕用) 보트. 〔한 사람이 탐.〕

셸락(shellac)명 동물성 수지(樹脂)의 한 가지. 바니시의 원료나 레코드의 성형 재료·절연재 따위로 쓰임. 랙깍지진디의 분비물을 정제·표백하여 생산함.

셸터ː드^워ː크숍(sheltered workshop)명 사회 보장 제도에 따른 시설로, 신체장애자를 위하여 집과 일터를 함께 마련한 곳.

소[1]명 솟과의 동물을 통틀어 이르는 말. 몸집이 크고 다리가 짧으며 암수 모두 뿔이 있음. 온몸에는 짧은 털이 났는데, 꼬리는 가늘고 길며 끝에 털이 많음. 발굽은 둘로 쪼개지고 초식성이며 삼킨 것을 되새김함. 성질이 온순하고 참을성이 강하여 가축으로는 가장 오래되었음. 육용·유용(乳用)·사역용으로 나뉨.

소가 짖겠다속담 하도 어이없는 일이라 소까지 비웃겠다는 말.

소같이 벌어서〔일하고〕 쥐같이 먹어라속담 열심히 일해서 저축한 것을 절약하며 써야 한다는 말.

소 궁둥이에다 꼴을 던진다속담 어리석고 미련한 사람은 아무리 가르쳐도 보람이 없다는 말.

소 닭 보듯 (닭 소 보듯)속담 전혀 상관없다는 듯이 관심을 나타내어 보이지 않는 태도를 두고 이르는 말.

소더러 한 말은 안 나도 처(妻)더러 한 말은 난다속담 아무리 가까운 사이라도 말을 조심하라는 뜻.

소도 언덕이 있어야 비빈다속담 의지할 데가 있어야 무슨 일을 할 수 있다는 말.

소 뒷걸음질 치다 쥐 잡기속담 우연히 공을 세운 경우에 하는 말.

소 잃고 외양간 고친다속담 이미 일을 그르친 뒤에는 뉘우쳐도 소용없다는 말.

소같이 먹다관용 엄청나게 먹다.

소(가) 뜨물 켜듯이관용 물 같은 것을 한꺼번에 들이켜는 모양을 이르는 말.

소[2]명 ①떡이나 만두 따위의 속에, 맛을 내기 위해 넣는 여러 가지 재료. ¶ 만두에 소를 적게 넣으면 맛이 없다. ②통김치 따위를 담글 때, 속에 넣는 여러 가지 재료. ¶ 소를 박은 오이김치. /소를 많이 넣어서인지 김치 맛이 좋다.

소(沼)명 ①땅바닥이 둘러빠지고 물이 깊게 된 곳. ②☞늪.

소ː(素)명 음식에 고기와 생선을 쓰지 않는 일.
소(疏)명 임금에게 올리는 글.
소(訴)명 법원에 민사 소송을 제기하는 일. ¶ 소를 제기하다.
소(簫)명 국악에 쓰이는 관악기의 한 가지. 대로 만든 열여섯 개의 피리를 틀에 한 줄로 꽂아, 두 손으로 틀의 양쪽을 들고 불게 되어 있음.
소-접두 ☞쇠-.
소-(小)접두 《일부 명사 앞에 붙어》 '작다'는 뜻을 나타냄. ¶ 소규모. /소도구. ↔대-.
-소(所)접미 《일부 명사 뒤에 붙어》 그러한 곳임을 나타냄. ¶ 발전소. /사무소. /연구소.
-소어미 ①《자음으로 끝난 어간이나 시제의 '-았(었)-'·'-겠-' 뒤에 붙어》 평서·의문·명령의 뜻을 나타내는 하오체의 종결 어미. ¶ 참 좋소. /누가 하겠소? 참 -오. ②모음으로 끝난 동사 어간 뒤에 붙어, 명령의 뜻을 나타내는 하오체의 종결 어미. ¶ 빨리 가소!
소ː가(小家)명 ①크기가 작은 집. ②첩(妾), 또는 첩의 집. ¶ 소가를 두다.
소ː가(小暇)명 (얼마 안 되는) 아주 짧은 겨를. 소한(小閒).
소ː가(小駕)명 임금이 타던 수레의 한 가지. 〔대가(大駕)나 법가(法駕)에 비하여 약식의 수레임.〕
소ː-가야(小伽倻)명 경상남도 고성(固城) 부근에 자리했던 고대 군장 국가(君長國家). 육 가야의 하나로, 532년에 신라에 병합됨.
소ː-가족(小家族)명 적은 수의 가족. ↔대가족.
소-가죽명 ☞쇠가죽.
소ː가지명 〈마음속〉의 속된 말. 소갈딱지. 소갈머리. ¶ 소가지가 못됐다.
소가지(를) 내다관용 '성을 내다'를 속되게 이르는 말.
소ː각(小角)¹명 너비 20 cm 이하의 각재(角材).
소ː각(小角)²명 작은 나발.
소각(消却·銷却)명하타 ①지워 없앰. ②빚을 갚아 버림.
소각(燒却)명하타되자 태워 버림. 소기(燒棄). ¶ 쓰레기를 소각하다.
소각-로(燒却爐)[-강노]명 쓰레기나 폐기물 따위를 태워 없애는 시설물.
소각-장(燒却場)[-짱]명 쓰레기나 폐기물 따위를 태워 없애는 곳.
소-간(-肝)명 ☞쇠간.
소ː간(小簡)명 작은 간지(簡紙).
소ː간(所幹)명 〈소간사(所幹事)〉의 준말.
소ː간-사(所幹事)명 볼일. 준소간(所幹).
소갈(消渴)명 〈소갈증〉의 준말.
소ː갈-딱지[-찌]명 소가지.
소ː갈-머리명 소가지. ¶ 소갈머리가 없다.
소-갈비명 ☞쇠갈비.
소-갈이명하타 소로 논밭을 가는 일.
소갈-증(消渴症)[-쯩]명 한방에서, 당뇨병같이 목이 쉬 말라 물이 자주 켜이는 증세를 이르는 말. 준소갈.
소ː감(所感)명 느낀 바, 또는 느낀 바의 생각. ¶ 신춘문예 당선 소감.
소ː강(小康)명하형 ①병세가 조금 좋아지는 일. ②소란스러운 상태가 얼마 동안 가라앉는 일.
소강(遡江)명하자 강을 거슬러 올라감. 소하.
소ː강-상태(小康狀態)명 소란·혼란·분란 따위가 잠잠히 가라 앉은 상태. ¶ 소강상태에 빠지다.
소개(紹介)명하타되자 ①모르는 사이를 알고 지내도록 중간에서 관계를 맺어 줌. ¶ 외사촌의 소개로 그녀를 만나게 되었다. ②양편 사이에 들어서 일이 이루어지도록 주선함. ¶ 집을 소개하다. ③잘 알려지지 않은 것을 알게 해 줌. ¶ 신간 서적을 소개하다.
소개(疏開)명하타 ①땅을 파서 물이 흐르도록 함. ②적의 공습이나 화재 따위에 의한 손해를 적게 하기 위하여 집중되어 있는 사람이나 시설 따위를 분산시킴. ③☞산개(散開).
소개(疏槪)명 〈상소대개(上疏大槪)〉의 준말.
소ː-개념(小槪念)명 삼단 논법에서, 결론의 주사(主辭)가 되는 개념. 〔'사람은 죽는다. 공자는 사람이다. 그러므로 공자는 죽는다.'는 삼단 논법에서 '공자'에 해당하는 것을 이름.〕 소사(小辭). ↔대개념.
소개-비(紹介費)명 소개받은 대가로 소개업자에게 치르는 돈.
소개-업(紹介業)명 구전(口錢)을 목적으로 부동산의 매매나 임대 또는 직업을 소개하는 업.
소개-장(紹介狀)[-짱]명 사람을 소개하는 글. ¶ 이 소개장을 가지고 그분을 찾아뵙게나.
소객(騷客)명 ☞소인(騷人).
소거(消去)명하타되자 ①지워 없앰. ②수학의 방정식에서, 공통의 문자나 미지수를 줄여 없애는 일.
소거-법(消去法)[-뻡]명 연립 방정식에서, 미지수를 차례로 소거해서 미지수가 한 개인 방정식으로 만들어 그 미지수의 값을 구하고, 거꾸로 거슬러 올라가 다른 미지수의 값을 차례로 구해 나가는 방법.
소건(訴件)[-껀]명 〈소송 사건〉의 준말.
소-걸음명 소처럼 느릿느릿 걷는 걸음.
소-걸이명 (우승에 대한 상으로) 소를 걸고 하는 씨름. 상씨름.
소ː검(小劍)명 작은 칼. 비단검. ↔대검(大劍).
소ː게(小憩)명하자 잠깐 쉼.
소-겨리명하자 (겨리질을 하기 위하여) 겨리에 두 마리의 겨릿소를 매어 짝을 묶는 일.
소격(疏隔)명하자 왕래가 없어 서로 사귀던 사이가 멀어짐.
소격-감(疏隔感)[-깜]명 (사귀는 사이가 멀어져) 어쩐지 서먹서먹한 느낌.
소격-서(昭格署)[-써]명 조선 시대에, 도교의 초제를 맡아보던 관아.
소견(召見)명하타 불러서 만나 봄.
소ː견(所見)명 어떤 사물을 보고 살피어 가지는 의견이나 생각. ¶ 소견 없는 짓. /소견을 말하다.
소견(消遣)명하자 (어떤 놀이 따위에 마음을 붙여) 시름을 달램. 소일(消日).
소ː견-머리(所見-)명 〈소견(所見)〉의 낮은말. ¶ 소견머리가 없다. /소견머리가 좁다.
소견-세월(消遣歲月)명하자 시름을 달래며 세월을 보내는 일. ¶ 바둑으로 소견세월을 하다.
소ː견-표(所見表)명 학생의 학업 성적·신체 발달·품행 등에 대한 소견을 적은 서류.
소결(疏決)명하타되자 죄수를 너그럽게 처결함.
소결(燒結)명하자되자 가루 상태의 물질이 적당한 가압(加壓)과 녹는점 이하의 가열에 의하여 덩어리로 굳어짐, 또는 그러한 현상.
소결^합금(燒結合金)[-끔]명 금속의 가루를 압축·성형하고, 녹는점 이하로 가열하여 굳힌 합금.
소ː경명 ①눈이 멀어 앞을 못 보는 사람. 고자(瞽者). 맹인(盲人). 맹자(盲者). 봉사. ②'글 모르는 사람'을 비유하여 이르는 말. 높장님.
소경 개천 나무란다속담 제 잘못을 모르고 남의 탓만 한다는 말.
소경 기름 값 내기속담 이해관계도 없이 남과 같이 부담한다는 말.

소경 단청 구경㉿속담 보아도 이해하지 못할 것을 본다는 말.

소경 문고리 잡듯〔잡은 격〕속담 우연히 어떤 일을 이루거나 맞히는 것을 이르는 말.

소경 잠자나 마나속담 무엇을 하기는 하되 하지 않는 것이나 마찬가지라는 말.

소ː경(小京)명 신라 때, 경주 이외에 정치적·군사적으로 중요한 지역에 두었던, 경주에 버금가는 도읍지.

소ː경(小逕·小徑)명 좁은 길.

소ː경(小景)명〔흔히, 풍경화 따위의 제목에 덧붙여〕그 풍경의 작은 일부, 또는 작은 화폭에 나타냈음을 이르는 말. ¶ 금강산 소경.

소ː경(少頃)명 잠시 동안. 잠깐 사이.

소경(蘇莖·蘇梗)명 한방에서, '차조기의 줄기'를 약재로 이르는 말. 성질이 순하며, 발한제·진정제·진통제·이뇨제 따위로 쓰임.

소ː경-낚시[-낙씨]명 미늘 없는 낚시.

소ː경-막대[-때]명 소경이 짚고 다니는 지팡이.

소ː계(小計)[-계/-게]명 한 부분만의 합계. ↔총계.

소ː고(小考)명 ①체계를 세우지 않은 부분적·단편적인 고찰.〔논문의 제목 따위에 붙여 쓰는 말.〕②'자기의 생각'을 겸손하게 이르는 말.

소ː고(小故)명 ①작은 일. 작은 사고(事故). ②자잘한 이유.

소ː고(小鼓)명 국악기에 딸린 작은 북. 낮은 운두를 얇은 가죽으로 메웠으며 자루가 달려 있음. 작은북.

소고(遡考)명하타 옛일을 거슬러 올라가서 상고함.

소-고기명 ☞쇠고기.

소ː고-무(小鼓舞)명 민속 무용인 농악무의 한 가지. 소고재비가 전복(戰服)에다 삭모(槊毛)가 달린 전립(戰笠)을 쓰고 소고를 두드리며 경쾌하게 추는 춤.

소-고의[-의/-이]명 여자가 입는 '짧은 저고리'의 궁중말.

소ː고-재비(小鼓-)명 농악에서, 소고를 맡아 치는 사람.

소-고집(-固執)명 ☞쇠고집.

소ː곡(小曲)명 〈소품곡(小品曲)〉의 준말.

소ː곤(小棍)명 조선 시대의 곤장의 한 가지. 곤장 가운데서 가장 작은 것으로, 길이는 5자 1치. 참중곤.

소곤-거리다자타 자꾸 소곤소곤하다. 소곤대다. 큰수군거리다. 센쏘곤거리다.

소곤-대다자타 소곤거리다.

소곤-소곤부하자타 남이 알아듣지 못하게 매우 나직한 소리로 이야기하는 모양. ¶ 소곤소곤 속삭이다. /귓속말을 소곤소곤하다. 큰수군수군. 센쏘곤쏘곤.

소곳-하다[-고타-]형여 ①고개가 좀 숙은 듯하다. ¶ 머리를 소곳하게 숙이고 앉아 있다. ②흥분이 좀 가라앉은 듯하다. ¶ 소곳해진 걸 보니 이제 화가 좀 풀렸나 보다. ③다소곳하다. ①②큰수긋하다. **소곳-이**부.

소ː공(小功)[1]명 조그마한 공로. 작은 공적. ↔대공(大功)[1].

소ː공(小功)[2]명 오복(五服)의 하나. 소공친의 상사(喪事)에 다섯 달 동안 입는 복제(服制).

소ː공-친(小功親)명 소공의 복을 입는 친척. 종조부모·대고모·종숙부모·종고모·재종형제·종질·종손·외조부모·외숙 등. 참대공친.

소ː과(小科)명 조선 시대에, 초시(初試)와 복시(覆試)로 생원과 진사를 뽑던 과거. 감시(監試). ↔대과(大科). 참생진과(生進科).

소ː과(小過)[1]명 작은 잘못. 하찮은 실수.

소ː과(小過)[2]명 〈소과괘(小過卦)〉의 준말.

소과(蔬果)명 채소와 과실. 과채.

소ː과-괘(小過卦)명 육십사괘의 하나. 진괘(震卦)와 간괘(艮卦)를 위아래로 놓은 괘. 산 위에 우레가 있음을 상징함. 준소과(小過)[2].

소과리명 〈옛〉쏘가리. ¶ 소과리 궐:鱖(訓蒙上*20*). /소과리:鱖魚(譯解下*38*).

소ː관(小官) Ⅰ명 지위가 낮은 관리. 미관. Ⅱ대 관리가 스스로를 낮추어 이르는 말. 미관.

소ː관(所管)명 어떤 사무를 맡아 관리함, 또는 그 사무. ¶ 구청 소관.

소ː관(所關)명 관계되는 바. ¶ 무슨 소관이 있어서 왔습니까?

소ː관-사(所關事)명 관계하는 일, 또는 관계되는 일. ¶ 그 일은 내 소관사가 아니다.

소ː-괄호(小括弧)명 문장 부호 중 묶음표의 한 가지인 '( )'의 이름. 원어(原語)·연대·주석(註釋)·설명 등을 넣거나 빈 자리임을 나타낼 때 등에 씀. 손톱괄호. 손톱묶음.

소광(消光)명하자 세월을 보냄. 소일(消日).

소광(疏狂) '소광하다'의 어근.

소광(韶光)명 봄빛.

소광-하다(疏狂-) Ⅰ자여 지나치게 소탈하여 상규(常規)에 벗어나다. Ⅱ형여 상규(常規)에서 벗어날 정도로 지나치게 소탈하다.

소ː괴(小塊)[-괴/-궤]명 작은 덩어리.

소ː곡(小斛)[-곡/-궉] Ⅰ명 지난날 민간에서, 곡류 열닷 말〔斗〕을 되는 데 쓰이던 양기(量器). ↔대곡(大斛). Ⅱ의 부피의 단위. 지난날 민간에서, 곡류의 부피를 잴 때 썼음.〔소곡은 열닷 말에 해당함.〕↔대곡(大斛).

소ː교(素轎)명 상제(喪制)가 타는, 사방을 흰 천으로 싼 교자.

소ː-교의(素交椅)[-의/-이]명 장사 때까지 신위(神位)를 모셔 두는, 희게 꾸민 교의.

소구(←小鼓)명 '소고(小鼓)'의 잘못.

소구(訴求)명하타 소송을 제기하여 권리를 행사함, 또는 그런 일. 특히, 청구권의 행사를 말함.

소구(遡求)명하타 어음이나 수표의 지급이 거절되었을 때, 그 소지인이 배서인이나 발행인에게 변상을 청구하는 일.

소-구멍명 광산에서, 갱(坑)의 천장에 위로 향하여 뚫는 남폿구멍.

소ː-구분(小區分)명하타 작게 구분함, 또는 그 작은 구분.

소ː-구치(小臼齒)명 송곳니 뒤에 있는 두 개씩의 작은 어금니. 위아래 좌우로 모두 여덟 개임. ↔대구치(大臼齒).

소ː국(小局)명 ①좁은 도량이나 좁은 소견. ②작은 판국. 작은 국면(局面).

소ː국(小國)명 작은 나라. ¶ 동남아(東南亞)의 소국. ↔대국(大國).

소ː군(小君)명 고려 시대에, 천첩(賤妾)의 소생으로 중이 된 왕자를 일컫던 말.

소굴(巢窟)명 범죄 집단의 본거지. 소혈(巢穴). 와굴. 굴혈(窟穴). ¶ 도둑의 소굴. 준굴(窟).

소ː권(小圈)[-꿘]명 작은 권내(圈內). 작은 영역.

소권(訴權)[-꿘]명 주로 민사 소송에서, 법원에 소송을 제기하여 심판을 구할 수 있는 권리.

소귀-나무명 소귀나뭇과의 상록 활엽 교목. 한라산의 기슭에 자라는데, 나무껍질은 회색이며 잎은 혁질(革質)임. 봄에 누르스름한 홍색의 작은 꽃이 피고, 둥근 열매는 초여름에 붉게 익으며 먹을 수 있음. 나무껍질은 염료로 쓰임. 양매(楊梅). 준속나무.

소ː-규모(小規模)명 작은 규모. ¶ 소규모의 기업. ↔대규모.

소극(消極)명 무슨 일에 대하여, 나아가서 작용하려 하지 않고 수동적인 자세를 가지는 일. ↔적극.

소ː극(笑劇)명 희극의 한 가지. 오로지 관객을 웃기는 것을 목적으로 하는 극. 파스(farce).

소극^명사(消極名辭)[-긍-]명 논리학에서, 부정적인 개념을 나타내는 명사(名辭). 〔무용(無用)·부도덕(不道德) 따위.〕

소극^명ː제(消極命題)[-긍-]명 ☞부정 명제.

소극^방공(消極防空)[-빵-]명 적의 공습에 대하여 엄폐·은폐 및 소개(疎開) 등의 소극적인 방법으로 방어하는 일.

소극-성(消極性)[-썽]명 소극적인 성질. ¶ 소극성을 드러내다. ↔적극성.

소극^의ː무(消極義務)명 어떤 일정한 일을 하지 않는 의무. 〔시야(視野)를 가리는 건축물을 세우지 않는 의무 같은 것.〕 ↔적극 의무.

소ː-극장(小劇場)[-짱]명 규모가 작은 극장. 대극장이 상업주의로 흐르는 데에 반하여, 연극 본디의 예술성을 찾고 실험극을 상연하며 관객과의 거리를 좁히려는 목적으로 만듦.

소극^재산(消極財産)[-째-]명 채무(債務)·부채(負債)를 이르는 말. ↔적극 재산.

소극-적(消極的)[-쩍]관명 자진해서 작용하지 않는 (것). 적극적이 아닌 (것). ¶ 소극적 방식. /근무 태도가 소극적이다. ↔적극적.

소극적 개ː념(消極的概念)[-쩍깨-] ☞부정적 개념.

소극적 판단(消極的判斷)[-쩍-] ☞부정 판단.

소극-제(消極劑)[-쩨]명 전지(電池)의 분극(分極)을 막기 위하여 쓰이는 약품. 전지의 사용에 따라 전지 내부의 양극에 발생하는 수소를 산화시키기 위한 것. 복극제(復極劑).

소극-주의(消極主義)[-쭈의/-쭈이]명 (발생할지도 모를 새로운 위험이나 부담을 피하려고) 어떤 일을 적극적으로 하지 않으려는 주의. 보수주의·금욕주의 등. ¶ 소극주의가 만연한 사회는 발전할 수가 없다. ↔적극주의.

소극-책(消極策)명 소극적인 정책이나 대책. ↔적극책.

소금명 짠맛을 내는 무색의 천연 광물성 식품. 염소와 나트륨의 결정성 화합물로 조미료와 방부제로 쓰임. 식염(食塩). 염(塩). 염화나트륨. ¶ 소금으로 배추를 절이다. /고기를 소금에 찍어 먹다.

소금 먹은 놈이 물켠다속담 죄지은 사람이 벌을 받고, 빚진 사람이 빚을 갚아야 한다는 말.

소금에 아니 전 놈이 장에 절까속담 큰일도 이겨낸 사람이 그만한 일에 넘어갈 리 없다는 뜻.

소금으로 장을 담근다 해도 곧이듣지 않는다속담 ☞콩으로 메주를 쑨다 해도 곧이듣지 않는다. 참콩.

소금이 쉴까속담 절대 그럴 리 없으니 믿어도 된다는 말.

소ː금(小金)명 ①대금보다 조금 작은 국악 타악기의 한 가지. ②☞괭과리.

소ː금(小笒)명 국악의 관악기인 삼금(三笒)의 한 가지로 가장 작은 저.

소ː금(小禽)명 작은 새.

소금(銷金)명하자 무늬에 금박(金箔)을 입힘.

소금-구이명 ①하자 바닷물을 달여서 소금을 만드는 일, 또는 그런 일을 하는 사람. ②하타 생선이나 고기에 소금을 쳐서 굽는 일, 또는 그렇게 구운 생선이나 고기.

소금-기(-氣)[-끼]명 어떤 물질이나 음식에 포함되어 있는 소금 성분. 염분(塩分).

소금-물명 ①소금을 타서 녹인 물. ②소금기가 있는 짠물. 염수(塩水).

소금밭-로(-鹵)[-반노]명 한자 부수의 한 가지. '鹹'·'鹽' 등에서의 '鹵'의 이름. 짠땅로.

소금-버캐명 엉겨 말라붙은 소금 덩이.

소금엣-밥[-그메빱/-그멘빱]명 반찬을 변변찮게 차린 밥상. 염반(塩飯). ¶ 소금엣밥이지만 많이 드십시오.

소금-쟁이명 소금쟁잇과의 곤충. 몸길이 15 mm 가량. 등이 검고 배는 은백색이며 다리가 길어 물 위를 저어 가거나 뛰어다님. 연못이나 염분이 있는 물에 모여 삶.

소금-절이명하타 (고기나 채소 등) 식품을 소금에 절이는 일, 또는 소금에 절인 식품.

소ː-금정(小金井)명 관에 덧씌우거나 송장을 덮는 제구. 나무오리로 만들어 거죽에 종이를 발랐음.

소금-쩍명 어떤 물건에 소금기가 배거나 내솟아 허옇게 엉긴 것.

소금-편포(-片脯)명 소금을 쳐서 만든 편포.

소급(遡及)명하자타 과거에까지 거슬러 올라가서 영향이나 효력을 미침. ¶ 이 규정은 작년 5월까지 소급해서 적용한다.

소급-력(遡及力)[-금녁]명 법률의 효력이 그 법률의 시행 이전의 일에까지 거슬러 올라가서 미치는 힘.

소급-효(遡及效)[-그표]명 법률의 효력이 과거에까지 거슬러 올라가서 미치는 일.

소ː기(小技)명 조그마한 재주. 하찮은 재주.

소ː기(小朞)명 ☞소상(小祥).

소ː기(小器)명 ①작은 그릇. ②기량(器量)이나 도량(度量)이 작음, 또는 그런 사람.

소ː기(少妓)명 어린 기생.

소기(沼氣)명 늪이나 시궁창 등의 유기물이 썩어서 발생하는 가스. 메탄이 주성분임.

소ː기(所期)명 마음속으로 그렇게 되기를 바라고 기다리는 일. 기대하는 바. 《주로, '소기의'의 꼴로 쓰임.》 ¶ 소기의 목적을 달성하다.

소ː기(笑氣)명 '아산화질소(亞酸化窒素)'의 딴 이름. 〔마시면 얼굴 근육에 경련이 일어나 웃는 것처럼 보이는 데서 생긴 말.〕

소기(燒棄)명하타되자 ☞소각(燒却).

소기(騷氣)명 (시인다운) 풍아(風雅)한 기질.

소기다타 〈옛〉속이다. ¶ 소길 휼:譎(類合下5).

소-기름명 ☞쇠기름.

소ː-기업(小企業)명 규모가 작은 기업.

소ː-기후(小氣候)명 사방 약 10 km² 이내의 지역에 나타나는 국지적(局地的) 기후 현상.

소ː-깍두기(素-)[-뚜-]명 젓국을 치거나 양념을 하지 않고 소금에만 절여 담근 깍두기.

소꿉명 어린아이들이 소꿉놀이에 쓰는 자질구레한 그릇 따위의 장난감.

소꿉-놀이[-꿈-]명하자 (흔히 여자 아이들이) 소꿉을 가지고 주부의 살림살이 흉내를 내며 노는 놀이. 소꿉질.

소꿉-동무[-똥-]명 소꿉놀이를 함께 하며 놀던 어린 시절의 동무.
소꿉-장난[-짱-]명하자 소꿉놀이를 하며 노는 장난.
소꿉-질[-찔]명하자 소꿉놀이.
소ː나ː(SONAR)명 음파·초음파를 이용하여 바다 속에 있는 물체의 거리나 방향 등을 측정하는 일, 또는 그 장치를 통틀어 이르는 말. 어업용과 잠수함용 등이 있음. 음파 탐지기. [sound navigation and ranging]
소나기명 갑자기 세차게 내리다가 곧 그치는 비. 소낙비. 백우(白雨). 취우(驟雨).
소나기-구름명 '적란운'을 달리 이르는 말.
소나기-밥명 여느 때는 조금 먹다가 어떤 때는 놀랄 만큼 많이 먹는 밥. ¶ 소나기밥에 체하다.
소나기-술명 여느 때는 많이 마시지 않다가 어쩌다가 놀랄 만큼 많이 마시는 술. ¶ 소나기술에 인사불성이 되다.
소-나무명 ①소나뭇과의 나무를 통틀어 이르는 말. 솔[1]. 송목(松木). 송수(松樹). ②소나뭇과의 상록 침엽 교목. 나무껍질은 적갈색 또는 흑갈색이며, 바늘 모양의 잎은 두 개씩 남. 꽃은 5월에 피고, 이듬해 가을에 열매인 '솔방울'을 맺음. 육송(陸松). 적송(赤松). 본솔나무.
소나무-겨우살이명 송라과의 기생 식물. 소나무 가지에 붙어사는 지의류(地衣類). 한방에서 거담제·이뇨제로 씀. 송라(松蘿).
소나타(sonata 이)명 악곡의 한 형식. 표제가 없는, 기악을 위한 독주곡 또는 실내악곡으로, 2악장 이상으로 이루어짐. 주명곡(奏鳴曲).
소나타^형식(sonata形式)명 기악 형식의 한 가지. 주제의 제시, 전개, 재현의 3부로 이루어지며, 주로 소나타·교향곡·협주곡의 제1악장에 쓰임.
소나티네(Sonatine 독)명 규모가 작은 소나타. 소주명곡(小奏鳴曲).
소낙-비[-삐]명 소나기.
소ː난(小難)명 조그만 재난.
소-날명 ☞축일(丑日).
소ː납명 무슨 일을 하는 데 쓰이는 물건.
소ː납(笑納)명 선물 따위를 할 때, '하찮은 물건이지만 웃으며 거두어 주십시오.'라는 뜻으로 쓰는 말. 소류(笑留).
소ː납-하다(笑納-)[소나파-]타여 보내는 선물 따위를 흔쾌히 받다. 소류하다.
소낭(嗉囊)명 ☞멀떠구니.
소네트(sonnet)명 유럽 서정시의 한 형식인, 14행으로 이루어지는 짧은 시. 십사행시.
소ː녀(小女) Ⅰ명 키나 몸집이 작은 여자 아이. Ⅱ대 (나이가 어리거나 처녀인) 여자가 윗사람에게 대하여 자기를 낮추어 일컫는 말. ¶ 큰댁에는 소녀가 다녀오겠습니다.
소ː녀(少女)명 아주 어리지도 않고 성숙하지도 않은 여자 아이. ¶ 소녀 시절./소녀다운 감상. ↔소년.
소ː녀-단(少女團)명 ☞걸 스카우트.
소ː녀-취미(少女趣味)명 소녀기(少女期)에 공통적으로 볼 수 있는 취미. 감상적·몽상적인 정서나 경향을 이름.
소ː년(少年)명 ①아주 어리지도 않고 완전히 자라지도 않은 남자 아이. ↔소녀. ¶ 소년이여, 야망을 가져라. ②소년법 등에서의 20세 미만 12세 이상인 자.
소ː년^교ː도소(少年矯導所)명 20세 미만의 미성년 수형자나 형사 피고인을 수용하는 교도소.
소ː년^근ː로자(少年勤勞者)[-글-]명 근로 기준법에 의하여 보호 대상이 되는 18세 미만의 소년·소녀 근로자.
소ː년-기(少年期)명 아동기를 벗어난 미성년의 시기. 소년·소녀의 시기.
소ː년-단(少年團)명 ①소년으로 조직된 단체. ②☞보이 스카우트.
소ː년-등과(少年登科)명 젊은 사람으로 과거에 급제하는 일.
소ː년-배(少年輩)명 젊은이들.
소ː년^범ː죄(少年犯罪)[-죄/-줴]명 20세 미만의 소년이 저지른 범죄. [소년법에 따라 다루어짐.]
소ː년-법(少年法)[-뻡]명 소년의 건전한 육성을 꾀하기 위해, 비행 소년의 보호나 소년의 형사 사건에 대해 특별한 조치 등을 규정한 법률.
소ː년-원(少年院)명 법원의 보호 처분에 의하여 송치된 소년을 수용하여 교정 교육을 실시하는, 법무부 장관 소속 하의 기관.
소ː념(所念)명 마음먹은 바. 마음먹은 일.
소노미터(sonometer)명 소리의 높낮이를 측정하는 장치.
소노시ː트(Sonosheet)명 '소리나는 잡지'인 소노라마를 위해 만든, 비닐 수지(樹脂)로 된 레코드. 플레이어에 걸어서 들음. [상표명]
소ː농(小農)명 고용인을 두지 않고, 가족끼리 짓는 소규모의 농사, 또는 그러한 농민. 참대농(大農)·중농(中農).
소ː-농가(小農家)명 가족끼리, 소규모로 농사를 짓는 농가.
소ː뇌(小腦)[-뇌/-눼]명 뇌의 일부. 대뇌의 아래, 연수(延髓)의 위에 있으며 달걀 모양임. 신체 각부의 운동을 조절하는 구실을 함. 작은골.
소닉^붐ː(sonic boom)명 제트기 따위가 초음속 비행을 할 때 생기는 충격파가 지상에 도달하여 일으키는 큰 충격음.
소다타 〈옛〉쏘다. ¶ 스싀로 소ᄂᆞᆫ 벌어지(杜初 *10:28*). /몬져 모ᄅᆞᆯ 소며(杜重*5:28*).
소ː다(soda)명 탄산소다, 곧 탄산나트륨을 흔히 이르는 말. 흰색의 결정으로 물에 녹으며, 알칼리성을 나타냄.
소ː다^공업(soda工業)명 식염을 주원료로 하여 가성 소다·소다회 등의 알칼리계 제품이나 염소·염산·표백분 등의 염소계 제품을 만드는 화학 공업.
소ː다^비누(soda-)명 가성 소다와 유지(油脂)를 원료로 하는 딱딱한 보통 비누.
소ː다^석회(soda石灰)[-서쾨/-서퀘]명 가성 소다의 진한 용액에 생석회를 섞고 가열해서 만든 흰 알갱이 모양의 고체. 탄산가스나 수분을 흡수시키는 데 쓰임.
소ː다-수(soda水)명 청량음료의 한 가지. 물에 무기 염류와 탄산가스를 넣은 것. 감미료나 향료 따위를 넣은 것도 있음. 탄산수(炭酸水).
소ː다^유리(soda琉璃)명 석영·탄산소다·석회석 등을 주원료로 하여 만드는 유리. 판유리·병유리 등으로 가장 널리 쓰이는 유리임. 크라운 유리(crown琉璃).
소ː다^초석(soda硝石)명 ☞칠레 초석.
소ː다-크래커(soda cracker)명 소다를 넣어서 살짝 구운 짭짤한 비스킷.
소ː다^펄프(soda pulp)명 화학 펄프의 한 가지. 주로, 짚 따위의 섬유 원료를 수산화나트륨 용액으로 가열 처리해서 만든 펄프. 종이의 원료로 쓰임.

소ː다-회(soda灰)[-회/-훼]명 결정수(結晶水)를 갖지 않은 공업용 탄산소다. 무색·무취·흡습성(吸濕性)의 분말. 비누·유리 등의 원료로 쓰임. 무수 탄산나트륨.
소-달구지명 소가 끄는 수레. 우차(牛車).
소달깃-날[-긴-]명 음력 정월 첫 축일(丑日). 이날은 마소를 부리지 않고 쉬게 한다고 함.
소담(小膽) '소담(小膽)하다'의 어근.
소담(消痰)명하자되자 가래를 삭임.
소ː담(笑談)명 우스운 이야기.
소담-스럽다[-따][~스러우니·~스러워]형ㅂ 보기에 소담하다. ¶ 주렁주렁 매달린 포도송이가 소담스럽다. 소담스레부.
소담-하다형여 ①믹음식하고 풍성하다. ¶ 소담하게 차린 상. ②생김새가 탐스럽다. ¶ 소담하게 피어 있는 함박꽃. 소담-히부.
소ː담-하다(小膽-)형여 소심하고 용기가 적다.
소ː담-하다(笑談-)자여 우스운 이야기를 하다.
소ː대(小隊)명 군대의 편성 단위의 한 가지. 중대(中隊)의 하위 부대로서 보통 4개 분대로 구성됨.
소대(昭代)명 나라가 밝게 잘 다스려지고 있는 태평한 세상.
소대(疏待)명하타 푸대접.
소ː-대상(小大祥)명 소상(小祥)과 대상(大祥)을 아울러 이르는 말.
소ː대-장(小隊長)명 소대를 지휘 통솔하는 직위, 또는 그 직위에 있는 장교.〔보통, 소위나 중위로써 임명함.〕
소ː-대한(小大寒)명 소한(小寒)과 대한(大寒)을 아울러 이르는 말.
소댕명 솥뚜껑.
소댕-꼭지[-찌]명 소댕의 바깥쪽 한가운데 있는 손잡이.
소ː덕(所德)명 남으로부터 덕을 입음. 소뢰(所賴). 뇌덕(賴德).
소ː도(小刀)명 작은 칼.
소ː도(小島)명 작은 섬.
소ː도(小盜)명 좀도둑. ↔대도(大盜).
소ː도(小道)명 ①좁은 길. ②〔유가(儒家)의 학자가〕 제자백가(諸子百家)의 여러 학설을 '작은 도(道)'라는 뜻으로 이르는 말.
소도(蘇塗)명 삼한 때, 하늘에 제사 지내던 성지(聖地). 해마다 오월 수릿날과 시월 상달에 질병과 재앙이 없기를 빌었음.〔'솟대' 또는 '솟터'의 음역으로 추정됨.〕
소ː-도구(小道具)명 연극 따위의 무대에서 쓰이는 자잘한 물건들. 소품(小品).
소-도둑명 ①소를 훔치는 짓, 또는 그런 짓을 한 도둑. ②'음흉하고 욕심 많은 사람'을 욕으로 이르는 말.
소도록-하다[-로카-]형여 ①알차게 많다. ②많아서 소복하다. ¶ 과일을 접시에 소도록하게 담다. 큰수두룩하다. 소도록-이부.
소도리명〔금은 세공(細工) 따위에 쓰이는〕 조그만 장도리.
소독(消毒)명하타되자 물건에 묻어 있는 병원균을 약품·열·빛 따위로 죽이는 일. ¶ 일광 소독. /주사기를 청결하게 소독하다.
소독-기(消毒器)[-끼]명 소독하는 데 쓰이는 기구.
소독-면(消毒綿)[-동-]명 ☞탈지면.
소독-수(消毒水)[-쑤]명 소독약을 푼 물.
소독-약(消毒藥)[-동냑]명 소독에 쓰이는 약.〔알코올·석탄산·포르말린·크레졸 따위.〕
소독-의(消毒衣)[-도긔/-도기]명 병독(病毒)에 감염될 우려가 많은 환경에서 입는 소독한 겉옷. 위생복.
소독-저(消毒箸)[-쩌]명 소독한 나무젓가락.
소ː동(小童)명 ①(열 살 안짝의) 어린아이. 척동(尺童). ②심부름하는 작은 아이.
소동(騷動)명하자 여럿이 떠들어 댐. 여럿이 소란을 피움. ¶ 소동을 일으키다. /교통이 마비되는 소동이 일어나다.
소ː-동맥(小動脈)명 대동맥에서 갈라져 각 기관으로 통하는 동맥. ↔소정맥.
소두명 혼인 관계를 맺은 지 얼마 안 되는 사돈끼리 생일 같은 때 서로 주고받는 선물.
소ː두(小斗)명 닷 되들이의 말. 참대두(大斗).
소ː두(小豆)명 ☞팥.
소ː두(小痘)명 ☞작은마마.
소두(疏頭)명 지난날, 연명(連名)으로 하는 상소(上疏)에서, 이름을 맨 앞에 적어 주동이 된 사람을 이르던 말.
소듐(sodium)명 ☞나트륨.
소드락-질[-찔]명하타 (남의 재물을) 마구 빼앗아 가는 짓. 비노략질. 참약탈.
소ː득(所得)명 ①어떤 일의 결과로 얻는 것. 이익. 날찍. ¶ 많은 소득을 올리다. /이번 지방 출장은 소득이 많았다. ②경제 활동의 주체인 개인이나 법인이 일정한 기간의 용역에 대한 보수로서 받는 재화·봉급·노임·지대(地代)·이자·이윤 따위.
소ː득^공ː제(所得控除)[-꽁-]명 소득세를 산출할 때, 납세자와 그 가족의 생활비를 고려하여 과세 대상이 된 소득에서 일정 금액을 공제하는 일.〔배우자·부양가족·장애자 공제 따위가 있음.〕
소득-밤[-빰]명 껍데기를 벗기지 않은 채로 소득소득하게 반쯤 말린 밤.
소ː득-세(所得稅)[-쎄]명 개인의 소득에 대하여 직접 부과하는 국세(國稅)의 한 가지.
소득-소득[-쏘-]부하형 (나무나 풀뿌리 따위가) 시들어 마른 모양. ¶ 소득소득 마른 대추. 큰수득수득.
소ː득-액(所得額)명 소득으로 들어온 돈의 액수.
소ː득^표준율(所得標準率)[-뉼]명 정확한 소득액을 추정할 수 없는 사업자의 세액을 산출하기 위하여, 외형 매출액에 대한 소득액의 비율을 업종별로 표준화한 것.
소ː득^효ː과(所得效果)[-드쿄-]명 어떤 상품의 가격이 떨어지면, 소비자의 실질 소득이 높아지게 되고, 구매력이 커져서 수요가 늘어나는 현상.
소들-소들부하형 (줄기나 풀뿌리 따위가) 숨이 죽어 시들시들한 모양. ¶ 그늘에서 소들소들 말린 약초. 큰수들수들.
소들-하다형여 분량이 생각보다 적어서 마음에 차지 않다. 소들-히부.
소등(消燈)명하자되자 등불을 끔. ¶ 저녁 10시면 건물 전체가 소등된다. ↔점등(點燈).
소ː-딱지[-찌]명 연의 한 가지. 먹초나 먹머리 동이에 흰 꼭지를 붙였음.
소-띠명 ☞축생(丑生).
소ː라[1]명 소랏과의 연체동물의 한 가지. 껍데기는 높이 10 cm, 지름 8 cm가량으로 두껍고 단단하며 그 거죽 빛깔은 푸른 갈색이나, 안은 진주광택이 남. 살은 먹고, 껍데기는 자개·바둑돌·단추 따위를 만듦. 소라고둥. 법라(法螺). 나(螺).

소라² 명 '나각'의 잘못.
소라³ 명 '소란(小欄)'의 잘못.
소:라(小鑼) 명 꽹과리보다 작은, 징의 한 가지.
소:라-게 명 십각목 변미류의 바닷게를 통틀어 이르는 말. 새우와 게의 중간형으로, 꽁무니를 껍데기 속에 박고 삶. 배는 말랑말랑하며, 좌우의 몸과 집게발의 크기와 모양이 일정하지 않음.
소:라-고둥 명 ☞소라¹.
소:라-딱지[-찌] 명 소라의 껍데기.
소:라-젓[-젇] 명 소라의 살로 담근 젓. 나해(螺醢). ＊소:라젓이[-저시]·소:라젓만[-전-]
소:라-진(-陣) 명 지난날, 싸움터에서 소라 모양으로 빙빙 돌려 치던 진.
소락-소락[-쏘-] 부 하형 말이나 행동을 요량 없이 경솔하게 하는 모양. 큰 수럭수럭.
소:란(小欄) 명 (문지방이나 소반 따위의 기구에) 나무오리를 대거나 바탕을 파거나 하여 턱이 지게 한 것.
소란(巢卵) 명 밑알.
소란(騷亂) 명 하형 스형 시끄럽고 어수선함. 쟁란(爭亂). ¶ 밖이 소란하다./싸우는 소리가 소란하게 들리다./아이들이 집 안에서 소란을 피우다. **소란-히** 부. **소란스레** 부.
소:란^반자(小欄-) 명 반자틀을, '井' 자를 여러 개 모은 것처럼 소란을 맞추어 짜고, 그 구멍마다 네모진 개판(蓋板) 조각을 얹은 반자. 〔우물 반자 따위.〕 천화판(天花板). 현란(懸欄).
소:람(笑覽) 명 물품을 기증하거나 선물할 때, 또는 자기 것을 보아 달라고 할 때, '웃으면서 보시옵소서'의 뜻으로 겸손하게 이르는 말.
소:람-하다(笑覽-) 타 여 보내 온 선물 따위를 흔쾌히 보다.
소래 명 〈소래기〉의 준말.
소래기 명 독 뚜껑이나 그릇으로 쓰이는, 굽이 없는 질그릇. 준 소래.
소랭(蕭冷) '소랭하다'의 어근.
소랭-하다(蕭冷-) 형 여 쓸쓸하고 써늘하다.
소략(疏略) '소략하다'의 어근.
소략-하다(疏略-)[-랴카-] 형 여 (일이) 꼼꼼하지 못하고 엉성하다. ¶ 보고서가 소략해 업무 파악이 힘들었다. **소략-히** 부.
소:량(小量) 명 좁은 도량(度量).
소:량(少量) 명 적은 분량. ↔다량(多量).
소:량(素量) 명 어떤 물리적 양에서, 존재할 수 있는 최소 단위.
소:련(素輦) 명 지난날, 상중(喪中)에 쓰기 위해 희게 꾸몄던 임금의 가마.
소:렴(小殮) 명 하타 염습(殮襲)의 처음 절차. 시체에 옷을 입혀 이불로 싸는 일.
소렴(疏簾) 명 성기게 엮은 발.
소:렴-금(小殮衾) 명 소렴에 쓰는 이불.
소:렴-포(小殮布) 명 소렴에 쓰는 베.
소:령(少領) 명 국군의 영관(領官) 계급의 하나. 대위의 위, 중령의 아래.
소:로(小路) 명 좁은 길. 협로(狹路). ↔대로(大路).
소:로(小櫨) 명 (전통적 건축에서) 접시받침.
소:록(小錄) 명 요점만 간단히 추려서 적은 종이쪽.
소록-소록[-쏘-] 부 하자 아기가 곱게 자는 모양. ¶ 엄마 품에서 소록소록 잠이 든 아기의 모습.
소:론(小論) 명 규모가 작고 간단한 논설이나 논문. 시론(試論).
소:론(少論) 명 조선 시대에, 사색 당파의 하나. 숙종 때 서인(西人)이 두 파로 분열되면서 조지겸(趙持謙)·윤증(尹拯) 등의 소장파가 송시열 등의 노론(老論)에 대립하여 형성한 당파.
소:론(所論) 명 논하는 바. 내세우는 바. ¶ 그의 소론에 의하면….
소롱-하다(消-) 타 여 (재산을) 아무렇게나 함부로 써서 없애다.
소:뢰(小牢)[-뢰/-뤠] 명 지난날, 나라에서 제사 지낼 때에 양(羊)을 통째로 제물로 바치던 일.
소:뢰(所賴)[-뢰/-뤠] 명 ☞소덕(所德).
소:료(所料) 명 요량한 바. 생각하여 헤아린 바.
소:루(小累) 명 ☞접시받침.
소루(疏漏) '소루하다'의 어근.
소:루-쟁이 명 여뀟과의 다년초. 산이나 들의 습지에 나는데, 줄기 높이는 30~80 cm. 뿌리에서 나온 잎은 잎꼭지가 길고 우글쭈글하며, 줄기에서 나온 잎은 주름이 있음. 여름에 연둣빛의 작은 꽃이 층층으로 핌. 어린잎은 먹을 수 있고, 뿌리는 한방에서 건위제로 쓰임. 양제초(羊蹄草). 준 솔쟁이.
소루-하다(疏漏-) 형 여 (생각이나 하는 일 따위가) 꼼꼼하지 못하고 얼뜨고 거칠다. ¶ 소루한 조사. **소루-히** 부 ¶ 매사를 소루히 처리한다.
소:류(小流) 명 ☞실개천.
소:류(笑留) 명 ☞소납(笑納).
소류(遡流) 명 하자 물이 거슬러 흐름, 또는 그 거슬러 흐르는 물.
소:류-하다(笑留-) 타 여 ☞소납하다.
소르디노(sordino 이) 명 약음기(弱音器).
소르르 부 ①뭉치거나 얽힌 것이 쉽게 풀리는 모양. ¶ 옷고름이 소르르 풀리다. ②물이나 가루 따위가 보드랍게 새어 나가거나 무너지는 모양. ¶ 모래성이 소르르 무너지다. ③보드라운 바람이 솔솔 부는 모양. ¶ 소르르 불어오는 실바람. ④졸음이 오는 모양. ¶ 소르르 잠이 들다. 큰 수르르.
소:름 명 (춥거나 무섭거나 징그러울 때) 살갗에 좁쌀같이 도톨도톨하게 돋아나는 것. 한속(寒粟). ¶ 오싹 소름이 돋다./소름이 끼치다.
소리 명 ①물체가 진동했을 때, 청각으로 느끼게 되는 것. 음(音). ¶ 피리 소리./소리를 줄이다./물결치는 소리가 들리다. ②〈목소리〉의 준말. 음성(音聲). ¶ 떠드는 소리. ③말. ¶ 그런 답답한 소리 하지 마라. ④소식. ¶ 그가 서울에 있다는 소리는 들었다. ⑤여론이나 소문. ¶ 항간에 떠도는 소리./민중의 소리. ⑥판소리·잡가 따위의 창(唱). 노래. ¶ 소리를 잘하는 광대.
소리 없는 벌레가 벽 뚫는다 속담 말 없는 사람이 실천력이 있다는 말.
소리 소문도 없이 관용 슬그머니. 남몰래. ¶ 소식을 끊고 지내던 그가 소리 소문도 없이 나타나다.
소:리(小吏) 명 ☞아전(衙前).
소:리(小利) 명 작은 이익.
소:리(所利) 명 일에서 생기는 이득. 날찍.
소리(疏履) 명 내간상(內艱喪)에 상제(喪制)가 신는 엄짚신.
소리개 명 '솔개'의 잘못.
소리-굽쇠[-쐬/-쒜] 명 발음체의 진동수를 재는 기구. 나무통 위에 'U' 자 모양의 강철을 세운 것. 음향 측정이나 악기의 조율 등에 씀. 음차(音叉).

소리-글자(-字)[-짜]명 ☞표음 문자(表音文字). ↔뜻글자.
소리-꾼명 판소리나 잡가·민요 따위를 잘 부르는 사람. 참소리쟁이.
소리-나무명 참나뭇과의 낙엽 활엽 교목. 잎은 길둥글고 가장자리에 굵은 톱니가 있음. 산중턱에서 꼭대기까지 나며, 특히 한라산에 집중 분포함. 열매는 먹을 수 있고 재목은 땔나무나 철도의 침목(枕木) 등으로 쓰임.
소리-내기명 ☞발음(發音).
소리-마디명 ☞음절(音節).
소리-소리부 격한 감정으로 자꾸 큰 소리를 내는 모양. ¶ 악에 받쳐 소리소리 지르다.
소리-시늉명 ☞의성(擬聲). 참짓시늉.
소리시늉-말명 ☞의성어(擬聲語).
소리-음(-音)명 한자 부수의 한 가지. '韶'·'韻' 등에서의 '音'의 이름.
소리-쟁이명 노래 부르는 일을 업으로 하거나 노래를 썩 잘 부르는 사람을 홀하게 이르는 말.
소리-치다자 소리 지르다. ¶ 악에 받쳐서 소리치다.
소리춤나모명 〈옛〉소리나무. ¶ 소리춤나모 곡: 槲(訓蒙上*19*).
소리-판명 ☞음반(音盤).
소리-표(-標)명 ☞음표(音標).
소리-하다자여 판소리나 잡가를 부르다. ¶ 소리하고 춤추다.
소리-흉내말명 ☞의성어(擬聲語).
소림(疏林)명 나무가 엉성히 들어서 있는 숲.
소ː립(小粒)명 작은 알갱이.
소ː-립자(素粒子)[-짜]명 물리학에서, 광자(光子)·전자(電子)·양자(陽子)·중성자(中性子)·중간자(中間子) 등의 입자를 통틀어 이르는 말.
소ː립자-론(素粒子論)[-짜-]명 소립자의 성질이나 상호 작용 등에 관한 이론.
소릿-값[-리깝/-릳깝]명 ☞음가(音價). *소릿값이[-리깝씨/-릳깝씨]·소리값만[-리깜-/-릳깜-]
소릿-바람[-리빠-/-릳빠-]명 크게 떨치는 기세(氣勢)와 그 반향(反響).
소릐명 〈옛〉소리. ¶ 音은 소릐니(月釋*1:33*).
소ː마명 '오줌'을 점잖게 이르는 말. ¶ 소마를 보다.
소마-소마부하형 조마조마. ¶ 야단맞지나 않을까 소마소마해하다.
소ː만(小滿)명 이십사절기의 하나. 입하(立夏)와 망종(芒種)의 사이로, 5월 21일경. 이 무렵에 밀보리가 여물기 시작한다고 함.
소ː만(掃萬)명하자 모든 일을 제쳐 놓음.
소만(疏慢) '소만하다'의 어근.
소ː-만두(素饅頭)명 (고기 없이) 채소로만 소를 만들어 넣은 만두.
소ː만-왕림(掃萬枉臨)[-님]명하자 모든 일을 제쳐 놓고 옴(왕림함).
소만-하다(疏慢-)형여 (일에) 소홀하고 게으르다. ¶ 신입 사원이 벌써부터 소만한 태도를 보이다니….
소말-소말부하형 (얼굴에 마맛자국이) 드문드문 얕게 얽은 모양.
소ː망(所望)명하타 바람. 바라는 바. 소원. 희망. 의망(意望). ¶ 소망을 이루다./남북통일을 소망하다.
소망(을) 보다관용 심마니들의 말로, 산삼 캐는 일을 실지로 이루다.
소망(消亡)명하자되자 ☞소멸(消滅).
소망(素望)명 본디부터 늘 바라던 일. 평소의 희망.
소망(銷忘·消忘)명하자 (기억에서) 사라져 잊혀짐.
소망(燒亡)명하자타되자 불타서 사라짐.
소ː-망일(小望日)명 음력 정월 대보름의 전날 밤. 〔이날 여러 가지 나물을 먹음.〕
소매명 (저고리나 두루마기 따위) 윗옷의 팔을 꿰는 부분. 팔소매.
소매를 걷다관용 본격적으로 어떤 일을 하려고 나서다.
소매 속에서 놀다관용 어떤 일이 남의 눈에 띄지 않게 몰래 이루어지다.
소ː메(小梅)명 ☞초라니.
소ː매(小賣)명하타되자 (생산자 또는 도매상으로부터 사들인 상품을 소비자에게) 낱개로 파는 일. 산매(散賣). ↔도매(都賣).
소ː매(笑罵)명하타되자 비웃으며 꾸짖음.
소매(素昧) '소매하다'의 어근.
소ː매-가(小賣價)[-까]명 ☞소매 가격. ↔도매가(都賣價).
소ː매-가격(小賣價格)[-까-]명 상품을 소비자에게 팔 때의 가격. 산매 가격. 소매가. ↔도매가격.
소매-걷이[-거지]명 건축에서, 큰 보의 나비가 기둥보다 클 때, 그 양옆을 둥글게 굴려 깎아 기둥이 잘 나타나도록 하는 일.
소ː매-상(小賣商)명 소매하는 장사, 또는 그 장수. 산매상. ↔도매상.
소ː매^시ː장(小賣市場)명 소매상들이 모여서 이룬 시장. 산매 시장. ↔도매 시장.
소ː매-업(小賣業)명 소매하는 영업. 산매업. ↔도매업.
소ː매-점(小賣店)명 소매하는 상점. 산매점. ↔도매점.
소매-치기명하타 남의 몸에 지닌 금품을 몰래 훔쳐 내는 일, 또는 그런 짓을 하는 사람.
소매-통명 소매의 넓이.
소ː매-하다(素昧-)형여 견문이 좁고 사리에 어둡다.
소ː맥(小麥)명 ☞밀[1].
소ː맥-면(小麥麵)[-맹-]명 밀국수.
소ː맥-분(小麥粉)[-뿐]명 밀가루.
소맷-귀[-매뀌/-맫뀌]명 소맷부리의 귀퉁이.
소맷-길[-매낄/-맫낄]명 소매를 이루는 조각.
소맷-동[-매똥/-맫똥]명 한복 윗옷의 길에 잇대어 다는 소매 부분.
소맷-부리[-매뿌-/-맫뿌-]명 소매의 아가리. 메구(袂口). ¶ 닳아서 너덜너덜해진 소맷부리.
소맷-자락[-매짜-/-맫짜-]명 소매의 드리운 부분. ¶ 소맷자락에 매달리다.
소ː-맹선(小猛船)명 조선 시대에, 수영(水營)에 속하였던 작은 싸움배의 한 가지.
소-머리명 ☞쇠머리.
소ː면(素面)명 화장기가 없는 얼굴. 화장을 하지 않은 얼굴.
소ː면(素麵)명 고기붙이를 넣지 않고 만 국수.
소멸(消滅)명하자되자 사라져 없어짐. 소망(消亡). ¶ 자연 소멸./효력이 소멸되다.
소ː멸(掃滅)명하타되자 싹 쓸어 없앰. ¶ 적을 소멸하다.
소멸(燒滅)명하타되자 태워 없앰. ¶ 화재로 문서가 소멸되다.
소멸^시효(消滅時效)명 일정한 기간 동안 권리를 행사하지 않는 경우에 그 권리를 잃게 되는 일.

소명(召命)명 ①임금이 신하를 부르는 명령. ②기독교에서, 수도자·사제(司祭) 따위의 특수한 신분으로 신에 봉사하도록 하는 신의 부름을 이르는 말.

소명(昭明) '소명하다'의 어근.

소명(疏明)명 ①하자 변명함. ②하타 재판에서, 당사자가 주장하는 사실이 확실한 것 같다는 생각을 법관으로 하여금 가지게 함, 또는 그만한 증거를 제시함. ¶ 소명 자료를 제출하다.

소명-하다(昭明-)형여 사물에 밝다. 밝고 영리하다.

소모(召募)명하타되자 ☞초모(招募).

소모(消耗)명하타되자 써서 없앰. ¶ 체력의 소모. /연료를 소모해 버리다.

소모(梳毛)명하타 양모의 긴 섬유만 골라 가지런하게 다듬는 방적의 한 공정.

소모-관(召募官)명 조선 시대에, 의병(義兵)을 모집하던 임시 관리.

소모-량(消耗量)명 써서 없애는 양.

소모-비(消耗費)명 써서 없애는 비용.

소모-사(梳毛絲)명 소모로 만든 가는 털실.

소모-율(消耗率)명 일정한 기간에 어떤 물자가 소모되는 비율을 나타내는 계수.

소모-전(消耗戰)명 인원·무기·물자 따위를 자꾸 투입하여 쉽게 결판이 나지 않는 전쟁.

소모-품(消耗品)명 쓰는 데 따라 닳아 없어지거나 못 쓰게 되는 물품. 〔잉크·종이·연탄 따위.〕 ↔비품(備品).

소ː목(小木)명 〈소목장이〉의 준말. 참대목.

소ː목(小目)명 바둑에서, 바둑판 네 귀의 셋째 줄과 넷째 줄이 만나는 점.

소목(昭穆·侶穆)명 조상의 신주를 사당에 모시는 차례. 한가운데에 시조의 신주를 모시고 그 오른쪽을 목(穆), 왼쪽을 소(昭)라 하여 3·5·7세(世)를 목에, 2·4·6세를 소에 모심.

소목(燒木)명 ①지난날, 대궐에서 땔감으로 쓰는 참나무 장작을 이르던 말. ②절에서 화장할 때 쓰는 땔나무를 이르는 말.

소목(蘇木)명 ①한방에서, '다목의 붉은 속살'을 약재로 이르는 말. 통경제(通經劑)·외과약(外科藥)으로 쓰임. ②〈소방목(蘇方木)〉의 준말.

소ː목-장(小木匠)[-짱]명 ☞소목장이.

소ː목-장이(小木-)[-짱-]명 나무를 다루어 가구를 만드는 목수. 소목장. 준소목.

소-몰이명하자 소를 모는 일, 또는 그 사람.

소ː묘(素描)명하타되자 형태와 명암(明暗)을 위주로 하여 단색으로 그림을 그림, 또는 그 그림. 데생.

소ː문(小門)명 ①작은 문. ②'여자의 음부'를 완곡하게 이르는 말.

소ː문(所聞)명 여러 사람의 입에 오르내리면서 전하여 오는 말. ¶ 소문을 퍼뜨리다. /곧 전쟁이 일어날 것이라는 소문이 마을에 퍼졌다. /그에 대한 소문이 자자하다.

소문(疏文)명 부처나 명부전(冥府殿) 앞에, 죽은 이의 죄복(罪福)을 아뢰는 글.

소ː문-나다(所聞-)자 소문이 퍼지다. ¶ 효자로 소문나다. /음식 솜씨가 좋다고 소문난 여자.

소문난 잔치에 먹을 것 없다속담 좋다고 소문난 것이 실지로는 별것이 아닐 때에 하는 말.

소ː문-내다(所聞-)타 소문을 퍼뜨리다.

소문-만복래(笑門萬福來)[-봉내]명 웃는(화목한) 집안에 많은 복이 깃든다는 뜻.

소ː-문자(小文字)[-짜]명 서양 문자의 작은 체의 문자. ↔대문자(大文字).

소믈리에(sommellerie 프)명 주로 서양 음식점에서, 와인에 대한 전문적인 지식을 갖추고 손님이 주문한 요리에 어울리는 와인을 추천하는 일을 맡아보는 사람.

소ː미(小米)명 좁쌀.

소ː민(小民)명 조선 시대에, '상인(常人)'을 달리 이르던 말. 상민(常民). 상사람.

소밀(巢蜜)명 개꿀.

소밀(疏密)명 성김과 빽빽함.

소밀-파(疏密波)명 ☞종파(縱波).

소-바리명 소의 등에 길마를 얹고 거기에 짐을 실어 나르는 일, 또는 그 짐.

소박(素朴) '소박하다'의 어근.

소박(疏薄)명하타 아내를 박대하거나 내쫓음.

소박-데기(疏薄-)[-떼-]명 소박맞은 여자.

소박-맞다(疏薄-)[-방맏따]자 남편의 박대를 받다. 남편에게 내쫓기다.

소박-미(素朴美)[-방-]명 소박한 아름다움.

소-박이명 ①〈오이소박이김치〉의 준말. ②소를 넣어 만든 음식을 통틀어 이르는 말.

소박이-김치명 〈오이소박이김치〉의 준말.

소ː박-하다(素朴-)[-바카-]형여 꾸밈이나 거짓이 없이 있는 그대로이다. 박소(朴素)하다. ¶ 소박한 인정. **소박-히**부.

소ː반(小盤)명 음식을 놓고 앉아서 먹는, 짧은 발이 달린 작은 상. 밥상.

소ː반(素飯)명 ☞소밥.

소ː반-다듬이(小盤-)명하타 소반 위에 쌀 따위의 곡식을 펴 놓고 뉘·모래 따위를 골라내는 일.

소발(燒髮)명하자 민속에서, 일 년 내내 모아 두었던 머리카락을 정월 초하룻날 저녁에 대문 밖에서 살라 버리는 일. 이렇게 함으로써 병마(病魔)가 물러간다고 함.

소ː-밥(素-)명 고기나 생선 따위의 반찬이 없는 밥. 소반(素飯). 소식(素食).

소방(消防)명하타 불이 나지 않도록 미리 막고, 불이 났을 때 불을 끄는 일. ¶ 소방 기구.

소방(疏放) ①하형 데면데면하고 방자함. ②하타되자 죄수를 너그럽게 처결(處決)하여 놓아줌.

소방(蘇方·蘇枋·蘇芳)명 다목의 목재 속에 있는 붉은 살. 한방 약재로도 쓰고 달여서 붉은 물감으로도 씀.

소방^공무원(消防公務員)명 ☞소방관.

소방-관(消防官)명 소방서에서 소방에 관한 일을 하는 공무원. 소방 공무원.

소방-대(消防隊)명 소방원으로 조직된 단체. ¶ 의용(義勇) 소방대.

소방대-원(消防隊員)명 ☞소방원.

소방-도로(消防道路)명 (화재를 대비하여) 소방차가 다닐 수 있도록 낸 도로.

소방-목(蘇方木)명 ☞다목. 준소목(蘇木).

소ː-방상(小方牀)명 ☞소여(小輿).

소방-서(消防署)명 소방에 관한 업무를 맡아보는 일선 소방 기관.

소방-선(消防船)명 선박이나 항만 시설 등에 난 불을 끄는 배.

소방-수(消防手)명 ☞소방원(消防員).

소방-원(消防員)명 소방대의 구성원으로서 소방 활동에 종사하는 사람. 소방대원. 소방수.

소방-차(消防車)명 소방 활동에 필요한 각종 장비를 갖추고 있는 특수차. 불자동차.

소ː배(少輩)명 젊은 후배. 젊은 축(들).

소ː-백의(小白衣)[-배긔/-배기]명 가톨릭에서, 신부가 미사 따위 의식 때에 입는 짧은 예복을 이르는 말. 참장백의·중백의.

소:범-상한(所犯傷寒)명 한방에서, 방사(房事)의 피로로 일어나는 상한증을 이르는 말.
소:-법정(小法廷)[-쩡]명 대법원 판사 3명 이상, 전체의 3분의 2 미만으로 구성되는 합의체 재판 기관. ↔대법정.
소벽(召辟)명하타 초야(草野)에 묻혀 사는 현인(賢人)을 불러 벼슬을 시킴. 징벽.
소:변(小便)명 (사람의) 오줌. 참대변(大便).
소:변-기(小便器)명 오줌을 눌 수 있도록 만든 여러 기구.
소:변-보다(小便-)자 오줌 누다.
소:변-불금(小便不禁)명 한방에서, 자주 마려운 오줌을 참지 못하는 병증을 이르는 말.
소:병(素屛)명 〔서화(書畫)를 붙이지 않고〕 흰 종이로만 바른 병풍.
소:병(笑病)[-뼝]명 실없이 자꾸 웃는 정신병의 한 가지.
소보록-하다[-로카-]형여 ①물건이 많이 담기거나 쌓여 좀 볼록하게 도드라져 있다. ¶ 사발에 밥을 소보록하게 푸다. /지붕 위에 쌓인 눈이 소보록하다. ②붓거나 살이 찐 데가 좀 도드라져 있다. ¶ 손목이 소보록하게 부었다. ③식물·털 따위가 좀 빽빽하고 길다. ¶ 잡초가 소보록하게 자랐다.
소:복(小腹)명 아랫배.
소:복(小福)명 작은 복력(福力).
소:복(素服)명 상복(喪服). 흰옷.
소복(蘇復)명하자타되자 원기가 회복됨, 또는 원기가 회복되게 함.
소:복-단장(素服丹粧)[-딴-]명하자 아래위를 흰옷으로 차려입고 맵시 있게 몸을 꾸밈, 또는 그런 차림.
소:복-담장(素服淡粧)[-땀-]명하자 흰옷을 입고 엷게 화장을 함, 또는 그렇게 한 차림.
소복-소복[-쏘-]부하형 여럿이 모두 소복하거나 소복하게 쌓이는 모양. ¶ 눈이 소복소복 쌓이다. 큰수북수북.
소복-하다[-보카-]형여 ①(물건이 담겨 있거나 쌓여 있는 모양이) 제법 높게 도도록하다. ¶ 소복하게 쌓인 모래. ②(붓거나 살이 찌거나 하여) 볼록하다. ¶ 먼 길을 걸어서 발등이 소복하게 부어올랐다. ③한자리에 배게 많다. ¶ 토끼풀이 한곳에 소복하게 돋아나 있다. 큰수북하다. 소복-이부 ¶ 밤새 내린 눈이 장독대에 소복이 쌓여 있다.
소:복-하다(素服-)[-보카-]자여 (주로 여자가) 하얀 상복을 입다. ¶ 소복한 귀신.
소:본(小本)명 같은 종류의 물건 가운데서 본새가 작은 물건.
소본(疏本)명 상소문(上疏文)의 원본.
소:부(小富)명 작은 부자.
소:부(少婦)명 젊은 부인.
소:부(所負)명 남에게 진 신세. 남에게 힘입은 바.
소:북(小北)명 조선 선조 때, 북인(北人)의 남이공(南以恭) 등이 같은 당파인 홍여순(洪汝諄) 등의 대북(大北)에 대립하여 이룬 당파.
소:분(小分)명하타 잘게 나눔, 또는 잘게 나눈 것.
소:분(小紛)명 작은 분란.
소분(掃墳)명하자 경사(慶事)가 있을 때, 조상의 산소에 가서 무덤을 깨끗이 하고 제사를 지내는 일.
소분(燒焚)명하타 불태움.
소불간친(疏不間親)명 친분이 두텁지 못한 사람은 친분이 두터운 사람을 이간(離間)하지 못한다는 말.

소:불개의(少不介意)[-의/-이]명하타 조금도 마음에 두지 아니함. 조금도 거리끼지 아니함. 소불개회.
소:불개회(少不介懷)[-회/-훼]명하타 ☞소불개의.
소:불동념(少不動念)명하타 조금도 마음이 움직이지 아니함.
소:불여의(少不如意)[-의/-이]명하형 조금도 뜻과 같지 않음.
소:불하(少不下)부 적어도. 하불하(下不下). ¶ 모두 모으면 소불하 스무 섬은 될 것이다.
소:비(所費)명 어떤 일에 든 비용.
소비(消費)명 ①하타되자 돈이나 물건·시간·노력 따위를 써 없앰. ¶ 물자의 소비. /체력을 소비하다. ↔생산. ②욕망을 채우기 위하여 재화를 소모하는 일. ¶ 소비 욕구. /소비 증가.
소비^경기(消費景氣)명 소비자의 소비 활동이 왕성해짐으로써 생기는 경기.
소비^경제(消費經濟)명 재화(財貨)의 직접 소비를 목적으로 하는 경제.
소비-고(消費高)명 ①☞소비량. ②☞소비액.
소비^금융(消費金融)[-금늉/-그뮹]명 소비자의 소비를 위한 금융. 〔내구 소비재의 구입 자금 융자나 할부 판매 따위.〕↔생산 금융.
소비^대:차(消費貸借)명 금전 따위의 물품을 빌려 쓴 사람이 돈이나 같은 물품을 같은 양만큼 갚기로 하는 계약. 〔차금(借金) 계약 따위.〕
소비^도시(消費都市)명 도시의 경제 구조가 이차 산업보다 삼차 산업에 치중된 도시. 〔교육 도시·행정 도시·관광 도시·군사 도시 따위.〕 ↔생산 도시.
소비-량(消費量)명 일정 기간에 써 없앤 분량. 소비고(消費高). ↔생산량.
소비^사:업(消費事業)명 직접 생산을 목적으로 하지 않는 사업. 〔문화 사업·교육 사업 따위.〕
소비^성:향(消費性向)명 소득에 대한 소비 지출의 비율. ↔저축 성향.
소비-세(消費稅)[-쎄]명 개인의 소비에 대하여 부과하는 세금.
소비^수준(消費水準)명 생활 수준을 비교 측정하는 지표의 한 가지. 지역 간 또는 생활 계층 간의 가계 소비액을 당시의 물가 지수로 나누어 지수화한 것. 참생활수준.
소비-액(消費額)명 일정 기간에 써 없앤 금액. 소비고(消費高). ↔생산액.
소비에트(Soviet)명 〔이전의〕 ①소비에트 연방의 평의회. ②'소비에트 사회주의 공화국 연방'의 준말.
소비-자(消費者)명 ①재화(財貨)를 소비하는 사람. ¶ 소비자 권익 보호. ②자연계에서, 스스로 양분을 만들지 못하고 다른 생물로부터 양분을 얻어 살아가고 있는 생물. ↔생산자.
소비자^가격(消費者價格)[-까-]명 상품이 최종 소비자에게 공급될 때의 가격. ↔생산자 가격.
소비자^가격^지수(消費者價格指數)[-까-찌-]명 ☞소비자 물가 지수.
소비자^단체(消費者團體)명 소비자의 권리와 이익을 지킬 목적으로 소비자들 스스로 구성한 단체.
소비자^물가^지수(消費者物價指數)[-까-]명 소비자가 구입하는 상품이나 용역의 가격 변동을 나타내는 지수. 소비자 가격 지수. 시피아이(CPI). 참생계비 지수.
소비자^보:호^운:동(消費者保護運動)명 상품 정보의 전달, 불량 상품·과대 광고의 추방, 유통 부조리의 개선 등을 통하여 소비자의 권익을 보호하려는 사회 운동.

소비^자본(消費資本)명 (기계·설비 따위의 생산 자본에 대하여) 소비자에게 공급되는 모든 재화를 통틀어 이르는 말.

소비-재(消費財)명 사람들이 욕망 충족을 위하여 일상생활에서 직접 소비하는 재화. ↔생산재(生産財).

소비-조합(消費組合)명 소비자가 조직하는 협동조합의 한 가지. 소비자들이 그들의 조직력을 통하여 생산자나 도매상으로부터 직접 생필품을 구입하여 공급하는 조직 또는 기관.

소비-지(消費地)명 어떤 상품이 소비되는 곳. ↔생산지.

소비-품(消費品)명 소비하는 물품. ↔생산품.

소비^함ː수(消費函數)[-쑤]명 소비와 그것을 결정하는 요인과의 관계를 함수로 나타낸 것.

소비^혁명(消費革命)[-형-]명 소득 수준과 산업 기술이 높아짐에 따라 소비 생활의 의욕과 내용, 소비에 관한 도덕 의식 등이 고도화되는 현상.

소ː사(小史)명 간략히 기록한 역사.

소ː사(小使)명 ☞사정(使丁).

소ː사(小事)명 하찮은 일. 작은 일. ↔대사.

소ː사(小辭)명 ☞소개념(小槪念).

소사(掃射)명하타 (기관총 따위로) 쓸 듯이 연달아 쏘는 일. ¶ 기총(機銃) 소사.

소사(疏食)명 거친 음식.

소사(蔬食)명 채소 반찬뿐인 음식.

소사(燒死)명하자되자 불에 타 죽음. 분사(焚死).

소사(召史)의 성(姓) 아래에 붙여 '과부'를 점잖게 이르는 말.

소사-거(繅絲車)명 고치의 실을 켜는 물레.

소ː-사미(少沙彌)명 젊은 사미.

소사-스럽다[-따][~스러우니·~스러워]형ㅂ (하는 짓이) 아주 좀스럽고 간사하다. ¶ 소사스럽게 웃다. **소사스레**부.

소사-탕(繅絲湯)명 명주실을 뽑기 위해 고치를 삶은 물. 약으로 씀.

소삭(疏數)명 드묾과 잦음.

소ː산(小産)명하타 한방에서, '낙태'를 이르는 말. 반산(半産).

소ː산(所産)명 ①생산된 바. 이루어진 바. ¶ 근대 과학 기술의 소산. ②〈소산물〉의 준말.

소산(消散)명하자되자 흩어져 사라짐.

소산(疏散·蕭散)명 ①하자서로 뜻이 맞지 않아 헤어짐. ②하타(밀집된 사람·시설·건조물 따위를) 흩어지게 함. ¶ 인구 소산 대책.

소산(燒散)명하타되자 불살라 흩어 버림.

소ː산-물(所産物)명 ①그곳에서 생산되는 온갖 물건. ②어떤 행위의 결과로 나타나는 현상. ¶ 환경오염은 산업 사회의 소산물이다. 준소산.

소ː살(笑殺)명하타되자 ①대수롭지 않게 여겨 무시해 버림. 일소(一笑)에 부침. ②큰 소리로 비웃음.

소살(燒殺)명하타되자 불에 태워 죽임.

소ː살-판(小-)명 국궁(國弓)에서, 화살 50시(矢)를 쏘아 15시를 과녁에 맞히는 일. 참대살판·살판1.

소삼(蕭森) '소삼하다'의 어근.

소삼-하다(蕭森-)형여 ①나무가 빽빽이 들어서 있다. ②마음이 쓸쓸하다.

소삽(蕭颯) '소삽하다'의 어근.

소삽-하다(蕭颯-)[-사파-]형여 (바람이) 차고 쓸쓸하다. ¶ 늦가을 저녁 바람이 소삽하다.

소ː상(小祥)명 죽은 지 한 돌 만에 지내는 제사. 일주기(一週忌). 기년제(朞年祭). 소기(小朞). 연상(練祥). 참대상(大祥).

소상(昭詳) '소상하다'의 어근.

소ː상(塑像)명 찰흙으로 만든 사람의 형상. 흔히, 조각·주물의 원형으로 쓰임.

소상(溯上)명하타 (강이나 내를) 상류로 거슬러 올라감.

소ː-상인(小商人)명 소규모로 장사하는 사람.

소상-하다(昭詳-)형여 분명하고 상세하다. ¶ 소상하게 아뢰다. /소상하게 타이르다. **소상-히**부 ¶ 소상히 기록하다. /소상히 말하다. /사건 경위를 소상히 설명하다.

소색(消色)명하타되자 색 수차(色收差)를 없앰.

소색^렌즈(消色lens)명 ☞색지움 렌즈.

소ː생(所生)명 자기가 낳은 '자녀'를 이르는 말. ¶ 슬하에 소생이 없다. 비혈육(血肉).

소생(疏生)명하자 띄엄띄엄 성기게 남.

소생(蘇生·甦生)명하자되자 다시 살아남. 부생(復生). 회생(回生). 회소(回蘇). ¶ 만물이 소생하다.

소ː생(小生)대 ①흔히 웃어른 앞에서, '자기'를 낮추어 이르는 말. 생(生). ②왕조 때, 의정(議政)끼리 서로 '자기'를 겸손하게 이르던 말.

소ː서(小序)명 시문(詩文)의 각 편의 머리 따위에 쓰는 짧은 서문.

소ː서(小暑)명 이십사절기의 하나. 하지(夏至)와 대서(大暑) 사이로, 양력 7월 7일경. 이 무렵에 여름 더위가 시작된다고 함.

소서(消暑·銷暑)명하자 더위를 가시게 함.

-소서어미 모음으로 끝난 동사 어간이나 'ㄹ' 받침으로 끝난 용언의 어간에 붙어, 그리하거나 그리되기를 간절히 바라는 뜻을 나타내는 합쇼체의 종결 어미. ¶ 용서하소서. /건강하소서. /고이 잠드소서. /천수를 누리소서, 만수를 누리소서. 참-으소서.

소-석고(燒石膏)[-꼬]명 석고를 160~170℃로 가열하여 결정수(結晶水)를 없앤 흰 가루. 물을 섞으면 다시 굳어지며, 모형·석묵·고착제·조각 따위에 쓰임. 준석고.

소-석회(消石灰)[-서쾨/-서퀘]명 '수산화칼슘'을 흔히 이르는 말. 분회(粉灰).

소ː선(小船)명 ①작은 배. ②거룻배.

소선(素扇)명 깁으로 만든 부채.

소ː-선거구(小選擧區)명 한 선거구에서 한 사람의 의원만을 뽑는 선거구. ↔대선거구.

소ː설(小雪)명 이십사절기의 하나. 입동(立冬)과 대설(大雪) 사이로, 양력 11월 22일경. 이 무렵부터 눈이 내리기 시작한다고 함.

소ː설(小說)명 ①작가가 경험하거나 구상한 사건 속에 진리와 인생의 미(美)를 형상화하여 보여 줌으로써 독자를 감동시키는 창조적 문학의 한 형태. ②〈소설책〉의 준말.

소ː설(所說)명 ①설명하는 바. ②주장하는 바. ¶ 그의 소설은 설득력이 없다.

소설(昭雪)명하타 억울한 일이나 원통한 사정 따위를 밝혀 누명이나 죄명을 씻음.

소ː설(掃雪)명하자 쌓인 눈을 침. 제설(除雪).

소설(騷說)명 떠들썩한 소문.

소ː설-가(小說家)명 소설을 쓰는 사람.

소ː설-책(小說冊)명 소설로 엮은 책. 소설이 실린 책. 준소설.

소ː설-화(小說化)명하자타되자 (어떤 사실이) 소설로 꾸며짐, 또는 그렇게 꾸밈. ¶ 사건을 소설화하다.

소:성(小成) 명 하자 되자 ①작은 일을 성취함. ②지난날, 소과(小科) 가운데 초시(初試)나 종시(終試)에 합격하던 일.

소성(素性) 명 타고난 성품.

소:성(笑聲) 명 웃음소리.

소:성(塑性) 명 ☞가소성(可塑性).

소성(燒成) 명 하타 되자 (도자기·벽돌 따위를) 구워 만듦.

소성(蘇醒) 명 하자 되자 ①잃었던 의식을 회복함. ②큰 병을 치르고 난 뒤 몸이 다시 회복됨.

소:성^가공(塑性加工) 명 물체의 소성(塑性)을 이용해 모양을 변형 또는 성형하는 가공법의 한 가지. 금속·고분자 재료의 가공에 흔히 쓰임.

소:성^변:형(塑性變形) 명 가소성 있는 물체를 자르거나 깎지 않고, 누르거나 비틀거나 두들겨서 외형을 바꾸는 일.

소성^인비(燒成燐肥) 명 인광석(燐鑛石)을 원료로 하여 건식(乾式)에 의해 만든 인산 비료. 시멘트처럼 무거운 회갈색 분말임.

소:세(小勢) 명 ①작은 세력. ②적은 인원.

소세(梳洗) 명 하자 머리를 빗고 세수를 함.

소세지(sausage) 명 '소시지'의 잘못.

소소(小小) '소소(小小)하다'의 어근.

소소(小少) '소소(小少)하다'의 어근.

소소(炤炤) '소소(炤炤)하다'의 어근.

소소(昭昭) '소소(昭昭)하다'의 어근.

소소(昭蘇) 명 하자 〔칩거(蟄居)하던 벌레가 땅속에서 밝은 곳으로 나온다는 뜻에서〕 되살아남. 소생함. ¶ 민족의 소소함을 보게 됨이 어찌 도언(徒言)이리까.

소:소(塑塐) 명 흙으로 빚은 사람이나 사물의 형상. 〔소상(塑像)·조소(彫塑) 따위.〕

소소(蕭蕭) '소소(蕭蕭)하다'의 어근.

소소(騷騷) '소소(騷騷)하다'의 어근.

소:소-곡절(小小曲折) [-쩔] 명 자질구레한 여러 가지 까닭. ¶ 소소곡절을 빠짐없이 다 말하다.

소소리-바람 명 ①이른 봄의 맵고 스산한 바람. ②'회오리바람'의 방언.

소소리-패(-牌) 명 나이가 어리고 경망한 무리.

소소명명(昭昭明明) '소소명명하다'의 어근.

소소명명-하다(昭昭明明-) 형여 (일의 전말이) 밝게 드러나 분명하다. **소소명명-히** 부.

소소-배(宵小輩) 명 간사하면서 소견이 좁은 사람의 무리.

소소쓰다 자 〈옛〉 솟아 뜨다. ¶ 縞衣玄裳이 半空의 소소쓰니(鄭澈.關東別曲).

소:소-하다(小小-) 형여 ①자질구레하다. ¶ 소소한 일에도 짜증을 내다. ②변변하지 아니하다. **소소-히** 부.

소:소-하다(小少-) 형여 ①키가 작고 어리다. ②얼마 되지 않다. **소소-히** 부.

소소-하다(炤炤-) 형여 밝게 보이다. **소소-히** 부.

소소-하다(昭昭-) 형여 (일의 내막이나 이치가) 분명하다. 뚜렷하다. 소연하다. **소소-히** 부.

소소-하다(蕭蕭-) 형여 (바람이나 빗소리가) 쓸쓸하다. ¶ 소소한 바람 소리. **소소-히** 부.

소소-하다(騷騷-) 형여 부산하고 시끄럽다. **소소-히** 부.

소:속(所屬) 명 하자 되자 (어떤 기관이나 조직에) 딸림, 또는 그 딸린 사람이나 물건. ¶ 인사과에 소속하다./자기의 소속을 밝히다.

소:속-감(所屬感) [-깜] 명 자신이 어떤 집단에 소속되어 있다고 느끼는 일. ¶ 소속감이 강하다.

소손(燒損) 명 하타 태워서 못 쓰게 함.

소:솔(所率) 명 딸린 식구.

소송(訴訟) 명 하타 법원에 재판을 청구하는 일, 또는 그 절차. 옥송.

소송(燒送) 명 하타 〔영가(靈駕)나 위패(位牌) 따위를〕 불살라 버림.

소송^계:속(訴訟繫屬) [-계-/-게-] 명 소송 사건이 법원에서 심리 중에 있는 상태. 계속(繫屬).

소송^고:지(訴訟告知) 명 민사 소송에서, 소송의 당사자가 법률상 이해관계가 있어 그 소송에 참가할 수 있는 제삼자에게, 소송에 참가할 기회를 주기 위하여 소송이 계속(繫屬) 중임을 알리는 일.

소송^관계인(訴訟關係人) [-계-/-게-] 명 소송에서, 당사자·대리인·증인 및 기타 법률상으로 관계가 있는 사람을 통틀어 이르는 말.

소송^능력(訴訟能力) [-녁] 명 소송 당사자로서 유효하게 소송행위를 할 수 있는 능력, 또는 형사 소송법상의 의사(意思) 능력.

소송^당사자(訴訟當事者) 명 소송에서, 법원에 대하여 재판권 행사를 요구하는 사람 및 그 상대편. 〔민사 소송의 원고와 피고, 형사 소송의 검찰과 피고인 따위.〕

소송^대:리인(訴訟代理人) 명 민사 소송법상 소송 대리권을 가진 사람. 당사자를 대신하여 소송을 수행하기 위한 임의 대리인.

소송-물(訴訟物) 명 민사 소송에서, 재판의 대상이 되는 사항.

소송-법(訴訟法) [-뻡] 명 소송 절차를 규정한 법규를 통틀어 이르는 말.

소송^비:용(訴訟費用) 명 소송 행위에서 발생하는 모든 비용.

소송^사:건(訴訟事件) [-껀] 명 소송을 일으킨 일. ㊥사건(事件)·소건(訴件).

소송^요건(訴訟要件) [-뇨껀] 명 민사 소송에서, 재판을 하기 위하여 법원이나 당사자가 갖추어야 할 전제 조건.

소송^절차(訴訟節次) 명 소송의 제기에서 판결에 이르기까지의 모든 절차.

소송^참가(訴訟參加) 명 민사 소송에서, 당사자는 아니나 이해관계를 가지는 제삼자가 그 소송에 개입하는 일.

소송^판결(訴訟判決) 명 법원이 소송 요건의 미비를 이유로, 소(訴) 또는 상소를 기각하는 종국 판결. ↔본안 판결.

소송^행위(訴訟行爲) 명 소송 절차에서, 소송법상의 효과를 발생시킬 목적으로 하는 소송 관계자의 의사 표시 행위.

소쇄(掃灑) 명 하자 되자 비로 쓸고 물을 뿌림.

소쇄(瀟灑) '소쇄하다'의 어근.

소쇄-하다(瀟灑-) 형여 ①상쾌하다. ②산뜻하고 깨끗하다. ¶ 소쇄한 가을 아침.

소수 의 《'몇 달·몇 냥·몇 말' 따위의 낱말 뒤에 쓰이어》 '조금 넘음'·'남짓함'의 뜻을 나타내는 말. ¶ 석 달 소수는 걸렸다./닷 말 소수는 넉넉히 받을 수 있다.

소:수(小數) 명 ①작은 수. ↔대수. ②수학에서, 절댓값이 1보다 작은 실수.

소:수(少數) 명 적은 수효. ¶ 소수의 의견을 존중하다./정답을 맞춘 사람은 소수에 불과하였다. ↔다수(多數).

소:수(所祟) 명 귀신이 준 재앙. ㊟버력1.

소수(消愁) 명 하자 시름을 풀어 버림.

소수(素數) [-쑤] 명 1보다 크며, 1과 그 수 자체 이외의 정수(整數)로는 똑 떨어지게 나눌 수 없는 정수. 〔2·3·5·7·11··· 따위.〕

소수-나다 자 그 땅의 소출이 늘다. ㊥솟나다.

소:수^내:각(少數內閣)명 각의(閣議)의 신속한 처리 등을 위하여, 내각 가운데서 소수의 각료를 선출하여 구성하는 협의회.
소:수-당(少數黨)명 국회에서 의석이 적은 정당. ↔다수당.
소:수^대:표제(少數代表制)명 다수당의 의석 독점을 막고, 소수당에도 득표 수에 따라 어느 정도의 의석이 돌아갈 수 있게 한 선거 제도.
소:수^민족(少數民族)명 한 나라를 이룬 여러 민족 가운데, 인구가 적고 인종·언어·풍습 등이 다른 민족. ¶ 소수 민족 보호 정책.
소수-성(疏水性)[-썽]명 물에 친화력을 가지지 않는 화학적 성질. 곧, 물을 흡수하지도 않고, 물에 잘 녹지도 않으며, 침전하는 성질. ↔친수성.
소:수-점(小數點)[-쩜]명 소수를 지닌 수를 나타낼 때, 소수 부분과 정수 부분을 구별하기 위하여 찍는 점.
소:수정예-주의(少數精銳主義)[-의/-이]명 인원을 마구 늘리거나 하지 않고 적은 수의 뛰어난 사람들로써 일을 해 나가려는 태도(주의).
소:수^주주권(少數株主權)[-꿘]명 주식회사에서, 한 사람 또는 몇 사람의 주식을 합쳐 일정 수 이상의 주식을 보유하였을 때에 인정되는 이권(利權). 대주주의 독단을 막기 위한 것임.
소수^콜로이드(疏水colloid)명 용액인 물과 콜로이드 입자와의 친화력이 약한 콜로이드. ↔친수 콜로이드.
소:수-파(少數派)명 딸린 인원 수가 적은 파. ↔다수파.
소:-순환(小循環)명 ☞폐순환(肺循環).
소:술(所述)명 말하는 바. 기술한 바. ¶ 이는 김 박사 소술의 논문에서 인용한 것이다.
소:스(sauce)명 서양 요리에서, 맛이나 빛깔을 돋우기 위하여 음식에 치는 액체의 조미료. 원료와 만드는 방법에 따라서 종류가 많음.
소:스(source)명 〔'출처'·'원천'의 뜻으로〕 어떤 정보를 제공하는 사람이나 자료. ¶ 뉴스 소스. /소스를 밝히다.
소스라-뜨리다타 깜짝 놀라 갑자기 몸을 솟구치듯이 움직이다. 소스라트리다. ¶ 몸을 소스라뜨리며 한 걸음 뒤로 물러서다.
소스라-지다자 위로 봉긋이 솟아 오르다. ¶ 한라산이 우뚝 소스라지다.
소스라-치다타 깜짝 놀라 몸을 떠는 듯이 움직이다. ¶ 소스라치게 놀라다.
소스라-트리다타 소스라뜨리다.
소스-치다타 (몸을) 솟치다.
소스테누토(sostenuto 이)명 음악에서, 음을 그대로 지속시키며, 속도를 좀 늦추어 연주하라는 뜻.
소:스^프로그램(source program)명 ☞원시(原始) 프로그램.
소슬(蕭瑟) '소슬하다'의 어근.
소슬-바람(蕭瑟-)명 으스스하고 쓸쓸하게 부는 바람.
소슬-하다(蕭瑟-)형여 (가을바람이) 으스스하고 쓸쓸하다. **소슬-히**부.
소:승(小乘)명 후기 불교의 2대 유파의 하나. 자기의 인격을 완성함으로써 해탈(解脫)을 얻고자 하는 교법. 〔개혁파가 스스로를 '대승(大乘)'이라 일컫고 다른 전통적 불교를 '소승'이라고 한 데서 비롯된 것임.〕 ↔대승.
소:승(少僧)명 어린 중. ↔노승(老僧).
소:승(小僧)대 중이 자기를 낮추어 일컫는 말. 빈도(貧道).
소:승-경(小乘經)명 소승 불교의 경전.
소:승^불교(小乘佛敎)명 소승의 교법을 주지로 하는 불교 종파를 통틀어 이르는 말. ↔대승 불교.
소:승-적(小乘的)관명 작은 일에 얽매여서 대국적인 면을 보지 못하는 (것). 시야가 좁고 비근(卑近)한 (것). ¶ 소승적 세계관. /소승적인 정치 의식. ↔대승적.
소:승-종(小乘宗)명 소승 불교의 경전이나 교설을 신봉하는 불교 종파의 한 가지.
소:시(小柿)명 고욤.
소:시(少時)명 어렸을 적. 젊었을 적. ¶ 소시에는 머리가 총명했었지.
소시(昭示)명하타 뚜렷이 나타내 보임.
소:-시민(小市民)명 사회적 지위·재산 따위가 자본가와 노동자의 중간 계층에 속하는 사람.
소:시오그램(sociogram)명 어떤 집단 내의 인간관계를 나타낸 도표. 구성원 서로 간의 선택·거부·무관심 등의 관계를 실선이나 점선 따위의 화살표로 도시함.
소:시지(sausage)명 소·양·돼지 따위의 창자에, 다져서 양념한 고기를 넣어 만든 서양식 순대.
소:시지과(少時之過)명 젊었을 적의 잘못.
소:식(小食)명하자 음식을 적게 먹음. 참대식(大食)[1].
소:식(所食)명 ①☞요식(料食). ②먹는 분량.
소:식(素食)명 ☞소밥.
소식(消息)명 ①안부 따위에 대한 기별이나 편지 따위. ¶ 소식을 전하다. ②어떤 상황이나 동정 따위에 대한 사정. ¶ 금융계 소식.
소식이 깡통관용 '소식을 전연 모르고 있음'을 속되게 이르는 말.
소식(蘇息·甦息)명하자되자 거의 끊어질 듯하던 숨이 되살아남.
소식-란(消息欄)[-싱난]명 신문·잡지 같은 데서, 어떤 개인이나 단체의 동정(動靜) 등에 관한 기사를 싣는 난. 인사란(人事欄).
소식-불통(消息不通)[-뿔-]명 ①소식이 전혀 없는 일. 소식을 전혀 알지 못하는 일. ¶ 그와는 벌써 몇 해째 소식불통이다. ②어떤 일에 대하여 전혀 알지 못하는 일. ¶ 소식불통인 사람.
소:식-주의(小食主義)[-쭈의/-쭈이]명 음식을 적게 먹는 것이 건강의 유지·증진에 유익하다는 주장.
소식-통(消息通)명 ①새 소식이 전해지는 일정한 경로. ¶ 정확한 소식통에 의하면…. ②새 소식에 밝은 사람. ¶ 정계의 소식통.
소:신(所信)명 자기가 믿고 생각하는 바. ¶ 소신을 굽히지 않다. /소신을 갖고 일하다.
소신(燒身)명하자 ☞분신(焚身).
소신(燒燼)명하자타되자 ☞소진(燒盡).
소:신(小臣)대 임금에 대하여, 신하가 자기를 낮추어 일컫던 말.
소신-공양(燒身供養)명하자 불교에서, 자기 몸을 태움으로써 부처에게 공양하는 일.
소:실(小室)명 ☞작은집. 첩(妾).
소:실(所失)명 ①☞허물[2]. ②노름을 하다가 잃은 돈의 액수.
소실(消失)명하타되자 사라져 없어짐, 또는 사라져 잃어버림. ¶ 권리의 소실.
소실(燒失)명하자타되자 불에 타서 없어짐, 또는 타서 잃음. ¶ 귀중한 문화재를 소실하다.
소실-점(消失點)[-쩜]명 투시(透視)한 평행 직선군(平行直線群)이 집중되어 한 점에 모인 점. 소점(消點).
소심(小心) '소심하다'의 어근.

소ː심(素心)명 평소 마음에 품고 있는 생각. 소지(素志).
소ː심^공ː포증(小心恐怖症)[-쯩]명 대수롭지 않은 일에도 공연히 겁을 먹고 두려워하는 병적 증세. 신경 쇠약이나 강박 신경증 따위에서 흔히 볼 수 있는 일종의 강박 현상임.
소ː심-스럽다(小心-)[-따][~스러우니·~스러워]형ㅂ 보기에 소심한 듯하다. 소심스레부.
소ː심-하다(小心-)형여 대담하지 못하고 겁이 많다. 조심성이 많다. ¶ 소심한 성격. 소심-히부.
소ː싯-적(少時-)[-시쩍/-싣쩍]명 젊었을 적. ¶ 소싯적에 들었던 이야기.
소-싸움명 단오 등 명절에 남부 지방에서 벌이던 민속놀이. 어센 황소를 골라 넓은 들에서 싸움을 시킴. 투우(鬪牛).
소ː아(小我)명 ①불교에서, 개인적인 감정이나 욕망 따위에 사로잡힌 나를 이르는 말. ②철학에서, 우주의 유일하고도 절대적인 실체에 대하여 인간으로서의 작은 자아를 이르는 말. 에고(ego). ↔대아(大我).
소ː아(小兒)명 어린아이.
소아(騷雅) '소아하다'의 어근.
소ː아-과(小兒科)[-꽈]명 ☞소아 청소년과.
소ː아-마비(小兒痲痺)명 어린아이에게 많이 일어나는, 수족의 마비성 질환. 뇌성(腦性)과 척수성(脊髓性)이 있음.
소ː아-반(小兒斑)명 ☞몽고반.
소아베(soave 이)명 악보의 나타냄말. '부드럽게'의 뜻.
소ː아-병(小兒病)[-뼝]명 어린아이들이 많이 걸리는 특유한 병. 〔홍역·백일해·디프테리아·성홍열 따위.〕
소ː아병-적(小兒病的)[-뼝쩍]관명 생각이나 행동이 유치하고 극단으로 치닫는 성향인 (것).
소아-하다(騷雅-)형여 운치가 있고 우아하다.
소ː-악절(小樂節)[-쩔]명 ☞작은악절.
소ː아^청소년과(小兒靑少年科)명 어린아이와 청소년의 병을 전문으로 보는 의학의 한 분과.
소안(小安) '소안하다'의 어근.
소ː안(笑顔)명 웃는 얼굴. 소용(笑容).
소ː안(素顔)명 ①화장을 하지 않은 얼굴. ②흰 얼굴. ③수염이 없는 얼굴.
소안(韶顔)명 젊어 보이는 늙은이의 얼굴.
소ː안-하다(小安-)형여 ①조금 평온하다. ②작은 일에 만족하여 큰 뜻이 없다.
소ː암(小庵)명 작은 암자.
소ː애(少艾)명 젊고 아름다운 여자.
소ː액(少額)명 적은 금액. 적은 액수. 과액(寡額). ¶ 소액의 기부금. ↔거액.
소ː액-권(少額券)[-꿘]명 액면 금액이 적은 지폐. ↔고액권.
소ː액-환(少額換)[-애콴]명 우편환의 한 가지. 어느 우체국에서나 현금과 상환할 수 있는 환증서.
소ː야-곡(小夜曲)명 ☞세레나데. 준야곡.
소약(小弱) '소약하다'의 어근.
소ː약-하다(小弱-)[-야카-]형여 작고 힘이 약하다.
소ː양(小恙)명 대단하지 않은 병. 참미양(微恙).
소양(素養)명 평소의 교양. 평소에 닦아 쌓은 교양이나 기술. ¶ 문학에 소양이 깊다.
소양(掃攘)명하타 모두 쓸어 없앰.
소양(搔癢)명하타 가려운 데를 긁음. ¶ 격화(隔靴)소양.
소양(霄壤)명 하늘과 땅. 천지(天地).
소양-감(搔癢感)명 가려운 느낌.
소양배양-하다형여 아직 어려서 철없이 날뛰기만 하고 분수가 없다.
소ː양-인(少陽人)명 사상 의학에서 네 가지로 나눈 사람의 체질 가운데 하나. 소화기 계통이 강하고 생식기 계통이 약하며, 감정적이고 끈기가 부족한 체질임. 상체가 실하고 하체가 빈약함. 참소음인·태양인·태음인.
소양-증(搔癢症)[-쯩]명 한방에서, 피부가 가려운 병증을 이르는 말.
소양지판(霄壤之判)명 ☞천양지판(天壤之判). ¶ 형제라도 소양지판이다.
소양-하다(搔癢-)형 아프고 가렵다.
소ː어(小魚)명 작은 물고기. 잔고기.
소ː어(笑語)명 ①우스운 이야기. 참소화(笑話). ②웃으며 하는 말.
소ː언(笑言)명하자 웃으면서 말함, 또는 우스운 이야기.
소ː업(所業)명 업으로서 하는 일.
소ː여(小輿)명 지난날, 국상(國喪) 때 좁거나 험한 길에서 쓰던 작은 상여(喪輿). 소방상(小方牀). ↔대여(大輿).
소ː여(所與)명 ①주어진 것. 주어진 바. ¶ 소여의 임무. ②사고(思考)의 대상으로서, 의식에 대하여 직접 주어지는 것. ③추리나 연구 등의 출발점으로서 주어지거나 가정(假定)되는 사실이나 원리. 여건(與件).
소여(掃如) '소여하다'의 어근.
소-여물명 ☞쇠여물.
소여-하다(掃如-)형여 쓸어 낸 것처럼, 남아 있는 것이 아무것도 없다.
소ː역(小驛)명 작은 역.
소ː연(小宴)명 간단한 연회. 조그맣게 차린 잔치. ¶ 소연을 베풀다.
소연(昭然) '소연(昭然)하다'의 어근.
소ː연(素鳶)명 색종이를 바르지 않은 흰 연.
소연(蕭然) '소연(蕭然)하다'의 어근.
소연(騷然) '소연(騷然)하다'의 어근.
소연-하다(昭然-)형여 (일이나 이치가) 밝고 뚜렷하다. 소소(昭昭)하다. 소연-히부.
소연-하다(蕭然-)형여 쓸쓸하다. ¶ 소연한 초겨울의 들판. 소연-히부.
소연-하다(騷然-)형여 시끄럽고 어수선하다. 떠들썩하다. ¶ 분위기가 소연하다. 소연-히부.
소염-제(消炎劑)명 염증을 방지하는 약제.
소염^화ː약(消焰火藥)명 총이나 포를 쏠 때, 불꽃이나 연기가 나지 않도록 만든 화약.
소ː엽(小葉)명 ①작은 잎. 잔잎. ②복엽(複葉)을 이루고 있는 낱낱의 잎.
소엽(蘇葉)명 한방에서, '차조기의 잎'을 약재로 이르는 말. 성질이 온(溫)하여 땀을 내게 하고, 속을 조화시키는 효력이 있음.
소ː영-사(所營事)명 경영하는 일.
소ː-예참(小禮懺)명하자 부처 앞에 간단히 절만 하는 예배.
소ː오(小烏)명 신라 때, 17관등의 열여섯째 등급. 참조위.
소ː옥(小屋)명 조그마한 집.
소옴명 〈옛〉솜. ¶ ᄀᆞᄂᆞᆫ 흘오시 소옴 둔 오시 ᄃᆞ외얏도다(杜重*12*:*10*).
소왕(素王)명 왕위는 없으나 왕자(王者)의 덕을 갖춘 사람. 〔보통, 유가에서는 공자(孔子)를, 도가에서는 노자(老子)를 이름.〕
소외(疏外)[-외/-웨]명 ①하타 되자 주위에서 꺼리며 따돌림. 꺼리며 멀리함. ¶ 소외 계층. / 가족으로부터 소외되다. ②〈자기 소외〉의 준말.

소외-감(疏外感)[-외-/-웨-]명 주위에서 따돌림을 받는 것 같은 느낌. ¶ 소외감을 느끼다.
소ː요(所要)명하타되자 필요로 함. 요구되는 바. ¶ 소요 시간. /작업에 소요되는 인력과 장비를 지원하다.
소요(逍遙)명하자타 마음 내키는 대로 슬슬 거닐며 다님. 산책. ¶ 들길을 소요하다.
소요(騷擾)명 ①하자 왁자하고 떠들썩함, 또는 술렁거리고 소란스러움. ②많은 사람이 들고일어나서 소란을 피우며 사회 질서를 어지럽히는 일. ¶ 대규모의 소요 사건.
소ː요-량(所要量)명 드는 분량. 필요한 양.
소ː요-액(所要額)명 필요한 돈의 액수.
소요-음영(逍遙吟詠)명하자 천천히 거닐며 시가를 읊조림. ¶ 시비(柴扉)예 거러 보고, 정자(亭子)애 안자 보니, 소요음영ᄒᆞ야 산일(山日)이 적적(寂寂)ᄒᆞᆫ딕(丁克仁.賞春曲).
소요-죄(騷擾罪)[-쬐/-쮀]명 많은 사람이 집단을 이루어 폭행이나 협박 등으로 일정 지역의 질서를 어지럽게 함으로써 성립되는 죄.
소ː욕(少慾)명하형 욕심이 적음, 또는 적은 욕심.
소용명 갸름하고 자그마하게 생긴 병.
소ː용(小勇)명 젊은 혈기에서 나온 쓸데없는 용기. ¶ 소용을 부리다.
소ː용(所用)명 무엇에 쓰임, 또는 무엇에 쓰이는 바. 쓸데. ¶ 소용 가치가 없는 물건.
소용(昭容)명 조선 시대에, 정삼품인 내명부(內命婦)의 칭호.
소ː용(笑容)명 웃는 얼굴. 소안(笑顔).
소용-돌이명 ①물이 나선형으로 빙빙 돌며 세차게 흐르는 현상, 또는 그러한 곳. ②'사물이 세차게 움직이며, 어지럽고 혼란스러운 상태'를 비유하여 이르는 말. ¶ 격변의 소용돌이.
소용돌이-무늬[-니]명 소용돌이치는 듯한 모양을 나타낸 무늬. 선문(旋紋). 와문(渦紋).
소용돌이-치다자 ①물이 소용돌이 모양으로 빙빙 돌며 세차게 흐르다. ¶ 소용돌이치며 흐르는 흙탕물. ②어떤 힘이나 감정 따위가 세차고 어지럽게 설레며 움직이다. ¶ 소용돌이치는 국제 정세.
소용돌이-테명 유체(流體)가 소용돌이칠 때에 생기는 바퀴 모양의 것. 곧, 총이나 대포를 쏠 때 나는 연기 모양 같은 것.
소ː용-되다(所用-)[-되-/-뒈-]자 일정한 용도로 쓰이다. ¶ 공사에 소용되는 물건.
소ː용-없다(所用-)[-업따]형 쓸데없다. 필요 없다. ¶ 아무리 애걸해도 소용없다. **소용없-이**부.
소-우(-牛)명 한자 부수의 한 가지. '牡'·'牲' 등에서의 '牛'의 이름.
소ː우(小雨)명 조금 내리는 비. 조금 내리다가 그친 비. ↔호우(豪雨).
소우(疏雨)명 성기게 오는 비.
소ː-우주(小宇宙)명 ①우주의 일부이면서도 그 자체가 하나의 독립된 우주처럼 여겨지는 것. 특히, 우주 그 자체에 대응하여, 그것을 대표하는 존재로서의 인간을 이르는 말. ②은하계 및 은하계와 동일한 규모와 구조인 성운(星雲)을 통틀어 이르는 말. ↔대우주.
소ː웅-좌(小熊座)명 ☞작은곰자리.
소ː원(小圓)명 ①작은 원. ②수학에서, 구면(球面) 위에 있는 작은 원. 구(球)를, 중심을 지나지 않는 평면으로 자른 면. ↔대원.
소ː원(所員)명 (보건소나 연구소와 같이) '소(所)' 자가 붙은 기관이나 직장에 근무하는 사람.
소ː원(所願)명하타 (무슨 일이 이루어지기를) 바람, 또는 바라는 바. 소망(所望). 원(願). ¶ 평생의 소원이 이루어지다.
소원(昭媛)명 조선 시대에, 정사품인 내명부(內命婦)의 칭호.
소원(素願)명 본디의 소원(所願). 평소의 소원.
소원(訴冤)명하타 지난날, 백성이 원통한 일을 관아에 하소연하던 일.
소원(訴願)명하타 ①호소하여 청원함. ②위법이나 부당한 행정 처분으로 자신의 권리나 이익이 침해되었다고 생각한 사람이, 그 취소나 변경을 행정 기관에 청구하는 일.
소원(疏遠)명하형 ①친분이 가깝지 못하고 멂. ¶ 작은 오해 때문에 오랜 친구와 소원하게 지내고 있다. ②소식이나 왕래가 오래 끊긴 상태에 있음. ¶ 그동안 너무 소원했습니다. **소원-히**부.
소원(溯源)명하타 ①물의 근원을 찾아 거슬러 올라감. ②사물의 근원을 거슬러 밝힘.
소ː월(小月)명 한 달의 날수가 적은 달. 작은달.
소ː월(素月)명 ☞백월(白月)[1].
소ː위(少尉)명 국군의 위관(尉官) 계급의 하나. 장교 계급 중의 가장 아래 계급. ¶ 육군 소위.
소ː위(所爲)명 한 일. 한 짓. 소행(所行). ¶ 그의 소위임이 분명하다.
소ː위(所謂)부 이른바. ¶ 그도 소위 감투라는 것을 쓴 적이 있었다.
소ː유(所有)명하타되자 자기의 것으로 가짐, 또는 가지고 있음. ¶ 개인 소유의 임야. /자기 회사 주식을 소유하다.
소ː유-권(所有權)[-꿘]명 법률상, 어떠한 물건을 소유하고 법이 정한 범위 내에서 임의로 이용하거나 처분할 수 있는 권리.
소ː유권-자(所有權者)[-꿘-]명 소유권을 가진 사람.
소ː유-물(所有物)명 (자기 것으로서) 가지고 있는 물건. 소유권이 있는 물건.
소ː유-욕(所有慾)명 소유하고 싶어 하는 욕망. ¶ 소유욕이 강하다.
소ː유-자(所有者)명 ①(무엇을) 가진 사람. ¶ 천부적인 재능의 소유자. ②☞소유주.
소ː유-주(所有主)명 소유권을 가진 사람. 소유자. ¶ 이 땅은 소유주가 따로 있다.
소ː유-지(所有地)명 가지고 있는 땅. 소유권이 있는 땅. ¶ 회사 소유지.
소음(消音)명하자 소리를 지워 없앰. 소리가 밖으로 들리지 않도록 함. ¶ 소음 장치.
소음(騷音)명 시끄러운 소리. 조음(噪音). ¶ 소음 공해. /거리의 소음. ↔악음(樂音).
소음-계(騷音計)[-계/-게]명 소음의 크기를 측정하는 기계.
소음-기(消音器)명 내연 기관에서 나오는 배기 가스의 폭음을 없애는 장치.
소ː음-인(少陰人)명 사상 의학에서 네 가지로 나눈 사람의 체질 가운데 하나. 소화기 계통이 약하고 생식기 계통이 강하며, 유순하고 침착하며 사색적인 체질임. 참소양인·태양인·태음인.
소ː읍(小邑)명 작은 읍. 작은 고을.
소응(昭應)명하자 감응이 또렷이 드러남.
소ː의(小義)[-의/-이]명 (국가나 사회 따위에는 관계되지 않는) 작은 도의(道義). 하찮은 의리. ¶ 소의에 얽매이어 대의를 잊다. ↔대의.
소의(昭儀)[-의/-이]명 조선 시대에, 정이품인 내명부(內命婦)의 칭호.

소ː의(素衣)[-의/-이]명 (색이나 무늬가 없는) 흰옷. 참소복(素服).
소ː의(素意)[-의/-이]명 ①평소의 뜻. ②평소부터 품고 있는 생각. 소지(素志).
소의(疏意)[-의/-이]명 멀리하고 꺼리는 마음. 소외하는 뜻.
소의-문(昭義門)[-의-/-이-]명 서울의 덕수궁 뒤쪽에 있던, '서소문(西小門)'의 본디 이름.
소의한식(*宵衣旰食)[-의-/-이-]명하자 〔새벽에 일어나 정복(正服)을 입고 밤늦게야 저녁밥을 먹는다는 뜻으로〕 '임금이 정사(政事)에 부지런함'을 이르는 말. 준소한(宵旰).
소ː이(小異) '소이하다'의 어근.
소ː이(所以)명 어떤 행위를 하게 된 까닭. ¶ 왜 그렇게 해야 했는지 그 소이를 모르겠다.
소이(燒夷)명하타 태워 버림.
-소이다어미 자음으로 끝난 어간에 붙어서, 현재의 사실(상황)을 나타내는 합쇼체의 평서형 종결 어미. ¶ 날씨가 참 좋소이다. /면목 없소이다.
소ː이-연(所以然)명 그렇게 된 까닭.
소이-탄(燒夷彈)명 탄두에 유지나 황 등과 소량의 작약(炸藥)을 넣어 만든 폭탄이나 포탄. 건조물 따위를 불태우는 데 쓰임.
소ː이-하다(小異-)형여 약간 다르다.
소ː인(小人) Ⅰ명 ①나이 어린 아이. ¶ 소인은 반액임. ②키나 몸집이 작은 사람. ③도량이 좁고 간사한 사람. 세인(細人). ¶ 소인들의 농간에 말려들다. ↔대인(大人).
Ⅱ대 윗사람에 대하여 자기를 낮추어 일컫는 말. 비인(鄙人). ¶ 소인이 불민한 탓으로….
소ː인(小引)명 짧은 서문(序文).
소인(素人)명 어떤 일을 전문으로 하거나 직업적으로 하지 않는 사람.
소인(素因)명 ①근본적인 원인. ②그 병에 걸리기 쉬운 신체적인 소질.
소인(消印)명하타되자 우체국에서 사용했다는 표시로 엽서나 우표 따위에 일부인(日附印)을 찍음, 또는 그 일부인. 스탬프. ¶ 3월 2일자의 소인이 찍힌 엽서.
소인(訴因)명 형사 소송법에서, 공소 사실을 범죄의 구성 요건에 맞추어서 기소장에 적은 검사의 주장.
소인(燒印)명 ☞낙인(烙印).
소인(騷人)명 ①시인(詩人)과 문사(文士). 소객(騷客). ②풍류를 아는 사람.
소ː인-국(小人國)명 난쟁이들만 살고 있다는 상상의 나라.
소인-극(素人劇)명 전문적인 연극인이 아닌 사람들이 하는 연극.
소ː인-네(小人-)대 〈쇤네〉의 본딧말.
소인-묵객(騷人墨客)[-깩]명 시문(詩文)과 서화(書畫)를 하는 풍류객.
소ː-인물(小人物)명 그릇이 작고 째째한 사람.
소ː인-배(小人輩)명 도량이 좁고 간사한 사람, 또는 그러한 무리. ¶ 소인배와 어울리다. /그것은 소인배들이나 할 짓이다.
소-인수(素因數)명 인수 가운데 소수인 것, 곧 어떤 정수를 소수만의 곱으로 나타냈을 때의 각 인수. 소인자. 원승자. 원인자.
소ː인-스럽다(小人-)[-따][~스러우니·~스러워]형ㅂ 하는 짓이 대범하지 못하고 잘거나 간사한 듯하다. 소인스레부.
소-인자(素因子)명 ☞소인수(素因數).
소ː인지용(小人之勇)명 혈기에서 오는 필부(匹夫)의 용기. 필부의 객기.
소일(消日)명하자 ①별로 하는 일 없이 세월을 보냄. 소광(消光). ¶ 집 안에서 소일하다. ②어떤 일에 마음을 붙여 세월을 보냄. 소견(消遣). ¶ 바둑으로 소일하다.
소일-거리(消日-)[-꺼-]명 세월을 보내기 위하여 심심풀이로 하는 일. ¶ 소일거리로 시작한 화초 가꾸기.
소ː임(所任)명 맡은 바 직책. ¶ 소임을 다하다.
소ː입(所入)명 (무슨 일에 든) 돈이나 물자. ¶ 젖먹이의 병치레에 든 소입이 수월찮다.
소ː자(小子) Ⅰ명 스승이 제자를 친근하게 부르는 말.
Ⅱ대 아들이 부모에 대하여 자기를 낮추어 일컫는 말. ¶ 소자도 무사히 지내고 있습니다.
소ː자(小字)명 ①작은 글자. ②어릴 때 부르던 이름.
소ː자(小疵)명 ①조그마한 흠집. ②조그마한 결점이나 과실.
소ː자(少者)명 젊은 사람.
소자(素子)명 전기 기기(電氣機器)나 회로 따위를 구성하는 단위 부품.
소자(消磁)명 자성(磁性)을 띤 물체의 자화(磁化)를 없애는 일.
소자(蘇子)명 한방에서, '차조기의 씨'를 약재로 이르는 말. 거담(祛痰)과 거풍(祛風) 따위에 효험이 있음.
소ː자-문서(小字文書)명 고려 고종 때 귀순한, 여진(女眞) 사람 주한(周漢)이 전한 여진의 글자.
소ː-자본(小資本)명 적은 자본. ¶ 소자본으로 시작한 사업.
소자-주(蘇子酒)명 볶은 차조기 씨를 빻아 헝겊 주머니에 넣어서 술에 담가 우려낸 술.
소자-죽(蘇子粥)명 ☞차조기죽.
소ː작(小作)명하타 소작료를 내고 남의 논밭을 빌려 농사를 지음. 반작(半作). ¶ 소작으로 어렵게 살아가다. ↔자작(自作).
소ː작(小斫)명 잘게 팬 장작. ↔대작(大斫).
소ː작(小酌)명 ①조그마한 술자리. 간단하게 차린 주연. ②하자술을 조금 마시는 일.
소ː작(所作)명 ①한 일. 한 짓. ②어떤 사람이 짓거나 만들거나 한 작품.
소ː작-권(小作權)[-꿘]명 소작료를 내고 남의 전답을 빌려 농사를 짓는 권리.
소ː작-농(小作農)[-장-]명 소작으로 농사를 짓는 일, 또는 그러한 농가나 농민. ↔자작농.
소ː작-료(小作料)[-장뇨]명 소작인이 지주에게 내는 논밭의 사용료.
소ː작-인(小作人)명 소작을 하는 사람. 작자(作者). 전객(佃客). 준작인.
소ː작^쟁의(小作爭議)[-쨍의/-쨍이]명 소작 문제로 빚어진 지주와 소작인 사이의 다툼.
소ː작-제(小作制)[-쩨]명 ☞소작 제도.
소ː작^제ː도(小作制度)[-쩨-]명 소작에 관한 법률상 또는 관습상의 제도. 소작제.
소ː작-지(小作地)[-찌]명 소작인이 지주에게서 빌려 농사를 짓는 땅. ↔자작지(自作地).
소잔(銷殘)명하자 (쇠가 녹듯이) 사그라짐.
소ː잠(掃蠶)명하자 알에서 깨어난 누에를 잠반에 떨어 내려 일정한 자리를 조정하고 첫뽕을 주는 일. 누에떨기.
소잡(騷雜) '소잡하다'의 어근.
소ː잡-하다(騷雜-)[-자파-]형여 시끄럽고 난잡하다.

소ː장(小腸)명 장의 한 부분. 위(胃)와 대장(大腸) 사이에 있으며, 먹은 것을 소화하고 영양을 흡수함. 길이 6~7 m. 작은창자.
소ː장(少壯)명하형 젊고 기운이 왕성함. ¶ 소장 의원. /소장 실업가.
소ː장(少長)명 젊은이와 늙은이.
소ː장(少將)명 국군의 장관(將官) 계급의 하나. 준장의 위, 중장의 아래. ¶ 육군 소장.
소ː장(所長)[1]명 (연구소·사무소 등과 같이) '소(所)' 자가 붙은 기관이나 직장의 사무를 통할하는 책임자. ¶ 연구소 소장. /보건소 소장.
소ː장(所長)[2]명 자기가 가진 장점.
소ː장(所掌)명 (어떤 특정 기관이) 맡아보는 일. ¶ 철도청 소장 업무.
소ː장(所藏)명하타되자 값나가는 물건 따위를 자기의 것으로 간직함, 또는 그 물건. ¶ 많은 골동품을 소장하다. /그 작품은 내가 소장하고 있는 그림 가운데 가장 명작이다.
소장(消長)명하자 사라짐과 자라남. 쇠해짐과 성해짐. ¶ 군국주의의 소장. 비성쇠(盛衰).
소ː장(素帳)명 장사 지내기 전에 궤연(几筵) 앞에 드리우는 흰 포장.
소장(訴狀)[-짱]명 ①소송을 제기하기 위하여 법원에 내는 문서. ②청원할 일이 있을 때에 관청에 내는 서면. 소첩(訴牒).
소장(疏章)명 상소(上疏)하는 글.
소장지변(蕭墻之變)명 내부(집안)에서 일어난 변란(變亂). 비자중지란(自中之亂).
소ː장-파(少壯派)명 어떤 조직이나 단체 안에서, 주로 젊은 층이 모여서 하나의 세력을 이루고 있는 파.
소ː장-품(所藏品)명 (자기의 것으로) 소유하고 있는 물품.
소ː재(小才)명 조그마한 재주. 대수롭지 않은 재주. ↔대재(大才).
소ː재(小齋)명 '금육재(禁肉齋)'의 구용어.
소ː재(所在)명 있는 바. 있는 곳. ¶ 책임의 소재. /경기도 소재의 대학.
소ː재(所載)명 작품이나 기사 따위가 신문·잡지 등에 실려 있는 일. ¶ 신년호 소재.
소재(素材)명 ①어떤 것을 만드는 데 바탕이 되는 재료. ②예술 작품의 재료가 되는 모든 대상. ¶ 도시 생활을 소재로 한 소설.
소ː재-지(所在地)명 어떤 건물이나 기관 등이 있는 곳. ¶ 도청 소재지.
소ː저(小姐)명 지난날, 아가씨의 뜻으로 '젊은 여자'를 대접하여 일컫던 말.
소ː저(小著)명 ①부피가 작고 간략한 저서(著書). ②남 앞에서 자기의 저서를 겸손하게 이르는 말.
소저(昭著) '소저하다'의 어근.
소저-하다(昭著-)형여 분명하고 뚜렷하다.
소ː적(小賊)명 좀도둑.
소ː적(小敵)명 얼마 되지 않는 적. 대수롭지 않은 약한 적.
소적(消寂)명하자 심심풀이로 어떤 일을 함.
소적(蕭寂) '소적하다'의 어근.
소적-하다(蕭寂-)[-저카-]형여 매우 쓸쓸하고 호젓하다. 소조(蕭條)하다. ¶ 소적한 가을의 풍경.
소ː전(小傳)명 간단하게 적은 전기. ¶ 율곡 선생 소전. 비약전(略傳).
소ː전(小篆)명 한자의 팔체서(八體書)의 한 가지. 중국 진시황 때 이사(李斯)가 대전(大篆)을 약간 간략하게 만든 글씨체임.
소ː전(所傳)명 말이나 글 따위로 전하여 내려오는 바. 전해 내려오는 것.
소ː-전제(小前提)명 논리학에서, 삼단 논법의 전제 가운데 소개념(小槪念)을 가진 전제를 이름. ↔대전제(大前提).
소ː절(小節)명 ①사소한 절조나 의리. ②문장의 짧은 한 구절. ③악보에서, (세로줄과 세로줄로 구분된) 마디.
소절(紹絕)명하타 (혈통 따위의) 끊어진 것을 이어서 일으킴.
소점(消點)[-쩜]명 ☞소실점.
소ː접(召接)명하타 임금이 신하를 불러 만나 봄.
소ː정(小正)명 〈소정자(小正字)〉의 준말.
소ː정(小政)명 고려·조선 시대에, 음력 유월에 하던 도목정사(都目政事). ↔대정(大政).
소ː정(小亭)명 작은 정자(亭子).
소ː정(小艇)명 작은 배.
소ː정(所定)명되자 정한 바. 정해진 바. 《주로, '소정의'의 꼴로 쓰임.》 ¶ 소정의 절차를 밟다. /소정의 용지에 쓰다.
소ː-정맥(小靜脈)명 대정맥(大靜脈)으로 모여 붙은 정맥. ↔소동맥.
소ː-정월(小正月)명 음력 정월 14일부터 16일까지를 이르는 말.
소ː-정자(小正字)명 알파벳의 소문자 인쇄체. 〔a·b·c·d 따위.〕 준소정. 참소문자.
소ː제(少弟) Ⅰ명 나이가 가장 어린 아우. Ⅱ대 자기보다 나이가 조금 위인 사람에게 '자기'를 낮추어 일컫는 말.
소ː제(掃除)명하타되자 먼지나 더러운 것 따위를 떨고 쓸고 닦아서 깨끗이 함. 청소(淸掃). ¶ 소제를 마치다. /그동안 비워 두었던 골방을 소제하다.
소ː-제목(小題目)명 ①긴 문장에서 문장의 내용에 따라 군데군데 붙이는 작은 제목. ②신문·잡지의 기사에서 표제에 곁들이는 작은 제목.
소ː-제상(素祭床)[-쌍]명 장사(葬事)를 치르기 전에 제물을 차려 놓는 흰 제상.
소ː조(小朝)명 섭정(攝政)하는 왕세자(王世子).
소ː조(小照)명 ①자그마한 사진이나 초상화. ②자기의 사진이나 초상화 따위를 낮추어 이르는 말.
소ː조(小潮)명 간만의 차가 가장 적을 때의 조수. 조금. ↔대조(大潮).
소ː조(所遭)명하자 고난이나 치욕을 당함.
소조(蕭條) '소조하다'의 어근.
소조-하다(蕭條-)형여 풍경 따위가 호젓하고 쓸쓸하다. 소적(蕭寂)하다. ¶ 소조한 가을 밤. 소조-히부.
소족(疏族)명 ☞원족(遠族).
소ː존(所存)명 〈소존자(所存者)〉의 준말.
소ː존-자(所存者)명 아직 남아 있는 사람이나 물건. 준소존(所存).
소졸(疏拙) '소졸하다'의 어근.
소졸-하다(疏拙-)형여 짜임새나 만듦새가 엉성하고 서투르다. ¶ 소졸한 작품.
소ː종(小宗)명 대종가(大宗家)에서 갈라져 나간 방계(傍系).
소ː-종래(所從來)[-내]명 지내 온 내력.
소ː주(小舟)명 작은 배.
소ː주(小註)명 본주(本註) 아래 더 자세히 풀어서 단 주석(註釋).
소주(疏註·疏注)명 〔'주(註)'는 본문의 풀이, '소(疏)'는 주(註)를 더욱 상세히 풀이한 것으로〕 본문의 주와 소. 주석(註釋).

소주(燒酒·燒酎)명 곡류를 발효시켜 증류하거나, 알코올을 물로 희석하여 만든 술. 물처럼 맑고 알코올 성분이 많음.
소주(를) 내리다관용 술을 고아 소줏고리에서 소주를 받다.
소ː-주명곡(小奏鳴曲)명 ☞소나티네.
소-주방(燒廚房)명 조선 시대에, 대궐 안의 음식을 만들던 곳. 준주방.
소주-잔(燒酒盞)[-짠]명 소주를 따라 마시는 데 쓰는, 운두가 얕고 작은 술잔.
소ː-주주(小株主)명 약간의 주식을 가진 주주. ↔대주주.
소줏-고리(燒酒-)[-주꼬-/-줃꼬-]명 소주를 고는 그릇. 구리니 오지로 되어 있음. 준고리⁹.
소중(所重) '소중하다'의 어근.
소중(消中)명 한방에서의 소갈증(消渴症)의 한 가지. 음식의 섭취량이 늘고, 땀이 많이 나며, 오줌이 잦음.
소ː중-도(笑中刀)명 〔웃음 속에 칼이라는 뜻으로〕 '겉으로는 웃음을 보이나, 속으로는 해칠 마음을 품고 있음'을 이르는 말.
소ː중-하다(所重-)형여 매우 귀중하다. ¶ 소중하게 간직하다. **소중-히**부.
소ː증(素症)[-쯩]명 채식만 하여 고기가 먹고 싶은 증세. 참육징(肉癥).
소증 나면 병아리만 쫓아도〔봐도〕 낫다속담 생각이 간절하면 그와 비슷한 것만 보아도 얼마간 마음이 풀린다는 말.
소ː증-사납다[-따][~사나우니·~사나워]형ㅂ 하는 짓의 동기가 아름답지 못하다. ¶ 일이 소증사납게 되었다.
소ː지(小志)명 작은 뜻. 조그마한 포부.
소ː지(小指)명 ①새끼손가락. ②새끼발가락.
소지(沼池)명 늪과 못. 소택(沼澤).
소ː지(所持)명하타 무엇을 가지고 있음. ¶ 총기 불법(不法) 소지. /면허증을 소지하다.
소지(素地)명 사물의 바탕. 요인(要因)이 될 바탕. ¶ 분쟁의 소지가 남아 있다.
소지(素志)명 평소의 뜻. 본디 품고 있던 뜻. 소심(素心). 소의(素意).
소ː지(掃地)명 ①하자 땅을 쓺. ②절에서, 마당 쓰는 일을 맡은 사람.
소ː지(燒紙)명하자 신령 앞에 비는 뜻에서, 얇은 종이를 오려서 불을 붙여 공중으로 날리는 일, 또는 그 종이. ¶ 소지를 올리다.
소ː지-무여(掃地無餘)명 깨끗하게 쓸어 낸 듯이 아무것도 없음.
소ː-지의(素地衣)[-의/-이]명 흰 헝겊으로 가장자리를 둘러 댄 돗자리.
소ː지-인(所持人)명 가지고 있는 사람. 소지자(所持者). ¶ 수표 소지인에게 지급하다.
소ː지인^출급(所持人出給)명 수표나 어음을 가지고 온 사람에게 그에 해당하는 돈을 지급하는 일, 또는 그 지급 형식.
소ː지-자(所知者)명 알고 있는 사람.
소ː지-자(所持者)명 가지고 있는 사람. 소지인.
소ː지-품(所持品)명 가지고 있는 물건.
소ː직(小職)대 관직에 있는 사람이, '자기' 또는 '자기의 직위'를 낮추어 이르는 말.
소진(消盡)명하자·타되자 다 써서 없어짐, 또는 다 써서 없앰. ¶ 기력이 소진하다.
소진(訴陳)명하타 원고와 피고가 소송의 뜻을 진술함.
소진(燒盡)명하자되자 모조리 타서 없어짐. 죄다 타 버림. 소신(燒燼).
소진-동(蘇秦童)명 〔중국 전국 시대의 세객(說客)인 소진처럼〕 말을 썩 잘하는 아이.
소진-장의(蘇秦張儀)[-의/-이]명 〔소진(蘇秦)과 장의(張儀)가 중국 전국 시대의 변설가(辯說家)인 데서〕 '구변(口辯)이 썩 좋은 사람'을 비유하여 이르는 말.
소질(素質)명 날 때부터 지니고 있는, 성격이나 능력 따위의 바탕이 되는 것. ¶ 소질은 있으나 노력이 모자란다. /음악가로서의 소질.
소집(召集)명하타되자 ①(단체나 조직체의 구성원을) 불러 모음. ¶ 간부 소집. ②회의를 열기 위해 의원(議員)이나 회원을 불러 모음. ¶ 국무 회의 소집. /주주 총회 소집 공고. ③국가가 병역 의무자에 대하여 일정한 복무(服務) 의무를 부과하는 일. ¶ 소집 해제.
소집-령(召集令)[-짐녕]명 소집하는 명령.
소집^영장(召集令狀)[-짐녕짱]명 병역법(兵役法)에 따라, 국가가 현역 복무자 이외의 병역 의무자를 소집하는 통지서를 흔히 이르는 말.
소쩍-새[-쌔]명 올빼밋과의 새. 몸길이 20 cm 가량. 깃털이 짧으며 눈빛이 노랗고, 부엉이와 비슷하게 생겼음. 침엽수 숲에 살며 우리나라에는 여름에 오는 철새인데, 일부는 일 년 내내 살기도 함. '소쩍소쩍' 하고 주로 밤에만 욺.
소ː차(小借)명 약차(藥借)의 한 가지. 좀 간단한 방문(方文)의 약을 먹고 힘을 웬만큼 세게 하는 일.
소ː차(小差)명 조그마한 차이. ↔대차(大差).
소차(疏箚)명 상소(上疏)와 차자(箚子).
소ː차-방(小次房)명 임금이 거둥할 때 잠시 쉬기 위하여 막을 쳐 놓은 곳.
소착(疏鑿)명하타되자 개천이나 도랑을 쳐서 물이 통하게 함.
소ː찬(素餐)명하자 아무 일도 하지 않고 녹(祿)을 받음. 무위도식함. ¶ 시위(尸位)소찬.
소ː찬(素饌)명 고기나 생선이 없이 나물로만 된 반찬, 또는 그러한 찬으로 차려진 밥상.
소창명 무명실로 성글게 짠 천. 기저귀감 따위로 많이 쓰임.
소창(消暢)명하자 심심하거나 갑갑한 마음을 풀어 후련하게 함.
소ː-창옷(小氅-)[-옫]명 중치막 밑에 입던 웃옷의 한 가지. 두루마기와 같으나 소매가 좁고 무가 없음. 준창옷. ＊소ː창옷이[-오시]·소ː창옷만[-온-]
소채(蔬菜)명 밭에 가꾸어 먹는 푸성귀. 남새. 야채. 채소.
소채-류(蔬菜類)명 (부식물로 쓰는) 온갖 푸성귀를 통틀어 이르는 말.
소ː책(小策)명 신통찮은 재주로 꾸며 낸 쓸모없는 계책.
소ː-책자(小冊子)[-짜]명 얄팍하고 작게 만든 책.
소척(疏斥)명하타되자 버성기게 하여 물리침.
소ː천(所天)명 (유교적 관념에서) 아내가 '남편'을 이르는 말.
소ː-천세계(小千世界)[-계/-게]명 불교에서 이르는 상상의 세계. 수미산(須彌山)을 중심으로 하여 해·달·사대주(四大洲)·육욕천(六慾天)·범천(梵天)을 합한 한 세계의 천 배가 되는 세계를 이르는 말. 참삼천 대천세계.
소철(蘇鐵)명 소철과의 상록 관목. 온실이나 집 안에서 기르는 관상용 식물. 높이는 1~4 m. 가늘고 긴 잎은 줄기 끝에서 돌려나며, 여름에 수꽃과 암꽃이 모두 줄기 끝에 핌. 씨는 한방에서 약재로 쓰임.

소ː첩(小妾)대 시집간 여자가 남편에게, 또는 첩실이 남편이나 정실(正室)에게 '자기'를 낮추어 이르는 말.
소ː첩(少妾)명 나이가 어린 첩(妾).
소첩(訴牒)명 ☞소장(訴狀).
소ː청(所請)명 청하는 바. ¶ 소청을 말하다.
소청(訴請)명하타 ①하소연하여 청함. ¶ 소청을 들어 주다. ②징계 처분을 받은 공무원이 그 처분의 취소 또는 변경을 청구하는 일.
소청(疏請)명하타 임금에게 상소하여 청함.
소청(疏廳)명 조선 시대에, 유생(儒生)들이 모여서 임금에게 상소하던 집.
소체(消滯)명하타 체한 음식을 삭이어 내려가게 함.
소체(疏遞)명하타 상소하여 벼슬에서 물러남.
소ː초(小草)[1]명 애기풀의 싹. 한약재로 씀.
소ː초(小草)[2]명 ①잘게 쓴 초서(草書). ②알파벳 소문자의 필기체. ②↔대초(大草).
소ː초(小哨)명 군대에서, 중요한 지점의 경계 임무를 맡은 소대(小隊) 이하의 경계 부대.
소초(疏草)명 상소(上疏)의 초고(草稿).
소ː촌(小村)명 작은 마을.
소ː총(小塚)명 작은 무덤.
소ː총(小銃)명 혼자서 가지고 다니면서 사용할 수 있는 소형 화기. 〔보병총·자동 소총 따위.〕
소ː총-수(小銃手)명 소총을 주무기로 삼는 병사.
소ː총-탄(小銃彈)명 소총에 쓰는 탄알.
소추(訴追)명하타 ①검사가 형사 사건에 대하여 공소를 제기하는 일. ②탄핵(彈劾)을 발의하여 파면을 요구하는 일.
소ː축(小畜)명 〈소축괘〉의 준말.
소ː축-괘(小畜卦)[-꽤]명 육십사괘의 하나. 손괘(巽卦)와 건괘(乾卦)를 위아래로 놓은 괘. 바람이 하늘 위에 다님을 상징함. 준소축.
소ː축척 지도(小縮尺地圖)[-찌-] 축척의 크기를 100만분의 1 내외로 하여 넓은 지역을 간략하게 나타낸 지도. 〔세계 전도 따위.〕 참대축척 지도.
소ː춘(小春)명 '음력 시월'을 달리 이르는 말. 상동(上冬). 양월(良月).
소ː-춘향가(小春香歌)명 경기 십이 잡가(十二雜歌)의 하나. 판소리 '춘향가' 중에서, 이 도령과 춘향이 상봉하는 대목을 다루고 있음.
소ː출(所出)명하타되자 논밭에서 생산되는 곡식, 또는 그 곡식의 양. ¶ 소출이 많다.
소취(消臭)명하자 나쁜 냄새를 없앰.
소ː-취타(小吹打)명 지난날, 새벽과 밤에 진문(陣門)을 여닫을 때 울리던 약식(略式)의 취타.
소치(召致)명하타 ☞초치(招致).
소ː치(所致)명 (무슨 까닭으로) 빚어진 일. 《주로, '~의 소치'의 꼴로 쓰임.》 ¶ 모든 일이 제 무지의 소치이옵니다.
소치(騷致)명 시문(詩文)의 우아한 운치.
소ː친(所親)명 (비슷한 또래로) 친하게 지내는 사이. 가까운 사람. ¶ 소친끼리 모인 계.
소ː침(小針)명 작은 바늘. ↔대침(大針).
소침(消沈·銷沈)명하자 기운이 꺾여 풀이 죽음. ¶ 동생은 시험에 떨어져서 소침해 있다.
소ː칭(小秤)명 작은 저울.
소ː칭(所稱)명 일컫는 바.
소켓(socket)명 전구 따위를 끼우게 되어 있는 전기 기구.
소쿠라-지다자 급한 물결이 굽이쳐 용솟음치다.
소쿠리명 (대나 싸리로) 한쪽이 트이게 결어서 만든 그릇.
소크라테스-법(Socrates法)[-뻡]명 ☞산파법.
소탈(疏脫) '소탈하다'의 어근.
소탈-하다(疏脫-)형여 (예절이나 형식에 얽매이지 않고) 수수하고 털털하다. 쇄탈하다. ¶ 소탈한 성격.
소ː탐대실(小貪大失)명하자 작은 것을 탐내다가 큰 것을 잃음.
소ː탕(素湯)명 고기나 생선을 넣지 않고 끓인 국. 흔히, 제사에 씀.
소ː탕(掃蕩)명하타되자 휩쓸어 모조리 없애 버림. ¶ 폭력배를 소탕하다.
소탕(疏宕)명하형 성격이 소탈하고 호탕함.
소ː탕-전(掃蕩戰)명 패잔병을 샅샅이 뒤져 소탕하는 전투. ¶ 공비 소탕전.
소태명 〈소태껍질〉·〈소태나무〉의 준말.
소ː태(素胎)명 (잿물을 입히기 전의) 도자기의 흰 몸.
소태-껍질[-찔]명 소태나무의 껍질. 맛이 몹시 쓰며, 한약재로 쓰임. 준소태.
소태-나무명 소태나뭇과의 낙엽 활엽 교목. 산지에서 자라는데, 높이는 5 m가량. 초여름에 녹색 꽃이 피고, 길둥근 열매는 초가을에 푸른 빛이 도는 붉은 빛깔로 익음. 나무껍질은 한방에서 건위제 따위로 쓰임. 고련(苦楝). 준소태.
소택(沼澤)명 늪과 못. 소지(沼池). 지소(池沼).
소택^식물(沼澤植物)[-씽-]명 물가의 습지나 얕은 물속에 나는 식물. 〔갈대·사초·벗풀 따위.〕
소택-지(沼澤地)[-찌]명 늪과 못이 많은 습한 땅.
소토(燒土)명하자 논밭의 표토(表土)를 긁어모아, 그 위에서 잡목이나 짚을 태워 흙을 소독하는 일. 주로, 묘상(苗床)의 복토용(覆土用)으로 쓰기 위한 것임.
소ː-톱(小-)명 작은 동가리톱.
소ː통(小桶)명 ①작은 통. ②서 말가량을 담을 수 있는 소금 섬.
소통(疏通)명되자 ①하자막히지 않고 잘 통함. ¶ 공기가 잘 소통하다. /교통 소통이 원활하다. ②하타의견이나 의사가 상대편에게 잘 통함.
소ː트(sort)명하타 컴퓨터에서, 무질서하게 모아 놓은 정보나 데이터를 일정한 기준에 맞추어 차례로 배열하는 일. ¶ 소트 프로그램. /가나다순으로 소트하다.
소ː팅(sorting)명하타 컴퓨터에서, 데이터를 특정한 조건에 따라 일정한 순서가 되도록 다시 배열하는 일. 정렬(整列).
소ː파(小波)명 잔물결.
소ː파(小破)명하타되자 조금 파손됨.
소파(搔爬)명하타 기구를 사용하여 몸의 조직의 일부를 떼어 내는 일.
소파(sofa)명 (두 사람 이상이 앉게 된) 등받이와 팔걸이가 있는 안락의자.
소파^수술(搔爬手術)명 자궁 내막(內膜)의 질환의 치료나 인공 유산을 위하여, 기구를 사용하여 자궁 내막을 긁어내는 수술.
소ː편(小片)명 작은 조각.
소ː편(小篇)명 짧은 문학 작품.
소ː포(小包)명 ①조그마하게 포장한 물건. ②〈소포 우편〉의 준말.
소ː포(小布)명 무명으로 만든 활의 과녁. 솔[4].
소ː포(小圃)명 채소나 약초 따위를 심는 작은 밭.
소ː포(所逋)명하타 관청의 물건이나 공금을 사사로이 소비함.
소ː포^우편(小包郵便)명 물건을 소포로 해서 보내는 우편, 또는 그 우편물. 준소포.

소ː폭(小幅) Ⅰ명 ①〔피륙 따위의〕 좁은 폭. ②적은 정도. 좁은 범위. ¶ 예상과는 달리 소폭에 그친 인사 이동. ②↔대폭. Ⅱ부 꽤 적게. ¶ 임금이 소폭 인상되다. ↔대폭.

소ː품(小品) 명 ①조그만 물건. ②그림·조각·음악 따위의, 규모가 작은 간결한 작품. ③일상생활에서의 조그만 일을 스케치풍으로 쓴 짤막한 문장. ④연극의 무대 등에 쓰이는 자잘한 물건. ④소도구(小道具).

소ː품-곡(小品曲) 명 작은 규모의 악곡. 준소곡.

소풍(逍風·消風) 명하자 ①갑갑한 마음을 풀기 위하여 바람을 쐬는 일. ②운동이나 자연 관찰을 겸하여 야외로 먼 길을 걷는일. ¶ 하필이면 소풍 가는 날 비가 오다니….

소풍-농월(嘯風弄月) 명하자 자연의 경치를 사랑하여 즐김.

소프라노(soprano 이) 명 여자 목소리의 가장 높은 음역(音域), 또는 그 음역의 가수.

소프트-드링크(soft drink) 명 알코올 성분이 없는 음료. 〔커피·홍차·사이다·주스 따위.〕

소프트볼ː(softball) 명 야구공보다 크고 무른 공, 또는 그 공을 사용하는 야구 비슷한 경기.

소프트웨어(software) 명 컴퓨터에서, 기계 부분인 하드웨어를 움직이는 기술. 곧, 프로그램을 통틀어 이르는 말. 운영 체제와 언어 처리 프로그램, 응용 프로그램 등으로 분류됨. ↔하드웨어.

소프트-칼라(soft collar) 명 풀기가 거의 없고 부드러운 와이셔츠의 칼라.

소프트-크림ː(soft cream) 명 기계로 공기를 넣으면서 얼린, 부드러운 아이스크림.

소프트^포ː커스(soft focus) 명 사진에서, 특수한 렌즈나 얇고 성긴 비단 등을 써서 피사체의 상을 또렷하게 나타내지 아니하고, 초점을 흐리게 하여 부드럽게 나타내는 기법. 연초점(軟焦點).

소ː피(所避) 명하자 오줌, 또는 오줌 누는 일. ¶ 소피를 보다.

소피스트(sophist) 명 ①기원전 5세기경, 고대 그리스에서 젊은이들에게 웅변술을 비롯하여 지식이나 기능을 가르치던 사람들. 궤변학파. ②☞궤변가(詭辯家).

소하(消夏·銷夏) 명하자 여름의 더위를 덜어 잊게 함.

소하(遡河) 명하자 ☞소강(遡江).

소ː-하다(素-) 자여 (식생활에서) 고기와 생선을 먹지 아니하다.

소ː-하물(小荷物) 명 기차 편에 쉽게 부칠 수 있는 작고 가벼운 짐. 참수화물(手貨物).

소하-어(遡河魚) 명 산란기에만 알을 낳기 위하여 민물로 거슬러 올라가는 바닷물고기. 〔연어·송어 따위.〕 ↔강하어(降河魚).

소ː학(小學) 명 ①고대 중국에서, 아이들을 공부시키던 학교, 또는 거기서 주로 가르치던 학과. ②중국 송나라 때 유자징(劉子澄)이 주자(朱子)의 지도를 받아서 편찬한 초학자용의 교양서.

소ː-학교(小學校) [-꾜] 명 '초등학교'의 구용어.

소ː한(小寒) 명 이십사절기의 하나. 동지(冬至)와 대한(大寒) 사이로, 양력 1월 6일경. 이 무렵부터 겨울 추위가 시작된다고 함.

소ː한(小閒·小閑) 명 ☞소가(小暇).

소한(*宵旰) 명하자 〈소의한식(宵衣旰食)〉의 준말.

소한(消閒·消閑) 명하자 한가한 겨를을 메움. 심심풀이. 파적(破寂). ¶ 소한거리가 많다.

소ː할(所轄) 명 관할하는 바.

소합-유(蘇合油) [-함뉴] 명 ☞소합향.

소합-향(蘇合香) [-하퍙] 명 (소아시아에서 나는) 소합향나무의 껍질에서 얻은 수지(樹脂)로 만든 향료. 약으로도 쓰임. 소합유.

소항(遡航) 명하자 배로 강을 거슬러 올라감.

소-해 명 ☞축년(丑年).

소해(掃海) 명하타 (항로의 안전을 위하여) 바다에 부설된 기뢰(機雷)나, 그 밖의 위험물과 장애물을 제거하는 일.

소해-정(掃海艇) 명 소해 임무를 맡은 작은 군함.

소ː행(所行) 명 한 짓. 행한 일. 소위(所爲). ¶ 동일범의 소행으로 추정하다.

소행(宵行) 명하자 밤길을 감.

소행(素行) 명 평소의 행실. ¶ 그는 소행이 비교적 착실한 편이다.

소행(遡行) 명하자 강의 하류에서 상류로 거슬러 올라감.

소ː-행성(小行星) 명 태양계에 딸린 행성보다 작은 천체. 태양을 중심으로 하는 타원 궤도를 도는데, 대부분 화성과 목성의 궤도 사이에 있음.

소ː향(所向) 명 향하여 가는 곳.

소향(燒香) 명하자 ☞분향(焚香).

소ː향-무적(所向無敵) 명하형 어디를 가든지 대적할 상대가 없음.

소ː-향탁(素香卓) 명 장사 지내기 전에 쓰는, 칠을 하지 않은 향탁.

소ː허(少許) 명 ①얼마 되지 않는 분량. ②얼마 안 되는 동안.

소혈(巢穴) 명 ☞소굴(巢窟).

소ː형(小形) 명 작은 형체의 것. ¶ 소형 가방.

소ː형(小型) 명 같은 종류의 물건 중에서 모양이 작은 것. ¶ 소형 라디오.

소ː형(小荊) 명 ☞싸리.

소ː형^자동차(小型自動車) 명 자동차 관리법에서 크기에 따라 분류한 자동차 종류의 하나. 승용차는 배기량 1500 cc 미만, 승합차는 승차 정원 15인승 이하, 화물 자동차는 적재량 1톤 이하의 것을 이름. 준소형차. 참대형 자동차·중형 자동차.

소형-주(小型株) 명 자본금이 비교적 적은 회사의 주식. 대형주에 비해 비교적 적은 유통 자금에 의해서도 주가가 크게 움직임. ↔대형주.

소ː형-차(小型車) 명 〈소형 자동차〉의 준말.

소ː호(小戶) 명 ①작은 집. ②가난한 집. ③식구가 적은 가구.

소ː호(小毫) 명 〔'작은 터럭'이라는 뜻으로〕 분량이나 정도 등이 썩 적거나 작음을 뜻하는 말. ¶ 소호도 염려하지 마십시오.

소호(沼湖) 명 늪과 호수. 호소(湖沼).

소호(SOHO) 명 주로 인터넷을 활용하여 자기 집이나 작은 사무실에서 소자본으로 전개하는 사업 형태. 특히, 정보 서비스 사업을 가리킴. [Small Office;Home Office]

소혼(消魂) 명하자 ①심한 슬픔으로 넋이 나감. ②몹시 놀라 넋이 나감.

소혼-단장(消魂斷腸) 명하자 (넋이 나가고 애가 끊어지듯) 몹시 슬퍼함.

소홀(疎忽) 명하형 데면데면하고 허술함. ¶ 경비가 소홀하다. **소홀-히** 부 ¶ 소홀히 대접하다.

소ː화(小火) 명 작은 화재.

소ː화(小話) 명 짤막한 이야기. 단편적인 이야기.

소화(消火) 명하타되자 불을 끔. ¶ 소화 설비.

소화(消化)명하타되자 ①먹은 음식을 삭임. ¶ 소화에 좋은 음식. ②배운 것을 잘 익혀 자기 것으로 만듦. ¶ 너무 어려워서 제대로 소화할 수가 없다. ③배당된 상품이나 일을 남김없이 처리함. ¶ 채권을 완전히 소화하다. ④'주어진 문제·일 따위를 해결하거나 처리함'을 비유하여 이르는 말. ¶ 도로가 좁아 교통량을 소화해 내지 못한다.

소화(消和)명하타되자 생석회에 물을 부어 소석회로 만듦.

소ː화(笑話)명하자 우스운 이야기를 함, 또는 그 이야기. 참소어(笑語).

소화(燒火)명하타 불에 태움.

소화(燒化)명하타되자 태워서 성질을 변화시킴.

소화-관(消化管)명 먹은 음식물의 소화·흡수를 맡아보는 신체의 기관. 〔입·목·식도·위·소장·대장 따위.〕 장관(腸管).

소ː-화기(小火器)명 소구경의 총기인 소총·권총·자동 소총·경기관총 따위.

소화-기(消火器)명 불을 끄는 데 쓰는 기구.

소화-기(消化器)명 섭취한 음식물을 소화·흡수하는 기관을 통틀어 이르는 말. 소화관과 거기 딸린 소화선으로 이루어짐.

소화-력(消化力)명 음식물을 먹어서 잘 삭이는 능력. ¶ 20대라서 그런지 소화력이 왕성하다.

소ː-화물(小貨物)명 철도에서, 여객이 휴대하지 않고 주로 여객 열차에 탁송(託送)하는 작은 화물. 참수하물(手荷物).

소화^불량(消化不良)명 먹은 음식물의 소화·흡수가 제대로 이루어지지 않는 소화기의 병.

소화-샘(消化-)명 소화관에 딸린, 소화액을 분비하는 내분비샘. 〔침샘·위샘 따위.〕 소화선.

소화-선(消化腺)명 ☞소화샘.

소화-액(消化液)명 소화샘에서 소화관 안으로 분비되는 액체. 침·위액·담즙·장액 따위로, 여러 가지 소화 효소가 함유되어 있음.

소화-전(消火栓)명 화재 때 불을 끄기 위하여 상수도나 저수통 등에 특별히 마련해 놓은 급수전(給水栓). 방화전(防火栓).

소화-제(消化劑)명 소화를 촉진시키기 위해 쓰이는 약제. 〔디아스타아제·펩신 따위.〕

소화^효ː소(消化酵素)명 소화관 속에서 음식물의 소화를 촉진시키는 아밀라아제·펩신·리파아제 따위의 효소. 소화샘에서 분비됨.

소환(召喚)명하타되자 법원이 피고인·증인 등에 대하여 어디로 오라고 명령하는 일. 호출.

소환(召還)명하타되자 (파견되어 있는 사람을) 불러들임. ¶ 대사(大使)를 본국으로 소환하다.

소환-장(召喚狀)[-짱]명 법원 등이 특정한 개인에 대해 어디로 오라고 명령하는 문서.

소활(疏闊) '소활하다'의 어근.

소활-하다(疏闊-)형여 ①(사귀던 정분이) 버성기고 서먹하다. ②(성품이) 엉성하고 어설프다.

소ː회(小會)[-회/-훼]명 적은 인원의 집회. 조그만 모임. 참대회(大會).

소ː회(所懷)[-회/-훼]명 마음에 품은 생각. ¶ 교직 생활 30년에 대한 소회.

소ː회(素懷)[-회/-훼]명 평소 품고 있던 생각.

소회(遡洄)[-회/-훼]명하타 배를 저어 거슬러 올라감.

소ː-회향(小茴香)[-회-/-훼-]명 회향의 한 가지. 산증·요통 따위에 약재로 쓰임.

소ː후(小堠)명 조선 시대에, 지방의 도로에 십 리마다 세운 이정표.

소ː후-가(所後家)명 ☞양가(養家).

소훼(燒燬)명하자·타되자 불에 타서 없어짐, 또는 불에 태워 없앰.

소흔(燒痕)명 불에 탄 흔적. 불탄 자리.

소ː흥(小興)명 조그마한 홍취.

소ː희(笑戲)[-히]명하자 웃으며 장난치는 일.

속ː명 ①깊숙한 곳. 안. 내부. ¶ 굴의 속. /주머니 속. ②물체의 거죽을 제외한 부분. ¶ 배추의 속. ③사물의 중심을 이루는 부분. 내용. ¶ 말은 그럴듯하나 속이 없다. ④사람의 몸에서 배의 안 또는 위장. ¶ 속이 매스껍다. /상한 음식을 먹었나, 속이 좋지 않다. ⑤마음가짐. 심성(心性). ¶ 속이 검다. /속이 찬 사람. ⑥철이 든 생각. ¶ 아직도 속을 차리지 못하다. ⑦속내평. 생각. ¶ 남의 속도 모른다. ⑧(어떤 상태가) 죽 이어지는 가운데. ¶ 무관심 속에 악화되어 가는 주변 환경. ①②↔겉.

속 빈 강정(의 잉어등 같다)속담 실속은 없이 겉만 그럴듯한 것을 두고 하는 말.

속(을) 끓이다관용 화가 나거나 걱정이 되거나 하여 속을 태우다. ¶ 그렇게 속을 끓인다고 해결될 일이 아니니 우선 속부터 좀 채워라.

속(을) 뜨다〔떠보다〕관용 남의 마음속을 넘겨짚어 알아내려고 하다.

속(을) 빼다관용 (논을) 두 번째 갈다.

속(을) 뽑다관용 남의 마음속을 알아내다.

속(을) 상우다관용 (괴로움을 끼쳐) 마음을 쓰라리게 하다.

속(을) 썩이다관용 ①(화나는 일이나 걱정거리가 있어) 몹시 마음이 상하게 되다. ②남의 마음을 몹시 상하게 하다. ¶ 속 썩이는 자식이 하나 있어 마음 편할 날이 없다.

속(을) 주다〔터놓다〕관용 (남에게) 자기가 마음먹은 바를 숨김없이 드러내어 보이다.

속(을) 차리다관용 ①자기 실속을 차리다. ②철이 들어 지각(知覺) 있게 처신하다. ¶ 밤낮 남에게 속지만 말고 속 차리게.

속(을) 태우다관용 ①걱정이 되어 몹시 마음을 졸이다. ¶ 아들이 밤늦도록 돌아오지 않아 속을 태우다. ②남의 마음을 몹시 안타깝게 하다. ¶ 막내가 자주 아파서 우리의 속을 태우곤 한다.

속이 끓다관용 몹시 화가 나다. 걱정이 되어 애가 타다.

속(이) 달다관용 마음이 안타까워지다. ¶ 시험 결과를 알고 싶어서 속이 달아 있다.

속(이) 뒤집히다관용 ①비위가 상하여 구역이 날 것같이 되다. ②몹시 아니꼽게 느껴지다.

속이 떨리다관용 마음속으로 몹시 겁나다.

속(이) 보이다〔들여다보이다〕관용 속마음을 드러내 보이다. ¶ 그런 속 보이는 소리 하지 말게.

속(이) 살다관용 겉으로는 수그러진 듯하나, 마음속은 버티려는 뜻이 살아 있다.

속(이) 시원하다관용 (애태우던 일이 뜻대로 되어) 마음이 후련하다.

속(이) 타다관용 걱정이 되어 마음이 몹시 달다. ¶ 남은 속 타는 줄도 모르고.

속(이) 트이다관용 마음쓰는 품이 시원시원하다.

속(이) 풀리다관용 토라졌던 마음이나 화난 마음이 누그러지다.

속(屬)명 생물 분류상의 한 단계. 과(科)와 종(種)의 사이.

속(贖)명 형(刑)을 사는 대신 재물을 바치는 일, 또는 그 재물. ¶ 옥살이를 면하려고 속을 바치다.

속(束)의 묶음. 뭇². ¶ 일(一) 속. /십이 속.

속-(續)접두 책 이름이나 작품명 따위의 앞에 붙어, 그것의 속편임을 나타냄. ¶ 속세계사(續世界史)./속미인곡(續美人曲).
속가(俗家)[-까]명 ①불교를 믿지 않는 사람의 집안을 불가(佛家)에서 이르는 말. ②중이 되기 전의 생가(生家).
속가(俗歌)[-까]명 ①세속적인 노래. ↔악가(樂歌). ②☞속요(俗謠).
속ː-가량(-假量)[-까-]명하타 마음속으로 대강 쳐 보는 셈. ¶ 모두 합쳐 스무 근은 될 것이라고 속가량해 보았다. 참겉가량.
속ː-가루[-까-]명 (무엇을 빻을 때) 맨 나중에 나오는 가루. ↔겉가루.
속ː-가죽[-까-]명 겉가죽 속에 있는 가죽. 내피(內皮).
속각(粟殼)[-깍]명 〈앵속각(罌粟殼)〉의 준말.
속간(俗間)[-깐]명 속인(俗人)의 세상. 민간.
속간(續刊)[-깐]명하타되자 (내지 않고 있던 신문·잡지 따위의 간행물을) 다시 간행함.
속ː-감[-깜]명 쌍시(雙柿)의 속에 든 감.
속강(續講)[-깡]명하자 계속해서 강의함, 또는 그 강의.
속개(續開)[-깨]명하타되자 (일단 멈추었던 회의 따위를) 계속하여 엶. ¶ 위원회를 속개하다.
속객(俗客)[-깩]명 ①불가(佛家)에 찾아온 속가(俗家)의 손. ②'풍류(風流)를 모르는 사람'을 얕잡아 이르는 말.
속거-천리(速去千里)[-꺼철-]명하자 어서 멀리 가라는 뜻으로, 귀신 따위를 쫓을 때 하는 말.
속ː-겨[-껴]명 곡식의 겉겨가 벗겨진 다음에 나오는 고운 겨. ↔겉겨.
속견(俗見)[-껸]명 속인(俗人)의 견식. 시시한 생각.
속결(速決)[-껼]명하타되자 빨리 끝을 맺음. 얼른 결단함.
속계(俗戒)[-꼐/-께]명 불교에 귀의한 재가(在家)의 남녀가 지켜야 할 계율. 〔오계(五戒)·팔계(八戒) 따위.〕
속계(俗界)[-꼐/-께]명 〔속인(俗人)이 사는 세계라는 뜻으로〕'현실 세계'를 이름. ↔선계(仙界).
속고(續稿)[-꼬]명 (전에 쓴 원고에) 이어지는 원고.
속ː-고갱이[-꼬-]명 한가운데 있는 고갱이.
속ː-고삿[-꼬삳]명 초가 지붕을 일 때, 먼저 지붕 위에 건너질러 매는 새끼. ↔겉고삿. *속ː고삿이[-꼬사시]·속ː고삿만[-꼬산-]
속ː-고의[-꼬의/-꼬이]명 속에 입는 고의. 속바지.
속곡(俗曲)[-꼭]명 세속의 노래. 통속적인 악곡.
속ː-곡식(-穀食)[-꼭씩]명 겉껍질을 벗겨 낸 곡식. ↔겉곡식.
속골(俗骨)[-꼴]명 평범한 생김새. 평범하게 생긴 사람. 범속하게 생긴 사람.
속ː곳[-꼳]명 단속곳과 속속곳을 통틀어 이르는 말. 단의(單衣). *속ː곳이[-꼬시]·속ː곳만[-꼰-]
속공(速攻)[-꽁]명하타 (상대에게 대비할 시간을 주지 않고) 재빨리 공격함. ↔지공(遲攻).
속공(屬公)[-꽁]명하타되자 지난날, 임자가 없는 물건, 금제품(禁制品), 장물(贓物) 따위를 관부(官府)로 귀속시키던 일.
속공-법(速攻法)[-꽁뻡]명 운동 경기 따위에서, 재빠른 공격으로 상대편을 공략하는 전법.
속교(俗交)[-꾜]명 세속의 교분(交分).
속구(俗句)[-꾸]명 속된 문구(文句) 또는 시구(詩句). 비속한 글귀.
속구(速球)[-꾸]명 야구에서, 투수가 던지는 빠른 공. ¶ 시속 145 km의 속구. ↔완구(緩球).
속국(屬國)[-꾹]명 다른 나라의 지배 하에 있는 나라. 속방(屬邦).
속ː-궁합(-宮合)[-꿍-]명 ①신랑, 신부의 생년월일을 오행에 맞추어 보는 궁합. ②'어떤 남자와 여자의 성적 어울림'을 비유하여 이르는 말.
속ː-귀[-뀌]명 ☞내이(內耳).
속금(贖金)[-끔]명 ☞속전(贖錢).
속ː-긋[-끋]명 글씨나 그림을 처음 배우는 이에게, 그 위에 덮어 쓰거나 그리며 익히도록 가늘고 흐리게 그어 주는 선이나 획. *속ː긋이[-끄시]·속ː긋만[-끈-]
　속긋(을) 넣다관용 속긋을 그어 주다.
속기(俗忌)[-끼]명하자 민간에서 꺼리는 일. 세속에서 꺼리는 일.
속기(俗氣)[-끼]명 속인의 기질이나 취향. 속취. ¶ 불문(佛門)에 들어서도 속기는 좀처럼 가시지 않았다.
속기(速記)[-끼]명하타되자 남의 말을 기호를 이용하여 빠르게 받아 적는 일, 또는 그 기술.
속기(速棋·速碁)[-끼]명 두는 시간이 짧은 바둑의 대국.
속기-록(速記錄)[-끼-]명 속기로 적은 내용을 보통 글자로 옮겨 적은 기록. ¶ 본회의의 속기록.
속기-사(速記士)[-끼-]명 속기술로 속기하는 일을 전문으로 하는 사람.
속기-술(速記術)[-끼-]명 속기 기호로 강연이나 담화 따위의 내용을 그대로 받아 적어서, 나중에 보통의 글자로 옮겨 놓는 기술.
속ː-꺼풀명 겉꺼풀 안에 있는, 겹으로 된 꺼풀. ↔겉꺼풀.
속ː-껍데기[-떼-]명 겉껍데기 속에 겹으로 있는 껍데기. 내각(內殼). 안껍데기. ↔겉껍데기.
속ː-껍질[-찔]명 겉껍질 안에 겹으로 있는 껍질. 안껍질. ↔겉껍질.
속ː-나깨[송-]명 메밀의 고운 나깨. ↔겉나깨.
속-나무[송-]명 〈소귀나무〉의 준말.
속ː-내[송-]명 〈속내평〉의 준말. ¶ 속내를 떠보다.
속ː-내다[송-]타 (대패나 끌 따위를) 갈아서 날카로운 날이 서게 하다.
속ː-내복(-內服)[송-]명 ☞속내의.
속ː-내의(-內衣)[송-의/송-이]명 ①내의 속에 껴입는 내의. 속내복. ②속옷.
속ː-내평(-內-)[송-]명 (사람이나 사물의) 겉으로 드러나지 않는 사정. 속. ¶ 말을 좀처럼 안 하니 속내평을 알 수가 없다. 준내평·속내.
속념(俗念)[송-]명 세속에 얽매인 생각. 속된 생각. 속려(俗慮). 속회(俗懷).
속노(粟奴)[송-]명 조의 깜부기.
속ː-눈[1][송-]명 곱자를 'ㄱ' 자 모양으로 반듯하게 놓았을 때 아래쪽에 새겨진 눈금. ↔겉눈.
속ː-눈[2][송-]명 감은 듯 만 듯한 눈.
속ː-눈썹[송-]명 눈시울에 난 털. ↔겉눈썹.
속다[-따]자 ①남의 거짓이나 꾀에 넘어가다. ¶ 선전(宣傳)에 속다. ②거짓을 참으로 알다. ¶ 인간은 누구나 보이는 것의 허상(虛像)에 속아 사는 것이다.
속ː-다짐[-따-]명 ①하자타 마음속으로 하는 다짐. ②☞속셈.

속닥-거리다[-딱꺼-]자타 자꾸 속닥속닥하다. 속닥대다. ¶ 이마를 맞대고 한참이나 속닥거리다. 큰숙덕거리다. 센쏙닥거리다.
속닥-대다[-딱때-]자타 속닥거리다.
속닥-속닥[-딱쏙딱]부하자타 남이 알아듣지 못하게 자꾸 소곤거리는 모양. 큰숙덕숙덕. 센쏙닥쏙닥.
속닥-이다[-따기-]자타 남이 알아듣지 못하게 소곤거리다. ¶ 귀에 대고 무어라고 속닥이다. 큰숙덕이다. 센쏙닥이다.
속단(速斷)[-딴]명하타 빨리 (성급하게) 판단함, 또는 그러한 판단. ¶ 속단은 금물(禁物)./아직 승부를 속단할 수는 없다.
속달(速達)[-딸]명하타 되자 ①속히 배달함. ②빨리 닿음.
속달-거리다[-딸-]자타 자꾸 속달속달하다. 속달대다. ¶ 저희들끼리 뭔가 속달거리고 있다. 큰숙덜거리다. 센쏙달거리다.
속달-대다[-딸-]자타 속달거리다.
속달-뱅이[-딸-]명 아주 작은 규모.
속달-속달[-딸-딸]부하자타 약간 수선스럽게 속닥거리는 모양. 큰숙덜숙덜. 센쏙달쏙달.
속달-우편(速達郵便)[-따루-]명 전에, 보통 우편물보다 빨리 배달하던 우편 제도, 또는 그 우편물. 지금은 '빠른우편'으로 바뀜.
속담(俗談)[-땀]명 ①속된 이야기. 속설(俗說). 속언(俗言). ②민중의 지혜가 응축되어 널리 구전되는 민간 격언. 세언(世諺). 속어. 속언(俗諺). 이언(俚諺).
속답(速答)[-땁]명하자 속히 대답하거나 회답함, 또는 그 답.
속ː-대[-때]명 ①푸성귀의 겉대 속에 있는 줄기나 잎. ②댓개비의 속살 부분. ↔겉대.
속대(束帶)[-때]명하자 〔지난날, 옷에 띠는 띠라는 뜻에서〕'조복(朝服)'을 이르던 말.
속ː대-쌈[-때-]명 배추속대로 싸서 먹는 쌈.
속ː-대중[-때-]명하타 마음속으로 치는 대중. 참겉대중.
속ː댓-국[-때꾹/-땓꾹]명 배추속대로 끓인 국.
속ː-더께[-떠-]명 때가 올라서 매우 찌든 물체에 낀 속의 때. ↔겉더께.
속도(速度)[-또]명 ①빠르기. ¶ 일의 속도가 느리다./차가 속도를 내다. ②물리에서, 움직이는 물체가 단위 시간에 이동한 거리.
속도(屬島)[-또]명 ①그 나라에 딸린 섬. ②큰 섬에 딸린 작은 섬.
속도-계(速度計)[-또계/-또게]명 운동체의 속도를 측정하는 계기.
속도^기호(速度記號)[-또-]명 ☞빠르기표.
속도-위반(速度違反)[-또-]명하자 교통 법규상의 차량 제한 속도를 넘어 속력을 내는 일.
속독(束毒)[-똑]명 신라 때의 탈춤의 한 가지. 쑥대머리에 남색탈을 쓰고 북소리에 맞추어 이리 뛰고 저리 뛰며 춤을 추는 놀이.
속독(速讀)[-똑]명하타 빨리 읽음.
속ː-돌[-똘]명 화산의 용암이 갑자기 식어서 된 가벼운 돌. 경석(輕石). 고석(蠱石). 부석(浮石)[1]. 수포석(水泡石). 해석(海石).
속-되다(俗-)[-뙤-/-뛔-]형 ①품위가 없고 고상하지 못하다. ¶ 속된 표현. ②세속적이다. ¶ 속된 출세욕.
속등(續騰)[-뜽]명하자 되자 물가 따위가 계속 오름. 연등(連騰). ¶ 물가가 속등하다. ↔속락(續落).
속-등겨명 '쌀겨'의 잘못.
속ː-뜨물명 곡식을 여러 번 씻은 다음에 나오는 깨끗한 뜨물. ↔겉뜨물.
속ː-뜻[-뜯]명 ①마음속으로 품고 있는 깊은 뜻. ¶ 그 사람의 속뜻을 모르겠다. ②☞참뜻.
* 속ː뜻이[-뜨시]·속ː뜻만[-뜬-]
속락(續落)[송낙]명하자 되자 (물가 따위가) 자꾸 떨어짐. 연락(連落). ¶ 주가가 속락하다. ↔속등.
속량(贖良)[송냥]명하타 되자 ①종의 신분을 면하여 양민이 되게 함. 속신(贖身). ②☞속죄(贖罪).
속려(俗慮)[송녀]명 ☞속념(俗念).
속력(速力)[송녁]명 (자동차·기차·항공기 따위의) 빠르기. ¶ 속력을 내다.
속령(屬領)[송녕]명 어떤 나라에 딸린 영토. 비속지(屬地).
속례(俗例)[송녜]명 세속의 관례(慣例).
속례(俗禮)[송녜]명 속습(俗習)으로 생긴 예절.
속론(俗論)[송논]명 ①세상의 하찮은 논의. ②속된 이론.
속론(續論)[송논]명하타 계속해서 다시 논의함.
속료(屬僚)[송뇨]명 하급 관리. 부하. 요속.
속루(俗累)[송누]명 세상살이에서의 번거로운 일. 진루(塵累).
속루(俗陋) '속루하다'의 어근.
속루-하다(俗陋-)[송누-]형여 저속하고 천하다.
속류(俗流)[송뉴]명 속인의 무리. 속배(俗輩).
속리(俗吏)[송니]명 속된 관리. 무능한 관리.
속리(屬吏)[송니]명 지위가 낮은 관리.
속립(粟粒)[송닙]명 ①조의 낟알. ②아주 자잘한 물건.
속립^결핵(粟粒結核)[송닙껼-]명 결핵균이 혈액 속으로 들어가 온몸에 퍼져 좁쌀 크기의 수많은 결절(結節)을 만드는 병.
속ː-마음[송-]명 겉으로 드러나지 않은 참마음. 내심(內心)[1]. ¶ 좀체로 속마음을 드러내지 않는다. 준속맘. ↔겉마음.
속ː-말[송-]명하자 진정(眞情)에서 우러나오는 참말. ¶ 친구에게 속말을 털어놓다. ↔겉말.
속ː-맘[송-]명 <속마음>의 준말.
속맥(速脈)[송-]명 정상보다 빠른 맥박. 빈맥(頻脈). 삭맥(數脈). ↔서맥(徐脈)·지맥(遲脈).
속명(俗名)[송-]명 ①본명(本名)이나 학명(學名) 이외에 세상에서 흔히 일컬어지는 이름. ②중이 되기 전의 이름. ③세속적인 명성.
속명(屬名)[송-]명 생물 분류상의 '속(屬)'을 나타내는 이름.
속ː-모[송-]명 윷판의 방에서 찔밭으로 가는 길의 둘째 자리, 곧 찔밭과 속윷의 사이.
속모(를) 보내다관용 윷놀이에서, 말을 속모로 옮기다.
속무(俗務)[송-]명 세속적인 잡무(雜務).
속문(俗文)[송-]명 ①통속적인 글. ②하찮은 글.
속문(屬文)[송-]명하타 말을 얽어서 문장을 만듦. 글을 지음.
속물(俗物)[송-]명 '세속적인 명리(名利)에만 급급한 사람'을 얕잡아 이르는 말. ¶ 인사 청탁은 너 같은 속물들이나 하는 짓이야.
속물(贖物)[송-]명 속죄하기 위하여 내는 재물(財物).
속물-근성(俗物根性)[송-]명 세속적인 명리(名利)만을 최고의 가치로 알고, 그런 일에만 관심을 기울이는 태도나 성질.
속미(粟米)[송-]명 '좁쌀'로 순화.
속-미음(粟米飮)[송-]명 ☞좁쌀미음.

속-미인곡(續美人曲)[송—]명 조선 선조 때 정철(鄭澈)이 지은 가사. 고향 창평(昌平)에 내려가 살 때에 임금을 그리는 정을, 낭군과 이별한 두 선녀(仙女)가 애틋한 정을 서로 주고받는 형식을 빌려 하소연한 내용.
속ː-바람[-빠-]명 몸살이 심하여 숨이 가빠지고 몸이 몹시 떨리는 증세.
속ː-바지[-빠-]명 ☞속고의.
속-바치다(贖-)[-빠-]타 죄를 면하려고 재물을 바치다.
속박(束縛)[-빡]명하타되자 사람의 행동의 자유를 빼앗음. ¶ 엄한 법규에 속박당하다. 비구속(拘束).
속박^전ː자(束縛電子)[-빡쩐-]명 (자유 전자에 대하여) 원자나 분자 안에 있으면서 자유롭게 이동할 수 없는 전자.
속반(粟飯)[-빤]명 조밥.
속발(束髮)[-빨]명하자 머리털을 모아서 묶음, 또는 그렇게 묶은 머리.
속발(速發)[-빨]명하자 ①길을 서둘러 떠남. ②효과가 빠르게 나타남.
속발(續發)[-빨]명하자되자 (사건 따위가) 잇달아 일어남. ¶ 충돌 사고가 속발하다.
속ː-발톱[-빨-]명 발톱의 뿌리 쪽에 있는 반달 모양의 하얀 부분.
속ː-밤[-빰]명 껍데기 속에 든 밤. ↔겉밤.
속방(屬邦)[-빵]명 ☞속국(屬國).
속배(俗輩)[-빼]명 ☞속류(俗流).
속ː-배포(-排布)[-빼-]명하자 마음속에 품고 있는 계획.
속백(束帛)[-빽]명 ①지난날, 외국을 빙문(聘問)할 때 빙물(聘物)로 가지고 가던 비단 묶음. 다섯 필을 각각 양 끝을 마주 말아 한데 묶었음. ②가례(嘉禮) 때 납폐(納幣)로 쓰던 청홍(靑紅)의 채단. 검은 비단 여섯 필과 붉은 비단 네 필을 한데 묶은 것.
속백-함(束帛函)[-빽캄]명 속백을 담는 함.
속ː-버선[-뻐-]명 속에 신는 겹버선. ↔겉버선.
속ː-벌[-뻘]명 속에 입는 옷의 한 벌. 〔저고리·바지·조끼·마고자 따위.〕 ↔겉벌.
속ː-병(-病)[-뼝]명 ①몸속의 병을 통틀어 이르는 말. ¶ 속병이 들다. ②위장에 생긴 병. 위장병. ¶ 그렇게 자주 아침을 거르면 나이 들어 속병으로 고생하기 십상이다.
속보(速步)[-뽀]명 빠른 걸음.
속보(速報)[-뽀]명하타 빨리 알림, 또는 그 신속한 보도.
속보(續報)[-뽀]명하타되자 (앞에 있었던 보도에) 계속해서 보도함, 또는 그 보도. ¶ 그 사건에 대한 속보가 궁금하다.
속복(屬服)[-뽁]명하자 ☞복속(服屬).
속ː-불꽃[-뿔꼳]명 ☞내염(內焰). ↔겉불꽃.
* 속ː불꽃이[-뿔꼬치]·속ː불꽃만[-뿔꼰-]
속빙(續聘)[-삥]명하타 계속 고빙(雇聘)함.
속사(俗事)[-싸]명 세속의 자질구레한 일. 세속의 번거로운 일. ¶ 속사에서 벗어나다.
속사(速射)[-싸]명하타 빠른 속도로 연달아 쏨. ¶ 속사가 가능한 권총.
속사(速寫)[-싸]명하타 ①(글씨를) 빨리 베껴 씀. ②(사진을) 빨리 찍음.
속사(屬司)[-싸]명 (어떤 관청에 딸린) 하급 관청.
속사(贖死)[-싸]명하자 재물을 바치고 죽을죄를 면함.
속ː-사랑[-싸-]명 겉으로 드러내지 않고 마음속으로 하는 사랑.
속-사미인곡(續思美人曲)[-싸-]명 조선 경종 때, 이진유(李眞儒)가 지은 가사. 지은이가 추자도(楸子島)에 귀양 가 있으면서, 참언(讒言)을 당한 억울함을 하소연한 내용임.
속ː-사정(-事情)[-싸-]명 겉으로 드러나지 아니한 일의 형편. ¶ 속사정을 털어놓다.
속ː-사주(-四柱)[-싸-]명 혼담이 결정된 뒤에 정식으로 사주단자(四柱單子)에 적어 보내는 신랑의 사주. ↔겉사주.
속사-포(速射砲)[-싸-]명 짧은 시간에 많은 탄알을 쏠 수 있는 포.
속삭-거리다[-싹꺼-]자타 자꾸 속삭속삭하다. 속삭대다.
속삭-대다[-싹때-]자타 속삭거리다. ¶ 수업 중에 옆 사람과 속삭대다가 선생님께 꾸지람을 들었다.
속삭-속삭[-싹쏙싹]부하자타 작은 목소리로 정답게 이야기하는 모양.
속삭-이다[-싸기-]자타 작은 목소리로 정답게 이야기하다. ¶ 모녀가 다정하게 속삭이다./아이들은 구석에 모여 무언가를 속삭이고 있었다.
속삭임[-싸김]명 낮은(작은) 목소리로 가만가만히 하는 말. ¶ 다정한 속삭임이 지금도 귀에 들리는 듯하다.
속산(速算)[-싼]명하타 빨리 셈함, 또는 그 셈.
속ː-살¹[-쌀]명 쥘부채의 양 끝에 붙은 굵은 살 이외의, 가는 대오리로 된 많은 살. ↔겉살².
속ː-살²[-쌀]명 ①옷에 가려진 부분의 피부. ¶ 속살이 비쳐 보이다. ↔겉살¹. ②속으로 실속 있게 찬 살. ③소의 입 안에 붙은 고기.
속살(이) 찌다관용 겉으로 나타나지 않으나 속으로 실속이 있다.
속살-거리다[-쌀-]자타 자꾸 속살속살하다. 속살대다. ¶ 나직한 목소리로 속살거리다. 큰숙설거리다. 센쏙살거리다.
속살-대다[-쌀-]자타 속살거리다.
속살-속살[-쌀-쌀]부하자타 작은 목소리로 수다스럽게 속닥거리는 모양. 큰숙설숙설. 센쏙살쏙살.
속ː-살이[-싸리]명 속살이겟과의 게. 둥근 껍데기는 길이 7.5 cm가량이고 표면이 매끈함. 가리비·새조개 따위의 껍데기인 외투강(外套腔) 속에 숨어 삶. 조갯속게.
속ː-상하다(-傷-)[-쌍-]형여 (일이 뜻대로 되지 않거나 불만이 있거나 하여) 마음이 불편하고 괴롭다. ¶ 바빠 죽겠는데 웬 늑장인가 싶어 속상했다.
속새[-쌔]명 속샛과의 상록 다년초. 산이나 들의 습지에 나는데, 줄기 높이는 30~60 cm. 줄기는 속이 비고 마디가 뚜렷함. 비늘같이 생긴 잎은 마디에 돌려나서 마치 잎집 같은 모양을 이룸. 한방에서 온 포기를 약재로 씀. 목적(木賊).
속생(續生)[-쌩]명하자 잇달아 생겨남.
속ː-생각[-쌩-]명하타 마음속으로 가만히 헤아려 봄, 또는 그 생각.
속서(俗書)[-써]명 ①종교인들이 일반 서적을 종교의 경전과 구별하여 이르는 말. ②내용이 저속한 책.
속설(俗說)[-썰]명 ①☞속담(俗談). ②민간에 전하여 내려오는 설(說).
속성(俗姓)[-썽]명 중이 출가하기 전에 쓰던 성.
속성(俗性)[-썽]명 저속한 품성.
속성(速成)[-썽]명하자되자 빨리 이루어짐, 또는 빨리 이룸. ¶ 속성 재배. ↔만성(晩成).

속성(屬性) [-썽] 명 사물의 본질을 이루는 고유한 특징이나 성질. ¶ 이기심은 인간의 본질적인 속성 중의 하나이다.
속성^개ː념(屬性概念) [-썽-] 명 사물의 동작이나 성질 따위 본질적인 특색을 나타내는 개념. 〔'사전은 단어의 집대성이 아니다.'에서 주(主)개념인 '사전은'을 제외한 나머지의 빈(賓)개념을 이르는 말.〕 ↔대상 개념.
속성-속패(速成速敗) [-썽-] 명하자 급작스럽게 이루어진 것은 쉬 결딴이 남.
속세(俗世) [-쎄] 명 〈속세간(俗世間)〉의 준말. 세속(世俗). 사바(娑婆). 세간(世間). 세상(世上).
속-세간(俗世間) [-쎄-] 명 속인(俗人)들이 사는 일반의 사회. 준속세.
속ː-셈 [-쎔] 명 ①마음속으로 하는 요량이나 판단. 심산(心算). 속다짐. ¶ 그 사람의 속셈을 알 수 있어야지. ②하타(연필이나 수판을 쓰지 않고) 마음속으로 하는 계산. 암산. 흉산(胸算).
속소그레-하다 [-쏘-] 형여 어떤 물건들의 크기가 별로 차이 나지 않고 고만고만하게 고르다. 큰숙수그레하다. 센쏙소그레하다.
속ː-소리 [-쏘-] 명 ①속으로 가늘게 내는 소리. ②'속말'의 잘못.
속속(續續) [-쏙] 부 계속하여 자꾸.
속ː-속곳 [-쏙꼳] 명 우리나라 고유 의복의 한 가지. 다리속곳 위에 입는 여자의 아래 속옷. ＊속ː속곳이[-쏙꼬시]·속ː속곳만[-쏙꼰-]
속ː속-들이 [-쏙뜨리] 부 깊은 데까지 죄다. 샅샅이. ¶ 사건의 내막을 속속들이 파헤치다.
속속-히(速速-) [-쏘키] 부 빠르게. 빨리빨리.
속ː-손톱 [-쏜-] 명 손톱의 뿌리 쪽에 있는 반달 모양의 하얀 부분. 반달[2].
속수(束手) [-쑤] 명 ①하자손을 묶음. ②〈속수무책(束手無策)〉의 준말.
속수(束脩) [-쑤] 명 〔지난날〕 ①진상물(進上物)이나 선물로 바치던, 포개어서 묶은 포(脯). ②처음으로 스승에게 입문할 때 가지고 가던 예물. ③어른이 되어 의관(衣冠)을 갖춤.
속수(束修) [-쑤] 명하자 스스로 잡도리하여 행실을 삼감.
속수(束數) [-쑤] 명 묶음이나 다발의 수효.
속수(俗手) [-쑤] 명 바둑에서, 속되고 평범한 수.
속수-무책(束手無策) [-쑤-] 명 (손이 묶인 듯이) 어찌할 도리가 없어 꼼짝 못함. ¶ 속수무책으로 당하다. 준속수.
속수-자(續隨子) [-쑤-] 명 대극과(大戟科)의 이년초. 높이 60~100 cm로, 아래쪽 잎은 어긋맞게 나나 위쪽에서는 마주남. 여름에 황자색 꽃이 피는 독초로서, 뿌리는 한방에서 어혈이나 부종(浮腫) 따위에 약으로 쓰임.
속습(俗習) [-씁] 명 ①속세의 풍습. ②저속한 풍습.
속승(俗僧) [-씅] 명 세속의 티를 벗지 못한 중.
속신(束身) [-씬] 명하자 몸을 삼감.
속신(俗信) [-씬] 명 민간에 전해지는 관습적인 신앙. 〔점(占)이나 금기(禁忌) 따위.〕
속신(贖身) [-씬] 명하자되자 ☞속량(贖良).
속-심(-心) 명 '속마음'의 잘못.
속심(俗心) [-씸] 명 세속의 욕망에 끌리는 마음.
속ː-싸개 명 여러 겹으로 싼 물건의 겉싸개 밑의 드러나지 않는 싸개. ↔겉싸개.
속ː-쌀뜨물 명 쌀의 속뜨물.
속ː-씨껍질 [-찔] 명 씨를 싸고 있는 두 겹의 껍질 가운데 안쪽에 있는 얇은 껍질. 내종피(內種皮). ↔겉씨껍질.
속ː씨-식물(-植物) [-싱-] 명 종자식물의 대부분을 차지하는 식물군. 밑씨가 씨방 안에 들어 있고, 씨방이 자라서 익어 열매가 됨. 〔감나무·벚나무·벼 따위.〕 피자식물. ↔겉씨식물.
속ː-아가미 명 양서류 무미목의 아가미. 배 쪽에 발달하여 생기며 겉아가미 딱지 속에 있어 겉에서는 보이지 아니함. ↔겉아가미.
속악(俗惡) '속악하다'의 어근.
속악(俗樂) 명 민간에서 발생하여 전해 내려온 음악. 〔잡가·판소리 따위.〕 ↔정악. 참아악.
속악-스럽다(俗惡-) [-쓰-따] [~스러우니·~스러워] 형ㅂ 속되고 고약한 데가 있다. **속악스레** 부
속악-하다(俗惡-) [소가카-] 형여 속되고 고약하다.
속안(俗眼) 명 속인의 안목. 얕은 식견.
속ː-앓이 [-아리] 명 ①말 못 할 고민이 있어 마음속으로 끙끙 앓는 일. ②속이 아픈 병.
속어(俗語) 명 ①민간에서 통속적으로 쓰이는 저속한 말. ↔아어(雅語). ②☞상말. ③☞속담.
속ː-어림 명하타 속짐작. ↔겉어림.
속언(俗言) 명 ☞속담(俗談).
속언(俗諺) 명 ①☞속담. ②세간의 상스러운 말.
속ː-없다 [소겁따] 형 ①마음의 줏대가 없다. ②꽁하고 먹은 마음이 없다. 악의가 없다. **속없-이** 부 ¶ 그저 속없이 한 말이니 이해하게.
속ː-여의(-女衣) [송녀의/송녀이] 명 '속속곳'의 궁중말.
속연(俗緣) 명 속세와의 인연. ¶ 속연을 끊다.
속연(續演) 명하타 (연극을) 잇달아 상연함.
속영(續映) 명하타되자 (영화를) 잇달아 상영함.
속오-군(束伍軍) 명 조선 선조 27(1594)년에 역(役)을 지지 아니한 양민과 천민으로 편성한 지방 군대. 평상시에는 군포(軍布)만 바치게 하고 훈련 때나 유사시에 소집하였음.
속ː-옷 [소곧] 명 속에 받쳐 입는 옷. 내복(內服)[1]. 내의(內衣). 속내의. ↔겉옷. ＊속ː옷이[소고시]·속ː옷만[소곤-]
속요(俗謠) 명 ①민간에서 널리 불리는 속된 노래. 속가(俗歌). ②'잡가(雜歌)'의 딴 이름.
속ː-요량(-料量) [송뇨-] 명하타 혼자 마음속으로 헤아림. 참속짐작.
속운(俗韻) 명 속된 음운(音韻). 아치(雅致)가 없는 시의 운(韻).
속유(俗儒) 명 식견이나 지행(志行)이 변변하지 못한 선비.
속ː-윷 [송뉻] 명 윷판의 방을 지나서 쨀밭으로 가는 길의 첫째 자리. 곧, 방과 속모의 사이. ＊속ː윷이[송뉴치]·속ː윷만[송뉸-]
속음(俗音) 명 한자의 원음(原音)이 변하여 널리 통용되는 음. 〔'쇄(刷)'를 '쇄'로, '협(洽)'을 '흡'으로 읽는 일 따위.〕 익은소리.
속음(續音) 명 〈지속음〉의 준말. ↔단음(斷音).
속음(屬音) 명 ☞딸림음.
속읍(屬邑) 명 왕조 때, 큰 고을에 딸렸던 작은 고을을 이르던 말. 비속현(屬縣).
속의(屬意) 명하자 '촉의'의 잘못.
속-이다 타 『'속다'의 사동』 거짓을 참으로 곧이듣게 하다. ¶ 남을 속이고 마음 편히 지낼 수 있나. /세상에, 조청을 꿀이라 속이다니….
속인(俗人) 명 ①세속의 사람. ②속되어 학문이나 풍류를 모르는 사람. ③(중에 상대하여) '불교에 귀의하지 않은 사람'을 이르는 말. 유루.
속인-주의(屬人主義) [-의/-이] 명 사람이 어디로 가든지 본국법의 적용을 받아야 한다는 주의. 혈통주의. ↔속지주의(屬地主義).

속임-수(-數)[-쑤]명 남을 꾀어서 속이는 수단, 또는 그 짓. 사수(詐數). 암수(暗數). 외수(外數).
속ː-잎[송닙]명 ①푸성귀의 안쪽의 잎. 속대. ②나무나 풀의 우듬지 속에서 새로 돋아나는 잎. ②↔겉잎. ＊속ː잎이[송니피]·속ː잎만[송님-]
속자(俗字)[-짜]명 정자(正字)는 아니나 세간에서 흔히 쓰는 한자. 〔'倂'을 '併'으로, '函'을 '凾'으로, '姊'를 '姉'로 쓰는 따위.〕 ↔정자(正字). 참약자.
속ː-자락[-짜-]명 기둥머리의 단청 따위에 그리는 무늬의 한 부분. ↔겉자락.
속ː-잠[-짬]명 깊이 든 잠.
속ː-잠방이[-짬-]명 바지나 고의 속에 입는 잠방이.
속ː-장(-張)[-짱]명 (신문이나 종이를 여러 장 포개어 접어 놓았을 때) 속에 있는 지면이나 종이. 간지(間紙). ↔겉장.
속장(束裝)[-짱]명하자 행장을 갖추어서 차림.
속장(屬長)[-짱]명 감리교에서, 속회(屬會)를 맡아 인도하는 교직, 또는 그 사람.
속재(俗才)[-째]명 세상살이에 능한 재주, 또는 그런 재주가 있는 사람.
속재(續載)[-째]명하타되자 계속하여 게재함.
속ː-재목(-材木)[-째-]명 통나무의 심재(心材). ↔겉재목.
속ː-저고리[-쩌-]명 속에 입는 저고리. ↔겉저고리.
속ː-적삼[-쩍쌈]명 저고리 속에 껴입는 적삼.
속전(俗傳)[-쩐]명하타 민간에 전함.
속전(速戰)[-쩐]명하자 오래 끌지 않고 신속하게 싸우는 일, 또는 그런 싸움.
속전(續田)[-쩐]명 조선 시대에, 땅이 나빠서 해마다 농사를 짓지 못하여 농사지을 때에만 조세를 매기던 땅.
속전(贖錢)[-쩐]명 죄를 면하기 위하여 바치는 돈. 속금.
속전-속결(速戰速決)[-쩐-껼]명하자 싸움을 오래 끌지 않고 빨리 끝장을 냄.
속절(俗節)[-쩔]명 철에 따라 사당이나 선영(先塋)에 차례를 지내는 날. 〔음력 설날이나 한식·단오·추석 따위.〕
속절-없다[-쩌럽따]형 단념할 수밖에 딴 도리가 없다. ¶ 속절없는 세월 따라 청춘은 가고. **속절없-이**부 ¶ 속절없이 애만 태우다.
속ː-젓[-쩟]명 조기의 내장으로 담근 젓. ＊속ː젓이[-쩌시]·속ː젓만[-쩐-]
속ː-정(-情)[-쩡]명 ①은밀한 내용이나 사정. ②은근한 정분(情分). ¶ 속정을 주다.
속정(俗情)[-쩡]명 ①명리(名利) 따위 속사(俗事)에 관한 생각. ②속세간의 인정.
속제(俗諦)[-쩨]명 불교에서, '속세 일반의 참된 도리'를 이르는 말. 세제(世諦). 속체(俗諦). ↔진제(眞諦).
속조(俗調)[-쪼]명 (품위가 없는) 속된 가락.
속ː-종[-쫑]명 마음속에 품은 느낌이나 생각.
속죄(贖罪)[-쬐/-쮀]명하타되자 ①금품이나 공로로 지은 죄를 씻음. ②기독교에서, '예수가 십자가에 못박힘으로써 인류의 죄를 대신 씻어 구원한 일'을 이르는 말. 속량(贖良).
속주(屬州)[-쭈]명 어느 나라에 속하여 있는 주(州).
속중(俗衆)[-쭝]명 ①중에 대하여, '세속의 사람'을 이르는 말. ②속인들.
속지(俗知·俗智)[-찌]명 속사(俗事)에 관한 지혜. 평범한 지혜.
속지(屬地)[-찌]명 어느 나라에 딸린 땅. 속토(屬土). 비속령(屬領).
속지-주의(屬地主義)[-찌-의/-찌-이]명 (국적에 관계없이) 거주하고 있는 국가의 법률을 따라야 한다는 주의. ↔속인주의(屬人主義).
속진(俗塵)[-찐]명 속세의 티끌. 곧, 세상의 번거로운 일. 황진(黃塵).
속ː-짐작(←-斟酌)[-찜-]명하타 마음속으로 짐작함, 또는 그 짐작. 속어림. 참겉짐작·속요량.
속집(續集)[-찝]명 본디 있던 서책에 잇대어 수집한 문집(文集)이나 시집(詩集).
속ː-창명 구두 속바닥에 덧까는 창. 참밑창.
속ː-청명 대나무나 갈대 따위의 속에 들어 있는 얇은 꺼풀.
속체(俗諦)명 ☞속제(俗諦).
속출(續出)명하자되자 잇달아 나옴.
속취(俗臭)명 ①저속한 냄새. ¶ 속취를 풍기다. ②〔명리(名利)에 사로잡힌〕 세속의 속된 기풍(氣風). ②속기(俗氣).
속취(俗趣)명 저속한 취미. 속된 취향.
속ː-치레명하자 속을 잘 손질하여 모양을 냄, 또는 그 모양. ↔겉치레.
속ː-치마명 속에 입는 치마. ↔겉치마.
속ː-치장(-治粧)명하자 속을 꾸밈, 또는 그 꾸밈새. ↔겉치장.
속칭(俗稱)명하타되자 흔히 일컬음, 또는 그 호칭. 통속적으로 일컬음, 또는 그 명칭.
속ː-타점(-打點)명하타 (어떠한 것을) 마음속으로 작정함.
속ː-탈(-頉)명 소화 불량 등으로 생기는 위(胃)나 장(腸)의 병. ¶ 속탈이 나다.
속태(俗態)명 고상하지 못한 매골. 속티.
속토(屬土)명 ☞속지(屬地).
속투(俗套)명 세속적인 관습.
속티(俗-)명 ☞속태(俗態).
속ː-판명 〈속마음〉의 속된 말.
속판(續版)명하타되자 이미 펴낸 출판물에 잇달아 출판함, 또는 그 출판물.
속편(續篇)명 책이나 영화 등에서 본편의 뒷이야기로 만들어진 것.
속편(續編)명 본편에 잇대어 만들어진 책.
속ː-표지(-表紙)명 책의 제목이나 저자·발행처 따위를 밝혀 적은 페이지. 비지(扉紙). 안장.
속-풀이명하자 '분풀이'의 잘못.
속풍(俗風)명 세간의 속된 풍습.
속필(俗筆)명 품위 없는 글씨.
속필(速筆)명 ①빨리 쓰는 글씨. ②글씨를 빨리 쓰는 사람.
속ː-하다(屬-)[소카-]자여 (관계되어) 매이거나 딸리다. ¶ 포유류에 속한 동물.
속-하다(速-)[소카-]형여 빠르다. **속-히**부 ¶ 속히 오라는 전갈을 받았다.
속학(俗學)[소칵]명 세속의 천박한 학문.
속한(俗漢)[소칸]명 성품이 천박한 사내.
속행(速行)[소캥]명 ①하자 빨리 감. ②하타 빨리 행함.
속행(續行)[소캥]명하자타되자 계속하여 행함. ¶ 비가 그친 후 경기를 속행하였다.
속현(續絃)[소켠]명하자 〔끊어진 금슬(琴瑟)의 줄을 잇는다는 뜻으로〕 아내를 여읜 뒤 다시 새 아내를 맞는 일. ↔단현(斷絃).
속현(屬縣)[소켠]명 지난날, 큰 고을의 관할 아래 있던 작은 고을을 이르던 말. 비속읍(屬邑).
속형(贖刑)[소켱]명하타 지난날, 돈을 바치고 형을 면하거나, 돈을 받고 형을 면해 주던 일.

속화(俗化)[소콰]명하자타되자 속되게 변함, 또는 속되게 변화시킴.
속화(俗畫)[소콰]명 (예술성이 없는) 속된 그림.
속화(速禍)[소콰]명하자 재앙을 부름.
속환-이(俗還-)[소콰니]명 〈중속환이〉의 준말.
속회(俗懷)[소쾨/소퀘]명 세속의 생각. 속념(俗念).
속회(續會)[소쾨/소퀘]명하자타되자 회의를 다시 계속함.
속회(屬會)[소쾨/소퀘]명 감리교에서, 교인들이 사는 곳에 따라 나눈 구역의 모임.
속효(速效)[소쿄]명 빨리 나타나는 효과(효험). ¶ 속효를 보려면 더 노력할 수밖에 없다. ↔지효(遲效).
속효성^비ː료(速效性肥料)[소쿄썽-]명 거름을 주고 나서 바로 효과가 나타나는 비료.
속ː-흙[소큭]명 ☞심토. *속ː흙이[소클기]·속ː흙만[소큥-]
솎다[속따]타 (배게 나 있는 푸성귀 따위를) 군데군데 골라서 뽑아내다. ¶ 고추 모종을 솎다. *솎아·솎는[송-]
솎아-베기명하타 ☞간벌.
솎음명하타 (배게 나 있는 푸성귀 따위를) 군데군데 뽑아내는 일.
솎음-국[-꾹]명 솎음배추를 토장에 끓인 국.
솎음-배추명 솎아 낸 어린 배추.
솎음-질명하타 (배게 난 푸성귀 따위를) 솎아내는 일.
손[1]명 ①사람의 팔목 아래, 손바닥·손등·손가락으로 이루어진 부분. ¶ 물건을 손에 쥐다. ②사람의 어깨 관절에서 손가락 끝까지의 부분. 팔. ¶ 손을 번쩍 들고 만세를 부르다. ③손바닥. ¶ 손에 땀을 쥐게 하다. ④손가락. ¶ 손을 꼽아 기다리다. ⑤도움이 될 힘이나 기술·수완. ¶ 죽고 사는 것이 의사의 손에 달렸다. ⑥《'(무엇의) 손으로'·'(무엇의) 손에'의 꼴로 쓰이어》 ㉠힘·의도 등의 뜻을 나타냄. ¶ 우리의 손으로 해내고야 말겠다. ㉡'소유하는 사람'을 나타냄. ¶ 골동품이 그의 손에 들어가다. /부동산이 채권자의 손으로 넘어갔다. ⑦일손. 품. 노동력. ¶ 많은 손이 필요한 토목 공사. /손을 빌리다. ⑧사귀는 관계. 교제. ¶ 그와는 이제 손을 끊겠다. ⑨잔꾀. 나쁜 수완. ¶ 그의 손에 놀아나다. ⑩손버릇. ⑪재물을 다루는 규모. 씀씀이. ¶ 손이 크다. ⑫알맞은 기회나 시기. ¶ 손을 놓치지 말고 제때에 팔아라. ⑬거치는 경로(사람). ¶ 조기 한 마리도 여러 손을 거쳐 우리 밥상에 오른다. ⑭필요한 조처. ¶ 손을 보다. /손을 쓰다. ⑮남의 지휘권 아래에 있는 사람. ¶ 두목의 손이 되어 움직이다. ⑯맷돌·씨아 등의 손잡이. ¶ 맷돌의 손. ⑰덩굴 식물의 덩굴이 의지하도록 대 주는 가지나 새끼 따위.
손 안 대고 코 풀기속담 일을 매우 쉽게 해치운다는 뜻.
손이 들이굽지 내굽나속담 제게 가까운 사람에게 더 마음이 가게 되는 것이 인지상정이라는 뜻.
손이 많으면 일도 쉽다속담 무슨 일이든지 여럿이 힘을 모아서 하면 쉽게 잘된다는 말.
손이 발이 되도록〔되게〕 빌다속담 살려 달라고, 또는 용서해 달라고 매우 간절히 싹싹 빌다.
손에 걸리다관용 (어떤 사람의) 세력 범위에 잡혀 들다.
손에 땀을 쥐다관용 (듣거나 보기에) 위험하거나 승패가 아슬아슬하여 안절부절못해하다. 긴장하거나 흥분하다. ¶ 손에 땀을 쥐게 하는 아슬아슬한 접전.
손에 붙다관용 하는 일에 마음이 내키어 능률이 오르다. 손에 잡히다.
손(에) 익다관용 다루는 품이 익숙하다. ¶ 손에 익은 일이라 어렵지 않게 해내다.
손에 잡히다관용 ☞손에 붙다. ¶ 입사한 지 일주일이 넘었는데도 일이 손에 잡히지 않는다.
손(을) 거치다관용 ①어떤 사람을 거치다. ¶ 중간 상인의 손을 거치다. ②(누구의) 손질이 미치다. ¶ 교정 책임자의 손을 거친 뒤에 인쇄에 넘긴다.
손(을) 끊다관용 관계를 끊다. 인연을 끊다. 교제를 그만두다. ¶ 도박에서 손을 끊은 지 벌써 오래다.
손(을) 나누다관용 한 가지 일을 여러 사람이 나누어 맡다. ¶ 손을 나누어 준비하다.
손(을) 내밀다관용 (무엇을) 달라고 요구하거나 얻어 내려고 하다. 손(을) 벌리다. ¶ 그도 염치가 있지, 매번 손을 내밀 수야 있나.
손(을) 넘기다관용 알맞은 시기를 넘기다. 때를 놓치다.
손을 놓다관용 하던 일을 중도에서 그만두다. 손(을) 떼다.
손을 늦추다관용 일의 긴장도를 늦추다. ¶ 수색의 손을 늦추지 말고 추적하라.
손(을) 떼다관용 ☞손을 놓다.
손(을) 멈추다관용 일하던 동작을 잠깐 멈추다. ¶ 잠시 손을 멈추고 말 좀 들어 보시오.
손(을) 벌리다관용 ☞손(을) 내밀다.
손(을) 빼다관용 하던 일에서 빠져나오다. 하던 일과 관계를 끊다.
손(을) 뻗치다관용 세력을 넓히다. ¶ 우주 산업에까지 손을 뻗치다.
손(을) 씻다관용 (부정적인 일 따위와) 관계를 청산하다.
손을 적시다관용 어떤 일에 관계하다. ¶ 한번 노름에 손을 적시면 좀처럼 빠져나오기 힘들다.
손(을) 주다관용 덩굴이 의지하여 자라도록 막대기나 줄을 마련해 주다. ¶ 새끼를 드리워 박넝쿨에 손을 주다.
손(을) 타다관용 ①사람의 손길에 의하여 나쁜 영향을 받다. ②물건 따위가 없어지다.
손(을) 털다관용 ①(하던 일을) 완전히 마치다. ②(노름판 같은 데서) 본전까지도 모조리 잃다. ¶ 손을 털어야 엉덩이를 뗀다.
손(이) 거칠다관용 ①남의 것을 훔치는 손버릇이 있다. 손버릇이 나쁘다(사납다). ②일을 하는 솜씨가 찬찬하지 못하다. ¶ 손이 거칠어서 제품마다 흠이 많다.
손이 걸다관용 씀씀이가 대단하다.
손이 나다관용 ①일하는 도중에 잠시 겨를이 생기다. ②일손에 여유가 생기다.
손이 놀다관용 (일거리가 없어서) 일손이 쉬는 상태에 있다.
손이 닳도록관용 몹시 간절하게 비는 모양.
손이 닿다관용 힘이 미치다. ¶ 그 일에까지는 미처 손이 닿지 않았다.
손(이) 떨어지다관용 일이 끝이 나다.
손(이) 뜨다관용 일하는 동작이 굼뜨다.
손(이) 맑다관용 남에게 물건(돈)을 주는 품이 후하지 못하다.
손(이) 맞다관용 함께 일하는 데 생각이나 동작 같은 것이 서로 맞다.

손(이) 맵다관용 ①슬쩍 때려도 몹시 아프다. ②일하는 솜씨가 야무지다.
손(이) 비다관용 ①일감이 없어서 일손이 노는 상태에 있다. ②가졌던 돈이 다 떨어지다.
손(이) 서투르다관용 일하는 솜씨가 서투르다. 익숙하지 못하다.
손(이) 싸다관용 손으로 다루는 품이 재빠르다. 일처리가 아주 빠르다.
손(이) 작다관용 (사람됨이 깐깐하거나 하여) 재물을 다루는 품이 후하지 못하다. ¶ 손이 작아서 큰일을 하기는 틀렸다.
손(이) 크다관용 ①재물을 다루는 품이 깐깐하지 않고 푼푼하다. ¶ 주부의 손이 커서 산치 음식이 푸짐하다. ②수단이 많다. ¶ 손이 큰 어른이라 무슨 일이건 잘 통한다.

손²명 ①남의 집에 와서 임시로 묵는 사람. ¶ 사랑에 눌러앉은 손이 떠날 생각을 않는다. ②(초청을 받아) 주인을 찾아온 사람. ¶ 잔치에 온 손을 극진히 대접하다. 객(客). 높손님.
손(을) 치르다관용 (잔치 따위 큰일에 즈음하여) 손님을 접대해 내다.

손³명 날수를 따라 동·서·남·북 네 방위를 돌아다니며 사람의 활동을 방해한다는 귀신.

손⁴의 손아랫사람이나 아주 친근한 사이에, '사람'보다는 낮고, '놈'보다는 좀 대접하여 '것'의 뜻으로 쓰는 말. ¶ 저 젊은 손이 하는 짓 보게.

손⁵의 물건을 집으면서 셀 때에 한 번 집는 수량. 자반고등어 따위는 두 마리, 배추는 두 통, 미나리·파 따위는 한 줌씩을 이름. ¶ 자반고등어 한 손.

손⁶조 어미 '-다'·'-ㄴ다'·'-는다' 뒤에 붙어, '추측'·'가정'을 뜻하는 말. 《주로, '치다'와 함께 쓰임.》 ¶ 내가 아무리 잘못했다손 치더라도 그렇지. 네가 내게 그럴 수 있는 거니?

손ː(孫)명 ①손자. ¶ 손을 보다. ②〈자손〉의 준말. ¶ 손이 귀한 집안. ③〈후손〉의 준말. ¶ 손이 끊어지다.

손ː(巽)명 ①〈손괘(巽卦)〉의 준말. ②〈손방(巽方)〉의 준말. ③〈손시(巽時)〉의 준말.

손ː(損)명 ①〈손해(損害)〉의 준말. ②〈손괘(損卦)〉의 준말.

-손(孫)접미 《'대(代)'·'세(世)' 뒤에 붙어》 '자손'의 뜻을 나타냄. ¶ 오 대손. /8대손.

손-가늠[-까-]명하타 뼘으로 견주어 그 길이를 대충 헤아림. ¶ 신발의 치수를 손가늠하다.

손-가락[-까-]명 손끝의 다섯 개로 갈라진 가락.
손가락으로 헤아릴 정도관용 수효가 매우 적음을 이르는 말.
손가락 하나 까딱 않다관용 '아무 일도 안 하고 뻔뻔하게 놀고 있음'을 조롱조로 이르는 말.

손가락-뼈[-까-]명 손가락을 이루는 14개의 뼈. 지골(指骨).

손가락-질[-까-찔]명하자타 ①손가락으로 가리키는 짓. ②깔보거나 흉보는 짓. ¶ 뒤에서 손가락질한다. /남의 손가락질을 당하다.

손-가마[-까-]명 두 사람이 손을 '井' 자 모양으로 잡고 사람을 태우는 놀이.

손-가방[-까-]명 가볍게 들고 다닐 수 있는 조그마한 가방.

손-거스러미[-꺼-]명 손톱이 박힌 자리 위에 일어난 거스러미.

손-거울[-꺼-]명 손바닥에 올려놓고 보는 작은 거울.

손겪-이명하자 손을 대접하는 일.

손-결[-껼]명 손의 살결.

손-공(-功)[-꽁]명 손을 써서 이룬 공. 손재간으로 이루어 낸 공로. 수공(手功). ¶ 손공이 많이 든 물건.

손ː괘(巽卦)명 ①팔괘의 하나. 상형은 '☴'로, 바람을 상징함. ②육십사괘의 하나. '☴'을 위아래로 놓은 괘. 바람 아래에 바람이 거듭됨을 상징함. 준손(巽).

손ː괘(損卦)명 육십사괘의 하나. 간괘(艮卦)와 태괘(兌卦)를 위아래로 놓은 괘. 산 아래에 못이 있음을 상징함. 준손(損).

손ː괴(損壞)[-괴/-궤]명하타 상하고 부서지게 함.

손-구구(-九九)[-꾸-]명하타 손가락을 꼽아 가면서 하는 셈.

손-구루마명 '손수레'의 잘못.

손-국수[-쑤]명 (기계로 빼지 않고) 손으로 만든 국수.

손-궤(-櫃)[-꿰]명 늘 거처하는 곳에 두고 쓰는 조그마한 궤.

손-그릇[-끄릇]명 거처하는 자리에 가까이 두고 쓰는 잔세간. 〔반짇고리 따위.〕 * 손그릇이[-끄르시]·손그릇만[-끄른-]

손-금[-끔]명 손바닥 거죽에 난, 줄무늬의 잔금. 수상(手相).
손금(을) 보다관용 ①손금으로 사람의 길흉화복을 알아보다. ②화투 따위로 '노름을 하다'를 속되게 이르는 말.
손금(을) 보듯 하다〔환하다〕관용 낱낱이 다 알고 있다. ¶ 그 집 일이라면 손금을 보듯 하다.

손ː금(損金)명 손해 본 돈.

손금-쟁이[-끔-]명 손금을 보아 주는 일을 업으로 하는 사람.

손ː기(損氣)명하자 (심한 충격을 받아) 기가 상하거나 꺾임.

손-기계(-機械)[-끼계/-끼게]명 (동력 대신에) 사람의 손으로 움직이는 기계. 손틀.

손^기술(-技術)[-끼-]명 씨름 기술의 한 가지. 손으로 상대의 무릎·팔다리를 치거나 당기거나 하는 공격 기술.

손-길[-낄]명 ①손바닥을 펴고 늘어뜨리거나 내민 손. ¶ 손길이 닿는 곳. ②위해 주거나 해치는 힘. ¶ 구원의 손길. /침략의 손길.
손길을 뻗치다관용 도움·요구·침략·간섭 따위의 행위가 미치다. ¶ 침략의 손길을 뻗치다.
손길(을) 잡다관용 두 손을 펴서 서로 잡다.

손-꼽다[-따]자타 ①손가락을 하나하나 안으로 굽혀 수(數)를 세다. ¶ 설날이 오기를 손꼽아 기다리다. ②여럿 중에서, 손가락으로 셀 만한 높은 등수 안에 들다. ¶ 이 고을에서 손꼽는 알부자라오.

손꼽-히다[-꼬피-]자 〖'손꼽다'의 피동〗 손꼽음을 당하다. ¶ 우리 마을에서 손꼽히는 부자.

손-끝[-끋]명 ①손가락의 끝. ¶ 손끝이 저리다. ②손을 대거나 건드려서 생긴 결과. 손때. ¶ 손끝이 맵다. ③손을 놀려서 하는 일 솜씨. ¶ 손끝이 여물다. * 손끝이[-끄치]·손끝을[-끄틀]·손끝만[-끈-]
손끝(에) 물이 오르다관용 가난하던 살림이 넉넉해지다.
손끝(을) 맺다관용 할 일을 제쳐 놓고 놀다.

손-날명 태권도에서, 엄지손가락을 구부리고 손가락을 편 공격 자세의, 새끼손가락에서 손목까지의 부분을 이르는 말. 수도(手刀).

손녀(孫女)명 아들 또는 딸의 딸. 여손(女孫).

손녀-딸(孫女-)명 '손녀'를 귀엽게 이르는 말.

손-놀림명하자 손을 이리저리 움직이는 일. ¶ 손놀림이 빠르다.
손-누비명하타 (지은 옷이나 마른 옷감을) 손으로 누비는 일, 또는 그렇게 누빈 물건.
손-님명 ①〈손²〉의 높임말. ¶ 손님을 초대하다. ②(영업하는 처지에 있는 사람이) '영업 활동의 대상으로 찾아온 사람'을 대접하여 이르는 말. ¶ 손님, 이쪽에서도 한번 골라 보세요. /객주에 손님이 없다. ③〈손님마마〉의 준말.
손님-마마(-媽媽)명 '천연두'나 '별성마마'를 달리 이르는 말. 준손님.
손님-장(-醬)[-짱]명 (특별한 때 쓰기 위하여) 따로 작은 단지에 담그는 간장. 별간장.
손-대[-때]명 ☞내림대.
손대 내리다관용 (무당 따위가 경문을 외어) 귀신이 내림대에 내리다. 대내리다.
손대기명 잔심부름을 할 만한 아이.
손-대다자 ①어떤 사물에 손이 닿게 하다. ¶ 작품에 손대지 마시오. ②일을 시작하다. ¶ 오늘부터 손대기 시작하다. ③(어떤 일에) 관여하다. 간섭하다. ¶ 따로 또 축산업에 손대기 시작하다. ④적절한 조처를 취하다. ¶ 정부에서 부실 업체 정비에 손대기 시작하다. ⑤수정하거나 고치다. ¶ 남의 원고에 함부로 손대는 것은 실례다. ⑥남의 재물을 함부로 쓰거나 제 것으로 만들다. ¶ 공금에 손대다. ⑦때리다. 손찌검을 하다. ¶ 여자에게 손대는 무뢰한.
손-대야[-때-]명 작은 대야.
손-대중[-때-]명하타 손으로 들어 보거나 만져 보거나 하여 어림으로 하는 헤아림, 또는 그 분량. ¶ 손대중으로도 두 근은 넘겠다.
손-더듬이명하타 손으로 더듬음, 또는 그 짓.
손-덕(-德)[-떡]명 노름판에서, 우연히 잘 맞아 들어가는 손속. ¶ 손덕을 보다.
손ː도(損徒)명하자 지난날, 도리를 저버린 사람을 마을에서 내쫓던 일.
손도(를) 맞다관용 도리를 저버린 탓으로 마을에서 쫓겨나다. 남에게 배척을 당하다.
손-도끼[-또-]명 한 손으로 다룰 수 있는 작은 도끼.
손-도장(-圖章)[-또-]명 도장 대신 찍는 엄지손가락의 무늬. 무인(拇印). 지장(指章).
손-독(-毒)[-똑]명 헌데나 가려운 곳에 손을 대어 덧난 독. ¶ 손독이 오르다.
손돌-바람(孫乭-)명 음력 시월 스무날께 부는 몹시 차고 센 바람. 손석풍(孫石風).
손돌이-추위(孫乭-)명 음력 시월 스무날께의 몹시 심한 추위.
손-동작(-動作)[-똥-]명하자 손을 놀려서 하는 동작. ¶ 손동작이 재빠르다.
손ː득(損得)명 손실과 이득.
손-들다[~드니·~들어]자 ①항복(굴복)하다. ¶ 혹 대마가 죽었으니 이제 그만 손들게. ②(일 따위가 힘에 겨워) 도중에 그만두다. ¶ 자금이 달려서 석 달 만에 손들었네.
손-등[-뜽]명 손의 바깥쪽, 곧 손바닥의 뒤. 수배(手背). ↔손바닥.
손듸조 〈옛〉손에. 에게. 한테. ¶ 無學손듸 비호는 사ᄅᆞ미라(釋譜*13:3*)
손-때명 ①오랜 동안 길들이고 만져서 묻은 때. ②손끝.
손때(가) 묻다〔먹다〕관용 가구나 그릇 따위에 손이 많이 가서 길이 들다.
손때(를) 먹이다관용 ①광이 나게 하다. ②오랜 동안 길을 들여 쓰다. ③어루만져서 기르다.
손-떠퀴명 무슨 일이나 손을 대기만 하면 나타나는 길흉화복. ¶ 손떠퀴가 사납다.
손-뜨겁다[-따][~뜨거우니·~뜨거워]형ㅂ 손부끄럽다.
손ː료(損料)[솔-]명 물건을 빌려 주고, 닳거나 상한 값으로 받는 돈.
손-말명명 처녀가 죽어서 된 귀신. ↔몽달귀.
손-말사(孫末寺)[-싸]명 불교에서, 말사에 딸려 본사(本寺)의 지배를 간접적으로 받는 작은 절을 이르는 말.
손-맛[-맏]명 ①손으로 만져 보아 느끼는 느낌. ②요리할 때 손으로 만드는 솜씨에서 우러나오는 맛. ¶ 어머니의 손맛이 뛰어나다. ③낚시에서, 물고기가 입질을 하거나 물고 당기는 힘이 낚싯대를 통하여 손에 전해 오는 느낌. *손맛이[-마시]·손맛만[-만-]
손ː모(損耗)명하자 써서 닳아 없어짐.
손-모가지명 〈손¹〉·〈손목〉의 속된 말.
손-목명 손과 팔이 잇닿은 부분. 팔목.
손목을 잡고 말리다관용 (어떤 일을) 기어코 못하게 말리다.
손목-뼈명 손목을 이루는 8개의 뼈. 완골.
손목-시계(-時計)[-씨계/-씨게]명 손목에 차는 시계.
손밀이-대패명 기계 대패의 한 가지. 동력으로 돌리는 날에 나무를 손으로 밀어 넣어 깎음.
손-바꿈명하타 능한 솜씨를 서로 바꾸어 일함. 환수(換手).
손-바느질[-빠-]명하타 (재봉틀을 쓰지 않고) 손으로 하는 바느질.
손-바닥[-빠-]명 손의 안쪽. 수장(手掌). 수벽(手擗). ↔손등.
손바닥(을) 뒤집듯관용 순식간에 변하거나 노골적으로 태도를 바꾸는 모양.
손바닥-뼈[-빠-]명 손바닥을 이루는 5개의 뼈. 장골(掌骨).
손-바람[-빠-]명 일을 치러 나가는 솜씨나 기세. ¶ 손바람이 나서 일이 잘된다.
손-발명 손과 발. 수족(手足).
손발(을) 걷다관용 죽은 사람의 팔다리를 굳어지기 전에 거두어 놓다.
손발(을) 치다관용 (제가 발견한 것을) 여럿에게 외쳐 알리다.
손발(이) 맞다관용 (함께 일하는 사람끼리) 서로 호흡이 잘 맞다.
손-발톱명 손톱과 발톱.
손ː방명 할 줄 모르는 솜씨. ¶ 바둑은 손방이다.
손ː방(巽方)명 ①이십사방위의 하나. 남동(南東)을 중심으로 한 15도 범위 이내의 방위. 진방(辰方)과 사방(巳方)의 사이. ②팔방의 하나. 남동(南東)을 중심으로 한 45도 범위 이내의 방위. 준손(巽). ↔건방(乾方).
손-버릇[-뻐른]명 ①손에 익은 버릇. ②남의 것을 훔치거나 남을 때리는 버릇. ¶ 손버릇이 나쁘다. *손버릇이[-뻐르시]·손버릇만[-뻐른-]
손보-기¹명하자 손을 대어 보살핌. 손질.
손보-기²명 여자가 몸을 파는 일.
손-보다타 ①시설이나 연장 따위를 수리하거나 손질을 하다. ¶ 고장 난 데를 손보다. ②(속되게) 폭력을 써서 몹시 혼내다. ¶ 제멋대로 행동한 녀석들은 따끔하게 손봐 줄테다.
손ː복(損福)명하자 복이 덜림. 복을 잃음.
손부(孫婦)명 ☞손자며느리. ¶ 대사를 치르느라고 그 댁 큰 손부가 욕봤네.

손-부끄럽다[-뿌-따][~부끄러우니·~부끄러워] 형ㅂ 무엇을 주거나 받으려고 손을 내밀었다가 허탕이 되어 남 보기에 부끄럽다. 손뜨겁다.

손ː비(損費)명 손익 계산에서, 일정 기간에 생긴 수익 때문에 든 비용.

손-빨래명하타 (세탁기를 쓰지 않고) 손으로 비벼 빠는 빨래.

손-뼈명 손가락뼈와 손바닥뼈·손목뼈를 통틀어 이르는 말. 수골(手骨).

손-뼉명 마주 쳐서 소리 낼 때의 '손바닥'을 이르는 말.

손뼉(을) 치다관용 기뻐하고 좋아하다.

손-사래[-싸-]명〔어떤 말을 부인 또는 거절하거나 조용히 하라는 뜻으로〕 손을 펴서 내젓는 일. 준손살.

손사래(를) 치다관용 손을 펴서 마구 내젓다.

손사랫-짓[-싸래찓/-싸랟찓]명하자 손사래를 치는 짓. ＊손사랫짓이[-싸래찌시/-싸랟찌시]·손사랫짓만[-싸래찐-/-싸랟찐-]

손ː사-풍(巽巳風)명 손방(巽方)과 사방(巳方)에서 부는 바람, 곧 동남풍.

손-살[-쌀]명 〈손사래〉의 준말.

손ː상(損傷)명하타 되자 떨어지고 상함. ¶ 건물이 손상되다. /명예를 손상하다.

손ː상박하(損上剝下)[-바카]명하자 나라에 해를 입히고 백성의 재물을 빼앗음.

손ː상익하(損上益下)[-이카]명하자 윗사람에게 해를 입히고 아랫사람을 이롭게 함. ↔손하익상.

손-샅[-싿]명 손가락 사이. ＊손샅이[-싸치]·손샅을[-싸틀]·손샅만[-싼-]

손샅으로 밑 가리기속담 가린다고는 하였으나 다 드러나 보인다는 뜻, 곧 하나 마나 한 행동을 이르는 말.

손ː색(遜色)명《주로 '없다'와 함께 쓰이어》 서로 견주어 보아서 못한 점. ¶ 어느 제품과 비겨도 손색이 없는 제품.

손ː색-없다(遜色-)[-새겁따]형 다른 것과 견주어 못한 것이 없다. 《주로, '손색없는'의 꼴로 쓰임.》¶ 당장 해외 시장에 내놓아도 손색없는 제품이다. **손색없-이**부.

손서(孫壻)명 손녀의 남편.

손석-풍(孫石風)명 ☞손돌바람.

손ː설(飧泄)명하자 한방에서, 먹은 음식이 조금도 삭지 않고 그대로 나오는 설사를 이르는 말.

손세(孫世)명 ①자손이 늘어 가는 정도. ②손자의 대(代).

손-속[-쏙]명 노름판에서, 힘들이지 않아도 손 대는 대로 잘 맞아 나오는 재수. 수덕(手德). ¶ 손속이 좋다. 참손덕.

손수부 친히. 제 손으로. ¶ 손수 운전하다.

손-수(-手)명 한자 부수의 한 가지. '拿'·'拳'·'打'·'招' 등에서의 '手'나 '扌'의 이름. 〔'扌'는 변(邊)으로만 쓰이어, 달리 '재방변'이라고도 함.〕

손-수건(-手巾)[-쑤-]명 몸에 지니고 다니는 작은 수건.

손-수레명 사람의 손으로 끌거나 미는 수레.

손숫-물[-순-]명 손을 씻는 물.

손-쉽다[-따][~쉬우니·~쉬워]형ㅂ 처리하기가 까다롭지 아니하고 매우 쉽다. ¶ 아주 손쉬운 일. /손쉽게 해치우다.

손ː시(巽時)명 이십사시의 열째 시. 상오 8시 30분부터 9시 30분까지의 동안. 준손(巽).

손-시늉[-씨-]명 손으로 하는 시늉.

손ː실(損失)명하타 되자 축나거나 잃어버리거나 하여 손해를 봄, 또는 그 손해. ¶ 그의 퇴진은 그 조직체로 보아 큰 손실이다. ↔이득·이익.

손ː실-금(損失金)명 손해를 본 금액.

손-심부름[-씸-]명하자 몸 가까이 있는 일에 대한 잔심부름.

손-쓰다[~쓰니·~써] Ⅰ자 때를 놓쳐서는 안 될 일에 대해 필요한 조처를 취하다. ¶ 전염병이 더 번지기 전에 빨리 손써야지.
Ⅱ타 돈이나 재물로 관계되는 사람에게 선심을 쓰다.

손-씻이명하자 남의 수고에 대하여 사례하는 뜻으로 적은 물품을 줌, 또는 그 물품. ¶ 손씻이를 못해 미안해서 어쩌나.

손소부 〈옛〉 손수. ¶ 손소 다 布施커나(月釋 *21:139*). /손소 마리를 갓더니(內訓二下:7).

손-아귀명 ①엄지손가락과 다른 네 손가락과의 사이. ②어떤 세력이 미치는 범위. 수중(手中). ¶ 손아귀에 들어가다.

손아귀에 넣다관용 제 것으로 만들다.

손-아래명 (나이나 항렬·지위 따위가) 자기보다 아래인 관계, 또는 그러한 관계에 있는 사람. 수하(手下). ↔손위.

손아래-뻘명 손아래가 되는 사이. 준아래뻘.

손아랫-사람[-래싸-/-랟싸-]명 손아래가 되는 사람. 아랫사람. ↔손윗사람.

손-안명 자기가 부릴 수 있는 세력이나 권세의 범위. 수중(手中). ¶ 손안에 들어온 돈.

손안에 넣다관용 자기 소유로 만들다. 자기의 것이 되다. ¶ 귀중품을 손안에 넣다.

손안에 놓인 듯관용 아주 가까이에 있는 듯 또렷하게. ¶ 산에서 내려다본 거리 풍경이 손안에 놓인 듯 환히 보인다.

손ː양(遜讓)명하타 겸손하게 사양함.

손-어림명하타 손으로 대강 헤아림, 또는 그 분량. 손짐작. ¶ 손어림으로도 열 자는 되어 보인다.

손ː우(損友)명 사귀어서 이롭지 못한 벗. 해로운 벗. ↔익우(益友).

손-위명 (나이·항렬·지위 따위가) 자기보다 위인 관계, 또는 그런 사람. ¶ 손위 형님. ↔손아래.

손ː위(遜位)명하자 ☞양위(讓位).

손윗-사람[소뉘싸-/소뉟싸-]명 손위가 되는 사람. 상장(上長). 윗사람. ↔손아랫사람.

손ː익(損益)명 ①손실과 이익. ②경영의 결과로 생긴 자본 총액의 감소와 증가.

손ː익^계ː산(損益計算)[-꼐-/-께-]명 일정 기간 중에 발생한 수입과 비용을 대응시켜 순이익을 확정하는 일련의 계산 절차.

손ː익^계ː산서(損益計算書)[-꼐-/-께-]명 일정 기간의 기업의 손익을 나타내는 계산 서류.

손ː익^계ː정(損益計定)[-꼐-/-께-]명 한 회계 기간 중의 영업 실적을 알기 위하여, 결산기에 모든 비용과 수익 항목을 집계하여 원장(元帳)에 베푸는 집합 계정.

손ː익^분기점(損益分岐點)[-뿐-쩜]명 손익 계산에서, 수입과 비용이 일치하고 손실과 이익의 갈림길이 되는 점.

손ː익-표(損益表)명 '손익 계산서'를 흔히 이르는 말.

손자(孫子)명 아들 또는 딸의 아들.

손-자국[-짜-]명 손이 닿았던 흔적.

손-자귀[-짜-]명 한 손으로 쓰는 작은 자귀.

손자-며느리(孫子-)명 손자의 아내. 손부(孫婦). ¶ 손자며느리라 그런지 귀엽기만 하다.

손:자삼요(損者三樂)명 (사람이) 좋아하여서 해로운 일 세 가지. '교만하고 사치함을 좋아하는 일, 편안하게 놀기를 즐기는 일, 잔치를 베풀고 즐기기를 좋아하는 일'의 세 가지를 이름. 〔'논어'에 나오는 말임.〕 ↔익자삼요(益者三樂).

손:자삼우(損者三友)명 사귀어 손해가 되는 세 가지 유형의 벗. '편벽된 벗, 착하기만 하고 줏대가 없는 벗, 말만 잘하고 성실하지 못한 벗'을 이름. 삼손우(三損友). ↔익자삼우(益者三友).

손-잡다[-따]자 ①손과 손을 마주 잡다. ¶ 동생과 손잡고 학교에 가다. ②서로 힘을 합쳐 같이 일하다. ¶ 서로 손잡고 일하다. ③짬짜미를 하다. ¶ 도둑의 무리와 손잡다.

손-잡이명 어떤 물건에 달려 있는, 손으로 쥐게 된 부분.

손-장난[-짱-]명하자 ①부질없이 손을 놀려서 하는 여러 가지 장난. ¶ 손장난이 심해서 성한 물건이 없다. ②'노름'을 달리 이르는 말.

손-장단[-짱-]명 손으로 맞춰 치는 장단. ¶ 손장단에 맞춰 노래를 부르다.

손:재(損財)명하자 재물을 잃어버림, 또는 그 잃어버린 재물.

손-재간(-才幹)[-째-]명 ☞손재주.

손-재봉틀(-裁縫-)명 손으로 돌려서 바느질하는 재봉틀. 준손틀.

손:재-수(損財數)[-쑤]명 재물을 잃을 운수. ¶ 올해는 손재수가 있으니 조심하시오.

손-재주(←-才操)[-째-]명 손으로 무엇을 만들거나 다루는 재주. 손재간. 수재(手才).

손-저울[-쩌-]명 손에 들고 다니는 저울.

손-전등(-電燈)[-쩐-]명 건전지를 써서 들고 다니며 불을 켤 수 있는 전등. 플래시. 회중전등.

손:절-매(損切賣)명 앞으로 주가가 더 떨어질 것으로 예상하여, 손해를 감수하고 주식을 매입 가격 이하로 파는 일.

손:제(損弟)대 친구끼리 편지할 때, '자기'를 낮추어 일컫는 말.

손-제자(孫弟子)명 제자의 제자.

손조부 〈옛〉손수. ¶ 유무 글월을 손조 더답디 아니티 아니호디(小解6:108). 참손소.

손:좌(巽坐)명 (집터나 묏자리 따위가) 손방(巽方)을 등진 좌향, 또는 그런 자리.

손:좌-건향(巽坐乾向)명 (집터나 묏자리 따위가) 손방(巽方)을 등지고 건방(乾方)을 향한 좌향.

손주(孫-)명 손자와 손녀를 아울러 이르는 말.

손지(孫枝)명 가지에서 돋은 가지.

손-지갑(-紙匣)[-찌-]명 돈이나 신분증 따위를 넣어 손에 가지고 다닐 수 있도록 만든 작은 지갑.

손-질명하타 ①손으로 잘 매만져 다듬는 일. ¶ 머리 손질. ②손으로 때리는 짓.

손-짐작(←-斟酌)[-찜-]명하타 ☞손어림.

손-짓[-찓]명하자 손을 놀리어서 어떤 뜻을 나타내는 일. ¶ 손짓하여 부르다. ＊손짓이[-찌시]·손짓만[-찐-]

손-짭손[-쏜]명하자 좀스럽고 얄망궂은 손장난.

손-찌검명하자타 손으로 남을 때리는 일. ¶ 걸핏하면 손찌검이다.

손-치다 Ⅰ자 가지런히 되어 있던 물건의 일부가 없어지거나 흐트러지다.
Ⅱ타 (물건을) 매만져 정리하다.

손-톱명 손가락 끝을 덮은, 뿔같이 단단한 부분. 수조(手爪). 지조(指爪).
손톱 밑에 가시 드는 줄은 알아도 염통 밑에 쉬스는 줄은 모른다속담 눈앞의 작은 이해관계에는 밝아도 큰 손해나 타격을 입을 일에는 어둡다는 말.
손톱 여물을 썰다속담 일을 당하여 혼자서 몹시 애를 태운다는 뜻.
손톱도 안 들어가다관용 사람됨이 몹시 완고하거나 인색하다.
손톱을〔손톱으로〕 튀기다관용 일을 하지 않고 가만히 놀고 지내다.
손톱 제기다관용 손톱자국을 내다.

손톱-괄호(-括弧)[-꽐-]명 ☞소괄호.

손톱-깎이명 손톱을 깎는 기구.

손톱-눈[-톰-]명 손톱의 양쪽 구석과 살이 맞닿는 부분.

손톱-독(-毒)[-똑]명 손톱으로 긁거나 할퀴어 생긴 종기, 또는 그 독기. ¶ 손톱독이 오르다.

손톱-묶음[-톰-]명 ☞소괄호(小括弧).

손톱-자국[-짜-]명 손톱으로 꼬집거나 할퀸 자국. 조흔(爪痕). ¶ 얼굴에 손톱자국이 나다.

손톱-조(-爪)[-쪼]명 한자 부수의 한 가지. '爬'·'爭' 등에서의 '爪'·'爫'의 이름. 〔'爫'를 달리 '손톱조머리'라고도 함.〕

손-틀명 ①손기계. ②〈손재봉틀〉의 준말.

손-티명 약간 드러나는 마맛자국.

손포명 실제 일하는 사람 수, 또는 일한 양.

손-풀무명 손으로 밀었다 당겼다 하거나 돌려서 바람을 내는 풀무.

손풀무-질명하자 손풀무로 바람을 내는 일.

손-풍금(-風琴)명 ☞아코디언.

손:피(遜避)명하타 사양하여 피함.

손:하익상(損下益上)[-쌍]명하자 아랫사람에게 해를 끼쳐서 윗사람을 이롭게 함. ↔손상익하.

손:하절(巽下絕)명 팔괘 중, 손괘(巽卦)는 아래의 막대만 끊어졌다는 뜻으로 '☴'의 모양을 이르는 말. ↔진하련(震下連).

손항(孫行)명 손자뻘 되는 항렬.

손:해(損害)명되자 (금전·물질 면에서) 본디보다 밑지거나 해가 됨. ¶ 거래에서 큰 손해를 보다. /배워서 손해될 것 없다. 준손(損). ↔이익.

손:해-나다(損害-)자 손해가 생기다.

손:해^배상(損害賠償)명 법의 규정에 따라 남에게 끼친 손해를 물어 줌, 또는 물어 주는 그 돈이나 물품.

손:해^보:험(損害保險)명 불의의 사고로 생기는 손해에 대하여 보상하는 보험. 〔화재 보험(火災保險)이나 해상 보험(海上保險) 따위.〕

손헤다자 〈옛〉(싫어서) 손을 내젓다. ¶ 安貧을 실히 너겨 손헤다 물러가며(古時調).

손-화로(-火爐)명 한 손으로 들고 옮길 수 있도록 만든 작은 화로.

손-회목[-회-/-훼-]명 손목의 잘록하게 들어간 곳. 수완(手腕).

손^훅치기명 씨름에서, 오른손으로 상대의 왼쪽 무릎을 밖으로 걸어 당기면서 웃통으로 밀어 넘어뜨리는 기술.

솑돕명 〈옛〉손톱. ¶ 솑돕 조:爪(訓蒙上26).

솑바당명 〈옛〉손바닥. ¶ 合掌은 솑바당 마촐 씨라(月釋2:29).

솓명 〈옛〉솥. ¶ 솓 뎡:鼎. 솓 확:鑊(訓蒙中10).

솓다타 〈옛〉쏟다. ¶ 가ᄉᆞ매 다맛는 ᄆᆞᅀᆞ몰 소다 내요라(杜初9:17).

솔[1] 명 ①☞소나무. ②화투짝의 한 가지. 소나무를 그린, 정월(正月)을 상징하는 딱지.
솔 심어 정자라 속담 앞날의 성공이 까마득함을 비유하여 이르는 말.

솔ː[2] 명 먼지를 떨거나 물감 따위를 칠하거나 할 때 쓰는 도구. ¶ 들러붙은 잔털을 솔로 털다.

솔ː[3] 명 〈솔기〉의 준말.

솔ː[4] 명 무명 따위로 만든 과녁. 소포(小布).

솔ː[5] 명 살갗에 좁쌀 같은 것이 돋고 나중에 물집이 생기는 피부병의 한 가지.

솔(sol 이) 명 장음계의 다섯째 음 또는 단음계의 일곱째 음의 계이름.

솔ː(soul) 명 재즈, 특히 블루스의 편곡 연주에 의한 테크닉 편중을 벗어나 순수한 선율 중심으로 작곡·연주하는 음악. 특히, 흑인들의 교회 음악, 곧 흑인 영가의 기본 선율을 형성한 영적 분위기의 음악.

솔가(率家) 명 하자 온 집안 식구를 데려가거나 데려옴. 설가(挈家). 솔권(率眷). ¶ 솔가하여 낙향(落鄕)하다.

솔-가리[-까-] 명 ①말라서 땅에 떨어진 솔잎. ②땔나무로 쓰려고 묶어 놓은 솔가지.

솔-가지[-까-] 명 소나무의 가지. 〔특히, 솔가리로 쓰려고 꺾어서 말린 것.〕

솔개 명 수릿과의 새. 날개 길이 48 cm가량. 몸빛은 암갈색(暗褐色)이며 가슴에 검은 세로무늬가 있음. 꽁지는 다른 매와 달리 서로 엇갈림. 공중에 높이 떠 맴돌면서 들쥐·개구리·물고기 따위 먹이를 노림. 텃새로 아시아·유럽·아프리카에 분포함.
솔개 까치집 뺏듯 속담 갑자기 남의 것을 억지로 빼앗아 간다는 말.
솔개도 오래면 꿩을 잡는다 속담 오랜 경력을 쌓으면 못하던 것도 할 수 있게 된다는 뜻.
솔개 어물전(魚物廛) **돌듯** 속담 어떤 한곳에 애착을 가져 떠나지 못함을 이르는 말.

솔개-그늘 명 〔음력 이월 스무날에는 흐려야 풍년이 든다고 하므로, 솔개 그림자만 한 그늘만 있어도 반갑다는 뜻에서〕 '아주 조그마한 그늘'을 이르는 말.

솔거(率去) 명 하타 (여러 사람을) 거느리고 감.

솔권(率眷) 명 하자 ☞솔가(率家).

솔기 명 옷 따위의 두 폭을 꿰맬 때 맞대고 꿰맨 줄. 준 솔[3].

솔깃-하다[-기타-] 형 여 그럴듯하여 마음이 쏠리다. ¶ 감언이설에 귀가 솔깃하다. **솔깃-이** 부.

솔-나리[-라-] 명 백합과의 다년초. 산지에 절로 나는데, 줄기 높이는 70 cm가량. 나리와 비슷하나 잎이 작고 실 모양이며, 여름에 홍자색 꽃이 핌. 비늘줄기는 먹을 수 있음.

솔-나무[-라-] 명 〈소나무〉의 본딧말.

솔-나물[-라-] 명 꼭두서닛과의 다년초. 산과 들에 절로 나는데, 줄기 높이 70~100 cm. 마디마다 바늘 모양의 잎이 돌려나고, 6~8월에 노란 꽃이 핌. 어린순은 나물로 먹음.

솔ː다[1][소니·솔아] 자 ①물기가 있던 것이나 상처, 콘크리트 따위가 말라서 굳거나 죄어들다. ¶ 부레풀이 솔다. ②흐르는 물이 세차게 굽이쳐 용솟음치다.

솔ː다[2][소니·솔아] 자 〈무솔다〉의 준말.

솔ː다[3][소니·솔아] 형 《'귀'와 함께 쓰이어》 시끄럽거나 귀찮은 말을 너무 많이 들어서 귀가 아프다. ¶ 그만 떠들어라. 귀가 솔아 못 견디겠다.

솔ː다[4][소니·솔아] 형 긁으면 아프고 그냥 두면 가렵다.

솔ː다[5][소니·솔아] 형 (옷 따위의 너비나 넓이가) 좁다. ¶ 버선볼이 솔아서 발이 아프다. ↔너르다.

솔ː-대[-때] 명 ①판장 틈이나 문설주 따위에 대는 가늘고 납작한 나무오리. ②활을 쏠 때, 솔을 버티는 장대.

솔-따비 명 솔뿌리 따위를 캘 때 쓰는 따비.

솔라닌(solanine) 명 감자 따위의 새 눈에 들어 있는 알칼로이드 배당체(配糖體)의 한 가지. 지나치게 섭취하면 중독으로 구토나 현기증 따위를 일으킴.

솔래(率來) 명 하타 (여러 사람을) 거느리고 옴.

솔래-솔래 부 살짝살짝 조금씩 빠져나가는 모양. ¶ 연설이 전전 길어지자 디들 솔래솔래 회의징을 빠져나갔다.

솔레노이드(solenoid) 명 관(管) 모양으로 감아 놓은 코일.

솔로(solo 이) 명 ①독창. ②독주(獨奏). ¶ 바이올린 솔로.

솔리스트(soliste 프) 명 독창이나 독주(獨奏)를 전문으로 하는 사람.

솔-문(-門) 명 (축하 또는 환영의 뜻을 나타내기 위하여) 청솔가지를 입혀 꾸며 놓은 문. 녹문(綠門).

솔-바람 명 솔숲을 스치고 부는 바람. 송뢰(松籟). 송풍(松風).

솔ː-바탕 명 활 한 바탕, 곧 활터에서 솔대가 있는 곳까지의 거리.

솔반(率伴) 명 하타 거느리고 함께 감.

솔발(←鉾鈸) 명 손에 쥐고 흔들어 소리 내는 방울 모양의 작은 종. 요령(鐃鈴).
솔발(을) 놓다 관용 ①솔발을 흔들다. ②남의 비밀을 소문내다.

솔발-수(←鉾鈸手)[-쑤] 명 지난날, 군중(軍中)에서 솔발을 흔들던 취타수.

솔방(率榜) 명 하타 지난날, 과거에 급제한 사람이 왕을 뵙고 사은(謝恩)할 때 집안의 선배 되는 이가 인도하던 일.

솔-방울[-빵-] 명 소나무 열매의 둥근 송이. 송자.

솔-밭[-받] 명 소나무가 많이 들어선 땅. *솔밭이[-바치]·솔밭을[-바틀]·솔밭만[-반-]

솔-버덩 명 소나무가 무성하게 들어선 버덩.

솔베이-법(Solvay法) 명 암모니아 소다법(ammonia soda法).

솔병(率兵) 명 하자 병사를 거느림.

솔-보굿[-뽀굳] 명 소나무의 보굿. 곧, 비늘 같은 소나무의 껍질. *솔보굿이[-뽀구시]·솔보굿만[-뽀군-]

솔복(率服) 명 하자 좇아서 복종함.

솔봉이 명 나이가 어리고 촌티가 나는 사람.

솔-부엉이 명 올빼미과의 새. 날개 길이 25~30 cm. 등은 암갈색이며 갈색 세로무늬가 있음. 꽁지가 길어 나무에 앉았을 때는 매와 비슷함. 부리 주위에는 센털이 남. 밤에 곤충이나 작은 새·쥐 따위를 잡아먹음.

솔-불[-뿔] 명 〈관솔불〉의 준말.

솔비-나무 명 콩과의 낙엽 교목. 산기슭에서 자라는데, 높이는 8 m가량. 잎은 깃 모양의 겹잎이고 7~8월에는 황백색의 꽃이 핌. 한라산 특산으로 목재는 가구재 따위로 쓰이고, 껍질은 물감용으로 쓰임.

솔빈(率濱) 명 〈솔토지빈(率土之濱)〉의 준말.

솔-뿌리 명 소나무 뿌리.

솔-새 명 볏과의 다년초. 산과 들에 절로 나는데, 높이 1 m가량. 뿌리에서 잎과 줄기가 무더기로 나며, 8월경에 꽃이 핌. 뿌리로 솔을 만듦. 참 솔[2].

솔선 (率先) [-썬] 명 하자 남보다 앞장서서 함. ¶ 반장이 솔선해서 작업장에 나가다.
솔선-수범 (率先垂範) [-썬-] 명 하자 앞장서서 하여 모범을 보임.
솔성 (率性) [-썽] 명 ①천성(天性)을 좇음. ②성품. 성격.
솔솔 부 ①물이나 가루 따위가 잇달아 조금씩 새어 나오는 모양. ¶ 도넛에 설탕을 솔솔 뿌렸다. ②바람이 보드랍게 부는 모양. ¶ 솔솔 부는 봄바람. ③얽혔던 실 따위가 수월하게 풀리는 모양. ④말이나 글이 막힘없이 잘 나오는 모양. ⑤이슬비가 조용히 내리는 모양. ①~④ 큰 술술.
솔솔-바람 명 약하게 솔솔 부는 바람.
솔ː솔-이 부 솔기마다.
솔송-나무 명 소나뭇과의 상록 교목. 높이는 10 m 이상이며, 잎은 소나무와 비슷한데 끝이 오목함. 5월경에 자줏빛의 수꽃과 암꽃이 함께 피고, 엷은 갈색의 열매는 10월경에 익음. 재목은 종이를 만드는 데 쓰임.
솔-수펑이 명 솔숲이 있는 곳.
솔-숲 [-숩] 명 소나무의 숲. 송림(松林). *솔숲이[-수피]·솔숲만[-숨-]
솔악 (率樂) 명 하자 왕조 때, 과거에 급제한 사람이 북과 저(笛)를 갖춘 악대를 앞세우고 의식장(儀式場)으로 가던 일.
솔양 (率養) 명 하타 양자로 삼거나 데려옴.
솔옷 명 〈옛〉 송곳. ¶ 솔옷 쵸:錐(訓蒙中*14*).
솔옺 명 〈옛〉 소루쟁이.
솔이 (率易) '솔이(率易)하다'의 어근.
솔이 (率爾) '솔이(率爾)하다'의 어근.
솔이-하다 (率易-) 형여 언행이 솔직하고 까다롭지 않다.
솔이-하다 (率爾-) 형여 ①생각할 겨를도 없이 매우 급하다. ②말이나 행동이 신중하지 못하고 가볍다. **솔이-히** 부.
솔-잎 [-립] 명 소나무의 잎. 송엽(松葉). *솔잎이[-리피]·솔잎만[-림-]
솔잎-대강이 [-립때-] 명 짧게 깎아 빳빳하게 일어선 머리.
솔잎-상투 [-립쌍-] 명 짧은 머리털을 간신히 끌어올려 뭉뚱그려 짠 상투.
솔-잣새 [-잗쌔] 명 참새목 되샛과의 겨울새. 몸길이 17 cm가량. 부리가 어긋나 있음이 특징. 수컷의 머리와 가슴 주위 대부분이 장밋빛이며 암컷은 올리브색임. 잣·솔씨를 까먹으며 솔숲을 떼 지어 날아다님. 늦가을부터 봄까지 우리나라 전역에서 볼 수 있음. 잣새.
솔-장다리 명 명아줏과의 일년초. 바닷가의 모래땅에 자라는데, 높이 30 cm가량. 가늘고 긴 잎이 어긋나고, 7~8월에 담녹색 꽃이 잎겨드랑이에 핌. 어린순은 나물로 먹음.
솔ː-쟁이 명 〈소루쟁이〉의 준말.
솔정 (率丁) [-쩡] 명 거느려 부리는 장정. 비 부하.
솔직 (率直) '솔직하다'의 어근.
솔직-하다 (率直-) [-찌카-] 형여 거짓이나 숨김이 없이 바르고 곧다. ¶ 솔직한 심정으로 모든 진실을 털어놓다. **솔직-히** 부.
솔ː-질 명 하자타 솔로 먼지 따위를 털거나 문지르는 짓.
솔-찜 명 하타 〈솔찜질〉의 준말.
솔찜-질 명 하타 더운 방에서 온몸에 솔잎을 덮고 하는 찜질. 준 솔찜.
솔창 (率倡) 명 하자 과거에 급제한 사람이 광대를 앞세우고 피리를 불며 귀향하던 일.
솔토 (率土) 명 〈솔토지빈(率土之濱)〉의 준말.
솔토지민 (率土之民) 명 나라 안의 모든 백성.
솔토지빈 (率土之濱) 명 ①온 천하. ②국경까지의 온 나라, 또는 그 경계. 준 솔빈·솔토.
솔트 (SALT) 명 미국과 소련이 전략 무기의 수량과 질을 제한하기 위하여 맺은 협정(協定). [Strategic Arms Limitation Talks]
솔-파 (sol-fa 이) 명 계이름부르기.
솔-포기 명 가지가 다보록한 작은 소나무.
솔하 (率下) 명 거느리고 있는 부하.
솘바올 명 〈옛〉 솔방울. ¶ 솘바올 닐굽과(龍歌*89*章).
솜ː 명 목화의 삭과(蒴果) 속에서 씨를 뽑아낸 섬유질의 물질, 또는 그와 같이 생기거나 만든 물질. ¶ 솜을 타다. /솜을 얇게 두어 누빈 이불.
솜ː-나물 명 국화과의 다년초. 산이나 들에 나는데, 줄기는 10~20 cm. 잎은 뿌리에서 돋아 사방으로 퍼지며 뒷면에 흰 털이 있음. 5~9월에 흰색 또는 담자색의 꽃이 핌. 어린잎은 나물로 먹음.
솜ː-다리 명 국화과의 다년생 고산 식물. 높이 15~25 cm. 잎은 긴 타원형이고, 줄기와 잎 뒷면에 흰 솜털이 나 있음. 여름에 연한 노란빛의 작은 꽃이 모여 핌. 에델바이스와 비슷함.
솜ː-대 명 중국 원산의 볏과 식물. 줄기 높이가 10 m에 이르러 기구나 건축재로 쓰이고, 죽순은 식용함. 감죽.
솜ː-돗 [-똗] 명 솜을 얇게 펴서 솜반을 만드는 돗자리. *솜ː돗이[-또시]·솜ː돗만[-똔-]
솜ː-뭉둥이 명 헝겊 조각 따위에 솜을 싸서 몽둥이처럼 만든 물건. 물건에 윤을 낼 때 칠을 묻혀서 문지름.
솜ː-반 [-빤] 명 솜돗에 펴서 잠재운 번번한 솜의 조각. 참 반.
솜ː-방망이[1] 명 국화과의 다년초. 따뜻한 곳에서 자라는데, 줄기는 흰 털로 덮여 있음. 잎은 뿌리와 줄기에서 나며, 5~6월에 노란 꽃이 핌. 어린잎은 나물로 먹고, 꽃은 한방에서 거담제 따위의 약재로 쓰임.
솜ː-방망이[2] 명 솜을 방망이처럼 뭉쳐 쇠꼬챙이에 붙인 것. 〔흔히, 기름을 묻혀 홰처럼 불을 밝힘.〕
솜ː-버선 명 솜을 둔 버선. 면말(綿襪).
솜ː-병아리 명 알에서 갓 깬 병아리.
솜ː-붙이 [-부치] 명 겹옷 입을 철에 입는 '솜옷'을 이르는 말. ↔맞붙이.
솜브레로 (sombrero 스) 명 스페인이나 멕시코 사람들이 쓰는 민속 모자. 둥근 챙이 넓고 꼭대기가 뾰족함.
솜ː-사탕 (*-沙糖) 명 설탕을 기계로 돌려 솜처럼 부풀려서 만든 과자.
솜솜 부 하형 오목오목 팬 자리가 담상담상 있는 모양. ¶ 솜솜 마맛자국이 난 얼굴. 큰 숨숨. **솜솜-이** 부.
솜씨 명 ①손으로 무엇을 만드는 재주. ¶ 요리 솜씨. ②일을 해내는 수단이나 수완. ¶ 솜씨를 발휘하다.
솜ː-옷 [소몯] 명 솜을 둔 옷. 면복(綿服). 핫옷. *솜ː옷이[소모시]·솜ː옷만[소몬-]
솜ː-이불 [-니-] 명 솜을 둔 이불. 핫이불.
솜ː-채 명 솜을 잠재우기 위해 두드리는 채.
솜ː-털 명 보드랍고 고운 털. 면모(綿毛).
솜ː-틀 명 쓰던 솜을 부풀려 펴서 타는 기계. 타면기(打綿機).
솜ː-화약 (-火藥) 명 솜을 황산과 질산의 혼합액에 적셔 만든 화약. 면화약(綿火藥). 화면(火綿).

솝명 〈옛〉 속. ¶ 솝 리:裏. 솝 충:衷(訓蒙下34).

솝호:스(sovkhoz 러)명 소련의 국영 농장.

솟고라-지다[솓꼬-]자 ①용솟음치며 끓어오르다. ②솟구쳐 오르다.

솟-구다[솓꾸-]타 〖'솟다'의 사동〗 솟아오르게 하다.

솟구-치다[솓꾸-] Ⅰ자 ①아래서 위로, 또는 안에서 밖으로 세차게 솟아오르다. ¶ 용암이 솟구쳐 오르다. ②감정이나 힘 따위가 급격히 솟아오르다. ¶ 힘이 솟구치다.
Ⅱ타 빠르고 세게 솟구다.

솟-나다[솓-]자 〈소수나다〉의 준말.

솟다[솓따]자 ①아래에서 위로 오르다. ¶ 물이 솟나. /해가 솟다. ②속에서 겉으로 나오다. ¶ 구두의 못이 솟다. /땀이 솟다. ③높이 우뚝 서다. ¶ 도시 한복판에 우뚝 솟은 빌딩. ④감정이나 힘 따위가 생겨나다. ¶ 기운이 솟다. ⑤(물가·성적 따위의) 지표가 올라가다. ¶ 기름 값이 솟다. *솟아·솟는[손-]

솟:-대[솓때]명 ①과거에 급제한 사람을 기리기 위하여 마을 어귀에 세웠던 물건. 〔붉은 장대 위에 푸른 나무 용(龍)을 새겨 매달았음.〕 효죽(孝竹). ②민속에서, 이듬해의 풍년을 빌며 큰 농가에서 볍씨를 주머니에 넣어 매달던 장대. ③솟대쟁이가 올라가 재주를 부리던 장대.

솟:대-쟁이[솓때-]명 지난날, 탈을 쓰고 솟대 꼭대기에 올라가 재주를 부리던 사람.

솟-보다[솓뽀-]타 물건을 자세히 살펴보지도 않고, 값을 많이 주고 사다. ¶ 찬찬히 뜯어보는 성격이 아니어서 솟보는 일이 가끔 있다.

솟아-나다 Ⅰ자 솟아서 겉으로 나타나다. ¶ 땅에서 새싹이 솟아나다.
Ⅱ형 여럿 가운데서 뚜렷이 드러나다. ¶ 재주가 솟아나다.

솟아-오르다[~오르니·~올라]자르 ①솟아서 위로 오르다. ¶ 분수의 물줄기가 하늘 높이 솟아오르다. ②감정이나 힘 따위가 힘차게 일어나다. ¶ 기쁨이 솟아오르다.

솟을-대문(-大門)[-때-]명 행랑채보다 높이 솟은 대문. 고주 대문(高柱大門). 참평대문.

솟을-무늬[-니]명 (피륙 따위에) 도드라지게 놓인 무늬.

솟-치다[솓-] Ⅰ자 《주로 '화'·'분노' 따위의 부정적 감정 명사를 주어로 하여》 느낌 따위가 세차게 일어나다. ¶ 그 꼴을 다 보았으니 화가 솟칠 만도 하지.
Ⅱ타 위로 높게 올리다. ¶ 몸을 솟쳐 담을 훌쩍 넘다.

송:(訟)명 〈송괘(訟卦)〉의 준말.

송:(頌)명 (남의) 공덕을 기리는 내용의 글.

송:가(頌歌)명 공덕을 기리는 노래.

송간(松間)명 소나무 사이.

송강-가사(松江歌辭)명 정철(鄭澈)이 지은 시조와 가사 등을 모아 엮은 책. 전 2권으로 조선 숙종 때 간행됨.

송:객(送客)명하자 손을 떠나 보냄. 손을 전송(餞送)함.

송경(松京)명 지난날, '개성(開城)'을 달리 이르던 말. 참송도(松都).

송:경(誦經)명하자 ①불경을 욈. ②(판수가) 경문을 욈.

송:고(送稿)명하타 원고를 보냄. ¶ 마감 시간에 맞춰 기사를 송고하다.

송고리명 '송골매'를 사냥꾼들이 이르는 말.

송골-매(松鶻-)명 ☞매6.

송골-송골부하형 땀이나 소름 따위가 살갗이나 표면에 잘게 많이 돋아나 있는 모양. ¶ 이마에 땀이 송골송골하다.

송:곳[-곧]명 종이나 나무·쇠 따위에 작은 구멍을 뚫는 연장. *송:곳이[-고시]·송:곳만[-곤-]
송곳도 끝부터 들어간다속담 일에는 순서가 있다는 말.
송곳 박을 땅도 없다속담 자기 땅이라고는 조금도 없다는 말.

송:곳-눈[-곤-]명 날카롭게 쏘아보는 눈.

송:곳-니[-곤-]명 앞니와 어금니 사이에 있는 뾰족한 이.
송곳니가 방석니가 된다속담 '몹시 분하여 이를 갈도록 앙심이 깊음'을 이르는 말.

송:곳-질[-곧찔]명하자 송곳으로 구멍을 내는 일.

송:곳-치기[-곧-]명 송곳이나 큰 못으로 흙 바닥에 꽂기를 하는 장난.

송:곳-칼[-곧-]명 한쪽 끝은 송곳으로 되고, 다른 한쪽 끝은 날이 있는 칼.

송과-선(松果腺)명 척추동물의 간뇌(間腦)의 뒤쪽 윗부분에 있는 작고 동그스름한 소체. 내분비샘의 한 가지로, 성기(性器)의 발육을 조정하는 기능을 지님. 송과체.

송과-체(松果體)명 ☞송과선(松果腺).

송:관(訟官)명 왕조 때, 송사(訟事)를 다스리던 벼슬아치.

송:괘(訟卦)명 육십사괘의 하나. 건괘(乾卦)와 감괘(坎卦)를 위아래로 놓은 괘. 하늘과 물이 어긋나서 행함을 상징함. 준송(訟).

송괴(悚愧) '송괴하다'의 어근.

송:괴-스럽다(悚愧-)[-괴-따/-궤-따][~스러우니·~스러워]형ㅂ 죄송스럽고 부끄러운 느낌이 있다. 송괴스레부.

송:괴-하다(悚愧-)[-괴-/-궤-]형여 죄송하고도 부끄럽다. 송괴-히부.

송:구(送球)명 ①하자 구기에서, 공을 보냄. ¶ 공을 재빨리 일루로 송구하다. ②☞핸드볼.

송구(悚懼) '송구하다'의 어근.

송:구-스럽다(悚懼-)[-따][~스러우니·~스러워]형ㅂ 마음에 두렵고 거북한 느낌이 있다. ¶ 어르신께 이런 말씀을 드려 송구스럽습니다만…. 송구스레부.

송:구-영신(送舊迎新)명 묵은해를 보내고 새해를 맞이함. 준송영(送迎).

송:구-하다(悚懼-)형여 두려워서 마음이 거북스럽다. ¶ 송구한 마음을 금할 수 없습니다. 송구-히부.

송그리다타 몸을 작게 오그리다. ¶ 몸을 송그리고 앉아 누이를 기다리다.

송근-유(松根油)[-뉴]명 소나무 따위의 침엽수 뿌리를 건류하여 얻는 기름. 테레빈유와 같은 특이한 냄새가 나며 바니시나 페인트 등의 용제(溶劑)로 쓰임.

송글-송글부 '송골송골'의 잘못.

송금(松禁)명하자 소나무를 못 베도록 함.

송:금(送金)명하자타 돈을 부침, 또는 그 돈. ¶ 고향에 계신 부모님께 생활비를 송금하다.

송:금^수표(送金手票)명 송금에 쓰이는 수표. 〔은행이 자기 지점 등에 대하여 발행함.〕

송:금^어음(送金-)명 ☞송금 환어음.

송:금-환(送金換)명 우체국이나 은행을 매개로 하여, 멀리 떨어져 있는 사람에게 송금하는 일, 또는 그 어음.

송ː금^환ː어음(送金換-)명 송금 위탁을 받은 은행이 보낼 곳의 은행으로 하여금 특정인에게 일정한 돈을 지불하게 하는 어음. 송금 어음.
송기(松肌)명 소나무 어린 가지의 속껍질.
송기-떡(松肌-)명 송기를 넣어 만든 떡.
송기-죽(松肌粥)명 송기를 넣어 쑨 죽.
송낙(←松蘿)명 소나무겨우살이로 짚주저리 비슷하게 엮은, 여승(女僧)이 쓰던 모자.
송낙-뿔(←松蘿-)명 둘 다 옆으로 꼬부라진 쇠뿔. 참우걱뿔.
송ː년(送年)명하자 한 해를 보냄. ↔영년(迎年).
송ː년-사(送年辭)명 묵은해를 보내면서 하는 인사말.
송ː년-호(送年號)명 (정기 간행물의) 그해에 마지막 내는 호(號).
송ː달(送達)명하타되자 ①(편지나 물품 따위를) 보내어 줌. ¶ 대금 청구서를 송달하다. ②소송상(訴訟上)의 서류를 일정한 격식과 절차에 따라 당사자 및 소송 관계인에게 보내어 줌.
송ː달-리(送達吏)명 법원 서기의 위임을 받아 송달을 하는 집배원이나 집행관.
송당-송당부하타 ①물건을 조금 잘게 써는 모양. ¶ 호박을 송당송당 썰다. ②바느질에서, 담상담상 거칠게 호는 모양. ¶ 이불을 송당송당 꿰매다. 큰숭덩숭덩. 센쏭당쏭당.
송ː덕(頌德)명하타 공덕을 기림.
송ː덕-문(頌德文)[-덩-]명 공덕을 기리는 글.
송ː덕-비(頌德碑)[-삐]명 공덕을 기리기 위하여 세운 비석.
송도(松都)명 '개성(開城)'의 옛 이름.
송도 말년(末年)의 불가사리라속담 '행패가 심하여 손댈 수가 없는 자'를 이르는 말.
송도 오이 장수속담 이끗 때문에 왔다 갔다 하다가 헛수고만 하고 낭패당한 사람을 이르는 말.
송도(松濤)명 파도 소리처럼 들리는 솔바람 소리.
송ː도(頌禱)명하타 ☞송축(頌祝).
송도-삼절(松都三絕)명 조선 시대에, 서화담(徐花潭)·황진이(黃眞伊)·박연 폭포(朴淵瀑布)를 개성(開城)의 뛰어난 세 존재로 이르던 말.
송ː독(誦讀)명하타 ①외워 읽음. ②소리 내어 읽음. ②독송(讀誦).
송ː동(竦動)명하자 황송하여 떨림.
송두리-째부 몽땅. 있는 대로 모두. ¶ 장사 밑천을 송두리째 날리다.
송라(松蘿)[-나]명 ☞소나무겨우살이.
송로(松露)[-노]명 ①솔잎에 맺힌 이슬. ②알버섯과의 버섯. 2~6 cm 크기의 흰 알 모양의 버섯으로, 파내면 갈색으로 변함. 4~5월경 해변의 모래땅이나 솔숲에 돋아나는데 솔 향기가 있고 식용함. 알버섯.
송뢰(松籟)[-뇌/-눼]명 솔바람.
송ː료(送料)[-뇨]명 물건을 부치는 데 드는 요금.
송름(悚懍) '송름하다'의 어근.
송ː름-스럽다(悚懍-)[-늠-따][~스러우니·~스러워]형ㅂ 두려워 마음에 불안한 느낌이 있다. 송름스레부.
송ː름-하다(悚懍-)[-늠-]형여 두려워서 마음이 흔들리다.
송ː리(訟理)[-니]명 송사의 까닭.
송린(松鱗)[-닌]명 물고기의 비늘같이 생긴, 늙은 소나무의 겉껍질.
송림(松林)[-님]명 소나무의 숲. 솔숲.
송명(松明)명 관솔불.
송목(松木)명 ☞소나무.
송ː무(訟務)명 소송에 관한 사무.
송무백열(松茂柏悅)명 〔소나무가 무성함을 잣나무가 기뻐한다는 뜻으로〕 벗이 잘됨을 기뻐함. 참혜분난비(蕙焚蘭悲).
송방(松房)명 지난날, 서울에 있던 '개성 사람들의 주단 포목전'을 이르던 말.
송방(松肪)명 ☞송진(松津).
송ː배(送配)명하타 나누어서 보냄.
송ː-배전(送配電)명 송전과 배전.
송백(松柏)명 ①소나무와 잣나무. ②껍질을 벗기어 솔잎에 꿴 잣.
송백-목(松柏木)[-뱅-]명 육십갑자의 경인(庚寅)과 신묘(辛卯)에 붙이는 납음(納音). 참장류수(長流水).
송백-조(松柏操)[-쪼]명 (소나무나 잣나무처럼) 변하지 않는 지조나 절개.
송ː변(訟辯)명하타 송사에서 변론함.
송ː별(送別)명하타 멀리 떠나는 이를 이별하여 보냄. ↔유별(留別).
송ː별-사(送別辭)[-싸]명 떠나는 이를 위하여 보내는 이가 하는 인사말, 또는 그러한 글. 준송사.
송ː별-식(送別式)명 떠나는 사람을 보내는 이별 의식.
송ː별-연(送別宴)명 송별할 때 베푸는 잔치. ¶ 입영하는 친구를 위해 조촐하게나마 송별연을 갖고자 하니 참석해 주시기 바랍니다.
송ː별-회(送別會)[-회/-훼]명 송별의 서운함을 달래기 위한 뜻으로 베푸는 모임.
송병(松餠)명 ☞송편.
송ː병(送兵)명하자 군사를 보냄.
송ː부(送付)명하타 (물건을) 보냄.
송ː사(送辭)명 〈송별사〉의 준말.
송ː사(訟事)명하타 소송(訴訟)하는 일. ¶ 집안끼리 송사가 일어나다.
송ː사(頌辭)명 공덕을 기리는 말.
송ː사리명 ①송사릿과의 민물고기. 몸길이 5 cm 가량. 몸은 가늘고 눈이 큼. 몸빛은 엷은 회갈색인데 변종(變種)이 많음. 우리나라·중국·일본 등지에 분포함. ②'가치 없고 하찮은 사람'을 빗대어 이르는 말. ¶ 거물은 모두 놓치고 송사리만 잡아들였다.
송삼(松蔘)명 개성(開城)에서 나는 인삼.
송ː상(送像)명하타 텔레비전이나 전송 사진 등에서, 영상을 전파로 보내는 일. ↔수상(受像).
송ː상-기(送像機)명 영상을 전파로 보내는 장치. ↔수상기.
송ː성(頌聲)명 기리어 찬양하는 소리.
송송부 ①물건을 잘게 빨리 써는 모양. ¶ 파를 송송 썰다. ②하형작은 구멍이 많이 뚫려 있는 모양. ¶ 그물에 구멍이 송송 뚫렸다. ③잔 땀방울이 맺혔거나 소름 따위가 많이 돋은 모양. ¶ 이마에 땀방울이 송송 맺히다. 큰숭숭. ②송송-히부.
송수(松樹)명 ☞소나무.
송ː수(送水)명하자 물을 보냄.
송ː수(送受)명하타 (통신 따위를) 보냄과 받음.
송ː수-관(送水管)명 상수도의 물을 보내는 관. 비수도관.
송ː-수신(送受信)명 송신과 수신을 아울러 이르는 말. 송수(送受).
송순(松筍)명 소나무의 새순.
송순-주(松筍酒)명 소나무의 새순을 넣어 빚은 술, 또는 소주에 송순을 담가 우린 술.
송ː시(頌詩)명 공덕을 기리는 시.
송시-요(松柴窯)명 소나무를 때어 도자기를 굽는 가마.

송:신(送信)명하타되자 통신을 보냄. ↔수신1.
송:신(送神)명하자 (제사가 끝난 뒤에) 신을 전송함. ↔영신(迎神).
송:신(竦身)명하자 몸을 움츠림.
송:신-관(送信管)명 송신기에 쓰이는 전자관(電子管). ↔수신관.
송:신-기(送信機)명 유무선 통신기의, 통신을 보내는 장치. 발신기(發信機). ↔수신기.
송:신-소(送信所)명 전파의 송신을 맡아보는 곳. ↔수신소(受信所).
송실(松實)명 소나무의 열매.
송심(松蕈)명 ☞송이(松栮).
송아리명 ①꽃이나 자잘한 열매가 한데 모여 달린 덩어리. ②〖의존 명사적 용법〗 꽃이나 자잘한 열매가 한데 모여 달린 덩어리를 세는 단위. ¶ 포도 한 송아리. 큰숭어리.
송아지명 소의 새끼. 독우(犢牛).
송악명 두릅나뭇과의 상록 활엽 만목. 뿌리와 가지에서 기근(氣根)이 자라나 딴 물체를 타고 오름. 잎은 달걀 모양으로 어긋맞게 나고 윤기가 있음. 가을에 녹황색 꽃이 피며, 이듬해 봄에 검은 열매가 익음. 관상용인데, 잎과 줄기는 약재로 쓰임.
송:안(訟案)명 지난날, '송사(訟事)의 기록'을 이르던 말.
송알-송알부 ①술이나 고추장 따위가 괴어 거품이 이는 모양. ②송아리가 여럿 엉킨 모양. ¶ 송알송알 싸리 잎에 은구슬. 큰숭얼숭얼.
송액(松液)명 솔뿌리를 자른 데서 나오는 진.
송:액(送厄)명하자 액운을 보냄.
송:양지인(宋襄之仁)명 착하기만 하여 '쓸데없는 아량을 베풂'을 이르는 말. 〔중국 춘추 시대 송나라 양공(襄公)이 쓸데없이 어진 체하다가 싸움에 패하였다는 고사에서 유래함.〕
송어(松魚)명 연어과의 바닷물고기. 몸길이 60 cm가량. 몸빛은 등이 짙고 남색이며 배는 은백색임. 여름철 산란기에 하천 상류로 거슬러 올라감. 우리나라에는 경북 이북의 동해안에 분포하고 근래에는 민물에서 많이 양식함.
송연(松煙)명 소나무를 태울 때 나온 철매. 먹의 원료로 쓰임.
송연(悚然·竦然) '송연하다'의 어근.
송연-묵(松煙墨)명 숯먹.
송:연-하다(悚然-·竦然-)형여 《주로 '모골'과 함께 쓰이어》 두려워서 옹송그리다. ¶ 모골(毛骨)이 송연하다. 송연-히부.
송엽(松葉)명 솔잎.
송엽-주(松葉酒)[-쭈]명 솔잎을 넣어 빚은 술, 또는 소주에 솔잎을 담가 우린 술.
송:영(送迎)명 ①하타가는 이를 전송하고, 오는 이를 맞이함. 영송. ②하자〈송구영신〉의 준말.
송:영(誦詠)명하타 시가를 외워 읊조림.
송:영-대(送迎臺)명 공항 등에서 송영할 때, 서로 바라다볼 수 있게 만든 대.
송운(松韻)명 맑은 솔바람 소리를 운치 있게 이르는 말.
송:유(宋儒)명 송나라의 정주학파에 속한 선비.
송유(松油)명 솔가지를 잘라 불에 구워 받은 기름.
송:유-관(送油管)명 석유나 원유 등을 딴 곳으로 보내기 위하여 시설한 관. 유송관. 파이프라인.
송이명 ①꽃이나 눈·열매 따위가 따로 된 한 덩이. ¶ 꽃다발에서 시든 송이를 골라내다. ②〖의존 명사적 용법〗 꽃이나 눈·열매 따위가 따로 된 한 덩이를 세는 단위. ¶ 꽃 한 송이.
송이(松栮)명 송이과의 버섯. 삿갓 모양의 지름 8~20 cm의 윗부분과 길이 10 cm가량의 자루로 되어 있음. 추석 무렵 솔밭에 나는데 향기가 좋고 맛이 있어 식용 버섯의 대표로 꼽힘. 송심(松蕈). 송이버섯.
송이-밤명 밤송이 속에 들어 있는, 까지 않은 밤. ↔알밤.
송이-밥(松栮-)명 밥을 짓다가 송이를 썰어 넣고 버무려서 뜸을 들여 지은 밥.
송이-버섯(松栮-)[-섣]명 ☞송이(松栮). * 송이버섯이[-서시]·송이버섯만[-선-]
송이-송이부 송이마다.
송이-술명 전국으로 뜬 술. 조하주(糟下酒).
송이-재강명 전국만 떠낸 술의 재강.
송이-채(松栮菜)명 쇠고기를 잘게 썰어 양념하여 볶다가 송이를 썰어 넣고 볶은 음식.
송이-풀명 현삼과의 다년초. 줄기는 사각형으로 높이 30~60 cm. 달걀 모양 또는 타원형의 잎이 어긋맞게 나는데, 8~9월에 진홍색 꽃이 원줄기 끝에 핌. 우리나라 각지와 일본 등지의 산속에 절로 나는데 어린잎은 식용함.
송잇-국(松栮-)[-이꾹/-읻꾹]명 송이에 녹말을 묻혀 달걀을 씌워서 맑은장국에 끓인 국.
송:자(宋瓷·宋磁)명 중국 송(宋)나라 때에 만들어진 도자기.
송자(松子)명 ①솔방울. ②잣.
송자-송(松子松)명 ☞잣나무.
송:장명 죽은 사람의 몸뚱이. 시구(屍軀). 시신(屍身). 시체(屍體). 유해(遺骸). 주검.
송장 빼놓고 장사 지낸다속담 가장 긴요한 것을 잊어버리고 일을 치른다는 말.
송장(을) 치다관용 '장사를 지내다'를 속되게 이르는 말.
송:장(送狀)[-짱]명 ①☞송증(送證). ②☞인보이스(invoice). ③☞운송장(運送狀).
송:장-통(-桶)명 광산에서, 복대기를 삭혀서 금을 빼내는 널같이 생긴 통.
송:장-하늘소[-쏘]명 하늘솟과의 곤충. 몸은 까맣고 목이 붉음. 살구나무에 많이 삶.
송:장-헤엄명 ☞배영(背泳).
송:적(送籍)명하타 혼인이나 입양 등으로 인하여 다른 집으로 호적을 옮겨 넣음.
송전(松田)명 솔밭.
송:전(送傳)명하타 보내어 전함.
송:전(送電)명하자되자 전력을 보냄.
송:전-선(送電線)명 전력을 발전소로부터 변전소나 배전소까지 보내는 데 쓰는 선.
송절(松節)명 소나무의 마디.
송:정(送呈)명하타되자 보내어 드림.
송:정(訟廷·訟庭)명 왕조 때, 송사(訟事)를 처리하던 법정(法廷).
송:조(宋朝)명 ①중국 송나라의 왕조 또는 그 조정. ②〈송조체(宋朝體)〉의 준말.
송:조-체(宋朝體)명 활자체의 한 가지. 해서체(楷書體)로 가늘고 끝이 날카로움. 준송조·송체. 참명조체·청조체.
송:종(送終)명하자 장사(葬事)에 관한 모든 일, 또는 그 일을 끝마침.
송:주(誦呪)명하자 ①주문을 욈. ②다라니경(陀羅尼經)을 욈. 주송(呪誦).
송:주(誦奏)명하타 상주문을 읽어 올림.
송죽(松竹)명 소나무와 대나무를 아울러 이르는 말.
송죽(松粥)명 갓 딴 솔잎을 씻어 짓찧어 짜낸 물. 양생(養生)이나 벽곡(辟穀)으로 먹음.

송죽매(松竹梅)[-중-]명 (추위에 견디는) '소나무·대나무·매화나무'를 아울러 이르는 말. 참세한삼우(歲寒三友).
송죽지절(松竹之節)[-찌-]명 소나무와 대나무같이 굳고 곧은 절개.
송:증(送證)[-쯩]명 물품을 보내는 사람이 받을 사람에게 보내는 물품의 명세서. 송장(送狀).
송지(松脂)명 ☞송진(松津).
송지-유(松脂油)명 ☞테레빈유(terebene油).
송진(松津)명 소나무나 잣나무에서 나는 담황색의 끈적끈적한 액체. 송방(松肪). 송지(松脂).
송:채(送采·送綵)명하자 혼인 때, 신랑 집에서 신부 집에 채단을 보내는 일. 참채단(采緞).
송:척(訟隻)명 지난날, 송사(訟事)에서 '상대자'를 이르던 말.
송:청(送廳)명하타되자 피의자나 범죄인을 사법 경찰에서 검찰청으로 넘겨 보냄.
송:체(宋體)명 〈송조체(宋朝體)〉의 준말.
송추(松楸)명 산소(山所)에 심는 나무.
송:축(悚縮·悚蹙)명하자 송구하여 몸을 움츠림.
송:축(頌祝)명하타 경사스러운 일을 기리어 축하함. 송도(頌禱).
송:춘(送春)명하자 봄을 보냄.
송:춘(頌春)명하자 새봄을 칭송함.
송:출(送出)명하타되자 ①(사람을) 해외로 내보냄. ¶ 인력 송출. ②(전기·전파·정보 따위를) 기계적으로 전달함. ¶ 위성에서 송출된 신호.
송충(松蟲)명 ☞송충이.
송충-나방(松蟲-)명 솔나방과의 곤충. 몸길이 3 cm, 편 날개 길이 7 cm가량. 날개 빛깔은 갈색인데, 불규칙한 흰 줄 또는 검은 줄무늬가 있음. 유충인 '송충이'는 소나무의 해충임.
송충-목(松蟲木)명 송충이의 해를 입은 나무.
송충-이(松蟲-)명 송충나방의 유충. 누에 비슷하나 몸빛이 흑갈색임. 온몸에 긴 털이 나 있어 쏘이면 아픔. 소나무의 해충임. 송충.
송충이가 갈잎을 먹으면 죽는다〔떨어진다〕속담 분수에 맞지 않는 일을 하다가는 낭패를 보게 된다는 말.
송치명 암소의 배 속에 든 새끼.
송:치(送致)명하타되자 (수사 기관에서 검찰청으로, 또는 어떤 검찰청에서 다른 검찰청으로) 피의자와 관련 서류를 넘겨 보냄, 또는 그 일.
송:판(宋板)명 송(宋)나라 때, 송조체(宋朝體)로 간행된 책.
송판(松板)명 소나무 널빤지. 판자.
송편(松-)명 멥쌀가루를 반죽하여 소를 넣고 반달 또는 조개 모양으로 빚어서 솔잎을 깔아 찐 떡. 송병(松餠). ¶ 송편을 빚다.
송편으로 목을 따 죽지속담 하찮은 일로 같잖게 화를 내어 우스갯감이 됨을 이르는 말.
송:품(送品)명하타 물품을 보냄, 또는 그 물품.
송풍(松風)명 솔바람.
송:풍(送風)명하자 기계 따위로 바람을 일으켜 보냄.
송:풍-기(送風機)명 공기나 가스 따위를 대량으로 내보내는 기계나 설비.
송:하-인(送荷人)명 물품의 운송을 위탁한 사람. ↔수하인.
송:학(宋學)명 중국 송(宋)나라 때의 유학, 곧 정주(程朱)의 '성리학'을 이르는 말.
송학(松鶴)명 화투짝의 한 가지. 소나무와 학을 그린, 솔의 스무 끗짜리 딱지.
송:한(悚汗)명 송구스러워서 흘리는 땀.
송화(松花)명 소나무의 꽃, 또는 그 꽃가루.
송:화(送話)명하자 (전화 따위로) 상대편에게 말을 함. ↔수화(受話).
송:화-기(送話器)명 (전화기 등에서) 음성 신호를 전기 신호로 바꾸는 장치. ↔수화기(受話器).
송화-다식(松花茶食)명 송홧가루를 꿀로 반죽하여 다식판에 박아 낸 다식.
송화-밀수(松花蜜水)[-쑤]명 송홧가루를 탄 꿀물.
송화-색(松花色)명 송화같이 엷은 누른빛.
송화-주(松花酒)명 송화를 줄거리째 넣어 빚은 술.
송:환(送還)명하타되자 돌려보냄. ¶ 포로 송환.
송홧-가루(松花-)[-화까-/-홧까-]명 소나무의 꽃가루, 또는 그것을 물에 풀어 휘저어서 잡물을 없애어 말린 가루. ¶ 송홧가루 날리는 윤사월에….
송황(悚惶) '송황하다'의 어근.
송:황-하다(悚惶-)형여 송구스럽고 황공하다.
솥[솓]명 쇠붙이나 오지 따위로 만들어, 밥을 짓거나 음식을 끓이는 데 쓰는 그릇. ¶ 솥에 쌀을 안치다. ＊솥이[소치]·솥을[소틀]·솥만[손-]
솥 속의 콩도 쪄야 익지속담 힘들이지 않고서는 되는 일이 없다는 말.
솥은 검어도 밥은 검지 않다속담 겉모양은 흉해도 속은 훌륭하다는 말.
솥-귀[솓뀌]명 솥의 운두 위로 두 귀처럼 뾰족하게 돋친 것.
솥-뚜껑[솓-]명 솥을 덮는 뚜껑. 소댕.
솥뚜껑에 엿을 놓았나속담 '찾아온 사람이 서둘러 돌아가려고 함'을 놀림조로 이르는 말.
솥-물[손-]명 새 솥에서 우러나는 쇳물.
솥-발[솓빨]명 (재래식의) 솥 밑에 달린 세 개의 발. 정족(鼎足). ¶ 솥발같이 늘어앉다.
솥발-이[솓빠리]명 한배에서 난 세 마리의 강아지.
솥-전[솓쩐]명 (솥이 부뚜막에 걸리도록) 솥의 바깥 중턱에 둘러 댄 전.
솥-정(-鼎)[솓쩡]명 한자 부수의 한 가지. '鼐'·'鼒' 등에서의 '鼎'의 이름.
솥-젖[솓쩓]명 (솥전 대신 솥이 부뚜막에 걸리도록) 솥의 바깥 중턱에 붙인 세 개의 쇳조각. ＊솥젖이[솓쩌지]·솥젖만[솓쩐-]
솨부 ①나무나 물건을 스치며 지나는 바람 소리. ②비바람 소리. ③액체가 세차게 흐르거나 쏟아지는 소리. 센쏴. **솨-솨**부.
솨-줄명 〈옛〉쇠사슬. ¶ 連環온 솨주리라(圓覺上二之三31).
솰솰부 ①물이 세차게 흐르는 모양이나 소리. ②가루 따위가 체의 구멍으로 거침없이 흘러 빠지는 모양. ③머리털이나 짐승의 털을 솔로 빗거나 솔질하는 모양.
솽불쥐다자 〈옛〉먹국하다. ¶ 솽불쥐기ᄒᆞ며:拿錢(初朴上18).
쇄부 ①나뭇가지나 물건의 틈 사이로 몰아쳐 부는 바람 소리. ②소나기가 쏟아지는 소리. ③액체가 급히 나오거나 흐르는 소리. 센쐐.
쇄:(刷)의 책을 같은 내용으로 다시 출간할 때, 그 횟수를 세는 단위. ¶ 초판 6쇄.
쇄:골(鎖骨)명 ☞빗장뼈.
쇄:골-분신(碎骨粉身)명하자 ☞분골쇄신.
쇄:광(碎鑛)명하타 〔광분(鑛分)을 빼내기 위하여〕광석을 부수는 일.
쇄:국(鎖國)명하자 외국과의 교통이나 무역을 막음. ↔개국(開國).
쇄:국^정책(鎖國政策)[-쩡-]명 쇄국하는 정책. ↔개방 정책.

쇄ː국-주의(鎖國主義)[-쭈의/-쭈이] 명 외국과의 통상 및 교역을 거절하고 나라의 문을 닫아야 한다는 주의. ↔개국주의.

쇄ː금(碎金) 명 〔금을 깨뜨리면 빛이 찬란하다는 뜻으로〕'아름다운 글귀'를 이르는 말.

쇄ː납(瑣吶) 명 ☞태평소.

쇄ː도(殺到) 명 하자 ①전화나 주문 따위가 세차게 몰려듦. ¶ 주문이 쇄도하다. ②어떤 곳을 향하여 세차게 달려듦. ¶ 극장에 관객이 쇄도하다.

쇄ː락(灑落·洒落) 명 하형 마음이 상쾌하고 시원함.

쇄ː마(刷馬) 명 왕조 때, 지방에 배치하여 두던 관용(官用)의 말.

쇄ː문(鎖門) 명 하자 문을 걸어 잠금.

쇄ː문-도주(鎖門逃走) 명 하자 문을 걸어 잠그고 몰래 달아남.

쇄ː빙(碎氷) 명 하자 얼음을 깨뜨림.

쇄ː빙-선(碎氷船) 명 (얼어붙은 강이나 바다의) 얼음을 깨뜨려 뱃길을 트는 배.

쇄ː사(瑣事) 명 쓸모없고 하찮은 일. 사사(些事). ¶ 쇄사에 얽매여 세월을 보내다니.

쇄ː상(鎖狀) 명 쇠고리를 길게 이어 놓은 것과 같은 모양.

쇄ː서(曬書) 명 하타 책을 볕에 쬠. 폭서(曝書).

쇄ː석(碎石) 명 하타 돌을 잘게 깨뜨려 부숨, 또는 그 돌.

쇄ː석-기(碎石機)[-끼] 명 바위나 돌을, 필요로 하는 크기로 부수는 기계.

쇄ː석-도(碎石道)[-또] 명 쇄석을 깔아 고른 길.

쇄ː설(瑣屑) 명 하자 자질구레하게 부스러짐, 또는 그 부스러기.

쇄ː소(刷掃) 명 하타 쓸고 닦음.

쇄ː소(灑掃·洒掃) 명 하타 물 뿌리고, 비로 쓰는 일.

쇄ː신(刷新) 명 하타 되자 묵은 것이나 폐단을 없애고 새롭고 좋게 함. ¶ 서정(庶政) 쇄신.

쇄ː신(碎身) 명 하자 〈분골쇄신〉의 준말.

쇄ː양(鎖陽) 명 한방에서, 폐병의 약으로 쓰이는 버섯의 한 가지. 어린 송이버섯과 비슷함.

쇄ː열(碎裂) 명 하자 부수어지고 찢어짐.

쇄ː원(鎖院) 명 왕조 때, 과거의 성적을 발표하기 전에는 시관(試官)이 시험장을 떠나지 못하던 일.

쇄ː자(刷子) 명 갓이나 탕건의 먼지를 터는 솔.

쇄ː장(鎖匠) 명 〈옥쇄장(獄鎖匠)〉의 준말.

쇄ː점-제(殺粘劑) 명 도자기를 만들 때 도토(陶土)의 끈기를 줄이는 약제.

쇄ː직(鎖直) 명 숙직(宿直) 따위로 여러 날 외출을 하지 못함.

쇄ː진(灑塵) 명 하타 물로 먼지를 씻어 냄.

쇄탈(灑脫·洒脫) '쇄탈하다'의 어근.

쇄ː탈-하다(灑脫-·洒脫-) 형 여 ☞소탈하다.

쇄ː토(碎土) 명 하타 (덩이진) 흙을 부숨.

쇄ː파(碎破) 명 하타 부수어 깨뜨림.

쇄ː편(碎片) 명 부서진 조각. 파편.

쇄ː풍(曬風) 명 하자 바람을 쐼.

쇄ː항(鎖港) 명 하타 항구 안에 외국 선박의 출입을 막아 통상(通商)을 금함.

쇄ː환(刷還) 명 하타 조선 시대에, 다른 나라에서 떠도는 자기 나라 백성을 데려오던 일.

쇠[쇠/쉐] 명 ①☞철(鐵). ②쇠붙이. ③'자물쇠'나 '열쇠'를 줄이어 이르는 말. ¶ 쇠를 채우다. ④'지남철'을 흔히 이르는 말. ¶ 묏자리 앞에 쇠를 놓고 좌향을 보다. ⑤〈돈〉의 속된 말. ¶ 에참, 쇠가 없어 잔술도 못 마시겠네.

쇠가 쇠를 먹고 살이 살을 먹는다 속담 친족이나 동류끼리 다툼을 이르는 말.

쇠-[쇠/쉐] 접두 《소에 관한 일부 명사 앞에 붙어》'소의'의 뜻을 나타냄. 소-. ¶ 쇠고기. /쇠꼬리. /쇠기름. /쇠머리.

쇠-가락지[쇠-찌/쉐-찌] 명 창·칼 따위의 자루에 끼우는, 쇠붙이로 된 둥근 테.

쇠-가래[쇠-/쉐-] 명 바닥이 쇠로 된 가래.

쇠ː-가죽[쇠-/쉐-] 명 소의 가죽. 소가죽. 우피(牛皮).

쇠ː-간(-肝)[쇠-/쉐-] 명 소의 간. 소간.

쇠-갈고리[쇠-/쉐-] 명 쇠로 만든 갈고리.

쇠ː-갈비[쇠-/쉐-] 명 소의 갈비. 소갈비.

쇠경(衰境)[쇠-/쉐-] 명 늙바탕.

쇠ː-고기[쇠-/쉐-] 명 소의 고기. 소고기. 황육(黃肉).

쇠-고랑[쇠-/쉐-] 명 〈수갑〉의 속된 말. ¶ 쇠고랑을 차다. 준 고랑[3].

쇠-고리[쇠-/쉐-] 명 쇠로 만든 고리.

쇠ː-고집(-固執)[쇠-/쉐-] 명 매우 센 고집. 소고집. 황소고집.

쇠곤(衰困) '쇠곤하다'의 어근.

쇠곤-하다(衰困-)[쇠-/쉐-] 형 여 (몸이) 쇠약하고 피곤하다.

쇠ː-골[쇠-/쉐-] 명 소의 골.

쇠골(衰骨)[쇠-/쉐-] 명 가냘프게 생긴 골격, 또는 그런 사람.

쇠-공이[쇠-/쉐-] 명 쇠로 만든 공이.

쇠-구들[쇠-/쉐-] 명 고래가 막히어, 불을 때어도 더워지지 않는 방.

쇠ː-귀[쇠-/쉐-] 명 소의 귀. 우이(牛耳).

쇠귀에 경 읽기 속담 둔한 사람은 아무리 일러도 알아듣지 못한다는 말.

쇠ː귀-나물[쇠-/쉐-] 명 택사과의 다년초. 높이는 1 m가량. 뿌리줄기는 짧고, 잎은 뿌리에서 뭉쳐나는데 잎자루가 길고 큰 화살촉 모양임. 여름에 흰 꽃이 피며 덩이줄기는 약재로 쓰기도 하고 먹기도 함. 자고(慈姑).

쇠ː-귀신(-鬼神)[쇠-/쉐-] 명 ①소가 죽어서 된다는 귀신. ②'성질이 몹시 검질기고 미련한 사람'을 비유하여 이르는 말.

쇠-금(-金)[쇠-/쉐-] 명 한자 부수의 한 가지. '銀'·'鑛' 등에서의 '金'의 이름.

쇠-기둥[쇠-/쉐-] 명 작두의 날을 끼우기 위하여 바탕에 세운 두 기둥.

쇠-기러기[쇠-/쉐-] 명 오릿과의 새. 몸길이 75 cm, 날개 길이 40 cm가량. 몸빛은 회갈색인데, 배와 가슴에 불규칙한 흑색 가로무늬가 있음. 무논이나 습지·초원 등지에 떼 지어 사는데, 우리나라에 흔한 겨울새임.

쇠ː-기름[쇠-/쉐-] 명 소의 기름. 소기름. 우지(牛脂).

쇠ː-기침[쇠-/쉐-] 명 오래도록 낫지 않아 쉰 기침.

쇠ː-꼬리[쇠-/쉐-] 명 ①소의 꼬리. ②베틀신의 끈.

쇠꼬리보다 닭 대가리가 낫다 속담 크거나 훌륭한 것의 말단에 있는 것보다는 대수롭지 않은 데서라도 상석에 있는 것이 나음을 이르는 말.

쇠ː꼬리-채[쇠-/쉐-] 명 베틀에 딸린 기구의 한 가지. 잡아당겨서 날과 씨를 서로 오르내리게 함.

쇠-꼬챙이[쇠-/쉐-] 명 쇠로 만든 꼬챙이.

쇠-끄트러기[쇠-/쉐-] 명 부스러기 쇠붙이. 준 쇠끝.

쇠-끝[쇠끋/쉐끋] 명 〈쇠끄트러기〉의 준말. * 쇠끝이[쇠끄치/쉐끄치]·쇠끝을[쇠끄틀/쉐끄틀]·쇠끝만[쇠끈-/쉐끈-]

쇠나기명 〈옛〉 소나기. ¶ 쇠나기 동:涷(訓蒙上3).
쇠-나다[쇠-/쉐-]자 ①솥에 녹슨 녹물이 음식에 물들다. ②부스럼이 덧나다.
쇠년(衰年)[쇠-/쉐-]명 늙어서 기력이 점점 쇠약하여 가는 나이. 쇠령(衰齡).
쇠뇌[쇠뇌/쉐눼]명 여러 개의 화살이 잇달아 나가게 만든 활의 한 가지. 노포(弩砲).
쇠다[1][쇠-/쉐-]자 ①채소 따위가 너무 자라 억세다. ¶ 상추가 푹 쇠었다. ②정도가 지나쳐서 악화되다. ¶ 감기가 쇠다.
쇠ː다[2][쇠-/쉐-]타 (명절이나 생일 따위를) 기념하여 지내다. ¶ 설을 쇠다.
-쇠다[쇠-/쉐-]어미 〈-소이다〉의 속된 말. ¶ 알았쇠다. /내일 가겠쇠다.
쇠ː-다리[쇠-/쉐-]명 소의 다리.
쇠-달구[쇠-/쉐-]명 쇠로 만든 달구.
쇠-닻[쇠닫/쉐닫]명 쇠로 만든 닻. *쇠닻이[쇠다치/쉐다치]·쇠닻만[쇠단-/쉐단-]
쇠-도리깨[쇠-/쉐-]명 쇠로 도리깨처럼 만든 옛 병기(兵器)의 한 가지. 도리깨.
쇠-돌피[쇠-/쉐-]명 볏과의 이년초. 높이 50 cm가량. 5~6월에 줄기 끝에 여러 개의 작은 이삭으로 된 녹자색 꽃이 핌. 양지바른 도랑이나 들에 남. 우리나라·일본·중국 등지에 분포함.
쇠ː-두엄[쇠-/쉐-]명 외양간에서 쳐낸 퇴비. 구비(廐肥).
쇠-딱지[쇠-찌/쉐-찌]명 어린애들의 머리에 눌어붙은 때.
쇠-똥[1][쇠-/쉐-]명 쇠를 불에 달굴 때나 용접할 때 튀어나오는 부스러기. 철설(鐵屑).
쇠ː-똥[2][쇠-/쉐-]명 소의 똥.
쇠똥도 약에 쓰려면 없다속담 아주 흔한 것도 쓰임이 있어 찾을 때면 눈에 띄지 않는다.
쇠ː똥-구리[쇠-/쉐-]명 쇠똥구릿과의 곤충. 몸길이 1.8 cm가량. 몸빛은 검고 광택이 있음. 여름철에 짐승의 똥을 둥글게 뭉쳐 굴리어 흙 속에 묻고 그 속에 알을 낳음. 말똥구리.
쇠ː똥-찜[쇠-/쉐-]명하타 쇠똥을 구워서 부스럼 자리에 대고 하는 찜질.
쇠뜨기[쇠-/쉐-]명 속샛과의 다년생 양치식물. 풀밭에 나는데, 땅속줄기가 길게 벋음. 땅위줄기는 속이 비고 딱딱하며 마디에 비늘 같은 잎이 돌려남. 줄기는 민간에서 이뇨제 따위로 쓰임.
쇠락(衰落)[쇠-/쉐-]명하자되자 쇠하여 말라 떨어짐. ¶ 병이 들어 몸이 쇠락하다. /혁신하지 않는 기업은 쇠락하기 마련이다.
쇠령(衰齡)[쇠-/쉐-]명 ☞쇠년(衰年).
쇠로(衰老)[쇠-/쉐-]명하자 늙어 쇠약해짐. 노쇠(老衰).
쇠로기명 〈옛〉 솔개. ¶ 쇠로기 연:鳶(訓蒙上17).
쇠망(衰亡)[쇠-/쉐-]명하자 쇠퇴하여 망함. ¶ 로마 제국의 쇠망.
쇠-망치[쇠-/쉐-]명 쇠로 된 망치.
쇠ː-머리[쇠-/쉐-]명 소의 머리. 소머리.
쇠ː-먹이[쇠-/쉐-]명 소에게 먹일 먹이.
쇠멸(衰滅)[쇠-/쉐-]명하자되자 쇠퇴하여 없어짐.
쇠모(衰耗)[쇠-/쉐-]명하자되자 (힘이) 쇠하여 줄어듦.
쇠목[쇠-/쉐-]명 장롱의 앞쪽 두 기둥 사이에 가로 건너 대는 나무.
쇠-못[쇠몯/쉐몯]명 쇠로 만든 못. 철정(鐵釘). *쇠못이[쇠모시/쉐모시]·쇠못만[쇠몬-/쉐몬-]
쇠-몽둥이[쇠-/쉐-]명 쇠로 된 몽둥이. 철봉(鐵棒).
쇠-몽치[쇠-/쉐-]명 쇠로 된 짤막한 몽둥이.
쇠ː무릎-지기[쇠-릅찌-/쉐-릅찌-]명 비름과의 다년초. 산이나 들에 절로 나는데, 줄기는 모가 나고 마디는 소의 무릎처럼 볼록함. 길둥근 잎은 마주나고 여름에 녹색 꽃이 줄기 끝에 이삭 모양으로 핌. 민간에서 뿌리는 생식기 질환에, 잎은 독사에게 물린 데 약으로 씀.
쇠-문(-門)[쇠-/쉐-]명 ☞철문.
쇠문(衰門)[쇠-/쉐-]명 쇠퇴하여 가는 집안.
쇠문-이(衰門-)[쇠-/쉐-]명 〔집안을 망치는 자라는 뜻으로〕 '하는 짓이 못되고, 진취성이 없는 사람'을 낮잡아 이르는 말.
쇠-뭉치[쇠-/쉐-]명 쇳덩어리.
쇠미(衰微)[쇠-/쉐-]명하형 쇠잔하고 미약함. ¶ 왕조의 쇠미를 한탄하다. /나이가 들면 기억력이 쇠미해진다.
쇠ː-백장[쇠-짱/쉐-짱]명 소를 잡는 것을 업으로 하는 사람. 소를 잡는 백장. 도우탄(屠牛坦). 쇠백정.
쇠ː-백정(-白丁)[쇠-쩡/쉐-쩡]명 쇠백장.
쇠ː-버짐[쇠-/쉐-]명 흔히, 어린아이들의 머리에 생기는 버짐의 한 가지. 백선(白癬).
쇠-별꽃[쇠-꼳/쉐-꼳]명 석죽과의 이년초 또는 다년초. 습기가 있는 곳에 자라는 들풀의 한 가지. 밑 부분은 옆으로 자라다가 20~50 cm까지 곧추 자람. 5~6월에 흰 꽃이 잎겨드랑이마다 달림. 어린순은 나물로 먹음. *쇠별꽃이[쇠-꼬치/쉐-꼬치]·쇠별꽃만[쇠-꼰-/쉐-꼰-]
쇠병(衰病)[쇠-/쉐-]명 늙고 몸이 약해져서 난 병.
쇠-보리[쇠-/쉐-]명 볏과의 다년초. 바다 근처의 모래땅이나 산기슭의 습한 곳에 밀집하여 자라는 잡초로 이삭에 까끄라기가 거의 없음.
쇠북명 〈옛〉 종(鐘). ¶ 쇠북 종:鐘(倭語類解上43). 참쇠붑.
쇠ː-불알[쇠-/쉐-]명 소의 불알.
쇠불알 떨어지면 구워 먹기속담 언제 될지도 모를 일을 한없이 기다리거나 노력 없이 요행을 바란다는 말.
쇠붑명 〈옛〉 종(鐘). ¶ 쇠붑 죵:鐘(訓蒙中32)/中隱庵 쇠붑소리(朴仁老.莎提曲). 참쇠뷮.
쇠-붙이[쇠부치/쉐부치]명 ①☞금속(金屬). ¶ 쇠붙이에 녹이 슬다. ②철물이나 쇳조각 따위를 통틀어 이르는 말. ②쇠.
쇠뷮명 〈옛〉 종(鐘). ¶ 鐘은 쇠부피오 鈴은 방오리라(月釋17:60). 참쇠붑.
쇠ː-비름[쇠-/쉐-]명 쇠비름과의 일년초. 길가나 밭에 절로 나는데, 줄기나 잎은 살이 많고 줄기는 붉은빛이 남. 초여름부터 가을에 걸쳐 노란 꽃이 피는데, 아침에 피었다가 한낮에 오므라짐.
쇠ː-뿔[쇠-/쉐-]명 소의 뿔. 우각(牛角).
쇠뿔도 각각 염주도 몫몫속담 '무슨 일이나 각각 특성이 있으므로 일하는 방식도 서로 다름'을 비유하여 이르는 말.
쇠뿔도 단김에 빼랬다〔빼라〕속담 일을 하려고 했으면 주저 없이 해치우라는 말.
쇠ː뿔-고추[쇠-/쉐-]명 쇠뿔 모양으로 된 고추.
쇠ː뿔-참외[쇠-차뫼/쉐-차뭬]명 쇠뿔 모양으로 된 참외.
쇠-사슬[쇠-/쉐-]명 쇠고리를 여러 개 걸어 이은 줄. 철쇄(鐵鎖). 준사슬[1].

쇠살-문(-門)[쇠-/쉐-]명 쇠로 된 살대로 짠 대문.

쇠ː-살쭈[쇠-/쉐-]명 (사고파는) 소의 흥정을 붙이는 사람. 준살쭈.

쇠-살창(-窓)[쇠-/쉐-]명 쇠로 된 살대로 짠 창문.

쇠상(衰相)[쇠-/쉐-]명 쇠퇴하거나 쇠약해진 모습.

쇠ː-서[쇠-/쉐-]명 ①(고기로서의) 소의 혀. ②〈쇠서받침〉의 준말.

쇠ː서-받침[쇠-/쉐-]명 전각의 기둥 위에 덧붙이는, 소의 혀 모양으로 된 장식. 준쇠서.

쇠세(衰世)[쇠-/쉐-]명 망해 가는 세상.

쇠세(衰勢)[쇠-/쉐-]명 쇠퇴한 세력.

쇠-솥[쇠솓/쉐솓]명 쇠로 만든 솥을 통틀어 이르는 말. ∗쇠솥이[쇠소치/쉐소치]·쇠솥을[쇠소틀/쉐소틀]·쇠솥만[쇠손-/쉐손-]

쇠-숟가락[쇠-까-/쉐-까-]명 쇠붙이로 만든 숟가락. 준쇠숟.

쇠-숟[쇠-/쉐-]명 〈쇠숟가락〉의 준말.

쇠스랑[쇠-/쉐-]명 쇠로 서너 개의 발을 만들어 자루를 박은, 갈퀴 모양의 농구(農具).

쇠스랑-개비[쇠-/쉐-]명 ☞양지꽃.

쇠시리[쇠-/쉐-]명 (모양을 내기 위하여) 기둥의 모서리나 문살의 등 따위의 모를 접어 골을 내는 일.

쇠ː-심[쇠-/쉐-]명 소의 힘줄. 쇠심줄.

쇠ː심-떠깨[쇠-/쉐-]명 힘줄이 섞여 있어서 아주 질긴 쇠고기. 준심떠깨.

쇠ː-심줄[쇠-쭐/쉐-쭐]명 쇠심.

쇠안(衰眼)[쇠-/쉐-]명 쇠약해진 시력.

쇠안(衰顔)[쇠-/쉐-]명 쇠약한 얼굴.

쇠야기명 〈옛〉쐐기. ¶ 轄은 술윗 軸 곧 쇠야기라(法華序*21*).

쇠약명 〈옛〉뿔송곳. ¶ 쇠약 휴:觿(訓蒙中7).

쇠약(衰弱)[쇠-/쉐-]명하형 쇠퇴하여 약함. ¶ 오랜 병으로 몸이 쇠약하다.

쇠양배양-하다[쇠-/쉐-]형여 요량이 없고 사리를 분별하는 지혜가 적다.

쇠ː-여물[쇠-/쉐-]명 소에게 먹이는 여물. 소여물.

쇠ː-오줌[쇠-/쉐-]명 소의 오줌.

쇠ː-옹두리[쇠-/쉐-]명 소의 옹두리뼈.

쇠용(衰容)[쇠-/쉐-]명 여윈 얼굴. 쇠약한 모습.

쇠운(衰運)[쇠-/쉐-]명 쇠퇴하는 운수.

쇠잔(衰殘)[쇠-/쉐-]명하자 쇠하여 힘이나 세력이 점점 약해짐.

쇠ː-장(-場)[쇠-/쉐-]명 소를 거래하는 시장. 쇠전.

쇠-재비[쇠-/쉐-]명 농악에서, 꽹과리나 징을 맡아 치는 일, 또는 그 사람.

쇠ː-전(-廛)[쇠-/쉐-]명 쇠장. 우시장(牛市場).

쇠ː-족(-足)[쇠-/쉐-]명 (고기로서의) 소의 발.

쇠ː좆-매[쇠존-/쉐존-]명 지난날, 황소의 생식기로 만들던 형구(刑具).

쇠ː-죽(-粥)[쇠-/쉐-]명 소의 먹이로, 여물과 콩깍지 따위를 섞어서 끓인 죽. 우죽(牛粥).

쇠ː죽-가마(-粥-)[쇠-까-/쉐-까-]명 쇠죽을 쑤는 큰 가마솥. 쇠죽솥.

쇠죽가마에 달걀 삶아 먹을라속담 ①'경계하느라고 주의를 주는 말이 도리어 나쁜 방법을 가르친 꼴이 됨'을 비유하여 이르는 말. ②'격에 맞지 않게 거창하게 일을 벌임'을 비유하여 이르는 말.

쇠ː죽-솥(-粥-)[쇠-쏟/쉐-쏟]명 쇠죽가마. ∗쇠ː죽솥이[쇠-쏘치/쉐-쏘치]·쇠ː죽솥을[쇠-쏘틀/쉐-쏘틀]·쇠ː죽솥만[쇠-쏜-/쉐-쏜-]

쇠-줄[쇠-/쉐-]명 쇠로 만든 줄. 〔철사 따위.〕

쇠증(衰症)[쇠쯩/쉐쯩]명 노쇠하여 생기는 병증.

쇠ː지랑-물[쇠-/쉐-]명 외양간 뒤쪽에 괴어 검붉게 삭은 쇠오줌. 거름으로 씀.

쇠ː지랑-탕[쇠-/쉐-]명 쇠지랑물을 받는 웅덩이.

쇠-지레[쇠-/쉐-]명 쇠로 된 지레.

쇠진(衰盡)[쇠-/쉐-]명하자되자 기운이나 세력이 쇠하여 다함. ¶ 기운이 쇠진하여 꼼짝도 할 수 없다.

쇠ː-짚신[쇠집씬/쉐집씬]명 (일을 시킬 때) 소에게 신기는 짚신.

쇠-차돌[쇠-/쉐-]명 붉거나 누런빛을 띤 차돌. 산화철이 함유되어 있음.

쇠-창살(-窓-)[쇠-쌀/쉐-쌀]명 쇠로 만든 창살.

쇠-채[쇠-/쉐-]명 (거문고 따위를 탈 때 쓰는) 쇠로 만든 채.

쇠ː-코[쇠-/쉐-]명 ①소의 코. ②보습의 뒷면에, 네모난 구멍 위로 가로지른 부분.

쇠ː-코뚜레[쇠-/쉐-]명 소의 코청을 뚫어서 꿰는, 고리 모양의 나무. 준코뚜레.

쇠ː코-잠방이[쇠-/쉐-]명 농부가 일할 때 입는 짧은 잠방이.

쇠태(衰態)[쇠-/쉐-]명 쇠약한 모습.

쇠ː-털[쇠-/쉐-]명 소의 털. 우모(牛毛).

쇠털같이 많다속담 '소의 털과 같이 수효가 셀 수 없이 많음'을 비유하여 이르는 말.

쇠-테[쇠-/쉐-]명 쇠로 만든 테.

쇠-톱[쇠-/쉐-]명 쇠를 자르는 톱.

쇠퇴(衰退·衰頹)[쇠퇴/쉐퉤]명하자되자 기세나 상태가 쇠하여 무너짐. ¶ 국력이 쇠퇴하다.

쇠ː-파리[쇠-/쉐-]명 쇠파릿과의 곤충. 몸길이 1.5 cm가량. 황갈색의 몸에 검은 털이 많이 났음. 동물의 살갗을 파고들어 피를 빨며 거기에 알을 낳는데, 유충은 피하 조직에 기생함.

쇠패(衰敗)[쇠-/쉐-]명하자 ①쇠하여 패망함. ②늙어서 기력이 없어짐.

쇠폐(衰弊)[쇠폐/쉐페]명하자 쇠하고 피폐하여짐.

쇠폐(衰廢)[쇠폐/쉐페]명하자 쇠하여 없어짐.

쇠-푼(←-分)[쇠-/쉐-]명 얼마 안 되는 돈. ¶ 쇠푼깨나 있다고 재지 마라.

쇠ː-풀[쇠-/쉐-]명 볏과의 일년초. 높이 30 cm 가량. 줄기는 무더기로 나며 가늚. 늦여름에 자색 꽃이 피고, 잘고 가는 수과(瘦果)를 맺음. 우리나라 각지에 분포함.

쇠ː-풍경(-風磬)[쇠-/쉐-]명 소의 목에 다는 방울.

쇠-하다(衰-)[쇠-/쉐-]자여 ①(힘이나 세력 등이) 차차 줄어서 약해지다. ¶ 기력이 쇠하다. ②(운수가) 다하다. ¶ 가운(家運)이 쇠하다.

쇠-호두(←-胡桃)[쇠-/쉐-]명 껍풀이 두꺼운 호두.

쇠-화덕(-火-)[쇠-/쉐-]명 쇠로 된 화덕.

쇤ː-네[쇤-/쉔-]대 〔'소인네'가 줄어서 된 말로〕 지난날, 하인 등이 상전에 대하여 스스로 자기를 낮추어 일컫던 말.

쇤네를 내붙이다관용 스스로를 쇤네라고 부르며 비굴하게 아첨하는 말을 하다.

쇰직-하다[쉼지카-/쉠지카-]형여 《일부 명사 뒤에 쓰이어》 다른 것보다 조금 더하거나 거의 같다. ¶ 한 말 쇰직한 쌀. **쇰직-이**부.

쇳-가루[쇠까-/쉗까-]명 ①쇠붙이의 부스러진 가루. ②'뇌물'을 비유하여 이르는 말.
쇳-내[쇤-/쉔-]명 음식에 쇳물이 우러나서 나는 냄새.
쇳-냥(-兩)[쇤-/쉔-]명 돈냥.
쇳-덩어리[쇠떵-/쉗떵-]명 쇠붙이의 덩어리.
쇳-덩이[쇠떵-/쉗떵-]명 쇠붙이의 덩이.
쇳-독(-毒)[쇠똑/쉗똑]명 쇠붙이에 찔려 생긴 독기. 철독(鐵毒). ¶ 쇳독이 오르다.
쇳-돌[쇠똘/쉗똘]명 쇠붙이 성분이 섞인 광석.
쇳-물[쇤-/쉔-]명 ①쇠의 녹이 우러난 물. ②높은 열에 녹아 액상(液狀)이 된 쇠.
쇳-소리[쇠쏘-/쉗쏘-]명 ①쇠가 부딪쳐 나는 소리. 금속성(金屬聲). ②'쇠붙이 소리처럼 쨍쨍 울리는 날카로운 목소리'를 비유하여 이르는 말. ¶ 쇳소리를 지르다.
쇳-조각[쇠쪼-/쉗쪼-]명 ①쇠붙이의 조각. ②'매몰스럽고 경망한 사람'을 비유하여 이르는 말.
쇳-줄[쇠쭐/쉗쭐]명 ☞광맥(鑛脈).
쇼명 〈옛〉 소. ¶ 쇼:牛(訓解).
쇼ː(show)명 ①하자 구경거리, 또는 구경거리가 된 사건. ¶ 한바탕 쇼가 벌어지다. ②(춤과 노래를 주로 한) 가벼운 오락 연극. ③하자 '일부러 꾸미는 일'을 비유하여 이르는 말. ¶ 이번만큼은 당신의 쇼에 속지 않겠다.
쇼경명 〈옛〉 소경. ¶ 소경 밍:盲(訓蒙中3).
쇼ː랜(shoran)명 배나 항공기가 지상의 두 송신국에 전파를 보내고 받아, 응답의 시각 차이로 자기 위치를 측정하는 라디오 비컨 항법의 한 가지. [short range navigation]
쇼ː맨십(showmanship)명 많은 사람에게 자신을 돋보이게 해서 인기를 모으는 재능. 〔특히, 관객을 즐겁게 해 주려고 하는 정신을 이름.〕
쇼비니즘(chauvinism)명 광신적이고 배타적인 애국주의.
쇼ː-윈도ː(show window)명 진열창. 준윈도.
쇼크(shock)명 ①(갑자기 몸에 받는) 타격. ②갑작스러운 마음의 흔들림. ③돌발적인 자극을 받아 일어나는 허탈 상태. 충격.
쇼크(를) 먹다관용 '충격을 받다'를 속되게 이르는 말.
쇼크-사(shock死)명하자 〔외상(外傷)이나 주사·수술 등으로 말미암아〕 쇼크 증상을 일으켜, 실신하여 죽는 일.
쇼크^요법(shock療法)[-뻡]명 ☞충격 요법.
쇼킹-하다(shocking-)형여 충격적이다. ¶ 쇼킹한 사건.
쇼ː트(short)명 ①탁구에서, 공이 튀어 오르자마자 되받아 쳐 보내는 일. 참롱(long). ②〈쇼트서킷(short circuit)〉의 준말.
쇼ː트닝(shortening)명 〔어유(魚油)·우지(牛脂)·땅콩기름 따위를 섞어서 굳힌〕 반고형(半固形) 유제품. 과자나 제빵·요리 등에 라드(lard) 대용으로 쓰임.
쇼ː트-서ː킷(short circuit)명 단락(短絡). 준쇼트(short).
쇼ː트스톱(shortstop)명 야구에서 유격수, 또는 그 수비 위치.
쇼ː트-커트(short cut)명 ①여성의 짧게 자른 머리 모양. ②골프에서, 홀 순위를 무시하고 가까이 있는 다른 홀로 치는 방법. 복잡한 코스에서는 허용되지 않음. ③탁구에서, 짧게 깎아 치는 타법.
쇼ː트-타임(short time)명 조업 단축(操業短縮).
쇼ː트-톤(short ton)명 질량 단위의 한 가지. 1 쇼트톤은 2000파운드(907 kg). 미국톤. 〔기호는 tn〕
쇼ː트^트랙(short track)명 한 바퀴가 111.2 m인 스케이트장을 도는 스피드 스케이트 경기.
쇼ː트^패스(short pass)명 축구나 농구 따위에서, 가까이 있는 자기편 선수와 공을 짧게 주고받는 일.
쇼핑(shopping)명하자 물건 사기. 물건을 사러 돌아다님.
쇼핑-몰ː(shopping mall)명 ☞쇼핑센터.
쇼핑-백(shopping bag)명 장을 볼 때 물건을 사서 넣는, 손잡이가 달린 바구니나 가방 따위.
쇼핑-센터(shopping center)명 한군데에서 갖가지 물건을 살 수 있도록 상점들이 집중되어 있는 곳. 쇼핑몰.
쇼핑-호스트(shopping host)명 텔레비전 홈쇼핑 방송에서, 상품 정보를 제공하면서 프로그램을 진행하는 사람. 쇼호스트.
쇼ː-호스트(show host)명 ☞쇼핑호스트.
숄ː(shawl)명 방한이나 장식을 목적으로 어깨에 걸치는 여자용 목도리 같은 것. 어깨걸이.
숄ː더-백(shoulder bag)명 어깨에 메는 가방.
쇼야지명 〈옛〉 송아지. ¶ 쇼야지 독:犢(石千38).
수[1]명 생물 가운데서 암컷으로 하여금 새끼를 배거나 열매를 맺도록 정자(精子)를 내는 성(性)의 것. ¶ 암과 수의 구별. ↔암[1].
수[2] Ⅰ명 일을 처리하는 방법이나 수단. ¶ 언뜻 좋은 수가 생각나다.
Ⅱ의 《용언의 활용 어미 '-ㄴ(-은)'·'-ㄹ(-을)' 뒤에서, 주로 '있다'·'없다' 따위와 함께 쓰이어》 어떤 일을 할 만한 힘이나 가능성. ¶ 그렇게 불장난을 하다가는 이불에 오줌 싸는 수가 있다. /내 말을 듣지 않고서는 잘될 수가 없다.
수(가) 익다관용 (어떤 일이) 손에 익다. (어떤 일에) 익숙해지다.
수(手) Ⅰ명 (바둑이나 장기 등에서의) 두는 기술. ¶ 한 수 아래. /수를 읽다.
Ⅱ의 (바둑이나 장기를 둘 때) 바둑돌이나 장기의 말을 두는 번수. ¶ 바둑을 한 수 두 수 두어 나가다. /승패를 가름할 마지막 한 수.
수(가) 세다관용 남을 휘어잡거나 다루는 힘이 아주 세차다.
수(水)명 ①〈수요일〉의 준말. ②오행(五行)의 하나. 방위로는 북쪽, 계절로는 겨울, 빛깔로는 검은빛에 해당함.
수(秀)명 '수·우·미·양·가'의 다섯 등급으로 성적을 매길 때의 첫째 등급.
수(壽)명 ①하자 오래 삶. ¶ 수를 누리다. /수하실 체질이시다. ②〈수명(壽命)〉의 준말. ③'나이'를 한문 투로 높이어 이르는 말. ¶ 할머니는 올해에 수가 아흔이시다.
수(綬)명 ①지난날, 중국에서 직인(職印)이나 패옥(佩玉) 등을 허리에 차던 끈. ②훈장이나 포장 등을 거는 데 쓰이는 띠.
수(需)명 〈수괘(需卦)〉의 준말.
수(隨)명 〈수괘(隨卦)〉의 준말.
수ː(數)[1]명 ①〈운수(運數)〉의 준말. ¶ 수가 트이다. ②좋은 운수. ¶ 수가 나다. /수가 사납다.
수ː(數)[2] Ⅰ명 ①셀 수 있는 사물의 많고 적음. ¶ 학생의 수. ②자연수·정수·유리수·허수·복소수 등을 통틀어 이르는 말.
Ⅱ관 '몇'·'여러'·'약간'의 뜻을 나타내는 말. ¶ 수 미터의 깊이.
수(를) 놓다관용 수효를 셈하다.

수ː(繡)명 헝겊에 색실로 그림이나 글자를 떠서 무늬를 놓음, 또는 그 무늬. 자수(刺繡).
수(首)의 ①시가(詩歌)를 세는 단위. ¶ 시조 두 수. ②마리. ¶ 칠면조 다섯 수.
수-접두《일부 명사 앞에 붙어》수컷 또는 수컷 같은 사물임을 나타냄. ¶ 수놈. /수소. /수캐. /수탉. /수키와. /수평아리. ↔암-. 참숫-2.
수-(數)접두《수와 관계되는 일부 명사 앞에 붙어》'여럿'이라는 뜻을 나타냄. ¶ 수백만. /수만금. /수개월.
-수(手)접미《일부 명사 뒤에 붙어》'그 일에 종사하는 사람'임을 나타냄. ¶ 소방수. /운전수. /조타수.
-수(囚)접미《일부 명사 뒤에 붙어》'죄수'의 뜻을 나타냄. ¶ 미결수. /사형수.
수가(收家)명하자되자 왕조 때, 채권자의 청구로 관아에서 채무자의 집을 압류하던 일.
수가(受呵)명하자 꾸지람을 들음.
수가(酬價)[-까]명 (의료 행위 따위의) 보수로 주는 돈. ¶ 의료 수가.
수가(隨駕)명하자 지난날, 거둥 때 임금을 모시고 따르던 일.
수각(手刻)명하타 (기계를 쓰지 않고) 손으로 조각하는 일, 또는 그 조각품.
수각(水閣)명 물 위나 물가에 지은 정각(亭閣).
수각(守閣)명하자 지난날, 의정(議政)이 중대사로 임금께 뵙기를 청한 뒤, 하답(下答)이 내릴 때까지 편전(便殿)의 문에서 기다리던 일.
수각-집(水閣-)[-찝]명 집터가 습하여 늘 물이 나는 집.
수간(手簡)명 ☞수서(手書).
수ː간(數間)명 (집의) 두서너 칸.
수간(樹間)명 나무와 나무 사이. 수풀 사이.
수간(樹幹)명 나무의 줄기.
수간(獸姦)명하자 짐승과 성교하는 일.
수ː간-두옥(數間斗屋)명 두서너 칸밖에 안 되는 작은 집.
수ː간-모옥(數間茅屋)명 두서너 칸밖에 안 되는 띳집.
수ː간-초옥(數間草屋)명 두서너 칸밖에 안 되는 초가(草家).
수-간호사(首看護師)명 종합 병원 등에서, 병동 등 특정 단위에 속하는 간호사의 우두머리.
수감(收監)명하타되자 감방에 가둠. 입감(入監). ¶ 죄인을 교도소에 수감하다.
수감(隨感)명 마음에 느껴지는 대로의 생각.
수감-록(隨感錄)[-녹]명 느낀 그대로를 적은 기록, 또는 그 글을 모아 엮은 책.
수감-자(收監者)명 수감된 사람.
수갑(手匣)명 피의자나 피고인 또는 수형자(受刑者)의 손목에 채우는 형구(刑具).
수갑(水閘)명 ☞수문(水門).
수강(受講)명하타 강습을 받거나 강의를 들음.
수강-료(受講料)[-뇨]명 강습을 받거나 강의를 듣기 위해 내는 돈.
수강-생(受講生)명 수강하는 사람.
수개(修改)명하타 수리하여 고침.
수ː-개월(數個月)명 두서너 달. 몇 달.
수객(瘦客)명 몹시 여윈 사람.
수갱(垂坑·竪坑)명 수직으로 파 내려간 갱도. 수직 갱도. 곧은바닥. ↔횡갱(橫坑).
수거(收去)명하타 거두어 감. ¶ 오물 수거. /빈병을 수거하다.
수-거미명 거미의 수컷. ↔암거미.
수ː건(手巾)명 얼굴이나 몸 등을 닦는 헝겊.
수ː건-건(手巾巾)명 한자 부수의 한 가지. '市'·'帆' 등에서의 '巾'의 이름.
수걸(秀傑)명하형 재주와 기상이 뛰어남, 또는 그런 사람.
수검(受檢)명하자 검사나 검열을 받음.
수검(搜檢)명하타 〔금제품(禁制品) 따위를〕 수색하여 검사함.
수-게명 게의 수컷. ↔암게.
수격(手格)명하타 주먹으로 침.
수격^작용(水擊作用)[-짜공]명 관로(管路) 안으로 흐르는 물이 운동 상태를 급격히 변화시킴으로써 일어나는 압력파(壓力波) 현상.
수결(手決)명하자 지난날, 자기 성명이나 직함 아래에 도장 대신 쓰던 일정한 자형(字形). 수례(手例). 수압(手押). 참서명(署名).
수결(을) 두다관용 수결을 쓰다.
수경(水耕)명하자 ☞수경 재배.
수경(水莖)명 〈수중경(水中莖)〉의 준말.
수경(水鏡)명 물안경.
수경(瘦勁·瘦硬) '수경하다'의 어근.
수경-법(水耕法)[-뻡]명 수경 재배에 의한 방법. 물재배.
수경-성(水硬性)[-썽]명 (석회나 시멘트와 같이) 물을 섞으면 굳어지는 성질.
수경^재ː배(水耕栽培)명 식물이 자라는 데 필요한 무기물을 녹인 수용액을 배지(培地)로 하여 식물을 가꾸는 일. 수경(水耕).
수경-증(手硬症)[-쯩]명 뇌척수막염 따위로 손이 뻣뻣하여지는 어린아이의 병.
수경-하다(瘦勁-·瘦硬-)형여 (글자의 획이나 그림의 선이) 가늘면서도 힘이 있다.
수계(水系)[-계/-게]명 강의 본류와 그에 딸린 모든 지류. 〔때로는 딸린 호수까지도 이름.〕
수계(水界)[-계/-게]명 ①☞수권(水圈). ②수륙(水陸)의 경계.
수계(水鷄)[-계/-게]명 ☞비오리.
수계(囚繫)[-계/-게]명하타되자 죄인을 잡아 가둠.
수계(守誡)[-계/-게]명하자 기독교에서, 계명을 지킴을 이르는 말.
수계(受戒)[-계/-게]명하자 불교에서, 모든 불자가 계를 받음을 이르는 말. 참계(戒).
수계(受繼)[-계/-게]명하타 ☞계승(繼承).
수계(授戒)[-계/-게]명하자 불문(佛門)에서, 입문한 모든 불자에게 계법을 일러 줌.
수ː^계ː수(數係數)[-계-/-게-]명 문자와 숫자의 곱으로 된 단항식(單項式)에서, 숫자 인수(因數)를 문자 인수에 대하여 이르는 말. 〔$3ax^2$에서 ax^2에 대한 3 따위.〕
수계^전염(水系傳染)[-계-/-게-]명 음료수의 오염으로 병이 전염되는 일.
수ː고명하자 일을 하는 데 애를 쓰고 힘을 들임. ¶ 날씨도 더운데 수고했네.
수고(水鼓)명 ☞물장구.
수고(搜攷)명하타 (이것저것) 찾아서 서로 견주어 고찰함.
수고(愁苦)명하자 근심 걱정으로 괴로워함.
수고(壽考)명하자 (사람이) 오래 삶.
수고(樹高)명 살아 있는 나무의 높이.
수고(邃古)명 아득한 옛날. 태고(太古).
수ː고-롭다[-따][~로우니·~로워]형ㅂ 일을 처리하기가 고되다. 수고로이부.
수ː고-비(-費)명 수고한 대가로 받는 돈.
수ː고-스럽다[-따][~스러우니·~스러워]형ㅂ 일을 하기에 수고로움이 있다. ¶ 수고스럽겠지만 오늘 중으로 일을 다 끝내 주셨으면 합니다. **수고스레**[부].
수-고양이[명] 고양이의 수컷. [준]수괭이. ↔암고양이.
수곡(收穀)[명][하자] 곡식을 거두어들이는 일.
수곡-도(水穀道)[-또][명] '창자'를 달리 이르는 말.
수곡-선(垂曲線)[-썬][명] 밀도가 일정한 끈이나 쇠사슬의 양 끝을 수평으로 당겨 고정시켰을 때, 제 무게로 가운데가 처지는 곡선. 두 전주 사이의 전선의 곡선 따위. 현수선(懸垂線).
수골(手骨)[명] 손뼈.
수골(收骨)[명][하자] ①(화장한 뒤에) 남은 뼈를 거둠. ②(묻기 위해) 흩어진 뼈를 수습함.
수골(壽骨)[명] 오래 살 수 있게 생긴 골격.
수-곰[명] 곰의 수컷. ↔암곰.
수공(手工)[명] ①손으로 하는 공예. ②손으로 하는 일의 품, 또는 그 품삯. ¶ 수공이 많이 든다./수공이 옷감의 값보다 비싸다.
수공(手功)[명] ☞손공.
수공(水孔)[명] 식물의 잎맥 끝에서 밤사이에 수분을 배출하는 작은 구멍.
수공(水攻)[명][하자] 물을 이용한 공격. 공성(攻城) 작전에서 물길을 끊어 급수를 차단하거나, 큰물이 들게 하여 침수시키는 방법 등을 이용함.
수공(首功)[명] 지난날, 전쟁터에서 적의 목을 벤 공훈을 이르던 말.
수공(殊功)[명] 뛰어난 공훈. 수훈(殊勳).
수공-업(手工業)[명] 간단한 도구와 손으로 생산하는 작은 규모의 공업.
수-공예(手工藝)[명] 수예와 공예를 아울러 이르는 말.
수공-품(手工品)[명] 손으로 만든 공예품.
수-공후(豎箜篌)[명] 반달 모양의 틀에 21줄의 현을 맨 공후.
수과(水瓜)[명] ☞수박.
수과(瘦果)[명] 폐과(閉果)의 한 가지. 껍질이 말라서 목질(木質)이나 혁질(革質)이 되고 속에 한 개의 씨가 붙어 있으므로 전체가 씨앗처럼 보임. 〔메밀이나 민들레의 열매 따위.〕
수과(樹果)[명] 나무의 열매.
수곽(水廓)[명] 물가나 바닷가의 마을. 수향.
수관(水管)[명] ①물을 흐르게 하는 관. ②연체동물에서, 아가미로 물을 들여보내고 내보내고 하는 구실을 하는 관.
수관(受灌)[명][하자] 불교에서, 관정을 받는 일.
수관(竪罐)[명] 곧게 세운, 원통(圓筒) 모양의 증기관(蒸氣罐).
수관(樹冠)[명] 나무의 줄기 윗부분의, 많은 가지와 잎이 달려 있는 부분.
수관-계(水管系)[-계/-게][명] 극피동물 특유의 기관. 호흡·순환 외에 일부는 관족이 되어 운동을 함. 가느다란 관으로 이루어졌으며 관속에는 바닷물과 체액이 들어 있음. [참]관족(管足).
수:^관형사(數冠形詞)[명] 사물의 수나 양을 나타내어 체언을 꾸미는 관형사. 〔'한 개', '두 사람'에서의 '한'·'두' 따위.〕
수광(水光)[명] 물의 빛.
수광-벌(受光伐)[명] 생장이 좋은 나무를 더욱 잘 키우기 위해 주위의 나무를 간벌하여 생장 구역을 넓혀 주는 일.
수괘(需卦)[명] 육십사괘의 하나. 감괘(坎卦)와 건괘(乾卦)를 위아래로 놓은 괘. 하늘에 구름이 오름을 상징함. [준]수(需).
수괘(隨卦)[명] 육십사괘의 하나. 태괘(兌卦)와 진괘(震卦)를 위아래로 놓은 괘. 못 가운데 우레가 있음을 상징함. [준]수(隨).
수-괭이[명] 〈수고양이〉의 준말. ↔암괭이.
수괴(水塊)[-괴/-궤][명] 바닷물을 온도와 염분·빛깔 따위의 특성에 따라 나눌 때에, 거의 균일한 성질을 가진 바닷물의 덩어리.
수괴(首魁)[-괴/-궤][명] ☞괴수(魁首). ¶ 반란의 수괴를 잡아들이다.
수괴(殊怪) '수괴(殊怪)하다'의 어근.
수괴(羞愧) '수괴(羞愧)하다'의 어근.
수괴-스럽다(殊怪-)[-괴-따/-궤-따][~스러우니·~스러워][형][ㅂ] 수상하고 괴이한 데가 있다. **수괴스레**[부].
수괴-스럽다(羞愧-)[-괴-따/-궤-따][~스러우니·~스러워][형][ㅂ] 부끄럽고 창피한 느낌이 있다. **수괴스레**[부].
수괴-하다(殊怪-)[-괴-/-궤-][형][여] 수상하고 괴이하다. **수괴-히**[부].
수괴-하다(羞愧-)[-괴-/-궤-][형][여] 부끄럽고 창피하다. [참]수치(羞恥). **수괴-히**[부].
수교(手巧)[명] 손재주.
수교(手交)[명][하타] 손수 내어 줌. 직접 전해 줌.
수교(手敎)[명] 왕조 때, 공신에게 훈작을 봉할 적에 내리던 책명(策命).
수교(受敎)[명] 조선 시대에, 임금이 내리던 교명.
수교(垂敎)[명][하자] 가르쳐 보임, 또는 가르침을 남김. 수시(垂示).
수교(首校)[명] 조선 시대에, 지방의 군역에 종사하던 장교의 우두머리.
수교(修交)[명][하자] 나라와 나라 사이에 교제를 함. ¶ 인접국과 수교하다.
수-교위[명] 얇게 민 밀가루 반죽에 쇠고기와 오이 따위로 소를 넣고 빚어서 찐, 만두 모양의 음식.
수교^포장(修交褒章)[명] 국권의 신장 및 우방과의 친선에 뚜렷한 공을 세운 사람 등에게 수여하는 포장.
수교^훈장(修交勳章)[명] 국권의 신장 및 우방과의 친선에 공헌이 뚜렷한 사람에게 수여하는 훈장. 광화장(光化章)·흥인장(興仁章)·숭례장(崇禮章)·창의장(彰義章)·숙정장(肅靖章)의 다섯 등급이 있음.
수구(水口)[명] ①물이 흘러 나가는 구멍. ②풍수지리에서, 득(得)이 흘러간 곳을 이름.
수구(水球)[명] 수상 경기의 한 가지. 각각 일곱 사람으로 이루어진 두 편이 물속에서 공을 서로 상대편 골에 넣어 그 득점의 많고 적음으로 승부를 겨루는 경기.
수구(守舊)[명][하자] 묵은 관습이나 제도를 그대로 지키고 따름. ¶ 수구 세력. [참]보수(保守).
수구(秀句)[-꾸][명] 뛰어난 시구(詩句).
수구(首句)[-꾸][명] 〔시가(詩歌) 등에서〕 여러 구(句) 중의 첫 구. 기구(起句).
수구(袖口)[명] 소맷부리.
수구(需求)[명][하타] 필요하여 찾아 구함.
수구(壽具)[명] 염(殮)할 때에 쓰는 옷이나 이불·베개 따위를 아울러 이르는 말.
수구(瘦軀)[명] 수척한 몸. 여윈 몸.
수구-당(守舊黨)[명] 대한 제국 때에, 개화를 반대하던 보수적 당파. 사대당(事大黨). ↔개화당.
수-구렁이[명] 구렁이의 수컷. ↔암구렁이.
수구레[1][명] 쇠가죽 안에서 벗겨 낸 질긴 고기.
수구레[2][명] (지형이나 처소 때문에) 몸을 구부려 망치질해야 하는 남폿구멍.
수구레-편[명] 수구레를 고아서 굳힌 음식.

수구-막이 (水口-) 명 풍수지리에서, 골짜기의 물이 멀리 돌아 흘러 하류가 보이지 아니하는 땅의 형세. 좋은 묏자리의 조건임.

수구-문 (水口門) 명 서울의 사소문(四小門)의 하나인 '광희문(光熙門)'을 달리 이르는 말. 〔지난날, 성안에서 상여가 이 문을 통하여 성 밖으로 나갔음.〕

수구문 차례(라) 속담 ①술자리에서 술잔을 돌릴 때 나이가 많은 사람에게 먼저 감을 우스갯소리로 이르는 말. ②늙고 병들어서 세상을 떠나게 될 날이 가까워졌다는 뜻을 우스갯소리로 이르는 말.

수구-초심 (首丘初心) 명 '고향을 그리워하는 마음'을 비유하여 이르는 말. 〔여우가 죽을 때, 머리를 제 살던 굴 쪽으로 두고 죽는다는 이야기에서 유래함.〕

수구-파 (守舊派) 명 묵은 관습이나 제도를 그대로 지키고 따르려는 보수적인 무리.

수국 (水國) 명 ①물나라. ②바다의 세계.

수국 (水菊) 명 범의귓과의 낙엽 활엽 관목. 관상용 식물로 높이는 1m가량. 톱니가 있는 타원형의 잎은 두껍고 광택이 남. 연한 자줏빛과 연분홍의 많은 꽃이 가을에 취산 화서로 핌. 우리나라와 중국·일본 등지에서 재배하는데 개량종이 많음. 자양화(紫陽花).

수군 (水軍) 명 조선 시대에, 배를 타고 바다에서 싸우던 군대. 지금의 해군에 해당함. 수사(水師). 주군(舟軍). 주사(舟師).

수군-거리다 자타 자꾸 수군수군하다. 수군대다. 작소곤거리다. 센쑤군거리다.

수군-대다 자타 수군거리다.

수군덕-거리다 [-꺼-] 자타 자꾸 수군덕수군덕하다. 수군덕대다. 센쑤군덕거리다.

수군덕-대다 [-때-] 자타 수군덕거리다.

수군덕-수군덕 [-쑤-] 부 하자타 몇 사람이 모여 낮은 음성으로 수군거리는 모양. ¶ 나만 쏙 빼고 자기들끼리만 수군덕수군덕한다. 센쑤군덕쑤군덕.

수군-수군 부 하자타 남이 알아듣지 못하게 나직한 소리로 잇달아 이야기하는 모양. 작소곤소곤. 센쑤군쑤군.

수군-절도사 (水軍節度使) [-또-] 명 조선 시대에, 각 도에 두었던 수영(水營)의 정삼품 외직 무관. 수군을 통솔하던 으뜸 벼슬이었음. 준수사·절도사.

수굿-하다 [-구타-] 형여 ①좀 숙은 듯하다. ¶ 고개가 약간 수굿하다. ②흥분이 좀 가라앉은 듯하다. 작소곳하다. **수굿-이** 부.

수궁 (水宮) 명 물속에 있다는, 상상의 궁궐. 비용궁(龍宮).

수궁 (守宮) 명 하자 궁궐을 지킴.

수궁 (壽宮) 명 나라에서 미리 마련하여 두었던 임금의 관(棺).

수궁 (數窮) '수궁하다'의 어근.

수궁-가 (水宮歌) 명 판소리 열두 마당의 하나. '토끼전'을 판소리로 엮은 것. 참토끼 타령.

수궁-대장 (守宮大將) 명 조선 시대에, 임금이 밖으로 거둥할 때 대궐을 지키던 임시직 무관.

수:궁-하다 (數窮-) 형여 운수가 궁박(窮迫)하다.

수권 (水圈) [-꿘] 명 지구 표면에서 물로 덮인 부분. 수계(水界).

수권 (受權) [-꿘] 명 권리나 권력 따위를 이어받음. ¶ 수권 야당(野黨).

수권 (首卷) 명 한 벌 책의 첫째 권.

수권^행위 (授權行爲) [-꿘-] 명 (본인과 대리인과의 합의에 의하여) 대리권을 발생시키는 법률 행위의 한 가지.

수규 (首揆) 명 지난날, '영의정'을 달리 이르던 말.

수그러-들다 [~드니·~들어] 자 ①깊이 숙어져 들어가다. ¶ 머리가 수그러들다. ②(형세나 기세 따위가) 차차 줄어들다. ¶ 더위가 수그러들다.

수그러-지다 자 ①깊이 숙어지다. ¶ 저절로 머리가 수그러지다. ②(형세나 기세 따위가) 차차 줄어지다. ¶ 불길이 수그러지다. /물가가 수그러지다.

수그리다 타 ①깊이 숙이다. ¶ 고개를 수그리다. ②(형세나 기세를) 줄이거나 굽히다.

수극화 (水克火) [-그콰] 명 오행실에서 이르는 상극의 하나. 물〔水〕은 불〔火〕을 이긴다는 뜻.

수근 (水芹) 명 ☞미나리.

수근 (水根) 명 ①논에 댈 물이 생겨 나오는 곳. ②물 위에 뜬 식물이 물속에 내린 뿌리. 〔개구리밥의 뿌리 따위.〕

수근 (樹根) 명 나무의 뿌리.

수근 (鬚根) 명 수염뿌리.

수-글 명 ①〔남자의 글이라는 뜻으로〕 지난날, '한문(漢文)'을 달리 이르던 말. ↔암글. ②배운 대로 비워 좋게 잘 응용하는 글의 지식.

수금 (水金) 명 도자기에 금빛의 글씨나 그림을 그려 넣는 데 쓰이는 물감의 한 가지. 물금.

수금 (水禽) 명 물새.

수금 (囚禁) 명 하타 죄인을 잡아 감옥에 가두어 둠. 구수(拘囚).

수금 (收金) 명 하타 돈을 받아들임. 집금(集金).

수금 (竪琴) 명 ☞하프(harp).

수금 (燧金) 명 ☞부시.

수금-원 (收金員) 명 (물건 값, 사용 요금, 회비 따위를) 거두어들이는 사람. 집금원(集金員).

수급 (收給) 명 수입과 지급.

수급 (受給) 명 하타 급여·연금·배급 따위를 받음. ¶ 실업 수당 수급.

수급 (首級) 명 싸움터에서 벤 적군의 머리.

수급 (需給) 명 수요와 공급. ¶ 수급 계획.

수급-비 (水汲婢) [-삐] 명 지난날, 관아에 딸려 물 긷는 일을 하던 관비(官婢).

수긍 (首肯) 명 하타 되자 (남의 주장이나 언행이) 옳다고 인정함. ¶ 회장의 말이 옳다고 모두 다 수긍을 했다. /수긍이 가는 듯 고개를 끄덕이다.

수기 (手技) 명 (편물이나 마사지 따위와 같이) 손으로 하는 기술. 손으로 다루는 기술.

수기 (手記) 명 ①자기의 체험을 자신이 적은 글. 수록(手錄). ②☞수표(手標).

수기 (手旗) 명 ①지난날, 행군할 때 장수가 들던 기. ②신호용으로 쓰이는 작은 기. 흔히, 빨강과 하양의 두 가지가 쓰임. ③손에 쥐고 흔들 수 있는 작은 기.

수기 (水氣) 명 ①물기. ②한방에서, '신경(腎經)의 음기(陰氣)'를 이르는 말.

수기 (秀氣) 명 ①빼어난 재질. ②수려한 경치.

수기 (受寄) 명 기부(寄附)나 기탁 따위를 받음.

수기 (修己) 명 하자 스스로의 몸과 마음을 닦음. 자기 수양을 함.

수기 (授記) 명 ①부처의 설법 중 문답식 또는 분류적 설명으로 된 부분. ②하자 부처가 미래의 증과(證果)에 대하여 미리 예언한 교설(敎說), 또는 그러한 예언을 함.

수기 (羞氣) 명 부끄러운 기색. 수줍은 티.

수기 (壽器) 명 살았을 때 미리 만들어 둔 관.

수기 (數奇) '수기하다'의 어근.

수기 (隨機) 명 하자 기회에 따름. ¶ 수기의 지혜.

수기량 (隨其量) 명 하자 식량에 알맞게 맞춤.

수기력 (隨其力) 명 하자 자기 힘에 알맞게 함.

수기^신ː호(手旗信號)명 붉은 수기와 흰 수기를 양손에 들고 그것을 흔들어서 상대편과 교신하는 신호.
수기-응변(隨機應變)명하자 그때그때의 기회에 따라 일을 적절히 처리함. 비임기응변.
수ː기-하다(數奇-)형여 운수가 기이하다.
수긴명 '수건(手巾)'의 궁중말.
수-꽃[-꼳]명 수술만 있는 단성화(單性花). 웅화(雄花). ↔암꽃. * 수꽃이[-꼬치]·수꽃만[-꼰-]
수-꽃술[-꼳쑬]명 수술.
수꿀-하다형여 무서워서 몸이 으쓱하다.
수-꿩명 꿩의 수컷. 장끼. ↔암꿩.
수끽(受喫)명하타 왕조 때, 식구 수대로 내주는 양식을 타 먹던 일.
수-나무명 암수딴그루로 된 나무에서, 열매가 열리지 않는 나무. ↔암나무.
수-나사(-螺絲)명 암나사의 구멍에 끼우게 되어 있는 나사. ↔암나사.
수나이명하자 피륙 두 필을 짤 수 있는 감을 주어 한 필만 짜서 받고, 한 필 감은 삯으로 주는 일.
수난(水難)명 폭우나 홍수 따위의 물 때문에 입는 재해. ¶ 온 마을이 수난을 겪다.
수난(受難)명 ①재난을 당함. 어려운 일을 당함. ¶ 민족의 수난. /수난의 역사. ②기독교에서, 예수가 십자가에 못 박힐 때 당한 고난을 이르는 말.
수난-극(受難劇)명 예수의 수난을 제재로 한 종교극. 〔중세 유럽에서 성행하였음.〕
수난-일(受難日)명 기독교에서, 예수가 십자가에 못 박혀 죽은 날을 이르는 말.
수난^주간(受難週間)명 기독교에서, 수난일이 포함된 한 주간. 예수의 수난을 기념하여, 교인들이 금욕·근신 기도를 하는 기간. 성주간.
수납(收納)명하타 (관공서 같은 곳에서 금품을) 거두어들임. ¶ 수납 창구. 비봉수(捧受).
수납(受納)명하타 (보내온 금품 따위를) 받아서 넣음. 납수(納受). ¶ 의연금을 수납하다.
수납(袖納)명하타 (편지 따위를) 지니고 가서 손수 드림.
수납(輸納)명하타 실어다가 바침.
수납-공간(受納空間)[-꽁-]명 자질구레한 살림 도구나 세간 따위를 넣어 두는 곳. ¶ 수납 공간이 부족하다.
수납^기관(收納機關)[-끼-]명 조세나 그 밖의 수익금을 거두어들이는 행정 기관.
수낭(水囊)명 폈다 접었다 할 수 있게 만든 휴대용 물주머니.
수낭(繡囊)명 ☞수주머니.
수냇-소[-내쏘/-낻쏘]명 지난날, 송아지를 주어 기르게 한 다음, 소 값을 빼고 도조를 내는 소.
수냉-식(水冷式)명 '수랭식(水冷式)'의 잘못.
수녀(修女)명 가톨릭에서, 여자 수도사를 일컫는 말. 참수사(修士).
수녀(須女)명 포백(布帛)을 맡고 있다는 별의 이름.
수녀-원(修女院)명 가톨릭에서, 수녀들이 일정한 규율 아래 공동생활을 하며 수행을 하는 곳.
수ː년(數年)명 두서너 해. 사오 년. ¶ 수년이 걸리는 대공사.
수ː년-래(數年來)[-녈-]명 두서너 해가 지나 지금까지. ¶ 이런 가뭄은 수년래에 처음이다.
수녕(水濘)명 수렁.
수노(首奴)명 지난날, 관노(官奴)의 우두머리를 이르던 말.
수-놈명 동물의 '수컷'을 이르는 말. ↔암놈.
수ː-놓다(繡-)[-노타]타 피륙에다 색실로 온갖 그림이나 무늬 따위를 떠서 놓다.
수뇌(首腦)[-뇌/-눼]명 어떤 조직이나 집단 등에서 가장 중요한 자리에 있는 인물. ¶ 수뇌 회담.
수뇌(髓腦)[-뇌/-눼]명 ①골수와 뇌. ②뇌수. ③동물의 원뇌포(原腦胞)의 맨 뒷부분. 나중에 연수(延髓)가 됨.
수뇌-부(首腦部)[-뇌-/-눼-]명 어떠한 조직이나 집단 등에서 중요한 자리에 있는 간부들.
수뇨-관(輸尿管)명 ☞요관(尿管).
수눅명 버선 따위의 발등 쪽의 꿰맨 솔기.
수니-파(Sunni派)명 이슬람교의 2대 교파 중의 하나. 참시아파.
수ː다명하형스형 쓸데없이 말이 많음, 또는 그 말. ¶ 수다를 떨다. /수다를 늘어놓다. /수다를 부리다. **수다-히**부. **수다스레**부.
수다(數多)'수다하다'의 어근.
수다라(←首陀羅.Sūdra 범)명 ☞수드라.
수ː다-식구(數多食口)[-꾸]명 많은 식구. 수다식솔.
수ː다-식솔(數多食率)[-쏠]명 ☞수다식구.
수ː다-쟁이명 '몹시 수다스러운 사람'을 얕잡아 이르는 말.
수ː다-하다(數多-)형여 수가 많다. ¶ 수다한 문제점이 발견되다. **수다-히**부 ¶ 수다히 몰려드는 사람들.
수단(手段)명 ①어떤 목적을 달성하기 위한 방법. ¶ 수단과 방법을 가리지 않다. ②어떤 일을 처리하는 꾀나 솜씨. ¶ 수단이 뛰어나다.
수단(水團·水鍴)명 햇보리를 삶아 녹말에 묻혀 끓는 물에 데치거나, 흰떡을 앵두만 하게 썰어서 둥글게 빚어 꿀물에 넣고 실백을 띄운 음식. 흔히, 유월 유두에 먹음.
수단(收單)명하자 여러 사람의 성명을 쓴 단자(單子)를 거두어들임, 또는 그 단자.
수단(壽短·脩短)명 ☞수요(壽夭).
수ː단(繡緞)명 수놓은 것처럼 짠 비단.
수단-꾼(手段-)명 수단이 좋은 사람.
수-단추명 가운데가 볼록 나와서 암단추에 끼우게 되어 있는 똑딱단추의 한 쪽. ↔암단추.
수달(水獺·水㺚)명 족제빗과의 짐승. 몸길이 60~80 cm, 꼬리 길이 40~50 cm. 족제비와 비슷하나 훨씬 크고, 강기슭 또는 늪가에 굴을 파고 사는데 발가락 사이에 물갈퀴가 있어 수중 생활에 적합함. 물고기나 개구리·게 등을 잡아먹음. 천연기념물 제330호임.
수달-피(水獺皮)명 수달의 털가죽.
수담(手談)명하자 〔서로 마주하여 말 없는 가운데 손만으로도 뜻이 통한다는 뜻에서〕 '바둑'을 달리 이르는 말.
수담-관(輸膽管)명 간과 쓸개에서 쓸개즙을 받아 십이지장으로 보내는 관을 통틀어 이르는 말. 준담관(膽管).
수답(水畓)명 무논.
수답(酬答)명하자 묻는 말에 말로 대답함.
수당(手當)명 정한 급료 이외에 주는 보수. ¶ 연장 근로 수당.
수당(壽堂)명 ☞수실(壽室).
수대(水碓)명 물방아.
수대(手袋)명 손에 들고 다니는 작은 부대.
수대(手帶)명 가톨릭에서, 미사 때 사제가 왼쪽 팔목에 거는 짧은 헝겊 띠를 이르는 말.
수대(樹帶)명 같은 높이의 나무가 띠처럼 산기슭을 무성하게 둘러싸고 있는 곳.
수대(獸帶)명 ☞황도대(黃道帶).

수더분-하다 형여 성질이 순하고 소박하다. ¶ 그녀는 성격이 수더분해서 호감이 간다. **수더분-히** 부.
수덕(手德) 명 ☞손속.
수덕(修德) 명하자 덕을 닦음.
수도(手刀) 명 태권도에서, 새끼손가락 끝 부분에서부터 손목에 이르는 부분을 이르는 말. 〔상대편의 급소를 치는 데 쓰임.〕 손날.
수도(水都) 명 강이나 호수 따위를 끼고 있는, 경치가 좋은 도시. ¶ 수도 베니스.
수도(水道) 명 ①〈상수도〉의 준말. ②상수도와 하수도를 두루 이르는 말. ③뱃길이나 물길, 또는 물이 흘러 들어오거나 나가는 통로. ¶ 한려(閑麗)수도. ④수돗물을 받아 쓰게 만든 시설.
수도(水稻) 명 무논에 심는 벼.
수도(囚徒) 명 감옥에 갇혀 있는 죄수.
수도(受渡) 명하타 (물건이나 돈 따위를) 넘겨받음과 넘김. ¶ 수도한 하물.
수도(首都) 명 한 나라의 중앙 정부가 있는 도시. 서울. 국도(國都). 수부(首府).
수도(修道) 명하자 도를 닦음.
수도(隧道) 명 굴. 굴길. 터널.
수도-관(水道管) 명 상수도의 물이 통하는 관. 비송수관.
수도-교(水道橋) 명 하천이나 도로 등을 건너지르는 수도관을 받치기 위하여 만든 다리.
수도-권(首都圈)[-꿘] 명 수도와 인접 지역을 포함한 일정한 지역. 〔서울특별시와 경기도·인천광역시 일원이 이에 해당됨.〕
수도-기(囚徒記) 명 지난날, 옥에 갇혀 있던 죄수의 이름과 죄명을 적은 책.
수도-꼭지(水道-)[-찌] 명 상수도에서, 물을 나오게 하거나 그치게 하는 장치. 급수전. ¶ 수도꼭지를 틀다.
수도-료(水道料) 명 수돗물을 쓴 값으로 내는 돈. 급수료(給水料). 수도세(水道稅).
수도-사(修道士) 명 ☞수사(修士).
수도-세(水道稅)[-쎄] 명 ☞수도료.
수도-승(修道僧) 명 도를 닦는 중.
수도-원(修道院) 명 가톨릭에서, 수사나 수녀가 일정한 규율 아래 공동생활을 하며 수행을 하는 곳. 승원(僧院). 준수원.
수도-자(修道者) 명 ①도를 닦는 사람. ②가톨릭에서, 수사와 수녀를 두루 이르는 말.
수도-전(水道栓) 명 상수도의 물을 따라 쓰게 만든 장치. 수통(水筩).
수돗-물(水道-)[-돈-] 명 상수도에서 나오는 물. ¶ 수돗물 공급을 중단하다.
수동(手動) 명 (기계 따위를) 동력을 쓰지 않고 손으로 움직임. ¶ 수동 재봉틀. ↔자동(自動).
수동(受動) 명 다른 것으로부터 작용을 받음. 피동(被動). ↔능동(能動).
수동(豎童) 명 심부름하는 더벅머리 아이.
수동^교환기(手動交換機) 명 교환원이 전화의 수신자와 송신자 사이의 회선을 접속시키는 교환기.
수동^면ː역(受動免疫) 명 ☞타동 면역.
수동-사(受動詞) 명 ☞피동사(被動詞).
수동-성(受動性)[-썽] 명 다른 것으로부터 작용을 받아들이는 성질. ↔능동성.
수동-식(手動式) 명 손으로 움직여서 작동하도록 한 방식. ¶ 수동식 펌프. ↔자동식.
수-동이 명 ①석유의 관(罐)을 광산에서 이르는 말. ②〖의존 명사적 용법〗 광석 무게의 단위. 10관(貫)으로 37.5 kg.
수동-적(受動的) 관명 다른 것으로부터 작용을 받아 움직이는 (것). ¶ 수동적 입장. /수동적인 행동. ↔능동적.
수동-태(受動態) 명 문법에서, 주어가 어떤 동작의 대상이 되어 그 작용을 받는 서술 형식. ↔능동태.
수두(水痘) 명 작은마마.
수두(首頭) 명 〈수두자(首頭者)〉의 준말.
수두(樹頭) 명 나무의 꼭대기.
수두룩-하다[-루카-] 형여 ①매우 흔하고 많다. ¶ 그런 것쯤은 어디에고 수두룩하다. ②꽤 많아서 수북하다. ¶ 동전이 수두룩하다. 작소도록하다. **수두룩-이** 부 ¶ 집에는 일거리가 수두룩이 기다리고 있었다.
수-두부(水豆腐) 명 ☞순두부.
수두-상기(垂頭喪氣) 명하자 (근심 걱정으로) 고개가 숙어지고 맥이 빠짐.
수두-자(首頭者) 명 어떤 일에 앞장선 사람. 준수두.
수둑-하다 형여 '수두룩하다'의 잘못.
수드라(sudra) 명 고대 인도의 카스트 가운데 넷째 계급. 가장 천한 계급으로, 피정복민으로 이루어졌으며, 주로 농업과 백장 일에 종사하였음. 수다라. 참브라만·바이샤·크샤트리아.
수득(收得) 명하타 (물건을) 거두어들이어 제 것으로 함.
수득(修得) 명하타 (학문이나 기예·기술 따위를) 배워서 터득함.
수득(搜得) 명하타 찾아서 얻음.
수득-세(收得稅)[-쎄] 명 일정한 기간의 소득에 대하여 과세하는 직접세. 〔소득세와 수익세, 특별 소득세 따위.〕
수득-수득[-쑤-] 부하형 (열매나 뿌리 따위가) 몹시 시들어 마른 모양. ¶ 수득수득한 호박고지를 물에 불리다. 작소득소득.
수득수실(誰得誰失)[-쑤-] 명 누가 이익을 보고 누가 손해를 보는지 분명하지 않은 일.
수들-수들 부하형 (줄기나 뿌리 따위가) 숨이 죽어 몹시 시들시들한 모양. ¶ 수들수들한 무로 장아찌를 담그다. 작소들소들.
수디새 명 〈옛〉 수키와. ¶ 수디새:童瓦(訓蒙中*18*).
수ː-땜(數-) 명하자 앞으로 닥쳐올 나쁜 운수를 미리 다른 일을 겪어서 면하는 일.
수-떨다[~떠니·~떨어] 자 수다스럽게 떠들다.
수ː-띠(繡-) 명 수를 놓아 꾸민 띠.
수라(←水剌) 명 '임금에게 올리는 밥'을 높여 이르던 말.
수라(修羅) 명 〈아수라(阿修羅)〉의 준말.
수라-간(←水剌間)[-깐] 명 왕조 때, 수라를 짓는 부엌을 이르던 말. 어주(御廚).
수라-상(←水剌床)[-쌍] 명 '임금에게 올리는 밥상'을 높여 이르던 말.
수라-장(修羅場) 명 〔아수라가 제석천(帝釋天)을 상대로 싸운 곳이라는 뜻으로〕 ①모진 싸움으로 처참하게 된 곳. ②법석을 떨어 야단이 난 곳. ¶ 회의장이 삽시간에 수라장으로 변하다. 아수라장.
수락(*受諾) 명하타되자 요구를 받아들여 승낙함. ¶ 그들의 제의를 수락하다. ↔거부.
수락석출(水落石出)[-썩-] 명 ①물이 빠지고 돌이 드러난 물가의 겨울 경치. ②(일의 전모가) '뒷날에 드러남'을 비유하여 이르는 말.
수란(水卵) 명 달걀을 깨서 수란짜에 담아 끓는 물에 반숙한 것.
수란(을) 뜨다 관용 수란을 만들다.

수란(秀卵)명 숭어의 알로 만든 어란.
수란(愁亂) '수란하다'의 어근.
수ː란(繡襴)명 ①수놓은 치마. ②지난날, 궁중 나인들이 예식 때 입던 수놓은 치마.
수란-관(輸卵管)명 난자를 자궁으로 보내는 나팔 모양의 관. 거기에서 수정이 이루어짐. 나팔관. 난관.
수란-스럽다(愁亂-)[-따][~스러우니·~스러워]형ㅂ 시름이 많아 마음이 어지러운 데가 있다. **수란스레**부.
수란-짜(水卵-)명 수란을 뜨는 데 쓰이는, 쇠로 만든 주방 기구.
수란-하다(愁亂-)형여 시름이 많아 마음이 산란하다. 수요(愁擾)하다.
수람(收攬)명하타 (사람의 마음을) 끌어 모음. ¶ 인심을 수람하다.
수랍(水蠟)명 ☞백랍(白蠟).
수랑(守廊)명 행랑에서 조금 떨어져 있는, 집주인의 객실.
수랭-식(水冷式)명 (기계나 설비 등을) 물로써 식히는 방식. 참공랭식.
수랭식 기관(水冷式機關)[-끼-] 물을 순환시켜서 기통(汽筒)을 식히는 내연 기관.
수량(水梁)명 강물의 흐름이 좁아진 곳.
수량(水量)명 물의 분량. ¶ 수량이 불어나다.
수ː량(數量)명 수효와 분량. ¶ 많은 수량.
수ː량^경기(數量景氣)명 물가가 오르지 않고도 매출액이 증대하여 기업의 수익이 늘어나고 경기도 좋아지는 상태. ↔가격 경기.
수량-계(水量計)[-계/-게]명 ☞양수기(量水器).
수ː량^지수(數量指數)명 수량의 변동을 나타내는 지수. 〔생산 수량 지수나 무역 수량 지수 따위.〕
수럭-수럭[-쑤-]부하형 말이나 행동이 시원시원하고 활달한 모양. 작소락소락.
수럭-스럽다[-쓰-따][~스러우니·~스러워서]형ㅂ 수럭수럭한 데가 있다. ¶ 그는 사람됨이 수럭스러워 대하기가 아주 편하다. **수럭스레**부.
수런-거리다자 자꾸 수런수런하다. 수런대다.
수런-대다자 수런거리다.
수런-수런부하자 여러 사람이 모여 수군거리는 모양. ¶ 수런수런하는, 심상찮은 분위기.
수렁명 ①곤죽이 된 진흙이나 개흙이 많이 괸 곳. ②'헤어나기 힘든 처지'를 비유하여 이르는 말. 수녕(水濘). ¶ 절망의 수렁에 빠지다.
수렁-논명 수렁으로 된 논. 수렁배미.
수렁-배미[-빼-]명 수렁논.
수레명 바퀴를 달아 굴러 가게 만든 물건. 사람이 타거나 짐을 실음.
수레 위에서 이를 간다속담 이미 때가 늦은 뒤에 원망하고 있음을 비유하여 이르는 말.
수레-거(-車)명 한자 부수의 한 가지. '軸'·'輦' 등에서의 '車'의 이름.
수레-바퀴명 수레가 굴러 가도록 밑에 댄 바퀴. 차륜(車輪).
수레^토기(-土器)명 수레 모양의 토기. 주로 신라와 가야 무덤에서 출토됨.
수려(秀麗) '수려하다'의 어근.
수려-하다(秀麗-)형여 (경치나 용모가) 빼어나게 아름답다. ¶ 이목구비가 수려한 젊은이.
수력(水力)명 ①물의 힘. ②물이 가지고 있는 운동 에너지와 위치 에너지를 변환시킨 동력.
수력^기계(水力機械)[-끼계/-끼게]명 물의 에너지를 기계적 에너지로 바꾸거나 물에 기계적 에너지를 부여하여 일을 하는 기계를 통틀어 이르는 말. 〔물레방아나 펌프·수압기 따위.〕
수력^발전(水力發電)[-빨쩐]명 수력으로 발전기를 돌려 전기를 일으키는 일, 또는 그러한 발전 방식. 참화력 발전.
수력^전ː기(水力電氣)[-쩐-]명 수력 발전으로 일으킨 전기. 준수전(水電).
수련(垂憐)명하타 가련하게 여겨 돌봄.
수련(首聯)명 한시의 율시(律詩)에서, 제1·2구, 곧 제1련. 기련(起聯). 참함련.
수련(修鍊·修練)명하타 (정신이나 학문·기술 따위를) 닦아서 단련함. ¶ 수련을 쌓다.
수련(睡蓮)명 수련과의 다년초. 못이나 늪에 나며 관상용으로 심기도 함. 뿌리줄기는 물 밑바닥으로 벋고, 잎은 뿌리에서 무더기로 나서 물 위에 뜸. 초여름에 흰 꽃이 긴 꽃줄기 끝에 한 송이씩 피는데, 아침에 피고 저녁나절에 오므라듦. 민간에서 꽃을 지혈제나 강장제로 씀.
수련^수녀(修鍊修女)명 가톨릭에서, 수녀가 되기를 서약하고 수련 중인 수녀를 이르는 말.
수련-의(修鍊醫)[-려늬/-려니]명 전문의(專門醫) 시험의 자격을 얻기 위하여 일정 기간 지정된 병원에서 임상 수련을 쌓고 있는 의사. 인턴과 레지던트 등을 이름. 전공의.
수련-하다형여 마음이 곱고 수수하다. ¶ 천성이 수련하다. **수련-히**부.
수렴(水廉)명 (풍수설에서 크게 꺼리는) 무덤 안에 물이 괴어 송장이 해를 입는 일.
수렴(收斂)¹명하자되자 ①수학에서, 변수(變數)가 어떤 일정한 값에 한없이 가까워지는 일. ↔발산. ②광선 따위가 한 점으로 모이는 일.
수렴(收斂)²명하타되자 ①(혈관 따위를) 오그라들게 함. ②(생각이나 주장 따위를) 한군데로 모음, 또는 모이게 함. ¶ 각계의 의견을 수렴하여 정책을 수립해야 한다. ③(돈이나 물건 따위를) 거두어들임. ④(조세를) 거두어들임.
수렴(垂簾)명하자 ①발을 늘어뜨림, 또는 늘어뜨린 발. ②〈수렴청정〉의 준말.
수렴^렌즈(收斂lens)명 평행 또는 발산(發散)하는 광속(光束)을 수렴하여 한 점에 모으는 렌즈. 볼록 렌즈가 이 구실을 함.
수렴-막(垂簾膜)명 트라코마의 독소가 각막을 침범하여 눈망울이 흐려지는 눈병.
수렴-전(收斂錢)명 추렴하여 모은 돈.
수렴-제(收斂劑)명 점막이나 상처 따위의 단백질에 작용하여 피막을 만들어서 국소(局所)를 보호하는 약제. 지혈·진통·소염의 작용도 함.
수렴-청정(垂簾聽政)명 지난날, 임금이 어린 나이로 즉위하였을 때 왕대비나 대왕대비가 임금을 대신하여 정사(政事)를 돌보던 일. 준수렴·염정.
수렵(狩獵)명하타 ☞사냥.
수렵-기(狩獵期)[-끼]명 ☞사냥철.
수렵^면ː허(狩獵免許)[-렴-]명 수렵법에 의하여 일정한 사냥을 할 수 있는 면허.
수렵-법(狩獵法)[-뻡]명 수렵의 규제, 짐승의 보호·번식 등에 관하여 제정한 법률.
수렵^시대(狩獵時代)[-씨-]명 인류가 야생 동물을 사냥하여 주식으로 하던 원시 시대.
수렵-조(狩獵鳥)[-쪼]명 사냥이 허가된 새.
수령(守令)명 ☞원(員).
수령(秀靈) '수령하다'의 어근.
수령(受領)명하타 (돈이나 물품 따위를) 받음. 받아들임. 영수(領收). ¶ 퇴직금을 수령하다.
수령(首領)명 한 당파나 무리의 우두머리. 두령.
수령(樹齡)명 나무의 나이. ¶ 육백 년의 수령을 자랑하는 정이품송.

수령^능력(受領能力) [-녁] 명 남의 의사 표시의 내용을 이해할 수 있는 능력.
수령-스럽다(秀靈-) [-따] [~스러우니·~스러워] 형ㅂ 재주가 빼어나고 영묘한 듯하다.
수령-인(受領人) 명 수령하는 사람. 받을 사람.
수령-증(受領證) [-쯩] 명 (돈이나 물품 따위를) 받았다는 증거로 써 주는 증서.
수령-하다(秀靈-) 형여 재주가 빼어나고 영묘하다.
수례(手例) 명하자 ☞수결(手決).
수로(水路) 명 ①물이 흐르는 통로. 물길. ¶ 수로 공사. ②뱃길. 물길. ↔육로. ③수영 경기에서, 선수가 헤엄쳐 나아가도록 성해 놓은 길.
수로(手爐) 명 손을 쬐도록 만든 작은 화로. 〔지난날, 흔히 가마에 싣고 다녔음.〕
수로(囚虜) 명 갇혀 있는 포로.
수로(酬勞) 명하자 수고나 공로에 대하여 보수를 줌, 또는 그 보수.
수로-교(水路橋) 명 도로나 철로 위로 다리처럼 가로질러 가설한 수로.
수로-기(修路機) 명 ☞로드 롤러.
수로-도지(水路圖誌) 명 선박의 안전하고 능률적인 항해를 위하여 발행되는 도서. 해도(海圖) 따위.
수로-만리(水路萬里) [-말-] 명 아주 먼 뱃길.
수로-선(水路線) 명 지도 등에서 수로를 나타낸 선.
수로식 발전(水路式發電) [-빨쩐] 하천이나 호수의 물을 발전소 위로 끌어 들여 자연 낙차(落差) 따위를 이용하여 발전하는 수력 발전의 한 가지.
수로^안ː내인(水路案內人) 명 '도선사(導船士)'를 흔히 이르는 말.
수록(手錄) 명하타되자 손수 기록함, 또는 그 기록. 수기(手記).
수록(收錄) 명하타되자 (같은 계통의 것을) 기록하여 넣거나 모아서 실음. 수재(收載). ¶ 20만의 어휘가 수록된 사전. /잡지에 수록된 특종 기사.
수록(蒐錄) 명하타되자 수집하여 기록함, 또는 그 기록.
수뢰(水雷) [-뢰/-뤠] 명 물속에서 폭발시켜 적의 함정 따위를 파괴하는 무기. 공격용의 어뢰와 방어용의 기뢰가 있음.
수뢰(受賂) [-뢰/-뤠] 명하자 뇌물을 받음. 수회(收賄). ¶ 수뢰 혐의로 조사를 받다. ↔증뢰(贈賂).
수뢰^구축함(水雷驅逐艦) [-뢰-추캄/-뤠-추캄] 명 ☞구축함.
수뢰-정(水雷艇) [-뢰-/-뤠-] 명 적의 함정을 수뢰로 공격하여 격침시키는 것을 주임무로 하는 소형의 쾌속 함정.
수료(修了) 명하타 일정한 학업이나 과정을 다 마침. ¶ 대학원 과정을 수료하다.
수료-생(修了生) 명 일정한 학업이나 과정을 다 마친 학생.
수료-증(修了證) [-쯩] 명 일정한 학업이나 과정을 다 마친 사람에게 주는 증서.
수룡-음(水龍吟) 명 고려 시대에, 나라에서 잔치를 베풀 때 쓰이던 반주 음악. 농(弄)·낙(樂)·편(編)의 3악장으로 되어 있음.
수루(水樓) 명 물가에 지은 누각.
수루(戍樓) 명 지난날, 적군의 동정을 살피기 위하여 성채 등에 지었던 누각. ¶ 한산섬 달 밝은 밤의 수루에 혼자 안자(古時調).
수루(垂淚) 명하자 눈물을 흘림.
수뤼 명 〈옛〉수레. ¶ 바미 수뤼 모라 나가(杜重 1:15).
수뤼-나물 명 현삼과의 다년초. 줄기의 높이 1~1.5 m. 잎은 3~5개씩 돌려나는데, 여름에 홍자색의 꽃이 이삭 모양으로 핌. 우리나라와 중국, 일본의 산에서 자라는데, 이뇨제(利尿劑)로 쓰임.
수류(水流) 명 물의 흐름.
수류(獸類) 명 포유류에 딸린 동물을 통틀어 이르는 말.
수류 운공(水流雲空) 명 〔흐르는 물과 뜬구름이라는 뜻으로〕 '지나간 일의 흔적 없고 허무함'을 비유하여 이르는 말.
수-류탄(手榴彈) 명 손으로 던지는 근접 전투용의 소형 폭탄.
수류^펌프(水流pump) 명 굵기가 고르지 않은 관 속을 지나는 수류가 부분적으로 압력 차가 생기는 것을 이용하여 공기나 액체를 배출시키는 진공 펌프의 한 가지.
수륙(水陸) 명 ①물과 뭍. ②수로와 육로.
수륙-도량(水陸道場) [-또-] 명 불교에서, 수륙재(水陸齋)를 올리는 곳(마당)을 이르는 말.
수륙-만리(水陸萬里) [-룽말-] 명 바다와 육지를 사이에 두고 멀리 떨어져 있음을 이르는 말.
수륙^병ː진(水陸竝進) [-뼝-] 명 (수군과 육군이) 바다와 육지에서 함께 진격하는 일.
수륙^양ː용(水陸兩用) [-룽냥-] 명 물 위나 육지에서 다 활용할 수 있는 것. ¶ 수륙 양용 전차.
수륙-재(水陸齋) [-째] 명 불교에서, 수륙의 고혼(孤魂)과 잡귀에게 재를 올리고 음식을 공양하는 법회. 참수륙도량.
수륙-전(水陸戰) [-쩐] 명 바다와 육지에서 벌어지는 전투. 해전과 육전.
수륙-진미(水陸珍味) [-찐-] 명 ☞산해진미(山海珍味).
수륜(水輪) 명 불교에서 이르는 삼륜(三輪)의 하나. 풍륜(風輪)의 위에서 이 세상을 떠받치고 있는 물의 층(層).
수륜(垂綸) 명하자 낚싯줄을 드리워서 고기를 낚음.
수르르 부 ①뭉치거나 얽힌 것이 술술 풀리는 모양. ¶ 치마끈이 수르르 풀리다. ②물이나 가루·공기 따위가 부드럽게 새어 나가는 모양. ¶ 풍선의 공기가 수르르 빠지다. ③부드러운 바람이 천천히 부는 모양. ¶ 신선한 바람이 수르르 불어오다. ④졸음이 오는 모양. ¶ 수르르 졸음이 오다. 작소르르.
수릉(壽陵) 명 왕조 때, 살아 있는 동안에 미리 마련하여 두던 임금의 무덤.
수릉-관(守陵官) 명 왕릉을 지키던 벼슬아치.
수리 명 수릿과의 수리속(屬)에 딸린 맹금(猛禽)을 두루 이르는 말. 산악이나 평야에 사는데, 몸집이 크고 힘이 세며, 부리와 발톱이 크고 날카로워 들쥐나 토끼 따위를 잡아먹음.
수리(水利) 명 ①수상 운송상의 편리. ②(식수나 관개용 등으로) 물을 이용하는 일. ¶ 수리 조합. /수리 시설. /수리 안전답.
수리(水理) 명 ☞수맥(水脈).
수리(受理) 명하타되자 〔제출한 소장(訴狀)이나 원서 따위 문서를〕 받아서 처리함. ¶ 사표를 수리하다.
수리(修理) 명하타되자 (고장이 나거나 허름한 데를) 손보아 고침. ¶ 집을 수리하다.

수ː리(數理)명 ①수학의 이론이나 이치. ¶ 수리에 밝다. ②〔물리학, 경제학 따위의 학문 명칭과 아울러〕 수학적 해석을 연구 방법으로 하는 학문을 일컬음.

수ː리^경제학(數理經濟學)명 수학적 방법으로 경제 현상을 분석하는 경제 이론.

수리-권(水利權)[-꿘]명 하천이나 호수 등의 물을 관개·발전·수도 등의 목적으로 독점하여 사용할 수 있는 권리.

수리-먹다[-따]자 (밤이나 도토리 등의 속살 일부분이) 상하여 퍼슬퍼슬하게 되다.

수ː리^물리학(數理物理學)명 물리학에서 다루는 여러 가지 문제의 수학적 해석에 중점을 둔 분야의 학문.

수리-부엉이명 올빼밋과의 새. 날개 길이 41~45cm, 꽁지 길이 22~28 cm. 몸빛은 적갈색 또는 어두운 갈색에 검은 점이 있고, 머리 양쪽에 7~8 cm의 털이 귀 모양으로 나 있음. 깊은 산의 암벽(岩壁)에 살며 밤에 나와 들쥐나 토끼 등을 잡아먹음. 유럽·아프리카·아시아에 분포하고 우리나라에는 비교적 드문 텃새임. 수알치새.

수리-수리부하형 눈이 흐려서 보이는 것이 희미한 모양.

수리^안전답(水利安全畓)명 관개(灌漑)가 잘 되어 있어 안전하게 농사지을 수 있는 논. 안전답.

수ː리적 위치(數理的位置) (고유의 지명 따위를 쓰지 않고) 위도와 경도의 숫자로 어떤 지점을 나타내는 위치.

수리^조합(水利組合)명 지난날, 농업용 관개와 배수의 시설 및 그 관리를 하던 단체로, '농지 개량 조합'의 이전 일컬음.

수ː리^지리학(數理地理學)명 우주에서의 지구의 위치·달력·지도 따위를 연구하는 지리학의 한 분과. 천문 지리학.

수ː리^철학(數理哲學)명 수학의 대상이 되는 사물을 이성(理性)의 인식 대상으로서만 파악하여 그 근거를 연구하는 사변적인 학문.

수리취명 국화과의 다년초. 산이나 들의 양지바른 곳에 나는데, 줄기는 80~100 cm. 줄기에서 나온 길둥근 잎은 뒷면에 흰 털이 있으며, 가을에 자줏빛 꽃이 핌. 어린잎은 먹을 수 있음.

수리취-떡명 단오에, 수리취의 연한 싹이나 잎을 섞어서 만든 시루떡. 단오떡. 단오병.

수리-학(水理學)명 수로나 하천 또는 운하 따위의 수류(水流) 등에 대하여 역학적으로 연구하는 학문.

수ː리학-파(數理學派)명 수학적인 방법으로 경제학의 원리를 서술하고 파악하려는 학파.

수림(樹林)명 나무가 우거진 숲.

수립(竪立)명하타되자 꼿꼿하게 세움.

수립(樹立)명하타되자 (국가나 정부, 제도나 계획 따위를) 이룩하여 세움. ¶ 정책 수립./대책을 수립하다.

수릿-날[-린-]명 ☞단오(端午).

수마(手馬)명 〔보병전에 참가하기 위해 기병(騎兵)이 내려서〕 사람이 타고 있지 않은 말.

수마(水魔)명 '수해(水害)'를 악마에 비유하여 이르는 말. ¶ 수마가 할퀸 자국.

수마(睡魔)명 '심한 졸음'을 마력(魔力)에 비유하여 이르는 말. ¶ 수마에 시달리다.

수-마노(水瑪瑙)명 석영(石英)의 한 가지. 검정·빨강·하양 따위 빛깔의 광택을 띠며 흔히 장신구나 도장의 재료로 쓰임.

수-마력(水馬力)명 일정량의 물을 일정한 높이로 올리는 데 필요한 동력.

수마-석(水磨石)명 물결에 씻기어 서슬이 닳은 돌.

수막(髓膜)명 ☞뇌척수막(腦脊髓膜).

수-막새[-쌔]명 ☞막새.

수ː만(數萬)수관 만의 두서너 배가 되는 수(의). ¶ 수만의 군중. /수만 명의 군사.

수ː-많다(數-)[-만타]형 수효가 한없이 많다. 《주로, '수많은'의 꼴로 쓰임.》 ¶ 수많은 세월. /수많은 관객. **수많-이**부.

수-말명 말의 수컷. ↔암말[1].

수말(水沫)명 ①물거품. 수포. ②물보라.

수말(首末)명 머리와 끝.

수망(首望)명 조선 시대에, 벼슬아치의 망정(望定)에서 첫 번째에 오르던 일, 또는 그 사람.

수매(水媒)명 나사마름이나 자라마름 등 물에 사는 꽃식물이 물을 매개로 수정하는 일.

수매(收買)명하타되자 (물건을) 사들임. ¶ 정부가 추곡(秋穀)을 수매하다.

수매-화(水媒花)명 물을 매개로 번식하는 꽃. 참충매화·풍매화.

수맥(水脈)명 ①지하수의 물줄기. 수리(水理). ¶ 수맥이 흐르다. ②배가 다니는 길. 뱃길.

수멍명 논에 물을 대거나 빼기 위하여, 길 둑이나 방축 밑에 뚫어 놓은 물구멍.

수면(水面)명 물의 표면. 물면. 물 위. ¶ 소금쟁이가 수면을 달린다.

수면(水綿)명 민물에서 자라는 조류(藻類)를 통틀어 이르는 말. 뿌리 없이 머리카락처럼 떠 있는데, 먹기도 하고 실험재 또는 한방의 약재로도 씀. 수태(水苔).

수면(睡眠)명하자 잠을 잠, 또는 잠. ¶ 충분한 수면을 취하다. 높침수(寢睡).

수면(獸面)명 ①짐승의 얼굴, 또는 그와 같이 생긴 흉한 얼굴. ②짐승의 얼굴을 본떠서 만든 탈이나 방패 따위.

수면-계(水面計)[-계/-게]명 탱크나 증기 기관 속의 수위(水位)를 밖에서 알 수 있게 만든 계기.

수면-병(睡眠病)[-뼝]명 ①어떤 병의 증세로 계속 졸음이 오는 현상. ②원생동물의 감염으로 일어나는 서부 아프리카 특유의 풍토병의 한 가지.

수면^운ː동(睡眠運動)명 ☞취면 운동.

수면-제(睡眠劑)명 불면증을 진정시켜 잠이 들게 하는 약. 최면제.

수명(受命)명 ①하자명령을 받음. ②〈수명어천(受命於天)〉의 준말.

수명(羞明)명 눈이 부시어 밝은 빛을 바로 보지 못하는 병.

수명(壽命)명 ①타고난 목숨의 연한(年限). 살아 있는 연한. 준수(壽). ②(물품이나 시설의) 사용에 견디는 기간. 쓰일 수 있는 기간.

수명(隨命)명하자 (타고난) 운명에 따름.

수명^법관(受命法官)[-꽌]명 재판장의 명에 따라 합의부를 대표하여 화해 권고, 증거 조사, 공판 준비 따위의 소송 행위를 하는 법관.

수명어천(受命於天)명 〔하늘로부터 명을 받았다는 뜻으로〕 '임금의 자리에 오름'을 이르는 말. 준수명(受命).

수명-장수(壽命長壽)명 수명이 길어 오래 삶. 〔흔히, 어린아이의 명이 길기를 빌 때 이르는 말.〕 ¶ 수명장수를 위해 치성을 드리다.

수모(手母)명 전통 혼례에서, 신부에게 딸리어 단장을 하여 주고, 예절을 거행하게 받들어 주는 여자.

수모(受侮)명하타 모욕을 당함. ¶ 참을 수 없는 수모를 겪다.

수모(首謀)명 ①〈수모자(首謀者)〉의 준말. ②하타 앞장서서 일을 꾀함. ¶ 이 사건을 수모한 사람으로 수배되다.
수모(誰某)대 〔문어 투의 말로〕 아무개.
수모-결시(手母-)[-견씨]명 수모를 따라다니며 그 일을 배우는 여자.
수모-수모(誰某誰某)대 아무개 아무개. ¶ 수모 수모를 막론하고 모두가 그 일에는 반대한다.
수모-시(壽母詩)명 어머니의 생신 때에 바치는, 장수를 비는 시.
수모-자(首謀者)명 앞장서서 일을 꾀한 이. 주모자 중의 우두머리. 준수모(首謀).
수목명 낡은 솜으로 실을 뽑아 짠 무명.
수:목(數目)명 낱낱의 수효.
수목(樹木)명 ①(살아 있는) 나무. ②목본 식물을 통틀어 이르는 말. ¶ 수목이 우거지다.
수목-원(樹木園)명 수목의 관찰·연구나 일반의 관람 등을 위하여 많은 종류의 수목을 한데 모아서 가꾸는 곳.
수목-장(樹木葬)[-짱]명 화장(火葬)한 유골을 나무뿌리에 묻는 장례 방법.
수몰(水沒)명하자되자 물속에 잠김. ¶ 수몰 지구.
수무(手-)명 '수모(手母)'의 잘못.
수무족도(手舞足蹈)[-또]명하자 (너무 좋아서) 어찌할 바를 몰라 날뜀. 준도무(蹈舞).
수-무지개명 쌍무지개가 섰을 때, 빛깔이 뚜렷하고 고운 쪽의 무지개. ↔암무지개.
수무푼전(←手無分錢)명 수중에 돈이 한푼도 없음.
수묵(水墨)명 빛이 엷은 먹물.
수묵(을) 치다관용 잘못된 것을 발라 감추다.
수묵(이) 지다관용 (그림이나 글씨의 점이나 획의 가장자리에) 수묵이 나타나다.
수묵^산수(水墨山水)[-싼-]명 수묵으로 그린 산수화.
수묵-화(水墨畫)[-무콰]명 화선지에 수묵으로 짙고 연한 효과를 내어 그린 그림.
수문(水門)명 저수지나 수로(水路)에 설치하여 수량(水量)을 조절하는 문. 물문. 수갑(水閘).
수문(水紋)명 ①수면에 인 물결의 무늬. ②물결처럼 어른거리는 무늬.
수문(手紋)명 손금.
수문(守門)명하자 문을 지킴.
수문(壽門)명 대대로 장수하는 집안.
수문수답(隨問隨答)명하자 묻는 대로 거침없이 대답함. ¶ 수문수답하는 모습을 보니 속이 다 시원하다.
수문-장(守門將)명 지난날, 대궐문이나 성문을 지키던 장수.
수문-전(修文殿)명 고려 시대에, 학자가 왕에게 학문을 강의하던 곳.
수문-졸(守門卒)명 지난날, 대궐문이나 성문을 지키던 병졸.
수문-지기(水門-)명 수문을 지키는 사람.
수문-학(水文學)명 지구상의 물의 발생·순환·분포와 그 물리적·화학적 특성, 환경과의 상호 작용 등을 연구 대상으로 삼는 학문.
수미(秀眉)명 빼어나게 아름다운 눈썹.
수미(首尾)명 처음과 끝. 두미(頭尾).
수미(愁眉)명 근심으로 찌푸린 눈썹. 곧, 근심에 잠긴 안색.
수미(壽眉)명 늙은이의 눈썹에서, 가장 길게 뻗은 눈썹.
수미(粹美) '수미하다'의 어근.
수미(鬚眉)명 수염과 눈썹.
수미-단(須彌壇)명 절의 불전(佛殿) 안에, 부처를 안치한 단. 불단(佛壇).
수-미분(水米粉)명 ☞무리[2].
수미-산(須彌山←Sumeru 범)명 불교에서, 세계의 중심에 높이 솟아 있다는 산.
수미-상응(首尾相應)명하자 처음과 끝이 서로 응함. 서로 응하며 도움.
수미-상접(首尾相接)명하자 양쪽 끝이 서로 맞닿음. 서로 이어져 끊이지 않음.
수미^쌍관법(首尾雙關法)[-뻡]명 시가(詩歌) 따위의 구성법에서, 첫 연을 끝 연에 다시 반복하는 구성법.
수미-하다(粹美-)형여 순수하게 아름답다.
수민(愁悶) '수민하다'의 어근.
수민-하다(愁悶-)형여 수심(愁心)에 싸여 괴로워하다.
수밀(水密)명 큰 물통이나 관(管) 따위가 속에 담긴 물을 조금도 흘리지 않고 수압을 견뎌 내는 상태.
수밀^격벽(水密隔壁)[-뻑]명 배의 외부가 파괴되었을 때, 침수를 일부분에 그치게 하기 위하여, 내부를 여러 방으로 갈라 막은 벽.
수밀-도(水蜜桃)[-또]명 껍질이 얇고 과즙이 많은 복숭아의 한 품종.
수:-바늘(繡-)명 수놓을 때 쓰는 바늘.
수:박명 박과의 일년생 만초. 아프리카 원산의 재배 식물. 줄기는 땅 위로 벋고 잎은 깃 모양으로 깊게 갈라짐. 여름에 연한 황색 꽃이 피고, 열매는 박처럼 둥글게 열리는데 수분이 많고 맛이 닮. 수과(水瓜).
수박 겉 핥기속담 '일이나 물건의 본질은 모르고 겉만 건드림'을 비유하여 이르는 말.
수반(水畔)명 물가.
수반(水飯)명 물에 만 밥. ↔건반(乾飯).
수반(水盤)명 꽃을 꽂거나 수석(壽石) 따위를 올려놓는 데 쓰이는, 바닥이 편평하고 운두가 낮은 그릇. 비수분(水盆).
수반(首班)명 ①행정부의 우두머리. ¶ 내각 수반. ②반열(班列)의 첫째, 또는 그 사람.
수반(隨伴)명하자타되자 ①붙좇아서 따름. ②(어떤 일과) 함께 일어나거나 나타남. ¶ 산업화에 수반하여 나타나는 공해.
수-반구(水半球)명 지구를, 동경 30°, 북위 48°를 북극으로 하고 서경 179°, 남위 48°를 남극으로 하여 둘로 가를 경우의 남반구를 이르는 말. 지구상의 바다 전 면적의 91%가 이에 들어감. 해반구. ↔육반구(陸半球).
수발명하타 시중들며 보살피는 일. 바라지[2].
수발(秀拔) '수발하다'의 어근.
수발(鬚髮)명 수염과 머리털.
수발-들다[~드니·~들어]타 가까이에서 시중들며 보살피다. ¶ 어머니 병을 수발들다.
수발-하다(秀拔-)형여 (여럿 중에서) 특히 빼어나다.
수발-황락(鬚髮黃落)[-낙]명 〔수염과 머리털이 세어 빠진다는 뜻으로〕 늙어 쇠약하여짐을 이르는 말.
수방(水防)명하자 수해를 막음, 또는 그 일.
수방(守防)명하타 지키어 막음.
수방(守房)명하자 지난날, 혼례 때 친척이나 종들이 첫날밤의 신방 곁을 지키던 일.
수방(殊邦)명 다른 나라. 비타국(他國).
수방(搜訪)명하타 수소문하여 찾아감.
수:-방석(繡方席)명 수를 놓아 만든 방석.
수배(手背)명 손등.

수배(手配)명하타되자 ①어떤 일을 갈라 맡아서 하게 함. ②(범인 등을 잡기 위하여) 수사망을 폄. ¶ 경찰의 수배를 받다. /절도범을 현상 수배하다.
수배(受配)명하자 배급을 받음.
수배(隨陪)명 왕조 때, 고을 원을 따라다니며 수발하던 아전.
수백(水伯)명 물귀신.
수ː백(數百)수관 백의 두서너 배(의).
수ː-백만(數百萬)[-뱅-]수관 백만의 두서너 배(의).
수ː-버선(繡-)명 (주로, 젖먹이에게 신기는) 수를 놓은 버선.
수번(首番)명 상여꾼의 우두머리.
수-벌명 벌의 수컷. ↔암벌.
수벌(受罰)명하자 벌을 받음.
수-범명 범의 수컷. ↔암범.
수범(首犯)명 범인 가운데의 우두머리.
수범(垂範)명하자 모범을 보임. ¶ 솔선수범.
수법(手法)[-뻡]명 ①(어떤 작품을 만들어 내는) 솜씨. ¶ 글의 전개 수법. /사실주의적인 수법으로 쓴 소설. ②(일을 꾸며 내는) 방법이나 수단. ¶ 교묘한 수법. /능란한 수법.
수법(受法)명하자 불교에서, 스승으로부터 불법을 전승받는 일.
수법(修法)명 ①수도(修道)하는 방법. ②불교의 밀교(密敎)에서, 본존을 단 위에 안치하고 불보살을 생각하며 법을 닦는 일.
수ː법(數法)[-뻡]명 셈하는 방법.
수ː법(繡法)[-뻡]명 수놓는 법.
수ː-베개(繡-)명 베갯모에 수를 놓은 베개. 수침(繡枕).
수벽(手擗)명 ①손바닥. ②마주앉아 손바닥을 마주치며 하는 놀이.
수변(水邊)명 물가. ¶ 수변 무대.
수병(水兵)명 해군의 병사.
수병(手兵)명 〈수하친병(手下親兵)〉의 준말.
수병(守兵)명 수비하는 병사.
수병(受病)명하자 병에 걸림.
수병(銹病)명 ☞엽삽병(葉澁病).
수ː병(繡屛)명 수놓은 병풍.
수보(修補)명하타되자 (허름한 곳을) 손질하여 고치거나 기움. 보수.
수보(蒐補)명하타 모아다가 덜 갖춘 데를 채움.
수ː-보다(數-)자 ①운수가 어떤가를 알아보다. ②좋은 재수를 보다.
수복(收復)명하타되자 잃었던 땅을 도로 찾음. ¶ 서울이 수복되다.
수복(守僕)명 조선 시대에, 묘(廟)·사(社)·능(陵)·원(園)·서원(書院) 등의 청소하는 일을 맡아보던 구실아치.
수복(修復)명하타 ①되자수리하여 본모습과 같게 함. ¶ 본당(本堂)을 말끔히 수복하다. ②편지의 답장을 함.
수복(壽福)명 오래 사는 일과 복을 누리는 일.
수복-강녕(壽福康寧)[-깡-]명하형 오래 살고 행복하며, 건강하고 평안함.
수ː-볶이(數-)명 여러 부위의 쇠고기를 조금씩 떼어 섞어서 양념하여 볶은 음식. 수초(數炒).
수본(手本)명 왕조 때, 공사(公事)에 관한 일을 상관에게 보고하던 자필의 서류.
수ː본(繡本)[-뽄]명 수를 놓도록 종이나 헝겊 따위에 무늬를 본떠 놓은 바탕. 모형(模型).
수봉(收捧)명하타 (꾸어 준 돈이나 세금 따위를) 거두어들임. 수쇄(收刷).
수부(水夫)명 ①뱃사람. ②배에서 허드렛일을 맡아 하는 하급 선원. ③☞조졸(漕卒).
수부(水缶)명 ☞물장구.
수부(水府)명 ①물을 다스린다는 신의 궁전. ②조선 시대에, '공조(工曹)'를 달리 이르던 말.
수부(囚俘)명 사로잡힌 포로.
수부(首府)명 ①☞수도(首都). ②조선 시대에, 감영(監營)이 있던 곳.
수부(首富)명 으뜸가는 부자. 갑부(甲富).
수부(壽富) '수부하다'의 어근.
수부다남자(壽富多男子)명하형 오래 부유하게 살면서 아들도 많음.
수부-전(水夫田)명 조선 시대에, 조졸(漕卒)에게 급료로 주던 논밭.
수-부종(水付種)명하자 (못자리를 하지 아니하고) 논에 바로 볍씨를 뿌리는 일. 삶이.
수부-하다(壽富-)형여 수명이 길고 부유(富有)하다.
수북-수북[-쑤-]부하형 여럿이 모두 수북하거나 수북하게 쌓이는 모양. ¶ 일꾼들에게 밥을 수북수북 담아 주었다. 작소복소복.
수북-하다[-부카-]형여 ①(물건이 담겨 있거나 쌓여 있는 모양이) 비교적 높게 두두룩하다. ¶ 밥을 고봉으로 수북하게 담다. ②(붓거나 하여) 불룩하다. ¶ 곤히 자고 나더니 눈두덩이 수북해졌구나. ③한 자리에 배게 많다. ¶ 버려진 땅에 잡초만 수북하게 나 있다. 작소복하다.
　수북-이부 ¶ 밤새 수북이 내린 눈.
수분(水分)명 물기. ¶ 수분을 섭취하다.
수분(水盆)명 물을 담고 꽃이나 수석(壽石) 등을 넣어 두는 그릇. 비수반(水盤).
수분(水粉)명 ①☞무리[2]. ②물분.
수분(守分)명하자 본분이나 분수를 지킴.
수분(受粉)명하자 꽃식물에서, 수술의 꽃가루가 암술머리에 붙어 열매를 맺는 현상. 자화 수분과 타화 수분이 있음. 가루받이.
수분(授粉)명하자 꽃식물의 암꽃술에 수꽃술의 꽃가루를 붙여 주는 일.
수불(受拂)명하타 받음과 치름. ¶ 수불 명세서.
수불석권(手不釋卷)[-꿘]명하타 〔손에서 책을 놓지 않는다는 뜻으로〕 늘 글을 읽음.
수비(水飛)명하타 곡식의 가루나 그릇 만들 흙을 물에 풀어 휘저어서 잡물을 없애는 일, 또는 그런 일을 하는 사람.
수비(守備)명하타 지키어 막음. ↔공격.
수비-군(守備軍)명 수비를 위한 군사.
수비-대(守備隊)명 수비와 경계를 위하여 배치된 군대.
수-비둘기명 비둘기의 수컷. ↔암비둘기.
수비-수(守備手)명 축구 따위의 구기에서, 수비를 맡은 선수. ↔공격수.
수비-진(守備陣)명 수비를 하는 편의 진, 또는 그 군사나 선수. ↔공격진.
수비-질(水飛-)명하타 수비하는 일.
수비토(subito 이)명 악곡의 나타냄말. '바로 곧'·'즉시'의 뜻.
수빙(樹氷)명 냉각된 안개의 입자가 나뭇가지 등에 얼어붙은 것. 참상고대.
수비부 〈옛〉쉽게. 쉬이. ¶ 사름마다 히여 수비 니겨(訓諺). 참수이.
수-빠지다(手-)자 말이나 행동을 실수하여 남에게 약점을 잡히다. ¶ 술만 마셨다 하면 수빠지는 짓을 한다.
수사(水使)명 〈수군절도사〉의 준말. 높수사또.
수사(水師)명 ☞수군(水軍).

수사(手寫)명하타 ①손으로 베껴 씀. ②(글을) 손수 씀.
수사(秀士)명 학문과 덕행이 뛰어난 선비.
수사(首寺)명 한 도(道)나 군(郡)에서 으뜸가는 절. 수찰(首刹).
수사(修士)명 가톨릭의 수도원에서 수도하는 남자. 수도사. 참수녀(修女).
수사(修史)명하자 역사를 엮음.
수사(修辭)명하자 말이나 글을 아름답고 정연하게 꾸미고 다듬는 일, 또는 그 재주. ¶ 갖은 수사를 구사한 연애편지.
수사(殊死)명하자 ①목을 베어 죽임, 또는 그 형벌. ②죽기를 각오하고 결행함.
수사(搜査)명하타 ①찾아서 조사함. ②수사 기관에서 범인의 행방을 찾거나 공소(公訴)의 제기와 유지를 위하여 범인 및 범죄에 관한 증거를 수집하는 일. ¶ 사건을 수사하다.
수사(搜射)명하자 적이 숨어 있는지의 여부를 알아내기 위하여 사격을 행함, 또는 그 사격.
수사(愁死)명하자 지나친 근심·걱정이 병이 되어 죽음.
수사(愁思)명 근심스러운 생각.
수사(遂事)명 이미 다 된 일.
수사(壽死)명하자 수를 다하고 늙어서 죽음.
수사(壽詞)명 장수를 축하하는 글.
수사(瘦死)명하자 몸이 여위어서 죽음.
수ː사(數詞)명 사물의 수량이나 순서를 나타내는 말. 명사·대명사와 함께 문장에서 체언 구실을 하며, 수량을 나타내는 양수사와 순서를 나타내는 서수사로 나뉨. 셈씨.
수사-관(搜査官)명 범죄 수사를 맡아보는 관리.
수사^기관(搜査機關)명 범죄 수사의 권한을 가진 국가 기관. 〔검사나 사법 경찰관 따위.〕
수ː-사납다(數-)[-따][~사나우니·~사나워]형ㅂ 운수가 나쁘다. 재수가 없다.
수-사돈(-査頓)명 사위 쪽의 사돈. ↔암사돈.
수사두호(隨事斗護)명하타 일마다 돌보아 줌.
수-사또(←水使道)명 〈수사(水使)〉의 높임말.
수사-력(搜査力)명 범죄 수사를 하는 능력이나 역량. ¶ 수사력을 모으다.
수사-류(垂絲柳)명 ☞능수버들.
수사-망(搜査網)명 수사관을 그물처럼 배치하여 놓은 수사의 조직. ¶ 물샐틈없는 수사망.
수사-법(修辭法)[-뻡]명 수사의 방법·기교.
수사-본(手寫本)명 손으로 베껴 쓴 책. 필사본(筆寫本). 사책.
수사-전(殊死戰)명하자 죽기를 각오한 싸움.
수사-진(搜査陣)명 범죄를 수사하기 위하여 구성된 수사관의 진용.
수사-학(修辭學)명 수사법과 이에 관련된 현상을 연구하는 학문.
수ː삭(數朔)명 두서너 달. 수월(數月). ¶ 수삭이 지나도록 소식 한 자 없다오.
수삭(瘦削) '수삭하다'의 어근.
수삭-하다(瘦削-)[-사카-]형여 몹시 여위다. 수척(瘦瘠)하다.
수산(水疝)명 불알이 붓고 아픈 병.
수산(水產)명 〈수산물〉·〈수산업〉의 준말.
수산(授產)명하자 직업이 없는 사람에게 살 길을 열어 주려고 일자리를 마련하여 줌.
수산(蓚酸)명 가장 간단한 화학 구조의 이염기성 유기산의 한 가지. 산성 산화물은 사방 정계(斜方晶系)의 결정으로 괭이밥·장군풀 따위의 식물 속에 널리 분포함. 환원력이 강하여 표백제와 금속 연마 등에 널리 쓰임.
수산^가공업(水產加工業)명 수산물을 원료로 식품이나 비료 따위를 생산하는 산업.
수산-기(水酸基)명 산소와 수소 각 한 원자로 결합되어 '-OH'로 표시되는 1가(價)의 기(基). 무기 화합물에서는 금속의 수산화물, 유기 화합물에서는 알코올 등이 있음.
수산-물(水產物)명 민물이나 바다에서 나는 동식물 따위 산물. 준수산(水產).
수산-비료(水產肥料)명 수산물을 원료로 하여 만든 비료. 어비(魚肥) 따위.
수산^시험장(水產試驗場)명 수산에 관한 조사·시험·분석·검사·감정·보급·지도 등을 목적으로 설립된 연구 기관.
수산-업(水產業)명 수산물의 어획이나 채취, 양식이나 가공 따위의 산업. 준수산.
수산업^협동조합(水產業協同組合)[-사너펍똥-]명 어민과 수산 가공업자의 경제적·사회적 지위 향상과 수산물 생산력의 증강을 위해 설립된 협동 조직. 준수협.
수산^자원(水產資源)명 '수산물'을 자원의 관점에서 이르는 말.
수산-학(水產學)명 어로(漁撈)의 기술이나 가공·양식 등에 관하여 연구하는 학문. 〔수산 생물·수산 화학 따위.〕
수-산호(水珊瑚)명 붉은 복숭아 빛깔의 산호.
수산화-나트륨(水酸化Natrium)명 탄산나트륨을 용해하여 석회유를 넣어 끓이거나, 또는 식염의 수용액을 전기 분해할 때 생기는 무색투명의 결정체. 물과 알코올에 잘 녹음. 인조 섬유 공업 및 화학 약품 공업 등 화학 공업의 모든 분야에 걸쳐 널리 쓰임.
수산화-물(水酸化物)명 수산기를 가진 화합물을 통틀어 이르는 말.
수산화-바륨(水酸化barium)명 산화바륨에 물을 작용시켜 만드는 하얀 가루. 유독성이며 물에 잘 녹는데, 수용액은 강한 알칼리성을 띰. 분석 시약 등으로 쓰임.
수산화-철(水酸化鐵)명 철의 수산화물. 수산화제일철과 수산화 제이철이 있는데, 제이철은 비소(砒素)의 해독제로 쓰임.
수산화-칼륨(水酸化Kalium)명 칼륨의 수산화물. 수용액은 강한 알칼리성인데 극약임. 칼륨비누나 염료의 합성 등에 쓰임. 가성 칼리.
수산화-칼슘(水酸化calcium)명 칼슘의 수산화물. 산화칼슘에 물을 부을 때 생기는 흰빛의 가루. 의약품의 제조나 산성 토양을 중화시키는 데 쓰임. 가성 석회. 소석회. 수화석회.
수살(水殺)명 (민속에서, 마을을 수호한다고 여기는) 마을 입구에 서 있는 돌이나 나무.
수삼(水蔘)명 말리지 않은 인삼. 생삼. ↔건삼.
수ː삼(數三)관 일부 단위를 나타내는 말 앞에 쓰이어, 그 수량이 두서너 개임을 나타내는 말. ¶ 수삼 인. /수삼 일이 지나다.
수삽(羞澁) '수삽하다'의 어근.
수삽-스럽다(羞澁-)[-쓰-따][~스러우니·~스러워]형ㅂ 부끄러운 데가 있다. **수삽스레**부.
수삽-하다(羞澁-)[-사파-]형여 부끄러워서 머뭇거리다.
수상(手相)명 ①손금. ②손금의 모양이나 손의 생김새로 운수나 길흉을 판단하는 점.
수상(水上)명 ①물 위. ¶ 수상 가옥. ②물의 상류.
수상(受傷)명하자 상처를 입음.
수상(受像)명하자 텔레비전이나 전송 사진 등에서, 영상을 전파로 받아 상(像)을 비침, 또는 비치는 그 상. ↔송상(送像).

수상(受賞)명하타 상을 받음. ¶ 최우수상 수상. ↔수상(授賞).
수상(首相)명 ①내각의 우두머리. ②왕조 때, '영의정'을 달리 일컫던 말. 재상(宰相).
수상(殊常) '수상하다'의 어근.
수상(授賞)명하자 상을 줌. ↔수상(受賞).
수상(愁傷)명하자 몹시 슬퍼함.
수상(樹上)명 나무의 위.
수상(樹狀)명 나무처럼 가지가 나 있는 모양.
수상(樹霜)명 ☞상고대.
수상(隨喪)명하자 장사를 지내는 데 따라감.
수상(隨想)명 사물을 대할 때의 느낌이나 그때그때 떠오르는 생각.
수상(穗狀)명 곡식의 이삭과 같은 모양.
수ː상(繡像)명 수를 놓아 만든 화상.
수상^경ː기(水上競技)명 물에서 하는 각종 운동 경기를 통틀어 이르는 말. 수영·다이빙 등.
수상^경ː찰(水上警察)명 강이나 바다 따위의 수로에서 교통 정리, 조난 구조, 범법 행위의 단속 등을 맡아보는 경찰. 해상 경찰.
수상-관(受像管)명 텔레비전 수상기에 설치된 브라운관.
수상-기(水上機)명 〈수상 비행기〉의 준말.
수상-기(受像機)명 보내온 전파를 받아서 영상을 만드는 장치. ↔송상기. 참텔레비전.
수상-기(殊常氣)[-끼]명 수상스러운 기미.
수상^꽃차례(穗狀-次例)[-꼳-]명 ☞수상 화서(穗狀花序).
수상^돌기(樹狀突起)명 신경 세포(神經細胞) 중에서 짤막하게 가지가 갈라진 돌기. 흥분을 받아들이는 작용을 함.
수상-록(隨想錄)[-녹]명 수상을 모아 엮은 책.
수상-목(水上木)명 강의 상류에서 떼로 띄워 떠내려온 재목.
수상-문(隨想文)명 수시로 떠오르는 생각이나 느낌을 적은 글.
수상^비행기(水上飛行機)명 물 위에서 이착륙을 하는 비행기. 준수상기.
수상-생활(水上生活)명 물 위에 지은 집이나 배에서 하는 생활.
수상-선(水上船)명 ☞물윗배.
수상-스럽다(殊常-)[-따][~스러우니·~스러워]형ㅂ 보통과 달라 이상한 데가 있다. **수상스레**부.
수상^스키ː(水上ski)명 모터보트에 달린 밧줄을 잡고 보트에 끌려가면서 스키로 수면을 활주하는 스포츠.
수상^식물(樹上植物)[-싱-]명 나무 위에 기생하는 건생(乾生) 식물의 한 가지. 지의류(地衣類) 따위.
수상-쩍다(殊常-)[-따]형 수상한 데가 있다. ¶ 거동이 수상쩍은 사람.
수상-판(受像板)명 텔레비전 수상기의 화면이 비치는, 유리로 된 형광막의 판.
수상-하다(殊常-)형여 (언행이나 차림새 따위가) 보통과 달라 이상하다. ¶ 거동이 수상하다. **수상-히**부.
수상-화(穗狀花)명 수상 화서로 피는 꽃.
수상^화서(穗狀花序)명 무한 화서의 한 가지. 한 개의 긴 꽃대에 꽃자루가 없는 꽃이 이삭처럼 촘촘히 붙어서 피는 화서. 벼 따위. 수상꽃차례.
수-새명 새의 수컷. ↔암새.
수색(水色)명 물빛.
수색(秀色)명 뛰어나게 아름다운 경치.
수색(殊色)명 (여자의) 뛰어나게 고운 얼굴.
수색(羞色)명 부끄러워하는 기색.
수색(愁色)명 근심스러운 기색. ¶ 얼굴에 수색이 가득하다.
수색(搜索)명하타 ①구석구석 뒤지어 찾음. ¶ 실종자를 수색하다. ②압수하여야 할 물건이나, 체포 또는 구인해야 할 사람을 찾아내기 위하여 사람의 신체나 가택 따위를 뒤지는 강제 처분.
수색-경(搜索鏡)[-꼉]명 큰 망원경에 딸려서, 찾아보려는 천체(天體)의 위치를 찾는 데 쓰이는 작은 망원경.
수색-대(搜索隊)[-때]명 적의 위치나 병력·화력 등을 알아내거나 조난자를 구출하기 위하여 수색하는 부대.
수색-망(搜索網)[-생-]명 수색하기 위하여 늘어놓은 조직 체계.
수색^영장(搜索令狀)[-생녕짱]명 검사나 사법 경찰이 수색을 할 수 있도록 법원에서 발부하는 명령서.
수색-원(搜索願)명 잃어버린 물건이나 사람을 찾아 달라고 관계 기관에 내는 청원(請願).
수생(水生)명하자 물에서 생겨 남. 물에서 삶.
수생^동ː물(水生動物)명 민물이나 바닷물 속에서 사는 동물을 통틀어 이르는 말. 수서 동물.
수-생목(水生木)명 오행설(五行說)에서 이르는 상생(相生)의 하나. 물〔水〕에서 나무〔木〕가 생긴다는 뜻.
수생^식물(水生植物)[-싱-]명 물속에서 자라는 식물을 통틀어 이르는 말. 부유 식물(浮遊植物), 부엽 식물(浮葉植物), 침수 식물(沈水植物), 추수 식물(抽水植物) 등으로 나뉨. 수중 식물.
수서(手書)명하자 손수 편지를 씀, 또는 그 편지. 〔손아랫사람에게 쓰는 자신의 '편지'를 이르는 말.〕 수간(手簡). 수찰(手札). 수한(手翰). 수함(手函).
수서(手署)명하자 손수 서명함, 또는 그 서명. 자서(自署).
수서(殳書)명 한자의 팔체서(八體書)의 한 가지. 병기(兵器) 위에 쓰던 글씨체임.
수서(水棲)명하자 물속에서 삶.
수-서기(首書記)명 왕조 때, 지방 관아의 우두머리 서기를 일컫던 말.
수서^동ː물(水棲動物)명 ☞수생 동물.
수서-양단(首鼠兩端)명 〔쥐가 구멍에서 머리만 내밀고 요리조리 엿본다는 뜻에서〕 진퇴나 거취를 결단하지 못하고 관망하고 있는 상태를 이르는 말.
수석(水石)명 ①물과 돌. ②물과 돌로 이루어진 경치. 천석(泉石). ③물속에 있는 돌. ④☞수석(壽石).
수석(首席)명 (석차나 직위 따위의) 제1위. 수좌(首座). ¶ 수석을 차지하다. ↔말석(末席).
수석(壽石)명 (실내 등에 두고 감상하는) 생긴 모양이나 빛깔·무늬 따위가 묘하고 아름다운 천연석(天然石). 수석(水石).
수석(樹石)명 나무와 돌.
수석(燧石)명 부싯돌.
수선명하형스형 정신이 어지럽게 부산을 떠는 말이나 짓, 또는 그 때문에 정신이 산란함. ¶ 수선을 떨다. /수선을 피우다. **수선스레**부 ¶ 아이들이 수선스레 떠드는 바람에 길을 잘못 들었다.
수선(水仙)명 ①물속에 산다는 신선. ②〈수선화〉의 준말.

수선(手選)명하타 (광석이나 석탄 따위를) 손으로 골라내는 일.
수선(垂線)명 한 직선, 또는 평면과 직각을 이루는 직선. 수직선.
수선(受禪)명하자 임금의 자리를 물려받는 일.
수선(首線)명 '시초선(始初線)'의 구용어.
수선(修繕)명하타되자 (낡거나 허름한 것을) 손보아 고침. ¶ 구두 수선.
수ː선(繡扇)명 수를 놓은 부채.
수선-거(修船渠)명 ☞건독.
수선-거리다자 자꾸 수선수선하다. 수선대다.
수선-공(修繕工)명 수선하는 일을 맡은 직공.
수선-대다자 수선거리다.
수선 수신부하자 정신이 어지럽게 떠드는 소리, 또는 그 모양.
수선수선-하다형여 정신이 산란해질 정도로 너무나 시끄럽다.
수선-장(修船場)명 배를 고치는 곳.
수선-쟁이명 몹시 수선을 떠는 사람.
수선-화(水仙花)명 수선화과의 다년초. 지중해 연안 원산의 관상 식물. 잎은 가늘고 길며 비늘줄기에서 무더기로 남. 1~2월에 긴 꽃줄기 끝에 희거나 노란 꽃이 핌. 한방에서 비늘줄기를 약재로 씀. 배현(配玄). 준수선.
수설(水泄)명 물찌똥.
수설불통(水泄不通)명하자 〔물이 샐 틈이 없다는 뜻으로〕 (단속이 엄중하여) 비밀이 새어 나가지 못함.
수성(水性)명 ①물의 성질. ②물에 녹는 성질. 수용성. ¶ 수성 사인펜.
수성(水姓)명 민속에서, 오행(五行)의 수(水)에 딸린 성(姓)을 이르는 말.
수성(水星)명 행성 가운데서 가장 작고, 태양에 가장 가까이 있는 별. 〔일출 직전과 일몰 직후에 잠시 볼 수 있으며, 지름이 지구의 0.38배이고, 공전 주기는 88일임.〕 진성(辰星).
수성(水聲)명 물소리.
수성(守成)명하자 선왕(先王)이나 부조(父祖)가 이룬 업을 이어서 지킴.
수성(守城)명하자 성을 지킴.
수성(垂成)명하자 (어떤 일이) 거의 이루어짐.
수성(首星)명 어떤 별자리 중에서 가장 밝은 항성(恒星). 작은곰자리의 북극성, 거문고자리의 직녀성 따위. 알파성.
수성(修成)명하타 고치어 완전하게 이룸.
수성(遂成)명하타 (어떤 일을) 다 마치어 이룸.
수성(遂誠)명하자 성의를 다함.
수성(愁聲)명 ①근심하여 탄식하는 소리. ②구슬픈 소리.
수성(壽星)명 ①☞남극성. 노인성. ②'음력 팔월'을 달리 이르는 말. ②참영한(迎寒).
수성(獸性)명 ①짐승의 성질. ②인간이 가지고 있는 동물적인 성질. 〔야만성·잔인성 따위.〕
수성^가스(水性gas)명 고온으로 가열한 코크스에 수증기를 통과시켜 얻는 수소와 일산화탄소의 혼합 기체. 기체 연료 및 수소 가스 제조의 원료로 쓰임.
수성^광ː상(水成鑛床)명 지표수(地表水)에 용해된 광물 성분이 침전해서 생긴 광상.
수성^도료(水性塗料)명 ☞수성 칠감.
수성-암(水成岩)명 암석의 조각이나 생물의 유해, 화학적 침전물 등이 물속에 퇴적하여 된 암석. 성층암. 침적암. 침전암. 퇴적암.
수성지주(守成之主)명 창업의 뒤를 이어 그 기초를 굳게 지키는 군주.
수성^칠감(水性漆-)[-깜]명 물에 안료를 풀어서 만든, 광택이 없는 칠감. 주로, 실내 칠감으로 씀. 수성 도료. 수성 페인트.
수성^페인트(水性paint)명 ☞수성 칠감.
수세(水洗)명하자 ①물로 씻음. ②가톨릭에서, 물로 씻는 형식으로 하는 성세(聖洗) 방법의 한 가지를 이르는 말.
수세(水稅)명 ①관개용수를 이용하고 내는 요금. ②☞보수세(洑水稅).
수세(水勢)명 흐르는 물의 힘, 또는 그 형세.
수세(←休書)명 지난날, 남자가 여자에게 주던 이혼의 증서. 본휴서.
수세(를) 베어 주다관용 지난날, 천한 사람이 그 아내와 이혼할 때 수세 대신 옷고름을 베어 주었다는 뜻으로, 아내와 갈라섬을 이르는 말.
수세(收稅)명하자 세금을 거둠.
수세(守勢)명 적을 맞아 지키는 태세, 또는 힘이 부쳐서 밀리는 형세. ¶ 수세에 몰리다. ↔공세(攻勢).
수세(守歲)명하자 민속에서, 음력 선달 그믐날 밤에 등촉을 밝히고 밤을 새우는 일.
수세(受洗)명하자 기독교에서, 세례 받는 것을 이르는 말.
수세(漱洗)명하자 양치질하고 세수함.
수세(樹勢)명 나무의 자라나는 기세.
수세(隨勢)명하자 세상 형편에 따름.
수-세공(手細工)명 손으로 만드는 세공.
수세미명 짚이나 수세미외의 속으로 만들어 설거지할 때 그릇을 씻는 물건. 〔지금은 주로 화학 섬유로 만듦.〕
수세-미(水稅米)명 수세로 걷는 곡식.
수세미-외[-외/-웨]명 박과의 일년생 만초. 열대 아시아 원산으로, 줄기는 덩굴손으로 다른 물건에 감겨 올라가며, 잎은 손바닥 모양으로 깊이 갈라지고 긴 잎자루가 있음. 여름에 누런 꽃이 피고, 긴 원통형의 녹색 열매가 열림. 줄기의 즙액은 화장수로, 열매의 섬유는 수세미 따위로 이용함. 사과(絲瓜).
수세-식(水洗式)명 급수 장치를 하여 오물을 물로 씻어 내려 보내도록 처리한 방식. ¶ 수세식 변소.
수세지재(需世之才)명 세상에 소용되어 등용될 만한 인재.
수-소명 소의 수컷. 모우(牡牛). ↔암소.
수소(水素)명 무색·무미·무취의 가연성이 높은 기체 원소. 모든 물질 가운데 가장 가벼운 원소로 자연계에 널리 다량으로 존재함. 인위적으로는 물을 전기 분해하거나, 아연에 묽은 황산을 작용시켜 만듦. 〔H/1/1.0079〕
수소(受訴)명하자 소송을 받아 처리함.
수소(愁訴)명하자 고통이나 슬픔 따위를 한탄하며 호소함.
수-소문(搜所聞)명하타 세상에 떠도는 소문을 더듬어 찾음. ¶ 행방을 아무리 수소문해 봐도 찾을 길이 없었다.
수소^법원(受訴法院)명 소송을 수리한 법원.
수소^이온(水素ion)명 수소 원자가 1개의 핵외 전자(核外電子)를 잃고 1가(價)의 양이온이 된 것. 용액 속에서는 산성의 원인이 됨. 〔기호는 H^+〕
수소^이온^농도(水素ion濃度)명 용액 가운데에 해리(解離)된 수소 이온의 농도. 〔보통, 수소 지수 pH로 나타냄.〕
수소^지수(水素指數)명 수소 이온의 농도를 나타내는 수치. 〔기호는 pH〕

수소-탄(水素彈)명 〈수소 폭탄〉의 준말.
수소^폭탄(水素爆彈)명 중수소의 원자핵이 열핵 반응에 의해 융합하여 헬륨 원자핵을 만들 때 방출하는 막대한 에너지를 이용하여 만든 폭탄. 준수소탄·수폭.
수속(手續)명하타 ☞절차. ¶ 입학 수속. /출국 수속을 밟다.
수속(收束)명하타 ①모아서 한데 묶음. ②거두어들여 다잡음.
수속(收贖)명하자 지난날, 죄인의 속전(贖錢)을 거두던 일.
수속(殊俗)명 색다른 풍속. 특이한 풍속.
수속(隨俗)명하자 세상의 풍속을 따름.
수송(輸送)명하타 차·선박·비행기 따위로 짐이나 사람을 실어 보냄.
수송-기(輸送機)명 항공 수송에 사용하는 비행기를 통틀어 이르는 말.
수송-량(輸送量)[-냥]명 교통 기관이 실어 나르는 여객과 화물의 양(量).
수송-력(輸送力)[-녁]명 교통 기관이 여객이나 화물을 수송할 수 있는 능력.
수송-로(輸送路)[-노]명 수송하는 길.
수송-선(輸送船)명 사람이나 화물을 수송하기 위해 만든 배.
수송-업(輸送業)명 여객이나 화물의 수송을 맡아 하는 영업.
수쇄(手刷)명하타 인쇄기를 손으로 움직여 인쇄함, 또는 그렇게 하는 인쇄물.
수쇄(收刷)명하타 ①☞수습(收拾). ②☞수봉(收捧).
수-쇠[-쇠/-쉐]명 ①〈맷수쇠〉의 준말. ②자물쇠의, 암쇠에 끼우게 된 뾰족한 쇠. ↔암쇠.
수수명 볏과의 일년초. 식용 작물의 한 가지로 높이는 2 m가량. 잎은 옥수수 잎과 비슷하며 여름에 줄기 끝에 원추형 이삭이 달림. 열매는 잡곡으로, 잎과 줄기는 사료로 쓰임. 고량(高粱). 촉서(蜀黍).
수수(收受)명하타 거두어서 받음.
수수(袖手)명하자 팔짱을 낌.
수수(授受)명하타 주고받음. ¶ 금품을 수수하다.
수수(漱水)명하자 물로 양치질함.
수수(數數)부 '삭삭(數數)'의 잘못.
수수-경단(-瓊團)명 찰수수 가루를 반죽하여 둥글게 빚어 녹말을 묻힌 다음, 삶아서 찬물에 건져 내어 팥고물을 묻힌 떡.
수수-깡명 수수의 줄기. 수숫대.
수수께끼명 ①사물을 빗대어서 말하여 그 뜻이나 이름을 알아맞히는 놀이. 미어(謎語). ¶ 수수께끼를 내다. ②속내를 알 수 없는 복잡하고 괴이한 일을 이르는 말. ¶ 수수께끼의 사나이. /그가 왜 그런 짓을 했는지 지금도 수수께끼로 남아 있다.
수수-꾸다타 장난으로 실없는 말을 하여 남을 부끄럽게 만들다. ¶ 어린 신랑을 수수꾸다.
수수-돌명 금분(金分)이 섞인 붉은 차돌.
수수-떡명 찰수수 가루로 만든 떡.
수수러-지다자 돛 같은 것이 바람에 부풀어 둥글게 되다.
수수-롭다(愁愁-)[-따][~로우니·~로워]형ㅂ 근심스럽다. 마음이 서글프고 산란하다. **수수로이**부.
수수-료(手數料)명 어떤 일을 맡아 처리해 준 데 대한 보수. ¶ 대서(代書) 수수료.
수수-목명 수수 이삭의 목.
수수목-대[-때]명 수수목이 달린 줄기.
수수-미꾸리명 기름종갯과의 미꾸라지. 몸길이 10~13 cm. 몸빛은 담황색 바탕에 암갈색 세로줄이 촘촘하게 나 있음. 맑은 물의 돌 틈에 삶. 낙동강 수계에서만 사는 우리나라 특산임.
수수미-틀명 김맬 때 흙덩이를 떠서 들다가 반을 꺾어 누이는 일.
수수-밥명 ①수수쌀로 지은 밥. ②수수쌀을 섞어 지은 밥.
수수-방관(袖手傍觀)명하타 〔팔짱을 끼고 바라만 본다는 뜻으로〕'응당 해야 할 일에 아무런 간여도 하지 않고 그대로 버려 둠'을 이르는 말. ¶ 수수방관할 수 없는 환경 문제.
수수-부꾸미명 ☞수수전병.
수수-비명 이삭을 떨어 낸 수수깡으로 맨 비.
수수-쌀명 수수 열매를 대끼어 껍질을 벗긴 속 알맹이. 고량미(高粱米). 당미(糖米).
수수-엿[-엳]명 수수쌀로 고아 만든 엿. *수수엿이[-여시]·수수엿만[-연-]
수수-전병(-煎餠)명 찰수수 가루를 반죽하여 기름으로 지진 떡. 수수부꾸미.
수수-풀떡명 팥과 검정콩을 찰수수 가루에 버무려 익혀서 꿀이나 설탕을 친 떡.
수수-하다¹형여 ①옷차림이나 성격·태도 따위가 별스러운 데 없이 무던하다. ¶ 그렇게 돈이 많아도 옷차림은 수수하다. ②물건이 썩 좋지도 나쁘지도 않고 그저 쓸 만하다.
수수-하다²형여 (시끄럽고 요란스러워서) 정신이 어지럽고 뒤숭숭하다. ¶ 아이들 북새통에 마음이 수수해서 일을 할 수가 없다.
수숙(手熟) '수숙하다'의 어근.
수숙(嫂叔)명 형제의 아내와 남편의 형제. 곧, 제수나 형수와 시아주버니.
수숙-하다(手熟-)[-수카-]형여 손에 익다.
수순(手順)명 '차례'·'순서'·'절차'로 순화.
수-술명 꽃의 웅성(雄性) 생식 기관. 꽃실과 꽃밥 두 부분으로 되어 있음. 수꽃술. 웅예(雄蕊). ↔암술.
수술(手術)명하타되자 몸의 일부를 째거나 도려내거나 하여 병을 낫게 하는 외과적인 치료 방법. ¶ 맹장 수술. /수술을 받다.
수술-대[-때]명 수꽃술의 꽃밥이 달려 있는 가느다란 줄기. 꽃실.
수술-대(手術臺)명 수술하는 데 편리하게 특별히 설비한 대.
수술-머리명 수꽃술의 맨 윗부분.
수술-비(手術費)명 수술하는 데 드는 비용.
수술-실(手術室)명 수술하기 위하여 수술 기구 등을 갖추어 놓은 방.
수술-의(手術醫)[-수릐/-수리]명 수술을 맡은 의사.
수숫-대[-수때/-숟때]명 수수깡.
수숫잎-괭이[-순닙꽹-]명 볼이 얇고 넓죽하며 자루를 끼우는 부분이 수숫잎의 밑동 모양으로 생긴 괭이.
수숫잎-덩이[-순닙떵-]명 논의 김을 맬 때, 모포기 사이를 호미로 길게 파서 당겨 수수의 잎과 같은 덩어리로 넘기는 흙.
수슬-수슬부하형 두창(痘瘡) 따위가 진물이 없이 조금 마른 모양.
수습(收拾)명하타되자 ①어수선하게 흩어진 물건들을 거두어들임. 수쇄(收刷). ②어지러운 마음이나 사태를 거두어 바로잡음. ¶ 민심을 수습하다. /사태 수습에 나서다.
수습(修習)명하타 (정식으로 실무를 맡기 전에) 배워 익힘, 또는 그러한 일. ¶ 수습 기간.

수습-공(修習工)[-꽁]명 수습 과정에 있는 공원(工員).
수습-기자(修習記者)[-끼-]명 (정식 기자가 되기 위하여) 수습 과정에 있는 기자.
수습-사원(修習社員)[-싸-]명 (정식 사원이 되기 위하여) 수습 과정에 있는 사원.
수습-생(修習生)[-쌩]명 수습 과정에 있는 사람.
수습-책(收拾策)명 (사건을) 수습하는 방책. ¶ 수습책을 강구하다.
수승(首僧)명 중의 우두머리.
수승(殊勝)명 가장 뛰어난 일.
수시(水柹)명 물기가 특히 많고 달며 연한 종류의 둥주리감.
수시(收屍)명하타 송장의 얼굴이나 팔다리 등을 바로잡음.
수시 걷다관용 시체가 굳기 전에 팔다리를 반듯이 펴서 시신을 끈으로 대강 묶다.
수시(垂示)명하자 ☞수교(垂敎).
수시(隨時)명 일정하게 정하여 놓은 때 없이 그때그때 상황에 따라. ¶ 수시 점검. /날씨가 수시로 변하다. /신입 사원을 수시로 채용하다.
수시렁이명 수시렁잇과의 곤충. 딱정벌레로 몸길이 7 mm가량. 몸빛은 흑색인데 짧은 금빛 털이 많음. 오목한 앞가슴에 촉각이 있고 머리는 신축성이 있음. 유충은 '수시렁좀'이라 함.
수시렁-좀명 수시렁이의 유충. 몸길이 1 cm가량. 반대좀 비슷한데, 둥글고 온몸에 광택이 있는 적갈색 털이 덮여 있음. 누에고치·건어물·곡물 등의 해충임. 준좀.
수시-변통(隨時變通)명하타 그때그때 형편에 따라 일을 처리함.
수시-응변(隨時應變)명하자 그때그때 변하는 상황에 따라 일을 처리함.
수식(水蝕)명 빗물·강물·파도 따위가 지표를 침식하는 현상.
수식(垂飾)명 공예품이나 의복에 드리워진 장식.
수식(首飾)명 여자의 머리에 꽂는 장식품.
수식(修飾)명하타되자 ①겉모양을 꾸밈. ②체언이나 용언에 딸리어 그 뜻을 꾸미거나 한정하는 일.
수ː식(數式)명 수나 양을 나타내는 숫자나 문자를 계산 기호로 연결하여 수학적으로 뜻을 가지게 한 것. 준식(式).
수식(樹植)명하자 ①나무를 심음. 식수(植樹). ②일의 기초를 세워 놓음.
수식-곡(水蝕谷)[-꼭]명 수식 작용으로 말미암아 생긴 골짜기.
수식-사(修飾詞)[-싸]명 ☞수식어. 꾸밈씨.
수식-산(水蝕山)[-싼]명 수식 작용으로 말미암아 생긴 산. 대부분의 산이 이에 속함.
수식-어(修飾語)명 ①말이나 글을 보다 또렷하고 아름답게, 또는 효과적으로 표현하기 위하여 쓰는 꾸밈이나 한정의 말. 수식사. ¶ 과장된 수식어만 늘어놓은 글. ②☞수식언.
수식-언(修飾言)명 문장에서, 체언이나 용언 앞에 놓이어 그 뜻을 꾸미거나 한정하는 단어. 관형사와 부사가 이에 딸림. 꾸밈말. 수식어.
수ː-신(繡-)명 수를 놓은 마른신. 수혜(繡鞋).
수신(水神)명 물을 다스리는 신. 비하백(河伯).
수신(守身)명하자 자기의 본분을 지켜 불의(不義)에 빠지지 않도록 함.
수신(受信)[1]명하타되자 통신을 받음. ¶ 전파를 수신하다. ↔송신·발신.
수신(受信)[2]명 금융 기관이 고객으로부터 신용을 받는 일. 곧, 고객이 예금하는 일. ↔여신(與信).
수신(帥臣)명 조선 시대에, 병마절도사와 수군절도사를 아울러 이르던 말.
수신(修身)명하자 마음과 행실을 바르게 하도록 심신을 닦음. ¶ 수신제가(齊家).
수신(晬辰)명 〔편지 글 따위에서〕 상대편을 높이어 그의 '생일'을 이르는 말. 수일(晬日).
수신(瘦身)명 수척한 몸. 마른 몸.
수신-관(受信管)명 (라디오나 텔레비전의) 수신기에 쓰이는 진공관. ↔송신관.
수신-기(受信機)명 유선·무선의 통신기에서, 통신을 받는 장치. ↔송신기.
수신-료(受信料)[-뇨]명 수신의 대가로 내는 돈.
수신-사(修信使)명 조선 고종 때, 일본에 보내는 사신을 이르던 말.〔'통신사'의 고친 이름.〕
수신-소(受信所)명 무선 통신에서, 송신하는 전파를 받아 처리하는 곳. ↔송신소.
수신-인(受信人)명 ①우편물이나 전보를 받는 사람. ②통신(通信)을 받는 사람. ↔발신인.
수신-전(守信田)명 조선 전기에, 과전(科田)을 받던 관리가 죽은 뒤에 재혼하지 않은 그 부인에게 지급하던 논밭.
수신-제가(修身齊家)명하자 몸과 마음을 닦아 수양하고 집안을 다스림.
수신-주의(受信主義)[-의/-이]명 ☞도달주의.
수신-함(受信函)명 보내 오는 우편물을 받을 수 있도록 대문 따위에 설치한 통.
수-신호(手信號)명 손으로 하는 신호.
수실(壽室)명 살아 있을 때 미리 만들어 놓은 무덤. 수당(壽堂). 수역(壽域). 수장(壽藏). 수혈(壽穴).
수ː-실(繡-)명 수를 놓는 데 쓰는 실.
수심(水心)명 수면의 중심.
수심(水深)명 물의 깊이. ¶ 수심이 깊은 호수.
수심(垂心)명 삼각형의 각 꼭짓점에서 대변(對邊)에 그은 세 수선(垂線)이 서로 만나는 점.
수심(愁心)명하자 근심함, 또는 근심하는 마음. 수의(愁意). ¶ 수심이 가득한 얼굴.
수심(獸心)명 짐승처럼 사납고 모진 마음. ¶ 인면(人面)수심.
수심-가(愁心歌)명 서도(西道) 민요의 한 가지. 인생의 허무함을 한탄하는 내용으로, 곡조가 매우 구슬픔.
수심-정기(守心正氣)명 천도교에서, 항상 한울님의 마음을 잃지 아니하며 사특한 기운을 버리고 도기(道氣)를 길러 천인합일(天人合一)을 목적으로 하는 수련 방법.
수ː십(數十)수관 열의 두서너 곱절 되는 수효(의). ¶ 수십 명의 군인.
수ː-십만(數十萬)[-심-]수관 십만의 두서너 배가 되는 수(의).
수씨(嫂氏)명 형제의 아내.
수스다자 〈옛〉떠들다. 요란한 소리를 내다. ¶ 울엣 소리 어젯 바미 수스니(杜初3:47).
수아-주(←水禾紬)명 품질이 좋은 비단의 한 가지. 준수주(水紬).
수악(首惡)명 ☞원흉.
수안(水眼)명 잿물에 생긴, 자잘한 거품 같은 잔 눈.
수알치-새명 ☞수리부엉이.
수압(手押)명하자 ☞수결(手決).
수압(水壓)명 물의 압력.
수압-기(水壓機)[-끼]명 물의 압력을 이용하여 움직이는 기계를 통틀어 이르는 말.
수압^기관(水壓機關)[-끼-]명 물의 압력을 이용하여 동력을 일으키는 기계 장치.

수압^시험(水壓試驗) [-씨-] 명 펌프·관·탱크 따위 압력을 받는 제품이나 설비에 대한 현장 시험의 한 가지. 내부적으로 수압을 가하여 누수(漏水)나 변형 따위를 검사하는 일.

수애(水涯) 명 물가.

수액(水厄) 명 가뭄·홍수 등 물로 말미암아 입는 재액.

수ː액(數厄) 명 운수에 관한 재액.

수ː액(數額) 명 물건의 수효.

수액(樹液) 명 ①땅속에서 빨아올려 잎으로 향하는, 나무의 양분이 되는 액. ②나무에서 분비하는 액. 〔고무나무의 유액(乳液) 따위.〕

수액료-작물(樹液料作物) [-앵뇨장-] 명 식물체가 분비하는 수액을 이용할 목적으로 재배하는 작물. 〔옻나무·파라고무나무 따위.〕

수-양(-羊) 명 '숫양'의 잘못.

수양(收養) 명 하타 ①버려진 아이나 남의 자식을 맡아서 제 자식처럼 기름. ②민속에서, 아이의 명이 길어지도록 명목상으로 남남 사이를 부모 자식으로 정하던 일.

수양(垂楊) 명 〈수양버들〉의 준말.

수양(修養) 명 하타 몸과 마음을 단련하여 품성·지혜·도덕을 닦음. ¶ 정신 수양. /수양을 쌓다.

수양-가다(收養-) 자 남의 집에 수양딸이나 수양아들로 들어가다.

수양-골 명 쇠머리 속에 든 골.

수양-녀(收養女) 명 수양딸.

수양-딸(收養-) 명 (남의 자식을) 데려다 기른 딸. 수양녀. 양녀. 양딸.

수양딸로 며느리 삼는다 관용 경위를 가리지 아니하고 아무렇게나 제 편할 대로만 일을 처리하는 경우를 두고 이르는 말.

수양-모(收養母) 명 수양어머니.

수양-버들(垂楊-) 명 버드나뭇과의 낙엽 교목. 중국 원산으로 가로수나 관상수로 심는데, 가지는 가늘며 길게 드리워짐. 잎도 가늘고 길며 이른 봄에 새잎과 함께 황록색 꽃이 핌. 사류(絲柳). 실버들. 준수양.

수양-부(收養父) 명 수양아버지.

수양-부모(收養父母) 명 자기를 낳지는 않았으나 데려다가 길러 준 부모. ↔본생부모(本生父母).

수양-산(首陽山) 명 중국 산시 성(山西省)의 서남쪽에 있는 산. 〔은(殷)나라 때의 충신 백이(伯夷)와 숙제(叔齊)가 주나라의 곡식은 먹지 않겠다 하여 수양산에 들어가 고사리를 캐어 연명하다가 굶어 죽었다는 고사가 있음.〕

수양산 그늘이 강동 팔십 리를 간다 속담 영향력이 큰 것이 먼 데까지 미침을 비유하여 이르는 말.

수양산-가(首陽山歌) 명 조선 시대의 십이가사(十二歌詞)의 하나. 작자·연대 미상. 〔'교주가곡집'에 실려 전함.〕

수양-아들(收養-) 명 (남의 자식을) 데려다 기른 아들. 수양자.

수양-아버지(收養-) 명 자기를 데려다 친자식같이 길러 준 아버지. 수양부. 낮수양아비.

수양-아비(收養-) 명 〈수양아버지〉의 낮춤말.

수양-액(水樣液) 명 안구 속의 각막과 수정체 사이나, 수정체 주위의 빈틈을 채우는 무색투명한 액체.

수양-어머니(收養-) 명 자기를 데려다 친자식같이 길러 준 어머니. 낮수양어미.

수양-어미(收養-) 명 〈수양어머니〉의 낮춤말.

수양-자(收養子) 명 수양아들.

수어(守禦) 명 하타 외적(外敵)의 침입을 막음.

수ː어(秀魚) 명 ☞숭어.

수어(狩漁) 명 사냥과 낚시질.

수ː어(數語) 명 두어 마디의 말. 약간의 말.

수어-사(守禦使) 명 조선 시대에, 정이품 무관직인 수어청의 으뜸 벼슬을 이르던 말.

수어^시대(狩漁時代) 명 ☞어렵 시대.

수어지교(水魚之交) 명 〔물과 물고기의 사귐이란 뜻으로〕 '매우 친밀하게 사귀어 떨어질 수 없는 사이'를 비유하여 이르는 말. 〔주로, 임금과 신하 사이의 친밀함을 이름.〕

수어-청(守禦廳) 명 조선 인조 때 설치한, 남한산성을 지키던 군영.

수ː억(數億) 수관 억의 두서너 곱절(의).

수업(受業) 명 하자 학업이나 기술의 가르침을 받음, 또는 그런 일.

수업(修業) 명 하자.타 학업이나 기예를 닦음. ¶ 배우 수업. /작가 수업.

수업(授業) 명 하타 (학교 같은 데서) 학업이나 기술을 가르쳐 줌. ¶ 수업 거부. /정규 수업. /야외에서 수업을 받다.

수업-료(授業料) [-엄뇨] 명 수업에 대한 보수로 학생들이 내는 돈.

수업^일수(授業日數) [-쑤] 명 학교 교육에서, 한 학년 동안에 꼭 수업해야 할 날수. ¶ 수업일수가 모자라 유급되다.

수업-증서(修業證書) [-쯩-] 명 학교에서, 일정한 학과 과정을 마친 학생에게 주는 증서.

수ː-없다(數-) [-업따] 형 수(數)를 헤아릴 수 없을 만큼 많다. 《주로, '수없는'의 꼴로 쓰임.》 ¶ 수없는 사람의 물결. **수없-이** 부 ¶ 수없이 몰려온 기러기 떼.

수여(授與) 명 하타 되자 (공식 절차에 의해) 증서·상장·훈장 따위를 줌. ¶ 표창장을 수여하다.

수여리 명 꿀벌의 암컷.

수역(水域) 명 강이나 바다 따위 수면의 일정한 구역. ¶ 전관(專管) 수역.

수역(囚役) 명 죄수에게 일을 시킴, 또는 그 일.

수역(殊域) 명 멀리 떨어져 있는 지역.

수역(壽域) 명 ①딴 곳에 비하여 장수하는 사람이 많은 고장. ②오래 살았다고 할 만한 나이. ③☞수실(壽室).

수역(獸疫) 명 가축의 돌림병.

수역^혈청(獸疫血清) [-여결-] 명 가축의 전염병을 예방하는 혈청.

수연(手軟) 명 손이 흐늘흐늘하고 힘이 없어지는 어린아이의 병.

수연(水煙) 명 ①불탑(佛塔)의 윗부분에 불꽃 모양으로 만든 장식. ②잔 물방울이 퍼져 자욱한 연기처럼 보이는 것. ③물을 통하여 나오는 담배 연기. ③참수연통.

수연(水鉛) 명 ☞몰리브덴.

수연(垂涎) 명 하자 ①먹고 싶어서 침을 흘림. ②탐이 나서 가지고 싶어함.

수연(晬宴) 명 생일잔치.

수연(壽宴·壽筵·壽讌) 명 오래 산 것을 축하하는 잔치. 〔흔히, 환갑잔치를 이름.〕

수연(愁然) '수연(愁然)하다'의 어근.

수연(粹然) '수연(粹然)하다'의 어근.

수연-대(水煙臺) 명 ☞수연통.

수연장(壽延長) 명 수연장무와 밑도드리를 통틀어 이르는 말.

수연장-무(壽延長舞) 명 조선 시대에, 나라 잔치에서 추던 춤의 이름.

수연장지-곡(壽延長之曲) 명 '밑도드리'를 달리 이르는 말.

수연-통(水煙筒)명 연기가 물을 거쳐서 나오게 만든 담뱃대. 수연대.
수연-하다(愁然─)형여 걱정하다. 수심에 잠기다.
수연-하다(粹然─)형여 마음이 참되고 꾸밈이 없다. **수연-히**부.
수ː열(數列)명 수학에서, 어떤 일정한 규칙에 따라 정해지는 유한개(有限個)나 무한개의 수의 항(項)을 a_1, a_2, $a_3 \cdots a_n$처럼 번호순으로 배열한 것. ¶ 무한(유한)수열. /등차수열.
수염(鬚髥)명 ①성숙한 남자의 입가·턱·뺨에 나는 털. 나룻. ②고양이나 호랑이·쥐 따위 동물의 입 주위에 난 긴 털. ③벼·보리·옥수수 등의 낟알 끝이나 사이에 난 까끄라기나 털 모양의 것. ②③준염(髥).
수염이 대 자라도 먹어야 양반이다속담 배가 불러야만 체면도 차릴 수 있다는 말.
수염-발(鬚髥─)[─빨]명 길게 길러서 늘어뜨린 수염의 치렁치렁한 채.
수염-뿌리(鬚髥─)명 뿌리줄기의 밑동에서 수염처럼 많이 뻗어 나온 뿌리. 〔벼나 보리 따위의 뿌리.〕 수근(鬚根).
수-염소명 '숫염소'의 잘못.
수염-수세(鬚髥─)명 수염의 숱.
수엽(樹葉)명 나뭇잎.
수엽-량(收葉量)[─염냥]명 뽕잎을 따 들이는 양.
수영명 여뀟과의 다년초. 산이나 들의 풀밭에 나는데, 줄기는 홍자색을 띠며, 높이는 30~80 cm. 소루쟁이와 비슷하나 잎이 가늘고 작음. 초여름에 담홍색 꽃이 핌. 민간에서 뿌리의 즙액을 옴약으로 씀. 산모(酸模). 승아.
수영(水泳)명하자 헤엄.
수영(水營)명 조선 시대에, 수군절도사의 군영을 이르던 말.
수영(秀英) '수영하다'의 어근.
수영(秀穎)명 ①잘 여문 벼나 수수 따위의 이삭. ②하형재능이 뛰어남.
수영(樹影)명 나무의 그림자.
수영^경ː기(水泳競技)명 헤엄을 기본으로 하는 수상 경기. 헤엄 방법에 따라 속도를 겨루는 크롤·평영·배영·접영 등과, 동작의 아름다움을 겨루는 다이빙 등이 있음.
수영-모(水泳帽)명 헤엄칠 때 쓰는 모자.
수영-복(水泳服)명 헤엄칠 때 입는 옷.
수영-장(水泳場)명 헤엄을 치면서 놀거나 경기 따위를 할 수 있도록 만들어 놓은 시설. 풀장.
수영-하다(秀英─)형여 재능과 지혜가 뛰어나다.
수예(手藝·繡藝)명 손으로 하는 기예(技藝). 〔자수·편물 따위.〕
수예(樹藝)명하타 곡식이나 나무 따위를 심어 가꾸는 일. 식예(植藝).
수예-품(手藝品)명 손으로 만든 공예품.
수오(羞惡)명하타 자기의 옳지 못함을 부끄러워하고, 남의 옳지 못함을 미워함.
수오지심(羞惡之心)명 사단(四端)의 하나. 자기의 옳지 못함을 부끄러워하고, 남의 옳지 못함을 미워하는 마음.
수옥(囚獄)명 감옥. 뇌옥(牢獄).
수온(水溫)명 물의 온도. ¶ 수온이 낮다.
수완(手腕)명 ①☞손회목. ②일을 꾸미거나 치러 나가는 재간. ¶ 수완이 좋다.
수완-가(手腕家)명 수완이 좋은 사람. ¶ 이번 행사를 통해 그가 수완가임이 입증되었다.
수왕지절(水旺之節)명 〔수기(水氣)가 왕성한 절기란 뜻으로〕 오행(五行)에서, '겨울'을 이르는 말.
수요(愁擾) '수요하다'의 어근.
수요(壽夭)명 오래 삶과 일찍 죽음. 수단(壽短). 수요장단(壽夭長短).
수요(需要)명 구매력이 있는 사람이 상품에 대하여 가지는 구매 욕구. ¶ 수요가 증가하다. ↔공급.
수-요일(水曜日)명 칠요일의 하나. 일요일로부터 넷째 날. 준수(水).
수요-자(需要者)명 무엇이 필요해서 얻고자 하는 사람.
수요-장단(壽夭長短)명 목숨의 길과 짧음. 수요.
수요^탄ː력성(需要彈力性)[─탈 썽]명 상품 가격의 변동에 따라 생기는 수요 변동의 정도.
수요-하다(愁擾─)형여 ☞수란(愁亂)하다.
수요^함ː수(需要函數)[─쑤]명 상품의 가격과 수요량과의 관계를 나타내는 함수.
수욕(水浴)명하자 물에 미역을 감음.
수욕(受辱)명하자 남에게서 모욕을 당함.
수욕(羞辱)명 부끄러움과 욕됨.
수욕(獸慾)명 짐승과 같은 음란한 욕망.
수욕-주의(獸慾主義)[─쭈의/─쭈이]명 인간의 도덕적·윤리적 규범을 무시하고 관능에 따라 동물적 욕망만을 채우려고 하는 주의. 애니멀리즘.
수용(水茸)명 아직 마르지 않은 녹용.
수용(收用)명하타되자 ①거두어들이어 씀. ②공익을 위해 국가의 명령으로 특정물의 권리나 소유권을 강제 징수하여 국가나 제삼자의 소유로 옮기는 처분. ¶ 토지를 수용하다.
수용(收容)명하타되자 (사람이나 물품 따위를) 거두어 일정한 곳에 넣어 둠. ¶ 수용 능력.
수용(受用)명하타 받아 씀.
수용(受容)명하타 받아들임. ¶ 젊은이들의 건전하고 진취적인 의견을 수용하다.
수용(羞容)명 부끄러워하는 얼굴빛.
수용(晬容)명 임금의 화상(畫像). 어진(御眞).
수용(愁容)명 근심어린 얼굴.
수용(需用)명하타 용도에 따라서 씀.
수용(瘦容)명 여윈 얼굴. 수척한 얼굴.
수용-기(受容器)명 눈·코·귀와 같이 어떤 외부의 자극을 받아들여 뇌에 전달하는 감각 기관.
수용산출(水湧山出)명하자 〔물이 샘솟듯이 나오고 산이 솟구친다는 뜻으로〕 '풍부한 시상으로 시문을 짓는 재주가 비상함'을 비유하여 이르는 말.
수용-성(水溶性)[─썽]명 어떤 물질이 물에 용해되는 성질. 수성. ¶ 수용성 물질. 참지용성(脂溶性).
수용-소(收容所)명 많은 사람을 한곳에 모아 맡거나 가두어 두거나 하는 곳.
수용-액(水溶液)명 어떤 물질을 물에 풀어 넣은 액체. 식염수 따위.
수용-자(需用者)명 (전기·가스 따위 늘 소용되는 것을) 구하여 쓰는 사람.
수용-토(受用土)명 삼불토(三佛土)의 하나. 보신불(報身佛)이 사는 불토.
수용-품(需用品)명 필요에 따라 꼭 써야 되는 중요로운 물품.
수우(水牛)명 ☞물소.
수우(殊尤) '수우하다'의 어근.
수우(殊遇)명 특별한 대우.
수우-하다(殊尤─)형여 특별히 낫다.
수운(水運)명하타되자 (주로) 강에서 뱃길로 물건이나 사람을 실어 나름, 또는 뱃길을 통한 운수. ¶ 수운이 발달한 베네치아. 참해운(海運).

수운(愁雲) 명 〔슬픔을 느끼게 하는 구름이란 뜻으로〕 수심에 찬 기색(얼굴빛).
수운(輸運) 명하타되자 ☞운수(運輸).
수운-교(水雲敎) 명 조선 말기, 수운(水雲) 최제우(崔濟愚)를 교조(敎祖)로 하는 동학 계통의 한 종교. 〔천도교의 한 분파임.〕
수울 명 〈옛〉 술〔酒〕. ¶ 樓 우회셔 수울 먹고(杜初 *8:28*). 참수을.
수원(水源) 명 물이 흘러나오는 근원.
수원(受援) 명하자 원조를 받음.
수원(修院) 명 〈수도원〉의 준말.
수원(隨員) 명 지위가 높은 사람을 따라다니며 그의 시중을 드는 사람. 수행원.
수원수구(誰怨誰咎) 명하자 〔누구를 원망하고 누구를 탓하겠느냐는 뜻으로〕 '남을 원망하거나 탓할 것이 없다'는 말. 수원숙우.
수원숙우(誰怨孰尤) 명하자 ☞수원수구.
수원-지(水源地) 명 강물이나 냇물의 흐르기 시작하는 곳.
수원-지(水源池) 명 상수도에 보낼 물을 모아 처리하는 곳.
수ː월(數月) 명 두서너 달. 몇 달. 수삭(數朔). ¶ 수월 내로 돌아오겠습니다.
수월-내기[-래-] 명 '다루기 쉬운 사람'을 홀하게 이르는 말.
수월-놀이[-로리] 명 〈수월래놀이〉의 준말.
수월래-놀이 명 강강술래의 춤과 노래를 하는 놀이. 준수월놀이.
수월-수월 부하형 아주 수월하게. 모두 수월하게. ¶ 일을 수월수월 해 나가다.
수월-스럽다[-따] [~스러우니·~스러워] 형ㅂ 보기에 수월하다. ¶ 일을 수월스럽게 처리해 나가다. **수월스레** 부.
수월찮다[-찬타] 형 ①수월하지 않다. ¶ 맡은 일이 수월찮다. ②꽤 많다. ¶ 세뱃돈이 수월찮다. **수월찮-이** 부 ¶ 힘이 수월찮이 들다. /비용이 수월찮이 들다. ＊수월찮아[-차나]·수월찮소[-찬쏘]
수월-하다 형여 ①힘이 안 들고 하기가 쉽다. ¶ 수월한 문제. /기계가 들어와 일하기가 훨씬 수월하다. ②응하는 태도가 시원시원하다. ¶ 수월하게 허락해 주다. ↔까다롭다. **수월-히** 부 ¶ 모든 일을 너무 수월히 생각한다.
수위(水位) 명 ①바다나 강·댐 따위의 수면의 높이. ¶ 위험 수위. /비가 와서 수위가 높아지다. ②'어떤 일이 진행되는 정도'를 비유하여 이르는 말. ¶ 비판의 수위를 높이다.
수위(守衛) 명하타 관공서·회사·학교 등에서 경비를 맡아봄, 또는 맡아보는 사람.
수위(秀偉) '수위하다'의 어근.
수위(首位) 명 등급·지위 등에서, 첫째가는 자리. ¶ 수위를 차지하다.
수위-계(水位計) [-계/-게] 명 물의 높이를 재는 계기.
수위-진폭(水位振幅) 명 일정한 기간 내의 최고 수위와 최저 수위와의 차.
수위^타ː자(首位打者) 명 야구에서, 타율이 가장 높은 타자.
수위-하다(秀偉-) 형여 뛰어나게 위대하다.
수유(受由) 명하자 말미를 받음, 또는 그 말미. ¶ 병으로 수유하여 집에서 쉬고 있다.
수유(茱萸) 명 쉬나무의 열매. 불그스름한 자줏빛인데 기름을 짜서 머릿기름으로 씀.
수유(授乳) 명하자 젖먹이에게 젖을 먹임. ¶ 수유 시간을 꼭 지키다.
수유(須臾) Ⅰ명 잠시. 잠시 동안. 잠시간. Ⅱ수관 준순(逡巡)의 10분의 1, 순식(瞬息)의 10배가 되는 수(의). 곧, 10^{-15}.
수유-기(授乳期) 명 젖을 먹여 기르는 기간.
수유-나무(茱萸-) 명 ☞쉬나무.
수육(-肉) 명 삶아 익힌 쇠고기. 익은이. 본숙육(熟肉).
수육(獸肉) 명 짐승의 고기.
수율(收率) 명 화학적 방법으로 원자재에서 어떤 물질을 얻게 될 때, 기대했던 예상량과 실제로 얻은 양과의 비율.
수은(水銀) 명 금속 원소의 한 가지. 빛깔은 은백색. 진사(辰砂)에서 얻어지며 많은 금속과 합금을 이루는데 이 합금을 아말감이라 함. 용도가 넓으며 온도계·기압계·수은등·의약품 따위에 쓰임. 〔Hg/80/200.59〕
수은(受恩) 명하자 은혜를 입음.
수은(殊恩) 명 특별한 은혜. 각별한 은총.
수은^건전지(水銀乾電池) 명 건전지의 한 가지. 크기·무게 등이 보통 건전지보다 작으며 시계·카메라·로켓 따위의 전원으로 쓰임. 양극에 산화수은, 음극에 아연, 전해액에는 수산화칼륨을 사용함.
수은^기압계(水銀氣壓計) [-계/-께] 명 기압계의 한 가지. 한쪽을 밀폐한 유리관 속에 수은을 채워 수은주 속에 거꾸로 세운 것. 수은주의 높이에 따라 기압을 측정함. 수은 청우계.
수은-등(水銀燈) 명 수은 증기 내의 아크 방전으로 생기는 빛을 이용한 방전관. 의료나 조명 이외에도, 영화·탐조등 따위의 광원으로 널리 쓰임.
수은^온도계(水銀溫度計) [-계/-게] 명 수은의 열팽창을 이용한 액체 온도계의 한 가지. 수은 한란계(水銀寒暖計).
수은^요법(水銀療法) [-뇨뻡] 명 수은제를 써서 매독을 치료하는 방법.
수은^정ː류기(水銀整流器) [-뉴-] 명 정류기의 한 가지. 진공 속에서의 수은의 특성을 이용한 아크 방전으로, 교류를 직류로 바꾸는 장치.
수은-제(水銀劑) 명 수은이 지닌 살균 작용을 이용한 약품을 통틀어 이르는 말.
수은-주(水銀柱) 명 수은 온도계 따위의, 온도를 나타내는 가느다란 수은의 기둥. ¶ 수은주가 올라가다.
수은^중독(水銀中毒) 명 수은이나 수은의 화합물이 몸에 닿거나 몸속에 들어갔을 때 일어나는 중독 증상.
수은^청우계(水銀晴雨計) [-계/-게] 명 ☞수은 기압계(水銀氣壓計).
수은^한란계(水銀寒暖計) [-할-계/-할-게] 명 ☞수은 온도계.
수-은행나무(-銀杏-) 명 수꽃만 피고 열매가 열리지 않는 은행나무. ↔암은행나무.
수음(手淫) 명하자 스스로 생식기를 자극하여 성적 쾌감을 얻는 짓. 자위(自慰).
수음(殊音) 명 가락이 특수한 음.
수음(樹蔭·樹陰) 명 나무의 그늘.
수응(酬應) 명하자타 남의 요구에 응함. 응답함.
수의(囚衣) [-의/-이] 명 죄수가 입는 옷.
수의(遂意) [-의/-이] 명하자 뜻을 이룸.
수의(愁意) [-의/-이] 명 ☞수심(愁心).
수의(壽衣·襚衣) [-의/-이] 명 염습(殮襲)할 때 시체에 입히는 옷.
수의(隨意) [-의/-이] 명 자기 뜻대로 좇아 함.
수의(獸醫) [-의/-이] 명 〈수의사〉의 준말.

수ː의(繡衣) [-의/-이]명 ①수를 놓은 옷. ②'암행어사'를 아름답게 이르던 말.
수의^계ː약(隨意契約) [-의게-/-이게-]명 경쟁이나 입찰에 따르지 아니하고, 일방적으로 상대편을 골라서 맺는 계약. ↔경쟁 계약.
수의-과(隨意科) [-의꽈/-이꽈]명 〈수의 과목〉의 준말.
수의과^대ː학(獸醫科大學) [-의꽈-/-이꽈-]명 수의학을 전공하는 단과 대학. 준수의대.
수의^과목(隨意科目) [-의꽈-/-이꽈-]명 학생이 마음대로 택할 수 있는 과목. 준수의과.
수의-근(隨意筋) [-의-/-이-]명 ☞맘대로근. ↔불수의근.
수의-대(獸醫大) [-의-/-이-]명 〈수의과 대학〉의 준말.
수-의사(獸醫師) [-의-/-이-]명 짐승, 특히 가축의 질병 치료를 전공으로 하는 의사. 준수의.
수ː의-사또(←繡衣使道) [-의-/-이-]명 '어사또'를 달리 일컫던 말.
수ː의-야행(繡衣夜行) [-의-/-이-]명 〔수놓은 옷을 입고 밤길을 걷는다는 뜻으로〕 '영광스러운 일을 남에게 알리지 않음'을 이르는 말. 참금의야행(錦衣夜行).
수의-학(獸醫學) [-의-/-이-]명 가축의 질병 치료 및 예방에 관한 학문.
수의학-과(獸醫學科) [-의-꽈/-이-꽈]명 대학에서, 수의학을 연구하는 학과.
수이부 〈옛〉쉽게. ¶ 青山裏 碧溪水야 수이 감을 자랑 마라(古時調). 참수비.
수이(殊異) '수이하다'의 어근.
수-이입(輸移入)명 수입과 이입.
수이-전(殊異傳)명 고려 문종 때, 박인량(朴寅亮)이 지었다는 우리나라 최초의 설화집. 책은 전하지 않고, 내용의 일부만 '삼국유사·대동운부군옥(大東韻府群玉)' 등에 실려 전함.
수이-하다(殊異-)형여 특별히 다르다. 특이하다.
수익(收益)명하자 일이나 사업 등을 하여 이익을 거두어들임, 또는 그 이익. ¶ 수익을 올리다.
수익(受益)명하자 이익을 얻음, 또는 이익을 얻는 일.
수익^가치(收益價値) [-까-]명 화폐 수익에 의한 재산의 평가 가치.
수익-권(受益權) [-꿘]명 ①이익을 받을 권리. ②국가에 대하여, 특정한 이익을 받을 수 있도록 요구할 수 있는 국민의 권리. 〔근로권, 재판 청구권, 교육을 받을 권리 따위.〕
수익-금(收益金) [-끔]명 이익으로 얻은 돈.
수익-률(收益率) [-잉뉼]명 자본에 대한 수익의 비율. 일정한 단위의 자본으로 어느 정도의 이익을 올릴 수 있는가를 나타냄.
수익-성(收益性) [-썽]명 수익이 되는 성질.
수익-세(收益稅) [-쎄]명 수익이 생기는 물건의 외형 표준에 따라, 개개의 수익에 부과하는 조세. 〔영업세·재산세 따위.〕
수익-자(受益者) [-짜]명 이익을 얻는 사람.
수익자^부ː담(受益者負擔) [-짜-]명 국가나 공공 단체 등이 어떤 공익사업을 할 때에, 그 사업의 수익자에게 부과하는 금전적인 부담.
수익^자산(收益資産) [-짜-]명 수익을 낳는 자산. 특히, 은행의 수익 원천이 되는 자산.
수익^증권(收益證券) [-쯩꿘]명 원금 또는 신탁 재산의 운용에서 발생하는 이익을 분배받을 권리를 표시한 증서. 증권 투자와 투자 신탁 두 가지가 있음.
수익^체감(收益遞減)명 일정한 생산물을 생산함에 있어, 생산 요소 중 토지·자본은 고정시켜 놓고 노동력만을 증가시킬 때, 그 한계 생산력이 상대적으로 점점 줄어드는 현상.
수인(手印)명 ①자필의 서명. ②불교에서, 주문을 욀 때에 두 손의 손가락으로 나타내는 여러 가지 모양. 모든 불보살과 제천선신의 깨달음의 내용이나 활동을 상징적으로 나타냄.
수인(囚人)명 옥에 갇힌 사람. 죄수.
수ː인(數人)명 서너 사람, 또는 대여섯 사람.
수인-감과(修因感果)명 불교에서, 선악의 인(因)을 행함에 따라 고락의 과보를 받게 됨을 이르는 말.
수-인사(修人事)명하자 ①인사를 차림. ¶ 수인사를 나누다. ②사람으로서 할 수 있는 일을 다함.
수인사대천명(修人事待天命)명 사람으로서 할 수 있는 일을 다하고 천명을 기다림.
수인성^전염병(水因性傳染病) [-썽-뼝]명 물이나 음식물에 들어 있는 세균에 의해 전염되는 병. 〔이질·장티푸스·콜레라 따위.〕
수인-씨(燧人氏)명 중국 고대의 삼황제(三皇帝)의 하나. 전설상의 인물로서 불과 음식의 조리법을 전했다고 함.
수일(秀逸) '수일하다'의 어근.
수일(晬日)명 ☞수신(晬辰).
수ː일(數日)명 이삼 일 또는 사오 일. 며칠. ¶ 수일 후에 만나다.
수일(讎日)명 〔원망스러운 날이라는 뜻으로〕 해마다 돌아오는 '부모님이 돌아가신 날'을 원망스럽게 여겨 이르는 말.
수일-하다(秀逸-)형여 뛰어나게 우수하다.
수-읽기(手-) [-일끼]명 바둑이나 장기에서, 앞으로 놓을 자리나 변화를 먼저 생각하는 일.
수임(受任)명하타 ①임무를 받음. ②위임 계약에 따라 사무를 위탁받음.
수임-료(受任料) [-뇨]명 ①위임 계약에 따라 맡은 일을 처리하고 그 대가로 받는 돈. ②변호사에게 자문이나 변호를 받고 그 대가로 주는 수수료.
수입(收入)명하타되자 (개인이나 기업·국가 등이) 돈이나 물건 따위를 벌어들이거나 거두어들이는 일, 또는 그 돈이나 물건. ¶ 수입이 줄다. /수입이 좋은 사업. ↔지출(支出).
수입(輸入)명하타되자 ①외국에서 물품 따위를 사들임. ¶ 수입 농산물. ②외국에서 사상·문화 등을 들여옴. ¶ 외국 문화 수입. ↔수출.
수입^금ː제품(輸入禁制品) [-끔-]명 법률로써 수입이 금지 또는 제한된 물품. ↔수출 금제품.
수입^면ː장(輸入免狀) [-임-짱]명 세관에서 발급하는, 수입을 허가하는 증명서.
수입-상(輸入商) [-쌍]명 외국 물품을 수입하는 상인. ¶ 원자재 수입상. ↔수출상.
수입^성ː향(輸入性向) [-썽-]명 일정 기간의 국민 소득에 대한 수입액의 비율.
수입-세(輸入稅) [-쎄]명 수입품에 대하여 부과하는 관세. ↔수출세.
수입^신ː용장(輸入信用狀) [-씨농짱]명 어떤 상품을 수입할 때, 외화 지급에 대한 수입업자의 금융상의 신용을 보증하기 위하여 은행이 발행하는 증서를 수입업자 쪽에서 이르는 말. ↔수출 신용장.
수입^의존도(輸入依存度)명 국내에서 소비되는 물자의, 수입에 의존하고 있는 정도. 보통, 국민 소득이나 국민 총생산에 대한 수입액의 비율로 나타냄.

수입^인지(收入印紙)명 국고 수입이 되는 조세나 수수료 등을 징수하기 위하여 정부가 발행하는 증표.
수입^초과(輸入超過)명 일정 기간에, 수입 총액이 수출 총액을 초과하는 일. ㊟입초(入超).
수입^할당^제ː도(輸入割當制度)[-이팔땅-]명 국내 산업을 보호하기 위하여, 정부가 일정한 상품에 대한 수입량을 수입하는 나라별로 할당하는 제도.
수입-환(輸入換)[-이퐌]명 수출 환어음을 지급인인 수입상의 처지에서 이르는 말, 또는 수입품에 대한 대가를 지급하기 위하여 수입상이 사들이는 환어음. ↔수출환.
수자(豎子)명 ①더벅머리 아이. ②'풋내기'라는 뜻으로, 남을 얕잡아 이르는 말.
수ː자(數字)명 두서너 자. 몇 자. ¶ 수자 상서하나이다. ㊟숫자(數字).
수자리(戍-)명하자 지난날, 나라의 변방을 지키던 일, 또는 그런 일에 동원된 민병. 방수(防戍). 위수(衛戍). ¶ 수자리 살다.
수-자원(水資源)명 농업·공업·발전용 등의 자원으로서의 물. ¶ 수자원을 개발하다.
수자-직(繻子織)명 옷감을 짜는 방법의 한 가지. 날실과 씨실이 네 올 이상 건너 한 올씩 일정하게 교차되도록 짠 직물로, 두껍고 윤이 남. 〔양단·공단 따위.〕 ㊟평직.
수자-폰ː(sousaphone)명 금관 악기의 한 가지. 관을 원형으로 구부린 것이 특색인데, 낮은음자리표를 사용함. 튜바를 개량한 것임.
수작(秀作)명 뛰어난 작품. 우수 작품.
수작(酬酌)명하자 〔술잔을 서로 주고받는다는 뜻에서〕 ①말을 서로 주고받음, 또는 주고받는 그 말. ¶ 수작을 걸다. ②'엉큼한 속셈이나 속보이는 짓'을 얕잡아 이르는 말. ¶ 허튼 수작 부리지 마. /그 따위 수작에 넘어갈 줄 아니?
수-작업(手作業)명 손으로 하는 작업.
수ː-잠명 깊이 들지 아니한(못하는) 잠.
수장(手掌)명 손바닥.
수장(水葬)명하타되자 ①시체를 물속에 넣어 장사함. ㊟해장(海葬). ②물속으로 가라앉히거나 버림.
수장(戍將)명 지난날, 변방을 지키던 장수.
수장(收藏)명하타되자 물건 따위를 신변에 두고 깊이 간직함. ¶ 많은 골동품을 수장하다.
수장(首長)명 우두머리.
수장(袖章)명 장성이나 고급 장교 또는 경찰관 등의 정복 소매에 금줄 따위로 관등(官等) 같은 것을 표시한 휘장(徽章).
수장(修粧)명하타되자 집이나 기구 따위를 손질하고 단장함.
수장(壽藏)명 ☞수실(壽室).
수ː장(繡帳)명 수를 놓은 휘장(揮帳).
수장-기둥(修粧-)명 집 따위를 수장하기 위하여 임시로 세운 기둥. 수장주.
수장-도리(修粧-)명 장식을 위하여 겉으로 드러나 보이게 한 도리.
수장-목(修粧木)명 집을 수장하는 데 쓰는 재목을 통틀어 이르는 말.
수장-열(手掌熱)[-녈]명 한방에서, 손바닥에 열이 나서 화끈거리는 병증을 이르는 말.
수장-주(修粧柱)명 ☞수장기둥.
수장-판(修粧板)명 ①나무 벽에 쓰는 얇은 널빤지. ②집을 지을 때 쓰이는 얇은 널빤지를 통틀어 이르는 말.
수재(手才)명 손재주.
수재(水災)명 큰물로 입는 재해. 수화(水禍). ¶ 수재 의연금을 모금하다.
수재(收載)명하타되자 (잡지나 단행본 따위에) 작품을 모아서 실음. 글을 실음. 수록(收錄).
수재(秀才)명 ①머리가 좋고 재주가 뛰어난 사람. ↔둔재(鈍才). ②지난날, 아직 결혼하지 아니한 남자를 높이어 이르던 말.
수재(殊才)명 남달리 뛰어난 재주.
수재-민(水災民)명 큰물로 재해를 당한 사람.
수재-식(樹栽式)명 한 밭에 여러 해에 걸쳐 자라는 나무를 심어 놓고 가꾸는 방식. 과수·뽕나무 따위의 재배 방식.
수저명 ①숟가락과 젓가락. 시저. ②〈숟가락〉의 높임말.
수저(水底)명 물 밑.
수저-선(水底線)명 물 밑에 부설한 전화선이나 전신선(電信線).
수적(手迹)명 손수 쓴 글씨나 그린 그림, 또는 만든 물건의 형적. ¶ 수적을 감정하다.
수적(水賊)명 바다나 큰 강에 출몰하여 남의 재물을 빼앗는 도둑.
수적(水滴)명 ①물방울. ②☞연적(硯滴).
수적(水積)명 한방에서, 물을 많이 마셔서 생기는 위의 병증을 이르는 말. 가슴이 조이고 아픈 증세 등이 나타남.
수적(垂迹)명 부처나 보살이 중생을 구하기 위하여 여러 가지 모습으로 다시 이 세상에 나타나는 일.
수적(讎敵)명 ☞원수(怨讎).
수ː-적(數的)[-쩍]관명 숫자상으로 보는 (것). ¶ 수적 열세. /수적으로 우세하다(불리하다).
수전(水田)명 ☞무논.
수전(水電)명 〈수력 전기〉의 준말.
수전(水戰)명하자 물 위에서 하는 싸움. ¶ 산전(山戰)수전. ㊟해전(海戰).
수전(守戰)명하자 쳐들어오는 적을 막아 싸움.
수전(收錢)명하자 (여러 사람으로부터) 돈을 거둠.
수전(袖傳)명하타 편지나 서류 따위를 몸소 가지고 가서 전함.
수전-노(守錢奴)명 '돈을 모을 줄만 알고 쓰려고는 하지 않는 인색한 사람'을 욕으로 이르는 말.
수전^동맹(守戰同盟)명 둘 이상의 나라가 협력하여 다른 나라의 침공을 막기 위해 맺는 동맹.
수전-증(手顫症)[-쯩]명 한방에서, 물건을 잡거나 할 때 손이 떨리는 증세를 이르는 말.
수절(守節)명하자 ①절의를 지킴. ②정절을 지킴. ¶ 수절 과부. /스무 살에 청상이 되어 수절하다. ↔실절(失節).
수절(秀絶) '수절(秀絶)하다'의 어근.
수절(殊絶) '수절(殊絶)하다'의 어근.
수절-사의(守節死義)[-의/-이]명하자 절개를 지키고 의를 위하여 죽음.
수절-원사(守節冤死)명하자 절개를 지키다가 원통하게 죽음. ¶ '수절원사 춘향지묘(守節冤死春香之墓)'라 여덟 자만 새겨 주오(烈女春香守節歌).
수절-하다(秀絶-)형여 가장 뛰어나다.
수절-하다(殊絶-)형여 다른 것보다 유난히 뛰어나다.
수점(受點)명하자 왕조 때, 임금에게 낙점(落點)을 받던 일.
수접(酬接)명하타 손을 맞아 접대함.
수젓-집[-저찝/-젇찝]명 숟가락과 젓가락을 넣어 두는 주머니.
수정(水亭)명 물 위나 물가에 지은 정자.

수정(水程)명 물길.
수정(水晶)명 육각 기둥꼴의 석영의 한 가지. 무색투명하며, 불순물이 섞인 것은 자색·황색·흑색 등의 빛깔을 띰. 광학 기기를 비롯하여 장식품·도장 따위에 쓰임. 파리(玻璃).
수정(水精)명 ①물의 정령. 물속에 산다는 요정(妖精). ②'달[1]'을 달리 이르는 말.
수정(守貞)명하자 동정(童貞)을 지킴.
수정(受精)명하자되자 암수의 생식 세포가 새로운 개체를 이루기 위해 하나로 합쳐지는 일. 정받이. ¶ 장마로 인해 수정이 제대로 이루어지지 않았다.
수정(修正)명하타되자 (이미 이루어진 것의) 잘못된 점을 바로잡음. ¶ 예산안을 수정하다.
수정(修訂)명하타 서적 따위의 내용의 잘못을 바로잡음. ¶ 초판의 오류를 수정하다.
수정(修整)명하타 ①잘못된 점 등을 정리하고 고침. ②사진에서, 음화(陰畫)를 수정(修正)하는 일.
수정(授精)명 정자를 난자에 결합시키는 일.
수-정과(水正果)명 새앙을 달인 물에 설탕이나 꿀을 탄 다음, 곶감·계피를 담그고 잣을 띄운 음료.
수정-관(輸精管)명 정소(精巢)에서 배출된 정충을 정낭(精囊)으로 보내는 관. 정관.
수정-낭(受精囊)명 연체동물·절지동물 따위의 암컷의 생식 기관의 한 가지. 주머니 모양으로 생겼으며, 수컷에서 받은 정충을 저장하여 둠.
수정-란(受精卵)[-난]명 정충을 받아들여 수정을 마친 난자. ↔무정란(無精卵).
수정-렴(水晶簾)[-념]명 수정으로 만든 구슬을 꿰어 꾸민 발.
수정-막(受精膜)명 난세포가 수정한 직후 그 주위에 형성되는 막.
수정^시계(水晶時計)[-계/-게]명 수정 발진기의 안정된 주파수를 이용한 정밀 시계.
수정-안(修正案)명 원안의 잘못된 곳을 고친 의안. ¶ 총회에 수정안을 제출하다.
수정^유리(水晶琉璃)[-뉴-]명 ☞크리스털 유리.
수정^자본주의(修正資本主義)[-의/-이]명 실업·공황 따위 자본주의의 모순을 그 제도적 수정으로 완화시키려는 주의.
수정-주의(修正主義)[-의/-이]명 마르크스주의의 혁명적 요소를 수정하고, 새로운 정세에 대응하려는 주의. 수정파 사회주의.
수정-체(水晶體)명 안구의 홍채(虹彩) 바로 뒤에 있는 볼록 렌즈 모양의 투명체. 광선을 굴절시켜 망막 위에 상을 맺게 함.
수정파^사회주의(修正派社會主義)[-의/-이]명 ☞수정주의.
수제(手製)명하타 손으로 만듦, 또는 손으로 만든 그 제품. ¶ 수제 폭탄.
수제(首題)명 공문 따위의 첫머리에 쓰는 제목. ¶ 수제의 건을 조사 바람.
수제비명 밀가루를 반죽하여 끓는 장국 따위에 조금씩 떼어 넣어 익힌 음식.
수제비 잘하는 사람이 국수도 잘한다속담 어떤 일에 능한 사람은 그와 비슷한 다른 일도 잘한다는 말.
수제비(를) 뜨다관용 ①끓는 장국에 밀가루 반죽을 조금씩 떼어 넣다. ②물수제비뜨다.
수제비-태껸명하자 어른에게 덤벼들어 버릇없이 하는 말다툼.
수-제자(首弟子)명 여러 제자 중에서 학문이나 기술 따위의 배움이 가장 뛰어난 제자.
수제-천(壽齊天)명 아악의 한 가지. 궁중의 중요한 연례(宴禮)와 무용에 연주되던 관악으로, 신라 때에 창작되었음.
수조(手爪)명 손톱.
수조(水鳥)명 물새.
수조(水槽)명 물을 담아 두는 큰 통.
수조(水操)명하자 지난날, 수군을 조련하던 일.
수조(水藻)명 물속에 나는 마름. 말[4].
수조(守操)명하자 지조를 지킴.
수조(垂釣)명하자 낚시를 물속에 드리움.
수-조기명 민어과의 바닷물고기. 몸길이 40 cm 가량. 민어와 비슷하나 비늘이 작고 몸빛은 황적색이며, 위턱이 아래턱보다 길. 우리나라 연해에 분포함.
수조-안(收租案)명 조선 시대에, 감사(監司)가 그 도내(道內)의 결세(結稅) 예상량을 호조에 보고하던 부책(簿冊).
수족(手足)명 ①손발. ¶ 수족을 놀리다. /수족이 멀쩡한데 일할 생각을 않는다. ②'손발처럼 마음대로 부리는 사람'을 비유하여 이르는 말. ¶ 수족이 되어 일하다.
수족(水族)명 물속에 사는 동물류를 통틀어 이르는 말.
수족-관(水族館)[-꽌]명 물속에 사는 여러 가지 동물을 길러, 그 생태를 관람·연구할 수 있도록 만든 시설.
수족^군열(手足皸裂)[-꾸녈]명 한방에서, 손발이 얼어 터지는 병을 이르는 말.
수족-삼각형(垂足三角形)[-쌈가켱]명 삼각형의 각 꼭짓점에서 그 대변에 내리그은 수선의 밑점 셋을 꼭짓점으로 하는 삼각형.
수족-한(手足汗)[-조칸]명 한방에서, 손바닥과 발바닥에 땀이 많이 나는 병을 이르는 말.
수졸(戍卒)명 변경에서 수자리 서는 군졸.
수졸(守拙)명 ①하자시세에 빨리 적응하지 못하고 우직한 태도를 고집함. ②바둑에서, '초단(初段)'을 달리 이르는 말.
수종(水宗)명 ☞물마루.
수종(水腫)명 몸의 조직 사이나 체강(體腔) 안에 림프액·장액(漿液)이 많이 괴어 몸이 붓는 병.
수종(首從)명 ①어떤 일을 앞장서서 하는 사람과 그를 따라 하는 사람. ②주범과 종범(從犯).
수ː종(數種)명 몇 가지 종류. ¶ 수종에 이르는 제품.
수종(隨從)명하타 높은 사람을 따름, 또는 그 사람.
수종(樹種)명 나무의 종류. ¶ 다양한 수종을 갖춘 식물원.
수종-다리(水腫-)명 〈수중다리〉의 본딧말.
수종불분(首從不分)명하타 어떤 일을 앞장서서 한 사람과 따라 한 사람, 또는 주범과 종범을 가리지 않고 똑같이 처벌함.
수좌(首座)명 ①☞수석(首席). ②절에서, 국사(國師)를 높이어 일컫는 말. ③절에서 참선하는 수행승.
수죄(首罪)[-죄/-줴]명 범죄 중에서 가장 무거운 죄.
수ː죄(數罪)[-죄/-줴]명 ①몇 가지의 범죄. ②하타범죄를 하나하나 들추어 냄.
수주(水柱)명 물기둥.
수주(水紬)명 〈수아주〉의 준말.
수주(手珠)명 나무로 된 여러 개의 구슬을 고리 모양으로 꿰어 만든 물건. 노인들이 손에 쥐고 돌려 손을 부드럽게 하는 데 씀.

수주(受注)명하타 주문을 받음. 특히, 생산업자가 제품의 주문을 받는 일. ¶ 중국 쪽에서 수주가 늘어나고 있는 추세. /복사기 열 대를 수주하다. ↔발주(發注).

수주(壽酒)명 장수를 축하하는 술.

수주-대토(守株待兎)명 '달리 변통할 줄 모르고 어리석게 한 가지만을 내내 고집함'을 비유하여 이르는 말. 〔'한비자'의 '오두편(五蠹篇)'에 나오는 말로, 중국 송나라의 한 농부가 나뭇등걸에 걸려 죽은 토끼를 보고, 다시 토끼가 걸리기를 마냥 기다렸다는 고사에서 유래함.〕

수ː-주머니(繡-)명 수를 놓아 만든 비단 주머니. 수낭(繡囊).

수죽(脩竹)명 길게 자란 대. 밋밋하게 자란 대.

수준(水準)명 ①사물의 가치·등급·품질 따위의 일정한 표준이나 정도. ¶ 생활수준이 높다. ②〈수준기〉의 준말.

수준-급(水準級)[-끕]명 상당히 높은 수준에 있는 등급. ¶ 수준급의 골프 실력.

수준-기(水準器)명 어떤 평면이 수평을 이루고 있는가를 조사하는 기구. 수평기(水平器). 준수준.

수준^원점(水準原點)[-쩜]명 높이를 측량하는 데 기준이 되는 점.

수준-의(水準儀)[-주늬/-주니]명 망원경에 수준기를 부착한 측량용 기계. 지상에서, 두 점 사이의 높이의 차이를 측정함.

수준-점(水準點)[-쩜]명 정확히 측정된 어떤 지점의 높이를 나타내는 표지.

수준^측량(水準測量)[-층냥]명 지표상의 각 지점 상호 간의 높낮이 차이를 재는 측량.

수줍다[-따]형 부끄럽다. ¶ 시집가라는 말만 나오면 수줍어 고개를 들지 못한다.

수줍어-하다자여 부끄러워하다. ¶ 너무 수줍어하여 말 한 마디를 제대로 못한다.

수줍음명 수줍어하는 성질이나 태도. ¶ 수줍음을 몹시 타다.

수중(水中)명 물속. 물 가운데. ¶ 수중 탐사.

수중(手中)명 ①손 안. ¶ 수중에 있는 돈. ②자신의 힘이 미칠 수 있는 범위. 손아귀. ¶ 적의 수중에 들어가다.

수중(睡中)명 잠들어 있는 동안.

수중-경(水中莖)명 수생 식물의, 물속에 잠긴 줄기. 준수경(水莖).

수중-다리(←水腫-)명 병으로 말미암아 퉁퉁하게 부은 다리. 본수종다리.

수중^발레(水中ballet)명 음악에 맞추어 여러 가지 방법으로 헤엄치면서 동작과 표현의 아름다움 등을 겨루는 수영 경기. 싱크로나이즈드 스위밍.

수중^식물(水中植物)[-싱-]명 ☞수생 식물(水生植物).

수중-안경(水中眼鏡)명 ☞물안경.

수중-유행(睡中遊行)[-뉴-]명하자 자다가 별안간 일어나서 잠결인 상태로 이리저리 돌아다니는 일. 참몽유병.

수중익-선(水中翼船)[-썬]명 선체 아래쪽의 앞뒤 부분에 날개를 단 배. 〔배가 나아갈 때 양력(揚力)이 생겨 선체가 수면으로 떠오름.〕

수중^청음기(水中聽音器)명 음파의 수중 전파로 적의 함정이나 잠수함 따위의 위치·방향 등을 탐지하는 장치.

수중^카메라(水中camera)명 물속에서 쓸 수 있도록 방수 처리한 카메라.

수중^텔레비전(水中television)명 수중에서 촬영할 수 있도록 만든 텔레비전 카메라.

수중-혼(水中魂)명 물에 빠져 죽은 사람의 넋.

수-쥐명 '숫쥐'의 잘못.

수즉다욕(壽則多辱)[-따-]명 오래 살면 그만큼 욕되는 일이 많음. 〔'장자'의 '천지편(天地篇)'에 나오는 말임.〕

수즙(修葺)명하타 지붕이나 바람벽 등의 허술한 데를 이고 손질함.

수증(受贈)명하타 선물을 받음.

수-증기(水蒸氣·水烝氣)명 물이 증발하여 생긴 기체, 또는 기체 상태로 되어 있는 물. 준증기.

수지명 '휴지(休紙)'의 잘못.

수지(手指)명 손가락.

수지(收支)명 ①수입과 지출. ②거래에서 얻는 이익.

수지(守志)명하자 지조를 지킴.

수지(受持)명하타 불교에서, 경전을 받아 항상 잊지 않고 머리에 새기어 가짐을 이르는 말.

수지(須知)명 마땅히 알아야 하는 일.

수지(樹枝)명 나뭇가지.

수지(樹脂)명 ①나무에서 나오는 진. ②합성수지와 천연수지를 통틀어 이르는 말.

수지(獸脂)명 짐승의 기름.

수지^결산(收支決算)[-싼]명 일정 기간의 수입과 지출의 결산.

수지니(手-)명 사람의 손으로 길들인 매나 새매. 수진(手陳). 참날지니·산지니.

수지-맞다(收支-)[-맏따]자 ①이익이 돌아오다. ¶ 수지맞는 장사. ②뜻하지 않게 좋은 일이 생기다. ¶ 이런 물건을 경품으로 받다니, 오늘 너 아주 수지맞았네.

수지-비누(樹脂-)명 수지를 수산화나트륨이나 탄산나트륨액과 섞어 끓여서 만든 비누.

수지-상(樹枝狀)명 나뭇가지처럼 여러 가닥으로 벋어 있는 모양.

수지-침(手指鍼)명 한방에서, 손에 퍼져 있는 수백 군데의 경혈에 짧은 침을 1~3mm 정도의 깊이로 꽂아 다스리는 침술.

수지^타ː산(收支打算)명 수입과 지출의 셈을 맞추어 봄. ¶ 수지 타산이 맞다.

수직(手織)명하타 손으로 피륙을 짬, 또는 그렇게 짠 천.

수직(守直)명하타 맡아서 지킴, 또는 그 사람.

수직(垂直)명 ①똑바로 드리운 모양. 수평에 대하여 직각을 이룬 상태. 직립(直立). ¶ 수직으로 세우다. ②선과 선, 선과 면, 면과 면이 서로 만나 직각을 이룬 상태.

수직(首職)명 중요한 직책.

수직(壽職)명 조선 시대에, 해마다 정월에 여든 살이 넘은 관원과 아흔 살이 넘은 백성에게 은전(恩典)으로 내리던 벼슬.

수직-갱(垂直坑)[-깽]명 광산이나 탄광에서 곧추 내리 뚫은 굴.

수직^거ː리(垂直距離)[-꺼-]명 한 점에서 정한 직선에 이르는 가장 짧은 거리.

수직-기(垂直鰭)[-끼]명 물고기의 몸 한가운데 선 위에 하나씩 있는 지느러미. 〔등지느러미·뒷지느러미 따위.〕 ↔대기(對鰭).

수직^단ː면(垂直斷面)[-딴-]명 원기둥이나 각기둥 따위의 기둥체를 그 측면에 수직이 되게 평면으로 자른 면. 직단면. 직절구. 직절면.

수직-면(垂直面)[-징-]명 ☞연직면(鉛直面).

수직^분포(垂直分布)[-뿐-]명 땅의 높이나 물의 깊이 등의 관계에서 본 생물의 분포.

수직-선(垂直線) [-썬] 명 ☞수선(垂線).
수직^이:등분선(垂直二等分線) 명 평면 상에서 어떤 선분을 수직으로 이등분하는 직선.
수직^이:착륙기(垂直離着陸機) [-창뉵끼] 명 활주(滑走)하지 않고 제자리에서 바로 뜨고 내려앉을 수 있는 비행기.
수직^전:위(垂直轉位) [-쩌뉘] 명 암층(岩層)의 일부가 중력에 의하여 수직 운동을 일으켜 그 위치가 바뀌는 일.
수직^투영도(垂直投影圖) 명 ☞입면도(立面圖).
수진(手陳) 명 ☞수지니.
수진(受診) 명하자 진찰을 받음.
수진(袖珍) 명 ☞수진본(袖珍本).
수진-매(手陳-) 명 수지니인 매.
수진-본(袖珍本) 명 소매 속에 넣고 다닐 수 있을 만한 작은 책. 수진.
수질(水疾) 명 뱃멀미.
수질(水蛭) 명 ☞거머리[2].
수질(水質) 명 어떤 물의 성분이나 성질. ¶ 상수도(上水道) 수질 검사.
수질(首絰) 명 상복을 입을 때 머리에 두르는, 짚에 삼 껍질을 감은 둥근 테.
수질(髓質) 명 생체의 기관에서, 그 겉층과 안쪽 층의 구조나 기능이 서로 다를 경우에 일컫는 안쪽 층. 〔대뇌·부신·신장 따위가 해당함.〕 ↔피질.
수질^오:염(水質汚染) 명 물이 오물이나 폐수 때문에 인체에 해를 끼치거나 생태계를 파괴할 정도로 더러워지는 일.
수집(收集) 명하타되자 여러 가지 것을 거두어 모음. ¶ 폐품 수집.
수집(粹集) 명하타되자 사물의 가장 중요한 부분만 골라 모음. 고갱이만 뽑아 모음.
수집(蒐集) 명하타되자 어떤 물건이나 자료들을 찾아서 모음. ¶ 우표 수집. /자료를 수집하다. /골동품을 수집하다.
수집(蒐輯) 명하타되자 여러 가지 자료를 찾아 모아서 편집함.
수집-벽(蒐集癖) [-뼉] 명 어떤 자료나 물건 따위를 찾아 모으기를 유난히 좋아하는 취미.
수징(壽徵) 명 오래 살 징조.
수-쪽 명 채권자가 가지는, 어음의 오른편 조각. ↔암쪽.
수차(水車) 명 물레방아.
수차(收差) 명 물체가 렌즈나 반사경에 의해서 상(像)을 맺을 때, 광선이 한 점에 모이지 않아 상이 흐려지거나 굽거나 비뚤어지거나 하는 현상. 구면 수차·색 수차 따위.
수차(袖箚) 명 임금을 뵙고 직접 바치던 상소.
수:차(數次) Ⅰ명 몇 차례. 여러 차례. 누차. ¶ 수차에 걸쳐 의견을 제시하다.
Ⅱ부 누차.
수찬(修撰) 명 ①하타 서책을 만듦. 사서(史書) 등을 편찬함. ②조선 시대에, 사서(史書)를 편찬하던 홍문관(弘文館)의 정육품 벼슬.
수찰(手札) 명 ☞수서(手書).
수찰(首刹) 명 ☞수사(首寺).
수참(水站) 명 조선 시대에, 전라·경상·충청 세 도의 세곡(稅穀)을 서울까지 배로 운반할 때 중간에서 쉬던 곳.
수참(羞慚) '수참(羞慚)하다'의 어근.
수참(愁慘) '수참(愁慘)하다'의 어근.
수참-하다(羞慚-) 형여 매우 부끄럽다.
수참-하다(愁慘-) 형여 매우 비참하다. 매우 슬프다.
수창(水脹) 명 신장병으로 몸이 붓는 증세.
수창(首唱) 명하타 ①앞장서서 주창함. ②좌중에서 맨 먼저 시를 지어 읊음.
수창(酬唱) 명하타 시가(詩歌)를, 서로 주고받으며 읊음.
수창(壽昌) 명하타 오래 살고 자손이 번성함.
수-창포(水菖蒲) 명 ☞붓꽃.
수채 명 집 안에서 버린 허드렛물이나 빗물 따위가 흘러 나가도록 만든 시설.
수채(收採) 명하타 ①곡식 따위를 거두어들임. ②인재를 골라 씀.
수채(受采) 명하자 신랑 집에서 보내는 납채를 신부 집에서 받음.
수:-채움(數-) 명하타 일정한 수효를 채우기 위하여 보탬.
수채-통(-筒) 명 ☞하수관. 하수통.
수채-화(水彩畫) 명 서양화의 한 가지. 그림물감을 물에 풀어서 그린 그림.
수책(受責) 명하자 책망을 받음.
수챗-구멍 [-채꾸-/-챋꾸-] 명 수채의 허드렛물이 빠져 나가는 구멍.
수:처(數處) 명 두서너 곳. 몇 군데.
수척(水尺) 명 ☞무자리.
수척(瘦瘠) '수척하다'의 어근.
수척-하다(瘦瘠-) [-처카-] 형여 몸이 마르고 파리하다. 수삭(瘦削)하다. ¶ 앓고 나더니 몹시 수척해졌다.
수천(水天) 명 물과 하늘.
수천(水喘) 명 한방에서, 심장병이나 신장병 등으로 말미암아 몸이 붓고 숨이 차게 되는 증세를 이르는 말.
수:천(數千) 수관 천의 여러 배, 또는 그런 수(의).
수:-천만(數千萬) 수관 ①천만의 두서너 배가 되는 수, 또는 그런 수(의). ②헤아릴 수 없을 만큼 많은 수, 또는 그런 수(의).
수천-방불(水天彷彿) 명 〔물과 하늘이 거의 비슷하다는 뜻으로〕 난바다의 수면과 하늘이 맞닿아 보여 그 한계를 분간할 수 없음을 이르는 말.
수철(水鐵) 명 무쇠.
수첩(手帖) 명 간단한 기록을 하기 위하여 지니고 다니는 작은 공책. 필첩.
수청(守廳) 명 ①지난날, 높은 벼슬아치 밑에서 수종하던 일. ②아녀자나 기생이 높은 벼슬아치에게 몸을 바쳐 시중을 들던 일. ③☞청지기.
수청(을) 들다 관용 ①높은 벼슬아치 밑에서 시키는 대로 시중하다. ②기생이 지방 수령에게 잠시 몸을 바치다.
수청-방(守廳房) 명 지난날, 관아에서 청지기가 거처하던 방.
수:체(數體) 명 각 요소가 실수·유리수를 포함하여 복소수로 이루어진 체(體).
수초(手抄) 명하타 손수 추리어 씀, 또는 그렇게 쓴 기록.
수초(水草) 명 물풀.
수:초(數炒) 명 ☞수볶이.
수초(髓鞘) 명 척추동물의 신경 섬유 주위를 칼집 모양으로 둘러싸고 있는 피막(皮膜). 신경의 흥분에 대해 주위와의 절연체 구실을 함.
수-초자(水硝子) 명 ☞물유리.
수촌(手寸) 명 조선 시대에, 노비의 수결(手決)을 이르던 말. 왼손 가운뎃손가락의 첫째와 둘째 마디 사이의 길이를 재어 그림을 그려서 도장 대신으로 썼음.
수축(收縮) 명하자되자 줄거나 오그라듦. ¶ 근육이 수축하다. 참이완·팽창.

수축(修築)[명][하타][되자] 집이나 방축 따위 건축물을 고쳐 짓거나 고쳐 쌓음. ¶ 도로를 수축하다. /대웅전을 수축하다.

수축-포(收縮胞)[명] 담수에서 사는 원생동물의 체내에 있는 작은 세포. 주기적으로 늘어났다 오므라졌다 하여 노폐물 따위를 배출시키는 작용을 함.

수출(輸出)[명][하타][되자] 국내의 상품이나 기술 따위를 외국으로 팔아 내보냄. ¶ 공산품을 수출하다. ↔수입(輸入).

수출^관세(輸出關稅)[명] 외국에 수출하는 물품에 부과하는 관세. 수출세.

수출^금ː제품(輸出禁制品)[명] 법률로써 수출이 금지되거나 제한된 물품. ↔수입 금제품.

수출^면ː장(輸出免狀)[-짱][명] 세관에서 발급하는, 수출을 허가하는 증명서.

수출^보ː상^제ː도(輸出補償制度)[명] 수출 진흥을 위하여 정부가 수출 상대국에 대한 거래상의 위험을 담보하고 손실을 보상하는 제도.

수출-불(輸出弗)[명] 물품을 다른 나라에 수출하여 획득한 불화(弗貨).

수출^산ː업(輸出産業)[명] 수출을 중요한 판로로 삼는 산업. ↔내수 산업.

수출-상(輸出商)[-쌍][명] 국내 상품을 수출하는 상인. ↔수입상.

수출-세(輸出稅)[-쎄][명] ☞수출 관세. ↔수입세.

수출^송ː장(輸出送狀)[-짱][명] 수출품에 덧붙여 보내는, 품목·수량·가격 따위를 기록한 송장.

수출^신ː용장(輸出信用狀)[-짱][명] 국제간의 수출입 결제를 위해 은행이 개설하는 상업 신용장을 수출지의 처지에서 이르는 말. ↔수입 신용장.

수-출입(輸出入)[명] 수출과 수입.

수출입^은행(輸出入銀行)[명] 중·장기 신용에 의한 수출입과 해외 투자에 관한 금융을 주업무로 삼는 특수 은행.

수출^자유^지역(輸出自由地域)[명] 외국인의 투자를 유치하여 수출의 진흥을 꾀하기 위해 지정된, 특정 보세 구역.

수출^초과(輸出超過)[명] 일정 기간의 수출 총액이 수입 총액을 초과하는 일. [준]출초.

수출-환(輸出換)[명] 수출상이 수출 상품의 대금을 받기 위하여, 수입상을 지급인으로 하는 어음을 발행하여 환은행에 그 매수를 의뢰하는 환어음. ↔수입환.

수취(收取)[명][하타] 금품 따위를 거두어 받음.

수취(收聚)[명][하타] 거두어 모음. 모아들임.

수취(受取)[명][하타] ☞수령(受領).

수취^어음(受取-)[명] ☞받을어음.

수취-인(受取人)[명] ☞수령인(受領人).

수-치[명] 배를 갈라서 소금에 절여 말린 민어의 수컷. ↔암치.

수치(羞恥)[명] 부끄러움. ¶ 수치를 느끼다. [참]수괴(羞愧)하다.

수ː치(數値)[명] ①문자로 나타낸 수식 중의 문자에 해당하는 수. ②계산하여 얻은 수의 값. 숫값. ¶ 대기의 오염도를 수치로 나타내다.

수ː-치레(數-)[명][하자] 좋은 운수를 누리는 일.

수치-스럽다(羞恥-)[-따][~스러우니·~스러워][형][ㅂ] 부끄러운 느낌이 있다. ¶ 수치스러운 행위. **수치스레**[부].

수치-심(羞恥心)[명] 부끄러움을 느끼는 마음. ¶ 수치심에 얼굴이 붉어졌다.

수-치질(-痔疾)[명] 항문 밖으로 두드러져 나온 치질. 모치(牡痔). 외치(外痔). ↔암치질.

수칙(守則)[명] 지키도록 정해진 규칙. 지켜야 할 규칙. ¶ 안전 수칙.

수침(水沈)[명][하자][되자] 물에 잠기거나 가라앉음.

수침(水枕)[명] 물베개.

수침(受鍼)[명][하자] 침을 맞음.

수ː침(繡枕)[명] 수를 놓은 베개. 수베개.

수캉아지[명] 강아지의 수컷. ↔암캉아지.

수캐[명] 개의 수컷. ↔암캐.

수커미[명] '수거미'의 잘못.

수컷[-컫][명] 동물의 수의 것. ↔암컷. [참]수[1]. *수컷이[-커시]·수컷만[-컨-]

수케[명] '수게'의 잘못.

수코양이[명] '수고양이'의 잘못.

수콤[명] '수곰'의 잘못.

수쿠렁이[명] '수구렁이'의 잘못.

수퀑[명] '수꿩'의 잘못.

수크로오스(sucrose)[명] 사탕수수·사탕무 등의 식물에 들어 있는 단사 정계(單斜晶系)의 결정. 〔물에 잘 녹으며 맛이 닮. 정제하여 설탕을 만듦.〕 자당(蔗糖). 사카로오스.

수클[명] '수글'의 잘못.

수키와[명] 두 암키와 사이를 어울러 엎어 이는 기와. 동와(童瓦). 모와(牡瓦). 부와(夫瓦). ↔암키와.

수탁(受託)[명][하타] 부탁을 받음. 위탁을 받음.

수탁^매매(受託賣買)[-탕-][명] 남으로부터 위탁을 받아 하는 매매.

수탁^법원(受託法院)[-뻐뷘][명] 다른 법원의 촉탁을 받아 그 관할 내에서 증거 조사나 증인 심문 등의 소송 행위를 하는 법원.

수탁-자(受託者)[-짜][명] ①위탁을 받은 사람. ②신탁 재산의 관리·처분을 하는 사람. ↔위탁자(委託者).

수탁^판매(受託販賣)[명] 남으로부터 위탁을 받아 하는 판매.

수탄(愁歎)[명][하타] 근심하고 한탄함.

수탄(獸炭)[명] 활성탄의 한 가지. 동물질을 건류(乾溜)하여 얻은 탄화 물질을 통틀어 이르는 말. 약제·탈색제 따위에 쓰임.

수탈(收奪)[명][하타][되자] (재물 따위를) 빼앗음.

수탈^계급(收奪階級)[-계-/-게-][명] 착취(搾取) 계급.

수탉[-탁][명] 닭의 수컷. ↔암탉. *수탉이[-탈기]·수탉만[-탕-]

수탐(搜探)[명][하타] ☞염알이.

수탕나귀[명] 당나귀의 수컷. ↔암탕나귀.

수태(水苔)[명] ☞수면(水綿).

수태(受胎)[명][하타][되자] 아이를 뱀. ¶ 인공 수태.

수태(羞態)[명] 부끄러워하는 태도.

수태(愁態)[명] 수심에 찬 모습.

수태^고ː지(受胎告知)[명] 기독교에서, 천사 가브리엘이 성령에 의한 회임(懷姙)을 마리아에게 알려 준 일을 이르는 말.

수태^조절(受胎調節)[명] 피임법을 써서 일시적으로 수태를 조절하는 일.

수택(水澤)[명] 물이 괴어 있는 늪.

수택(手澤)[명] ①책이나 그릇 따위에, 자주 손이 닿아서 남아 있는 손때나 윤택. ②옛 사람이 가까이 두고 애용하던 그릇(기구)에 남아 있는 손때.

수토(水土)[1][명] ①물과 흙. ②(어떤 고장의) 기후와 풍토.

수토(水土)[2][명] 도자기의 원료로 쓰이는 흙의 한 가지. 〔경기도 광주 지역에서 남.〕

수-토끼[명] 토끼의 수컷. ↔암토끼.

수토불복(水土不服)명하자 물이나 풍토가 몸에 맞지 않아 위장이 나빠짐을 이르는 말.
수톨쩌귀명 암톨쩌귀에 끼게 된, 촉이 달린 돌쩌귀. ↔암톨쩌귀.
수통(水桶)명 물통.
수통(水筒)명 빨병.
수통(水筩)명 ①물이 통하는 관. ②☞수도전.
수통(羞痛) '수통하다'의 어근.
수통-박이(水筩-)명 길거리에 상수도의 수통이 박혀 있는 곳.
수통-스럽다(羞痛-)[-따][~스러우니·~스러워] 형ㅂ 부끄럽고 원통한 데가 있다. **수통스레**부.
수통-하다(羞痛-)형여 부끄럽고 원통하다.
수퇘지명 돼지의 수컷. ↔암퇘지.
수투(水套)명 내연 기관이나 공기 압축기 따위의 과열을 막기 위해 기통의 둘레에 찬물을 넣어 두는 장치.
수ː-투전(數鬪牋)명 사람·물고기·새·꿩·노루·뱀·말·토끼를 그린 여든 장의 투전. 팔대가(八大家). 팔목(八目).
수퉁-니명 크고 굵고 살진 이〔虱〕.
수ː-틀(繡-)명 수를 놓을 때 바탕을 팽팽하게 하기 위해 끼는 틀.
수-틀리다자 일이 뜻대로 되지 아니하다. 《주로, '수틀리면'의 꼴로 쓰임.》 ¶ 수틀리면 그만두는 거지 뭐.
수파(水波)명 물결.
수파-련(水波蓮)명 지난날, 잔치 때에 장식으로 쓰던, 종이로 만든 연꽃.
수파-충(水爬蟲)명 게아재비과의 곤충을 통틀어 이르는 말.
수판(壽板)명 수의(壽衣)와 관곽(棺槨). 관재(棺材).
수ː판(數板)명 셈을 하는 데 쓰이는 간편한 기구. 〔우리나라·일본·중국 등에서 씀.〕 산판(算板). 셈판. 주판(籌板).
  수판(을) 놓다관용 이해(利害)를 따지다. 주판(을) 놓다.
수ː판-셈(數板-)명하자 수판을 써서 하는 셈.
수ː판-질(數板-)명하자 ①수판을 놓는 일. ②이해(利害)를 헤아리는 짓. 주판질.
수패(水敗)명 ①홍수로 인한 재해. 수해(水害). ②물로 말미암은 실패.
수패(獸牌)명 짐승의 얼굴을 그린 방패.
수펄명 '수벌'의 잘못.
수펌명 '수범'의 잘못.
수편(隨便)명하타 편한 대로 함. 자유로이 함.
수평(水平)명 ①잔잔한 수면처럼 평평한 모양. 형평(衡平). ¶ 수평을 유지하다. ②지구의 중력 방향과 직각을 이루는 방향. ③〈수평기(水平器)〉의 준말. ④〈수평봉(水平棒)〉의 준말.
수평(水萍)명 ☞개구리밥.
수평-각(水平角)명 각의 두 변이 모두 수평면 위에 있는 각. 참부각·앙각.
수평^거ː리(水平距離)명 수평면 위에 있는 두 점 사이의 거리.
수평^곡선(水平曲線)[-썬]명 ☞등고선(等高線).
수평-기(水平器)명 ☞수준기(水準器). 준수평.
수평-동(水平動)명 지진에서, 수평 방향으로 움직이는 진동. ↔상하동(上下動).
수평-면(水平面)명 중력의 방향과 직각을 이루는 면.
수평-봉(水平棒)명 ☞평행봉. 준수평.
수평^분포(水平分布)명 지구의 동일 위도(緯度)에서의 생물의 분포.
수평^사고(水平思考)명 어떤 문제를 해결하는 데 있어, 일정한 고정관념에서 벗어나 여러 각도에서 폭 넓게 생각하는 방법.
수평-선(水平線)명 ①하늘과 바다가 맞닿아 보이는 선. ¶ 수평선 너머로 해가 지다. ②중력의 방향과 직각을 이루는 선.
수평-실(水平-)명 수평을 알기 위하여 표준틀에 맨 실.
수평아리명 병아리의 수컷. ↔암평아리.
수평^자력(水平磁力)명 지구 자기장(磁氣場)의 수평 방향의 성분.
수포(水泡)명 ①물 위에 떠 있는 거품. 수말(水沫). ②공들인 일이 헛되이 되는 일을 비유하여 이르는 말. ¶ 계획이 수포로 돌아가다. 물거품.
수포(水疱)명 살갗이 부풀어 올라 속에 물이 잡힌 것. 꽈리. 물집[2].
수포-군(守鋪軍)명 왕조 때, 밤에 궁궐 문을 지키던 군사.
수-포기명 수꽃이 피는 포기. ↔암포기.
수포-석(水泡石)명 ☞속돌.
수포-진(水疱疹)명 살갗에 물집이 잡히는 발진(發疹). 〔주위에 열이 오름.〕
수폭(水爆)명 〈수소 폭탄〉의 준말.
수표(手票)명 은행에 당좌 예금이 있는 사람이 그 은행을 지급인으로 하여 일정한 금액을 특정인에게 지급할 것을 위탁하는 유가 증권.
수표(手標)명 돈이나 물건 따위의 대차(貸借) 관계에서 주고받는 증서. 수기(手記).
수표(水標)명 〈양수표(量水標)〉의 준말.
수ː표(數表)명 필요한 수치를 찾아 쓰기 좋도록 모은 표. 〔함수표·대수표 따위.〕
수풀명 ①나무가 무성하게 들어찬 곳. 삼림. ¶ 수풀이 우거지다. 준숲. ②풀이나 덩굴·나무 따위가 한데 엉킨 곳.
수ː프(soup)명 서양 요리에서, 고기나 채소 따위를 삶아서 맛을 낸 국물.
수플명 〈옛〉수풀. ¶ 수플 림:林(訓蒙上7).
수피(樹皮)명 나무껍질.
수피(獸皮)명 짐승의 가죽.
수피둘기명 '수비둘기'의 잘못.
수필(水筆)명 붓촉 전체를 먹물에 적시어서 쓰는 붓. 참갈필(渴筆).
수필(隨筆)명 일정한 형식이 없이 체험이나 감상·의견 따위를 생각나는 대로 자유롭게 적은 글. 상화(想華). ¶ 수필 문학. 비만문(漫文).
수필-가(隨筆家)명 수필 쓰는 일에 일가를 이룬 사람.
수필-집(隨筆集)명 수필을 모은 책.
수하(水下)명 ①내〔川〕의 하류. ②물 밑.
수하(手下)명 ①손아래. ¶ 그는 나보다 수하일세. ②☞부하.
수하(首夏)명 '음력 사월'을 달리 이르는 말. 맹하(孟夏). 여월(餘月).
수하(誰何)명하자 (야간이나 시계가 흐릴 때) 경비를 하는 군인이 상대편의 정체를 파악하기 위해 일정한 절차에 따라 소리쳐 물음, 또는 소리쳐 묻는 그 일. ¶ 수하에 암호로 답하다.
수하(樹下)명 나무 아래. 나무 밑.
수하(誰何)대 누구. ¶ 수하를 막론하고 출입을 금함.
수-하다(壽-)자여 오래 살다. 수를 누리다. ¶ 대대로 수하는 집안.
수-하물(手荷物)명 ①여객이 손수 나를 수 있는 작은 짐. ②고속 버스나 기차 편에 부칠 수 있는 작은 짐. 참소화물(小貨物).

수하-인(受荷人)명 운송된 짐을 받을 사람. ¶ 수하인이 분명치 않아 반송된 소포. ↔송하인(送荷人).

수하-좌(樹下座)명 불교에서, 나무 밑에 앉아서 수도하는 일.

수하-친병(手下親兵)명 ①자기에게 직접 딸린 병졸. ②자기의 수족처럼 마음대로 부리는 사람. 준수병(手兵).

수학(受學)명하타 글을 배움. 수업을 받음.

수학(修學)명하타 학업을 닦음. 배움. ¶ 삼촌은 독일에서 철학을 수학하고 3년 만에 귀국했다.

수ː학(數學)명 수량 및 도형의 성질이나 관계를 연구하는 학문. 산수·대수학·기하학·미분학·적분학 따위 학문을 통틀어 이름. ¶ 수학 공식.

수ː학-과(數學科)[-꽈]명 대학에서, 수학을 연구하는 학과.

수학^능력(修學能力)[-항-녁]명 (특히, 전문대학 이상의 교육 기관에서) 교육 과정의 차례에 따라 베푸는 학업을 닦을 수 있는 능력. ¶ 대입(大入) 수학 능력 시험.

수학-여행(修學旅行)[-항녀-]명 학습 활동의 한 가지로, 실제로 보고 들어서 지식을 넓히기 위해 교사의 인솔 아래 실시하는 여행.

수한(水旱)명 ①큰물과 가물. ②수재(水災)와 한재(旱災)를 아울러 이르는 말.

수한(手翰)명 ☞수서(手書).

수한(壽限)명 타고난 수명.

수한충박상(水旱蟲雹霜)[-쌍]명 농사의 재앙인, 큰물·가물·충해·우박·이른 서리.

수할치명 매사냥꾼.

수함(手函)명 ☞수서(手書).

수합(收合)명하타되자 거두어 모음. 모아서 합침.

수항(受降)명하자 항복을 받음. 항복자를 받아들임.

수해(水害)명 홍수로 말미암은 재해. 수패(水敗). 수환(水患). ¶ 수해 지구.

수해(受害)명하자 해를 입음.

수해(嗽咳)명 기침. 해수.

수해(樹海)명 〔나무의 바다라는 뜻으로〕 넓게 펼쳐진 울창한 삼림을 바다에 비유하여 이르는 말.

수행(修行)명하자 ①행실을 바르게 닦음. ②불도를 닦음.

수행(遂行)명하타되자 일을 계획한 대로 해냄. ¶ 직무를 수행하다. /공무 수행 중.

수행(隨行)명하타 ①높은 지위에 있는 사람을 따라감. ¶ 대통령을 수행하다. ②따라 행함.

수행(獸行)명 ①짐승과 같은 행실. ¶ 수행을 저지르다. ②수욕(獸慾)을 채우려는 행위.

수행-원(隨行員)명 높은 지위에 있는 사람을 따라다니며 그를 돕거나 신변을 보호하는 사람.

수향(水鄕)명 ☞수곽(水廓).

수험(受驗)명하타 시험을 치름. ¶ 수험 준비.

수험-료(受驗料)[-뇨]명 시험을 치르기 위하여 내는 요금.

수험-생(受驗生)명 (주로, 학생으로서) 입학 시험 따위를 치르는 사람.

수험-표(受驗票)명 수험하는 사람임을 증명하는 표. ¶ 수험표를 가슴에 달다.

수혈(竪穴)명 세로로 판 구멍이나 구덩이. 아래로 곧게 파 내려간 구멍.

수혈(壽穴)명 ☞수실(壽室).

수혈(嗽血)명 가래에 피가 섞여 나오는 병.

수혈(輸血)명하자되자 피가 모자란 환자의 혈관에, 건강한 사람의 피를 주입함. ¶ 수술 중인 환자에게 수혈을 하다.

수혈성^황달(輸血性黃疸)[-썽-]명 B형 간염(肝炎) 바이러스를 가진 혈액을 수혈함으로써 감염하는 간염. 비형 간염.

수혈-식(竪穴式)명 ☞구덩식.

수협(水協)명 〈수산업 협동조합〉의 준말.

수형(水刑)명하타 물을 이용하여 고통을 주는 고문.

수형(受刑)명하자 형의 집행을 받음.

수혜(受惠)[-혜/-헤]명 혜택을 받는 일. ¶ 수혜 대상.

수ː혜(繡鞋)[-혜/-헤]명 ☞수신.

수혜자(水鞋子)[-혜-/-헤-]명 지난날, 비가 올 때 신던 무관(武官)의 장화.

수호(守護)명하타되자 (중요한 사람이나 처소 등을) 지키고 보호함. ¶ 국경을 수호하다.

수호(修好)명하자 (나라와 나라가) 사이좋게 지냄. ¶ 수호 관계를 맺다.

수호-부(守護符)명 몸을 지키기 위해 지니는 부적.

수호-신(守護神)명 (개인·가정·지역·국가 등을) 지켜 보호하는 신.

수호^조약(修好條約)명 아직 국제법상의 여러 가지 원칙을 이행할 수 없는 나라와 통교를 할 때, 먼저 일정한 규약을 밝히어 준수할 것을 약속하는 조약.

수호-천사(守護天使)명 가톨릭에서, 모든 사람을 착한 길로 인도하여 보호할 사명을 띤 천사를 이르는 말.

수홍-색(水紅色)명 잿빛이 도는 여린 분홍색.

수홍-화(水紅花)명 ☞들쭉나무.

수화(水火)명 물과 불.

수화(水化)명하자 물질이 물과 화합하거나 결합함, 또는 그러한 현상. 수화(水和).

수화(水和)명하자되자 ①수용액 속에서 용질(溶質) 분자 또는 이온이 몇 개의 물 분자와 결합하여 하나의 분자군을 이루게 됨, 또는 그런 현상. ②콜로이드 입자가 물속에서 운동할 때 물의 입자를 수반하는 현상. ③☞수화(水化).

수화(水禍)명 ☞수재(水災).

수화(手話)명 주로 농아자끼리 손짓으로 하는 말. 지화(指話). 참구화(口話).

수화(受話)명하자 전화를 받음. ↔송화. 참통화.

수화(燧火)명 ①횃불. ②부싯돌로 일으킨 불.

수ː화(繡花)명 도자기에 수놓은 꽃처럼 도드라지게 낸 무늬.

수ː화(繡畫)명 수를 놓아 만든 그림.

수화-기(受話器)명 전기 신호(음성 전류)를 소리로 바꾸어 귀로 듣게 만든 장치의 한 가지. 〔일반적으로 전화기의, 귀에 대고 듣는 쪽의 장치를 이름.〕 ↔송화기.

수화-물(水化物)명 물과 다른 분자가 결합하여 생긴 화합물. 함수 화합물.

수-화물(手貨物)명 들고 다닐 수 있을 정도의 작은 짐. 참소하물.

수화-반(水和飯)명 물에 만 밥. 물말이.

수화-법(手話法)[-뻡]명 농아 교육에서, 손짓으로 말하는 법. 지화법. 참구화법.

수화불통(水火不通)명하자 〔물과 불은 서로 통하지 않는다는 뜻으로〕 절교함을 이르는 말.

수화-상극(水火相剋)명 〔물과 불은 서로 용납하지 않는다는 뜻으로〕 '서로 어울릴 수 없는 속성 때문에 원수같이 대함'을 비유하여 이르는 말.

수화-석회(水化石灰)[-서쾨/-서퀘]명 ☞수산화칼슘.

수화^작용(水和作用)명 암석에 섞인 광물이 물을 흡수하여 변화를 일으키는 작용.
수화-주(水禾紬)명 〈수아주〉의 본딧말.
수확(水廓)명 ☞동공(瞳孔).
수확(收穫)명 ①하타되자 농작물을 거두어들임, 또는 그 소출. ¶ 밀을 수확하다. /수확이 늘다. ②어떤 일에서 얻은 좋은 성과를 비유하여 이르는 말. ¶ 현장 실습을 통해서 얻은 수확.
수확-고(收穫高)[-꼬]명 ☞수확량(收穫量).
수확-기(收穫期)[-끼]명 농작물을 거두어들이는 시기.
수확-량(收穫量)[-황냥]명 농작물을 거두어들인 양. 수확고. ¶ 수확량이 늘다.
수확^체감(收穫遞減)명 토지의 생산력은, 이에 투자하는 자본·노동력이 어느 한도를 넘어서면 계속 증가시켜도 이에 비례하지 않고 상대적으로 줄어듦, 또는 그 현상.
수환(水患)명 홍수로 말미암은 재해. 수해(水害).
수환(獸患)명 맹수의 피해로 말미암은 근심.
수활(手滑) '수활하다'의 어근.
수활-하다(手滑-)형여 일에 익숙하여 손이 재다.
수황-증(手荒症)[-쯩]명 〔손이 거친 증세라는 뜻으로〕 병적으로 남의 물건을 훔치는 버릇.
수회(收賄)[-회/-훼]명하타 뇌물을 받음. 수뢰(受賂). ¶ 수회죄를 짓다. ↔증회(贈賄).
수회(愁懷)[-회/-훼]명 근심과 회포.
수:회(數回)[-회/-훼]명 두서너 번. 여러 번. ¶ 수회에 걸친 시험.
수:효(數爻)명 사물의 낱낱의 수.
수훈(垂訓)명 후세에 전하는 교훈.
수훈(受勳)명하자 훈장을 받음.
수훈(首勳)명 첫째가는 큰 공훈.
수훈(殊勳)명 뛰어난 공훈. 수공(殊功). ¶ 경제 개발 사업에 수훈을 세우다.
수훈(樹勳)명하자 공훈을 세움.
수훼수보(隨毁隨補)명하타 훼손하는 대로 뒤미처 보수함.
수희(隨喜)[-히]명하타 불교에서, 남이 하는 선(善)을 보고 기쁜 마음을 일으킴.
숙감(宿憾)[-깜]명 오래된 원한.
숙-갑사(熟甲紗)[-깝싸]명 〈숙소갑사〉의 준말.
숙객(熟客)[-깩]명 낯익은 손님. 단골손님.
숙경(淑景)[-꼉]명 ①봄볕. ②자연의 좋은 경치.
숙경(肅敬)[-꼉]명하타 삼가 존경함.
숙계(肅啓)[-꼐/-께]명 흔히 한문 투의 편지 첫머리에, '삼가 아뢥니다'의 뜻으로 쓰는 말.
숙고(熟考)[-꼬]명하타 잘 생각함. 깊이 생각함. 숙려(熟慮). ¶ 숙고 끝에 결단을 내리다.
숙-고사(熟庫紗)[-꼬-]명 누인 명주실로 짠 고사. ↔생고사(生庫紗).
숙공(宿工)[-꽁]명 오래 익혀서 숙달된 일.
숙과(熟果)[-꽈]명 〈숙실과(熟實果)〉의 준말.
숙군(肅軍)[-꾼]명하타 군의 기강을 바로잡음.
숙근(宿根)[-끈]명 겨울 동안 땅 위의 줄기는 말라 죽고 뿌리만 살았다가 이듬해 봄에 다시 새싹을 돋게 하는 묵은 뿌리.
숙근-초(宿根草)[-끈-]명 겨울 동안 땅 위의 줄기는 말라 죽고 뿌리만 살았다가, 이듬해 봄에 다시 새싹이 돋아나는 풀. 〔민들레·백합·잔디 따위.〕
숙금(宿芩)[-끔]명 한방에서, 황금(黃芩)의 묵은 뿌리를 약재로 이르는 말.
숙기(夙起)[-끼]명하자 아침에 일찍 일어남. 조기(早起).
숙기(宿耆)[-끼]명 늙은이. 노인.
숙기(淑氣)[-끼]명 ①좋은 기운. ②봄날의 아늑하고 포근한 기운.
숙-김치(熟-)[-낌-]명 (노인이 먹기에 좋도록) 무를 삶아서 담근 김치.
숙-깍두기(熟-)[-뚜-]명 (노인이 먹기에 좋도록) 무를 삶아서 담근 깍두기.
숙녀(淑女)[숭-]명 ①정숙하고 품위 있는 여자. ¶ 양가(良家)의 숙녀. ②다 자란 여자를 아름답게 이르는 말. ¶ 숙녀 티가 나다. ↔신사.
숙-녹피(熟鹿皮)[숭-]명 ①부드럽게 만든 사슴의 가죽. ②유순한 사람을 비유하여 일컫는 말.
숙다[-따]자 ①앞으로 굽어 기울어지다. ¶ 산판이 너무 앞으로 숙었다. ②기운이 줄다. ¶ 점차 기세가 숙어 들다.
숙달(熟達)[-딸]명하자타되자 무엇에 익숙하고 통달함. ¶ 숙달된 솜씨로 시범을 보이다.
숙당(肅黨)[-땅]명하자 정당 같은 데서, 당내의 기강을 바로잡음. ¶ 숙당 작업.
숙덕(宿德)[-떡]명 ①오래 쌓은 덕망. ②학덕이 높은 노인.
숙덕(淑德)[-떡]명 여자의 정숙하고 우아한 덕.
숙덕-거리다[-떡꺼-]자타 자꾸 숙덕숙덕하다. 숙덕대다. ¶ 숙덕거리지만 말고, 떳떳이 나서서 말하여라. 작속닥거리다. 센쑥덕거리다.
숙덕-공론(-公論)[-떡꽁논]명하타 여러 사람이 모여 숙덕거리는 의논.
숙덕-대다[-떡때-]자타 숙덕거리다.
숙덕-숙덕[-떡쑥떡]부하자타 남이 알아듣지 못하게 자꾸 숙덕이는 모양. 작속닥속닥. 센쑥덕쑥덕.
숙덕-이다[-떠기-]자타 남이 알아듣지 못하게 수군거리며 말하다. ¶ 귓속말로 숙덕이다. 작속닥이다. 센쑥덕이다.
숙덜-거리다[-떨-]자타 자꾸 숙덜숙덜하다. 숙덜대다. ¶ 숙덜거리지 말고 조용히 경청해 주십시오. 작속달거리다. 센쑥덜거리다.
숙덜-대다[-떨-]자타 숙덜거리다.
숙덜-숙덜[-떨-떨]부하자타 약간 수선스럽게 숙덕거리는 모양. 작속달속달. 센쑥덜쑥덜.
숙독(熟讀)[-똑]명하타 뜻을 생각하며 읽음. 충분히 음미하면서 읽음. ¶ 논문을 숙독하다.
숙두(熟頭)[-뚜]명 절에서 반찬 만드는 일을 맡은 사람.
숙란(熟卵)[숭난]명 삶은 달걀. 돌알[2].
숙람(熟覽)[숭남]명하타 자세히 봄. 눈여겨 살펴봄.
숙랭(熟冷)[숭냉]명 숭늉.
숙려(熟慮)[숭녀]명하타 곰곰이 생각함. 숙고(熟考). 숙사(熟思).
숙련(熟鍊·熟練)[숭년]명되자 무슨 일에 숙달하여 능숙해짐. ¶ 숙련된 기술자.
숙련-공(熟鍊工)[숭년-]명 (그 일에) 숙련된 직공. ¶ 숙련공을 양성하다.
숙련-노동(熟鍊勞動)[숭년-]명 오랫동안 배워 익혀야 비로소 능숙하게 되는 노동. 복잡노동. ↔단순 노동.
숙로(宿老)[숭노]명 경험이 많고 사리에 밝은 노인.
숙로(熟路)[숭노]명 익숙하여 잘 아는 길.
숙률(熟栗)[숭뉼]명 삶은 밤.
숙마(熟馬)[숭-]명 길이 잘 든 말.
숙마(熟麻)[숭-]명 누인 삼 껍질.
숙망(宿望)[숭-]명 ①하타 오래전부터 품어 온 소망. ¶ 마침내 숙망을 이루다. ②전부터의 명망.

숙맥(菽麥)[숭-]명 ①콩과 보리. ②〈숙맥불변〉의 준말. ¶ 그걸 모르다니 숙맥이로군.
숙맥불변(菽麥不辨)[숭-뿔-]명 〔콩인지 보리인지를 구별하지 못한다는 뜻으로〕 '어리석고 못난 사람'을 비유하여 이르는 말. 준숙맥.
숙면(熟面)[숭-]명 여러 번 보아 잘 아는 얼굴. 낯익은 사람. 비관면(慣面). ↔생면(生面).
숙면(熟眠)[숭-]명하자 잠이 깊이 듦, 또는 그 잠. 숙수(熟睡). ¶ 숙면을 취하다.
숙명(宿命)[숭-]명 날 때부터 타고난 운명. 피할 수 없는 운명. ¶ 숙명의 대결.
숙명-관(宿命觀)[숭-]명 ☞운명론. 숙명론.
숙명-론(宿命論)[숭-논]명 ☞운명론.
숙명-적(宿命的)[숭-]관명 타고난 운명에 의한 (것). 사람의 힘으로는 어쩌지 못하도록 이미 정해져 있는 (것). ¶ 숙명적 사건. /숙명적인 만남.
숙모(叔母)[숭-]명 숙부의 아내. 작은어머니.
숙묵(宿墨)[숭-]명 갈아서 하룻밤을 묵힌 먹물.
숙박(宿泊)[-빡]명하자 자기의 집을 떠난 사람이 남의 집 등에서 자고 머무름. ¶ 특급 호텔에서 숙박하다.
숙박-료(宿泊料)[-빵뇨]명 (여관 같은 데서) 숙박하는 값으로 치르는 돈.
숙박-부(宿泊簿)[-빡뿌]명 (숙박 시설 등에서) 숙박인의 주소·성명 등을 적는 책.
숙박-업(宿泊業)[-빠겁]명 (여관이나 호텔 따위와 같이) 손을 숙박시키고 숙박료를 받는 영업.
숙배(肅拜)[-빼]명 ①한문 투의 편지 끝에 상대편을 공경하여, '삼가 인사를 드립니다'의 뜻으로 쓰는 말. ②하자왕조 때, 서울을 떠나 임지로 향하는 관원이 임금에게 작별을 아뢰던 일. 하직(下直).
숙변(宿便)[-뼌]명 장(腸) 속에 오래 머물러 있는 대변.
숙병(宿病)[-뼝]명 오래 묵은 병. 고질(痼疾). 숙아(宿痾). 숙질(宿疾). 숙환(宿患).
숙복(熟鰒)[-뽁]명 삶은 전복. ↔생복(生鰒).
숙부(叔父)[-뿌]명 아버지의 동생. 작은아버지.
숙-부드럽다[-뿌-따][~부드러우니·~부드러워]형ㅂ ①몸가짐이나 마음씨가 얌전하고 부드럽다. ¶ 겸손하고 숙부드러운 말씨. ②물건이 노글노글하고 부드럽다. ¶ 숙부드럽게 손질한 가죽으로 만든 신.
숙-부인(淑夫人)[-뿌-]명 조선 시대에, 외명부의 한 품계. 정삼품 당상관의 아내의 칭호.
숙불환생(熟不還生)[-뿔-]명 〔익힌 음식은 날것으로 되돌아갈 수 없다는 뜻으로〕 이왕 마련한 음식이니 먹어 치우자고 할 때 하는 말. ¶ 이리 오게. 숙불환생이니 함께 먹세.
숙-붙다[-뿥따]자 〈도숙붙다〉의 준말.
숙사(宿舍)[-싸]명 ①여행 중에 자고 머무르는 집. ②합숙소나 기숙사 등과 같이 집단적으로 들어 묵고 있는 집. ¶ 배당된 숙사에 들다.
숙사(肅謝)[-싸]명하자 은혜에 정중하게 사례함. 숙은.
숙사(塾舍)[-싸]명 글방. 서당.
숙사(塾師)[-싸]명 글방의 스승.
숙사(熟思)[-싸]명하타 ☞숙려(熟慮).
숙사(熟絲)[-싸]명 누인 명주실.
숙상(肅霜)[-쌍]명 된서리.
숙생(塾生)[-쌩]명 글방에 다니는 서생(書生).
숙석(夙昔)[-썩]명 좀 오래된 옛날.
숙석(宿昔)[-썩]명 오래지 않은 지난날.
숙석(熟石)[-썩]명 인공으로 다듬은 돌.
숙설(熟設)[-썰]명하타 잔치 때에 음식을 장만함.
숙설-간(熟設間)[-썰깐]명 잔치 때, 음식을 만들거나 차리기 위하여 베푼 곳. 과방(果房). 숙수간(熟手間). 숙수방.
숙설-거리다[-썰-]자타 자꾸 숙설숙설하다. 숙설대다. 작속살거리다. 센쑥설거리다.
숙설-대다[-썰-]자타 숙설거리다.
숙설-소(熟設所)[-썰-]명 ☞숙설청(熟設廳).
숙설-숙설[-썰-썰]부하자타 좀 수다스럽게 숙덕거리는 모양. 작속살속살. 센쑥설쑥설.
숙설-청(熟設廳)[-썰-]명 왕조 때, 나라 잔치에 쓸 음식을 만들던 곳. 숙설소.
숙성(夙成) '숙성하다'의 어근.
숙성(淑性)[-썽]명 얌전하고 착한 성질.
숙성(熟成)[-썽]명하자타되자 ①충분히 익어서 이루어짐. 충분히 익숙한 상태가 됨. ②발효 따위를 충분히 시켜서 만드는 일.
숙성(熟省)[-썽]명하타 깊이 생각해 봄. 깊이 반성함. ¶ 실패의 원인을 숙성하다.
숙성-하다(夙成-)[-썽-]형여 어린 나이에 비해 정신적·육체적 발육이 올된 데가 있다. 조숙(早熟)하다. ¶ 말하는 걸 보니 여간 숙성한 게 아니다.
숙세(宿世)[-쎄]명 불교에서, 전생(前生)을 이르는 말. 전세(前世).
숙소(宿所)[-쏘]명하자 (주로 객지에서) 머물러 묵는 곳.
숙소(熟素)[-쏘]명 〈숙소갑사〉의 준말.
숙소-갑사(熟素甲紗)[-쏘-싸]명 누인 명주실로 짠 갑사. 준숙갑사·숙소.
숙속지문(菽粟之文)[-쏙찌-]명 〔콩과 조처럼 늘 먹는 곡류와 같이 평범한 글이라는 뜻으로〕 일반 사람들이 두루 알 수 있는 쉬운 글.
숙수(菽水)[-쑤]명 〔콩과 물이라는 뜻으로〕 '변변하지 못한 음식'을 이르는 말.
숙수(熟手)[-쑤]명 ①솜씨가 좋은 사람. ②잔치 따위의 큰일에 음식을 만드는 사람, 또는 그 일을 업으로 하는 사람.
숙수(熟睡)[-쑤]명하자 깊이 잠, 또는 깊이 든 잠. 숙면(熟眠). 비단잠.
숙수-간(熟手間)[-쑤깐]명 ☞숙설간(熟設間).
숙수그레-하다[-쑤-]형여 어떤 물건들의 크기가 별로 차이 나지 않고 그만그만하게 고르다. ¶ 감자를 숙수그레한 것으로 골라 바구니에 담았다. 센쑥수그레하다.
숙-수단(熟手段)[-쑤-]명 익숙한 수단.
숙수-방(熟手房)[-쑤빵]명 ☞숙설간.
숙수지공(菽水之供)[-쑤-]명 〔콩과 물로 드리는 공이라는 뜻으로〕 가난 속에서도 부모를 정성껏 잘 섬기는 일.
숙숙(肅肅) '숙숙하다'의 어근.
숙숙-하다(肅肅-)[-쑤카-]형여 고요하고 엄숙하다. 숙숙-히부.
숙습(宿習)[-씁]명 ①예로부터의 풍습. ②불교에서 이르는, 전세(前世)로부터의 습관.
숙습(熟習)[-씁]명 ①익숙하여, 몸에 밴 습관. ②하타익숙하게 익힘.
숙습-난당(熟習難當)[-씀-]명 무슨 일에나 익숙한 사람에게는 당해 내지 못함.
숙습-난방(熟習難防)[-씀-]명 몸에 밴 습관은 고치기 어려움.
숙시(熟枾)[-씨]명 나무에 달린 채 익어 무른 감.
숙시(熟視)[-씨]명하타 눈여겨봄. ¶ 사태를 숙시하다.

숙시숙비(孰是孰非) [-씨-삐] 명 누가 옳고 누가 그른지 가리기 어려움. 시비가 분명하지 아니함.

숙시-주의(熟柿主義) [-씨-의/-씨-이] 명 잘 익은 감이 저절로 떨어지기를 기다리듯, '때가 오기를 느긋이 기다리는 주의나 태도'를 비유하여 이르는 말.

숙식(宿食) [-씩] 명 ①먹은 뒤 밤이 지나도 삭지 않는 음식. ②하자 (남의 집이나 숙박 시설 등에서) 잠을 자고 끼니를 먹음, 또는 그 일. 침식(寢食). ¶ 숙식을 제공하다.

숙식(熟識) [-씩] 명 ①하타 잘 앎. ②친한 벗.

숙실(熟悉) [-씰] 명하타 (어떤 사정이나 상대의 의사 따위를) 충분히 앎.

숙-실과(熟實果) [-씰-] 명 밤이나 대추를 곱게 다지거나 삶은 다음, 꿀에 조리거나 섞어 빚어서 잣가루를 묻힌 음식. 준숙과(熟果).

숙씨(叔氏) 명 남의 형제 중 셋째 되는 이를 높이어 일컫는 말. 참백씨(伯氏)·중씨(仲氏).

숙아(宿痾·宿疴) 명 ☞숙병(宿病).

숙악(宿惡) 명 ①이전에 저지른 악행. 구악(舊惡). ②전생(前生)에 저지른 악행.

숙악(宿萼) 명 꽃잎이 진 뒤에도 남아 있는 꽃받침. 〔완두·감 따위의 꽃받침.〕

숙안(宿案) 명 미리부터 생각해 둔 안.

숙야(夙夜) 명 이른 아침과 늦은 밤. 이른 아침부터 늦은 밤까지. 하루 종일. ¶ 숙야 면학에 전념하다.

숙약(宿約) 명 오래전에 한 약속.

숙어(熟語) 명 ①둘 이상의 낱말이 합쳐져 구문상(構文上) 하나의 낱말과 같은 구실을 하는 말. ②관용적으로 쓰이어 특별한 뜻을 나타내는 성구(成句). 성어(成語). 익은말.

숙어-지다 자 ①앞으로 기울어지다. ¶ 고개가 저절로 숙어지다. ②기운이 줄어들다. ¶ 환자의 병세가 한결 숙어졌다.

숙업(宿業) 명 전생(前生)에 지은 업인(業因).

숙연(宿緣) 명 숙세(宿世)의 인연.

숙연(肅然) '숙연하다'의 어근.

숙연-하다(肅然-) 형여 고요하고 엄숙하다. ¶ 숙연한 분위기. **숙연-히** 부 ¶ 숙연히 머리 숙여 고인의 명복을 빌다.

숙영(宿營) 명하자 군대가 병영을 떠나 다른 곳에서 숙박함.

숙영낭자-전(淑英娘子傳) 명 작자 미상의 고대 소설. 못다 이루고 죽은 사랑을, 다시 살아나서 이루게 되었다는 내용. 〔'숙향전(淑香傳)'이나 '춘향전'과 비슷한 체재로 된 한글 소설로, 일명 '재생연(再生緣)'.〕

숙오(夙悟) '숙오하다'의 어근.

숙오-하다(夙悟-) 형여 어린데도 매우 영리하다. 숙성하여 영리하다.

숙용(淑容) 명 조선 시대, 종삼품인 내명부의 칭호.

숙우(宿雨) 명 ①간밤부터 시작하여 계속 내리는 비. ②연일 내리는 비.

숙원(宿怨·夙怨) 명 오래 묵은 원한. ¶ 숙원을 풀다.

숙원(宿願) 명 오래 전부터 바라던 소원. ¶ 숙원이었던 사업.

숙원(淑媛) 명 조선 시대, 종사품인 내명부의 칭호.

숙유(宿儒) 명 학식과 덕망이 높은 선비.

숙육(熟肉) 명 〈수육〉의 본딧말.

숙은(肅恩) 명하자 은혜에 정중히 사례함. 숙사.

숙의(淑儀) [수긔/수기] 명 조선 시대, 종이품인 내명부의 칭호.

숙의(熟議) [수긔/수기] 명하타 충분히 의논함. ¶ 숙의를 거듭하여 결론을 내다.

숙-이다 타 〖'숙다'의 사동〗 숙게 하다. ¶ 머리 숙여 용서를 빌다.

숙인(淑人) 명 조선 시대, 정삼품 당하관과 종삼품 문무관의 아내인 외명부의 칭호.

숙인(宿因) 명 자주 대하여 친하게 지내는 사람.

숙자(淑姿) [-짜] 명 (여자의) 덕스러운 자태.

숙자(熟字) [-짜] 명 한자(漢字)에서, 둘 이상의 글자가 합쳐져 하나의 뜻을 나타내는 글자. 〔명(明) 삼(森) 따위.〕

숙잠(熟蠶) [-짬] 명 자랄 만큼 다 자라서 고치를 지으려고 하는 누에.

숙장(宿將) [-짱] 명 경험과 공훈이 많고 군사(軍事)에 노련한 장수.

숙-장아찌(熟-) [-짱-] 명 잘게 썬 무·두부·다시마 따위에 쇠고기를 넣고 간장에 조린 다음, 갖은 양념을 한 반찬.

숙적(宿敵) [-쩍] 명 오래전부터의 원수 또는 적수(敵手). ¶ 숙적을 물리치다.

숙전(熟田) [-쩐] 명 해마다 농사짓는 밭.

숙정(肅正) [-쩡] 명하타 엄하게 다스려 바로잡음. ¶ 군기 숙정./부조리를 숙정하다.

숙정(肅靜) '숙정하다'의 어근.

숙정-문(肅靖門) [-쩡-] 명 조선 태조 4(1395)년에 세운, 서울의 북쪽 정문.

숙정-하다(肅靜-) [-쩡-] 형여 엄숙하고 고요하다. ¶ 분위기가 숙정하다.

숙제(宿題) [-쩨] 명 ①(학생에게) 내어 주는 과제. ②앞으로 두고 해결해야 할 문제. ¶ 공해 문제가 큰 숙제로 남아 있다.

숙족(熟足) [-쪽] 명 삶아 익힌 소의 족(足).

숙죄(宿罪) [-쬐/-쮀] 명 전생(前生)에 지은 죄.

숙주 [-쭈] 명 〈숙주나물〉의 준말.

숙주(宿主) [-쭈] 명 기생(寄生) 생물이 기생하는 대상으로 삼는 생물. 기주(寄主). ¶ 중간 숙주.

숙주(熟紬) [-쭈] 명 누인 명주실로 짠 깁.

숙주-나물 [-쭈-] 명 ①녹두를 물에 불리어 싹을 낸 나물. 준숙주. ②숙주를 데쳐서 양념하여 만든 반찬.

숙지(宿志·夙志) [-찌] 명 오래전부터 품은 뜻. ¶ 숙지를 이루다.

숙지(熟知) [-찌] 명하타 충분히 잘 앎. 익히 앎. ¶ 지침을 숙지하다.

숙지근-하다 [-찌-] 형여 (맹렬하던 형세가) 줄어져서 약하다. ¶ 더위도 한결 숙지근해졌다.

숙-지다 [-찌-] 자 (어떤 현상이나 기세 따위가) 차차 줄어지다. ¶ 나이가 들자 성미도 숙졌다.

숙-지황(熟地黃) [-찌-] 명 한방에서, '생지황을 술에 담갔다가 여러 번 찐 것'을 약재로 이르는 말. 보혈·강장제로 씀. 숙하(熟芐). 참생지황.

숙직(宿直) [-찍] 명하자 직장에서, 밤에 숙박하며 건물이나 시설 따위를 지키는 일, 또는 그 사람. 상직(上直). 참일직(日直).

숙직-실(宿直室) [-찍씰] 명 숙직하는 사람이 (번갈아 가며) 자는 방.

숙직-원(宿直員) [-찌권] 명 숙직하는 사람.

숙질(叔姪) [-찔] 명 아저씨와 조카.

숙질(宿疾) [-찔] 명 ☞숙병(宿病).

숙질-간(叔姪間) [-찔-] 명 아저씨와 조카 사이.

숙찰(熟察) 명하타 자세히 살핌.

숙채(宿債) 명 오래 묵은 빚.

숙채(熟菜) 명 익혀서 만드는 나물.

숙철(熟鐵) 명 ☞시우쇠.

숙청(淑淸) '숙청하다'의 어근.

숙청(肅淸)명하타되자 ①엄하게 다스려 잘못된 것을 모두 치워 없앰. ②(독재 국가 따위에서) 반대파를 모두 제거하는 일.
숙청(熟淸)명 찌끼를 없앤 꿀. 참생청(生淸).
숙청-하다(淑淸-)형여 성품과 행실이 정숙하고 깨끗하다.
숙체(宿滯)명 묵은 체증.
숙초(熟綃)명 누인 명주실로 짠 사(紗).
숙취(宿醉)명 다음 날까지 깨지 않는 취기.
숙친(熟親)명하형 정분이 매우 두터움.
숙폐(宿弊)[-폐/-페]명 오래전부터의 폐단.
숙피(熟皮)명 다루어서 만든 가죽. 다룸가죽.
숙하(熟苄)[수카]명 ☞숙지황(熟地黃).
숙항(叔行)[수캉]명 아저씨뻘의 항렬.
숙혐(宿嫌)[수켬]명 오래된 미움, 또는 혐의.
숙호충비(宿虎衝鼻)[수코-]명 〔자는 범의 코를 찌른다는 뜻으로〕'화(禍)를 스스로 불러들이는 일'을 비유하여 이르는 말.
숙환(宿患)[수콴]명 오래된 병환. 숙병(宿病). ¶ 할머니께서 숙환으로 돌아가셨다.
숙황(熟荒)[수쾅]명하자 풍년으로 쌀 값이 내려 농민이 도리어 곤궁해지는 일.
숙황-장(熟黃醬)[수쾅-]명 볶은 콩과 밀가루로 메주를 쑤어 담근 장.
숙흥-야매(夙興夜寐)[수킁냐-]명하자 〔아침 일찍 일어나고 밤늦게 잔다는 뜻으로〕'밤낮으로 열심히 일함'을 이르는 말.
순부 《주로 부정적인 뜻을 지닌 말 앞에 쓰이어》 아주. 몹시. ¶ 알고 봤더니 순 엉터리다.
순(旬)명 한 달을 셋으로 나눈 열흘 동안. ¶ 겨울이 온 지도 벌써 삼사 순이 지났다.
순(巡)명 ①〈순행(巡行)〉의 준말. ¶ 순을 돌다. ②돌아오는 차례. ③〖의존 명사적 용법〗 활쏘기에서, 사람마다 화살 다섯 대씩을 쏘는 한 차례. ¶ 두 순을 쏘다.
순(筍·笋)명 나뭇가지나 풀의 줄기가 될, 길게 돋은 싹. ¶ 고사리 순. /순을 치다.
순(純)관 순전한. 틀림없는. ¶ 순 살코기. /순 제주도 토박이.
-순(旬)접미 《수사 뒤에 붙어》 '해당 수에 십을 곱한 나이'를 나타냄. ¶ 육순. /칠순.
-순(順)접미 일부 명사 뒤에 붙어, 그러한 차례임을 나타냄. ¶ 나이순. /발표순. /선착순. /성적순. /가나다순.
순각(楯桷)명 폿집의 불벽(佛壁)과 첨차(檐遮) 사이나 첨차와 첨차 사이를 막는 널빤지.
순각^반자(楯桷-)[-빤-]명 반자틀에다 상사를 치고, 반자 구멍에 낀 널조각. 〔대개, 마루의 반자에 함.〕
순간(旬刊)명하타 열흘마다 펴냄, 또는 그 간행물. ¶ 순간 잡지.
순간(旬間)명 ①음력 초열흘께. ②열흘 동안.
순간(瞬間)명 눈 깜짝할 사이. 잠깐 동안. 찰나. ¶ 한 순간에 일어난 사고.
순간-적(瞬間的)관명 눈 깜짝할 만큼의 짧은 사이에 있는 (것). ¶ 순간적 재치. /순간적으로 발생한 사고.
순간^풍속(瞬間風速)명 (평균 풍속에 대하여) 어떤 시각에 있어서의 풍속.
순강(巡講)명하자 여러 곳으로 돌아다니며 강연함, 또는 그 강연.
순검(巡檢)명 ①하타순찰하며 점검함. ②하타조선 시대에, 순청(巡廳)에서 맡은 구역 안을 돌며 통행을 감시하던 일. ③조선 후기에, 경무청에 딸렸던 하급 관리. 지금의 순경에 해당함.
순검-막(巡檢幕)명 순검이 일을 보던 조그마한 막. 오늘날의 파출소에 해당함.
순견(純絹)명 순 명주실로만 짠 명주. 본견(本絹).
순결(純潔)명하형 ①(잡된 것이 없이) 순수하고 깨끗함. ¶ 순결한 사랑. ②(이성과의 성적인 관계가 없이) 마음과 몸이 깨끗함. ¶ 순결을 지키다. **순결-히**부.
순결^교:육(純潔教育)명 성에 대한 올바른 지식과 건전한 이해를 기르기 위한 교육. 참성교육.
순결무구(純潔無垢) '순결무구하다'의 어근.
순결무구-하다(純潔無垢-)형여 마음과 몸이 아주 깨끗하여 조금도 더러운 티가 없다. ¶ 순결무구한 아이의 눈.
순경(巡更)명하자 지난날, 밤에 도둑이나 화재 따위를 경계하기 위하여 순찰을 돌던 일.
순경(巡警)명 ①하타여러 곳을 다니며 살핌. ②경찰 공무원 계급의 한 가지. 경장의 아래.
순:경(順境)명 환경이 좋거나 하여, 마음먹은 일이 뜻대로 잘되어 가는 경우. ↔역경(逆境).
순경-음(脣輕音)명 입술을 가볍게 스쳐 나오는 소리로, 'ㅁ·ㅂ·ㅍ·ㅃ'에 'ㅇ'을 더하여 만든 글자 'ㅱ·ㅸ·ㆄ·ㅹ'의 소리를 이름. 〔주로, 훈민정음 제정 당시의 한자음 표기에 쓰이다가 15세기 중엽에 없어짐.〕
순경음^미음(脣輕音-)명 한글의 옛 자모 'ㅱ'의 이름.
순경음^비읍(脣輕音-)명 한글의 옛 자모 'ㅸ'의 이름.
순경음^쌍비읍(脣輕音雙-)명 한글의 옛 자모 'ㅹ'의 이름.
순경음^피읖(脣輕音-)[-읍]명 한글의 옛 자모 'ㆄ'의 이름.
순계(純計)[-계/-게]명 (예산 따위의 집계에서) 두 항목에 겹쳐진 것을 뺀, 순수한 것의 총계. ¶ 순계 예산(豫算).
순계(純系)[-계/-게]명 같은 유전 형질을 가진 것끼리만 생식을 계속하여 얻는, 동일한 형질의 계통. 순종(純種).
순계^분리(純系分離)[-계불-/-게불-]명 농작물이나 가축 따위의 품종 개량법의 한 가지. 유전적으로 불순한 생물의 한 품종으로부터 순계를 골라내는 일.
순고(淳古) '순고하다'의 어근.
순고-하다(淳古-)형여 옛사람같이 순박하다.
순공(殉公)명하자 국가나 사회를 위해 자기 자신을 희생함.
순교(殉教)명하자 (자기가 믿는) 종교를 위하여 목숨을 바침.
순교-자(殉教者)명 순교한 사람.
순국(殉國)명하자 나라를 위해 목숨을 바침.
순국-선열(殉國先烈)[-써녈]명 나라를 위해 목숨을 바친 열사. 애국선열.
순:귀(順歸)명하자 돌아옴, 또는 돌아감.
순:귀-마(順歸馬)명 돌아오는 인편에 오는 말.
순:귀-편(順歸便)명 돌아오는 인편. 준순편1.
순근(醇謹) '순근하다'의 어근.
순근-하다(醇謹-)형여 성품이 어질고 조심성이 있다.
순금(純金)명 불순물이 섞이지 않은 순수한 황금. 정금(正金).
순:기(順氣)명 ①풍작이 예상되는 순조로운 기후. ②도리에 맞는 바른 기상. ③순조로운 기분. ④하자기후에 순응함. ⑤한방에서, 기운을 고르게 함을 이르는 말.

순ː-기능(順機能)명 (원래의 목적에 맞게 작용하는) 바람직한 기능. ↔역기능.
순난(殉難)명하자 종교나 사회적인 재난으로 목숨을 희생함.
순년(旬年)명 십 년.
순-담배(筍-)명 담배의 순을 따서 말린 담배.
순당(順當) '순당하다'의 어근.
순ː당-하다(順當-)형여 도리상 당연하다. 마땅히 그리하여야 하다.
순대명 돼지의 창자 속에 쌀·두부·파·숙주나물·표고버섯 따위를 양념하여 이겨서 넣고 끝을 동여 삶아 익힌 음식.
순댓-국[-대꾹/-댇꾹]명 돼지를 삶은 국물에 순대를 썰어 넣고 끓인 국.
순도(純度)명 물질의 순수한 정도.
순도(殉道)명하자 도덕이나 도의 등을 위하여 목숨을 바침.
순동(純銅)명 불순물이 섞이지 않은 순수한 구리.
순ː-되다(順-)[-뙤-/-뛔-]형 (사람됨이) 착하고 순진하다. 순실(純實)하다.
순두(脣頭)명 입술 끝.
순-두부(-豆腐)명 눌러서 굳히지 않은 두부. 수두부(水豆腐).
순라(巡邏)[술-]명 ①〈순라군(巡邏軍)〉의 준말. ②〈술래〉의 본딧말.
순라-군(巡邏軍)[술-]명 조선 시대에, 도둑이나 화재 따위를 경계하기 위해 밤에 사람의 통행을 금하고 순찰을 돌던 군졸. 졸경군(卒更軍). 준순라.
순람(巡覽)[술-]명하타 여러 곳으로 돌아다니며 보는 일. ¶ 전국의 사찰을 순람하다.
순량(純良·醇良) '순량(純良·醇良)하다'의 어근.
순량(純量)[술-]명 물건의 전체 무게에서 그릇이나 포장물 등의 무게를 뺀, 순수한 알맹이만의 무게.
순량(淳良) '순량(淳良)하다'의 어근.
순량(循良)[술-]명 〔법을 지키고 백성을 잘 다스린다는 뜻으로〕 '수령의 어진 정사'를 이르는 말.
순량(順良) '순량(順良)하다'의 어근.
순량(馴良) '순량(馴良)하다'의 어근.
순량-하다(純良-·醇良-)[술-]형여 순진하고 선량하다.
순량-하다(淳良-)[술-]형여 성질이 순박하고 선량하다. ¶ 순량한 시골 총각.
순ː량-하다(順良-)[술-]형여 온순하고 선량하다. ¶ 순량한 마음.
순량-하다(馴良-)[술-]형여 (짐승이) 길이 잘 들어서 아주 온순하다.
순력(巡歷)[술-]명하타 ①각처로 두루 돌아다님. ②조선 시대에, 감사(監司)가 도내의 각 고을을 순회하던 일.
순령-수(巡令手)[술-]명 조선 시대에, 대장의 전령과 호위를 맡으며, 순시기(巡視旗)나 영기(令旗)를 들던 군사.
순례(巡禮)[술-]명하타 (종교상의 여러 성지나 영지 등을) 차례로 찾아다니며 참배함. ¶ 성지(聖地) 순례.
순례(循例)[술-]명하자 관례를 따름.
순ː로(順路)[술-]명 ①평탄한 길. ②(사물의) 당연하고 옳은 길. ↔역로(逆路).
순록(馴鹿)[술-]명 사슴과의 짐승. 키 1~1.4 m, 몸길이 1.2~1.8 m. 사슴과 비슷하나 더 크고 억셈. 여름털은 암갈색, 겨울털은 갈색. 암수 모두 뿔이 있고 코와 목 밑이 긴 털로 덮였음. 썰매를 끌게 하는 외에 모피용·육용 등으로 쓰임. 북극권에 분포함.
순ː류(順流)[술-]명하자 ①물이 아래로 흐름. ②물이 흐르는 쪽으로 좇음. ↔역류(逆流).
순리(殉利)[술-]명하자 이익만을 바라다가 몸을 망침.
순리(純利)[술-]명 〈순이익〉의 준말. 순익(純益).
순리(純理)[술-]명 순수한 학문의 원리 또는 이론.
순리(循吏)[술-]명 법을 잘 지키며 직무에 충실한 관리.
순ː리(順理)[술-]명 ①하자 도리에 순종함. ②마땅한 도리나 이치. ¶ 순리대로 살다.
순ː리-롭다(順理-)[술-따][~로우니·~로워]형ㅂ 무리가 없고 도리에 맞다. ¶ 일이 순리롭게 잘 풀려 가다.
순ː리-적(順理的)[술-]관명 (억지나 무리가 없이) 마땅한 도리나 이치에 순순히 따르는 (것). ¶ 순리적 행동. /순리적으로 처리하다.
순막(瞬膜)명 가오리·개구리 등 일부 척추동물의 눈꺼풀 안쪽에 있는 반투명의 막. 〔눈을 감게 하는 구실을 함.〕
순망(旬望)명 음력 초열흘과 보름.
순망-간(旬望間)명 음력 초열흘날로부터 보름까지의 동안.
순망치한(脣亡齒寒)명 〔입술이 없으면 이가 시리다는 뜻으로〕 '이해관계가 서로 밀접하여 한쪽이 망하면 다른 한쪽도 보전하기 어려움'을 비유하여 이르는 말.
순면(純綿)명 무명실만으로 짠 직물.
순모(純毛)명 다른 것이 섞이지 않은 순수한 모직물이나 털실.
순-무명 십자화과의 일년초 또는 이년초. 무의 한 가지로 뿌리는 둥글거나 길쭉하며, 빛깔은 백색·적색·자색임. 각지에서 재배하며, 잎과 뿌리를 채소로 먹음. 만청(蔓菁).
순무(巡撫)명하타 여러 곳을 돌아다니면서 백성을 위무함.
순무-사(巡撫使)명 ①고려 시대에, 백성의 어려움과 수령의 잘잘못을 살피던 외관직. ②조선 시대에, 전시나 지방에 반란이 일어났을 때, 군무를 맡아보던 임시 벼슬.
순무-어사(巡撫御使)명 조선 시대에, 지방에 변란이나 재해가 있을 때, 왕명을 받들고 순행하여 난을 진정시키고 백성을 위무하던 특사.
순문(詢問)명하타 ☞하순(下詢).
순-문학(純文學)명 ☞순수 문학.
순-물명 순두부를 누를 때 나오는 물.
순미(純味)명 다른 맛이 조금도 섞이지 않은 순수한 맛.
순미(純美)명하형 순수하고 아름다움, 또는 순수한 아름다움.
순미(醇味)명 지닌 그대로의 순수하고 진한 맛.
순ː민(順民)명 순량한 백성.
순ː-민심(順民心)명하자 민심에 순응함.
순박(淳朴·淳樸·醇朴) '순박하다'의 어근.
순박-하다(淳朴-·淳樸-·醇朴-)[-바카-]형여 순량하고 꾸밈이 없다. ¶ 순박한 시골 처녀.
순발-력(瞬發力)명 (외부의 자극에 따라) 순간적으로 빨리 몸을 움직일 수 있는 능력. ¶ 순발력이 뛰어난 선수.
순발-신관(瞬發信管)명 작은 충격에도 곧 발화하는 신관.
순방(巡房)명하자 방마다 차례로 돌아봄.
순방(巡訪)명하타 차례로 방문함.

순배(巡杯)명하자 술잔을 차례로 돌림, 또는 그 술잔. 주순(酒巡). ¶ 술이 두어 순배 돌다.
순백(純白·醇白)명하형 ①(마음이) 티 없이 깨끗함. 정백(精白). ②〈순백색〉의 준말.
순-백색(純白色)[-쌕]명 아주 흰 빛. 새하얀 빛. 준순백.
순ː번(順番)명 차례로 돌아오는 번, 또는 그 순서. ¶ 순번을 기다리다.
순보(旬報)명 ①열흘마다의 보도 또는 보고. ②열흘에 한 번씩 발간하는 신문이나 잡지.
순ː복(順服)명하자 순순히 잘 따름.
순복(馴服)명하자 길들어서 잘 복종함.
순ː부(順付)명하타 돌아오는 인편에 부침.
순분(純分)명 금화·은화 또는 지금(地金)에 함유된 순금이나 순은의 분량.
순분^공차(純分公差)명 법정 화폐의 순분과 실제 주조 화폐의 순분과의 차.
순-뽕(筍-)명 새순이 돋아서 핀 연한 뽕잎.
순사(巡使)명 〈순찰사〉의 준말.
순사(巡査)명 일제 강점기, 경찰관의 가장 낮은 계급. 〔지금의 순경에 해당함.〕
순사(殉死)명하자 ①나라를 위해 스스로 목숨을 버림. ¶ 순사한 애국지사. ②왕이나 남편의 뒤를 따라 죽음. 순절(殉節).
순삭(旬朔)명 초열흘과 초하루.
순산(巡山)명하자 산림을 돌아보고 살핌.
순ː산(順産)명하타 아무 탈 없이 아이를 낳음. 안산(安産). ↔난산(難産).
순ː상(順喪)명 늙은 사람이 젊은 사람보다 먼저 죽는 일. ↔악상(惡喪).
순상-엽(楯狀葉)명 방패 모양의 잎. 〔연(蓮)·순채 따위의 잎.〕
순상-지(楯狀地)명 대륙 지각 가운데서 매우 오랜 지층인 지역. 선캄브리아대의 것으로, 완만한 경사지로 되어 있음.
순상^화ː산(楯狀火山)명 점도(粘度)가 작은 용암이 여러 번 분출하여, 방패를 엎어 놓은 듯이 넓고 완만한 경사를 이룬 화산. 아스피테.
순색(純色)명 순수한 빛깔. 어떤 색상 중에서 채도가 가장 높은 색.
순ː생-보(順生報)명 불교에서 이르는 삼보의 하나. 현세에서 지은 선악에 의하여 내생에서 받는 과보(果報). 순생업(順生業).
순ː생-업(順生業)명 ☞순생보(順生報).
순ː서(順序)명 정하여져 있는 차례. 윤서(倫序). 차서(次序). ¶ 순서를 지키다.
순ː서-도(順序圖)명 컴퓨터에서, 프로그램의 작성 순서를 기호로 도식화한 것.
순석(巡錫)명하자 〔석장(錫杖)을 들고 순행한다는 뜻으로〕 중이 각지를 돌아다니며 수행하거나 도를 펴는 일.
순선(脣腺)명 사람이나 파충류 따위의 입술 점막(粘膜)에 있는, 점액을 분비하는 샘.
순설(脣舌)명 ①입술과 혀. ②'수다'를 비유하여 이르는 말.
순성(巡城)명하자 ①성벽 주위를 돌며 경계함. ②성을 두루 돌아다니며 구경함.
순성(脣聲)명 ☞순음(脣音).
순ː성(順成)명하타 아무 탈 없이 순조롭게 잘 이룸.
순성(馴性)명 ①사람을 잘 따르는 짐승의 성질. ②남이 이르는 대로 잘 따르는 성질.
순-소득(純所得)명 총소득에서 비용을 뺀 나머지인 순수한 소득.
순속(淳俗)명 순박한 풍속. 순풍(淳風).
순수(巡狩)명하타 지난날, 임금이 나라 안을 두루 돌아다니며 살피던 일. 순행(巡幸).
순수(純粹)명하형 ①다른 것이 조금도 섞임이 없음. ¶ 순수한 수정. ②(마음에) 딴 생각이나 그릇된 욕심이 전혀 없음. ¶ 순수한 사랑.
순수^개ː념(純粹槪念)명 칸트 철학에서, 경험에 바탕을 둔 것이 아닌, 오성(悟性)에서 나온 개념을 이르는 말.
순수^경제학(純粹經濟學)명 외적 요인을 배제하고, 순수한 경제적 현상만을 추출하여 연구하는 이론 경제학.
순수^경험(純粹經驗)명 어떤 매개도 지배도 없이 직접적으로 주어진, 사유(思惟) 이전의 가장 근원적인 경험.
순수^문학(純粹文學)명 순수한 예술적 욕구에 입각하여 인간 탐구를 통한 가치 구현을 추구하는 문학. 순문학. 참대중 문학.
순수^배ː양(純粹培養)명 세균 따위를 한 종류만 순수하게 분리하여 배양하는 일.
순수^법학(純粹法學)[-버팍]명 법학의 임무를 실정법의 처지에서가 아니라, 법 그 자체의 논리적 구조를 밝히는 데 있다고 보는 법학.
순수-비(巡狩碑)명 임금이 순수(巡狩)한 것을 기념하여 그곳에 세운 비석. ¶ 진흥왕 순수비.
순수-시(純粹詩)명 역사·도덕·철학 등 산문적인 요소를 배제하고, 순수하게 정서를 자극하는 표현적 기능을 중시하는 시. 참목적시.
순수^의ː식(純粹意識)명 경험의 지배를 받지 않는 선험적(先驗的) 의식.
순수^이ː성(純粹理性)명 칸트 철학에서, 경험에 앞서, 사물을 선천적으로 인식하는 능력을 이르는 말. ↔실천 이성.
순숙(純熟)명하자 완전히 익음.
순순(順順) '순순(順順)하다'의 어근.
순순(諄諄) '순순(諄諄)하다'의 어근.
순ː순-하다(順順-)형여 ①(태도가) 고분고분하고 온순하다. ¶ 순순하게 항복하다. ②(음식 맛이) 부드럽다. ¶ 환자에게는 순순한 음식이 좋다. 순순-히부 ¶ 묻는 대로 순순히 대답하다.
순순-하다(諄諄-)형여 (타이르는 태도가) 찬찬하고 곡진하다. 순순-히부.
순순환^소ː수(純循環小數)명 소수점 아래의 모든 숫자가 순환 마디인 순환 소수. 〔0.232323… 따위.〕 참혼순환 소수.
순시(巡視)명하타 돌아다니며 살펴봄, 또는 그러한 사람. ¶ 각 부서를 순시하다.
순시(瞬時)명 아주 짧은 시간. 삽시간.
순식(瞬息) Ⅰ명 〈순식간〉의 준말.
Ⅱ수관 수유(須臾)의 10분의 1, 탄지(彈指)의 10배가 되는 수(의). 곧, 10^{-16}.
순식-간(瞬息間)[-깐]명 극히 짧은 동안. ¶ 순식간에 불이 번지다. 준순식.
순실(純實) '순실(純實)하다'의 어근.
순실(淳實) '순실(淳實)하다'의 어근.
순실-하다(純實-)형여 순수하고 참되다.
순실-하다(淳實-)형여 순박하고 참되다.
순안(巡按)명하타 순행하며 안찰(按察)함. 곧, 두루 돌아다니며 살피고 조사함.
순애(純愛)명 순결한 사랑. 순수한 사랑.
순애(殉愛)명하자 사랑을 위해 목숨을 바침.
순양(巡洋)명하타 해양을 순찰함. ¶ 난파선이 순양 중인 함정에 의해 구출되다.
순양(純陽)명 ①순연(純然)한 양기(陽氣). ②숫총각의 양기(陽氣). ↔순음(純陰).
순양(馴養)명하타 길들여서 기름. 순육(馴育).

순양-함(巡洋艦)명 군함의 한 가지. 전함과 구축함의 중간 함종(艦種)으로, 정찰·경계·공격 등의 여러 업무를 수행함.
순업(巡業)명하타 (극단이나 곡마단 따위가) 여러 곳으로 돌아다니며 흥행함.
순여(旬餘)명 열흘 남짓한 동안.
순ː-역(順逆)명 ①순종(順從)과 거역(拒逆). ②순리(順理)와 역리(逆理).
순연(巡演)명하타 순회하면서 공연함. 순회공연. ¶ 전국을 돌며 순연하던 극단이 우리 고장에도 왔다.
순연(純然) '순연하다'의 어근.
순ː연(順延)명하타되자 (기일을) 차례로 늦춤. ¶ 우천으로 일정을 순연하다.
순ː연(順緣)명 ①늙은 사람부터 차례로 죽는 일. ②불교에서, 선행이 불도에 드는 인연이 되는 일.
순연-하다(純然-)형여 다른 것이 섞임이 없이 온전하다. ¶ 순연한 물. **순연-히**부.
순열(巡閱)명하타 돌아다니며 검열함.
순열(殉烈)명하자 충렬을 위하여 목숨을 바침, 또는 그러한 사람.
순ː열(順列)명 ①차례대로 늘어놓는 일. ②수학에서, 주어진 여러 개의 사물 중에서 일정한 개수의 것을 취하여, 일정한 순서로 배열하는 방법.
순오-지(旬五志)명 조선 효종 때, 홍만종(洪萬宗)이 지은 책. 정철(鄭澈)·송순(宋純)의 시가와 중국의 '서유기'에 대하여 평하고, 130여 종의 속담을 부록으로 실었음.
순월(旬月)명 열흘이나 한 달가량.
순ː위(順位)명 어떤 기준에 의한 순번에 따라 정해진 위치나 지위. ¶ 득표 순위.
순유(巡遊)명하자 여러 곳으로 돌아다니며 유람함. 역유(歷遊).
순육(馴育)명하타 ☞순양(馴養).
순은(純銀)명 불순물이 섞이지 않은 순수한 은. 정은(正銀).
순음(純音)명 ☞단순음(單純音).
순음(純陰)명 ①순연(純然)한 음기(陰氣). ②숫처녀의 음기. ↔순양(純陽).
순음(脣音)명 자음의 한 갈래. 두 입술 사이에서 내는 소리. ['ㅂ·ㅃ·ㅍ·ㅁ' 따위.] 입술소리. 순성(脣聲). 양순음(兩脣音).
순ː응(順應)명하자 ①순순히 응함. ②환경에 맞추어 적응함. ¶ 자연에 순응하다. ③외계의 자극에 따라 생물체의 감각 작용이나 감도가 변화하는 일.
순의(殉義)[수늬/수니]명하자 의(義)를 위하여 죽음.
순-이익(純利益)[-니-]명 모든 경비를 빼고 남은 순전한 이익. ㊟순리(純利)·순익.
순익(純益)명 〈순이익〉의 준말. 순리(純利).
순익-금(純益金)[-끔]명 순이익의 돈.
순ː인(順人)명 조선 시대, 외명부의 한 품계. 정육품인 종친의 아내의 칭호.
순일(旬日)명 ①음력 초열흘. ②열흘 동안.
순일(純一) '순일하다'의 어근.
순일-하다(純一-)형여 다른 것이 섞이지 않고 순수하다. ¶ 예술을 위한 순일한 열정.
순-잎(筍-)[-닙]명 순이 올라와 편 잎. *순잎이[-니피]·순잎만[-님-]
순장(旬葬)명 죽은 지 열흘 만에 지내는 장사.
순장(殉葬)명하타되자 고대 국가에서, 왕이나 귀족이 죽었을 때, 신하나 종 등을 함께 매장하던 일.
순ː장-바둑(順將-)명 우리나라 고유의 바둑. 화점에 흑돌과 백돌을 대칭적으로 각기 8개씩 미리 놓고 두기 시작함.
순적-백성(舜-百姓)[-쩍빽썽]명 〔순임금 때의 백성이라는 뜻으로〕 '어질고 착한 백성'을 이르는 말.
순-전(-前)명 개자리 앞.
순전(旬前)명 음력 초열흘 전.
순전(純全) '순전하다'의 어근.
순ː전(順轉)명하자 (바람이) 올바른 방향으로 옮아가는 일. 〔저기압 통과 전후의 기상 상태로 지구의 자전에 따른 현상임.〕
순전-하다(純全-)형여 순수하고 완전하다. 《주로, '순전한'의 꼴로 쓰임.》 ¶ 순전한 거짓말. /순전한 오해. /순전한 법률 문제. **순전-히**부.
순절(殉節)명하자 ☞순사(殉死).
순ː접(順接)명 두 문장 또는 구의 접속 방법의 한 가지. 앞뒤 문장의 내용이 서로 맞서지 않고 순편하게 이어지는 접속 관계. 〔'그리고·그래서·그러므로' 따위로 이어지는 관계.〕 ↔역접(逆接).
순정(純正)명 ①하형순수하고 올바름. ②학문에서, 이론을 주로 하고, 응용이나 실용적인 면은 생각지 않는 일. ¶ 순정 과학.
순정(純情)명 순수하고 사심이 없는 감정.
순정(順正) '순정하다'의 어근.
순정-률(純正律)[-뉼]명 이론적으로 순수한 협화음을 바탕으로 해서 찾아 낸 음으로 구성되는 음 조직. 순정조(純正調).
순정-조(純正調)[-쪼]명 ☞순정률(純正律).
순ː정-하다(順正-)형여 도리를 좇아 올바르다.
순제(旬製)명 〔조선 시대에〕 ①열흘마다 성균관의 유생에게 보이던 시문의 시험. ②열흘마다 승문원의 벼슬아치에게 보이던 이문(吏文)의 시험.
순ː조(順調)명 (무슨 일이) 아무 탈 없이 잘되어 가는 상태.
순ː조(順潮)명하타 ①배가 조수의 흐름을 따라서 나아가는 일. ②바람 부는 방향으로 흐르는 조류. ↔역조(逆潮).
순ː조-롭다(順調-)[-따][~로우니·~로워]형ㅂ 예정대로 잘되어 가 아무 탈이 없다. ¶ 행사가 순조롭게 진행되고 있다. **순조로이**부.
순종(純種)명 딴 계통과 섞이지 않은 순수한 종(種). 순계(純系).
순종(脣腫)명 입술에 나는 부스럼.
순ː종(順從)명하자타 순순히 복종함. ¶ 선생님의 말씀에 순종하다.
순증(純增)명 〈순증가(純增加)〉의 준말.
순-증가(純增加)명 순수한 증가. ㊟순증.
순-지르기(筍-)명하자타 (잘 가꾸려고) 쓸데없는 순을 잘라 냄.
순-지르다(筍-)[~지르니·~질러]타르 (잘 가꾸려고) 쓸데없는 순을 잘라 내다.
순직(純直) '순직하다'의 어근.
순직(殉職)명하자 직무를 다하다가 목숨을 잃음. ¶ 현장에서 순직한 공무원.
순직-하다(純直-)[-지카-]형여 마음이 순진하고 곧다. ¶ 그는 순직한 시골 청년이다.
순진(純眞)명하형 마음이 꾸밈이 없고 참됨.
순진무구(純眞無垢) '순진무구하다'의 어근.
순진무구-하다(純眞無垢-)형여 티없이 순박하고 참되다. ¶ 순진무구한 웃음.
순차(循次)명하자 차례를 좇음.
순ː차(順次)명 돌아오는 차례.

순ː차-무사 (順且無事) 명 일이 순조롭게 잘되어 아무 탈이 없음.

순ː차-적 (順次的) 관명 순서대로 차례차례 하는 (것). ¶ 순차적 학습. /순차적으로 문제를 해결하다.

순찰 (巡察) 명하타 순회하며 살핌. ¶ 순찰을 돌다.

순찰-대 (巡察隊) [-때] 명 순찰의 임무를 맡은 부대나 경찰대.

순찰-병 (巡察兵) 명 순찰의 임무를 맡은 병사.

순찰-사 (巡察使) [-싸] 명 ①고려·조선 시대에, 병란이 있을 때, 지방의 군무(軍務)를 순찰하던 임시 벼슬. ②조선 시대에, 도내의 군무를 순찰하던 벼슬. 〔관찰사가 겸하였음.〕 준순사(巡使).

순찰-차 (巡察車) 명 (경찰이나 헌병 등이) 순찰을 할 때 사용하는 자동차.

순찰-함 (巡察函) 명 구역 내의 곳곳에 달아 놓고, 순찰하는 사람이 순찰했다는 표적을 남기게 되어 있는 상자.

순창 (脣瘡) 명 입술이 갈라지는 병.

순채 (蓴菜) 명 수련과의 다년초. 연못 등에 절로 나는데, 잎은 길둥근 방패 모양이며 물 위에 뜸. 여름에 지름 2 cm가량의 어두운 홍자색 꽃이 물에 약간 잠긴 채로 핌. 우리나라 중부 이남과 일본 및 중국 남부 등지에 분포하는데, 어린잎은 먹을 수 있고, 원줄기의 잎은 이뇨제로 쓰임.

순ː천 (順天) 명하자 〈순천명(順天命)〉의 준말. ↔역천(逆天).

순ː-천명 (順天命) 명하자 하늘의 뜻을 따름. 천도(天道)를 따라 거스르지 않음. 준순천. ↔역천명(逆天命).

순ː천-자 (順天者) 명 천도(天道)에 따르는 사람. ↔역천자(逆天者).

순철 (純鐵) 명 불순물이 조금도 섞이지 않은 순수한 철. 〔'탄소나 불순물 따위를 많이 함유하는 선철(銑鐵)'에 대하여 이르는 말.〕

순청 (巡廳) 명 조선 시대에, 야순(夜巡)을 맡아 보던 관아(官衙).

순청 (純青) 명 〈순청색〉의 준말.

순-청색 (純青色) 명 순수한 푸른색. 준순청.

순ː체 (順遞) 명하타 (중요한 관직을) 순조로이 갈마들임.

순초 (巡哨) 명하타 돌아다니면서 적국의 동정을 살피는 일.

순초-군 (巡哨軍) 명 순초하는 군사.

순치 (馴致) 명하타되자 ①(짐승을) 길들임. ②점점 변하여 어떤 목표로 하는 상태에 이르게 함.

순치-보거 (脣齒輔車) 명 〔'순망치한(脣亡齒寒)'과 '보거상의(輔車相依)'를 합친 말로〕 '서로 없어서는 안 될 밀접한 관계'를 비유하여 이르는 말.

순치-음 (脣齒音) 명 아랫입술과 윗니 사이에서 내는 소리. 〔영어의 'v·f' 따위.〕

순치지국 (脣齒之國) 명 (입술과 이의 관계처럼) '이해관계가 밀접한 두 나라'를 비유하여 이르는 말.

순치지세 (脣齒之勢) 명 (입술과 이의 관계처럼) '서로 의지하고 돕는 형세'를 비유하여 이르는 말.

순탄 (順坦) '순탄하다'의 어근.

순ː탄-하다 (順坦-) 형여 ①성질이 까다롭지 않다. ¶ 순탄한 말. ②길이 험하지 않고 평탄하다. ¶ 길이 순탄하다. ③탈이 없이 순조롭다. ¶ 일이 순탄하게 진행되다. /평생을 순탄하게 살아왔다. **순탄-히** 부.

순통 (純通) 명하자타 글이나 책을 외고 그 내용에 정통함. ¶ 논어에 순통하다.

순ː통 (順通) 명하자 일이 순조롭게 잘 통함.

순ː편 (順便)[1] 명 〈순귀편(順歸便)〉의 준말.

순편 (順便)[2] '순편하다'의 어근.

순ː편-하다 (順便-) 형여 일이 순조롭고 편하다. **순편-히** 부.

순평 (順平) '순평하다'의 어근.

순ː평-하다 (順平-) 형여 성질이 유순하고 화평하다. **순평-히** 부.

순풍 (淳風) 명 순박한 풍속. 순속(淳俗).

순ː풍 (順風) 명 ①순하게 부는 바람. ②배가 가는 쪽으로 부는 바람. ¶ 순풍에 부푼 돛. ↔역풍.

순풍에 돛을 달다 관용 '무슨 일을 하는 데 어려움이나 시련 같은 것이 따르지 않고 순조롭게 잘되어 나감'을 비유하여 이르는 말.

순풍-미속 (淳風美俗) 명 순박하고 아름다운 풍속.

순피 (筍皮) 명 죽순(竹筍)의 껍질.

순ː-하다 (順-) 형여 ①성질이 부드럽다. ¶ 순한 사람. ②맛이 독하지 않다. ¶ 순한 담배. ③일이 어려움이나 가탈 없이 잘되다.

순ː합 (順合) 명 ☞외합(外合).

순항 (巡航) 명하타 배를 타고 여러 곳을 돌아다님.

순ː항 (順航) 명하자 ①아무 탈 없이 순조롭게 항행함, 또는 그런 항행. ②'일 따위가 순조롭게 진행됨'을 비유하여 이르는 말.

순항^미사일 (巡航missile) 명 제트 기관으로 추진하는 무인 유도 미사일. 컴퓨터 제어로 저공 비행이나 우회 항행을 할 수 있으며 명중률이 아주 높음. 크루즈 미사일.

순항^속도 (巡航速度) [-또] 명 배나 항공기가 안전하고 경제적으로 장거리를 비행할 때의 속도.

순해-선 (巡海船) 명 해상을 순찰하는 경비선.

순행 (巡行) 명하타 (어떤 목적을 가지고) 이곳저곳을 돌아다님. ¶ 호남 지방을 순행하다. 준순(巡).

순행 (巡幸) 명하타 ☞순수(巡狩).

순ː행 (順行) 명 ①하자 ㉠차례대로 진행됨. ㉡거스르지 않고 행함. ②〈순행 운동〉의 준말. ↔역행(逆行).

순ː행^동화 (順行同化) 명 자음 동화의 한 가지. 뒤에 오는 자음이 앞 자음을 닮아서 그와 비슷하거나 같은 소리로 바뀌는 현상. 〔'칼날'이 '칼랄'로, '종로'가 '종노'로 소리 나는 따위.〕 참역행 동화.

순ː행^운ː동 (順行運動) 명 ①태양에서 보아, 천체가 지구와 같은 공전 방향으로 나아가는 운동. ②지구에서 보아, 천체가 서쪽에서 동쪽을 향하여 나아가는 운동. 준순행. ↔역행 운동.

순ː현-보 (順現報) 명 불교에서, 삼보(三報)의 하나. 현세에서 지은 업을 현세에서 받는 과보.

순혈 (純血) 명 (혼혈이 아닌) 순수한 혈통. 같은 종족의 혈통. ↔혼혈(混血).

순형 (楯形) 명 방패와 같은 형상.

순형^화관 (脣形花冠) 명 합판 화관(合瓣花冠)의 한 가지. 위아래 두 쪽으로 나뉘어 입술 모양으로 된 꽃부리.

순홍 (純紅) 명 〈순홍색〉의 준말.

순-홍색 (純紅色) 명 순수한 다홍빛. 준순홍.

순화 (純化) 명하타되자 잡스러운 것을 순수하게 함. 순화(醇化). ¶ 묵상으로 정신을 순화하다.

순화 (順和) '순화하다'의 어근.

순화 (馴化) 명하자되자 생물이 새로운 환경에 적응하여 유전적으로 변화해 감. 다른 고장에 옮겨진 생물이 그 기후나 환경에 적응할 수 있는 성질을 가지게 됨.

순화(醇化)명하타되자 ①(덕으로) 사람을 가르치어 그 마음을 바르고 아름답게 함. ¶ 원주민을 순화하다. ②☞순화(純化). ¶ 국어 순화 운동.
순ː화-롭다(順和-)[-따][~로우니·~로워]형ㅂ 순탄하고 화평스럽다. **순화로이**부.
순화-어(醇化語)명 지나치게 어려운 말이나 규범에 어긋나는 말, 또는 외래어 따위를 알기 쉽고 규범적으로, 또는 고유어로 순화한 말.
순ː화-하다(順和-)형여 순탄하고 화평하다.
순환(循環)명하자되자 한차례 돌아서 다시 먼저의 자리로 돌아옴, 또는 그것을 되풀이함.
순환-계(循環系)[-계/-게]명 동물체의 여러 조직에 산소·호르몬·영양 따위를 공급하고, 가스 교환이나 노폐물의 배출 따위를 행하는 기관의 계통. 척추동물에서는 혈관계와 림프계로 갈라짐. 맥관계(脈管系).
순환^과ː정(循環過程)명 물질이 어떤 변화를 일으켰다가 다시 본디의 상태로 되돌아가기까지의 일련의 과정.
순환-급수(循環級數)[-쑤]명 무한급수의 한 가지. 일정한 수효의 항(項)이 같은 차례로 되돌아 나오는 급수.
순환-기(循環期)명 자연현상이나 인위적 기일이 순환하는 기간.
순환-기(循環器)명 순환계에 속하는 기관. 〔척추동물에서는 심장·혈관·림프관 따위.〕
순환^논법(循環論法)[-뻡]명 ☞순환 논증.
순환^논증(循環論證)명 어떤 명제를 논증하는 데에 그 명제와 같은 뜻의 명제를 논거로 하는 잘못. 전제와 결론이 서로 의존하고 있는 허위를 범하고 있음. 순환 논법.
순환^도ː로(循環道路)명 일정한 지역을 순환할 수 있게 되어 있는 도로. ¶ 교외 순환 도로.
순환-론(循環論)[-논]명 (결론을 내지 못하고) 제자리에서 맴돌기만 하는 논의.
순환-류(循環流)[-뉴]명 흘러오던 방향으로 다시 방향을 바꾸어 흐르는 바닷물의 흐름.
순환^마디(循環-)명 순환 소수에서, 같은 차례로 되풀이되는 몇 개의 숫자의 마디. 〔3.141414…에서 '14' 따위.〕
순환^변ː동(循環變動)명 몇 년간의 사이를 두고 반복되는 경제 현상의 변동.
순환-선(循環線)명 일정한 지역을 순환하여 운행하는 기차·전철·버스 따위의 노선.
순환^소ː수(循環小數)명 무한 소수의 한 가지. 소수점 이하의 어떤 자리에서부터 어떤 숫자가 같은 순서로 무한히 되풀이되는 소수. 〔3.141414… 따위.〕
순환^장애(循環障礙)명 혈액 순환이 잘되지 않는 병증. 〔심장병·신장병·동맥 경화증 따위가 그 원인임.〕
순환^정ː의(循環定義)[-의/-이]명 정의해야 할 개념을 그와 거의 같은 뜻의 말이나 표현으로 정의하는 일. 곧, 말만 바꾸어 놓고 외견상 정의한 것처럼 보이는 것.
순황(純黃)명 〈순황색〉의 준말.
순-황색(純黃色)명 순수한 누런빛. 준순황.
순회(巡廻)[-회/-훼]명하타 (여러 곳을) 차례로 돌아다님. ¶ 각 지방을 순회하다. /전국 순회 강연.
순회-공연(巡廻公演)[-회-/-훼-]명 여러 곳을 차례로 돌면서 하는 공연. 순연(巡演).
순회^대ː사(巡廻大使)[-회-/-훼-]명 일정한 나라에 주재하지 않고, 특별한 임무를 띠고 여러 나라를 순회하는 대사. 이동 대사.
순회-도서관(巡廻圖書館)[-회-/-훼-]명 도서관이 없는 지역을 정기적으로 순회하면서 책을 빌려 주는 소규모의 임시 도서관. 이동도서관.
순회^재판(巡廻裁判)[-회-/-훼-]명 지방 법원의 판사가 경찰 서장의 청구에 따라 관할 경찰서를 순회하며 경범자를 즉결 심판하는 재판.
순회^진ː료(巡廻診療)[-회질-/-훼질-]명 (의사와 간호사가) 무의촌 등을 순회하면서 환자를 진찰하고 치료하는 일.
순효(純孝)명 순수한 효심. 지극한 효심.
순후(旬後)명 유력 초열흘이 시난 뒤.
순후(淳厚·醇厚) '순후하다'의 어근.
순ː후-보(順後報)명 불교의 삼보(三報)의 하나. 현세에서 지은 업을 삼생(三生) 뒤에 받는 과보.
순후-하다(淳厚--·醇厚-)형여 순박하고 인정이 두텁다. ¶ 주민들의 순후한 인심.
순흑(純黑)명 〈순흑색〉의 준말.
순-흑색(純黑色)[-쌕]명 순수한 검은빛. 준순흑(純黑).
숟-가락[-까-]명 ①밥이나 국 따위를 떠먹는 기구. ②《의존 명사적 용법》 밥 따위 음식물을 숟가락으로 떠 그 분량을 세는 단위. ¶ 두 숟가락. 준숟갈. 높수저.
숟가락-질[-까-찔]명하자 숟가락으로 음식을 떠먹는 일. 술질. ¶ 숟가락질이 서툴다.
숟가락-총[-까-]명 숟가락의 자루.
숟-갈[-깔]명 〈숟가락〉의 준말.
술¹명 '알코올 성분이 들어 있는 음료'를 통틀어 이르는 말.
술은 초물에(첫물에) 취하고 사람은 훗물에(끝물에) 취한다속담 ①술은 처음 마실 때부터 취하지만 사람은 한참 사귀고 나서야 친해진다는 말. ②'전처보다 후처에 더 혹함'을 비유하여 이르는 말.
술²명 〈쟁깃술〉의 준말.
술ː³명 가마나 기·띠·보(褓) 따위의 둘레나 끝에 장식으로 다는 여러 가닥의 실.
술ː⁴명 책·종이·피륙 따위의 포갠 부피.
술⁵의 한 숟가락의 분량. ¶ 몇 술 더 드시오.
술(戌)명 ①십이지(十二支)의 열한째. 〔개를 상징함.〕 ②〈술방(戌方)〉·〈술시(戌時)〉의 준말.
-술(術)접미 《일부 명사 뒤에 붙어》 '재주'나 '기술'을 뜻함. ¶ 분장술. /최면술. /연금술.
술가(術家)명 음양이나 복서·점술에 능통한 사람. 술객(術客). 술사(術士).
술-값[-깝]명 술을 마시는 데 드는 비용. 주가(酒價). ＊술값이[-깝씨]·술값만[-깜-]
술객(術客)명 ☞술가(術家).
술계(術計)[-계/-게]명 ☞술책(術策).
술-고래명 '술을 많이 마시는 사람'을 농조로 이르는 말.
술-구기[-꾸-]명 독이나 항아리에서 술을 푸는 데 쓰는 구기.
술-구더기[-꾸-]명 걸러 놓은 술에 뜬 밥알. 녹의(綠蟻). 주의(酒蟻).
술-국[-꾹]명 술집에서 안주로 내놓는 된장국. 주탕(酒湯).
술국-밥[-꾹빱]명 밥을 만 술국.
술-기(-氣)[-끼]명 술기운.
술-기운[-끼-]명 술을 마셔 취한 기운. 술기. 주기(酒氣). ¶ 술기운이 가시다. /술기운이 오르다. /술기운을 빌려 큰소리를 치다.
술-김[-낌]명 술에 취한 김. 《주로, '술김에'의 꼴로 쓰임.》 ¶ 술김에 한 말. /그는 술김에 사랑을 고백했다.

술-꾼명 술을 좋아하여 많이 마시는 사람. 주객(酒客). 비모주꾼.
술-내[-래]명 술 냄새. ¶ 술내를 풍기다.
술년(戌年)[-련]명 태세(太歲)의 지지(地支)가 술(戌)로 된 해. 개해. ¶ 무술년(戊戌年)./임술년(壬戌年).
술-대[-때]명 거문고를 타는 데 쓰는, 대로 만들어 끝을 뾰족하게 후린 채.
술-대접(-待接)명하자타 술로 하는 대접. ¶ 친구 집에서 술대접을 받다.
술덤벙-물덤벙부하자 세상 물정을 모르고 함부로 덤벙거리는 것을 이르는 말.
술-도가(-都家)[-또-]명 술을 만들어 도매하는 집. 주장(酒場). 주조장(酒造場).
술-독[-똑]명 ①술을 담그거나 담아 두는 독. ②'술을 많이 마시는 사람'을 농조로 이르는 말.
술-독(-毒)[-똑]명 술 중독으로 얼굴에 나타나는 붉은빛이나 점. 주독(酒毒). ¶ 술독이 올라 코끝이 빨갛다.
술-두루미명 술을 담는 두루미. 참두루미1.
술-등(-燈)[-뜽]명 선술집 따위에서, 술집의 표지로 문밖 같은 데에 달아 두는 등.
술ː-띠명 양 끝에 술을 단 가느다란 띠.
술래명 술래잡기에서, 숨은 아이들을 찾아내는 아이. 본순라(巡邏).
술래-잡기[-끼]명하자 아이들 놀이의 한 가지. 여러 아이가 숨고, 술래가 된 아이가 그들을 찾아내는 놀이.
술렁-거리다자 자꾸 술렁술렁하다. 술렁대다. ¶ 술렁거리는 가슴./연말이 되면 괜히 술렁거린다.
술렁-대다자 술렁거리다.
술렁-술렁부하자 어수선하게 설레는 모양.
술렁-이다자 어수선하게 소란이 일다.
술-마당명 술자리가 벌어진 마당.
술말(戌末)명 십이시의 술시(戌時)의 끝. 〔하오 9시에 가까운 무렵.〕
술-망나니명 '주정이 심한 사람'을 조롱조로 이르는 말.
술명-하다형여 수수하고 걸맞다. ¶ 술명한 차림새. 술명-히부.
술-밑[-믿]명 누룩을 섞어 버무린 지에밥. 〔술을 만드는 원료임.〕 주모(酒母). *술밑이[-미치]·술밑을[-미틀]·술밑만[-민-]
술-바닥[-빠-]명 쟁기에 보습을 대는 넓적하고 삐죽한 부분.
술-밥[-빱]명 ①술을 담글 때에 쓰는 지에밥. ¶ 술밥을 찌다. ②쌀에 술·간장·설탕 따위를 넣고 지은 밥. ②주반(酒飯).
술방(戌方)명 이십사방위의 하나. 서북서에서 북쪽으로 15도까지의 방위. 신방(辛方)과 건방(乾方)의 사이. 준술(戌). ↔진방(辰方).
술-버릇[-뻐릇]명 술 취한 뒤에 드러나는 버릇. 주벽. ¶ 술버릇이 고약하다. *술버릇이[-뻐르시]·술버릇만[-뻐른-]
술법(術法)[-뻡]명 복술·둔갑술·축지법 따위의 방법이나 그 기술. 술수(術數).
술-벗[-뻗]명 술로 사귄 벗. 술친구. 주붕(酒朋). 주우(酒友). *술벗이[-뻐시]·술벗만[-뻔-]
술-병(-病)[-뼝]명 술을 지나치게 많이 마셔서 생긴 병. ¶ 술병이 나다.
술-병(-甁)[-뼝]명 술을 담는 병을 통틀어 이르는 말. 주호(酒壺).
술부(述部)명 ☞서술부. ↔주부(主部).
술-빚[-삗]명 술을 마시고 외상 진 돈. 주채(酒債). *술빚이[-삐지]·술빚만[-삔-]
술사(術士)[-싸]명 ①☞술가(術家). ②술책에 능한 사람.
술-살[-쌀]명 술을 먹고 오른 살. ¶ 술살이 오르다.
술-상(-床)[-쌍]명 술과 안주를 차려 놓은 상. 주안(酒案). 주안상(酒案床).
술생(戌生)[-쌩]명 술년(戌年)에 태어난 사람. 〔경술생·임술생 따위.〕 개띠.
술서(術書)[-써]명 술법에 관한 책.
술수(術數)[-쑤]명 ①☞술법(術法). ②☞술책.
술ː술부 ①물이나 가루 따위가 잇달아 새어 나오는 모양. ②바람이 부드럽게 부는 모양. ¶ 바람이 술술 불어오다. ③말이나 글이 거침없이 잘 나오는 모양. ¶ 까다로운 질문에도 술술 대답하다. ④얽혔던 문제나 실 따위가 수월하게 풀리는 모양. ¶ 생각보다 일이 술술 풀렸다. 작솔솔.
술시(戌時)[-씨]명 ①십이시의 열한째 시. 하오 7시부터 9시까지의 동안. ②이십사시의 스물한째 시. 하오 7시 30분부터 8시 30분까지의 동안. 준술(戌).
술-쌀명 술을 만들기 위한 쌀.
술-안주(-按酒)명 술을 마실 때에 곁들여 먹는 음식. 안주.
술어(述語)명 ①☞서술어(敍述語). 풀이말. ②☞빈사(賓辭).
술어(術語)명 〈학술어(學術語)〉의 준말.
술어-절(述語節)명 ☞서술절(敍述節).
술업(術業)명 음양·복서(卜筮) 따위의 술법에 종사하는 업.
술월(戌月)명 〔월건(月建)에 십이지의 술(戌)이 드는 달로〕 '음력 구월'의 딴 이름. 참계추(季秋).
술위명 〈옛〉 수레. ¶ 車는 술위라(月釋*2:28*).
술위띠명 〈옛〉 수레바퀴. ¶ 輪은 술위띠니(月釋序*4*).
술일(戌日)명 일진의 지지가 술(戌)로 된 날. 〔갑술일(甲戌日)·경술일(庚戌日) 따위.〕 개날.
술-자리[-짜-]명 술을 마시며 노는 자리. 주석(酒席). 주연(酒筵). ¶ 술자리를 벌이다.
술자지능(述者之能)[-짜-]명 ①글이 잘되고 못 됨은 쓴 사람의 재능에 달렸다는 말. ②일이 잘되고 못 됨은 그 사람의 수단에 달렸다는 말.
술작(述作)[-짝]명하타 책 따위를 지어 만듦.
술-잔(-盞)[-짠]명 ①술을 따라 마시는 잔. 주배(酒杯). 잔(盞). ②몇 잔의 술. ¶ 술잔이나 마시다.
술잔-거리(-盞-)[-짠꺼-]명 〔술잔이나 사 먹을 만한 돈이라는 뜻으로〕 '적은 돈'을 비유하여 이르는 말.
술-잔치명 술을 마시며 즐기는 잔치. 주연(酒宴).
술-장사명하자 술을 파는 영업.
술-적심[-씸]명 〔숟가락을 적신다는 뜻에서〕 '국이나 찌개 따위 국물 있는 음식'을 이르는 말.
술정(戌正)[-쩡]명 십이시로, 술시(戌時)의 한가운데. 〔하오 8시.〕
술좌(戌坐)[-쫘]명 (집터나 묏자리 따위가) 술방(戌方)을 등진 좌향, 또는 그런 자리.
술좌-진향(戌坐辰向)[-쫘-]명 (집터나 묏자리 따위가) 술방(戌方)을 등지고 진방(辰方)을 향한 좌향.
술-주자(-酒榨)[-쭈-]명 술을 거르거나 짜내는 틀. 주자(酒榨). 주조(酒槽).

술-주정(-酒酊)[-쭈-]명하자 ☞주정(酒酊).
술-지게미명 ☞지게미.
술-질명하자 숟가락질.
술-집[-찝]명 술을 파는 집. 주가(酒家). 주사(酒肆). 주점(酒店).
술-찌끼명 술을 걸러 내고 남은 찌끼. 재강.
술책(術策)명 꾀, 특히 남을 속이기 위한 꾀. 술계(術計). 술수(術數). ¶ 남의 술책에 빠지다.
술-청명 선술집의 술 파는 이가 술을 따라 놓는, 길고 높직한 상을 베풀어 놓은 곳.
술초(戌初)명 십이시의 술시의 처음. 〔하오 7시가 막 지난 무렵.〕
술-추렴(←-出斂)명하자 ①여러 사람이 술값을 나누어 내는 추렴. 갹음(醵飮). ②차례로 돌아가며 술을 내어 먹는 일.
술-친구(-親舊)명 ☞술벗.
술-타령명하자 만사를 제쳐 놓고 술만 마시거나 찾는 일. ¶ 허구한 날 술타령이다.
술-탈(-頉)명 술을 마셔서 생긴 탈.
술-통(-桶)명 술을 담아 두는 큰 통.
술파구아니딘(sulfaguanidine)명 술파제의 한 가지. 세균성 장질환, 특히 적리(赤痢)·역리(疫痢)의 치료에 쓰임.
술파다이아진(sulfadiazine)명 술파제의 한 가지. 폐렴·임질·패혈증 및 화농성 질환에 효과가 있음.
술-파리명 여름철에 술독에서 생기는 작은 파리.
술파-제(sulfa劑)명 세균성 질환의 치료에 쓰이는 화학 요법제. 화농성 질환이나 폐렴·임질·적리 따위에 효과가 있으나 부작용도 심함. 설파제.
술-판명 (여러 사람이) 술을 마시며 즐기는 자리. ¶ 술판이 벌어지다.
술회(述懷)[-회/-훼]명하타 속에 품은 생각이나 감개(感慨)·추억 따위를 말함, 또는 그 말. ¶ 그와의 정다웠던 지난날을 술회하다.
숨ː명 ①사람이나 동물이 코나 입으로 공기(空氣)를 들이마시고 내쉬는 일, 또는 그 기운. ¶ 숨을 크게 쉬다. /숨을 헐떡거리다. ②채소 따위의 생생하고 빳빳한 기운. ¶ 배추를 숨만 죽여 겉절이를 하다.
　숨 쉴 사이 없다관용 휴식할 조그마한 시간적 여유도 없다.
　숨(을) 거두다〔걷다〕관용 숨 쉬는 것을 멈추다. 죽다.
　숨(을) 고다관용 숨이 막히다.
　숨(을) 끊다관용 '목숨을 끊다'를 비유하여 이르는 말.
　숨(을) 돌리다관용 ①가쁜 숨을 가라앉히다. ②바쁜 중에 잠시 쉬다. ¶ 숨 돌릴 짬도 주지 않고 몰아세우다. ③어려운 고비를 우선 넘기다. ¶ 수술 경과가 좋아 숨 돌리게 되었다.
　숨을 모으다관용 (죽음이 임박하여) 숨이 끊어져 가다.
　숨(을) 쉬다관용 살아서 움직이거나 활동하다.
　숨(이) 끊어지다관용 앓거나, 다른 원인으로 죽음을 이르는 말.
　숨(이) 넘어가는 소리관용 몹시 다급하여 급하게 내는 소리.
　숨(이) 막히다관용 숨이 막힐 정도로 몹시 긴장되다. ¶ 숨 막히는 접전.
　숨(이) 붙어 있다관용 간신히 살아 있다. ¶ 아직도 그놈의 숨이 붙어 있단 말야?
　숨(이) 죽다관용 ①(풀이나 나무 따위가) 시들어서 생기를 잃다. ②(소금에 절인 채소 따위가) 싱싱한 기운을 잃다. ¶ 숨 죽은 배추.
　숨이 턱에 닿다관용 몹시 숨이 차다.
숨ː-결[-껼]명 ①숨 쉬는 속도나 높낮이 따위의 상태. ¶ 숨결이 고르다. ②'사물 현상의 어떤 기운이나 느낌'을 '생명체'에 비유하여 이르는 말. ¶ 자연의 숨결.
숨ː-골[-꼴]명 ☞연수(延髓).
숨ː-구멍[-꾸-]명 ①숨이 통하는 구멍. 숨을 쉬는 구멍. ②☞숫구멍.
숨ː-기(-氣)[-끼]명 숨기운. ¶ 숨기가 돌다.
숨-기다타 〖'숨다'의 사동〗 숨게 하다. 드러나지 않게 하다. 남이 알지 못하게 하다. ¶ 신분을 숨기다. /쫓기는 사람을 숨겨 주다.
숨ː-기운[-끼-]명 숨을 쉬는 기운. 숨기.
숨ː-기척[-끼-]명 숨 쉬는 기척.
숨김-없다[-기멉따]형 감추거나 드러내지 않는 일이 없다. **숨김없-이**부 ¶ 숨김없이 털어놓다.
숨김-표(-標)명 알리지 않으려고 일부러 나타내지 않은 글자 대신 그 자리에 넣는 '○○'·'××' 따위의 부호.
숨ː-넘어가다자 숨이 끊어져 죽게 되다. ¶ 숨넘어갈 듯한 소리를 지르다.
숨ː다[-따]자 ①보이지 않게 몸을 감추다. ¶ 바위 뒤에 숨다. ②드러나지 않다. 《주로, '숨은'의 꼴로 쓰임.》 ¶ 숨은 공로.
숨바꼭-질[-찔]명하자 ①술래가 숨은 사람을 찾아내는 아이들의 놀이. ②'무엇이 숨었다 나타났다 하는 것'을 비유하여 이르는 말. ¶ 구름 사이에서 숨바꼭질하는 달. 준숨박질.
숨박-질[-찔]명하자 〈숨바꼭질〉의 준말.
숨ː-소리[-쏘-]명 숨을 쉬는 소리. ¶ 숨소리가 거칠다. /숨소리가 고르다. /숨소리를 죽이다.
숨숨부하형 얼굴에 굵고 옅게 얽은 자국이 듬성듬성 있는 모양. 작솜솜. **숨숨-이**부.
숨어-들다[~드니·~들어]자 몰래 기어들다. ¶ 적진에 숨어들다.
숨은고-장식(-裝飾)명 경첩의 한 가지. 문짝과 기둥에 한 쪽씩 속으로 들어가 박히게 된 장식.
숨은-장명 겉으로 보이지 않게 속 구멍을 파고 쐐기를 지른 못.
숨ː-죽이다자 ①숨을 잠시 멈추다. ②숨소리가 들리지 않게 조용히 하다. ¶ 숨죽이고 귀 기울여 엿듣다.
숨ː-지다자 숨이 끊어지다. 죽다.
숨ː-차다자 숨이 가쁘다. 숨이 헐떡거려지다. ¶ 숨차서 더 이상 뛸 수가 없구나.
숨ː탄-것[-건]명 숨을 받아 태어난 것이란 뜻으로, '동물'을 이르는 말. ＊숨ː탄것이[-거시]·숨ː탄것만[-건-]
숨ː-통(-筒)명 ☞기관(氣管). ¶ 숨통을 끊다. /숨통을 조이다.
숨ː-표(-標)명 악곡에서 숨 쉬는 곳을 나타내는 기호. ',' 또는 '∨'.
숩명 〈옛〉수풀. ¶ 이 셤 우희 이 남기 잇고 그 숩 서리예 므리 잇ᄂᆞ니(月釋*1:24*).
숫명 〈옛〉숯. ¶ 숫 탄:炭(訓蒙中*15*). 참숬.
숫-[1][숟]접두 《일부 명사 앞에 붙어》 '아직 손이 닿거나 변하거나 하지 않은, 본디 그대로'의 뜻을 나타냄. ¶ 숫처녀. /숫보기. /숫음식.
숫-[2][숟]접두 《'양'·'염소'·'쥐' 앞에 붙어》 '수컷'의 뜻을 나타냄. ¶ 숫양. /숫염소. /숫쥐. 참수-.
숫ː-값(數-)[수깝/숟깝]명 ☞수치(數値).
숫-강아지명 '수캉아지'의 잘못.
숫-개명 '수캐'의 잘못.
숫-것명 '수컷'의 잘못.

숫-구멍[숟꾸-]명 갓난아이의 정수리가 채 굳지 않아서 숨 쉴 때마다 뛰는 연한 곳. 숨구멍. 백회혈(百會穴). 정문(頂門).

숫-국[숟꾹]명 숫보기로 있는 사람이나 진솔대로 있는 물건.

숫-기(-氣)[숟끼]명 수줍어하지 않는 활발한 기운. ¶ 그는 숫기가 없어 여자 앞에서는 단박에 얼굴이 빨개진다.

숫기(가) 좋다관용 수줍어하거나 부끄러워하는 기색이 없이 활발하다. ¶ 내 동생은 숫기가 좋아 아무 데고 잘 나선다.

숫-기와명 '수키와'의 잘못.

숫-꿩명 '수꿩'의 잘못.

숫-나사(-螺絲)명 '수나사'의 잘못.

숫-놈명 '수놈'의 잘못.

숫-눈[순-]명 쌓인 그대로 있는 눈.

숫눈-길[순-낄]명 아직 아무도 지나가지 않아 숫눈이 그대로 쌓여 있는 길.

숫-닭명 '수탉'의 잘못.

숫-당나귀(-唐-)명 '수탕나귀'의 잘못.

숫ː대-집(數-)[수때-/숟때-]명 산가지를 방바닥에 뿌려 놓고, 여러 사람이 둘러앉아서 하는 놀이.

숫-돌[숟똘]명 칼이나 낫 따위를 갈아서 날을 세우는 데 쓰는 돌. 여석(礪石). 지석(砥石).

숫돌쩌귀명 '수톨쩌귀'의 잘못.

숫-돼지명 '수퇘지'의 잘못.

숫-되다[숟뙤-/숟뛔-]형 순진하고 어수룩하다. ¶ 숫된 시골 총각.

숫-바명 '조임줄'의 잘못.

숫-백성(-百姓)[숟빽썽]명 순박한 백성.

숫-병아리명 '수평아리'의 잘못.

숫-보기[숟뽀-]명 ①숫된 사람. ¶ 보기와는 다른 숫보기. ②숫총각이나 숫처녀.

숫-사돈(-査頓)명 '수사돈'의 잘못.

숫-사람[숟싸-]명 거짓이 없고 숫된 사람.

숫-색시[숟쌕씨]명 ☞숫처녀.

숫-소명 '수소'의 잘못.

숫-스럽다[숟쓰-따][~스러우니·~스러워]형ㅂ 순진하고 어수룩한 데가 있다. ¶ 숫스러워 보이는 시골 사람. **숫스레**부.

숫-양(-羊)[순냥]명 양의 수컷.

숫-염소[순념-]명 염소의 수컷.

숫-은행나무(-銀杏-)명 '수은행나무'의 잘못.

숫-음식(-飮食)[수듬-]명 만든 채로 손대지 않고 고스란히 그대로 있는 음식.

숫ː자(數字)[수짜/숟짜]명 ①수를 나타내는 글자. 〔'1·2·3…' 또는 '一·二·三…' 따위.〕 ②통계 등 숫자로 나타나는 수량적인 일이나 지식. ¶ 숫자에 밝다. 참수자(數字).

숫-접다[숟쩝따][~저우니·~저워]형ㅂ 순박하고 수줍어하는 티가 있다. ¶ 숫저운 표정. /숫저운 투로 말하다.

숫제[숟쩨]부 ①숫접게. 거짓이 아니고 진실로. ②(무엇을) 하기 전에 차라리. 아예. ¶ 그렇게 할 바에야 숫제 그만둬라.

숫-쥐[숟쮜]명 쥐의 수컷.

숫-지다[숟찌-]형 순박하고 후하다. ¶ 숫진 시골 인심.

숫-처녀(-處女)[숟-]명 남자와 성적(性的) 관계가 한 번도 없는 처녀. 숫색시. ↔숫총각.

숫-총각(-總角)[숟-]명 여자와 성적(性的) 관계가 한 번도 없는 총각. ↔숫처녀.

숫-티[숟-]명 숫된 태도와 모양. ¶ 아직도 처녀다운 숫티가 남아 있다.

숫-하다[수타-]형여 순박하고 어수룩하다. ¶ 사람이 너무 숫해서 남에게 잘 속아 넘어가다.

숬명 〈옛〉 숯. ¶ 炭은 숫기라(月釋23:92).

숭경(崇敬)명하타 숭배하고 존경함.

숭고(崇古)명하타 옛 문물을 숭상함.

숭고(崇高) '숭고하다'의 어근.

숭고-하다(崇高-)형여 존엄하고 거룩하다. ¶ 숭고한 희생 정신을 본받다.

숭굴-숭굴부하형 ①성질이 수더분하고 원만한 모양. ¶ 성격이 숭굴숭굴 너그럽다. ②얼굴 생김새가 붙임성 있고 덕스러운 모양.

숭늉명 밥을 푸고 난 솥에 데운 물. 숙랭.

숭덩-숭덩부하타 ①물건을 큼직하고 거칠게 써는 모양. ¶ 호박을 숭덩숭덩 썰다. ②바느질에서, 듬성듬성 거칠게 호는 모양. ¶ 옷을 숭덩숭덩 꿰매어 입다. 작송당송당. 센쑹덩쑹덩.

숭려(崇麗) '숭려하다'의 어근.

숭려-하다(崇麗-)[-녀-]형여 높고 아름답다.

숭모(崇慕)명하타 우러러 사모함. 숭배하며 그리워함. ¶ 애국지사를 숭모하다.

숭문(崇文)명하자 문예를 숭상함.

숭미(崇美) '숭미하다'의 어근.

숭미-하다(崇美-)형여 숭고하고 아름답다.

숭반(崇班)명 높은 지위나 벼슬. 숭위(崇位).

숭배(崇拜)명하타되자 ①(어떤 사람을) 훌륭히 여겨 마음으로부터 우러러 공경함. ¶ 안창호 선생을 숭배하다. ②종교적 대상을 절대시하여 우러러 받듦. ¶ 우상 숭배.

숭보(崇報)명하타 남이 베풀어 주었던 은덕에 대하여 보답함.

숭봉(崇奉)명하타 숭배하여 받듦.

숭불(崇佛)명하자 부처를 숭상함. 불교를 숭상함.

숭사(崇事)명하자 숭배하여 섬김.

숭사(崇祀)명하자 숭배하여 제사를 받듦.

숭상(崇尙)명하타 높이어 소중하게 여김. ¶ 예(禮)를 숭상하다.

숭석(崇昔)명 아득히 먼 옛날. 태고(太古).

숭수(崇秀) '숭수하다'의 어근.

숭수-하다(崇秀-)형여 높고 빼어나다.

숭숭부 ①물건을 듬성듬성 빨리 써는 모양. ¶ 호박과 고추를 숭숭 썰어 넣다. ②하형 ㉠구멍이 많이 뚫려 있는 모양. ¶ 담벽에 총알 자국이 숭숭 뚫렸다. ㉡큰 땀방울이 맺혔거나 소름 따위가 많이 돋은 모양. ¶ 이마에 구슬땀이 금방 숭숭 맺혔다. 작송송. **숭숭-히**부.

숭신(崇信)명하타 숭배하여 믿음.

숭신(崇神)명하자 신을 숭상함.

숭앙(崇仰)명하타 높이어 우러러봄. ¶ 충무공의 애국 충절을 숭앙하다.

숭ː어명 숭엇과의 바닷물고기. 몸길이 60 cm가량. 몸은 길고 납작하며 머리는 폭이 넓음. 몸빛은 등이 회청색, 배가 은백색이고 온몸에 빳빳한 비늘이 있음. 어릴 때는 담수에서 살다가 크면 바다로 내려감. 수어(秀魚).

숭어가 뛰니까 망둥이도 뛴다속담 제 분수를 모르고 남이 하는 대로 따라 함을 이르는 말.

숭ː어-뜀명 광대가 땅에 손을 짚고 연거푸 거꾸로 뛰어넘는 재주.

숭어리명 ①꽃이나 열매 따위가 굵게 모여 달린 덩어리. ②〖의존 명사적 용법〗 꽃이나 열매 따위가 굵게 모여 달린 덩어리를 세는 단위. ¶ 포도 다섯 숭어리. 작송아리.

숭얼-숭얼부 ①술이나 고추장 따위가 괴어 거품이 이는 모양. ②꽃이나 열매 따위가 굵게 많이 모여 달린 모양. 작송알송알.

숭엄(崇嚴) '숭엄하다'의 어근.
숭엄-하다(崇嚴—)형여 숭고하고 존엄하다.
숭위(崇位)명 높은 지위. 숭반(崇班).
숭유(崇儒)명하자 유교를 숭상함. ¶ 숭유 정책.
숭조(崇祖)명하자 조상을 숭상함.
숭조(崇朝)명 새벽부터 아침밥을 먹을 때까지의 사이. 이른 아침.
숭조-상문(崇祖尙門)명하자 조상을 숭배하고 가문(家門)을 위함.
숭준(崇峻) '숭준하다'의 어근.
숭준-하다(崇峻—)형여 거룩하고 존귀하다.
숭중(崇重)명하타 ☞존중(尊重).
숭하(崇廈)명 높고 큰 집.
숯[숟]명 (땔감으로 쓰기 위하여) 나무를 숯가마에서 구워 낸 검은 덩어리. 목탄(木炭). * 숯이[수치]·숯만[순—]
숯이 검정 나무란다속담 '자기 흉은 생각지 않고 남의 허물을 탓함'을 비유하여 이르는 말.
숯-가마[숟까—]명 흙이나 돌 따위로 쌓아 만든, 숯을 구워 내는 시설.
숯-검정[숟껌—]명 숯의 그을음.
숯-내[순—]명 숯불에서 나오는 기체의 냄새.
숯-등걸[숟뜽—]명 숯가마에서 숯이 되다 만 굵은 조각.
숯-막(—幕)[순—]명 숯을 굽는 곳에 지은 움막.
숯-머리[순—]명 숯내를 맡아서 아픈 머리.
숯-먹[순—]명 소나무의 철매를 기름에 개어 만든 먹. 송연묵(松煙墨).
숯-불[숟뿔]명 숯을 피운 불. 탄화(炭火).
숯-장수[숟짱—]명 ①숯을 파는 사람. ②'얼굴이 검은 사람'을 농조로 이르는 말.
숯-쟁이[숟쨍—]명 '숯을 굽는 사람'을 낮추어 이르는 말.
숱[숟]명 머리털 같은 것의 분량. ¶ 숱이 많은 머리. * 숱이[수치]·숱을[수틀]·숱만[순—]
숱-지다[숟찌—]형 숱이 많다. ¶ 숱진 구레나룻.
숱-하다[수타—]형여 아주 많다. ¶ 숱한 사건. / 돈을 숱하게 벌다.
숲[숩]명 〈수풀〉의 준말. ¶ 숲이 우거지다. * 숲이[수피]·숲만[숨—]
숲-길[숩낄]명 숲 속에 있는 길. ¶ 숲길을 따라 걸어가다.
숲-정이[숩쩡—]명 마을 부근의 수풀이 있는 곳.
쉬:감 닭이나 참새 따위를 쫓는 소리. 후여. 훠이. 훠여.
쉬¹명 파리의 알. ¶ 파리가 쉬를 슬다.
쉬:² Ⅰ명하자 '오줌'의 어린이 말로, '오줌 누는 일'을 이르는 말. 쉬야.
Ⅱ감 어린아이에게 오줌을 누라는 뜻으로 내는 소리. 쉬야.
쉬:³부 〈쉬이〉의 준말. ¶ 쉬 잠이 오지 않다.
쉬:⁴감 떠들지 말라는 뜻으로 하는 소리. ¶ 쉬, 조용히 해라.
쉬궁명 〈옛〉시궁창. ¶ 쉬궁 구:溝(訓蒙中6).
쉬-나무명 운향과의 낙엽 교목. 높이 7m가량. 잎은 깃 모양의 겹잎인데 마주나며, 여름에 흰빛이 도는 꽃이 핌. 씨로는 기름을 짜서 머릿기름·구충제 등으로 씀. 수유나무.
쉬:다¹자 ①음식이 상하여 맛이 시금하게 변하다. ¶ 밥이 쉬다. /쉰 나물. ②목청에 탈이 나서 목소리가 흐리게 나다. ¶ 목이 쉬어 소리가 나오지 않는다.
쉬:다²자타 ①피로를 풀려고 몸을 편하게 하다. ¶ 푹 쉬고 나니 몸이 가뿐해졌다. ②물체나 물질 따위가 움직임을 멈추다. ¶ 잠시도 쉬지 않고 흐르는 강물. ③결석이나 결근을 하다. ¶ 회사를 하루 쉬었다. ④잠을 자다. ⑤일이나 활동을 멈추다. ¶ 오늘은 관공서가 쉬는 날이다.
쉬:다³타 모시·삼베 따위 피륙의 빛을 곱게 하기 위해 뜨물에 담가 두다.
쉬:다⁴타 숨을 들이마셨다 내보냈다 하다. ¶ 한숨을 쉬다. /숨을 가쁘게 쉬다.
쉬르레알리슴(surréalisme 프)명 초현실주의.
쉬:쉬-하다타여 남이 알까 경계하여 말이 안 나게 숨기다. ¶ 소문이 날까 하여 쉬쉬하다.
쉬-슬다[~스니·~슬어]자 파리가 알을 여기저기에 낳다.
쉬야 Ⅰ명하자 ☞쉬².
Ⅱ감 ☞쉬².
쉬어 Ⅰ명 '열중쉬어' 자세에서 두 손을 내리고, 왼발과 상체를 다소 자유로운 상태로 하여 쉬는 자세.
Ⅱ감 '쉬어' 하라는 구령.
쉬엄-쉬엄부 ①하자 그쳤다 계속되었다 하는 모양. ¶ 쉬엄쉬엄 내리는 비. ②하타 쉬어 가며 천천히 하는 모양. ¶ 바쁘지 않으니 쉬엄쉬엄 해도 된다.
쉬이부 ①쉽게. ¶ 쉬이 해결될 일이 아니다. /어느 일이든 쉬이 보지 마라. ②오래지 않아. ¶ 쉬이 돌아오너라. 준쉬³.
쉬지근-하다형여 조금 쉰 듯한 냄새가 나다. ¶ 나물이 쉬지근하다. 쉬지근-히부.
쉬척지근-하다[—찌—]형여 몹시 쉰 듯한 냄새가 나다. ¶ 쉬척지근한 냄새를 풍기다. 쉬척지근-히부.
쉬-파리명 쉬파릿과의 곤충. 몸길이 7~25 mm. 몸빛은 회색이며 머리는 회황색에 금빛이 있고 다리는 검음. 여름에 썩은 고기나 똥에 쉬를 슮. 왕파리. 창승.
쉰:수관 열의 다섯 곱절(의). 오십(五十). ¶ 아버지 연세가 벌써 쉰이시다. /닭 쉰 마리.
쉰:-내명 ①음식 따위가 쉬어서 나는 시금한 냄새. ¶ 잡채에서 쉰내가 나서 못 먹겠다. ②입던 옷 따위가 땀에 절어서 나는 시금한 냄새. ¶ 쉰내가 나다.
쉰:-둥이명 나이가 쉰 줄에 들어선 부모에게서 태어난 아이.
쉰:-밥명 쉬어서 쉰내가 나거나 시금하게 된 밥.
쉼:-없다[쉬멉따]형 (일이나 활동 따위를) 잠시도 쉬거나 멈추는 일이 없다. ¶ 지난 2년간 쉼없이 공연된 연극이 막을 내리다.
쉼:-표(—標)명 ①문장 부호의 한 가지. ','의 이름. 반점·모점·가운뎃점·쌍점·쌍반점·빗금 따위를 통틀어 이르는 말. ②악보에서, 음이 멈추는 동안의 길이를 나타내는 부호. 휴지부.
쉽:다[—따][쉬우니·쉬워]형ㅂ ①힘들거나 어렵지 않다. ¶ 책이 읽기 쉽다. /쉽게 해결되는 일. ②가능성이 많다. 《주로, '-기(가) 쉽다'의 꼴로 쓰임.》 ¶ 눈길에 미끄러지기 쉽다. /틀리기 쉬운 문제. ↔어렵다.
쉽:-사리[—싸—]부 아주 쉽게. 순조롭게. ¶ 일이 쉽사리 풀리다. /쉽사리 해결되다.
쉽-싸리명 꿀풀과의 다년초. 연못이나 물가에 절로 나는데, 높이는 1m가량. 여름에 작고 흰 꽃이 핌. 택란(澤蘭).
쉿[쉳]감 소리 내지 말라는 뜻으로 급하게 내는 소리.
쉿무수명 〈옛〉순무. ¶ 쉿무수 만:蔓(訓蒙上*14*).
쉿무우명 〈옛〉순무. ¶ 쉿무우:蔓菁(老解下*34*). 참쉿무수.

슈룹 명 〈옛〉 우산. ¶ 슈룹 爲雨繖(訓解).
슈미ː즈 (chemise 프) 명 여성의 양장용 속옷의 한 가지. 어깨에서 엉덩이를 가릴 정도의 길이로, 보통 소매가 없음.
슈박 명 〈옛〉 수박. ¶ 슈박 : 西瓜(老解下*34*).
슈ː-크림 (chou 프+cream) 명 반죽한 밀가루를 얇게 구워 낸 다음, 속에 크림을 넣어 만든 서양 생과자의 한 가지.
슈템보ː겐 (Stemmbogen 독) 명 스키에서, 회전 때 스키의 뒤쪽 끝을 벌려 속력을 떨어뜨려 회전하는 기술.
슈투름 운트 드랑 (Sturm und Drang 독) 〔질풍노도(疾風怒濤)라는 뜻으로〕 18세기 후반, 독일에서 괴테와 실러를 중심으로 일어난 혁신적 문학 운동. 합리주의·계몽주의의 반동으로, 개성의 존중과 감정의 자유를 부르짖어 낭만주의 운동의 선구가 되었음.
슈ː트 (shoot) 명 야구에서, 투수가 던진 공이 타자 앞에서 커브를 이루는 일, 또는 그 공. 참숏.
슈ː팅 (shooting) 명하타 축구나 농구 따위에서, 골을 향하여 공을 차거나 바스켓을 향하여 공을 던지는 일. 숏.
슈ː퍼 (←supermarket) 명 〈슈퍼마켓〉의 준말.
슈ː퍼마ː켓 (supermarket) 명 살 사람이 손수 물건을 골라 가지고 출구의 계산대에서 값을 치르게 되어 있는 규모가 큰 소매점. 〔식료품이 주가 되어 있음.〕 ¶ 요즘 아이들은 시장은 몰라도 슈퍼마켓은 안다. 준슈퍼.
슈ː퍼맨 (superman) 명 초능력을 가진 사람. 초인(超人).
슈ː퍼스타ː (superstar) 명 스포츠·예능 따위의 분야에서, 많은 사람의 우상이 되다시피 한 사람.
슈ː퍼에고 (superego) 명 초자아.
슈ː퍼컴퓨ː터 (supercomputer) 명 초대형 초고속 컴퓨터.
슈ː퍼탱커 (supertanker) 명 초대형 유조선.
슈ː퍼^헤비급 (super heavy級) 명 권투·레슬링·역도 따위에서, 중량별 체급의 한 가지. 아마추어 권투에서는 체중 91 kg 이상으로 가장 무거운 체급. 참헤비급.
슛 (shoot) 명하타 ☞슈팅(shooting).
스가랴-서 (←Zechariah書) 명 구약 성서 중의 한 편. 스가랴의 예언서로, 회개를 권하고 평화로운 메시아 상(像)에 관한 내용을 기록함.
스ᄀᆞ볼 명 〈옛〉 시골. ¶ 스ᄀᆞ볼 軍馬롤 이길씨(龍歌*35*章).
스ᄀᆞ올 명 〈옛〉 시골. ¶ 辭狀ᄒᆞ고 스ᄀᆞ올 갯더니(三綱.襲勝推印). 참스ᄀᆞ볼.
스낵-바ː (snack bar) 명 간단하게 먹고 마실 수 있는 간이식당.
스냅 (snap) 명 ①〈스냅숏〉의 준말. ②똑딱단추. ③구기에서, 공을 던지거나 칠 때의 손목의 움직임, 또는 그 힘.
스냅-숏 (snapshot) 명 움직이는 피사체를 순간적으로 촬영하는 일, 또는 그 사진. 준스냅.
스노ː보ː드 (snowboard) 명 널빤지 위에 몸을 싣고 눈이 쌓인 비탈을 미끄러지듯 내려오는 운동, 또는 그런 운동 기구로 쓰는 널빤지. 스키와는 달리 옆으로 선 자세로 탐.
스노ː-체인 (snow chain) 명 눈길에서 미끄러지지 않도록 하기 위해 차바퀴에 감는 쇠사슬.
스노ː-타이어 (snow tire) 명 눈길 등에서 미끄러지지 않도록 하기 위해 땅에 닿는 부분의 골을 깊게 만든 타이어.
스님 명 ①중이 자기의 스승을 이르는 말. 사승(師僧). ②〈중〉의 높임말. 사주(師主).
스다¹ 타 〈옛〉 쓰다〔書〕. ¶ 슬 샤 : 寫(類合下*39*).
스다² 타 〈옛〉 쓰다〔冠〕. ¶ 冠冕을 노피 스고(杜重*4:21*).
-스라 어미 〈옛〉 -구나. -라. ¶ 東湖롤 도라보며 西湖로 가쟈스라(古時調). 참스라.
스라소니 명 고양잇과의 짐승. 살쾡이 비슷한데, 좀 더 크며 몸길이 1 m, 꼬리 길이 20 cm가량. 몸빛은 회색을 띤 적갈색 또는 회갈색에 짙은 얼룩점이 있음. 뒷발이 앞발보다 길고 귀는 삼각형이며 뺨에는 호랑이처럼 수염이 있음. 헤엄을 잘 치는데, 우리나라를 비롯한 북반구의 온대 이북에 분포함. 토표(土豹).
스란-치마 명 입으면 발이 보이지 아니하는, 폭이 넓고 긴 치마. 치마 끝에 금박 무늬나 용·봉 따위를 수놓은 옷단을 닮.
스러디다 자 〈옛〉 스러지다. 사라지다. ¶ 消ᄂᆞᆫ 스러딜씨라(月釋序*25*).
스러지다 자 ①모양이나 자취가 없어지다. ¶ 별이 하나 둘 스러지다. ②어떤 생각이나 감정 따위가 없어지다. 작사라지다.
-스럽다 [-따] [~스러우니·~스러워] 접미ㅂ 《일부 명사 뒤에 붙어》 '그러한 느낌이 있다'는 뜻의 형용사를 만듦. ¶ 다정스럽다. /명예스럽다. /복스럽다. /사랑스럽다.
-스레하다 접미여 ☞-스름하다.
스로ː인 (throw-in) 명하타 축구나 농구 따위에서, 선 밖으로 나간 공을 두 손으로 높이 들어 안으로 던지는 일.
스루다 타 ①강한 쇠붙이를 불에 달구어 센 기운을 덜다. ②풀이 센 다듬잇감을 잡아당겨서 풀기를 죽이다.
스루^패스 (through pass) 명 축구에서, 상대편 선수 사이로 공을 차서 보내는 패스.
스르르 부 ①맺히거나 묶인 것 또는 얽힌 것이 힘없이 풀리는 모양. ¶ 포승이 스르르 풀리다. ②얼음이나 눈 등이 녹는 모양. ¶ 눈이 스르르 다 녹아 버렸다. ③졸음이 슬며시 오거나 눈이 슬며시 감기거나 하는 모양. ¶ 눈이 스르르 감긴다. ④가만가만 슬며시 움직이는 모양. ¶ 손가락 사이로 모래가 스르르 다 빠져 버렸다. ⑤기운이나 감정이 저절로 풀리는 모양. ¶ 아이의 재롱에 노여움이 스르르 풀렸다. 작사르르.
-스름하다 접미여 《빛깔이나 형상을 나타내는 말의 어간에 붙어》 빛이 아주 옅거나 또는 그 형상과 비슷하다는 뜻을 나타냄. -스레하다. ¶ 푸르스름하다. /둥그스름하다.
스리 명 음식을 씹다가 볼을 깨물어 난 상처.
스리ː^번트 (three+bunt) 명 야구에서, 타자가 투 스트라이크 이후에 하는 번트. 파울이 될 경우 타자는 아웃이 됨.
스리ː^쿠션 (three cushions) 명 당구에서 제 공을 쳐서 처음 공을 치고 3회 이상 쿠션에 닿고 다음 공에 맞히는 방식.
스리ː쿼ː터 (three-quarter) 명 ①짐을 실을 수 있는 양이 4분의 3톤 되는 소형 트럭. ②〈스리쿼터 백〉의 준말.
스리ː쿼ː터^백 (three-quarter back) 명 럭비에서, 하프백과 풀백의 중간에서 수비하는 네 사람의 경기자. 준스리쿼터.
스리ː피ː스 (three-piece) 명 세 가지를 갖추어 한 벌이 되는 옷을 이르는 말. 〔남자용은 재킷·조끼·바지, 여자용은 재킷·블라우스·스커트로 이루어진 한 벌 옷.〕

스릴 (thrill) 명 (공연물이나 소설 따위에서) 간담을 서늘하게 하거나 몹시 마음이 죄게 하는 느낌. ¶ 스릴과 서스펜스의 연속.
스릴러 (thriller) 명 스릴을 느끼게 하는 공연물이나 소설 따위.
스마ː트-하다 (smart–) 형여 (모양이) 맵시 있고 단정하며 경쾌하다. ¶ 스마트한 옷차림.
스매시 (smash) 명하타 테니스·탁구 따위에서, 높게 넘어오는 공을 네트 너머로 세게 내려 꺾어 치는 일. 스매싱.
스매싱 (smashing) 명하타 ☞스매시.
스멀-거리다 자 자꾸 스멀스멀하다. 스멀대다. 작사물거리다.
스멀-대다 자 스멀거리다.
스멀-스멀 부하자 작은 벌레 따위가 살갗 위를 기는 것같이 근질근질한 느낌이 드는 상태. ¶ 머리에서 이가 스멀스멀 기어가는 듯하다. 작사물사물.
스며-들다 [~드니·~들어] 자 속으로 배어들다. ¶ 추위가 뼛속까지 스며들다.
스모 (すもう〔相撲·角力〕 일) 명 일본의 전통 씨름.
스모그 (smog) 명 대도시나 공장 지대에서, 매연·배기 가스 따위의 오염 물질이 공기 중에 안개처럼 끼어 있는 것. 〔'연기'와 '안개'의 영어 'smoke'와 'fog'의 합성어.〕
스모르찬도 (smorzando 이) 명 악보의 나타냄말. '점점 꺼져 가듯이'의 뜻.
스목 (smock) 명 ①의복 위에 덧입는 길고 넉넉한 작업복. ②수예에서, 천의 주름을 잡아 얽어서 여러 가지 무늬를 놓는 기법.
스무 관 《일부의 명사나 의존 명사 앞에 쓰이어》 '스물'을 나타내는 말. ¶ 스무 집. /스무 개.
스무-고개 명 스무 번의 질문으로, 문제로 낸 사물을 알아맞히는 놀이.
스물 수 열의 갑절. 이십(二十).
스물입-발 (-廾-) [-빨] 명 한자 부수의 한 가지. '弄'·'弊' 등에서의 '廾'의 이름.
스므시 부 〈옛〉 방불하게. ¶ 스므시 昭丘롤 아노라 (杜初15:24).
스믈 명 〈옛〉 스물. ¶ 二十八은 스믈 여듧비라(訓解).
스미다 자 ①(물이나 기름 따위의 액체가) 물체에 배어들다. ¶ 창틈으로 빗물이 스미다. ②(기체나 바람 따위가) 속으로 흘러들다. ¶ 옷 속으로 스미는 찬 바람. ③절실하게 느껴지다. ¶ 뼛속까지 스미는 고독.
스바냐-서 (←Zephaniah書) 명 구약 성서 중의 한 편. 유대 인들의 우상 숭배와 타락을 경고하고 주(主)의 날이 임박했음을 주장하는 내용임.
스산-하다 형여 ①거칠고 쓸쓸하다. ¶ 스산한 바람. ②(기분이나 마음이) 안정되지 않고 어수선하다. ¶ 괜히 마음이 스산해서 일을 할 수가 없다.
스스럼-없다 [-러멉따] 형 보기에 스스러워하는 태도가 없다. ¶ 서로 스스럼없는 사이. **스스럼없-이** 부.
스스럽다 [-따] [스스러우니·스스러워] 형ㅂ ①정분이 그리 두텁지 않아 조심스럽다. ¶ 서로 스스럽게 지내다. ②수줍고 부끄럽다. ¶ 처녀가 그런 일을 하자니 스스럽기야 하겠지.
스스로 Ⅰ 명 자기 자신. ¶ 스스로를 다스리다. Ⅱ 부 ①저절로. ¶ 스스로 이루어진 일. ②자진하여. ¶ 스스로 물러나다. ③자기 힘으로. ¶ 자기 일은 스스로 해야 한다.
스스로-자 (-自) 명 한자 부수의 한 가지. '臭'·'臬' 등에서의 '自'의 이름.
스승 명 자기를 가르쳐 주는 사람. 사부(師傅). 선생. 함장(函丈).
스왜거-코ː트 (swagger coat) 명 도련이 퍼져 자연적인 주름이 잡히는, 허리선이 없이 헐렁하고 짧은 여성용 외투.
스웨이드 (suede) 명 송아지나 새끼 양 따위의 가죽의 안쪽을 보풀려서 무두질한 것. 장갑이나 여자 구두 따위에 쓰임. 참섀미.
스웨터 (sweater) 명 털실로 짠 상의.
스위치 (switch) 명 ①전기 회로를 이었다 끊었다 하는 장치. 개폐기(開閉器). 전환기(轉換器). ②레슬링에서, 공방의 태세나 전술을 일전하여 바꾸는 일.
스위치^무ː역 (switch貿易) 명 제3국의 통화를 결재 수단으로 사용하고, 다른 통화 지역으로부터 수입하는 삼각 무역의 한 가지.
스위치보ː드 (switchboard) 명 배전반(配電盤).
스위치-히터 (switch-hitter) 명 야구에서, 좌우 어느 쪽의 타석에서도 칠 수 있는 타자.
스위ː트-룸ː (suite room) 명 〔한데 이어져 있는 방이라는 뜻으로〕 호텔 등에서 욕실이 딸린 침실, 거실 겸 응접실 따위가 하나로 이어져 있는 특별실.
스위ː트-피ː (sweet pea) 명 콩과의 일년생 또는 이년생 만초. 지중해 연안 원산의 관상용 식물로 줄기는 1~2 m. 전체에 흰 털이 있고 잎은 깃 모양의 겹잎임. 5월경에 여러 가지 빛깔의 나비 모양의 꽃이 핌.
스위ː퍼 (sweeper) 명 ①축구에서, 골키퍼를 제외한 수비수 가운데 가장 뒤쪽의 방어를 맡은 선수. ②볼링에서, 핀을 옆으로 쓸어 내듯이 넘기는 볼.
스윙 (swing) 명하자 ①권투에서, 팔을 길게 펴서 옆으로 휘둘러 치는 기술. ②야구에서, 타자가 방망이를 휘두르는 일. ③강렬한 리듬으로 된 재즈 음악의 한 형식.
스쳐-보다 [-처-] 타 ①곁눈질하여 슬쩍 보다. ②세밀하지 아니하게 대강대강 빨리 보다. ¶ 이 책은 스쳐볼 책이 아니다.
스치다 자타 ①서로 약간 닿으면서 지나가다. 서로 닿을락 말락 지나가다. ¶ 바람이 옷깃을 스치다. ②(어떤 생각이) 퍼뜩 떠올랐다가 사라지다. ¶ 문득 불길한 예감이 스치고 지나갔다.
스치다 타 〈옛〉 생각하다. ¶ 想蘊은 여러가짓 일 스칠 씨오(月釋1:35).
스카라무슈 (scaramouche 프) 명 이탈리아 즉흥희극의 익살꾼 역(役). 〔원래는 17세기의 배우 피오렐리를 일컫던 말.〕
스카시 (SCSI) 명 컴퓨터에서 주변 장치를 연결하는 데 사용하는 직렬 인터페이스. [Small Computers System Interface]
스카우트 (scout) 명 ①보이 스카우트나 걸 스카우트의 단원. ②하타 되자 각지를 돌아다니며 우수한 운동 선수나 연예인 따위 인재를 물색하고 찾아내는 일.
스카이다이버 (skydiver) 명 스카이다이빙을 하는 사람.
스카이다이빙 (skydiving) 명 비행 중인 항공기에서 뛰어내려, 공중을 낙하하다가 지상 가까이에서 낙하산을 펴고 목표 지점에 착륙하는 항공 스포츠의 한 가지.
스카이-라운지 (sky+lounge) 명 (전망이 좋은) 높은 건물의 맨 위층에 자리한 휴게실.
스카이라이트 (skylight) 명 (화실·사진관 같은 곳에서) 천장에 낸 채광창.

스카이라인(skyline)명 (산·고층 건물 따위에서) 하늘에 그어진 윤곽.
스카이웨이(skyway)명 산마루를 잇대어 뻗은 관광 도로.
스카치(Scotch)명 〈스카치위스키〉의 준말.
스카치-위스키(Scotch whisky)명 스코틀랜드 지방 특산의 위스키. 특유의 향이 있음. 준스카치.
스카치-테이프(Scotch tape)명 접착용의 투명한 셀로판테이프. 〔상품명에서 유래함.〕
스카ː프(scarf)명 (주로, 여성이 장식이나 보온을 위하여) 목에 감거나 머리에 두르는 사각형의 얇은 천.
스칸듐(scandium)명 희토류 원소의 한 가지. 엷은 회백색 금속으로, 산(酸)에 녹아 3가의 염을 만듦. 〔Sc/21/44.9559〕
스칼라(scalar)명 하나의 수치만으로 완전히 표시되는 양. 크기만을 가지고 방향은 갖지 않는 양. 〔질량·길이·에너지·밀도 따위.〕 참벡터(vector).
스캐너(scanner)명 ①색도 분해기의 한 가지. 〔상표명에서 유래함.〕 ②컴퓨터에서, 그림·사진 따위를 이전 부호로 변환하여 하나의 파일로 저장하는 주변 장치.
스캐브(scab)명 파업의 이탈자.
스캔(scan)명하타 그림·사진 따위를 이전 부호로 변환하여 하나의 파일로 저장하는 일.
스캔들(scandal)명 ①(항간의) 물의. 추문(醜聞). ¶ 스캔들이 많은 유명 여배우. ②부정한 사건. 추성(醜聲). ¶ 정치적 스캔들.
스커ː트(skirt)명 서양식 치마.
스컬(scull)명 좌우의 노를 한 사람이 젓는 가벼운 보트 경주.
스컹크(skunk)명 족제빗과의 짐승. 북미(北美) 원산으로 몸길이 50 cm가량. 족제비와 비슷하나 더 튼튼하고, 몸빛은 검은 바탕에 흰 줄 또는 반점이 있음. 온몸에 긴 털이 나 있는데, 항문선에서 고약한 냄새가 나는 액체를 분비하여 적을 물리침. 땅속의 구멍에 살며, 밤에 나와 곤충 따위를 잡아먹음.
스케르찬도(scherzando 이)명 악보의 나타냄말. '익살스럽게'의 뜻.
스케르초(scherzo 이)명 경쾌하고 해학적인 느낌의 빠른 3박자의 곡. 해학곡(諧謔曲).
스케이트(skate)명 얼음을 지칠 때 신는, 구두 바닥에 쇠 날을 붙인 운동 기구.
스케이트-장(skate場)명 얼음을 지칠 수 있도록 시설을 한 곳. 활빙장.
스케이팅(skating)명하자 스케이트를 신고 얼음판 위를 지치는 일. 빙기(氷技).
스케일(scale)명 ①(일이나 계획 따위의) 규모. ②인물의 도량이나 됨됨이. ¶ 스케일이 큰 사람.
스케일링(scaling)명하타 치석을 벗기는 일.
스케줄ː(schedule)명 주어진 시간에 따라 세운 계획, 또는 그 계획표.
스케치(sketch)명하타 ①사생 또는 사생화. ②그 자리에서 느낀 대체적인 인상을 간단하게 그림이나 글 또는 악곡 등으로 나타내는 일, 또는 그 작품.
스케치북(sketchbook)명 사생에 쓰이는 도화지를 묶은 책.
스케치-판(sketch板)명 그림을 그릴 때 쓰는 화판.
스코어(score)명 ①경기의 득점, 또는 그 득점을 적은 표. ②모음 악보. 총보(總譜).
스코어보ː드(scoreboard)명 득점(得點) 게시판.
스코어북(scorebook)명 운동 경기의 득점 경과를 적는 기록부.
스코치(Scotch)명 영국 스코틀랜드 남부에서 나는 면양의 털, 또는 그것으로 만든 털실이나 그것으로 짠 사문직(斜紋織).
스코ː프(scope)명 교육 과정 편성의 기준이 되는 학습 활동의 범위.
스콜ː(squall)명 열대 지방의 소나기. 〔거의 매일 오후에 강풍·우레와 함께 옴.〕
스콜라^철학(schola哲學)명 8~17세기에 걸친 유럽 중세기의 신학 중심의 철학. 번쇄(煩瑣) 철학.
스콥(schop 네)명 흙 따위를 파거나 담아 올리거나 섞는 데 쓰는, 숟가락 모양의 기구.
스쿠ː너(schooner)명 2~4개의 돛대를 가진 서양식의 돛단배.
스쿠ː버(scuba)명 휴대용 수중 호흡 장치.
스쿠ː버^다이빙(scuba diving)명 스쿠버를 갖추고 잠수하여 체력을 단련하는 수중 스포츠.
스쿠ː터(scooter)명 ①아이들이 땅 위에서 한 발을 올려놓고 달릴 수 있게 만든 스케이트. ②소형 오토바이의 한 가지.
스쿨ː링(schooling)명 통신 교육을 받는 학생의, 일정 시간 수의 출석 수업.
스쿨-버스(school bus)명 학생들의 통학 편의를 위하여 운영하는 학교 버스. ¶ 스쿨버스로 통학하다. /스쿨버스를 운행하다.
스쿼시(squash)명 ①과즙을 소다수로 묽게 하고 설탕을 탄 음료. ②구기의 한 가지. 두 사람의 경기자가 사방이 벽으로 둘러싸인 코트에서, 라켓으로 단단한 고무공을 벽에 맞추어서 공이 마루에 두 번 튕기기 전에 되받아 쳐 득점을 겨루는 경기.
스퀘어^댄스(square dance)명 미국 민속 무용의 한 가지. 네 쌍의 남녀가 마주 서서 정사각형을 이루면서 춤.
스퀴ː즈^플레이(squeeze play)명 야구에서, 3루의 주자를 홈으로 불러들일 목적으로 타자가 하는 번트.
스크랩(scrap)명하타 신문·잡지 따위에서 필요한 부분을 오려 내는 일, 또는 그 오려 낸 글이나 사진 조각 따위.
스크랩북(scrapbook)명 (신문·잡지 따위에서) 오려 낸 스크랩을 붙이는 책.
스크럼(scrum)명 ①럭비에서, 양편의 선수가 어깨를 맞대고 그 사이로 굴려 넣은 공을 자기 편 쪽으로 빼내어 돌리는 일. ②여럿이 팔을 꽉 끼고 뭉치는 일. ¶ 군중들이 스크럼을 짜고 시위를 하고 있었다.
스크롤-바ː(scroll bar)명 보통 윈도의 아래쪽과 오른쪽에 나타나는 막대. 윈도에 나타난 화면을 상하 좌우로 움직일 때 사용함.
스크루ː(screw)명 나선 추진기.
스크루ː^컨베이어(screw conveyor)명 ☞나사 컨베이어.
스크린ː(screen)명 ①영사막(映寫幕). 은막(銀幕). ②영화의 화면. ¶ 대형 스크린에 담은 한국 현대사. ③인쇄의 제판(製版)에서, 감광판의 앞에 대는 그물눈을 새긴 유리판. ④☞스크린플레이.
스크린ː^쿼터(screen quota)명 영화 상영 시간 할당제. 정부에서 국산 영화를 보호·육성하기 위해 일정 시간 동안 국산 영화를 상영하도록 한 제도.

스크린ː^프로세스 (screen process) 명 특수 효과의 한 가지. 미리 촬영한 배경을 영사(映寫)하고 이를 배경으로 배우의 연기를 촬영하는 일.
스크린ː-플레이 (screen play) 명 농구에서, 상대편의 방해를 막기 위해 자기편 선수를 앞세우고 그 뒤에서 하는 공격법. 스크린.
스크립터 (scripter) 명 영화·텔레비전·라디오 등의 대본 작가.
스크립트 (script) 명 영화·방송극 등의 대본. 각본.
스키ː (ski) 명 ①눈 위를 지칠 때 신는, 가늘고 긴 판상(板狀)의 용구. ②스키를 신고 달리는 속도나 점프 능력을 겨루는 경기.
스키ː-장 (ski場) 명 스키를 탈 수 있는 시설을 갖추어 놓은 곳.
스킨^다이빙 (skin diving) 명 수중 호흡기·물안경·물갈퀴 등 간단한 장비만 갖추고 하는 스포츠로서의 잠수. 참스쿠버 다이빙.
스킨-로ː션 (skin lotion) 명 피부 보호에 쓰는 화장수.
스킨^스쿠ː버 (skin scuba) 명 '스쿠버 다이빙'과 '스킨 다이빙'을 아울러 이르는 말.
스킨십 (skin+ship) 명 피부의 상호 접촉에 의한 애정의 교류.
스타ː (star) 명 ①인기 있는 배우나 운동 선수. 〔일반적으로 인기 있는 사람을 두루 이르는 말.〕 ¶ 인기 스타./스포츠 스타. ②장성(將星)의 계급인 별을 속되게 이르는 말. ¶ 포(four) 스타.
스타ː덤 (stardom) 명 인기 스타의 지위 또는 신분. ¶ 스타덤에 오르다.
스타디움 (stadium 라) 명 관람석을 갖춘 운동 경기장. ¶ 올림픽 스타디움.
스타일 (style) 명 일정한 형태나 양식. ¶ 복고적인 스타일./화가 특유의 스타일이 돋보이는 작품.
스타일리스트 (stylist) 명 ①자기의 몸매나 옷맵시에 신경을 몹시 쓰는 사람. ②의복·실내장식 등의 지도나 조언을 하는 사람.
스타일-북 (stylebook) 명 인쇄소·출판사·신문사 등에서 철자·구두점·약자 따위를 모아 엮은 책.
스타카토 (staccato 이) 명 악곡 연주에서, 한 음표씩 끊어서 연주하는 일, 또는 그 기호. 기호는 '·'. 끊음표. 단음 기호. 단주(斷奏).
스타카티시모 (staccatissimo 이) 명 악곡 연주에서, 음을 짧게 끊어서 연주하는 일, 또는 그 기호.
스타킹 (stocking) 명 ①여성용의 긴 양말. ②운동 경기나 등산용으로 신는 긴 양말.
스타ː트 (start) 명하자 '출발'·'시작'으로 순화.
스타ː트^라인 (start+line) 명 (경주의) 출발선.
스타ː팅^멤버 (starting member) 명 선수 교체를 할 수 있는 단체 경기에서, 처음에 출장하는 선발 멤버.
스태그플레이션 (stagflation) 명 경기가 불황인 상태에서도 물가가 계속 올라가는 경제 현상.
스태미나 (stamina) 명 '힘'·'정력'·'원기'로 순화.
스태프 (staff) 명 ①참모. 막료(幕僚). ②부원. 간부. ③연극이나 영화에서, 연기자 이외의 제작에 참여하는 사람. 〔원작·제작·감독·음악·조명·촬영 따위를 맡은 사람.〕
스택 (stack) 명 컴퓨터에 데이터를 액세스하는 형태의 한 가지. 나중에 입력한 정보부터 출력되거나 삭제 처리되는 액세스 형태임.
스탠드 (stand) 명 ①계단식으로 된 운동장의 관람석. ②물건을 올려놓는 대. ¶ 잉크 스탠드. ③〈전기스탠드〉의 준말.
스탠드-바ː (stand+bar) 명 서서 마시는 서양식 선술집.
스탠딩^스타ː트 (standing start) 명 중·장거리 경주에서, 출발선에 선 자세에서 달려 나가는 출발법. 참크라우칭 스타트.
스탠바이 (←stand-by) 명 ①방송이 시작되기 직전에 연출자 등이 외치는 '준비하라'는 뜻의 명령. ②무선 전신에서, 조정을 하고 발신·수신을 기다리는 일. ③방송에서, 예정된 방송 계획의 취소에 따르는 임시 방송.
스탠스 (stance) 명 야구·골프 따위에서, 공을 칠 때나 던질 때의 두 발의 위치나 벌린 폭.
스탬프 (stamp) 명 (주로 고무로 만든) 도장.
스탬프-잉크 (stamp ink) 명 고무도장 따위를 찍을 때 쓰는 잉크.
스턴트-맨 (stunt man) 명 영화에서, 위험한 장면을 배우 대신에 연기하는 사람.
스털ː링 (sterling) 명 ①영국 정화(正貨)의 순도의 표준. ②영국 화폐.
스털ː링^지역 (sterling地域) 명 ☞파운드 지역.
스테고돈 (stegodon) 명 장비목(長鼻目)에 속하는 화석 코끼리. 현재의 코끼리와 마스토돈(mastodon)의 중간형으로 동남아시아 특산임. 신생대 제3기(紀) 중기(中期)부터 제4기 중기에 걸쳐 번성하였음.
스테디-셀러 (steady seller) 명 (오랜 기간에 걸쳐) 꾸준히 팔리는 책. 참베스트셀러.
스테레오 (stereo) 명 방송이나 음반 따위에서 입체감을 내게 한 음향 재생 장치.
스테레오^타입 (stereo type) 명 〔연판(鉛版) 인쇄라는 뜻에서〕 일반적인 방식. 틀에 박힌 행동 양식.
스테로이드 (steroid) 명 스테롤·담즙산·성호르몬 따위의 지방 용해성 화합물을 통틀어 이르는 말.
스테롤 (sterol) 명 스테로이드 핵을 가진 유기 알코올. 동식물계에 널리 분포하는 지방질 성분의 하나임. 〔콜레스테롤·에르고스테롤 따위.〕
스테아르-산 (← stearic酸) 명 냄새가 없는 흰색의 결정체로 지방의 주성분을 이루는 포화 고급 지방산의 한 가지. 경지산(硬脂酸).
스테아린 (stearin) 명 스테아르산(酸)의 글리세린 에스테르.
스테이션^브레이크 (station break) 명 방송 프로그램과 프로그램 사이에 자국(自局)의 국명이나 콜 사인·광고 방송 따위를 하는 일.
스테이지 (stage) 명 '무대'로 순화.
스테이지^댄스 (stage dance) 명 관객에게 보이기 위해서 무대에서 추는 춤. 무대 무용.
스테이크 (steak) 명 ①두꺼운 육류 조각을 구운 서양 요리의 한 가지. ②비프스테이크.
스테이플^파이버 (staple fiber) 명 인조 섬유를 짧게 잘라 솜 모양으로 정제한 것, 또는 그 섬유로 짠 옷감. 준스프·파이버.
스테인드-글라스 (stained glass) 명 색유리를 쓰거나 색을 칠하여 그림이나 무늬를 나타낸 유리판.
스테인리스 (stainless) 명 '스테인리스강'을 일상적으로 이르는 말. ¶ 스테인리스 그릇.
스테인리스-강 (stainless鋼) 명 크롬과 탄소 외에 용도에 따라 니켈, 텅스텐, 바나듐, 구리, 규소 따위의 원소를 함유한 내식성 강철. 녹이 슬지 않고 약품에도 부식하지 않음. 불수강·스테인리스 스틸.
스테인리스^스틸ː (stainless steel) 명 ☞스테인리스강. 불수강(不銹鋼).

스텐실(stencil)명 ①염색이나 판화 기법의 한 가지. 무늬 부분을 잘라 낸 두꺼운 종이를 헝겊이나 종이 위에 덮고 롤러로 눌러 그림을 만드는 법. ②〈스텐실 페이퍼〉의 준말.
스텐실^페이퍼(stencil paper)명 등사용 원지(原紙). 준스텐실.
스텔라이트(stellite)명 코발트에 크롬·텅스텐 따위를 섞어 만든 내열성 합금의 상품명.
스텝(step)명 댄스에서, 발과 몸의 한 동작.
스텝(steppe)명 사막 주변에 펼쳐져 있는 초원 지대. 우크라이나와 중앙아시아·몽골 등지에 발달하였으며, 밀농사와 목축에 적합함.
스텝^기후(steppe氣候)명 건조 기후형의 한 가지. 사막의 주변에서 볼 수 있으며, 긴 건기(乾期)와 짧은 우기(雨期)를 가짐. 연평균 강수량은 250~500 mm.
스토ː니(stony)명 시멘트에 특수한 약품을 혼합하여 경화·응결시킨 것. 경도가 높고 물·불·산(酸)에 잘 견딤. 모조 대리석.
스토ː리(story)명 '이야기'·'줄거리'로 순화.
스토ː브(stove)명 난로(煖爐).
스토아^철학(Stoa哲學)명 스토아학파의 철학.
스토아-학파(Stoa學派)명 기원전 3세기 초에 제논이 창시한 그리스 철학의 한 파. 윤리를 중심 과제로 하고 준엄한 도덕주의와 엄격한 의무의 준수를 주장함. 극기파(克己派).
스토ː커(stalker)명 좋아하는 사람, 특히 유명 연예인이나 운동선수 등을 따라다니며 귀찮게 하거나 괴롭히는 사람.
스토ː킹(stalking)명 좋아하는 사람, 특히 유명 연예인이나 운동선수 등을 따라다니며 귀찮게 하거나 괴롭히는 일.
스톡^옵션(stock option)명 회사가 임직원에게 자사의 주식을 미리 약정한 가격에 살 수 있는 권리를 주는 제도. 주로, 직원의 근로 의욕을 높이거나 우수한 인력을 확보하기 위한 수단으로 활용됨.
스톱(stop)명 ①하자타정지. 중지. ¶ 버스가 스톱하다. ②오르간의 음전(音栓).
스톱^밸브(stop valve)명 액체를 일정한 방향으로만 흐르게 하는 구조의 밸브. 수도(水道)의 마개판 따위.
스톱워치(stopwatch)명 바늘을 마음대로 작동시키며, 시간의 기록을 초(秒) 이하까지 잴 수 있게 만든 특수 시계.
스투코(stucco 이)명 석회·석고·모래 따위를 섞어 만든 건축 자재의 한 가지.
스툴ː(stool)명 등이 없는 작은 걸상.
스튜ː(stew)명 서양 요리의 한 가지. 고기에 버터와 조미료를 섞어 볶다가 야채를 넣어서 푹 끓인 국물 있는 음식.
스튜디오(studio)명 ①미술가·사진 작가 등의 작업실. 〔화실·사진관 따위.〕 ②영화 촬영소. ③라디오·텔레비전 국(局)의 방송실.
스튜어드(steward)명 항공기 안에서 승객에게 봉사하는 남성 승무원. ↔스튜어디스.
스튜어디스(stewardess)명 항공기 안에서 승객에게 봉사하는 여성 승무원. ↔스튜어드.
스트라이커(striker)명 축구에서, 득점력이 뛰어난 공격수.
스트라이크(strike)명 ①'파업'으로 순화. ②야구에서, 투수가 던져 스트라이크 존을 통과한 공을 타자가 치지 못하고 포수가 받는 일. ③볼링에서, 제1투로 열 개의 핀을 모두 넘어뜨리는 일.
스트라이크^아웃(strike out)명 야구에서, 타자가 스트라이크를 세 번 당하여 아웃되는 일. 삼진(三振).
스트라이크^존ː(strike zone)명 야구에서, 투수가 던진 공을 타자가 치기에 가장 유리하다고 지정한 공간. 〔타자의 겨드랑이 밑에서 무릎 사이 홈 베이스 위의 공간.〕
스트레스(stress)명 ①몸에 해로운 정신적·육체적 자극이 가해졌을 때 그 생체(生體)가 나타내는 반응. ¶ 스트레스 해소. /스트레스가 쌓이다. ②강세. 어세(語勢). 억양.
스트레이트(straight)명 〔'곧음'·'똑바름'의 뜻으로〕 ①연속적임. ¶ 스트레이트로 이기다. ②야구에서, 직구(直球). ③권투에서, 팔을 곧장 뻗어 상대를 치는 타격. ④양주에 물 따위 다른 것을 타지 않고 그냥 마시는 일, 또는 그 술.
스트레치(stretch)명 ①경기장이나 경마장 양쪽의 직선 코스. 특히, 최후의 직선 코스. ②보트의 노를 한 번 저어 가는 거리.
스트레칭(stretching)명 몸과 팔다리를 쭉 펴 주는 일.
스트렙토마이신(streptomycin)명 흙 속의 방선균(放線菌)에서 발견된 항생 물질(抗生物質)의 한 가지. 〔결핵·적리(赤痢)·티푸스 등의 특효약임.〕 준마이신.
스트로ː(straw)명 ☞빨대.
스트로보스코ː프(stroboscope)명 회전 운동 또는 진동의 주기를 재고, 회전 중의 운동 상태를 관측하는 장치.
스트로ː크(stroke)명 ①보트에서, 노를 젓는 동작. ②수영에서, 팔로 물을 끌어당기는 동작. ③테니스나 골프에서, 공을 치는 동작.
스트로풀루스(strophulus)명 첫여름에 발생하는 어린아이 특유의 피부병. 두드러기 비슷한 발진이 나타남.
스트론튬(strontium)명 알칼리 토금속 원소의 한 가지. 천연으로 산출되는 은백색 원소로 상온에서 물을 분해하여 수소를 발생시킴. 특수 합금(合金)·탈산제(脫酸劑) 따위에 쓰임. 〔Sr/38/87.62〕
스트리크닌(strychnine)명 마전(馬錢)의 씨에 들어 있는 알칼로이드. 〔독성이 강하나 적량(適量)은 흥분제·강심제 등 신경 자극제로 유효함.〕
스트리ː킹(streaking)명 벌거벗고 시가지 따위를 달리는 것.
스트리퍼(stripper)명 스트립쇼에 출연하는 무용수.
스트린젠도(stringendo 이)명 악보에서, 변화를 주도록 지시하는 말. '음을 차츰 빠르게'의 뜻.
스트립-쇼ː(strip+show)명 무용수가 음악에 맞추어 춤을 추면서, 옷을 하나하나 벗어 보이는 구경거리.
스티렌(styrene)명 에틸벤젠을 탈수소(脫水素)하여 만든, 특이한 냄새를 가진 무색의 액체. 스티렌 수지·합성 고무·도료 따위 화학 공업의 원료로 널리 쓰임. 스티롤(styrol).
스티렌^수지(styrene樹脂)명 스티렌의 중합체로 에틸렌과 벤젠을 원료로 하는 합성수지의 한 가지. 절연체·광학 재료·장신구 따위에 널리 쓰임. 스티롤 수지.
스티로폴(Styropor 독)명 '스티로폼'의 잘못.
스티로폼(styrofoam)명 발포 스티렌 수지. 〔상표명에서 유래함.〕
스티롤(styrol)명 ☞스티렌(styrene).

스티롤^수지(styrol樹脂)명 ☞스티렌 수지.

스티치(stitch)명 자수·편물·양재에서, 한 땀이나 한 코, 또는 바늘로 뜨고 짜고 꿰매는 모든 방법을 통틀어 이르는 말.

스티커(sticker)명 ①상표나 광고 또는 어떤 표지로서 붙이는, 풀칠이 되어 있는 작은 종이 표. ②교통경찰이 교통 법규 위반자에게 떼어 주는 범칙금 부과 서류.

스틱(stick)명 ①지팡이. 막대. 단장(短杖). ②하키 따위에서 쓰는, 공을 다루는 나무 막대기.

스틸ː(steal)명 도루(盜壘).

스틸ː(still)명 영화의 한 장면을 크게 확대 인화한 선전용 사진. 장면 사진(場面寫眞).

스틸ː^기타ː(steel guitar)명 강철선을 현(絃)으로 사용한 경음악용 전기 기타의 한 가지. 흔히, 전기로 소리를 증폭(增幅)해 강한 소리를 냄.

스틸ː^새시(steel sash)명 내화 구조물(耐火構造物) 따위에 쓰이는 강철제의 문틀.

스팀ː(steam)명 증기(蒸氣)를 통하여 열을 내는 난방 장치.

스팀ː^해머(steam hammer)명 증기의 힘으로 상하 운동을 하는 대형 망치.

스파게티(spaghetti 이)명 가늘고 구멍이 뚫리지 않은 이탈리아식 국수 요리.

스파르타^교ː육(Sparta教育)명 (고대 그리스의 스파르타에서 하던 국가주의적 교육을 본뜬) 매우 엄격한 교육, 또는 그러한 교육 방법.

스파ː링(sparring)명 권투에서, 헤드기어를 쓰고 실제의 시합과 같은 형식으로 하는 연습. ¶ 챔피언의 스파링 파트너가 되다.

스파이(spy)명 간첩.

스파이크(spike)명 ①구두 밑창에 박는 뾰족한 징이나 못. ②〈스파이크 슈즈〉의 준말. ③배구에서, 네트 가까이 띄워 준 공을, 뛰어오르면서 상대편 쪽으로 세게 내리치는 일.

스파이크^슈ː즈(spike shoes)명 밑창에 뾰족한 징이나 못을 박은 운동화. 러닝 슈즈. ㊟스파이크.

스파ː크(spark)명 불꽃, 특히 전기의 방전 때 일어나는 불꽃. 전기 불꽃.

스패너(spanner)명 볼트·너트 따위를 죄거나 푸는 공구(工具). 렌치.

스패츠(spats)명 신 속에 눈이나 먼지 등이 들어가지 않게 하거나 발목을 보호하기 위하여 발목에 두르는 각반(脚絆).

스팸^메일(spam mail)명 (원하지 않는데도) 다수의 사람에게 일방적으로 보내는 광고성 이메일.

스팽글(spangle)명 금속이나 플라스틱 따위로 만든 얇고 조그만 조각. 빛을 반사하여 반짝이기 때문에, 무대 의상이나 야회복(夜會服)·광고 간판 따위에 달아서 장식으로 씀.

스퍼ː트(spurt)명 (끝판의) 역주(力走) 또는 역영(力泳). ¶ 라스트 스퍼트.

스펀지(sponge)명 고무나 합성수지 따위로 해면 모양으로 만든 것. 쿠션·그릇닦개 따위로 쓰임.

스펀지-케이크(sponge cake)명 양과자(洋菓子)의 한 가지. 밀가루·달걀·설탕을 주원료로 하여 스펀지 모양으로 구워 낸 과자.

스페어(spare)명 ①언제든지 바꿀 수 있도록 갖추어 두는 것. ¶ 타이어 한 개를 스페어로 가지고 다니다. ②볼링에서, 제1투에서 쓰러뜨리지 못한 핀을 제2투에서 모두 쓰러뜨리는 일, 또는 그렇게 하여 얻는 점수.

스페어-타이어(spare tire)명 자동차의 펑크에 대비한 예비 타이어.

스페이드(spade)명 트럼프 패의 한 가지. 심장 모양의 검은 나뭇잎이 그려져 있음.

스페이스(space)명 지면(紙面)의 여백.

스펙터클^영화(spectacle映畫)명 호화로운 의상이나 세트, 대규모의 트릭, 많은 엑스트라 따위를 써서, 장대한 규모의 장면을 구경거리로 하여 만든 영화.

스펙터클-하다(spectacle-)형여 '웅장하다'·'거창하다'·'거대하다'로 순화.

스펙트럼(spectrum)명 ①빛을 프리즘 등 분광기(分光器)로 분해했을 때 생기는 무지개와 같은 빛깔의 띠. 파장(波長)의 차례로 배열됨. ②복잡한 조직을 가진 대상을 단순한 성분으로 나누어, 질량 등의 차례로 늘어놓은 것.

스펙트럼^광도계(spectrum光度計)[-계/-게]명 스펙트럼의 각각의 빛에 대해 따로따로 그 강도를 비교 측정하는 장치.

스펙트럼^분석(spectrum分析)명 물질의 분말을 고온의 불꽃에 넣어, 그 발광(發光)하는 스펙트럼으로 함유되어 있는 원소를 분석하는 방법. 분광 분석(分光分析).

스펙트럼-형(spectrum型)명 항성(恒星)의 온도 따위의 물리적 상태를 그 스펙트럼으로 분류하여 정한 형(型).

스펠(spell)명 ☞스펠링.

스펠링(spelling)명 유럽 어(語)의 철자 또는 맞춤법. 스펠.

스포르차토(sforzato 이)명 ☞스포르찬도.

스포르찬도(sforzando 이)명 악보에서, 부분적인 셈여림을 나타내는 말. '특히 강한 악센트로'의 뜻. 〔기호는 sf 또는 sfz〕 스포르차토.

스포이트(spuit 네)명 잉크·물약 따위를 빨아올려 다른 곳으로 옮기는 데 쓰는, 고무주머니가 달린 유리관.

스포ː츠(sports)명 신체 단련이나 경쟁·유희성 등의 요소를 포함한 신체 운동을 통틀어 이르는 말.

스포ː츠-맨(sportsman)명 운동가. 운동선수.

스포ː츠맨-십(sportsmanship)명 운동 정신. 정정당당하게 행동하는 운동가다운 인격과 경기 정신.

스포ː츠^센터(sports center)명 각종 스포츠를 할 수 있도록 시설을 갖춘 체육관.

스포ː츠^의학(sports醫學)명 스포츠와 인체의 관계를 연구하여 이를 경기력 향상과 경기자의 건강 관리 등에 반영시키는 의학.

스포ː츠-카ː(sports car)명 주행 성능이 좋은 오락용·경주용의 소형 자동차.

스포트라이트(spotlight)명 ①무대의 한 부분만을 집중적으로 비추기 위한 광선. ②'각광'·'주시'로 순화.

스포ː티-하다(sporty-)형여 '날렵하다'·'경쾌하다'로 순화.

스폰서(sponsor)명 ①(행사나 자선 사업 따위의) 보증인. 후원자. ②상업 방송에서 프로그램을 제공하는 광고주.

스폿^광ː고(spot廣告)명 라디오나 텔레비전 방송에서, 프로그램과 프로그램 사이에 끼워 넣는 짧은 광고.

스폿^뉴ː스(spot news)명 라디오나 텔레비전 방송에서, 프로그램과 프로그램 사이에 끼워 내보내는 짤막한 뉴스.

스푼ː(spoon)명 ①주로, 양식(洋食)에 쓰이는 숟가락. 양숟가락. 사시(沙匙). ②끝 부분이 숟가락 모양으로 된 골프 채. ③〖의존 명사적 용법》 음식물을 스푼에 담아 그 분량을 세는 단위. ¶ 설탕 한 스푼.

스프명 〈스테이플 파이버〉의 준말.

스프레이(spray)명 '분무'·'분무기'로 순화.

스프롤ː^현ː상(sprawl現象)명 대도시의 교외가 무질서·무계획적으로 확대되는 현상.

스프린터(sprinter)명 달리기나 수영 등에서, 단거리 경주 선수.

스프린트(sprint)명 달리기나 수영 등에서, 단거리 경기.

스프링(spring)명 용수철.

스프링-보ː드(spring board)명 도약판(跳躍板).

스프링^캠프(spring camp)명 프로 야구 따위에서, 춘계 합숙 훈련, 또는 그 장소.

스프링-코ː트(spring+coat)명 봄·가을에 입는 가벼운 외투.

스프링클러(sprinkler)명 ①천장 같은 데 장치하는 자동 소화 장치. 〔실내 온도가 70℃쯤 되면 자동적으로 물이 뿜어져 나옴.〕 ②밭이나 정원 같은 데 세워 놓은, 자동적으로 물을 흩뿌리게 되어 있는 장치.

스피넬(spinel)명 마그네슘과 알루미늄의 산화 광물. 등축 정계(等軸晶系) 팔면체의 결정. 투명 또는 반투명이며, 빨강·파랑·노랑·녹색·갈색 따위의 것이 있음. 순수한 것은 보석으로 가공됨.

스피ː드(speed)명 속력. 속도. ¶ 스피드를 내다.

스피ː드^건(speed gun)명 달리는 자동차의 속도나 투수의 투구 속도 따위를 재는, 총 모양으로 생긴 계기. 마이크로파의 반사 파장 성질을 이용함.

스피ː드^스케이팅(speed skating)명 일정 거리의 스케이트 활주 경기.

스피로헤타(Spirochaeta)명 미생물의 한 가지. 모양은 실 같은 나선형으로 고등 동물에 기생함. 분열에 의해 증식하여 매독·회귀열(回歸熱) 등의 병원체가 되지만 병원성(病原性)이 아닌 종류도 있음.

스피리토ː소(spiritoso 이)명 악곡의 나타냄말. '활기 있게'의 뜻.

스피츠(spitz)명 개의 한 품종. 길고 흰 털로 덮여 있으며, 뾰족한 얼굴에 귀가 작고 곧게 서 있음. 애완용으로 기름.

스피카토(spiccato 이)명 현악기 연주에서, 활을 현 위에 튀게 하여 음을 가늘고 짧게 끊어서 켜는 연주법.

스피ː커(speaker)명 ☞확성기.

스피ː커폰ː(speakerphone)명 마이크와 스피커가 부착되어 있는 전화기. 스피커로 수화하고 마이크로 송화하게 되어 있어서 수화기를 갖지 않고도 통화가 가능함.

스핀(spin)명 ①테니스·탁구 따위에서, 공에 회전을 주는 일, 또는 그 회전. ¶ 스핀 볼. ②피겨 스케이팅에서, 얼음판 위의 한 점에서 팽이처럼 몸을 회전하는 일.

스핀-킥(spin kick)명 축구에서, 공이 돌면서 휘어져 날아가도록 공의 한옆을 비껴 차는 일.

스핏-볼ː(spitball)명 야구에서, 공의 일부에 침을 발라서 던지는 투구법. 〔예측할 수 없는 변화구가 되어 위험성이 따르기 때문에, 현행 규칙에서는 금지되어 있음.〕

스핑크스(Sphinx)명 ①고대 오리엔트 신화에 나오는, 사람의 머리와 사자의 몸을 가진 괴물. 〔이집트 등지에서 신전이나 분묘의 입구에 석상으로 만들어 세웠음.〕 ②그리스 신화에 나오는, 상반신은 여자, 하반신은 날개 돋친 사자 모양의 괴물. 〔행인에게 수수께끼를 내어 풀지 못하면 잡아먹었다 함.〕

슬(瑟)명 중국 고대 아악기의 한 가지. 앞은 오동나무, 뒤는 밤나무로 만들고 25줄을 매어서 타는 현악기. 참금(琴).

슬갑(膝甲)명 지난날, 추위를 막기 위해 바지 위에 껴입던, 무릎까지 내려오는 옷.

슬개건^반ː사(膝蓋腱反射)명 ☞무릎 반사.

슬개-골(膝蓋骨)명 무릎의 관절을 이루고 있는 종지 모양의 뼈. 슬골. 종지뼈.

슬겁다[-따][슬거우니·슬거워]형ㅂ ①(집이나 세간 따위가) 겉으로 보기보다 속이 너르다. ②(마음씨가) 정답고 너그럽다. 작살갑다.

슬골(膝骨)명 ☞슬개골.

슬-관절(膝關節)명 넓적다리뼈와 정강이뼈를 잇는 관절. 무릎마디.

슬그니부 〈슬그머니〉의 준말. 작살그니.

슬그머니부 남이 모르게 넌지시. ¶ 모두 잠든 틈에 슬그머니 빠져나가다. /슬그머니 꽁무니를 빼다. 준슬그니·슬그미. 작살그머니.

슬그미부 〈슬그머니〉의 준말. 작살그미.

슬근-거리다자 자꾸 슬근슬근하다. 슬근대다. 작살근거리다.

슬근-대다자 슬근거리다.

슬근-슬근부하자 물체와 물체가 서로 맞닿아서 가볍게 비벼지는 모양. ¶ 슬근슬근 톱질하세. 작살근살근.

슬금-슬금부 남이 모르게 눈치를 살펴 가며 슬그머니 움직이는 모양. ¶ 슬금슬금 도망치다. /슬금슬금 다가서다. 작살금살금.

슬금-하다형여 슬기롭고 너그럽다.

슬기명 사리를 바르게 판별하고 일을 잘 처리해 나가는 능력. 지혜(智慧). 두뇌. ¶ 선조의 슬기를 이어받다.

슬기-롭다[-따][~로우니·~로워]형ㅂ 슬기가 있다. ¶ 슬기로운 민족. **슬기로이**부.

슬다[1][스니·슬어]자 ①(쇠붙이에 녹이) 생기다. ¶ 기계에 녹이 슬다. ②(음식물 따위에) 곰팡이가 생기다. ¶ 곰팡이가 슨 음식.

슬다[2][스니·슬어]자 ①(식물이 진딧물 따위에 시달려) 누렇게 죽어 가다. ¶ 무 잎이 슬다. ②(몸에 돋은 두드러기나 소름 따위가) 없어지다. 스러지다. ¶ 부스럼이 슬다.

슬다[3][스니·슬어]타 (물고기나 벌레가 알을) 갈기다. ¶ 파리가 알을 슬다.

슬다[4][스니·슬어]타 ①쇠붙이를 불에 달구어 무르게 하다. ②풀이 센 빨래를 손질하여 녹녹하고 보들보들하게 하다.

슬다자 〈옛〉 스러지다. 사라지다. ¶ 塵이 슬면 覺이 두려이 조ᄒᆞ리라(圓覺上一之二*145*).

슬두(膝頭)[-뚜]명 무릎.

슬라브^족(Slav族)명 유럽의 동부 및 중부에 사는 아리안계 민족을 통틀어 이르는 말.

슬라이더(slider)명 야구에서, 투수가 던지는 변화구의 한 가지. 타자 가까이에서 미끄러지듯 외각(外角)으로 빠지는 공.

슬라이드(slide)명 환등기에 넣어 확대·투영시키는 필름, 또는 그 환등기.

슬라이드^글라스(slide glass)명 깔유리.

슬라이드^캘리퍼스(slide calipers)명 ☞노기스.

슬라이딩(sliding)명하자 ①활주(滑走). 미끄러짐. ②야구에서, 미끄러지면서 누(壘)를 밟는 일.

슬라이딩^시스템(sliding system)명 물가의 변동에 따라 임금을 올리거나 내리거나 하는 방식. 종가 임금법(從價賃金法).

슬라이딩^태클(sliding tackle)명 축구에서, 미끄러지듯 달려들어 상대편 선수의 공을 빼앗는 일, 또는 그런 동작.
슬래브(slab)명 건축물에서, 철근 콘크리트로 만든 바닥이나 지붕 따위의 판판한 구조물. ¶ 슬래브 지붕.
슬랙스(slacks)명 평상복의 느슨한 바지.
슬러거(slugger)명 강타자(強打者).
슬럼(slum)명 빈민가(貧民街). 빈민굴(貧民窟).
슬럼프(slump)명 ①심신의 상태 또는 작업이나 사업 따위가 일시적으로 부진한 상태. ¶ 슬럼프에 빠진 선수. ②경제의 불황. 불경기.
슬렁-슬렁부하자 서두름이 없이 천천히 행동하는 모양. ¶ 긴 노인이 슬렁슬렁 다가왔다.
슬레이트(slate)명 점판암(粘板岩), 또는 점판암의 얇은 판(板). 인조 슬레이트는 석면(石綿)에 시멘트를 섞어서 만드는데, 지붕을 이는 데 쓰임.
슬렌탄도(slentando 이)명 악보에서, 변화를 주도록 지시하는 말. '점점 느리게'의 뜻.
슬로ː건(slogan)명 어떤 단체의 주의·주장 따위를 짧은 말로 나타낸 것. 표어(標語).
슬로ː^모ː션(slow motion)명 ①느린 동작. ②고속도 촬영에 의하여 화면의 움직임이 실제보다 느리게 보이는 일.
슬로ː-비디오(slow+video)명 텔레비전에서, 녹화 테이프를 화면에 느린 동작으로 나타나게 재생하는 일, 또는 그 화면.
슬로ː^크랭킹(slow cranking)명 영화에서, 카메라의 작동을 느리게 하여 촬영하고, 실제로 영사할 때는 장면의 움직임을 빠르게 하는 기교.
슬로ː프(slope)명 (스키장 따위의) 비탈.
슬롯-머신(slot machine)명 경화(硬貨)를 넣어 다루는 자동 도박 기계.
슬리퍼(slipper)명 발끝만 꿰게 되어 있고 뒤축이 없는 실내화.
슬리ː핑-백(sleeping bag)명 침낭(寢囊).
슬립(slip)명 어깨에 걸어서 드레스보다 짧게 입는 여자용 속옷.
슬립^다운(slip down)명 권투에서, 가격에 의한 것이 아니라 미끄러져 넘어지는 일.
슬릿(slit)명 윗도리 자락이나 스커트 자락 따위에 튼 아귀.
슬며시부 ①드러나지 않게 넌지시. ¶ 슬며시 다가서다. 작살며시. ②속으로 은근히. ¶ 슬며시 화가 났다.
슬몃-슬몃[-면쓸면]부 거듭 슬며시 행동하는 모양. ¶ 모두들 슬몃슬몃 꽁무니를 빼다. 작살몃살몃.
슬믜다형 〈옛〉싫다. 싫고 밉다. ¶ 슬믤 뉘 모ᄅᆞ며(月釋2:59). /風景이 못 슬믜니(鄭澈.關東別曲).
슬슬부 ①드러나지 않게 슬그머니. 슬금슬금. ¶ 눈치를 슬슬 살피다. /슬슬 피하다. ②가볍게. ¶ 등을 슬슬 긁어 주다. ③서두르지 않고 천천히. ¶ 태평스럽게 슬슬 걸어서 가다. ④그럴듯한 말이나 행동으로 남을 구슬리는 모양. ¶ 달콤한 말로 슬슬 꾀다. ⑤(잘 녹는 물건이) 스르르 녹는 모양. ¶ 봄 기운에 응달의 잔설도 슬슬 녹다. 작살살[1].
슬쩍부 ①남에게 들키지 않게 얼른. ¶ 남의 물건을 슬쩍 훔치다. ②힘들이지 않고 능숙하게. ¶ 날아오는 공을 슬쩍 피하다. 작살짝. **슬쩍-슬쩍**부.
슬쩍-하다[-쩌카-]타여 (남의 물건을) 몰래 재빨리 가로채거나 훔치다. ¶ 지갑을 슬쩍하다.
슬치명 (알을 슬어 버려) 배 속에 알이 없는 뱅어. 참알치.
슬ᄏᆞ장부 〈옛〉실컷. 슳도록. ¶ ᄆᆞᄋᆞᆷ의 머근 말ᄉᆞᆷ 슬ᄏᆞ장 ᄉᆞᆲ쟈 ᄒᆞ니(鄭澈.續美人曲).
슬ᄏᆞ지부 〈옛〉실컷. 슳도록. ¶ ᄂᆞᆰᄆᆞ의 슬ᄏᆞ지 노니노라(古時調).
슬퍼-하다타여 슬프게 느끼다. 슬프게 여기다. ¶ 친구의 죽음을 슬퍼하다.
슬프다[슬프니·슬퍼]형 (불행을 만나거나 몹시 외롭거나 하여) 울고 싶어지도록 마음이 아프다. ↔기쁘다.
슬픔명 슬픈 마음. 슬픈 느낌. ↔기쁨.
슬피부 슬프게. ¶ 슬피 울나.
슬하(膝下)명 〔'무릎 아래'라는 뜻으로〕 ①(어버이의) 곁. ¶ 부모의 슬하를 떠나다. ②자식을 두어 대를 이어야 할 처지. ¶ 슬하에 일점혈육도 없는 노부부.
슬한-증(膝寒症)[-쯩]명 무릎이 시리고 아픈 증세.
슬행(膝行)명하자 무릎을 방바닥에 대고 걸음. 무릎걸음을 침.
슬훔명 〈옛〉슬픔. ¶ 기리 이웃 사ᄅᆞᄆᆡ 슬후미 ᄃᆞ외얫거니라(杜初6:37).
슬희여ᄒᆞ다형 〈옛〉싫어하다. ¶ 쳐ᄌᆞ식이 가장 슬희여ᄒᆞ더니(二倫34).
슬히부 〈옛〉싫게. ¶ 이 더러본 女人이 女身ᄋᆞᆯ 슬히 너기디 아니ᄒᆞ면(月釋21:87).
슳다[1]타 〈옛〉슬퍼하다. ¶ 悲ᄂᆞᆫ 슬흘씨오(月釋2:22). /슬흘 비:悲(類合下6).
슳다[2]형 〈옛〉싫다. ¶ 萬事에 보디 슬흔 일이나 이시면(新語6:24).
승겁다형ㅂ 〈옛〉싱겁다. ¶ 승거울 담:淡(訓蒙下14).
슴벅-거리다[-꺼-]자타 자꾸 슴벅슴벅하다. 슴벅대다. 작삼박거리다. 센씀벅거리다.
슴벅-대다[-때-]자타 슴벅거리다.
슴벅-슴벅[-씀-]부하자타 (눈꺼풀을 움직이어) 눈을 자꾸 감았다 떴다 하는 모양. 작삼박삼박. 센씀벅씀벅.
슴벅-이다자타 ①눈에 먼지 따위가 들어가 자꾸 끔벅이고 싶어지다. ②(눈까풀을 움직이어) 눈을 감았다 떴다 하다.
슴베명 (칼·낫·호미 따위의) 자루 속에 들어박히는 부분.
습(濕)명 한방에서, 하초(下焦)가 습해지는 증세를 이르는 말.
습개(濕疥)[-깨]명 ☞진옴.
습격(襲擊)[-껵]명하타 갑자기 적을 들이침. ¶ 불시(不時)에 습격하다.
습곡(褶曲)[-꼭]명 지각(地殼)의 변동으로 말미암아 평평한 지층이 옆으로 받는 압력으로 주름이 져서 산이나 골짜기가 되는 일.
습곡^산맥(褶曲山脈)[-꼭싼-]명 습곡으로 이루어진 산맥. 〔알프스 산맥·히말라야 산맥 따위.〕
습관(習慣)[-꽌]명 버릇. ¶ 나쁜 습관을 고치다.
습관-법(習慣法)[-꽌뻡]명 ☞관습법.
습관-성(習慣性)[-꽌썽]명 습관이 되는 성질, 또는 습관화하기 쉬운 성질. ¶ 습관성 의약품.
습관-음(習慣音)[-꽈늠]명 어법에는 어긋나나 일반화된 말소리. 버릇소리.
습관-적(習慣的)[-꽌-]관명 습관이 되어 있는 (것). ¶ 습관적 행동.
습관-화(習慣化)[-꽌-]명하자타되자 버릇이 됨, 또는 버릇이 되게 함. ¶ 아침 운동을 습관화하다.

습구(濕球)[-꾸]명 건습구 습도계에서, 구(球)로 된 두 부분 가운데서 젖은 천으로 싼 쪽의 구(球), 또는 그 온도계.
습구^온도계(濕球溫度計)[-꾸-계/-꾸-게]명 한 쌍으로 된 건습구(乾濕球) 습도계에서, 구(球)를 천으로 싸고 그 천 끝을 물에 담가 놓은 쪽의 온도계.
습기(濕氣)[-끼]명 축축한 기운. ¶ 습기가 많은 공기.
습기(襲器)[-끼]명 ☞습자배기.
-습닌다[슴닌-]어미 자음으로 끝난 어간이나 시제의 '-았(었)-'·'-겠-' 등에 붙어, 경험한 바에 따라 그것이 사실임을 일러 주는 뜻을 나타내는 하오체의 종결 어미. ¶ 가는 말이 고와야 오는 말도 곱습닌다. 참-ㅂ닌다.
-습니까[슴-]어미 자음으로 끝난 어간이나 시제의 '-았(었)-'·'-겠-' 등에 붙어, 존대하여 묻는 뜻을 나타내는 합쇼체의 종결 어미. ¶ 요즘 지내시기가 어떻습니까? 참-ㅂ니까.
-습니다[슴-]어미 자음으로 끝난 어간이나 시제의 '-았(었)-'·'-겠-' 등에 붙어, 현재의 동작이나 상태를 나타내거나 어떤 사실을 긍정적으로 베풀어 말하는 합쇼체의 종결 어미. ¶ 날씨가 참 좋습니다. 참-ㅂ니다.
습담(濕痰)[-땀]명 습기로 생기는 가래.
습답(襲踏)[-땁]명하타 앞사람이 한 대로 따라서 함. 답습. 도습.
습도(濕度)[-또]명 공기 중에 수증기가 포함되어 있는 정도, 또는 그것을 나타내는 양. ¶ 여름에는 습도가 높아 끈적끈적하다.
습도-계(濕度計)[-또계/-또게]명 습도를 재는 데 쓰이는 계기. 검습기(檢濕器).
습독(習讀)[-똑]명하타 글 읽기를 익힘.
습-독(濕dock)명 ☞계선 독(繫船dock). ↔건독.
습득(拾得)[-뜩]명하타 (남이 잃어버린 물건을) 주움. ¶ 지갑을 습득하다. ↔분실(紛失).
습득(習得)[-뜩]명하타되자 배워 터득함. 익혀서 얻음. ¶ 기술을 습득하다.
습득^관념(習得觀念)[-뜩꽌-]명 감각과 반성에 의하여 후천적으로 얻어지는 관념. 경험으로 얻을 수 있는 관념. ↔본유 관념(本有觀念).
습득-물(拾得物)[-뜽-]명 습득한 물건.
습득^형질(習得形質)[-뜨켱-]명 ☞획득 형질.
-습디까[-띠-]어미 자음으로 끝난 어간이나 시제의 '-았(었)-'·'-겠-' 등에 붙어, 지난 일을 돌이켜 묻는 뜻을 나타내는 합쇼체의 종결 어미. ¶ 얼마나 높습디까? 참-ㅂ디까.
-습디다[-띠-]어미 자음으로 끝난 어간이나 시제의 '-았(었)-'·'-겠-' 등에 붙어, 지난 일을 돌이켜 말하는 뜻을 나타내는 합쇼체의 종결 어미. ¶ 참 많습디다. /잘 먹습디다. /꽤 춥습디다. 참-ㅂ디다.
-습딘다[-띤-]어미 자음으로 끝난 어간이나 시제의 '-았(었)-'·'-겠-' 등에 붙어, 경험한 지난 일을 돌이켜 일러 주는 뜻을 나타내는 하오체의 종결 어미. ¶ 단풍이 빨갛게 물들었습딘다. 참-ㅂ딘다.
습란(濕爛)[슴난]명 피부가 서로 맞닿는 부분에 생기는 습진 모양의 피부염.
습래(襲來)[슴내]명하자 쳐들어옴. 덮쳐 옴. 내습(來襲). ¶ 해일이 습래하다.
습랭(濕冷)[슴냉]명 습기로 인하여 허리 아래가 찬 병. 한습(寒濕).
습량(濕量)[슴냥]명 ①물기를 머금은 채로의 화물의 무게. ②공기 중에 포함된 수증기의 양.
습례(習禮)[슴녜]명하자 예법이나 예식을 미리 익힘.
습법(濕法)[-뻡]명 〈습식 분석법〉의 준말.
습벽(習癖)[-뼉]명 버릇.
습보(習步)[-뽀]명하자 걸음 걷는 법을 익힘.
습보(襲步)[-뽀]명하자 말이 최대 속도로 달림. 모둠발로 달림.
습복(慴伏·慴服)[-뽁]명하자 세력에 눌려서 복종함. 두려워서 엎드림.
습비(濕痺)[-삐]명 습기로 말미암아 뼈마디가 저리고 쑤시는 병.
습사(習射)[-싸]명하자 활쏘기를 익힘.
습상(習常)[-쌍]명하자 구래(舊來)의 것을 고치지 않고 그대로 씀.
습생(濕生)[-쌩]명하자 ①(식물 따위가) 축축한 곳에서 자람. ↔건생. ②불교에서의 사생(四生)의 하나. 습기에 의하여 태어나는 일, 또는 그런 생물. 〔모기·물고기·개구리·거북 따위.〕
습생^식물(濕生植物)[-쌩싱-]명 흙이나 공기가 늘 축축한 곳에 나는 식물. 〔미나리·갈대·줄 따위.〕 습지 식물(濕地植物). ↔건생 식물(乾生植物).
습석(襲席)[-썩]명 염(殮)할 때 까는 돗자리.
습선(濕癬)[-썬]명 ☞진버짐.
습-선거(濕船渠)[-썬-]명 ☞계선 독(繫船dock).
습설(濕泄)[-썰]명 장마 때 습기로 말미암아 생기는 설사병.
습성(習性)[-썽]명 ①오랜 습관에 의하여 굳어진 성질. ②동물의 한 종류에 공통되는 특유한 성질. ¶ 어두운 곳을 좋아하는 습성.
습성(濕性)[-썽]명 공기 중에서 잘 마르지 않는 축축한 성질. ↔건성(乾性).
습성^늑막염(濕性肋膜炎)[-썽능망념]명 늑막강(肋膜腔) 안에 삼출성(滲出性)의 액체가 괴는 늑막염. ↔건성 늑막염(乾性肋膜炎).
습속(習俗)[-쏙]명 (어떤 사회나 지역의) 예로부터 내려오는 습관들이 생활화된 풍속.
습속^규범(習俗規範)[-쏙뀨-]명 사회적 규범으로 인정되는 습속(習俗), 또는 규범화된 습속.
습숙(習熟)[-쑥]명하타 배우고 익혀 숙달함. ¶ 품질 관리 업무를 습숙하다.
습숙-견문(習熟見聞)[-쑥껸-]명 늘 보고 듣고 하여 익히 앎.
습습(習習) '습습하다'의 어근.
습습-하다[-쓰파-]형여 대장부답게 활발하고 너그럽다. ¶ 대장은 성격이 습습하여 부하들이 잘 따른다. 비씩씩하다.
습습-하다(習習-)[-쓰파-]형여 바람이 산들산들하다. 습습-히부.
습식(濕式)[-씩]명 (무엇을 만들거나 무슨 처리를 하는 데 있어) 용제(溶劑)·용매(溶媒)·물 따위의 액체를 사용하는 방식. ↔건식(乾式).
습식^구조(濕式構造)[-씩꾸-]명 물·흙·회반죽 따위를 써서 짜맞추는 건축 구조. ↔건식 구조.
습식^분석법(濕式分析法)[-씩뿐-뻡]명 수용액 속에서 시료(試料)와 시약을 반응시켜 분리·침전·여과 등을 하는 화학 분석법. 준습법.
습식^정련(濕式精鍊)[-씩쩡년]명 액체를 사용하여 광석으로부터 금속을 뽑아내는 일.
습-신(襲-)[-씬]명 염(殮)할 때 시신에 신기는, 종이로 만든 신.
습악(習樂)명하자 풍류나 음악을 배워 익힘.
습업(習業)명하타 (학업·예술·기술 따위를) 배워 익힘.

습여성성(習與性成)명하자 습관이 오래되면 마침내 천성이 됨.
습연(襲沿)명하타 전인(前人)의 예(例)에 따라 그대로 함.
습열(濕熱)명 습증(濕症)으로 나는 열.
습염(習染)명하자 버릇이 됨.
습용(襲用)명하타 이어받아 그대로 사용함.
습유(拾遺)명하타 (어떤 책에 실리지 아니한) 빠진 작품이나 글을 모음, 또는 그것을 모아 엮은 책.
습윤(濕潤) '습윤하다'의 어근.
습윤^기후(濕潤氣候)명 증발량보다 강우량이 많은 지방의 기후. ↔건조 기후.
습윤-하다(濕潤-)형여 습기를 띠고 있다. 습기가 많다. ¶ 기후가 습윤하다.
습의(習儀)[스븨/스비]명하자 왕조 때, 나라에 의식(儀式)이 있을 경우 미리 연습으로 행하던 의식, 또는 그 연습.
습의(襲衣)[스븨/스비]명 장례 때 시신에 입히는 옷.
습자(習字)[-짜]명하자 글씨 쓰기를 익힘.
습-자배기(襲-)[-짜-]명 염습할 때, 시체를 씻기기 위한 향탕(香湯)을 담는 질그릇. 습기(襲器).
습자-지(習字紙)[-짜-]명 습자에 사용되는 얇은 종이.
습작(習作)[-짝]명하타 문예·음악·미술 따위에서, 연습으로 작품을 만듦, 또는 그 작품. ¶ 습작 소설./습작 시.
습작(襲爵)[-짝]명하타 ☞승습(承襲).
습장(濕葬)[-짱]명 시체를 습하게 처리하는 장법(葬法). 〔매장(埋葬)이나 수장(水葬) 따위.〕
습-전지(濕電池)[-쩐-]명 전해액(電解液)을 사용하는 전지. ↔건전지.
습종(濕腫)[-쫑]명 습기로 인해 생기는 부종. 온몸이 붓고 누르면 자국이 남음.
습증(濕症)[-쯩]명 습기로 말미암아 생기는 병.
습지(濕地)[-찌]명 습기가 많은 땅.
습지(濕紙)[-찌]명 도배할 때에 풀칠한 종이를 바르고 그 위를 문지르는 축축한 종이.
습지^식물(濕地植物)[-찌싱-]명 ☞습생 식물.
습직(襲職)[-찍]명하자 직무를 이어 맡음.
습진(習陣)[-찐]명하자 진법(陣法)을 연습함.
습진(濕疹)[-찐]명 피부의 표면에 생기는 염증. 가렵고 수포(水泡)나 고름 따위가 생김.
습집(拾集)[-찝]명하타되자 주워 모음.
습창(濕瘡)명 (흔히, 살찐 사람의) 다리에 나는 부스럼의 한 가지.
습처(濕處)명하자 습한 곳에서 삶.
습철(拾掇)명하타 주움. 주워서 거둠.
습취(拾取)명하타 주워서 가짐.
습토(濕土)명 습기가 많은 땅.
습판(濕板)명 사진용 감광판(感光板)의 한 가지. 콜로디온 용액과 요오드화물을 섞어서 유리판에 바른 다음 질산은(窒酸銀) 용액 속에 담갔다가, 마르기 전에 사진기에 넣어서 촬영함. 문서의 복사나 도면 촬영 등에 쓰임. ↔건판(乾板).
습포(濕布)명하자 물 또는 약액에 적신 헝겊을 환부에 대서 염증을 치료하는 일, 또는 그 헝겊.
습-하다(襲-)[스파-]타여 시신을 씻기고 옷을 갈아입히다.
습-하다(濕-)[스파-]형여 축축한 기운이 있다.
슷명 〈옛〉사이. 틈. ¶ 諸佛供養이 그츤 슷 업스니(月釋7:58). 참숯.
슷다타 〈옛〉씻다. ¶ 믿 슷는 죠희:茅紙(譯語上19). 참슺다.
승(升)명 〈승괘(升卦)〉의 준말.
승(承)명 〈승구(承句)〉의 준말. 참기승전결.
승(乘)[1]명 ①〈승법(乘法)〉·〈승산(乘算)〉의 준말. ②하타(어떤 수나 식을) 곱함. ↔제(除).
승(乘)[2]명 중생을 태워서 생사의 고해를 떠나 열반에 이르게 하는 일. 〔대승(大乘)과 소승(小乘)의 구별이 있음.〕
승(勝) Ⅰ명하타 승부 따위에서 이기는 일. ¶ 첫 승을 올리다.
Ⅱ의 운동 경기에서, 이긴 횟수를 세는 단위. ¶ 3승 1패. ↔패(敗).
승(僧)명 중.
승(升)의 ☞되[1].
승가(僧伽←saṃgha 범)명 ①불도를 닦는 사람들의 집단. ②중.
승가(僧家)명 ①중이 사는 집. ②중들의 사회.
승가람(僧伽藍)명 〈승가람마〉의 준말.
승가람마(僧伽藍摩←saṃghārāma 범)명 중이 살면서 불도를 닦는 집. 곧, 절의 건물을 통틀어 이르는 말. 준가람·승가람.
승감(升鑑)명 〔'바치오니 보시옵소서'의 뜻으로〕 편지 겉봉 따위에, 받을 사람을 높이어 그의 이름 뒤에 쓰는 말. 승계(升啓).
승강(昇降)명하자 오르고 내림, 또는 올라갔다 내려갔다 함.
승강(乘降)명하자타 (기차나 버스 따위에) 타고 내림.
승강-교(昇降橋)명 ☞승개교(昇開橋).
승강-구(昇降口)명 (높은 건물 따위에) 오르내리는 계단이 있는 출입구.
승강-구(乘降口)명 (기차나 자동차의) 타고 내리기 위하여 드나드는 문.
승강-기(昇降機)명 고층 건물 따위에서, 동력에 의하여 사람이나 짐을 아래위로 이동시키는 기계. 엘리베이터.
승강-이(昇降-)명하자 서로 자기 주장이 옳다고 고집하여 옥신각신함. 실랑이질. ¶ 도로 한복판에서 한참이나 승강이를 벌이다.
승강-장(乘降場)명 정거장·정류소에서 차를 타고 내리는 곳.
승강-타(昇降舵)명 비행기의 수평 꼬리 날개의 뒷부분에 경첩식으로 달려 있는 부분. 기수(機首)를 오르내리게 하는 키의 구실을 함.
승개-교(昇開橋)명 큰 배가 지나갈 때, 다리 전체를 위로 올려 뱃길을 열 수 있도록 만든 다리. 승강교(昇降橋).
승객(乘客)명 (차나 배·비행기 따위에) 타려 하거나 탄 손님. 탑객(搭客).
승검-초(-草)명 산형과의 다년초. 줄기 높이 1m가량. 깃털 모양의 잎이 마주남. 우리나라 중부 이북 산지의 특산으로, 뿌리는 한방에서 '당귀(當歸)'라고 하며 한약재로 쓰임.
승겁-들다[-뜰-][~드니·~들어] Ⅰ타 힘들이지 않고 저절로 이루다.
Ⅱ형 몸달아하지 않고 천연스럽다.
승격(昇格)[-껵]명하자타되자 어떤 표준으로 격이 오름, 또는 격을 올림. ¶ 광역시로 승격하다.
승경(勝景)명 뛰어나게 좋은 경치. 비가경(佳景)·절경(絕景).
승경-도(陞卿圖)명하자 조선 시대에, 서당에 다니는 아이들이 놀던 오락 기구. 종이에 옛 벼슬을 그 종류와 품계별로 써 놓고, 승경도알을 굴려 그 끗수가 나오는 대로 말을 써서 최고의 벼슬인 영의정에 이르기를 겨루는 놀이. 종경도.
승경도-알(陞卿圖-)명 승경도를 할 때 쓰는 기구. 박달나무를 다섯 모 지게 깎아 면(面)마다 끗수를 써서 나타냈음.
승경-지(勝景地)명 경치가 좋은 곳.
승계(僧階)[-계/-게]명 중의 등급.
승계(升啓)[-계/-게]명 ☞승감(升鑑).
승계(昇階·陞階)[-계/-게]명하자 품계가 오름.
승계(承繼)[-계/-게]명하타 ①뒤를 이음. ②남의 권리나 의무를 이어받음.
승계-인(承繼人)[-계-/-게-]명 (남의 권리나 의무를) 이어받은 사람.
승계^취:득(承繼取得)[-계-/-게-]명 (상속이나 양도와 같이) 어떤 권리를 남의 권리로 말미암아 취득하는 일.
승과(僧科)명 고려와 조선 시대에, 3년마다 중을 위하여 시행하던 과거. 참선과(禪科).
승괘(升卦)명 육십사괘의 하나. 곤괘(坤卦)와 손괘(巽卦)를 위아래로 놓은 괘. 땅에 나무가 자라남을 뜻하며 새싹을 상징함. 준승(升).
승교(乘轎)명 ☞가마5.
승교-바탕(乘轎-)명 탈 자리만 있고 울이 없는 가마. 가맛바탕.
승교-점(昇交點)[-쩜]명 위성·유성 따위가 남쪽에서 북쪽으로 운행할 때 황도를 통과하는 점. 정교점(正交點). ↔강교점(降交點).
승구(承句)[-꾸]명 한시에서, 절구(絕句)의 둘째 구, 또는 율시(律詩)의 셋째·넷째 구. 〔기구(起句)의 시의(詩意)를 이어받음.〕 준승(承).
승구(繩矩)명 〔먹줄과 곱척(曲尺)의 뜻으로〕 '법'·'규칙'·'법도' 등을 뜻하는 말.
승국(勝國)명 ☞전조(前朝).
승군(僧軍)명 중들로 편성한 군대. 승병(僧兵).
승귀-제(乘歸除)명 ☞승제법(乘除法).
승규(僧規)명 중들의 법규.
승극(乘隙)명하자 틈을 탐.
승근(乘根)명 어떤 수 a를 n번 곱하여 C를 얻었을 때, C에 대하여 a를 이르는 말. 〔기호는 $\sqrt{\ }$〕 근(根). 루트.
승급(昇級·陞級)명하자되자 등급이 오름.
승급(昇給)명하자되자 급료가 오름. ¶ 승급된 턱을 내다.
승기(乘機)명하자 (좋은) 기회를 탐. 비승시.
승기(勝機)명 이길 수 있는 기회. ¶ 승기를 잡다.
승기(僧祇)명 〈아승기(阿僧祇)〉의 준말.
승낙(承諾)명하자·타 ①되자 청하는 바를 들어줌. ¶ 친구들과 여행을 가려면 어머니께 승낙을 받아야 한다. ②청약(請約)에 응하여 계약을 성립시키려고 하는 의사 표시.
승낙-서(承諾書)[-써]명 승낙하는 뜻을 적은 문서.
승냥이명 갯과의 짐승. 이리와 비슷하나 더 작고 꼬리는 깖. 온몸에 황갈색의 긴 털이 나 있으며, 무리를 지어 삶. 우리나라·중국·시베리아·중앙아시아에 분포함.
승니(僧尼)명 승가(僧伽)와 비구니(比丘尼). 곧, 남자 중과 여자 중.
승단(昇段)명하자 (유도·태권도·바둑 등에서) 단위(段位)가 오름. ¶ 승단 대회를 열다.
승답(僧畓)명 중의 소유로 된 논.
승당(承當)명하타 받아들이어 감당함.
승당(僧堂)명 중이 거처하는 집.
승당-입실(升堂入室)[-씰]명 〔마루에 올라 방으로 들어온다는 뜻으로〕 ①'모든 일은 순서가 있음'을 이르는 말. ②'학문이 점점 깊어짐'을 비유하여 이르는 말.
승도(僧徒)명 수행 중에 있는 중의 무리.
승도(僧桃)명 〈승도복숭아〉의 준말.
승도-복숭아(僧桃-)[-쑹-]명 장미과에 딸린 복숭아의 한 가지. 열매의 겉에 털이 없음. 준승도.
승두-선(僧頭扇)명 머리를 둥글게 만든 부채.
승두지리(升斗之利·蠅頭之利)명 〔'되나 말로 될 만한, 또는 파리 대가리만 한 이익'이라는 뜻으로〕 대수롭지 않은 이익을 이르는 말.
승두-화(僧頭花)명 ☞불두화(佛頭花).
승등(昇騰)명하자 (값 따위가) 오름.
승등(陞等)명하자 (직위 따위의) 등급이 오름.
승랍(僧臘)[-납]명 중 노릇을 한 햇수.
승려(僧侶)[-녀]명 중. 석씨(釋氏). 높선실(禪室).
승률(勝率)[-뉼]명 〔운동 경기에서〕 이긴 비율. ¶ 승률이 높다. /승률을 5할대로 올리다.
승률(僧律)[-뉼]명 중이 지켜야 할 계율.
승리(勝利)[-니]명하자 겨루거나 싸워서 이김. ¶ 승리를 거두다. ↔패배(敗北).
승리-감(勝利感)[-니-]명 승리한 데서 오는 우월한 느낌이나 기쁨. ¶ 승리감을 맛보다. /승리감에 젖다.
승리-자(勝利者)[-니-]명 승리한 사람. ¶ 승리자에겐 영광을, 패배자에겐 격려를.
승림(僧林)[-님]명 큰 절.
승마(升麻)명 ①미나리아재빗과의 다년초. 줄기 높이 1 m가량이며, 뿌리는 어두운 자줏빛을 띠고, 잎에는 긴 잎자루와 톱니가 있음. 여름에 흰 꽃이 피는데, 우리나라 중부 이북과 중국 동부 지방 등지의 산에 절로 남. ②한방에서, '승마의 뿌리'를 약재로 이르는 말. 해열·해독제로 쓰임.
승마(乘馬)명하자 ①말을 탐. ②사람이 말을 타고 여러 가지 동작을 함, 또는 그런 경기.
승마-복(乘馬服)명 말을 탈 때 동작이 편하도록 만든 옷.
승마-술(乘馬術)명 말을 타는 재주, 또는 말을 타고 부리는 재주. 마술(馬術).
승마^투표권(勝馬投票券)[-꿘]명 ☞마권.
승망풍지(乘望風旨)명하자 〔망루에 올라 바람결을 헤아린다는 뜻으로〕 윗사람의 눈치를 보아 가며 비위를 잘 맞추어 줌.
승멱(昇冪)명 '오름차'의 구용어.
승명(承命)명하자 (임금이나 어버이의) 명령을 받듦.
승명(僧名)명 ☞법명(法名).
승모-근(僧帽筋)명 등의 위쪽 등줄기 좌우에 있는 삼각형 모양의 큰 근육. 뒷머리·목 뒤·어깨·윗등에 걸침.
승모-판(僧帽瓣)명 심장의 좌심방과 좌심실 사이에 있는 판막(瓣膜).
승묘(勝妙) '승묘하다'의 어근.
승묘-하다(勝妙-)형여 뛰어나게 기묘하다.
승무(陞廡)명하타되자 지난날, 학덕 있는 사람을 문묘(文廟)에 올려 합사(合祀)하던 일.
승무(僧舞)명 민속 무용의 한 가지. 흰 고깔을 쓰고, 흰 장삼을 입고 추는, 불교적 색채가 짙은 독무(獨舞).
승무-원(乘務員)명 (기차·선박·비행기 등에서) 승객 관리에 관한 일을 맡아보는 사람.
승묵(繩墨)명 먹줄.
승문(承聞)명하타 존경하는 사람에 관한 말(소식)을 들음.

승문(僧門)명 ☞불가(佛家).
승문-원(承文院)명 조선 시대에, 외교에 관한 문서를 맡아보던 관아.
승발(承發)명 왕조 때, 지방 관아의 이서(吏胥) 밑에서 잡무를 보던 사람.
승방(僧房)명 여자 중들만 거처하며 수도하는 절. 여승당(女僧堂). 여승방.
승법(乘法)[-뻡]명 곱셈법. ㊟승(乘)[1]. ↔제법(除法).
승법^기호(乘法記號)[-뻡끼-]명 곱셈 기호.
승벽(勝癖)명 〈호승지벽〉의 준말. ¶ 승벽을 부리다.
승병(僧兵)명 ☞승군(僧軍).
승보(陞補)명 〈승보시(陞補試)〉의 준말.
승보(勝報)명 싸움이나 경기에 이겼다는 보고나 보도. ¶ 승보를 전하다. ↔패보(敗報).
승보(僧譜)명 승니(僧尼)의 보첩(譜牒).
승보(僧寶)명 삼보(三寶)의 하나. 불법(佛法)을 실천 수행하는 '승려'를 보배롭다는 뜻으로 이르는 말. ㊟불보·법보.
승보-시(陞補試)명 과거의 한 가지. 고려 시대에는 생원(生員), 조선 시대에는 생원과 진사를 뽑던 초시(初試). ㊟승보.
승복(承服)명하자타 ①납득하여 좇음. ②죄를 자백함.
승복(僧服)명 승려의 옷.
승봉(承奉)명하타 (윗사람의 지시나 명령을) 받들어 가짐(지킴).
승부(承訃)명하자 부고(訃告)를 받음.
승부(勝負)명 이김과 짐. 승패(勝敗).
승부-수(勝負手)명 (바둑·장기 따위에서) 승패를 좌우하는 경우에 마지막 결단으로 두는 수. ¶ 승부수를 던지다.
승부-욕(勝負慾)명 (싸움이나 시합·경기 등에서) 이기고자 하는 마음. ¶ 승부욕이 강하다.
승부-차기(勝負-)명 축구에서, 정규 시간 내에 승패가 결정되지 않았을 때, 양편이 동수(同數)의 선수로 페널티 킥을 하여 그 골의 많고 적음으로 승자를 가리는 일.
승비(繩菲)명 상복(喪服)을 입을 때 신는 짚신.
승사(承嗣)명하타 ①뒤를 이음. ②대를 이음, 또는 대를 이을 아들.
승사(勝事)명 훌륭한 일이나 사적(事蹟).
승사(僧舍)명 절.
승삭(繩索)명 노와 새끼.
승산(乘算)명 '곱셈'의 구용어.
승산(勝算)명 이길 가망. ¶ 승산 없는 전쟁.
승상(丞相)명 중국의 옛 벼슬 이름. 우리나라의 '정승'에 해당됨.
승상(繩床)명 ①노를 엮어서 만든 안락의자. ②☞승창.
승상접하(承上接下)[-저파]명하타 윗사람을 받들고 아랫사람을 거느려서 그 사이를 잘 주선함.
승새(升-)명 피륙의 올. ¶ 승새가 곱다.
승서(承緖)명하타 제왕이나 선대(先代)의 업을 이어받음.
승서(陞敍)명하타 벼슬을 올림.
승석(昇席)명하자 (모임의 자리에서) 지도자의 자리에 오름. ¶ 회장 자리에 승석하다.
승석(僧夕)명 〔중이 저녁을 먹는 때란 뜻으로〕 이른 저녁때.
승선(承宣)명 ①고려 시대에, 왕명의 출납을 맡아보던 정삼품 벼슬. ②조선 후기에, 승정원의 '승지(承旨)'를 달리 이르던 말.
승선(乘船)명하자 배를 탐. 등선. 탑선. ¶ 승선이 끝나자 곧 출항하다. ↔하선(下船).
승선-권(乘船券)[-꿘]명 배표.
승선-입시(乘船入市)[-씨]명 하상갑(夏上甲)에 비가 내리면 그해 여름에는 배를 타고 시장에 가야 할 만큼 큰 장마가 지게 된다는 말.
승선-표(乘船票)명 배표.
승세(乘勢)명하자 세력을 믿고 대듦. 세를 탐.
승세(勝勢)명 이길 기세. ¶ 승세를 몰아 총공격하다. ↔패세(敗勢).
승소(承召)명하자 임금의 부름을 받음.
승소(勝訴)명하자 소송에 이김. 득송(得訟). ¶ 원고 승소 판결. ↔패소(敗訴).
승소(僧梳)명 〔중의 빗이란 뜻으로〕 '쓸모없는 물건'을 비유하여 이르는 말.
승속(僧俗)명 승려와 속인.
승손(承孫)명 대를 이을 손자(적손). 조부의 가독(家督)을 직접 계승할 손자.
승수(承受)명하타 윗사람의 명령을 받들어 이음.
승수(乘數)[-쑤]명 곱셈에서 곱하는 수. 〔5×2=10에서 2와 같은 수가 이에 해당함.〕 곱수. ↔제수(除數)·피승수.
승수(勝數)[-쑤]명 운동 경기에서, 팀이나 선수가 일정 기간 동안 치른 경기에서 승리한 수. ¶ 승수를 쌓다.
승순(承順)명하타 윗사람의 명령에 따름.
승습(承襲)명하타 학풍(學風)이나 아버지의 봉작(封爵) 따위를 이어받음. 습작(襲爵).
승승(繩繩)명하자 대대로 이어 끊이지 않음.
승승-장구(乘勝長驅)명하자 싸움에 이긴 여세를 타고 계속 몰아침.
승시(乘時)명하자 (좋은) 때를 탐. 기회를 얻음. ㊟승기(乘機).
승아명 (풀 이름으로서의) 수영.
승안(承顔)명 ①하타웃어른을 뵈옴. ②돌아간 집안 어른의 생전에 얼굴을 뵈었던 일.
승압(昇壓)명하타되자 전압을 높임. ↔강압(降壓).
승압-기(昇壓器)[-끼]명 ☞승압 변압기.
승압^변ː압기(昇壓變壓器)[-뼈납끼]명 전압을 높이는 변압기. 승압기.
승야(乘夜)명하자 밤을 이용함. 밤을 탐.
승야-도주(乘夜逃走)명하자 밤을 타서 달아남.
승야-월장(乘夜越墻)[-짱]명하자 밤을 타서 남의 집 담을 넘어 들어감.
승어부(勝於父)명하형 아버지보다 나음. ¶ 그 아이는 승어부한 자질을 갖고 있다.
승언-색(承言色)명 동궁에 딸려 있던 내시.
승엄초명 〈옛〉 승검초. ¶ 승엄초 불휘(東醫).
승여(乘輿)명 ☞대가(大駕).
승역-국(承役國)[-꾹]명 국제 지역의 설정으로 영토상의 부담 의무를 지는 나라. ↔요역국.
승역-지(承役地)[-찌]명 두 개의 토지 중 요역국이나 요역권자의 편익을 제공하는 편의 토지. 요역지를 위하여 통행용으로 제공되는 토지 따위. ↔요역지(要役地).
승용(乘用)명 사람이 타고 다니는 데 씀. ¶ 승용 마차(馬車).
승용-마(乘用馬)명 사람이 타고 다니는 말.
승용-차(乘用車)명 (너덧 사람이 타는) 소형의 자동차.
승운(乘運)명하자 좋은 운수를 탐.
승운(勝運)명 이길 운수. ¶ 승운이 따르지 않다.
승원(僧院·僧園)명 ①중이 사는 건물. 절. ②☞수도원(修道院).
승위-섭험(乘危涉險)[-서폄]명하자 위태롭고 험난함을 무릅씀.
승유(勝遊)명하자 즐겁게 잘 놂.

승윤(承允)명하자 (임금의) 허락을 받음.
승은(承恩)명하자 ①임금의 특별한 은혜를 입음. ¶ 승은이 망극하나이다. ②(여자가) 임금의 사랑을 받아 동침함. ¶ 승은을 입다.
승의(僧衣)[-의/-이]명 중의 옷.
승인(承認)명하타되자 ①정당하거나 사실임을 인정함. ②동의함. 들어줌. ③국가나 정부, 또는 교전(交戰) 단체 등에 대하여 국제법상의 지위를 인정함. ①②↔거부(拒否).
승인(勝因)명 ①이긴 원인. ↔패인(敗因). ②특별히 뛰어난 선인(善因).
승인-서(承認書)명 승인하는 뜻을 적은 문서.
승일(乘馹)명하자 (왕명을 띤 관리가 길을 갈 때) 역마(驛馬)를 탐.
승임(陞任)명하자 ☞승직(昇職).
승자(乘子)명 '인수(因數)'의 구용어.
승자(陞資)명하자 조선 시대에, 정삼품 이상의 품계에 오르던 일.
승자(勝者)명 (운동 경기나 싸움에서) 이긴 사람, 또는 이긴 편. ↔패자(敗者).
승자-총통(勝字銃筒)[-짜-]명 조선 선조 이래로 사용되었던, 우리나라 소화기(小火器)의 한 가지.
승적(承嫡)명하자 서자(庶子)가 적자가 됨.
승적(乘積)명 두 개 이상의 수나 식을 곱하여 얻은 수.
승적(僧籍)명하자 승니(僧尼)의 이름이나 득도(得度) 등을 기록함, 또는 그 문서.
승전(承前)명하자 앞의 것을 이음.
승전(承傳)명하타 ①이어받아 전함. ②임금의 뜻을 전함.
승전(勝戰)명하자 싸움에 이김. 승첩(勝捷). 전승(戰勝). ↔패전(敗戰).
승전-고(勝戰鼓)명 조선 시대에, 싸움에 이겼을 때 치던 북. ¶ 승전고를 울리다.
승전-비(勝戰碑)명 승전 기념으로 세운 비.
승전-빗(承傳-)[-빋]명 조선 시대에, 임금의 뜻을 전달하던 내시의 한 직임(職任). 승전색(承傳色). *승전빗이[-비시]·승전빗만[-빈-]
승전-색(承傳色)명 ☞승전빗.
승점(勝點)[-쩜]명 경기나 내기 따위에서, 이겨서 얻은 점수.
승접(承接)명하타 (먼저의 것을) 이어받아 물려줌.
승접(勝接)명 자기보다 학식이 나은 동접.
승정-원(承政院)명 조선 시대에, 왕명의 출납을 맡아보던 관아.
승제(乘除)명 곱하기와 나누기. ¶ 가감승제.
승제-법(乘除法)[-뻡]명 곱셈과 나눗셈. 승법과 제법. 승귀제(乘歸除).
승종(承從)명하타 명령에 따름.
승중(承重)명하자 아버지와 할아버지 대신 제사를 받드는 일. 〔아버지를 여의고 할아버지의 상속자가 되거나, 소종(小宗)의 사람이 대종가를 잇거나, 적자(嫡子)가 없어 서자가 가통(家統)을 잇는 경우 등을 이름.〕
승중(僧衆)명 중의 무리.
승중-상(承重喪)명 아버지를 여읜 맏아들이 당한 조부모의 초상.
승지(承旨)명 ①고려 시대에, 광정원(光政院)의 종육품 벼슬. ②고려 시대에, 밀직사에 딸린 좌·우의 승지와 부승지를 통틀어 일컫던 말. ③조선 시대에, 승정원에 딸린 도승지와 좌·우의 승지와 부승지 및 동부승지를 통틀어 일컫던 말.
승지(勝地)명 경치가 좋은 곳. ¶ 승지 유람.
승직(昇職·陞職)명하자 직위를 올림. 직위가 오름. 승임(陞任). 승천(陞遷). ↔강직(降職).
승직(僧職)명 불교에서, 법령·수계 따위의 의식이나 사원의 운영을 맡아보는 중의 직무.
승진(昇進·陞進)명하자 직위가 오름. ¶ 승진 시험./과장에서 부장으로 승진하다.
승진(承塵)명 천장에 반자처럼 치고 보꾹에서 떨어지는 먼지와 흙을 받는 돗자리나 피륙.
승차(乘車)명하자 차를 탐. ↔하차(下車).
승차(陞差)명하자 (한 관아 안에서) 윗자리의 벼슬에 오름.
승차-감(乘車感)명 달리는 차를 타고 있는 사람이 차체의 흔들림에 따라 몸으로 느끼게 되는 안락감. ¶ 승차감이 나쁘다./승차감이 좋은 고급 세단.
승차-권(乘車券)[-꿘]명 ☞차표(車票).
승창명 접어서 들고 다닐 수 있게 등받이 없이 걸상처럼 만든 물건. 승상(繩床). ¶ 승창을 딛고 말에 오르다.
승척(繩尺)명 ①(측량에 쓰기 위하여) 한 자만큼씩 표를 한 노끈. ②먹줄과 자. ③일정한 규칙.
승천(昇天)명하자 ①하늘에 오름. 등천(登天). 비승(飛昇). ②가톨릭에서, '죽음'을 이르는 말.
승천(陞遷)명하자 ☞승직(昇職).
승천-입지(昇天入地)[-찌]명하자 〔하늘에 오르고 땅속에 들어간다는 뜻으로〕 자취를 감추거나 사라짐.
승첩(勝捷)명하자 ☞승전(勝戰).
승취(乘醉)명하자 술기운을 이용함. ¶ 승취하여 사랑 고백을 하다.
승치(勝致)명 좋은 흥치(興致)나 경치.
승침(昇沈)명 인생의 영고(榮枯). 흥함과 쇠함.
승통(承統)명하자 종가(宗家)의 계통을 이음.
승통(僧統)명 ①지난날, 불교에서 승군(僧軍)을 통솔하던 승직의 한 가지. 섭리(攝理). ②고려 시대에, 중 법계의 한 가지. 교종(敎宗)의 으뜸 계급.
승파(繩播)명하타 뽕씨를 심는 한 방법. 오디를 새끼줄에 문질러서 그 새끼줄째 심는 일.
승패(承牌)명하자 임금으로부터 소명(召命)의 패를 받음.
승패(勝敗)명 이김과 짐. 승부(勝負).
승평(昇平·承平)명하형 나라가 태평함.
승평-계(昇平契)[-계/-게]명 조선 고종 때, 박효관·안민영 등이 중심이 되어 모이던, 평민 가객(歌客)들의 친목 교유(交遊) 단체.
승평-세계(昇平世界)[-계/-게]명 태평한 세상.
승표(乘標)명 '곱셈표'의 구용어.
승품(陞品)명하자되자 지난날, 종삼품 이상의 품계에 오르던 일.
승풍-파랑(乘風破浪)명 〔바람을 타고 만리의 거센 물결을 헤쳐 간다는 뜻으로〕 '원대한 뜻이 있음'을 이르는 말.
승핍(承乏)명하자 〔인재가 부족해서 재능이 없는 자기 같은 이가 하게 된다는 뜻으로〕 출사(出仕)하는 사람이 스스로를 낮추어 이르는 말.
승하(昇遐)명하자 임금이 세상을 떠남. 등하(登遐). 비붕어(崩御).
승-하다(乘-)타여 ①곱하다. ②〔시류(時流)를〕 타다. 〔추세(趨勢)를〕 만나다.
승-하다(勝-)형여 보다 낫다. 뛰어나다.
승-하선(乘下船)명하자 승선과 하선.
승-하차(乘下車)명하자 승차와 하차.
승학(乘鶴)명하자 〔학을 타고 하늘에 오른다는 뜻으로〕 신선이 됨.
승학-시(陞學試)[-씨]명 조선 시대에, 성균관에서 유생(儒生)들의 학업의 진전 정도를 알아보기 위하여 치르던 시험.

승함(乘艦)명하자 군함(軍艦)에 오름.
승합(乘合)명하자 ☞합승.
승합-차(乘合車)명 주로, 일곱 명 이상을 운송하기에 알맞게 만들어진 자동차.
승행(承行)명하타 뒤를 이어서 행함. 명(命)을 받아서 행함.
승헌(陞獻)명하타 (윗사람에게) 바침.
승혜(繩鞋)[-혜/-헤]명 미투리.
승호(乘號)명 '곱셈표'의 구용어.
승혼(乘昏)명하자 황혼(黃昏)을 이용함.
승홍(昇汞)명 ☞염화 제이수은.
승홍-수(昇汞水)명 염화 제이수은을 1000~5000배의 물에 푼 소독약.
승화(昇華)명하사되자 ①고체가 액체 상태를 거치지 않고 기체로 변하는 일. 장뇌(樟腦)·드라이아이스 및 0℃ 이하의 얼음 따위에서 볼 수 있음. ②정신 분석학에서, 저속한 성욕적 에너지가 고상한 문화·예술적 에너지로 전환함을 이르는 말. ③사물이 보다 더 높은 수준으로 발전하는 일. ¶ 세속적 고뇌가 고귀한 신앙으로 승화되었다.
승화-열(昇華熱)명 승화 현상이 나타날 때 흡수되는 열.
승회(勝會)[-회/-훼]명 성대한 모임.
승후(承候)명하자 (웃어른에게) 문안을 드림.
승흥(乘興)명하자 흥을 띰, 또는 흥감(興感)을 이용함.
승희(繩戲)[-히]명 줄타기.
슺다타 〈옛〉훔치다. 닦다. ¶ 눉므를 스즈니 ᄇᆞᄅᆞ미 슬허 우더라(杜初*24:19*).
슻명 〈옛〉사이. 틈. ¶ 南北東西예 그츤 스치 업거늘(南明上*13*). 참슷.
싀다형 〈옛〉시다. ¶ 싈 산:酸(訓蒙下*14*).
싀아비명 〈옛〉시아비. ¶ 싀아비 구:舅(類合上*20*).
싀어미명 〈옛〉시어미. ¶ 싀어미 고:姑(類合上*20*).
싁싁ᄒᆞ다형 〈옛〉엄하다. ¶ 양ᄌᆞᄂᆡ 싁싁ᄒᆞ샤미 獅子ㅣ ᄀᆞᄐᆞ시며(月釋*2:57*).
싄다리명 〈옛〉넓적다리. ¶ 싄다리 퇴:腿(訓蒙上*27*).
싄대초명 〈옛〉멧대추. ¶ 싄대초 ᅀᅵ:樲(訓蒙上*11*).
시감 시쁘게 여겨질 때 하는 말. ¶ 시, 제까짓게 뭔데 나서는 거야.
시의 〈옛〉것이. 〔'ᄉᆞ'의 주격형.〕 ¶ 이 ᄀᆞᄐᆞᆫ 境界ᄅᆞᆯ 다 보게 ᄒᆞᆯ 시 이 眞實ㅅ普眼이라(圓覺上一之二*69*). 참씨.
시ː(市)명 ①도시. 시가(市街). ②우리나라의 지방 행정 구역의 한 가지. 인구 5만 명 이상이며 도시로서의 일정한 조건을 갖춘 지방 자치 단체. ¶ 읍(邑)에서 시로 승격되다. ③〈시청〉의 준말. ¶ 시에 가서 확인하다.
시ː(是)명 옳음. 도리에 맞음. ¶ 시와 비(非)를 가리다. ↔비(非).
시(時) Ⅰ명 ①때. ¶ 시를 다투다. ②사람이 태어난 시각. ¶ 내가 태어난 시는 자시(子時)다. Ⅱ의 ①시간의 단위의 하나. 하루의 24분의 1. 1분(分)의 60곱절. ¶ 열두 시에 만나자. ②《일부 명사나 관형사형 어미 '-ㄹ'·'-을' 뒤에 쓰이어》 어떤 일이나 현상이 일어날 때나 경우. ¶ 운전 시 주의 사항. /규칙을 어겼을 시에는 처벌을 받는다.
　시(를) 매기다관용 시간을 제한하다.
시(詩)명 문학의 한 갈래. 자기의 정신생활이나 자연, 사회의 여러 현상에서 느낀 감동이나 생각을 운율을 지닌 간결한 언어로 나타낸 문학 형태. 형식에 따라 운율이나 자수(字數)에 제약이 있는 정형시와, 제약이 없는 자유시·산문시 등이 있고, 내용에 따라 서정시·서사시·극시로 구별되기도 함. 시가(詩歌).
시ː(謚)명 ☞시호(謚號).
시ː(C·c)명 섭씨 온도임을 나타내는 기호.
시(si 이)명 장음계의 일곱째 음, 또는 단음계의 둘째 음의 계이름.
시ː(是)대 이것. ¶ 是ㅣ 天의 明命이며, 時代의 大勢ㅣ라.
시-접두 '-ㅎ다' 형으로 끝나는 일부 색채 형용사 앞에 붙어, 그 빛깔이 매우 짙음을 나타냄. ¶ 시퍼렇다. /시뻘겋다. /시커멓다. 작새-. 참싯-.
시-(媤)접두 《일부 명사 앞에 붙어》 '시집' 또는 '시가', '시가 편에 딸림' 등의 뜻을 나타냄. ¶ 시부모. /시누이.
-시(視)접미 《일부 명사 뒤에 붙어》 '그렇게 여김' 또는 '그렇게 봄'의 뜻을 나타냄. ¶ 등한시. /적대시.
-시-선미 ①모음이나 'ㄹ'로 끝난 어간에 붙어, 높임의 뜻을 나타내는 선어말 어미. ¶ 다녀오시지요. /안녕하신지요. 참-으시-. ②서술격 조사 '이다'의 '다' 앞에 쓰이어, 높임의 뜻을 나타내는 선어말 어미. 《모음 뒤에서는 '이'가 생략되기도 함.》 ¶ 담임 선생님이시다. /증조할아버지시다.
시ː가(市街)명 ①도시의 큰 거리, 또는 번화한 거리. ②☞시가지(市街地).
시ː가(市價)[-까]명 (상품이) 시장에서 팔리는 값. 시장 가격. ¶ 시가보다 싸게 팔다.
시가(時價)[-까]명 (가격이 바뀌는 상품의) 거래할 때의 가격. 그때(지금)의 값. 시세(時勢).
시가(媤家)명 시집.
시가(詩家)명 시인(詩人).
시가(詩歌)명 ①시(詩). ②시와 노래와 창곡을 통틀어 이르는 말.
시가ː(cigar)명 ☞엽궐련.
시ː가-전(市街戰)명하자 시가지(市街地)에서 벌어지는 전투. ¶ 치열한 시가전.
시ː가-지(市街地)명 도시의, 주택이나 가게가 많이 늘어서 있는 지역. 시가.
시ː각(始覺)명 불교에서, 불법을 듣고 비로소 무명(無明)에서 벗어나 처음 얻어진 깨달음.
시각(時角)명 천구 상의 한 점과 하늘의 양극을 잇는 대원(大圓)이 하늘의 자오선과 이루는 각. 지구의 자전에 따라 시각(時刻)과 함께 변함.
시각(時刻)명 ①시간의 흐름 속의 어느 순간. 일정한 순간. ¶ 해 뜨는 시각. /열차의 발차 시각. ②짧은 동안. ¶ 시각을 다투는 일. /시각을 지체함이 없이 사고 현장으로 달려가다.
시ː각(視角)명 ①보고 있는 물체의 양 끝에서 눈에 이르는 두 직선이 이루는 각. ②무엇을 보는 각도. 보거나 생각하는 방향. ¶ 보는 이의 시각에 따라 해석이 사뭇 다르다.
시ː각(視覺)명 ①오감(五感)의 하나. 물체의 모양이나 빛깔 등을 분간하는 눈의 감각. ②물건을 보는 신경의 작용. 시감(視感).
시각-권(時角圈)[-꿘]명 ☞시권(時圈).
시ː각-기(視覺器)[-끼]명 빛을 자극으로 느끼는 기관. 척추동물의 경우 물체의 형체와 빛깔을 분별함.
시각-대변(時刻待變)[-때-]명하자 〔오로지 임종을 기다리고 있는 시각이라는 뜻으로〕 병세가 매우 위독하게 된 상태를 이르는 말. 비대변중.

시ː각^언어(視覺言語)명 시각을 통하여 정보 전달을 하는 것. 〔조형 예술이나 영화·사진 등이 이에 딸림.〕

시ː각-적(視覺的) [-쩍]관명 눈으로 보는 (것). ¶ 시각적 효과.

시각-표(時刻表)명 ☞시간표.

시ː간(屍姦)명하자 시체를 간음하는 일.

시ː간(屍諫)명하자 〔주검을 북당에 내놓아 생전의 간언을 들을 때까지 장사를 미루게 한 위(衛)나라 추(鰌)의 고사에서 비롯되어〕 주검으로써 간언(諫言)하는 일.

시간(時間) Ⅰ명 ①어떤 시각에서 다른 시각까지의 동안, 또는 그 길이. ¶ 시간이 걸리다. /시간이 흐르다. ②무슨 일을 하기 위하여 정한 일정한 길이의 동안. ¶ 휴식 시간. /점심 시간. ③철학에서, 과거로부터 현재, 미래로 끊임없이 이어져 머무름이 없이 일정한 빠르기로 옮아간다고 생각되는 것. 공간과 더불어 인식의 가장 기본적인 형식. 시계로써 연(年)·월(月)·일(日)·시(時)·분(分)·초(秒) 따위로 나누어 잼. 시진(時辰). ¶ 시간을 초월하다.
Ⅱ의 하루의 24분의 1을 한 시간으로 하는 '동안'의 단위. ¶ 세 시간 오십 분.
시간 가는 줄 모르다관용 시간이 얼마나 지났는지 모를 만큼 바삐 돌아치거나 어떤 일에 깊이 빠지다. ¶ 조개 캐는 재미에 시간 가는 줄 모르다.
시간을 벌다관용 시간적인 여유를 더 얻다. ¶ 비행기를 타고 왔으니 그만큼 시간을 번 셈이지.

시간^강ː사(時間講師)명 (대학이나 고등학교 등에서) 학교의 촉탁을 받아 정해진 시간에만 수업하는 강사.

시간-관념(時間觀念)명 시간을 소중히 여기거나 철저히 지키려는 의식이나 생각. ¶ 시간관념이 철저하다.

시간-급(時間給)명 (일의 양에 따르지 않고) 임금을 시간당 얼마씩으로 정하여 일한 시간에 따라 계산해 주는 일, 또는 그 임금. 〔일급(日給)·주급(週給)·월급(月給) 따위.〕 준시급(時給).

시간-기록계(時間記錄計) [-꼐/-께]명 시각을 기록하는 장치. 출퇴근 시각 기록이나 열차의 발착 시각 기록에 쓰임.

시간-대(時間帶)명 하루 가운데서, 어느 시각으로부터 일정한 동안의 시각에 이르기까지의 시간. ¶ 보도 시간대.

시간-문제(時間問題)명 오래지 않아 곧 해결될 문제. ¶ 범인 체포는 이제 시간문제다.

시간-밥(時間-) [-빱]명 날마다 일정한 시간에 먹도록 짓는 밥.

시간^부ː사(時間副詞)명 동작의 시간을 나타내는 부사. 〔'일찍'·'먼저'·'자주'·'금방'·'아직' 따위.〕

시간^예ː술(時間藝術) [-녜-]명 음악·문예 등과 같이 시간의 흐름에 따라 표현되는 예술을 통틀어 이르는 말. ↔공간 예술.

시간-적(時間的)관명 시간상의 (것). 시간에 관련된 (것). ¶ 미처 손을 쓸 시간적 여유가 없었다. /이 일을 오늘 안에 하기에는 시간적으로 촉박하다. ↔공간적(空間的).

시간차^공ː격(時間差攻擊)명 배구에서, 공격할 때 토스의 높이나 폭의 변화, 공격 속도의 변화로 상대편의 수비 태세를 흐트러뜨리는 전법.

시간-표(時間表)명 ①날마다 할 일이나 학교의 수업 예정 등을 일정한 시간에 벌여 적어 놓은 표. ¶ 수업 시간표. /시간표를 짜다. ②정해진 노선을 일정하게 다니는 항공기·기차·배·자동차 등의 떠나고 닿는 시각을 적어 놓은 표. 시각표. ¶ 열차 운행 시간표.

시감(時感)명 돌림감기.

시ː감(視感)명 ☞시각(視覺).

시감(詩感)명 시적 감흥.

시ː강(侍講)명 ①하자지난날, 왕이나 세자 앞에서 경서(經書)를 강의하던 일, 또는 그 사람. ②조선 말기에, 경연원(經筵院) 또는 홍문관(弘文館)에 딸렸던 벼슬의 한 가지.

시ː강-관(侍講官)명 조선 시대에, 임금에게 경전을 강의하던 경연청(經筵廳)의 정사품 벼슬.

시ː강-원(侍講院)명 조선 시대에, 세자시강원(世子侍講院)·왕태자시강원(王太子侍講院)·황태자시강원(皇太子侍講院)을 줄이어 두루 이르던 말.

시객(詩客)명 시를 즐겨 짓고 읊고 하는 사람.

시거에부 ①(나중에는 어찌 되든지 간에) 우선 급한 대로. ¶ 시거에 호미를 괭이 삼아 쓰다. ②머뭇거리지 않고 곧.

시ː거-의(視距儀) [-의/-이]명 거리나 높낮이를 간단하게 잴 수 있는 측량 기계의 한 가지.

시-건드러지다형 (하는 짓이나 몸가짐이) 건방진 데가 있다. ¶ 젠체하는 시건드러진 행동.

시-건방지다형 (비위에 거슬리게) 건방지다.

시ː건-장치(施鍵裝置)명 '잠금장치'로 순화.

시게명 지난날, '시장에서 팔고 사는 곡식'을 이르던 말.

시게-전(-廛)명 지난날, '시장에서 곡식을 파는 노점'을 이르던 말.

시겟-금 [-게끔/-겓끔]명 (시장에서 파는) 곡식의 시세.

시겟-돈 [-게똔/-겓똔]명 (시장에서 파는) 곡식의 값으로 받은 돈.

시겟-바리 [-게빠-/-겓빠-]명 (시장으로 팔러 가는) 곡식을 실은 짐바리.

시겟-박 [-게빡/-겓빡]명 ①식기(食器)를 담아 두는 함지박. ②선사로 보내는 물건을 담는 함지박. 본식깃박.

시겟-장수 [-게짱-/-겓짱-]명 곡식을 마소에 싣고 다니면서 파는 도붓장수.

시격(詩格)명 ①시(詩)의 격식. ②시(詩)의 품위나 풍격(風格).

시ː경(市警)명 '시 지방 경찰청(市地方警察廳)'을 줄이어 이르는 말.

시경(詩經)명 삼경(三經)의 하나. 춘추 시대의 민요를 중심으로 하여 모은, 중국에서 가장 오래된 시집. 〔공자가 편찬했다고 함.〕 참삼경.

시경(詩境)명 ①시에 그려진 경지. ②시정(詩情)이 흐르는 경지.

시계(時計) [-계/-게]명 시각을 나타내거나 시간을 재는 장치 또는 기계를 통틀어 이르는 말.

시ː계(視界) [-계/-게]명 일정한 자리에서 바라볼 수 있는 범위. 안계(眼界). ¶ 렌즈의 시계. /시계를 가리다. 비시야(視野).

시계^신ː관(時計信管) [-계-/-게-]명 용수철에 의하여 움직이는 시계 장치를 이용하여 만든 시한 신관의 한 가지. 고사포탄(高射砲彈) 등에 쓰임.

시-계열(時系列) [-계-/-게-]명 시간의 흐름에 따라 관측된 통계량을 벌여 놓은 열(列). 자연현상이나 실험의 관측 등에 쓰임.

시계-자리(時計-) [-계-/-게-]명 남쪽 하늘의 작은 별자리. 에리다누스자리의 남쪽에 있음. 시계좌.
시계-좌(時計座) [-계-/-게-]명 ☞시계자리.
시계-추(時計錘) [-계-/-게-]명 괘종시계에 달려 있는 추. 이것이 좌우로 흔들림에 따라 일정한 속도로 태엽이 풀리게 됨. ㈜추.
시계-탑(時計塔) [-계-/-게-]명 시계를 장치하여 멀리서도 볼 수 있게 만든 탑.
시계-포(時計鋪) [-계-/-게-]명 시계를 팔거나 고치는 일을 전문으로 하는 가게.
시고(詩稿)명 시의 초고(草稿).
시-고모(媤姑母)명 남편의 고모.
시 고모부(媤姑母夫)명 남편의 고모부. 시고모의 남편.
시-고조모(媤高祖母)명 남편의 고조모. 시고조부의 아내.
시-고조부(媤高祖父)명 남편의 고조부.
시골명 ①서울에 대하여, 서울 이외의 고장을 이르는 말. ¶ 시골에서 올라온 친구. ㊟촌. ②고향. ¶ 자네 시골은 어디인가?
시골-고라리[-꼬-]명 아주 어리석은 시골 사람. ㈜고라리.
시골-구석[-꾸-]명 아주 외딴 시골. ¶ 시골구석까지 전기가 들어가다.
시골-내기[-래-]명 시골에서 나서 자란 사람. ↔서울내기.
시골-뜨기명 '시골 사람'을 얕잡아 이르는 말. 촌뜨기. ↔서울뜨기.
시골-말명 시골에서 쓰는 사투리.
시골-집[-찝]명 ①시골에 있는 집. 촌가(村家). ②고향에 있는 자기 집.
시골-티명 시골 사람의 촌스러운 모양이나 태도. 촌티. ¶ 시골티가 나다.
시ː공(施工)명하타 공사를 시행(施行)함.
시공(時空)명 시간과 공간. ¶ 시공을 초월하다.
시ː-공간(視空間)명 심리학에서, 시각에 의하여 구성되는 공간 표상(表象).
시공간^예ː술(時空間藝術) [-네-]명 연극·영화·무용 등과 같이, 공간과 시간의 변화를 통하여 전개되는 예술.
시ː공-사(施工社)명 공사를 맡아서 하는 회사.
시공^세ː계(時空世界) [-계/-게]명 사차원 세계(四次元世界).
시ː공-자(施工者)명 공사를 맡아서 하는 사람 또는 회사.
시과(時果)명 그 계절에 나는 과실.
시과(翅果)명 열매껍질 또는 열매껍질의 일부가 발달하여 날개 모양을 하고 있는 열매. 〔단풍나무의 열매 따위.〕 익과(翼果).
시ː관(視官)명 동물의 시각 기관. 안구(眼球)와 시신경.
시ː관(試官)명 조선 시대에, 과시(科試)에 관계된 모든 관원을 통틀어 이르던 말.
시ː교(示教)명하타 구체적으로 보이어 가르침.
시ː구(屍柩)명 시체를 넣는 관.
시ː구(屍軀)명 사람의 죽은 몸. 송장. 시체.
시구(詩句) [-꾸]명 시의 구절. ¶ 시구를 외다.
시ː구(始球)명하자 야구에서, 경기를 시작하기 전에 지명인사가 제1구를 포수에게 던짐, 또는 던지는 그 일.
시국(時局)명 나라나 사회의 안팎 사정. 그때의 정세. ¶ 중대한 시국. /시국이 어수선하다.
시국-관(時局觀) [-꽌]명 현재의 시국의 흐름이나 경향을 보는 관점. ¶ 올바른 시국관.
시국-담(時局談) [-땀]명 현재의 시국의 흐름이나 경향에 대하여 나누는 이야기.
시ː굴(試掘)명하타 광상의 채굴 가치를 알아보기 위하여 시험적으로 파 보는 일.
시ː굴-권(試掘權) [-꿘]명 특정한 광구(鑛區) 안에서 광물을 시굴할 수 있는 권리.
시굼-시굼부하형 모두가 다 시굼하거나, 매우 시굼한 모양. ㉘새곰새곰. ㉠시쿰시쿰.
시굼-하다형여 웅숭깊게 신맛이 있다. ¶ 시굼한 김치. ㉘새곰하다. ㉠시쿰하다.
시궁명 더러운 물이 잘 빠지지 않고 썩어서 질척질척한 도랑창. ¶ 시궁을 치고 소독하다.
시궁-구멍[-꾸-]명 시궁의 구멍.
시궁-발치명 시궁이 있는 근처. ㈜시궁치.
시궁-쥐명 쥣과의 동물. 몸길이 22 cm가량. 몸빛은 황갈색이며 등의 한가운데에는 검은 털이 많이 나 있음. 집 근처의 시궁창에 살며 페스트균을 옮김. 페르시아와 서부 중국이 원산이나, 세계 각처에 분포함.
시궁-창명 ①시궁의 바닥, 또는 그 속. ¶ 시궁창의 흙을 파내다. ②'몹시 더럽거나 썩어 빠진 환경 또는 그런 처지'를 비유하여 이르는 말.
시궁-치명 〈시궁발치〉의 준말.
시권(時圈) [-꿘]명 천구 상의 양극을 지나서 적도와 직각으로 교차되는 대원. 시각권(時角圈).
시ː권(試券)명 과거 때 글을 지어 내던 종이. 글장.
시귀(詩句)명 '시구(詩句)'의 잘못.
시그널(signal)명 ①신호. ②신호기(信號機). 특히, 철도의 신호기를 이름.
시그널^뮤ː직(signal music)명 정기적 또는 연속적인 방송 프로그램에서, 그 방송의 앞뒤에 일종의 신호로서 연주되는 음악. ㊟테마 뮤직.
시그러-지다자 ①뻗쳤던 힘이 사라지다. ¶ 점차 기운이 시그러지다. ②흥분 상태가 가라앉다. ¶ 흥분됐던 감정이 시그러지기 시작하다.
시그마(sigma. Σ, σ, S 그)명 ①그리스 어 자모의 열여덟째 글자. ②수학에서, 같은 종류의 수치의 합계를 나타내는 기호인 'Σ'의 이름.
시그무레-하다형여 조금 시금하다. ¶ 김치 맛이 시그무레하다. ㉘새그무레하다. ㉠시크무레하다.
시극(詩劇)명 운문(韻文)이나 시의 형식으로 쓰인 희곡.
시ː근(始根)명 근본이 되는 원인.
시ː근(試根)명 함지나 사발 따위로 색볼 때, 육안으로 식별되는 금분(金分).
시근-거리다[1]자타 가쁘고 거칠게 숨 쉬는 소리가 자꾸 나다, 또는 그런 소리를 내다. 시근대다[1]. ¶ 화가 나서 몹시 시근거리다. ㉘새근거리다[1]. ㉡씨근거리다.
시근-거리다[2]자 뼈마디가 자꾸 저리고 신 느낌이 들다. 시근대다[2]. ¶ 발목이 시근거리며 아프다. ㉘새근거리다[2]. ㉠시큰거리다.
시근-담명 방구들을 놓을 때, 중인방(中引枋) 가로 구들장이 걸치게 쌓은 나지막한 담.
시근-대다[1]자타 ☞시근거리다[1].
시근-대다[2]자 ☞시근거리다[2].
시근덕-거리다[-꺼-]자타 자꾸 시근덕시근덕하다. 시근덕대다. ¶ 화가 나서 몹시 시근덕거리다. ㉘새근덕거리다. ㉡씨근덕거리다.
시근덕-대다[-때-]자타 시근덕거리다.
시근덕-시근덕[-씨-]부하자타 매우 거칠게 시근거리는 모양. ㉘새근덕새근덕. ㉡씨근덕씨근덕.

시근-벌떡부하자타 몹시 숨이 차서 시근거리며 헐떡이는 모양. ¶ 밖에 나갔던 사람이 시근벌떡 뛰어 들어오다. 작새근발딱. 센씨근벌떡. **시근벌떡-시근벌떡**부하자타.

시근벌떡-거리다[-꺼-]자타 자꾸 시근벌떡시근벌떡하다. 시근벌떡대다. 작새근발딱거리다.

시근벌떡-대다[-때-]자타 시근벌떡거리다.

시근-시근[1]부하자타 숨을 가쁘고 거칠게 쉬는 모양. 작새근새근[1]. 센씨근씨근.

시근-시근[2]부하형 뼈마디가 자꾸 시근한 느낌이 있는 상태. ¶ 정강이가 시근시근하다. 작새근새근[2]. 거시큰시큰.

시근-하다형여 뼈마디가 조금 시다. ¶ 손목이 약간 시근하다. 작새근하다. 거시큰하다.

시글-버글부하형 '시글시글'의 잘못.

시글-시글부하형 (물고기 따위가) 한곳에 많이 모여 들끓고 있는 모양. ¶ 개울에 송사리가 시글시글하다.

시:금(試金)명하타 광석이나 금속·합금 따위의 성분이나 순도를 분석하는 일.

시금떨떨-하다형여 맛이 조금 시금하고도 떫다. ¶ 자두가 시금떨떨하다. 참시금털털하다.

시:금-석(試金石)명 ①귀금속을 문질러, 그 품질을 알아보는 데 쓰이는 검은 빛깔의 단단한 돌. ②어떤 사물의 가치나 어떤 사람의 능력 등을 평가하는 데 '기준이 될 만한 사물'을 비유하여 이르는 말. ¶ 이 일은 그의 능력을 알아보는 데 시금석이 될 것이다.

시금-시금부하형 여럿이 다 시금하거나 약간 시금한 모양. 작새금새금. 거시큼시큼.

시금씁쓸-하다형여 맛이 조금 시금하고도 씁쓸하다. 거시큼씁쓸하다.

시금치명 명아줏과의 일년초 또는 이년초. 아시아 서부 원산인 채소의 한 가지. 뿌리는 굵고 붉은빛을 띠며, 잎은 긴 삼각형, 길둥근 모양 등 품종이 여러 가지임. 파릉채.

시금털털-하다형여 맛이 시금하고도 상당히 떫다. ¶ 약간 시금털털한 맛이 도는 청국장. 참시금떨떨하다.

시금-하다형여 〈새금하다〉의 큰말. 거시큼하다. **시금-히**부.

시급(時急) '시급하다'의 어근.

시급-하다(時急—)[-그파-]형여 시간적으로 매우 급하다. ¶ 시급한 문제. **시급-히**부.

시급(時給)명 〈시간급(時間給)〉의 준말.

시기(時期)명 (어떤 시대·기간·기한 따위로 구분되거나 한정된) 때. 기간(期間). ¶ 중대한 시기. /지금은 그 시기가 아니다.

시기(時機)명 어떤 일을 하는 데 가장 알맞은 때. 적당한 기회. ¶ 시기를 놓치다.

시기(猜忌)명하타 샘하여 미워함. ¶ 그의 재능을 시기하는 사람이 많다.

시:기(試技)명 ①역도 경기에서, 인상과 용상 두 종목에서 선수가 신청한 중량의 바벨을 들어 올려 보는 일. 선수는 각 종목마다 세 번 들어 올려서 그 최고 기록의 합계로써 순위를 가림. ②육상 경기의 뛰기와 던지기에서, 뛰거나 던지기를 시도하는 일. 종목에 따라 세 번에서 여덟 번까지 행함. ③체조 경기의 뜀틀에서, 뛰기를 두 번 시도하는 일

시기다타 〈옛〉시키다. ¶ 命은 시기논 마리라(月釋序11).

시기-상조(時機尙早)명 때가 아직 이름. 때가 아직 덜 되었음. ¶ 자립하기에는 시기상조다. 준상조.

시기-심(猜忌心)명 남을 샘하는 마음. ¶ 시기심이 발동하다.

시-꺼멓다[-머타][~꺼머니·~꺼메]형ㅎ ①빛깔이 아주 꺼멓다. ¶ 밥이 시꺼멓게 타다. 작새까맣다. ②마음이 아주 엉큼하고 음흉하다. ¶ 시꺼먼 속내를 드러내다. 참시커멓다.

시-꺼메지다자 시꺼멓게 되다. ¶ 풍로에서 그을음이 올라와서 냄비 밑바닥이 시꺼메졌다. 작새까매지다.

시끄럽다[-따][시끄러우니·시끄러워]형ㅂ ①듣기 싫도록 소리가 크거나 떠들썩하다. ¶ 주위가 꽤 시끄럽다. /밖이 시끄러워 잘 수가 없다. ②남의 거듭하거나 치근거리는 말이 오히려 귀찮다. ¶ 일마다 시끄럽게 참견하다. ③말썽이나 가탈이 생겨 어지러운 상태에 있다. ¶ 간첩 남파 사건으로 세상이 시끄럽다.

시끌벅적-하다[-쩌카-]형여 몹시 어수선하게 시끄럽고 벅적거리다. ¶ 잔칫집 앞마당이 시끌벅적하다.

시끌시끌-하다형여 ①주위가 조용하지 못하고 매우 시끄럽다. ¶ 많은 사람이 모여 장내가 시끌시끌하다. ②마음이 차분하지 못하고 뒤숭숭하다. ¶ 일이 뜻대로 되지 않아 속이 시끌시끌하다.

시나리오(scenario)명 영화나 텔레비전 드라마 따위의 대본. 각본(脚本).

시나브로부 모르는 사이에 조금씩. 야금야금. ¶ 쌓였던 눈이 시나브로 녹아 없어졌다. /물려받은 재산을 시나브로 다 없앴다.

시나위명 ①전라도·충청도·경기도 남부의 무악(巫樂)에서 유래된 가락의 한 가지. 피리·해금·장구·징·북 등으로 편성되는 합주로, 묘한 안어울림음을 이루는 것이 특색. ②당악(唐樂)에 대하여 '향악(鄕樂)'을 이르는 말.

시난-고난부하자 병이 오래 끌면서 점점 악화되는 모양. ¶ 벌써 몇 해째 시난고난 앓고 있다.

시:납(施納)명하타 절에 시주로 금품 따위를 바침.

시:내명 그다지 크지 않은 내. 참개울.

시:내(市內)명 시의 구획 안. 도시의 안. ¶ 많은 사람이 시내로 몰려들다. ↔시외(市外).

시:내-버스(市內bus)명 일정한 시(市)의 구역 안에서 정해진 노선을 따라 시민의 교통수단으로 운행되는 노선버스.

시:냇-가[-내까/-낻까]명 물이 흐르는 시내의 가.

시:냇-물[-낸-]명 시내의 흐르는 물.

시너(thinner)명 도료(塗料)를 희석시키는 데 쓰이는 용제(溶劑).

시너지(synergy)명 분산 상태에 있는 집단이나 개인이 서로 적응하여 통합되어 가는 과정, 또는 그 과정에서 나타나는 힘이나 효과.

시네라리아(cineraria)명 국화과의 일년생 또는 이년생 원예 화초. 온몸이 흰 솜털로 덮이고, 초여름에서 초가을에 걸쳐 분홍·자주·남색·백색 등 여러 가지의 꽃이 핌. 카나리아 섬 원산. 관상용으로 재배됨.

시네라마(Cinerama)명 대형 영화의 한 가지. 특수 영사기를 써서 가로로 길고 오목한 스크린에 화면을 비추고 입체 음향을 곁들여서 실감을 자아냄. 〔본디는 상품명임.〕

시네마-스코:프(Cinema Scope)명 대형 영화의 한 가지. 특수한 렌즈를 쓴 영사기로 압축 촬영한 것을 가로로 긴 스크린에 확대하여 비추며 입체 음향을 곁들임. 준시네스코.

시네마토그래프(cinematograph)명 영화 촬영기.
시네스코(Cinesco)명 〈시네마스코프〉의 준말.
시네카메라(cinecamera)명 영화 촬영기.
시네포엠(ciné-poème 프)명 시나리오의 형식으로 쓴 시(詩). 영화 쪽에서 보면 영화의 수법, 즉 시각적 표현만으로 시적 감흥을 일으키는 시라고 할 수 있음.
시ː녀(侍女)명 지난날, 지체 높은 사람의 가까이에 있으면서 시중을 들던 여자.
시ː노(侍奴)명 지난날, 시중을 들던 종.
시노(柴奴)명 지난날, 땔나무를 하던 머슴.
시뇨(屎尿)명 똥과 오줌. 분뇨(糞尿).
시-누(媤-)명 〈시누이〉의 준말.
시-누렇다형ㅎ '싯누렇다'의 잘못.
시-누이(媤-)명 남편의 누이. 준시누·시뉘.
시누이-올케(媤-)명 시누이와 올케.
시-뉘(媤-)명 〈시누이〉의 준말.
시늉명하타 어떠한 모양이나 동작·소리 따위를 흉내 내는 일. ¶ 우는 시늉을 내다. /일을 좀 하랬더니 시늉만 한다.
시늉-말명 ☞흉내말.
시니시즘(cynicism)명 사물을 냉소적으로 보는 태도. 기성의 풍습이나 세론(世論), 사회도덕 따위를 경멸하고 무시하는 인생관이나 생활 태도. 견유주의(犬儒主義). 냉소주의(冷笑主義).
시니컬-하다(cynical-)형여 냉소적이거나 그런 태도가 있다. ¶ 시니컬하게 웃다.
시다[1]형 ①눈이 강한 빛을 받아 슴벅슴벅 찔리는 듯하다. ¶ 강한 햇살에 눈이 시다. ②하는 짓이 눈에서 벗어나 비위에 거슬리다. 《주로, '눈꼴'과 함께 쓰임.》 ¶ 눈꼴이 시어서 볼 수가 없다. ③(뼈마디를 삐거나 접질렸거나 하여) 시큰시큰 아프다. ¶ 무릎이 시고 아프다.
시다[2]형 ①신맛이 있다. ②〖동사적 용법〗 신맛이 나게 되다. ¶ 김치가 빨리 실 것 같다.
시거든 떫지나 말고 얽거든 검지나 말지속담 '아무짝에도 쓸모가 없는 사람'을 비유하여 이르는 말.
시지도 않아서 군내부터 먼저 난다속담 같잖은 것이 미리부터 노숙한 체한다는 말.
시다자 〈옛〉'이시다'의 축약형. ¶ 十里의 ᄌᆞ자 시니(鄭澈. 關東別曲).
시ː다림(←尸陀林)명하자 불교에서, 죽은 이에게 마지막으로 하는 설법을 이르는 말.
시ː다림-법사(←尸陀林法師)[-싸]명 죽은 이에게 마지막으로 설법하는 법사(중).
시단(詩壇)명 시인들의 사회. ¶ 시단에 데뷔하다.
시ː달(示達)명하타되자 상급 기관에서 하급 기관 등에 지시 사항이나 주의 사항 따위를 전달함, 또는 그 전달. ¶ 업무 계획을 시달하다.
시달리다자 괴로움을 당하다. ¶ 빚에 시달리다.
시ː담(示談)명 민사(民事)에서 다툴 만한 사건을 당사자끼리 말로써 해결하는 일.
시답다[-따][시다우니·시다워]형ㅂ 《주로 '시답지 않다'의 꼴로 부정의 뜻으로 쓰이어》 마음에 차다. 마음에 들다. ¶ 호의를 시답지 않게 여기다.
시답잖다[-짠타]형 마음에 차지 않다. 마음에 들지 않다. ¶ 젠체하는 꼴이 영 시답잖더라. *시답잖아[-짜나]·시답잖소[-짠쏘]
시-당숙(媤堂叔)명 남편의 당숙. 시종숙.
시-당숙모(媤堂叔母)[-숭-]명 ☞시종숙모.
시대(時代)명 어떤 길이를 지닌 연월(年月), 또는 역사적인 특징을 가지고 구분한 일정한 기간. ¶ 원자력 시대. /중세의 암흑 시대.
시대-감각(時代感覺)명 그 시대의 동향이나 특징 따위를 포착하는 감각. ¶ 예민한 시대감각.
시-대고모(媤大姑母)명 남편의 대고모.
시-대고모부(媤大姑母夫)명 남편의 대고모부.
시대-극(時代劇)명 지나간 시대의 인물이나 사건 등을 소재로 하여 꾸민 연극이나 극영화.
시대-물(時代物)명 지나간 어떤 시대의 인물이나 사건 등을 소재로 하여 만든, 소설·연극 따위의 작품.
시대-병(時代病)[-뼝]명 시대의 풍조에 따라 생겨나는 건전하지 못한 폐습 따위를 병에 비유하여 이르는 말.
시대-사상(時代思想)명 그 시대의 사회 일반에 널리 미친 사상.
시대-사조(時代思潮)명 그 시대의 주류나 특색을 이루는 사상적 경향.
시대-상(時代相)명 그 시대의 모습. 그 시대의 사회상. ¶ 시대상을 반영한 작품.
시대^소ː설(時代小說)명 지나간 어떤 시대의 인물이나 사건·사회상 등을 소재로 쓴 소설.
시대-적(時代的)관명 그 시대의 특징적인 (것). ¶ 시대적 특징. /시대적인 경향.
시대-정신(時代精神)명 그 시대의 사회나 인심을 지배하며, 그 시대를 특징짓고 있는 정신이나 사상. ¶ 전환기의 시대정신.
시대-착오(時代錯誤)명 ①시대에 부합되지 않는 일. 아나크로니즘. ¶ 시대착오도 이만저만이 아니다. ②시대에 뒤떨어지는 일. ¶ 시대착오적인 발상.
시댁(媤宅)명 〈시집〉의 높임말.
시덥다형ㅂ '시답다'의 잘못.
시데로스탯(siderostat)명 일주 운동(日週運動)을 하는 천체의 빛을 받아 일정한 방향으로 반사하는 장치. 천체 관측에 쓰임.
시ː도(示度)명 ①계기(計器)가 가리키는 눈금의 숫자. ②기압계가 나타내는 기압의 높이. ¶ 태풍의 중심 시도.
시ː도(市道)명 ①(대단위 행정 구역인) 특별시·광역시 및 도. ¶ 시도 지방 의회. ②시내의 도로로서, 시장(市長)이 건설·관리·유지하는 도로. 참국도·지방도.
시ː도(視度)명 액체 안에 떠 있는 물질이나 공기 속의 가스에 의해 생기는 대기의 투명도(透明度). 시계(視界) 거리에 따라 0에서 9까지로 구분함.
시도(詩道)명 시의 도. 시를 짓는 방법.
시ː도(試圖)명하자타되자 무엇을 시험 삼아 꾀하여 봄, 또는 꾀한 바를 시험해 봄. ¶ 새로운 시도. /그러한 일은 시도해 본 적이 없다.
시ː도-식(始渡式)명 다리를 놓고 처음 건너는 의식. 초도식(初渡式).
시ː독(屍毒)명 동물의 시체가 박테리아의 작용으로 분해될 때에 생기는 독성 물질.
시독(柴毒)명 한방에서, 나무의 가시에 찔려서 곪는 병을 이르는 말.
시돌(豕突) '시돌하다'의 어근.
시돌-하다(豕突-)자여 ☞저돌(豬突)하다.
시ː동(尸童)명 지난날, 제사를 지낼 때에 신위(神位) 대신으로 앉히던 아이.
시ː동(侍童)명 지난날, 지체 높은 사람 밑에서 시중을 들던 아이.
시ː동(始動)명하자타 전동기나 기계 따위가 움직이기 시작함, 또는 전동기나 기계 따위를 가동하기 시작함. 기동(起動). ¶ 엔진의 시동. /차의 시동을 걸다.

시ː동-기(始動器)명 전동기를 시동시키기 위한 부속 장치.

시-동생(媤同生)명 남편의 남동생.

시두(時痘)명 한방에서, 천연두를 이르는 말.

시두-법(時頭法)[-뻡]명 민속에서, 일진(日辰)의 천간(天干)을 보아 그날의 자시(子時)가 육갑 중의 어떠한 자시가 되는지 알아내는 방법.

시ː드(seed)명〔종자를 선별한다는 뜻으로〕①테니스나 탁구 따위의 토너먼트 경기에서, 우수한 선수나 편끼리 처음부터 맞붙지 않도록 대진표를 짜는 일. ¶ 시드 배정. ②바둑에서, 본선의 성적이 우수한 선수에게 주는, 다음 번 본선 진출권.

시드러운형 〈옛〉가쁜. 고달픈. ¶ 山林에 시드러운 모물 브툐니(杜重*2:11*). 참시드럽다.

시드럭-부드럭[-뿌-]부하형 꽃이나 풀 따위가 시들어 생기가 없는 모양. ¶ 화초가 시드럭부드럭 시들기 시작하다. 준시득부득.

시드럭-시드럭[-씨-]부하형 꽃이나 풀 따위가 시들어 윤기가 없고 엉성한 모양. ¶ 가뭄이 들어 꽃잎들이 시드럭시드럭하다.

시드럽다형ㅂ 〈옛〉가쁘다. 고달프다. ¶ 山林에 시드러운 모물 브툐니(杜重*2:11*).

시득-부득[-뿌-]부하형 〈시드럭부드럭〉의 준말.

시득-시득[-씨-]부하형 시들고 말라서 윤기가 없는 모양. ¶ 심한 가물에 풀들이 시득시득 말랐다. 작새득새득.

시들다[시드니·시들어]자 ①(꽃이나 풀·나무 따위가) 물기가 말라서 생기가 없어지다. ¶ 꽃잎이 시들다. ②(사람이) 기력이나 원기 따위가 약해지고 줄어들다. ¶ 기력이 시들어 가다. ③(기세나 열의 따위가) 줄어들다. ¶ 시 창작에 대한 열의가 시들다.

시들-마르다[~마르니·~말라]형르 기운이나 풀기가 빠져서 생기가 없이 쪼그라지다. ¶ 고생에 찌들어 얼굴이 시들마른 낙엽 같다.

시들먹-하다[-머카-]형여 기운이나 기분이 시들한 데가 있다. ¶ 시들먹한 분위기.

시들-방귀명 '시들한 사물'을 우습게 여겨 이르는 말. ¶ 남의 일은 시들방귀로 여긴다.

시들-병(-病)[-뼝]명 시들시들 만성적으로 앓는 병. 위병(萎病).

시들-부들부하형 조금 시들어서 부드러워진 모양. ¶ 시들부들해진 푸성귀.

시들-시들부하형 어지간히 시들어 힘이 없는 모양. ¶ 시들시들 말라 버린 잎사귀. 작새들새들.

시들-하다형여 ①풀이나 꽃 따위가 시들어서 생기가 없어지다. ②조금도 마음에 차지 않고 언짢다. ¶ 아까부터 시들한 표정으로 딴전만 부린다. ③조금도 대수롭지 않다. ¶ 계속 시들한 소식만 전해 오다.

시ː디ː(CD)명 ☞콤팩트디스크(compact disk).

시ː디ː-롬(CD-ROM)명 콤팩트디스크를 컴퓨터 판독의 전용 기억 매체로 하여 여러 가지 정보를 기록한 것. [compact disk read only memory]

시디-시다형 맛이 몹시 시다. ¶ 김치가 시디시다.

시ː디ː-플레이어(CD player)명 콤팩트디스크의 소리를 재생하기 위한 장치.

시뜻-하다[-뜨타-]형여 ①마음에 들지 않거나 싫증 난 기색이다. ¶ 아무 말도 없이 시뜻해서 돌아앉다. ②언짢아서 시무룩하거나 토라져 있다. ¶ 시뜻한 표정으로 계속 입을 다물고 있다.

시뜻-이부.

시ː랑(侍郞)명 ①신라 때, 집사성(執事省)·병부(兵部)·창부(倉部) 등의 버금 벼슬. ②고려 시대에, 육부(六部)와 육조(六曹)의 상서(尙書) 다음가는 정사품 벼슬.

시ː랑(豺狼)명 ①승냥이와 이리. ②'욕심이 많고 무자비한 사람' 또는 '간악하고 잔혹한 사람'을 비유하여 이르는 말.

시래기명 말린 무청.

시래깃-국[-기꾹/-긷꾹]명 시래기와 콩나물을 된장과 고추장을 푼 쌀뜨물에 넣어 끓인 국.

시래운도(時來運到)명하자 때가 되어 운이 돌아옴. 시운(時運)이 돌아옴.

시량(柴糧)명 땔나무와 먹을 양식.

시러부 〈옛〉능히. ¶ 므춤내 제 쁘들 시러 펴디 몯홇 노미 하니라(訓諺).

시러베-아들명 '실없는 사람'을 욕으로 이르는 말.

시러베-장단명 '실없는 말이나 행동'을 얕잡아 이르는 말.

시럼명 〈옛〉시름. ¶ 舟師 이 시럼은 젼혀 업게 삼길럿다(朴仁老.船上嘆).

시럽(syrup)명 ①녹인 설탕에 여러 가지 과즙·향료 따위를 타서 가공한 진한 액체. 청량음료나 아이스크림 따위를 만드는 데 쓰임. ②설탕이나 여러 가지 과즙을 넣어 걸쭉한 액체로 만든 약제.

시렁명 물건을 얹어 두기 위하여 방이나 마루의 벽에 건너질러 놓은 두 개의 시렁가래.

시렁-가래[-까-]명 시렁을 매는 데 쓰는 긴 나무.

시ː력(視力)명 물체의 존재나 모양 따위를 분간하는 눈의 능력. 목력. 안력(眼力). 안총(眼聰).

시ː력^검ː사(視力檢査)[-껌-]명 시력의 좋고 나쁨을 검사하는 일.

시ː력^검ː사표(視力檢査表)[-껌-]명 시력을 검사하는 데 쓰이는 표.

시련(詩聯)명 시구(詩句)를 적은 주련(柱聯).

시ː련(試鍊·試練)명 ①겪기 어려운 단련이나 고난. ¶ 시련을 이겨 내다. ②하타(의지나 됨됨이 따위를) 시험하여 봄.

시ː련-기(試鍊期)명 시련을 겪는 시기.

시령(時令)명 ①☞절기(節氣). ②☞시환(時患).

시령(詩令)명 지난날, 여러 사람이 시를 지을 때 미리 정해 두던 약속.

시례-고가(詩禮故家)명 대대로 시(詩)와 예(禮)로 이름난 집.

시례지훈(詩禮之訓)명〔백어(伯魚)가 아버지인 공자(孔子)로부터 시와 예를 배워야 하는 까닭을 듣고 당장 배웠다는 고사에서〕'자식이 아버지에게서 받은 교훈'을 이르는 말.

시론(時論)명 ①시사(時事)에 관한 평론. ②그 시대의 세론(世論). ¶ 시론에 부합되다. ③조선 정조 때, 벽론(僻論)에 맞섰던 시파의 당론.

시론(詩論)명 시의 본질이나 작법 등에 관한 이론, 또는 시에 대한 평론.

시ː론(試論)명 ①☞소론(小論). ②시험 삼아 해 본 평론이나 논설.

시ː료(施療)명하타 무료로 치료해 줌.

시료(詩料)명 시의 소재. 시재(詩材).

시ː료(試料)명 시험이나 검사·분석 따위를 하기 위한 재료. ¶ 시료를 채취하다.

시루명 떡이나 쌀 따위를 찌는 데 쓰는 둥근 질그릇. 모양은 자배기 비슷하며 바닥에 구멍이 몇 개 뚫렸음.

시루에 물 퍼 붓기속담 아무리 돈을 쓰고 공을 들여도 아무 소용이 없음을 이르는 말. 참밑 빠진 독〔가마/항아리〕에 물 붓기.

시루-떡명 쌀가루를 시루에 안쳐 찐 떡. 증병.
시룻-밑[-룬믿]명 시루의 구멍을 막아 시루 안의 것이 새지 않도록 하는 물건. 가는 새끼 따위로 떠서 만듦. *시룻밑이[-룬미치]·시룻밑을[-룬미틀]·시룻밑만[-룬민-]
시룻-방석(-方席)[-루빵-/-룬빵-]명 시루를 덮는 방석 모양의 덮개. 짚으로 두껍고 둥글게 틀어 엮어서 만듦.
시룻-번[-루뻔/-룬뻔]명 시루를 안칠 때에 시루와 솥 사이에서 김이 새지 않도록 바르는 반죽. 준번.
시룽-거리다자 자꾸 시룽시룽하다. 시룽대다. ¶ 본심은 숨긴 채 언제까지나 시룽거리고만 있다. 작새롱거리다.
시룽-대다자 시룽거리다.
시룽-새룽부하자 실없이 방정맞게 까불며 자꾸 지껄이는 모양.
시룽-시룽부하자 자꾸 실없이 희룽거리는 모양. 작새롱새롱.
시류(時流)명 그 시대의 풍조. 그 시대의 유행.
시르[실을·실의]명 〈옛〉시루. ¶ 시르 증:甑(訓蒙中*10*). /가마와 실을 지고(內訓*3:70*).
시르-죽다[-따]자 맥이 쑥 풀리거나 풀이 죽다. ¶ 시르죽은 목소리.
시름명 늘 마음에 걸리는 근심이나 걱정. ¶ 깊은 시름에 잠기다.
시름-겹다[-따][~겨우니·~겨워]형ㅂ 가눌 수 없을 정도로 시름이 많다. ¶ 시름겹게 보이는 어머니의 얼굴.
시름-시름부 ①병세가 더하지도 않고 낫지도 않으면서 은근히 오래 끄는 모양. ¶ 시름시름 앓다가 끝내 세상을 버리다. ②비나 눈 따위가 조용히 자꾸 내리는 모양. ¶ 오늘도 뿌연 하늘에서 함박눈이 시름시름 내린다. ③매우 조용히 움직이거나 변하는 모양. ¶ 시름시름 말하다.
시름-없다[-르멉따]형 ①근심·걱정으로 맥이 없다. ¶ 시름없는 얼굴로 한숨을 내쉬다. ②아무 생각이 없다. ¶ 시름없는 나날을 보내다. **시름없-이**부 ¶ 시름없이 내리는 봄비.
시리다형 몸의 한 부분에 찬 기운을 느끼다. ¶ 이가 시리다. /찬 바람이 스며들어 무릎이 시리다.
시리ː즈(series)명 ①책이나 영화 따위에서, 체재나 경향 등이 비슷한 연속물. ¶ 경영 명저(名著) 시리즈. ②특히 야구에서, 특별 기획에 의한 일련의 경기. ¶ 코리안 시리즈.
시ː립(市立)명 시에서 설립하고 경영하는 일, 또는 그러한 시설. ¶ 시립 공원. /시립 도서관.
시ː립(侍立)명하자 귀인(貴人)이나 웃어른을 모시고 섬.
시마명 '남동풍(南東風)'의 뱃사람 말.
시마(緦麻)명 조선 시대에, 종증조(從曾祖)나 삼종(三從)·중증손(衆曾孫) 등이 죽었을 때 석 달 동안 입던 복, 또는 그 상복.
시마(sima)명 지질학에서, 지각(地殼)의 하층부를 이르는 말. 칼슘이나 알루미늄을 다량 함유한 현무암질로 규소와 마그네슘이 주성분을 이루고 있음.
시ː말(始末)명 ①일의 처음과 끝. ②일의 전말.
시ː말-서(始末書)[-써]명 ☞전말서(顚末書).
시ː망(諡望)명 왕조 때, 공신에게 시호(諡號)를 내릴 때에 미리 세 가지 시호를 의정하여 임금에게 올리던 일.
시ː망-스럽다[-따][~스러우니·~스러워]형ㅂ 몹시 짓궂다. **시망스레**부.
시-매부(媤妹夫)명 시누이의 남편.
시맥(翅脈)명 곤충의 날개 표면에 부챗살처럼 뻗어 있는 줄.
시맥(詩脈)명 시의 내용에서, 주제의 흐름과 줄기. 시의 맥락.
시먹명 미술에서, 먹으로 가는 획을 그어서 두 경계를 나타내는 줄. 세묵(細墨). 시분.
시-먹다[-따]형 나이 어린 사람이 주제넘고 시건방지다. ¶ 아이들이 시먹어서 말을 안 듣는다.
시-멀겋다형ㅎ '싯멀겋다'의 잘못.
시-멀게지다자 '싯멀게지다'의 잘못.
시멘트(cement)명 토목·건축용의 접합제. 석회석이나 점토 따위를 구워서 가루로 만든 것으로, 모래 따위를 섞고 물로 개어서 씀. 양회.
시멘트^모르타르(cement mortar)명 시멘트와 모래를 물로 개어 만든 접합제의 한 가지. 벽돌 등을 쌓거나 타일 등을 붙이거나 하는 데 널리 쓰임.
시멘트^콘크리ː트(cement concrete)명 시멘트와 모래·자갈 따위를 물로 개어서 만든 콘크리트의 한 가지.
시ː멸(示滅)명 부처나 보살이 중생을 교화하기 위한 방편으로 열반을 나타내 보이는 일. 시적(示寂).
시ː명(示明)명하타 일반에게 널리 알림. 고시함.
시모(媤母)명 시어머니.
시-모녀(媤母女)명 시어머니와 며느리.
시목(柴木)명 땔나무.
시ː묘(侍墓)명하자 지난날, 부모의 거상 중에 그 무덤 옆에 막을 짓고 3년을 지내던 일.
시ː무(始務)명하자 관공서 등에서 새해 들어 다시 업무를 시작하는 일. ↔종무(終務).
시무(時務)명 그때그때에 필요한 일. 당장에 시급한 일.
시무룩-하다[-루카-]형여 마음에 못마땅하여 말없이 부루퉁해 있다. ¶ 시무룩한 표정. 작새무룩하다. 센씨무룩하다. **시무룩-이**부.
시ː무-식(始務式)명 관공서나 회사 등에서, 새해 들어 다시 업무를 시작할 때 행하는 의식. ↔종무식.
시ː-무외(施無畏)[-외/-웨]명 부처나 보살이 중생을 보호하여 두려움을 없게 하는 일.
시문(柴門)명 사립문.
시문(時文)명 ①그 시대의 글, 또는 현재 쓰이고 있는 글. ②그 시대의 문명(문화).
시문(詩文)명 시가(詩歌)와 산문(散文).
시ː문(試問)명하타 시험 삼아 물음, 또는 시험 삼아 묻는 그 문제.
시문서화(詩文書畫)명 시가와 산문, 그리고 글씨와 그림. ¶ 시문서화에 능하다.
시문-집(詩文集)명 시가나 산문 등을 모아 엮은 책. 문림(文林).
시^문학(詩文學)명 ①시·시조 등 '시가(詩歌)'를 문학의 한 장르로서 이르는 말. ②1930년 3월에 창간하여 3호까지 나온 시 전문 동인지. 박용철·김영랑·이하윤 등이 동인으로, 계급주의 문학에 대항하여 서정시 위주의 순수 문학을 지향하였음.
시ː물(施物)명 시주(施主)로 내는 재물.
시물-거리다자 자꾸 시물시물하다. 시물대다. 작새물거리다. 센씨물거리다.
시물-대다자 시물거리다.
시물-시물부하자 ①입술을 실그러뜨리며 소리 없이 자꾸 웃는 모양. ¶ 시물시물 웃기를 잘한다. ②한데 어울리지 아니하고 능청스럽게 구는 모양. 작새물새물. 센씨물씨물.

시뮬레이션(simulation)명 복잡한 문제나 사회 현상 따위를 해석하고 해결하기 위하여 실제와 비슷한 모형을 만들어 모의로 실험하는 일.
시뮬레이터(simulator)명 복잡한 작동 상황 따위를 컴퓨터를 사용하여 실제 장면과 같도록 재현하는 장치. 주로, 시험 연구나 항공기 조종·원자로 운전 따위의 훈련에 사용됨.
시므다[심거]타 〈옛〉심다. ¶ 여러 가짓 됴흔 根源을 시므고(釋譜19:33). /臘月에 다시 모로매 심굴디니라(杜初7:9).
시:민(市民)명 ①시에 살고 있는 사람. 시의 주민. ¶ 서울 시민. ②국정에 참여할 수 있는 권리를 가진 사람. ¶ 시민 의식. ③시민 계급에 속하는 사람.
시:민^계급(市民階級)[-계-/-게-]명 서양 근세사에서, 정치적으로는 근대 민주주의를 신봉하여 봉건 체제를 타파하고, 경제적으로는 산업 혁명을 수행하여 근대 자본주의 경제 체제를 확립한 사람들을 통틀어 이르는 말. 부르주아지.
시:민-권(市民權)[-꿘]명 ①일반 국민이나 주민이 누리는 권리. ②시민으로서의 사상·재산·직업·신앙 등의 자유가 보장되고, 또 국정에 참여할 수 있는 권리.
시:민^문학(市民文學)명 18~19세기의, 근대 시민 계급의 의식을 반영한 문학. 부르주아 문학.
시:민-법(市民法)[-뻡]명 ①고대 로마 시민에게 적용되었던 법. ②개인주의나 자본주의에 바탕을 둔 근대 사법(私法). 특히, 민법을 이르기도 함.
시:민^사회(市民社會)[-회/-훼]명 ①봉건 사회에 대하여, 개인의 자유·평등·독립이 보장된 사회. ②근대 사회, 또는 초기 자본주의 사회.
시:민^혁명(市民革命)[-형-]명 ☞부르주아 혁명.
시밀레(simile 이)명 악보의 나타냄말. '전과 같은 모양으로 계속'의 뜻.
시바(Siva 범)명 힌두교의 3대 신의 하나. 눈이 세 개며 이마에 반달을 붙이고, 목에 뱀과 송장의 뼈를 감은 모양으로, 파괴·죽음·생식·창조의 일을 맡음.
시:반(侍飯)명하자 웃어른을 모시고 함께 음식을 먹음. 배식(陪食). 시식(侍食).
시:반(屍斑)명 사람이 죽은 지 6~12시간 뒤에 피부에 생기는 자줏빛 얼룩점.
시반(詩伴)명 함께 시를 짓거나 시심(詩心)을 나누는 벗. 시붕(詩朋). 시우(詩友).
시:발(始發)명하자 맨 처음 출발하거나 발차함. ¶ 시발 버스.
시:발^수뢰(視發水雷)[-뢰/-뤠]명 부설 수뢰의 한 가지. 물속에 설치한 수뢰에 적함이 접근하였을 때에 육상의 감시소에서 전류를 통하여 폭발시키는 수뢰.
시:발-역(始發驛)[-력]명 기차나 전차 따위가 처음 출발하는 역. ↔종착역(終着驛).
시:발-점(始發點)[-쩜]명 ①맨 처음 출발하거나 발차하는 지점. ↔종착점. ②일이 처음으로 시작되는 계기. ¶ 개혁의 시발점. /변화의 시발점.
시방(←十方)명 불교에서, 동·서·남·북의 사방과 건(乾)·곤(坤)·간(艮)·손(巽)의 사우(四隅) 및 상하를 아울러 이르는 말. 십방.
시방(時方) Ⅰ명 지금. ¶ 시방이 바로 우리들이 떠날 때다.
Ⅱ부 지금. ¶ 시방 왔다. /시방 한 말은 농담일세.
시방(猜謗)명하타 (남을) 시새워 헐뜯음.
시:방(試放)명하타 총이나 대포 따위를 처음으로 시험 삼아 쏘는 일.
시방-공(←十方空)명 불교에서, 아무것도 없이 텅 빈 시방세계를 이르는 말.
시:방-서(示方書)명 설계·시공·주문품 등에 관하여 도면으로 나타낼 수 없는 사항을 적은 문서.
시방-세계(←十方世界)[-계/-게]명 불교에서, 사방·사우·상하에 있는 무수한 세계를 이르는 말. 온 세계.
시방-정토(←十方淨土)명 불교에서, 시방에 있는 무량무변(無量無邊)한 여러 부처의 정토를 이르는 말.
시:배(侍陪)명하타 지난날, 따라다니며 시중드는 하인을 이르던 말.
시배(時輩)명 ①그 당시의 사람들. ②때를 만나 뜻을 이룬 사람들.
시백(詩伯)명 시로써 일가(一家)를 이룬 사람.
시-백모(媤伯母)[-뱅-]명 남편의 백모. 시백부의 아내.
시-백부(媤伯父)[-뿌]명 남편의 백부.
시:범(示範)명하타 모범을 보임. ¶ 시범 경기.
시법(詩法)[-뻡]명 시를 짓는 방법.
시:법(諡法)[-뻡]명 지난날, 시호(諡號)를 의논하여 정하던 방법.
시벽(詩癖)명 ①시 짓기를 좋아하는 버릇. ②시에 나타나는 그 사람 특유의 버릇.
시:변(市邊)명 ①시가지의 변두리. ②☞장변(場邊).
시변(時變)명 그때의 세상이나 형세의 변화.
시:병(侍病)명하자 병자 곁에서 시중드는 일.
시:병(柿餠)명 ☞감편.
시병(時病)명 ①계절에 따른 유행병. ②그 시대의 병폐. 시폐(時弊).
시보(時報)명 ①어떤 분야에서 일어난 일이나 상태 등을 때때로 알리는 일, 또는 그 보도. ②라디오나 텔레비전 등에서 표준 시각을 알리는 일.
시:보(試補)명 어떤 관직에 정식으로 임명되기 전에, 그 일에 실제로 종사하며 사무를 익히는 일, 또는 그 직. ¶ 사법관 시보.
시:보(諡寶)명 임금의 시호를 새긴 도장.
시:복(施福)명 절에서, 시주(施主)가 많은 것을 복으로 여겨 이르는 말.
시복(時服)명 ①철에 맞는 옷. ②왕조 때, 입시(入侍)할 때나 공무를 볼 때 관원들이 입던 옷. 단령(團領)에 흉배(胸背)가 없고 빛이 붉음.
시복(緦服)명 석 달 동안 입는 상복(喪服).
시:복(諡福)명하자 가톨릭에서, 교황이 뛰어난 신앙이나 순교로 이름 높은 이에게 '복자(福者)'라는 칭호를 내리고 모든 교회에서 그를 공경하도록 선언하는 일.
시:봉(侍奉)명하타 부모를 모시어 받듦.
시부(媤父)명 시아버지.
시부(詩賦)명 시와 부. ¶ 시부를 읊조리다.
시부렁-거리다자타 자꾸 시부렁시부렁하다. 시부렁대다. ¶ 입도 안 아픈지 종일 시부렁거리다. 작사부랑거리다. 센씨부렁거리다.
시부렁-대다자타 시부렁거리다.
시부렁-시부렁부하자타 주책없이 실없는 말을 함부로 자꾸 지껄이는 모양. 작사부랑사부랑[1]. 센씨부렁씨부렁.
시-부모(媤父母)명 시아버지와 시어머니. 구고.
시부저기부 별로 힘들이지 않고 살짝. ¶ 시부저기 시작한 일이지만 만족스러운 결과를 얻었다. 작사부자기.

시부적-시부적[-씨-]부하자 잇달아 시부저기 행동하는 모양. 작사부작사부작.
시분(-粉)명 ①☞시먹. ②하자단청(丹靑)할 때, 물감을 칠한 뒤 무늬의 윤곽을 분으로 그리는 일.
시분할^시스템(時分割system)명 일정한 시간 안에 복수(複數)의 사용자가 한 컴퓨터를 공유(共有)하는 방식. 〔온라인 체재가 가능하게 된 방식임.〕 참티에스에스(TSS).
시붕(詩朋)명 ☞시반(詩伴).
시브다형 〈옛〉싶다. ¶ 닉일은 天氣 됴흘가 시브다(新語6:13). 참식브다.
시:비(市費)명 시(市)가 부담하여 지급하는 비용. 시의 경비.
시:비(侍婢)명 곁에서 시중드는 여자 종.
시:비(是非)명 ①옳고 그름. 잘잘못. ¶ 시비를 가리다. /시비를 따지다. ②하자타옳고 그름을 따짐. ¶ 시비가 붙다. /그 문제로 자네와 시비하고 싶지 않네.
시:비(施肥)명하자되자 논밭에 거름을 주는 일.
시비(柴扉)명 사립문.
시비(詩碑)명 ①시를 새긴 비. ②이름 있는 시인의 문학적 업적을 기리어 세우는 비. 〔대개, 비면에는 시인의 약력과 대표작을 새김.〕
시:비-곡직(是非曲直)[-찍]명 옳고 그르고 굽고 곧음, 곧 잘잘못.
시:비-조(是非調)[-쪼]명 시비하는 듯한 말투. ¶ 말끝마다 시비조다.
시:비지단(是非之端)명 시비가 일어난 실마리.
시:비지심(是非之心)명 사단(四端)의 하나. 시비를 가릴 줄 아는 마음.
시뻐-하다타여 마음에 차지 않아 시들하게 여기다. 못마땅하게 생각하다. ¶ 좋은 몫을 주었는데도 시뻐하는 눈치다.
시-뻘겋다[-거타][~뻘거니·~뻘게]형ㅎ 아주 뻘겋다. 작새빨갛다.
시뻘게-지다자 시뻘겋게 되다. ¶ 소주 한 잔에 얼굴이 시뻘게졌다. 작새빨개지다.
시-뿌옇다[-여타][~뿌여니·~뿌예]형ㅎ 아주 뿌옇다. ¶ 시뿌연 연기. 작새뽀얗다.
시뿌예-지다자 시뿌옇게 되다. ¶ 시뿌예진 새벽 하늘. 작새뽀얘지다.
시쁘다[시쁘니·시뻐]형 마음에 차지 않아 시틋하다. 대수롭지 않다. ¶ 달라는 걸 주었는데도 시쁜 표정이다.
시쁘둥-하다형여 매우 시쁜 기색이 있다.
시:사(示唆)명하타 미리 암시하여 알려 줌.
시:사(市肆)명 ☞시전(市廛).
시:사(侍史)명 ①윗사람을 옆에서 모시면서 문서를 작성 처리하는 사람. ②편지 겉봉에, 받을 사람을 높이어 그의 이름 뒤에 쓰는 말.
시:사(侍師)명 스승을 모심.
시:사(侍射)명하자 임금이 활을 쏠 때 곁에서 모시고 함께 활을 쏨, 또는 그 신하.
시사(時仕)명하자 지난날, 이속(吏屬)이나 기생이 그 매인 관아에서 맡은 일을 치르던 일.
시사(時祀)명 ☞시향(時享).
시사(時事)명 그때그때의 세상의 정세나 일어난 일. ¶ 시사 상식.
시:사(視事)명하자 임금이 나랏일을 돌봄.
시사(詩史)명 시의 역사, 또는 시의 발생 과정, 시의 내용과 형식의 변천 등을 밝힌 저술.
시사(詩思)명 ☞시상(詩想).
시:사(試射)명하타 ①〔활·총포 등의 성능과 제원(諸元)을 알기 위하여〕 시험 삼아 쏘아 봄. ②지난날, 활 잘 쏘는 사람을 시험으로 뽑아 쓰던 일.
시:사(試寫)명하타 영화를 개봉하기 전에 시험적으로 기자·평론가·관계자 등에게 상영해 보이는 일.
시사-담(時事談)명하자 시사에 관한 이야기. 시사에 관한 담론.
시사-만평(時事漫評)명 시사에 관한 일을 이것저것 생각나는 대로 하는 비평.
시사^문:제(時事問題)명 시사에 관한 문제.
시사-물(時事物)명 ①시사에 관한 기삿거리. ②시사 문제를 다룬 간행물이나 방송 프로그램.
시사^보:도(時事報道)명 시사에 관한 보도.
시사-성(時事性)[-썽]명 시사가 지니고 있는 시대적·사회적 성격.
시:사여귀(視死如歸)명하자 〔'죽음을 고향에 돌아가는 것처럼 여긴다'는 뜻으로〕 죽음을 조금도 두려워하지 않는다는 말.
시사-용어(時事用語)명 시사에 관한 용어.
시사-적(時事的)관 그때그때의 세상의 정세나 사회적 사건과 관련된 (것). ¶ 시사적인 문제.
시:사-회(試寫會)[-회/-훼]명 영화를 시사하는 모임.
시:산(試算)명하타 ①시험적으로 계산함. ②계산이 틀림없나를 검산함.
시:-산제(始山祭)명 산악인들이 매년 초 상순에 산신에게 지내는 제사.
시:산-표(試算表)명 분개장에서 총계정 원장으로 전기(轉記)가 잘 되었는지, 또는 그 계산이 틀림이 없는지를 검사하기 위하여 원장 각 계정의 금액을 모아서 만든 표.
시:산혈해(屍山血海)명 〔사람의 시체가 산처럼 쌓이고 피가 바다를 이룬다는 뜻으로〕 '수많은 목숨이 무참히 살상됨'을 비유하여 이르는 말.
시:살(弑殺)명하타 부모나 임금을 죽임. 시역(弑逆). 시해(弑害).
시-삼촌(媤三寸)명 남편의 숙부. 시숙부.
시삼촌-댁(媤三寸宅)[-땍]명 ①시삼촌의 집. ②시삼촌의 아내.
시:상(施賞)명하타 상장이나 상품 또는 상금을 줌.
시:상(柿霜)명 ☞시설(柿雪).
시상(時狀)명 그때의 세상 형편.
시상(時相)명 시제(時制)와 상을 아울러 이르는 말.
시:상(視床)명 간뇌(間腦)의 대부분을 차지하는 큰 달걀 모양의 회백질의 덩어리. 대뇌 피질과 가장 깊은 관계가 있음.
시상(詩想)명 ①시를 짓기 위한 시인의 착상이나 구상. ¶ 시상이 떠오르다. ②시에 나타난 사상이나 감정. ③시적인 상념. 시사(詩思).
시:상-식(施賞式)명 시상할 때에 베푸는 의식. ¶ 대종상 시상식.
시:상-판(屍床板)명 입관(入棺)하기 전에 시체를 얹어 놓는 긴 널.
시:상^하:부(視床下部)명 시상의 아래쪽에서 뇌하수체로 이어지는 부분. 체온 조절·물질 대사·수면·생식 등에 관여하는 자율 신경계의 중추로서 생명 유지에 중요한 통제적 기능을 함.
시:새명 ☞세사(細沙).
시새다 Ⅰ자 〈시새우다〉의 준말.
Ⅱ타 〈시새우다〉의 준말.
시새우다 Ⅰ자 서로 남보다 낫게 하려고 다투다. ¶ 시새워 일했다. 준시새다.
Ⅱ타 자기보다 잘되거나 나은 이를 공연히 미워하고 싫어하다. ¶ 친구의 성공을 시새우지 마라. 준시새다.

시새움명하타 시새우는 마음이나 짓. 준시샘.
시ː색(柿色)명 ☞감빛.
시색(時色)명 시대의 추세.
시샘명하타 〈시새움〉의 준말. ¶ 시샘을 내다.
시ː생(侍生)대 〔모시고 있는 소생(小生)이란 뜻으로〕 웃어른에게 대하여 '자기'를 낮추어 일컫는 말. 생(生).
시ː생-계(始生界)[-계/-게]명 시생대에 형성된 지층. 주로, 화강암이나 편마암으로 이루어졌으며 극히 드물게 화석이 포함되어 있음.
시ː생-대(始生代)명 선(先)캄브리아대의 하나. 지질 시대 중 최초의 시대로 방산충이나 해면 따위의 생물이 살았으며, 약 46억~25억 년 전으로 여겨짐. 태고대.
시서(時序)명 돌아가는 계절의 순서.
시서(詩書)명 ①시경(詩經)과 서경(書經). ②시와 글씨. ¶ 시서를 다 잘하는 선비.
시서늘-하다형여 음식 따위가 식어서 차다.
시서례(詩書禮)명 시경(詩經)·서경(書經)·예기(禮記)를 아울러 이르는 말.
시-서모(媤庶母)명 남편의 서모.
시서역(詩書易)명 시경(詩經)·서경(書經)·역경(易經)의 삼경(三經)을 아울러 이르는 말.
시ː석(矢石)명 (옛날 전쟁에서 무기로 쓰이던) 화살과 돌.
시ː선(視線)명 ①눈이 가는 방향. ¶ 시선을 돌리다. /시선이 마주치다. ②눈동자의 중심점과 외계의 주시점(注視點)과를 잇는 직선. ③주의(注意)나 관심. ¶ 시선을 끌다. /시선이 집중되다. ①③눈길1.
시선(詩仙)명 ①선풍(仙風)이 있는 천재적인 시인. ②시작(詩作)에만 몰두하여 세상일은 모두 잊은 사람. ③〔두보(杜甫)를 시성(詩聖)이라 이르는 데 대하여〕 '이백(李白)'을 일컫는 말.
시선(詩選)명 시를 뽑아 모은 책.
시ː선(試選)명하타 시험을 치러 뽑음.
시ː설(柿雪)명 곶감 거죽에 돋아 생기는 흰 가루. 시상(柿霜).
시ː설(施設)명하타되자 (도구나 장치 등을) 베풀어서 차림, 또는 그 차린 설비.
시설-거리다자 자꾸 시설시설하다. 시설대다. 작새살거리다·새실거리다.
시설-궂다[-굳따]형 실없이 시설거리는 데가 있다. 작새살궂다·새실궂다.
시설-대다자 시설거리다.
시설-떨다[~떠니·~떨어]자 실없이 시설스럽게 굴다. 작새살떨다·새실떨다.
시ː설-물(施設物)명 베풀어 차려 놓은 구조물. 〔기계·장치·도구류 따위.〕
시설-스럽다[-따][~스러우니·~스러워]형ㅂ 보기에 시설궂다. ¶ 나이에 비해 좀 시설스럽다. 작새살스럽다·새실스럽다. **시설스레**부.
시설-시설부하자 싱글싱글 웃으면서 수다스럽게 자꾸 지껄이는 모양. 작새살새살·새실새실.
시성(詩性)명 시적(詩的) 품성이나 감성.
시성(詩聖)명 ①역사상 뛰어난 위대한 시인. ②〔이백(李白)을 시선(詩仙)이라 이르는 데 대하여〕 '두보(杜甫)'를 일컫는 말.
시ː성(諡聖)명하타 가톨릭에서, 교황이 시복(諡福)한 복자(福者)를 성인(聖人)의 명부에 올리고 모든 교회에서 그를 공경하도록 선언하는 일.
시ː성-분석(示性分析)명 각 원소의 함유량을 알아내고, 또한 그 각 원소 사이의 결합 상태를 나타내기 위한 화학 분석.
시ː성-식(示性式)명 유기 화합물의 특성을 나타내기 위하여, 분자식을 전개함으로써 작용하는 기(基)를 나타낸 화학식.
시ː세(市勢)명 ①시(市)의 인구·재정·시설 등의 종합적인 형세. ②시장에서의 수요와 공급의 원활한 정도.
시세(時世)명 그때의 세상.
시세(時勢)명 ①시국의 형편. 시대의 추세. ②☞시가(時價).
시세(가) 닿다관용 값이 시세에 맞다.
시세션(secession)명 건축이나 미술·공예의 한 양식(樣式). 표현의 번잡성을 피하고 형태나 색채의 단순화를 지향한 직선 위주의 방법임. 분리파.
시ː-세포(視細胞)명 빛의 자극을 받아들이는 감각 세포의 한 가지. 동물의 망막에 분포하며 원추 세포와 간상세포가 있음.
시ː소(試所)명 과거(科擧)를 치르던 곳. 과장(科場). 시원(試院).
시ː소ː(seesaw)명 긴 널판의 한가운데를 괴어 그 양쪽 끝에 사람이 타고 번갈아 오르락내리락하는 놀이, 또는 그 놀이 기구.
시ː소ː-게임(seesaw game)명 어떤 경기에서, 실력이 비슷한 두 편의 득점이 서로 번갈아 엎치락뒤치락하는 접전. 곧, 일진일퇴의 맹렬한 경기.
시소ː러스(thesaurus)명 〔'보배'·'보고'의 뜻에서〕 ①단어를 의미에 따라 분류·배열한, 유의어나 동의어의 사전(辭典). ②정보 검색을 위하여 컴퓨터에 기억된 용어 사전.
시속(時俗)명 그 당시의 풍속.
시속(時速)명 한 시간을 단위로 하여 잰 속도.
시ː솔(侍率)명 웃어른을 모시고 아랫사람을 거느림.
시ː수(矢數)명 과녁에 맞은 화살의 수효.
시수(柴水)명 땔나무와 마실 물.
시ː수(屍水)명 추깃물.
시숙(媤叔)명 남편의 형제.
시-숙모(媤叔母)[-숭-]명 남편의 숙모. 시숙부의 아내.
시-숙부(媤叔父)[-뿌]명 남편의 숙부. 시삼촌.
시ː술(施術)명하자타 ①최면술 등의 술법(術法)을 베풂. ②의술, 특히 수술이나 침술 따위를 베풂.
시스템(system)명 ①어떤 목적을 위한 질서 있는 조직 체계. ¶ 인사 관리 시스템. ②컴퓨터에서, 필요한 기능을 실현하기 위하여 관련 요소를 어떤 법칙에 따라 조합한 집합체.
시습(時習)명 ①그때그때의 습관이나 풍습. ②하타때때로 복습함.
시ː승(市升)명 지난날, 시장에서 쓰던 되. 장되.
시ː승(試乘)명하타 (자동차·기차·배 따위를) 시험 삼아 타 봄.
시승(詩僧)명 시문(詩文)에 능통한 중.
시시(時時)명 시각마다.
시ː시ː(CC·cc)의 가로·세로·높이가 각각 1cm인 용적. 곧, 세제곱센티미터. 〔1cc=1cm³=1/1000리터.〕 [cubic centimeter]
시시각각(時時刻刻)[-깍]명 지나가는 시각 시각. 경경각각(頃頃刻刻). ¶ 시시각각으로 변하는 세상.
시시-거리다자 〈시시덕거리다〉의 준말. 시시대다. ¶ 수업 시간에도 틈만 나면 시시거린다.
시시껄렁-하다형여 시시하고 꼴답잖다. ¶ 시시껄렁한 얘기로 시간만 끌다.
시시-대다자 시시거리다.

시시덕-거리다[-꺼-][자] 실없이 잘 웃고 몹시 지껄이다. 시시덕대다. [준]시시거리다.
시시덕-대다[-때-][자] 시시덕거리다.
시시덕-이[명] 시시덕거리기를 잘하는 사람을 별명으로 이르는 말.
시시-때때로(時時-)[부] '때때로'의 힘줌말.
시시-로(時時-)[부] 때때로. ¶ 시시로 변하다.
시:시비비(是是非非)[명][하자타] 옳은 것은 옳고 그른 것은 그르다고 하는 일. ¶ 시시비비를 가리다.
시:시비비-주의(是是非非主義)[-의/-이][명] 옳은 것은 옳다 하고 그른 것은 그르다고 하는 주의.
시시종종(時時種種)[명] 때때로 있는 여러 가지. ¶ 시시종종의 금석맹약(金石盟約)을 식(食)하였다 하여 일본의 무신(無信)을 죄하려 아니하노라.
시시-콜콜[부] ①시시하고 배리게 미주알고주알 따지고 캐는 모양. ¶ 시시콜콜 간섭하다. ②[하형]시시하고 고리타분한 모양. ¶ 시시콜콜한 이야기로 시간을 허비하다. **시시콜콜-히**[부].
시:시:^티:브이(CCTV)[명] 폐회로(閉回路) 텔레비전. [closed circuit television]
시시풍덩-하다[형][여] 시시하고 실답지 않다. ¶ 시시풍덩한 허풍에 잔사설까지 늘어놓다.
시시-하다[형][여] ①재미없고 보잘것없다. ¶ 기대했던 바와는 달리 내용이 시시하다. ②하는 짓이나 일의 끝장이 너절하거나 분명하지 않다. ¶ 시시하게 굴지 마라. /선전과는 달리 시시하게 끝나다.
시:식(侍食)[명][하자] 웃어른을 모시고 함께 음식을 먹음. 배식(陪食). 시반(侍飯).
시:식(施食)[명][하자] ①음식을 보시함. ②죽은 친족이나 부모를 위하여, 음식을 베풀고 법문을 외며, 염불 등을 하는 일.
시식(時食)[명] 철에 따라 나는 식품으로 특별히 만들어 먹는 음식. 〔봄철의 웅어회, 여름철의 노티떡 따위.〕 [참]절식(節食)[2].
시:식(視息)[명] 눈 뜨고 살아 있는 목숨.
시:식(試食)[명][하타] (맛이나 요리 솜씨를 보기 위해서) 시험 삼아 먹어 봄. ¶ 식품 매장의 시식 코너.
시:식(試植)[명][하타] 새 품종의 식물을 시험적으로 심음.
시:식-대(施食臺)[-때][명] ☞시식돌.
시:식-돌(施食-)[-똘][명] 불교에서, 영혼의 천도식(薦度式)을 마치고 마지막으로 문밖에서 잡귀(雜鬼)에게 음식을 주며 경문(經文)을 읽는 곳. 시식대. 헌식돌.
시:신(侍臣)[명] 임금을 가까이 모시는 신하.
시신(柴薪)[명] 땔나무.
시:신(屍身)[명] 송장.
시:-신경(視神經)[명] 시각을 맡아보는 신경. 60~80만 개의 신경 섬유로 되어 있음.
시:신-세(始新世)[명] ☞에오세.
시:실(屍室)[명] 시체가 있는 방. 시체실.
시실-거리다[자] 자꾸 시실시실하다. 시실대다.
시실-대다[자] 시실거리다.
시실-시실[부][하자] 실없이 웃거나 까부는 모양.
시:심(矢心)[명][하자] 마음속으로 맹세함.
시:심(始審)[명] ☞제일심(第一審).
시심(詩心)[명] 시흥(詩興)이 돋는 마음.
시:심마(是甚麼)[명] 불교에서, 인생의 모든 생활 현상에 관한 근본적인 의문을 이르는 말. 〔선종에서는 불법을 연구하는 공안(公案)을 이름.〕
시:아:르티:(CRT)[명] 텔레비전·싱크로스코프·컴퓨터의 모니터 따위에 쓰는 브라운관의 정식 이름을 줄여서 이르는 말. 음극관. [cathode-ray tube]
시-아버지(媤-)[명] 남편의 아버지. 시부(媤父). [낮]시아비.
시-아비(媤-)[명] 〈시아버지〉의 낮춤말.
시:아이(CI)[명] 사명·역할·비전 등을 명확히 하여 기업의 이미지나 행동을 하나로 통일하는 일. 기업의 상호나 마크의 변경 등이 주된 수단이지만, 넓게는 기업 이념이나 사원의 의식 변혁까지도 포함함. [Corporate Identity]
시-아주버니(媤-)[명] 남편의 형. [낮]시아주비.
시-아주비(媤-)[명] ①〈시아주버니〉의 낮춤말. ②남편의 아우.
시아-파(Shiah派)[명] 이슬람교의 2대 교파 중의 하나. 마호메트의 사위인 알리를 정통으로 간주함. [참]수니파.
시악(恃惡)[명][하자] 자기의 악한 성미를 믿음.
시:안(試案)[명] 시험적으로 만든 안(案). ¶ 시안을 검토하다.
시안(cyaan 네)[명] 시안화수소산 화합물로, 특유한 냄새가 나는 무색의 유독 기체. 도금이나 야금 또는 군사용 독가스로 쓰임. 청소(青素).
시안화-나트륨(cyaan化Natrium)[명] 용융 나트륨 금속에 암모니아를 작용시켜 만든 무색의 결정. 조해성(潮解性)을 지니며, 산과 반응하면 분해되어 맹독이 있는 시안화수소를 발생시킴. 도금이나 농약 등에 쓰임. 청산염(青酸塩).
시안화-수소(cyaan化水素)[명] 시안화칼륨 등에 산을 작용시켜 얻는 무색의 휘발성 액체. 공업적으로는 탄화수소·암모니아·산소를 섞어서 연소시켜 만듦. 극히 유독하여 사람이 0.06 g 이상 들이마실 경우 죽게 됨. 살충제나 유기물의 합성 등에 쓰임. 청산(青酸).
시안화수소-산(cyaan化水素酸)[명] 시안화수소의 수용액. 청산(青酸).
시안화-수은(cyaan化水銀)[명] 시안화수소산에 산화수은을 녹여서 농축시켜 만든 무색무취의 결정. 맹독이 있으며, 가열하면 수은과 시안으로 분해됨. 방부제나 시안을 만드는 데 쓰임. 청화홍(青化汞).
시안화-은(cyaan化銀)[명] 질산은 용액과 시안화칼륨 용액을 섞어서 생긴 앙금을 암모니아수에 넣어 만든 무색무취의 결정. 은도금 등에 쓰임. 청화은(青化銀).
시안화-칼륨(cyaan化Kalium)[명] 조해성이 강한 무색의 결정. 탄산칼륨과 탄소의 혼합물을 암모니아 기류(氣流) 속에서 가열하는 방법 등으로 만듦. 독성이 강하여 치사량은 0.15 g이고, 금·은·납 등의 전기 도금이나 농약 제조 등에 쓰임. 청산가리. 청화가리.
시알(sial)[명] 지각의 최상층에 주로 화강암질의 암석으로 된 부분. 〔포함된 주요 원소가 규소(Si)와 알루미늄(Al)이어서 생긴 말.〕
시앗[-앋][명] 남편의 첩. ¶ 시앗을 보다. * 시앗이[-아시]·시앗만[-안-]
시앗을 보면 길가의 돌부처도 돌아앉는다 [속담] 남편이 첩을 얻으면 아무리 점잖고 무던한 부인네라도 시기를 한다는 말.
시액(詩額)[명] 시를 써서 거는 현판.
시:야(視野)[명] ①시력이 미치는 범위. ¶ 안개가 시야를 가리다. [비]시계(視界). [참]청야(聽野). ②식견이나 사려가 미치는 범위. ¶ 시야가 좁다. /시야가 넓은 사람. 안계(眼界).

시ː야비야(是也非也)명하자타 옳고 그름을 따짐. 왈시왈비(日是曰非).
시ː약(示弱)명하자 약점을 보임.
시ː약(試藥)명 화학 분석에서, 물질의 검출이나 정량을 위한 반응에 쓰이는 화학 약품.
시어(詩語)명 ①시에 쓰는 말. ②시인의 감정(사상)을 나타낸 함축성 있는 말.
시어-다골(鰣魚多骨)명 〔준치는 맛은 좋으나 가시가 많다는 뜻으로〕'좋은 일의 한편에는 성가신 일이 있음'을 이르는 말. 호사다마(好事多魔).
시-어머니(媤-)명 남편의 어머니. 시모. 낮시어미.
시-어미(媤-)명 〈시어머니〉의 낮춤말.
시ː언(矢言)명 맹세하여 언약한 말.
시ː업(始業)명하타 영업이나 학업 등을 시작함. ↔종업(終業).
시ː업-림(施業林)[-엄님]명 특수한 목적을 위하여 인위적으로 만든 삼림.
시ː업-식(始業式)[-씩]명 시업하는 의식.
시ː에이^티ː브이(CATV)명 ①공청용 안테나를 이용하여 수신하는 텔레비전. [community antenna television] ②☞케이블 티브이.
시ː-에프(cf)명 '비교하라'·'참조하라'는 뜻으로 쓰는 기호. [confer]
시ː에프(CF)명 텔레비전 광고 방송의 필름. [commercial film]
시ː엠(CM)명 텔레비전이나 라디오에서, 프로와 프로 사이에 내보내는 짧은 광고 방송. [commercial message]
시ː엠-송(CM song)명 텔레비전이나 라디오의 광고 방송에서, 특정 상품의 광고 선전용으로 내보내는 노래. [commercial message song]
시ː여(施與)명하타 남에게 거저 물건을 줌.
시여(詩餘)명 ①시체(詩體)의 하나. 고시(古詩)가 변하여 악부(樂府)가 되고, 악부가 변하여 장단구(長短句)가 된 것. 당대(唐代)에 일어나 송대(宋代)에 성행함. '사(詞)'의 딴 이름. ②조선 인조 때의 학자 신흠(申欽)이, 중국의 한시(漢詩)에 대하여 우리 시가(詩歌)를 이른 말.
시역명 힘이 드는 일.
시ː역(市域)명 시의 구역. ¶ 폭발적인 인구 증가로 시역이 크게 확장되었다.
시ː역(始役)명하타 공사나 역사(役事)를 시작함.
시역(時疫)명 철에 따라 생기는 질병. 유행병(流行病).
시ː역(弑逆)명하타 ☞시살(弑殺).
시ː연(侍宴)명하자 대궐 안 잔치에 모든 신하가 참석하여 자리를 같이하는 일. ¶ 시연을 베풀다.
시ː연(試演)명하타 연극·무용·음악 등을 일반 공개에 앞서 시험적으로 상연하는 일. ¶ 공연할 작품을 시연하다.
시ː영(市營)명 시(市)에서 하는 경영. ¶ 시영 아파트./시영 임대 주택.
시ː예(試藝)명하타 ☞시재(試才).
시오니즘(Zionism)명 세계 각지에 흩어져 있던 유대 인이 그들 선조의 땅인 팔레스타인에 조국을 재건하려던 운동. 〔1948년에 이스라엘의 독립으로 그들의 오랜 꿈이 이루어졌음.〕 시온 운동. 시온주의. 유대주의.
시ː오ː디ː(COD)명 화학적 산소 요구량. [chemical oxygen demand]
시오지심(猜惡之心)명 샘을 내고 미워하는 마음.
시-오촌(媤五寸)명 ☞시종숙(媤從叔).
시온(Zion)명 ①예루살렘에 있는 언덕 이름. ②'예루살렘'을 달리 이르는 말. 〔상징적으로 '전(全) 이스라엘'이라는 뜻으로도 쓰임.〕
시온^운ː동(Zion運動)명 ☞시오니즘.
시온-주의(Zion主義)[-의/-이]명 ☞시오니즘.
시옷[-옫]명 한글 자모 'ㅅ'의 이름. *시옷이[-오시]·시옷만[-온-]
시왕(←十王)명 불교에서, 저승에 있다는 열 명의 대왕을 이르는 말. 죽은 사람의 생전의 죄를 심판한다고 함. 십대왕. 십왕.
　시왕(을) 가르다관용 죽은 사람의 명복을 빌기 위하여 무당이 굿을 하다.
시왕-가름(←十王-)명 민속에서, 시왕을 가르는 일. 지노귀새남.
시왕-전(←十王殿)명 시왕을 모신 법당, 곧 명부전(冥府殿)을 이르는 말.
시왕-청(←十王廳)명 ①저승에서 시왕이 거처한다는 곳. ②저승. 명부(冥府).
시ː외(市外)[-외/-웨]명 도시 밖의 부근으로서 시에 인접한 지역. 비교외(郊外). ↔시내(市內).
시-외가(媤外家)[-외-/-웨-]명 남편의 외가.
시ː외-버스(市外bus)[-외-/-웨-]명 시내에서 특정한 시외 지역까지 정해진 노선을 따라 운행하는 버스. ¶ 시외버스 터미널.
시-외삼촌(媤外三寸)[-외-/-웨-]명 남편의 외삼촌.
시외삼촌-댁(媤外三寸宅)[-외-땍/-웨-땍]명 ①남편의 외삼촌의 집. ②남편의 외숙모.
시-외조모(媤外祖母)[-외-/-웨-]명 남편의 외할머니.
시-외조부(媤外祖父)[-외-/-웨-]명 남편의 외할아버지.
시-외편(媤外便)[-외-/-웨-]명 남편의 외가 쪽.
시ː용(施用)명하타 베풀어서 사용함. ¶ 화학 비료를 시용할 때의 주의점.
시ː용(試用)명하타 시험적으로 써 봄.
시용-향악보(時用鄕樂譜)[-뽀]명 조선 중종 이전에 간행된 것으로 추정되는 악보집. 옛 가사와 악보가 함께 수록되어 있음.
시우(時雨)명 철을 맞추어서 오는 비.
시우(詩友)명 ☞시반(詩伴).
시우-쇠[-쇠/-쉐]명 무쇠를 불려서 만든 쇠붙이의 한 가지. 숙철(熟鐵). 정철(正鐵).
시욱명 〈옛〉전(氈). 전방석(氈方席). ¶ 시욱 전:氈(訓蒙中*30*).
시운(時運)명 시대나 때의 운수. 기운(機運).
시운(詩韻)명 ①시의 운율. ②시의 운자.
시ː-운동(視運動)명 지구 상에서 관측한 여러 천체의 겉보기 운동. 태양이 마치 동쪽에서 서쪽으로 운동하는 것처럼 보이는 것 따위.
시운불행(時運不幸)명하형 시대나 때의 운수가 불행함.
시ː-운전(試運轉)명하타 기차나 선박 또는 기계 등을 새로 만들거나 수리하였을 때, 실제 사용에 앞서 시험적으로 해 보는 운전.
시울명 (눈이나 입 따위의) 가장자리.
시울명 〈옛〉①활시위. ¶ 시울 현:弦(訓蒙中*28*). ②줄. ¶ 슬픈 시우레 白雪曲이 버므렛ᄂᆞ닌(杜初7:*30*).
시ː원(始原)명 사물이나 현상 등이 시작되는 처음. ¶ 우주의 시원.
시ː원(試院)명 ☞시소(試所).
시ː원(試員)명 고려 시대에, 감시(監試)의 감독이나 시문(試問)을 하던 관원.

시ː원-림(始原林)[-님]명 ☞원시림.
시원섭섭-하다[-써파-]형여 한편으로는 시원하면서도 다른 한편으로는 섭섭하다. **시원섭섭-히**부.
시원-스럽다[-따][~스러우니·~스러워]형ㅂ 시원한 태도나 느낌이 있다. 보기에 시원하다. **시원스레**부.
시원-시원부하형 행동이나 성격 또는 생김새가 아주 시원한 모양. ¶ 일을 시원시원하게 처리하다. **시원시원-히**부.
시원찮다[-찬타]형 '시원하지 아니하다'가 줄어서 된 말. ¶ 요즈음 몸이 시원찮다. /대답이 시원찮다. /솜씨가 시원찮다. 준션찮다. • 시원찮아[-차나]·시원찮소[-찬쏘]
시원-하다형여 ①더울 때 선선한 바람을 쐬는 느낌처럼 서늘하다. ¶ 바람이 시원하다. ②(마음을 찜찜하게 하던 것이 해결되어) 후련하고 가뿐하다. ¶ 그 일을 해결하고 나니 속이 시원하다. ③(말이나 행동 등이) 거침새가 없고 서글서글하다. ¶ 시원한 성격. ④가렵거나 체하거나 마려운 느낌이 가셔서 기분이 상쾌하다. ¶ 등을 좀 시원하게 긁어라. ⑤앞이 막힌 데 없이 틔어 있어 답답하지 않다. ¶ 전망대에서 앞을 바라보니 도시의 모습이 시원하게 펼쳐졌다. ⑥국물 따위의 맛이 텁텁하지 않고 산뜻하다. ¶ 시원한 김칫국. ⑦《주로 '시원하지'의 꼴로, '아니하다'·'못하다' 따위와 함께 쓰이어》 기대나 욕구 등에 만족할 만큼 충분하다. ¶ 말이 시원치 않아 빨리 달리지 못한다. **시원-히**부.
시월(←十月)명 한 해의 열째 달. 참해월·맹동·방동.
시ː월(是月)명 이달.
시월-막사리(←十月-)[-싸-]명 시월 그믐께.
시월-상달(←十月上-)[-딸]명 〔민속에서, 햇곡식을 신에게 드리기에 가장 좋은 달이라는 뜻으로〕 '시월'을 예스럽게 이르는 말. 준상달.
시위[1]명하자 비가 많이 내려서 강물이 넘쳐흘러 육지를 침범하는 일, 또는 그 넘치는 물. 홍수(洪水). ¶ 시위가 나다.
시위[2]명 〈활시위〉의 준말.
시ː위(尸位)명 지난날, 제사를 지낼 때에 신주 대신 시동(尸童)을 앉히던 자리.
시ː위(示威)명 ①하타위력이나 기세를 드러내어 보임. ¶ 시위 군중. ②하자☞시위운동.
시ː위(侍衛)명하타 임금을 모셔 호위함, 또는 그 사람.
시ː위(施威)명하자 위엄을 베풀어 떨침.
시ː위-대(示威隊)명 시위를 하는 무리. ¶ 시위대의 가두 행진.
시ː위-대(侍衛隊)명 대한 제국 때, 임금을 호위하던 군대.
시ː위-소찬(尸位素餐)명하자 '직책을 다하지 못하면서 한갓 자리를 차지하고 녹(祿)만 받아먹음'을 이르는 말. 〔'한서(漢書)'의 '주운전(朱雲傳)'에 나오는 말로, 시동(尸童)처럼 공짜로 먹는 관리를 나무란 데서 유래함.〕
시ː위-운동(示威運動)명하자 많은 사람이 사회적·정치적 의사를 표시·요구하며, 그 실현을 위하여 위력을 나타내는 대중적 운동. 시위.
시위적-거리다[-꺼-]자 계속 시위적시위적하다. 시위적대다.
시위적-대다[-때-]자 시위적거리다.
시위적-시위적[-씨-]부하자 일을 힘들여서 하지 않고 되는대로 느릿느릿 하는 모양.
시ː유(市有)명 시(市)의 소유.
시유(柴油)명 땔나무와 기름.
시ː유-지(市有地)명 시(市)가 소유하는 토지.
시율(詩律)명 시의 율격.
시ː은(市銀)명 〈시중 은행〉의 준말.
시ː은(市隱)명 시중에 숨어 사는 은자(隱者).
시ː은(施恩)명 ①하자은혜를 베풂. ②불교에서, 시주(施主)로부터 받은 은혜를 이르는 말.
시ː음(侍飮)명하타 웃어른을 모시고 술을 마심.
시음(詩吟)명하자 시를 읊조림.
시음(詩淫)명 시 짓기에만 지나치게 골몰하여 생활을 돌보지 않는 일.
시ː음(試飮)명하타 (술이나 음료수 따위를) 맛보기 위하여 시험 삼아 마셔 봄.
시ː읍(試邑)명 조선 시대에, 도에서 삼 년마다 한 번씩 치르던 향시의 시험 장소로 정한 고을.
시ː읍면(市邑面)[-음-]명 (행정 구역으로서) 시와 읍과 면을 아울러 이르는 말.
시ː의(示意)[-의/-이]명 남에게 나타낸 의사(意思). 다른 사람에게 내보인 뜻.
시ː의(市議)[-의/-이]명 〈시의회〉의 준말.
시ː의(侍醫)[-의/-이]명 궁중에서 임금과 왕족의 진료를 맡아보던 의사. 어의(御醫).
시ː의(施意)[-의/-이]명하자 (약간의 금품을 주어서) 자기의 성의를 표시함.
시의(時衣)[-의/-이]명 철에 따라 입는 옷.
시의(時宜)[-의/-이]명 그때의 사정에 알맞음. 기의(機宜). ¶ 시의 적절하다. /시의에 적합한 정책.
시의(時議)[-의/-이]명 그 당시 사람들의 의론.
시ː의(猜疑)[-의/-이]명하타 시기하고 의심함.
시의(詩意)[-의/-이]명 시의 뜻. 시의 의미.
시ː-의원(市議員)[-의-/-이-]명 시의회 의원.
시ː-의회(市議會)[-의회/-이훼]명 자치 단체로서의 시(市)의 의결 기관. 준시의.
시ː이불견(視而不見)명하타 (마음이 딴 곳에 있으면) 보고 있어도 그것이 눈에 들어오지 아니함. 시이불시(視而不視).
시ː이불공(恃而不恐)명하자 믿는 곳이 있어 두려워하지 아니함.
시ː이불시(視而不視)[-씨]명하타 ☞시이불견.
시이사왕(時移事往)명하자 세월이 흐르고 사물이 변함.
시ː이오ː(CEO)명 기업의 최고 경영자. [chief of executive officer]
시ː인(矢人)명 조선 시대에, 화살 만드는 일을 업으로 하던 사람.
시ː인(是認)명하타되자 옳다고, 또는 그러하다고 인정함. ¶ 잘못을 시인하다. ↔부인(否認).
시인(時人)명 그 당시의 사람.
시인(詩人)명 시를 짓는 사람. 시를 짓는 일에 일가(一家)를 이룬 사람.
시ː일(侍日)명 천도교에서, '일요일'을 이르는 말.
시ː일(是日)명 이날.
시일(時日)명 ①때와 날. 날짜. ②기일이나 기한. ¶ 시일을 넘기다.
시임(時任)명 ①☞현임(現任). ②현재의 관원.
시ː자(侍者)명 ①귀인을 가까이 모시고 시중드는 사람. ②불교에서, 장로를 모시는 사람.
시ː자-법(示姿法)[-뻡]명 ☞의태법(擬態法).
시ː작(始作)명 ①하타되자(무엇을) 처음으로 하거나 쉬었다가 다시 함. ¶ 수업을 시작하다. /전투가 시작되다. ②하자타되자어떤 일이나 행동·현상의 처음, 또는 처음 단계를 이룸. ¶ 시작이 좋으면 끝도 좋은 법이다. /오후부터 날이 개기 시작했다. ③하자 되자 (강 따위의 근원에서) 물의 흐름이 비롯함. ¶ 두만강은 백두산에서 시작하여 동해로 흐른다.
시작이 반이다 속담 무슨 일이든지 시작하기가 어렵지, 일단 손을 대면 반 이상은 한 것이나 다름이 없다는 말.
시작(詩作) 명 하자 시를 지음. 작시(作詩).
시ː작(試作) 명 하타 되자 시험 삼아 만들어 봄, 또는 그 작품. ¶ 극비리에 시작된 무기.
시ː잠(視箴) 명 사물잠(四勿箴)의 하나. 예(禮)가 아니면 보지 말라는 규계(規戒).
시장 명 하형 '배가 고픔'을 점잖게 이르는 말. ¶ 시장하던 참에 맛있게 먹었다.
시장이 반찬 속담 배가 고프면 반찬이 없어도 밥맛이 달다는 말.
시ː장(市長) 명 시(市)를 대표하고 시의 행정을 관장하는 직, 또는 그 직에 있는 사람.
시ː장(市場) 명 ①여러 가지 상품을 팔고 사는 장소. ¶ 상설 시장. /청과물 시장. ②특정한 상품이 거래되는 곳, 또는 상품의 수요와 공급의 관계에 따라 가격이 결정되는 추상적인 기구(機構). ¶ 국제 시장. /증권 시장. 준 장(場)[1].
시장(柴場) 명 ①☞나무장(場). ②☞나뭇갓.
시장(詩章) 명 시의 장구(章句).
시ː장(試場) 명 시험을 치르는 장소. 시험장.
시ː장^가격(市場價格) [-까-] 명 그때그때의 시장에서 수요와 공급의 관계에 따라 현실적으로 형성되는 가격.
시ː장^가치(市場價値) 명 시장 가격을 규제하는 가치. 〔같은 종류에 해당하는 여러 상품의 평균 가치와 거의 일치함.〕
시장-갓(柴場-) 명 '나뭇갓'의 잘못.
시장-기(-氣) [-끼] 명 배가 고픈 느낌. ¶ 시장기가 들다.
시ː장^대ː리인(市場代理人) 명 증권 회사의 직원으로서, 증권 거래소의 승인을 얻어 증권 시장에서 그 회사의 매매 거래 업무를 대신하는 사람.
시ː장^독점(市場獨占) [-쩜] 명 트러스트나 카르텔 등의 방법을 이용하거나 또는 큰 회사가 많은 재력을 이용하여 상품 공급의 지배권을 장악하는 일.
시ː장^생산(市場生産) 명 생산자가 시장에서의 상품 수요를 미리 예측하고 하는 생산. 참 주문 생산.
시ː장-성(市場性) [-썽] 명 유가 증권이나 상품이 시장에서 매매되는 유통성.
시장-시장 감 시장질할 때 부르는 소리.
시ː장^점유율(市場占有率) 명 시장에서 팔리고 있는 같은 종류의 제품 중에서 어느 한 기업의 제품이 차지하는 비율.
시ː장^조사(市場調査) 명 상품의 판매 촉진이나 제품의 개량 따위를 목적으로 생산자가 소비와 생산과의 관계나 상품의 질과 양, 구매 동기 따위의 자료를 과학적으로 조사하는 일.
시장-질 명 하타 어린아이를 운동시키기 위하여, 일으켜 세워 두 손을 잡고 앞뒤로 자꾸 밀었다 당기었다 하는 짓. 참 부라질.
시재(時在) 명 ①당장에 가지고 있는 돈·곡식·물품 따위의 액수나 수량. ②☞현재(現在).
시재(詩才) 명 시를 짓는 재주.
시재(詩材) 명 시의 소재. 시료(詩料). ¶ 문득 좋은 시재가 떠오르다.
시ː재(試才) 명 하타 재주를 시험하여 봄. 시예.
시재-궤(時在櫃) [-꿰] 명 시잿돈을 넣어 두는 궤.
시재-시재(時哉時哉) 감 좋은 때가 온 것을 기뻐하여 감탄하는 말. 시호시호(時乎時乎).
시재-액(時在額) 명 시잿돈의 액수.
시재-장(時在帳) 명 현재 가지고 있는 돈의 액수나 곡식의 양 따위를 적은 장부.
시잿-돈(時在-) [-재똔/-잳똔] 명 쓰고 남아 있는 돈.
시ː저(匙箸) 명 숟가락과 젓가락. 수저.
시ː적(示寂) 명 ☞시멸.
시적(詩的) [-쩍] 관 명 사물이 시의 정취를 가지는 (것). ¶ 시적 표현. /시적인 분위기.
시적-거리다 [-꺼-] 자 자꾸 시적시적하다. 시적대다.
시적^공상(詩的空想) [-쩍꽁-] 명 현실과 동떨어진 아름다운 공상.
시적-대다 [-때-] 자 시적거리다.
시적-시적 [-씨-] 부 하자 마음이 내키지 않는 것을 억지로 참아 가며 느릿느릿 말하거나 행동하는 모양. ¶ 마지못해 시적시적 비질을 한다.
시적^조사법(詩的措辭法) [-쩍쪼-뻡] 명 시에서, 시어를 고르고 다루는 방법.
시ː전(市典) 명 신라 때, 서울의 시장(市場)에 관한 일을 맡아보던 관아.
시ː전(市廛) 명 시장 거리에 있는 가게. 시중의 상점. 시사(市肆).
시전(詩傳) 명 '시경(詩經)'의 주해서(註解書).
시전(詩箋) 명 ☞시전지(詩箋紙).
시전-지(詩箋紙) 명 시나 편지 따위를 쓰는 종이. 시전. 화전지.
시ː^전ː지(C電池) 명 삼극 진공관의 그리드에 전압을 주는 전지.
시절(時節) 명 ①☞철[1]. ¶ 개나리꽃 피는 시절에는 온다 하더니. ②무슨 일을 하는 데에 좋은 시기. 기회. 세상. ¶ 좋은 시절을 다 보내다. ③사람의 한평생을 여럿으로 구분할 때의 어느 한 동안. ¶ 청년 시절. /학창 시절.
시절-가(時節歌) 명 ①시절을 읊은 속요(俗謠). ②☞시조(時調).
시점(時點) [-쩜] 명 시간의 흐름 위의 어떤 한 점. ¶ 오늘의 시점에서 보면 그것은 얼마든지 가능한 일이다.
시ː점(視點) [-쩜] 명 ①어떤 대상에 시력의 중심이 가 닿는 점. 주시점(注視點). ②사물을 보는 견지. ¶ 시점을 바꾸어 생각하다. ③회화의 원근법에서, 시선과 직각을 이루는 화면 상의 한 점. ④소설의 화자(話者)를 누구로 삼을 것인가 하는 작가의 서술 각도. ¶ 일인칭 관찰자 시점.
시ː접 명 속으로 접혀 들어간 옷 솔기의 한 부분. ¶ 시접을 넉넉히 두고 마르다.
시ː접(匙楪) 명 제사 때 수저를 담는 대접 비슷한 놋그릇.
시ː정(市井) 명 ①〔중국의 상대(上代)에 우물이 있는 곳에 사람이 모여 살았다는 데서〕 인가가 많이 모인 곳. 방간(坊間). ②<시정아치>의 준말.
시ː정(市政) 명 시의 행정.
시ː정(侍丁) 명 조선 시대에, 나이가 많은 부모를 봉양하기 위해 국역(國役)을 면제받던 장정. 〔부모의 나이가 70 이상이면 아들 한 명을, 90 이상이면 아들 모두를 면제했음.〕
시ː정(始政) 명 하자 정치를 시작함. 정무를 보기 시작함.
시ː정(是正) 명 하타 되자 잘못된 것을 바로잡음. ¶ 잘못된 점을 시정하다. /새로 시정된 조항.

시:정(施政)[명][하자] 정부가 정치를 행함, 또는 그 정치. ¶ 시정 방침./시정에 관한 담화.
시정(時政)[명] 그 시대의 정치.
시:정(視程)[명] 대기의 혼탁도를 나타내는 척도의 한 가지. 육안으로 대상을 직접 보고 식별할 수 있는 최대 거리.
시정(詩情)[명] ①시적인 정취. 시취(詩趣). ②시적으로 표현하고 싶은 마음. ¶ 시정이 우러나다.
시정-기(時政記)[명] 사관(史官)이 시정(時政) 중에서 역사에 남을 만한 자료를 추려 내어 적은 기록.
시:정-배(市井輩)[명] ☞시정아치.
시:정-비(施政費)[명] 국가가 국민의 생활이나 복지 향상 등을 위하여 쓰는 모든 비용.
시:정^소:설(市井小說)[명] 일반 도시 서민의 생활상을 그린 소설.
시:정-아치(市井-)[명] 시정의 장사치. 시정배. [준]시정(市井).
시:정-잡배(市井雜輩)[-빼][명] 시정의 부랑배.
시:제(施濟)[명][하자] 구제(救濟)함.
시제(時制)[명] 말하는 이가 말한 시간을 기준으로 하여 사건이나 동작이 일어난 시간의 앞뒤를 제한하는 것. 우리말의 경우 활용어(동사·형용사·서술격 조사)의 종결 어미와 관형사형 어미로 나타냄. 〔현재 시제·과거 시제·미래 시제의 구별이 있음.〕 때매김.
시제(時祭)[명] ①철마다 지내는 종묘의 제사. ②☞시향(時享).
시제(詩題)[명] 시의 제목. 시의 제재.
시:제(試製)[명][하타] 시험 삼아 만듦, 또는 그 만든 것.
시제^선어말^어:미(時制先語末語尾)[명] 어간과 어말 어미 사이에 끼어, 어떤 행위가 이루어진 때를 나타내는 선어말 어미. 〔'-았(었)-'·'-겠-'·'-는(ㄴ)-'·'-더-' 따위.〕
시:제-품(試製品)[명] 시험 삼아 만든 제품.
시:조(始祖)[명] ①한 가계나 왕계의 초대가 되는 사람. ¶ 고려의 시조. ②어떤 학문이나 기술 따위를 맨 처음 연 사람. ¶ 성리학의 시조.
시:조(始釣)[명] 얼음이 풀린 뒤 처음 하는 낚시질.
시조(時潮)[명] 시대의 풍조.
시조(時調)[명] 고려 말기부터 발달하여 온 우리나라 고유의 정형시. 보통, 초장·중장·종장의 삼장(三章)으로 이루어지며, 그 형식에 따라 평시조·엇시조·사설시조 등으로 나뉨. 시절가(時節歌).
시-조모(媤祖母)[명] 시할머니.
시-조부(媤祖父)[명] 시할아버지.
시:조-새(始祖-)[명] 중생대 쥐라기에 살았던 조류의 시조. 조류와 파충류의 공통 형질을 갖추고 있어 그 중간형으로 간주됨. 크기는 까마귀만 하며, 날개 끝에 세 개의 발가락이 있고, 꼬리의 길고 굵은 뼈를 축으로 하여 양옆에 깃털이 달려 있음. 시조조(始祖鳥).
시조-유취(時調類聚)[명] 1928년 최남선(崔南善)이 엮은 시조집. 총 1405수를 그 내용에 따라 21개 부문으로 나누어 실었음.
시:조-조(始祖鳥)[명] ☞시조새.
시:종(侍從)[명] ①<시종신(侍從臣)>의 준말. ②가톨릭에서, 미사나 기타 예식의 집전자(執典者)를 거드는 직위, 또는 그 사람.
시:종(始終) [I][명] ①처음과 끝. 시말(始末). ¶ 이야기의 시종을 들어 보다. ②[하자][되자]처음부터 끝까지 한결같이 함. ¶ 자기 자랑으로 시종하다. 종시(終始).
[II][부] 처음부터 끝까지. ¶ 꼿꼿하게 앉아서 시종 말이 없다.
시-종고모(媤從姑母)[명] 남편의 종고모.
시:종-무:관(侍從武官)[명] 대한 제국 때, 궁내부의 시종 무관부에 딸려 왕을 호종하던 무관.
시-종숙(媤從叔)[명] 남편의 종숙. 시당숙. 시오촌.
시-종숙모(媤從叔母)[-숭-][명] 남편의 종숙모. 시당숙모.
시:종-신(侍從臣)[명] ①임금을 가까이 모시고 따라다니는 신하. ②조선 시대에, 홍문관의 옥당(玉堂), 예문관의 검열(檢閱), 사헌부 또는 사간원의 대간(臺諫) 등을 통틀어 이르던 말. [준]시종.
시:종-여일(始終如一)[-녀-][명][하형] 처음부터 끝까지 변함없이 한결같음. 종시여일.
시:종-원(侍從院)[명] 대한 제국 때, 궁내부에 딸렸던 관청. 임금의 비서(祕書)·어복(御服)·어물(御物)·위생(衛生)·진후(診候) 등에 관한 일을 맡아보았음.
시:종-일관(始終一貫)[명][하자] 처음부터 끝까지 똑같은 방침이나 태도로 나감. ¶ 성실로 시종일관하더니 끝내 성공하더라. 종시일관.
시-종조모(媤從祖母)[명] 남편의 종조모.
시-종조부(媤從祖父)[명] 남편의 종조부.
시-종증조모(媤從曾祖母)[명] 남편의 종증조모. 시종증조부의 아내.
시-종증조부(媤從曾祖父)[명] 남편의 종증조부.
시:좌(侍坐)[명][하자] ①웃어른을 모시고 앉음. ②정전(正殿)에 나온 임금을 세자가 모시고 그 옆에 앉던 일.
시:주(施主)[명][하타] 불교에서, 중이나 절에 물건을 바침, 또는 그 사람. 화주(化主).
시:주(試走)[명][하자] ①자동차의 성능 등을 시험해 보기 위하여 처음으로 운전해 보는 일. ②달리기 경기에서, 경기 전에 몸의 상태를 조절하기 위하여 조금 달려 보는 일.
시:주-걸립(施主乞粒)[명] 중이 곡식이나 돈을 얻기 위하여 집집이 다니면서 하는 구걸.
시:주-승(施主僧)[명] 시주로 돈이나 곡식을 얻으러 다니는 중.
시:준(視準)[명] 망원경의 축을, 목표물을 정확하게 관찰할 수 있도록 조정하는 일.
시준-가(時準價)[-까][명] 당시의 가장 비싼 시세. ¶ 시준가로 구입하다.
시:준-기(視準器)[명] 좁은 구멍을 통하여 들어간 빛을 대물렌즈를 이용하여 평행 광선으로 바꾸는 장치.
시:준-선(視準線)[명] 망원경의 대물렌즈의 중심과 대안렌즈의 초점을 잇는 직선. 시준축.
시:준^오:차(視準誤差)[명] 망원경의 시준선과 십자선이 일치하지 않을 때 생기는 오차.
시:준-의(視準儀)[-주늬/-주니][명] 천체 관측용 망원경에 딸린 작은 망원경.
시:준-축(視準軸)[명] ☞시준선(視準線).
시:준^화:석(示準化石)[명] ☞표준 화석.
시:줏-돈(施主-)[-주똔/-줃똔][명] 불교에서, 중이나 절에 바치는 돈을 이르는 말.
시중[명][하타] 옆에서 보살피거나 여러 가지 심부름을 하는 일.
시:중(市中)[명] 시내 안. 도시의 안.
시:중(侍中)[명] ①신라 때, 집사성(執事省)의 으뜸 벼슬. ②고려 시대에, 국정을 총괄하던 대신.
시:중^금리(市中金利)[-니][명] 금융 시장의 표준적인 금리. 〔상업 어음 할인율·어음 대부(貸付) 금리 따위.〕
시중-꾼[명] 옆에서 시중을 드는 사람.

시중-들다〔~드니·~들어〕타 옆에서 여러모로 보살피거나 온갖 심부름을 하다. ¶ 아버지 시중드느라고 하루도 꼼짝을 못한다.

시ː중^은행(市中銀行)명 일반 은행으로서, 대도시에 본점이 있고 전국에 지점을 둔 큰 은행을 흔히 이르는 말. 준시은. 참일반 은행·지방 은행.

시ː중^판매(市中販賣)명 시장이나 시중에서 일반에게 판매함. 준시판.

시ː즌(season)명 어떤 활동이 가장 성한 시기. 어떤 활동을 하기에 알맞은 시기. ¶ 야구 시즌. /졸업 시즌.

시ː즙(屍汁)명 추깃물.

시-증대고모(媤曾大姑母)명 남편의 증대고모.

시-증조모(媤曾祖母)명 남편의 증조모. 시증조부의 아내.

시-증조부(媤曾祖父)명 남편의 증조부.

시ː지(試紙)명 지난날, 과시(科試)에 쓰던 종이. 정초(正草).

시지근-하다형여 음식이 쉬어서 맛이 좀 시다. ¶ 밥이 시지근하다. /시지근한 김치.

시지르다〔시지르니·시질러〕자르 〈졸다2〉의 속된 말.

시ː지ː에스^단위계(CGS單位系)〔-계/-게〕명 단위계의 한 가지. 길이는 센티미터(cm), 질량은 그램(g), 시간은 초(s)로 나타냄.

시ː-직경(視直徑)〔-꼉〕명 천체의 외관상의 지름. 〔시각(視角)으로 나타냄.〕

시ː진(市塵)명 ①거리에 이는 티끌과 먼지. ②거리의 혼잡.

시진(時辰)명 ☞시간(時間). 시각(時刻).

시ː진(視診)명하타 눈으로 환자의 몸을 보고 그 외부에 나타난 변화로 병을 진단함.

시진(澌盡)명하자 기운이 아주 쑥 빠져 없어짐. ¶ 울다가 울다가 목도 잠겼고 또 울 기운조차 시진했다.

시-집(媤-)명 남편의 집. 시부모가 있는 집. 시가(媤家). 높시댁(媤宅).

시집도 가기 전에 기저귀〔포대기〕 마련한다 속담 일을 너무 일찍 서두른다는 말.

시집(詩集)명 여러 편의 시를 모아 엮은 책. ¶ 동인(同人) 시집. /시집을 내다.

시집-가다(媤-)〔-까-〕자 여자가 결혼하다. 출가하다. ↔장가가다.

시집갈 날〔때〕 등창이 난다 속담 기다리던 때를 맞아 공교로운 일로 낭패를 본다는 말.

시집-보내다(媤-)〔-뽀-〕타 시집을 가게 하다. 결혼시키다. 출가시키다. ¶ 막내딸을 시집보내고 처음으로 눈물을 보이시던 아버지.

시집-살이(媤-)〔-싸리〕명하자 ①여자가 시집에서 살림을 함, 또는 그 살림살이. 여자의 결혼 생활. ②'남의 밑에서 감독이나 간섭을 받으면서 하는 고된 일'을 비유하여 이르는 말.

시집-오다(媤-)자 여자가 결혼하여 시집에 들어오다. ¶ 지난달에 시집온 새댁.

시차(時差)명 ①진태양시와 평균 태양시와의 차. 균시차(均時差). ②세계시와 표준시와의 차. ③세계 각 표준시 상호 간의 차. ④시간에 차가 나게 하는 일. ¶ 시차 출근. /시차를 두다.

시ː차(視差)명 ①같은 물체를 서로 다른 두 지점에서 보았을 때의 방향의 차. ②천체를 관측자의 위치에서 본 때와 어떤 기준점에서 볼 때의 방향의 차. ③사진에서, 파인더에 비치는 상과 필름에 비치는 상과의 사각(寫角)의 차.

시ː차^압력계(示差壓力計)〔-암녁께/-암녁께〕명 두 압력의 차를 측정하는 장치.

시ː차^운ː동(視差運動)명 항성의 천구 상의 위치가 지구의 공전에 의하여 1년 단위로 움직여 보이는 운동.

시차-제(時差制)명 어떤 일을 하는 데 시간에 차를 두는 제도. 〔교통 혼잡을 덜기 위하여 출근 시간을 달리하는 제도 따위.〕 ¶ 시차제 실시에 따른 이점과 문제점.

시ː찰(視察)명하타 돌아다니며 실지 사정을 살펴봄. ¶ 산업 시찰. /군부대를 시찰하다.

시참(詩讖)명 자기가 지은 시가 우연히 자신의 미래를 예언한 것과 같이 되는 일.

시창명 배의 고물머리에 깐 작은 마루.

시ː창(始唱)명하타 ①노래 따위를 맨 처음 부름. ②학설 따위를 맨 처음 주창함.

시ː창(視唱)명하타 (소리를 듣고 따라 부르는 '청창'에 대하여) 악보를 보며 노래를 부름. ¶ 초견(初見) 시창. /시창 테스트.

시-찾다(時-)〔-찯따〕자 거의 죽게 되다.

시ː채(市債)명 지방 자치 단체인 시(市)가 발행하는 채권.

시ː책(施策)명하타 (국가나 행정 기관 따위가) 어떤 계획을 실행에 옮김, 또는 그 계획. ¶ 정부 시책. /국어 교육에 대한 시책.

시책(時策)명 시국에 대응하는 정책.

시ː책(諡冊)명 시책문을 새긴 옥책이나 죽책.

시ː책-문(諡冊文)〔-챙-〕명 제왕(帝王)이나 후비(后妃)의 시호를 상주할 때, 그 생전의 덕행을 칭송하여 지은 글.

시처위(時處位)명 때와 곳과 지위. 곧, 사람이 처해 있는 사정이나 형편.

시척지근-하다〔-찌-〕형여 음식이 쉬어서 비위에 거슬릴 정도로 시큼하다. ¶ 시척지근해진 나물. 준시치근하다. 작새척지근하다. **시척지근-히**부.

시ː천-교(侍天敎)명 천도교 계통의 한 분파. 〔이용구(李容九)를 교주로 함.〕

시ː-천주(侍天主)명 〔내 몸에 한울님을 모셨다는 뜻으로〕 천도교에서, 한울님은 늘 마음속에 있다고 믿는 일.

시ː첩(侍妾)명 귀인이나 벼슬아치를 곁에서 모시고 있는 첩.

시ː청(市廳)명 시의 행정 사무를 맡아보는 곳, 또는 그 청사. 준시(市).

시ː청(視聽)명하타 눈으로 보고 귀로 들음. 청시. ¶ 텔레비전을 시청하다.

시ː청(試聽)명하타 (새로운 곡이나 녹음한 내용 따위를) 시험 삼아 들어 봄.

시ː청-각(視聽覺)명 '시각'과 '청각'을 아울러 이르는 말.

시ː청각^교ː육(視聽覺教育)〔-꾜-〕명 학습 능률을 올리기 위하여 영화·라디오·실물·표본 따위 시청각적 매체를 활용하는 교육.

시ː청-료(視聽料)〔-뇨〕명 (공영 방송 따위의) 텔레비전을 시청하는 데 내는 요금.

시ː청-률(視聽率)〔-뉼〕명 텔레비전에서, 어떤 프로그램이 시청되고 있는 정도.

시ː청-자(視聽者)명 텔레비전 방송 프로그램을 시청하는 사람.

시ː체(侍體)명 〔어버이를 모시고 있는 몸이라는 뜻으로〕 편지를 받을 사람의 안부를 물을 때 쓰는 말. ¶ 시체 평안하신지요?

시ː체(柹蔕)명 한방에서, '감 꼭지'를 약재로 이르는 말. 〔딸꾹질에 씀.〕

시ː체(屍體)명 죽은 사람의 몸뚱이. 송장. 주검. ¶ 무너진 집에서 두 구의 시체가 발견되었다.
시체(時體)명 그 시대의 풍습이나 유행. ¶ 시체 물건. /시체에 따르다.
시체(詩體)명 시의 형식과 체재.
시체-병(時體病)[-뼝]명 ①돌림병. ②그 시대에 흔한 병.
시ː체-실(屍體室)명 병원에서, 시체를 넣어 두는 방. 시실(屍室).
시쳇-말(時體-)[-첸-]명 그 시대에 널리 유행하는 말. 시대의 유행어. 《주로, '시쳇말로'의 꼴로 쓰임.》 요샛말. 유행어.
시ː초(市草)명 품질이 낮고 굵게 썬 살담배.
시ː초(始初)명 맨 처음. ¶ 싸움의 시초. /비극의 시초.
시초(柴草)명 땔나무로 쓰는 마른풀.
시초(翅鞘)명 ☞딱지날개.
시초(詩抄)명하자 시를 뽑아서 적는 일, 또는 그 책.
시초(詩草)명 초잡아 쓴 시. 시의 초고(草稿).
시ː초-선(始初線)명 극좌표계(極座標系)에서, 기선으로 하는 일정한 직선.
시ː추(試錐)명하타 되자 지질 조사나 광상(鑛床)의 탐사 등을 위해 땅속 깊이 구멍을 뚫음.
시ː추-선(試錐船)명 바다 밑바닥에 구멍을 뚫어 석유를 탐사하는 데 쓰이는 특수한 배.
시추에이션(situation)명 ①영화에서, 극적인 상황. ②문학에서, 장면.
시추에이션^코미디(situation comedy)명 ☞시트콤(sitcom).
시축(詩軸)명 ①시를 적은 두루마리. ②〈시화축(詩畫軸)〉의 준말.
시ː축(始蹴)명하자 축구에서, 경기를 시작하기 전에 지명인사가 경기장의 한가운데 놓인 공을 참, 또는 차는 그 일.
시ː취(屍臭)명 시체가 썩는 냄새.
시취(詩趣)명 ①☞시정(詩情). ②시를 짓거나 감상하는 취미.
시ː취(試取)명하타 시험으로 인재를 뽑음.
시ː측(侍側)명하타 곁에 있으면서 어른을 모심.
시치근-하다형여 〈시척지근하다〉의 준말. 작새치근하다. **시치근-히**부.
시치다타 바느질할 때, 여러 겹을 맞대어 듬성듬성 호다. ¶ 홑이불을 시치다.
시치름-하다 Ⅰ자여 쌀쌀하게 시치미를 떼는 기색을 꾸미다. 작새치름하다. **시치름-히**부.
Ⅱ형여 쌀쌀하게 시치미를 떼는 태도가 천연스럽다. 작새치름하다. **시치름-히**부.
시치미명 ①매의 임자를 밝히기 위해 주소를 적어 매 꽁지 위의 털 속에 매어 두는 네모진 뿔. ②짐짓 알고도 모르는 체하거나, 하고도 안 한 체하는 태도. 준시침.
시치미(를) 떼다관용 〔'매의 시치미를 떼어 임자를 모르게 하다'에서 온 말로〕 짐짓 알고도 모르는 체하거나, 하고도 안 한 체하다. ¶ 자기가 하고서도 모르는 척 시치미를 뗀다.
시침명 ①〈시치미〉의 준말. ②〈시침질〉의 준말.
시ː침(侍寢)명하타 임금을 모시고 잠.
시ː침(施鍼)명하타 몸에 침을 놓음.
시침(時針)명 시계에서, 시간을 가리키는 짧은 바늘. 단침(短針).
시침-바느질명하타 양복 따위를 지을 때, 먼저 몸에 잘 맞는가 어떤가를 보기 위하여 대강 시침질하여 보는 바느질. 가봉(假縫).
시침-질명하타 바늘로 시치는 짓. 준시침.
시침-하다 Ⅰ자여 짐짓 태연한 기색을 꾸미다. 작새침하다.
Ⅱ형여 시치미를 떼고 태연한 태도로 있다. 작새침하다.
시-커멓다[-머타][~커머니·~커메]형ㅎ ①빛깔이 매우 꺼멓다. ¶ 시커먼 매연. 작새카맣다. ②마음이 몹시 엉큼하고 음흉하다. ¶ 마음이 시커멓다. 참시꺼멓다.
시커메-지다자 시커멓게 되다. 작새카매지다.
시컨트(secant)명 삼각 함수에서, 직각 삼각형의 빗변의 비를 한 예각(銳角)을 낀 밑변에 대하여 이르는 말. 세크(sec).
시ː쾌(市儈)명 ☞상수릅.
시쿰-시쿰부하형 모두가 다 시쿰하거나, 매우 시쿰한 모양. ¶ 김치 맛이 시쿰시쿰하다. /시쿰시쿰한 냄새. 작새콤새콤. 여시굼시굼.
시쿰-하다형여 매우 시굼하다. ¶ 시쿰한 맛. 작새콤하다. 여시굼하다.
시ː퀀스(sequence)명 〔'뒤를 따르는 것'이라는 뜻에서〕 ①영화에서, 몇 개의 장면이 모여 이룬 일련의 화면. ②학습에서, 학생의 성숙 정도나 내용의 난이도 등에 따라 정해지는 단원 발전의 차례나 계열.
시크무레-하다형여 조금 시큼하다. 작새크무레하다. 여시그무레하다.
시큰-거리다자 자꾸 시큰시큰하다. 시큰대다. ¶ 뼈마디가 시큰거리고 아프다. 작새큰거리다. 여시근거리다[2].
시큰-대다자 시큰거리다.
시큰둥-하다형여 마음에 내키지 않아, 말이나 하는 짓에 성의가 없다. ¶ 시큰둥하게 대답하다.
시큰-시큰부하형 자꾸 시큰한 느낌이 있는 모양. ¶ 어깨뼈가 시큰시큰하다. 작새큰새큰. 여시근시근[2].
시큰-하다형여 뼈마디 같은 데가 매우 시근하다. ¶ 무릎마디가 시큰하다. 작새큰하다. 여시근하다.
시클라멘(cyclamen)명 앵초과의 다년초. 관상용 식물로, 높이는 15~20 cm. 덩이줄기에서 잎과 꽃줄기가 나옴. 잎은 심장 모양으로 잎자루가 길고 굵음. 겨울부터 봄에 걸쳐 빨강·하양·분홍 따위의 꽃이 핌.
시큼-시큼부하형 여럿이 다 시큼하거나 매우 시큼한 모양. 작새큼새큼. 여시금시금.
시큼씁쓸-하다형여 맛이 시큼하고도 씁쓸하다. 여시금씁쓸하다.
시큼털털-하다형여 맛이 시큼하고도 상당히 떫다. ¶ 시큼털털한 개살구. 참시금털털하다.
시큼-하다형여 매우 시금하다. ¶ 사과 맛이 시큼하다. 작새큼하다. 여시금하다.
시키다타 ①(무엇을) 하게 하다. ¶ 말을 시키다. /시키는 대로 해라. ②음식 따위를 주문하다. ¶ 자장면 두 그릇을 시키다.
-시키다접미 《일부 명사 뒤에 붙어》 '하게 하다'의 뜻을 나타내는 말. ¶ 결혼시키다. /교육시키다.
시탄(柴炭)명 땔나무와 숯. 신탄(薪炭).
시ː탕(侍湯)명하타 어버이의 병환에 약시중을 드는 일.
시태명 소 등에 실은 짐.
시태(時態)명 그 당시의 세상 형편.
시태-질명하타 소 등에 짐을 싣는 짓.
시ː토(SEATO)명 동남아시아 조약 기구. [Southeast Asia Treaty Organization]
시ː통(始痛)명 마마를 앓을 때, 발진하기 전에 나는 신열이나 그 밖의 다른 증세.
시투(猜妬)명하타 시기하고 질투함.

시퉁머리명 '주제넘고 건방진 짓'을 속되게 이르는 말.
시퉁머리 터지다관용 '시퉁하다'를 속되게 이르는 말. ¶ 시퉁머리 터진 말을 하다.
시퉁-스럽다[-따][~스러우니·~스러워]형ㅂ 보기에 시퉁한 데가 있다. **시퉁스레**부.
시퉁-하다형여 (하는 짓이) 주제넘고 건방지다. ¶ 태도가 시퉁하여 마음에 들지 않는다.
시ː트(seat)명 야구에서, 야수의 수비 위치.
시ː트(sheet)명 침대나 좌석 등에 까는 흰 천.
시ː트^노크(seat+knock)명 야구에서, 수비 위치에 선 야수들에게 한 사람이 배트로 공을 쳐서 하는 수비 연습.
시트르-산(←citric酸)명 ☞구연산.
시트콤(sitcom)명 무대와 등장인물은 같지만 매회 다른 이야기를 다루는 방송 코미디. 시추에이션 코미디.
시ː트^파일(sheet pile)명 토목이나 건축 공사 따위에서, 흙이 무너지는 것을 막기 위하여 땅에 박는 강철판 말뚝.
시틋-하다[-트타-]형여 (어떤 일을 여러 번 겪어 물리거나 오래 끄는 일에 질려서) 싫증이 나다. ¶ 연일 계속되는 정쟁(政爭)은 그저 시틋할 뿐이다. 참시뜻하다. **시틋-이**부.
시ː티ː(CT)명 〈시티 스캐너〉의 준말. [computed tomography]
시ː티ː^스캐너ː(CT scanner)명 인체의 횡단면을 촬영하여 각 방향에서의 상(像)을 컴퓨터로 처리하는 의료 기기. 엑스선 이외에 입자선·초음파 따위와 컴퓨터를 조합시킨 것임. 준시티.
시ː티ː시ː(CTC)명 열차 집중 제어. [centralized traffic control]
시ː티ː에스(CTS)명 대형 유조선으로 실어 온 원유를 대량으로 저장하는 기지(基地). [central transportation system; central terminal station]
시ː티ː^촬영(CT撮影)명 ☞컴퓨터 단층 촬영.
시파(柴杷)명 씨앗을 뿌리고 흙을 덮거나 평평하게 고를 때 쓰는 연장.
시파(時派)명 조선 말기에 일어난 당파의 하나. 남인(南人) 계통으로, 사도 세자(思悼世子)를 두둔하여 벽파(僻派)와 대립함.
시ː판(市販)명하타되자 〈시중 판매〉의 준말. ¶ 시판 가격. /시판하고 있는 가전제품.
시판(時版·時板)명 시계의 시간을 나타내는, 숫자나 기호를 그린 판.
시퍼래-지다자 '시퍼레지다'의 잘못.
시-퍼렇다[-러타][~퍼러니·~퍼레]형ㅎ ①더할 수 없을 만큼 아주 퍼렇다. ¶ 시퍼런 바닷물. 작새파랗다. ②위풍이나 권세가 당당하다. ¶ 서슬이 시퍼렇다. ③몹시 놀라거나 춥거나 하여 얼굴빛 등이 퍼렇다. ¶ 추위에 떨었는지 입술이 시퍼렇다. ④멀쩡하다. ¶ 고아라니, 부모가 시퍼렇게 살아 있는데.
시퍼레-지다자 ①시퍼렇게 되다. ¶ 넘어져 멍든 자리가 시퍼레지다. ②얼굴 등에 몹시 추워하는 기색이 뚜렷하게 드러나다. ¶ 입술이 시퍼레지다. 작새파래지다.
시편(詩篇)명 구약 성서 중의 한 편. 찬미(讚美)·은혜(恩惠)·기원(祈願)·메시아에 관한 예언적인 내용 등을 담은 종교시 150편을 모아 엮은, 이스라엘 민족의 시집.
시평(時評)명 ①그때의 비평이나 평판. ②시사(時事)에 관한 평론. ¶ 사회 시평.
시평(詩評)명 시에 대한 비평.
시폐(時弊)[-폐/-페]명 그 시대의 사회적 폐단. 그 당시의 나쁜 풍습. 시병(時病).
시ː표(視標)명 측량할 때, 측점(測點) 위에 세우는 표적.
시품(詩品)명 시의 품격(品格).
시풍(詩風)명 (한 시기나 한 시인의) 시에 나타나는 독특한 기풍. 시의 작풍(作風).
시ː피ː(CP)[1]명 지휘소(指揮所). 전투 지휘소. [command post]
시ː피ː(CP)[2]명 신종 기업 어음. [commercial paper]
시ː피ː아이(CPI)명 소비자 물가 지수. [consumer price index]
시ː피ː엑스(CPX)명 군대에서, 지휘소 연습. [command post exercise]
시ː피ː유ː(CPU)명 중앙 처리 장치(中央處理裝置). [central processing unit]
시ː필(試筆)명하자 〔시험 삼아 붓대를 놀린다는 뜻으로〕 글씨를 쓰거나 그림을 그림. 시호.
시ː필-기(始畢期)명 시작하는 시기와 마치는 시기.
시ː하(侍下)명 부모나 조부모가 살아 있어 모시고 있는 처지, 또는 그 사람. ¶ 엄부 시하.
시하(時下)명 〔편지 글에 쓰는 문어 투의 말로〕 이때. 요즈음. ¶ 근계(謹啓) 시하 중춘에 기체후 일향 만강하시며….
시ː하-생(侍下生)명 〔당신을 모시는 몸이라는 뜻으로〕 부집존장(父執尊長)인 어른에게 올리는 글에서 자기 이름자 앞에 쓰는 말.
시ː하-인(侍下人)명 부모를 모시고 있는 사람에게 그 편지를 웃어른께 전해 달라는 뜻으로, 편지 겉봉에 쓰는 말. ¶ 황 진사 댁 시하인 개탁(開坼).
시ː학(視學)명하타 이전에, 학교의 교육이나 경영 상태 따위를 시찰하던 일.
시학(詩學)명 시의 본질과 원리 또는 창작에 관한 기법 따위를 연구하는 학문.
시한(時限)명 어떤 일을 하는 데의 시간의 한계. ¶ 예정된 시한을 지키다.
시한-부(時限附)명 일정한 시간의 한계를 붙임. ¶ 시한부 조건. /시한부 인생.
시한-폭탄(時限爆彈)명 일정한 시간이 지나면 저절로 폭발하게 되어 있는 폭탄.
시-할머니(媤-)명 남편의 할머니. 시조모.
시-할아버지(媤-)명 남편의 할아버지. 시조부.
시합(試合)명하타 ☞경기(競技). ¶ 권투 시합.
시ː항(試航)명하자 시험 삼아 항해함, 또는 그 항해.
시ː해(弑害)명하타되자 ☞시살(弑殺).
시ː행(施行)명하타되자 ①실제로 행함. ¶ 약속한 대로 시행하다. ②법령의 효력을 실제로 발생시킴. ¶ 법령의 시행.
시ː행^규칙(施行規則)명 법령 시행에 관한 사항을 정한 규칙.
시ː행^기일(施行期日)명 법령을 처음 시행하는 날.
시ː행^기한(施行期限)명 법령을 공포한 뒤 효력이 발생되기까지의 기한.
시ː행-령(施行令)[-녕]명 법률 시행에 따르는 세칙이나 규정을 내용으로 하는 명령.
시ː행-착오(試行錯誤)명 학습 양식의 한 가지. 시험과 실패를 거듭하는 가운데 학습이 이루어지는 일. 일반적으로, 어떤 경험을 얻고자 하는 과정에서의 실패를 인식함으로써 완전한 경험에 이르는 지식을 얻게 되는 일을 이름.

시향(時享) 명 ①해마다 음력 이월·오월·팔월·동짓달에 가묘(家廟)에 지내는 제사. ②해마다 음력 시월에 5대 이상의 조상 산소에 가서 지내는 제사. 시사(時祀). 시제(時祭).

시허얘-지다 자 '시허예지다'의 잘못.

시-허옇다 [-여타] [~허여니·~허예] 형ㅎ 더할 수 없이 아주 허옇다. 작새하얗다.

시허예-지다 자 시허옇게 되다. ¶ 오십 줄에 접어들더니 갑자기 머리가 시허예졌다. 작새하얘지다.

시헌-력(時憲曆) [-헐-] 명 태음력에 태양력의 원리를 부합시켜 이십사절기의 시각과 하루의 시각을 정밀하게 계산하여 만든 역법.

시험(猜險) '시험하다'의 어근.

시험(試驗) 명하타 ①지식 수준이나 기술의 숙달 정도 따위를, 문제를 내거나 실지로 시키거나 하는 일정한 절차에 따라 알아봄. ¶ 채용 시험. ②어떤 사물의 기능·능력·성능 따위를 실지로 경험하여 봄. ¶ 시험 운전. /기계의 성능을 시험해 보다.

시험-관(試驗官) 명 시험장의 감독이나 시험 문제의 출제 및 채점 등을 하는 사람.

시험-관(試驗管) 명 화학 실험에 사용하는, 한쪽이 막힌 길쭉한 원통형의 유리관.

시험관^아기(試驗管-) 명 (포유류의) 난자를 모태에서 꺼내어 시험관 안에서 수정시킨 다음, 수정란을 자궁에 옮기어 착상, 임신시킨 아이.

시험-대(試驗臺) 명 ①물건을 올려놓고 시험하는 대. ②'가치나 기량 따위를 시험하는 자리'를 비유하여 이르는 말.

시험대에 오르다 관용 시험의 대상이 되다.

시험^매매(試驗賣買) 명 ①새로 나온 상품을 시장에 내놓아 시험적으로 매매하는 일. ②살 사람이 실제로 상품을 시험해 보고 마음에 들면 산다는 조건 하에 행해지는 매매.

시험^문ː제(試驗問題) 명 시험을 보이기 위하여 내놓은 문제.

시험-소(試驗所) 명 ☞시험장(試驗場).

시험-액(試驗液) 명 ①화학 실험에서, 시험용으로 쓰이는 액체. ②식물이나 하등 동물을 시험적으로 기르는 데 쓰이는 액체.

시험-장(試驗場) 명 ①시험을 치르는 장소. 시장(試場). ¶ 운전면허 시험장. ②농작물의 품종 개량 등을 위하여 실지로 시험할 수 있는 시설을 갖추어 놓은 곳. 시험소(試驗所). ¶ 가축 시험장.

시험-지(試驗紙) 명 ①시험 문제가 적힌 종이나 시험 답안을 쓰는 종이. ②화학 실험에 쓰이는, 시약(試藥)을 바른 특수한 종이. 〔리트머스 시험지 따위.〕

시험-지옥(試驗地獄) 명 '잦은 시험이나 지나친 경쟁에 의한 시험으로 몹시 고통을 당하는 처지'를 비유하여 이르는 말.

시험-침(試驗針) 명 한 금속에 다른 금속이 섞인 분량을 알아보기 위하여 쓰는 바늘.

시험-하다(猜險-) 형여 시기심이 많고 음험하다.

시ː현(示現) 명하타 ①나타내 보임. ②신불(神佛)이 영험을 나타내는 일. ③부처나 보살이 중생을 제도하기 위해 여러 가지로 모습을 바꾸어 이 세상에 나타나는 일.

시ː현-탑(示現塔) 명 불교에서, 인공으로 쌓은 탑이 아닌, 자연적으로 된 탑을 이르는 말.

시혐(猜嫌) 명하타 시기하여 싫어함.

시형(詩形) 명 시의 형식.

시형-학(詩形學) 명 시의 형태학, 곧 시율(詩律)·시구(詩句)·시어(詩語)·압운(押韻) 따위를 연구하는 학문.

시ː혜(施惠) [-혜/-헤] 명하자 은혜를 베풂.

시ː호(市虎) 명 〔거리에 호랑이가 나타났다고 여러 사람이 거듭 말하면, 거짓말이라도 그 말을 결국은 믿게 된다는 뜻으로〕 '근거 없는 말도 퍼뜨리는 사람이 많으면 끝내는 사실처럼 됨'을 비유하여 이르는 말. 참삼인성호(三人成虎).

시호(柴胡) 명 ①산형과의 다년초. 산이나 들에 절로 나는데, 줄기는 40~70 cm. 잎은 좁고 길며, 초가을에 노란 꽃이 핌. ②한방에서, '시호나 참시호의 뿌리'를 약재로 이르는 말. 해열·진통·강장 등에 쓰임.

시호(時好) 명 그때의 유행.

시호(豺虎) 명 ①승냥이와 호랑이를 아울러 이르는 말. ②'난폭한 사람'을 비유하여 이르는 말.

시호(詩號) 명 시인의 아호(雅號).

시호(詩豪) 명 시로 일가를 이룬 대가(大家). 뛰어난 대시인(大詩人).

시ː호(試毫) 명하타 ☞시필(試筆).

시ː호(諡號) 명 ①현신(賢臣)이나 유현(儒賢)들이 죽은 뒤에 그 생전의 공덕을 기리어 임금이 추증(追贈)하던 이름. ②선왕(先王)의 공덕을 기리어 붙인 이름. 시(諡).

시호-시호(時乎時乎) 감 ☞시재시재(時哉時哉).

시혹 부 〈옛〉 혹시. ¶ 그 ᄉᆞᅀᅵ예 시혹 仙人이 ᄃᆞ외시며(月釋*1:20*).

시혼(詩魂) 명 시에 나타난 시인의 정신.

시ː홍(視紅) 명 망막의 시세포(視細胞) 속에 있는 자홍색의 감광 물질. 빛을 받으면 분해되고 어두운 데서 다시 합성됨.

시화(詩化) 명하자타되자 시적(詩的)인 것이 됨, 또는 되게 함.

시화(詩畫) 명 ①시와 그림을 아울러 이르는 말. ②시를 곁들인 그림.

시화(詩話) 명 시나 시인에 관한 이야기.

시ː화-법(視話法) [-뻡] 명 농아 교육에서, 상대편의 입의 움직임을 보고 발음을 지각하여 발음법을 터득하게 하는 방법.

시화세풍(時和歲豊) 명 ☞시화연풍.

시화연풍(時和年豊) 명 나라 안이 태평하고, 풍년이 듦. 시화세풍(時和歲豊).

시화-총림(詩話叢林) [-님] 명 조선 말기에, 홍만종(洪萬宗)이 고려·조선 시대의 여러 문인의 작품을 모아 엮은 시화집(詩話集). '역옹패설'·'지봉유설'·'어우야담' 등이 실려 있음. 4권 4책.

시화-축(詩畫軸) 명 화면의 위쪽 여백에 그림에 알맞은 한시를 쓴 두루마리. 준시축.

시환(時患) 명 때에 따라 유행하는 상한(傷寒)을 이르는 말. 시령(時令). 염질(染疾).

시ː황(市況) 명 주식·상품 따위의 매매나 거래 상황. 상황(商況).

시ː황-판(市況板) 명 주식·상품 따위의 매매나 거래 상황을 보여주는 전광게시판.

시회(詩會) [-회/-훼] 명 시를 짓기 위해 모이는 모임.

시효(時效) 명 ①어떤 사실 상태가 일정한 기간 동안 계속됨으로써 법률상으로 권리의 취득이나 권리의 소멸이 일어나게 되는 제도. ¶ 취득 시효. /소멸 시효. ②어떤 효력이 지속되는 일정한 기간.

시효^기간(時效期間) 명 시효의 완성을 위해 필요한 기간.

시효^정지(時效停止) 명 시효 기간이 거의 끝날 무렵에, 권리자가 시효를 중단시키기 어려운 사정이 있을 때, 시효의 완성을 일정 기간 유예하는 일.

시효^중단(時效中斷)명 시효의 기초가 되는 사실 상태와 일치되지 아니하는 어떤 사실이 일어났을 경우에, 시효 기간의 진행을 중단시키는 일. 시효가 중단되면, 이미 진행된 시효 기간은 효력을 잃게 됨.

시후(時候)명 사시(四時)의 절후.

시휘(時諱)명 시세(時世)에 맞지 않는 언행.

시흥(詩興)명 시를 짓고 싶은 마음. 시심(詩心)을 일어나게 하는 홍취.

시흥종(始興宗)명 ☞열반종(涅槃宗).

식부 좁은 틈으로 김이나 바람이 매우 세차게 새어 나오는 소리. 작색².

식(式) Ⅰ명 ①일정한 전례(前例)·표준·규정 등의 뜻을 나타냄. ②〈의식〉의 준말. ¶ 식을 거행하다. ③〈수식(數式)〉의 준말. ¶ 구한 값을 식에 대입해 보다.
Ⅱ의 일정한 방식이나 투. ¶ 공부를 계속해서 이런 식으로 할 테냐?

식(識)명 불교에서, 대상을 식별하여 인식하는 마음의 작용을 이르는 말.

-식(式)접미 《일부 명사 뒤에 붙어》 ①'법식이나 방식'의 뜻을 나타냄. ¶ 한국식. /자동식. /재래식. ②'의식'의 뜻을 나타냄. ¶ 개업식. /송별식. /결혼식. /장례식.

식가(式暇)[-까]명 지난날, 벼슬아치가 집안의 기제사 따위에 받던 휴가.

식각(蝕刻)[-깍]명하타 ☞부각(腐刻).

식각^오목판(蝕刻-版)[-까고-]명 방식제(防蝕劑)를 바른 판재(版材)에 그림을 그려 방식제를 씻어 버린 다음, 약물로 부식시켜서 만든 조각 요판의 한 가지.

식각^판화(蝕刻版畫)[-깍-]명 약물로 유리나 금속판 등을 부식시켜서 조각한 판화.

식간(食間)[-깐]명 끼니때와 끼니때의 사이.

식객(食客)[-깩]명 ①지난날, 세력이 있는 사람의 집에서 손이 되어 지내는 사람을 이르던 말. ②하는 일 없이 남의 집에 얹혀서 얻어먹고 지내는 사람.

식거(植炬)[-꺼]명하자 (임금이) 밤에 거둥할 때, 길 양편에 횃불을 죽 세우던 일.

식겁(食怯)[-껍]명하자 뜻밖에 놀라 겁을 먹음. ¶ 딸아이가 교통사고를 당했다는 말을 듣고 얼마나 식겁했는지 모른다.

식견(息肩)[-껸]명 〔어깨를 쉬게 한다는 뜻으로〕 무거운 책임을 벗음을 비유하여 이르는 말.

식견(識見)[-껸]명 학식과 의견. 곧, 사물을 올바르게 판단할 수 있는 능력. 견식. 지견(知見). ¶ 식견이 높다. /식견을 넓히다.

식경(食頃)[-꼉]명 한 끼의 밥을 먹을 만한 시간. ¶ 금방 돌아온다던 사람이 한 식경이나 지나서야 돌아왔다.

식경(息耕)[-꼉]명 논밭의 넓이를 어림으로 헤아리는 말로, 한참에 갈 만한 넓이라는 뜻, 곧 하루갈이의 6분의 1 정도를 이름.

식계(蝕溪)[-꼐/-께]명 보통 때는 물이 없다가 큰비만 오면 물이 사납게 흐르는 계곡의 물길.

식곡(息穀)[-꼭]명 갚을 때 길미를 붙여 주기로 하고 꾸는 곡식.

식곤-증(食困症)[-꼰쯩]명 음식을 먹은 뒤에 몸이 나른하고 졸음이 오는 증세.

식공(食供)[-꽁]명하타 음식을 제공함.

식과(式科)[-꽈]명 〈식년과(式年科)〉의 준말.

식관(食管)[-꽌]명 ☞식도(食道).

식-교자(食交子)[-꾜-]명 여러 가지 반찬과 국·밥 등을 갖추어 차린 교자.

식구(食口)[-꾸]명 같은 집에서 끼니를 함께 하며 사는 사람.

식권(食券)[-꿘]명 식당 따위에서, 음식과 맞바꾸게 되어 있는 표.

식궐(食厥)[-꿜]명 한방에서, 음식을 너무 많이 먹어서 갑자기 졸도하여 말을 못하게 되는 증세를 이르는 말.

식균^세ː포(食菌細胞)[-뀬-]명 혈액이나 조직 안을 떠돌아다니면서 세균 등을 잡아먹는 세포. 백혈구와 같은 운동성 세포나 비장·임파구의 망상 조직 세포 따위. 준식세포.

식균^작용(食菌作用)[-뀬-]명 식세포가 세균 등을 세포 안으로 잡아들여 소화시키는 작용. 식작용.

식근(食根)[-끈]명 ①〔먹을거리가 나오는 곳이란 뜻으로〕 '논밭'을 이르는 말. ②밥줄.

식기(食器)[-끼]명 ①음식을 담는 그릇. ②식사에 쓰이는 여러 가지 그릇이나 기구들을 통틀어 이르는 말. 밥그릇.

식기-장(食器欌)[-끼짱]명 식기를 넣어 두는 장.

식깃-박[-끼빡/-낃빡]명 〈시겟박〉의 본딧말.

식-나무[싱-]명 층층나뭇과의 상록 관목. 남부 지방에 자라는데, 흔히 관상용으로 심음. 높이는 3m가량. 잎은 끝이 뾰족하고 길둥근 모양이며 마주남. 봄에 가지 끝에 자주색의 잔꽃이 피고, 암나무에는 가을에 길둥근 열매가 붉게 익음.

식년(式年)[싱-]명 태세(太歲)의 지지(地支)가 자(子)·묘(卯)·오(午)·유(酉)인 해. 조선 시대에는 이해에 호적을 조사하고 과거를 실시하였음. 3년에 한 번씩 돌아옴.

식년(蝕年)[싱-]명 태양이 황도와 백도의 교점(交點)을 통과하여 다시 그 교점에 돌아오기까지의 시간. 〔약 346.62일이며, 일식과 월식은 이를 주기로 하여 일어남.〕

식년-과(式年科)[싱-]명 식년마다 보이던 과거를 통틀어 이르는 말. 준식과. 참동당(東堂).

식년-시(式年試)[싱-]명 식년마다 보이던 식년과의 시험.

식념(食念)[싱-]명 음식을 먹고 싶은 생각.

식능(食能)[싱-]명 먹이에 대한 동물의 습성. 잡식성·육식성·초식성의 세 가지가 있음.

식다[-따]자 ①더운 기운이 없어지다. ¶ 국이 식다. ②(열의나 정열 등이) 누그러지거나 가라앉다. ¶ 운동장의 열기가 식다.
식은 죽 먹듯관용 거리낌 없이 아주 쉽게 예사로 하는 모양.

식단(食單)[-딴]명 ☞차림표.

식단(食團)[-딴]명 비빔밥을 완자처럼 둥글게 빚은 다음 밀가루를 묻히고 달걀을 씌워 지져서, 그냥 먹거나 장국에 넣어 먹는 음식.

식단-표(食單表)[-딴-]명 ☞차림표.

식달(識達) '식달하다'의 어근.

식달-하다(識達-)[-딸-]형여 식견이 있어서 사리에 환하다.

식당(食堂)[-땅]명 ①식사하기에 편리하도록 설비하여 놓은 방. ②음식을 만들어 파는 가게. ②비음식점.

식당-차(食堂車)[-땅-]명 열차 안에 식당의 설비를 갖추고 있는 찻간.

식대(食代)[-때]명 ①음식을 청해 먹은 값으로 치르는 돈. ②지난날, 공역(公役)을 치르는 사람들이 순서대로 번갈아 가며 밥을 먹던 일.

식대(飾帶)[-때]명 옷 위로 허리에 두르는 장식용의 띠.

식도(食刀)[-또]명 ☞식칼.

식도(食道)[-또]명 고등 동물의 소화관의 한 부분. 인두(咽頭)와 위(胃) 사이에 있는 긴 관으로, 삼킨 음식물이 지나는 통로임. 밥줄. 식관(食管).

식도-경(食道鏡)[-또-]명 내시경(內視鏡)의 한 가지. 금속성의 긴 관으로, 식도 안에 넣고 광원(光源)으로 비추어 관찰하고 검사하는 의료 기구.

식-도락(食道樂)[-또-]명 여러 가지 음식을 먹어 보는 일을 도락으로 삼는 일.

식도-암(食道癌)[-또-]명 식도의 점막에 생기는 암.

식도^협착(食道狹窄)[-또-]명 식도의 일부가 좁아져서 음식물을 삼키기 어렵게 되는 증상.

식-되(食-)[-뙤/-뛔]명 가정에서 곡식을 될 때에 쓰는 작은 되.

식량(食量)[싱냥]명 음식을 먹는 분량. 준양(量).

식량(食糧)[싱냥]명 ☞양식.

식량(識量)[싱냥]명 식견과 도량.

식량-난(食糧難)[싱냥-]명 흉작이나 인구 과잉 등으로 식량이 부족하여 겪는 어려움.

식량^연도(食糧年度)[싱냥년-]명 어느 식량 농산물의 수확 시기를 기준하여 정한 연도. 〔우리나라에서는 쌀을 기준으로 하여 11월 1일부터 이듬해 10월 31일까지의 1년간을 '미곡 연도(米穀年度)'로 함.〕

식력(識力)[싱녁]명 사물을 식별하는 능력.

식록(食祿)[싱녹]명 ①☞녹봉(祿俸). ②하자 녹(祿)을 받아 생활함.

식료(食料)[싱뇨]명 음식의 재료.

식료-품(食料品)[싱뇨-]명 음식의 재료가 되는 물품. 식용물. 식용품. ¶ 식료품을 파는 가게. 준식품.

식리(殖利)[싱니]명하자 재물을 불리어 이익을 늘림. 요리(要利).

식림(植林)[싱님]명하자 나무를 심어 숲을 만듦. 조림(造林).

식멸(熄滅)[싱-]명 ①하자 불이 꺼져 없어짐. ②하타 흔적도 없이 없애 버림.

식모(式帽)[싱-]명 의식 때 쓰는 예모.

식모(食母)[싱-]명 남의 집에 고용되어 주로 부엌일을 맡아 하는 여자.

식모(植毛)[싱-]명하자 (몸의 털이 없는 부분에) 털을 옮겨 심는 일.

식목(植木)[싱-]명하타 나무를 심음, 또는 그 나무. 식수(植樹). 종수(種樹).

식목-일(植木日)[싱-]명 산림녹화 등을 위하여 해마다 나무를 심도록 정한 날. 4월 5일.

식물(食物)[싱-]명 식용(食用)이 되는 온갖 것. 참음식물.

식물(植物)[싱-]명 생물계를 둘로 분류한 것의 하나. 대부분 땅속에 몸의 일부를 붙박아서 이동하지 않으며, 뿌리·줄기·잎을 갖추어 수분을 흡수하고 산소를 배출하면서 광합성(光合成) 등으로 영양을 섭취하는 생물체를 통틀어 이르는 말. ↔동물.

식물^검ː역(植物檢疫)[싱-]명 외국에서 병해충이 들어오는 것을 막기 위해 수출입 식물이나 국내 식물에 대하여 식물 검역 기관에서 하는 방역 검사.

식물-계(植物界)[싱-계/싱-게]명 식물로 분류되는 생물의 세계, 또는 그 범위. ↔동물계.

식물^고사병(植物枯死病)[싱-뼝]명 박테리아 등의 기생으로 식물체가 검게 타고 열매나 꽃 등이 말라 죽는 병.

식물구-계(植物區界)[싱-계/싱-게]명 식물상(植物相)이 두드러지게 변화하는 곳에 경계선을 그어서 구분한 구역. 같은 구계 안에서는 비슷한 식물상을 볼 수 있음.

식물^군락(植物群落)[싱-굴-]명 같은 자연환경 아래 모여 사는 식물의 집단. 비식생(植生).

식물-대(植物帶)[싱-]명 식물의 수직적인 분포를 식물상에 따라 몇 부분으로 구분한 것. 〔고산대·관목대·산록대 따위.〕

식물-도감(植物圖鑑)[싱-]명 여러 종류의 식물을 그림이나 사진으로 나타내고, 이에 설명을 곁들인 책.

식물^병ː리학(植物病理學)[싱-니-]명 식물의 병을 대상으로 하여, 병의 원인·증세·경과 및 그 예방과 치료 등에 대하여 연구하는 학문.

식물^분류학(植物分類學)[싱-불-]명 식물을 그 형태와 번식 방법 등에 따라 구분하여 체계를 세우는 학문.

식물-산(植物酸)[싱-]명 식물체에 들어 있는 산. 〔수산(蓚酸)이나 구연산 따위.〕

식물-상(植物相)[싱-쌍]명 어떤 지역에 생육하고 있는 식물의 모든 종류. ↔동물상.

식물^상아(植物象牙)[싱-]명 열대 지방에서 나는 상아야자 열매의 흰 배젖을 말린 것. 상아와 비슷하며 단추 등을 만드는 데 쓰임.

식물^생태학(植物生態學)[싱-]명 식물과 환경과의 상호 작용을 연구하는 학문.

식물-성(植物性)[싱-썽]명 ①식물체 고유의 성질. ②식물체로부터 얻어지는 것. ¶ 식물성 기름. ↔동물성.

식물성^섬유(植物性纖維)[싱-썽-]명 식물체에서 얻는 섬유. 주성분은 섬유소이며, 흡습성(吸濕性)이 크고, 진한 황산이나 염산에 녹음. 〔면(綿)이나 마(麻) 따위.〕

식물성^신경(植物性神經)[싱-썽-]명 ☞자율신경(自律神經).

식물-암(植物岩)[싱-]명 식물체의 퇴적(堆積)이나 변성(變成)으로 이루어진 암석.

식물^연쇄(食物連鎖)[싱-련-]명 ☞먹이 연쇄.

식물-원(植物園)[싱-]명 식물의 연구나 일반의 관람 등을 위하여 많은 종류의 식물을 한데 모아서 가꾸는 곳.

식물-인간(植物人間)[싱-]명 호흡·순환·소화·배설 등의 기능은 유지되나, 사고(思考)·운동·지각 등 대뇌 기능이 상실되어 의식 불명인 채 살아 있는 사람.

식물^채ː집(植物採集)[싱-]명 식물의 표본을 만들기 위하여 필요로 하는 여러 가지 식물을 찾아 모으는 일.

식물-체(植物體)[싱-]명 식물, 또는 식물의 형태.

식물^표본(植物標本)[싱-]명 식물을 채집하여 이를 계통적으로 분류해서 만든 표본.

식물-학(植物學)[싱-]명 식물을 연구 대상으로 삼는 생물학의 한 분야.

식물^호르몬(植物hormone)[싱-]명 식물의 체내에서 합성되어 식물의 여러 가지 생리 작용을 조절하는 물질.

식민(植民·殖民)[싱-]명하자 강대국이 본국과 종속 관계에 있는 나라에 정치적·경제적 목적으로 자국민을 이주시키는 일, 또는 그 이주민.

식민-국(植民國)[싱-]명 식민지를 가진 나라.

식민^정책(植民政策)[싱-]명 식민지의 통치 및 경영에 관한 정책.

식민-지(植民地)[싱-]명 본국의 밖에 있으면서 본국의 특수한 지배를 받는 지역.

식반(食盤)[-빤]명 음식을 올려놓는 소반.
식별(識別)[-뻘]명하타되자 사물의 성질이나 종류 따위를 구별함. 변별(辨別). ¶ 식별 능력.
식별-역(識別閾)[-뻘력]명 ☞변별역(辨別閾).
식보(食補)[-뽀]명하자 (영양이 많은) 좋은 음식을 먹어서 원기를 보충함.
식복(食復)[-뽁]명 (중병을 치른 환자가) 회복기에 음식을 잘못 먹어 병이 더치는 일, 또는 그 병.
식복(食福)[-뽁]명 음식을 먹을 기회를 잘 만나게 되는 분복. 먹을 복. 비식수.
식분(蝕分)[-뿐]명 일식(日蝕)이나 월식(月蝕) 때, 태양이나 달이 이지러진 정도.
식불(拭拂)[-뿔]명하타 깨끗이 쓸고 닦음.
식불감미(食不甘味)[-뿔-]명하형 (근심 걱정으로) 음식을 먹어도 맛이 없음.
식불언(食不言)[-뿌런]명 음식을 먹을 때는 쓸데없는 말을 삼가야 한다는 말.
식브다형 〈옛〉싶다. ¶ 마장 우르고져 식브니(杜初*10:28*). 참시브다.
식비(食費)[-삐]명 식생활(食生活)에 드는 비용. 음식비.
식빙(食氷)[-삥]명 먹기 위하여 인공적으로 만든 얼음. ↔천연빙.
식-빵(食-)명 상자 모양의 틀을 사용해서 구운, 주식용의 빵.
식사(式辭)[-싸]명하자 식장에서 인사로 하는 말, 또는 인사로 하는 글.
식사(食事)[-싸]명하자 사람이 끼니로 음식을 먹는 일, 또는 그 음식.
식사(飾詐)[-싸]명하자 거짓을 꾸밈.
식사(飾辭)[-싸]명 듣기 좋게 꾸며서 하는 말.
식산(殖産)[-싼]명 ①하타 생산물을 늘림. ②하자 재산을 불리어 늘림. ②식재(殖財).
식상(食床)[-쌍]명 밥상.
식상(食傷)[-쌍]명하자 ①음식에 체했거나 중독이 되었거나 하여 일어나는 병. 〔식체·식중독 따위.〕 ②음식에 물리는 일, 또는 같은 사물이 되풀이되어 싫증이 나는 일. ¶ 항상 되풀이되는 단조로운 분위기에 식상하다.
식색(食色)[-쌕]명 식욕(食慾)과 색욕(色慾).
식생(植生)[-쌩]명 일정 지역에 많이 모여 자라는 식물의 집단. 〔삼림 식생(森林植生)·초원 식생(草原植生) 따위.〕 비식물 군락(植物群落).
식생-도(植生圖)[-쌩-]명 식물 군락의 지리적 분포를 지도 상에 나타낸 것.
식-생활(食生活)[-쌩-]명 (생활 가운데서) 먹는 것에 관한 분야. ¶ 식생활을 개선한다.
식서(飾緖)[-써]명 올이 풀리지 않도록 짠, 피륙의 가장자리. 변폭(邊幅). 참푸서.
식성(食性)[-썽]명 음식을 가리지 않고 잘 먹는 성미, 또는 음식에 대하여 좋아하거나 싫어하는 성미. ¶ 식성에 맞다. /식성이 까다롭다.
식-세포(食細胞)[-쎄-]명 〈식균 세포〉의 준말.
식-소라(食-)명 '밥소라'의 잘못.
식소사번(食少事煩)[-쏘-]명하형 먹는 것(생기는 소득)은 적은데 하는 일은 많음.
식솔(食率)[-쏠]명 집안에 딸린 식구. 권솔(眷率). ¶ 식솔을 거느리다.
식수(食水)[-쑤]명 식용으로 쓰는 물.
식수(食數)[-쑤]명 뜻밖에 맛난 음식을 먹게 된 좋은 재수. ¶ 식수가 터지다. 비식복(食福).
식수(植樹)[-쑤]명하타 ☞식목(植木).
식수-난(食水難)[-쑤-]명 식수의 부족으로 겪는 어려움. ¶ 가뭄이 계속되어 식수난을 겪다.
식순(式順)[-쑨]명 의식(儀式)의 진행 순서. ¶ 다음은 식순에 따라 애국가 제창이 있겠습니다.
식식[-씩]부하타 숨을 매우 가쁘고 거칠게 쉬는 소리, 또는 그 모양. 작색색. 센씩씩.
식식-거리다[-씩꺼-]타 자꾸 식식 소리를 내다. 식식대다. ¶ 거친 숨을 식식거리다. 작색색거리다.
식식-대다[-씩때-]타 식식거리다.
식신(食神)[-씬]명 음식을 맡은 귀신.
식심(蝕甚·食甚)[-씸]명 일식 또는 월식 때에 해나 달이 가장 많이 이지러진 때.
식야(識野)명 (어떤 순간에 있어서의) 의식 경험의 모든 범위.
식언(食言)명하자 약속한 말을 지키지 아니함. ¶ 식언을 밥 먹듯이 하니 신용이 떨어질 것은 뻔한 일이지.
식역(識閾)명 자극에 대하여 감각이나 반응을 일으키는 경계. 의식 작용이 일어났다 사라졌다 하는 경계. 의식과 무의식이 넘나드는 경계.
식열(食熱)명 어린아이가 과식하여 나는 신열.
식염(食塩)명 소금.
식염-수(食塩水)명 ①식염을 탄 물. 소금물. ②〈생리 식염수〉의 준말.
식염^주:사(食塩注射)명 해독이나 수분 보충 등을 위하여, 생리 식염수를 정맥이나 피하에 주사하는 일. 염수 주사(塩水注射).
식염-천(食塩泉)명 물속에 염분이 1000분의 1 이상 함유된 온천을 통틀어 이르는 말. 염천(塩泉).
식예(植藝)명 ☞수예(樹藝).
식욕(食慾)명 음식을 먹고 싶어 하는 욕구. 밥맛. ¶ 식욕이 왕성하다. /식욕을 잃다.
식욕^부진(食慾不振)[-뿌-]명 (끼니때가 되어도) 먹고 싶은 마음이 생기지 아니함, 또는 그런 상태.
식욕^이:상(食慾異常)명 식욕이 지나치게 늘어나거나 줄어드는 병적인 상태.
식용(食用)명하타되자 먹을 것으로 씀, 또는 먹을 것으로 됨. ¶ 식용 개구리. /식용으로 이용되는 꽃.
식용-균(食用菌)명 균류 가운데 식용으로 하는 버섯. 〔목이·표고·송이 따위.〕
식용-근(食用根)명 식용으로 하는 식물의 뿌리. 〔고구마·무·당근 따위.〕
식용-물(食用物)명 ☞식료품.
식용^색소(食用色素)[-쏘]명 음식물에 빛깔을 들이는 데 쓰이는 무해(無害)의 색소.
식용-유(食用油)[-뉴]명 음식을 만드는 데 쓰는, 식용의 기름. 15℃에서 완전한 액체상(液體狀)이 됨. 〔참기름·콩기름 따위.〕
식용^작물(食用作物)[-장-]명 식용을 목적으로 가꾸는 농작물. 〔곡물·채소 따위.〕
식용-품(食用品)명 ☞식료품.
식원-복(食遠服)명하타 식사한 뒤 한참 있다가 약을 먹는 일.
식육(食肉)명 ①식용으로 하는 고기. 〔쇠고기·닭고기·돼지고기 따위.〕 ②하자 고기를 먹음.
식육-목(食肉目)[시귱-]명 포유강의 한 목을 이루는 동물군(動物群). 살아 있는 동물을 잡기 위하여 감각 기관이 발달되어 있고, 또 발톱과 송곳니가 날카로워 고기를 물고 찢기에 알맞음. 〔갯과·곰과·고양잇과·물갯과 따위.〕
식은-땀명 ①몸이 쇠약하여, 덥지도 않은데 병적으로 나는 땀. 냉한(冷汗). ②정신의 긴장으로 나는 땀. 참도한(盜汗).

식음(食飮)명하타 먹고 마심, 또는 그 일. ¶ 식음을 전폐하다.
식읍(食邑)명 지난날, 나라에서 공신(功臣) 등에게 내리어, 그곳의 조세를 개인이 받아 쓰게 하던 고을.
식이(食餌)명 ①먹이. ②조리한 음식물.
식이^반ː사(食餌反射)명 기르는 동물이, 식기(食器) 소리를 듣거나 기르는 주인이 오는 것만 보고도 반사적으로 군침을 흘리는 현상. 참조건 반사.
식이^요법(食餌療法)[-뻡]명 섭취하는 음식물의 품질·성분·분량 등을 조절하여 병을 치료하거나 예방하는 방법. 영양 요법.
식인(食人)명 사람 고기를 먹는 일, 또는 그러한 풍습.
식인-귀(食人鬼)명 사람을 잡아먹는다는 귀신.
식인-종(食人種)명 사람을 잡아먹는 풍습이 있는 미개 인종.
식일(式日) Ⅰ명 (기념식·결혼식 등) 의식(儀式)이 있는 날.
Ⅱ부 날마다.
식자(植字)[-짜]명하타되자 활판 인쇄에서, 문선(文選)한 활자를 원고대로 짜는 일.
식자(識字)[-짜]명 글자나 글을 아는 것.
식자(識者)[-짜]명 식견이 있는 사람.
식자-공(植字工)[-짜-]명 식자를 하는 직공.
식자-우환(識字憂患)[-짜-]명 글자를 아는 것이 도리어 근심을 사게 된다는 말.
식자-판(植字版)[-짜-]명 ☞활판(活版).
식-작용(食作用)[-짜공]명 ☞식균 작용.
식장(式場)[-짱]명 식(式)을 거행하는 곳.
식재(息災)[-쨰]명하자 불력(佛力)으로 온갖 재해나 고난을 없애는 일.
식재(殖財)[-쨰]명하자 ☞식산(殖產).
식재(植栽)[-쨰]명하타 초목을 심어 가꿈.
식적(食積)[-쩍]명 한방에서, 먹은 음식물이 잘 소화되지 않고 뭉친 증상을 이르는 말. 체적.
식전(式典)[-쩐]명 ☞의식(儀式).
식전(食前)[-쩐]명 ①밥을 먹기 전. ↔식후(食後). ②아침밥을 먹기 전. 곧, 아침 일찍.
식전-바람(食前-)[-쩐빠-]명 아침밥을 먹기 전의 이른 때. ¶ 식전바람부터 부산을 떨더니 도시락도 챙기지 않고 갔다.
식정-수(食精水)[-쩡-]명 밥물.
식-주인(食主人)[-쭈-]명 나그네를 묵게 하여 밥을 파는 집의 주인.
식-중독(食中毒)[-쭝-]명 상한 음식물을 먹음으로써 생기는 중독 상태. 발열·구토·설사·복통·발진 등의 증상이 나타남.
식지(食指)[-찌]명 집게손가락.
식지(食紙)[-찌]명 음식이나 밥상 따위를 덮는 데 쓰는 기름종이.
식지에 붙은 밥풀속담 하찮은 것은 그럭저럭 없어지고 만다는 뜻.
식찬(食饌)명 ☞반찬(飯饌).
식채(食債)명 음식을 외상으로 먹고 나서 아직 갚지 못한 값(빚).
식체(食滯)명 한방에서, 먹은 음식물이 잘 소화되지 않는 증상을 이르는 말.
식초(食醋)명 3~6%의 초산을 함유하고 있어, 시고 약간 단맛이 있는 조미료. 초(醋).
식충(食蟲)명 ☞식충이.
식충^식물(食蟲植物)[-싱-]명 잎 또는 특수 기관으로 곤충 등을 잡아, 그것을 소화하여 양분의 일부를 흡수하는 식물. 벌레잡이 식물.
식충-이(食蟲-)명 ①'밥을 많이 먹고 미련한 사람'을 낮추어 이르는 말. ②'밥만 먹고 빈둥거리는 사람'을 낮추어 이르는 말. 밥벌레. 밥보. 식충.
식-칼(食-)명 부엌에서 음식을 만들 때에 쓰는 칼. 부엌칼. 식도(食刀).
식탁(食卓)명 식사용의 탁자.
식탁-보(食卓褓)[-뽀]명 (장식이나 위생을 위해) 식탁 위에 까는 널따란 보.
식탈(食頉)명 먹은 것이 잘못되어 생긴 병.
식탐(食貪)명하자 음식을 욕심 사납게 탐냄. ¶ 식탐을 내다. /식탐이 많다.
식포(食胞·食包)명 먹이를 세포 안에서 소화시키기 위해 일시적으로 만들어지는 세포 기관. 짚신벌레나 아메바 따위의 원생동물에서 볼 수 있음.
식품(食品)명 〈식료품〉의 준말.
식품^의약품^안전청(食品醫藥品安全廳)명 보건 복지 가족부에 딸린 중앙 행정 기관의 하나. 식품·의약품·의약 부외품·마약 등에 관한 사무를 맡아봄.
식품^첨가물(食品添加物)명 식품을 제조하거나 가공할 때에 섞는 물건. 〔인공 감미료·표백제 따위.〕
식피-술(植皮術)명 화상 따위로 결손된 피부에 건강한 다른 피부 조각을 이식하는 방법.
식해(食害)[시캐]명 해충이나 쥐 등이 식물의 잎이나 줄기 등을 갉아 먹어 버리는 일.
식해(食醢)[시캐]명 생선을 토막 친 뒤에 소금·조밥·무·고춧가루 등을 넣고 버무려 삭힌 음식. 생선젓. 어초(魚酢).
식혜(食醯)[시켸/시케]명 쌀밥에 엿기름 가루를 우린 물을 부어 삭힌 것에, 생강과 설탕을 넣고 끓여 식힌 다음, 건져 둔 밥알을 띄운 음료. 참단술.
식화(食貨)[시콰]명 〔음식물과 재화(財貨)를 아울러 이르는 말로서〕 '경제(經濟)'를 뜻함.
식화(殖貨)[시콰]명하자 재화(財貨)를 늘림.
식후(食後)[시쿠]명 밥을 먹은 뒤. ↔식전.
식후-경(食後景)[시쿠-]명 아무리 좋은 구경도 배가 고파서는 볼 맛이 안 난다는 말. ¶ 금강산도 식후경.
식후-복(食後服)[시쿠-]명하타 밥을 먹은 뒤에 약을 먹는 일. ↔공심복(空心服).
식-히다[시키-]타 〖'식다'의 사동〗 식게 하다. ¶ 머리도 식힐 겸 여행을 다녀와야겠다.
신[1]명 발에 신고 걷는 데에 쓰이는 물건을 통틀어 이르는 말. 신발.
신 벗고 따라도 못 따른다속담 온 힘을 다해도 미치지 못한다는 말.
신[2]명 좋은 일이 있거나 또는 어떤 일에 흥미가 생기어 매우 좋아진 기분. ¶ 아이는 신이 나서 손뼉을 치고 노래를 불렀다. 비신명.
신(申)명 ①십이지의 아홉째. 원숭이를 상징함. ②〈신방(申方)〉의 준말. ③〈신시(申時)〉의 준말.
신(臣) Ⅰ명 〈신하(臣下)〉의 준말.
Ⅱ대 신하가 임금에 대하여 자기를 일컫던 말. ¶ 신의 잘못이옵니다.
신(辛)명 ①십간의 여덟째. ②〈신방(辛方)〉의 준말. ③〈신시(辛時)〉의 준말.
신ː(信)명 오상(五常)의 하나. 믿음성이 있고 성실함.
신(神)명 ①종교의 대상으로서 초인간적 또는 초자연적 위력을 가지는 존재. 검. ②〈신명(神明)〉의 준말. ③〈귀신〉의 준말. ④하느님.
신(이) 내리다관용 신령이 사람에게 지피다.

신(이) 지피다관용 신령이 사람에게 내려 모든 것을 알 능력이 생기다.
신ː(腎)명 〈신장(腎臟)〉의 준말.
신ː(scene)명 ①(극이나 영화 등의) 장면(場面). ¶ 라스트 신. ②(어떤 사건이나 소설 등의) 현장이나 무대. ¶ 극적인 신이 벌어지다.
신-(新)접두 《일부 명사 앞에 붙어》 '새것', 또는 '새로움'을 뜻함. ¶ 신무기. /신세계. /신기록. /신제품. ↔구-(舊).
신-가정(新家庭)명 ①신혼부부의 가정. ②신시대의 가정.
신간(新刊)명하타되자 책을 새로 간행함, 또는 그 책. 신서(新書). ¶ 신간 서적. ↔구간(舊刊).
신간(新墾)명하타되자 땅을 새로 일구는 일.
신감각-파(新感覺派)명 문법과 상식을 초월하여, 참신한 감각을 주관적으로 표현하고자 하는, 도시적이고 현대적인 문예상의 한 파.
신-감기[-깜-]명 〈신갱기〉의 본딧말. 준감기.
신ː객(信客)명 신용이 있는 사람.
신-갱기[-깽-]명 짚신 등의 총갱기와 뒷갱기를 함께 이르는 말. 준갱기. 본신감기.
신건-이명 하는 짓이나 말이 싱거운 사람을 농조로 이르는 말.
신검(身檢)명하자 〈신체검사〉의 준말.
신ː겁(腎怯)명 사정(射精)에 이르기 전에 음경이 위축되는 상태.
신격(神格)[-껵]명 신의 격식. 신으로서의 자격. ↔인격(人格).
신격-화(神格化)[-껵화]명하타되자 어떤 대상을 신(神)의 자격을 가진 것으로 여김, 또는 그렇게 만듦. ¶ 권력자의 신격화. /신격화된 존재.
신ː-결석(腎結石)[-썩]명 ☞신장 결석.
신ː경(信經)명 기독교의 신조를 적은 경문(經文). 〔개신교에서는 '사도신경'만 인정함.〕
신경(神經)명 ①몸 안팎의 변화를 중추에 전달하고, 또 중추로부터의 자극을 몸의 각 부분에 전하는 실 모양의 기관. ②사물을 감각하거나 생각하는 힘. ¶ 신경이 예민하다.
신경(을) 쓰다관용 사소한 일에까지 세심하게 생각하거나 살피다. ¶ 누나는 화장에 몹시 신경을 썼다.
신경이 날카롭다관용 사소한 일에도 자극을 강하게 받거나 마음을 몹시 쓰다.
신ː경(腎經)명 ①☞신장. ②신장의 경락(經絡).
신경-계(神經系)[-계/-게]명 몸의 각 기관을 연락하여, 살아 있는 유기체로서 통일하는 한 계통. 〔중추 신경계·말초 신경계 등.〕 신경 계통.
신경^계ː통(神經系統)[-계-/-게-]명 ☞신경계.
신경-과민(神經過敏)명 신경이 예민하여 미약한 자극에도 쉽게 감응하는, 신경계의 병적인 불안정 상태.
신경^마비(神經痲痹)명 뇌나 척수에서 나온 신경이 그 말초 경로 중에서 전도(傳導)가 되지 않아 감각의 장애를 일으키는 현상.
신경-병(神經病)[-뼝]명 신경 계통의 병.
신경^섬유(神經纖維)명 신경 세포의 일부가 비교적 길게 툭 튀어나온 것. 자극 전달의 기능을 맡음.
신경-성(神經性)[-썽]명 ①신경 계통의 이상으로 인하여 어떤 병이나 증세가 나타나는 성질. ②☞심인성(心因性). ¶ 신경성 위장병.
신경^세ː포(神經細胞)명 신경 조직을 이루는 세포. 축삭 돌기와 수상 돌기의 두 가지가 있음.
신경^쇠약(神經衰弱)[-쇠-/-쉐-]명 과로나 만성 질환 등으로 신경이 쇠약해져서 생기는 병. 감정이 발작적으로 변하여 성을 잘 내고 권태나 피로를 쉽게 느끼며, 기억력이 줄고 흔히 불면증이 나타남.
신경-염(神經炎)[-념]명 신경 섬유나 그 조직에 생기는 염증. 통증이나 운동 마비 등의 증세가 나타남.
신경-원(神經元)명 ☞뉴런(neuron).
신경-전(神經戰)명 모략이나 선전 따위로 상대편의 신경을 피로하게 만들어 혼란으로 몰아넣는 전법, 또는 그러한 수법으로 대결하는 경쟁.
신경-절(神經節)명 신경 세포나 신경 섬유가 모여서 혹처럼 된 것.
신경^조직(神經組織)명 신경계를 이루는 조직. 신경 세포 및 이것으로부터 나온 축삭 돌기와 수상 돌기 등으로 이루어짐.
신경^중추(神經中樞)명 신경 세포가 모여 있는 곳. 말초 신경으로부터 자극을 받고 통제하며 명령을 전달함. 줏대 신경. 중추 신경. 준중추.
신경-증(身硬症)[-쯩]명 한방에서, 뇌척수의 이상으로 몸과 힘줄이 뻣뻣하게 되는 어린아이의 병을 이르는 말.
신경-증(神經症)[-쯩]명 심리적 원인으로 말미암아 일어나는 불면·불안·두통 등 육체적·정신적인 이상 증상.
신-경지(新境地)명 새로운 경지.
신경-질(神經質)명 신경이 예민하여 사소한 자극에도 필요 이상으로 민감하게 반응하는 성질. ¶ 신경질을 부리다.
신경-초(神經草)명 ☞미모사.
신경-통(神經痛)명 일정한 말초 신경의 경로나 분포 구역을 따라서 발작적으로 일어나는 심한 통증.
신-경향(新傾向)명 사상이나 풍속 등의 새로운 경향.
신경향-파(新傾向派)명 1920년을 전후하여 우리나라 문단에 등장한 사회주의 경향의 문학파.
신계(晨鷄)[-계/-게]명 새벽을 알리는 닭.
신계(新界)[-계/-게]명 ☞신열대구(新熱帶區).
신고(申告)명하타되자 ①기관이나 조직체의 구성원이 윗사람에게 어떤 사실을 보고하거나 알리는 일. ②국민이 의무적으로 행정 관청에 일정한 사실을 보고하는 일.
신고(辛苦)명하자 어려움에 처하여 몹시 애씀, 또는 그 고통이나 고생. 고독(苦毒).
신고^납세제(申告納稅制)[-쎄-]명 납세자의 자진 신고에 따라서 과세 표준을 확인하고 세액을 확정하는 제도.
신고-스럽다(辛苦-)[-따][~스러우니·~스러워]형ㅂ 몹시 고생스럽다. 신고스레부.
신-고전주의(新古典主義)[-의/-이]명 20세기 초에 독일에서 일어난 예술상의 한 경향. 자연주의와 신낭만주의를 배척하고, 고전주의적 전통과 엄격한 형식미를 존중한 것이 그 특징임.
신곡(新曲)명 새로 지은 곡. ¶ 신곡 발표회.
신곡(新穀)명 햇곡식. ↔구곡(舊穀).
신곡-머리(新穀-)[-공-]명 햇곡식이 날 무렵.
신-골[-꼴]명 신을 만드는 데 쓰는 골.
신골-방망이[-꼴-]명 신을 새로 만들어 신골을 칠 때 쓰는 방망이. 참짚신골.
신공(神工)명 신묘하게 만든 물건, 또는 그렇게 만드는 재주가 있는 사람.
신공(神功)명 ①신령의 공덕. ②신령한 공력(功力). ③가톨릭에서 이르는, '기도'와 '선공'.
신관명 남을 높이어 그의 '얼굴'을 이르는 말. 〔흔히, 건강 상태를 말할 때 씀.〕 ¶ 신관이 아주 좋으십니다.

신:관(信管)명 탄환·폭탄·어뢰 등에 장치하여 폭약을 터뜨리는 도화관.
신:관(腎管)명 환형동물 등의 각 체절(體節)에 있는 배설기. 환절기(環節器).
신관(新官)명 ①새로 임명된 관리. ②새로 부임한 관리. ¶ 신관 사또. ↔구관(舊官).
신관(新館)명 새로 지은 건물. ↔구관(舊館).
신광(身光)명 (부처나 보살의) 몸에서 내비치는 빛. 참후광(後光).
신광(晨光)명 ☞서광(曙光)[1].
신괴(神怪) '신괴하다'의 어근.
신괴-하다(神怪-)[-괴-/-궤-]형여 신비하고 괴이하다.
신:교(信敎)명하자 종교를 믿음. ¶ 신교의 자유.
신교(神交)명하자 정신적으로 사귐.
신교(神敎)명 신의 가르침.
신교(新敎)명 ☞개신교(改新敎). ↔구교(舊敎).
신교-도(新敎徒)명 '개신교 신자'를 달리 이르는 말. 프로테스탄트. ↔구교도(舊敎徒).
신-교육(新敎育)명 ①옛날의 한학 중심의 교육에 대하여, 현대의 학교 교육을 이르는 말. ②종래의 형식적·획일적·주지적 교육에 대하여 피교육자의 흥미와 경험을 존중하는 생활 중심의 새 교육을 이르는 말.
신구(伸救)명하타 죄가 없음을 들어 변명하여서 구원함.
신:구(信口)명하자 (말을 삼가지 않고) 입에서 나오는 대로 함부로 말함.
신구(新舊)명 새것과 헌것. 새것과 낡은 것. ¶ 신구 세력의 갈등.
신:구(愼口)명하자 말을 삼감. 신언(愼言).
신구-세(新舊歲)명 새해와 지난해.
신구^세:계(新舊世界)[-계/-게]명 ①신대륙과 구대륙. ②동식물의 분포학상으로 구분한, 신세계와 구세계.
신-구약(新舊約)명 '신약 성서'와 '구약 성서'를 아울러 이르는 말.
신국(神麴)명 메밀가루·도꼬마리·창출(蒼朮)·행인(杏仁)·붉은팥 등을 섞어서 만든 누룩. 한방에서 소화약(消化藥)으로 쓰임.
신:국(訊鞠·訊鞫)명하타 죄상을 물어 조사함.
신-국면(新局面)[-궁-]명 새로 벌어진 국면. ¶ 전국(戰局)이 신국면에 접어들다.
신권(神權)[-꿘]명 ①신으로부터 부여된 신성한 권력. ②성직자의 직권.
신권-설(神權說)[-꿘-]명 <제왕 신권설>의 준말.
신귀(神龜)명 신령한 거북.
신규(新規)명 ①새로운 규모나 규정. ②'새롭게 어떤 일을 함'을 이르는 말. ¶ 신규 채용. /신규 사업.
신극(新劇)명 구극·신파극 등의 기성 연극에 대하여, 서구 근대극의 영향을 받아 일어난 새로운 연극을 이르는 말.
신근(身根)명 불교에서 이르는 육근(六根)의 하나. 촉각 기관인 '몸'을 이르는 말.
신근(伸筋)명 척추동물에서, 사지를 뻗는 작용을 하는 근육을 통틀어 이르는 말. ↔굴근(屈筋).
신:근(信根)명 불교에서 이르는 오근(五根)의 하나. 불법만 믿고 다른 것을 믿지 않는 일. 〔불(佛)·법(法)·승(僧)의 삼보(三寶)와 사제(四諦)의 이치를 믿음.〕
신:금(信禽)명 '기러기'의 딴 이름.
신금(宸襟)명 임금의 마음.
신급(迅急) '신급하다'의 어근.
신:급-하다(迅急-)[-그파-]형여 매우 급하다.

신기(神技)명 〔신(神)만이 할 수 있을 듯한〕 매우 뛰어난 기량. ¶ 신기에 가까운 재주.
신기(神奇) '신기(神奇)하다'의 어근.
신기(神祇)명 <천신지기(天神地祇)>의 준말.
신기(神氣)명 ①만물을 만드는 기운. ②신비롭고 이상한 기운. ③정신과 기운. ¶ 신기가 약해지다.
신기(神器)명 ①신령에게 제사 지낼 때 쓰는 그릇. 대기(大器). ②임금의 자리.
신기(神機)명 ①신묘한 계기. ②헤아릴 수 없는 기략(機略).
신:기(腎氣)명 ①사람의 활동하는 근원. ②자지의 힘. 정력(精力).
신기(新奇) '신기(新奇)하다'의 어근.
신기-누설(神機漏泄)명하자 비밀에 속하는 일을 새어 나가게 함.
신-기다타 〖'신다'의 사동〗 신게 하다. ¶ 꼬마에게 구두를 신기다.
신기-답(新起畓)명 새로 일구어 만든 논.
신-기록(新記錄)명 (종래의 기록을 앞지르는) 새로운 기록. ¶ 세계 신기록을 0.1초 단축하다.
신기-롭다(神奇-)[-따][~로우니·~로워]형ㅂ 신묘하고 기이한 느낌이 있다. ¶ 신기로운 현상. 신기로이부.
신기-롭다(新奇-)[-따][~로우니·~로워]형ㅂ 새롭고 기이한 느낌이 있다. ¶ 최첨단 전자 제품들이 신기롭기만 하다. 신기로이부.
신기료-장수명 헌 신을 깁는 일을 업(業)으로 하는 사람.
신:기루(蜃氣樓)명 ①온도나 습도의 영향으로 대기의 밀도가 층층이 달라졌을 때, 빛의 이상 굴절로 말미암아 엉뚱한 곳에 물상이 나타나는 현상. 준신루. ②☞공중누각.
신기-스럽다(神奇-)형ㅂ '신기(神奇)롭다'의 잘못.
신기-스럽다(新奇-)형ㅂ '신기(新奇)롭다'의 잘못.
신-기원(新紀元)명 ①새로운 기원. ②획기적인 사실로 말미암아 전개되는 새로운 시대. ¶ 에너지 혁명의 신기원을 열다.
신기-전(神機箭)명 조선 세종 때 만든 무기의 한 가지. 화약을 장치하여 불을 달아 쏘던 화살 모양의 로켓.
신기-전(新起田)명 새로 일구어 만든 밭.
신-기축(新機軸)명 이제까지 있었던 것과는 다른 전혀 새로운 방법이나 체제.
신기-하다(神奇-)형여 신묘하고 기이하다. ¶ 신기한 마술의 세계. 신기-히부.
신기-하다(新奇-)형여 새롭고 기이하다. ¶ 아이의 눈에는 모든 것이 신기했다. 신기-히부.
신나명 '시너(thinner)'의 잘못.
신-나무명 단풍나뭇과의 낙엽 소교목. 산이나 들에 절로 남. 잎은 길둥글거나 달걀 모양이며 가장자리가 고르지 않게 패어 있음. 6~7월경에 담록색 꽃이 피고 초가을에 깃이 달린 열매가 익음. 재목은 가구재, 잎은 물감의 원료로 쓰임.
신-날명 짚신이나 미투리 따위의 바닥에 세로로 놓은 날.
신:남(信男)명 불교를 믿는 세속의 남자. ↔신녀(信女).
신-낭만주의(新浪漫主義)[-의/-이]명 19세기 말에서 20세기 초에 걸쳐 독일을 중심으로 일어난 예술상의 한 경향. 프랑스 상징주의의 영향을 받아, 자연주의 등에 반대하고 감정과 공상 등을 인정하는 낭만주의로의 복귀를 주장함.
신:녀(信女)명 불교를 믿는 세속의 여자. ↔신남.

신년(申年)명 태세의 지지(地支)가 신(申)으로 된 해. 〔갑신년(甲申年)·병신년(丙申年)·임신년(壬申年) 따위.〕 원숭이해.
신년(新年)명 새해. ¶ 신년 하례(賀禮).
신ː념(信念)명 굳게 믿어 의심하지 않는 마음. ¶ 신념을 지키다. /굳은 신념을 지닌 사람.
신념(宸念)명 임금의 마음 또는 걱정.
신노(神怒)명 신명(神明)의 노여움.
신농-씨(神農氏)명 중국 옛 전설에 나오는 삼황(三皇)의 한 사람. 백성에게 농사짓는 법을 처음으로 가르쳤으며, 중국의 경제·의약·음악·점서 등의 조신(祖神)임. 염제(炎帝).
신다[-따]타 (신·버선 등을) 발에 꿰다. ¶ 채 마르지도 않은 양말을 신다.
신단(神壇)명 신령에게 제사 지내는 단.
신단(宸斷)명하타 임금의 재결(裁決).
신답(新畓)명 새로 만들거나 새로 산 논.
신당(神堂)명 신령을 모신 당집.
신당(新黨)명 새로 조직한 당. ¶ 신당을 창당하다.
신-대[-때]명 베틀의 용두머리 한가운데에 박아 뒤로 내뻗친 조금 굽은 막대. 〔그 끝에는 베틀신끈을 달아 놓았음.〕 신찐나무.
신-대륙(新大陸)명 ①새로 발견된 대륙. ②'아메리카 주'를 달리 이르는 말. ③남북아메리카 및 오스트레일리아를 이르는 말. 신세계. ①②↔구대륙.
신덕(神德)명 신의 공덕.
신데렐라(Cinderella)명 ①유럽 동화 속의 여주인공의 이름. 〔계모에게 학대받다가 친어머니의 영혼이 도와 왕자와 결혼하게 됨.〕 ②'무명(無名)의 존재에서 하루아침에 명사가 된 여자'를 비유하여 이르는 말.
신데렐라^콤플렉스(Cinderella complex)명 정신 분석학에서, 여성이 일시에 자신의 인생을 화려하게 변모시켜 줄 남자를 기다리는 심리적 의존 상태를 이르는 말. 주로, 남성에 대한 의존성·수동성 따위의 태도에 기인함.
신도(臣道)명 신하로서 마땅히 지켜야 할 도리.
신ː도(信徒)명 ☞교도(敎徒).
신도(神道)명 ①〈귀신〉의 높임말. ②영묘한 신(神)의 도리.
신도(新都)명 새로 정한 도읍. ↔구도(舊都).
신도(新道)명 새로 난 길.
신도-비(神道碑)명 지난날, 종이품 이상의 벼슬아치의 무덤 근처 길가에 세우던 비.
신도-주(新稻酒)명 햅쌀로 빚은 술.
신ː독(愼獨)명하자 홀로 있을 때에도 도리에 어그러짐이 없도록 몸을 삼감.
신-돌이명 신발의 가장자리에 댄 꾸미개.
신동(神童)명 여러 가지 재주와 지혜가 남달리 뛰어난 아이.
신ː동(腎洞)명 콩팥 안의 빈 자리. 〔오줌이 이곳에 괴어 있다가 오줌관으로 인도됨.〕
신둥-부러지다형 지나치게 주제넘다.
신드롬ː(syndrome)명 ☞증후군(症候群).
신-들리다(神-)자 ①귀신이 접하다. ②매우 열중하여 보통 때보다 뛰어난 기량을 보일 때 하는 말. ¶ 신들린 듯이 춤을 추다.
신-들메명 '들메끈'의 잘못.
신등(神燈)명 신명(神明) 앞에 켜는 등.
신디케이트(syndicate)명 ①공동 판매 카르텔의 발전된 형태로, 몇 개의 기업이 공동 판매 기관을 만들어서 가맹 기업의 제품을 판매하는 일, 또는 그 조직. ②국채나 사채 등을 인수하기 위하여 금융업자에 의해 조직된 인수단.
신-딸(神-)명 늙은 무당의 대를 잇는 젊은 무당. 참신어미.
신-떨음명 신이 나는 대로 실컷 해 버림.
신라(新羅)[실-]명 우리나라의 고대 왕국 중의 하나. 박혁거세가 한반도의 동남쪽에 자리 잡아 세운 나라로, 태종 무열왕 때 백제와 고구려를 멸하여 삼국을 통일하였음. 경순왕 때 고려의 태조 왕건(王建)에게 망함. 〔B.C.57∼A.D.935〕
신라-관(新羅館)[실-]명 신라 때, 중국으로 가는 사신이나 유학승·상인을 위하여 신라에서 중국 당나라의 산둥 반도(山東半島) 등주(登州)에 설치한 숙소.
신라-방(新羅坊)[실-]명 통일 신라 시대에, 중국 연안 지대에 있었던, 신라의 상인들과 유학승(留學僧)들의 집단 거주지.
신랄(辛辣) '신랄하다'의 어근.
신랄-하다(辛辣-)[실-]형여 〔맛이 몹시 쓰고 맵다는 뜻으로〕 어떤 일의 분석이나 지적이 매우 모질고 날카롭다. ¶ 양반 사회에 대한 신랄한 풍자. **신랄-히**부.
신랑(新郞)[실-]명 곧 결혼할 남자나 갓 결혼한 남자. ↔신부(新婦).
신랑-감(新郞-)[실-깜]명 신랑이 될 사람이나, 신랑이 될 만한 사람. 낭재(郞才). ↔신붓감.
신래(新來)[실-]명 ①하자 새로 옴. ②과거에 새로 급제한 사람. ②신은(新恩).
신래(를) 불리다관용 〔선진(先進)들이 축하하는 뜻으로〕 삼진삼퇴(三進三退)를 시키며 과거에 새로 급제한 사람을 괴롭히다.
신량(新涼)[실-]명 초가을의 서늘한 기운.
신려(宸慮)[실-]명 임금의 뜻. 임금의 마음. 신의(宸意).
신ː려(愼慮)[실-]명하타 신중하게 사려함.
신ː력(信力)[실-]명 불교에서 이르는 오력(五力)의 하나. 불법(佛法)을 믿음으로써 얻게 되는 능력이나 신념.
신력(神力)[실-]명 ①신의 위력. ②신통한 힘.
신력(新曆)[실-]명 ①(그해의) 새 책력. ②태양력을 태음력에 대하여 이르는 말. ↔구력(舊曆).
신령(神靈)[1][실-]명 신앙의 대상이 되는 초자연적인 정령. 검. 준영(靈).
신령(神靈)[2] '신령하다'의 어근.
신령-스럽다(神靈-)[실-따]형ㅂ 신통하고 영묘한 데가 있다. **신령스레**부.
신령-하다(神靈-)[실-]형여 신통하고 영묘하다. ¶ 신령한 기운.
신례(臣禮)[실-]명 신하로서 지켜야 할 예의.
신례(新例)[실-]명 새로운 예.
신로(辛勞)[실-]명하자 고생하며 애를 씀.
신로심불로(身老心不老)[실-]명 몸은 늙었으나 마음은 늙지 아니함.
신록(新綠)[실-]명 초여름에 새로 나온 잎들이 띤 연한 초록빛. ¶ 신록의 계절.
신ː뢰(迅雷)[실뢰/실뤠]명 격렬한 우레. ¶ 신뢰와 같이 쳐들어가다.
신ː뢰(信賴)[실뢰/실뤠]명하타 믿고 의지함. ¶ 서로가 서로를 신뢰하는 마음.
신ː뢰-감(信賴感)[실뢰-/실뤠-]명 믿고 의지하는 마음. ¶ 신뢰감을 주다.
신ː뢰-도(信賴度)[실뢰-/실뤠-]명 믿고 의지하는 정도.
신료(臣僚)[실-]명 모든 신하. 많은 신하.
신ː루(蜃樓)[실-]명 〈신기루〉의 준말.
신린(臣隣)[실-]명 한 임금을 섬기고 있는 신하끼리의 처지.

신말(申末)명 십이시의 신시(申時)의 끝. 〔하오 5시에 가까운 무렵.〕
신-맛[-맏]명 식초의 맛과 같은 새콤한 맛. 산미(酸味). ＊신맛이[-마시]·신맛만[-만-]
신ː망(信望)명하타 믿고 바람, 또는 믿음과 덕망. ¶ 신망이 두텁다.
신ː망애(信望愛)명 기독교에서, 믿음·소망·사랑의 삼덕(三德)을 이르는 말.
신-맬서스주의(新Malthus主義)[-의/-이]명 (맬서스의 인구론에 근거하여) 피임 따위의 적극적인 방법으로 산아 제한을 해야 한다고 하는 주의.
신-면목(新面目)명 새로운 면목. ¶ 우리 문화의 신면목을 보여 주다.
신멸(燼滅)명하타 남김없이 없애 버림.
신명명 흥겨운 신과 멋. ¶ 신명이 나다. 비신[2].
신명(申明)명하타 (생각하는 바를) 말하여 분명히 밝힘.
신명(身命)명 몸과 목숨. 구명(軀命). ¶ 조국의 경제 발전을 위해 신명을 바쳐 일하다.
신명(神明)명 하늘과 땅의 신령. 준신(神).
신명(晨明)명 새벽녘.
신명-기(申命記)명 구약 성서 중의 '모세 오경'의 하나. 모세의 최후의 언행과 율법 설명, 시(詩)와 축복에 관한 내용 등을 기록함.
신명-지다형 신이 나고 멋들어지다. ¶ 신명진 풍물놀이.
신모(身謀)명 자기 몸을 돌보기 위한 꾀.
신모(神謀)명 신통한 꾀.
신묘(辛卯)명 육십갑자의 스물여덟째.
신묘(神妙)명하형 신통하고 영묘함. ¶ 신묘의 경지. /신묘한 계책.
신묘(神廟)명 조상의 신주(神主)를 모신 사당.
신묘불측(神妙不測)명하형 신통하고 오묘하여 감히 헤아릴 수 없음.
신무(神武)명 뛰어난 무덕(武德).
신ː묵(愼默)명하자 삼가서 잠잠히 있음.
신문(囟門)명 ①숫구멍. ②정수리.
신문(神門)명 신명(神明)이 있는 곳.
신ː문(訊問)명하타 ①캐어물음. ②법원이나 수사 기관 같은 데서, 증인이나 피고인 등을 불러다 놓고 구두로 캐어물어 조사하는 일.
신문(新聞)명 ①사회에서 일어난 새로운 사건이나 화제 따위를 빨리 보도·해설·비평하는 정기 간행물. ¶ 신문을 보다. ②〈신문지〉의 준말. ¶ 신문으로 벽을 바르다.
신문-고(申聞鼓)명 조선 시대에, 대궐 문루에 달아 백성이 원통한 일을 하소연할 때 치게 했던 북. 등문고(登聞鼓).
신문^기자(新聞記者)명 신문에 실을 기사의 취재·수집·집필·편집에 종사하는 사람.
신문-사(新聞社)명 신문을 발행하는 회사.
신문^소ː설(新聞小說)명 신문에 연재(連載)하는 소설.
신문-인(新聞人)명 신문에 종사하는 사람.
신문^전ː보(新聞電報)명 지난날, 취재한 기사를 신문에 실을 목적으로, 신문사로 치던 전보.
신ː문^조서(訊問調書)명 신문을 받은 자의 진술 내용 등을 적은 문서.
신문-지(新聞紙)명 신문 기사를 인쇄한 종이. 신문으로 인쇄된 종이. 준신문.
신문-철(新聞綴)명 여러 장의 신문을 철할 때에 쓰는 기구, 또는 그렇게 철한 신문.
신문-팔이(新聞-)명하자 거리나 열차 등에서 신문을 파는 일, 또는 그런 사람.
신-문학(新文學)명 갑오개혁 이후의 개화기에, 서구 문학의 영향을 받아 일어난 새로운 형식·내용의 문학으로서, 신체시·신소설·신시조 등을 가리키며, 고전 문학과 현대 문학 사이의 교량적 구실을 한 과도기 문학.
신문-학(新聞學)명 신문을 중심으로 한 매스커뮤니케이션을 연구 대상으로 하는 사회 과학.
신-물명 ①음식에 체했거나 트림할 때 목구멍으로 넘어오는 시척지근한 물. 산패액(酸敗液). ¶ 신물이 올라오다. ②지긋지긋하여 진절머리나는 일.
신물(이) 나다관용 (마음에 없는 일을 너무 오래 하여) 지긋지긋하고 진절머리가 나다. ¶ 이제 아기 보는 일이라면 신물이 난다.
신ː물(信物)명 신표가 될 만한 물건.
신물(新物)명 새로 나온 물건.
신미(辛未)명 육십갑자의 여덟째.
신미(辛味)명 매운맛.
신미(新米)명 햅쌀. ↔구미(舊米).
신미(新味)명 새로운 맛.
신미-양요(辛未洋擾)명 조선 고종 8(1871)년에 미국 군함 네 척이 강화(江華) 해변에 침입하여 소동을 일으킨 사건.
신민(臣民)명 군주국(君主國)의 벼슬아치와 백성. 신서(臣庶).
신밀(愼密) '신밀하다'의 어근.
신ː밀-하다(愼密-)형여 신중하고 은밀하다.
신-바람[-빠-]명 어깻바람. ¶ 신바람이 나다.
신발명 ☞신[1].
신-발명(新發明)명하타되자 새로 발명함, 또는 새로 발명한 것.
신발-장(-欌)[-짱]명 신을 넣어 두는 장. 신장.
신발-차명 심부름을 하는 사람에게, 노중(路中)의 비용으로나 사례로 주는 돈.
신발-하다자여 (먼 길을 떠나기 위하여) 짚신 신고 감발을 하다.
신방(申方)명 이십사방위의 하나. 서남서에서 남쪽으로 15도까지의 방위. 곤방(坤方)과 경방(庚方)의 사이. 준신(申). ↔인방(寅方).
신방(辛方)명 이십사방위의 하나. 서북서에서 서쪽으로 15도까지의 방위. 유방(酉方)과 술방(戌方)의 사이. 준신(辛). ↔을방(乙方).
신ː방(信防)명 일각문 등의 기둥 밑 좌우쪽에 받쳐 놓는 베갯목.
신방(神方)명 신효(神效)가 있는 약방문.
신ː방(訊訪)명하타 찾아봄.
신방(新房)명 신랑과 신부가 첫날밤을 치르도록 새로 꾸민 방.
신방(新榜)명 지난날, 과거에 새로 급제한 사람의 이름을 써서 게시하던 방목.
신백(申白)명하타 사실을 자세히 아룀.
신백(神帛)명 빈전(殯殿)에 모시는, 베로 만든 신주(神主).
신백(新伯)명 지난날, 새로 임명된 감사(監司)를 이르던 말.
신벌(神罰)명 신이 내리는 벌.
신법(新法)[-뻡]명 새로 만든 법. ↔구법.
신-벼나명 신의 울과 바닥 창을 잇대어 꿰맨 부분.
신변(身邊)명 몸, 또는 몸의 주변. ¶ 신변의 안전을 꾀하다.
신변(神變)명 (사람의 지혜로는 헤아릴 수 없는) 신비로운 변화.
신변-잡기(身邊雜記)[-끼]명 자기 주위에서 일어나는 여러 가지 일을 적은 수필체의 글.
신변-잡사(身邊雜事)[-싸]명 자기 주위에서 일어나는 여러 가지 자질구레한 일.

신병(身柄)명 〔인도(引渡)나 보호의 대상으로서의〕 당사자의 몸. ¶ 신병 확보./신병 인도.
신병(身病)명 몸의 병. 신양(身恙).
신병(神兵)명 〔신이 보냈거나 신의 가호를 받는 군사라는 뜻으로〕 '대적할 수 없는 강한 군사'를 비유하여 이르는 말.
신병(新兵)명 새로 입대한 병사. ¶ 신병 훈련소. ↔고병(古兵).
신보(申報)명하타 고하여 알림.
신보(新報)명 새로운 보도.
신보(新譜)명 ①새로운 곡의 악보. ②새로 취입한 레코드.
신복(申複)명하타 (같은 사실을) 거듭하여 자세히 말함.
신복(臣服·臣伏)명하자 신하가 되어 복종함.
신복(臣僕)명 ☞신하(臣下).
신ː복(信服·信伏)명하자 믿고 붙좇음.
신본(申本)명 지난날, 왕세자가 섭정할 때 판서나 지방의 방백 등이 올리던 문서. 달본(達本).
신-볼[-뽈]명 신의 폭. ¶ 신볼이 좁다.
신ː봉(信奉)명하타 (옳다고) 믿고 받듦. ¶ 민주주의를 신봉하는 사람.
신ː부(信否)명 믿을 수 있는 일과 믿지 못할 일.
신ː부(信符)명 조선 시대에, 하례(下隷)가 궐문을 드나들 때 몸에 달도록 병조(兵曹)에서 발급하던 나무 증표.
신부(神父)명 가톨릭에서, 사제(司祭) 서품을 받은 성직자를 일컫는 말. 〔부제(副祭)의 위, 주교(主教)의 아래임.〕
신부(神符)명 ☞부적.
신부(新婦)명 곧 결혼할 여자나 갓 결혼한 여자. 새색시. ↔신랑(新郞).
신부-례(新婦禮)명하자 신부가 처음으로 시집에 와서 예를 올림, 또는 그 예식.
신ː부-양난(信否兩難)명 믿기도 어렵고 믿지 않기도 어려운 일. ¶ 신부양난에 처하다.
신ː-부인(愼夫人)명 조선 시대에, 외명부(外命婦)의 한 품계. 정삼품인 당상관 종친(宗親)의 아내에게 내리던 칭호.
신ː-부전(腎不全)명 신장의 기능 장애로 혈액의 화학적 조성에 이상이 생기는 병.
신분(身分)명 ①개인의 사회적 지위. ¶ 학생의 신분에 알맞은 옷차림. ②사람의 법률상 지위나 자격. ¶ 신분 보장.
신분-권(身分權)[-꿘]명 신분 관계에 따라 발생·소멸하는 사권(私權)의 한 가지. 〔친권·상속권·호주권 따위.〕
신분-범(身分犯)명 일정한 신분이 범죄의 구성요건이 되는 범죄. 〔수뢰죄 따위.〕
신분-법(身分法)[-뻡]명 사법(私法) 중에서 신분 관계를 규정하는 법규를 통틀어 이르는 말. 〔친족법·상속법 따위.〕 참재산법.
신분^상속(身分相續)명 신분상의 지위를 승계하는 상속. 〔호주의 신분을 승계하는 호주 상속 따위.〕
신분-장(身分帳)[-짱]명 교도소에서, 교도관이나 재소자 등의 호적·이력·성적 등을 적는 장부.
신분^제ː도(身分制度)명 봉건 사회에서, 세습적으로 고정되어 있던 계급 제도.
신분-증(身分證)[-쯩]명 〈신분증명서〉의 준말.
신분-증명서(身分證明書)명 관청이나 회사 등에서 각기 그 직원이나 사원임을 증명하는 문서. 준신분증.
신불(神佛)명 신령과 부처.
신-불림명하자 지난날, 신 장수가 가지고 나온 신을 팔려고 소리를 높여 외치던 일.
신붓-감(新婦-)[-부깜/-붇깜]명 신부가 될 사람이나 신부가 될 만한 사람. 색싯감. ↔신랑감.
신ː붕(信朋)명 서로 믿는 친구.
신비(神祕)명하형스형 〔이론과 인식(認識)을 초월하여〕 불가사의하고 영묘한 비밀. ¶ 우주의 신비. **신비스레**부.
신비-경(神祕境)명 신비로운 지경.
신비-극(神祕劇)명 15, 16세기 프랑스에서 일어난 대규모의 종교극. 성서를 소재로 하여 그리스도의 생애, 특히 그 수난을 극화하여 상연하였음. 성사극.
신비-롭다(神祕-)[-따]〔~로우니·~로워〕형ㅂ 신비한 데가 있다. 신비스럽다. ¶ 신비로운 우주의 세계. **신비로이**부.
신비-주의(神祕主義)[-의/-이]명 ①(신을 이성적 인식의 대상이라 하는 견해에 반대하여) 신비적인 직관과 내적 체험으로 신을 인식하려는 철학이나 종교상의 경향. ②초자연적인 절대자의 존재를 인정하여 그 힘을 인식의 모든 범위에 적용하려는 관념론적인 세계관.
신-비평(新批評)명 문예 비평 방법의 한 가지. 1930~40년대에 주로 미국에서 일어난 경향으로, 작품의 구조 파악과 언어 분석을 그 중심 내용으로 삼음.
신ː빙(信憑)명하타되자 믿어서 증거나 근거로 삼음. ¶ 신빙할 만한 정보.
신ː빙-성(信憑性)[-썽]명 믿어서 증거나 근거로 삼을 수 있는 정도나 성질. ¶ 신빙성이 높다./신빙성이 없다.
신사(臣事)명하자 신하가 되어 섬김.
신사(辛巳)명 육십갑자의 열여덟째.
신ː사(信士)명 ①☞우바새. 거사(居士). ②신의가 썩 두터운 선비.
신사(神社)명 일본에서, 황실의 조상이나 국가에 공로가 큰 사람을 신으로 모신 사당. ¶ 신사 참배.
신사(神祀)명 천신(天神)에게 제사 지내는 일.
신사(神祠)명 신령을 모신 사당.
신ː사(紳士)명 ①점잖고 예의 바르며 교양 있는 남자. ¶ 신사다운 행동. ②일반 남자를 대접하여 이르는 말. ¶ 신사 숙녀 여러분! ↔숙녀.
신ː사(愼思)명하타 신중히 생각함.
신ː사-도(紳士道)명 신사로서 마땅히 지켜야 할 도리. ¶ 신사도를 발휘하다.
신-사륙판(新四六版)명 사륙판보다 조금 작은 책의 규격.
신ː사-복(紳士服)명 성인 남자용의 양복.
신-사상(新思想)명 새로운 사상. ↔구사상.
신-사실주의(新寫實主義)[-의/-이]명 베르그송·오이켄 등의 철학에 영향을 받아 사실주의를 더욱 철저화하여, 단순한 묘사에 그치지 않고 인생의 내면적 진리를 파악하려고 한 예술상의 한 경향. 네오리얼리즘.
신ː사-적(紳士的)관명 신사다운 (것). ¶ 신사적 태도./신사적인 언동.
신ː사-협정(紳士協定)[-쩡]명 ①(법적 구속력이 없는) 비공식의 국제 협정. ②서로 상대편을 믿고 맺는 사적(私的)인 협정.
신삭(新削)명 〔머리를 갓 깎았다는 뜻으로〕 갓 중이 된 사람.
신산(辛酸)명하형스형 ①(맛이) 맵고 심. ②세상살이의 고됨. ¶ 온갖 신산을 다 겪다.

신산(神山)명 ①신령을 모신 산. ②신선이 산다는 산. 참영산(靈山).
신산(神算)명 신기한 계책.
신산(新山)명 새로 쓴 산소.
신상(身上)명 (한 사람의) 신변에 관련된 형편. ¶ 신상 기록 카드. /도련님 신상에 무슨 불행한 일이라도 생기면 어쩌나.
신상(神像)명 신의 형상을 그림·조각 따위로 나타낸 것.
신ː상(紳商)명 상류에 속하는 점잖은 상인.
신상-명세서(身上明細書)명 (개인의) 신상에 관한 사항을 자세히 적은 기록.
신상 발언(身上發言) 일신상에 관하여 구두로 진술하는 일.
신-상투(新-)명 지난날, '관례를 마치고 처음으로 상투를 튼 사람'을 이르던 말.
신-상품(新商品)명 새로 나온 상품.
신ː상-필벌(信賞必罰)명 〔상을 줄 만한 사람에게는 꼭 상을 주고, 벌을 줄 만한 사람에게는 꼭 벌을 준다는 뜻으로〕 상벌을 규정대로 분명하게 함을 이르는 말.
신-새벽명 '첫새벽'의 잘못.
신색(神色)명 〈안색(顏色)〉의 높임말.
신ː색(愼色)명하자 여색(女色)을 삼감.
신생(申生)명 신년(申年)에 난 사람. 원숭이띠.
신생(新生)명하자 새로 생기거나 태어남. ¶ 신생 독립 국가.
신생-대(新生代)명 지질 시대의 구분 중 가장 새로운 시대. 곧, 6500만 년 전부터 현재까지의 시대. 〔포유류의 전성기로, 그 말기에 인류가 나타났고 히말라야 산맥 등 대부분의 대산맥이 이 시대의 조산 운동의 결과로 형성되었음.〕
신생-아(新生兒)명 갓난아이.
신-생활(新生活)명 새로운 방식과 새로운 윤리 의식으로 영위하는 새로운 생활.
신서(臣庶)명 ☞신민(臣民).
신ː서(信書)명 편지.
신서(新書)명 ①새로 나온 책. 신간(新刊). ②〈신서판〉의 준말.
신서-판(新書版)명 책의 판형의 한 가지. 가로 103 mm, 세로 182 mm의 크기, 또는 그 크기로 만든 책. 준신서.
신석(晨夕)명 새벽과 저녁.
신석(新釋)명하타 새롭게 해석함, 또는 그 해석.
신석기^시대(新石器時代)[-끼-]명 구석기 시대의 다음, 청동기 시대 이전의 시대. 마제 석기를 사용했으며, 농경과 목축의 시작으로 정착 및 촌락 생활이 가능해져 씨족 사회를 낳게 한 것 등이 그 특징임. 참구석기 시대.
신선(神仙)명 선도(仙道)를 닦아 신통력을 얻은 사람. 속세를 떠나 선경에 살며, 늙지 않고 고통도 없이 산다고 함. 선객. 선인(仙人). 선자(仙子).
신선(新選)명하타되자 새로 뽑음. ¶ 신선 임원.
신선(新鮮) '신선하다'의 어근.
신선-놀음(神仙-)명하자 〔신선처럼 아무 근심이나 걱정 없이 지낸다는 뜻으로〕 해야 할 일을 잊고 어떤 놀이에 열중함을 이르는 말.
신선-도(神仙圖)명 신선의 세계를 그린 그림.
신선-도(新鮮度)명 신선한 정도. 비선도(鮮度).
신선-로(神仙爐)[-설-]명 ①상 위에 놓고 열구자탕을 끓이는 그릇. 〔가운데에 숯불을 담는 통이 있음.〕 ②신선로에 끓인 열구자탕.
신선-하다(新鮮-)형여 ①새롭고 산뜻하다. ¶ 신선한 공기. /신선한 정치 풍토. ②(채소나 생선 따위가) 싱싱하다. ¶ 신선한 야채.
신설(伸雪)명하자 〈신원설치(伸冤雪恥)〉의 준말.
신설(新設)명하타되자 (설비·시설 따위를) 새로 마련함. ¶ 신설 영화관. /학교를 신설하다.
신설(新說)명 새로운 학설이나 견해.
신ː섭(愼攝)명하타 조심하여 몸조리를 함.
신성(神性)명 신의 성격. 신의 속성(屬性).
신성(神聖)명하형 ①신과 같이 성스러움. ②더럽힐 수 없도록 거룩함. 매우 존귀함. ¶ 교직(敎職)을 신성한 것으로 여기다.
신성(晨星)명 ☞샛별.
신성(晨省)명하자 이른 아침에 부모의 침소에 가서 밤새의 안부를 살핌. ¶ 혼정(昏定)신성.
신성(新星)명 ①희미하던 상태에서 갑자기 환히 빛나다가 다시 서서히 희미해져 본래의 밝기로 되돌아가는 항성(恒星). 일시성. ②어떤 단체나 분야, 특히 예체능계에 나타나 갑자기 인기를 모은 사람. 샛별. ¶ 가요계의 신성. /은막의 신성.
신성^모ː독(神聖冒瀆)명 ☞독성(瀆聖).
신성-불가침(神聖不可侵)명 거룩하고 존귀하여 함부로 침범할 수 없음. ¶ 신성불가침 구역.
신세(身世)명 ①(주로, 딱하게 되거나 가난하거나 할 때의) 사람의 처지나 형편. ¶ 처량한 실향민 신세. /신세를 망치다. ②남으로부터 도움을 받는 일, 또는 남에게 괴로움을 끼치는 일. ¶ 번번이 신세를 져서 죄송합니다.
신세(新歲)명 새해.
신-세계(新世界)[-계/-게]명 ①새로 발견된 세계. 남북아메리카 및 오스트레일리아를 이르는 말. 신대륙. ↔구세계. ②새로운 세상, 또는 새로운 활동 무대.
신-세기(新世紀)명 새로운 세기. 새로운 시대.
신-세대(新世代)명 새로운 세대.
신세^차례(新歲茶禮)명 ☞새해 차례.
신세-타령(身世-)명하자 넋두리하듯이 자기의 불우한 신세를 한탄하여 뇌까리는 일, 또는 그런 이야기. ¶ 그 친구는 술만 먹으면 아무나 붙잡고 신세타령이다.
신-소리[1]명하자 상대편의 말을 다른 말로 슬쩍 농쳐서 받아넘기는 말. 〔이를테면, '신소리한다' 하면, '신이 소리하면 발바닥은 육자배기한다' 하고 받아넘기는 따위.〕
신-소리[2][-쏘-]명 신발을 끌면서 걸을 때에 나는 발자국 소리.
신-소설(新小說)명 갑오개혁 이후의 개화기를 시대적 배경으로 하여 이루어진 소설. 고대 소설과 현대 소설의 과도기적 교량 역할을 하였으며, 개화 계몽·자주독립·계급 타파·자유연애 등이 그 주된 주제를 이루었음. 〔이인직(李人稙)의 '혈(血)의 누(淚)', 이해조(李海朝)의 '빈상설(鬢上雪)' 등이 그 대표작임.〕 ↔구소설.
신ː-소재(新素材)명 (전에는 존재하지 않았던) 새로이 만들어 낸 소재. 〔뉴 세라믹스·형상 기억 합금·광섬유 따위.〕
신ː-소체(腎小體)명 신장(腎臟)의 피질(皮質)에 있는 지름 0.1~0.2 mm의 둥근 기관. 신장 기능의 최소 단위임. 말피기 소체(Malpighi小體).
신속(臣屬)명하자 신하로서 복속(服屬)함, 또는 그러한 신하.
신ː속(迅速)명하형 매우 빠름. ¶ 신속 배달. /신속한 일 처리. **신속-히**부 ¶ 신속히 대피하다.
신속(神速) '신속하다'의 어근.
신속-하다(神速-)[-소카-]형여 (사람의 능력을 뛰어넘어) 몹시 빠르다. **신속-히**부.

신수(身手)명 사람의 얼굴에 나타나는 밝은 기운. ¶ 신수가 훤하다.
신수(身數)명 사람의 운수. ¶ 신수가 사납다.
신:수(信手)명하자 (일에 하도 익숙하여) 손이 저절로 움직임.
신수(神授)명하타 신이 내려 줌.
신:수(腎水)명 ☞정액(精液).
신수(薪水)명 ①땔나무와 물. 땔나무를 줍고 물을 긷는 일, 곧 취사. ②☞봉급(俸給).
신수-설(神授說)명 (왕권 또는 주권, 인간성 따위에 대하여) 신(神)이 내려 준 것으로 보고, 신성하여 침범할 수 없다고 하는 주장.
신수-점(身數占)명 신수를 알아보는 점.
신수지로(薪水之勞)명 〔땔나무를 하고 물을 긷는 수고라는 뜻으로〕 몸소 근근이 생계를 이어 가는 수고를 이름.
신술(神術)명 신묘한 술법.
신승(辛勝)명하자 (경기 따위에서) 가까스로 이김. ¶ 69대 68로 신승을 거두다. ↔낙승(樂勝).
신승(神僧)명 신통력을 가진 중.
신시(申時)명 ①십이시의 아홉째 시. 하오 3시부터 5시까지의 동안. ②이십사시의 열일곱째 시. 하오 3시 30분부터 4시 30분까지의 동안. 준신(申).
신시(辛時)명 이십사시의 스무째 시. 하오 6시 30분부터 7시 30분까지의 동안. 준신(辛).
신시(神市)명 환웅(桓雄)이 무리 3000을 거느리고 태백산에 내려와 세웠다는 도시(나라). 〔상고 시대의 우리나라를 이르는 말.〕
신시(新詩)명 ①내용이나 형식 등이 새로운 경향을 띠는 시. ¶ 신시 운동. ②☞신체시(新體詩).
신시(薪柴)명 장작과 섶나무.
신-시가(新市街)명 기존 시가에서 뻗어 나가 새로 발전한 시가. ¶ 신시가를 건설하다.
신-시가지(新市街地)명 새롭게 형성된 시가지.
신-시대(新時代)명 새로운 시대. 비신세기(新世紀). ↔구시대.
신시사이저(synthesizer)명 전자 악기의 한 가지. 전자 회로를 이용하여 여러 가지 음색을 만들어 내는데, 대부분이 건반 악기 모양임.
신-시조(新時調)명 개화기 이후에 서구의 신시(新詩)의 기법과 정신을 도입하여 시도한 시조. 고시조와 현대 시조의 과도기적 시조.
신식(新式)명 새로운 방식이나 양식. ¶ 신식 결혼. ↔구식(舊式).
신:신(信臣)명 믿을 수 있는 신하.
신신(新新) '신신하다'의 어근.
신신-당부(申申當付)명하타 ☞신신부탁.
신신-부탁(申申付託)명하타 여러 번 되풀이하여 간곡히 하는 부탁. 신신당부.
신신-하다(新新-)형여 (채소나 과실 따위가) 새롭고 싱싱하다. **신신-히**부.
신:실(信實)명하형 믿음성 있고 착실함. ¶ 말과 행동이 신실하다. **신실-히**부.
신:심(信心)명 ①종교를 믿는 마음. 신앙심. ②옳다고 믿는 마음.
신-심리주의(新心理主義)[-니-의/-니-이]명 제일 차 세계 대전 후 영국·프랑스 등을 중심으로 일어난 문학상의 한 경향. 〔'의식의 흐름'이나 '내적 독백(內的獨白)' 같은 수법을 써서 인간의 심층 심리를 묘사하였음.〕
신:심-직행(信心直行)[-지캥]명하자 마음에 옳다고 믿는 바대로 망설임이 없이 행동함.
신아(新芽)명 새싹.
신악(神岳)명 신령스러운 산.
신안(神眼)명 지술(地術)이나 상술(相術) 따위에 정통한 눈.
신:안(腎岸)명 불두덩.
신안(新案)명 새로운 고안이나 제안.
신안^특허(新案特許)[-트커]명 〈실용 신안 특허(實用新案特許)〉의 준말.
신알(晨謁)명하자 이른 아침에 집 안에 있는 사당에 문안하는 일.
신:앙(信仰)명하타 신불(神佛) 등을 굳게 믿어 그 가르침을 지키고 그에 따르는 일.
신:앙^개조(信仰箇條)명 기독교에서, 교회가 공인하는 표준적 교의(敎義)의 요지를 간단히 요약하여 조목으로 나타낸 것.
신:앙^고:백(信仰告白)명 기독교에서, 신앙의 교의적(敎義的) 내용을 스스로 명백히 확인하고 인정하는 일, 또는 그와 관련된 기록. 〔사도 신경, 신앙 개조, 교리문답서 등.〕
신:앙-심(信仰心)명 종교를 믿고, 그 가르침을 따르는 마음. 신심.
신:애(信愛)명 ①믿음과 사랑. ②하타믿고 사랑함.
신야(晨夜)명 새벽과 밤.
신약(身弱) '신약하다'의 어근.
신:약(信約)명하타 약속. 맹세.
신약(神藥)명 신통한 효험이 있는 약.
신약(新約)명 〔기독교에서〕 ①하나님이 예수를 통하여 인류에게 한 새로운 복음의 약속. ②〈신약 성서〉의 준말.
신약(新藥)명 ①☞양약(洋藥). ②새로 제조하여 판매하는 약.
신약^성:서(新約聖書)[-썽-]명 기독교 성서의 한 가지. 예수의 생애와 그 제자들의 전도 기록 및 사도들의 편지 등을 모은 경전. 모두 27권임. 준신약. 참구약 성서.
신약^시대(新約時代)[-씨-]명 기독교에서, 예수가 세상에 난 때부터 재림할 때까지의 시대를 이르는 말.
신약-하다(身弱-)[시냐카-]형여 몸이 허약하다.
신양(身恙)명 ☞신병(身病).
신어(神御)명 임금의 초상화. 어진(御眞).
신어(新語)명 새로 생긴 말이나, 새로 들어와 쓰이게 된 외래어. 새말.
신-어미(神-)명 신딸의 의모(義母)인 나이 많은 무당. 참신딸.
신:언(愼言)명하자 말을 삼감. 신구(愼口).
신언서판(身言書判)명 〔당나라 때, 관리를 뽑는 시험에서 인물의 평가 기준으로 삼았던〕 몸(체모)·말씨(언변)·글씨(필적)·판단(문리)을 이르는 말.
신업(身業)명 불교에서 이르는 삼업(三業)의 하나. 몸으로 지은 죄업(罪業)을 이르는 말.
신-여성(新女性)[-녀-]명 개화기 때, 신식 교육을 받은 여자를 이르던 말.
신역(身役)명 몸으로 치르는 노역(勞役).
신역(新役)명 새로 맡은 소임.
신역(新譯)명하타되자 새로 번역함, 또는 그 번역. ¶ 신역 삼국지(三國志).
신연(宸宴)명 임금이 베푸는 술잔치.
신연(新延)명하타 지난날, 도(道)나 군(郡)의 장교·이속이 새로 부임하는 감사나 수령을 그의 집에까지 찾아가서 모셔 오던 일.
신연-증(身軟症)[-쯩]명 소아마비의 한 증세. 뇌척수의 병으로 말미암아 몸과 힘줄이 약해지는 어린아이의 병증.
신열(身熱)명 병 때문에 오르는 몸의 열. 준열.

신열대-구(新熱帶區) [-널때-] 명 세계 생물 분포의 여섯 구역의 하나. 남미의 대부분과 중미를 포함하는 지역. 신계(新界).
신예(新銳) 명 그 분야에 새로 나타나서 만만찮은 실력이나 기세를 보이는 일, 또는 그런 존재. ¶ 탁구계의 신예.
신예-기(新銳機) 명 새로 나온, 성능이 썩 좋은 비행기.
신오(神奧) 명하형 신비롭고 오묘함.
신외-무물(身外無物) [시뇌-/시눼-] 명 〔몸 이외에는 아무것도 없다는 뜻으로〕 몸이 다른 무엇보다도 소중하다는 말.
신:용(信用) 명하타 ①언행이나 약속이 틀림이 없을 것으로 믿음. ¶ 작은 신용을 지켜 주면 큰 믿음이 되어 돌아온다. ②거래에서, 물건을 먼저 주고받은 다음, 대금의 지급을 뒷날 하는 거래.
신용(神勇) 명 사람의 능력으로는 도저히 미칠 수 없는 용기.
신용(神容) 명 신과 같은 거룩한 모습.
신:용^거:래(信用去來) 명 ①매매·고용 등의 계약에서 화폐의 지급을 뒷날로 정하는 거래. ②증권 회사로부터 대금이나 주권을 차용하여 거래하는 매매 행위.
신:용^경제(信用經濟) 명 화폐 경제를 대신하여, 신용이 경제 생활의 바탕이 되어 있는 경제 체제. 〔상거래에 있어서 수표나 어음 따위가 주된 유통 수단이 됨.〕
신:용^공:황(信用恐慌) 명 ☞금융 공황.
신:용^기관(信用機關) 명 신용을 이용해 돈을 융통하는 기관. 〔전당포·은행·신용 협동조합·상호 신용 금고 따위.〕
신:용^대:금(信用貸金) 명 채무자를 신용하여 물적 담보나 보증이 없이 돈을 대부하여 주는 일.
신:용^보:험(信用保險) 명 채무자가 채무를 이행하지 않을 때에 생기는 채권자의 손해를 보상하기 위한 보험.
신:용^어음(信用-) 명 담보 없이 신용에 기초를 두는 어음. 〔은행 어음 따위.〕
신:용-장(信用狀) [-짱] 명 은행이 수입업자 또는 해외 여행자의 의뢰에 따라 그 신용을 보증하기 위하여 발행하는 증서. 엘시(L/C).
신:용^조사(信用調査) 명 새로 거래를 트거나 금전 대부를 할 때 상대편의 재산이나 지급 능력 등을 조사하는 일.
신:용^조합(信用組合) 명 ☞신용 협동조합.
신:용^증권(信用證券) [-꿘] 명 약속 어음·환어음·공채증권 등, 그 사용이 신용에 의하여 성립되고 있는 증권.
신:용^카:드(信用card) 명 물품을 구입하거나 서비스를 이용한 후 일정 기간이 지난 뒤에 대금을 결제할 수 있는 카드. 크레디트 카드.
신:용^판매(信用販賣) 명 상품을 파는 사람이 사는 사람을 신용하여 상품 값을 뒷날 받기로 하고 파는 일.
신:용^협동조합(信用協同組合) [-똥-] 명 지역·직업·종교 등 상호 유대를 가진 개인이나 단체 간의 협동 조직을 기반으로 하여 자금의 조성과 이용 등을 꾀하는 비영리 금융 기관. 신용 조합.
신:용^화:폐(信用貨幣) [-폐/-페] 명 은행의 신용을 바탕으로 만들어진 화폐. 〔은행권·어음·수표 따위.〕
신:우(腎盂) 명 요관(尿管)이 신장(腎臟)에 이어지는 자루 모양의 부분. 신장에서 만들어진 오줌이 이곳에 모였다가 요관을 통하여 방광으로 들어가게 됨.
신:우-염(腎盂炎) 명 대장균 따위의 세균에 의해 일어나는 신우의 염증. 고열과 한전(寒戰)이 따르고, 허리에 통증을 느낌. 여자아이에게 많음.
신운(身運) 명 ☞운수(運數).
신운(神韻) 명 (예술 작품, 특히 시문이나 그림 따위에서 느껴지는) 신비롭고 기품 있는 운치. ¶ 신운이 감도는 예술품.
신-울 명 신의 가를 두른 부분. 준울[1].
신원(身元) 명 그 사람의 출생이나 출신·경력·성행 따위에 관한 일. ¶ 신원을 밝히다. /신원을 보증하다.
신원(伸冤) 명하타 억울하게 뒤집어쓴 죄를 씻음. ¶ 교조(敎祖) 신원 운동.
신원(新元) 명 설날.
신원^보증(身元保證) 명 ①그 사람의 신상과 재력에 대하여 보증하는 일. ②고용인이 고용주에게 끼치게 될지도 모를 손해의 배상을 제삼자가 미리 보증하는 일.
신원-설치(伸冤雪恥) 명하자 뒤집어쓴 죄의 억울함을 밝혀 원통함과 부끄러움을 씻어 버림. 설분신원(雪憤伸冤). 준신설.
신-원소(新元素) 명 1940년 이후에 발견된 원자 번호 93 이상의 초우라늄 원소 및 종전의 원소표에서 공백으로 되어 있던 43, 61, 85, 87번 원소를 통틀어 이르는 말.
신월(申月) 명 〔월건(月建)에 십이지의 신(申)이 드는 달로〕 '음력 칠월'의 딴 이름. 참맹추(孟秋).
신월(新月) 명 ①초승달. ②달과 해의 황경(黃經)이 같아진 때. 곧, 음력 초하루에 보이는 달.
신위(神位) 명 죽은 이의 영혼이 의지할 자리. 곧, 신주나 지방(紙榜) 같은 것.
신위(神威) 명 (어느 누구도) 감히 범할 수 없는 신(神)의 절대적인 권위.
신유(辛酉) 명 육십갑자의 쉰여덟째.
신은(神恩) 명 신의 은총.
신은(新恩) 명 지난날, 과거에 새로 급제한 사람. 신래(新來).
신음(呻吟) 명하자 ①(병으로) 앓는 소리를 냄. ¶ 병석에서 신음하다. ②(억압 등으로) 고통에 허덕임. ¶ 식민 정치 아래 신음하다.
신:의(信義) [시늬/시니] 명 믿음과 의리. ¶ 신의를 지키다.
신의(宸意) [시늬/시니] 명 임금의 뜻. 신려(宸慮). 신지(宸旨).
신의(神意) [시늬/시니] 명 신의 뜻.
신의(神醫) [시늬/시니] 명 신묘하게 병을 잘 고치는 의원.
신의(新醫) [시늬/시니] 명 '양의(洋醫)'를 흔히 이르는 말.
신의-군(神義軍) [시늬-/시니-] 명 고려 고종 때, 최우가 몽골군에 잡혀갔다가 도망 온 사람들로 조직한 군대.
신의-설(神意說) [시늬-/시니-] 명 국가의 기초나 군주의 권력의 근원은 신의 의사에 있다고 하는 종교적인 학설.
신이(神異) '신이하다'의 어근.
신-이상주의(新理想主義) [-의/-이] 명 ①자연주의·실증주의 또는 유물론적 경향에 대항하려고 한 새로운 이상주의. 19세기 초의 독일 관념론의 정신으로 돌아가 그것을 발전시키려고 한, 19세기 후반에서 20세기에 걸친 철학적·사상적 경향임. ②자연주의에 대항하여 일어난 문예 사조. 〔신비주의·신낭만주의·상징주의 등이 이에 포괄됨.〕

신이-하다 (神異-) [형][여] (사람의 능력으로는 짐작조차 할 수 없을 정도로) 신기하고 이상하다.
신-익다 (神-) [-닉따] [형] 일에 경험이 많아서 신이 접한 듯이 익숙하다.
신ː인 (信認) [명][하타] 믿고 인정하여 의심하지 아니함.
신인 (神人) [명] ①신과 사람. ②신과 같이 거룩한 사람. ③신통력을 가진 사람.
신인 (新人) [명] ①새댁. ②어떤 분야에 새로 나서서 활동을 시작한 사람. ¶ 신인 가수. ③인간의 진화 과정에서, 현재의 인류와 같은 종류인 호모 사피엔스에 속하는 화석(化石) 인류. ②[비]신진(新進).
신ː인 (愼人) [명] 조선 시대, 외명부의 한 품계. 정삼품 당하관인 종친과 종삼품인 종친의 아내의 칭호.
신인-공노 (神人共怒) [명][하자] ☞천인공노.
신ː인-도 (信認度) [명] 믿고 인정할 만한 정도. ¶ 국가 신인도.
신-인문주의 (新人文主義) [-의/-이] [명] 18세기 후반에, 독일에서 계몽주의의 반동으로 일어난 문학상의 주의. 〔고대 그리스의 이상을 부활시켜 인격의 완전 발달을 꾀함.〕
신-인상주의 (新印象主義) [-의/-이] [명] ☞점묘주의.
신-인상파 (新印象派) [명] ☞점묘파(點描派).
신일 (申日) [명] 일진(日辰)의 지지(地支)가 신(申)으로 된 날. 〔임신일(壬申日)·병신일(丙申日) 따위.〕 원숭이날.
신일 (辛日) [명] 일진(日辰)의 천간(天干)이 신(辛)으로 된 날. 〔신축일(辛丑日)·신묘일(辛卯日)·신사일(辛巳日) 따위.〕
신ː임 (信任) [명][하타][되자] 믿고 일을 맡김. ¶ 상사의 신임을 받다. /부하를 신임하다.
신임 (新任) [명][하자][되자] 새로 임명됨, 또는 그 사람. ¶ 신임 군수.
신ː임-장 (信任狀) [-짱] [명] (어떤 나라에) 파견되는 외교 사절이 정당한 자격을 가졌음을 적은 문서. 파견하는 나라의 원수가 받아들이는 나라의 원수 앞으로 씀. ¶ 신임장을 제정하다.
신ː임^투표 (信任投票) [명] ①의회가, 정부에 대한 신임 여부를 결정하기 위하여 하는 투표. ②의장이 임명한 임원에 대하여 총회나 이사회에서 신임을 묻는 투표.
신입 (新入) [명][하자] 어떤 모임이나 단체에 새로 들어옴. ¶ 신입 사원.
신입-구출 (新入舊出) [-꾸-] [명][하자] 새것이 들어오고 묵은 것이 나감.
신-입사 (新入射) [-싸] [명][하자] '활쏘기를 배우려고 처음으로 사원(射員)이 되는 일'을 이르는 말.
신입-생 (新入生) [-쌩] [명] 새로 입학한 학생.
신자 (臣子) [명] ☞신하(臣下). ↔군부(君父).
신ː자 (信者) [명] 어떤 종교를 믿는 사람. 교도(敎徒). 교인(敎人).
신자 (新字) [명] 새로 만든 글자.
신작 (新作) [명][하타] 작품 따위를 새로 만듦, 또는 그 작품. ¶ 신작 춘향전. /신작 발표회. ↔구작(舊作).
신작-로 (新作路) [-장노] [명] ①옛날의 길에 대하여, 차가 다닐 수 있는 '새로운 길'을 이르는 말. ②큰길.
신-장 (-欌) [-짱] [명] 신을 넣어 두는 장. 신발장.
신장 (身長·身丈) [명] (사람의) 키.
신장 (伸長) [명][하타][되자] 길게 늘임.
신장 (伸張) [명][하자·타][되자] (물체의 크기나 세력 따위가) 늘어나고 펼쳐짐, 또는 늘이고 펼침. ¶ 체력이 신장하다. /국력이 신장되다.
신장 (神將) [명] ①〈화엄신장(華嚴神將)〉의 준말. ②술가(術家)에서, 갑옷을 입고 투구를 쓴 귀신을 이르는 말.
신ː장 (訊杖) [명] 지난날, 죄인을 신문할 때 매질하던 몽둥이.
신ː장 (腎臟) [명] 척주(脊柱)의 양쪽에 하나씩 있는 내장(內臟)의 한 가지. 강낭콩 모양을 하고 검붉은데, 몸 안의 불필요한 물질을 오줌으로 배설하는 구실을 함. 내신(內腎). 두태(豆太). 신경(腎經). 콩팥. [준]신(腎).
신장 (新粧) [명][하타][되자] 새로 단장함, 또는 그 단장.
신장 (新裝) [명][하타][되자] 설비나 외관 따위를 새롭게 꾸밈, 또는 그 꾸밈새.
신장-개업 (新裝開業) [명][하자·타] 점포를 새로이 꾸며 영업을 시작함.
신ː장^결석 (腎臟結石) [-썩] [명] 신장에 결석이 생기는 병. 옆구리에 심한 통증이 있고 혈뇨(血尿) 따위가 나옴. 신결석.
신장-대 (神將-) [-때] [명] 무당이 신장을 내릴 때에 쓰는 막대기나 나뭇가지.
신장-률 (伸張率) [-뉼] [명] 〔물체, 또는 정도(程度)가〕 신장하는 비율.
신ː장-병 (腎臟病) [-뼝] [명] 신장에 생기는 병을 통틀어 이르는 말. 〔신장염·신장 결석·신장암 따위.〕
신ː장-염 (腎臟炎) [-념] [명] 신장에 생기는 염증. 단백뇨(蛋白尿)·부종(浮腫)·혈뇨(血尿) 따위가 주된 증세임. 급성·만성·위축신(萎縮腎)의 세 가지가 있음.
신ː장-증 (腎臟症) [-쯩] [명] ☞네프로제.
신저 (新著) [명] 새로 지은 책. 새로운 저작(著作). ¶ 신저에 대한 서평.
신-적 (神的) [-쩍] [관][명] 신과 같은 (것). 신에 관한 (것). ¶ 신적 존재. /신적으로 행동하다.
신-전 (-廛) [명] 신발을 파는 가게.
신전 (伸展) [명][하타] 벋어 나감. 펼쳐짐.
신전 (神前) [명] 신령의 앞.
신전 (神殿) [명] 신령을 모신 전각(殿閣).
신전 (新田) [명] ①새로 일군 밭. ②새로 산 밭.
신전 (新錢) [명] 새로 주조한 돈.
신절 (臣節) [명] 신하로서 지켜야 할 절의(節義).
신ː절 (愼節) [명] 남을 높이어 그의 '병(病)'을 이르는 말.
신점 (新占) [명] (집터나 묏자리를) 새로 잡음. ¶ 지관(地官)이 신점을 하다.
신접 (神接) [명][하자] 신령이 몸에 내림.
신접 (新接) [명][하자] ①새로 살림을 차려 한 집안을 이룸. ②타향에서 새로 옮겨 와서 삶.
신접-살림 (新接-) [-쌀-] [명][하자] ☞신접살이.
신접-살이 (新接-) [-싸리] [명][하자] 처음으로 차린 살림살이. 신접살림.
신정 (申正) [명] 십이시의 신시(申時)의 한가운데. 〔하오 4시.〕
신정 (新正) [명] ①양력 설. ②양력 정월. ↔구정.
신정 (新政) [명] 새로운 정치나 정령(政令).
신정 (新訂) [명][하타] (책 따위의 내용을) 새롭게 고침. ¶ 신정 국사(國史).
신정 (新情) [명] 새로 사귄 정.
신제 (新制) [명] (특히, 교육 제도 따위에서의) 새로운 제도. ¶ 신제 중학교. ↔구제(舊制).
신제 (新帝) [명] 새로 즉위한 황제.

신제(新製)명하타되자 새로 제작함, 또는 그 물건.
신-제품(新製品)명 새로 만든 물건.
신ː조(信條)명 ①교회가 공인하여 신자에게 믿게 하는 교의(教義). ②굳게 믿어 지키고 있는 생각. ¶ 약속 시간을 지키는 것이 그의 신조다.
신조(神助)명 신의 도움.
신조(神造)명 신이 만든 것.
신조(新造)명하타되자 새로 만듦.
신조(新調)명 ①새로운 음조(音調). ②하타새로 장만함. 특히, 의복 따위를 새로 맞춤.
신종(臣從)명하자 신하로서 임금을 섬김, 또는 그 신하.
신ː종(信從)명하타 믿고 따름.
신종(新種)명 ①(이제까지 없었던) 새로운 종류. ¶ 신종 예금. ②새로 발견되었거나 새로 개량된 생물의 종(種).
신ː종(愼終)명하자 ①끝을 신중히 함. ②상제(喪制)로서 장례나 기복(忌服) 따위를 정중히 함.
신종^기업^어음(新種企業-)명 기업이 단기 자금을 조달하기 위해 발행하는 어음. 자금의 수급 사정에 따라, 금리를 자율적으로 결정함. 시피(CP)[2].
신좌(申坐)명 (집터나 묏자리 따위가) 신방(申方)을 등진 좌향, 또는 그런 자리.
신좌(辛坐)명 (집터나 묏자리 따위가) 신방(辛方)을 등진 좌향, 또는 그런 자리.
신좌-을향(辛坐乙向)명 (집터나 묏자리 따위가) 신방(辛方)을 등지고 을방(乙方)을 향한 좌향.
신좌-인향(申坐寅向)명 (집터나 묏자리 따위가) 신방(申方)을 등지고 인방(寅方)을 향한 좌향.
신주(神主)명 죽은 이의 위패(位牌). 〔대개 밤나무로 만듦.〕 사판(祠板).
　신주 모시듯관용 '몹시 소중히 정성스럽게 다루는 모양'을 비유하여 이르는 말.
신주(神酒)명 신령에게 올리는 술.
신주(新株)명 주식회사가 자본을 늘리기 위하여 새로 발행하는 주식. ↔구주(舊株).
신주(新註·新注)명 새로운 주석(註釋).
신주(新鑄)명하타 (활자·돈 따위를) 새로 주조함.
신주-보(神主褓)[-뽀]명 ☞독보(櫝褓).
신주-양자(神主養子)명하타 죽은 사람을 양자로 삼아 그 자손으로 하여금 대를 잇게 하는 일. 백골양자. 사당양자.
신주-치레(神主-)명하자 높은 벼슬 이름이 쓰인 신주를 특별히 융숭하게 모시는 일.
　신주치레하다가 제(祭) 못 지낸다속담 '겉치레만 하다가 정작 해야 할 일을 못함'을 비유하여 이르는 말.
신줏-단지(神主-)[-주딴-/-줃딴-]명 신주를 모시는 그릇. 보통 장손의 집에서 항아리나 대바구니에 조상의 이름을 써 넣어 안방의 시렁 위에 모셔 둠.
신-중명 '여승(女僧)'을 흔히 이르는 말.
신ː중(愼重)명하형 매우 조심성이 있음. ¶ 신중한 결정. **신중-히**부.
신-중상주의(新重商主義)[-의/-이]명 19세기 말에 나타난 보호 무역주의 국가의 경제 간섭 정책. 독점 자본 정책인 점이 중상주의와 다름.
신중-절명 '승방(僧房)'을 흔히 이르는 말.
신ː증(信證)명 믿을 만한 증거.
신지(宸旨)명 임금의 뜻. 신의(宸意).
신지(神智)명 영묘한 지혜.
신지(臣智)명 삼한의 여러 부족 국가 가운데 큰 읍락의 군장(君長)을 이르던 말.
신ː지무의(信之無疑)[-의/-이]명하타 꼭 믿고 의심하지 아니함.
신-지식(新知識)명 진보된 새로운 지식.
신진(新陳)명 새것과 묵은 것.
신진(新進)명하자 ①(어떤 분야에) 새로 나아감, 또는 그 사람. ¶ 신진 작가. ②새로 벼슬에 오름.
신진-대사(新陳代謝)명 ☞물질대사.
신-짚[-찝]명 짚신을 삼기 위하여 추려 놓은 짚. ＊신짚이[-찌피]·신짚만[-찜-]
신-짝명 ①신의 한 짝. ②〈신〉의 속된 말. ¶ 신짝을 질질 끌고 다닌다.
신찐-나무명 베틀의 용두머리 중간에 박아 눈썹대와 반대되는 방향으로 맞춘 굽은 나무. 베틀신대. 신대. 신초리.
신찐-줄명 신찐나무 끝에 매어 놓은 끈. 베틀신끈.
신착(新着)명하자 물건 따위가 새로 도착함, 또는 그 물건.
신-착립(新着笠)[-창닙]명하자 지난날, 관례를 마친 뒤 나이가 더 들어서 초립 대신 처음으로 검은 갓을 쓰던 일.
신찬(神饌)명 신령에게 올리는 음식물.
신찬(新撰)명하타 새로 책을 찬수(撰修)함, 또는 새로 찬수한 그 책.
신참(新參)명하자 ①새로 들어옴, 또는 그 사람. ↔고참(古參). ②새로 벼슬한 사람이 처음으로 관청에 들어감.
신-창명 신바닥에 댄 창.
신채(神采·神彩)명 ①정신과 풍채. ②뛰어나게 훌륭한 풍채.
신책(神策)명 신묘한 계책.
신ː천옹(信天翁)명 신천옹과의 새. 몸길이 90 cm가량임. 몸빛은 희고, 첫째 날개깃은 검으며 부리는 분홍색임. 몸은 크고 살이 쪘으며 편 날개의 길이가 2~3 m에 이름. 일본 이즈 제도(諸島)의 도리시마 섬에만 분포함.
신-천지(新天地)명 ①새로운 세상. ②앞으로 개척해 나갈 세계.
신철(伸鐵)명 강철 부스러기를 가열·압연(壓延)한 강철.
신첩(臣妾)대 임금에게 대하여 여자가 스스로를 일컫던 말. 〔주로, 왕비가 썼음.〕
신청(申請)명하타되자 (관계 기관이나 관계 부서 등에 대하여) 어떤 일을 해 주거나 어떤 물건을 내줄 것을 청구하는 일, 또는 청구하기 위해 의사 표시를 하는 일. ¶ 등본 발급 신청. /여권 발급을 신청하다.
신ː청(信聽)명하타 곧이들음.
신청(神廳)명 무당이 도를 닦는 곳.
신청부-같다[-갇따]형 ①근심 걱정이 많아 사소한 일은 좀처럼 돌아볼 겨를이 없다. ②사물이 너무 적거나 시시하여 마음에 차지 않다.
신-청주(新清酒)명 햇곡식으로 새로 빚은 맑은 술.
신체(身體)명 사람의 몸. ¶ 건강한 신체.
신체(神體)명 신령의 상징으로서 예배의 대상이 되는 물체.
신체(新體)명 새로운 체재(體裁) 또는 형식.
신체-검사(身體檢査)명 ①하자신체의 발육 상태나 건강 상태를 검사하는 일. 준신검(身檢). ②하타학교의 학생 또는 범죄 용의자 따위의 소지품이나 복장 등을 검사하는 일.
신체-권(身體權)[-꿘]명 사람이 불법으로 그 신체에 상해(傷害)를 입지 않을 권리. 근대 국가에서 인정되고 있는 인권의 한 가지임.
신체발부(身體髮膚)명 〔사람의 몸과 머리털과 피부란 뜻으로〕 몸. 몸 전체. 온몸. ¶ 신체발부를 온전히 하는 것이 효도의 시초이다.

신체-시(新體詩)명 갑오개혁 이후에 서구시(西歐詩)의 영향을 받은 새로운 형식의 시. 창가와 현대시 사이의 과도기적인 시로, 개화사상이 그 주된 주제였으며, 창가의 음수율인 3·4조 또는 4·4조를 그 기본 율조로 삼았음. 〔대개, 최남선(崔南善)의 '해(海)에게서 소년에게'를 그 효시로 봄.〕 신시.

신-체제(新體制)명 개혁으로 새로이 조직된 질서. 새로운 사회 체제.

신-체조(新體操)명 ☞리듬 체조.

신체-형(身體刑)명 죄인의 신체에 고통을 주는 형벌. 태형(笞刑) 따위.

신초(申初)명 십이시(十二時)의 신시(申時)의 처음. 〔하오 3시가 막 지난 무렵.〕

신초(辛楚)명 괴로움. 고통.

신초(神草)명 〔신령스러운 풀이라는 뜻으로〕 '산삼(山蔘)'을 이르는 말.

신초(新草)명 그해에 새로 난 담배. 햇담배.

신-초리명 ☞신찐나무.

신-총명 짚신이나 미투리의 총.

신추(新秋)명 ①초가을. ②'음력 칠월'을 달리 이르는 말. ②오추(梧秋)·초추(初秋).

신축(辛丑)명 육십갑자의 서른여덟째.

신축(伸縮)명하자타 늘고 줆. 늘이고 줄임.

신축(新築)명하타되자 새로 축조하거나 건축함. ¶ 사옥을 신축하다.

신축-성(伸縮性)[-썽]명 ①물체가 늘어나고 줄어드는 성질. ②일의 형편에 따라 적절하게 대처할 수 있는 성질. ¶ 신축성 있는 외교 정책.

신축-자재(伸縮自在)[-짜-]명하형 〔마음대로 늘었다 줄었다 한다는 뜻으로〕 조건과 환경에 맞게 움직이는 것이 여유가 있고 구속이 없음을 이르는 말.

신축-적(伸縮的)[-쩍]관명 ①물체가 늘어나고 줄어드는 (것). ②일의 형편에 따라 적절하게 대처할 수 있는 (것). ¶ 신축적 통화 공급. /시장 개방 압력에 신축적으로 대응하다.

신춘(新春)명 ①새봄. ②새해.

신춘-문예(新春文藝)명 매해 봄마다 신문사에서 아마추어 작가들을 대상으로 벌이는 문예 경연 대회.

신출(新出)명 ①하자새로 나옴, 또는 그 사람이나 물건. ②☞만물. 참초출(初出).

신출-귀몰(神出鬼沒)명하자 귀신처럼 자유자재로 나타났다 사라졌다 함.

신출-내기(新出-)[-래-]명 어떤 방면에 처음으로 나서서 아직 익숙하지 못한 사람.

신충(臣忠)명 신하로서의 충성심.

신칙(申飭)명하자타 단단히 타일러 삼가게 함.

신친(神親)명 가톨릭에서, 대부모(代父母)와 대자녀(代子女)의 친권(親權)을 이르는 말.

신친당지(身親當之)명하타 몸소 맡아서 함.

신-칸트학파(新Kant學派)명 19세기 후반부터 20세기 초까지의 독일에서, 칸트의 비판주의를 부흥하려던 철학의 학파.

신-코명 신의 앞쪽 끝의 뾰족한 부분.

신ː탁(信託)명하타 ①신용하여 맡김. ②현금이나 부동산 등을 가지고 있는 사람이 그 재산권을 남에게 넘기어 관리나 처분을 맡기는 일.

신탁(神託)명 신이 사람을 매개자로 하여 그의 의사를 나타내거나 사람의 물음에 대답하는 일. 곧, 신의 명령이나 응답. 선탁(宣託). 탁선(託宣).

신ː탁^사ː업(信託事業)[-싸-]명 신탁 재산의 관리·중개·처분 등을 영업으로 하는 사업.

신ː탁^통ː치(信託統治)명 국제 연합의 신탁을 받은 나라가, 국제 연합의 감독 아래 일정한 지역을 통치하는 일.

신ː탁^통ː치^이ː사회(信託統治理事會)[-회/-훼]명 국제 연합의 주요 기관의 하나. 신탁 통치 지역에 대한 여러 가지 문제를 맡아서 처리하는 기관.

신ː탁^회ː사(信託會社)[-타쾨-/-타퀘-]명 신탁 사업을 영업으로 하는 회사.

신탄(薪炭)명 땔나무와 숯. 시탄(柴炭).

신토불이(身土不二)명 〔몸과 땅은 둘이 아니고 하나라는 뜻으로〕 자기가 사는 땅에서 산출된 농산물이 체질에 잘 맞는다는 말.

신통(神通)[1]명 ☞신통력.

신통(神通)[2] '신통하다'의 어근.

신통-력(神通力)[-녁]명 보통 사람이 할 수 없는 일을 마음대로 하는 영묘한 힘. 통력. 신통[1].

신통-스럽다(神通-)[-따][~스러우니·~스러워]형ㅂ 보기에 신통한 데가 있다. **신통스레**부.

신통-하다(神通-)형여 ①점이나 약효 따위가 아주 영묘(靈妙)하다. ¶ 족집게처럼 신통하다. ②대견하고 훌륭하다. ¶ 그 어려운 일을 해내다니, 참으로 신통하다. ③마음에 들게 싹싹하다. ¶ 어린것이 아주 신통하다. **신통-히**부.

신-트림명하자 신물이나 시큼한 냄새가 목구멍으로 나오는 트림.

신-틀명 미투리나 짚신을 삼을 때 실날을 걸어 놓는 틀.

신틸레이션^계수관(scintillation計數管)[-계-/-게-]명 방사선을 측정하는 계수관의 한 가지. 방사선이 형광체에 닿아서 내는 섬광을 증폭시킨 다음, 전기 신호로 에너지를 계측하는 장치. 섬광 계수기.

신파(新派)명 ①새로운 유파. ↔구파. ②〈신파 연극〉의 준말.

신파-극(新派劇)명 〈신파 연극〉의 준말.

신파^연ː극(新派演劇)명 창극과 신극의 과도기적인 역할을 한 새로운 형식의 연극. 1910년대에는 개화사상이 그 주된 주제였으나, 1930년대에는 세상 풍속과 인정 비화 등 통속적인 내용을 다루었음. 준신파·신파극.

신판(新版)명 ①전에 출판했던 책의 내용이나 체재를 새롭게 하여 출판한 책. ↔구판(舊版). ②지난날에 있었던 것과 비슷한 사실이나 인물·작품 따위를 비유하여 이르는 말. ¶ 신판 홍길동. /신판 봉이 김선달.

신ː편(信便)명 믿을 만한 인편(人便).

신편(新編)명 새로운 편집, 또는 새로 편집한 책.

신포(身布)명 조선 시대에, 병역이나 부역을 해야 할 평민의 장정이 그것을 치르지 않는 대신에 바치던 무명이나 삼베.

신ː표(信標)명 뒷날에 보고 표적이 되게 하기 위해 서로 주고받는 물건.

신-풀이(神-)명하자 귀신들린 사람을 위하여 하는 푸닥거리.

신-풀이(新-)명하타 논을 새로 푸는 일, 또는 새로 푸는 그 논.

신품(神品)명 ①신처럼 거룩한 품위. ②사람의 것으로는 생각할 수 없을 정도의 뛰어난 작품. ③☞신품 성사.

신품(新品)명 새 물품. 새 제품.

신품^성ː사(神品聖事)명 가톨릭에서 이르는 칠성사(七聖事)의 하나. 신부가 될 부제가 주교로부터 받는 성사. 성품 성사. 신품(神品).

신풍(新風)명 새로운 방식. 새로운 풍조.

신필(神筆)명 아주 뛰어난 글씨.

신하(臣下)명 임금을 섬기어 벼슬하는 사람. 신복(臣僕). 신자(臣子). 인신(人臣). 준신(臣).
신하(新荷)명 새로 들어온 물품.
신하-신(臣下臣)명 한자 부수의 한 가지. '臥'·'臨' 등에서의 '臣'의 이름.
신학(神學)명 기독교의 교리나 신앙에 대하여 체계적·역사적·실천적으로 연구하는 학문.
신학(新學)명 〈신학문〉의 준말.
신학-과(神學科)[-꽈]명 대학에서, 신학을 연구하는 학과.
신학-교(神學校)[-꾜]명 기독교의 교리를 가르치어 교역자(敎役者)를 양성하는 학교.
신-학기(新學期)[-끼]명 새로 시작되는 학기.
신-학문(新學問)[-항-]명 (종래의 한학에 대하여) 개화기에 서양에서 들어온 새로운 학문을 이르는 말. 준신학. ↔구학문.
신학^삼덕(神學三德)[-쌈-]명 기독교에서 이르는 세 가지의 덕. 곧, 믿음·소망·사랑.
신해(辛亥)명 육십갑자의 마흔여덟째.
신행(新行)명하자 ☞혼행(婚行).
신향(新鄕)명 지난날, 타향에서 새로 이사 온 향족(鄕族)을 이르던 말.
신:허(腎虛)명하자 한방에서, 하초(下焦)가 허약한 병을 이르는 말. 〔몸이 노곤하고, 식은땀이 나며 정수(精水)가 흐름.〕
신험(神驗)명 신통한 영험.
신-헤겔학파(新Hegel學派)명 19세기 독일의 헤겔학파가 붕괴된 이후, 20세기에 들어와 전 세계에서 헤겔 철학의 부흥을 꾀하던 학파.
신혈(新穴)명 광물을 캐내다가 새로 발견한 광맥(鑛脈).
신혈(을) 뜨다관용 신혈을 발견하다.
신혈(을) 먹다관용 신혈로 큰 이익을 보다.
신형(新型)명 (이전 것과 다른) 새로운 형틀 또는 본새. ¶ 신형 자동차. ↔구형(舊型).
신:호(信號)명하자타 소리·색깔·빛·모양 따위의 일정한 부호에 의하여 의사를 전하는 일, 또는 그 부호. 〔교통 신호 따위.〕
신호(新戶)명 새로이 호적에 오른 가구(家口).
신:호-기(信號旗)명 신호하는 데 쓰이는 기.
신:호-기(信號機)명 도로 교통의 안전을 위하여 신호를 내보내는 장치를 통틀어 이르는 말.
신:호-나팔(信號喇叭)명 군대에서, 기상·식사·집합·행진·돌격·취침 등의 신호로 부는 나팔.
신:호-등(信號燈)명 일정한 신호를 알리는 등불.
신:호-수(信號手)명 신호하는 일을 맡아보는 사람.
신:호-탄(信號彈)명 군대에서 신호로서 쏘는 탄환(彈丸). 터지면 색깔 있는 강렬한 빛이나 연기를 냄.
신혼(神魂)명 정신과 혼령.
신혼(晨昏)명 새벽과 해질녘.
신혼(新婚)명하자 갓 혼인함. ¶ 신혼 생활.
신혼-부부(新婚夫婦)명 갓 결혼한 부부.
신혼-여행(新婚旅行)[-녀-]명 신혼부부가 함께 가는 여행. 밀월여행.
신화(神化)명하자 신(神)이 됨.
신화(神火)명 ①사람의 힘으로는 알 수 없는 불가사의한 불. ②도깨비불.
신화(神話)명 ①설화의 한 가지. 국가의 기원이나 신의 사적(事績), 유사 이전의 민족사 등의 신성한 이야기로, 민족적인 범위에서 전승되는 것이 특징임. ②(이제까지, 또는 오랜 세월에 걸쳐) 많은 사람이 절대적인 것으로 믿고 있는 일. ¶ 20세기의 신화로 등장한 컴퓨터.
신화-시대(神話時代)명 역사 시대 이전의, 신화에만 남아 있는 시대.
신화-학(神話學)명 신화의 채집·기원·성립·분포·의의 등을 연구 대상으로 하는 학문.
신환(新患)명 ①(병원에) 새로 온 환자. ②(어떤 병에) 새로 걸린 환자.
신효(神效)명하형 신통한 효험.
신후(申後)명 신시(申時)가 지난 뒤. 〔오후 5시가 지난 뒤.〕
신후(身後)명 ☞사후(死後).
신후(信厚) '신후하다'의 어근.
신:후(愼候)명 병중(病中)에 있는 웃어른의 안부. ¶ 신후를 여쭙다.
신-후리명 〔강원도 통천(通川) 지방에서〕 '고등어잡이에 쓰는 후릿그물'을 이르는 말.
신후-사(身後事)명 〔죽은 뒤의 일이라는 뜻으로〕 장사(葬事)를 지내는 일.
신후지계(身後之計)[-계/-게]명 사후의 계책. 죽은 뒤의 자손을 위한 계책.
신후지지(身後之地)명 살아 있을 때 미리 잡아 둔 묏자리.
신:후-하다(信厚-)형여 미덥고 후덕하다.
신흥(新興)명하자 (어떤 사회적 현상이나 사실이) 새로 일어남. ¶ 신흥 세력. /신흥 재벌.
신흥^계급(新興階級)[-계-/-게-]명 사회 정세나 재계(財界)의 변동에 따라 갑자기 경제 상태가 넉넉하게 된 계급.
신흥^문학(新興文學)명 제1차 세계 대전 이후에 새로 일어난, 프롤레타리아 문학·미래파·초현실파 따위의 문학 유파를 통틀어 이르는 말.
신흥^종교(新興宗敎)명 (기성 종교에 대하여) 새로 일어난 종교를 이르는 말.
신희(新禧)[-히]명 새해의 복.
싣명 〈옛〉신나무. ¶ 싣:楓(訓解). /프른 싣나모(杜初21:18).
싣나모명 〈옛〉신나무. ¶ 프른 싣나모 서리예 벼개예 굽스러셔(杜初21:18).
싣:다[-따][실으니·실어]타ㄷ ①물건을 나르기 위해 배나 차·수레·짐승의 등 따위에 얹다. ¶ 이삿짐을 싣다. ②(사람이 어떤 곳을 가기 위하여) 차·배·비행기 따위 탈것에 오르다. ¶ 막차에 몸을 싣고 떠났다. ③출판물에 글이나 그림 따위를 내다. ¶ 잡지에 소설을 싣다. ④보(洑)나 논에 물이 괴게 하다.
실:명 고치·솜·삼 따위를 길고 가늘게 자아내어 꼰 것. 바느질·편물·직물·자수 따위에 쓰임.
실 엉킨 것은 풀어도 노 엉킨 것은 못 푼다속담 잔일은 쉽게 해결할 수 있어도 큰일은 좀처럼 해결하기 어렵다는 말.
실(失)명 ①손실. 손해. ¶ 득(得)보다 실이 많다. ②노름판에서 잃은 돈.
실(室)[1] Ⅰ명 관청·회사 등에 딸린 부서의 한 가지.
Ⅱ의 ①어떤 기관에 딸린 부서를 나타내는 단위. ¶ 2부 3실로 운영되는 기관. ②객실(客室) 따위의 수를 나타내는 단위. 방(房)[1]. ¶ 200 실을 가진 호텔.
실(室)[2]명 〈실성(室星)〉의 준말.
실(實)명 내용. 실질. ¶ 겉보기엔 그래도 실은 알차다. /명분보다 실을 택하다.
실-접두 《일부 명사 앞에 붙어》 '가느다란'·'썩 작은'·'엷은'의 뜻을 나타냄. ¶ 실비. /실고추. /실버들.
-실(室)접미 ①《일부 명사 뒤에 붙어》 일정한 목적에 쓰이는 '방'의 뜻을 나타냄. ¶ 연구

실. /자료실. /회의실. ②'사무 부서'의 뜻을 나타냄. ¶ 기획실. /홍보실.
실가(室家)명 집. 가정(家庭).
실가(實家)명 ①자기가 태어난 집. 생가(生家). ②민법에서, 혼인을 하거나 양자가 되어 다른 집에 들어간 사람의 친정이나 생가를 이르는 말. ②친가.
실가(實價)[-까]명 ①실제의 값. ②에누리 없는 값.
실ː-가지명 실처럼 아주 가느다란 나뭇가지.
실가지락(室家之樂)명 부부 사이의 화락.
실각(失脚)명하자 ①발을 헛디딤. 실족(失足). ②되자실패하여 지위나 설자리를 잃음. ¶ 추문으로 실각하다.
실각-성(失脚星)[-썽]명 전에는 있었다고 하나 지금은 찾아볼 수 없게 된 별.
실감(實感)명하타 ①실제로 대하고 있는 것처럼 느낌, 또는 그 감정. ¶ 실감 나게 연기하다. ②실제로 대하거나 체험한 느낌, 또는 그 감정. ¶ 고충을 실감하다.
실ː-감개명 실을 감아 두는 물건.
실ː-개울명 폭이 아주 좁은 개울.
실ː-개천(-川)명 폭이 좁은 개천. 소류(小流).
실격(失格)[-껵]명하자되자 ①격식에 맞지 않음. ②(기준 미달이나 규칙 위반 따위로) 자격을 잃음. ¶ 실격을 당하다. /연령 미달로 실격되다.
실경(實景)명 실제의 경치, 또는 광경. 진경(眞景).
실계(失計)[-계/-게]명 ☞실책(失策).
실ː-고사리명 실고사릿과의 다년초. 남부 지방의 산기슭에서 자라는 덩굴식물. 뿌리는 가로 벋고 잎은 잎자루가 원줄기처럼 되어 다른 물체를 감아 올라가면서 2 m가량 자람. 포자는 한방에서 '해금사(海金沙)'라 하여 임질에 약으로 씀. 해금사.
실ː-고추명 실처럼 가늘게 썬 고추. [주로, 고명으로 씀.] 참채고추.
실ː-골목명 폭이 썩 좁고 긴 골목.
실공(實功)명 실제의 공적.
실과(實果)명 먹을 수 있는 초목(草木)의 열매를 통틀어 이르는 말. 과실.
실과(實科)[-꽈]명 ①실제로 필요한 것을 주로 한 교과. ②예전에, 초등학교 교과목의 한 가지. 일상생활에 필요한 기초 지식과 기능의 부여를 주된 내용으로 함.
실과-즙(實果汁)명 ☞과실즙.
실ː-구름명 실처럼 가늘고 긴 모양의 구름.
실ː-국수[-쑤]명 발을 가늘게 뽑아낸 국수. 사면(絲麵). 세면(細麵).
실ː-굽명 그릇의 밑바닥 밖으로 죽 둘려 있는 가는 받침.
실ː굽-달이[-따리]명 실굽이 달려 있는 그릇을 통틀어 이르는 말.
실궁(實弓)명 (활의 세기에서) 강궁보다는 무르고 실중힘보다는 센 등급의 각궁.
실권(失權)[-꿘]명하자되자 권리나 권세를 잃음. ¶ 실권한 가문.
실권(實權)[-꿘]명 실제로 행사할 수 있는 권리나 권세. ¶ 실권을 잡다. /실권을 장악하다.
실권^약관(失權約款)[-꿘냑꽌]명 채무자가 채무 이행을 하지 않을 경우에 채권자의 특별한 의사 표시가 없어도 당연히 채무자는 계약상의 모든 권리를 잃는다는 뜻을 계약에 덧붙여 정하는 약관.
실권-주(失權株)[-꿘-]명 신주 인수권자가 청약 기일까지 청약하지 않거나 납입일에 돈을 내지 않아 인수되지 않은 주식.
실그러-뜨리다타 실그러지게 하다. 실그러트리다. ¶ 애써 쌓은 기왓장을 실그러뜨리다. 작샐그러뜨리다. 센씰그러뜨리다.
실그러-지다자 (물체가) 한쪽으로 비뚤어지거나 기울어지다. 작샐그러지다. 센씰그러지다.
실그러-트리다타 실그러뜨리다. 작샐그러트리다. 센씰그러트리다.
실ː-그물명 애기누에의 똥을 가릴 때 쓰는 그물. 실잠망.
실근(實根)명 대수 방정식의 근 가운데 실수(實數)인 근. ↔허근(虛根).
실ː-금명 ①그릇 따위에 생긴 가는 금. ②가늘게 그은 금.
실금(失禁)명하자 대소변을 참지 못하고 쌈.
실긋[-귿]부하자타 (물체가) 한쪽으로 기울어지는 모양. 작샐긋. 센씰긋. **실긋-실긋**부하자타.
실긋-거리다[-귿꺼-]자타 자꾸 실긋실긋하다. 실긋대다. 작샐긋거리다. 센씰긋거리다.
실긋-대다[-귿때-]자타 실긋거리다.
실긋-하다[-그타-]형여 (물건이) 한쪽으로 조금 기울어져 있다. 작살긋하다·샐긋하다. 센씰긋하다. **실긋-이**부.
실기(失期)명하자 시기를 놓침.
실기(失機)명하자 좋은 기회를 놓침.
실기(實技)명 실제의 기능이나 기술.
실기(實記)명 사실을 있는 그대로 적은 기록.
실기죽부하자타 (어떤 물체가) 한쪽으로 천천히 기울어지는 모양. 작샐기죽. 센씰기죽. **실기죽-실기죽**부하자타.
실기죽-거리다[-꺼-]자타 자꾸 실기죽실기죽하다. 실기죽대다. 작샐기죽거리다. 센씰기죽거리다.
실기죽-대다[-때-]자타 실기죽거리다.
실기죽-샐기죽[-쌜-]부하자타 실기죽거리고 샐기죽거리는 모양. 센씰기죽쌜기죽.
실ː-꾸리명 둥그렇게 감아 놓은 실몽당이.
실-꾼(實-)명 그 일을 능히 해낼 만한 일꾼.
실ː끝-매기[-끋-]명 실마리를 쉽게 찾아 풀 수 있도록 실을 감을 때에 실의 처음과 끝을 매어 두는 일.
실ː-낱[-랃]명 실의 올. 가는 실오리. *실ː낱이[-라치]·실ː낱을[-라틀]·실ː낱만[-란-]
실ː낱-같다[-랃깓따]형 ①아주 작고 가늘다. ¶ 실낱같은 눈썹. ②(목숨이나 희망 따위가) 자칫하면 끊어질 것 같다. ¶ 실낱같은 희망. **실낱같-이**부.
실내(室內)[-래]명 ①방 안. 집 안. ¶ 실내 수영장. ↔실외. ②남의 '아내'를 점잖게 이르는 말. ¶ 김 선생님의 실내께서는 요리 솜씨가 좋기로 소문이 나 있다.
실내-등(室內燈)[-래-]명 실내에 켜는 등.
실내-마님(室內-)[-래-]명 '남의 아내'를 높이어 이르는 말.
실내-복(室內服)[-래-]명 실내에서 입는 옷.
실내-악(室內樂)[-래-]명 〈실내 음악〉의 준말.
실내^유희(室內遊戲)[-래-히]명 방 안에서 하며 즐기는 놀이. [장기·바둑 따위.]
실내^음악(室內音樂)[-래-]명 방 안이나 작은 집회실 등에서 적은 인원으로 연주하기에 알맞은 기악 합주곡. 준실내악.
실내^장식(室內裝飾)[-래-]명 건축물의 내부를 그 쓰임에 따라 아름답게 꾸미는 일.
실내-화(室內靴)[-래-]명 실내에서 신는 신발.

실념(失念)[-렴] 명 하타 기억하고 있던 일을 깜박 잊음.

실념-론(實念論)[-렴논] 명 실재론의 한 가지로, 보편적 개념은 주관적 추상이 아니고 실재하는 객관적 존재라고 주장하는 학설. 개념 실재론. ↔유명론(唯名論).

실농(失農)[-롱] 명 하자 ①농사지을 시기를 놓침. ②농사에 실패함. ③☞폐농(廢農).

실-농가(實農家)[-롱-] 명 ☞실농군(實農軍).

실-농군(實農軍)[-롱-] 명 ①농사를 잘 짓는 착실한 농군. ②실지로 농사지을 힘이 있는 사람. 실농가(實農家).

실ː눈[-룬] 명 ①가늘고 긴 눈. ②가늘게 뜬 눈. ¶ 실눈을 뜨고 먼 산을 바라보다.

실다 타 〈옛〉 시름겨워하다.

실달다(悉達多←Siddhārtha 범)[-딸따] 명 '싯다르타'의 한자음 표기.

실담(失談)[-땀] 명 실수로 잘못한 말.

실담(悉曇)[-땀] 명 〈실담 자모〉의 준말.

실담(實談)[-땀] 명 ①실제로 있었던 이야기. ②하자 거짓이 없는 말, 또는 사실대로 말함.

실담^자모(悉曇字母)[-땀-] 명 산스크리트의 자모. 〔자음 35자, 모음 12자로 이루어짐.〕 준 실담.

실-답다(實-)[-따][~다우니·~다워] 형ㅂ 진실하고 미덥다. 꾸밈이나 거짓이 없이 참되다. ¶ 실다운 젊은이. /실답지 않은 말.

실당(失當)[-땅] 명 하자 도리에 어그러짐. 이치에 어긋남.

실ː-대패 명 실처럼 가늘게 깎아 내는 작은 대패.

실덕(失德)[-떡] 명 ①하자 덕망을 잃음. ②점잖은 사람의 허물.

실덕(實德)[-떡] 명 실제로 보람이 있는 은덕.

실ː-도랑 명 폭이 아주 좁은, 작은 도랑.

실독-증(失讀症)[-똑쯩] 명 실어증(失語症)의 한 가지. 지능이나 발성 기관에는 아무런 장애가 없으나 글을 읽을 수 없게 되는 병적 상태.

실동-률(實動率)[-똥뉼] 명 연간 일수에 대한, 기계나 설비를 사용한 일수의 비율.

실ː-뒤 명 집을 짓고 남은 뒷마당.

실득(實得)[-뜩] 명 하타 실제로 얻은 것.

실떡-거리다[-꺼-] 자 자꾸 실떡실떡하다. 실떡대다. ¶ 채신머리없이 자꾸 실떡거리지 마라.

실떡-대다[-때-] 자 실떡거리다.

실떡-실떡[-씰-] 부 하자 실실 웃으며 실없는 말을 자꾸 하는 모양.

실뚱머룩-하다[-루카-] 형여 탐탁스럽지 않아서 마음에 내키지 아니하다. ¶ 맞선을 보라는 말에 실뚱머룩해 있다. **실뚱머룩-이** 부.

실ː-뜨기 명 하자 실의 양쪽 끝을 마주 매어 두 손에 건 다음, 양쪽 손가락에 얼기설기 얽어 가지고 두 사람이 주고받고 하면서 여러 가지 모양을 만드는 놀이.

실ː-띠 명 실을 꼬아 만든 띠.

실랑이 명 하자 〈실랑이질〉의 준말.

실랑이-질 명 하자 ①남을 못 견디게 굴어 시달리게 하는 짓. ②서로 옥신각신하는 짓. ②승강이. 준 실랑이.

실ː러캔스(coelacanth) 명 실러캔스목의 바닷물고기. 몸길이 1.5 m가량. 몸빛은 청갈색. 고생대에서 백악기에 걸쳐 살았던 물고기로 알려져 있었는데, 1938년에 남아프리카 공화국의 동해안에서 발견됨. 원시적인 신체 구조로, 살아 있는 화석이라 불림.

실력(實力) 명 ①실제로 일을 해낼 수 있는 능력. ¶ 어학 실력. /실력을 발휘하다. /실력이 좋다. ②무력(武力). 완력. ¶ 실력을 행사하다.

실력-굿[-꾿] 명 집안이 편안하게 하여 달라고 삼 년에 한 번씩 하는 굿. *실력굿이[-꾸시]·실력굿만[-꾼-]

실력-다짐(實力-)[-따-] 명 하자 ①실력을 더욱 튼튼하게 함. ②실력으로 남을 복종시킴, 또는 그렇게 하는 행위.

실력-범(實力犯)[-뻠] 명 ☞강력범(強力犯).

실력-자(實力者)[-짜] 명 ①실력이 있는 사람. ②한 사회·단체 안에서, 실제의 권력이나 역량을 가지고 있는 사람. ¶ 정계의 실력자.

실력^행사(實力行使)[-려캥-] 명 ①어떤 일을 이루기 위해 완력이나 무력 따위를 쓰는 일. ②노동 쟁의의 한 형태로 파업 따위를 하는 일.

실련(失戀) 명 하자 〈실연(失戀)〉의 본딧말.

실례(失禮) 명 하자 되자 언행이 예의에 벗어남, 또는 그런 언행. 결례(缺禮). 실수. ¶ 실례를 범하다.

실례(實例) 명 구체적인 실제의 예. ¶ 실례를 들어 설명하다.

실로(失路) 명 하자 길을 잃음.

실-로(實-) 부 참으로. ¶ 실로 어이없는 일이다.

실로폰(xylophone) 명 타악기의 한 가지. 대(臺) 위에 길고 짧음과 두껍고 얇음에 따라 음계(音階)를 조율한 나무토막을 벌여 놓고, 두 개의 채로 쳐서 소리를 냄. 목금(木琴).

실록(實錄) 명 ①어떤 사실을 있는 그대로 적은 기록. ¶ 제1차 세계 대전 실록. ②한 임금의 재위 동안의 사적을 편년체로 기록한 것. ¶ 조선 왕조 실록. 참 일기(日記). ③〈실록물〉의 준말.

실록-물(實錄物)[-롱-] 명 어떤 사실에 공상을 섞어서 그럴듯하게 꾸민 흥미 본위의 소설. 준 실록.

실록-자(實錄字)[-짜] 명 조선 현종 9(1668)년에, 역대의 실록을 박기 위하여 만든 구리 활자.

실루리아-기(←Silurian紀) 명 고생대(古生代) 가운데 오르도비스기의 다음, 데본기의 앞 시대. 지질은 석회암·사암 등으로 되었고, 산호나 극피동물 등이 살았음. 고틀란드기.

실루엣(silhouette 프) 명 〔본디 초상화를 검은빛으로만 그렸다는 데서 온 말로〕 ①윤곽 안을 검은빛으로만 그린 그림. ②그림자 그림으로만 표현한 영화 장면. ¶ 실루엣 기법을 잘 살린 만화 영화. ③복식(服飾)에서, 옷의 전체적인 외형을 이르는 말. ¶ 우아한 실루엣의 이브닝 드레스.

실룩 부 하자타 근육의 한 부분이 갑자기 움직이는 모양. ¶ 눈썹을 실룩 움직이다. 작 샐룩. 센 씰룩. **실룩-실룩** 부 하자타.

실룩-거리다[-꺼-] 자타 자꾸 실룩실룩하다. 실룩대다. ¶ 입을 실룩거리며 말하다. 작 샐룩거리다.

실룩-대다[-때-] 자타 실룩거리다.

실룩-샐룩[-쎌-] 부 하자타 실룩거리고 샐룩거리는 모양. 센 씰룩쌜룩.

실리(失利) 명 하자 손해를 봄.

실리(實利) 명 실제로 얻은 이익. ¶ 명분보다 실리를 따르다. 비 실익(實益).

실리다 Ⅰ 자 〖'싣다'의 피동〗 실음을 당하다. ¶ 잡지에 실린 소설.
Ⅱ 타 〖'싣다'의 사동〗 싣게 하다. ¶ 사람을 시켜 이삿짐을 트럭에 실리다.

실리-주의(實利主義)[-의/-이] 명 ①☞공리주의(功利主義). ②형벌은 사회의 안녕과 질서를 지키는 수단으로, 그 제정은 사회의 필요와 실익에 기인한다는 법리상의 주의.

실리카^겔 (silica gel) 명 형체가 일정하지 않은 규산(硅酸). 무색 또는 흰색의 가루로, 수증기·물·암모니아 가스 등에 대한 흡착력이 강하여 건조제·탈수제 등으로 쓰임.
실리콘ː (silicone) 명 〔본디는 미국에서 만드는 규소 수지의 상품명〕 규소에 탄소·수소 따위를 결합시켜 만드는 물질을 통틀어 이르는 말. 내열성·내습성·내한성 등이 뛰어나 응용 범위가 매우 넓음. 규소 수지.
실린더 (cylinder) 명 내연 기관이나 증기 기관 등에서, 피스톤이 왕복 운동을 하는 원기둥 모양의 통. 기통(氣筒).
실링 (shilling) 의 영국의 옛 화폐 단위의 하나. 〔1파운드의 20분의 1.〕
실ː-마디 명 실에 생긴 마디.
실ː-마리 명 ①(감았거나 헝클어진) 실의 첫머리. ②일이나 사건의 첫머리. 단서. 단초. ¶ 해결의 실마리를 찾다. /실마리가 풀리다.
실망 (失望) 명하자 희망을 잃음. 일이 뜻대로 되지 않음. 실지(失志). ¶ 시험에 떨어졌다고 너무 실망하지 마라. /실물을 보고 실망하다. 비낙심(落心).
실망-감 (失望感) 명 (무슨 일이) 뜻대로 되지 않아 섭섭한 느낌. ¶ 실망감을 감추지 못하다.
실망-낙담 (失望落膽) [-땀] 명하자 희망을 잃고 낙심함.
실-머슴 (實-) 명 궂은일을 마다하지 않고 착실히 하는 머슴.
실면 (實綿) 명 씨를 빼지 않은 목화 솜.
실명 (失名) 명하자 (드러나지 않아) 이름을 모름. ¶ 작자 실명의 고대 소설.
실명 (失明) 명하자타되자 눈이 어두워짐. 시력을 잃음. 장님이 됨. 상명(喪明).
실명 (失命) 명하자 목숨을 잃음. 죽음.
실명 (實名) 명 실제의 이름. 본명. ↔가명(假名).
실명-씨 (失名氏) 명 (드러나지 않아) '이름을 모르는 사람'을 높여 이르는 말. 비무명씨.
실명-제 (實名制) 명 ☞금융 실명제.
실모 (實母) 명 친어머니. 친모(親母).
실ː-몽당이 명 실을 꾸려 감은 뭉치.
실무 (實務) 명 실제의 업무. ¶ 실무에 밝다.
실무-가 (實務家) 명 ☞실무자.
실무-자 (實務者) 명 ①어떤 사무를 직접 맡아 하는 사람. ②실무에 아주 익숙한 사람. 당무자(當務者). 실무가.
실무-적 (實務的) 관명 ①실무에 관계되는 (것). ¶ 실무적 문제. /실무적인 절차. ②실무에 익숙한 (것). ¶ 실무적 사무 처리. /실무적인 사람.
실물 (失物) 명하자 물건을 잃어버림, 또는 그 잃어버린 물건.
실물 (實物) 명 ①(견본이나 모형·사진 따위가 아닌) 실제의 것. ¶ 실물 크기의 장난감. ②주식이나 상품 따위의 현품. 현물(現物). ¶ 실물 거래.
실물^광ː고 (實物廣告) 명 팔려고 하는 실제의 물건을 많은 사람 앞에 내놓고 하는 광고.
실물^교ː수 (實物敎授) 명 ☞직관 교수.
실물^교환 (實物交換) 명 화폐가 아닌 실물로 교환하는 일.
실물-대 (實物大) [-때] 명 실물과 꼭 같은 크기. ¶ 실물대의 사진.
실물-수 (失物數) [-쑤] 명 물건을 잃어버릴 운수.
실물^임ː금 (實物賃金) 명 통화(通貨) 대신 물건으로 지급하는 임금.
실미적지근-하다 [-찌-] 형여 ①더운 음식이 좀 식어서 미지근하다. ¶ 찌개가 실미적지근하다. ②몹시 게을러서 일에 대한 열성이 적다. ¶ 일하는 품이 실미적지근하다. 준실미지근하다.
실미지근-하다 형여 〈실미적지근하다〉의 준말. ¶ 실미지근한 생선찌개.
실ː-바람 명 ①솔솔 부는 바람. ②풍력 계급의 1등급에 해당하는, 가장 여린 바람. 초속 0.3~1.5 m. 연기가 풀려서 오르고, 해면은 물고기 비늘 모양의 잔물결이 일어남. 지경풍(至輕風).
실박 (實樸) '실박하다'의 어근.
실박-하다 (實樸-) [-바카-] 형여 품질이나 옷차림 따위가 그리 좋지도 않고 나쁘지도 않다. 질박(質樸)하다.
실ː-반대 [-빤-] 명 고치에서 뽑아낸 실을 둥글게 사리어 놓은 뭉치.
실ː-밥 [-빱] 명 ①옷 따위를 꿰맨 실의 겉으로 드러난 부분. ②옷솔기 같은 데서 뜯어낸 실의 부스러기.
실백 (實柏) 명 ☞실백잣.
실백-자 (實柏子) [-짜] 명 ☞실백잣.
실백-잣 (實柏-) [-짣] 명 껍데기를 벗겨 낸 알맹이 잣. 실백. 실백자. ↔겉잣. * 실백잣이 [-짜시]·실백잣만 [-짠-]
실ː-뱀 명 뱀의 한 종류. 몸은 실 모양으로 가늘고 기다란데, 4분의 1이 꼬리임. 등은 녹색을 띤 갈색, 배는 황백색, 머리에는 몇 개의 검은 얼룩점이 있음.
실ː-뱀장어 명 뱀장어의 새끼.
실ː-버들 명 '수양버들'을 달리 이르는 말.
실버-산업 (silver產業) 명 〔실버가 은발(銀髮)을 의미하는 데서〕 '고령자층을 대상으로 한 영리 사업'을 통틀어 이르는 말. 〔간호 용품 판매, 노인 전용 주택 분양 따위.〕
실버-타운 (silver town) 명 노인을 대상으로 돈을 내고 살아갈 수 있도록 주거 시설·휴양 시설 따위를 갖춘 마을.
실범 (實犯) 명 실제로 죄를 저지른 사람.
실ː-보무라지 [-뽀-] 명 짧은 부스러기 실.
실본 (失本) 명하자 ☞낙본(落本).
실봉 (實捧) 명 빚을 꼭 갚을 사람.
실부 (實父) 명 친아버지. 친부(親父).
실부 (實否) 명 ☞실불실(實不實).
실-부모 (實父母) 명 친아버지와 친어머니를 아울러 이르는 말. 친부모.
실ː-북 명 '북2'을 달리 이르는 말.
실-불실 (實不實) [-씰] 명 ①살림살이가 넉넉함과 넉넉하지 못함. ②착실함과 착실하지 아니함. 실부.
실ː-비 명 실을 드리운 듯 가늘게 내리는 비.
실비 (實費) 명 실제로 드는 비용. ¶ 실비 제공. /실비로 사들이다.
실ː-사 (-絲) 명 한자 부수의 한 가지. '紅'·'素' 등에서의 '糸'의 이름.
실사 (實事) [-싸] 명 실제로 있는 일. 사실.
실사 (實査) [-싸] 명하타되자 실제로 검사하거나 조사함. ¶ 재고품 실사.
실사 (實寫) [-싸] 명하타 실물이나 실경·실황 등을 그리거나 찍음, 또는 그런 그림이나 사진.
실사 (實辭) [-싸] 명 ☞실질 형태소. ↔허사.
실사-구시 (實事求是) [-싸-] 명 사실에 근거하여 진리나 진상을 탐구하는 일, 또는 그런 학문 태도.
실사^영화 (實寫映畫) [-싸-] 명 배우나 세트(set)를 쓰지 않고 풍습·풍경·뉴스 따위의 실황을 찍은 영화. 〔뉴스 영화·기록 영화를 이전에 이르던 말.〕

실-사회(實社會)[-싸회/-싸훼]명 실제의 사회. 현실 사회. ¶ 맨주먹으로 실사회에 뛰어들다.

실-살(實-)[-쌀]명 겉으로 드러나지 않는 실이익(實利益). 실속. ¶ 실살을 채우다.

실살-스럽다(實-)[-쌀-따][~스러우니·~스러워]형ㅂ 겉으로 드러남이 없이 내용이 충실하다. **실살스레**부.

실상(實狀)[-쌍] Ⅰ명 실제의 상태. 실제의 상황. ¶ 실상을 사실대로 알리다.
Ⅱ부 실제로. ¶ 그들에겐 실상 어려운 문제였다.

실상(實相)[-쌍]명 ①실제의 모습. ¶ 감추어져 있던 실상이 백일하에 드러나다. ②불교에서, 만물의 있는 그대로의 모습을 이르는 말. ↔가상(假相).

실상(實像)[-쌍]명 ①빛이 렌즈나 반사경 따위를 통과·반사한 뒤 다시 한데 모여 맺는 상(像). ②(허울이 벗겨진) '본디의 모습'을 비유하여 이르는 말. ↔허상(虛像).

실ː-새삼명 메꽃과의 일년초. 콩과 식물에 붙어 사는 기생 식물. 실 모양의 덩굴이 50cm가량 자라고, 잎은 비늘 모양이며, 여름에 흰 꽃이 가지 위에 핌. 열매는 한방에서 강장제 따위로 쓰임.

실색(失色)[-쌕]명하자 놀라서 얼굴빛이 변함. ¶ 거짓말이 탄로나자 어린것은 실색하여 아무 말도 못했다.

실생(實生)[-쌩]명하자 씨에서 싹터 자람, 또는 그러한 초목(草木).

실생-법(實生法)[-쌩뻡]명 씨를 심어 식물이나 농작물 따위를 번식시키는 방법.

실-생활(實生活)[-쌩-]명 (이론이나 공상이 아닌) 실제의 생활. 현실 생활.

실선(實線)[-썬]명 (점선에 대하여) 끊어진 곳이 없이 이어진 선.

실섭(失攝)[-썹]명하자 몸조리를 잘못함.

실성(失性)[-썽]명하자 정신에 이상이 생김. 미침. 실진(失眞). ¶ 실성한 사람같이 횡설수설하다.

실성(室星)[-썽]명 이십팔수의 하나. 북쪽의 여섯째 별자리. 준실(室)[2].

실성(實性)[-썽]명 ①'진여(眞如)'의 딴 이름. ②거짓 없는 천성(天性).

실세(失勢)[-쎄]명하자 세력을 잃음. ¶ 실세를 만회하다. ↔득세(得勢).

실세(實勢)[-쎄]명 ①실제의 세력. ②실제의 시세. ¶ 실세 가격.

실-소(實-)[-쏘]명 농사짓는 데 부릴 만한 튼튼한 소.

실소(失笑)[-쏘]명하자 (더 참지를 못하고) 저도 모르게 웃음, 또는 그 웃음. ¶ 실소를 금할 수 없는 사건.

실-소득(實所得)명 한 해의 개인 소득에서 세금을 빼고 그 전해의 이전(移轉) 소득을 합한 것으로, 개인의 의사에 따라 마음대로 쓸 수 있는 소득.

실-속(實-)[-쏙]명 ①실제의 내용. 실제로 알맹이가 되는 내용. ¶ 실속 있는 생활. ②겉으로 드러나지 않는 알찬 이익. ¶ 실속을 차리다.

실속(失速)[-쏙]명하자 비행기가 비행에 필요한 속도와 양력을 잃고 추락할 지경에 이름.

실속(實速)[-쏙]명 실제의 속도.

실솔(蟋蟀)[-쏠]명 ☞귀뚜라미.

실수(失手)[-쑤]명하자 ①부주의로 잘못을 저지름, 또는 그 잘못. ¶ 실수로 말미암은 사고. ②☞실례(失禮). ¶ 선배에게 큰 실수를 하다.

실수(實收)[-쑤]명 실제의 수입이나 수확.

실수(實需)[-쑤]명 〈실수요(實需要)〉의 준말. ↔가수(假需).

실수(實數)[-쑤]명 ①유리수와 무리수를 통틀어 이르는 말. ②추정이 아닌, 실제로 확인된 수. 실제의 계수(計數).

실-수요(實需要)명 실제로 소비하기 위한 수요. 준실수. ↔가수요(假需要).

실수요-자(實需要者)명 실제의 수요자.

실-수익(實收益)[-쑤-]명 실제의 수익.

실-수입(實收入)[-쑤-]명 실제의 수입.

실습(實習)[-씁]명하타 배운 기술 따위를, 실지로 해 보고 익힘. ¶ 농업 실습./운전 실습.

실습-생(實習生)[-씁쌩]명 실습하는 학생.

실습-수업(實習授業)[-씁쑤-]명 교육 실습생이 수업하는 기능 등을 익히기 위하여 실습 기간에 하는 수업.

실습-지(實習地)[-씁찌]명 실습을 위하여 마련된 땅. ¶ 원예 실습지.

실시(失時)[-씨]명하자 때를 놓침.

실시(實施)[-씨]명하타되자 (계획 따위를) 실제로 시행함. ¶ 시험을 실시하다.

실시간^시스템(實時間system)명 컴퓨터에서, 데이터를 수신하고 처리한 결과가 그 시점의 환경 기능에 영향을 주어 충분히 제어할 수 있는 정도로 처리 결과를 빨리 보내는 시스템. 은행의 창구 업무나 좌석 예약 업무에서처럼 요구가 발생한 즉시 결과가 나오게 되어 있음. 리얼타임 시스템. 참온라인 리얼타임 시스템.

실시^등ː급(實視等級)[-씨-]명 천문학에서, 맨눈으로 보았을 때의 별의 밝기의 등급. ↔절대 등급(絶對等級).

실시^연성(實視連星)[-씨-]명 망원경 등으로 그 궤도 운동을 관측할 수 있는 연성. ↔분광 연성.

실신(失身)[-씬]명하자 절개를 지키지 못함. 특히, 여자가 정조를 잃음. 실절(失節).

실신(失信)[-씬]명하자 신용을 잃음.

실신(失神)[-씬]명하자 ①정신을 잃음. 상신(喪神). ②뇌빈혈 따위로, 일시적으로 의식을 잃음, 또는 그 상태.

실실부 실없이 웃거나 부질없는 말을 수다스럽게 지껄이는 모양. ¶ 대답은 하지 않고 실실 웃기만 한다. 작샐샐.

실심(失心)[-씸]명하자 근심 따위로 맥이 풀리고 마음이 산란하여짐. 상심(喪心). **실심-히**부.

실심(實心)[-씸]명 참된 마음.

실쌈-스럽다[-따][~스러우니·~스러워]형ㅂ ①(말과 행동이) 보기에 착실하다. ②뒤스럭스럽다. **실쌈스레**부.

실ː-안개명 엷게 낀 안개.

실액(實額)명 실제의 금액.

실어(失語)명하자 ①잘못 말을 함. 실언함. ②(뇌의 장애 따위로 말미암아) 말을 잊어버리거나 바르게 하지 못함.

실어-증(失語症)[-쯩]명 뇌의 부분적 장애로 말미암아 언어 활동이 불완전해지는 병.

실언(失言)명하자 하지 않아야 할 말을 얼떨결에 함, 또는 그 말. 말실수. 구과(口過). ¶ 제자들 앞에서 실언을 하다.

실업(失業)명하자 ①(사업에 실패하거나 직장을 그만두거나 하여) 생업을 잃음. ②취업 의사와 능력을 가진 사람이 일할 기회를 얻지 못하거나 일자리를 잃음.

실업(實業)명 (농업·수산업·공업·상업 따위) 생산·제작·판매 따위에 관한 사업.

실업-가(實業家)[-까]명 상공업이나 금융업 등의 기업을 경영하는 사람.
실업-계(實業界)[-꼐/-께]명 ①실업의 범위. ②실업가들의 사회.
실업^교ː육(實業敎育)[-꾜-]명 실업에 종사하려는 사람에게 필요한 지식이나 기능을 가르쳐 체득(體得)시키는 교육.
실업-률(失業率)[시럼뉼]명 경제 활동을 할 수 있는 인구 가운데서 실업자가 차지하는 비율.
실업^보ː험(失業保險)[-뽀-]명 피보험자인 근로자가 실업했을 경우에 보험금을 지급하여 생활의 안정을 꾀하게 하는 사회 보험.
실업^수당(失業手當)[-쑤-]명 실업 보험의 규약에 따라 실업자에게 지급되는 수당.
실업^인구(失業人口)명 취업 의사와 능력이 있으면서도 생업(生業)을 갖지 못하고 있는 노동 인구.
실업-자(失業者)[-짜]명 실업한 사람.
실-없다(實-)[시럽따]형 말이나 행동이 실답지 못하다. ¶ 실없는 말./실없는 사람. **실없-이**부 ¶ 실없이 굴다.
실없-쟁이(實-)[시럽쨍-]명 '실없는 사람'을 농조로 이르는 말. ¶ 실없쟁이 허풍을 누가 믿나?
실에명 〈옛〉시렁. ¶ 실에 가:架(訓蒙中*14*).
실역(實役)명 현역으로서 치르는 병역.
실연(失戀)명하자 사랑이 이루어지지 않음. 연애에 실패함. ¶ 실연의 상처. 본실련(失戀).
실연(實演)명하타 ①(어떤 일을) 실제로 해 보임. ¶ 최면술을 실연하다. ②배우나 가수 등이, 무대에서 직접 연기함.
실연적 판단(實然的判斷) 주어와 술어와의 관계가 실제로 성립함을 나타내는 'A는 B이다'라는 형식의 판단. 참개연적 판단·필연적 판단.
실엽(實葉)명 ☞포자엽(胞子葉).
실ː-오라기명 실오리.
실ː-오리명 실의 가닥. 한 가닥의 실. 실오라기. ¶ 실오리 하나 걸치지 않은 몸.
실온(室溫)명 실내 온도.
실외(室外)[시뢰/시뤠]명 방 밖. 바깥. ¶ 실외 운동. ↔실내.
실용(實用)명하타되자 (치레가 아니고) 실제로 씀. ¶ 실용 학문./치레보다는 실용을 생각해서 물건을 사라.
실용^단위(實用單位)명 통일된 단위계와는 달리, 측정상 실용적인 편리에서 생겨난 단위. 〔암페어·볼트 따위.〕
실용-문(實用文)명 실생활에서 필요에 따라 쓰는 글. 〔편지·공문 따위.〕
실용-성(實用性)[-썽]명 실제로 쓸모가 있는 성질. ¶ 이 발명품은 실용성이 없다.
실용-신안(實用新案)명 물품의 모양이나 구조 따위를 개량(改良)하여, 실용상·산업상 이용될 수 있는 것으로 고안하는 일.
실용신안^특허(實用新案特許)[-트커]명 물품의 형상·구조 따위에 관한 실용적인 새로운 고안에 대한 권리의 특허. 준신안 특허·실용 특허.
실용-적(實用的)관명 실제로 쓸모가 있는 (것). 실생활에 알맞은 (것). ¶ 실용적 측면./실용적인 연구.
실용-주의(實用主義)[-의/-이]명 철학에서, 실생활에 유용한 지식과 실용성이 있는 이론만이 진리로서의 가치가 있다고 하는 생각. 프래그머티즘.
실용^특허(實用特許)[-트커]명 〈실용신안 특허〉의 준말.
실용-품(實用品)명 실용적인 물품.
실용-화(實用化)명하타되자 실제로 유용하게 쓰이게 됨, 또는 쓰이도록 함. ¶ 실용화 방안.
실유(實有)명 불교에서, 우주 만상이 모두 공(空)인데도, 중생의 미망된 생각으로 이를 실재라고 믿고 있는 일을 이르는 말. ↔가유(假有).
실-은(實-)부 사실은. 실제로는. ¶ 실은 나도 아직 가 보지 못했다.
실음(失音)명하자 목소리가 쉼.
실의(失意)[시릐/시리]명 기대가 어긋나 뜻이나 의욕을 잃어버리는 일. ¶ 실의에 빠지다.
실의(實意)[시릐/시리]명 ①본마음. ②참다운 마음. 성실한 마음.
실익(實益)명 실제의 이익. ¶ 일거리는 많지만 실익이 없다. 비실리(實利).
실인(失認)명 외상(外傷)이나 뇌출혈·뇌종양 따위로 대뇌 피질에 장애가 생겨, 감각기 및 신경 따위에 이상이 없는데도 대상을 인식하는 능력이 없어진 상태.
실인(室人)명 남 앞에서, '자기의 아내'를 이르는 말. 내자(內子).
실인(實印)명 관계 관청에 인감 증명이 되어 있는 도장. 인감도장.
실-인심(失人心)명하자 인심을 잃음.
실자(實子)[-짜]명 친아들.
실자(實字)[-짜]명 한자에서, 형상(形象)을 가진 구체적인 것을 나타내는 글자. 〔'山'·'川'·'人'·'日'·'月' 따위.〕
실-작인(實作人)명 ①착실하게 농사를 잘 짓는 소작인. ②실제의 경작자.
실-작자(實作者)[-짜]명 믿을 만한 사람.
실ː-잠망(-蠶網)명 실그물.
실ː-잠자리명 실잠자릿과의 곤충. 주로, 냇가에 사는데, 몸은 가늘고 길며 배는 원기둥 모양임. 앉아 있을 때는 양쪽 날개를 위로 곧게 세워서 합침. 먼 거리를 날지 못함.
실장(室長)[-짱]명 '실(室)' 자가 붙은, 일정한 부서를 책임지고 있는 사람.
실재(實才)[-째]명 글재주가 있는 사람.
실재(實在)[-째]명 ①하자실제로 존재함. ¶ 실재의 인물. ②철학에서, 인간의 인식이나 경험과는 상관없이 독립하여 존재하는 것을 이르는 말. ↔가상.
실재-론(實在論)[-째-]명 의식이나 주관으로부터 독립하여 존재하는 객관적 존재를 인정하고, 그것을 올바른 인식의 기준으로 삼는 인식론의 한 관점. ↔관념론(觀念論).
실재-성(實在性)[-째썽]명 사물이나 사상(事象)이 인간의 의식과는 독립하여 객관적으로 존재하는 성질.
실재-적(實在的)[-째-]관명 실재하는 (것), 또는 실재하는 것의 특성을 가진 (것).
실적(失跡)[-쩍]명하자 종적을 감춤. 행방을 알 수 없게 됨. 실종(失踪).
실적(實積)[-쩍]명 실제의 면적이나 용적.
실적(實績)[-쩍]명 (어떤 일에서 이룬) 실제의 공적이나 업적.
실전(失傳)[-쩐]명하자타되자 〔묘지나 고적 등이〕 대대로 전해 온 사실을 알 수 없게 됨.
실전(實戰)[-쩐]명하자 실제의 싸움. ¶ 실전을 방불케 하다./실전 경험이 풍부하다.
실전-담(實戰談)[-쩐-]명 실지로 겪은 전쟁에 대한 이야기.

실절(失節)[-쩔]명하자 ①절의를 굽힘. ②정절을 지키지 못함. 실신(失身). 실정. ↔수절.
실점(失點)[-쩜]명하자 (경기 따위에서) 점수를 잃음, 또는 그 점수. ↔득점(得點).
실정(失政)[-쩡]명하자 정치를 잘못함, 또는 잘못된 정치. ¶ 실정을 바로잡다.
실정(失貞)[-쩡]명하자 ☞실절(失節).
실정(實情)[-쩡]명 ①실제의 사정. 실제의 상황. ¶ 현지에 가서 실정을 살피다. ②거짓 없는 참된 마음. ¶ 실정을 토로하다.
실정-법(實定法)[-쩡뻡]명 사회에서 현실적으로 시행되고 있는 법. 〔성문법·관습법·판례법 등.〕 ↔자연법.
실제(實弟)[-쩨]명 친아우.
실제(實際)[-쩨] Ⅰ명 있는 그대로의, 또는 나타나거나 당하는 그대로의 상태나 형편. ¶ 이론과 실제.
Ⅱ부 거짓이나 상상이 아니고 현실적으로. ¶ 광고는 거창했지만 실제 약효는 별로다.
실조(失調)[-쪼]명하자 조화를 잃음.
실족(失足)[-쪽]명하자 ①발을 잘못 디딤. 실각(失脚). 헛디딤. ②행동을 잘못함.
실존(實存)[-쫀]명 ①하자(관념이나 인식에 의한 허상과는 상관없이) 실제로 존재하는 일. ¶ 실존 인물. ②(불변적 존재인 본질에 대응하여) 가능적 존재. ¶ 신이나 초월자가 본질이라면 인간 개개의 존재는 실존이다. ③인식의 주체자로서의 자아(自我)인 '나'.
실존-주의(實存主義)[-쫀-의/-쫀-이]명 20세기 전반기에 프랑스와 독일을 중심으로 일어난 철학 사조의 한 가지. 실증주의나 합리주의에 대한 반동으로 시작되어, 사물이나 인간에 관한 보편적·추상적인 본질을 부정하고 개별적·구체적인 실존을 다룸. 문학·종교·사상 등에 큰 영향을 미쳤으며, 야스퍼스·키에르케고르·니체·사르트르·포이어바흐 등이 그 대표적 철학자임. 실존 철학.
실존주의^문학(實存主義文學)[-쫀-의-/-쫀-이-]명 실존주의 철학을 수용한 문학. 20세기 중엽 유럽 문학의 온갖 장르에 영향을 끼침.
실존^철학(實存哲學)[-쫀-]명 ☞실존주의.
실종(失踪)[-쫑]명되자 (사람의) 소재나 행방, 생사 여부를 알 수 없게 됨. ¶ 실종 사건. /조난으로 실종된 사람. 비실적(失跡).
실종^선고(失踪宣告)[-쫑-]명 부재자(不在者)의 생사를 모른 채 일정 기간이 지나 사망의 추측이 강한 경우, 그를 사망한 것으로 간주하여 신분이나 재산 관계를 확정시키는 선고.
실종-자(失踪者)[-쫑-]명 실종된 사람.
실주(實株)[-쭈]명 현물(現物)의 주권(株券). ↔공주(空株).
실죽(實竹)[-쭉]명 참대의 땅속줄기가 벼랑 같은 데서 밖으로 나와 위로 자라 오른 것. 속이 비지 않은 것이 특징이며, 지팡이나 도장 재료 따위로 쓰임.
실-중력(實中力)[-녁]명 ☞실중힘.
실-중힘(實中-)명 (활의 세기에서) 실궁보다는 무르고 중힘보다는 센 등급의 각궁. 실중력.
실증(實證)[-쯩]명 ①하타되자(논리나 관념에 의하지 않고) 실물이나 사실에 근거하여 증명함, 또는 그에 따른 증거. ②확실한 증거. ¶ 그의 소행임을 밝힐 실증을 잡았다.
실증(實症·實證)[-쯩]명 한방에서, 여러 증상 중에서 진단하기에 병의 세력이 충분한 증후를 이르는 말.
실증-론(實證論)[-쯩논]명 ☞실증주의.
실증-적(實證的)[-쯩-]관명 (관념적 논리가 아니라) 경험·관찰·실험 등에 의하여 증명이 되는 (것). ¶ 실증적 연구. /실증적인 기풍.
실증-주의(實證主義)[-쯩-의/-쯩-이]명 철학의 방법이 과학의 방법과 같다고 보는 근대 철학의 한 사조. 과학에 의하여 얻어지는 지식의 총체만이 참된 지식이라는 주장. 콩트·마흐·아베나리우스 등이 그 대표적 철학자임. 실증론. 실증 철학. 적극주의.
실증^철학(實證哲學)[-쯩-]명 ☞실증주의.
실지(失地)[-찌]명 잃어버린 땅. ¶ 실지 회복.
실지(失志)[-찌]명하자 ☞실망(失望).
실지(實地)[-찌] Ⅰ명 ①실제의 처지나 경우. ¶ 실지 경험. ②실제의 땅이나 장소.
Ⅱ부 실제로. ¶ 실지 겪은 이야기.
실지(實智)[-찌]명 〔불교에서, 모든 법계가 공적(空寂)임을 깨닫는〕 참된 지혜. ↔권지(權智).
실지^검ː증(實地檢證)[-찌-]명 ☞현장 검증.
실지-로(實地-)[-찌-]부 실제로. 사실적으로. ¶ 확실히 알려면 실지로 해 보아라.
실지-적(實地的)[-찌-]관명 실지와 같은 (것). ¶ 실지적 측면. /실지적인 상황을 재현하다.
실직(失職)[-찍]명하자되자 직업을 잃음. 실업(失業). ¶ 실직을 당하다.
실직(實直) '실직하다'의 어근.
실직(實職)[-찍]명 ①왕조 때, 문무 양반만이 하던 벼슬. 정임(正任). 정직(正職). ②실무를 맡아 하는 실제의 관직. 실함(實銜). ↔차함(借銜).
실직-하다(實直-)[-찌카-]형여 성실하고 정직하다.
실진(失眞)[-찐]명하자 ☞실성(失性).
실질(實質)[-찔]명 ①실상의 본바탕. ②(꾸밈이나 외모가 아닌) 속 내용의 실다움. ¶ 능률과 실질을 숭상하다.
실질^명사(實質名詞)[-찔-]명 ☞자립 명사.
실질-범(實質犯)[-찔-]명 ☞결과범.
실질-법(實質法)[-찔뻡]명 국제 사법에서, 법률 관계를 직접 규율하는 법을 통틀어 이르는 말. 〔법 적용 당사국의 민법·상법 따위.〕 실체법.
실질^임ː금(實質賃金)[-찔-]명 실질적인 구매력으로 환산하여 나타낸 임금. 곧, 임금으로 실제 구매할 수 있는 물자나 서비스의 양을 표시한 것. ↔명목 임금.
실질-적(實質的)[-찔쩍]관명 (형식이나 외양보다) 실질의 내용을 갖춘 (것). 실질을 위주로 한 (것). ¶ 실질적 소유주. /형식적인 것보다 실질적인 것이 낫다. ↔형식적.
실질-주의(實質主義)[-찔-의/-찔-이]명 형식이나 절차 따위보다 내용의 질(質)을 귀중하게 여기는 주의. ↔형식주의.
실질^형태소(實質形態素)[-찔-]명 구체적인 대상이나 동작 또는 상태를 나타내는 가장 작은 단위의 말. 〔'철수가 이야기 책을 읽었다.'에서 '철수·이야기·책·읽' 따위로, 체언·수식언·독립언 등이 이에 딸림.〕 관념사. 생각씨. 의미소. 의의소(意義素). 실사(實辭). 참형식 형태소.
실쭉부하자타 (고까운 생각이 들어) 입이나 눈을 한쪽으로 실긋하게 움직이는 모양. ¶ 나는 입을 실쭉하며 외면해 버렸다. 작샐쭉. 센씰쭉.
실쭉-실쭉부하자타.
실쭉-거리다[-꺼-]자타 자꾸 실쭉실쭉하다. 실쭉대다. 작샐쭉거리다.
실쭉-대다[-때-]자타 실쭉거리다.

실쭉-샐쭉[-쎌-]부하자타 고까워서 실쭉거리기도 하고 샐쭉거리기도 하는 모양.
실쭉-하다[-쭈카-]형여 ①마음에 시뻐서 고까워하는 태도가 있다. ②한쪽으로 길쭉하게 실그러져 있다. 작샐쭉하다. 센씰쭉하다.
실착(失着)명하타 (바둑 등에서) 잘못 둠, 또는 잘못 둔 점. 참패착(敗着).
실책(失策)명 잘못된 계책이나 잘못된 처리. 잘못. 실계(失計). ¶ 실책을 저지르다.
실책(實策)명 실제적인 계책. 실질적 계책.
실천(實踐)명하타되자 실제로 이행함. ¶ 계획을 즉시 실천에 옮기다. ↔이론.
실천-가(實踐家)명 (이론을 앞세우지 않고) 행동으로 직접 실천하는 사람. ↔이론가.
실천-궁행(實踐躬行)명하자 몸소 실천함.
실천-력(實踐力)[-녁]명 실천하는 힘.
실천^윤리(實踐倫理)[-뉼-]명 도덕의 실천적 방면을 주로 연구하는 윤리학.
실천^이ː성(實踐理性)명 도덕적 원리를 인식하여 욕망을 통어(統御)하고, 의지·행위를 규정·평가하는 이성. ↔순수 이성.
실천-적(實踐的)관명 이론보다 실천이나 실천력을 위주로 하는 (것). ¶ 실천적 방안. /실천적인 인간. ↔이론적.
실천^철학(實踐哲學)명 실천 또는 행위의 철학적 문제를 연구하는 학문을 통틀어 이르는 말. 〔윤리학·미학(美學)·법률학·종교 철학 따위.〕 ↔이론 철학.
실ː-첩명 종이를 접어서 만든 여자용 손그릇의 한 가지. 실이나 헝겊 따위를 담음.
실체(失體)명하자 체통을 잃음.
실체(實體)명 ①실제의 물체. ②성질이나 작용의 본체. ¶ 방송국을 견학하고서야 방송의 실체를 알았다. ③생멸 변화(生滅變化)하는 현상의 배후나 기초가 되어 영원히 변하지 않는 본체.
실체-경(實體鏡)명 사진 따위 평면 도형을 실물처럼 입체로 보이게 장치한 광학 기계. 입체경.
실체-론(實體論)명 ①☞존재론. ②현상과 작용의 배후에 실체가 있다고 주장하는 학설.
실체-법(實體法)[-뻡]명 ①권리나 의무 등 법률관계의 발생·변경·소멸 효과 따위의 실체를 정한 법. 민법·상법·형법 등이 이에 딸림. ②☞실질법. 참절차법·주법(主法).
실체^자본(實體資本)명 화폐 및 화폐 채권을 포함한 실체적 재화로 존재하는 기업 자본.
실체^진ː자(實體振子)명 ☞복진자(複振子).
실체-파(實體波)명 진원에서 지구 내부를 통하여 전달되는 지진파. ↔표면파.
실체-화(實體化)명하타 단순한 속성이나 추상적인 개념의 내용을 객관화하여 독립적 실체로 만드는 일.
실총(失寵)명하자되자 총애를 받지 못하게 됨.
실추(失墜)명하타되자 명예나 위신 따위를 떨어뜨리거나 잃음. ¶ 교사의 권위가 실추되다.
실축(失蹴)명하자 축구 따위에서, 공을 실수로 엉뚱한 방향으로 잘못 차는 일.
실측(實測)명하타되자 실제로 측량함.
실컷[-컫]부 ①하고 싶은 대로 한껏. 마음껏. ¶ 실컷 먹다. ②아주 심하게. ¶ 실컷 얻어맞다.
실켓(silket)명 명주실과 같은 광택이 있는 실. 인조 견사.
실크(silk)명 ①생사(生絲). ②깁. 명주.
실크^로ː드(Silk Road)명 아시아 내륙을 동서로 횡단하던 고대의 교역 교통로. 〔중국의 비단을 서역에 수출하던 데서 비롯된 말.〕 비단길.
실크^프린트(silk print)명 등사판과 유사한 공판인쇄의 하나.
실크-해트(silk hat)명 서양 남자들이 정장할 때 쓰던 운두 높은 모자. 딱딱하고 둥글며 겉에 검정 비단을 입혔음.
실큼-하다형여 싫은 생각이 좀 나 있다.
실ː-타래명 타래로 되어 있는 실뭉치.
실탄(實彈)명 (공포탄 따위가 아닌) 총포(銃砲)에 재어서 쏘아 실제로 효과를 낼 수 있는 탄알. ¶ 실탄 사격. /실탄을 장전하다.
실태(失態)명 ①본디의 면목을 잃는 일. ②볼썽사나운 모양.
실태(實態)명 실제의 태도. 실제의 형편. 실정(實情). ¶ 외래어 사용 실태 조사.
실ː-터명 집과 집 사이에 남은 좁고 긴 빈터.
실ː-테명 물레에 일정하게 감은 실의 분량, 또는 그렇게 감겨 있는 실.
실ː테-뜨기명 실오리가 헝클어지지 않도록 물레의 얼레에 감겨 있는 실테를 서너 군데 갈라 묶어 매는 일.
실토(實吐)명하자타 사실대로 내용을 모두 밝히어 말함. 설토(說吐).
실-토리명 '실톳'의 방언.
실-토정(實吐情)명하자타 사실대로 진정(眞情)을 밝혀 말함.
실ː-톱명 (도림질을 하는 데 쓰는) 실같이 가는 톱.
실ː-톳[-톧]명 (피륙을 짤 때에 북에 넣어서 쓸 수 있도록) 나무토리에 방추형으로 감아 놓은 실의 뭉치. *실ː톳이[-토시]·실ː톳만[-톤-]
실ː-퇴(-退)[-퇴/-퉤]명 아주 좁고 길쭉한 툇마루.
실투(失投)명하자 야구나 농구 따위의 구기(球技)에서, 공을 잘못 던지는 일.
실투-유(失透釉)명 도자기의 몸에 씌우는 투명하지 않은 잿물.
실ː-파명 아주 가느다란 파. 세총(細葱).
실팍-지다[-찌-]형 실팍한 데가 있다.
실팍-하다[-파카-]형여 (사람이나 물건이) 보기에 옹골차고 다부지다.
실ː-패명 실을 감아 두는 작은 나무쪽 따위.
실패(失敗)명하자 일이 뜻한 바대로 되지 못하거나 그릇됨. 곧, 뜻을 이루지 못함. ¶ 실패의 원인. /사업에 실패하다. ↔성공.
실ː패-강정명 실패 모양으로 만든 강정.
실ː-핏줄[-피쭐/-핀쭐]명 ☞모세혈관.
실-하다(實-)[1]타여 떡고물로 쓸 깨를 물에 불려서 껍질을 벗기다. ¶ 깨를 실한 뒤 빻다.
실-하다(實-)[2]형여 ①허실 없이 옹골차다. ¶ 몸이 실하다. ②(재물이) 넉넉하다. ¶ 살림이 실하다. ③믿음성 있고 착실하다. ①**실-히**부 ¶ 손에 든 물건이 10kg은 실히 됨 직하였다.
실학(實學)명 17세기 후반부터 조선 말기까지, 전통 유학의 관념적 태도를 극복하고, 실사구시(實事求是)와 이용후생(利用厚生) 및 경세치용(經世致用) 등을 구현하고자 한 학문.
실학^사ː가(實學四家)명 ☞사가(四家).
실학-자(實學者)[-짜]명 조선 시대에, 실학 운동에 동참하거나 실학을 주장하던 사람.
실학-주의(實學主義)[-쭈의/-쭈이]명 실생활에 도움이 되는 학문을 가르쳐야 한다는 주의. 16세기 이후 유럽에서 전통적 인문주의 교육에 대항하여, 모국어 교육과 과학 교육 및 경험론에 근거한 현실 탐구의 태도를 취하였음.
실학-파(實學派)명 조선 시대에, 실학 운동에 동참하거나 실학을 주장하던 한 무리의 선비를 이르는 말. 이익(李瀷)·박지원(朴趾源)·김정희(金正喜)·정약용(丁若鏞)·이덕무(李德懋)·박제가(朴齊家) 등이 그 대표적인 학자임.
실함(失陷)명하자타되자 적에게 진지나 성을 빼앗김.
실함(實銜)명 ☞실직(實職). ↔차함(借銜).
실-함수(實函數)[-쑤]명 함수에서, 독립 변수나 종속 변수가 모두 실수(實數)인 함수. 〔대수함수·초월 함수가 모두 포함됨.〕 참복소함수.
실행(失行)명하자 좋지 못한 행동을 함.
실행(實行)명하타되자 실지로 행함. ¶ 약속한 대로 실행하다.
실행^미:수(實行未遂)명 범죄를 목적으로 실행했으나 목적한 결과가 발생하지 않은 경우. 살상을 목적으로 대상을 겨냥해 총을 쏘았으나 빗나가서 살상의 결과가 전혀 없었던 일과 같은 것.
실행^미:수범(實行未遂犯)명 실행 미수에 그친 범죄, 또는 그 범인. 결효미수범. 결효범.
실행^예:산(實行豫算)[-녜-]명 예산이 국회에 의해 성립한 후, 그 예산 범위 안에서 실행에 적합하도록 정부가 재편성한 예산.
실행^정:범(實行正犯)명 〔교사(敎唆)와 같은 간접적 정범에 대하여〕 직접 범죄를 실행한 정범.
실행-증(失行症)[-쯩]명 일상의 경험을 통하여 터득한 운동이 대뇌의 손상으로 말미암아 불가능하게 된 증상.
실향(失鄕)명하자 고향을 잃음.
실향-민(失鄕民)명 ①고향을 잃고 타향살이하는 백성. ②자기 뜻과는 상관없이 자기 나라 국경 밖에서 살게 된 국민.
실험(實驗)명하타 ①일정한 조건을 인위적(人爲的)으로 설정하여 기대했던 현상이 일어나는지 어떤지, 또는 어떤 현상이 나타나는지 조사하는 일. ②실제로 경험하거나 시험함, 또는 그 경험이나 시험.
실험^과학(實驗科學)명 실험을 연구의 중요한 수단으로 하는 과학.
실험^극장(實驗劇場)[-짱]명 새로운 연극을 시도하고 모색하기 위해 비영리적으로 운영하는 극장.
실험^소:설(實驗小說)명 실험실에서 실험하는 것과 같은 관찰 태도로 작중 인물을 그려, 과학적으로 그 결과를 보고해야 한다고 주장한, 졸라의 소설론에 근거한 소설.
실험-식(實驗式)명 화합물의 조성을 원소 기호로써 가장 간단히 나타낸 화학식. 또는, 물질한 분자 중에 들어 있는 각 원자수의 비를 가장 간단히 나타낸 식.
실험-실(實驗室)명 실험을 목적으로 설치한 방.
실험^심리학(實驗心理學)[-니-]명 정신 현상의 연구에 실험적 방법을 적용하는 심리학. 〔19세기에 분트가 처음 사용한 용어임.〕
실험-적(實驗的)관명 ①실험에 의한 (것). ¶ 실험적 연구. ②새로운 방법이나 형식을 시험 삼아 해 보는 (것). ¶ 실험적 성격이 강한 영화.
실험-학교(實驗學校)[-꾜]명 학교 교육의 개조와 진보를 위하여, 새 이론이나 주장을 실제로 적용하여 연구하는 학교.
실험^현:상학(實驗現象學)명 현상을 경험에 직결시켜 주어진 대로 파악하고 그 특성을 기술·분류하며, 또 실험적으로 그 현상이 나타나는 조건을 밝히는 것을 목표로 하는 심리학의 한 분야.
실현(實現)명하타되자 실제로 나타나거나 나타냄. ¶ 대학자가 되겠다는 꿈을 실현하다.
실현-성(實現性)[-썽]명 실현될 가능성.
실혈(失血)명하자 피가 자꾸 나서 그치지 아니함. 탈혈(脫血).
실혈-증(失血症)[-쯩]명 한방에서, 피가 몸 밖으로 나오는 병을 통틀어 이르는 말. 〔객혈·변혈(便血) 따위.〕 혈증(血症).
실형(實兄)명 친형.
실형(實刑)명 실제로 받는 체형(體刑).
실혜(實惠)[-혜/-헤]명 실제로 입은 은혜(혜택).
실혼(失魂)명하자 (몹시 놀라거나 공포에 질려서) 넋을 잃음. ¶ 이방 호장 실혼하고, 삼색나졸(三色羅卒) 분주하네(烈女春香守節歌).
실화(失火)명하자 잘못하여 불을 냄, 또는 잘못하여 낸 불. ¶ 실화로 건물 두 채가 전소되었다. 참방화(放火).
실화(失和)명하자 서로의 사이가 좋지 않게 됨.
실화(實話)명 실지로 있던 이야기.
실화^문학(實話文學)명 실화를 바탕으로 예술적 가치보다 흥미를 앞세운 문학.
실화-죄(失火罪)[-쬐/-쮀]명 실화(失火)로 인하여 재산 따위를 불태움으로써 성립하는 죄.
실황(實況)명 실제의 상황. 실정(實情).
실황^방:송(實況放送)명 실제의 상황을 현장에서 방송하는 일.
실효(失效)명하자되자 효력을 잃음.
실효(實效)명 실제의 효력(효과). ¶ 실효를 거두다.
실효^가격(實效價格)[-까-]명 소비자가 상품을 각기 다른 값으로 사들일 때, 그 상품의 구입량으로 가중 평균한 가격.
싫다[실타]형 ①마음에 들지 않다. ¶ 싫은 사람. ②하고 싶지 않다. ¶ 먹기가 싫다. *싫어[시러]·싫소[실쏘]
싫어-하다[시러-]타여 싫다고 여기거나 하고 싶어 하지 않다. ¶ 보기 싫어하다./술을 싫어하다.
싫증(-症)[실쯩]명 싫은 생각. 달갑지 않게 여기는 마음. 권태증. 염증(厭症). ¶ 싫증을 내다./싫증이 나다.
심명 소의 심줄. 쇠심.
심(心)명 ①〈촉심(燭心)〉의 준말. ¶ 촛불의 심. ②〈심성(心星)〉의 준말. ③죽에 곡식 가루를 잘게 뭉쳐 넣은 덩이. 〔팥죽에 넣는 새알심 따위.〕 ④〈심지〉의 준말. ⑤(무·배추 따위의) 속에 든 질기고 여문 부분. ⑥(양복 따위의 어깨나 깃에) 빳빳하라고 넣는 물건. ¶ 양복 깃에 심을 넣다. ⑦연필의 목재 외피(外皮) 속에 박혀 글씨를 쓸 수 있게 된 부분. ¶ 연필의 심. ⑧나뭇고갱이.
-심(心)접미 《일부 명사 뒤에 붙어》 '마음'을 뜻함. ¶ 애국심./자비심./충성심.
심:각(深刻)[1]명하타 깊이 새김. ¶ 비석(碑石)의 글자를 심각하다.
심각(深刻)[2] '심각하다'의 어근.
심:각-성(深刻性)[-썽]명 심각한 상태를 띤 성질. ¶ 청소년 범죄의 심각성./사태의 심각성.
심:각-하다(深刻-)[-가카-]형여 매우 중대하고 절실하다. ¶ 가장 심각한 문제. **심각-히**부 ¶ 심각히 생각하다.
심간(心肝)명 ①마음속. 참된 마음. ②심장과 간장.
심:갱(深坑)명 깊은 구덩이.
심겁(心怯)명하형 대단찮은 일에도 겁을 잘 낼 정도로 담력이 없음.

심결(審決)명 (특허국의 심판 등에서 하는) 심리(審理)의 결정.
심경(心經)[1]명 심장에서 갈려 나온 경락(經絡).
심경(心經)[2]명 〈반야바라밀다심경〉의 준말.
심경(心境)명 마음의 상태, 또는 경지(境地). ¶ 심경의 변화를 보이다. 비심계(心界).
심ː경(深更)명 깊은 밤. 심야(深夜).
심ː경(深耕)명하타 (논밭을) 깊게 갊.
심ː경(深境)명 (사상이나 학문·예술·종교 따위의) 깊은 경지.
심경^소ː설(心境小說)명 작가가 자기의 심경을 솔직히 묘사한 소설.
심계(心界)[-계/-게]명 ①마음의 세계. ↔물계. ②마음의 형편. ¶ 막내 혼사를 치르고 나니 심계가 편하다. 비심기(心氣)·심경(心境).
심계(心悸)[-계/-게]명 (왼쪽 가슴에 손을 대어 느낄 수 있는) 심장의 고동.
심ː계(深戒)[-계/-게]명하타 깊이 경계함.
심계^항ː진(心悸亢進)[-계-/-게-]명 (질병·흥분·운동 등으로) 심장의 고동이 높아지는 일.
심-고명 활의 시위를 양냥고자에 걸도록 활몸 양 끝에 달아 놓은, 소의 심줄로 만든 고.
심고(心告)명하자 천도교인들이 먹거나 자고 일어나거나 출입 따위를 할 때마다 먼저 한울님에게 마음으로 아뢰는 일.
심곡(心曲)명 애틋하고 간절한 마음속. 정곡(情曲). 충곡(衷曲).
심ː곡(深谷)명 깊은 골짜기.
심골(心骨)명 ①마음과 뼈. ¶ 심골이 함께 저리다. ②마음속. ¶ 아버님의 심골을 헤아리다.
심광체반(心廣體胖)명 마음이 너그러우면 몸이 편안함.
심교(心交)명 마음을 터놓고 사귀는 벗.
심교(心巧) '심교하다'의 어근.
심ː교(深交)명하자 정분이 깊게 사귐, 또는 그러한 교제.
심교-하다(心巧-)형여 마음씀이 잘고 꼼꼼하다.
심구(心垢)명 마음을 더럽히는 때, 곧 번뇌.
심ː구(深究)명하타 깊이 연구함.
심구(尋究)명하타 찾아서 밝힘.
심ː굴(深窟)명 깊은 굴.
심ː궁(深宮)명 깊고 그윽한 궁중.
심ː규(深閨)명 여자가 기거하는, 깊숙이 들어앉은 방이나 집.
심근(心根)명 마음씨. 마음속.
심근(心筋)명 심장의 벽을 싸고 있는 근육.
심ː근(深根)명 깊이 뻗은 뿌리.
심근^경색증(心筋梗塞症)[-쯩]명 심장 질환의 한 가지. 관상 동맥에 혈전(血栓)이 생기거나 관상 동맥 경화증 때문에 순환 장애를 일으킬 때 흔히 발작적으로 나타남. 쇼크 상태가 되고 사망률이 높음.
심금(心琴)명 자극에 따라 미묘하게 움직이는 마음을 '거문고'에 비유하여 이르는 말.
  심금(을) 울리다관용 감동하게 하다. ¶ 심금을 울리는 마지막 장면.
심급(甚急) '심급하다'의 어근.
심급(審級)명 같은 사건을 각기 다른 법원에서 반복하여 심판할 때, 그 법원 사이의 심판의 순서, 또는 상하의 계급. 원칙적으로 우리나라는 삼심급제(三審級制)임.
심ː급-하다(甚急-)[-그파-]형여 몹시 급하다.
심기(心氣)명 마음으로 느끼는 기분. ¶ 심기가 불편하다. 비심계(心界).
심기(心機)명 마음의 기능이나 활동.
심-기다자 〖'심다'의 피동〗 심음을 당하다. 심어지다. ¶ 화분에 꽃이 심기다.
심기-일전(心機一轉)[-쩐]명하자 (어떤 동기에 의하여) 지금까지 품었던 생각과 마음의 자세를 완전히 바꿈. ¶ 우리 모두 새해를 맞아 심기일전하여 근무에 임하자.
심기-증(心氣症)[-쯩]명 신경 쇠약의 한 증세. 스스로 생각하기에 큰 병에 걸렸다고 느끼는 증세. 히포콘드리아시스.
심-나물명 말린 쇠심을 물에 불려 끓는 물에 데친 다음 토막지게 썰어 숙주나물에 넣은 음식.
심난(甚難) '심난하다'의 어근.
심ː난-하다(甚難-)형여 매우 어렵다. 매우 곤란하다. 지난(至難)하다.
심낭(心囊)명 심장의 바깥을 주머니처럼 덮어 싸고 있는 얇은 막. 심막. 염통주머니.
심ː-녹색(深綠色)[-쌕]명 짙은 초록색. 갈매.
심뇌(心惱)[-뇌/-눼]명하자 마음의 괴로움.
심ː다[-따]타 ①초목의 뿌리 또는 씨앗 따위를 땅속에 묻다. ¶ 뒷산에 밤나무를 심다. ②마음에 뿌리박게 하다. ¶ 어린 마음에 불신감을 심다. ③어떤 의도를 가지고, 자기편 사람을 상대편 집단에 미리 넣다. ¶ 경쟁사에 우리 사람을 심어 두다. ④정하여진 틀이나 대상에 꽂아 넣다. ¶ 이를 잇몸에 심다. /머리털을 심다.
심담(心膽)명 심지(心地)와 담력.
심ː담(深潭)명 깊은 못. 심연(深淵).
심-대(心-)[-때]명 (차량이나 팽이 따위의) 중심을 이루는 대. 축(軸).
심대(甚大) '심대하다'의 어근.
심ː대-하다(甚大-)형여 몹시 크다. ¶ 심대한 타격. /피해를 심대하게 입다.
심덕(心德)명 마음씨에 나타나는 어질고 너그러운 품성. ¶ 심덕이 좋은 며느리.
심도(心到)명 독서삼도(讀書三到)의 하나. 글을 읽을 때는 '마음을 오로지 글 읽기에 집중해야 함'을 이르는 말. 참독서삼도.
심ː도(深度)명 깊은 정도.
심독(心讀)명하타 마음속으로 읽음.
심-돋우개(心-)명 등잔의 심지를 돋우는 기구.
심동(心動)명하자 ①마음이 들떠 움직임. ②솔깃하여 마음이 동함.
심ː동(深冬)명 추위가 한창인 겨울철의 고비.
심드렁-하다형여 ①관심이 없거나 탐탁하지 않아 서두르고 싶지 아니하다. ②(병 따위가) 더하지도 덜하지도 않은 채 오래 끄는 상태에 있다. ¶ 감기가 심드렁하다. **심드렁-히**부.
심-떠깨명 〈쇠심떠깨〉의 준말.
심란(心亂) '심란하다'의 어근.
심란-하다(心亂-)[-난-]형여 마음이 뒤숭숭하다. 마음이 어지럽다. 심산(心散)하다. ¶ 하도 심란하여 도무지 일이 손에 잡히지 않는다. **심란-히**부.
심ː람(深藍)[-남]명 짙은 쪽빛.
심ː량(深量)[-냥]명하타 깊이 헤아림. 깊은 사량(思量). ¶ 일을 심량하여 처리하다.
심ː량(深諒)[-냥]명하타 깊이 헤아려 살핌. 비심려(深慮).
심ː량-처지(深諒處之)[-냥-]명하타 깊이 헤아려 처리함.
심려(心慮)[-녀]명하타되자 마음으로 근심함, 또는 마음속의 근심. ¶ 별것 아닌 일로 심려를 끼쳐 드려 죄송합니다.
심ː려(深慮)[-녀]명하타 깊이 생각함, 또는 그 생각. 심사. 비심량(深量).

심력(心力) [-녁] 명 ①마음과 힘. ¶ 일의 성취를 위하여 심력을 다하다. ②마음이 미치는 힘. ¶ 심력을 집중하면 초인적인 능력이 나타난다.

심령(心靈) [-녕] 명 ①마음이나 정신 작용을 일으킨다고 여겨지는 근원적 존재. ②육신과 대립적인 존재로 인식되는 마음의 주체. ③과학으로는 설명할 수 없는 육체의 생사(生死)와 관계없이 영존(永存)한다는 비물질의 불가사의한 존재. ①②영혼. 준영(靈). ↔육신·육체.

심령-론(心靈論) [-녕논] 명 ①심령은 물질 세계를 지배하여 비상식적인 초능력이나 현상을 나타낼 수 있다고 믿고 주장하는 설이나 이론. ②☞강신론(降神論).

심령-술(心靈術) [-녕-] 명 심령 현상을 일으키는 독특한 방법.

심령-학(心靈學) [-녕-] 명 심령 현상 등에 대해서 연구하는 학문.

심령^현:상(心靈現象) [-녕-] 명 이미 알려진 자연 법칙으로는 설명할 수 없는 신비 현상. 염력(念力), 투시, 텔레파시, 영혼과의 교통, 외계(外界)의 영혼과의 통신 등의 현상을 통틀어 이르는 말.

심로(心勞) [-노] 명하자 마음을 수고롭게 씀, 또는 그런 수고. ¶ 이번 일로 심로가 많다.

심:록(深綠) [-녹] 명 짙은 초록빛. 갈매.

심료-내과(心療內科) [-뇨-꽈] 명 내과 임상 의학의 한 분과. 암시·면접 등의 심리 요법을 주로 하는 내과.

심리(心理) [-니] 명 ①마음의 움직임이나 상태. 마음보. 속내평. ¶ 그의 심리를 알 수 없다. ②그때그때 외계로부터의 자극에 반응하는 사람이나 동물의 의식 상태, 또는 마음의 현상. ¶ 아동 심리. ③〈심리학〉의 준말.

심리(審理) [-니] 명하타 소송 사건에 관하여 법관이 판결에 필요한 모든 일을 심사함.

심리-극(心理劇) [-니-] 명 극적인 효과보다는 진단이나 치유의 효과를 기대하는 목적극. 〔주로, 사회적 부적응이나 인격 장애의 진단 및 치료에 이용됨.〕 사이코드라마.

심리^묘:사(心理描寫) [-니-] 명 소설이나 극 따위에서, 등장인물의 심리가 변화하는 상태를 그려 내는 일.

심리^소:설(心理小說) [-니-] 명 주로, 인간 내면의 심리적 변화를 다룬 소설. 18세기에 낭만주의 소설에 대한 반동으로 비롯되었으며, 19세기 초 스탕달의 '적과 흑'이 그 대표작임. 20세기에는 '의식의 흐름'으로 일컬어지는 신심리 소설, 곧 도스토예프스키·조이스·울프·프루스트 등의 작품이 등장하였음.

심리^요법(心理療法) [-니-뻡] 명 심리적 장애나 부조(不調)·부적응을 심리적인 기법에 의하여 치료하는 방법을 통틀어 이르는 말. 〔넓은 뜻으로는 생리적·물리적·화학적 방법을 사용하는 것도 포함함.〕 정신 요법.

심리^유보(心理留保) [-니-] 명 의사(意思) 표시자가 진의가 아닌 뜻으로 해석될 것을 알고 한 의사 표시. 〔비진의 표시(非眞意表示)라고도 함.〕

심리-전(心理戰) [-니-] 명 상대편에 대하여 명백한 적대 행위를 취하지 않고, 오로지 상대편의 심리에 작용하여 제압하려고 하는 전쟁이나 경쟁. 심리 전쟁.

심리^전:쟁(心理戰爭) [-니-] 명 ☞심리전.

심리-주의(心理主義) [-니-의/-니-이] 명 (논리학을 우선으로 하는 논리주의에 대립하여) 인식론·논리학·윤리학·미학 등 철학의 여러 부문에서 문제 해명의 기초가 되는 것이 심리학이라고 주장하는 처지. ↔논리주의.

심리-학(心理學) [-니-] 명 인간이나 동물의 의식과 행동의 양태를 연구하는 학문. 〔행동에 관해서도 생리학적 측면을 떠난, 심리적 반응으로서 나타나는 양태를 연구 대상으로 함.〕 준심리.

심리학-과(心理學科) [-니-꽈] 명 대학에서, 심리학을 연구하는 학과.

심리학적 측정(心理學的測定) [-니-쩍-쩡] 심리학을 위하여 사용하는 측정을 통틀어 이르는 말. 적성 검사법·학습 실험법·기억 실험법 따위.

심리^환경(心理環境) [-니-] 명 ☞행동 환경.

심:림(深林) [-님] 명 초목이 무성한 깊은 수풀.

심마니 명 산삼 캐는 일을 업으로 하는 사람. 채삼꾼.

심마니-말 명 심마니들이 자기네끼리만 쓰는 말.

심마-진(蕁麻疹) 명 두드러기.

심막(心膜) 명 ☞심낭.

심만의족(心滿意足) [-마늬-/-마니-] 명하형 마음에 흡족함.

심-메 명 산에 산삼 캐러 가는 일.

심메(를) 보다 관용 산삼의 싹을 찾다.

심:모(深謀) 명하타 깊은 꾀. 심오한 책모(策謀).

심:모-원려(深謀遠慮) [-월-] 명 깊은 꾀와 먼 장래를 내다보는 생각.

심목(心目)[1] 명 건축에서, 기둥의 중심선.

심목(心目)[2] 명 ①마음과 눈. ¶ 심목을 집중하여 관찰하다. ②마음의 눈. ②심안(心眼).

심문(心門) 명 피가 심장을 드나드는 문.

심문(尋問) 명하타 ☞심방(尋訪).

심문(審問) 명하타 ①자세히 따져서 물음. ②법원이 당사자나 그 밖에 이해관계가 있는 사람에게 서면이나 구두로 개별적으로 진술할 기회를 주는 일. ¶ 심문을 받다.

심미(審美) 명 미를 식별하여 가늠하는 일.

심미^비:평(審美批評) 명 비평의 기준을 쾌감이나 미감을 추출하고 분석하는 데 두는 주관적 문예 비평.

심미-안(審美眼) 명 미를 식별하여 가늠하는 안목.

심미-학(審美學) 명 미나 예술의 본질, 원리, 형식 등을 탐구하는 학문. 미학.

심밀(深密) '심밀하다'의 어근.

심:밀-하다(深密-) 형여 ①생각이 깊고 빈 구석이 없다. 비면밀하다·주밀하다. ②깊숙하고 무성하다.

심-박동(心搏動) [-똥] 명 심장이 일정한 속도로 오므라졌다 늘어났다 하는 일.

심:발^지진(深發地震) 명 진원(震源)이 300 km 이상의 깊은 지하에 있는 지진.

심방(心枋) 명 일각 대문 따위의 양쪽 기둥에 건너지른 인방(引枋).

심방(心房) 명 온몸으로부터 들어오는 혈액을 받는, 정맥과 이어진 심장의 윗부분. 좌우 두 개로 우심방과 좌심방으로 구분함. 염통방. 참심실(心室).

심방(尋訪) 명하타 방문하여 찾아봄. 심문.

심방-변(心傍邊) 명 한자 부수의 한 가지. '마음 심'의 변형으로, '忙'·'快' 등에서의 '忄'의 이름. 참마음심.

심:배(深杯) 명 깊고 큼직한 술잔.

심벌(symbol) 명 ①상징. ②기호.

심벌리즘(symbolism) 명 ☞상징주의.

심벌즈 (cymbals) 명 양악(洋樂)에 쓰이는 타악기의 한 가지. 둥글고 얇은 두 개의 놋쇠 판을 마주 쳐서 소리를 냄. 취주악이나 오케스트라에 쓰임.

심법 (心法) [-뻡] 명 ①불교에서, 물질을 뜻하는 색법(色法)에 대하여 사물을 의식하는 정신, 곧 마음을 이르는 말. ↔색법. ②마음을 쓰는 법.

심벽 (心壁) 명 ①재래식 한옥에서, 기둥 부분이 드러나게 친 벽체. ②흙으로 둑을 쌓을 때, 물이 새지 않도록 가운데에 진흙이나 시멘트를 다져 넣은 벽체.

심병 (心病) 명 ①근심으로 생긴 병. 비심복통(心腹痛). ②갑작스러운 기쁨이나 슬픔으로 까무러치는 병.

심-보 (心-) [-뽀] 명 ☞마음보. ¶ 심보가 고약하다.

심복 (心服) 명하자 〈심열성복(心悅誠服)〉의 준말.

심복 (心腹) 명 ①가슴과 배. 복심. ②요긴하게 쓰이는 물건이나 일. ③〈심복지인〉의 준말.

심복지인 (心腹之人) [-찌-] 명 마음 놓고 믿을 수 있는 부하. 마음으로 복종하는 사람. 준심복.

심복지환 (心腹之患) [-찌-] 명 ①쉽게 다스리기 어려운 병. ②없애기 어려운 근심.

심복-통 (心腹痛) 명 근심으로 생긴 가슴앓이. 비심병.

심-봤다 [-볻따] 감 심마니가 산삼을 발견했을 때 세 번 지르는 소리.

심ː부 (深部) 명 깊은 부분. ¶ 심부 조직.

심ː부름 명하자 남의 시킴이나 부탁을 받아 대신해 주는 일.

심ː부름-꾼 명 심부름을 하는 사람. ¶ 부하 직원을 자기 심부름꾼처럼 부리다니.

심-부전 (心不全) 명 심장의 기능이 쇠약해져서 혈액의 공급이 불안정한 병.

심불 (心佛) 명 화엄종에서, 수행한 결과로 깨달아 얻는 불신(佛身)의 경지 열 가지 중의 하나. 곧, 만유의 본체가 되는 마음을 이르는 말.

심사 (心事) 명 마음속으로 생각하는 일.

심사 (心思) 명 ①마음. ¶ 눈칫밥을 얻어먹는 처지에 심사가 편할 리 없다. ②(고약스럽거나 심술궂다고 할 때의) 마음. ¶ 고약한 심사.

심사가 놀부라 속담 '본성이 탐욕스럽고 심술궂음'을 비유하여 이르는 말.

심사는 없어도 이웃집 불난 데 키 들고 나선다 속담 '남의 일은 가리지 않고 못되게 방해하는 사람'을 두고 이르는 말.

심사(가) 사납다 관용 마음보가 고약하고 심술궂다. ¶ 심사가 사나워 입을 떼기가 겁난다.

심사(를) 놀다〔놓다〕 관용 고약한 마음으로 남의 일을 방해하다.

심ː사 (深思) 명하타 깊이 생각함, 또는 그 생각. 심려(深慮). 재사(再思).

심ː사 (深謝) 명하타 깊이 사례하거나 사죄함.

심사 (審査) 명하타되자 자세히 조사하여 가려내거나 정함. ¶ 응모 작품을 심사하다.

심ː사-묵고 (深思默考) [-꼬] 명하타 ☞심사숙고.

심ː사-숙고 (深思熟考) [-꼬] 명하타 깊이 생각함, 또는 그 생각. 심사묵고. 심사숙려.

심ː사-숙려 (深思熟慮) [-숭녀] 명하타 ☞심사숙고(深思熟考).

심산 (心算) 명 속셈. 셈. ¶ 그 많은 걸 저 혼자 차지하겠다는 심산이다.

심산 (心散) '심산(心散)하다'의 어근.

심산 (心酸) '심산(心酸)하다'의 어근.

심ː산 (深山) 명 깊은 산.

심ː산-궁곡 (深山窮谷) 명 ☞심산유곡.

심ː산-유곡 (深山幽谷) [-뉴-] 명 깊은 산속의 으슥한 골짜기. 심산궁곡.

심산-하다 (心散-) 형여 ☞심란(心亂)하다.

심산-하다 (心酸-) 형여 마음이 몹시 고통스럽다.

심-살 (心-)[1] [-쌀] 명 벽을 칠 때, 외(椳)를 든든하게 하기 위하여 상인방과 하인방의 가운데에 끼워 세우는 나무. 벽심(壁心).

심-살 (心-)[2] 명 '등심'의 잘못.

심살-내리다 [-쌀래-] 자 자잘한 근심이 늘 마음에서 떠나지 않다.

심상 (心狀) 명 마음의 상태.

심상 (心喪) 명 상복은 입지 않았어도 상제와 같은 마음으로 근신하는 일.

심상 (心象·心像) 명 감각 기관의 자극 없이 의식 속에 떠오르는 상. 영상. 표상.

심상 (心想) 명 마음속의 생각이나 상념.

심상 (尋常) '심상하다'의 어근.

심상-하다 (尋常-) 형여 대수롭지 않고 예사롭다. 범상(凡常)하다. **심상-히** 부 ¶ 심상히 보아 넘기다.

심서 (心緖) 명 ☞심회(心懷).

심ː서 (甚暑) 명 심한 더위.

심선 (心線) 명 ①절연 전선이나 케이블 따위의 중심에 있는 선. ②용접봉의 중심에 있는 금속선.

심성 (心性) 명 ①본디부터 타고난 마음씨. 심성정(心性情). ¶ 심성이 곱다. ②지능적 소질·습관·신념 따위의 정신적 특성. ¶ 심성 검사. ③참된 본성(本性), 곧 '진심(眞心)'을 불가(佛家)에서 이르는 말. ③마음성. 속.

심성 (心星) 명 이십팔수의 하나. 동쪽의 다섯째 별자리. 준심(心).

심ː성 (深省) 명하타 깊이 반성함.

심ː성^광상 (深成鑛床) 명 마그마로부터 방출된 가스나 열수(熱水)에 의하여 땅속에서 형성된 광상을 통틀어 이르는 말. 주석·텅스텐·몰리브덴 따위의 광맥이 이에 딸림.

심ː성-암 (深成岩) 명 화성암 중에서 구성 광물의 결정 입자가 크며, 완정질(完晶質)로 조직이 거친 암석을 통틀어 이르는 말. 화강암·섬록암·섬장석 무리와 감람석·반려암 무리로 나누어짐.

심-성정 (心性情) 명 ☞심성(心性).

심소 (心素) 명 점유(占有)나 주소(住所) 따위에 관한 법률 사실을 구성하는 의사적(意思的) 요소, 곧 일정한 주소에 거주할 의사를 이름. ↔체소(體素).

심수 (心受) 명하타 마음으로 받아들여 깨달음. 납득함.

심수 (心授) 명하자 심법(心法)을 가르쳐 전함.

심수 (心髓) 명 ①사물의 중심이 되는 가장 중요한 곳. ②(깊은) 마음속.

심ː수 (深愁) 명하타 깊이 근심함, 또는 큰 시름.

심ː수 (深邃) 명하형 ①(지형 따위가) 깊숙하고 그윽함. ②(학문이나 예술 따위가) 심오함.

심술 (心術) 명 ①온당하지 않게 고집을 부리는 마음. ¶ 공연히 심술이 나다. ②짓궂게 남을 괴롭히거나 남이 잘되는 것을 시기하거나 하는 못된 마음. ¶ 심술을 피우다.

심술(을) 놀다〔놓다〕 관용 심술궂은 행동을 하다.

심술(이) 사납다 관용 심술이 나쁘고 모질다.

심술-궂다 (心術-) [-굳따] 형 심술이 몹시 많다. ¶ 심술궂은 장난. /심술궂은 인상.

심술-기 (心術氣) [-끼] 명 심술스러운 기색이나 태도. ¶ 심술기가 드러나 보이다.

심술-꾸러기(心術-)명 심술이 많은 사람. 심술쟁이.
심술-꾼(心術-)명 '심술꾸러기'의 잘못.
심술-딱지(心術-)[-찌]명 〈심술〉의 속된 말.
심술-머리(心術-)명 '심술딱지'의 잘못.
심술-부리다(心術-)자 심술궂게 행동하다.
심술-스럽다(心術-)[-따][~스러우니·~스러워]형ㅂ 보기에 심술궂은 데가 있다. **심술스레**부.
심술-쟁이(心術-)명 심술꾸러기.
심술-주머니(心術-)명 '심술꾸러기'의 잘못.
심술-퉁이(心術-)명 질투하여 심술을 잘 부리는 사람.
심술 패기(心術-)명 심술궂은 아이
심슨-선(Simson線)명 삼각형의 외접원 위의 임의의 한 점에서 삼각형의 각 변 또는 그 변의 연장선 위에 내린 수선이 이룬 세 점은 일직선 위에 있게 되는데, 이때의 직선을 이르는 말.
심신(心身)명 마음과 몸. ¶ 심신을 단련하다.
심신(心神)명 ①마음. 정신. ②기분.
심:신(深信)명하타 깊게 믿거나 꼭 믿음, 또는 깊은 믿음.
심신(審愼)명하타 언행을 조심하고 삼감.
심신^미약자(心神微弱者)[-짜]명 정신 기능의 장애로 의사를 결정할 능력이 미약한 사람.
심신^박약자(心神薄弱者)[-짜]명 정신 기능의 장애로 자기가 하는 행위에 대한 합리적인 판단 능력이 보통 사람보다 뒤지는 사람.
심신-불안(心神不安)명 마음(정신)이 편안하지 못함.
심신-산란(心神散亂)[-살-]명 마음이 몹시 산란함.
심신^상실자(心神喪失者)[-짜]명 자신이 한 행위의 결과에 대하여 판단할 수 있는 능력이 거의 없거나 전혀 없는 사람.
심신^장애(心身障礙)명 신체 기능의 장애와 정신 기능의 장애를 통틀어 이르는 말.
심신^장애자(心身障礙者)명 신체 기능의 장애나 정신 기능의 장애로 말미암아 일상생활에서 많은 제약을 받는 사람.
심실(心室)명 온몸으로 혈액을 내보내는, 동맥과 이어진 심장의 아랫부분. 대동맥에 이어지는 좌심실과, 폐동맥에 이어지는 우심실로 나누어짐. 염통집.
심심(甚深) '심심(甚深)하다'의 어근.
심심(深深) '심심(深深)하다'의 어근.
심:심-산천(深深山川)명 깊고 깊은 산천. ¶ 심심산천의 백도라지.
심심상인(心心相印)명하타 ☞이심전심.
심심-소일(-消日)명하자 시간을 보내기 위하여 심심하지 않게 무슨 일을 함, 또는 그 일. ¶ 심심소일로 화초를 가꾸다.
심:심-장지(深深藏之)명하타 물건을 깊이 간직하거나 깊이 감추어 둠.
심심찮다[-찬타]형 드물지 않고 꽤 잦다. 《주로, '심심찮게'의 꼴로 쓰임.》 ¶ 심심찮게 고기가 물린다. *심심찮아[-차나]·심심찮소[-찬쏘]
심심-파적(-破寂)명하자 심심풀이. ¶ 심심파적으로 난(蘭)을 치다.
심심-풀이명하자 심심함을 잊고 시간을 보내기 위하여 무엇인가를 하는 일. 심심파적.
심심-하다[1]형여 맛이 조금 싱겁다. ¶ 국이 심심하다. 작삼삼하다. **심심-히**부.
심심-하다[2]형여 할 일이나 재미 붙일 데가 없어 시간을 보내기가 지루하고 따분하다. ¶ 할 일이 없어 심심하다. **심심-히**부.
심:심-하다(甚深-)형여 (마음씀이) 매우 깊다. 《주로, '심심한'의 꼴로 쓰임.》 ¶ 심심한 사의를 표합니다. **심심-히**부.
심:심-하다(深深-)형여 깊고 깊다. ¶ 심심한 산곡(山谷)에 울창하게 들어선 산림. **심심-히**부.
심-쌀(心-)명 죽을 끓일 때 넣는 쌀.
심악(甚惡) '심악하다'의 어근.
심:악-스럽다(甚惡-)[-쓰-따][~스러우니·~스러워]형ㅂ 보기에 심악한 데가 있다. 작사막스럽다. **심악스레**부.
심:악-하다(甚惡-)[시마카-]형여 ①매우 악하다. ¶ 마음씀이 심악하다. ②매우 가혹하고 야박하다. ¶ 심악한 처사. 작사막하다.
심안(心眼)명 사물의 본질을 날카롭게 판별하는 마음의 작용. 마음눈. 심목(心目)[2]. ¶ 심안이 열리다. ↔육안(肉眼).
심:야(深夜)명 깊은 밤. 심경(深更). ¶ 심야 방송.
심약(心弱) '심약하다'의 어근.
심약-하다(心弱-)[시먀카-]형여 마음이 약하다. ¶ 심약한 성격.
심:연(深淵)명 ①깊은 못. 심담(深潭). ②'헤어나기 어려운 깊은 구렁'을 비유하여 이르는 말. ¶ 절망의 심연 속에서 헤어나다.
심열(心熱)명 ①심화로 생기는 열. ②무엇을 간절히 바라는 마음속의 열망.
심열성복(心悅誠服)명하자 충심으로 기뻐하며 성심껏 순종함. 준심복.
심오(深奧) '심오하다'의 어근.
심:오-하다(深奧-)형여 사물의 뜻이 매우 깊고 오묘하다. ¶ 심오한 철리(哲理).
심옹(心癰)명 젖가슴에 나는 종기.
심와(心窩)명 명치.
심외(心外)[시뫼/시뭬]명 마음 밖. 생각 밖.
심우(心友)명 마음으로 깊이 사귄 벗.
심:우(深憂)명하타 깊이 근심함, 또는 그 근심.
심원(心願)명하타 마음속으로 바람, 또는 그렇게 바라는 일.
심:원(深怨)명하타 깊이 원망함, 또는 그 원망.
심원(深遠) '심원하다'의 어근.
심:원-하다(深遠-)형여 (생각이나 사상·뜻 따위가) 매우 깊다. ¶ 생각이 매우 심원하다.
심육(心肉)명 등심.
심음(心音)명 심장이 고동치는 소리.
심의(心意)[시믜/시미]명 마음. 생각. 심사.
심:의(深衣)[시믜/시미]명 지난날, 고결한 선비들이 입던 흰 베로 만든 웃옷. 소매를 넓게 하고 검은 비단으로 가를 둘렀음. 참학창의(鶴氅衣).
심:의(深意)[시믜/시미]명 깊은 뜻.
심:의(審議)[시믜/시미]명하타되자 제출된 안건을 상세히 검토하고 그 가부를 논의함. ¶ 예산안을 심의하다.
심:의-회(審議會)[시믜회/시미훼]명 어떤 사항을 심의하기 위하여 모인 회.
심이(心耳)명 ①마음의 귀, 또는 마음으로 듣고 헤아리는 일. ¶ 심이를 기울이다. ②심방(心房)의 일부가 귀처럼 앞쪽으로 튀어나온 부분.
심인(心印)명 〔부처의 깨달음을 도장에 비유한 말로〕 '모두가 깨달을 수 있다는 확고한 믿음'을 이르는 말.
심인(心因)명 정신적·심리적인 원인.
심인(尋人)명하자 사람을 찾음, 또는 찾는 사람.
심인-성(心因性)[-썽]명 어떤 병이나 증세가 한때의 정신적인 일로 말미암아 생기는 성질. 신경성. ¶ 심인성 건망(健忘).

심인성^반:응(心因性反應) [-썽-] 명 정신적·심리적인 원인으로 말미암아 일어나는 정신적·신체적 기능의 이상 상태.
심:입(深入) 명하자 깊이 들어감.
심장(心腸) 명 마음의 속내. 감정이 우러나는 속자리. ¶ 심장이 상하다.
심장(心臟) 명 ①내장의 하나로 혈액 순환의 원동력이 되는 기관. 자루 모양을 하고 있으며, 내부는 두 개의 심방과 두 개의 심실로 되어 있음. 염통. ¶ 인공 심장. /심장이 뛰다. ②'사물의 중심부'를 비유하여 이르는 말. ¶ 서울의 심장이 되는 곳. ③'비위가 좋은 마음보'를 비유하여 이르는 말. ¶ 심장이 강한 사람.
심장을 찌르다 관용 정통을 찌르다.
심장이 강하다 관용 비위가(뱃심이) 좋다.
심장이 뛰다 관용 맥박이 빨라지면서 흥분하다.
심장이 약하다 관용 비위가 약하다. 뱃심이 없다.
심장(深長) '심장하다'의 어근.
심장^마비(心臟痲痹) 명 심장이 갑자기 기능 장애를 일으켜서 박동이 정지하는 일.
심장-병(心臟病) [-뼝] 명 심장에 발생한 병증을 통틀어 이르는 말.
심장-부(心臟部) 명 ①심장이 있는 부분. ¶ 총알이 심장부를 관통하다. ②'어떤 것의 중심이 되는 가장 중요한 부분'을 비유하여 이르는 말. ¶ 교통의 심장부. /적의 심장부를 공략하다.
심장적구(尋章摘句) [-꾸] 명하타 옛사람이 지은 글귀를 여기저기서 따옴.
심장-통(心臟痛) 명 흉골부로부터 좌전(左前) 흉부에 걸쳐서 일어나는 통증. 심근(心筋)에 일어나는 통증.
심장^판막증(心臟瓣膜症) [-쯩] 명 심장의 판막에 이상이 생겨 기능 장애를 일으키는 병증.
심:장-하다(深長-) 형여 뜻이 깊고 함축성이 있다.
심재(心材) 명 나무줄기의 중심부인, 빛깔이 짙고 단단한 부분. ↔변재(邊材).
심-적(心的) [-쩍] 관명 마음(의). 마음에 관한 (것). ¶ 심적 변화. /심적인 고통. ↔물적(物的).
심적 에너지(心的energy) [-쩍-] 심리학에서, 현실의 의식 과정을 일으키는 힘을 이르는 말.
심적 포:화(心的飽和) [-쩍-] 심리학에서, 같은 일을 되풀이하면 일에 대한 의욕이 감퇴하여, 작업 성적이 떨어지는 현상을 이르는 말.
심전(心田) 명 마음. 심지(心地).
심전-계(心電計) [-계/-게] 명 심장의 수축에 따라 발생하는 활동 전류를 기록하는 장치를 통틀어 이르는 말.
심전-도(心電圖) 명 심전계를 이용하여 심장의 수축에 따라 발생하는 활동 전류를 그래프 모양의 곡선으로 나타낸 그림.
심절(心絕) 명하자 아주 절교(絕交)함.
심절(深切) '심절하다'의 어근.
심:절-하다(深切-) 형여 ①깊고 간절하다. ¶ 그리는 정이 심절하다. ②매우 적절하다.
심정(心情) 명 마음에 품은 생각과 감정. ¶ 착잡한 심정. /울고 싶은 심정.
심제(心制) 명 지난날, 대상(大祥) 때부터 담제(禫祭) 때까지 입던 복.
심조-증(心燥症) [-쯩] 명 정신의 과로로 가슴이 아프고 초조해지는 병.
심주(心柱) 명 마음속의 줏대.
심-줄 [-쭐] 명 〈힘줄〉의 변한말. 근(筋).
심중(心中) 명 마음속. ¶ 심중을 헤아리다.
심중(深重) '심중하다'의 어근.
심중-소회(心中所懷) [-회/-훼] 명 마음속에 품은 감회.
심:중-하다(深重-) 형여 ①생각이 깊고 무게가 있다. ¶ 심중한 태도. ②매우 중대하고 심각하다. ¶ 심중한 타격을 받다. **심중-히** 부.
심증(心證) 명 ①(상대편의 언동으로) 마음에 받는 인상. ②(법관이 사건 심리로) 마음속에 가지게 된 인식이나 확신. ¶ 심증을 굳히다. /심증은 가는데 물증이 없다.
심지(心-) 명 ①양초나 등잔·석유난로 따위에 실이나 헝겊을 꼬아서 꽂고 불을 붙이게 된 물건. 등심(燈心)[1]. ¶ 심지를 올리다. ②남포나 폭발물 따위를 터뜨리기 위하여 불을 당기게 된 줄. ¶ 심지에 불을 당기다. ③상처의 구멍 따위에 박기 위하여 솜 따위로 만든 물건. ¶ 상처 구멍에 심지를 박다. 준심.
심지(心地) 명 마음의 바탕. 심전(心田). ¶ 심지가 곱다.
심지(心志) 명 무엇을 하려고 하는 의지. 마음으로 뜻하는 바. ¶ 심지가 굳다. /심지가 바르다.
심:지어(甚至於) 부 심하게는. 심하다 못해 나중에는. ¶ 심지어 남을 중상모략까지 하다.
심찰(審察) 명하타 자세히 살피어 조사함.
심:창(深窓) 명 〔깊숙한 방의 창문이란 뜻으로〕 깊숙한 방. 규방. ¶ 심창의 규수.
심:책(深責) 명하타 몹시 꾸짖음. 절책(切責).
심:천(深淺) 명 깊음과 얕음.
심청 명 '심술'의 잘못.
심:청(深青) 명 짙은 푸른빛.
심:청-가(沈淸歌) 명 판소리 열두 마당의 하나. '심청전'을 판소리로 엮은 것.
심:청-전(沈淸傳) 명 작자·연대 미상의 조선 시대의 고대 소설. 효(孝)의 유교 사상과 인과응보의 불교 사상이 어울려 된 작품. 〔효녀 심청이 눈먼 아버지의 눈을 뜨게 하려고 뱃사람에게 자기 몸을 팔아 인당수에 몸을 던졌으나, 감동한 용왕의 구함을 받아 황후로 환생하게 됨으로써, 부녀가 다시 만나고 아버지의 눈도 뜨게 된다는 내용.〕
심축(心祝) 명하타 진심으로 축복함.
심:충(深衷) 명 깊고 참된 속마음.
심취(心醉) 명하자되자 어떤 사물에 깊이 빠져 마음을 빼앗김. ¶ 동양 철학에 심취하다.
심:취(深醉) 명하자 (술 따위에) 몹시 취함. ¶ 심취하여 쓰러져 잠들다.
심:층(深層) 명 ①사물의 속이나 밑에 있는 깊은 층. ②겉으로 드러나지 않은, 사물이나 사건의 내부 깊숙한 곳. ¶ 심층 취재.
심:층^심리학(深層心理學) [-니-] 명 인간 정신의 의식적 부분에 대하여 의식되지 않으나 마음의 깊은 곳에 새겨져 있어, 어떤 계기가 있으면 의식될 수 있는 심리를 연구하는 학문.
심토(心土) 명 표토 아래층의 토양. 속흙.
심토리 명 땅을 깊이 갈기 위하여 호미나 쟁기에 덧대는 기구.
심통 명 여러 도막으로 끊어져 있는 광맥.
심-통(心-) 명 마땅치 않게 여기는 나쁜 마음. ¶ 심통이 사납다. /심통을 부리다.
심통(心痛) 명하형 마음이 아픔. 마음의 고통. ¶ 심통한 표정을 짓다.
심:통(深痛) 명하형 몹시 마음이 아픔. 몹시 슬픔. **심통-히** 부.
심:판(審判) 명하타 ①법률에서, 어떤 사건을 심리하여 그 옳고 그름에 대한 판결을 내림. ¶ 심판을 기다리다. /심판을 내리다. ②경기에서,

반칙 등을 판단하고 승패나 우열 따위를 가림, 또는 그 일을 하는 사람. ¶ 심판을 보다. ③기독교나 유대교에서, 지상에서의 삶에 대하여 사후(死後)나 역사의 종말에 내리는 하나님의 판정을 이르는 말. ¶ 최후의 심판.

심ː판-관 (審判官) 명 ①'심판'을 흔히 이르는 말. ②군사 법원에서, 재판관으로 임명된, 군판사(軍判事) 이외의 장교. 판관(判官).

심ː판-대 (審判臺) 명 ①옳고 그름에 대한 판단이 내려지는 자리. ¶ 역사의 심판대에 오르다. ②배구나 테니스 따위 경기에서, 심판을 잘 볼 수 있도록 만들어 놓은 자리.

심포니 (symphony) 명 ①교향곡. ②〈심포니 오케스트라〉의 준말.

심포니^오케스트라 (symphony orchestra) 명 ☞ 교향악단. 준심포니.

심포지엄 (symposium) 명 토의 방법의 한 가지. 어떤 특정한 주제에 대하여 3~6명의 전문가가 미리 원고를 준비하여 강연식으로 발표하고, 이를 바탕으로 참석자와 청중이 질의 응답을 하는 형식의 토론회. ¶ 인구 문제 심포지엄.

심피 (心皮) 명 종자식물의 암술을 이루는 특수한 꽃잎. 안에 배주(胚珠)를 싸고 있으며, 뒤에 자라서 과피(果皮)가 됨.

심ː-하다 (甚—) 형여 정도가 지나치다. 과도하다. ¶ 장난이 심하다. **심-히** 부 ¶ 심히 유감스럽다.

심ː항 (深巷) 명 (산골 같은 데에) 깊숙이 들어앉은 마을.

심ː해 (深海) 명 깊은 바다. 〔지질학에서는 보통 수심이 200 m 이상 되는 바다를 이름.〕 ¶ 심해 어업. /심해 생물. ↔천해(淺海).

심ː해^성층 (深海成層) 명 물의 깊이가 1000 m를 넘는 깊은 바다 바닥에 쌓인 지층.

심ː해-어 (深海魚) 명 수심 200 m 이상의 깊은 바다 속에 사는 어류.

심핵 (審覈) 명하타 일의 실상을 자세히 조사함. 자세히 심사함.

심허 (心許) 명하타 진정으로 허락함.

심허 (心虛) 명 한방에서, '정신이 허약한 병증'을 이르는 말.

심험 (心險) '심험(心險)하다'의 어근.

심험 (深險) '심험(深險)하다'의 어근.

심험-하다 (心險—) 형여 마음이 음흉하다.

심ː험-하다 (深險—) 형여 ①깊고 험하다. ②마음이 매우 음험하다.

심현 (深玄) '심현하다'의 어근.

심ː현-하다 (深玄—) 형여 사물의 이치 따위가 매우 깊고 현묘하다. ¶ 심현한 이치.

심혈 (心血) 명 온갖 힘. 온갖 정신력. ¶ 심혈을 기울여 만들다.

심ː혈 (深穴) 명 깊은 구멍.

심-혈관 (心血管) 명 심장의 혈관. ¶ 심혈관 질환.

심혈관-계 (心血管系) [-계/-게] 명 심장의 혈관과 관련된 계통.

심ː혜 (深慧) [-혜/-헤] 명 깊은 지혜.

심ː-호흡 (深呼吸) 명하자 깊숙이 공기를 들이마셨다 내쉬었다 하며 크게 숨을 쉬는 일, 또는 그렇게 숨을 쉬는 호흡법.

심혼 (心魂) 명 마음과 혼(정신). 온 정신. ¶ 심혼을 쏟아 그린 미인도(美人圖).

심ː홍 (深紅) 명 짙은 다홍빛.

심화 (心火) 명 ①마음속에 끓어오르는 울화. ¶ 심화가 끓어오르다. ②〈심화병〉의 준말.

심화를 끓이다 관용 몹시 근심이 되어 속을 태우다. ¶ 엎지른 물인데 심화를 끓여야 뭐 하나.

심ː화 (深化) 명하자타 되자 정도나 경지가 깊어지거나 심각해짐, 또는 그렇게 되도록 함. ¶ 심화 학습. /빈부 격차가 심화되다.

심화-병 (心火病) [-뼝] 명 마음에 울화가 치받쳐서 나는 병. 울화병. 준심화·화병(火病).

심황 (-黃) 명 생강과의 다년초. 노란 뿌리줄기는 굵고 잎은 긴 타원형임. 가을에 노란 꽃이 피는데, 뿌리줄기는 한방에서 지혈제로 씀. 열대 지방에서 재배함. 울금(鬱金).

심ː황 (深黃) 명 짙은 누른빛.

심회 (心懷) [-회/-훼] 명 마음속으로 느껴 품고 있는 생각. 회포. 심서(心緖).

심후 (深厚) '심후하다'의 어근.

심ː후-하다 (深厚—) 형여 (마음씨가) 깊고도 두텁다.

심흉 (心胸) 명 가슴속. 마음. 심중. ¶ 심흉을 터놓고 이야기를 나누다.

심ː흑 (深黑) 명 짙은 검은빛.

십 (十·拾) Ⅰ수 열³.

Ⅱ관 《일부 단위를 나타내는 명사 앞에 쓰이어》 ①그 수량이 열임을 나타내는 말. ¶ 십 원. /십 주년. ②그 순서가 열 번째임을 나타내는 말. ¶ 십 번 손님, 앞으로 나와 주십시오.

십간 (十干) [-깐] 명 육십갑자의 윗부분을 이루는 열 개의 천간. 〔갑(甲)·을(乙)·병(丙)·정(丁)·무(戊)·기(己)·경(庚)·신(辛)·임(壬)·계(癸).〕 천간(天干).

십경 (十經) [-꼉] 명 유가(儒家)의 열 가지 경서. 곧, 주역(周易)·상서(尙書)·모시(毛詩)·예기(禮記)·주례(周禮)·의례(儀禮)·춘추좌씨전(春秋左氏傳)·공양전(公羊傳)·곡량전(穀梁傳)·논어(論語) 및 효경(孝經)을 이름.

십계 (十戒) [-꼐/-께] 명 ①불교에서 이르는, 사미(沙彌)·사미니(沙彌尼)가 지켜야 할 열 가지 계율. 살생(殺生)·투도(偸盜)·망어(妄語)·사음(邪淫)·음주(飮酒)를 삼가고, 몸을 꾸미거나 향을 바르지 말며, 가무(歌舞)를 듣지도 보지도 말고, 높은 평상에 앉지 말며, 끼니 아닌 때 먹지 말고, 금은보화를 지니지 말라는 내용. ②〈십중금계(十重禁戒)〉의 준말.

십계 (十界) [-꼐/-께] 명 불교에서, 미계(迷界)와 오계(悟界)를 통틀어 이르는 말. 지옥계(地獄界)·아귀계(餓鬼界)·축생계(畜生界)·수라계(修羅界)·인간계(人間界)·천상계(天上界)의 여섯 미계와 성문계(聲聞界)·연각계(緣覺界)·보살계(菩薩界)·불계(佛界)의 네 오계를 이름.

십계 (十誡) [-꼐/-께] 명 〈십계명〉의 준말.

십-계명 (十誡命) [-꼐-/-께-] 명 구약 성서 '출애굽기'와 '신명기'에 있는 기독교의 근본 계율. 하나님이 모세에게 내렸다고 하는 10개조의 가르침. 곧, 다른 신을 섬기지 말 것, 우상을 섬기지 말 것, 여호와의 이름을 망령되이 부르지 말 것, 안식일을 지킬 것, 어버이를 공경할 것, 살인하지 말 것, 간음하지 말 것, 도둑질하지 말 것, 거짓말하지 말 것, 남의 것을 탐하지 말 것. 준십계.

십구공-탄 (十九孔炭) [-꾸-] 명 19개의 구멍이 뚫린 가정용 연탄. 준구공탄.

십년-감수 (十年減壽) [심-] 명하자 〔목숨이 10년이나 줄었다는 뜻으로〕 몹시 놀랐거나 매우 위험한 고비를 겪었을 때 이르는 말. ¶ 아이고, 얼마나 놀랐는지 십년감수했다.

십년-공부 (十年工夫) [심-] 명 오랜 세월을 두고 쌓은 공.

십년공부 도로 아미타불 속담 오랫동안 공들여 해 온 일이 하루아침에 허사가 되고 말았다는 말.

십년-일득(十年一得)[심-뜩]명 〔홍수나 가뭄을 잘 타는 논이라도 어쩌다 잘되는 해도 있다는 말로〕 '아주 오랜만에 간신히 소원을 이룸'을 비유하여 이르는 말.
십년지계(十年之計)[심-계/심-게]명 앞으로 10년 동안을 기한으로 잡아 세운 계획.
십년-지기(十年知己)[심-]명 오래전부터 사귀어 온 친한 친구.
십념(十念)[심-]명하타 〔불교에서〕 ①불(佛)·법(法)·승(僧)·계(戒)·시(施)·천(天)·휴식(休息)·안반(安般)·신(身)·사(死)의 열 가지를 정성껏 염하여 마음의 통일을 꾀하는 일. ②'나무아미타불'의 명호를 열 번 외는 일.
십다타 〈옛〉씹다. ¶ 밀 시부믄 마시 甚히 열우믈 니ᄅ시니라(楞解8:138).
십대(十代)[-때]명 ①초대로부터 헤아려서, 열 번째의 대. ¶ 십대 자손. ②10세에서 19세까지의 연령.
십-대왕(十大王)[-때-]명 ☞시왕(十王).
십량-주(十兩紬)[심냥-]명 한 필의 무게가 열 냥쭝이 나가던 중국산의 좋은 명주.
십만(十萬)[심-]수관 만(萬)의 열 곱절. 백만(百萬)의 십분의 일이 되는 수(의). ¶ 십만에 이르는 청중.
십만억-토(十萬億土)[심-]명 〔불교에서〕 ①이승에서 극락정토에 이르는 사이에 있다고 하는 수많은 불토(佛土). ②☞극락정토.
십맹일장(十盲一杖)[심-짱]명 〔열 사람의 소경에 하나의 막대라는 뜻으로〕 '어떤 물건이, 여러 곳에(사람에게) 다 같이 긴요하게 쓰임'을 비유하여 이르는 말.
십목소시(十目所視)[심-쏘-]명 〔여러 사람이 다 같이 보고 있다는 뜻으로〕 '세상의 눈을 아주 속일 수는 없음'을 비유하여 이르는 말.
십방(十方)[-빵]명 ☞시방(十方).
십벌지목(十伐之木)[-뻘찌-]명 〔열 번 찍어서 안 넘어가는 나무가 없다는 말로〕 아무리 심지가 굳은 사람이라도 여러 번 말을 하면 결국은 마음을 돌려 따르게 됨을 이르는 말.
십분(十分)[-뿐]부 충분히. ¶ 실력을 십분 발휘하다.
십사행-시(十四行詩)[-싸-]명 ☞소네트.
십상(←十成)[-쌍]명 꼭 알맞은 일이나 알맞은 것. ¶ 이 돌이 주춧돌감으로는 아주 십상이다. /공부하기에 십상인 방.
십상(十常)[-쌍]명 〈십상팔구〉의 준말. ¶ 그런 망나니 짓만 하다가는 망하기 십상이다.
십상-팔구(十常八九)[-쌍-]명 〔열 가운데 여덟이나 아홉이 그러하다는 뜻으로〕 거의 예외 없이 그러할 것이라는 추측을 나타내는 말. 십중팔구. ¶ 그렇게 하면 실패하기 십상팔구이다. 준십상.
십생구사(十生九死)[-쌩-]명하자 ☞구사일생.
십선(十善)[-썬]명 〔불교에서〕 ①십악(十惡)을 행하지 않는 일. 십계를 지키는 일. 참십계(十戒). ②〔전세(前世)에 십선을 행한 업과(業果)로 현세(現世)에서 왕위에 오른다는 말로〕 천자(天子)의 지위.
십성(十成)[-썽]명 황금의 품질을 10등분할 때의 첫째 등급. 참칠성.
십승-법(十乘法)[-쏭뻡]명 '십진법'의 구용어.
십승지지(十勝之地)[-쏭-]명 ①열 군데의 명승지. ②민간에서 이르는, 피란하기 좋다는 열 군데의 땅.
-십시다[-씨-]어미 모음이나 'ㄹ'로 끝난 동사 어간에 붙는, 합쇼체의 종결 어미. 어떤 행동을 함께 하자는 뜻을 나타냄. ¶ 어서 드십시다. /함께 가십시다. 참-으십시다.
-십시오[-씨-]어미 모음이나 'ㄹ'로 끝난 동사 어간에 붙는, 합쇼체의 종결 어미. 명령이나 권유를 나타냄. ¶ 이제 그만 하십시오./여기서 기다리십시오. 참-으십시오.
십시일반(十匙一飯)[-씨-]명 〔열 사람이 밥을 한 술씩만 보태어도 한 사람이 먹을 밥은 된다는 뜻으로〕 여러 사람이 힘을 합하면 한 사람쯤은 구제하기 쉽다는 말.
십실-구공(十室九空)[-씰-]명 〔열 집 가운데 아홉 집이 비었다는 뜻으로〕 전쟁이나 질병·천재(天災) 따위로 많은 사람이 죽었거나 흩어져 버린 상태를 이르는 말.
십악(十惡)명 불교에서, 몸〔身〕·입〔口〕·뜻〔意〕의 삼업(三業)으로 짓는 열 가지 죄악. 곧, 살생(殺生)·투도(偸盜)·사음(邪淫)의 신업(身業)과, 망어(妄語)·기어(綺語)·양설(兩舌)·악구(惡口)의 구업(口業)과, 탐욕(貪慾)·진에(瞋恚)·사견(邪見)의 의업(意業)을 통틀어 이르는 말.
십오-야(十五夜)명 음력 보름날 밤. 삼오야(三五夜). ¶ 십오야 밝은 달.
십왕(十王)명 ☞시왕(十王).
십육-방위(十六方位)[심뉵빵-]명 동서남북을 다시 열여섯 방향으로 나눈 방위.
십이^가사(十二歌詞)명 조선 중기에 널리 불리던 작자 미상의 열두 편의 가창(歌唱) 가사. 백구사(白鷗詞)·죽지사(竹枝詞)·어부사(漁父詞)·행군악(行軍樂)·황계사(黃鷄詞)·처사가(處士歌)·춘면곡(春眠曲)·상사별곡(相思別曲)·권주가(勸酒歌)·양양가(襄陽歌)·매화(梅花) 타령·수양산가(首陽山歌)를 이름. 〔다만, '어부사(漁父詞)'의 작자는 이현보(李賢輔)임.〕
십이-궁(十二宮)명 ①☞황도 십이궁. ②사람의 생년(生年)·월(月)·일(日)·시(時)를 별자리에 배당한 것. 〔명궁(命宮)·형제궁(兄弟宮)·처첩궁(妻妾宮)·자궁(子宮)·재백궁(財帛宮)·질액궁(疾厄宮)·천이궁(遷移宮)·노복궁(奴僕宮)·관궁(官宮)·전택궁(田宅宮)·복덕궁(福德宮)·부모궁(父母宮)을 이름.〕
십이^사ː도(十二使徒)명 예수가 복음의 전파를 위하여 뽑은 열두 제자. 베드로·안드레·야고보·다대오·요한·빌립·바돌로메·도마·마태·시몬·유다·알패오의 아들인 야고보를 이름. 〔뒤에 유다는 배반하여 맛디아가 대신하게 됨.〕
십이^성좌(十二星座)명 ☞황도 십이궁.
십이-승(十二升)명 올이 가늘고 고운 모시.
십이-시(十二時)명 하루를 열둘로 나누어 각각 십이지(十二支)의 이름을 붙여 이르는 말. 〔곧, 자(子)·축(丑)·인(寅)·묘(卯)·진(辰)·사(巳)·오(午)·미(未)·신(申)·유(酉)·술(戌)·해(亥)의 각 시.〕
십이-신(十二神)명 ①☞열두 신장. ②구나(驅儺) 때, 십이지(十二支)를 나타내는 열두 가지 짐승의 탈을 쓴 나자(儺者).
십이^신장(十二神將)명 ☞열두 신장.
십이^연기(十二緣起)명 ☞십이 인연.
십이-월(十二月)명 ①한 해의 마지막 달. ②☞섣달. 참축월·계동·가평.
십이-율(十二律)명 전통 국악(國樂)의 열두 가지 음의 악률(樂律). 곧, 육려(六呂)와 육률(六律).
십이율-관(十二律管)명 오래 묵은 해죽(海竹)으로 만든 관악기의 한 가지.

십이음^음계(十二音音階) [-계/-게] 명 12개의 반음으로 이루어진 음계. 음과 음 사이의 거리가 모두 똑같은 반음으로, 원음과 사이음의 구별이 없음. 참십이음 음악.

십이음^음악(十二音音樂) 명 십이음 음계를 사용하여 작곡한 음악. 참십이음 음계.

십이^인연(十二因緣) 명 불교에서, 범부로서의 인간의 괴로운 생존이 12가지 요소의 순차적인 상관관계에 의한 것임을 설명한 것. 무명(無明)을 근본으로 하여 행(行), 식(識), 명색(名色), 육처(六處), 촉(觸), 수(受), 애(愛), 취(取), 유(有), 생(生), 노사(老死)가 순차적으로 있게 됨. 십이 연기.

십이-자(十二子) 명 ☞십이지.

십이-지(十二支) 명 육십갑자의 아랫부분을 이루는 12개의 지지(地支). 〔'자(子)·축(丑)·인(寅)·묘(卯)·진(辰)·사(巳)·오(午)·미(未)·신(申)·유(酉)·술(戌)·해(亥)'를 통틀어 이르는 말.〕 십이자(十二子). 지지.

십이지-장(十二指腸) 명 소장(小腸)의 일부로서, 위(胃)의 유문(幽門)에서 공장(空腸)에 이르는 말굽 모양의 부위. 소화액을 쓸개와 이자로부터 받아 음식물에 섞어 내려보냄. 샘창자.

십이지장-충(十二指腸蟲) 명 인체 기생충의 한 가지. 구충과의 선충. 알에서 부화하여 입이나 피부를 통해 침입, 혈관·폐 등을 거쳐 장에 이르러 성충이 됨. 주로, 십이지장에 기생함.

십인-십색(十人十色) [-쌕] 명 (생각과 생김새·기호 따위가) 사람마다 다름을 이르는 말.

십일면-관음(十一面觀音) 명 아수라도(阿修羅道)를 구제한다는 관음보살. 머리 부위가 각각 모습이 다른 열하나의 관음보살상으로 이루어져 있음.

십일-세(十一稅) [-쎄] 명 ☞십일조(十一租).

십일-월(十一月) 명 ①한 해의 열한째의 달. ②☞동짓달. 참자월·중동·창월.

십일-조(十一租) [-쪼] 명 ①중세 유럽의 교회에서, 생산량의 10분의 1을 거두던 조세(租稅). 십일세(十一稅). ②☞십일조(十一條).

십일-조(十一條) [-쪼] 명 기독교에서, 교인이 교회에 헌납하는, 자기 수입의 10분의 1을 이르는 말. 십일조(十一租).

십자(十字) [-짜] 명 ①'十' 자의 모양을 한 것. ②〈십자가〉의 준말.

십자-가(十字架) [-짜-] 명 ①고대 유럽에서 쓰던 '十' 자 모양의 형틀. ②〔예수가 사형당한 형틀에서〕 기독교의 상징으로 쓰는 '十' 자 모양의 표지. 준십자.

십자가를 지다 관용 고난이나 어려운 일 따위를 떠맡다.

십자-고상(十字苦像) [-짜-] 명 십자가에 못 박힌 예수의 수난의 상(像), 또는 그런 그림이나 조각. 준고상.

십자-군(十字軍) [-짜-] 명 ①중세 유럽의 기독교도가 이슬람교도를 정벌하고자 일으킨 군사. ②어떤 이상이나 신념을 이루기 위해 나선 투쟁적 집단을 스스로 거룩하게 이르는 말.

십자-로(十字路) [-짜-] 명 네거리.

십-자매(十姉妹) [-짜-] 명 납부리샛과의 새. 몸길이 12~13 cm. 원종(原種)은 주색(主色)이 어두운 회갈색이나 널리 사육하게 됨에 따라 다양한 색조의 새가 나타남. 한배의 산란 수는 5~7개이고, 포란(抱卵) 기간은 14일. 중국 남부와 남부 아시아 일대에 분포하며, 쉽게 번식하고 잘 자라므로 사육조로 널리 알려짐.

십자-목(十字木) [-짜-] 명 방앗간의 굴대가 돌아가면서 방앗공이를 위로 쳐올리도록 굴대에 박아 끼운 '十' 자 모양의 나무.

십자-수(十字繡) [-짜-] 명 실을 '十' 자 모양으로 엇걸어 놓는 수.

십자^포화(十字砲火) [-짜-] 명 전후좌우에서 하는 집중 포격. 십자화.

십자-표(十字表) [-짜-] 명 가로나 세로로 읽어도 모두 말이 되는 그림표.

십자-형(十字形) [-짜-] 명 '十' 자로 생긴 꼴.

십자형^화관(十字形花冠) [-짜-] 명 ☞십자 화관(十字花冠).

십자-화(十字火) [-짜-] 명 ☞십자 포화.

십자^화관(十字花冠) [-짜-] 명 이판 화관의 한 가지. 네 개의 꽃잎이 십자형을 이룬 꽃부리. 〔장다리꽃·평지꽃 따위.〕 십자형 화관.

십장(什長) [-짱] 명 ①(공사장 같은 데서) 인부를 직접 감독하고 지시하는 사람. ②왕조 때, 병졸 열 사람 가운데의 우두머리.

십장-가(十杖歌) [-짱-] 명 경기 잡가(京畿雜歌)의 한 가지. 판소리 춘향가(春香歌) 중의 한 대목으로, 춘향이 매 열 대 맞는 장면을 서울 소리로 옮겨 놓은 것.

십-장생(十長生) [-짱-] 명 장생불사(長生不死)한다는 '해·산·물·돌·구름·솔·불로초·거북·학·사슴'의 열 가지. 〔흔히 민속에서, 오래 살기를 기원하는 뜻으로, 이 십장생을 수놓거나 그림으로 그림.〕

십재(十齋) [-째] 명 ☞십재일.

십-재일(十齋日) [-째-] 명 불가(佛家)에서 이르는, 재계(齋戒)하여 재앙과 죄벌을 피하는 열 날. 〔음력 매달 1일, 8일, 14일, 15일, 18일, 23일, 24일, 28일, 29일, 30일.〕 십재.

십전(十全) [-쩐] 명 하형 ①모두가 갖추어져 전혀 결점이 없음. 완전. ②조금도 위험이 없음. 안전.

십전-구도(十顚九倒) [-쩐-] 명 하자 〔열 번 엎어지고, 아홉 번 거꾸러진다는 뜻으로〕 거듭되는 실패와 고통, 또는 그런 고초를 겪음을 이르는 말. 참칠전팔도.

십전-대보탕(十全大補湯) [-쩐-] 명 원기를 돕는 한방 보약의 한 가지. 팔물탕에 황기와 육계를 더한 것.

십종^경:기(十種競技) [-쫑-] 명 육상 경기 가운데 혼성 경기의 한 가지. 한 사람이 이틀 간 열 종목을 겨루어 총득점으로 등수를 가리는 경기. 100 m 달리기, 멀리뛰기, 포환던지기, 높이뛰기, 400 m 달리기, 110 m 허들, 원반던지기, 장대높이뛰기, 창던지기, 1500 m 달리기의 열 종목임.

십-중금계(十重禁戒) [-쭝-계/-쭝-게] 명 보살이 지켜야 할 대승계(大乘戒) 중에서 가장 무거운 열 가지 계율. 〔하지 말아야 할 열 가지로, 살생, 도둑질, 음행, 거짓말, 술 팔기, 남의 허물 말하기, 저는 칭찬하고 남은 비방하기, 욕설, 성 내기, 삼보 비방.〕 준십계(十戒).

십중-팔구(十中八九) [-쭝-] 명 ☞십상팔구(十常八九). ¶ 십중팔구는 중도에서 탈락한다.

십지(十指) [-찌] 명 열 손가락.

십지부동(十指不動) [-찌-] 명 하자 〔열 손가락을 꼼짝하지 않는다는 뜻으로〕 게을러서 아무 일도 하지 않음을 이르는 말.

십진급-수(十進級數) [-찐-쑤] 명 십진법으로 얻은 단위에 붙는 여러 가지 이름. 〔십·백·천·만·억·조·경 또는 할·푼·리·모 따위.〕

십진-법(十進法)[-찐뻡]명 기수법의 한 가지. 수를 셀 때, 0·1·2·3·4·5·6·7·8·9 다음은 한 자리 올려 10으로 적고, 10이 열 곱절 되면 100으로 적듯이, 열(10)씩 모일 때마다 한 자리씩 올려 세는 방법.

십진-분류법(十進分類法)[-찐불-뻡]명 도서 분류법의 한 가지. 모든 분야의 도서를 열 가지 유(類)로 분류하고, 각 유를 다시 열 가지 강(綱)으로, 각 강을 다시 열 가지 목(目)의 세 단계로 분류하는 방법.

십진-수(十進數)[-찐-]명 십진법으로 나타낸 수.

십철(十哲)명 공자(孔子)의 열 사람의 뛰어난 제자. 〔곧, 안회(顔回)·민자건(閔子騫)·염백우(冉伯牛)·중궁(仲弓)·재아(宰我)·자공(子貢)·염유(冉有)·자로(子路)·자유(子游)·자하(子夏).〕

십촌(十寸)명 오대조(五代祖)가 같은 형제뻘 항렬의 사이. 사종(四從).

십팔-계(十八界)[-계/-게]명 불교에서, 인간과 모든 존재를 우리의 인식 관계로 파악한 열여덟 가지의 범주, 곧 육근(六根)·육경(六境)·육식(六識)을 통틀어 이르는 말.

십팔공(十八公)명 〔'松' 자를 파자(破字)한 말로〕'소나무'를 달리 이르는 말.

십팔-금(十八金)명 금붙이의 순도를 나타내는 말로, 순금(純金)을 24로 했을 때, 금의 함량이 24분의 18에 해당하는 금붙이임을 나타냄.

십팔-기(十八技)명 조선 시대에, 중국에서 전래된 열여덟 가지의 무예. 무예육기(武藝六技)인 '장창(長槍)·당파(鏜鈀)·낭선(狼筅)·쌍수도(雙手刀)·등패(籐牌)·곤방(棍棒)'에, '죽장창(竹長槍)·기창(旗槍)·예도(銳刀)·왜검(倭劍)·교전(交戰)·월도(月刀)·협도(挾刀)·쌍검(雙劍)·제독검(提督劍)·본국검(本國劍)·권법(拳法)·편곤(鞭棍)'의 열두 가지 무예를 더한 것. 십팔반무예.

십팔반-무예(十八般武藝)명 ☞십팔기.

십팔-번(十八番)명 어떤 사람이 가장 즐겨서 잘 부르는 노래. 〔일본의 유명한 가부키 집안에 전해 오던 18번의 인기 연주 목록에서 온 말.〕

십팔사-략(十八史略)[-싸-]명 중국 남송(南宋) 말기에, 증선지(曾先之)가 편찬한 역사책. 이전에 편찬된 17종(種)의 정사(正史)에서 발췌하고, 송대(宋代)의 사료(史料)를 더하여 초보자용으로 엮은 역사 입문서. 원명은 '고금역대 십팔사략(古今歷代十八史略)'.

십편-거리(十片-)명 열 뿌리가 16냥쭝 한 근이 되는 인삼.

십품-금(十品金)명 (불린) 가장 좋은 품질의 금. 십성(十成)의 금. 참엽자금(葉子金).

십한-일폭(十寒一曝)[시파닐-]명 〔열흘 춥고 하루 볕이 쬔다는 뜻으로〕'일을 꾸준히 하지 못하고, 중단됨이 많음'을 이르는 말.〔'맹자'의 '고자상(告子上)'에 나오는 말임. 일폭십한.

싯-[싣]접두 빛깔을 뜻하는 형용사 앞에 붙어, 그 빛깔이 선명하고 짙음을 나타냄. ¶ 싯누렇다. /싯멀겋다. 작샛-. 참시-.

싯-누렇다[싣-러타][~누러니·~누레]형ㅎ 매우 누렇다. ¶ 벼가 싯누렇게 익은 들녘을 보니 머지않아 가을걷이를 해야겠구나. 작샛노랗다.

싯누레-지다[싣-]자 싯누렇게 되다. 작샛노래지다.

싯다타 〈옛〉 씻다. ¶ 드틀 띠를 시스쇼셔(楞解 *4:76*). / 시슬 조:澡. / 시슬 세:洗(訓蒙下*11*).

싯-멀겋다[싣-거타][~멀거니·~멀게]형ㅎ 아주 멀겋다. 작샛말갛다.

싯멀게-지다[싣-]자 싯멀겋게 되다. 작샛말개지다.

싯-발(詩-)[시빨/싣빨]명 한시(漢詩)를 지을 때 다는 운자(韻字).

싯발(을) 달다관용 한시에 운을 달다.

싯-허옇다형ㅎ '시허옇다'의 잘못.

싱건-김치명 김장할 때 좀 싱거운 맛이 나게 담근 무김치. 싱건지.

싱건-지명 ☞싱건김치.

싱겁다[-따][싱거우니·싱거워]형ㅂ ①짜지 않다. ¶ 국이 싱겁다. ↔짜다[2]. ②(술·담배·약 따위가) 맛이 약하다. ¶ 이 담배 맛은 좀 싱겁지 않니? ③(어떤 행동이나 말·글 따위가) 흥미를 끌지 못하고 엉성하다. ¶ 영화의 결말이 너무 싱겁다. ④(말이나 짓이) 멋쩍고 멋없다. ¶ 키가 큰 사람치고 싱겁지 않은 이가 없다더라. ③④**싱거이**부.

싱겁기는 고드름장아찌라속담 매우 멋쩍고 싱겁기만 하다는 말.

싱겅싱겅-하다형여 (방이) 차고 써늘하다.

싱경이명 청태과의 바다 이끼의 한 가지. 장아찌·쌈·장조림 따위를 만들어 먹음.

싱그럽다[-따][싱그러우니·싱그러워]형ㅂ 싱싱하고 향기롭다. ¶ 싱그러운 신록의 계절.

싱그레부하자 친근감이 드는 표정으로 눈과 입을 조금 크게 움직여 부드럽게 웃는 모양. ¶ 나를 보고 싱그레 웃다. 작생그레. 센씽그레.

싱글부하자 좋아하는 눈빛으로 소리 없이 부드럽게 웃는 모양. ¶ 못내 반가운 듯이 싱글 웃어 보인다. 작생글. 센씽글. **싱글-싱글**부하자.

싱글(single)명 ①한 개. 또는 단 하나로 구성되어 있는 것. ¶ 싱글 침대. ②'미혼자'를 흔히 이르는 말. ③테니스나 탁구 따위의 단식 경기. ④〈싱글브레스트〉의 준말. ③④↔더블.

싱글-거리다자 자꾸 싱글싱글하다. 싱글대다. 작생글거리다.

싱글-대다자 싱글거리다.

싱글-벙글부하자 매우 만족한 듯이 눈과 입을 크게 움직이면서 소리 없이 자꾸 부드럽게 웃는모양. ¶ 싱글벙글하면서 기뻐 어쩔 줄을 몰라 하다. 작생글방글. 센씽글뻥글.

싱글-베드(single bed)명 혼자 사용하도록 된 침대. ↔더블베드.

싱글-브레스트(←single-breasted)명 ☞홑자락. 준싱글. ↔더블브레스트.

싱긋[-귿]부하자 다정하게 얼핏 눈으로 한 번 웃어 보이는 모양. ¶ 우연히 눈길이 마주치자 어색하게 싱긋 웃다. 작생긋. 센싱끗·씽긋·씽끗. **싱긋-이**부. **싱긋-싱긋**부하자.

싱긋-거리다[-귿꺼-]자 자꾸 싱긋싱긋하다. 싱긋대다. 작생긋거리다.

싱긋-대다[-귿때-]자 싱긋거리다.

싱긋-벙긋[-귿뻥귿]부하자 흐뭇한 듯이 눈과 입을 좀 크게 움직이면서, 소리 없이 자꾸 웃는 모양. 성긋벙긋. 작생긋뱅긋. 센싱끗벙끗·씽긋뻥긋·씽끗뻥끗.

싱긋벙긋-거리다[-귿뻥귿꺼-]자 자꾸 싱긋벙긋싱긋벙긋하다. 싱긋벙긋대다. 작생긋뱅긋거리다.

싱긋벙긋-대다[-귿뻥귿때-]자 싱긋벙긋거리다.

싱끗[-끋]부하자 〈싱긋〉의 센말. 작생끗. 센씽끗.

싱끗-벙끗[-끋뻥끋]부하자 〈싱긋벙긋〉의 센말. 작생끗뱅끗. 센씽끗뻥끗.

싱둥-싱둥 부 하형 기운이 줄어들지 않고 본디대로 아직 남아 있어 싱싱한 모양. 작생동생동.
싱둥-하다 형 여 싱싱하게 생기가 있다.
싱숭-생숭 부 하형 마음이 들떠서 갈팡질팡하는 모양. ¶ 떨어지는 낙엽을 보니 괜스레 마음이 싱숭생숭하다.
싱싱-하다 형 여 ①본디대로의 생기를 지니고 있다. ¶ 젊다는 것이 그리 좋은 건지, 이틀 밤이나 꼬박 새웠는데도 저렇게 싱싱하다. ②원기가 왕성하다. ¶ 팔딱팔딱 싱싱하게 뛰는 생선. 작생생하다. 센씽씽하다. **싱싱-히** 부.
싱커(sinker) 명 야구에서, 투수가 던진 공이 큰 회전 없이 타자 앞에서 급히 떨어지는 변화구.
싱커페이션(syncopation) 명 당김음.
싱크-대(sink臺) 명 주방용 개수대.
싱크로나이즈(synchronize) 명 ①동시 녹음. ②사진을 촬영할 때 플래시와 셔터가 동시에 작동하는 일.
싱크로나이즈드^스위밍(synchronized swimming) 명 수중 발레.
싱크로-사이클로트론(synchro-cyclotron) 명 입자 가속기의 한 가지. 사이클로트론의 가속 한계를 극복한 장치. '주파수 변조 사이클로트론'이라고도 함.
싱크로스코ː프(synchroscope) 명 브라운관 오실로스코프의 한 가지. 일반적인 오실로스코프의 결점을 없애고 시간 축(軸)이 관측 파형에 의해 기동(起動)하게 만든 것.
싱크로트론(synchrotron) 명 입자 가속기의 한 가지. 사이클로트론과 베타트론의 두 가지 가속 원리를 병행 이용한 장치.
싶다[십따] 조형 ①《용언 어미 '-고' 뒤에 쓰이어》 하고자 하는 마음이 있음을 나타냄. ¶ 먹고 싶다./하고 싶다. ②《용언 어미 '-ㄴ가·-은가·-는가·-ㄹ까·-을까·-를까' 뒤에 쓰이어》 추측, 또는 근사함을 나타냄. ¶ 좀 큰가 싶다./오지 않을까 싶다. ③《용언 어미 '-면' 뒤에 쓰이어》 그리되면 좋겠다는 희망을 나타냄. ¶ 어서 갔으면 싶다. *싶어·싶고[십꼬]
ᄉᆞ 의 〈옛〉 것. 바. 〔주격형 'ᄉᆡ,' 목적격형 'ᄉᆞᆯ', 처격형 'ᄉᆡ'〕 ¶ 아비 업슨 ᄉᆡ 孤ㅣ오 艱難ᄒᆞᆫ ᄉᆡ 貧이니(圓覺序77)./平生애 여흴 ᄉᆞᆯ 모ᄅᆞᄋᆞᆸ새(樂詞.滿殿春)./ᄡᅥ히 幽僻ᄒᆞᆫ ᄉᆡ 옷ᄀᆞ외 니부믈 게을이 ᄒᆞ노라(杜初7:5).
ᄉᆞ나ᄒᆡ 명 〈옛〉 사나이. ¶ ᄉᆞ나ᄒᆡ돌히 다 東녀크로 征伐가니라(杜重2:67).
-ᄉᆞ라 어미 〈옛〉 -자꾸나. ¶ 山中을 매양보랴 東海로 가쟈ᄉᆞ라(鄭澈.關東別曲).
ᄉᆞ랑 명 〈옛〉 ①생각. ¶ 思ᄂᆞᆫ ᄉᆞ랑ᄒᆞᆯ 씨라(月釋序11). ②사랑. ¶ ᄉᆞ랑ᄒᆞᆯ 툥:寵(訓蒙下33).
ᄉᆞ래 명 〈옛〉 이랑. ¶ 재 너머 ᄉᆞ래 긴 바틀 언제 갈려 ᄒᆞᄂᆞ니(古時調).
ᄉᆞ로리라 타 〈옛〉〔'ᄉᆞᆲ다'의 활용형〕 사뢰려고. ¶ 므ᄉᆞ 일을 ᄉᆞ로리라(鄭澈.關東別曲).
ᄉᆞᄆᆞᆺ 부 〈옛〉 꿰뚫어. 투철히. ¶ 바ᄅᆞ 自性을 ᄉᆞᄆᆞᆺ 아ᄅᆞ샤(月釋序18).
ᄉᆞᄆᆞᆺ디 자 〈옛〉〔'ᄉᆞᄆᆞᆾ다'의 활용형〕 사무치지. 통하지. ¶ 서르 ᄉᆞᄆᆞᆺ디 아니ᄒᆞᆯᄊᆡ(訓諺).
ᄉᆞᄆᆞᆺ알다 타 〈옛〉 통달하다. 환히 알다. ¶ ᄉᆞᄆᆞᆺ알 텰:哲(訓蒙下25).
ᄉᆞᄆᆞᆾ다 자 〈옛〉 ①사무치다. ②통하다. ¶ 流通ᄋᆞᆫ 흘러 ᄉᆞᄆᆞᄎᆞᆯ 씨라(訓諺)./프리 프른ᄃᆡ ᄆᆞ리 모새 ᄉᆞᄆᆞ차 가놋다(杜初10:10).
-ᄉᆞ바 어미 〈옛〉 -사와. ¶ 부텻 接引ᄋᆞᆯ 닙ᄉᆞ바 不可議 神力을 어더(月釋21:35). 참-습-·-ᅀᆞᆸ-.
ᄉᆞᅀᅵ 명 〈옛〉 사이. ¶ 도ᄌᆞᄀᆡ ᄉᆞᅀᅵᆯ 디나샤(龍歌60章).
ᄉᆞᆫ¹ 명 〈옛〉 것은. 〔'ᄉᆞ'와 조사 'ㄴ'의 결합〕 ¶ 다토미 업슬 ᄉᆞᆫ 다문 인가 너기로라(朴仁老.陋巷詞).
ᄉᆞᆫ² 명 〈옛〉 장정(壯丁). ¶ ᄉᆞᆫ 뎡:丁(訓蒙中2).
ᄉᆞᆫ지 부 〈옛〉 ①오히려. ¶ ᄉᆞᆫ지 일훔 사ᄅᆞ미로라 너길시(圓覺序47). ②아직도. ¶ 열헤 ᄒᆞᆫ 둘히 ᄉᆞᆫ지 모딘 비ᄒᆞ시 어실ᄊᆡ(月釋21:32). ③이내. ¶ 沙村앳 힌 누ᄂᆞᆫ ᄉᆞᆫ지 어르믈 머겟고(杜初9:26).
ᄉᆞᆯ¹ 명 〈옛〉 것을. 〔'ᄉᆞ'의 목적격형〕 ¶ 遠代平生애 여흴 ᄉᆞᆯ 모ᄅᆞᄋᆞᆸ새(樂詞.滿殿春別詞). 참ᄊᆞᆯ.
ᄉᆞᆯ² 명 〈옛〉 살〔肌〕. ¶ ᄉᆞᆯ 부:膚(訓蒙上28). 참ᄉᆞᆶ.
ᄉᆞᆯ고 명 〈옛〉 살구. ¶ ᄉᆞᆯ고 ᅘᆡᆼ:杏(訓蒙上11).
ᄉᆞᆯ다 타 〈옛〉 사르다. ¶ ᄉᆞᆯ 쇼:燒(訓蒙下35).
ᄉᆞᆯ오ᄃᆡ 타 〈옛〉〔'ᄉᆞᆲ다'의 활용형〕 사뢰되. 여쭙되. ¶ 이럴ᄊᆡ 우리 ᄉᆞᆯ오ᄃᆡ(法華2:232).
ᄉᆞᆯ지다 자 〈옛〉 살찌다. ¶ 노픈 ᄀᆞᅀᆞᆯᄒᆡ ᄆᆞ리 ᄉᆞᆯ지고(杜重4:12).
ᄉᆞᆰ 명 〈옛〉 살쾡이. 삵. ¶ ᄉᆞᆰ 리:狸(訓蒙上19).
ᄉᆞᇑ다 타 〈옛〉 삶다. ¶ ᄉᆞᆯ믈 퓡:烹(訓蒙下12).
ᄉᆞᆲ다[ᄉᆞᆯᄫᅡ·ᄉᆞᆯᄫᆞ니] 타ㅂ 〈옛〉 사뢰다. 여쭙다. ¶ 功德을 國人도 ᄉᆞᆲ거니(龍歌72章)./聖人 神力을 어ᄂᆞ 다 ᄉᆞᆯᄫᆞ리(龍歌87章).
ᄉᆞᆶ 명 〈옛〉 살. ¶ 몸이며 얼굴이며 머리털이며 ᄉᆞᆯ흔 父母씌 받ᄌᆞ온 거시라(小解2:28).
ᄉᆞᆷᄭᅵ다 타 〈옛〉 삼키다. ¶ 다 ᄉᆞᆷᄭᅵ거나 다ᄆᆞᆺ 버혀 ᄇᆞ렛거나 ᄒᆞ몰(杜重1:35).
ᄉᆞᇝ기다 타 〈옛〉 삼키다. ¶ 주으려 鐵丸 ᄉᆞᇝ기고 渴ᄒᆞ야 鐵汁 마시며(月釋21:45).
-ᄉᆞᆸ- 선미 〈옛〉 -삽-. -습-. -사옵-. ¶ 教化ᄅᆞᆯ 돕ᄉᆞᆸ고(楞解1:26). 참-즙-.
-ᄉᆞᇦ- 선미 〈옛〉 -사오-. ¶ 善慧ㅅ德 닙ᄉᆞᄫᅡ(月釋1:3)./諸天이 다 깃ᄉᆞᄫᆞ니(月釋2:8).
ᄉᆞᆺ 명 〈옛〉 사이. ¶ 말ᄉᆞᆷᄒᆞᆯ제 ᄉᆞ시 그춤 업슨다(龜鑑上21). 참ᄉᆞᅀᅵ.
ᄉᆞᆾ 명 〈옛〉 새끼. ¶ ᄉᆞᄎᆞ로 두 소ᄂᆞᆯ 미야(月釋8:98).
ᄉᆡ 의 〈옛〉 것에. 까닭에. 〔'ᄉᆞ'의 처격형〕 ¶ 늘근 지죄 不足ᄒᆞᆫ ᄉᆡ 몸 드위텨 ᄡᅡ히 ᄃᆞᆫ니ᄂᆞ니(南明上2). 참ᄊᆡ.
ᄉᆡ다 자 〈옛〉 새다〔漏〕. ¶ ᄉᆡᄂᆞᆫ 그릇과 ᄉᆡᄂᆞᆫ 집 ᄀᆞᆮᄒᆞ야(圓覺上一之二107).
ᄉᆡᆷ 명 〈옛〉 샘〔泉〕. ¶ ᄉᆡᆷ爲泉(訓解)./ᄉᆡ미 기픈 므른(龍歌2章).
ᄉᆡᅌᅡᆼ 명 〈옛〉 새앙. ¶ ᄉᆡᅌᅡᆼ 쟝:薑(訓蒙上14).
ᄉᆡᆼ포 명 〈옛〉 전복(全鰒). ¶ ᄉᆡᆼ포 박:鰒(訓蒙上20).
ᄭ 〈옛〉 시옷기역. 'ㅅ'과 'ㄱ'의 합용 병서. 초성(初聲)으로만 쓰임. 뒷날 'ㄲ' 소리로 변함.
ᄭᅥ디다 자 〈옛〉 꺼지다. 빠지다. ¶ ᄆᆞ를 볼바도 아니 ᄭᅥ디여(月釋2:71).
ᄭᅥ리다 타 〈옛〉 꺼리다. ¶ ᄆᆞ서슬 ᄭᅥ리ᄂᆞᆫ다(老解上58)./揚子 江南ᄋᆞᆯ ᄭᅥ리샤(龍歌15章).
ᄭᅥᆯᄫᅵ 부 〈옛〉 꺼리게〔忌〕. 어렵게. ¶ 天人 濟渡호ᄆᆞᆯ ᄭᅥᆯᄫᅵ 아니호미 당다이 나 ᄀᆞᆮᄒᆞ리라(月釋1:17).
ᄭᅥᆲ다 형ㅂ 〈옛〉 꺼림칙하다. 어렵다. ¶ ᄆᆞᄉᆞ기 ᄭᅥᆯᄫᅳ리잇고(月釋8:93).
ᄭᅦ티다 타 〈옛〉 꿰다. ¶ ᄆᆞᅀᆞᄆᆡ 미쳐이셔 骨髓의 ᄭᅦ텨시니(鄭澈.思美人曲).
ᄭᅩ리 명 〈옛〉 꼬리. ¶ ᄭᅩ리에 구스리 ᄢᅦ오(月釋1:28).
ᄭᅬ 명 〈옛〉 꾀. 계책(計策). ¶ 두 兄弟 ᄭᅬ 하건마ᄂᆞᆫ(龍歌90章).

ᄭᅬ오다[타] 〈옛〉에누리하다. ¶ 만일 ᄭᅬ오면 닷냥을 ᄭᅬ오려니와(老解下27).
ᄭᅮ르시니[타] 〈옛〉〔'ᄭᅮᆯ다'의 활용형〕 꿇으시니.
ᄭᅮ미다[타] 〈옛〉꾸미다. ¶ 莊嚴은 싁싀기 ᄭᅮ밀씨라(月釋2:29).
ᄭᅮᆯ[명] 〈옛〉꿀. ¶ ᄭᅮᆯ 밀:蜜(訓蒙中21). 참ᄢᅮᆯ.
ᄭᅮᆯ다[타] 〈옛〉꿇다. ¶ 禮貌로 ᄭᅮ르시니(龍歌82章).
ᄭᅮᆷ[명] 〈옛〉꿈. ¶ 모딘 ᄭᅮ믈 어더(釋譜9:24).
ᄭᅯᇰ[명] 〈옛〉꿩. ¶ ᄭᅯᇰ 티:雉(訓蒙上16).
ᄭᅳᆷ[명] 〈옛〉틈. ¶ ᄭᅳᆷ 극:隙(訓蒙下18). 참ᄣᅳᆷ.
ᄭᅴ[조] 〈옛〉께. ¶ 世尊ᄭᅴ 저ᅀᆞᆸ다 혼 말도 이시며(月釋1:36).
ᄭᅴ다[타] 〈옛〉꺼리다. 시새우다. ¶ 嫉ᄋᆞᆫ ᄂᆞᄆᆞᆯ ᄭᅴ여 홀 씨오(月釋9:17). /서르 ᄭᅴ며:相忌(法華2:244).
ᄭᅴ셔[조] 〈옛〉께서. ¶ 南宗六祖ᄭᅴ셔 날시(圓覺序7).
ᄭᅵ다[자][타] 〈옛〉①끼다. 틈에 박다. ¶ ᄭᅵᆯ 토:套(訓蒙下20). ②가두다. 얽매다. ¶ 혼 釋迦ᄅᆞᆯ 뉘 ᄭᅵ리오(金三2:60). ③연기나 김 같은 것이 엉기어 흩어지지 아니하다. 때나 먼지 같은 것이 엉기어 붙다. ¶ 잇 ᄭᅵᆫ 길헨 ᄆᆞᄅᆞ몰 디렛ᄂᆞᆫ 대오(杜初10:3).
ᄭᅵᆫ[명] 〈옛〉끈. ¶ 치마 ᄭᅵᆫ으로 목을 미여 옥듕에서 죽으니라(五倫3:39).
ᄭᅡ라디다[자] 〈옛〉까라지다. ¶ ᄇᆞ라미 ᄭᅡ라디여 부ᄂᆞ니(杜初23:29).
ᄭᅡᆯ다[타] 〈옛〉깔다. ¶ 餘殘 수레 돗ᄀᆞᆯ 다시 옮겨 ᄭᅡ라셔 먹노라(杜初7:21).
ᄭᆡ다[자][타] 〈옛〉깨다[覺]. ¶ ᄭᆡ오져 홀 저긔 새뱃 붑소리 드로니(杜初9:27).
ᄭᆡ돋다[타] 〈옛〉깨닫다. ¶ 다시 ᄭᆡᄃᆞ라 世尊을 念ᄒᆞᅀᆞᄫᆞ니 누니 도로 ᄇᆞᆰ거늘(釋譜6:20).
ᄡᅡᄒᆡ[명] 〈옛〉사내. ¶ ᄡᅡᄒᆡ 소리 갓나ᄒᆡ 소리(釋譜19:14). 참ᄉᆞ나ᄒᆡ.
ㅼ 〈옛〉시옷디귿. 'ㅅ'과 'ㄷ'의 합용 병서(合用並書). 초성(初聲)으로만 쓰임. 뒷날 'ㄸ' 소리로 변함.
ᄯᅡ[명] 〈옛〉땅. ¶ ᄯᅡ:地(訓解). 참ᄯᅡᇂ.
ᄯᅡ디다[자] 〈옛〉터지다. ¶ 시리 ᄯᅡ디여(南明上37).
ᄯᅡ보[명] 〈옛〉따비. ¶ ᄯᅡ보 ᄉᆞ:耜(訓蒙中17).
ᄯᅡᇂ[명] 〈옛〉땅. ¶ ᄯᅡ흔 그딋 모기 두고(釋譜6:26). /하ᄂᆞᆯ토 뮈며 ᄯᅡ토 뮈더니(月印172章).
ᄯᆡ다[타] 〈옛〉때우다. ¶ ᄯᆡᆯ 한:銲(訓蒙下16).
ᄯᅥᆨ[명] 〈옛〉떡. ¶ ᄯᅥᆨ 병:餠(訓蒙中20).
ᄯᅥᆨ소[명] 〈옛〉떡소. ¶ ᄯᅥᆨ소 산:餕(訓蒙中20).
ᄯᅥᆯ티다[타] 〈옛〉떨치다. 휘날리다. ¶ 行裝을 다 ᄯᅥᆯ티고/旌旗를 ᄯᅥᆯ티니(鄭澈.關東別曲). 참ᄠᅥᆯ티다.
ᄯᅩ[부] 〈옛〉또. ¶ 又ᄂᆞᆫ ᄯᅩ ᄒᆞᄂᆞᆫ ᄠᅳ디라(釋譜序5).
ᄯᅩᇰ[명] 〈옛〉똥. ¶ ᄯᅩᇰ 분:糞(訓蒙上30).
ᄯᅩᇰ[의] 〈옛〉둥. ¶ 오ᄂᆞᆯ 죽을 ᄯᅩᇰ 너일 죽을 ᄯᅩᇰ 아디 몯ᄒᆞ니(老解下37).
ᄯᅳ다1[자] 〈옛〉뜨다1. ¶ 半空의 소소 ᄯᅳ니(鄭澈.關東別曲).
ᄯᅳ다2[타] 〈옛〉뜨다5. ¶ 물ᄯᅳᆯ 읍:挹(類合下41).
ᄯᅳ다3[형] 〈옛〉뜨다11. ¶ ᄯᅳᆫ말:鈍馬(老解下8).
ᄯᅳ리[명] 〈옛〉종기(腫氣). 수두(水痘). ¶ ᄯᅳ리:水痘(同文解下7). 참ᄠᅳ리.
ᄯᅳ믈[명] 〈옛〉뜨물. ¶ ᄯᅳ믈와 菜蔬ㅅ니플(月釋21:210). /ᄯᅳ믈 감:泔. ᄯᅳ믈 심:瀋(訓蒙下11).
ᄯᅳᆷ[명] 〈옛〉뜸2. ¶ 우각 ᄯᅳᆷ 혼가 진짓 ᄯᅳᆷ 혼가(飜朴上38).
ᄯᅳᆷᄯᅳ다[자] 〈옛〉뜸을 뜨다. ¶ ᄯᅳᆷᄯᅳᆯ 구:灸(類合下12).
ᄯᅴ1[명] 〈옛〉띠1. ¶ ᄯᅴ ᄃᆡ:帶(訓蒙中23).
ᄯᅴ2[명] 〈옛〉띠3. ¶ ᄯᅴ불휘:茅根(方藥8). 참ᄲᅴ.
ᄯᅴ다[타] 〈옛〉띠다. ¶ 寶玉帶 ᄯᅴ샤(龍歌112章).
-ᄯᆞ나[어미] 〈옛〉-말거나. ¶ 가마귀 거므나ᄯᆞ나 희오라비 희나ᄯᆞ나(古時調).
-ᄯᆞ녀[어미] 〈옛〉-랴. -겠느냐. -ㄹ까보냐. ¶ ᄒᆞ물며 이 먼 ᄆᆞᄅᆞᆷ 두들기ᄯᆞ녀(杜重12:1).
ᄯᆞ니잇가[조] 〈옛〉이겠나이까. ¶ ᄒᆞ몰며 그 몰애ᄯᆞ니잇가(金剛上62).
ᄯᆞ리다[타] 〈옛〉깨뜨리다. ¶ 솟벼 다 ᄯᆞ리고 죡박귀 다 업괴야(古時調).
ᄯᆞ롬[의] 〈옛〉따름. ¶ 그 ᄆᆞᅀᆞᆷ을 극진이 홀 ᄯᆞ롬이라(五倫2:57).
ᄯᆞᆯ[명] 〈옛〉딸. ¶ 孝道홇 ᄯᆞ릐 그를(龍歌96章).
ᄯᆞᆯ오다[타] 〈옛〉따르다. ¶ 우리ᄅᆞᆯ ᄯᆞᆯ오ᄂᆞᆫ다(鄭澈.關東別曲).
ᄯᆞᇂ[명] 〈옛〉근원(根源). ¶ 기픈 ᄯᆞᄒᆞᆯ 펴 뵈신ᄃᆡ(楞解1:29)/ᄆᆞᅀᆞᆷ 보비옛 ᄃᆞ리 물ᄀᆞᆫ ᄯᆞᄒᆡ ᄉᆞᄆᆞᄎᆞ되니(法語9). 참ᄯᅩᇂ.
ᄯᆞᆷ[명] 〈옛〉땀. ¶ 오새 ᄯᆞ미 흐르ᄂᆞ니(杜初10:22).
ᄯᆞᆷ되야기[명] 〈옛〉땀띠. ¶ ᄯᆞᆷ되야기 불:疿(訓蒙中33).
ㅽ 〈옛〉시옷비읍. 'ㅅ'과 'ㅂ'의 합용 병서(合用並書). 초성으로만 쓰임. 뒷날 'ㅃ' 소리로 변함.
ᄲᅡ여나다[형] 〈옛〉빼어나다. ¶ ᄲᅡ여날 영:英(類合下4). /ᄲᅡ여날 쥰:俊(類合下21).
ᄲᅡ이다[타] 〈옛〉빼다. 빼어 내다. ¶ ᄃᆡ의 져근 칼을 다가 ᄲᅡ이고(朴解中47). 참ᄲᅡᅘᅧ다.
ᄲᅡ혀나다[형] 〈옛〉빼어나다. ¶ ᄲᅡ혀날 슈:秀(類合下55). /龍이 怒ᄒᆞ야 오란모새셔 ᄲᅡ혀나놋다(杜初22:38).
ᄲᅡ혀다[타] 〈옛〉빼다. 빼어 내다. ¶ 衆生을 救ᄒᆞ야 ᄲᅡ혀ᄃᆡ(佛頂上1). 참ᄲᅡᅘᅧ다.
ᄲᅡᅘᅧ다[타] 〈옛〉빼다. 빼어 내다. ¶ 拔ᄋᆞᆫ ᄲᅡᅘᅧᆯ씨라(月釋序10).
ᄲᅡᆷ[명] 〈옛〉뺨. ¶ 비치 됴ᄒᆞ니 비 사ᄅᆞ미 ᄲᅡ미라와 더으고(杜初20:9).
ᄲᅢ티다[타] 〈옛〉빼다. ¶ ᄲᅢ틸 발:拔(類合下11).
ᄲᅧ즛ᄒᆞ다[형] 〈옛〉비슷하다. ¶ 像ᄋᆞᆫ ᄆᆞᄐᆞᆯ씨니 道理잇ᄂᆞᆫ 사ᄅᆞᆷ과 ᄲᅧ즛홀 씨라(釋譜9:2).
ᄲᅨ[명] 〈옛〉뼈. ¶ 平原에 사힌 ᄲᅨᄂᆞᆫ 뫼두곤 노파잇고 (朴仁老.太平詞). 참ᄲᅧ.
ᄲᅧ[명] 〈옛〉뼈. ¶ ᄲᅧ 두드려 골슈 내며(牧牛2).
ᄲᅧ고도리[명] 〈옛〉뼈로 만든 고두리살. ¶ ᄲᅧ고도리 박:骲(訓蒙中29).
ᄲᆡᇂ다[타] 〈옛〉뿌리다. ¶ 왋내희 살도 ᄒᆞ며 울밋희 외ᄲᅴ도 ᄲᅧ코(古時調). 참ᄲᅵᇂ다.
ᄲᅩ론ᄒᆞ다[형] 〈옛〉뾰족하다. ¶ ᄲᅩ론ᄒᆞᆫ ᄲᅧ(飜朴上38).
ᄲᅮᆫ1[의] 〈옛〉뿐. ¶ 비ᄅᆞᆯ 브르게 홀 ᄲᅮ니로다(杜初8:27).
ᄲᅮᆫ2[조] 〈옛〉뿐. ¶ 세 낟 붚 ᄲᅮᆫ ᄢᅦ여디니(月印40章).
ᄲᅳ리다1[자] 〈옛〉헐다. ¶ 헐 ᄲᅳ릴 방:謗(訓蒙下29).
ᄲᅳ리다2[타] 〈옛〉뿌리다. ¶ 늜믈 ᄲᅳ리고 제여곰 西東ᄋᆞ로 가리라(杜初21:31).
ᄲᅳᆯ[명] 〈옛〉뿔. ¶ 角ᄋᆞᆫ ᄲᅳ리오(釋譜13:53).
ᄲᅴ유기[명] 〈옛〉삘기. ¶ ᄲᅴ유기 뎨:荑(訓蒙上9).
ᄲᅵᇂ다[타] 〈옛〉뿌리다. ¶ 울밋 陽地 편의 외ᄲᅵ를 ᄲᅵ허두고(鄭澈.星山別曲). 참빟다.
ᄲᆞᄅᆞ다[ᄲᆞᆯ라][형][르] 〈옛〉빠르다. ¶ 速ᄋᆞᆫ ᄲᆞᄅᆞᆯ 씨오(月釋序18).
ᄲᆡ이다[타] 〈옛〉뽑히다. ¶ 너는 샹샹에 ᄲᆡ이는 관원이라(朴解中46).
ᄲᆞᆯ다1[타] 〈옛〉빨다1. ¶ 현맛 벌에 비느를 ᄲᆞ라뇨(月釋2:47).
ᄲᆞᆯ다2[타] 〈옛〉빨다2. ¶ ᄲᆞᆯ 탁:濯(類合下8).
ᄲᆞᆯ리[부] 〈옛〉빨리. ¶ ᄲᆞᆯ리 도라오시ᄂᆞᆫ 젼ᄎᆞ로:(楞解1:38). /ᄲᆞᆯ리 굿ᄃᆞᆫᄂᆞᆫ 소리라(訓諺).

ㅆ[쌍시옫] 자모 쌍시옷. 'ㅅ'의 된소리. 목젖으로 콧길을 막고 혀의 앞바닥을 윗잇몸에 바짝 가깝게 올려, 내쉬는 숨이 그 사이를 가르고 나가려 할 때 나는 안울림소리·마찰음. 받침의 경우에는 혀의 앞바닥이 입천장의 앞바닥에 맞닿아 'ㄷ' 음으로 소리 남. * ㅆ이[쌍시오시]·ㅆ만[쌍시온-]
싸가지 명 '싹수'의 방언.
싸각 부 〈사각〉의 센말. 큰써걱.
싸-개 명 ①물건을 싸는 종이나 헝겊 따위. ¶ 책 싸개. ②〈싸개통〉의 준말. ¶ 싸개가 나다.
싸개-쟁이 명 싸개질을 업으로 하는 사람.
싸개-질 명하타 ①물건을 포장하는 일. ②의자나 침대 따위의 앉을자리를 헝겊이나 가죽으로 싸는 일.
싸개-통 명 ①여러 사람이 둘러싸고 다투며 승강이하는 일. ②여러 사람에게 둘러싸여 욕을 먹는 일. 준싸개.
싸개-판 명 싸개통이 벌어진 판.
싸고-돌다[~도니·~돌아] 타 ①중심을 싸고 둘레에서 움직이다. ②(누구를) 두둔하여 행동하다. ¶ 자기 자식만 싸고돌다. 준싸돌다.
싸구려 Ⅰ 명 ①시가(時價)보다 싸게 파는 물건. ②품질이 좋지 않은 값싼 물건. ¶ 싸구려 옷. Ⅱ 감 난전에서, 장사치가 손을 끌려고, 싸게 판다는 뜻으로 외치는 소리. ¶ 싸구려, 싸구려, 하나 골라 봐.
싸구려-판 명 물건을 싸게 파는 장사판.
싸느랗다[-라타][싸느라니·싸느래] 형ㅎ 〈사느랗다〉의 센말. 큰써느렇다.
싸늘-하다 형여 〈사늘하다〉의 센말. ¶ 싸늘한 초겨울 바람. 큰써늘하다. **싸늘-히** 부.
싸다¹ 타 ①(어떤 물건을) 보이지 않게 속에 넣어 둘러 말거나 덮다. ¶ 보자기로 책을 싸다. ②둘레를 가리거나 막다. ¶ 경호원들이 겹겹이 싸고 있다. ③(이동하기 위하여 물건이나 음식을) 담아서 꾸리다. ¶ 점심을 싸다. /도시락을 싸다. /이삿짐을 싸다.
싸다² 타 ①(똥·오줌 따위를) 참아 내지 못하고 함부로 누다. ¶ 아이가 요에 오줌을 싸다. ②'누다'를 속되게 이르는 말. ¶ 술에 취해 거리에서 오줌을 싼다.
싸다³ 형 ①(입이 무겁지 못하고) 가볍게 말하는 버릇이 있다. ¶ 자네는 입이 싸서 탈이지. ②성미가 괄고 급하다. ③몸놀림 따위가 빠르다.
싸다⁴ 형 ①물건 값이 보통보다 적다. 눅다. 헐하다. ¶ 싼 물건을 가려 사다. ↔비싸다. ②《'-어(도)'와 함께 쓰이어》 저지른 짓으로 보아 그런 일을 당하는 것이 마땅하다. ¶ 무거운 벌을 받아도 싸다.
싼 것이 비지떡 속담 무슨 물건이든지 값이 싼 물건은 품질도 그만큼 좋지 못하다는 말.
싸다⁵ 형 (불기운이) 세다. ¶ 장작불이라서 그런지 불기운이 너무 싸다.
싸-다니다 자타 여기저기 바삐 돌아다니다. ¶ 온종일 일없이 싸다니다. 준싸대다. 참쏘다니다.
싸-다듬이 명하타 매나 몽둥이 따위로 함부로 때리는 짓.
싸-대다 자타 〈싸다니다〉의 준말.
싸-대치다 자 함부로 싸다니며 돌아치다.
싸-데려가다 자 신랑 쪽에서 모든 비용을 다 대고 가난한 신부와 혼인하다.
싸-돌다[~도니·~돌아] 타 〈싸고돌다〉의 준말.
싸-돌아다니다 자타 여기저기를 마구 돌아다니다. ¶ 할 일 없이 싸돌아다니지 마라.
싸라기 명 ①부스러진 쌀알. 절미(折米). ②⇨싸라기눈.
싸라기-눈 명 빗방울이 내리다가 갑자기 찬 공기에 얼어서 떨어지는 싸라기 같은 눈. 싸라기. 준싸락눈.
싸라기-밥 명 싸라기가 많이 섞인 쌀로 지은 밥.
싸라기밥을 먹었나 속담 상대편이 함부로 반말질할 때 핀잔으로 이르는 말.
싸락-눈[-랑-] 명 〈싸라기눈〉의 준말.
싸리 명 콩과의 낙엽 활엽 관목. 산과 들에 흔히 나는데, 키는 2 m가량 자라며 가지를 많이 침. 잎은 세 잎씩 나며, 6~7월에 홍자색 꽃이 핌. 소형(小荊). 싸리나무.
싸리-나무 명 ⇨싸리.
싸리-말 명 싸리로 말처럼 결어 만든 것. 지난날, 민속에서 천연두(天然痘)의 역신(疫神)을 쫓아내는 데 쓰였음.
싸리-문(-門) 명 ①싸리를 엮어 만든 문. ②'사립문'의 잘못.
싸리-바자 명 싸리로 결은 울타리.
싸리-버섯[-섣] 명 싸리버섯과의 버섯. 활엽수의 숲 속에 나는데, 높이와 폭은 12~15 cm. 전체의 모양은 양배추와 비슷하며, 살은 흰빛을 띤 육질임. 번식기인 가을철에 먹음. * 싸리버섯이[-서시]·싸리버섯만[-선-]
싸리-비 명 싸리를 묶어 만든 비.
싸리-철(-鐵) 명 기계로 손가락처럼 둥글고 길게 뽑아낸 쇠.
싸릿-개비[-리깨-/-릳깨-] 명 싸리의 줄기, 또는 싸리를 가늘게 쪼갠 도막.
싸릿-대[-리때/-릳때] 명 싸리의 줄기.
싸-매다 타 보자기나 헝겊 따위로 물건을 싸서 풀어지지 않도록 꼭 매다. ¶ 상처를 싸매다.
싸목-싸목 부 '천천히'의 방언.
싸부랑-거리다 자타 〈사부랑거리다〉의 센말. 싸부랑대다. 큰씨부렁거리다.
싸부랑-대다 자타 싸부랑거리다.
싸부랑-싸부랑 부하자타 〈사부랑사부랑¹〉의 센말. 큰씨부렁씨부렁.
싸-안다[-따] 타 ①두 팔로 감싸 안다. ¶ 그녀는 얼굴을 싸안고 통곡을 하였다. ②싸서 안다. ¶ 우는 아기를 얼른 앞치마로 폭 싸안았다.
싸우다 자 ①말이나 힘으로, 이기려고 다투다. ¶ 적과 싸우다. ②우열을 가리기 위하여 겨루다. ¶ 우승을 놓고 싸우다. ③무엇을 물리치거나 달성하기 위하여 힘쓰다. ¶ 가난과 싸우다.
싸울-아비 명 무사(武士).
싸울-투(-鬪) 명 한자 부수의 한 가지. '鬧'·'鬪' 등에서의 '鬥'의 이름.
싸움 명하자 싸우는 일. ¶ 싸움을 벌이다. /싸움을 걸다. /싸움을 붙이다. 준쌈².
싸움은 말리고 흥정은 붙이랬다 속담 나쁜 일은 말리고 좋은 일은 권해야 한다는 말.
싸움-꾼 명 싸움을 잘하는 사람. 준쌈꾼.
싸움-닭[-딱] 명 닭싸움을 위해 기르는 닭. 투계(鬪鷄). 준쌈닭. * 싸움닭이[-딸기]·싸움닭만[-땅-]
싸움-질 명하자 싸우는 짓. ¶ 그는 술만 들어갔다 하면 싸움질이다. 준쌈질.
싸움-터 명 싸움이 벌어진 곳. 전쟁을 하는 곳. 전장(戰場). 전지(戰地). 준쌈터.
싸움-판 명 싸움이 벌어진 판. ¶ 큰 싸움판이 벌어지다. 준쌈판.
싸움-패(-牌) 명 싸움을 일삼는 무리. ¶ 싸움패들이 몰려다니며 주먹을 휘두르다. 준쌈패.

싸-이다1자 ①〖'싸다1'의 피동〗 둘러쌈을 당하다. ¶ 보자기에 싸인 물건. ②헤어나지 못할 만큼 분위기나 상황에 뒤덮이다. ¶ 신비에 싸인 원시림. /수심에 싸인 어머니.
싸-이다2타 〖'싸다2'의 사동〗 대소변을 싸게 하다. ¶ 재우기 전에 오줌을 싸이다. 준쌔다2.
싸-잡다[-따]타 ①그 속에 함께 몰아넣다. 《주로, '싸잡아(서)'의 꼴로 쓰임.》 ¶ 싸잡아 몽땅 팔아넘기다. ②손 따위로 움켜잡다. ¶ 두 손으로 꼭 싸잡다.
싸잡-히다[-자피-]자 〖'싸잡다'의 피동〗 싸잡음을 당하다. ¶ 싸잡혀 함께 욕을 먹다.
싸-전(-廛)명 쌀가게. 미전(米廛).
싸전에 가서 밥 달라고 한다속담 성미가 몹시 급함을 두고 이르는 말.
싸-쥐다타 손으로 싸듯이 하며 쥐다. ¶ 두 손으로 얼굴을 싸쥐었다.
싸-지르다1[~지르니·~질러]자타르 〈싸다니다〉의 속된 말.
싸-지르다2[~지르니·~질러]타르 ①〈지르다1〉의 속된 말. ¶ 불을 싸지르다. ②〈싸다2〉의 속된 말. ¶ 똥오줌을 함부로 싸지르다.
싸ː-하다형여 혀·목구멍·코 등이 자극을 받아 아린 듯한 느낌이 있다. ¶ 연기를 한참 쐬었더니 목구멍이 싸하다.
싸호다자 〈옛〉싸우다. ¶ 싸호ᄂᆞᆫ 한쇼ᄅᆞᆯ 두 소내 자바시며(龍歌87章).
싹1명 ①식물의 씨앗·뿌리·줄기·가지 끝 등에서 돋아난 눈이나 어린잎·가지 따위를 통틀어 이르는 말. ¶ 파릇파릇 싹이 돋아나다. ②'어떤 현상의 근원이나 시초'를 비유하여 이르는 말. ¶ 화합의 싹이 움트다. ③〈싹수〉의 준말.
싹이 노랗다관용 애초부터 가능성이나 장래성이 전혀 보이지 않는다는 말. 싹수가 노랗다.
싹2부 〈삭〉의 센말. 큰썩1.
싹둑[-뚝]부 〈삭둑〉의 센말. 큰썩둑.
싹둑싹둑-하다[-뚝-뚜카-]형여 〈삭둑삭둑하다〉의 센말.
싹-수[-쑤]명 앞으로 잘 트일 만한 낌새나 징조. ¶ 싹수가 없다. 준싹1.
싹수가 노랗다관용 ☞싹이 노랗다.
싹수-머리[-쑤-]명 〈싹수〉의 속된 말.
싹수-없다[-쑤업따]형 장래성이 없다. 싹수가 노랗다. 준싹없다. 싹수없-이부.
싹-싹부 〈삭삭〉의 센말. ¶ 마당을 싹싹 쓸다. /손발이 닳도록 싹싹 빌다. 큰썩썩.
싹싹-하다[-싸카-]형여 상냥하고 눈치가 빠르며 남의 뜻을 잘 받들어 좇는 태도가 있다. ¶ 성품이 싹싹하다. 큰썩썩하다.
싹쓸-바람명 풍력 계급의 12등급에 해당하는 가장 센 바람. 초속 32.7 m 이상. 〔격심한 피해를 입게 되며 해상은 물거품과 물보라로 덮여 온통 하얗게 되고 배의 침몰이 염려됨.〕 태풍.
싹-쓸이명하타 〔싹 쓸어 버린다는 뜻으로〕 차지해야 할 것이나 없애야 할 것을 남김없이 몽땅 차지하거나 없애 버리는 일. ¶ 판돈을 싹쓸이하다.
싹-없다[싸겁따]형 〈싹수없다〉의 준말.
싹-트다[~트니·~터]자 어떤 일이 처음 생겨나거나 비롯되기 시작하다. ¶ 우정이 싹트다.
싼-값[-갑]명 헐값. ¶ 시세보다 싼값에 구입한 가구. *싼값이[-갑씨]·싼값만[-감-]
싼-거리명 물건을 싸게 사는 일, 또는 그 싼 물건.
싼-흥정명하타 싼값으로 사고팖. ¶ 싼흥정하느라 여러 시간을 보내다. ↔비싼흥정.

쌀명 ①벼의 껍질을 벗긴 알맹이. ②볏과 곡식의 알맹이.
쌀-가게[-까-]명 쌀을 파는 가게. 싸전. 쌀집.
쌀-가루[-까-]명 쌀을 빻아 만든 가루.
쌀-가마[-까-]명 〈쌀가마니〉의 준말.
쌀-가마니[-까-]명 쌀을 담는 가마니. 준쌀가마.
쌀-값[-깝]명 쌀을 팔고 사는 값. 쌀금. ¶ 쌀값이 오르다. *쌀값이[-깝씨]·쌀값만[-깜-]
쌀강-거리다자 〈살강거리다〉의 센말. 쌀강대다. 큰썰겅거리다.
쌀강-대다자 쌀강거리다.
쌀강-쌀강부하자 〈살강살강〉의 센말. 큰썰겅썰겅.
쌀-강아지명 털이 짧은 강아지.
쌀-강정명 쌀로 만든 강정.
쌀개1명 방아 몸뚱이에 가로 맞추어서 방아를 걸게 된 나무 막대기.
쌀-개2명 털이 짧은 개.
쌀-겨[-껴]명 쌀을 쓿을 때 나오는 고운 속겨.
쌀-고치명 희고 굵으며 야무지게 지은 좋은 고치. ↔무리고치.
쌀-골집[-찝]명 돼지 창자에 돼지고기를 썰어 넣고 삶은 음식.
쌀-광[-꽝]명 쌀을 넣어 두는 광.
쌀-금[-끔]명 쌀값. ¶ 쌀금이 어떻게 돼요?
쌀긋-하다[-그타-]형여 〈살긋하다〉의 센말. 큰씰긋하다.
쌀-깃[-낃]명 갓난아이의 배냇저고리 안에 옷 대신으로 싸는 보드라운 헝겊. *쌀깃이[-끼시]·쌀깃만[-낀-]
쌀-누룩[-루-]명 쌀가루를 쪄서 띄운 누룩. 미국(米麴).
쌀-눈[-룬]명 ①쌀의 씨눈. ②'싸라기눈'의 방언.
쌀-독[-똑]명 쌀을 담아 두는 독.
쌀독에서 인심 난다속담 살림에 여유가 있어야 인정도 베풀 수 있다는 말.
쌀-되[-뙤/-뛔]명 ①쌀을 되는 되. ②한 되가량의 쌀. ¶ 쌀되나 주어 보내라.
쌀-뜨물명 쌀을 씻고 난 뿌연 물. 미감수(米泔水). 미즙(米汁).
쌀랑-거리다자타 〈살랑거리다〉의 센말. 쌀랑대다. 큰썰렁거리다.
쌀랑-대다자타 쌀랑거리다.
쌀랑-쌀랑부하자타 〈살랑살랑〉의 센말. 큰썰렁썰렁.
쌀랑쌀랑-하다형여 〈살랑살랑하다〉의 센말. 큰썰렁썰렁하다.
쌀랑-하다형여 〈살랑하다〉의 센말. 큰썰렁하다.
쌀래-쌀래부하타 〈살래살래〉의 센말. 큰썰레썰레.
쌀-말명 한 말쯤 되는 쌀. ¶ 쌀말깨나 축내겠군.
쌀-목탁(-木鐸)명 절에서 끼니때에 밥쌀을 가져오라고 알리는 목탁. 참쌀북.
쌀-무리명 ☞무리2.
쌀-미(-米)명 한자 부수의 한 가지. '粉'·'糧' 등에서의 '米'의 이름.
쌀-밥명 입쌀로만 지은 밥. 이밥. 흰밥. 백반(白飯). 미반(米飯).
쌀-벌레명 ①쌀을 갉아 먹는 벌레. ¶ 쌀이 오래되어 쌀벌레가 생겼다. ②'놀고먹는 사람'을 꼬집어 일컫는 말.
쌀-보리명 볏과의 일년초. 보리의 한 가지. 까라기가 짧고 껍질과 알이 딱 붙지 아니하여 쉽게 벗겨짐. 나맥(裸麥). ↔겉보리.
쌀-부대(-負袋)[-뿌-]명 쌀을 담는 부대.
쌀-북명 절에서 밥 지을 쌀을 모을 때 치는 북. 참쌀목탁.

쌀-새우 명 돗대기새웃과의 새우. 몸길이 7 cm가량. 몸은 편평하고, 투명한 붉은색을 띰. 우리나라·중국·일본의 연해에 분포함. 백하.
쌀-수수 명 수수의 한 가지. 낟알은 가시랭이가 없고 희읍스름함. 초가을에 익음.
쌀ː쌀 부 〈살살2·4〉의 센말.
쌀쌀-맞다 [-맏따] 형 (성질이나 태도가) 따뜻한 정이나 붙임성이 없이 차갑다.
쌀쌀-하다 형여 ①날씨가 싸늘히 느껴질 정도로 차다. ②(성질이나 태도가) 정다운 맛이 없고 차다. ¶ 친구에게 쌀쌀하게 대하다. **쌀쌀-히** 부.
쌀-알 명 쌀의 하나하나의 알.
쌀-자루 [-짜-] 명 쌀을 담는 자루.
쌀-장사 명하자 쌀을 사고파는 영업. 미곡상(米穀商). 미상(米商).
쌀-장수 명 쌀을 사고파는 것을 업으로 하는 사람. 미곡상(米穀商). 미상(米商).
쌀-죽 (-粥) 명 쌀로 쑨 죽.
쌀-집 [-찝] 명 쌀가게.
쌀-책박 [-빡] 명 싸리로 엮어 만든, 쌀을 담는 그릇.
쌀캉-거리다 자 〈살캉거리다〉의 센말. 쌀캉대다. 큰썰컹거리다.
쌀캉-대다 자 쌀캉거리다.
쌀캉-쌀캉 부하자 〈살캉살캉〉의 센말. 큰썰컹썰컹.
쌀포-몸 (-勹-·-包-) 명 한자 부수의 한 가지. '勿'·'匍' 등에서의 '勹'의 이름.
쌀-풀 명 쌀가루로 쑨 풀.
쌈1 명 상추나 배추, 김 따위로 밥과 반찬을 싸서 먹는 일, 또는 그 음식.
쌈ː2 명하자 〈싸움〉의 준말.
쌈3 의 ①바늘 24개를 한 묶음으로 하여 세는 단위. ②금 100냥쭝. ③피륙을 다듬기 알맞게 싸 놓은 한 덩이.
쌈-김치 명 〈보쌈김치〉의 준말.
쌈-꾼 명 〈싸움꾼〉의 준말.
쌈-노 명 나뭇조각을 붙일 때, 맞대고 굳을 때까지 동여매는 데 쓰는 노끈.
쌈ː-닭 [-딱] 명 〈싸움닭〉의 준말. ＊쌈ː닭이[-딸기]·쌈ː닭만[-땅-]
쌈박 부 〈삼박〉의 센말. 큰썸벅. 센쌈빡.
쌈박-거리다 [-꺼-] 자타 〈삼박거리다〉의 센말. 쌈박대다. 큰썸벅거리다.
쌈박-대다 [-때-] 자타 쌈박거리다.
쌈박-쌈박 부하자타 〈삼박삼박〉의 센말. 큰썸벅썸벅.
쌈빡 부 〈쌈박〉의 센말. 큰썸뻑.
쌈-장 (-醬) 명 상추쌈이나 배추쌈 따위에 넣어 먹는, 양념한 된장이나 고추장.
쌈지 명 ①종이나 천·가죽 따위로 만든, 담배나 부시 같은 것을 담는 주머니. ②〖의존 명사적 용법〗 담배나 바늘 따위를 작은 주머니에 담아 그 분량을 세는 단위. ¶ 담배 한 쌈지.
쌈지-공원 (-公園) 명 자투리땅에 조성한 공원.
쌈ː-질 명하자 〈싸움질〉의 준말.
쌈짓-돈 [-지돈/-짇돈] 명 〔쌈지에 있는 돈이라는 뜻으로〕 적은 돈을 이르는 말.
쌈짓돈이 주머니 돈 (**주머니 돈이 쌈짓돈**) 속담 굳이 네 것 내 것 가릴 것 없는 같은 것, 또는 공동의 것이라는 말.
쌈ː-터 명 〈싸움터〉의 준말.
쌈ː-판 명 〈싸움판〉의 준말.
쌈ː-패 (-牌) 명 〈싸움패〉의 준말.
쌉싸래-하다 형여 맛이 조금 쌉쌀한 듯하다. 쌉싸름하다. ¶ 쌉싸래한 씀바귀. 큰씁쓰레하다.
쌉싸름-하다 형여 쌉싸래하다.
쌉쌀-하다 형여 조금 쓴 맛이 있다. ¶ 쌉쌀한 고들빼기김치. 큰씁쓸하다.
쌍 (雙) 명 ①둘씩 짝을 이룬 물건. ¶ 쌍을 이루어 날아가다. ②〖의존 명사적 용법〗 둘씩 짝을 지어 헤아리는 단위. ¶ 병아리 세 쌍.
쌍-가마 (雙-)1 명 머리 위에 쌍으로 있는 가마, 또는 그런 가마를 가진 사람. 쌍선모(雙旋毛).
쌍-가마 (雙-)2 명 말 두 필에 각각 앞뒤 채를 얹고 가는 가마. 〔높은 벼슬아치가 탔음.〕 가교(駕轎). 쌍교(雙轎). 쌍마교(雙馬轎).
쌍가지^소켓 (雙-socket) 명 (두 개의 전구를 끼우도록) 두 갈래로 갈라진 소켓.
쌍각 (雙脚) 명 두 다리. 양각(兩脚).
쌍-간균 (雙桿菌) 명 두 개씩 연결된 간균.
쌍-갈 (雙-) 명 인방(引枋) 머리를 두 갈래가 지도록 바심하는 방법.
쌍갈-지다 (雙-) 자 두 갈래로 갈라지다.
쌍검 (雙劍) 명 ①〈쌍수검〉의 준말. ②십팔기(十八技) 또는 이십사반 무예의 하나. 두 손에 짧은 요도(腰刀)를 하나씩 쥐고 하는 무예.
쌍-것 [-껏] 명 〈상것〉의 센말. ＊쌍것이[-꺼시]·쌍것만[-껀-]
쌍견 (雙肩) 명 양쪽 어깨.
쌍견 (雙繭) 명 ☞쌍고치.
쌍겹-눈 (雙-) [-겸-] 명 쌍꺼풀이 진 눈.
쌍계 (雙髻·雙紒) [-계/-게] 명 ☞쌍상투.
쌍계 (雙鷄) [-계/-게] 명 알 하나에서 나온 두 마리의 병아리.
쌍계^가족 (雙系家族) [-계-/-게-] 명 부계와 모계의 중요성을 동등하게 인정하면서 결합하는 가족.
쌍-고치 (雙-) 명 두 마리의 누에가 같이 지은 고치. 공동견(共同繭). 동공견(同功繭). 쌍견(雙繭).
쌍-곡선 (雙曲線) [-썬] 명 ①짝을 이루고 있는 두 개의 굽은 선. ②원뿔 곡선의 한 가지. 한 평면 위에서 두 정점(定點)으로부터의 거리의 차가 일정한 점의 궤적(軌跡).
쌍곡선-면 (雙曲線面) [-썬-] 명 이차 곡면의 한 가지. 쌍곡선을, 그 주축의 하나를 축으로 하여 회전시켰을 때 얻어지는 곡면.
쌍-공후 (雙箜篌) 명 현악기의 한 가지. 줄이 안팎에 있어 양손으로 안팎 줄을 한꺼번에 탐.
쌍관 (雙關) 명 〈쌍관법(雙關法)〉의 준말.
쌍관-법 (雙關法) [-뻡] 명 한문(漢文)이나 한시(漢詩) 작법의 한 가지. 상대되는 문구를 서로 대응시켜 한 단(段), 또는 한 편(篇)의 골자(骨子)가 되게 하는 수사법. 준쌍관.
쌍교 (雙轎) 명 ☞쌍가마2.
쌍구 (雙鉤) 명 ☞쌍구법.
쌍-구균 (雙球菌) 명 두 개의 균체(菌體)가 짝을 이루어 연결된 구균. 〔폐렴균·임균 따위.〕
쌍구-법 (雙鉤法) [-뻡] 명 ①운필법(運筆法)의 한 가지. 엄지와 집게손가락과 가운뎃손가락으로 붓대를 잡고 쓰는 법. 참단구법. ②글씨를 베낄 때에 가는 선으로 획의 가장자리만을 떠내는 일. ③☞구륵법(鉤勒法). 쌍구(雙鉤).
쌍구-전묵 (雙鉤塡墨) 명 글씨를 베껴 쓸 때, 먼저 쌍구(雙鉤)를 뜨고 다음에 쌍구 사이에 먹을 칠하는 일.
쌍굴뚝-박이 (雙-) [-빠기] 명 굴뚝이 두 개 달린 기선(汽船).
쌍-권총 (雙拳銃) 명 양손에 각각 하나씩 쥔 두 개의 권총.
쌍-그네 (雙-) 명 한 그네에 두 사람이 마주 타고 뛰는 그네.

쌍그렇다[-러타][쌍그러니·쌍그레][형](ㅎ) 옷차림 따위가 약간 추워 보이고 쓸쓸하다. ¶ 쌍그렇게 보이는 옷차림.

쌍그레[부](하자) 〈상그레〉의 센말. (큰)썽그레.

쌍글-거리다[자] 〈상글거리다〉의 센말. 쌍글대다. (큰)썽글거리다.

쌍글-대다[자] 쌍글거리다.

쌍글-빵글[부](하자) 〈상글방글〉의 센말. (큰)썽글뻥글.

쌍글-쌍글[부](하자) 〈상글상글〉의 센말. (큰)썽글썽글.

쌍금-쇠(雙-)[-쇠/-쉐][명] 나무 같은 데에 금을 긋는 쇠. 칼과 비슷한 쇠 두 개가 달렸음.

쌍긋[-귿][부](하자) 〈상긋〉의 센말. (큰)썽긋. (센)쌍끗.

쌍긋-빵긋[-귿-귿][부](하자) 〈상긋방긋〉의 센말. (큰)썽긋뻥긋. (센)쌍끗빵끗.

쌍-기역(雙-)[명] 한글 자모(字母)의 복자음(複子音) 'ㄲ'의 이름.

쌍-까풀(雙-)[명] ☞쌍꺼풀.

쌍-꺼풀(雙-)[명] 겹으로 된 눈꺼풀, 또는 그렇게 생긴 눈. 쌍까풀. ¶ 쌍꺼풀이 지다.

쌍-끌이(雙-)[명] ①두 척의 어선이 그물 한쪽씩을 연결해 천천히 나아가며 끌어 올려 그 안에 들어온 물고기를 잡는 방식. ②두 주체가 함께 어떤 분야나 상황을 주도적으로 이끄는 일. ¶ 쌍끌이 장세.

쌍끗[-끋][부](하자) 〈상긋〉·〈상끗〉·〈쌍긋〉의 센말. (큰)썽끗.

쌍끗-빵끗[-끋-끋][부](하자) 〈상긋방긋〉·〈상끗방끗〉·〈쌍긋빵긋〉의 센말. (큰)썽끗뻥끗.

쌍날-칼(雙-)[명] 양쪽에 날이 있는 칼.

쌍녀(雙女)[명] 쌍동딸.

쌍녀-궁(雙女宮)[명] ☞처녀자리.

쌍-년[명] 〈상년〉의 센말.

쌍-놈[명] 〈상놈〉의 센말.

쌍-니은(雙-)[명] 한글 자모(字母)의 복자음(複子音) 'ㄴ'의 이름.

쌍동-딸(雙童-)[명] 쌍둥이로 태어난 딸. 쌍녀. 쌍생녀.

쌍동-밤(雙童-)[명] 한 톨 안에 두 쪽이 들어 있는 밤.

쌍동-아들(雙童-)[명] 쌍둥이로 태어난 아들. 쌍생자(雙生子).

쌍-동이(雙童-)[명] '쌍둥이'의 잘못.

쌍동-중매(雙童仲媒)[명] 짝을 지어 다니며 하는 직업적인 중매, 또는 그런 중매인.

쌍-되다[-뙤-/-뛔-][형] 〈상되다〉의 센말.

쌍-두리(雙-)[명] 두 척의 배가 하나의 두릿그물로 고기를 잡는 일.

쌍두-마차(雙頭馬車)[명] ①두 마리의 말이 끄는 마차. ②'어떤 한 분야에서 주축이 되는 두 사람이나 사물 따위'를 비유하여 이르는 말. ¶ 이 두 회사는 건설업계의 쌍두마차이다. 양두마차.

쌍-둥이(雙-)[명] 한 태(胎)에서 태어난 두 아이. 쌍생아.

쌍둥이-자리(雙-)[명] 황도 십이궁의 하나. 황소자리와 게자리 사이에 있는 별자리. 겨울에서 봄에 걸쳐 남쪽 하늘에 보이며, 3월 초순에 자오선을 통과함. 쌍자궁.

쌍-디귿(雙-)[명] 한글 자모(字母)의 복자음(複子音) 'ㄸ'의 이름.

쌍-떡잎(雙-)[-떵닙][명] 떡잎이 두 장인 것. 복자엽. 쌍자엽. (참)뭇떡잎·외떡잎. ＊쌍떡잎이[-떵니피]·쌍떡잎만[-떵님-]

쌍떡잎-식물(雙-植物)[-떵닙씽-][명] 밑씨가 두 장의 떡잎을 가진 식물. 〔감·밤·완두 따위.〕 쌍자엽식물.

쌍란(雙卵)[-난][명] 노른자가 둘 들어 있는 달걀. 쌍알.

쌍란-국(雙蘭菊)[-난-][명] ☞바꽃.

쌍룡(雙龍)[-뇽][명] 한 쌍의 용. 두 마리의 용.

쌍루(雙淚)[-누][명] 흐르는 두 줄기 눈물.

쌍륙(雙六)[-뉵][명] 오락의 한 가지. 두 개의 주사위를 던져 나오는 사위대로 말을 써서 먼저 궁(宮)에 들여보내는 것을 겨루는 놀이. (본)상륙(象陸).

쌍륙-판(雙六板)[-뉵-][명] 쌍륙의 말밭을 그린 판. ¶ 쌍륙판에 쓸 말이 없다.

쌍륜(雙輪)[-뉸][명] 앞뒤로, 또는 양쪽으로 달린 두 개의 바퀴. ¶ 쌍륜 마차.

쌍립(雙立)[-닙][명](하자) ①바둑에서, 한 줄을 사이에 두고 두 개씩 마주 놓은 한 편의 돌을 이르는 말. 〔행마(行馬)에서 완전한 연결 형태임.〕 ②☞양립(兩立).

쌍마-교(雙馬轎)[명] ☞쌍가마2.

쌍-말[명](하자) 〈상말〉의 센말.

쌍-망이[명] 광산에서 돌에 구멍을 뚫을 때, 정을 때리는 쇠망치.

쌍모(雙眸)[명] 두 눈. 양안(兩眼).

쌍모-점(雙-點)[-쩜][명] ☞쌍점(雙點).

쌍무(雙務)[명] 계약 당사자 쌍방이 서로 의무를 지는 일.

쌍무^계ː약(雙務契約)[-계-/-게-][명] (매매·임대차·고용 따위 계약과 같이) 당사자 양쪽이 서로 의무나 채무를 지는 계약. ↔편무 계약.

쌍-무지개(雙-)[명] 쌍을 지어서 선 무지개.

쌍무^협정(雙務協定)[-쩡][명] 당사자 쌍방이 대등하게 의무를 지는 협정.

쌍미(雙眉)[명] 좌우 양쪽의 눈썹.

쌍-바라지(雙-)[명] 좌우에 두 짝의 창문이 달려서, 안 또는 밖으로 밀거나 당겨 좌우로 열어젖힐 수 있게 된 바라지창.

쌍-반점(雙半點)[명] 가로쓰기의 문장에서, 문장을 일단 끊었다가 이어서 설명을 더 계속하거나, 대등절(對等節) 사이에 쓰이는 부호 ';'의 이름. 머무름표. 정류부(停留符). 세미콜론.

쌍-받침(雙-)[명] 같은 자음이 겹쳐서 된 받침. 'ㅆ'이나 'ㄲ' 따위.

쌍발(雙發)[명] ①발동기를 두 대 가짐. ¶ 쌍발 여객기. ②총알 나오는 구멍이 둘임. ¶ 쌍발 엽총.

쌍발-기(雙發機)[명] 발동기가 둘 있는 항공기.

쌍방(雙方)[명] 상대되는 두 쪽. 양쪽. 양방(兩方). ¶ 쌍방의 합의.

쌍방^대ː리(雙方代理)[명] 한 사람이 계약 당사자 쌍방의 대리인이 되는 일.

쌍벌-죄(雙罰罪)[-쬐/-쮀][명] 어떤 범법 행위에 관련된 당사자 양쪽을 함께 처벌하는 죄. 간통죄·뇌물죄 따위.

쌍벌-주의(雙罰主義)[-의/-이][명] 범법 행위를 한 당사자 양쪽을 함께 처벌하는 주의.

쌍벽(雙璧)[명] 〔두 개의 구슬이라는 뜻으로〕 여럿 중에 우열이 없이 특히 뛰어난 둘. 연벽(聯璧). ¶ 현대 시단(詩壇)의 쌍벽.

쌍보(雙補)[명](하타) 부부가 같이 약을 먹어 음양을 함께 보함.

쌍봉(雙峯)[명] 나란히 선 두 개의 봉우리.

쌍봉-낙타(雙峯駱駝)[명] 낙타과의 짐승. 등에 한 쌍의 육봉(肉峯)이 있으며 키는 2 m가량이고 몸빛은 회갈색. 단봉낙타와 함께 사막의 중요한 교통수단으로 쓰이는데, 중앙아시아·몽골 등지의 사막에 분포함. 쌍봉약대. (참)낙타.

쌍봉-약대(雙峯-)[-냑때][명] ☞쌍봉낙타.

쌍분(雙墳)명 합장하지 않고 나란히 쓴 부부의 두 무덤.
쌍-분합문(雙分閤門)[-함-]명 두 짝으로 여닫게 된 분합문.
쌍-비읍(雙-)명 한글 자모(字母)의 복자음(複子音) 'ㅃ'의 이름. 된비읍.
쌍사(雙絲)명 기둥이나 창문틀·창문의 울거미 등에 두 줄이 오목하게 들어간 쇠시리, 또는 그 모양.
쌍사-밀이(雙絲-)명 기둥의 모서리나 문살 따위의 골을 치는 데 쓰이는 대패.
쌍사슬-고리(雙-)명 쇠사슬이 두 개 달린 문고리.
쌍-상투(雙-)명 지난날의 관례(冠禮)에서, 머리를 갈라 두 개로 틀어 올리던 상투. 쌍계(雙髻).
쌍생(雙生)명하자타 쌍둥이를 낳음, 또는 쌍둥이로 태어남.
쌍생-녀(雙生女)명 쌍동딸.
쌍생-아(雙生兒)명 쌍둥이.
쌍생-자(雙生子)명 쌍동아들.
쌍서(雙棲)명하자 부부(夫婦), 또는 암컷과 수컷이 함께 사는 일.
쌍-선모(雙旋毛)명 ☞쌍가마[1].
쌍성(雙星)명 ☞연성(連星).
쌍-소리[-쏘-]명 〈상소리〉의 센말.
쌍수(雙手)명 두 손. ¶ 쌍수를 들고 반기다.
쌍수(雙袖)명 양쪽의 소매.
쌍수-검(雙手劍)명 양손에 한 자루씩 쥐는 칼. 쌍칼. 준쌍검(雙劍).
쌍수-도(雙手刀)명 ①군기(軍器)의 한 가지. 양손으로 쥐고 검술을 익히던 칼. ②십팔기(十八技) 또는 무예 이십사반의 하나. 똑같은 칼을 양손에 쥐고 하는 검술.
쌍-스럽다[-쓰-따][~스러우니·~스러워]형ㅂ 〈상스럽다〉의 센말. ¶ 아무 데서나 쌍스러운 욕을 한다. **쌍스레**부.
쌍시(雙枾)명 속에 작은 감이 들어 있는 감.
쌍-시옷(雙-)[-옫]명 한글 자모(字母)의 복자음(複子音) 'ㅆ'의 이름. 된시옷. *쌍시옷이[-오시]·쌍시옷만[-온-]
쌍-심지(雙心-)명 한 등잔에 있는 두 개의 심지.
쌍심지(를) 켜다[올리다/돋우다]관용 몹시 화가 나서 눈을 부릅뜨며 핏발을 세우다. 참눈[1].
쌍심지-나다(雙心-)자 쌍심지서다.
쌍심지-서다(雙心-)자 몹시 화가 나서 두 눈에 핏발이 서다. 쌍심지나다. 쌍심지오르다.
쌍심지-오르다(雙心-)[~오르니·~올라]자르 쌍심지서다.
쌍쌍(雙雙)명 둘씩 둘씩 짝을 이룬 것(상태). 둘 이상의 쌍.
쌍쌍-이(雙雙-)부 ①둘씩 둘씩 짝 지은 모양. ¶일을 쌍쌍이 나누어 맡다. ②남녀나 동물의 암수가 둘씩 둘씩 짝을 이룬 모양. ¶ 쌍쌍이 거니는 젊은이들.
쌍아(雙蛾)명 ①미인의 고운 두 눈썹. ②☞쌍유아(雙乳蛾).
쌍안(雙眼)명 양쪽 눈. 양안(兩眼).
쌍-안경(雙眼鏡)명 두 개의 망원경의 광축(光軸)을 평행으로 장치하여 두 눈으로 볼 수 있게 한 광학 기계.
쌍-알(雙-)명 ☞쌍란(雙卵).
쌍알-모끼(雙-)명 창살 따위의 등밀이를 만드는 데 쓰는, 날이 두 골로 된 대패.
쌍어-궁(雙魚宮)명 ☞물고기자리.
쌍-여닫이(雙-)[-녀다지]명 두 짝의 문짝을 달아 좌·우 양쪽으로 여닫을 수 있게 된 문이나 창을 두루 이르는 말.
쌍열-박이(雙-)[-녈-]명 총열이 두 개로 이루어진 총.
쌍올-실(雙-)명 두 올을 겹으로 드린 실.
쌍유-아(雙乳蛾)명 한방에서, 편도선이 붓고 종기가 나며, 열이 나고 침을 흘리는 병을 이르는 말. 쌍아(雙蛾).
쌍-이응(雙-)명 훈민정음 반포 당시에 쓰던 한글의 옛 자모(字母) 'ㆀ'의 이름.
쌍익(雙翼)명 양쪽 날개. 양쪽 깃.
쌍일(雙日)명 ①유일(柔日)을 달리 이르는 말. ②짝수의 날. ↔편일(片日).
쌍자-궁(雙子宮)명 ☞쌍둥이자리.
쌍-자엽(雙子葉)명 ☞쌍떡잎.
쌍자엽-식물(雙子葉植物)[-씽-]명 ☞쌍떡잎식물.
쌍-장부(雙-)명 한 쌍으로 나란히 된 장부.
쌍장부-끌(雙-)명 한 쌍의 구멍을 파기 위해 같은 치수의 날 두 개가 한 자루에 붙어 있는 끌.
쌍-장애(雙-)명 광산에서, 곧은바닥에 괸 물을 퍼내는 장치. 두레박이 도르래의 양쪽에 달려 있어 물을 잇달아 퍼 올릴 수 있음.
쌍전(雙全) '쌍전하다'의 어근.
쌍전-하다(雙全-)형여 두 가지 일이나 두 쪽이 모두 온전하다.
쌍절-곤(雙節棍)명 두 개의 짧은 봉을 부드럽고 강한 끈으로 연결하여 상대방을 공격하는 중국 전통 무기.
쌍점(雙點)명 쉼표의 한 가지. 가로쓰기 문장에서 쓰는 부호 ':'의 이름. 〔설명구·인용구의 앞이나 또는 시(時)와 분(分) 및 장절(章節)을 구별하거나 비율을 나타낼 때 씀.〕 그침표. 쌍모점. 포갤점. 콜론.
쌍정(雙晶)명 같은 종류의 두 결정 고체가 어느 면이나 축에 대하여 대칭의 관계를 가지고 상접(相接)한 물질.
쌍조-잠(雙鳥簪)명 한 쌍의 새를 머리에 아로새긴 비녀.
쌍줄-붙임표(雙-標)[-부침-]명 (인쇄할 때 이르는) 세로쓰기 문장에 쓰는 접합부 '‖'의 이름.
쌍줄-표(雙-標)명 (인쇄할 때 이르는) 문장이나 수식에 쓰이는 등호 '='의 이름.
쌍-지읒(雙-)[-읃]명 한글 자모(字母)의 복자음(複子音) 'ㅉ'의 이름. 된지읒. *쌍지읒이[-으시]·쌍지읒만[-은-]
쌍-지팡이(雙-)명 다리가 성하지 못해 걷기 어려운 사람이 짚는 두 개의 지팡이.
쌍지팡이(를) 짚고[들고] 나서다관용 참견 잘하는 사람을 비꼴 때 흔히 덧붙여 쓰는 말. ¶ 야구 얘기라면 언제나 쌍지팡이 짚고 나선다.
쌍창(雙窓)명 문짝이 둘 달린 창.
쌍창-미닫이(雙窓-)[-다지]명 쌍창으로 된 미닫이.
쌍창-워라명 엉덩이만 흰 검은 말.
쌍촉(雙鏃)명 촉이 두 갈래로 된 장부.
쌍친(雙親)명 ☞양친(兩親).
쌍-칼(雙-)명 ①☞쌍수검(雙手劍). ②양손에 한 자루씩의 칼을 잡고 쓰는 사람.
쌍-코(雙-)명 두 줄로 솔기를 댄 가죽신의 코.
쌍코-신(雙-)명 쌍코로 된 신.
쌍태(雙胎)명하자 한 태에 태아(胎兒) 둘을 뱀, 또는 그 태아.
쌍태^임ː신(雙胎妊娠)명 자궁 안에 태아 둘을 밴 임신. 〔일란성과 이란성이 있음.〕

쌍턱-거치(雙-)[-꺼-]명 십자형(十字形)으로 재목을 맞출 때, 교차되는 부분을 쌍턱이 지도록 따서 꼭 들어맞게 하는 것.
쌍턱-걸지(雙-)명 '쌍턱거치'의 잘못.
쌍턱-장부촉(雙-鏃)[-짱-]명 두 턱이 져서 이단(二段)으로 된 장부촉.
쌍학-흉배(雙鶴胸背)[-하귱-]명 조선 시대에, 당상관인 문관이 관복에 붙이던, 한 쌍의 학을 수놓은 흉배. 참단학흉배.
쌍-항아리(雙缸-)명 조그마한 두 개의 항아리를 서로 맞붙인 항아리.
쌍현(雙絃)명 전통 국악기의 한 가지. 모양이 월금(月琴)과 비슷하며 줄이 두 가닥임.
쌍호-흉배(雙虎胸背)명 조선 시대에, 당상관인 무관이 관복에 붙이던, 한 쌍의 범을 수놓은 흉배. 참단호흉배.
쌍화-점(雙花店)명 지은이와 지은 때를 알 수 없는 고려 속요(俗謠). 퇴폐적인 남녀의 애정을 읊은 노래. '악장가사'에 실려 전함. 상화점(霜花店).
쌍화-탕(雙和湯)명 피로 회복과 허한(虛汗)을 다스리는 데 쓰는 한방약의 한 가지. 〔백작약·숙지황·황기·당귀·천궁 따위의 약재로 조제한 탕약.〕
쌍-희자(雙喜字)[-히짜]명 장식이나 자수의 무늬로 쓰는 '囍'의 이름.
쌍-히읗(雙-)[-읃]명 훈민정음 반포 당시에 쓰던 한글의 옛 자모(字母) 'ㆅ'의 이름. *쌍히읗이[-으시]·쌍히읗만[-은-]
쌓다[싸타] Ⅰ타 ①물건을 겹겹이 포개어 무더기가 높아지게 하다. ¶ 쌀가마니를 쌓아 올리다. ②어떤 물건을 포개 얹어 구조물을 이루다. ¶ 담을 쌓다. /둑을 쌓다. ③기술·경험·지식 등을 많이 닦거나 이루다. ¶ 수양을 쌓다. /공적을 쌓다. *쌓아[싸-]·쌓는[싼-]·쌓소[싸쏘].
Ⅱ조동 《동사 뒤에서 '-어 쌓다'의 꼴로 쓰이어》 앞말이 뜻하는 행동을 반복하거나 그 행동의 정도가 심함을 나타냄. ¶ 아이가 울어 쌓다. *쌓아[싸-]·쌓는[싼-]·쌓소[싸쏘]
쌓-이다[싸-]자 ①〖'쌓다'의 피동〗 쌓음을 당하다. 준쌔다[1]. ②한꺼번에 겹쳐지다. ¶ 일거리가 쌓이다. /피로가 쌓이다.
쌔근-거리다자타 〈새근거리다[1]〉의 센말. 쌔근대다. 큰씨근거리다.
쌔근-대다자타 쌔근거리다.
쌔근덕-거리다[-꺼-]자타 〈새근덕거리다〉의 센말. 쌔근덕대다. 큰씨근덕거리다.
쌔근덕-대다[-때-]자타 쌔근덕거리다.
쌔근덕-쌔근덕부하자타 〈새근덕새근덕〉의 센말. 큰씨근덕씨근덕.
쌔근-발딱부하자타 〈새근발딱〉의 센말. 큰씨근벌떡.
쌔근-쌔근부하자타 〈새근새근[1]〉의 센말. 큰씨근씨근.
쌔ː다[1]자 ①〈쌓이다〉의 준말. ¶ 한 길이 넘게 쌘 눈. ②'흔한'·'흔하게 있다'의 뜻을 나타내는 말. 《주로, '쌘' 또는 '쌨다'의 꼴로 쓰임.》 ¶ 떡도 쌨고 감도 쌨다. /쌔고 쌘 것이 술집이다.
쌔고 버리다관용 버릴 만큼 흔하다. ¶ 그런 건 우리 마을에 쌔고 버렸다.
쌔ː다[2]타 〈싸이다[2]〉의 준말.
쌔무룩-하다[-루카-]형여 〈새무룩하다〉의 센말. ¶ 꾸중을 듣고 쌔무룩해지다. 큰씨무룩하다.
쌔물-거리다자 〈새물거리다〉의 센말. 쌔물대다. 큰씨물거리다.
쌔물-대다자 쌔물거리다.
쌔물-쌔물부하자 〈새물새물〉의 센말. 큰씨물씨물.
쌔비다타 〈훔치다〉의 속된 말.
쌕부 소리 없이 한 번 쌩긋 웃는 모양. ¶ 두 볼에 보조개를 지으며 쌕 웃다. 큰씩.
쌕쌕부하타 〈색색〉의 센말. 큰씩씩.
쌘ː-구름명 ☞적운(積雲).
쌘ː-비구름명 ☞적란운(積亂雲).
쌜그러-뜨리다타 〈샐그러뜨리다〉의 센말. 큰씰그러뜨리다.
쌜그러-지다자 〈샐그러지다〉의 센말. 큰씰그러지다.
쌜그러-트리다타 〈샐그러트리다〉의 센말. 큰씰그러트리다.
쌜긋[-귿]부하자타 〈샐긋〉의 센말. 큰씰긋.
쌜긋-거리다[-귿꺼-]자타 〈샐긋거리다〉의 센말. 쌜긋대다. 큰씰긋거리다.
쌜긋-대다[-귿때-]자타 쌜긋거리다.
쌜긋-하다[-그타-]형여 〈샐긋하다〉의 센말. ¶ 쌜긋한 눈으로 바라보다. 큰씰긋하다.
쌜기죽부하자타 〈샐기죽〉의 센말. 큰씰기죽.
쌜기죽-거리다[-꺼-]자타 〈샐기죽거리다〉의 센말. 쌜기죽대다. 큰씰기죽거리다.
쌜기죽-대다[-때-]자타 쌜기죽거리다.
쌜룩부하자타 〈샐룩〉의 센말. 큰씰룩.
쌜쭉부하자타 〈샐쭉〉의 센말. 큰씰쭉.
쌜쭉-하다[-쭈카-]형여 〈샐쭉하다〉의 센말. 큰씰쭉하다.
쌤ː-통명 '남의 낭패'를 고소해하여 이르는 말. ¶ 그것 정말 쌤통이다.
쌩부하자 세찬 바람이나 속도(速度)가 빠른 물체가 휙 지나갈 때 나는 소리. 큰씽. **쌩-쌩**부하자 ¶ 바람이 쌩쌩 분다.
쌩그레부하자 〈생그레〉의 센말. 큰씽그레.
쌩글부하자 〈생글〉의 센말. 큰씽글.
쌩글-거리다자 〈생글거리다〉의 센말. 쌩글대다.
쌩글-대다자 쌩글거리다.
쌩글-빵글부하자 〈생글방글〉의 센말.
쌩글-뺑글부하자 〈생글뱅글〉의 센말. 큰씽글뻥글.
쌩긋[-귿]부하자 〈생긋〉의 센말. 큰씽긋. 센쌩끗.
쌩긋-빵긋[-귿-귿]부하자 〈생긋뱅긋〉의 센말. 큰씽긋뻥긋. 센쌩끗빵끗.
쌩끗[-끋]부하자 〈생긋〉·〈생끗〉·〈쌩긋〉의 센말. 큰씽끗.
쌩끗-빵끗[-끋-끋]부하자 〈생긋뱅긋〉·〈생끗뱅끗〉·〈쌩긋빵긋〉의 센말. 큰씽끗뻥끗.
쌩쌩-하다형여 〈생생하다〉의 센말.
쌩이-질명 〈씨양이질〉의 준말.
써부 '그것을 가지고', '그런 까닭으로', '그것으로 말미암아'의 뜻을 나타내는 접속 부사. ¶ 효(孝)는 인륜의 근본이니, 써 백행(百行)의 으뜸을 삼을지니라.
써걱부 〈서걱〉의 센말. 작싸각.
써-내다타 글씨나 글을 써서 내놓다. ¶ 이력서를 써내다. /논문을 써내다.
써-넣다[-너타]타 적어 넣다. 기입(記入)하다. ¶ 성명란에 이름을 써넣다.
써느렇다[-러타][써느러니·써느레]형ㅎ 〈서느렇다〉의 센말. 작싸느랗다.
써늘-하다형여 〈서늘하다〉의 센말. ¶ 밤바람이 써늘하다. 작싸늘하다.
써다자 조수(潮水)가 빠지다. 괸 물이 잦아져서 줄다. ¶ 물이 써면 갯벌로 나가도록 하자.

써ː레명 소나 말이 끌게 하여, 갈아 놓은 논밭의 바닥을 고르는 데 쓰는 농구.
써ː레-몽둥이명 써레의 몸이 되는 나무. 〔여기에 써렛발·손잡이 및 나루채가 달림.〕
써ː레-질명하자 갈아 놓은 논밭의 바닥을 써레로 고르는 일.
써ː렛-발[-레빨/-렏빨]명 써레몽둥이에 여러 개를 가지런하게 박는, 한 자 남짓한, 끝이 뾰족한 나무.
써ː리다타 써레질을 하다. 썰다.
써-먹다[-따]타 〈쓰다1〉의 속된 말.
썩1부 〈석2〉의 센말. ¶ 배를 썩 베어 먹다. 작싹2.
썩2부 ①보통의 정도보다 훨씬 잘하거나 나은 모양. ¶ 썩 잘 그린 그림. ②거침없이 나서거나 물러서거나 하는 모양. ¶ 앞으로 썩 나서다.
썩다[-따] Ⅰ자 ①물질이 부패균의 작용으로 본래의 질보다 나쁘게 변하다. ¶ 생선이 썩다. ②활용되어야 할 자재나 물건 따위가 활용되지 않고 아깝게 묵혀 있다. ¶ 썩고 있는 자재를 이용하다. ③좋은 재주나 능력 따위가 제대로 쓰이지 못하고 묵혀 있다. ④정신이나 사상·생활·제도 따위가 막되게 변하다. ¶ 썩은 정신. ⑤(속되게) 본인의 의사와 관계없이 어떤 곳에 얽매여 있다. ¶ 교도소에서 10년을 썩다.
Ⅱ자타 걱정이나 근심 따위로 마음이 몹시 상하다. ¶ 속이 썩다.
썩은 새끼로 범〔호랑이〕 잡기속담 아무 준비도 없이 큰일에 덤벼들려고 하는 잘못된 태도를 두고 이르는 말.
썩덩-벌레[-떵-]명 썩덩벌렛과의 곤충. 썩은 나무에 삶. 몸은 긴 달걀꼴이고, 몸빛은 암적갈색인데 겉에 갈색 털이 나 있음. 우리나라·일본·시베리아 등지에 분포함.
썩둑[-뚝]부 〈석둑〉의 센말. 작싹둑.
썩-버력[-뻐-]명 광산에서, 갱 속에 버려 둔 버력을 이르는 말.
썩-썩부 〈석석〉의 센말.
썩썩-하다[-써카-]형여 마음씨가 부드럽고 태도가 서글서글하며 쾌활하다. 작싹싹하다.
썩은-새명 썩은 이엉.
썩-이다타 〖'썩다Ⅱ'의 사동〗 썩게 하다. ¶ 골머리를 썩이다. /어머니 속 좀 자그마치 썩여라.
썩-정이[-쩡-]명 ①썩은 물건. ②'삭정이'의 잘못.
썩-초(-草)명 빛깔이 거무스름하고 품질이 낮은 잎담배.
썩-히다[써키-]타 〖'썩다Ⅰ'의 사동〗 썩게 하다. ¶ 아까운 감자를 모두 썩히다.
썰겅-거리다자 〈설겅거리다〉의 센말. 썰겅대다. 작쌀강거리다.
썰겅-대다자 썰겅거리다.
썰겅-썰겅부하자 〈설겅설겅〉의 센말. 작쌀강쌀강.
썰ː다[써니·썰어]타 ①(연장을 써서) 물건을 동강으로 자르다. 동강 내다. ¶ 깍두기를 담그려고 무를 썰다. ②☞써리다.
썰렁-거리다자 〈설렁거리다〉의 센말. 썰렁대다. 작쌀랑거리다.
썰렁-대다자 썰렁거리다.
썰렁-썰렁부하자 〈설렁설렁〉의 센말. 작쌀랑쌀랑.
썰렁썰렁-하다형여 〈설렁설렁하다〉의 센말. 작쌀랑쌀랑하다.
썰렁-하다형여 〈설렁하다〉의 센말. ¶ 집 안이 썰렁하다. /썰렁한 바닷바람. 작쌀랑하다.
썰레-놓다[-노타]자 (안 될 일이라도) 될 수 있게 마련하다.
썰레-썰레부하타 〈설레설레〉의 센말. 작쌀래쌀래.
썰-리다 Ⅰ자 〖'썰다'의 피동〗 썲을 당하다.
Ⅱ타 〖'썰다'의 사동〗 썰게 하다. ¶ 동생에게 나무를 썰렸다.
썰매명 ①눈 위나 얼음판에서, 사람이나 짐을 싣고 짐승이나 사람이 끌고 다니는 기구. ②아이들이 얼음판에서 미끄럼을 타는 제구. ¶ 썰매를 지치다. 본설마(雪馬).
썰-무명 지난날, 멍구럭 따위에 담아 마소의 등에 싣고 다니며 팔던 무.
썰-물명 바닷물이 주기적으로 난바다로 밀려 나가는 현상, 또는 그 바닷물. 낙조(落潮). ↔밀물.
썰썰-하다형여 속이 빈 것처럼 출출하다. ¶ 점심을 배불리 먹었는데도 썰썰하다. **썰썰-히**부.
썰ː음-질명하타 톱으로 나무를 자르는 일.
썰컹-거리다자 〈설컹거리다〉의 센말. 썰컹대다. 작쌀캉거리다.
썰컹-대다자 썰컹거리다.
썰컹-썰컹부하자 〈설컹설컹〉의 센말. ¶ 콩이 덜 삶아져서 썰컹썰컹하다. 작쌀캉쌀캉.
썸벅부 〈섬벅〉의 센말. 작쌈박.
썸뻑부 〈썸벅〉의 센말. 작쌈빡.
썽그레부하자 〈성그레〉의 센말. 작쌍그레.
썽글-거리다자 〈성글거리다〉의 센말. 썽글대다. 작쌍글거리다.
썽글-대다자 썽글거리다.
썽글-뻥글부하자 〈성글벙글〉의 센말. 작쌍글빵글.
썽글-썽글부하자 〈성글성글〉의 센말. 작쌍글쌍글.
썽긋[-귿]부하자 〈성긋〉의 센말. 작쌍긋. 센썽끗.
썽긋-뻥긋[-귿-귿]부하자 〈성긋벙긋〉의 센말. 작쌍긋빵긋. 센썽끗뻥끗.
썽끗[-끋]부하자 〈성긋〉·〈성끗〉·〈썽긋〉의 센말. 작쌍끗.
썽끗-뻥끗[-끋-끋]부하자 〈성긋벙긋〉·〈성끗벙끗〉·〈썽긋뻥긋〉의 센말. 작쌍끗빵끗.
쏘가리명 꺽짓과의 민물고기. 몸길이 40~50 cm. 몸은 길고 납작하며 입이 큼. 온몸에 잿빛을 띤 보라색의 무늬가 많음. 한강과 대동강의 중상류에 분포함.
쏘개-질명하자 있는 일 없는 일을 얽어서 몰래 고자질하는 짓.
쏘곤-거리다자타 〈소곤거리다〉의 센말. 쏘곤대다. 큰쑤군거리다.
쏘곤-대다자타 쏘곤거리다.
쏘곤-쏘곤부하자타 〈소곤소곤〉의 센말. ¶ 쏘곤쏘곤 귓속말을 주고받다. 큰쑤군쑤군.
쏘ː다 Ⅰ타 ①(활이나 총 따위로) 화살이나 총알을 날아가게 하다. ¶ 대포를 쏘다. ②벌레 따위가 침으로 찌르다. ③매운맛이 찌르는 듯이 혀를 아리게 하다. ¶ 겨자가 혀를 톡 쏘다.
Ⅱ자 듣는 이가 따끔하게 느끼도록 말하다. ¶ 따끔하게 쏘아 주다.
쏘-다니다자타 분주하게 여기저기 마구 돌아다니다. ¶ 온종일 쏘다녔더니 피곤하다. /거리를 쏘다니다.
쏘-대다자타 〈쏘다니다〉의 속된 말.
쏘삭-거리다[-꺼-]타 자꾸 쏘삭쏘삭하다. 쏘삭대다. 큰쑤석거리다.
쏘삭-대다[-때-]타 쏘삭거리다.
쏘삭-쏘삭부하타 ①자꾸 뒤지고 들쑤시는 모양. ②남을 자꾸 꼬드겨서 달뜨게 하는 모양. 큰쑤석쑤석.
쏘시개명 〈불쏘시개〉의 준말.
쏘시개-나무명 불쏘시개로 쓸 나무.

쏘아-보다타 날카롭게 바라보다. 매섭게 건너보다. ¶ 상대의 얼굴을 쏘아보다. 참노려보다.
쏘아-붙이다[-부치-]자타 상대편의 감정이 상할 정도로, 날카롭게 말을 내뱉다. ¶ 홧김에 한마디 쏘아붙이다. 준쏴붙이다.
쏘-이다[1]자 〖'쏘다'의 피동〗 쏨을 당하다. ¶ 벌에 콧잔등을 쏘이다. /쐐기에 쏘이다. /벌레에 쏘인 자리가 퉁퉁 붓고 아프다. 준쐬다[1].
쏘이다[2]타 ☞쐬다[2].
쏘-지르다[~지르니·~질러]자르 〈쏘다니다〉의 속된 말. ¶ 온 마을을 쏘지르고 다니다.
쏙부 ①몹시 내밀거나 폭 들어간 모양. ¶ 쏙 들어간 자리. ②깊이 밀어 넣거나 쉽게 빠지는 모양. ¶ 심지가 쏙 빠져나오다. ③말이 경솔하고 거리낌 없는 모양. ¶ 아이가 어른들 이야기에 쏙 끼어들다. ④가볍게 찌르거나 쑤시는 모양. 큰쑥[3]. **쏙-쏙**부.
쏙닥-거리다[-딱꺼-]자타 〈속닥거리다〉의 센말. 쏙닥대다. 큰쑥덕거리다.
쏙닥-대다[-딱때-]자타 쏙닥거리다.
쏙닥-쏙닥[-딱-딱]부하자타 〈속닥속닥〉의 센말. ¶ 무슨 말인지 귀에 대고 쏙닥쏙닥하다. 큰쑥덕쑥덕.
쏙닥-이다[-따기-]자타 〈속닥이다〉의 센말. 큰쑥덕이다.
쏙달-거리다[-딸-]자타 〈속달거리다〉의 센말. 쏙달대다. 큰쑥덜거리다.
쏙달-대다[-딸-]자타 쏙달거리다.
쏙달-쏙달[-딸-딸]부하자타 〈속달속달〉의 센말. 큰쑥덜쑥덜.
쏙대기[-때-]명 돌김으로 성기게 떠서, 종이처럼 얄팍하게 만든 김.
쏙살-거리다[-쌀-]자타 〈속살거리다〉의 센말. 쏙살대다. 큰쑥설거리다.
쏙살-대다[-쌀-]자타 쏙살거리다.
쏙살-쏙살[-쌀-쌀]부하자타 〈속살속살〉의 센말. 큰쑥설쑥설.
쏙소그레-하다[-쏘-]형여 〈속소그레하다〉의 센말. 큰쑥수그레하다.
쏜살-같다[-갇따]형 날아가는 화살같이 몹시 빠르다. **쏜살같-이**부 ¶ 쏜살같이 달려오다.
쏜살-로부 '쏜살같이'의 잘못.
쏟다[-따] Ⅰ자타 햇볕이나 비 따위를 강하게 비치게 하거나 내리게 하다. ¶ 큰비를 쏟다.
Ⅱ타 ①그릇 따위를 기울여서 담긴 것을 한꺼번에 나오게 하다. ¶ 방바닥에 물을 쏟다. ②(피나 눈물 따위를) 흘리다. ¶ 코피를 쏟다. ③마음을 기울여 열중하다. ¶ 자녀 교육에 정성을 쏟다. ④생각을 모두 말하다. ¶ 친구에게 속생각을 쏟아 놓다.
쏟-뜨리다타 '쏟다'의 힘줌말. 쏟트리다.
쏟아-지다자 한꺼번에 많이 떨어지거나 몰려나오거나 생기다. ¶ 진눈깨비가 쏟아지다.
쏟-트리다타 쏟뜨리다.
쏠명 작은 폭포.
쏠ː다[쏘니·쏠아]타 (쥐나 좀 따위가) 물건을 갉아서 구멍을 내거나 흠을 만들다. ¶ 누에가 뽕잎을 쏠다.
쏠리다자 (한쪽으로) 기울어지거나 몰리다. ¶ 마음이 쏠리다. /낡은 집이 옆으로 쏠리다.
쏠쏠-하다형여 ①품질이 쓸 만하고 어지간하다. ②(장사나 거래의 이문이) 만만하지 않다. ¶ 이문이 쏠쏠하다. 큰쑬쑬하다. **쏠쏠-히**부.
쏭당-쏭당부하타 〈송당송당〉의 센말. 큰쑹덩쑹덩.
쏴부 〈솨〉의 센말.
쏴-붙이다[-부치-]자타 〈쏘아붙이다〉의 준말.
쐐부 〈쇄〉의 센말.
쐐ː기[1]명 물건과 물건의 틈 사이에 박아 사개가 물러나지 못하도록 하는 물건.
쐐기(를) 박다〔치다〕관용 ①뒤탈이 없도록 다짐을 해 두다. ②일이나 상태가 바람직하지 않게 되는 것을 막다. ¶ 과소비 풍조에 쐐기를 박다.
쐐ː기[2]명 ①쐐기나방의 유충. 마디마다 가시가 있어 닿으면 아프고 부어오름. 과실나무의 해충임. ②☞풀쐐기.
쐐ː기-나방명 쐐기나방과의 곤충을 통틀어 이르는 말.
쐐ː기-풀명 쐐기풀과의 다년초. 산이나 들에 절로 나는데, 줄기 높이는 40~80 cm. 잎은 깻잎과 비슷하며 잎과 줄기에 독기 있는 가시가 있음. 여름에서 늦가을에 걸쳐 담녹색의 잔꽃이 이삭 모양으로 핌.
쐬ː다[1][쐬-/쒜-]자 〈쏘이다[1]〉의 준말.
쐬ː다[2][쐬-/쒜-]타 ①(연기나 바람 따위를) 몸이나 얼굴에 받다. ¶ 바람을 쐬다. /햇볕을 쐬다. ②(자기의 물건을) 남에게 보여 평가받아 보다. ¶ 상품을 전시하여 남의 눈을 쐬다. ③〈맞쐬다〉의 준말. 쏘이다[2].
쑤군-거리다자타 〈수군거리다〉의 센말. 쑤군대다. 작쏘곤거리다.
쑤군-대다자타 쑤군거리다.
쑤군덕-거리다[-꺼-]자타 〈수군덕거리다〉의 센말. 쑤군덕대다.
쑤군덕-대다[-때-]자타 쑤군덕거리다.
쑤군덕-쑤군덕부하자타 〈수군덕수군덕〉의 센말.
쑤군-쑤군부하자타 〈수군수군〉의 센말. 작쏘곤쏘곤.
쑤다타 (풀이나 죽 따위를) 끓여 익히다.
쑤석-거리다[-꺼-]타 자꾸 쑤석쑤석하다. 쑤석대다. 작쏘삭거리다.
쑤석-대다[-때-]타 쑤석거리다.
쑤석-쑤석부하타 ①자꾸 뒤지고 들쑤시는 모양. ¶ 서랍을 쑤석쑤석 들추다. ②남을 자꾸 꼬드겨서 들뜨게 하는 모양. ¶ 옆에서 쑤석쑤석하여 들뜨게 하다. 작쏘삭쏘삭.
쑤시다[1]자 바늘로 찌르는 것같이 아프다. ¶ 종기가 곪으려는지 몹시 쑤신다.
쑤시다[2]타 ①구멍 같은 데를 꼬챙이나 막대 따위로 찌르다. ¶ 이를 쑤시다. ②가만 있는 것을 건드려 버르집다. ③사람이 여러 사람 속으로 들어갈 틈을 만들다. ¶ 만원 버스 속으로 쑤시고 들어가다. ④숨겨진 사실을 밝히기 위해 이모저모 조사하다. ¶ 신문 기자가 사건의 진상을 밝히기 위해 여기저기 쑤시고 다니다. ⑤일자리를 찾거나 어떤 관계를 맺기 위해 회사·기관 등을 비집고 들다. ¶ 건설 공사 수주를 위해 인맥을 동원해 여기저기 쑤시고 다니다.
쑥[1]명되자 지나치게 순진하거나 어리석은 사람을 일컫는 말. ¶ 그 사람 영 쑥이더군.
쑥[2]명 국화과의 다년초. 들에 절로 나는데, 줄기 높이는 60~120 cm. 잎은 뒷면에 젖빛 솜털이 있고 향기가 남. 7~9월에 담홍자색 꽃이 핌. 어린잎은 먹으며, 다 자란 잎은 배앓이나 토사 등에 약으로 씀. 본다북쑥.
쑥[3]부 ①몹시 내밀거나 푹 들어간 모양. ¶ 배가 쑥 나오다. /쑥 들어간 눈. ②깊이 밀어 넣거나 쉽게 빠지는 모양. ¶ 단검을 쑥 빼어 들다. /손을 쑥 집어넣다. ③말을 경솔하고 거리낌 없이 하는 모양. ¶ 남의 이야기에 쑥 나서서 참견을 하다. ④깊이 쑤시는 모양. 작쏙. **쑥-쑥**부.

쑥-갓[-깓]명 국화과의 일년 또는 이년초. 채소의 한 가지로, 줄기 높이는 30~60 cm. 잎은 깃 모양으로 깊이 갈라지며 녹색 다육질임. 여름에 담황색 꽃이 피는데 냄새가 향긋함. 독특한 향미가 있어 쌈이나 나물로 먹음. 애국채(艾菊菜). *쑥갓이[-까시]·쑥갓만[-깐-]

쑥-대[-때]명 쑥의 줄기.

쑥-대강이[-때-]명 ☞쑥대머리.

쑥대-김[-때-]명 돌김으로 얇게 만든 김.

쑥대-머리[-때-]명 (채가 긴 머리털이) 어지럽게 흐트러진 머리. 봉두(蓬頭). 봉수(蓬首). 쑥대강이.

쑥대-밭[-때받]명 ①쑥이 우거진 거친 땅. ②'크게 파괴되어 거의 폐허가 되다시피 한 것'을 비유하여 이르는 말. ¶ 쑥대밭을 만들다./쑥대밭이 되다. 준쑥밭. *쑥대밭이[-때바치]·쑥대밭을[-때바틀]·쑥대밭만[-때반-]

쑥댓-불[-때뿔/-땓뿔]명 쑥을 뜯어 말려서 단을 묶어 만든 자루에 붙인 불.

쑥덕-거리다[-떡꺼-]자타 〈숙덕거리다〉의 센말. 쑥덕대다. 작쏙닥거리다.

쑥덕-공론(-公論)[-떡꽁논]명하자타 남이 알아듣지 못하게 저희들끼리 모여서 쑥덕거리는 짓.

쑥덕-대다[-떡때-]자타 쑥덕거리다.

쑥덕-쑥덕[-떡-떡]부하자타 〈숙덕숙덕〉의 센말. 작쏙닥쏙닥.

쑥덕-이다[-떠기-]자타 〈숙덕이다〉의 센말. 작쏙닥이다.

쑥덜-거리다[-떨-]자타 〈숙덜거리다〉의 센말. 쑥덜대다. 작쏙닥거리다.

쑥덜-대다[-떨-]자타 쑥덜거리다.

쑥덜-쑥덜[-떨-떨]부하자타 〈숙덜숙덜〉의 센말. 작쏙달쏙달.

쑥-떡명 쑥을 넣어 만든 떡.

쑥-돌[-똘]명 ☞애석(艾石).

쑥-밭[-빧]명 〈쑥대밭〉의 준말. *쑥밭이[-빠치]·쑥밭을[-빠틀]·쑥밭만[-빤-]

쑥-버무리[-뻐-]명 쌀가루와 쑥을 한데 버무려서 시루에 찐 떡.

쑥-부쟁이[-뿌-]명 국화과의 다년초. 습기가 있는 곳에 자라는데 뿌리줄기가 땅속으로 가로 벋어 번식함. 줄기는 자줏빛을 띠며, 높이는 30~100 cm. 7~10월에 가지 끝에 자줏빛 꽃이 한 송이씩 핌. 어린잎은 먹을 수 있음.

쑥-색(-色)[-쌕]명 쑥의 색깔.

쑥설-거리다[-썰-]자타 〈숙설거리다〉의 센말. 쑥설대다. ¶ 바로 뒤에 앉아서 계속 쑥설거리고 있다. 작쏙살거리다.

쑥설-대다[-썰-]자타 쑥설거리다.

쑥설-쑥설[-썰-썰]부하자타 〈숙설숙설〉의 센말. ¶ 아무 일도 아닌 걸 가지고 뭘 그렇게 쑥설쑥설하며 떠드는 거냐? 작쏙살쏙살.

쑥수그레-하다[-쑤-]형여 〈숙수그레하다〉의 센말.

쑥-스럽다[-쓰-따][~스러우니·~스러워]형ㅂ 하는 짓이나 모양이 어울리지 않아 멋쩍고 어색하다. ¶ 낯선 자리에 나서자니 쑥스럽다./쑥스러워서 말 한마디 못하고 그대로 돌아왔다. 쑥스레부.

쑬쑬-하다형여 ①품질이 쓸 만하고 무던하다. ②(장사나 거래의 이문이) 썩 좋다. ¶ 장사가 쑬쑬하게 되다. 작쏠쏠하다. 쑬쑬-히부.

쑹덩-쑹덩부하타 〈숭덩숭덩〉의 센말. 작쏭당쏭당.

쒜-쒜감 어린아이가 다쳐서 아파할 때 다친 곳을 만져 주며 달래는 소리.

쓰-개명 머리에 쓰는 물건을 통틀어 이르는 말.

쓰개-치마명 지난날, 부녀자가 나들이할 때 머리에 써서 머리와 윗몸을 가리던 치마.

쓰나미(つなみ 일)명 ☞지진 해일.

쓰다[1][쓰니·써]타 ①사람을 두어 일을 시키다. ¶ 일꾼을 쓰다. ②돈이나 물자를 들이거나 없애다. ¶ 돈을 많이 쓰다./물을 많이 쓰다. ③(어떤 일에) 도구나 수단이 되게 하다. ¶ 전화를 쓰다./흉기를 쓰다. ④마음을 쏟거나 억지를 부리다. ¶ 꾀를 쓰다./생떼를 쓰다. ⑤(권세 따위를) 행사하다. ¶ 세도를 쓰다. ⑥(몸의 일부를) 놀리다. ¶ 팔을 쓰다. ⑦약을 먹이거나 바르다. ¶ 한약을 쓰다. ⑧빚을 지다. ¶ 남의 돈을 쓰다. ⑨(주로 '말'이나 '문자'와 함께 쓰이어) 생각을 나타내는 수단으로 사용하다. ¶ 고운 말을 쓰다./사투리를 쓰다. ⑩장기·바둑 따위에서, 말을 옮기다. ¶ 포를 써서 이기다.

쓰다[2][쓰니·써]타 ①(모자나 수건 따위를) 머리에 얹거나 덮다. ¶ 두건을 쓰다. ②(우산 따위를) 머리 위에 펴 들다. ¶ 우산도 쓰지 않고 빗속을 쏘다녔다. ③(얼굴을) 보이지 않게 가리거나 덮다. ¶ 탈을 쓰다. ④(이불 따위를) 머리까지 푹 덮다. ¶ 이불을 쓰고 드러누웠다. ⑤억울한 지목을 당하거나 죄를 입다. ¶ 도둑의 누명을 쓰다. ⑥(얼굴에) 흘러 내리지 않게 걸치다. ¶ 안경을 쓰다.

쓰다[3][쓰니·써]타 묏자리를 잡아 시체를 묻다. ¶ 명당(明堂)에 뫼를 쓰다.

쓰다[4][쓰니·써]타 ①붓·펜 따위로 획을 그어 글자를 이루다. ¶ 제 이름도 쓸 줄 모른다. ②글을 짓다. ¶ 소설을 쓰는 사람. ③(악보에 음표 따위로) 곡을 만들다. ¶ 가수가 직접 곡을 썼다.

쓰다[5][쓰니·써]형 ①맛이 소태의 맛과 같다. ¶ 검고 쓴 한약. ↔달다[4]. ②입맛이 없다. ¶ 입이 써 아침을 드는 둥 마는 둥 했다. ③마음에 언짢고 싫다. ¶ 쓴 얼굴을 하다.

쓴 배(개살구/외)도 맛 들일 탓속담 모든 일의 좋고 나쁨은 하는 사람의 주관에 달렸다는 말.

쓰다듬다[-따]타 ①(귀엽거나 탐스러워) 손으로 가볍게 쓸어 어루만지다. ¶ 아이의 머리를 쓰다듬다./수염을 쓰다듬다. ②(울거나 성이 난 아이를) 살살 달래어 가라앉히다.

쓰디-쓰다[~쓰니·~써]형 ①매우 쓰다. ¶ 쓰디쓴 약. ②몹시 괴롭다. ¶ 쓰디쓴 경험.

쓰라리다형 ①쓰리고 아리다. ¶ 무릎이 까져 쓰라리다. ②몹시 괴롭다. ¶ 쓰라린 심정.

쓰러-뜨리다타 쓰러지게 하다. 쓰러트리다. ¶ 발을 걸어 쓰러뜨리다./독재 정권을 쓰러뜨리다.

쓰러-지다자 ①(서 있거나 쌓여 있던 것이) 한쪽으로 쏠려 넘어지다. ¶ 폭풍에 전신주가 쓰러졌다. ②형세를 지탱하지 못하고 망하다. ¶ 회사가 부도를 내고 쓰러지다. ③(힘이 다하거나 다쳐서) 앓아눕거나 죽다. ¶ 내가 쓰러지는 한이 있더라도 꼭 하고야 말겠다.

쓰러-트리다타 쓰러뜨리다.

쓰렁쓰렁-하다형여 사귀는 정이 버성기어 서로 쓸쓸하다. ¶ 촌수는 가깝지만 자주 못 만나서 서로 쓰렁쓰렁하게 지낸다.

쓰레기명 비로 쓸어 낸 먼지나 티끌, 또는 못 쓰게 되어 내버릴 물건을 통틀어 이르는 말. ¶ 쓰레기 분리 수거.

쓰레기-꾼명 쓰레기를 치는 일꾼.

쓰레기-차(-車)명 쓰레기를 거두어 내다 버리는 청소차.

쓰레기-통(-桶)명 쓰레기를 모아 두는 통.

쓰레-받기[-끼]명 쓰레기 따위를 비로 쓸어 받아 내는 기구.
쓰레-장판(-壯版)명 장판지로 만든 쓰레받기.
쓰레-질명하타 비로 쓸어 청소하는 일.
쓰레-하다형여 쓰러질 것같이 한쪽으로 기울어져 있다. ¶ 쓰레하게 서 있는 오두막집.
쓰르라미명 매밋과의 곤충. 편 날개 길이 5 cm 가량. 몸빛은 적갈색에 녹색과 흑색점이 있음. 여름부터 가을에 걸쳐 볼 수 있으며, 수컷에만 배에 큰 공명실(共鳴室)이 있어 '쓰르람쓰르람' 하고 욺. 일본 특산이나 우리나라에도 분포함. 한선(寒蟬).
쓰름-매미명 매밋과의 곤충. 몸길이 3 cm, 편 날개 길이 5 cm가량. 몸빛은 어두운 녹색에 검은 얼룩무늬가 있고, 날개는 투명하며 붉은 보라색으로 광택이 남. 수컷은 여름부터 가을에 걸쳐 '쓰름쓰름' 하고 우는데, 우리나라·중국·일본 등지에 분포함.
쓰름-쓰름부 쓰름매미의 우는 소리.
쓰리명 겨울에 잉어 따위를 낚기 위해 얼음을 끄는 쇠꼬챙이.
쓰리다형 ①다친 상처가 매운기에 닿을 때처럼 아리다. ¶ 불에 덴 데가 쓰리다. ②몹시 시장하여 허기가 지다. ¶ 배가 고프다 못해 쓰리다. ③마음이 아린 것처럼 괴롭다. ¶ 자식을 잃어버린 부모의 맘이 얼마나 쓰리겠느냐?
쓰-이다[1]자 〖'쓰다[1]'의 피동〗 씀을 당하다. 소용되다. ¶ 결혼 비용이 많이 쓰이다. 준씌다[1].
쓰-이다[2] Ⅰ자 〖'쓰다[4]'의 피동〗 글씨가 써지다. ¶ 이 펜은 글씨가 잘 쓰인다. 준씌다[2]. Ⅱ타 〖'쓰다[4]'의 사동〗 쓰게 하다. ¶ 동생에게 글씨를 쓰이다. 준씌다[2].
쓰임-새명 쓰이는 일. 쓰이는 데. ¶ 쓰임새가 많은 연모.
쓰적-거리다[-꺼-]자타 자꾸 쓰적쓰적하다. 쓰적대다. ¶ 그렇게 쓰적거려 가지고 마당이 깨끗해지겠느냐?
쓰적-대다[-때-]자타 쓰적거리다.
쓰적-쓰적부 ①하자타 물건이 서로 맞닿아서 자꾸 비비어지거나 쓸리는 소리, 또는 그 모양. ②하타 쓰레질을 대강대강 하는 모양.
쓱부 ①넌지시 행동하는 모양. ¶ 어느새 쓱 지나가 버렸다. ②척 내닫거나 내미는 모양. ¶ 소매를 걷고 쓱 나섰다. ③슬쩍 문대거나 비비는 모양. ¶ 긴 수염을 한 손으로 쓱 쓰다듬었다. ③**쓱-쓱**부 ¶ 얼굴을 손으로 쓱쓱 문지르다.
쓱싹부하자타 톱질이나 줄질을 할 때 쓸리어 나는 소리. ¶ 톱으로 나무를 쓱싹 자르다. **쓱싹-쓱싹**부하자타.
쓱싹-거리다[-꺼-]자타 자꾸 쓱싹 소리가 나다. 쓱싹대다.
쓱싹-대다[-때-]자타 쓱싹거리다.
쓱싹-하다[-싸카-]자타여 ①옳지 않은 일이나 잘못을 슬쩍 얼버무려 감추어 버리다. ②서로 주고받을 셈을 맞비겨 없애다. ③'슬쩍 제것으로 하다'를 속되게 이르는 말. ¶ 회비(會費)를 쓱싹하다.
쓱-쓱부 일을 손쉽게 거침없이 해치우는 모양. ¶ 아무리 어려운 일을 맡아도 군소리 한마디 없이 쓱쓱 해치운다.
쓴-너삼명 콩과의 다년초. 양지바른 곳에 나는데, 줄기의 높이 80~100 cm. 잎은 새의 깃 모양이며 잎자루가 길고 6~8월에 연한 황색 꽃이 이삭 모양으로 핌. 뿌리는 '고삼(苦蔘)'이라 하여 한약재로 쓰임.
쓴-맛[-맏]명 소태 따위의 맛과 같은 맛. 고미(苦味). ＊쓴맛이[-마시]·쓴맛만[-만-]
쓴맛 단맛 다 보았다속담 갖은 곡절을 겪어서 경험이 많다는 말.
쓴-소리명하자 듣기에 거슬리는 충고의 말.
쓴-술명 찹쌀술에 대하여 '멥쌀술'을 이르는 말.
쓴-웃음명 ①속으로는 시쁘면서도 마지못해 웃는 웃음. ②기가 막히거나 어이가 없어 웃는 웃음. 고소(苦笑).
쓴-잔(-盞)명 ①쓴맛이 나는 액체가 든 잔. ②'실패나 패배 따위의 쓰라린 경험'을 비유하여 이르는 말.
쓴잔을 들다〔마시다/맛보다〕관용 실패나 패배 따위의 쓰라린 일을 당하다.
쓸개명 ☞담낭(膽囊).
쓸개(가) 빠지다관용 하는 짓이 줏대가 없음을 욕으로 이르는 말.
쓸개-머리명 소의 쓸개에 붙은 고기.
쓸개-즙(-汁)명 척추동물의 간장에서 만들어지는 소화액의 한 가지. 지방 효소(脂肪酵素)의 소화 작용 및 장(腸)의 연동 운동(蠕動運動)을 돕는데, 육식 동물은 홍갈색이고 초식 동물은 녹색임. 담액. 담즙. 쓸개진.
쓸개-진(-津)명 ☞쓸개즙.
쓸까스르다[쓸까스르니·쓸까슬러]타르 남을 추슬렀다 낮추었다 하여 비위를 거스르다.
쓸다[1][쓰니·쓸어]타 ①비로 쓰레기 따위를 밀어 내거나 한데 모아 치우다. ¶ 골목을 쓸다. ②손으로 어루만져 문지르다. ¶ 아이의 아픈 배를 쓸어 주다. ③(어떤 범위 안에) 두루 영향을 끼치다. ¶ 독감이 전국을 쓸었다. ④(돈이나 물건 따위를) 혼자 독차지하다. ¶ 상이란 상은 모두 혼자 쓸어 가다.
쓸다[2][쓰니·쓸어]타 줄 따위로 문질러 닳게 하다. ¶ 줄로 쇠창살을 쓸다.
쓸데-없다[-떼업따]형 ①쓸 자리가 없다. 소용이 없다. ¶ 쓸데없는 물건. ②아무 값어치가 없다. 아무 뜻이 없다. ¶ 쓸데없는 말만 지껄이다. **쓸데없-이**부 ¶ 쓸데없이 아무 일에나 참견한다.
쓸리다[1]자 (풀이 센 옷이나 단단하고 거친 표면에) 쓰적거려 살갗이 벗겨지다. ¶ 시멘트 바닥에 넘어져 무릎이 쓸렸다.
쓸리다[2]자 비스듬히 기울어지다. ¶ 집채가 한쪽으로 쓸리다./바람에 쓸리는 풀.
쓸-리다[3]자 〖'쓸다[1]'의 피동〗 씀을 당하다. ¶ 병사들의 제설 작업으로, 보급로의 눈이 말끔히 쓸렸다.
쓸-리다[4]자 〖'쓸다[2]'의 피동〗 (줄 따위에) 문질러져서 닳게 되다. ¶ 줄에 쓸리다.
쓸-모명 쓸 만한 가치. 쓰일 자리. ¶ 아무 데도 쓸모가 없다.
쓸모-없다[-업따]형 쓸 만한 가치가 없다. **쓸모없-이**부.
쓸쓸-하다형여 ①(날씨가) 으스스하고 썰렁하다. ②외롭고 적적하다. 소연(蕭然)하다. ¶ 객지 생활이 쓸쓸하다. **쓸쓸-히**부.
쓸어-내리다타 ①(수염·머리 따위를) 아래로 쓸면서 만지다. ¶ 머리를 쓸어내리다. ②걱정이나 근심 따위가 해결되어 안도하다. ¶ 가슴을 쓸어내리다.
쓸어-맡기다[-맏끼-]타 여러 가지를 다 몰아서 맡기다. ¶ 살림을 시어머니한테 쓸어맡기고 나돌아 다니다니….
쓸어-버리다타 부정적인 것을 모조리 없애다. ¶ 잡념을 쓸어버리고 공부에만 몰두하였다.

쓸어-안다[-따][타] 마구 부둥켜안다. ¶ 재회한 모자는 서로 쓸어안고 감격의 눈물을 흘렸다.
쓸용(-用)[-룡][명] 한자 부수의 한 가지. '甫'·'甯' 등에서의 '用'의 이름.
쓸음-질[명][하타] 줄로 쓰는 짓.
쓿다[쓸타][타] 곡식의 껍질을 벗기어 깨끗이 하다. ¶ 쌀을 쓿다. * 쓿어[쓰러]·쓿는[쓸른]·쓿소[쓸쏘]
쓿은-쌀[쓰른-][명] 쓿어서 껍질을 벗긴 흰쌀.
씀바귀[명] 국화과의 다년초(多年草). 산이나 들에 절로 나는데, 줄기는 25~50 cm. 잎은 가늘고 길며 가장자리에 톱니가 있음. 초여름에 노란 꽃이 핌. 뿌리는 맛이 쓰나 봄에 나물로 먹음. 고채(苦菜).
씀벅-거리다[-꺼-][자타] 〈슴벅거리다〉의 센말. 씀벅대다. ¶ 눈을 씀벅거리다. [작]쌈박거리다.
씀벅-대다[-때-][자타] 씀벅거리다.
씀벅-씀벅[부][하자타] 〈슴벅슴벅〉의 센말. [작]쌈박쌈박.
씀씀-이[명] ①돈이나 물건 따위를 쓰는 일, 또는 그 정도나 규모. ¶ 씀씀이가 헤프다. /차를 산 뒤부터 씀씀이가 더욱 커졌다. ②(어떤 일이나 사람에 대해서) 생각이나 관심을 갖는 정도.
씁쓰레-하다[형여] 맛이 제법 씁쓸한 듯하다. 씁쓰름하다. [작]쌉싸래하다.
씁쓰름-하다[형여] 씁쓰레하다.
씁쓸-하다[형여] 제법 쓴 맛이 있다. ¶ 멍게는 씁쓸한 맛에 먹는다. [작]쌉쌀하다. 씁쓸-히[부].
씌:다[1][씨-][자] 〈쓰이다[1]〉의 준말. ¶ 요긴하게 씌다.
씌:다[2][씨-] [Ⅰ][자] 〈쓰이다[2]〉의 준말. ¶ 글씨가 잘 씌다.
[Ⅱ][타] 〈쓰이다[2]〉의 준말. ¶ 붓글씨를 씌다.
씌:다[3][씨-][타] 〈씌우다〉의 준말. ¶ 모자를 씌다.
씌다[4][씨-][자] (귀신이) 접하다. ¶ 귀신이 씌다.
씌어-대다[씨어-/씨여-][자] 귀신 따위가 잇따라 접하다.
씌우-개[씨-][명] 덮어 씌우는 물건.
씌우다[씨-][타] 〖'쓰다[2]'의 사동〗 ①(머리에) 쓰게 하다. ¶ 모자를 씌우다. ②(허물을) 남의 탓으로 돌리게 하다. ¶ 그에게 누명을 씌우다. [준]씌다[3].
씨[1][명] ①식물의 씨방 안의 밑씨가 수정하여 발달한 단단한 물질. 씨앗. 종자(種子). ¶ 씨가 생기다. /배추의 씨. ②동물이나 식물이 생겨나는 근본이 되는 것. ¶ 개량종의 씨를 받다. ③혈통, 또는 혈통을 이어 나가는 자식이나 자손. ¶ 씨가 다른 형제. /씨가 좋은 말. ④어떤 일의 근원. 원인. ¶ 말이 씨가 된다. /하찮은 일이 분쟁의 씨가 되다.
씨가 마르다[관용] 어떤 종류의 것이 모조리 없어지다. ¶ 돈이 씨가 마르다.
씨도 없이[관용] 하나도 남기지 않고 모조리. ¶ 그 많던 붕어를 그물로 씨도 없이 잡아가다.
씨를 말리다[관용] 어떤 종류를 남김없이 모두 없애다. ¶ 농약으로 메뚜기의 씨를 말리다.
씨[2][명] 피륙을 짜거나 돗자리를 칠 때 가로놓는 실이나 노. ¶ 굵은 노로 씨와 날을 삼다. ↔날[3].
씨[3][명] ☞품사(品詞).
씨[의] 〈옛〉 것이. 〔'ᄼ'의 주격형 '시'가 변한 것〕 ¶ 무더니 너길 씨 增上漫이라(釋譜9:14). [참]시.
씨(氏) [Ⅰ][명] 《주로, 문집이나 비문 따위의 문어에 쓰이어》 같은 성의 계통임을 표시하는 말.
[Ⅱ][의] 남의 성이나 이름 뒤에 써서 존경의 뜻을 나타내는 말. ¶ 김 씨. /홍길동 씨.
[Ⅲ][대] 제삼자를 이름 대신 높여 일컫는 말. 그분. ¶ 씨의 큰 업적을 기리다.
-씨[접미] 《일부 명사 뒤에 붙어》 '태도'·'모양'을 나타냄. ¶ 말씨. /마음씨.
-씨(氏)[접미] 《성을 나타내는 명사 뒤에 붙어》 같은 성(姓)의 계통임을 나타내는 말. ¶ 김해 김씨. /전주 이씨.
씨-가지[명] ☞접사(接辭).
씨-갈[명] ☞품사론(品詞論).
씨-고치[명] 누에알을 받을 나방이 들어 있는 고치. 종견(種繭).
씨-곡(-穀)[명] 씨앗으로 쓸 곡식. 종곡(種穀).
씨그둥-하다[형여] 귀에 거슬려 달갑지 않다. ¶ 씨그둥한 소리만 늘어놓나.
씨근-거리다[자타] 〈시근거리다[1]〉의 센말. 씨근대다. ¶ 막내둥이가 씨근거리며 급히 뛰어왔다. [작]쌔근거리다.
씨근-대다[자타] 씨근거리다.
씨근덕-거리다[-꺼-][자타] 〈시근덕거리다〉의 센말. 씨근덕대다. ¶ 분을 이기지 못하고 계속 씨근덕거리기만 한다. [작]쌔근덕거리다.
씨근덕-대다[-때-][자타] 씨근덕거리다.
씨근덕-씨근덕[부][하자타] 〈시근덕시근덕〉의 센말. [작]쌔근덕쌔근덕.
씨근-벌떡[부][하자타] 〈시근벌떡〉의 센말. [작]쌔근발딱.
씨근-씨근[부][하자타] 〈시근시근[1]〉의 센말. [작]쌔근쌔근.
씨-금[명] ☞위선(緯線). ↔날금.
씨-껍질[-찔][명] 식물의 씨의 껍질. 겉씨껍질과 속씨껍질의 구별이 있음. 종피(種皮).
씨-끝[-끋][명] ☞어미(語尾). * 씨끝이[-끄치]·씨끝을[-끄틀]·씨끝만[-끈-]
씨-내리[명][하자] 지난날, 혼인한 부부의 남편에게 이상이 있어 대(代)를 잇지 못할 경우에 남편 대신에 합방(合房)하여 아이를 배게 하던 일, 또는 그 남자. 대리부(代理父). [참]씨받이.
씨-눈[명] ☞배(胚).
씨눈-줄기[명] ☞배축(胚軸).
씨다리[명] 사금(沙金)의 낟알.
씨-닭[-닥][명] 품종 개량이나 번식을 위해서 기르는 좋은 품종의 수탉. 종계(種鷄). * 씨닭이[-달기]·씨닭만[-당-]
씨-도(-度)[명] ☞위도. ↔날도.
씨-도둑[명] '한 집안에 대대로 전해 내려오는 관습이나 전통·특징에 따르지 아니하고 남을 닮음'을 비유하여 이르는 말.
씨도둑은 못한다[속담] ①조상 대대로 지녀 온 전통이나 내력은 없애지 못한다는 말. ②아버지와 자식은 모습이나 성격이 비슷한 데가 많아서 속일 수가 없다는 말.
씨-도리[명] 〈씨도리배추〉의 준말.
씨도리-배추[명] 씨를 받기 위하여 밑동만 남겨 둔 배추. [준]씨도리.
씨-돼지[명] 품종 개량이나 번식을 위해서 기르는 좋은 품종의 수퇘지. 종돈(種豚).
씨르래기[명] ☞여치.
씨르륵-씨르륵[부][하자] 씨르래기의 우는 소리.
씨름[명][하자] ①민속 경기의 한 가지. 두 사람이 서로 샅바나 띠를 잡고 맞붙어 먼저 상대편을 넘어뜨리기를 겨루는 경기. 각력. 각저. 각희(脚戲). ②'어떤 일을 이루기 위하여 온 힘을 쏟거나 끈기 있게 달라붙음, 또는 그러한 행동'을 비유하여 이르는 말. ¶ 오랜 씨름 끝에 문제를 해결하다. /책과 씨름하다.

씨름-꾼 명 씨름을 하는 사람, 또는 씨름을 잘하는 사람.
씨름-판 명 씨름을 하는 판. ¶ 씨름판이 벌어지다.
씨-말 명 품종 개량이나 번식을 위해서 기르는 좋은 품종의 수말. 종마(種馬).
씨명(氏名) 명 ☞성명(姓名).
씨무룩-하다 [-루카-] 형 여 〈시무룩하다〉의 센말. ¶ 씨무룩한 표정. 작 쌔무룩하다.
씨물-거리다 자 〈시물거리다〉의 센말. 씨물대다. 작 쌔물거리다.
씨물-대다 자 씨물거리다.
씨물-씨물 부 하자 〈시물시물〉의 센말. 작 쌔물쌔물.
씨-받다 [-따] 자 동식물의 씨를 거두어 마련하다.
씨받-이 [-바지] 명 하자.타 ①씨를 받는 일. ¶ 씨받이할 좋은 소. ②지난날, 혼인한 부부의 아내에게 이상이 있어 대(代)를 잇지 못할 경우에 재물을 받고 그 남자의 아이를 대신 낳아 주던 일, 또는 그 여자. ② 참 대리모(代理母)·씨내리.
씨-방(-房) 명 속씨식물에서, 암꽃술의 아랫부분에 볼록한 주머니 모양으로 되어 있는 곳. 〔안에 밑씨가 들어 있음.〕 자방(子房).
씨보(氏譜) 명 ☞족보(族譜).
씨부렁-거리다 자타 〈시부렁거리다〉의 센말. 씨부렁대다. 작 싸부랑거리다.
씨부렁-대다 자타 씨부렁거리다.
씨부렁-씨부렁 부 하자.타 〈시부렁시부렁〉의 센말. 작 싸부랑싸부랑.
씨-소 명 품종 개량이나 번식을 위해 기르는 좋은 품종의 수소. 종우(種牛).
씨-수퇘지 명 씨받이할 수퇘지. 종모돈(種牡豚).
씨식잖다 [-짠타] 형 같잖고 되잖다. ¶ 돈 몇 푼 있다고 씨식잖게 군다. 준 씩잖다. ＊씨식잖아[-짜나]·씨식잖소[-짠쏘]
씨-실 명 피륙을 가로 건너 짜는 실. 위사(緯絲). ↔날실1.
씨아 명 목화씨를 빼는 기구. 교거. 연거(碾車).
씨아-손 명 씨아의 손잡이. 도괴(掉拐).
씨아-질 명 하자 씨아로 목화의 씨를 빼는 일.
씨-알 명 ①번식을 위해서 얻은 알. 종란(種卵). ②광물의 잔알갱이. ③곡식 따위의 종자(種子)로서의 낱알.
씨알-머리 명 《주로, '없다'와 어울려 쓰이어》 남을 욕할 때 그의 혈통을 비아냥거리며 이르는 말. ¶ 씨알머리 없는 자식.
씨-암탉 [-탁] 명 씨를 받으려고 기르는 암탉. ＊씨암탉이[-탈기]·씨암탉만[-탕-]
씨암탉 잡은 듯하다 속담 집안이 매우 화락할 때 이르는 말.
씨암탉-걸음 [-탁꺼름] 명 아기작아기작 가만히 걷는 걸음걸이.
씨앗 [-앋] 명 ①곡식이나 채소 등의 씨. ¶ 씨앗을 뿌리다. ②앞으로 커질 수 있는 근원. ¶ 희망의 씨앗. ＊씨앗이[-아시]·씨앗만[-안-]
씨양이-질 명 하자 한창 바쁠 때에 쓸데없는 일로 남을 귀찮게 하는 짓. ¶ 씨양이질만 하지 말고 좀 거들어라. 준 쌩이질.
씨억씨억-하다 [-어카-] 형 여 성질이 굳세고 시원시원하다. 굳건하고 활발하다.
씨우적-거리다 [-꺼-] 자 자꾸 씨우적씨우적하다. 씨우적대다.
씨우적-대다 [-때-] 자 씨우적거리다.
씨우적-씨우적 부 하자 못마땅하여 입속으로 불평스럽게 씨부렁거리는 모양.
씨-젓 [-젇] 명 ☞배젓. ＊씨젓이[-저지]·씨젓만[-전-]
씨-조개 명 씨를 받기 위하여 기르는 조개. 종패(種貝).
씨족(氏族) 명 같은 조상에서 나온 일족. 미개 사회의 생활 단위였던 혈족 집단.
씨족^공:산체(氏族共産體) [-꽁-] 명 ☞원시 공산체.
씨족^사회(氏族社會) [-싸회/-싸훼] 명 씨족 제도가 전체 사회의 지배적인 구성 원리(構成原理)로 되어 있는 원시 사회.
씨족^제:도(氏族制度) [-쩨-] 명 씨족 사회의 구조. 씨족 사회의 구성원의 행동을 규제하는 규범 체계.
씨-종 명 지난날, 대대로 물려 가며 남의 종노릇을 하던 사람.
씨-주머니 명 ☞자낭(子囊).
씨-줄 명 ①피륙 따위를 짤 때의 씨. ②☞위선(緯線). ↔날줄.
씨-짐승 명 씨를 받기 위하여 기르는 짐승. 종축(種畜).
씨-토끼 명 품종 개량이나 번식을 위해서 기르는 좋은 품종의 수토끼. 종토(種兎).
씨-황소 명 씨받이할 황소. 종모우(種牡牛).
씩 부 소리 없이 싱겁게 한 번 씽긋 웃는 모양. ¶ 다 알았다는 듯이 씩 웃어 보인다. 작 쌕.
-씩 접미 《주로 양수사 뒤에 붙어》 각각 같은 수효로 나누는 뜻을 나타내는 말. ¶ 둘씩. /두 개씩.
씩둑-거리다 [-뚝꺼-] 자 자꾸 씩둑씩둑하다. 씩둑대다.
씩둑-꺽둑 [-뚝-뚝] 부 하자 이런 말 저런 말로 쓸데없이 자꾸 지껄이는 모양.
씩둑-대다 [-뚝때-] 자 씩둑거리다.
씩둑-씩둑 [-뚝-뚝] 부 하자 쓸데없는 말을 수다스럽게 지껄이는 모양. ¶ 다른 사람들은 듣지도 않는데 혼자서 씩둑씩둑 떠들고 있다.
씩씩 부 하자.타 〈식식〉의 센말. 작 쌕쌕.
씩씩-하다 [-씨카-] 형 여 행동 등이 굳세고 위엄이 있다. ¶ 개구쟁이라도 좋으니 씩씩하게만 자라 다오. 비 습습하다. **씩씩-히** 부.
씩잖다 [-짠타] 형 〈씨식잖다〉의 준말. ¶ 하는 짓이 하도 씩잖아서 상대를 안 한다. ＊씩잖아[-짜나]·씩잖소[-짠쏘]
씰그러-뜨리다 타 〈실그러뜨리다〉의 센말. 작 쌜그러뜨리다.
씰그러-지다 자 〈실그러지다〉의 센말. 작 쌜그러지다.
씰그러-트리다 타 〈실그러트리다〉의 센말. 작 쌜그러트리다.
씰긋 [-귿] 부 하자.타 〈실긋〉의 센말. 작 쌜긋.
씰긋-거리다 [-귿꺼-] 자타 〈실긋거리다〉의 센말. 씰긋대다. 작 쌜긋거리다.
씰긋-대다 [-귿때-] 자타 씰긋거리다.
씰긋-하다 [-그타-] 형 여 〈실긋하다〉의 센말. 작 쌀긋하다·쌜긋하다.
씰기죽 부 하자.타 〈실기죽〉의 센말. 작 쌜기죽.
씰기죽-거리다 [-꺼-] 자타 〈실기죽거리다〉의 센말. 씰기죽대다. 작 쌜기죽거리다.
씰기죽-대다 [-때-] 자타 씰기죽거리다.
씰기죽-쌜기죽 부 하자.타 〈실기죽샐기죽〉의 센말.
씰룩 명 하자.타 〈실룩〉의 센말. 작 쌜룩.
씰룩-쌜룩 부 하자.타 〈실룩샐룩〉의 센말.
씰쭉 부 하자.타 〈실쭉〉의 센말. 작 쌜쭉.
씰쭉-하다 [-쭈카-] 형 여 〈실쭉하다〉의 센말. 작 쌜쭉하다.
씹 명 ①성숙한 여자의 성기(性器). ② 하자 〈성교〉의 속된 말.

씹다[-따]타 ①무엇을 입에 넣고 윗니와 아랫니로 자꾸 깨물다. ¶ 껌을 질겅질겅 씹다. /밥을 꼭꼭 씹어 먹어라. ②남을 헐뜯어 말하다. ¶ 남을 씹는 못된 버릇. ③다른 사람이 한 말의 뜻을 곰곰이 여러 번 생각하다. ¶ 그가 한 말을 씹어 보았다.

씹어-뱉다[-밷따]자타 말을 아무렇게나 되는대로 지껄이다. ¶ 다른 사람에게 화를 내며 막말을 서슴없이 씹어뱉었다.

씹-조개[-쪼-]명 석패과의 민물 조개. 껍데기는 길둥글고 얇음. 겉은 검고 윤이 나며 안은 흼. 물가의 진흙 속에 사는데 식용함.

씹히다[씨피-] Ⅰ자 〖'씹다'의 피동〗 씹음을 당하다. ¶ 밥을 먹는데 돌이 씹히다.
Ⅱ타 〖'씹다'의 사동〗 되씹게 하다.

씻-가시다[씯까-]타 (더러운 것을) 씻어서 가시다. ¶ 밥그릇을 깨끗이 씻가시다.

씻-기다[씯끼-] Ⅰ자 〖'씻다'의 피동〗 씻음을 당하다. ¶ 빗물에 씻긴 들판.
Ⅱ타 ①〖'씻다'의 사동〗 씻게 하다. ¶ 손발을 씻기다. ②(남의 몸을) 씻어 주다. ¶ 아이의 얼굴을 씻기다.

씻김-굿[씯낌굳]명 전라남도 지방에서 행해지는 사자(死者) 의례의 한 형식. 지노귀새남. *씻김굿이[씯낌구시]·씻김굿만[씯낌군-]

씻다[씯따]타 ①(물에 적시어) 더러운 것을 없어지게 하다. ¶ 손발을 씻다. ②묻은 것을 없어지게 닦아 내다. ¶ 밑을 씻다. ③(누명 따위를) 벗다. ¶ 누명을 씻다. *씻어·씻는[씬-]
씻은 듯 부신 듯관용 아무것도 남지 않을 만큼 말끔하게 없어진 모양.
씻은 듯이관용 아주 깨끗하게. ¶ 씻은 듯이 맑은 하늘.

씻-부시다[씯뿌-]타 (그릇 따위를) 씻어서 깨끗하게 하다.

씽부하자 바람 또는 속력이 빠른 물체가 매우 세차게 지나갈 때 나는 소리. ¶ 자동차가 씽하고 달아났다. 작쌩. 씽-씽부하자.

씽그레부하자 〈싱그레〉의 센말. 작쌩그레.

씽글부하자 〈싱글〉의 센말. 작쌩글.

씽글-뺑글부하자 〈싱글벙글〉의 센말. 작쌩글빵글.

씽긋[-귿]부하자 〈싱긋〉의 센말. 작쌩긋. 센씽끗.

씽긋-뻥긋[-귿-귿]부하자 〈싱긋벙긋〉의 센말. 작쌩긋빵긋. 센씽끗뻥끗.

씽끗[-끋]부하자 〈싱긋〉·〈싱끗〉·〈씽긋〉의 센말. 작쌩끗.

씽끗-뻥끗[-끋-끋]부하자 〈싱긋빙긋〉·〈싱끗빙끗〉·〈씽긋뻥긋〉의 센말. 작쌩끗빵끗.

씽씽-하다형여 〈싱싱하다〉의 센말.

싼다형 〈옛〉 값이 있다. ¶ 됴흔 오시 비디 千萬이 싼며(釋譜*13:22*). 참ᄉᆞ다.

ᄊᆞᆯ의 〈옛〉 것을. ¶ 둘 ᄊᆞᆯ 닐온 離오 날 ᄊᆞᆯ 닐온 微라(楞解*4:106*). 참ᄉᆞᆯ[1].

씨의 〈옛〉 것에. 까닭에. ¶ 불휘 기픈 남ᄀᆞᆫ ᄇᆞᄅᆞ매 아니 뮐씨 곶 됴코 여름 하ᄂᆞ니(龍歌*2*章). 참시.

ㅿ[1]자모 반시옷. 〈옛〉 옛 한글 자음의 하나. 'ㅅ'의 울림소리. 반치음(半齒音)으로, 임진왜란 이후부터는 쓰이지 않았음. ¶ 처ᅀᅥᆷ·ᄆᆞᅀᆞᆷ·한ᅀᆞᆷ·ᄀᆞᅀᆞᆯ·ᇫ없다. 참ㅅ.

ㅿ[2]조 〈옛〉 15세기 표기에서의 관형격 조사의 하나. 모음과 'ㄴ·ㅁ·ㄹ' 아래에 쓰이어, 관형격적 기능을 지님. ¶ 天子ㅿ ᄆᆞᅀᆞᆷ 몰(龍歌*85*章). /오ᇗ 나래(龍歌*16*章).

ᅀᅡ조 〈옛〉 야. 체언이나 용언의 어미에 붙어, 뜻을 강하게 하던 말. ¶ 오샤ᅀᅡ ᄉᆞᄅᆞ시릴씨(龍歌 *38*章). 참사.

ㅇ 자모 이응. ①한글 자모의 여덟째. ②자음의 하나. 음절의 첫머리에서는 음가가 없고, 받침의 경우에는 혀뿌리를 목젖에 붙이어 입길을 막고 콧길을 튼 다음에, 목청을 떨어 코 안을 울리어 소리 내는 울림소리. ③〈옛〉 옛 후음(喉音), 즉 목소리의 하나. ¶ ㅇ는 목소리니 欲욕字쫑 처섬 펴아 나는 소리 ᄀᆞᄐᆞ니라(訓諺).

아¹명 한글의 모음 'ㅏ'의 음가 및 이름.

아 해 다르고 어 해 다르다속담 같은 내용의 말이라도 말하기에 따라 사뭇 달라진다는 말.

아²감 ①놀라거나 당황할 때, 또는 급한 마음으로 말하려 할 때 내는 소리. ¶ 아, 차가워라. /아, 저게 뭘까. /아, 깜빡 잊었구나. ②기쁘거나, 슬프거나, 뉘우치거나, 귀찮거나, 감탄하거나 할 때 내는 소리. ¶ 아, 따분해. /아, 재미있다. /아, 예쁘다! /아, 이렇게 될 줄이야…. ③상대편의 주의를 불러일으키는 말에 앞서서 내는 소리. ¶ 아, 잠시 주목해 주십시오. /아, 이 사람아, 여기 좀 보게. ④모르던 것을 깨달았을 때 내는 소리. ¶ 아, 그래서 할머니께서 저렇게 화가 나셨구나. ①~③큰어².

아³조 자음으로 끝난 명사에 붙어, 손아랫사람이나 짐승 또는 어떤 사물을 부를 때 쓰이는 호격 조사. ¶ 달아 달아 밝은 달아. 참야⁵.

아¹조 〈옛〉 야. 〔강세 조사〕 ¶ 어느 나래아 軍卒 練習호믈 말려뇨(杜重1:7). /그 쇠ㅣ 鐵草롤 머거아 有德ᄒᆞ신 님 여히ᄋᆞ와지이다(樂範.處容歌). 참사.

아²조 〈옛〉 야. 〔호격 조사〕 ¶ 比丘아 알라(月釋17:6). /佛子 文殊아, 모든 疑心을 決ᄒᆞ고라(釋譜13:25)

아ː(我) Ⅰ대 나. 우리. ¶ 아의 구원(久遠)한 사회 기초.

Ⅱ관 나의. 우리의. ¶ 아 조선의 독립국임과 ….

-아(兒)접미 《일부 명사 뒤에 붙어》 ①'어린아이'임을 나타냄. ¶ 신생아(新生兒). /우량아(優良兒). ②'사나이(남자)'임을 나타냄. ¶ 풍운아(風雲兒). /기린아(麒麟兒).

-아어미 끝 음절이 양성 모음(ㅏ·ㅗ)으로 된 어간에 붙어 쓰이는 어미. ①일반적인 서술의 뜻을 나타내는 보조적 연결 어미. ¶ 막아 놓다. /뽑아 버리다. ②서술·의문·청유·명령의 뜻을 나타내는 반말체의 종결 어미. 〔'ㅏ'를 끝 음절로 하는 어간에 받침이 없을 때는 줄어드는 것이 원칙임.〕 ¶ 어디 보아(봐). /함께 가아(가). /그렇게 높아? /아이, 좋아. 참-어.

아가 Ⅰ명 어린아이의 말로 '아기'를 이르는 말. Ⅱ감 ①'아기'를 귀여워하여 부르는 말. ¶ 아가, 이리 온. ②시부모가 '젊은 며느리'를 친근하게 부르는 말. ¶ 아가, 물 좀 다오.

아ː가(雅歌)명 구약 성서 가운데의 한 편의 이름. 하느님과 이스라엘 민족과의 사랑의 관계를 노래한 내용.

아가-딸명 시집가기 전의 딸을 귀여워하여 이르는 말.

아가리명 ①〈입〉의 속된 말. ¶ 옆집 개가 생선을 아가리에 물고 내뺐다. ②그릇 따위의, 물건을 넣거나 낼 수 있게 된 구멍의 어귀. ¶ 병 아가리가 좁다.

아가리(를) 놀리다관용 '말하다'를 속되게 이르는 말.

아가리(를) 닥치다관용 '입을 다물고 아무 말도 하지 아니하다'를 속되게 이르는 말. ¶ 너는 나서지 말고 아가리 닥치고 있어.

아가리(를) 벌리다관용 '울다'·'지껄이다'를 속되게 이르는 말.

아가리-질명하자 ①〈말질²〉의 속된 말. ②〈악다구니〉의 속된 말.

아가리-홈명 널빤지 등을 끼워 맞추기 위하여 개탕 쳐서 깊이 판 홈.

아가미명 물에서 사는 동물, 특히 어류에 발달한 호흡 기관. 보통 빗살 모양으로 갈라져 있으며, 이곳을 통해 물속의 산소를 받아들임.

아가미-구멍명 ☞아감구멍.

아가미-뼈명 ☞아감뼈.

아ː가사창(我歌查唱)명 〔내가 부를 노래를 사돈이 부른다는 뜻으로〕 나에게 책망 들어야 할 사람이 도리어 나를 책망한다는 말.

아가씨명 ①시집가기 전의 젊은 여성을 대접하여 이르는 말. ②손아래 시누이를 높여서 이르는 말. 아기씨.

아가위명 ☞산사자(山查子).

아가위-나무명 ☞산사나무.

아가타(阿伽陀←agada 범)명 〔불교에서〕 ①모든 병에 효험이 있다는 영약. ②〔모든 약 가운데 으뜸이라는 뜻에서〕 '술'을 달리 이르는 말.

아가페(agapē 그)명 인간에 대한 신의 사랑, 또는 신이나 이웃에 대한 인간의 사랑. 참에로스.

아갈-머리명 〈입〉의 속된 말.

아갈-잡이명하타 소리를 지르지 못하도록 입을 헝겊이나 솜 따위로 틀어막는 짓.

아ː-갈탄(亞褐炭)명 ☞아탄(亞炭).

아감-구멍[-꾸-]명 물고기의 아감딱지 뒤쪽에 있는, 숨 쉴 때 물이 드나드는 구멍. 아가미구멍. 새공(鰓孔).

아감-딱지[-찌]명 경골어류의 아가미를 보호하는, 뼈로 된 얇은 뚜껑. 새개(鰓蓋).

아감-뼈명 물고기의 아가미 안쪽에 있는, 활 모양의 뼈. 아가미뼈. 새골(鰓骨).

아감-젓[-젇]명 물고기의 아가미로 담근 젓. 어시해(魚顋醢). * 아감젓이[-저시]·아감젓만[-전-]

아감-창(牙疳瘡)명 잇몸이 벌겋게 붓고 헐며 아픈 증상. 열독이 위(胃)에 몰려서 생김.

아ː강(亞綱)명 생물 분류상의 한 단계. 강(綱)과 목(目) 사이에 필요에 따라 둠.

아객(衙客)명 조선 시대에, 고을의 원을 찾아와 관아에서 묵고 있는 손을 이르던 말.

아결(雅潔) '아결하다'의 어근.

아ː결-하다(雅潔-)형여 몸가짐이 단정하며 마음씨가 고상하고 깨끗하다.

아ː경(亞卿)명 경(卿)의 다음 벼슬. 육조(六曹)의 참판(參判)·좌윤(左尹)·우윤(右尹) 등을 공(公)·경(卿) 등에 상대하여 이르던 말.

아경(俄頃)명 《주로 '아경에'의 꼴로 쓰이어》 ①조금 후. ¶ 잠깐 쉬었다가 아경에 일을 다시 시작하세. ②조금 전. ¶ 우리는 아경에 먼저 점심을 먹었네. 어서 들게.

아:-고산대(亞高山帶)명 식물의 수직 분포대의 한 구분. 고산대와 산지대와의 중간 지대로 침엽수가 많음.
아골(鴉鶻)명 ☞난추니.
아:과(亞科)[-꽈]명 생물 분류상의 한 단계. 과(科)와 속(屬) 또는 족(族)과의 중간에 해당됨.
아관(牙關)명 입속 구석의 윗잇몸과 아랫잇몸이 맞닿은 부분.
아:관(亞官)명 ☞좌수(座首).
아관(俄館)명 조선 말기에, '러시아 공사관'을 이르던 말.
아관-긴급(牙關緊急)명 턱의 근육에 경련이 일어나서 입이 벌어지지 않게 되는 증상. 파상풍·간질 등에서 흔히 일어남.
아:-관목(亞灌木)명 관목과 초본의 중간 형태인 식물. 줄기와 가지는 목질이고, 가지의 끝 부분은 초질임. 〔싸리·부용(芙蓉) 따위.〕
아관-석(鵝管石)명 ①난해(暖海)의 바위에 붙어 사는 산호의 한 가지. 3 cm가량의 크기에 녹갈색의 국화 무늬가 있음. 해화석(海花石). ②석회 동굴에 있는, 속이 빈 돌고드름.
아관^파천(俄館播遷)명 1896년 2월 11일부터 약 1년간에 걸쳐 고종과 태자가 러시아 공사관에 옮겨서 거처한 사건. 친일 내각에 반대하여 친로파(親露派)가 러시아 공사와 결탁하여 일으킨 사건으로, 이를 계기로 친로 내각이 성립되었음.
아교(阿膠)명 ☞갖풀.
아:-교목(亞喬木)명 교목과 관목의 중간 크기의 나무. 생김새는 교목과 같고 높이 1.5~3 m.
아교-주(阿膠珠)명 잘게 도막 낸 아교를 불에 볶아 구슬 모양으로 빚은 환약. 지혈제 등으로 쓰임.
아교-질(阿膠質)명 갖풀과 같은 끈적끈적한 성질, 또는 그러한 물질.
아교-풀(阿膠-)명 ☞갖풀.
아구[1]명 '아귀[1]'의 잘못.
아구[2]명 '아귀[2]'의 잘못.
아구-찜명 '아귀찜'의 잘못.
아구-창(鵝口瘡)명 입 안의 점막이나 혀·잇몸 등에 하얀 반점이 생기는 병. 진균류(眞菌類)인 칸디다 알비칸스의 기생으로 일어나는데, 젖먹이에게 흔함.
아구-탕(-湯)명 '아귀탕'의 잘못.
아:국(我國)명 우리나라. 아방(我邦).
아국(俄國)명 ☞아라사(俄羅斯).
아:군(我軍)명 ①우리 편의 군사. 우리 군사. 비우군(友軍). ②우리 편. 우리 편의 선수. ↔적군(敵軍).
아궁명 〈아궁이〉의 준말.
아궁이명 방고래·가마·솥 등에 불을 때는 구멍. 준아궁.
아귀[1]명 ①가닥이 져서 갈라진 곳. ¶ 아귀가 지다. ②두루마기 따위의 옆을 터 놓은 구멍. ¶ 아귀를 트다. ③씨앗의 싹이 터서 나오는 자리. ¶ 아귀가 트다. ④활의, 줌통과 오금이 닿는 오긋한 부분.
아귀(가) 맞다관용 ①앞뒤가 빈틈없이 들어맞다. ¶ 앞뒤 아귀가 맞는 이야기. ②표준으로 삼는 수효에 꼭 들어맞다. ¶ 아무리 계산을 해 보아도 수입과 지출의 아귀가 맞지 않는다.
아귀(가) 무르다관용 ①남에게 쉽사리 굽히는 여린 데가 있다. ②손으로 잡는 힘이 약하다.
아귀(를) 맞추다관용 표준으로 삼는 수효에 들어맞게 하다.
아귀[2]명 아귓과의 바닷물고기. 암초가 있는 데나 바닷말이 무성한 곳에서 삶. 몸길이 15~ 30 cm인데 1 m가 넘는 것도 있음. 대가리는 넓적하고 크며 몸통과 꼬리는 짧음. 안강(鮟鱇).
아:귀(餓鬼)명 ①전생에 지은 죄로 아귀도(餓鬼道)에 태어난 귀신. ②염치없이 먹을 것이나 탐내는 사람을 욕으로 이르는 말.
아:귀-계(餓鬼界)[-계/-게]명 불교에서 이르는 십계(十界)의 하나. 아귀들의 세계.
아:귀-고(餓鬼苦)명 불교에서 이르는 오고(五苦)의 하나. 아귀도에 태어나서 받는 고통.
아귀-다툼명하자 서로 악을 쓰며 헐뜯고 다투는 짓. ¶ 아귀다툼을 벌이다.
아:귀-도(餓鬼道)명 불교에서 이르는 삼악도(三惡道)의 하나. 이승에서 욕심꾸러기로 지낸 사람이 죽은 뒤에 태어나게 된다는 곳으로, 늘 굶주림과 목마름으로 괴로움을 겪는다고 함.
아:귀-병(餓鬼病)[-뼝]명 ①음식물을 삼킬 수가 없어서 몸이 점점 야위는 병. ②늘 배고파하면서 음식을 탐내는 병.
아귀-세다형 ①남에게 쉽사리 굽히지 않는 꿋꿋한 데가 있다. ②손으로 잡는 힘이 세다.
아귀-아귀부 음식을 욕심 사납게 잔뜩 입 안에 넣고 악착스레 씹어 먹는 모양. ¶ 걸신들린 듯이 아귀아귀 먹다. 큰어귀어귀.
아귀-찜명 아귀에 콩나물·미나리·미더덕 따위와 함께 갖은 양념을 하고 고춧가루와 녹말풀을 풀어서 찐 찜.
아귀-차다형 뜻이 굳고 하는 일이 야무지다.
아귀-탕(-湯)명 된장을 푼 멸치 국물을 끓이다가 아귀와 미나리·쑥갓·파·고춧가루 따위를 넣고 끓인 국.
아귀-토(-土)명 (기와집 처마 끝의) 수키와 끝에 물리는 회삼물(灰三物). 막새. 본와구토.
아귀-피(-皮)명 국궁(國弓)의 줌통 아래위에 벚나무 껍질로 감은 곳.
아귀-힘명 손아귀에 잡고 쥐는 힘.
아그레망(agrément 프)명 대사나 공사를 다른 나라에 파견할 때, 정식 임명에 앞서서, 미리 상대국으로부터 받는 동의나 승낙.
아그배명 아그배나무의 열매. 모양은 배와 같고, 크기는 앵두만 하며, 맛은 시고 떫음.
아그배-나무명 장미과의 낙엽 활엽 교목. 황해도 이남에서 자라는데, 5월 중순경에 연한 홍색 꽃이 피고, 열매는 가을에 홍색 또는 주황색으로 익음. 관상용으로 심기도 함.
아근-바근부하자 서로 뜻이 맞지 않아 조금씩 자그락거리는 모양. ¶ 만나기만 하면 아근바근하는 사이. 큰어근버근.
아근바근-하다형여 사개가 꼭 맞지 않고 조금씩 바라져 있다. 큰어근버근하다.
아금-받다[-따]형 무슨 기회든지 악착같이 이용하려는 성질이 있다.
아긋-아긋[-그다귿]부하형 여러 조각으로 이루어진 물건의 이가 맞지 않고 조금씩 벌어져 있는 모양. 큰어긋어긋.
아긋-하다[-그타-]형여 ①물건의 맞붙여 이은 짬이 조금 벌어져 있다. 큰어긋하다. ②미리 정한 기준 따위에 거의 가까이 미치어 있다. ¶ 생산 목표량에 아긋하게 이르다.
아기명 ①'젖먹이 아이'를 귀엽게 이르는 말. ②부모나 시부모가 나이 어린 딸이나 며느리를 친근하게 이르는 말. ③《주로 동식물 앞에 쓰이어》 짐승의 작은 새끼나 어린 식물을 귀엽게 이르는 말. ¶ 아기 다람쥐. /아기 소나무.

아기(牙旗)명 임금이나 대장군(大將軍)의 진지(陣地)에 세우던 기.
아기(牙器)명 상아(象牙)로 만든 그릇.
아ː기(雅氣)명 ①아담하고 고상한 기품. ②맑은 기운.
아기나히명 〈옛〉아기를 낳는 일. ¶ 집지ᅀᅵ롤 처섬 ᄒᆞ니 그제ᅀᅡ 아기나히를 始作ᄒᆞ니라(月釋*1:44*).
아기-능(-陵)명 어린 세자(世子), 또는 세손(世孫)의 무덤.
아기똥-거리다자 자꾸 아기똥아기똥하다. 아기똥대다. 큰어기뚱거리다.
아기똥-대다자 아기똥거리다.
아기똥-아기똥부하자 (몸집이 작은 사람이) 몸을 둔하게 움직이면서 느릿느릿 걷는 모양. 큰어기뚱어기뚱.
아기똥-하다형여 ①앙큼하고 좀 거만한 데가 있다. ②좀 틈이 나 있다. 큰어기뚱하다.
아기비다자 〈옛〉아이를 배다. ¶ 아기빌 비:胚(類合下*16*).
아기-살명 (길이가 여덟 치 되는) 짧고 작은 화살. 가는대. 세전(細箭). 편전(片箭).
아기-씨명 ①'시집갈 만한 나이가 된 처녀'를 대접하여 부르는 말. ②'시집온 지 오래지 않은 이'에 대하여 아랫사람이 이르는 말. ③올케가 '손아래 시누이'를 높이어 이르는 말.
아기-자기부하형 ①자상하고 인정스러운 모양. ¶ 아기자기 잔정을 베풀다. ②잔재미가 있고 즐거운 모양. ¶ 아기자기 사는 모습. /아기자기한 신혼살림. ③여러 가지가 어울리어 아름다운 모양. ¶ 아기자기하게 수놓인 무늬. ④짜임새가 예쁜 모양. ¶ 아기자기한 얼굴 모습.
아기작-거리다[-꺼-]자 자꾸 아기작아기작하다. 아기작대다. 준아깃거리다. 큰어기적거리다.
아기작-대다[-때-]자 아기작거리다.
아기작-아기작부하자 (몸집이 작은 사람이) 다리를 부자연스럽게 움직이면서 느릿느릿 걷는 모양. 준아깃아깃. 큰어기적어기적.
아기족-거리다[-꺼-]자 자꾸 아기족아기족하다. 아기족대다. 큰어기죽거리다.
아기족-대다[-때-]자 아기족거리다.
아기족-아기족부하자 (몸집이 작은 사람이) 다리를 부자연스럽게 움직이면서 되똑되똑 걷는 모양. 큰어기죽어기죽.
아기-집명 ☞자궁(子宮).
아기-태(-太)명 작은 명태.
아깃-거리다[-긷꺼-]자 〈아기작거리다〉의 준말. 아깃대다. 큰어깃거리다.
아깃-대다[-긷때-]자 아깃거리다.
아깃-아깃[-기다긷]부하자 〈아기작아기작〉의 준말. 큰어깃어깃.
아까 Ⅰ명 조금 전. ¶ 아까는 내가 너무 경솔했다. Ⅱ부 조금 전에. ¶ 아까 만난 그 사람.
아까워-하다타여 아깝게 여기다. 아까운 생각을 가지다. ¶ 우리 형은 쓰다 남은 것이라도 아까워하여 버리지 않는다.
아깝다[-따][아까우니·아까워]형ㅂ ①(소중하고 값진 것을 잃거나 놓치거나 하여) 섭섭한 느낌이 있다. ¶ 아까운 인재를 잃었다. /대어(大魚)를 놓친 것이 못내 아깝다. ②(몹시 아끼는 것이어서) 버리거나 내놓기가 싫다. ¶ 남의 손에 넘기기 아까운 물건. ③사람이나 사물이 제대로 쓰이지 않아서 안타깝다. ¶ 인물이 아깝다. /재주가 아깝다. ④소중하여 함부로 하기가 어렵다. ¶ 시간이 아깝다. /젊음이 아깝다.
아깨명부 '아까'의 방언.
아끼다타 ①돈이나 물건·시간 따위를 소중히 여기어 함부로 쓰지 아니하다. ¶ 몸을 아끼다. /시간을 아끼다. ②되도록 적게 들여서 하려 하다. ¶ 자재를 아끼다. ③(위하는 마음에서) 해가 되지 않게 하려고 애쓰다. ¶ 아끼는 제자. /자연을 몹시 아끼다.
아끼는 것이 찌로 간다속담 물건을 너무 아끼다 보면 결국 쓸모없는 물건이 되고 만다는 말.
아낌-없다[-끼멉따]형 아까워하는 마음이 없다. 《주로, '아낌없는'의 꼴로 쓰임.》 ¶ 아낌없는 성원을 보내다. **아낌없-이**부 ¶ 장학 사업을 위하여 재산을 아낌없이 내놓다.
아나[1]감 〈아나나비야〉의 준말.
아나[2]감 '옜다'의 방언.
아나고(あなご〈穴子〉 일)명 '붕장어'·'바닷장어'로 순화.
아나-나비야감 고양이를 부르는 말. 준아나[1].
아나나스(ananas)명 파인애플과의 상록 다년초. 줄기는 짧고 잎은 줄기 밑동에서 모여나는데, 날카로운 톱니가 있음. 열대 아메리카가 원산지이며 품종이 매우 많음.
아나서명 '정삼품 이하의 벼슬아치의 첩'을 하인들이 이르던 말.
아나운서(announcer)명 ①라디오나 텔레비전에서 사회·보도·실황 방송 등을 전문으로 하는 사람. ②경기장 등에서 경기 종목이나 시간·기록 따위를 알리는 사람. ¶ 장내(場內) 아나운서.
아나크로니즘(anachronism)명 시대의 흐름에 역행하는 것. 시대착오.
아나키스트(anarchist)명 무정부주의자.
아나키즘(anarchism)명 무정부주의.
아나톡신(anatoxin)명 디프테리아의 예방 주사약. 디프테리아의 독소를 무독화(無毒化)하여 항독성(抗毒性)을 띠게 함.
아나필락시스(anaphylaxis)명 생체의 과민 반응. 항원(抗原)의 접종으로 생체에 항체(抗體)가 생긴 뒤에, 다시 같은 물질을 주사할 때 일어나는 알레르기 반응.
아낙명 ①가정에서 주부가 주로 거처하는 곳. 전통적 한옥에서 안방과 거기에 딸린 뜰을 아울러 이르는 말. 내간(內間). ②〈아낙네〉의 준말.
아낙-군수(-郡守)[-꾼-]명 '늘 집 안에만 틀어박혀 있는 남자'를 조롱하여 이르는 말. 비안방샌님.
아낙-네[-낭-]명 남의 집 어른인 여자를 흔히 이르는 말. 준아낙. 참남정네.
아날로그(analogue)명 어떤 수치(數值)를 길이나 각도 또는 전류 등의 연속된 물리량으로 나타낸 것. ↔디지털(digital).
아날로그^컴퓨ː터(analogue computer)명 전압·시간·저항과 같은 연속적인 양을 이용하여 계산하는 컴퓨터. 데이터를 수치화하지 않고 직접 입력할 수 있으며, 화학 공정 제어 따위의 특수 업무에서 출력을 리코더에 기록하므로 정밀도가 낮으며 시스템의 구성이 복잡함. 참디지털 컴퓨터.
아날로지(analogy)명 유추(類推).
아-남자(兒男子)명 사내아이.
아내명 결혼한 여자를 그 남편에 상대하여 이르는 말. 처(妻). 낮안식구. ↔남편.
아내가 귀여우면 처갓집 말뚝 보고도 절한다 속담 ①아내가 좋으면 아내 주위의 하찮은 것까지도 좋아 보인다는 말. ②한 가지가 마음에 들면 그것과 관계있는 다른 것까지도 좋아 보인다는 말.

아냐감 〈아니야〉의 준말. ¶ 아냐, 이 길이 맞아.
아네로이드^기압계(aneroid氣壓計) [-께/-께] 명 수은을 쓰지 않고 금속제의 상자를 써서 만든 기압계의 한 가지. 휴대하기가 편리하여 용도가 넓음. 아네로이드 청우계.
아네로이드^청우계(aneroid晴雨計) [-계/-게] 명 ☞아네로이드 기압계.
아네모네(anemone) 명 미나리아재빗과의 다년초. 지중해 연안 원산의 관상용 식물. 줄기 높이 20 cm가량이며, 4~5월에 알뿌리에서 나온 줄기 끝에 3~6 cm의 빨강·하양·노랑·분홍 따위의 꽃이 핌.
아녀(兒女) 명 〈아녀자〉의 준말.
아녀-자(兒女子) 명 ①어린아이와 여자. ②'여자'를 낮추어 이르는 말. ㊟아녀.
아노(衙奴) 명 조선 시대에, 수령(守令)이 사사로이 부리던 사내종. ↔아비(衙婢).
아노락(anorak) 명 방수 가공(防水加工)한, 후드가 달린 방한용 짧은 외투.
아노미(anomie 프) 명 사회 질서가 흐트러져서 개인의 행동이 통제를 잃게 되어 범죄나 비행 등 정상을 벗어난 행동을 나타내기 쉬운 상태.
아노펠레스(anopheles) 명 ☞학질모기.
아뇨감 〈아니요〉의 준말.
아누다라-삼먁삼보리(←阿耨多羅三藐三菩提. anuttarasamyak-sambodhih 범) [-쌈-] 명 더없이 뛰어나고 올바르고 완전한, 부처의 깨달음의 경지(境地)를 뜻하는 말. 〔한자 말로는 '무상정등정각(無上正等正覺)', 또는 '무상정등각(無上正等覺)'이라 이름.〕 ㊟아누보리.
아누-보리(←阿耨菩提) 명 〈아누다라삼먁삼보리〉의 준말.
아느작-거리다 [-꺼-] 자 자꾸 아느작아느작하다. 아느작대다. ¶ 버드나무가 바람에 아느작거린다. ㊟아늑거리다.
아느작-대다 [-때-] 자 아느작거리다.
아느작-아느작 부하자 가느다란 나뭇가지나 풀잎 따위가 가볍게 자꾸 흔들리는 모양. ㊟아늑아늑.
아늑-거리다 [-꺼-] 자 〈아느작거리다〉의 준말. 아늑대다. ¶ 아늑거리는 나뭇잎들 사이로 비치는 햇살.
아늑-대다 [-때-] 자 아늑거리다.
아늑-아늑 부하자 〈아느작아느작〉의 준말.
아늑-하다 [-느카-] 형여 ①넓지 않은 둘레가 폭 싸여 편안하고 조용한 느낌이 있다. ¶ 산기슭에 자리잡은 아늑한 마을. ②바람기가 거의 없고 포근하다. ¶ 봄도 오래지 않은 아늑한 어느 겨울날. ㊍으늑하다. **아늑-히**부.
아늘-거리다자 자꾸 아늘아늘하다. 아늘대다.
아늘-대다자 아늘거리다.
아늘-아늘 부하자 부드럽고 가볍게 자꾸 흔들리는 모양. ¶ 들에 아늘아늘 피어오르는 아지랑이.
아늠 명 볼을 이루고 있는 살.
아니[1] 부 ①《용언 앞에 쓰이어》 부정이나 반대의 뜻을 나타내는 말. ¶ 가고 아니 오다. /밥을 아니 먹다. /일을 아니 하다. ㊟안[2]. ②어떤 말을 하다가 도중에 그것을 부정하고 고쳐 말할 때, 또는 앞의 사실보다 뒤의 것을 힘주어 말할 때 쓰는 말. ¶ 그는 고장의 보배, 아니, 나라의 보배이다.
아니 땐 굴뚝에 연기 날까 속담 원인이 없는 결과가 있을 리 없음을 이르는 말.
아니 할 말로 관용 말하기는 좀 무엇하나. 그렇게는 차마 말할 수 없는 말이나. ¶ 이렇게 살바에야, 아니 할 말로 죽는 게 차라리 낫지.
아니[2] 감 ①놀라움, 의아스러움, 감동 등을 나타내는 말. ¶ 아니, 이게 누구냐? /아니, 그 말이 사실이냐! ②《한 단어만으로》 부정 또는 반대의 뜻을 나타냄. ¶ 그를 찾았니? 아니. /아니, 나는 가기 싫어. ③무슨 말을 하다가 도중에 그만둘 때 하는 말. ¶ 일이 있기는 한데 …, 아니, 아무 일도 아니야.
아니꼽다 [-따] [아니꼬우니·아니꼬워] 형ㅂ ①비위에 거슬리어 게울 듯하다. ¶ 속이 아니꼽다. ②말이나 하는 짓이 마음에 거슬리고 밉살스럽다. ¶ 거들먹거리는 꼴이 보기에 아니꼽다.
아니꼽살-스럽다 [-쌀-따] [~스러우니·~스러워] 형ㅂ 보기에 몹시 아니꼬운 데가 있다. ¶ 하는 짓이 아니꼽살스럽다. **아니꼽살스레**부.
아니다 형 ①《사실을 부정(否定)하여》 '그렇지 않다'는 뜻으로 쓰는 말. ¶ 인간은 신이 아니다. /그가 한 말은 사실이 아니다. ②《'아닐까'·'아닌가' 등의 꼴로 쓰이어》 물음이나 짐작의 뜻으로 쓰는 말. 〔주로, 어떤 사실이나 내용을 긍정적으로 강조하는 효과가 있음.〕 ¶ 김 선생이야말로 이 시대의 진정한 애국자가 아닐까?
아닌 밤중에 찰시루떡 속담 '요행'이나 '횡재'를 이르는 말.
아닌 밤중에 홍두깨 (내밀듯) 속담 뜻하지 않은 말을 불쑥 꺼내거나 별안간 무슨 짓을 함을 비유하여 이르는 말. 어두운 밤중에 홍두깨 (내밀듯).
아니나 다를까〔**다르랴**〕 관용 과연 그렇다는 뜻을 힘주어 말할 때 앞세우는 말. ¶ 아니나 다를까, 그 사람이 한 짓이었다.
아닌 게 아니라 관용 견문한 바가 사실이라는 말을 할 때 흔히 앞세우는 말. 과연. 미상불(未嘗不). ¶ 경치가 좋다더니 아닌 게 아니라 장관이구나.
아닌 밤중에 관용 생각지도 않은 때에. 갑자기 불쑥. 느닷없이. ¶ 아닌 밤중에 돈을 내라니, 무슨 돈?
아니리 명 판소리에서, 연기자(광대)가 창(唱)을 하면서 사이사이에 극적인 줄거리를 엮어 나가는 사설.
아니마ː토(animato 이) 명 악보의 나타냄말. '생기 있게' 또는 '활기 있게'의 뜻.
아니-야 감 부정의 뜻을 힘주어 나타내는 말. ¶ 아니야, 그게 아니라니까. ㊟아냐.
아니옷 부 〈옛〉아니 곧. 아니. ¶ 아니옷 미시면 나리어다 머즌 말(樂範.處容歌).
-아니와 어미 〈옛〉-어니와. -거니와. ¶ ᄒᆞ마 아라니와(圓覺上一之二76).
아니완ᄒᆞ다 형 〈옛〉악하다. 나쁘다. 사납다. ¶ 아니완ᄒᆞᆫ 사람이 낫ᄂᆞ니라(老解上24).
아니-요 감 묻는 말에 '그렇지 않습니다'라는 뜻으로 대답하는 말. ¶ 네가 벽에 낙서를 했지? 아니요, 제가 안 그랬어요. ㊟아뇨.
아니-참 감 무슨 생각이 떠올랐을 때, 그 말을 하기에 앞서 문득 하는 말. ¶ 아니참, 네 부탁을 깜박 잊었군.
아니-하다 Ⅰ 조동여 연결 어미 '-지' 뒤에 쓰이어, 부정의 뜻을 나타냄. ¶ 먹지 아니하다. /돌아오지 아니하다. ㊟않다.
Ⅱ 조형여 연결 어미 '-지' 뒤에 쓰이어, 부정의 뜻을 나타냄. ¶ 아름답지 아니하다. ㊟않다.
아니하다 형 〈옛〉많지 않다. ¶ 아버ᅀᅵ 子息 ᄉᆞ랑호미 아니한 ᄉᆞᅀᅵ어니와(釋譜6:3). /목수미 아니한 더데 이셔(佛頂下9).
아닐린(aniline) 명 니트로벤젠을 쇠붙이와 염산으로 환원시켜서 만든, 특이한 냄새가 나는 무색투명한 액체. 염료·의약·구두약 등의 원료로 쓰임.

아닐린^염ː료 (aniline染料) [-뇨] [명] 아닐린을 원료로 한 합성염료.
아닐-비 (-非) [명] 한자 부수의 한 가지. '靠'·'靡' 등에서의 '非'의 이름.
아ᄂᆞᆫ다 [타] 〈옛〉 아는가. 〔'알다'의 현재 의문형〕 ¶ 아ᄂᆞᆫ다 몰ᄋᆞᄂᆞᆫ다(鄭澈.關東別曲).
-아놀 [어미] 〈옛〉-거늘. ¶ 이틄날 世尊ㅅ긔 술바놀(月釋7:6).
-아다 [어미] 〈-아다가〉의 준말.
-아다가 [어미] 끝 음절이 양성 모음(ㅏ·ㅗ)으로 된 동사 어간에 붙어, 한 동작을 다음 동작과 순차적으로 이어 주는 연결 어미. ¶ 생선을 잡아다가 매운탕을 끓여 먹었다. [준]-아다. [참]-어다가.
아다지에토 (adagietto 이) [명] 악보에서, 빠르기를 지시하는 말. '아다지오보다 좀 빠르게'의 뜻.
아다지오 (adagio 이) [명] 악보에서, 빠르기를 지시하는 말. '아주 느리게'의 뜻.
아닥-치듯 [-듣] [부] 소리소리 지르며 심하게 말다툼하는 모양.
아단-단지 [명] 소이탄처럼 불을 뿜어내는 폭발물. 〔임진왜란 때에 쓰였다고 함.〕
아담 (雅淡·雅澹) '아담하다'의 어근.
아ː담 (雅談) [명] 고상하면서 멋있는 이야기.
아담 (Adam) [명] 구약 성서에 나오는, 인류 최초의 남성. 이브의 남편.
아ː담-스럽다 (雅淡-) [-따] [~스러우니·~스러워] [형][ㅂ] 아담한 데가 있다. **아담스레** [부].
아담-창 (鵞啗瘡) [명] 태내에서 받은 독기로 태어나서부터 피부에 생기는 부스럼.
아ː담-하다 (雅淡-·雅澹-) [형][여] ①고상하고 깔끔하다. ¶ 아담한 얼굴. ②조촐하고 산뜻하다. ¶ 아담한 양옥(洋屋). **아담-히** [부].
아ː당 (亞堂) [명] 지난날, '참판(參判)'을 달리 이르던 말.
아당ᄒᆞ다 [자] 〈옛〉 아첨하다. ¶ 아당홀 텸:諂. 아당홀 유:諛(訓蒙下29).
아데노바이러스 (adenovirus) [명] 인두염·결막염·기관지염·폐렴 등을 일으키는 바이러스.
-아도 [어미] 끝 음절이 양성 모음(ㅏ·ㅗ)으로 된 어간에 붙어, 그 사실을 인정하되 그 다음의 말과는 상관없음을 나타내는 종속적 연결 어미. ¶ 눈이 와도 쌓이지는 않는다./키는 작아도 힘은 세다. [참]-어도.
아ː동 (我東) [명] 〈아동방(我東邦)〉의 준말.
아동 (兒童) [명] ①어린아이. ②초등학교에 다니는 나이의 아이. 〔교육법에서는 만 6세에서 만 12세까지를 학령 아동으로 규정.〕
아동-극 (兒童劇) [명] ①어린이가 펼쳐 보이는 연극. ②어린이를 대상으로 상연하는 연극. [준]동극(童劇).
아동-기 (兒童期) [명] 어린이인 시기. 사람의 개체 발달의 한 시기로서, 보통 유아기 이후 청년기 이전(5~6세에서 12~14세까지)의 시기를 이름.
아동^문학 (兒童文學) [명] ①어린이가 지은 문학 작품. ②어린이에게 읽히기 위하여 지은 문학 작품. 〔동요·동화·동시·아동 극본·소년 소설 따위.〕
아ː-동방 (我東邦) [명] 지난날, 우리 스스로 '(중국의) 동쪽에 있는 우리나라'라는 뜻으로 일컫던 말. [준]아동(我東).
아동-병 (兒童病) [-뼝] [명] 아동들에게 잘 걸리는 병. 〔소아마비·백일해·홍역·마마 따위.〕
아동-복 (兒童服) [명] 어린이 옷.
아동^복지 (兒童福祉) [-찌] [명] 아동의 인권과 행복한 생활을 보장하는 일.
아동^복지법 (兒童福祉法) [-찌뻡] [명] 아동의 인권과 행복한 생활을 보장하기 위해 필요한 여러 가지 제도를 규정한 법률.
아동^심리학 (兒童心理學) [-니-] [명] 아동기를 대상으로 하는 발달 심리학의 한 분야. 아동의 정신 생활과 성장 발달의 상태를 연구 대상으로 하는 것.
아동-주졸 (兒童走卒) [명] 철없는 아이들과 어리석은 사람들.
아동-화 (兒童畫) [명] 아동이 그린 그림.
아둔-패기 [명] '아둔한 사람'을 낮추어 이르는 말. [준]둔패기.
아둔-하다 [형][여] 슬기롭지 못하여 하는 짓이 미련하다. ¶ 그는 아둔하여 번번이 일을 그르쳐 놓기만 한다.
아드-님 [명] 남을 높이어 그의 '아들'을 이르는 말. ↔따님.
아드득 [부][하자타] ①단단한 물건을 한 번 힘껏 깨물어 부서뜨리는 소리. ¶ 얼음을 아드득 깨물다. ②야무지게 이를 한 번 가는 소리. [큰]으드득. **아드득-아드득** [부][하자타].
아드득-거리다 [-꺼-] [자타] 자꾸 아드득아드득하다. 아드득대다. [큰]으드득거리다.
아드득-대다 [-때-] [자타] 아드득거리다.
아드등-거리다 [자] 자꾸 아드등아드등하다. 아드등대다. [큰]으드등거리다.
아드등-대다 [자] 아드등거리다.
아드등-아드등 [부][하자] 서로 고집을 꺾지 않고 바득바득 다투는 모양. ¶ 그 댁 부자간에는 항상 사소한 문제로 아드등아드등한다. [큰]으드등으드등.
아드레날린 (adrenaline) [명] 척추동물의 부신 수질(副腎髓質)에서 분비되는 호르몬. 교감 신경을 자극하여 심장이나 혈관의 수축력을 높이고, 인슐린과 길항 작용(拮抗作用)을 하여 혈당량을 조절함.
아득-바득 [-빠-] [부][하자] ①억지스레 우기거나 조르는 모양. ¶ 자기의 판단이 옳다고 아득바득 우기다. ②있는 힘을 다하여 애를 쓰는 모양. ¶ 큰 돌덩이를 밀어내느라고 아득바득 용을 쓰다.
아득-하다 [-드카-] [형][여] ①가물가물하거나 들릴 듯 말 듯 할 정도로 매우 멀다. ¶ 아득한 수평선. /앞길이 아득하다. /아득하게 들리다. ②까마득하게 오래다. ¶ 아득한 옛날. ③어찌해야 좋을지 모르게 답답하고 어리어리하다. 막연하다. ¶ 먹고 살 길이 아득하다. /고향에 돌아갈 기약이 아득하다. [큰]어득하다. **아득-히** [부].
아들 [명] (성으로 구별할 때의) 남자인 자식. ↔딸.
아들네 집 가 밥 먹고 딸네 집 가 물 마신다 [속담] 흔히, 딸의 살림살이를 아끼고 생각해 주는 부모의 심정을 두고 이르는 말.
아들 못난 건 제집만 망하고 딸 못난 건 양 사돈이 망한다 [속담] 여자가 못되면 시집에도 화를 미치고, 친가에도 폐를 끼치게 됨을 이르는 말.
아들-놈 [-롬] [명] ①남 앞에서 자기의 아들을 낮추어 이르는 말. ¶ 이 아이가 바로 제 아들놈입니다. ②남의 '아들'을 낮추어 이르는 말. ¶ 옆집 아들놈은 사지가 멀쩡한데 제 밥벌이도 못한다지. ↔딸년.
아들-딸 [명] 아들과 딸. 자녀(子女).
아들-마늘 [명] 마늘종 위에 열리는 작은 마늘.

아들-바퀴【명】 쳇불을 메우는 데에 쓰이는 두 개의 좁은 테. 하나는 쳇불을 씌워서 겉바퀴 아래쪽에 대고, 하나는 그 안쪽에 덧대어 쳇불을 고정시킴.

아들-아이【명】 ①남 앞에서 자기의 '아들'을 이르는 말. ②아들로 태어난 아이. 【준】아들애. ↔딸아이.

아들-애【명】 〈아들아이〉의 준말.

아들-이삭[-리-]【명】 벼의 곁줄기에서 돋아나는 이삭.

아들-자【명】 길이나 각도를 재는 눈금자의 눈금 끝수를 세밀하게 읽을 수 있게 만든 보조자. 어미자에 딸리어 어미자 눈금의 10분의 1 또는 20분의 1까지 읽을 수 있음. 버니어. ↔어미자.

아들-자(-子)【명】 한자 부수의 한 가지. '孔'·'孫' 등에서의 '子'의 이름.

아들-자식(-子息)【명】 ①남 앞에서 자기의 '아들'을 이르는 말. ¶ 아들자식 하나에 딸자식 셋. ②남의 '아들'을 예사로이 이르는 말. ↔딸자식.

아ː등(我等)【대】 우리. 우리들.

아등그러-지다【자】 ①바싹 말라서 배틀어지다. ¶ 오랜 가뭄에 나뭇잎이 모두 아등그러졌다. ②날씨가 흐려지며 점점 찌푸려지다. 【큰】으등그러지다.

아등-바등【부】【하자】 매우 악지스럽게 자꾸 애를 쓰거나 우겨 대거나 하는 모양. ¶ 잘살아 보겠다고 아등바등 애를 쓰더니.

아딧-줄[-디쭐/-딛쭐]【명】 바람의 방향에 맞추어 돛을 다루는 데 쓰이는 줄. 【준】앗줄.

아ᄃᆞ기【부】 〈옛〉 아득히. 어둡게. ¶ 어리 迷惑ᄋᆡ 아ᄃᆞ기 ᄆᆞᄅᆞᆫ 三毒 ᄇᆞ레(法華*2:83*).

아ᄃᆞ님【명】 〈옛〉 아드님. ¶ 몬 아ᄃᆞ니ᄆᆞᆫ 釋迦如來시고(月釋*2:1*).

아ᄃᆞᆨᄒᆞ다【형】 〈옛〉 아득하다. 어둡다. 우매하다. ¶ 아ᄃᆞᆨᄒᆞᆯ 매:昧. 아ᄃᆞᆨᄒᆞᆯ 암:暗(訓蒙下*1*).

-아ᄃᆞᆫ【어미】 〈옛〉-거든. ¶ 길헤 艱難ᄒᆞᆫ 사ᄅᆞᆷ 보아ᄃᆞᆫ 다 布施ᄒᆞ더라(釋譜*6:15*).

아ᄃᆞᆯ【명】 〈옛〉 아들. ¶ 아ᄃᆞᆯ ᄌᆞ:子(訓蒙上*32*).

아따【감】 무슨 일이 몹시 놀랍거나 못마땅하게 여겨질 때 하는 말. ¶ 아따, 웬 공치사가 그리 많으십니까. 【큰】어따.

아뜩-수(-手)[-쑤]【명】 (장기를 둘 때) 갑자기 장기짝을 움직이는 짓.

아뜩-아뜩【부】【하형】 정신이 어지럽고 자꾸 까무러칠 듯한 모양. 【큰】어뜩어뜩.

아뜩-하다[-뜨카-]【형여】 갑자기 정신이 어지럽고 까무러칠 듯하다. ¶ 눈앞이 아뜩하다. /너무나도 갑작스러운 충격에 정신이 아뜩하다. 【큰】어뜩하다. **아뜩-히**【부】.

-아라【어미】 ①'가다'와 '가다'로 끝나는 동사, '오다'와 '오다'로 끝나는 동사를 제외하고 끝음절이 양성 모음(ㅏ·ㅗ)으로 된 동사 어간에 붙어, 손아랫사람에게 명령하는 뜻을 나타내는 종결 어미. ¶ 밧줄을 꼭 잡아라. /내 눈을 똑바로 보아라. ②끝 음절이 양성 모음(ㅏ·ㅗ)으로 된 형용사 어간에 붙어, 감탄의 뜻을 나타내는 종결 어미. ¶ 아이, 좋아라. /참, 달도 밝아라. 【참】-어라.

아라-가야(阿羅伽倻)【명】 경상남도 함안(咸安) 부근에 자리했던 고대 군장 국가(君長國家). 육가야의 하나로, 6세기 초에 신라에 병합됨.

아라베스크(arabesque 프)【명】 ①아라비아풍의 공예품이나 건축 장식 등에 쓰인 당초문(唐草紋)이나 기하학적 무늬. ②화려하게 장식된 기악곡(器樂曲). ③발레의 기본 자세의 한 가지. 한쪽 다리로 서서, 한 손은 앞으로 뻗고, 몸을 앞으로 숙여 다른 한 손과 다리를 뒤로 뻗는 자세.

아라비아-고무(←Arabia gomme)【명】 아라비아고무나무의 수액(樹液)을 말려 굳힌 것. 약품·고무풀 등을 만드는 데 쓰임.

아라비아고무-나무(←Arabia gomme-)【명】 콩과의 상록 교목. 북아프리카 원산으로 높이는 6 m가량. 잎은 깃 모양의 겹잎이며, 줄기에는 가시가 있고 흰 꽃이 핌. 줄기에서 나오는 수액으로 아라비아고무를 만듦.

아라비아-말(Arabia-)【명】 아라비아 원산인, 말의 한 품종. 승용마로서 온순·영리·강건하며 날쌤.

아라비아^숫ː자(Arabia數字)[-수짜/-숟짜]【명】 0·1·2·3·4·5·6·7·8·9의 10개의 산용 숫자(算用數字)를 기본으로 하여 이루어진 숫자. 인도에서 아라비아를 통하여 유럽에 전해짐.

아라비아^어ː(Arabia語)【명】 ☞아랍 어.

아라비아^인(Arabia人)【명】 ☞아랍 인.

아라사(俄羅斯)【명】 노서아(露西亞), 곧 '러시아'의 한자음 표기. 아국(俄國).

아라야(阿羅耶←ālaya 범)【명】 불교에서, 일체 만물을 그 안에 갈무리하여 잃지 아니하는 마음을 뜻하는 말.

아라옿【명】 〈옛〉 아래위. ¶ 아라우히 다 큰 브리어든(月釋*1:29*). 【참】아러.

아라한(阿羅漢←arahan 범)【명】 ①소승 불교에서, 모든 번뇌를 끊고 사제(四諦)의 이치를 깨달아 열반의 경지에 이른 성자를 이르는 말. ②부처를 일컫는 열 가지 칭호 가운데의 하나. 응진(應眞). 【준】나한(羅漢).

아라한-과(阿羅漢果)【명】 소승 불교에서, 아라한이 이른 수행의 최고 경지, 또는 그 지위.

아락-바락[-빠-]【부】 성이 나서 기를 쓰고 대드는 모양. ¶ 상사에게 아락바락 대들다.

아란야(阿蘭若←āranya 범)【명】 불교에서, 시끄럽지 아니하여 수행하기에 알맞은 한적한 숲 속이나 넓은 들 등을 이르는 말.

아람【명】 밤이나 상수리 따위가 충분히 익어 저절로 떨어질 정도로 된 상태, 또는 그 열매. ¶ 아람이 벌어지다.

아람(이) 붙다【관용】 충분히 익은 아람이 나무에서 떨어지거나 떨어질 상태에 있다.

아람^문자(Aram文字)[-짜]【명】 기원전 7세기경 페니키아 문자에서 파생된 문자. 원래는 22개의 자음으로 되어 있었으나, 후대에 와서 모음 기호가 붙여졌음.

아람^어ː(Aram語)【명】 셈 어족에 딸린 언어. 고대 오리엔트의 시리아·팔레스타인 등지에서 쓰이던 여러 언어를 두루 이름.

아람-치【명】 자기의 차지. 낭탁(囊橐).

아랍(Arab)【명】 이슬람교를 믿는 지역에서, 아랍어를 쓰며 이슬람 문화의 영향 아래서 살아가는 여러 민족을 통틀어 이르는 말.

아랍^어ː(Arab語)【명】 셈 어족에 딸린 언어. 아랍 여러 나라의 공통어임. 아라비아 어.

아랍^인(Arab人)【명】 아랍 어를 쓰는 여러 민족을 통틀어 이르는 말. 인종이 단일하지는 않으나 언어나 풍속 등이 같음. 아라비아 인.

아랑【명】 소주를 곤 뒤에 남은 찌꺼기.

아랑곳[-곧]【명】【하자타】 《부정의 말과 함께 쓰이어》 남의 일에 나서서 알려고 들거나 간섭하거나 마음에 두고 생각하는 일. ¶ 남이 무어라 하

듣지, 아랑곳도 하지 않다. ＊아랑곳을[-고슬]
아랑곳-없다[-고덥따][형] 어떤 일에 관계하거나 간섭하거나 마음에 두고 생각하지 않다. **아랑곳없-이**[부] ¶ 여러 사람의 만류에도 아랑곳없이 제 고집대로 한다.
아랑-주(-酒)[명] 소주를 고고 난 찌꺼기로 만든 술. 질이 낮고 독함.
아랑-주(-紬)[명] 날은 명주실로, 씨는 명주실과 무명실을 두 올씩 섞바꾸어 짠 피륙. 반주(斑紬).
아래[명] ①(자리가) 낮은 곳. 낮은 쪽. ¶ 산 아래로 내려가다./물은 아래로 흐르는 법이지. ②(무엇이 덮여 있는) 그 밑쪽. ¶ 지붕 아래의 다락방./겉치마 아래에 속치마를 받쳐 입다. ③(높고 긴 것의) 밑동. ¶ 나무 아래에서 쉬다. ④(정도·지위·신분·능력·품질 따위가) 낮거나 못한 쪽, 또는 그 사람이나 물건. ¶ 지위가 아래인 사람./순위가 아래로 처지다. ⑤(수가 어떤 것에 비하여) 적은 편. ¶ 나이가 두 살 아래인 사람./소수점 아래의 수. ⑥'다음' 또는 '다음에 적은 것' 등의 뜻. ¶ 아래의 사항을 준수할 것. ⑦어떤 영향이나 지배를 받는 처지를 나타냄. 《'아래에'의 꼴로 쓰임.》 ¶ 자유와 평등과 박애의 기치 아래에 단결하다. ↔위.
아래[명][부] 〈옛〉 전날. 예전. 일찍이. ¶ 아랫 恩惠를 니저 ᄇᆞ리샤(釋譜6:4).
아래-닫기[-다키][명] 책상 서랍의 밑에 대는 나무.
아래-대[명] 지난날, 서울 성안의 동남쪽 지역을 이르던 말. 곧, 동대문과 광희문(光熙門) 부근의 동네들을 이르던 말. [참]우대.
아래댓-사람[-대싸-/-댄싸-][명] 지난날, 아래대에 사는 군총(軍摠) 계급의 사람을 이르던 말. [참]우댓사람.
아래-뜸[명] 한 마을의 아래에 있는 부분. ↔위뜸.
아래-뻘[명] 〈손아래뻘〉의 준말.
아래-아[명] 옛 모음 'ㆍ'의 이름.
아래-아귀[명] 활의 줌통의 아래.
아래-알[명] 수판의 가름대 아래에 있는 네 개 또는 다섯 개의 알. 〔아래알 한 알은 1을 나타냄.〕 ↔윗알.
아래-애[명] 옛 모음 'ㆎ'의 이름.
아래-옷[-옫][명] 아랫도리옷. ＊아래옷이[-오시]·아래옷만[-온-]
아래-위[명] ①아래와 위. 상하(上下). ②아랫사람과 윗사람. 위아래.
아래위-턱[명] 아랫사람과 윗사람과의 구별.
아래윗-막이[-윈-][명] 물건의 아래의 양쪽 머리를 막은 부분.
아래윗-벌[-위뻘/-윋뻘][명] 옷의 한 벌이 되는 아랫벌과 윗벌.
아래-짝[명] 위아래로 한 벌이 되는 물건의 아래의 짝. ¶ 장롱의 아래짝. ↔위짝.
아래-쪽[명] ①아래의 방향. 하방(下方). ¶ 공이 아래쪽을 향하여 굴러가다. ②아래의 자리나 곳. 하측(下側). ¶ 서가의 아래쪽에 국어사전이 꽂혀 있다. ↔위쪽.
아래-채[명] ①(집채가 둘 이상 있을 때의) 아래쪽에 있는 집채. ↔위채. ②〈뜰아래채〉의 준말.
아래-청(-廳)[명] 지난날, 윗사람을 섬기는 '아랫사람이 따로 머무는 처소'를 이르던 말. ↔위청.
아래-층(-層)[명] 이 층 이상으로 된 건물이나 물건의 아래쪽에 있는 층. 밑층. 하층. ↔위층.
아래-턱[명] 아래쪽의 턱. 하악(下顎). ↔위턱.
아래턱-뼈[명] 아래턱을 이루는 편자 모양의 뼈. 하악골(下顎骨).
아래-통[명] 물체의 아래쪽 부분. ¶ 아래통이 넓은 통치마. ↔위통.
아래-편짝(-便-)[명] 위아래로 갈라진 것의 아래쪽에 있는 부분.
아랫-간(-間)[-래깐/-랟깐][명] (전통적 한옥에서, 방이 둘로 나뉘어 있을 때) 아궁이에 가까운 쪽에 있는 방. ↔윗간.
아랫-것[-래껃/-랟껃][명] 지난날, '지체가 낮은 사람이나 하인'을 낮추어 이르던 말. ＊아랫것이[-래꺼시/-랟꺼시]·아랫것만[-래껀-/-랟껀-]
아랫-길[-래낄/-랟낄][명] ①아래쪽에 있는 길. ②(다른 것, 또는 비교되는 것보다) 품질이 좋지 않은 물품이나 등급. 핫길. ¶ 김은 두꺼울수록 아랫길로 친다. ↔윗길.
아랫-녘[-랜녁][명] ①'전라도'와 '경상도'를 아울러 이르는 말. ②☞앞대. ＊아랫녘이[-랜녀키]·아랫녘만[-랜녕-]
아랫-눈시울[-랜-씨-][명] 아래쪽의 눈시울.
아랫-눈썹[-랜-][명] 아랫눈시울에 난 속눈썹. ↔윗눈썹.
아랫-니[-랜-][명] 아랫잇몸에 난 이. ↔윗니.
아랫-다리[-래따-/-랟따-][명] 다리의 아랫부분. ↔윗다리.
아랫-단[-래딴/-랟딴][명] 옷의 아랫부분의 단.
아랫-당줄[-래땅쭐/-랟땅쭐][명] 망건의 편자 끝에 단 당줄. ↔윗당줄.
아랫-도리[-래또-/-랟또-][명] ①인체의 허리 아래의 부분. 하반신. 하체(下體). ¶ 아랫도리를 가리다. ②〈아랫도리옷〉의 준말. ③지위가 낮은 계급. ↔윗도리.
아랫도리-옷[-래또-옫/-랟또-옫][명] 아랫도리에 입는 옷. 아래옷. 아랫마기. [준]아랫도리. ＊아랫도리옷이[-래또-오시/-랟또-오시]·아랫도리옷만[-래또-온-/-랟또-온-]
아랫-돌[-래똘/-랟똘][명] (돌로 쌓은 축대의) 아래쪽 돌. ↔윗돌.
아랫돌 빼서 윗돌 괴고 윗돌 빼서 아랫돌 괴기[속담] 우선 다급한 처지를 모면하기 위하여 이리저리 둘러맞추는 임시변통을 이르는 말. [참]하석상대(下石上臺).
아랫-동[-래똥/-랟똥][명] 〈아랫동아리〉의 준말.
아랫-동네(-洞-)[-래똥-/-랟똥-][명] (물의 흐름이나 지형의 높낮이로 보아서) 아래쪽에 있는 동네. ↔윗동네.
아랫-동아리[-래똥-/-랟똥-][명] ①긴 물건의 아래쪽 부분. [준]아랫동. ②〈아랫도리〉의 속된 말. ↔윗동아리.
아랫-마기[-랜-][명] 아랫도리옷. ↔윗마기.
아랫-마디[-랜-][명] 화살의 살촉에 가까운 부분의 마디.
아랫-마을[-랜-][명] (물의 흐름이나 지형의 높낮이로 보아서) 아래쪽에 있는 마을. 하리(下里). ↔윗마을.
아랫-막이[-랜-][명] 물건의 아래쪽 머리를 막은 부분. ↔윗막이.
아랫-머리[-랜-][명] 아래위가 같은 물건의 아래쪽 끝 부분. ↔윗머리.
아랫-면(-面)[-랜-][명] 물건의 드러난 부분의 아래쪽 바닥. ↔윗면.
아랫-목[-랜-][명] (구들을 놓은 방에서) 아궁이 쪽에 가까운 방바닥. ↔윗목.
아랫-몸[-랜-][명] 허리 아래의 몸. ↔윗몸.

아랫-물[-랜-]명 강물이나 시냇물 따위가 흘러 가는 물의 아래쪽 물. ↔윗물.

아랫-미닫이틀[-랜-다지-]명 장지나 미닫이 따위를 끼워 여닫는, 홈이 팬 문지방(門地枋).

아랫-바람[-래빠-/-랟빠-]명 ①아래쪽에서 위쪽으로 불어오는 바람. ②연을 날릴 때, '동쪽에서 불어오는 바람'을 이르는 말. ↔윗바람.

아랫-반(-班)[-래빤/-랟빤]명 ①아래 학년의 학급. ②수준이나 등급을 아래위로 구분한 경우의 아래가 되는 반. 하급반. ↔윗반.

아랫-방(-房)[-래빵/-랟빵]명 ①방고래가 잇달린 방들 가운데서 아궁이에 가까운 쪽에 있는 방. ↔윗방 ②〈뜰아랫방〉의 준말.

아랫-배[-래빼/-랟빼]명 배의 배꼽 아래쪽 부분. 소복(小腹). 하복(下腹). ↔윗배.

아랫-벌[-래뻘/-랟뻘]명 (한 벌 가운데서) 아랫도리에 입는 옷. ↔윗벌.

아랫-볼[-래뽈/-랟뽈]명 볼의 아랫부분. ↔윗볼. ¶ 통통한 아랫볼.

아랫-부분(-部分)[-래뿌-/-랟뿌-]명 전체 가운데 아래에 해당되는 범위. ¶ 얼굴의 아랫부분. ↔윗부분.

아랫-사람[-래싸-/-랟싸-]명 ①손아랫사람. ②자기 또는 어떤 사람보다 지위나 신분 따위가 낮은 사람. ↔윗사람.

아랫-사랑(-舍廊)[-래싸-/-랟싸-]명 ①아래채에 있는 사랑방. ↔윗사랑. ②작은사랑.

아랫-세장[-래쎄-/-랟쎄-]명 지게나 걸채 따위에서, 아랫부분에 가로질러 박은 나무. ↔윗세장.

아랫-수염(-鬚髥)[-래쑤-/-랟쑤-]명 아래턱에 난 수염. ↔윗수염.

아랫-입술[-랜닙쑬]명 아래쪽의 입술. 하순(下脣). ↔윗입술.

아랫-잇몸[-랜닌-]명 아래쪽의 잇몸. ↔윗잇몸.

아랫-자리[-래짜-/-랟짜-]명 ①아랫사람이 앉는 자리. 하좌(下座). ②낮은 지위나 순위. ③십진법에서, 어느 자리의 다음 자리. ①②↔윗자리.

아랫-중방(-中枋)[-래쭝-/-랟쭝-]명 ☞하인방(下引枋).

아랫-집[-래찝/-랟찝]명 바로 아래쪽에 이웃하여 있는 집. ↔윗집.

아ː량(雅量)명 너그럽고 속이 깊은 마음씨. 도량(度量). ¶ 남을 포용하는 아량. /아량이 넓다. /아량을 베풀다.

아레스(Ares)명 그리스 신화에 나오는 군신(軍神). 로마 신화의 마르스에 해당함.

아려(雅麗) '아려하다'의 어근.

아ː려-하다(雅麗-)형여 아담하고 곱다.

아련형 〈옛〉어리고 아름다운. ¶ 올하 올하 아련 비올하(樂詞.滿殿春別詞).

아련-하다형여 ①(생각이나 기억 등이) 또렷하지 아니하고 희미하다. ¶ 까맣게 잊고 있었던 옛 정경이 아련하게 떠올랐다. ②잘 분간할 수 없이 아리송하다. 비오련하다. **아련-히**부 ¶ 아련히 들려오는 새벽 종소리.

아렴풋-하다[-푸타-]형여 ①(보거나 들어서) 잘 분간할 수 없이 희미하다. ¶ 점점이 떠 있는 섬들이 안개 속에 아렴풋하다. ②의식이나 기억에 잘 떠오르지 아니하고 아슴푸레하다. ¶ 아렴풋한 기억을 더듬다. 큰어렴풋하다. **아렴풋-이**부 ¶ 잠결에 아렴풋이 들은 기적 소리.

아ː령(啞鈴)명 쇠나 나무 막대기의 양쪽에 공처럼 생긴 쇠뭉치를 단 체조 기구.

아ː령^체조(啞鈴體操)명 양손에 아령을 들고 하는, 근육 단련 체조.

아령칙-하다[-치카-]형여 기억이 또렷하지 않아 기연가미연가하다. 큰어령칙하다. **아령칙-이**부.

아례(衙隷)명 지방 관아에서 심부름을 하던 하인. 아속(衙屬).

아로록-다로록[-따-]부하형 어떤 바탕에 다른 빛깔의 작은 점이나 가는 줄 따위가 성기고 연하게 무늬져 있는 모양. ¶ 아로록다로록한 점박이 고양이. 큰어루룩더루룩. 참알로록달로록.

아로록-아로록부하형 어떤 바탕에 여러 가지 빛깔의 작은 점이나 가는 줄이 성기고 연하게 무늬져 있는 모양. 큰어루룩어루룩. 참알로록알로록.

아로롱-다로롱부하형 어떤 바탕에 서로 빛깔이 다른 작은 점이나 무늬 따위가 드문드문 무늬져 있는 모양. 큰어루룽더루룽. 참알로롱달로롱.

아로롱-아로롱부하형 어떤 바탕에 작은 점이나 무늬 따위가 드문드문 무늬져 있는 모양. 큰어루룽어루룽. 참알로롱알로롱.

아로-새기다타 ①(무늬나 글자 따위를) 또렷하고 솜씨 좋게 새기다. ¶ 십장생(十長生)을 아로새겨 놓은 문갑. ②(마음에) 또렷하게 기억해 두다. ¶ 감명을 아로새겨 준 영화. /선생님의 말씀을 마음에 깊이 아로새기다.

아록(衙祿)명 조선 시대에, 지방 수령에게 딸린 아전들에게 주던 녹봉(祿俸).

아록-다록[-따-]부하형 어떤 바탕에 다른 빛깔의 작은 얼룩이나 무늬 따위가 좀 연하게 무늬져 있는 모양. 큰어룩더룩. 참알록달록.

아록-아록부하형 어떤 바탕에 여러 가지 빛깔의 작은 얼룩이나 무늬 따위가 연하고 고르게 무늬져 있는 모양. 큰어룩어룩. 참알록알록.

아롬명 〈옛〉〔'알다'의 명사형〕 앎. ¶ 키 아로미 갓가ᄫ리라(蒙法4).

아롱명 〈아롱이〉의 준말. 큰어롱.

아롱-거리다자 눈앞에 흐릿하게 아른거리다. 아롱대다. 큰어롱거리다.

아롱-다롱부하형 어떤 바탕에 서로 빛깔이 다른 작은 점이나 무늬 따위가 고르지 않게 촘촘히 무늬져 있는 모양. 큰어롱더롱. 참알롱달롱.

아롱-대다자 아롱거리다.

아롱-무늬[-니]명 연한 빛깔의 점이나 줄로 고르게 이루어진 무늬.

아롱-사태명 쇠고기 뭉치사태의 한가운데에 붙은 살덩이.

아롱-아롱[1]부하자 눈앞에 흐릿하게 아른거리는 모양. 큰어롱어롱[1].

아롱-아롱[2]부하형 어떤 바탕에 작은 점이나 무늬 따위가 고르게 촘촘히 무늬져 있는 모양. 큰어롱어롱[2]. 참알롱알롱.

아롱-이명 아롱아롱한 점, 또는 그런 점이 있는 짐승이나 물건을 이르는 말. ¶ 흰 바탕에 검은 점이 박인 우리 집 아롱이는 쥐를 잘 잡는다. 준아롱. 큰어롱이. 참알롱이.

아롱-지다 Ⅰ자 아롱아롱한 무늬가 생기다. ¶ 눈물이 뺨에 아롱지다. 큰어롱지다.
Ⅱ형 아롱아롱한 무늬가 있다. 큰어롱지다.

아뢰다[-뢰-/-뤠-]타 ①(윗사람 앞에서) 풍악을 연주해 들려 드리다. ¶ 풍악을 아뢰다. ②(윗사람에게) 말씀드려 알리다. ¶ 임금께 소상히 아뢰다. ②낮알리다.

아ː류(亞流)명 ①어떤 학설·주의·유파 등에 찬성하여 따르는 사람. 비동류(同類). ②으뜸가는 사람을 붙좇아 흉내 낼 뿐 독창성이 없는 것, 또는 그러한 사람. ¶ 추사체의 아류.

아륜(牙輪)명 ☞톱니바퀴.
아륜(蛾輪)명 누에의 알받이를 할 때 쓰이는, 깔때기 모양의 생철로 된 기구. 판지 위에 암나방을 올려놓고 그 위에 씌워 알을 슬게 함.
아ː르(are)의 미터법에 의한 면적 단위. 1아르는 100 m^2. 1헥타르의 100분의 1. 약 30.25평. 〔기호는 a〕
아르곤(argon)명 희(稀)가스 원소의 한 가지. 무색·무취·무미의 기체. 공기 속에 1%가량 섞여 있음. 형광등이나 전구의 충전 가스 등으로 이용됨. 〔Ar/18/39.948〕
아ː르^누보(art nouveau 프)명 19세기 말부터 20세기 초에 걸쳐서 건축·공예에 나타난 미술 양식의 한 가지. 부드럽게 흐르는 곡선 형식이 그 주된 특징임.
아르렁부하자 ①짐승이 성나서 울부짖는 소리, 또는 그 모양. ②앙심을 품고 서로 몹시 다투는 모양. 큰으르렁. **아르렁-아르렁**부하자.
아르렁-거리다자 자꾸 아르렁아르렁하다. 아르렁대다. 큰으르렁거리다.
아르렁-대다자 아르렁거리다.
아르롱이명 아롱아롱한 점이나 줄로 된 무늬. 큰어르룽이.
아르르부하자 (분하거나 두렵거나 춥거나 할 때) 몸이 아스스 떨리는 모양. ¶ 추워서 아르르 떨고만 있다. 큰으르르.
아르마딜로(armadillo)명 빈치목(貧齒目) 아르마딜로과의 야행성 포유동물. 몸길이 12~40 cm. 등이 갑옷 모양의 골질판(骨質板)으로 되어 있는데, 위험할 때 몸을 공처럼 동그랗게 마는 것이 특징임. 중·남미의 건조 지대에 분포함.
아르바이트(Arbeit 독)명하자 〔'노동', '일'이란 뜻으로〕 학생이나 직업인 등이 돈을 벌기 위해서 학업이나 본업 이외에 부업으로 하는 일. ¶ 방학 동안에 아르바이트로 학비를 벌다.
아ː르^앤드^비(R&B)명 ☞리듬 앤드 블루스.
아ː르에스시ː(RSC)명 아마추어 권투 경기에서, 주심이 두 경기자의 실력 차가 너무 크거나 부상으로 경기를 계속할 수 없다고 판단했을 때 경기를 중단시키는 일. 〔프로 권투에서의 티케이오(TKO)에 해당함.〕 레퍼리 스톱. [referee stop contest]
아ː르에이치^네거티브(Rh negative)명 ☞아르에이치 음성(陰性).
아ː르에이치^마이너스(Rh minus)명 ☞아르에이치 음성(陰性).
아ː르에이치식 혈액형(Rh式血液型) [-시켜래켱] 사람의 혈구 속에 아르에이치 항원(抗原)의 있고 없음에 따라 아르에이치 양성〔Rh^+〕, 아르에이치 음성〔Rh^-〕으로 구분한 혈액형.
아ː르에이치^양성(Rh陽性)명 혈구 속에 Rh 인자를 가진 혈액형. 〔기호는 Rh^+〕 아르에이치 포지티브. 아르에이치 플러스.
아ː르에이치^음성(Rh陰性)명 혈구 속에 Rh 인자를 가지고 있지 않은 혈액형. 〔기호는 Rh^-〕 아르에이치 네거티브. 아르에이치 마이너스.
아ː르에이치^인자(Rh因子)명 사람의 혈구 속에 들어 있는 항원(抗原)의 한 가지. Rh 인자의 있고 없음에 따라 혈액형이 아르에이치 양성〔Rh^+〕, 아르에이치 음성〔Rh^-〕으로 구별됨.
아ː르에이치^포지티브(Rh positive)명 ☞아르에이치 양성(陽性).
아ː르에이치^플러스(Rh plus)명 ☞아르에이치 양성(陽性).
아ː르오ː케이에이(ROKA)명 대한민국 육군. [Republic of Korea Army]
아ː르오ː티ː시ː(ROTC)명 대학생에게 일정 기간 군사 교육·군사 훈련을 실시하여 졸업과 동시에 소위로 임명하는 단체. 학생 군사 교육단. [Reserve Officer's Training Corps]
아르코(arco 이)명 현악기의 활.
아ː르티ː오ː(RTO)명 군용 철도 수송 사무소. [Railway Transportation Office]
아르티장(artisan 프)명 기술자적인 예술가. 기술은 뛰어나지만, 작품의 예술성이 낮아서 본격적인 예술가로서의 대접을 받지 못하는 사람을 이름.
아르페지오(arpeggio 이)명 하프나 피아노 등의 악기에서, 화음을 분산하여 낮은 음에서 높은 음으로 연속적으로 연주하는 일.
아른-거리다자 자꾸 아른아른하다. 아른대다. ¶ 숲 사이로 희미한 불빛이 아른거리다. /강물 위에 아른거리는 달빛. 큰어른거리다. 참알른거리다.
아른-대다자 아른거리다.
아ː른-스럽다[-따][~스러우니·~스러워]형ㅂ (어린 사람이) 어른인 체하는 태도가 있다. 큰어른스럽다. **아른스레**부.
아른-아른부하자 ①아리송하게 조금 보이다 말다 하는 모양. ¶ 들녘에 아른아른 피어오르는 아지랑이. ②그림자가 희미하게 움직이는 모양. ③물이나 거울에 비친 그림자가 흔들리는 모양. ¶ 달빛이 호수 위에 아른아른 흔들리고 있다. 큰어른어른. 참알른알른.
아름 Ⅰ명 양팔을 벌려 껴안은 둘레. ¶ 아기를 아름 속에 품어 안은 어머니.
Ⅱ의 ①둘레의 길이를 나타내는 단위. ¶ 두 아름이나 되는 기둥. ②양팔을 벌려 껴안은 둘레에 들 만한 분량을 세는 단위. ¶ 꽃 한 아름.
아름-거리다자타 자꾸 아름아름하다. 아름대다. 큰어름거리다.
아름-답다[-따][~다우니·~다워]형ㅂ ①(빛깔·소리·목소리·모양 따위가) 마음에 좋은 느낌을 자아낼 만큼 곱다(예쁘다). ¶ 아름다운 목소리. /그녀는 눈이 아름답다. ②(하는 일이나 마음씨 따위가) 훌륭하고 갸륵하다. 착하고 인정스럽다. ¶ 삶을 아름답게 가꾸다. /얌전한 몸가짐과 아름다운 마음씨.
아름-대다자타 아름거리다.
아름-드리명 한 아름이 넘는 큰 나무나 물건. ¶ 아름드리 소나무. /아름드리 기둥.
아름-아름부 ①하자말이나 행동을 똑똑히 하지 않고 오물거리는 모양. ②하타일을 건성으로 하며 눈을 속이는 모양. 큰어름어름.
아름작-거리다[-꺼-]자타 자꾸 아름작아름작하다. 아름작대다. 큰어름적거리다.
아름작-대다[-때-]자타 아름작거리다.
아름작-아름작부하자타 아리송한 말이나 짓으로 느릿느릿 몹시 아름거리는 모양. 큰어름적어름적.
아름-차다형 힘에 벅차다. 힘에 겹다. ¶ 아름찬 일을 떠맡다.
아리명 〈옛〉 다리. ¶ 後行 小아리 八足 大아리 二足(靑丘*110*).
아리다형 ①혀끝을 톡톡 쏘는 것 같은 알알한 느낌이 있다. ¶ 혀끝이 아리다. ②상처가 찌르는 것처럼 아프다. ¶ 불에 덴 상처가 아리다. ③마음이 몹시 고통스럽다. ¶ 그리움으로 가슴이 아리다.

아리땁다 [-따] [아리따우니·아리따워] 형ㅂ (마음씨나 태도·몸가짐 따위가) 사랑스럽고 아름답다. ¶ 아리따운 모습.

아리랑 명 〈아리랑 타령〉의 준말.

아리랑^타령 명 우리나라의 대표적인 민요의 한 가지. 후렴에 '아리랑'이란 말이 반복되는 노래로, 기본 장단은 세마치이나 지방에 따라 가사와 곡조가 조금씩 다름. 준아리랑.

아리새 명 〈옛〉 꾀꼬리. ¶ 아리새 창:鶬, 아리새 경:鶊(訓蒙上*16*). 참알이새.

아리송-하다 형여 이것인지 저것인지 또렷이 분간하기 어렵다. ¶ 주택 단지 골목의 주변 풍경은 모두 비슷비슷해서 찾아갈 길이 어느 길인지 늘 아리송하다. 준알쏭하다. 큰어리숭하다.

아리쇠 명 〈옛〉 삼발이. ¶ 아리쇠:三脚(老解下*30*).

아리아 (aria 이) 명 ①오페라나 오라토리오에서의, 선율이 아름다운 서정적인 독창곡. 영창(詠唱). ②서정적인 기악곡.

아리아리-하다[1] 형여 여러 가지가 모두 아리송하다. 큰어리어리하다.

아리아리-하다[2] 형여 계속 아린 느낌이 있다.

아리안 (Aryan) 명 인도유럽 어족에 딸린 인종을 통틀어 이르는 말.

아리에타 (arietta 이) 명 소규모의 아리아.

-아리여 어미 〈옛〉 -리요. ¶ 能히 玉곤ᄒᆞᆫ ᄆᆞᅀᆞᄆᆡᆺ 며느리ᄅᆞᆯ 보아리여(內訓).

아리오소 (arioso 이) 명 오페라나 오라토리오 등의 짧은 영창(詠唱).

아리잠직-하다 [-지카-] 형여 키가 작고 얌전하며 어린 티가 있다.

아린 (芽鱗) 명 나무의 겨울눈을 싸서 보호하는 비늘 모양의 기관.

아릿-거리다 [-릳꺼-] 자 자꾸 아릿아릿하다. 아릿대다. 큰어릿거리다.

아릿-대다 [-릳때-] 자 아릿거리다.

아릿-아릿 [-리다릳] 부하자 아렴풋하고 어지럽게 눈에 어리거나 움직이는 모양. 큰어릿어릿.

아릿-하다 [-리타-] 형여 (혀끝이) 조금 아리다. ¶ 풋고추를 씹었더니 혀끝이 아릿하다. 큰어릿하다.

아ᄅᆞᆷ[1] 명 〈옛〉 사사로움. 아ᄅᆞ문. ¶ 아ᄅᆞᆷ 업슨 큰 道(南明上*39*). /아ᄅᆞᆷ ᄉᆞ:私(類合下*4*).

아ᄅᆞᆷ[2] 명 〈옛〉 아름. ¶ 허리 너ᄅᆞ기 세 아ᄅᆞᆷ이나 하니(朴解下*31*).

아ᄅᆞᆷ답다 형ㅂ 〈옛〉 아름답다. ¶ 아ᄅᆞᆷ다올 언:彥(類合下5). /美ᄂᆞᆫ 아ᄅᆞᆷ다ᄫᆞᆯ 씨니(釋譜*13:9*).

아ᄅᆞᆷ도이 부 〈옛〉 사사로이. ¶ 늘근 사ᄅᆞᆷ돌히 아ᄅᆞᆷ도이 우니라(杜重*4:21*).

아ᄅᆞᆷ것 명 〈옛〉 아람치〔私有〕. ¶ 그윗것과 아ᄅᆞᆷ거시 제여곰 ᄡᅡ해 브터셔(杜初*7:36*).

아ᄅᆞᆷ집 명 〈옛〉 사삿집〔私家〕. ¶ 아ᄅᆞᆷ지븨 命ᄒᆞ야 가라 ᄒᆞ디 아니커시든(內訓*1:51*).

아ᄅᆡ 명부 〈옛〉 전일. 일찍이. ¶ 아ᄅᆡᆺ 殃報ᄅᆞᆯ 곧 ᄲᅥ서 安樂ᄒᆞ야(月釋*21:97*). 참아래.

아마 부 짐작하건대. 대개. 〔확실히 단정하기는 어렵지만, 어느 정도 그럴 것이라고 생각하는 경우에 쓰이는 말.〕 ¶ 아마 오지 않을 것이다. /아마 이번에는 합격할 것이다.

아마 (兒馬) 명 ①아직 길이 들지 아니한 어린 말. ②조선 시대에, 벼슬아치가 작은 공(功)을 세웠을 때 나라에서 상으로 주던 말.

아마 (亞麻) 명 아마과의 일년초. 중앙아시아 원산의 재배 식물로 줄기 높이는 1 m가량. 잎은 가늘고 길며 어긋맞게 나고, 초여름에 청자색이나 백색의 꽃이 핌. 씨로는 아마유(亞麻油)를 만들고 줄기의 섬유로는 아마포를 짬.

아마 (←amateur) 명 〈아마추어〉의 준말. ↔프로.

아마겟돈 (←Harmagedon) 명 〔요한 계시록에 나오는 말로〕 세계의 종말이 올 때, 선과 악이 최후의 결전을 벌일 싸움터.

아마-도 부 '아마'의 힘줌말. ¶ 아마도 모레쯤이면 일이 모두 끝날 것이다.

아마릴리스 (amaryllis) 명 수선화과의 다년초. 남아메리카 원산의 관상용 화초. 비늘줄기에서 두껍고 긴 선형의 잎이 돋아남. 여름부터 가을에 꽃대 끝에 백합을 닮은 꽃이 서너 송이 돌려 핌. 꽃 색은 빨강·분홍·주황·하양 따위가 있음.

아마빌레 (amabile 이) 명 악보의 나타냄말. '사랑스럽게'·'부드럽게'의 뜻.

아마-유 (亞麻油) 명 〈아마인유〉의 준말.

아마-인 (亞麻仁) 명 한방에서, 아마의 씨를 약재로 이르는 말. 당뇨병의 약으로 쓰임.

아마인-유 (亞麻仁油) [-뉴] 명 아마의 씨로 짠 기름. 도료(塗料)·그림물감·인주·인쇄 잉크 등을 만드는 데 쓰임. 준아마유.

아마인유-지 (亞麻仁油紙) [-뉴-] 명 아마인유를 먹인 종이.

아마추어 (amateur) 명 무슨 일을 직업적·전문적으로 하지 않고, 취미 삼아 하는 사람. 비전문가. 소인(素人). ¶ 아마추어 무선가(無線家). 준아마. ↔프로페셔널.

아ː마추어 (armature) 명 발전기의 발전자(發電子), 전동기의 전동자(電動子)를 통틀어 이르는 말. 전기자(電氣子).

아마추어리즘 (amateurism) 명 스포츠 등을 영리를 목적으로 하지 아니하고 오로지 즐기기 위한 활동으로 한다는 태도.

아마-포 (亞麻布) 명 ☞리넨.

아ː만 (我慢) 명 불교에서, 나를 높이고 남을 낮추어 보는 마음을 이르는 말. 만심(慢心).

아말감 (amalgam) 명 ①(철·백금·망간·코발트·니켈 등을 제외한) 수은과 다른 금속과의 합금. ②이가 삭은 자리를 때우는 데 쓰이는, 수은·주석·은의 합금. 물금.

아말감-법 (amalgam法) 명 수은을 사용하는 습식 야금법.

아ː망 명 아이들이 부리는 오기. ¶ 아망을 떨다. /아망을 부리다. /아망을 피우다.

아ː망-스럽다 [-따] [~스러우니·~스러워] 형ㅂ 아망이 있어 보이다. **아망스레** 부.

아망위 (←あまぐ〔雨具〕 일) 명 모자의 한 가지. 외투·비옷·방한복 등의 깃에 덧붙여 머리에 뒤집어쓰게 만든 것.

아망위에 턱을 걸었다 속담 배후를 믿고 하잘것없는 사람이 교만을 부림을 이르는 말.

아메리슘 (americium) 명 인공 방사성 원소의 한 가지. 플루토늄에 중성자를 쬐어 만든 은백색의 금속임. 〔Am/95/243〕

아메리카^합금 (America合金) [-끔] 명 구리가 7~9% 섞인 알루미늄 합금. 〔미국에서 많이 쓰이기 때문에 생긴 이름.〕

아메리칸^인디언 (American Indian) 명 아메리카 대륙의 원주민. 살갗은 구릿빛이고, 눈과 머리털은 검으며, 홍인종임. 인디언.

아메리칸^크롤ː (American crawl) 명 미국에서 발달한, 자유형 수영법의 한 가지.

아메ː바 (amoeba) 명 근족충류(根足蟲類)의 원생동물. 단세포로 된 최하등의 미생물인데, 크기는 0.02~0.6 mm. 헛발을 내어 기어다니며 그것으로 먹이를 싸서 흡수함.

아메ː바^운ː동(amoeba運動) 명 아메바처럼 원형질의 유동에 따라 몸의 일부를 내밀어 헛발을 이루어 움직이는 운동.

아메ː바^적리(amoeba赤痢) [-정니] 명 이질의 한 가지. 적리 아메바의 감염으로 말미암아 피가 섞인 설사를 함.

아ː멘(amen 히) 감 〔'참으로'·'확실히'의 뜻으로〕 기독교에서, 기도나 찬미가 끝났을 때 자기도 '진실로 그와 같이 기원한다'는 뜻으로 쓰는 말.

아명(兒名) 명 아이 때의 이름. 참관명(冠名).

아ː명(雅名) 명 풍류(風流)스러운 이름. 아취 있는 이름.

아모 대 〈옛〉 아무〔某〕. ¶ 아모 爲ᄒᆞ다 ᄒᆞ시니(龍歌39章). /아모 모: 某(類合下6).

아모레(amore 이) 명 악보의 나타냄말. '애정을 가지고'·'사랑스럽게'의 뜻. 아모로소.

아모로소(amoroso 이) 명 ☞아모레.

아모르(Amor) 명 ☞큐피드.

아모스-서(Amos書) 명 구약 성서 중의 한 편. 이스라엘의 죄에 대한 하나님의 노여움과 종말에 대한 경고 등을 기록함.

아모제 명 〈옛〉아무 때. ¶ 아모제라 업시(老解下39).

아ː목(亞目) 명 생물 분류학상의 한 단계. 목(目)의 아래, 과(科)의 위에 둠.

아ː몬드(almond) 명 ☞편도(扁桃).

아ː무 Ⅰ 대 꼭 누구라고 특별히 정하지 아니하고 가리킬 때 쓰이는 말. 하모(何某). ¶ 아무나 이리 오너라.
Ⅱ 관 ①꼭 무엇이라고 지정하지 아니하고 사물을 가리킬 때 쓰이는 말. 모(某). ¶ 나는 아무 곳이라도 좋다. ②'아무런'·'조금도'의 뜻. ¶ 아무 상관도 없다. /아무 걱정하지 마라.

아ː무-개 대 '아무'보다 조금 홀하게 쓰이는 말. 모(某). ¶ 아무개가 그 일과 무슨 상관이오?/김 아무개가 그랬소.

아ː무-것[-걷] 대 무엇이라고 꼭 지정하지 아니하고 이를 때 쓰이는 말. 어떤 것. ¶ 아무것이든 좋다. * 아ː무것이[-거시]·아ː무것만[-건-]

아ː무래도 Ⅰ 부 아무리 생각해 보아도. ¶ 네 힘으로는 아무래도 그 일을 못 해낼 것이다.
Ⅱ 준 '아무러하여도'가 줄어든 말. ¶ 네가 오든 안 오든 아무래도 상관없다.

아ː무러면 부 '아무러하면'이 줄어서 된 말. ¶ 아무러면 그걸 못 들까. 참아무려면.

아ː무러-하다 형여 '아무 모양, 아무 형편, 아무 정도', 또는 '아무 조건으로' 등의 뜻을 나타냄. 《주로, '아무러한'·'아무러하면'·'아무러하든' 등의 꼴로 쓰임.》 ¶ 아무러하면 어떠냐. /아무러하든 상관없다. 준아무렇다.

아ː무런 관 《주로 '않다'·'없다'·'못하다' 따위의 부정적인 말과 함께 쓰이어》 '전혀 어떠한'의 뜻을 나타내는 말. ¶ 아무런 도움이 못 되다. /아무런 결함도 없다. /아무런 계획도 없이 여행을 떠나다.

아ː무렇다[-러타] [아무러니·아무래] 형ㅎ 〈아무러하다〉의 준말. ¶ 아무렇지도 않다. * 아ː무래·아ː무렇소[-러쏘]

아ː무려나 감 아무렇게나 하려거든 하라고 승낙하는 말. ¶ 아무려나, 너 좋을 대로 해라.

아ː무려니 감 아무리 하기로. 설마. ¶ 아무려니, 그 사람이 그랬을라고.

아ː무려면 감 말할 것도 없이 마땅히 그렇다는 뜻을 나타내는 말. ¶ 아무려면, 그렇고말고. 준아무렴·암². 참아무러면.

아ː무렴 감 〈아무려면〉의 준말. ¶ 아무렴, 좋고 말고.

아ː무리¹ 부 《주로 연결 어미 '-아도(어도)'가 붙은 동사와 함께 쓰이어》 어떻게 하여도. 암만 하여도. ¶ 아무리 타일러도 말을 듣지 않는다. /아무리 바빠도 이번 주말에는 꼭 면회를 가마.
아무리 바빠도 바늘허리 매어 쓰지는 못한다 속담 아무리 바쁘더라도 갖추어야 할 것은 갖추어서 해야 한다는 말.

아ː무리² 감 결코 그럴 리가 없다는 뜻으로 하는 말. ¶ 아무리, 그가 그런 짓을 했을라고.

아ː무-아무 Ⅰ 대 한 사람 이상을 지정하지 않고 이를 때 쓰는 말. ¶ 선생님께서는 아무아무를 교무실로 부르셨다.
Ⅱ 관 어떤 사물을 꼭 무엇이라고 지정하지 않고 이를 때 쓰는 말. ¶ 영수가 아무아무 데에 다닌단다.

아ː무-짝 명 '어떤 데'·'어느 곳'의 뜻을 나타냄. 《주로, '아무짝에도'의 꼴로 쓰임.》 ¶ 아무짝에도 못 쓰겠다.

아ː무-쪼록 부 될 수 있는 대로. 모쪼록. ¶ 아무쪼록 빨리 쾌차하시기 바랍니다.

아ː무튼 부 ☞어떻든. ¶ 아무튼, 참 별난 사람이다. 준암튼.

아ː무튼지 Ⅰ 부 ☞어떻든지.
Ⅱ 준 '아무러하든지'가 줄어든 말.

아ː문(亞門) 명 생물 분류상의 한 단계. 필요에 따라 문(門)과 강(綱)의 사이에 둠.

아문(衙門) 명 왕조 때, 상급의 관아나 관원들이 정무를 보는 곳을 통틀어 이르던 말.

아물-거리다 자 자꾸 아물아물하다. 아물대다. ¶ 멀리 수평선에 고깃배가 아물거리다.

아물다[아무니·아물어] 자 부스럼이나 다친 살가죽이 다 나아서 맞붙다. ¶ 상처가 아물다.

아물-대다 자 아물거리다.

아물-리다 타 ①〖'아물다'의 사동〗 부스럼이나 다친 살가죽에 새살이 나와 맞붙게 하다. ¶ 상처를 잘 아물려야 흉터가 안 생긴다. ②(이리저리 벌어진) 일이 잘되도록 어우르다. ¶ 사건을 원만히 아물리다. ③셈을 끝막다.

아물-아물 부하자 ①작은 것이 보일 듯 말 듯 하면서 자꾸 움직이는 모양. ¶ 아물아물 아지랑이가 피어오르다. ②말이나 태도 등을 분명히 나타내지 않고 꼬물거리는 모양. ¶ 말끝을 아물아물 흐리지 마라. ③정신이 자꾸 희미해지는 모양.

아뭏든 부 '아무튼'의 잘못.

아뭏든지 부 '아무튼지'의 잘못.

아미(蛾眉) 명 〔누에나방의 눈썹(촉각)처럼〕 '아름다운 미인의 눈썹'을 이르는 말.
아미를 숙이다 관용 여자가 머리를 다소곳이 숙이는 모습을 아름답게 표현한 말.

아미노-산(amino酸) 명 단백질을 가수 분해 하여 만든 유기 화합물. 물에 잘 녹는 무색의 결정.

아미노산^간장(amino酸-醬) 명 콩깻묵 등 단백질이 많은 원료를 염산 따위로 화학적으로 분해하여 산을 만든 다음, 여러 가지 처리를 거쳐서 만든 간장.

아미노피린(aminopyrine) 명 진통·해열제의 한 가지. 냄새도 빛깔도 없는 하얀 결정.

아미-월(蛾眉月) 명 〔여인의 예쁜 눈썹 같은 달이라는 뜻으로〕 '음력 초사흗날의 달'을 이르는 말. 비초승달.

아미타 (阿彌陀←amitābha 범) 명 서방 정토의 극락세계에 있다는 부처의 이름. 모든 중생을 구제한다는 큰 서원(誓願)을 세운 부처로서, 이 부처를 믿고 염불하면 죽은 뒤에 곧 극락정토에 태어나게 된다고 함. 서방주(西方主). 아미타불. 아미타여래. 준미타.

아미타-경 (阿彌陀經) 명 정토 삼부경(淨土三部經)의 하나. 아미타가 있는 극락정토의 장엄함을 예찬하고, 아미타불을 외어 극락정토에 왕생하기를 권한 경전.

아미타-불 (阿彌陀佛) 명 ☞아미타. 준미타불.

아미타^삼존 (阿彌陀三尊) 명 아미타불과 좌우의 협시(脇侍)인 관세음보살과 대세지보살을 아울러 일컫는 말. 미타 삼존.

아미타-여래 (阿彌陀如來) 명 ☞아미타.

아민 (amine) 명 암모니아 속의 수소 원자를 탄화수소기(炭化水素基)로 치환한 화합물을 통틀어 이르는 말.

아밀라아제 (Amylase 독) 명 ☞디아스타아제.

아밀로오스 (amylose) 명 전분의 주성분인 다당류(多糖類)의 한 가지. 천연 전분에 20~35%가 들어 있는데, 요오드에 대하여 청자색으로 반응함.

아밀로펙틴 (amylopectin) 명 전분의 주성분인 다당류(多糖類)의 한 가지. 천연 전분의 약 80%를 차지하며, 요오드에 대하여는 붉은빛으로 반응함.

아밀롭신 (amylopsin) 명 소화 효소의 한 가지. 췌장에서 분비되어 전분을 맥아당으로 분해함.

아ᄆᆞ례 부 〈옛〉 아무렇게. ¶ 付囑ᄋᆞᆫ 말씀 브텨 아ᄆᆞ례 ᄒᆞ고라 請ᄒᆞᆯ씨라(釋譜*6:46*).

아ᄆᆞ리 부 〈옛〉 아무렇게. ¶ 則은 아ᄆᆞ리 ᄒᆞ면 ᄒᆞ논 겨체 ᄡᅳ논 字ㅣ라(訓諺). 참아ᄆᆞ례.

아바님 명 〈옛〉 아버님. ¶ 아바님도 어이어신 마ᄅᆞᄂᆞᆫ(樂詞.思母曲).

아바-마마 (-媽媽) 명 임금이나 임금의 아들딸이 그 '아버지'를 일컫던 말.

아바타 (avatar) 명 〔'분신'·'화신(化神)'을 뜻하는 말로〕 사이버 공간에서 사용자가 자신의 역할을 대신하는 존재로 활용하는 애니메이션 캐릭터.

아반 (兒斑) 명 ☞몽고반(蒙古斑).

아ː방 (我方) 명 우리 쪽. 우리 편.

아ː방 (我邦) 명 우리나라. 아국(我國).

아방 (兒房) 명 조선 시대에, 대궐을 지키는 장수가 이따금 묵던 곳.

아ː방 (亞房) 명 조선 시대에, 관아의 사령(使令)이 있던 처소.

아방가르드 (avant-garde 프) 명 〔'전위대(前衛隊)'라는 뜻으로〕 제1차 세계 대전 무렵부터 기성 예술과 전통을 부정하고 나선 다다이즘이나 초현실주의 등의 전위적인 예술 운동을 통틀어 이르는 말. 전위파(前衛派).

아방게ː르 (avant-guerre 프) 명 제2차 세계 대전 전(前)의 사상, 생활 태도, 가치관 등을 가진 사람. 전전파(戰前派). ↔아프레게르.

아방-궁 (阿房宮) 명 ①중국의 진시황(秦始皇)이 위수(渭水)의 남쪽에 지은 궁전. ②'광대하고 으리으리하게 지은 집'을 비유하여 이르는 말.

아방-나찰 (阿房羅刹←Avorkasa 범) 명 불교에서 이르는, 지옥에서 죄인을 괴롭히는 옥졸. 머리는 소, 몸은 사람의 모양을 하고 있으며, 힘이 몹시 세어 산도 들어 올릴 수 있다고 함.

아배 (兒輩) 명 ①아이들. ②'유치한 자'라는 뜻으로, 남을 얕잡아 이르는 말.

아ː배 (我輩) 대 우리들. 오등(吾等).

아버-님 명 〈아버지〉의 높임말.

아버지 명 ①자기를 낳은 어머니의 남편. 높가존(家尊)·아버님·부친. 낮아범·아비. ②자기의 '양아버지'·'의붓아버지'·'수양아버지'를 이르는 말. ③기독교에서, '하나님'을 이르는 말. 천부(天父). ④'어떤 일을 처음 이루거나 완성한 사람'을 비유하여 이르는 말. ¶ 음악의 아버지.

아버지 종도 내 종만 못하다 속담 남의 것은 아무리 좋아도 나 자신을 위한 실속이 못 되므로, 보잘것없는 나의 소유가 낫다는 말.

아범 명 ①〈아버지〉의 낮춤말. ②지난날, 늙은 남자 하인을 대접하여 일컫던 말. ③윗사람이 자식 있는 손아래 남자를 일컫는 말. ¶ 어멈, 아범은 어디를 갔느냐? ④윗사람에게 자기의 '남편'을 낮추어 일컫는 말. ¶ 어머님, 오늘 아범이 좀 늦는답니다. ↔어멈.

아베^마리아 (Ave Maria 라) 명 ①가톨릭에서, 성모 마리아를 축복·찬미하여 '마리아에게 영광이 있기를' 하고 기도하는 말. ②성모 마리아를 축복·찬미하는 가곡.

아베스타 (Avestā) 명 조로아스터교의 성전(聖典). 기도문·송가(頌歌)·신화·율법 따위를 모은 것.

아베크-족 (avec族) 명 함께 행동하는 한 쌍의 젊은 남녀. 특히, 연인 관계에 있는 한 쌍의 남녀를 이름.

아벨 (Abel) 명 아담과 이브의 둘째 아들. 형인 카인에게 맞아 죽음.

아ː보 (雅步) 명 우아하고 점잖은 걸음걸이.

아보가드로-수 (Avogadro數) 명 물질 1g 분자 속에 들어 있는 분자 수, 또는 1g 원자 속에 들어 있는 원자 수. 물질의 종류에 관계없이 일정함. 몰 분자수.

아부 (阿附) 명하자 남의 환심을 사기 위하여 알랑거리며 붙좇음. 아첨(阿諂). ¶ 아부 근성. / 윗사람에게 아부하다.

아ː부-악 (雅部樂) 명 ☞아악(雅樂).

아부용 (阿芙蓉) 명 ☞양귀비꽃.

아불리가 (阿弗利加) 명 '아프리카(Africa)'의 한자음 표기.

아불식초 (鵝不食草) [-씩-] 명 ☞피막이풀.

아빅 명 〈옛〉 아비의. 〔'아비'의 관형격형.〕 ¶ 어와 아빅 즈이여 處容 아빅 즈이여(樂範.處容歌). 참아비.

아비 명 ①〈아버지〉의 낮춤말. ②아이를 낳은 후, 며느리가 시부모 앞에서 자기 '남편'을 이르는 말. ¶ 아비는 오늘도 일 때문에 못 올 것 같다는군요. 참아범.

아비 명 〈옛〉 아버지. ¶ 父는 아비오(月釋序*14*).

아비 (阿比) 명 아비과의 바닷새. 크기는 갈매기만 하며, 등은 회갈색인데 작은 백색 반점이 많으며 발에는 물갈퀴가 있음. 여름에는 북극 부근에서 번식하고, 겨울에는 해양에서 떼 지어 지냄. 고기 떼를 보고 모여드는 습성이 있어서 어업에 유익함.

아비 (衙婢) 명 조선 시대에, 수령이 사사로이 부리던 계집종. ↔아노(衙奴).

아비-규환 (阿鼻叫喚) 명 〔불교에서 말하는 가장 고통스러운 아비지옥에서 울부짖음과 같이〕 '참혹한 고통 가운데서 살려 달라고 울부짖는 상태'를 이르는 말.

아비-부 (-父) 명 한자 부수의 한 가지. '爸'·'爹'·'爺' 등에서의 '父'의 이름. 아비부밑.

아비부-밑(—父—)[—믿]명 ☞아비부. ＊아비부밑이[—미치]·아비부밑을[—미틀]·아비부밑만[—민—]

아ː-비산(亞砒酸)명 ①삼산화비소(三酸化砒素)의 수용액에 들어 있는 약산(弱酸). ②'삼산화비소'를 흔히 이르는 말. 맛과 냄새가 없는 흰빛깔의 독약이며, 공업용·의약용 등으로 쓰임.

아비-지옥(阿鼻地獄←avicir mahānarakah 범)명 불교에서 이르는 팔대 지옥의 하나. 오역(五逆)의 죄를 저지른 자가 떨어져 끊임없이 고통을 받는다고 함. 무간지옥(無間地獄).

아빙명 〈옛〉 아버지의. 〔'아비'의 관형격형〕 ¶ 아빙 버들 恭敬ᄒᆞ야(杜初19:43). /아ᄃᆞ리 아빙 쳔랴 믈려 가쥬미 ᄀᆞᆮᄒᆞᆯ씨(釋譜13:18).

아빠명 '아버지'의 어린이 말.

아뿔싸감 미처 생각지 못했던 것을 깨닫고 뉘우칠 때 내는 소리. ¶ 아뿔싸, 길을 잘못 들었군. 큰어뿔싸. 거하뿔싸.

아ː사(雅士)명 고상하고 깨끗한 선비.

아ː사(雅事)명 고상하고 운치 있는 일.

아ː사(餓死)명하자 굶어 죽음. 기사(飢死). ¶ 아사 직전에 구출되다.

아사달(阿斯達)명 단군 조선 개국 때의 국도(國都). 평양 부근의 백악산(白岳山)이라고도 하고, 황해도 구월산(九月山)이라고도 함.

아사리(阿闍梨←ācārya 범)명 불교(佛敎)에서, 제자(弟子)를 가르칠 만한 덕을 갖춘 중을 이르는 말.

아사이(assai 이)명 악보에서, 다른 나타냄말에 덧붙여 쓰이는 말. '매우'의 뜻. 〔알레그로 아사이(allegro assai; 매우 빠르게) 따위.〕

아ː사-자(餓死者)명 굶어서 죽은 사람.

아ː사지경(餓死之境)명 오랫동안 굶어서 죽게 된 형편. ¶ 아사지경에 놓인 난민들.

아삭부하자타 싱싱하고 연한 과일이나 채소 따위를 단번에 깨무는 소리. 큰어석. 센아싹. 아삭-아삭부하자타 ¶ 사과를 아삭아삭 씹어 먹다.

아삭-거리다[—꺼—]자타 자꾸 아삭아삭하다. 아삭대다. 큰어석거리다.

아삭-대다[—때—]자타 아삭거리다.

아ː산화-질소(亞酸化窒素)[—쏘]명 질산암모늄을 열분해하여 얻는, 단맛과 향기가 있는 무색 투명한 기체. 마취제·방부제 등으로 쓰임.

아ː살(餓殺)명하타 굶기어 죽임.

아삼륙(←二三六)[—뉵]명 ①골패의 '쌍진아'·'쌍장삼'·'쌍준륙'의 세 쌍. 〔'쌍비연(雙飛燕)'이라 하여 끗수를 세 곱으로 침.〕 ②'서로 잘 맞는 짝', '단짝'을 비유하여 이르는 말.

아ː상(我相)명 불교에서, 자아(自我)를 실체로 보고 고집하는 생각을 이름.

아생(芽生)명하자 ☞발아(發芽).

아생-법(芽生法)[—뻡]명 ☞출아법(出芽法).

아생^생식(芽生生殖)명 ☞출아법(出芽法).

아서감 〈아서라〉의 준말. ¶ 아서, 뜨겁다.

-아서어미 어미 '-아'와 보조사 '서'가 합쳐서 된 말. 끝 음절이 양성 모음(ㅏ·ㅗ)으로 된 용언의 어간에 붙어서, 까닭이나 시간의 선후 관계를 나타내는 종속적 연결 어미. ¶ 고기를 잡아서 구워 먹었다. /산이 너무 높아서 오를 엄두가 안 난다. 참-어서.

아서라감 〔해라할 자리에〕 그렇게 하지 말라고 금하는 말. ¶ 아서라, 그러다가 다칠라. /아서라, 그러지 마라. 준아서.

아선-약(阿仙藥)[—냑]명 인도산 콩과 식물의 즙액을 졸이어 덩이로 만든, 갈색 또는 암갈색의 생약. 수렴제·지혈제·무두질약 등으로 쓰임. 백약전(百藥煎).

아성(牙城)명 ①성곽의 중심부. ②큰 조직이나 단체 등의 '중심되는 곳'을 비유하여 이르는 말. ¶ 보수 세력의 아성을 무너뜨리다.

아성(兒聲)명 ①어린아이의 목소리. ②유치하고 철없는 말.

아ː성(亞聖)명 ①성인(聖人)에 버금가는 사람. ②유교에서, 공자에 버금가는 사람이라는 뜻으로 '맹자'를 이르는 말.

아ː-성층권(亞成層圈)[—꿘]명 지상으로부터 8000 m에서 1만 2000 m의 성층권까지의 사이에 있는 대기의 층.

아세(阿世)명하자 세상 형편에 붙좇음. 세상 사람들에게 아첨함.

아ː세(亞歲)명 '동지(冬至)'를 달리 이르는 말.

아세나프텐(acenaphthene)명 방향족 탄화수소의 한 가지. 콜타르 속에 들어 있는 무색의 결정. 염료의 합성 원료, 살균제 등으로 쓰임.

아세아(亞細亞)명 '아시아'의 한자음 표기.

아세아-주(亞細亞洲)명 아시아 주. 준아주(亞洲).

아세테이트(acetate)명 ☞아세틸셀룰로오스.

아세테이트^견사(acetate絹絲)명 ☞아세테이트 인견.

아세테이트^인견(acetate人絹)명 아세틸셀룰로오스를 원료로 하여 만든 화학 섬유. 탄력성·광택·촉감 등이 좋고 내수성이 있음. 아세테이트 견사. 아세틸 인조 견사. 초산 견사.

아세톤(acetone)명 아세트산을 건류하여 만든, 무색의 휘발성 액체. 수지(樹脂)·지방·염료 등을 녹이는 데 쓰임.

아세트-산(←acetic酸)명 지방산(脂肪酸)의 한 가지. 자극적이고 강한 냄새와 신맛을 내는 무색 액체. 13~16℃에서 결정을 이루어 빙초산이 될 수 있음. 식초나 용제·염색·아스피린·아세톤 따위의 원료로 쓰임. 초산. 참빙초산.

아세트산-구리(←acetic酸—)명 산화동이나 염기성 탄산동을 아세트산에 녹인 용액으로부터 분리해 낸 암녹색의 결정. 살충제나 의약제로 쓰임. 초산동.

아세트산-균(←acetic酸菌)명 간균과(杆菌科)에 딸린 세균의 한 가지. 몸 안에 있는 효소의 작용으로 알코올을 산화시켜 아세트산을 만드는 성질이 있으며, 주류(酒類)를 썩게 하는 유해균임. 〔초는 이 세균에 의해 생산됨.〕 초산균.

아세트산-납(←acetic酸—)명 산화납을 묽은 아세트산에 녹여서 얻은 물질. 의약이나 염색에 쓰임. 연당(鉛糖). 초산납. 초산연(醋酸鉛).

아세트산^발효(←acetic酸醱酵)명 아세트산균이 알코올을 산화시켜 아세트산으로 만드는 작용. 초산 발효(醋酸醱酵).

아세트산^비닐(←acetic酸vinyl)명 빙초산을 주 원료로 하여 생산되는 비닐계의 유기 화합물. 아세트산 비닐 수지의 원료임. 초산 비닐.

아세트산^비닐^수지(←acetic酸vinyl樹脂)명 아세트산 비닐을 유화(乳化) 중합시켜 얻는 합성수지의 한 가지. 무색투명함. 종이나 가죽의 코팅, 비닐론 합성 섬유, 접착제 따위 광범위한 화공 제품의 원료가 됨.

아세트산-에스테르(←acetic酸ester)명 아세트산과 알코올의 화합물을 통틀어 이르는 말. 대부분 방향(芳香)이 있는 액체로서, 흔히 과일 따위에 함유되어 있음. 용매(溶媒)·래커 용제·정유 및 인공 향료로서 청량음료 따위에 쓰임. 초산에스테르.

아세트산-칼슘 (←acetic酸calcium) 명 목재를 건류하여 아세트산을 분리할 때 중간물로 생기는 흰빛의 결정물. 공기 속에서 중화되며, 건류하여 아세톤을 만드는 데 쓰임. 초산칼슘. 참초산석회.

아세트-아닐리드 (acetanilide) 명 아닐린과 빙초산을 증류하여 만든 무색의 결정. 안료·염료·의약품의 합성 원료이며 해열제로 쓰임.

아세틸렌 (acetylene) 명 탄화수소의 한 가지. 무색의 유독성 기체로 카바이드에 물을 섞어 만듦. 등화용, 용접용, 화학 공업의 원료 따위로 쓰임.

아세틸렌-등 (acetylene燈) 명 아세틸렌 가스를 이용하여 불을 켜는 등.

아세틸렌^용ː접 (acetylene鎔接) 명 아세틸렌 가스와 산소의 혼합 기체가 탈 때 생기는 고온의 불꽃을 이용하는 용접 방법.

아세틸살리실-산 (←acetylsalicylic酸) 명 살리실산을 무수 아세트산으로 아세틸화하여 만든, 냄새가 없는 하얀 결정. 해열·진통제로 쓰임. 〔상품명은 아스피린임.〕

아세틸-셀룰로오스 (acetyl cellulose) 명 셀룰로오스 분자 중의 수산기(水酸基)를 아세틸화한 것. 아세테이트 인견, 내열 필름, 플라스틱 제품 등에 쓰임. 아세테이트. 초산 섬유소.

아세틸^인조^견사 (acetyl人造絹絲) 명 ☞아세테이트 인견.

아셈 (ASEM) 명 아시아와 유럽 간의 정치·경제·사회·문화 등 제반 분야의 협력을 도모하기 위한 회의. 1996년 3월 발족됨. [Asia Europe Meeting]

아소 감 〈옛〉 아서라. 마시오. 마오. ¶ 아소 님하 어마님ᄀᆞ티 괴시리 업세라(樂詞.思母曲).

아ː속 (雅俗) 명 품위 있는 것과 속된 것.

아속 (衙屬) 명 ☞아례(衙隷).

아손 (兒孫) 명 자기의 아들과 손자, 곧 '자손(子孫)'을 이르는 말.

아수라 (阿修羅←asura 범) 명 불교에서 이르는, 싸움을 일삼는 나쁜 귀신. 팔부중의 하나임. 준수라(修羅).

아수라-도 (阿修羅道) 명 불교에서 이르는 지옥의 하나. 아수라가 살며, 늘 싸움이 그치지 않는 세계. 생전에 교만심과 시기심이 많던 사람이 간다고 함.

아수라-왕 (阿修羅王) 명 아수라의 우두머리. 정법(正法)을 없애려고 늘 제석(帝釋)과 싸운다는 나쁜 귀신.

아수라-장 (阿修羅場) 명 ☞수라장. ¶ 아수라장이 된 교통사고 현장.

아수룩-하다 [-루카-] 형여 ①행동이 약빠르지 아니하고 숫되다. ¶ 아수룩한 농촌 총각. ②되바라지지 않고 좀 어리석은 데가 있다. ¶ 아수룩해서 곧잘 속는다. 큰어수룩하다.

아순 (雅馴) '아순하다'의 어근.

아ː순-하다 (雅馴-) 형여 문장의 자구(字句)가 올바르고 온당하다.

아쉬워-하다 타여 ①무엇이 없거나 모자라서 군색스럽게 여기다. ¶ 돈을 아쉬워하다. ②뜻대로 되지 않아 불만스럽거나 유감스럽게 여기다. ③미련이 남아 서운하게 여기다. ¶ 이별을 아쉬워하다.

아쉽다 [-따] [아쉬우니·아쉬워] 형ㅂ ①무엇이 없거나 모자라서 군색스럽다. ¶ 돈이 아쉽다. ②뜻대로 안 되어 불만스럽거나 유감스럽다. ¶ 그렇게 끝내다니… 아무래도 아쉽군요. ③아깝고 서운하다. ¶ 정든 집을 팔려고 하니 너무 아쉽다.

아쉬운 대로 관용 만족스럽지는 않지만 그냥 그대로. ¶ 그래도 아쉬운 대로 쓸 만하니 다시 살 것 없다.

아쉬운 소리 관용 남에게 꾸거나 달라고 군색스럽게 사정하는 말. ¶ 떵떵거리던 자네가 어쩌다가 아쉬운 소리를 하게 되었는가.

아스라-하다 형여 ①아슬아슬하게 높거나 까마득하게 멀다. ¶ 아스라한 수평선. ②(기억 따위가) 희미하고 어렴풋하다. ¶ 어린 시절의 고향 풍경이 아스라하다. 준아스랗다. **아스라-이** 부 ¶ 아스라이 바라다보이는 수평선의 배.

아스랗다 [-라타] [아스라니·아스래] 형ㅎ 〈아스라하다〉의 준말.

아스러-뜨리다 타 작고 단단한 물체를 으깨어서 부스러지게 하다. 아스러트리다. 큰으스러뜨리다.

아스러-지다 자 ①작고 단단한 물체가 비교적 센 힘에 짓눌리어서 부서지다. ②살이 터지거나 벗어지다. ¶ 무릎이 아스러지다. 큰으스러지다.

아스러-트리다 타 아스러뜨리다. 큰으스러트리다.

아스베스토스 (asbestos) 명 돌솜.

아스스 부하형 차고 싫은 기운이 몸에 사르르 돌면서 소름이 끼칠 정도로 약간 추운 모양. ¶ 몸살이 나려는지 온몸이 아스스 떨린다. 큰으스스. 참오스스.

아스코르브-산 (←ascorbic酸) 명 ☞비타민 시(vitamin C).

아스키ː (ASCII) 명 미국의 컴퓨터 정보 교환용 표준 코드. 7비트로 구성되었으며, 현재 범세계적 코드로 통용됨. [American Standard Code for Information Interchange]

아스타일 (astile) 명 석유 아스팔트·석면·합성수지·안료 등을 가열 혼합하여 얇은 판자 모양으로 만든 건축 재료. 바닥에 까는 재료로 쓰임.

아스타틴 (astatine) 명 방사성 원소의 한 가지. 비스무트를 헬륨 이온으로 충격을 주어서 만듦. 〔At/85/210〕

아스테로이드-호 (asteroid弧) 명 어떤 일정한 원에 그 원의 4분의 1의 반지름을 가진 원이 내접하여 떨어지지 않고 굴러 갈 때, 그 원주상의 한 정점이 그리는 곡선.

아스트라한 (astrakhan 러) 명 러시아의 아스트라한 지방에서 나는, 갓 태어난 새끼 양의 털가죽, 또는 그것을 본떠서 짠 두꺼운 모직물.

아스트롤라븀 (astrolabium 라) 명 휴대용 고도측정기(高度測定器).

아스트린젠트 (astringent) 명 수렴성(收斂性)이 있는 산성 화장수.

아스파라거스 (asparagus) 명 백합과의 다년초. 유럽 원산의 재배 식물. 원줄기는 높이 1.5 m 가량. 잎은 퇴화하여 비늘 모양이 되고, 가는 가지가 퍼져 마치 잎처럼 보임. 초여름에 황록색 꽃이 피며, 열매는 둥글고 붉게 익음. 채소로 먹는 품종과 관상용 품종이 있음.

아스파라긴 (asparagine) 명 아미노산의 한 가지. 아스파라거스나 식물의 싹에 많이 들어 있는데, 분해하면 아스파르트산이 됨.

아스파라긴-산 (asparagine酸) 명 ☞아스파르트산.

아스파르트-산 (←aspartic酸) 명 아미노산의 한 가지. 동식물의 단백질에 들어 있는데, 생체의 물질 대사에 중요한 구실을 함. 아스파라긴산.

아스팍(ASPAC) 명 아시아 태평양 이사회. [Asian and Pacific Council]
아스팔트(asphalt) 명 석유 속에 들어 있는 고체 또는 반고체의 탄화수소. 점착력·방수성·전기 절연성이 강하여 도로 포장·건축 재료·전기 절연 등에 쓰임. 지역청(地瀝靑). 토역청(土瀝靑). 피치. ¶ 아스팔트 도로.
아스팔트^콘크리ː트(asphalt concrete) 명 도로 포장 재료의 한 가지. 아스팔트를 녹인 것에 모래·자갈 등을 섞은 것.
아스팔트^포장(asphalt鋪裝) 명 땅바닥에 자갈을 깔고 다진 다음 아스팔트를 붓고 판판하게 늘여 다지는 일, 또는 그렇게 한 포장.
아스피린(aspirin) 명 '아세틸살리실산'의 상품명.
아스피테(Aspite 독) 명 순상 화산(楯狀火山).
아슥-아슥 부 하형 여러 개가 모두 한쪽으로 조금씩 비뚤어져 있는 모양. 큰 어슥어슥.
아슬랑-거리다 자타 자꾸 아슬랑아슬랑하다. 아슬랑대다. ¶ 다 큰 처녀 아이가 어디를 그렇게 아슬랑거리고 다니느냐? 큰 어슬렁거리다.
아슬랑-대다 자타 아슬랑거리다.
아슬랑-아슬랑 부 하자타 몸집이 작은 사람이나 작은 짐승이 슬렁슬렁 걸어다니는 모양. ¶ 고양이가 이 방 저 방으로 아슬랑아슬랑 돌아다닌다. 큰 어슬렁어슬렁.
아슬-아슬 부 하형 ①(감기나 몸살 따위로) 몸에 소름이 아스스 끼칠 듯이 추위가 느껴지는 모양. ¶ 아슬아슬 한기가 들다. 큰 으슬으슬. 참 오슬오슬. ②위태로워서 몸에 소름이 끼치도록 두려운 상태. ¶ 외줄을 타는 아슬아슬한 묘기. ③근심스러운 고비를 맞아 조마조마한 상태. ¶ 당락이 판가름 나는 아슬아슬한 순간.
아슴푸레 부 하형 ①기억에 또렷이 떠오르지 않고 몹시 흐리마리한 모양. ¶ 아슴푸레하게 떠오르는 모습. ②또렷이 보이거나 들리지 않고 희미한 모양. ¶ 멀리 남산 타워가 아슴푸레하게 보인다. ③빛이 약해 좀 어둑한 모양. 큰 어슴푸레.
아습 명 말이나 소의 '아홉 살'을 뜻하는 말.
아승기(阿僧祇←asamkhya 범) 명 불교에서 이르는, 셀 수 없이 많은 수, 또는 그런 시간. 준 승기.
아승기(阿僧祇) 수관 항하사(恒河沙)의 1만 배, 나유타(那由他)의 1만분의 1이 되는 수(의). 곧, 10^{56}.
아승기-겁(阿僧祇劫←asamkhyeyaih kalpair 범) 명 ☞무량겁(無量劫).
-아시놀 어미 〈옛〉-시거늘. ¶ 옷과 마리롤 路中에 펴아시놀(月釋1:4).
아시도시스(acidosis) 명 산독증(酸毒症).
-아시든 어미 〈옛〉-시거든. -시면. ¶ 사루몰보아시든 몬져 말ᄒᆞ시며(月釋2:58).
아시아(Asia) 명 육대주의 하나. 동반구의 북부에 위치하며 서쪽은 유럽과 이어짐. 세계 육지의 3분의 1을 차지함. 아시아 주.
아시아-달러(Asia-dollar) 명 싱가포르의 은행에 외국인이 예탁해 놓은 미화(美貨) 예금. 참 유러달러(Eurodollar).
아시아 주(Asia洲) ☞아시아.
아시아^태평양^경제^협력체(Asia太平洋經濟協力體) [-냥-협녁-] 명 한국·미국·일본·캐나다·오스트레일리아·뉴질랜드와 동남아시아 국가 연합(ASEAN) 6개국 등 12개국이 환태평양 지역의 경제 협력과 무역 증진을 위하여 결성한 국제 기구. 에이펙(APEC).
아싹 부 하자타 〈아삭〉의 센말. 큰 어썩.
아쓱 부 하형 (무섭거나 찬 기운을 느낄 때) 갑자기 몸이 옴츠러드는 모양. ¶ 싸늘한 바람에 몸이 아쓱했다. 큰 으쓱2.
아ː씨 명 지난날, 양반의 '젊은 부인(夫人)'을 그 하인들이 부르던 말. 한자를 빌려 '阿氏'로 적기도 함.
아사 타 〈옛〉〔'앗다'의 활용형〕 빼앗아. ¶ ᄂᆞ미 지손 거슬 아사 제 즐기ᄂᆞ니(月釋1:32).
아ᅀᅵ 명 〈옛〉 애벌. ¶ 아ᅀᅵ 삘 분:饙(訓蒙下12).
아ᅀᆞ(앐이·앐올) 명 〈옛〉 아우. ¶ 나라ᄒᆞᆯ 아ᅀᆞ 맛디시고(月釋1:5)/아ᅀᆞ 뎨:弟(訓蒙上32).
아ᅀᆞ누의 명 〈옛〉 누이동생. ¶ 아ᅀᆞ누의 미:妹(訓蒙上32). /妹ᄂᆞᆫ 아ᅀᆞ누의라(月釋26:162).
아ᅀᆞ라히 부 〈옛〉 아스라이. 까마득히. ¶ 녯 프른 시우글 아ᅀᆞ라히 ᄉᆞ랑ᄒᆞ노라(杜初15:28). /앒의 사라슈믈 아ᅀᆞ라히 둧노라(杜初8:35).
아ᅀᆞ라ᄒᆞ다 형 〈옛〉 아스라하다. 까마득하다. ¶ 消息은 둘히 다 아ᅀᆞ라ᄒᆞ더라(杜初23:23). /내콰 두듥괘 어즈러이 아ᅀᆞ라ᄒᆞ얫도다(杜初6:18).
아ᅀᆞᄅᆞ외다 형 〈옛〉 공손하다. ¶ 나히 ᄒᆞ마 늘그면 비록 아ᅀᆞᄅᆞ외오져 ᄒᆞᆫ돌 누를 爲ᄒᆞ야 아ᅀᆞᄅᆞ외리오(內訓3:42).
아ᅀᆞ아ᄃᆞᆯ 명 〈옛〉 작은아들. ¶ 白飯王ㅅ 몯아ᄃᆞ른 調達이오 아ᅀᆞ아ᄃᆞ른 阿難이라(月釋2:1).
아ᅀᆞ아자비 명 〈옛〉 작은아버지. ¶ 아ᅀᆞ아자비 슉:叔(訓蒙上31).
아ᅀᆞᆷ 명 〈옛〉 겨레. 친족. 친척. ¶ 戚은 아ᅀᆞ미오(月釋序24). /婚姻 위ᄒᆞ야 아ᅀᆞ미 오나둔 이바도려 ᄒᆞ노닛가(釋譜6:16). 참 결에.
아-아 감 기쁨·놀람·슬픔·한탄 등의 감정을 나타내는 말. ¶ 아아, 정말 기쁘다. /아아, 이런 엄청난 일이 벌어질 줄이야.
아아(峨峨) '아아하다'의 어근.
아아-하다(峨峨-) 형여 산이나 큰 바위 같은 것이 뾰죽뾰죽하게 치솟아 있다. **아아-히** 부.
아ː악(雅樂) 명 ①지난날, 궁중에서 연주되던 전통 음악으로, 향악(鄕樂)과 당악(唐樂)에 상대하여 이르는 말. 아부악(雅部樂). ②민속악에 상대하여 궁중 음악을 이르는 말. 참 속악.
아ː악-기(雅樂器) [-끼] 명 아악에 쓰이는 악기.
아ː악-보(雅樂譜) [-뽀] 명 아악의 악보(곡보).
아ː악-서(雅樂署) [-써] 명 고려·조선 시대에, 아악에 관한 일을 맡아보던 관아.
아압(鵝鴨) 명 거위와 오리.
아야 감 ①아파서 내는 소리. ②무슨 일이 그릇되었을 때 무심코 하는 말. ¶ 아야, 일이 잘못 되었구나.
-아야 어미 끝 음절이 양성 모음(ㅏ·ㅗ)으로 된 어간에 붙는 종속적 연결 어미. ①뒷말에 대한 필수 조건임을 나타냄. ¶ 보아야 알지. /물고기는 물이 맑아야 모이고 사람은 품성이 어질어야 모인다. ②가정한 것이 결국에는 아무 소용이 없음을 뜻함. ¶ 아무리 좋아야 그림의 떡. 참 -어야.
아야라 부 〈옛〉 겨우. ¶ 아야라 ᄒᆞᆫ 盞ᄋᆞᆯ 기우리면 곳 사ᄅᆞ미 醉ᄒᆞᄂᆞ니라(杜初3:32).
아야로시 부 〈옛〉 겨우. ¶ 니븐 누비오시 아야로시 무루페 디날만 ᄒᆞ도다(杜重1:5).
-아야만 어미 '-아야'의 힘줌말. ¶ 품질이 좋아야만 잘 팔린다.
-아야지 어미 '-아야 하지'가 줄어서 된 말. 끝 음절이 양성 모음(ㅏ·ㅗ)으로 된 어간에 붙어, 그렇게 함이 당연하다는 뜻을 나타내는 종결 어미. ¶ 은혜는 갚아야지. /사람은 겪어 보아야지. 참 -어야지.

아약(兒弱)명 아직 뼈가 굳지 않은 어린아이들.

아얌명 지난날, 부녀자들이 겨울에 나들이할 때 추위를 막기 위하여 머리에 쓰던 쓰개. 좌우에는 털을 대고 위는 터졌으며 뒤에는 넓고 긴 아얌드림이 달렸음. 액엄(額掩).

아얌-드림명 아얌 뒤에 달린, 넓고 길게 늘어뜨린 비단.

아양명 (주로 여자나 아이가) 귀염을 받으려고 일부러 하는 애교 있는 말이나 몸짓. ¶ 아양을 떨다./아양을 부리다./딸이 이제 네 살이라니 한창 아양을 피울 때로군.

아양-스럽다[-따][~스러우니·~스러워]형ㅂ 아양을 부리는 태도가 있다. **아양스레**부

아양-피(兒羊皮)명 새끼 양의 가죽.

아:어(雅語)명 우아한 말. 바르고 좋은 말. 아언(雅言). ↔속어(俗語).

아:언(雅言)명 ☞아어(雅語).

아:언-각비(雅言覺非)[-삐]명 조선 정조 때에, 실학자 정약용(丁若鏞)이 지은 어원(語源) 연구서. 3권 1책.

아여타 〈옛〉 빼앗기어. ¶ 넉슬 아여 쁨쁘믈 조조호다(杜重2:57). 참아이다.

아역(兒役)명 (영화나 연극에서의) 어린이의 역, 또는 그 역을 맡은 연기자. ¶ 아역 배우.

아연(亞鉛)명 푸른 빛깔을 띤 은백색의 금속. 습기를 받으면 표면에 막이 생기어 내부를 보호함. 함석·놋쇠·양은 따위의 합금 재료로 쓰임. 〔Zn/30/65.38〕

아연(俄然)부하형 급작스러운 모양. ¶ 아연 긴장감이 감돌다.

아연(啞然)명하형 너무나 놀라워서 말이 안 나오거나 어안이벙벙함. ¶ 아연한 표정으로 바라보다. **아연-히**부.

아연-광(亞鉛鑛)명 ①아연을 캐내는 광산. ②아연이 들어 있는 광석.

아연-실색(啞然失色)[-쌕]명하자 몹시 놀라서 얼굴빛이 변함. 악연실색(愕然失色). ¶ 사고 소식을 듣고 우리들은 아연실색하였다.

아연-철(亞鉛鐵)명 ☞함석.

아연철-광(亞鉛鐵鑛)명 '아연철석(亞鉛鐵石)'의 구용어.

아연철-석(亞鉛鐵石)[-썩]명 자철석계의 아연 광물. 등축 정계에 속하는 팔면체의 결정으로, 금속과 같은 광택이 있으며 검은색을 띰.

아연^철판(亞鉛凸版)명 아연을 판재로 하는 볼록판. 아연판.

아연-판(亞鉛版)명 ①☞아연 철판. ②☞아연 평판. 징크판.

아연^평판(亞鉛平版)명 아연을 판재로 쓴 평판. 아연판.

아연-화(亞鉛華)명 ☞산화아연(酸化亞鉛).

아연화^연:고(亞鉛華軟膏)명 피부나 점막의 보호제·건조제·수렴제의 한 가지. 흰 빛깔의 연고인데, 습진 등의 피부병에 쓰임.

아:-열대(亞熱帶)[-때]명 온대와 열대의 중간 기후대. 대체로 남북 위도 20~30°의 지대임.

아:열대^기후(亞熱帶氣候)[-때-]명 아열대 지역의 일반적인 기후. 일 년 중 4~11개월이 평균 기온 20°C 이상임.

아:열대-림(亞熱帶林)[-때-]명 벵골보리수·소철·칡·빈랑나무 등의 식물이 우거진 아열대의 삼림.

아예부 ①처음부터. 애초부터. ¶ 아예 기대하지 않았다. ②절대로. 결코. ¶ 이번 일은 아예 나에게 변명할 생각일랑 마라.

아옥명 〈옛〉 아욱. ¶ ᄀ숤 아오글 글히니 또 새롭도다(杜初7:38).

아옹부 고양이가 내는 소리, 또는 그 흉내말. **아옹-아옹**부하자.

아옹(阿翁)명 ①자기의 아버지를 이르는 말. ②며느리가 시아버지를 이르는 말.

아옹-개비명 어린아이에게 '고양이'를 이르는 말. ¶ 울지 마라, 아옹개비 온다.

아옹-거리다¹자 고양이가 자꾸 아옹아옹 소리를 내다. 아옹대다¹.

아옹-거리다²자 ①자질구레한 불만을 늘어놓으면서 투덜거리다. ②대수롭지 않은 일을 가지고 서로 자꾸 다투다. 아옹대다².

아옹-다옹부하자 서로 드잡을 잡아 자꾸 다투는 모양. ¶ 만나기만 하면 아옹다옹 다툰다.

아옹-대다¹자 ☞아옹거리다¹.

아옹-대다²자 ☞아옹거리다².

아옹-하다형여 ①속이 오망하게 들어가 있다. ②(속이 좁은 사람이) 마음에 덜 차서 시쁘게 여기는 기색이 있다.

아왜-나무명 인동과의 상록 소교목. 산기슭에 나는데 높이는 10 m가량. 잎은 길둥글며 두껍고 윤기가 남. 6월경에 흰 꽃이 피고, 길둥근 열매는 9월경에 붉게 익음. 제주도에 나며, 정원수로 심음. 산호수(珊瑚樹).

-아요어미 끝 음절이 양성 모음(ㅏ·ㅗ)으로 된 용언의 어간에 붙어, 서술·청원·지시·의문의 뜻을 나타내는 종결 어미. ¶ 맛이 좋아요. /자, 받아요. /문을 닫아요? 참-어요.

아:욕(我慾)명 자기에게 이익이 되는 것만을 생각하는 마음. ¶ 아욕을 버리다.

아우명 ①같은 항렬의 남자끼리나 여자끼리에서 나이가 적은 사람을 나이가 많은 사람에 상대하여 이르는 말. ¶ 형과 아우. /언니와 아우. ②친근한 남남끼리의 사이에서 자기보다 나이가 적은 사람을 이르는 말. ¶ 형님 아우 하며 지내는 친근한 사이. 높아우님. ↔형.

아우(를) 보다관용 아우가 생기다.

아우(를) 타다관용 어머니가 아우를 배었을 때, 먼저 태어난 젖먹이가 여위어지다. ¶ 아우를 타느라고 온종일 보챈다.

아:우(雅友)명 점잖고 품위 있는 벗.

아우-거리명 김맬 때 흙덩이를 푹푹 파 넘기는 일.

아우-님명 〈아우〉의 높임말.

아우러-지다자 (둘 또는 여럿이) 한 덩어리나 한 동아리를 이루게 되다. 큰어우러지다.

아우르다[아우르니·아울러]타르 ①(둘 또는 여럿을) 한 덩어리나 한 판이 되게 하다. ¶ 여러 사람의 돈을 아울러서 장학 기금으로 삼다. ②윷놀이에서, 두 바리 이상의 말을 한데 합치다. 큰어우르다.

아우성(-聲)명 여럿이 함께 기세를 올려 외치거나 악을 쓰며 부르짖는 소리. ¶ 군중의 아우성.

아우성-치다(-聲-)자 여럿이 함께 기세를 올려 소리를 지르다. ¶ 놀러 가자고 아우성치는 아이들.

아우어-등(Auer燈)명 맨틀을 사용하는 석탄 가스등. 적외선의 광원으로 사용함.

아우어^합금(Auer合金)[-끔]명 발화 합금의 한 가지. 세륨 60~70 %와 철 30~40 %의 합금으로, 라이터·가스 점화기 등에 쓰임.

아우트라인(outline)명 ①사물의 윤곽. 또는, 명암 없이 윤곽만 그린 스케치. ②대충의 줄거리. 대요(大要).

아우트라인^스티치(outline stitch)명 자수에서, 윤곽이나 디자인의 일부를 선 모양으로 수놓아 나가는 일, 또는 그러한 수.

아욱명 아욱과의 이년초. 채소의 한 가지로 줄기는 60~90 cm. 잎은 손바닥 모양이고 잎꼭지가 길며, 여름에 연한 분홍색 꽃이 핌. 연한 줄기와 잎은 국거리로 쓰임.

아욱-장아찌[-짱-]명 〔아욱으로 만든 싱거운 장아찌라는 뜻으로〕'말이나 하는 짓이 싱거운 사람'을 농조로 이르는 말. ¶ 사람이 싱겁기는 꼭 아욱장아찌로군.

아울러부 ①그와 함께. 그에 덧붙여. ¶ 자연보호와 아울러 산림녹화에도 힘쓰다. ②둘 또는 여럿을 한데 합하여. ¶ 여러 장점을 아울러 갖다.

아울리다자 ①〖'아우르다'의 피동〗 아우르게 되다. ②서로 조화가 잘 이루어져 자연스럽게 되다. ¶ 동생에게 아울리는 옷. 큰어울리다.

-아웃접미 '-가웃'의 잘못.

아웃(out)명 ①탁구·배구·테니스·농구 등의 구기에서, 공이 일정한 선 밖으로 나감. ②야구에서, 타자나 주자가 공격할 자격을 잃는 일. ↔세이프(safe). ③골프에서, 규정된 18 홀 중에서 전반의 9 홀. ①③↔인(in).

아웃렛(outlet)명 상설 할인 판매점.

아웃-복싱(out+boxing)명 권투에서, 끊임없이 발을 움직여 상대편으로부터 일정한 거리를 유지하면서 싸우는 전법. ↔인파이팅.

아웃사이더(outsider)명 ①사회의 기성 틀에서 벗어나서 독자적인 사상을 지니고 행동하는 사람. ②기업의 결합 조직인 카르텔이나 트러스트·동업 조합 등에 가입되어 있지 않은 기업. ③경마에서, 이길 가망이 없는 말.

아웃사이드(outside)명 ①테니스·배구 등에서, 공이 코트 밖으로 떨어지는 일. ↔인사이드. ②배드민턴에서, 넘어온 공을 받아 넘기는 쪽.

아웃사이드^킥(outside kick)명 축구에서, 발의 바깥쪽으로 공을 차는 일.

아웃소ː싱(outsourcing)명하타 기업이 경쟁력이 없는 특정 업무나 기능을 외부의 전문 업체에 위탁하여 처리하는 일. 관리 비용을 줄이고, 핵심 사업에 주력함으로써 생산성과 효율성을 높이고자 하는 목적으로 행함.

아웃슈ː트(outshoot)명 야구에서, 투수가 던진 공이 타자의 바깥쪽으로 휘는 일, 또는 그 공. ↔인슈트.

아웃오브바운즈(out-of-bounds)명 ①배구나 농구 등에서, 공 또는 공을 가진 선수가 코트 밖으로 나가는 일. ②골프에서, 홀마다 지정되어 있는 경기 구역의 바깥, 또는 거기에 공이 들어가는 일.

아웃커ː브(outcurve)명 야구에서, 투수가 던진 공이 홈 가까이에서 아웃코너로 휘는 일, 또는 그 공. ↔인커브.

아웃-코ː너(←outside corner)명 야구에서, 타자의 위치에서 보아 홈베이스의 중앙으로부터 바깥쪽 부분. 외각(外角). ↔인코너.

아웃코ː스(out+course)명 ①야구에서, 타자의 위치에서 보아 본루의 바깥쪽으로 날아오는 공의 길. ②육상 경기장 트랙의 바깥쪽 주로(走路). ↔인코스.

아웃^포커스(out+focus)명 사진이나 영화에서, 일부러 초점을 맞추지 않고 화상(畫像)이 흐릿하게 나타나도록 촬영하는 기법.

아웃풋(output)명하타 컴퓨터로부터 정보를 끌어내는 일. 출력(出力). ↔인풋.

아웅-다웅부하자 서로 트집을 잡아 자꾸 다투는 모양. 작아옹다옹.

아유감 ①뜻밖의 일에 놀람을 나타내는 말. ¶ 아유, 어쩌다 이런 일이 생겼지. ②고달프고 힘겨울 때 하는 말. ¶ 아유, 힘들어. 큰어유.

아유(阿諛)명하자 ☞아첨(阿諂).

아ː유(雅遊)명하자 고상하고 풍류스러운 놀이.

아유-구용(阿諛苟容)명하자 (남의 환심을 사려고) 알랑거리며 구차스럽게 행동함.

아유-자(阿諛者)명 남의 환심을 사려고 아첨하는 사람.

아으감 〈옛〉아. 아아. ¶ 아으 다롱디리(樂詞.井邑詞). /아으 動動다리(樂範.動動). /아으 殘月曉星이 아ᄅᆞ시리이다(樂範.鄭瓜亭).

아음(牙音)명 훈민정음의 'ㄱ·ㅋ·ㄲ·ㆁ'을 이르는 말. 어금닛소리.

아ː-음속(亞音速)명 음속에 가까운 속도.

아ː의(我意)[-의/-이]명 나의 뜻.

아이명 ①(어른이 되기 전의) 나이가 어린 사람. 준애[2]. ②(낳았거나 낳을) '아들'이나 '딸'을 이르는 말. ¶ 아이가 둘 있다. /아이를 배다.

아이도 낳기 전에 포대기〔기저귀〕 장만한다〔누빈다〕속담 너무 일찍부터 성급하게 준비하고 서둔다.

아이도 사랑하는 데로 붙는다속담 사람은 누구나 정이 많은 데로 따라간다.

아이 보는 데는 찬물도 못 먹는다속담 아이들 앞에서는 행동을 삼가야 한다는 뜻.

아이 싸움이 어른 싸움 된다속담 작은 일이 차차 커져서 큰 사건이 된다.

아이가 지다관용 태아가 유산이 되다.

아이(를) 지우다관용 달이 차기 전에 태아를 죽여서 꺼내다.

아이감 ①무엇이 못마땅하거나 마음에 차지 않을 때 하는 말. ¶ 아이, 빨리 좀 걸어. /아이, 얼른 줘. ②〈아이고〉의 준말. ¶ 아이, 깜짝이야. /아이, 다리야.

아이고감 몹시 아프거나, 놀라거나, 힘들거나, 원통하거나, 기가 막힐 때 하는 말. ¶ 아이고, 내 팔자야. 준아이·애고. 큰어이구. 거아이코. 변애구.

아이고-나감 어린아이의 귀여운 재롱이나 기특한 짓을 보고 신통해서 하는 말. ¶ 아이고나, 기특하기도 하지. 큰어이구나.

아이고-머니감 '아이고'의 힘줌말. 준애고머니. 큰어이구머니.

아이구감 '아이고'의 잘못.

아이-년명 〈계집아이〉의 낮춤말. 준애년.

아이-놈명 〈사내아이〉의 낮춤말. 준애놈.

아이누(Ainu)명 〔'사람'이라는 뜻〕 동아시아의 종족의 하나. 일본의 홋카이도 및 러시아의 사할린·쿠릴 열도 등지에 살고 있음. 종족의 기원은 분명하지 아니함.

아이다타 〈옛〉빼앗기다. ¶ 넉슬 아여 뜸쓰믈 즈조호라(杜重2:57). 참앗이다.

아이들^시스템(idle system)명 기업에서 생산을 감소해야 할 필요가 있을 때, 노동자를 해고하지 않고 노동 시간을 단축하거나 하여 불황을 극복하는 방법.

아이들^코스트(idle cost)명 공장의 생산 능력, 곧 설비나 노동력이 충분히 활용되지 않음으로써 생기는 손실.

아이디ː(ID)명 컴퓨터 통신에서, 컴퓨터 이용자의 신분을 증명할 수 있는 고유의 문자나 부호. [identification]

아이디어 (idea) 명 착상. 발상. 창안. 고안. ¶ 독창적인 아이디어를 내놓다.

아이디ː에이 (IDA) 명 국제 개발 협회. [International Development Association]

아이디ː-카ː드 (ID card) 명 신분증명서. [Identification card]

아이-라인 (eye line) 명 눈 화장에서, 속눈썹이 나 있는 눈시울 가장자리에 그리는 선.

아이러니 (irony) 명 ①반어(反語). ②예상 밖의 결과가 빚은 모순이나 부조화. ¶ 역사의 아이러니.

아이러니-하다 (irony—) 형여 모순된 점이 있다.

아이로니컬-하다 (ironical—) 형여 아이러니의 속성이 있다. 모순적이다. 반어적이다. 역설적이다.

아이론 (←iron) 명 '다리미'·'머리인두'로 순화.

아이리스 (iris) 명 붓꽃과의 재배 식물. 높이 30~60 cm. 봄에 백색·자색 등의 창포 비슷한 꽃이 핌.

아이리스^아웃 (iris out) 명 영화에서, 화면이 주위로부터 중앙의 한 점으로 차차 조여져 가면서 사라지는 기법. 준아이오(IO). ↔아이리스 인.

아이리스^인 (iris in) 명 영화에서, 화면이 중앙의 한 점으로부터 차차 둥글게 열려 나가는 기법. 준아이아이(II). ↔아이리스 아웃.

아이보리 (ivory) 명 ①상앗빛. ②〈아이보리 페이퍼〉의 준말.

아이보리^블랙 (ivory black) 명 상아를 태워 만든 검정빛의 그림물감.

아이보리-페이퍼 (ivory paper) 명 양면에 백토(白土)를 칠하여 상앗빛으로 윤을 낸 질이 좋은 판지. 명함·그림엽서 따위에 쓰임. 준아이보리.

아이비ː아ː르디ː (IBRD) 명 국제 부흥 개발 은행. [International Bank for Reconstruction and Development]

아이^빔ː (I beam) 명 단면이 'I' 자 모양인 긴 강재(鋼材). 아이형 강.

아이섀도ː (eye shadow) 명 (눈매를 아름답게 꾸미기 위하여) 눈두덩에 바르는, 여러 가지 빛깔의 화장품.

아이셰이드 (eyeshade) 명 햇빛을 가리는 챙만으로 된 모자.

아이소타이프 (isotype) 명 통계표나 표지(標識) 등에 쓰이는 국제 공통의 상징적인 그림 문자. [international system of typographic picture education]

아이소토ː프 (isotope) 명 동위 원소(同位元素).

아이-쇼핑 (eye+shopping) 명 물건은 사지 아니하고 눈으로만 보고 즐기는 일.

아이스^댄싱 (ice dancing) 명 피겨 스케이팅의 한 종목. 한 쌍의 남녀가 음악의 반주에 맞추어 얼음을 지치면서 춤을 추어 기술과 몸짓의 연기를 겨루는 경기.

아이스^링크 (ice rink) 명 스케이트장.

아이스박스 (icebox) 명 얼음을 넣어서 쓰는, 휴대용 냉장 용기.

아이스반ː (Eisbahn 독) 명 (등산이나 스키의 코스에서) 눈이 얼어서 표면이 얼음처럼 편평하게 되어 있는 곳.

아이스^쇼ː (ice show) 명 얼음판에서 스케이트를 타고 곡예·연극·댄스 등을 펼쳐 보이는 구경거리.

아이스^요트 (ice yacht) 명 얼음판 위를 풍력을 이용하여 달리는 요트.

아이스-커피 (ice+coffee) 명 냉커피.

아이스-케이크 (ice+cake) 명 꼬챙이를 끼워 만든 얼음과자.

아이스-크림ː (ice-cream) 명 우유·설탕·달걀노른자 등에 향료를 섞어서 크림 상태로 얼린 얼음과자.

아이스크림ː-선디 (ice-cream sundae) 명 과일·과즙·초콜릿 등을 얹은 아이스크림.

아이스크림ː-소ː다 (ice-cream soda) 명 소다수에 아이스크림을 띄운 음료. 크림소다.

아이스하ː켄 (Eishaken 독) 명 등산에서, 빙벽을 오를 때 빙벽에 박아 두는 금속제 쐐기.

아이스-하키 (ice hockey) 명 빙상 경기의 한 가지. 여섯 사람씩으로 이루어진 두 편이, 얼음판으로 된 경기장에서 스케이팅을 하면서 스틱으로 퍽을 쳐서 상대편 골에 넣어 그 득점을 겨루는 경기. 빙구(氷球). 하키.

아이시ː (IC) 명 ①집적 회로(集積回路). [integrated circuit] ②인터체인지(interchange).

아이시ː비ː엠 (ICBM) 명 대륙 간 탄도 유도탄. [Intercontinental Ballistic Missile]

아이시ː피ː오ː (ICPO) 명 국제 형사 경찰 기구. [International Criminal Police Organization]

아이아ː르비ː엠 (IRBM) 명 중거리 탄도 유도탄. [Intermediate Range Ballistic Missile]

아이아ː르시ː (IRC) 명 국제 적십자(國際赤十字). [International Red Cross]

아이-아버지 명 ①'아들이나 딸을 둔 남자'를 달리 이르는 말. ②아이가 있는 여자가 남 앞에서 자기의 '남편'을 일컫는 말. 낮아이아범·아이아비.

아이-아범 명 〈아이아버지〉의 낮춤말.

아이-아비 명 〈아이아버지〉의 낮춤말.

아이아이 (II) 명 〈아이리스 인〉의 준말.

아이-어머니 명 ①'아들이나 딸을 둔 여자'를 달리 이르는 말. ②아이가 있는 남자가 남 앞에서 자기의 '아내'를 일컫는 말. 낮아이어멈·아이어미.

아이-어멈 명 〈아이어머니〉의 낮춤말.

아이-어미 명 〈아이어머니〉의 낮춤말.

아이언 (iron) 명 공을 치는 부분이 금속으로 되어 있는 근거리용 골프채. 참우드.

아이에스비ː엔 (ISBN) 명 국제 표준 도서 번호. [International Standard Book Number]

아이에스오ː (ISO) 명 국제 표준화 기구. [International Standardization Organization]

아이에이이ː에이 (IAEA) 명 국제 원자력 기구. [International Atomic Energy Agency]

아이엘에스 (ILS) 명 계기 착륙 방식(計器着陸方式). [Instrument Landing System]

아이엘오ː (ILO) 명 국제 노동 기구(國際勞動機構). [International Labor Organization]

아이엠에프 (IMF) 명 국제 통화 기금(國際通貨基金). [International Monetary Fund]

아이예 부 〈옛〉 아예. 애당초. ¶ 만일 아이예 訟官티 아니코(無寃*1:8*).

아이오ː (IO) 명 〈아이리스 아웃〉의 준말.

아이오ː시ː (IOC) 명 국제 올림픽 위원회. [International Olympic Committee]

아이유ː (IU) 명 국제단위(國際單位). [international unit]

아이젠 (Eisen 독) 명 등산화 바닥에 덧신는, 강철 징이나 못이 박힌 등산 용구. 〔'슈타이크아이젠'이 줄어서 된 말.〕

아이지ː와이 (IGY) 명 국제 지구 물리 관측년(觀測年). [International Geophysical Year]

아이징글라스(isinglass)명 철갑상어 따위의 부레로 만든 새하얀 젤라틴. 냄새와 맛이 없으며 청량제나 과자 등을 만드는 데 쓰임.

아이-참감 실망하거나 초조하거나 기가 막히거나 짜증이 나거나 할 때 내는 소리. ¶ 아이참, 큰일 났네. /아이참, 자꾸 이러지 마.

아이^초라니명 고려·조선 시대에, 궁중 나례(儺禮) 때의 나자(儺者)의 하나. 12세에서 16세 사이의 사내아이로서, 탈을 쓰고 붉은 옷을 입고 붉은 건을 썼음. 진자(侲子).

아이코감 〈아이고〉의 거센말. ¶ 아이코, 깜빡 잊어버렸다! 큰어이쿠.

아이코노스코ː프(iconoscope)명 텔레비전의 송상(送像) 장치의 한 부분으로, 상의 명암을 전류의 강약으로 바꾸는 장치.

아이콘(icon)[1]명 그리스 정교(正教)에서 받드는 예수·성모·성인·순교자 등의 초상(肖像).

아이콘(icon)[2]명 컴퓨터에 제공하는 명령을 문자나 그림으로 나타낸 것. 마우스 따위로 선택하여 명령을 실행함.

아이쿠감 '아이코'의 잘못.

아이큐ː(IQ)명 '지능 지수(知能指數)'로 순화. [intelligence quotient]

아이템(item)명 한 단위로 다루어지는 데이터의 집합. 종목. 항목.

아이티ː(IT)명 정보 기술(情報技術). [information technology]

아이티ː브이(ITV)명 공업용 텔레비전. 방송 이외의 분야에 쓰임. [industrial television]

아이피ː(IP)명 컴퓨터 통신을 이용하여 각종 정보를 수요자들에게 전달하는 사람이나 기업. [information provider]

아이피ː아이(IPI)명 국제 신문인 협회. [International Press Institute]

아이피ː유ː(IPU)명 국제 의회 연맹. [Inter-Parliamentary Union]

아이피ː^주ː소(IP住所)명 인터넷에 연결된 모든 통신망과 그 통신망에 연결된 컴퓨터에 부여되는 고유의 식별 주소. 0부터 255까지의 숫자 4개로 구성되며, 각 숫자들은 '.'으로 구분함. [Internet protocol address]

아이형^강(I型鋼)명 ☞아이 빔(I beam).

아이형 형교(I型桁橋) 다리의 주체가 되는 부분이 아이 빔으로 이루어진 다리.

아ː-인산(亞燐酸)명 삼산화인(三酸化燐)이나 삼염화인(三塩化燐)을 가수 분해하여 만드는 무색 결정. 강한 환원제로 이용됨.

아인시타이늄(einsteinium)명 핵실험에서 발견된, 악티늄족에 속한 인공 방사성 원소의 한 가지. 〔Es/99/252〕

아일릿(eyelet)명 서양 자수의 한 가지. 장식이나 단춧구멍에 응용됨.

아ᄋᆞ명 〈옛〉아우. ¶ 故鄕애 아ᄋᆞ와 누의왜 잇ᄂᆞ니(杜重*1:31*). 참아ᅀᆞ.

아ᄋᆞ누의명 〈옛〉누이동생. ¶ 아ᄋᆞ누의:妹子(老解下*30*). 참아ᅀᆞ누의.

아ᄋᆞ라히부 〈옛〉아득히. ¶ 아ᄋᆞ라히 지블 무로라(杜重*1:1*). 참아ᅀᆞ라히.

아ᄋᆞ라ᄒᆞ다형 〈옛〉아득하다. ¶ 中原은 머러 아ᄋᆞ라ᄒᆞ도다(杜重*1:38*). 참아ᅀᆞ라ᄒᆞ다.

아옴명 〈옛〉겨레붙이. ¶ 아옴 쳑:戚(石千*35*). 참아숨.

아자(牙子)명 ☞낭아(狼牙).

아자(兒子)명 아이.

아자(啞者)명 벙어리.

아ː자^교창(亞字交窓)[-짜-]명 '아(亞)' 자 모양의 문살로 된 교창.

아ː자-방(亞字房)[-짜-]명 재래식 한옥에서, 방고래를 '아(亞)' 자 모양으로 만들어 구들을 놓은 방.

아자비명 〈옛〉아저씨. 아재비. 작은아버지. ¶ 아자비ᄂᆞᆫ 아븨 항녈이라(五倫*4:57*).

아ː자-창(亞字窓)[-짜-]명 창살을 '아(亞)' 자 모양으로 만든 창.

아작부하자타 좀 단단한 과일이나 채소 따위를 단번에 씹을 때 나는 소리. 큰어적. 센아짝. **아작-아작**부하자타.

아작-거리다[-꺼-]자타 자꾸 아작아작하다. 아작대다. 큰어적거리다.

아작-대다[-때-]자타 아작거리다.

아ː장(亞將)명 조선 시대에, 병조 참판·포도대장 등을 두루 이르던 말.

아장-거리다자타 자꾸 아장아장하다. 아장대다. ¶ 아기가 요즘 한창 아장거린다. 큰어정거리다.

아장-걸음명 아장아장 걷는 걸음.

아장-대다자타 아장거리다.

아장-바장부하자타 일없이 이리저리 아장거리는 모양. 큰어정버정.

아장-아장부하자타 (작은 몸집으로) 찬찬히 걷는 모양. ¶ 아기가 아장아장 걸어간다. 큰어정어정. 거아창아창.

아재명 〈아저씨〉·〈아주버니〉의 낮춤말.

아재비명 〈아저씨〉의 낮춤말.

아쟁(牙箏)명 우리나라 전통 현악기의 한 가지. 대쟁보다 조금 작고 일곱 가닥의 현으로 되어 있는데, 개나리 가지로 만든 활로 현을 켜서 연주함.

아저(兒豬·兒猪)명 고기로 먹을 어린 돼지. 애저.

아저씨명 ①아버지와 같은 항렬의 남자를 일컫는 말. 〔어른이 된, 아버지의 친형제에 대해서는 아버지와의 관계에 따라 '큰아버지' 또는 '작은아버지'로 일컬음.〕 ②혈연관계가 없는 남자 어른을 친근하게 부르는 말. ¶ 국군 아저씨. /집배원 아저씨. 낮아재·아재비·아주비.

아저씨 아저씨 하고 길짐〔떡짐〕만 지운다속담 겉으로 존경하는 체하면서 부담되는 일을 시키거나 이용하기만 한다는 말.

아전(衙前)명 조선 시대에, 지방 관아에 딸렸던 하급 관원. 서리(胥吏). 소리(小吏). 이서(吏胥). 하리(下吏). 하전(下典).

아ː전인수(我田引水)명 〔제 논에 물 대기라는 뜻으로〕 '자기에게만 이롭게 되도록 생각하거나 행동함'을 뜻하는 말.

아접(芽椄)명하타 '눈접'으로 순화.

아접-도(芽椄刀)[-또]명 눈접에 쓰이는 칼.

아정(雅正) '아정하다'의 어근.

아ː정-하다(雅正-)형여 고결하고 정직하다. 아담하고 바르다. ¶ 아정한 인품.

아젹명 〈옛〉아침. ¶ 梅窓 아젹 벼티 香氣에 좀을 ᄭᆡ니(鄭澈.星山別曲).

아조(牙彫)명 상아를 재료로 하여 만든 조각.

아ː조(我朝)명 우리나라의 조정(朝廷). 우리나라 왕조. 본조(本朝).

아조(鵝鳥)명 ☞거위[1].

아조-기(azo基)명 질소의 원자 두 개로 된, 2가(價)의 원자단.

아조^염ː료(azo染料)[-뇨]명 아조기(基)를 발색단(發色團)으로 가진 염료를 통틀어 이르는 말. 양모나 견직물의 염색에 쓰임.

아조^화ː합물(azo化合物)[-함-]명 아조기(基)를 가진 화합물. 강한 발색단(發色團)으로, 빨강·노랑·주황 따위의 빛깔을 가짐. 염색용 화합물로 매우 중요함.

아:족(我族)명 우리 민족. 우리 겨레.

아졸(雅拙) '아졸하다'의 어근.

아:졸-하다(雅拙-)형여 성품이 바르고 깔끔하나 고지식한 데가 있다.

아:종(亞種)명 생물 분류상의 한 단계. 종(種)의 아래 단계로, 필요에 따라 둠.

아주¹부 ①대단히. 매우. 썩. ¶ 아주 오랜 옛날. /아주 어려운 문제. ②완전히. 전혀. ¶ 아주 못 쓰게 만들어 버렸다. ③영영. 영원히. ¶ 그 일에서 아주 손을 떼다. /이곳을 아주 떠나다.

아:주²감 남의 젠체하는 행동이나 태도를 비웃을 때 하는 말. ¶ 아주, 세법이네.

아주(阿洲)명 '아프리카'의 한자음 표기.

아주(亞洲)명 〈아세아주(亞細亞洲)〉의 준말.

아주까리명 ①대극과의 일년초. 인도·소아시아 원산의 재배 식물로, 줄기는 2m가량. 잎은 손바닥 모양으로 깊이 갈라져 있으며, 꽃은 8~9월에 원줄기 끝에 모여 핌. 씨로 기름을 짬. ②〈아주까리씨〉의 준말. 비마(蓖麻). 피마자(蓖麻子).

아주까리-기름명 아주까리씨로 짠 불건성유(不乾性油). 무색 또는 황색의 기름으로 완하제·관장제 등으로 쓰임. 피마자유.

아주까리-씨명 아주까리 열매 속에 들어 있는 알맹이. 피마자(蓖麻子). 준아주까리.

아주-낮춤[-낟-]명 ①인칭 대명사에서 아주 낮추어 일컫는 말. 〔저·너·이애·저애 따위.〕 ②☞해라체.

아주-높임명 ①인칭 대명사에서 아주 높이어 일컫는 말. 〔당신·어른·어르신 따위.〕 ②☞합쇼체.

아주머니명 ①부모와 같은 항렬의 부인을 일컫는 말. ②아저씨의 아내. ③'형수'를 친근하게 일컫는 말. ④자기 또래가 되는 사람의 '아내'를 친근하게 일컫는 말. ⑤어른인 여자를 친근하게 일컫는 말. 높아주머님. 낮아주미.

아주머님명 〈아주머니〉의 높임말.

아주-먹이명 다시 손댈 나위 없이 정하게 쓿은 쌀. 입정미(入鼎米). 정백미(精白米).

아주미명 〈아주머니〉의 낮춤말.

아주버니명 여자가 남편의 형뻘이 되는 남자를 이르는 말. 높아주버님. 낮아재·아주비.

아주버님명 〈아주버니〉의 높임말.

아주비명 〈아저씨〉·〈아주버니〉의 낮춤말.

아줌마명 (어른 여자를 일컫는) '아주머니'를 홀하게 또는 정답게 이르는 말.

아즐가감 〈옛〉감탄의 말. 악음(樂音)에 맞추기 위한 소리. ¶ 西京이 아즐가 西京이 셔울히 마르는(樂詞.西京別曲).

아즐-아즐부 강아지 따위가 홰홰 꼬리를 내두르면서 걷는 모양.

아지(兒枝)명 어린 나뭇가지.

아지랑이명 봄이나 여름철에 강한 햇살을 쬔 지면으로부터 마치 투명한 불꽃처럼 아른아른 피어오르는 공기, 또는 그러한 현상. 양염(陽炎). ¶ 아지랑이가 피어 오르다.

아지랭이명 '아지랑이'의 잘못.

아지작부하자타 단단한 물건을 단번에 깨물 때 바스러지는 소리. 큰으지적. **아지작-아지작**부하자타.

아지작-거리다[-꺼-]자타 자꾸 아지작아지작하다. 아지작대다. 큰으지적거리다.

아지작-대다[-때-]자타 아지작거리다.

아지직부하자타 단단한 물건이 바스러지거나 찌그러질 때 나는 소리. 큰으지직. **아지직-아지직**부하자타.

아지직-거리다[-꺼-]자타 자꾸 아지직아지직하다. 아지직대다. 큰으지직거리다.

아지직-대다[-때-]자타 아지직거리다.

아지타토(agitato 이)명 악곡의 나타냄말. '격렬히'·'열정적으로'·'급속히'의 뜻.

아지트(←agitpunkt 러)명 ①선동 지령 본부. ②지하 운동가들의 은신처. ③조직적인 범죄자들의 은신처.

아직부 ①때가 되지 않았거나 미처 이르지 못한 상태임을 뜻하는 말. ¶ 비행기가 도착하기까지에는 아직 30분이 남았다. ②이제까지도 어떤 일이 이루어지지 않은 상태임을 뜻하는 말. ¶ 그 병은 원인이 아직 밝혀지지 않은 상태에 있다. ③지금도 이전과 같은 상태대로임을 뜻하는 말. ¶ 봄이 왔는데도 산마루의 눈은 아직 녹지 않은 채 있다.

아직-껏[-껃]부 지금까지. ¶ 그런 괴상한 동물은 아직껏 본 적이 없다.

아질개양명 〈옛〉숫양. 종양(種羊). ¶ 아질개양: 羝胡羊(老解下*19*).

아질게몰명 〈옛〉수말. 종마(種馬). ¶ 아질게몰: 兒馬(訓蒙上*19*).

아:-질산(亞窒酸)[-싼]명 무기산(無機酸)의 한 가지. 물에 녹기 쉬운 엷은 황색의 결정성(結晶性) 물질.

아:질산^박테리아(亞窒酸bacteria)[-싼-]명 토양 세균의 한 가지. 암모니아를 산화(酸化)하여 아질산으로 만드는 박테리아.

아질-아질부하형 어지럼이 나서 자꾸 어지러운 모양. ¶ 옥상에서 창밖을 내려다보니 아질아질하다. 큰어질어질. 센아찔아찔.

아:집(我執)명 ①개체적인 자아를 실체인 것으로 믿고 집착하는 일. ②자기중심의 좁은 생각이나 소견 또는 그것에 사로잡힌 고집. ¶ 아집이 세다. /아집을 버리지 못하다.

아ᄌᆞ마님명 〈옛〉아주머님. ¶ 아ᄌᆞ마니믄 大愛道ᄅᆞᆯ 니르시니(釋譜*6:1*).

아ᄌᆞ미명 〈옛〉아주머니. 아주미. ¶ 아ᄌᆞ미 이:姨(訓蒙上*32*). /仲義의 앞이 ᄃᆞ라 가아 아ᄌᆞ미 劉氏 ᄃᆞ려 닐어늘(三綱.烈*:28*).

아ᄌᆞ바님명 〈옛〉아주버님. 아저씨. ¶ 아ᄌᆞ바님 孝寧大君이(楞解*3*).

아줄ᄒᆞ다형 〈옛〉아질아질하다. 혼미하다. ¶ 아줄ᄒᆞ야 오래 머므디 몯ᄒᆞ리로다(杜重*1:15*).

아짝부하자타 〈아작〉의 센말. 큰어쩍.

아찔-아찔부하형 〈아질아질〉의 센말. 큰어찔어찔.

아찔-하다형여 갑작스레 정신이 내둘리어 쓰러질 것 같다. ¶ 눈앞이 아찔하다. 큰어찔하다.

아차감 잘못된 사실을 문득 깨달았을 때에 하는 말. 아차차. ¶ 아차, 약속을 깜박 잊었구나.

아차차감 ☞아차.

아찬(阿湌)명 신라 때의 17 관등의 여섯째 등급. 참일길찬(一吉湌).

아창-거리다자타 자꾸 아창아창하다. 아창대다. 큰어청거리다.

아창-대다자타 아창거리다.

아창-아창부하자타 (키가 작은 사람이나 짐승이) 이리저리 찬찬히 걷는 모양. 큰어청어청. 여아장아장.

아첨(阿諂)명하자 남에게 잘 보이려고 알랑거리며 비위를 맞춤, 또는 그렇게 하는 짓. 아부(阿附). 아유(阿諛). ¶ 아첨을 떨다.

아청(鴉青)명 검은빛을 띤 푸른빛. 야청.
아첼레란도(accelerando 이)명 악보에서, 변화를 주도록 지시하는 말. '점점 빠르게'의 뜻. 〔나타냄말은 accel.〕
아쳐러ᄒᆞ다타 〈옛〉 싫어하다. ¶ 塞外예 와 甚히 뫼홀 아쳐러ᄒᆞ더니(杜重*1:20*).
아쳐롬명 〈옛〉〔'아쳗다'의 명사형〕 싫은 마음. 싫어함. ¶ 므던히 너기며 아쳐로ᄆᆞᆯ 내디 아니ᄒᆞ며(金剛上*35*).
아쳗다타ㄷ 〈옛〉 싫어하다. ¶ 비호디 아쳗디 아니호미(永嘉上*17*). /아쳐러 게으른 ᄠᅳ들 머거(月釋*17:14*).
아쳗브다형 〈옛〉 싫다. ¶ 사ᄅᆞ미게 아쳗브디 아니호미이 님은 겨지븨 마리라(內訓*1:14*).
아총(兒塚)명 어린아이의 무덤. 애총.
아ː취(雅趣)명 아담한 정취, 또는 고상하고 운치 있는 취미. ¶ 아취가 있다. /아취를 자아내다.
아츠-조금명 무수기를 볼 때에, 이렛날과 스무이틀을 이르는 말.
아치(牙齒)명 ①포유동물의 이 가운데서 특히 날카롭게 발달된 이. 〔앞니나 송곳니가 발달한 것을 이름.〕 엄니. ②☞어금니.
아ː치(雅致)명 멋있는 풍치. 운치 있는 경치.
아ː치(arch)명 ①(창·문·다리 등) 건축물의 윗부분이 반원형으로 된 구조. 궁륭(穹窿). ②축하나 환영의 뜻으로 만들어 놓은 무지개 모양의 구조물. 참공문(拱門).
-아치접미 일부 명사 뒤에 붙어, '그러한 일을 직업으로 하는 사람'임을 나타냄. ¶ 반빗아치. /벼슬아치.
아치랑-거리다자 자꾸 아치랑아치랑하다. 아치랑대다. ¶ 아치랑거리는 꼴을 보니 며칠은 굶은 것 같다. 준아칠거리다. 큰어치렁거리다.
아치랑-대다자 아치랑거리다.
아치랑-아치랑부하자 힘없이 아슬랑아슬랑 걷는 모양. 준아칠아칠. 큰어치렁어치렁.
아치장-거리다자 자꾸 아치장아치장하다. 아치장대다. 큰어치정거리다.
아치장-대다자 아치장거리다.
아치장-아치장부하자 힘없이 아장아장 걷는 모양. 큰어치정어치정.
아칙(雅飭) '아칙하다'의 어근.
아ː칙-하다(雅飭-)[-치카-]형여 성품이 단아하고 조심스럽다.
아칠-거리다자 〈아치랑거리다〉의 준말. 아칠대다. ¶ 기죽은 표정으로 아칠거리며 나가다. 큰어칠거리다.
아칠-대다자 아칠거리다.
아칠-아칠부하자 〈아치랑아치랑〉의 준말. ¶ 핼쑥한 얼굴빛이며 아칠아칠 걷는 품으로 보아 병색이 완연하다. 큰어칠어칠.
아침명 ①날이 샐 때부터 아침밥을 먹을 때까지의 동안. 날이 새고 얼마 되지 아니한 때. ¶ 아침 일찍 일어나다. /아침부터 저녁까지. ②〈아침밥〉의 준말. ¶ 아침을 거른 채 출근하다. /아침을 든든히 먹다. ↔저녁.
아침-거리[-꺼-]명 아침 끼니를 만들 거리.
아침-결[-껼]명 낮이 되기 전. ¶ 아침결에 논을 돌아보다.
아침-나절명 아침밥을 먹은 뒤로 한나절. ¶ 아침나절에 빨래를 다 했다.
아침-노을명 아침에 동쪽 하늘이 벌겋게 물드는 현상. 준아침놀.
아침노을 저녁 비요 저녁노을 아침 비라속담 아침에 노을이 서면 저녁에 비가 오고, 저녁에 노을이 서면 아침에 비가 온다는 말.
아침-놀명 〈아침노을〉의 준말.
아침-때명 ①아침 무렵. ②아침 끼니때. ¶ 아침때가 되어도 일어나지 않는다.
아침-뜸명 아침에 해안 지방에서 해풍과 육풍이 바뀔 때 한동안 바람이 자는 현상.
아침-밥[-빱]명 아침때에 끼니로 먹는 밥. 조반(朝飯). 준아침. 높아침진지.
아침-상식(-上食)명 아침에 올리는 상식.
아침-선반(-宣飯)명 일터에서 일꾼에게 아침밥을 먹이고 잠시 쉬게 하는 시간.
아침-쌀명 아침밥을 지을 쌀.
아침-잠[-짬]명 아침 늦게까지 자는 잠. 늦잠. ¶ 아침잠을 설치다. /아침잠이 많다.
아침-저녁명 아침과 저녁. 조석(朝夕). ¶ 이제 제법 아침저녁으로 날씨가 쌀쌀하다.
아침-진지명 〈아침밥〉의 높임말.
아침-참(-站)명 ①아침밥을 먹고 쉬는 동안. ②일을 할 때, 아침과 점심 사이의 쉬는 동안에 먹는 음식.
아칫-거리다[-친꺼-]자 자꾸 아칫아칫하다. 아칫대다. ¶ 아기가 아칫거리며 다가오다.
아칫-대다[-친때-]자 아칫거리다.
아칫-아칫[-치다칟]부하자 어린아이가 요리조리 위태위태하게 걸음을 떼어 놓는 모양.
아ᄎᆞ나ᄃᆞᆯ명 〈옛〉 조카. 아츤아ᄃᆞᆯ. ¶ 아ᄎᆞ나ᄃᆞᆯ 딜: 姪(訓蒙上*32*). 참아츤아ᄃᆞᆯ.
아ᄎᆞᆫ설명 〈옛〉 작은설. 섣달 그믐. ¶ 아ᄎᆞᆫ설: 暮歲(譯語上*4*).
아ᄎᆞᆫᄯᆞᆯ명 〈옛〉 조카딸. 질녀(姪女). ¶ 동싱 형뎨게 난 아ᄎᆞᆫᄯᆞᆯ(老解下*31*).
아ᄎᆞᆫ아ᄃᆞᆯ명 〈옛〉 조카. ¶ 아ᄎᆞᆫ아ᄃᆞᆯ 딜:姪(類合上*20*). 참아ᄎᆞ나ᄃᆞᆯ.
아ᄎᆞᆷ명 〈옛〉 아침. ¶ ᄒᆡ 東녀긔 이시면 아ᄎᆞ미오(月釋*2:50*).
아ᄎᆞᆷ나좋명 〈옛〉 아침저녁. 조석(朝夕). ¶ 아ᄎᆞᆷ나조히 守護ᄒᆞ야(圓覺下三之二*88*).
아카데미(academy)명 ①학술·예술에 관한 지도적이고 권위 있는 단체. 학술원(學術院). 한림원(翰林院). ②대학·연구소 등 학술·예술의 중심이 되는 단체나 기관을 두루 이르는 말. 〔플라톤이 제자들을 가르친 아카데미아 신원(神苑)의 지명에서 비롯됨.〕
아카데미-상(academy賞)명 미국의 영화상의 한 가지. 미국 영화 예술 과학 아카데미가 해마다 가장 우수한 작품·배우·감독 등에게 수여하는 상. 오스카상.
아카데미즘(academism)명 ①대학 등 최고의 연구 기관을 지배하는 학문 지상주의. ②학문·예술상의 보수적·관료적인 권위주의. ③형식뿐이고 내용이 따르지 않은 비현실적인 학문의 경향.
아카데믹-하다(academic-)형여 ①학문적이다. ②학구적이다.
아카사니감 힘을 써서 무거운 물건을 번쩍 들어 올릴 때 하는 말. 큰이커서니.
아카시아(acacia)명 ①콩과의 아카시아속 식물을 통틀어 이르는 말. 잎은 깃 모양의 겹잎이며 꽃은 송아리를 이루어 핌. 보통, 아카시아라 이르는 것은 북아메리카산을 가리킴. ②콩과의 낙엽 교목. 북아메리카 원산으로 높이는 20 m. 잎은 깃 모양의 겹잎이며, 잎자루가 붙은 부분에 턱잎이 변해서 된 한 쌍의 가시가 있음. 5~6월에 나비 모양의 꽃이 송아리를 이루어 가장 흔한 밀원(蜜源)이 됨.

아^카펠라 (a cappella 이) 명 ①기악 반주가 없는 합창곡. ②르네상스의 종교곡.

아칸서스 (acanthus) 명 쥐꼬리망촛과의 다년초, 또는 관목. 잎은 크고 부드러우며 깃처럼 깊게 갈라져 있고 짙은 녹색임. 6~7월에 1 m가량 자란 꽃줄기에 백색 또는 홍색의 꽃이 이삭 모양으로 핌. 코린트식 건축은 기둥머리에 이 아칸서스 잎의 무늬를 장식한 것이 특색임.

아ː케이드 (arcade) 명 ①기둥 위에 아치를 연속적으로 가설한 구조물, 또는 반원형의 천장을 가진 통로. ②도로 위에 지붕 같은 덮개를 씌운 상점가.

아코ː디언 (accordion) 명 악기의 한 가지. 주름상자 모양의 풀무를 신축시키면서 건반이나 비튼을 눌러 연주함. 손풍금. 핸드 오르간.

아쾌 (牙儈) 명 ☞거간꾼.

아퀴 명 일의 갈피를 잡아 마무르는 끝매듭.
  아퀴(를) 짓다 관용 일이나 말의 끝마무리를 하다.

아퀴-쟁이 명 가장귀가 진 나뭇가지.

아ː크-등 (arc燈) 명 아크 방전(放電)을 이용한 전등. 마주 보는 두 탄소봉에 전류를 흘려 보내면, 그 사이에 아치 모양의 백열광을 냄. 호광등(弧光燈). 호등(弧燈).

아ː크-로 (arc爐) 명 아크 방전(放電)에 의한 고열을 이용하는 전기로(電氣爐).

아크로폴리스 (Acropolis) 명 고대 그리스의 도시 국가의 중심 또는 뒤쪽에 위치하며 성채나 신전 따위가 세워져 있는 언덕. 파르테논 신전이 있는 아테네의 아크로폴리스가 대표적임.

아크릴 (←acrylic) 명 ①〈아크릴산 수지〉의 준말. ②〈아크릴 섬유〉의 준말.

아크릴-산 (←acrylic酸) 명 가장 간단한 구조를 가진 지방족 불포화산. 자극적인 냄새가 나는 무색의 액체로, 유기 합성 원료로 쓰임.

아크릴산^수지 (←acrylic酸樹脂) 명 합성수지의 한 가지. 내수(耐水)·내산(耐酸)·내알칼리·내유성(耐油性)이 있음. 전기의 절연 재료, 안전유리, 합성 고무 따위에 이용됨. 준아크릴.

아크릴^섬유 (←acrylic纖維) 명 천연가스·암모니아·아세틸렌 등에서 만든 합성수지를 아세톤으로 녹여 만든 섬유. 준아크릴.

아ː크^방ː전 (arc放電) 명 전류가 양극 사이의 기체 속을 큰 밀도로 흐를 때, 강한 열과 밝은 빛을 내는 일. 전호(電弧).

아ː크^용접 (arc鎔接) 명 아크 방전에 의한 고열을 이용한 용접.

아킬레스 (Achilles 그) 명 그리스 신화에 나오는 영웅이며, 호머의 서사시 일리아드의 주인공. 불사신이었으나, 약점이었던 발뒤축에 화살을 맞고 죽었다 함.

아킬레스-건 (Achilles腱) 명 ①☞아킬레스 힘줄. ②〔아킬레스의 신화에서 유래되어〕'강한 자가 가지고 있는 단 한 군데의 치명적인 약점'을 비유하여 이르는 말.

아킬레스^힘줄 (Achilles-) [-쭐] 명 발뒤꿈치의 뼈 위에 붙어 있는 건(腱). 인체 중에서 가장 강한 힘줄로, 보행과 운동에 중요한 구실을 함. 아킬레스건.

아ː탄 (亞炭) 명 탄화(炭化)의 정도가 낮고 질이 나쁜 석탄. 아갈탄(亞褐炭).

아테나 (Athena 그) 명 그리스 신화의 여신. 12신 가운데의 하나. 제우스의 딸로, 지성·기술·전쟁의 여신임. 〔로마 신화의 아테네, 또는 미네르바에 해당함.〕

아^템포 (a tempo 이) 명 악보에서, 변화를 주도록 지시하는 말. '본디 빠르기로'의 뜻.

아토니ː (Atonie 독) 명 수축성 기관의 무기력한 느즈러짐. 무력성(無力性) 체질에 많은데, 위(胃)아토니가 대표적임.

아토미즘 (atomism) 명 원자설(原子說).

아ː-토양 (亞土壤) 명 (암석의 분해가 덜 되어) 흙과 암석의 중간 상태인 흙.

아ː토타이프 (artotype) 명 젤라틴과 중크롬산 칼륨과의 혼합물이 지닌 감광성(感光性)을 이용한 사진판.

아토피성^피부염 (atopy性皮膚炎) 명 악성 피부염의 한 가지. 어린아이의 팔꿈치나 오금 따위의 피부가 두꺼워지면서 까칠까칠해지고 몹시 가려운 증상을 보임.

아톰 (atom) 명 ①〔그리스 철학에서, 더 이상 가를 수 없는 물건이라는 뜻으로〕 사물을 구성하는 가장 작은 존재. 원자(原子). ②화학에서 이르는, 원자(原子).

아트로핀 (atropine) 명 가짓과의 식물인 벨라도나·독말풀 등의 뿌리나 잎에 들어 있는 알칼로이드의 한 가지. 무색의 결정으로 쓴맛이 있으며, 진경(鎭痙)·지한(止汗) 및 동공(瞳孔) 확대 따위에 효과가 있음.

아ː트만 (ātman 범) 명 인도의 성전(聖典) 베다(Veda)에서, '호흡·영(靈)·아(我)'의 뜻을 나타내는 말. 〔심신 활동의 기초 원리임.〕

아ː트-지 (art紙) 명 겉면에 점토·활석 가루 등의 도료를 바르고 반들반들하게 만든 양지(洋紙)의 한 가지. 광택이 있으며 사진판 인쇄나 천연색 인쇄 등에 쓰임.

아ː트^타이틀 (art title) 명 미적 감각을 살려 만든 '자막(字幕)'.

아틀라스 (Atlas 그) 명 그리스 신화에 나오는 거인. 천계(天界)를 어지럽힌 죄로, 제우스에 의해 아프리카 서북안(西北岸)에서 어깨로 하늘을 떠받치는 벌을 받음.

아틀란티스 (Atlantis) 명 그리스 전설에 나오는 섬. 높은 문화를 지닌 유토피아였으나 지진과 홍수로 멸망했다고 플라톤이 말한 이래, '이상향(理想鄕)'의 뜻으로 쓰임.

아틀리에 (atelier 프) 명 ①화가나 조각가 등 미술가의 작업실. 화실(畫室). ②사진관의 촬영실. 스튜디오.

아ː티스트 (artist) 명 예술 전반에 관련된 일을 하는 사람.

아파 (牙婆) 명 방물장수.

아파치^족 (Apache族) 명 미국의 뉴멕시코 주와 애리조나 주에 거주하던 아메리칸 인디언의 한 부족.

아파테이아 (apatheia 그) 명 정념(情念)이나 욕정에 지배되지 않는 마음의 상태. 〔스토아학파의 생활 이상임.〕

아파ː트 (←apartment) 명 (5층 이상의 건물로서) 한 채의 건물 안에 독립된 여러 세대가 살게 된 공동 주택.

아파-하다 타여 아픔을 느끼다. 아픔을 느껴 괴로워하다. ¶ 아내는 친구의 사고 소식을 듣고 몹시 가슴 아파했다.

아패 (牙牌) 명 조선 시대에, 이품 이상의 문무관이 사용하던 상아로 된 호패(號牌).

아페르토 (aperto 이) 명 악보에 쓰이는 용어. '피아노의 오른쪽 페달을 밟고'의 뜻.

아페리티프 (apéritif 프) 명 서양식으로 식사할 때, 식욕을 돋우기 위하여 식사 전에 마시는 술.

아편 (阿片·鴉片)명 양귀비의 덜 익은 열매껍질을 칼로 에어서, 흘러나오는 진을 모아 말린 갈색 물질. 모르핀·코데인 등의 원료로, 마취제·진통제 등으로 쓰이나 계속 사용하면 습관성 중독을 일으킴.

아편-굴 (阿片窟)명 금령(禁令)을 피하여 몰래 아편을 먹거나, 피우거나, 주사하는 비밀한 곳.

아편-연 (阿片煙)명 ①아편을 넣어 만든 담배. ②아편을 피우는 연기.

아편-쟁이 (阿片-)명 '아편 중독자'를 속되게 이르는 말.

아편^전:쟁 (阿片戰爭)명 1840~1842년에, 청나라가 아편 수입을 금지한 데서 비롯된 영국과 청나라 사이의 전쟁. 청나라가 져서 난징 조약을 맺고, 홍콩을 영국에 떼어 주었음.

아편^중독 (阿片中毒)명 아편을 상습적으로 흡입하여 생기는 중독 작용. 두통·현기증·호흡곤란·피부 창백 등의 증세가 나타나고, 심하면 정신 이상이나 혼수 상태가 됨.

아포리아 (aporia 그)명 〔통로나 수단이 없다는 뜻으로〕 해결의 방도를 찾을 수 없는 데서 생기는 난관, 또는 내버려 둘 수 없는 논리적인 난점.

아포리즘 (aphorism)명 깊은 체험적 진리를 간결하고 압축된 형식으로 나타낸 짧은 글. 〔금언·격언·경구·잠언 따위.〕

아^포스테리오리 (a posteriori 라)명 〔뒤의 것으로부터라는 뜻으로〕 철학에서, 인식이나 개념이 경험에 의존하거나 경험으로부터 나오는 일. 후천적(後天的). ↔아 프리오리.

아포스트로피 (apostrophe)명 영어에서, 생략·소유격 등을 나타내는 기호 '''의 이름.

아^포코 (a poco 이)명 악보에서 다른 나타냄말에 덧붙여 쓰는 말. '점점' 또는 '조금씩'의 뜻.

아포크리파 (Apocrypha 그)명 경외 성경.

아포크린-샘 (apocrine-)명 외분비샘의 한 가지. 겨드랑이 부분에 가장 많고, 유두·항문 주위 등에 있음. 아포크린 한선.

아포크린^한:선 (apocrine汗腺)명 ☞아포크린샘.

아폴로 (Apollo 라)명 '아폴론'의 라틴 어 이름.

아폴로^계:획 (Apollo計畫) [-계획/-게훽]명 미국 항공 우주국(NASA)의 달 착륙 유인(有人) 비행 계획.

아폴로^눈병 (Apollo-病) [-뼝]명 '출혈성 결막염'을 흔히 이르는 말. 〔1969년 아폴로 십일호가 지구로 돌아올 무렵에 유행한 데서 붙여진 이름임.〕

아폴론 (Apollon 그)명 그리스 신화에 나오는 태양·예언·궁술·의술·음악·시의 신. 〔제우스(Zeus)와 레토(Leto)의 아들.〕 참아폴로.

아폴론-형 (Apollon型)명 니체가 주창한, 예술 활동의 한 유형. 정적(靜的)·개별적·몽상적이며 조화 있는 통일과 단정한 질서를 지향하는 주지적인 경향. ↔디오니소스형.

아:표 (餓莩)명 굶어 죽은 송장.

아프간 (afghan)명 뜨개질 방식의 한 가지. 한 개의 아프간바늘을 써서 대바늘뜨기와 코바늘뜨기의 기술을 혼합, 왕복 두 번의 동작을 되풀이해 가며 뜨는 입체적인 뜨개질법.

아프간-바늘 (afghan-)명 긴 대바늘의 한쪽 끝이 미늘 모양으로 된 뜨개바늘.

아프다 [아프니·아파]형 ①얻어맞거나 다치거나 몸에 이상이 생겨서 괴로운 느낌이 있다. ¶ 온종일 걸었더니 다리가 아프다. ②마음이 괴롭다. ¶ 가슴 아픈 사연. 높편찮다.

아프레게:르 (après-guerre 프)명 ①제1차 세계 대전 이후, 프랑스를 중심으로 하여 일어난 문학 예술상의 새로운 경향. ②전후, 특히 제2차 세계 대전 후에 성장한, 종래의 사고방식이나 습관 등에 얽매이지 않는 사람들을 이르는 말. 전후파(戰後派). ↔아방게르.

아프로디테 (Aphrodite 그)명 그리스 신화에 나오는 미와 사랑의 여신. 제우스(Zeus)와 디오네(Dione)의 딸. 로마 신화의 베누스에 해당함.

아^프리오리 (a priori 라)명 철학에서, 인식이나 개념이 후천적 개념에 의존하지 않고, 그것에 논리적으로 앞선 것으로서 부여된 것. 선천적(先天的). ↔아 포스테리오리.

아프리카 (Africa)명 육대주의 하나. 유라시아 대륙의 남서쪽에 위치하며, 동은 인도양, 서는 대서양, 북은 지중해에 면한 세계 제2의 대륙. 아프리카 주.

아프리카 주 (Africa洲) ☞아프리카.

아프리카-코끼리 (Africa-)명 코끼릿과의 동물. 몸집은 인도코끼리보다 훨씬 커서 어깨 높이가 3.3 m 이상이고 몸무게는 6000 kg에 이름. 긴 귀는 어깨를 덮고 코끝에 두 개의 돌기가 있음. 힘이 세고 활발하며 성질이 사나워 길들이기가 매우 어려움. 사하라 사막 이남에 분포함.

아프트식 철도 (Abt式鐵道) [-또] 스위스의 아프트가 발명한 철도. 두 개의 레일 중앙에 톱니 궤도를 부설하고, 이것에 동력차의 기어를 맞물려서 가파른 경사면을 운전하게 된 장치. 주로, 등산 철도에 이용됨.

아플라우트 (Ablaut 독)명 모음 교체(母音交替).

아플리케 (appliqué 프)명 서양 자수의 한 가지. 주로, 바탕천 위에 딴 천이나 레이스·가죽 따위를 여러 가지 모양으로 오려 붙이고 윤곽을 실로 꿰맴.

아픔명 몸이나 마음의 아픈 느낌, 또는 아픈 상태. ¶ 아픔이 가시다. /아픔을 느끼다.

아^피아체레 (a piacere 이)명 악곡에서, 변화를 주도록 지시하는 말. '임의로'·'자유로'의 뜻.

아하감 ①미처 생각하지 못했던 일을 깨달았을 때 내는 소리. ¶ 아하, 바로 네가 그 사람이었구나! ②좀 못마땅하거나 불안스러운 느낌이 있을 때 내는 소리. ¶ 아하, 내가 일을 왜 그렇게 했지? 큰어허.

아하하감 몹시 우스워서 큰 소리로 웃는 소리. 큰어허허.

아:-한대 (亞寒帶)명 ☞냉대(冷帶).

아함-경 (阿含經←Agama 범)명 불경의 한 가지. 석가의 가르침을 모아서 엮은 가장 오랜 경전으로, 소승 불교의 성전(聖典)임.

아해 (兒孩)명 '아이'의 잘못.

아:헌 (亞獻)명하타 제사 지낼 때, 둘째 번으로 술잔을 올리는 일. 참초헌(初獻)·종헌(終獻).

아:헌-관 (亞獻官)명 조선 시대에, 종묘 제향 때에 아헌을 맡던 임시 벼슬. 참초헌관·종헌관.

아형 (阿兄)명 '형'을 친근하게 부르는 말.

아:형 (雅兄)명 남자 친구끼리 상대편을 높이어 이르는 말.

아:호 (雅號)명 (문인·화가·학자 등이) 본이름 외에 따로 지어 부르는 이름. 준호(號).

아혹명 〈옛〉 아욱. ¶ 아혹: 葵菜(譯語下*10*).

아혹 (訝惑) '아혹하다'의 어근.

아혹-하다 (訝惑-) [-호카-]형여 괴이하고 미심쩍다.

아홉수관 여덟에 하나를 더한 수(의). 구(九).

아홉-무날 [-홈-] 명 조수의 간만의 차가 같은, 음력 초사흘과 열여드레를 아울러 이르는 말. (참)무날·무수기.

아홉-수(-數) [-쑤] 명 9, 19, 29, 39, 49 따위와 같이 '아홉'이 든 수. 〔민속에서, 남자 나이에 이 수가 드는 해를 꺼림.〕

아홉-째 Ⅰ 수관 여덟째의 다음 차례(의). ¶ 아홉째 줄.
Ⅱ 명 맨 앞에서 세어 아홉 개가 됨을 나타내는 말. ¶ 네가 먹은 귤이 벌써 아홉째다.

아ː-황산(亞黃酸) 명 이산화황을 물에 녹여서 만든 불안정한 이염기산(二塩基酸). 환원제·표백제 등으로 쓰임.

아ː황산-가스(亞黃酸gas) 명 ☞이산화황.

아ː회(雅會) [-회/-훼] 명 ①글을 짓기 위하여 가지는 모임. ②아취가 있는 모임.

아ː회(雅懷) [-회/-훼] 명 아취 있는 회포. 풍아(風雅)한 마음.

아후라^마즈다(Ahura Mazda) 명 〔아후라는 '주신(主神)', 마즈다는 '지혜·현자'의 뜻으로〕 조로아스터교의 주신.

아훔(←阿吽·阿吘.ahūm 범) 명 ①밀교(密敎)에서 이르는, 일체 만법의 시작과 끝. ②절의 산문(山門) 양쪽에 있는 인왕(仁王)의 한 쌍, 또는 그 모습. 하나는 입을 벌리고 있으며, 다른 하나는 입을 다물고 있음. ③불교에서, 입을 벌리고 내는 소리 '아(阿)'와 입을 다물고 내는 소리 '훔(吽)'을 이르는 말.

아흐레 명 ①아홉 날. ②〈아흐렛날〉·〈초아흐레〉·〈초아흐렛날〉의 준말.

아흐렛-날 [-렌-] 명 ①아홉째의 날. ②〈초아흐렛날〉의 준말. ②(준)아흐레.

아흔 수관 열의 아홉 곱절(의). 구십.

아희(兒戲) [-히] 명 아이들의 장난.

아ᄒᆞ래 명 〈옛〉아흐레. ¶ 마순 아ᄒᆞ래ᄅᆞᆯ 光明이 긋디 아니킈ᄒᆞ고(釋譜9:32).

아ᄒᆞᆫ 수관 〈옛〉아흔. ¶ 나히 아ᄒᆞᆫ 닐구베 니르러(佛頂下12). /아ᄒᆞᆫ ᄒᆞᆫ 劫이로소니(釋譜6:37).

아ᄒᆡ 명 〈옛〉아이. ¶ 兒ᄂᆞᆫ 아ᄒᆡ라(月釋序18).

악[1] 명 ①있는 힘을 다하여 모질게 마구 쓰는 기운. ¶ 악을 써대다. /악을 쓰며 덤벼들다. /악을 바락바락 쓰며 울다. ②모질게 일어나는 성. ¶ 악이 오르다. /악이 나서 소리소리 지르다.
악(에) 받치다 관용 악이 몹시 나다. ¶ 악에 받쳐 소리소리 지르며 대들다.

악[2] 감 ①남이 놀라도록 갑자기 지르는 소리. ②놀랐을 때 저도 모르게 지르는 소리. ¶ 어둠 속에서 '악'하는 비명 소리가 들려왔다.

악(握) 명 검도에서, 손을 보호하기 위하여 끼는 가죽 장갑.

악(惡) 명 ①올바르지 아니함. 착하지 않음. ②양심을 좇지 아니하고 도덕을 어기는 일. ¶ 악에 물들다. ↔선(善). (참)악하다.

악(萼) 명 ☞꽃받침.

악가(樂歌) [-까] 명 악곡(樂曲) 또는 악장(樂章)에 따라서 부르는 노래. ↔속가(俗歌).

악각(顎脚) [-깍] 명 절지동물 중 갑각류의 입 뒤쪽에 구기(口器)의 일부로 발달한 기관. 턱의 기능을 돕는 구실을 함.

악감(惡感) [-깜] 명 〈악감정〉의 준말. ↔호감(好感).

악-감정(惡感情) [-깜-] 명 ①좋지 않게 생각하는 감정. ¶ 악감정을 품다. ②분하고 원통한 감정. (준)악감. ↔호감정(好感情).

악계(樂界) [-꼐/-께] 명 ☞악단(樂壇).

악곡(樂曲) [-꼭] 명 음악의 곡조. 성악곡·기악곡·관현악곡 등을 통틀어 이르는 말.

악골(顎骨) [-꼴] 명 ☞턱뼈.

악공(樂工) [-꽁] 명 ①음악을 연주하는 사람. ②조선 시대에, 주악(奏樂)에 종사하던 장악원(掌樂院)의 잡직.

악과(惡果) [-꽈] 명 나쁜 짓에 대한 갚음. 악보(惡報). ↔선과(善果).

악관(樂官) [-꽌] 명 ☞악사(樂師).

악-관절(顎關節) [-꽌-] 명 하악골과 두개골을 연결시키는 관절.

악구(惡口) [-꾸] 명 ①☞험구(險口). ②불교에서, 십악(十惡)의 하나로 남에게 악한 말을 하는 짓. 악설(惡說).

악구(樂句) [-꾸] 명 음악에서, 하나의 정리된 악상(樂想)을 나타내는 선율이나 악곡의 도막. 작은악절을 가리킬 때도 있음.

악궁(樂弓) [-꿍] 명 현악기 연주용의 활.

악귀(惡鬼) [-뀌] 명 ①나쁜 귀신. 사람에게 몹쓸 짓을 하는 귀신. ¶ 악귀를 쫓다. /악귀가 붙다. ②'악독한 행동을 하는 사람'을 속되게 이르는 말.

악극(樂劇) [-끅] 명 노래와 춤에 치우치는 오페라에서 벗어나, 음악 자체로 극적인 전개를 꾀함으로써 음악과 극을 합치시킨 오페라의 한 형식. 뮤직 드라마.

악극-단(樂劇團) [-끅딴] 명 악극을 상연하기 위하여 조직된 단체. (준)악단(樂團).

악기(惡氣) [-끼] 명 ①사람에게 해를 주는 독기. 고약한 냄새. ②☞악의(惡意).

악기(樂器) [-끼] 명 음악을 연주하는 데 쓰이는 기구를 통틀어 이르는 말. 〔관악기·현악기·타악기 따위.〕

악-기류(惡氣流) [-끼-] 명 순조롭지 못한 대기의 유동(流動).

악녀(惡女) [앙-] 명 악독한 여자. 성질이 나쁜 여자.

악념(惡念) [앙-] 명 나쁜 짓을 하려는 모진 마음. 나쁜 생각. 악상(惡想).

악다구니 [-따-] 명 하자 기를 써서 서로 욕하며 싸우는 짓, 또는 그런 입. ¶ 악다구니를 쓰다. /악다구니를 퍼붓다.

악단(樂團) [-딴] 명 ①음악 연주를 목적으로 조직된 단체. ¶ 드디어 악단의 연주가 시작되었다. ②〈악극단〉의 준말.

악단(樂壇) [-딴] 명 음악가들의 사회. 악계(樂界). 음악계.

악담(惡談) [-땀] 명 하자 남을 비방하거나 저주함, 또는 그 말. ¶ 악담을 퍼붓다. ↔덕담(德談).

악당(惡黨) [-땅] 명 ①악한 도당(徒黨). 흉악한 무리. 악도(惡徒). ②☞악한(惡漢).

악대 [-때] 명 ①불깐 짐승. ②〈악대소〉의 준말.

악대(樂隊) [-때] 명 여러 가지 악기로 합주하는 단체. 주로, '브라스 밴드'를 이름.

악대돋 명 〈옛〉불깐 돼지. ¶ 악대돋 분:豶(訓蒙下7).

악대-말 [-때-] 명 불깐 말.

악대ᄆᆞᆯ 명 〈옛〉불깐 말. 악대말. ¶ 악대ᄆᆞᆯ:騸馬(老解下8).

악대-소 [-때-] 명 불깐 소. (준)악대.

악대-양(-羊) [-때-] 명 불깐 양.

악덕(惡德) [-떡] 명 도의에 어긋나는 나쁜 마음이나 나쁜 짓. ¶ 악덕 상인. ↔선덕(善德).

악덕-한(惡德漢) [-떠칸] 명 ①마음씨가 나쁜 사람. ②인륜에 어긋난 짓을 하는 사람.

악도(惡徒) [-또] 명 ☞악당(惡黨).

악도(惡道) [-또] 명 ①다니기에 힘든 나쁜 길. ②불교에서, 악한 짓을 한 사람이 죽어서 간다는 고뇌의 세계. ②악취(惡趣).

악독(惡毒) [-똑] 명하형스형 마음이 악하고 독살스러움. ¶ 악독한 흉계. **악독-히**부. **악독스레**부.

악-돌이 [-또리] 명 악을 쓰며 모질게 덤비기를 잘하는 사람.

악동(惡童) [-똥] 명 ①행실이 얌전하지 못한 아이. ②장난꾸러기.

악랄(惡辣) [앙날] 명하형 하는 짓이 매우 표독함. ¶ 악랄한 수단. /악랄한 짓을 서슴지 않다. **악랄-히**부.

악력(握力) [앙녁] 명 (물건을) 손으로 꽉 쥐는 힘.

악력-계(握力計) [앙녁꼐/앙녁께] 명 악력(握力)을 재는 기구.

악력^지수(握力指數) [앙녁찌-] 명 두 손의 악력을 합한 수와 체중과의 비(比).

악령(惡靈) [앙녕] 명 원한을 품고 사람에게 재앙을 내린다는 사령(死靈).

악례(惡例) [앙녜] 명 나쁜 전례(前例). ¶ 이번 사건 처리는 인권 문제의 악례로 기록될 것이다.

악률(樂律) [앙뉼] 명 ①☞악조(樂調). ②악음(樂音)을 음률의 높낮이에 따라 이론적으로 정돈한 것. 〔십이율·평균율 따위.〕

악리(樂理) [앙니] 명 음악의 이치.

악마(惡魔) [앙-] 명 ①불교에서, 불도 수행을 방해하는 사신(邪神)을 이르는 말. ②사람에게 재앙을 내리거나, 나쁜 길로 유혹하는 마물(魔物). ③'아주 흉악한 사람'을 비유하여 이르는 말. ②③↔천사(天使).

악-마디(惡-) [앙-] 명 결이 몹시 꼬여서 모질게 된 마디.

악마-주의(惡魔主義) [앙-의/앙-이] 명 19세기 말에 나타난 문예 또는 사상의 한 경향. 추악·퇴폐·괴기·전율·공포 따위에서 미를 즐겨 찾으려고 했음.

악마-파(惡魔派) [앙-] 명 악마주의를 신봉하는 문예상의 한 파.

악막(幄幕) [앙-] 명 진중(陣中)에 친 장막.

악매(惡罵) [앙-] 명하타 상스러운 말로 호되게 욕함, 또는 그 욕.

악-머구리 [앙-] 명 〔잘 우는 개구리라는 뜻으로〕 '참개구리'를 이르는 말.

악머구리 끓듯속담 '여러 사람이 시끄럽게 떠들어 댐'을 비유하여 이르는 말.

악명(惡名) [앙-] 명 악하기로 소문난 이름. 나쁜 평판. ¶ 악명을 떨치다. /악명 높은 날강도.

악모(岳母·嶽母) [앙-] 명 ☞장모(丈母).

악모(惡毛) [앙-] 명 붓 속에 섞여 있는 몽똑한 털. 악치.

악목(惡木) [앙-] 명 재목으로 쓰기에는 적당하지 않은, 질이 나쁜 나무.

악몽(惡夢) [앙-] 명 꿈자리가 사나운 꿈. 불길한 꿈. ¶ 밤마다 악몽에 시달리다.

악무(樂舞) [앙-] 명 음악과 무용. 노래와 춤.

악물(惡物) [앙-] 명 ☞악종(惡種).

악-물다 [앙-] [~무니·~물어] 타 (몹시 아프거나 분하거나 또는 단단히 결심하거나 할 때) 아래위의 이를 마주 꽉 물다. ¶ 이를 악물고 참다. 큰윽물다.

악물-리다 [앙-] 자 『'악물다'의 피동』 악묾을 당하다. 큰윽물리다.

악미(惡米) [앙-] 명 <앵미>의 본딧말.

악-바리 [-빠-] 명 ①성미가 깔깔하고 고집이 세며 모진 데가 있는 사람. ②지나치게 똑똑하고 영악한 사람.

악바리 악돌이 악쓴다속담 무슨 일에나 악착같이 제 고집을 세우고 물러날 줄 모른다는 뜻.

악박-골 [-빡꼴] 명 서울 서대문구 현저동(峴底洞) 일대의 옛 이름.

악박골 호랑이 선불 맞은 소리속담 상종을 못할 만큼 사납고 무섭게 날뛰는 짓, 또는 사납게 지르는 비명을 이르는 말.

악법(惡法) [-뻡] 명 ①좋지 않은 법률. ¶ 반민주 악법의 개폐(改廢). /악법도 법이다. ②나쁜 방법.

악벽(惡癖) [-뼉] 명 나쁜 버릇.

악병(惡病) [-뼝] 명 고약한 병. 악질(惡疾). 악증(惡症).

악보(惡報) [-뽀] 명 ①나쁜 소식. 비흉보(凶報). ②☞악과(惡果).

악보(樂譜) [-뽀] 명 음악의 곡조를 일정한 부호를 써서 나타낸 것. 곡보(曲譜). 보곡(譜曲). 보면(譜面). 음보(音譜). ¶ 악보를 보면서 노래하다.

악부(岳父·嶽父) [-뿌] 명 ☞장인(丈人).

악부(握斧) [-뿌] 명 ☞주먹 도끼.

악부(惡婦) [-뿌] 명 악독한 부녀. 간악한 부녀.

악부(樂府) [-뿌] 명 ①한시(漢詩)의 한 형식. 인정과 풍속을 읊은 것으로, 글귀에 길고 짧은 구별이 있음. ②☞악장(樂章).

악사(惡事) [-싸] 명 나쁜 일. ↔호사(好事).

악사(樂士) [-싸] 명 (악기로) 음악을 연주하는 사람.

악사(樂師) [-싸] 명 조선 시대에, 장악원(掌樂院)과 장례원(掌禮院) 등에 딸려 풍류를 아뢰던 벼슬. 악관(樂官). 참악생(樂生).

악사-천리(惡事千里) [-싸철-] 명 나쁜 일은 그 소문이 멀리까지도 금방 알려진다는 뜻.

악산(惡山) [-싼] 명 산세가 험한 산.

악상(惡相) [-쌍] 명 ①흉악한 얼굴. 못난 얼굴. ②불길한 상격(相格).

악상(惡喪) [-쌍] 명 부모에 앞서 죽은 젊은 사람의 상사(喪事). ¶ 악상이 나다. ↔순상(順喪).

악상(惡想) [-쌍] 명 ☞악념(惡念).

악상(樂想) [-쌍] 명 ①악곡에 대한 구상. ¶ 악상이 떠오르다. ②악곡의 주제, 또는 중심 사상.

악-상어 [-쌍-] 명 악상엇과의 바닷물고기. 몸길이 3 m가량. 몸은 물렛가락 모양이며, 등은 회청색이고 아래쪽은 흼. 아래위턱의 이가 삼각형인 태생어(胎生魚)이며 성질이 사나움. 한대성 어종으로 우리나라 제주도 이북, 알래스카 근해 등에 분포함.

악생(樂生) [-쌩] 명 조선 시대에, 장악원(掌樂院)에서 아악을 연주하던 하급 관직. 참악사(樂師).

악서(惡書) [-써] 명 (내용이 좋지 않아) 읽어서 해가 되는 책. ↔양서(良書).

악서(樂書) [-써] 명 음악에 관한 책.

악-선전(惡宣傳) [-썬-] 명하타 남에게 해를 끼치기 위한 악의 있는 선전. ¶ 경쟁 업체의 악선전.

악설(惡舌·惡說) [-썰] 명하자 ①남을 비방하는 말. 악언(惡言). ②☞악구(惡口).

악성(惡性) [-썽] 명 ①보통의 치료로는 고치기 어려운 병의 성질. ¶ 악성 기관지염. ②보통의 방법으로는 바로잡기 어려운 성질. ¶ 악성 루머에 시달리다. ↔양성(良性).

악성(惡聲)[-썽]명 ①듣기 싫은 소리. ②☞악평(惡評).

악성(樂聖)[-썽]명 역사상의 '위대한 음악가'를 높이어 일컫는 말. ¶ 악성 베토벤.

악성^인플레이션(惡性inflation)[-썽-]명 물가 상승이 급격하여 경제 질서와 사회 질서를 어지럽히는 인플레이션.

악성^종:양(惡性腫瘍)[-썽-]명 종양 세포의 증식력이 강하여 주위의 조직으로 번지거나 다른 장기(臟器)로 전이하는 종양. 암이 그 대표적인 것임. ↔양성 종양.

악-세다[-쎄-]형 ①몸이 단단하고 힘이 세다. ②(품은 뜻이나 성질 따위가) 굳고 세차다. ③식물의 잎·줄기가 빳빳하고 세나. 큰억세다.

악세사리(accessory)명 '액세서리'의 잘못.

악센트(accent)명 ①단어의 발음에서, 어떤 음절을 강하게 또는 높게 발음하는 일, 또는 그 부분. ②(어떤 것 중에서) 특히 강조하는 점. ¶ 옷깃에 악센트를 두다.

악셀명 '액셀러레이터(accelerator)'의 잘못.

악-소년(惡少年)[-쏘-]명 품성과 행동이 나쁜 소년. 참불량소년.

악속(惡俗)[-쏙]명 ☞악풍(惡風).

악송(惡松)[-쏭]명 (메마른 땅에서) 잘 자라지 못한 쓸모없는 소나무.

악-송구(惡送球)[-쏭-]명하자 야구에서, 자기편 야수(野手)가 받을 수 없을 정도로 공을 빗나가게 던지는 일. 악투(惡投). 폭투(暴投).

악수[-쑤]명 물을 퍼붓듯이 세차게 내리는 비. 큰억수.

악수(握手)[-쑤]명하자 친애·축하·환영 등의 뜻을 나타내기 위하여 서로 손을 내밀어 마주 잡음. ¶ 악수를 나누다.

악수(幄手)[-쑤]명 소렴(小殮)할 때에 시신의 손을 싸는 검은 헝겊.

악수(惡手)[-쑤]명 장기나 바둑에서, 잘못 놓은 나쁜 수. ¶ 이 악수가 패인이 되었다.

악수(惡獸)[-쑤]명 모질고 사나운 짐승.

악수(樂手)[-쑤]명 악대(樂隊) 또는 악단에 딸려 기악을 연주하는 사람.

악수-례(握手禮)[-쑤-]명 악수하는 예의.

악-순환(惡循環)[-쑨-]명 ①어떤 나쁜 현상이 자꾸 되풀이되는 일. ¶ 빈곤의 악순환. ②밀접한 관계에 있는 두 가지 일이 서로 나쁜 영향을 주고받으며 거듭 악화되어 가는 일. 〔인플레이션 말기에, 물가가 오르면 임금이 오르고, 따라서 통화가 증발되어 다시 물가가 오르는 현상 따위.〕

악습(惡習)[-씁]명 좋지 않은 버릇. 좋지 않은 풍습. 악벽(惡癖). 악풍(惡風). ¶ 악습 타파. / 악습을 철폐하다. ↔양습(良習).

악승(惡僧)[-씅]명 계율을 어기며 나쁜 행동을 하는 중.

악식(惡食)[-씩]명하자 맛없고 거친 음식, 또는 그런 음식을 먹음. ¶ 악식을 마다하지 않다. ↔미식(美食)·호식(好食). 참조식(粗食).

악식(樂式)[-씩]명 악곡 구성의 형식. 〔리드 형식·소나타 형식·론도 형식·변주곡 형식 따위가 있음.〕

악신(惡神)[-씬]명 사람에게 재앙을 가져다 준다는 나쁜 귀신.

악심(惡心)[-씸]명 악한 마음. 남을 해치려는 마음. ¶ 악심을 품다. ↔선심(善心).

악-쓰다[~쓰니·~써]자 악을 내어 소리를 지르거나 마구 날뛰다. ¶ 악쓰며 덤벼들다.

악악(諤諤)명하자 거리낌 없이 바른말을 함.

악악-거리다[-꺼-]자 (불만이 있거나 화가 나서) 자꾸 소리를 지르다. 악악대다.

악악-대다[-때-]자 악악거리다.

악액-질(惡液質)[-찔]명 결핵이나 암 따위의 병으로 말미암아 전신이 극도로 쇠약해진 상태. 전신이 마르고 피부는 회황색을 띠며 눈이나 발이 부어오름.

악야(惡夜)명 ①무서움에 떨며 새우는 밤. ②악몽을 꾼 밤.

악어(鰐魚)명 악어과에 딸린 파충류를 통틀어 이르는 말. 난생으로, 생김새는 도마뱀과 비슷하나 몸은 훨씬 커서 몸길이 10 m에 이르는 것도 있음. 이빨이 날카롭고 성질이 몹시 사나움. 대부분 열대와 아열대 지방의 강이나 호수 등 민물에 삶.

악어-가죽(鰐魚-)명 악어의 껍질. 가방·지갑 같은 고급 가죽 제품을 만드는 데 쓰임.

악언(惡言)명하자 ☞악설(惡舌).

악업(惡業)명 불교에서 이르는, 고과(苦果)를 가져오는 원인이 되는 나쁜 짓, 또는 전생(前生)의 나쁜 짓. ↔선업(善業).

악역(惡役)명 ①연극이나 영화 등에서 악인으로 분장하는 배역, 또는 그 사람. ②'실생활에서 사람들의 미움을 살 만한 일을 맡은 사람'을 비유하여 이르는 말. 악인역. ¶ 악역을 맡다.

악역(惡疫)명 악성의 전염병.

악역(惡逆)명 도리에 벗어난 악독한 소행. 임금이나 어버이에게 적대하는 따위의 죄악.

악역-무도(惡逆無道)[아경-]명하형 비길 데 없이 악독하고 도리에 맞지 않음.

악연(愕然) '악연하다'의 어근.

악연(惡緣)명 ①불행한 인연. 나쁜 인연. 악인연(惡因緣). ¶ 악연을 맺다. ②〔불교에서〕 나쁜 일을 하도록 유혹하는 주위의 환경.

악연-실색(愕然失色)[-쌕]명하자 ☞아연실색(啞然失色).

악연-하다(愕然-)형여 너무 놀라워서 말이 안 나오거나 어안이벙벙하다. **악연-히**부.

악-영향(惡影響)명 나쁜 영향. ¶ 폭력 영화는 아이들에게 악영향을 미친다.

악용(惡用)명하타되자 나쁘게 이용함, 또는 나쁜 데 씀. ¶ 지위를 악용하다. ↔선용(善用).

악우(惡友)명 나쁜 벗. 사귀어서 해가 되는 벗. ↔양우(良友).

악운(惡運)명 ①사나운 운수. ¶ 악운의 연속. ↔길운(吉運)·호운(好運). ②나쁜 짓을 하고도 그 갚음이 돌아가지 않고 도리어 잘되는 일, 또는 그런 운수. ¶ 악운이 세다.

악월(惡月)명 ①운수가 좋지 않은 달. ②음양도(陰陽道)에서 이르는, 운이 나쁜 달. 특히, '음력 오월'을 이름.

악음(樂音)명 진동이 규칙적이어서 귀에 좋은 느낌을 주는 소리, 곧 악기 따위의 소리. ↔소음(騷音)·조음(噪音).

악의(惡衣)[아긔/아기]명 너절한 옷. 질이 좋지 않고 조잡한 옷. ↔호의(好衣).

악의(惡意)[아긔/아기]명 ①남을 해치려는 나쁜 마음. ¶ 결코 악의를 품고 한 일은 아니니 나를 이해해 주시오. ②나쁜 뜻. 악기(惡氣). ¶ 그의 말을 악의로 해석하다. ↔선의(善意)·호의(好意).

악의-악식(惡衣惡食)[아긔-씩/아기-씩]명하자 좋지 못한 옷을 입고 맛없는 음식을 먹음, 또는 그런 옷과 음식. ↔호의호식(好衣好食).

악의^점유(惡意占有) [아긔-/아기-] 명 법률에서, 점유할 권리가 없음을 알면서 또는 그 권리의 유무를 의심하면서 하는 점유.
악인(惡人) 명 나쁜 사람. 악한 사람. ¶ 입은 험하지만 악인은 아니다. ↔선인(善人).
악인(惡因) 명 나쁜 결과를 가져오는 원인. ↔선인(善因).
악인(樂人) 명 악사(樂師)·악공(樂工)·악생(樂生)·가동(歌童) 등을 통틀어 이르는 말.
악인-악과(惡因惡果) [-꽈] 명 불교에서, 나쁜 짓을 하면 반드시 나쁜 결과가 따르게 됨을 이르는 말. ↔선인선과(善因善果).
악인-역(惡人役) [-녁] 명 ☞악역(惡役).
악-인연(惡因緣) 명 ☞악연(惡緣).
악일(惡日) 명 ☞흉일(凶日). ↔길일(吉日).
악작(樂作) [-짝] 명 하자 풍악을 시작함.
악장(岳丈·嶽丈) [-짱] 명 '장인(丈人)'을 높이어 이르는 말. 빙장(聘丈).
악장(樂匠) [-짱] 명 뛰어난 음악가. 대음악가(大音樂家). ¶ 악장 베토벤.
악장(樂長) [-짱] 명 악대(樂隊)나 악단의 지휘자.
악장(樂章) [-짱] 명 ①나라의 제전(祭典)이나 연례(宴禮) 때 연주하던 주악(奏樂)의 가사. 조선 초기에 발생한 시가 형태의 하나로, 주로 조선 건국의 위업과 선대 임금의 공덕을 기린 내용임. 악부(樂府). ②소나타·교향곡·협주곡 등, 다악장 형식을 이루면서 하나하나 완결되어 있는 악곡의 장. 〔제1악장·제2악장 따위.〕
악장-가사(樂章歌詞) [-짱-] 명 고려 시대부터 조선 초까지의 속요·악장·경기체가 등을 모아 실은 시가집. 엮은이와 연대는 분명하지 않음. '청산별곡'·'가시리'·'사모곡' 등 24편이 실려 있음.
악장-치다 [-짱-] 자 악을 쓰며 싸우다.
악재(惡材) [-째] 명 〈악재료〉의 준말. ¶ 대기업의 부도 사태가 악재로 작용하여 주가가 하락하였다. ↔호재(好材).
악재(樂才) [-째] 명 음악에 관한 재능.
악-재료(惡材料) [-째-] 명 ①나쁜 재료. ②증권 거래 따위에서, 시세를 하락시키는 원인이 되는 나쁜 조건. ¶ 국제 테러의 발생이 주가 하락의 악재료였다. ②준악재(惡材). ↔호재료(好材料).
악전(惡戰) [-쩐] 명 하자 불리한 상황에서 싸움.
악전(惡錢) [-쩐] 명 ①도박 따위 못된 짓으로 얻은 돈. ②질이 나쁜 돈. 가짜 돈.
악전(樂典) [-쩐] 명 (서양 음악의) 악보를 적는 데 관한 원리나 규칙, 또는 그것을 해설한 책.
악전-고투(惡戰苦鬪) [-쩐-] 명 하자 ①불리한 상황에서 우세한 적을 상대로 죽을힘을 다하여 싸움. ¶ 포위망 속에서 악전고투하다. ②'어려운 상황에서 고통을 이겨 내며 모질게 노력함'을 비유하여 이르는 말. ¶ 그의 일생은 악전고투의 연속이었다.
악절(樂節) [-쩔] 명 악곡에서, 하나의 갖추어진 악상(樂想)을 나타내는 단위. 보통, 네 개의 마디로 된 작은악절과 두 개의 작은악절로 된 큰악절로 나뉨.
악정(惡政) [-쩡] 명 국민을 괴롭히고 나라를 그르치는 나쁜 정치. ¶ 악정에 시달리다. ↔선정(善政).
악제(惡制) [-쩨] 명 (국민 생활에 도움이 되지 않는) 나쁜 제도.
악조(樂調) [-쪼] 명 음악의 가락. 악률(樂律).
악-조건(惡條件) [-쪼껀] 명 나쁜 조건. ¶ 적지(敵地)라는 악조건을 무릅쓰고 승리를 거두었다. ↔호조건(好條件).
악조-증(惡阻症) 명 '오조증(惡阻症)'의 잘못.
악종(惡種) [-쫑] 명 '성질이 악독한 사람이나 동물'을 이르는 말. 악물(惡物).
악증(惡症) [-쯩] 명 ①☞악병(惡病). ②못된 짓.
악지 [-찌] 명 잘 되지 않을 생각이나 주장을 억지로 해내려는 고집. ¶ 악지가 세다. /악지를 부리다. /악지를 세우다. /악지를 쓰다. 큰억지.
악지(惡地) [-찌] 명 ①토질이 나쁜 땅. ②사람이 살기에 알맞지 않은 곳.
악지-스럽다 [-찌-따] [~스러우니·~스러워] 형ㅂ 보기에 고집스러운 데가 있다. ¶ 제발 악지스러운 소리는 하지 말게나. **악지스레**부.
악지-악각(惡知惡覺) [-찌-깍] 명 불도(佛道)를 얻는 데 방해가 되는 사악한 지식.
악질(惡疾) [-찔] 명 ☞악병(惡病).
악질(惡質) [-찔] 명 질이 나쁨, 또는 질이 나쁜 사람. ¶ 악질 상인.
악질-분자(惡質分子) [-찔-] 명 나쁘거나 못된 짓을 하여, 타인이나 사회에 해독을 끼치는 사람.
악짓-손 [-찌쏜/-찓쏜] 명 악지를 써서 일을 해 내는 솜씨. 큰억짓손.
악차(堊次) 명 부모의 묘를 돌보며 지키는 상제(喪制)가 거처하는, 무덤 옆의 뜸집.
악차(幄次) 명 임금이 거둥할 때 쉬는 장막.
악착(齷齪) 명 하형 스형 ①도량이 좁고 악지스러움. ②잔인하고 끔찍스러움. ③일을 해 나가는 태도가 끈질기고 모짊. ¶ 악착을 떨다. /악착을 부리다. /악착스럽게 일하다. 큰억척. **악착-히**부. **악착스레**부.
악착-같다(齷齪-) [-깓따] 형 아주 끈질기고 모질다. ¶ 거머리처럼 악착같은 작자에게 걸려들다. 큰억척같다. **악착같-이**부 ¶ 악착같이 대들다. /악착같이 돈을 벌었다.
악착-꾸러기(齷齪-) 명 몹시 악착스러운 사람. 큰억척꾸러기.
악착-빼기(齷齪-) 명 몹시 악착스러운 아이. 큰억척빼기.
악창(惡瘡) 명 한방에서, 잘 낫지 않는 '악성의 부스럼'을 이르는 말.
악처(惡妻) 명 (남편이나 가정에 도움이 되지 않는) 나쁜 아내. ↔양처(良妻).
악-천후(惡天候) 명 몹시 나쁜 날씨. ¶ 악천후로 경기가 연기되다. ↔호천후(好天候).
악첩(惡妾) 명 성질이나 행실이 좋지 않은 첩.
악초(惡草) 명 품질이 낮은 담배.
악-초구(惡草具) 명 고기는 없이 채소만 가지고 되는대로 차린 맛없는 음식.
악초-악목(惡草惡木) [-앙-] 명 (잘 자라지 못해) 쓸모가 없는 초목.
악충(惡蟲) 명 (사람이나 가축·농작물에) 해를 끼치는 벌레. 해충.
악취(惡臭) 명 불쾌한 냄새. 고약한 냄새. ¶ 악취가 코를 찌르다.
악취(惡趣) 명 불교에서, 이 세상에서 나쁜 짓을 한 사람이 죽어서 간다는 세계. 〔지옥도(地獄道)·아귀도(餓鬼道)·축생도(畜生道) 따위.〕 악도(惡道).
악-취미(惡趣味) 명 ①품위가 낮은 취미. ②남이 싫어하는 짓이나 도덕에 어긋나는 짓을 예사로 하는 일.
악-치(惡-) 명 ①☞악모(惡毛). ②(여러 개의 물건 속에서) 고르고 남은 찌꺼기.

악투(惡投)명하타 ☞악송구(惡送球).

악티늄(actinium)명 방사성 원소의 한 가지. 반감기(半減期) 21.6년. 란탄과 비슷한 은백색의 금속. 〔Ac/89/227.0278〕

악티늄^계ː열(actinium系列)[-계-/-게-]명 천연 방사능 원소의 붕괴 계열의 하나. 우라늄 235로부터 시작하여 악티늄을 거쳐 납의 동위 원소로 끝나는 계열.

악티니드(actinide)명 악티늄보다 원자 번호가 큰 원소를 통틀어 이르는 말.

악판(顎板)명 거머리 따위의 인두(咽頭) 안에 있는 턱. 딴 동물에 붙어 피를 빨아 먹을 수 있도록 되어 있음.

악-패듯[-듣]부 사정없이 몹시 심하게. ¶ 악패듯 울다.

악편(萼片)명 꽃받침 조각.

악평(惡評)명 ①좋지 않은 평판이나 평가. 악성(惡聲). ¶ 악평이 높다. ②하자타남을 나쁘게 비평함. ¶ 그 악평은 평이라기보다 헐뜯는 말에 불과하다. ↔호평(好評).

악폐(惡弊)[-폐/-페]명 (사회에 해가 될 만한) 나쁜 풍습. 나쁜 폐단. ¶ 악폐를 일소하다.

악풍(惡風)명 ①나쁜 풍습. 좋지 못한 습관. 악속(惡俗). 악습(惡習). ¶ 금전 만능의 악풍. ↔미풍(美風). ②모진 바람.

악필(惡筆)명 ①잘 쓰지 못한 글씨. 서투른 글씨. ↔능필(能筆)·달필(達筆). ②품질이 좋지 않은 붓.

악-하다(惡-)[아카-]형여 ①성질이 모질고 사납다. ¶ 악한 사람과 선한 사람. ②양심에 어긋나고 도의에 벗어나다. ¶ 악한 일. ↔선하다.

악학-궤범(樂學軌範)[아칵꿰-]명 조선 성종 때, 성현(成俔)·신말평(申末平)·유자광(柳子光) 등이 왕명에 의하여 장악원(掌樂院)에 있던 의궤(儀軌)·악보를 정리하여 편찬한 음악책. 〔'동동'·'정읍사'·'처용가'·'정과정곡' 등이 실려 있어 국문학 연구에 귀중한 자료가 됨.〕 9권 3책.

악한(惡漢)[아칸]명 (강도·폭행·살인 등) 악독한 짓을 하는 남자. 악당(惡黨). 흉한(凶漢).

악행(惡行)[아캥]명 악독한 행위. 나쁜 짓. ¶ 악행을 일삼다. /악행이 드러나다. ↔선행(善行).

악향(惡鄕)[아컁]명 풍기가 문란한 고장.

악혈(惡血)[아켤]명 ①고름에 섞여 나오는 피. ②해산(解產)한 뒤에 나오는 궂은 피.

악형(惡刑)[아켱]명하타 잔인한 형벌에 처함, 또는 그런 형벌. ¶ 악형에 처하다. 비참형(慘刑).

악화(惡化)[아콰]명하자되자 (어떤 상태나 관계 따위가) 나빠짐. ¶ 병세가 악화하다. /남북 관계가 악화되다. ↔호전(好轉).

악화(惡貨)[아콰]명 지금(地金)의 질이 떨어지는 악질의 화폐, 곧 실질 가치가 명목 가치를 밑도는 화폐. ¶ 그레셤(Gresham)은 악화가 양화(良貨)를 구축한다고 했다. ↔양화(良貨).

악희(惡戲)[아키]명 못된 장난. 심술궂은 장난.

안[1]명 ①어떤 곳이나 물건의 둘레에서 가운데로 향한 쪽, 또는 그 부분. ¶ 사무실 안. /옷장 안. ↔밖. ②(시간이나 공간·수량의) 어떤 범위를 벗어나지 않는 것. ¶ 열흘 안에 돌아와야 한다. /이 안에서 고르시오. ③'아내'를 낮추어 이르는 말. ¶ 제 안이 그러하였습니다. ④〈안찝〉의 준말. ¶ 명주로 안을 댄 저고리. ⑤집에서 부인들이 거처하는 곳. ¶ 안에서 나오다.

안[2]부 〈아니[1]〉의 준말. ¶ 안 먹고, 안 입고, 안 쓰고 모은 돈으로 장만한 집.

안명 〈옛〉마음속. ¶ 져 믈도 내 안 곳도다 우러 밤길 녜놋다(古時調). /空山에 落木聲 들릴제 내 안 둘 듸 업셰라(古時調). 참앓.

안ː(案)명 ①〈안건〉의 준말. ②(궁리한) 생각이나 계획. ¶ 좋은 안이 있다. ③앞을 가로막은 산이나 담 따위를 이르는 말.

안가(安家)명 특수 정보 기관 등이 비밀을 유지하기 위하여 이용하는 일반 집.

안ː가(晏駕)명하자 ☞붕어(崩御).

안-가업(-家業)명하자 안방에서 술 따위의 음식을 파는 일.

안ː각(眼角)명 ①위 눈꺼풀과 아래 눈꺼풀이 만나서 뉴 양쪽에 이루는 각. ②사물을 보는 눈.

안-간힘[-깐-]명 ①어떤 일을 이루려고 몹시 애쓰는 힘. ¶ 안간힘을 다하여 책상을 서재로 옮겼다. ②울화나 고통 따위를 참으려고 하지만 저절로 터져 나오는 간힘. ¶ 울지 않으려고 안간힘을 쓰다.

안-감[-깜]명 ①☞안찝. ②물건의 안에 대는 재료. ↔겉감.

안감-생심(安敢生心)명 ☞언감생심. ¶ 제까짓 게 뭔데 안감생심 그런 말을 한단 말이냐?

안ː갑(鞍匣)명 안장 위를 덮는 형겊.

안강(安康) '안강하다'의 어근.

안강(鮟鱇)명 ☞아귀[2].

안강-망(鮟鱇網)명 고기잡이 그물의 한 가지. 주둥이가 둥근 큰 자루 모양인데, 조수가 흘러오는 쪽을 향하여 그물 입을 열고 아귀·조기·쌀새우 따위를 잡음.

안강-하다(安康-)형여 평안하고 무사하다. 아무 탈이 없다. ¶ 일기 불순한 이때 기체후(氣體候) 안강하신지요. **안강-히**부.

안갖은-그림씨명 ☞불완전 형용사. ↔갖은그림씨.

안갖은-남움직씨명 ☞불완전 타동사. ↔갖은남움직씨.

안갖은-움직씨명 ☞불완전 동사. ↔갖은움직씨.

안갖은-제움직씨명 ☞불완전 자동사. ↔갖은제움직씨.

안갖춘-꽃[-갇-꼳]명 꽃받침·꽃부리·수술·암술 중의 어느 것을 갖추지 못한 꽃. 〔오이·벼 따위의 꽃.〕 불완전화(不完全花). ↔갖춘꽃. * 안갖춘꽃이[-갇-꼬치]·안갖춘꽃만[-갇-꼰-]

안갖춘-잎[-갇-닙]명 잎몸·잎자루·턱잎 중의 어느 것을 갖추지 못한 잎. 〔국화·오이·냉이 따위의 잎.〕 불완전엽. ↔갖춘잎. * 안갖춘잎이[-갇-니피]·안갖춘잎만[-갇-님-]

안ː-갚음명하자 ①까마귀 새끼가 자라서 어미에게 먹이를 물어다 줌으로써 길러 준 은혜를 갚는 일. ②자식이 자라서 어버이의 은혜를 갚는 일. 반포(反哺).

안ː개명 공기 속의 수증기가 엉겨서 작은 물방울이 되어 지표(地表) 가까이에 연기처럼 끼는 자연 현상. 참는개.

안ː개-구름명 '층운'·'층구름'을 달리 이르는 말.

안ː개-꽃[-꼳]명 석죽과의 일년초. 관상용 식물로 줄기 높이는 30~45 cm. 가늘고 긴 잎이 마주나고 가지를 많이 침. 여름부터 가을에 걸쳐 잔가지 끝에 자잘한 흰 꽃이 많이 피는데, 꽃잎은 다섯 장이고 끝이 오목함. * 안ː개꽃이[-꼬치]·안ː개꽃만[-꼰-]

안거(安居)명하자 ①마음 편히 생활함. 안존(安存). ②중이 일정한 기간 동안 외출하지 않고 한곳에 머무르며 수행하는 일. 참동안거(冬安居)·하안거(夏安居).

안거-낙업(安居樂業)명하자 현재의 생활에 만족하면서 즐겁게 일을 함.
안거-위사(安居危思)명 편안하고 무사한 때일수록 어려운 일이 닥칠 때를 생각하여 미리 대비함.
안ː건(案件)[-껀]명 조사하거나 토의해야 할 사항. 문제가 되어 있는 사항. ¶ 토의할 안건이 많다. 준안(案).
안-걸이명 씨름에서, 상대편의 오금을 안으로 걸어 넘어뜨리는 기술. ↔밭걸이.
안ː검(按劍)명하자 (칼을 뽑으려고) 칼자루에 손을 댐.
안ː검(眼瞼)명 ☞눈꺼풀.
안ː검-상시(按劍相視)명하자 〔칼자루를 잡고 서로 노려본다는 뜻으로〕 '서로 원수처럼 대함'을 이르는 말.
안ː검-염(眼瞼炎)[-념]명 ☞다래끼2.
안-겉장(-張)명 '속표지'의 잘못.
안ː경(眼鏡)명 근시(近視)·원시(遠視) 등 불완전한 시력을 돕거나, 강한 광선으로부터 눈을 보호하기 위하여 눈에 쓰는 기구. ¶ 안경을 끼다.
 안경(을) 쓰다관용 ①있는 대로 보지 않고 선입견을 가지다. ②술을 한꺼번에 두 잔 받다.
안ː경-다리(眼鏡-)[-따-]명 안경테의 일부로서 양쪽에 달려 귀에 걸게 된 부분.
안ː경-알(眼鏡-)명 안경테에 끼인 렌즈.
안ː경-집(眼鏡-)[-찝]명 안경을 넣는 갑.
안ː경-테(眼鏡-)명 안경알을 끼우는 테.
안ː계(眼界)[-계/-게]명 ①눈에 보이는 범위. 바라볼 수 있는 범위. 시계(視界). ¶ 안계가 확 트이다. ②생각이 미치는 범위. 시야(視野).
안ː고-나다[-꼬-]타 남의 일이나 남의 책임을 도맡아 짊어지다.
안-고름[-꼬-]명 〈안옷고름〉의 준말. ↔겉고름.
안ː고수비(眼高手卑)명하형 뜻은 크고 안목은 높으나 재주가 없어서 이루지 못함을 이르는 말.
안ː고-지기[-꼬-]명 두 짝의 문을 한데 붙여 여닫게 된 문, 또는 두 짝을 한쪽으로 밀어붙여서 문턱째 함께 열게 된 미닫이.
안ː고-지다[-꼬-]자 남을 해치려 하다가 도리어 제가 해를 입다.
안-골[-꼴]명 ①골짜기의 안쪽. ②골짜기 안에 있는 마을을 흔히 이르는 말.
안공명 (나무를 붙일 때) 아교풀이 마를 때까지 나무를 물고 죄어서 고정시키는 연장.
안ː공(眼孔)명 ☞눈구멍1.
안ː공(鞍工)명 말안장을 만들고 고치는 일을 업으로 하는 사람.
안ː공일세(眼空一世)[-쎄]명하자 〔'눈에 보이는 게 없다'는 뜻으로〕 교만을 부리며 세상 사람을 업신여김을 뜻하는 말.
안과(安過)명하자타 탈 없이 편안히 지나감, 또는 탈 없이 편안하게 지냄.
안ː과(眼科)[-꽈]명 눈병의 예방이나 치료를 다루는 의학의 한 분과. ¶ 안과 의원.
안ː과(眼窠)[-꽈]명 ☞눈구멍1.
안ː과-의(眼科醫)[-꽈의/-꽈이]명 눈병에 관한 전문 의사.
안과-태평(安過太平)명하자타 아무 탈 없이 태평하게 지나감, 또는 태평하게 지냄.
안ː과-학(眼科學)[-꽈-]명 안구(眼球)와 그에 딸린 기관의 질병 및 그 예방과 치료를 연구하는 학문.
안ː광(眼光)명 ①눈의 정기. 눈빛1. 안채(眼彩). ¶ 안광이 번뜩이다. ②사물의 진실을 꿰뚫어 보는 힘. ¶ 안광이 날카롭다.
 안광이 지배를 뚫는다〔철한다〕속담 눈빛이 종이를 뚫는다는 뜻으로, 이해력이 뛰어남을 이르는 말.
안ː광(眼眶)명 ☞눈자위.
안ː구(眼球)명 눈의 주요 부분을 이루고 있는 구형의 시각 기관. 눈망울. 눈알. 안주(眼珠).
안ː구(鞍具)명 말안장에 딸린, 여러 가지 기구.
안ː구^건조증(眼球乾燥症)[-쯩]명 결막이나 공막의 겉껍질이 두꺼워지고 굳어져 눈알이 눈물에 젖지 않고 은빛을 나타내는 병. 비타민 에이(A)의 결핍으로 일어남.
안ː구-근(眼球筋)명 안구의 운동을 맡는 일곱 개의 근육. 준안근(眼筋).
안ː구^돌출(眼球突出)명 눈알이 비정상적으로 튀어나온 상태.
안ː구-마(鞍具馬)명 안장을 얹은 말.
안ː구-은행(眼球銀行)명 각막 이식에 쓰도록, 안구 제공자의 등록 및 각막의 보존·중개 등을 맡아보는 기관.
안-귀[-뀌]명 ☞내이(內耳). ↔겉귀.
안ː근(眼根)명 불교에서 이르는 육근(六根)의 하나. 시각 기관인 '눈'을 이르는 말.
안ː근(眼筋)명 〈안구근(眼球筋)〉의 준말.
안-기다 Ⅰ자 〖'안다'의 피동〗 남의 품속에 들다. ¶ 어머니 품에 안기다.
 Ⅱ타 〖'안다'의 사동〗 ①안게 하다. ¶ 아기를 엄마 품에 안기다. ②암탉 따위의 날짐승의 암컷에게 알을 품게 하여 새끼를 까게 하다. ¶ 달걀을 안기다. ③당하게 하거나 들씌우다. ¶ 뭇매를 안기다.
안ː기려(雁岐鑢)명 ☞환1.
안긴-문장(-文章)명 절의 형태로서 큰 문장 속에서 그 성분 구실을 하는 문장. 〔'우리는 철수가 합격했다는 소식을 들었다.'에서 '철수가 합격했다는' 따위.〕 참안은문장.
안-깃[-낃]명 저고리나 두루마기 따위의 안자락으로 들어가는 깃. ↔겉깃. * 안깃이[-끼시]·안깃만[-낀-]
안-껍데기[-떼-]명 ☞속껍데기.
안-낚시명 '안걸이'의 잘못.
안-날명 바로 전날. ¶ 그 안날에 예약을 하다.
안남-미(安南米)명 안남, 곧 지금의 베트남에서 산출되는 쌀.
안남-인(安南人)명 지난날, '베트남 인'을 중국에서 이르던 말.
안ː낭(鞍囊)명 말안장의 앞 양쪽에 달아 여러 가지 물건을 넣는 가죽 주머니.
안ː내(案內)명하타되자 ①어떤 곳에 데려다 줌. ¶ 사무실로 안내하다. ②데리고 다니면서 그곳의 사정을 가르쳐 줌. ¶ 고장의 이곳저곳을 안내하다. ③어떤 내용이나 사정 등을 알림. ¶ 안내 방송. /입학 안내.
안ː내-서(案內書)명 ①☞안내장. ②초심자(初心者)를 위하여 그 초보적인 사항을 알기 쉽게 적은 책. ②입문서(入門書).
안ː내-소(案內所)명 어떤 일에 대한 안내를 맡아보는 곳. ¶ 관광 안내소.
안ː내-양(案內孃)명 ①손님의 안내를 맡아보는 젊은 여자. ②이전에, 버스의 '여차장'을 달리 이르던 말.
안ː내-업(案內業)명 여객이나 관광객을 안내하는 직업.

안ː내-역(案內役)명 안내하는 역할, 또는 그 역할을 맡은 사람.
안ː내-원(案內員)명 안내하는 임무를 맡아보는 사람. ¶ 관광 안내원.
안ː내-인(案內人)명 ①안내하는 사람. ¶ 관광 안내인. ②안내장을 내는 사람.
안ː내-장(案內狀)[-짱]명 ①어떤 일을 알리는 서신. 안내서. ②어떤 행사가 있음을 알리고 거기 참가해 줄 것을 권하는 서신.
안녕(安寧) Ⅰ명 ①아무런 탈이나 걱정 없이 편안함. ¶ 여러분의 건강과 안녕을 기원합니다. ②사회가 평화롭고 질서가 흐트러지지 않음. ¶ 사회의 안녕과 질서.
Ⅱ감 〔반말로 할 자리에〕 만나거나 헤어질 때의 인사말. ¶ 안녕, 내일 보자.
안녕-질서(安寧秩序)[-써]명 (국가나 사회 등이) 평온하고 질서가 잘 지켜지고 있는 일. ¶ 공공(公共)의 안녕질서.
안녕-하다(安寧-)형여 아무런 탈이나 걱정 없이 편안하다.〔안부를 묻거나 전할 때, 또는 평안하기를 빌 때에 쓰임.〕 ¶ 선생님, 안녕하세요?/저희 할머니도 안녕하십니다. **안녕-히**부 ¶ 안녕히 주무십시오.
안-노인(-老人)명 (한 가정에서의) 여자 노인. ¶ 그 집 안노인이 돌아가셨다.
안니다자 〈옛〉돌아다니며 앉다. ¶ 곳나모 가지마다 간ᄃᆡ족족 안니다가(鄭澈.思美人曲).
안ː다[-따]타 ①두 팔을 벌려 가슴 쪽으로 끌어당기거나 그렇게 하여 품 안에 있게 하다. ¶ 아기를 안다. ②(바람이나 비·눈·빛 따위를) 정면으로 바로 받다. ¶ 바람을 안고 달리다. ③남의 일을 떠맡다. ¶ 친구의 은행 빚을 안다. ④생각이나 감정 따위를 지니다. ¶ 기쁨을 안고 돌아오다. ⑤날짐승이 알을 품다. ¶ 둥우리에는 암탉이 알을 안고 있다.
안다리^걸ː기[-따-]명 씨름의 다리 기술의 한 가지. 오른다리로 상대편의 왼다리를 안으로 걸고 샅바를 당기면서 가슴으로 밀어 넘어뜨리는 공격 기술. 참밭다리 걸기.
안ː다미명하타 남이 져야 할 책임을 맡아 짐. 안담(按擔). ¶ 안다미를 쓰다.
안ː다미-로부 (담은 것이) 그릇에 넘치도록 많게. ¶ 밥을 안다미로 담다.
안다미-시키다타 '안다미씌우다'의 잘못.
안ː다미-씌우다[-씨-]타 (자기가 져야 할) 책임이나 허물을 남에게 지우다. 더미씌우다. ¶ 제 잘못을 누나에게 안다미씌우다. 준다미씌우다.
안ː다미-조개명 ☞꼬막.
안단테(andante 이)명 ①악보에서, 빠르기를 지시하는 말. '느리게'의 뜻. ②느린 속도의 악곡이나 악장.
안단테^칸타빌레(andante cantabile 이)명 악보의 나타냄말. '천천히 노래 부르듯이' 또는 '천천히 걷는 정도의 속도로'의 뜻.
안단티노(andantino 이)명 악보에서, 빠르기를 지시하는 말. '조금 느리게'의 뜻.
안달[1]명하자 조급하게 굴면서 속을 태우는 짓. ¶ 안달이 나다./빨리 데려다 주지 않는다고 안달을 하다.
안달[2][-딸]명 바로 전달.
안달루시안(Andalusian)명 에스파냐의 안달루시아 지방 원산인 난용종(卵用種)의 닭.
안달-뱅이명 '걸핏하면 안달하는 사람'을 얕잡아 이르는 말. 준안달이.
안달-복달[-딸] Ⅰ명하형 몹시 속을 태우며 조급하게 볶아치는 일. ¶ 동생은 빨리 놀이터에 가자고 안달복달이다.
Ⅱ부 몹시 속을 태우며 조급하게 볶아치는 모양. ¶ 장난감을 사 달라고 안달복달 사정해 보아야 아무 소용 없다.
안달-이명 〈안달뱅이〉의 준말.
안달-재신(-財神)명 몹시 속을 태우며 여기저기로 다니는 사람.
안ː담(按擔)명하타 ☞안다미.
안-당(-堂)[-땅]명 ☞정당(正堂).
안당-사경(-堂四更)[-땅-]명 (집안의 안녕을 빌고자) 사경에 하는 실력굿.
안ː대(案對)명하지타 두 사람이 마주 대함.
안ː대(眼帶)명 눈병이 났을 때, 눈을 보호하기 위하여 가리는 거즈 따위의 천 조각.
안-대문(-大門)[-때-]명 바깥채와 안채 사이에 있는 대문.
안-댁(-宅)[-땍]명 '남의 부인'을 높이어 이르는 말.
안도(安堵)명하자 ①〔편안한 울타리 속이란 뜻으로〕 제 사는 곳에서 편안히 지냄. ②(그때까지의 불안이 가시고) 마음을 놓음. ¶ 안도의 숨을 내쉬다.
안ː도(眼到)명하자 독서삼도(讀書三到)의 하나. '글을 읽을 때에는 눈으로 다른 것을 보지 않고 오로지 글만 잘 보아야 함'을 이르는 말. 참독서삼도.
안도-감(安堵感)명 (불안이 가시고) 마음이 푹 놓이는 편안한 느낌. ¶ 안도감을 느끼다./안도감이 들다.
안ː독(案牘)명 지난날, '관아(官衙)의 문서'를 이르던 말.
안-돈[-똔]명 주부가 지니고 있는 적은 돈. ¶ 사업에 안돈까지 끌어대다.
안돈(安頓)명하타되자 ①사물을 잘 정돈함. ②편안히 정착함.
안ː-돌이명 벼랑길 따위에서, 바위 같은 것을 안고 간신히 돌아가게 된 곳. ↔지돌이.
안ː동(眼同)명하타 길을 갈 때, 사람을 데리고 함께 감. 대동(帶同). ¶ 하인을 안동하여 길을 떠난다.
안ː동-답답이(按棟-)[-따비]명 굵은 기둥을 안은 것처럼 가슴이 몹시 답답함을 이르는 말.
안동^도호부(安東都護府)명 고구려가 망한 뒤, 그 영토를 다스리기 위하여 평양에 두었던 당나라의 관청.
안동-포(安東布)명 경상북도 안동 지방에서 생산되는, 올이 가늘고 고운 삼베.
안-되다[-되-/-뒈-]형 ①가엾거나 안타까워 마음이 언짢다. ¶ 또 떨어지다니, 정말 안됐구나. ②(몸, 특히 얼굴이) 여위거나 해쓱하다. 못되다. ¶ 얼굴이 무척 안됐다. 어디 아팠니? ③(일·현상 따위가) 좋게 이루어지지 않다. ¶ 요즘은 장사가 잘 안된다. ④(사람이) 훌륭하게 되지 못하다. ¶ 자식이 안되기를 바라는 부모는 아마 없을 것이다. ⑤일정한 수준이나 정도에 이르지 못하다. ¶ 안되어도 다섯 명은 모임에 참석할 것 같다.
안되는 놈은 두부에도 뼈라속담 액운에 빠진 사람은 일마다 뜻대로 되지 않을 뿐 아니라 전혀 뜻밖의 재난까지 입는다는 뜻.
안되는 사람은 자빠져도〔뒤로 넘어져도〕 코가 깨진다속담 운수 사나운 사람은 무슨 일을 하여도 되는 일이 없다는 말.
안되면 조상〔산소〕 탓속담 자기의 실패를 남의 탓으로 돌림을 이르는 말.

안ː두(案頭)명 책상 위. 안상(案上). ¶ 안두에는 늘 돋보기가 놓여 있다.

안두리-기둥명 건물의 안쪽 둘레에 돌아가며 세운 기둥.

안-뒤꼍[-뛰껻]명 안채 뒤에 있는 뜰. *안뒤꼍이[-뛰껴치]·안뒤꼍을[-뛰껴틀]·안뒤꼍만[-뛰껸-]

안-뒷간(-間)[-뛰깐/-뒫깐]명 안채에 딸린 부녀자용 뒷간. 내측(內廁).

안드러냄-표(-標)명 문장 부호의 한 가지. 숨김표·빠짐표·줄임표를 통틀어 이르는 말. 잠재부(潛在符).

안득불연(安得不然)[-뿌련]명 〔어찌 그렇지 않겠느냐의 뜻으로〕 '마땅히 그러해야 함'을 이르는 말.

안-뜨기명하타 뜨개질에서, 기초 뜨기의 한 가지. 메리야스의 안쪽과 같은 모양의 코가 나옴.

안-뜰명 안채에 딸린 뜰. 내정(內庭).

안락(安樂)[알-]명하형 근심 걱정이 없이 편안하고 즐거움. ¶ 안락한 생활.

안락-국(安樂國)[알-꾹]명 ☞극락정토.

안락-사(安樂死)[알-싸]명 살아날 가망이 없는 병자의 고통을 덜어 주기 위하여 인위적으로 죽음에 이르게 하는 일. 준안사(安死).

안락-세계(安樂世界)[알-쎄계/알-쎄게]명 ☞극락정토.

안락-의자(安樂椅子)[알라긔-/알라기-]명 (편히 기대앉아 쉴 수 있도록) 푹신푹신하게 만든 편안한 팔걸이의자.

안락-정토(安樂淨土)[알-쩡-]명 ☞극락정토.

안ː력(眼力)[알-]명 ①☞시력(視力). ¶ 연세는 많으시나 안력은 좋으시다. ②사물의 참과 거짓, 옳고 그름 등을 분간하는 능력. ¶ 사람들을 꿰뚫어 보는 안력을 가지다.

안ː롱(鞍籠)[알-]명 ①수레나 가마 따위를 덮는 우비(雨備). 두꺼운 유지(油紙)로 만듦. ②조선 시대에, 장악원(掌樂院)이나 사복시(司僕寺) 등 관아의 구실아치를 이르던 말.

안ː롱-장(鞍籠匠)[알-]명 안롱을 만드는 일을 업으로 하던 사람.

안료(顔料)[알-]명 ①물이나 기름 등에 녹지 않는 광물질 또는 유기질의 착색제. 페인트·잉크·화장품 등의 원료로, 첨가제와 함께 쓰임. 비도료(塗料). ②그림물감.

안ː마(按摩)명하타 손으로 몸의 근육을 두드리거나 주무르거나 하여 혈액 순환을 좋게 하고 피로가 풀리게 하는 일. ¶ 안마를 받다.

안ː마(鞍馬)명 ①안장을 얹은 말. ②말의 등 모양을 한 틀 위에 두 개의 손잡이를 붙여 놓은 체조 기구, 또는 그것을 이용해서 하는 남자 체조 경기.

안-마당명 집 안에 있는 마당. ↔바깥마당.

안-마루명 안채에 있는 마루.

안ː마-사(按摩師)명 안마를 전문으로 하거나 업으로 삼는 사람.

안ː마-술(按摩術)명 안마하는 기술.

안ː마지로(鞍馬之勞)명 먼 길을 달려가는 수고. ¶ 안마지로를 마다 않으심에 감사하나이다.

안ː막(眼膜)명 ☞각막(角膜).

안-맥명 서까래나 부연(附椽)이 도리나 평고대 안으로 들어간 부분.

안ː맥(按脈)명하자 ☞진맥(診脈).

안ː맹(眼盲)명하자 눈이 멂.

안-면(-面)명 ☞내면(內面).

안면(安眠)명하자 편히 잘 잠. 안침(安枕).

안면(顔面)명 ①얼굴. 낯. ¶ 손전등으로 안면을 비추는 것은 실례다. ②서로 얼굴을 아는 친분. ¶ 서로 안면이 있는 사이.

　안면(을) 바꾸다관용 잘 아는 사람을 짐짓 모른 체하다.

안면-각(顔面角)명 사람의 얼굴을 옆에서 보았을 때, 턱의 돌출도를 나타내는 각도. 면각(面角).

안면-근(顔面筋)명 '얼굴에 있는 근육'을 통틀어 이르는 말.

안면-박대(顔面薄待)[-때]명하타 잘 아는 사람을 면대하여 푸대접함.

안면-방해(安眠妨害)명하자 남이 잠잘 때에 시끄럽게 함으로써 잠을 방해하는 일.

안면부지(顔面不知)명 얼굴을 모름, 또는 얼굴을 모르는 사람. ¶ 안면부지의 사람으로부터 인사를 받고 당황하다.

안면^신경(顔面神經)명 뇌신경의 한 갈래로, 안면근에 분포하여 얼굴의 근육 운동이나 표정 등을 지배하는 신경.

안면^신경^마비(顔面神經痲痺)명 안면 신경이 마비되는 증세. 흔히 얼굴의 한쪽이 일그러짐으로써, 입술이 비뚤어지고 미각 장애, 눈물 또는 침의 분비 장애 따위가 생김. 중이염·디프테리아·류머티즘 등이 그 원인임.

안면^신경통(顔面神經痛)명 삼차 신경(三叉神經)이 침해됨으로써 안면에 되풀이하여 일어나는 심한 통증. 삼차 신경통. 안면통.

안면-치레(顔面-)명 안면이 있는 사람에게 차리는 체면. ¶ 안면치레로 악수만 나누고 헤어지다.

안면-통(顔面痛)명 ☞안면 신경통.

안ː명수쾌(眼明手快)명하형 눈썰미가 있고 하는 일이 시원시원함.

안모(顔貌)명 얼굴 모양. 얼굴 생김새.

안-목명 집의 칸이나 모난 그릇 따위의, 안으로 잰 길이.

안ː목(眼目)명 사물을 보아서 분별할 수 있는 식견, 또는 사물의 가치를 판별할 수 있는 능력. 면안(面眼). ¶ 안목을 넓히다. /고미술품에 대한 안목이 높다.

안ː목소시(眼目所視)[-쏘-]명 여러 사람이 집중하여 보고 있는 터. ¶ 안목소시의 명백한 사실.

안ː무(按舞)명하자 노래나 음악에 맞추어서 무용의 동작을 창안함, 또는 그것을 연기자에게 가르침. ¶ 뮤지컬의 안무를 담당하다. /안무할 사람을 결정하다.

안ː무(按撫)명하타 백성들을 잘 보살피어 나라의 시책에 기꺼이 따르게 함. ¶ 국경 지대의 여진족을 안무하다.

안ː무-가(按舞家)명 안무를 전문적으로 하는 사람.

안-무릎[-릅]명 씨름에서, 오른손으로 상대편의 오른 무릎을 힘껏 밀어젖힘으로써 중심을 잃게 하여 넘어뜨리는 기술. *안무릎이[-르피]·안무릎만[-름-]

안ː무-사(按撫使)명 ①조선 시대에, 함경도의 경성(鏡城) 이북을 다스리던 외관직(外官職). 북감사(北監司). ②조선 시대에, 변란이나 재난이 발생한 지방에 파견되어 백성을 안무하던 임시직.

안-문(-門)명 ①안으로 통하는 문. ②(이중으로 되어 있는 문이나 창에서) 안쪽에 있는 문이나 창. ↔바깥문.

안ː문(按問)명하타 죄를 캐어물음.
안ː문(案文)명하자 ①문장을 구상함. ②문서를 초안함, 또는 그 문서.
안민(安民)명하자 ①민심을 어루만져 안정시킴. ②백성이 편안히 살 수 있도록 함.
안민-가(安民歌)명 신라 경덕왕 때, 충담사(忠談師)가 지은 10구체 향가. 나라를 다스리고 백성을 편안하게 하는 도리를 읊은 내용.〔'삼국유사'에 실려 전함.〕
안밀(安謐) '안밀하다'의 어근.
안밀-하다(安謐-)형여 조용하고 평안하다. **안밀-히**부.
안반명 떡을 칠 때 쓰는 넓고 두꺼운 나무 판. 떡판. ¶ 안반 같은 등.
안ː반(岸畔)명 바닷가나 강가.
안반-뒤지기명하자 ①안반에 반죽을 올려놓고 뒤집어 가면서 버무리는 일. ②서로 붙들고 엎치락뒤치락하면서 힘을 겨루는 일. ¶ 두 사람은 만나기만 하면 안반뒤지기를 하며 뒹굴곤 하였다.
안-반상(-飯床)[-빤-]명 궁중(宮中)에서, 대비·왕비·공주 또는 옹주에게 올리던 반상. ↔바깥반상.
안반-짝명 '안반'의 힘줌말. ¶ 안반짝만 한 엉덩이.
안ː-받다[-따]자 ①어미 까마귀가 새끼에게서 먹이를 받다. ②부모가 뒷날에 자식에게서 안갚음을 받다.
안ː-받음명하자 안갚음을 받는 일.
안밧명 〈옛〉안팎. ¶ 안밧 大小佛殿과(朴解上61). /두 안밧 비단을 샹ᄒᆞ시니라(朴解中53). 참안팟.
안-방(-房)[-빵]명 ①집 안채의 부엌에 붙은 방. ②안주인이 거처하는 방. 규방(閨房). 내방(內房). ¶ 안방마님. ↔바깥방.
안방에 가면 시어머니 말이 옳고 부엌에 가면 며느리 말이 옳다속담 모두 이유 있는 말이어서 잘잘못을 가리기가 어렵다는 말.
안방-극장(-房劇場)[-빵-짱]명 텔레비전을 보는 각 가정의 방을 극장에 비유하여 이르는 말.
안방-마님(-房-)[-빵-]명 안방에 거처하며 가사(家事)의 권한을 가지고 있는 양반집의 마님을 이르던 말.
안방-샌님(-房-)[-빵-]명 늘 안방에만 틀어박혀 좀처럼 바깥출입이 없는 남자를 놀림조로 이르는 말. 비아낙군수.
안ː배(按排)명하타되자 알맞게 배열하거나, 배치하거나, 조절함. ¶ 체력 안배. /인원과 장비를 적절히 안배하다.
안-번지기[-뻔-]명 씨름에서, 오른다리를 상대편 앞에 내어 디디어 상대의 공세를 막는 기술. ↔밭번지기.
안-벽(-壁)[-뻑]명 건물의 안쪽의 벽. 내벽(內壁). ¶ 안벽을 도배하다. ↔겉벽·바깥벽.
안벽 치고 밭벽 친다속담 ①이편에 가서는 이렇게 말하고, 저편에 가서는 저렇게 말하여 둘 사이를 이간질하는 경우를 이르는 말. ②겉으로는 돕는 체하면서 실제로는 훼방을 놓는다는 말.
안ː벽(岸壁)명 ①깎아지른 듯한 낭떠러지로 된 바닷가나 강가. ②큰 배를 대기 위하여 항구나 강가에 콘크리트나 돌 따위로 쌓아서 만든 축대.
안ː병(眼病)[-뼝]명 눈병. 안질(眼疾).
안보(安保)명 〈안전 보장(安全保障)〉의 준말. ¶ 국가 안보. /안보 의식.
안보(安寶)명하자 임금이 옥새를 찍음.
안보-리(安保理)명 〈국제 연합 안전 보장 이사회〉의 준말.
안보^이ː사회(安保理事會)[-회/-훼]명 〈국제 연합 안전 보장 이사회〉의 준말.
안ː복(眼福)명 진귀한 것, 뛰어난 것, 아름다운 것 따위를 볼 수 있는 복.〔미술품이나 골동품의 진품(珍品)을 볼 기회가 있을 때 흔히 쓰는 말.〕
안ː본(贋本)명 위조한 책. 가짜의 책. ↔진본.
안-봉투(-封套)명 (두 겹으로 된 봉투의) 속에 든 얇은 봉투. ↔겉봉투.
안부(安否)명 ①편안함과 편안하지 아니함, 또는 그러한 소식. ¶ 안부를 묻다. ②하자 편안히 잘 있는지를 물음, 또는 편히 잘 있음을 전함. ¶ 삼촌께 안부하다.
안ː부(眼部)명 눈이 있는 부위.
안ː부(雁夫)명 ☞기럭아비.
안ː부(鞍部)명 산마루가 말안장처럼 잘록하게 들어간 부분. ¶ 이 능선(稜線)의 안부에서 왼쪽으로 하산하겠다.
안-부모(-父母)[-뿌-]명 어머니. 안어버이. ¶ 아이들의 교육은 주로 안부모가 맡는다. ↔바깥부모.
안-부인(-婦人)[-뿌-]명 '남의 부인'을 높이어 이르는 말.
안분(安分)명하자 자기의 처지에 만족함.
안ː분(按分)명하타 비례 배분의 방법으로 나눔. 비례로 나눔. ¶ 요직을 각 계파별로 안분하다.
안ː분^비ː례(按分比例)명 ☞비례 배분.
안분-지족(安分知足)명하자 제 분수를 지키며 만족할 줄을 앎.
안불망위(安不忘危)명하자 편안한 때에도 마음을 놓지 않고 늘 스스로 경계함.
안ː비-막개(眼鼻莫開)[-깨]명하형 눈코 뜰 사이가 없을 만큼 몹시 바쁨.
안빈(安貧)명하자 비록 가난한 생활일지라도 편안한 마음으로 지냄.
안빈-낙도(安貧樂道)[-또]명하자 가난한 생활 가운데서도 편안한 마음으로 도를 즐김.
안사(安死)명 〈안락사〉의 준말.
안사(顏私)명 안면이 있음으로써 생기는 사사로운 정분.
안-사돈(-査頓)[-싸-]명 딸의 시어머니나 며느리의 친정어머니를 양편 사돈이 서로 이르는 말. 높사돈댁·사부인. ↔바깥사돈.
안-사람[-싸-]명 자기의 '아내'를 예사롭게 또는 낮추어 이르는 말. ↔바깥사람.
안-사랑(-舍廊)[-싸-]명 안채에 딸린 사랑. ¶ 손님을 안사랑으로 맞아들이다.
안사-술(安死術)명 (살아날 가망이 없는 사람을) 안락사(安樂死)시키는 의술.
안산(安産)명하타 ☞순산(順産).
안ː산(案山)명 풍수설에서, 집터나 묏자리의 맞은편에 있는 산을 이르는 말.
안산-암(安山岩)명 화산암의 한 가지. 널 모양 또는 기둥 모양의 규칙적인 결이 있으며 단단함. 토목·건축 재료로 쓰임.
안-살림[-쌀-]명 〈안살림살이〉의 준말.
안살림-살이[-쌀-]명 집 안의 살림살이. 안식구가 맡아서 하는 살림살이. 준안살림.
안상(安詳) '안상하다'의 어근.
안ː상(案上)명 책상 위. 안두(案頭).
안ː상(鞍傷)명 (말을 타다가) 안장에 스쳐서 생긴 상처.
안상-금보(安瑺琴譜)명 '금합자보'의 잘못.
안-상제(-喪制)[-쌍-]명 여자 상제. ↔바깥상제.
안상-하다(安詳-)형여 (성질이) 찬찬하고 자상하다. **안상-히**부.

안색(顔色)명 얼굴빛. 낯빛. 면색(面色). ¶ 안색이 바뀌다. /안색이 좋지 않다. 높신색(神色).
안색을 살피다관용 상대편의 표정을 살피어 그의 상태를 알려고 하다.
안색이 굳어지다관용 갑자기 심각한 표정을 띠다.
안생(安生)명하자 아무 탈 없이 편히 삶, 또는 그런 생활.
안ː서(雁書)명 편지. 안신(雁信).
안ː석(案席)명 앉아서 몸을 뒤로 기대는 데 쓰는 방석. 안식(案息).
안ː석-궤(案席几)[-꿰]명 한자 부수의 한 가지. '凡'·'凰'·'凱' 등에서의 '几'의 이름.
안성-마춤(安城-)명 '안성맞춤'의 잘못.
안성-맞춤(安城-)[-맏-]명 〔경기도 안성 지방에서 나는 유기(鍮器)를 주문하여 만든 것과 같다는 데서〕 ①'맞추어서 한 것처럼 잘 맞는 사물'을 두고 이르는 말. ¶ 새로 산 옷이 너한테 딱 안성맞춤이다. ②'조건·상황 따위가 어떤 경우나 계제에 딱 들어맞거나 어울리게 된 것'을 두고 이르는 말. ¶ 독신자에게 안성맞춤인 아파트. /날씨가 맑아 등산을 하기에 아주 안성맞춤이다.
안-섶[-섭]명 저고리나 두루마기의 안으로 들어간 섶. ↔겉섶. ＊안섶이[-써피]·안섶만[-썸-]
안-손님[-쏜-]명 여자 손님. 내객(內客). 내빈(內賓). ↔바깥손님.
안ː수(按手)명하자 기독교에서, 교역자가 다른 사람의 머리 위에 손을 얹고 축복이나 성령의 힘이 내릴 것을 기도하는 일. 안수 기도.
안ː수^기도(按手祈禱)명 ☞안수.
안ː수-례(按手禮)명 ①안수하는 의식. ②개신교에서, 성직을 맡을 사람에게 안수로써 성별(聖別)하는 의식.
안-슬프다형 '안쓰럽다'의 잘못.
안식(安息)명하자 몸과 마음을 편히 쉼.
안ː식(案息)명 ☞안석(案席).
안ː식(眼識)명 사물의 진가나 우열 등을 제대로 분별할 수 있는 안목이나 식견. ¶ 높은 안식을 지닌 분.
안식-교(安息教)[-꾜]명 개신교의 한 교파. 토요일을 안식일로 삼고 예배를 보는 교파.
안-식구(-食口)[-씩꾸]명 ①여자 식구. ¶ 안식구들의 할 일. ↔바깥식구. ②〈아내〉의 낮춤말. ¶ 집안일을 안식구에게 맡기다.
안식-년(安息年)[-싱-]명 ①유대 사람이 7년만에 1년씩 쉬던 해. ②서양의 선교사들이 7년만에 1년씩 쉬는 해.
안식-산(安息酸)[-싼]명 〈안식향산〉의 준말.
안식-일(安息日)명 ①기독교에서 주일(主日)로 삼는 일요일. ②안식교·유대교의 성일(聖日)인 토요일.
안식-처(安息處)명 편안히 쉴 수 있는 곳.
안식-향(安息香)[-시컁]명 때죽나뭇과의 낙엽교목. 동남아시아 원산으로 높이는 약 20 m. 잎은 길둥글며, 여름에 홍백색의 작은 꽃이 피는데 향기가 있음. 나무껍질에서 분비되는 수액은 향료·약재 따위로 쓰임.
안식향-산(安息香酸)[-시컁-]명 방향족(芳香族) 카본산의 한 가지. 안식향을 가열·승화하여 만들거나, 공업적으로 합성하기도 함. 방부제·거담약·매염제 등의 원료로 쓰임. 준안식산.
안신(安身)명하자 몸을 편안히 가짐.
안신(安信)명 ①안부를 묻는 편지. ②편안하다는 소식. 높안후(安候).
안ː신(雁信)명 편지. 안서(雁書).
안-심명 쇠갈비의 안쪽 채끝에 붙은, 연하고 부드러운 고기. 주로, 전골감으로 쓰임. 안심살.
안심(安心)명하자되자 ①근심 걱정이 없이 마음을 놓음. ②마음을 편히 가짐. ③불교에서, 불법을 굳게 믿어 어떠한 충동에도 마음이 움직이지 않는 경지에 이른 상태를 이름.
안-심부름[-씸-]명하자 안주인이 시키는 심부름. 집안 여자들의 심부름. ↔바깥심부름.
안심-살명 ☞안심.
안심-입명(安心立命)[-시밈-]명 불교에서, 믿음으로 마음의 평화를 얻어, 하찮은 일에 마음이 흔들리지 않는 경지를 이르는 말.
안심찮다(安心-)[-찬타]형 ①마음이 놓이지 아니하다. ②남에게 폐를 끼쳐 마음이 꺼림하다. ＊안심찮아[-차나]·안심찮소[-찬쏘]
안쓰럽다[-따][안쓰러우니·안쓰러워]형ㅂ ①힘없는 사람이나 손아랫사람에게 폐를 끼쳐 매우 미안하고 딱하다. ②힘없는 사람이나 손아랫사람의 딱한 사정이 가엾고 언짢다. ¶ 소녀 가장의 사정이 몹시 안쓰럽다.
안아-맡다[-맏따]타 남의 일을 떠맡아서 책임지다. ¶ 아내는 남의 일까지 안아맡아 고생한다.
안아-치다타 ①뒤로 돌아서서 어깨 너머로 망치질을 하다. ②씨름에서, 상대편의 몸통을 안고 메어치다.
안ː압(眼壓)명 각막(角膜)과 공막(鞏膜)에 싸인 안구(眼球) 내부의 압력.
안ː약(眼藥)명 눈병에 쓰는 약. 눈약.
안양(安養)명 ①하자마음을 편안히 하여 몸을 다스림. ②☞안양정토.
안-양반(-兩班)[-냥-]명 '안주인'을 높이어 이르는 말. ↔바깥양반.
안양-정토(安養淨土)명 ☞극락정토(極樂淨土). 안양(安養).
안-어버이명 ①어머니. 안부모. ↔바깥어버이. ②(시집간 여자가) 시집 어른 앞에서 '친정어머니'를 이르는 말.
안어울림-음(-音)명 음악에서, 동시에 울리는 둘 이상의 음이 서로 어울리지 않아 불안정한 느낌을 주는 화음. 불협화음. ↔어울림음.
안어울림^음정(-音程)명 음악에서, 두 음이 동시에 울렸을 때 서로 잘 어울리지 아니하는 음정. 〔장2도·단2도 등의 음정.〕 불협화 음정. ↔어울림 음정.
안업(安業)명하자 편안한 마음으로 사업이나 업무에 종사함.
안여(晏如) '안여하다'의 어근.
안여반석(安如磐石·安如盤石)명 반석과 같이 든든하고 믿음직함.
안여태산(安如泰山)명 태산과 같이 마음이 든든하고 믿음직함. ¶ 그분이 가까이 계셔서 안여태산입니다.
안ː여-하다(晏如-)형여 ☞안연하다.
안연(晏然) '안연하다'의 어근.
안ː-연고(眼軟膏)명 눈에 넣거나 바르거나 하는, 눈병에 쓰는 연고.
안ː연-하다(晏然-)형여 편안하고 안정되어 있다. 안여하다. ¶ 안연한 성품. **안연-히**부.
안ː염(眼炎)명 눈에 생기는 염증.
안온(安穩)명하형 아무 탈 없이 편안하고 조용함. ¶ 만년에는 안온한 나날을 보냈다. 비평온(平穩). **안온-히**부.

안-올리다 타 (옻이나 그 밖의 칠감으로) 그릇이나 기구 따위의 안쪽을 칠하다.
안-옷[아녿] 명 ①안에 입는 옷. ②안식구의 옷. ②↔바깥옷. ＊안옷이[아노시]·안옷만[아논-]
안-옷고름[아녿꼬-] 명 옷의 안깃을 여미어 잡아매는 옷고름. 준안고름. ↔겉옷고름.
안옹근-이름씨[-니-] 명 ☞의존 명사.
안와(安臥) 명하자 편안히 누움.
안ː와(眼窩) 명 ☞눈구멍[1].
안울림-소리 명 소리 낼 때 목청을 떨어 울리지 않고 내는 소리. 'ㅂ·ㅃ·ㅍ·ㄷ·ㄸ·ㅌ·ㄱ·ㄲ·ㅋ·ㅈ·ㅉ·ㅊ·ㅅ·ㅆ·ㅎ'이 이에 딸림. 맑은소리. 무성음. 청음(淸音). ↔울림소리.
안위(安危) 명 편안함과 위태함. ¶ 국가의 안위에 관계되는 일. /가족의 안위를 돌보다.
안위(安胃) 명하자 (소화가 잘되는 음식을 먹거나 약을 먹어서) 위를 편안하게 함.
안위(安慰) 명하타 ①위로하여 마음을 편안하게 함. ②안정되어 편히 지냄.
안위-미정(安危未定) 명 위험이 아직 사라지지 않은 상태.
안유(安遊) 명하자 마음 편히 놀며 지냄.
안은-문장(-文章) 명 절(節)로 된 다른 문장을 성분으로 안고 있는 문장. 〔'나는 그가 소설가임을 알았다.'라는 문장은 '그가 소설가임'을 목적절로 안고 있는 안은문장임.〕 참안긴문장.
안이(安易) '안이하다'의 어근.
안이-하다(安易-) 형여 ①(하기에) 어렵지 아니하다. 손쉽다. ¶ 안이한 방법을 택하다. ②근심없이 편안하다. ¶ 안이한 생활. ③(충분히 생각함이 없이) 적당히 처리하려는 태도가 있다. ¶ 안이한 계획.
안인(安人) 명 조선 시대, 정칠품·종칠품 문무관의 아내인 외명부의 칭호.
안ː인(贋印) 명 ☞위인(僞印).
안-일[-닐] 명 집 안에서 주로 여자들이 하는 일. ↔바깥일.
안일(安逸) 명하형 ①편안하고 한가로움. ②무엇을 쉽게 생각하여 관심을 적게 두거나 편안함만을 누리려는 태도. ¶ 안일하게 대처하다. /안일한 근무 자세. **안일-히** 부.
안일-호장(安逸戶長) 명 고려 시대에, '나이 일흔이 되어 퇴직한 호장'을 일컫던 말.
안-자락[-짜-] 명 저고리·치마 등을 여미었을 때, 안쪽으로 들어가는 옷자락. ↔겉자락.
안자일렌(Anseilen 독) 명 등산에서, 여럿이 함께 암벽 따위를 오르내릴 때 안전을 위하여 자일로 서로의 몸을 잡아매는 일.
안ː작(贋作) 명하타되자 ☞위조(僞造).
안잠[-짬] 명 여자가 남의 집에서 먹고 자며 일을 도와주는 일, 또는 그런 여자.
안잠-자기[-짬-] 명 안잠자는 여자.
안잠-자다[-짬-] 자 여자가 남의 집에서 지내면서 먹고 자며 일을 도와주다.
안-장(-張)[-짱] 명 ☞속표지.
안장(安葬) 명하타되자 편안히 장사 지냄. 영장(永葬). ¶ 선산에 안장하다.
안ː장(鞍裝) 명 ①(사람이 타기 위하여) 말의 등에 얹는, 가죽으로 만든 제구. ②자전거 따위의 사람이 앉는 자리.
안ː장-코(鞍裝-) 명 안장 모양으로 콧등이 잘록한 코, 또는 코가 그렇게 생긴 사람.
안ː저(眼底) 명 안구(眼球) 내부의 뒤쪽인, 망막이 있는 부분.
안저지 명 지난날, 어린아이를 안아 주며 보살피는 여자 하인을 이르던 말.
안-전[-쩐] 명 그릇의 아가리나 전의 안쪽.
안-전(-殿)[-쩐] 명 대궐 안의 임금이 거처하는 집. 내전(內殿).
안전(安全) 명하형 ①위험하지 않음. 위험이 없음, 또는 그러한 상태. ¶ 안전한 방법을 취하다. ②아무 탈이 없음. ¶ 하물을 안전하게 수송하다. /목적지까지 안전하고 편안하게 모시겠습니다. ↔위험. **안전-히** 부.
안ː전(案前) 명 존귀한 사람이 앉아 있는 자리의 앞. ¶ 감히 어느 안전이라고 망언이냐?
안ː전(眼前) 명 눈앞. ¶ 안전에 펼쳐지는 풍경.
안전-감(安全感) 명 편안하여 조금의 탈이나 위험이 없는 느낌.
안전^개폐기(安全開閉器)[-폐-/-페-] 명 전기 회로에 지나치게 많은 전류가 흐를 때, 자동적으로 전류가 끊어지게 된 장치. 준안전기.
안전-거리(安全距離) 명 ☞안전시거.
안전^계ː수(安全係數)[-계-/-게-] 명 ☞안전율.
안전-기(安全器) 명 〈안전 개폐기〉의 준말.
안전-답(安全畓) 명 ☞수리 안전답(水利安全畓).
안전-등(安全燈) 명 탄광 등의 갱내에서 쓰는, 유리와 철망을 씌운 등. 〔갱내의 가스에 인화(引火)할 염려가 없음.〕
안전-띠(安全-) 명 자동차나 비행기 따위에서, 어떤 충격으로부터 사람의 몸을 보호하기 위하여 몸을 좌석에 고정하는 띠. 안전벨트.
안전-면도기(安全面刀器) 명 살갗을 상하지 않고 안전하게 면도할 수 있게 만든 기구.
안전-모(安全帽) 명 공장이나 공사장, 야구 경기 등에서 머리를 보호하기 위하여 쓰는, 쇠나 플라스틱으로 만든 모자.
안전-벨트(安全belt) 명 안전띠.
안전^보ː장(安全保障) 명 외국으로부터의 침략에 대하여 국가의 안전을 지키는 일. 준안보.
안전^보ː장^이ː사회(安全保障理事會)[-회/-훼] 명 〈국제 연합 안전 보장 이사회〉의 준말.
안전-봉(安全棒) 명 제어봉의 한 가지. 원자로 내에서 중성자가 늘어 어떠한 위험이 생겼을 때 원자로 중심부에 끼우는 막대.
안전-사고(安全事故) 명 공장·광산·공사장 등에서, 안전 수칙을 지키지 않아 일어나는 사고.
안전-성냥(安全-) 명 성냥개비 끝에 적린(赤燐)을 사용함으로써, 성냥갑 옆에 대고 긋지 않으면 발화(發火)하지 않는 성냥. 〔황린을 사용한 초기의 성냥에 대하여 이르는 말.〕
안전-시거(安全視距) 명 자동차에서 바라보아 안전하게 운전할 수 있는 앞길의 거리. 안전거리.
안전-시설(安全施設) 명 건설 현장·생산업소·운송 기관 따위에서, 재해를 막기 위해 설치한 시설. ¶ 스키장의 안전시설 미비로 안전사고가 빈번히 발생한다.
안전-유리(安全琉璃)[-뉴-] 명 사람이 다칠 위험을 줄이기 위하여, 유리의 재질을 강화하여, 깨어지더라도 금만 가거나 알갱이 모양으로 부서지도록 만든 유리.
안전-율(安全率)[-뉼] 명 기계나 구조물 또는 그 재료의 극한의 강도(強度)와 안전상 허용되는 한도인 허용 응력(應力)과의 비. 안전 계수.
안전-장치(安全裝置) 명 기계나 기구 등에 위험 방지를 위해 덧붙인 장치. 특히, 총포의 오발을 막기 위하여 방아쇠가 당겨지지 않도록 한 장치.
안전^전ː류(安全電流)[-절-] 명 전선에 무리 없이 안전하게 흐를 수 있는 전류의 크기.

안전-지대(安全地帶)명 ①위험이 없는 장소. ¶ 안전지대로 대피하다. ②도로 표지 따위에 의하여 안전한 곳으로 지정되어 있는 노상(路上)의 부분.

안전-판(安全瓣)명 ①보일러 따위의 내부 압력이 일정 한도 이상이 되면 자동적으로 배출구가 열려 증기가 나오게 된 장치. ②'위험을 사전에 막는 작용을 하는 기구나 제도' 등을 비유하여 이르는 말. ¶ 핵전쟁 방지의 안전판.

안전-표지(安全標識)명 사고의 예방과 안전을 위하여 도로·비행장·공사장 등에서 쓰이는 금지·주의·방향 등의 표지.

안전-핀(安全pin)명 ①타원형으로 구부러져 끝을 안전하게 가릴 수 있게 만든 핀. ②수류탄 따위가 함부로 터지지 않도록 신관(信管)에 꽂는 핀. ¶ 안전핀을 뽑다.

안절-부절부 몹시 초조하고 불안하여 어쩔 줄 몰라 하는 모양. ¶ 안절부절 어찌할 바를 모르다.

안절부절-못하다[-모타-]자여 몹시 초조하고 불안하여 어쩔 줄 몰라 하다. ¶ 가족들은 안절부절못하며 수술 결과를 기다렸다.

안절부절-하다자여 '안절부절못하다'의 잘못.

안ː점(眼點)[-쩜]명 하등 동물의 원시적인 구조로 된, 점 모양의 시각기(視覺器). 명암을 구별할 수 있음.

안접(安接)명하자 편히 머물러 삶.

안정(安定)명 ①하자되자흔들림이 없이 안전하게 자리 잡음. ¶ 물가 안정. /정국(政局)이 안정되다. ②하자 되자물리에서, 물체나 물질에 변화를 주었을 때, 원래의 상태로 돌아가려고 하는 일. ③화학에서, 화합물이 쉽게 분해되지 않는 일.

안정(安靖)명하타 나라를 편안하게 다스림.

안정(安靜)명 ①하형편안하고 고요함. ¶ 분위기가 안정하다. ②하자병을 치료하기 위하여, 몸과 마음을 편안하게 하여 조용히 지냄. ¶ 안정을 취하다. /수술한 환자는 되도록 몸을 안정해야 한다.

안ː정(眼睛)명 ☞눈동자.

안정-감(安定感)명 편안히 자리 잡힌 느낌. ¶ 매우 안정감 있는 그림.

안정-공황(安定恐慌)명 인플레이션을 수습하고 통화 가치를 안정시킬 때에 일어나는 반동적 과정으로서의 혼란. 〔통화 긴축으로 인하여, 기업이 파산하고 실업자가 증가하는 따위.〕

안정-권(安定圈)[-꿘]명 안전하게 자리 잡은 범위. ¶ 합격 안정권.

안정-기(安定期)명 안정된 상태를 유지하는 기간. ¶ 정국(政局)이 안정기에 들다.

안정-도(安定度)명 물체가 안정되어 있을 때의 밑면·무게 중심·무게에 의하여 나타내는 안정의 정도.

안정^동위^원소(安定同位元素)명 방사성을 가지지 않은 동위 원소.

안정-성(安定性)[-썽]명 안정된 상태를 유지하는 성질. ¶ 고용 안정성 보장. /금융의 안정성 확보.

안정^성장(安定成長)명 한 나라의 경제가 대내적으로는 인플레이션이나 디플레이션을 일으키지 않고, 대외적으로는 국제 수지의 적자를 발생시키지 않으면서 일정한 속도로 국민 소득이 증가해 가는 상태.

안정-세(安定勢)명 큰 변동이 없이 안정 상태를 유지하고 있는 시세. ¶ 농산물 가격이 안정세를 유지하다.

안정-의(安定儀)[-의/-이]명 배의 동요를 막기 위한 장치의 한 가지. 고속으로 회전하는 바퀴의 특성을 이용한 것.

안정^임ː금제(安定賃金制)명 노동자와 사용자 사이에, 임금에 대한 일정 기간의 협약을 맺음으로써 임금에 대한 분쟁을 피하는 제도.

안정^주주(安定株主)명 당장의 여건 변화에 관계없이 장기적으로 주식을 보유하는 주주. 〔대중 투자자에 대해 사업 법인이 이에 해당함.〕

안정^통화(安定通貨)명 발행량의 인위적인 조절에 의하여 가치가 안정되어 있는 통화.

안정^포말(安定泡沫)명 여러 시간 동안 꺼지지 않는 거품. 〔비누·색소·단백질 따위의 수용액에 생긴 거품 같은 것.〕

안젤루스(Angelus)명 ①'삼종 기도(三鐘祈禱)'를 달리 이르는 말. ②'삼종 기도'의 시각을 알리는 성당의 종.

안ː조(贋造)명하타되자 ☞위조(僞造).

안ː족(雁足)명 ☞기러기발.

안존(安存)명 Ⅰ하자 ☞안거(安居).
Ⅱ하형 (사람됨이) 조용하고 얌전함. **안존-히**부.

안좌(安坐)명 ①하자편히 앉음. ②하자부처 앞에 무릎을 꿇고 앉음. ③하타부처를 법당에 안치함.

안주(安住)명하자 ①자리를 잡아 편안하게 삶. ¶ 안주의 땅을 구하다. ②현재의 상태에 만족하고 있음. ¶ 월급 생활에 안주할 뿐 딴 뜻이 없다.

안주(按酒)명 술을 마실 때 곁들여 먹는 음식. 술안주. ¶ 안주 일체.

안ː주(眼珠)명 ☞안구(眼球).

안ː주(雁柱)명 ☞기러기발.

안-주머니[-쭈-]명 옷 따위의 안쪽에 달린 주머니.

안주-상(按酒床)[-쌍]명 안주를 차려 놓은 상.

안-주인(-主人)[-쭈-]명 여자 주인. 주인댁(主人宅). ↔바깥주인.

안-주장(-主張)[-쭈-]명하타 〈내주장(內主張)〉의 속된 말.

안줏-감(按酒-)[-주깜/-줃깜]명 ☞안줏거리.

안줏-거리(按酒-)[-주꺼-/-줃꺼-]명 안주가 될 만한 먹을거리. 안줏감.

안ː중(眼中)명 ①눈 속. ②《주로, '안중에'의 꼴로 부정어와 함께 쓰이어》 고려하거나 관심을 가지는 범위의 안. ¶ 그런 사람은 안중에 두지도 않는다.

안중에 사람이 없다속담 조금도 신경 쓰지 아니하다. 전혀 문제로 삼지 아니하다.

안ː중무인(眼中無人)명 ☞안하무인.

안-중문(-中門)[-쭝-]명 안마당으로 들어가는 중문.

안ː중-인(眼中人)명 ①늘 마음에 두고 만나 보기를 바라는 사람. ②전에 본 적이 있는 사람.

안ː중-정(眼中釘)명 ☞눈엣가시.

안지(安地)명 ①마음 편히 살 수 있는 곳. ②마음 편한 지위(地位).

안-지름[-찌-]명 관(管)이나 그릇 따위의 안쪽으로 잰 지름. 내경(內徑). ↔바깥지름.

안-지밀(-至密)[-찌-]명 왕비가 거처하는 방. ↔밭지밀.

안직부 〈옛〉가장. ¶ 외로온 城이 안직 怨望ᄒᆞ야 ᄉᆞ랑ᄒᆞᄂᆞ다(杜初3:4). /안직 貧困ᄒᆞ니ᄂᆞᆫ 머리 셴 拾遺ㅣ 거러가노라(杜重1:10).

안ː진(雁陣)명 ①줄지어 날아가는 기러기의 행렬. ②기러기 행렬 모양의 진법(陣法).

안ː질(眼疾)명 눈병. 안병(眼病).

안-집 [-찝] 명 ①안채. ②(한 집에서 여러 가구가 살 때의) 주인집.

안-짝 명 ①어떤 거리나 수량에 미치지 못하는 범위. ¶ 여기서 십 리 안짝이다. /스무 살 안짝의 젊은이. ②한시(漢詩)에서, 대구(對句)를 이루는 두 짝 중 앞에 있는 짝. ③두 짝으로 된 것의 안에 있는 짝. ↔바깥짝.

안짱-걸음 명 두 발끝을 안쪽을 향해 들여 모아 걷는 걸음.

안짱-다리 명 두 발끝을 안쪽으로 우긋하게 하고 걷는 다리, 또는 다리가 그렇게 생긴 사람. ↔밭장다리.

안-쪽 명 ①안에 있는 부분, 또는 안으로 향한 방향. 내측(內側). ¶ 굴은 안쪽으로 들어갈수록 넓어졌다. ↔바깥쪽. ②《의존적으로 쓰이어》 '어떤 거리나 수량에 미치지 못하는 범위'를 이르는 말. ¶ 집에서 학교까지의 거리는 기껏해야 100미터 안쪽이다.

안쫑-잡다 [-따] 타 ①마음속에 두다. ¶ 늘 안쫑잡고 있던 일. ②겉가량으로 헤아리다. ¶ 안쫑잡아 쉰 개도 넘겠다.

안-찌 명 윷판에서, 방에서 꺾인 둘째 밭.

안찌-대다 타 윷놀이에서, 윷판의 안찌에 말을 놓다.

안-찝 명 ①옷 안에 받치는 감. 안감. ¶ 안찝을 대다. /안찝을 받치다. 준안[1]. ②소나 돼지의 내장. ③☞관(棺).

안찝-광목 (-廣木) [-꽝-] 명 안찝으로 쓰는 광목.

안-차다 형 겁이 없고 깜찍하다. ¶ 안찬 소년. /안차기로 유명한 사람.

안차고 다라지다 관용 성질이 겁이 없고 깜찍하며 당돌하다.

안착 (安着) 명하자되자 무사히 도착함. ¶ 해가 지기 전에 부산에 안착하다.

안:찰 (按察) 명하타 (특히 행정 따위에 대하여) 자세히 조사해서 잘잘못을 밝힘.

안:찰 (按擦) 명하자 목사나 장로가 환자를 위하여 그 몸의 어느 부위를 어루만지는 일.

안:찰^기도 (按擦祈禱) 명 목사나 장로가 환자에게 안찰하면서 성령의 힘으로 병이 낫기를 비는 기도.

안-창 명 신 안바닥에 대는 가죽이나 헝겊.

안:창 (雁瘡) 명 한방에서, 첫추위 무렵에 흔히 생기는 다리의 부스럼을 이르는 말. 〔해마다 기러기가 올 때쯤 생기고, 갈 때쯤 낫는다 하여 붙은 이름임.〕

안-채 명 안팎 각 채로 되어 있는 집의 안에 있는 집채. 내사(內舍). 안집. ↔바깥채.

안:채 (眼彩) 명 ☞안광(眼光).

안:채다 자 ①(눈이나 비 따위가) 앞으로 들이치다. ②(책임 따위를) 떠맡게 되다.

안:책 (案冊) 명 ☞선생안(先生案).

안:초-공 (按草工) 명 기둥머리에 얹어서 주심포(柱心包)를 받드는 부재(部材).

안:총 (眼聰) 명 ☞시력(視力).

안-추르다 [~추르니·~출러] 타르 ①고통 따위를 꾹 참다. ②노여움을 누르고 마음을 가라앉히다.

안:출 (案出) 명하타되자 생각해 냄. 궁리하여 만들어 냄. ¶ 새로운 방법을 안출하다.

안치 (安置) 명하타되자 ①안전하게 잘 둠. ¶ 은행 금고에 귀중품을 안치하다. ②불상(佛像)·위패(位牌)·시신(屍身) 따위를 잘 모시어 둠. ¶ 불상을 법당에 안치하다. ③지난날, 귀양살이하는 죄인이 다른 곳으로 가지 못하게 주거를 제한하던 일, 또는 그런 형벌.

안:치다[1] 자 ①어려운 일이 앞에 닥치다. ②앞에 와서 닿다.

안치다[2] 타 삶거나 찌거나 끓일 물건을 솥이나 시루에 넣다. ¶ 솥에 쌀을 안치다.

안치-소 (安置所) 명 안치하는 곳.

안-치수 (-數) 명 (그릇·관 따위의) 안쪽으로 잰 길이. ↔바깥치수.

안침 (安枕·安寢) 명하자 ☞안면(安眠).

안타 (安打) 명 야구에서, 타자가 안전하게 베이스에 나아갈 수 있도록 치는 일. 히트.

안타까워-하다 타여 ①(남의 고통이나 딱한 처지에 대하여) 답답해하며 애를 태우다. ¶ 아내는 소녀 가장이 고생하는 것을 보고 안타까워했다. ②(뜻대로 되지 않아) 조바심을 내며 답답해하다. ¶ 달리기에서 아들이 뒤처지는 것을 보며 안타까워하는 어머니.

안타깝다 [-따] [안타까우니·안타까워] 형ㅂ ①남의 고통이나 딱한 처지 등을 보니 답답하다. ¶ 어린것이 고생하는 걸 보니 정말 안타깝다. ②(뜻대로 되지 않아) 조바심이 나고 답답하다. ¶ 진심을 몰라주니 안타깝다. **안타까이** 부.

안타깝-이 명 '걸핏하면 안타까워하는 사람'을 조롱조로 이르는 말.

안타깨비 명 ①명주실의 도막을 이어서 짠 굵은 명주. ②〈안타깨비쐐기〉의 준말.

안타깨비-쐐기 명 쐐기나방의 유충. 준안타깨비.

안:-타다 자 말이나 가마 따위를 다른 사람의 앞에 앉아 함께 타다.

안태 (安胎) 명하타 한방에서, 배 속에서 놀라 움직이는 태아를 다스려서 편안하게 하는 일.

안태 (安泰) 명하형 (나라나 집안이) 아무 탈 없이 평화로움.

안태-본 (安胎本) 명 〔어머니 배 속에 있을 때부터의 본관(本貫)이라는 뜻으로〕 '선조 때부터의 고향'을 이르는 말.

안:태우다 타 〖'안타다'의 사동〗 (말이나 가마를 탄 사람이) 다른 사람을 자기 앞에 앉히다.

안택 (安宅) 명하자 (판수나 무당이) 한 해 동안 집안에 탈이 없도록 터주를 위로하는 일.

안택-경 (安宅經) [-꼉] 명 안택할 때 판수가 외는 경문.

안택-굿 (安宅-) [-꾿] 명 안택을 위하여 하는 굿. * 안택굿이 [-꾸시]·안택굿만 [-꾼-]

안테나 (antenna) 명 전파를 보내거나 받기 위하여 공중에 친 도체. 공중선(空中線).

안테나-선 (antenna線) 명 안테나로 쓰는 금속선.

안테나-숍 (antenna shop) 명 (상품의 판매보다는) 신제품 소개·광고 효과·정보 수집 등을 목적으로 제조 회사가 여는 직영 점포.

안토 (安土) 명하자 그곳에서 편안히 삶.

안토시안 (anthocyan) 명 ☞화청소(花青素).

안토-중천 (安土重遷) 명하자 고향에서 눌러 살기를 바라고, 다른 고장으로 떠나기를 꺼려함.

안-통 명 ①그릇 따위의 안쪽의 넓이. ②〈속마음〉의 속된 말.

안:투지배 (眼透紙背) 명하자 〔눈빛이 종이 뒷면까지 뚫는다는 뜻으로〕 책을 읽고 이해하는 힘이 매우 정확함을 이르는 말.

안트라센 (anthracene) 명 방향족(芳香族) 탄화수소의 한 가지. 판상(板狀)의 결정. 방충제나 알리자린 등 염료의 원료로 쓰임.

안-틀다 [~트니·~틀어] 자타 (수량이나 값 따위가) 어떤 한도를 넘지 아니하다. ¶ 안튼 가격.

안티 (anti) 명 반대 또는 반대하는 일.

안티노미 (antinomy) 명 이율배반(二律背反).

안티몬(Antimon 독)명 금속 원소의 한 가지. 청백색이고 광택이 있으며 무름. 납과의 합금으로 활자(活字)나 축받이 따위를 만드는 데 쓰임. 〔Sb/51/121.75〕
안티테:제(Antithese 독)명 반정립(反定立). ↔테제(These).
안티피린(antipyrin)명 해열·진통제로 쓰이는 약의 한 가지. 무색 또는 백색의 결정성 가루.
안팎[-팍]명 ①안과 밖. ¶ 나라 안팎. /집 안팎을 깨끗이 청소하다. ②《의존 명사적 용법》 시간이나 수량이 대강 그 정도임을 나타내는 말. ¶ 두 시간 안팎. /천 원 안팎. ③아내와 남편. 내외(內外)[1]. ¶ 안팎이 함께 오다. *안팎이[-파끼]·안팎만[-팡-]
안팎-곱사등이[-팍꼽싸-]명 ①등뼈가 앞뒤로 굽어 가슴과 등이 비정상적으로 튀어나온 사람. 귀흉귀배(龜胸龜背). ②'안팎으로 하는 일이 잘되지 않음'을 비유하여 이르는 말. ¶ 돈 잃고 친구도 잃은, 그야말로 안팎곱사등이가 되었다.
안팎-노자(-路資)[-팡-]명 가고 오는 데 드는 여비(旅費).
안팎-벽(-壁)[-팍뼉]명 안벽과 바깥벽.
안팎-살림[-팍쌀-]명 안살림과 바깥일.
안팎-식구(-食口)[-팍씩꾸]명 안식구와 바깥식구.
안팎-심부름[-팍씸-]명 안심부름과 바깥심부름. ¶ 안팎심부름을 가리지 않고 하는 하인.
안팎-일[-팡닐]명 안일과 바깥일. ¶ 안팎일이 모두 순조롭다.
안팎-장사[-팍짱-]명 이곳의 산물을 사서 다른 곳에 가져다가 팔고, 그 돈으로 그곳의 산물을 사서 이곳에 가져다가 파는 장사.
안팎-중매(-仲媒)[-팍쭝-]명 부부가 함께 나서서 하는 중매.
안팎-채[-팍-]명 안채와 바깥채.
안팟명 〈옛〉 안팎. ¶ 일로브터 안팟 根과 塵괘(圓覺上二之二34). 참안퐈.
안퐈명 〈옛〉 안팎. ¶ 안팟기 다 조호몰 表ᄒᆞ시고(法華6:144). /宮室을 지오ᄃᆡ 안팟ᄀᆞᆯ 분변ᄒᆞ야(小解2:50).
안-편지(-便紙)명하자 여자끼리 서로 주고받는 편지, 또는 그런 편지를 보냄. 내간(內簡). 내서(內書). 내찰(內札).
안:폐(眼廢)[-폐/-페]명하자 시력을 잃게 됨.
안:포(眼胞)명 척추동물에서, 눈이 형성될 때 전뇌(前腦) 양옆에 나타나는 돌출물. 뒤에 안배로 변함.
안:표(眼標)명하자 나중에 보아서 알 수 있게 한 표. 눈표. ¶ 돌아올 길을 위하여 몇몇 곳에 안표를 해 두었다.
안:피-지(雁皮紙)명 산닥나무 종류인 안피나무 껍질의 섬유로 만든 종이. 얇고 질기며 지질(紙質)이 좋음.
안:하(眼下)명 (높은 곳에서 내려다볼 때의) 눈 아래. ¶ 안하에 펼쳐지는 자연.
안:하무인(眼下無人)명 〔눈 아래에 사람이 없다는 뜻으로〕 사람됨이 교만하여 남을 업신여김을 이르는 말. 안중무인(眼中無人).
안:하무인-격(眼下無人格)[-껵]명 사람됨이 교만하여 남을 업신여기는 모양. ¶ 안하무인격으로 행동하다.
안한(安閑·安閒) '안한하다'의 어근.
안한-하다(安閑-·安閒-)형여 (몸과 마음이) 걱정 없이 편안하고 느긋하다. **안한-히**부.
안:항(雁行)명 〔기러기의 행렬이란 뜻으로〕 남의 '형제'를 높여 이르는 말. ¶ 안항이 몇 분이신지요?
안-해명 바로 전 해. 전년(前年).
안해명 〈옛〉 아내. ¶ ᄉᆞ촌아ᄋᆞ 文叔의 안해(小解6:55). /벼슬을 ᄒᆞ여셔 안해의 머리 단장이 七十萬 돈 쏜 거시 이시니(小解6:116).
안:핵(按覈)명하타 자세히 조사함.
안:핵-사(按覈使)[-싸]명 조선 말기에, 지방에서 일어난 일을 조사하기 위하여 보내던 임시 벼슬.
안행(雁行)명 '안항(雁行)'의 잘못.
안향(安享)명하타 편안하게 삶을 즐김. 편안하게 복을 누림.
안향-부귀(安享富貴)명하자 편안히 부귀(富貴)를 누림.
안:험(按驗)명하타 자세히 조사하여 증거를 세움.
안-형제(-兄弟)명 여자 형제.
안:혼(眼昏)명하형 시력(視力)이 흐림.
안홍-색(殷紅色)명 '은홍색(殷紅色)'의 잘못.
안:화(眼花)명 눈앞에 불똥 같은 것이 어른거려 보이는 눈병.
안:-확(眼-)명 ☞눈구멍[1].
안:환(眼患)명 남을 높여 그의 '안질(眼疾)'을 이르는 말.
안회(安蛔)[-회/-훼]명하자 거위배를 치료함.
안후(安候)명 〈안신(安信)〉의 높임말.
안후(顔厚)명하형 〔얼굴이 두껍다는 뜻으로〕 염치가 없고 뻔뻔스러움을 이르는 말.
앉다[안따]자 ①궁둥이를 바닥에 붙이고 윗몸을 세우다. ¶ 걸상에 앉다. /바위 위에 앉다. ②(날아다니는 것이) 무엇에 발을 붙이고 머무르다. ¶ 새가 가지 끝에 앉다. /비행기가 활주로에 앉다. ③(건물이) 어떤 곳에 자리 잡다. ¶ 집이 남향으로 앉아야 볕이 잘 든다. ④어떤 지위를 차지하다. ¶ 회장 자리에 앉다. ⑤무엇이 끼거나 붙거나 내려 쌓이다. ¶ 책상에 먼지가 앉다. ⑥적극 나서지 않다. 대책을 세우지 않다. 《주로, '앉아(서)'의 꼴로 쓰임.》 ¶ 가만히 앉아서 구경만 할 참이오?/더 이상 가만히 앉아서 당할 수만은 없습니다. *앉아·앉고[안꼬]·앉는[안-]
앉아 주고 서서 받는다속담 빌려 주기는 쉽지만 돌려받기는 힘들다는 말.
앉은 자리에 풀도 안 나겠다속담 '사람이 지나치게 깐깐하고 매서울 만큼 냉정한 경우'를 비유하여 이르는 말.
앉으나 서나관용 늘. 항상. 자나깨나. ¶ 어머니는 앉으나 서나 아들 생각뿐이다.
앉아-버티다자 뜻을 굽히거나 남의 요구에 응하지 아니하다.
앉은-걸음명 앉은 채로 걷는 걸음걸이.
앉은-검정명 솥 밑에 엉겨 붙은 검은 그을음. 한방에서 지혈(止血) 또는 지설(止泄)의 약으로 쓰임. 백초상(百草霜).
앉은-굿[-굳]명 장구와 춤 없이 하는 굿. *앉은굿이[-구시]·앉은굿만[-군-]
앉은-뱅이명 일어나 앉기는 하여도 서지 못하는 불구자. 좌객(坐客).
앉은뱅이가 서면 천 리를 가나속담 능력도 기력도 없는 이가 장차 무슨 큰일을 할 듯이 서둘 때 핀잔 주는 말.
앉은뱅이 용쓴다속담 '제 능력으로 할 수 없는 일'을 억지로 하려고 하는 경우를 비유하여 이르는 말.

앉은뱅이-걸음명 앉은뱅이처럼 앉아서 걷는 걸음걸이.
앉은뱅이-저울명 비교적 무거운 물건을 다는 데 쓰는 저울의 한 가지. 받침대에서 지레의 원리를 응용하여 대저울로 무게를 전달하고, 분동(分銅)으로 균형을 잡아 무게를 달게 되어 있음.
앉은뱅이-책상(—冊床)[—쌍]명 (의자 없이) 방바닥에 앉아서 쓰게 된 낮은 책상.
앉은-부채명 천남성과의 다년초. 골짜기의 응달에서 자라며, 줄기가 없고 잎은 뿌리에서 나오는데 길이 30~40 cm로 크고 넓음. 이른 봄에 암갈색의 포엽(苞葉)에 싸인 꽃이 육수 화서(肉穗花序)로 잎보다 먼저 피는데 고약한 냄새가 남. 뿌리줄기와 잎은 멀미약이나 이뇨제 따위로 쓰임.
앉은-소리명 우리나라의 민속악에서, 앉아서 부르는 노래. 좌창(坐唱). ↔선소리1.
앉은-일[—닐]명 앉아서 하는 일. ↔선일.
앉은-자리명 어떤 일이 벌어진 바로 그 자리. 즉석(卽席). ¶ 앉은자리에서 계약을 맺다.
앉은-장사명 한곳에 가게를 차려 놓고 하는 장사. 좌고(坐賈). 좌상(坐商). ↔도붓장사.
앉은-저울명 '앉은뱅이저울'의 잘못.
앉은-키명 의자에 앉아서 허리를 똑바로 폈을 때, 의자의 바닥으로부터 머리 끝까지의 높이. 좌고(坐高). ↔선키.
앉은-헤엄명 물속에서, 앉은 자세를 하고 치는 헤엄. ↔선헤엄.
앉을-깨명 ①베틀에서, 사람이 앉는 자리. ②걸터앉는 데 쓰이는 물건.
앉을-자리[—짜—]명 물건이 놓이는 자리. ¶ 장롱 앉을자리가 마땅찮다.
앉음-새명 ☞앉음앉음.
앉음-앉음명 자리에 앉을 때의 몸가짐, 또는 앉아 있는 태도. 앉음새. ¶ 앉음앉음에도 그 사람의 교양이 나타난다.
앉-히다[안치—]타 ①〖'앉다'의 사동〗 ㉠앉게 하다. ¶ 자리에 앉히다. /집을 남향으로 앉히다. ㉡어떤 지위를 차지하게 하다. ¶ 과장에 앉히다. ②버릇을 가르치다. ③문서에 어떤 사항을 따로 잡아 기록하다.
않명 〈옛〉 안. 속. ¶ 셤 안해 자싫 제(龍歌67章). /안흐로 붓그료뎌(杜初22:50).
않다[안타] Ⅰ타 어떤 행동을 아니 하다. ¶ 그는 아무 말을 않고 떠났다. *않아[아나]·않는[안—]·않소[안쏘]
Ⅱ조동 〈아니하다〉의 준말. ¶ 밤이 깊었는데도 쉬지 않고 일하다. *않아[아나]·않는[안—]·않소[안쏘]
Ⅲ조형 〈아니하다〉의 준말. ¶ 높지 않은 산. /냄새가 향기롭지 않다. /물이 맑지 않다. *않아[아나]·않소[안쏘]
알1명 ①새·물고기·벌레 따위의 암컷이 낳는 둥근 모양의 것. 막(膜)이나 껍데기에 싸여 있으며, 일정한 조건 밑에서 새끼나 유충이 깨어 나옴. ¶ 개구리 알. ②달걀. ③작고 둥근 물건의 낱개. ¶ 사과 알이 굵다. ④근육 따위가 딴딴하게 뭉쳐 둥글게 된 것. ¶ 종아리에 알이 배다.
알2의 작고 둥근 물건을 세는 단위. ¶ 사탕 다섯 알. /감자 서너 알.
알-접두 《일부 명사 앞에 붙어》 ①덮어 싼 것이나 딸린 것을 다 떨쳐 버린 것임을 뜻함. ¶ 알몸. /알밤. /알종아리. ②아주 작은 것임을 뜻함. ¶ 알개미. /알나리. /알바가지. ③진짜 또는 알짜임을 뜻함. ¶ 알부자. /알거지. /알건달.
알-개미명 아주 작은 개미.
알갱이1명 ①열매 따위의 낱개. 곡식의 낟알. ¶ 보리 알갱이. ②☞입자(粒子). ¶ 물의 알갱이. ③〖의존 명사적 용법〗 작고 둥근 물건을 세는 단위. ¶ 쌀 몇 알갱이. /먼지 한 알갱이.
알갱이2명 장롱의 쇠목과 동자목(童子木) 사이에 낀 널빤지.
알-거지명 돈 한 푼 없이 거지꼴이 된 사람.
알-건달(—乾達)명 알짜 건달.
알겨-내다타 (소소한 남의 것을) 좀스럽게 꾀어서 빼앗아 내다. ¶ 아이들의 코 묻은 돈을 알겨내다.
알겨-먹다[—따]타 약한 사람의 자잘한 것을 알겨내어 자기 것으로 하다.
알-겯다[—따][~결으니·~결어]자ㄷ 발정한 암탉이 수탉을 부르느라고 골골거리는 소리를 내다.
알고기-씨명 알도 많이 낳고 고기 맛도 좋은 닭의 품종, 또는 그런 품종의 닭.
알고리듬(algorithm)명 컴퓨터에서 어떤 문제를 해결하기 위하여, 입력된 자료를 토대로 하여 원하는 출력을 유도하여 내는 일련의 절차나 규칙의 집합. 알고리즘.
알고리즘(algorism)명 ☞알고리듬.
알-고명명 달걀의 흰자와 노른자를 각각 번철에 얇게 부쳐서 썬 고명.
알-곡(—穀)명 ①쭉정이나 잡것이 섞이지 아니한 곡식. ②깍지를 벗긴 콩이나 팥 따위의 곡식. 알곡식.
알-곡식(—穀食)[—씩]명 ☞알곡.
알골(ALGOL)명 과학 기술 계산용 프로그래밍 언어. 프로그램을 알고리듬으로 표현할 수 있게 되어 있음. [algorithmic language]
알과(戛過)명하타 (친히 지내는 사람의 집 앞을 지나면서) 들르지 않고 그냥 지나감.
알-과녁명 과녁의 한복판. ¶ 알과녁에 꽂히다.
알-관(—管)명 ☞나팔관(喇叭管).
알-관주(—貫珠)명 한문의 시문(詩文)을 꼲을 때, 비점(批點) 위에 주는 관주. 둥근 표를 함.
알ː-괘(—掛)[—꽤]명 알 만한 일. 알조.
알구지명 지겟작대기의 아귀진 부분.
알궁(軋弓)명 아쟁(牙箏)을 켜는 활.
알-궁둥이명 벌거벗은 궁둥이.
알근-달근부하형 맛이 알근하면서도 달짝지근한 느낌. 큰얼근덜근.
알근-하다형여 ①(매워서) 입 안이 좀 알알하다. ②약한 술기운으로 정신이 좀 아렴풋하다. 큰얼근하다. 거알큰하다. **알근-히**부 ¶ 알근히 취하다.
알금-뱅이명 '얼굴이 알금알금 얽은 사람'을 홀하게 이르는 말. 큰얼금뱅이.
알금-삼삼부하형 ☞알금솜솜.
알금-솜솜부하형 잘고 얕게 얽은 자국이 촘촘히 있는 모양. 알금삼삼. 큰얼금숨숨.
알금-알금부하형 잘고 얕게 얽은 자국이 드문드문 있는 모양. 큰얼금얼금.
알기다타 조금씩 갉아 내거나 빼내거나 하여 가지다. ¶ 논 판 돈을 알겨다 쓰다.
알기-살기부하형 요리조리 뒤얽혀 있는 모양. 큰얼기설기. 거알키살키.
알긴-산(←alginic酸)명 다당류(多糖類)의 한 가지. 바닷말 속에 많이 들어 있으며 찰기가 강함. 접착제·유화제·필름 따위를 만드는 데 쓰임.
알-까기명 (새·물고기·벌레 따위의) 알을 까는 일. 부화(孵化).
알-깍쟁이[—쨍—]명 ①얄밉도록 깜찍하거나 성질이 다부진 아이를 이르는 말. ②성질이 다부지고 모진 사람을 이르는 말.
알-꼴명 알과 같은 모양. 난형(卵形).

알-꽈리명 가짓과의 다년초. 나무 그늘에서 자라는데, 높이 60~90 cm이고 잎은 타원형임. 7~8월에 담황색의 꽃이 잎겨드랑이에 피고, 길이 1 cm가량의 둥근 열매는 붉은색으로 익음. 우리나라 중부 지방 이남에 분포함.

알-끈명 알의 노른자위의 양쪽을 알의 속껍질에 이어 댄 끈 모양의 기관. 노른자위의 자리가 변하지 않게 하는 구실을 함.

알-나리[-라-]명 나이가 어리거나 키가 작은 사람이 벼슬한 경우에 놀리는 말.

알나리-깔나리[-라-라-]감 아이들이 상대편을 놀릴 때 하는 말. ¶ 알나리깔나리, 영수는 오줌 싸개래요.

알-내기[-래-]명 알을 얻기 위하여 닭이나 오리를 기르는 일, 또는 그 닭이나 오리.

알-눈[-룬]명 탈바꿈한 곁눈의 한 가지. 양분이 저장되어 살이 많으며, 땅에 떨어져 무성적(無性的)으로 새 식물이 됨. 참나리·마 등의 잎겨드랑이에 형성됨. 주아(珠芽).

알ː다[아니·알아] Ⅰ자 그러하다고 믿거나 생각하다. ¶ 그가 시험에 합격한 걸로 알고 있다. Ⅱ타 ①모르던 것을 깨닫다. ¶ 말씀의 뜻을 알다. /사건의 심각성을 알다. ②어떤 것에 대한 지식을 가지다. ¶ 아는 것이 힘이다. /운전할 줄 알다. ③생각하여 분간하거나 판단하다. ¶ 내 일은 내가 안다. ④겪다, 또는 겪어서 기억하다. ¶ 전쟁의 참상을 알다. ⑤안면이 있다. 낯이 익다. ¶ 아는 사람이 많다. ⑥관계하거나 관여하다. ¶ 네가 알 것까지 없다. ⑦중히 여기다. 《주로, '-만 알다'의 꼴로 쓰임.》 ¶ 공부만 알다. ⑧짐작하여 이해하다. ¶ 그의 고민을 알 수 있다. ①~⑤↔모르다.

아는 것이 병〔탈〕속담 ①어설프게 알고 행하는 것은 도리어 걱정거리의 원인이 된다. ②사리를 잘 알기 때문에 도리어 불리해질 경우가 있다.

아는 길도 물어 가랬다속담 아무리 쉬운 일도 소홀히 해서는 안 된다.

아는 놈 붙들어 매듯속담 '무엇을 허술하게 묶거나 단속할 때'를 비유하여 이르는 말.

아는 도끼에 발등 찍힌다속담 ☞믿는 도끼에 발등 찍힌다.

알기는 칠월 귀뚜라미속담 '매사(每事)에 유식한 듯이 자랑하는 이'를 놀리는 말.

알다가도 모를 일관용 (일이 예상 밖으로 엉뚱하게 되어) 도무지 영문을 알 수가 없다는 뜻.

알데히드(aldehyde)명 알데히드기를 갖는 화합물을 통틀어 이르는 말. 알코올의 불충분한 산화에 의하여 생긴 액체로서, 자극적인 냄새가 있고 휘발성이 높으며 특이한 환원 작용을 함. 환원제·향료·마취제 따위로 쓰임.

알도(-道)[-또]명 〈갈도(喝道)〉의 변한말.

알-도요명 ☞작은물떼새.

알-돈명 알짜가 되는 돈. 몹시 소중한 돈.

알-돌명 토목이나 건축에서, 직경 25 cm가량 되는 둥근 돌을 이르는 말.

알-둥지명 날짐승이 알을 낳는 둥지.

알딸딸-하다형여 ①뜻밖의 일을 당하거나 일이 복잡하여 정신을 차리지 못하다. ②머리가 울리고 어질어질하다. ③술기운이 돌아서 정신이 좀 어릿하다. ¶ 술기운이 알딸딸하게 오르다. ①②큰얼떨떨하다.

알-땅명 ①나무나 풀이 없는 벌거숭이 땅. ②(사방 공사 따위가 되어 있지 않거나 하여) 비가 오면 토사(土沙)가 마구 깎여 내려가는 땅.

알-뚝배기[-빼-]명 작은 뚝배기.

알-뜯이[-뜨지]명 늦가을에 알을 꺼낸 게.

알뜰명 《주로 일부 명사 앞에 쓰이어》 생활비를 아끼며 규모 있는 살림을 함. ¶ 알뜰 주부.

알뜰-살뜰부하형 생활비를 아끼며 규모 있고 정성스레 살림을 하는 모양.

알뜰-하다형여 ①헤프게 쓰지 않고 살림을 규모 있게 하여 빈 구석이 없다. ¶ 알뜰한 살림. ②아끼고 위하는 마음이 지극하다. ¶ 알뜰한 어머니의 사랑. **알뜰-히**부.

알라(alla 이)명 악보에서, 다른 나타냄말에 덧붙여 쓰는 말. '…풍(風)으로'의 뜻. 〔'알라 마르시아(alla marcia); 행진곡풍으로' 따위.〕

알라(Allah)명 이슬람교도가 신앙하는 유일·절대·전지전능의 신.

알라꿍-달라꿍부하형 어수선하게 몹시 알락달락한 모양. 큰얼러꿍덜러꿍.

알라르간도(allargando 이)명 악보에서, 변화를 주도록 지시하는 말. '점점 느리고 폭 넓게'의 뜻.

알라차감 경쾌한 동작 또는 경쾌한 느낌을 나타낼 때 내는 기합 소리.

알락명 본바닥의 어떤 부분에 다른 빛깔이 조금 섞여 있는 것. 큰얼럭.

알락-곰치[-꼼-]명 곰칫과의 바닷물고기. 몸길이 80 cm가량이며 몸에 알락알락한 무늬가 뚜렷함. 입이 크고 주둥이에 두 쌍의 더듬이가 있음. 열대성 어종으로 피부가 두껍고 탄력이 있어 가죽으로 이용됨.

알락-꼽등이[-뜽-]명 꼽등잇과의 곤충. 몸길이 2.5 cm가량. 몸빛은 황갈색 바탕에 검은 얼룩무늬가 있음. 날개는 없고 등은 곱사등이 모양으로 솟아 있음. 습기가 많은 마루 밑 같은 곳에 사는데, 우리나라를 비롯하여 세계 각지에 분포함. 알락왕뚱이.

알락-나방[-랑-]명 알락나방과의 곤충. 날개 길이 3 cm가량. 몸빛은 갈색이고 털이 많으며, 날개는 투명하나 날갯죽지 부분은 황색임. 유충은 활엽수의 잎을 갉아 먹는 해충임. 우리나라를 비롯하여 동부 아시아에 분포함.

알락-달락[-딸-]부하형 여러 가지 빛깔의 점이나 줄이 불규칙하게 산뜻한 무늬를 이룬 모양. ¶ 알락달락한 양산. 큰얼럭덜럭.

알락-도요[-또-]명 도욧과의 새. 날개 길이 13 cm가량, 부리 길이 5 cm, 머리와 목 부분은 흑갈색 바탕에 흰 줄무늬가 있음. 등은 흑갈색 바탕에 회색 가로무늬가 있고, 날개에는 황색의 둥근 얼룩이 있음. 연못가나 논밭 부근의 습지에 두세 마리씩 떼를 지어 살며, 주로 곤충과 조개를 잡아먹음.

알락-알락부하형 여러 가지 빛깔의 점이나 줄이 규칙적으로 무늬를 이루고 있는 모양. ¶ 알락알락 꽃무늬가 있는 비단 치마. 큰얼럭얼럭.

알락-왕뚱이명 ☞알락꼽등이.

알락-하늘소[-라카-쏘]명 하늘솟과의 곤충. 몸길이 3 cm가량. 몸빛은 광택 있는 검은 바탕에 흰 점이 많이 흩어져 있음. 유충은 버드나무·뽕나무 따위에 구멍을 뚫고 들어가 살며, 겨울에는 땅속으로 들어감. 성충은 6~8월에 나타나는데, 활엽수의 가지에서 많이 볼 수 있음. 과일나무의 해충이며, 우리나라·일본 등지에 분포함.

알락-할미새[-라칼-]명 참새과의 새. 날개 길이와 꽁지 길이는 각각 8.5 cm가량. 몸빛은 얼굴과 배 부분이 희고, 목·가슴은 검으며, 날개와 꽁지는 흰색과 검은색이 섞여 있음. 땅 위를 걸어 다니면서 곤충과 지렁이를 잡아먹음. 동부 아시아에서 번식하고 동남아시아에서 겨울을 지냄.

알람-미 (←安南米) 명 '안남미(安南米)'의 잘못.
알랑-거리다 자 자꾸 알랑알랑하다. 알랑대다. ¶ 윗사람에게 알랑거리다. 큰얼렁거리다.
알랑-대다 자 알랑거리다.
알랑-똥땅 부하타 살짝 엉너리를 부리어 얼김에 남을 속여 넘기는 모양. ¶ 이번 일은 알랑똥땅 넘어갈 일이 아니다. 큰얼렁뚱땅.
알랑-방귀 명 '알랑거리며 아첨을 떠는 짓'을 속되게 이르는 말.
알랑방귀(를) 뀌다 관용 '알랑거리며 아첨을 떨다'를 속되게 이르는 말.
알랑-쇠 [-쇠/-쉐] 명 '알랑거리는 사람'을 얕잡아 이르는 말. 큰얼렁쇠.
알랑-수 [-쑤] 명 알랑똥땅 남을 속여 넘기는 수단. 큰얼렁수.
알랑-알랑 부하자 남의 비위를 맞추려고 다랍게 아첨하는 모양. 큰얼렁얼렁.
알량-하다 형여 시시하고 보잘것없다. ¶ 그 알량한 솜씨로 무얼 하겠다는 거냐?/내 알량한 자존심 때문에 그녀에게 말도 건네지 못했다.
알레고리 (allegory) 명 우의(寓意). 풍유(諷喩). ¶ 정치적 알레고리가 뛰어난 단편 소설.
알레그라멘테 (allegramente 이) 명 악보의 나타냄말. '즐겁게'·'쾌활하게'의 뜻.
알레그레토 (allegretto 이) 명 악보에서, 빠르기를 지시하는 말. '조금 빠르게'의 뜻.
알레그로 (allegro 이) 명 악보에서, 빠르기를 지시하는 말. '빠르게'의 뜻. ¶ 교향곡의 제1악장과 제4악장은 대개 알레그로이다.
알레그로^콘^브리오 (allegro con brio 이) 명 악보의 나타냄말. '씩씩하고 빠르게'의 뜻.
알레그리시모 (allegrissimo 이) 명 악보에서, 빠르기를 지시하는 말. '아주 빠르게'의 뜻.
알레르기 (Allergie 독) 명 ①어떤 물질이 음식이나 약으로 섭취되거나 몸에 닿았을 때 체질상 보통 사람과 다르게 과민한 반응을 일으키는 일. 〔두드러기·페니실린 쇼크 따위.〕 ②'어떤 특정의 사람이나 사물에 대한 정신적인 거부 반응'을 비유하여 이르는 말.
알레르기성^질환 (Allergie性疾患) 명 알레르기에 의한 병. 〔두드러기·기관지 천식 따위.〕
알렉산드라이트 (alexandrite) 명 아주 희귀한 보석인 금록석(金綠石)의 한 가지. 자연광 아래에서는 녹색, 인공광 아래에서는 적자색을 띰.
알렐루야 (alleluia 라) 명 ☞할렐루야.
알력 (軋轢) 명 〔수레바퀴가 삐걱거린다는 뜻으로〕 집안이나 한 집단의 내부에서, 의견이 맞지 않아 서로 충돌하는 일. ¶ 간부들끼리 알력이 심하다.
알로기 명 알록알록한 무늬나 점, 또는 그런 무늬나 점이 있는 짐승이나 물건을 이르는 말. 큰얼루기.
알로-까다 형 '몹시 약다'는 뜻을 얕잡아 속되게 이르는 말.
알로록-달로록 [-딸-] 부하형 어떤 바탕에 여러 가지 빛깔로 된 작은 점이나 가는 줄 따위가 고르지 않고 성기게 무늬져 있는 모양. 큰얼루룩덜루룩. 참아로록다로록.
알로록-알로록 부하형 어떤 바탕에 여러 가지 빛깔의 작은 점이나 가는 줄 따위가 성기게 무늬져 있는 모양. 큰얼루룩얼루룩. 참아로록아로록.
알로롱-달로롱 부하형 어떤 바탕에 서로 빛깔이 다른 또렷한 점이나 무늬 따위가 드문드문 무늬져 있는 모양. ¶ 노란 바탕에 빨강 파랑 물방울무늬가 알로롱달로롱한 벽지를 바르다. 큰얼루룽덜루룽. 참아로롱다로롱.
알로롱-알로롱 부하형 어떤 바탕에 또렷한 점이나 무늬 따위가 드문드문 무늬져 있는 모양. 큰얼루룽얼루룽. 참아로롱아로롱.
알로에 (aloe) 명 백합과 알로에속의 상록 다년초를 통틀어 이르는 말. 아프리카 원산의 다육식물(多肉植物)로, 종류가 많음. 잎은 두꺼운 칼 모양이고, 가장자리에 가시가 나 있으며, 주황색 또는 분홍색 꽃이 핌. 잎은 건위제(健胃劑)·하제(下劑) 등으로 쓰이고, 관상용으로 가꾸기도 함. 노회(蘆薈).
알로하 (aloha) 명 〈알로하셔츠〉의 준말.
알로하-셔츠 (aloha shirts) 명 빛깔과 무늬가 화려한 여름용 반소매 셔츠. 옷자락을 바지 위로 내놓고 입음. 준알로하.
알록-달록 [-딸-] 부하형 어떤 바탕에 다른 빛깔의 작은 얼룩이나 무늬 따위가 고르지 않게 무늬져 있는 모양. ¶ 알록달록한 양산. 큰얼룩덜룩. 참아록다록.
알록-알록 부하형 어떤 바탕에 여러 가지 빛깔의 작은 얼룩이나 무늬 따위가 고르게 무늬져 있는 모양. 큰얼룩얼룩. 참아록아록.
알록-점 (-點) [-쩜] 명 알록알록한 점. 큰얼룩점.
알록-지다 [-찌-] 자 알록알록하게 되다.
알롱 명 지난날, 지방 관아의 전령(傳令)을 맡았던 엄지머리총각.
알롱-달롱 부하형 어떤 바탕에 서로 빛깔이 다른 또렷한 점이나 무늬 따위가 고르지 않게 촘촘히 무늬져 있는 모양. 큰얼룽덜룽. 참아롱다롱.
알롱-알롱 부하형 어떤 바탕에 또렷한 점이나 무늬 따위가 고르게 촘촘히 무늬져 있는 모양. 큰얼룽얼룽. 참아롱아롱[2].
알롱-이 명 알롱알롱한 점, 또는 그런 점이 있는 짐승이나 물건을 이르는 말. 큰얼룽이. 참아롱이.
알루마이트 (alumite) 명 알루미늄의 표면에 산화 알루미늄의 막을 입혀서, 부식되기 쉬운 알루미늄의 결점을 보완한 것의 상표명.
알루멜 (alumel) 명 금속 전기 저항 재료의 한 가지. 니켈을 주성분으로 한 합금임.
알루미나 (alumina) 명 ☞산화알루미늄.
알루미나^사기 (alumina沙器) 명 산화알루미늄으로 만들어 1600℃ 이상의 고열에서 구운 사기. 화학용 기구로 쓰임.
알루미나^시멘트 (alumina cement) 명 고급 시멘트의 한 가지. 산화알루미늄이 30~40 % 들어 있으며, 물과 섞은 다음 굳기까지의 시간이 짧음. 반토 시멘트.
알루미늄 (aluminium) 명 금속 원소의 한 가지. 은백색의 가볍고 연한 금속이며, 산화가 잘 안 되고 전성(展性)·연성(延性)이 풍부함. 전기 기구·가구·항공기·선박·차량 등의 주요 재료로 쓰임. 〔Al/13/26.98〕
알루미늄^경합금 (aluminium輕合金) [-끔] 명 알루미늄에 구리·마그네슘·규소·니켈·망간·아연 등을 섞어서 만든 경합금. 가볍고 내식성·내열성이 뛰어남.
알루미늄-박 (aluminium箔) 명 알루미늄을 종이처럼 아주 얇게 늘인 것. 식품·약품·담배 등의 방습(防濕)을 위한 포장에 쓰임. 〔흔히, '은박지'·'은종이' 등으로 불림.〕
알루미늄^청동 (aluminium青銅) 명 구리를 주성분으로 하여 알루미늄을 섞은 합금. 소량의 철·니켈·망간 등이 들어 있음.

알류(斡流)명하자 물이 돌아 흐름, 또는 그렇게 흐르는 물.
알륵(軋轢)명 '알력(軋轢)'의 잘못.
알른-거리다자 자꾸 알른알른하다. 알른대다. 큰얼른거리다. 참아른거리다.
알른-대다자 알른거리다.
알른-알른부하자 ①매우 아리송하게 조금 보이다 말다 하는 모양. ¶ 안개 속에 알른알른 보이는 마을. ②그림자가 매우 희미하게 움직이는 모양. ¶ 창문에 알른알른하는 사람의 그림자. ③물이나 거울에 비친 그림자가 몹시 흔들리는 모양. 큰얼른얼른². 참아른아른.
알-리다자타 ①〖'알다'의 사동〗 ¶ 상황을 알리다. /지금 도착했다고 알리다. ②알게 하다. 통지하다. ¶ 진상을 알리다. /경사를 알리다. 높아뢰다.
알리바이(alibi)명 범죄 사건 따위가 일어났을 때에 그곳에 있지 않았다는 증명, 또는 그 증명을 뒷받침하는 사실. 부재 증명(不在證明). 현장 부재 증명. ¶ 알리바이가 없다.
알리자린(alizarine)명 옛날부터 사용된 붉은 색소. 꼭두서니의 뿌리에서 얻었으나, 오늘날에는 인공적으로 만듦. 염료로 쓰임.
알림-판(-板)명 여러 사람에게 알리는 내용을 적거나, 적은 것을 붙이기 위한 판.
알마초부 〈옛〉 알맞게. ¶ 보리밥 풋ᄂᆞ몰을 알마초 먹은 後에(古時調).
알:-맞다[-맏따]형 정도에 지나치거나 모자라거나 하지 않다. 적당하다. ¶ 알맞은 가격. /제 능력에 알맞게 선택하다. 큰얼맞다.
알:-맞추[-맏-]부 알맞게.
알매명 산자(橵子) 위에 받는 흙.
알매(戞昧)명하형 사실의 갈피를 알아내기 어려움. 암매(暗昧).
알맹이명 ①물건의 껍질 속에 있는 것, 또는 씨. ¶ 콩 알맹이. /알맹이가 굵다. ②사물의 중심이 되는 중요한 부분. 알속. 핵심(核心). 핵자(核子). ¶ 알맹이가 없는 이론.
알-몸명 ①아무것도 입지 않은 몸. 벌거벗은 몸. 나신(裸身). 나체(裸體). 적신(赤身). ¶ 알몸 사진. ②'가진 재산이라고는 아무것도 없는 사람'을 비유하여 이르는 말. ¶ 알몸으로 시작하여 사업을 일으키다. 맨몸.
알-몸뚱이명 〈알몸〉의 속된 말. 맨몸뚱이. ¶ 알몸뚱이로 일광욕을 즐기다.
알묘(揠苗)명하자 〔곡식을 빨리 자라게 하려고 그 고갱이를 뽑아 올린다는 뜻으로〕 '성급히 서둘다가 일을 그르치게 되어 해를 당함'을 비유하여 이르는 말.
알묘(謁廟)명하자 사당에 참배(參拜)함.
알-바가지명 작은 바가지.
알-바늘명 실을 꿰지 않은 바늘.
알-반대기명 달걀을 풀어서 번철에 얇게 부쳐 만든 반대기. 지단.
알-받이[-바지]명하자 (기르기 위하여) 새·물고기·벌레 따위의 알을 받는 일, 또는 그 알을 받는 데 쓰는 물건.
알-밤명 ①익은 밤송이에서 빠지거나 떨어진 밤톨. ¶ 알밤을 줍다. ↔송이밤. ②주먹으로 머리를 가볍게 쥐어박는 일. ¶ 알밤을 한 대 먹이다.
알-방구리명 작은 방구리.
알배-기명 ①알이 들어서 통통한 생선. ②'겉보다 속이 야무진 것, 또는 속이 충실한 것'을 비유하여 이르는 말.
알-배다자 ①(새나 물고기 따위가) 배 속에 알을 가지다. ¶ 알밴 생선. ②(곡식의) 알이 들다. ③근육이 단단하게 뭉치다. ¶ 알밴 다리.
알-버섯[-섣]명 ☞송로(松露). ＊알버섯이[-서시]·알버섯만[-선-]
알-부랑자(-浮浪者)명 아주 못된 부랑자. 알짜 부랑자.
알부민(albumin)명 단순 단백질의 한 가지. 동식물의 조직 속에 들어 있음. 〔난백(卵白) 알부민, 혈청 알부민 따위.〕
알-부자(-富者)명 실속이 있는 부자.
알-부피명 ①(상자 따위의 포장을 제외한) 물건 그 자체의 부피. ②(눈대중이 아닌) 실제로 재어 본 부피.
알-불명 재 속에 묻히거나 화로에 담기거나 하지 않은 불등걸.
알-붙이기[-부치-]명 참나무누에를 깨우는 방법의 한 가지. 주머니에 든 알을 종이에 옮기고, 그것을 나무 마디에 붙여서 깨움.
알-뿌리명 (양분의 저장으로) 둥근 덩어리처럼 된 뿌리나 땅속줄기 따위. 양분을 저장하는 부분에 따라 구경(球莖)·괴경(塊莖)·괴근(塊根)·인경(鱗莖)·근경(根莖) 따위로 나뉨.
알-사탕(ˇ-沙糖)명 알처럼 동글동글하게 만든 사탕. 눈깔사탕.
알-살명 걸치거나 가린 것이 없이 그대로 드러난 살.
알선(斡旋)[-썬]명하타되자 ①양편의 사이에 들어서 일이 잘되도록 이리저리 마련해 줌. ¶ 일자리를 알선하다. /친구에게 사업 자금을 알선하다. ②노동 쟁의 조정법에서, 쟁의 신고를 받은 행정 관청이나 노동 위원회가 노사(勞使) 중간에 들어 쌍방의 주장의 요점을 확인하고 접근을 권고하여 쟁의가 해결되도록 노력하는 일. ③장물인 줄 알면서 수수료를 받고 매매를 주선해 주는 행위.
알-섬명 사람이 살지 않는 작은 섬.
알성(謁聖)[-썽]명하자 임금이 성균관의 문묘(文廟)에 참배함.
알성-과(謁聖科)[-썽-]명 조선 시대에, 임금이 성균관에 거둥하여 알성하고 나서 보이던 과거. 알성시(謁聖試).
알성^급제(謁聖及第)[-썽-쩨]명 알성과(謁聖科)에 합격함, 또는 그 사람.
알성^무:과(謁聖武科)[-썽-]명 조선 시대에, 임금이 성균관에서 알성한 뒤에 보이던 무과.
알성^문과(謁聖文科)[-썽-]명 조선 시대에, 임금이 성균관에서 알성한 뒤에 보이던 문과.
알성-시(謁聖試)[-썽-]명 ☞알성과.
알성^장:원(謁聖壯元)[-썽-]명 조선 시대에, 알성 문과에서 갑과(甲科)의 첫째로 급제함.
알^세뇨(al segno 이)명 악보에서 쓰이는 용어의 한 가지. '기호가 있는 곳까지'의 뜻으로, 처음부터 𝄋(세뇨) 표가 있는 데까지 연주하라는 뜻. 참달 세뇨.
알-세포(-細胞)명 ☞난세포(卵細胞).
알소(訐訴)[-쏘]명하타 남을 헐뜯기 위하여 없는 일을 꾸며서 윗사람에게 일러바침.
알-속[-쏙]명 ①(수량·길이·부피·무게 따위의) 헛것을 털어 버리고 남은 실속. ②(겉으로 보기보다) 알찬 실제의 내용. ③비밀히 통정한 내용. ¶ 알속이 무엇인지 궁금하다. ④☞핵심(核心).
알-송편(-松-)명 번철에 달걀을 한 개씩 깨어 익힌 다음, 한편을 들어서 다른 편과 맞붙이어 반달 모양으로 만든 음식.

알-심[-씸]명 ①은근히 동정하는 마음(정성). ¶ 부모님 생각에 노인만 보면 알심이 든다. ②(겉으로는 나타나지 않는) 야무진 힘. ¶ 보기에는 약하지만 알심이 있다.
알싸-하다형여 (매운맛이나 냄새 때문에) 혀나 콧속이 알알하다. ¶ 매운 고추를 먹었더니 혀끝이 알싸하다.
알-쌈명 달걀을 풀어 갠 것을 번철에 얇게 펴서 익힌 다음, 고기소를 싸서 반달처럼 만든 음식. 계란포.
알쏭-달쏭부하형 ①여러 가지 빛깔이나 무늬가 뒤섞여 분간하기 어렵도록 아롱다롱한 모양. 큰얼쑹덜쑹. ②생각이 자꾸 섞바뀌어 분간할 것 같으면서도 얼른 분간이 안 되는 모양. ¶ 그런 일이 있었는지 알쏭달쏭하다.
알쏭-알쏭부하형 ①여러 가지 빛깔이나 무늬가 뒤섞여 분간하기 어렵도록 아롱아롱한 모양. 큰얼쑹얼쑹. ②생각이 자꾸 헛갈리어 알 듯하면서도 알아지지 않는 모양. ¶ 그가 누구였는지 알쏭알쏭하다.
알쏭-하다형여 〈아리송하다〉의 준말. ¶ 알쏭한 내용의 편지. 큰얼쑹하다.
알씬부하자 (작은 것이) 눈앞에 잠깐 나타났다가 사라지는 모양. 큰얼씬. **알씬-알씬**부하자.
알씬-거리다자 자꾸 알씬알씬하다. 알씬대다. ¶ 꼴도 보기 싫으니 다시는 내 앞에 알씬거리지 마라. 큰얼씬거리다.
알씬-대다자 알씬거리다.
알아-내다타 ①모르던 것을 새로 깨닫거나 알 수 있게 되다. ¶ 이름을 알아내다. /신비롭기만 했던 달의 정체를 알아내다. ②찾아내다. ¶ 그의 거처를 알아내다.
알아-듣다[-따][~들으니·~들어]타ㄷ ①남의 말을 듣고 그 뜻을 알다. 이해하다. ¶ 알아듣게 타이르다. /말귀를 알아듣다. ②소리를 분간하여 듣다. ¶ 형은 내 목소리를 알아듣고 문을 열어 주었다.
알아-맞추다타 '알아맞히다'의 잘못.
알아-맞히다[-마치-]타 ①(어떤 문제에 대하여) 맞는 답을 말하다. ¶ 답을 알아맞히면 상을 주겠다. ②사실과 꼭 맞게 추측이나 예측을 하다. ¶ 경기의 결과를 알아맞히다.
알아-먹다[-따]타 〈알아듣다〉·〈알아보다〉의 속된 말. ¶ 말귀를 알아먹다.
알아-방이다타 무슨 일의 낌새를 알고 미리 대처하다.
알아-보다타 ①눈으로 보고 분간하다. ¶ 캄캄한 밤인데도 나를 금방 알아보더라. ↔몰라보다. ②알기 위하여 이것저것 조사하거나 살펴보다. ¶ 개미의 종류를 알아보다. ③(물건의 가치 따위를) 보고 알다. ¶ 진가(眞價)를 알아보다. ④잊어버리지 않고 기억하다. ¶ 20년 전의 은사를 알아보다.
알아-주다타 ①남의 장점을 인정하거나 좋게 평가하여 주다. ¶ 너를 알아주는 사람이 없다고 너무 상심하지 마라. ②남의 특성·특색 따위를 인정하다. ¶ 하여간, 걔 고집은 알아줘야 해. /우리 삼촌은 컴퓨터 업계에서 알아주는 전문가다. ③남의 처지를 이해하다. ¶ 그의 괴로움을 알아주는 사람이 없는 것 같았다.
알아-차리다타 ①(상황을 잘 판단하고) 미리 주의하거나 마음을 정하다. ¶ 어떻게 처신해야 할 것인가를 알아차리다. ②알아채다.
알아-채다타 (무슨 일의) 낌새를 미리 알다. 알아차리다. ¶ 속마음을 알아채다.
알알명 하나하나의 알. ¶ 가지마다 탐스럽게 익은 사과의 알알.
알알-이부 한 알 한 알마다. ¶ 벼가 알알이 잘 여물다.
알알-하다형여 ①(맛이 맵거나 독하여) 혀끝이 아리다. ②(햇볕에 너무 쬐어서) 살갗이 쓰라리다. ③(상처 같은 데가) 따끔따끔 아리다. ④(술에 취하여) 정신이 아리송하다. 큰얼얼하다.
알-약(-藥)[-략]명 가루약을 뭉쳐서 둥글게 만든 약. 정제(錠劑). 환약(丸藥).
알외다타 〈옛〉 알리다. ¶ 큰 命을 알외요리라(龍歌83章). /알욀 유:諭(類合下19).
알-요강[-ㄹ료-]명 어린이용의 작은 요강.
알은-척명하자타 알은체. ¶ 그는 나에게 알은척도 하지 않았다.
알은-체명하자타 ①(남의 일에 대하여) 관계가 있는 듯한 태도를 보임. ¶ 우리 집의 자세한 실정을 알은체하는 표정이었다. ②(사람을 보고) 인사하는 듯한 표정을 나타냄. ¶ 그가 나를 보더니 알은체했다. 알은척.
알음명 ①서로 아는 안면(顔面). ¶ 그는 옛날의 알음으로 우리 집에서 며칠을 묵었다. ②알고 있는 것. ¶ 알음이 많다. ③신의 보호, 또는 신이 보호하여 준 보람.
알음-알음명 개인끼리 서로 아는 관계. 제각각 가진 친분. ¶ 알음알음으로 회원을 모으다.
알음-알이명 ①서로 잘 아는 사람. ¶ 알음알이끼리만 모이다. ②약삭빠른 수단.
알음-장[-짱]명하타 눈치로 넌지시 알려 줌.
알이새명 〈옛〉 꾀꼬리. ¶ 이 알이새의 이우즌 아니로다(杜初16:34). 참아리새.
알자(謁者)[1][-짜]명 ①알현을 청하는 사람. ②귀한 손을 주인에게 안내하는 사람.
알자(謁者)[2][-짜]명 ①고려 시대, 내알사(內謁司)의 종오품 벼슬. ②고려 시대, 내시부(內侍府)의 종칠품 벼슬.
알-자리[-짜-]명 (날짐승이) 알을 낳거나 품고 있는 자리. ¶ 닭이 알자리를 찾다.
알-장(-欌)[-짱]명 머릿장 중에서 옷을 넣어 두는 제일 작은 장.
알-전구(-電球)명 갓 따위의 가리개가 없는 전구. 또는, 전선 끝에 매달려 있는 맨 전구.
알-젓[-젇]명 ①생선의 알로 담근 젓. 난해(卵醢). ②버선이나 양말의 해진 구멍으로 내민 발가락을 보고 농으로 이르는 말. *알젓이[-저시]·알젓만[-전-]
알젓-찌개[-젇-]명 알젓의 국물에 고기·두부·파 따위를 썰어 넣고 끓인 찌개.
알정(遏情)[-쩡]명하자 맺은 정분을 끊음.
알-제기다자 눈동자에 흰 점이 생기다. 준제기다[1].
알:-조[-쪼]명 알 만한 일. 알 만한 낌새. 알괘. ¶ 그만하면 그 사정이 어떤지 알조다.
알족(窔足)[-쪽]명하자 질그릇·자기 따위의 굽 속을 파냄.
알-종아리명 가린 것 없이 그대로 맨살을 드러낸 종아리. ¶ 바지를 걷어 올리게 하여 회초리로 알종아리를 때리다.
알-주머니[-쭈-]명 알을 싸고 있는 얇고 질긴 껍질. 〔상어·거미·개구리 따위의 알에서 볼 수 있음.〕
알-줄명 ☞나선(裸線).
알-줄기명 땅속줄기의 한 가지. 많은 양분을 저장하여 알처럼 둥글게 된 것. 〔토란·글라디올러스 따위.〕

알지-게명 ☞물자라.
알-집[-찝]명 ☞난소(卵巢).
알짜명 ①가장 중요한 물건. 가장 훌륭한 물건. ¶ 알짜만을 골라 가지다. ②모자람이 없이 본이 될 만한 것. ¶ 알짜 토박이.
알짜-배기명 〈알짜〉의 속된 말. ¶ 알짜배기 땅.
알짝지근-하다[-찌-]형여 ①살이 좀 알알하다. ②맛이 좀 아린 듯하다. ③술기운이 알맞게 도는 듯하다. 준알찌근하다. 큰얼쩍지근하다.
알짬명 여럿 중에서 가장 중요한 내용.
알짱-거리다자타 자꾸 알짱알짱하다. 알짱대다. 큰얼쩡거리다.
알짱-대다자타 알짱거리다.
알짱-알짱부 ①하자(남의 비위를 맞추려고) 알랑거리는 모양. ②하자.타일도 없이 공연히 이리저리 돌아다니거나 뱅뱅 도는 모양. 큰얼쩡얼쩡.
알쫑-거리다자 자꾸 알쫑알쫑하다. 알쫑대다. ¶ 윗사람에게 알쫑거리는 친구. 큰얼쭝거리다.
알쫑-대다자 알쫑거리다.
알쫑-알쫑부하자 (남의 비위를 맞추려고) 그럴듯한 말을 하며 계속 아첨하는 모양. 큰얼쭝얼쭝.
알-찌개명 달걀을 풀어서 알뚝배기나 보시기에 담고, 장이나 젓국을 친 다음, 다진 고기와 여러 가지 양념을 넣어서 만든 찌개.
알찌근-하다형여 〈알짝지근하다〉의 준말. 큰얼찌근하다.
알찐-거리다자 자꾸 알찐알찐하다. 알찐대다. 큰얼찐거리다.
알찐-대다자 알찐거리다.
알찐-알찐부하자 (남의 비위를 맞추려고) 앞에서 가까이 돌며 알랑거리는 모양. 큰얼찐얼찐.
알-차다형 ①속이 꽉 차다. ¶ 열매가 알차게 들다. ②내용이 충실하다. 실속이 있다. ¶ 알찬 내용. /학습 성과가 알차다.
알-천명 ①재물 중에서 가장 값나가는 물건. ¶ 알천은 모두 이 방 안에 있다. ②(식탁 위에 오른) 음식 중에서 가장 맛있는 음식.
알-추녀명 추녀 밑에 받치는 층받침.
알츠하이머-병(Alzheimer病)명 (주로 노인에게서 나타나는) 정신 기능이 현저하게 떨어지는 병. 병리학적으로 뇌의 위축·뇌실의 확장 등의 특징을 보이며, 노인성 치매의 원인 중 가장 흔한 형태임.
알-치명 알을 밴 뱅어. 참슬치.
알칼로시스(alkalosis)명 ☞알칼리 중독. 참아시도시스.
알칼로이드(alkaloid)명 식물 속에 들어 있는, 질소를 함유한 알칼리성의 유기물(有機物)을 통틀어 이르는 말. 진통·진해·마취 작용을 함. 〔모르핀·니코틴·코카인·키니네·카페인 따위.〕
알칼로이드-음료(alkaloid飮料)[-뇨]명 알칼로이드 성분이 들어 있는 음료를 통틀어 이르는 말. 〔차·커피·코코아 따위.〕
알칼리(alkali)명 물에 녹는 염기성 물질을 통틀어 이르는 말. 〔수산화나트륨·수산화칼륨·수산화칼슘 따위.〕 참염기(塩基).
알칼리^금속(alkali金屬)명 나트륨·루비듐·칼륨·세슘 등의 금속 원소를 통틀어 이르는 말. 희고 무른 금속으로, 상온(常溫)에서 물을 분해하여 수소를 발생시킴.
알칼리^섬유소(alkali纖維素)명 알칼리와 섬유소를 결합시킨 것. 비스코스법 인조 견사를 만들 때 생기는 중간 생산물.
알칼리-성(alkali性)명 붉은 리트머스 시험지를 푸르게 변화시키고, 산(酸)을 중화하여 염(塩)이 되게 하는 등의 알칼리의 성질. 참염기성.
알칼리성^반:응(alkali性反應)명 알칼리성임을 나타내는 반응. 〔붉은 리트머스 시험지를 푸르게 변화시키는 등의 반응.〕 ↔산성 반응.
알칼리성^식품(alkali性食品)명 나트륨·칼륨·칼슘 등 알칼리성 물질이 많이 들어 있는 식품. 〔채소·과일·우유 따위.〕 ↔산성 식품.
알칼리성^토양(alkali性土壤)명 물에 녹는 염류가 많이 들어 있는 땅. 몽골이나 아프리카 등의 건조 지방에 많으며, 경작에 적합하지 않음.
알칼리^식물(alkali植物)[-싱-]명 알칼리성 토양에서 잘 자라는 식물. 〔시금치·콩 따위.〕 ↔산성 식물.
알칼리^중독(alkali中毒)명 혈액 속의 산(酸)과 알칼리의 균형이 깨어져 혈액이 알칼리성으로 기울어지는 일, 또는 그때 일어나는 경련이나 경직 따위의 증세. 알칼로시스. ↔산독증(酸毒症).
알칼리^토금속(alkali土金屬)명 칼슘·스트론튬·바륨·라듐 등 흰 빛깔의 가벼운 금속을 통틀어 이르는 말. 그 수산화물은 알칼리성을 나타냄.
알코올(alcohol)명 ①탄화수소의 수소를 수산기(水酸基)로 치환한 화합물을 통틀어 이르는 말. 〔에틸알코올·메틸알코올·글리세린 등이 있는데, 특히 에틸알코올을 가리키는 경우가 많음.〕 ②☞주정(酒精).
알코올-램프(alcohol lamp)명 알코올을 연료로 하는 간단한 가열 장치. 화력이 강하며, 화학 실험에 많이 쓰임.
알코올^발효(alcohol醱酵)명 당류(糖類)가 효모균에 의하여 알코올과 이산화탄소로 분해되는 현상. 주정 발효(酒精醱酵).
알코올-성(alcohol性)명 알코올이 들어 있음을 나타내는 말. ¶ 알코올성 음료.
알코올^온도계(alcohol溫度計)[-계/-게]명 알코올의 열팽창을 이용한 액체 온도계의 한 가지. 붉게 물들인 에틸알코올을 넣어 사용함.
알코올-음료(alcohol飮料)[-뇨]명 맥주·청주·포도주·위스키 등 알코올이 들어 있는 음료. 흔히 '술'을 통틀어 이르는 말.
알코올^의존증(alcohol依存症)[-쯩]명 알코올음료를 습관적으로 마심으로써 중독에 이른 상태. 〔세계 보건 기구의 제의에 따라 '알코올 중독'을 고친 용어임.〕
알코올^중독(alcohol中毒)명 '알코올 의존증'의 구용어.
알큰-하다형여 ①(매워서) 입 안이 알알하다. ¶ 술국이 알큰하다. ②술기운으로 정신이 좀 아렴풋하다. 큰얼큰하다. 여알근하다. **알큰-히**부.
알키-살키부하형 요리조리 몹시 뒤얽혀 있는 모양. 큰얼키설키. 여알기살기.
알킬-기(alkyl基)명 메탄계 탄화수소에서 수소 원자 한 개를 뺀 나머지 원자단(原子團)을 통틀어 이르는 말.
알타리-무명 '총각무'의 잘못.
알타미라^동굴(Altamira洞窟)명 에스파냐 북부 산탄데르 주에 있는 선사 시대의 동굴 유적. 들소와 멧돼지 등이 그려진, 세계에서 가장 오래된 벽화가 있음.
알타이^어:족(Altai語族)명 소아시아로부터 시베리아를 거쳐 중국 동북부, 사할린에 이르는 지역에 분포하는 어족. 모음조화 현상이나 교착어적(膠着語的) 구조 등이 우랄 어족과 비슷함.

알-탄(-炭)명 무연탄 가루를 달걀만 한 크기로 굳혀 만든 연료.
알-탄(-彈)명 ☞탄알.
알토(alto 이)명 ①여성(女聲) 중의 가장 낮은 음역(音域), 또는 그 음역의 가수. 콘트랄토. ②클라리넷·플루트·색소폰 등의 악기에서, 높은 쪽에서부터 세 번째와 네 번째의 음역을 담당하는 악기.
알-토란(-土卵)명 털을 다듬은 토란.
알토란 같다관용 ①내용이 알짜로 옹골차다. ¶ 알토란 같은 땅. /알토란 같은 자식. ②살림이 오붓하여 아무것도 부러운 것이 없다.
알-톡토기명 톡토깃과의 곤충. 몸길이 1.5 mm 가량. 가슴과 배가 서로 붙어서 둥근 모양을 이루고, 더듬이에서부터 다리까지 암자색 또는 등황색의 크고 작은 반점이 있음. 채소의 해충임.
알-통명 인체에서, 힘을 쓸 때 불룩 솟는 근육. 〔특히, 주먹을 꽉 쥐고 팔을 굽혔을 때 상박에 불룩 솟는 근육을 이름.〕
알파(alpha 그)명 ①그리스 어의 첫째 자모(字母)인 '$A(\alpha)$'의 이름. ②'처음' 또는 '첫째'의 뜻을 나타냄. ¶ 알파에서 오메가까지. ↔오메가(omega). ③'그 이상의 얼마쯤'의 뜻. ¶ 기본급에 플러스 알파가 있다.
알파와 오메가관용 처음부터 끝까지. 전부.
알파벳(alphabet)명 일정한 차례로 늘어놓은 로마자의 자모(字母). ABC…XYZ 등 26자로 이루어져 있음.
알파벳-순(alphabet順)명 로마자의 ABC의 차례. ¶ 참가국들이 알파벳순으로 입장하다.
알파^붕괴(alpha崩壞)[-괴/-궤]명 방사성 원자핵의 자연 붕괴의 한 가지. 어떤 원자핵이 알파선을 방출하여 다른 종류의 원자핵으로 바뀌는 일.
알파-선(alpha線)명 방사성 원소가 내는 헬륨 원자핵의 방사선.
알파-성(alpha星)명 어떤 별자리에서, 그 별자리의 가장 밝은 별. 〔거문고자리의 직녀성, 작은곰자리의 북극성 따위.〕 수성(首星).
알파인^종ː목(alpine種目)명 스키 경기에서, 활강(滑降)·회전·대회전 종목을 통틀어 이르는 말. 비탈이 가파르고 험한 알프스 지방에서 발달했음. 알펜. 알펜 경기. 참노르딕 종목.
알파^입자(alpha粒子)[-짜]명 헬륨의 원자핵을 달리 이르는 말. 두 개의 양자(陽子)와 두 개의 중성자(中性子)로 이루어짐.
알파카(alpaca)명 ①낙타과의 포유동물. 염소보다 조금 크고 목이 긺. 털은 옷감으로 쓰이고, 고기는 먹을 수 있음. 남아메리카의 고원 지대에 방목되고 있음. ②알파카의 털로 지은 실, 또는 그 옷감.
알판명 광산에서, 방아확 밑바닥에 깔아서 방아촉과 맞부딪치게 하는 둥글넓적한 무쇠 덩이. 광석을 부수는 데 쓰임.
알-팔(-八)명 골패·투전·화투 따위를 가지고 하는 노름에서, 하나와 여덟을 잡은 끗수.
알펜(Alpen 독)명 ☞알파인 종목.
알펜^경ː기(Alpen競技)명 ☞알파인 종목.
알펜슈토크(Alpenstock 독)명 갈고리가 달린 등산용 지팡이.
알펜호른(Alpenhorn 독)명 알프스 지방에 전해 내려오는 원시적인 호른의 한 가지. 나무나 가죽으로 만들며, 길이는 1~2 m. 원래는 목동이 가축 떼를 불러 모으거나 할 때에 쓰였던 것.
알피명 〈옛〉아픔. 병. ¶ ᄒᆞ다가 善男子 善女人이 과글이 가슴 알피룰 어더(佛頂中7).
알^피네(al fine 이)명 악보에서 쓰이는 용어의 한 가지. '끝까지'의 뜻으로, 처음부터 되풀이하여 *Fine* 또는 𝄐에서 끝내라는 뜻.
알피니스트(alpinist)명 등산가(登山家).
알ᄑᆞ다형 〈옛〉아프다. ¶ 알ᄑᆞᆯ 통:痛(訓蒙中32).
알ᄑᆡ 〈옛〉앞에. 〔'앒'의 부사격형〕 ¶ 玉節이 알ᄑᆡ 셧다(鄭澈.關東別曲).
알-합(-盒)명 아주 작은 합. 난합(卵盒).
알-항아리(-缸-)명 아주 작은 항아리.
알현(謁見)명하자타 (지체 높은 사람을) 찾아 뵘. ¶ 왕을 알현하다.
알형(軋刑)명 옛날의 형벌의 한 가지. 죄인을 수레바퀴로 깔아뭉개어 죽이던 형벌.
앍다[악따]자 ①얼굴에 마맛자국이 생기다. ②물건의 거죽에 오목오목한 흠이 생기다. 큰얽다[1]. ＊앍아·앍고[알꼬]·앍는[앙-]
앍둑-빼기[악뚝-]명 얼굴이 앍둑앍둑 앍은 사람. 큰얽둑빼기.
앍둑-앍둑[악뚜각뚝]부하형 (얼굴에) 잘고 깊이 앍은 자국이 성기게 나 있는 모양. 큰얽둑얽둑.
앍박-앍박[악빠각빡]부하형 (얼굴에) 잘고 깊이 앍은 자국이 배게 나 있는 모양. 큰얽벅얽벅.
앍작-빼기[악짝-]명 얼굴이 앍작앍작 앍은 사람. 큰얽적빼기.
앍작-앍작[악짜각짝]부하형 잘고 굵은 것이 섞여서 얕게 앍은 자국이 배게 나 있는 모양. ¶ 마맛자국이 앍작앍작한 군고구마 장수 할아버지. 큰얽적얽적.
앍족-빼기[악쪽-]명 얼굴이 앍족앍족 앍은 사람. 큰얽죽빼기.
앍족-앍족[악쪼각쪽]부하형 잘고 굵은 것이 섞여서 얕게 앍은 자국이 많은 모양. 큰얽죽얽죽.
앎ː[암]명 아는 일. 지식(知識). ＊앎ː이[알미]·앎ː만[암-]
앒명 〈옛〉①앞. ¶ 앒 ᄆᆞᄉᆞᆯ히 몿 길히 險컨마른(杜初9:13). /앒 젼:前(訓蒙下34). ②남쪽. ¶ 앒 남:南(訓蒙中4). 참앞.
앒니명 〈옛〉앞니. ¶ 앒니曰板齒(訓蒙上26).
앒뒤명 〈옛〉앞뒤. ¶ 앒뒤흘 도라보디 아니ᄒᆞ고(內訓1:35).
앏명 〈옛〉앞. ¶ 도ᄌᆞ기 알ᄑᆡ 디나샤(龍歌60章).
앓다[알타]타 ①병에 걸리다. 병에 걸려 고통을 당하다. ¶ 폐를 앓다. /감기를 앓다. ②마음속으로 괴로워하다. ¶ 가슴을 앓다. /혼자서 끙끙 앓다. ＊앓아[아라]·앓는[알른]·앓소[알쏘]
앓느니 죽지속담 〔성가시게 늘 시달리기보다는 크게 한 번 당하고 마는 것이 낫다는 뜻으로〕 수고를 덜 하려고 남을 시켜서 만족스럽지 않게 일을 하는 것보다는 당장에 힘이 들더라도 자기가 직접 해치우는 것이 낫다는 말.
앓던 이 빠진 것 같다속담 걱정거리가 없어져서 후련함을 비유하여 이르는 말.
앓는 소리관용 일부러 구실을 대며 걱정하는 모양을 비유하여 이르는 말.
앓아-눕다[아라-따][~누우니·~누워]자ㅂ 앓아서 자리에 눕다. 자리에 누울만큼 앓다. ¶ 몸살로 앓아눕다. /화병으로 앓아눕다.
암[1]명 생물에서, 새끼를 배거나 열매를 맺을 수 있는 성(性)의 것. ¶ 암과 수의 구별. ↔수[1].
암ː[2]감 〈아무려면〉의 준말. ¶ 암, 그렇고말고.
암(庵)명 〈암자(庵子)〉의 준말.
암ː(癌)명 ①세포에 발생하여 차차 다른 곳으로 번져 가는 악성의 종양. 암종. ¶ 암이 몸 전체로 퍼지다. ②'어떤 조직의 내부에서 고질적인 폐단이나 장해가 되고 있는 것'을 비유하여 이르는 말. ¶ 밀수는 우리나라 경제의 큰 암이다.

암- 접두 일부 생물의 이름 앞에 붙어, 그것이 암컷, 또는 암컷의 성질을 지닌 것임을 나타냄. 일부 'ㄱ·ㄷ·ㅂ' 앞에서 'ㅎ' 음을 동반함. ¶ 암소. /암강아지. /암퇘지. ↔수-.

-암(岩) 접미 ①일부 명사 뒤에 붙어, 그러한 종류의 암석(岩石)임을 뜻함. ¶ 화성암. /화강암. /석회암. ②《일부 명사 뒤에 붙어》'바위'의 뜻을 나타냄. ¶ 낙화암. /대왕암.

암각-화(岩刻畫) [-가콰] 명 바위나 암벽 등의 표면에 새긴 그림.

암ː-갈색(暗褐色) [-쌕] 명 검은빛을 띤 갈색. 어두운 갈색.

암거(岩居) 명 하자 〔바위굴에서 산다는 뜻으로〕 속세를 떠나 산야에 은거함. 암처(岩處).

암ː거(暗渠) 명 지하에 매설하거나 또는 지상에 흐르는 물이 보이지 않게 위를 덮은 배수로. ↔개거(開渠)·명거(明渠).

암ː-거래(暗去來) 명 하타 되자 (법을 어기면서 물품을) 몰래 사고팔고 함. 암매매(暗賣買).

암-거미 명 거미의 암컷. ↔수거미.

암-게 명 게의 암컷. ↔수게.

암ː계(暗計) [-계/-게] 명 하타 무슨 일을 몰래 꾀함, 또는 그 꾀. 암모(暗謀).

암-고양이 명 고양이의 암컷. ↔수고양이.

암-곰 명 곰의 암컷. ↔수곰.

암ː관(暗款) 명 ☞암화(暗花).

암괴(岩塊) [-괴/-궤] 명 바위 덩어리.

암구다 타 (암내 난 짐승에게) 흘레를 붙이다.

암-구렁이 명 구렁이의 암컷. ↔수구렁이.

암ː-구호(暗口號) 명 (주로 야간에) 적군과 아군을 분간하기 위하여 미리 정해 놓은 말. 매일 달라지며, 모든 군이 같은 암구호를 씀. 암호(暗號).

암ː군(暗君) 명 ☞혼군(昏君).

암굴(岩窟) 명 바위굴. 석굴(石窟).

암ː굴(暗窟) 명 어두운 굴.

암-글 명 ①〔여자들이나 쓸 글이라는 뜻으로〕 지난날, 한글을 업신여겨 이르던 말. ②배워서 알기는 하나 실제로는 활용할 수 없는 지식을 얕잡아 이르는 말. ↔수글.

암글다 자 〈옛〉 아물다. ¶ 내 올제 다 됴하 암그랏더라(老解下*4*).

암ː기 [-끼] 명 암상스러운 마음.

암ː기(暗記) 명 하타 (쓴 것을 보지 않고서도) 기억할 수 있도록 외움. ¶ 영어 단어를 암기하다.

암ː기-력(暗記力) 명 암기하는 힘. ¶ 암기력이 뛰어나다. /암기력이 좋다.

암-꽃 [-꼳] 명 암술만 있는 단성화(單性花). 자화(雌花). ↔수꽃. ＊암꽃이[-꼬치]·암꽃만[-꼰-]

암-꽃술 [-꼳쑬] 명 ☞암술.

암-꿩 명 꿩의 암컷. 까투리. ↔수꿩.

암-나무 명 암수딴그루로 된 나무에서, 열매가 열리는 나무. ↔수나무.

암-나사(-螺絲) 명 수나사가 들어가도록, 구멍 안쪽에 나선형으로 홈이 나 있는 나사. 너트. ↔수나사.

암-내¹ 명 발정한 암컷의 몸에서 나는, 수컷을 꾀는 냄새. ¶ 암내를 피우다. /암내가 나다.

암ː-내² 명 겨드랑이에서 나는, 체질적인 고약한 냄새. 액기(腋氣). 액취(腋臭).

암냥 명 하타 〈압령(押領)〉의 변한말.

암ː-녹색(暗綠色) [-쌕] 명 검은빛을 띤 녹색. 어두운 녹색.

암-놈 명 동물의 '암컷'을 이르는 말. ↔수놈.

암-눈비앗 [-앋] 명 ☞익모초(益母草). ＊암눈비앗이[-아시]·암눈비앗만[-안-]

암니-옴니 부 속속들이 캐어묻는 모양.

암-단추 명 똑딱단추에서, 수단추가 들어가 끼이게 된 단추. ↔수단추.

암ː-달러(暗dollar) 명 암시장에서 은밀히 거래되는 달러 화폐.

암담(暗澹) '암담하다'의 어근.

암ː담-하다(暗澹-) 형여 〔어두컴컴하고 선명하지 않다는 뜻으로〕 앞날에 대한 전망이 어둡다. 희망이 없다. ¶ 암담한 심정. /앞일이 암담하다.

암ː독(暗毒) 명 하형 (성질이) 음험하고 악독함. 음험하고 독살스러움.

암-되다 [-뙤-/-뛔-] 형 남자이면서 성격이 여자처럼 얌전하며 수줍음을 잘 타다.

암ː둔(暗鈍) 명 하형 도리에 어둡고 사리를 분별하지 못함. 곧, 몹시 어리석음.

암디새 명 〈옛〉 암키와. ¶ 니여 잇는 거시 다 막새 수디새 암디새(飜朴上*68*).

암ː-띠다 형 ①비밀을 좋아하는 성질이 있다. ¶ 성격이 암띠어 속을 알 수 없다. ②수줍어하는 성질이 있다. ¶ 여자처럼 너무 암띠다.

암ː련(諳鍊) [-년] 명 하형 사물에 정통함.

암ː루(暗淚) [-누] 명 남몰래 흘리는 눈물.

암ː류(暗流) [-뉴] 명 ①표면에 나타나지 않는 물의 흐름. 물 바닥의 흐름. ②겉으로 드러나지 않는 불온한 움직임. 이면(裏面)의 움직임.

암ː류(暗留) [-뉴] 명 하타 조선 말기에, 환곡(還穀)을 제때에 대부하지 않고 창고에 쌓아 두었다가, 값이 오르면 팔고 내리면 사들여서 사리(私利)를 꾀하던 일.

암ː륜-선(暗輪船) [-뉸-] 명 (추진기가 겉으로 드러나 있는 초기의 증기선인 외륜선에 대하여) 오늘날의 스크루식 기선을 이르는 말.

암-막새 [-쌔] 명 ☞내림새.

암ː만¹ 명 밝혀서 말할 필요가 없는 값이나 수량을 대신하여 이르는 말. ¶ 아내에게 암만을 주고 아들에게 암만을 주었지.

암만² 부 아무리. ¶ 암만 물어도 대답을 않는다.

암ː만-암만 명 밝혀서 말할 필요가 없는 두 가지 이상의 값이나 수량을 대신하여 이르는 말. ¶ 다달이 내는 각종 요금이 암만암만이다.

암만-하다 자여 《주로 '암만해도'의 꼴로 쓰이어》 ①이러저러하게 애를 쓰거나 노력을 들이다. ¶ 암만해도 무슨 뜻인지 모르겠다. ②이리저리 생각하여 보다. ¶ 암만해도 동생에게 무슨 일이 생긴 것 같다.

암-말¹ 명 말의 암컷. 빈마(牝馬). ↔수말.

암-말² 준 '아무 말'이 줄어서 된 말. ¶ 암말 없이 밖으로 나가 버리다.

암매(岩梅) 명 암매과의 상록 반관목. 높은 산의 바위틈에서 저절로 자라는데, 봄에 매화꽃 모양의 흰 꽃이 핌. 제주도·일본·사할린·북아메리카 등지에 분포함.

암매(晻昧) 명 하형 사실의 갈피를 알아내기 어려움. 알매(黯昧).

암ː매(暗昧) 명 하형 ①사리에 어둡고 어리석음. ②진위(眞僞) 따위가 분명하지 않음.

암ː매(暗買) 명 하타 (매매가 금지된 물건을) 몰래 삼. ↔암매(暗賣).

암ː매(暗賣) 명 하타 (매매가 금지된 물건을) 몰래 팖. 잠매(潛賣). ↔암매(暗買).

암ː-매매(暗賣買)명하타되자 ☞암거래.
암ː-매장(暗埋葬)명하타 ☞암장(暗葬).
암맥(岩脈)명 마그마가 다른 암석 사이로 수직으로 뚫고 들어가 굳어서 된, 판자 모양의 암체(岩體).
암면(岩綿)명 현무암·안산암·사문암 등의 염기성 화성암을 녹여 솜 모양의 섬유로 만든 것. 단열재·음향 흡수재(音響吸收材) 등으로 쓰임. 암석 섬유.
암ː면(暗面)명 ☞암흑면(暗黑面).
암ː면^묘ː사(暗面描寫)명 문학 작품에서, 인생이나 사회의 어두운 면이나 추악한 면을 제재로 하여 묘사하는 일.
암ː모(暗謀)명하타 ☞암계(暗計).
암모나이트(ammonite)명 화석으로 발견되고 있는 두족류(頭足類)의 조개. 고생대에서 중생대에 걸쳐서 생존하였으며, 특히 중생대에 번성하였음. 국석(菊石). 국화석(菊花石). 암몬조개.
암모늄(ammonium)명 질소 1원자와 수소 4원자로 이루어진 원자의 집단. 산(酸)과 화합하여 염(塩)을 만듦.
암모늄-기(ammonium基)명 질소 1원자와 수소 4원자로 된 기(基).
암모늄-염(ammonium塩)명 수산화암모늄이 산과 중화(中和)할 때에 이온이 산기(酸基)와 치환되어 생긴 물질.
암모니아(ammonia)명 수소와 질소의 화합물로, 쏘는 듯한 악취가 있는 무색의 기체. 약용·냉각용으로 쓰이고, 소다·유안(硫安) 등의 중요한 원료가 됨.
암모니아^냉ː동법(ammonia冷凍法)[-뻡]명 암모니아의 높은 기화열(氣化熱)을 이용한 냉동법.
암모니아^소다법(ammonia soda法)[-뻡]명 탄산소다의 공업적 제조법. 식염수에 암모니아와 탄산가스를 작용시켜 중탄산소다를 만들고, 이를 가열하여 탄산소다를 얻음. 솔베이법.
암모니아-수(ammonia水)명 암모니아의 수용액. 의약품·축합제(縮合劑) 등으로 널리 이용됨.
암몬-조개(ammon-)명 ☞암모나이트.
암-무지개명 쌍무지개가 섰을 때, 빛깔이 엷고 흐린 쪽의 무지개. ↔수무지개.
암ː묵(暗默)명하자 잠자코 아무 말도 하지 않는 일. 자기 생각을 말하지 않는 일. ¶ 대다수 국민들의 암묵의 양해.
암ː묵-리(暗默裏)[-뭉니]명 '아무 말이 없는 가운데'의 뜻을 나타냄. 《주로, '암묵리에'의 꼴로 쓰임.》 ¶ 암묵리에 양해되다. /암묵리에 동의하다.
암ː묵-적(暗默的)[-쩍]관명 자기 생각을 겉으로 드러내거나 표현하지 않는 상태에서 이루어지는 (것). ¶ 암묵적 동의. /암묵적인 지지.
암ː문(暗門)명 성루(城樓)가 없는 성문(城門).
암-물명 보얀 빛을 띤 샘물.
암미ː터(ammeter)명 ☞전류계(電流計).
암반(岩盤)명 땅속에 있는 큰 암석층(岩石層). 또는, 암석으로 이루어진 지반.
암ː-반응(暗反應)명 광합성 과정에서, 빛과는 관계없이 진행되는 화학 반응. ↔명반응.
암ː-반응(癌反應)명 암의 진단에 이용되는 반응. 혈청학적(血清學的) 반응, 피부 반응, 오줌을 사용하는 반응 등이 있음.
암-벌명 벌의 암컷. 자봉(雌蜂). ↔수벌.
암-범명 범의 암컷. ↔수범.
암ː범(暗犯)명하타 남몰래 죄나 잘못을 범함.
암벽(岩壁)명 벽처럼 깎아지른 듯이 높이 솟은 바위. ¶ 암벽에 새긴 불상. /자일을 타고 암벽을 기어오르다.
암-비둘기명 비둘기의 암컷. ↔수비둘기.
암ː사(暗射)명하타 목표물을 정하거나 겨누지 않고 마구 쏨. 맹사(盲射).
암-사내명 암된 사내.
암-사돈(-査頓)명 사돈 가운데, 며느리 쪽의 사돈. ↔수사돈. 참안사돈.
암ː사^지도(暗射地圖)명 ☞백지도(白地圖).
암산(岩山)명 바위가 많은 산. ↔토산(土山).
암ː산(暗算)명하타 (필기도구를 쓰거나 계산기를 이용하거나 하지 않고) 머릿속으로 계산함. 녹산(目算). 속셈. ¶ 소요 경비를 암산하다.
암살명하자 일부러 아프거나 괴롭거나 어렵다고 꾸미고 부풀리어 나타내는 태도. ¶ 암살을 떨다. /암살을 피우다. 큰엄살.
암ː살(暗殺)명하타되자 사람을 몰래 죽임. 〔주로, 정계나 재계의 요인이 대상이 될 경우를 이름.〕 도살(盜殺). ¶ 요인을 암살하다.
암ː상명 남을 미워하고 샘을 잘 내는 잔망스러운 심술. ¶ 암상이 나다. /암상이 돋치다. /암상을 부리다. /암상을 떨다. /암상을 내다. /암상을 피우다. /눈에 암상이 닥지닥지하다.
암상(岩床)명 마그마가 지층 사이로 비스듬히 들어가 넓게 퍼져서 굳은, 판자 모양의 암체(岩體).
암ː상(暗箱)명 ☞어둠상자.
암ː상-궂다[-굳따]형 몹시 암상스럽다. ¶ 암상궂은 말투로 대꾸하다.
암ː상-꾸러기명 암상을 잘 부리는 사람을 얕잡아 이르는 말.
암ː상-떨이명 암상스러운 짓. 암상스러운 태도.
암ː상-스럽다[-따][~스러우니·~스러워]형ㅂ 암상한 태도가 있다. ¶ 암상스러운 계집아이. **암상스레**부.
암상^식물(岩上植物)[-싱-]명 ☞암생 식물.
암ː-상인(暗商人)명 법으로 금지한 상품을 몰래 사고파는 장사꾼.
암ː-상자(暗箱子)명 ☞어둠상자.
암ː상-하다형여 남을 미워하고 샘하는 마음이 많다. 준암하다.
암-새명 새의 암컷. ↔수새.
암ː색(暗色)명 어두운 느낌을 주는 빛깔. 어두운 색. ↔명색(明色).
암ː색(暗索)명하타 〈암중모색(暗中摸索)〉의 준말.
암생^식물(岩生植物)[-싱-]명 지의류(地衣類)·부처손 등과 같이, 바위에 붙어서 사는 건생 식물을 통틀어 이르는 말. 바위 식물. 암상 식물(岩上植物).
암서(岩嶼)명 바위로 된 섬.
암석(岩石)명 바위. 바윗돌.
암석-권(岩石圈)[-꿘]명 지구 표면에 가까운, 주로 암석으로 이루어진 부분. 〔기권(氣圈)·수권(水圈)에 상대하여 이르는 말.〕
암석^단구(岩石段丘)[-딴-]명 사력층(沙礫層)이 없이 암석이 노출되어 있는 단구. 침식에 의한 것으로, 하안 단구나 해안 단구에서 볼 수 있음.
암석^사막(岩石沙漠)[-싸-]명 지표에 암석이나 자갈 따위가 많이 노출되어 있는 사막. 돌사막.
암석^섬유(岩石纖維)[-써뮤]명 ☞암면(岩綿).
암석-층(岩石層)명 암석으로 이루어진 지층.

암석-학(岩石學)[-서칵]명 지질학의 한 분야. 암석의 성질·성인(成因)·구조·상호 관계 등을 연구하는 학문.
암ː선(暗線)명 ☞흑선(黑線).
암설(岩屑)명 풍화 작용으로 생긴 바위 부스러기.
암설-토(岩屑土)명 자잘한 바위 부스러기로 이루어진 토양.
암ː성(暗星)명 빛을 내지 않는 별.
암ː-세포(癌細胞)명 암을 이루는 세포.
암-소명 소의 암컷. 빈우(牝牛). ↔수소.
암ː소(暗笑)명하타 속으로 비웃음.
암ː송(暗誦)명하타 (시가나 문장 따위를) 적은 것을 보지 않고 입으로 욈. ¶ 소월(素月)의 시 여러 편을 암송하다.
암-쇠[-쇠/-쉐]명 ①〈매암쇠〉의 준말. ②자물쇠의 수쇠가 들어가 물려서 잠기도록 구멍에 박은 쇠. ↔수쇠.
암-수명 암컷과 수컷. 자웅(雌雄). ¶ 암수 한 쌍. 참빈모(牝牡).
암ː수(暗數)명 속임수. 외수(外數). ¶ 암수를 쓰다.
암ː수-거리(暗數-)명하타 암수로 남을 속이는 짓.
암수-딴그루명 암꽃과 수꽃이 각각 딴 그루에 있는 일, 또는 그 식물. 〔은행나무·뽕나무·삼·시금치 따위.〕 자웅 이주(雌雄異株). ↔암수한그루.
암수-딴몸명 동물에서, 암수가 분명히 구별되어 있는 일, 또는 그 동물. 척추동물을 비롯한 대부분이 이에 해당함. 자웅 이체(雌雄異體). ↔암수한몸.
암수-한그루명 암꽃과 수꽃이 한 그루에 있는 일, 또는 그 식물. 〔소나무·밤나무·호박·오이 따위.〕 자웅 동주(雌雄同株). ↔암수딴그루.
암수-한몸명 동물에서, 암수의 생식기를 한몸에 함께 가지는 일, 또는 그 동물. 지렁이·달팽이·굴 등 하등 동물에 많음. 자웅 동체(雌雄同體). ↔암수딴몸.
암ː-순응(暗順應)명 밝은 곳에서 어두운 곳으로 들어갔을 때, 처음에는 보이지 않던 것이 시간이 지남에 따라 차차 보이게 되는 현상. ↔명순응(明順應).
암술명 수술로부터 꽃가루를 받는 자성(雌性)의 생식 기관. 암술머리·암술대·씨방 세 부분으로 되어 있음. 암꽃술. 자예(雌蕊). ↔수술.
암술-대[-때]명 암술의 일부분으로, 암술머리와 씨방 사이를 연결하는, 둥근 기둥 모양으로 생긴 부분.
암술-머리명 피자식물(被子植物)에서, 암술의 머리 부분. 수분(受粉) 때 꽃가루가 묻기 쉽도록 점액을 분비하는 따위의 특성을 지님. 주두(柱頭).
암ː시(暗示)명 ①하타 되자(바로 대어 밝히지 않고) 넌지시 알림, 또는 그 알린 내용. ¶ 암시를 주다. /눈짓으로 암시하다. ②(그 사람이 알지 못하는 가운데) 어떤 관념·감각·의도 따위를 일으키게 하는 심리적 작용. ¶ 암시 요법. /암시를 걸다.
암ː시-법(暗示法)[-뻡]명 문장 표현 기교의 한 가지. 어떤 내용을 직접 말하지 않고 간접적으로 표현하는 방법.
암ː-시세(暗時勢)명 (공정 시세에 대하여) 암거래의 시세.
암ː-시장(暗市場)명 암거래가 이루어지는 시장.
암ː시^장치(暗視裝置)명 ☞녹토비전.
암ː실(暗室)명 ①(사진 현상이나 화학 실험 등을 위하여) 밖으로부터 빛이 들어오지 못하도록 꾸며 놓은 방. ②교도소에서, 중죄인(重罪人)을 가두는 감방.
암ː실-램프(暗室lamp)명 (암실에서 사용하는) 필름이나 인화지 따위에 감광되지 않는 빛을 내는 전구.
암암(岩岩) '암암(岩岩)하다'의 어근.
암암(暗暗) '암암(暗暗)하다'의 어근.
암ː암-리(暗暗裏)[-니]명 남이 모르는 사이. 《주로, '암암리에'의 꼴로 쓰임.》 ¶ 암암리에 음모를 꾸미다. /암암리에 계획을 진행시키다.
암암-하다(岩岩-)형여 바위너설이나 산이 높고 험하다. **암암-히**부.
암ː암-하다(暗暗-)형여 ①잊혀지지 않고 가물가물 보이는 듯하다. ¶ 할아버지의 꾸부정한 모습이 눈에 암암하다. /뒤돌아보던 그의 모습이 눈앞에 암암하다. ②깊숙하고 고요하다. ¶ 암암한 골짜기. **암암-히**부.
암ː야(暗夜)명 어두운 밤.
암ː약(暗弱) '암약하다'의 어근.
암ː약(暗躍)명하자 (남의 눈을 피하여) 몰래 활동함. 암중비약(暗中飛躍). ¶ 간첩이 암약하다.
암ː약-하다(暗弱-)[아먀카-]형여 ①어리석고 겁이 많다. ②몸이 허약하고 천성이 둔하다.
암ː어(暗語)명 특정인 외에는 알 수 없도록 정해 놓은 암호의 말.
암-여의[-녀의/-녀이]명 '암술'의 구용어.
암ː연(暗然)명하형 분명하지 않음. 흐리마리함.
암ː연(黯然)명하형 슬픔으로 마음이 어둡고 침울함. ¶ 암연한 심정. **암연-히**부.
암염(岩塩)명 암석의 사이 등에서 천연으로 나는 소금. 반투명체임. 바다에서 나는 소금보다 순도가 높으며, 식염 원료나 공업 원료로 쓰임. 경염(硬塩). 돌소금. 석염(石塩).
암ː영(暗影)명 ①어두운 그림자. ②'장래에 대한 불길한 예감이나 징조'를 비유하여 이르는 말. ¶ 암영이 감돌다. /전도(前途)에 암영을 던지다.
암ː영(暗營)명하자 (적군 몰래) 은밀히 진을 침, 또는 그 진영.
암ː영-부(暗影部)명 태양의 흑점에서, 중앙의 어두운 부분을 그 둘레의 어두한 반영부(反影部)에 대하여 이르는 말.
암ː우(暗愚)명하형 사리에 어둡고 어리석음, 또는 그런 사람. ¶ 암우한 임금.
암ː운(暗雲)명 ①곧 비나 눈이 내릴 것 같은 검은 구름. ②'어떤 불길한 일이나 위험 따위가 금방이라도 일어날 것 같은 낌새'를 비유하여 이르는 말. ¶ 중동 지방에 암운이 감돌다. 먹구름.
암ː울(暗鬱)명하형 어둡고 침울함. ¶ 암울한 겨울 풍경. /암울한 심경.
암ː유(暗喩)명하자 ☞은유(隱喩).
암-은행나무(-銀杏-)명 열매가 열리는 은행나무. ↔수은행나무.
암자(庵子)명 ①큰 절에 딸린 작은 절. ②중이 임시로 거처하며 도를 닦는 작은 집. 준암(庵).
암ː-자색(暗紫色)명 검은빛을 띤 자줏빛. 어두운 자줏빛.
암ː-자색(暗赭色)명 거무스름한 주톳빛.
암장(岩漿)명 ☞마그마(magma).
암ː장(暗葬)명하타 남몰래 장사 지냄. 도장(盜葬). 암매장(暗埋葬). 투장(偸葬).
암ː-적(癌的)[-쩍]관명 고질적인 폐단이나 큰 장애가 되고 있는 (것). ¶ 암적 존재.

암ː-적갈색(暗赤褐色) [-깔쌕] 명 검은빛을 띤 적갈색. 어두운 적갈색.
암ː-적색(暗赤色) [-쌕] 명 검은빛을 띤 적색. 검붉은 빛.
암ː전(暗轉) 명 하자 ①연극에서, 막을 내리지 않고, 무대의 조명을 끄고서 장면을 바꾸는 일. 다크 체인지. ↔명전(明轉). ②사건이나 상황 따위가 나쁜 방향으로 진전함. ¶ 사태가 갑자기 암전하다.
암ː조(暗潮) 명 ①표면에 드러나지 않는 조류(潮流). ②'표면에 나타나지 않는 세력이나 풍조(風潮)'를 비유하여 이르는 말.
암ː종(癌腫) 명 ☞암(癌).
암주(岩柱) 명 지하의 화성암체(火成岩體)의 일부가 지표로 드러나 있는 것.
암주(庵主) 명 암자(庵子)의 주인, 또는 암자에 거처하는 중.
암ː주(暗主) 명 ☞혼군(昏君).
암ː-죽(-粥) 명 백설기를 말려 가루로 만든 것으로 묽게 쑨 죽. 백설기 가루를 끓는 물에 풀어 쑴.
암ː죽-관(-粥管) [-꽌] 명 작은창자 안의 융털돌기에 있는 림프관. 지용성(脂溶性) 영양분을 흡수하는 구실을 함. 유미관(乳糜管).
암ː중(暗中) 명 ①어둠 속. ②은밀한 가운데.
암ː중-모색(暗中摸索) 명 하타 〔어둠 속에서 손으로 더듬으며 물건을 찾는다는 뜻으로〕 ①확실한 방법을 모르는 채 이리저리 시도해 봄. ¶ 아직 뚜렷한 대책을 못 세우고 그야말로 암중모색일세. ②은밀하게 일의 실마리나 해결책을 찾아내려 함. ¶ 사건의 단서를 잡기 위해 암중모색하다. 준암색.
암ː중-비약(暗中飛躍) 명 하자 ☞암약(暗躍). ¶ 암중비약하는 간첩을 색출하다.
암증-널 명 (도자기를 빚는 곳에서) 흙을 반죽할 때 쓰는 널빤지. 연토판(鍊土板).
암지(岩地) 명 바위가 많은 땅.
암-지르다 [~지르니·~질러] 타르 주된 것에 몰아붙여서 하나가 되게 하다.
암-쪽 명 채무자가 가지는, 어음의 왼편 조각. ↔수쪽.
암처(岩處) 명 하자 ☞암거(岩居).
암천(岩泉) 명 바위틈에서 솟는 샘.
암체(岩體) 명 (주로 화성암에서) 지각(地殼) 안에서 한 덩어리로 이어져 있는 암석. ¶ 관입(貫入)암체.
암ː체(暗體) 명 스스로 빛을 발하지 못하는 물체. ↔발광체(發光體).
암ː초(暗草) 명 하타 몰래 시문(詩文)의 초고(草稿)를 지음.
암ː초(暗礁) 명 ①물속에 숨어 있어 항행에 방해가 되는 바위. 초석(礁石). ¶ 배가 암초에 걸리다. /배가 암초에 얹히다. ②'뜻밖에 부닥치는 어려움'을 비유하여 이르는 말. ¶ 사업이 암초에 부딪히다.
암-치 명 배를 갈라서 소금에 절여 말린 민어의 암컷. 〔절여 말린 민어를 두루 이르기도 함.〕 ↔수치.
암-치질(-痔疾) 명 항문 속에 생기는 치질. 내치(內痔). ↔수치질.
암캉아지 명 강아지의 암컷. ↔수캉아지.
암캐 명 개의 암컷. ↔수캐.
암커나 준 '아무러하거나'가 줄어든 말. ¶ 암커나 한번 나서 보자.
암커미 명 '암거미'의 잘못.
암컷 [-컨] 명 암수의 구별이 있는 동물에서 새끼를 배는 쪽. ↔수컷. 참암[1]. *암컷이[-커시]·암컷만[-컨-]
암코양이 명 '암고양이'의 잘못.
암콤 명 '암곰'의 잘못.
암쿠렁이 명 '암구렁이'의 잘못.
암퀑 명 '암꿩'의 잘못.
암크령 명 볏과의 다년초. 높이 30~80 cm. 잎은 가늘고 길. 늦여름에 길이 30 cm가량의 긴 달걀 모양의 이삭에 꽃이 핌. 잎은 밧줄의 재료 또는 편물용으로 쓰임. 들이나 길가에서 자람. 지풍초(知風草).
암클 명 '암글'의 잘못.
암키와 명 재래식 기와에서 시붕을 이을 때 시붕의 고랑이 되게 젖혀 놓는 기와. 반(瓪). 앙와(仰瓦). 여와(女瓦). ↔수키와.
암탈개비 명 모시나비의 유충.
암탉 [-탁] 명 닭의 암컷. 빈계(牝鷄). ¶ 암탉이 알을 품다. ↔수탉. *암탉이[-탈기]·암탉만[-탕-]
암탉이 울면 집안이 망한다 속담 가정에서 아내의 주장이 지나치면 집안일이 잘 되어 가지 않는다는 말.
암탉이 울어 날 샌 일 없다 속담 남자를 제쳐 놓고 여자가 모든 일을 좌지우지하면 일이 제대로 되지 않는다는 말.
암탕나귀 명 당나귀의 암컷. ↔수탕나귀.
암-토끼 명 토끼의 암컷. ↔수토끼.
암톨쩌귀 명 수톨쩌귀의 짝이 되는, 구멍이 뚫린 돌쩌귀. ↔수톨쩌귀.
암퇘지 명 돼지의 암컷. ↔수퇘지.
암ː투(暗鬪) 명 하자 서로 적의를 품고 속으로 다툼. 이면(裏面)에서 드러나지 않게 싸움. ¶ 반대파와 암투를 벌이다.
암ː투-극(暗鬪劇) 명 '복잡하게 전개되고 있는 암투'를 연극에 빗대어 이르는 말.
암튼 부 〈아무튼〉의 준말.
암팡-스럽다 [-따] [~스러우니·~스러워] 형ㅂ 보기에 암팡지다. **암팡스레** 부.
암팡-지다 형 (몸은 작아도) 당차고 강단이 있다. ¶ 암팡진 목소리. /물러서지 않고 암팡지게 대들다.
암펄 명 '암벌'의 잘못.
암펌 명 '암범'의 잘못.
암페어(ampere) 의 전류의 세기를 나타내는 단위. 매초 1쿨롬의 전기량이 흐를 때의 전류의 세기가 1암페어임. 〔기호는 A〕
암페어-계(ampere計) [-계/-게] 명 전류의 세기를 암페어 단위로 읽을 수 있도록 한 전류계(電流計).
암페어-시(ampere時) 의 전기량(電氣量)의 단위. 1암페어의 전류가 한 시간 동안 흐를 때의 전기량. 〔기호는 Ah〕
암페어의 법칙(ampere-法則) [-의-/-에-] 오른나사가 나아가는 방향으로 전류를 통하면, 그 전류의 주위에 나사가 돌아가는 방향의 자계(磁界)가 생긴다는 법칙.
암평아리 명 병아리의 암컷. ↔수평아리.
암-포기 명 암꽃이 피는 포기. ↔수포기.
암ː표(暗票) 명 (차표·배표·비행기표·입장권·관람권·좌석권 따위에서) 정상적인 유통 과정을 거치지 않은 암거래표. ¶ 암표를 팔다.
암ː표(暗標) 명 하타 (혼자만 알 수 있도록) 넌지시 눈으로 표함, 또는 그런 표.
암피둘기 명 '암비둘기'의 잘못.

암하고불(岩下古佛)명 〔'바위 아래에 있는 오래된 불상'이라는 뜻으로〕 '착하고 어리석은 성격'을 평하여 이르는 말. 암하노불(岩下老佛).
암하-노불(岩下老佛)명 ☞암하고불(岩下古佛).
암ː-하다형여 〈암상하다〉의 준말.
암ː합(暗合)명하자되자 뜻하지 않게 일치함, 또는 우연한 일치. ¶ 아무렇게나 한 말이 이렇게 암합할 줄이야!
암해(岩海)명 바위와 돌투성이인 땅이 바다처럼 넓게 펼쳐져 있는 곳.
암ː해(暗海)명 (빛이 미치지 못하는) 매우 깊은 바다. 어두운 바다 속.
암ː행(暗行)명하자타 (어떤 목적을 위하여) 자신의 신분을 숨기고 남몰래 다님. ¶ 암행 사찰./암행 감사.
암ː행-어사(暗行御史)명 조선 시대에, 지방 관원들의 치적(治績)과 민생을 살피기 위하여 왕명으로 비밀히 파견되던 특사. 준어사.
암ː향(暗香)명 ①어디서인지 모르게 그윽히 풍겨 오는 향기. ②어둠 속에 감도는 꽃향기.
암ː향-부동(暗香浮動)명 그윽한 향기가 감돎.
암혈(岩穴)명 바위굴.
암혈지사(岩穴之士)[-찌-]명 (속세를 떠나) '산속 깊이 숨어 사는 선비'를 이르는 말.
암ː호(暗號)명 ①(비밀을 유지하기 위하여) 당사자끼리만 알 수 있도록 꾸민 부호. ¶ 암호 전보./암호를 사용하다. ②☞암구호. ③컴퓨터에서, 사용자로부터 시스템이나 데이터 파일을 이용할 수 있는 권리를 확인하기 위하여 쓰는 비밀 부호. ③패스워드.
암ː호-문(暗號文)명 (남이 모르게) 암호로 적은 글.
암ː화(暗花)명 도자기에 입힌 잿물 밑에 선으로 그려 넣은 꽃무늬. 암관(暗款).
암ː-회색(暗灰色)[-회-/-훼-]명 검은빛을 띤 잿빛. 어두운 잿빛.
암ː흑(暗黑)명하형 ①주위 일대가 어둡고 캄캄함, 또는 캄캄한 어둠. ¶ 주위가 암흑으로 변하다./암흑 속으로 사라지다. ②(정신적으로나 사회적으로, 아주 문란하거나 억압되거나 하여) '희망을 가질 수 없게 된 상태'를 비유하여 이르는 말. ¶ 암흑의 미래. ↔광명(光明).
암ː흑-가(暗黑街)[-까]명 부도덕한 행위나 범죄가 자주 일어나 치안이 제대로 유지되지 않는 거리, 또는 그런 조직의 세계. ¶ 암흑가를 누비는 폭력배./암흑가의 대부.
암ː흑-기(暗黑期)[-끼]명 문화가 쇠퇴하고 사회 질서나 도덕이 어지러운 시기.
암ː흑-대륙(暗黑大陸)[-때-]명 지난날, 아프리카 대륙을 달리 이르던 말. 〔문명이 뒤지고, 세계에 잘 알려지지 않은 대륙이었기 때문에 생긴 말.〕
암ː흑-면(暗黑面)[-흥-]명 ①사물의 어두운 면. ②사회나 인생의 어둡고 추악한 면. 암면(暗面).
암ː흑-사회(暗黑社會)[-싸회/-싸훼]명 ①문화가 쇠퇴하고 발전이 정체된 사회. ②부도덕한 행위나 범죄가 빈번하게 일어나는 무질서하고 암담한 사회.
암ː흑-상(暗黑相)[-쌍]명 질서가 문란하고 온갖 범죄가 판을 치는, 추악하고 비참한 사회상. ¶ 사회의 암흑상이 노출되다.
암ː흑^성운(暗黑星雲)[-썽-]명 은하계 안의 성운의 하나. 우주 먼지나 성간(星間) 가스의 집합체로 빛을 내지 않으며, 뒤쪽에 있는 발광성운(發光星雲)을 가림으로써 그 자신의 모습을 검게 드러내고 있는 것.
암ː흑-세계(暗黑世界)[-쎄계/-쎄게]명 ①밤처럼 어두운 세계. ¶ 정전으로 아파트 단지가 암흑세계가 되었다. ②'질서가 문란하고, 부도덕과 범죄로 가득 찬 사회'를 비유하여 이르는 말.
암ː흑-시대(暗黑時代)[-씨-]명 사회가 문란하고 문화가 쇠퇴한 시대. 특히, 유럽 역사에서 중세(中世)를 이르는 경우가 많음.
암ː흑-연(暗黑然)명하형 ①어둡고 캄캄한 모양. ②사회가 혼란한 모양.
암ː희(暗喜)[-히]명하자 남몰래 속으로 기뻐함.
앎명 〈옛〉 암. 암컷. ¶ 암히 수흘 좃ᄂᆞ다(杜初17:5)./다른 암홀 어르는대(月釋7:16).
압(押)명 〈화압(花押)〉의 준말.
압각(壓覺)[-깍]명 외부의 압력을 받았을 때의 피부의 감각. 눌림감각.
압권(壓卷)[-꿘]명 (책이나 예술 작품·공연물 따위에서) 가장 뛰어난 부분, 또는 여럿 중에서 가장 뛰어난 것. ¶ 이 곡은 그의 작품 가운데서도 압권이다.
압궤(壓潰)[-꿰]명하타 눌러 부숨.
압근(狎近)[-끈]명하자 무람없이 남에게 가까이 다가붙음, 또는 가까이하여 귀여워함.
압기(狎妓)[-끼]명 귀엽게 여겨 돌보아 주는 기생.
압기(壓氣)[-끼]명 ①하자되자 상대편의 기세에 눌림. ②하타 상대편의 기세를 누름.
압닐(狎昵·狎暱)[암-]명하형 아주 친하고 가까움. 정분이 썩 두터움. **압닐-히**부.
압도(壓度)[-또]명 ①압력의 정도. ②단위 면적에 작용하는 압력의 크기.
압도(壓倒)[-또]명하타되자 월등한 힘으로 상대편을 누름. 힘이나 세력 따위가 단연 남을 능가함. ¶ 그들의 기세에 압도되다.
압도-적(壓倒的)[-또-]관명 비교가 되지 않을 만큼 월등하게 남을 능가한 (것). ¶ 압도적 우세./압도적인 지지로 당선되다.
압량-위천(壓良爲賤)[암냥-]명하타 지난날, 양민을 억눌러서 강제로 종으로 삼던 일.
압려-기(壓濾器)[암녀-]명 압력을 이용하여 액체를 거르는 기구.
압력(壓力)[암녁]명 ①어떤 물체가 다른 물체를 누르는 힘. ¶ 철판에 압력을 가하다. ②사람에게 심리적으로 압박을 가하는 힘. ¶ 무언(無言)의 압력./외부의 압력을 받다.
압력-계(壓力計)[암녁꼐/암녁께]명 '기체나 액체의 압력을 재는 기구'를 통틀어 이르는 말. 검압기(檢壓器). 마노미터.
압력^단체(壓力團體)[암녁딴-]명 정부나 정당 또는 의회에 압력을 가하여 자기들의 이익을 옹호하려는 사회단체. 〔노동조합, 여성 단체, 경제 단체 따위.〕
압력^변ː성(壓力變成)[암녁뼌-]명 암석이 지각 내부에서 받는 강한 압력으로 입자의 배열이 바뀜으로써 성질이 변하는 일.
압력-선(壓力線)[암녁썬]명 옹벽·둑 따위의 각 단면에 작용하는 합성 압력이 통과하는 선. 이 선이 단면의 중심을 벗어나면 구조물이 안정을 잃게 됨.
압력-솥(壓力-)[암녁쏟]명 뚜껑을 밀폐하여 내부의 압력을 높임으로써 고온이 유지되도록 만든 솥. 음식물이 짧은 시간에 조리됨. *압력솥이[암녁쏘치]·압력솥을[암녁쏘틀]·압력솥만[암녁쏜-]

압령(押領) [암녕] 명 하타 ①죄인을 데리고 옴. ②물건을 호송함. 변 암냥.

압류(押留) [암뉴] 명 하타 되자 국가 기관이 채무자의 재산의 사용이나 처분을 금함, 또는 그 행위. ¶ 재산을 압류하다.

압류^명ː령(押留命令) [암뉴-녕] 명 채무자가 제삼자에 대해서 갖는 채권이나 그 밖의 재산권에 대한 강제 집행의 절차로서 법원이 내리는 결정. 제삼 채무자에게의 송달(送達)에 의하여 압류의 효력이 발생됨.

압맥(壓麥) [암-] 명 ☞납작보리.

압박(壓迫) [-빡] 명 하타 되자 ①강한 힘으로 내리누름. ¶ 가슴을 압박하다. ②심리적·정신적으로 상대편에게 겁을 줌, 또는 군사력·경제력 등으로 상대편의 행동을 제약함. ¶ 정치적으로 압박하다.

압박-감(壓迫感) [-빡깜] 명 내리눌리는 답답한 느낌. ¶ 정신적인 압박감에서 벗어나다.

압박^붕대(壓迫繃帶) [-빡뿡-] 명 심한 출혈이나 탈장 따위가 일어났을 때 이를 막기 위하여 몸의 한 부분을 내리누르는 붕대.

압복(壓服·壓伏) [-뽁] 명 하타 되자 힘으로 눌러 복종시킴.

압부(押付) [-뿌] 명 하타 되자 죄인을 압송하여 넘김.

압사(壓死) [-싸] 명 하자 되자 (무거운 것에) 눌려서 죽음. ¶ 집이 무너져 사람이 압사하다.

압살(壓殺) [-쌀] 명 하타 되자 ①눌러 죽임. ②힘으로 눌러 상대편의 의사나 활동 따위를 막아 버림. ¶ 부하의 제의를 압살하다.

압생트(absinthe 프) 명 리큐어의 한 가지. 프랑스나 스위스 등지의 산에서 나는 압생트 쑥의 꽃이나 잎으로 향미(香味)를 낸 녹색의 술. 약 70%의 알코올을 함유함.

압설(狎褻) '압설하다'의 어근.

압설-자(壓舌子) [-썰짜] 명 (입 안을 검사할 때 등) 혀를 누르는 데 쓰이는 의료 기구.

압설-하다(狎褻-) [-썰-] 형여 사이가 너무 가까워서 서로 허물이 없다. **압설-히** 부.

압송(押送) [-쏭] 명 하타 되자 죄인이나 피의자를 어떤 곳에서 다른 곳으로 호송함. ¶ 범인을 교도소로 압송하다.

압쇄-기(壓碎機) [-쐐-] 명 '눌러서 부수는 기계'를 통틀어 이르는 말.

압수(押收)) [-쑤] 명 하타 되자 ①법원이나 수사 기관 등이 증거물이나 몰수할 물건 등을 점유 확보함, 또는 그 행위. ¶ 밀수품을 압수하다. ②물건 따위를 강제로 빼앗음. ¶ 선생님은 가방 검사를 해서 나온 담배를 압수해 갔다. 참 영치(領置).

압수-펌프(壓水pump) [-쑤-] 명 낮은 곳에 있는 물을 높은 곳으로 자아올릴 때 쓰는 펌프.

압슬(壓膝) [-쓸] 명 하자 조선 시대에, 죄인을 심문할 때에 널빤지나 돌로, 꿇린 무릎을 몹시 누르던 일.

압슬-기(壓膝器) [-쓸-] 명 지난날, 압슬할 때 쓰던 형구(刑具).

압승(壓勝) [-씅] 명 하자타 압도적으로 이김. ¶ 선거에서 압승을 거두다. /결승전에서 5 대 0으로 압승하다.

압시(壓視) [-씨] 명 하타 남을 멸시하거나 만만하게 넘봄.

압연(壓延) 명 하타 되자 롤러로 금속 덩이를 눌러 펴거나 늘려서 판자 모양이나 막대 모양으로 만듦.

압연-기(壓延機) 명 금속 재료를, 돌고 있는 한 쌍의 롤러 사이에 넣어서 눌러 펴는 기계. 롤링 밀.

압운(押韻) 명 하자 ①한시·부(賦)를 지을 때 일정한 자리에 운자(韻字)를 다는 일. ②시가(詩歌)에서, 일정한 자리에 같은 음 또는 비슷한 음을 규칙적으로 배치하여 운율적인 효과를 내는 일. 〔두운(頭韻)·각운(脚韻) 따위.〕

압인(壓印) 명 하자 (증명서나 증명사진 따위에) 세게 눌러 인발이 도드라지도록 찍는 도장, 또는 그렇게 찍는 일. ¶ 사원증의 사진에 압인하다. 참 철압인.

압자일렌(Abseilen 독) 명 등산에서, 급사면(急斜面)을 자일을 사용하여 내려가는 일.

압-전기(壓電氣) [-쩐-] 명 수정이나 전기석(電氣石) 등의 광물에 압력이나 장력(張力)을 가했을 때, 그 변형 정도에 비례하여 발생하는 기전력(起電力).

압점(壓點) [-쩜] 명 피부 감각 중에서, 압각(壓覺)이나 촉각(觸覺)을 느끼는 신경의 말단 기관. 〔1 cm^3에 약 25개 있다고 함.〕

압정(押釘) [-쩡] 명 손가락 끝으로 눌러 박는, 대가리가 크고 납작한 짧은 쇠못. 압핀.

압정(壓政) [-쩡] 명 〈압제 정치〉의 준말. ¶ 압정에 시달리다.

압제(壓制) [-쩨] 명 하타 권력이나 폭력으로 남의 언동(言動)을 억압하고 강제하는 일. ¶ 압제에 항거하다.

압제^정치(壓制政治) [-쩨-] 명 권력이나 폭력으로 국민의 자유를 억압하는 정치. 준 압정.

압존(壓尊) [-쫀] 명 높임법에서, 말하는 이보다는 윗사람이지만, 말을 듣는 이보다 아랫사람인 주체에 대하여 그 높임의 정도를 낮추는 일. 〔할아버지 앞에서, "할아버지, 아버님께서 방금 오셨습니다."라고 하지 않고, "할아버지, 아버지가 방금 왔습니다."라고 하는 따위.〕

압지(押紙·壓紙) [-찌] 명 잉크나 먹물 따위로 쓴 것이 번지거나 묻어나지 않도록 눌러서 물기를 빨아들이는 종이. 흡묵지(吸墨紙).

압착(壓搾) 명 하타 되자 ①기계 따위로 세게 눌러 짬. ¶ 깨를 압착하다. ②압력을 가하여 물질의 밀도를 높임.

압착^공기(壓搾空氣) [-꽁-] 명 ☞압축 공기.

압착-기(壓搾機) [-끼] 명 식물의 열매·씨·줄기 따위에서 즙액(汁液)이나 기름을 짜는 기계.

압축(壓軸) 명 같은 시축(詩軸)에 적힌 여러 시 가운데서 가장 잘 지은 시.

압축(壓縮) 명 하타 되자 ①기체나 물체 따위에 압력을 가하여 부피를 작게 함. ②문장 따위를 줄이어 짧게 함. ¶ 원고를 압축하다. /이 시는 압축의 묘미를 잘 갖추고 있다.

압축-가스(壓縮gas) 명 상온(常溫)에서 액화하지 않을 정도로 압축된 고압의 기체. 〔산소·수소·질소·공기 등이 있음.〕

압축^공기(壓縮空氣) [-꽁-] 명 높은 압력으로 부피를 줄인 공기. 팽창할 때의 힘을 원동기나 전동차·버스 따위의 출입문의 자동 개폐 장치·브레이크 등에 이용함. 압착 공기(壓搾空氣).

압축-기(壓縮機) [-끼] 명 기체를 압축하여 그 압력을 높이는 데 쓰는 기계. 컴프레서.

압축^산소(壓縮酸素) [-싼-] 명 상온(常溫)에서 액화하지 않을 정도로 압축하여 봄베에 넣어 둔 산소. 용접이나 인공호흡 등에 이용됨.

압축^펌프(壓縮pump) 명 기체를 압축해서 압력을 높이고 부피를 줄이기 위해 쓰는 펌프.

압출(壓出)명하타되자 압력을 가하여 밀어냄.
압통-점(壓痛點)[-쩜]명 (손가락 끝 따위로) 피부 위를 눌렀을 때 특별히 아픔을 느끼는 부위.
압-핀(押pin)명 ☞압정(押釘).
압핍(狎逼)명하자 (어른에게) 삼가는 태도가 없이 무례하게 가까이 다가붙음.
압핍지지(狎逼之地)[-찌-]명 묘지나 집터 따위의 바로 곁에 이웃하여 있는 땅.
압형(押型)[아평]명하타 울퉁불퉁한 물건 위에 종이 따위의 얇고 여린 물건을 놓고서, 다른 물건으로 문지르거나 압력을 가하여 모양을 떠냄, 또는 그렇게 떠낸 것.
압흔(壓痕)[아픈]명 (살이 부었을 때) 피부를 손가락 끝으로 누르면 눌린 자리가 원상태로 돌아가지 아니하고 잠시 그대로 있는 흔적.
앗[안]감 깜짝 놀랐을 때에 내는 소리. ¶ 앗! 뜨거워.
앗가부 〈옛〉 아까. ¶ 내 앗가 굿 뿔 밧고라 갓더니(老解上40).
앗-기다[안끼-]자 〖'앗다'의 피동〗 빼앗기다.
앗:다[안따]타 ①빼앗다. ¶ 재물을 앗다. ②곡식의 껍질을 벗기다. ¶ 팥을 앗다. ③(씨아 따위로) 목화의 씨를 빼다. ④깎아 내다. ¶ 나무를 앗다. ⑤〈품앗다〉의 준말. *앗아·앗:는[안-]
앗다[아사·아ᅀᆞ니]타ㅅ 〈옛〉 빼앗다. ¶ 志롤 앗디 몯ᄒᆞ야사(永嘉上3). /소겨 아ᅀᆞᆯ 편:騙(訓蒙下20). /비록 못 니버도 ᄂᆞᄆᆡ 오ᄉᆞᆯ 앗디 마라(古時調).
앗-사위[안싸-]명 쌍륙이나 골패 따위에서, 승부가 끝나는 판.
앗쌤[안-]명 광산에서, 엇비슷하게 통한 구덩이.
앗아-넣다[-너타]타 (한쪽으로 쏠리지 않도록) 끝을 깎아 어긋매껴 넣다.
앗이다자 〈옛〉 빼앗기다. ¶ 나라홀 앗이리니 王이 네 아ᄃᆞᆯ 내티쇼셔(月釋2:5).
앗-줄[안쭐]명 〈아딧줄〉의 준말.
-았-[안]선미 끝 음절이 양성 모음(ㅏ·ㅗ)으로 된 용언의 어간에 붙어, 과거 시제를 나타내는 선어말 어미. ¶ 갔았다. /밝았다. /보았다. 참-었-.
-았었-[안썯]선미 끝 음절이 양성 모음(ㅏ·ㅗ)으로 된 용언의 어간에 붙어, 현재와 비교하여 다르거나 단절되어 있는 과거의 사건을 나타내는 선어말 어미. ¶ 몇 년 전만 해도 공기가 참 맑았었다. 참-었었-.
-았자[안짜]어미 끝 음절이 양성 모음(ㅏ·ㅗ)으로 된 용언의 어간에 붙어, '앞말이 나타내는 행동이나 상태가 이루어지더라도'의 뜻을 나타내는 연결 어미. 주로 뒤에는 부정적인 내용이 이어짐. ¶ 아무리 용써 보았자 소용없다.
앐이명 〈옛〉〔'아ᅀᆞ'의 주격형〕 아우가. ¶ ᄉᆞ랑ᄒᆞᆫ 앐이 글워를 傳호매(杜初23:20).
앐이다타 〈옛〉 빼앗기다. ¶ 城 앐이여 자펴 가 주그니라(三綱.忠12).
앙 Ⅰ부하자 어린아이들이 우는 소리, 또는 그 모양. ¶ 아기가 앙 울기 시작한다.
Ⅱ감 남을 놀라게 할 때 지르는 소리. ¶ 앙, 놀랐지?
앙가-발이명 ①다리가 짧고 굽은 사람을 얕잡아 이르는 말. ②(자기의 이익을 위하여) 남에게 이리저리 잘 달라붙는 사람을 얕잡아 이르는 말.
앙-가슴명 양쪽 젖 사이의 가슴 부분.
앙가조촘부하자 ①앉은 것도 아니고 선 것도 아닌 어정쩡한 자세로 조촘거리는 모양. ②일을 딱 결정짓지 못하고 어정쩡하게 조촘거리는 모양. 큰엉거주춤.
앙가주망(engagement 프)명 (작가나 문학 등의) 사회 참여.
앙:각(仰角)명 ☞올려본각. ↔부각(俯角). 참수평각.
앙감-질명하자 한 발은 들고 한 발로만 뛰어가는 짓.
앙-갚음명하타 어떤 해를 입은 한을 풀기 위하여 상대편에게 그만한 해를 입힘, 또는 그런 행동. 보복(報復). 보수(報讎). 보원(報怨). 복보수. 복수(復讎). ¶ 그에게 속아 골탕 먹은 앙갚음으로 이번에는 그를 골려 주었다.
앙:견(仰見)명하타 ☞앙관(仰觀).
앙경(殃慶)명 재앙(災殃)과 경사(慶事).
앙:고(仰告)명하타 우러러 아룀.
앙고라-모(Angora毛)명 앙고라염소나 앙고라토끼의 털.
앙고라-염소(Angora-)명 (오늘날의 터키 앙카라 지방인) 앙고라 지방 원산의 염소. 털이 길고 광택이 있어 직물에 이용됨.
앙고라-토끼(Angora-)명 (오늘날의 터키 앙카라 지방인) 앙고라 지방 원산의 토끼. 집토끼의 한 품종으로, 털이 부드럽고 길어 직물에 이용됨.
앙:관(仰觀)명하타 우러러봄. 앙견(仰見). 앙망(仰望). 앙시(仰視). 앙첨(仰瞻).
앙:괭이명 ①민간에서, 섣달 그믐날 밤에 내려와, 잠자는 아이의 벗어 놓은 신이 제 발에 맞으면 신고 간다는 귀신. 〔이날 밤에 신을 잃어버리면 불길하다고 하여 신을 숨기는 습속(習俗)이 있음.〕 약왕귀(藥王鬼). ②얼굴에 먹이나 검정으로 마구 그려 놓는 일. ¶ 앙괭이를 그리다.
앙구다타 ①(음식 따위를 식지 않게 하려고) 불 위에 놓아 두거나 따뜻한 데에 묻어 두다. ¶ 밥그릇을 아랫목에 앙구다. ②한 그릇에 여러 가지 음식을 곁들여 담다. ③사람을 안동하여 보내다. ¶ 하인을 앙구다.
앙그러-지다형 ①(음식이) 먹음직스럽다. ②(모양이) 어울려서 보기에 좋다. ③(하는 짓이) 잘 어울리고 짜인 맛이 있다.
앙글-거리다자 자꾸 앙글앙글하다. 앙글대다. ¶ 앙글거리는 손자가 참 귀여운지 할머니가 웃는다. 큰엉글거리다.
앙글-대다자 앙글거리다.
앙글-방글부하자 앙글거리면서 방글거리는 모양. 큰엉글벙글.
앙글-앙글부하자 ①어린아이가 소리 없이 귀엽게 웃는 모양. ②(무엇을 속이느라고) 꾸며서 웃는 모양. 큰엉글엉글.
앙금명 ①액체의 바닥에 가라앉은, 가루 모양의 물질. 침전물. ②'마음속에 남아 있는 개운치 아니한 감정'을 비유하여 이르는 말. ¶ 앙금이 남다.
앙금-쌀쌀부 앙금앙금 굼뜨게 기다가 재빠르게 기는 모양. 큰엉금썰썰.
앙금-앙금부하자 잔걸음으로 느리게 걷거나 기는 모양. ¶ 아기가 앙금앙금 기어온다. 큰엉금엉금. 거앙큼앙큼.
앙급-자손(殃及子孫)[-짜-]명하자 지은 죄악으로 말미암은 화(禍)가 자손에게 미침.
앙급-지어(殃及池魚)[-찌-]명 '재난이 뜻하지 아니한 곳까지 미침'을 비유하여 이르는 말. 〔성문의 불을 끄느라 못물이 다하여 물고기까지 다 죽었다는 고사에서 유래함.〕

앙꼬(あんこ〔餡子〕 일)명 ①떡이나 빵에 넣는 팥소. ②광산 등지에서, 다이너마이트를 남폿구멍에 넣고 그 둘레에 다져 넣는 진흙 같은 것.
앙-다물다[~다무니·~다물어]타 (입을) 힘 주어 꽉 다물다. ¶ 입을 앙다문 채 가타부타 말이 없다.
앙달-머리명 어른이 아닌 사람이 어른인 체하며 부리는 얄망궂고 능청스러운 짓.
앙달머리-스럽다[-따][~스러우니·~스러워]형ㅂ 얄망궂고 능청스럽다. 앙달머리를 부리는 것 같다. **앙달머리스레**부.
앙당그러-지다자 ①(물체가) 마르거나 굳어지면서 조금 뒤틀리다. ②(춥거나 겁이 나서) 몸이 옴츠러지다. 큰응등그러지다.
앙당-그리다타 (춥거나 겁이 나서) 몸을 바싹 옴츠러뜨리다. 큰응등그리다.
앙:등(昂騰)명하자 ☞등귀(騰貴).
앙똥-하다형여 (말이나 행동이) 분수에 맞지 않게 지나치고 야살스럽다. ¶ 앙똥한 계집아이. 큰엉뚱하다.
앙:련(仰蓮)[-년]명 불교 미술에서, 꽃부리가 위로 향한 연꽃무늬. ↔복련(覆蓮).
앙:련(仰聯)[-년]명 제물(祭物)이나 잔칫상의 음식을 괼 때, 쌓은 음식이 무너지지 않도록 접시 둘레와 함께 싸 붙여 올리는 것.
앙:련-좌(仰蓮座)[-년-]명 앙련을 새긴 대좌(臺座). ↔복련좌(覆蓮座).
앙:롱(仰弄)[-농]명하자 자기보다 나이가 훨씬 많은 사람에게 실없이 행동하는 일.
앙:망(仰望)명하타 ①우러러 바람. 앙원(仰願). ¶ 허가해 주시기를 앙망합니다. ②☞앙관(仰觀). ③공경하고 흠모함.
앙:망불급(仰望不及)명하자 우러러 바라보기만 할 뿐 미치지 못함.
앙:면(仰面)명하자 얼굴을 쳐듦.
앙:모(仰慕)명하타 우러러 사모함. ¶ 선생님을 앙모하다.
앙묘(秧苗)명 벼의 싹. 볏모.
앙바틈-하다형여 작달막하고 딱 바라져 있다. ¶ 앙바틈한 체격. 큰엉버틈하다. **앙바틈-히**부 ¶ 앙바틈히 생긴 사내가 문간을 막고 서 있다.
앙-버티다자 악착스럽게 버티다. 큰엉버티다.
앙:벽(仰壁)명하자 ☞앙토(仰土).
앙:부-일구(仰釜日晷)명 ☞앙부일영.
앙:부-일영(仰釜日影)명 조선 세종 16(1434)년에 만든, 해시계의 한 가지. 모양이 가마와 비슷한데, 안쪽에 이십사절기의 선을 그어 놓아, 선 위에 비치는 해의 그림자가 시간을 나타내게 되어 있음. 앙부일구.
앙분(怏憤)명하자 앙심(怏心)을 품음, 또는 그 마음.
앙:분(昂奮)명하자 매우 흥분함.
앙분-풀이(怏憤-)명하자 앙심을 품고 앙갚음하는 짓.
앙:사(仰射)명하타 높은 곳을 향하여 쏨.
앙:사-부모(仰事父母)명하자 위로 부모를 섬김. 부모를 우러러 모심. ¶ 남은 곡식 장만하여 앙사부모 아니하며 하육처자(下育妻子) 아니할까(烈女春香守節歌).
앙:사-부육(仰事俯育)명하자 위로는 부모를 섬기고, 아래로는 아내와 자식을 보살핌.
앙살명하자 엄살을 부리며 반항함, 또는 그러한 짓. ¶ 앙살을 부리다. /앙살을 피우다. 참엄살.
앙살-궂다[-굳따]형 매우 앙살스럽다.
앙살-스럽다[-따][~스러우니·~스러워]형ㅂ 보기에 앙살하는 태도가 있다. **앙살스레**부.
앙상-궂다[-굳따]형 몹시 앙상하다. 큰엉성궂다.
앙상블(ensemble 프)명 ①(음악이나 연극 따위의) 전체적인 통일. 조화. ②합주. 합창. ③합주단. 실내악 연주 악단. ④같은 감으로 만든 한 벌의 여성복.
앙상-하다형여 ①(꼭 짜이지 아니하여) 어울리는 맛이 없고 어설프다. ¶ 앙상하게 놓여 있는 세간붙이. ②살이 빠져서, 뼈만 남은 듯하거나 보기에 까칠하다. ¶ 뼈만 앙상하다. ③잎이 지고 가지만 남아서 나무가 스산하다. ¶ 앙상한 나뭇가지. 큰엉성하다. **앙상-히**부.
앙-세다형 (몸은 약해 보이나) 보기보다 다부지다.
앙숙(怏宿)명 앙심을 품고 서로 미워하는 사이. ¶ 저 두 사람은 겉으로는 다정해 보이지만 서로 앙숙이라지?
앙:시(仰視)명하타 ☞앙관(仰觀).
앙심(怏心)명 원한을 품고 앙갚음하기를 벼르는 마음. ¶ 앙심을 품다. /앙심을 먹다.
앙알-거리다자 자꾸 앙알앙알하다. 앙알대다. 큰엉얼거리다.
앙알-대다자 앙알거리다.
앙알-앙알부하자 (손윗사람에 대하여) 원망하는 태도로 종알종알 군소리를 하는 모양. 큰엉얼엉얼.
앙앙부하자 ①어린아이가 크게 우는 소리, 또는 그 모양. ②앙탈을 부리며 보채는 소리, 또는 그 모양. 큰엉엉.
앙앙(怏怏) '앙앙하다'의 어근.
앙앙-거리다자 ①어린아이가 자꾸 크게 우는 소리를 내다. ②앙탈을 부리며 자꾸 보채는 소리를 내다. 앙앙대다. 큰엉엉거리다.
앙앙-대다자 앙앙거리다.
앙앙불락(怏怏不樂)명하타 항상 마음에 차지 않아 즐거워하지 아니함.
앙앙지심(怏怏之心)명 만족하지 않게 여기는 마음. 시쁘게 여기는 마음.
앙앙-하다(怏怏-)형여 불평불만이 있어 마음에 차지 않거나 야속하다. **앙앙-히**부.
앙:양(昂揚)명하타되자 무슨 일을 적극적으로 하려는 정신이나 의욕 등을 드높임. ¶ 애국심 앙양이 절실히 요청되는 시대. /사기를 앙양하다.
앙얼(殃孼)명 ☞앙화(殃禍). ¶ 앙얼을 입다.
앙연(怏然) '앙연하다'의 어근.
앙연-하다(怏然-)형여 앙앙(怏怏)한 기색이 있다. ¶ 그는 앙연한 낯색으로 돌아서 나갔다. **앙연-히**부.
앙:와(仰瓦)명 ☞암키와.
앙:와(仰臥)명하자 위를 향하여 반듯이 누움.
앙:우(仰友)명 (학문이나 덕행이 자기보다 나은) 존경하는 벗.
앙:원(仰願)명하타 우러러 바람. 앙망(仰望).
앙잘-거리다자 자꾸 앙잘앙잘하다. 앙잘대다. ¶ 저녁 내내 앙잘거리는 아내. 큰엉절거리다.
앙잘-대다자 앙잘거리다.
앙잘-앙잘부하자 잔소리를 늘어놓으며 앙알거리는 모양. 큰엉절엉절.
앙:장(仰帳)명 천장이나 상여 위에 치는 휘장.
앙:장(仰障)명 치받이 흙으로 바른 천장.
앙장(鞅掌) '앙장하다'의 어근.
앙장-하다(鞅掌-)형여 일이 몹시 번거롭고 바쁘다.

앙증-맞다[-맏따]형 매우 앙증스럽다. ¶ 모자가 앙증맞게 생겼다.

앙증-스럽다[-따][~스러우니·~스러워]형ㅂ 보기에 앙증하다. ¶ 앙증스러운 장난감. **앙증스레**부.

앙증-하다형여 ①작으면서도 갖출 것은 다 갖추어 귀엽고 깜찍하다. ¶ 궤도를 따라 달리는 장난감 기관차가 무척이나 앙증하다. ②격에 어울리지 않게 작다. ¶ 우리 형은 덩치에 비해 손이 앙증하다.

앙짜명 ①'성질이 깐작깐작하고 암상스러운 사람'을 얕잡아 이르는 말. ¶ 앙짜를 부리다. ②앳되게 점잔을 빼는 짓.

앙:천(仰天)명하자 하늘을 쳐다봄.

앙:천-대소(仰天大笑)명하자 〔하늘을 쳐다보고 크게 웃는다는 뜻으로〕 어이가 없어서 큰소리로 껄껄 웃는다는 말.

앙:천-부지(仰天俯地)명하자 하늘을 쳐다보고 땅을 굽어봄. 부앙천지(俯仰天地). ¶ 앙천부지하여 추호의 부끄러움도 없다.

앙:천-축수(仰天祝手)[-쑤]명하자 하늘을 우러러보며 빎.

앙:첨(仰瞻)명하타 우러러봄. 앙관(仰觀).

앙:청(仰請)명하타 우러러 청함.

앙:축(仰祝)명하타 우러러 축하함. ¶ 선생님의 수연을 앙축합니다.

앙칼-스럽다[-따][~스러우니·~스러워]형ㅂ 보기에 앙칼진 데가 있다. ¶ 강아지가 앙칼스럽게도 짖는다. **앙칼스레**부.

앙칼-지다형 ①제힘에 넘치는 일에 악을 쓰고 덤비는 태도가 있다. ¶ 앙칼지게 대들다. ②모질고 날카롭다. ¶ 앙칼진 목소리.

앙케트(enquête 프)명 (어떤 목적을 위하여) 여러 사람에게 같은 내용의 질문을 하여 그 회답을 구하는 일, 또는 그런 조사 방법. ¶ 앙케트 조사 용지.

앙코:르(encore 프)명 〔'다시 한 번'의 뜻으로〕 ①음악회 따위에서, 연주를 마친 출연자에 대하여 박수를 하거나 소리를 지르거나 하여 다시 연주를 청하는 일, 또는 그 연주. ¶ 앙코르를 받다. ②(그전에 이미 공연하거나 상연했던 연극·연주회·영화 따위를) 다시 공연·상영하게 되는 일. ¶ 앙코르 공연.

앙크르(ancre 프)명 태엽식 시계에서, 톱니바퀴의 회전을 일정하게 하고, 그 속도를 조절하는 닻 모양의 장치. 〔째깍째깍 하는 소리를 내는 부분.〕 앵커(anchor).

앙큼-상큼부 잔걸음으로 가볍고 힘차게 걷는 모양. 큰엉큼성큼.

앙큼-스럽다[-따][~스러우니·~스러워]형ㅂ 보기에 앙큼한 데가 있다. ¶ 앙큼스러운 계집아이. 큰엉큼스럽다. **앙큼스레**부.

앙큼-앙큼부하자 잔걸음으로 힘차게 걷거나 기는 모양. 큰엉큼엉큼. 여앙금앙금.

앙큼-하다형여 엉뚱한 욕심을 품고 분수 밖의 짓을 하려는 태도가 있다. 큰엉큼하다.

앙:탁(仰託)명하타 우러러 부탁함.

앙탈명하자 ①남의 말을 들으려 하지 않고 생떼를 씀. ¶ 막무가내로 앙탈을 하다. /앙탈을 부리다. ②시키는 말을 듣지 않고 요리조리 핑계를 대며 꾀를 부림. ¶ 무슨 앙탈이 그리 많아! 얼른 시킨 일이나 해.

앙:토(仰土)명하자 천장의 산자(橵子) 안쪽에 흙을 바름, 또는 그 흙. 앙벽(仰壁). 치받이.

앙:토-장이(仰土-)명 앙토를 바르는 미장이.

앙:토-질(仰土-)명하자 치받이를 바르는 일.

앙투카(en-tout-cas 프)명 육상 경기장이나 테니스 코트 등에 까는 적갈색의 흙, 또는 그 흙을 깐 경기장. 〔청우(晴雨) 겸용이라는 뜻.〕

앙트레(entrée 프)명 양식에서, 생선 요리가 나온 다음 로스트가 나오기 전에 나오는 요리. 코스의 중심이며 주로 조수(鳥獸)의 고기를 사용하여 채소를 곁들여 냄.

앙티-로망(anti-roman 프)명 전통적인 소설의 개념을 부정하고 새로운 수법에 의한 소설의 가능성을 추구하려는 소설. 1950년대 이후 프랑스의 작가들에 의하여 시도되었음. 누보로망(nouveau roman). 반소설(反小說).

앙티크(antique 프)명 '앤티크'의 잘못.

앙판(秧板)명 ☞못자리.

앙-하다형여 속으로 앙심을 품은 기색이 있다. 꽁하다. ¶ 대수롭지 않은 일로 앙한 채 말이 없다.

앙:혼(仰婚)명하자 지체가 낮은 사람이 지체 높은 사람과 하는 혼인. ↔강혼(降婚).

앙:화(仰花)명 탑의 복발(覆鉢) 위의, 꽃이 위를 향하여 활짝 핀 모양으로 된 부분.

앙화(殃禍)명 지은 죄의 갚음으로 받는 온갖 재앙. 앙얼(殃孽).

앞[압]명 ①(바른 자세로 있을 때) 얼굴이 향한 쪽. ¶ 앞으로 가다. /앞을 향해 달리다. ②차례에서 먼저 있는 편. ¶ 앞에서부터 차례로 나가다. ③물건이 향하고 있는 쪽이나 곳. ¶ 집 앞에 감나무가 서 있다. ④(다가올) 장래. ¶ 앞을 내다보다. ⑤지금보다 먼저. ¶ 앞에서 충분히 설명했다. ⑥(차례로서 아무의) 몫. ¶ 내 앞으로 되어 있는 땅. ⑦'이제부터 뒤에'의 뜻. 《'앞으로'의 꼴로 쓰임.》 ¶ 앞으로는 다시 안 하겠습니다. ⑧편지 따위에서, 손아랫사람의 이름이나 직함 뒤에 쓰이어 '에게'의 뜻을 나타내는 말. ¶ 동창회 간사 앞. ⑨사람의 '음부(陰部)'를 완곡하게 이르는 말. ¶ 앞을 가리다. ⑩처한 환경이나 조건. 《주로, '앞에(서)'의 꼴로 쓰임.》 ¶ 냉엄한 현실 앞에서 우리들은 좌절을 맛보아야만 했다. ①~⑤↔뒤. * 앞이[아피]·앞만[암-]

앞을 닦다관용 허물 잡히지 않을 정도로 제 구실을 해 나가다.

앞(을) 못 보다관용 눈이 멀어서 보지 못하다.

앞이 캄캄하다[깜깜하다]관용 앞으로 어떻게 해야 할지 몰라 아득하고 답답하다.

앞-가르마[압까-]명 앞머리 한가운데로 반듯하게 탄 가르마.

앞-가림[압까-]명하자 자기 앞에 닥친 일을 제 힘으로 처리할 만한 능력이나 처지. ¶ 제 앞가림에 급급하다. /제 앞가림도 못하면서 남의 일에 나서다니.

앞-가슴[압까-]명 ①'가슴'의 힘줌말. ¶ 앞가슴에 부여안다. ②윗도리의 앞자락. ¶ 앞가슴을 여미다. ③곤충의 가슴 부분의 전반부(前半部). ③전흉(前胸).

앞-가슴마디[압까-]명 곤충의 세 가슴마디 중의 앞마디. 앞다리 한 쌍이 붙어 있음. ↔뒷가슴마디.

앞-가지[1][압까-]명 길마의 앞뒤에 있는 길맞가지 중 앞에 있는 것. ↔뒷가지[1].

앞-가지[2][압까-]명 ☞접두사(接頭辭).

앞-갈망[압깔-]명하타 제 앞에 생기는 일을 감당하여 처리해 냄, 또는 그렇게 하는 일. ↔뒷갈망.

앞-갈이[1] [압까리] [명][하타] ①논을 애벌 가는 일. ②그루갈이를 할 때 먼저 재배하는 일, 또는 그런 농사.

앞-갈이[2] [압까리] [명][하타] (망건 앞이 해졌을 때) 망건 앞을 뜯어내고 새로 뜨는 일.

앞-갱기 [압깽-] [명] (짚신이나 미투리의 뒷갱기에 대하여) '총갱기'를 이르는 말. ↔뒷갱기.

앞-거리 [압꺼-] [명] 앞쪽의 길거리.

앞-걸이 [압꺼리] [명] 말을 제어(制御)하기 위하여 말 앞가슴에 다는, 가죽으로 된 마구(馬具).

앞-그루 [압끄-] [명] 그루갈이 농사에서, 먼저 지은 농작물. 전작(前作). ↔뒷그루.

앞-길[1] [압낄] [명] 집채나 마을의 앞 또는 남쪽에 난 길. ¶ 마을 앞길을 넓히다. ↔뒷길[1].

앞-길[2] [압낄] [명] ①가는 길. 가야 할 길. ¶ 웬 낯선 청년이 우리의 앞길을 막았다. ②장차 나아갈 길. 전도(前途). ¶ 앞길이 양양하다. ③앞으로 살아갈 길. ¶ 앞길이 막막하다.

　앞길이 구만 리 같다[속담] 나이가 젊으니까 앞으로 어떤 큰일이라도 해낼 수 있는 세월이 충분히 있다는 뜻.

앞-길[3] [압낄] [명] 지난날, 서북도 지방에서 '남도'를 이르던 말. ↔뒷길[1].

앞-길[4] [압낄] [명] 웃옷의 앞쪽에 대는 길. ↔뒷길[4].

앞-꾸밈음(-音) [압-] [명] 본음표의 앞에 붙어 연주되는 꾸밈음. 전타음(前打音).

앞-날 [암-] [명] ①다가올 날. ¶ 앞날이 창창하다./앞날을 기약하다. ②남은 세월. 여일(餘日). ¶ 앞날이 얼마 남지 않았다. ③(어떤 날을 기준으로) 전날. ¶ 자네가 말하는 바로 그 앞날에 있었던 일일세.

앞-날개 [암-] [명] 곤충의 두 쌍의 날개 중에서 머리 쪽 가까이에 달린 날개.

앞-내 [암-] [명] 마을 앞을 흐르는 내.

앞-넣다 [암너타] [타] 윷놀이에서, 말을 앞밭에 놓다.

앞-니 [암-] [명] 잇바디의 한가운데 있는, 아래위 각각 네 개씩의 이. 문치(門齒). 전치(前齒).

앞-다리 [압따-] [명] ①네발짐승의 앞에 달린 두 다리. 전각(前脚). 전지(前肢). ②(두 다리를 앞뒤로 벌렸을 때의) 앞쪽에 놓인 다리. ③책상이나 걸상 따위의 앞의 다리. ④이사하는 사람이 새로 옮겨 들어갈 집. ①~③↔뒷다리.

앞-닫이 [압따지] [명] 구두의 앞부분.

앞-당기다 [압땅-] [타] ①(물건 따위를) 앞으로 당기다. ②정해진 날짜나 시간을 당겨서 미리 하다. ¶ 방학 날짜를 앞당기다. ③힘써서 일의 기간을 줄이다. ¶ 통일을 앞당기다.

앞-대 [압때] [명] 어느 지방을 중심으로 하여, 그 남쪽 지방을 이르는 말. 아랫녘. ↔뒤대.

앞-대문(-大門) [압때-] [명] 집채의 앞쪽에 난 대문. ↔뒷대문.

앞-두다 [압뚜-] [타] 닥쳐올 때나 닥쳐올 곳 등을 가까이 두다. ¶ 혼인을 한 달 앞두다./목적지를 앞두다.

앞-뒤 [압뛰] [명] 앞과 뒤. 전후. ¶ 앞뒤를 살피다.

　앞뒤가 막히다[관용] (생각이) 트이지 않아 답답하다. ¶ 앞뒤가 콱 막힌 사람.

　앞뒤가 맞다[관용] (이야기나 사건 따위가) 상식이나 이치에 어긋나지 않다. 조리가 서다. ¶ 말의 앞뒤가 맞지 않다.

　앞뒤(를) 가리지 않다[관용] 신중히 생각하지 않고 마구 행동하다.

　앞뒤를 재다〔가리다/헤아리다〕[관용] 이해관계를 이모저모로 따져 보다.

앞뒤-갈이 [압뛰-] [명][하타] ①앞갈이와 뒷갈이. ②봄갈이와 가을갈이. ③애벌 간 논을 반대쪽으로 다시 갈아엎는 일.

앞뒤-하다 [압뛰-] [타][여] 일정한 시점의 직전 또는 직후 무렵에 있다. ¶ 설을 앞뒤하여 시장이 붐빈다.

앞-뒷문(-門) [압뛴-] [명] ①앞문과 뒷문. ②모든 문.

앞-뒷질 [압뛰찔/압뛷찔] [명][하자] 배가 앞뒤로 흔들리는 일. ↔옆질.

앞-뒷집 [압뛰찝/압뛷찝] [명] ①앞집과 뒷집. ②서로 이웃하여 있는 집.

앞-들다 [압뜰-] [〜드니·〜들어] [자] ①앞서서 들어서다. ②윷놀이에서, 말이 앞밭에 이르다.

앞-뜰 [압-] [명] 집채 앞에 있는 뜰. 앞마당. 전정(前庭). ↔뒤뜰.

앞-마구리 [암-] [명] 결채의 앞쪽에 가로 댄 나무. ↔뒷마구리.

앞-마당 [암-] [명] 집채 앞에 있는 마당. 앞뜰. ↔뒷마당.

앞-막이 [암-] [명] ①제 앞에 닥칠 일을 미리 막는 일. ②검도(劍道)에서, 아랫도리를 보호하려고 앞을 가리는 일, 또는 그런 물건.

앞-말 [암-] [명] ①앞에서 한 말. ↔뒷말. ②앞으로 할 말.

앞-맵시 [암-씨] [명] 앞에서 본 맵시.

앞-머리 [암-] [명] ①머리의 앞부분. 전두(前頭). ¶ 앞머리가 쑤시다. ②머리의 앞쪽에 난 머리털. ¶ 앞머리를 짧게 깎다. ③(앞뒤가 있는 물건의) 앞부분. ¶ 자동차의 앞머리. ↔뒷머리.

앞머리-뼈 [암-] [명] ☞전두골(前頭骨).

앞메-꾼 [암-] [명] 대장간에서 불린 쇠를 큰 메로 치는 일을 하는 사람.

앞-면(-面) [암-] [명] 앞쪽을 향해 있는 면. 전면(前面). ¶ 동전의 앞면. ↔뒷면.

앞-모개 [암-] [명] 윷판의 앞밭에서 방으로 꺾여 둘째 자리, 곧 방과 앞모도의 사이.

앞-모도 [암-] [명] 윷판의 앞밭에서 방으로 꺾여 첫째 자리, 곧 앞밭과 앞모개의 사이.

앞-모습 [암-] [명] 앞에서 본 모습.

앞-모양(-模樣) [암-] [명] 앞에서 본 모양. ¶ 앞모양이 단정하다. ↔뒷모양.

앞-몸 [암-] [명] (네발짐승의) 몸의 앞부분. 머리에서 허리까지의 부분. ¶ 앞몸을 일으키다.

앞무릎^치기 [암-릅-] [명] 씨름 기술의 한 가지. 앞으로 내어 디딘 상대편 다리의 무릎을 쳐서 넘어뜨리는 기술.

앞-문(-門) [암-] [명] (집이나 방의) 앞쪽으로 난 문. 전문(前門). ↔뒷문.

앞-바다 [압빠-] [명] ①육지에서 보아 그 앞쪽에 있는 바다. ¶ 인천 앞바다. ②기상 예보에서, 한반도를 중심으로 하여 육지에서 20 km(동해), 또는 40 km(서해·남해) 이내의 가까운 바다를 이르는 말. ¶ 물결의 높이 앞바다 1 m, 먼 바다 2 m. ②↔먼 바다.

앞-바닥 [압빠-] [명] ①신바닥의 앞부분. ↔뒷바닥. ②☞앞창[1].

앞-바람 [압빠-] [명] ①☞마파람. ②☞역풍(逆風).

앞-바퀴 [압빠-] [명] (앞뒤의 바퀴 중) 앞쪽의 바퀴. ↔뒷바퀴.

앞-발 [압빨] [명] ①네발짐승의 앞에 달린 두 발. 전족(前足). ②(두 다리를 앞뒤로 벌렸을 때의) 앞쪽에 놓인 발. ↔뒷발.

앞-밭 [압빧] [명] ①(집이나 마을의) 앞에 있는 밭. ②윷판에서, 시작에서부터 다섯째 밭. 곧, 판의

네 귀 중 첫 귀의 자리. ＊앞밭이[압빠치]·앞밭을[압빠틀]·앞밭만[압빤–]

앞-볼[압뽈]명 ①버선 바닥 앞쪽에 덧대는 두 폭가량의 헝겊 조각. ↔뒷볼. ②발이나 신발 따위의 앞쪽 너비, 또는 그 부분. ¶ 앞볼이 넓다.

앞-부분(–部分)[압뿌–]명 앞쪽 부분. 전부(前部). ↔뒷부분.

앞-사람[압싸–]명 ①앞에 있거나 앞에 가는 사람. ②(일이나 직책을) 이전에 맡아보던 사람. ③앞 세대의 사람.

앞-산(–山)[압싼]명 집이나 마을에서 보아, 바로 맞은편에 있는 산. ¶ 내 고향 앞산의 진달래가 눈에 삼삼하다. ↔뒷산.

앞-서[압써]부 ①지난번에. ¶ 앞서 이야기한 사건. ②미리. ¶ 앞서 생각해 두다. ③다른 이보다 먼저. ¶ 앞서 떠난 사람들.

앞-서다[압써–]자 ①남보다 먼저 나아가다. 앞장서다. ¶ 형은 나보다 몇 걸음 앞서서 걸었다. ②남보다 뛰어나거나 높은 수준에 있다. ¶ 기술이 앞서다. ↔뒤지다[1]·뒤떨어지다·뒤서다. ③배우자나 손아래 가족이 먼저 죽다.

앞서거니 뒤서거니관용 앞에 서기도 하고 뒤에 서기도 하는 모양. ¶ 우리는 모두 산꼭대기를 향하여 앞서거니 뒤서거니 올라갔다.

앞-섶[압썹]명 옷의 앞자락에 대는 섶. ＊앞섶이[압써피]·앞섶만[압썸–]

앞세우다[압쎄–]타 〖'앞서다'의 사동〗 ①앞에 서게 하다. ¶ 동생을 앞세우다. ②먼저 내어 놓다. ¶ 그의 논리는 늘 하느님을 앞세우는 것이었다. ③자식이나 손자가 먼저 죽다. ¶ 그 노인은 외아들을 앞세우고 말았다.

앞-수표(–手票)[압쑤–]명 실제의 발행일 이후의 날짜를 발행일로 하여 적어 넣은 수표. 〔발행 일자 이전이라도 은행에 제시하면 바로 결제(決濟)됨.〕

앞-앞[아밥]명 저마다의 앞. 각각의 앞. ＊앞앞이[아바피]·앞앞만[아밤–]

앞앞-이[아바피]부 저마다의 앞에. 각각의 앞으로. ¶ 앞앞이 편지를 보내다.

앞에-총(–銃) Ⅰ명 차렷 자세로, 왼손은 덮개를 싸잡고 오른손은 총목을 쥐어 소총이 몸과 대각선을 이루게 하는 집총 자세.
Ⅱ감 '앞에총' 하라는 구령.

앞-이마[암니–]명 ①'이마'의 힘줌말. ②이마의 가운데 부분.

앞-일[암닐]명 앞으로 닥쳐올 일. 미래사. ¶ 앞일을 예측하기 어렵다.

앞-자락[압짜–]명 앞쪽의 옷자락.

앞-잡이[압짜비]명 ①앞에 서서 이끄는 사람. ¶ 경험 많은 대원이 산행의 앞잡이가 되었다. ②남의 끄나풀이 되어 그 지시대로 움직이는 사람. ¶ 일제의 앞잡이.

앞-장[1][압짱]명 계속 파 나아가는 사금(沙金) 판에서, 앞으로 잇달아 파 나아갈 남은 바닥. 앞바닥.

앞-장[2][압짱]명 (여럿이 나아가거나 무슨 일을 꾀할 때) 맨 앞에 서는 사람, 또는 그 위치. ¶ 자연보호 운동에 앞장을 서다.

앞장-서다[압짱–]자 ①맨 앞에 서서 나아가다. ¶ 선생님이 앞장서고 학생들이 그 뒤를 따랐다. ②중심이 되어 활동하다. ¶ 금연 운동에 앞장서다.

앞장세우다[압짱–]타 〖'앞장서다'의 사동〗 앞장서게 하다.

앞-전(–殿)[압쩐]명 종묘(宗廟)의 정전(正殿).

앞-정강이[압쩡–]명 '정강이'의 힘줌말.

앞-주(–註)[압쭈]명 장하주(章下註)의 앞에 있는 대주(大註)를 흔히 이르는 말.

앞-주머니[압쭈–]명 바지의 앞쪽에 있는 주머니. ↔뒷주머니.

앞-줄[압쭐]명 ①앞쪽의 줄. ¶ 맨 앞줄에 앉다. ↔뒷줄. ②앞쪽에 그어 놓은 줄.

앞지르-기[압찌–]명하타 앞서가는 사람이나 차를 뒤따라가다가 그보다 앞서 나아가는 일.

앞-지르다[압찌–]〔~지르니·~질러〕타르 ①(앞서 가는 사람이나 차 등을) 따라가서 앞으로 나아가다. ¶ 앞차를 앞지르다. ②남보다 힘이나 능력이 앞서게 되다. ¶ 과학 기술이 선진국을 앞지르다.

앞-집[압찝]명 앞쪽에 있는 집. ↔뒷집.

앞짧은-소리[압–]명 ①앞날의 실패나 불행을 뜻하게 된 말마디. ¶ 앞짧은소리는 삼가게나. ②(실패할 것이 뻔한 일을) 하겠다고 미리 장담하는 말. ¶ 앞짧은소리를 했다가 망신당하지 마라.

앞-짱구[압–]명 이마가 남달리 툭 튀어나온 머리통, 또는 그런 머리통을 가진 사람. ↔뒤짱구.

앞-쪽[압–]명 앞의 방향. ↔뒤쪽.

앞-차(–車)[압–]명 ①앞서 떠난 차. ¶ 앞차로 먼저 가다. ②앞서 가는 차. ¶ 앞차를 들이받다. ↔뒤차.

앞^차기[압–]명 태권도의 발 기술의 한 가지. 무릎을 구부려 앞가슴에 닿을 정도로 높이 올리고 발이 놓인 위치와 목표가 직선이 되도록 하여 다리를 펴면서 발끝으로 상대편을 차는 동작.

앞-차다[압–]형 ①의지가 굳고 믿음직하다. ②담대하고 당차다.

앞-창[압–]명 구두나 신의 앞쪽에 대는 창. ↔뒤창.

앞-채[1][압–]명 (한 울 안에 있는) 몸채 앞에 있는 집채. ↔뒤채[1].

앞-채[2][압–]명 가마나 상여 따위의 앞에서 메는 채. ↔뒤채[2].

앞-철기[압–]명 소의 목으로 휘돌려 길마의 양쪽 궁글막대에 매는 줄.

앞-총명 '엄지총'의 잘못.

앞-치레[압–]명하자 제 몫을 치르는 일. ¶ 자기 앞치레는 할 만한 나이가 되었다.

앞-치마[압–]명 부엌일 따위를 할 때 몸 앞을 가리는 작은 치마. 행주치마. ¶ 앞치마를 두르다.

앞-턱[압–]명 (턱이 앞뒤로 있는 물건의) 앞쪽에 있는 턱. ↔뒤턱.

앞-폭(–幅)[압–]명 ①옷의 앞쪽이 되는 옷감. ②나무로 짜는 가구의 앞쪽에 대는 널조각.

애[1]명 한글 자모(字母)의 모음(母音) 'ㅐ'의 음가 및 이름.

애:[2]명 〈아이〉의 준말. ¶ 애를 보다.

애:[3]명 ①근심에 싸인 마음속. ¶ 애가 타다. ②몸과 마음의 수고로움. ¶ 애를 먹다. /애를 쓰다.

애(가) 터지다관용 (애를 쓴 보람이 없어서) 몹시 속이 상하다.

애[4]감 업신여기는 뜻을 나타내는 말. ¶ 애, 그놈 못쓰겠다.

애[1]명 〈옛〉 창자. ¶ 어듸셔 一聲 胡笳ᄂᆞᆫ 놈의 애를 긋ᄂᆞ니(古時調).

애[2]감 〈옛〉 아아. ¶ 애 또 王가 형님이로괴여(飜老 上*17*).

애[3]조 〈옛〉 에. ¶ 人間애 ᄂᆞ리샤(月釋*1:19*).

애(埃)수관 진(塵)의 10분의 1, 묘(渺)의 10배가 되는 수(의). 곧, 10^{-10}.

-애(愛) 접미 《일부 명사 뒤에 붙어》 '사랑'의 뜻을 나타냄. ¶ 조국애. /동포애. /전우애.

애가(哀歌) 명 ①슬픈 마음을 읊은 시가. 비가(悲歌). ②사람의 죽음을 슬퍼하는 노래. 조가(弔歌).

애각(涯角) 명 멀리 떨어져 있는 궁벽한 곳. 외지고 먼 땅.

애ː-간장(-肝腸) 명 〔'애'는 창자라는 뜻의 옛말로〕 '간장(肝腸)'을 강조하여 이르는 말. ¶ 애간장을 다 녹인다.

애간장(을) 태우다 관용 ①근심스럽거나 안타까워서 몹시 애태우다. ②몹시 애가 타게 하다.

애-갈이 명 하타 ☞애벌갈이.

애개 감 ①가벼운 뉘우침이나 가벼운 탄식을 나타내는 말. '아뿔싸'보다 좀 가벼운 말. ¶ 애개, 획이 삐뚤어졌구나! ②변변찮은 것을 보고 업신여기어 하는 말. ¶ 애개, 그걸 승용차라고.

애개개 감 '애개'를 거듭한 '애개애개'가 줄어서 된 말. ¶ 애개개, 그걸 재주라고.

애걸(哀乞) 명 하자타 애처롭게 사정하여 빎. ¶ 집에 보내 달라고 애걸하다.

애걸-복걸(哀乞伏乞) [-껄] 명 하자타 애처롭게 사정하여 굽실거리며 빌고 또 빎.

애ː견(愛犬) 명 ①하자 개를 사랑함. ②귀여워하며 기르는 개.

애경(哀慶) 명 슬픈 일과 경사스러운 일. 애경사(哀慶事).

애ː경(愛敬) 명 하타 ☞경애(敬愛).

애ː경-사(哀慶事) 명 ☞애경(哀慶).

애고 감 〈아이고〉의 준말. 큰 에구.

애고(哀苦) 명 하자 슬퍼하고 괴로워함, 또는 그런 마음.

애ː고(愛顧) 명 하타 (손아랫사람이나 상인·예능인 따위를) 아끼고 돌보아 줌. ¶ 독자 여러분의 애고를 빕니다.

애고-대고 부 하자 마구 소리를 지르며 크게 우는 모양. 큰 에구데구.

애고머니 감 〈아이고머니〉의 준말. 큰 에구머니.

애고-애고 감 상제(喪制)의 곡하는 소리.

애고-지고 부 슬피 소리 내어 우는 모양.

애곡(哀曲) 명 슬픈 곡조.

애곡(哀哭) 명 하자 소리 내어 슬피 욺.

애관(礙管) 명 전선을 꿰어서 쓰는, 절연용의 사기 대롱. 옥내 배선 때 쓰임.

애ː교(愛校) 명 하자 학교를 사랑함, 또는 그 학교.

애ː교(愛嬌) 명 남에게 호감을 주는 상냥스러운 말씨나 행동. ¶ 애교 만점이다. /애교가 있다(없다). /애교를 떨다. /애교를 부리다.

애구 감 '애고'의 잘못.

애구(隘口) 명 험하고 좁은 길목.

애ː국(愛國) 명 하자 자기 나라를 사랑함. ¶ 애국 애족.

애ː국-가(愛國歌) [-까] 명 ①나라 사랑을 일깨우고 다짐하기 위하여 온 국민이 부르는 노래. ②대한민국 국가의 이름.

애ː국-선열(愛國先烈) [-썬녈] 명 ☞순국선열.

애ː국-심(愛國心) [-씸] 명 자기 나라를 사랑하는 마음. ¶ 애국심이 투철하다.

애ː국-자(愛國者) [-짜] 명 자기 나라를 사랑하는 사람.

애ː국-지사(愛國志士) [-찌-] 명 나라를 위한 일에 자기 한 몸을 희생하여 이바지하려는 뜻을 가진 사람.

애국-채(艾菊菜) 명 ☞쑥갓.

애ː군(愛君) 명 하자 임금을 사랑함.

애굽(←埃及) 명 성경에서, '이집트'를 이르는 말.

애그리비즈니스(agribusiness) 명 ①농업 관련 사업. 농업과 그에 밀접하게 관계되는 농업 생산 자재 제조업 및 농산물 가공업 등을 통틀어 이르는 말. ②농사에만 종사하는 것이 아니라, 농산물의 가공·유통의 기능도 아울러 영위하는 개개의 농업 기업체.

애급(埃及) 명 '이집트'의 한자음 표기.

애긋다 자 〈옛〉 애끊다. ¶ 밤듕만 굵은 비소래에 애긋는 듯ᄒᆞ여라(古時調).

애긍(哀矜) 명 하타 불쌍히 여김. 비 애련(哀憐).

애긍-하다(哀矜-) 형 여 불쌍하고 가엾다. 비 애련(哀憐)하다. **애긍-히** 부.

애기 명 '아기'의 잘못.

애ː기(愛己) 명 하자 자기를 사랑함. 자신을 아끼고 소중히 함. 자애(自愛). ↔애타(愛他).

애ː기(愛妓) 명 특히 귀여워하는 기생.

애ː기(愛機) 명 애용하고 있는 기계·비행기·사진기 따위.

애기(噯氣) 명 트림.

애기-고추나물 명 물레나물과의 다년초. 들의 습지에서 나는데, 높이 15~50 cm. 줄기는 네모지고 잎은 달걀 모양이며, 잎꼭지가 없음. 7~8월에 줄기 끝이나 가지 끝에 노란 꽃이 피고 삭과(蒴果)를 맺음. 우리나라 중부 이남에 분포함.

애기-나리 명 백합과의 다년초. 산의 나무 그늘에서 나는데, 줄기 높이 15~40 cm. 잎은 긴 타원형인데 어긋맞게 나며, 잎꼭지가 없음. 4~5월에 희고 작은 여섯잎꽃이 한두 개 밑을 보고 달리며, 둥근 열매는 검게 익음.

애기-나방 명 애기나방과의 곤충. 몸길이는 1.5 cm, 편 날개의 길이 3.5 cm가량. 몸빛은 검으며 앞날개에 다섯 개의 투명한 무늬가 있음. 낮에 활동하는데, 유충은 배나무·사과나무 따위의 잎을 갉아 먹는 해충임. 우리나라·일본 등지에 분포함.

애기똥-풀 명 양귀비과의 이년초. 줄기 높이 30~80 cm이며, 5~8월에 노란 꽃이 피는데, 열매는 삭과(蒴果)임. 우리나라 전역의 마을 근처에서 나며, 상처를 내면 등황색(橙黃色) 유액(乳液)이 나오기 때문에 붙은 이름임. 약재로 쓰임.

애기-마름 명 마름과의 일년초. 연못에 나는데 줄기는 가늘고 마디마다 두세 가닥의 실 같은 뿌리가 나오며, 잎은 달걀 모양의 마름모꼴임. 여름에 잎 사이에서 나온 긴 꽃줄기 끝에 하나씩 흰 꽃이 피고, 열매는 핵과(核果)이며 먹을 수 있음. 경남과 제주도 등지에 분포함.

애기-태(-太) 명 '아기태'의 잘못.

애기-풀 명 원지과의 다년초. 산이나 들에 절로 나는데, 줄기는 뿌리에서 여러 대 나며 높이는 20 cm가량. 잎은 달걀 모양이고 어긋맞게 나며, 5월에 홍색의 잔꽃이 총상 화서로 핌. 한방에서 뿌리를 거담제로 씀. 영신초(靈神草).

애-깎이 명 조각칼의 한 가지. 속을 우묵하게 파내는 데 쓰이는 칼.

애꾸 명 ①〈애꾸눈〉의 준말. ②〈애꾸눈이〉의 준말.

애꾸-눈 명 한쪽 눈이 먼 눈. 반맹(半盲). 반소경. 준 애꾸.

애꾸눈-이 명 '한쪽 눈이 먼 사람'을 낮추어 이르는 말. 반맹. 외눈박이. 준 애꾸.

애-꿎다 [-꾿따] 형 ①아무런 잘못도 없이 어떤 일을 당하여 억울하다. ¶ 친구를 따라갔다가 애꿎게 변을 당했다. ②그 일과는 아무런 상관이 없다. 《주로, '애꿎은'의 꼴로 쓰임.》 ¶ 화를 삭이느라고 애꿎은 담배만 피워 댄다.

애ː-끊다[-끈타]자 몹시 슬퍼서 창자가 끊어질 듯하다. ¶ 애끊는 피리 소리.

애-끌명 커다란 끌. 큰끌.

애ː-끓다[-끌타]자 몹시 걱정이 되어 속이 끓는 듯하다. ¶ 자식 걱정에 애끓는 부모의 마음.

애끼찌명 활을 만드는 재료로 쓰이는 나무. 궁간목(弓幹木).

애-나무명 어린 나무.

애내(欸乃)명 뱃노래. 애내성(欸乃聲).

애내-성(欸乃聲)명 ☞애내(欸乃).

애널리스트(analyst)명 증시 분석가.

애ː-년명 〈아이년〉의 준말.

애년(艾年)명 〔머리털이 약쑥처럼 희어진다는 뜻으로〕 나이 쉰 살을 이르는 말.

애ː념(愛念)명 사랑하는 마음. 아끼고 소중히 여기는 마음.

애ː-놈명 〈아이놈〉의 준말.

애ː-늙은이명 '말이나 행동 따위를 나이가 지긋한 어른같이 하는 아이'를 이르는 말. ¶ 애늙은이 같은 말만 골라 한다.

애니멀리즘(animalism)명 도덕적 비판을 무시하고 본능적 욕망의 충족을 으뜸으로 하는 주의. 수욕주의(獸慾主義). 야수주의(野獸主義).

애니메이션(animation)명 (만화 영화와 같이) 화상(畫像)의 위치나 형태 등을 조금씩 바꾼 여러 장의 그림을 한 장면씩 촬영하여 영사하면 연속 동작이 보이도록 한 것. 동화(動畫).

애니미즘(animism)명 종교의 원초적인 형태의 한 가지. 자연계의 모든 사물에 영혼이 존재한다는 생각이나 신앙.

애ː-달다[~다니·~달아]자 마음이 쓰이어 속이 달아오르는 듯하게 되다. ¶ 애달아 어쩔 줄을 몰라 하다.

애달프다[애달프니·애달파]형 ①속이 바싹 졸아드는 것처럼 마음이 아프다. 몹시 안타깝다. ¶ 애달픈 사연. /애달픈 사랑 이야기. ②애처롭고 쓸쓸하다. ¶ 애달프게 울어 대는 소쩍새.

애달피부 애달프게.

애닯다형 '애달프다'의 잘못.

애-당초(-當初)명 '당초'의 힘줌말. ¶ 이 계획은 애당초부터 잘못된 계획이었다.

애도(哀悼)명하타 사람의 죽음을 슬퍼하고 애석해함. 애척(哀戚). ¶ 애도의 뜻을 표하다.

애도래라형 〈옛〉 애달파라. 애달프구나. ¶ 그려도 하 애도래라 가는 뜻을 닐러라(古時調).

애ː독(愛讀)명하타되자 (어떤 책이나 신문·잡지 따위를) 즐겨 읽음. ¶ 문학지를 애독하다.

애ː독-자(愛讀者)[-짜]명 (어떤 책이나 신문·잡지 따위를) 즐겨 읽는 사람.

애동대동-하다형여 매우 앳되고 젊다. ¶ 애동대동한 사나이.

애-동지(-冬至)명 ☞오동지.

애-돝[-돋]명 한 살이 된 돼지. *애돝이[-도치]·애돝을[-도틀]·애돝만[-돈-]

애드리브(ad lib)명 (연기자나 연주자가 무대에서) 각본이나 악보에 없는 대사나 음을 즉흥적으로 말하거나 연주하는 일, 또는 그러한 대사나 연주.

애드벌룬ː(adballoon)명 광고를 매달고 하늘에 띄우는 기구.

애디슨-병(Addison病)명 영국의 의사인 토머스 애디슨이 발표한 만성 질환. 부신(副腎)의 결핵, 악성 종양(腫瘍), 매독 따위가 원인이 되어 부신 피질(副腎皮質)의 기능이 뚝 떨어짐으로써 일어남. 피부의 빛깔이 검어짐.

애돌다타 〈옛〉 애달파하다. ¶ 道力올 올오디 몯호물 애ᄃᆞ라(楞解1:39).

애돌옴명 〈옛〉 애닮. ¶ 모롤 일도 하거니와 애돌옴도 그지업다(鄭澈.星山別曲).

애돏다형ㅂ 〈옛〉 애달프다. ¶ 디나간 후면 애돏다 엇디ᄒᆞ리(古時調). /애돌온 ᄆᆞ숨(金三3:55).

애-띠다형 '앳되다'의 잘못.

애락(哀樂)명 슬픔과 즐거움. ¶ 희로(喜怒)애락.

애련(哀憐)명하타 애처롭고 가엾게 여김. 비애긍(哀矜).

애련(哀戀)명 슬픈 사랑. 이루지 못하는 사랑.

애ː련(愛憐)명하타 (약한 이, 불행한 처지에 있는 이를) 가엾이 여겨 따뜻한 정을 베풂.

애ː련(愛戀)명하타 사랑하여 그리워함.

애련-하다(哀憐-)형여 애처롭고 가엾다. ¶ 비에 젖은 참새의 모습이 애련하다. 비애긍(哀矜)하다. **애련-히**부.

애로(隘路)명 ①좁아서 다니기에 힘든 길. ②일을 진행해 나가는 데 장애가 되는 점. ¶ 애로 사항이 많다.

애ː린(愛隣)명하자 이웃을 사랑함.

애ː린-여기(愛隣如己)[-녀-]명하자 이웃을 아끼기를 자기 몸을 아끼듯 함.

애ː림(愛林)명하자 산림을 애호(愛護)함. ¶ 애림 사상을 고취하다.

애ː마(愛馬)명 아끼고 사랑하는 말.

애막명 〈옛〉 움집. ¶ 애막 日窩鋪(訓蒙中9).

애ː매(曖昧)명하형 (이것인지 저것인지) 분명하지 못함. ¶ 태도가 애매하다. **애매-히**부.

애ː매-모호(曖昧模糊)명하형 분명하지 아니하고 희미함. ¶ 증언의 내용이 애매모호하다.

애-매미명 매밋과의 곤충. 몸길이 3 cm가량. 몸빛은 암록색 바탕에 검은 무늬가 있고, 금빛의 잔털이 많이 나 있음. 8~10월에 나타나는데 유충은 몇 년 동안을 땅속에서 지냄. 우리나라를 비롯한 동부 아시아에 분포함.

애ː매-설(曖昧說)명 언어란 애매한 것이어서 작가의 깊은 사상이나 복잡한 감정을 표현할 수가 없다고 주장하는 학설. 〔19세기 프랑스의 탐미파 작가들의 주장.〕

애ː매-하다형여 (아무 잘못도 없이) 누명을 쓰거나 책망을 듣게 되어 억울하다. ¶ 애매한 사람을 잡아가다. 준앰하다. **애매-히**부.

애ː-먹다[-따]자 힘겹도록 어려움을 겪다. 애를 먹다. ¶ 일을 처리하느라 애먹었다.

애ː먹-이다타 〖'애먹다'의 사동〗 애먹게 하다. ¶ 아이가 말썽을 부려 부모를 애먹이다.

애ː먼관 ①엉뚱하게 딴. ¶ 애먼 사람을 붙잡고 하소연하다. ②애매하게 딴. ¶ 어쩌다가 애먼 죄를 뒤집어쓰게 되었다.

애면-글면부하자 힘에 겨운 일을 이루려고 온 힘을 다하는 모양. ¶ 혼잣손으로 많은 식구의 바라지에 애면글면 애쓰다.

애모(哀慕)명하타 죽은 이를 슬퍼하고 그 생전을 그리워함. ¶ 고인을 애모하다.

애ː모(愛慕)명하타 사랑하고 사모함. ¶ 스승에게 애모의 정을 품다.

애ː무(愛撫)명하타 주로 이성을 사랑하여 어루만짐.

애ː-물(-物)명 ①몹시 속을 태우는 물건이나 사람. ¶ 하나밖에 없는 자식이 일만 저지르고 다니는 애물인데 무슨 낙이 있겠는가? ②어린 나이에, 부모보다 먼저 죽은 자식. 낮애물단지.

애:물(愛物)명 사랑하여 아끼는 물건.
애:물-단지(-物-)[-딴-]명 〈애물〉의 낮춤말.
애민(哀愍)명하타 불쌍히 여김. 딱하게 여김.
애:민(愛民)명하자 (임금이) 백성을 사랑함.
애민-하다(哀愍-)형여 불쌍하고 가엾다.
애-바르다[~바르니·~발라]형르 이익을 좇아 덤벼드는 데 발밭다. ¶ 보기보다는 무척 애바른 데가 있다.
애-바리명 '애바른 사람'을 얕잡아 이르는 말.
애버레이션(aberration)명 정신 이상.
애버리지(average)명 볼링에서, 한 게임당 평균 득점.
애-벌명 (같은 일을 여러 차례 거듭해야 할 때의) 첫 번째 차례. 초벌.
애벌-갈이명하타 논이나 밭을 첫 번째 가는 일. 애갈이. 초경(初耕).
애벌-구이명하타 ☞설구이.
애벌-김명 (논이나 밭의) 첫 번째 김매기.
애벌-논[-론]명 애벌 맨 논.
애:-벌레명 알에서 깨어나 번데기로 되기까지의 벌레. 새끼벌레. 유충. 자충(仔蟲). ↔어른벌레.
애벌-방아명 첫 번째로 대강 찧는 방아.
애벌-빨래명하타 처음에 대충 빠는 빨래.
애벌-칠(-漆)명 칠을 할 때 처음에 하는 칠. ¶ 토분(土粉)으로 애벌칠을 하고 니스를 칠하다.
애별(哀別)명하자 ①이별을 슬퍼함. ②슬프게 이별함, 또는 그 이별.
애:별(愛別)명하자 사랑하는 사람과 이별함.
애:별리고(愛別離苦)명 불교에서의 팔고(八苦)의 하나. 부모·형제·처자·애인 등과 생별(生別) 또는 사별(死別)하는 고통.
애:부(愛夫)명 기생이나 작부 따위가 남몰래 정을 주는 남자.
애비명 '아비'의 잘못.
애비(崖碑)명 암벽(岩壁)의 면을 갈고 비문(碑文)을 새긴 것.
애:비(愛婢)명 (상전의) 사랑하는 여자 종.
애사(哀史)명 (개인의 일생이나 한 나라의 흥망 등에 얽힌) 슬픈 역사. 슬픈 역사 이야기. ¶ 단종 애사./유랑 극단의 애사.
애사(哀詞)명 죽은 이를 애도하는 글.
애:사(愛社)명하자 (몸담고 있는) 회사를 제 것처럼 아끼고 사랑함. ¶ 애사 정신.
애:사-심(愛社心)명 (몸담고 있는) 회사를 아끼고 사랑하는 마음.
애산(礙產)명 아기의 어깨가 걸려서 잘 나오지 않는, 몹시 힘이 드는 해산.
애살-스럽다[-따][~스러우니·~스러워]형ㅂ 보기에 군색하고 애바른 데가 있다. **애살스레**부.
애상(哀喪)명하자 상사(喪事)를 슬퍼함.
애상(哀想)명 슬픈 생각. ¶ 애상에 잠기다.
애상(哀傷)명하자 ①죽은 이를 생각하여 마음이 몹시 상함. ②몹시 슬퍼하고 가슴 아파함. ¶ 애상하여 눈물을 흘리다.
애:상(愛賞)명하타되자 (자연의 풍경이나 예술 작품 따위를) 즐기며 칭찬함. ¶ 설악산의 절경을 애상하는 글을 짓다.
애새(阨塞)[-쌔]명 견고한 요새(要塞). 지세가 험하여 적을 막기 좋은 땅.
애:-새끼명 〈자식(子息)〉의 속된 말.
애:서(愛壻)명 아끼는 사위.
애석(艾石)명 화강암의 한 가지. 검푸른 잔 점이 많으며, 질이 단단하여 건축 재료로 많이 쓰임. 쑥돌.
애석(哀惜)명하형 슬프고 아까움. ¶ 사랑하는 사람을 여읜 애석한 마음. **애석-히**부.
애:-성이명 분하거나 성이 나서 몹시 애를 태우는 일, 또는 그런 감정.
애셔조 〈옛〉①보다. ¶ 福이 바ᄅ래셔 깁도다(金三3:53). ②에서. ¶ 또 虛空애셔(月釋1:40).
애소(哀訴)명하타 애절하게 하소연함. ¶ 살려 달라고 애소하다.
애:손(愛孫)명 사랑하는 손자.
애-솔명 어린 소나무. 애송.
애솔-밭[-받]명 애솔이 빽빽이 들어선 땅. 애송밭. *애솔밭이[-바치]·애솔밭을[-바틀]·애솔밭만[-반-]
애-송(-松)명 ☞애솔.
애:송(愛誦)명하타되자 (시나 노래 따위를) 즐겨 읊거나 외거나 노래 부름. ¶ 김소월의 시들을 애송하다.
애송-밭(-松-)[-받]명 ☞애솔밭. *애송밭이[-바치]·애송밭을[-바틀]·애송밭만[-반-]
애-송아지명 어린 송아지.
애-송이명 애티가 있어 어려 보이는 사람 또는 생물. ¶ 학교를 갓 나온 애송이.
애송이-판명 애송이들이 득실거리는 판.
애수(哀愁)명 (마음속으로 스며드는 것 같은) 슬픈 시름. ¶ 애수를 자아내다./애수에 잠기다./애수에 젖은 나그네.
애-순(-筍)명 (나무나 풀의) 새로 나오는 어린 싹. 어린순.
애시-당초(-當初)명 '애당초'의 잘못.
애:식(愛息)명 사랑하는 자식. 〔보통 남의 자식에 대하여 이름.〕 ¶ 이 학생은 박 선생님의 애식이지요.
애:심(愛心)명 ①사람이나 사물을 아끼고 사랑하는 마음. ②애욕에 사로잡히는 마음.
애:-쓰다[~쓰니·~써]자 (어떤 일에) 마음과 정성을 다하여 힘쓰다. ¶ 어린이 교육에 애쓰시는 선생님.
애:씌우다[-씨-]타 〖'애쓰다'의 사동〗 애를 쓰게 하다.
애:아(愛兒)명 사랑하는 어린 자식. 참애식(愛息)·애자(愛子).
애안(涯岸)명 ①물가. ②끝. 경계. 애제(涯際).
애:안(愛眼)명 부처의 자비스러운 눈.
애안(礙眼)명하자 눈에 거슬림.
애애(哀哀) '애애(哀哀)하다'의 어근.
애애(皚皚) '애애(皚皚)하다'의 어근.
애애(藹藹) '애애(藹藹)하다'의 어근.
애애(靄靄) '애애(靄靄)하다'의 어근.
애애-하다(哀哀-)형여 몹시 슬프다. 슬프디슬프다. **애애-히**부.
애애-하다(皚皚-)형여 (서리나 눈이 내려) 일대(一帶)가 모두 희다. ¶ 백설이 애애한 들판. **애애-히**부.
애애-하다(藹藹-)형여 ①초목이 무성하다. ②달빛이 희미하다. ③온화하다. **애애-히**부.
애애-하다(靄靄-)형여 ①안개가 자욱이 끼어 있다. ②부드럽고 포근한 분위기에 싸여 있다. ¶ 봄기운이 애애하다. **애애-히**부.
애야ᄅ시부 〈옛〉겨우. 애오라지. ¶ ᄆᆞᅀᆞᆷ 므른 애야ᄅ시 너덧 자혼 깁고(杜初7:22).
애:-어른명 '말이나 행동 따위를 어른같이 하는 아이'를 이르는 말.
애역(呃逆)명하자 딸꾹질.
애연(哀然) '애연(哀然)하다'의 어근.
애:연(愛煙)명하자 담배를 즐겨 피움.

애연(藹然) '애연(藹然)하다'의 어근.
애ː연-가(愛煙家)명 담배를 즐겨 피우는 사람.
애연-하다(哀然-)형여 슬픈 기분을 자아내는 느낌이 있다. **애연-히**부.
애연-하다(藹然-)형여 화기롭고 온화하다. **애연-히**부.
애열(哀咽)명하자 슬퍼서 목이 멤. 흐느껴 욺.
애ː열(愛悅)명하타 사랑하고 기뻐함.
애ː염(愛染)명하타 ☞애집(愛執).
애ː염-명왕(愛染明王)명 불법(佛法)을 지키는 명왕의 하나. 몸은 붉고, 눈이 셋, 팔이 여섯이며, 머리에는 사자 모양의 관을 썼음.
애엽(艾葉)명 약쑥의 잎.
애오라지부 ①'겨우'를 강조하여 이르는 말. ¶ 내가 가진 돈은 애오라지 천 원뿐이다. ②'오로지'를 강조하여 이르는 말. ¶ 애오라지 자식을 생각하는 부모 마음.
애옥-살림[-쌀-]명하자 ☞애옥살이.
애옥-살이[-싸리]명하자 가난에 쪼들리는 고생스러운 살림살이. 애옥살림.
애옥-하다[-오카-]형여 살림이 몹시 구차하다.
애와텨ᄒᆞ다자 〈옛〉분해하다. 슬퍼하다. 한탄하다. ¶ 霜露애 애와텨 더욱 슬허ᄒᆞ노라(月釋序*16*).
애와티다자 〈옛〉애타다. 한탄하다. ¶ 이 내의 날로 애와티논 이리라(內訓 序*6*).
애ː완(愛玩)명하타 (작은 동물이나 공예품 따위를) 가까이 두고 보거나 만지며 즐김. ¶ 이 강아지는 애완을 목적으로 산 것이다.
애ː완-견(愛玩犬)명 애완용으로 기르는 개.
애ː완-구(愛玩具)명 장난감.
애ː완-동물(愛玩動物)명 가까이 두고 귀여워하며 기르는 동물.
애ː완-물(愛玩物)명 (공예품 등) 가까이 두고 보거나 만지며 즐기는 물건.
애ː완-용(愛玩用)[-뇽]명 좋아하여 가까이 두고 보살피거나 즐기기 위한 것. ¶ 애완용 고양이.
애왇브다형 〈옛〉애달프다. ¶ 南녀귓 한아비 애왇븐 ᄆᆞᄉᆞ몰 비릇 펴도다(杜初*20:44*). /섫고 애왇븐 ᄠᅳ들 머거(釋譜*6:5*).
애ː욕(愛慾)명 ①불교에서, 욕망에 마음이 사로잡히는 일을 이름. ②이성(異性)에 집착하는 성적인 욕망. ¶ 애욕에 휘말리다.
애ː용(愛用)명하타되자 (어떤 물건을) 즐겨 사용함. ¶ 애용하던 만년필을 잃어버렸다.
애운-하다형여 '섭섭하다'의 잘못.
애원(哀怨)명하타 애절히 원망함.
애원(哀願)명하타 통사정을 하며 애절히 바람. ¶ 살려 달라고 애원하다. 비탄원(歎願).
애원-성(哀怨聲)명 애절히 원망하는 소리.
애원-조(哀願調)[-쪼]명 애처롭게 사정하여 간절히 바라는 말투. ¶ 애원조로 말하다.
애ː육(愛育)명하타 귀여워하며 소중히 기름. 사랑하며 기름.
애음(哀音)명 슬픈 소리.
애ː음(愛吟)명하타 어떤 시가(詩歌)를 즐겨 읊음, 또는 그 시가. ¶ 자작시를 애음하다.
애ː음(愛飮)명하타 (술이나 차 따위를) 즐겨 마심.
애읍(哀泣)명하자 슬피 욺.
애이불비(哀而不悲)명 ①하자슬프기는 하나 겉으로 슬픔을 나타내지 않음. ②하형슬프기는 하나 비참하지는 않음.
애인(艾人)명 애년(艾年)인 사람, 곧 나이 쉰 살이 된 사람을 이르는 말.
애ː인(愛人)명 ①(이성 간의) 사랑하는 사람. ¶ 애인을 구하다. 비연인(戀人). ②하자 남을 사랑함.
애ː인여기(愛人如己)[-녀-]명하자 남을 자기 몸같이 아끼고 사랑함.
애인이목(礙人耳目)명하자 남의 이목을 꺼림, 또는 남의 눈에 뜨이는 것을 피함.
애ː인휼민(愛人恤民)명 사람을 소중히 여기고 가난한 백성을 불쌍히 여기어 도움.
애잇-기름[-이끼-/-읻끼-]명 애벌로 짠 기름.
애잇-닦기[-이딱끼/-읻딱끼]명하타 애벌로 닦는 일.
애-잎[-입]명 어린잎. ¶ 원추리의 애잎을 삶아 무친 나물. *애잎이[-이피]·애잎만[-임-]
애자(哀子)대 어머니를 여읜 상제가 자기를 일컫는 말. 참고애자(孤哀子)·고자(孤子).
애ː자(愛子)명하자 사랑하는 아들, 또는 아들을 사랑함. 참애식(愛息)·애아(愛兒).
애자(礙子)명 전주(電柱) 따위에 고정시켜 전선을 매기 위해서 쓰는, 사기나 플라스틱 따위로 만든 절연 기구.
애자지원(睚眥之怨)명 〔한번 슬쩍 흘겨보는 정도의 원망이란 뜻으로〕 아주 작은 원망.
애ː자지정(愛子之情)명 (부모로서) 자식을 사랑하는 정.
애잔-하다형여 ①아주 가냘프고 약하다. ¶ 산길의 길섶에 애잔하게 핀 오랑캐꽃. ②애처롭고 애틋하다. **애잔-히**부.
애ː장(愛藏)명하타 소중히 간수함. ¶ 대대로 애장해 온 귀중한 책.
애재(哀哉)감 〔한문 투로〕 '슬프도다'의 뜻. ¶ 오호(嗚呼) 애재라.
애-저(-豬·-猪)명 고기로 쓰기 위한 어린 돼지. 아저(兒豬).
애절(哀切)'애절하다'의 어근.
애절-하다(哀切-)형여 몹시 애처롭고 슬프다. ¶ 애절한 사연. **애절-히**부.
애-젊다[-점따]형 앳되게 젊다.
애-젊은이명 앳되게 젊은 사람.
애정(哀情)명 슬프게 여기는 마음. 슬픈 마음.
애ː정(愛情)명 ①사랑하는 정. 사랑하고 귀여워하는 마음. ¶ 자식에 대한 애정. /애정을 쏟다. /애정 어린 손길. ②이성을 그리워하여 끌리는 마음. 사랑. 연정(戀情). ¶ 애정을 고백하다.
애제(涯際)명 ☞애안(涯岸).
애ː-제자(愛弟子)명 특별히 아끼고 사랑하는 제자.
애조(哀調)명 ①슬픈 가락. ②시가(詩歌)나 음악 따위에 표현된 슬픈 느낌. ¶ 애조를 띠다.
애ː조(愛鳥)명하자 새를 귀여워함, 또는 귀여워하는 새.
애ː족(愛族)명하자 겨레를 사랑함. ¶ 애국 애족.
애ː주(愛酒)명하자 술을 좋아함. 술을 즐겨 마심.
애ː주-가(愛酒家)명 술을 즐기고 좋아하는 사람.
애ː중(愛重)명하타 사랑하여 소중히 함.
애ː증(愛憎)명 사랑과 미움. 증애(憎愛).
애ː증후박(愛憎厚薄)명 사랑과 미움 그리고 후함과 박함.
애ː지중지(愛之重之)명하타 매우 사랑하고 소중히 여김. ¶ 외아들을 애지중지하다.
애ː집(愛執)명하타 불교에서, 욕망에 사로잡혀 헤어나지 못하는 일. 애염(愛染). 애착(愛着).
애ː차(愛車)명 자기가 소중히 하는 자동차.

애ː착(愛着)명 ①하자아끼고 사랑하는 대상에 정이 붙어 그것과 떨어질 수 없음, 또는 그런 마음. ¶ 애착이 가다. /애착을 느끼다. /직장에 대한 애착이 강하다. ②하타☞애집(愛執).
애ː착-생사(愛着生死)[-쌩-]명 불교에서, 괴로움이 많은 이 세상의 덧없음을 깨닫지 못하고, 생사를 되풀이하는 이 세상에 집착하는 일을 이름.
애ː착-심(愛着心)[-씸]명 무엇에 애착하여 떨어질 수 없는 마음. ¶ 자식에 대한 애착심.
애ː찬(愛餐)명 초기 기독교인들이 성찬식이 끝난 뒤 음식을 함께 먹던 잔치.
애찬-성(礙竄性)[-썽]명 물리학에서, 두 물체가 동시에 같은 곳을 차지할 수 없는 성질을 이름. 거성(拒性). 불가입성(不可入性).
애ː창(愛唱)명하타되자 어떤 노래를 즐겨 부름. ¶ 슈베르트의 가곡을 애창하다.
애ː창-곡(愛唱曲)명 ①즐겨 부르는 노래. ②많은 사람에게 널리 불리는 노래.
애채명 나무의 새로 돋은 가지.
애책-문(哀册文)[-챙-]명 왕이나 왕비의 죽음을 애도하는 글. 〔그 시신을 빈전(殯殿)으로 옮길 때에 읽음.〕
애ː처(愛妻)명 ①사랑하는 아내. ②하자아내를 사랑함, 또는 소중히 여김.
애ː처-가(愛妻家)명 아내를 각별히 사랑하는 사람. 아내를 몹시 소중히 여기는 사람.
애처-롭다[-따][~로우니·~로워]형ㅂ 슬픈 느낌이 들도록 불쌍하다. ¶ 애처롭게 울다. /애처롭게 보이다. **애처로이**부.
애척(哀戚)명하타 ☞애도(哀悼).
애ː첩(愛妾)명 사랑하여 아끼는 첩.
애ː청(愛聽)명하타 (음악이나 방송 따위를) 즐겨 들음. ¶ 라디오 방송극을 애청하다.
애초(-初)명 맨 처음. 당초(當初). ¶ 애초부터 일이 빗나가기 시작했다.
애ː-총(-塚)명 ☞아총(兒塚).
애추(崖錐)명 벼랑이나 급경사면으로부터 풍화된 암석이 무너져 내려 반원추(半圓錐) 모양으로 쌓인 것.
애ː친(愛親)명하자 어버이를 사랑으로 섬김.
애ː친-경장(愛親敬長)명하자 어버이를 사랑하고 어른을 공경함.
애ː칭(愛稱)명 (본이름 외에) 친근한 정을 곁들여 부르는 이름.
애퀄렁(aqualung)명 〔'물속의 폐(肺)'의 뜻〕 잠수용의 호흡 기구. 등에 지는 압축 공기의 탱크와 얼굴에 쓰는 마스크를 호스로 연결한 것.
애ː타(愛他)명하자 남을 사랑함. 타애. ¶ 애타 정신. ↔애기(愛己).
애ː-타다자 〔속이 탈 것같이〕 몹시 걱정이 되다. ¶ 백혈병 환자가 골수 기증자를 애타게 기다리고 있다. /합격 통지를 애타게 기다리다.
애ː타-심(愛他心)명 남을 사랑하고 소중히 여기는 마음.
애ː타-주의(愛他主義)[-의/-이]명 윤리학에서, 다른 사람의 행복의 증진을 도덕적 행위의 표준으로 하는 주의. 앨트루이즘. 이타주의(利他主義). 타애주의. ↔이기주의(利己主義).
애ː태우다타 〖'애타다'의 사동〗 애타게 하다. ¶ 애태운 보람도 없이 그만 지고 말았다.
애통(哀痛)명하자 몹시 슬퍼함.
애통-하다(哀痛-)형여 몹시 애달프고 슬프다. ¶ 교통사고로 식구를 모두 잃었으니 얼마나 애통한 노릇인가. **애통-히**부.
애틋-하다[-트타-]형여 ①애가 타는 듯하다. ¶ 소녀의 편지에는 애틋한 사연이 담겨 있다. ②아쉽고 섭섭하다. ¶ 오누이의 애틋한 작별. ③은근히 정을 끄는 느낌이 있다. ¶ 애틋한 정. **애틋-이**부.
애ː-티명 앳된 모양. ¶ 애티가 나는 얼굴.
애틱-식(Attic式)명 고대 그리스의 아티카(Attica) 지방에서 발달한 건축 양식.
애퍼크로매틱^렌즈(apochromatic lens)명 색수차(色收差)를 없앤 렌즈. 천체 망원경·현미경 따위에 주로 쓰임.
애프터^리코딩(after recording)명 영화에서, 촬영이 끝난 후에 화면에 맞추어 대사·음악·효과음 따위를 녹음하는 일, 또는 그런 방법. ↔프리리코딩.
애프터-서ː비스(after+service)명 업자가 상품을 판 뒤에도, 일정 기간 그 물건을 보증하여 수리 따위의 편의를 보아 주는 일.
애프터케어(aftercare)명 회복기의 환자에게, 그 후의 생활 방법을 지도하여 건강의 회복을 꾀하는 일.
애플-파이(apple pie)명 사과를 넣어 만든 파이.
애피타이저(appetizer)명 식욕을 돋우기 위하여 식전에 먹는 음료나 요리. 참디저트.
애해감 기막힌 일이나 가소로운 일을 볼 때에 내는 소리. ¶ 애해, 이런 변이 있나! 큰에헤.
애햄감 점잔을 빼거나 '내가 여기 있다'는 것을 알리기 위하여 크게 한 번 헛기침하는 소리. ¶ 애햄, 거기 누구 없느냐? 큰에헴.
애ː향(愛鄕)명하자 자기의 고향을 아끼고 사랑함.
애ː향-심(愛鄕心)명 고향을 아끼고 사랑하는 마음. 고향을 위해 이바지하려는 마음.
애호(艾蒿)명 ☞산쑥.
애호(哀號)명하자 슬피 울부짖음.
애ː호(愛好)명하타 (특히, 취미를 위하여) 어떤 사물을 사랑하고 즐김. ¶ 동물을 애호하다.
애ː호(愛護)명하타 아끼고 소중히 다루며 보호함. ¶ 문화재 애호.
애ː호-가(愛好家)명 어떤 사물을 몹시 좋아하는 사람. ¶ 도자기 애호가. /음악 애호가.
애-호리병벌(-葫-甁-)명 호리병벌과의 곤충. 암컷의 몸길이 1.8 cm가량. 몸빛은 검고 여기저기 노란 무늬가 있음. 진흙으로 호리병 모양의 집을 짓고 삶. 우리나라·일본 등지에 분포함. 조롱벌.
애-호박명 덜 큰 어린 호박.
애호-체읍(哀號涕泣)명하자 슬피 울부짖고 눈물을 흘리며 욺.
애화(哀話)명 슬프고 가엾은 이야기. 비화(悲話). ¶ 부여의 낙화암에 얽힌 애화는 유명하다.
애환(哀歡)명 슬픔과 기쁨. 희비(喜悲). ¶ 이웃과 애환을 함께하다.
애휼(哀恤)명하타 불쌍히 여기어 은혜를 베풂.
애ː희(愛戲)[-히]명 사랑의 희롱.
액감 먹은 것을 토할 때 내는 소리.
액(厄)명 모질고 사나운 운수. ¶ 액을 막다. /액을 때우다.
액(液)명 ①(물이나 기름 따위와 같이) 흘러 움직이는 물질. ¶ 나무의 액. ②《일부 명사 뒤에 붙어》 '액체'의 뜻을 나타내는 말. ¶ 냉각액. /수정액.
액(額)명 〈편액(扁額)〉의 준말.
-액(額)접미 《일부 명사 뒤에 붙어》 금액을 나타냄. -고(高). ¶ 산출액. /생산액. /예산액.

액각(額角)[-깍]명 일부 하등 동물의 이마 부분에 뿔 모양으로 쑥 내민 것.
액과(液果)[-꽈]명 과피가 육질이고 즙액이 많은 과일을 통틀어 이르는 말. 〔포도·귤 따위.〕 ↔건과(乾果)·건조과(乾燥果).
액구(隘口)명 '애구(隘口)'의 잘못.
액기(腋氣)[-끼]명 ☞암내2.
액내(額內)[앵-]명 ①일정한 인원·수량·금액의 범위 안. ②한집안 사람. ③한패에 드는 사람. ↔액외(額外).
액년(厄年)[앵-]명 운수가 사나운 해. 겁년(劫年).
액-달(厄-)[-딸]명 운수가 사나운 달. 액월.
액-때우다(厄-)자 액땜을 하다.
액때움(厄-)명하자 〈액땜〉의 본딧말.
액땜(厄-)명하자 앞으로 당할 큰 액운(厄運)을 대신하여, 미리 다른 가벼운 고난을 겪어 때우는 일. 본액때움.
액란(液卵)[앵난]명 껍데기를 깨뜨려 쏟아 놓은 알.
액랭^기관(液冷機關)[앵냉-]명 수랭식의 냉각수 대신, 끓는점이 높은 에틸렌글리콜 용액 따위를 사용한 기관. 항공기용 엔진으로 쓰임.
액량(液量)[앵냥]명 액체의 양. ↔건량(乾量).
액례(掖隸)[앵녜]명 조선 시대에, 액정서(掖庭署)에 딸렸던 이원(吏員)과 하례(下隸).
액-막이(厄-)[앵-]명하자 앞으로 닥칠 액운을 미리 막는 일.
액막이-굿(厄-)[앵-굳]명하자 그해의 액운을 예방하기 위하여 정초에 하는 굿. *액막이굿이[앵-구시]·액막이굿만[앵-군-]
액막이-연(厄-鳶)[앵-]명 그해의 액운을 멀리 날려 보낸다는 뜻으로, 음력 정월 열나흗날에 띄워 보내는 연.
액막이-옷(厄-)[앵-옫]명 음력 정월 대보름날에 그해의 액막이로 버리는 옷. *액막이옷이[앵-오시]·액막이옷만[앵-온-]
액면(液面)[앵-]명 액체의 표면.
액면(額面)[앵-]명 ①채권·증권·화폐 등의 권면(券面). ②〈액면 가격〉의 준말. ③'말이나 글의 표현된 그대로의 것'을 비유하여 이르는 말. ¶ 그의 말을 액면 그대로 믿었다가는 낭패하기 십상이다.
액면-가(額面價)[앵-까]명 ☞액면 가격.
액면^가격(額面價格)[앵-까-]명 유가 증권이나 화폐의 표면에 적힌 금액. 액면가(額面價). ¶ 금년 배당률은 액면 가격의 25%이다. 준액면.
액면^동가(額面同價)[앵-까]명 유가 증권 및 화폐의 권면에 적힌 그대로의 가치.
액면-주(額面株)[앵-]명 액면 가격이 적혀 있는 주식. 금액주(金額株). ↔무액면주.
액모(腋毛)[앵-]명 겨드랑이에 난 털.
액비(液肥)[-삐]명 물거름.
액사(縊死)[-싸]명하자 (스스로) 목을 매어 죽음. 본의사(縊死).
액살(縊殺)[-쌀]명하타 (남을) 목을 죄어 죽임. 교살(絞殺). 본의살(縊殺).
액상(液狀)[-쌍]명 액체의 상태. 액체 모양.
액상(液相)[-쌍]명 (물질이) 액체로 된 상태. 액태(液態). 참고상(固相)·기상(氣相)2.
액상^결정(液狀結晶)[-쌍-쩡]명 ☞액정(液晶).
액색(阨塞)[-쌕]명하형 운수가 막히어 생활이나 행색 따위가 군색함. **액색-히**부.
액생(腋生)[-쌩]명하자 식물의 잎겨드랑이에서 싹이 나거나 꽃이 핌. 〔특히, 종자식물에서 볼 수 있음.〕
액세서리(accessory)명 ①의복의 장식이 되는 부속품. 〔귀고리·브로치·핸드백 따위.〕 ¶ 옷깃에 액세서리를 달다. ②기구(器具) 따위의 부속품. ¶ 카메라의 액세서리.
액세스(access)명 컴퓨터에서, 기억 장치에서 정보나 파일을 호출하거나 폐기·갱신·추가하는 일. 일정한 차례에 따라 처리하는 방식과 무작위로 처리하는 방식이 있음.
액세스^타임(access time)명 컴퓨터 처리 능력의 고속화 수준을 결정하는 조건으로 기억 장치나 주변 기기에 데이터의 어드레스를 지정한 다음, 액세스가 가능하기까지 걸리는 시간.
액센트(accent)명 '악센트'의 잘못.
액셀(←accelerator)명 〈액셀러레이터〉의 준말.
액셀러레이터(accelerator)명 자동차의 가속 장치. 이 장치의 페달을 밟으면 엔진의 출력이 높아짐. 가속 페달. 준액셀.
액션(action) 〔'활동'·'행동'·'동작'의 뜻으로〕
Ⅰ명 배우의 연기, 특히 동작이 격렬한 연기 또는 장면. ¶ 액션 연기가 출중한 배우.
Ⅱ감 영화감독 등이 배우에게 연기를 시작하라는 뜻으로 외치는 소리.
액션^페인팅(action painting)명 제2차 세계 대전 후 뉴욕을 중심으로 일어난 전위적 회화 운동. 묘사된 결과보다는 작품을 제작하는 행위를 중요시하며, 그림물감·페인트를 뿌리거나 떨어뜨려서 화면을 구성함.
액수(額數)[-쑤]명 돈의 머릿수. 금액. ¶ 상당한 액수의 장학금. /액수가 모자란다.
액신(厄神)[-씬]명 재앙을 가져온다고 하는 나쁜 귀신.
액아(腋芽)명 ☞곁눈2.
액엄(額掩)명 ☞아얌.
액와(腋窩)명 겨드랑이.
액완(扼腕·搤腕)명하타 (분하거나 원통하거나 하여) 팔짓을 함.
액외(額外)[애괴/애궤]명 ①일정한 인원·수량·금액 따위의 범위 밖. ②한집안이 아닌 사람. ③한패에 들지 않는 사람. ↔액내(額內).
액운(厄運)명 재난을 당할 운수. ¶ 액운을 피하다.
액월(厄月)명 ☞액달.
액자(額子)[-짜]명 그림·글씨·사진 따위를 넣어 벽에 걸기 위한 틀. 액틀. ¶ 사진 액자.
액자(額字)[-짜]명 현판에 쓴 큰 글자.
액자^소ː설(額子小說)[-짜-]명 이야기 속에 이야기가 나오는 소설. 〔그 구조가 액자 모양과 같다고 하여 붙은 이름임.〕
액정(掖庭)[-쩡]명 ☞액정국.
액정(液晶)[-쩡]명 액체와 고체의 중간적인 상태에 있는 유기 물질. 액체와 같은 유동성을 가지면서, 복굴절(複屈折)을 보이는 등 광학적인 점에서는 결정과 비슷함. 전자계산기의 평면 표시 장치나 텔레비전 화면 등에 이용되고 있음. 액상 결정.
액정-국(掖庭局)[-쩡-]명 고려 시대의 관청. 왕명의 전달, 정원의 관리, 임금이 쓰는 지필묵(紙筆墨)의 조달 등을 맡아보았음. 액정(掖庭).
액정-서(掖庭署)[-쩡-]명 조선 시대의 관청. 왕명의 전달, 정원의 관리, 임금이 쓰는 지필묵(紙筆墨)의 조달 등을 맡아보았음.
액즙(液汁)[-쯥]명 ☞즙(汁).
액체(液體)명 (물이나 기름처럼) 일정한 부피는 있으나 일정한 모양이 없이, 그릇의 모양에 따라 유동하고 변형하는 물질. 열을 가하면 기체가 되고, 차게 하면 고체가 됨.

액체^공기(液體空氣)명 공기를 압축·냉각해서 액화한 것. 액체 질소와 액체 산소의 혼합물로, 약간 푸른빛을 띰. 공기액.
액체^배ː양(液體培養)명 매우 작은 동물이나 식물을 액체 모양의 배양기 속에서 배양하는 일.
액체^산소(液體酸素)명 산소를 압축·냉각하여 액화한 것. 산소 용접이나 산소 흡입용으로 쓰임.
액체^아ː황산(液體亞黃酸)명 아황산가스를 압축·냉각하여 액화한 것.
액체^암모니아(液體ammonia)명 암모니아를 액화한 것. 물질의 물리 상수(物理常數)의 측정 외에, 용매·냉동 한제·비료 등에 쓰임.
액체^압력(液體壓力)[-암녁]명 액체 내의 중력으로 생기는 압력.
액체^연료(液體燃料)[-열-]명 연료로 쓰이는 액체를 통틀어 이르는 말. 〔휘발유·등유·중유·알코올 따위.〕
액체^염소(液體塩素)명 염소를 액화한 것. 상하수도의 살균이나 산화제·표백제 등의 제조에 쓰임.
액체^온도계(液體溫度計)[-계/-게]명 온도의 변화에 따른 액체의 부피 변화를 이용한 온도계. 〔알코올 온도계·수은 온도계 따위.〕
액체^탄ː소(液體炭素)명 탄산가스를 압축하여 액화한 것.
액체-화(液體化)명하자타 ☞액화(液化).
액출(腋出)명하자 (잎이나 꽃자루 따위가) 잎겨드랑이에서 돋음.
액취(腋臭)명 ☞암내[2].
액취-증(腋臭症)[-쯩]명 아포크린샘의 기능이 높아져 겨드랑이의 땀이 암내를 풍기는 병.
액태(液態)명 액체의 상태. 액상(液相).
액-틀(額-)명 ☞액자(額子).
액포(液胞)명 ☞공포(空胞).
액한(腋汗)[애칸]명 ☞곁땀.
액화(厄禍)[애콰]명 ☞재화(災禍). 재난(災難).
액화(液化)[애콰]명하자타되자 기체가 냉각되거나 압축되거나 하여 액체가 됨, 또는 기체를 액체가 되게 함. 고체가 녹아서 액체가 되는 것을 뜻하는 경우도 있음. 액체화.
액화^석유^가스(液化石油gas)[애콰-]명 석유화학 공업에서 이차적으로 얻어지는 프로판이나 부탄 등을 액화한 것. 엘피 가스. 엘피지.
액화-열(液化熱)[애콰-]명 기체가 액체 상태로 변할 때 밖으로 내놓는 열.
액회(厄會)[애쾨/애퀘]명 (재앙이 닥치는) 불행한 고비.
앤생이명 '몸이 약한 사람, 또는 보잘것없는 물건'을 얕잡아 이르는 말.
앤솔러지(anthology)명 (일정한 기준에 따라 선정된) 시가집. 사화집(詞華集). 문예 작품집.
앤저스(ANZUS)명 태평양 안전 보장 조약. [Australia, New Zealand and the United States Treaty]
앤티노크(antiknock)명 내폭제(耐爆劑).
앤티크(antique)명 활자체의 한 가지. 고딕체처럼 획이 굵으나 고딕체에 비하여 부드러움.
앤티프로톤(antiproton)명 반양자(反陽子).
앨러배스터(alabaster)명 설화 석고(雪花石膏).
앨리(alley)명 ☞레인(lane).
앨리데이드(alidade)명 측량할 때, 평판(平板) 위에 붙여, 목표로 하는 방향을 정하는 기구. 평판 측량에 사용됨.
앨범(album)명 ①사진첩. ¶ 졸업 앨범. ②음반. ¶ 앨범을 내다.
앨트루이즘(altruism)명 애타주의(愛他主義). 이타주의(利他主義). ↔에고이즘(egoism).
앰버^유리(amber琉璃)명 착색 유리의 한 가지. 유황과 산화철의 여러 가지 혼합물로 만드는데, 혼합 비율에 따라 엷은 노랑에서 진홍의 호박색까지 낼 수 있음.
앰뷸런스(ambulance)명 구급차. 환자 수송차.
앰풀ː(ampoule)명 1회분의 주사약을 넣어 밀폐한, 목이 잘록한 조그만 유리병.
앰프(←amplifier)명 '증폭기'·'확성기'로 순화.
앰플리파이어(amplifier)명 증폭기(增幅器).
앰ː-하다형여 〈애매하다〉의 준말.
앳조 〈옛〉에 있는. ¶ 鴨江앳 將軍氣를(龍歌*39*章).
앳-되다[앧뙤-/앧뛔-]형 (젊은이로서) 나이에 비해 애티가 있어 어려 보이다. ¶ 그녀는 목소리가 앳되다.
앵[1]부 모기나 벌 따위 곤충이 날 때 나는 소리. **앵-앵**부하자.
앵[2]감 성나거나 짜증나거나 하여 마음이 잔뜩 토라져서 내는 소리. 큰엥.
앵(甇·罌)명 목이 긴 병.
앵가(鶯歌)명 꾀꼬리의 지저귀는 소리.
앵글(angle)명 〔'모서리'·'각도'의 뜻으로〕 ①〈카메라 앵글〉의 준말. ¶ 앵글을 맞추다. ②'ㄱ'자 모양의 철제 쇠붙이. ③(어떤 일에 대해 생각할 때의) 견지. 관점.
앵글로-색슨(Anglo-Saxon)명 게르만 민족의 한 갈래. 현재의 영국인의 주류가 된 북방계의 민족.
앵글^숏(angle shot)명 (영화나 텔레비전에서) 같은 장면을 다른 각도에서 카메라의 위치를 바꾸어 촬영하는 일.
앵데팡당(indépendants 프)명 ①프랑스에서, 관선(官選) 살롱에 대항하여 신파(新派)의 화가들이 1884년에 창립한 미술가 단체, 또는 그 전람회. ②보수·전통파에 반대하는 미술가의 전람회.
앵도(櫻桃·鶯桃·鸎桃)명 '앵두'의 잘못.
앵도-창(櫻桃瘡)명 목에 앵두만 하게 나는 종기의 한 가지.
앵-돌아서다자 토라져서 홱 돌아서다.
앵-돌아앉다[-안따]자 성이 나서 홱 돌아앉다. ¶ 그는 앵돌아앉는 아내를 보자 더욱 심술을 냈다.
앵-돌아지다자 ①틀려서 홱 돌아가다. ②성이 나서 토라지다. ¶ 아내는 무엇 때문인지 대답도 않고 앵돌아져 있다.
앵두(←櫻桃)명 앵두나무의 열매.
앵두(를) 따다관용 '눈물을 뚝뚝 떨어뜨리며 울다'를 속되게 이르는 말.
앵두-나무(←櫻桃-)명 장미과의 낙엽 활엽 관목. 높이 3 m가량이고, 어린 가지에 털이 빽빽이 나 있음. 흰색 또는 연분홍의 꽃은 4월에 잎보다 먼저 또는 같이 피는데, 잎겨드랑이에 한두 개씩 달림. 핵과(核果)는 지름 1 cm가량으로 둥글며 6월에 익음. 중국 원산.
앵무(鸚鵡)명 ☞앵무새.
앵무-가(鸚鵡歌)명 우리나라의 고대 가요. 신라 흥덕왕(興德王) 즉위 초에, 중국 당나라에서 가져온 앵무 한 쌍 중, 먼저 죽은 암컷을 그리며 울다 죽은 수컷을 위해 지은 노래. 〔흥덕왕이 지었다고 하며, 가사는 전하지 아니하고, '삼국유사'에 그 설화 내용만 실려 전함.〕
앵무-새(鸚鵡-)명 앵무샛과의 새. 머리에는 모관(毛冠)이 있고 꼬리가 짧음. 부리는 검고 굵으며 끝이 굽어 있음. 과일·풀씨 따위를 먹으며, 사람이나 다른 동물의 소리를 잘 흉내 냄. 열대 원산이며, 호주·뉴기니 등지에 분포함. 앵무.

앵무-조개(鸚鵡-) [명] 앵무조갯과의 연체동물. 생김새는 오징어나 문어와 비슷하나 소라딱지 같은 껍데기를 지니고 있음. 껍데기 길이 16 cm가량. 흰 바탕에 불꽃 모양의 갈색 무늬가 있음. 고생대에 번성했는데, 오늘날에도 몇 종류가 생존하고 있으며, 살아 있는 화석이라 일컬어짐.

앵미(-米) [명] 쌀에 섞여 있는, 겉이 붉고 질이 떨어지는 쌀. (본)악미(惡米). (참)적미(赤米).

앵-벌이 [명] 불량배의 부림을 받는 어린이가 구걸이나 도둑질 따위로 돈을 버는 짓, 또는 그 어린이.

앵삼(鶯衫) [명] 조선 시대에, 나이 어린 사람이 생원시(生員試)나 진사시(進士試)에 급제했을 때 입던 황색 예복.

앵성(鶯聲) [명] ①꾀꼬리의 울음소리. 앵어(鶯語). ②'꾀꼬리와 같은 고운 목소리'를 비유하여 이르는 말.

앵속(罌粟) [명] ☞양귀비.

앵속-각(罌粟殼) [-깍] [명] 한방에서, '양귀비 열매의 껍질'을 약재로 이르는 말. 〔기침·설사 등에 쓰임.〕 (준)속각(粟殼).

앵속-자(罌粟子) [-짜] [명] 한방에서, '양귀비의 씨'를 약재로 이르는 말. 〔설사·이질·경련 따위에 쓰임.〕 어미(御米).

앵앵-거리다 [자] 모기나 벌 따위가 날면서 자꾸 앵앵 소리를 내다. 앵앵대다.

앵앵-대다 [자] 앵앵거리다.

앵어(鶯語) [명] ☞앵성(鶯聲).

앵월(櫻月) [명] '음력 삼월'을 달리 이르는 말. 혜풍(惠風).

앵접(鶯蝶) [명] 노래하는 꾀꼬리와 춤추는 나비.

앵초(櫻草) [명] 앵초과의 다년초. 꽃줄기의 높이 20 cm가량. 잎은 주름지고 타원형임. 7월에 줄기 끝에 벚꽃 모양의 홍자색 꽃이 핌. 우리나라를 비롯한 동부 아시아의 산지나 들의 습지에서 자람.

앵커(anchor) [명] ①릴레이 경기에서의 마지막 주자(走者)나 영자(泳者). ②☞앙크르. ③암벽이나 빙설 등반에서, 나무·바위·하켄 등에 자일을 걸고 자기 몸의 안전을 확보하는 일. ④☞앵커맨.

앵커-맨(anchor man) [명] (라디오나 텔레비전의) 종합 뉴스의 진행자. 앵커.

앵커^볼트(anchor bolt) [명] (구조물이나 기계 따위를) 기초 콘크리트에 정착시키기 위하여 기초 속에 묻은 볼트.

앵커-우ː먼(anchor woman) [명] (라디오나 텔레비전의) 종합 뉴스의 여자 진행자.

앵클-부ː츠(ankle boots) [명] 목이 발목께까지 올라오도록 만든 구두.

앵포르멜(informel 프) [명] 〔형태가 없다는 뜻으로〕 근대의 비구상 회화(非具象繪畫)의 한 수법, 또는 그 작가 그룹을 이르는 말. 물감을 캔버스에 흘리기도 하고, 무의미한 모양을 흩뜨리거나 하여 격렬한 감정을 표현함.

앵-하다 [형][여] (무슨 일로 손해를 보았을 때) 분하고 아깝다. ¶ 장사에 밑진 것이 앵해서 한동안 잠도 오지 않았다.

앵화(櫻花) [명] ①앵두꽃. ②벚꽃.

야[1] [명] 한글 자모(字母)의 이중 모음 'ㅑ'의 음가(音價) 및 이름.

야ː[2] [명] 돈치기할 때, 던진 돈이 두 푼 또는 서너 푼이 한데 포개지거나 붙은 것.

야ː[3] [감] ①반갑거나 놀랍거나 감탄하거나 할 때 내는 소리. ¶ 야, 굉장하다! ②어른이 아이를 부르거나 젊은 친구끼리 허물없이 상대를 부르는 소리. ¶ 야, 거기 서 있어.

야[4] [조] ①모음으로 끝나는 체언이나 조사·어미 등에 붙어, 그 말을 특히 강조하는 뜻을 지닌 보조사. ¶ 너야 반대를 안 하겠지. /이번에야 되겠지. /기어이 잡고야 말겠소. ②해라체 종결 어미 '-나'·'-다' 등에 붙어, 그 말을 강조하여 감탄하는 뜻을 지닌 보조사. ¶ 참, 우습구나야. /걱정했던 것보다 날씨가 좋다야.

야[5] [조] ①모음으로 끝난 체언에 붙는 조사. ㉠긍정적으로 단정하는 뜻을 나타내는, 해체 또는 하게체의 평서형 서술격 조사. ¶ 저기 오는 개가 성수네 개야. ㉡사물을 지정하여 묻는 뜻을 나타내는, 해체 또는 하게체의 의문형 서술격 조사. ¶ 날 보자고 한 사람이 너야? ㉢별다르거나 특수함을 뜻하는 보조사. ¶ 나야 그것을 이해하고도 남지. ㉣여러 가지를 열거하거나 이어 주는 뜻을 나타내는 보조사. 《'-야 -야'와 같이 겹치는 꼴로 쓰임.》 ¶ 사과야 배야 온갖 과일이 다 있구나. (참)이야. ②모음으로 끝난 명사에 붙어, 손아랫사람이나 짐승·사물 따위를 부를 때 쓰이는 호격 조사. ¶ 아가야. /새야 새야 파랑새야. (참)아[4].

야ː(野) [명] ①정권을 중심으로 한 관계에 대하여 '민간(民間)'을 뜻하는 말. ②〈야당〉의 준말. ¶ 여(與)와 야의 대립이 격화되다.

-야 [어미] '아니다'의 어간에 붙어, 단정하는 뜻을 나타내는 해체의 종결 어미. ¶ 그 소문은 사실이 아니야.

야ː간(夜間) [명] ①밤사이. 밤 동안. ¶ 야간 근무. ②〈야간부〉의 준말. ¶ 야간 고등학교. ↔주간.

야ː간-도주(夜間逃走) [명][하자] (남의 눈을 피하여) 밤에 몰래 달아남. 야반도주(夜半逃走).

야ː간-부(夜間部) [명] (중·고등학교나 대학에서) 야간 수업으로 소정의 교육을 이수하는 부문. (준)야간.

야ː간-열차(夜間列車) [-녈-] [명] 야간에 운행하는 기차.

야ː간-작업(夜間作業) [명][하자] 밤에 일을 함, 또는 밤에 하는 일. 밤일.

야ː간^학교(夜間學校) [-꾜] [명] 밤에 수학(修學)하는 학교. 야학교.

야ː객(夜客) [명] ☞밤손님.

야ː객(野客) [명] 벼슬하지 아니하고 사회에서 보통 사람으로 지내는 사람.

야거리 [명] 돛대가 하나뿐인 작은 배.

야거릿-대 [-리때/-릳때] [명] 야거리의 외돛대.

야ː견(野犬) [명] 들개.

야ː견(野繭) [명] ☞산누에고치.

야ː견-사(野繭絲) [명] ☞야잠사(野蠶絲).

야ː경(夜景) [명] 밤의 경치. 밤의 정경(情景). 야색(夜色). ¶ 서울의 휘황한 야경.

야ː경(夜警) [명][하자] 밤에 공공건물·회사·동네 등을 돌며 화재나 범죄 따위를 경계하는 일.

야ː경(野徑) [명] 들길.

야ː경(野景) [명] 들의 경치. 들의 정경. 야색(野色).

야ː경-국가(夜警國家) [-까] [명] 국가의 기본 목표를 국민 복지 등에 두지 아니하고 국방이나 치안 유지 등에 두는 나라. 독일의 라살(F. Lassalle)이 자유주의 국가를 비판하며 사용한 말임. (참)복지 국가.

야ː경-꾼(夜警-)명 야경을 도는 사람.
야ː경-스럽다(夜警-)[-따][~스러우니·~스러워]형ㅂ (밤에) 떠들썩하고 왁자지껄하다. **야경스레**부.
야ː계(野鷄)[-계/-게]명 ☞멧닭. ↔가계(家鷄).
야고보-서(←Jakobus書)명 신약 성서 중의 한 편. 야고보가 각지의 일반 신도에게 보낸 목회 서간(牧會書簡).
야ː고-초(野古草)명 볏과의 다년초. 높이 약 0.3~1.2 m. 뿌리줄기는 단단하고 잎은 보리의 잎과 비슷한데 대부분 뿌리줄기에서 남. 여름에 연한 녹색 꽃이 핌. 산과 들에 나며 목초로 쓰임.
야ː곡(夜曲)명 〈소야곡(小夜曲)〉의 준말.
야곰-야곰부 '야금야금'의 잘못.
야ː공(冶工)명 ☞대장장이.
야ː공(夜攻)명하타 '야간 공격'을 줄여 이르는 말.
야ː광(夜光)명 ①밤 또는 어두운 곳에서 빛을 냄, 또는 그 빛. ¶ 야광 시계. ②'달'을 달리 이르는 말.
야광-나무명 장미과의 낙엽 소교목. 높이 약 6 m. 잎은 타원형 또는 달걀 모양이며 가장자리에 잔 톱니가 있음. 5월에 흰색 또는 연분홍의 꽃이 피고, 10월에 지름 1 cm가량의 둥근 열매가 빨강 또는 노랑으로 익음. 우리나라 중부 이북에서 자람.
야ː광^도료(夜光塗料)명 황화아연과 방사성 물질 따위를 섞어 어두운 곳에서도 빛을 내도록 만든 도료. 시계의 문자반, 야간 표지판 등에 쓰임. 발광 도료.
야ː광-명월(夜光明月)명 밤하늘에 빛나는 밝은 달.
야ː광-운(夜光雲)명 위도 50° 이상의 고위도 지방에서, 여름에 해돋이 전 또는 해넘이 후에 드물게 나타나는 은백색 권운(卷雲) 모양의 구름. 높이는 75~90 km.
야ː광-주(夜光珠)명 고대 중국에 있었다는, 밤에도 빛나는 구슬. 야명주(夜明珠).
야ː광-찌(夜光-)명 밤낚시에 쓰이는, 발광 도료를 바른 찌.
야ː광-충(夜光蟲)명 야광충속의 원생동물을 통틀어 이르는 말. 몸은 지름 1 mm가량으로 공 모양인데, 뒤쪽에 굵고 긴 촉수가 있으며, 이것을 천천히 움직여 해면을 떠다님. 자극을 받으면 빛을 냄. 세계적으로 분포하며 연안에 많음.
야ː구(冶具)명 ①야금(冶金)에 쓰이는 여러 연장. ②대장일에 쓰이는 여러 연장.
야ː구(野球)명 구기의 한 가지. 각각 아홉 사람으로 이루어진 두 팀이 일정한 경기장에서 아홉 차례씩 공격과 방어를 거듭하여 득점을 겨루는 경기. 공격은 상대편의 투수가 던진 공을 타자가 배트로 쳐서 스리 아웃이 되기 전에 1·2·3루를 거쳐 본루에 돌아오면 한 점을 얻게 됨.
야ː구^방망이(野球-)명 야구 경기를 할 때 타자가 공을 치는 방망이. 참배트.
야ː구-장(野球場)명 야구 경기에 따르는 시설이 되어 있는 운동장.
야ː구-화(野球靴)명 야구를 할 때 신는 가죽 운동화. 바닥에 세 발 달린 긴 징을 박았음.
야ː국(夜國)명 한 해 동안의 태반은 햇빛을 볼 수 없는, 극지(極地) 가까이에 있는 나라.
야ː국(野菊)명 ☞들국화.

야ː권(野圈)[-꿘]명 〈야당권〉의 준말. ¶ 야권 인사. ↔여권(與圈).
야ː근(夜勤)명하자 밤에 근무함. ¶ 야근 수당. 참일근(日勤).
야ː금(冶金)명하타 광석에서 순수한 금속 성분을 뽑아내거나 합금을 만들거나 하는 일.
야ː금(夜禽)명 낮에는 자고 밤에 활동하는 새. 〔부엉이·올빼미 따위.〕 야조(夜鳥).
야ː금(夜禁)명 지난날, 인경을 친 뒤부터 파루(罷漏)를 칠 때까지 통행을 금하던 일.
야ː금(野禽)명 산이나 들에 사는 야생의 새. 야조(野鳥). ↔가금(家禽).
야금-거리다타 자꾸 야금야금하다. 야금대다.
야금-대다타 야금거리다.
야ː금-술(冶金術)명 광석에서 금속 성분을 뽑아내거나 합금을 만들거나 하는 기술.
야금-야금[-금냐-/-그먀-]부하타 ①무엇을 입 안에 넣고 조금씩 씹는 모양. ②조금씩 탐내어 가지거나 소비하거나 하는 모양. ¶ 퇴직금을 야금야금 다 써 버리다. /뽕잎을 야금야금 갉아 먹다.
야ː금-학(冶金學)명 금속 공학의 한 분야. 야금의 기술과 방법, 금속 재료의 성질 등을 연구하는 학문.
야긋-야긋[-근냐귿/-그댜귿]부하형 톱날처럼 조금씩 어긋비긋한 모양.
야ː기(夜氣)명 밤공기의 차고 눅눅한 기운. ¶ 야기를 너무 오래 쐬다.
야ː기(惹起)명하타되자 (무슨 일이나 사건 따위를) 일으킴. 생기(生起). ¶ 혼란을 야기하다.
야ː기-부리다자 불만을 품고 함부로 떠들어 대다.
야ː기-요단(惹起鬧端)명하자 시비가 될 가탈을 일으킴. 준야단(惹端)·야료.
야기죽-거리다[-꺼-]자 자꾸 야기죽야기죽하다. 야기죽대다. ¶ 회의 때는 아무 말도 없다가 결과를 놓고 뒷전에서 이러쿵저러쿵 야기죽거린다. 준야죽거리다. 큰이기죽거리다.
야기죽-대다[-때-]자 야기죽거리다.
야기죽-야기죽[-중냐-/-주갸-]부하자 맵살스럽게 재깔이며 빈정거리는 모양. ¶ 그는 항상 남이 잘되는 것에 대하여 야기죽야기죽 빈정거린다. 준야죽야죽. 큰이기죽이기죽.
야끼-만두(←やき饅頭 일)명 '군만두'로 순화.
야나-치다형 영락없고 매몰하다.
야ː뇨-증(夜尿症)[-쯩]명 (오줌을 가릴 나이가 지나고서도) 밤에 잠결에 오줌을 자주 싸는 병증. 유뇨증(遺尿症).
야누스(Janus)명 로마 신화에 나오는, 문지기 신. 문의 앞뒤를 보는 두 개의 얼굴을 가지고 있으며, 전쟁과 평화를 상징함.
-야놀어미 〈옛〉-거늘. ¶ 角端이 말ᄒᆞ야놀(龍歌*42*章). /네 내 마롤 다 드를따 ᄒᆞ야놀(釋譜*6:8*).
야ː다-시(夜茶時)명 조선 시대에, 비상 사고가 생겼을 때 그 내용을 규명하기 위하여 사헌부의 감찰이 밤중에 모이던 일.
야다-하면부 어찌할 수 없이 일이 급해지면. ¶ 야다하면 피난이라도 가야지.
야ː단(惹端)명 ①하자떠들썩하게 일을 벌이거나 부산하게 굶. ¶ 동생이 소풍 준비를 한다고 야단이다. ②하자큰 소리로 마구 꾸짖음. ¶ 선생님께 크게 야단을 맞다. ③매우 난처하거나 곤란한 형편. ¶ 이것 참 야단이다. ④하자〈야기요단〉의 준말.
야ː단-나다(惹端-)자 ①떠들썩한 일이 벌어지다. ②매우 난처하거나 곤란한 일이 벌어지다.

야ː단-맞다(惹端—) [—맏따] [자] 크게 꾸지람을 듣다. ¶ 늦게 들어가면 아버지께 야단맞는다.
야ː단-받이(惹端—) [—바지] [명] 남의 꾸지람을 듣는 일, 또는 꾸지람을 듣는 사람. ¶ 나는 오나가나 억울한 야단받이 노릇만 한다.
야ː단-법석(野壇法席) [—썩] [명] 불교에서, 야외에서 베푸는 강좌를 이르는 말.
야ː단-법석(惹端—) [—썩] [명] 많은 사람이 한곳에 모여 서로 다투며 떠드는 시끄러운 판. ¶ 야단법석을 떨다.
야ː단-스럽다(惹端—) [—따] [~스러우니·~스러워] [형ㅂ] ①시끄럽고 떠들썩하다. ②떠들썩하게 일을 벌이거나 부산하게 법석거리는 데가 있다. ¶ 하찮은 일로 야단스럽게 꾸짖다. **야단스레**[부].
야ː단-야단(惹端惹端) [—냐—] [명][하자] ①마구 떠들어 대거나 법석거림, 또는 그 모양. ¶ 손해배상을 해 달라고 야단야단이다. ②마구 꾸짖음, 또는 그 모양. ¶ 할아버지는 집안 망신시켰다고 야단야단이시다.
야ː단-치다(惹端—) [자타] 크게 꾸짖다. ¶ 애가 모르고 한 일이니 너무 야단치지 마라.
야ː담(野談) [명] 야사(野史)를 바탕으로 흥미 있게 꾸민 이야기.
야ː당(野黨) [명] 정당 정치에서, 정권을 담당하고 있지 아니한 정당. 재야당(在野黨). ¶ 야당 의원. [준]야(野). ↔여당(與黨).
야ː당-권(野黨圈) [—꿘] [명] 야당과 야당을 편드는 세력의 범위 안에 드는 사람이나 단체. [준]야권. ↔여당권(與黨圈).
야당-스럽다 [—따] [~스러우니·~스러워] [형ㅂ] ①약바르고 매몰스럽다. ②매몰하고 사막스럽다. ¶ 야당스럽고 인정머리 없는 사람. **야당스레**[부].
야ː대(也帶) [명] 지난날, 과거에 급제한 사람이 방(榜)이 났을 때 매던 띠.
야ː도(夜盜) [명][하자] 밤에 하는 도둑질, 또는 그 도둑.
야ː독(夜讀) [명][하자] 밤에 글을 읽음. [참]주경야독.
야ː드(yard) [의] 야드파운드법의 길이의 기본 단위. 1야드는 3피트로, 약 91.44 cm. 마(碼). 〔기호는 yd〕
야드르르[부][하형] 반들반들 윤이 나고 보드라운 모양. [준]야드를. [큰]이드르르.
야드를[부][하형] 〈야드르르〉의 준말. [큰]이드를.
야ː드파운드-법(yard pound法) [—뻡] [명] 기본 단위로서 길이에는 야드, 무게에는 파운드, 시간에는 초(秒)를 사용하는 단위의 계통. 주로, 영국·미국에서 쓰이고 있음.
야들-야들 [—들랴—/—드랴—] [부][하형] 윤이 나고 보들보들한 모양. ¶ 야들야들한 꽃잎. /옷감이 야들야들하다. [큰]이들이들.
야로[명] '무슨 일을 꾸미려는 어물쩍한 셈속이나 수작'을 속되게 이르는 말. ¶ 그 제안 속에는 틀림없이 무슨 야로가 있다.
야ː로(冶爐) [명] ☞풀무.
야ː로(野老) [명] 시골에 사는 늙은이. 야옹(野翁).
야로비^농법(←jarvizatsiya農法) [—뻡] [명] 농작물에 춘화 처리(春化處理)를 하여 수확기를 바꾸거나 식물 발육에 변화를 일으키어 증수(增收)를 꾀하는 따위의 재배 방법. 〔소련의 유전학자인 미추린의 학설에 따른 농법.〕
야ː료(ˇ惹鬧) [명][하자] ①까닭 없이 트집을 부리고 마구 떠들어 대는 짓. ¶ 주정꾼의 야료. /야료를 부리다. ②〈야기요단〉의 준말.
야루(野陋) '야루하다'의 어근.
야ː루-하다(野陋—) [형여] 비천하고 궁벽하다.
야릇-하다 [—르타—] [형여] 무엇이라 표현할 수 없게 묘하고 이상하다. ¶ 야릇한 표정. /야릇한 미소를 짓다. **야릇-이**[부].
야리다[형] ①(단단하거나 질기지 아니하고) 약하고 보드랍다. ¶ 야린 잎사귀. ②(마음·감정 따위가) 모진 데가 없이 무르고 약하다. ¶ 마음이 야리다. ③조금 모자라다. [큰]여리다.
야ː마(野馬) [명] ①아지랑이. ②야생의 말.
야ː마(夜摩.yāma 범) [명] ①☞야마천. ②불교에서 이르는 염마(閻魔). 염라대왕.
야마(llama 스) [명] 낙타과의 동물. 생김새가 낙타와 비슷하나 몸집이 작고 다리도 짧음. 등에 혹은 없고 털이 길고 많음. 남아메리카의 산악 지대에서 짐 운반용 또는 탈것으로 이용됨. 고기는 식용하며, 지방은 등유로, 가죽은 구두의 재료로 쓰임. 라마(llama)[2].
야ː마리[명] 〈얌통머리〉의 변한말.
야ː마-천(夜摩天←suyama deva 범) [명] 욕계 육천 가운데 셋째 하늘. 도솔천의 아래에 있음. 시간에 따라 쾌락을 받으므로 '시분천(時分天)'이라고도 함. 야마(夜摩).
야ː만(野蠻) [명] ①문화의 정도가 낮고 미개함, 또는 그런 지역이나 주민. ②교양이 없고 예의를 모르며 사나움, 또는 그런 사람. ¶ 야만 행위. ↔문명(文明).
야ː만-스럽다(野蠻—) [—따] [~스러우니·~스러워] [형ㅂ] ①미개하여 문화 수준이 낮은 데가 있다. ②교양이 없고 무례한 데가 있다. ¶ 야만스러운 행위. **야만스레**[부].
야ː만-인(野蠻人) [명] 야만스러운 사람. 만인. 토매인. 호인(胡人). ↔문명인·문화인.
야ː만-적(野蠻的) [관][명] 야만스러운 (것). ¶ 야만적 풍습. /야만적인 행위.
야ː만^정책(野蠻政策) [명] 정치적 목적을 달성하기 위하여 인도(人道)를 벗어난 수단으로 국민이나 식민지를 다스리는 정책.
야-말로[조] 모음으로 끝난 체언에 붙어, 특수함을 강조하는 뜻을 나타내는 보조사. ¶ 너야말로 애국자다. [참]이야말로[2].
야ː망(野望) [명] 크게 무엇을 이루어 보겠다는 희망. ¶ 야망을 품다.
야ː매(野梅) [명] 야생의 매화나무.
야ː맹-증(夜盲症) [—쯩] [명] 밤이나 어두운 저녁 또는 새벽 무렵에는 시력이 크게 떨어져 눈이 잘 보이지 않게 되는 증세. 선천적인 경우와 비타민 A의 결핍에 의한 것이 있음.
야멸-스럽다 [—따] [~스러우니·~스러워] [형ㅂ] 야멸친 태도가 있다. **야멸스레**[부].
야멸-차다[형] ①자기 생각만 하고 남의 사정을 돌볼 마음이 거의 없다. ②태도가 차고 야무지다. ¶ 야멸차게 따지다.
야멸-치다[형] ①자기 생각만 하고 남의 사정은 아랑곳하지 아니하다. ¶ 야멸친 행동. ②태도가 차고 쌀쌀하다. ¶ 야멸치게 쏘아붙이다.
야ː명-사(夜明沙·夜明砂) [명] 한방에서, '박쥐의 똥'을 안질·암내 등의 약재로 이르는 말.
야ː-명주(夜明珠) [명] ☞야광주(夜光珠).
야ː묘(野猫·野猫) [명] ☞살쾡이.
야ː묘-피(野猫皮) [명] ☞삵피.
야무[명] 〈염우(廉隅)〉의 변한말.
야무-얌치[명] 〈염우염치(廉隅廉恥)〉의 변한말.
야무-지다[형] 야물고 오달지다. ¶ 야무지게 쏘아붙이다. /일 처리가 아주 야무지다. [큰]여무지다.
야ː무-청초(野無青草) [명][하형] 가뭄으로 들에 풀이 다 말라 죽고 없음.

야물-거리다[자][타] 자꾸 야물야물하다. 야물대다.
야물다[야무니·야물어] [I][자] (낟알이나 과일 따위가) 알이 들어 단단히 익다. [큰]여물다.
[II][형] ①(바탕이) 굳고 단단하다. ②(몸이나 언행이) 단단하고 깜찍하다. ③(일이 야무지게 되어) 뒤탈이 없다. ④(돈 따위를) 헤프게 쓰지 않고 알뜰하다. [큰]여물다.
야물-대다[자][타] 야물거리다.
야물-야물[-물랴-/-무랴-][부][하자타] (젖먹이나 염소·토끼 따위가) 무엇을 먹느라고 입을 귀엽게 놀리며 야금야금 씹는 모양.
야ː밀(野蜜)[명] 야생(野生)하는 벌의 꿀.
야ː바위[명][하자] ①속임수로 돈을 따먹는 노름의 한 가지. ②속임수로 그럴듯하게 꾸미는 일.
야바위(를) 치다[관용] 그럴듯하게 일을 꾸며서 남을 속이다.
야ː바위-꾼[명] '야바위를 잘 치는 사람'을 얕잡아 이르는 말.
야ː바위-판[명] 야바위가 벌어지고 있는 판.
야ː바윗-속[-위쏙/-윋쏙][명] 여럿이 야바위를 치려는 속셈. ¶ 그들의 야바윗속을 눈치 채지 못했다.
야ː박(夜泊)[명][하자] ①밤에 외박함. ②밤에 배를 정박함, 또는 정박한 배에서 잠.
야박(野薄) '야박하다'의 어근.
야ː박-스럽다(野薄-)[-쓰-따][~스러우니·~스러워][형][ㅂ] 야박한 데가 있다. **야박스레**[부] ¶ 아무리 그렇기로 야박스레 내쫓는단 말이냐.
야ː박-하다(野薄-)[-바카-][형][여] 야멸치고 인정이 없다. ¶ 야박한 인심. **야박-히**[부].
야ː반(夜半)[명] 밤의 중간 무렵인 한밤중. ¶ 야반에 울리는 종소리. [참]야밤중.
야ː반-도주(夜半逃走)[명][하자] ☞야간도주.
야ː반-무례(夜半無禮)[명] 어두운 밤에는 예의를 제대로 갖출 수가 없음을 이르는 말. 야심무례(夜深無禮).
야ː발[명] 야살스럽고 되바라진 태도나 말씨.
야ː발-단지[-딴-][명] ☞야발쟁이.
야ː발-스럽다[-따][~스러우니·~스러워][형][ㅂ] 야살스럽고 되바라지다. **야발스레**[부].
야ː발-쟁이[명] 야발스러운 사람을 얕잡아 이르는 말. 야발단지.
야ː-밤(夜-)[명] 깊은 밤. ¶ 야밤에 찾아온 손.
야ː밤-중(夜-中)[-쭝][명] 한밤중. [참]야반.
야ː번(夜番)[명] 밤에 드는 번(番).
야ː-별초(夜別抄)[명] 고려 23대 고종 때, 최우(崔瑀)가 조직한, 야간 순찰을 위한 특별 부대. 뒤에 좌별초·우별초로 나누어짐.
야ː부(野夫)[명] 시골의 농부.
야ː불답백(夜不踏白)[-빽][명] 밤길을 갈 때에 바닥이 희게 보이는 것은 물이니 밟지 말고 비켜 가라는 말.
야ː불폐문(夜不閉門)[-폐-/-페-][명] 〔밤에 대문을 닫지 아니한다는 뜻으로〕 세상이 태평하고 인심이 좋음을 이르는 말.
야비(野卑·野鄙) '야비하다'의 어근.
야ː비-다리[명] (대단찮은 사람이) 제멋에 겨워서 부리는 거드름.
야비다리 치다[관용] (교만한 사람이) 애써 겸손한 체하다.
야ː비-하다(野卑-·野鄙-)[형][여] 성질이나 언행이 상스럽고 더럽다. ¶ 야비한 태도. /야비하게 웃다.
야ː사(夜事)[명][하자] 〔밤에 하는 일이라는 뜻으로〕 '방사(房事)'를 완곡하게 이르는 말. 밤일.
야ː사(夜思)[명] 깊은 밤 고요한 때에 일어나는 온갖 생각.
야ː사(野史)[명] 민간에서 사사로이 기록한 역사. 정사에 기록되지 않은 역사상의 사실. [비]외사(外史). ↔정사(正史).
야ː산(野山)[명] 들 근처에 있는 나지막한 산. ¶ 야산에 목초지를 만들다.
야ː산(野蒜)[명] ☞달래.
야ː산-고사리(野山-)[명] 면마과의 다년초. 땅속줄기에서 돋는 잎은 높이 60 cm가량으로, 잎새에 비하여 잎자루가 매우 길. 잎은 깃 모양으로 째지고 그 하나하나가 긴 타원형을 이룸. 따로 자실체(子實體)가 있는데, 익으면 흑갈색의 자낭(子囊)이 생겨 이듬해까지 남음. 산과 들의 습지에 남.
야ː살[명] 얄망궂고 되바라진 말이나 짓. ¶ 야살을 떨다. /야살을 부리다. /야살을 피우다.
야살(을) 까다[관용] 야살스럽게 굴다.
야ː살-스럽다[-따][~스러우니·~스러워][형][ㅂ] (말이나 하는 짓이) 얄망궂고 되바라진 태도가 있다. **야살스레**[부].
야ː살-이[명] 〈야살쟁이〉의 준말.
야ː살-쟁이[명] '야살스러운 사람'을 홀하게 이르는 말. 얄개. [준]야살이.
야ː-삼경(夜三更)[명] 삼경 무렵의 한밤중. 곧, 자정을 전후한 시간. [참]삼경(三更).
야ː상(夜商)[명] 밤에 하는 장사.
야ː상-곡(夜想曲)[명] 형식이나 내용이 자유로운, 낭만파의 피아노를 위한 소곡. 몽상하는 것 같은 느낌의 선율이 그 특징임. 녹턴. 몽환곡(夢幻曲).
야ː색(夜色)[명] ☞야경(夜景).
야ː색(野色)[명] ☞야경(野景).
야ː생(野生)[명][하자] 동식물이 산이나 들에서 절로 나고 자람, 또는 그런 동식물. 〔사람이 기르거나 가꾼 것이 아닌 것.〕 ¶ 야생 토끼.
야ː생^동ː물(野生動物)[명] 산야에서 자연 그대로 자라는 동물. ↔사육 동물(飼育動物).
야ː생-마(野生馬)[명] 야생하는 말. 야생적인 성질을 가진 말. [비]생마.
야ː생^식물(野生植物)[-싱-][명] 산야에서 절로 나서 자라는 식물. ↔재배 식물(栽培植物).
야ː생-아(野生兒)[명] 유아기(幼兒期)에 인간 사회를 떠나 동물들과 함께 생활하면서 자란 아이.
야ː생-인(野生人)[명] 야생아로서 성장한 사람.
야ː생-적(野生的)[관][명] 자연 그대로인 (것). 꾸밈이 없고 동물적인 본능을 그대로 드러내는 (것). 거칠기는 하나 활동적인 (것).
야ː생-종(野生種)[명] (동식물 중에서) 산야에서 절로 나서 자라는 품종.
야ː생-화(野生花)[명] 산이나 들에서 절로 나고 자라는 식물의 꽃. [참]들꽃.
야ː서(野鼠)[명] 들쥐.
야ː성(野性)[명] 자연 또는 본능 그대로의 성질. 산야에서 제멋대로 자란 것 같은 성질. ¶ 야성의 사나이.
야ː성-미(野性美)[명] 자연 그대로의 거친 성질이나 본능적인 행동에서 풍기는 아름다움. ¶ 야성미가 넘치다. /야성미가 흐르다.
야ː성-적(野性的)[관][명] 자연 또는 본능 그대로의 성질을 지닌 (것). ¶ 야성적인 남자.
야ː소(耶蘇)[명] ☞예수.
야ː소-교(耶蘇教)[명] ☞기독교.
야ː속(野俗)[명][하형][스형] ①인정머리 없고 쌀쌀함. ¶ 야속한 세상. /눈물이 쏟아지도록 야속한 말을 듣다. ②섭섭함. ¶ 그의 무심한 태도에 야속과 분함이 치밀었다. **야속-히**[부]. **야속스레**[부].
야ː수(夜嗽)[명] 밤이면 나는 기침.
야ː수(野手)[명] 야구에서, 내야수와 외야수를 아울러 이르는 말.
야ː수(野狩)[명] 들에서 하는 사냥.
야ː수(野獸)[명] ①야생의 짐승. 사람에게 사육되지 않고 산이나 들에서 자연 그대로 자란 짐승. ②'몹시 거칠고 사나운 사람'을 이르는 말. ¶ 그는 갑자기 야수로 돌변했다.
야수다[자] 기회를 노리다.
야ː수^선ː택(野手選擇)[명] 야구에서, 야수가 타자가 친 땅볼을 잡아 1루에 던지면 아웃시킬 수 있으나, 앞선 주자를 아웃시키려다가 실패하여 모두 살게 되는 일.
야ː수-주의(野獸主義)[-의/-이][명] ①☞애니멀리즘. ②☞야수파.
야ː수-파(野獸派)[명] 20세기 초에 프랑스에서 일어난 회화의 한 유파(流派). 대담한 색채의 대비와 거친 필치를 특징으로 함. 야수주의. 포비슴.
야ː숙(野宿)[명][하자] (산이나 들 따위의) 한데서 밤을 지냄. 노숙(露宿). 한둔.
야ː순(夜巡)[명][하자] ①야간의 경계를 위하여 돌아다님. ②밤에 국왕이 평민복을 입고 궁 밖의 민심을 살피기 위해 이곳저곳을 돌아다니던 일.
야스락-거리다[-꺼-][자] 자꾸 야스락야스락하다. 야스락대다. [준]야슬거리다.
야스락-대다[-때-][자] 야스락거리다.
야스락-야스락[-랑냐-/-라갸-][부][하자] 입담 좋게 말을 살살 늘어놓는 모양. [준]야슬야슬.
야슬-거리다[자] 〈야스락거리다〉의 준말. 야슬대다. ¶ 너는 밥상에 앉았다 하면 이야기를 끝도 없이 야슬거리는구나.
야슬-대다[자] 야슬거리다.
야슬-야슬[-슬랴-/-스랴-][부][하자] 〈야스락야스락〉의 준말. ¶ 야슬야슬 풀어 놓는 그의 이야기에 취하다.
야ː습(夜習)[명][하타] 밤에 공부함, 또는 그 공부.
야ː습(夜襲)[명][하타] 밤에 갑자기 들이침. 야간의 기습 공격. ¶ 적의 기지를 야습하다.
야ː승(野乘)[명] 조선 선조 때부터 영조 때에 이르기까지 역사학자들의 수필·만록(漫錄)·야사 따위를 모아 엮은 책. 30권 30책.
야ː시(夜市)[명] 〈야시장(夜市場)〉의 준말.
-야시늘[어미] 〈옛〉-시거늘. ¶ 네 教化ᄒᆞ야시늘 後에 도로 믈러듀믈 가졸비니라(法華2:187).
-야시놀[어미] 〈옛〉-시거늘. ¶ 반ᄃᆞ기 시러 부텨 ᄃᆞ외리라 ᄒᆞ라 ᄒᆞ야시놀(法華2:247).
-야시든[어미] 〈옛〉-시거든. ¶ 如來 種種 神力을 뵈야시든(月釋8:43).
야ː-시장(夜市場)[명] 밤에 벌이는 시장. [준]야시.
야ː식(夜食)[명][하자] 밤에 음식을 먹음, 또는 그 음식. [참]밤참·밤밥1.
야ː심(夜深)[명][하형] 밤이 이슥함. ¶ 이렇게 야심한 시각까지 자지 않고 뭐 하니?
야ː심(野心)[명] ①야망을 이루려는 마음. ¶ 정치적 야심./야심을 품다. ②남을 해치려는 나쁜 계획, 또는 야비한 마음. ¶ 정적(政敵)을 몰아내려는 야심에서 비롯된 음모.
야ː심-가(野心家)[명] 야심이 많은 사람.
야심만만(野心滿滿) '야심만만하다'의 어근.
야ː심만만-하다(野心滿滿-)[형][여] 야심이 가득 차 있다. ¶ 야심만만하게 우승을 장담하다. **야심만만-히**[부].
야ː심-무례(夜深無禮)[명] ☞야반무례(夜半無禮).
야ː심-작(野心作)[명] (주로 예술 작품에서 쓰이는 말로) 큰 성과를 이룩해 보겠다는 야심에서 이루어진 작품.
-야ᅀᅡ[어미] 〈옛〉-여야. ¶ 受苦衆生ᄋᆞᆯ 度脫ᄒᆞ야ᅀᅡ ᄒᆞ리라 ᄒᆞ야시ᄂᆞᆯ(月釋21:18)./뉘 ᄯᆞᆯ올 골히야ᅀᅡ 며ᄂᆞᆯ이 ᄃᆞ외야 오리야(月印36).
야ː안(野雁)[명] ☞느시.
야ː압(野鴨)[명] ☞들오리.
야ː야(夜夜) [I][명] ☞매야(每夜).
[II][부] ☞매야(每夜).
야ː양(野羊)[명] 솟과의 짐승. 면양과 비슷하나 훨씬 크고, 다리는 가늘고 긺. 몽골·만주 등지의 고원 지대에 야생함. 완양(羱羊).
야ː업(夜業)[명][하자] 밤에 일을 함, 또는 그 일.
야ː업(野業)[명][하자] 집 밖에서 하는 일.
야ː역(夜役)[명][하자] 밤에 하는 역사(役事).
야ː연(夜宴·夜筵)[명][하자] 밤에 잔치를 베풂, 또는 그 잔치.
야ː연(野椽)[명] ☞들연.
야ː영(夜影)[명] 밤의 어둠 속에 비치는 그림자.
야ː영(野營)[명][하자] ①(군대가) 야외에 진영을 마련하여 밤을 지냄, 또는 그 진영. 노영(露營). ¶ 야영 훈련. ②(훈련·등산·휴양 따위의 목적으로) 야외에서 천막을 치고 숙박함, 또는 그런 생활. ¶ 등반대는 야영을 하기 위해 빠른 손놀림으로 텐트를 쳤다.
야ː영-객(野營客)[명] 야영하는 사람.
야ː영-장(野營場)[명] 야영을 할 수 있도록 조성해 놓은 곳.
야ː영-지(野營地)[명] 야영하는 곳.
야옹[부] 고양이의 우는 소리. **야옹-야옹**[부][하자].
야ː옹(野翁)[명] 시골에 사는 늙은이. 야로(野老). 촌로.
야옹-거리다[자] 자꾸 야옹야옹하다. 야옹대다.
야옹-대다[자] 야옹거리다.
야ː외(野外)[-외/-웨][명] ①들판. ¶ 야외로 소풍을 가다. [비]교외(郊外). ②집 밖. ¶ 야외 연주회. ②[비]옥외(屋外).
야ː외-극(野外劇)[-외-/-웨-][명] 야외에서 자연을 배경으로 해서 하는 연극.
야ː외-극장(野外劇場)[-외-짱/-웨-짱][명] 광장이나 빈 터 따위에다 특별한 시설을 베풀지 아니하고 마련한 극장. 노천극장(露天劇場).
야ː외-무대(野外舞臺)[-외-/-웨-][명] 광장이나 빈 터 따위에 마련한 무대.
야ː외^촬영(野外撮影)[-외-/-웨-][명] ☞로케이션.
야ː욕(野慾)[명] ①야심을 채우려는 욕심. ¶ 대륙 침략의 야욕. ②야수(野獸)와 같은 성적 욕망. ¶ 야욕을 채우다.
야ː용(冶容)[명][하자] 예쁘게 단장함, 또는 예쁘게 단장한 얼굴.
야ː용지회(冶容之誨)[-회/-훼][명] 얼굴을 너무 예쁘게 꾸미면 남자들에게 음탕한 마음을 품게 하기 쉬움을 이르는 말.
야ː우(夜雨)[명] 밤비.
야ː우(野牛)[명] ☞들소.
야울-야울[-울랴-/-우랴-][부] 불이 살살 순하게 타는 모양. ¶ 모닥불이 야울야울 타다. [큰]여울여울.
야위다[자] 살이 빠지다. 수척해지다. ¶ 야윈 얼굴./병석에서 자꾸 야위어 가다. [큰]여위다.
야ː유(冶遊)[명][하자] 주색(酒色)에 빠져 방탕하게 놂.

야ː유(夜遊)명하자 밤에 놂, 또는 그 놀이. 밤놀이.
야ː유(野遊)명하자 들에 나가서 놂, 또는 그 놀이. 들놀이.
야ː유(揶揄)명하타 남을 빈정거리며 놀림, 또는 그런 말이나 짓. ¶ 야유를 보내다. /태도가 거친 선수를 야유하다.
야ː유-랑(冶遊郞)명 주색에 빠져 방탕하게 노는 사나이.
야ː유-회(野遊會)[-회/-훼]명 들에 나가서 노는 모임. 들놀이. ¶ 사원 친목 야유회.
야ː음(夜陰)명 밤의 어둠, 또는 그때. ¶ 야음을 틈타 적을 습격하다.
야ː음(夜飮)명하자 밤에 술을 마심.
야ː이계주(夜以繼晝)[-계-/-게-]명하타 (무슨 일을) 밤낮을 가리지 않고 계속해서 함.
야ː인(野人)명 ①시골 사람. ②예절을 모르는 거친 사람, 또는 멋을 모르는 사람. ③관직에 오르지 않은 사람. 민간인. ④지난날, 압록강과 두만강 건너에 살던 여진족을 이르던 말.
야ː자(椰子)명 ①☞야자나무. ②야자나무의 열매.
야ː자-나무(椰子-)명 야자과의 상록 교목. 열대에서 아열대에 걸쳐 분포하는데 높이는 10~30 m. 잎은 깃 모양의 큰 겹잎으로 줄기 끝에 돌려남. 열매는 20 cm가량의 길둥근 모양인데 먹을 수 있고, 비누나 인조버터의 원료로 쓰임. 야자. 야자수.
야자-버리다타 '잊어버리다'를 얕잡아 이르는 말.
야ː자-수(椰子樹)명 ☞야자나무.
야ː자-유(椰子油)명 야자나무 열매의 배젖에서 짠 기름. 비누나 버터의 원료가 됨.
야ː잠(野蠶)명 ☞산누에.
야ː잠-사(野蠶絲)명 산누에의 고치에서 뽑은 명주실. 야견사(野繭絲). 천잠사(天蠶絲).
야ː잠-아(野蠶蛾)명 ☞산누에나방.
야ː장(冶匠)명 ☞대장장이.
야ː장(夜葬)명하타 밤에 장사(葬事)를 지냄, 또는 그 장사.
야ː장(夜裝)명 밤에 입는 옷, 또는 그 옷차림.
야ː장-간(冶匠間)[-깐]명 ☞대장간.
야ː저(野豬·野猪)명 ☞멧돼지.
야ː적(野積)명하타되자 ☞노적(露積).
야ː적-장(野積場)[-짱]명 물건을 야적하여 두는 곳.
야ː전(夜戰)명 밤에 하는 전투.
야ː전(野戰)명 산야에서 하는 전투. 시가전이나 요새전 이외의 육상전(陸上戰).
야ː전-군(野戰軍)명 몇 개의 육군 부대, 근무 지원 부대와 여러 개의 군단 및 사단으로 구성되는 행정 및 전술상의 편제.
야ː전^병ː원(野戰病院)명 상병자(傷病者)를 치료하기 위하여 전장(戰場) 가까운 곳에 임시로 마련한 병원.
야ː전^침ː대(野戰寢臺)명 야외에서 사용하기 간편하도록, 접어서 지니고 다닐 수 있게 만든 침대.
야ː전-포(野戰砲)명 ☞야포(野砲).
야젓잖다[-전짠타]형 야젓하지 아니하다. 큰의젓잖다. 야젓잖-이부.
야젓-하다[-저타-]형여 됨됨이나 태도 따위가 옹졸하거나 좀스럽지 않다. 점잖고 무게가 있다. ¶ 그 소녀는 나이에 비해서 훨씬 야젓해 보인다. 큰의젓하다. 야젓-이부.
야ː정(野情)명 ☞야취(野趣).
야ː제-병(夜啼病)[-뼝]명 한방에서, 어린아이가 밤에 발작적으로 몹시 우는 병을 이르는 말.
야ː조(夜鳥)명 ☞야금(夜禽).
야ː조(夜操)명하타 야간에 군사를 훈련함, 또는 그 훈련.
야ː조(野鳥)명 ☞야금(野禽). ↔사조(飼鳥).
야죽-거리다[-꺼-]자 〈야기죽거리다〉의 준말. 야죽대다. 큰이죽거리다.
야죽-대다[-때-]자 야죽거리다.
야죽-야죽[-중냐-/-주갸-]부하자 〈야기죽야기죽〉의 준말. 큰이죽이죽.
야ː중(夜中)명 밤중.
야ː지(野地)명 (산이 적고) 들이 넓은 지대.
-야지어미 '-야 하지'가 줄어서 된 말. 어미 '-아'·'-어'에 붙어 쓰임. ¶ 가야지. /봐야지. /먹어야지. /누워야지.
야지랑명 《일부 동사와 함께 쓰이어》 얄밉도록 능청스러운 태도. ¶ 야지랑을 떨다. /야지랑을 부리다. /야지랑을 피우다. 큰이지렁.
야지랑-스럽다[-따][~스러우니·~스러워]형ㅂ 얄밉도록 능청맞으면서 천연스럽다. 큰이지렁스럽다. 야지랑스레부.
야지러-지다자 (물건의) 한 부분이 닳아 떨어져 없어지다. 큰이지러지다.
야ː직(夜直)명하자 밤에 서는 당직. 숙직(宿直).
야짓[-짇]부 (한쪽에서 시작하여) 건너뛰거나 빼놓지 않고 모조리. ¶ 모두 세워 놓고 야짓 종아리를 쳐 나갔다.
야ː차(夜叉)명 ①☞두억시니. ②불교에서, 얼굴 모습이나 몸의 생김새가 괴상하고 사나운 귀신을 이르는 말. 신통력을 가졌으며 사람을 괴롭힌다고 함. ③☞염마졸(閻魔卒).
야ː차(野次)명 임금이 교외(郊外)로 거둥할 때 임시로 머물던 곳.
야ː차-두(夜叉頭)명 야차의 흩어진 머리털, 곧 추악한 형상.
야ː찬(夜餐)명 ☞밤참.
야ː채(野菜)명 ☞소채.
야ː처(野處)명하자 (거처할 집이 없어서) 들에서 지냄.
야ː천(野川)명 들 가운데를 흐르는 내.
야ː-천문동(野天門冬)명 ☞파부초(婆婦草).
야청(-靑)명 검은빛을 띤 푸른빛. 아청(鴉靑). 야청빛.
야청-빛(-靑-)[-삗]명 ☞야청. * 야청빛이[-삐치]·야청빛만[-삔-]
야ː초(野草)명 들에 저절로 나는 풀.
야ː취(野趣)명 ①시골 또는 산야에서 느껴지는 자연의 정취. 야치(野致). ②자연적이고 소박한 느낌. 야정(野情).
야ː치(野致)명 ☞야취(野趣).
야코-죽다[-따]자 '힘에 눌려 기를 못 펴다'를 속되게 이르는 말.
야코죽-이다타 〖'야코죽다'의 사동〗 '위세로써 기를 못 펴게 하다'를 속되게 이르는 말.
야크(yak)명 솟과의 큰 짐승. 소와 비슷하나 온몸이 부드러운 긴 털로 덮여 있으며, 털빛은 주로 흑백으로 얼룩져 있음. 인도 북부와 티베트의 고원 지대에서 사는데, 사역(使役)·육용(肉用)·유용(乳用)으로 쓰임.
야ː태(野態)명 촌스러운 티.
야ː토(野兔)명 산토끼.
야트막-하다[-마카-]형여 조금 얕은 듯하다. ¶ 야트막한 산. 준야틈하다. 큰여트막하다. 야트막-이부.

야틈-하다[형][여] 〈야트막하다〉의 준말. ¶ 야틈한 언덕의 능선. [큰]여틈하다.
야:포(野砲)[명] 야전에서, 보병 지원용으로 쓰이는 구경(口徑) 75~105 mm의 캐넌포. 포병의 주력 화포임. 야전포(野戰砲).
야:포-대(野砲隊)[명] 야포를 중심으로 하여 조직된 포병 부대.
야:-포도(野葡萄)[명] ①☞왕머루. ②☞머루.
야:풍(野風)[명] ①촌스러운 모습. 촌스러운 방식. ②저속한 풍속.
야:-하다(冶-)[형][여] ①(옷차림이나 화장·몸짓 따위가) 천하게 느껴질 만큼 지나치게 화려하거나 자극적이다, 또는 성적(性的)으로 자극하는 상태에 있다. ¶ 화장이 너무 야하다. /야한 표정을 짓다. ②(그림이나 글·이야기 따위가) 성적(性的)으로 자극하는 내용을 담고 있다. ¶ 야한 농담. /영화가 너무 야하다.
야:-하다(野-)[형][여] 품격이 없이 거칠고 상스럽다. ¶ 말씨와 옷차림이 야하다.
야:학(夜瘧)[명][하자] 증세가 밤에 심하게 나타나는 학질, 또는 그 학질을 앓음.
야:학(夜學)[명] ①[하자] 밤에 공부함. [참]주학(晝學). ②야간에 학업을 이수하는 과정, 또는 그 교육 기관.
야:학(野鶴)[명] ☞두루미2.
야:-학교(夜學校)[-꾜][명] 야간에 수업을 하는 학교. 야간 학교.
야:-학생(夜學生)[-쌩][명] 야학에서 공부하는 학생.
야:한(夜寒)[명] ①밤의 추위. ②가을밤의 쌀쌀한 기운.
야:합(野合)[명][하자][되자] ①(정식으로 결혼의 절차를 밟지 않고) 남녀가 정을 통하거나, 함께 삶. ②(떳떳하지 못한 야망을 이루기 위하여) 서로 어울림. ¶ 불법 단체와 야합하다.
야:항(夜航)[명][하자] 밤에 항행함.
야:행(夜行)[명][하자] ①밤에 길을 감. ¶ 야행 열차. ②밤에 나다니거나 활동함. ②↔주행(晝行).
야:행-성(夜行性)[-썽][명] (낮에는 숨어 있다가) 밤에 먹이를 찾아 활동하는 동물의 습성. ¶ 야행성 동물. ↔주행성(晝行性).
야호[감] 등산하는 사람이 서로 위치를 확인하거나 상쾌감을 나타내어 지르는 소리.
야:호(夜壺)[명] ☞요강(尿鋼).
야:호(野狐)[명] ☞여우.
야:화(夜話)[명] ①밤에 모여 앉아서 하는 이야기. ②부담 없이 들을 수 있는 이런저런 세상 이야기. ¶ 법창(法窓) 야화.
야:화(野火)[명] ①들에서 일어난 불. ②들의 마른 풀을 태우는 불.
야:화(野花)[명] ①들에 피는 꽃. 들꽃. ②'화류계(花柳界)의 여자'를 비유하여 이르는 말.
야:화(野話)[명] 항간에 떠도는 이야기.
야:화^식물(野化植物)[-싱-][명] 재배 식물이던 것이 멋대로 흩어져 야생종이 된 식물.
야:회(夜會)[-회/-훼][명][하자] 밤에 모임을 엶, 또는 그 모임. 특히 사교를 목적으로 한, 서양풍의 무도회를 이름.
야:회-복(夜會服)[-회-/-훼-][명] (서양식의) 야회에 참석할 때 입는 예복. 남자는 연미복, 여자는 이브닝드레스를 주로 입음.
야:훼(Yahweh 히)[명] ☞여호와.
약[명] ①어떤 식물이 성숙해서 지니게 되는 맵거나 쓰거나 한 자극성 성분. ②비위에 거슬렸을 때 일어나는 언짢은 감정.
약(을) 올리다[관용] 성이 나게 하다. ¶ 그가 화를 내면 낼수록 더욱 약을 올렸다.
약(이) 오르다[관용] ①(고추나 담배 따위가 잘 자라서) 자극성의 성분을 지니게 되다. ¶ 고추에 약이 올라 몹시 맵다. ②성이 나다. ¶ 그는 약이 올라 이를 갈았다.
약(約)[명] 화투 놀이에서, 비약·초약·풍약 따위를 이르는 말.
약(略)[명] ①과거에서 강경과(講經科)의 성적을 평가할 때의 둘째 등급. 〔통(通)·약(略)·조(粗)·불(不)의 네 등급으로 평가하였음.〕 ②☞생략.
약(葯)[명] ☞꽃밥. 약포(葯胞).
약(藥)[명] ①병이나 상처를 고치기 위하여, 또는 병을 예방하기 위하여 먹거나 바르거나 주사하는 물질. 〔감기약·위장약 따위.〕 ②세균이나 해충 따위를 죽게 하는 물질. 〔소독약·살충제 따위.〕 ③〈구두약〉의 준말. ④〈화약(火藥)〉의 준말. ⑤건전지, 또는 건전지의 전류를 일으키는 힘을 이르는 말. ¶ 약이 다 닳아서 시계가 멈추어 버렸다. ⑥마약·아편 따위를 빗대어 이르는 말. ⑦〈뇌물〉의 속된 말. ¶ 담당 직원에게 약을 쓰다. ⑧'몸이나 마음에 유익한 사물'을 비유하여 이르는 말. ¶ 네겐 회초리가 약이다.
약(을) 지르다[관용] 술을 담가 놓은 후에 발효를 돕는 약품을 넣다.
약(을) 팔다[관용] 이것저것 끌어대어 이야기를 늘어놓다. 입담 좋게 수다를 떨다.
약(約)[관] 《수량을 나타내는 말 앞에 쓰이어》 어떤 수량에 거의 가까운 정도를 나타내는 말. ¶ 약 3개월. /약 2만 명.
약가(藥價)[-까][명] 약값. 약대(藥代).
약-가심(藥-)[-까-][명][하자] 약을 먹고 나서 다른 음식으로 입을 개운하게 함, 또는 그 음식.
약간(若干)[-깐] [I][명] 조금. 얼마쯤. ¶ 약간의 선물.
[II][부] 얼마 안 되게. 얼마쯤. ¶ 돈이 약간 모자란다.
약갑(藥匣)[-깝][명] 약을 넣는 갑.
약-값(藥-)[-깝][명] 약을 사고 치르는 돈. 약가(藥價). 약대(藥代). 약료(藥料). * 약값이[-깝씨]·약값만[-깜-]
약건(鑰鍵)[-껀][명] ①문빗장에 내리지르는 쇠. ②열쇠.
약계(藥契)[-꼐/-께][명] 지난날, '한약을 지어 파는 가게'를 이르던 말. 약국(藥局).
약계-바라지(藥契-)[-꼐빠-/-께빠-][명] 한약방의 창문 중간에 낸 작은 들창. [참]바라지1.
약계-봉사(藥契奉事)[-꼐-/-께-][명] 약계를 내어 한약을 지어 파는 사람. 약계주부(藥契主簿).
약계-주부(藥契主簿)[-꼐-/-께-][명] ☞약계봉사(藥契奉事).
약-고추장(藥-醬)[-꼬-][명] ①찹쌀을 원료로 하여 보통의 것보다 고춧가루를 많이 넣고 담근 고추장. ②볶은 고추장.
약골(弱骨)[-꼴][명] 몸이 약한 사람. 약한 몸. 잔골(孱骨). [비]약질(弱質). ↔강골.
약과(藥菓·藥果)[-꽈][명] ①유밀과의 한 가지. 밀가루를 꿀·기름·새앙 따위로 반죽하여 과줄판에 박아서 기름에 지진 것. 과줄. ②(다른 것에 견주어)'그 정도 당하는 일은 아무것도 아님'의 뜻으로 이르는 말. ¶ 그 정도는 약과로 생각하세요.
약과-문(藥菓紋)[-꽈-][명] ①약과 모양으로 꾸민 비단의 무늬. ②검은담비의 네모진 무늬.

약과^장식(藥果裝飾)[-꽈-]명 장(欌)의 문 귀퉁이 따위에 박는 네모진 장식.
약관(約款)[-꽌]명 계약이나 조약 등에서 정해진 하나하나의 조항. ¶ 약관에 위배되다.
약관(弱冠)[-꽌]명 ①남자의 나이 스무 살, 또는 스무 살 전후를 이르는 말. ¶ 약관에 과거에 급제하다. ②젊은 나이. 약년(弱年). ¶ 20대의 약관임에도 불구하고 큰 사업을 일으켰다.
약국(弱國)[-꾹]명 국력이 약한 나라. 약소국가. ↔강국(強國).
약국(藥局)[-꾹]명 ①한약국과 양약국을 통틀어 이르는 말. ②약사가 의약품을 조제하여 팔거나 매약(賣藥)을 파는 가게. 양약국. ③☞약계(藥契).
약국-방(藥局方)[-꾹빵]명 '약전(藥典)'을 이전에 이르던 말.
약국-생(藥局生)[-꾹쌩]명 (의사의 처방에 따라) 병원의 약국에서 약을 짓는 사람. 참약사.
약-그릇(藥-)[-끄름]명 약을 담아 두거나 따라서 마시는 그릇. *약그릇이[-끄르시]·약그릇만[-끄른-]
약기(略記)[-끼]명하타 (필요 없는 것은 생략하고) 요점만을 간략하게 적음, 또는 그 기록. 생기(省記). ¶ 사건 내용을 약기하다.
약기(躍起)[-끼]명하자 뛰어 일어남.
약-꼬챙이(藥-)명 '약막대기'의 잘못.
약-꿀(藥-)명 약으로 쓰는 꿀.
약낭(藥囊)[양-]명 약을 넣어서 차는, 작은 주머니. ¶ 약낭에서 청심환을 꺼내다.
약년(弱年)[양-]명 나이가 젊음, 또는 젊은 나이. 약관(弱冠).
약년(藥碾)[양-]명 〈약연(藥碾)〉의 본딧말.
약농(藥籠)명 '약롱'의 잘못.
약다[-따]형 자기에게 이롭지 않은 일에는 아예 나서지 않는, 꾀바른 데가 있다. ¶ 약게 놀다. /젊은 사람이 너무 약다. 큰역다.
약단(約短)[-딴]명 화투 놀이에서, 약과 단을 아울러 이르는 말.
약대[-때]명 ☞낙타(駱駝).
약대(藥大)[-때]명 〈약학 대학〉의 준말.
약대(藥代)[-때]명 약값. 약가(藥價).
약덕(藥德)[-떡]명 병을 낫게 하는 약의 효험. ¶ 약덕을 입다.
약도(略圖)[-또]명 요점이나 요소만을 간략하게 나타낸 도면이나 지도. ¶ 관광지 약도.
약독(藥毒)[-똑]명 약 속에 들어 있는, 해로운 부작용을 일으키는 성분.
약동(躍動)[-똥]명하자 생기 있고 활발하게 움직임. 생기 있게 활동함. ¶ 약동하는 젊음. /생명이 약동하는 계절.
약동-감(躍動感)[-똥-]명 생기가 펄펄 넘치는 느낌.
약-두구리(藥-)[-뚜-]명 탕약(湯藥)을 달이는 데 쓰는, 자루가 달린 놋그릇. 준두구리.
약-둥이[-뚱-]명 똑똑하고 약은 아이.
약략(略略) '약략하다'의 어근.
약략-스럽다(略略-)[양냑쓰-따][~스러우니·~스러워]형ㅂ 약략하게 보이다. 약략한 느낌이 있다. **약략스레**부.
약략-하다(略略-)[양냐카-]형여 ①매우 간략하다. ②매우 약소(略少)하다. **약략-히**부.
약량(藥量)[양냥]명 약을 먹는 분량.
약력(略歷)[양녁]명 간략하게 중요한 것만 적은 이력(履歷). ¶ 저자의 약력. /약력을 소개하다.
약력(略曆)[양녁]명 ☞약본력(略本曆).
약력(藥力)[양녁]명 약의 효력. 약효(藥效).
약령(藥令)[양녕]명 봄과 가을에 열리는 약재(藥材)의 시장. 대구·대전·전주·청주 등지에 서며 조선 효종 때부터 시작되었다고 함. 약령시(藥令市). 준영(令).
약령을 보다관용 약령에 가서 약재를 사거나 팔거나 하다.
약령-시(藥令市)[양녕-]명 ☞약령(藥令).
약로(藥路)[양노]명 (이 약 저 약을 써 보아서) 병에 듣는 약을 얻게 된 경로.
약론(略論·約論)[양논]명하타 요점만을 간략하게 논함, 또는 그 의론.
약롱(藥籠)[양농]명 약을 넣어 두는 상자.
약료(藥料)[양뇨]명 ①〈약재료〉의 준말. ②약값.
약리(藥理)[양니]명 약품을 사용함으로써 일어나는 생리적 변화. ¶ 약리 작용.
약리-학(藥理學)[양니-]명 약물의 생체(生體)에 대한 작용 등을 연구하는 학문. 약물학(藥物學).
약마-복중(弱馬卜重)[양-쭝]명 〔약한 말에 무거운 짐을 싣는다는 뜻으로〕 '능력에 벅찬 일을 맡음'을 비유하여 이르는 말.
약-막대기(藥-)[양-때-]명 탕약을 짤 때 약수건을 비트는 데 쓰는 막대기.
약-면약(弱綿藥)[양-]명 화약류에 쓰이는, 질소량 12 % 정도의 니트로셀룰로오스. 무연 화약(無煙火藥)·다이너마이트 등의 재료로 쓰임.
약명(藥名)[양-]명 약의 이름.
약모(略帽)[양-]명 군인이 일상 근무 생활이나 훈련·작업 때 쓰는 모자. 작업모. ↔정모(正帽).
약-모음(弱母音)[양-]명 ☞음성 모음(陰性母音). ↔강모음(強母音).
약문(略文·約文)[양-]명 요점만을 간략하게 적은 글. 약필(略筆).
약-물(藥-)[양-]명 ①마시면 약효가 있다고 하는 샘물. 약수(藥水). ②약을 타거나 우린 물. ¶ 약물을 남용하다. /약물을 복용하다. ③탕약을 달인 물.
약물(約物)[양-]명 인쇄에서, 여러 가지 모양의 괄호·기호·무늬 따위를 나타내는 활자.
약물(藥物)[양-]명 ①약이 되는 물질. ②생체에 어떤 변화를 일으키게 하는 화학 물질.
약물-꾼(藥-)[양-]명 약물터로 약물을 마시러 다니는 사람.
약물^요법(藥物療法)[양-료뻡]명 약물을 써서 병을 고치는 치료법. 내과적 치료법의 중심이 됨. 참정신 요법.
약물^중독(藥物中毒)[양-]명 약물을 지나치게 쓰거나 잘못 썼을 때 일어나는 중독.
약물-터(藥-)[양-]명 약물이 나는 곳, 또는 그 언저리. 약수터.
약물-학(藥物學)[양-]명 ☞약리학(藥理學).
약박(弱拍)[-빡]명 ☞여린박.
약반(藥飯)[-빤]명 ☞약밥.
약-발(藥-)[-빨]명 겉으로 드러나는 약의 효험. ¶ 약발이 받다. /약발이 듣다.
약밤-나무[-빰-]명 참나뭇과의 낙엽 교목. 중국 북부 원산으로 우리나라 각지에서 자람. 높이 15~20 m. 보통의 밤나무와 비슷하나 가지는 녹색을 띠고 있고, 잎의 톱니가 깊으며, 밤송이의 가시가 짧음. 열매는 잘고 맛이 달며 '평양 밤'이라고도 함.
약-밥(藥-)[-빱]명 찹쌀 고두밥에 꿀이나 설탕·대추·진간장·참기름·밤·곶감·잣 등을 섞어서 시루에 찐 음식. 약반(藥飯). 약식(藥食).

약방(藥房)[-빵]명 ①매약상·약종상을 흔히 이르는 말. 약포(藥鋪). ②☞내의원(內醫院).

약방에 감초속담 〔한방에 꼭 들어가는 약재인 감초처럼〕 어떤 일에나 빠짐없이 끼어드는 사람, 또는 사물을 이르는 말.

약-방문(藥方文)[-빵-]명 한방에서, 약을 짓기 위하여 약재의 이름과 그 분량을 적은 종이. 약화제(藥和劑). ¶ 약방문을 내다. 준방문(方文).

약-밭(藥-)[-빹]명 약초를 심은 밭. 약전(藥田). ＊약밭이[-빠치]·약밭을[-빠틀]·약밭만[-빤-]

약법(約法)[-뻡]명 ☞약장(約章).

약병(藥甁)[-뼝]명 약을 담는 병.

약-병아리(藥-)[-뼝-]명 병아리보다 조금 큰 닭. 고기가 연하고 기름기가 알맞아 영양식이나 약용(藥用)으로 쓰임. 영계.

약-보[-뽀]명 약빠른 사람. 약빠리.

약보(略報)[-뽀]명하타 요점만 간략하게 보고하거나 보도함, 또는 그 보고나 보도. ↔상보(詳報).

약보(略譜)[-뽀]명 ①요점만 간략하게 나타낸 계보. ②오선(五線)에 적은 악보인 본보(本譜)에 대하여, 숫자 따위로 간략하게 적은 악보. ②↔본보(本譜).

약보(藥補)[-뽀]명하타 약으로 몸을 보함.

약보(藥褓)[-뽀]명 ①약을 많이 먹어서, 여간한 약을 써서는 약효가 나타나지 않는 일. ②☞약수건.

약-보자기(藥褓-)명 '약수건'의 잘못.

약-보합(弱保合)[-뽀-]명 주가 따위의 시세가 약간 하락하여 보합 상태를 유지하는 일. ↔강보합.

약-복지(藥袱紙)[-뽁찌]명 첩약(貼藥)을 싸는 네모반듯한 종이. 준복지.

약-본력(略本曆)[-뽈-]명 본력을 바탕으로 하여 일반인의 일상생활에 필요한 것만 가려서 간략하게 만든 달력. 약력(略曆).

약-봉지(藥封紙)[-뽕-]명 약을 넣는 봉지.

약분(約分)[-뿐]명하타되자 분수의 분모와 분자를 공약수로 나누어 간단하게 함. 맞줄임. 통약(通約).

약비(略備)[-삐]명하타되자 (꼭 있어야 하는 것만을) 대강 갖춤. 간략하게 갖춤.

약비-나다[-삐-]자 (정도가 너무 지나쳐) 지긋지긋하도록 싫증이 나다.

약-빠르다[~빠르니·~빨라]형르 약고 눈치가 빠르다. ¶ 약빠른 사람. /약빠르게 빠져나가다. 큰역빠르다.

약-빠리명 약빠른 사람. 약보.

약빨리부 약빠르게. 큰역빨리.

약사(略史)[-싸]명 간략하게 줄여서 적은 역사. ¶ 한미(韓美) 외교 약사.

약사(藥師)[1][-싸]명 약사 자격증을 가지고 의사의 처방에 따라 약을 조제하거나 의약품을 파는 사람. 참약국생.

약사(藥師)[2][-싸]명 〈약사여래〉의 준말.

약-사발(藥沙鉢)[-싸-]명 ①약을 담는 사발. ②사약(賜藥)을 내릴 때 그 독약을 담던 그릇.

약사-법(藥事法)[-싸뻡]명 공중위생의 향상을 목적으로 약사·약국 및 의약품·의료 기구·화장품의 제조와 판매 등에 대하여 규정한 법률.

약사^삼존(藥師三尊)[-싸-]명 약사여래와 그 왼쪽 협사(脇士)인 일광보살(日光菩薩), 오른쪽 협사인 월광보살(月光菩薩)을 통틀어 이르는 말.

약사-여래(藥師如來)[-싸-]명 중생을 병이나 재난에서 건져 준다는 부처. 왼손에는 약병을 들고, 오른손으로는 시무외(施無畏)의 인(印)을 맺고 있는 것이 보통임. 약사유리광여래. 준약사(藥師)2.

약사유리광여래(藥師瑠璃光如來)[-싸-]명 ☞약사여래.

약삭-빠르다[-싹-][~빠르니·~빨라]형르 매우 약빠르다. ¶ 약삭빠른 행동. /약삭빠르게 자리를 피하다.

약삭빨리[-싹-]부 눈치가 빠르거나, 자기 잇속을 차려 행동하는 데 재빠르게. ¶ 약삭빨리 눈치를 채다.

약삭-스럽다[-싹쓰-따][~스러우니·~스러워]형ㅂ 보기에 약삭빠른 데가 있다. ¶ 약삭스러운 장사꾼. /약삭스럽게 행동하다. **약삭스레**부.

약산(弱酸)[-싼]명 전리도(電離度)가 작은 약전해질(弱電解質)의 산. 수용액 중에서 수소 이온을 발생시키는 힘이 약함. 〔초산·탄산·붕산 따위.〕 ↔강산(強酸).

약-산적(藥散炙)[-싼-]명 ☞장산적(醬散炙).

약-상자(藥箱子)[-쌍-]명 약을 넣어 두는 상자.

약-샘(藥-)[-쌤]명 약물이 솟는 샘.

약서(略敍)[-써]명하타 ☞약술(略述).

약석(藥石)[-썩]명 〔약과 돌침이란 뜻으로〕 '온갖 약재와 치료'를 통틀어 이르는 말. ¶ 약석의 보람도 없이 세상을 뜨다.

약석지언(藥石之言)[-썩찌-]명 〔약이 되는 말이란 뜻으로〕 바른 사람이 되도록 훈계하는 말.

약설(略設)[-썰]명하타 간략하게 마련함.

약설(略說·約說)[-썰]명하타 요점만 간략하게 설명함, 또는 그 설명. ¶ 동양사 약설.

약성(藥性)[-썽]명 약재의 성질.

약세(弱勢)[-쎄]명 ①약한 세력이나 기세. ¶ 군비(軍備)의 약세. /약세에 몰리다. ②물가나 주가(株價) 따위가 내려가는 시세. ¶ 주가가 약세로 돌아서다. ↔강세(強勢).

약소(弱小)[-쏘]명하형 약하고 작음. 참강대(強大).

약소(略少) '약소하다'의 어근.

약소-국(弱小國)[-쏘-]명 ☞약소국가. ↔강대국.

약소-국가(弱小國家)[-쏘-까]명 경제력이나 군사력 따위가 약하고 작은 나라. 약국(弱國). 약소국.

약-소금(藥-)[-쏘-]명 ①☞두더지 소금. ②(양치질을 하거나 물에 녹여서 눈을 씻거나 하기 위하여) 볶아서 곱게 빻은 소금.

약소-민족(弱小民族)[-쏘-]명 경제력이나 군사력 등이 약하고 작은 민족.

약소-하다(略少-)[-쏘-]형여 적고 변변하지 못하다. ¶ 약소하오나 받아 주십시오.

약속(約束)[-쏙]명하자타되자 어떤 일에 대하여 어떻게 하기로 미리 정해 놓고 서로 어기지 않을 것을 다짐함, 또는 그 내용. ¶ 약속 장소. /재회를 약속하다. /약속 시간을 지키다.

약속^어음(約束-)[-쏘거-]명 발행한 사람이 그 어음을 가지고 있는 사람에게 일정한 금액을 지급하기로 약속하여 발행하는 어음.

약-손(藥-)[-쏜]명 ①앓는 아이를 위로하기 위하여, 만지면 낫는다고 하면서 아픈 데를 어루만져 주는 손. ¶ 내 손이 약손이다. ②〈약손가락〉의 준말.

약-손가락(藥-)[-쏜까-]명 가운뎃손가락과 새끼손가락 사이에 있는 넷째 손가락. 무명지(無名指). 약지(藥指). 준약손.

약-솜(藥-)[-쏨]명 ☞탈지면(脫脂綿).

약수(約數)[-쑤]명 어떤 정수(整數)나 정식(整式)을 나누어 떨어지게 할 수 있는 정수나 정식. 〔12의 약수는 1·2·3·4·6·12.〕 ↔배수(倍數).

약수(藥水)[-쑤]명 ☞약물.

약수(藥狩)[-쑤]명 민속에서, 오월 단오에 산이나 들에 나가 약초를 캐어 모으는 일.

약-수건(藥手巾)[-쑤-]명 달인 탕약을 거르거나 짜는 데 쓰는 베 헝겊. 약보(藥褓).

약수-터(藥水-)[-쑤-]명 ☞약물터.

약-술(藥-)[-쑬]명 약재를 넣어 빚은 술. 약주(藥酒). 약지주(藥漬酒).

약술(略述)[-쑬]명하타되사 요점만을 간략하게 말함. 간략하게 서술함. 약서(略敍). ¶ 3·1 운동의 경과를 약술하다.

약-스럽다[-쓰-따][~스러우니·~스러워]형ㅂ 성질이 야릇하고 못나다. **약스레**부.

약시(若是) '약시하다'의 어근.

약시(弱視)[-씨]명 안경을 써도 교정할 수 없을 정도로 약한 시력, 또는 그런 눈.

약-시시(藥-)[-씨-]명하자 병자를 돌보아 약을 씀. ¶ 약시시는 물론 식사에도 정성을 다하였다.

약시약시(若是若是) '약시약시하다'의 어근.

약시약시-하다(若是若是-)[-씨-씨-]형여 이러이러하다. 약차약차하다. 여시여시하다. 여차여차하다. ¶ 일의 경위가 약시약시하다.

약-시중(藥-)[-씨-]명하타 병자의 옆에 있으면서 때맞추어서 약을 먹이거나 외용약(外用藥)을 발라 주거나 하는 일.

약시-하다(若是-)[-씨-]형여 이와 같다. 약차(若此)하다. 여시(如是)하다. 여차(如此)하다. ¶ 사세가 약시하다.

약식(略式)[-씩]명 정식의 절차를 생략한 간단한 방식. ¶ 약식 보고. ↔정식(正式).

약식(藥食)[-씩]명 ☞약밥.

약식^기소(略式起訴)[-씩끼-]명 공판을 열지 않고 서면 심리에 의하여 재판하는, 간이 재판소의 기소 절차.

약식^명:령(略式命令)[-씽-녕]명 형사 사건에서, 약식 절차에 의하여 벌금·과료 또는 몰수형(沒收刑)을 선고하는 명령. 정식 재판의 청구가 없을 때는 확정 판결과 같은 효력을 가짐.

약-식염천(弱食塩泉)[-씨겸-]명 물속에 염분이 1000분의 5 이하가 들어 있는 식염천. 〔만성 위장병에 효험이 있다고 함.〕

약식^절차(略式節次)[-씩쩔-]명 정식 재판에 의하지 않고 서면 심리(書面審理)만으로 벌금·과료 등의 형을 선고하는 간단한 형사 재판 절차.

약실(藥室)[-씰]명 ①총이나 대포 따위에서, 탄약을 재는 부분. ¶ 약실 검사. ②약을 조합(調合)하거나 저장하는 방.

약-쑥(藥-)명 약재로 쓰는 쑥. 흔히, '산쑥'을 이름.

약아-빠지다형 몹시 약다. ¶ 하는 짓이 얄밉도록 약아빠졌다.

약액(藥液)명 약으로 쓰는 액체. 액체로 된 약. ¶ 눈에 약액을 넣다.

약약-하다[야갸카-]형여 싫증이 나서 몹시 귀찮고 괴롭다. ¶ 똑같은 일을 되풀이하며 약약한 세월을 보내다.

약어(略語)명 어형(語形)의 일부분을 생략하여 간략화한 말.

약언(約言)명하자타 ①말로 약속함, 또는 약속한 말. 언약(言約). ¶ 약언을 굳게 믿다. ②요약해서 말함, 또는 그 말.

약언(略言)명하타 요점만을 간략하게 말함, 또는 그 말.

약여(躍如)명하형 ①발랄하고 생기 있는 모양. ②눈앞에 생생하게 떠오르는 모양. ¶ 그의 대장부다운 면목이 약여하다. **약여-히**부.

약연(←藥碾)명 한방에서, 덩어리로 된 약을 부수어 가루로 만드는 데 쓰이는 기구. 단단한 나무나 돌·쇠 따위에 도끼 자국 모양으로 홈을 파서 만든 그릇으로, 약을 넣어 연알로 눌러 부숨. 연발(碾鉢). 준연(碾). 참연알.

약-염기(弱塩基)[양념-]명 전리도(電離度)가 작은 약전해질(弱電解質)의 염기. 수용액 중에서 수소 이온을 발생시키는 힘이 약함. 〔수산화알루미늄·암모니아 따위.〕

약왕-귀(藥王鬼)명 ☞앙괭이.

약왕보살(藥王菩薩)명 25보살의 하나. 묘약(妙藥)으로 중생의 심신의 병고를 덜어 주고 치료해 준다는 보살.

약용(藥用)명 ①하타되자약으로 씀. ¶ 약용 알코올. ②병자에게 약을 쓰는 방법.

약용^비누(藥用-)명 (치료·소독·살균 따위) 의료용·위생용으로 쓰는, 살균제가 든 비누.

약용^식물(藥用植物)[-싱-]명 약으로 쓰이거나 약의 원료가 되거나 하는 식물. 참약초.

약-우물(藥-)명 약물이 솟는 우물. 물맛이 썩 좋은 우물.

약원(藥園)명 약초를 심어 가꾸는 밭. 약초원(藥草園). 약포(藥圃).

약육-강식(弱肉強食)[-깡-]명하자 약한 것이 강한 것에게 먹힘. 〔생존 경쟁의 격렬함을 나타내는 말.〕 ¶ 약육강식의 동물 세계.

약음(弱音)명 약한 음. 작은 소리.

약음-기(弱音器)명 음을 약하게 하거나 음색을 부드럽게 하기 위하여 악기에 붙이는 기구. 현악기·관악기·타악기 등에 따라 여러 모양의 것이 있음. 소르디노.

약음^페달(弱音pedal)명 피아노의 왼쪽 페달. 밟으면 음이 약해짐.

약이(藥餌)명 ①약이 되는 음식. ②약과 음식.

약인(略人)명하타 (꾀거나 으르거나 하여) 사람을 잡아감.

약일(藥日)명 약풀을 캐는 날, 곧 '오월 단오'를 달리 이르는 말.

약자(弱者)[-짜]명 힘이나 기능·세력 따위가 약한 사람(생물·집단). ¶ 약자를 응원하다. /약자 편에 서서 돕다. ↔강자(強者).

약자(略字)[-짜]명 ☞반자(半字).

약자-선수(弱者先手)[-짜-]명 바둑이나 장기 따위에서, 수가 낮은 사람이 먼저 두는 일.

약장(約章)[-짱]명 서로 지키기로 약속한 법이나 규칙. 약법(約法).

약장(略章)[-짱]명 약식의 훈장(勳章)이나 휘장(徽章) 따위를 통틀어 이르는 말. ↔정장(正章).

약장(略裝)[-짱]명 약식의 복장. ↔정장(正裝).

약장(藥欌)[-짱]명 ①한약방에서, 약재를 따로따로 넣어 두는 많은 서랍이 달린 장. ②약을 넣어 두는 장.

약-장수(藥-)[-짱-]명 ①약을 파는 사람. ②재치 있게 이것저것 끌어대면서 이야기를 잘하는 사람을 홀하게 이르는 말.

약재(藥材)[-째]명 약을 짓는 재료. 약재료. 약종(藥種).

약-재료(藥材料) [-째-] 명 ☞약재. ㊟약료.

약-저울(藥-) [-쩌-] 명 약재의 무게를 다는 데 쓰는 작은 저울. 분칭(分秤). 약형(藥衡).

약전(弱電) [-쩐] 명 전자 회로나 제어 회로 등 비교적 약한 전류를 사용하는 전기 기기 부문을 통틀어 이르는 말. ↔강전(強電).

약전(略傳) [-쩐] 명 간략하게 적은 전기(傳記). ¶ 이순신 약전. ㊐소전(小傳).

약전(藥田) [-쩐] 명 ☞약밭.

약전(藥典) [-쩐] 명 국가에서, 국민 보건에 중요한 약품의 순도·강도·품질 등에 대한 기준을 정한 법전. 〔우리나라에는 '대한약전'이 있음.〕

약전(藥箋) [-쩐] 명 ☞처방전(處方箋).

약-전국(藥-) [-쩐-] 명 삶거나 찐 콩에 소금·새앙 따위를 섞고 띄워서 만든 약. 상한(傷寒)·두통 따위에 민간요법으로 쓰임. 〔발한(發汗)·해독 작용이 있다 함.〕

약-전해질(弱電解質) [-쩐-] 명 전리도가 작은 전해질. 〔암모니아·초산·아닐린 따위.〕 ↔강전해질.

약점(弱點) [-쩜] 명 ①부족하거나 불완전한 점. ¶ 약점을 보완하다. /약점을 꼬집다. ②자기의 입장을 위태롭게 할 가능성이 있는, 뒤 구린 점이나 떳떳하지 못한 점. ¶ 약점을 잡다. /약점을 노리다. ㊐허점. ↔강점(強點).

약정(約定) [-쩡] 명 하자타 되자 약속하여 정함. ¶ 약정 기간.

약정-서(約定書) [-쩡-] 명 약정한 내용을 적은 문서. ¶ 양국 대사가 약정서를 교환하다.

약정^이ː율(約定利率) [-쩡-] 명 당사자 사이의 계약으로 정한 이율. ↔법정 이율.

약정^이ː자(約定利子) [-쩡-] 명 당사자 사이의 계약으로 정한 이자. ↔법정 이자.

약제(藥劑) [-쩨] 명 의료용으로 조제한 약.

약제-관(藥劑官) [-쩨-] 명 약에 관한 업무를 맡아보는 공무원.

약제-사(藥劑師) [-쩨-] 명 '약사(藥師)'의 이전 일컬음.

약제-실(藥劑室) [-쩨-] 명 병원이나 약국에서, 약사가 약을 조제하는 방.

약조(約條) [-쪼] 명 하자타 되자 조건을 정하여 약속함, 또는 약속하여 정한 조항. ¶ 약조를 지키다.

약조-금(約條金) [-쪼-] 명 ☞계약 보증금.

약졸(弱卒) [-쫄] 명 약한 병졸. 약한 부하. ¶ 용장 아래 약졸 없다. ↔강졸(強卒).

약종(藥種) [-쫑] 명 ☞약재(藥材).

약종-상(藥種商) [-쫑-] 명 약재를 파는 장사, 또는 그런 장수.

약주(弱奏) [-쭈] 명 하자 약하게 연주함. 악보의 위나 아래에 'piano'를 뜻하는 '*p*'로 표시됨.

약주(藥酒) [-쭈] 명 ①☞약술. ②탁주보다 맑고 주정분(酒精分)이 많은 술. 약주술. ③'술'을 점잖게 이르는 말. ¶ 약주나 한잔 하십시다.

약-주릅(藥-) [-쭈-] 명 약재의 매매를 거간하는 사람.

약주-상(藥酒床) [-쭈쌍] 명 '술상'을 점잖게 이르는 말. ¶ 약주상을 올리다.

약주-술(藥酒-) [-쭈-] 명 ☞약주(藥酒).

약지(弱志) [-찌] 명 약한 의지.

약지(藥指) [-찌] 명 ☞약손가락.

약지(藥紙) [-찌] 명 약을 싸는 데 쓰는 종이.

약지-주(藥漬酒) [-찌-] 명 여러 가지 약재를 넣어 빚은 술. 약술.

약진(弱震) [-찐] 명 진도 3의 지진. 집이 흔들리고 창문이 덜그럭거리며 매달린 것이 눈에 뜨일 정도로 흔들리는 지진.

약진(藥疹) [-찐] 명 약을 먹거나 주사를 맞은 뒤 얼마 되지 않아서 피부에 나타나는 발진. 약물에 대한 알레르기 현상에 의한 것임.

약진(躍進) [-찐] 명 하자 되자 ①힘차게 나아감. ②눈부시게 발전함. ¶ 약진하는 자동차 산업.

약진-상(躍進相) [-찐-] 명 약진하는 모습. ¶ 우리 산업의 약진상을 나타낸 도표.

약-질(藥-) [-찔] 명 하자 ①병을 고치려고 약을 쓰는 일. ②술을 빚을 때 여러 가지 약을 넣는 일. ③마약 중독자가 모르핀을 쓰는 일.

약질(弱質) [-찔] 명 약한 체질, 또는 약한 체질의 사람. ㊐약골(弱骨).

약차(若此) '약차하다'의 어근.

약차(藥茶) 명 약재를 달여 차 대신으로 마시는 약물.

약차(藥借) 명 하자 〔약에서 힘을 빌린다는 뜻으로〕 약을 먹어 힘이 나게 함. ㊄차력(借力).

약차약차(若此若此) '약차약차하다'의 어근.

약차약차-하다(若此若此-) 형여 이러이러하다. 약시약시하다. 여차여차하다. ¶ 내 형편이 약차약차하다.

약차-하다(若此-) 형여 ①이러하다. 이와 같다. 약시(若是)하다. 여차(如此)하다. ②뜻대로 되지 아니하다. 《흔히, '약차하면'·'약차하거든'의 꼴로 쓰임.》 ¶ 약차하거든 바로 줄행랑을 쳐라.

약찬(略饌) 명 간소하게 차린 음식.

약채(藥債) 명 약값으로 진 빚.

약책(藥冊) 명 지난날, 단골 자리의 거래 관계를 적어 두던 약국의 치부책.

약철(藥鐵) 명 (종이나 대포 따위에 쓰이는) 화약과 철환(鐵丸).

약체(弱體) 명 ①약한 몸. ②허약하여 남과 대항할 수 없는 조직이나 체제 따위. ¶ 약체 팀.

약체(略體) 명 본디의 형태를 간략하게 한 것. 특히 간략하게 한 자체(字體), 곧 약자를 이름. ¶ 약체 한자(漢字).

약체^보ː험(弱體保險) 명 생명 보험의 한 가지. 건강이 좋지 않은 사람에게 특별한 조건을 붙여 계약하는 보험. 보험료를 올리거나 보험금을 내림.

약체-화(弱體化) 명 하자타 되자 어떤 조직체나 체제가 본디보다 약해짐, 또는 조직체를 약하게 함.

약초(藥草) 명 ☞약풀. ¶ 약초 재배. /약초를 캐다.

약초-원(藥草園) 명 ☞약원(藥園).

약취(略取) 명 하타 되자 ①폭력 따위를 써서 빼앗음. ②폭력이나 협박 등으로 사람을 유괴함. ¶ 어린이를 약취하는 자는 천벌 받아 마땅하다.

약취^강ː도(略取強盜) 명 사람을 약취하여 인질로 삼아 재물을 빼앗는 행위.

약취^유괴(略取誘拐) [-괴/-궤] 명 폭력·협박·속임수 등으로, 사람을 자기나 제삼자의 지배 아래 두어 자유를 침해하는 행위.

약치(掠治) 명 하타 죄인을 심문할 때 볼기를 치며 다스리던 일.

약치(藥治) 명 하타 되자 〈약치료〉의 준말.

약-치료(藥治療) 명 하타 되자 약을 써서 병을 고침. 약으로 치료함. ㊟약치.

약-칠(藥漆) 명 하자타 ①다친 데나 아픈 데에 약을 바름. ②물건에 윤을 내기 위하여 약을 칠함. ¶ 구두에 약칠하다.

약침(藥鍼)명 약과 침, 또는 의약(醫藥)과 침술(鍼術)을 아울러 이르는 말.

약칭(略稱)명하타 정식 명칭의 일부를 줄여서 간략하게 일컬음, 또는 그 명칭. 〔'농과 대학'을 '농대'라고 일컫는 따위.〕 준말.

약칭(藥秤)명 ☞분칭(分秤).

약탈(掠奪)명하타 폭력으로 빼앗음. 겁략(劫掠). 양탈(攘奪). 창탈(搶奪). 탈략. ¶ 재물을 약탈하다. 참소드락질.

약탈^농업(掠奪農業)[-롱-]명 비료를 주지 않고 작물을 가꾸는 원시적인 농업. 얼마 동안 경작한 후, 지력(地力)이 다하면 그곳을 버리고 다른 곳으로 옮김. 〔화전(火田) 같은 것이 이에 딸림.〕

약탈-혼(掠奪婚)명 원시 사회나 미개 민속 사이에서, 다른 부족의 여자를 약탈하여 아내로 삼는 일.

약탕(藥湯)명 ①탕약을 달인 물. ②(환부를 씻기 위하여) 약을 넣고 끓인 물.

약-탕관(藥湯罐)명 탕약을 달이는 데 쓰는 오지그릇. 약탕기.

약-탕기(藥湯器)[-끼]명 ①약물을 담는 탕기. ②☞약탕관.

약-통명 인삼이나 더덕 따위의 둥글게 생긴 몸.

약통(藥桶)명 약을 담는 통.

약포(葯胞)명 ☞꽃밥. 약(葯).

약포(藥包)명 ①약을 싸는 종이, 또는 가루약을 종이에 싼 것. ②화포에 사용하는 발사용의 화약을 적당한 분량으로 나누어 싼 것.

약포(藥圃)명 ☞약원(藥園).

약포(藥脯)명 쇠고기를 얇게 저민 다음 양념을 넣고 주물러 채반에 펴서 말린 포.

약포(藥鋪)명 ☞약방(藥房).

약표(略表)명 간략하게 나타낸 표.

약-풀(藥-)명 약으로 쓰이는 풀. 〔인삼·천궁·지황·감초·작약 따위.〕 약초(藥草).

약품(藥品)명 ①만들어 놓은 약. 의약품. ②화학 변화를 일으키는 데 쓰는 고체나 액체의 물질. ¶ 화공(化工) 약품.

약품-명(藥品名)명 약품의 이름.

약-풍로(藥風爐)[-노]명 약탕관을 올려놓고 탕약을 달이는 데 쓰는 풍로.

약필(略筆)명하타 ①필요한 점 외에는 생략하여 씀, 또는 그 글. 약문(略文). ②☞반자(半字).

약하(若何) '약하하다'의 어근.

약-하다(略-)[야카-]타여 '생략하다'를 줄여서 이르는 말. ¶ 경칭을 약하다.

약-하다(弱-)[야카-]형여 ①힘이 세지 않다. 세력이 강하지 않다. ¶ 바람이 몹시 약하다. / 우리 팀이 약하다. ②튼튼하지 못하다. ¶ 몸이 약하다. ③의지 따위가 굳세지 못하다. ¶ 마음이 약하다. ④잘하지 못하다. ¶ 수학이 약하다. ⑤여리다. ¶ 소리가 약하다. ⑥자극에 대한 저항력이 모자라다. ¶ 술에 약하다. ↔강하다.

약-하다(藥-)[야카-] Ⅰ자여 약을 쓰다. Ⅱ타여 약으로 쓰다.

약하-하다(若何-)[야카-]형여 여하(如何)하다.

약학(藥學)[야칵]명 의약품의 성질·작용·제조·분석 등에 대한 이론과 응용을 연구하는 학문.

약학^대학(藥學大學)[야칵때-]명 약학 및 국민 보건 위생에 관한 학술적 이론과 기술을 가르치고 연구하는 단과 대학. 준약대(藥大).

약해(略解)[야캐]명하타 요점만 추려 간략하게 풀이함, 또는 그런 책. ¶ 세계사 약해.

약해(藥害)[야캐]명 약품을 잘못 씀으로써 입는 해.

약행(弱行)[야캥]명하형 실행력이 약함. 일을 하는 데 용기가 없음. ¶ 박지(薄志)약행.

약협(藥莢)[야켭]명 총이나 포의 탄환에서, 화약을 넣은 놋쇠로 된 통.

약형(藥衡)[야켱]명 ☞약저울.

약호(略號)[야코]명 알기 쉽고 간단하게 만든 부호. 〔'형용사'를 '형'으로 나타내는 따위.〕

약혼(約婚)[야콘]명하자되자 결혼하기로 서로 약속함, 또는 그 약속. 부부지약(夫婦之約). 정혼(定婚). 혼약(婚約). ¶ 서로 약혼한 사이.

약혼-기(約婚期)[야콘-]명 약혼한 때로부터 결혼할 때까지의 기간.

약혼-녀(約婚女)[야콘-]명 약혼한 상대편인 여자.

약혼-반지(約婚斑指)[야콘-]명 약혼을 기념하여 상대편에게 주는 반지.

약혼-식(約婚式)[야콘-]명 약혼을 선언하기 위한 의식. 〔양가의 가족과 친지들이 모임.〕

약혼-자(約婚者)[야콘-]명 약혼한 상대편인 남자 또는 여자.

약화(弱化)[야콰]명하자타되자 (힘이나 세력 따위가) 약해짐, 또는 약하게 함. ¶ 영업 조직이 약화되다. ↔강화(強化).

약화(略畫)[야콰]명 섬세한 부분은 생략하고, 대충의 모양을 간단하게 그린 그림.

약-화제(藥和劑)[야콰-]명 ☞약방문. 준화제.

약회(約會)[야쾨/야퀘]명하자 만나기를 약속함.

약효(藥效)[야쿄]명 약의 효력(효험). 약력(藥力). ¶ 약효가 나타나다. /약효를 보다.

-얀마론어미〈옛〉-건마는. ¶ 두 버디 비 배얀마론(龍歌90章).

얀정명 '인정(人情)'을 얕잡아 이르는 말.

얀정-머리명 '인정머리'를 얕잡아 이르는 말. ¶ 얀정머리라고는 티끌만큼도 없다.

얄개명 야살쟁이.

얄-궂다[-굳따]형 ①이상야릇하고 짓궂다. ¶ 얄궂은 운명. /날씨가 얄궂다. ②성질이 괴상하다. ¶ 자꾸 얄궂게 군다. ＊얄궂어·얄궂고[-굳꼬]

얄긋-거리다[-귿꺼-]자 자꾸 얄긋얄긋하다. 얄긋대다. ¶ 의자가 얄긋거리다. 큰일긋거리다.

얄긋-대다[-귿때-]자 얄긋거리다.

얄긋-얄긋[-귿냘귿/-그댤귿]부하자 물건의 사개가 잘 맞지 않거나 느슨하여 조금씩 일그러지는 모양. 큰일긋일긋.

얄긋-하다[-그타-]형여 한쪽으로 조금 삐뚤어져 있다. ¶ 얄긋하게 걸려 있는 액자. 큰일긋하다.

얄기죽-거리다[-꺼-]자타 자꾸 얄기죽얄기죽하다. 얄기죽대다. 큰일기죽거리다.

얄기죽-대다[-때-]자타 얄기죽거리다.

얄기죽-얄기죽[-중냘-/-주걀-]부하자타 허리를 요리조리 느리게 흔드는 모양. ¶ 얄기죽얄기죽 걸어오다. 큰일기죽일기죽.

얄따랗다[-라타][얄따라니·얄따래]형ㅎ 생각보다 더 얇다. ¶ 얄따란 종이. ↔두껍다랗다.

얄라차감 잘못되었음을 이상야릇하게 또는 신기하게 생각하였을 때 내는 소리.

얄랑-거리다자 자꾸 얄랑얄랑하다. 얄랑대다. 큰일렁거리다.

얄랑-대다자 얄랑거리다.

얄랑-얄랑[-랑냘-/-랑얄-]부하자 물에 뜬 작은 물건이 물결에 따라 요리조리 움직이는 모양. ¶ 종이배가 얄랑얄랑 떠내려가다. 큰일렁일렁.

얄망-궂다[-굳따]형 ①좀 괴상하고 얄궂다. ¶ 하는 짓마다 얄망궂다. ②(성질이나 행동이) 야릇하고 밉다.

얄망-스럽다[-따][~스러우니·~스러워]형ㅂ 좀 얄망궂은 듯하다. **얄망스레**부.

얄ː-밉다[-따][~미우니·~미워]형ㅂ 말이나 행동이 다랍고 밉다. ¶ 얄밉게 굴다.

얄ː밉상-스럽다[-쌍-따][~스러우니·~스러워]형ㅂ 얄미운 데가 있다. **얄밉상스레**부.

얄브스름-하다형여 좀 얇은 듯하다. 큰열브스름하다. **얄브스름-히**부.

얄쌍-하다형 '얄팍하다'의 잘못.

얄쭉-거리다[-꺼-]자타 자꾸 얄쭉얄쭉하다. 얄쭉대다. 큰일쭉거리다.

얄쭉-대다[-때-]자타 얄쭉거리다.

얄쭉-얄쭉[-쭝냘-/-쭈갈-]부하자타 허리를 요리조리 빠르게 흔드는 모양. 큰일쭉일쭉.

얄찍-얄찍[-찡냘-/-찌갈-]부하형 여럿이 다 얄찍한 모양. ¶ 오이를 얄찍얄찍하게 썰다.

얄찍-하다[-찌카-]형여 좀 얇은 듯하다. **얄찍-이**부.

얄팍-스럽다[-쓰-따][~스러우니·~스러워]형ㅂ 좀 얄팍한 듯하다. **얄팍스레**부.

얄팍-얄팍[-팡냘-/-파갈-]부하형 여럿이 다 얄팍한 모양. ¶ 재료가 모두 얄팍얄팍하다.

얄팍-하다[-파카-]형여 ①두께가 좀 얇다. ¶ 얄팍한 책. ②(하는 짓의) 속이 빤히 들여다보이다. ¶ 얄팍한 수작.

얇ː다[얄따]형 ①두께가 두껍지 않다. ¶ 벽이 너무 얇다. ↔두껍다. ②(규모 따위가) 보통의 정도에 미치지 못하다. ¶ 선수층이 얇다. ③빛깔이 연하다. ④하는 짓이 빤히 들여다보이게 얄팍하다. ¶ 사람이 좀 얇다. 큰엷다. ＊얇아·얇ː고[얄꼬]

얇ː디-얇다[얄띠얄따]형 몹시 얇다.

얌(yam)명 마과의 마속에 딸린 덩굴성 식물을 통틀어 이르는 말. 아프리카나 남아메리카 등의 고온 다습한 지역에서 식용 식물로 많이 재배함.

얌냠부하자 '냠냠'의 잘못.

얌냠-이명 '냠냠이'의 잘못.

얌생이명 '남의 물건을 야금야금 훔쳐 내는 짓'을 속되게 이르는 말.

얌심명 몹시 샘바르고 남을 시기하는 마음. ¶ 얌심을 부리느라고 입을 옥다물고 서방을 가늘게 흘겨 보았다. /시샘을 속으로 삭이지 못하고 얌심을 피우며 새근거렸다.

얌심-꾸러기명 얌심이 많은 사람.

얌심-데기[-떼-]명 '얌심 많은 사람'을 얕잡아 이르는 말.

얌심-스럽다[-따][~스러우니·~스러워]형ㅂ 몹시 샘바르고 시기하는 마음이 있는 듯하다. **얌심스레**부.

얌전명하형스형 성질이 온순하고 언행이 차분하며 단정함. ¶ 얌전을 떨다. /얌전을 빼다. /얌전한 새댁. **얌전-히**부. **얌전스레**부.

얌전-이명 '얌전한 아이'를 귀엽게 이르는 말.

얌전-하다형여 모양이 좋고 품격이 있다. ¶ 글씨가 얌전하다. /한복을 얌전하게 차려입다. **얌전-히**부.

얌체명 '얌치가 없는 사람'을 얕잡아 이르는 말.

얌치명 결백하고 정직하며 부끄러움을 아는 마음. ¶ 얌치가 없다. 큰염치.

얌치-없다[-업따]형 얌치를 생각하는 마음이 없다. 부끄러움을 아는 태도가 아니다. 큰염치없다. **얌치없-이**부.

얌통-머리명 〈얌치〉의 속된 말. ¶ 이제 보니 얌통머리가 없는 사람일세. 변야마리.

얍감 힘을 갑자기 세게 주거나 정신을 모을 때 내는 소리.

얍삽-하다[-싸파-]형여 '얕은꾀를 쓰면서 제 이익만을 챙기려는 태도가 있다'를 속되게 이르는 말.

얏[얃]감 힘을 불끈 주거나 정신을 모을 때 내는 소리.

양명 〈갓양태〉의 준말. 갓양. 양태.

양의 ①《서술격 조사 '인'이나 어미 '-는·-ㄴ' 뒤에 쓰이어》 '모양·듯·것처럼' 등의 뜻을 나타냄. ¶ 벙어리인 양 말이 없다. /자는 양 눈을 감고 있다. ②《어미 '-ㄹ·-을' 뒤에 '양으로'·'양이면'의 꼴로 쓰이어》 '의향·의도' 등의 뜻을 나타냄. ¶ 떠날 양으로 짐을 꾸리다.

양(羊)명 ①☞면양(緬羊). ②기독교에서, 목자의 보살핌이 필요한 '신자'를 비유하여 이르는 말.

양(良)명 '수·우·미·양·가'의 등급으로 성적을 평가할 때의 넷째 등급.

양ː(胖)명 '소의 위(胃)'를 고기로 이르는 말.

양(梁)명 굴건(屈巾)이나 금량관(金梁冠) 등의 앞이마에서부터 우뚝 솟아올라서 둥그스름하게 마루가 져서 뒤쪽까지 닿은 부분.

양(陽)명 ①역학에서, 음(陰)에 대립되는 성질을 띤 것을 이르는, 우주의 근원인 기(氣)의 한 가지. 적극적·능동적인 사상(事象)의 상징임. ②한방 의학에서, 체질·증상·약성(藥性) 등이 더운 것, 활발한 것, 능동적인 것을 이름. ③〈양극(陽極)〉의 준말. ↔음(陰).

양(量)명 ①〈분량〉의 준말. ¶ 양보다 질(質). /양이 많다(적다). ②〈식량(食量)〉의 준말. ¶ 양에 차다. /내 동생은 양이 적다.

양(樣)명 ①〈양식(樣式)〉의 준말. ②〈양태(樣態)〉의 준말.

양(孃)의 《여자의 성이나 이름 뒤에 쓰이어》 미혼 여성을 대접하여 이르는 말. ¶ 김 양. /옥희 양.

양(穰)수관 자(秭)의 1만 배. 구(溝)의 1만분의 1이 되는 수(의). 곧, 10^{28}.

양ː(兩)관 양쪽의. 둘의. ¶ 머리를 양 갈래로 땋다.

양-(洋)접두 《일부 명사 앞에 붙어》 '서양의'·'서양식'의 뜻을 나타냄. ¶ 양담배. /양약국. /양요리.

양-(養)접두 《일부 명사 앞에 붙어》 남의 자식을 데려다 자기 자식을 삼았을 때, 서로의 관계를 나타냄. ¶ 양아들. /양아버지.

-양(洋)접미 《일부 명사 뒤에 붙어》 '넓은 바다'를 나타내는 말. ¶ 대서양. /태평양. /인도양. /오대양 육대주.

-양(孃)접미 직업을 나타내는 말 뒤에 붙어, 그러한 일을 하는 아가씨임을 나타냄. ¶ 안내양.

양가(良家)명 지체가 있는 집안, 또는 교양이 있고 생활이 중류 이상인 집안. 양갓집.

양ː가(兩家)명 양쪽 집. ¶ 양가의 하객(賀客).

양가(楊家)명 (중국 전국 시대의 사상가인) 양주(楊朱)의 학설을 받드는 학자.

양ː가(養家)명 양자로 들어간 집. 양어버이의 집. 소후가(所後家). 높양정(養庭). ↔본생가(本生家)·생가(生家).

양ː가-독자(兩家獨子)[-짜]명 생가(生家)와 양가(養家)의 두 집 사이에 있는 외아들.

양-가죽(羊-)명 양의 가죽. 양피(羊皮).

양각(羊角)명 ①양의 뿔. 한방에서 풍병의 약재로 쓰임. ②☞회오리바람. 양각풍.

양ː각(兩脚)명 양쪽 다리. 쌍각(雙脚).

양각(陽角)명 삼각법(三角法)에서, 각을 낀 두 직선 중의 한 직선이 시곗바늘의 반대 방향으로 돌아서 생기는 각. 정각(正角). ↔음각(陰角).
양각(陽刻)명하타되자 글자나 그림 따위를 도드라지게 새김, 또는 그러한 조각. 돋새김. 돋을새김. ↔음각(陰刻). 참섭새김.
양ː각-기(兩脚器)[-끼]명 제도 용구의 한 가지. 컴퍼스 비슷한데, 양쪽 다리에 바늘이 끼어 있어 일정한 치수를 다른 곳에 옮기거나 분할하는 데 씀. 걸음쇠. 디바이더.
양각-등(羊角燈)[-뜽]명 양의 뿔을 고아서 만든, 얇고 투명한 껍질을 씌운 등.
양각-풍(羊角風)명 ☞회오리바람. 양각(羊角).
양간(羊肝)명 양의 간. 한방에서 간장병의 약재로 쓰임.
양-간수(洋-水)명 '염화마그네슘'을 흔히 이르는 말.
양-갈보(洋-)명 ①서양 사람을 상대로 하는 갈보. ②서양인인 갈보.
양ː갈-소로(兩-小櫨)명 화반(花盤)이나 장여 사이에 끼우는 소로.
양감(涼感)명 시원한 느낌. 서늘한 느낌.
양감(量感)명 ①무엇을 보았을 때 느껴지는 묵직하거나 두툼하거나 하는 느낌. ②미술에서, 표현된 대상물이 갖는 부피나 무게의 느낌. ¶ 양감을 잘 살린 그림.
양갓-집(良家-)[-가찝/-갇찝]명 ☞양가(良家). ¶ 양갓집 규수.
양갱(羊羹)명 ☞단팥묵.
양갱-병(羊羹餠)명 ☞단팥묵.
양거(羊車)명 불교에서, 삼거(三車)의 하나. 삼승(三乘)의 '성문승(聲聞乘)'에 비유함.
양거지명하자 아이 밴 아내를 가진 사람이 있을 때, 여럿이 우선 한턱을 먹고 난 뒤, 사내를 낳으면 아이 아버지가 값을 치르고, 계집아이면 여러 사람이 분담하여 값을 치르도록 하는 장난.
양건(陽乾)명하타되자 햇볕에 말림. ↔음건.
양건^예ː금(兩建預金)[-네-]명 ☞꺾기[2].
양ː견(兩肩)명 두 어깨.
양ː견(養犬)명하자 개를 기름, 또는 그 개.
양결(量決)명하타 사정을 잘 헤아려 판결함.
양경(佯驚)명하자 거짓으로 놀라는 체함.
양경(陽莖)명 자지.
양경-장수명 '도둑'의 곁말.
양ː계(兩界)[-계/-게]명 고려 현종(顯宗) 때 정했던 지방 행정 구역인 동계(東界)와 서계(西界).
양계(陽界)[-계/-게]명 이 세상. 이승. ↔음계(陰界).
양ː계(養鷄)[-계/-게]명하자 닭을 침, 또는 그 닭.
양ː계-장(養鷄場)[-계-/-게-]명 설비를 갖추어 닭을 치는 곳.
양고(良賈)명 훌륭한 상인.
양고는 심장(深藏)**한다**속담 〔유능한 상인은 물건을 깊이 숨겨 두고 가게에 내놓지 않는다는 뜻으로〕 '어진 이는 학식이나 재능을 숨기고 함부로 드러내지 않음'을 비유하여 이르는 말.
양-고기(羊-)명 양의 고기. 양육(羊肉).
양곡(良穀)명 품질이 좋은 곡식.
양곡(洋曲)명 서양의 악곡.
양곡(暘谷)명 옛날 중국에서, 해가 돋는 동쪽 끝 골짜기에 있다는 상상의 지역으로, '해가 돋는 곳'을 이르는 말. ↔함지(咸池).
양곡(糧穀)명 양식으로 쓰이는 곡식. 〔쌀·보리·밀 따위.〕 ¶ 양곡 수매(收買).
양곡^증권(糧穀證券)[-쯩꿘]명 양곡을 사들이는 자금 마련을 위하여 정부가 발행하는 유가증권.
양ː-곤마(兩困馬)명 바둑에서, 중간을 차단당하여 양쪽 말이 모두 살기 어렵게 된 형세, 또는 그 말.
양골(陽骨)명 소의 양지머리뼈.
양골-뼈(陽骨-)명 '양지머리뼈'의 잘못.
양골-조림(陽骨-)명 소의 양지머리뼈를 도막 내어 장에 조린 음식.
양공(良工)명 ①솜씨가 좋은 장인(匠人). 양장(良匠). ②불교에서, 가사(袈裟)를 짓는 침공(針工)을 이르는 말.
양-공주(洋公主)명 〔서양 사람에게 몸을 파는 여자를 뜻하는〕'양갈보'를 비꼬아 이르는 말.
양-과자(洋菓子)명 서양식으로 만든 과자. 초콜릿·카스텔라·케이크·비스킷 따위를 통틀어 이르는 말. 서양과자.
양ː관(兩館)명 조선 시대에, 홍문관(弘文館)과 예문관(藝文館)을 아울러 이르던 말.
양관(洋館)명 ①서양식으로 지은 건물. ②지난날, 서양 여러 나라의 공사관이나 영사관을 이르던 말. 서양관(西洋館).
양ː괄-식(兩括式)명 중심 내용이 글의 첫머리와 끝 부분에 반복하여 나타나는 산문 구성 방식. 참두괄식·미괄식·중괄식.
양광명 분수에 넘치는 호강.
양광(佯狂)명하자 거짓으로 미친 체함, 또는 그런 행동.
양광(陽光)명 ①햇볕. ②진공 방전 때 중앙 부근에 나타나는 아름다운 빛.
양광-스럽다[-따][~스러우니·~스러워]형ㅂ 호강이 분수에 넘친 듯하다. **양광스레**부.
양교-맥(陽蹻脈)명 한방에서 이르는 기경팔맥(奇經八脈)의 하나.
양구-에(良久-)부 〔문어 투의 말〕 한참 있다가. 얼마 있다가.
양ː국(兩國)명 양편의 두 나라. ¶ 한미 양국 국기.
양국(洋菊)명 ☞달리아.
양ː군(兩軍)명 ①양편의 군사. ¶ 양군이 대치하다. ②운동 경기에서, 서로 겨루는 두 편.
양궁(良弓)명 좋은 활.
양궁(洋弓)명 ①서양식의 활. 참국궁. ②서양식 활을 쏘아 일정한 거리에 있는 표적을 맞추어 득점을 겨루는 경기.
양궁거시(揚弓擧矢)명하자 〔'활과 화살을 높이 쳐듦'의 뜻으로〕 '전쟁에 이겼음'을 비유하여 이르는 말.
양ː궁-상합(兩窮相合)명하자 〔문어 투의 말〕 가난한 두 사람이 모여서 함께 일을 시작한다는 뜻으로, 일이 잘되지 않음을 비유하여 이르는 말.
양궐(陽厥)명 한방에서, 신열(身熱)이 난 후에 궐랭(厥冷)이 생기는 병을 이름. 열궐(熱厥).
양-귀명 말이나 나귀의 굽은 귀.
양귀비(楊貴妃)명 양귀비과의 일년초 또는 이년초. 관상용이나 약용으로 재배하는데, 줄기 높이는 1m가량. 잎은 길둥근 모양이며, 5~6월에 빨강·하양·자주 등의 네잎꽃이 원줄기 끝에 한 송이씩 핌. 열매는 둥근데 덜 익었을 때 상처를 내어 받은 즙액으로 아편을 만듦. 앵속(罌粟).

양귀비-꽃(楊貴妃-) [-꼳] 명 양귀비의 꽃. 아부용(阿芙蓉). ＊양귀비꽃이[-꼬치]·양귀비꽃만[-꼰-]

양ː-귀포(兩-包) 명 장기에서, 두 포를 궁밭의 앞줄 양쪽 귀퉁이에 놓고 두는 일.

양귤(洋橘) 명 ☞네이블오렌지.

양ː-그루(兩-) 명 ☞이모작(二毛作). 양글.

양ː극(兩極) 명 ①남극과 북극. ②양극과 음극. ③두 개의 사물이 몹시 동떨어져 있음, 또는 그런 상태에 있는 것. ③양극단(兩極端).

양극(陽極) 명 두 전극(電極) 사이에 전류가 흐르고 있을 때, 전위(電位)가 높은 쪽의 극. 곧, 플러스(+)의 극. 〔기호는 +〕 양전극. 준양(陽). ↔음극.

양ː-극단(兩極端) [-딴] 명 ☞양극(兩極).

양극-선(陽極線) [-썬] 명 진공 방전 때, 양극에서 음극으로 향하는 고속의 양이온의 흐름.

양ː극^체제(兩極體制) 명 지난날, 세계가 미국과 소련을 정점으로 하여 동서 두 진영으로 갈라져 있던 국제 형세를 이르는 말.

양ː극-화(兩極化) [-그콰] 명하자되자 (두 대상이) 서로 점점 더 달라지고 멀어짐.

양근(陽根) 명 ①남자의 생식기, 곧 자지. ②양이온이 되는 원자의 집단.

양ː글 명하자 ①논밭을 가는 일과 짐을 싣는, 소의 두 가지 일. ②한 논에서 한 해에 두 번 거두어들이는 일. 양그루.

양ː금(兩衾) 명 신랑과 신부의 이부자리.

양금(洋琴) 명 ①국악에서 쓰는 현악기의 한 가지. 네모 모양의 나무판에 열네 개의 쇠줄을 매고, 채로 쳐서 소리를 냄. ②'피아노1'를 달리 이르는 말.

양ː기(兩岐) 명 두 갈래. 양 갈래.

양기(涼氣) 명 서늘한 기운.

양기(陽氣) 명 ①햇볕의 따뜻한 기운. ②만물이 생성하고 움직이려고 하는 기운. 양의 기운. ③한방에서, 몸 안의 양의 기운을 이름. ¶ 양기가 부족하다. ④남자의 성적 정력. ↔음기(陰氣).

양기(陽基) 명 집터. 양택(陽宅).

양기(揚氣) 명하자 의기가 솟음. ¶ 아들의 합격 소식에 무척 양기하였다.

양기(揚棄) 명하타되자 ☞지양(止揚).

양기(量器) 명 용량(容量)을 헤아리는 데 쓰이는 기구. 〔말·되 따위.〕

양ː기(養氣) 명 ①하자되자기력을 기름. 원기를 기름. ②도가(道家)에서, 심신의 기(氣)를 기르는 일.

양기석(陽起石) 명 한방에서, 이산화규소와 산화마그네슘이 주성분인 돌을 약재로 이르는 말. 〔음위(陰痿)·낭습증(囊濕症) 따위의 약재로 쓰임.〕

양-기와(洋-) 명 ①양옥의 지붕을 이는 서양식의 기와. ②시멘트로 만든 기와. 양와(洋瓦).

양-껏(量-) [-껃] 부 먹을 수 있거나 할 수 있는 분량의 한도까지. ¶ 양껏 먹다. /양껏 들고 오다.

양ː-끝(兩-) [-끋] 명 양쪽 끝. 두 끝. ＊양ː끝이[-끄치]·양ː끝을[-끄틀]·양ː끝만[-끈-]

양ː-끼(兩-) 명 (아침과 저녁의) 두 끼니.

양ː난(兩難) 명하형 이러기도 어렵고 저러기도 어려움. ¶ 양난에 빠져 헤어나지 못하다.

양-날(羊-) 명 ☞미일(未日).

양ː-날(兩-) 명 (칼등이 없는 칼의) 양쪽의 날.

양ː날-톱(兩-) 명 양쪽에 날이 있는 톱. 한쪽은 자르는 톱니, 한쪽은 켜는 톱니로 되어 있는 것이 보통임.

양ː남(兩南) 명 영남(嶺南)과 호남(湖南)을 아울러 이르는 말.

양냥-거리다 자 (마음에 차지 않아) 짜증스럽게 자꾸 종알거리다. 양냥대다. ¶ 용돈이 적다고 양냥거리다.

양냥-고자 명 활 끝의 심고가 걸리는 부분.

양냥-대다 자 양냥거리다.

양냥이 명 ①〈입〉의 속된 말. ②군것질할 거리.

양냥이-뼈 명 〈턱뼈〉의 속된 말.

양냥이-줄 명 자전거의 앞뒤 톱니바퀴를 잇는 쇠사슬. 체인.

양녀(洋女) 명 서양 여자.

양ː녀(養女) 명 ☞수양딸.

양ː년(兩年) 명 두 해. ¶ 양년 가뭄에 거덜 난 농민들.

양념 명 ①음식의 맛을 돋우기 위해 쓰는 기름·간장·마늘·고추·파·깨소금·후춧가루 따위. 조미료. ②'재미를 돋우기 위해 덧붙이는 것'을 비유하여 이르는 말. ¶ 양념으로 부른 노래.

양념-감 [-깜] 명 양념으로 쓰는 재료. 양념거리.

양념-거리 [-꺼-] 명 양념감.

양념-장(-醬) 명 여러 가지 양념을 한 간장.

양념-절구 명 깨소금이나 후춧가루 따위의 양념을 찧는 작은 절구.

양념-하다 자타여 양념을 넣거나 치거나 하다.

양노(佯怒) 명하자 거짓으로 성을 냄.

양-놈(洋-) 명 '서양 사람'을 얕잡아 이르는 말.

양능(良能) 명 학문이나 경험에 의한 것이 아닌, 본디부터 갖추고 있는 능력. 타고난 재능, 또는 그런 능력을 가진 사람.

양ː-다리(兩-) 명 양쪽 다리.

양다리(를) 걸치다〔걸다〕 관용 양쪽에서 이익을 얻기 위하여 두 편에 다 관계를 가지다.

양ː단(兩端) 명 ①양쪽 끝. ②처음과 끝. ③혼인 때 쓰는, 붉은빛과 푸른빛의 채단(采緞).

양ː단(兩斷) 명하타되자 (하나를) 둘로 자름. 잘라서 두 동강을 냄. ¶ 산을 양단하다. /국토가 양단되다.

양단(洋緞) 명 여러 가지 무늬를 놓아 두껍게 짠 고급 비단의 한 가지. ¶ 양단 저고리.

양ː단-간(兩端間) 부 이렇게 되든 저렇게 되든. 어찌하든지. 좌우간. 《주로, '양단간에'의 꼴로 쓰임.》 ¶ 양단간에 결정을 내리다.

양ː단-수(兩端水) 명 두 줄기로 갈라져 흐르는 물, 또는 그런 물줄기.

양달(陽-) 명 볕이 잘 드는 곳. ↔응달.

양-달력(洋-曆) 명 벽에 걸어 놓는 달력. 괘력.

양-달령(洋-) 명 서양 피륙의 한 가지. 당목(唐木)과 비슷하나 더 두껍고 질김.

양-닭(洋-) [-딱] 명 서양종의 닭. ＊양닭이[-딸기]·양닭만[-땅-]

양-담배(洋-) 명 미국이나 유럽 등 서양에서 만들어 들여온 담배.

양-담요(洋毯-) [-뇨] 명 서양식으로 만든 담요.

양답(良畓) 명 좋은 논. 기름진 논.

양ː당(兩堂) 명 남을 높이어 그의 '부모'를 일컫는 말. ¶ 양당께서 평안하신지요?

양ː당(兩黨) 명 두 정당.

양ː대(兩大) 관 두 개의 큰. ¶ 양대 세력.

양도(洋刀) 명 서양식의 작은 칼.

양도(洋島) 명 ☞대양도(大洋島).

양도(洋陶) 명 서양풍(西洋風)의 도기(陶器).

양도(陽道) 명 ①남자의 도리. ②(군신·부자·부부에서) 임금·아버지·지아비의 도리. ③남자의 생식력이나 생식기. ↔음도(陰道).

양도(糧道)명 ①(일정한 기간 동안에 드는) 식량. ②(먹고 살기 위한) 벌잇줄. ③군량(軍糧)을 나르는 길.

양ː도(讓渡)명하타되자 권리·재산·법률상의 지위 등을 남에게 넘겨줌. ¶ 토지를 양도하다. / 건물을 양도하다. ↔양수(讓受).

양ː도^논법(兩刀論法)[-뻡]명 대전제(大前提)로서 두 개의 가언적 명제를 세우는 특수한 형식의 삼단 논법. 딜레마.

양ː도^담보(讓渡擔保)명 채무의 담보로 어떤 재산을 형식적으로 채권자에게 양도하는 일, 또는 그 재산.

양ː도^뒷ː보증(讓渡-保證)[-뒤뽀-/-뒫뽀-]명 어음 따위의 유가 증권을 남에게 넘길 때 하는 뒷보증.

양ː-도목(兩都目)명 지난날, 일 년에 두 번 치르던 도목정사(都目政事). 유월과 섣달에 행하였음.

양ː도^소ː득(讓渡所得)명 토지·건물·주식 등의 재산을 양도함으로써 얻는 소득.

양ː도^소ː득세(讓渡所得稅)[-쎄]명 개인이 토지·건물 등을 양도하여 얻은 양도 차익에 대하여 과세하는 조세.

양ː도-인(讓渡人)명 권리·재산·법률상의 지위 등을 남에게 넘겨주는 사람. ↔양수인(讓受人).

양ː도^증서(讓渡證書)명 법률상의 권리 이전을 증명하는 문서.

양-도체(良導體)명 전기나 열을 잘 전하는 물질. ↔부도체(不導體)·불량 도체.

양독(陽毒)명 ①☞양독발반. ②☞성홍열.

양독-발반(陽毒發斑)[-빨-]명 어린아이의 열병의 한 가지. 발반이 홍역에서보다 큼. 양독(陽毒).

양ː-돈(兩-)[-똔]명 한 냥가량 되는 돈.

양ː돈(養豚)명하자 돼지를 침. ¶ 양돈 농가.

양ː-돈사(兩-)명 한 냥에 몇 돈을 더한 금액.

양-동이(洋-)명 동이처럼 쓰도록 함석 따위로 만든 그릇.

양동^작전(陽動作戰)[-쩐]명 본디의 목적과는 다른 움직임을 일부러 드러냄으로써, 적의 주의를 그쪽으로 쏠리게 하여 정세 판단을 그르치게 하려는 작전.

양-돼지(洋-)명 ①서양종의 돼지. 〔버크셔·요크셔 따위.〕 ②'살진 사람'을 농조로 이르는 말.

양두(羊頭)명 양의 머리. 한방에서 보허제(補虛劑)로 쓰임.

양ː두(讓頭)명하타 지위를 남에게 물려줌.

양두-구육(羊頭狗肉)명 〔양의 머리를 내걸어 놓고 실제로는 개고기를 판다는 뜻으로〕 '선전은 버젓하지만 내실이 따르지 못함'을 비유하여 이르는 말.

양ː두-마차(兩頭馬車)명 ☞쌍두마차.

양ː두-사(兩頭蛇)명 ①대가리가 둘 달린 뱀. ②머리와 꼬리에 각각 대가리가 달려 있다는 뱀.

양ː두^정치(兩頭政治)명 두 사람의 지배자가 양립하여 함께 다스리는 정치. 이두 정치(二頭政治).

양ː두-필(兩頭筆)명 (두 가지 색깔을 겸용하게 된 색연필처럼) 필기구의 양쪽을 각각 다른 목적으로 사용할 수 있도록 한 것. ¶ 연필의 한 쪽에 펜을 꽂은 양두필.

양ː득(兩得)명하타 한꺼번에 두 가지 이익을 얻음. ¶ 명분과 실리의 양득.

양등(洋燈)명 ☞남포등.

양ː-딸(養-)명 ☞수양딸.

양-딸기(洋-)명 장미과의 다년초. 줄기는 땅 위로 뻗고, 마디에서 뿌리를 내려 번식함. 봄에 흰 다섯잎꽃이 피고, 열매는 붉게 익음. 남미(南美) 원산으로 각지에서 재배되고 있음.

양떼-구름(羊-)명 '고적운(高積雲)'을 달리 이르는 말.

양-띠(羊-)명 ☞미생(未生). 참미년(未年).

양란(洋亂)[-난]명 ☞양요(洋擾).

양람(洋藍)[-남]명 ☞인디고(indigo).

양력(揚力)[-녁]명 유체(流體) 속을 운동하는 물체에 대해서, 그 운동 방향과 수직인 방향으로 작용하는 힘.

양력(陽曆)[-녁]명 〈태양력(太陽曆)〉의 준말. ↔음력(陰曆).

양ː로(養老)[-노]명하자 노인을 편안히 시낼 수 있도록 소중히 보살핌, 또는 그런 일.

양ː로(讓路)[-노]명하자 길을 남에게 비켜 줌.

양ː로^보ː험(養老保險)[-노-]명 저축과 보장을 겸한 생명 보험의 한 가지. 피보험자가 보험 기간이 만료될 때까지 살면 만기 보험료가, 또는 보험 기간 내에 사망하면 사망 보험금이 지급되는 것.

양ː로^연금(養老年金)[-노-]명 일정한 나이에 이른 피보험자에 대하여 사망할 때까지 지급되는 연금.

양ː로-원(養老院)[-노-]명 의지할 데 없는 노인들을 수용하여 돌보아 주는 시설.

양록(洋綠)[-녹]명 진채(眞彩)의 한 가지. 석록(石綠)과 같은 진한 녹색.

양ː론(兩論)[-논]명 서로 대립되는 두 의론. ¶ 찬반(贊反)양론.

양롱(佯聾)[-농]명하자 거짓으로 귀먹은 체함.

양류(楊柳)[-뉴]명 ☞버드나무.

양류-목(楊柳木)[-뉴-]명 육십갑자의 임오(壬午)와 계미(癸未)에 붙이는 납음(納音). 참정천수(井泉水).

양륙(揚陸)[-뉵]명하타되자 ①배에 실은 짐을 육지에 부림. ¶ 콘테이너를 양륙하다. ②물속에 잠긴 물건을 육지로 건져 올림. ¶ 침몰선을 양륙하다. 육양.

양률(陽律)[-뉼]명 십이율 가운데서 양성(陽聲)에 딸린 여섯 음, 곧 육률(六律). ↔음려(陰呂).

양리(良吏)[-니]명 업무를 잘 처리하는, 어질고 훌륭한 관리.

양ː립(兩立)[-닙]명하자되자 ①두 개의 것이 동시에 지장 없이 존립함. 쌍립(雙立). ¶ 학업과 운동을 양립하다. ②두 세력이 굽힘이 없이 서로 맞섬. ¶ 진보와 보수의 양립.

양마(良馬)명 좋은 말. 뛰어난 말.

양마-석(羊馬石)명 돌을 조각하여 만든 양과 말. 무덤 옆에 세움.

양막(羊膜)명 자궁 안에서 양수(羊水)를 채워 태아를 싸는 반투명의 막. 모래집.

양말(洋襪)명 맨발에 신도록 실이나 섬유 따위로 결거나 떠서 만든 물건.

양말(糧秣)명 군사에게 먹이는 식량과 군마(軍馬)에게 먹이는 풀.

양말-대님(洋襪-)명 신은 양말이 흘러내리지 않도록 조이는, 고무 따위의 띠.

양ː망(養望)명하자 명망을 얻을 수 있도록 힘씀. 저망(貯望).

양매(楊梅)명 ☞소귀나무.

양ː맥(兩麥)명 보리와 밀.

양-머리(洋-)명 서양식으로 꾸민 여자의 머리.

양ː면(兩面)명 ①양쪽 면. 앞면과 뒷면. ¶ 양면 인쇄. /동전의 양면. ②두 방향. 두 방면. ¶ 수륙 양면으로 공격하다.

양ː면-테이프(兩面tape)명 안팎으로 접착이 가능한 테이프.

양명(亮明) '양명(亮明)하다'의 어근.

양명(陽明)[1]명 태양.

양명(陽明)[2] '양명(陽明)하다'의 어근.

양명(揚名)명하자 이름을 떨침. 가명(家名)을 높임. ↔낙명(落名).

양명-방(陽明方)명 볕이 잘 들어 환하게 밝은 쪽. 동쪽과 남쪽.

양명-하다(亮明—)형여 사리에 환히 밝다. **양명-히**부.

양명-하다(陽明—)형여 볕이 환하게 밝다.

양명-학(陽明學)명 명나라의 왕양명(王陽明)이 주창한, 철학을 바탕으로 하는 유학(儒學)의 한 갈래. 지식과 실천의 일치를 부르짖었음. 참지행합일설(知行合一說).

양모(羊毛)명 양털.

양ː모(養母)명 양가(養家)의 어머니. 양어머니. ↔생모(生母).

양-모음(陽母音)명 ☞양성 모음.

양ː모-작(兩毛作)명 ☞이모작(二毛作).

양ː모-제(養毛劑)명 ☞모생약(毛生藥).

양모-지(羊毛脂)명 ☞라놀린.

양목(洋木)명 ☞당목(唐木).

양ː목(養木)명하자 나무를 가꿈, 또는 그 나무.

양ː목(養目)명하자 눈을 보호함.

양ː목-경(養目鏡)[—꼉]명 눈을 보호하려고 쓰는 안경. 보안경(保眼鏡).

양몰-이(羊—)명 놓아먹이는 양 떼를 모는 일, 또는 그 일을 하는 사람.

양ː묘(養苗)명하자 모나 모종을 기름.

양묘-기(揚錨機)명 배에서, 닻을 끌어 올리거나 풀어 내리거나 하는 장치.

양문(陽文)명 도장이나 금석문(金石文) 따위에서, 양각(陽刻)한 글. ↔음문(陰文).

양물(洋—)명 서양의 문물이나 풍습, 또는 서양의 생활양식.

양물(洋物)명 서양의 물품. 양품(洋品).

양물(陽物)명 ①자지. ②'양기 있는 사람'을 농으로 이르는 말.

양ː미(兩眉)명 두 눈썹.

양미(涼味)명 시원한 맛. 서늘한 맛.

양미(糧米)명 양식으로 쓰는 쌀.

양ː미-간(兩眉間)명 두 눈썹의 사이. ¶ 양미간을 찌푸리다. 준미간.

양미리명 양미릿과의 바닷물고기. 몸길이 15 cm 가량. 몸은 가늘고 길며 배지느러미가 없음. 몸빛은 등이 갈색이고 배는 은백색임. 우리나라 동해와 일본 근해에서 많이 잡히며, 말려서 멸치 대신 쓰기도 함.

양민(良民)명 선량한 국민. 어질고 착한 백성. 양인(良人).

양-밀(洋—)명 ①미국 등 서양에서 수입한 양곡용의 밀이나 밀가루. ②서양종(西洋種)의 밀.

양ː밀(釀蜜)명하자 꿀을 만듦.

양-밀가루(洋—)[—까—]명 양밀의 가루.

양ː반(兩半)명 한 냥에 닷 돈을 더한 금액.

양ː반(兩班)명 ①고려·조선 시대에, 동반(東班)과 서반(西班). ②(조선 시대 중기 이후부터) 지체나 신분이 높은 상류 계급 사람, 곧 사대부 계층을 이르던 말. ↔상사람. ③여자가 다른 사람에게 자기의 '남편'을 가리켜 일컫는 말. ¶ 우리 그 양반. ④점잖은 사람을 두고 이르는 말. ¶ 그분은 행실이 참 양반이다. ⑤남성인 남을 대접하여, 또는 홀하게 일컫는 말. ¶ 기사 양반. /이 양반이 정신이 나갔나. ⑥'사정이나 형편 등이 좋아진 상태'를 비유하여 이르는 말. ¶ 젊었을 때 고생한 일을 생각하면 지금 이렇게 사는 거야 양반이죠.

양반 김칫국 떠먹듯속담 아니꼽게 점잔을 빼는 사람을 보고 하는 말.

양반은 물에 빠져도 개헤엄은 안 한다속담 ①아무리 다급한 경우라도 체면을 유지하려고 애쓴다는 말. ②지조와 기개가 있는 이는 죽을지언정 비굴한 모습을 보이지 않는다는 말.

양반은 얼어 죽어도 짚불〔겻불〕은 안 쬔다속담 아무리 궁하거나 다급한 경우라도 체면에 어울리지 않는 일은 하지 않는다는 말.

양반이 지게 진 것 같다속담 서툴고 어색한 모습을 이르는 말.

양ː반-걸음(兩班—)명 뒷짐을 지고 다리를 크게 떼어 느릿느릿 걷는 걸음.

양ː반^계급(兩班階級)[—계—/—게—]명 고려·조선 시대, 사회 계급의 맨 위 계급. 문반, 무반 및 사대부 등과 그 가족이 포함됨.

양ː반-전(兩班傳)명 조선 정조 때 박지원(朴趾源)이 지은 한문 소설. 양반의 무능과 허식, 특권 의식을 풍자한 내용. '연암집(燕巖集)'에 실려 전함.

양방(良方)명 ①좋은 방법. 양법(良法). ②좋은 약방문(藥方文).

양ː방(兩方)명 ①이쪽(이편)과 저쪽(저편). 두 방면. 두 방향. ②두 가지 사물. 두 개의 것. 쌍방(雙方).

양-배추(洋—)명 십자화과의 일년초 또는 이년초. 유럽 원산으로 잎은 두껍고 크며, 가을에 공 모양으로 고갱이를 겹겹이 에워쌈. 초여름에 줄기가 나와 담황색의 꽃이 핌. 중요한 채소의 하나로 널리 이용되고 있음.

양-버들(洋—)명 ☞이태리포플러.

양범(揚帆)명하자 돛을 올림.

양법(良法)[—뻡]명 ①☞양방(良方). ②좋은 법규(法規).

양-벚(洋—)[—벋]명 장미과의 낙엽 교목. 과실나무의 한 가지로 높이는 10 m가량. 잎은 달걀 모양이고 뒷면에 털이 있으며, 5월경에 흰 꽃이 핌. 열매는 동글고 6~7월에 황적색으로 익음. * 양벚이[—버지]·양벚만[—번—]

양ː벽-부(禳辟符)[—뿌]명 재액을 물리치는 부적(符籍).

양ː변(兩邊)명 ①두 변. ②양쪽 가장자리.

양-변기(洋便器)명 ☞좌변기.

양병(良兵)명 ①훌륭한 병사. ②뛰어난 무기.

양병(佯病)명하자 거짓으로 앓는 체함.

양병(洋甁)명 배가 부르고 목이 좁으며 아가리의 전이 딱 바라진 오지병.

양ː병(養兵)명하타 군사를 양성함. ¶ 십만 양병을 주장하다.

양ː병(養病)명하자 ①몸을 잘 조리하여 병이 낫도록 함. 양아(養痾). ②치료를 게을리 하여 병이 더하여짐.

양ː보(讓步)명하타 ①길이나 자리, 물건 따위를 사양하여 남에게 내줌. ¶ 노인에게 자리를 양보하다. ②자기의 생각이나 주장을 굽혀 남의 의견을 좇음. ¶ 양측이 조금씩 양보하여 합의점을 찾다.

양-보라(洋—)명 서양에서 만든 보랏빛 물감.

양-보료(洋-)명 '양담요'의 잘못.
양복(洋服)명 서양식의 옷. 〔흔히 '양장'에 대하여, 남자의 옷을 일컬음.〕 참한복.
양복-감(洋服-)[-깜]명 양복을 지을 옷감. 양복지(洋服地). 복지(服地).
양복-바지(洋服-)[-빠-]명 양복의 아래옷. 준바지.
양복-장(洋服欌)[-짱]명 양복을 넣어 두는 장.
양복-장이(洋服-)[-짱-]명 '양복을 만드는 일을 업으로 하는 사람'을 흔히 이르는 말.
양복-쟁이(洋服-)[-쨍-]명 '양복을 입은 사람'을 얕잡아 이르는 말.
양복-저고리(洋服-)[-쩌-]명 양복의 윗도리. 준저고리.
양복-점(洋服店)[-쩜]명 남성 양복을 만들거나 파는 가게. 참양장점.
양복-지(洋服地)[-찌]명 ☞양복감.
양복-짜리(洋服-)명 〈양복쟁이〉의 ^속된 말. ¶ 낯선 양복짜리가 마을로 들어섰다.
양:본위-제(兩本位制)명 ☞복본위제.
양:봉(養蜂)명하자 (꿀이나 꽃가루 따위를 얻기 위하여) 꿀벌을 치는 일.
양:봉제비(兩鳳齊飛)명 〔두 마리의 봉황이 나란히 날아 오른다는 뜻으로〕 '형제가 함께 이름을 떨침'을 이르는 말.
양-봉투(洋封套)명 서양식의 봉투.
양부(良否)명 좋음과 좋지 못함. 선부(善否). ¶ 사물의 양부를 판단하다.
양:부(兩府)명 ①고려 시대에, 문하부(門下府)와 밀직사(密直司)를 아울러 이르던 말. ②조선 시대에, 동반(東班)의 의정부와 서반(西班)의 중추부를 아울러 이르던 말.
양:부(養父)명 양가(養家)의 아버지. 양아버지. ↔생부(生父).
양:-부모(養父母)명 양가(養家)의 부모. 양어버이. ↔본생부모·생부모.
양-부인(洋婦人)명 ①서양 부인. ②'양갈보'를 비꼬아 이르는 말.
양:분(兩分)명하타되자 둘로 나눔. ¶ 전체 수입금을 양분하여 가지다. /천하(天下)를 양분하다.
양:분(養分)명 영양이 되는 성분. ¶ 양분이 많은 거름.
양붕(良朋)명 좋은 벗. 양우(良友).
양:비-대담(攘臂大談)명하자 팔을 걷어붙이고 큰소리를 침. 양비대언.
양:비-대언(攘臂大言)명하자 ☞양비대담.
양-비둘기(洋-)명 비둘깃과의 새. 집비둘기의 원종(原種). 날개 길이 20 cm가량. 집비둘기와 비슷하며 벼랑의 바위 구멍 같은 곳에 둥지를 틀고 삶. 우리나라를 비롯하여 중국·몽골·시베리아 등지에 분포함.
양:비-론(兩非論)명 맞서서 내세우는 양쪽의 말이 다 그르다는 주장이나 이론. ↔양시론.
양:사(兩司)명 조선 시대에, 사헌부(司憲府)와 사간원(司諫院)을 아울러 이르던 말.
양사(洋紗)명 〈서양사(西洋紗)〉의 준말.
양사(洋絲)명 ☞양실.
양사(陽事)명하자 ☞방사(房事).
양:사(養士)명하자 선비를 양성함.
양:사(養嗣)명하타 양자를 들임.
양:-사자(養嗣子)명 호주 상속권을 가진 양자(養子).
양사주석(揚沙走石)명하자 〔모래가 날리고 돌이 구른다는 뜻으로〕 '바람이 세차게 붊'을 뜻하는 말. 비사주석(飛沙走石).
양:사^합계(兩司合啓)[-계/-게]명 조선 시대에, 사헌부와 사간원이 연명하여 임금에게 올리던 계사.
양삭(陽朔)명 '음력 시월 초하룻날'을 이르는 말.
양산(洋傘)명 〔서양식 우산이란 뜻으로〕 '우산'을 달리 이르는 말. 참박쥐우산.
양산(陽傘)명 주로 여자들이 햇빛을 가리기 위하여 받는, 우산 모양의 물건.
양산(陽繖)명 옛 의장의 한 가지. 일산과 비슷한 모양인데, 자루가 길고 둘레를 넓은 헝겊으로 꾸며 늘어뜨렸음.
양산(量產)명하타되자 〈대량 생산〉의 준말. ¶ 양산 체제를 갖추다. /경기가 침체되자 실업자가 양산되었다.
양상(良相)명 어진 재상(宰相). 현상(賢相).
양상(樣相)명 모습. 모양. 상태. ¶ 분쟁은 새로운 양상을 띠게 되었다.
양상-군자(梁上君子)명 〔들보 위에 있는 군자란 뜻으로〕 '도둑'을 점잖게 이르는 말. 〔'후한서(後漢書)'의 '진식전(陳寔傳)'에 나오는 말임.〕
양상^급유(洋上給油)명 ☞해상 급유(海上給油).
양상-도회(梁上塗灰)[-회/-훼]명 〔들보 위에 회칠을 한다는 뜻으로〕 '못생긴 여자가 얼굴에 분을 너무 많이 바름'을 비꼬아 이르는 말.
양-상추(洋-)명 국화과의 일년초 또는 이년초. 잎이 둥글고 넓으며 결구성(結球性)인 개량종 상추. 식용함.
양:상-화매(兩相和賣)명하타 물건을 사고파는 데 있어서 양편이 서로 양보하여 흥정을 원만히 함.
양:색(兩色)명 두 가지의 빛깔, 또는 두 가지 물건.
양:색-단(兩色緞)[-딴]명 씨와 날의 빛깔이 서로 다른 실로 짠 비단.
양:생(養生)명 ①하자건강의 유지와 증진에 힘씀. 섭생(攝生). 섭양(攝養). ②하자몸을 조리함. ③하타토목·건축에서, 콘크리트를 완전히 굳히기 위하여 얼마 동안 가마니 따위로 덮거나 물을 뿌리거나 하여 보호하는 일.
양:생-방(養生方)명 ☞양생법.
양:생-법(養生法)[-뻡]명 몸과 마음을 건강하게 잘 다스리는 법. 양생방.
양서(良書)명 내용이 좋은 책. 유익한 책. 선서(善書). ↔악서(惡書).
양:서(兩西)명 '황해도'와 '평안도'를 아울러 이르는 말. 황평양서(黃平兩西).
양:서(兩棲)명하자 물에서도 살고 뭍에서도 삶.
양서(洋書)명 서양 책, 곧 서양에서 출판한 서양 말로 된 책.
양:서-류(兩棲類)명 척추동물의 한 강(綱). 새끼 때는 민물 속에서 아가미로 호흡하고, 자라면 폐가 생겨 뭍에서도 살 수 있는 동물. 냉혈(冷血)·난생(卵生)이고 알에는 껍데기가 없음. 개구리·도롱뇽 따위가 이에 딸림.
양석(羊石)명 양의 모습을 조각한 석수(石獸).
양:석(兩石)명 벼 두 섬, 특히 논 한 마지기에서 나는 벼 두 섬을 이르는 말.
양선(良善) '양선하다'의 어근.
양선(洋船)명 서양의 배. 서양식의 배. ¶ 두 차례의 양요(洋擾)는 양선의 침입에 대한 저항이었다.
양:선(讓先)명하자 남에게 앞을 양보함.
양선-하다(良善-)형여 어질고 착하다. 양선-히부.

양ː설(兩舌) [명] ①불교에서 이르는 십악(十惡)의 하나. 두 사람 사이에서 이간질을 하여 싸움을 붙이는 일. ②하나의 일을 두 가지로 말하는 일. 거짓말을 하는 일.

양성(良性) [명] ①좋은 성질. ②병이 어렵지 않게 고쳐지는 성질. ↔악성(惡性).

양ː성(兩性) [명] ①남성과 여성. 웅성(雄性)과 자성(雌性). ②사물의 서로 다른 두 성질.

양성(陽性) [명] ①(본질이나 현상이) 양에 속하는 성질. ②밝고 적극적인 성질. 개방적인 성질. ③〈양성 반응〉의 준말. ↔음성(陰性).

양성(陽聲) [명] 십이율 가운데의 육률(六律)의 소리. 봉(鳳)의 울음을 상징함. ↔음성(陰聲).

양ː성(養成) [명][하타][되자] 가르쳐서 기름. ¶ 후진 양성. /우수한 기술자를 양성하다.

양ː성(釀成) [명][하타] ①어떤 분위기나 기분을 자아냄. ②☞양조(釀造).

양성^모ː음(陽性母音) [명] 한글 모음의 한 갈래. 음의 느낌이 밝고 작은 모음. 〔ㅏ·ㅐ·ㅑ·ㅗ·ㅘ·ㅚ·ㅛ 등이 이에 딸림.〕 강모음(強母音). 밝은 홀소리. 양모음. ↔음성 모음(陰性母音).

양성^반ː응(陽性反應) [명] (병의 화학적·세균학적인 검사 결과) 병독의 반응이 나타나는 상태. ㊟양성. ↔음성 반응(陰性反應).

양ː성^산화물(兩性酸化物) [명] 산성과 염기성을 함께 가지고 있는 산화물. 〔산화알루미늄 따위.〕

양ː성^생식(兩性生殖) [명] 유성 생식 중, 자웅 양성의 생식 세포가 합체에 의하여 이루어진 생식. ↔단위생식(單爲生殖).

양ː성-소(養成所) [명] 훈련이나 교육을 통하여 어떤 기술이나 기능을 지니게 하는 곳. ¶ 속기사 양성소.

양성-자(陽性子) [명] 양전기를 띤 소립자로 중성자와 함께 원자핵을 구성하는 것. 원자핵의 둘레에 있는 전자의 음전기와 전기적(電氣的)으로 평형을 유지함. 〔기호는 P〕 양자(陽子). 프로톤.

양ː성^잡종(兩性雜種) [-쫑] [명] 두 개의 대립 유전자를 가지는 경우의 잡종. 대립 형질이 일정한 비율을 가지고 나타남.

양ː성^전ː해질(兩性電解質) [명] 산성 용액 중에서는 염기의 성질을, 염기성 용액 중에서는 산의 성질을 나타내는 전해질.

양성^종ː양(良性腫瘍) [명] 진행이 완만하고 그 자리에만 국한되어 있어 치료하기가 쉬운 종양. ↔악성 종양.

양ː성-화(兩性花) [명] 하나의 꽃 속에 암술과 수술을 함께 갖춘 꽃. 〔진달래꽃·평지꽃·벚꽃 따위.〕 양전화. 자웅 동화. ↔단성화(單性花).

양성-화(陽性化) [명][하자타][되자] ①음성적으로 가려졌거나 숨어 있던 사실이 겉으로 드러남, 또는 드러나게 함. ¶ 주민들의 불만이 양성화되다. ②(합법적이 아닌 것이) 합법적인 것으로 됨, 또는 그리 되게 함. ¶ 무허가 건물을 양성화하다.

양ː성^화ː합물(兩性化合物) [-함-] [명] 산(酸)에 대해서는 염기(塩基)로서, 염기에 대해서는 산으로서 작용하는 화합물. 〔수산화알루미늄·아미노산·단백질 따위.〕

양ː소매-책상(兩-冊床) [-쌍] [명] 양쪽에 각각 여러 층의 서랍이 달린 책상.

양속(良俗) [명] 좋은 풍속. 아름다운 풍속.

양속(洋屬) [명] ①'서양에서 만든 피륙'을 통틀어 이르는 말. ②'서양에서 만든 물건'을 두루 이르는 말.

양ː-손(兩-) [명] 양쪽 손. 두 손. 쌍수(雙手). 양수(兩手). ¶ 양손에 짐을 들고 있다.

양ː손(養孫) [명] 아들의 양자. 양손자.

양ː-손녀(養孫女) [명] 아들의 양녀.

양ː-손자(養孫子) [명] ☞양손(養孫).

양ː손-잡이(兩-) [명] 오른손과 왼손을, 힘이나 기능에서 별 차이가 없이 자유롭게 쓰는 사람. 양수잡이. ¶ 양손잡이 투수(投手).

양ː손-하다(養孫-) [타][여] 양손자를 정하여 데려오다.

양ː송(養松) [명][하자] 소나무를 가꿈.

양-송이(洋松栮) [명] 주름버섯과의 하나. 갓의 지름은 5~12 cm. 흔히 재배하는 식용 버섯을 이르며, 여러 품종이 있음.

양수(羊水) [명] 자궁의 양막(羊膜) 속을 채우는 액체. 태아를 보호하고, 출산 때는 태아와 함께 흘러나와 분만을 쉽게 함. 모래집물. 포의수(胞衣水).

양ː수(兩手) [명] ①☞양손. ②장기나 바둑 따위에서, 두 군데에 한목 걸리는 수.

양수(揚水) [명][하자] 물을 퍼 올림, 또는 퍼 올린 물. ¶ 양수 작업. /양수 시설로 우수(雨水)를 관리하다.

양수(陽數) [명] 영(零)보다 큰 수. ↔음수(陰數).

양수(陽樹) [명] 햇볕이 잘 드는 곳에서 잘 자라고 응달에서는 자라지 못하는 나무. 〔낙엽송·소나무·버드나무·오리나무·자작나무 따위.〕 ↔음수(陰樹).

양ː수(養漱) [명][하자] 양치질.

양ː수(讓受) [명][하타] 권리·재산 및 법률상의 지위 등을 남에게서 넘겨받음. ↔양도(讓渡).

양ː수-거지(兩手-之) [명][하자] 두 손을 마주 잡고 서 있음.

양ː수-거지(兩手据地) [명][하자] 절을 한 뒤에 두 손으로 땅을 짚고 꿇어 엎드림.

양ː수-걸이(兩手-) [명] ①(무슨 일을 이루기 위하여) 두 군데에 관계를 걸어 놓음. ②장기나 바둑 따위에서, 한 수로 둘을 겨냥하여 최소한 어느 하나를 잡을 수 있는 수.

양ː수-겸장(兩手兼將) [명] 장기에서, 한 수로써 두 말이 한꺼번에 장을 부르게 되는 일.

양수-계(量水計) [-계/-게] [명] ☞양수기(量水器).

양수-기(揚水機) [명] 물을 퍼 올리는 기계. 무자위.

양수-기(量水器) [명] 수돗물의 사용량을 재는 계기. 수량계(水量計). 양수계(量水計).

양-수사(量數詞) [명] 사물의 수량을 나타내는 단어. 〔하나·둘·열·마흔 따위.〕 기본 수사. 으뜸 셈씨. ㊟서수사(序數詞).

양ː수-인(讓受人) [명] 권리·재산 및 법률상의 지위 등을 남에게서 넘겨받는 사람. ↔양도인.

양ː수-잡이(兩手-) [명] ①[하타]장기나 바둑 따위에서, 양수걸이를 둠. ②☞양손잡이.

양ː수-집병(兩手執餠) [-뼝] [명] 〔두 손에 떡을 쥐었다는 뜻으로〕 '택일(擇一)하기가 어려움'을 이르는 말.

양수-척(揚水尺) [명] ☞무자리.

양수-표(量水標) [명] 강·호수·바다 등의 수위(水位)를 재기 위하여 마련한, 눈금이 있는 기둥. 물자. ㊟수표.

양순(良順) '양순하다'의 어근.

양ː순-음(兩脣音) [명] ☞순음(脣音).

양순-하다(良順-) [형][여] 어질고 온순하다. ¶ 영리하면서도 양순한 규수를 며느리로 맞다. **양순-히**[부].

양-숟가락(洋-) [-까-] [명] ☞스푼.

양습(良習)명 ①좋은 풍습. ¶ 양습을 장려하자. ②좋은 습관. ↔악습(惡習).

양ː시-론(兩是論)명 맞서서 내세우는 양쪽의 말이 다 옳다는 주장이나 이론. ↔양비론.

양ː시-쌍비(兩是雙非)명 '양쪽에 다 일리가 있어 시비를 가리기 어려움'을 이르는 말. ¶ 여야(與野) 간의 주장이 양시쌍비라 절충적 타협으로 해결할 듯하다.

양식(良識)명 건전한 사고방식. 건전한 판단력. ¶ 양식 있는 행동.

양식(洋式)명 〈서양식(西洋式)〉의 준말.

양식(洋食)명 서양식의 음식. 서양 요리. 참한식(韓食).

양식(樣式)명 ①(역사적·사회적으로) 자연히 그렇게 정해진 공통의 형식이나 방식. ¶ 전통적 생활 양식. ②문서 따위의 일정한 형식. ¶ 이력서의 양식. ③예술 작품이나 건축물 따위에 나타나는 독특한 표현 형식. ¶ 조선 초기의 건축 양식. 준양(樣).

양ː식(養殖)명하타 (물고기·굴·김 따위의 해산물을) 기르고 번식시키는 일.

양식(糧食)명 ①살아가는 데 필요한 먹을거리. 식량(食糧). ¶ 양식이 떨어지다. ②'정신적인 활동에 양분과 같은 구실을 하는 것'을 비유하여 이르는 말. ¶ 마음의 양식을 쌓다.

양식-사(樣式史)[-싸]명 예술의 양식이 변천해 온 역사, 또는 그 역사를 연구하는 학문.

양ː식^어업(養殖漁業)명 ☞양식업(養殖業).

양ː식-업(養殖業)명 양식(養殖)을 전문으로 하는 수산업의 한 가지. 양식 어업.

양ː식-장(養殖場)[-짱]명 양식(養殖)을 하는 연안의 수역(水域).

양식-점(洋食店)[-쩜]명 ☞양식집.

양식-집(洋食-)[-찝]명 서양 요리를 전문으로 만들어 파는 음식점. 양식점.

양식-화(樣式化)[-시콰]명하타 되자 양식으로 되게 함.

양신(良臣)명 육정(六正)의 하나. 어질고 충성스러운 신하.

양신(良辰)명 좋은 때. 좋은 날. 좋은 시절. 가기(佳期). 가절(佳節).

양-실(洋-)명 서양에서 들여오거나, 서양식으로 만든 실. 양사(洋絲).

양ː실(兩失)명 ①하타 두 가지 일에 다 실패함. ②양편이 다 이롭지 않게 됨.

양실(洋室)명 서양식으로 꾸민 방.

양실(涼室)명 (햇볕을 가리기 위하여) 처마 끝에 차양을 달아 낸 방이나 집.

양심(良心)명 자기의 행위에 대하여 옳고 그름을 판단하고, 바른 말과 행동을 하려는 마음. ¶ 학문적 양심. /양심의 가책을 느끼다.

양ː심(兩心)명 두 마음. 겉 다르고 속 다른 마음.

양ː심(養心)명하자 심성을 바르게 기름, 또는 바르게 기른 그 심성.

양ː심-범(良心犯)명 사상이나 신념의 문제로 인하여 투옥되거나 구금되어 있는 사람. 양심수(良心囚).

양ː심-선언(良心宣言)명 특히, 권력 기관의 감추어진 비리나 부정 따위를 양심에 따라 사회적으로 드러내어 알리는 일.

양ː심-수(良心囚)명 ☞양심범(良心犯).

양심-적(良心的)관명 (행동이나 말이) 양심에 따르는 (것). ¶ 양심적 행동. /양심적인 사람.

양-쌀(洋-)명 수입한 외국의 쌀을 두루 이르는 말.

양ː아(養痾·養痾)명하자 ☞양병(養病).

양ː-아들(養-)명 ☞양자(養子).

양ː-아버지(養-)명 양가(養家)의 아버지. 양부(養父). ↔생아버지·친아버지.

양-아욱(洋-)명 아욱과의 다년초. 줄기 높이 30~50 cm. 줄기와 잎에 털이 빽빽이 나 있음. 여름에 빨강·분홍·흰색 등의 다섯잎꽃이 잎겨드랑이에서 피고 동글납작한 열매를 맺음. 남아프리카 원산이며 관상용으로 재배함. 제라늄.

양-아치명 〈거지〉·〈넝마주이〉의 속된 말.

양악(洋樂)명 〈서양 음악〉의 준말.

양ː악(養惡)명하자 나쁜 버릇을 기름.

양-악기(洋樂器)[-끼]명 서양의 악기.

양안(良案)명 좋은 안(案). 좋은 착상.

양ː안(兩岸)명 강이나 하천 따위의 양쪽 기슭. ¶ 양안에 늘어선 미루나무.

양ː안(兩眼)명 두 눈. 왼쪽 눈과 오른쪽 눈. 쌍모(雙眸). 쌍안(雙眼).

양안(洋鞍)명 〈양안장(洋鞍裝)〉의 준말.

양안(量案)명 지난날, 논밭의 소재(所在)·자호(字號)·등급·면적·사표(四標)·소유주 등을 기록한 책. 오늘날의 토지 대장과 같은 것. 전적(田籍).

양ː안^시ː야(兩眼視野)명 양쪽 눈으로 그 위치를 변경하지 않고 보는 외계의 범위. ↔단안시야.

양-안장(洋鞍裝)명 서양식 안장. 준양안(洋鞍).

양암(諒闇)명 임금이 부모의 상중(喪中)에 있음, 또는 그 기간.

양ː액(兩腋)명 양쪽 겨드랑이. ¶ 양액을 부축하다.

양야(良夜)명 좋은 밤. 달이 밝고 아름다운 밤.

양야(涼夜)명 서늘한 밤.

양약(良藥)명 좋은 약. 효능이 뛰어난 약. 양제(良劑).

양약(洋藥)명 서양의 의술과 제약 방법으로 만든 약. 신약(新藥). ↔한약(韓藥).

양약-고구(良藥苦口)[-꼬-]명 〔좋은 약은 입에 쓰다는 뜻으로〕'바르게 충고하는 말은 귀에 거슬리지만 자신을 이롭게 함'을 비유하여 이르는 말. '공자가어'의 '육본편(六本篇)'과 '설원(說苑)'의 '정간편(正諫篇)'에 나오는 말임. 충언역이(忠言逆耳).

양약-국(洋藥局)[-꾹]명 양약을 파는 약국. 약국. 양약방.

양약-방(洋藥房)[-빵]명 ☞양약국.

양약-재(洋藥材)[-째]명 양약(洋藥)의 재료.

양-양(羊羊)명 한자 부수의 한 가지. '羚'·'美'·'義' 등에서의 '羊·⺶'의 이름.

양양(洋洋) '양양(洋洋)하다'의 어근.

양양(揚揚) '양양(揚揚)하다'의 어근.

양양-가(襄陽歌)명 조선 시대의 십이 가사(十二歌詞) 중의 하나. 작자·연대 미상. 〔'청구영언'에 실리어 전함.〕

양양-자득(揚揚自得)명하자 뜻을 이루어 뽐내며 거들먹거림, 또는 그런 태도.

양양-하다(洋洋-)형여 ①넘칠 듯한 수면이 끝없이 넓게 펼쳐져 있다. ¶ 양양한 바다. ②앞길이 환히 열려 희망에 차 있다. ¶ 패기 넘치고 학업에 열중하는 젊은이들이 있는 한 우리나라의 미래는 양양하다고 믿는다. **양양-히**부.

양양-하다(揚揚-)형여 목적한 일을 이루거나 이름을 드날리게 되어 만족한 빛을 나타내는 면이 있다. ¶ 의기가 양양하다. **양양-히**부.

양ː어(養魚)명하자 물고기를 길러 번식시킴, 또는 그 물고기.
양ː-어머니(養-)명 양가(養家)의 어머니. 양모(養母). ↔생어머니·친어머니.
양ː-어버이(養-)명 ☞양부모(養父母).
양ː어-장(養魚場)명 시설을 갖추고 물고기를 길러 번식시키는 곳.
양언(揚言)명하자타 ①목청을 높이어 들으라는 듯이 말함. ②공공연하게 말함.
양ː여(讓與)명하타 남에게 넘겨줌.
양연(良緣)명 좋은 인연. 좋은 연분. 어울리는 혼인.
양ː열^재료(釀熱材料)명 온상 등에 쓰이는, 발효열을 내는 유기물. 〔두엄·낙엽·겨 따위.〕
양염(陽炎)명 아지랑이.
양엽(陽葉)명 식물의 잎 중에서, 햇빛을 충분히 받은 잎. ↔음엽(陰葉).
양ː-옆(兩-)[-녑]명 좌우 양쪽 옆. ¶ 길 양옆으로 코스모스가 피어 있다. *양ː옆이[-녀피]·양ː옆만[-념-]
양오(陽烏)명 '태양'을 달리 이르는 말. 〔해 속에 세 발 달린 까마귀가 있다는 전설에서 온 말.〕
양옥(洋屋)명 서양식으로 지은 집. 양옥집. ↔한옥(韓屋).
양옥-집(洋屋-)[-찝]명 ☞양옥.
양와(洋瓦)명 ☞양기와.
양ː-외가(養外家)[-외-/-웨-]명 양어머니의 친정.
양요(洋擾)명 서양 사람들로 말미암아 일어난 난리. 〔1866년의 프랑스 군함에 의한 강화도 포격과, 1871년의 미국 군함에 의한 강화도 침입 등을 가리킴.〕 양란(洋亂).
양ː요-렌즈(兩凹lens)명 양쪽이 다 오목하게 된 렌즈.
양-요리(洋料理)[-뇨-]명 〈서양 요리〉의 준말.
양ː용(兩用)명하타되자 두 가지 기능으로 쓰임. ¶ 수륙(水陸) 양용 장갑차.
양우(良友)명 좋은 벗. 어진 벗. 양붕(良朋). ↔악우(惡友).
양우(涼雨)명 서늘한 비. 더위를 시원하게 식혀 주는 비.
양ː우(養牛)명하자 소를 침, 또는 그 소.
양ː웅(兩雄)명 두 영웅. 뛰어난 두 인물.
양ː웅-불구립(兩雄不俱立)명 두 영웅이 동시에 존립할 수 없으며, 서로 싸워 한쪽이 쓰러지고야 만다는 뜻. 참세불양립(勢不兩立).
양원(良媛)명 조선 시대에, 세자궁(世子宮)에 딸린 종삼품의 내명부(內命婦).
양ː원(兩院)명 이원제(二院制)의 국회를 구성하는 두 의원(議院). 〔참의원과 민의원, 또는 상원과 하원 따위로 일컬음.〕
양ː원-제(兩院制)명 〈양원 제도〉의 준말. 이원제(二院制). ↔단원제.
양ː원^제ː도(兩院制度)명 양원으로써 국회를 구성하는 제도. 이원 제도. 준양원제. ↔단원제도(單院制度).
양월(良月·陽月)명 '음력 시월'을 달리 이르는 말. 참응종(應鐘).
양ː위(兩位)명 ①〈양위분〉의 준말. ②'죽은 부부'를 이르는 말. ¶ 양위를 합장(合葬)하다.
양ː위(讓位)명하타 임금의 자리를 물려줌. ¶ 세자에게 왕위를 양위하다. 참손위(遜位).
양ː위-분(兩位-)명 부모 또는 부모처럼 받드는 사람의 내외를 높이어 일컫는 말. ¶ 양위분께서 함께 계시다. 준양위(兩位).
양유(羊乳)명 양젖.
양유(良莠)명 〔벼와 가라지, 곧 좋은 풀과 나쁜 풀이라는 뜻으로〕 '착한 사람과 악한 사람'을 비유하여 이르는 말.
양유-맥(陽維脈)명 한방에서 이르는 기경팔맥(奇經八脈)의 하나.
양육(羊肉)명 양고기.
양ː육(養育)명하타되자 돌보아 길러 자라게 함. 육양(育養). 장양(將養). ¶ 고아를 데려다가 양육하다.
양ː육-권(養育權)[-꿘]명 아이를 돌보아 기를 수 있는 법적인 권리.
양ː육-비(養育費)[-삐]명 양육하는 데 드는 비용. ¶ 양육비가 많이 들다.
양ː육-원(養育院)명 의지할 데 없는 어린아이·과부·노인 등을 수용하여 돌보아 주는 사회 사업 기관.
양융(洋絨)명 서양에서 들여온 융.
양은(洋銀)명 ①구리·니켈·아연으로 된 은백색의 합금. 녹이 슬지 않고 단단하며 가공이 쉽기 때문에 그릇이나 장식품 등을 만드는 데 쓰임. ¶ 양은 냄비. ②〈양은전(洋銀錢)〉의 준말.
양-은전(洋銀錢)명 서양의 은전. 준양은·양전.
양음(陽陰)명 ①양과 음. 음양. ②'양수'와 '음수'.
양ː응(養鷹)명하자 매를 기름, 또는 그 매.
양의(良醫)[-의/-이]명 의술이 뛰어난 의사. 참명의(名醫).
양ː의(兩儀)[-의/-이]명 ①음(陰)과 양(陽). ②하늘과 땅. 이의(二儀).
양의(洋醫)[-의/-이]명 ①서양 의학에 따라 치료하는 의사. ↔한의(韓醫). ②서양인 의사.
양의(量宜)[-의/-이]명하타 잘 헤아림.
양이(洋夷)명 〔서양 오랑캐란 뜻으로〕 '서양 사람'을 업신여겨 이르는 말.
양이(量移)명하타 먼 곳에서 귀양살이하는 사람의 죄를 감하여 가까운 곳으로 옮기던 일.
양ː이(攘夷)명하자 외국인을 얕보고 배척함.
양ː이-론(攘夷論)명 조선 말기에, 외국인을 배척하고 쇄국하자던 주장. 홍선 대원군 집정 때에 제기됨.
양-이온(陽ion)명 양전기(陽電氣)를 띤 이온. 원자 기호의 오른쪽 어깨에 '+' 또는 '·' 표를 붙여서 나타냄. ↔음이온.
양ː익(兩翼)명 ①새·비행기 따위의 양쪽 날개. ②중간에 있는 군대의 좌우 양쪽에 진을 친 군대.
양인(良人)명 ①☞양민(良民). ②어질고 착한 사람. 좋은 사람.
양ː인(兩人)명 두 사람. ¶ 양인을 대질시키다.
양인(洋人)명 〈서양인〉의 준말.
양ː일(兩日)명 두 날. 이틀. ¶ 오늘과 내일 양일에 걸쳐 체육 대회가 열린다.
양입계출(量入計出)[-꼐-/-께-]명하자 수입을 따져 보고 지출을 계획함.
양ː자(兩者)명 두 사람, 또는 두 사물. ¶ 양자가 합의하다.
양자(陽子)명 ☞양성자.
양자(量子)명 원자·전자·미립자(微粒子) 따위의 최소의 단위량.
양자(樣子)명 얼굴의 생김새.
양자(樣姿)명 (사람의) 겉으로 드러난 모습이나 모양.
양ː자(養子)명 ①조카뻘 되는 이를 데려다가 삼은 아들. ②입양으로 아들이 된 사람. 계자(繼子). 양아들.

양자(로) 가다 관용 양자가 되어 양가(養家)로 들어가다.
양자(를) 들다 관용 남의 양자가 되다.
양자(를) 세우다 관용 양자를 정하여 들여세우다.
양-자기(洋瓷器) 명 〈양재기〉의 본딧말.
양자-론(量子論) 명 물리학 이론의 한 갈래. 물질의 미시적(微視的) 구조나 기능을 양자의 관점에서 해명하는 이론.
양-자리(羊-) 명 황도 십이궁의 하나. 물고기자리와 황소자리 사이에 있는 삼각형 모양의 별자리. 가을에 남쪽 하늘에 보이며, 12월 하순에 자오선을 통과함. 백양궁.
양자^역학(量子力學) [-여칵] 명 소립자·원자·분자 등 미시적인 입자(粒子)의 운동을 연구하는 물리학의 한 분야.
양-자주(洋紫朱) 명 서양에서 만든 자줏빛 물감.
양:자-택일(兩者擇一) 명하자 둘 가운데서 하나를 가려 잡음. 이자택일.
양:자-하다(養子-) 타여 양자를 정하여 데려오다.
양자^화:학(量子化學) 명 양자 역학의 법칙을 응용하여 화학 현상을 해명하려는 이론 화학의 한 분야.
양:잠(養蠶) 명하자 누에를 침, 또는 그 일.
양:잠-업(養蠶業) 명 누에를 치는 사업. 준잠업(蠶業).
양장(羊腸) 명 ①양의 창자. ②'산길 따위가 양의 창자처럼 꼬불꼬불함'을 비유하여 이르는 말. ¶ 양장 길로 한참 올라가면 큰 사찰이 있습니다.
양장(良匠) 명 ☞양공(良工).
양장(良將) 명 용맹과 지략이 뛰어난 장수. 훌륭한 장수.
양:장(兩場) 명 〔조선 시대에〕 ①초시(初試)와 복시(覆試). ②초시·복시·전시(殿試)에서의 초장(初場)과 종장(終場).
양장(洋裝) 명 ①하자 (여자가) 옷을 서양식 정장으로 차려입음, 또는 그 옷. ¶ 그녀는 양장이 잘 어울린다. ②하타 책을 서양식으로 장정함, 또는 그 책. 표지에 가죽이나 모조 가죽 따위를 입혀 제책함. ¶ 양장 제본.
양장-미인(洋裝美人) 명 양장한 미인.
양:장^시조(兩章時調) 명 초장(初章)과 종장(終章)만으로 된 시조의 한 형식.
양장-점(洋裝店) 명 여자의 양장 옷을 만들거나 파는 가게. 참양복점.
양:장^진:사(兩場進士) 명 조선 시대에, 사마시(司馬試)의 복시(覆試)에서 초장(初場)과 종장(終場)에 급제한 진사.
양:장^초시(兩場初試) 명 조선 시대에, 과거에서 초시의 초장(初場)과 종장(終場)에 급제하는 일, 또는 그 사람.
양재(良才) 명 훌륭한 재능, 또는 그런 재능을 가진 사람.
양재(良材) 명 ①좋은 재목이나 재료. ②훌륭한 인재.
양재(洋裁) 명하자 양복의 재봉. 양복을 마르거나 바느질하거나 디자인하는 일.
양재(涼材) 명 ☞냉재(冷材).
양:재(禳災) 명하자 신령이나 귀신에게 빌어서 재앙을 물리침.
양-재기(←洋瓷器) 명 ①금속의 안팎에 법랑을 입힌 그릇. ②알루미늄으로 된 식기. 본양자기.
양재-사(洋裁師) 명 양복을 마르거나 바느질하거나 디자인하는 사람.
양-잿물(洋-) [-잰-] 명 〔서양의 잿물이라는 뜻으로〕 빨래할 때 세제(洗劑)로 쓰는 '수산화나트륨'을 이르는 말. 준잿물[1].
양-적(量的) [-쩍] 관명 분량에 관한 (것). 분량으로 본 (것). ¶ 양적 측면. /양적으로도 크게 모자란다. ↔질적(質的).
양전(良田) 명 기름진 밭.
양:전(兩全) 명하형 두 가지가 다 온전함.
양:전(兩銓) 명 조선 시대에, 이조(吏曹)와 병조(兵曹)를 아울러 이르던 말.
양전(洋錢) 명 〈양은전〉의 준말.
양전(洋氈) 명 서양에서 만들었거나 서양식으로 짠 모전(毛氈).
양전(量田) 명하자 논밭을 측량함.
양전(陽電) 명 〈양전기〉의 준말.
양전(陽轉) 명하자 투베르쿨린 반응 따위의 생체 반응 검사에서, 음성이었던 것이 양성으로 바뀜.
양-전극(陽電極) 명 ☞양극(陽極). ↔음전극(陰電極).
양-전기(陽電氣) 명 전기의 두 가지 종류 가운데의 하나. 비단 헝겊으로 문지른 유리 막대에 생기는 전기, 또는 그와 같은 성질을 가진 전기. 정전기(正電氣). 준양전. ↔음전기.
양-전자(陽電子) 명 전자와 같은 질량을 가진 양전하의 소립자. ↔음전자.
양-전하(陽電荷) 명 물체가 음전기보다 양전기를 더 많이 지니고 있는 상태의 전하. 양하전. ↔음전하(陰電荷).
양:전-화(兩全花) 명 ☞양성화(兩性花).
양:절-연초(兩切煙草) [-련-] 명 양 끝을 자르고 물부리를 달지 않은 궐련.
양-접시(洋-) [-씨] 명 운두가 낮고 넓은 서양식 접시.
양정(良丁) 명 양민(良民)인 장정. ¶ 난리통에 수많은 아까운 양정이 죽고 다치다.
양정(量定) 명하타 (가볍고 무거운 정도를) 헤아려서 정함. ¶ 형벌을 양정하다.
양:정(養正) 명하자 정도(正道)를 닦음.
양:정(養庭) 명 '양가(養家)'를 높여 이르는 말. ↔생정(生庭)[1].
양정(糧政) 명 식량에 관한 정책이나 시책.
양-젖(羊-) [-젇] 명 양의 젖. 양유(羊乳). * 양젖이[-저지]·양젖만[-전-]
양제(良娣) 명 조선 시대에, 세자궁(世子宮)에 딸린 종이품 내명부(內命婦)의 칭호.
양제(良劑) 명 좋은 약. 효능이 뛰어난 약. 양약(良藥).
양제(洋制) 명 서양의 제도. 서양식 제도.
양제(涼劑) 명 ☞냉재(冷材).
양제-초(羊蹄草) 명 ☞소루쟁이.
양:조(兩朝) 명 ①앞뒤의 두 왕조. ¶ 당·송(唐宋) 양조. ②앞뒤 두 임금의 시대. ¶ 영·정(英正) 양조. ③남조(南朝)와 북조(北朝).
양:조(釀造) 명하타 발효 작용을 응용하여 술이나 간장·식초 따위를 담가서 만드는 일. 양성(釀成). ¶ 양조 회사.
양:조-간장(釀造-醬) 명 메주를 발효시켜 얻은 간장.
양:조-대변(兩造對辨) 명하자 ☞무릎맞춤. ¶ 양조대변으로 시비(是非)와 곡직(曲直)을 가리다.
양:-조모(養祖母) 명 양가(養家)의 할머니.
양:-조부(養祖父) 명 양가(養家)의 할아버지.
양:조-장(釀造場) 명 술이나 간장·식초 따위를 담그는 공장.

양ː조-주(醸造酒)명 곡류나 과일·근경류(根莖類) 등을 원료로 하여 발효시켜 만든 술. 참합성주(合成酒).
양ː족(兩足)명 양쪽 발. 두 발.
양존(陽尊)명하타 (속으로 해칠 마음을 품고 있으면서) 겉으로는 존경함.
양종(良種)명 ①좋은 종자. ②좋은 품종.
양ː종(兩宗)명 ①조계종(曹溪宗)과 천태종(天台宗)을 아울러 이르는 말. ②교종(敎宗)과 선종(禪宗)을 아울러 이르는 말.
양종(洋種)명 서양의 종자, 또는 서양에서 나는 종류. 〔주로, 동식물에 대하여 이름.〕 서양종.
양종(陽腫)명 한방에서, 몸의 겉에 난 종기를 이르는 말.
양종(陽種)명 허식이 없고 소탈하며 있는 그대로를 드러내는 성질을 가진 사람.
양종-다리(陽腫-)명 다리에 난 종기, 또는 종기가 난 다리.
양주(良酒)명 좋은 술.
양ː주(兩主)명 '부부(夫婦)'를 남이 대접하여 일컫는 말. ¶ 그 댁의 양주는 금실이 좋다.
양주 싸움은 칼로 물 베기속담 부부간의 싸움은 곧 화합된다는 말.
양주(洋酒)명 서양에서 들어온 술, 또는 서양의 양조법에 따라 빚은 술. 〔위스키·브랜디·보드카 따위.〕
양주(陽鑄)명 주금(鑄金)에서, 무늬나 명문(銘文) 따위를 도드라지게 나타내는 일.
양ː주(釀酒)명하자 술을 담금. 술을 빚음.
양주^별산대놀이(楊州別山臺-)[-싼-]명 경기도 양주 지방에 전해 내려오는 가면극. 〔서울의 사직골·아현동 등지에 있던 탈춤을 본산대라 이른 데 대한 이름.〕
양-주정(佯酒酊)명하자 거짓으로 하는 주정.
양ː중(兩中)명 남자 무당의 한 가지.
양중(陽中)명 '봄'을 달리 이르는 말. ↔음중(陰中).
양ː즙(胖汁)명 소의 양(胖)을 잘게 썰어 끓이거나 볶아서 중탕(重湯)하여 짠 물. 몸을 보하기 위해 먹음.
양증(陽症·陽證)명 ①활발하고 개방적인 성격. ②한방에서, 몸을 덥게 하거나 더운 성질의 약을 먹거나 하면 더해지는 병증 등을 통틀어 이르는 말. ③〈상한양증(傷寒陽症)〉의 준말. ↔음증(陰症).
양증-외감(陽症外感)[-외-/-웨-]명 한방에서, 외부적인 원인으로 생기는 급성병을 이르는 말. ↔음증외감(陰症外感).
양지(羊脂)명 양의 몸에서 얻는 지방(脂肪).
양지(良知)명 (경험이나 교육에 의한 것이 아닌) 타고난 지능.
양ː지(兩地)명 두 지방. 두 곳.
양지(洋紙)명 ('한지'에 대해서) 서양식 제지법에 의하여 기계로 뜬 종이.
양지(陽地)명 ①볕이 바로 드는 곳. ②'혜택을 받는 처지'를 비유하여 이르는 말. ↔음지.
양지가 음지 되고 음지가 양지 된다속담 세상일이란 돌고 도는 것이어서, 처지가 뒤바뀌는 경우도 많다는 말.
양지(量地)명하자 땅을 측량함. 측지(測地).
양지(量知)명하자 헤아려 앎. 짐작하여 앎.
양지(諒知)명하타 살펴서 앎. 찰지(察知).
양ː지(壤地)명 나라의 영토.
양지-꽃(陽地-)[-꼳]명 장미과의 다년초. 산에 절로 나는데 줄기는 30 cm가량. 잎은 깃모양겹잎인데 뿌리에서 무더기로 남. 4월경에 노란 다섯잎꽃이 핌. 어린순은 나물로 먹음. 쇠스랑개비. ∗양지꽃이[-꼬치]·양지꽃만[-꼰-]
양지니명 되샛과의 새. 날개 길이 9 cm가량으로 참새보다 조금 큼. 수컷은 고운 빨간색 바탕에 목은 은백색, 머리 위는 장밋빛이고, 등에는 검은 얼룩무늬가 세로로 나 있음. 사할린·시베리아 동부 등지에서 번식하고, 우리나라·일본·중국 등지에서 겨울을 남.
양지-머리명 ①소의 가슴에 붙은 뼈와 살을 아울러 이르는 말. ②쟁기의 술의 둥글고 삐죽한 우두머리 끝.
양지-바르다(陽地-)[~바르니·~발라]형르 (땅이) 볕이 잘 들게 되어 있다. ¶ 양지바른 산기슭.
양지^식물(陽地植物)[-싱-]명 양지에서 잘 자라는 식물. ↔음지 식물.
양지-아문(量地衙門)명 대한 제국 때, 토지의 측량을 맡아보던 관청.
양지-양능(良知良能)명 (교육이나 경험에 의하지 않고) 선천적으로 시비·선악·정사(正邪)를 알고 행할 수 있는 마음의 작용.
양지-옥(羊脂玉)명 양의 기름 덩이 같은 빛깔의, 윤택 있는 백옥(白玉).
양지-쪽(陽地-)명 볕이 잘 드는 쪽.
양지-초(羊脂-)명 양의 기름으로 만든 초.
양직(亮直)명하형 마음이 밝고 올곧음. **양직-히**부.
양직(洋織)명 서양에서 짠 직물(織物), 또는 그런 방식으로 짠 직물.
양ː진(兩陣)명 서로 맞서 있는 두 편의 진(陣).
양ː진(癢疹)명 신경성 피부병의 한 가지. 만지면 알 수 있을 정도의 작은 두드러기가 돋고 몹시 가려움.
양질(良質)명 좋은 품질. 좋은 바탕. ¶ 양질의 석유. /양질의 노동력.
양질-호피(羊質虎皮)명 〔속은 양이고 거죽은 범이란 뜻으로〕'실속 없이 겉만 꾸미는 일'을 이르는 말.
양ː-짝(兩-)명 두 편짝. 두 짝.
양ː-쪽(兩-)명 ①두 쪽. 두 사물. 두 개의 것. ¶ 양쪽 눈. /양쪽을 다 가지다. ②두 방향. 두 방면(方面). ¶ 양쪽으로 헤어지다.
양ː차(兩次)명 두 번. 두 차례. ¶ 양차에 걸친 국제 대회. /양차 세계 대전.
양ː-차렵(兩-)명 (봄·가을) 두 철 입는 차렵것.
양착(量窄)명하형 ①먹거나 마시는 양이 적음. ②도량이 좁음. ②양협(量狹).
양찬(糧饌)명 양식과 반찬거리.
양찰(亮察)명하타 (다른 사람의 사정·형편 따위를) 밝게 살핌.
양찰(諒察)명하타 (다른 사람의 사정·형편 따위를) 헤아려 살핌. 양촉(諒燭).
양창(亮窓)명 창살이 없는 창.
양책(良策)명 훌륭한 방책. 좋은 계책.
양처(良妻)명 어질고 착한 아내. 비현처(賢妻). ↔악처(惡妻).
양ː처(兩處)명 두 곳. 두 군데.
양처-현모(良妻賢母)명 ☞현모양처.
양처현모-주의(良妻賢母主義)[-의/-이]명 훌륭한 아내와 어진 어머니가 되게 교육하는 것을 목적으로 하는, 여성 교육상의 주의.
양ː척(兩隻)명 송사(訟事)를 일으킨 사람과 송사를 당한 사람, 곧 원고와 피고.
양ː척(攘斥)명하타 물리쳐 쫓아 버림.
양천(良賤)명 양민과 천민.

양천(涼天)명 서늘한 날씨.
양천(陽天)명 구천(九天)의 하나. 동남쪽 하늘.
양철(洋鐵)명 안팎에 주석을 입힌 얇은 철판. 통조림통·석유통 등을 만드는 데 쓰임. 생철. 참함석.
양철-가위(洋鐵-)명 양철을 자르는 데 쓰는 가위.
양철-공(洋鐵工)명 양철을 다루어 물건을 만드는 직공.
양ː철-렌즈(兩凸lens)명 양면이 다 볼록한 렌즈.
양철-통(洋鐵桶)명 양철로 만든 통. 〔물동이·석유통 따위.〕 생철통.
양첨(涼簷)명 (여름철에) 뜨거운 볕을 가리기 위하여 임시로 덧댄 처마.
양첩(良妾)명 양민(良民) 출신의 첩.
양청(洋青)명 당청(唐青)보다 진한, 푸른빛 물감의 한 가지.
양ː초(兩草)명 한 냥쭝을 한 묶음으로 하여 팔던 품질 좋은 잎담배.
양-초(洋-)명 스테아린이나 파라핀을 원료로 하고, 무명실을 꼬아 심으로 사용한 초.
양초(洋醋)명 화학적으로 합성하여 만든 식초.
양초(糧草)명 군량(軍糧)과 마초(馬草).
양초-시계(洋-時計)[-계/-게]명 불시계의 한 가지. 양초가 타면서 줄어드는 길이로 시간을 헤아림.
양촉(諒燭)명하타 ☞양찰(諒察).
양촌-집(陽村集)명 조선 초의 학자 권근(權近)의 시문집. 현종 15년에 간행되었는데, 시가(詩歌) 10권, 문장 30권임.
양총(洋銃)명 서양식 총.
양추(涼秋)명 ①서늘한 가을. ②'음력 구월'을 달리 이르는 말. ②중양(重陽).
양ː축(養畜)명하자 가축을 기름.
양춘(陽春)명 ①따뜻한 봄. ②'음력 정월'을 달리 이르는 말. ②왕월(王月).
양춘-가절(陽春佳節)명 따뜻한 봄철.
양춘-화기(陽春和氣)명 봄철의 따뜻하고 맑은 기운.
양-춤(洋-)명 '서양식의 춤'을 속되게 이르는 말. 〔발레·사교 댄스 따위.〕
양취(佯醉)명하자 거짓으로 술에 취한 체함.
양ː측(兩側)명 ①두 편. 양편(兩便)[1]. ¶ 양측 대표. /양측이 합의하다. ②양쪽. ¶ 도로의 양측.
양치(←楊枝)명하자 〈양치질〉의 준말. 한자를 빌려 '養齒'로 적기도 함.
양-치기(羊-)명하자 ①양을 치는 일, 또는 그런 사람. ②놓아기르는 양을 돌보는 일, 또는 그런 사람.
양치-식물(羊齒植物)[-싱-]명 은화식물(隱花植物)의 한 문(門). 관다발이 발달한 뿌리·줄기·잎으로 분화하며, 포자에 의하여 번식함. 포자는 싹이 터서 전엽체(前葉體)가 됨.
양치-질(←楊枝-)명하자 ①이를 닦는 일. ②소금물·물·함수제(含漱劑) 따위로 입 안을 가셔 내는 일. 양수(養漱). 준양치.
양ː친(兩親)명 아버지와 어머니. 부모(父母). 쌍친(雙親). 어버이.
양ː친(養親)명 ①양가(養家)의 부모. 양부와 양모. ②하자부모를 봉양함.
양칠(洋漆)명 〔서양식 칠이란 뜻으로〕 페인트칠을 이르는 말.
양칠-간죽(洋漆竿竹)명 빨강·파랑·노랑의 빛깔로 알록지게 칠한 담배설대.
양침(洋針)명 서양식으로 만든 바늘.
양칫-물(←楊枝-)[-친-]명 양치질할 때 쓰는 물.
양ː칭(兩秤)명 저울대의 한 눈이 한 냥의 무게를 나타내는 저울.
양-코(洋-)명 ①'서양 사람', 또는 '서양 사람의 높은 코'를 놀리어 이르는 말. ②'코가 높은 사람'을 놀리어 이르는 말.
양코-배기(洋-)명 '서양 사람'을 얕잡아 이르는 말.
양ː콩-잡이(兩-)명하타 바둑에서, 한 점을 놓아 양쪽으로 한 점씩 따 내는 일, 또는 그런 수.
양키(Yankee)명 '미국 사람'을 얕잡아 이르는 말.
양-타락(羊駝酪)명 양젖을 죽처럼 걸쭉하게 끓인 음식.
양-탄자(洋-)명 짐승의 털을 굵은 베실에 박아 짠 피륙. 방이나 마룻바닥의 깔개로 쓰임. 융단(絨緞). 카펫. 참모전(毛氈).
양ː탈(攘奪)명하타 ☞약탈(掠奪).
양태[1]명 〈갓양태〉의 준말.
양태[2]명 양탯과의 바닷물고기. 몸길이 50 cm가량. 몸은 가늘고 길며 아래위로 납작하고, 머리는 크고 꼬리는 가늚. 몸빛은 등이 암갈색이고 배는 흼. 연안의 모랫바닥에 기어 들어가 살며, 새우나 게를 잡아먹음. 우리나라·일본·말레이시아·인도양 등지에 널리 분포함.
양태(樣態)명 ①모양과 태도. ②상태. 양상(樣相). ¶ 인간 존재의 양태. 준양(樣).
양태^부사(樣態副詞)명 문장 부사의 한 갈래. 말하는 이의 어떤 일에 대한 믿음이나 태도 등을 나타내는 단어. 문장 전체에 대한 판단을 내리는 기능을 지님. 〔'과연 그분은 위대한 인물이었다.'에서의 '과연' 따위.〕 참부사.
양태-장(-匠)명 조선 시대에, 상의원(尙衣院)에 딸리어 갓양태를 만들던 공장(工匠).
양택(陽宅)명 ①풍수지리에서, 무덤에 상대하여 '사람이 사는 집'을 달리 이르는 말. ↔음택(陰宅). ②☞양기(陽基). ③마을이나 고을의 터. 관아의 터.
양-털(羊-)명 양의 털. 보온성이 강하여 모사·모직물의 원료로 쓰임. 양모(羊毛).
양ː토(養兎)명하자 토끼를 침.
양토(壤土)명 ①흙. 토양. ②모래와 점토가 알맞게 섞인 검은 빛깔의 흙. 경작(耕作)에 가장 알맞음.
양통(癢痛)명 가려움과 아픔. 통양(痛癢).
양-틀(洋-)명 '재봉틀'을, 서양에서 들여왔다는 뜻으로 이르는 말.
양-파(洋-)명 백합과의 이년초. 지중해 연안 원산의 채소의 한 가지. 잎은 가늘고 길며 속이 빈 파 모양임. 땅속의 비늘줄기는 둥글넓적하며 맛이 맵고 향기가 독특함.
양판명 대패질할 때 밑에 받쳐 놓는 나무판.
양판-점(量販店)명 대량으로 상품을 판매하는 대형 소매점.
양ː-팔(兩-)명 두 팔. 양쪽 팔.
양ː팔^간ː격(兩-間隔)명 두 사람 이상이 옆으로 줄을 맞추어 설 때 양팔을 어깨 높이로 곧게 펴 올려, 양쪽 사람의 가운뎃손가락 끝이 서로 닿을 정도로 벌려 선 간격.
양패(佯敗)명하자 거짓으로 패한 체함.
양ː편(兩便)[1]명 두 편. 양측. ¶ 양편 대표. /길 양편에 늘어선 벚나무.
양ː편(兩便)[2]명하형 양쪽이 다 편함, 또는 양쪽의 편리.
양ː-편짝(兩便-)명 ☞양편쪽.

양ː편-쪽(兩便-)명 서로 상대가 되는 두 편짝. 양편짝.

양푼명 운두가 높지 않고, 넓고 큰 놋그릇. 음식물을 담거나 데우는 데 쓰임.

양품(良品)명 품질이 좋은 물건.

양품(洋品)명 서양풍의 물건. 특히, 서양풍의 의류나 그 부속품 또는 장신구 따위의 잡화.

양품-점(洋品店)명 양품을 파는 가게.

양풍(良風)명 좋은 풍습. 좋은 풍속.

양풍(洋風)명 〈서양풍〉의 준말.

양풍(涼風)명 ①팔풍(八風)의 하나. 서남풍. ②서늘한 바람. 시원한 바람.

양풍-미속(良風美俗)명 ☞미풍양속.

양피(羊皮)명 양가죽. ¶ 양피 구두. /양피 장갑.

양피-지(羊皮紙)명 양의 가죽으로 만든 서사(書寫) 재료. 무두질한 가죽을 건조·표백하여, 활석(滑石)으로 닦아 광택이 나게 한 것. 〔유럽에서는 중세 말까지 사용되었음.〕

양ː피-화(兩被花)명 꽃받침과 꽃부리를 완전히 갖춘 꽃. 〔배꽃·살구꽃 따위.〕 ↔나화(裸花). 참단피화(單被花).

양하(蘘荷)명 생강과의 다년초. 높이 50~100 cm. 생강과 비슷함. 땅속줄기는 옆으로 뻗고, 잎은 두 줄로 어긋맞게 나며, 여름에 담황색의 꽃이 핌. 열대 아시아 원산으로 각지에서 채소로 재배되며, 화수(花穗)·어린잎·땅속줄기는 향미료로 쓰임.

양-하다조동여 ☞체하다. ¶ 공부하는 양하다.

양-하전(陽荷電)명 ☞양전하(陽電荷).

양학(洋學)명 서양의 학문.

양항(良港)명 (배가 드나들거나 머물기에) 좋은 항구. ¶ 천연(天然)의 양항.

양-항라(洋亢羅)[-나]명 무명실로 짠 항라.

양-해(羊-)명 ☞미년(未年).

양해(諒解)명하타되자 사정을 참작하여 납득함. 이해(理解). ¶ 상대편의 양해를 구하다.

양핵(陽核)명 〔양전기를 띤 핵이라는 뜻으로〕 '원자핵(原子核)'을 이르는 말.

양행(洋行)명 ①하자 유럽이나 미국으로 유학을 가거나 여행을 함. ¶ 양행의 꿈을 이루다. ②〔주로 서양의 수입품을 다루던 신식 상점을 중국식으로 이르던 말로〕 '상사(商社)'를 달리 이르는 말.

양향(糧餉)명 군대의 양식.

양허(亮許)명하타 용서함. 허용함.

양허(陽虛)명하형 한방에서, '양기가 허하여 으스스 춥고 떨리는 병'을 이르는 말.

양ː현-고(養賢庫)명 ①고려 시대, 국학(國學)의 장학 재단. ②조선 시대에, 유생에게 주는 식량에 관한 일을 맡아보던 관아.

양ː혈(養血)명하자 약을 먹어 피를 맑게 하고 보함.

양협(量狹)명하형 도량이 좁음. 양착(量窄).

양형(量刑)명하자 형벌의 정도를 헤아려 정함.

양혜(洋鞋)[-혜/-헤]명 ☞구두[1].

양호(羊毫)명 〈양호필〉의 준말.

양호(良好)명하형 매우 좋음. ¶ 작업 환경이 양호하다. /건강이 양호하다.

양ː호(兩湖)명 호남(湖南)과 호서(湖西), 곧 전라도와 충청도를 아울러 이르는 말.

양ː호(養戶)명 지난날, 부자가 구실을 대납(代納)하여 공역(公役)을 면제시켜 주고, 그 대신 제집에서 부리던 천민의 집.

양ː호(養護)명하타 ①기르고 보호함. ②학교에서, 학생의 건강을 보살피는 일.

양ː호^교ː사(養護教師)명 '보건 교사(保健教師)'의 이전 일컬음.

양ː호-상투(兩虎相鬪)명 〔두 마리의 범이 싸운다는 뜻으로〕 '두 영웅 또는 두 강대국의 싸움'을 비유하여 이르는 말.

양ː호-실(養護室)명 '보건실(保健室)'의 이전 일컬음.

양ː호-유환(養虎遺患)명 〔범을 길렀다가 그 범에게서 해를 입는다는 뜻에서〕 '은혜를 베풀어 주고도 도리어 해를 입게 됨'을 이르는 말.

양호-필(羊毫筆)명 양털로 촉을 만든 붓. 준양호(羊毫).

양홍(洋紅)명 ☞카민(carmine).

양화(良貨)명 지금(地金)의 품질이 좋은 화폐. 실제 가격과 법정 가격의 차이가 적은 화폐. ↔악화(惡貨).

양화(洋貨)명 ①서양의 상품. ②서양의 화폐.

양화(洋畫)명 ①〈서양화(西洋畫)〉의 준말. ②서양에서 들여온 영화.

양화(洋靴)명 ☞구두[1].

양화(陽畫)명 음화를 인화지나 셀룰로이드 따위에 박아 나타낸 화상. 〔색상·명암 등이 피사체와 같음.〕 ↔음화(陰畫).

양ː화(禳禍)명하자 재앙을 빌어 냄. 화근을 만듦.

양ː화구복(禳禍求福)명하자 재앙을 물리치고 복을 구함.

양화-요(←洋花褥)명 양탄자로 만든 요.

양화-점(洋靴店)명 구두를 파는 가게.

양-화포(洋花布)명 무명실로 꽃무늬를 놓아서 짠, 서양식 피륙.

양황(洋黃)명 서양에서 만든 노란빛 물감.

양회(洋灰)[-회/-훼]명 ☞시멘트.

양회(諒會)[-회/-훼]명하타 자세히 살펴서 터득함.

양-휘양(←涼揮項)명 털을 달지 않은 휘양.

양지하다자 〈옛〉 양치하다. ¶ 양지ᄒᆞᆯ 수:漱(訓蒙下*11*). /양지ᄒᆞ야 ᄉᆞᆷᄶᅵ라(救解上*51*).

양ᄌᆞ명 〈옛〉 모양. 모습. ¶ 小人이 길헤 마갯ᄂᆞ니 양ᄌᆞ ᄒᆞ요미 ᄌᆞ모 수스워리놋다(杜初*16:68*). /ᄂᆞᆾ 양ᄌᆞᄂᆞᆫ 늘근 한아비 ᄃᆞ외옛도다(杜初*21:31*).

얕다[얃따]형 ①겉에서 안까지, 또는 아래에서 위까지의 길이가 짧다. ¶ 얕은 개울. /건물의 지붕이 얕다. ②생각이 깊지 못하다. ¶ 얕은 생각. ③정의(情誼) 따위가 두텁지 못하다. ¶ 정분이 얕다. ④학문이나 지식·경험 따위가 적다. ¶ 얕은 재주. ⑤잠이 깨기 쉬운 상태에 있다. ¶ 얕은 잠. 큰옅다. ↔깊다. ＊얕아·얕고[얃꼬]

얕은 내도 깊게 건너라속담 작은 일이라도 가벼이 생각해서는 안 된다는 말.

얕디-얕다[얃띠얃따]형 아주 얕다. 큰옅디옅다.

얕-보다[얃뽀-]타 남을 낮추어서 하찮게 보다. ¶ 상대를 얕본 것이 실수였다.

얕보-이다[얃뽀-]타 〖'얕보다'의 피동〗 남에게 낮추어져서 하찮게 보이다. ¶ 동생은 친구들에게 얕보여 무시당하는 때가 많다.

얕은-꾀[-꾀/-꿰]명 속이 들여다보이는 유치한 꾀. ¶ 얕은꾀를 쓰다.

얕은-맛[-맏]명 산뜻하고 싹싹하며 부드러운 맛. ＊얕은맛이[-마시]·얕은맛만[-만-]

얕-잡다[얃짭따]타 남을 낮추어서 하찮게 여기다. ¶ 상대를 너무 얕잡아 보지 마라.

얕추[얃-]부 얕게. ¶ 뿌리를 얕추 묻다.

애¹명 한글 자모(字母)의 이중 모음인 'ㅐ'의 음가(音價) 및 이름.
애ː²감 ①과연 놀랄 만하다는 뜻으로 내는 소리. ¶ 애, 정말 놀랍구나. ②어른이 아이를 부르는 소리. 또는, 젊거나 어린 또래끼리 허물없이 상대를 부르는 소리. ¶ 애, 너 어디 사니?/애, 나하고 같이 놀자.
애ː³준 '이 아이'가 줄어든 말. ¶ 애가 네 동생이니?
애ː기명하자타되자 〈이야기〉의 준말.
애ː깃-거리[-기꺼-/-긷꺼-]명 〈이야깃거리〉의 준말.
어¹명 한글 자모(字母)의 모음인 'ㅓ'의 음가(音價) 및 이름.
어²감 ①급작스러운 충격에 의한 급한 느낌을 나타내는 소리. ¶ 어, 이게 뭐지? ②반가움·기쁨·슬픔·노여움·뉘우침 등의 느낌을 나타낼 때 내는 소리. ③문득 떠오른 생각을 말하려고 할 때, 또는 상대편의 주의를 불러일으키려는 말을 하기에 앞서 내는 소리. ¶ 어, 위험해! 작아².
어(敔)명 지난날, 궁중에서 쓰던 악기의 한 가지. 엎드린 범 같은 모양으로, 등에 27개의 톱니가 있음. 연주를 그칠 때 견(籈)으로 긁어서 소리를 냄.
-어(語)접미 《일부 명사 뒤에 붙어》 '말'의 뜻을 나타냄. ¶ 중국어. /한국어. /존대어. /고유어. /기계어.
-어어미 끝 음절이 'ㅏ·ㅗ' 이외의 모음으로 된 어간에 붙어 쓰이는 어미. ①일반적인 서술의 뜻을 나타내는 보조적 연결 어미. ¶ 익어 가다. /썩어 버리다. ②서술·의문·청유·명령의 뜻을 나타내는 해체의 종결 어미. ¶ 나 여기 있어. /이건 내가 먹어?/우리 같이 읽어. /빨리 불어! 참-아.
어ː가(御街)명 ①대궐로 통하는 길. ②대궐 안의 길.
어ː가(御駕)명 임금이 타는 수레. 대가(大駕).
어가(漁歌)명 어부의 노래. 고기잡이 노래.
어간(於間)명 (시간이나 공간의) 일정한 사이.
어간(魚肝)명 물고기의 간.
어ː간(語幹)명 용언의 활용에서 변하지 않는 부분의 형태소. 〔'잡다'·'잡아'·'잡으니'에서 '잡' 따위.〕 참어미(語尾).
어ː간-대청(-大廳)명 방과 방의 사이에 있는 대청.
어ː간-마루명 방과 방 사이에 있는 마루.
어간-유(魚肝油)[-뉴]명 ☞간유(肝油).
어ː간-장지(←-障子)명 대청이나 큰 방의 중간을 막은 장지.
어ː간-재비명 ①사이에 칸막이로 둔 것. ②'몸집이 큰 사람'을 농조로 이르는 말.
어ː감(語感)명 말 또는 말소리에서 느껴지는 독특한 느낌. 말맛. ¶ 어감의 차이. /어감이 나쁘다. /어감이 좋다.
어강됴리감 〈옛〉노래의 가락을 맞추기 위하여 후렴처럼 쓰이던 말. ¶ 어긔야 어강됴리 아으 다롱디리(井邑詞).
어개(魚介)명 ①물고기류와 조개류를 아울러 이르는 말. ②(식용으로 하는) 해산 동물(海產動物)을 통틀어 이르는 말.
어ː거(馭車)명하타 ①수레를 메운 말이나 소를 모는 일. ②데리고 있으면서 바른길로 나가게 함.
어거리-풍년(-豊年)명 드물게 드는 큰 풍년.
어거지명 '억지'의 잘못.
어ː격(語格)[-껵]명 말하는 격식 또는 규칙. 어훈(語訓). 참어법(語法).
어겹명되자 한데 뒤범벅이 되는 일.
어ː계(語系)[-계/-게]명 말의 계통. ¶ 우랄알타이 어계.
어고(魚鼓)명 ☞목어(木魚)¹. 어판(魚板).
어ː고(御庫)명 임금이 사사로이 쓰던, 궁중의 곳간. 어부(御府).
어골(魚骨)명 물고기의 뼈. 생선의 가시.
어골-경(魚骨鯁)명 생선의 가시.
어ː공(御供)명하타 임금에게 물건을 바침.
어ː공-미(御供米)명 임금에게 바치는 쌀.
어곽(魚藿)명 해산물을 통틀어 이르는 말.
어곽-선(魚藿廛)[-썬]명 해산물을 파는 가게.
어교(魚膠)명 ☞부레풀.
어구(魚狗)명 ☞물총새.
어구(漁具)명 고기잡이에 쓰는 기구.
어구(漁區)명 고기잡이를 하거나 바닷말을 따거나 또는 그것을 가공할 수 있도록 허가한 구역.
어ː구(語句)[-꾸]명 말의 구절. 언구(言句).
어구머니감 〈어이구머니〉의 준말.
어군(魚群)명 (물속에서 헤엄쳐 다니는) 물고기의 떼.
어ː군(語群)명 같은 어파(語派) 중에서 서로 친족 관계를 이루는 여러 언어를 통틀어 이르는 말.
어ː-군막(御軍幕)명 임금이 거둥할 때에 잠시 머무는 막차(幕次).
어군^탐지기(魚群探知機)명 어선에 장치하여, 초음파를 이용해서 물고기 떼의 존재와 분량·종류 등을 분석하는 장치.
어굴(語屈) '어굴하다'의 어근.
어ː굴-하다(語屈-)형여 말이 꿀려서 대답이 시원스럽지 못하다.
어ː궁(御宮)명 ☞대궐.
어궁(語窮) '어궁하다'의 어근.
어ː궁-하다(語窮-)형여 말이 막히고 궁하다. 어색(語塞)하다.
어궤조산(魚潰鳥散)명하자 〔물고기 떼처럼 헤어지고 새 떼처럼 흩어진다는 뜻으로〕 '사방으로 흩어짐'을 이르는 말.
어귀명 드나드는 목의 첫머리. ¶ 낙동강 어귀. /동네 어귀.
어귀(語句)명 '어구(語句)'의 잘못.
어귀-어귀부 음식을 입 안에 잔뜩 넣고 억척스럽게 씹어 먹는 모양. ¶ 볼을 불룩거리면서 어귀어귀 먹어 치우다. 작아귀아귀.
어그러-뜨리다타 어그러지게 하다. 어그러트리다. ¶ 상자를 어그러뜨리다.
어그러-지다자 ①(짜여 있어야 할 것이) 각각 제자리에서 물러나 서로 맞지 아니하다. ¶ 상자가 어그러지다. ②(생각했던 일이나 기대했던 일이) 그대로 되지 아니하다. ¶ 계획이 어그러지다. ③사이가 좋지 않게 되다. ¶ 친구 사이가 어그러지다.
어그러질-천(-舛)명 한자 부수의 한 가지. '舞'·'舜' 등에서의 '舛'의 이름.
어그러-트리다타 어그러뜨리다.
어그럽다형ㅂ 〈옛〉너그럽다. ¶ 어그러오딕 싁싁게 ᄒᆞ며(小解*1:10*).
어그룿다자 〈옛〉어긋나다. 어기다. ¶ 願이 어그르츠니(杜初*9:1*).
어ː극(御極)명하자 ①☞즉위. ②☞재위.
어ː근(語根)명 단어를 분석했을 때, 그 단어의 실질적인 뜻을 나타내는 형태소. 합성어의 경우 합성된 낱낱의 실질 형태소, 파생어의 경우 접사를 제외한 나머지 부분이 이에 해당함. 〔'덮개'·'사람답다'·'넉넉하다'에서의 '덮'·'사람'·'넉넉' 따위.〕

어근-버근부하자 서로 뜻이 맞지 않아 지그럭거리는 모양. ¶ 서로 어근버근하다가는 일을 이룰 수 없다. 작아근바근.

어근버근-하다형여 사개가 꼭 맞지 않고 조금씩 벌어져 있다. 작아근바근하다.

어글-어글부하형 ①(얼굴의 생김새가) 시원스러운 모양. ②(생김새나 성질이) 너그럽고 부드러운 모양.

어금-깔음명 건축에서, 돌을 '갈 지(之)' 자 모양으로 까는 일.

어금-꺾쇠[-꺽쐬/-꺽쒜]명 양쪽 끝이 서로 반대 방향으로 구부러진 꺾쇠.

어금-니명 포유동물의 아래윗니 중에서 구석 쪽에 있는, 가운데가 확처럼 오목한 이. 〔사람의 경우는, 양 끝에 세 개씩 모두 열두 개임.〕 구치(臼齒). 아치(牙齒). 엄니.

어금니-아(-牙)명 한자 부수의 한 가지. '芽'·'犄' 등에서의 '牙'의 이름.

어금닛-소리[-니쏘-/-닏쏘-]명 ☞아음(牙音).

어금-막히다[-마키-]자 서로 어긋나게 놓이다.

어금버금-하다형여 어금지금하다. ¶ 두 선수의 실력이 어금버금하다.

어금-쌓기[-싸키]명 길이모쌓기에서, 벽돌을 '갈 지(之)' 자 모양으로 쌓는 일.

어금지금-하다형여 서로 어슷비슷하여 정도나 수준에 큰 차이가 없다. 어금버금하다. ¶ 저 두 선수는 실력이 어금지금하다.

어긋나-기[-근-]명 식물의 잎이 줄기나 가지에 맞은편 쪽과 서로 어긋맞게 나는 일. 참마주나기·돌려나기.

어긋-나다[-근-]자 ①서로 꼭 맞지 아니하다. ¶ 뼈가 어긋나다. ②(사실이나 도리에) 맞지 않고 틀리다. ¶ 원칙에서 어긋나다. ③어그러지다. ¶ 예상과는 어긋나다. /친구 사이가 어긋나다. ④(오고 가는 길이 달라서) 서로 만나지 못하게 되다. ¶ 길이 어긋나다. ⑤식물의 잎이 마디마다 방향을 달리하여 어긋맞게 나다.

어긋-놓다[-근노타]타 서로 엇갈리게 놓다.

어긋-맞다[-근맏따]형 이쪽저쪽이 서로 어긋나게 마주 있다. ¶ 잎이 어긋맞게 나다.

어긋-매끼다[-근-]타 서로 어긋나게 맞추다. 준엇매끼다.

어긋-물다[-근-][~무니·~물어]타 서로 어긋나게 물다. 준엇물다.

어긋물-리다[-근-]자 〚'어긋물다'의 피동〛 서로 어긋나게 물리다. 준엇물리다.

어긋-버긋[-귿뻐귿]부하형 여럿이 고르지 못하여 서로 어그러져 있는 모양.

어긋-어긋[-그더귿]부하형 여러 조각으로 이루어진 물건의 이가 맞지 않고 벌어져 있는 모양. 작아긋아긋.

어긋-하다[-그타-]형여 물건의 맞붙여 이은 짬이 벌어져 있다. 작아긋하다. **어긋-이**부.

어기(漁基)명 ☞어장(漁場).

어기(漁期)명 어떤 곳에서 어떤 종류의 고기가 많이 잡히는 시기.

어ː기(語氣)명 말을 할 때의 어조나 기세. 어세(語勢). ¶ 어기가 거칠다.

어ː기(語基)명 단어 형성의 근간을 이루는 부분 또는 요소. 어간보다 범위가 작거나 어간과 같은 뜻으로 쓰임.

어기다타 (지켜야 할 것을) 지키지 아니하다. ¶ 법을 어기다. /규칙을 어기다. /마감 날짜를 어기다.

어기-대다자 고분고분 따르지 않고 뻗대다. ¶ 고집을 부리며 어기대기 시작하다.

어기뚱-거리다자 자꾸 어기뚱어기뚱하다. 어기뚱대다. 작아기똥거리다.

어기뚱-대다자 어기뚱거리다.

어기뚱-어기뚱부하자 (몸집이 큰 사람이) 몸을 둔하게 움직이면서 느릿느릿 걷는 모양. ¶ 걸음은 어기뚱어기뚱 걷지만 유도 경기 때는 놀라운 순발력을 보인다. 작아기똥아기똥.

어기뚱-하다형여 ①엉큼하고 좀 거만한 데가 있다. ②좀 틈이 나 있다. 작아기똥하다.

어기야감 〈어기야디야〉의 준말.

어기야-디야감 뱃사람들이 노를 저으며 내는 소리. 준어기야·어야디야·에야디야.

어기여차감 여럿이 힘을 합할 때 함께 지르는 소리. 어여차.

어기적-거리다[-꺼-]자 자꾸 어기적어기적하다. 어기적대다. ¶ 여기서 어기적거리다가 차를 놓칠라. 준어깆거리다. 작아기작거리다.

어기적-대다[-때-]자 어기적거리다.

어기적-어기적부하자 (몸집이 큰 사람이) 다리를 부자연스럽게 움직이면서 느릿느릿 걷는 모양. ¶ 밤새 내린 눈으로 길이 얼어 어기적어기적 걸어왔다. 준어깆어깆. 작아기작아기작.

어기죽-거리다[-꺼-]자 자꾸 어기죽어기죽하다. 어기죽대다. 작아기족거리다.

어기죽-대다[-때-]자 어기죽거리다.

어기죽-어기죽부하자 (몸집이 큰 사람이) 다리를 부자연스럽게 움직이면서 뒤뚝뒤뚝 걷는 모양. 작아기족아기족.

어기중(於其中) '어기중하다'의 어근.

어기중-하다(於其中-)형여 중간 정도에 해당하다. 가운데쯤 되다.

어기-차다형 뜻을 굽히지 않고 꿋꿋하다. ¶ 어기차게 일을 치러 내다.

어김-없다[-기멉따]형 어기는 일이 없다. 틀림없다. ¶ 그의 짐작은 어김없었다. **어김없-이**부 ¶ 그는 언제나 약속을 어김없이 지킨다.

어깃-장[-기짱/-긷짱]명 짐짓 어기대는 행동. ¶ 어깃장을 놓다.

어깆-거리다[-긷꺼-]자 〈어기적거리다〉의 준말. 어깆대다. 작아깆거리다.

어깆-대다[-긷때-]자 어깆거리다.

어깆-어깆[-기더긷]부하자 〈어기적어기적〉의 준말. 작아깆아깆.

어깨명 ①팔과 몸통이 이어지는 관절의 윗부분부터 목까지 사이의 부분. ¶ 어깨를 펴다. ②짐승의 앞다리 또는 새의 날개가 몸통과 붙은 부분. ③옷의 소매 위쪽과 깃 사이의 부분. ¶ 어깨가 넓은 옷. ④〈깡패〉의 속된 말.

어깨가 가볍다관용 무거운 책임에서 벗어나 마음이 홀가분하다.

어깨가 무겁다관용 무거운 책임을 져서 마음의 부담이 크다.

어깨가 움츠러들다관용 송구스럽거나 부끄러움을 느끼다.

어깨가〔어깨를〕 으쓱거리다관용 뽐내고 싶은 기분이 들다. 떳떳하고 자랑스럽게 여기다.

어깨가 처지다〔낮아지다/늘어지다〕관용 힘이 빠지다. 낙심하여 있다.

어깨를 겨누다〔겨루다〕관용 서로 비슷한 지위나 힘을 가지다. 어깨를 나란히 하다.

어깨를 겯다 관용 ①(나란히 서거나 갈 때) 서로 옆 사람의 어깨에 팔을 걸치다. ②행동을 같이하다.

어깨를 나란히 하다 관용 ①나란히 서거나 나란히 서서 걷다. ②☞어깨를 겨누다〔겨루다〕.

어깨-걸이 명 부녀자가 나들이할 때 추위를 막거나 꾸밈으로 어깨에 걸치는 것. 〔숄 따위.〕

어깨-너머 명 남이 하는 것을 옆에서 보거나 듣거나 함. 《주로, '어깨너머로'의 꼴로 쓰임.》 ¶ 어깨너머로 배운 공부.

어깨너머-문장(-文章) 명 남이 공부하는 옆에서 얻어들으며 배운 사람.

어깨너멋-글[-머끌/-먿끌] 명 남이 공부하는 옆에서 얻어들어 배운 글.

어깨-동갑(-同甲) 명 ☞자치동갑.

어깨-동무[1] 명 ①나이가 어슷비슷한 친한 동무. ②어릴 때 친하게 지내던 동무.

어깨-동무[2] 명 하자 서로 팔을 어깨에 얹고 나란히 섬, 또는 그렇게 하고 노는 일.

어깨-띠 명 한쪽 어깨에서 다른 쪽 겨드랑이로 걸치어 대각선으로 두르는 띠.

어깨-번호(-番號) 명 단어나 문장 등의 오른쪽 위에 작게 매기는 번호.

어깨-뼈 명 척추동물의 상지골(上肢骨)과 몸통을 연결하는, 등 위쪽에 있는 한 쌍의 넓적한 세모꼴 뼈. 죽지뼈. 견갑골(肩胛骨).

어깨-선(-線) 명 ①어깨의 곡선. ②양복이나 저고리 따위에서 앞과 뒤가 어깨 부분에서 어울리는 선. ¶ 한복의 어깨선이 참 곱다.

어깨-차례 명 ①중간에 거르지 않고 돌아가는 차례. ②☞키순.

어깨-총(-銃) Ⅰ 명 총을 어깨에 기대고 개머리판을 손바닥으로 받친 자세.

Ⅱ 감 '어깨총' 하라는 구령.

어깨-춤 명 ①신이 나서 어깨를 으쓱거리는 짓. ¶ 합격이라는 소식에 어깨춤을 추었다. ②어깨를 으쓱거리며 추는 춤.

어깨-통 명 어깨의 너비.

어깨-판 명 어깨의 넓적한 부분.

어깨-허리 명 (한복 치마에서) 끈을 어깨에 걸치도록 단 치마허리.

어깻-바대[-깨빠-/-깯빠-] 명 적삼의 어깨에 속으로 덧댄 조각.

어깻-바람[-깨빠-/-깯빠-] 명 신이 나서 몸을 활발하게 움직이는 기운. 신바람.

어깻-부들기[-깨뿌-/-깯뿌-] 명 어깨의 뿌리. 어깨 언저리.

어깻-숨[-깨쑴/-깯쑴] 명 어깨를 들먹이며 가쁘게 쉬는 숨. ¶ 어깻숨을 내쉬다.

어깻자-맞춤(-字-)[-깨짜맏-/-깯짜맏-] 명 한 줄 건너 나란히 있는, 같은 글자를 찾아내는 놀이.

어깻-죽지[-깨쭉찌/-깯쭉찌] 명 팔이 어깨에 붙은 부분.

어깻-짓[-깨찓/-깯찓] 명 하자 어깨를 흔들거나 으쓱거리는 짓. *어깻짓이[-깨찌시/-깯찌시]·어깻짓만[-깨찐-/-깯찐-]

어꾸수-하다 형여 '엇구수하다'의 잘못.

-어나 어미 〈옛〉-거나. ¶ 아ᄃᆞ리나 ᄯᆞ리어나 아릿殃報ᄅᆞᆯ 곧 버서(月釋21:97).

어:-녹다[-따] 자 〈얼녹다〉의 준말.

어:녹-이다 타 〈얼녹이다〉의 준말.

어:녹이-치다 자 여기저기서 널리 얼다가 녹다가 하다.

어농(漁農) 명 어업과 농업. 어민과 농민.

-어뇨 어미 〈옛〉-인가. -입니까. -ㅂ니까. ¶ 오히려 ᄂᆞᄆᆡ 죵이어뇨(蒙法22).

어누 관 〈옛〉어느. 어떤. ¶ 어누 나라해 가샤 나시리잇고(月釋2:11).

어눌(語訥) '어눌하다'의 어근.

어:눌-하다(語訥-) 형여 말을 유창하게 하지 못하고 떠듬떠듬하는 면이 있다. 구눌하다. ¶ 어눌한 말투.

어느 관 분명하지 않은 사물이나 사람·때·곳 따위를 막연히 가리키는 말.

어느 구름에(서) 비가 올지 속담 언제, 어떤 일이 생길지 알 수 없다는 말.

어느 장단에 춤추랴 속담 (시키는 일이 여러 갈래일 때) 누구 말을 들어야 할지 난처하다는 말.

어느 겨를〔틈/하가/해가〕에 관용 어느 사이에.

어느 세월〔천 년〕에 관용 '기다려야 할 시간이 아득함'을 이르는 말.

어느[1] 대 〈옛〉어느 것. 무엇. ¶ 妙道는 어느고(永嘉下122). 참어ᄂᆞ.

어느[2] 관 〈옛〉무슨. 어떤. ¶ 菩薩이 어느 나라해 ᄂᆞ리시게 ᄒᆞ려뇨(月釋2:10).

어느[3] 부 〈옛〉어찌. ¶ 國人 ᄠᅳ들 어느 다 ᄉᆞᆯᄫᆞ리(龍歌118章). 참어ᄂᆞ.

어느-덧[-덛] 부 어느 사이인지 모르는 동안에. 어언간. ¶ 어느덧 십 년이 지나갔다.

어느-새 부 어느 틈에 벌써. ¶ 어느새 이 일이 다 끝나다.

어느제 부 〈옛〉어느 때. 언제. ¶ 어느제 내 몸이 놀개 이셔(杜重1:14).

어:는-점(-點) 명 물이 얼기 시작하는 온도. 섭씨 0°. 빙점(氷點).

-어늘 어미 〈옛〉-거늘. ¶ 狄人이 ᄀᆞᆯ외어늘(龍歌4章)/詳略이 ᄒᆞᆫ가지 아니어늘(月釋序12).

어늬[1] 대 〈옛〉어느 것이. 무엇이. ¶ 어늬 구더 兵不碎ᄒᆞ리잇고(龍歌47章).

어늬[2] 부 〈옛〉어찌. ¶ 이제 누어신들 어늬 잠이 하마 오리(古時調).

-어니 어미 〈옛〉-거니. ¶ ᄒᆞ마 주글 내어니(月釋1:7). /野人도 一誠이어니(龍歌118章).

-어니와 어미 〈옛〉-거니와. ¶ 둘흔 내해어니와 둘흔 뉘해어니오(樂範.處容歌).

어ᄂᆞ[1] 대 〈옛〉어느 것. ¶ 東山 泰山이 어ᄂᆞ야 놉돗던고(鄭澈.關東別曲). 참어느.

어ᄂᆞ[2] 관 〈옛〉어느. ¶ 어ᄂᆞ 나래 비 개야(杜重12:34). /어ᄂᆞ ᄉᆞ이 디나관ᄃᆡ(鄭澈.星山別曲).

어ᄂᆞ[3] 부 〈옛〉어찌. ¶ 聖人 神力을 어ᄂᆞ 다 ᄉᆞᆯᄫᆞ리(龍歌87章). 참어느.

-어ᄂᆞᆯ 어미 〈옛〉-거늘. ¶ 내 친쳑이 아니어ᄂᆞᆯ(五倫2:12). /城郭ᄋᆞᆯ 졧ᄂᆞᆫ 지비 일어ᄂᆞᆯ ᄒᆡᆫ뼤로 니유니(杜初7:1).

-어다 어미 〈-어다가〉의 준말.

-어다가 어미 끝 음절이 'ㅏ·ㅗ' 이외의 모음으로 된 동사 어간에 붙어, 한 동작을 다음 동작과 순차적으로 이어 주는 연결 어미. ¶ 빚을 얻어다가 장사를 시작했다. 준-어다. 참-아다가.

어댑터(adapter) 명 기계나 기구 따위를 다양한 목적으로 사용하기 위한 보조 기구, 또는 그것을 부착하기 위한 보조 기구.

어도(魚道) 명 ①물고기 떼가 늘 지나는 일정한 길. 물의 깊이나 조수 등에 따라 대체로 일정함. ②☞어제(魚梯).

-어도 어미 끝 음절이 'ㅏ·ㅗ' 이외의 모음으로 된 어간에 붙어, 그 사실을 인정하되 그 다음의 말과는 상관없음을 나타내는 종속적 연결

어미. ¶ 싫어도 가야 한다. /재물은 적어도 마음은 넉넉하다. [참]-아도.

어도록[부] 〈옛〉 어느 만큼. ¶ 엇그제 비존 술이 어도록 니건ᄂᆞ니(鄭澈.星山別曲).

어ː동(禦冬)[명][하자] 겨울의 추위를 막음, 또는 막을 준비.

어동어서-에(於東於西−)[부] ☞어차어피에.

어동육서(魚東肉西)[−뉵써][명] 제사상을 차릴 때, 어찬(魚饌)은 동쪽에 놓고 육찬(肉饌)은 서쪽에 놓는 일. [참]홍동백서.

어ː두(語頭)[명] 말 또는 단어의 첫머리.

어두귀면(魚頭鬼面)[명] 〔물고기 대가리에 귀신 낯짝이라는 뜻으로〕 '몹시 괴상하게 생긴 얼굴'을 이르는 말.

어두귀면지졸(魚頭鬼面之卒)[명] 〔물고기 대가리에 귀신 낯짝을 한 졸개들이라는 뜻으로〕 되지 못한 잡살뱅이 사람들을 욕하여 이르는 말.

어두봉미(魚頭鳳尾)[명] ☞어두육미.

어두움[명] '어둠'의 본딧말.

어두육미(魚頭肉尾)[−융−][명] 생선은 대가리 쪽이, 짐승은 꼬리 쪽이 맛이 좋다는 말. 어두봉미(魚頭鳳尾). [참]어두일미(魚頭一味).

어ː두-음(語頭音)[명] 단어의 첫머리에 오는 음. 〔'단어'의 'ㄷ', '사전'의 'ㅅ' 따위.〕

어두일미(魚頭一味)[명] 생선은 대가리께가, 그 중 맛이 좋다는 말. [참]어두육미(魚頭肉尾).

어두침침-하다[형][여] 어둠침침하다.

어두커니[부] 새벽 어둑어둑할 때에.

어두컴컴-하다[형][여] 어둡고 컴컴하다. ¶ 어두컴컴한 골목.

어둑-새벽[−쌔−][명] 어둑어둑한 이른 새벽.

어둑어둑-하다[−두카−][형][여] 주위를 똑똑히 분간할 수 없을 만큼 어둡다. ¶ 어둑어둑한 초저녁.

어둑-하다[−두카−][형][여] ①조금 어둡다. ¶ 날이 흐려서 낮인데도 어둑하다. ②되바라지지 않고 어수룩한 데가 있다. ¶ 세상 물정에 어둑하다. **어둑-히**[부].

어둔(語鈍) '어둔(語鈍)하다'의 어근.

어둔(語遁) '어둔(語遁)하다'의 어근.

어ː둔-하다(語鈍−)[형][여] 말이 둔하다. ¶ 평소에 어둔하고 온순하게만 보아 왔던 사람.

어ː둔-하다(語遁−)[형][여] 말이 군색하고 억지스럽다. ¶ 어둔한 대답.

어둘[부] 〈옛〉 대강. 대충. ¶ 이를 어둘 닐오리라(月釋*21:84*).

어둠[명] 어두운 상태. ¶ 어둠이 깔리다. [본]어두움.

어둠-길[−낄][명] 어두운 길. 밤길.

어둠-별[−뼐][명] ☞개밥바라기.

어둠-상자(−箱子)[−쌍−][명] 사진기에서, 렌즈로만 빛이 들어오게 하는 상자 모양의 장치. 암상(暗箱). 암상자(暗箱子).

어둠침침-하다[형][여] 어둡고 침침하다. ¶ 어둠침침한 지하실. **어둠침침-히**[부].

어둡다[−따][어두우니·어두워][형][ㅂ] ①빛이 없어 밝지 않다. ¶ 방 안이 어둡다. ②(시력이나 청력이) 나쁘다. ¶ 눈과 귀가 어둡다. ③잘 모르다. ¶ 경제에 어둡다. ④빛깔이 짙거나 거무스름한 기운이 있다. ¶ 어두운 녹색. ⑤(분위기나 표정 따위가) 침울하고 무겁다. ¶ 어두운 분위기./그녀는 어두운 성격이라 사람들과 어울리기를 꺼려한다. ⑥(희망이 없이) 막막하고 참담하다. ¶ 어두웠던 일제 강점기. ⑦(예상이나 전망 따위가) 좋지 않다. ¶ 내년도 수출 전망이 어둡다. ↔밝다.

어두운 밤에 눈 깜짝이기[속담] 남이 보지 않을 때 하는 일은, 알아주지 않아 보람이 없다는 말.

어두운 밤중에 홍두깨 (내밀듯)[속담] ☞아닌 밤중에 홍두깨 (내밀듯).

어둥뎡[부] 〈옛〉 어리둥절. ¶ ᄇᆞ람이야 믈결이야 어둥뎡 된뎌이고(鄭澈.續美人曲).

어ː둥둥[감] 〈어허둥둥〉의 준말.

어드러[부] 〈옛〉 어디로. 어느 곳으로. ¶ 또 어드러 가고져 커뇨(杜重*2:15*).

어드러로[부] 〈옛〉 어디로. 어느 곳으로. ¶ 昭陽江 ᄂᆞ린 믈이 어드러로 든단 말고(鄭澈.關東別曲).

어드레스(address)[명] 컴퓨터에서, 어떤 단위 정보를 기억하는 각 자리에 붙여진 식별 번호나 기호.

어드리[부] 〈옛〉 어떻게. 어찌. ¶ 네 아ᄃᆞ리 허믈 업스니 어드리 내티료(月釋*2:6*).

어드매[대] 〈옛〉 어느 곳. 어디. ¶ 桃源은 어드매오 武陵이 여긔로다(鄭澈.星山別曲).

어드메[대] 〈옛〉 어느 곳. 어디. ¶ 齊州ᄂᆞᆫ 어드메 잇ᄂᆞ니오(杜初*8:37*).

어드밴티지(advantage)[명] 테니스에서, 듀스가 된 다음에 어느 편에서든 먼저 한 점을 얻는 일.

어드밴티지^룰ː(advantage rule)[명] 축구나 럭비 따위에서, 반칙에 의하여 경기가 중단되는 것이 반칙을 당한 편에게 오히려 불리한 경우에는, 주심이 반칙을 선언하지 않고 그대로 경기를 진행시킨다는 규칙.

어드밴티지^리시ː버(advantage receiver)[명] 테니스에서, 듀스가 된 다음 서브를 받는 편에서 먼저 득점하는 일. 어드밴티지 아웃.

어드밴티지^서ː버(advantage server)[명] 테니스에서, 듀스가 된 다음 서브를 하는 편에서 먼저 득점하는 일. 어드밴티지 인.

어드밴티지^아웃(advantage out)[명] ☞어드밴티지 리시버.

어드밴티지^인(advantage in)[명] ☞어드밴티지 서버.

어드븐[형] 〈옛〉 어두운. ¶ 알ᄑᆡᆫ 어드븐 길헤(龍歌*30*章). [참]어듭다.

어드움[명] 〈옛〉 어둠. ¶ 심셩이 본ᄅᆡ ᄇᆞᆰ거늘 몰라 어드움 ᄀᆞᆮᄒᆞ니(圓覺上一之二*48*).

어득-하다[−드카−][형][여] ①가물가물하거나 들릴 듯 말 듯 할 정도로 매우 멀다. ¶ 어득한 우주 공간. ②까마득하게 오래다. ③어찌해야 좋을지 모르게 답답하고 어리어리하다. 막연하다. [작]아득하다. ①②**어득-히**[부].

어득ᄒᆞ다[형] 〈옛〉 어둑하다. ¶ 나죗 어득ᄒᆞᆫ 비츤 遠客이게 ᄢᅦ였도다(杜重*1:33*).

-어든[어미] 〈옛〉 -거든. -니. -으니. ¶ 돌씨어든 그ᄃᆡ롤 내내 우더라(三綱.王延).

어듭다[형][ㅂ] 〈옛〉 어둡다. ¶ 어드븐 길헤(龍歌*30*章)./昧ᄂᆞᆫ 어드볼씨라(月釋序*3*).

어듸[대] 〈옛〉 어디. ¶ 어듸 머러 威不及ᄒᆞ리잇고(龍歌*47*章).

어듸메[대] 〈옛〉 어디. ¶ 蟾江은 어듸메오 雉岳이 여긔로다(鄭澈.關東別曲).

어듸미[대] 〈옛〉 어디. ¶ 酒家ㅣ 어듸미오 뭇노라 牧童들아(古時調).

어디[1][대] ①정하지 않은 '어느 곳'을 가리키는 말. ¶ 어디를 가나 사람들이 친절하다. ②밝힐 필요가 없는 '어느 곳'을 가리키는 말. ¶ 어디 좀 다녀올게. ③무엇이라 말하기 어려운 '어떤 점'을 가리키는 말. 《주로, '어딘가'·'어딘지'의 꼴로 쓰임.》 ¶ 어딘지 모르게 쓸쓸한 느낌이 든다. ④《반어적 의문문에 쓰이어》 범위·

장소·수량적인 것이 매우 중요하다는 뜻으로 쓰는 말. ¶ 밥 한 그릇이 어디라고?

어디 개가 짖느냐 한다속담 남의 말을 개 짖는 소리만큼도 여기지 않고 들은 체 만 체 한다는 뜻.

어디²감 ①벼르거나 다짐하는 뜻을 강조하는 말. ¶ 어디 두고 보자. ②되묻는 뜻을 강조하는 말. ¶ 그게 어디 말이나 되오?

어디롬명 〈옛〉〔'어딜다'의 명사형〕 어짊. ¶ 어디롬과 어류미 ᄀᆞ죽디 아니ᄒᆞᆯᄊᆡ(圓覺序74).

어디여감 ①길을 잘못 들려고 하는 소를 꾸짖어 바른 길로 모는 소리. ②소를 오른쪽으로 가게 모는 소리.

어딜다형 〈옛〉 어질다. ¶ 어버이 날 나ᄒᆞ셔 어딜과뎌 길러 내니(古時調).

어ᄃᆞ메대 〈옛〉 어느 곳. 어디. ¶ 南山뫼 어ᄃᆞ메만 高學士 草堂지어(古時調).

어ᄃᆡ대 〈옛〉 어디. ¶ 四仙은 어ᄃᆡ 가니(鄭澈.關東別曲).

어따감 무슨 일이 몹시 못마땅하게 여겨질 때 하는 말. ¶ 어따, 잔소리도 꽤나 심하군. 작아따.

어때준 '어떠해'가 줄어든 말. ¶ 건강은 어때?

어떠어떠-하다형여 (사물의 성질이나 상태가) 어떠하고 어떠하다. 〔구체적으로 밝혀 말하기 어렵거나 밝힐 필요가 없을 때 쓰임.〕

어떠-하다형여 (사물의 성질이나 상태가) 어찌되어 있다. ¶ 그곳 날씨는 어떠합니까? 준어떻다.

어떡-하다[-떠카-]준 '어떠하게 하다'가 줄어든 말. ¶ 저는 어떡하면 좋겠어요?/아유, 이걸 어떡해.

어떤관 '어떠한'이 줄어서 된 말.

어떻다[-떠타][어떠니·어때]형ㅎ 〈어떠하다〉의 준말. ¶ 제가 어떻게 도와 드릴까요?/요즈음 건강은 좀 어떠니?

어떻든[-떠튼] Ⅰ부 의견이나 일의 성질·형편·상태 따위가 어떻게 되어 있든. 아무튼. 어쨌든. ¶ 어떻든 그의 요청을 들어주었다.
Ⅱ준 '어떠하든'이 줄어든 말.

어떻든지[-떠튼-] Ⅰ부 의견이나 일의 성질·형편·상태 따위가 어떻게 되어 있든지. 아무튼지. 어쨌든지. ¶ 어떻든지 이번 일은 네가 양보해라.
Ⅱ준 '어떠하든지'가 줄어든 말.

어뜨무러차감 아이를 안아서 들어 올릴 때나 무거운 물건을 들어 올릴 때 내는 소리.

어뜩부 휙 지나치듯 얼른 나타나 사라진 모양. ¶ 어뜩 비쳤기 때문에 누군지 잘 모르겠다.

어뜩-비뜩[-삐-]부하형 ①이리저리 비뚤어지고 어긋나 있어 가지런하지 못한 모양. ¶ 어뜩비뜩하게 함부로 쌓은 낟가리. ②몸가짐이 바르지 못한 모양.

어뜩-어뜩부하형 정신이 어지럽고 자꾸 까무러칠 듯한 모양. 작아뜩아뜩.

어뜩-하다[-뜨카-]형여 정신이 어지럽고 까무러칠 듯하다. 작아뜩하다. **어뜩-히**부.

-어라어미 ①끝 음절이 'ㅏ·ㅗ' 이외의 모음으로 된 동사 어간에 붙는, 해라체의 명령형 종결 어미. ¶ 거기 두어라./천천히 먹어라. ②끝 음절이 'ㅏ·ㅗ' 이외의 모음으로 된 형용사 어간에 붙는 감탄형 종결 어미. ¶ 높고도 깊어라, 어머니의 사랑. 참-아라.

어란(魚卵)명 ①물고기나 바다짐승의 알. ②소금을 쳐서 말린 생선의 알.

어람(魚籃)명 물고기를 잡아서 담는 바구니. 어롱(魚籠).

어:람(御覽)명하타 임금이 봄. 상람(上覽). 성람(聖覽). 예람(叡覽). 천람(天覽).

어:람-건(御覽件)[-껀]명 임금이 볼 서류.

어랍(魚蠟)명 물고기나 바다짐승의 기름으로 만든, 밀 모양의 지방(脂肪). 질이 낮은 초의 원료 등으로 이용됨.

어량(魚梁)명 물을 한 군데로만 흐르도록 막고, 그곳에 통발을 놓아 고기를 잡는 장치.

어런-더런부하형 여러 사람이 시끄럽게 왔다 갔다 하는 모양. ¶ 새벽부터 어런더런한 시장 골목.

어럽쇼[-쑈]감 〈어어〉의 속된 말.

어레미명 구멍이 가장 큰 체. 참가는체.

어렝이명 광산에서 쓰는 삼태기의 한 가지. 보통의 삼태기보다 작으며, 통싸리로 만듦.

어려워-하다타여 ①윗사람에게 조심하여 함부로 굴지 아니하다. ¶ 어른을 어려워하다. ②힘겹게 여기다. ¶ 내 동생은 수학을 어려워한다.

어려이부 어렵게. ¶ 어려이 여기지 말고 내 집처럼 지내게나. 준어례.

어련무던-하다형여 별로 흠잡을 데 없이 무던하다. **어련무던-히**부.

어련-하다형여 《주로 의문형으로 쓰이어》 잘못할 리가 없다는 뜻을 나타내는 말. 때로 반어적으로 쓰이어 비아냥거리는 뜻을 나타내기도 함. ¶ 그분 생각이 어련하겠소?/네까짓 녀석이 한 일인데 어련하려고. **어련-히**부.

어렴-성(-性)[-썽]명 남을 어려워하는 기색.

어렴풋-하다[-푸타-]형여 ①(보거나 듣기에) 잘 분간할 수 없이 희미하다. ¶ 어렴풋하게 보이는 섬. ②의식이나 기억에 잘 떠오르지 아니하고 어슴푸레하다. ¶ 누구와 같이 있었는지 어렴풋하다. 작아렴풋하다. **어렴풋-이**부.

어렵(漁獵)명 ①고기잡이와 사냥. ②물고기나 조개를 잡거나 바닷말을 따는 일.

어렵다[-따][어려우니·어려워]형ㅂ ①하기에 힘이 들거나 괴롭다. ¶ 장사하기가 어렵다. ②터득하기가 힘이 들다. ¶ 문제가 어렵다. ③가난하여 살아가기가 고생스럽다. ¶ 어렵게 살다. ④조심스럽고 거북하다. ¶ 어른 앞에서 술 마시기가 어렵다. ⑤성미가 까다롭다. ⑥가능성이 거의 없다. ¶ 차가 밀려 다섯 시까지 도착하기는 어렵다. ①②↔쉽다.

어렵사리[-싸-]부 매우 어렵게. ¶ 아파트 입주권을 어렵사리 따 내다.

어렵-선(漁獵船)[-썬]명 고기잡이를 하거나 바닷말을 채취하는 배.

어렵^시대(漁獵時代)[-씨-]명 농경(農耕)이 발달하기 이전, 인류가 어렵으로 생활하던 시대. 수어 시대.

어:령(御令)명 ☞어명(御命).

어령칙-하다[-치카-]형여 기억이 뚜렷하지 않아 긴가민가하다. 작아령칙하다. **어령칙-이**부.

어례부 〈어려이〉의 준말.

어:로(御路)명 ☞거둥길.

어로(漁撈)명하타 물고기·조개·바닷말 따위를 잡거나 채취함. ¶ 어로 장비.

어로부 〈옛〉 가(可)히. ¶ 집 아래 어로 온 사ᄅᆞ미 들리로소니(杜初6:22). 참어루.

어로-권(漁撈權)[-꿘]명 ☞어업권(漁業權).

어로불변(魚魯不辨)명하형 〔'어(魚)' 자와 '노(魯)' 자를 분간하지 못한다는 뜻으로〕 '아주 무식함'을 이르는 말.

어로-선(漁撈船)명 ☞어선(漁船).

어로-수역(漁撈水域)명 고기잡이를 할 수 있는 권리, 곧 어업권이 인정된 구역.

어로^작업(漁撈作業)명 물고기·조개·바닷말 따위를 잡거나 따는 일.

어ː록(語錄)명 위인이나 유명인의 말을 모은 기록, 또는 그 책. ¶ 케네디 어록.

어롱(魚籠)명 ☞어람(魚籃).

어뢰(魚雷)[-뢰/-뤠]명 자동 장치에 의해서 물속을 전진하여 군함 따위의 목표물에 명중함으로써 폭발하는 폭탄. 함정이나 항공기에서 발사되며, 물고기 모양을 하고 있음. 어형 수뢰(魚形水雷).

어뢰^발사관(魚雷發射管)[-뢰-싸-/-뤠-싸-]명 함정 등에 장비된, 어뢰를 발사하는 데 쓰이는 원통형의 장치.

어뢰^방어망(魚雷防禦網)[-뢰-/-뤠-]명 정박 중이거나 항해 중인 함정을 적의 어뢰로부터 보호하기 위하여 장치하는 그물.

어뢰-정(魚雷艇)[-뢰-/-뤠-]명 적의 함정에 대한 어뢰 공격을 임무로 하는 함정.

어룡(魚龍)명 ①물고기와 용. ②물속에 사는 동물을 통틀어 이르는 말. ③중생대에 바다에서 살았던 공룡의 한 가지. 몸길이 10 m에 이르며, 각지에서 화석으로 발견되고 있음.

어루부 〈옛〉얼추. 가(可)히. ¶ 두 지븐 어루 머므럼직 ᄒᆞ도다(杜初22:1).

어루-꾀다[-꾀-/-꿰-]타 ①남을 얼렁거리어서 꾀다. ②남을 속이다.

어루-더듬다[-따]타 ①손으로 어루만지며 더듬다. ¶ 아들의 머리를 어루더듬다. ②어림짐작으로 여기저기 더듬어 찾다. ¶ 벽장 안을 어루더듬다. ③마음속으로 이리저리 짐작하여 헤아리다. ¶ 일의 해결 방안을 어루더듬다.

어루러기명 땀을 잘 흘리는 사람에게 흔히 생기는 피부병의 한 가지. 사상균(絲狀菌)의 기생으로 생기는데, 피부에 얼룩얼룩하게 무늬가 생김. 전풍(癜風).

어루러기-지다자 피부에 얼룩얼룩하게 무늬가 생기다.

어루룩-더루룩[-떠-]부하형 어떤 바탕에 다른 빛깔의 점이나 줄 따위가 성기고 연하게 무늬져 있는 모양. 작아로록다로록. 참얼루룩덜루룩.

어루룩-어루룩부하형 어떤 바탕에 여러 가지 빛깔의 점이나 줄 따위가 성기고 연하게 무늬져 있는 모양. 작아로록아로록. 참얼루룩얼루룩.

어루룽-더루룽부하형 어떤 바탕에 서로 빛깔이 다른 점이나 무늬 따위가 드문드문 무늬져 있는 모양. 작아로롱다로롱. 참얼루룽덜루룽.

어루룽-어루룽부하형 어떤 바탕에 점이나 무늬 따위가 드문드문 무늬져 있는 모양. 작아로롱아로롱. 참얼루룽얼루룽.

어루-만지다타 ①가볍게 쓰다듬으며 만지다. ¶ 백자 항아리를 어루만지다. ②위로하다. ¶ 유가족의 슬픔을 어루만지다.

어루-쇠[-쇠/-쉐]명 구리 따위의 쇠붙이를 반들반들하게 갈고 닦아서 만든 거울.

어루숭-어루숭부하형 줄이나 점으로 이루어진 무늬가 눈부시도록 아름다운 모양.

어루-화초담(-花草-)명 어룽어룽하게 여러 가지 빛깔의 무늬나 그림을 놓아 쌓은 담.

어룩-더룩[-떠-]부하형 어떤 바탕에 다른 빛깔의 얼룩이나 무늬 따위가 좀 연하게 무늬져 있는 모양. 작아록다록. 참얼룩덜룩.

어룩-어룩부하형 어떤 바탕에 여러 가지 빛깔의 얼룩이나 무늬 따위가 연하고 고르게 무늬져 있는 모양. 작아록아록. 참얼룩얼룩.

어룽명 〈어룽이〉의 준말. 작아롱.

어룽-거리다자 눈앞에 흐릿하게 어른거리다. 어룽대다. 작아롱거리다.

어룽-대다자 어룽거리다.

어룽-더룽부하형 어떤 바탕에 서로 빛깔이 다른 점이나 무늬 따위가 고르지 않게 촘촘히 무늬져 있는 모양. 작아롱다롱. 참얼룽덜룽.

어룽쇼명 〈옛〉얼룩소. ¶ 어룽쇼:花牛(訓蒙上19).

어룽-어룽[1]부하자 눈앞에 흐릿하게 어른거리는 모양. 작아롱아롱[1].

어룽-어룽[2]부하형 어떤 바탕에 점이나 무늬 따위가 고르게 촘촘히 무늬져 있는 모양. 작아롱아롱[2]. 참얼룽얼룽.

어룽-이명 어룽어룽한 점, 또는 그런 점이 있는 짐승이나 물건을 이르는 말. 준어룽. 작아롱이. 참얼룽이.

어룽-지다 Ⅰ자 어룽어룽한 무늬가 생기다. 작아롱지다.
Ⅱ형 어룽어룽한 무늬가 있다. 작아롱지다.

어류(魚類)명 척추동물의 한 가지. 물속에 살며 온몸이 비늘로 덮여 있고 아가미로 호흡을 하는 것, 곧 물고기를 통틀어 이르는 말. 어속(魚屬).

어ː류(語類)명 말의 종류.

어르명 〈옛〉얼레. 자새. 실 감는 기구. ¶ 어르원:檈(訓蒙中18).

어르눅다형 〈옛〉얼룩얼룩하다. ¶ 몸애 다ᄉᆞᆺ 빗체 어르누근 오ᄉᆞᆯ 니브며(小解4:16).

어ː르다[1][어르니·얼러]타르 ①어린아이를 달래거나 즐겁게 해 주려고, 몸을 추슬러 주거나 또는 무엇을 보여 주거나 들려주다. ②(사람이나 짐승을) 이리저리 놀리며 장난하다. ¶ 고양이가 앞발로 쥐를 어르고 있다.

어ː르다[2][어르니·얼러]타르 〈어우르다〉의 준말.

어르다자 〈옛〉혼인(婚姻)하다. 교합(交合)하다. ¶ 롱담ᄒᆞ야 남진 어르기를 ᄒᆞ며(月釋1:44).

어르러지명 〈옛〉어루러기. ¶ 힌 어르러지 졈졈 퍼디여(救簡6:86).

어르룽이명 어룽어룽한 점이나 줄로 된 무늬. 작아르롱이.

어ː르신명 〈어르신네〉의 준말.

어ː르신-네명 남의 아버지나 나이 많은 사람을 높이어 일컫는 말. 준어르신.

어ː른명 ①다 자란 사람. 성년이 된 사람. 성인(成人). ②항렬(行列)이나 지위가 자기보다 위인 사람. ③장가들거나 시집간 사람. ④'남의 아버지'를 대접하여 일컫는 말.

어른-거리다자 자꾸 어른어른하다. 어른대다. 작아른거리다. 참얼른거리다.

어른-대다자 어른거리다.

어ː른-벌레명 ☞성충(成蟲). ↔애벌레.

어ː른-스럽다[-따][~스러우니·~스러워]형ㅂ 어린아이의 말이나 행동이 의젓하고 어른 같은 데가 있다. ¶ 어른스럽게 말하다. 작아른스럽다. 어른스레부.

어른-어른부하자 ①어리숭하게 조금 보이다 말다 하는 모양. ¶ 먼 산에서 어른어른하는 아지랑이. ②그림자가 희미하게 움직이는 모양. ③물이나 거울에 비친 그림자가 흔들리는 모양. ¶ 호수에 비쳐 어른어른하는 산 그림자. 작아른아른. 참얼른얼른[2].

어ː름[1]명 ①두 사물이 맞닿은 자리. ¶ 우리 마을은 두 강이 어우러지는 어름에 자리잡고 있다. ②물건과 물건의 한가운데. ③일정한 테두리의 안, 또는 그 가까이. ¶ 여의도 어름이 먼지에 뽀얗게 휩싸였다. ④어떤 시기나 때의 부근. ¶ 새벽 네 시 어름에 잠에서 깼다.

어:름²명 남사당패의 여섯 가지 놀이 가운데 넷째 놀이인 '줄타기'를 이르는 말.

어름-거리다자타 자꾸 어름어름하다. 어름대다. 작아름거리다.

어름-대다자타 어름거리다.

어:름-사니명 남사당패에서, 어름 재주를 부리는 광대를 이르는 말.

어름-어름부 ①하자 말이나 행동을 똑똑히 하지 않고 우물거리는 모양. ¶ 문 앞에서 어름어름하다가 그냥 돌아가다. ②하타 일을 건성으로 하며 눈을 속이는 모양. ¶ 어름어름 일을 끝내다. 작아름아름.

어름적-거리다[-꺼-]자타 자꾸 어름적어름적하다. 어름적대다. 작아름작거리다.

어름적-대다[-때-]자타 어름적거리다.

어름적-어름적부하자타 어리숭한 말이나 짓으로 몹시 어름어름하는 모양. 작아름작아름작.

어름치명 잉엇과의 민물고기. 몸길이 25 cm가량. 몸은 옆으로 편평함. 몸빛은 은색 바탕에 등 쪽은 암갈색, 배 쪽은 흰색이며, 옆구리에 흑점 세로줄이 7, 8개 있음. 우리나라 특산종임. 천연기념물 제259호.

어리명 〈옛〉 얼레. ¶ 어리 확:籰(譯語下3). 참어르.

어리¹명 아래위 문지방과 양쪽 문설주를 통틀어 이르는 말. 〔여기에다 문짝을 닮.〕

어리²명 ①병아리 따위를 가두어 기르기 위하여 덮어 놓는, 싸리 같은 것으로 둥글게 엮어 만든 것. ②닭을 넣어 팔러 다니도록 만든, 닭장 비슷한 것.

어리명 〈옛〉 우리. ¶ 어리 권:圈(訓蒙下8).

어리광명하자 (귀여움을 받으려고) 어린아이의 말씨나 태도를 보이며 버릇없이 구는 짓. ¶ 어리광을 떨다. /어리광을 부리다. /어리광을 피우다.

어리광-스럽다[-따][~스러우니·~스러워]형ㅂ 어리광 부리는 태도가 있다. 어리광스레부.

어리-굴젓[-젇]명 고춧가루를 많이 섞고 얼간하여 담근 굴젓. ＊어리굴젓이[-저시]·어리굴젓만[-전-]

어리-눅다[-따]자 짐짓 못난 체하다.

어리다¹자 ①(눈에 눈물이) 조금 괴다. ¶ 눈물이 어린 눈. ②(어지러운 빛깔 따위에 눈이) 어른어른하다. ¶ 화려한 장식에 눈이 어리다. ③어떤 기운이나 현상이 나타나다. ¶ 애정 어린 눈빛. /산과 들에 봄 기운이 어리다.

어리다²형 ①나이가 적다. ¶ 어린 시절. ②(동식물이) 난 지 오래지 않아 여리다. ¶ 어린 가지. ③경험이 적거나 수준이 낮다. ¶ 기술 수준이 아직 어리다.

어리다형 〈옛〉 어리석다. ¶ 어린 百姓(訓諺).

어리-대다자 남의 눈앞에서 공연스레 어정거리다. ¶ 일하는 데 와서 어리대지 마라.

어리둥절-하다형여 정신이 얼떨떨하다. ¶ 갑작스러운 소식에 모두들 어리둥절하였다. 어리둥절-히부.

어리뜩-하다[-뜨카-]형여 (말이나 행동이) 분명하지 못하고 좀 얼뜨다.

어리-마리부하형 잠이 든 둥 만 둥 한 모양.

어리무던-하다형여 '어련무던하다'의 잘못.

어리벙벙-하다형여 어리둥절하여 정신을 차릴 수 없다. ¶ 어리벙벙한 상태로 수상 소감을 말하다. 센어리뻥뻥하다. 어리벙벙-히부.

어리-보기명 얼뜬 사람. 머저리.

어리-비치다자 어떤 기운이나 현상이 드러나 보이다.

어리뻥뻥-하다형여 〈어리벙벙하다〉의 센말.

어리삥삥-하다형여 ①정신이 어질어질하여 무엇을 할 것인지 갈피를 잡을 수 없다. ②말이나 행동이 분명하지 아니하여 대중할 수 없다. 어리삥삥-히부.

어리-상수리혹벌[-뻘]명 혹벌과의 곤충. 몸길이 3 mm가량으로 동식물에 기생함. 식물에 기생하는 것은 식물의 잎·가지·뿌리에 알을 스는데, 이것이 자라 혹 모양의 충영(蟲癭)을 이루며, 이를 '몰식자(沒食子)'라고 함. 몰식자벌. 몰식자봉.

어리석다[-따]형 슬기롭지 못하고 둔하다. ¶ 어리석은 생각.

어리숙-하다[-수카-]형여 ①겉모습이나 언행이 치밀하지 못하여 순진하고 어리석은 데가 있다. ②제도나 규율에 의한 통제가 제대로 되지 않아 느슨하다.

어리숭-하다형여 ①이것인지 저것인지 뚜렷이 분간하기 어렵다. 준얼쑹하다. 작아리송하다. ②보기에 어리석은 듯하다. ¶ 김 과장은 어리숭해 보이지만 자기 실속은 꼭 챙기는 사람이다.

어리어리-하다형여 여러 가지가 모두 어리숭하다. 작아리아리하다¹.

어리-여치명 어리여칫과의 곤충. 몸길이 3 cm가량. 몸빛은 녹색이고, 앞날개는 황갈색, 뒷날개는 담황색임. 머리는 짧고 굵으며, 꼬리털은 가늘고 긺. 우리나라·일본 등지에 분포함.

어리-연꽃(-蓮-)[-꼳]명 조름나물과의 다년생 물풀. 못이나 도랑에 나는데 연과 비슷함. 진흙 속에 뿌리를 박고, 긴 잎자루 끝에 1~3개의 잎이 달리는데, 잎은 물 위에 뜸. 8월에 가운데가 노란 흰 꽃이 핌. ＊어리연꽃이[-꼬치]·어리연꽃만[-꼰-]

어리-장사명하자 닭이나 오리 따위를 어리에 넣어 지고 다니면서 파는 일.

어리-장수명 어리장사를 하는 사람.

어리-전(-廛)명 어리에 꿩·닭·오리 따위를 가두어 놓고 파는 가게.

어리-젓[-젇]명 얼간으로 담근 젓. 〔어리굴젓·어리뱅어젓 따위.〕 ＊어리젓이[-저시]·어리젓만[-전-]

어리-치다자 (아주 심한 자극으로) 정신이 흐릿하여지다.

어리칙칙-하다[-치카-]형여 능글맞게 일부러 어리석은 체하는 데가 있다.

어리-호박벌[-뻘]명 꿀벌과의 곤충. 몸길이 2 cm가량으로 크고 통통함. 몸빛은 검으며, 가슴의 등 쪽에는 노란색의 털이 빽빽하게 나 있음. 마른 나무나 재목 따위에 구멍을 뚫고 꽃가루나 꿀을 모으는데, 집단생활은 하지 않음. 왕벌. 호박벌. 준박벌.

어린(魚鱗)명 ①물고기의 비늘. ②〈어린진〉의 준말.

어린-것[-걷]명 〈어린아이〉의 낮춤말. ＊어린것이[-거시]·어린것만[-건-]

어린-나무명 나서 한두 해쯤 자란 나무. 유목(幼木). 치목(稚木).

어린-눈명 씨의 배(胚)의 한 부분으로, 자라서 줄기나 잎이 되는 부분. 유아(幼芽).

어린-뿌리명 종자식물의 씨앗에서 싹이 트면서 자라기 시작하는 연한 뿌리. 〔자라서 원뿌리가 됨.〕 유근(幼根).

어린-순(-筍)명 ☞애순.

어린-아이명 나이가 어린 아이. 준어린애. 낮어린것. 참코흘리개.

어린-애명 〈어린아이〉의 준말.

어린-양(-羊)[-냥]명 기독교에서, 인류의 죄를 대신 속죄한 구세주인 예수를 이르는 말.
어린-이명 '어린아이'를 대접하여 이르는 말.
어린이-날명 어린이의 인격을 소중히 여기고, 어린이의 행복을 꾀한다는 취지로 정한 날. 5월 5일.
어린이^헌ː장(-憲章)명 어린이의 인격을 존중하고 그들의 권리와 행복의 보장을 어른들이 다짐한 헌장. 1957년 5월 5일에 선포되었음.
어린-잎[-닙]명 새로 나온 연한 잎. 눈엽. 애잎. ＊어린잎이[-니피]·어린잎만[-님-]
어린-진(魚鱗陣)명 진형(陣形)의 한 가지. 물고기의 비늘처럼 중앙부가 쑥 불거져 나온 '사람 인(人)' 자 모양의 진. 준어린. 참학익진.
어림명하타 대강 짐작으로 헤아림. ¶ 어림으로도 백 명은 넘겠다.
어림-셈명하타 짐작으로 대강 셈을 함, 또는 그런 셈. 가산(加算).
어림-수(-數)[-쑤]명 (어떤 수치를 반올림 따위의 방법으로) 대강을 잡은 수. ¶ 3만 5798의 천 자리까지 어림수는 3만 6000이다.
어림-없다[-리멉따]형 ①(너무 많거나 커서) 대강의 짐작도 할 수 없다. ②도저히 될 가망이 없다. ¶ 어림없는 일을 하려 든다. ③아무래도 당할 수 없다. ¶ 네 말주변으로 그를 설득하기란 어림없을걸. ④견줄 거리가 못되다. 비교할 수도 없다. ¶ 네 체력으로 그와 맞서다니, 어림없는 일이다. **어림없-이**부.
어림-잡다[-따]타 대강 짐작으로 헤아려 보다. 어림치다. ¶ 비용을 어림잡아 보다. /관객이 어림잡아도 만 명은 되겠다.
어림-재기명 (눈대중이나 걸음짐작 등으로 길이·넓이·무게 따위를) 어림하여 재는 일.
어림-쟁이명 '일정한 주견(主見)이 없는 어리석은 사람'을 얕잡아 이르는 말.
어림-짐작(←-斟酌)명하타 어림으로 대강 짐작함. 가량(假量).
어림-치다타 어림잡다.
어릿-간(-間)[-리깐/-릳깐]명 마소 따위를 들여 매어 놓기 위하여 사면을 둘러막은 곳.
어릿-거리다[-릳꺼-]자 자꾸 어릿어릿하다. 어릿대다. 작아릿거리다.
어릿-광대[-릳꽝-]명 ①광대가 나오기 전에 먼저 나와서 재치 있는 말이나 짓으로 사람들을 웃기며 판을 어울리게 하는 사람. ②무슨 일에 앞잡이로 나서서 일을 시작하기 좋게 만들어 주는 사람. ③익살을 떨며 남을 잘 웃기는 사람.
어릿-대다[-릳때-]자 어릿거리다.
어릿-어릿[-리더릳]부하자 어렴풋하고 어지럽게 눈에 어리거나 움직이는 모양. 작아릿아릿.
어릿-하다[-리타-]형여 (자극적인 맛으로) 혀끝이 꽤 아리다. ¶ 마늘 한 쪽을 통째 씹었더니 어릿하다. 작아릿하다.
어름명 〈옛〉얼음. ¶ 믈에 가서 어름을 두드리며 우니(五倫*1:29*).
어마감 〈어마나〉의 준말. 큰어머.
어ː마(馭馬)명하자 말을 몲.
어마나감 깜짝 놀라거나 끔찍한 느낌이 들었을 때 내는 소리. ¶ 어마나, 약속을 깜빡 잊었네. 준어마. 큰어머나.
어마님명 〈옛〉어머님. ¶ 어마님ㄱ티 괴시리 업세라(樂詞.思母曲).
어마-뜨거라감 무섭거나 꺼리는 것을 갑자기 만났을 때 놀라서 지르는 소리.
어마어마-하다형여 굉장하고 엄청나고 장엄하다. ¶ 공장 규모가 어마어마하다. /그의 집은 생각보다 어마어마했다. 준어마하다.
어마지두명 무섭고 놀라워서 정신이 얼떨떨한 판. 《주로, '어마지두에'의 꼴로 쓰임.》 ¶ 어마지두에 혼겁해서 쩔쩔매다.
어마-하다형여 〈어마어마하다〉의 준말.
어ː말^어ː미(語末語尾)명 어간이나 선어말 어미에 이어지는 형식 형태소. 〔'읽다·깊네·좋고·보이니·잡히어'에서, '-다·-네·-고·-니·-어' 따위.〕 종결 어미·연결 어미·전성 어미 등의 갈래가 있음. 참선어말 어미.
어망(漁網·魚網)명 물고기를 잡는 그물. ¶ 어망을 치다.
어망-홍리(漁網鴻離)[-니]명 〔물고기를 잡으려고 쳐 놓은 그물에 기러기가 걸렸다는 뜻으로〕 ①구하려는 것을 얻지 못하고 엉뚱한 것을 얻게 되었음을 이르는 말. ②남의 일로 엉뚱하게 화를 입게 되었음을 이르는 말.
어ː맥(語脈)명 말과 말의 연결, 곧 말의 맥락(脈絡). 참문맥.
어머감 〈어머나〉의 준말. ¶ 어머, 그게 사실이니? 작어마.
어머나감 깜짝 놀라거나 끔찍한 느낌이 들었을 때 내는 소리. ¶ 어머나, 벌써 아홉 시네. 준어머. 작어마나.
어머니명 ①자기를 낳은 여자. 모친(母親). ②자기의 '양어머니'·'새어머니'·'수양어머니'를 이르는 말. ③'자식을 가진 여자'를 대접하여 일컫는 말. ④'사물을 낳는 근본'을 비유하여 이르는 말. ¶ 노력은 성공의 어머니. ①②높어머님·자위(慈闈). ①②낮어멈·어미.
어머-님명 〈어머니〉의 높임말.
어멈명 ①〈어머니〉의 낮춤말. ②남의집살이하는 어른 여자를 일컫는 말. ③윗사람이 자식 있는 손아래 여자를 친근하게 일컫는 말. ¶ 어멈, 내일은 아범과 함께 친정에 다녀오너라. ④윗사람에게 자기의 '아내'를 낮추어 일컫는 말. ¶ 어머니, 오늘 어멈이 좀 늦는답니다. ↔아범.
어ː명(御名)명 국서(國書)에 쓰는 임금의 이름. 어휘(御諱).
어ː명(御命)명 임금의 명령. 어령(御令). ¶ 어명을 받다. /어명을 내리다.
어ː모(禦侮)명하자 ①외모(外侮)를 막음. ②외침(外侵)을 막음.
어목(魚目)명 ①물고기의 눈. 어안(魚眼). ②〔물고기의 눈이 구슬과 비슷한 데서〕'진짜와 비슷한 가짜'를 비유하여 이르는 말.
어목(漁牧)명 어업과 목축.
어목-선(魚目扇)[-썬]명 흰 뼈로 사북을 박은 쥘부채.
어목-연석(魚目燕石)[-몽년-]명 〔물고기의 눈과 중국 옌산(燕山)에서 나는 돌은 구슬 같으면서 구슬이 아니라는 뜻에서〕 사이비(似而非)의 사물을 이르는 말.
어목-창(魚目瘡)명 한방에서, 온몸에 물고기의 눈과 같은 부스럼이 나는 병을 이르는 말.
어ː무윤척(語無倫脊)명하형 말에 차례와 줄거리가 없음.
어-묵(魚-)명 생선의 살을 으깨어 갈분이나 조미료 등을 섞고, 나무판에 올리거나 여러 가지 모양으로 만들어서 익힌 음식. 생선묵.
어문(魚紋)명 물고기 모양의 무늬.
어ː문(語文)명 말과 글. ¶ 어문 정책.
어ː문-일치(語文一致)명 ☞언문일치.

어ː-문학(語文學)명 어학과 문학.
어물(魚物)명 ①물고기. ②가공하여 말린 해산물.
어ː물(御物)명 임금이 쓰는 물건. 어용(御用).
어물-거리다자 자꾸 어물어물하다. 어물대다.
어물다[어무니·어물어]형 사람됨이 여물고 오달지지 못하다. ¶ 외아들이라 그런지 어물기만 하다.
어물-대다자 어물거리다.
어물-어물부하자 ①말이나 행동을 분명하게 하지 않고 꾸물거리는 모양. ¶ 대답을 하지 못하고 어물어물하다. ②눈앞에서 보일 듯 말 듯 하게 조금씩 움직이는 모양. ¶ 희뿌연 안개 사이로 무엇인가 어물어물 움직이는 것이 보였다.
어물-전(魚物廛)명 어물을 파는 가게.
어물전 망신은 꼴뚜기가 시킨다속담 '못난이일수록 동료들까지 망신시킴'을 비유하여 이르는 말.
어물쩍부하자 (말이나 행동을) 일부러 어물거려 슬쩍 넘기는 모양. ¶ 별다른 해명도 없이 어물쩍 넘어가다. 어물쩍-어물쩍부하자.
어물쩍-거리다[-꺼-]자 자꾸 어물쩍어물쩍하다. 어물쩍대다.
어물쩍-대다[-때-]자 어물쩍거리다.
어미명 ①〈어머니〉의 낮춤말. ②(새끼를 낳은) 동물의 암컷을 이르는 말. ¶ 어미 돼지. /어미의 젖을 빠는 강아지.
어미(魚尾)명 ①물고기의 꼬리. ②관상(觀相)에서, 눈꼬리의 주름을 이르는 말.
어미(魚味)명 물고기의 맛.
어ː미(御米)명 ☞앵속자(罌粟子).
어ː미(語尾)명 용언 또는 서술격 조사의 어간에 붙어서, 쓰임에 따라 여러 가지로 형태를 바꾸어 가며 문법적 관계를 나타내는 부분. 선어말 어미와 어말 어미가 있음. 〔'읽다·읽고·읽으면·읽을수록' 등에서, '-다·-고·-으면·-을수록' 따위.〕 씨끝. 참어간(語幹).
어미-그루명 뿌리가 있는 주된 그루.
어ː미-변화(語尾變化)명 용언이나 서술격 조사의 끝 부분인 어미가, 문법적 기능의 변화에 따라 체계적으로 변화하는 일. 활용(活用). 끝바꿈.
어미-자명 길이나 각도 등의 눈금을 더욱 세밀하게 읽으려고 아들자를 보조로 쓸 때의, 그 주가 되는 자. ↔아들자.
어미-젖[-젇]명 ☞모유(母乳). *어미젖이[-저지]·어미젖만[-전-]
어민(漁民)명 고기잡이를 업으로 하는 사람.
어박(魚粕)명 물고기로 기름을 짜고 남은 찌꺼기. 비료나 사료로 쓰임.
어반-하다(於半-)형여 〈어상반(於相半)하다〉의 준말. ¶ 공과(功過)가 어반하다.
어백(魚白)명 ☞이리[1].
어ː-백미(御白米)[-뱅-]명 임금에게 바치던 흰쌀. 왕백(王白).
어버시명 〈옛〉어버이. ¶ 어버시는 애드라흐며 고리나 보고쟈 호믈(恩重17). 참어버ᅀᅵ.
어버ᅀᅵ명 〈옛〉어버이. ¶ 네 아래 어버ᅀᅵ 孝道ᄒᆞ며 님금긔 忠貞ᄒᆞ고(月釋2:63).
어버이명 아버지와 어머니를 아울러 이르는 말. 부모(父母). ¶ 어버이 은혜.
어버이-날명 어버이를 존중하고 어버이의 은혜를 되새기자는 뜻으로 제정한 날. 5월 8일. 1973년 '어머니날'을 바꾼 것.
어벌쩡부하자 제 말이나 행동을 믿게 하려고 말이나 행동을 일부러 슬쩍 어물거려 넘기는 모양. ¶ 어벌쩡하게 남을 속이려 한다.
어ː법(語法)[-뻡]명 말의 표현 방식에 관한 법칙. 말법. 문법.
어벙-하다형여 사람의 성질이 여무지지 못하고 멍청하다.
어변성룡(魚變成龍)[-뇽]명하자 〔물고기가 용이 되었다는 뜻으로〕 '어렵게 지내던 사람이 영화롭게 됨'을 비유하여 이르는 말.
어별(魚鼈)명 ①물고기와 자라. ②바다에 사는 동물을 통틀어 이르는 말.
어ː보(語-)[-뽀]명 '말하는 법이나 태도'를 속되게 이르는 말. ¶ 어보 한번 고약하다. 참말본새.
어보(魚譜)명 어류에 관하여 계통을 세워서, 그림이나 사진을 곁들여 설명한 책.
어ː보(御寶)명 (임금의 도장인) 옥새(玉璽)와 옥보(玉寶). 준보(寶).
어복(於腹)명 ☞어복점.
어복(魚腹)명 ①물고기의 배. ②☞장딴지.
어ː복(御卜)명 임금의 점만을 치던 점쟁이.
어ː복(御服)명 ☞어의(御衣).
어복-장국(-醬-)[-짱꾹]명 평안도식 음식의 한 가지. 굽 달린 소반만 한 큰 쟁반에 국수 만 것을 사람 수효대로 벌여 놓고, 쟁반 가운데에 편육 담은 그릇을 놓고는, 여럿이 둘러앉아 먹음.
어복-쟁반(-錚盤)[-쨍-]명 어복장국을 담은 쟁반.
어복-점(於腹點)[-쩜]명 바둑판 한가운데의 점, 또는 거기에 놓인 바둑돌. 배꼽점. 어복.
어복-포(魚腹脯)명 물고기의 뱃살로 뜬 포.
어복포(가) 되다관용 아주 수가 나다.
어ː부(御府)명 ☞어고(御庫).
어부(漁夫·漁父)명 고기잡이를 업으로 하는 사람. 고기잡이. 높어옹.
어부바 Ⅰ명하자 어린아이의 말로, 업거나 업히는 일을 이르는 말. 준부바.
Ⅱ감 어린아이에게 등에 업히라고 할 때 이르는 소리. 준부바.
어부-사(漁父詞)명 조선 시대의 십이 가사(十二歌詞) 중의 하나. 중종 때 이현보(李賢輔)가 고려 가사인 어부가를 개작한 것임.
어부-사시사(漁父四時詞)명 조선 효종 때 윤선도(尹善道)가 지은 연시조. 춘·하·추·동 각 10수씩 모두 40수. 〔'고산유고(孤山遺稿)'에 실려 전함.〕
어-부슴(魚-)명하자 음력 정월 보름날, 그해의 액막이를 위하여 조밥을 강물에 던져 고기가 먹게 하는 일.
어부지리(漁父之利·漁夫之利)명 둘이 다투고 있는 사이에 엉뚱한 사람이 이익을 얻게 됨, 또는 그 이익. 〔도요새와 조개가 싸우고 있는 사이에 어부가 쉽게 둘을 다 잡았다는 고사에서 유래함.〕 어인지공(漁人之功).
어부-한(漁夫干)명 〈어부(漁夫)〉의 속된 말. 어부한이.
어부한-이(漁夫干-)명 ☞어부한.
어분(魚粉)명 물고기를 말려서 빻은 가루. 질소 비료나 사료로 이용함.
어ː불근리(語不近理)[-글-]명하형 말이 도무지 이치에 맞지 않음.
어ː불성설(語不成說)명 말이 조금도 사리에 맞지 않음. 말이 되지 않음. ¶ 그들의 주장은 어불성설이다. 준불성설.
어ː불택발(語不擇發)[-빨]명하자 말을 삼가지 않고 함부로 함.

어ː비 Ⅰ명 ☞에비.
Ⅱ감 ☞에비.
어비명 〈옛〉 아비. 아버지. ¶ 어비 아ᄃᆞ리 사ᄅᆞ시리잇가(龍歌52章).
어비(魚肥)명 물고기를 말려서 만든 비료. 질소와 인산이 많이 함유되어 있음.
어비-딸명 아버지와 딸.
어비-몯명 〈옛〉 족장(族長). ¶ 즉자히 나랏 어비몯내를 모도아 니ᄅᆞ샤ᄃᆡ(釋譜6:9).
어비-아들명 아버지와 아들.
어빡-자빡[-짜-]부하형 되는대로 마구 포개져 있거나 넘어져 있는 모양.
어뿔싸감 미처 생각지 못한 것을 뉘우칠 때 내는 소리. ¶ 어뿔싸, 문을 잠그지 않고 나왔네. /어뿔싸, 사무실에다 지갑을 두고 왔군! 작아뿔싸. 거허뿔싸.
어ː사(御史)명 ①왕명으로 특별한 임무를 띠고 지방으로 나가던 임시직의 관리. ②〈암행어사(暗行御史)〉의 준말. 높어사또.
어ː사(御使)명 왕명으로 심부름 가는 관리.
어ː사(御賜)명하타 (신하에게) 임금이 돈이나 물건을 내림.
어ː사(語辭)명 말. 언사(言辭).
어ː사-대(御史臺)명 고려 시대에, 시정(時政)에 대한 논술, 풍속의 교정, 관리들에 대한 규찰(糾察)을 맡아보던 관아.
어ː사-대부(御史大夫)명 고려 시대, 어사대(御史臺)의 으뜸 벼슬. 정삼품임.
어ː사-또(←御史道)명 '어사'를 높이어 일컫던 말.
어-사리(漁-)명하자 그물을 쳐서 많은 고기를 잡는 일.
어ː사-출두(御史出頭)[-뚜]명 〈어사출또〉의 본딧말.
어ː사-출또(←御史出頭)명 조선 시대에, 암행어사가 지방의 관아에 이르러, 사무를 처리하기 위하여 자기 신분을 밝히던 일. 출또. 본어사출두.
어ː사-화(御賜花)명 조선 시대에, 임금이 과거에 급제한 사람에게 내리던, 종이로 만든 꽃. 모화(帽花). ¶ 머리에는 어사화요, 몸에는 앵삼(鶯衫)이라(烈女春香守節歌).
어-살(魚-)명 물고기를 잡기 위하여, 물속에 나무를 둘러 꽂아 물고기를 들게 하는 울. 어전(漁箭). 준살².
어살(을) 지르다관용 어살을 물속에 세우다. 준살지르다.
어ː삽(語澁)명하형 (자꾸 막히거나 하여) 말이 잘 나오지 않음.
어상(-商)명 소를 사서 장에 갖다 파는 사람.
어상(魚商)명 생선 장수.
어ː상(御床)명 임금의 음식상.
어상반(於相半) '어상반하다'의 어근.
어상반-하다(於相半-)형여 서로 비슷하다. ¶ 두 집안의 형편이 어상반하다. 준어반(於半)하다.
어ː새(御璽)명 임금의 도장. 국새(國璽). 보새(寶璽). 어인(御印). 옥새(玉璽).
어색(漁色)명하자 (상대를 바꾸어 가면서) 여색(女色)을 탐함.
어색(語塞) '어색하다'의 어근.
어ː색-하다(語塞-)[-새카-]형여 ①(낯익지 않아) 서먹서먹하다. ¶ 어색한 자리. ②멋쩍고 쑥스럽다. ¶ 어색한 웃음을 웃다. ③보기에 서투르다. ¶ 동작이 어색하다. ④☞어궁(語窮)하다. ¶ 어색한 변명. 어색-히부.

어서부 ①'빨리'·'곧'의 뜻으로 무엇을 재촉하는 말. ¶ 어서 가 보자. ②반갑게 맞아들이거나 간절히 원하는 말. ¶ 어서 오십시오. /어서 드십시오.
-어서어미 어미 '-어'와 보조사 '서'가 어우러진 말. 끝음절이 'ㅏ·ㅗ' 이외의 모음으로 된 용언의 어간에 붙어, 그 말이 다음 말의 조건·수단·이유 등이 됨을 뜻하는 종속적 연결 어미. ¶ 과일을 씻어서 먹다. /물이 깊어서 못 건너겠다. 참-아서.
어ː서-각(御書閣)명 ☞어필각(御筆閣).
어서기명 광산에서, 금줄이 떨어졌다가 다시 시작되는 부분.
어서-어서부 '어서'의 힘줌말.
어ː서-원(御書院)명 고려 시대에, 비서성에 딸린 관청으로, 궁내의 도서를 맡아보던 일종의 왕실 도서관.
어석부하자타 싱싱하고 연한 과일이나 채소 따위를 단번에 힘 있게 깨무는 소리. 작아삭. 센어썩. 어석-어석부하자타.
어석-거리다[-꺼-]자타 자꾸 어석어석하다. 어석대다. 작아삭거리다.
어석-대다[-때-]자타 어석거리다.
어석-소[-쏘]명 〈어스럭송아지〉의 준말.
어석-송아지[-쏭-]명 〈어스럭송아지〉의 준말.
어선(魚鮮)명 ☞생선.
어ː선(御膳)명 임금에게 올리는 음식.
어선(漁船)명 고기잡이를 하는 데 쓰는 배. 고기잡이배. 고깃배. 어로선(漁撈船).
어ː설프다[어설프니·어설퍼]형 ①짜임새가 없고 허술하다. ¶ 어설픈 움막. ②야무지지 못하고 설다. ¶ 어설픈 목공. /하는 일이 어설퍼 미덥지 않다.
어ː설피부 어설프게.
어섯[-섣]명 ①사물의 일부분에 지나지 않는 정도. ¶ 어섯만 보이다. ②온전하게 성숙되지 않은 정도. *어섯이[-서시]·어섯만[-선-]
어섯-눈[-선-]명 〔사물의 한 부분 정도를 볼 수 있는 눈이라는 뜻으로〕 사물을 대강 이해하게 된 눈. ¶ 겨우 어섯눈을 뜨다.
어ː성(語聲)명 말소리. ¶ 어성을 높이다.
어ː세(語勢)명 ☞어기(語氣).
어셈블러(assembler)명 어셈블리 언어로 된 프로그램이나 명령어를 기계어로 번역할 수 있는 프로그램. 참어셈블리 언어.
어셈블리^언어(assembly言語)명 간단한 단어와 쉬운 기호로 이루어진 컴퓨터 프로그래밍 언어의 한 가지. 기계어와 일 대 일로 대응되는 명령어 체계를 가졌으며, 컴퓨터 기종에 따라 서로 통용될 수 없어 기계어에 가까운 저급 언어임.
어ː소(御所)명 임금이 계시는 곳.
어소(漁所)명 ☞어장(漁場).
어속(魚屬)명 ☞어류(魚類).
어ː수(御水)명 임금에게 올리는 우물물.
어ː수(御手)명 임금의 손. 옥수(玉手).
어수룩-하다[-루카-]형여 ①(하는 짓이나 말이) 약삭빠르지 아니하고 숫되고 너그럽다. ¶ 촌티가 나고 어수룩한 총각. ②되바라지지 않고 좀 어리석은 데가 있다. ¶ 어수룩하기는 하지만 아주 진실하다. ③제도나 규율에 의한 통제가 제대로 되어 있지 않아 매우 느슨하다. ¶ 세상이 그렇게 어수룩한 줄 아니? 작아수룩하다.
어수리명 산형과의 다년초. 줄기 높이 1.5 m가량. 산과 들에 자라는데, 잎은 어긋맞게 나고,

소엽(小葉)은 달걀 모양인데 깊게 갈라져 있음. 7~8월에 흰 꽃이 모여 피고, 길둥근 열매를 맺음. 어린잎은 먹을 수 있음.

어ː수-물(御水-)명 ①어수로 쓰는 물. ②〈어수우물〉의 준말.

어수선산란-하다(-散亂-)[-살-]형여 매우 어수선하다. 어수선하고 산란하다.

어수선-하다형여 ①사물이 어지럽게 뒤섞여 매우 수선스럽다. ¶ 어수선한 시장 골목./책상 위에 책과 필기도구가 어수선하게 널려 있다. ②마음이 뒤숭숭하다. ¶ 어수선한 꿈자리. **어수선-히**부.

어ː수-우물(御水-)명 임금에게 올릴 물을 긷는 우물. 준어수물.

어ː순(語順)명 말이나 글에서, 주어·술어·목적어 따위가 놓인 차례.

어숭그러-하다형여 ①유난스러운 데가 없이 수수하다. ②일이 그리 까다롭지 않다.

어ː스(earth)명 접지(接地).

어스러기명 옷의 솔기 따위가 어스러진 곳.

어스러-지다자 ①(말이나 행동이) 정상에서 벗어나다. ②사물의 한쪽이 조금 기울거나 비뚤어지게 되다. ¶ 옷의 박음질이 어스러졌다.

어스럭-송아지[-쏭-]명 거의 중송아지만 한 큰 송아지. 준어석소·어석송아지.

어스렁이-고치명 밤나무벌레의 고치.

어스레-하다형여 조금 어둑하다. 어스름하다. ¶ 날이 저물어 사방이 어스레하다. 준어슬하다. **어스레-히**부.

어스름명 (새벽이나 저녁의) 어스레한 때, 또는 그러한 상태. ¶ 새벽 어스름./어스름 달밤.

어스름-하다형여 ☞어스레하다. ¶ 어스름한 달빛.

어ː스-선(earth線)명 접지선(接地線).

어슥-어슥부하형 여럿이 모두 한쪽으로 조금씩 비뚤어져 있는 모양. 작아슥아슥.

어슬렁-거리다자타 자꾸 어슬렁어슬렁하다. 어슬렁대다. ¶ 웬 낯선 남자가 온종일 집 앞을 어슬렁거리고 있다. 작아슬랑거리다.

어슬렁-대다자타 어슬렁거리다.

어슬렁-어슬렁부하자타 몸집이 큰 사람이나 큰 짐승이 슬렁슬렁 걸어 다니는 모양. 작아슬랑아슬랑. 준어슬어슬¹.

어슬-어슬¹부하자타 〈어슬렁어슬렁〉의 준말.

어슬-어슬²부하형 날이 어두워지거나 밝아질 무렵의 어스레한 모양. ¶ 날이 어슬어슬 저물어 간다.

어슬핏-하다[-피타-]형여 조금 어스레하다.

어슬-하다형여 〈어스레하다〉의 준말.

어슴-새벽명 어스레한 새벽.

어슴푸레부하형 ①기억에 뚜렷이 떠오르지 않고 몹시 흐리마리한 모양. ¶ 어슴푸레한 기억. ②뚜렷이 보이거나 들리지 않고 희미한 모양. ¶ 산 그림자가 어슴푸레하다. ③빛이 약해 어둑한 모양. 작아슴푸레.

어슷-거리다[-슫꺼-]자 힘없이 자꾸 어정어정하다. 어슷대다.

어슷-대다[-슫때-]자 어슷거리다.

어슷비슷-하다[-슫삐스타-]형여 ①서로 비슷비슷하다. ¶ 생활 정도가 어슷비슷하다. ②이리저리 쏠리어 가지런하지 않다. ¶ 장작을 어슷비슷하게 쌓다.

어슷-썰기[-슫-]명 (무·오이·파 따위를) 한쪽으로 비스듬하게 써는 일.

어슷-어슷¹[-스더슫]부하자 힘없이 어정거리는 모양. ¶ 환자들이 병원 복도를 어슷어슷 다닌다.

어슷-어슷²[-스더슫]부하형 여럿이 다 조금씩 기울어진 모양.

어슷-하다[-스타-]형여 한쪽으로 조금 비뚤다.

어ː승-마(御乘馬)명 임금이 타는 말.

어시(魚市)명 〈어시장(魚市場)〉의 준말.

-어시늘어미 〈옛〉-시거늘. ¶ 世子ㅿ位 뷔어시늘(龍歌*101*章).

-어시니어미 〈옛〉-시거니. ¶ 兵馬롤 머추어시니(龍歌*54*章).

-어시놀어미 〈옛〉-시거늘. -으시거늘. ¶ 帝命이 누리어시놀(龍歌*8*章).

-어시든어미 〈옛〉-시거든. -시면. ¶ 弟子 ᄒᆞ나ᄒᆞᆯ 주어시든(釋譜*6:22*).

어시스트(assist)명 농구나 축구 경기 등에서, 알맞은 패스로써 직접 득점을 돕는 일, 또는 그런 선수.

어시-에(於是-)부 여기에 있어서. 이에.

어-시장(魚市場)명 생선이나 조개류·젓갈류 따위를 거래하는 시장. 생선장(生鮮場). 준어시(魚市).

어시해(魚醍醢)명 ☞아감젓.

어시호(於是乎)부 이제야. 이에 있어서.

어ː식(御食)명 임금이 내리는 음식.

-어신어미 〈옛〉-으신. -신. 〔'ㄹ'과 'ㅣ' 뒤에서 '-거신'의 'ㄱ'이 생략된 꼴.〕 ¶ 愛人相見ᄒᆞ샤 오울어신 누네(樂範.處容歌).

-어신마ᄅᆞᆫ어미 〈옛〉-시건마는. ¶ 아바님도 어이어신마ᄅᆞᆫ(樂詞.思母曲).

-어신마론어미 〈옛〉-시건마는. ¶ 다 普賢行이어신마론(法華*1:44*).

어ː-신필(御宸筆)명 임금의 친필. 어필(御筆).

어심(於心)명 마음속.

어ᄉᆞ와감 〈옛〉어여차. ¶ 지국총지국총 어ᄉᆞ와(古時調).

어썩부하자타 〈어석〉의 센말. ¶ 오이를 어썩 깨물다. 작아싹.

어쑷-하다[-쓰타-]형여 씩씩하고 통이 크며 작은 일에 거리낌이 없다.

-어ᅀᅡ어미 〈옛〉-어야. ¶ 뷔어ᅀᅡ 즈ᄆᆞ니이다(龍歌*67*章). 참-거ᅀᅡ.

어ᅀᅳ름명 〈옛〉어스름. ¶ 어ᅀᅳ름 밤이라(內訓*3:58*)./어ᅀᅳ름 혼:昏(訓蒙上*1*).

어ᅀᅵ명 〈옛〉어버이. ¶ 우리 어ᅀᅵ 아ᄃᆞ리 외롭고 입게 ᄃᆞ외야(釋譜*6:5*).

어ː악^풍류(御樂風流)[-뉴]명 조선 시대에, 장악원(掌樂院)의 악생(樂生)들이 여민락(與民樂) 따위를 연주해 올리던 일. ¶ 어악 풍류 청아성(淸雅聲)에 앵무새가 춤을 춘다(烈女春香守節歌).

어ː안명 어이없어 말을 못하고 있는 혀 안.
어안이 벙벙하다관용 말이 막힐 만큼 놀랍고 어이없다. ¶ 난데없는 화재 소식에 어안이 벙벙했다.

어안(魚眼)명 물고기의 눈. 어목(魚目).

어안^렌즈(魚眼lens)명 사진용 광각(廣角) 렌즈 중 시야가 가장 넓은 것. 반구(半球) 전체의 피사체를 하나의 원형 안에 넣을 수 있음.

어안^사진(魚眼寫眞)명 어안 렌즈로 촬영한 사진. 상하 좌우로 180° 시야의 공간을 한 장에 넣을 수 있음.

어안-석(魚眼石)명 정방 정계에 딸린 무색 또는 백색의 광물. 주상(柱狀) 또는 판상(板狀)의 결정을 이루며 유리와 같은 광택을 지님.

어ː압(御押)명 임금의 수결(手決)을 새긴 도장. 어함(御啣).

-어야어미 끝 음절이 'ㅏ·ㅗ' 이외의 모음으로 된 어간에 붙어 쓰이는 종속적 연결 어미. ①그 말이 뒷말에 대한 필수 요건임을 나타냄. ¶ 빨강을 섞어야 고와지지. ②《뒤에 오는 부정어와 함께 쓰이어》 가정(假定)을 아무리 크게 하여도 별 차이가 생기지 않음을 뜻함. ¶ 늦어야 5분이지. 참-아야.

어야-디야감 〈어기야디야〉의 준말.

-어야만어미 '-어야'의 힘줌말. ¶ 심어야만 거둘 수 있다.

-어야지어미 '-어야 하지'가 줄어서 된 말. 끝 음절이 'ㅏ·ㅗ' 이외의 모음으로 된 어간에 붙어 쓰이어, 그렇게 함이 당연하다는 뜻을 나타내는 종결 어미. ¶ 건강하려면 음식을 가리지 않고 먹어야지. 참-아야지.

어-어감 뜻밖의 일을 당할 때나 일이 생각과 달리 되어 갈 때 내는 소리. ¶ 어어, 조심해!

어어리-나모명 〈옛〉 개나리. ¶ 어어리나모 여름(方藥*18*).

어언(於焉)부 〈어언간(於焉間)〉의 준말. ¶ 서울로 이사온 지도 어언 10여 년이 지났다.

어언-간(於焉間)부 어느덧. 어느 사이. 어언지간. ¶ 대학교를 졸업한 지도 어언간 10년이 지났다. 준어언.

어언지간(於焉之間)부 ☞어언간.

어업(漁業)명 물고기·조개 따위를 잡거나, 바닷말을 따거나, 양식(養殖)을 하거나 하여 수입을 얻는 산업.

어업-권(漁業權)[-꿘]명 어떤 어장(漁場)에서 독점적으로 어업을 할 수 있는 권리. 어로권.

어업^면ː허(漁業免許)[-엄-]명 특정한 수역(水域)에서 일정한 어업을 독점적으로 할 수 있는 권리를 허가하는 행정 행위.

어업^자원(漁業資源)[-짜-]명 어업의 대상이 되는 물고기·조개·바다짐승·바닷말 따위의 동식물.

어업^전관^수역(漁業專管水域)[-쩐-]명 연안국(沿岸國)이 배타적·우선적인 어업권을 가지는, 영해 바깥쪽의 일정한 수역. 전관 수역.

어여-머리명 조선 시대에, 부인이 예장할 때 머리에 얹던, 다리로 된 커다란 머리. 가환(假鬟). 준어염.

어여쁘다[어여쁘니·어여뻐]형 '예쁘다'를 예스럽게 이르는 말.

어여삐부 어여쁘게.

어여차감 여럿이 힘을 합할 때 함께 지르는 소리. 어기여차.

어ː연(御筵)명 임금이 앉는 자리.

어연간-하다형여 (정도가) 표준이나 기준에 어지간히 가깝다. ¶ 그만하면 어연간하게 되었다. 준엔간하다. 어연간-히부.

어연번듯-하다[-드타-]형여 (어디 내놓아도) 어엿하고 번듯하다. ¶ 어연번듯한 집안의 자손. 어연번듯-이부.

어염명 〈어여머리〉의 준말.

어염(魚塩)명 ①바다에서 나는 물고기와 소금. ②어업과 제염.

어염시수(魚塩柴水)명 〔생선과 소금과 땔나무와 물이라는 뜻으로〕 식생활을 위한 생활필수품을 통틀어 이르는 말.

어엿브다형 〈옛〉 불쌍하다. ¶ 어엿블 휼:恤(訓蒙下*32*). /어엿븐 그림재 날 조찰 뿐이로다(鄭澈.續美人曲).

어엿비부 〈옛〉 불쌍히. 딱하게. ¶ 憫然은 어엿비 너기실씨라(訓諺). /내 이롤 爲ᄒᆞ야 어엿비 너겨(訓諺).

어엿-하다[-여타-]형여 (하는 일이) 당당하고 떳떳하다. ¶ 어리던 녀석이 어엿한 대장부가 되었다. 어엿-이부.

어ː영-대장(御營大將)명 조선 시대, 어영청(御營廳)의 으뜸 벼슬. 품계는 종이품. 준어장(御將).

어영-부영부하자 별 생각 없이 일이 되어 가는 대로 행동하는 모양. ¶ 무엇인가를 시작할 생각은 않고 어영부영 세월만 보내다.

어ː영-청(御營廳)명 조선 시대에, 삼군문(三軍門)의 하나인 군영(軍營)의 이름.

어ː온(御醞)명 임금에게 올리는 술.

어옹(漁翁)명 ①고기잡이를 하는 늙은이. ②〈어부〉의 높임말.

어와감 〈옛〉 아아. ¶ 어와 聖恩이야(鄭澈.關東別曲).

-어요어미 어미 '-어'에 조사 '요'가 합쳐서 된 하오체 종결 어미. 끝 음절이 'ㅏ·ㅗ' 이외의 모음으로 된 어간에 붙어, 서술·청원·의문의 뜻을 나타냄. ¶ 제가 가겠어요. /여기 있어요. /보기 싫어요? 참-아요.

어ː용(御用)명 ①☞어물(御物). ②권력에 아첨하고 자주성이 없는 사람이나 단체·작품 따위를 경멸하여 이르는 말. ¶ 어용 단체.

어ː용^기자(御用記者)명 어용 신문의 기자.

어ː용^문학(御用文學)명 문학의 독창성과 순수성을 저버리고 당대(當代)의 권력에 아부하는 내용의 문학.

어ː용-상인(御用商人)명 〔일본에서〕 왕실이나 관청 따위에 물건을 대는 업자를 이르는 말.

어ː용^신문(御用新聞)명 정부의 보호를 받으며, 그 정책을 두둔하고 선전하는 내용의 논설이나 보도를 싣는 신문. 어용지.

어ː용-지(御用紙)명 ☞어용 신문.

어ː용-학자(御用學者)[-짜]명 정부나 권력자에 아첨하여 그 정책을 옹호하거나 이론적으로 정당화하는 주장을 펴는 학자.

어ː우(御宇)명 임금이 나라를 다스리는 동안.

어우러-지다자 (둘 또는 여럿이 모여서) 한 덩어리나 한 판을 이루게 되다. ¶ 노소가 한데 어우러져 놀다. 작아우러지다.

어우렁-더우렁부하형 여러 사람 속에서 함께 어울려 지내는 모양.

어우르다[어우르니·어울러]타르 ①(둘 또는 여럿을 모아서) 한 덩어리나 한 판이 되게 하다. ¶ 술자리를 어우르다. ②윷놀이에서, 두 바리 이상의 말을 한데 합치다. ¶ 세 바리를 어우르다. 준어르다2. 작아우르다.

어우-야담(於于野談)명 조선 광해군 때의 학자 유몽인(柳夢寅)이 지은, 한문으로 된 야담집.

어우와감 〈옛〉 아아. ¶ 어우와 날 속여다 秋月春風이 날 속여다(古時調).

어욱새명 〈옛〉 억새. ¶ 어욱새 속새 덥가나무 白楊 수페(鄭澈.將進酒辭).

어울다자 〈옛〉 어울리다. ¶ 믈읫 字ㅣ 모로매 어우러사 소리 이ᄂᆞ니(訓諺). /둘히 어우러 精舍 밍ᄀᆞ라(釋譜*6:26*).

어울리다자 ①〖'어우르다'의 피동〗 어우르게 되다. ¶ 함께 어울려 놀다. ②서로 조화가 잘 이루어져 자연스럽게 되다. ¶ 양복과 넥타이가 잘 어울린다. 준얼리다1. 작아울리다.

어울림명 ☞조화(調和).

어울림-음(-音)명 잘 조화된 화음. 보통, 잘 조화되어 듣기에 좋은 음을 이름. 협화음(協和音). ↔안어울림음.

어울림^음정(-音程)명 음악에서, 두 음이 동시에 울렸을 때 서로 잘 어울리는 음정. 협화 음정(協和音程). ↔안어울림 음정.

어울우다타 〈옛〉어우르다. ¶ 첫소리ᄅᆞᆯ 어울워 ᄡᅳᇙ디면 ᄀᆞᆯᄫᅡ 쓰라(訓諺). /ᄆᆞᅀᆞᄆᆞᆯ 聖人 ᄠᅳ데 어울우며(圓覺序*81*).

어웅-하다형여 (동굴 등이) 속이 텅 비어 있고 침침하다.

어:원(御苑)명 ☞비원(祕苑).

어:원(語源·語原)명 어떤 말이 오늘날의 형태나 뜻으로 되기 전의 본디 형태나 뜻. 말밑².

어월명 〈옛〉웅어리. ¶ 어월 샹:瓤(訓蒙下*5*). /瓜瓤욋어월(四聲下*45*).

어위나형 〈옛〉넓나. 너그럽다. ¶ ᄀᆞᄅᆞ미 어위니(杜初*14:14*).

어유감 ①뜻밖의 일에 놀람을 나타내는 말. ¶ 어유, 큰일났네! ②고달프고 힘겨울 때 하는 말. ¶ 어유, 이 일을 언제 다 하지? 작아유.

어유(魚油)명 물고기를 쪄서 짠 기름. 식품이나 비누 따위의 원료로 쓰임.

어유아리명 〈옛〉바리때. ¶ 굴갓과 어유아리를(朴解上*34*). 참에우아리.

어육(魚肉)명 ①생선의 살. ②물고기와 짐승의 고기. ③'짓밟고 으깨어서 아주 결딴낸 상태'를 비유하여 이르는 말. ¶ 왜적의 손에 백성은 어육이 되었다.

어육-장(魚肉醬)[-짱]명 살짝 데친 생선과 고기를 넣어 담근 장.

어으름명 〈옛〉어스름. ¶ 어으르메 새 수플로 가매(杜重*3:45*). 참어스름.

어음명 ①일정한 금액을 일정한 기일에 일정한 곳에서 지급할 것을 약속하는 유가 증권. 〔약속 어음과 환어음이 있음.〕 ②지난날, 돈을 치르기로 약속하던 문서. 금액과 날짜 따위를 적고, 그 한가운데를 잘라 채권자와 채무자가 한 쪽씩 가졌음.

어:음(語音)명 말의 소리.

어음^교환(-交換)명 어떤 지역의 각 은행의 직원이 모여서 어음을 교환하고, 은행끼리의 대차를 청산하는 일.

어음^교환소(-交換所)명 어떤 지역의 각 은행의 직원이 모여서 어음을 교환하고, 그 차액을 계산하여 은행끼리의 대차를 청산하는 곳.

어음^대:출(-貸出)명 금융 기관의 대출 방법의 한 가지. 차용 증서 대신에 차용인이 은행을 수취인으로 하는 약속 어음이나 환어음을 발행하는 일.

어음^배:서(-背書)명 어음을 남에게 양도하는 경우, 어음의 뒷면에 그 내용을 적고 서명 날인하는 일.

어:음-상통(語音相通)명하자 ①(거리가 가까워) 말소리가 서로 들림. ②(말로써) 서로 의사가 통함.

어음^할인(-割引)명 금융 기관이, 어음에 적힌 금액에서 지급 기일까지의 이자와 수수료를 제한 잔금으로 그 어음을 사들이는 일. 지급 기일 이전에 돈을 쓰고자 할 때 이용됨. 준할인(割引).

어음^행위(-行爲)명 어음의 발행·배서(背書)·인수(引受)·보증·참가 인수(參加引受) 등 다섯 가지 법률 행위.

어:의(御衣)[-의/-이]명 임금의 옷. 어복(御服).

어:의(御醫)[-의/-이]명 ☞시의(侍醫).

어:의(語義)[-의/-이]명 말뜻.

어이¹명 짐승의 어미.

어이²명 어처구니. ¶ 그만한 일로 싸우다니 정말 어이가 없다.

어이³부 '어찌'의 예스러운 말. ¶ 어이 잊으랴.

어이명 〈옛〉어버이. ¶ 아바님도 어이어신마ᄅᆞᄂᆞᆫ(樂詞.思母曲). 참어ᅀᅵ.

어이-곡(-哭)명 부모상(父母喪)과 승중상(承重喪) 이외의 상중(喪中)에 하는 곡. '어이어이' 하고 욺.

어이구감 몹시 아프거나 놀라거나 반갑거나 힘들거나 원통하거나 기가 막히거나 할 때 하는 말. ¶ 어이구, 가슴이야. /어이구, 이게 얼마 만이냐? 준에구. 작아이고. 거어이쿠.

어이구나감 어린아이의 귀여운 재롱이나 기특한 짓을 보고 신통해서 하는 말. ¶ 어이구나, 착하다. 작아이고나.

어이구-머니감 '어이구'의 힘줌말. 준어구머니·에구머니. 작아이고머니.

어이다타 〈옛〉피하다. 에돌다. ¶ 處容아비를 어여려거져(樂詞.處容歌). 참에다.

어이-딸명 어머니와 딸. 모녀(母女).

어이딸이 두부 앗듯속담 뜻이 맞고 손이 맞아 일이 척척 잘되어 나감을 이르는 말.

어이-며느리명 시어머니와 며느리. 고부(姑婦). 고식(姑媳).

어이-새끼명 짐승의 어미와 새끼.

어이-아들명 어머니와 아들. 모자(母子).

어이-어이감 상중(喪中)에, 상제를 제외한 복인(服人)이나 조상하는 사람이 곡(哭)하는 소리.

어이-없다[-업따]형 일이 너무 엄청나거나 뜻밖이어서 기가 막히다. 어처구니없다. ¶ 어이없는 일을 당하다. **어이없-이**부 ¶ 너무나 어이없이 무너지다.

어이쿠감 〈어이구〉의 거센말. 작아이코.

어인관 '어찌 된'을 예스럽게 이르는 말. ¶ 어인 일로 울고 계시오?

어:인(御印)명 임금의 도장. 어새(御璽).

어인지공(漁人之功)명 ☞어부지리(漁父之利).

어:자(御者·馭者)명 ①마차를 부리는 사람. ②사람이 탄 말을 부리는 사람. ③임금의 시자(侍者).

어장(魚醬)명 생선을 넣어 담근 장.

어:장(御仗)명 임금이 거둥할 때 호위(護衛)하던 병정.

어:장(御將)명 〈어영대장(御營大將)〉의 준말.

어장(漁場)명 어업을 하는 수역(水域). 어기(漁基). 어소(漁所). ¶ 북태평양 어장.

어장이 안되려면 해파리만 끓는다속담 일이 안되려면 달갑지 않은 일만 생긴다는 말.

어장-비(魚腸肥)명 물고기의 내장을 원료로 하는 비료. 질소와 인산이 많이 함유되어 있음.

어재(魚滓)명 기름을 짜거나 살을 발라내고 남은 물고기의 찌꺼기.

어:-재실(御齋室)명 임금이 능이나 묘(廟)에 거둥할 때 잠시 머무르던 집.

어저귀명 아욱과의 일년초. 높이 1.5 m가량으로, 전체에 털이 빽빽이 나 있음. 잎은 심장 모양으로 넓고, 8~9월에 누른 다섯잎꽃이 잎겨드랑이에 모여서 핌. 인도 원산이며, 섬유 식물로서 한때 많이 재배하였음. 줄기 껍질은 섬유로 쓰며, 씨는 경실(苘實)이라 하여 한약재로 쓰임. 백마(白麻).

어저께 Ⅰ명 어제. ¶ 어저께는 무척 바빴다. Ⅱ부 어제. ¶ 방학 숙제는 어저께 다 끝냈다.

어적부하자타 좀 단단한 과일이나 채소 따위를 단번에 씹을 때 나는 소리. ¶ 무를 어적 깨물다. 작아작. 센어쩍. **어적-어적**부하자타.

어적(魚炙)명 생선 살을 소금으로 간하여 구운 적.
어:적(禦敵)명하자 외적(外敵)을 막음.
어적-거리다[-꺼-]자타 자꾸 어적어적하다. 어적대다. 작아작거리다.
어적-대다[-때-]자타 어적거리다.
어전(漁筌)명 물고기를 잡는 통발.
어전(魚煎)명 ☞생선전.
어:전(御前)명 임금의 앞. ¶ 어전을 물러나오다.
어:전(御殿)명 임금이 있는 전각(殿閣).
어전(漁箭)명 ☞어살.
어:전(語典)명 ①☞사서(辭書). 사전(辭典). ②문법을 설명한 책. 문전(文典).
어:전^풍류(御前風流)[-뉴]명 임금 앞에서 베푸는 풍류.
어:전^회:의(御前會議)[-회의/-훼이]명 중요한 국사를 다루기 위하여 임금 앞에서 중신들이 하는 회의.
어:절(語節)명 문장을 이루고 있는 도막도막의 성분. 우리말의 경우, 한 단어로써 이루어지기도 하고 체언에 조사가 붙어서 이루어지기도 함. 〔'철수가 이야기책을 읽었다.'에서 '철수가', '이야기책을', '읽었다' 따위.〕 말마디.
어접(魚蝶)명 ☞물고기진드기.
어정명 ①〈어정잡이〉의 준말. ②무슨 일을 탐탁하게 하지 않고 대강으로 하는 일. ¶ 어정으로 쓴 글씨.
어정(漁艇)명 ①고기잡이에 쓰는 작은 배. ②어장(漁場)에서 사용하기 위하여 큰 어선에 싣고 다니는 작은 배.
어정-거리다자타 자꾸 어정어정하다. 어정대다. 작아장거리다.
어정-대다자타 어정거리다.
어정-뜨다[~뜨니·~떠]형 ①해야 할 일은 하지 않고 엉뚱한 일만 하여 탐탁하지 않다. ¶ 보기보단 어정뜬 데가 있다. ②이쪽도 저쪽도 아니고 어중간하다.
어정뜨기는 칠팔월 개구리속담 마땅히 할 일은 안 하고 몹시 엉뚱하고 덤벙대기만 함을 이르는 말.
어정-뱅이명 ①(무슨 일로 하여) 갑자기 잘된 사람. ②일정한 일 없이 어정버정 지내는 사람. ③일을 하고 있지만 조금도 실적이 없는 사람.
어정-버정부하자타 하는 일 없이 이리저리 어정거리는 모양. 작아장바장.
어정-어정부하자타 ①(큰 몸집으로) 둔하게 천천히 걷는 모양. ②한가하게 거니는 모양. 작아장아장.
어정-잡이명 ①겉모양만 차리고 실속이 없는 사람. ②제 앞을 제대로 꾸려 나가지 못하는 사람. 준어정.
어정쩡-하다형여 ①마음에 의심이 나고 꺼림하다. ②분명하지 않고 흐릿하다. ¶ 태도가 어정쩡하다. **어정쩡-히**부.
어정-칠월(-七月)명 〔어정어정하는 사이에 한 달이 지나간다는 뜻으로〕 '음력 칠월'을 이르는 말. 참미끈유월·건들팔월.
어제 Ⅰ명 오늘의 바로 하루 전날. 어저께. 작일(昨日). ↔내일.
Ⅱ부 오늘의 바로 하루 전에. 어저께. ↔내일.
어제 보던 손님속담 ①낯익은 사람. ②만나자마자 곧 뜻이 맞아서 금방 친해진 사람.
어제가 다르고 오늘이 다르다관용 변화하는 속도가 매우 빠름을 이르는 말.
어제(魚梯)명 댐 같은 곳에, 비탈이 심하지 않은 물길이나 계단식 물길을 만들어 물고기가 오를 수 있도록 만든 시설.
어:제(御製)명하타 임금이 몸소 짓거나 만듦, 또는 그런 글이나 물건. ¶ 세종 어제 훈민정음.
어:제(御題)명 임금이 친히 보이던 과거의 글제.
어제-오늘명 아주 최근이나 요 며칠 사이. 요즈음. ¶ 그것은 어제오늘 시작된 일이 아니다.
어제일리어(azalea)명 진달랫과의 상록 관목. 높이 50~70 cm. 중국 원산인 철쭉의 원예 품종인데, 벨기에 등에서 개량된 품종임. 봄에 하양·분홍·주황 등의 큰 꽃이 피며, 관상용으로 온실에서 재배됨.
어제-저녁명 어제의 저녁. 준엊저녁.
어젯-밤[-제빰/-젣빰]명 어제의 밤. 작야(昨夜).
어져감 〈옛〉어. 아. ¶ 어져 내 일이야 그릴 줄을 모로ᄃᆞ냐(古時調).
어:조(語調)명 말의 가락. 말하는 투. ¶ 격렬한 어조. /부드러운 어조.
어:조-사(語助辭)명 한문에서 '토'가 되는 어(於)·의(矣)·언(焉)·야(也) 따위의 글자. 〔실질적인 뜻이 없고 다른 글자를 돕기만 함.〕 조어(助語). 준조사(助辭).
어족(魚族)명 물고기의 종족. ¶ 북양 어족.
어:족(語族)명 같은 언어를 조상으로 하여 파생되었다고 생각되는 언어의 일군(一群). 동일 계통의 언어의 일군.
어졸(語拙) '어졸하다'의 어근.
어:졸-하다(語拙-)형여 말솜씨가 서투르다. 언졸(言拙)하다.
어종(魚種)명 물고기의 종류. ¶ 난류성 어종.
어:좌(御座)명 ☞옥좌(玉座).
어:주(御酒)명 임금이 신하에게 내리는 술.
어:주(御廚)명 ☞수라간.
어주(漁舟·魚舟)명 ☞낚싯거루.
어주-자(漁舟子)명 낚싯거루를 타고 고기잡이를 하는 사람.
어:줍다[-따]형 ①말이나 동작이 자유롭지 못하고 둔하다. ¶ 발음이 어줍다. /어줍은 태도. ②손에 익지 않아 서투르다. ¶ 운전이 아직 어줍다. ③근육이 저려 그 부분이 부자유스럽다.
어줍잖다형 '어쭙잖다'의 잘못.
어:중(語中)명 ①낱말의 중간 부분. '어두(語頭)'·'어미(語尾)'에 대하여 이르는 말. ②말하는 가운데. ¶ 발표하는 어중에 질문은 하지 마시오.
어중간(於中間)[1]명 거의 중간쯤 되는 데.
어중간(於中間)[2] '어중간하다'의 어근.
어중간-하다(於中間-)형여 ①넘거나 처져서 어느 것에도 알맞지 않다. ¶ 장소를 옮기기에는 시간이 어중간하다. ②이것도 저것도 아니게 두루뭉술하다. ¶ 어중간한 태도. **어중간-히**부.
어중-되다(於中-)[-뙤-/-뛔-]형 넘거나 처져서 알맞지 않다. ¶ 그 일을 하기엔 나이가 좀 어중되다. 비어지빠르다.
어:중-이명 어중되어 탐탁하지 못한 사람.
어:중이-떠중이명 여러 방면에서 모인, 변변찮은 잡다한 사람을 얕잡아 이르는 말. ¶ 어중이떠중이 다 모여들다.
어즈러비부 〈옛〉어지러이. 어지럽게. ¶ 羅刹도 어즈러비 돋닐씨(月釋7:27).
어즈럽다형ㅂ 〈옛〉어지럽다. 번거롭다. ¶ 그 ᄆᆞᅀᆞ몰 어즈럽게 말라 ᄒᆞ시니(圓覺下二之二45). /어즈러울 번:煩(類合下20).

어즈버감 〈옛〉 아아 슬프다. ¶ 어즈버 太平烟月이 꿈이런가 ᄒᆞ노라(古時調). /어즈버 江山風月을 눌을 주고 갈소니(古時調).
어즐ᄒᆞ다형 〈옛〉 어질어질하다. ¶ 노픈 뫼해 올라 도라보니 누니 어즐ᄒᆞ도다(杜初9:13).
어ː지(御旨)명 임금의 생각. 임금의 뜻. 성지(聖旨). ¶ 어지를 받들다.
어지간-하다형여 ①(정도가) 어떤 표준에 거의 가깝다. ¶ 성적이 어지간하게 좋아졌다. ②꽤 무던하다. ¶ 그만하면 성격이 어지간하다. ③그저 그만하다. 웬만하다. ¶ 어지간한 사람으로 할 수 있는 일이 아니다. **어지간-히**부.
어지러-뜨리다타 어지럽게 하다. 어지러트리다. ¶ 방 안을 어지러뜨리다. /세상을 온통 어지러뜨리다.
어지러-트리다타 어지러뜨리다.
어지럼명 ☞현기(眩氣).
어지럼-증(-症)[-쯩]명 ☞현기증(眩氣症).
어지럽다[-따][어지러우니·어지러워]형ㅂ ①몸을 제대로 가눌 수 없을 만큼 정신이 아뜩아뜩하다. ¶ 머리가 어지럽다. ②질서 없이 뒤섞여 있어 어수선하다. ¶ 옷가지가 어지럽게 흩어져 있었다. ③(사회 형편 따위가) 질서가 없고 혼란스러운 상태에 있다. ¶ 나라가 어지럽다. **어지러-이**부.
어지럽-히다[-러피-]타 〖'어지럽다'의 사동〗 어지럽게 하다. ¶ 근심이 머리를 어지럽히다. /어린 조카가 방 안을 온통 어지럽혔다.
어지르다[어지르니·어질러]타르 너절하게 늘어놓아 어지럽게 하다. ¶ 방을 어지르다.
어지-빠르다[~빠르니·~빨라]형르 정도가 넘거나 처져서 어느 쪽에도 맞지 않다. 엇되다. 준엇빠르다. 비어중되다.
어ː지-자지명 ①☞남녀추니. ②제기차기에서, 제기를 두 발로 번갈아 차는 일.
어ː지-증(語遲症)[-쯩]명 ☞구연증(口軟症).
어ː진(御眞)명 임금의 화상(畫像)이나 사진. 수용(睟容). ¶ 대한 제국 고종 황제의 어진.
어진사람인-발(-儿-)명 한자 부수의 한 가지. '元'·'光'·'充' 등에서의 '儿'의 이름.
어진-혼(-魂)명 어질고 착한 사람의 죽은 넋.
어진혼(이) 나가다〔빠지다〕관용 몹시 놀라거나 몹시 시끄럽거나 하여 맑은 정신을 잃다.
어질다[어지니·어질어]형 마음이 너그럽고 인정이 도탑다. ¶ 어진 임금.
어질더분-하다형여 마구 어질러져 있어 지저분하다.
어질-병(-病)[-뼝]명 한방에서, 정신이 어질어질한 병을 이르는 말.
어질병이 지랄병 된다속담 작은 병통을 다스리지 않고 그냥 두면 큰 병통이 된다는 말.
어질-어질부하형 현기가 나서 자꾸 어지러운 모양. 작아질아질. 센어찔어찔.
어질-증(-症)[-쯩]명 한방에서, 어질병의 증세를 이르는 말. 현기증(眩氣症). 현훈증(眩暈症).
어즈러이부 〈옛〉 어지러이. 어지럽게. ¶ 이러야 교틱야 어즈러이 ᄒᆞ돗썬디(鄭澈.續美人曲).
어째준 '어찌하여'가 줄어든 말. ¶ 어째 너는 하는 일이 늘 그 모양이니?
어째서준 '어찌하여서'가 줄어든 말. ¶ 어째서 이렇게 늦었느냐?
어쨌건[-쨷껀] Ⅰ부 일이 어떻게 되었든지.
Ⅱ준 '어찌하였건'이 줄어든 말.
어쨌든[-쨷뜬] Ⅰ부 ☞어떻든.
Ⅱ준 '어찌하였든'·'어찌 되었든'이 줄어든 말.
어쨌든지[-쨷뜬-] Ⅰ부 ☞어떻든지.
Ⅱ준 '어찌하였든지'·'어찌 되었든지'가 줄어든 말.
어쩌고-저쩌고부하자 '이러니저러니' 또는 '이러쿵저러쿵'을 익살스럽게 하는 말.
어쩌다[1]자 ①〈어찌하다〉의 준말. ¶ 미안해서 어쩌나. /어쩔 줄을 모르고 우왕좌왕하다. ②《'어쩐' 꼴로 쓰여》 어떤 이유가 있거나 어떤 일로 하다. ¶ 어쩐 일로 오셨어요?
어쩌다[2] Ⅰ부 〈어쩌다가〉의 준말.
Ⅱ준 '어찌하다'가 줄어든 말. ¶ 어쩌다 꽃병을 깨뜨렸니?
어쩌다가 Ⅰ부 ①뜻밖에 우연히. ¶ 어쩌다가 그 일을 맡게 되었다. ②이따금. ¶ 어쩌다가 한 번씩 일어나는 일. 준어쩌다[2].
Ⅱ준 '어찌하다가'가 줄어든 말. ¶ 어쩌다가 팔을 다쳤니?
어쩌면 Ⅰ부 ①확실하지 아니하지만 짐작하건대. ¶ 어쩌면 우리 팀이 우승할지도 몰라. 준어쩜. ②도대체 어떻게 하여서. ¶ 손이 어쩌면 이렇게 예쁠까?
Ⅱ감 놀라거나 따질 때 내는 소리. 아무리[2].
Ⅲ준 '어찌하면'이 줄어든 말. ¶ 이 일을 어쩌면 좋을지 걱정이다.
어쩍부하자.타 〈어적〉의 센말. 작아짝.
어쩐지부 어찌 된 까닭인지. 무슨 까닭인지 모르나. ¶ 어쩐지 으스스한 느낌이 든다.
어쩜 Ⅰ부 〈어쩌면〉의 준말.
Ⅱ감 놀라거나 감탄할 때 내는 소리. ¶ 어쩜, 착하기도 해라.
어쭙잖다[-짠타]형 말이나 행동이 분수에 넘치는 것 같다. ¶ 어쭙잖은 말투. *어쭙잖아[-짜나]·어쭙잖소[-짠쏘]
어찌부 ①어떻게. ¶ 어찌 된 일인고? ②어떤 까닭으로. ¶ 어찌 그리하는가? ③어떤 방법으로. ¶ 그를 어찌 잡아 올꼬? ④《감탄 표현의 '-ㄴ지'·'-는지'와 함께 쓰이어》 어떻게 몹시. ¶ 어찌 반가운지 눈물이 나더구나.
어찌-꼴명 ☞부사형.
어찌나부 '어찌'의 힘줌말.
어찌-씨명 ☞부사(副詞).
어찌자리-토씨명 ☞부사격 조사(副詞格助詞).
어찌-하다자타여 어떻게 하다. 준어쩌다[1].
어찔-어찔부하형 〈어질어질〉의 센말. ¶ 눈앞이 어찔어찔하다. 작아찔아찔.
어찔-하다형여 급작스레 정신이 내둘리어 쓰러질 것 같다. 작아찔하다.
어차(魚杈)명 물고기를 찔러 잡는 기구. 작살.
어ː차간-에(語次間-)부 말하는 김에.
어차어피-에(於此於彼-)부 ①이렇게 하든지 저렇게 하든지. 이러거나 저러거나. ②어떻게 되든지. 어동어서(於東於西)에. 이차어피(以此於彼)에. 이차이피(以此以彼)에. 준어차피.
어차-에(於此-)부 여기에서. 이에 있어서.
어차피(於此彼)부 〈어차어피(於此於彼)에〉의 준말. 이차피(以此彼).
어찬(魚饌)명 생선 반찬.
어ː찰(御札)명 임금의 편지.
어창(魚艙)명 물고기를 보관해 두는, 어선 안에 있는 창고.
어채(魚菜)명 생선의 살과 해삼·전복·곤자소니·버섯 등을 잘게 썰고 녹말에 무쳐 끓는 물에 데친 것을 깻국에 넣어 먹는 음식.
어채(漁採)명하자 고기잡이.
어처구니명 《주로 '없다'의 앞에 쓰이어》 생각 밖으로 엄청나게 큰 사람이나 물건. 어이[2].
어처구니-없다 [-업따] [형] 어이없다. ¶ 어처구니없다는 듯 멍한 표정을 짓다. **어처구니없-이** [부] ¶ 어처구니없이 당하다.
어천-만사 (於千萬事) [명] 모든 일. ¶ 어천만사에 막힘이 없다.
어ː첩 (御帖) [명] 지난날, 기로소(耆老所)에 두었던 임금의 입사첩(入社帖).
어ː첩 (御牒) [명] 왕실의 계보를 간략하게 적은 책.
어청-거리다 [자타] 자꾸 어청어청하다. 어청대다. [작]아창거리다.
어청-대다 [자타] 어청거리다.
어청-어청 [부][하자타] (키가 큰 사람이나 짐승이) 이리저리 천천히 걷는 모양. [작]아창아창.
어초 (魚酢) [명] ☞식해(食醢).
어초 (漁樵) [명] 고기 잡는 일과 나무하는 일, 또는 고기잡이와 나무꾼.
어촌 (漁村) [명] 어민이 모여 사는, 바닷가에 있는 마을. 갯마을.
어ː취 (語趣) [명] 말의 취지(趣旨).
어치 [명] 까마귓과의 새. 몸길이 34 cm가량으로 비둘기보다 조금 작음. 몸빛은 포도색인데 허리는 백색, 꽁지는 흑색, 날개에는 청색과 흑색의 가로띠가 있음. 주로 나무 위에서 살며, 다른 새의 소리를 잘 흉내 내어 애완조로 기르기도 함. 우리나라에서는 흔한 텃새임. 언치[2].
-어치 [접미] 금액을 나타내는 말 뒤에 붙어, '그 값에 해당하는 분량이나 정도임'을 뜻함. ¶ 천 원어치. /한 푼어치.
어치 [명] 〈옛〉 마소의 언치. ¶ 어치 톄: 韂(訓蒙中27). /갓어치: 皮替(老解下27).
어치렁-거리다 [자] 자꾸 어치렁어치렁하다. 어치렁대다. ¶ 아버지께서 어치렁거리는 걸음으로 병원을 나와 차에 오르셨다. [준]어칠거리다. [작]아치랑거리다.
어치렁-대다 [자] 어치렁거리다.
어치렁-어치렁 [부][하자] 힘없이 어슬렁어슬렁 걷는 모양. [준]어칠어칠. [작]아치랑아치랑.
어치정-거리다 [자] 자꾸 어치정어치정하다. 어치정대다. [작]아치장거리다.
어치정-대다 [자] 어치정거리다.
어치정-어치정 [부][하자] 힘없이 어정어정 걷는 모양. [작]아치장아치장.
어칠-거리다 [자] 〈어치렁거리다〉의 준말. 어칠대다. [작]아칠거리다.
어칠-대다 [자] 어칠거리다.
어칠-비칠 [부][하자] 어치렁거리고 비칠거리는 모양. ¶ 술에 몹시 취하여 어칠비칠 걸어 나오다.
어칠-어칠 [부][하자] 〈어치렁어치렁〉의 준말. ¶ 건강이 완전히 회복되지 못하여 어칠어칠 걷다. [작]아칠아칠.
어ː침 (御寢) [명] 임금의 취침(就寢).
어큐ː뮬레이터 (accumulator) [명] 누산기(累算器).
어탁 (魚拓) [명][하타] 물고기의 겉에 먹물 따위를 발라, 그 겉모습을 찍어 냄, 또는 찍어 낸 그 종이.
어ː탑 (御榻) [명] 임금의 상탑(牀榻). 탑(榻).
어탕 (魚湯) [명] ①생선을 넣고 끓인 국. ②제사 때 차리는 탕의 한 가지. 생선 건더기가 많고 국물이 적음.
어태치먼트 (attachment) [명] 어떤 기계나 기구에 장치하여 그 기계의 기능을 바꾸는 부속품 또는 부속 장치. 〔사진기에 바꿔 끼우는 필터나 망원 렌즈 따위.〕
어태치먼트^렌즈 (attachment lens) [명] 가까운 거리에 있는 물체를 촬영할 때 카메라 앞에 붙이는 볼록 렌즈. 〔접사(接寫) 렌즈·망원 렌즈·광각 렌즈·줌 렌즈 따위.〕
어택 (attack) [명] 음악에서, 기악이나 성악의 첫소리가 급격히 나오는 일.
어ː투 (語套) [명] 말버릇. 말투. ¶ 고약한 어투. /어투가 사납다.
어트랙션 (attraction) [명] 공연이나 행사 따위에서, 손님을 끌기 위하여 곁들이는 연예. 〔배우의 실제 연기나 인사말 따위.〕
어ː파 (語派) [명] 같은 어족(語族) 중에서, 서로 친족 관계를 갖는 여러 언어를 통틀어 이르는 말.
어판 (魚板) [명] 나무로 물고기 모양을 만들고 속을 파낸 불구(佛具). 절에서 이것을 매달아 놓고 불사 때에 두드림. 목어(木魚)[1]. 어고(魚鼓).
어패-류 (魚貝類) [명] (식품으로 쓰이는) 생선과 조개 종류를 통틀어 이르는 말.
어퍼컷 (uppercut) [명] 권투에서, 상대편의 아래턱이나 명치끝 따위를 아래에서 위로 올려치는 공격 기술.
어ː폐 (語弊) [-폐/-페] [명] 적절하지 않은 용어를 씀으로써 일어나는 오해나 폐해(弊害). ¶ 이런 말을 하면 어폐가 있을지 모르지만 그가 똑똑한 건 사실이다.
어포 (魚脯) [명] 생선의 살을 얇게 저며서 양념을 하여 말린 포.
어표 (魚鰾) [명] ☞부레.
어표-교 (魚鰾膠) [명] ☞부레풀.
어푸-어푸 [부][하자] 물에 빠져서, 괴롭게 물을 켜면서 내는 소리, 또는 그 모양.
어프로ː치 (approach) [명] ①스키의 점프 경기에서, 출발선으로부터 점프하는 지점까지의 사이. ②골프에서, 홀 가까이로 공을 보내는 일.
어피 (魚皮) [명] ①물고기의 가죽. ②〈사어피(沙魚皮)〉의 준말.
어피-집 (魚皮-) [명] 상어 가죽으로 만든 안경집.
어ː필 (御筆) [명] 임금이 쓴 글씨. 어신필(御宸筆).
어필ː (appeal) [명] ①[하자타]운동 경기에서, 심판에게 항의함. ②[하자]흥미를 불러일으키거나 매력을 느끼게 함. ¶ 섹스 어필. /독자에게 어필하는 작품.
어ː필-각 (御筆閣) [명] 임금의 글씨를 보관하던 전각. 어서각(御書閣).
어핍 (語逼) '어핍하다'의 어근.
어ː핍-하다 (語逼-) [-피파-] [형][여] 말로 남의 비위를 건드리다.
어ː하 (御下) [명][하자] 부하를 통솔함. 아랫사람을 다스림.
어ː-하다 [타][여] 어린아이의 응석을 받아 주며 떠받들어 주다.
어ː학 (語學) [명] ①〈언어학〉의 준말. ②외국어를 학습하는 학문. ¶ 어학 실력.
어ː학-도 (語學徒) [-또] [명] ①언어학을 전공하는 학생. ②외국어를 공부하는 학생.
어ː학-연수 (語學硏修) [-항년-] [명] 외국에 직접 가서 그 나라의 말과 생활을 배우는 외국어 학습 방법.
어ː학-자 (語學者) [-짜] [명] 〈언어학자〉의 준말.
어ː한 (禦寒) [명][하자] 추위를 막음. 언 몸을 녹임. ¶ 저 주막에서 어한이나 하고 가세.
어한-기 (漁閑期) [명] 어촌에서, 일이 바쁘지 않은 한가로운 시기. ↔성어기(盛漁期).
어ː함 (御啣) [명] ☞어압(御押).

어항(魚缸)명 ①금붕어나 열대어 따위의 관상용 물고기를 기르는 데 쓰는 유리 항아리. ②통발 모양으로 만든, 물고기를 잡는 데 쓰는 유리 항아리.
어항(漁港)명 어선의 어업 기지가 되는 항구.
어해(魚醢)명 생선으로 담근 젓갈.
어해(魚蟹)명 ①물고기와 게. ②바다에서 나는 동물을 통틀어 이르는 말.
어해-도(魚蟹圖)명 물고기와 게를 주제로 하여 그린 수묵화(水墨畫).
어해-적(魚蟹積)명 한방에서, 생선이나 게 따위를 먹고 체해서 생긴 배탈을 이르는 말.
어허감 ①미처 생각하지 못했던 일을 깨달았을 때 내는 소리. ¶ 어허, 바로 그것이었구나. ②좀 못마땅하거나 불안스러운 느낌이 있을 때 내는 소리. ¶ 어허, 야단났구나! 작아하.
어허-둥둥감 노래하듯이 아기를 어르는 소리. 어화둥둥. ¶ 어허둥둥, 우리 아가. 준어둥둥.
어허라-달구야감 달구질을 할 때, 여럿이 힘을 모으려고 노래하듯 부르는 소리.
어ː허랑(御許郞)명 지난날, 과거에 급제한 사람이 유가(遊街)할 때, 소리꾼이 앞에서 춤을 추며 외치던 소리.
어허야-어허감 달구질 따위에서, 여럿이 힘을 모으려고 함께 부르는 소리.
어허허부 너털웃음을 웃는 소리. 작아하하.
어험감 ①짐짓 의젓함을 나타내려는 헛기침 소리. ②사람의 기척을 나타내는 기침 소리.
어험-스럽다[-따][~스러우니·~스러워]형ㅂ 짐짓 위엄이 있어 보이다. **어험스레**부.
어ː혈(瘀血)명 한방에서, 무엇에 부딪치거나 타박(打撲)을 입어 한곳에 퍼렇게 피가 맺혀 있는 증세, 또는 그 피. 적혈(積血). ¶ 퍼렇게 어혈이 진 눈두덩.
　어혈(을) 풀다관용 어혈을 없애려고 약을 쓰거나 몸조리를 하다.
어ː형(語形)명 낱말이 문법적 기능의 변이(變異)에 따라서 취하는 각각의 형태.
어ː형-론(語形論)[-논]명 ☞형태론(形態論).
어형^수뢰(魚形水雷)[-뢰/-뤠]명 ☞어뢰.
어ː혜(御鞋)[-혜/-헤]명 임금이 신는 신.
어호(漁戶)명 어민의 집.
어ː화감 노래 같은 데서, 흥겹게 누구를 부를 때 앞세우는 소리. ¶ 어화, 우리네 농부들.
어화(漁火)명 밤에 고기잡이하는 배에 켜는 등불.
어화-둥둥감 어허둥둥.
어ː환(御患)명 임금의 병.
어황(漁況)명 (어떤 어장에서의) 고기가 잡히는 상황. ¶ 어황이 좋다.
어ː황-리(御黃李)[-니]명 자두의 한 종류. 열매가 크고 살이 많으며 씨가 작음.
어회(魚膾)[-회/-훼]명 생선의 살을 잘게 썰어 간장이나 초고추장에 찍어 먹는 음식. 생선회.
어획(漁獲)[-획/-훽]명하타 물고기·조개 따위를 잡거나 바닷말을 땀, 또는 그런 수산물.
어획-량(漁獲量)[-횡냥/-훵냥]명 어획한 수산물의 수량.
어ː훈(語訓)명 ☞어격(語格).
어ː휘(御諱)명 ☞어명(御名).
어ː휘(語彙)명 ①한 언어에서 사용되는 단어의 전체. ②어떤 사람 또는 어느 부문(部門)에서 사용되었거나 사용되고 있는 단어의 전체. 사휘(辭彙).
어ː휘-력(語彙力)명 어휘를 구사할 수 있는 능력.
어ː휘-집(語彙集)명 (어떤 범위 또는 어떤 분야의) 어휘를 모은 책.
어흥부 ①범의 우는 소리. ②어린아이에게 겁을 주기 위하여 범의 소리를 흉내 내는 소리.
어ː희(語戲)[-히]명 우스개로 하는 말장난.
억감 갑자기 놀라거나 쓰러질 때 내는 소리. ¶ 복부를 한 대 얻어맞더니 억 소리를 내며 고꾸라졌다.
억(億)수관 만(萬)의 만 곱절(의). 조(兆)의 만분의 일(의).
억강부약(抑強扶弱)[-깡-]명하자 강한 자를 누르고 약한 자를 도움. ↔억약부강.
억겁(億劫)[-껍]명 불교에서, '무한히 긴 오랜 시간'을 이르는 말. 억천만겁(億千萬劫).
억견(臆見)[-껸]명 짐작으로 하는 생각. 억상(臆想).
억결(臆決)[-껼]명하타 근거 없이 짐작으로 일을 결정함.
억기(憶起)[-끼]명하타 생각하여 냄. 상기함.
억년(億年)[엉-]명 일억 년, 곧 매우 긴 세월을 이르는 말.
억념(憶念)[엉-]명하타 마음속 깊이 생각하여 잊지 않음, 또는 그 생각.
억-누르다[엉-][~누르니·~눌러]타르 억지로 내리누르다. 꼼짝 못하게 하다. ¶ 슬픔을 억누르다. /자유를 억누르다.
억눌리다[엉-]자 〖'억누르다'의 피동〗 억누름을 당하다. ¶ 침략자에게 억눌려 지낸 세월.
억단(臆斷)[-딴]명하자타 짐작에 의하여 판단함, 또는 그 판단. 억판(臆判).
억대(億臺)[-때]명 '억'으로 헤아리는 금액, 또는 그 수량. ¶ 몇 억대의 재산.
억료(臆料)[엉뇨]명하타 ☞억측(臆測).
억류(抑留)[엉뉴]명하타되자 ①(마음대로 행동하지 못하게) 강제로 붙잡아 둠. ¶ 인질로 억류되다. ②국제법에 따라, 남의 나라 사람이나 물건 또는 선박 따위를 그 나라에 돌려보내 주지 않고 강제로 그곳에 붙들어 두는 일. ¶ 한국 어선이 중국 영해를 침범하여 그곳에 억류되다.
억류-자(抑留者)[엉뉴-]명 (어떤 곳에) 강제로 억류되어 있는 사람. ¶ 억류자를 송환하다.
억륵(抑勒)[엉늑]명하타되자 ☞억제(抑制).
억만(億萬)[엉-]관 '썩 많은 수효'를 나타내는 말. ¶ 억만 가지 근심. /억만 재산.
억만-금(億萬金)[엉-]명 아주 많은 재산. ¶ 억만금을 준대도 이 물건은 팔지 않겠다.
억만-년(億萬年)[엉-]명 끝없이 긴 세월. 만억년. ¶ 억만년 길이 빛날 우리나라.
억만-장자(億萬長者)[엉-]명 재산을 헤아리기 어려울 정도로 많이 가진 부자.
억매(抑買)[엉-]명하타되자 ☞강매(強買).
억매(抑賣)[엉-]명하타되자 ☞강매(強賣).
억매-흥정(抑買-)[엉-]명하자 부당한 값으로 물건을 억지로 사려는 흥정.
억멸(抑滅)[엉-]명하타 눌러 없애 버림.
억박-적박[-빡쩍빡]부하형 (보기 흉하도록) 뒤죽박죽으로 어긋매끼어 있는 모양.
억병[-뼝]명 한량없이 마시는 주량(酒量), 또는 그렇게 많이 마셔 고주망태가 된 상태. ¶ 억병으로 취하다.
억-보[-뽀]명 '억지가 아주 센 사람'을 놀림조로 이르는 말.
억분(抑憤)[-뿐]명하형 억울하고 분함, 또는 그런 마음.

억불(抑佛)[-뿔]명하자 불교를 억제함. ¶ 조선 왕조는 억불 숭유(崇儒) 정책을 썼다.

억산(臆算)[-싼]명하타 짐작으로 셈을 함, 또는 그러한 셈. 참어림셈·추산(推算).

억상(臆想)[-쌍]명 ☞억견(臆見).

억ː새[-쌔]명 볏과의 다년초. 산이나 들에 절로 나는데 높이는 1~2 m. 잎은 가늘고 길며 딱딱한 잔 톱니가 있음. 9월경에 자줏빛을 띤 황갈색의 이삭으로 된 꽃이 핌. 줄기와 잎은 지붕을 이는 데 쓰임. 참억새.

억ː새-반지기[-쌔-]명 억새가 많이 섞인 풋장.

억ː새-풀[-쌔-]명 '억새'를 흔히 이르는 말.

억색(臆塞)[-쌕]명하형 원통하여 가슴이 답답함.

억석-당년(憶昔當年)[-썩땅-]명하자 〔문어 투의 말〕 지난날을 돌이켜 생각함.

억설(臆說)[-썰]명하자타 근거 없이 제멋대로 추측하거나 억지를 부려 하는 말.

억-세다[-쎄-]형 ①몸이 튼튼하고 힘이 세다. ¶ 억센 몸. ②(품은 뜻이나 성질이) 굳고 세차다. ¶ 억센 기상(氣像). ③식물의 잎이나 줄기가 뻣뻣하고 세다. ¶ 나물이 좀 억세다. ④운수 따위의 좋고 나쁜 정도가 심하다. 《주로, '억세게'의 꼴로 쓰임.》 ¶ 억세게 운이 좋은 남자. ①~③작악세다.

억수[-쑤]명 물을 퍼붓듯이 세차게 내리는 비. ¶ 억수 같은 비. 작악수.

억수-장마[-쑤-]명 여러 날 계속 억수로 내리는 장마.

억실-억실[-씨럭씰]부하형 생김새가 큼직큼직하고 시원한 모양. ¶ 이목구비가 억실억실한 건장한 젊은이.

억압(抑壓)명하타되자 ①(행동이나 욕망 따위를) 억지로 누름. ¶ 일제(日帝)의 억압 정책에 저항하다. ②심리학에서, 자아(自我)의 요구가 외부의 조건에 의하여 저지되는 일.

억약부강(抑弱扶強)[-뿌-]명하자 약한 자를 누르고 강한 자를 도움. ↔억강부약.

억양(抑揚)명하타 ①누르기도 하고 치키기도 함. ②말이나 글의 뜻에 따라 높게 소리 내기도 하고 낮게 소리 내기도 하는 일. ¶ 억양이 없는 말. ③문장의 흐름에서의 기복(起伏).

억양-법(抑揚法)[-뻡]명 수사법상 강조법의 한 가지. 앞에서 누르고 뒤에서 추키거나, 먼저 나무라고 나중에 칭찬하는 등의 형식으로 나타냄으로써 의도하는 바를 더욱 강조하는 표현 방법. 〔'좀 모자라지만 착실한 사람이다.' 하는 따위.〕

억울(抑鬱) '억울하다'의 어근.

억울-하다(抑鬱-)형여 ①억눌리어 마음이 답답하다. ②애먼 일이나 불공평한 일을 당하여 속상하고 분하다. ¶ 억울한 처지. /억울하게 누명을 쓰고 옥살이를 하다. **억울-히**부.

억원(抑冤) '억원하다'의 어근.

억원-하다(抑冤-)형여 억울하게 죄를 뒤집어써서 원통하다.

억장(億丈)[-짱]명 썩 높은 것, 또는 그런 높이.

억장이 무너지다관용 몹시 분하거나 슬픈 일이 있어 가슴이 무너지는 듯하다.

억정(抑情)[-쩡]명하자 욕정이나 감정을 누름.

억제(抑制)[-쩨]명하타되자 왕성하여지거나 일어나지 못하도록 억누름. 억륵(抑勒). ¶ 인플레이션을 억제하다. /감정을 억제하다.

억제^재ː배(抑制栽培)[-쩨-]명 채소의 재배 방식의 한 가지. 인공적인 저온 또는 건조 등으로 작물의 싹틈이나 자람을 억제하여 수확 시기를 조절하는 방식.

억조(億兆)[-쪼] Ⅰ수 억과 조.
Ⅱ관 '한없이 많은 수효'를 이르는 말.

억조-창생(億兆蒼生)[-쪼-]명 수많은 백성. 온 세상 사람. 만호중생(萬戶衆生).

억지[-찌]명 잘되지 않을 일을 무리하게 해내려는 고집. 떼³. ¶ 억지를 부리다. /억지를 쓰다. 작악지.

억지가 사촌보다 낫다속담 남의 도움을 바라기보다는 억지로라도 제힘으로 하는 것이 낫다는 말.

억지 춘향(이)속담 (격에 맞지 않거나 어색하여 내키지 않는 일을) 억지로 우겨서 하거나 하게 되는 일을 이르는 말. ¶ 억지 춘향으로 주례를 맡다.

억지(가) 세다관용 무리하게 해내려는 고집이 대단하다.

억지(를) 세우다관용 무리한 고집으로써 끝내 버티다.

억지(抑止)[-찌]명하타 억눌러서 못하게 함. 억눌러서 그치게 함. ¶ 전쟁 억지. 비저억(沮抑).

억지-다짐[-찌-]명 (본인의 의사와는 관계없이) 일방적으로 받는 다짐.

억지-로[-찌-]부 무리하게. 강제로. ¶ 억지로 데려가다. /술을 억지로 마시다.

억지-스럽다[-찌-따][~스러우니·~스러워]형ㅂ 보기에 억지를 부리는 데가 있다. ¶ 그런 억지스러운 소리는 하지 마라. **억지스레**부.

억지-웃음[-찌-]명 (웃기 싫지만) 억지로 웃는 웃음. ¶ 억지웃음으로 비위를 맞추다.

억짓-손[-찌쏜/-찐쏜]명 무리하게 해내는 솜씨. 억지로 하는 솜씨. 작악짓손.

억척명 어렵고 힘든 일에 버티는 태도가 끈질기고 억셈, 또는 그런 사람. ¶ 억척을 떨다. /억척을 부리다. /그 일을 해내다니 그야말로 억척이다. 작악착.

억척-같다[-깓따]형 아주 끈질기고 모질다. 작악착같다. **억척같-이**부.

억척-꾸러기명 몹시 억척스러운 사람. 작악착꾸러기.

억척-보두[-뽀-]명 성질이 끈질기고 단단한 사람을 이르는 말.

억척-빼기명 몹시 억척스러운 아이. 작악착빼기.

억척-스럽다[-쓰-따][~스러우니·~스러워]형ㅂ 모질고 끈질긴 태도가 있다. ¶ 밤낮으로 억척스럽게 일하다. **억척스레**부.

억천만-겁(億千萬劫)명 ☞억겁(億劫).

억측(臆測)명하자타 (사실에 의하지 않고) 제멋대로 짐작함, 또는 제멋대로 하는 짐작. 억료(臆料). 억탁(臆度). ¶ 억측이 구구하다. /억측이 난무하다. /그가 이번 살인 사건의 범인이라는 것은 억측에 불과하다.

억탁(臆度)명하자타 ☞억측(臆測).

억탈(抑奪)명하타되자 억눌러서 빼앗음.

억판명 매우 가난한 처지.

억판(臆判)명하자타 ☞억단(臆斷).

억패-듯[-듣]부 사정없이 마구 윽박지르는 모양. ¶ 억패듯 닦달하다.

억하-심정(抑何心情)[어카-]명 '무슨 생각으로 그러는지 그 심정을 알 수 없음'을 이르는 말. ¶ 무슨 억하심정으로 그러는 거요?

억혼(抑婚)[어콘]명하자 당사자의 의사를 듣지 아니하고 강제로 혼인하게 함, 또는 그런 혼인.

언 명 〈옛〉 ①언막이. ¶ 잡돌로 쌋 언(漢淸15:6). ②언덕. ¶ 븍녁 언 우희(飜朴上69).
-언 어미 〈옛〉-ㄴ. -은. ¶ 죽다가 살언 百姓이(龍歌25章). /江湖앳 나그내 잡드런 디 나ᄃᆞ리 길어다(杜初15:23).
언감생심(焉敢生心) 명 '어찌 감히 그런 마음을 먹을 수 있으랴'는 뜻으로 쓰이는 말. 안감생심(安敢生心). ¶ 막내를 대학에 보낸다는 것은 언감생심이지.
언감-히(焉敢-) 부 어찌 감히.
언거번거-하다 형여 쓸데없이 말이 많고 너무 수다스럽다. ¶ 언거번거하게 늘어놓다.
언거언래(言去言來) [-얼-] 명하자 ☞설왕설래.
언ː건(偃蹇) 명하형 거드름을 피우며 서반함. **언건-히** 부.
언걸 명 ①남 때문에 당하는 해. ¶ 남의 빚보증으로 입은 언걸. ②큰 고생. 준얼[1]. 참얼입다.
언걸-먹다[-따] 자 ①다른 사람 때문에 해를 입어 골탕을 먹다. ②큰 고생을 하다. 준얼먹다.
언걸-입다[-립따] 자 다른 사람 때문에 해를 입다. 얼입다. ¶ 남의 송사에 언걸입다. 준걸입다.
언경(言輕) '언경하다'의 어근.
언경-하다(言輕-) 형여 말이 경솔하다. ↔언중하다.
언과기실(言過其實) 명하형 〔문어 투의 말〕 말이 실제보다 지나치게 크면서 실행이 부족함.
언관(言官) 명 '간관(諫官)'을 달리 일컫는 말.
언ː교(諺敎) 명 지난날, 국문으로 쓴 왕후의 교서(敎書)를 이르던 말. ¶ 언교를 내리다.
언구(言句) [-꾸] 명 ☞어구(語句).
언구럭 명 말을 교묘하게 떠벌리며 남을 농락하는 일. ¶ 언구럭을 부리다.
언구럭-스럽다[-쓰-따] [~스러우니·~스러워] 형ㅂ 언구럭을 부리는 듯한 태도가 보이다. **언구럭스레** 부.
언권(言權) [-꿘] 명 〈발언권(發言權)〉의 준말.
언근지원(言近旨遠) 명 〔문어 투의 말〕 쉬운 말로 나타냈지만 뜻은 아주 깊음.
언급(言及) 명하자타되자 말이 어떤 문제에 미침, 곧 말을 해 나가다가 어떤 일을 화제(話題)로 삼음. ¶ 승급에 대해서 언급하다.
언ː기식고(偃旗息鼓) [-꼬] 명하자 〔군기(軍旗)를 누이고 북을 쉰다는 뜻으로〕 휴전(休戰)함을 이르는 말.
언년 명 손아래 계집아이를 귀엽게 부르는 말. 참언놈.
언놈 명 손아래 사내아이를 귀엽게 부르는 말. 참언년.
언니 명 ①자매 사이에서, 자기보다 먼저 태어난 여형제를 이르는 말. ②여자들 사이에서 자기보다 나이가 위인 사람을 높이거나 다정하게 이르는 말. ③오빠의 아내를 이르는 말.
언단(言端) 명 말다툼의 실마리. 언지(言地).
언단(言壇) 명 ☞논단(論壇).
언담(言談) 명 ☞언사(言辭).
언더그라운드(underground) 명 ①지하 운동, 또는 그 조직. ②상업성을 무시한 전위적·실험적인 예술, 또는 그러한 풍조.
언더-블라우스(under+blouse) 명 옷자락을 스커트 안에 넣어 입는 블라우스를 통틀어 이르는 말. 참오버블라우스.
언더-스로ː(under+throw) 명 야구 따위 구기에서, 공을 어깨 아래로부터 던지는 투구법. 언더핸드 스로. 참오버스로.
언더웨어(underwear) 명 속옷.
언더컷(undercut) 명 테니스·탁구 등에서, 라켓으로 아래로 깎듯이 공을 치는 일.
언더^파ː(under par) 명 골프에서, 18홀을 규정된 타수인 72파 이하로 한 바퀴 도는 일.
언더핸드^스로ː(underhand throw) 명 ☞언더스로.
언더핸드^패스(underhand pass) 명 농구에서, 언더스로로 공을 보내는 패스.
언덕 명 ①땅이 조금 높고 비탈진 곳. ②나지막한 산.
언덕-길[-낄] 명 언덕으로 난 비탈진 길.
언덕-바지[-빠-] 명 언덕배기.
언덕-밥[-빱] 명 쌀을 언덕지게 안쳐 한쪽은 질게 하고 반 쪽은 되게 지은 밥. 참삼층밥.
언덕-배기[-빼-] 명 언덕의 꼭대기나 가파르게 언덕진 곳.
언덕-부(-阜) [-뿌] 명 한자 부수의 한 가지. '阜' 등에서의 '阜'의 이름. '防'·'阿' 등에서 쓰일 때는 자형이 '阝'으로, 명칭은 '좌부변'으로 바뀜.
언덕-빼기 명 '언덕배기'의 잘못.
언덕-지다[-찌-] 형 ①길이 평탄하지 않고 높고 낮은 데가 있다. ②경사지다.
언도(言渡) 명하타되자 ☞선고(宣告).
언동(言動) 명 말하는 것과 행동하는 것. ¶ 언동을 삼가다.
언ː-두부(-豆腐) 명 두부를 한데서 얼린 다음에 햇볕에 말린 것. 동두부.
언뜻[-뜯] 부 ①(매우 짧은 동안) 잠깐. 얼핏. ¶ 언뜻 눈앞을 스치다. /언뜻 본 모습이지만 아직도 눈에 선하다. ②(생각이나 느낌 등이) 문득. ¶ 언뜻 떠오른 놀라운 발상.
언뜻-언뜻[-뜨던뜯] 부하자 ①잠깐잠깐 잇달아 나타나는 모양. 얼핏얼핏. ¶ 구름 사이로 별이 언뜻언뜻 보인다. ②(생각이나 느낌 따위가) 잇달아 문득문득 떠오르는 모양.
언뜻-하면[-뜨타-] 부 ①무슨 사물이 눈앞에 잠깐 나타나기만 하면. ¶ 그 사람만 언뜻하면 자리를 피한다. ②무슨 생각이 마음에 잠깐 떠오르기만 하면. ¶ 언뜻하면 눈물을 글썽인다.
언락(言樂) [얼-] 명 〈언락시조〉의 준말.
언락-시조(言樂時調) [얼-씨-] 명 (국악의) 가곡의 한 가지. 우락(羽樂)·계락(界樂)과 상대되는 곡조. 준언락.
언러키^네트(unlucky net) 명 야구에서, 홈런이 너무 자주 나는 것을 막기 위하여 외야의 양쪽 담 위에 둘러친 철망.
언론(言論) [얼-] 명 ①말이나 글로 자기의 사상을 발표하는 일, 또는 그 말이나 글. ②매체를 통하여 어떤 사실을 밝혀 알리거나 어떤 문제에 대하여 여론을 형성하는 활동. ¶ 언론 보도.
언론-계(言論界) [얼-계/얼-게] 명 언론에 종사하는 사람들의 사회.
언론^기관(言論機關) [얼-] 명 신문사·잡지사·방송국 등 언론을 담당하는 기관.
언론-사(言論社) [얼-] 명 언론을 담당하는 회사. 〔방송사·신문사 따위.〕
언론의 자유(言論-自由) [얼로늬-/얼로네-] 기본적 인권의 한 가지. 개인이 그의 의견이나 사상을 말이나 글로써 발표할 수 있는 자유.
언론-인(言論人) [얼-] 명 신문·잡지·방송 등을 통하여 언론 활동을 하는 사람.
언론^통ː제(言論統制) [얼-] 명 국가의 공권력이 검열 제도 등을 마련하여, 사상의 표현·보도·출판의 내용을 제한하는 일.

언롱(言弄)[얼-]명 (국악의) 가곡의 한 가지. '만년장환지곡(萬年長歡之曲)'의 26곡 중의 하나.

언마명 〈옛〉얼마. ¶ 深山애 언마 저프거시뇨(月印123章).

-언마는어미 《'이다', '아니다'의 어간이나 어미 '-으시' 뒤에 붙어》 '-건마는'을 예스럽게 이르는 말. ¶ 나도 어엿한 시인이언마는 아무도 인정해 주지 않는다. 준-언만.

-언마ᄅᆞᆫ어미 〈옛〉-건마는. ¶ 호ᄆᆡ도 ᄂᆞᆯ히언마ᄅᆞᆫ(樂詞.思母曲).

-언마론어미 〈옛〉-건마는. ¶ 官吏의 다시언마론(龍歌17章). /즐거우미사 알언마론 敢히 녜 곧호몰 ᄉᆞ랑티 몯ᄒᆞ놋다(杜初7:26).

언:-막이(堰-)명 논에 물을 대기 위하여 막아 쌓은 둑.

-언만어미 〈-언마는〉의 준말. ¶ 편지를 보낸 것이 한두 번이 아니언만 여태껏 답장 한 장 없다.

언명(言明)명하자타되자 분명히 말함. ¶ 자신이 모든 책임을 지겠다고 언명했다.

언모(言貌)명 말씨와 얼굴 모습. 언용(言容).

언:무(偃武)명하자 〔무기를 걷어치우고 쓰지 않는다는 뜻으로〕 전쟁을 그만두는 일, 곧 세상이 태평해지는 일.

언:무-수문(偃武修文)명하자 천하를 평정하고 문물제도를 정비함.

언문(言文)명 말과 글.

언:문(諺文)명 지난날, 한문에 대하여 한글로 된 글을 낮추어 이르던 말.

언문-일치(言文一致)명 말할 때의 표현과 글로 나타낼 때의 표현 사이에 용어상의 차이가 없는 일. 어문일치(語文一致).

언:문-지(諺文志)명 조선 순조 24년에 유희(柳僖)가 지은 국문 연구서. 훈민정음의 자모(字母)를 분류·해설한 내용. 1권 1책.

언:문-청(諺文廳)명 세종이 훈민정음 창제(創製)를 위하여 궁중에 설치하였던 기관.

언:문-풍월(諺文風月)명 ①지난날, 한글로 지은 시가(詩歌)를 얕잡아 이르던 말. ②격식을 갖추지 아니한 사물을 이르는 말.

언-미필(言未畢)명 〔문어 투의 말〕 말이 채 끝나기도 전. 《주로, '언미필에'의 꼴로 쓰임.》

언밸런스(unbalance)명하형 균형이 잡히지 아니함. ↔밸런스.

언변(言辯)명 말재주. 말솜씨. 구담(口談). 구변(口辯). ¶ 언변이 좋다.

언비천리(言飛千里)[-철-]명 〔속담 '발 없는 말이 천리 간다'와 같은 뜻으로〕 '말이 빠르게, 그리고 멀리까지 전하여짐'을 이르는 말.

언사(言辭)명 말. 말씨. 어사(語辭). 언담(言談). ¶ 언사가 불손하다.

언색(言色)명 말과 얼굴빛.

언:색(堰塞)명하자 물의 흐름을 막음.

언:색-호(堰塞湖)[-새코]명 사태나 화산 폭발 등으로 냇물이 가로막혀 이루어진 호수. 언지호(堰止湖). 폐색호(閉塞湖).

언:서(諺書)명 지난날, 언문으로 쓴 책, 곧 한글로 쓴 책을 얕잡아 이르던 말.

언:서-고담(諺書古談)명 지난날, 한글로 쓴 옛날이야기 책을 이르던 말.

언설(言說)명하자타 의견을 말하거나 무엇을 설명하거나 함, 또는 그 말.

언성(言聲)명 말소리. ¶ 술만 마시면 언성이 높아진다.

언소(言笑)명하자 ☞담소(談笑).

언소-자약(言笑自若)명하형 ☞담소자약(談笑自若).

언습(言習)명 말버릇.

언약(言約)명하자타 ①말로 약속함, 또는 그 약속. 약언. ¶ 언약을 지키다. /절대 헤어지지 않기로 굳게 언약하였다. ②☞계약.

언어(言語)명 생각이나 느낌을 전달하는 데에 쓰이는 음성이나 문자 따위의 수단, 또는 그 체계. 말.

언어^공:동체(言語共同體)명 ☞언어 사회.

언어-도단(言語道斷)명 (매우 심하거나 매우 나쁘거나 하여) 어이가 없어 말로써 나타낼 수가 없음. ¶ 당초의 약속과는 전혀 다른 그런 요구를 하다니, 참으로 언어도단이다. 준도단.

언어^사:회(言語社會)[-회/-훼]명 같은 언어로 의사 전달이 이루어지고 있는 인간 집단. 언어 공동체.

언어-생활(言語生活)명 생활 가운데서 말하거나 듣거나 쓰거나 읽거나 하는 언어와 관련된 부분.

언어^예:술(言語藝術)명 언어로써 표현되는 예술. 〔시·소설·희곡 따위.〕

언어-유희(言語遊戱)[-히]명 ①말이나 문자를 소재로 하는 유희. ②진실성이 없이, 말로만 꾸며 상대를 현혹시키려는 짓. 말장난.

언어^장애(言語障礙)명 말을 바르게 발음하지 못하거나 정확하게 이해하지 못하는 상태. 〔말을 더듬는 일, 실어증, 분명하지 못한 발음 따위.〕

언어^정책(言語政策)명 국가가 그 나라에서 사용되는 언어에 대하여 실시하는 정책.

언어^중추(言語中樞)명 대뇌 피질(大腦皮質)에서, 언어의 사용과 이해를 맡은 중추.

언어^지리학(言語地理學)명 언어의 지역차(地域差)에 주목하여 그 지리적 분포를 밝히고 변천을 추정하는 언어학의 한 부문.

언어-폭력(言語暴力)[-퐁녁]명 말로써 온갖 음담패설을 늘어놓거나 욕설·협박 따위를 하는 짓.

언어-학(言語學)명 언어의 본질, 기능, 상태, 변화 등을 과학적으로 연구하는 학문. 준어학.

언어학-자(言語學者)[-짜]명 언어학을 연구하는 학자. 준어학자.

언어-활동(言語活動)[-똥]명 말하거나 듣거나 쓰거나 읽거나 하는 언어와 관련된 행동.

언언사사(言言事事)명 모든 말과 모든 일.

언:역(諺譯)명하타 (한문을) 언문(諺文), 곧 한글로 번역함, 또는 그 책. 언해(諺解).

언:연(偃然)명하형 태도가 거만스러움. **언연-히**부.

언왕설래(言往說來)명하자 ☞설왕설래(說往說來). 언거언래(言去言來).

언외(言外)[어뇌/어눼]명 말로 직접 표현되어 있지 않은 부분. 《주로, '언외에'의 꼴로 쓰임.》 언표(言表). ¶ 언외에 풍기는 뜻. /언외의 뜻을 짐작하다.

언외지의(言外之意)[어뇌-의/어눼-이]명 말에 직접 나타나 있지 않은 딴 뜻. ↔언중지의(言中之意).

언용(言容)명 말씨와 얼굴 모습. 언모(言貌).

언:월(偃月)명 ①반달, 또는 반달 같은 모양. ②벙거지 가운데의 둥글고 우뚝한 부분.

언:월-도(偃月刀)[-또]명 ①반달 모양으로 된 중국의 칼. 준월도. ②〈청룡 언월도(靑龍偃月刀)〉의 준말.

언ː월-예(偃月瞖) [-례]명 한방에서, 예막(瞖膜)의 두께가 한쪽은 두껍고 한쪽은 얇아서 이지러진 달처럼 된 눈병을 이르는 말.
언의(言議) [어늬/어니]명 이러니저러니 하는 소문.
언자(言者)명 말하는 사람.
언ː자(諺字) [-짜]명 언문 글자, 곧 한글.
언잠(言箴)명 사물잠(四勿箴)의 하나. 예(禮)가 아니거든 말하지 말라는 가르침.
언재(言才)명 말재주. 변재(辯才).
언쟁(言爭)명하자 말다툼. ¶ 언쟁을 벌이다.
언저리명 ①둘레의 부근. ¶ 장터 주막 언저리에는 언제나 사람들이 들끓었다. ②어떤 나이나 시간의 전후. ¶ 세 시 언저리에 목적지에 도착했다.
언정조 모음으로 끝난 체언에 붙어, '일지언정'의 뜻으로, 앞의 사실을 인정(가정)하되 뒤의 사실이 그에 매이지 아니함을 나타내는 연결형 서술격 조사. 참이언정.
언정이순(言正理順) [-니-]명하형 말이 바르고 사리에 어긋나지 않음.
언ː제 Ⅰ대 ①《의문문에 쓰이어》 잘 모르는 때를 가리키는 지시 대명사. ¶ 휴가가 언제부터지? ②《조사 '는'과 함께 쓰이어》 과거의 어느 때. ¶ 언제는 빌려 달라고 하더니 지금 와서는 큰소리네. ③《조사 '든'·'든지'·'라도' 따위와 함께 쓰이어》 때가 특별히 정해지지 않았음을 나타내는 말. ¶ 언제든 오십시오.
Ⅱ부 ①《의문문에 쓰이어》 잘 모르는 때를 물을 때 쓰는 말. ¶ 언제 왔니? ②정해지지 않은 막연한 때를 나타내는 말. ¶ 언제 한번 만나자. ③때가 특별히 정해지지 않았음을 나타내는 말. ¶ 그 가수의 노래는 언제 들어도 좋다.
언ː제(堰堤)명 ☞제언(堤堰).
언ː제-나부 ①어느 때에나. 언제든지. ¶ 이리로 오면 언제나 나를 만날 수 있다./생각나면 언제나 연락해. ②어느 때에 가서야. ¶ 언제나 나도 백두산에 오를 수 있을까? ③늘. 항상. ¶ 그는 언제나 웃는 얼굴이다.
언ː제-호(堰堤湖)명 골짜기나 강을 둑으로 막아서 이루어진 호수.
언졸(言拙) '언졸하다'의 어근.
언졸-하다(言拙-)형여 ☞어졸(語拙)하다.
언죽-번죽 [-뻔-]부하형 조금도 부끄러워하는 기색이 없고 비위가 좋은 모양. ¶ 언죽번죽 떠벌리다.
언중(言中)명 말 가운데.
언중(言重) '언중하다'의 어근.
언중(言衆)명 같은 언어를 쓰는 뭇사람.
언중-유골(言中有骨) [-뉴-]명 〔말 속에 뼈가 있다는 뜻으로〕 예사로운 말 같으나 그 속에 단단한 속뜻이 들어 있음을 이르는 말.
언중-유언(言中有言) [-뉴-]명 〔말 속에 말이 있다는 뜻으로〕 예사로운 말 같으나 그 속에 또 다른 뜻이 들어 있음을 이르는 말.
언중지의(言中之意) [-의/-이]명 말에 직접 나타나 있는 뜻. ↔언외지의(言外之意).
언중-하다(言重-)형여 말이 무게가 있고 믿음직하다. ↔언경(言輕)하다. **언중-히**부.
언즉시야(言則是也) [-씨-]명 말이 사리에 맞음. ¶ 그의 말을 들으니 언즉시야라 더 이상 탓할 수도 없었다.
언지(言地)명 ①☞언단(言端). ②지난날, 언관(言官)의 지위를 이르던 말.
언지(言質)명 '언질(言質)'의 잘못.
언지무익(言之無益)명하형 말해 보아야 소용이 없음.
언ː지-호(堰止湖)명 ☞언색호(堰塞湖).
언진(言盡) '언진하다'의 어근.
언진-하다(言盡-)형여 말이 다하여 더 할 말이 없다.
언질(言質)명 나중에 증거가 될 말. 질언. ¶ 언질을 받아 내다.
언질(을) 잡다관용 남이 한 말을 꼬집어서 증거로 삼다.
언질(을) 주다관용 증거가 될 말을 해 주다.
언집(言執)명하자 ①자기 말을 고집함. ②자기 말에 집착함.
언짢다 [-짠다]형 마음에 마뜩지 않다. 심기가 좋지 않다. ¶ 언짢은 표정./언짢게 듣지 말게.
언짢-이부. *언짢아 [-짜나]·언짢소 [-짠쏘]
언짢아-하다 [-짜나-]자타 마음에 들지 않거나 불쾌하게 여기다. ¶ 부모님께서는 내가 집에 늦게 들어오면 언짢아하신다.
언참(言讖)명 미래의 사실과 일치하게 예언하는 말.
언책(言責)명 ①지난날, '언관(言官)의 책임'을 이르던 말. ②하타 책망함. 꾸짖음. ③자기가 한 말에 대한 책임.
언청-계용(言聽計用) [-계-/-게-]명하타 〔의견이나 계책을 다 받아들인다는 뜻으로〕 남을 깊이 믿어 그가 하자는 대로 함을 이르는 말.
언청-샌님명 '언청이'를 놀려서 하는 말.
언청이명 윗입술이 날 때부터 갈라져 있는 사람. 결순(缺脣). 참토순(兎脣).
언청이 아니면 일색속담 어쩔 수 없는 결정적인 결함을 비꼬아 이르는 말.
언ː초(偃草)명 〔바람의 방향에 따라 풀이 한곳으로 쏠리는 것처럼〕 '백성을 교화(敎化)하는 일'을 이르는 말.
언치[1]명 ①안장이나 길마 밑에 까는 물건. ②마소의 등을 덮어 주는 담요 따위.
언치[2]명 ☞어치.
언커트(uncut)명 ①가장자리를 도련하지 않은 책이나 잡지. ②영화 따위의 필름이 검열에서 잘리지 않은 일, 또는 그 필름이나 검열받기 전의 필름.
언탁(言託)명하자타 말로 부탁함.
언턱명 물건 위에 턱처럼 층이 진 곳.
언턱-거리 [-꺼-]명 사단(事端)을 일으킬 거리. 남에게 찌그렁이를 부릴 만한 핑계. 준턱거리.
언투(言套)명 말버릇.
언틀-먼틀부하형 바닥이 울툭불툭하여 고르지 못한 모양. ¶ 길바닥이 언틀먼틀하다.
언파(言罷)명하자 말을 끝냄. 말이 끝남. 《주로, '언파에'의 꼴로 쓰임.》
언편(言編)명 계면조(界面調)로 된 남창(男唱) 가곡의 한 가지. 5장(章) 2여음(餘音)으로 구성됨.
언표(言表)명 ①☞언외(言外). ②말로 나타낸 바.
언품(言品)명 말의 품격(品格).
언필칭(言必稱)부 말을 할 때마다 반드시. 말문을 열기만 하면 으레. ¶ 언필칭 남북통일이라.
언필칭 요순관용 〔말문만 열면 성현(聖賢)을 들먹인다는 뜻으로〕 '늘 같은 말만 되풀이함'을 비유하여 이르는 말.
언하(言下)명 말하는 바로 그 자리, 또는 그때. 《주로, '언하에'의 꼴로 쓰임.》 ¶ 혼담을 꺼내자 언하에 거절당했다.
언ː해(諺解)명하타 〔지난날, 언문으로 풀이한

것이라는 뜻으로〕 한문을 우리말로 풀이함, 또는 그 책. 언역(諺譯). ¶ 언해를 간행하다.

언행(言行)명 말과 행동. ¶ 언행이 상반하다.

언행-록(言行錄)[-녹]명 어떤 사람의 말과 행실 따위를 모아 기록한 책.

언행-일치(言行一致)명하자 말과 행동이 똑같음. 말한 대로 실행함.

언힐(言詰)명하타 꾸짖고 나무람.

얹다[언따]타 ①물건을 다른 것 위에 올려놓다. ¶ 선반에 그릇을 얹다. ②윷놀이에서, 한 말을 다른 말에 어우르다. ¶ 안찌에 얹다. ③일정한 양이나 액수를 덧붙이다. ¶ 귤 열 개를 샀더니 두 개를 얹어 주었다. /수수료를 얹다. ④활에 시위를 걸어서 팽팽하게 당기다. ＊얹어·얹고[언꼬]·얹는[언-]

얹은-머리명 (여자의) 머리를 땋아서 위로 둥글게 둘러 얹은 머리.

얹은-활명 시위를 걸어 놓은 활. ↔부린활.

얹혀-살다[언처-][~사니·~살아]자 (자기의 힘으로 살아가지 못하고) 남에게 붙어살다. ¶ 이모 집에 얹혀살다.

얹-히다[언치-]자 ①〖'얹다'의 피동〗 다른 것 위에 올려놓이다. ¶ 책상 위에 얹힌 책들. ②남에게 붙어살거나 신세를 지다. ¶ 형은 큰아버지 댁에 얹혀 지내고 있다. ③먹은 음식이 체하다. ¶ 아침 먹은 것이 얹혔는지 하루 종일 가슴이 답답하다.

얻:다[1][-따]타 ①(남이 거저 주는 것을) 받아 가지다. ¶ 책을 얻다. ②차지하다. ¶ 권리를 얻다. ③(허가나 승인 등을) 받다. ¶ 허락을 얻다. ④(도움이나 신임 등을) 받다. ¶ 위안을 얻다. ⑤(떨어져 있는 물건을) 줍다. ¶ 길에서 만년필을 얻다. ⑥(보거나 듣거나 하여) 터득하다. ¶ 지식을 얻다. ⑦병을 앓게 되다. ¶ 위장병을 얻다. ⑧힘을 가지게 되다. ¶ 자신을 얻다. ⑨(이자나 세를 주고) 빌려 쓰다. ¶ 방을 얻다. ⑩(남편·아내·사위·며느리 등을) 맞다. ¶ 사위를 얻다.

얻다[2][-따]준 '어디에다'가 줄어든 말. ¶ 가위를 얻다 두었니?

얻다가[-따-]준 '어디에다가'가 줄어든 말. ¶ 지갑을 얻다가 두었는지 생각이 안 난다.

얻:어-걸리다자 '어쩌다가 물건이나 일이 생겨서 자기 몫으로 되다'를 속되게 이르는 말. ¶ 허름한 옷 한 벌이 얻어걸리다.

얻:어-듣다[-따][~들으니·~들어]타ㄷ (남들이 말하는 것을) 우연히 들어서 알다. ¶ 오다가다 얻어들은 지식.

얻어들은 풍월(風月)관용 (정식으로 배운 것이 아니고) 자주 들어서 얻은 지식.

얻:어-맞다[-맏따]타 매를 맞다. 남이 때리는 것을 맞다.

얻:어-먹다[-따]타 ①남에게 빌어먹다. ¶ 밥을 얻어먹다. ②남이 주는 것을 받아먹다. ¶ 점심을 얻어먹다. ③(욕설을) 듣게 되다. ¶ 욕을 얻어먹다.

얻어먹은 데서 빌어먹는다속담 한번 얻어 온 것을 또 다른 사람이 좀 달라고 청하여 받는다는 뜻으로, 아주 궁핍함을 이르는 말.

얻:어-터지다타 '얻어맞아서 다치거나 크게 상처가 나다'를 속되게 이르는 말.

얻:은-잠방이명 '모처럼 얻은 것이 그리 신통하지 못한 것'임을 비유하여 이르는 말.

얼[1]명 ①밖에 드러난 흠. ¶ 얼이 없는 물건. ②〈언걸〉의 준말.

얼:[2]명 정신. 넋. 혼(魂). ¶ 얼이 빠지다.

얼(을) 빼다관용 얼빠지게 하다.

얼-접두 ①〖일부 명사 앞에 붙어〗 '덜된', '모자라는'의 뜻을 나타냄. ¶ 얼간. /얼뜨기. /얼치기. ②〖일부 동사 앞에 붙어〗 '여러 가지가 뒤섞여', '분명하지 않게'의 뜻을 나타냄. ¶ 얼넘기다. /얼더듬다. /얼버무리다.

얼-간명 ①하타 소금을 조금 쳐서 절이는 간. 담염(淡塩). ¶ 가조기를 얼간해서 말리다. ②〈얼간이〉의 준말. ¶ 아이고, 이 얼간아.

얼간-구이명 생선을 얼간하여 구운 음식.

얼간-망둥이명 얼간이.

얼간-쌈명 가을에 배추의 속대를 골라서, 얼간하여 눌러 두었다가 겨울에 쌈으로 먹는 음식. 반염송포(半塩菘包).

얼간-이명 됨됨이가 좀 모자라는 사람을 낮추어 이르는 말. 준얼간.

얼:-갈이명하타 ①겨울에 논밭을 대강 갈아엎는 일. ②푸성귀를 겨울에 심는 일, 또는 그 푸성귀.

얼:갈이-김치명 얼갈이배추로 담근 김치.

얼:갈이-배추명 늦가을이나 초겨울에 심어 가꾸는 배추.

얼개명 기계나 조직체 따위의 짜임새. 구조(構造). ¶ 모형 비행기의 얼개.

얼-개화(-開化)명 (이것도 아니고 저것도 아닌) 얼치기로 된 개화.

얼거리명 일의 골자만을 추려 잡은 전체의 대강. ¶ 사업 계획의 얼거리를 짜다.

얼-결[-껼]명 〈얼떨결〉의 준말. ¶ 얼결에 승낙하다.

얼-교자(-交子)명 식교자(食交子)와 건교자(乾交子)를 아울러 차린 교자.

얼교자-상(-交子床)[-쌍]명 얼교자로 차린 상.

얼굴명 ①눈·코·입 등이 있는, 머리의 앞부분. 낯. 용안(容顔). ¶ 햇볕에 얼굴이 그을다. ②(눈·코·입 등으로 이루어진) ㉠머리 앞부분의 생김새. 용모. ¶ 잘생긴 얼굴. ㉡생각이나 느낌 따위가 드러난, 낯의 상태. 표정. ¶ 얼굴을 붉히다. ③남을 대하기가 떳떳한 처지. 체면. ¶ 무슨 얼굴로 그를 다시 만나겠는가. ④널리 알려진 정도, 또는 평판. ¶ 정계에서는 얼굴이 넓은 인물이다. ⑤어떤 분야나 단체에서 활동하는 사람, 또는 그 분야나 단체의 대표적인 사람. ¶ 연예계에 새 얼굴이 많이 등장했다. /그는 우리 회사의 얼굴이다. ⑥어떤 사물의 주되는 부분. ¶ 표지는 책의 얼굴이다.

얼굴에 모닥불을 담아 붓듯속담 몹시 부끄러운 일을 당하여 얼굴이 화끈화끈 달아오르는 모양.

얼굴에 외꽃이 피다관용 얼굴이 누렇게 떠서 병색이 완연하다.

얼굴에 똥칠(먹칠)을 하다관용 창피를 당하다. 체면이 여지없이 깎이다.

얼굴에 철판을 깔다관용 뱃심이 좋고 유들유들하여 전혀 부끄럼을 모르다.

얼굴을 깎다관용 체면을 상하게 하다. 모욕을 주어 부끄럽게 만들다.

얼굴을 내밀다〔내놓다/비치다〕관용 모임 따위에 모습을 나타내다. ¶ 예식장에 잠깐 얼굴을 내밀다.

얼굴이 두껍다관용 뻔뻔스럽고 염치가 없다. 낯가죽이 두껍다. ¶ 그는 얼굴이 두꺼워 창피한 줄 모른다.

얼굴이 뜨겁다관용 부끄럽다. 창피하다. ¶ 그 꼴을 보니 오히려 보는 내 얼굴이 뜨겁다.

얼굴이 반쪽이 되다[관용] 병이나 고통 따위로 얼굴이 몹시 수척하여지다.

얼굴이 팔리다[관용] 세상에 널리 알려지다. 유명해지다.

얼굴이 피다[관용] (파리하던 얼굴이) 살이 오르고 화색이 돌다.

얼굴[명] 〈옛〉꼴. 형상(形狀). ¶ 얼굴 형:形(訓蒙上24). /相온 얼구리라(月釋序1).

얼굴-값[-깝][명] 《주로, '하다'·'못하다'와 함께 쓰이어》 잘생긴 얼굴에 걸맞은 일. ¶ 제발, 얼굴값 좀 하십시오. /얼굴값을 하느라고, 쯧쯧. * 얼굴값이[-깝씨]·얼굴값만[-깜-]

얼굴-빛[-삗][명] 얼굴에 나타난 기색. 면색(面色). 안색(顔色). 얼굴색. ¶ 얼굴빛이 밝다. /얼굴빛이 변하다. /얼굴빛이 어둡다. * 얼굴빛이[-삐치]·얼굴빛만[-삔-]

얼굴-색(-色)[-쌕][명] 얼굴빛. ¶ 얼굴색이 달라지다.

얼근-덜근[부][하형] 맛이 얼근하면서도 들쩍지근한 느낌. [작]알근달근.

얼근-하다[형][여] ①(매워서) 입 안이 좀 얼얼하다. ②술이 거나하여 정신이 어렴풋하다. ¶ 얼근하게 취하다. [작]알근하다. [거]얼큰하다. 얼근-히[부].

얼금-뱅이[명] '얼굴이 얼금얼금 얽은 사람'을 홀하게 이르는 말. [작]알금뱅이.

얼금-숨숨[부][하형] 굵고 얕게 얽은 자국이 촘촘히 있는 모양. [작]알금솜솜.

얼금-얼금[부][하형] 굵고 얕게 얽은 자국이 드문드문 있는 모양. [작]알금알금.

얼기-설기[부][하형] 이리저리 뒤얽혀 있는 모양. ¶ 실이 얼기설기 얽히다. /지붕을 얼기설기 엮다. [작]알기살기. [거]얼키설키.

얼-김[-낌][명] 《주로 '얼김에'의 꼴로 쓰이어》 ①어떤 일이 벌어지는 바람에. 덩달아. ¶ 군중에 밀려 얼김에 따라갔다. ②(별로 생각할 사이 없이) 얼떨결에. ¶ 얼김에 허락하다.

얼-넘기다[-럼-][타] (일을) 얼버무려서 넘기다. ¶ 그 자리를 우물우물 얼넘기다.

얼-넘어가다[-러머-][자][타] (일이) 얼버무려져 넘어가다. (일을) 얼버무리어 넘어가다.

얼ː-녹다[-록따][자] 얼다가 녹다가 하다. [준]어녹다.

얼ː녹-이다[-로기-][타] 〖'얼녹다'의 사동〗 얼녹게 하다. [준]어녹이다.

얼ː다[어니·얼어][자] ①온도가 낮아져서 액체가 고체로 바뀌다. 특히, 물이 굳어져서 얼음이 되다. ②추위로 몸의 어떤 부분의 감각이 없어지다. ¶ 손발이 꽁꽁 얼다. ③'기가 꺾이다'를 속되게 이르는 말. ¶ 작년도 우승 팀과 맞붙을 예선 첫 경기를 앞두고 선수들이 잔뜩 얼어 있다.

언 발에 오줌 누기[속담] 일시적 효과는 있으나 곧 해로운 결과를 초래하게 되는 짓을 이르는 말. 동족방뇨(凍足放尿).

얼어 죽을[관용] 전혀 합당하지 아니한. ¶ 사랑은 무슨 얼어 죽을 사랑이야?

얼-더듬다[-따][자] (이 말 저 말 뒤섞이어) 잘 알아들을 수 없게 말을 하다.

얼떨-결[-껼][명] 정신이 얼떨떨한 사이. 《주로, '얼떨결에'의 꼴로 쓰임.》 ¶ 하도 졸라 대는 바람에 얼떨결에 승낙을 하고 말았다. [준]얼결.

얼떨떨-하다[형][여] 매우 얼떨하다. ¶ 갑작스러운 사고 소식에 정신이 얼떨떨하다. [작]알딸딸하다.

얼떨-하다[형][여] ①뜻밖의 일을 당하거나 일이 너무 복잡하여 정신을 차리지 못하다. ¶ 회사가 갑자기 부도가 나자 직원은 모두 얼떨했다. ②무엇에 머리를 부딪혀 어질어질하다.

얼뚱-아기[명] 둥둥 얼러 주고 싶은 재롱스러운 아기.

얼ː뜨-기[명] 얼뜬 사람.

얼ː-뜨다[~뜨니·~떠][형] 다부지지 못하고 어수룩하다.

얼뜬 봉변이다[속담] 공연히 남의 일에 말려들어 창피한 꼴을 당한다는 말.

얼ː락-녹을락[-랑-][부][하자] ①얼었다 녹았다 하는 모양. 얼 듯 말 듯 하는 모양. ②형편에 따라서 다잡다가 늦추거나, 치켜세우다가 깎아 내리거나 하는 모양.

얼락-배락[-빼-][부][하자] 성했다 망했다 하는 모양.

얼러기[명] 털빛이 얼럭얼럭한 짐승.

얼러꿍-덜러꿍[부][하형] 어수선하게 몹시 얼럭덜럭한 모양. [작]알라꿍달라꿍.

얼ː러-맞추다[-맏-][타] 그럴듯하게 둘러대어 남의 비위를 맞추다. ¶ 그는 매사에 적당히 말로만 얼러맞추어 얼렁뚱땅 고비만 넘기려 한다.

얼ː러-먹다[-따][타] 서로 어울러서 함께 먹다.

얼러-방망이[명][하타] '을러방망이'의 잘못.

얼ː러방-치다[타] ①두 가지 이상의 일을 한꺼번에 하다. ②일을 얼렁뚱땅해 넘기다.

얼ː러-붙다[-붇따][자] 여럿이 어우러져 한데 붙다. ¶ 여럿이 얼러붙어 싸우다.

얼ː러-치다[타] ①두 가지 이상의 것을 한꺼번에 때리다. ②여러 가지 물건의 값을 한꺼번에 몰아 셈하다. ¶ 무와 배추, 마늘 값을 얼러쳐서 모두 얼마요?

얼럭[명] 본바닥의 어떤 부분에 조금 섞여 있는 다른 빛깔. [작]알락.

얼럭-광대[-꽝-][명] (어릿광대에 대하여) '광대'를 이르는 말.

얼럭-덜럭[-떨-][부][하형] 여러 가지 어두운 빛깔의 점이나 줄 따위가 불규칙하게 무늬를 이룬 모양. ¶ 얼럭덜럭한 옷감. [작]알락달락.

얼럭-말[-렁-][명] 털빛이 얼럭얼럭한 말.

얼럭-얼럭[부][하형] 여러 가지 빛깔의 점이나 줄 따위가 규칙적으로 무늬를 이룬 모양. [작]알락알락.

얼럭-지다[-찌-][자] ①얼럭이 생기다. ②일을 처리하는 것이 불공평하게 되다.

얼럭-집[-찝][명] 한 집의 각 채를 서로 다른 양식으로 지은 집. 〔기와집과 초가집이 섞여 있는 집 따위.〕

얼렁-거리다[자] 자꾸 얼렁얼렁하다. 얼렁대다. [작]알랑거리다.

얼렁-대다[자] 얼렁거리다.

얼렁-뚱땅[부][하타] 슬쩍 엉너리를 부리어 얼김에 남을 속여 넘기는 모양. 엄벙뗑. ¶ 이번 사태에 대하여 회사는 별다른 해명도 없이 얼렁뚱땅 넘어가려고 한다. [작]알랑똥땅.

얼렁-쇠[-쇠/-쉐][명] '남에게 잘 얼렁거리는 사람'을 얕잡아 이르는 말. [작]알랑쇠.

얼렁-수[-쑤][명] 얼렁뚱땅 남을 속여 넘기는 수단. ¶ 얼렁수를 쓰다. [작]알랑수.

얼렁-얼렁[부][하자] 남의 비위를 맞추려고 더럽게 아첨하는 모양. [작]알랑알랑.

얼ː렁-장사[명] 여러 사람이 밑천을 어울러서 하는 장사.

얼ː렁-질[명][하자] 실 끝에 작은 돌을 매어 서로 걸고 당겨서, 누구의 실이 더 질긴가를 겨루는 놀이.

얼레【명】 실·연줄·낚싯줄 따위를 감는 나무 틀. 〔가운데에 박은 자루를 돌리면서 감음.〕

얼레-공【명】 장치기에서, 양편 주장이 경기장 중앙에 파 놓은 구멍에서 공을 서로 빼앗기 위하여 공을 어르는 짓.

얼레발【명】 '엉너리'의 방언.

얼레-빗[-빋]【명】 빗살이 굵고 성긴 큰 빗. 월소(月梳). (참)참빗. ＊얼레빗이[-비시]·얼레빗만[-빈-]

얼레살-풀다[~푸니·~풀어]【타】 〔연을 날릴 때 얼레를 돌리면서 실을 풀어내듯이〕 난봉이 나서 재물을 없애기 시작하다.

얼레지【명】 백합과의 다년초. 마주난 타원형 잎 사이에 20 cm가량의 꽃줄기가 나와 그 끝에 여섯잎꽃이 4~5월에 달리는데, 자홍색 꽃잎은 뒤로 뒤집힘. 우리나라와 일본 등지에 분포하며, 뿌리줄기의 녹말은 약용·식용함.

얼레짓-가루[-지까-/-짇까-]【명】 얼레지의 뿌리줄기에서 얻는 흰색의 녹말. 요리에 쓰임.

얼루기【명】 얼룩얼룩한 무늬나 점, 또는 그런 무늬나 점이 있는 짐승이나 물건. (작)알로기.

얼루룩-덜루룩[-떨-]【부】(하형) 어떤 바탕에 다른 빛깔의 점이나 줄 따위가 고르지 않고 성기게 무늬져 있는 모양. (작)알로록달로록. (참)어루룩더루룩.

얼루룩-얼루룩【부】(하형) 어떤 바탕에 여러 가지 빛깔의 점이나 줄 따위가 성기게 무늬져 있는 모양. (작)알로록알로록. (참)어루룩어루룩.

얼루룽-덜루룽【부】(하형) 어떤 바탕에 빛깔이 다른 뚜렷한 점이나 무늬 따위가 드문드문 무늬져 있는 모양. (작)알로롱달로롱. (참)어루룽더루룽.

얼루룽-얼루룽【부】(하형) 어떤 바탕에 뚜렷한 점이나 무늬 따위가 드문드문 무늬져 있는 모양. (작)알로롱알로롱. (참)어루룽어루룽.

얼룩【명】 ①바탕의 빛깔과 다른 빛깔, 또는 같은 빛깔의 짙고 옅은 것이 여기저기 섞여 있는 것. ¶ 얼룩 반점. ②액체 따위가 묻거나 스며서 생긴 자국. ¶ 바지의 얼룩을 지우다.

얼룩-덜룩[-떨-]【부】(하형) 어떤 바탕에 다른 빛깔의 얼룩이나 무늬 따위가 고르지 않게 무늬져 있는 모양. (작)알록달록. (참)어룩더룩.

얼룩-말[-룽-]【명】 ①말과의 짐승. 말 비슷한데 좀 더 작음. 몸에 비해 머리가 크고 꼬리털은 적음. 담황색 또는 흰색 바탕의 온몸에 흑색 줄무늬가 있음. 초원에 떼를 지어 사는데 성질이 사나워 길들이기 어려움. 동남부 아프리카에 분포함. ②털의 빛깔이 얼룩얼룩한 말. 화마(花馬).

얼룩-무늬[-룽-니]【명】 얼룩처럼 된 무늬. 얼룩얼룩한 무늬.

얼룩-백로(-白鷺)[-빵노]【명】 백로과의 새. 머리 위로부터 목 뒤까지는 검고, 목의 좌우는 밤색이며 눈 주위는 누름. 남부 아시아에 분포함. 자로(紫鷺).

얼룩-빼기【명】 털빛이 얼룩진 동물이나 겉이 얼룩진 물건.

얼룩-소[-쏘]【명】 털빛이 얼룩얼룩한 소.

얼룩-송아지[-쏭-]【명】 털빛이 얼룩얼룩한 송아지.

얼룩-얼룩【부】(하형) 어떤 바탕에 여러 가지 빛깔의 얼룩이나 무늬 따위가 고르게 무늬져 있는 모양. (작)알록알록. (참)어룩어룩.

얼룩-이【명】 '얼루기'의 잘못.

얼룩-점(-點)[-쩜]【명】 얼룩얼룩한 점. 반점. (작)알록점.

얼룩-지다[-찌-]【자】 ①얼룩얼룩하게 얼룩이 생기다. ¶ 눈물로 얼룩진 편지. /공책에 잉크가 얼룩져 있다. ②좋지 못한 것들이 섞여 말끔하지 않은 상태가 되다. ¶ 실패와 좌절로 얼룩진 세월.

얼룩-하다[-루카-]【형】(여) 바탕의 빛깔과 다른 빛깔, 또는 같은 빛깔의 짙고 옅은 것이 여기저기 섞인 데가 있다.

얼룽-덜룽【부】(하형) 어떤 바탕에 서로 빛깔이 다른 뚜렷한 점이나 무늬 따위가 고르지 않게 촘촘히 무늬져 있는 모양. (작)알롱달롱. (참)어룽더룽.

얼룽-얼룽【부】(하형) 어떤 바탕에 뚜렷한 점이나 무늬 따위가 고르게 촘촘히 무늬져 있는 모양. (작)알롱알롱. (참)어룽어룽[2].

얼룽-이【명】 얼룽얼룽한 점, 또는 그런 점이 있는 짐승이나 물건을 이르는 말. (작)알롱이. (참)어룽이.

얼른【부】 시간을 두지 않고 곧. 빨리. 속히. ¶ 눈이 마주치자 얼른 시선을 돌렸다.

얼른-거리다【자】 자꾸 얼른얼른하다. 얼른대다. (작)알른거리다. (참)어른거리다.

얼른-대다【자】 얼른거리다.

얼른-얼른[1]【부】 '얼른'의 힘줌말.

얼른-얼른[2]【부】(하자) ①매우 어리숭하게 조금 보이다 말다 하는 모양. ¶ 앞산에서 연기가 얼른얼른 솟아오른다. ②그림자가 매우 희미하게 움직이는 모양. ③물이나 거울에 비친 그림자가 매우 흔들리는 모양. (작)알른알른. (참)어른어른.

얼ː리다[1]【자】 ①〈어울리다〉의 준말. ¶ 친구들과 얼려 놀다. ②서로 얽히게 되다. ¶ 내 연이 방패연과 얼리는 바람에 연줄이 끊어지고 말았다.

얼-리다[2]【타】 〖'얼다'의 사동〗 얼게 하다. ¶ 물을 얼리다.

얼ː리다[3]【타】 어울리게 하다.

얼마【명】 ①《의문문에 쓰이어》 정하지 않았거나 아직 모르는 수량·값·정도 따위를 나타내는 말. ¶ 얼마를 드릴까요?/얼마를 더 가야 합니까? ②밝혀 말할 필요가 없는 수량·값·정도 따위를 나타내는 말. ¶ 분량이 얼마 안 되다.

얼마-간(-間)【명】 수량·분량·정도·시간 따위가 얼마 되지 않음을 나타내는 말. ¶ 얼마간은 고생이 많겠지. /얼마간의 돈은 주겠다.

얼마-나【부】 ①얼마쯤이나. 얼마만큼이나. ¶ 얼마나 남았습니까? ②여북. 오죽. ¶ 객지 생활에 얼마나 고생이 되겠니.

얼ː-마르다[~마르니·~말라]【자】(르) 얼어 가며 조금씩 마르다. ¶ 얼마른 북어.

얼마-쯤【부】 얼마 정도. ¶ 비용이 얼마쯤 들겠소?

얼마-큼【준】 '얼마만큼'이 줄어든 말.

얼-망(-網)【명】 양쪽 변죽 사이를 새끼나 노끈 따위로 이리저리 걸쳐, 그물 모양으로 얽어 만든 물건.

얼-맞다[-맏따]【형】 정도에 넘치거나 모자라지 아니하다. (작)알맞다.

얼-먹다[-따]【자】 〈언걸먹다〉의 준말.

얼멍-덜멍【부】(하형) 죽이나 풀 따위가 잘 풀어지지 않고 덩어리가 여기저기 있는 모양.

얼멍-얼멍【부】(하형) ①죽이나 풀 따위의 국물이 잘 풀어지지 않고 여기저기 망울져 있는 모양. ②실 같은 것으로 짠 물건의 바닥이 존존하지 않고 좀 거친 모양.

얼믜다【형】 〈옛〉성기다. 설피다. ¶ 后ㅅ 오시 얼믜오 굵구믈 ᄇᆞ라고(內訓上2:44).

얼-미닫이[-다지]【명】 두 짝이 엇물리게 닫히는 미닫이.

얼밋-얼밋[-미덜믿] 부 하자 ①어름어름하면서 일이나 기한을 자꾸 미루어 나가는 모양. ②자기의 허물이나 책임을 어물어물하여 남에게 넘기려고 하는 모양.

얼-바람 명 어중간하게 맞는 바람.

얼바람(을) 맞다 관용 어중되게 바람을 맞은 것처럼 실없이 허황한 짓을 하다.

얼ː바람-둥이 명 실없이 허황한 짓을 하는 사람.

얼-버무리다 타 ①대강 버무리다. ¶ 겉절이를 얼버무려 담그다. ②음식을 잘 씹지 않고 삼키다. ③말끄리를 흐리어 분명하지 않게 말하다. ¶ 대답을 얼버무리다.

얼ː-보다 타 바로 보지 못하다. 분명하게 보지 못하다. ¶ 얼보아서인지 얼굴이 기억나지 않는다.

얼ː보-이다 자 〖'얼보다'의 피동〗 바로 보이지 않다. 분명하게 보이지 않다.

얼ː-부풀다[~부푸니·~부풀어] 자 얼어서 부풀어 오르다.

얼ː-비치다 자 (빛이) 반사되어 비치다.

얼ː-빠지다 자 정신이 나가다. ¶ 얼빠진 표정.

얼-뺨 명 얼떨결에 치는 뺨.

얼싸 감 흥에 겨워서 내는 소리. ¶ 얼싸 좋다!

얼싸-둥둥 Ⅰ 부 남의 운에 끌려 멋모르고 행동하는 모양.
Ⅱ 감 아기를 흥겹게 어르는 소리.

얼싸-매다 타 두 팔로 싸서 감아쥐다. ¶ 저고리 자락을 얼싸매다.

얼싸-안다[-따] 타 두 팔을 벌려 껴안다. ¶ 우리는 서로 얼싸안고 감격의 눈물을 흘렸다.

얼싸-절싸 부 하자 ①흥겨워 뛰노는 모양. ②양편이 다 좋도록 중간에서 주선하는 모양.

얼싸-쥐다 타 두 팔을 벌려 감싸 쥐다. ¶ 두 무릎을 얼싸쥐고 앉다.

얼쑹-덜쑹 부 하형 여러 가지 빛깔이나 무늬가 규칙적으로 섞여 어룽더룽한 모양. 작 알쏭달쏭.

얼쑹-얼쑹 부 하형 여러 가지 빛깔이나 무늬가 뒤섞여 분간하기 어렵도록 어룽어룽한 모양. 작 알쏭알쏭.

얼쑹-하다 형여 〈어리숭하다〉의 준말. 작 알쏭하다.

얼씨구 감 ①흥겹게 떠들며 놀 때, 가볍게 장단에 맞추어 내는 소리. 얼씨구나. ¶ 얼씨구 좋다! ②눈꼴사나운 언동을 듣거나 보거나 할 때 조롱하여 하는 소리. ¶ 얼씨구, 잘들 논다.

얼씨구나 감 얼씨구.

얼씨구-절씨구 감 흥에 겨워 마구 떠들며 지르는 소리. ¶ 얼씨구절씨구 지화자 좋다.

얼씬 부 하자 무엇이 눈앞에 잠깐 나타났다가 사라지는 모양. ¶ 한동안 열심히 출석하시던 분이 요 며칠 동안은 얼씬도 아니하신다. 작 알씬. **얼씬-얼씬** 부 하자.

얼씬-거리다 자 자꾸 얼씬얼씬하다. 얼씬대다. 작 알씬거리다.

얼씬-대다 자 얼씬거리다.

얼씬-없다[-씨넙따] 형 얼씬하는 일이 없다. ¶ 한동안 얼씬없던 바퀴벌레가 다시 나타났다. **얼씬없-이** 부.

얼-안 명 테두리의 안.

얼어-들다[~드니·~들어] 자 얼기 시작하다. ¶ 땅이 얼어들다.

얼어-붙다[-붇따] 자 ①얼어서 들러붙다. 단단히 얼다. ¶ 강물이 꽁꽁 얼어붙다. ②긴장이나 무서움 등으로 몸이 굳어지다. ¶ 그대로 얼어붙은 듯 꼼짝하지 못하다.

얼얼-하다 형여 ①(맛이 맵거나 독하여) 혀끝이 몹시 아리다. ¶ 김치찌개가 어찌나 매운지 혀가 얼얼하다. ②(햇볕을 너무 쬐어서) 살갗이 쓰라리다. ③(상처 같은 데가) 몹시 아리다. ④(술에 취하여) 정신이 어리숭하다. 작 알알하다.

얼ː-없다[어럽따] 형 조금도 틀리지 않다. ¶ 얼없는 마름질에 꼼꼼한 바느질. **얼없-이** 부.

얼에빗 명 〈옛〉 얼레빗. ¶ 머리 혜혀 얼에비소로 비서라(翻朴上44).

얼ː-요기(-療飢)[-료-] 명 넉넉하지 못한 요기. 대강 하는 요기.

얼우다 타 〈옛〉 아양 부리다. 아첨하다. ¶ 얼울 교:嬌(訓蒙下33).

얼운 명 〈옛〉 어른. ¶ 얼운은 막대 집고 아히는 술을 메고(丁克仁.賞春曲).

얼-음 명 물이 얼어서 굳어진 것. ¶ 얼음 한 조각.

얼음-걷기[-끼] 명 해빙(解氷) 무렵에 씨를 뿌리는 올벼의 한 가지. 누르고 까끄라기가 없으며 껍질이 얇음.

얼음-과자(-菓子) 명 우유·설탕·과일즙·달걀·향료 등을 섞어서 얼린 과자. 빙과(氷菓).

얼음-낚시[-낙씨] 명 겨울에 강이나 저수지의 얼음을 깨고 하는 낚시질.

얼음^냉ː각법(-冷却法)[-뻡] 명 얼음이 녹을 때 둘레의 열을 흡수하는 성질을 이용한 냉각법.

얼음-냉수(-冷水) 명 얼음물.

얼음-덩이[-떵-] 명 얼음의 덩어리.

얼음-물 명 얼음을 띄워 차게 한 물. 빙수(氷水). 얼음냉수.

얼음-사탕(*-沙糖) 명 설탕을 물에 녹인 다음, 천천히 수분을 증발시켜서 얼음 조각같이 결정(結晶)시킨 것. 빙당(氷糖).

얼음-장[-짱] 명 ①얼음의 넓은 조각. ②'구들이나 손·발 따위가 몹시 찬 것'을 비유하여 이르는 말. ¶ 손이 얼음장 같다. ③'인정이 없고 쌀쌀함'을 비유하여 이르는 말.

얼음-점(-點)[-쩜] 명 ☞빙점(氷點).

얼음-주머니 명 속에 얼음을 넣어 얼음찜질을 하는 데 쓰는 주머니. 빙낭(氷囊).

얼음-지치기 명 하자 얼음 위를 지치는 일, 또는 그런 놀이. 활빙(滑氷).

얼음-찜 명 하자 열이 있는 환부에 얼음을 대어 식히는 일.

얼음-찜질 명 하자 얼음찜을 하는 일.

얼음-판 명 얼음이 마당처럼 넓게 언 곳. 빙반(氷盤). ¶ 얼음판에서 얼음지치기를 하다.

얼음-편자 명 얼음판이나 언 땅에서 미끄러지지 않게 말굽에 박는 쇳조각.

얼의다 자 〈옛〉 엉기다. ¶ 分身地藏이 ᄒᆞᆫ 몸애 얼의샤(月釋21:3).

얼이다 타 〈옛〉 시집보내다. 장가들이다. ¶ 아ᄃᆞᆯ 얼이라 가니(月印149章).

얼-입다(孽-)[-립따] 자 남의 잘못으로 해를 입다. 언걸입다.

얼자(孽子)[-짜] 명 ☞서자(庶子).

얼-젓국지[-전꾹찌] 명 젓국을 조금 타서 담근 김치.

얼-조개젓[-젇] 명 얼간으로 담근 조개젓. *얼조개젓이[-저시]·얼조개젓만[-전-]

얼짜 명 얼치기인 물건.

얼쩍지근-하다[-찌-] 형여 ①살이 좀 얼얼하다. ②맛이 좀 아린 듯하다. ¶ 얼쩍지근한 김치찌개. ③술기운이 알맞게 도는 듯하다. 준 얼찌근하다. 작 알짝지근하다.

얼쩡-거리다 자타 자꾸 얼쩡얼쩡하다. 얼쩡대다. 작 알짱거리다.

얼쩡-대다 자타 얼쩡거리다.

얼쩡-얼쩡부 ①하자(남의 비위를 맞추려고) 얼렁거리는 모양. ②하자타일도 없이 공연히 이리저리 돌아다니거나 빙빙 도는 모양. 작알짱알짱.

얼쭝-거리다자 자꾸 얼쭝얼쭝하다. 얼쭝대다. 작알쫑거리다.

얼쭝-대다자 얼쭝거리다.

얼쭝-얼쭝부하자 (남의 비위를 맞추려고) 그럴듯한 말을 하며 계속 아첨하는 모양. 작알쫑알쫑.

얼쯤부하자 주춤거리는 모양. **얼쯤-얼쯤**부하자.

얼쯤-거리다자 자꾸 얼쯤얼쯤하다. 얼쯤대다.

얼쯤-대다자 얼쯤거리다.

얼찌근-하다형여 〈얼쩍지근하다〉의 준말. 작알찌근하다.

얼찐-거리다자 자꾸 얼찐얼찐하다. 얼찐대다. 작알찐거리다.

얼찐-대다자 얼찐거리다.

얼찐-얼찐부하자 (남의 비위를 맞추려고) 앞에서 가까이 돌며 얼렁거리는 모양. 작알찐알찐.

얼ː-차려명 군의 기율을 바로잡기 위해 상급자가 하급자에게 비폭력적인 방법으로 육체적 고통을 주는 일.

얼추부 ①대강. ¶ 일이 얼추 끝나다. /하객이 얼추 삼백 명은 되겠다. ②거의 가깝게. ¶ 얼추 다 왔다.

얼추-잡다[-따]타 대강 짐작하여 정하다. 건목을 치다. ¶ 관객을 얼추잡아 보니 300명은 되었다.

얼-추탕(孼鰍湯)명 (미꾸라지는 넣지 않고) 맨 밀가루 국에 갖가지 양념만 넣고 끓인 추탕.

얼-치기명 ①이것도 저것도 아닌 어중된 것. ②이것저것이 조금씩 섞인 것. ③탐탁하지 않은 사람.

얼크러-뜨리다타 얼크러지게 하다. 얼크러트리다.

얼크러-지다자 이리저리 서로 얽히게 되다. ¶ 아이들이 얼크러져 놀고 있다.

얼크러-트리다타 얼크러뜨리다.

얼큰-하다형여 ①(매워서) 입 안이 얼얼하다. ¶ 얼큰한 김치찌개. ②술이 거나하여 정신이 어렴풋하다. ¶ 얼큰하게 취하다. 작알큰하다. 여얼근하다. **얼큰-히**부.

얼키-설키부하형 이리저리 몹시 뒤얽혀 있는 모양. 작알키살키. 여얼기설기.

얼토당토-아니하다형여 ①관계가 전혀 없다. ¶ 얼토당토아니한 사람. ②도무지 가당치 아니하다. ¶ 얼토당토아니한 주장. 준얼토당토않다.

얼토당토-않다[-안타]형 〈얼토당토아니하다〉의 준말.

얼통(孼統)명 서자(庶子)의 혈통.

얼-통량(-統涼)[-냥]명 거칠게 만든 통량.

얼핏[-핃]부 ☞언뜻.

얼핏-얼핏[-피덜핃]부 ☞언뜻언뜻.

얽다¹[억따]자 ①얼굴에 마마의 자국이 생기다. ¶ 얼굴이 살짝 얽은 곰보. ②물건의 거죽에 오목오목한 흠이 많이 생기다. ¶ 책상이 심하게 얽었다. 작앍다. ＊얽어·얽고[얼꼬]·얽는[엉-]

얽거든 검지나 말지속담 본디 가지고 있던 흠에다 또 다른 결함이 있음을 핀잔하는 말.

얽다²[억따]타 ①노끈이나 새끼 따위로 이리저리 걸쳐서 묶다. ②이리저리 짜 맞추어 꾸미다. ¶ 닭의 어리를 얽다. ③없는 사실을 꾸미다. ¶ 애먼 죄를 얽어 감옥에 잡아넣다. ＊얽어·얽고[얼꼬]·얽는[엉-]

얽-동이다[억똥-]타 얽어서 동여매다.

얽둑-빼기[억뚝-]명 얼굴이 얽둑얽둑 얽은 사람. 작앍둑빼기.

얽둑-얽둑[억뚜걱뚝]부하형 (얼굴에) 굵고 깊게 얽은 자국이 성기게 나 있는 모양. 작앍둑앍둑.

얽-매다[엉-]타 ①얽어서 매다. ②자유를 주지 않다. ¶ 식민지 주민들을 얽매다.

얽매-이다[엉-]자 〖'얽매다'의 피동〗 얽매임을 당하다. ¶ 일에 얽매이다. /돈에 얽매이다. /엄격한 규정에 얽매이다.

얽박-고석(-古石)[억빡꼬-]명 ①표면이 몹시 얽은, 이끼 낀 돌덩이. ②'몹시 얽은 얼굴'을 비유하여 이르는 말.

얽벅-얽벅[억뻐걱뻑]부하형 (얼굴에) 굵고 깊게 얽은 자국이 배게 나 있는 모양. 작앍박앍박.

얽-빼기[억-]명 얼굴에 얽은 자국이 많은 사람을 홀하게 이르는 말.

얽어-내다타 ☞옭아내다.

얽어-매다타 ①얽어서 동여 묶다. ¶ 염소의 앞다리에 밧줄을 얽어매다. ②마음대로 행동할 수 없도록 몹시 구속하다. ¶ 죄 없는 사람을 얽어매어 도둑으로 몰다.

얽-이명 ①(부서지거나 깨지거나 흩어지거나 하지 않도록) 물건의 거죽을 새끼나 노끈 따위로 이리저리 싸서 얽는 일. ②일의 순서나 배치 따위를 대강 잡아 보는 일. ¶ 조경 공사의 얽이를 짜다.

얽이-치다타 ①이리저리 얽어서 매다. ②일의 순서나 배치 따위를 대강 잡아 보다.

얽적-빼기[억쩍-]명 얼굴이 얽적얽적 얽은 사람. 작앍작빼기.

얽적-얽적[억쩌걱쩍]부하형 잘고 굵은 것이 섞여서 깊이 얽은 자국이 배게 나 있는 모양. 작앍작앍작.

얽죽-빼기[억쭉-]명 얼굴이 얽죽얽죽 얽은 사람. 작앍족빼기.

얽죽-얽죽[억쭈걱쭉]부하형 잘고 굵은 것이 섞여서 깊이 얽은 자국이 나 있는 모양. 작앍족앍족.

얽히고-설키다[얼키-]자 (사건 따위가) 이리저리 매우 복잡하게 얽히다. ¶ 이해관계가 얽히고설키다.

얽-히다[얼키-]자 ①〖'얽다²'의 피동〗 얽음을 당하다. ¶ 고무줄이 얽히다. ②(사건 따위에) 애매하게 걸리다. ¶ 남의 싸움에 얽혀 들다. ③관련되다. ¶ 한일 회담에 얽힌 이야기.

엄¹명 〈옛〉 움. ¶ 픐어미 ᄒᆞ마 퍼러히 나고(杜初 *22:2*).

엄²명 〈옛〉 어금니. ¶ 牙는 어미라.

엄ː(掩)명 ☞엄폐(掩蔽).

엄각(嚴刻) '엄각하다'의 어근.

엄각-하다(嚴刻-)[-가카-]형여 ☞엄혹(嚴酷)하다. **엄각-히**부.

엄감(嚴勘)명하타 ☞엄단(嚴斷).

엄ː개(掩蓋)명 참호나 방공호 따위의 덮개.

엄ː격(掩擊)명하타 ☞엄습(掩襲).

엄격(嚴格) '엄격하다'의 어근.

엄격-하다(嚴格-)[-껴카-]형여 (말이나 태도·규칙 따위가) 매우 엄하고 철저하다. ¶ 엄격한 규율. /검사가 엄격하다. **엄격-히**부.

엄견(嚴譴)명하타 ☞엄책(嚴責).

엄계(嚴戒)[-계/-게]명하타 엄중하게 경계함.

엄고(嚴鼓)명 임금이 정전(正殿)에 나오거나 거둥할 때, 백관이나 시위 군사가 제자리에서 대기하도록 큰 북을 울리던 일.

엄곤(嚴棍)명하타 곤장을 엄하게 침.

엄관(淹貫) '엄관하다'의 어근.
엄:관-하다(淹貫-)형여 ☞엄박(淹博)하다.
엄:광-창(掩壙窓)명 관(棺)을 묻기 전에 광(壙) 위를 가리는 데 쓰는 창짝.
엄교(嚴教)명 ①엄격한 가르침. ②남의 가르침을 공손히 이르는 말.
엄군(嚴君)명 ☞엄친(嚴親).
엄금(嚴禁)명하타되자 엄하게 금지함. 절대로 못하게 함. 절금(切禁). ¶ 통행을 엄금하다.
엄:-나무명 두릅나뭇과의 낙엽 활엽 교목. 산이나 들에 절로 나는데 높이는 25 m가량. 가지에 가시가 있고, 잎은 손바닥 모양으로 갈라져 있으며, 여름에 황록색 꽃이 핌. 한방에서 껍질을 약재로 씀. 해동(海桐).
엄:-니명 ①식육류(食肉類) 짐승의 송곳니. 아치(牙齒). ②☞어금니.
엄:닉(掩匿)명하타 ☞엄폐(掩蔽).
엄단(嚴斷)명하타 엄중하게 처단함. 엄감(嚴勘). 엄처(嚴處). ¶ 불법 시위를 엄단하다.
엄달(嚴達)명하타 엄중히 명령을 내림.
엄담(嚴談)명하타 강경하게 담판(談判)함. 엄중히 따짐.
엄:-대[-때]명 지난날, 가게에서 외상으로 판 물건 값을 표시하던, 길고 짧은 금을 새긴 막대기.
엄:-대답(-對答)명하자 남이 써 놓은 어음을 보증하는 일.
엄:대-질[-때-]명하자 지난날, 엄대에 액수를 기록하던 외상 거래.
엄독(嚴督)명하타 ①심하게 독촉함. ②엄중히 감독함, 또는 그런 감독.
엄동(嚴冬)명 몹시 추운 겨울. 융동(隆冬).
엄동-설한(嚴冬雪寒)명 엄동의 심한 추위.
엄두명 《주로 부정적인 말과 어울려 쓰이어》 무엇을 하려는 마음. ¶ 엄두가 나지 않다. /엄두를 못 내다.
엄랭(嚴冷) '엄랭하다'의 어근.
엄랭-하다(嚴冷-)[-냉-]형여 ①몹시 차다. ②쌀쌀하고 무표정하다. **엄랭-히**부.
엄령(嚴令)[-녕]명 엄한 명령이나 호령. 엄명(嚴命).
엄립-과조(嚴立科條)[-닙꽈-]명하자 매우 엄하게 규정을 마련함.
엄마명 ①'어머니'의 어린이 말. ②'어머니'를 친근하게 이르는 말.
엄마리명 장마의 물살에 밀려 흐르는 사금(砂金)을 한 곬으로 몰아 받아 내는 일.
엄망(掩網)명 '덮그물'의 잘못.
엄매부 ☞음매.
엄:매(掩埋)명하타 ☞엄토(掩土).
엄명(嚴命)명하자타 엄하게 명령함, 또는 그 명령. ¶ 엄명을 내리다. 비엄령(嚴令).
엄명(嚴明) '엄명하다'의 어근.
엄명-하다(嚴明-)형여 엄격하고 공명하다. **엄명-히**부.
엄:문(掩門)명하자 문을 닫음. 폐문(閉門).
엄밀(嚴密) '엄밀하다'의 어근.
엄밀-하다(嚴密-)형여 (세밀한 부분에 이르기까지) 빈틈이 없다. ¶ 엄밀한 조사. **엄밀-히**부.
엄박(淹博) '엄박하다'의 어근.
엄:박-하다(淹博-)[-바카-]형여 학식이 매우 넓고 깊다. 엄관(淹貫)하다. 참해박(該博)하다.
엄발-나다[-라-]자 빗나가다.
엄버(umber)명 천연의 갈색 안료(顏料). 이산화망간·규산염 등을 함유하는 수산화철(水酸化鐵)로, 덩이를 이루어 산출됨.
엄벌(嚴罰)명하타 엄하게 처벌함, 또는 엄한 벌. ¶ 엄벌에 처하다. /엄벌을 내리다.
엄범부렁-하다형여 실속은 없으면서 겉만 크다. 준엄부렁하다.
엄:법(罨法)[-뻡]명 염증이나 충혈을 없애기 위하여 그 부분을 찜질하는 법. 〔냉엄법과 온엄법이 있음.〕
엄법(嚴法)[-뻡]명 엄한 규정. 엄격한 법률.
엄벙-덤벙부하자 영문도 모르고 함부로 덤벙거리는 모양. ¶ 일을 엄벙덤벙 처리하다.
엄벙-뗑부하자 ☞얼렁뚱땅.
엄벙-통명 엄벙덤벙하는 가운데.
엄벙-판명 엄벙덤벙하는 판.
엄벙-하다 Ⅰ사여 일을 진정으로 하여 남의 눈을 속이는 태도를 보이다.
Ⅱ형여 말이나 하는 짓이 착실하지 못하고 실속 없이 과장되어 있다.
엄봉(嚴封)명하타 단단히 봉함.
엄부(嚴父)명 엄격한 아버지.
엄부럭명 어린아이처럼 철없이 부리는 엄살이나 심술. ¶ 엄부럭을 떨다. /엄부럭을 부리다.
엄부렁-하다형여 〈엄범부렁하다〉의 준말.
엄-부형(嚴父兄)명 엄한 부형.
엄-분부(嚴吩咐)명 엄한 분부. 엄칙(嚴飭).
엄비(嚴批)명 임금에게 올린 글에 대한 임금의 답서(答書)를 이르던 말.
엄비(嚴祕)명 ☞극비(極祕).
엄사(嚴査)명하타 엄중하게 조사함, 또는 그런 조사.
엄사(嚴師)명 엄격한 스승.
엄살명하자 아픔이나 괴로움 따위를 거짓으로 꾸미거나 실제보다 부풀리어 나타내는 태도. ¶ 엄살을 부리다. /엄살을 피우다. /다 큰 녀석이 웬 엄살이 그리도 심한지. 작암살. 참앙살.
엄:살(掩殺)명하타 (뜻하지 않은 때에) 갑자기 습격하여 죽임.
엄살-궂다[-굳따]형 엄살이 좀 심하다.
엄살-꾸러기명 엄살을 잘 부리는 사람.
엄살-떨다[~떠니·~떨어]자 엄살스러운 태도를 나타내다. ¶ 괜히 엄살떠느라고 저러는 것이니까 염려할 것 없네.
엄살-스럽다[-따][~스러우니·~스러워]형ㅂ 엄살하는 태도가 있다. **엄살스레**부.
엄상(嚴霜)명 된서리.
엄색(嚴色)명하자 엄숙한 표정을 지음, 또는 그 표정.
엄선(嚴選)명하타되자 엄정하게 고름. ¶ 작품을 엄선하다.
엄수(嚴囚)명하타 (달아나지 못하도록) 엄중히 가두어 놓음.
엄수(嚴守)명하타되자 (명령이나 약속 따위를) 반드시 그대로 지킴. ¶ 시간 엄수.
엄수(嚴修)명하타 의식(儀式) 등을 엄숙하게 지냄. ¶ 장례식을 엄수하다.
엄숙(嚴肅) '엄숙하다'의 어근.
엄숙-주의(嚴肅主義)[-쭈의/-쭈이]명 윤리적 동기에서, 갖가지 쾌락이나 욕망을 누르고 자신에 대한 억제를 도덕의 표준으로 여기는 생각.
엄숙-하다(嚴肅-)[-수카-]형여 ①장엄하고 정숙하다. ¶ 엄숙한 분위기. ②(말이나 태도 따위가) 진지하고 위엄이 있다. ¶ 엄숙한 표정. /엄숙한 어조. **엄숙-히**부.
엄:습(掩襲)명하타 ①갑자기 습격함. 엄격(掩擊). ¶ 적진을 엄습하다. ②(어떤 감정이나 생

각·기운 따위가) 갑자기 들이닥치거나 덮침. ¶ 피로가 온몸을 엄습하다.

엄승(嚴繩)[명][하타] ☞엄징(嚴懲).

엄-시하(嚴侍下)[명] 양친 중 아버지만이 생존해 있는 사람, 또는 그런 처지를 이르는 말. ¶ 엄시하에 성장하여 어머니의 정을 모르다. ↔자시하(慈侍下).

엄ː-신[명] 〈엄짚신〉의 준말.

엄ː신(掩身)[명][하자] ①몸을 가림. ②(가난하여) 겨우 몸을 가릴 정도로 허름하게 옷을 입음.

엄ː심-갑(掩心甲)[명] 갑옷에서 가슴을 가리는 부분.

엄쏘리[명] 〈옛〉 아음(牙音). 훈민정음의 'ㄱ·ㄲ·ㆁ·ㅋ' 따위의 소리. ¶ ㄱ는 엄쏘리니(訓諺).

엄엄(奄奄) '엄엄(奄奄)하다'의 어근.

엄엄(掩掩) '엄엄(掩掩)하다'의 어근.

엄엄(嚴嚴) '엄엄(嚴嚴)하다'의 어근.

엄ː엄-하다(奄奄-)[형여] 숨이 곧 끊어질 듯이 매우 약하다. **엄엄-히**[부].

엄ː엄-하다(掩掩-)[형여] 향기가 매우 짙다. ¶ 향을 태우는 냄새가 엄엄한 재실. **엄엄-히**[부].

엄엄-하다(嚴嚴-)[형여] ①몹시 엄하다. ②매우 으리으리하다. **엄엄-히**[부].

엄연(儼然) '엄연하다'의 어근.

엄연-곡(儼然曲)[명] 조선 중종 때의 학자 주세붕(周世鵬)이 지은 경기체가. 전 7장으로 군자의 엄연한 덕을 읊은 내용.

엄연-하다(儼然-)[형여] 누구도 감히 부인하지 못할 정도로 명백하다. ¶ 엄연한 현실이다. **엄연-히**[부].

엄위(嚴威)[명][하형] 엄숙하고 위풍이 있음, 또는 그 위풍.

엄의(嚴毅) '엄의하다'의 어근.

엄의-하다(嚴毅-)[어믜-/어미-][형여] 엄정하고 강직하다. 엄격하고 굳세다.

엄ː이도령(掩耳盜鈴)[명] 〔제 귀를 가리고 방울을 훔친다는 뜻으로〕 '나쁜 짓을 하면서 그것을 굳이 생각하지 않으려 함'을 비유하여 이르는 말.

엄장[명] 풍채 좋은 큰 덩치.

엄장(嚴杖)[명][하타] 엄한 장형에 처함, 또는 그 장형.

엄장(嚴壯) '엄장하다'의 어근.

엄장-뇌수(嚴杖牢囚)[-뇌-/-눼-][명][하타] 엄한 장형(杖刑)에 처한 뒤에 옥에 가둠.

엄장-하다(嚴壯-)[형여] 몸집이 장대하다. ¶ 엄장한 사나이.

엄ː적(掩迹)[명][하타] (잘못이나 실수가 드러나지 않도록) 흔적을 가려 덮음. ¶ 자기의 과실을 엄적하다.

엄ː전-스럽다[-따]〔~스러우니·~스러워〕[형ㅂ] 엄전한 태도가 있다. **엄전스레**[부].

엄ː전-하다[형여] (태도나 동작이) 정숙하고 점잖다.

엄절(嚴切) '엄절하다'의 어근.

엄절-하다(嚴切-)[형여] 몹시 엄하다. 지엄(至嚴)하다. **엄절-히**[부].

엄정(嚴正) '엄정(嚴正)하다'의 어근.

엄정(嚴淨) '엄정(嚴淨)하다'의 어근.

엄정-중립(嚴正中立)[-닙][명] 어느 쪽으로도 치우치지 않고 중립의 위치를 굳게 지키는 일.

엄정-하다(嚴正-)[형여] 엄격하고 공정하다. ¶ 엄정한 재판. **엄정-히**[부].

엄정-하다(嚴淨-)[형여] 엄숙하고 깨끗하다. **엄정-히**[부].

엄ː족-반(掩足盤)[-빤][명] 밥그릇을 나르는 데 쓰는, 발이 짧은 소반.

엄존(儼存)[명][하자] (부인할 수 없는 사실로서) 엄연히 존재함. 확실히 있음. ¶ 제삼 세력이 엄존하다.

엄주(嚴誅)[명][하타] 엄하게 벌을 줌.

엄준(嚴峻) '엄준하다'의 어근.

엄준-하다(嚴峻-)[형여] (조그만 잘못도 용서하지 않을 정도로) 매우 엄하다. ¶ 엄준하게 꾸짖다.

엄중(嚴重) '엄중하다'의 어근.

엄중-하다(嚴重-)[형여] ①(아무리 작은 잘못도 용납되지 않을 만큼) 몹시 엄하다. ¶ 엄중한 처벌. /감시가 엄중하다. ②엄격하고 정중하다. ¶ 엄중하게 항의하다. **엄중-히**[부] ¶ 엄중히 문초(問招)하다.

엄지[명] 〈엄지가락〉의 준말.

엄ː-지(-紙)[-찌][명] 지난날, 어음을 쓴 종이를 이르던 말.

엄ː지(掩紙)[명] 지난날, 짚신이나 미투리의 총을 잴 때 쓰던 종잇조각.

엄ː지(嚴旨)[명] 임금의 엄중한 교지를 이르던 말.

엄지-가락[명] 엄지손가락, 또는 엄지발가락. [준]엄지.

엄지머리-총각(-總角)[명] 한평생을 총각으로 지내는 사람.

엄지-발[명] 〈엄지발가락〉의 준말.

엄지-발가락[-까-][명] 발가락 중에서 가장 굵은 발가락. 장지(將指). [준]엄지발.

엄지-발톱[명] 엄지발가락의 발톱.

엄지-벌레[명] ☞성충(成蟲).

엄지-손[명] 〈엄지손가락〉의 준말.

엄지-손가락[-까-][명] 손가락 중에서 가장 굵은 손가락. 거지(巨指). 대지(大指). 무지(拇指). [준]엄지손.

엄지-손톱[명] 엄지손가락의 손톱.

엄지-총[명] 짚신이나 미투리의 맨 앞에 양쪽으로 굵게 박은 총.

엄징(嚴懲)[명][하타][되자] 엄중하게 징벌함. 엄승(嚴繩). 통징(痛懲).

엄ː-짚신[-집씬][명] 상제(喪制)가 졸곡(卒哭) 때까지 신는 짚신. [준]엄신.

엄책(嚴責)[명][하타] 엄하게 꾸짖음, 또는 그 꾸중. 엄견(嚴譴). 통책(痛責).

엄처(嚴處)[명][하타] ☞엄단(嚴斷).

엄처-시하(嚴妻侍下)[명] '아내에게 쥐여사는 사람'을 농조로 이르는 말.

엄청[부] (양이나 정도가) 생각보다 훨씬 대단하게. ¶ 엄청 큰 수박.

엄청-나다[형] 생각보다 아주 대단하다. ¶ 홍수 피해가 엄청나다. /상품이 엄청나게 많다.

엄ː체(淹滯)[명][하자] ①오래 지체함. ②재능이 있으면서도 빛을 보지 못하고 파묻혀 있음, 또는 그런 사람.

엄ː체(掩體)[명] 엄호하는 물체. 곧, 적탄으로부터 몸을 지키기 위한 모래주머니 따위의 물체, 또는 그런 설비.

엄ː치(掩置)[명][하타] 숨겨 둠.

엄치(嚴治)[명][하타] 엄중히 다스리거나 처벌함. 중치(重治). 통치(痛治).

엄칙(嚴飭)[명][하타] 엄하게 훈계함. 엄분부.

엄친(嚴親)[명] 남에게 대하여 자기의 아버지를 이르는 말. 엄군(嚴君). ↔자친(慈親).

엄탐(嚴探)[명][하타] (범인 따위를) 철저하게 찾음. 엄밀하게 정탐함.

엄ː토(掩土)명하타 흙이나 덮어서 겨우 장사(葬事) 지냄, 또는 그런 장사. 엄매(掩埋).
엄-파명 '움파'의 잘못.
엄펑-소니명하타 엉큼하게 남을 속이거나 골탕 먹게 하는 짓, 또는 그런 솜씨.
엄펑-스럽다[-따][~스러우니·~스러워]형ㅂ 남을 속이거나 골리는 품이 보기에 엉큼하다. ¶ 엄펑스러운 꾀에 넘어가 내기에 졌다. **엄펑스레**부.
엄ː폐(掩蔽)[-폐/-페]명하타되자 ①(어떤 사실이나 사물을) 꺼려서 숨기거나 가림. 엄닉(掩匿). 엄휘(掩諱). ¶ 참호를 엄폐하다. ②한 천체가 다른 천체를 가리는 현상. 엄(掩). 〔달이 다른 별을 가리는 따위.〕
엄ː폐-물(掩蔽物)[-폐-/-페-]명 야전(野戰)에서, 적의 포탄을 막기 위하여 이용하는 지상물(地上物)을 통틀어 이르는 말.
엄ː폐-호(掩蔽壕)[-폐-/-페-]명 야전(野戰)에서, 적에게 보이지 않도록 위를 덮어 만든 호. 벙커. 준엄호(掩壕).
엄ː포명하자 실속 없는 큰소리로 남을 으르는 짓.
엄포(를) 놓다관용 실속 없는 큰소리로 남을 으르다.
엄-하다(嚴-)형여 ①잡도리가 심하다. ¶ 경계가 엄하다. ②(규율·도리 따위를 지키게 하는 것이) 매우 딱딱하고 가차 없다. ¶ 엄한 가풍(家風). ③(다스리는 태도 따위가) 가혹하다. ¶ 엄한 처벌. **엄-히**부.
엄한(嚴寒)명 몹시 심한 추위.
엄핵(嚴覈)명하타 법에 어긋나는 사실 따위를 엄하게 따져 물음.
엄핵-조율(嚴覈照律)[-쪼-]명하타 범법 사실을 엄중히 조사하여 법에 따라 처단함.
엄형(嚴刑)명하타 엄한 형벌에 처함, 또는 엄한 형벌.
엄ː-호(广戶)명 ☞엄호밑.
엄ː호(掩壕)명 〈엄폐호(掩蔽壕)〉의 준말.
엄ː호(掩護)명하타 ①남의 허물을 덮어서 숨겨 줌. ②적의 공격이나 화력으로부터 자기편 부대의 행동이나 시설 따위를 보호함. ¶ 공격대를 엄호하다.
엄ː호-밑(广戶-)[-민]명 한자 부수의 한 가지. '床'·'府' 등에서의 '广'의 이름. 엄호. *엄ː호밑이[-미치]·엄ː호밑을[-미틀]·엄ː호밑만[-민-]
엄ː호^사격(掩護射擊)명 자기편 부대가 적의 소화기(小火器)의 사정(射程) 안에 있게 될 때, 그들을 보호하기 위하여 하는 사격.
엄혹(嚴酷) '엄혹하다'의 어근.
엄혹-하다(嚴酷-)[-호카-]형여 엄하고 혹독하다. 엄각(嚴刻)하다. **엄혹-히**부.
엄홀(奄忽) '엄홀하다'의 어근.
엄ː홀-하다(奄忽-)형여 아주 급작스럽다. **엄홀-히**부 ¶ 엄홀히 뛰어든 사람.
엄ː회(掩晦)[-회/-훼]명하타 가려서 어둡게 함.
엄훈(嚴訓)명 엄한 가르침.
엄ː휘(掩諱)명하타 ☞엄폐(掩蔽).
업명 민속에서, 한 집안의 살림을 보살펴 준다고 하는 동물이나 사람. 이것이 나가면 집안이 망한다고 함.
업(業)명 ①〈직업〉의 준말. ②불교에서, 전세(前世)에 지은 악행이나 선행으로 말미암아 현세에서 받는 응보를 이르는 말. ②갈마(羯磨). ②본삼업(三業).
업(up)명 골프에서, 현재 이기고 있는 홀의 수 또는 타수.
-업(業)접미 《일부 명사 뒤에 붙어》 '사업'이나 '산업'의 뜻을 나타냄. ¶ 건설업. /목축업.
업감(業感)[-깜]명 불교에서, 선악의 업인(業因)에 따라 고락의 과보(果報)를 받는 일.
업계(業界)[-꼐/-께]명 같은 업종에 종사하는 사람들의 사회(세계). ¶ 섬유 업계. /금융 업계.
업고(業苦)[-꼬]명 불교에서, 전세에 저지른 악업(惡業)의 갚음으로 받는 현세의 고통을 이르는 말.
업과(業果)[-꽈]명 ☞업보(業報).
업-구렁이[-꾸-]명 민속에서, 한 집안의 업의 구실을 한다는 구렁이. 긴업.
업귀(業鬼)[-뀌]명 불교에서, 악업(惡業)을 악귀에 비유하여 이르는 말.
업그레이드(upgrade)명하타되자 ①'개선'·'상승'·'승급'으로 순화. ②컴퓨터에서, 하드웨어나 소프트웨어의 성능을 기존 제품보다 뛰어난 새것으로 변경하는 일.
업다[-따]타 ①사람이나 동물 따위를 등에 지다. ¶ 아기를 업다. ②어떤 세력을 배경으로 삼다. ¶ 권력 기관을 등에 업고 온갖 행패를 다 부리다. ③윷놀이에서, 두 말을 한데 어우르다. ④연이 얼렸을 때, 연줄을 재빠르게 감아 들여서 남의 연을 빼앗다. ¶ 그는 연이 얼리자 재빠르게 업어 들였다.
업어다 난장 맞힌다속담 애써 한 일이 자기에게 손해되는 결과를 가져온다는 말.
업으나 지나속담 이러나저러나 마찬가지라는 말.
업어 가도 모른다관용 잠이 깊이 들어 웬만한 소리나 일에는 깨어나지 않는 상태이다.
업더디다자 〈옛〉엎드러지다. ¶ 업더딜 면ː顚(類合下*17*).
업데이트(update)명하타되자 최신 정보로 바꿈, 또는 바뀜.
업-두꺼비[-뚜-]명 민속에서, 한 집안의 업 구실을 한다는 두꺼비.
업-둥이[-뚱-]명 〔업처럼 들어온 아이라는 뜻으로〕 자기 집 문 앞에 버려져 있거나 우연히 얻거나 하여 기르는 아이.
업라이트^피아노(upright piano)명 현(絃)을 세로로 친 피아노. 〔'그랜드 피아노'에 상대하여 이르는 말.〕
업력(業力)[엄녁]명 불교에서, 과보를 가져다주는 업인(業因)의 힘을 이르는 말.
업로ː드(upload)명 컴퓨터 통신망을 통해 소규모 시스템에서 대규모 시스템으로 파일이나 자료를 전송하는 일. ↔다운로드.
업마(業魔)[엄-]명 불교에서, 악업(惡業)이 정도(正道)를 방해하여 지혜를 잃게 하는 것을 악마에 비유하여 이르는 말.
업명(業命)[엄-]명 (신하들이) 임금의 분부를 받는 일.
업무(業務)[엄-]명 (날마다 계속해서 하는) 공무나 사업 따위에 관한 일. ¶ 업무가 쌓이다.
업무^감사(業務監査)[엄-]명 기업의 회계 사무 및 각종 업무에 대한 감사.
업무^관리(業務管理)[엄-괄-]명 ☞생산 관리.
업무-권(業務權)[엄-꿘]명 보통은 위법인 행위가 정당한 업무로서 행하여지는 경우에 한하여 형법상 정당화될 수 있는 권리. 〔의사의 수술 행위 따위.〕
업무^방해죄(業務妨害罪)[엄-쬐/엄-쮀]명 남의 업무를 방해함으로써 성립하는 죄.

업무상^과:실(業務上過失)[업-]명 특정의 업무에 종사하는 사람이, 업무의 성질상 당연히 해야 할 주의를 게을리 함으로써 생기는 과실.

업무상^비:밀^누:설죄(業務上祕密漏泄罪)[업-루-쬐/업-루-쮀]명 의사·약사·변호사·공증인(公證人) 등이나 그 직(職)에 있었던 사람이 업무상 알게 된 남의 비밀을 누설함으로써 성립되는 죄.

업무용 서류(業務用書類)[업-] 제4종 우편물의 한 가지. 특정인에게 주는 통신문의 성격을 띠지 않은 문서.

업보(業報)[-뽀]명 불교에서, 선악의 행업으로 말미암은 과보를 이르는 말. 업과(業果).

업소(業所)[-쏘]명 사업을 벌이는 장소. ¶ 가격을 담합한 업소들이 적발되었다.

업수-놓다[-쑤노타]자 광산에서, 갱내(坑內)의 물을 밖으로 뽑아내기 위한 설비를 하다.

업숭이[-쑹-]명 하는 짓이 변변찮은 사람을 조롱하여 이르는 말.

업-스타일(up+style)명 머리를 높이 빗어 올려 위에서 마무르고 목덜미를 드러내는, 여자의 머리 모양.

업시름[-씨-]명 업신여겨서 하는 구박.

업:신-여기다[-씬녀-]타 젠체하며 남을 낮추어 보거나 하찮게 여기다. ¶ 키가 작다고 업신여기다.

업:신여김[-씬녀-]명 남을 업신여기는 일. ¶ 가난하다고 업신여김을 당하다. 준업심.

업:심[-씸]명 〈업신여김〉의 준말. ¶ 업심을 받다.

업액(業厄)명 불교에서, 악업(惡業)의 갚음으로서 받는 재난을 이르는 말.

업양(業樣)명 ☞업왕(業王).

업어다-주기명 윷놀이의 한 가지. 상대편 말이 자기 말밭에 오면, 그 차례에 자기가 노는 윷은 상대편 말에 끗수를 주어 보내고, 자기 말은 다음 차례에야 갈 수 있음.

업어^치기명 ①씨름에서, 갑자기 몸을 돌려 상대편의 배에 엉덩이를 갖다 대고 들어올려 업듯이 하여 둘러메치는 기술. ②유도의 메치기 기술 가운데 손기술의 한 가지. 상대를 등에 업어서 어깨 너머로 크게 원을 그리며 메치는 기술.

업연(業緣)명 ☞업인(業因).

업왕(業王)명 민속에서, 집안의 재수를 맡아서 도와준다는 신. 업양(業樣).

업원(業冤)명 불교에서, 전생에 지은 죄로 말미암아 이승에서 받는 괴로움을 이르는 말.

업음-질명하자 서로 번갈아 업어 주는 일.

업의-항(-缸)[어븨-/어베-]명 민속에서, 살림을 맡아서 도와준다는 신을 위하여, 쌀이나 돈 같은 것을 넣어서 모셔 두는 항아리.

업인(業因)명 불교에서, 선악의 과보(果報)를 받을 원인이 되는 행위를 이르는 말. 업연(業緣).

업자(業者)[-짜]명 상업·공업·서비스업 따위의 사업을 경영하고 있는 사람.

업저지[-쩌-]명 지난날, 어린아이를 업어서 보아 주던 여자 하인.

업적(業績)[-쩍]명 (어떤 사업이나 연구 따위에서) 이룩해 놓은 성과. 사적(事績). ¶ 영화계에 큰 업적을 남기다.

업-족제비[-쪽쩨-]명 민속에서, 한 집안의 업구실을 한다는 족제비.

업종(業種)[-쫑]명 영업이나 사업의 종류. ¶ 업종을 바꾸다. /업종을 다양화하다.

업죄(業罪)[-쬐/-쮀]명 ☞죄업(罪業).

업주(業主)[-쭈]명 〈영업주(營業主)〉의 준말.

업진[-찐]명 소의 가슴에 붙은 고기.

업진-편육(-片肉)[-찐-]명 업진을 삶아 만든 편육.

업차(業次)명 그날그날의 일의 순서.

업체(業體)명 〈기업체〉·〈사업체〉의 준말. ¶ 민간 업체.

업축(業畜)명 불교에서, 전세(前世)의 업보(業報)로 이승에 태어난 짐승을 이르는 말.

업태(業態)명 ①영업이나 기업의 상태. ②영업이나 기업의 형태.

업해(業海)[어패]명 불교에서, 갖가지 업보의 원인을 넓은 바다에 비유하여 이르는 말.

업황(業況)[어퐝]명 업계의 경기(景氣) 상태, 또는 경기 상황.

업-히다[어피-] Ⅰ자 〖'업다'의 피동〗 업음을 당하다. ¶ 아기가 어머니 등에 업히다.
Ⅱ타 〖'업다'의 사동〗 업게 하다. ¶ 아기를 업히다.
업혀 가는 돼지 눈속담 잠이 와서 거슴츠레한 눈을 두고 놀리는 말.

없:다[업따]형 ①있지 아니하다. 존재하지 아니하다. ¶ 구름 한 점 없는 하늘. /세상에 그런 분은 다시는 없을 것이오. ②가지고 있지 않다. 갖추고 있지 않다. ¶ 나라 없는 백성. /경험이 없다. /재산도 명예도 없다. ③생기지 아니하다. 일어나지 아니하다. ¶ 말썽 없는 집안. /뭐 별일 없겠지. ④(속에) 들어 있지 아니하다. ¶ 악의(惡意)는 없는 말일세. ⑤많지 아니하다. 부족하다. ¶ 찬 없는 밥. /성의가 없다. /그것은 내 전공 밖이라 아는 것이 별로 없다. ⑥살아 있지 않다. ¶ 부모 없는 고아. ⑦드물다. 귀하다. ¶ 요새 그런 골동품은 좀처럼 없습니다. ⑧진행되지 아니하다. 벌어지지 아니하다. ¶ 오늘은 회의가 없습니다. ⑨구차스럽다. 가난하다. 《주로, '없는'의 꼴로 쓰임.》 ¶ 없는 살림을 잘 꾸려 나가다. ⑩비다. 들어 있지 않다. ¶ 술이 없는 술병. /쌀독에 쌀이 없다. ⑪가능하지 아니하다. 《주로, '-ㄹ(을) 수 없다'의 꼴로 쓰임.》 ¶ 바랄 수 없는 욕망. /까닭을 알 수 없다. ↔있다. **없-이**부. ＊없:어[업써]·없:고[업꼬]·없:는[엄-]
없는 꼬리를 흔들까속담 '아무리 뜻이 있어도 그것을 해낼 만한 물질적 뒷받침이 없으면 할 수 없음'을 비유하여 이르는 말.
없는 놈이 찬밥 더운밥 가리랴속담 '급하고 아쉬울 때면 좋고 나쁜 것을 가리지 않음'을 비유하여 이르는 말.
없어서 비단 치마속담 (비단 치마를 입어야 할 경우도 아닌데) 가난해서 단벌뿐인 비단 치마를 입을 경우를 비유하여 이르는 말.
없으면 제 아비 제사도 못 지낸다속담 (꼭 해야 할 일이라도) 가난해서 못하는 경우를 비유하여 이르는 말.

없:-애다[업쌔-]타 ①〖'없다'의 사동〗 없어지게 하다. ¶ 범죄를 없애다. /책상을 없애고 소파를 들여놓다. ②(사람이나 동물 따위를) 죽이다. ¶ 해충을 없애다.

없:을-무(-无)[업쓸-]명 한자 부수의 한 가지. '旣'·'无' 등에서의 '无'를 이름.

없:이-하다[업씨-]타여 없어지게 하다. ¶ 노름으로 재산을 없이하다.

엇-[얻]접두 《일부 명사나 용언 앞에 붙어》 '삐뚜로'·'어긋나게'·'조금' 등의 뜻을 나타냄. ¶ 엇각. /엇그루. /엇매다. /엇구수하다.

엇-가게[얻까-]명 지붕을 한쪽으로 기울게 하여 덮은 헛가게.

엇-가다[얻까-]자 (말이나 행동이) 사리에 어그러지게 나가다. 엇나가다. ¶ 말이 엇가다.

엇-가리[얻까-]명 대나 채를 엮어서, 위는 둥글고 아래는 평평하게 만든 것. 곡식을 담거나 덮는 데 씀.

엇-각(-角)[얻깍]명 한 직선이 다른 두 직선과 만나서 생기는 네 개의 내각(內角) 중, 한 직선을 사이에 두고 비스듬히 마주보는 두 각을 서로 이르는 말.

엇-갈리다[얻깔-]자 ①서로 어긋나서 만나지 못하다. ¶ 길이 엇갈리다. ②(의견이나 생각 따위가) 일치하지 못하다. ¶ 주장(主張)이 엇갈리다. ③(여러 가지 생각이나 느낌 따위가) 동시에 겹치거나 스치다, 또는 함께 존재하다. ¶ 희비가 엇갈리다. /이런저런 생각이 엇갈려 결정을 못 내리고 있다.

엇-걸다[얻껄-][~거니·~걸어]타 서로 어긋맞게 걸다. ¶ 줄을 엇걸어 가며 단단히 동이다.

엇걸-리다[얻껄-]자 〖'엇걸다'의 피동〗 서로 어긋맞게 걸리다. ¶ 줄이 서로 엇걸리다.

엇게명 〈옛〉어깨. ¶ 엇게 견:肩(訓蒙上*25*).

엇-겯다[얻껻따][~결으니·~결어]타ㄷ 서로 어긋매끼어 겯다.

엇-결[얻껼]명 ①비꼬이거나 엇나간 나무의 결. 역결. ②'엉망'의 잘못.

엇결리다[얻껼-]자 〖'엇겯다'의 피동〗 서로 어긋매끼어 결리다.

엇구뜰-하다[얻꾸-]형여 음식 맛이 조금 구뜰하다.

엇구수-하다[얻꾸-]형여 ①음식 맛이 조금 구수하다. ②하는 말이 그럴듯하다. ¶ 엇구수한 이야기.

엇-그루[얻끄-]명 엇비슷이 자른 나무의 그루터기.

엇-깎다[얻깍따]타 비뚤어지게 깎다.

엇-꼬다[얻-]타 서로 엇바꾸어 비틀거나 꼬다.

엇-나가다[언-]자 ①(줄이나 금 따위가) 비뚜로 나가다. ②☞엇가다.

엇-놀리다[언-]타 이리저리 서로 엇바꾸어 놀리다. ¶ 손발을 엇놀리며 사다리를 오르다.

엇-눕다[언-따][~누우니·~누워]자ㅂ ①엇비슷이 눕다. ②엇섞이어 눕다.

엇다[얻따]조 모음으로 끝난 체언에 붙어, 무엇이라고 인정된 사물을 다지어 말하는 뜻을 나타내는 종결형 서술격 조사. ¶ 이게 자네가 어제 잡았다는 그 물고기엇다. 참이엇다.

엇-대다[얻때-]타 ①엇나가게 대다. ¶ 부서진 문에 판자를 엇대어 박다. ②비꼬아 빈정거리다. ¶ 엇대어 하는 말.

엇더ᄒᆞ다형 〈옛〉어떠하다. ¶ 避仇흟 소니 마리 兩漢故事애 엇더ᄒᆞ니잇고(龍歌*28*章).

엇뎨부 〈옛〉어찌. 어째서. ¶ 이제 엇뎨 羅睺羅를 앗기는다(釋譜*6:9*).

엇-되다[얻뙤-/얻뛔-]형 ①좀 건방진 데가 있다. ②☞어지빠르다.

엇디부 〈옛〉어찌. ¶ 엇디 ᄒᆞᆫ 몸으로 두 님군을 섬기고(五倫*2:18*).

엇디ᄒᆞ다타 〈옛〉어찌하다. ¶ 내 엇디ᄒᆞ리잇고(樂詞.青山別曲).

엇-뜨다[얻-][~뜨니·~떠]타 눈동자를 한쪽으로 몰아 빗보다.

엇막다타 〈옛〉엇비슷이 막다. ¶ 몰 겨틔 엇마ᄀᆞ시니(龍歌*44*章).

엇-매끼다[언-]타 〈어긋매끼다〉의 준말.

엇-먹다[언-따]자 ①(톱으로 썰거나 칼로 베거나 할 때) 날이 어슷하게 먹다. ②사리에 어긋난 말이나 행동으로 남을 비꼬다.

엇-메다[언-]타 이쪽 어깨에서 저쪽 겨드랑이 밑으로 걸어서 메다. ¶ 전대를 엇메다.

엇모리-장단[언-]명 판소리 및 산조(散調) 장단의 한 가지. 2박과 3박이 뒤섞인 빠른 10박 장단.

엇-물다[언-][~무니·~물어]타 〈어긋물다〉의 준말.

엇물-리다[언-]자 〈어긋물리다〉의 준말.

엇-바꾸다[얻빠-]타 서로 바꾸다. ¶ 고기를 쌀과 엇바꾸다.

엇-박다[얻빡-]타 ①어슷하게 박다. ②서로 엇갈리게 박다.

엇-베다[얻뻬-]타 비스듬하게 베다. ¶ 톱으로 나무를 엇베다.

엇-보(-保)[얻뽀]명 두 사람이 한군데서 빚을 얻을 때 서로 서는 보증.

엇-부루기[얻뿌-]명 아직 큰 소가 못 된 수송아지.

엇-붙다[얻뿓따]자 비스듬하게 맞닿다.

엇붙-이다[얻뿌치-]타 〖'엇붙다'의 사동〗 엇붙게 하다.

엇비뚜름-하다[얻삐-]형여 조금 비뚜름하다. **엇비뚜름-히**부.

엇비스듬-하다[얻삐-]형여 조금 비스듬하다. ¶ 엇비스듬하게 걸터앉다. **엇비스듬-히**부.

엇비슷-하다[얻삐스타-]형여 ①어지간하게 비슷하다. ¶ 실력이 엇비슷하다. ②조금 비스듬하다. ¶ 대파를 엇비슷하게 썰다. **엇비슷-이**부.

엇-서다[얻써-]자 (물러서거나 수그러지지 않고) 검질기게 맞서다.

엇-섞다[얻썩따]타 서로 어긋매끼어 섞다.

엇-셈[얻쎔]명하타 주고받을 것을 서로 에끼는 셈. ¶ 품삯과 빚을 엇셈하다.

엇-송아지[얻쏭-]명 아직 다 자라지 못한 송아지.

엇-시조(旕時調)[얻씨-]명 시조 형식의 한 가지. 초장이나 중장의 어느 한 구절의 자수(字數)가 평시조의 자수보다 몇 자 많아진 것. 중시조(中時調). 참사설시조·평시조.

엇-치량(-樑)[얻-]명 앞면은 칠량(七樑), 뒷면은 오량(五樑)으로 꾸민 지붕틀.

-었-[얻]선미 끝 음절의 모음이 'ㅐ·ㅓ·ㅔ·ㅕ·ㅚ·ㅜ·ㅞ·ㅟ·ㅡ·ㅢ·ㅣ'로 된 어간에 붙어, 과거 시제를 나타내는 선어말 어미. ¶ 먹었다. /읽었다. /있었다. 참-았-.

-었었-선미 끝 음절이 'ㅏ·ㅗ' 이외의 모음으로 된 용언의 어간에 붙어, 현재와 비교하여 다르거나 단절되어 있는 과거의 사건을 나타내는 선어말 어미. ¶ 어제는 비가 그치고 개었었다. 참-았았-.

엉감 ①뜻밖에 놀라운 일을 당하거나 갑자기 무엇을 깨달았을 때 내는 소리. ¶ 엉! 정말이야? ②아랫사람을 야단칠 때 내는 소리. ¶ 너 정말 이럴 테야, 엉? 혼 좀 나 볼래?

엉거능측-하다[-츠카-]형여 내숭하고 능청스럽다.

엉거주춤부하자 ①앉은 것도 아니고 선 것도 아닌 어정쩡한 자세로 주춤거리는 모양. ②일을 딱 결정짓지 못하고 어정쩡하게 주춤거리는 모양. 작앙가조촘.

엉겁명 끈끈한 물건이 마구 달라붙은 상태. ¶ 손이 찰흙으로 엉겁이 되었다.

엉겁결-에[-껴레]부 자기도 모르는 사이에 갑자기. ¶ 엉겁결에 뛰어내리다. /너무 놀라 엉겁결에 비명을 지르다.

엉겅퀴명 국화과의 다년초. 산이나 들에 절로 나며, 줄기는 1m가량. 잎은 뻣뻣하며 센 가시와 털이 있음. 6~8월에 잔가지 끝에 자홍색 꽃이 핌. 어린순은 나물로 먹고, 뿌리는 한방에서 '대계(大薊)'라 하여 어혈(瘀血)을 푸는 데 약재로 씀.

엉구다타 여러 가지를 모아서 일이나 무엇이 되게 하다. ¶ 이 일을 엉구자면 많은 일손이 필요하다.

엉그름명 진흙 바닥이 마르면서 넓게 벌어진 금. ¶ 논바닥에 엉그름이 갈 정도로 가물다.

엉글-거리다자 자꾸 엉글엉글하다. 엉글대다. ㉺앙글거리다.

엉글-대다자 엉글거리다.

엉글-벙글부하자 엉글거리면서 벙글거리는 모양. ㉺앙글방글.

엉글-엉글부하자 ①어린아이가 소리 없이 웃는 모양. ②(무엇을 속이느라고) 억지로 꾸며서 웃는 모양. ㉺앙글앙글.

엉금-썰썰부 엉금엉금 굼뜨게 기다가 재빠르게 기는 모양. ㉺앙금쌀쌀.

엉금-엉금부하자 큰 걸음으로 느리게 걷거나 기는 모양. ㉺앙금앙금. ㉸엉큼엉큼.

엉기다[1]자 ①일을 척척 해내지 못하고 허둥거리다. ②매우 힘들게 간신히 기어가다.

엉기다[2]자 ①액체 모양이던 것이 굳어지다. ¶ 피가 엉기다. ②가는 물건이 한데 뒤얽히다. ③감정이나 기운 따위가 한데 뒤섞여 응어리가 생기다. ④한 무리를 이루거나 달라붙다. ¶ 아이들이 서로 엉겨서 놀고 있다.

엉기-정기부 어지럽게 여기저기 벌여 놓인 모양. ¶ 방 안에는 세간이 엉기정기 놓여 있다.

엉너리명 남의 환심을 사려고 어벌쩡하게 서두르는 짓. ¶ 엉너리를 치다.

엉너릿-손[-리쏜/-릳쏜]명 엉너리로 사람을 후리는 솜씨.

엉ː덩-머리명 〈엉덩이〉의 속된 말.

엉ː덩-방아명 털썩 주저앉는 바람에 엉덩이를 땅에 부딪는 일. ¶ 엉덩방아를 찧다.

엉ː덩-뼈명 ☞골반(骨盤).

엉ː덩이명 볼기의 윗부분. 둔부(臀部).

엉덩이에 뿔이 났다속담 '어린 사람이 옳은 가르침을 따르지 않고 비뚜로 나가는 경우'를 비유하여 이르는 말.

엉덩이가 구리다관용 〔방귀를 뀌어 구린내가 난다는 뜻으로〕 부정이나 나쁜 일을 저지른 장본인 같다는 말.

엉덩이가 근질근질하다관용 자꾸 돌아다니고 싶어, 한군데 가만히 앉아 있기가 몹시 갑갑하다.

엉덩이가 무겁다〔질기다〕관용 한번 자리를 잡고 앉으면 일어나려 하지 않는다.

엉덩이를 붙이다관용 한군데 자리 잡고 머무르다. 한군데 오래 앉아 있다.

엉ː덩이-춤명 엉덩춤.

엉ː덩잇-바람[-이빠-/-읻빠-]명 신이 나서 엉덩이를 내두르며 걷는 기세. ¶ 엉덩잇바람을 일으키며 걷다.

엉ː덩잇-짓[-이찓/-읻찓]명하자 엉덩이를 흔드는 짓. *엉ː덩잇짓이[-이찌시/-읻찌시]·엉ː덩잇짓만[-이찐-/-읻찐-]

엉ː덩-춤명 ①몹시 흥겹거나 신이 나서 엉덩이를 들썩거리는 짓. 엉덩이춤. ②엉덩이를 흔들며 추는 춤.

엉ː덩-판명 엉덩이의 넓고 두둑한 부분.

엉ː두덜-거리다자 자꾸 엉두덜엉두덜하다. 엉두덜대다.

엉두덜-대다자 엉두덜거리다.

엉두덜-엉두덜부하자 엉얼거리고 두덜거리며 불만을 나타내는 모양.

엉뚱-스럽다[-따][~스러우니·~스러워]형ㅂ 엉뚱한 데가 있다. **엉뚱스레**부.

엉뚱-하다형여 ①(말이나 행동이) 격에 맞지 않게 지나치다. ¶ 엉뚱한 욕심. ㉺앙똥하다. ②짐작이나 생각과는 전혀 다르다. ¶ 엉뚱한 곳으로 가다.

엉망명 일이나 물건이 뒤죽박죽되어 몹시 난잡하거나 결딴이 나 있는 상태. ¶ 일을 엉망으로 해 놓다.

엉망-진창명 '엉망'의 힘줌말.

엉버틈-하다형여 커다랗게 떡 벌어져 있다. ㉺앙바틈하다. **엉버틈-히**부.

엉-버티다자 억척스럽게 버티다. ㉺앙버티다.

엉성-궂다[-굳따]형 몹시 엉성하다. ㉺앙상궂다.

엉성-하다형여 ①(꼭 짜이지 아니하여) 어울리는 맛이 없고 어설프다. ¶ 행사의 진행이 엉성하다. ②살이 빠져서, 뼈만 남은 듯하거나 보기에 꺼칠하다. ③빽빽하지 못하고 성기다. ¶ 머리털이 많이 빠져서 엉성하다. ④사물의 형태나 내용이 부실하다. ¶ 엉성한 물건이 값만 비싸다. ①~③㉺앙상하다. **엉성-히**부.

엉세-판명 살아가기 어렵도록 가난한 형세.

엉얼-거리다자 자꾸 엉얼엉얼하다. 엉얼대다. ㉺앙알거리다.

엉얼-대다자 엉얼거리다.

엉얼-엉얼부하자 (손윗사람에 대하여) 원망하는 태도로 중얼중얼 군소리를 하는 모양. ㉺앙알앙알.

엉엉부하자 ①목 놓아 크게 우는 소리, 또는 그 모양. ②엄살을 부리며 괴로운 처지를 하소연하는 모양. ㉺앙앙.

엉엉-거리다자 ①목 놓아 크게 우는 소리를 자꾸 내다. ②엄살을 부리며 괴로운 처지를 자꾸 하소연하다. 엉엉대다. ㉺앙앙거리다.

엉엉-대다자 엉엉거리다.

엉이야-벙이야부하자 얼렁수로 어름어름 꾸며대는 모양. ¶ 엉이야벙이야하고 그대로 넘어가다.

엉절-거리다자 자꾸 엉절엉절하다. 엉절대다. ㉺앙잘거리다.

엉절-대다자 엉절거리다.

엉절-엉절부하자 잔소리를 늘어놓으며 엉얼거리는 모양. ㉺앙잘앙잘.

엉정-벙정부하자 쓸데없는 것이나 쓸데없는 말을 너절하게 늘어놓는 모양.

엉치-등뼈명 척추의 아래 끝 부분에 있는 이등변 삼각형 모양의 뼈. 미골(尾骨)과 더불어 골반의 뒷벽을 이룸. 천골(薦骨).

엉클다[엉크니·엉클어]타 ①실이나 줄 따위가 한데 얽혀서 덩이가 되게 하다. ¶ 노끈을 엉클어 놓다. ②물건을 한데 뒤섞어 어지럽게 하다. ¶ 아이들이 엉클어 놓은 책을 정리하다. ③어떤 일을 뒤얽어서 갈피를 잡을 수 없게 하다. ㉸헝클다.

엉클-리다자 〚'엉클다'의 피동〛 엉클음을 당하다. ¶ 새끼줄이 엉클리다. ㉸헝클리다.

엉클어-뜨리다타 엉클어지게 하다. 엉클어트리다. ㉸헝클어뜨리다.

엉클어-지다자 실이나 물건 또는 무슨 일이 서로 얽혀서 풀기 어렵게 되다. ¶ 엉클어진 실타래. /일이 아주 엉클어졌다. 준엉키다. 거헝클어지다.

엉클어-트리다타 엉클어뜨리다. ¶ 머리를 엉클어트리다. 거헝클어트리다.

엉큼-대왕(-大王)명 '엉큼한 짓을 잘하는 사람'을 조롱조로 이르는 말.

엉큼-성큼부 큰 걸음으로 가볍고 힘차게 걷는 모양. 작앙큼상큼.

엉큼-스럽다[-따][~스러우니·~스러워]형ㅂ 보기에 엉큼한 데가 있다. ¶ 하는 짓이 엉큼스럽다. 작앙큼스럽다. **엉큼스레**부.

엉큼-엉큼부하자 큰 걸음으로 좀 힘기 있게 걷거나 기는 모양. 작앙큼앙큼. 여엉금엉금.

엉큼-하다형여 엉뚱한 욕심을 품고 분수 밖의 짓을 하려는 경향이 있다. ¶ 엉큼한 생각을 품다. 작앙큼하다.

엉키다자 〈엉클어지다〉의 준말.

엉터리명 ①터무니없는 말이나 행동, 또는 그런 말이나 행동을 하는 사람. ¶ 그 말은 엉터리야. ②허울만 있고 실속이 없는 사람이나 사물. ¶ 이 기계는 엉터리다. ③대강의 윤곽. ¶ 그럭저럭 엉터리가 잡히다.

엉터리-없다[-업따]형 터무니없다. 경우에 닿지 않다. ¶ 엉터리없는 수작. **엉터리없-이**부.

엊-그저께[얻끄-] Ⅰ명 이삼일 전. 며칠 전. ¶ 엊그저께까지만 해도 멀쩡했던 사람이 죽다니…. 준엊그제.

Ⅱ부 바로 며칠 전에. ¶ 엊그저께 지방에 다녀왔다. 준엊그제.

엊-그제[얻끄-] Ⅰ명 〈엊그저께〉의 준말.
Ⅱ부 〈엊그저께〉의 준말.

엊-빠르다[얻-][~빠르니·~빨라]형르 〈어지빠르다〉의 준말.

엊-저녁[얻쩌-]명 〈어제저녁〉의 준말.

엎-누르다[엄-][~누르니·~눌러]타르 〈엎어누르다〉의 준말.

엎다[업따]타 ①아래위가 반대가 되도록 뒤집어 놓다. ¶ 그릇을 씻어서 선반 위에 엎어 놓았다. ②부수거나 없애 버리다. ¶ 살림을 엎다. * 엎어·엎는[엄-]

엎더-지다[업떠-]자 〈엎드러지다〉의 준말.

엎드러-뜨리다[업뜨-]타 엎드러지게 하다. 엎드러트리다. ¶ 힘껏 밀어서 엎드러뜨리다.

엎드러-지다[업뜨-]자 엎어지다. 준엎더지다.

엎드러-트리다[업뜨-]타 엎드러뜨리다.

엎드려-뻗쳐[업뜨-처]감명 두 손바닥과 발끝으로 몸을 받치고 몸을 곧게 뻗쳐 엎드리는 동작, 또는 그렇게 하라는 구령.

엎드려-뻗치다[업뜨-]자 두 손바닥과 발끝으로 몸을 받치고 몸을 곧게 뻗쳐 엎드리다.

엎드리다[업뜨-]자 배·가슴·얼굴 등 몸의 앞부분을 바닥에 가까이하거나 붙이다. ¶ 땅에 엎드리다. /책상에 엎드리다. 준엎디다.

엎드려 절받기속담 '상대편은 마음에 없는데 자기 스스로가 요구하여 대접을 받음'을 비유하여 이르는 말.

엎디다[업띠-]자 〈엎드리다〉의 준말.

엎어-누르다[~누르니·~눌러]타르 ①엎어서 누르다. ②내리눌러 못 일어나게 하다. 준엎누르다.

엎어-뜨리다타 엎어지게 하다. 엎어트리다.

엎어-말다[~마니·~말아]타 ①국수·국밥 따위를 곱빼기로 말다. ②국수·떡국 따위를 말 때, 고기가 보이지 않게 밑에 넣고 말다.

엎어-먹다[-따]타 망하게 하거나 후리어 가지다. ¶ 그는 친구의 재산을 다 엎어먹었다.

엎어-삶다[-삼따]타 ①그럴듯한 말로 속여 넘기다. ②노름판에서, 앞 판에서 딴 돈 전부를 다음 판에 태우다.

엎어-지다자 ①앞으로 넘어지다. ¶ 엎어져서 코를 다치다. ②위아래가 뒤집히다. ¶ 나룻배가 엎어지다.

엎어지면 코 닿을 데속담 '매우 가까운 거리'를 비유하여 이르는 말.

엎어진 김에 쉬어 간다속담 뜻하지 않던 기회를 이용하여 하려던 일을 이룬다는 뜻.

엎어-트리다타 엎어뜨리다.

엎-지르다[업찌-][~지르니·~질러]타르 (그릇이 뒤집히거나 하여) 물 따위의 액체를 쏟아지게 하다. ¶ 옷에 커피를 엎지르다.

엎지른 물관용 '다시 바로잡거나 돌이킬 수 없는 일'을 비유하여 이르는 말.

엎질러-지다[업찔-]자 (그릇이 기울거나 넘어져서) 액체가 쏟아져 나오다.

엎-집[업찝]명 (빗물이 한쪽으로만 흐르게) 지붕 앞쪽은 높고 뒤쪽은 낮게 하여 지은 집.

엎쳐-뵈다[업처뵈-/업처뵈-]자 ①구차하게 남에게 굽실거리다. ②〈절하다〉의 속된 말.

엎-치다[업-]타 '엎다'의 힘줌말.

엎친 데 덮치다관용 어려운 일이나 불행한 일이 겹쳐서 일어나다.

엎치락-뒤치락[업-뛰-]부하자 ①자꾸 엎쳤다 뒤쳤다 하는 모양. ¶ 온갖 걱정으로 잠을 이루지 못하고 엎치락뒤치락하다. ②이쪽이 우세했다 저쪽이 우세했다 하여 우열(優劣)을 가릴 수 없게 겨루어 나가는 모양. ¶ 시종(始終) 엎치락뒤치락하는 농구 경기.

엏다자 〈옛〉 베어지다. ¶ 입시우리 …어티 아니ᄒᆞ며(*月釋17:52*).

에[1]명 한글 자모(字母)의 모음인 'ㅔ'의 음가(音價) 및 이름.

에[2]감 ①마음에 마땅하지 않을 때 스스로 내는 군소리. ¶ 에, 속상해. ②가볍게 거절하거나 작정하는 뜻으로 내는 군소리. ¶ 에, 그만두겠어. ③스스로 생각을 끊어 버리려 할 때 내는 군소리. ¶ 에, 잊어버리자. ④남을 나무랄 때 하는 군소리. ¶ 에, 그러면 안 되지. ⑤무엇을 생각하거나 기억을 더듬을 때 내는 군소리. ¶ 에, 그게 누구더라? ⑥기분이 좋을 때 느껴워하여 내는 소리. ¶ 에, 시원하다. ⑦말을 하다가 뒷말이 이내 나오지 않을 때에 뜸 들이는 군소리. ¶ 그래서 나는, 에, 이렇게 제의하려고 한다.

에[3]조 ①체언에 붙어 쓰이는 부사격 조사. ㉠공간적·시간적 위치를 나타냄. ¶ 동생은 집에 있다. /3시에 오게. ㉡행동이 향하여 나아가는 곳을 나타냄. ¶ 도서관에 가다. ㉢행동의 원인을 나타냄. ¶ 총소리에 놀라다. ㉣행위나 규율의 기준점을 나타냄. ¶ 예의에 벗어나다. ㉤행위나 운동 물체가 이르는 곳을 나타냄. ¶ 흙이 옷에 묻었다. /포탄이 적진에 떨어지다. ②체언에 붙어, 동등한 자격으로 여럿을 열거하는 뜻을 나타내는 접속 조사. ¶ 과일에 음료수에 잔뜩 먹었다. ③〈에다가〉의 준말. ¶ 국에 밥을 말아 먹다.

-에어미 〈옛〉-게. ¶ 사름 ᄃᆞ외에 ᄒᆞ시리라(*月釋1:8*). /羅睺羅를 노하 보내야 샹재 ᄃᆞ외에 ᄒᆞ라(*釋譜6:1*).

에게 조 《유정 명사 등에 붙어》 ①행동이 미치는 상대편을 나타냄. ¶ 누구에게 줄까? ②행동을 일으키게 한 대상임을 나타냄. ¶ 개에게 물리다. ③딸린 대상을 나타냄. ¶ 나에게 많은 책이 있다. 높 께. 참 게3.

에게-다 조 '에게'와 '다'가 결합한 말. ①행동이 미치는 상대편을 나타냄. ¶ 누구에게다 도움을 청할까? ②비교하는 뜻을 나타냄. ¶ 그에게다 댈 것이 못 된다.

에게-로 조 《유정 명사에 붙어》 무엇에 닿아 감을 나타내는 부사격 조사. ¶ 동생에게로 관심이 집중되었다.

에게-서 조 유정 명사에 붙어, 그것에서 비롯되거나 가져옴을 나타내는 부사격 조사. ¶ 선생님에게서 배웠다. 준 게서.

에계 [-계/-게] 감 ①가벼운 뉘우침이나 탄식을 나타내는 말. 〔'어뿔싸'보다 뜻이 조금 얕음.〕 ¶ 에계, 이걸 어쩌지? ②작고 하찮은 것이나 기대 따위에 미치지 못하는 것을 업신여기어 하는 소리. ¶ 에계, 조게 뭘까?/에계, 겨우 요거야.

에계계 [-계계/-게게] 감 '에계'를 거듭한 '에계에계'가 줄어서 된 말.

에고 (ego 라) 명 자기. 자아. 소아(小我).

에고이스트 (egoist) 명 이기적인 사람. 이기주의자.

에고이즘 (egoism) 명 이기주의. ↔앨트루이즘.

에고티즘 (egotism) 명 자기 중심주의.

에구 감 〈어이구〉의 준말. ¶ 에구, 내 팔자야. / 에구, 허리야. 작 애고.

에구구 감 매우 상심하거나 놀랐을 때에 저도 모르게 나오는 소리. ¶ 에구구, 세상에 이런 일이!/에구구, 이를 어쩌나! 거 에쿠쿠.

에구-데구 부 하자 마구 소리를 지르며 크게 우는 모양. 작 애고대고.

에구머니 감 〈어이구머니〉의 준말. ¶ 에구머니, 이게 뭐야? 작 애고머니.

에ː-굽다 [-따] 형 조금 휘우듬하게 굽다.

에그 감 가엾거나 끔찍하거나 징그럽거나 섬뜩할 때 내는 소리. ¶ 에그, 딱해라!

에그그 감 몹시 놀랄 때 저도 모르게 나오는 소리. ¶ 에그그, 다 새 버렸네.

에ː기 감 싫증이 나거나 마땅치 않아서 스스로 그만둘 때 내는 소리. ¶ 에기, 그만 돌아가자. 준 엑. 센 에끼2.

에꾸 감 〈에꾸나〉의 준말.

에꾸나 감 깜짝 놀랄 때 내는 소리. 준 에꾸. 참 에쿠나.

에끼1 감 갑자기 놀라서 내는 소리. 참 에키.

에ː끼2 감 〈에기〉의 센말. ¶ 에끼, 고약한 놈! 어디서 그런 소리를 해.

에끼다 타 서로 주고받을 물건이나 돈을 비겨 없애다. 상쇄(相殺)하다.

에나멜 (enamel) 명 ①금속이나 도기 따위의 표면에 바르는 유리질의 유약(釉藥). 법랑(琺瑯). ②〈에나멜페인트〉의 준말.

에나멜-가죽 (enamel-) 명 거죽에 에나멜페인트를 칠하여 광택이 나고 물이 잘 배지 않게 한 가죽. 구두·핸드백 따위를 만듦.

에나멜-질 (enamel質) 명 이의 표면을 싸고 있는 유백색(乳白色)의 몹시 단단한 물질. 법랑질(琺瑯質). 사기질(沙器質).

에나멜-페인트 (enamel paint) 명 유성(油性) 니스에 안료를 섞은 도료를 통틀어 이르는 말. 준 에나멜.

에너지 (energy) 명 ①물리학에서, 물체가 가지고 있는, 일을 할 수 있는 능력의 양(量). ②인간의 활동의 근원이 되는 힘. 원기. 정력. ¶ 젊은이의 에너지를 국가 발전에 쏟아 넣자.

에너지^대ː사 (energy代謝) 명 생물의 물질 교대(物質交代)에서 볼 수 있는 에너지의 출입이나 교환. 식물은 광합성에 의해서 빛 에너지를 화학 에너지로 바꾸고, 동물은 먹이를 섭취하여 얻은 화학 에너지를 열 에너지와 운동 에너지로 바꾸어 체온을 유지하며 운동이나 일을 함.

에너지-론 (energy論) 명 모든 자연현상은 에너지에 의하여 설명될 수 있다는 학설.

에너지^보ː존^법칙 (energy保存法則) 명 에너지는 그 형태를 바꾸거나 이동하거나 하지만, 에너지의 총량은 변하지 않는다는 법칙. 무(無)에서 에너지를 창조할 수 없음을 나타내는 물리학의 근본적인 원리임. 에너지 불멸의 법칙.

에너지^불멸의 법칙 (energy不滅-法則) [-며릐-/-며레-] ☞에너지 보존 법칙.

에너지^산ː업 (energy産業) 명 (전력·석탄·석유·원자력 발전 등) 동력(動力)을 공급하는 산업.

에너지-원 (energy源) 명 (석탄·석유·지열·태양열·수력·풍력 등) 에너지의 근원이 되는 것.

에넘느레-하다 형여 종이나 헝겊 따위가 여기저기 늘어져 있어 어수선하다. ¶ 종잇조각이 에넘느레하게 늘어져 있는 방 안.

에네르지코 (energico 이) 명 악보의 나타냄말. '세차게'·'힘차게'의 뜻.

에누리 명 ①물건 값을 받을 값보다 더 많이 부르는 일. ¶ 에누리가 없는 가격. ②하타 값을 깎는 일. ¶ 물건 값을 에누리하다. ③하타 사실보다 보태거나 깎아서 들음, 또는 말함. ¶ 그의 말은 약간 에누리해서 들어도 된다.

에는 조 부사격 조사 '에'에 보조사 '는'이 붙어, 강조 또는 보조의 뜻을 나타내는 말. ¶ 산에는 꽃이 피네./집에는 가기 싫다./놀이터에는 아이들이 가득하다. 준 엔.

에ː다1 타 ①칼로 도려내다. ¶ 살을 에는 듯한 바람. ②마음을 아프게 하다. ¶ 가슴을 에는 듯한 슬픔.

에-다2 조 ①〈에다가〉의 준말. ¶ 끓는 물에다 설탕을 넣다. ②둘 이상의 사물을 같은 자격으로 열거하는 뜻을 나타내는 접속 조사. ¶ 밥에다 떡에다 배불리 먹었다.

에다 자타 〈옛〉 돌아가다. 피하다. ¶ 일빅 거르미도록 에디 아니ᄒᆞ며(翻小8:2)/世俗올 에여(杜初3:58). 참 어이다.

에-다가 조 체언에 두루 붙는 부사격 조사. ①무엇에 더하여짐을 나타냄. ¶ 월급에다가 수당도 붙는다. ②장소나 위치 따위를 나타냄. ¶ 부엌에다가 두어라. 준 에다2·에3.

에덴 (Eden 히) 명 〔'환희'의 뜻으로〕 기독교에서, 인류의 시조인 아담과 이브가 살고 있었다는 낙원을 이름. 에덴동산.

에덴-동산 (Eden東山) 명 ☞에덴.

에델바이스 (Edelweiss 독) 명 국화과의 다년생 고산 식물. 줄기 높이 10~20 cm. 줄기와 잎에 하얀 솜털이 있으며, 여름에 줄기 끝에 하얀 꽃이 핌.

에ː-돌다 [~도니·~돌아] 자타 ①바로 가지 아니하고 멀리 돌다. ¶ 들판을 에돌아 흐르는 강. ②선뜻 나가서 하려 하지 않고 슬슬 피하다.

에돌다 자 〈옛〉 에워 돌다. 뻥 돌아가다. ¶ 나를 에도라 든니니(翻朴上35).

에ː돌아-가다 자타 곧바로 가지 않고 멀리 돌아서 가다. ¶ 우리는 교통 체증을 피하기 위해 우회 도로로 에돌아갔다.

에ː-두르다 [~두르니·~둘러] 타르 ①둘러막다. ¶ 주위를 에두르다. ②바로 말하지 않고, 짐작하여 알 수 있도록 둘러서 말하다. ¶ 기분이 상하지 않도록 에둘러 타이르다.

에디푸스^콤플렉스 (Oedipus complex) 명 '오이디푸스 콤플렉스'의 잘못.

에-뜨거라 감 '혼이 날 뻔하였다'는 뜻으로 내는 소리. ¶ 에뜨거라 하고 달아나다.

에라 감 ①실망하여 단념하는 뜻을 나타낼 때 내는 소리. ¶ 에라, 나는 모르겠다. /에라 잠이나 자자. ②아이나 아랫사람에게, 그리 하지 말라는 뜻을 나타낼 때 내는 소리. ¶ 에라, 나가서 놀아라. ③〈에루화〉의 준말.

-에라 어미 용언에 붙어, 감탄의 뜻을 나타내는 예스러운 말투의 종결 어미. 《흔히, 과거 시제 선어말 어미 '-았-'·'-었-'과 어울려 쓰임.》 ¶ 비 갠 아침이면 햇빛 더욱 좋에라. /함성이 더욱 높았에라.

에러 (error) 명 〔'과실'·'실책'·'잘못'의 뜻으로〕 ①야구에서, 포구(捕球)나 송구(送球) 따위의 잘못으로 일어나는 실책. ¶ 유격수가 에러를 범하는 바람에 한꺼번에 두 점을 잃었다. ②컴퓨터에서, 컴퓨터의 연산 처리 결과가 하드웨어나 소프트웨어의 잘못 또는 사용자의 실수 등으로 기대하는 바와 다른 결과로 되는 것. ②오류(誤謬).

에렙신 (erepsin) 명 장액(腸液)에 함유되어 있는 소화 효소. 단백질의 분해 산물인 펩톤을 다시 아미노산으로 분해함.

에로 (←erotic) 명 성적인 자극이 있는 것. ¶ 에로 영화.

에로^문학 (←erotic文學) 명 선정적인 내용을 다룬 문학.

에로스 (Eros)[1] 명 그리스 신화에 나오는 사랑의 신. 참큐피드.

에로스 (eros 그)[2] 명 ①플라톤 철학에서의 정신적인 사랑. 참아가페. ②성적(性的)인 사랑.

에로티시즘 (eroticism) 명 남녀 간의 애욕이나 관능적인 사랑, 또는 그것을 강조하는 경향.

에로틱-하다 (erotic–) 형여 성적인 욕망이나 감정을 자극하는 데가 있다. ¶ 에로틱한 장면.

에루화 감 노래 부를 때, 흥겨움을 나타내는 소리. ¶ 에루화 좋다. 준에라.

에르그 (erg) 의 일의 양이나 에너지의 단위. 1에르그는 1다인(dyne)의 힘이 물체에 작용하여 그 힘의 방향으로 물체를 1 cm 움직이는 일의 양.

에르븀 (erbium) 명 희토류(稀土類) 원소의 한 가지. 은백색의 금속성 분말로, 물에는 녹지 않으나 산(酸)에는 녹음. 〔Er/68/167.26〕

에르스텟 (oersted) 의 자장(磁場)의 강도를 나타내는 CGS 단위. 〔기호는 Oe〕

에-를 조 방향을 나타내는 부사격 조사 '에'와 목적격 조사 '를'이 합쳐서 된 말. ¶ 친구 집에를 들르다. 준엘.

에리트로마이신 (erythromycin) 명 세균의 단백질 합성을 막는 항생 물질. 폐렴·편도선염·디프테리아 등의 치료에 쓰임.

에머리 (emery) 명 강옥(鋼玉)의 한 가지. 알갱이 꼴로 보통 자철석·적철석·석영 등이 섞여 있음. 빛깔은 흑회색 또는 흑색이며, 금강석에 버금가는 경도를 가지고 있어서 연마용으로 쓰임.

에멀션 (emulsion) 명 유제(乳劑).

에메랄드 (emerald) 명 보석의 한 가지. 녹주석(綠柱石) 중 특히 짙은 녹색을 띤 것. 녹옥(綠玉). 취옥(翠玉).

에메랄드-그린ː (emerald green) 명 ①에메랄드와 같이 맑고 산뜻한 녹색. ②에메랄드의 빛깔과 비슷한 녹색의 안료.

에메틴 (emetine) 명 토근(吐根) 알칼로이드의 한 가지. 흰 가루 모양의 결정으로, 아메바 이질의 치료약으로 쓰임.

에멜무지-로 부 ①헛일하는 셈 치고 시험 삼아. ¶ 에멜무지로 해 본 것뿐인데 뜻밖에 잘되었다. ②물건을 단단히 묶지 않은 채. ¶ 에멜무지로 등에 지고 나가다.

에뮤 (emu) 명 에뮤과의 새. 타조와 비슷한데 키 1.8 m, 몸무게 45 kg 이상. 목과 다리는 길고 튼튼하며 발톱과 날개는 짧음. 몸빛은 암회색이고 머리와 멱은 푸른색임. 잘 달리고 헤엄도 침. 오스트레일리아의 특산종임.

에뮬레이션 (emulation) 명 한 컴퓨터가 다른 컴퓨터의 시스템과 똑같이 작동하도록 특별한 프로그램이나 기계적 방법을 사용하는 기법.

에밀레-종 (–鐘) 명 경주 박물관에 보관되어 있는 신라 때의 동종(銅鐘)인 '성덕 대왕 신종(聖德大王神鐘)'을 흔히 이르는 말. '봉덕사종(奉德寺鐘)'이라고도 불림.

에버-글레이즈 (ever+glaze) 명 면포(綿布)나 화학 섬유에 수지 가공이나 열 가공을 하고, 표면에 여러 가지 무늬를 낸 직물. 〔본디는 상표명임.〕

에버-플리ː트 (ever+pleat) 명 기계적으로 주름이 지게 만든 옷감. 비를 맞아도 주름이 잘 펴지지 않음.

에베소-서 (←Ephesus書) 명 신약 성서 중의 한 편. 사도 바울이 감옥에서 썼다고 하는 목회 서간(牧會書簡). 기독론과 교회론이 그 내용임.

에보나이트 (ebonite) 명 생고무에 유황을 넣어서 만든 플라스틱 모양의 물질. 검고 광택이 있으나 탄력성은 적음. 만년필의 촉, 전기 절연체 등으로 쓰임. 경화 고무.

에부수수 부하형 쌓인 물건이 정돈되지 않아 어수선하고 엉성한 모양. ¶ 바람에 에부수수하게 된 머리. 거에푸수수.

에비 Ⅰ 명 어린아이들에게 '무서운 것'이란 뜻으로 쓰는 말. 어비. ¶ 울면 에비가 잡아간다. Ⅱ 감 어린아이가 위험한 것이나 더러운 것을 만지거나 입에 넣으려 할 때 말리는 소리. 어비. ¶ 에비, 만지면 안 돼.

에서 조 ①체언에 붙어 쓰이는 부사격 조사. ㉠어떤 행위의 처소를 나타냄. ¶ 방에서 공부한다. ㉡어떤 행동의 출발점을 나타냄. ¶ 학교에서 집까지 걸었다. 준서. ②《단체를 나타내는 명사에 붙어》 앞말이 주어임을 나타내는 주격 조사. ¶ 우리 학교에서 이겼다.

에서-부터 조 부사격 조사 '에서'와 보조사 '부터'가 합하여 된 말. 동작의 출발점을 나타냄. ¶ 서울에서부터 대전까지. 준서부터.

에설랑 조 부사격 조사 '에서'와 'ㄹ랑'이 합하여 된 말. 행동이 이루어지는 처소를 나타냄. ¶ 산에설랑 새를 잡고 물에설랑 고기를 잡자.

에세이 (essay) 명 ①자기의 느낌이나 의견 따위를 자유로운 형식으로 적은 산문. 수필. ②특별한 주제에 관한 시론(試論) 또는 소론(小論).

에센스 (essence) 명 식물의 꽃 따위에서 뽑아낸 방향성 물질. 화장품·비누·식품 따위의 향기를 내는 데에 쓰임.

에셔㉢ 〈옛〉 보다. ¶ 불고미 日月에셔 더으고(蒙法65).
에스(S)명 'south'의 머리글자로, 남쪽 또는 남극을 나타내는 부호.
에스겔-서(←Ezekiel書)명 구약 성서 중의 한 편. 에스겔의 예언인 예루살렘의 함락, 구세주의 출현, 이스라엘의 회복 등에 관한 내용을 기록함.
에스^극(S極)명 자석의 남극.
에스더-서(←Esther書)명 구약 성서 중의 한 편. 유대 인의 딸 에스더에 의해 유대 민족이 구원받음을 기록함.
에스디ː아ː르(SDR)명 국제 통화 기금의 특별 인출권(特別引出權). [special drawing rights]
에스라-서(←Ezra書)명 구약 성서 중의 한 편. 유대 학자·선지자인 에스라의 종교 개혁을 기록함.
에스-사이즈(S-size)명 셔츠·블라우스 따위의 규격 중 보통의 치수보다 작은 것. ㊟엘사이즈·엠사이즈. [small size]
에스상 결장(S狀結腸)[-짱] 대장(大腸)의 일부로 직장(直腸)과 이어지는 부분.
에스아ː르^가공(SR加工)명 폴리에스테르와 같은 합성 섬유의 대전성(帶電性)을 없애어 때 타는 것을 방지하는 가공. 〔'SR'는 'soil release'의 약어.〕
에스에스티ː(SST)명 초음속기. [supersonic transport]
에스에이치에프(SHF)명 초고주파(超高周波). [superhigh frequency]
에스에프(SF)명 과학적 공상으로 상식을 초월한 세계를 그린 소설. 공상 과학 소설. [science fiction]
에스엠디ː(SMD)명 낮은 전력으로 큰 출력 전압을 얻을 수 있는 반도체 소자. 1968년 일본의 소니사가 개발하였음. [Sony magnetodiode]
에스오ː에스(SOS)명 ①국제적으로 쓰이는, 무선 전신에 의한 조난 신호. ②위험 신호. 구조 신호. ¶ 에스오에스를 보내다.
에스카르고(escargot 프)명 식용으로 양식한 큰 달팽이. 프랑스 요리에 쓰임.
에스캅(ESCAP)명 아시아 태평양 경제 사회 위원회. [Economic and Social Commission for Asia and the Pacific]
에스컬레이터(escalator)명 사람이 걷지 않고도 자동적으로 계단을 오르내릴 수 있게 한 장치. 자동계단.
에스코ː트(escort)명하타 호위함. 특히 남자가 여자를 호위하고 감, 또는 그 일. ¶ 경호원들의 에스코트를 받다.
에스키모(Eskimo)명 북아메리카의 북극해 연안을 중심으로 분포하는 민족의 이름. 황색 인종에 속하며 고기잡이와 사냥으로 생활함.
에스테라아제(Esterase 독)명 에스테르를 산과 알코올로 가수 분해 하는 효소를 통틀어 이르는 말.
에스테르(ester)명 산(酸)과 알코올이나 페놀과의 탈수 반응에 따라 결합하여 생기는 화합물을 통틀어 이르는 말.
에스트로겐(estrogen)명 ☞여포 호르몬.
에스페란토(Esperanto)명 1887년에 폴란드의 자멘호프가 고안한 국제어(國際語). 28개의 자모(字母)와 1900개의 기본 단어로 이루어지며 문법이 매우 간단함.
에스프레시보(espressivo 이)명 악보의 나타냄말. '표정을 풍부하게'의 뜻.
에스프리(esprit 프)명 〔'정신'·'기지(機智)'의 뜻으로〕 근대적인 새로운 정신 활동을 이르는 말.
에스피ː-반(SP盤)명 1분간에 78회의 회전수를 가진 레코드. ㊟엘피반·엠피반. [standard playing record]
에스피ː에스(SPS)명 달 비행용 아폴로 우주선의 동력 부분인 기계선(機械船)의 으뜸 엔진. [Service Propulsion System]
에야-디야감 〈어기야디야〉의 준말.
에어데일-테리어(Airedale terrier)명 영국 원산인 개의 한 품종. 호위견(護衛犬)·군용견(軍用犬)으로 많이 쓰임.
에어러그램(aerogram)명 항공 서한.
에어로빅(aerobic)명 에어로빅댄스.
에어로빅-댄스(aerobic dance)명 에어로빅스를 응용한 미용 체조의 한 가지. 에어로빅.
에어로빅스(aerobics)명 운동에 의해 일정 시간에 인체가 섭취할 수 있는 최대 산소량을 높이는 일.
에어로졸(aerosol)명 분무식으로 된 약제.
에어-백(air bag)명 자동차가 충돌하는 순간, 자동적으로 공기주머니 모양으로 부풀어 올라 탑승자를 보호하도록 특정 부분에 설치한 장치.
에어^브레이크(air brake)명 압축 공기의 힘을 이용하여 차를 멈추게 하는 제동 장치. 공기제동기(空氣制動機).
에어-쇼ː(air+show)명 비행기가 공중에서 펼쳐 보이는, 성능 시험 비행·전시(展示) 비행·곡예비행 따위를 통틀어 이르는 말.
에어^슈ː터(air shooter)명 서류를 작은 원통형의 갑 속에 담아 부서 간에 연결된 관(管)을 통하여 압축 공기로 쏘아 같은 건물 안에 있는 다른 부서로 빨리 보낼 수 있도록 설치한 장치.
에어^커ː튼(air curtain)명 건물의 출입구 따위에 막을 만들어 공기의 흐름을 차단함으로써 외기(外氣)나 먼지가 들어오는 것을 막는 장치.
에어컨(←air conditioner)명 〈에어컨디셔너〉의 준말.
에어컨디셔너(air conditioner)명 실내 공기의 온도나 습도를 자동적으로 조절하는 장치. 주로, 냉방 장치를 이름. ㊂에어컨.
에어^컴프레서(air compressor)명 공기 압축기.
에어-쿠션(air cushion)명 공기를 넣은 쿠션. 소파의 방석 따위에 쓰임.
에어^펌프(air pump)명 공기 펌프.
에어^포켓(air pocket)명 난기류 관계로 공기가 엷어져, 비행 중인 항공기의 고도가 급격히 떨어지게 되는 곳.
에에감 다음 말이 곧 나오지 않거나 말을 망설이거나 할 때 내는 소리. ¶ 에에, 이것으로 주시오.
에여라차감 '어여차'를 받아넘기는 소리.
에엿비부 〈옛〉 가엾이. 딱하게. ¶ 나그내롤 에엿비 너기고(老解上37).
에오명 임금이 거둥할 때, 노상의 귀신을 쫓는다 하여 안롱(鞍籠)이 옆에 끼고 가던, 유지(油紙)에 그린 짐승의 이름.
에오-세(←Eocene世)명 지질 시대의 신생대 제3기(紀)를 다섯으로 나눈 둘째 시대. 시신세.
에오신(eosin)명 선홍색의 산성 염료. 양털·견직물·나일론 등의 염색과 분석용 시약, 붉은 잉크 따위에 이용됨.

-에요 어미 '아니다'의 어간에 붙어, 친근한 느낌을 담아 사물을 긍정적으로 단정하여 말하거나 지정하여 묻는 뜻을 나타냄. ¶ 저는 학생이 아니에요. /저 사람이 회장이 아니에요? 참이에요.

에우다 타 ①둘레를 삥 둘러싸다. ②딴 길로 돌리다. ¶ 길을 에워 차들이 돌아갈 수 있게 하였다. ③다른 음식으로 끼니를 때우다. ¶ 빵으로 점심을 에우다. ④장부 따위의 필요 없는 부분을 지우다. ¶ 결석한 사람들의 이름을 에우다.

에우아리 명 〈옛〉 바리때. ¶ 누비옷 닙고 에우아리 가지고(朴解上33). 참어유아리.

에우쭈루 감 지난날, 높은 벼슬아치가 행차할 때, 보통 사람들의 통행을 금하느라고 하인이 외치던 소리.

에운-담 명 ☞큰입구몸.

에움 명하타 갚거나 배상함, 또는 그런 일.

에움-길 [-낄] 명 굽은 길. 에워서 돌아가는 길.

에워-가다 Ⅰ자 바른길로 가지 아니하고 둘러 가다.
Ⅱ타 장부 따위의 필요없는 부분을 지워 나가다. ¶ 그녀는 가계부를 정리하면서 낙서한 부분을 하나하나 에워갔다.

에워-싸다 타 둘레를 둘러싸다. ¶ 마을을 에워싸고 있는 산줄기.

에-의 조 방향을 나타내는 부사격 조사 '에'와 관형격 조사 '의'가 합쳐서 된 말. ¶ 해외 시장에의 진출.

에이 감 ①속이 상하거나 무슨 일을 단념하거나 할 때에 내는 소리. ¶ 에이, 나도 모르겠다. ②〈에이끼〉의 준말. ¶ 에이, 못난 놈. 네가 그러고도 사람이냐?

에이(A) 명 〔영어 알파벳의 첫째 글자라는 뜻에서〕 '첫째·최상·최고' 등의 뜻으로 쓰이는 말. ¶ 에이 등급.

에이그 감 밉거나 한탄스러울 때 내는 소리. ¶ 에이그, 저걸 어떻게 하면 좋담.

에이-급(A級) 명 제1급. 최상급(最上級). ¶ 에이급 선수.

에이끼 감 손아랫사람에 대하여 괘씸하다는 뜻으로 내는 소리. ¶ 에이끼, 이 버릇없는 녀석! 준에이.

에-이다[1] 자 〖'에다1'의 피동〗 ¶ 살이 에이는 듯 한 추위.

에-이다[2] 타 '에다1'의 잘못.

에이도스(eidos 그) 명 철학에서, '형상(形相)'을 인식론적 관점에서 표현하는 플라톤의 용어.

에이드(ade) 명 과일즙에 설탕과 물을 섞은 음료. 〔레모네이드 따위.〕

에이-디:(AD) 명 서력 기원(西曆紀元). 서기(西紀). ↔비시(BC). [Anno Domini]

에이디:비(ADB) 명 아시아 개발 은행. [Asian Development Bank]

에이디:아이제트(ADIZ) 명 방공 식별권(防空識別圈). 방공을 위하여 영토 주위에 환상(環狀)으로 설정한 항공기 식별 구역으로서, 이 식별권을 드나드는 항공기는 반드시 사전에 통보하여야 함. [Air Defense Identification Zone]

에이비:시:(ABC) 명 〔영어 알파벳의 처음 석 자로〕 ①'알파벳'을 일상적으로 이르는 말. ¶ 에이비시를 가르치다. ②초보(初步). 입문(入門). 첫걸음. ¶ 골프의 에이비시. /에이비시부터 시작하다.

에이비:시:^병기(ABC兵器) 명 원자 무기·생물학 무기·화학 무기를 아울러 이르는 말. [atomic, biological, and chemical weapons]

에이비:시:^전:쟁(ABC戰爭) 명 화생방전.

에이비:엠(ABM) 명 탄도탄 요격 미사일. [anti-ballistic missile]

에이비:오:식 혈액형(ABO式血液型) [-시켜래켱] 혈액형을 A·B·O·AB형의 4가지로 분류한 것. 〔멘델의 법칙에 따라 유전함.〕

에이비:-형(AB型) 명 ABO식 혈액형의 한 가지. 에이형·비형·오형·에이비형인 사람에게서 수혈받을 수 있고, 에이비형인 사람에게만 수혈할 수 있음.

에이스(ace) 명 ①트럼프나 주사위 따위의 한 끗. ②각종 운동 경기에서, 가장 큰 활약을 하는 선수. ③☞서비스 에이스. ④야구에서, 주전(主戰) 투수.

에이시:티:에이치(ACTH) 명 부신 피질 자극 호르몬. [adrenocorticotropic hormone]

에이아이(AI)[1] 명 인공 지능(人工知能). [artificial intelligence]

에이아이(AI)[2] 명 ☞조류 인플루엔자. [avian influenza]

에이에스(AS) 명 '애프터서비스'를 줄여 이르는 말. ¶ 에이에스를 받다.

에이엠(AM)[1] 명 상오(上午). ↔피엠(PM). [Ante Meridiem]

에이엠(AM)[2] 명 진폭 변조. 참에프엠. [amplitude modulation]

에이엠^방:송(AM放送) 명 진폭 변조 방식에 의한 라디오 방송. 참에프엠 방송.

에이오-판(A五版) 명 책의 판형의 한 가지. 에이판 전지(全紙)를 열여섯 겹으로 접은 가로 148 mm, 세로 210 mm 크기. 국판(菊版)보다 조금 작은 판형. 참국판(菊版).

에이전시(agency) 명 ①대리업. 대리점. ②광고 대행업자.

에이^전:원(A電源) 명 열전자관 회로(熱電子管回路)에서, 그 히터나 필라멘트를 가열하기 위한 전원. ↔비 전원(B電源).

에이즈(AIDS) 명 후천성 면역 결핍증. [Acquired Immune Deficiency Syndrome]

에이치(H) 명 연필심(鉛筆心)의 경도(硬度)를 나타내는 부호. H, 2H, 3H 따위로 나타내는데, 숫자가 클수록 굳음.

에이치^봄(H bomb) 명 수소 폭탄.

에이치비:(HB) 명 연필심(鉛筆心)에서, 특별히 굳지도 연하지도 않은, 보통의 경도를 나타내는 부호. [hard black]

에이치아:르(HR) 명 인간관계. [human relations]

에이치이:(HE) 명 인간 공학(人間工學). [human engineering]

에이치형^강(H形鋼) 명 단면이 'H' 자 모양인 긴 강재(鋼材).

에이커(acre) 의 야드파운드법의 면적의 단위. 1에이커는 약 4047m^2 또는 약 1224평(坪)임. 〔기호는 ac〕

에이큐(AQ) 명 성취 지수(成就指數). [achievement quotient]

에이트(eight) 명 ①조정 경기 종목의 한 가지. 한 사람의 타수(舵手)를 포함한 아홉 사람이 한 조를 이루어 일정 거리를 경조(競漕)함. ②럭비에서, 스크럼을 여덟 사람이 짜는 일, 또는 그 방식.

에이티:시:(ATC) 명 신호에 따라 자동적으로 열차의 속도를 조절하는 장치. 자동 열차 제어 장치. [automatic train control]

에이티:에스(ATS)명 정지 신호가 나오면, 열차를 자동적으로 멈추게 하는 장치. 자동 열차 정지 장치. [Automatic Train Stopper]

에이티:피:(ATP)명 체내에서 에너지를 저장하거나 방출하는 데 가장 중요한 구실을 하는 물질. [adenocine triphosphate]

에이-판(A版)명 종이의 규격판의 한 가지. 가로 841 mm, 세로 1,189 mm 크기를 기본으로 삼아, 긴 변을 절반으로 자른 크기〔594 mm×841 mm〕를 A1판이라 하고 A2, A3, A4…로 숫자를 붙임. 참국판(菊版).

에이펙(APEC)명 아시아 태평양 경제 협력체. [Asia Pacific Economic Council]

에이프런(apron)명 ①서양식 앞치마나 턱받이. ¶ 에이프런을 두르고 식사하다. ②〈에이프런스테이지〉의 준말.

에이프런-스테이지(apron stage)명 극장에서, 관람석 쪽으로 튀어나와 있는 무대의 일부. 준에이프런.

에이-형(A型)명 ABO식 혈액형의 한 가지. 에이형과 오형인 사람에게서 수혈받을 수 있고, 에이형과 에이비형인 사람에게 수혈할 수 있음.

에인절-피시(angelfish)명 시클리드과의 열대 민물고기. 남미 아마존 강 유역과 기아나 원산임. 몸길이는 10~15 cm가량. 몸은 옆으로 납작하고 각 지느러미가 길게 뻗쳐 있음. 몸빛은 은빛으로 3개의 흑색 띠가 세로로 그어져 있음. 관상용으로 기름.

에잇[-읻]감 불쾌한 느낌을 나타내는 소리. ¶ 에잇, 속상해. /에잇, 못된 것 같으니라고.

에참감 뜻에 맞지 않으나 어찌할 수 없을 때 스스로 내는 소리. ¶ 에참, 하필 오늘 나타날 게 뭐람.

에취부 재채기할 때 나는 소리.

에칭(etching)명 산(酸)이 금속을 부식시키는 작용을 이용하여 동판(銅版)에 그림을 그리는 기법, 또는 그것으로 된 인쇄물. 부식 동판(腐蝕銅版).

에코:(Echo)[1]명 그리스 신화에 나오는 숲의 요정(妖精). 실연(失戀)의 고통 끝에 모습이 없어지고 목소리만 남아 메아리가 되었다 함.

에코:(echo)[2]명 메아리. 반향(反響).

에코:^머신(echo machine)명 인공적으로 메아리를 이루게 하는 장치. 방송극이나 레코드음악 따위에 이용됨.

에쿠감 〈에쿠나〉의 준말.

에쿠나감 깜짝 놀라거나 매우 절망적일 때 내는 소리. ¶ 에쿠나, 큰일 났군. 준에쿠. 참에꾸나.

에쿠쿠감 몹시 상심하거나 놀랐을 때에 저도 모르게 나오는 소리. 여에구구.

에크감 〈에크나〉의 준말.

에크나감 갑자기 놀라서 내는 소리. 준에크.

에키감 갑자기 놀라서 내는 소리. ¶ 에키, 놀라라. 참에끼[1].

에탄(ethane)명 메탄계 탄화수소의 한 가지. 무색무취의 기체로 물에 잘 녹지 않음. 천연가스·석탄 가스·석유 가스 속에 함유되어 있음.

에탄올(ethanol)명 ☞에틸알코올.

에:테르(ether)명 ①빛이나 전파를 전하는 매체로서 우주에 차 있다고 생각되어 왔던 물질. 상대성 원리에 의하여 그 존재가 부정되었음. ②두 개의 탄화수소기(炭化水素基)가 산소 원자 한 개와 결합된 유기 화합물을 통틀어 이르는 말. 일반적으로는 에틸에테르를 가리킴.

에:토스(ethos 그)명 인간의 습관적인 행위로 말미암아 생긴 지속적인 성상(性狀), 또는 성격. 어떤 사회 집단의 특유한 관습. ↔파토스.

에튀드(étude 프)명 ①서양 음악에서, 주로 기악 연주법을 익히기 위하여 만들어진 악곡. 연습곡. ②그림·조각 따위의 습작(習作)이나 시작(試作).

에티켓(étiquette 프)명 ①예절. 예법. 매너. ②사교상의 마음가짐이나 몸가짐.

에틸-기(ethyl基)명 알킬기(基)의 한 가지. 〔화학식은 C_2H_5-〕

에틸렌(ethylene)명 탄화수소의 한 가지. 무색의 가연성 기체이며, 석탄 가스에 함유되어 있음. 공업적으로는 석유의 열분해에 의해서 만듦. 생유기(生油氣).

에틸-알코올(ethyl alcohol)명 알코올의 한 가지. 무색투명하며 방향(芳香)이 있는 액체. 알코올 음료·용제(溶劑)·연료·의약품·분석용 시약 등으로 쓰임. 에탄올. 주정(酒精).

에틸에:테르(ethyl ether)명 특유의 냄새를 갖는 무색의 인화성(引火性) 액체. 에틸알코올에 진한 황산을 가하고 가열해서 만듦. 분석용 시약·용제(溶劑)·마취제 등으로 쓰임. 참에테르.

에페(épée 프)명 펜싱 종목의 한 가지, 또는 그 경기에 쓰는 검. 상대편 몸의 어느 부분을 찔러도 유효타(有效打)가 됨.

에페드린(ephedrine)명 마황(麻黃)에 함유되어 있는 알칼로이드의 한 가지. 흰색의 결정으로 기관지염·백일해·천식 등의 약재로 쓰임.

에포케(epochē 그)명 고대 그리스 철학에서, 판단을 중지하는 일. 고대(古代) 회의파(懷疑派)의 중심 개념임. 판단 중지.

에푸수수부하형 쌓인 물건이 정돈되지 않아 어수선하고 엉성한 모양. 여에부수수.

에프(F)명 ①음명(音名)의 '바' 음. ¶ 에프장조. ②화씨온도를 나타내는 기호. ¶ 30° 에프. ③카메라 렌즈의 밝기나 조리개의 크기를 나타내는 기호.

에프디:에이(FDA)명 미국에서 식품·의약품·화장품의 허가, 품질, 안전성 등에 관한 사무를 맡아보는 기관. [Food and Drug Administration]

에프-수(F數)명 사진에서, 렌즈의 밝기를 나타내는 렌즈 조리개의 눈금 숫자. 숫자가 작을수록 밝음.

에프아이(FI)명 ☞페이드인(fade-in).

에프에이에스(FAS)명 해상 무역에서의 계약 조건의 한 가지. 매도측이 상품을 본선의 선측(船側)에서 매수측에 인도하는 일. [free alongside ship]

에프에이오:(FAO)명 국제 연합 식량 농업 기구. [Food and Agriculture Organization]

에프엠(FM)명 주파수 변조. ¶ 에이엠과 에프엠의 겸용 라디오. 참에이엠[2]. [frequency modulation]

에프엠^방:송(FM放送)명 주파수 변조 방식에 의한 방송. 외부 잡음의 영향이 적고 고충실도 방송이 가능함. 참에이엠 방송.

에프오:(FO)명 ☞페이드아웃.

에프오:비:(FOB)명 무역 조건의 한 가지. 선적항에서 상품을 선적하기까지의 비용을 매도측이 부담하는 조건. 본선 인도. [free on board]

에프오:에이(FOA)명 미국의 대외 원조 계획을 관할하던 행정 기관. 1953년에 엠에스에이의 후신으로 발족하였으나, 1955년에 폐지됨. [Foreign Operation Administration]

에프-층 (F層) 명 지상으로부터 높이 200~300 km 사이에 있는 전리층(電離層). 낮에는 F1과 F2의 두 층으로 갈라짐.

에피소ː드 (episode) 명 ①이야기나 사건 등의 줄거리 사이에 끼워 넣는 짧은 이야기. 삽화(揷話). ②일화(逸話). ③주부(主部) 사이에 끼워 넣는 짧고 자유로운 악곡. ③삽입곡.

에피쿠로스-주의 (Epicouros主義) [-의/-이] 명 ①〔고대 그리스의 철학자 에피쿠로스의 설에서〕 정신적인 쾌락을 인생 최고의 목적으로 하는 주의. ②쾌락주의. 향락주의.

에필로그 (epilogue) 명 ①시가·소설·연주 따위의 끝 부분. ↔프롤로그. ②소나타 형식의 악장에서, 제2주제 뒤의 작은 종결부.

에헤 감 ①기막힌 일이나 가소로운 일을 보았을 때 내는 소리. 작애해. ②노래에서, 흥에 겨워 끼워 넣는 소리.

에헤야 감 노래에서, '에헤'를 더욱 흥겹게 내는 소리. ¶ 에헤야, 좋구나 좋다.

에헤헤 부 ①가소롭다는 듯이 웃는 웃음소리. ②비굴하게 웃는 웃음소리.

에헴 감 점잔을 빼거나 '내가 여기 있다'는 것을 알리는 큰기침 소리. 작애햄.

엑 감 〈에기〉의 준말.

엑기스 (←エキス 일) 명 '진액(津液)'으로 순화.

엑스 (X·x) 명 수학에서, 미지수의 기호로 쓰는 x의 이름. 〔흔히, 이탤릭체 소문자로 씀.〕

엑스-각 (X脚) 명 ☞외반슬. ↔오각(O脚).

엑스^광선 (X光線) 명 ☞엑스선.

엑스-레이 (X-ray) 명 ☞엑스선.

엑스-선 (X線) 명 고속의 전자가 장벽에 부딪칠 때에 발생하는 짧은 파장의 전자기파. 물질을 투과하는 힘이 크기 때문에 질병의 진단이나 치료, 공업 자재의 검사, 미술품의 감정 등에 널리 이용되고 있음. 뢴트겐선. 엑스 광선. 엑스레이.

엑스선-관 (X線管) 명 엑스선을 발생시키기 위한 진공관. 〔음극과 양극으로 이루어진 이극 진공관(二極眞空管)의 한 가지.〕

엑스선^분광^분석 (X線分光分析) 명 엑스선을 응용하여 물질을 식별하는 분광학적 분석, 또는 엑스선을 이용한 물질의 감별법.

엑스선^사진 (X線寫眞) 명 물질에 엑스선을 비춰서 찍은 사진. 인체 내부의 이상을 알아보기 위하여 많이 이용됨. 뢴트겐 사진.

엑스선^현ː미경 (X線顯微鏡) 명 광선 대신 엑스선을 사용한 현미경. 의학·박물학·금상학(金相學) 등의 부문에서 이용됨.

엑스엑스엑스 (XXX) 명 무선 전신에 의한 만국 공통의 긴급 신호. 에스오에스(SOS) 다음가는 제2급의 위난 때에 발신함.

엑스^염ː색체 (X染色體) 명 성염색체(性染色體)의 한 가지. 암컷이 같은 형(型)의 성염색체를 두 개 이상 가진 경우에 그 성염색체를 이르는 말. ↔와이 염색체.

엑스^좌ː표 (X座標) 명 ☞가로 좌표.

엑스-축 (X軸) 명 좌표축(座標軸)의 한 가지. 가로축. ↔와이축(Y軸).

엑스커베이터 (excavator) 명 굴착기의 한 가지. 크레인 끝에 큰 삽이 달려 있음.

엑스터시 (ecstasy) 명 감정이 고조되어 자기 자신을 잊고 무아도취의 상태가 되는 일. 황홀(恍惚).

엑스트라 (extra) 명 영화나 연극에서, 군중 따위의 단역으로 나오는 임시 고용의 출연자. ¶ 엑스트라에서 주인공으로 발탁되다.

엑스포 (Expo) 명 만국 박람회(萬國博覽會). [Exposition]

엑슬란 (Exlan) 명 폴리 아크릴계 합성 섬유의 일본 상품명.

엔 조 〈에는〉의 준말. ¶ 학교엔 잘 다니고 있느냐?/집엔 별일 없지?

엔 (えん.円 일) 의 일본의 화폐 단위.

엔간찮다 [-찬타] 형 보통이 아니다. 만만찮다. *엔간찮아[-차나]·엔간찮소[-찬쏘]

엔간-하다 형여 〈어연간하다〉의 준말. ¶ 엔간해서는 고집을 꺾지 않을 거야. **엔간-히** 부.

엔ː굽이-치다 자 (굽이진 곳에서) 물이 휘돌아 흐르다.

엔ː-담 명 ①사방을 둘러쌓은 담. ②☞큰입구몸.

엔도르핀 (endorphin) 명 척추동물의 신경 세포에 들어 있는, 진통 효과를 지닌 물질.

엔드^라인 (end line) 명 농구나 배구 등의 코트에서, 직사각형의 짧은 변을 이루는 선.

엔들 조 부사격 조사 '에'와 보조사 'ㄴ들'이 합쳐서 된 말. '에라도 어찌'의 뜻을 나타냄. ¶ 그곳엔들 못 가랴. /꿈엔들 잊으리오.

엔실리지 (ensilage) 명 사료 작물을 짧게 썰어 생으로 사일로에 다져 넣은 다음, 젖산을 발효시켜 만든 저장 사료. 사일리지(silage).

엔오ː시ː (NOC) 명 국가 올림픽 위원회. [National Olympic Committee]

엔지ː (NG) 명 ①영화 따위에서, 촬영에 실패하는 일, 또는 그 때문에 못 쓰게 된 필름. ¶ 엔지를 내다. ②라디오·텔레비전에서, 녹음이나 녹화에 실패하는 일. [No good]

엔지니어 (engineer) 명 기계·전기·토목·건축 관계의 기술자. 기사(技師). 기술자.

엔지니어링 (engineering) 명 ①공학(工學). ②각종 장치나 기기(機器)를 일정한 생산 목적에 따라 유기적인 체계로 구성하는 활동.

엔지오 (NGO) 명 민간단체가 중심이 되어 만들어진 비정부 국제 조직. [nongovernmental organization]

엔진 (engine) 명 기관. 발동기. 원동기.

엔진^브레이크 (engine brake) 명 엔진의 압축 저항이나 엔진·변속기의 기계적 마찰 등에 의한 자동차의 제동 작용. 저속 기어로 바꾸면 브레이크를 밟지 않아도 속도가 떨어짐. 주로, 내리막길에서 사용함.

엔진^오일 (engine oil) 명 내연 기관에 쓰는 윤활유.

엔트로피 (entropy) 명 열 역학(熱力學)에서, 물질의 상태를 나타내는 양(量)의 한 가지. 물질을 구성하는 입자의 배열이나 질서의 정도를 나타냄.

엔트리 (entry) 명 (운동 경기 등에서의) 출장 신청(出場申請). 참가 등록, 또는 그 명부.

엔-화 (えん貨) 명 일본의 화폐.

엘 조 〈에를〉의 준말. ¶ 이제서야 집엘 가다니.

엘니ː뇨 (el Niño 스) 명 남아메리카 서해안을 따라 흐르는 차가운 페루 해류 속에 이상 난류가 유입되면서 적도 부근의 해면 수온이 높아지는 현상. 참라니냐.

엘레간테 (elegante 이) 명 악곡의 나타냄말. '우아하게'의 뜻.

엘레자코 (elegiaco 이) 명 악보의 나타냄말. '슬프게'의 뜻.

엘레지 명 개의 자지. 구신(狗腎).

엘레지 (élégie 프) 명 비가(悲歌). 애가(哀歌). 만가(輓歌).

엘렉트라^콤플렉스(Electra complex)명 정신 분석학에서, 딸이 아버지에게 애정을 느끼고 동성(同性)인 어머니에게 반감을 가지는 심리적인 경향. 참오이디푸스 콤플렉스.
엘리베이터(elevator)명 승강기(昇降機).
엘리트(élite 프)명 우수한 사람으로 인정되거나 사회적으로 지도적인 위치에 있는 소수의 사람. ¶ 엘리트 집단. /엘리트 의식(意識).
엘-사이즈(L-size)명 셔츠·블라우스 따위의 규격 중 대형의 것. 참에스사이즈·엠사이즈. [large size]
엘시ː(L/C)명 신용장(信用狀). [letter of credit]
엘시ː디ː(LCD)명 액정 영상 장치. [Liquid Crystal Display]
엘시ː엠(LCM)명 최소 공배수. [least common multiple]
엘에스디ː(LSD)명 맥각(麥角)의 알칼로이드에서 만들어지는 강력한 환각제. [lysergic acid diethylamide]
엘에스아이(LSI)명 고밀도 집적 회로(高密度集積回路). [large scale integration]
엘에스티ː(LST)명 미 해군의 상륙 작전용 함정(艦艇). 탱크나 병력 등을 대량으로 수송함. [landing ship for tank]
엘엔지ː(LNG)명 액화 천연가스. [liquefied natural gas]
엘엠지ː(LMG)명 경기관총(輕機關銃). [light machine gun]
엘피ː^가스(LP gas)명 ☞엘피지(LPG).
엘피ː-반(LP盤)명 1분간에 33과 3분의 1회를 회전하는 레코드. 에스피반에 비하여 연주 시간이 길고, 음질이나 음량이 뛰어남. [long playing record]
엘피ː지ː(LPG)명 액화 석유 가스. 엘피 가스. 참프로판 가스. [liquefied petroleum gas]
엠바ː고(embargo)명 ①국제법에서, 자국(自國)의 항구에 입항하여 있는 외국 선박을 억류하여 출항시키지 않는 일. 선박 억류. ②신문·방송 등에서, 일정 기간 기사(記事)의 보도 시점을 제한하는 일.
엠보싱(embossing)명 직물이나 종이 따위의 표면에 돋을새김 무늬를 찍어 내는 일.
엠브이피ː(MVP)명 (스포츠의) 최우수 선수. [most valuable player]
엠-사이즈(M-size)명 셔츠·블라우스 따위의 규격 중 중치의 것. 참에스사이즈·엘사이즈. [medium size]
엠시ː(MC)명 연예(演藝)·퀴즈·인터뷰 따위의 방송 프로그램을 진행하는 사회자. [master of ceremonies]
엠아ː르비ː엠(MRBM)명 중거리(中距離) 탄도탄. 사정 거리는 800~1600 km임. [medium range ballistic missile]
엠아ː르에이^운ː동(MRA運動)명 도덕 재무장 운동. 제일 차 세계 대전 후 미국의 종교가 부크맨에 의하여 제창된 세계적인 정신 운동. [Moral Re-Armament]
엠아이에스(MIS)명 경영 정보(經營情報) 시스템. [Management Information System]
엠앤드에이(M&A)명 두 개 이상의 기업이 합병하거나 한 기업이 다른 기업의 주식·자산 따위를 취득하여 경영권을 인수하는 일. [merger and acquisition]
엠에스에이(MSA)명 미국의 상호 안전 보장 본부. 대외 원조 업무를 통할하던 기관으로 1953년에 에프오에이(FOA)로 대치되었음. [Mutual Security Agency]
엠엠시ː(MMC)의 방사선의 측정 단위. [micro micro curie]
엠케이-강(MK鋼)명 철·니켈·알루미늄·구리·코발트 등의 합금. 강력한 자성을 가지며 전기기기에 널리 쓰임.
엠케이에스^단위계(MKS單位系)[-계/-게]명 단위계의 한 가지. 길이는 미터(m), 질량은 킬로그램(kg), 시간은 초(s)로 나타냄.
엠티(MT)명 주로 대학생들이, 구성원의 친목 도모와 화합을 위하여 함께 갖는 수련회. [membership+training]
엠파이어^클로ː스(empire cloth)명 면포 따위에 유성 바니시를 침투시켜서 말린 전기 절연체.
엠피ː(MP)명 헌병. [Military Police]
엠피ː-반(MP盤)명 중시간(中時間) 연주용의 레코드. 엘피반(LP盤)과 회전수는 같으나 회전 시간은 절반도 안 됨. 홈이 넓어 큰 음량(音量)을 완전히 녹음할 수 있음. [medium playing record]
엠피ː-스리ː(MP three)명 압축 기술을 이용하여 음반 시디(CD)에 가까운 음질을 유지하면서 데이터의 크기를 10분의 1까지 줄인 파일, 또는 그 압축 기술의 하나. [MEPG Audio Layer-3]
엠피ː에이치(mph)의 속도의 단위. 마일로 나타낸 시속(時速). [miles per hour]
엥감 성나거나 짜증나거나 하여 마음이 잔뜩 토라져서 내는 소리. 작앵[2].
엥겔^계ː수(Engel係數)[-계-/-게-]명 식비(食費)가 가계 지출 중에서 차지하는 비율. 이 계수가 높을수록 생활수준이 낮은 것으로 간주됨.
엥겔^법칙(Engel法則)명 소득이 낮은 가족일수록 가계 지출에서 차지하는 식비(食費)의 비율이 커진다는 법칙. 1875년 독일의 통계학자 엥겔이 밝힌 가계비의 통계적 법칙.
여[1]명 한글 자모(字母)의 모음 'ㅕ'의 음가(音價) 및 이름.
여[2]명 물속에 잠겨 있는 바위. 암초(暗礁).
여[3]조 모음으로 끝난 체언에 붙어, 호칭의 대상을 감탄조로 높여 부를 때 쓰이는 호격 조사. ¶ 주여, 어디로 가시나이까? 참이여.
여(女)[1]명 ①딸. ②〈여성(女性)[1]〉의 준말.
여(女)[2]명 〈여성(女星)〉의 준말.
여(旅)[1]명 옛 중국에서, 병사 500명을 단위로 하던 군대. 사(師)의 아래.
여(旅)[2]명 〈여괘(旅卦)〉의 준말.
여ː(與)명 〈여당(與黨)〉의 준말. ¶ 여와 야의 국회의원.
여ː(汝)대 너. 자네.
여(余·予)대 나.
여-(女)접두 《일부 한자어 앞에 붙어》 '여성'임을 나타냄. ¶ 여교사. /여배우. /여사장.
-여(餘)접미 한자어로 된 수사 뒤에 붙어, 그 이상임을 나타냄. ¶ 십여 가구. /천여 원.
-여어미 동사 '하다' 및 접미사 '-하다'가 붙는 용언의 어간에 쓰이는 연결 어미. 어미 '-아/-어'와 같은 뜻과 기능을 가졌음. 《흔히, '하-'와 결합하여 줄어든 '해'로 씀.》 ¶ 성공하여(성공해) 돌아오다. /조용하여(조용해) 좋다. /지금 공부하여(해). /일하여(해) 주다. 참-아·-어.

여가(閭家)명 ☞여염집.
여가(餘暇)명 겨를. 틈. 가극(暇隙). ¶ 여가 시간. /여가를 이용하다.
여:가(輿駕)명 임금이 타던 가마나 수레.
여각(旅閣)명 ☞객줏집.
여각(餘角)명 수학에서, 두 각의 합(合)이 직각일 때, 그 한 각에 대한 다른 각을 이르는 말.
여간(如干)부 보통으로. 어지간하게. 《뒤에 부정하는 말을 뒤따르게 하여 쓰임.》 ¶ 고집이 여간 세게 아니다.
 여간(이) 아니다관용 보통이 아니다. 대단하다.
여간-내기(如干-)명 ☞보통내기. 예사내기. ¶ 그 아이는 정말 여간내기가 아니로구나.
여간-하다(如干-)형여 어지간하다. 《수로, '아니다'·'않다' 따위의 부정어와 함께 '여간한'·'여간해서'·'여간하지' 등의 꼴로 쓰임.》 ¶ 여간한 강심장이 아니다. /여간해서 무너지지 않는다.
여감(女監)명 여자 죄수를 가두어 두는 감방. 여감방.
여-감방(女監房)명 ☞여감(女監).
여객(旅客)명 여행을 하고 있는 사람. 나그네. ¶ 여객 운송.
여객-기(旅客機)[-끼]명 여객을 실어 나르는 것을 목적으로 하는 비행기.
여객-선(旅客船)[-썬]명 여객을 실어 나르는 것을 목적으로 하는 배. 객선(客船).
여객^열차(旅客列車)[-갱녈-]명 여객을 실어 나르기 위하여 객차로만 편성된 열차. ↔화물 열차.
여:건(與件)[-껀]명 ①어떤 일을 하는 출발점으로서의 주어진 조건. ¶ 여건이 좋지 않다. /경제적인 여건만 허락된다면 계속 공부를 하고 싶습니다. ②철학에서, 추리나 연구 따위의 출발점으로서 주어지거나 가정(假定)되는 사실. ②소여(所與).
여건(餘件)[-껀]명 ☞여벌.
여걸(女傑)명 성격이 활달하고 사회적 활동이 뛰어난 여성. 여장부(女丈夫).
여겨-듣다[-따][~들으니·~들어]타ㄷ 정신 차려서 듣다. 자세히 듣다.
여겨-보다타 (잊지 않게) 눈여겨 똑똑히 보다.
여:격^조:사(與格助詞)[-껵쪼-]명 체언으로 하여금 무엇을 받는 자리에 서게 하는 부사격 조사. 〔'에게'·'께'·'한테' 따위.〕
여경(女鏡)명 여자용의 거울 또는 안경.
여경(女警)명 '여자 경찰관'을 줄이어 이르는 말.
여경(餘慶)명 착한 일을 많이 한 갚음으로 그 자손이 누리는 경사(慶事). ↔여앙(餘殃).
여계(女系)[-계/-게]명 ①어머니 쪽의 계통. 참모계(母系). ②여자에서 여자로 이어지는 가계. ↔남계.
여계(女戒)[-계/-게]명 여색을 삼가라는 가르침, 또는 경계(警戒).
여계-친(女系親)[-계-/-게-]명 여계의 친족.
여고(女高)명 '여자 고등학교'를 줄이어 이르는 말. ¶ 여고 시절의 아름다운 추억.
여고(旅苦)명 여행에서 겪는 고생. 여행하는 몸의 고달픔.
여고-생(女高生)명 '여자 고등학교 학생'을 줄이어 이르는 말.
여곡(餘穀)명 (집안 살림에) 쓰고 남은 곡식.
여공(女工)명 〈여직공〉의 준말. ↔남공(男工).
여공(女功·女紅)명하자 지난날, 여자들이 맡아 하는 '길쌈질'을 이르던 말.
여공불급(如恐不及)명하자 분부대로 실행하지 못할까 하여 마음을 졸임.
여:과(濾過)명하타되자 ①거름종이나 여과기를 사용하여 액체나 기체 속에 들어 있는 먼지나 이물질을 걸러 내는 일. ¶ 물을 여과하다. ②'부적절하거나 부정적인 요소를 걸러 내는 일'을 비유하여 이르는 말. ¶ 선정적인 장면이 여과 없이 방영되다.
여:과-기(濾過器)명 목면·석면·합성 섬유 등 여러 가지 여재(濾材)를 써서 액체나 기체를 여과하는 장치.
여:과성^병:원체(濾過性病原體)[-썽-]명 바이러스.
여:과-지(濾過池)명 상수도의 물을 정수하기 위해 모래를 여재(濾材)로 쓰는 저수지.
여:과-지(濾過紙)명 ☞거름종이. 준여지(濾紙).
여:과-통(濾過桶)명 흐린 물의 불순물을 걸러 내는 데 쓰는 통.
여관(女官)명 궁중에서 왕이나 왕비를 가까이 모시던 내명부. 궁녀(宮女). 나인(內人).
여관(旅館)명 나그네를 묵게 하는 일을 업으로 하는 집. 여사(旅舍). 역려(逆旅).
여광(餘光)명 ①해가 진 뒤에도 남아 있는 은은한 빛. ②☞여덕(餘德).
여-광대(女-)명 여자 광대.
여광여취(如狂如醉)[-녀-]명하형 〔몹시 기쁘거나 감격하여, 미친 듯도 하고 취한 듯도 하다는 뜻으로〕 '이성을 잃은 상태'를 비유하여 이르는 말. 여취여광.
여:광-판(濾光板)명 ☞필터.
여괘(旅卦)명 육십사괘의 하나. 이괘(離卦)와 간괘(艮卦)가 거듭된 것. 산 위에 불이 있음을 상징함. 준여(旅)².
여-교사(女敎師)명 여자 교사.
여구(如舊) '여구하다'의 어근.
여구(旅具)명 여행하는 데 필요한 용구(用具).
여구-하다(如舊-)형여 옛날의 모습과 다름이 없다. 여전(如前)하다. ¶ 산천이 여구하다. 여구-히부.
여국(女國)명 여자들만 산다는 전설의 나라. 부상국(扶桑國)의 동쪽에 있다고 함. 여인국.
여국(女麴)명 찐 찰수수를 반죽한 다음, 쑥으로 얇게 덮어 누런 옷을 입힌 뒤에 볕에 말린 누룩.
여:국(與國)명 서로 돕는 관계에 있는 나라. 동맹국(同盟國).
여군(女軍)명 여자 군인. 여자로 조직된 군대.
여권(女權)[-꿘]명 여자의 사회적·법률적·정치적인 권리. 부권(婦權). ¶ 여권 운동.
여권(旅券)[-꿘]명 국가가 외국을 여행하는 사람의 국적이나 신분을 증명하고, 상대국에 그 보호를 의뢰하는 공문서.
여:권(與圈)[-꿘]명 〈여당권(與黨圈)〉의 준말. ¶ 여권 인사(人士). ↔야권(野圈).
여권^신장(女權伸張)[-꿘-]명 여자의 사회적·법률적·정치적인 권리와 지위를 높이는 일.
여권-주의(女權主義)[-꿘-의/-꿘-이]명 여자의 사회적·법률적·정치적인 권리를 남자와 동등하게 인정하자는 주의.
여:귀(厲鬼)명 ①못된 돌림병으로 죽은 귀신. ②제사를 받지 못하는 귀신.
여근(女根)명 보지.
여금(如今)명 지금. 이제. 현재.
여급(女給)명 ①카페·바·카바레 같은 곳에서 손님을 접대하는 여자. 웨이트리스. ②여자 사환(使喚).

여긔【대】 〈옛〉 여기. ¶ 稚티岳악이 여긔로다(鄭澈.關東別曲).

여기【대】 ①이곳. ¶ 여기에 나무를 심자. ②이것. 이 점(點). ¶ 여기에 대하여 네 의견을 말해라. (준)예[3]. (작)요기.

여기(女妓)【명】 ☞기녀(妓女).

여ː기(沴氣)【명】 요사스러운 기운.

여기(餘技)【명】 전문 이외에, 취미로서 몸에 지닌 기예(技藝). ¶ 여기로 즐기는 바둑.

여기(餘氣)【명】 ①☞여습(餘習). ②☞여증(餘症).

여ː기(癘氣·厲氣)【명】 유행성 열병을 일으키는 기운.

여기다【자타】 마음속으로 그렇게 생각하다. ¶ 가엾게 여기다.

여-기자(女記者)【명】 여자 기자.

여기-저기【명】 여러 장소를 통틀어 이르는 말. ¶ 꽃이 여기저기에 피었다. /여기저기 돌아다니다. (작)요기조기.

여뀌【명】 여뀟과의 일년초. 습기 있는 곳에 절로 나는데 줄기는 40~80 cm. 잎은 버드나무 잎 모양이며, 6~9월에 흰 잔꽃이 이삭 모양으로 핌. 잎은 매운맛이 있어 조미료로 쓰임.

여뀌-누룩【명】 찹쌀을 여뀌 즙에 담가 두었다가 건져서 밀가루와 반죽하여 만든 누룩.

여ː낙낙-하다[-낭나카-]【형여】 성미가 곱고 상냥하다. 여낙낙-히【부】.

여난(女難)【명】 여자관계로 당하는 재난. ¶ 여난을 겪다.

여남은【수관】 열가량으로부터 열이 좀 더 되는 수(의). ¶ 회원이 여남은밖에 모이지 않았다. /여남은 사람이 오다.

여남은-째【수관】 열째 남짓한 차례(의). ¶ 바둑 실력이 과에서 여남은째 간다. /자리를 앞에서 여남은째 줄로 예약해라.

여년(餘年)【명】 ☞여생(餘生). 잔년(殘年).

여ː년-묵다(-年-)[-따]【자】 여러 해 묵다. ¶ 여년묵은 고옥(古屋)을 끝내 헐다.

여념(餘念)【명】《주로 '없다'와 함께 쓰이어》 다른 생각. ¶ 공부에 여념이 없다.

여느【관】 보통의. 예사로운. 그 밖의 다른. ¶ 여느 때. /여느 사람들.

-여늘【어미】 〈옛〉-거늘. -이거늘. ¶ ᄯᅡ해 살이 ᄢᅦ여늘 醴泉이 소사 나아(月印41). /구루미 비취여늘(龍歌42章).

-여ᄂᆞᆯ【어미】 〈옛〉-이거늘. ¶ 滄海水 부어내여 저먹고 날 먹여ᄂᆞᆯ(鄭澈.關東別曲).

여단(旅團)【명】 군대 편제(編制)에서, 사단보다는 작으나 연대보다는 큰 단위 부대. 보통, 2개 연대로 구성됨.

여단수족(如斷手足)【명】【하형】 〔손발을 잘린 것과 같다는 뜻으로〕 '요긴한 사람이나 물건이 없어져서 몹시 아쉬움'을 비유하여 이르는 말.

여단-장(旅團長)【명】 여단을 지휘 통솔하는 지휘관. 보통, 준장(准將)으로 임명함.

여ː-닫다[-따]【타】 열고 닫고 하다. ¶ 멀리서 대문 여닫는 소리가 들렸다.

여ː닫-이[-다지]【명】 밀거나 당겨서 여닫는 방식, 또는 그런 문이나 창문. (참)미닫이.

여ː닫이-문(-門)[-다지-]【명】 밀거나 당겨서 여닫는 문.

여담(餘談)【명】 딴 이야기. 화제의 본 줄기에서 벗어난 잡담. ¶ 이것은 여담이네만…. (비)낙수(落穗).

여ː담-절각(汝-折角)【명】 〔네 집에 담이 없었으면 내 소의 뿔이 부러졌겠느냐는 뜻으로〕 남에게 책임을 지우려고 억지를 쓰는 말. 여장절각(汝墻折角).

여답-평지(如踏平地)【명】【하자】 험한 곳을 마치 평지를 가듯 힘 안 들이고 다님. ¶ 좌익 빨치산들은 지리산 계곡을 여답평지로 누볐다.

여ː당(與黨)【명】 정당 정치에서, 정권을 잡고 있는 정당, 또는 정권을 지지하는 정당. 정부당(政府黨). ¶ 집권 여당. /여당과 야당의 대립. (준)여(與). ↔야당(野黨). (참)집권당.

여당(餘黨)【명】 ☞잔당(殘黨).

여ː당-권(與黨圈)[-꿘]【명】 여당과 여당을 편드는 세력의 범위 안에 드는 사람이나 단체. (준)여권(與圈). ↔야당권.

여대(女大)【명】 '여자 대학'을 줄이어 이르는 말.

여대(輿儓)【명】 ☞하인(下人).

여대(麗代)【명】 고려 시대. ¶ 여대 가요(歌謠).

여대-생(女大生)【명】 '여자 대학생'을 줄이어 이르는 말.

여덕(餘德)【명】 선인(先人)이 남긴 은덕. 남에게까지 미치는 은덕. 여광(餘光).

여덟[-덜]【수관】 일곱에 하나를 더한 수(의). 팔(八). ¶ 넷 더하기 넷은 여덟이다. /여덟 살. ＊여덟이[-덜비]·여덟만[-덜-]

여덟달-반(-半)[-덜딸-]【명】 '좀 모자라는 사람'을 놀리어 이르는 말. (참)팔삭둥이.

여덟-모[-덜-]【명】 여덟 개의 모. 팔모.

여덟-무날[-덜-]【명】 조수 간만의 차가 같은, 음력 초이틀과 열이레를 아울러 이르는 말. (참)무날·무수기.

여덟-째[-덜-] 【Ⅰ】【수관】 일곱째의 다음 차례(의). ¶ 여덟째로 입장하다. /여덟째 손자. 【Ⅱ】【명】 맨 앞에서부터 세어 모두 여덟 개가 됨을 이르는 말. ¶ 떡을 여덟째 먹고 있다.

여덟-팔(-八)[-덜-]【명】 한자 부수의 한 가지. '公'·'共' 등에서의 '八'의 이름.

여덟팔자-걸음(-八字-)[-덜짜-]【명】 ☞팔자걸음.

여도【조】 모음으로 끝난 체언에 쓰이어, 가정(假定)이나 양보의 뜻을 나타내는 연결형 서술격 조사. ¶ 성실하기만 하다면 재산이 없는 남자여도 괜찮다. (참)이어도.

여도(女徒)【명】 ☞여수(女囚).

여독(旅毒)【명】 여행으로 말미암아 쌓인 피로. ¶ 여독을 풀다.

여독(餘毒)【명】 ①채 가시지 않고 남아 있는 독기. ②뒤에까지 남는 해독. 후독(後毒).

여ː동-격(與同格)[-껵]【명】 ☞공동격.

여동-대【명】 절에서, 여동밥을 떠 놓는 조그마한 밥그릇.

여동-밥【명】 ☞생반(生飯).

여-동생(女同生)【명】 누이동생. ↔남동생.

여동-통(-桶)【명】 여동밥을 담아 두는 통.

여두소읍(如斗小邑)【명】 〔콩의 크기와 같은 고을이라는 뜻으로〕 '아주 작은 고을'을 비유하여 이르는 말.

여드레【명】 ①여덟 날. ②〈여드렛날〉·〈초여드레〉·〈초여드렛날〉의 준말.

여드렛-날[-렌-]【명】 ①〈초여드렛날〉의 준말. (준)여드레. ②여덟째의 날.

여드름【명】 주로 사춘기에, 얼굴 등에 나는 작은 종기의 한 가지. 털구멍에 지방이 차서 굳어지거나 곪거나 한 것. ¶ 여드름을 짜다.

여득천금(如得千金)【명】 천금을 얻은 것처럼 마음에 흡족히 여김을 이르는 말.

여든【수관】 열의 여덟 곱절(의). 팔십(八十). ¶ 할머니 연세는 여든이 넘으셨다. /여든 개.

-여든어미 〈옛〉-거든. -면. ¶ ᄒᆞ다가 외오디 몯ᄒᆞ여든(老解上3). /잠깐도로 보내여든 祭ᄒᆞ고 도로 보내요리라(月釋7:15).

여든-대다자 귀찮게 자꾸 억지를 부리다. 떼를 쓰다.

여ː들-없다[-드럽따]형 하는 짓이 멋없고 미련하다. **여들없-이**부.

여듧수 〈옛〉여덟. ¶ 여듧 팔:八(訓蒙下34). /여듧 자만ᄒᆞᆫ 모미로다(杜初21:20). 참여듧.

여듭명 말이나 소의 '여덟 살'을 이르는 말.

여ː등(汝等)대 너희들.

여등(余等)대 우리들.

여ᄃᆞ래명 〈옛〉여드레. ¶ 八日은 여ᄃᆞ래니(月釋2:35). /여ᄃᆞ래예(三綱.忠13).

여ᄃᆞᆲ수 〈옛〉여덟. ¶ 여ᄃᆞᆲ냥 갑시니(老解下18). /여ᄃᆞᆲ 팔:八(石千21). 참여듧.

여라관 〈옛〉여러. ¶ 처ᅀᅥᆷ브터 여라 地位ᄅᆞᆯ 다시 디내야(月釋2:62). 참여렇.

-여라어미 ①'하다', 또는 '하다'가 붙는 동사 어간에 붙어, 명령의 뜻을 나타내는 종결 어미. ¶ 네가 알아서 하여라. /그곳을 조사하여라. /노력하여라. ②보조 형용사 '하다', 또는 '하다'가 붙는 형용사의 어간에 붙어, 감탄의 뜻을 나타내는 종결 어미. ¶ 참으로 수려하여라, 삼천리강산. /착하기도 하여라.

여랑(女郎)명 남자와 같은 재주나 기질을 가진 여자.

여랑(女娘)명 젊은 여자. 색시.

여랑(旅囊)명 ①먼 길을 떠날 때, 말의 안장 뒤 양쪽에 다는 망태기. ②먼 길을 떠날 때 가지고 다니는 자루.

여랑-화(女郎花)명 ☞마타리.

여래(如來)명 〔교화(教化)를 위하여 진여(眞如)에서 이 세상으로 왔다는 뜻으로〕 '부처'를 높이어 이르는 말.

여래^십호(如來十號)[-시포]명 부처의 공덕을 기리는 열 가지 칭호.

여러관 많은 수효의. ¶ 여러 사람. /여러 해. /여러 가지 상품.

여러모-로부 여러 방면으로. 여러 가지 점으로. ¶ 여러모로 많은 공부가 되었다.

여러-분대 '여러 사람'을 높이어 이르는 말. 제위(諸位). 첨위(僉位). ¶ 만장하신 신사 숙녀 여러분. /여러분의 기탄없는 의견을 기다리겠습니다.

여러해-살이명 ☞다년생(多年生). 참한해살이·두해살이.

여러해살이-풀명 ☞다년생 식물. 참한해살이풀·두해살이풀.

여럿[-럳]명 ①많은 수. ¶ 종류가 여럿이다. ②많은 사람. ¶ 산길은 여럿이 함께 다녀라. *여럿이[-러시]·여럿만[-런-]

여렇명 〈옛〉여럿. ¶ 여러히 다 道ᄅᆞᆯ 窮究호ᄃᆡ(楞解10:23). /내 보미ᄂᆞᆫ 여러히라(鄭澈.關東別曲).

-여려어미 〈옛〉-겠는가. ¶ 그 功은 思議ᄒᆞ여려(金剛序15).

여ː력(膂力)명 ①☞완력(腕力). ②근육의 힘.

여력(餘力)명 어떤 일을 하고 또 다른 일을 할 수 있는 힘. 남은 힘. ¶ 이제 그 일까지 감당할 여력이 없다.

여력(餘瀝)명 〔그릇 바닥에 조금 남은 국물이란 뜻으로〕 ①먹다 남은 음식. ②손에게, '자기 집 음식'을 겸손하게 이르는 말.

여ː력-과인(膂力過人)[-꽈-]명하형 힘이 보통 사람에 비하여 뛰어남.

여령(女伶)명 진연(進宴) 때, 시중드는 기생이나 의장(儀仗)을 드는 여자 종.

여령(餘齡)명 ☞여생(餘生).

여례(女禮)명 여자의 예법.

여로(旅路)명 나그넷길. 여행의 노정(路程). 객로(客路). ¶ 여로에 만난 인연.

여로(藜蘆)명 백합과의 다년초. 산이나 들에 나는데, 줄기는 곧고 높이는 40~60 cm. 잎은 가늘고 길며, 여름에 검은 자줏빛의 작은 꽃이 핌. 독성이 있음.

여로-달(女勞疸)명 황달병의 한 가지. 오한(惡寒)이 들고 오줌이 잦으며, 이마가 거무스름해짐. 색달(色疸). 흑달(黑疸).

여록(餘祿)명 여분(餘分)의 이익. 뜻하지 않은 가외의 벌이.

여록(餘錄)명 어떤 정식 기록에서 빠진 기록. ¶ 동학 농민 운동의 여록.

여록(餘麓)명 뫼자리 가까이에 있는 주산(主山)·청룡·백호·안산(案山) 이외의 산.

여론(餘論)명 본론(本論) 이외의 논설.

여ː론(輿論)명 사회 대중의 공통된 의견. 세론(世論). ¶ 여론을 존중하는 정치. /여론이 들끓다.

여ː론^조사(輿論調査)명 국가나 사회의 여러 가지 문제에 대한 대중(大衆)의 의견이나 경향 등에 대한 통계 조사.

여ː론-화(輿論化)명하자타되자 사회 대중의 공통된 의견으로 됨, 또는 그렇게 되게 함.

여룡(驪龍)명 ☞이룡(驪龍).

여류(女流)명 《일부 명사 앞에 쓰이어》 어떤 전문적인 일에 능숙한 여자임을 나타내는 말. ¶ 여류 소설가. /여류 비행사.

여류(如流) '여류하다'의 어근.

여류(餘流)명 강이나 내의 원줄기로부터 갈라진 흐름. 참지류(支流).

여류(餘類)명 ☞잔당(殘黨).

여류-하다(如流-)형여 〔물의 흐름과 같다는 뜻으로〕 '세월이 빠름'을 비유하여 이르는 말. ¶ 세월이 여류하다.

여름명 한 해의 네 철 가운데의 둘째 철. 봄과 가을 사이의 계절로, 입하부터 입추 전까지를 이름. ¶ 여름을 타다.

여름 불도 쬐다 나면 섭섭하다속담 쓸모없는 것이라도 있던 것이 없어지면 섭섭하다.

여름 비는 잠 비 가을 비는 떡 비속담 여름에 비가 오면 낮잠을 자게 되고, 가을에 비가 오면 떡을 해 먹게 된다는 말.

여름명 〈옛〉열매. ¶ 곶 됴코 여름 하ᄂᆞ니(龍歌2章). /果ᄂᆞᆫ 여르미오(月釋1:12).

여름-날명 여름철의 날. 여름의 날씨.

여름-낳이[-나-]명 여름에 짠 피륙, 특히 무명을 이르는 말.

여름-내부 온 여름 동안. 여름 한 철 계속하여. ¶ 여름내 바닷가에서 지내다.

여름-눈명 여름에 생겨 그해에 꽃이 피는 눈. 나아(裸芽). 하아(夏芽). ↔겨울눈.

여름-밤[-빰]명 여름철의 밤.

여름^방학(-放學)[-빵-]명 학교에서, 여름철의 한창 더운 시기에 일정 기간 수업을 쉬는 일. 하기 방학(夏期放學). ↔겨울 방학.

여름-살이명 여름에 입는, 베로 지은 홑옷.

여름-새명 (어느 지역에) 봄이나 초여름에 와서 살다가 가을에 남쪽으로 옮아가는 철새. 〔제비·두견이 따위.〕 ↔겨울새.

여름-옷[-르몯]명 ☞하복(夏服). *여름옷이[-르모시]·여름옷만[-르몬-]
여름-잠[-짬]명 ☞하면(夏眠). ↔겨울잠.
여름-철명 여름인 철. 하계(夏季). 하기(夏期). 하절(夏節).
여름-털명 ①털갈이하는 동물의 여름에 나는 털. 하모(夏毛). ↔겨울털. ②여름철의 사슴의 털. 황갈색으로, 품질 좋은 붓을 만드는 데 쓰임.
여름-휴가(-休暇)명 하기휴가(夏期休暇).
여릉귀-잡히다[-자피-]자 능(陵)을 헤치다가 잡히다.
여리(閭里)명 ☞여염(閭閻).
여리-꾼명 가게 앞에 서서 지나가는 사람을 가게 안으로 끌어들여 물건을 사게 하고, 가게 주인으로부터 삯을 받는 사람.
여리다형 ①(단단하거나 질기지 아니하고) 부드럽고 약하다. ¶ 여린 새순./피부가 여리다. ②(마음이나 감정 따위가) 모진 데가 없이 무르고 약하다. ¶ 마음이 여리다. ③조금 모자라다. ¶ 치마 한 감거리로는 여리다. 작야리다.
여리박빙(如履薄氷)[-삥]명 〔살얼음을 밟는 것과 같다는 뜻으로〕 '아슬아슬하고 불안한 지경'을 비유하여 이르는 말.
여린-말명 어감이 거세거나 세지 않고 부드러운 말. 〔센말·거센말에 상대하여 이르는 말.〕
여린-박(-拍)명 음악의 박자에서, 약한 박자의 부분. 〔2박자에서의 둘째 박자, 3박자에서의 둘째와 셋째 박자 따위.〕 약박. ↔센박.
여린-뼈명 ☞연골(軟骨).
여린-입천장(-天障)[-닙-]명 ☞연구개(軟口蓋).
여린입천장-소리(-天障-)[-닙-]명 ☞연구개음(軟口蓋音).
여린-줄기명 물고기의 지느러미를 이루고 있는 연한 뼈. 물렁살. 연조(軟條).
여린-히읗[-읃]명 한글의 옛 자모 'ㆆ'의 이름. *여린히읗이[-으시]·여린히읗만[-은-]
여립-모(女笠帽)[-림-]명 ☞개두(蓋頭).
여립-켜다자 여리꾼이 손님을 끌어들이다.
여마(餘馬)명 조선 시대에, 나라 사신이 중국 등 외지로 나갈 때, 여분으로 몰고 가던 역마(驛馬).
여ː마(輿馬)명 임금이 타는 수레와 말.
여마리-꾼명 '염알이꾼'의 잘못.
여막(廬幕)명 궤연(几筵) 옆이나 무덤 가까이에 지어 상제(喪制)가 거처하는 초막(草幕).
여말(麗末)명 고려의 말기.
여망(餘望)명 앞날의 희망.
여ː망(輿望)명하타 여러 사람이 기대함, 또는 그런 기대. ¶ 국민의 여망을 한몸에 지다./이산가족들은 통일을 여망한다.
여맥(餘脈)명 ①남아 있는 맥박. ②(어떤 세력 따위가) 점점 쇠약해져서 간신히 허울만 남아 있는 것.
여-메기명 ☞종어(宗魚).
여명(黎明)명 ①날이 샐 무렵. 어둑새벽. 갓밝이. ¶ 여명의 하늘. ②'새로운 시대나 새로운 문학·예술 운동 따위가 시작됨'을 비유하여 이르는 말. ¶ 신문학(新文學)의 여명.
여명(餘命)명 ☞여생(餘生).
여명-기(黎明期)명 바야흐로 새로운 시대나 새로운 문화 운동 따위가 시작되려는 시기. ¶ 여명기의 현대 문학.
여모명 서까래나 널마루 따위의 앞을 가로 대어 가리는 널빤지.
여모(女帽)명 ①여자용의 모자. ②여자의 시체를 염할 때 머리를 싸는 베.
여묘(廬墓)명하자 상제가 무덤 옆에 여막(廬幕)을 짓고 살며 무덤을 지키는 일.
여무(女巫)명 여자 무당. 참선관(仙官).
여무(女舞)명 여자가 추는 춤. ↔남무(男舞).
여무가론(餘無可論)명 (대강이 이미 결정되어) 나머지는 논의할 필요가 없음.
여무-지다형 여물고 오달지다. ¶ 일을 아주 여무지게 하다. 작야무지다.
여묵(餘墨)명 ☞여적(餘滴).
여ː문(閭門)명 ☞이문(里門).
여문(儷文)명 〈변려문(駢儷文)〉의 준말.
여물[1]명 짚이나 풀을 말려서 썬 마소의 먹이. ¶ 여물을 쑤다.
여물[2]명 조금 짠맛이 있는 우물물.
여물(餘物)명 나머지 물건.
여물다[여무니·여물어] Ⅰ자 낟알이나 과일 따위가 알이 들어 충분히 익다. 영글다. ¶ 옥수수가 잘 여물다. 작야물다.
Ⅱ형 ①(바탕이) 굳고 든든하다. ②(몸이나 언행이) 든든하고 믿음직하다. ③(일 처리가 여무지어) 뒤탈이 없다. ¶ 손끝이 여물다. ④(돈 따위를) 헤프게 쓰지 않고 알뜰하다. 작야물다.
여물-죽(-粥)명 마소를 먹이기 위하여 여물로 쑨 죽.
여물-통(-桶)명 여물을 담는 통.
여미다타 (옷깃 따위를) 바로잡아 단정하게 하다. ¶ 옷깃을 여미다.
여민(黎民)명 ☞검수(黔首).
여ː민동락(與民同樂)[-낙]명하자 임금이 백성과 함께 즐김. 여민해락(與民偕樂).
여ː민락(與民樂)[-밀-]명 조선 시대의 아악(雅樂)의 한 가지. 나라의 잔치 때 또는 임금의 거둥 때 연주하였음. 〔용비어천가 1~4장과 125장을 아악 곡조에 얹어 부를 수 있도록 작곡한 것으로, 모두 10장인데 7장만을 관현악기로 연주할 뿐 노래는 부르지 않았음.〕
여ː민-해락(與民偕樂)명하자 ☞여민동락.
여ᄆᆞᆺ부 〈옛〉진실로. ¶ 여ᄆᆞᆺ 神秀ᄒᆞ니(杜初*14:33*)./여ᄆᆞᆺ 무레 그츠리로다(杜初*19:4*).
여반장(如反掌)명 〔손바닥을 뒤집는 것 같다는 뜻으로〕 '아주 쉬운 일'을 비유하여 이르는 말. ¶ 그까짓 일쯤은 여반장이지.
여방(餘芳)명 ①남아 있는 향기. ②죽은 뒤까지도 남아 있는 명예. ¶ 여방이 만세(萬歲)에 미치다.
여ː배(汝輩)대 너희들.
여배(余輩)대 우리들.
여-배우(女俳優)명 여자 배우. 준여우(女優). ↔남배우.
여백(餘白)명 글씨나 그림이 있는 지면에서, 아무것도 없이 비어 있는 부분. 공백(空白). ¶ 여백의 미(美)를 잘 살린 작품.
여-벌(餘-)명 당장에 소용되는 것 외의 여분의 물건. 여건(餘件). 부건(副件). ¶ 여벌 옷.
여범(女犯)명 중이 오계(五戒)의 하나인 불사음(不邪淫)의 계율을 범하는 일.
여법(如法)명하형 ①법에 어긋나지 않음. 합법(合法). ②불교에서, 여래(如來)의 가르침에 어긋나지 않음.
여법-수행(如法修行)[-쑤-]명 부처의 가르침대로 수행하는 일.
여^변ː칙^활용(-變則活用)[-치콰룡]명 ☞여 불규칙 활용.

여병(餘病)명 ☞합병증(合倂症).
여-보감 ①〈여보시오〉의 낮춤말. ②부부간에 서로 부르는 말.
여-보게감 '여보시오'를 하게할 자리에 쓰는 말.
여-보시게감 친구나 아랫사람을 대접하여 부르는 말. ¶ 여보시게, 친구 사이에 왜 그러시나?
여-보시오[-오/-요]감 남을 예사로 높여서 부르는 말. ¶ 여보시오, 길 좀 물어봅시다. ㊟엽쇼. ㊍여보십시오. ㊇여보.
여-보십시오[-씨오/-씨요]감 〈여보시오〉의 높임말. ㊟여봅시오.
여복(女卜)명 장님으로서 점을 치는 여자. 여자 판수.
여복(女服)명 ①여자의 옷. ②하자 ☞여장(女裝). ↔남복(男服).
여복(女福)명 ☞염복(艶福).
여-봅시오[-씨오/-씨요]감 〈여보십시오〉의 준말.
여-봐라감 손아랫사람을 부르거나 주의를 불러 일으키는 소리.
여봐란-듯이부 뽐내어 자랑하듯이. 보아란듯이. ¶ 우리도 여봐란듯이 살아 보자. /여봐란듯이 가슴을 펴고 걸어가다.
여ː부(與否)명 ①그러함과 그러하지 아니함. 연부(然否). ¶ 성사(成事) 여부를 알려 다오. ②《주로 '있다'·'없다'와 함께 쓰이어》 틀리거나 의심할 여지. ¶ 일은 다 했겠지? 그야 여부가 있겠습니까?
여ː부-없다(與否-)[-업따]형 조금도 틀림이 없다. 여부없-이부 ¶ 이번에는 그야말로 여부없이 처리해야 하네.
여-부인(如夫人)명 남의 '첩'을 높이어 이르는 말.
여북부 ①《주로 의문문 앞에 쓰이어》 '오죽'·'얼마나'·'작히나' 등의 뜻을 나타내는 말. ¶ 여북 답답했으면 그랬을까? ②하형 《'여북하면'·'여북해야' 등의 꼴로 의문문에 쓰이어》 '얼마나 심했으면'의 뜻을 나타내는 말. ¶ 여북하면 그런 짓을 했을까?
여북-이나부 《의문문 앞에 쓰이어》 '얼마나'·'오죽이나'의 뜻을 나타내는 말. ¶ 정말 그렇다면 여북이나 좋으랴.
여분(餘分)명 필요한 양을 넘어 남는 분량. 나머지. ¶ 여분이 하나도 없다.
여분(餘憤)명 아직 덜 가신 분한 기운. ¶ 여분을 삭이느라고 애꿎은 담배만 태운다.
여^불규칙^용ː언(-不規則用言)[-칭뇽-]명 여 불규칙 활용을 하는 용언. 〔동사 '하다'와 접미사 '-하다'가 붙는 말은 모두 이에 딸림.〕
여^불규칙^활용(-不規則活用)[-치콰룡]명 동사 '하다'와 접미사 '-하다'가 붙는 모든 용언에서 어미 '-아'가 '-여'로 바뀌는 불규칙 활용. 〔'일하다'가 '일하여', '화려하다'가 '화려하여'로 되는 따위.〕 여 변칙 활용.
여불비(餘不備)명 ☞여불비례.
여불비례(餘不備禮)명 〔예를 다 갖추지 못했다는 뜻으로〕 한문 투의 편지에서 끝 인사 대신 쓰는 말. 여불비(餘不備).
여비(女婢)명 여자 종. ↔남노(男奴).
여비(旅費)명 여행에 드는 비용. 노자(路資). 노전(路錢). ¶ 여비를 마련하다.
여-비서(女秘書)명 여자로서 비서의 직무를 맡아보는 사람.
여사(女士)명 '학덕이 있고 현숙한 여자'를 높이어 일컫는 말.
여사(女史)명 ①'학자·예술가·정치가 등 사회적으로 활동하는 여자'를 높이어 일컫는 말. ②'결혼한 여자'를 높이어 일컫는 말.
여사(如斯) '여사하다'의 어근.
여사(旅舍)명 ☞여관(旅館).
여사(餘事)명 ①여력(餘力)으로 하는 일. ②그리 긴요하지 않은 일. ③딴 일.
여사(麗史)명 고려의 역사.
여사(麗辭)명 ☞미사(美辭).
여ː사-군(輿士軍)명 조선 시대에, 여사청(輿士廳)에 딸려 국상(國喪) 때에 대여나 소여를 메던 사람.
여ː사-대장(輿士大將)명 조선 시대에, 여사청(輿士廳)의 대장. 포도대장이 겸임하였음.
여사여사(如斯如斯) '여사여사하다'의 어근.
여사여사-하다(如斯如斯-)형여 이러이러하다. 여차여차하다.
여-사장(女社長)명 여성으로서 회사의 사장 자리에 있는 사람.
여ː사-청(輿士廳)명 조선 시대에, 국상(國喪) 때에 여사군을 통할하기 위하여 포도청 안에 임시로 설치하던 관청.
여사-하다(如斯-)형여 ☞여차(如此)하다.
여삼추(如三秋)명 〔애타게 기다릴 때는 짧은 시간도 3년 같다는 뜻으로〕 몹시 긴 시간처럼 지루하게 느낀다는 말. ¶ 일각(一刻)이 여삼추라.
여상(女相)명 여자처럼 생긴 남자의 얼굴. ¶ 곱상한 여상의 남학생. ↔남상(男相).
여상(女商)명 '여자 상업 고등학교'를 줄이어 이르는 말.
여상(女喪)명 여자의 상사(喪事).
여상(如上) '여상(如上)하다'의 어근.
여상(如常) '여상(如常)하다'의 어근.
여상(旅商)명 떠돌아다니면서 하는 장사, 또는 그 장수. 행상(行商).
여상-하다(如上-)형여 〔문어 투의 말〕 위와 같다.
여상-하다(如常-)형여 늘 같다. 보통 때와 다름이 없다. 여상-히부.
여ː새명 참새목 여샛과의 새를 통틀어 이르는 말. 몸길이 16~24cm. 머리에 길고 삐죽한 도가머리가 있고 다리가 짧음. 몸빛은 갈색·담황색·회색·백색 등 여러 가지임. 침엽수림대에 사는 철새. 연새. 연작.
여색(女色)명 ①여자의 성적(性的)인 매력. 여자의 색향(色香). ②여자와의 정사(情事). ¶ 여색에 빠지다. /여색을 멀리하다. 색(色)1.
여생(餘生)명 한창때를 지난, 한평생의 남은 인생. 앞으로 남은 삶. 여년(餘年). 여령(餘齡). 여명(餘命). 잔년(殘年). ¶ 여생을 편안히 보내다.
여서(女壻)명 ☞사위1.
-여서어미 《동사 '하다' 또는 접미사 '-하다'가 붙는 용언 어간에 붙어》 '-아서'의 뜻을 나타내는 연결 어미. ¶ 방이 따뜻하여서 참 좋다.
여ː석(礪石)명 ☞숫돌.
여-선생(女先生)명 여자 선생.
여섯[-섣]수관 다섯보다 하나 더 많은 수(의). 육(六). ¶ 자식을 여섯이나 두었다. /여섯 명. *여섯이[여서시]·여섯만[-선-]
여섯-때[-섣-]명 절에서, 염불과 독경(讀經)을 하는 시간인 새벽·아침·한낮·해질녘·초저녁·밤중을 이르는 말.
여섯-무날[-선-]명 조수 간만의 차가 같은, 음력 보름과 그믐을 아울러 이르는 말. 한사리. ㊌무날·무수기.

여섯발-게[-섣빨-] 명 원숭이겟과의 게. 등딱지는 가로로 길쭉한 원기둥 모양이고 앞쪽이 뒤쪽보다 좁음. 넷째 다리가 퇴화되어 3쌍 6개의 다리가 있음. 등딱지에 작은 구멍이 흩어져서 뚫려 있음. 진흙 바닥에서 해삼류와 같은 구멍 속에서 공생함. 우리나라·일본·태국 등지에 분포함.

여섯-째[-섣-] Ⅰ 수관 다섯째의 다음 차례(의). ¶ 여섯째로 태어난 딸. /여섯째 아들. Ⅱ 명 맨 앞에서부터 세어 모두 여섯 개가 됨을 이르는 말.

여성(女性)[1] 명 (성별을 구분하여) 여자, 특히 성인 여자를 이르는 말. ¶ 여성 잡지. 준여(女)[1]. ↔남성(男性)[1].

여성(女性)[2] 명 서구어 문법에서, 단어를 성(性)에 따라 구별한 종류의 하나. 〔여성 명사·여성 대명사 따위.〕 참남성[2]·중성[2].

여성(女星) 명 이십팔수의 하나. 북쪽의 셋째 별자리. 준여(女)[2].

여성(女聲) 명 여자의 목소리. 특히, 성악에서 여자가 담당하는 소프라노·알토 따위의 성부(聲部). ↔남성(男聲).

여성 가족부(女性家族部)[-뿌] 명 중앙 행정 기관의 하나. 여성 정책에 대한 종합적인 기획·조정 및 여성의 권익 증진, 가족 정책 등에 관한 사무를 맡아봄.

여성-계(女性界)[-계/-게] 명 여성들의 사회나 분야. ¶ 여성계 인사.

여성-관(女性觀) 명 남성이 여성에 대하여 갖는 견해나 관점. ↔남성관.

여성-미(女性美) 명 여자만이 지니는 여자다운 아름다움. ↔남성미.

여성-상(女性像) 명 ☞여인상(女人像).

여성-적(女性的) 관명 여자다운 (것). 여자처럼 부드럽거나 섬세하거나 여린 (것). ¶ 여성적 관점. /여성적 취향. /여성적인 목소리. /여성적인 행동. ↔남성적.

여성-학(女性學) 명 남성 본위의 기성 학문을, 여성의 시각에서 그 놓인 처지나 본래 모습을 연구하는 학문.

여성^합창(女聲合唱) 명 여성(女聲)만으로 부르는 합창. ↔남성 합창.

여성^해:방(女性解放) 명 여성이 겪어 온 여러 가지 사회적인 속박을 없애어 자유롭게 하는 일.

여성^호르몬(女性hormone) 명 척추동물의 암컷의 난소(卵巢)에서 분비되어 성기(性器)의 발육과 생식 기능 조절 등에 작용하는 성호르몬.

여세(餘勢) 명 (어떤 일을 해낸 뒤에) 또 다른 일도 할 수 있는 남은 기세, 또는 세력.

여:세추이(與世推移) 명하자 세상의 변화에 따라 함께 변함. ¶ 성인(聖人)도 여세추이라.

여:소-야대(與小野大) 명 여당의 국회의원 수보다 야당의 국회의원 수가 많은 상태를 이르는 말.

여손(女孫) 명 ☞손녀(孫女).

여:송(輿頌) 명 세상 사람들의 칭송.

여:송-연(呂宋煙) 명 필리핀의 루손 섬에서 나는 향기가 좋은 엽궐련. 독하며 향기가 좋음.

여수(女囚) 명 여자 죄수. 여도(女徒). ↔남수(男囚).

여수(旅愁) 명 나그네의 시름. 여행지에서 느끼는 시름. 객수(客愁).

여:수(與受) 명하타 주고받음.

여수(餘水) 명 남은 물.

여수(餘祟) 명 ☞여증(餘症).

여수(餘數) 명 남은 수.

여:수(濾水) 명하자 더러운 물을 걸러서 깨끗이 함, 또는 그 물. ¶ 여수 장치. 참정수(淨水).

여수-구(餘水口) 명 (저수지 등에) 물이 너무 많이 괼 때에 그것을 빼어 버리기 위하여 만든 물길.

여:수-동죄(與受同罪)[-죄/-줴] 명 도둑질한 물건을 주거나 받는 일은 그 죄가 같음.

여수-로(餘水路) 명 (저수지 등에) 필요 이상으로 괸 물을 다른 데로 빼어 내기 위하여 설치한 수로.

여:수장우중문-시(與隋將于仲文詩) 명 고구려 영양왕 때의 장수 을지문덕(乙支文德)이 지은 한시. 살수(薩水)까지 추격해 온 적장 우중문을 조롱하여 지어 보냈다고 함. 오언 고시(五言古詩)로서, 현존하는 가장 오래된 우리나라 한시임. 〔'삼국사기'에 실려 전함.〕

여수투수(如水投水) 명하형 〔물에 물 탄 듯하다는 뜻으로〕 '일을 하는 데 야무지지 못하고 흐리멍덩함'을 비유하여 이르는 말.

여-순경(女巡警) 명 여자 순경.

여-술(女-) 명 여자용 순가락. ↔남술.

여쉰 수 〈옛〉 예순. ¶ 여쉰 小國(釋譜*11:19*).

여-스님(女-) 명 〈여승(女僧)〉의 높임말. ↔남스님.

여습 명 마소의 '여섯 살'을 이르는 말.

여습(餘習) 명 아직 남아 있는 낡은 관습, 또는 습관. 여기(餘氣).

여슷 수 〈옛〉 여섯. ¶ 六道는 여슷 길히라(月釋序*4*). /外道이 스승이 여슷 가지라(月釋*1:20*).

여승(女僧) 명 여자 중. 높여스님. ↔남승(男僧). 참비구니(比丘尼).

여승(餘乘) 명 불교에서, 자기 종파의 교의(敎義)를 '종승(宗乘)'이라 하는 데 대하여, 다른 종파의 교의를 이르는 말.

여승-당(女僧堂) 명 ☞승방(僧房).

여승-방(女僧房) 명 ☞승방(僧房).

여시 명 〈엿방망이〉의 준말.

여시(女侍) 명 ☞나인(內人).

여시(如是) '여시하다'의 어근.

-여시늘 어미 〈옛〉 -시거늘. ¶ 衆賓을 뵈여시늘(龍歌*63*章).

-여시놀 어미 〈옛〉 -시거늘. ¶ 十方世界롤 다 비취여시놀(法華*6:99*).

여시-아문(如是我聞) 명 불경(佛經)의 첫머리에 놓이는 말로 '나는 이와 같이 들었다'의 뜻. 〔석가가 죽은 후, 제자인 아난(阿難)이 스승의 가르침을 정리할 때 그 첫머리에 붙였다 함.〕

여시여시(如是如是) '여시여시하다'의 어근.

여시여시-하다(如是如是-) 형여 ☞여차여차하다. 약시약시하다.

여시-하다(如是-) 형여 ☞여차(如此)하다. 약시(若是)하다.

여식(女息) 명 딸.

여신(女神) 명 여성(女性)인 신. ¶ 사랑의 여신.

여:신(與信) 명 금융 기관에서, 고객에게 돈을 빌려 주는 일. ¶ 여신 금리를 인하하다. ↔수신(受信)[2].

여신(餘燼) 명 ①(화재 등으로) 타다 남은 불. ②'무슨 일이 끝난 뒤에도 부분적으로 남아 있는 것이나 영향'을 비유하여 이르는 말. ¶ 아직도 꺼지지 않은 삼일 운동의 여신.

여:신^계:약(與信契約)[-계-/-게-] 명 일정한 한도 안의 금액을, 장래 상대편의 필요에 따라 융자해 줄 것을 약속하는 계약. 〔당좌 대월(當座貸越) 따위.〕

여-신도(女信徒)명 여자 신도.
여:신^업무(與信業務)[-엄-]명 금융 기관의 대부(貸付)·어음 할인·어음 인수·신용장 발행 등의 업무를 통틀어 이르는 말.
여-신자(女信者)명 여자 신자.
여실(如實) '여실하다'의 어근.
여실-하다(如實-)형여 사실과 똑같다. 여실-히부 ¶ 여실히 나타나 있다./여실히 보여 주다.
여심(女心)명 ①여자의 특유한 마음. ②미묘하게 흔들리는 여자의 마음.
여심(旅心)명 ☞여정(旅情).
여싯-여싯[-신녀싣/-시더싣]부하자 무슨 말을 하려고 머뭇거리는 모양.
여쐐명 〈옛〉엿새. ¶ 여쐐어나 닐웨어나(阿彌17)./四月 열여쐣날 安居에 드ᄂᆞ니(月釋21:4).
여ᄲᅥ보다타 〈옛〉엿보다. ¶ 雪山애셔 盜賊 여ᄲᅥ보매 兵馬ᄂᆞᆫ 업고(杜初21:3). 참엿다.
여스명 〈옛〉여우. ¶ 여스 호:狐(訓蒙上19). 참여ᅀᆞ.
여ᅀᆞ[엿이·엿의]명 〈옛〉여우. ¶ 엇개옌 ᄇᆞ얌 여ᅀᆞ 앒뒤헨 아히 할미러니(月印70章). 참여스·여으·여ᄋᆞ.
여아(女兒)명 ①계집아이. ↔남아(男兒). ②딸.
여악(女樂)명 지난날, 궁중 연회에서 기생이 악기를 타고 노래 부르며 춤을 추던 일, 또는 그 음악과 춤. ↔남악(男樂).
여알(女謁)명 대궐 안에서 정사(政事)를 어지럽히는 여자.
여암명 부연(附椽) 끝 평고대 위에 박는 나무.
여앙(餘殃)명 나쁜 짓을 많이 한 갚음으로 받는 재앙. ↔여경(餘慶).
여액(餘厄)명 이미 당한 재액(災厄) 외에 아직 남은 재액. 여얼(餘孽).
여액(餘額)명 치르고 남은 돈. 쓰고 남은 돈. 남아 있는 액수.
여액-미진(餘厄未盡)[-앵-]명하자 여액이 아직 다하지 않음. 재액(災厄)이 아직 남아 있음.
여야조 모음으로 끝난 체언에 붙어, 앞의 사실이 뒤의 사실에 대한 조건이 됨을 나타내는 연결형 서술격 조사. ¶ 모든 국민이 애국자여야 나라가 발전한다. 참이어야.
여:야(與野)명 여당(與黨)과 야당(野黨). ¶ 여야 총무 회담.
-여야어미 동사 '하다' 및 접미사 '-하다'가 붙는 용언의 어간에 붙는 연결 어미. 어미 '-아야/-어야'와 같은 뜻과 기능을 가졌음. 《흔히, '하-'와 결합하여 줄어진 '해야'로 씀.》 ¶ 학생은 마땅히 공부에 열중하여야(열중해야) 한다.
여얼(餘孽)명 ①☞여액(餘厄). ②☞여증(餘症). ③멸망한 집의 자손.
여업(餘業)명 ①조상이 대대로 남겨 놓은 사업. ②☞부업(副業).
여:역(癘疫)명 한방에서, '유행성 열병'을 이르는 말. 여질(癘疾). 온역(瘟疫).
여:역-발황(癘疫發黃)[-빨-]명 한방에서, '여역에 황달을 겸한 병'을 이르는 말.
여열(餘熱)명 ①아직 다 식지 않고 남아 있는 열. ¶ 난로에는 아직 따스한 여열이 있다. ②고열(高熱) 뒤에 남아 있는 신열(身熱). ③심한 더위 뒤의 남아 있는 더위. ③잔서(殘暑). 잔열(殘熱).
여염(閭閻)명 인가(人家)가 모여 있는 곳. 서민이 모여 사는 마을. 여리(閭里). 여항(閭巷). ¶ 여염에서 뚝 떨어진 주막거리.
여염(餘炎)명 ①타다 남은 불꽃. ②남은 더위. 잔서(殘暑). ¶ 여염이 만만찮다.
여염(麗艶) '여염하다'의 어근.
여염-가(閭閻家)명 ☞여염집.
여염-집(閭閻-)[-찝]명 ①서민의 살림집. ¶ 여염집을 찾아 하룻밤 묵기를 청했다. ②무슨 영업을 하는 집이 아닌 살림집. ¶ 여염집 아주머니. 여가(閭家). 여염가(閭閻家). 준염집.
여염-하다(麗艶-)형여 곱고 예쁘다.
여영(餘榮)명 죽은 뒤의 영광. 죽은 뒤에까지 남는 영예.
여예(餘裔)명 ①자손. 후손. ②☞말류(末流).
여옥기인(如玉其人)[-끼-]명 〔옥과 같은 사람이란 뜻으로〕 '흠이 없는 완벽한 사람'을 비유하여 이르는 말.
여와(女瓦)명 ☞암키와.
여왕(女王)명 ①여자 임금. 여주(女主). ②'어떤 영역에서의 중심되는 여성'을 비유하여 이르는 말. ¶ 은막(銀幕)의 여왕.
여왕-개미(女王-)명 사회생활을 하는 개미의 무리에서, 알을 낳을 수 있는 암개미.
여왕-벌(女王-)명 사회생활을 하는 벌의 무리에서, 알을 낳을 수 있는 암벌. 봉왕(蜂王). 여왕봉(女王蜂). 왕봉. 장수벌.
여왕-봉(女王蜂)명 ☞여왕벌.
여요조 모음으로 끝난 체언에 붙어, 친근한 느낌을 담아 사물을 긍정적으로 단정하여 말하거나 지정하여 묻는 뜻을 나타내는 종결형 서술격 조사. 예요. ¶ 몸집은 작아도 국가 대표 축구 선수여요./아까 만난 그 사람이 누구여요? 참이어요.
여요(麗謠)명 〈고려 가요(高麗歌謠)〉의 준말.
여용(麗容)명 아름다운 모습. 고운 얼굴.
여우명 ①갯과의 짐승. 개와 비슷하나 몸이 더 홀쭉하고 다리는 짧고 가늚. 털빛은 적갈색 또는 황갈색인데, 털가죽으로는 흔히 목도리를 만듦. 야호(野狐). ②'매우 교활한 사람'을 비유하여 이르는 말. ¶ 여우 같다.
여우(女優)명 〈여배우〉의 준말. ¶ 여우 주연상. ↔남우(男優).
여우(如右)명하형 (세로쓰기로 쓴 문서 따위에서) 오른쪽, 곧 앞에 적은 것과 같음.
여우(旅寓)명하자 ☞객거(客居).
여우-별[-뻘]명 비 오는 날 잠깐 비치는 별. *여우별이[-벼치]·여우별을[-벼틀]·여우별만[-변-]
여우-비명 맑은 날에 잠깐 뿌리는 비.
여운(餘運)명 아직 더 남은 운수. 나머지 운수.
여운(餘韻)명 ①☞여음(餘音). ②일이 끝난 다음에도 남아 있는 느낌이나 정취. ¶ 감동의 여운이 가시지 않다. ③시문(詩文) 따위에서, 말로 직접 표현하지 않은 데서 느껴지는 정취. ¶ 여운 있는 말.
여운-시(餘韻詩)명 서정시의 한 형식. 여운의 효과를 기대하는 시.
여울명 강이나 바다의 바닥이 얕거나 폭이 좁거나 하여, 물살이 세차게 흐르는 곳. 천탄(淺灘).
여울로 소금 섬을 끌래도 끌지속담 무슨 일이든 시키는 대로 하겠다는 말.
여울-목명 여울의 턱이 진 곳.
여울-물명 여울의 물. 여울에 흐르는 물.
여울-여울[-울려-/-우려-]부 불이 슬슬 순하게 타는 모양. ¶ 아궁이의 장작불은 여울여울 타고 있었고, 가마솥에는 엿이 설설 고아지고 있었다. 작야울야울.

여울-지다[자] 여울을 이루다. ¶ 여울져 흐르는 시냇물.

여원여모(如怨如慕) [-녀-][명][하자] 원망하는 것 같기도 하고 사모하는 것 같기도 함.

여월(如月)[명] '음력 이월'을 달리 이르는 말. [참]영월(令月).

여월(余月)[명] '음력 사월'을 달리 이르는 말. 음월(陰月). [참]사월(巳月).

여위(餘威)[명] ①(위엄을 부리고 난 뒤의) 나머지 위엄. ②조상이 남긴 위광(威光).

여위다[자] 몸에 살이 빠져 파리해지다. 수척해지다. ¶ 여윈 얼굴. [작]야위다.

여윈-잠[명] ①흡족하지 못한 잠. ②깊이 들지 않은 잠.

여유(餘裕)[명] ①(경제적·물질적·시간적으로) 넉넉하여 남음이 있음. ¶ 저축할 여유가 생기다./시간의 여유가 없다. ②서두르지 않고 느긋하게 생각하거나 행동하는 마음의 상태. 대범하고 유연하게 행동하는 마음의 상태. ¶ 여유 있는 태도./여유를 부리다.

여유-롭다(餘裕-) [-따] [~로우니·~로워][형][ㅂ] 여유가 있다. ¶ 여유로운 생활.

여유만만(餘裕滿滿)[명][하형] 아주 여유가 있음. ¶ 여유만만한 태도.

여유작작(餘裕綽綽) '여유작작하다'의 어근.

여유작작-하다(餘裕綽綽-) [-짜카-][형][여] 서두르지 않고 느긋하다. (태도가) 침착하고 유연(悠然)하다. 작작유여하다. ¶ 여유작작하게 협상에 응하다.

여율령-시행(如律令施行)[명][하타] 말이 떨어지기가 무섭게 그대로 시행함. ¶ 손님의 말이라면 다른 일 제쳐 놓고 여율령시행하였다.

여윳-돈(餘裕-) [-유똔/-윧똔][명] 넉넉하여 남는 돈.

여으[명] 〈옛〉여우. ¶ 픐 소갯 여으와 톳기는(杜重 *5:50*). [참]여ᅀᆞ.

여음(女陰)[명] 여자의 음부(陰部). 여자의 성기.

여음(餘音)[명] ①소리가 그친 다음에도 귀에 남아 있는 어렴풋한 울림. 여운(餘韻). 여향(餘響). ②국악의 가곡에서, 창과 창 사이에 연주되는 간주곡.

여음(餘蔭)[명] 조상이 끼친 공덕으로 자손이 받는 복. ¶ 일가가 하나같이 큰 탈 없이 사는 것이 다 여음이지요.

여읍여소(如泣如笑) [-음녀-][명][하형] 우는 것 같기도 하고 웃는 것 같기도 함.

여읍여소(如泣如訴) [-음녀-][명][하형] 우는 것 같기도 하고 하소연하는 것 같기도 함.

여의(女醫) [-의/-이][명] 〈여의사〉의 준말.

여의(如意)¹ [-의/-이][명] 독경이나 설법을 할 때, 강사(講師)인 중이 손에 드는 불구(佛具)의 한 가지. 나무·대나무·쇠·구리 따위로 만든 막대인데, 끝이 갈고리처럼 꼬부라져 있음.

여의(如意)² '여의하다'의 어근.

여의(餘意) [-의/-이][명] 말속에 스며 있는 다른 뜻. 언외(言外)의 뜻.

여의다 [-의-/-이-][타] ①죽어서 이별하다. ¶ 아버지를 여의다. ②(딸을) 시집보내다. ¶ 막내딸을 여의다.

여의-보주(如意寶珠) [-의-/-이-][명] ☞여의주(如意珠).

여의-봉(如意棒) [-의-/-이-][명] 〔중국 고소설 '서유기(西遊記)'에서 손오공이 지녔던 것으로〕 길이를 마음대로 늘이거나 줄이면서 신통력을 발휘하는 몽둥이.

여-의사(女醫師) [-의-/-이-][명] 여자 의사. [준]여의(女醫).

여의-주(如意珠) [-의-/-이-][명] ①불교에서, 모든 소원을 뜻대로 이루어지게 해 준다는 신기한 구슬. 〔중생의 소원을 성취시켜 주는 부처의 공덕을 상징함.〕 여의보주. 보주(寶珠). ②용의 턱 아래에 있다는 진귀한 구슬. 이를 얻으면 온갖 조화를 다 부릴 수 있다고 함.

여의찮다(如意-) [-의찬타/-이찬타][형] 여의하지 않다. 뜻대로 되지 않다. ¶ 일의 진전(進展)이 여의찮다./돈을 빌리기가 여의찮다. *여의찮아[-의차나/-이차나]·여의찮소[-의찬쏘/-이찬쏘]

여의-하다(如意-) [-의-/-이-][형][여] 일이 뜻대로 되다. **여의-히**[부].

여인(女人)[명] (어른인) 여자(女子).

여인(旅人)[명] 나그네.

여인(麗人)[명] 얼굴 모습이 아름다운 여자. 미인.

여인-국(女人國)[명] ☞여국(女國).

여인-네(女人-)[명] 여인 일반을 두루 이르는 말. ¶ 여인네 혼자서 하기에는 너무 벅찬 일.

여ː인동락(與人同樂) [-낙][명][하자] 다른 사람과 더불어 함께 즐김.

여인-상(女人像)[명] ①여인의 모습, 또는 그 그림이나 조각. ②전형적인 여인의 모습. 여인으로서 갖추어야 할 모습. ¶ 한국의 여인상./이상적인 여인상. 여성상(女性像).

여인-숙(旅人宿)[명] 사람을 묵게 하는 일을 업으로 하는 집. 〔대체로 '여관(旅館)'보다 규모가 작음.〕

여일(如-) '여일하다'의 어근.

여일(餘日)[명] ①(기한까지의) 남아 있는 날. ②그날 이외의 날. 다른 날. ③☞앞날. ④노후(老後)의 나날.

여일(麗日)[명] 날씨가 아주 좋은 날. 맑게 개어 화창한 날.

여일-하다(如一-)[형][여] 한결같다. ¶ 십 년을 여일하게 옥바라지하다. **여일-히**[부].

여잉(餘剩)[명] ☞잉여(剩餘).

여ᅌᆞ[명] 〈옛〉여우. ¶ 여ᅌᆞ 쓰리(朴解上*28*)./여ᅌᆞ와 너구릐 갓옷 닙으니와(小解*4:43*). [참]여ᅀᆞ.

여자(女子)[명] 여성(女性)인 사람. ↔남자.

여자가 셋이면 나무 접시가 들논다[속담] 여자들이 모이면 말이 많고 시끄럽다는 말.

여자가 한을 품으면 오뉴월에도 서리가 내린다[속담] 여자가 한을 품으면 그 영향이 무섭다는 말.

여자는 높이 놀고 낮이 논다[속담] 여자는 시집가기에 따라서 귀해지기도 하고 천해지기도 한다는 말.

여자는 제 고을 장날을 몰라야 팔자가 좋다[속담] '여자는 바깥세상 일은 알 것 없이 집 안에서 살림이나 알뜰히 하는 것이 행복한 것임'을 비유하여 이르는 말.

여자(餘資)[명] 남아 있는 자산(資產). 쓰고 남은 자금(資金).

여ː자(勵磁)[명] 물체에 자기(磁氣)를 띠게 하는 일, 또는 전자석의 코일에 전류를 보내는 일. 자화(磁化).

여자-관계(女子關係) [-계/-게][명] 이성으로서 여자와 사귀는 일. ¶ 여자관계가 복잡한 남자. ↔남자관계.

여ː자-기(勵磁機)[명] 교류 발전기·직류 발전기·동기(同期) 전동기 등의 계자(界磁) 코일에 여자 전류(勵磁電流)를 공급하기 위한 직류 발전기.

여ː자-수자(與者受者)명 주는 이와 받는 이.
여ː자^전ː류(勵磁電流)[-절-]명 장자석(場磁石)의 코일에 보내는 전류.
여장(女裝)명하자 남자가 여자처럼 차림, 또는 그런 차림새. 여복(女服). ↔남장(男裝).
여장(女墻)명 ☞성가퀴.
여장(旅裝)명 나그네의 몸차림. 여행할 때의 차림. 정의(征衣). ¶ 여장을 풀다.
여-장군(女將軍)명 ①여자 장수. ②'몸집이 큰 여자'를 농조로 이르는 말.
여-장부(女丈夫)명 남자 이상으로 굳세고 기개(氣槪) 있는 여자. 여걸(女傑).
여ː장-절각(汝墻折角)명 ☞여담절각.
여재(餘在)명 쓰고 남은 돈. 또는 물건. 여존(餘存).
여재(餘財)명 ①남은 재산. ②그 재산 이외의 다른 재산.
여재-문(餘在文)명 셈을 해 주고 남은 돈.
여적(女賊)명 ①불교에서, '남자의 심신(心身)을 상하게 하는 여색(女色)'을 비유하여 이르는 말. ②여자 도둑.
여적(餘滴)명 ①붓 끝에 남은 먹물. 여묵(餘墨). ②무슨 일이 끝난 다음의 남은 이야기.
여전(如前) '여전하다'의 어근.
여전(餘錢)명 남은 돈. 쓰고 남은 돈. 잔금(殘金). ¶ 이제 여전이 얼마 안 된다.
여전-하다(如前-)형여 전과 다름이 없다. 여구(如舊)하다. ¶ 그 못된 버릇은 여전하구나. 여전-히부 ¶ 그 집 부부의 금실은 여전히 좋더군.
여절(餘切)명 '코탄젠트'의 구용어.
여점(旅店)명 ☞객점(客店).
여-점원(女店員)명 여자 점원.
여접(餘接)명 '코탄젠트'의 구용어.
여정(旅情)명 여행지에서 느끼는 외로움이나 시름 따위의 미묘한 심정. 나그네의 심정. 객정(客情). 객회(客懷). 여심(旅心). ¶ 바닷가의 고요한 밤이 여정을 자아낸다.
여정(旅程)명 ①여행의 노정(路程). ¶ 여정을 바꾸어 급거 귀국하다. ②여행의 일정. ¶ 여정이 빡빡하다. 객정(客程).
여정(餘情)명 마음속 깊이 아직 남아 있는 정이나 생각. ¶ 여정이 은은한 연주회장.
여정(餘酲)명 아직 덜 깬 술기운.
여ː정(輿情)명 어떤 일이나 행위에 대한 여러 사람의 반응. 일반의 여론.
여ː정(勵精)명하자 마음을 가다듬어 힘씀.
여ː정-도치(勵精圖治)명하자 마음을 가다듬어 정치(政治)에 힘씀.
여정-목(女貞木)명 ☞광나무.
여정-실(女貞實)명 한방에서, '광나무의 열매'를 이르는 말. 동지 때 따서, 술을 뿜어 쪄서 강장제로 씀. 여정자(女貞子).
여정-자(女貞子)명 ☞여정실(女貞實).
여정-하다형여 별로 틀릴 것이 없다.
여제(女弟)명 누이동생.
여제(女帝)명 ☞여황(女皇).
여ː제(厲祭)명 여귀(厲鬼)를 위로하는 제사.
여조(餘條)명 돈이나 곡식 따위를 계산할 때의 나머지 부분.
여조(麗朝)명 '고려 왕조(高麗王朝)'를 줄여서 이르는 말.
여조(麗藻)명 아름다운 시문(詩文).
여존(餘存)명 ☞여재(餘在).
여존-남비(女尊男卑)명 여성을 존중하고 남성을 비천하게 여기는 일. ↔남존여비.
여-종(女-)명 종노릇을 하는 여자. 계집종.
여좌(如左)명하형 (세로쓰기로 쓴 문서 따위에서) 왼쪽에 적은 것과 같음. ¶ 상세한 내용은 여좌함. 여좌-히부.
여좌침석(如坐針席)명 바늘방석에 앉은 것처럼 마음이 편안하지 아니함.
여죄(餘罪)[-죄/-줴]명 그 죄 이외의 또 다른 죄. ¶ 여죄를 추궁하다.
여ː주명 박과의 일년생 만초. 열대 아시아 원산의 관상 식물. 잎은 손바닥 모양으로 갈라져 있고 여름과 가을에 노란 꽃이 핌. 길둥근 열매에는 혹 같은 것이 우툴두툴 돋아 있음.
여주(女主)명 ☞여왕(女王).
여-주인공(女主人公)명 사건이나 소설·희곡 등에서 중심 역할을 하는 여자.
여죽(女竹)명 여자용 담뱃대.
여줄가리명 ①주된 몸뚱이나 원줄기에 딸린 물건. ②중요한 일에 곁딸리어 있어 대수롭지 않은 일.
여중(女中)명 '여자 중학교'를 줄여서 이르는 말.
여중(旅中)명 ☞객중(客中).
여중-군자(女中君子)명 정숙하고 덕이 높은 여자를 일컫는 말.
여중-호걸(女中豪傑)명 호협하고 풍채가 당당한 여자를 일컫는 말.
여증(餘症)명 병이 나은 뒤에도 남아 있는 증세. 여기(餘氣). 여수(餘祟). 여얼(餘孽).
여지(餘地) Ⅰ명 들어설 수 있거나 이용할 수 있는 땅, 또는 공간. ¶ 차고를 지을 여지는 있다.
Ⅱ의 ①무슨 일을 하거나 생각하거나 하는 여유. ¶ 변명할 여지도 주지 않다. ②생각하거나 설명할 필요나 이유. ¶ 의심할 여지도 없다. ③무슨 일이 일어날 가능성이나 희망. ¶ 개선의 여지가 있다.
여ː지(輿地)명 〔만물을 싣는 수레 같은 땅이라는 뜻으로〕 지구 또는 땅덩이.
여ː지(濾紙)명 〈여과지〉의 준말.
여지(鑢紙)명 ☞사포(沙布). 샌드페이퍼.
여ː지-도(輿地圖)명 종합적인 내용을 담은 일반 지도.
여지-없다(餘地-)[-업따]형 더할 나위가 없다, 또는 달리 어찌할 방법이나 가능성이 없다. 여지없-이부 ¶ 여지없이 무너지다.
여직부 '여태'의 잘못.
여-직공(女職工)[-꽁]명 여자 직공. 공녀(工女). 준여공(女工).
여직-껏부 '여태껏'의 잘못.
여진(女眞)명 10세기 이후 중국의 동북 지방과 시베리아의 연해주(沿海州)에 걸쳐서 산 퉁구스계 민족.
여진(餘塵)명 ①수레 따위가 지나간 뒤에 일어나는 흙먼지. ②'옛사람의 유풍(遺風)이나 발자취' 따위를 비유하여 이르는 말.
여진(餘震)명 큰 지진이 있은 뒤에 이어서 일어나는 작은 지진.
여진여퇴(旅進旅退)[-녀퇴/-녀퉤]명 일정한 주견이 없이 남이 하는 대로 덩달아 행동함.
여질(女姪)명 조카딸.
여ː질(癘疾)명 ☞여역(癘疫).
여질(麗質)명 타고난 아름다움. 타고난 미모.
여-집합(餘集合)[-지팝]명 수학에서, 전체 집합에 속한 특정한 부분 집합에 대하여 이에 속하지 않는 나머지 모든 요소로 이루어지는 집합을 이르는 말.

여짓-거리다[-짇꺼-][자] 자꾸 여짓여짓하다. 여짓대다.
여짓-대다[-짇때-][자] 여짓거리다.
여짓-여짓[-진녀짇/-지뎌짇][부][하자] 말을 할 듯 말 듯 머뭇거리는 모양. ¶ 차마 말을 못하고 여짓여짓 기색만 살폈다.
여:쭈다[타] ①어른께 말씀을 올리다. ¶ 아버지께 여쭈어 보려무나. ②어른께 인사를 드리다. ¶ 장인어른께 인사를 여쭈다. [높]여쭙다.
여:쭙다[-따][여쭈우니·여쭈워][타][ㅂ] 〈여쭈다〉의 높임말. ¶ 큰일은 할아버님께 여쭈워서 처리하도록 하여라.
여:차[감] 〈이영차〉의 준말.
여차(如此) '여차하다'의 어근.
여차(旅次)[명] 여행 중에 머무르는 곳. 〔편지 글에서 아랫사람에게 쓰는 말.〕
여차여차(如此如此) '여차여차하다'의 어근.
여차여차-하다(如此如此-)[형][여] 이러이러하다. 여시여시하다. 여사여사하다. 약차약차하다. **여차여차-히**[부].
여-차장(女車掌)[명] 여자 차장.
여차직-하다[형] '여차하다'의 잘못.
여차-하다(如此-)[형][여] 이와 같다. 여시(如是)하다. 여사(如斯)하다. 약차(若此)하다. **여차-히**[부].
여창(女唱)[명][하자] ①남자가 여자 목소리로 노래 부름, 또는 그 노래. 여청. ↔남창(男唱). ②〈여창남수(女唱男隨)〉의 준말.
여창(旅窓)[명] ☞객창(客窓).
여창-남수(女唱男隨)[명][하자] 여자가 나서서 서두르고 남자는 따라만 함. [준]여창.
여창-유취(女唱類聚)[-뉴-][명] 조선 고종 때, 박효관(朴孝寬)·안민영(安玟英)이 여창(女唱) 178수를 모아서 편찬한 시가집. 〔'가곡원류'에 실려 전함.〕
여천(餘喘)[명] ①(죽음에 가까웠을 때) 곧 끊어질 듯 쉬는 약한 숨. ②아직 죽지 않고 겨우 붙어 있는 목숨.
여:천지무궁(與天地無窮)[명][하형] 〔천지와 더불어 끝이 없다는 뜻으로〕 무엇이 영구히 변하지 않음을 이르는 말. ¶ 국운(國運)이 여천지무궁이라.
여철(藜鐵)[명] ☞마름쇠.
여-청(女-)[명] ①여자의 목청. ②☞여창(女唱).
여체(女體)[명] 여성의 몸(육체).
여체(旅體)[명] ☞객체(客體).
여초(餘草)[명] ①쓸모없게 된 글의 초고(草稿). ②심심풀이로 쓴 글.
여추(餘醜)[명] 소탕을 면하여 아직 남아 있는 악인들. [참]잔당(殘黨).
여축(餘蓄)[명][하타] 쓰고 남은 물건을 모아 둠, 또는 그 물건.
여:출-액(濾出液)[명] 혈액 중의 혈청이 혈관(血管) 벽(壁)에서 여과되어 조직 속 또는 체강(體腔) 속으로 들어간 것. 정맥압(靜脈壓)이 높을 때 나타남.
여출일구(如出一口)[명] ☞이구동성.
여취여광(如醉如狂)[명][하형] ☞여광여취.
여측-이심(如廁二心)[명] '뒷간에 갈 적 마음 다르고, 나올 적 마음 다르다'는 뜻의 말.
여:치[명] 여칫과의 곤충. 몸길이 3~4 cm. 메뚜기와 비슷하나 긴 실 모양의 촉각이 있음. 날개는 녹색이고 배는 황색임. 여름에 나타나 수컷은 큰 소리로 우는데, 완상용으로 기르기도 함. 동부 아시아에 분포함. 씨르래기.
여침(旅寢)[명] 객지에서의 잠자리.
여쾌(女儈)[명] 중매하는 여자.
여타(餘他)[명] 그 밖의 다른 일, 또는 다른 것. 그 나머지. ¶ 여타는 더 캐묻지 않겠다.
여:타-자별(與他自別)[명][하형] 남보다 사이가 유달리 가까움.
여:탈(與奪)[명][하타] 주는 일과 빼앗는 일. ¶ 생살(生殺)여탈을 마음대로 하다.
여:탐(←豫探)[명][하타] (무슨 일이 있을 때) 웃어른의 뜻을 살피기 위하여 미리 여쭘.
여:탐-굿(←豫探-)[-굳][명][하자] 집안에 경사가 있을 때 조상에게 먼저 아뢰는 굿. *여:탐굿이[-구시]·여:탐굿만[-군-]
여탕(女湯)[명] 공중목욕탕에서, 여자가 목욕하게 되어 있는 곳. ↔남탕(男湯).
여태[부] 지금에 이르기까지. 이때까지. ¶ 여태 나타나지 않는다. /여태 어디에 있었니?
여태(女態)[명] 여자다운 모습. 여자다운 태도.
여태-껏[-껃][부] '여태'를 강조하여 이르는 말. 이제껏. 입때껏. ¶ 여태껏 거짓말을 한 적이 없다. /여태껏 어디에 있었니?
여택(餘澤)[명] ①남에게까지 끼치는 넓고 큰 은혜. ②선인(先人)의 은택. ¶ 여택을 입다.
여택(麗澤)[명] 친구끼리 서로 도와 학문과 덕행(德行)을 닦는 일.
여토다[타] 〈옛〉여투다. 저축하다. ¶ 오늘 차반 여토와 우리 모든 권당을 청ᄒᆞ야(老解下30).
여투다[타] 물건이나 돈을 아껴 쓰고 나머지를 모아 두다. ¶ 이 옥수수는 보릿고개를 위하여 여투어 둔 양식이다.
여트막-하다[-마카-][형][여] 조금 옅은 듯하다. ¶ 여트막한 언덕 비탈을 개간한 포도밭. [준]여틈하다. [작]야트막하다. **여트막-이**[부].
여틈-하다[형][여] 〈여트막하다〉의 준말. ¶ 여틈한 개울 바닥을 누비며 탐석하다. [작]야틈하다.
여파(餘波)[명] ①바람이 잔 뒤에도 일고 있는 물결. ¶ 태풍의 여파. ②무슨 일이 끝난 뒤에 그로 인하여 미치는 영향. ¶ 사건의 여파가 크다.
여:파-기(濾波器)[명] 전기 회로의 도중에 넣어 어떤 특정한 주파수의 전류만을 통하게 하는 장치.
여편-네(女便-)[명] ①'결혼한 여자'를 속되게 이르는 말. ¶ 동네 여편네가 수다를 떨다. ②'자기 아내'를 속되게 이르는 말.
여편네 팔자는 뒤웅박 팔자라[속담] (뒤웅박이 끈 떨어지면 어쩔 수 없듯이) 남편에게 매인 것이 여자의 팔자라는 말.
여폐(餘弊)[-폐/-페][명] ①뒤에까지 남아 있는 폐해. ②무슨 일에 곁따라서 일어나는 폐해. ¶ 과당 경쟁의 여폐가 자못 심각하다.
여:포(濾胞)[명] ①동물의 내분비샘 조직에서, 많은 세포로 이루어지는 공동(空洞) 모양의 구조. ②난소(卵巢) 속에서 성장 과정에 있는 세포성(細胞性)의 주머니. 〔여포 호르몬을 분비함.〕 ②난포(卵胞).
여:포^호르몬(濾胞hormone)[명] 여성 호르몬의 한 가지. 난포에서 분비되어 자궁의 발육, 자궁 내막의 증식, 젖샘의 발육, 월경이나 제2차 성징(性徵)이 드러나게 하는 등의 구실을 함. 난포 호르몬. 에스트로겐.
여풍(餘風)[명] ①큰 바람이 분 뒤에 아직 부는 바람. ②전대(前代)부터 남아 있는 풍습이나 습관.
여풍(麗風)[명] 팔풍(八風)의 하나로, '북서풍'을 이르는 말.

여필(女筆)명 여자의 글씨.
여필종부(女必從夫)명 '아내는 반드시 남편의 뜻을 좇아야 한다'는 말.
여하(如何)명하형 어떠함. ¶ 성공은 자신의 노력 여하에 달려 있다. /여하한 어려움도 견딜 수 있다. **여하-히**부.
여하-간(如何間)부 어떠하든 간에. ¶ 여하간 만나 보기나 하자.
여-하다(如-)형여 '같다'의 문어 투의 말. **여-히**부 ¶ 우(右)와 여히 신고함.
여하-튼(如何-)부 어떠하든. 아무튼. 어쨌든. ¶ 여하튼 사건의 경위를 들어 보자.
여-학교(女學校)[-꾜]명 여자에게만 교육을 베푸는 학교를 두루 이르는 말.
여-학사(女學士)[-싸]명 여자 학사.
여-학생(女學生)[-쌩]명 여자 학생. 여자 생도. ↔남학생.
여한(餘恨)명 풀지 못하고 남은 원한. ¶ 소원을 이루었으니 이제 여한이 없다.
여한(餘寒)명 ☞늦추위.
여할(餘割)명 '코시컨트'의 구용어.
여-함수(餘函數)[-쑤]명 삼각 함수에서, 직각 삼각형의 직각 아닌 각의 사인과 코사인, 탄젠트와 코탄젠트, 시컨트와 코시컨트를 서로 상대편의 여함수라 함.
여합부절(如合符節)[-뿌-]명하형 부절이 서로 꼭 맞듯이 사물이 꼭 들어맞음.
여항(閭巷)명 ☞여염(閭閻).
여항(餘項)명 남은 항목.
여항-간(閭巷間)명 세상 사람들 사이. 서민들 사이. 항간(巷間).
여항-인(閭巷人)명 세상 사람들. 서민들. 위항인(委巷人).
여행(旅行)명하타 (일정 기간 동안 일이나 유람을 목적으로) 다른 고장이나 다른 나라에 가는 일. ¶ 여행을 떠나다.
여ː행(勵行)명하타 ①열심히 행함. ②실행하도록 장려함. ¶ 저축을 여행하다.
여행-기(旅行記)명 여행 중에 보고 들은 일이나 느낌 따위를 적은 글.
여행-사(旅行社)명 여행안내, 교통 편의 주선(周旋), 여권 신청 업무의 대행 등을 주요 업무로 하는 회사.
여행-안내(旅行案內)명 여행지의 명소·고적·교통 및 숙박 시설 따위에 대하여 자세하게 안내하는 일.
여행-자(旅行者)명 여행하는 사람.
여행자^수표(旅行者手票)명 여행자가 현금 대신 가지고 가서, 해외에서 현금처럼 쓸 수 있는 수표.
여향(餘香)명 뒤에 남은 향기. 여훈(餘薰). 유향(遺香). ¶ 선생님의 여향이 지금도 은은합니다.
여향(餘響)명 소리가 그친 뒤에까지 남아 있는 울림. 여음(餘音). 잔향(殘響). ¶ 에밀레종의 여향.
여현(餘弦)명 '코사인'의 구용어.
여혈(餘血)명 산후(産後)에 음문에서 나오는 악혈. 참오로(惡露).
여혐(餘嫌)명 아직 남아 있는 혐의(嫌疑). 그 밖의 혐의.
여형(女兄)명 손위의 누이.
여형(女形)명 여자같이 보이는 남자 모습.
여형약제(如兄若弟)[-쩨]명하형 (남남인 사이이면서) 친하기가 형제와 같음.
여-형제(女兄弟)명 ☞자매(姊妹).
여혜(女鞋)[-혜/-헤]명 여자용의 가죽신.
여호수아-서(←Jehoshua書)명 구약 성서 중의 한 편. 가나안 정복과 지도자 여호수아의 설교 및 죽음 등에 관한 내용으로 이루어짐.
여호와(←Jehovah 히)명 이스라엘 민족 및 기독교에서, 천지 만물을 창조하고 유일 전능하다고 믿는 신. 야훼.
여혹(如或)명 만일.
여혼(女婚)명 딸의 혼사(婚事). ↔남혼(男婚).
여혼-잔치(女婚-)명 딸을 시집보낼 때에 베푸는 잔치.
여화(女禍)명 ①여색으로 말미암은 재앙. ②임금이 여색에 빠져 나랏일을 그르치는 일.
여환(如幻)명 불교에서, 모든 존재는 실체(實體)가 없어 허깨비처럼 덧없음을 이르는 말.
여황(女皇)명 여자 황제. 여제(女帝).
여회(旅懷)[-회/-훼]명 ☞객회(客懷).
여회(藜灰)[-회/-훼]명 명아주를 태운 재. 한방에서 어루러기나 혹을 없애는 약으로 씀.
여훈(餘薰)명 ①☞여향(餘香). ②훌륭한 선인이 후세에 끼친 은덕(恩德).
여훈(餘醺)명 아직 덜 깬 술기운.
여휘(餘暉)명 ☞석조(夕照).
여흔(餘痕)명 남아 있는 자국.
여흘명 〈옛〉여울. ¶ 간밤의 우던 여흘 슬피 우러 지내여다(古時調). /여흘 녀튼딕 正히 서르 브텃도다(杜初15:27).
여흥(餘興)명 ①놀이 끝에 남아 있는 흥. ②하자어떤 모임이나 연회 따위에서, 흥을 돋우기 위하여 곁들이는 연예나 장기 자랑 따위.
여희다타 〈옛〉여의다. 이별하다. ¶ 어마님 여희신 눈므를 左右ㅣ 슬싹바(龍歌91章). /星橋ㅅ 바미셔 흔번 여희유니(杜初20:26).
여히다타 〈옛〉여의다. 이별하다. ¶ 有德호신 님 여히우와지이다(樂詞.鄭石歌).
역(力)명 조선 시대의 달음질 취재(取才)의 한 가지. 두 손에 무거운 물건을 들고 갔으며, 일력(一力)·이력(二力)·삼력(三力)의 세 등급이 있었음.
역(役)명 ①연극이나 영화 등에서, 배우가 맡아서 하는 구실. 역할. ¶ 노인 역./군인 역을 맡다. ②특별히 맡은 소임. ¶ 상담하는 역을 맡다.
역(易)명 ☞주역(周易).
역(逆)명 ①(차례나 방향 따위가) 거꾸로임. ¶ 스물부터 하나까지 역으로 세어 내려가다. ②논리학에서, 어떤 명제의 주어와 술어, 또는 가정(假定)과 결론을 바꾸어 놓은 명제. 〔'사람은 동물이다.'에 대하여 '동물은 사람이다.' 따위.〕
역(域)명 ①〈경역(境域)〉의 준말. ②어떤 일정한 단계 또는 경지. ¶ 보통 사람의 역을 벗어난 훌륭한 솜씨.
역(閾)명 심리학에서, 자극에 의하여 감각이나 반응이 일어나는 경계(境界)의 값. 〔자극역(刺戟閾)·변별역(辨別閾) 따위.〕
역(譯)명 〈번역(飜譯)〉의 준말.
역(驛)명 ①철도의 정거장. ¶ 역 대합실. ②나라의 공문을 중계(中繼)하고, 공무로 여행하는 관원에게 마필(馬匹)의 편의를 제공하던 곳. 〔주요 도로에 대개 30리마다 하나의 역을 두었음.〕 ②우역(郵驛).
역-(逆)접두 《일부 명사 앞에 붙어》 반대임을 나타냄. ¶ 역방향. /역삼각형. /역비례. /역선전.
역가(力價)[-까]명 화학에서, 적정(滴定) 등에서 쓰이는 액(液)의 농도. ¶ 역가가 높은 항생제.

역가(役價) [-까] 명 ①품삯. ②조선 시대에, 경저리(京邸吏)와 영저리(營邸吏)가 받던 보수.
역간(力諫) [-깐] 명하타 힘써 간(諫)함.
역강(力強) '역강하다'의 어근.
역강-하다(力強-) [-깡-] 형여 힘이 세다. 기력이 왕성하다.
역-결(逆-) [-껼] 명 ☞엇결.
역-겹다(逆-) [-껍따] [~겨우니·~겨워] 형ㅂ 몹시 역하다. 역정이 나게 겹다. ¶ 역겨운 냄새. /내 말이 그렇게도 역겨우냐?
역경(易經) [-꼉] 명 ☞주역(周易).
역경(逆境) [-꼉] 명 일이 뜻대로 되지 않는 불운한 처지. 고생이 많은 불행한 처지. ¶ 역경을 헤쳐 나가다. ↔순경(順境).
역공(力攻) [-꽁] 명하타 힘을 다하여 공격함.
역공(逆攻) [-꽁] 명하타 공격을 받다가 거꾸로 맞받아 공격함, 또는 그런 공격. ¶ 역공에 나서다.
역과(譯科) [-꽈] 명 조선 시대의 잡과(雜科)의 하나. 중국어·몽고어·일본어·여진어에 능통한 사람을 역관(譯官)으로 뽑아 쓰기 위하여 보이던 과거(科擧).
역관(曆官) [-꽌] 명 왕조 때, 역법(曆法)·역학(曆學)에 관한 일을 맡아보던 관리.
역관(歷官) [-꽌] 명하타 여러 관직을 차례로 지냄.
역관(譯官) [-꽌] 명 ①통역을 맡아보는 관리. ②고려 말기와 조선 시대에, 사역원(司譯院)에 딸렸던 관리를 통틀어 이르는 말.
역관(驛館) [-꽌] 명 역참(驛站)에서, 공무로 여행하는 관원이 묵던 집.
역광(逆光) [-꽝] 명 사진 등에서, 대상이 되는 것의 뒤편으로부터 비치는 광선. 역광선. ¶ 역광으로 사진을 찍다.
역-광선(逆光線) [-꽝-] 명 ☞역광(逆光).
역구(力求) [-꾸] 명하타 힘써 요구함. 힘써 찾음.
역구(力救) [-꾸] 명하타 힘써 구원함.
역구(歷久) [-꾸] 명하형 오래됨.
역군(役軍) [-꾼] 명 ①공사장에서 삯일을 하는 사람. 역부(役夫). ②일정한 부문에서 믿음직하게 일을 맡아 하는 일꾼. ¶ 조국 통일의 역군. /수출 역군.
역권(力勸) [-꿘] 명하타 ①열심히 권함. ¶ 출마(出馬)를 역권하다. ②억지로 권함. ¶ 친구에게 술을 역권하다.
역권(役權) [-꿘] 명 일정한 목적을 위하여 남의 소유물을 이용하는 물권(物權). 우리나라 민법에서는 지역권(地役權)만 채용하고 있음.
역귀(疫鬼) [-뀌] 명 전염병을 퍼뜨린다는 귀신.
역-귀성(逆歸省) [-뀌-] 명 명절 때, 자식이 고향의 부모를 찾는 것에 대하여 거꾸로 부모가 객지에 있는 자식을 찾아가는 일.
역기(力技) [-끼] 명 ☞역도(力道).
역기(力器) [-끼] 명 역도(力道)를 할 때 들어 올리는 기구. 철봉의 양쪽 끝에 추를 끼운 것. 바벨.
역기(逆氣) [-끼] 명 ☞욕지기.
역-기능(逆機能) [-끼-] 명 (원래의 목적과는 달리 나타나는) 바람직하지 못한 기능. ¶ 텔레비전의 역기능. ↔순기능.
역-기전력(逆起電力) [-끼절-] 명 인덕턴스를 갖는 전기 회로에 급격히 전류를 보냈을 때 생기는, 전원 전압과 반대 방향으로 작용하는 기전력.
역내(域內) [영-] 명 일정한 구역이나 범위의 안. ↔역외(域外).
역내(閾內) [영-] 명 ①문지방의 안. ②일정한 한계의 안. ↔역외(閾外).
역내(驛內) [영-] 명 철도 역의 안. 기차 정거장 안.
역내^무:역(域內貿易) [영-] 명 일정한 경제권의 내부에서 이루어지는 무역. ¶ 유럽 공동체의 역내 무역.
역년(歷年) [영-] 명 ①한 왕조가 지속된 햇수. ②하자 여러 해를 지나옴, 또는 지나온 여러 해. ¶ 역년의 업적.
역년(曆年) [영-] 명 책력에 나타나 있는 한 해. 〔태양력에서는 평년 365일, 윤년 366일.〕
역노(驛奴) [영-] 명 조선 시대에, 역참(驛站)에 딸려 있던 사내종. 낮역놈. ↔역비(驛婢).
역-놈(驛-) [영-] 명 〈역노(驛奴)〉의 낮춤말.
역농(力農) [영-] 명하자 힘써 농사를 지음. 역전(力田).
역다 [-따] 형 잇속에 밝고 약삭빠르다. 작약다.
역-단층(逆斷層) [-딴-] 명 단층의 한 가지. 기울어진 단층면에 따라 상반(上盤)이 하반(下盤)에 대하여 상대적으로 밀려 올라간 것. ↔정단층.
역답(驛畓) [-땁] 명 조선 시대에, 역참(驛站)에 딸려, 그 수익을 역참의 비용으로 쓰게 되어 있던 논.
역당(逆黨) [-땅] 명 역적의 무리. 역도(逆徒). ¶ 역당을 토벌하다.
역대(歷代) [-때] 명 이어 내려온 모든 대(代). 각각의 대. 대대. 역세(歷世). ¶ 역대 대통령.
역대-기(歷代記) [-때-] 명 구약 성서의 한 부분을 이루고 있는 책. 유대와 이스라엘의 고대 역사를 기록하였으며 상하(上下) 두 책으로 되어 있음.
역-대수(逆對數) [-때-] 명 ☞진수(眞數).
역도(力道) [-또] 명 역기(力器)를 들어 올려 그 기록을 겨루는 경기. 〔인상(引上)과 용상(聳上) 두 종목이 있음.〕 역기(力技).
역도(逆徒) [-또] 명 ☞역당(逆黨).
역도(逆睹) [-또] 명하타 어떤 일의 결말을 미리 짐작함. 앞일을 내다봄. 예측(豫測).
역동(力動) [-똥] 명하자 힘 있고 활발하게 움직임.
역동-적(力動的) [-똥-] 관명 힘 있고 활발하게 움직이는 (것). ¶ 역동적인 삶.
역두(驛頭) [-뚜] 명 ☞역전(驛前). ¶ 하얼빈 역두를 진동한 구국(救國)의 총성.
역-둔토(驛屯土) [-뚠-] 명 ①역의 급전(給田)으로 준 둔토. ②역토와 둔토.
역란(逆亂) [영난] 명하자 ☞반란(叛亂).
역람(歷覽) [영남] 명하타 ①여러 곳을 두루 다니면서 봄. ②하나하나 살펴봄.
역량(力量) [영냥] 명 일을 해낼 수 있는 능력, 또는 그 능력의 정도. ¶ 역량 있는 사업가. /관리자로서의 역량을 충분히 발휘하다.
역려(逆旅) [영녀] 명 ☞여관(旅館).
역력(歷歷) '역력하다'의 어근.
역력-하다(歷歷-) [영녀카-] 형여 (자취나 기미·기억 따위가) 또렷하다. 분명하다. ¶ 뉘우치는 기색이 역력하다. **역력-히** 부 ¶ 이번 작품에 그동안 노력한 흔적이 역력히 나타난다.
역로(逆路) [영노] 명 ①반대 방향의 길, 또는 반대 방향으로 가는 일. ②역경에서 허덕이는 고난의 길. ↔순로(順路).
역로(歷路) [영노] 명 거쳐서 지나가는 길.
역로(驛路) [영노] 명 역참(驛站)으로 통하는 길. 비참로(站路).

역류(逆流)[영뉴]명하자 ①거꾸로 흐름, 또는 거꾸로 흐르는 물. 역수(逆水). ¶ 피가 역류하다./바닷물이 강으로 역류하다. ②흐름을 거슬러 오름. ¶ 역사의 역류./운명의 역류. ↔순류(順流).

역륜(逆倫)[영뉸]명하자 인륜에 어긋남.

역률(力率)[영뉼]명 교류 회로에서, 전력과 전압·전류의 곱과의 비율.

역률(逆律)[영뉼]명 역적을 다스리는 법률.

역리(疫痢)[영니]명 적리균(赤痢菌)에 의한 급성 전염병의 한 가지. 2~6세의 유아에게 흔히 나타남.

역리(逆理)[영니]명하자 도리나 사리에 어그러지는 일.

역리(驛吏)[영니]명 역참(驛站)에 딸린 아전.

역린(逆鱗)[영닌]명하자 〔'한비자'의 '세난편(說難編)'에 나오는 말로, 용의 가슴에 거꾸로 난 비늘을 건드리면 반드시 죽임을 당한다는 데서〕'왕의 노여움'을 이르는 말.

역마(役馬)[영-]명 노역(勞役)에 사용하는 말.

역마(驛馬)[영-]명 역참(驛站)에 대기시켜 두고 관용(官用)으로 쓰던 말. 역말.

역마-살(驛馬煞)[영-쌀]명 늘 이리저리 떠돌아다니게 된 액운. ¶ 역마살이 끼다.

역-마을(驛-)[영-]명 역참(驛站)이 있는 마을. 역촌(驛村).

역마-직성(驛馬直星)[영-썽]명 늘 분주하게 멀리 돌아다니는 사람을 이르는 말.

역-마차(驛馬車)[영-]명 서양에서, 철도가 통하기 전에 정기적으로 여객이나 화물·우편물 따위를 수송하던 마차.

역-말(驛-)[영-]명 ☞역마(驛馬).

역면(力勉)[영-]명하자 부지런히 힘씀.

역명(逆命)[영-]명 ①정도(正道)에서 벗어난 포학무도한 명령. ②하자명령을 거스름. 복종하지 않음.

역명(譯名)[영-]명 번역하여 붙인 이름.

역명지전(易名之典)[영-]명 임금으로부터 시호(諡號)를 받는 은전(恩典).

역모(逆謀)[영-]명하자 반역을 모의함, 또는 그런 모사(謀事). ¶ 역모를 꾀하다./역모가 탄로나서 모두 죽임을 당하다. 비흉모(凶謀).

역-모:션(逆motion)명 ①어떤 동작을 함에 있어, 그 동작 자세와는 반대되는 동작을 하는 일. 〔몸이 오른쪽으로 향해 있는 자세에서 왼쪽으로 공을 던지는 따위.〕 ②영화 촬영 기법의 하나. 〔높은 곳에 뛰어오르는 장면을 나타낼 때, 실지는 뛰어내리는 장면을 촬영하여, 프린트할 때, 이를 반대로 해서 뛰어오르는 것처럼 보이게 하는 따위.〕

역무(役務)[영-]명 노역(勞役)의 일.

역무-배상(役務賠償)[영-]명하타 전쟁 상대국에 대한 배상을 돈이나 물건으로 하지 않고, 기술이나 노동력의 제공으로 하는 일.

역-무역(逆貿易)[영-]명하타 역수입(逆輸入)이나 역수출(逆輸出)에 의한 무역.

역무-원(驛務員)[영-]명 역에 근무하는 사람.

역문(譯文)[영-]명 번역한 글.

역-반응(逆反應)[-빠능]명 화학 반응에서, 생성된 물질로부터 본디의 물질로 되돌아가는 반응. ↔정반응.

역발산-기개세(力拔山氣蓋世)[-빨싼-]명 힘이 산이라도 빼어 던질 만하고, 기(氣)는 세상을 덮을 만큼 웅대함. 〔'사기'의 '항우본기(項羽本紀)'에 나오는 말로, 초패왕(楚霸王) 항우(項羽)의 빼어난 힘과 기개(氣槪)를 표현한 말.〕 준발산개세.

역방(歷訪)[-빵]명하타 여러 곳을 차례로 방문함.

역법(曆法)[-뻡]명 책력을 제정하는 데에 기준이 되는 법칙.

역병(疫病)[-뼝]명 악성(惡性)의 전염병. ¶ 역병이 돌다.

역복(易服)[-뽁]명하자 거상(居喪) 중이나 탈상(脫喪) 때 옷을 바꿔 입는 일, 또는 그 옷.

역본(譯本)[-뽄]명 ☞역서(譯書). ↔원본(原本).

역본-설(力本說)[-뽄-]명 ☞다이너미즘.

역부(役夫)[-뿌]명 ☞역군(役軍).

역부(驛夫)[-뿌]명 지난날, 역에 딸리어 심부름하던 사람. 역졸(驛卒).

역부득(易不得)[-뿌-]명하형 〈이역부득〉의 준말.

역부족(力不足)[-뿌-]명하형 힘이 모자람. 기량이 미치지 못함. ¶ 있는 힘을 다하였으나 그를 당해 내기엔 역부족이었다. 비역불급(力不及).

역분-전(役分田)[-뿐-]명 고려 태조 때의 토지 제도. 공신에게 공에 따라 토지를 나누어 주었음.

역불급(力不及)[-뿔-]명하형 힘이 미치지 못함. 비역부족(力不足).

역비(逆比)[-삐]명 ☞반비(反比). ↔정비(正比).

역비(驛婢)[-삐]명 조선 시대에, 역참(驛站)에 딸려 있던 계집종. ↔역노.

역-비례(逆比例)[-삐-]명 ☞반비례(反比例). ↔정비례.

역-빠르다[~빠르니·~빨라]형르 역고 눈치가 빠르다. 작약빠르다.

역-빨리부 역빠르게. 작약빨리.

역사(力士)[-싸]명 뛰어나게 힘이 센 사람. 장사(壯士).

역사(役事)[-싸]명하자 토목이나 건축 따위의 공사. ¶ 바다를 메우는 큰 역사.

역사(歷史)[-싸]명 ①인간 사회가 거쳐 온 변천의 모습, 또는 그 기록. ¶ 역사에 남을 사건./역사의 심판에 맡기다. ②어떤 사물이나 인물·조직 따위가 오늘에 이르기까지의 자취. ¶ 도자기 공예의 역사.

역사(歷事·歷仕)[-싸]명하타 여러 대(代)의 임금을 섬김. ¶ 3대의 임금을 역사하다.

역사(譯詞)[-싸]명 가사(歌詞)를 번역하는 일, 또는 그 번역한 가사.

역사(轢死)[-싸]명하자되자 기차·자동차 따위에 치여 죽음.

역사(驛舍)[-싸]명 역으로 쓰는 건물.

역사-가(歷史家)[-싸-]명 역사를 연구하는 학자, 또는 역사에 정통한 사람. 준사가(史家).

역사^과학(歷史科學)[-싸-]명 ①과거에 일어난 인간 생활의 여러 현상을 대상으로 하는 여러 과학을 통틀어 이르는 말. 역사학. ②인간에 관한 사물의 역사적 개성(個性)의 기술(記述)을 방법으로 하는 여러 과학을 통틀어 이르는 말. ②문화 과학(文化科學). ↔법칙 과학(法則科學).

역사-관(歷史觀)[-싸-]명 ☞사관(史觀).

역사-극(歷史劇)[-싸-]명 역사상의 인물이나 사건을 소재로 한 연극이나 희곡. 준사극.

역사^법칙(歷史法則)[-싸-]명 ①역사상의 사상(事象)의 진보·발전에서 볼 수 있는 법칙. ②어느 일정한 역사적 시대에만 적용되는 법칙.

역사^법학(歷史法學) [-싸버팍]명 법의 역사성을 강조하고, 법제(法制)나 법칙의 발달과 현상(現狀)을 역사적 관점에서 연구함으로써 법률의 원리를 구명하려는 학문.

역사-상(歷史上) [-싸-]명 역사에 관계되는 것. 역사에 나타나 있는 바. ¶ 역사상의 인물. /인류 역사상 유례가 없는 사건. 준사상.

역사^소ː설(歷史小說) [-싸-]명 역사상의 사건이나 인물·풍속 등 사실(史實)을 소재로 하여 구성한 소설.

역사^시대(歷史時代) [-싸-]명 (문헌이나 기록이 존재하지 않는 선사 시대에 대하여) 문헌·기록으로 인간 생활의 변천을 연구할 수 있는 시대를 이르는 말.

역사-적(歷史的) [-싸-]관명 ①역사에 관한 (것). ¶ 역사적 고찰. /역사적인 사실. ②오랜 옛적부터 이어 내려오는 (것). ¶ 역사적 관습. /역사적인 전통을 자랑하다. ③역사에 남을 만큼 값어치 있는 (것). ¶ 역사적 사건. /역사적인 발견.

역사^지리학(歷史地理學) [-싸-]명 지리의 역사적인 연혁(沿革)을 연구하는 학문.

역사^철학(歷史哲學) [-싸-]명 역사적 변천을 철학적으로 고찰하고, 어떤 원리에 의하여 그 흥망의 자취를 설명하려는 학문.

역사-학(歷史學) [-싸-]명 ①☞역사 과학. ②특히 사료(史料), 곧 문헌을 기본적인 자료로 하여 과거의 인간 생활의 모습을 연구하는 학문. 준사학.

역사학-파(歷史學派) [-싸-]명 ①독일에서 19세기 초에, 낭만주의나 민족주의의 풍조에 대립하여 생겨난, 역사주의를 표방하는 학자의 한 파. ②19세기에서 20세기 초에 걸친 독일 경제학자의 한 파. 경제 현상의 역사성을 강조하고, 후진국 독일의 보호 무역을 옹호하였음.

역사-화(歷史畫) [-싸-]명 역사상의 사건이나 인물을 소재로 한 그림. 준사화(史畫).

역산(逆產) [-싼]명 ①하타 되자 ☞도산(倒產)2. ②부역자(附逆者)나 역적의 재산.

역산(逆算) [-싼]명 ①하타 되자 반대의 순서로 계산함, 또는 그런 계산. ②계산한 결과를 계산하기 전의 수 또는 식으로 되돌아가게 하는 계산. 〔곱셈에 대한 나눗셈, 덧셈에 대한 뺄셈 따위.〕

역산(曆算) [-싼]명 역학(曆學)과 산학(算學).

역살(轢殺) [-쌀]명하타 되자 차바퀴로 깔아 죽임.

역상(曆象) [-쌍]명 ①책력으로 천체의 현상을 헤아리는 일. ②책력에 적혀 있는 여러 가지 천문 현상.

역상(轢傷) [-쌍]명하자 차바퀴에 깔려서 다침, 또는 그 상처.

역-상속(逆相續) [-쌍-]명하타 직계 비속이 상속하는 보통의 것과는 반대로 직계 존속이 하는 상속.

역서(易書) [-써]명 점술(占術)에 관한 책.

역서(曆書) [-써]명 ①☞책력. ②역학(曆學)에 관한^서적.

역서(譯書) [-써]명 번역한 책. 역본(譯本). ↔원서(原書).

역석(礫石) [-썩]명 조약돌.

역-선전(逆宣傳) [-썬-]명하타 되자 ①역효과를 가져오는 선전. ②상대편의 선전을 이용하여 상대편에게 반격하는 선전.

역설(力說) [-썰]명하자·타 되자 힘주어 말함. 강하게 주장함. ¶ 군비 축소를 역설하다.

역설(逆說) [-썰]명 표현 구조상으로나 상식적으로는 모순되는 말이지만, 실질적 내용은 진리를 나타내고 있는 표현. 〔'지는 것이 이기는 것.', '바쁘거든 돌아서 가라.' 따위.〕 패러독스.

역설-적(逆說的) [-썰쩍]관명 역설을 이용하여 표현하는 (것). ¶ 역설적 주장. /역설적인 표현.

역성 [-썽]명하타 옳고 그름에 상관없이 덮어놓고 한쪽만 편드는 일.

역성(易姓) [-썽]명하자 되자 ☞혁세(革世).

역성-들다 [-썽-] [~드니·~들어]타 역성하다. 편들다. ¶ 아들만 역성드는 어머니.

역성-혁명(易姓革命) [-썽형-]명 〔임금의 성이 바뀌는 것은 천명(天命)이 바뀐 것이란 뜻으로〕 고대 중국의 정치사상으로, 덕이 있는 사람이 덕이 없는 임금을 쓰러뜨리고 새로이 왕조(王朝)를 세우는 일.

역세(歷世) [-쎄]명 ☞역대(歷代).

역세-권(驛勢圈) [-쎄꿘]명 철도나 지하철 역을 일상적으로 이용하는 주변 거주자가 분포하는 범위. ¶ 역세권 아파트.

역소(役所) [-쏘]명 역사(役事)하는 곳.

역수(易數) [-쑤]명 주역(周易)의 원리에 따라 길흉을 점치는 법.

역수(逆水) [-쑤]명하자 물이 거슬러 흐름, 또는 그렇게 흐르는 물. 역류(逆流).

역수(逆修) [-쑤]명 〔불교에서〕 ①사후(死後)의 명복을 빌기 위하여 생전(生前)에 미리 재(齋)를 올리는 일. 예수(豫修). 생전예수(生前豫修). ②젊어서 죽은 이의 명복을 그 부모가 비는 일. ③자신이 복을 받기 위하여, 죽은 이의 명복을 비는 일.

역수(逆數) [-쑤]명 어떤 수로 1을 나눈 값을 그 수에 대하여 이르는 말. 〔3의 역수는 3분의 1, 5분의 2의 역수는 2분의 5.〕 반수(反數).

역수(歷數) [-쑤]명하자 차례로 셈.

역수(曆數) [-쑤]명 ①(책력을 만드는 데 기초가 되는) 해나 달의 운행(運行) 횟수. ②자연적으로 돌아오는 운수. ③연대(年代). 연수(年數).

역-수송(逆輸送) [-쑤-]명하타 되자 잘못 수송하여 떠난 곳으로 되돌아가는 수송.

역-수입(逆輸入) [-쑤-]명하타 되자 한번 수출했던 물건을 그 나라로부터 다시 수입하는 일. 참재수입.

역-수출(逆輸出) [-쑤-]명하타 되자 한번 수입했던 물건을 그 나라로 다시 수출하는 일. 참재수출.

역순(逆順) [-쑨]명 거꾸로 된 순서. ¶ 기계를 분해하던 순서의 역순으로 다시 조립하다.

역순(歷巡) [-쑨]명하타 여러 곳을 차례로 돌아다님. ¶ 남해의 여러 섬을 역순하다.

역술(易術) [-쑬]명 역점(易占)을 쳐서 주역을 해석하는 기술이나 방법.

역술(曆術) [-쑬]명 천체의 운행을 관측하여 책력을 만드는 기술.

역술(譯述) [-쑬]명하타 번역하여 말하거나 기술함.

역술-가(易術家) [-쑬-]명 역점(易占)을 치는 일을 업으로 하는 사람. 역술인.

역술-인(易術人) [-쑤린]명 ☞역술가.

역-스럽다(逆-)형 '역겹다'의 잘못.

역습(逆襲) [-씁]명하타 되자 공격을 받고 있던 수비 측이, 거꾸로 급히 공격하거나 습격함. ¶ 불의의 역습을 당하다.

역시(譯詩) [-씨]명하자 번역한 시.

역시(亦是)[-씨]부 ①또한. ¶ 나 역시 너와 같은 생각이다. ②예상한 대로. ¶ 역시 그놈의 짓이었구나. ③아무리 생각하여도. ¶ 역시 고향이 최고다.
역시-집(譯詩集)[-씨-]명 번역한 시를 모아 엮은 책.
역신(疫神)[-씬]명 ①☞호구별성(戶口別星). ②☞천연두(天然痘). 높역신마마.
역신(逆臣)[-씬]명 임금에게 반역한 신하. ↔충신(忠臣).
역신-마마(疫神媽媽)[-씬-]명 '역신'을 높이어 이르는 말. 준마마(媽媽).
역신-하다(疫神-)[-씬-]자여 천연두를 치르다.
역심(逆心)[-씸]명 ①반역을 꾀하는 마음. ¶ 역심을 품다. 비역의(逆意). ②상대편의 말이나 행동을 역겨워하는 마음.
역암(礫岩)명 자갈이 진흙이나 모래에 섞여 굳어진 퇴적암.
역어(譯語)명 번역한 말. ↔원어(原語).
역업(譯業)명 (직업으로서의) 번역하는 일, 또는 번역하여 이룬 업적.
역-여시(亦如是)부 이것도 또한. 이것도 역시.
역연(亦然)명하형 또한 그러함. 역시 같음.
역연(歷然) '역연하다'의 어근.
역-연령(曆年齡)[여견-]명 ☞생활 연령.
역연-하다(歷然-)형여 누가 보아도 분명하다. ¶ 증거가 역연하다./역연한 사실에 공연한 변명을 늘어놓다. 역연-히부.
역영(力泳)명하자 힘차게 헤엄침, 또는 그런 헤엄.
역옹-패설(櫟翁稗說)명 고려 공민왕 때의 학자 이제현(李齊賢)이 엮은 설화집. 역사상 알려지지 않은 이문(異聞)·기사(奇事)·시문(詩文)·인물평 등을 수록. 〔'익재난고(益齋亂藁)'의 권말(卷末)에 실려 전함.〕
역외(域外)[여괴/여궤]명 일정한 구역이나 범위의 밖. ¶ 역외 조달. ↔역내(域內).
역외(閾外)[여괴/여궤]명 ①문지방의 바깥. ②일정한 한계의 밖. ↔역내(閾內).
역용(役用)명하타되자 노역(勞役)에 사용함. ¶ 역용 동물.
역용(逆用)명하타되자 (어떤 목적을 위한 사물이나 일을) 그 반대의 목적으로 이용함. 역이용(逆利用). ¶ 상대편의 작전을 역용하다.
역우(役牛)명 논밭 갈이나 짐 실어 나르기 따위의 노역(勞役)에 이용하는 소.
역운(逆運)명 ☞비운(悲運).
역원(役員)명 ☞임원(任員).
역원(驛員)명 역에 근무하는 직원.
역원(驛院)명 조선 시대에, 역로(驛路)에 있던 여관.
역위(逆位)명 염색체 이상(異常)의 한 가지. 유전자의 일부가 거꾸로 배열되어 있는 상태.
역위(逆胃)명하자 ①먹은 것을 위에서 잘 받지 않음. ②비위에 거슬림.
역-위답(驛位畓)명 ☞마위답(馬位畓).
역-위전(驛位田)명 ☞마위전(馬位田).
역유(歷遊)명하자 ☞순유(巡遊).
역의(逆意)[여긔/여기]명 반역을 꾀하는 마음. 비역심(逆心).
역이(逆耳)명하자 (남의 말이) 귀에 거슬림. ¶ 충언(忠言)은 역이란다.
역-이용(逆利用)명하타되자 ☞역용(逆用).
역이지언(逆耳之言)명 귀에 거슬리는 말, 곧 잘못을 지적하여 말하는 충고.
역인(役人)명 조선 시대에, 관청이나 육주비전(六注比廛)에 딸려 허드렛일을 하던 사람.
역인(驛人)명 역리(驛吏)와 역졸(驛卒)을 통틀어 이르던 말.
역일(曆日)명 역법(曆法)에 따라서 정해진 하루 하루의 날짜.
역임(歷任)명하타 차례로 여러 관직(官職)을 거침. ¶ 부내(部內)의 요직을 역임하다.
역자(易者)[-짜]명 점치는 일을 업으로 하는 사람.
역자(譯者)[-짜]명 번역한 사람.
역자이교지(易子而敎之)[-짜-]명하자 남의 자식을 내가 가르치고, 내 자식은 남에게 부탁하여 가르치게 하는 일. 〔'자기 자식을 가르치기 어려움'을 뜻하는 말로, '맹자'의 '이루(離婁)' 상편에 나오는 말임.〕
역작(力作)[-짝]명하타 힘들여서 만듦, 또는 그 작품. 힘들여서 만든 뛰어난 작품. ¶ 5년이 걸려서 이룬 역작. 비노작(勞作).
역장(驛長)[-짱]명 역의 책임자.
역재(譯載)[-째]명하타되자 번역하여 신문이나 잡지 따위에 실음. ¶ 외지(外紙)의 기사를 역재하다.
역쟁(力爭)[-쨍]명하자 온 힘을 다하여 다툼(겨룸).
역저(力著)[-쩌]명 힘들여서 지은 책. ¶ 평생에 걸쳐서 이룩한 역저.
역적(力積)[-쩍]명 '충격량(衝擊量)'의 구용어.
역적(逆賊)[-쩍]명 자기 나라나 임금에게 반역한 사람.
역적-모의(逆賊謀議)[-쩡-의/-쩡-이]명하자 역적들이 모여서 반역을 꾀함.
역적-질(逆賊-)[-쩍찔]명하자 자기 나라나 임금에게 반역을 꾀하는 짓.
역전(力田)[-쩐]명하자 ☞역농(力農).
역전(力戰)[-쩐]명하자 힘을 다하여 싸움. 역투(力鬪). ¶ 적을 맞아 역전 분투하다.
역전(逆戰)[-쩐]명하자 (적으로부터 공격을 받다가) 역습하여 싸움.
역전(逆轉)[-쩐]명하자·타되자 ①지금까지와는 반대 방향으로 회전함. ¶ 기계가 역전하다. ②형세나 순위 따위가 지금까지와는 반대의 상황으로 됨. ¶ 역전의 기회를 잡다./전세가 역전되다. 비반전(反轉).
역전(歷傳)[-쩐]명하자 대대로 전해 내려옴.
역전(歷戰)[-쩐]명하자 여러 차례의 싸움터에서 전투를 겪음. ¶ 역전의 용사.
역전(驛田)[-쩐]명 고려·조선 시대에, 역에 딸렸던 논밭. 마전(馬田). 역토(驛土).
역전(驛前)[-쩐]명 정거장 앞. 역두(驛頭).
역전(驛傳)[-쩐]명하타 ☞역체(驛遞).
역전^경:주(驛傳競走)[-쩐-]명 먼 거리를 몇 개의 구간으로 나누고, 몇 사람이 한편이 되어 그 구간을 이어 달려서, 달린 시간으로 승패를 겨루는 경기. 역전 릴레이. 역전 마라톤.
역전^릴레이(驛傳relay)[-쩐-]명 ☞역전 경주.
역전^마라톤(驛傳marathon)[-쩐-]명 ☞역전 경주.
역전-승(逆轉勝)[-쩐-]명하자 경기 따위에서, 처음에는 지고 있다가 형세가 뒤바뀌어 나중에는 이김. ↔역전패.
역전-층(逆轉層)[-쩐-]명 ①아래위가 거꾸로 되어 있는 지층(地層). ②기상학에서, 고도가 높음에도 불구하고 그 아래층보다 기온이 높아져 있는 대기층.

역전-패(逆轉敗) [-쩐-] 명 하자 경기 따위에서, 처음에는 이기고 있다가 형세가 뒤바뀌어 나중에는 짐. ↔역전승.
역절-풍(歷節風) [-쩔-] 명 한방에서, 뼈마디가 아프거나 붓거나 굴신(屈伸)을 잘 못하는 풍증(風症)을 이르는 말.
역점(力點) [-쩜] 명 ①지레나 지레를 응용한 도구에서, 물체를 움직일 때 힘을 가하는 점. ↔지점(支點). ②힘을 가장 많이 들이는 주안점(主眼點). ¶ 인재 양성에 역점을 두다.
역점(易占) [-쩜] 명 주역(周易)의 원리에 따라 앞날의 길흉을 점치는 일, 또는 그런 점.
역접(逆接) [-쩝] 명 두 문장 또는 구(句)의 접속 방법의 한 가지. 앞의 글에서 예측되는 사실이 뒤의 글에서 실현되지 않는 접속 관계. 〔'봄이 왔다. 그러나 아직 춥다.'의 '그러나' 따위로 이어지는 관계.〕 ↔순접(順接).
역정(逆情) [-쩡] 명 〈성1〉의 높임말. 역증(逆症). ¶ 역정을 내다. /외할아버지의 역정을 사다.
역정(歷程) [-쩡] 명 거쳐 온 길. ¶ 고난의 역정.
역정(驛程) [-쩡] 명 역과 역 사이의 거리.
역-정리(逆定理) [-쩡니] 명 어떤 정리가 다른 정리의 반대로 되어 있을 때의, 서로 상대 쪽을 이르는 말.
역정-스럽다(逆情-) [-쩡-따] [~스러우니·~스러워] 형ㅂ 역정이 난 듯하다. **역정스레** 부.
역정-풀이(逆情-) [-쩡-] 명 하자 닥치는 대로 함부로 역정을 내는 일.
역제(曆制) [-쩨] 명 책력에 관한 제도.
역조(力漕) [-쪼] 명 하자 (배를) 힘껏 저음.
역조(逆潮) [-쪼] 명 ①배의 진행 방향과 반대 방향으로 흐르는 조류(潮流). ②바람의 방향과 반대 방향으로 흐르는 조류. ↔순조(順潮).
역조(逆調) [-쪼] 명 ①일이 순조롭게 나아가지 않는 모양. ¶ 내분비 대사에 역조가 나타나다. ②일이 좋지 않은 방향으로 나아가는 상태. ¶ 대일(對日) 무역의 역조 현상.
역조(歷朝) [-쪼] 명 대대의 조정. 역대의 임금.
역졸(驛卒) [-쫄] 명 고려·조선 시대에, 역에 딸리어 심부름하던 사람. 역부(驛夫).
역주(力走) [-쭈] 명 하자 힘을 다하여 달림. ¶ 장거리 경주에서 역주하다.
역주(譯註) [-쭈] 명 ① 하타 번역과 그 주석(註釋). ②번역한 사람이 붙인 주석.
역-주행(逆走行) [-쭈-] 명 하자타 자동차가 차로에서 정해진 진행 방향으로 달리지 않고, 그 반대 방향으로 달리는 일.
역증(逆症) [-쯩] 명 ☞역정(逆情).
역지개연(易地皆然) [-찌-] 명 사람은 지위나 경우에 따라 그 의견이나 행동이 달라지지만, 처지를 서로 바꾸어 놓으면 상대편의 의견이나 행동도 이해할 수 있으며, 언동(言動)이 같아진다는 뜻.
역지사지(易地思之) [-찌-] 명 하자 처지를 바꾸어 생각함. 상대편의 처지에서 생각해 봄.
역지정가^주:문(逆指定價注文) [-찌-까-] 명 유가 증권의 매매를 증권업자에게 위탁할 때의 주문 방법의 한 가지. 자기가 지정한 가격보다 오름세일 때는 사고, 내림세일 때는 팔아 달라는 것. ↔지정가 주문(指定價注文).
역-직기(力織機) [-찍끼] 명 동력으로 움직이는 직기를 통틀어 이르는 말.
역진(力盡) [-찐] 명 하자 힘이 다함. ¶ 마침내는 역진하여 쓰러지다.
역진(逆進) [-찐] 명 하자 ①반대 방향으로 나아감. ②대기 파동이나 기압계(氣壓系)가 기본적인 흐름의 반대 방향으로 움직이는 일.
역진-세(逆進稅) [-찐쎄] 명 ☞누감세(累減稅).
역질(疫疾) [-찔] 명 한방에서, '천연두'를 이르는 말. 역환(疫患).
역차(逆次) 명 거꾸로 된 차례. 뒤바뀐 차례.
역참(歷參) 명 하자 (여러 곳의 절 등에) 차례차례 참예(參詣)함.
역참(驛站) 명 고려·조선 시대에, 역마(驛馬)를 바꿔 타던 곳.
역천(力薦) 명 하타 힘써 천거(薦擧)함.
역천(逆天) 명 하자 〈역천명(逆天命)〉의 준말. ↔순천(順天).
역-천명(逆天命) 명 하자 천명을 거스름. 준역천(逆天). ↔순천명(順天命).
역천-자(逆天者) 명 천명을 거스르는 사람. ↔순천자(順天者).
역청(瀝青) 명 탄화수소의 화합물. 〔아스팔트·콜타르·피치 따위.〕
역청-석(瀝青石) 명 ☞역청암.
역청-암(瀝青岩) 명 유리질(琉璃質)의 화산암. 검거나 푸른빛의 광택이 있음. 역청석.
역청^우라늄광(瀝青uranium鑛) 명 '역청 우라늄석'의 구용어.
역청^우라늄석(瀝青uranium石) 명 ☞피치블렌드.
역청-탄(瀝青炭) 명 검고 광택이 있는, 가장 일반적인 석탄. 탄화도(炭化度)는 갈탄보다 높고 무연탄보다 낮음. 도시가스·코크스의 원료가 됨. 석탄(石炭). 흑탄(黑炭).
역체(驛遞) 명 하타 역참(驛站)에서 중계식(中繼式)으로 공문을 주고받던 일. 역전(驛傳).
역촌(驛村) 명 역(驛)이 있는 마을.
역추산-학(曆推算學) 명 태양계에 속하는 천체에 대하여 천구 상의 위치나 운동을 예보하는 학문.
역추진^로켓(逆推進rocket) 명 비행 중인 우주선이나 인공위성의 운동에 제동을 걸기 위하여 반대 방향으로 내뿜는 로켓.
역축(役畜) 명 논밭 갈이나 짐 실어 나르기 따위의 노역에 이용하는 가축. 〔소·말·낙타·당나귀 따위.〕
역출(譯出) 명 하타 번역해 냄. 번역.
역치(閾値) 명 생물의 감각에 반응을 일으키게 하는 최소한의 자극의 강도(強度).
역-코:스(逆course) 명 ①보통의 코스와는 반대로 거슬러 가는 코스. ②어떤 차례가 보통과는 반대인 것. ③시대의 흐름에 역행하는 일.
역-탐지(逆探知) 명 하타 전화나 전파의 발신소·수신소를 탐지함.
역토(礫土) 명 자갈이 섞인 흙.
역토(驛土) 명 ☞역전(驛田).
역투(力投) 명 하자 힘껏 던짐. 특히, 야구에서 투수가 힘을 다하여 투구함. ¶ 역투 끝에 완봉승(完封勝)을 거두다.
역투(力鬪) 명 하자 ☞역전(力戰).
역표(曆表) 명 태양·행성·달 등 천체의 현상에 대하여, 장차 일어날 일시나 위치를 추산해서 예보한 표. 〔천문 관측에 쓰이는 천체력, 원양 항해에 쓰이는 항해력 따위가 있음.〕
역표-시(曆表時) 명 지구의 공전 이론을 바탕으로 해서 정한, 완전히 동일한 시간의 체계.
역풍(逆風) 명 ①자기가 가는 방향에서 마주 불어오는 바람. 거슬러 부는 바람. 앞바람. ¶ 역풍이 일다. ② 하자 바람을 안고 감. ¶ 역풍으로 말미암아 기록이 저조하다. ↔순풍(順風).
역-하다(逆-)[1] [여카-] 타여 ①거역하다. ②배반하다.

역-하다(逆—)[2] [여카-] 형여 ①메스껍다. ¶ 역한 냄새. ②마음에 거슬리어 언짢다. ¶ 그의 자화자찬이 역하게 느껴졌다.

역학(力學) [여칵] 명 ①물체 사이에 작용하는 힘과 물체의 운동과의 관계를 연구하는 물리학의 한 부문. ¶ 유체(流體) 역학. ②〔비유적으로 쓰이어〕 서로 관계되는 세력·영향력·권력 등의 힘을 이르는 말. ¶ 군사적 역학 관계.

역학(易學) [여칵] 명 주역(周易) 또는 역점(易占)을 연구하는 학문.

역학(疫瘧) [여칵] 명 한방에서, '학질' 곧 '말라리아'를 전염병이란 뜻으로 이르는 말.

역학(疫學) [여칵] 명 의학의 한 분야. 질병을 집단 현상으로서 파악하여, 질병의 원인, 유행의 지역 분포, 식생활 등의 특징에서 법칙성을 찾아내어 공통 인자를 이끌어 내려는 학문.

역학(曆學) [여칵] 명 천체의 운동을 관측하여 책력을 만드는 기술을 연구하는 학문.

역학적 에너지(力學的energy) [여칵쩌게-] 물체의 운동 또는 그 놓여 있는 위치 등의 역학적인 양에 의하여 결정되는 에너지. 운동 에너지·위치 에너지, 또는 그 양자의 합(合)을 뜻함.

역할(役割) [여칼] 명 ①구실. ¶ 역할을 분담하다. /중요한 역할을 맡고 있다. ②☞역(役).

역-함수(逆函數) [여캄쑤] 명 함수의 독립 변수와 종속 변수의 역할을 바꾸어 넣어서 얻어지는 함수를, 본디의 함수에 대하여 이르는 말.

역항(逆航) [여캉] 명하자 바람 또는 조수(潮水)의 흐름과 반대 방향으로 항해함.

역해(譯解) [여캐] 명하타되자 번역해서 알기 쉽게 풀이함, 또는 그렇게 풀이한 것.

역행(力行) [여캥] 명하타 노력하여 행함. 힘을 다하여서 함. ¶ 고학(苦學) 역행.

역행(逆行) [여캥] 명하자타되자 ①보통의 방향과는 반대 방향으로 나아감. ②시대의 흐름에 대하여 반대 방향으로 나아감. ③뒷걸음질을 침. ↔순행(順行).

역행^동화(逆行同化) [여캥-] 명 두 자음이 이어 소리 날 때 앞의 자음이 뒤의 자음을 닮아 소리 나는 현상. 〔'진리'가 '질리'로, '앞마을'이 '암마을'로, '먹는다'가 '멍는다'로 소리 나는 따위.〕 참순행 동화.

역행^운ː동(逆行運動) [여캥-] 명 ①행성(行星)이 천구 상을 동에서 서로 운행하는 것처럼 보이는 현상. ②위성이 그 행성의 공전 방향과 역방향으로 공전하는 일. 해왕성의 위성인 트리톤에서 볼 수 있음. ↔순행 운동(順行運動).

역혼(逆婚) [여콘] 명하자 ☞도혼(倒婚).

역환(疫患) [여콴] 명 한방에서, '천연두'를 이르는 말. 역질(疫疾).

역환(逆換) [여콴] 명 격지자(隔地者) 사이의 대차 결제 방법의 한 가지. 채권자가 채무자를 지급인으로 하는 환어음을 발행하여 은행에서 어음 할인을 받고, 은행이 채무자로부터 채권을 추심(推尋)하는 방법.

역활(役割) 명 '역할(役割)'의 잘못.

역-효과(逆效果) [여쿄-] 명 얻고자 하는 효과와는 반대가 되는 효과. ¶ 환심을 사려다가 역효과를 내고 말았다.

엮다 [역따] 타 ①노끈이나 새끼·짚·대오리 따위로 이리저리 매어 나가다. ¶ 이엉을 엮다. /싸릿대로 삼태기를 엮다. ②여러 가지를 일정한 순서와 체계에 맞추어 짜서 말하거나 적다. ¶ 이야기를 엮어 나가다. ③재료를 모아 책을 만들다. ¶ 책을 엮다. * 엮어·엮는[영-]

엮은-이 명 책을 엮은 사람. 편자(編者). 편집자(編輯者).

엮음 명 ①엮은 것. 엮는 일. ②민요 따위에서, 많은 사설을 엮어 가면서 자진가락으로 부르는 창법, 또는 그런 소리.

엮음^수심가(-愁心歌) 명 서도 민요의 한 가지. 수심가 다음에, 사설을 엮어 가듯 빠르게 부르는 소리로, 인생의 허무함을 탄식한 것. 마지막은 수심가로 끝냄.

엮-이다 자 〖'엮다'의 피동〗 엮음을 당하다.

연(年) 명 한 해. 해[2]. ¶ 연 12%의 이자. /연 4회 발간하다. /연에 1할씩의 선이자를 떼다.

연(碾) 명 〈약연(藥碾)〉의 준말.

연(鉛) 명 ☞납.

연(煙) 명 연수정(煙水晶)의 빛깔.

연(鳶) 명 대오리로 뼈대를 만들어 종이를 바르고, 실을 매어서 하늘에 날리는 장난감. 지연(紙鳶). 풍연(風鳶). 풍쟁(風箏).

연(蓮) 명 수련과의 다년초. 연못에 나는데, 논밭에서 재배하기도 함. 뿌리줄기는 굵고 가로 벋으며 마디가 있음. 잎은 둥근 방패 모양이며 물 위에 뜨고, 여름에 희거나 붉은 꽃이 핌. 뿌리는 먹고, 열매는 연밥이라 하여 한방에서 약재로 쓰임. 참뇌지(雷芝).

연(緣) 명 ①불교에서, 원인을 도와 결과를 낳게 하는 직접적인 작용을 하는 것. ②〈연분(緣分)〉의 준말. ¶ 연을 끊다. /연을 맺다.

연(輦) 명 임금이 타는 가마의 한 가지. '덩'과 비슷한데, 앞과 좌우에 주렴이 있고, 채가 훨씬 긺. 난가(鸞駕). 난여(鸞輿).

연(聯) 명 ①한 편의 시를 몇 개의 단락으로 구분했을 때, 그 하나하나의 단락을 이르는 말. ¶ 세 연으로 된 시. ②율시(律詩)에서, 짝을 이루는 두 구(句)를 하나로 묶어 이르는 말. ②연구(聯句).

연(連) 의 양지(洋紙)의 전지(全紙) 500장을 한 동으로 세는 단위. ¶ 모조지 두 연.

연(延) 관 작은 단위가 여러 차례 되풀이되거나 포함되어도, 그 전체를 한 단위로 셈하여 나타낼 때 쓰는 말. 〔3인이 5일 걸려서 한 일거리를, '연(延) 15인의 일거리'라 하는 따위.〕 ¶ 연 30만 명의 관객.

연-(延) 접두 《일부 명사 앞에 붙어》 같은 성격의 단위가 되풀이되거나 포함되어도 그 전체를 한 단위로 하여 계산한 총계임을 뜻함. ¶ 연건평(延建坪). /연인원(延人員). /연일수(延日數).

연-(連) 접두 《날수·달수·햇수 등을 뜻하는 말 앞에 붙어》 '계속하여'·'잇대어'의 뜻을 나타냄. ¶ 연이틀. /연사흘.

연-(軟) 접두 《빛깔을 나타내는 일부 명사 앞에 붙어》 '부드러운'·'연한'·'엷은'의 뜻을 나타냄. ¶ 연보라. /연분홍.

-연(然) 접미 《일부 명사 뒤에 붙어》 '그것인 체함', 또는 '그것인 것처럼 뽐냄'의 뜻을 나타냄. ¶ 학자연.

연가(連枷) 명 ☞도리깨.

연가(煙家) 명 굴뚝 끝을 조그만 집 모양으로 꾸며 놓은 것. 나(甗).

연가(煙價) [-까] 명 여관이나 주막의 밥값.

연ː가(戀歌) 명 이성(異性)에 대한 사랑을 나타낸 노래. 염곡(艶曲).

연ː-가시(軟-) [-까-] 명 연가싯과의 선형동물. 몸길이 90 cm가량으로 실같이 가늘고, 몸빛은 검음. 유충은 물에 사는 곤충에 기생하다가 다른 곤충(사마귀)에 먹히어 그 체내에서 성충이 된 뒤 빠져나와 민물로 돌아옴. 기생된 곤충은 생식 능력을 잃음.

연각(緣覺)명 부처의 가르침에 의하지 않고 스스로 깨달음을 얻은 사람. 보살의 아래, 성문(聲聞)의 위에 자리함.

연각-계(緣覺界)[-꼐/-께]명 십계(十界)의 하나. 연각의 세계.

연각-승(緣覺乘)[-씅]명 불교에서, 이승(二乘) 또는 삼승(三乘)의 하나. 연각의 지위에 이르는 가르침.

연간(年刊)명 일 년에 한 번씩 간행하는 일, 또는 그 간행물.

연간(年間)명 ①한 해 동안. ¶ 연간 무역량. ②임금의 재위 기간. ¶ 성종(成宗) 연간.

연ː-갈색(軟褐色)[-쌕]명 엷은 갈색.

연ː-감(軟-)명 ☞홍시(紅柿).

연감(年鑑)명 어떤 분야에 관한 한 해 동안의 사건·통계·조사·전망 따위를 수록하여, 한 해에 한 번씩 내는 정기 간행물. ¶ 무역 연감.

연갑(年甲)명 ☞연배(年輩).

연갑(硯匣)명 ☞벼룻집.

연강(沿江)명 강가에 있는 땅. 강줄기를 따라 벌여 있는 육지 부분. 연하(沿河). ¶ 금강 연강.

연ː강(軟鋼)명 탄소 함유량이 0.12~0.2%인 강철. 가단성(可鍛性)이 강하여 가공하기에 알맞음.

연ː강(軟薑)명 연한 새앙.

연강(鍊鋼)명 불에 달구어서 다진 강철.

연개-판(椽蓋板)명 서까래 위에 까는 널빤지.

연ː거(碾車)명 ☞씨아.

연ː거(燕居)명하자 ☞한거(閑居).

연-거푸(連-)부 계속하여 여러 번. ¶ 물을 연거푸 들이켜다. /연거푸 네 번을 이기다.

연ː건(軟巾)명 지난날, 소과(小科)에 급제한 사람이 백패(白牌)를 받을 때 쓰던 건.

연-건평(延建坪)명 (2층 이상) 건물의 각 층의 바닥 면적을 합계한 평수.

연견(延見)명하타 맞아들이어 만나 봄. 영견(迎見).

연결(連結)명하타되자 서로 이어서 맺음. 결련(結連). ¶ 객차를 연결하다. /전선이 연결되다.

연결-기(連結器)명 열차의 차량과 차량을 연결하는 장치.

연결-부(連結符)명 ☞이음표.

연결^어ː미(連結語尾)명 활용어의 어말 어미의 한 갈래. 한 문장을 끝맺지 않고 다시 다음 문장이나 용언에 연결되게 하는 어말 어미. 대등적 연결 어미, 종속적 연결 어미, 보조적 연결 어미의 구별이 있음. 〔'산은 높고 물은 깊다.', '봄이 오면 꽃이 핀다.', '그는 의자에 앉아 있다.' 등에서 '-고, -면, -아' 따위.〕 참종결 어미·전성 어미.

연결^추리(連結推理)명 ☞복합적 삼단 논법.

연결-형(連結形)명 용언의 활용형의 한 가지. 용언의 어미가 뒤따르는 문장이나 용언을 잇는 꼴로 된 것. 〔대등적 연결(-고·-며), 종속적 연결(-면·-니), 보조적 연결(-아·-고·-게·-지)의 구별이 있음.〕 참연결 어미.

연경(連境)명하자되자 ☞접경(接境).

연경(煙景)명 안개가 끼어 있는 봄 경치.

연경(煙鏡)명 거무레한 빛의 색안경.

연계(連繫·聯繫)[-계/-게]명하자되자 ①서로 밀접한 관련을 가짐, 또는 그런 관계. ¶ 외부 조직과 연계되어 있다. ②지난날, 다른 사람의 죄에 관련되어 옥에 매이는 일을 이르던 말.

연ː계(軟鷄)[-계/-게]명 〈영계〉의 본딧말.

연계-성(連繫性)[-계썽/-게썽]명 서로 밀접한 관련을 가지고 있는 성질.

연고(年高)명하형 ☞연만(年晩).

연ː고(研考)명하타 연구하고 궁리함.

연ː고(軟膏)명 지방·바셀린·글리세린 등에 약을 개어서 만든 반고체 상태의 외용약(外用藥). 대개, 짜서 쓸 수 있도록 튜브에 담음.

연고(緣故)명 ①까닭. 사유(事由). ¶ 무슨 연고인고? ②혈연이나 인척 관계·정분 등에 의한 특별한 관계, 또는 그런 관계의 사람. ¶ 아무 연고도 없다.

연고-권(緣故權)[-꿘]명 공유 재산 따위를 불하(拂下)할 때, 그 재산과 어떤 특별한 관계를 가진 사람에게 주어지는 우선권.

연고-로(然故-)부 〔문어 투의 말〕 그런 까닭으로. 그러므로.

연고-자(緣故者)명 혈통상 또는 법률상으로 어떤 특별한 관계에 있는 사람. 연변(緣邊). ¶ 연고자가 모여서 장례를 치르다.

연고-지(緣故地)명 혈연(血緣)이나 지연(地緣), 또는 그 밖의 이유로 어떤 인연이 있는 곳. ¶ 연고지로 전근되다.

연ː골(軟骨)명 ①척추동물의 뼈 중 비교적 연한 뼈. 물렁뼈. 여린뼈. ②의지나 태도 따위가 연약한 일, 또는 그런 사람을 비유하여 일컫는 말. ↔경골(硬骨).

연ː골-막(軟骨膜)명 연골을 싸고 있는 결체 조직성(結體組織性)의 질긴 막.

연ː골-어류(軟骨魚類)명 뼈가 연골로 되어 있는 원시적인 어류. 부레와 아감딱지가 없으며, 상어·가오리 등이 이에 딸림. ↔경골어류.

연ː골^조직(軟骨組織)명 척추동물과 무척추동물인 두족류(頭足類)에서 볼 수 있는 탄력성 많은 지지 조직(支持組織).

연ː골-한(軟骨漢)명 심지(心志)가 연약하여 권세 같은 것에 꺾이기 쉬운 사나이. 의지가 약한 사나이. ↔경골한(硬骨漢).

연공(年功)명 ①여러 해 동안 근무한 공로. ¶ 연공을 쌓다. ②오랫동안의 수련으로 익힌 고도의 기술.

연공(年貢)명 해마다 바치는 공물(貢物).

연공(連筇·聯筇)명하자 ☞연메(連袂).

연공-가봉(年功加俸)명 근무한 기간에 따라서 본봉 이외에 지급되는 봉급.

연공-서열(年功序列)명 근무 기간이나 나이가 많아짐에 따라 지위가 높아지고 봉급이 많아지는 일, 또는 그런 체계.

연관(連貫)명하타 잇달아 과녁을 맞힘.

연관(煙管)명 ①담뱃대. ②연기를 내보내는 관. ③보일러에서, 화기(火氣)를 통과시키는 관. 여기서 생긴 열로 물이 데워짐.

연관(鉛管)명 납 또는 납의 합금으로 만든 관. 수도관·가스관 따위에 쓰임. 납관.

연관(聯關)명되자 ①하타☞관련(關聯). ¶ 이 주제와 연관된 모든 항목을 찾아 정리하여라. ②하자유전학에서, 같은 염색체 위에 있는 두 개 이상의 유전자가 항상 같이 유전하는 현상.

연광(年光)명 ☞세월.

연광(鉛鑛)명 납을 캐내는 광산. 또는, 납이 함유된 광석.

연교(連翹)명 ①☞개나리¹. ②한방에서, '개나리의 씨'를 약재로 이르는 말.

연교(筵教)명 임금이 연석(筵席)에서 내리는 명령.

연교-차(年較差)명 기온이나 기압 따위의 일 년 동안의 최댓값과 최솟값의 차이. ¶ 기온의 연교차가 심하다.

연구(年久)명하형 지난 세월이 꽤 오래됨.

연:구(研究)명하타되자 사물을 깊이 생각하거나 자세히 조사하거나 하여 어떤 이치나 사실을 밝혀냄, 또는 그 내용. ¶ 연구 실적. /10년에 걸친 연구. /대책을 연구하다.

연:구(軟球)명 연식 정구에 쓰이는 고무공이나 연식 야구에 쓰이는 무른 공. ↔경구(硬球).

연:구(燕口)명 〈연귀〉의 본딧말.

연구(聯句·連句)[-꾸]명 ☞연(聯).

연:-구개(軟口蓋)명 입천장 뒷부분의 근육질의 부드러운 부분. 그 뒤 끝 한가운데에 목젖이 있음. 경구개의 뒤. 여린입천장. 참경구개.

연:구개-음(軟口蓋音)명 자음의 한 갈래. 혀의 뒷부분과 연구개 사이에서 나는 소리. 〔'ㄱ·ㅋ·ㄲ·ㅇ' 따위가 이에 딸림.〕 여린입천장소리. 후설음. 참경구개음.

연:구-비(研究費)명 연구하는 데 드는 비용.

연구-세심(年久歲深)명 세월이 아주 오램. 연심세구(年深歲久).

연:구-소(研究所)명 무엇을 연구하기 위하여 특별한 설비를 갖추어 놓은 곳.

연:구^수업(研究授業)명 학교 교육에서, 수업 방법의 개선이나 교육 효과의 측정 등을 목적으로, 참관자들 앞에서 실시되는 공개 수업.

연:구-실(研究室)명 어떤 기관 안에서, 연구를 하기 위하여 특별히 마련한 부서, 또는 그 방.

연:구-열(研究熱)명 연구를 위하여 기울이는 열성.

연:구-원(研究員)명 연구에 종사하는 사람.

연:구-학교(研究學校)[-꾜]명 학교 교육의 질을 높일 목적으로, 학교 운영과 수업 방법 등에 관한 연구를 하도록 특별히 지정된 학교.

연:군(戀君)명하자 임금을 그리워함.

연:궁(軟弓)명 ①탄력이 무른 활. ↔강궁(強弓). ②(활의 세기의 등급이) 연상·연중·연하인 각 궁을 통틀어 이르는 말.

연:귀(←燕口)명 목공(木工)에서, 나무와 나무를 직각으로 되게 맞추기 위하여, 마구리가 보이지 않게 서로 45° 각도로 빗잘라 대는 것. 본연구(燕口).

연:귀-자(←燕口-)명 (연귀를 표시하기 위한) 45° 각도의 빗금을 그리는 데 쓰는 자.

연:귀-판(←燕口板)명 나무를 45° 각도로 엇자르는 데 쓰는 틀.

연:극(演劇)명하자 ①배우가 무대 위에서 대본에 따라 동작과 대사를 통하여 표현하는 예술. 연희(演戲). ②남을 속이기 위하여 꾸며 낸 말이나 행동. ¶ 사표 제출은 연극이었다. 준극(劇).

연:극-계(演劇界)[-꼐/-께]명 연극에 관계하는 사람들의 사회.

연:극-배우(演劇俳優)[-빼-]명 연극을 하는 배우.

연:극-인(演劇人)명 연극에 관계하고 있는 사람. 〔배우·연출가·극작가 따위.〕

연:극-제(演劇祭)[-쩨]명 연극의 발전과 보급을 목적으로, 여러 단체가 참가하여 공연을 벌이는 행사.

연근(蓮根)명 연의 땅속줄기. 구멍이 많이 나 있으며, 먹을 수 있음. 연뿌리. 연우(蓮藕).

연금(年金)명 일정 기간 또는 종신(終身)에 걸쳐서 해마다 지급되는 일정액의 돈. 국민 복지 연금, 공무원 연금, 군인 연금 등이 있음.

연:금(捐金)명 〈의연금(義捐金)〉의 준말.

연:금(軟禁)명하타되자 정도가 가벼운 감금(監禁). 외부와의 접촉이나 외출은 허가하지 않으나, 일정한 장소 안에서는 신체의 자유를 속박하지 않는 감금. ¶ 가택 연금.

연:금(鍊金)명하자 쇠붙이를 불에 달구어 단련(鍛鍊)함.

연금^공채(年金公債)명 연금 형식으로 이자와 원금의 일부를 상환하기로 하는 조건 아래 모집하는 공채.

연금^보:험(年金保險)명 보험 금액을 연금으로 하여, 종신(終身) 또는 일정 기간에 걸쳐 해마다 일정액씩 지급하는 생명 보험.

연:금-사(鍊金師)명 연금술에 능한 사람.

연금-산(年金算)명 연금이나 복리법(複利法) 따위에 관한 계산법.

연:금-술(鍊金術)명 구리·납·주석·철 따위의 비금속(卑金屬)을 금·은 따위의 귀금속으로 변화시키는 일이나, 불로장수의 약을 만드는 일을 목적으로 한 원시적인 화학 기술. 고대 이집트에서 일어나 16세기경까지 유럽에 유행하였음.

연급(年級)명 학령(學齡) 또는 학력에 따라 학년별로 갈라놓은 등급.

연급(年給)명 ①☞연봉(年俸). ②일 년을 단위로 하는 기간.

연기(年紀)명 ①연대(年代). ②(대강의) 나이. ③자세히 적은 연보(年譜).

연기(年期)명 ①☞연한(年限). ②일 년을 단위로 하는 기간.

연기(延期)명하타되자 정해 놓은 기한을 물림. 퇴기(退期). 퇴한(退限). ¶ 무기 연기. /우천으로 축구 경기가 연기되었다.

연기(連記)명하타되자 잇대어 적음. 둘 이상의 것을 나란히 적음. ¶ 청원자의 이름을 연기하다. ↔단기(單記).

연기(煙氣)명 물건이 탈 때 생기는, 빛깔이 있는 기체. 참내[1].

연:기(演技)명하타 ①관객 앞에서 연극·노래·춤·곡예 따위의 재주를 나타내 보임, 또는 그 재주. ¶ 노련한 연기. /노인 역을 연기하다. ②(어떤 목적이 있어) 일부러 남에게 보이기 위하여 실제와 다르게 하는 말이나 행동. ¶ 천연스러운 연기.

연기(緣起)명 ①불교에서, 모든 현상이 생기(生起) 소멸하는 법칙. ②절·불상 등이 조성(造成)된 유래, 또는 그것을 적은 기록. ¶ 연기 설화. ③좋은 일이나 나쁜 일이 일어날 것 같은 조짐.

연-기금(年基金)명 연금과 기금을 아울러 이르는 말.

연:기-력(演技力)명 배우의 연기에 대한 역량. ¶ 탄탄한 연기력. /연기력이 뛰어나다.

연기-론(緣起論)명 불교에서, 인연으로 말미암아 만유(萬有)가 생성한다는 설(說). 연기설.

연-기명(連記名)명 ☞연기명 투표. ↔단기명.

연기명^투표(連記名投票)명 한 선거구에서 여러 명의 의원을 뽑을 때에, 선거인이 한 개의 투표용지에 정원 수대로 피선거인의 이름을 적어서 하는 투표. 연기명. 연기 투표. ↔단기명 투표.

연기-받이(煙氣-)[-바지]명 ①담뱃대의 물부리에 난 가는 구멍. ②(아궁이 위나 굴뚝 위 따위) 직접 연기에 그을리기 쉬운 곳에 가리어 댄 물건.

연기-설(緣起說)명 ☞연기론.

연기^소ː작(年期小作)명 지주가 일정한 기간을 정하여 남에게 농지를 빌려 주고 소작료를 받는 일.

연ː기-자(演技者)명 방송극·영화·연극 따위에서, 전문적으로 연기를 하는 사람.

연기^투표(連記投票)명 ☞연기명 투표. ↔단기 투표.

연ː길(涓吉)명하자 (혼인 날짜 등을 정할 때) 좋은 날을 가림. 택일(擇日).

연-꽃(蓮-)[-꼳]명 연의 꽃. 연화(蓮花). 참부용(芙蓉). ＊연꽃이[-꼬치]·연꽃만[-꼰-]

연꽃-끌(蓮-)[-꼳-]명 날의 한쪽이 오목하게 된 조각용의 끌.

연꽃-누룩(蓮-)[-꼰-]명 연꽃을 찹쌀·밀가루·녹두 따위와 함께 짓찧은 다음, 천초(川椒)를 넣어 반죽하여 만든 누룩.

연-날리기(鳶-)명하자 (바람을 이용하여) 연을 공중에 띄우는 놀이.

연납(延納)명하타 ①(세금이나 납입금 따위를) 기한이 넘어서 냄. ②납입 기한을 뒤로 물림.

연ː납(捐納)명 〔지난날의 중국 제도에서〕 금품을 바치고 관직을 사던 일, 또는 그렇게 해서 얻은 관직.

연ː낭(練囊)명 깨끗한 비단 주머니.

연내(年內)명 그해의 안. ¶ 사옥 신축 공사를 연내에 완공할 예정이다.

연년(年年) Ⅰ명 매년.
Ⅱ부 매년. 연년이.

연년(延年)명하자 오래 삶. 장수함. 연년익수(延年益壽).

연년(連年)명 여러 해를 이어 나가는 일.

연년-생(年年生)명 한 살 터울로 태어남, 또는 그런 형제.

연년세세(年年歲歲)명 '매년(每年)'을 힘주어 이르는 말.

연년-이(年年-)부 해마다. 연년(年年).

연년-익수(延年益壽)[-쑤]명하자 ☞연년(延年).

연ː-노랑(軟-)명 엷은 노랑. ¶ 개나리 울타리에 숨은 연노랑 병아리.

연ː-녹색(軟綠色)[-쌕]명 연한 녹색. 준연록(軟綠).

연-놈명 '계집과 사내'를 낮추어 이르는 말.

연단(鉛丹)명 ☞사산화삼납.

연ː단(煉丹·鍊丹)명 ①고대 중국에서, 도사(道士)가 진사(辰砂)로 불로불사의 묘약을 만들던 일, 또는 그 약. ②기(氣)를 단전(丹田)에 모아 심신을 수련하는 방법.

연ː단(演壇)명 연설이나 강연을 하기 위하여, 청중석 앞에 한층 높게 마련한 단. 연대(演臺). ¶ 연단에 서다.

연ː단(鍊鍛)명하타되자 ☞단련.

연-달(鳶-)[-딸]명 ☞연살.

연ː달(練達·鍊達)명하자타되자 무슨 일에 익숙하여 막힘이 없이 휑하게 통함. ¶ 전통 무술에 연달하다.

연-달다(連-)[~다니·~달아]자 잇따르다. 《주로, '연달아'의 꼴로 쓰임.》 ¶ 자동차가 연달아 지나가다.

연담(緣談)명 ☞혼담(婚談).

연당(鉛糖)명 ☞아세트산납.

연당(蓮堂)명 연못가에 지은 정자. 연정(蓮亭).

연당(蓮塘)명 ☞연못.

연대(年代)명 ①지나온 햇수나 시대. ②역사상의 시대. 세기(世紀).

연대(連帶)명하자 둘 이상이 함께 무슨 일을 하거나 함께 책임을 지는 일. ¶ 연대 투쟁.

연대(煙臺)명 담뱃대.

연ː대(演臺)명 ☞연단(演壇).

연대(蓮臺)명 〈연화대(蓮花臺)〉의 준말.

연대(聯隊)명 군대 편성의 한 단위. 육군 및 해병대에서, 사단(師團)의 아래, 대대(大隊)의 위로, 보통 3개 대대로 편성됨.

연대-감(連帶感)명 (집단의 성원들이) 자신들의 이해관계나 목표가 서로 같으며, 모두가 밀접하게 연결되어 있다고 느끼는 마음.

연대-기(年代記)명 역사상의 사건을 연대순으로 기록한 것. 기년체 사기(紀年體史記). ¶ 연대기 형식의 소설.

연대^보증(連帶保證)명 보증인이 주된 채무자와 연대하여 채무를 이행할 것을 약속하는 보증.

연대-순(年代順)명 연대의 차례. ¶ 연대순으로 기록하다.

연대^운ː송(連帶運送)명 ☞상차 운송.

연대^의ː식(連帶意識)명 (집단의 성원들이) 자신들의 이해관계나 목표가 서로 같으며, 모두가 밀접하게 연결되어 있다고 생각하는 일.

연대-장(聯隊長)명 연대를 지휘 통솔하는 지휘관. 〔보통, 대령(大領)으로 임명함.〕

연대^채ː무(連帶債務)명 같은 내용의 채무에 대하여, 몇 사람의 채무자가 각기 독립하여 그 전부를 상환할 의무를 지지만, 누구든 한 사람이 상환하면 다른 채무자는 채무를 면하게 되는 채무 관계.

연대^책임(連帶責任)명 어떤 행위 또는 그 결과에 대하여 연대해서 지는 책임. ¶ 연대 책임을 묻다. /연대 책임을 지다.

연대-표(年代表)명 ☞연표(年表).

연대-학(年代學)명 천문학·역학(曆學)·기상학·문헌학·물리학 등을 이용하여, 역사적 사실의 연대나 시간적 관계를 결정하는 학문. 기년학.

연도(年度)명 사무나 회계 따위의 처리를 위하여 편의상 구분한 1년의 기간. ¶ 회계 연도.

연도(沿道)명 큰길을 낀 곳. 도로의 연변. 연로(沿路). ¶ 연도를 메운 시민들.

연도(煙道)명 연기가 굴뚝에 이르러 나가기까지의 통로.

연도(煉禱)명 가톨릭에서, 세상을 떠난 사람을 위한 기도를 이르는 말.

연도(羨道)명 ☞널길.

연독(連讀)명하타 계속해서 읽음.

연독(鉛毒)명 납에 함유되어 있는 독.

연독(煙毒)명 연기 속에 들어 있는 독기.

연돌(煙突)명 굴뚝.

연동(聯動·連動)명하자 ①되자기계 따위에서, 한 부분을 움직이면 그와 연결된 다른 부분도 함께 움직이는 일. ¶ 교통 신호기의 연동 장치. ②(물가 정책 따위에서) 어떤 것의 값의 오르내림에 따라, 그와 관련되는 다른 것의 값을 올리거나 내리거나 하는 일. ¶ 교통 요금이 국제 원유가에 연동하다.

연동(蠕動)명하자 ①벌레가 굼실거리면서 움직임. ②근육의 수축이 천천히 파급(波及)하듯이 이행(移行)하는 운동. 위벽이나 장벽이 내용물을 보내는 운동에서 볼 수 있음. ②연동 운동.

연ː동(戀童)명 ☞면2.

연동^운ː동(蠕動運動)명 ☞연동(蠕動).

연동-제(連動制)명 기본 품목의 가격 변동에 따라, 이에 관련되는 다른 품목의 가격도 조절해 나가는 제도.

연두(年頭)명 해의 첫머리. 연초(年初). ¶ 연두 순시(巡視). /대통령의 연두 기자 회견.

연ː두(軟豆)명 노랑과 녹색의 중간색. 담녹색. 연두색. 연둣빛.

연두^교ː서(年頭敎書)명 (미국 대통령의) 일반 교서. 연두에 교서를 의회(議會)로 보내는 데에서 이르는 말.

연ː두-벌레(軟豆-)명 편모충류의 원생동물. 몸길이 0.1 mm 이하. 몸은 물렛가락 모양으로 녹색임. 몸속에 엽록소를 품고 있어 햇빛으로 탄소 동화 작용을 함. 물웅덩이에서 무수히 번식함. 유글레나.

연두-법(年頭法)[-뻡]명 그해의 천간(天干)으로, 그해 정월의 월건(月建)을 아는 법. 〔천간이 갑(甲)이나 기(己)면 정월이 병인월(丙寅月), 을(乙)이나 경(庚)이면 무인월(戊寅月)이 되는 따위.〕

연두-사(年頭辭)명 (말이나 글을 통하여 여러 사람 앞에서 하는) 새해의 인사말.

연ː두-색(軟豆色)명 ☞연두.

연두-송(年頭頌)명 새해의 희망과 기쁨을 예찬하는 글.

연ː둣-빛(軟豆-)[-두삗/-둗삗]명 ☞연두. *연ː둣빛이[-두삐치/-둗삐치]·연ː둣빛만[-두삔-/-둗삔-]

연득-없다[-드겁따]형 갑자기 행동하는 것 같다. 갑작스럽다. **연득없-이**부 ¶ 그 일에 네가 왜 연득없이 나선다고 야단이냐?

연-들다(軟-)[~드니·~들어]자 감이 무르익어 말랑말랑해지다.

연등(連等)명하타 ☞평균(平均).

연등(連騰)명하자 물가가 계속 오름. 속등(續騰). ↔연락(連落).

연등(煙燈)명 아편(阿片) 연기를 빨 때에 아편에 불을 붙이는 등.

연등(燃燈)명 ①〈연등절〉의 준말. ②〈연등회〉의 준말. ③주로 연등절에 밝히는 등불.

연등-절(燃燈節)명 〔등을 달고 불을 켜는 명절이라는 뜻으로〕 '초파일'을 달리 이르는 말. 준연등.

연등-회(燃燈會)[-회/-훼]명 고려 초부터 있었던 국가적인 불교 행사. 온 나라가 집집마다 등을 달아 부처를 공양하고 나라의 태평을 빌었음. 처음에는 음력 정월 보름에 하다가 후에 음력 이월 보름으로 바뀌었고, 나중에는 사월 초파일로 바뀌었음. 준연등.

연-때(緣-)명 인연이 맺어지는 시기나 기회. ¶ 연때가 맞아서인지 일이 잘 풀려 나간다.

연ː락(宴樂)[열-]명하자 잔치를 베풀고 즐기는 일, 또는 그 잔치.

연락(連絡·聯絡)[열-]명하자타 ①정보 따위를 전함, 또는 그 정보. ¶ 연락 사항. /연락을 받다. ②관계를 가짐, 또는 그 관계. ¶ 연락을 끊다. ③(교통 기관 따위가 한 지점에서) 서로 이어짐. ¶ 지하철과 연락이 되는 장소.

연락(連落)[열-]명하자 물가가 계속 떨어짐. 속락(續落). ↔연등(連騰)·속등(續騰).

연락-망(連絡網)[열랑-]명 정보의 전달 따위를 빠르고 빈틈없이 하기 위하여 필요한 곳마다 마련해 놓은 연락 조직. ¶ 비상 연락망.

연락-병(連絡兵)[열-뼝]명 각 단위 부대 사이의 연락을 맡은 병사.

연락부절(連絡不絕)[열-뿌-]명하자 왕래가 끊이지 않음. 낙역부절. ¶ 드나드는 배가 연락부절이다.

연락-선(連絡船)[열-썬]명 해협(海峽)이나 만(灣), 큰 호수 따위에서, 양안(兩岸)의 육상 교통을 연락하는 선박. ¶ 부산과 시모노세키를 잇는 부관(釜關) 연락선이 다시 다니게 되었다.

연락^운ː송(連絡運送)[열-]명 여러 구간(區間)이 있는 장거리 운송에서, 각 구간의 운송 기관들이 공동으로 운송을 맡아, 편리하고 능률적인 운송을 꾀하는 일.

연락^장ː교(連絡將校)[열-짱-]명 다른 부대에 파견되어, 그 부대와 자기 부대와의 연락 임무를 맡은 장교.

연락-처(連絡處)[열-]명 연락을 주고받을 수 있는 곳.

연란(鰱卵)[열-]명 연어의 알.

연람(延攬)[열-]명하타 ①끌어들여서 자기편으로 만듦. ②발탁함. 등용함.

연ː랍(軟鑞)[열-]명 납과 주석을 주성분으로 한, 녹는점이 낮은 납땜용 합금을 통틀어 이르는 말. 땜납.

연래(年來)[열-]명 여러 해 이래. ¶ 연래의 소망이 이루어지다. /연래에 보기 드문 봄가뭄.

연려실-기술(燃藜室記述)[열-]명 조선 정조 때의 학자 이긍익(李肯翊)이 지은 책. 태조에서 현종에 이르기까지의 역사적 사실을 기록한 것. 59권 42책.

연력(年力)[열-]명 나이와 기력.

연력(年歷)[열-]명 여러 해에 걸친 내력.

연련-하다(戀戀-)형여 '연연(戀戀)하다'의 잘못.

연령(年齡)[열-]명 나이. ¶ 연령 제한.

연ː령(煉靈)[열-]명 가톨릭에서, 연옥(煉獄)에 들어가 있는 영혼을 이르는 말.

연령-초(延齡草)[열-]명 백합과의 다년초. 산간의 습지에 나는데, 줄기 높이는 20~40 cm. 줄기 끝에 세 잎이 돌려나는데, 초여름에 잎 가운데서 꽃대가 나와 자줏빛 꽃이 핌.

연령-층(年齡層)[열-]명 같은 나이 또는 비슷한 나이의 사람들의 횡적(橫的)인 집단. ¶ 30~35세까지의 연령층.

연례(年例)[열-]명 해마다 하게 되어 있는 관례(慣例). ¶ 연례 총회.

연ː례(宴禮)[열-]명 나라에 경사(慶事)가 있을 때 궁중에서 베풀던 잔치.

연ː례-악(宴禮樂)[열-]명 조회(朝會)나 연례 때 연주하던 아악(雅樂).

연례-행사(年例行事)[열-]명 해마다 정기적으로 하는 행사.

연례-회(年例會)[열-회/열-훼]명 해마다 한 번씩 열게 되어 있는 모임.

연로(年老)[열-]명하형 나이가 많음. ¶ 연로하신 부모님. 참연소(年少)하다.

연로(沿路)[열-]명 ☞연도(沿道).

연ː록(軟綠)[열-]명 〈연녹색(軟綠色)〉의 준말.

연료(燃料)[열-]명 열·빛·동력 따위를 얻기 위하여 태우는 물질을 통틀어 이르는 말. 〔나무·석탄·석유·가스 따위.〕 땔감.

연료^가스(燃料gas)[열-]명 천연가스, 석탄 가스, 석유 가스 등 연료로 이용되는 가스를 통틀어 이르는 말.

연료-봉(燃料棒)[열-]명 우라늄 연료를 알루미늄이나 마그네슘 피복관(被覆管)으로 싼 막대 모양의 핵연료. 핵분열로 인한 생성물이 피복관 밖으로 새어 나오지 않도록 되어 있음.

연료-비(燃料費)[열-]명 연료를 구입하는 데에 드는 비용.

연료^액화(燃料液化)[열-애콰]명 고체 연료를 액체 연료로 만드는 일. 〔석탄 액화 따위.〕
연료^전ː지(燃料電池)[열-]명 연료의 연소 에너지를 열로 바꾸지 않고, 물질이 반응할 때 생기는 화학 에너지를 직접 전기 에너지로 바꾸는 장치.
연루(連累·緣累)[열-]명하자되자 남이 일으킨 사건이나 행위에 걸려들어 죄를 덮어쓰거나 피해를 입게 됨. ¶ 사기 사건에 연루되다.
연루-자(連累者·緣累者)[열-]명 남이 일으킨 사건에 연루된 사람. ¶ 사건 연루자를 모두 소환하다.
연류(連類)[열-]명 같은 무리. 동아리.
연륙(連陸)[열-]명하자타 육지에 이어짐. ¶ 썰물 때면 섬이 육지와 연륙한다.
연륙-교(連陸橋)[열-꾜]명 육지와 섬을 이은 다리.
연륜(年輪)[열-]명 ①나무를 가로로 자른 면에 나타나는 동심원(同心圓) 모양의 테. 해마다 하나씩 생겨 나무의 나이를 알 수 있음. 나이테. 목리(木理). ②여러 해 동안 쌓은 경험에 의하여 이루어진 숙련의 정도. ¶ 연륜이 짧다.
연리(年利)[열-]명 일 년을 단위로 해서 계산하는 이자 또는 이율. 연이율(年利率). 연변(年邊). ¶ 연리 6%로 대부를 받다.
연리-지(連理枝)[열-]명 ①한 나무의 가지와 다른 나무의 가지가 서로 붙어서 나뭇결이 하나로 이어진 것. ②'부부 또는 남녀의 애정이 깊음'을 비유하여 이르는 말.
연립(聯立)[열-]명하자되자 둘 이상의 것이 어울리어 성립함. ¶ 연립 정권(政權).
연립^내ː각(聯立內閣)[열림-]명 둘 이상의 정당에 의하여 구성되는 내각. 연립 정부. ↔단독 내각.
연립^방정식(聯立方程式)[열-빵-]명 둘 이상의 미지수를 가진 둘 이상의 방정식이, 미지수가 같은 값에 의하여 동시에 만족할 때의 방정식.
연립^정부(聯立政府)[열-쩡-]명 ☞연립 내각(聯立內閣). 준연정(聯政).
연립^주ː택(聯立住宅)[열-쭈-]명 한 채의 건물 안에 여러 가구(家口)가 각각 독립된 주거 생활을 할 수 있도록 지은 공동 주택. 아파트보다 규모가 작으며, 보통 3층 이하로 되어 있음.
연ː마(研磨·練磨·鍊磨)명하타되자 ①(금속·보석·유리·돌 따위를) 갈고 닦아서 표면을 반질반질하게 함. ②(학문이나 지식·기능 따위를) 힘써 배우고 닦음. 단련(鍛鍊). 마연(磨研). ¶ 기술 연마. /심신을 연마하다.
연마(連馬)명하자 바둑에서, 각각 떨어져 있는 돌을 이음.
연-마루(椽-)명 층집에서, 아래층의 지붕에 있는 툇마루.
연ː마-반(研磨盤)명 공작물의 면을 깎는 회전 숫돌. 그라인더. 연삭기(研削機).
연ː마-재(研磨材)명 금속·유리·돌·나무 따위의 표면을 갈고 닦는 데 쓰이는 물질. 〔금강사(金剛砂)·석영 가루·유리 가루 따위.〕
연막(煙幕)명 적으로부터 자기편의 행동을 숨기기 위하여 공중이나 지상에 치는 인공의 연기.
　연막(을) 치다관용 ①연막을 터뜨려서 자기편의 소재나 행동을 숨기다. ②본마음을 숨기기 위한 말이나 행동을 하다.
연막-작전(煙幕作戰)[-짝-]명 ☞연막전술.
연막-전술(煙幕戰術)[-쩐-]명 ①군(軍)에서, 적에게 아군의 군사 행동 따위를 감추기 위해 연막을 치는 전술. ②'어떤 사실을 숨기기 위해 교묘한 수단이나 능청스러운 말로 상대편이 갈피를 잡지 못하도록 하는 일'을 비유하여 이르는 말. ②연막작전.
연막-탄(煙幕彈)명 연막을 치기 위한 포탄이나 폭탄.
연만(年晩·年滿)명하형 나이가 많음. 늙바탕에 들어 있음. 연고(年高).
연말(年末)명 ☞세밑. ¶ 연말 결산.
연말-연시(年末年始)[-련-]명 한 해의 마지막 때와 새해의 첫머리를 아울러 이르는 말.
연말^정산(年末精算)명 급여 소득에서 원천 징수한 소득세에 대하여, 연말에 그 과부족(過不足)을 정산하는 일.
연ː-망간광(軟Mangan鑛)명 '연망간석'의 구용어.
연ː-망간석(軟Mangan石)명 이산화망간을 주성분으로 하는 광물. 불투명한 흑갈색이며 연함. 제철(製鐵) 또는 전지용(電池用)으로 중요함.
연매(煙媒)명 ①☞철매. ②그을음.
연ː맥(軟脈)명 저혈압 등으로 긴장도가 낮아진 맥박. ↔경맥(硬脈).
연ː맥(燕麥)명 ☞귀리.
연맹(聯盟)명하자 둘 이상의 단체나 국가 따위가, 공동의 목적을 위하여 서로 돕고 행동을 함께할 것을 약속하는 일, 또는 그 조직체. ¶ 축구 연맹. /연맹을 맺다.
연맹-전(聯盟戰)명 ☞리그전.
연메-꾼(輦-)명 연을 메는 사람.
연면(連綿)명하형 ①사물이 길게 이어져 있음. ②무슨 일이 오래 계속되어 끊이지 않음. ¶ 매듭 공예의 전통을 연면하게 이어 오다. 면연(綿延). **연면-히**부.
연-면적(延面積)명 (건물의 각 층의 면적 등) 여러 면적을 합친 총면적.
연면-체(連綿體)명 서예에서, 초서(草書)의 글씨가 끊어지지 않고 이어져 있는 것.
연멸(煙滅)명하자되자 연기처럼 흔적 없이 사라짐. 참인멸(湮滅).
연명(延命)[1]명하자 목숨을 겨우 이어 살아감. ¶ 우리는 산나물을 캐어 하루하루 연명해 나갔다.
연명(延命)[2]명 ①조선 시대에, 감사(監司)나 수령(守令) 등이 임지로 떠날 때, 궐패(闕牌) 앞에서 왕명을 전포(傳布)하던 의식. ②조선 시대에, 수령이 감사(監司)를 처음 가서 보던 의식.
연ː명(捐命)명하자 산 목숨을 버림.
연명(連名·聯名)명하타 (두 사람 이상이) 이름을 나란히 씀. ¶ 서류 끝에 자필로 이름을 연명하다.
연명-법(延命法)[-뻡]명 밀교(密敎)에서, 수명을 늘리고 지혜를 얻을 것을 비는 수법(修法).
연명^차자(聯名箚子)명 두 사람 이상이 연명하여 임금에게 올리는 글. 준연차.
연몌(連袂·聯袂)[-메/-메]명하자 행동을 같이 함. 함께 감. 연공(連筇).
연모명 물건을 만들거나 무슨 일을 하는 데 쓰는 기구. ¶ 서툰 목수가 연모 나무란다.
연모(年暮)명 ☞세밑.
연ː모(戀慕)명하타 이성(異性)을 사랑하여 그리워함. ¶ 연모의 정.
연ː목(軟木)명 질이 무른 나무.
연목(椽木)명 ☞서까래.

연목구어(緣木求魚)[-꾸-]명 〔나무에 올라가 물고기를 구한다는 뜻으로〕 ①하자 '되지도 않을 일을 굳이 하려 함'을 비유하여 이르는 말. ②'방법을 그르치면 아무것도 얻을 수 없음'을 비유하여 이르는 말.

연-못(蓮-)[-몯]명 ①연을 심은 못. ②뜰 안이나 집 가까이에 있는 작은 못. 연당(蓮塘). 연지(蓮池). * 연못이[-모시]·연못만[-몬-]

연못-가(蓮-)[-몯까]명 연못의 가. 연못의 가장자리.

연ː무(研武)명하자 ☞연무(鍊武).

연무(煙霧)명 ①연기와 안개. ②티끌 따위가 대기 중에 떠서 뿌옇게 흐려 보이는 현상.

연ː무(演武)명하사 무예를 실연(實演)해 보임.

연ː무(鍊武)명하자 무예를 닦음. 연무(研武).

연무-기(煙霧機)명 농약이나 소독약 따위를 내뿜는 기구.

연무^신ː호(煙霧信號)명 안개로 인한 선박의 충돌을 피하기 위하여, 선박이나 등대에서 기적·나팔·종 따위를 울리는 음향 신호.

연ː문(衍文)명 문장 가운데 잘못 들어간 쓸데없는 말.

연ː문(戀文)명 사랑의 편지. 연서(戀書). 연애편지.

연ː-문학(軟文學)명 남녀 간의 연애나 정사(情事)를 주제로 한, 에로티시즘이 짙은 문학. ↔경문학(硬文學).

연ː미-복(燕尾服)명 검은 모직물로 지은 남자용의 서양식 예복. 저고리의 뒷자락이 제비 꼬리처럼 길게 갈라져 있음.

연ː-미사(煉missa)명 '위령 미사'의 이전 일컬음.

연미지액(燃眉之厄)명 눈썹에 불이 붙은 듯, 아주 절박하게 닥친 재액(災厄)을 비유하여 이르는 말.

연민(憐憫·憐愍)명하타 불쌍하고 딱하게 여김. ¶ 연민의 정을 느끼다.

연반-경(緣攀莖)명 다른 식물 또는 다른 물건을 감거나 그것에 붙어서 몸을 지탱하여 뻗어 나가는 식물의 줄기.

연반-꾼(←延燔-)명 장사 지내러 갈 때 등(燈)을 들고 가는 사람.

연발(延發)명하자 정하여진 시간보다 늦게 떠남. ¶ 기차가 한 시간이나 연발하다.

연발(連發)명하자타되자 ①(무슨 일이) 연이어 일어남, 또는 무슨 일을 연이어 일으킴. ¶ 사고가 연발하다. /질문을 연발하다. /실수를 연발하다. ②(총이나 대포 따위를) 연이어 쏨. 연방(連放). ¶ 자동 소총을 연발하다. ③〈연발총〉의 준말. ②③↔단발(單發).

연ː발(碾鉢)명 ☞약연(藥碾).

연발-총(連發銃)명 탄창에 여러 발의 총알을 재어 놓고, 잇달아 쏠 수 있게 되어 있는 총. 준연발. 참단발총(單發銃).

연-밥(蓮-)[-빱]명 연꽃의 열매. 연실(蓮實). 연자(蓮子).

연방(連放)명하자타 ☞연발(連發).

연방(蓮房)명 연밥이 박혀 있는 송이.

연방(蓮榜)명 조선 시대에, 향시(鄕試)와 회시(會試)에 급제한 사람들의 명부.

연방(聯邦)명 자치권을 가지는 여러 국가에 의하여 구성되는 국가. 〔독일·캐나다·스위스 따위.〕 연합 국가(聯合國家).

연방(連方)부 연달아 곧. ¶ 사람들이 연방 들랑거린다.

연방^의회(聯邦議會)[-회/-훼]명 연방 국가에서, 연방의 대표들로 구성한 의회.

연방-제(聯邦制)명 연방의 정치 제도.

연배(年輩)명 서로 비슷한 나이. 나이가 서로 비슷한 사람. 연갑(年甲). ¶ 아버지 연배 되시는 분.

연ː-백분(煉白粉)[-뿐]명 크림 모양의 분.

연번(連番)명 〈일련번호(一連番號)〉의 준말. ¶ 차례로 연번을 매기다.

연벽(聯璧·連璧)명 ①한 쌍의 구슬. ②재주가 특히 뛰어난 한 쌍의 벗. ③형제가 한때에 함께 과거에 급제하는 일, 또는 그런 형제. ①②쌍벽(雙璧).

연변(年邊)명 일 년 동안의 변리. 연리(年利).

연변(沿邊)명 (강이나 도로 따위와 같이) 길게 이어져 있는 것의 양쪽 지역. ¶ 철도 연변의 풍경. /고속도로 연변.

연변(緣邊)명 ①둘레. 테두리. ②척(戚)이 닿는 사람. ③☞연고자(緣故者).

연변^태좌(緣邊胎座)명 식물의 태좌의 한 가지. 배주(胚珠)의 가장자리에 있어 심피(心皮)에 착생(着生)함. 완두·벽오동 따위에서 볼 수 있음.

연별(年別)명하타 해에 따라서 구별함. ¶ 5개년 계획을 연별로 세우다.

연ː병(硯屛)명 벼루 곁에 세워서 먼지 따위를 막는 조그만 병풍 모양의 것. 도자기·구리·나무 따위로 만듦.

연ː병(練兵·鍊兵)명하자 병사를 훈련함. 전투에 필요한 동작이나 작업을 몸에 익히기 위한 평시의 훈련.

연ː병-장(練兵場)명 군인을 훈련시키기 위하여 병영 안에 마련한 운동장.

연보(年報)명 어떤 사항이나 사업 따위에 대하여 해마다 한 번씩 내는 보고서. ¶ 무역 연보.

연보(年譜)명 그 사람의 한평생의 이력(履歷) 따위를 연대순으로 적은 기록. 개인의 연대기(年代記). ¶ 충무공 연보.

연ː보(捐補)명하타 ①금품을 내어 남을 도와줌. 연조(捐助). ②기독교에서, '헌금'을 이르던 말.

연보(蓮步)명 '미인의 걸음걸이'를 이르는 말.

연ː보-금(捐補金)명 교회에 내는 헌금. 연봇돈.

연ː-보라(軟-)명 엷은 보랏빛.

연ː복(練服)명 소상(小祥) 후부터 담제(禫祭) 전까지 입는 상제(喪制)의 옷.

연ː봇-돈(捐補-)[-보똔/-볻똔]명 ☞연보금.

연-봉(蓮-)[-뽕]명 ①막 피기 시작하는 연꽃 봉오리. ②〈연봉잠〉의 준말.

연봉(年俸)명 1년을 단위로 정한 봉급. 연급(年給). ¶ 연봉 책정.

연봉(延逢)명하타 고을의 수령(守令)이 귀한 사람을 나아가 맞음.

연봉(連峯)명 한 줄기로 이어져 있는 여러 산봉우리. ¶ 설악의 연봉.

연봉-무지기(蓮-)[-뽕-]명 연꽃의 빛깔처럼 끝 부분만 붉게 물들인 무지기.

연봉-잠(蓮-簪)[-뽕-]명 여자의 머리에 꽂는 장신구의 한 가지. 금붙이로 연봉 모양을 만들고 산호를 물렸음. 준연봉.

연부(年賦)명 갚거나 치러야 할 돈을 해마다 얼마씩 나누어 내는 일. 연불(年拂). ¶ 주택 융자금을 연부로 상환하다. 참월부.

연부(然否)명 ☞여부(與否).

연부-금(年賦金)명 해마다 얼마씩 나누어 갚는 돈.

연-부년(年復年) 부 해마다.
연ː부-병(軟腐病)[-뼝] 명 수분이 많은 식물의 조직이 썩어 문드러지는 병. 무·감자·담배·파 따위에 생김.
연부-역강(年富力強)[-깡] 명 하형 나이가 젊고 기력이 왕성함.
연분(年分) 명 조선 시대에, 농사의 작황에 따라 해마다 전세(田稅)의 세율을 정하던 제도. 상상(上上)에서 하하(下下)까지 9등급으로 나뉘어 있었음. 연분구등법.
연분(連墳) 명 ☞상하분(上下墳).
연분(鉛粉) 명 ☞백분(白粉).
연분(緣分) 명 ①서로 관계를 가지게 되는 인연. ②부부가 될 수 있는 인연. ¶ 연분이 닿다. 준 연(緣).
연분구등-법(年分九等法)[-뻡] 명 ☞연분(年分).
연ː-분홍(軟粉紅) 명 엷은 분홍빛. ¶ 옥색 저고리에 연분홍 치마.
연ː분홍-산호(軟粉紅珊瑚) 명 산호과의 자포동물. 높이 1 m, 너비 1.6 m가량. 산호류 중 가장 큼. 연분홍색이며 많은 가지를 가진 나뭇가지 모양인데, 목걸이·넥타이핀·단추 따위의 장식품을 만드는 데 이용됨. 바다 밑 바위에 붙어 사는데, 일본 남부·타이완 연안 등지에 분포함.
연불(年拂) 명 ☞연부(年賦).
연불(延拂) 명 하타 대금(代金)의 지급을 일정 기간 후로 미룸.
연불^보ː험(年拂保險) 명 보험료를 1년에 한 번씩 내게 되어 있는 보험.
연불^수출(延拂輸出) 명 수출 대금의 지급을 일정 기간 연기해 주는 수출 방식.
연ː-붉다(軟-)[-북따] 형 엷게 붉다. ¶ 연붉은 입술.
연비(連比) 명 수학에서 이르는, 세 개 이상의 수, 또는 세 개 이상의 같은 종류의 양의 비.
연비(燃費) 명 자동차가 1*l*의 연료로 달릴 수 있는 거리를 나타낸 수치. ¶ 연비를 낮추다. /연비가 높은 자동차.
연비(聯臂) 명 하자 ①사이에 사람을 넣어 간접으로 소개함. ②서로 이리저리 알게 됨.
연비-연비(聯臂聯臂) 부 여러 겹의 간접적 소개로. 연줄연줄로. ¶ 연비연비 알게 되다.
연빙(延聘) 명 하타 ☞초빙(招聘).
연-뿌리(蓮-) 명 연의 뿌리. 연근(蓮根).
연사(年事) 명 ☞농형(農形).
연사(連査) 명 사돈집의 친척.
연사(連辭) 명 ☞계사(繫辭).
연ː사(軟絲) 명 유밀과(油蜜菓)의 한 가지. 찹쌀가루를 반죽하여 얇게 펴서 모나게 썬 다음, 기름에 튀겨 엿을 바르고, 거기에 찹쌀튀김을 붙인 것.
연사(鉛絲) 명 한쪽 끝에 추를 단 실. 건축이나 측량 따위에서 연직선(鉛直線)을 알아보는 데 쓰임.
연사(鳶絲) 명 ☞연실.
연ː사(演士) 명 연설하는 사람. ¶ 야당 후보를 지지하는 연사로 활동하다.
연사(撚絲) 명 두 가닥 또는 여러 가닥의 실을 합하여 꼬아 놓은 실.
연ː사(練祀) 명 〈연제사(練祭祀)〉의 준말.
연ː사(練絲) 명 생사(生絲)의 아교질을 없애어 특유의 광택과 촉감을 낸 실. ↔생사.
연사-간(連査間) 명 사돈의 친척 되는 사이.
연사-기(撚絲機) 명 실을 꼬는 기계.
연사-질 명 하타 간교한 말로 남의 속을 떠보는 짓.
연ː삭-기(研削機)[-끼] 명 ☞연마반.
연산(年産) 명 1년 동안에 산출하는 총량. 연간 생산량. ¶ 연산 300만 톤을 돌파하다.
연산(連山) 명 죽 이어져 있는 산.
연ː산(演算) 명 하타 정해진 방식에 따라 계산을 하여 필요한 답을 구하는 일. 운산(運算). ¶ 연산 기호. 참 셈.
연ː산-자(演算子) 명 어느 하나의 함수를 작용시켜 다른 함수를 얻기 위한 대응 관계를 나타내는 것. 〔미분 기호·적분 기호 따위.〕
연ː산^장치(演算裝置) 명 컴퓨터의 중앙 처리 장치에서 연산을 담당하는 장치.
연-산적(縺散炙) 명 ☞사슬산적.
연산-품(連産品) 명 (석유 공업에서의 석유·휘발유·경유·중유 등과 같이) 똑같은 재료를 쓰고 같은 공정을 거쳐서 생산되는 두 가지 이상의 제품.
연-살(鳶-)[-쌀] 명 연의 뼈대가 되는 대오리. 달[3]. 연달.
연상(年上) 명 (서로 비교하여) 나이가 많음, 또는 많은 그 사람. ¶ 연상의 여인. /3년 연상의 남편. ↔연하(年下).
연상(連喪) 명 하자 연이어 초상(初喪)이 나는 일, 또는 그 초상. 줄초상.
연ː상(軟上) 명 〔활의 세기에서〕 중힘보다는 무르나, 연궁(軟弓) 중에서는 가장 센 등급의 각궁(角弓).
연ː상(硯床) 명 벼루 따위의 문방구를 놓아두는 작은 책상.
연ː상(硯箱) 명 ☞벼룻집.
연상(鉛商) 명 〔지난날, 연광(鉛鑛)만 허가하던 시대에〕 연광에서 금이나 은 따위를 캐내어 몰래 매매하던 사람.
연ː상(練祥) 명 ☞소상(小祥).
연ː상(燕商) 명 지난날, 지금의 중국 베이징(北京)인 연경(燕京)을 왕래하던 무역상.
연상(聯想) 명 하타 되자 어떤 사물을 보거나 듣거나 생각하거나 할 때, 그와 관련 있는 다른 사물이 머리에 떠오르는 일. 관념 연합(觀念聯合). ¶ 기념사진을 보고 옛일을 연상하다.
연상약(年相若) '연상약하다'의 어근.
연상약-하다(年相若-)[-야카-] 형 여 나이가 서로 비슷비슷하다.
연-새 명 ☞여새.
연ː색(研索) 명 하타 연구와 사색. 연구하고 사색함.
연색(鉛色) 명 납빛.
연색(鳶色) 명 ☞다갈색.
연생(緣生) 명 〔불교에서〕 ①하자 온갖 인연에 의하여 생겨나는 일, 또는 인연에 의하여 나타나는 것. ②인연에 의하여 생겨난 결과.
연생-보험(聯生保險) 명 한 계약의 피보험자가 둘 이상인 생명 보험. ↔단생보험.
연생이 명 잔약한 사람이나, 보잘것없는 물건을 이르는 말.
연서(連書) 명 순경음(脣輕音)을 표시하기 위하여 순음(脣音) 밑에 'ㅇ'을 이어 쓴 것. 〔ㅱ·ㅸ·ㆄ 따위.〕 참 부서(附書).
연서(連署) 명 하타 되자 같은 문서에 두 사람 이상이 나란히 서명함, 또는 그 서명.
연ː서(戀書) 명 ☞연문(戀文).
연ː석(宴席) 명 연회(宴會)의 자리. 연석(筵席). 연회석(宴會席). ¶ 연석에 초대하다. /시상식에 이어 연석을 베풀다.

연석(連席)명하자 ①여러 사람이 한자리에 늘어앉음. ¶ 일동이 연석한 끝자리에 가서 앉다. ②여러 기관이나 단체의 사람들이 동등한 자격으로 자리를 같이함. ¶ 재야 단체의 대표들이 연석하다.

연ː석(硯石)명 ☞벼룻돌.

연석(筵席)명 ①☞연석(宴席). ②☞연중(筵中). ③돗자리.

연석(緣石)명 차도(車道)와 인도(人道)의 경계가 되게 늘어놓은 돌.

연석(憐惜)명하타 딱하고 애석히 여김.

연석-회의(連席會議)[-서쾨의/-서퀘이]명 ①다른 부서 또는 다른 기관과 합동으로 여는 회의. ¶ 당정(黨政) 연석회의. ②국회에서, 둘 이상의 위원회가 공동으로 회의를 열어 의견을 교환하는 일. ¶ 내무위와 국방위의 연석회의.

연선(沿線)명 (철도 따위의) 선로를 따라 그 옆에 있는 지역. ¶ 철도 연선의 경치.

연설(筵說)명하타 연중(筵中)에서 임금의 물음에 응답하는 일, 또는 그 말.

연ː설(演說)명하자 많은 사람 앞에서 자기의 주의·주장·사상·의견 따위를 말함, 또는 그 말. ¶ 선거 연설. /지루한 연설.

연ː설-문(演說文)명 연설할 내용을 적은 글.

연ː설-조(演說調)[-쪼]명 연설하는 것 같은 어조(語調). ¶ 연설조의 강의.

연성(延性)명 물체를 잡아당겼을 때, 탄성(彈性)의 한계를 넘어도 파괴되지 않고 가늘고 길게 늘어나는 성질. 참전성(展性).

연성(連星·聯星)명 두 개 이상의 항성이, 만유인력의 작용에 의하여 공통의 중심(重心)의 둘레를 서로 공전하고 있는 것. 쌍성. 참중성(重星).

연성(連聲)명하타되자 ☞연음(連音).

연ː성(軟性)명 무른 성질. 유연한 성질. ↔경성(硬性).

연성(緣成)명하자 불교에서, 모든 것은 인연에 의하여 이루어짐을 뜻하는 말.

연ː성(鍊成)명하타 몸과 마음을 단련함.

연ː-성분(軟成分)명 방사선이나 우주선에서, 물질을 투과하는 힘이 약한 부분. ↔경성분(硬成分).

연ː성^하ː감(軟性下疳)명 성병의 한 가지. 감염 후 2~3일의 잠복기를 거쳐 감염 부위에 붉은 발진(發疹)이 나타났다가, 좁쌀 크기의 궤양(潰瘍)으로 발전함. ↔경성 하감.

연ː성^헌ː법(軟性憲法)[-뻡]명 보통의 법률과 같은 절차로 개정할 수 있는 헌법, 곧 개정의 절차가 비교적 덜 까다로운 헌법. ↔경성 헌법(硬性憲法).

연세(年歲)명 〈나이〉의 높임말. 연치(年齒). 춘추(春秋)[1]. ¶ 자당의 연세가 어떻게 되시는가?

연ː세(捐世)명하자 〔세상을 버린다는 뜻으로〕 〈사망(死亡)〉의 높임말.

연소(年少) '연소하다'의 어근.

연소(延燒)명하자되자 화재의 불길이 번져 다른 곳까지 탐. ¶ 이웃 점포들로 연소하다.

연ː소(燕巢)명 ☞연와(燕窩).

연소(燃燒)명하자되자 (불이 붙어서) 탐. 물질이 공기 속의 산소와 화합하여 빛과 열을 내는 현상. ¶ 연료의 완전 연소.

연소-관(燃燒管)명 높은 열에 견디는 경질(硬質)의 유리관. 원소의 화학 분석 따위에 쓰임.

연소-기예(年少氣銳)명하형 나이가 젊고 기운이 왕성함.

연소몰각(年少沒覺) '연소몰각하다'의 어근.

연소몰각-하다(年少沒覺-)[-가카-]형여 나이가 어리고 철이 없다.

연소-물(燃燒物)명 불에 타는 물질, 곧 산소와 화합하여 열과 빛을 낼 수 있는 물질.

연소-배(年少輩)명 나이 어린 무리.

연소-숟가락(燃燒-)[-까-]명 금속으로 된, 고열에 견디는 숟가락 모양의 실험 기구. 원소의 화학 분석 실험 등에 쓰임.

연소-실(燃燒室)명 ①보일러 따위에서, 연료를 태우는 곳. ②내연 기관에서 혼합 가스를 태우는 곳.

연소-열(燃燒熱)명 물질이 탈 때 발생하는 열량. 1g 또는 1몰(mol)의 물질이 탈 때의 열량을 '칼로리'로 나타냄.

연소-율(燃燒率)명 보일러 따위의 불판 위에서 고체 연료가 탈 때, 불판 1 m^2 위에서 한 시간에 타는 연료의 무게.

연소-자(年少者)명 나이가 젊은 사람. 또는, 나이가 어린 사람. ¶ 연소자 관람 불가.

연소-하다(年少-)형여 나이가 젊다. 또는, 나이가 어리다. ¶ 신랑이 신부보다 연소하다. 참연로.

연속(連續)명하자되자 끊이지 않고 죽 이어지거나 지속함. ¶ 노력의 연속. /연속 동작. /비슷한 사건이 연속하여 일어났다.

연속-극(連續劇)[-끅]명 정기적으로 그 일부분씩을 연속하여 방영하는 방송극. ¶ 주말 연속극. /일일(日日) 연속극.

연속-범(連續犯)[-뻠]명 (같은 창고에서 여러 차례에 걸쳐 상품을 훔쳐 낸 경우와 같이) 연속된 몇 가지 범행이 같은 죄명에 해당되는 범죄, 또는 그 범인.

연속-부절(連續不絕)[-뿌-]명하자 (무슨 일이) 죽 계속되어 끊이지 않음.

연속-성(連續性)[-썽]명 끊이지 않고 죽 이어지거나 지속되는 성질이나 상태.

연속^스펙트럼(連續spectrum)명 고온으로 가열된 고체가 내는 빛의 스펙트럼처럼, 연속적으로 퍼지는 스펙트럼.

연속-적(連續的)[-쩍]관명 연달아 이어지는 (것). ¶ 연속적 행사. /연속적인 질문 공세. ↔간헐적(間歇的).

연속-파(連續波)명 물리에서 이르는, 잇달아 진동하는 파동의 순환.

연송(連誦)명하타 책 한 권을 첫머리부터 끝까지 내리 욈.

연쇄(連鎖)명 ①물건과 물건을 이어 매는 사슬, 또는 사슬처럼 이어져 있는 것. ②하자타되자 (어떤 사물이나 현상 따위가) 사슬처럼 서로 이어지거나 관련을 맺음. ¶ 연쇄 강도 사건. /연쇄 작용.

연쇄^구균(連鎖球菌)명 지름 1미크론 안팎의 구균이 사슬처럼 이어져 있는 화농균(化膿菌). 화농·편도염·성홍열 따위를 일으킴.

연쇄-극(連鎖劇)명 연극과 영화를 같은 무대에서 번갈아 상연하는 연극.

연쇄^반ː응(連鎖反應)명 ①하나의 반응이 계기가 되어 외부로부터의 에너지의 공급 없이 되풀이하여 진행되는 반응. 〔원자로 안에서의 핵분열 따위.〕 ②하나의 사건이 계기가 되어 연달아 같은 종류의 사건이 유발되는 일.

연쇄-상(連鎖狀)명 사슬처럼 생긴 모양.

연쇄-식(連鎖式)명 복합적 삼단 논법의 한 가지. 여러 삼단 논법의 결론을 생략하고 전제(前提)만을 이어 가는 추론(推論).

연쇄-점(連鎖店)명 매입(買入)이나 광고 따위를 공동으로 하는 소매점의 집단. 하나의 회사가 많은 소매점을 거느리는 형태와, 독립된 소매점이 협동하는 형태가 있음. 체인점.
연수(年收)명 한 해 동안의 수입.
연수(年首)명 설.
연수(年數)[-쑤]명 햇수. ¶ 근무 연수.
연수(延髓)명 뇌수(腦髓)의 아래끝에 있으며 척수(脊髓)의 위끝으로 이어지는 부분. 생명에 직접 관계되는 폐·심장·혈관 등의 운동을 지배하고 있음. 숨골.
연ː수(研修)명하타 그 분야에 필요한 지식이나 기능을 몸에 익히기 위하여 특별한 공부를 하는 일. ¶ 교사 연수. /사법 연수. /신입 사원 연수를 받다.
연ː수(宴需)명 잔치에 드는 물건이나 비용.
연ː수(軟水)명 ☞단물¹. ↔경수(硬水).
연수(淵邃)명하형 깊숙하고 고요함.
연수(淵藪)명 〔못에는 물고기가, 숲에는 새나 짐승이 모이는 것처럼〕 '사물이나 사람이 모이는 곳'을 비유하여 이르는 말. 연총(淵叢).
연ː수(硯水)명 ①벼룻물. ②☞연적(硯滴).
연수-당(延壽堂)명 절에서, 병든 중을 수용하는 집이나 방.
연-수정(煙水晶)명 엷은 갈색 또는 검은빛으로, 연기와 같은 무늬가 있는 수정.
연ː-수필(軟隨筆)명 ☞경수필(輕隨筆).
연ː숙(鍊熟)명하형 몸에 익어서 익숙함.
연습(沿襲)명하타 관례(慣例)에 따름.
연ː습(演習)명하타 ①☞연습(練習). ¶ 연습 경기. ②군대에서, 실전 상황을 상정(想定)하여 행하는 모의 군사 행동. ¶ 도하(渡河) 연습.
연ː습(練習·鍊習)명하타 학문이나 기예 따위를 되풀이하여 익힘. 연습(演習). ¶ 연습 문제. /운전 연습.
연ː습-곡(練習曲)[-꼭]명 기악이나 성악의 연습을 위하여 만들어진 곡. 에튀드.
연ː습-기(練習機)[-끼]명 조종이나 폭격 따위의 연습에 쓰이는 비행기.
연ː습-림(演習林)[-슴님]명 임학(林學)을 연구하는 학생의 실제적인 연습을 위하여 특별히 가꾸어 놓은 숲.
연ː습-선(練習船)[-썬]명 수산 대학·해양 대학 등에서, 항해 기술·해상 실무 등을 훈련하는 데 쓰이는 배.
연ː습-장(練習帳)[-짱]명 연습할 때 쓰는 공책.
연승(連乘)명하타 세 개 이상의 수나 식을 차례로 곱함.
연승(連勝)명 ①하자(두 차례 이상의 전쟁이나 경기 등에서) 잇달아 이김. ¶ 연승 행진. /3연승을 거두다. ↔연패. ②〈연승식(連勝式)〉의 준말.
연승-식(連勝式)명 경마·경륜 따위에서, 1~3등 가운데서 어느 하나를 맞히는 방식. 준연승. 참단승식·복승식.
연시(年始)명 ①한 해의 처음. 연초(年初). ②설.
연ː시(軟柿)명 ☞홍시(紅柿).
연시(聯詩)명 두 사람 이상이 모여, 각각 한 연(聯) 또는 한 구(句)를 지어 한 편의 한시(漢詩)를 만들어 내는 일, 또는 그 한시.
연-시조(聯時調)명 두 수(首) 이상의 평시조로 한 편을 이루는 시조 형식. 연형시조(聯形時調). 참단시조(單時調).
연ː식(軟式)명 야구·정구 따위에서, 연구(軟球)를 사용하여 하는 경기 방식. ↔경식(硬式).
연ː식(軟食)명 죽·빵·국수 따위 부드러운 음식에 소화가 잘되는 반찬을 곁들인 음식물. 반고형식(半固形食).
연ː식^야ː구(軟式野球)[-싱냐-]명 연구(軟球)를 사용하는 야구. ↔경식 야구.
연ː식^정구(軟式庭球)[-쩡-]명 연구(軟球)를 사용하는 테니스. 우리나라·일본 등 동아시아 몇 나라에 보급되어 있음.
연ː식^지구의(軟式地球儀)[-찌-의/-찌-이]명 축(軸)을 조립식으로 하고, 이중으로 인쇄한 지도를 풍선처럼 발라, 접고 펼 수 있게 만든 지구의.
연신부 잇따라 자꾸. ¶ 연신 눈을 깜박이다.
연신(連信)명하자 소식이 끊이지 아니함, 또는 끊이지 않는 소식.
연-실(鳶-)[-씰]명 연줄로 쓰는 실. 연사(鳶絲). ¶ 연실을 주다. /연실을 감다.
연실(鉛室)명 연판(鉛板)을 입힌 화학 반응실. 연실법에서, 황산의 제조에 쓰임.
연실(煙室)명 보일러에서, 연기를 일단 모았다가 굴뚝으로 내보내는 부분.
연실(蓮實)명 ☞연밥.
연실-갓끈(蓮實-)[-간-]명 연밥 모양의 구슬을 꿰어서 만든 갓끈.
연실-돌쩌귀(蓮實-)명 연밥 모양으로 생긴 돌쩌귀.
연실-법(鉛室法)[-뻡]명 황산의 공업적인 제조법의 한 가지. 이산화황·공기·수증기의 혼합물에, 촉매인 산화질소를 가하여 연실에서 반응시킴.
연실-죽(蓮實竹)명 대통을 연밥 모양으로 만든 담뱃대.
연실^황산(鉛室黃酸)명 연실법으로 만든 황산. 접촉법(接觸法)으로 만든 황산에 비하여 순도가 떨어지는데, 과인산석회나 황산암모늄 따위를 만드는 데 쓰임.
연ː심(戀心)명 사랑하여 그리는 마음.
연심-세구(年深歲久)명 ☞연구세심(年久歲深).
연안(沿岸)명 ①바닷가·강가·호숫가의 육지. ¶ 한강 연안에 발달한 도시. ②바닷가·강가·호숫가에 가까운 수역(水域).
연ː안(宴安·燕安)명하형 몸과 마음이 한가롭고 편안함. 참연한(燕閑)하다.
연안-국(沿岸國)명 연안에 있는 나라. ¶ 태평양(太平洋) 연안국.
연안-류(沿岸流)[-뉴]명 해안을 따라 흐르는 바닷물의 흐름.
연안^무ː역(沿岸貿易)명 한 나라의 해안선에 있는 여러 항구 사이를 항해하면서 하는 무역. 연해 무역(沿海貿易).
연안^어업(沿岸漁業)명 해안에서 가까운 곳, 또는 그 나라의 영해(領海) 안에서 하는 어업. 연해 어업(沿海漁業).
연안^항ː로(沿岸航路)[-노]명 한 나라 안의 여러 항구 사이를 잇는 항로.
연안-해(沿岸海)명 육지와 가까운 바다. 곧, 간조선에서 3해리 이내의 해역.
연안^해ː저^지역(沿岸海底地域)명 ☞대륙붕(大陸棚).
연ː-알(碾-)명 약재(藥材)를 갈 때, 약연(藥碾)에 굴리는 바퀴 모양의 쇠.
연암-집(燕巖集)명 조선 영조·정조 때의 학자 박지원(朴趾源)의 문집. 시문·편지와 기행문인 '열하일기(熱河日記)' 등이 있음. 별집(別集)으로 '연암외전'이 있음.

연앙(年央)명 한 해의 중간이 되는 시기, 또는 그 날짜.

연애명 〈옛〉아지랑이. 이내1. 남기(嵐氣). ¶ 연애 남:嵐(訓蒙上2).

연ː애(涓埃)명 물방울과 티끌. 곧, '아주 하찮은 일이나 썩 작은 것'을 비유하여 이르는 말.

연ː애(戀愛)명하자 남녀가 서로 애틋하게 그리워하고 사랑함. ¶ 연애 감정. /연애한 지 10년 만에 결혼했다.

연ː애-결혼(戀愛結婚)명 (중매결혼 등에 대하여) 연애를 통하여 맺어진 결혼.

연ː애^소ː설(戀愛小說)명 남녀 간의 애정 문제를 주제로 한 소설. 염정 소설(艶情小說).

연ː애지상-주의(戀愛至上主義)[-의/-이]명 연애를 인생 최고의 목적이라고 하는 주의.

연ː애-편지(戀愛便紙)명 연애하는 남녀 사이에 주고받는 사랑의 편지. 연문(戀文). 연서(戀書).

연액(年額)명 (수입·지출·생산액 따위의) 한 해 동안의 총액.

연야(連夜) Ⅰ명하자 여러 날 밤을 계속함. Ⅱ부 밤마다. ¶ 연야 되풀이되는 야간 근무.

연약(軟弱) '연약하다'의 어근.

연ː약(煉藥)명 ①꿀이나 물엿 따위에 개어서 만든 약. ②하자 한방에서, 약을 고는 일, 또는 고아서 만든 약.

연ː-약과(軟藥果)[-꽈]명 말랑말랑하게 썩 잘 만든 약과.

연ː-약밥(軟藥-)[-빱]명 보들보들하게 썩 잘 만든 약밥.

연ː약-외교(軟弱外交)[여냐괴-/여냐궤-]명 상대국의 눈치만 살피는 자주성 없는 외교.

연ː약-하다(軟弱-)[여냐카-]형여 ①무르고 약하다. ¶ 지반(地盤)이 연약하다. ↔강고(強固)하다. ②성질이 부드럽고 의지가 굳지 못하다. ¶ 연약한 마음.

연양-가(延陽歌)명 우리나라의 고대 가요. 고구려 때, 연양현의 머슴이 주인에 대한 충성을 다짐하며 지어 부른 노래. 〔가사는 전하지 아니하고, '고려사'의 '악지'에 그 설화 내용만이 실려 전함.〕

연어(鰱魚)명 연어과의 바닷물고기. 몸길이 70 cm가량. 몸은 원통 모양으로 송어와 비슷하게 생겼으나 폭이 더 넓음. 몸빛은 등이 파란색을 띤 회색, 배는 은색. 가을에 강으로 거슬러 올라와 상류의 모랫바닥에 알을 낳고 죽음. 우리나라에서는 두만강에서 낙동강까지의 연해에 분포함.

연ː역(演繹)명하타 논리학에서, 일반적인 원리로부터 논리의 절차를 밟아서 낱낱의 사실이나 명제를 이끌어 냄, 또는 그러한 일. ↔귀납(歸納).

연ː역-법(演繹法)[-뻡]명 논리학에서, 연역에 의하여 추리하는 방법을 이름. 연역적 방법. ↔귀납법(歸納法).

연ː역-적(演繹的)[-쩍]관명 연역으로 논리를 전개해 나가는 (것). ¶ 연역적 사고. /연역적인 해석. ↔귀납적(歸納的).

연ː역적 방법(演繹的方法)[-쩍빵-] ☞연역법.

연ː역-학파(演繹學派)[여녀칵-]명 경제학의 연구에서, 연역적 방법으로 경제 생활의 원리를 설명하려는 학파. ↔귀납학파(歸納學派).

연연(娟娟) '연연(娟娟)하다'의 어근.

연연(涓涓) '연연(涓涓)하다'의 어근.

연연(連延) '연연(連延)하다'의 어근.

연연(軟娟) '연연(軟娟)하다'의 어근.

연연(戀戀) '연연(戀戀)하다'의 어근.

연ː연불망(戀戀不忘)명하타 (안타까울 정도로) 그리워 잊지 못함.

연연-하다(連延-)자여 ①죽 이어져 길게 뻗다. ②무슨 일이 끝없이 미루어지다.

연ː연-하다(娟娟-)형여 (빛깔이) 산뜻하고 곱다. ¶ 진달래의 연연한 빛깔. **연연-히**부.

연ː연-하다(涓涓-)형여 시냇물이나 소리의 흐름 또는 숨 따위가 가늘거나 잔잔하고 약하다. **연연-히**부 ¶ 연연히 들려오는 북소리.

연ː연-하다(軟娟-)형여 가냘프고 연약하다. 섬약하다. **연연-히**부.

연ː연-하다(戀戀-) Ⅰ자여 미련이 남아서 잊지 못하다. ¶ 과거에 연연하다. Ⅱ형여 잊히지 않고 안타깝게 그립다. ¶ 연연한 그리움. **연연-히**부.

연염(煙焰)명 연기와 불꽃, 또는 연기 속에서 타오르는 불길. ¶ 화광(火光)과 연염에 진동하는 굉음.

연엽명 〈연엽살〉의 준말.

연엽(蓮葉)명 ☞연잎.

연엽-관(蓮葉冠)[-꽌]명 관례를 치르고 상투를 튼 사람이 쓰는 연잎 모양의 관.

연엽-대접(蓮葉-)[-때-]명 연엽반상에 딸린 대접. 밑이 빨고 위가 바라져서 모양이 연잎 같고, 두께가 얇음.

연엽-바리때(蓮葉-)[-빠-]명 밑이 빨고 위가 바라진, 연잎처럼 생긴 바리때.

연엽-반상(蓮葉飯床)[-빤-]명 위가 바라지고 운두가 낮은, 연잎 모양으로 생긴 그릇들로 된 반상.

연엽-살[-쌀]명 소의 도가니에 붙은 고기. 준 연엽.

연엽-주발(蓮葉周鉢)[-쭈-]명 연엽반상에 딸린 주발. 밑이 빨고 위가 바라져서 모양이 연잎 같고, 두께가 얇음.

연영-전(延英殿)명 고려 시대에, 대궐 안에 많은 전적(典籍)을 갖추어 놓고, 임금이 신하들과 학문을 연구하던 곳. 인종(仁宗) 때 집현전(集賢殿)으로 바뀌었음.

연ː예(演藝)명하자 대중적인 연극·노래·춤·희극·만담·마술 따위의 예능, 또는 관중 앞에서 그런 예능을 공연하는 일.

연예(蓮蕊)명 연의 꽃술. '불좌수(佛座鬚)'라고도 함.

연ː예(鍊銳)명 잘 훈련된 군사.

연ː예-계(演藝界)[-계/-게]명 연예인들의 사회.

연ː예-란(演藝欄)명 신문·잡지 등에서 주로 연예에 관한 기사를 싣는 난.

연ː예-인(演藝人)명 연예에 종사하는 사람들을 통틀어 일컫는 말.

연ː옥(軟玉)명 옥의 한 가지. 각섬석(角閃石)으로 된 것과 양기석(陽起石)으로 된 것이 있으며, 휘석(輝石)으로 된 경옥(硬玉)에 비하여 질이 무름.

연ː옥(煉獄)명 가톨릭에서, 죄를 범한 사람의 영혼이 천국에 들어가기 전에, 불에 의한 고통을 받음으로써 그 죄가 씻어진다는 곳. 천국과 지옥 사이에 있다 함.

연ː옥사(研玉沙·研玉砂)[-싸]명 옥을 가는 데 쓰는 보드라운 모래.

연ː-옥색(軟玉色)[-쌕]명 엷은 옥색. 연한 옥색.

연ː옹지치(吮癰舐痔)명 〔종기의 고름을 빨고, 치질 앓는 밑을 핥는다는 뜻으로〕'방법을 가리지 않고 천박(淺薄)하게 아첨함'을 비유하여 이르는 말.

연ː와(煉瓦)명 ☞벽돌.
연ː와(燕窩)명 바다제비의 일종인 금사연(金絲燕)의 둥지. 바닷말 따위를 물어다가 침으로 굳혀 만든 것으로, 중화요리에서 국물의 재료로 쓰임. 연소(燕巢).
연완(嬿婉·燕婉) '연완하다'의 어근.
연ː완-하다(嬿婉-·燕婉-)형여 마음이 곱고 얼굴이 예쁘다.
연우(延虞)명하자 장사 지낸 뒤 신주를 집으로 모셔 올 때 성문 밖에 나가 신주를 맞이하는 일.
연우(連雨)명 날마다 계속해서 내리는 비.
연우(煙雨)명 ☞는개.
연우(蓮藕)명 ☞연근(蓮根).
연운(年運)명 그해의 운수. 해운.
연운(煙雲)명 ①연기와 구름. ②구름처럼 피어오르는 연기.
연원(淵源)명 사물의 깊은 근원. 사물이 성립된 바탕. ¶ 죄악의 연원. /겨레의 연원을 찾아서.
연월(連月)명하자 여러 달을 계속함. ¶ 연월로 출장을 떠나다.
연월(煙月)명 ①흐릿하게 보이는 달. ②편안한 세월. ¶ 태평연월.
연월일(年月日)명 해와 달과 날을 아울러 밝히는 날짜. ¶ 출생 연월일. /연월일을 밝혀 적다.
연월일시(年月日時)[-씨]명 해와 달과 날과 시를 아울러 밝히는 날짜와 시각. 〔1999년 7월 8일 상오 9시 따위.〕
연ː유(宴遊)명하자 잔치를 벌여 놓고 놂.
연ː유(煉乳)명 달여 진하게 만든 우유. 당유(糖乳).
연유(緣由)명 ①☞사유(事由). ¶ 연유를 캐다. /연유를 털어놓다. ②하자무슨 일이 거기에서 비롯됨. 유래(由來)함. ¶ 원시 신앙에 연유하다.
연유(燃油)명 연료로 쓰는 기름.
연육(蓮肉)명 연밥의 살. 한방에서 원기(元氣)를 돋우는 약으로 쓰임.
연ː융(鍊戎)명하타 군사를 훈련함. ¶ 삼군(三軍)을 연융하여 북적 남만(北狄南蠻) 파(破)한 후에(古時調).
연음(延音)명 음악에서, 한 음을 본디의 박자 이상으로 길게 늘이는 일, 또는 그렇게 늘어난 음.
연ː음(宴飮·讌飮)명 술잔치, 또는 술잔치에서 술을 마심.
연음(連音)명하타되자 앞 음절의 끝소리가 모음으로 시작하는 뒤 음절의 첫소리로 이어져 나는 소리. 〔옷이→오시, 꽃을→꼬츨 따위.〕 연성(連聲). 참연음 법칙(連音法則).
연음(漣音)명 꾸밈음의 한 가지. 잔물결처럼 떨리며 울리는 소리.
연음^기호(延音記號)명 ☞늘임표.
연음^법칙(連音法則)명 앞 음절과 뒤 음절 사이에 연음 현상이 일어나는 음운 법칙. 참절음 법칙.
연음-부(連音符)명 정해진 분할법에 따르지 아니하고 분할된 일련의 음을 나타낸 음부. 〔2등분해야 할 음부를 3등분한 삼련음부(三連音符) 따위.〕 잇단음표.
연읍(沿邑)명 연도(沿道)에 있는 읍.
연ː의(衍義)[여늬/여니]명하타 뜻을 확대하여 자세히 설명함, 또는 확대해서 풀이한 뜻.
연ː의(演義)[여늬/여니]명 ①역사적 사실을 부연하여 재미있게 재구성해서 쉬운 글로 쓴 중국의 통속 소설. ¶ 삼국지연의. ②하타뜻을 알기 쉽고 재미있게 풀이함.
연ː의^소ː설(演義小說)[여늬-/여니-]명 중국에서 역사상의 사실을 재미있게 재구성하여 쓴 통속 소설. 〔'삼국지연의(三國志演義)' 따위.〕
연-이나(然-)부 〔예스러운 표현으로〕 그러나. 그러하나.
연-이율(年利率)[-니-]명 일 년을 단위로 하여 정한 이율. 연리(年利). ¶ 연이율 20%를 보장하는 수익성 저축.
연ː익(燕翼)명하타 ①조상이 자손을 편안하도록 도움. ②어진 신하가 임금을 도움.
연인(延引)명하타되자 길게 잡아 늘임.
연인(連引)명하타 (어떤 일에) 관계있는 것을 끌어댐.
연ː인(戀人)명 서로 사랑하는 관계에 있는 남녀. 또는, 이성으로서 사랑하는 사람. 비애인(愛人).
연-인원(延人員)명 어떤 일에 동원된 인원(人員)과 걸린 날수를 두고, 그 일을 하루에 끝내는 것으로 가정하여 환산한 총인원수. 〔세 사람이 열흘 걸렸을 때의 연인원은 30명임.〕
연인접족(連姻接族)[-쪽]명 친족과 인척.
연일(連日) Ⅰ명하자 여러 날을 계속함. ¶ 연일의 폭우에도 불구하고 공사는 계속되었다.
Ⅱ부 매일. 날마다. ¶ 연일 눈이 내리다. /공사가 연일 계속되다.
연일-석(延日石)[-썩]명 경상북도 포항시 연일(延日)에서 나는 숫돌.
연-일수(延日數)[-쑤]명 어떤 일에 걸린 날짜를, 한 사람이 그 일을 끝내는 것으로 가정하고 계산한 총일수. 〔세 사람이 엿새 걸렸을 때의 연일수는 18일임.〕
연일-연야(連日連夜)[-려냐] Ⅰ명 매일의 낮과 밤.
Ⅱ부 날마다 밤마다.
연임(連任)명하타되자 임기를 마친 사람이 다시 그 자리에 임용됨. ¶ 연임 금지 조항. /대법관을 연임하다.
연-잇다(連-)[-닏따][~이으니·~이어]자타ㅅ ①끊이지 않고 이어지다. 잇달다. 《주로, '연이어'·'연이은'의 꼴로 쓰임.》 ¶ 희망자가 연이어 나타나다. ②이어 달다. 연달다. 잇달다. ¶ 변명을 연이어 늘어놓다. ③계속하여 잇다. 잇대다. ¶ 구호 물자를 연이어 공급하다.
연-잎(蓮-)[-닙]명 연의 잎. 연엽(蓮葉). 하엽(荷葉). * 연잎이[-니피]·연잎만[-님-]
연ː자(衍字)[-짜]명 글 속에 잘못 들어간, 쓸데없는 글자.
연자(蓮子)명 ☞연밥.
연ː자-간(研子間)[-깐]명 ☞연자맷간.
연ː자-마(研子磨)명 ☞연자매.
연ː자-매(研子-)명 판판하고 둥글게 다듬은 돌 위에 둥글고 판판한 돌을 세로로 세워 얹어, 마소가 끌어 돌려서 곡식을 찧거나 빻는 큰 매. 연자마. 연자방아.
연ː자맷-간(研子-間)[-매깐/-맨깐]명 연자매를 차려 놓고 곡식을 찧는 곳. 연자간.
연ː자-방아(研子-)명 ☞연자매.
연ː-자주(軟紫朱)명 엷은 자줏빛.
연작(連作)명하타 ☞이어짓기.
연작(聯作)명하타 ①(문예 작품이나 그림 따위에서) 한 사람의 작가가 하나의 주제 아래 내용상 관련이 있는 작품을 잇달아 짓는 일, 또는 그 작품. ②여러 작가가 한 작품을 나누어 맡아서 쓰는 일, 또는 그 작품.
연작(連雀)명 ☞여새.

연ː작(燕雀) 명 ①제비나 참새, 또는 그런 작은 새. ②'도량이 좁은 사람, 곧 옹졸한 사람'을 비유하여 이르는 말.

연작^소ː설(聯作小說) [-쏘-] 명 몇 사람의 작가가 하나의 주제 아래 한 부분씩을 맡아 지어, 전체로써 한 편의 작품을 이룬 소설.

연장 명 물건을 만드는 데, 또는 일을 하는 데 쓰는 기구.

연장(年長) 명 하형 (서로 비교하여) 나이가 많음, 또는 그런 사람.

연장(延長) 명 ①하타 되자 (일정 기준보다) 길이나 시간 따위를 늘임. ¶ 연장 운행. /회기(會期)를 연장하다. ↔단축. ②하타 되자 수학에서, 주어진 선분(線分)을 한 방향으로, 또는 양쪽 방향으로 늘이는 일. ③여러 선의 길이를 연결했을 때의, 그 전체의 길이. ¶ 연장 490 km의 새 도로를 완성했다. ④하타 되자 어떤 일이 그치지 않고 죽 이어져 있다고 생각하는 것. ¶ 야유회도 업무의 연장이다.

연장(姸粧) 명 하타 곱게 단장함.

연장(連將) 명 〈연장군(連將軍)〉의 준말.

연장(連墻) 명 하자 담이 서로 맞닿음.

연장(聯裝·連裝) 명 하타 나란히 장치하는 일. 특히, 하나의 총좌(銃座)·포가(砲架)·포탑(砲塔) 등에 두 문(門) 이상의 기관총·대포 등을 나란히 장비하는 일.

연장-걸이 명 씨름에서, 오른다리로 상대편의 오른다리를 밖으로 걸어 넘기는 재주.

연-장군(連將軍) 명 장기에서, 어느 한쪽이 잇달아 부르는 장군, 또는 그런 말밭에 놓인 관계. 준연장.

연장-궤(-櫃) [-꿰] 명 연장을 넣어 두는 궤.

연장^기호(延長記號) 명 ☞늘임표.

연장-선(延長線) 명 어떤 일이나 현상·행위 따위가 계속하여 이어지는 것. ¶ 그의 주장은 개혁주의적 운동 노선의 연장선 위에 있다.

연장-자(年長者) 명 나이가 많은 사람. 전배(前輩).

연장-전(延長戰) 명 운동 경기에서, 규정된 횟수나 시간 안에 승부가 나지 않을 때, 횟수나 시간을 연장해서 계속하는 경기.

연장-접옥(連墻接屋) 명 하자 〔담이 서로 맞닿은 집이란 뜻으로〕 집이 이웃하여 있음.

연장-주머니 [-쭈-] 명 연장을 넣어 가지고 다니는 주머니.

연장-체(聯章體) 명 한 작품이 몇 개의 연(聯)으로 이루어진 시가의 한 형식.

연재(烟滓) 명 그을음.

연재(連載) 명 하타 되자 신문이나 잡지 따위에, 소설이나 기사·논문·만화 따위를 연속해서 싣는 일. ¶ 연재 만화. /장편 소설을 연재하다.

연ː재(軟材) 명 연한 목재(木材), 곧 침엽수의 목재.

연재-만화(連載漫畫) 명 신문이나 잡지 따위에 연속하여 싣는 만화.

연재-물(連載物) 명 신문이나 잡지 따위에 연속하여 싣는 소설·논문·만화·기사 따위.

연재-소설(連載小說) 명 신문이나 잡지 따위에 연속하여 싣는 소설.

연ː적(硯滴) 명 벼룻물을 담는 조그만 그릇. 수적(水滴). 연수(硯水).

연ː적(戀敵) 명 연애의 경쟁자.

연전(年前) 명 몇 해 전. ¶ 연전에 있었던 일.

연전(連戰) 명 하자 두 번 이상 계속해서 전쟁이나 경기를 함.

연ː전(揀箭) 명 활쏘기 연습을 할 때, 무겁에 떨어진 화살을 주워 오는 일. 활량들이 돌아가며 하였음.

연ː전-길(揀箭-) [-낄] 명 활쏘기 연습 때, 무겁에 떨어진 화살을 주우러 다니는 길.

연ː전-동(揀箭童) 명 무겁에 떨어진 화살을 주워 나르는 아이.

연ː전띠-내기(揀箭-) 명 사정(射亭)에서 활쏘기를 할 때, 편을 갈라서 차례대로 활을 쏘아, 가장 적게 맞힌 편인 하띠가 화살을 주워 오기로 하던 내기.

연전-연승(連戰連勝) [-년-] 명 하자 싸울 때마다 이김. ↔연전연패.

연전-연패(連戰連敗) [-년-] 명 하자 싸울 때마다 짐. ↔연전연승.

연ː절(軟癤) 명 피부에 생기는 화농성 염증의 한 가지. 작은 멍울이 자꾸 생기어 좀처럼 낫지 않음.

연접(延接) 명 하타 ☞영접(迎接).

연접(連接) 명 하자 되자 서로 잇닿음. 서로 맞닿음. ¶ 해안선과 연접한 마을.

연접-봉(連接棒) [-뽕] 명 증기 기관이나 내연 기관 등에서, 피스톤에 작용하는 동력(動力)을 크랭크축에 전하여 바퀴의 회전 운동으로 변환시키는 일을 하는 대.

연정(蓮亭) 명 ☞연당(蓮堂).

연정(聯政) 명 〈연립 정부(聯立政府)〉의 준말.

연ː정(鍊正) 명 도자기 굽는 곳에서, 도토(陶土)를 이기거나 잿물을 만들거나 하는 사람.

연ː정(戀情) 명 이성(異性)을 그리는 마음. 연모(戀慕)의 정. 사랑. 애정. 염정(艶情). ¶ 연정을 품다. /연정을 느끼다.

연ː제(演題) 명 연설이나 강연 따위의 제목. ¶ 연단 한쪽에 써 붙인 연제.

연ː제(練祭) 명 〈연제사(練祭祀)〉의 준말.

연ː제-복(練祭服) 명 소상(小祥) 뒤 대상(大祥) 전에 빨아서 입는 상복(喪服).

연ː-제사(練祭祀) 명 (아버지가 살아 있는 경우에) 어머니의 소상(小祥)을 한 달 앞당겨 열한 달 만에 지내는 제사. 준연사(練祀)·연제(練祭).

연조(年祚) 명 ①임금의 재위(在位) 연수. ②나라의 존속(存續) 연수. ③사람의 수명.

연조(年租) 명 해마다 내는 조세.

연조(年條) 명 ①어떤 일에 종사한 햇수. ¶ 연조가 얕다. ②사물의 역사나 유래. ¶ 이끼 낀 축대가 오랜 연조를 말해 준다. ③어느 해에 어떤 일이 있었음을 나타내는 조목.

연ː조(捐助) 명 하타 ☞연보(捐補).

연ː조(軟條) 명 ☞여린줄기.

연-존장(年尊長) 명 자기보다 스무 살 이상 나이가 많은 어른.

연종(年終) 명 ☞세밑.

연ː좌(宴坐) 명 하자 불교에서, 심신의 동요를 가라앉히고 좌선을 하는 일. 연좌(燕坐).

연좌(連坐) 명 하자 되자 ①남의 범죄에 휘말려서 처벌을 받음. ¶ 오직 사건(汚職事件)에 연좌되다. ②(여러 사람이) 같은 자리에 나란히 앉음. ¶ 연좌 농성.

연좌(緣坐) 명 ①역모 등의 중대 범죄에서, 범죄자의 친척이나 인척까지 처벌하던 옛날의 형벌 제도. ②하자 되자 친척이나 인척의 범죄 때문에 처벌이나 불이익을 받음.

연좌(蓮座) 명 〈연화좌(蓮花座)〉의 준말.

연ː좌(燕坐) 명 하자 ☞연좌(宴坐).

연좌-구들명 방고래를 켜고 놓은 구들. ↔허튼 구들.

연좌-시위(連坐示威)명 (여러 사람이) 같은 자리에 죽 늘어앉아 하는 시위. ¶ 연좌시위를 벌이다.

연좌-제(緣坐制)명 범죄자의 친척이나 인척까지 연대적으로 처벌하거나 불이익을 주는 제도. 우리나라에서는 1980년대 이후 사실상 폐지되었음.

연주(連奏·聯奏)명하타 같은 종류의 악기를 두 사람 이상이 동시에 연주함. 참합주(合奏).

연주(連珠)명 ①〈연주창(連珠瘡)〉의 준말. ②☞오목(五目).

연주(筵奏)명하타 임금 앞에서 사연을 아룀.

연ː주(演奏)명하타되자 남 앞에서 악기를 다루어 음악을 들려주는 일. ¶ 피아노 연주.

연주(聯珠)명 ①여러 개의 구슬을 꿰어서 이음, 또는 이은 그 구슬. ②'아름다운 시문(詩文)'을 비유하여 이르는 말.

연ː주-가(演奏家)명 기악의 연주를 직업으로 하는 사람. ¶ 바이올린 연주가.

연ː주-권(演奏權)[-꿘]명 작품을 군중 앞에서 독점적으로 연주할 수 있는 권리.

연주^나력(連珠瘰癧)명 목에 멍울이 연이어 생기는 나력. 〔이것이 헐어서 터진 것이 연주창(連珠瘡)임.〕

연ː주-법(演奏法)[-뻡]명 악기를 연주하는 방법. 준주법.

연주-시(聯珠詩)명 당시(唐詩) 칠언 절구 중에서 잘된 것을 가려 뽑아 모은 시집.

연주^시ː차(年周視差)명 어떤 항성을 지구에서 본 경우와 태양에서 본 경우와의 방향의 차. 항성과 지구, 항성과 태양을 잇는 두 직선이 이루는 각도를 나타내며, 항성까지의 거리를 결정함.

연ː주-자(演奏者)명 악기를 연주하는 사람. ¶ 피아노 연주자. 준주자(奏者).

연주-차(年周差)명 ☞연차(年差).

연주-창(連珠瘡)명 한방에서, 연주 나력이 터져서 생긴 부스럼을 이르는 말. 준연주. 참경선종창(頸腺腫脹).

연주창 앓는 놈의 갓끈을 핥겠다속담 몹시 인색하고 다라운 사람을 두고 이르는 말.

연주-체(聯珠體)명 풍유(諷喩)와 가탁(假託)을 주장으로 하여 대구(對句)로 잇대어 짓는 시문(詩文)의 한 형식.

연주-혈(連珠穴)명 풍수지리에서, 연주처럼 이어진 혈을 이르는 말.

연ː주-회(演奏會)[-회/-훼]명 청중을 모아 놓고 음악을 연주하는 모임. ¶ 피아노 연주회.

연ː주회^형식(演奏會形式)[-회-/-훼-]명 오페라 공연의 한 형식. 무대 장치나 가수의 연기 등은 생략하고 성악과 관현악 연주만으로 공연하는 음악회.

연죽(煙竹)명 담뱃대.

연죽-전(煙竹廛)[-쩐]명 담뱃대를 파는 가게.

연-줄(鳶-)[-쭐]명 연을 매어 날리는 실. ¶ 연줄을 감다.

연-줄(緣-)명 연고(緣故)가 닿는 길. ¶ 연줄이 닿다. /연줄을 대다. /회장 연줄로 입사하다.

연줄-연줄(緣-緣-)[-련-]부 거듭되는 연줄로. 여러 가지 연줄로. ¶ 연줄연줄로 알게 되다. /연줄연줄 물어서 찾아왔다.

연줄-혼인(緣-婚姻)명 연줄이 닿는 사람끼리 하는 혼인.

연중(年中)명 (그해의) 한 해 동안. ¶ 연중 강우량.

연중(連中)명하타되자 (과녁 따위에) 연달아 맞힘.

연ː중(軟中)명 〔활의 세기에서〕 연상(軟上)보다는 무르고 연하(軟下)보다는 센 등급의 각궁.

연중(筵中)명 ①신하가 임금에게 경서(經書)를 강의하는 자리. ②신하가 임금의 자문에 응답하는 자리. 연석(筵席).

연^중독(鉛中毒)명 ☞납 중독.

연중-무휴(年中無休)명하자 한 해 동안 하루도 쉬지 아니함. ¶ 연중무휴로 영업하다.

연-중석(鉛重石)명 납과 텅스텐을 주성분으로 하는 광석의 한 가지.

연중-에(然中-)부 '그러한 가운데'·'그런데다가'의 뜻을 나타내는 접속 부사.

연중-행사(年中行事)명 해마다 일정한 시기에 하기로 되어 있는 행사.

연즉(然則)부 '그러하니'·'그러면'의 뜻을 나타내는 접속 부사.

연증세가(年增歲加)명하자 해마다 더하여 늘어남.

연지(連枝)명 〔한 뿌리에서 난 이어진 가지라는 뜻으로〕 '형제자매'를 비유하여 이르는 말.

연ː지(硯池)명 벼루 앞쪽에 있는, 벼룻물을 담는 오목한 자리. 연해(硯海).

연지(蓮池)명 연못. 연당(蓮塘).

연지(撚紙)명 종이로 꼰 노끈. 지노.

연지(臙脂)명 ①자주와 빨강의 중간색. ¶ 연지 빛깔 연연한 무궁화가 피고 지고. ②잇꽃의 꽃잎에서 뽑아낸 붉은 안료. 여자의 얼굴 화장에 쓰였음. ¶ 연지 곤지.

연지-묵(臙脂墨)명 연지에 먹을 섞어 만든, 밤색과 같은 물감.

연지-벌레(臙脂-)명 둥근깍지진딧과에 딸린 곤충. 선인장에 기생하는 작은 벌레인데, 수컷은 몸빛이 적갈색이며 날개가 있고 암컷에는 날개가 없음. 암컷으로 붉은 색소인 카민을 만듦.

연지-분(臙脂粉)명 연지와 분. 곧, 화장품.

연직(鉛直)명 ①중력(重力)의 방향. ②물체를 매단 실이 가리키는 방향. ③어떤 직선 또는 평면에 대하여 수직인 방향.

연직^거ː리(鉛直距離)[-꺼-]명 두 점을 잇는 선분을 연직선 상에 정사영(正射影)한 길이.

연직-면(鉛直面)[-징-]명 수평면과 직각을 이루는 평면. 수직면(垂直面).

연직-선(鉛直線)[-썬]명 연직 방향의 직선. 수평면과 수직을 이루는 직선.

연진(煙塵)명 ①연기와 먼지. ②☞전진(戰塵).

연ː질(軟質)명 무른 성질, 또는 그러한 성질의 물질. ↔경질(硬質).

연ː질-미(軟質米)명 물기가 15% 이상 함유되어 있어 변질되기 쉬운 현미(玄米).

연ː질^유리(軟質琉璃)[-류-]명 비교적 쉽게 녹는 유리. 보통의 소다 유리로, 유리창·유리병·전구 따위에 쓰임. ↔경질 유리.

연차(年次)명 ①해의 차례. ¶ 연차 총회. ②매년(每年). ③연도(年度). ¶ 연차 계획. ④나이의 차례.

연차(年差)명 태양·달·지구 사이의 거리 변화에 의하여, 태양으로부터 받는 인력이 증감함으로써 생기는 달의 섭동(攝動). 주기는 1근점년(近點年). 연주차(年周差).

연차(連借)명하타 여러 사람이 연대(連帶)하여 돈이나 물품을 차용함.

연차(聯箚)명 〈연명 차자〉의 준말.
연차(連次)부 여러 차례 거듭하여. 번번이.
연ː-차관(軟借款)명 이율이 낮고 상환 기간이 긴, 유리한 조건의 차관.
연차^교ː서(年次敎書)명 미국에서, 대통령이 해마다 정기적으로 의회에 보내는 교서. 〔일반 교서, 예산 교서 등.〕 참특별 교서.
연차^휴가(年次休暇)명 기업체에서 종업원에게 해마다 정기적으로 베푸는 유급 휴가. 준연휴.
연착(延着)명하자되자 예정된 날짜나 시각보다 늦게 도착함. ¶ 부산행 열차가 30분이나 연착하였다.
연ː-착륙(軟着陸)[-창뉵]명하자되자 ①우주 공간을 비행하는 물체가 지구나 그 밖의 천체에 착륙할 때, 속도를 줄이고 충격을 피하면서 사뿐히 착륙하는 일. ¶ 우주선이 달에 연착륙하였다. ②경기(景氣)의 하강이나 후퇴가 급격하지 않고 서서히 안정기에 접어드는 현상. ¶ 정부는 건설 경기의 연착륙 방안을 내놓았다. ②↔경착륙.
연ː찬(硏鑽)명하타 (학문 따위를) 깊이 연구함. 찬연(鑽硏). ¶ 해외에서 연찬을 쌓았다.
연창(-窓)명 안방과 건넌방에 딸린 덧문 또는 덧창.
연창(煙槍)명 아편(阿片) 연기를 빠는 대롱.
연창-문(連窓門)명 문짝의 중간 부분만 살창으로 한 사분합(四分閤).
연ː채(軟彩)명 엷게 나타낸, 도자기에 그린 그림의 빛깔. ↔경채(硬彩).
연천(年淺) '연천하다'의 어근.
연천-하다(年淺-)형여 ①나이가 적다. ②햇수가 오래지 않다. ¶ 경력이 연천하다.
연철(連綴)명하타되자 한 음절의 종성(終聲)을 다음 자의 초성(初聲)으로 내려쓰는 훈민정음의 표기 방식. 〔'말씀이'를 '말쓰미'로 쓰는 것 따위.〕
연ː철(軟鐵)명 탄소 함유량이 적은 철. 질이 연하여, 철선(鐵線)이나 철판 따위로 쓰임.
연철(鉛鐵)명 납과 철이 섞여 있는 광석.
연ː철(鍊鐵·練鐵)명 ①잘 단련한 쇠. ②탄소를 0~0.2% 함유한 쇠. 철선·못 따위로 쓰임. 단철(鍛鐵).
연ː철-심(軟鐵心)명 연철로 만든 막대. 〔여기에 절연 동선(絶緣銅線)을 감아 전자석을 만듦.〕
연철-줄(鉛鐵-)[-쭐]명 납과 철이 섞여 있는 광맥.
연청(延請)명하타 ☞청요(請邀).
연체(延滯)명하타되자 (금전의 지급이나 납입 따위를) 기한이 지나도록 지체함. 건체(愆滯). ¶ 소득세 납부를 연체하다.
연체-금(延滯金)명 세금 따위를 정한 기한이 지나도록 내지 않았을 때에 그 지난 기간에 따라 더 무는 돈. 연체료.
연ː체-동물(軟體動物)명 동물계의 한 문(門). 몸은 좌우 상칭으로 뼈가 없고 피부가 부드러움. 모두 유성 생식을 하며 대부분이 물에서 삶. 〔달팽이·문어·조개 따위.〕
연체-료(延滯料)명 ☞연체금.
연체^이ː자(延滯利子)명 원금의 상환을 연체하였을 때, 연체한 기간에 따라 지급하는 이자. 지연 이자(遲延利子).
연초(年初)명 새해의 첫머리. 연두(年頭). 연시(年始).
연초(煙草)명 담배.
연초(鉛醋)명 염기성 아세트산납의 수용액. 무색 투명한 액체로, 수렴제(收斂劑) 등 의약품에 쓰임.
연-초자(鉛硝子)명 ☞납유리.
연ː-초점(軟焦點)[-쩜]명 ☞소프트 포커스.
연촌(煙村)명 안개가 끼어 희미하게 윤곽만 나타나는 마을의 모습.
연총(淵叢)명 ☞연수(淵藪).
연축(攣縮)명하자되자 자극을 받은 근육이 흥분하여 수축하였다가, 이어서 이완하기까지의 과정.
연축-기(連軸器)[-끼]명 ☞클러치(clutch).
연-축전지(鉛蓄電池)[-쩐-]명 ☞납축전지.
연ː출(演出)명하타 ①연극·영화·방송극 따위에서, 대본(臺本)에 따라 배우의 연기나 무대 장치·조명·음향 효과 따위를 지도하고, 전체를 종합하여 하나의 작품이 되게 하는 일. ¶ 연출 담당. ②어떤 행사나 집회를 효과적으로 진행시키는 일. ¶ 올림픽 대회 개회식의 연출.
연ː출-가(演出家)명 연극·영화·방송극 따위를 연출하는 사람. 〔영화에서는 '감독'이라고 함.〕
연ː출-자(演出者)명 연극·영화·방송극 따위를 연출한 사람.
연춧-대[-추때/-춘때]명 토담을 쌓을 때에 쓰는 나무.
연춧-대(輦-)[-추때/-춘때]명 연(輦)이나 상여(喪輿) 등을 멜 때, 채 밑에 가로 대는 나무.
연충(淵衷)명 깊은 속마음. ¶ 선생님의 연충을 헤아리지 못하다.
연충(蠕蟲)명 지렁이·거머리·갯지렁이 따위와 같이 몸이 가늘고 길며, 꿈틀거리며 기어다니는 하등 동물을 흔히 이르는 말.
연취(煙嘴)명 ☞물부리.
연층^갱도(沿層坑道)명 탄층(炭層)을 따라서 파 들어간 갱도.
연치(年齒)명 〈나이〉의 높임말. 연세(年歲).
연칙(筵飭)명하타 연석(筵席)에서 임금이 단단히 훈계함.
연ː침(燕寢)명 한가히 거처하는 방.
연타(連打)명하타 ①연이어 침. ¶ 종을 연타하다. ②야구에서, 안타가 이어지는 일. ¶ 연타를 날리다. /연타를 당하다.
연ː탄(煉炭)명 무연탄 가루를 점결제(粘結劑)와 함께 가압하여 덩어리로 만든 연료. 특히, 잘 타게 하려고 여러 개의 구멍을 뚫은 원통 모양의 것. 준탄.
연탄(連彈·聯彈)명하타 한 대의 피아노를 두 사람이 연주하는 일. ¶ 피아노 연탄.
연ː탄-가스(煉炭gas)명 연탄이 탈 때 발생하는 유독성 가스. 일산화탄소를 주성분으로 함.
연ː탄-불(煉炭-)[-뿔]명 연탄에 붙은 불.
연ː탄-재(煉炭-)[-째]명 연탄이 다 타고 남은 재.
연ː탄-집게(煉炭-)[-께]명 연탄을 갈거나 옮길 때 사용하는 쇠 집게.
연ː토-판(鍊土板)명 ☞암증널.
연통(連通·聯通)명하자되자 연락하거나 기별함, 또는 그런 통지나 기별. ¶ 연통을 받다.
연통(煙筒)명 양철 따위로 둥글게 만든 굴뚝.
연통-관(連通管)명 위가 열린 두 개 이상의 그릇의 밑 부분을 관으로 연결하여 액체가 자유로이 통할 수 있게 만든 것.
연투(連投)명하타 야구에서, 한 사람의 투수가 두 경기 이상 계속해서 등판하여 투구하는 일.
연ː투(軟投)명하타 야구에서, 투수가 느린 변화구를 던지는 일.
연파(連破)명하타 (싸움이나 경기에서) 잇달아 상대를 물리침. ¶ 우리 팀은 강팀들을 연파하고 결승에 진출했다.

연ː파(軟派)명 강경한 주장을 하지 않는 사람, 또는 그런 사람들의 무리. ↔경파(硬派). 참비둘기파.
연파(煙波)명 안개가 자욱이 낀 수면(水面).
연판(連判)명하타 하나의 문서에 둘 이상이 연명(連名)하고 도장을 찍음. 교인(交印).
연판(鉛版)명 활판(活版)에서 뜬 지형(紙型)에 납·주석·알루미늄의 합금을 녹여 부어서 만든 인쇄판.
연판(蓮瓣)명 연꽃의 잎.
연판-장(連判狀)[-짱]명 연판한 문서. 〔동지끼리의 서약서나 진정서 따위.〕
연패(連敗)명하자 (두 차례 이상의 전쟁이나 경기 따위에서) 연달아 짐. ¶ 연패에서 벗어나다. ↔연승(連勝).
연패(連霸)명하타 (운동 경기 따위에서) 연달아 우승함.
연-평균(年平均)명 1년을 단위로 하여 내는 평균. ¶ 연평균 소득. /연평균 강수량.
연-평수(延坪數)[-쑤]명 여러 층으로 된 건물에서, 각 층의 평수를 모두 합친 평수.
연ː포(練布)명 누인 베. 빤 베.
연포지목(連抱之木)명 아름드리 나무.
연폭(連幅)명하타 (피륙·종이·널빤지 따위의 조각을) 너비로 마주 이어 댐.
연폭(連爆)명하타 잇달아 폭격함.
연ː폿-국(軟泡-)[-포꾹/-폳꾹]명 쇠고기·두부·다시마·무 따위를 넣어 끓인 국. 〔흔히, 상가에서 발인(發靷)하는 날에 끓임.〕 염폿국.
연표(年表)명 역사적 사실을 연대의 차례로 적은 표. 연대표(年代表). ¶ 세계사 연표.
연풍(年豊)명하자 풍년이 듦.
연풍(連豊)명 여러 해를 계속해서 드는 풍년.
연ː풍(軟風)명 ①가볍고 시원하게 부는 바람. ②'산들바람'의 이전 일컬음.
연ː풍-대(燕風臺)명 ①기생이 추는 칼춤의 한 가지. ②기생들이 노래를 부를 때 빙빙 돌아다니는 곳.
연피-선(鉛被線)명 〈연피 전선〉의 준말.
연피^전ː선(鉛被電線)명 많은 절연선(絕緣線)을 다발로 묶어 연관(鉛管)으로 싼 전선. 준연피선.
연필(鉛筆)명 필기도구의 한 가지. 흑연 가루와 점토를 섞어 개어, 가늘고 길게 만들어서 굳힌 심을, 가는 나뭇대에 박은 것.
연필-깎이(鉛筆-)명 연필을 깎는 데 쓰는 기구. 흔히, 통 속의 칼날과 연결된 구멍에 연필을 넣어 돌리면 원뿔꼴로 깎이게 되어 있음.
연필-꽂이(鉛筆-)명 연필이나 볼펜 따위의 필기도구를 꽂아 두는 물건.
연필-심(鉛筆心)명 연필 속에 들어 있는 가늘고 긴 심. 흑연 가루와 점토를 섞어 만듦.
연필-화(鉛筆畫)명 연필로 그린 그림.
연하(年下)명 (서로 비교하여) 나이가 적음, 또는 그 사람. ¶ 연하의 남자. /3년 연하의 아내. ↔연상(年上).
연하(年賀)명 새해를 기뻐하고 복을 비는 일.
연하(沿河)명 ☞연강(沿江).
연ː하(軟下)명 (활의 세기에서) 가장 무른 등급의 각궁. 참연중(軟中).
연하(煙霞)명 ①안개와 이내, 또는 안개 낀 부연 풍경. ②한가로운 자연의 풍경.
연하(嚥下)명하타 삼킴.
연하-고질(煙霞痼疾)명 '자연의 아름다운 경치를 즐기고 사랑하는 성벽(性癖)'을 고치기 어려운 병에 비유하여 이르는 말. 연하지벽(煙霞之癖). 천석고황(泉石膏肓).
연-하다(連-)자여 잇다. 잇닿다. ¶ 초가집 두 채가 연해 있다. /두 동작을 연하여 하다.
연ː-하다(練-)타여 소상(小祥) 때 상복을 빨아 부들부들하게 다듬다.
연ː-하다(軟-)형여 ①무르고 부드럽다. ¶ 연한 채소. /고기가 연하다. ②빛깔이 옅고 산뜻하다. ¶ 연한 분홍빛. ③액체의 농도가 흐리다. ¶ 된장을 연하게 풀다. ②③↔진하다.
-연하다(然-)접미여 《일부 한자어 뒤에 붙어》 '-인 체하다', '-인 것처럼 뽐내다'의 뜻을 나타냄. ¶ 대가연(大家然)하다. /예술가연하다.
연하-우편(年賀郵便)명 특별 취급 우편물의 한 가지. 연하장 등 새해를 축하하는 우편.
연하-일휘(煙霞日輝)명 〔안개와 노을과 빛나는 햇살이라는 뜻으로〕 '아름다운 자연 경치'를 이르는 말.
연하-장(年賀狀)[-짱]명 새해를 축하하는 글이나 그림이 담긴 서장(書狀).
연하지벽(煙霞之癖)명 ☞연하고질.
연ː학(研學)명하자 학문을 닦음.
연한(年限)명 정해진 기한. 연기(年期). ¶ 근무 연한. /연한이 차다.
연한(燕閑·燕閒) '연한하다'의 어근.
연ː한-하다(燕閑-·燕閒-)형여 아무런 근심이나 걱정이 없고 몸과 마음이 한가하다. 참연안(宴安). 연안-히부.
연함(椽檻)명 서까래 끝의 평고대 위에, 기왓골이 되는 암키와가 놓일 만하게 반달 모양으로 오목오목 에어서 대는 나무.
연합(聯合)명하자타되자 두 개 이상의 것이 합동함. 또는, 두 개 이상의 것을 합쳐 하나의 조직을 만듦. ¶ 기업 연합. /양국이 연합하다.
연합-고사(聯合考査)[-꼬-]명 어떤 지역의 전체 학교가 연합하여, 해당되는 전 학생에게 동시에 보이는 고사.
연합-국(聯合國)[-꾹]명 ①같은 목적을 위하여 연합한 두 개 이상의 나라. ②제2차 세계 대전 때, 독일·일본 등 추축국(樞軸國)을 상대로 연합해서 싸운 미국·영국·프랑스·중국·소련 등의 나라. ↔추축국.
연합^국가(聯合國家)[-꾹까]명 ☞연방(聯邦).
연합-군(聯合軍)[-꾼]명 두 나라 이상의 군대를 연합해서 편성한 군대. 〔제2차 세계 대전 때의 연합국의 군대 따위.〕
연합^함ː대(聯合艦隊)[-하팜-]명 두 개 이상의 함대 또는 두 나라 이상의 함대를 연합해서 편성한 함대.
연해(沿海)명 ①바다에 연(沿)한 육지 부분. ②육지에 연한 바다 부분.
연ː해(硯海)명 ☞연지(硯池).
연해(煙害)명 공장이나 화산 등에서 뿜어내는 연기로 말미암아 사람·가축·농작물·산림 등이 입는 피해.
연해(緣海)명 대륙의 가장자리에 있으며, 반도나 섬으로 불완전하게 구획되어 있는 비교적 얕은 바다. 〔동해·오호츠크 해·황해·발트 해 따위.〕
연해^무ː역(沿海貿易)명 ☞연안 무역.
연해-변(沿海邊)명 해안 일대의 지역.
연해-안(沿海岸)명 바닷가를 따라서 이어져 있는 육지. 해안.
연해^어업(沿海漁業)명 ☞연안 어업.
연해-연방(連-連-)부 자주 잇달아서 곧. ¶ 연해연방 웃음을 터뜨리다.

연행(連行)명하타되자 강제로 데리고 감. 특히, 범인이나 용의자 따위를 경찰서로 데리고 가는 일. ¶ 용의자를 연행하다.

연:행(燕行)명하자 지난날, 사신이 중국의 연경(燕京), 곧 북경으로 가던 일.

연:행-가(燕行歌)명 조선 고종 때, 홍순학(洪淳學)이 지은 가사. 중국의 연경(燕京), 곧 북경(北京)을 다녀와서 지은 장편 기행 가사.

연:향(宴享·醼享)명하자 왕조 때, 국빈(國賓)을 대접하던 일, 또는 그 잔치.

연:혁(沿革)명 사물의 변천, 또는 변천해 온 내력. ¶ 우리 지방의 연혁.

연형(年形)명 ☞농형(農形).

연형(連衡)명 '연횡(連衡)'의 잘못.

연형-동물(蠕形動物)명 편형(扁形)동물·윤형(輪形)동물·환형(環形)동물 등 꿈틀거리는 동물을 통틀어 이르는 말. 몸이 가늘고 길며, 대체로 좌우가 같은 모양임. 〔지렁이·선충·촌충·회충 따위.〕

연형-시조(聯形時調)명 ☞연시조(聯時調).

연호(年號)명 임금의 재위 연대에 붙이는 칭호. 〔'광무(光武)'·'융희(隆熙)' 따위.〕 다년호. 원호(元號).

연호(連呼)명하타 계속해서 부름. ¶ 독립 만세를 연호하였다.

연호(煙戶)명 굴뚝에서 연기가 나는 집, 곧 사람이 사는 집.

연호-법(煙戶法)[-뻡]명 조선 태조 6년에 제정된 호적법의 한 가지.

연혼(連婚)명하자 ①혼인을 맺음. ②혼인으로 해서 인척 관계가 맺어지는 일.

연홍(緣紅)명 전두리를 붉은 빛깔로 칠하여 만든 도자기.

연:홍지탄(燕鴻之歎)명 〔여름새인 제비와 겨울새인 기러기가 만나지 못하듯〕 길이 어긋나 서로 만나지 못함을 한탄하는 일.

연화(年華)명 ☞세월(歲月).

연:화(軟化)명하자타되자 ①(단단한 것이) 무르게 됨, 또는 무르게 함. ②(강경하던 주장이나 태도가) 부드러워짐. ↔경화(硬化).

연:화(軟貨)명 ①주화(鑄貨)가 아닌 화폐, 곧 지폐(紙幣). ②금이나 외국의 통화와 바꿀 수 없는 통화. ↔경화(硬貨).

연화(煙火)명 ①☞인연(人煙). ②연기와 불.

연화(煙花)명 ①봄 경치. ②☞화포(花砲). ③☞기녀(妓女).

연화(鉛華)명 ☞백분(白粉).

연화(蓮花)명 ☞연꽃.

연화-국(蓮花國)명 불교에서, '극락정토(極樂淨土)'를 이르는 말.

연화-대(蓮花臺)명 ①불교에서, 극락세계에 있다는 대. ②지난날, 나라의 잔치 때 추던 춤의 한 가지.

연화-등(蓮花燈)명 연꽃 모양으로 만든 등.

연화-문(蓮花紋)명 연꽃을 도안화(圖案化)한 무늬.

연화-발(燕火-)명 한자 부수의 한 가지. '烈'·'然' 등에서 '불화(火)'가 '灬'로 쓰일 때의 이름.

연:화-병(軟化病)[-뼝]명 몸이 물렁물렁해지고 산 채로 꺼멓게 썩는 누에의 병을 통틀어 이르는 말.

연화-부(蓮花部)명 불교에서, 금강계(金剛界) 오부의 하나. 또는 태장계(胎藏界) 삼부의 하나.

연화-분(鉛華粉)명 ☞함석꽃.

연화-세계(蓮花世界)[-계/-게]명 ☞극락세계.

연화-소(緣化所)명 특별한 불사(佛事)를 관리하기 위한 임시 사무소.

연:화-유(軟火釉)명 약한 불에 녹는 잿물.

연화-좌(蓮花坐)명 ☞결가부좌(結跏趺坐).

연화-좌(蓮花座)명 불상을 안치하는, 연꽃 모양으로 만든 대좌(臺座). 보좌(寶座). 준연좌(蓮座).

연환(連環)명 여러 개의 고리가 서로 이어져 사슬처럼 된 것.

연환-계(連環計)[-계/-게]명 간첩을 적에게 보내어 계교를 꾸미게 하고, 그 사이에 적을 공격하여 승리를 얻는 계교. 〔중국 삼국 시대에, 주유(周瑜)가 조조(曹操)의 군선을 불로 칠 때, 방통(龐統)을 보내 조조의 군함을 모조리 쇠고리로 연결시킨 일에서 유래함.〕

연활(軟滑) '연활하다'의 어근.

연:활-하다(軟滑-)형여 연하고 매끄럽다.

연회(年會)[-회/-훼]명 ①일 년에 한 번씩 여는 집회. ②감리교에서, 목사와 평신도의 대표가 해마다 한 번씩 모이는 집회, 또는 그 조직.

연:회(宴會)[-회/-훼]명 여러 사람이 모여 술을 마시거나 음식을 먹으면서 즐기는 모임. ¶ 연회를 베풀다.

연-회비(年會費)[-회-/-훼-]명 회원으로 가입한 단체나 모임에 회원의 자격을 유지하는 대가로 일 년에 한 번씩 내는 돈.

연:회-석(宴會席)[-회-/-훼-]명 연회를 베푸는 자리. 연석(宴席).

연횡(連衡)[-횡/-훵]명 ☞연횡설.

연횡-설(連衡說)[-횡-/-훵-]명 중국 전국 시대에, 진(秦)나라와 그 동쪽에 있던 여섯 나라를 동서로 연합하려던 외교 정책. 장의(張儀)가 주장하였음. 연횡(連衡). 참합종설(合從說).

연후(然後)명 《주로 어미 'ㄴ'·'-은' 뒤에 쓰이어》 뒤. ¶ 돈을 번 연후에 쓸 생각을 하라.

연훈(煙薰)명 연기로 말미암은 훈훈한 기운.

연휴(年休)명 〈연차 휴가(年次休暇)〉의 준말.

연휴(連休)명 (일요일의 앞이나 뒤에 공휴일이 있거나 하여) 휴일이 계속되는 일, 또는 계속되는 휴일.

연흉(連凶)명 계속해서 드는 흉년.

연흔(漣痕)명 물가의 지층이나 모래 따위의 위에 생기는 물결 모양의 흔적.

연:희(演戲)[-히]명하자 ☞연극.

엸다타 〈옛〉 얹다. ¶ 叉 연즌 활이니(老解下28). / ᄇᆡ야미 가칠 므러 즘겟 가재 연ᄌᆞ니(龍歌7章).

엳명 〈옛〉 이제. ¶ 엳 금:今(訓蒙下2).

엳-아홉수관 여덟이나 아홉쯤 되는 수(의).

엳아홉-째수관 여덟째나 아홉째(의).

엳줍다타 〈옛〉 여쭙다. ¶ 말ᄊᆞᄆᆞᆯ 엳줍노이다(月釋2:69). /이 行애 드러가 엳줍ᄂᆞᆫ 혜아료미 젹디 아니ᄒᆞ니(杜初8:23).

열1명 도리깨채나 채찍 따위의 끝에 달려 있는 회초리나 끈 같은 것.

열2명 ①〈총열〉의 준말. ②〈챗열〉의 준말.

열3수관 아홉에 하나를 더한 수(의). 십(十).

열 길 물속은 알아도 한 길 사람의 속은 모른다속담 사람의 속마음은 짐작하기 어렵다는 말.

열 번 찍어 아니 넘어가는 나무 없다속담 아무리 뜻이 굳은 사람이라도 여러 번 권하거나 꾀고 달래면 마음이 변한다는 말.

열 손가락을 깨물어 안 아픈 손가락이 없다속담 아무리 못난 자식이라도 부모로서는 한결같이 소중한 자식이라는 말.

열에 아홉관용 열 가운데 아홉. 곧, 거의 모두. 거의 예외 없이. ¶ 회원의 열에 아홉은 미혼 여성이다.

열(列)명 ①사람이나 물건 등이 죽 늘어선 줄. ¶ 열을 맞추다. /열을 지어 날아가는 기러기 떼. ②〖의존 명사적 용법〗 사람이나 물건 등이 죽 늘어선줄을 세는 단위. ¶ 삼 열 종대로 집합해라. 참오(伍).

열(熱)명 ①물건을 데우거나 태우거나 하는 힘. ¶ 태양의 열. ②〈신열(身熱)〉의 준말. ¶ 열이 내리다. ③무슨 일에 정신을 집중시키는 일. ¶ 공부에 열을 내다. ④몹시 격분하거나 흥분한 상태. ¶ 열을 내며 말다툼을 하다.

열(을) 받다관용 몹시 흥분하거나 격분하다.

열(을) 올리다〔내다〕관용 ①열중하거나 열성을 보이다. ②흥분하여 성을 내다. ③기염을 토하다.

열(이) 오르다관용 ①기세가 오르다. ②격분하거나 흥분하다.

열-가소성(熱可塑性)[-썽]명 열을 가하면 마음대로 변형할 수 있게 되고, 냉각시키면 다시 굳어지는 성질. ↔열경화성.

열가소성^수지(熱可塑性樹脂)[-썽-]명 열가소성이 있는 합성수지. 〔염화비닐 수지·폴리에틸렌 수지 따위.〕 ↔열경화성 수지.

열각(劣角)명 수학에서 이르는, 켤레각의 작은 쪽의 각. 180° 보다 작음. ↔우각(優角).

열간^가공(熱間加工)명 가열된 금속이 냉각하기 전에 성형(成形)하는 가공.

열간^압연(熱間壓延)명 강철 따위의 금속 재료를 재결정 온도(再結晶溫度) 이상으로 가열해서 하는 압연. 열연(熱延). ↔냉간 압연.

열감(熱疳)명 한방에서, 어린아이의 감병(疳病)을 이르는 말. 뺨이 붉어지고 입 안이 타며, 변비가 생기고 몸이 차차 야위어 감.

열감(熱感)명 신열(身熱)이 있는 느낌.

열강(列強)명 여러 강국. 강국들. ¶ 세계 열강.

열개(裂開)명 ①하자·타되자 찢어서 벌림. 쪼개어 엶. ②광물이 일정하지 않은 방향의 면에 따라 쪼개지는 일. ↔벽개(劈開).

열거(列擧)명하타되자 여러 가지를 하나씩 들어 말함. ¶ 증거를 열거하다. /그의 죄목이 낱낱이 열거되다.

열거-법(列擧法)[-뻡]명 문장 수사법에서의 강조법의 한 가지. 비슷한 어구나, 내용적으로 관련이 있는 어구를 늘어놓음으로써 표현 효과를 높이려는 기교.

열경화-성(熱硬化性)[-썽]명 가열하면 단단해지는 성질. 특히, 저분자(低分子)의 중합체(重合體)를 가열하면 중합도가 증가하여 큰 힘을 가하여도 변형하지 않게 되는 성질. ↔열가소성.

열경화성^수지(熱硬化性樹脂)[-썽-]명 열경화성을 가진 합성수지. 내열성(耐熱性)과 기계적 강도가 큼. 〔페놀 수지·규소 수지 따위.〕 ↔열가소성 수지.

열고명 열이 나서 급하게 서두름. ¶ 그녀는 자식 생각에 갑자기 열고가 났다.

열고-나다자 ①몹시 급하게 서두르다. ②몹시 급한 일이 생기다.

열^공학(熱工學)명 연료와 증기의 이용에 대한 이론과 기술을 연구하는 학문.

열과(裂果)명 열매의 한 형태. 익으면 건조하여 껍질의 일부가 벌어져서 종자가 떨어지는 건조과(乾燥果)의 한 가지. 〔콩·나리·나팔꽃의 열매 따위.〕 개과. ↔폐과(閉果).

열^관리(熱管理)[-괄-]명 (석탄·석유·가스·전열 등) 열원(熱源)이 가지는 열에너지를 가장 효율적으로 이용할 수 있도록 관리하는 일.

열광(烈光)명 강렬한 빛.

열광(熱狂)명하자되자 어떤 일에 몹시 흥분하여 미친 듯이 날뜀, 또는 그런 상태. ¶ 열광하는 관중.

열광-적(熱狂的)관명 몹시 흥분하여 미친 듯이 행동하는 (것). ¶ 축구 선수단은 열광적 환영을 받으며 귀국했다. /열광적인 반응.

열교(裂敎)명 〔갈라져 나간 교회라는 뜻으로〕 가톨릭에서 '개신교(改新敎)'를 이르는 말.

열구(悅口)명하자 음식이 입에 맞음.

열-구름명 떠가는 구름. 행운(行雲).

열-구자(悅口子)명 〈열구자탕〉의 준말.

열구자-탕(悅口子湯)명 신선로에 여러 가지 고기와 생선·채소를 넣고, 그 위에 여러 가지 과일과 갖은 양념을 넣어 끓인 음식. 준열구자·구자탕.

열구지물(悅口之物)명 입에 맞는 음식.

열국(列國)명 여러 나라.

열꿉명 열삼의 잎사귀.

열궁-형(劣弓形)명 '열활꼴'의 구용어.

열궐(熱厥)명 ☞양궐(陽厥).

열!기(熱-)[-끼]명 눈동자에 나타나는 정신의 담찬 기운.

열기(列記)명하타되자 ☞열록(列錄).

열기(熱氣)명 ①뜨겁게 가열된 기체. ¶ 열기에 손을 데다. ②뜨거운 기운. ¶ 열기를 뿜어내다. ③고조(高潮)된 흥분, 또는 그런 분위기. ¶ 올림픽의 열기. ④높아진 체온, 곧 신열(身熱).

열-기관(熱機關)명 열에너지를 기계적 에너지로 바꾸는 원동기를 통틀어 이르는 말. 가솔린 기관·로켓 기관 등의 내연 기관과, 증기 기관·원자력 기관 등의 외연 기관으로 나뉨.

열-기구(熱氣球)명 공기를 버너로 가열 팽창시켜, 바깥 공기와의 비중의 차이로 공중에 떠오르게 만든 기구(氣球).

열-기구(熱器具)명 전기·가스·석유 등을 연료로 하는 난로·풍로 등의 기구.

열기-욕(熱氣浴)명 전열(電熱) 장치를 한 상자 속에 환자를 넣어 뜨거운 공기를 쐬게 하는 요법. 류머티즘, 신경 마비 후의 관절 경직(關節硬直) 등에 이용됨.

열-김(熱-)[-낌]명 《주로 '열김에'의 꼴로 쓰이어》 ①흥분된 김. 열이 오른 김. ¶ 열김에 벌떡 일어났다. ②홧김.

열-꽃(熱-)[-꼳]명 홍역·수두 따위를 앓을 때, 살갗에 좁쌀처럼 불긋불긋하게 내돋는 것. ¶ 온몸에 열꽃이 피다. ＊열꽃이[-꼬치]·열꽃만[-꼰-]

열-나다(熱-)[-라-]자 ①몸에서 열이 나다. ②《주로 '열나게'의 꼴로 쓰이어》 ㉠열성이 나다. 열의(熱意)가 생기다. ¶ 열나게 찾다. /열나게 토론하다. ㉡화가 나다. ¶ 공연한 말로 남을 열나게 한다.

열-나절[-라-]명 (어떤 한도 안에서의) 매우 오랫동안. ¶ 차 시간이 다 되었는데도 열나절이나 안내판을 들여다보고 있다.

열녀(烈女)[-려]명 절개를 굳게 지키는 여자. 열부(烈婦).

열녀 불경이부(烈女不更二夫)관용 열녀는 두 번 시집가지 않음. 준열불이경(烈不二更).

열녀-문(烈女門)[-려-]명 열녀를 기리기 위하여 세운 정문(旌門).

열녀-비(烈女碑) [-려-] 명 열녀를 기리기 위하여 그 행적(行蹟)을 새겨서 세운 비.
열녀-전(烈女傳) [-려-] 명 열녀의 행실을 적은 전기.
열녀춘향-수절가(烈女春香守節歌) [-려-] 명 ☞춘향전(春香傳).
열년(閱年) [-련] 명하자 해가 지남. 참열월(閱月).
열뇨(熱鬧) '열뇨하다'의 어근.
열뇨-하다(熱鬧-) [-료-] 형여 많은 사람이 득실거려 크게 떠들썩하다.
열ː다[1] [여니·열어] 자 열매가 맺히다. ¶ 대추가 많이 열다.
열ː다[2] [여니·열어] 타 ①(닫힌 창이나 문 따위를) 밀거나 당기거나 하여 틔우다. ¶ 문을 열다. ②(무슨 일을) 시작하다. ¶ 총회를 열다./가게를 열다./운동회를 열다. ③(제한이나 조건을 풀고 남과 관계를) 맺거나 가지다. ¶ 국교를 열다. ④나아갈 길을 마련하다. ¶ 활로를 열다. ①②↔닫다[2].
　열고 보나 닫고 보나 관용 이렇게 하나 저렇게 하나 마찬가지임을 비유하여 이르는 말.
열담(熱痰) [-땀] 명 한방에서, 열이 오르고 얼굴이 달아오르며, 눈이 짓무르고 목이 잠기는 병을 이르는 말.
열대(熱帶) [-때] 명 위도 상 적도를 중심으로 남북 회귀선 사이의 지대. 또는, 연평균 기온이 섭씨 20도 이상인 지대. 참냉대·온대·한대.
열대^강ː우림(熱帶降雨林) [-때-] 명 열대 지방의 비가 많은 곳에 발달한 대삼림 지대.
열대-과실(熱帶果實) [-때-] 명 열대 지방에서 나는 과실. 〔바나나·파인애플·파파야 따위.〕
열대^기후(熱帶氣候) [-때-] 명 열대에서 볼 수 있는 기후. 연중 기온이 높고 비가 많으며, 기온의 일교차가 연교차보다 크고, 온대와 같은 뚜렷한 계절 변화가 없음.
열대-림(熱帶林) [-때-] 명 열대에 발달해 있는 삼림대.
열대^몬순ː^기후(熱帶monsoon氣候) [-때-] 명 열대 우림 기후와 열대 사바나 기후의 중간적인 기후. 연간 강우량이 많은 점으로는 우림 기후와, 건계가 있는 점으로는 사바나 기후와 비슷함. 인도와 서인도 제도에서 볼 수 있음.
열대-병(熱帶病) [-때뼝] 명 열대 지방에서 흔히 발생하는 병. 〔아메바 적리(赤痢)·말라리아 따위.〕
열대^사바나^기후(熱帶savanna氣候) [-때-] 명 우기(雨期)와 건기(乾期)의 구별이 뚜렷한 열대 기후. 대체로 우림 기후대의 바깥쪽에 분포함.
열대-산(熱帶産) [-때-] 명 열대 지방에서 나는 산물. ¶ 열대산 과일.
열대성^저ː기압(熱帶性低氣壓) [-때썽-] 명 열대 저기압 중 폐쇄된 등압선을 갖는, 최대 풍력 7 이하의 저기압.
열대^식물(熱帶植物) [-때싱-] 명 열대 지방에서 번식하는 식물. 대체로 상록 활엽수이며 잎이 큰 것이 많음. 〔야자수·바나나·파파야·고무나무 따위.〕
열대-야(熱帶夜) [-때-] 명 야간의 최저 기온이 25°C 이상인 무더운 밤.
열대-어(熱帶魚) [-때-] 명 ①열대에 사는 어류를 통틀어 이르는 말. ②열대·아열대 지방 원산(原産)인 관상용 물고기. 생김새가 다양하고 동작이 재빠름. 〔에인절피시·네온테트라·거피 등이 있음.〕
열대-열(熱帶熱) [-때-] 명 이틀씩 걸러 열이 오르는 말라리아.
열대^우ː림^기후(熱帶雨林氣候) [-때-] 명 열대 기후형의 한 가지. 연중 비가 많으며 건기(乾期)가 없음. 한 달의 최저 강수량은 60 mm 이상임.
열대^저ː기압(熱帶低氣壓) [-때-] 명 주로, 열대의 해상에서 발생하는 저기압. 세찬 폭풍우가 따르며, 발생하는 지역에 따라 태풍·허리케인·사이클론·윌리윌리 등 특정한 이름으로 불림.
열대-호(熱帶湖) [-때-] 명 ①표면의 수온이 연중 4°C 이상인 호수. ②우기(雨期)에 수위가 높아지는 호수.
열도(列島) [-또] 명 길게 줄을 지어 늘어서 있는 섬들. ¶ 일본 열도.
열도(熱度) [-또] 명 ①열의 정도. 뜨거운 정도. ¶ 열도가 높다. ②열의(熱意)의 정도. ¶ 야구에 대한 열도가 매우 높다.
열독(熱毒) [-똑] 명 한방에서, 더위로 말미암아 일어나는 발진(發疹)을 이르는 말. 온독(瘟毒).
열독(熱讀) [-똑] 명하타 글을 열심히 읽음.
열독(閱讀) [-똑] 명하타 책이나 문서 따위를 죽 훑어 읽음. ¶ 보고서를 열독하다.
열독-창(熱毒瘡) [-똑-] 명 한방에서, 온몸에 부스럼이 나고 몹시 아픈 병을 이르는 말.
열두밭-고누 [-뚜받꼬-] 명 말밭이 열둘인 고누의 한 가지. 서로 번갈아 놓다가 말 셋이 나란히 놓이면 상대편 말 하나를 따 냄. 이렇게 해서 상대편 말을 먼저 다 따는 편이 이기게 됨.
열두^신장(-神將) [-뚜-] 명 판수나 무당이 경(經)을 욀 때 부르는 신장. 십이신(十二神). 십이 신장(十二神將).
열두-째 [-뚜-] Ⅰ 수관 열한째의 다음 차례(의). Ⅱ 명 '열둘째'의 잘못.
열두^하님 [-뚜-] 명 지난날의 혼례 때, 신부를 따르던 열두 사람의 하님.
열둘-째 [-뚤-] Ⅰ 명 맨 앞에서부터 세어 모두 열두 개째가 됨을 이르는 말.
　Ⅱ 수관 '열두째'의 잘못.
열등(劣等) [-뜽] 명하형 정도나 등급 따위가 보통보다 떨어져 있음, 또는 낮은 등급. ↔우등(優等).
열등-감(劣等感) [-뜽-] 명 자기가 다른 사람보다 뒤떨어져 있다는 느낌, 또는 그럴 때의 불쾌한 감정. ↔우월감(優越感).
열등-생(劣等生) [-뜽-] 명 성적이 보통보다 뒤떨어지는 학생. ¶ 학교에서 열등생이라고 해서 사회에 나가서도 그런 것은 아니다. ↔우등생(優等生).
열등-아(劣等兒) [-뜽-] 명 ☞정신 지체아.
열등-의식(劣等意識) [-뜽의-/-뜽이-] 명 자기가 다른 사람보다 열등하다고 느끼는 의식.
열-띠다(熱-) 자 열기를 띠다. 열의를 띠다. 《주로, '열띤'의 꼴로 쓰임.》 ¶ 열띤 응원.
열락(悅樂) 명 ①하자 기뻐하고 즐거워함. ②불교에서, 이승의 욕구를 초월함으로써 얻어지는 정신적인 만족감을 이르는 말.
열람(閱覽) 명하타 ①(도서관 등에서) 책이나 신문 등을 죽 훑어봄. ②〔문서나 공부(公簿) 등의〕 내용을 조사하면서 읽음. ¶ 선거인 명부를 열람하다.
열람-권(閱覽券) [-꿘] 명 (도서관 등에서) 도서를 열람할 수 있는 증명서.

열람-료(閱覽料) [-뇨]명 도서나 공부(公簿) 따위를 열람할 때 내는 요금.
열람-실(閱覽室)명 (도서관 등에서) 도서를 열람하는 방.
열량(熱量)명 열을 에너지의 양으로서 나타낸 것. 단위는 보통 '칼로리'를 사용함. ¶ 열량이 높은 음식.
열량-계(熱量計) [-계/-게]명 열용량(熱容量)을 알고 있는 물체에 열을 흡수시키거나 방출시켜서 미지(未知)의 열량을 측정하는 계기.
열렁-거리다자 자꾸 열렁열렁하다. 열렁대다.
열렁-대다자 열렁거리다.
열렁-열렁 [-렁녈-/-렁열-]부하자 크고 긴 것이 연해 조금씩 흔들리는 모양.
열력(閱歷)명 ☞경력(經歷).
열력-풍상(閱歷風霜)명하자 (오랜 세월을 두고) 온갖 풍상을 겪음.
열렬(熱烈·烈烈) '열렬하다'의 어근.
열렬(熱裂)명 돌 따위의 고체가 열을 받아 갈라지는 일.
열렬-하다(熱烈-·烈烈-)형여 (어떤 사람이나 사물에 대한 애정이나 태도가) 걷잡을 수 없이 세차다. ¶ 열렬한 환영. **열렬-히**부 ¶ 열렬히 사랑하다.
열록(列錄)명하타 (여러 가지를) 나란히 적음, 또는 나란히 적은 기록. 열기(列記). 열서(列書). ¶ 충신(忠臣) 열록.
열뢰(熱雷) [-뢰/-뤠]명 여름철에, 강한 햇살에 의하여 지면이 과열되고, 그것으로 말미암은 상승 기류로 생긴 뇌우(雷雨).
열루(熱淚)명 마음속 깊이 사무쳐서 흐르는 뜨거운 눈물. 몹시 감동해서 흘리는 눈물.
열릅명 마소의 '열 살'을 이르는 말.
열리(熱痢)명 ☞서리(暑痢).
열리(熱離)명 〈열해리(熱解離)〉의 준말.
열-리다[1]자 열매가 맺혀 달리다. ¶ 감이 주렁주렁 열렸다.
열-리다[2]자 〖'열다[2]'의 피동〗 ①닫힌 것이나 덮인 것이 트이다. ¶ 문이 열리다. ②무슨 일이 시작되다. ¶ 회의가 열리다. ③어떤 관계가 맺어지다. ¶ 국교가 열리다. ④사람들의 머리가 깨고 문화가 발전하다. ¶ 세상이 열리다. ⑤나아갈 길이 마련되다. ¶ 앞길이 열리다.
열립(列立)명하자 여럿이 죽 늘어섬.
열망(熱望)명하타 열심히 바람. 간절히 바람. 갈망. ¶ 통일을 열망하는 국민.
열매명 ①식물의 꽃이 수정(受精)한 후 씨방이 자라서 맺힌 것. 과실(果實). ¶ 은행나무 열매. ②'이루어 놓은 결과'를 비유하여 이르는 말. ¶ 그동안의 노력이 열매를 맺었다.
열매 될 꽃은 첫 삼월부터 안다속담 잘될 일은 처음 그 기미부터 좋음을 이르는 말.
열매-가지명 과실 나무에서, 꽃이 피고 열매를 맺는 가지. 결과지. 발육지.
열명(列名)명하타 여러 사람의 이름을 나란히 벌여 적음.
열명^정장(列名呈狀)명 지난날, 여러 사람의 이름을 죽 적어서 관가(官家)에 내던 진정서.
열목어(熱目魚)명 ☞열목이.
열목-이(熱目-)명 연어과의 민물고기. 몸길이 65 cm가량. 몸빛은 은빛인데 옆구리·등지느러미·가슴지느러미에 크고 작은 자홍색의 점들이 흩어져 있음. 항상 찬물만 좋아하여 일생을 하천의 상류에서만 삶. 열목어.
열목-카래명 두 개의 가래를 나란히 잇고, 장부잡이 두 사람과 줄잡이 여덟 사람이 하는 가래질.
열-무명 주로 잎과 줄기를 먹기 위해 기르는, 뿌리가 작은 무. ¶ 열무를 솎다.
열무(閱武)명하자 임금이 친히 열병(閱兵)함. 대열(大閱).
열무-김치명 열무로 담근 김치.
열-무날명 조수의 간만의 차가 같은, '음력 초나흘과 열아흐레'를 아울러 이르는 말. 참무날·무수기.
열문(熱門)명 권세가 있어 사람이 많이 드나드는 집.
열-바가지명 '바가지'의 잘못.
열박(劣薄) '열박하다'의 어근.
열박-하다(劣薄-) [-바카-]형여 열등하고 경박하다.
열반(涅槃)명 〔불교에서〕 ①일체의 번뇌에서 해탈한 불생불멸(不生不滅)의 높은 경지. ②하자 죽음. 특히, 석가나 고승의 입적(入寂)을 이르는 말. 적멸(寂滅). 멸도(滅度).
열반-종(涅槃宗)명 열반의 적극적인 해석을 종지(宗旨)로 삼는 불교의 한 종파. 우리나라에서는 신라 무열왕 때 보덕 화상(普德和尙)이 개종(開宗)하였음. 시흥종(始興宗).
열-벙거지(熱-)명 〈열화(熱火)〉의 속된 말. ¶ 열벙거지가 나다. /그는 혼자 속으로 볶다가 열벙거지가 벌컥 오르자 밖으로 뛰쳐나갔다.
열변(熱辯)명 열의에 찬 변설(辯舌). ¶ 토론회에서 열변을 토했다.
열변(熱變)명하자 광물이 열로 말미암아 그 질이 변화함.
열병(閱兵)명하자타 (국가 원수나 지휘관 등이) 군대를 정렬시켜 놓고 사열함. 관병.
열병(熱病)명 (말라리아·티푸스·폐렴 등) 높은 신열이 따르는 병.
열병-식(閱兵式)명 열병하는 의식.
열복(悅服)명하자 마음으로 기꺼이 복종함.
열-복사(熱輻射) [-싸]명 물체 내부의 이온이나 전자의 열운동에 의하여 전자파(電磁波)가 방사(放射)되는 현상.
열부(烈夫)명 절개가 굳은 남자.
열부(烈婦)명 ☞열녀(烈女).
열분-수(熱粉水)명 쌀가루나 보릿가루를 물에 잘 풀어서 끓였다가 다시 식힌 유동식(流動食). 병을 앓는 어린아이에게 먹임.
열-불(熱-)명 '속에서 치미는 울화'를 비유하여 이르는 말. ¶ 열불이 나서 도저히 못 참겠다.
열불이경(烈不二更)명 '열녀 불경이부(烈女不更二夫)'의 준말.
열브스름-하다형여 좀 엷은 듯하다. 작얄브스름하다. **열브스름-히**부.
열비(劣比)명 수학에서, 전항(前項)의 값이 후항(後項)의 값보다 작은 비. ↔우비(優比).
열븐형 〈옛〉〔'엷다'의 활용형〕 엷은. ¶ 열븐 어르를 하놀히 구티시니(龍歌*30*章).
열사(烈士) [-싸]명 나라를 위하여 절의를 굳게 지켜 죽은 사람. ¶ 유관순 열사.
열사(熱沙) [-싸]명 ①여름 햇볕에 뜨거워진 모래. ②뜨거운 사막. ¶ 열사의 나라. /열사의 땅.
열사-병(熱射病) [-싸뼝]명 온도가 높고 습기가 많은 곳에서, 몸의 열을 밖으로 내보내지 못하여 일어나는 병. 체온이 높아져 의식을 잃고 쓰러짐.
열ː-삼(-蔘)명 씨를 받기 위하여 기르는 삼.

열상(裂傷)[-쌍]명 피부 따위가 찢어진 상처. 열창(裂創).
열새[-쌔]명 ☞열새베.
열새-베[-쌔-]명 고운 베. 열새. ¶ 열새베로 지은 저고리.
열서(列書)[-써]명하타 ☞열록(列錄).
열석(列席)[-썩]명하자 ①자리에 죽 벌여 앉음. 열좌(列坐). ②(회의나 의식 따위에) 다른 사람과 함께 출석함. ¶ 평화 회의에 열석하다.
열선(熱線)[-썬]명 ☞적외선(赤外線).
열설(熱泄)[-썰]명 한방에서 이르는, 배가 아플 때마다 붉은빛의 설사가 나는 병.
열-섬(熱-)[-썸]명 (주로 도시나 공장 지대에 나타나는) 주변보다 기온이 높은 지역. 이 지역의 등온선 모양이 마치 섬과 같다는 데서 온 말임.
열성(劣性)[-썽]명 ①열등한 성질. ②유전하는 형질(形質)에서, 잡종 제1대에는 나타나지 않고 잠재해 있다가, 그 이후의 대(代)에서 나타나는 형질. 잠성(潛性). ↔우성(優性).
열성(列聖)[-썽]명 ①대대(代代)의 임금. ②여러 성인(聖人).
열성(熱性)[-썽]명 ①흥분하기 쉬운 성질. ②높은 열을 내는 성질. ¶ 열성 소아마비.
열성(熱誠)[-썽]명 열렬한 정성. 열정에 찬 성의. ¶ 연구에 바친 그동안의 열성. /열성을 보이다.
열성-껏(熱誠-)[-썽껃]부 열성을 다하여. ¶ 열성껏 지도하다.
열성^인자(劣性因子)[-썽-]명 유전에서, 우성 인자(優性因子)에 눌려서 나타나지 않는 인자.
열성-적(熱誠的)[-썽-]관명 열성을 다하는 (것). ¶ 열성적 태도. /열성적인 활동.
열성-조(列聖朝)[-썽-]명 대대의 임금의 시대. 열조.
열세(劣勢)[-쎄]명하형 (힘이나 형세 따위가) 상대편보다 떨어져 있음, 또는 그런 형세나 상태. ¶ 병력의 열세. /열세에 몰리다. ↔우세(優勢).
열세(熱洗)[-쎄]명 ☞화세(火洗).
열손(熱損)[-쏜]명 ①열의 손실. ②전기 기계에서, 전류의 일부가 열로 바뀌면서 생기는 전력의 손실.
열ː-쇠[-쐬/-쒜]명 ①자물쇠를 잠그거나 여는 데 쓰는 쇠. 개금(開金). 약건(鑰鍵). ¶ 열쇠로 문을 열다. ②어떤 문제나 사건 따위를 해결하기 위한 가장 중요한 실마리. ¶ 사건의 열쇠를 쥐고 있다.
열ː쇠-고리[-쐬-/-쒜-]명 열쇠를 끼워 보관하는 데 쓰는 고리.
열수(熱水)[-쑤]명 ①뜨거운 물. ②마그마가 식어서 굳어질 때에 정출(晶出)되는 고온의 수용액.
열수(熱嗽)[-쑤]명 한방에서, 더위로 말미암아 신열·기침·구갈(口渴)·객혈 등을 일으키는 병증을 이르는 말.
열심(熱心)[-씸]명 어떤 일에 정신을 집중하는 일. ¶ 공부에 열심이다.
열심-히(熱心-)[-씸-]부 정신을 집중하여. ¶ 열심히 공부하다. /일을 열심히 하다.
열-십(-十)[-씹]명 한자 부수의 한 가지. '千'·'午'·'協' 등에서의 '十'의 이름.
열ː싸다형 ①매우 날쌔다. ¶ 열싼 동작. ②눈치가 빠르다.
열씨(列氏)명 열씨온도계의 눈금의 이름.
열씨-온도계(列氏溫度計)[-계/-게]명 어는점을 0˚C로 하고 끓는점을 80˚C로 하는 온도계. 〔1730년 프랑스의 레오뮈르가 고안한 것.〕
열악(劣惡) '열악하다'의 어근.
열악-하다(劣惡-)[여라카-]형여 품질·형편·성질 따위가 몹시 나쁘다. ¶ 열악한 상품. /근무 환경이 열악하다.
열안(悅眼)명하자 ①눈을 즐겁게 함. ②눈에 좋게 보임.
열안(閱眼)명하타 지나가면서 잠시 봄.
열애(熱愛)명하자타 열렬히 사랑함, 또는 열렬한 사랑.
열약(劣弱) '열약하다'의 어근.
열약-하다(劣弱-)[여랴카-]형여 열등하고 약하다.
열양(洌陽)명 우리나라 '서울'을 달리 이르던 말.
열어-붙이다[-부치-]타 문이나 창문 따위를 갑자기 힘차게 열다. ¶ 화가 난 그는 갑자기 문을 열어붙이고 소리를 질렀다.
열어-젖뜨리다[-전-]타 문이나 창문 따위를 갑자기 활짝 열다. 열어젖트리다.
열어-젖트리다[-전-]타 열어젖뜨리다.
열어-젖히다[-저치-]타 문이나 창문 따위를 갑자기 벌컥 열다.
열어-제치다타 '열어젖히다'의 잘못.
열ː-없다[여럽따]형 ①조금 겸연쩍고 부끄럽다. ¶ 열없어서 얼굴이 붉어지다. ②성질이 묽고 다부지지 못하다. ③겁이 많고 담이 작다. ④어설프고 짜임새가 없다. **열없-이**부.
열없는 색시 달밤에 삿갓 쓴다속담 정신이 흐려져 망령된 짓을 하는 경우를 비유적으로 이르는 말.
열ː없-쟁이[여럽쨍-]명 '열없는 사람'을 얕잡아 이르는 말.
열-에너지(熱energy)명 에너지의 한 형태로서의 열.
열-역학(熱力學)[-려칵]명 물리학의 한 분야. 열을 에너지의 한 형태로 생각하여, 열과 역학적 일과의 관계를 연구하는 학문.
열연(熱延)명 금속을 어느 온도 이상으로 가열하여 눌러 펴서 판자 모양 또는 막대 모양으로 가공하는 일. 열간 압연. ¶ 열연 강판(鋼板).
열연(熱演)명하타 연기를 열심히 또는 정열적으로 함, 또는 그런 연기. ¶ 춘향전에서 주역으로 열연하여 갈채를 받았다.
열왕-기(列王記)명 구약 성서 중의 한 편. 다윗왕의 죽음으로부터 예루살렘의 멸망까지의 이스라엘 고대 역사를 기록함. 상·하 두 권임.
열외(列外)[여뢰/여뤠]명 ①늘어선 줄의 밖. 대열의 밖. ¶ 열외로 밀려나다. ②어떤 몫이나 축에 들지 않는 부분. ¶ 열외로 치다.
열-용량(熱容量)[-룡냥]명 어떤 물체의 온도를 1˚C 올리는 데 필요한 열량.
열운형 〈옛〉〔'엷다'의 활용형〕 엷은. ¶ 열운 갓과 두터운 갓과(永嘉上35).
열원(熱援)명하타 열렬하게 응원함, 또는 열렬한 응원.
열원(熱源)명 에너지로서의 열을 공급하는 근원.
열원(熱願)명하타 ☞절원(切願).
열월(閱月)명하자 달이 지남. 참열년(閱年).
열위(劣位)명 남보다 못한 자리나 수준. ↔우위(優位).
열위(列位)대 여러분.
열음명 〈옛〉열매. ¶ 무쇠 기둥에 꽃 피어 열음 열어 따들이도록 누리소서(古時調). 참여름.
열-음극(熱陰極)명 가열해서 열전자(熱電子)를 방출시키기 위한 음극. 〔텅스텐 음극·산화물 음극 등이 있음.〕

열읍(列邑)명 여러 고을.
열의(熱意)[여릐/여리]명 무슨 일을 이루려고 열성을 다하는 마음. ¶ 경제 개발에 대한 열의. /열의를 보이다.
열인(閱人)명하자 여러 사람을 겪어 봄(사귐).
열일(烈日)명 ①여름에 뜨겁게 내리쬐는 태양. ②'세찬 기세'를 비유하여 이르는 말. 참추상열일(秋霜烈日).
열-장부(烈丈夫)[-짱-]명 절개가 굳은 남자.
열장-이음[-짱니-]명 길이이음의 한 가지. 열장 장부촉을 끼워 맞춰 잇는 방법.
열장^장부촉(-鏃)[-짱-]명 장부촉의 한 가지. 비둘기 꽁지처럼 끝이 넓음.
열재(劣才)[-째]명 열등한 재주. 재주가 열등한 사람. 참수재(秀才).
열적(烈蹟)[-쩍]명 빛나는 사적(事蹟).
열-적다형 '열없다'의 잘못.
열전(列傳)[-쩐]명 여러 사람의 개별적인 전기(傳記)를 차례로 벌여 적은 것. ¶ 사기(史記) 열전. 참본기(本紀).
열전(熱戰)[-쩐]명 ①무력에 의한 전쟁. ↔냉전(冷戰). ②'열기에 찬 격렬한 경기'를 비유하여 이르는 말. ¶ 열전 15일의 막이 오르다.
열-전기(熱電氣)명 ☞열전류(熱電流).
열-전대(熱電對)명 ☞열전쌍(熱電雙).
열-전도(熱傳導)명 열이 물질 안의 고온 부분에서 저온 부분으로 흐르는 현상.
열전도-도(熱傳導度)명 ☞열전도율. 준전도도.
열전도-율(熱傳導率)명 물체 속을 열이 전도하는 정도를 나타낸 수치. 열전도도(熱傳導度). 준전도율.
열-전류(熱電流)[-절-]명 열전쌍(熱電雙)의 기전력에 의하여 회로에 흐르는 전류. 열전기.
열전-쌍(熱電雙)[-쩐-]명 두 가지 금속을 이어서 고리 모양으로 하고 접점(接點) 사이에 온도차를 주면 열기전력(熱起電力)이 발생하는 것. 열전대(熱電對). 열전지(熱電池).
열-전자(熱電子)명 고온으로 가열한 금속이나 반도체의 표면에서 방출되는 전자.
열-전지(熱電池)명 ☞열전쌍(熱電雙).
열전-체(列傳體)[-쩐-]명 열전의 형식에 의한 역사 기술의 한 형태. 중국의 사마천(司馬遷)의 '사기(史記)'에서 비롯됨.
열절(烈節)[-쩔]명 꿋꿋한 절의.
열정(劣情)[-쩡]명 ①비열한 마음. ②남녀 간의 정욕(情慾)을 추하고 천한 것으로 보고 이르는 말.
열정(熱情)[-쩡]명 ①불타오르는 듯한 세찬 감정. ②어떤 일에 열중하는 마음. ¶ 열정을 기울이다. /예술에 열정을 쏟다.
열-정산(熱精算)명 공급된 열량과 출열(出熱)된 열량의 계산.
열정-적(熱情的)[-쩡-]관명 열정이 있는 (것). ¶ 열정적 삶. /열정적인 사랑.
열조(列朝)[-쪼]명 ☞열성조(列聖朝).
열조(烈祖)[-쪼]명 공업(功業)이 큰 조상.
열좌(列坐)[-쫘]명하자 ☞열석(列席).
열주(列柱)[-쭈]명 줄지어 늘어선 기둥.
열중(熱中)[-쭝]명하자되자 한 가지 일에 정신을 집중시킴. 몰두(沒頭). ¶ 사업에 열중하다. /실험에 열중하여 침식을 잊다.
열-중성자(熱中性子)명 원자로 속에서 핵분열에 의하여 발생한 고속 중성자가 감속(減速)되어, 그 평균 운동 에너지가 열에너지 정도로 된 것.
열중-쉬어(列中-)[-쭝-어/-쭝-여] Ⅰ명 '차려' 자세에서 왼발을 30 cm 간격으로 벌리고 두 손을 등의 허리띠 부분에 댄 자세. ¶ 학생들은 열중쉬어 자세로 서 있었다.
Ⅱ감 '열중쉬어' 하라는 구령. ¶ "열중쉬어!" 하는 소리가 들렸다.
열증(熱症)[-쯩]명 체온이 높은 증세.
열지(裂指)[-찌]명하자 주로 부모나 남편의 병이 위중할 때, 생혈(生血)을 마시게 하기 위하여 자기 손가락을 째는 일. 참단지(斷指).
열진(列陣)[-찐]명하자 군사를 벌여서 진을 침, 또는 그 진.
열진(烈震)[-찐]명 진도 6의 지진. 집이 30%가량 무너지고 산사태가 일어나며, 땅이 갈라지고 사람이 서 있을 수 없게 되는 격렬한 지진.
열-째 Ⅰ수관 아홉째의 다음 차례(의). ¶ 열째 줄.
Ⅱ명 맨 앞에서부터 세어 모두 열 개가 됨을 이르는 말. ¶ 딸기를 열째 먹었다.
열쭝이명 ①겨우 날기 시작한 어린 새, 또는 생육(生育)이 신통찮은 병아리. ②연약하고 겁이 많은 사람.
열차(列次)명 차례. 순서.
열차(列車)명 철도에서, 여러 대의 객차나 화차를 연결하여 편성한 한 줄의 차량. 기차(汽車). ¶ 여객 열차. /상행 열차.
열차-원(列車員)명 여객 열차에서, 여객 전무나 차장의 감독 아래, 열차 안의 여러 가지 일을 보살피는 승무원.
열차^집중^제ː어(列車集中制御)[-쭝-]명 일정 구간의 열차의 운행·관리를 한곳에서 집중적으로 하는 방식. 곧, 전철기(轉轍機)·신호기 등을 전자 기기(電子器機)를 이용하여 한곳에서 집중적으로 원격 조작함. 시티시(CTC).
열ː-창(-窓)명 '여닫을 수 있게 된 창'을 통틀어 이르는 말. ↔붙박이창.
열창(裂創)명 ☞열상(裂傷).
열창(熱唱)명하타 열을 다하여 노래함.
열ː-채명 ①챗열이 달린 채찍. ②장구채의 한 가지. 길이가 30 cm 정도 되는 쪼갠 대나무를 가늘게 깎아서 만듦.
열-처리(熱處理)명하타 재료를 가열하거나 냉각함으로써 그 기계적 성질을 바꾸는 일. 경도(硬度)를 높이기 위한 담금질 같은 것.
열천(冽泉)명 물이 차고 맑은 샘.
열ː-치다타 힘있게 열다. ¶ 창문을 열치다.
열친(悅親)명하자 부모를 기쁘게 함.
열탕(熱湯)명 끓는 물. 또는, 끓는 국.
열통(熱-)명 열화가 치밀어 가슴속에서 부글부글 끓어오르는 기운. ¶ 열통이 터져 가만히 못 앉아 있겠다. 비분통(憤痛).
열퇴(熱退)[-퇴/-퉤]명하자되자 신열(身熱)이 내림.
열투(熱鬪)명하자 ①열렬하게 싸움. ②열기를 띤 경기.
열ː퉁-적다[-따]형 말이나 행동이 데퉁스럽다. ¶ 열퉁적게 말참견을 하고 나서다.
열파(裂破)명하자타되자 ☞파열(破裂).
열파(熱波)명 여름에 남쪽 해양으로부터 더운 기단(氣團)이 주기적으로 밀려오는 현상. ↔한파(寒波).
열패(劣敗)명하자 남만 못하거나 남보다 약한 자가 경쟁에서 짐. ¶ 열패를 당하다.
열-팽창(熱膨脹)명 온도가 올라감에 따라 물체의 길이, 면적, 부피가 늘어나는 현상.

열품(劣品)명 품질이 나쁜 물건.
열풍(烈風)명 ①굵은 나무줄기가 흔들릴 정도로 세차게 부는 바람. 풍속으로는 초속 15~29 m에 해당함. ②'어떤 현상이나 기운 따위가 사회적으로 거세게 일어나는 상태'를 비유하여 이르는 말. ¶ 독서 열풍. /투기 열풍.
열풍(熱風)명 열기(熱氣)를 품은 바람. 뜨거운 바람. ¶ 사막의 열풍.
열-하다(熱-)타여 덥게 하다. 뜨겁게 하다. 가열하다.
열하^우라늄(劣下uranium)명 우라늄 235의 함유율이 0.712% 이하인 우라늄.
열하-일기(熱河日記)명 조선 정조 때, 연암(燕巖) 박지원(朴趾源)이 중국 러허(熱河) 강까지 갔을 때의 감상을 적은 기행문.
열학(熱瘧)명 말라리아의 한 가지. 더위를 먹어 열이 몹시 나고 오한(惡寒)이 따름. 서학(暑瘧).
열학(熱學)명 물질의 열 현상을 연구하는 물리학의 한 부문. 열에 의한 물질의 상태 변화, 전도(傳導), 대류, 열역학 등을 연구함.
열한(烈寒)명 몹시 심한 추위.
열한(熱汗)명 격렬한 운동이나 심한 노동 끝에 흘리는 땀.
열한-째수관 열째의 다음 차례(의).
열-해리(熱解離)명 열에 의하여 물질이 분해하는 일. 분해 생성물은 냉각에 의하여 역방향의 변화를 일으켜 본디의 물질로 돌아감. 준열리.
열핵(熱核)명 초고온 아래에 있는 원자핵.
열핵^반:응(熱核反應)[-빠능]명 ☞핵융합.
열행(烈行)명 (여자가) 정조와 절개를 꿋꿋이 지킨 행위나 행적(行蹟).
열혈(熱血)명 ①더운피. ②〔펄펄 끓는 피라는 뜻으로〕'열렬한 정신', '격렬한 정열' 등을 비유하여 이르는 말. ¶ 열혈 청년.
열혈-남아(熱血男兒)[-라마]명 혈기가 왕성하고 열렬한 의기를 가진 사나이. 열혈한.
열혈-한(熱血漢)명 ☞열혈남아.
열호(劣弧)명 원주(圓周)를 두 점에 의하여 두 개의 호로 나누었을 때의 작은 쪽의 호. 반원보다 작은 원호(圓弧). ↔우호(優弧).
열화(烈火)명 세차게 타는 불.
열화(熱火)명 ①《주로 '같다'와 함께 쓰이어》〔뜨거운 불길이라는 뜻으로〕'매우 격렬한 열정'을 비유하여 이르는 말. ¶ 열화와 같은 성원. ②매우 급한 화증. ¶ 열화가 치밀다.
열-화학(熱化學)명 물리 화학의 한 분과. 물질의 화학 반응에 따르는 현상을 연구함.
열^확산(熱擴散)[-싼]명 분자 질량이 다른 기체 혼합물에 열의 전도(傳導)가 일어날 때, 그에 따라 농도차(濃度差)가 생기는 현상.
열-활꼴(劣-)명 반원보다 작은 활꼴. ↔우궁형.
열-효율(熱效率)명 열기관(熱機關)에 공급된 열량과 그 기관의 출력(出力)과의 비율.
열후(列侯)명 ☞제후(諸侯).
열훈(熱暈)명 한방에서, 열이 심하여 현기가 나고 목이 몹시 타는 병을 이르는 말.
열흘명 ①〈열흘날〉·〈초열흘〉·〈초열흘날〉의 준말. ②열 날. ¶ 열흘쯤 쉬겠다.
열흘 굶어 군자 없다속담 누구나 굶주리게 되면 점잖지 않고 옳지 못한 일까지 하게 된다는 말.
열흘-날[-랄]명 ①〈초열흘날〉의 준말. ②열째 날. 준열흘.
엷:다[열따]형 ①두께가 두껍지 않다. ¶ 판자가 엷다. ②농도·밀도·빛깔 따위가 진하지 않다. ¶ 엷은 노랑. /엷은 화장. ③하는 짓이나 마음이 뻔히 들여다보이게 얄팍하다. ¶ 사람이 좀 엷은 데가 있다. ④웃음 따위가 보일 듯 말 듯 은근하다. ¶ 엷은 미소. 작얇다. * 엷:어·엷:고[열꼬]
엷:-붉다[열북따]형 엷게 붉다.
엸쇠명 〈옛〉 열쇠. ¶ 엸쇠:鑰匙(譯語上*14*).
염:명 바위로 된 작은 섬.
염(炎)명 〈염증(炎症)〉의 준말.
염:(念)명 무엇을 하려는 생각. ¶ 해볼 염도 못 내겠다.
염(塩)명 ①소금. ②산의 수소 이온을 금속 이온 또는 금속성 이온으로 치환(置換)한 화합물. 염류(塩類).
염(髥)명 〈수염(鬚髥)〉의 준말.
염:(殮)명하타 〈염습(殮襲)〉의 준말. ¶ 시신을 염하다.
염(簾)명 한시(漢詩)에서, 자음(字音)의 높낮이를 맞추어 시구를 만드는 방법.
염가(廉價)[-까]명 싼값. 저가(低價). ¶ 염가 판매.
염:간(念間)명 스무날께. 스무날 전후. ¶ 정축년 시월 염간.
염간(塩干)명 조선 시대에, 염전에서 '소금 만드는 사람'을 이르던 말.
염객(廉客)명 염탐꾼.
염검(廉儉) '염검하다'의 어근.
염검-하다(廉儉-)형여 청렴하고 검소하다. 염검-히부.
염결(廉潔) '염결하다'의 어근.
염결-하다(廉潔-)형여 청렴하고 결백하다. 염백(廉白)하다. **염결-히**부.
염:경(念經)명하자 (가톨릭에서) 기도문을 욈.
염경(廉勁) '염경하다'의 어근.
염경-하다(廉勁-)형여 청렴하고 강직하다. 염직(廉直)하다.
염:고(厭苦)명하타 (어떤 일을) 싫어하고 괴롭게 여김.
염:곡(艶曲)명 ☞연가(戀歌).
염:구(殮具)명 염습(殮襲)에 쓰이는 물건.
염구(簾鉤)명 발을 거는 갈고리.
염:근(念根)명 불교에서의 오근(五根)의 하나. 정법(正法)을 마음에 두고 잊지 않는 일.
염글다자 〈옛〉 여물다. ¶ 손 바리 염그르시며(月釋 *2:59*). /여름 열리도 염글에 ᄒᆞ야(月釋*13:47*).
염:금(斂襟)명하자 삼가 옷깃을 여밈.
염기(塩氣)[-끼]명 소금기. 또는, 소금기가 있는 습기.
염기(塩基)명 산을 중화하여 염(塩)을 만드는 수산화물. 〔수산화나트륨·수산화칼륨·수산화암모늄 따위.〕 ↔산(酸). 참알칼리.
염:기(厭忌)명하타 싫어하고 꺼림.
염기-도(塩基度)명 산의 한 분자 속에 포함되는 수소 원자 중 금속 원자로 치환할 수 있는 수소 원자의 수.
염기-류(塩基類)명 산을 중화하여 염을 만들 수 있는 수산화물에 속하는 것을 통틀어 이르는 말. ↔산류(酸類).
염기-성(塩基性)[-썽]명 염기가 가지는 성질. 산과 중화하여 염을 만드는 성질. ↔산성. 참알칼리성.
염기성^산화물(塩基性酸化物)[-썽-]명 산과 중화하여 염을 만드는 산화물. 금속 원소의 산화물 등이 이에 딸림.
염기성-암(塩基性岩)[-썽-]명 규산(硅酸)이 비교적 적게 함유된 화성암. 〔현무암(玄武岩

이나 반려암(斑糲岩) 따위.〕 기성암(基性岩). ↔산성암(酸性岩).
염기성^염(塩基性塩)[-썽념]명 산과 염기의 중화 반응에 의하여 생기는 화합물 중 염기의 수산기, 또는 산소 원자를 함유하는 염을 이르는 말.
염기성^염ː료(塩基性染料)[-썽념뇨]명 분자 속에 염기성의 원자단(原子團)을 가진 수용성의 합성염료를 통틀어 이르는 말. 색조가 선명하고 농도가 높지만, 햇빛이나 마찰에 견디는 힘이 약함.
염난-수(塩難水)명 '압록강'을 이전에 이르던 말.
염낭(-囊)명 ☞두루주머니.
염낭-거미(-囊-)명 염낭거밋과의 거미. 몸길이 1 cm가량. 등은 갈색, 배는 회색을 띤 황색에 암자색 점무늬가 있음. 나뭇잎이나 풀잎을 말아 집을 짓거나, 돌 밑에 주머니 모양의 집을 지어 알을 낳음.
염낭-쌈지(-囊-)명 염낭 모양으로 된 쌈지.
염-내(塩-)명 두부나 비지에서 나는 간수 냄새.
염ː내(念內)명 ☞염전(念前).
염ː념불망(念念不忘)명하타 자꾸 생각이 나서 잊지 못함. ¶ 임 떠나신 뒤로 지금까지 염념불망으로 하룻밤도 단잠 이룬 적이 없사옵니다.
염ː념-생멸(念念生滅)명 불교에서, 만물은 잠시도 멈추지 않고 변화하고 있음을 뜻하는 말.
염담(恬淡) '염담하다'의 어근.
염담-퇴수(恬淡退守)[-퇴-/-퉤-]명 욕심도 의욕도 없이 그저 담담하게 물러나 현상만을 지킴.
염담-하다(恬淡-)형여 사물에 집착하지 않아 욕심이 없고 마음이 깨끗하다. **염담-히**부.
염도(塩度)명 소금기의 정도. 짠 정도.
염독(炎毒)명 심한 더위로 말미암은 고통, 또는 더위 먹은 증세.
염ː독(念讀)명하타 정신을 차려서 읽음.
염ː두(念頭)명 마음. 생각. ¶ 사장은 그를 곧 승진 발령하리라 하고 늘 염두에 두고 있었다.
염라-국(閻羅國)[-나-]명 염라대왕이 다스린다는 나라, 곧 저승.
염라-대왕(閻羅大王)[-나-]명 불교에서, 죽은 이의 영혼을 다스리고, 생전의 행동을 심판하여 상벌을 주는 염라국의 임금. 야마(夜摩). 염마(閻魔). 염마대왕. 참염마법왕.
　염라대왕이 제 할아버지라도속담 큰 죄를 짓거나 중병에 걸려 살아날 가망이 없음을 이르는 말.
염량(炎涼)[-냥]명 ①더위와 서늘함. ②선악과 시비를 분별하는 슬기. ③융성함과 쇠퇴함.
염량-세태(炎涼世態)[-냥-]명 권세가 있을 때는 아부하고, 몰락하면 푸대접하는 세상 인심. ¶ 염량세태를 따르지 못하는 고지식한 양반.
염ː려(念慮)[-녀]명하타되자 마음을 놓지 못함. 걱정함. ¶ 염려를 놓다. /후유증을 염려하다.
염려(艶麗) '염려하다'의 어근.
염ː려-스럽다(念慮-)[-녀-따][~스러우니·~스러워]형ㅂ 걱정이 되어 불안하다. ¶ 늘 어머니 건강이 염려스럽습니다. **염려스레**부.
염ː려-하다(艶麗-)[-녀-]형여 ①모습이 아리땁고 곱다. ②문장이나 그림·음악 따위가 화려하고 곱다. ¶ 염려한 문장.
염ː력(念力)[-녁]명 ①신념이 가져다주는 힘. 집중된 정신력. ②정신의 집중으로 손을 대지 않고 물건을 움직이는 초능력. ③불교에서 이르는 오력(五力)의 하나. 생각을 바로하고, 못되고 악한 마음을 버리는 일.
염ː료(染料)[-뇨]명 ☞물감1.
염ː료^식물(染料植物)[-뇨싱-]명 염료의 원료가 되는 식물. 〔잇꽃·치자·쪽 따위.〕
염류(塩類)[-뉴]명 ☞염(塩).
염류-천(塩類泉)[-뉴-]명 염소 이온의 염류를 많이 함유하고 있는 온천.
염리(廉吏)[-니]명 청렴결백한 관리.
염ː리(厭離)[-니]명하타 불교에서, 더럽혀진 세상이 싫어서 속세를 떠남을 이르는 말.
염마(閻魔)명 ☞염라대왕.
염마-대왕(閻魔大王)명 ☞염라대왕.
염마-법왕(閻魔法王)명 '염라대왕'을 높이어 이르는 말.
염마-장(閻魔帳)명 염라대왕이 죽은 이의 생전의 행적을 적어 둔다는 장부.
염마-졸(閻魔卒)명 염마청(閻魔廳)이나 지옥에서 죄인을 다스리며 고통을 주는 옥졸. 귀졸(鬼卒). 야차(夜叉).
염마-천(閻魔天)명 ☞염마하늘.
염마-청(閻魔廳)명 염라대왕이 죽은 이의 생전의 행적을 심판하여 상벌을 내리는 법정.
염마-하늘(閻魔-)명 '염라대왕'을 밀교(密教)에서 이르는 말. 염마천.
염막(塩幕)명 ☞벗집.
염막(簾幕)명 발과 장막.
염ː망(念望)명하타 (무엇이 이루어지기를) 바람, 또는 바라는 일.
염매(塩梅)명 ☞백매(白梅).
염매(廉買)명하타 싼값으로 삼.
염매(廉賣)명하타 싼값으로 팖.
염명(廉明) '염명하다'의 어근.
염명-하다(廉明-)형여 청렴하고 분명하다. **염명-히**부.
염문(廉問)명하타 (무엇을 탐지하기 위하여) 몰래 물어봄.
염ː문(艶文)명 ☞염서(艶書).
염ː문(艶聞)명 연애나 정사(情事)에 관한 소문. ¶ 염문을 뿌리다. /터무니없는 염문에 시달리다.
염문-꾼(廉問-)명 ☞염알이꾼.
염ː미(染尾)명 ☞부들1.
염ː박(厭薄)명하타 싫어하여 박대함.
염반(塩飯)명 ①☞소금엣밥. ②손에게 대접하는 자기 집 '식사'를 겸손하게 이르는 말. ¶ 염반이지만 많이 드시지요.
염발(炎魃)명 ①가물. ②가물을 가져온다고 하는 귀신.
염ː발(染髮)명하자 머리털을 염색함, 또는 그 머리.
염ː발(斂髮)명하자 머리를 쪽 찌거나 틀어 올림.
염ː발-제(染髮劑)[-쩨]명 머리털을 염색하는 데에 쓰는 약.
염방(炎方)명 〔몹시 더운 곳이라는 뜻으로〕 '남방(南方)'을 이르는 말.
염방(廉防)명 염치(廉恥)와 예방(禮防).
염-밭(塩-)[-받]명 ☞염전(塩田). ＊염밭이[-바치]·염밭을[-바틀]·염밭만[-반-]
염백(廉白) '염백하다'의 어근.
염백-하다(廉白-)[-배카-]형여 ☞염결(廉潔)하다.
염ː병(染病)명 ①〈전염병(傳染病)〉의 준말. ¶ 염병이 돌다. ②'장티푸스'를 흔히 이르는 말. ¶ 염병이 나다. /염병을 앓다.
　염병에 땀을 못 낼 놈속담 괴로워하다가 죽을 놈이라는 뜻으로 저주하며 욕하는 말.
염ː병-하다(染病-)자여 염병을 앓다.

염ː병-할 (染病-) 관감 〔'전염병에 걸려 앓을'의 뜻으로〕 몹시 못마땅할 때 욕으로 하는 말. ¶ 염병할 놈. /염병할, 웬 날씨가 이리도 더워.

염-보다 (簾-) 자 한시(漢詩)를 지을 때, 자음(字音)의 높낮이를 맞추다.

염ː복 (艷福) 명 아름다운 여자가 잘 따르는 복. 여복(女福).

염부 (廉夫) 명 청렴한 사람.

염부 (塩釜) 명 바닷물을 고아 소금을 만드는 큰 가마. 벗[1]. 염분(塩盆).

염부한기 (炎附寒棄) 명 〔권세가 있을 때에는 잘 따르다가 권세가 없으면 돌아보지도 않는다는 뜻으로〕 '인정이 박함'을 이르는 말.

염분 (塩分) 명 ①물질 속에 함유되어 있는 소금의 양. 소금기. ②조선 시대에, 관아나 궁방(宮房)이 소금 장수에게서 받던 세금.

염분 (塩盆) 명 ☞염부(塩釜).

염불 명 ☞자궁탈(子宮脫).

염ː불 (念佛) 명하자 부처의 모습이나 그 공덕을 생각하면서 부처의 이름을 외는 일. 특히, '나무아미타불'을 외는 일.

염불도 몫몫이요 쇠뿔도 각각이다 속담 무슨 일이나 각각 특성이 있으므로 일하는 방식도 서로 다름을 비유하여 이르는 말.

염불에는 마음이 없고 잿밥에만 마음이 있다 속담 마땅히 해야 할 일은 건성으로 하고 잇속에만 마음을 둔다는 말.

염불 외듯 관용 알아 듣지 못할 소리로 중얼거리는 경우를 비유하여 이르는 말.

염불 (塩拂) 명 장례(葬禮) 뒤에, 부정(不淨)을 씻기 위하여 소금을 몸에 뿌리는 일.

염ː불급타 (念不及他) 명 다른 것에 마음을 둘 겨를이 없음.

염ː불^삼매 (念佛三昧) 명 정신을 집중하여 염불을 함으로써 잡념을 없애고 번뇌(煩惱)에서 벗어나는 일.

염ː불^왕ː생 (念佛往生) 명 염불 삼매로 극락에 왕생하는 일.

염불위괴 (恬不爲愧) [-괴/-궤] 명 옳지 않은 일을 하고도 부끄러워할 줄을 모름.

염사 (廉士) 명 청렴한 선비.

염산 (塩酸) 명 염화수소의 수용액. 순수한 것은 무색투명하고, 불순물을 함유한 것은 황색을 띰. 염화수소가 증발할 때 흰 연기가 보이고, 강한 자극성 있는 냄새가 남. 화학 공업·섬유 공업 등에 널리 이용됨.

염산-가스 (塩酸gas) 명 ☞염화수소.

염산-칼륨 (塩酸Kalium) 명 ☞염소산칼륨.

염산-키니네 (塩酸kinine) 명 키니네를 염산과 화합시켜 만든 흰 가루. 해열 진통제이며, 특히 말라리아의 치료약으로 쓰임. 참금계랍.

염상 (塩商) 명 소금 장수.

염ː색 (染色) 명하타되자 염료를 써서 천 따위에 물을 들임. ¶ 머리를 염색하다. ↔탈색(脫色).

염색^반ː응 (焰色反應) [-빠능] 명 알칼리 금속 따위의 염(塩)을 불꽃 속에 넣으면, 불꽃이 그 원소 특유의 빛깔을 나타내는 반응. 불꽃 반응.

염ː색-사 (染色絲) [-싸] 명 세포의 핵 속에 있으며 염기성 색소에 물들기 쉬운 실 모양의 물질. 세포 분열이 시작되면 둘레에 기질(基質)이 붙어서 염색체가 됨.

염ː색-질 (染色質) [-찔] 명 세포의 핵 속에 있으며, 염기성 색소에 물들기 쉬운 물질. 염색사(染色絲)를 만듦.

염ː색-체 (染色體) 명 세포가 분열할 때 나타나는 실 모양의 물질. 유전자를 포함하며, 유전이나 성(性)의 결정에 중요한 구실을 함.

염ː색체^돌연변이 (染色體突然變異) 명 염색체에 변화가 생겨 유전자의 위치·배열 등에 이상이 일어나서 나타나는 돌연변이.

염ː색체^지도 (染色體地圖) 명 염색체 위에서의 유전자의 상대적 위치 관계를 나타낸 그림.

염생^식물 (塩生植物) [-싱-] 명 바닷가나 암염지대(岩塩地帶) 등 염분이 많은 땅에 잘 자라는 식물을 통틀어 이르는 말. 〔보리사초·갯메꽃 따위.〕 염성 식물(塩性植物).

염서 (炎暑) 명 심한 더위. 염열(炎熱).

염ː서 (艷書) 명 이성(異性)에게 연모의 정을 적어 보내는 편지. 염문(艷文).

염석 (塩析) 명하타되자 어떤 물질의 수용액에 다른 무기 염류를 넣어서 녹아 있던 물질을 석출(析出)하는 일. 〔비눗물에 소금을 많이 넣으면 비누가 석출되는 따위.〕

염ː선 (艷羨) 명하타 남의 장점을 부러워함.

염성^식물 (塩性植物) [-싱-] 명 ☞염생 식물.

염세 (塩稅) [-쎄] 명 지난날, 소금을 만들어 파는 사람에게 물리던 세금.

염ː세 (厭世) 명하자 세상을 괴롭고 비관적인 것으로 생각하고 싫어함. ↔낙천(樂天).

염ː세-가 (厭世家) 명 염세관을 가진 사람. 세상을 덧없는 것으로 여기고 인생을 비관하는 사람. ↔낙천가(樂天家).

염ː세-관 (厭世觀) 명 ☞염세주의.

염ː세-적 (厭世的) 관명 세상을 싫어하고 모든 것을 비관적으로 생각하는 (것). ↔낙천적(樂天的).

염ː세-주의 (厭世主義) [-의/-이] 명 세상이나 인생에 실망하여 이를 싫어하는 생각. 곧 세상이나 인생에는 살아갈 만한 값어치가 없다고 하는 생각. 염세관. ↔낙천주의(樂天主義).

염ː세-증 (厭世症) [-쯩] 명 인생이 싫어지고 모든 것이 귀찮게 여겨지는 정신적 증세.

염ː세^철학 (厭世哲學) 명 염세주의에 바탕을 둔 철학. 곧 인간 생활이란 고통을 의미하며, 이 고통에서 벗어나는 길은 의지의 멸각(滅却)밖에 없다고 주장하는 것으로, 쇼펜하우어가 그 대표자임.

염소 명 솟과의 동물. 양 비슷한데 뒤로 굽은 뿔이 있고 네 다리와 목·꼬리가 짧으며, 수컷에는 턱 밑에 긴 수염이 있음. 몸빛은 갈색·회갈색·흑색·백색 등 여러 가지임. 성질이 활발하고 조급함. 고기와 젖은 식용, 털은 직물로 이용됨. 산양(山羊).

염소 물똥 누는 것 보았나 속담 있을 수 없는 일을 말할 때 이르는 말.

염소 (塩素) 명 기체 원소의 한 가지. 자극적인 냄새가 강한 황록색의 기체. 액화하기 쉬우며, 표백제·산화제·소독제 등으로 쓰임. 〔Cl/17/35.4527〕

염소-량 (塩素量) 명 바닷물 1 kg에 들어 있는 염소의 양. 'g'으로 표시함.

염소-산 (塩素酸) 명 염소산바륨 수용액에 황산을 가했을 때 생기는 수용액. 수용액으로만 존재하는데, 무색이며, 진한 것은 냄새가 자극적임. 산화 작용이 강함.

염소산-나트륨 (塩素酸Natrium) 명 염소산염의 한 가지. 무색무취의 결정. 산화제로서 염색에 쓰임. 염소산소다.

염소산-소ː다 (塩素酸soda) 명 ☞염소산나트륨.

염소산-염(塩素酸塩)[-념]명 염소산의 수소가 금속 원소로 치환되어 생기는 염. 〔염소산나트륨·염소산칼륨 따위.〕
염소산-칼륨(塩素酸Kalium)명 염소산의 칼륨염. 무색의 광택 있는 결정이며 물에 잘 녹지 않음. 산화력이 강하며, 성냥이나 화약의 원료로 쓰임. 염산칼륨. 염소산칼리.
염소산-칼리(塩素酸Kali)명 ☞염소산칼륨.
염소-수(塩素水)명 염소의 수용액. 황록색의 액체이며, 표백제·살균제·분석 시약 등으로 쓰임.
염소-자리명 황도 십이궁의 하나. 남쪽물고기자리와 독수리자리 사이에 있는 별자리. 가을에 남쪽 하늘에 보이며, 9월 하순에 자오선을 통과함. 마갈궁. 산양자리. 산양좌.
염소족^원소(塩素族元素)명 ☞할로겐족 원소.
염ː속(染俗)명하자되자 세속(世俗)에 물듦.
염ː송(念誦)명하타 마음으로 부처를 생각하면서, 일심(一心)으로 불경을 외는 일.
염수(塩水)명 소금물.
염ː수(斂手)명하자 ①무슨 일에 손을 대지 않음, 또는 어떤 일에서 손을 뗌. ②서서 두 손을 공손히 모아 잡음.
염수-선(塩水選)명하타 벼나 보리의 씨앗을 소금물에 넣어, 뜨는 것은 버리고 가라앉는 것을 씀, 또는 그렇게 하여 알찬 씨앗을 고르는 일.
염수^주ː사(塩水注射)명 ☞식염 주사.
염수-초(塩水炒)명하타 한방에서, 약재의 변질을 막기 위하여 소금물에 담갔다가 볶는 일.
염ː슬-단좌(斂膝端坐)명하자 무릎을 꿇고 바르게 앉음. ¶ 염슬단좌로 참선하다.
염ː습(殮襲)명하타 죽은 이의 몸을 씻은 다음에 수의(壽衣)를 입히고 염포(殮布)로 묶는 일. ¶ 정성을 다하여 염습하다. 준염(殮).
염심(焰心)명 불꽃의 중심부인 어두운 부분. 불꽃심.
염아(恬雅) '염아하다'의 어근.
염아-하다(恬雅-)형여 욕심이 없으며 마음이 늘 편안하고 바르다. ¶ 염아한 자세로 사는 것이 장수(長壽)의 비결이다.
염-알이(廉-)명하타 (남의 사정이나 비밀 따위를) 몰래 조사하여 알아냄. 내탐. 수탐(搜探). 염탐(廉探).
염알이-꾼(廉-)명 몰래 염탐하는 사람. 염문꾼. 염탐꾼.
염야(艶冶) '염야하다'의 어근.
염ː야-하다(艶冶-)형여 (용모나 자태가) 곱고 아리땁다.
염양(炎陽)명 여름의 햇볕. 뜨겁게 내리쬐는 여름의 태양.
염ː양(艶陽)명 화창한 봄 날씨.
염ː언(念言)명 깊이 생각한 바를 나타낸 말.
염연(恬然) '염연하다'의 어근.
염연-하다(恬然-)형여 아무 욕심이 없이 마음이 편안하다. **염연-히**부.
염열(炎熱)[-녈]명 ☞염서(炎暑).
염염(冉冉) '염염(冉冉)하다'의 어근.
염염(炎炎) '염염(炎炎)하다'의 어근.
염염-하다(冉冉-)[-념-]형여 ①나아가는 꼴이 느릿느릿하다. ②부드럽고 약하다. **염염-히**부.
염염-하다(炎炎-)[-념-]형여 ①타오르는 불기운이 세차다. ②열기가 대단하다. **염염-히**부.
염ː오(染汚)명 ①하자☞오염(汚染). ②번뇌(煩惱), 또는 번뇌로 마음이 더러워짐.
염ː오(厭惡)명하타 싫어하고 미워함. 혐오(嫌惡).
염ː외(念外)[여뫼/여뭬]명 생각 밖. 뜻밖.
염ː용(艶容)명 (여자의) 아리땁고 고운 용모.
염우(廉隅)명 바른 행실과 꿋꿋한 품성. 변야무.
염우-염치(廉隅廉恥)명 ①염우와 염치. ②'염치'의 뜻을 힘주어 이르는 말. 변야무얌치.
염ː원(念願)명하타 늘 생각하고 간절히 바람, 또는 그러한 소원. ¶ 평화를 염원하다.
염위(炎威)명 복중(伏中)의 심한 더위.
염의(廉義)[여믜/여미]명 염치와 의리.
염의-없다(廉義-)[여믜업따/여미업따]형 예의도 모르고 부끄러움도 없다. 염치가 없다. **염의없-이**부 ¶ 전철 안이 제 안방인 양 염의없이 구는 젊은이.
염ː일(念日)명 (그달의) 스무날.
염ː자(艶姿)명 아리땁고 고운 자태.
염장(炎瘴)명 더운 지방의 개펄에서 나는 독기(毒氣).
염장(塩醬)명 ①소금과 간장. ②온갖 양념을 통틀어 이르는 말.
염장(塩藏)명하타 소금에 절이어 저장함.
염ː장(殮葬)명하타 시체를 염습하여 장사지냄.
염ː장(殮匠)명 ☞염장이.
염ː장(艶粧)명하타 아리땁게 단장함.
염장-법(塩藏法)[-뻡]명 소금에 절여 저장하는 방법.
염ː-장이(殮-)명 시체를 염습하는 일을 업으로 하는 사람. 염장(殮匠).
염ː적(染跡·染迹)명하자 더러운 행적, 또는 행적을 더럽힘.
염ː적(斂跡·斂迹)명하자 ①종적을 감춤. ②어떤 일에서 발을 뺌.
염ː전(念前)명 (그달의) 스무날이 되기 전. 염내(念內).
염전(塩田)명 바닷물을 끌어 들여 태양열로 증발시켜서 소금을 만드는 넓은 모래밭. 염밭.
염전(塩廛)명 소금 가게.
염ː전(厭戰)명하자 전쟁을 싫어함. ¶ 싸움이 오래 계속되자 염전 사상이 싹트기 시작했다.
염ː전(斂錢)명하자 (여러 사람으로부터) 돈을 거두어 모음, 또는 그 돈.
염ː접명하타 종이·피륙·떡·저냐 따위의 가장자리를 자르거나 접어서 가지런하게 함.
염정(炎程)명 몹시 더운 여름날에 먼 길을 가는 일, 또는 그 길.
염정(炎精)명 ①☞태양(太陽). ②☞불귀신.
염정(恬靜) '염정(恬靜)하다'의 어근.
염정(塩井)명 염전에서, 소금을 만들기 위하여 바닷물을 가두어 두는 웅덩이.
염정(廉正) '염정(廉正)하다'의 어근.
염정(簾政)명하자 〈수렴청정(垂簾聽政)〉의 준말.
염ː정(艶情)명 ☞연정(戀情).
염정-성(廉貞星)명 구성(九星) 가운데 다섯째 별.
염ː정^소ː설(艶情小說)명 ☞연애 소설.
염정-하다(恬靜-)형여 편안하고 고요하다. **염정-히**부.
염정-하다(廉正-)형여 청렴하고 공정하다. **염정-히**부.
염제(炎帝)명 ①신농씨(神農氏). 화제(火帝). ②여름을 맡은 신. ③☞태양(太陽).
염ː좌(捻挫)명 관절을 삐는 일, 곧 관절에 무리한 힘이 가해져 관절 내부나 주위의 조직에 일어난 손상(損傷). 참좌섬(挫閃).
염ː주(念珠)[1]명 보리자·모감주 따위를 여러 개 실에 꿰어서 둥글게 만든 것. 부처에게 절하거나 염불할 때, 손가락 끝으로 한 알씩 넘기면서 그 횟수를 세거나 함.

염:주(念珠)²명 볏과의 일년초. 들에 절로 나기도 하고 재배하기도 함. 줄기 높이는 1.5 m가량. 잎은 어긋맞게 나며, 7월경에 수꽃은 위쪽, 암꽃은 아래쪽에 이삭 모양으로 핌. 열매는 먹거나 약으로 쓰고, 염주를 만드는 데 쓰기도 함. 열대 아시아가 원산지임.

염:주-나무(念珠-)명 피나뭇과의 낙엽 활엽 교목. 강원도 지방에서 많이 나는데, 높이는 5~6 m. 잎은 넓은 달걀 모양이며 어긋맞게 남. 길둥근 열매는 끝이 뾰족하며 다섯 개의 줄이 있음. 열매는 염주를 만듦.

염증(炎症)[-쯩]명 세균이나 그 밖의 어떤 원인으로 인하여 몸의 어떤 부분이 붉어지면서 붓고, 열이나 통증, 기능 장애 따위를 일으키는 일. 준염(炎).

염증(炎蒸)명 찌는 듯한 더위.

염:증(厭症)[-쯩]명 ☞싫증. ¶ 염증이 나다./염증을 느끼다.

염:지(染指)명하타 남몰래 부정을 저지르거나 부당한 이득을 가짐.

염지(塩池)명 염전에서, 소금을 만들기 위하여 바닷물을 가두어 두는 못.

염:직(染織)명 ①하타피륙에 물을 들임, 또는 물들인 피륙. ②염색과 직물.

염직(廉直) '염직하다'의 어근.

염직-하다(廉直-)[-지카-]형여 청렴하고 강직하다. 염경(廉勁)하다. **염직-히**부.

염:질(染疾)명 ☞시환(時患).

염:질(艶質)명 곱고 아름다운 바탕.

염:-집[-찝]명 〈여염집〉의 준말.

염찰(廉察)명하타 ☞염탐(廉探).

염창(簾窓)명 ☞발창.

염:처(艶妻)명 예쁜 아내.

염천(炎天)명 ①타는 듯이 더운 한여름의 하늘, 또는 그런 날씨. ¶ 삼복 염천에 어떻게 지내시는지요? ②구천(九天)의 하나. 남쪽 하늘.

염천(塩泉)명 ☞식염천(食塩泉).

염:체(艶體)명 수사(修辭)가 아름다운 서정적인 시체(詩體).

염초(焰硝)명 ①한방에서 이르는, 박초(朴硝)를 개어 만든 약. ②화약의 원료가 되는 초석(硝石), 곧 '질산칼륨'을 흔히 이르는 말. ③'화약(火藥)'을 흔히 이르는 말.

염초-청(焰硝廳)명 조선 시대에, 훈련도감의 관장(管掌) 아래 화약 만드는 일을 맡아보던 곳.

염초청 굴뚝 같다속담 마음이 검고 엉큼하다.

염:출(捻出)명하타 ①애를 써서 생각을 짜냄. ¶ 묘안을 염출하다. ②애써서 돈을 끌어냄. ¶ 비용을 염출하다.

염치(廉恥)명 체면을 차릴 줄 알며 부끄러움을 아는 마음. ¶ 사람이면 염치가 있어야지. 작얌치.

염치-없다(廉恥-)[-업따]형 염치를 생각하는 마음이 없다. 부끄러움을 아는 태도가 아니다. **염치없-이**부 ¶ 염치없이 함부로 드나들다. 작얌치없다.

염탐(廉探)명하타 어떤 일의 사정이나 내막 따위를 몰래 조사함. 수탐(搜探). 염찰(廉察). 염알이. ¶ 상대편의 동정을 염탐하다.

염탐-꾼(廉探-)명 염탐하는 사람. 염객(廉客). 염알이꾼.

염탐-질(廉探-)명하타 '염탐하는 짓'을 얕잡아 이르는 말. ¶ 남의 비밀을 염탐질하다.

염:태(艶態)명 아리땁고 고운 태도.

염통명 ☞심장(心臟).

염통-방(-房)명 ☞심방(心房).

염통-주머니[-쭈-]명 ☞심낭(心囊).

염통-집명 ☞심실(心室).

염퇴(恬退)[-퇴/-퉤]명하타 명리(名利)에 욕심이 없어 벼슬을 내어 놓고 물러남.

염퉁-머리명 〈염치〉의 속된 말.

염파(簾波)명 발 그림자의 어른어른하는 무늬, 또는 그 무늬의 결.

염평(廉平) '염평하다'의 어근.

염평-하다(廉平-)형여 성품이 청렴하고 공평하다. **염평-히**부.

염:포(殮布)명 염습(殮襲)할 때, 수의(壽衣)를 입힌 시체를 묶는 베. 교포(絞布).

염:폿-국(殮布-)[-포꾹/-폳꾹]명 ☞연폿국.

염풍(炎風)명 팔풍의 하나. 동북풍(東北風).

염:피(厭避)명하타 싫어서 피함.

염:필(染筆)명하자 ①붓에 먹이나 물감을 묻힘. ②붓으로 글씨를 쓰거나 그림을 그림.

염하(炎夏)명 더운 여름. 몹시 더운 한여름.

염:-하다(念-)타여 불경·진언(眞言) 등을 외다.

염-하다(廉-)형여 ①값이 싸다. ②청렴하다.

염한(炎旱)명 타는 듯한 한여름의 가뭄.

염한(塩漢·塩干)명 소금을 굽는 사람.

염호(塩湖)명 ☞함수호(鹹水湖).

염화(塩化)명하자 어떤 물질이 염소와 화합함.

염화-금(塩化金)명 ①염소와 금과의 화합물. 염화 제일금과 염화 제이금이 있음. ②'염화금산'을 흔히 이르는 말.

염화금-산(塩化金酸)명 금을 왕수(王水)에 녹여서 얻어지는, 담황색의 바늘 모양의 결정. 도자기의 착색(着色), 알칼로이드 시약(試藥) 등으로 쓰임.

염화-나트륨(塩化Natrium)명 나트륨과 염소와의 화합물. 소금. 식염.

염화-동(塩化銅)명 염소와 구리와의 화합물. 염화 제일동과 염화 제이동이 있음.

염화-마그네슘(塩化Magnesium)명 염소와 마그네슘과의 화합물. 조해성(潮解性)이 있는 무색의 결정. 간수의 주성분이며, 두부를 식힐 때 응고시키거나 목재의 방부제로 쓰임.

염화-물(塩化物)명 염소와, 염소보다 양성인 원소와의 화합물. 〔염화나트륨·염화은 따위.〕

염화미소(拈華微笑)명 '말로 하지 않고 마음에서 마음으로 전하는 일'을 뜻하는 말. 〔석가가 영취산에서 설법할 때, 말없이 연꽃을 들어 대중에게 보였더니 가섭(迦葉)만이 그 뜻을 알아차리고 미소지었다는 데서 유래함.〕 염화시중(拈華示衆).

염화-바륨(塩化barium)명 염소와 바륨과의 화합물. 무색의 결정이며 독성(毒性)이 있음. 매염제·살충제·쥐약·분석용 시약 등으로 쓰임.

염화-백금산(塩化白金酸)[-끔-]명 백금을 왕수(王水)에 녹여 증발시켜서 얻은, 황갈색의 기둥 모양의 결정. 백금 석면·백금흑의 제조 또는 시약 따위로 쓰임.

염화^비닐(塩化vinyl)명 아세틸렌과 염소를 원료로 해서 만드는 화합물. 〔염화 비닐 수지의 원료.〕

염화^비닐^수지(塩化vinyl樹脂)명 염화 비닐이 단독 또는 주체가 되어 중합(重合)해서 된 고체. 열에 약하지만, 내수성·내산성·전기 절연성이 뛰어남. 합성 섬유, 필름, 레코드판, 전선의 피복(被覆) 등에 널리 쓰임.

염화-수소(塩化水素)명 염소와 수소와의 화합물. 자극성의 냄새가 있는 무색의 기체. 수소와 염소 가스로부터의 직접 합성법에 의하여 생산됨. 물에 잘 풀리는데, 이 수용액을 '염산'이라고 함. 〔염화 비닐의 원료가 됨.〕 염산가스.

염화시중(拈華示衆) 명 ☞염화미소.

염화-아연(塩化亞鉛) 명 염소와 아연과의 화합물. 아연 또는 산화아연을 염산에 작용시켜서 만듦. 백색이며 조해성(潮解性)이 있음. 유기 합성의 탈수제, 나무의 방부제, 건전지의 재료 등으로 쓰임.

염화-알루미늄(塩化aluminium) 명 알루미늄과 염소와의 화합물. 무색이며 조해성(潮解性)이 있는 고체. 공기 중의 수분을 흡수해서 가수 분해하여 흰 연기를 냄. 촉매·의약품 따위에 쓰임.

염화-암모늄(塩化ammonium) 명 암모니아에 염산을 작용시켜서 얻는 무색의 결정. 물에 잘 녹음. 질소질 비료로 많이 쓰이고, 건전지·도금·염색·의약 등에도 이용됨. 노사(硇砂). 망사(硭砂).

염화-은(塩化銀) 명 염소와 은과의 화합물. 백색의 미세한 결정. 햇빛에 쬐면 분해되어 검게 변함. 사진의 감광제, 은도금 등에 쓰임.

염화^제ː이동(塩化第二銅) 명 흡습성(吸濕性)이 있는 황갈색의 결정. 구리의 가루를 염소 속에서 가열하면 얻을 수 있음. 독성이 있으며, 촉매·매염제 및 나무의 방부제 따위에 쓰임.

염화^제ː이수은(塩化第二水銀) 명 산화 제이수은을 염산에 녹여서 만드는, 백색이며 투명한 결정. 맹독이 있으며, 소독제와 방부제, 유기 합성의 촉매, 분석 시약 등에 쓰임. 승홍(昇汞).

염화^제ː이철(塩化第二鐵) 명 염소와 철과의 화합물. 적갈색이며 조해성(潮解性)이 있는 결정. 유기물의 산화제·축합제(縮合劑)·분석 시약·매염제·금속 부식제 등에 쓰임.

염화^제ː일동(塩化第一銅) [-똥] 명 무색의 결정. 공기 속에서 쉽게 산화되어 녹색이 됨. 독성이 있으며, 촉매와 살충제, 일산화탄소의 분석용 흡수제 등에 쓰임.

염화^제ː일수은(塩化第一水銀) 명 염소와 수은과의 화합물. 백색이며 광택이 있는 결정 또는 가루. 물에는 녹지 않지만 왕수에는 녹음. 표준 전극·이뇨제·하제(下劑) 따위에 쓰임. 참감홍(甘汞).

염화^제ː일철(塩化第一鐵) 명 염소와 철과의 화합물. 백색 또는 담녹색의 조해성(潮解性) 있는 결정. 염화 제이철의 원료, 매염제 등에 쓰임.

염화-주석(塩化朱錫) 명 염소와 주석과의 화합물. 무색의 결정인 염화 제일주석과, 무색의 발연성이 있는 액체인 염화 제이주석이 있음.

염화-철(塩化鐵) 명 염소와 철의 화합물인 염화 제일철과 염화 제이철.

염화-칼륨(塩化Kalium) 명 염소와 칼륨과의 화합물. 무색의 결정이며 물에 녹음. 화학적 성질은 염화나트륨과 비슷함. 칼리염의 원료나 칼리 비료에 쓰임. 염화포타슘.

염화-칼슘(塩化calcium) 명 염소와 칼슘과의 화합물. 백색의 조해성(潮解性) 있는 결정. 건조제·한제(寒劑)·방화제(防火劑)·의약품 등에 쓰임.

염화-포타슘(塩化potassium) 명 ☞염화칼륨.

염ː회-간(念晦間) [-회-/-훼-] 명 그달의 스무날에서 그믐날까지의 사이.

염ː후(念後) 명 그달의 스무날 이후.

엽(葉) 명 옛 악곡(樂曲)에서, 동안이나 단락 또는 여음(餘音)을 나타낼 때 쓰는 말.

엽각(葉脚) [-깍] 명 잎의 밑동.

엽견(獵犬) [-껸] 명 사냥개. 엽구(獵狗).

엽고-병(葉枯病) [-꼬뼝] 명 벼의 병의 한 가지. 잎에 황백색의 반점이 생기거나 군데군데에 부정형 황백색의 반문(斑紋)이 줄지어 생긴 후, 그 부분이 흑갈색으로 변하여 융털처럼 됨.

엽관(獵官) [-꽌] 명하자 (많은 사람이) 관직을 얻으려고 동분서주하며 서로 다툼. 〔사냥에서 '짐승을 잡으려고 다투는 모습'에 비유하여 이르는 말.〕 ¶ 연줄을 찾아 엽관 운동을 하다.

엽구(獵狗) [-꾸] 명 사냥개. 엽견(獵犬).

엽구(獵具) [-꾸] 명 새나 짐승을 잡는 데 쓰이는 기구. 사냥 도구. 〔총·활·그물·올가미·덫 따위.〕

엽구(獵區) [-꾸] 명 사냥이 허가되어 있는 구역.

엽-궐련(←葉卷煙) [-꿜-] 명 잎담배를 말아서 만든 담배. 시가(cigar). 참지궐련.

엽기(獵奇) [-끼] 명하자 기괴한 것이나 이상한 일에 강한 흥미를 가지고 찾아다님. ¶ 엽기 행각.

엽기(獵期) [-끼] 명 ①사냥에 알맞은 시기. ②(일 년 중에서) 사냥이 허가되는 시기. 〔대체로 번식기를 피한, 가을에서 초봄까지의 기간.〕

엽기^소ː설(獵奇小說) [-끼-] 명 기이한 세계를 소재로 한 흥미 본위의 소설.

엽기-적(獵奇的) [-끼-] 관명 기괴하고 이상한 일에 유난히 흥미를 느끼는 (것). 기괴하고 흥미 있는 (것). ¶ 엽기적 충동. /엽기적인 살인 사건이 일어나다.

엽록-소(葉綠素) [염녹쏘] 명 식물의 세포인 엽록체 속에 들어 있는 녹색의 색소. 광합성(光合成)에 필요한 에너지를 태양으로부터 얻는 구실을 함. 잎파랑이.

엽록-체(葉綠體) [염녹-] 명 엽록소를 가지고 있는 색소체. 식물의 녹색 부분의 세포질 안에 있으며, 광합성을 영위하는 중요한 부분임.

엽맥(葉脈) [염-] 명 ☞잎맥.

엽병(葉柄) [-뼝] 명 ☞잎자루.

엽복(獵服) [-뽁] 명 사냥할 때 입는 옷.

엽부(獵夫) [-뿌] 명 사냥꾼.

엽비(葉肥) [-삐] 명 녹비(綠肥)의 한 가지. 초목의 잎을 썩혀서 만듦.

엽사(獵師) [-싸] 명 사냥꾼, 또는 사냥꾼을 대접하여 이르는 말.

엽산(葉酸) [-싼] 명 비타민 B 복합체의 하나. 녹색 야채, 동물의 간, 효모(酵母) 따위에 들어 있으며, 이것이 모자라면 빈혈을 일으킴. 비타민 엠(M).

엽삽-병(葉澁病) [-쌉뼝] 명 (보리 따위) 식물의 잎이나 줄기에 귤색 또는 갈색의 가루가 덩어리로 생기는 병. 녹병. 수병(銹病).

엽상(葉狀) [-쌍] 명 잎처럼 생긴 모양.

엽상-경(葉狀莖) [-쌍-] 명 식물의 줄기의 한 변태. 줄기가 납작한 잎 모양이 되어 동화 작용을 하는 것.

엽상^식물(葉狀植物) [-쌍싱-] 명 다세포체(多細胞體)이지만 줄기와 잎의 구별이 없는 것이나, 겉보기에 줄기와 잎의 구별은 있으나 관다발 따위의 분화(分化)가 없는 식물. 이끼류·조류(藻類)·균류가 이에 속함. 세포 식물. ↔경엽 식물(莖葉植物).

엽상-체(葉狀體) [-쌍-] 명 잎·줄기·뿌리의 구별이 없는 김이나 미역 따위의 식물. 전체가 잎 모양이고, 잎으로서의 작용을 함.

엽색(獵色) [-쌕] 명하자 변태적으로 분별없이 여색을 탐함. ¶ 엽색 행각. /엽색에 빠지다.

엽서(葉序)[-써]명 ☞잎차례.
엽서(葉書)[-써]명 〈우편엽서〉의 준말.
엽쇼[-쑈]감 〈여보시오〉의 준말. ¶ 엽쇼, 이게 뭐요?
엽술(獵術)[-쑬]명 새나 짐승을 잡는 기술.
엽신(葉身)[-씬]명 ☞잎몸.
엽아(葉芽)명 ☞잎눈.
엽액(葉腋)명 ☞잎겨드랑이.
엽연(葉緣)명 잎의 가장자리.
엽-연초(葉煙草)명 ☞잎담배.
엽우(獵友)명 함께 사냥하러 다니는 사람. 사냥을 함께 즐기는 동호인이나 친구.
엽육(葉肉)명 ☞잎살.
엽자(葉子)[-짜]명 〈엽자금〉의 준말.
엽자-금(葉子金)[-짜-]명 정련(精鍊)이 잘된 최상품의 금. 얇게 불려서 잎사귀 모양으로 만들었음. 준엽자(葉子).
엽자금에 동자삼(童子蔘)**이라**속담 무엇이 썩 좋거나 금상첨화(錦上添花)라는 뜻으로 하는 말.
엽장(獵場)[-짱]명 사냥터.
엽전(葉錢)[-쩐]명 놋쇠로 만든 옛날 돈. 둥글고 납작하며 가운데에 네모진 구멍이 있음. ¶ 엽전 한 냥.
엽전-평(葉錢坪)[-쩐-]명 ☞엽전풀이.
엽전-풀이(葉錢-)[-쩐-]명 다른 돈을 엽전으로 환산하는 일. 엽전평(葉錢坪). 엽평(葉坪).
엽조(獵鳥)[-쪼]명 사냥을 할 수 있도록 행정 당국에서 허가한 새. ↔금렵조(禁獵鳥).
엽주(獵酒)[-쭈]명하자 아는 사람을 체면 없이 찾아다니면서 술을 우려 마심, 또는 그 술.
엽지(葉枝)[-찌]명 ①잎과 가지를 아울러 이르는 말. ②고대 왕관 따위에 금실로 달아 맨 작은 동그라미 모양의 장식물. ¶ 130개의 엽지로 나뉜 황금 둘레에, 비취로 만든 57개의 곡옥이 달려 있는 금관.
엽차(葉茶)명 차나무의 어린잎을 따서 말린 찻감, 또는 그것을 달인 물. ¶ 다방에서 엽차만 마시고 버티고 있으려니 레지의 눈총이 따갑다.
엽채(葉菜)명 주로 잎사귀를 먹는 채소. 〔배추·양배추·상추·시금치 따위.〕 잎채소. 참근채·경채.
엽채-류(葉菜類)명 주로 잎사귀를 먹는 채소류를 통틀어 이르는 말. 참경채류·근채류.
엽초(葉草)명 ☞잎담배.
엽초(葉鞘)명 ☞잎집.
엽총(獵銃)명 사냥총.
엽축(葉軸)명 ☞잎줄기.
엽치다타 보리·수수 따위의 겉곡식을 대충대충 찧다.
엽침(葉枕)명 잎자루가 줄기에 붙는 부분, 또는 소엽(小葉)의 잎자루가 잎줄기에 붙는, 볼록한 부분. 〔소나무 따위에서 볼 수 있음.〕
엽침(葉針)명 ☞잎바늘.
엽탁(葉托)명 ☞턱잎.
엽편(葉片)명 잎의 넓은 부분. 잎몸.
엽평(葉坪)명 ☞엽전풀이.
엽호(獵戶)[여포]명 사냥꾼, 또는 사냥꾼의 집.
엽황-소(葉黃素)[여퐝-]명 엽록체 중의 엽록소와 함께 존재하는 노랑 색소(色素). 가을에 잎이 누레지는 것은 이 색소 때문임. 잎노랑이.
엿[1][엳]명 쌀이나 고구마·옥수수 따위의 녹말과 엿기름으로 만드는 달고 끈끈한 전통적인 식품. 이당. ＊엿이[여시]·엿만[연-]
엿을 물고 개잘량에 엎드러졌나속담 수염이나 털이 많이 난 사람을 놀리는 말.
엿 먹어라관용 (속되게) 남을 골탕 먹이거나 속여 넘기거나 할 때에 하는 말.
엿 먹이다관용 '남을 속여 골탕 먹이다'의 속된 표현.
엿[2][엳]관 'ㄴ·ㄷ·ㅁ·ㅂ·ㅅ·ㅈ' 따위를 첫소리로 하는 일부 명사 앞에 쓰이어, '여섯'의 뜻을 나타내는 말. ¶ 엿 말. /엿 냥. /엿 돈.
엿-[엳]접두 《일부 동사 앞에 붙어》 '몰래'·'가만히' 등의 뜻을 나타냄. ¶ 엿듣다. /엿보다. /엿살피다.
엿-가락[엳까-]명 ☞엿가래.
엿-가래[엳까-]명 가래엿의 낱개. 엿가락.
엿-가위[엳까-]명 엿장수가 들고 다니는 큰 가위.
엿귀명 〈옛〉 여뀌. ¶ 뉘 엿귀를 쓰다 니르ᄂᆞ뇨(杜初8:18). /엿귀 료:蓼(訓蒙上7).
엿-기름[엳끼-]명 보리에 물을 부어 싹을 내어서 말린 것. 녹말을 당분으로 바꾸는 효소가 많이 들어 있음. 맥아(麥芽). 엿길금.
엿-길금[엳낄-]명 ☞엿기름.
엿다타ㅅ 〈옛〉 엿보다. ¶ 집 압 논 무살미예 고기 엿는 白鷺ㅣ로다(古時調). /窓으로 여서 지블 보니(楞解5:72).
엿-단쇠[엳딴쇠/엳딴쉐]감 지난날, 엿장수가 엿을 사라고 외치던 소리.
엿-당(-糖)[엳땅]명 녹말에 디아스타아제나 엿기름을 작용시켜 만드는 이당류(二糖類)의 한 가지. 바늘 모양의 흰 결정으로 산이나 효소에 의해 고분자의 포도당으로 분해됨. 물엿의 주성분임. 맥아당(麥芽糖).
엿ː-듣다[엳뜯따][~들으니·~들어]타ㄷ 남의 말을 몰래 듣다. ¶ 방 안의 이야기를 밖에서 엿듣다.
엿-목판(-木板)[연-]명 엿을 담는 목판.
엿-물[연-]명 엿기름물에 밥을 담가 삭혀서 짠 물. 이것을 고면 엿이 됨.
엿-반대기[엳빤-]명 엿으로 만든 반대기. 엿자박.
엿-밥[엳빱]명 엿물을 짜낸 밥찌끼.
엿-방망이[엳빵-]명 ①투전이나 골패 노름의 한 가지. 세 짝 이내를 뽑아 끗수가 많은 사람이 이김. 준여시. ②〈엿죽방망이〉의 준말.
엿ː-보다[엳뽀-]타 ①남이 모르게 가만히 보거나 살피다. ¶ 방 안을 엿보다. ②알맞은 때를 기다리다. ¶ 만회할 기회를 엿보다. ③짐작으로 살펴 알다. ¶ 조선 후기의 생활상을 엿볼 수 있는 작품.
엿ː보-이다[엳뽀-]자 〖'엿보다'의 피동〗 ①(남에게) 엿봄을 당하다. ②짐작으로 알 수 있게 나타나다. ¶ 예술적인 재능이 엿보이다. ③살짝 보이다. ¶ 구름 사이로 초승달이 엿보였다.
엿ː-살피다[엳쌀-]타 남모르게 가만히 살피다.
엿새[엳쌔]명 ①〈엿샛날〉·〈초엿새〉·〈초엿샛날〉의 준말. ②여섯 날. ¶ 엿새 동안 쉬었다.
엿샛-날[엳쌘-]명 〈초엿샛날〉의 준말. 준엿새.
엿-자박[엳짜-]명 ☞엿반대기.
엿-장수[엳짱-]명 엿을 팔러 다니는 사람.
엿장수 마음대로〔맘대로〕관용 엿장수가 엿을 늘이듯 무슨 일을 제 마음대로 이랬다저랬다 하는 것을 못마땅해하는 투로 이르는 말. ¶ 그렇게 엿장수 마음대로는 잘 안 될걸.
엿-죽[엳쭉]명 〈엿죽방망이〉의 준말.
엿죽-방망이[엳쭉빵-]명 ①엿을 골 때 엿물을 젓는 막대기. 준엿방망이. ②'쉬운 일'을 농으로 이르는 말. 준엿죽.

엿-치기[엳-]명하자 엿가래를 부러뜨려 구멍의 크기로 승부를 겨루는 내기.
엳다타 〈옛〉 엮다. ¶ 엳글 편:編(類合下37).
-였-[엳]선미 ①용언 어간 '하-' 뒤에만 쓰이는 과거 시제 선어말 어미. ¶ 공부하였다. /노력하였다. ②어간 형성 접미사 '-이-'가 바로 다음에 놓인 선어말 어미 '-었-'과 합쳐서 준 말. 〔'먹이었다→먹였다'에서의 '였' 따위.〕
엿의명 〈옛〉〔'여ᅀᆞ'의 관형어.〕 여우의.
영:¹명 〈이엉〉의 준말.
영:²명 깔끔하게 꾸민 집 안이나 방 안에서 느껴지는 산뜻하고 밝은 기운. ¶ 영이 도는 화목한 집.
영:³부 도무지. 전혀. 《주로, 뒤에 부정하는 말이 따름.》 ¶ 영 재미가 없어. /군것질을 했더니 영 밥맛이 없다.
영(令)명 ①〈명령(命令)〉의 준말. ¶ 영을 내리다. /영을 어기다. ②〈법령(法令)〉의 준말. ③〈약령(藥令)〉의 준말.
영(英)명 '영국(英國)'의 준말.
영(零)명 ①음수와 양수의 경계가 되는 수. ②수량이 전혀 없음을 수량이 있는 경우에 대해서 이르는 말.
영(嶺)명 ☞재². ¶ 영을 넘다.
영(營)명 〈영문(營門)〉의 준말.
영(靈)명 〈신령(神靈)〉·〈심령(心靈)〉·〈영혼(靈魂)〉의 준말. ↔육(肉).
영(令)의 가죽을 세는 단위. ¶ 우피 세 영.
영:(永)부 〈영영(永永)〉의 준말. ¶ 영 돌아오지 않는다. /영 떠나 버렸다.
영:가(詠歌)명하자 ☞창가(唱歌).
영가(靈歌)명 ☞흑인 영가(黑人靈歌).
영가(靈駕)명 ☞영혼(靈魂).
영각명하자 암소를 찾는 황소의 긴 울음소리.
　영각(을) 쓰다〔켜다〕관용 (암소를 찾느라고) 황소가 길게 울다.
영:각(影閣)명 절에서, 고승(高僧)의 화상(畫像)을 안치한 건물.
영각(靈覺)명 ①하형뛰어나게 지혜롭고 총명함. ②불교에서, 중생이 본디 갖추고 있는 영묘한 불성(佛性).
영간(零簡)명 ☞낙질.
영:감(永感)명 부모를 모두 여의어 오랫동안 슬퍼하는 일.
영:감(令監)명 ①나이 든 남편을 일컫는 말. ¶ 영감, 나이도 있으니 이제 술은 조금만 드세요. ②지체 있는 사람이나 나이가 많은 사람을 대접해서 일컫는 말. 높영감마님. ③지난날, 종이품과 정삼품의 벼슬아치를 높여 그 관직명에 붙여서 부르던 말.
　영감의 상투속담 '보잘것없는 물건'을 비유하여 이르는 말.
영감(靈感)명 ①신의 계시를 받은 것같이 머리에 번득이는 신묘한 생각. ¶ 영감이 떠오르다. ②신불의 영묘한 감응(感應).
영:감-마님(令監-)명 〈영감〉의 높임말.
영:감-하(永感下)명 부모가 죽고 없는 처지, 또는 그런 처지에 있는 사람.
영거(領去)명하타 함께 데리고 감.
영거(靈車)명 영구(靈柩)를 실어 나르는 수레.
영거리^사격(零距離射擊)명 100~300 m의 근거리에 있는 적에 대하여 하는 사격. 사각(射角)을 영으로 하여 사격함.
영건(營建)명하타 건물 따위를 지음. 영구(營構). ¶ 경복궁 영건.
영걸(英傑)명하형스형 큰일을 이룰 수 있을 만큼 용기와 재지(才智)가 뛰어남, 또는 그런 큰 인물. **영걸-히**부. **영걸스레**부.
영걸지주(英傑之主)[-찌-]명 영걸스러운 군주.
영검(靈劍)명 영묘한 위력을 가진 검.
영검(←靈驗)명하형스형 사람의 기원에 대한 신불의 반응이 영묘함, 또는 기원에 대해서 나타나는 효험. ¶ 영검이 있다. **영검스레**부.
영:겁(永劫)명 한없이 오랜 세월. 영원한 세월. 광겁(曠劫). 만겁(萬劫). 천겁(千劫).
영:겁^회귀(永劫回歸)[-거푀-/-거풰-]명 독일의 철학자 니체의 용어. 우주가 영원히 되풀이되는 회전 운동임과 같이, 만물은 영원히 회귀하여 멈추는 일이 없다는 사상.
영격(迎擊)명하타 공격해 오는 적을 나아가 맞아서 침. 비요격(邀擊).
영견(迎見)명하타 ☞연견(延見).
영:결(永訣)명하자타 영구히 헤어짐. 보통, 죽은 이와의 헤어짐을 뜻함. 비영별(永別)·영이별(永離別).
영:결-식(永訣式)명 장례 때 친지가 모여 죽은 이와 영결하는 의식. 고별식.
영:결-종천(永訣終天)명하자 죽어서 영원히 헤어짐.
영경(靈境)명 ☞영지(靈地).
영계(←軟鷄)[-계/-게]명 병아리와 큰 닭과의 중간 정도의 닭. 약병아리.
영계(靈戒)[-계/-게]명 대종교(大倧敎)에서, 신자에게 자격을 주는 의식.
영계(靈界)[-계/-게]명 ①정신의 세계. 곧, 정신 및 그 작용이 미치는 범위. ↔육계(肉界). ②영혼의 세계. 죽은 뒤의 세계.
영계-구이(←軟鷄-)[-계-/-게-]명 영계의 고기를 저며서 양념하여 구운 음식.
영계-백숙(←軟鷄白熟)[-계-쑥/-게-쑥]명 털과 내장을 없앤 영계를 통째로 삶은 음식.
영계-찜(←軟鷄-)[-계-/-게-]명 백숙한 영계의 고기에다가, 밀가루나 녹말을 끓여서 붓고, 양념을 치고 고명을 얹은 음식.
영고(迎鼓)명 부여국(夫餘國)에서, 해마다 12월에 일종의 추수 감사제로 행하던 국가적인 제천 의식(祭天儀式). 참동맹(東盟)·무천(舞天).
영고(榮枯)명 성함과 쇠함. 번영함과 쇠멸함. 영락(榮落).
영고(靈告)명 신령(神靈)의 계시.
영고(靈鼓)명 지제(地祭)를 지낼 때 치는 북. 여덟 모로 되었고 누른 옻칠을 하였음.
영고-성쇠(榮枯盛衰)[-쇠/-쉐]명 인생이나 사물의 성함과 쇠함이 서로 바뀜.
영곡(嶺曲)명 영남(嶺南) 지방에서 나는 곡삼(曲蔘).
영공(領空)명 한 나라의 영토와 영해의 상공으로, 그 나라의 주권이 미치는 공간. ¶ 영공을 침범하다.
영공(靈供)명 부처나 죽은 이의 영혼 앞에 바치는 잿밥. 영반(靈飯).
영공-권(領空權)[-꿘]명 국가가 그 영토와 영해의 상공을 배타적으로 지배하는 권리.
영:과(穎果)명 열매의 한 가지. 과피(果皮)가 씨에 밀착하여 있으며, 대체로 작기 때문에 씨처럼 보임. 벼·보리·밀 등 볏과 식물의 열매에서 볼 수 있음.
영관(領官)명 ①육·해·공군 장교의 계급인 대령·중령·소령을 통틀어 이르는 말. 장관(將官)의 아래, 위관(尉官)의 위. ②조선 말기의 무관 계

급인 정령(政領)·부령(副領)·참령(參領)을 통틀어 이르는 말.

영관(榮冠)명 ①명예나 승리를 얻은 사람이 쓰는 영예로운 관. ②'빛나는 승리나 명예로운 지위, 훌륭한 성공 등'을 비유하여 이르는 말. ¶ 최우수 선수의 영관을 차지하다.

영광(榮光)명되자 (경쟁에서 이기거나, 남이 하지 못한 어려운 일을 해냈을 때의) 빛나는 영예. 광영. ¶ 승리의 영광. /수석 입학의 영광을 차지하였다.

영광(靈光)명 ①영묘(靈妙)한 빛. 성스러운 광채. ②'임금의 은덕'을 비유하여 이르는 말.

영광-스럽다(榮光-)[-따][~스러우니·~스러워]형ㅂ 영광이 있다. 영광이 넘치다. ¶ 영광스러운 자리. /우수상을 받게 되어 한없이 영광스럽다. **영광스레**부.

영괴(靈怪) '영괴하다'의 어근.

영괴-하다(靈怪-)[-괴-/-궤-]형여 불가사의하고 괴이하다. **영괴-히**부.

영교(令嬌)명 ☞영애(令愛).

영:구(永久)명하형 《주로 일부 명사 앞에 쓰이어》 길고 오램. 오래 계속되어 끊임이 없음. 몰세(沒世). ¶ 영구 보존. **영구-히**부 ¶ 영구히 변치 않는 사랑.

영구(營救)명하타 죄에 빠진 사람을 구하여 냄.

영구(營構)명하타 ☞영건(營建).

영구(靈柩)명 시체를 넣은 관(棺).

영:구-가스(永久gas)명 ☞영구기체(永久氣體).

영:구^경수(永久硬水)명 칼슘이나 마그네슘 등의 황산염을 많이 함유하고 있는 경수. 끓여도 연수(軟水)가 되지 않음.

영:구^공채(永久公債)명 ☞영원 공채(永遠公債).

영:구^기관(永久機關)명 에너지의 공급 없이도 영구히 운동을 계속할 수 있는 가상적인 기계나 장치. 예부터 그 실현이 계속 연구되어 왔으나 불가능하다는 것이 밝혀졌음.

영:구-기체(永久氣體)명 지난날, 영구히 기체의 상태로만 존재하는 것으로 믿고 있었던 산소·수소·질소·아르곤 등의 기체. 오늘날에는 모두 그 액화(液化)가 가능해졌음. 영구가스.

영:구^동:토(永久凍土)명 땅속의 온도가 영도 이하로 언제나 얼어 있는 땅. 시베리아·그린란드 등에 분포함.

영:구-불변(永久不變)명하자하형 영구히 변하지 아니함, 또는 그리되게 함. ¶ 영구불변의 진리.

영:구-성(永久性)[-썽]명 영구히 변하지 않는 성질. ¶ 영구성이 있는 작품.

영:구^운:동(永久運動)명 에너지의 공급 없이도 자동적으로 영구히 움직이는 가상적인 기계 운동.

영:구^자:석(永久磁石)명 한번 자성(磁性)을 띠게 되면 오랫동안 자력(磁力)을 지니는 자석. ↔일시 자석(一時磁石).

영:구-장천(永久長天) Ⅰ명 한없이 길고 오랜 세월.

Ⅱ부 언제까지나 늘. 한없이 늘. ¶ 분단이 영구장천 계속되지는 않는다.

영:구-적(永久的)관명 영구히 변하지 않고 계속되는 (것). ¶ 영구적 정착. /영구적인 안전 보장. ↔일시적.

영:구^중립국(永久中立國)[-닙꾹]명 ☞영세 중립국.

영구-차(靈柩車)명 영구를 실어 나르는 차. 장의차. 준구차.

영:구-치(永久齒)명 젖니가 빠진 다음에 나는 이. 위아래 모두 32개. 어금니는 처음부터 영구치이며, 평생 다시 나지 않음. 간니. ↔유치(乳齒).

영:구-화(永久化)명하자타되자 영구하게 되거나 영구하게 되도록 함.

영국^국교회(英國國敎會)[-꾹꾜회/-꾹꾜훼]명 영국의 국교회. 영국 국왕을 수장(首長)으로 하며, 교의(敎義)는 신교(新敎)에 가까우나, 의식(儀式) 같은 것은 가톨릭과 비슷함.

영군(領軍)명하자 군대를 거느림.

영궤(靈几)명 상가(喪家)에서, 영위(靈位)를 모셔 놓은 작은 의자와 그것을 받치는 상(床). 영좌(靈座).

영귀(榮貴) '영귀하다'의 어근.

영귀-접(靈鬼接)명하자 〔귀신이 접했다는 뜻으로〕 보통 사람이 짐작할 수 없는 일을 척척 알아맞히는 일.

영귀-하다(榮貴-)형여 지체가 높고 귀하다.

영규(令閨)명 ☞부인(夫人).

영글다[영그니·영글어]자 ☞여물다.

영금명 따끔하게 당하는 곤욕.

영금(을) 보다관용 따끔하게 곤욕을 치르다. ¶ 죽을 영금을 보았다.

영금(靈禽)명 ☞영조(靈鳥).

영기(令旗)명 지난날, 군중(軍中)에서 군령(軍令)을 전하러 가는 사람이 들고 가던 기. 푸른 비단 바탕에 붉게 '令' 자를 오려 붙였음.

영기(英氣)명 ①뛰어난 기상(氣像). ¶ 영기를 기르다. ②뛰어난 재기(才氣). ¶ 그는 나이가 들수록 영기가 빛을 발하였다.

영기(靈氣)명 영묘(靈妙)한 기운. ¶ 영기가 서리다.

영남(嶺南)명 조령(鳥嶺)의 남쪽, 곧 경상도 지방을 이르는 말. 교남(嶠南).

영남-가(嶺南歌)명 조선 인조 때, 노계(蘆溪) 박인로(朴仁老)가 지은 가사. 영남 순찰사 이근원(李謹元)의 선정(善政)을 기린 것임.

영내(領內)명 영토나 영지의 안.

영내(營內)명 병영의 안. ¶ 민간인의 영내 출입은 통제합니다. ↔영외(營外).

영내^거주(營內居住)명 군인이 업무 이외의 일상생활을 병영 안에서 하는 것. ↔영외 거주(營外居住).

영녀(令女)명 ☞영애(令愛).

영:년(永年)명 긴 세월. ¶ 영년 근무.

영년(迎年)명하자 새해를 맞는 일. 영세(迎歲). 영신(迎新). 영춘(迎春). 해맞이. ↔송년(送年).

영:년^변:화(永年變化)명 지구 과학에서의 관측 값이 수십 년 이상에 걸쳐 천천히 증가하거나 감소하는 현상.

영:녕-전(永寧殿)명 조선 시대에, 임금이나 왕비로서 종묘(宗廟)의 정전(正殿)에 모실 수 없는 분의 신위(神位)를 봉안(奉安)하던 곳.

영노(營奴)명 조선 시대에, 감영(監營)·병영(兵營)·수영(水營) 등에 딸렸던 종.

영노ᄒᆞ다형 〈옛〉 영리하다. 슬기롭다. ¶ 客鄕이 영노ᄒᆞ더니(內訓2:37).

영농(營農)명하자 농업을 경영함. 경농(經農). ¶ 영농 기술. /영농 후계자.

영농^자금(營農資金)명 농사를 짓는 데 쓰이는 자금. ¶ 영농 자금을 지원하다.

영단(英斷)명하타 (현명한 판단 아래) 과감하게 결정하는 일. 뛰어난 결단. ¶ 백년대계를 위하여 영단을 내리다.

영단(營團) 명 공공 기업 형태의 한 가지. 오늘날에는 '공사(公社)' 또는 '공단(公團)' 등의 이름이 쓰이고 있음.

영단(靈壇) 명 ①신을 제사 지내는 단. ②기우제(祈雨祭)를 지내는 단. ③불교에서, 영혼의 위패를 두는 단.

영달(令達) 명 하타 명령을 전달함, 또는 그 명령.

영달(英達) '영달하다'의 어근.

영달(榮達) 명 하자 높은 지위에 오르고 귀하게 됨. ¶ 일신의 영달을 꾀하다. 비 영진(榮進)·출세(出世).

영달-하다(英達-) 형 여 ☞영명(英明)하다.

영ː답(影畓) 명 〈영위답(影位畓)〉의 준말.

영당(令堂) 명 '남의 어머니'를 높이어 일컫는 말. 자당(慈堂).

영ː당(影堂) 명 개산조사(開山祖師)나 고승(高僧)의 화상을 안치한 건물. 영전(影殿).

영ː대(永代) 명 영원한 세월. 영세(永世).

영대(靈臺)[1] 명 영혼이 있는 곳, 곧 마음. 정신. 참 영부(靈府).

영대(靈臺)[2] 명 문예 동인지. 1924년 8월 평양에서 창간되어 5호까지 펴냄.

영ː대^차ː지권(永代借地權) [-꿘] 명 국내에 거주하는 외국인이 일정한 토지세를 치르고 영구히 땅을 사용할 수 있는 권리.

영덕(令德) 명 훌륭한 덕. 미덕(美德).

영덕(靈德) 명 (신이나 부처의) 영묘한 덕.

영도(英圖) 명 뛰어난 계획. 영략(英略). ¶ 고구려의 옛 땅을 회복하려는 영도.

영도(零度) 명 (온도·각도·고도 따위의) 도수를 계산할 때의 기점(起點). ¶ 기온이 영도 이하로 떨어지다.

영도(領導) 명 하타 되자 거느려 이끎. 앞장서서 지도함. ¶ 국민을 영도하는 지도자.

영도(靈都) 명 ☞성도(聖都).

영도-력(領導力) 명 영도하는 능력. ¶ 뛰어난 영도력을 발휘하다.

영도-자(領導者) 명 영도하는 사람.

영도-적(領導的) 관 명 영도하거나 영도하는 성격을 띤 (것).

영독(獰毒) '영독하다'의 어근.

영독-하다(獰毒-) [-도카-] 형 여 모질고 독살스럽다. ¶ 영독한 짐승. /영독하게 굴다. **영독-히** 부 ¶ 영독히 대하다.

영동(楹棟) 명 〔기둥과 마룻대라는 뜻으로〕 '중요한 인물'을 비유하여 이르는 말. 동량(棟梁). 주석(柱石).

영동(嶺東) 명 강원도(江原道)의 태백산맥 동쪽 지방. 관동(關東).

영동^팔경(嶺東八景) 명 ☞관동 팔경.

영-둔전(營屯田) 명 조선 시대에, 각 영문에 급전(給田)으로 나라에서 내려 준 둔전.

영득(領得) 명 하타 ①자기나 제삼자의 소유로 할 목적으로 남의 재물을 취득함. ②사물의 이치를 깨달음. ¶ 진리를 영득하다.

영득(贏得) 명 남긴 이득.

영등-날 명 민속에서, 영등할머니가 내려온다고 하는 음력 이월 초하룻날. 〔이날 비가 오면 풍년이 들고, 바람이 불면 흉년이 든다고 함.〕

영등-할머니 명 민속에서, 영등날에 내려와서 집집을 돌아다니며 농가의 실정을 살펴보고 하늘로 올라간다는 할머니.

영락(零落) [-낙] 명 하자 되자 ①초목의 꽃이나 잎이 시들어 떨어짐. ②살림이나 세력 따위가 아주 보잘것없이 찌부러짐. 낙백(落魄). 낙탁(落魄). 영체(零替). ¶ 집안이 영락하였다.

영락(榮落) [-낙] 명 ☞영고(榮枯).

영락(榮樂) [-낙] 명 하형 영화롭고 즐거움.

영락(瓔珞) [-낙] 명 구슬이나 귀금속을 꿰어서 머리·목·가슴 따위에 두르는 장신구. 〔본디 부처의 몸을 장식하는 것으로 쓰였음.〕

영락-없다(零落-) [-나겁따] 형 조금도 틀리지 않다. 조금도 틀리지 않고 꼭 들어맞다. ¶ 영락없는 농사꾼. /그가 하고 있는 몰골이라는 게 영락없는 거지꼴이었다. **영락없-이** 부.

영란(迎鑾) [-난] 명 하타 임금의 거가(車駕)를 맞음.

영란(英蘭) [-난] 명 ①'잉글랜드'의 한자음 표기. ②영국과 화란(和蘭). ¶ 영란 전쟁.

영랑(令郞) [-낭] 명 ☞영식(令息).

영략(英略) [-냑] 명 ☞영도(英圖).

영략(領略) [-냑] 명 하타 대강을 짐작하여 앎.

영력(營力) [-녁] 명 지형(地形)에 변화를 주는 힘. 지각 변동·지진·화산 등 지구 내부의 원인에 의한 것과, 풍화 작용 등 태양 에너지의 작용에 의한 것이 있음. 지질영력.

영련(楹聯) [-년] 명 ☞주련(柱聯).

영령(泠泠) '영령하다'의 어근.

영령(英領) [-녕] 명 영국의 영토.

영령(英靈) [-녕] 명 죽은 이, 특히 '전사자(戰死者)의 영혼'을 높이어 이르는 말. 영현(英顯). ¶ 호국 영령.

영령쇄쇄(零零碎碎) [-녕-] 명 하자 (가루가 되듯) 썩 잘게 부스러짐. 준 영쇄.

영령쇄쇄(零零瑣瑣) [-녕-] 명 하형 보잘것없이 자질구레함. 준 영쇄. **영령쇄쇄-히** 부.

영령-하다(泠泠-) [-녕-] 형 여 (물소리, 바람소리, 거문고 소리 따위가) 듣기에 맑고 시원하다. ¶ 청아하고도 영령한 가락. **영령-히** 부.

영록(榮祿) [-녹] 명 높은 지위와 많은 녹봉.

영롱(玲瓏) '영롱하다'의 어근.

영롱-하다(玲瓏-) [-농-] 형 여 ①구슬에 반사되거나 비치는 빛처럼 맑고 아름답다. ¶ 영롱한 아침 이슬. ②(옥을 굴리는 것처럼) 소리가 맑고 아름답다. ¶ 영롱한 목소리. **영롱-히** 부.

영류(瘿瘤) [-뉴] 명 ☞혹[1].

영리(怜悧·伶俐) '영리하다'의 어근.

영리(英里) [-니] 의 ☞마일(mile).

영리(榮利) [-니] 명 영예와 이익. 번영과 이득.

영리(營吏) [-니] 명 조선 시대에, 감영(監營)·병영(兵營)·수영(水營)에 딸려 있던 아전.

영리(營利) [-니] 명 하자 재산상의 이익을 얻으려고 활동하는 일. 이윤을 추구하는 행위. ¶ 영리를 추구하다.

영리^기업(營利企業) [-니-] 명 영리를 목적으로 경영하는 기업.

영리^단체(營利團體) [-니-] 명 영리를 목적으로 하는 단체. ↔비영리 단체.

영리^법인(營利法人) [-니-] 명 영리를 목적으로 하는 법인. ↔공익 법인(公益法人).

영리^보ː험(營利保險) [-니-] 명 영리를 목적으로 하는 보험. ↔상호 보험(相互保險).

영리-사업(營利事業) [-니-] 명 영리를 목적으로 경영하는 사업.

영리-주의(營利主義) [-니-의/-니-이] 명 영리의 획득을 사업 활동의 으뜸 되는 방침이나 원칙으로 하는 일.

영ː리-하다(怜悧-·伶俐-) [-니-] 형 여 똑똑하고 눈치가 빠르다. ¶ 영리한 소년. /그 개는 몹시 영리하다.

영림(營林)[-님]명하자 산림을 관리하고 경영하는 일.
영립(迎立)[-닙]명하타 (다른 곳에 있는 사람을) 맞아들여 임금으로 세움.
영-마루(嶺-)명 재의 맨 꼭대기. ¶ 영마루에서 한숨 돌렸다.
영만(盈滿) '영만하다'의 어근.
영만-하다(盈滿-)형여 ①풍성하고 그득하다. ②(집안이) 번성하다. 참성만(盛滿).
영망(令望)명 ①훌륭한 명예. 좋은 평판. ②'남의 인망(人望)'을 높이어 이르는 말.
영매(令妹)명 남을 높이어 그의 '누이동생'을 일컫는 말. 참영자(令姉)·영제(令弟).
영ː매(永賣)명하타 〈영영방매(永永放賣)〉의 준말.
영매(英邁) '영매하다'의 어근.
영매(靈媒)명 신령이나 망령(亡靈)에 접신(接神)하여, 그들을 대신해서 말을 하거나 하는 일, 또는 그 사람.
영매-술(靈媒術)명 영매를 통하여 신령이나 망령(亡靈)을 불러내는 술법.
영매-스럽다(英邁-)[-따][~스러우니·~스러워]형ㅂ 재지(才智)가 썩 뛰어난 데가 있다.
영매-하다(英邁-)형여 재지(才智)가 썩 뛰어나다. 〔흔히, 임금에 대하여 씀.〕 ¶ 영매한 군주.
영맹(獰猛) '영맹하다'의 어근.
영맹-하다(獰猛-)형여 거칠고 사납다. 성질이 잔인하고 난폭하다. ¶ 영맹한 산적들. **영맹-히**부.
영ː면(永眠)명하자 〔영원히 잠든다는 뜻으로〕 '죽음'을 뜻하는 말. 영서(永逝). 잠매(潛寐). 장서(長逝). 참사망(死亡).
영ː멸(永滅)명하자 영영 없어짐. 아주 사라짐.
영명(令名)명 훌륭한 인물이라는 좋은 평판. 영명(英名). 영문(令聞). 영예(令譽). 비명성(名聲).
영명(英名)명 ☞영명(令名).
영명(英明) '영명하다'의 어근.
영명(榮名)명 ☞영예(榮譽).
영명-하다(英明-)형여 재지(才智)가 뛰어나며 사리와 도리에 밝다. 영달(英達)하다.
영ː모(永慕)명하타 ①오래도록 흠모함. ②(자식이) 평생토록 어버이를 잊지 못함.
영모(翎毛)명 〔새털과 짐승의 털이라는 뜻으로〕 새나 짐승을 그린 그림을 화가들이 이르는 말.
영목(嶺木)명 영남에서 생산되는 무명.
영몽(靈夢)명 신불(神佛)의 계시가 있는 신령스러운 꿈.
영묘(英妙)명하형 재주가 뛰어남, 또는 그런 젊은이.
영묘(靈妙) '영묘하다'의 어근.
영묘(靈廟)명 ①옛사람의 신주를 모셔 놓은 사당. ②'탑(塔)'을 달리 이르는 말.
영묘-하다(靈妙-)형여 (사람의 지혜로는 짐작할 수 없을 만큼) 훌륭하고 신비스럽다. ¶ 석굴암 불상의 영묘한 자태. **영묘-히**부.
영무(英武) '영무(英武)하다'의 어근.
영무(榮茂) '영무(榮茂)하다'의 어근.
영무-하다(英武-)형여 뛰어나게 용맹스럽다.
영무-하다(榮茂-)형여 번화하고 성하다.
영문명 《주로 의문이나 부정을 나타내는 말과 함께 쓰이어》 ①(알 수 없거나 궁금한) 까닭. ¶ 무슨 영문인가? ②(어찌 된 것인지 전혀 모를) 사정. 형편. ¶ 영문도 모르는 일이다.
영문(令聞)명 ☞영명(令名).
영문(英文)명 영어로 된 글. ¶ 영문 편지.
영문(榮問)명하타 과거에 급제한 사람을 찾아보고 축하의 인사를 함.
영문(營門)명 ①☞군문(軍門). ②☞감영(監營). ③병영의 문. ¶ 영문을 지키는 병사. ③준영(營).
영-문법(英文法)[-뻡]명 영어의 문법.
영-문학(英文學)명 ①(영국·미국 등의) 영어로 표현된 문학, 또는 그것을 연구하는 학문. ②(미국 문학과 구별한) 영국의 문학.
영물(英物)명 영특한 인물.
영ː물(詠物)명하자 한시체(漢詩體)의 한 가지. 새·짐승·초목 또는 자연 그 자체를 주제로 하여 시를 짓는 일, 또는 그 시.
영물(靈物)명 ①영묘하고 신비로운 물건이나 짐승. ②'썩 영리한 짐승'을 신통히 여기어 이르는 말. ¶ 우리 집 개는 영물이다.
영미(英美)명 영국과 미국.
영미-법(英美法)[-뻡]명 영국의 법률과 그 계통에 딸리는 미국의 법률을 통틀어 이르는 말. 참대륙법(大陸法).
영민(英敏·穎敏) '영민하다'의 어근.
영민-하다(英敏-·穎敏-)형여 뛰어나게 현명(賢明)하고 민첩하다. **영민-히**부.
영-바람[-빠-]명 뽐내는 기세. ¶ 명문대에 척 합격했으니 영바람이 나는 것도 무리가 아니지.
영반(靈飯)명 ☞영공(靈供).
영발(英發) '영발하다'의 어근.
영ː발(暎發)명하자 광채가 번쩍번쩍 빛남.
영발-하다(英發-)형여 재기(才氣)가 저절로 겉으로 드러날 만큼 뛰어나거나 현명하다.
영방(營房)명 조선 시대에, 감영(監營)·병영(兵營)·수영(水營) 등에서 아전이 사무를 보던 곳.
영백(嶺伯)명 〔영남의 방백(方伯)이란 뜻으로〕 '경상도 관찰사'를 이르던 말.
영ː벌(永罰)명 가톨릭에서, 지옥에서 받는 영원한 벌을 이르는 말. ↔영복(永福).
영ː별(永別)명하자타 ☞영이별(永離別). 비영결(永訣).
영보(領報)명 가톨릭에서, 성모 마리아가 천사로부터 성자를 잉태할 것을 기별받은 일을 이르는 말.
영ː복(永福)명 가톨릭에서, 천당에서 받는 영원한 복락(福樂)을 이르는 말. ↔영벌(永罰).
영복(營福)명하자 복을 구함.
영본(影本)명하타 ☞탑본(搨本).
영봉(零封)명하타 운동 경기 등에서, 상대편에게 한 점도 잃지 않고 이김.
영봉(靈峯)명 신령스러운 산, 또는 그 봉우리. ¶ 백두(白頭) 영봉. 비영산(靈山)[2].
영부(靈府)명 대종교에서, '영대(靈臺)'를 이르는 말.
영-부인(令夫人)명 지체 높은 사람의 부인을 높이어 이르는 말.
영분(榮墳)명하자 지난날, 과거에 급제하거나 벼슬에 오른 사람이, 조상의 묘를 찾아 풍악을 잡히며 영예를 아뢰던 일.
영불(英佛)명 영국과 프랑스.
영비(營裨)명 조선 시대, 감사(監司)의 비장(裨將).
영빈(迎賓)명하자 손을 맞음, 특히 국빈 등을 맞음.
영빙(迎聘)명하타 사람을 초대해서 대접함. 청대(請待).
영사(令士)명 훌륭한 선비.
영사(令嗣)명 남을 높이어 그의 '사자(嗣子)'를 일컫는 말.

영사(映寫)명하타되자 영화 필름이나 슬라이드 따위를 영사막에 비춤.
영사(領事)명 국교가 있는 나라에 머물면서 자국민(自國民)을 보호 감독하고, 통상과 문화 교류 등의 일을 맡아보는 관직, 또는 그 직에 있는 외무 공무원.
영ː사(影祀)명 영당(影堂)에 지내는 제사.
영ː사(影寫)명하타되자 얇은 종이 따위의 밑에 그림이나 글씨를 받쳐 놓고, 원본대로 쓰거나 그리거나 하는 일.
영사(營舍)명 군대가 거주하는 건물. 병사(兵舍). 병영(兵營).
영사(靈砂)명 수은을 고아서 만든 한방 약재. 곽란·토사·경기(驚氣) 등에 쓰임.
영사-관(領事館)명 영사가 그 주재지(駐在地)에서 사무를 보는 관청.
영사-기(映寫機)명 영화 필름의 화상(畫像)을 영사막에 확대해서 비추어 보이는 기계.
영사-막(映寫幕)명 영화 필름이나 슬라이드 따위를 비추는 흰 막. 스크린. 참은막(銀幕).
영ː사-본(影寫本)명 (서체 따위를) 원본대로 충실히 영사(影寫)한 책.
영사^송ː장(領事送狀)[-짱]명 수출국에 주재하는 수입국의 영사가 기재 사항에 틀림이 없음을 증명한 송장.
영사-실(映寫室)명 영사를 하기 위하여 영사기 따위의 시설을 마련해 놓은 방.
영사^재판(領事裁判)명 영사가 주재국에서 자국민(自國民)을 재판하던 제도. 19세기에 유럽 열강들이 후진국에서 자국민의 생명·재산을 보호한다는 명분으로 행하였음.
영산(靈山)[1]명 참혹하게 횡사(橫死)한 사람의 넋.
영산(靈山)[2]명 신령스러운 산. 비영봉(靈峯).
영산-가(令山歌)명 조선 시대의 잡가(雜歌)의 한 가지. 지은이와 지은 때는 미상. 인생의 덧없음을 한탄하고, 살아 있을 때 인생을 즐겨야 함을 노래한 내용.
영산-놀이(靈山-)명 농악의 한 부분. 연주 종목 가운데서 절정을 이루는 부분임.
영ː산-백(映山白)명 진달랫과의 낙엽 관목. 잎이 잘며 흰 꽃은 개나리 비슷한데 좀 작음. 꽃이 자줏빛인 것은 영산자(映山紫)라 함.
영산-상(靈山床)[-쌍]명 무당이 굿을 할 때 쓰는 제물상의 한 가지.
영ː산-자(映山紫)명 진달랫과의 낙엽 관목. 영산백의 한 품종으로, 꽃은 자줏빛임. 자영산(紫映山).
영ː산-홍(映山紅)명 철쭉과의 낙엽 관목. 잎은 피침 모양으로 끝이 둔하고, 꽃은 붉음.
영산-회(靈山會)[-회/-훼]명 ①석가가 영취산(靈鷲山)에서 법화경이나 무량수경 등을 설법했을 때의 모임. ②법화경을 설법하는 자리.
영산-회상(靈山會相)[-회-/-훼-]명 ①석가가 영취산(靈鷲山)에서 법화경 등을 설법하던 자리. ②조선 세종 때 만들어진 불교 음악의 한 가지. 영산회의 불보살(佛菩薩)을 노래한 것이라 함.
영삼(嶺蔘)명 영남에서 생산되는 인삼.
영상(映像)명 ①빛의 굴절이나 반사에 따라 비추어지는 물체의 모습. ②머릿속에 떠오르는 사물의 모습. 이미지. 심상(心像). ③영화나 텔레비전 따위의 화상(畫像). ¶ 영상의 미(美). / 영상 매체.
영상(零上)명 온도계가 가리키는 온도가 0°C 이상임을 나타내는 말. ↔영하(零下).
영상(領相)명 '영의정(領議政)'의 딴 이름.
영ː상(影像)명 그림으로 나타낸 부처나 사람의 모습. 비영정(影幀).
영상(靈牀)명 대렴(大殮)한 시체를 얹어 두는 곳. 영침(靈寢).
영상(靈想)명 신불(神佛)의 신령스러운 감응.
영상-물(映像物)명 영화·비디오·텔레비전 따위의 영상 매체로 전달되는 작품을 통틀어 이르는 말.
영상^미디어(映像media)명 영화·비디오·방송 따위의 영상물을 전달하는 매체.
영상^회ː의(映像會議)[-회의/-훼이]명 ☞화상회의.
영색(令色)명하자 남의 비위를 맞추려고 일부러 얼굴빛을 꾸밈, 또는 그 얼굴빛. 참교언영색.
영ː생(永生)명하자 ①영원히 삶, 또는 영원한 생명. ②기독교에서, 천국의 복락(福樂)을 길이 누리는 생활을 이르는 말. ¶ 영생을 얻다.
영ː생불멸(永生不滅)명하자 죽지 아니하고 영원히 삶.
영생이명 ☞박하(薄荷).
영서(令書)명 왕세자가 왕을 대신하여 정사(政事)를 처리할 때 내리던 영지(令旨).
영서(令壻)명 남을 높이어 그의 '사위'를 일컫는 말.
영ː서(永逝)명하자 ☞영면(永眠).
영서(英書)명 영어로 쓰인 책.
영서(嶺西)명 강원도의 태백산맥 서쪽 지방.
영서(靈瑞)명 영묘하고 상서로운 조짐.
영선(嶺扇)명 영남 지방에서 나는 부채.
영선(營繕)명하타 건축물 따위를 새로 짓거나 수리하거나 하는 일.
영선-비(營繕費)명 건축물 따위를 새로 짓거나 수리하는 데 드는 비용.
영ː설지재(詠雪之才)[-찌-]명 '여자의 뛰어난 글재주'를 이르는 말. 〔중국 진나라 때의 한 여인이 눈을 보고 바람에 날리는 버들개지 같다고 읊은 고사(故事)에서 유래함.〕
영성(盈盛) '영성(盈盛)하다'의 어근.
영성(零星) '영성(零星)하다'의 어근.
영성(靈性)명 신령한 품성.
영-성체(領聖體)명 가톨릭에서, 성체 성사를 받는 일.
영성-하다(盈盛-)형여 ①풍성하고 그득하다. ②(집안이) 번성하다. 참성만(盛滿).
영성-하다(零星-)형여 수효가 적어서 보잘것없다. ¶ 자료가 영성하다.
영ː세(永世)명하형 끝없는 세월. 영원한 세월. 몰세(沒世). 영대(永代).
영세(迎歲)명하자 새해를 맞이함. 영년(迎年). 영신(迎新). 영춘(迎春).
영세(零細)명하형 ①썩 자잘함. 아주 적음. ②규모가 아주 작거나 빈약함. ¶ 영세 상인.
영세(領洗)명하자 가톨릭에서, 세례를 받는 일, 또는 그 세례. 이를 받음으로써 신자가 됨. ¶ 영세를 받다. 참성세 성사(聖洗聖事).
영세^기업(零細企業)명 경영 규모가 극히 작은 기업.
영세-농(零細農)명 아주 좁은 땅뙈기에 기대어 겨우 살아가는, 몹시 가난한 농가.
영세무궁(永世無窮) '영세무궁하다'의 어근.
영ː세무궁-하다(永世無窮-)형여 영원하여 다함이 없다. 참영원무궁.
영세-민(零細民)명 수입이 적어 겨우 살아가는 주민. 준세민.

영ː세불망(永世不忘)명하타 영원히 잊지 아니함. 만세불망(萬世不忘).
영세업-자(零細業者)[-짜]명 경영 규모가 극히 작은 기업을 운영하는 사람.
영ː세^중립국(永世中立國)[-닙꾹]명 영구히 다른 나라 사이에서 일어나는 전쟁에 개입하지 않는 의무를 지는 한편, 그 독립과 영토의 보전이 다른 나라로부터 보장되어 있는 나라. 스위스·오스트리아 등이 이에 해당함. 영구 중립국.
영소(領所)명 절의 사무소.
영소(營所)명 ☞군영(軍營).
영ː-소작(永小作)명 20년 이상 50년 이하로 되어 있던 장기간의 소작 제도. 구민법(舊民法)에서 인정되었던 것이나, 우리나라에서는 드물었음.
영ː속(永續)명하자타되자 오래 계속함. ¶ 대립이 영속되어서는 안 된다.
영속(營屬)명 감영(監營)·병영(兵營)·수영(水營) 등에 딸린 아전과 종을 통틀어 이르던 말.
영ː속^변ː이(永續變異)[-뼌니]명 ☞계속 변이.
영ː속-성(永續性)[-썽]명 같은 상태가 오래 계속되는 성질. ¶ 영속성이 없는 사업.
영ː속-적(永續的)[-쩍]관명 끊이지 않고 오래 계속되는 (것). ¶ 영속적 권력./영속적인 우호 관계.
영손(令孫)명 남을 높이어 그의 '손자'를 일컫는 말. 영포(令抱).
영솔(領率)명하타되자 (부하나 식솔을) 보살피며 거느림. 대솔(帶率).
영송(迎送)명하타 ☞송영(送迎).
영쇄(零碎)명하자 〈영령쇄쇄(零零碎碎)〉의 준말.
영쇄(零瑣)명하형 〈영령쇄쇄(零零瑣瑣)〉의 준말. ¶ 영쇄한 일들에 얽매이다.
영ː수(永壽)명하자 ☞장수(長壽).
영수(英數)명 영어와 수학. ¶ 영수 학원.
영수(領水)명 ☞영해(領海).
영수(領收·領受)명하타 돈이나 물건 따위를 받음. 수령(受領).
영수(領袖)명 어떤 단체의 대표가 되는 사람. 우두머리. ¶ 여야 영수 회담.
영수(靈水)명 신비스러운 효험이 있는 물.
영수(靈獸)명 영묘하고 상서로운 짐승. 곧, 기린(麒麟)을 이르는 말.
영수-서(領收書)명 ☞영수증(領收證).
영수-인(領收印)명 돈이나 물건을 받은 사람이 받았다는 표시로 찍는 도장.
영수-증(領收證)명 돈을 받은 사람이 돈을 준 사람에게 써 주는 증서. 영수서.
영-순위(零順位)명 어떤 일에서 가장 우선적인 자격을 가지는 순위. ¶ 그는 영순위의 자격으로 아파트를 분양받았다.
영시(英詩)명 영어로 쓰인 시나 영국의 시.
영ː시(詠詩·咏詩)명하자 시를 읊음.
영시(零時)명 24시제에서, 하루가 시작되는 시각. 자정(子正). ¶ 영시 5분발 열차./15일 영시를 기점으로 휘발유 값이 5% 인상된다.
영식(令息)명 남을 높이어 그의 '아들'을 일컫는 말. 영랑(令郞). 영윤(令胤). 참영애(令愛).
영신(令辰)명 좋은 시기. 상서로운 때.
영ː신(佞臣)명 간사하게 아첨하는 신하.
영신(迎神)명하자 제사 때 신을 맞아들이는 절차. ↔송신(送神).
영신(迎晨)명 날이 밝아 올 무렵.
영신(迎新)명하자 새해를 맞이함. 영년(迎年). 영세(迎歲). 영춘(迎春). ¶ 송구(送舊)영신.
영신(靈神)명 ①영검이 있는 신. ②가톨릭에서, '영혼'과 같은 뜻으로 쓰이는 말.
영신군-가(迎神君歌)명 ☞구지가(龜旨歌).
영신-초(靈神草)명 ☞애기풀.
영실(令室)명 ☞부인(夫人).
영실(營實)명 한방에서, 찔레나무의 열매를 이르는 말. 대소변을 잘 통하게 하는 약으로 쓰임.
영실(靈室)명 ☞궤연(几筵).
영아(嬰兒)명 ☞젖먹이.
영아^세ː례(嬰兒洗禮)명 ☞유아 세례.
영아자명 초롱꽃과의 다년초. 산이나 들에 절로 나는데 줄기 높이는 1m가량. 잎은 긴 달걀 모양이고 가장자리에 톱니가 있으며, 7~9월에 자줏빛 꽃이 핌. 어린순은 나물로 먹음.
영악(獰惡) '영악(獰惡)하다'의 어근.
영악(靈惡) '영악(靈惡)하다'의 어근.
영악-스럽다(靈惡-)[-쓰-따][~스러우니·~스러워]형ㅂ 보기에 영악한 데가 있다. ¶ 야무지고 영악스러운 아이./그 집 아이는 아이답지 않게 매우 영악스럽다. **영악스레**부.
영악-하다(獰惡-)[-아카-]형여 사납고 모질다. ¶ 영악한 산짐승. **영악-히**부.
영악-하다(靈惡-)[-아카-]형여 잇속이 밝고 약다. ¶ 영악한 장사꾼의 속셈.
영안-실(靈安室)명 종합 병원 등에서, 시체를 임시로 안치해 두는 방.
영애(令愛)명 남을 높이어 그의 '딸'을 일컫는 말. 따님. 영교(令嬌). 영녀(令女). 영양(令孃). 영원(令媛). 참영식(令息).
영액(靈液)명 ①몸에 영묘한 힘을 주는 물. ②고대 중국에서, 생명에 영묘한 작용을 하는 것으로 여겨졌던 '이슬'을 이르던 말.
영약(靈藥)명 영묘한 효험이 있는 약. 신약(神藥).
영양(令孃)명 ☞영애(令愛).
영양(羚羊)명 솟과의 짐승. 염소 비슷한데 더 크고 살진 편임. 황갈색 털은 짧고 아름다우며 몸이 달리기에 알맞게 날씬함. 뿔은 암수 모두 있는 것과 수컷만 있는 것도 있음. 대개가 아프리카의 초원이나 사막에 살며 때로는 삼림에도 삶.
영양(榮養)명하타 지위가 높아져서 부모를 영화롭게 봉양하는 일.
영양(營養)명 생물이 생명을 유지하고 몸을 성장시켜 나가기 위하여 필요한 성분을 섭취하는 작용, 또는 그 성분. ¶ 영양 보충./영양을 공급하다. 비자양(滋養).
영양-가(營養價)[-까]명 식품에 들어 있는 영양적 가치. 몸속에서 내는 열량을 칼로리로 나타냄. ¶ 영양가가 높은 음식.
영양-각(羚羊角)명 한방에서, 영양의 뿔을 이르는 말. 진경제(鎭痙劑)·통경제(通經劑) 따위에 쓰임.
영양^기관(營養器官)명 생물의 영양을 맡아보는 기관. 동물에서는 호흡·소화·순환·배설 등의 기관, 식물에서는 뿌리·줄기·잎 등이 이에 해당함.
영양-물(營養物)명 영양소를 많이 함유하고 있는 음식물.
영양^부족(營養不足)명 영양분의 섭취가 모자라는 일.
영양-분(營養分)명 (식품 속에 들어 있는) 영양이 되는 성분. ¶ 특정한 영양분의 과다 섭취는 오히려 해롭다.
영양^불량(營養不良)명 영양 장애나 영양 부족으로 말미암은 좋지 않은 건강 상태.

영양-사(營養士)명 단체 급식소 등에서 식생활의 영양 지도를 담당하는 사람. 식품 위생법에 의하여 그 자격이 주어짐.
영양^생식(營養生殖)명 무성 생식(無性生殖)의 한 가지. 생물체의 일부가 분리하여 독립된 새 개체(個體)를 만드는 생식법. 식물의 땅속줄기나 꺾꽂이, 단세포 생물의 분열이나 출아 등에서 볼 수 있음. 참출아법(出芽法).
영양-소(營養素)명 생물체의 성장을 촉진하고 생리적 과정에 필요한 에너지를 공급하는 영양분이 있는 물질. 사람에게 필요한 영양소로는 단백질·지방·탄수화물·비타민·무기 염류 따위가 있음.
영양-식(營養食)명하자 영양가에 주안(主眼)을 두고 만든 식품이나 식사.
영양-실조(營養失調)[-쪼]명 영양분의 부족이나 부조화 때문에 몸에 일어나는 장애. 빈혈·부기(浮氣)·설사 따위의 증세가 나타나며, 목숨을 잃는 경우도 있음. ¶ 영양실조로 쓰러지다.
영양-액(營養液)명 식물이 자라는 데 필요한 여러 가지 물질을 함유시킨 수용액(水溶液).
영양-엽(營養葉)[-녑]명 포자(胞子)를 만들지 않고, 광합성만 영위하는 잎. 나엽(裸葉). ↔포자엽.
영양^요법(營養療法)[-뇨뻡]명 ☞식이 요법(食餌療法).
영양^장애(營養障礙)명 필요한 영양소가 몸속에서 완전히 소화·흡수되지 않음으로써 일어나는 장애.
영양-제(營養劑)명 영양분을 보충하기 위한 약제.
영양^지수(營養指數)명 영양 상태의 판정(判定)에 쓰이는 지수.
영양-학(營養學)명 (영양 화학, 영양 생리학, 영양 병리학 등) 영양을 연구하는 학문을 통틀어 이르는 말.
영양^화ː학(營養化學)명 영양소가 몸속에서 일으키는 화학적 변화를 생리학에 기초하여 연구하는 학문.
영어(囹圄)명 감옥, 또는 감옥에 갇혀 있는 상태를 흔히 이르는 말. ¶ 영어의 몸이 되다.
영어(英語)명 영국을 비롯한 미국·캐나다·오스트레일리아·뉴질랜드 등의 공용어.
영어(營漁)명하자 어업을 경영함. ¶ 영어 자금.
영ː언(永言)명 〔길게 끌면서 하는 말이라는 뜻으로〕 '시가(詩歌)'를 뜻하는 말. ¶ 청구영언.
영업(營業)명하자 이익을 얻을 목적으로 사업을 경영하는 일, 또는 그 사업. ¶ 영업 사원.
영업^감찰(營業鑑札)[-깜-]명 영업을 허가한 증거로 행정 관청에서 내주는 감찰.
영업-권(營業權)[-꿘]명 영업을 할 수 있는 권리. 법률상 재산적 가치를 가지는 것, 곧 무형 재산의 한 가지임.
영업^금ː지(營業禁止)[-끔-]명 행정 처분으로 영업을 금지시키는 일.
영업-비(營業費)[-삐]명 기업이 영리를 목적으로 한 사업을 계속해 나가는 데 드는 비용. 〔판매비·일반 관리비 따위.〕
영업-세(營業稅)[-쎄]명 지난날, 영업에 대해서 부과되던 국세(國稅). 〔현재는 그 대부분이 부가 가치세에 흡수되었음.〕
영업-소(營業所)[-쏘]명 ①영업 활동을 하는 곳. ②어떤 기업에서, 영업 활동의 근거지로 삼는 사업장.
영업^소ː득(營業所得)[-쏘-]명 ☞영업 이익.
영업^신ː탁(營業信託)[-씬-]명 수탁자(受託者)에 의한 신탁 재산의 관리나 처분을 영업으로 하는 신탁.
영업^양ː도(營業讓渡)[-엄냥-]명 영업용의 물품이나 채권·채무·상호(商號) 등을 한 덩어리로 하여, 계약에 의해서 이전하는 일.
영업^연도(營業年度)[-엄년-]명 ☞사업 연도.
영업^외ː^비ː용(營業外費用)[-어뵈-/-어붸-]명 영업과 직접적인 관계가 없는 비용. 〔어음 할인료·사채 이자·유가 증권 매각손(賣却損) 따위.〕
영업^외ː^수익(營業外收益)[-어뵈-/-어붸-]명 주요 영업 활동이 아닌 것에서 생기는 수익. 〔배당금, 유가 증권의 이자나 매각 수익 따위.〕
영업-용(營業用)[-엄뇽]명 영업에 쓰임, 또는 그런 대상. ¶ 영업용 택시. 참자가용.
영업^이ː익(營業利益)명 영업 활동에 의하여 생기는 이익. 영업 소득.
영업-자(營業者)[-짜]명 영업을 하는 사람.
영업-장(營業場)[-짱]명 〈영업장소〉의 준말.
영업-장소(營業場所)[-짱-]명 영업 활동을 하는 장소. 준영업장.
영업^재산(營業財産)[-째-]명 영업을 위하여 유기적으로 결합되어 있는 모든 재산.
영업^정지(營業停止)[-쩡-]명 영업자가 법규를 어기거나 하였을 때 그 벌로서 일정 기간 영업을 못하게 하는 행정 처분. ¶ 미성년자를 출입시킨 유흥업소들이 대거 영업 정지 처분을 당했다.
영업^조합(營業組合)[-쪼-]명 일정한 지역 안의 동업자가 공동의 이익을 꾀하려고 설립하는 공공 단체.
영업-주(營業主)[-쭈]명 영업소의 주인. 영업상의 명의주(名義主). 준업주.
영업-체(營業體)명 영업을 하기 위한 조직체.
영역(英譯)명하타되자 영어 이외의 언어를 영어로 번역함, 또는 그 번역. ¶ 우리의 고전 작품을 영역하다.
영역(塋域)명 ☞산소(山所).
영역(領域)명 ①한 나라의 주권이 미치는 범위. 영토·영해·영공으로 이루어짐. ②관계되는 범위. 세력이 미치는 범위. ¶ 활동 영역이 서로 다르다. ③학문이나 연구 따위에서 전문으로 하는 범위. ¶ 천문학의 영역. /생물학의 영역에 속하는 문제.
영역(靈域)명 (유서 깊은 절이나 능묘 등이 있거나 하여) 성스럽게 여기는 지역.
영역-권(領域權)[-꿘]명 자기 나라의 영역에 대하여 가지는 국가의 권리.
영영(盈盈) '영영(盈盈)하다'의 어근.
영영(營營) '영영(營營)하다'의 어근.
영ː영(永永)부 언제까지나. 영원히. ¶ 영영 잊지 못하다. /영영 볼 수 없게 되었다. 준영(永).
영영급급(營營汲汲)[-끕]명하자 ☞영영축축.
영ː영-무궁(永永無窮)명하형 ☞영원무궁.
영ː영-방매(永永放賣)명하타 아주 팔아 버림. 〔지난날, 부동산을 매매할 때, 임대차가 아님을 밝히기 위하여 계약서에 쓰던 말.〕 준영매.
영영축축(營營逐逐)명하자 세리(勢利)를 얻기 위하여 분주히 왔다 갔다 함. 영영급급.
영영-하다(盈盈-)형여 물이 가득하다. 물이 그득히 괴어 있다. ¶ 두 눈에 눈물이 영영하다.
영영-하다(營營-)형여 출세나 돈벌이 따위를 위하여 몹시 아득바득하고 급급하다. **영영-히**부.
영예(令譽)명 ☞영명(令名).
영예(英銳) '영예하다'의 어근.

영예(榮譽)명 빛나는 명예. 영명(榮名). ¶ 수상(受賞)의 영예.
영예-롭다(榮譽-)[-따][~로우니·~로워]형ㅂ 영예로 여길 만하다. 영예스럽다. ¶ 영예로운 수상식(受賞式). 영예로이부.
영예-스럽다(榮譽-)[-따][~스러우니·~스러워]형ㅂ 영예롭다. 영예스레부.
영예-하다(英銳-)형여 영민(英敏)하고 날카로운 기상이 있다.
영오(囹圄)명 '영어(囹圄)'의 잘못.
영오(穎悟) '영오하다'의 어근.
영:오-하다(穎悟-)형여 총명하고 이해가 빠르다.
영외(營外)[-외/-웨]명 병영의 밖. ↔영내.
영외^거주(營外居住)[-외-/-웨-]명 군인이 업무 이외의 일상생활을 병영 밖에서 하는 것. 주로 부사관 이상의 군인에게만 허가함. ↔영내 거주.
영욕(榮辱)명 영예(榮譽)와 치욕(恥辱). ¶ 영욕의 세월. /영욕이 엇갈리다.
영용(英勇) '영용하다'의 어근.
영용-무쌍(英勇無雙)명하형 영특하고 용감하기가 비길 데 없음.
영용-하다(英勇-)형여 영특하고 용감하다. ¶ 영용한 우리 국군. 영용-히부.
영우(零雨)명 부슬비. 조용히 내리는 비.
영우(靈雨)명 (농사 따위에) 때맞추어 내리는 좋은 비. 호우(好雨).
영운(嶺雲)명 산마루 위에 뜬 구름.
영웅(英雄)명 ①재지(才智)와 담력과 무용(武勇)이 특별히 뛰어난 인물. ¶ 충무공은 겨레의 존경을 받는 영웅이다. ②보통 사람으로는 엄두도 못 낼 큰일을 이루어 대중으로부터 칭송받는 사람. ¶ 사하라 사막을 관통하는 대수로(大水路) 사업을 성공시킨 영웅.
영웅-담(英雄譚)명 영웅에 관한 전설.
영웅-시(英雄詩)명 역사상·전설상의 영웅의 사적(事跡)이나 운명을 읊은 서사시.
영웅-시대(英雄時代)명 〔특히, 고대 그리스 사회에서〕 영웅시(英雄詩)의 배경이 되었던 시대. 원시 사회로부터 국가 사회에 이르는 과도기.
영웅^신화(英雄神話)명 영웅의 출생·성장·결혼이나 괴물 퇴치 따위의 초인간적 행동을 내용으로 하는 신화.
영웅-심(英雄心)명 지략과 담력과 용맹이 뛰어남을 나타내 보이고 싶은 마음.
영웅-적(英雄的)관명 영웅다운 (것). ¶ 영웅적 기상. /영웅적인 항쟁.
영웅-전(英雄傳)명 영웅의 일생과 업적을 적은 전기.
영웅-주의(英雄主義)[-의/-이]명 영웅을 숭배하여, 영웅적인 행위에 공감을 가지는 생각.
영웅지재(英雄之材)명 영웅이 될 만한 자질을 가진 사람.
영웅-호걸(英雄豪傑)명 영웅과 호걸.
영웅-호색(英雄好色)명 '영웅은 여색(女色)을 좋아한다'는 말.
영웅-화(英雄化)명하자타되자 영웅이 됨, 또는 영웅이 되게 함. ¶ 주인공을 영웅화하다.
영원(令媛)명 ☞영애(令愛).
영:원(永遠)명 ①하형언제까지고 계속하여 끝이 없음, 또는 끝없는 세월. ¶ 영원한 작별. ②시간을 초월하여 존재하는 일. 시간에 좌우되지 않는 존재. ¶ 영원의 진리. ①영원-히부.
영원(蠑蚖·蠑螈)명 영원과의 동물. 도롱뇽과 비슷하고, 몸빛은 흑갈색이며 배는 빨간 바탕에 흑색 반점이 있음. 북반구의 온대 지방에 분포. 우리나라에는 없음.
영원(靈園)명 공원식으로 꾸며진 공동묘지, 곧 '공원묘지'를 달리 이르는 말.
영:원^공채(永遠公債)명 상환 기간을 정하지 않고, 정기적으로 일정한 이자를 지급하는 공채. 〔영국의 콘솔 공채 따위.〕 영구 공채.
영:원-무궁(永遠無窮)명하형 영원하여 다함이 없음. 영영무궁. 참영세무궁(永世無窮)하다.
영:원-불멸(永遠不滅)명하자 영원히 계속되어 없어지지 아니함.
영:원-성(永遠性)[-썽]명 시간을 초월하여 영원히 존재하는 성질. ¶ 예술의 영원성.
영월(令月)명 ①상서로운 달. 길월(吉月). ②'음력 이월'을 달리 이르는 말. ②참화경(華景).
영월(迎月)명하자 ☞달맞이.
영월(盈月)명 ☞만월(滿月).
영위(英偉) '영위하다'의 어근.
영위(榮位)명 영예로운 지위. 높은 지위.
영위(領位)명 ☞영좌(領座).
영위(營爲)명하타 일을 함. 무슨 일을 해 나감. ¶ 삶을 영위하다.
영위(靈位)명 혼백(魂帛)·신주(神主)·지방(紙榜) 따위의 신위(神位)를 통틀어 이르는 말.
영:위-답(影位畓)명 불교에서, 신자가 영상(影像) 앞에 향을 피워 달라는 뜻으로 절에 바치는 논. 준영답.
영위-하다(英偉-)형여 뛰어나게 훌륭하다.
영:유(永有)명하타 영원히 소유함.
영유(領有)명하타 (주로 영토 따위를) 점령하여 소유함.
영육(靈肉)명 영혼과 육체. ¶ 영육의 갈등.
영육^일치(靈肉一致)명 정신과 육체가 이원적(二元的)인 것이 아니라는 사상.
영윤(令胤)명 ☞영식(令息).
영윤(榮潤) '영윤하다'의 어근.
영윤-하다(榮潤-)형여 집안이 영화롭고 생활이 윤택하다.
영은-문(迎恩門)명 조선 시대에, 중국에서 오는 사신을 맞아들이던 문. 〔대한 제국 때, 서재필 등이 그 문을 헐어 내고 그 자리에 독립문을 세웠음.〕
영음(嬰音)명 서양 음악에서, 샤프(♯)에 의하여 반음 높아진 음. ↔변음(變音).
영-의정(領議政)[-의-/-이-]명 조선 시대의 최고 관청인 의정부(議政府)의 으뜸 벼슬. 상상(上相). 참수상(首相)·영상(領相).
영이(靈異) '영이하다'의 어근.
영:이-돌다[~도니·~돌아]형 집안의 꾸밈새가 밝고 깨끗하며 생기가 있다. ¶ 영이도는 화목한 집.
영:-이별(永離別)[-니-]명하자타 다시 만나지 못하는 이별. 영별(永別). 비영결(永訣).
영이-하다(靈異-)형여 (인간의 지혜로는 헤아릴 수 없이) 신령스럽고 경이롭다.
영인(令人)명 조선 시대에, 외명부의 한 품계. 정사품·종사품 문무관의 아내의 칭호.
영:인(佞人)명 간사하고 아첨을 잘 떠는 사람.
영인(伶人)명 악공(樂工)과 광대.
영:인(影印)명하자 책 따위의 내용을 사진으로 찍어서 복제(複製) 인쇄하는 일.
영:인-본(影印本)명 원본을 사진으로 찍어서 복제(複製)한 책. ¶ 용비어천가의 영인본.
영:일(永日)명 낮 시간이 긴 날. 〔봄이나 여름의 낮 동안이 긺을 이름.〕
영일(盈溢)명하자 가득 차서 넘침.

영일(寧日)명 별다른 일이 없는 평온한 날. ¶ 노사 간의 분규로 영일이 없다.
영입(迎入)명하타 (사람을) 맞아들임. ¶ 사장을 외부에서 영입하다.
영자(令姉)명 남을 높이어 그의 '손위의 누이'를 일컫는 말. 참영매(令妹).
영ː자(泳者)명 헤엄치는 사람. 특히, '수영 경기에 나온 선수'를 이르는 경우가 많음.
영자(英字)[-짜]명 영어를 적는 글자. ¶ 영자 신문.
영자(英姿)명 늠름하고 당당한 모습. ¶ 군중 앞에 영자를 드러내다. 비영풍(英風).
영자(英資)명 뛰어나게 훌륭한 자질. 비범한 바탕. ¶ 영자를 타고나다.
영ː자(影子)명 그림자.
영자(纓子)명 ①〈구영자(鉤纓子)〉의 준말. ②(중이 입는) 가사(袈裟)에 딸린 끈. ③문끈.
영ː자-팔법(永字八法)[-짜-뻡]명 서예에서, '永' 자 한 자가 가진, 모든 한자에 응용할 수 있는 여덟 가지 운필법(運筆法).
영작(英作)명 〈영작문〉의 준말.
영작(榮爵)명 영예로운 높은 작위(爵位).
영작(營作)명하타 ☞영조(營造).
영-작문(英作文)[-장-]명 영어로 글을 짓는 일, 또는 그 글. 준영작(英作).
영장(令狀)[-짱]명 ①명령을 적은 문서. ¶ 비상소집 영장. ②법원이 발부하는, 사람이나 물건에 대한 강제 처분의 명령 또는 허가를 내용으로 하는 문서. ¶ 구속 영장을 발부하다.
영ː장(永葬)명하타 ☞안장(安葬).
영장(英將)명 지략(智略)과 무용(武勇)이 뛰어난 장수.
영장(營將)명 〈진영장(鎭營將)〉의 준말.
영장(靈長)명 영묘한 능력을 지닌 우두머리라는 뜻으로, '사람'을 이르는 말. ¶ 사람은 만물의 영장이다.
영장(靈場)명 ☞영지(靈地).
영장-목(靈長目)명 포유강의 한 목(目). 대뇌가 잘 발달했고 가슴에 한 쌍의 유방을 갖춤. 사지(四肢)는 물건을 잡기에 알맞음. 〔성성이·원숭이·고릴라 따위.〕
영장-주의(令狀主義)[-짱-의/-짱-이]명 형사소송법에서, 체포·구속·압수·수색 등 강제 처분을 할 때에, 적법한 절차에 따라 발부된 영장(令狀)을 제시해야 한다는 주의, 또는 그런 제도.
영재(英才)명 뛰어난 재능이나 지능, 또는 그런 지능을 가진 사람. ¶ 영재 교육.
영재(零在)명 (물건 따위가) 조금 남아 있음, 또는 조금 남아 있는 것.
영저(嶺底)명 높은 재의 아래 기슭. 고갯길이 시작되는 곳.
영저-리(營邸吏)명 조선 시대에, 각 감영(監營)에 딸려 감영과 각 고을과의 연락 업무를 맡아보던 아전. 영주인(營主人).
영적(靈跡·靈蹟)명 기적(奇跡)이 있었던 자취. 신령스러운 사적(事跡)이 있었던 곳.
영-적(靈的)[-쩍]관명 정신이나 영혼과 관계가 있는 (것). ¶ 영적 존재./영적인 감응(感應).
영전(令前)명 명령이 떨어지기 전. 명령이 도착하기 전. ¶ 영전에 출타하여 명령을 직접 받지 못하였다. ↔영후(令後).
영전(令箭)명 지난날, 군대의 이동 등 군령을 전할 때 증거로 가지고 간, '令' 자가 새겨진 화살. 〔영기(令旗)와 같은 구실을 하였음.〕
영전(迎戰)명하자 쳐들어오는 적을 기다리고 있다가 마주 나아가 싸움.
영전(榮典)명 ①영광스러운 의식. ¶ 졸업의 영전에서 축사하다. ②영예의 표시로 나라에서 주는 훈장이나 포장(褒章) 따위.
영전(榮轉)명하자 되자 지금까지보다 더 좋은 자리나 직위로 옮기는 일. ↔좌천(左遷).
영ː전(影殿)명 ①임금의 화상(畫像)을 걸어 두는 전각(殿閣). ②☞영당(影堂).
영전(靈前)명 영위(靈位)의 앞, 또는 영구(靈柩)의 앞. ¶ 영전에 향을 피우다.
영절(令節)명 좋은 시기. 좋은 시절.
영ː절(永絶)명하자 되자 ①(소식 따위가) 영영 끊어짐. ②(혈통 따위가) 아주 끊어져 없어짐.
영절-스럽다[-따][~스러우니·~스러워]형ㅂ (마치 실제의 것인 양) 보기에 그럴듯하다. ¶ 산천(山川)의 풍경을 영절스럽게 나타냈다. **영절스레**부.
영절-하다형여 '영절스럽다'의 잘못.
영점(零點)[-쩜]명 ①득점이나 점수가 전혀 없는 것. ②평가할 만한 값어치가 전혀 없는 것. ¶ 이 작품은 영점이다.
영접(迎接)명하타 손을 맞아 접대함. 연접(延接). ¶ 영접을 받다./외교 사절단을 영접하다.
영정(零丁) '영정하다'의 어근.
영ː정(影幀)명 족자로 된 화상(畫像). 비영상(影像).
영정(營庭)명 병영 안에 있는 광장. 참연병장.
영정-하다(零丁-)형여 외로운 몸이 되어 의지할 데가 없다. **영정-히**부.
영제(令弟)명 남을 높이어 그의 '아우'를 일컫는 말. 참영매(令妹).
영ː제(永制)명 영구히 시행될 법률이나 제도.
영ː조(映照)명하타 (빛을) 비춤.
영조(零凋)명하자 (꽃 따위가) 시들어서 말라버림. 참영락(零落).
영조(營造)명하타 규모가 큰 토목 공사나 건축 공사를 하는 일. 영작(營作). ¶ 경복궁을 영조하다.
영조(嶺調)[-쪼]명 영남 지방에서 발달한 시조의 창법. 참경조(京調)·완조(完調).
영조(靈鳥)명 영묘한 힘이 있으며, 상서로운 새. 〔'봉황'과 같은 상상의 새에 대해서 이르는 말.〕 영금(靈禽).
영조-물(營造物)명 건조물, 특히 국가나 공공단체가 공공의 이익을 위하여 만든, 도로·철도·학교·공원·도서관·상하수도 따위의 시설.
영ː조-본(影照本)명 고서나 비명(碑銘) 따위의 문자를 사진으로 찍어서 제판한 책. 참영인본.
영조-척(營造尺)명 지난날, 목수가 쓰던 자의 한 가지. 한 자는 주척(周尺)의 한 자 네 치 아홉 푼 아홉 리에 해당함.
영존(令尊)명 ☞춘부장(椿府丈).
영ː존(永存)명 ①하자 영원히 존재함. ②하타 영구히 보존함.
영졸(營卒)명 감영(監營)에 딸린 군졸.
영종(令終)명하자 ☞고종명(考終命).
영ː종(影從)명하타 그림자처럼 언제나 떨어지지 않고 따라다님.
영-종정경(領宗正卿)명 조선 시대의 종친부(宗親府)의 으뜸 벼슬. 품계가 없으며, 대군(大君)이나 왕자군(王子君)이 맡았음.
영좌(領座)명 한 마을이나 한 단체의 대표가 되는 사람. 영위(領位).
영좌(靈座)명 ☞영궤(靈几).

영:주(永住)명하자 (어떤 곳에서) 오랫동안 삶, 또는 죽을 때까지 삶. ¶ 미국에서 영주하다.
영주(英主)명 뛰어나게 훌륭한 임금.
영주(領主)명 (봉건 제도 아래서의) 영지(領地)나 장원(莊園)의 주인.
영:주-권(永住權)[-꿘]명 일정한 자격을 갖춘 외국인에게 주는, 그 나라에서 영주할 수 있는 권리. ¶ 미국 영주권을 취득하다.
영주-권(領主權)[-꿘]명 중세 유럽에서, 영주가 행사하던 권리. 토지 소유권, 인격적 지배권, 영주 재판권으로 이루어짐.
영주-산(瀛州山)명 ①중국의 삼신산(三神山)의 하나. ②제주도 '한라산'을 달리 이르는 말.
영-주인(營主人)명 ☞영저리(營邸吏).
영준(英俊)명하형 재능이 남보다 특별히 뛰어남, 또는 그런 사람. 준영(俊英).
영지(令旨)명 왕세자의 명령을 적은 문서.
영지(英志)명 영특한 뜻.
영지(英智)명 영민한 지혜.
영지(領地)명 ①☞영토(領土). 땅[1]. ②☞봉토.
영지(嶺紙)명 영남 지방에서 생산되던 한지(韓紙).
영지(靈地)명 신령스러운 땅. 영경(靈境). 영장(靈場).
영지(靈芝)명 모균류(帽菌類)에 딸린 버섯. 산속의 활엽수의 뿌리에서 남. 높이 10 cm가량. 갓은 신장(腎臟) 모양이고, 전체가 적갈색 또는 자갈색이며 광택이 있음. 한방에서 약재로 쓰임. 영지버섯. 자지(紫芝). 지초(芝草).
영지(靈智)명 영묘한 지혜. 헤아릴 수 없을 만큼 깊은 지혜.
영지-버섯(靈芝-)[-섣]명 ☞영지(靈芝). *영지버섯이[-서시]·영지버섯만[-선-]
영직(嶺直)명 영남 지방에서 생산되는 직삼(直蔘).
영진(榮進)명하자 벼슬이나 지위가 높아짐. 비영달(榮達).
영질(令姪)명 남을 높이어 그의 '조카'를 일컫는 말. 함씨(咸氏).
영-집합(零集合)[-지팝]명 ☞공집합.
영:차감 〈이영차〉의 준말. ¶ 줄꾼들은 한 목소리로 '영차!' 소리를 잇달아 외치며 줄을 끌어당겼다.
영:찬(影讚)명 어떤 이의 영정(影幀)에 부쳐 그를 기리는 내용의 글.
영찬(營饌)명하자 음식을 장만함.
영찰(寧察)명 조선 말기에, 평안북도 관찰사를 달리 이르던 말.
영:창(映窓)명 방과 마루 사이의 두 쪽 미닫이의 창.
영:창(詠唱·咏唱)명 ☞아리아(aria). 준창(唱)[1].
영:창(影窓)명 유리를 끼운 창. 유리창.
영창(營倉)명 법규를 어긴 군인을 가두어 두는 병영 안의 건물, 또는 그곳에 들어가는 형벌.
영:창-대(映窓-)[-때]명 영창을 끼우기 위하여 홈을 파서 댄 긴 나무.
영:채(映彩)명 환히 빛나는 고운 빛. ¶ 영채가 도는 눈.
영천(靈泉)명 영묘한 약효가 있는 샘.
영철(英哲·穎哲)명하형 뛰어나게 총명함, 또는 그런 사람.
영:청(影青)명 흰색의 아주 얇은 그릇에 푸르스름한 잿물을 입힌 자기(瓷器), 또는 그 자기의 빛깔. 반투명인 것처럼 보임. 침청(沈青).
영체(零替)명하자되자 ☞영락(零落).
영체(靈體)명 신령스러운 존재, 곧 신(神)을 이르는 말.
영초(英綃)명 중국에서 나는 비단의 한 가지. 모초(毛綃)와 비슷하나 품질이 좀 떨어짐. 영초단(英綃緞).
영초(靈草)명 ①영묘한 약효가 있는 풀. ②'담배'를 달리 이르는 말.
영초-단(英綃緞)명 ☞영초(英綃).
영총(令寵)명 남을 높이어 그의 '첩'을 일컫는 말.
영총(榮寵)명 임금의 은총. ¶ 영총을 입다.
영총(靈寵)명 신이나 부처의 은총.
영추(迎秋)명하자 가을맞이.
영축(盈縮·贏縮)명 남는 일과 모자라는 일.
영축(零縮)명하형 (수량이 줄어들어) 모자람.
영춘(迎春)명하자 ①신춘(新春), 곧 새해를 맞이함. 영년(迎年). 영세(迎歲). 영신(迎新). ②'개나리'를 달리 이르는 말.
영취-산(靈鷲山)명 중인도(中印度) 마갈타국(摩竭陀國)의 왕사성(王舍城) 동북쪽에 있는 산. 석가여래가 이곳에서 법화경(法華經)과 무량수경(無量壽經)을 강(講)하였다 함.
영치(領置)명하타 압수(押收)의 한 가지. 형사소송법상, 법원이나 수사 기관이 피의자·피고인·재감자 등에게 딸린 물건을 보관하거나 처분하는 행위.
영치-금(領置金)명 재소자(在所者)가 교도소에 맡겨 두는 돈.
영:치기감 목도할 때 힘을 맞추기 위하여 여럿이 함께 내는 소리. ¶ 영치기 영차!
영칙(令飭)명하타 명령을 내려 경계하고 타이름.
영친(榮親)명하자 (지위가 높아지거나 하여) 부모를 영화롭게 함.
영침(靈寢)명 ☞영상(靈牀).
영탁(鈴鐸)명 ☞방울[1].
영:탄(詠歎·詠嘆)명하자 ①깊이 감동함. ②감동을 소리로 내어 나타냄.
영:탄-법(詠歎法)[-뻡]명 수사법상 강조법의 한 가지. 감탄사나 감탄형 어미 등을 써서 놀라움·슬픔·기쁨 따위의 감정을 강하게 또는 간절하게 나타내는 표현 방법. 〔'아, 벌써 가을인가!' 하는 따위.〕
영토(領土)명 ①영유하고 있는 땅. 땅[1]. 영지(領地). 토지. ②그 나라가 영유하고 있는 땅. 그 나라의 통치권이 미치는 지역. ¶ 영토 분쟁.
영토-권(領土權)[-꿘]명 국가가 영토에 대하여 가지는 일체의 권능.
영토^주권(領土主權)[-꿘]명 국가가 영토 내의 사람과 물건에 대해서 가지는 일체의 지배권.
영통(靈通)명하자 영묘하게 통함.
영특(英特) '영특(英特)하다'의 어근.
영특(獰慝) '영특(獰慝)하다'의 어근.
영특-하다(英特-)[-트카-]형여 뛰어나게 영명하다. ¶ 영특하고 총명한 아이. 영특-히부.
영특-하다(獰慝-)[-트카-]형여 영악하고 사특하다.
영판부 '아주[1]'의 잘못.
영-판(靈-)명 앞날의 길흉(吉凶)을 신통하게 맞추어 내는 일, 또는 그런 사람.
영패(零敗)명하자 경기 따위에서, 한 점도 얻지 못하고 짐. 영점으로 짐.
영:폐(永廢)[-폐/-페]명하타 영영 폐지함.
영포(令抱)명 ☞영손(令孫).
영표(令票)명 지난날, 군령(軍令)을 전할 때 쓰던 표. 나무로 동글납작하게 만들었음.
영풍(英風)명 ①뛰어난 풍채. 영웅다운 풍채. 비영자(英姿). ②뛰어난 덕풍(德風). 훌륭한 교화(教化).

영-피다 [자] 기운을 내다. 기를 펴다.

영하(零下) [명] 온도계가 가리키는 온도가 0°C 이하임을 나타내는 말. 빙점하(氷點下). ¶ 영하의 날씨./기온이 영하로 뚝 떨어지다. ↔영상.

영-하다(靈—) [형여] 영검이나 효험이 있다. ¶ 영하다고 소문난 복술가.

영하-읍(營下邑) [명] 감영이나 병영이 있는 고을.

영한(迎寒) [명][하자] ①추운 계절을 맞음. ②'음력 팔월'을 달리 이르는 말. ②(참)장월(壯月).

영합(迎合) [명][하자] (독자적인 생각이나 신념을 버리고) 자기의 생각을 상대편이나 세상 풍조에 맞춤. ¶ 대중의 취향에 영합한 소설. (비)봉영(逢迎).

영합(領閤) [명] '영상(領相)'을 높여 일컫는 말.

영합-주의(迎合主義) [-쭈의/-쭈이] [명] 자기의 주장은 없이 남의 뜻에만 맞추어 행동하는 원칙 없는 태도나 경향.

영해(領海) [명] 한 나라의 둘레에 있으며, 그 나라의 영역에 포함되는 바다. 우리나라의 영해는 간조선(干潮線)에서 12해리까지이며, 대한 해협만 3해리로 되어 있음. 영수(領水).

영해(嬰孩) [명] 어린아이. (비)유아(幼兒).

영해-선(領海線) [명] 영해와 공해(公海)와의 경계선.

영해^어업(領海漁業) [명] 영해 안에서 하는 어업. 그 나라에 의하여 독점됨.

영ː향(影響) [명] 다른 것에 작용을 미치어 반응이나 변화를 주는 일, 또는 그 작용. ¶ 영향을 주다(받다)./기름 값이 우리 경제에 미치는 영향.

영ː향-력(影響力) [-녁] [명] 영향을 끼치는 힘, 또는 그 정도. ¶ 영향력이 미치다./경제계에서 큰 영향력을 발휘하다.

영허(盈虛) [명][하자] ☞영휴(盈虧).

영험(靈驗) [명][하형][스형] 〈영검〉의 본딧말.

영현(英賢) [명][하형] 뛰어나고 총명함, 또는 그런 사람.

영현(英顯) [명] ☞영령(英靈).

영현(榮顯) '영현하다'의 어근.

영현-하다(榮顯—) [형여] 지위와 명망이 높다.

영형(令兄) [명] ①남을 높이어 그의 '형'을 일컫는 말. ②주로 편지 글에서, 친구끼리 서로 높이어 이르는 말.

영혜(英慧) '영혜(英慧)하다'의 어근.

영혜(靈慧) '영혜(靈慧)하다'의 어근.

영혜-하다(英慧—) [-혜-/-헤-] [형여] 영민하고 지혜롭다.

영혜-하다(靈慧—) [-혜-/-헤-] [형여] 신령스럽고 슬기롭다.

영호(永好) '영호하다'의 어근.

영ː호-하다(永好—) [자여] 오래도록 사이좋게 지내다.

영혼(靈魂) [명] ①육체가 아니면서 육체에 깃들어 인간의 활동을 지배하며, 죽어서도 육체를 떠나 존재하는 것으로 여겨지는 정신적 실체(實體). 영가(靈駕). 혼령(魂靈). ↔육체(肉體). ②가톨릭에서, 불사불멸의 신령한 정신을 이르는 말. 영신(靈神). (준)영(靈).

영혼^불멸설(靈魂不滅說) [명] 철학에서, 죽은 후에도 인간의 영혼은 지성과 의지를 발휘하며 영원히 존재한다는 학설.

영혼-설(靈魂說) [명] 영혼은 존재하며, 현상계의 모든 사물은 영혼의 작용에 불과하다는 설.

영혼^신ː앙(靈魂信仰) [명] 영혼은 육체를 떠나서도 존속하며 살아 있는 사람이나 사물에 영향을 끼친다고 믿어, 이를 숭배하는 일.

영화(英貨) [명] 영국의 화폐. 파운드 화폐.

영화(英華) [명] ①겉으로 나타나는 아름다운 색채. ②뛰어나게 운치 있는 시나 문장.

영화(映畫) [명] 연속 촬영한 필름을 연속으로 영사막에 비추어, 물건의 모습이나 움직임을 실제와 같이 재현하여 보이는 것. ¶ 무성 영화./영화를 찍다.

영화(榮華) [명] 권력과 부귀를 마음껏 누리는 일. ¶ 영화를 누리다.

영화-감독(映畫監督) [명] 영화 제작의 모든 과정을 지휘하는 사람.

영화-계(映畫界) [-계/-게] [명] 영화감독·영화배우·시나리오 작가·제작자 등 영화에 관계되는 사람들의 사회.

영화-관(映畫館) [명] 영화를 상영하는 극장.

영화-롭다(榮華—) [-따] [~로우니·~로워] [형ㅂ] 영화가 있다. ¶ 평생토록 영화로운 삶을 살다. **영화로이** [부].

영화-배우(映畫俳優) [명] 영화에 출연하는 것을 직업으로 하는 사람.

영화-사(映畫社) [명] 영화의 제작·배급·수입·수출 등을 주요 업무로 하는 회사.

영화-스럽다(榮華—) [-따] [~스러우니·~스러워] [형ㅂ] 영화로운 데가 있다. **영화스레** [부].

영화^예ː술(映畫藝術) [명] 영화에 의하여 표현되는 예술. 오락성이나 실용성보다 예술성을 중시할 때 쓰는 말.

영화^음악(映畫音樂) [명] 영화의 주제를 표현하거나 화면의 정경(情景)을 돕기 위하여 특별히 작곡된 음악.

영화-인(映畫人) [명] 영화 사업에 종사하는 사람을 통틀어 일컫는 말.

영화-제(映畫祭) [명] 영화 작품을 모아서 그 우열을 겨루거나, 제작자·감독·출연자 등의 친선과 교류를 꾀하기 위한 행사. ¶ 칸 영화제./베니스 영화제에서 작품상을 수상하다.

영화^촬영기(映畫撮影機) [명] 영화를 촬영하는 사진기. 시네카메라.

영화-화(映畫化) [명][하타][되자] 소설·무대극(舞臺劇)·실화(實話) 따위를 영화로 만듦. ¶ 이상의 생애를 영화화하다.

영활(靈活) [명] ①[하타]신통하게 살림. ②[하형]마음 또는 정신의 활동이 기민함. ¶ 머리가 영활하게 움직인다.

영효(榮孝) [명] 부모를 영예롭게 하는 효도.

영효(靈效) [명] 영묘한 효험.

영후(令後) [명] 명령이 내린 뒤. ↔영전(令前).

영휴(盈虧) [명][하자] ①참과 이지러짐. (달이) 차기도 하고 이지러지기도 하는 일. ②번영함과 쇠퇴함. 영허(盈虛).

옅다 [엳따] [형] ①겉에서 안까지, 또는 아래에서 위까지의 길이가 짧다. ¶ 옅은 물. ↔깊다. ②빛깔이나 농도 따위가 흐리거나 묽다. ¶ 색깔이 옅다./안개가 옅다./화장이 옅다. ↔짙다. ③생각이나 감정 따위가 깊지 못하다. ¶ 옅은 소견. ④정의(情誼)가 두텁지 못하다. ⑤학문이나 지식이 적다. ⑥잠이 깨기 쉬운 상태에 있다. ¶ 옅은 잠. (작)얕다. ＊옅어·옅고[엳꼬]

옅디-옅다 [엳띠엳따] [형] 아주 옅다. (작)얕디얕다.

옆 [엽] [명] 어떤 것을 중심으로 하여 그 왼쪽이나 오른쪽 곁. ¶ 가방을 책상 옆에 놓다./내 옆에 앉아라. ＊옆이·옆만[염-]

옆-갈비 [엽깔-] [명] 갈빗대의 옆구리 부분.

옆-구리 [엽꾸-] [명] 가슴과 등 사이의 양쪽 옆 부분. 겨드랑이의 아랫부분. ¶ 옆구리가 결리다.

옆구리에 섬 찼나㊆ 많이 먹는 사람을 보고 조롱하여 이르는 말.
옆-길[엽낄]명 ①큰길 옆으로 따로 난 작은 길. ¶ 옆길로 빠지다. ②'본래 하여야 할 일 이외의 다른 일을 하는 경우'를 비유하여 이르는 말. ¶ 이야기가 옆길로 새다.
옆-널[염-]명 나무 상자의 양쪽 옆에 대는 널빤지. ¶ 옆널로 베니어 합판을 쓰다.
옆-눈명 '곁눈'의 잘못.
옆눈-질명 '곁눈질'의 잘못.
옆-댕이[엽땡-]명 〈옆〉의 속된 말.
옆-들다[엽뜰-][~드니·~들어]타 옆에서 도와주다. ¶ 그에게는 옆들어 주는 이가 많다.
옆-막이[염-]명 옆쪽을 막기 위하여 대는 물건.
옆-면(-面)[염-]명 아래위나 앞뒤가 아닌 양쪽 옆의 면. 측면(側面).
옆-모서리[염-]명 각뿔이나 각기둥의 옆면과 옆면이 서로 만나서 이루는 모서리. 참측릉(側稜).
옆-모습[염-]명 옆에서 본 모습. ¶ 옆모습이 멋있다.
옆-문(-門)[염-]명 ☞측문.
옆-바람[엽빠-]명 옆에서 불어오는 바람.
옆-발치[엽빨-]명 발치의 옆.
옆-방(-房)[엽빵]명 방이 연이어 있을 때 이웃하는 방.
옆-쇠[엽쐬/엽쒜]명 옷장 따위의 기둥과 기둥 사이를 옆으로 잇댄 나무.
옆-심(-心)[엽씸]명 배의 뜸집의 서까래.
옆-얼굴[여벌-]명 옆에서 본 얼굴.
옆옆-이[염녀피]부 이 옆 저 옆에.
옆-줄[엽쭐]명 ①옆으로 난 줄. ②물고기나 양서류 따위의 몸의 옆쪽에 한 줄로 늘어서 있는 감각기(感覺器). 물살이나 수압(水壓)을 느끼는 구실을 함. 측선(側線).
옆-질[엽찔]명하자 배가 좌우로 흔들리는 일. 〔뱃사람들의 말.〕 ↔앞뒷질.
옆-집[엽찝]명 (어떤 집의) 바로 옆에 있는 집.
옆-찌르다[엽-][~찌르니·~찔러]타르 넌지시 귀띔해 주려고 손으로 남의 옆구리를 찌르다.
옆찔러 절받기㊆ 상대편은 할 생각도 없는데 자기 스스로가 요구하거나 알려 주어서 대접을 받는다는 말.
옆^차기[엽-]명 태권도의 발기술의 한 가지. 옆쪽에 있는 상대를 공격하는 기술. 몸은 정면을 향하고, 윗몸을 옆으로 굽히면서 발길로 차는 동작.
옆-폭(-幅)[엽-]명 옆에 대는 널빤지.
옆-훑이[여풀치]명 홈 따위의 옆을 훑어 내는 데 쓰는 연장.
예[1]명 한글 자모(字母)의 이중 모음(二重母音)인 'ㅖ'의 음가(音價) 및 이름.
예ː[2]명 오래전. 옛날. 옛적. 《주로, '예나'·'예부터'의 꼴로 쓰임.》 ¶ 예부터 전해지는 이야기. /예나 지금이나 변한 게 하나도 없다.
예[3]대 〈여기〉의 준말. ¶ 예가 어딥니까?
예ː[4]감 ①존대할 자리에 대답하는 말. ¶ 예, 그렇습니다. ②존대할 자리에 재우쳐 묻는 말. ¶ 예, 안 가시겠다고요? ③〔입말에서, 말의 끝에 쓰여〕 존대할 자리에 무엇인가를 요구하거나 부탁함에 대하여 묻는 말투로 확인하거나 독촉하는 말. ¶ 잘되도록 해 주세요, 예?/부탁드렸던 일, 꼭 되겠지요, 예? 네[3].
예[5]감 심하게 나무랄 때 하는 소리. ¶ 예, 이놈! 비예기.
예[1]명 〈옛〉 왜(倭). ¶ 예 와:倭(訓蒙中4). /請으로 온 예와 싸호샤(龍歌52章).
예[2]대 〈옛〉 여기. ¶ 예 사흘 머믄 後의(鄭澈.關東別曲).
예[3]조 〈옛〉 에. ¶ 놀애예 일훔 미드니(龍歌16章). /狄人ㅅ서리예 가샤(龍歌4章).
예ː(例)명 ①〈전례(前例)〉·〈선례(先例)〉의 준말. ②무엇을 설명하는 데 증거가 되는 사물. 보기. 본보기. ¶ 예를 들어 설명하다. ③여느 때와 같음. 《주로, '예의'의 꼴로 쓰임.》 ¶ 예의 그 다방으로 오너라.
예ː(豫)명 〈예괘(豫卦)〉의 준말.
예(濊)명 ☞예맥(濊貊).
예(禮)명 ①원활한 인간관계를 위하여 일상생활의 규범으로서 마땅히 지켜야 할 일정한 형식. ¶ 예를 갖추어 대하다. ②〈예법(禮法)〉의 준말.
예가(禮家)명 〈예문가(禮文家)〉의 준말.
예ː각(銳角)명 직각보다 작은 각. ↔둔각(鈍角).
예ː각(豫覺)명하타되자 ☞예감(豫感).
예ː각^삼각형(銳角三角形)[-쌈가켱]명 세 각이 모두 예각으로 된 삼각형.
예ː감(銳感)명하형 예민한 감각, 또는 감각이 예민함. ↔둔감(鈍感).
예ː감(豫感)명하타되자 무슨 일이 일어날 것 같다는 것을 사전에 느끼는 일, 또는 그런 느낌. 예각(豫覺). ¶ 불길한 예감이 들다.
예ː거(例擧)명하타 예를 듦. ¶ 장점을 하나하나 예거하다.
예ː건(例件)[-껀]명 〈의례건(依例件)〉의 준말.
예ː격(例格)명 예가 되는 격식. 전례(前例)로 하여 온 격식.
예ː견(豫見)명하타되자 일이 있기 전에 미리 앎. 예지(豫知). ¶ 충분히 예견되었던 문제다.
예경(禮敬)명하자 부처나 성현 앞에 절함.
예ː계(豫戒)[-계/-게]명하타 미리 경계함. 미리 조심함.
예ː고(豫告)명하타되자 미리 알림. ¶ 다음 달 행사를 예고하다.
예ː고-편(豫告篇)명 영화나 텔레비전 등에서, 상영 또는 방영할 내용을 미리 알리기 위하여 그 일부를 추려 엮은 것.
예ː과(豫科)[-꽈]명 본과에 들어가기 전의 예비 과정. 참본과(本科).
예광-탄(曳光彈)명 탄도(彈道)를 알 수 있도록, 빛을 내면서 날아가는 탄환.
예ː괘(豫卦)명 육십사괘의 하나. 진괘(震卦)와 곤괘(坤卦)를 위아래로 놓은 괘. 우레가 땅에서 나와 떨침을 상징함. 준예(豫).
예궁(禮弓)명 예식에 쓰이는 활의 한 가지. 모양이 각궁과 같고, 길이는 여섯 자임. 대궁(大弓).
예ː궐(詣闕)명하자 대궐에 들어감. 입궐(入闕). 참내(參內).
예ː규(例規)명 관례와 규칙. 관례로 되어 있는 규칙.
예ː금(預金)명하타되자 은행 등의 금융 기관에 돈을 맡김, 또는 그 돈. ¶ 예금을 찾다.
예ː금^계ː좌(預金計座)[-계-/-게-]명 금융 기관에 예금하기 위하여 개설하는 계좌. 준계좌(計座).
예ː금^보ː험(預金保險)명 은행의 파산으로 생기는 예금자의 손해를 보상하기 위한 보험.
예ː금-액(預金額)명 예금한 금액.
예금^원가(預金原價)[-까]명 예금 이자·영업비 등 은행이 예금을 모으는 데 필요한 경비.

예ː금^은행(預金銀行)명 〔예금을 주된 자금원으로 하는 은행이란 뜻으로〕 '일반 은행'을 이르는 말.
예ː금^증서(預金證書)명 예금한 내용에 대한 증명으로 은행 등 금융 기관이 예금자에게 건네주는 증서.
예ː금^통장(預金通帳)명 은행 등 금융 기관이 예금자에게 예입과 지급의 내용을 적어 주는 통장. 저금통장(貯金通帳).
예ː금^통화(預金通貨)명 수표를 발행함으로써 화폐와 같은 기능을 가지는 예금, 특히 은행의 당좌 예금을 이름. ↔현금 통화(現金通貨).
예ː금^협정(預金協定)[-쩡]명 은행 사이의 경쟁을 막기 위하여, 예금 이율 등에 대해서 은행끼리 맺는 협정.
예ː기감 심하게 나무랄 때 내는 소리. ¶ 예기, 그러면 못써. /예기, 이 고얀 놈! 비예5. 센예끼.
예ː기(銳氣)명 ①날카롭고 강한 기상(氣像). ②세찬 기세(氣勢). ¶ 적의 예기를 꺾다. /단합대회로 예기를 길렀다.
예기(를) 지르다관용 (상대편의) 세찬 기세를 꺾다. ¶ 선수(先手)를 쳐서 예기를 지르다.
예ː기(銳騎)명 굳세고 날랜 기병(騎兵).
예ː기(豫期)명하타되자 일이 어떻게 되리라고 짐작하여 미리 기대하거나 예상함. 《주로, '예기치 못하다'·'예기치 않다'의 꼴로 쓰임.》 ¶ 예기하지 않았던 일. /예기치 못했던 사고가 발생하다.
예기(禮記)명 오경(五經)의 하나. 예법(禮法)의 이론과 실제를 풀이한 책. 공자(孔子)와 그 후학들의 저작을 한나라의 제후인 헌왕(獻王)이 131편으로 정리하여 엮은 것을 뒷날 유향(劉向)과 대덕(戴德)·대성(戴聖)의 형제들이 잇따라 증보하거나 간추린 것으로 전함.
예기(禮器)명 ☞제기(祭器).
예ː기(穢氣)명 더러운 냄새.
예ː기(藝妓)명 ☞기생(妓生).
예ː기-방장(銳氣方張)명하형 예기가 한창 성함.
예ː끼감 〈예기〉의 센말. ¶ 예끼, 이 몹쓸 것! /예끼, 이 사람, 무슨 말을 그렇게 하나.
예ː납(例納)명하타 전례에 따라 납부함.
예ː납(豫納)명하타되자 기한 전에 미리 냄. 선납(先納). 전납(前納). ¶ 세금을 예납하다.
예ː년(例年)명 ①여느 해. ¶ 예년보다 이른 추위. /예년에 없던 심한 가뭄. ②해마다의 관례. ¶ 예년과 같이 실시한다. ③일기 예보에서, 지난 30년간의 기후의 평균적인 상태를 이르는 말. 평년(平年). ¶ 오늘 기온은 예년에 비해 2~3℃ 낮다.
예ː능(藝能)명 ①'재주와 기능'을 아울러 이르는 말. ②학교 교육에서, 음악·미술·무용 등 예술과 기능을 익히기 위한 교과를 통틀어 이르는 말. ¶ 예능 교육. ③영화·연극·음악·무용 등 예술과 관련된 능력을 통틀어 이르는 말.
예ː능-과(藝能科)[-꽈]명 학교 교과에서, 예능을 배우는 학과.
예-니레명 엿새나 이레. ¶ 일을 끝마치려면 예니레는 걸리겠다.
예-닐곱수관 여섯이나 일곱쯤 되는 수(의). ¶ 장정 예닐곱이 모이다. /예닐곱 살.
예닐곱-째수관 여섯째나 일곱째쯤 되는 차례(의). ¶ 성적이 반에서 예닐곱째쯤 된다. /예닐곱째 줄에 앉으면 잘 보이겠다.
예다자 〈옛〉 가다. ¶ 기러기 우러 옌다(古時調). /古人을 못 보아도 예던 길 알픠 잇네(古時調).
예ː단(豫斷)명하타 미리 짐작하여 판단함. ¶ 결과를 예단할 수 없다.
예단(禮單)명 예폐(禮幣)를 적은 목록.
예단(禮緞)명 예폐(禮幣)로 보내는 비단.
예ː담(例談)명 경조사·문병 따위의 경우에 맞게 하는 말.
예ː-답다(禮-)[-따][~다우니·~다워]형ㅂ 〈예모(禮貌)답다〉의 준말.
예당(禮堂)명 조선 시대에, 예조(禮曹)의 당상관, 곧 예조의 판서·참판·참의를 아울러 이르던 말.
예ː대(預貸)명 예금과 대출을 아울러 이르는 말.
예대(禮待)명하타 ☞예우(禮遇).
예ː대-율(預貸率)명 은행의 총예금 잔액에 대한 총대출금(總貸出金) 잔액의 비율.
예ː덕(睿德)명 왕세자의 덕망.
예ː덕(穢德)명 임금의 좋지 않은 행실.
예ː덕선생-전(穢德先生傳)[-썬-]명 조선 영조·정조 때의 학자 박지원(朴趾源)이 지은 한문 소설. 무위도식(無爲徒食)하는 양반들의 위선적인 생활을 풍자·비판한 내용임.
예ː도(銳刀)명 ①옛날의 군도(軍刀)의 한 가지. 환도(環刀)와 비슷하나 끝이 아주 날카로움. ②십팔기의 한 가지. 보졸이 환도를 가지고 하던 검술을 이름.
예도(禮度)명 ☞예절(禮節). ¶ 예도가 반듯한 집안의 규수를 며느리로 맞았다.
예ː도(藝道)명 연예 또는 기예를 닦아 나가는 길.
예ː도-옛날[-옌-]명 아주 오랜 옛날. ¶ 예도옛날, 호랑이 담배 피우던 그 옛날.
예ː둔(銳鈍)명 ☞이둔(利鈍).
예ː라감 ①아이에게 비키라거나, 그리 하지 말라거나, 또는 못마땅해할 때 하는 소리. ¶ 예라, 그래선 못쓴다. /예라, 이 버르장머리 없는 녀석아! ②태도를 분명히 할 수 없는 일을 결단할 때 스스로 내는 소리. ¶ 예라, 그만두자. /예라, 한번 해 보자.
예라-꼐라[-꼐-/-께-]명 벽제(辟除) 소리의 한 가지. '예라, 예라', 곧 '비켜라, 비켜라'의 뜻.
예라-끼놈명 벽제(辟除) 소리의 한 가지. '예라, 이놈'의 뜻.
예ː람(睿覽)명하타 왕세자가 열람함.
예ː람(叡覽)명하타 ☞어람(御覽).
예레미야-서(←Jeremiah書)명 구약 성서 중의 한 편. 바루크(Baruch)가 스승인 예레미야의 예언을 기록·보완한 것으로, 유다 왕국의 몰락 및 신의 사랑과 진실에 의한 구원의 희망을 그 내용으로 함.
예레미야^애가(←Jeremiah哀歌)명 구약 성서 중의 한 편. 대재난으로 황폐해진 예루살렘을 애통히 여겨 읊은 예레미야의 시가(詩歌).
예ː령(豫令)명 구령에서, 동작을 하기 전에 미리 준비할 수 있도록 내리는 그 구령의 첫 부분. 〔'부대 차려'·'열중쉬어' 등에서의 '부대'·'열중' 따위.〕 참동령(動令).
예론(禮論)명 예법에 관한 논설.
예ː료(豫料)명하타되자 ☞예측(豫測).
예리(銳利) '예리하다'의 어근.
예ː리-성(曳履聲)명 (걸어갈 때) 땅에 신이 끌리는 소리.
예ː리-하다(銳利-)형여 ①(칼날 따위가) 날카롭다. ¶ 예리한 칼. ②(감각이나 관찰력·통찰력 따위가) 날카롭다. ¶ 예리한 관찰.
예ː림(藝林)명 ☞예원(藝苑).

예:막(瞖膜)명 흰 막 또는 붉거나 푸른 막이 눈자위에 덮이는 눈병을 한방에서 이르는 말.
예망(曳網)명 ①하자 어망(漁網)을 끌어당김. ②☞끌그물.
예:매(豫買)명하타되자 ①시기가 되기 전에 미리 삼. ¶ 입장권을 예매하다. ②물건을 받기 전에 미리 값을 쳐서 삼. ¶ 배추를 밭떼기로 예매하다. 선매(先買).
예:매(豫賣)명하타되자 ①시기가 되기 전에 미리 팖. ¶ 기차표를 예매하는 창구. ②물건을 건네기 전에 미리 값을 쳐서 팖. 선매(先賣). 전매(前賣).
예:매-권(豫賣券)[-꿘]명 미리 파는 입장권이나 차표 따위.
예:매-처(豫賣處)명 물건이나 표를 예매하는 곳.
예맥(濊貊)명 ①한족(韓族)의 조상이 되는 민족. ②고구려의 전신(前身)인 부족 국가의 이름. 예(濊).
예명(叡明) '예명하다'의 어근.
예:명(藝名)명 연예계에서, 연예인이 본명 이외에 따로 지어 부르는 이름.
예:명-하다(叡明-)형여 임금이 총명하고 사리에 밝다. 예민(叡敏)하다.
예모(禮帽)명 예복 차림을 할 때 갖추어 쓰는 모자.
예모(禮貌)명 예절에 맞는 태도.
예모-답다(禮貌-)[-따][~다우니·~다워]형ㅂ 언행이나 태도가 예절에 어그러짐이 없다. 준예답다.
예:문(例文)명 설명을 위한 본보기나 용례가 되는 문장. ¶ 예문을 들어 설명하다.
예:문(例問)[1]명하타 지난날, 감사(監司)나 병사(兵使)들이 정례(定例)에 따라 그 지방의 특산물을 중앙의 고관에게 선사하던 일.
예:문(例問)[2]명 예로 보인 문제. ¶ 예문을 풀다.
예문(禮文)명 ①예법에 관한 책에 적혀 있는 글. ②(한 나라의) 전례(典禮)와 제도. ③불교에서, 예불하는 의식을 이르는 말.
예:문(藝文)명 학예와 문장. 기예와 문학.
예문-가(禮文家)명 예법을 잘 알고 또 그대로 지키는 사람, 또는 그 집안. 준예가(禮家).
예:문-관(藝文館)명 ①고려 시대에, 제찬(制撰)과 사명(辭命)을 맡아보던 관청. ②조선 시대에, 칙령(勅令)과 교명(教命)을 기록하던 관청.
예물(禮物)명 ①사례의 뜻으로 주는 물품. ②신부의 첫인사를 받은 시집 어른들이 답례로 주는 물품. ③신랑 신부가 혼례에서 주고받는 기념품. ¶ 예물 반지.
예:물(穢物)명 더러운 물건. 오물(汚物).
예민(銳敏) '예민(銳敏)하다'의 어근.
예민(叡敏) '예민(叡敏)하다'의 어근.
예:민-하다(銳敏-)형여 ①감각이 날카롭다. ¶ 신경이 예민하다. /감수성이 예민하다. ②사물에 대한 이해나 판단이 날카롭고 빠르다. ¶ 머리가 예민하다.
예:민-하다(叡敏-)형여 ☞예명(叡明)하다.
예-바르다(禮-)[~바르니·~발라]형르 예절이 바르다.
예반(-盤)명 나무로 만든 쟁반 모양의 칠그릇.
예:방(豫防)명하타되자 (탈이 나기 전에) 미리 막음. ¶ 화재 예방. /사고를 예방하다.
예방(禮防)명하타 예법을 지킴으로써 행동을 그르치는 일이 없도록 함.
예방(禮房)명 〔조선 시대에〕 ①승정원과 지방 관아의, 육방(六房)의 하나. 예악(禮樂)·제사(祭祀)·연향(宴享)·학교 따위의 일을 맡아보았음. ②지방 관아의 예방의 아전.
예방(禮訪)명하타 의례적(儀禮的)인 방문. 인사를 차리기 위하여 방문함.
예:방-선(豫防線)명 ①적의 공격 등에 대비하여 미리 마련해 두는, 경계나 감시 등의 수단. ②실패하거나 비난받거나 하지 않도록 미리 말해 두거나 손을 써 두는 일.
예:방^의학(豫防醫學)명 질병이나 건강 장애의 예방을 목적으로 하는 의학.
예:방^접종(豫防接種)[-쫑]명 전염병의 발생이나 유행을 예방하기 위하여 백신을 접종하는 일. 인공적으로 면역 상태를 만들어, 그 전염병에 대한 저항력을 얻게 하는 것.
예:방^주:사(豫防注射)명 주사에 의한 예방 접종.
예:방-책(豫防策)명 예방을 위한 대책.
예배(禮拜)명하자타 ①신이나 부처에게 공손한 마음으로 절하는 일. ②개신교에서, 성경을 읽고, 기도와 찬송으로 하나님에 대한 숭경(崇敬)의 뜻을 나타내는 일. ¶ 예배를 보다. /예배를 드리다.
예배-당(禮拜堂)명 '교회(教會)'의 이전 일컬음.
예백(曳白)명하타 과장(科場)에서, 글을 짓지 못하고 백지(白紙)를 그대로 가지고 나오는 일. 타백(拖白).
예번(禮煩) '예번하다'의 어근.
예번-하다(禮煩-)형여 예의가 지나쳐 오히려 번거롭다.
예법(禮法)[-뻡]명 예절의 법식이나 법칙. 법례(法禮). ¶ 예법을 따르다. 준예(禮).
예:병(銳兵)명 ①날랜 병사. 강하고 용감한 병사. ②날카롭고 성능이 우수한 병기.
예:보(豫報)명하자타되자 앞으로의 일을 예상해서 미리 알림. ¶ 기상 예보.
예:복(隸僕)명 ☞종[3].
예복(禮服)명 예식 때 입는 옷.
예:봉(銳鋒)명 ①날카로운 창끝. ②날카롭게 공격하는 기세. 기봉(機鋒). ¶ 적의 예봉을 꺾다. ③비판의 날카로운 논조. ¶ 언론의 예봉을 면하다.
예부(禮部)명 ①신라 때, 의례(儀禮)를 맡아보던 관아. ②고려 시대의 육부(六部)의 하나. 예전(禮典)·제향(祭享)·교학(教學) 등의 일을 맡아보았음.
예:분(蕊粉)명 꽃가루.
예불(禮佛)명하자 불교에서, 부처에게 예배함. ¶ 예불을 드리다.
예불-상(禮佛床)[-쌍]명 예불할 때 올리는 음식상.
예:비(例批)명 전례(前例)에 따라 하는 임금의 비답(批答).
예:비(豫備)명하타 미리 준비함, 또는 그 준비. ¶ 예비 동작.
예:비^교섭(豫備交涉)명 정식 교섭에 앞서, 교섭 내용의 세목(細目)이나 진행 등 기술적인 문제 따위에 대하여 협의하는 준비 단계의 교섭. 내교섭(內交涉).
예:비^교:육(豫備教育)명 어떤 일을 하기 위하여 미리 실시하는 교육.
예:비-군(豫備軍)명 ①예비로 갖추어 두는 병력. ②예비역으로 편성된 군대.
예:비-금(豫備金)명 ①무슨 일이 있을 때에 대비하여 미리 마련해 두는 돈. ②☞예비비.
예:비-대(豫備隊)명 교전(交戰) 초에 후방에 두

거나 격리시켜 두었다가, 결정적인 시기에 사용할 목적으로 편성하여 두는 부대.

예ː비-병(豫備兵)명 ①예비역에 복역하는 군인. ②예비로 갖추어 두는 군인.

예ː비-비(豫備費)명 예측할 수 없는 세출 예산(歲出豫算)의 부족에 대비하여 미리 예산 편성에 넣어 두는 비용. 예비금. ¶ 행사 비용을 예비비에서 지출하다.

예ː비^선ː거(豫備選擧)명 미국에서, 각 당의 대통령 후보자를 지명할 대의원을 선출하는 선거.

예ː비^시험(豫備試驗)명 본시험을 칠 만한 학력이 있는지 없는지를 알아보기 위한 시험.

예ː비-역(豫備役)명 병역의 한 가지. 현역(現役)을 마친 사람으로서 평시에는 일상생활을 하다가 비상시나 훈련 기간에 소집되어 군무에 복무하는 병역, 또는 그에 해당하는 사람. ↔현역.

예ː비^정ː리(豫備定理)[-니]명 ☞보조 정리.

예ː비-지식(豫備知識)명 (무슨 일을 하기 전에) 미리 알아 두어야 할 지식. ¶ 해저 탐험을 위한 예비지식.

예빙(禮聘)명하타 예의를 갖추어 사람을 부름.

예ː쁘다[예쁘니·예뻐]형 (생김새나 하는 짓 따위가) 아름답고 귀엽다. ¶ 예쁜 여학생. /제비꽃이 예쁘다. /얼굴보다 마음이 예뻐야지.

예쁘지 않은 며느리가 삿갓 쓰고 으스름 달밤에 나선다속담 가뜩이나 못난 자가 격에 맞지 않게 어설픈 짓을 하여 눈 밖에 난다는 말.

예쁜 자식 매로 키운다속담 귀여운 자식일수록 잘 기르려면 엄하게 가르치며 키워야 한다는 뜻.

예ː쁘장-스럽다[-따][~스러우니·~스러워]형ㅂ 보기에 예쁘장하다. ¶ 아기 옷이 아주 예쁘장스럽다. **예쁘장스레**부 ¶ 예쁘장스레 걷다.

예ː쁘장-하다형여 제법 예쁘다. ¶ 예쁘장하게 생긴 아이.

예ː사(例事)명 〈예상사(例常事)〉의 준말. ¶ 그 정도는 예사다.

예사(禮斜)명 조선 시대에, 예조(禮曹)에서 입양(入養)의 청원을 허가하여 주던 글.

예사(禮謝)명하타 감사의 뜻으로 사례함.

예ː사^낮춤(例事-)[-낟-]명 ①인칭 대명사에서 예사로 낮추어 일컫는 말. 〔나·자네·저 사람 따위.〕 보통 비칭(普通卑稱). ②☞하게체.

예ː사-내기(例事-)명 ☞보통내기. 여간내기. ¶ 저 아이가 저래 봬도 예사내기가 아니라네.

예ː사^높임(例事-)명 ①인칭 대명사에서 예사로 높이어 일컫는 말. 〔당신·그대·이분·저분 따위.〕 보통 존칭. ②☞하오체.

예ː사-로(例事-)부 보통으로. 아무렇지도 않게. ¶ 높은 나무에도 예사로 오른다. /그 정도의 행패는 예사로 저지른다.

예ː사-롭다(例事-)[-따][~로우니·~로워]형ㅂ 보통 있는 일이다. 별다를 것이 없다. ¶ 그건 예사로운 문제가 아니다. **예사로이**부 ¶ 결코 예사로이 생각할 일이 아니다.

예ː사-말(例事-)명 ①보통으로 예사롭게 하는 말. ¶ 예사말로 듣지 말고 명심해야 한다. ②높임의 뜻이 없는 보통의 말. 〔'말씀'에 대한 '말', '주무시다'에 대한 '자다' 따위.〕 ↔공대말.

예ː사-소리(例事-)명 자음의 한 갈래. 예사로 숨 쉴 때의 날숨으로 내는 소리. 〔'ㄱ·ㄷ·ㅂ·ㅅ·ㅈ'이 이에 딸림.〕 평음(平音). 참거센소리·된소리.

예ː산(豫算)명 ①하타무엇을 미리 헤아려 어림잡음. 어떤 일을 위하여 미리 필요한 비용을 어림잡음, 또는 그 비용. ¶ 예산을 세우다. /경비를 얼마로 예산하느냐? ②국가나 지방 자치 단체, 기업 등의 한 회계 연도에 있어서의 세입(歲入)과 세출(歲出)에 관한 계획. ¶ 예산 편성. /예산을 삭감하다.

예ː산^단가(豫算單價)[-까]명 표준적인 인건비(人件費)나 물건비(物件費)에 대하여 정하는 단가. 예산을 세우는 데 있어서 기초 자료가 되는 것.

예ː산^선의권(豫算先議權)[-서늬꿘/-서니꿘]명 양원제(兩院制)의 국회에서, 하원이 상원보다 먼저 예산안의 제출을 받아 심의할 수 있는 권한.

예ː산^수정권(豫算修正權)[-꿘]명 국회가 정부에서 제출한 예산안을 수정할 수 있는 권한.

예ː산^심ː의(豫算審議)[-시믜/-시미]명 정부에서 제출한 예산안을 확정하기 위한 국회의 심의.

예ː산-안(豫算案)명 ①정부에서 국회에 제출하여, 아직 의결을 거치지 않은 예산의 원안. ②지방 자치 단체나 기업체 따위의 집행 기관이 작성하여, 의회나 총회의 승인을 얻지 않은 예산의 원안.

예ː산^초과(豫算超過)명 ①세입(歲入) 또는 세출(歲出)이 예산액보다 많아지는 일. ②지출이 예정 금액보다 많아지는 일.

예ː삿-일(例事-)[-산닐]명 보통으로 있는 일. 별다를 것이 없는 일. 예상사. ¶ 그건 예삿일이 아니다. /그 정도는 예삿일로 여긴다.

예ː상(豫想)명하자타되자 (어떤 일의 경과나 결과 따위를) 미리 어림잡아 생각함, 또는 그 생각. ¶ 예상이 어긋나다. /일이 예상했던 대로 되다.

예ː상-고(豫想高)명 ①☞예상량. ②☞예상액.

예ː상-량(豫想量)[-냥]명 미리 헤아려 본 수량. 예상고.

예ː상^배ː당(豫想配當)명 주식의 배당에서, 과거의 실적이나 현재의 수익 따위를 참고로 해서 산출한 장래의 배당.

예ː상-사(例常事)명 ☞예삿일. 준상사·예사.

예ː상-액(豫想額)명 미리 헤아려 본 금액. 예상고(豫想高).

예ː상-외(豫想外)[-외/-웨]명 생각 밖. 뜻밖. ¶ 예상외의 승리. /예상외로 고전을 하다.

예새명 (도자기를 만들 때에) 도자기의 몸을 다듬는 데 쓰는 나무칼.

예서준 '여기서'가 줄어든 말. ¶ 예서 잠시 기다려라.

예ː서(隸書)명 한자의 팔체서의 한 가지. 중국 진(秦)나라 때 정막(程邈)이 전서(篆書)의 번잡한 점을 생략하여 만든 글씨체임. 좌서(左書).

예ː서(豫壻)명 ☞데릴사위.

예서(禮書)명 ①예법에 관한 책. ②☞혼서(婚書).

예선준 '여기서는'이 줄어든 말.

예선(曳船)명 ①하자되자배에 줄을 매어 끄는 일. ②다른 배를 끄는 배. ②예인선(曳引船).

예ː선(豫選)명 ①하자많은 것 중에서, 다음 선별(選別)의 대상으로 하기 위하여 미리 뽑음. ¶ 예선을 거치다. ②경기에서, 결승전이나 본대회에 나갈 선수나 팀을 선출함, 또는 그 시합. ¶ 예선을 통과하다. 참본선(本選)·결선(決選).

예설(禮說)명 예절에 관한 설(說).

예ː성(叡聖)명 임금이, 지덕(知德)이 뛰어나고 사리에 밝음.

예ː성(譽聲)명 ①명예와 명성. ②남을 칭찬하는 말.

예ː성-문무(叡聖文武)명 문무를 겸비한 임금의 성덕(聖德).

예셔조 〈옛〉①에서. ¶ 雲臺예셔 나리 뭇드록 그리ᄂᆞ니(杜初*20:11*). ②보다. ¶ 이 소리는 우리 나랏 소리예셔 열보니(訓諺).

예ː속(隷屬)명하자 되자 남의 뜻대로 지배되어 따름. 남의 지배 아래 매임. ¶ 사령부에 예속된 부대. /강대국에 예속되다.

예속(禮俗)명 예의범절에 관한 풍속이나 습관. 〔관혼상제(冠婚喪祭) 따위.〕

예ː속-국(隷屬國)[-꾹]명 ☞종속국(從屬國).

예속상교(禮俗相交)[-쌍-]명 향약의 네 덕목 중의 하나. 서로 사귐에 예의를 지킴.

예ː속^자본(隷屬資本)[-짜-]명 ☞매판 자본.

예손(裔孫)명 여러 대(代)가 지난 뒤의, 먼 자손.

예ː송(例送)명하타 정례(定例) 또는 전례(前例)에 따라 보냄.

예송(禮訟)명 예법에 관한 논란.

예ː수(豫受)명하타 미리 받음.

예ː수(豫修)명 ☞역수(逆修).

예ː수(←Jesus)명 기독교의 개조(開祖). 그리스도. 기독. 독생자(獨生子). 야소(耶蘇). 참메시아.

예ː수-교(←Jesus敎)명 ①기독교. ②기독교의 신교(新敎). 종교 개혁으로 가톨릭에서 갈려 나온 종파를 우리나라에서 이르는 말. 참개신교·프로테스탄트.

예ː수교-인(←Jesus敎人)명 예수교를 믿는 사람. 기독교 신자.

예ː수교-회(←Jesus敎會)[-회/-훼]명 예수교 신도들의 조직, 또는 신도들이 모여서 예배를 보는 곳.

예ː수^그리스도(←Jesus Kristos)명 '구세주인 예수'라는 뜻으로 '예수'의 존칭.

예ː수-금(豫受金)명 미리 받는 돈.

예수-남은수관 예순보다 조금 더 되는 수(의). ¶ 예수남은이 되어 보이는 노인. /예수남은 사람이 모이다.

예ː수-재(豫修齋)명 불교에서, 죽어서 극락에 가기 위하여 생전에 부처에게 올리는 재.

예ː수-쟁이(←Jesus-)명 '예수교인'의 속된 말.

예순수관 열의 여섯 곱절이 되는 수(의). 육십(六十). ¶ 내 나이 예순이다. /예순 살 환갑.

예ː술(藝術)명 어떤 일정한 재료와 양식·기교 등에 의하여 미(美)를 창조하고 표현하는 인간의 활동, 또는 그 산물. 〔문학·음악·회화·조각·연극·영화 따위.〕

예ː술-가(藝術家)명 예술 작품을 창작하거나 표현하는 사람.

예ː술-계(藝術界)[-계/-게]명 예술가들의 사회.

예ː술-관(藝術觀)명 예술의 본질·가치 등에 관한 견해.

예ː술-론(藝術論)명 예술의 본질·기능·기법 따위에 관한 이론.

예ː술-미(藝術美)명 예술적인 미. 예술로 표현되는 아름다움. ↔자연미(自然美).

예ː술^사진(藝術寫眞)명 대상을 예술적 시점(視點)에서 포착하여, 미적 감동을 일으키게 할 것을 목적으로 하여 제작된 사진.

예ː술-성(藝術性)[-썽]명 (예술 작품이 지닌) 예술적인 특성. ¶ 예술성이 뛰어난 작품.

예ː술^영화(藝術映畫)명 흥행성을 염두에 두지 않고 예술성을 추구하여 만든 영화.

예ː술-원(藝術院)명 예술의 발전을 위한 정부의 자문에 응하기 위하여, 문화 보호법에 따라 설치된 기관. 문화 체육 관광부 장관이 관리하고, 원로 예술인들을 회원으로 함. 참학술원(學術院).

예ː술-인(藝術人)명 '예술가'를 달리 일컫는 말. ¶ 예술인들의 세계.

예ː술-적(藝術的)[-쩍]관명 ①예술로서의 성격을 갖추고 있는 (것). ¶ 예술적 감흥. /삶을 예술적으로 승화시킨 작품. ②예술의 면에서 본 (것). ¶ 예술적 가치. /예술적으로 가치가 높다.

예ː술-제(藝術祭)[-쩨]명 예술의 향상·발전을 목적으로 하는 종합적인 행사의 이름으로 흔히 쓰이는 말.

예ː술^지상주의(藝術至上主義)[-의/-이]명 예술은 정치·철학·종교 등 어떤 다른것을 위하여 있는 것이 아니라, 예술 그 자체가 목적이며 가치라고 하는 주의.

예ː술-파(藝術派)명 문학에서, 예술 지상주의의 처지에서 예술적 세련미를 추구하는 파.

예ː술-품(藝術品)명 예술가가 독자적인 양식과 기법으로 제작한 예술적인 작품.

예ː술-학(藝術學)명 음악학·문예학·연극학 등 개별적인 예술을 연구하는 학문을 통틀어 이르는 말.

예ː-스럽다[-따][~스러우니·~스러워]형ㅂ 옛것을 대하는 것 같은 느낌이 있다. ¶ 예스러운 건물. /예스러운 말. **예스레**부.

예스맨(yes-man)명 무슨 일에나 '예예' 하고 시키는 대로 고분고분 따르는 사람을 이르는 말.

예ː습(豫習)명하타 아직 배우지 않은 것을 미리 학습하거나 연습함. ↔복습(復習).

예ː승(例陞)명하타 되자 규례(規例)에 따라 벼슬을 높임.

예승즉이(禮勝則離)명하자 예의가 지나치면 도리어 사이가 멀어짐.

예ː시(例示)명하타 되자 예를 들어 보임. 실례(實例)로서 보임. ¶ 몇 가지 방법을 예시하다.

예ː시(豫示)명하타 되자 미리 보이거나 알림. ¶ 신의 예시.

예ː-시위(詣侍衛)감 〔'모시고 나가자'의 뜻으로〕 봉도(奉導) 때 외치던 소리.

예ː식(例式)명 정례적(定例的)인 의식(儀式). 관례로 되어 있는 법식. ¶ 예식을 올리다.

예식(禮式)명 예법에 따른 의식. 예의의 법식.

예식-장(禮式場)[-짱]명 예식을 올리는 곳. 주로, '결혼식장'을 말함.

예신(禮臣)명 임금이 가난한 신하나 앓아누워 있는 신하에게 금품이나 약제를 내려 주던 일.

예ː신(穢身)명 불교에서 이르는, 더러운 몸. 부정(不淨)한 육신(肉身).

예ː심(豫審)명 ①본심사에 앞서서 미리 하는 심사. ②구형사 소송법(舊刑事訴訟法)에서, 사건을 공판에 회부할 것인지를 결정하고, 또 공판에서 조사하기 어려울 것으로 생각되는 증거를 수집하고 확보하기 위하여 행하던 심사.

예ː심(穢心)명 불교에서 이르는, 더러운 마음. 부정(不淨)한 마음. 범부(凡夫)의 마음.

예악(禮樂)명 예절과 음악. 예절은 언행을 삼가게 하고, 음악은 인심을 감화시키는 것이라 하여, 중국에서는 예로부터 사회의 질서 유지를 위하여 매우 중요시하였음.

예ː약(豫約)명 ①하타되자(어떤 것을 확보하기 위하여) 미리 약속함, 또는 그 약속. ¶ 예약된 좌석. /객실을 예약하다. ②앞으로 어떤 계약을 맺을 것을 미리 약속하여 두는 계약.
예ː약-금(豫約金)[-끔]명 예약할 때 치르는 보증금.
예ː약^전ː보(豫約電報)[-쩐-]명 특정한 구간(區間)에 일정한 글자 수로 발신(發信)하고 요금을 나중에 납부하는 특수 전보.
예ː약^전ː화(豫約電話)[-쩐-]명 특정한 구간(區間)의 전화선을 일정한 시간에 한하여, 전용(專用)하는 일. 주로, 신문사·통신사·방송국 등에서 이용함.
예ː약-처(豫約處)명 예약을 받는 곳.
예ː약^출판(豫約出版)명 간행에 앞서 구독자를 모집하고, 그 예약 신청자만을 대상으로 서적을 출판하는 일.
예ː약^판매(豫約販賣)명 구매 신청을 미리 받아 그 예약 신청자에게만 물건을 판매하는 일, 또는 그러한 판매 방식.
예양(禮讓)명하자 예의를 다하며, 공손한 태도로 사양함.
예ː언(例言)명 책의 머리에서 미리 일러두는 말. 범례(凡例). 일러두기.
예ː언(豫言)명하자타되자 ①미래에 일어날 일을 미리 헤아려 말함, 또는 그 말. ¶ 예언이 들어맞다. /천재지변을 예언하다. ②기독교에서, 신탁(神託)으로 하나님의 계시나 뜻을 사람들에게 전하는 일, 또는 그 말. ¶ 구세주의 재림을 예언하다.
예ː언(譽言)명 남을 칭찬하여 기리는 말.
예ː언-서(豫言書)명 ①예언자가 미래의 일을 헤아려 적은 글. ②기독교에서, 신의 계시를 전하려고 적은 글. 구약 성서의 전예언서와 후예언서를 이름.
예ː언-자(豫言者)명 ①예언을 하는 사람. 예언을 할 능력이 있는 사람. ②기독교에서, 신탁(神託)으로 예언을 하는 사람. 참선지자(先知者).
예ː열(豫熱)명하타 (원동기의 시동 따위에서) 미리 가열(加熱)함.
예ː-예감 시키거나 부탁하는 말에 아주 순종한다는 뜻으로 하는 대답. ¶ "여기 국밥 한 그릇 주시오." "예예!"
예오감 벽제(辟除) 소리의 한 가지. 거둥 때 도가사령(導駕使令)이 앞서 가며 외쳤음.
예ː외(例外)[-외/-웨]명 보통의 예에서 벗어나는 일. 일반의 원칙에 해당하지 않는 일. ¶ 예외로 처리하다. /예외 없는 법은 없다. /이 규정엔 예외가 없다.
예ː외-법(例外法)[-외뻡/-웨뻡]명 원칙법을 적용하기 어려운 경우에, 예외의 사항에만 적용되는 법. ↔원칙법(原則法).
예ː외-적(例外的)[-외-/-웨-]관명 어떤 규정이나 정례(定例)에 해당하지 않는 (것). ¶ 예외적 조치. /예외적인 사항.
예요조 ☞여요. ¶ 그 애는 착한 아이예요.
예ː욕(穢慾)명 더러운 욕심.
예용(禮容)명 예의 바른 태도.
예우(禮遇)명하자타 예로써 대접함. 예의를 다하여 대우함. 예대(禮待). ¶ 선배를 깍듯이 예우하다.
예ː원(藝苑·藝園)명 '예술계'를 아름답게 이르는 말. 예림(藝林).
예월(禮月)명 지난날, 초상(初喪) 뒤에 장사 지내는 달. 〔천자는 일곱 달, 제후(諸侯)는 다섯 달, 대부(大夫)는 석 달, 선비는 한 달 만에 장사 지냈음.〕
예ː의(銳意)[-의/-이]명 (어떤 일을 열심히 하려고) 단단히 차리는 마음. ¶ 예의로 입시에 대비하다. /사태를 예의 주시(注視)하다.
예의(禮意)[-의/-이]명 경의를 표하는 마음. 공경의 뜻을 나타내는 마음. 경의(敬意).
예의(禮義)[-의/-이]명 예절과 의리.
예의(禮儀)[-의/-이]명 사회생활과 사람과의 관계에서, 예로써 공손하게 나타내는 말투나 몸가짐. ¶ 예의가 바르다. /예의를 지키다. /예의는 형식보다 마음이 중요하다. 참예의범절·예절.
예의(禮誼)[-의/-이]명 사람이 마땅히 지켜야 할 올바른 도리. ¶ 예의에 벗어나다.
예의-범절(禮儀凡節)[-의-/-이-]명 (일상생활에서) 모든 예의와 법도에 맞는 절차. ¶ 예의범절에 어긋난 행동. 참예의·예절.
예이[1]감 어떤 사실을 부정하거나 무엇이 못마땅하거나 할 때 내는 소리. ¶ 예이, 설마 그 사람이 거짓말을 했을라고.
예ː-이[2]감 지난날, 병졸이나 하례(下隷)들이 위의(威儀)를 갖추어 일제히 내던 대답의 소리.
예인(曳引)명하타 (배·잠수함 따위를) 끌어당김. ¶ 좌초된 배를 예인하다.
예ː인(銳刃)명 날카로운 칼날.
예인-선(曳引船)명 (줄을 매어) 다른 배를 끄는 배. 예선(曳船).
예ː입(預入)명하타 돈을 은행 따위에 맡김. 예금을 함. ¶ 수금한 돈을 은행에 예입하다.
예ː입-금(預入金)[-끔]명 예입한 돈.
예ː자(隸字)명 예서체(隸書體)의 글자.
예ː작-부(例作府)[-뿌]명 신라 때에, 영선(營繕)에 관한 일을 맡아보던 관청.
예ː장(銳將)명 날쌘 장수.
예장(禮狀)명 ①☞혼서(婚書). ②사례(謝禮)의 편지.
예장(禮裝)명하자 예복을 입음, 또는 그 복장. 예복 차림.
예장(禮葬)명 ①하타예도(禮度)를 갖추어 치르는 장례. ②지난날, '국장(國葬)'을 달리 이르던 말.
예장-함(禮狀函)명 혼서지(婚書紙)와 채단(采緞)을 담는 함.
예ː전명 오래된 지난날. ¶ 예전에는 미처 몰랐다.
예ː전(例典)명 규정된 법식.
예전(禮典)명 육전(六典)의 하나. 예조(禮曹)의 사무를 규정한 책.
예전(禮電)명 ①사례(謝禮)의 전보. ②의례적(儀禮的)인 전보.
예절(禮節)명 예의와 절도. 예의범절. 예도(禮度). 의절(儀節).
예ː정(豫定)명하자타되자 앞으로 할 일 따위를 미리 정함. ¶ 출발 예정 시각. /내일 떠날 예정이다.
예ː정(豫程)명 일 따위의 예정된 과정이나 일정.
예ː정(穢政)명 ☞비정(秕政).
예ː정-설(豫定說)명 ①기독교 신학에서, 인간이 구원받느냐, 멸망하느냐 하는 것은 미리 정해져 있다는 설. ②모든 일은 자유로운 의지나 행위까지도 포함하여, 미리 정해져 있다는 설.
예ː정-일(豫定日)명 예정한 날짜. 예정되어 있는 날짜. ¶ 분만(分娩) 예정일.
예ː정^조화설(豫定調和說)명 라이프니츠의 철학에서, 각 단자(單子)가 독립하여 자기 발전을 하는 존재이면서, 서로 일치하여 세계의 질서를 유지하고 있는 것은, 신이 예정해 놓은 각 단자 사이의 조화에 의한 것이라는 설.

예ː정-표(豫定表)명 예정을 적어서 표로 만들어 놓은 것. ¶ 작업 예정표.

예-제명 여기와 저기.

예ː제(例祭)명 해마다 일정한 시기에 지내는 제사. 항례(恒例)대로 지내는 제사.

예ː제(例題)명 교과 내용 따위의 이해를 돕기 위하여, 또는 연습을 시키기 위하여 보기로서 내는 문제.

예ː제(睿製)명하타 왕세자나 왕세손이 글을 지음, 또는 그 글.

예ː제(豫題)명 예상한 문제. 넌지시 미리 알려 준 글제.

예제(禮制)명 상례(喪禮)에 관한 제도.

예ː조(枘鑿)명 〈방예원조(方枘圓鑿)〉의 준말.

예ː조(銳爪)명 날카로운 손톱이나 발톱.

예조(禮曹)명 고려·조선 시대의 육조(六曹)의 하나. 예악(禮樂)·제사(祭祀)·연향(宴享)·조빙(朝聘)·학교·과거 등에 관한 일을 맡았음.

예조^판서(禮曹判書)명 조선 시대에, 예조의 정이품. 으뜸 벼슬. 준예판(禮判).

예ː종(隷從)명하자 남에게 예속됨. 남의 지배 아래 있으면서 시키는 대로 복종함.

예ː좌(猊座)명 〔'예(猊)'는 사자(獅子)의 뜻으로〕 ①부처가 앉는 자리. ②고승(高僧)이 앉는 자리. ③☞사자자리.

예주(禮奏)명 연주회 때, 앙코르에 응하여 답례(答禮)로 하는 연주.

예ː증(例症)명 늘 앓고 있는 병. 지병(持病).

예ː증(例證)명하타 실례(實例)를 들어 증명함. 또는 증거로 드는 예. ¶ 예증을 들다.

예ː지(睿旨)명 왕세자가 임금을 대신하여 통치할 때 내리는 명령.

예ː지(銳志)명 예기(銳氣) 있는 마음.

예ː지(銳智)명 예민한 지식. 날카로운 지혜.

예ː지(叡智)명 사물의 본질을 꿰뚫는 뛰어난 지혜.

예ː지(豫知)명 ①하타미리 앎. 사전에 앎. 예견(豫見). ②심령 현상의 한 가지. 이론적 추론으로는 불가능한 장래의 사상(事象)을 미리 지각하는 초감각적 지각, 또는 그런 능력.

예ː진(銳進)명하자 씩씩하게 나아감.

예ː진(豫診)명하타 본격적인 진찰을 하기 전에 미리 간단하게 병의 상태를 진찰함, 또는 그 진찰.

예ː차(預差)명하타 지난날, 유사시에 쓸 차비관(差備官)을 미리 정하던 일, 또는 장차 차비관으로 임용될 사람을 일컫던 말.

예찬(禮讚)명 ①하자·타존경하여 찬양함. 매우 좋게 여겨 찬양하고 감탄함. ¶ 청춘을 예찬하다. /장군의 업적을 예찬하다. ②하타부처께 예배하고 그 공덕을 기림.

예참(禮參)명하자 부처나 보살 앞에 예배함.

예참(禮懺)명하자 부처나 보살 앞에 예배하고 죄를 참회함.

예철(睿哲) '예철하다'의 어근.

예ː철-하다(睿哲-)형여 뛰어나게 총명하다.

예총(禮銃)명 의식(儀式)에서, 경의를 나타내기 위하여 쏘는 공포(空砲)의 총. ¶ 예총을 쏘다. 참예포(禮砲).

예ː측(豫測)명하자·타되자 앞으로의 일을 미리 짐작함. 예료(豫料). 예탁(豫度). ¶ 예측 불허. /경기 결과를 예측하기가 어렵다.

예ː치(預置)명하타 맡겨 둠. ¶ 법원에 공탁금을 예치하다.

예ː치-금(預置金)명 ①맡겨 둔 돈. ②보조 장부에 수지 명세를 기록하거나, 원장(元帳)에 한 과목을 만들어 그것만으로 정리해도 되는 예금.

예ː컨-대(例-)부 예를 들건대. 이를테면.

예ː탁(預託)명하타 부탁하여 맡겨 둠. ¶ 예탁 증서.

예ː탁(豫度)명하타되자 ☞예측(豫測).

예ː탁(豫託)명하타 미리 부탁함.

예ː탁-금(豫託金)[-끔]명 금융 기관, 특히 증권 회사에 맡겨 둔 돈. ¶ 고객 예탁금.

예ː탐(豫探)명하타 ①되자미리 탐지함. ②〈여탐〉의 본딧말.

예ː탐-굿(豫探-)[-굳]명 〈여탐굿〉의 본딧말.
* 예ː탐굿이[-구시]·예ː탐굿만[-군-]

예ː탐-꾼(豫探-)명 미리 탐지하는 사람.

예ː토(穢土)명 불교에서, 더러운 땅. 곧, '이승'을 이르는 말. ↔정토(淨土).

예ː통(豫通)명하타 미리 알림.

예ː투(例套)명 상례가 된 버릇.

예판(禮判)명 〈예조 판서(禮曹判書)〉의 준말.

예ː팔(隷八)명 예서(隷書)와 팔분(八分).

예ː-팥[-팓]명 길쭉하게 생긴 붉은빛의 팥.
* 예ː팥이[-파치]·예ː팥을[-파틀]·예ː팥만[-판-]

예ː편(豫編)명하자되자 예비역(豫備役)으로 편입함. ¶ 중장으로 예편하다.

예폐(禮幣)[-폐/-페]명 경의를 표하기 위하여 보내는 물건.

예포(禮砲)명 의식(儀式)에서, 경의(敬意)를 나타내기 위하여 쏘는 공포(空砲). 참예총.

예ː풍(藝風)명 예술이나 기예·연예 따위의 경향. ¶ 스승의 예풍을 따르다.

예ː필(睿筆)명 왕세자(王世子)의 글씨.

예ː하(例下)명하타 (상급 기관이나 손윗사람이) 물건이나 물품을 정례(定例)에 따라서 내려 줌.

예ː하(猊下)명 ①고승(高僧)의 경칭(敬稱)으로 쓰는 말. ②중에게 편지를 보낼 때, 그 법명(法名) 아래 쓰는 말.

예ː하(隷下)명 딸림, 또는 딸린 사람. ¶ 맹호 사단의 예하 부대(部隊).

예-하다(禮-)자여 경의를 표하기 위하여 말이나 인사를 하다.

예ː학(睿學)명 왕세자가 닦는 학문.

예학(禮學)명 예법에 관한 학문.

예항(曳航)명하타 (자력으로 운항할 수 없는) 배 따위를 끌고 항행함. 인항(引航).

예ː해(例解)명하타 예를 들어 해석하거나 설명함, 또는 그 해석이나 설명.

예ː행(豫行)명하타 (의식이나 행사 따위를) 정식으로 하기 전에 미리 해 봄.

예ː행-연습(豫行演習)[-년-]명 무슨 행사를 개최하기 전에 그 당일과 꼭 같은 순서로 해 보는 종합적인 연습. 참리허설.

예ː혈(預血)명하자 필요할 때 수혈용의 혈액을 얻기 위하여, 미리 혈액은행에 혈액을 제공함.

예ː화(例話)명 실례(實例)로 드는 이야기.

예화(禮化)명 예의와 교화(敎化).

예ː-황제(-皇帝)명 하는 일 없이 편하게만 지내는 임금.

예황제 부럽지 않다속담 아주 편하게 지내다.

예ː회(例會)[-회/-훼]명 날짜를 정하여 정기적으로 여는 모임.

예ː획(隸畫)[-획/-훽]명 예서(隸書)의 자획(字畫).

예ː후(豫後)명 ①하타병에 걸렸을 때, 그 병의 앞으로의 경과가 어떠할 것인가에 대하여 의학적으로 전망함, 또는 그런 병의 증세. ②병후(病後)의 경과. ¶ 예후가 좋다. /예후가 좋지 않아 걱정이다.

옌ː장감 실망의 뜻을 나타낼 때 하는 소리. ¶ 옌장, 오늘도 틀렸구나.

옐로ː^저ː널리즘(yellow journalism)명 개인의 비밀·추문(醜聞)을 폭로하는 따위 흥미 위주의 저속하고 선정적인 기사를 주로 다루는 신문, 또는 그런 논조. 참옐로 페이퍼.

옐로ː-카ː드(yellow card)명 ①축구 경기 등에서, 고의로 반칙을 한 선수에게 주심이 경고의 뜻으로 내보이는 노란빛 카드. ②해외여행 때, 방역상(防疫上) 필요한 예방 접종을 전부 마쳤음을 증명하는 카드.

옐로ː^페이퍼(yellow paper)명 개인의 비밀·추문(醜聞)을 폭로하는 따위 흥미 위주의 저속하고 선정적인 기사를 주로 다루는 신문. 황색신문(黃色新聞). 참옐로 저널리즘.

옛ː[옏]관 지나간 때의. 예전의. 옛날의. ¶ 옛 형벌 제도. /옛 세시 풍속.

옛ː-것[옏껃]명 오래된, 옛날의 것.

옛ː-글[옏끌]명 ①옛사람의 글. ¶ 옛글을 익히다. ②옛말을 적은 글.

옛ː-길[옏낄]명 예전에 지나다니던 길.

옛ː-날[옌-]명 오래된 지난날. 옛 시대. 석일(昔日). ¶ 옛날에 살던 집.

옛날 갑인(甲寅) 날 콩 볶아 먹은 날속담 아주 오랜 옛날이라는 뜻.

옛날 옛적관용 썩 오래된 옛적.

옛ː날-얘기[옌-래-]명 〈옛날이야기〉의 준말.

옛ː날-이야기[옌-리-]명 옛날부터 전해 내려오는 이야기. 고담(古談). 옛말. 옛이야기. 준옛날얘기.

-옛다어미 〈옛〉-어 있다. -었다. ¶ 거츤 뜰헤 橘柚ㅣ 드리옛고(杜初6:26). /諸葛의 큰 일후미 宇宙에 드리옛느니(杜初6:32).

옛ː-말[옌-]명 ①지금은 쓰이지 않는 옛날 말. 고어(古語). ②옛날부터 전해 오는 속담. 고언(古諺). ¶ 옛말에 발 없는 말이 천 리를 간다고 했것다. ③옛날이야기. ④하자지난 일을 회상하는 말. ¶ 옛말하며 재미있게 살게 되겠지.

옛말 그른 데 없다속담 예부터 전해 내려오는 말은 옳지 않은 것이 없다는 말.

옛ː-사람[옏싸-]명 ①옛날 사람. 고인(古人). ②지금은 죽고 없는 사람. ¶ 벌써 옛사람이 되었구나.

옛ː-사랑[옏싸-]명 ①지난날에 하였던 사랑. ②지난날의 애인(愛人).

옛-스럽다형ㅂ '예스럽다'의 잘못.

옛ː-시조(-時調)[옏씨-]명 ☞고시조.

옛ː-이야기[옌니-]명 옛날이야기.

옛ː-이응[옌니-]명 한글의 옛 자모(字母) 중, 'ㆁ'의 이름.

옛ː-일[옌닐]명 ①옛날의 일. ②지나간 과거의 일. ¶ 옛일은 잊어버리자.

옛ː-적[옏쩍]명 옛날. 오래전에 지나간 때. 석시(昔時). ¶ 옛적 일. /옛적부터 전해 온 전설.

옛ː-정(-情)[옏쩡]명 지난날 사귀던 정. ¶ 옛정을 생각해서도 그럴 수는 없지.

옛ː-집[옏찝]명 ①옛날의 집. 오래 묵은 집. ②예전에 살던 집. ¶ 고향의 옛집이 생각나다.

옛ː-터[옏-]명 옛날에 어떤 건물이나 시설 또는 어떤 사건이 있었던 곳. 고적(古跡). ¶ 안압지는 신라 왕궁의 옛터라고 한다.

옜네[옌-]감 '여기 있네'가 줄어서 된 말. 하게할 사람에게 무엇을 주려고 부르는 말. ¶ 옜네, 지난번에 빌려 갔던 책인데 잘 읽었네.

옜다[옏따]감 ①'여기 있다'가 줄어서 된 말. 해라할 사람에게 무엇을 주려고 부르는 말. 어따. ¶ 옜다, 이거 네가 가져라. ②'에라, 모르겠다'의 뜻을 나타내는 말. ¶ 옜다, 이거나 먹어라.

옜소[옏쏘]감 '여기 있소'가 줄어서 된 말. 하오할 사람에게 무엇을 주려고 할 때 부르는 말. ¶ 옜소, 돈 가져가오.

옜습니다[옏씀-]감 '여기 있습니다'가 줄어서 된 말. 합쇼할 사람에게 무엇을 주려고 할 때 부르는 말. ¶ 옜습니다, 세어 보십시오. /옜습니다, 이만하면 만족하시겠습니까?

오[1]명 한글 자모(字母)의 모음 'ㅗ'의 이름.

오ː[2]감 ①〈옳지〉·〈옳아〉·〈옳다구나〉의 준말. ¶ 오, 그렇게만 계속하면 된다네. /오, 그랬었구나. ②〈오냐〉의 준말. ¶ 오 그래, 곧 나간다니까.

오ː[3]준 '오다'의 하오체 명령형 '오오'가 줄어든 말. ¶ 이리 오.

오ː(午)명 ①십이지(十二支)의 일곱째. ②〈오방(午方)〉의 준말. ③〈오시(午時)〉의 준말.

오ː(伍)명 ①군대의 편제(編制)에서 다섯 사람으로 이루어진 한 조. ②(대열에서) 종대로 늘어섰을 때의 옆으로의 한 조. 또는, 횡대로 늘어섰을 때의 앞뒤로의 한 조. ¶ 오와 열을 맞추다. 참열(列).

오(墺)명 〈오지리(墺地利)〉의 준말.

오ː(O)명 ①산소의 원소 기호. ②ABO식 혈액형의 하나.

오ː(五) Ⅰ수 다섯.
Ⅱ관《수량을 나타내는 말 앞에 쓰이어》 ①그 수량이 다섯임을 나타내는 말. ¶ 오 년. /오 개월. ②그 순서가 다섯 번째임을 나타내는 말. ¶ 오 조. /오 반 어린이들.

오ː-접두 〈올-〉의 준말. ¶ 오조.

-오-선미 모음이나 'ㄹ'로 끝난 용언의 어간 또는 높임의 '-시-'에 붙어, '-옵-'의 'ㅂ'이 모음이나 '-니'·'-리'·'-면' 등의 어말 어미 앞에서 줄어진 선어말 어미. ¶ 가오면. /가오리다. /하오면. 참-으오-.

-오어미 모음이나 'ㄹ'로 끝난 용언의 어간 또는 높임의 '-시-'에 붙어, 현재의 동작이나 상태에 대한 서술이나 의문 또는 어찌하라고 시키는 뜻을 나타내는 하오체의 종결 어미. ¶ 따님이 참 예쁘오. /어서 가시오. 참-으오·-소.

오조 〈옛〉인고. ¶ 蟾셤江강은 어듸메오(鄭澈.關東別曲).

-오어미 〈옛〉-고. ¶ 精舍 뮝ᄀᆞ오(月釋1:6).

오ː가(五歌)명 판소리 열두 마당 중에서, 지금까지 불려지는 '춘향가·심청가·흥부가·수궁가·적벽가'의 다섯 가지.

오-가다자타 ①무엇을 주거니 받거니 하다. ¶ 편지가 오가다. /선물이 오가다. ②오고 가고 하다. 왕래하다. ¶ 거리를 오가는 사람들.

오가리명 ①박·호박·무 따위의 살을 가늘고 길게 오려 말린 것. ¶ 호박 오가리. /무 오가리. ②식물의 잎이 마르거나 병이 들어 오글쪼글하게 된 것. 준오갈.

오가리(가) 들다〔지다〕관용 (식물의 잎 따위가) 병들고 말라서 오글쪼글하게 되다. 오갈(이) 들다.

오가리명 〈옛〉 왜가리. ¶ 오가리: 靑鶬(四解下38).
오가리-솥[-솓]명 위가 안쪽으로 옥은 옹솥. * 오가리솥이[-소치]·오가리솥을[-소틀]·오가리솥만[-손-]
오ː가-재비(五-)명 굴비나 준치 자반 따위를 한 줄에 다섯 마리씩 엮은 것.
오ː가-피(五加皮)명 ☞오갈피.
오ː가피-나무(五加皮-)명 ☞오갈피나무.
오ː가피-주(五加皮酒)명 ☞오갈피술.
오ː각(五角)명 다섯모.
오ː각(五覺)명 ☞오감(五感).
오ː-각(O脚)명 ☞내반슬(內反膝). ↔엑스각.
오ː각-기둥(五角-)[-끼-]명 밑면이 오각형으로 된 각기둥.
오각-대(烏角帶)[-때]명 조선 시대에, 벼슬아치들이 띠던 품대(品帶)의 한 가지. 정칠품에서 종구품 사이의 벼슬아치들이 띠었으며, 은테두리에 검은 뿔 조각을 붙였음.
오ː각-뿔(五角-)명 밑면이 오각형으로 된 각뿔.
오ː각-주(五角柱)[-쭈]명 '오각기둥'의 구용어.
오ː각-추(五角錐)명 '오각뿔'의 구용어.
오ː각-형(五角形)[-가켱]명 다섯모가 진 평면도형. 오변형(五邊形).
오ː간(午間)명 한나절. 낮때.
오갈명 〈오가리〉의 준말.
오갈(이) 들다관용 ①☞오가리(가) 들다. ②두려움에 기운을 펴지 못하다. ¶ 형 앞에서는 오갈이 들어 말도 제대로 못한다.
오ː갈피(←五加皮)명 한방에서, '오갈피나무의 뿌리껍질'을 약재로 이르는 말. 성질은 온하며 강장제나 진통제로 쓰이고, 오갈피술을 만드는 데도 쓰임. 오가피.
오ː갈피-나무(←五加皮-)명 두릅나뭇과의 낙엽 활엽 관목. 산지에 흔히 나는데 높이는 3~4 m. 줄기에 가시가 있고 잎은 손바닥 모양의 겹잎임. 여름에 자줏빛의 잔꽃이 뭉쳐 피고, 열매는 가을에 검게 익음. 한방에서 뿌리껍질을 '오갈피'라 하여 약재로 씀. 오가피나무.
오ː갈피-술(←五加皮-)명 오갈피를 삶은 물로 담근 술. 허리 아픈 데에 약으로 쓰임. 오가피주.
오ː감(五感)명 시각·청각·후각·미각·촉각의 다섯 감각. 오각(五覺). ¶ 오감을 동원하다.
오ː감-스럽다[-따][~스러우니·~스러워]형ㅂ 언행이 괴벽하고 경망스럽다. ¶ 그분은 말투가 오감스러워서 함께 이야기하기가 어렵다. **오감스레**부.
오ː감-하다형여 분수에 맞아 만족히 여길 만하다. ¶ 여기 있게 해 주시는 것만 해도 오감합니다.
오ː강(五江)명 지난날, 서울 근처의 한강(漢江)·용산(龍山)·마포(麻浦)·현호(玄湖)·서강(西江) 등 주요 나루가 있던 다섯 군데의 강마을을 이르던 말.
오강 사공의 닻줄 감듯속담 둘둘 잘 감아 동인다는 말.
오ː-거리(五-)명 길이 다섯 방향으로 갈라진 곳.
오ː거-서(五車書)명 〔다섯 수레에 실을 만한 책이라는 뜻으로〕 많은 장서(藏書)를 이르는 말. 오거지서(五車之書).
오ː거지서(五車之書)명 ☞오거서.
오ː견(誤見)명 잘못된 생각. 그릇된 견해.
오ː결(誤決)명하타 잘못 처결(處決)함, 또는 그 처결.
오ː경(五更)명 하루의 밤을 다섯으로 나눈 다섯째 시각. 상오 3시부터 5시까지. 무야(戊夜). 잔경(殘更).
오ː경(五硬)명 한방에서, 어린아이의 체질에 따라 생기는 '다섯 군데의 병적 증상'을 이르는 말. 〔손·다리·허리·살·목이 뻣뻣해짐.〕 ↔오연(五軟).
오ː경(五經)명 ①유학(儒學)의 다섯 경서(經書). 곧, 시경(詩經)·서경(書經)·주역(周易)·예기(禮記)·춘추(春秋). ②동양 고대의 다섯 의서(醫書). 곧, 소문(素問)·영추(靈樞)·난경(難經)·금궤요략(金匱要略)·갑을경(甲乙經). ③☞모세 오경.
오경(烏鏡)명 〈오수경(烏水鏡)〉의 준말.
오ː경-박사(五經博士)[-싸]명 백제 때, 오경(五經)에 능통한 학자에게 주던 칭호.
오ː계(五戒)[-계/-게]명 ①☞세속 오계(世俗五戒). ②불교에서, 신남(信男) 신녀(信女)들이 지켜야 할 다섯 가지 금계(禁戒). 곧, 망어(妄語)·사음(邪淫)·살생(殺生)·음주(飮酒)·투도(偸盜)를 이름.
오ː계(午鷄)[-계/-게]명 한낮에 우는 닭.
오ː계(悟界)[-계/-게]명 불교에서, 오도(悟道)의 세계를 이르는 말. ↔미계(迷界).
오계(烏鷄)[-계/-게]명 ①털의 빛깔이 모두 새까만 닭. ②〈오골계〉의 준말.
오ː계(誤計)[-계/-게]명하타 계획을 그릇되게 함.
오ː고(五苦)명 〔불교에서〕 ①인생의 다섯 가지 괴로움. 곧, 생로병사(生老病死)의 사고(四苦)와 애별리고(愛別離苦)를 아울러 이름. ②미계(迷界)의 다섯 가지 괴로움. 곧, 제천고(諸天苦)·인도고(人道苦)·축생고(畜生苦)·아귀고(餓鬼苦)·지옥고(地獄苦).
오ː고(午鼓)명 지난날, 임금이 정전(正殿)에 있을 때, 정오를 알리기 위해 치던 북.
오ː곡(五穀)명 ①다섯 가지 주요 곡식. 곧, 쌀·보리·조·콩·기장. ②'온갖 곡식'을 통틀어 이르는 말. ¶ 오곡이 무르익는 가을.
오ː곡-반(五穀飯)[-빤]명 ☞오곡밥.
오ː곡-밥(五穀-)[-빱]명 다섯 가지 곡식을 섞어 짓는 별식의 한 가지. 음력 정월 대보름에 쌀·차조·붉은팥·찰수수·검은콩을 섞어 지어 먹음. 오곡반(五穀飯).
오ː곡-백과(五穀百果)[-빽꽈]명 온갖 곡식과 과실.
오ː곡-수라(←五穀水剌)[-쑤-]명 지난날, 궁중에서 임금에게 차려 올리는 '오곡밥'을 이르던 말.
오ː곡-충(五穀蟲)명 똥에 생긴 구더기.
오골-계(烏骨鷄)[-계/-게]명 닭의 한 품종. 동남아시아 원산으로, 깃털·가죽·살·뼈가 모두 검은 빛깔임. 민간에서 풍병·습증·허약증 등에 약으로 씀. 준오계(烏鷄).
오공(蜈蚣)명 ①☞지네. ②한방에서, '말린 지네'를 약재로 이르는 말. 어린이의 경풍·림프선염·늑막염 등에 씀.
오공-계(蜈蚣鷄)[-계/-게]명 닭의 내장을 빼고 말린 지네를 넣어 곤 국. 부족증(不足症)·내종(內腫) 등에 약으로 먹음.
오ː공-이(悟空-)명 〔손오공(孫悟空)처럼 생겼다는 뜻으로〕 '몸이 작고 옹골찬 사람'을 농으로 이르는 말.
오공-철(蜈蚣鐵)명 ☞지네철.
오ː과(五果)명 다섯 가지 주요 과실. 곧, 복숭아·자두·살구·밤·대추.
오ː과-다(五果茶)명 ☞오과차(五果茶).

오과리명 〈옛〉 왜가리. ¶ 오과리 쟝:鶬(訓蒙上15).

오:과-차(五果茶)명 호두·은행·대추·밤·곶감을 새앙과 짓이겨 두었다가 달인 차. 감기나 기침이 잦을 때 상약으로 마심. 오과다(五果茶).

오:관명 화투나 골패로 혼자서 하는 놀이.

오관(을) 떼다관용 오관을 놀다. ¶ 오관을 떼면서 소일하다.

오:관(五官)명 오각(五覺)을 일으키는 다섯 가지 감각 기관. 곧, 눈〔시각〕·귀〔청각〕·코〔후각〕·혀〔미각〕·피부〔촉각〕.

오:관(五款)명 천도교에서, 교인이 하는 다섯 가지 수도 행사를 이르는 말. 곧, 주문(呪文)·청수(淸水)·시일(侍日)·성미(誠米)·기도(祈禱).

오:-광대(五-)명 동래·통영·고성 등지에서 전해 내려오는 가면극. 음력 정월 보름에 펼치는 놀이로 대개 다섯 마당으로 이루어지며, 다섯 광대가 춤을 추는데 덧보기춤이 특색임.

오괴(迂怪) '오괴하다'의 어근.

오:괴-하다(迂怪-)〔-괴-/-궤-〕형여 물정에 어둡고 성미가 괴까다롭다. 본우괴하다.

오:교(五敎)명 ①오륜(五倫)의 가르침. ②신라 시대에, 불교의 다섯 종파인 열반종(涅槃宗)·남산종(南山宗)·법성종(法性宗)·화엄종(華嚴宗)·법상종(法相宗)을 아울러 이르는 말.

오:교(誤校)명 잘못된 교정(校正).

오구명 어구(漁具)의 한 가지. 굵은 실을 용수 모양으로 떠서 아가리에 둥근 테를 메운 위에 '+' 자 모양의 긴 자루를 맨 것.

오:구(汚垢)명 더러운 때.

오구(烏口)명 ☞가막부리.

오구(烏韭)명 ☞맥문동(麥門冬).

오구-굿〔-굳〕명 죽은 이의 넋을 극락세계로 인도하는 굿. ＊오구굿이〔-구시〕·오구굿만〔-군-〕

오구-나무(烏口-)명 대극과의 낙엽 교목. 높이는 10m가량. 잎은 둥글넓적하며 꽃은 6~7월에 피고, 가을에 흑갈색 열매를 맺음. 씨껍질에 지방이 많아 비누나 양초의 원료로 쓰임. 오구목.

오구-목(烏口木)명 ☞오구나무.

오구-잡탕(烏口雜湯)명 추잡한 짓을 일삼는 잡된 무리들. ¶ 오구잡탕만 들끓는 그곳에 네가 왜 가겠다는 것이냐?

오:-구족(五具足)명 불전(佛前)을 장식하는 다섯 가지 기구. 곧, 촛대 둘, 화병 둘, 향로 하나를 이름.

오:국(誤國)명하자 나라의 일을 그르침.

오:-군문(五軍門)명 ☞오군영(五軍營).

오:-군영(五軍營)명 임진왜란 이후에, 오위(五衛)를 고쳐 두었던 다섯 군영. 훈련도감·총융청(摠戎廳)·수어청(守禦廳)·어영청(御營廳)·금위영(禁衛營)을 통틀어 이르는 말. 오군문(五軍門). 오영문(五營門).

오:궁-도화(五宮桃花)명 바둑에서, 다섯 집으로 이루어진 말의 집이 열십자로 벌여 서거나 두 줄로 늘어선 형세를 이르는 말. 〔이 경우 상대편이 치중하면 그 말이 죽게 됨.〕

오귀-굿(惡鬼-)명 '오구굿'의 잘못.

오귀-발명 ☞불가사리².

오그라-들다〔~드니·~들어〕자 ①오그라져 작아지거나 오목하게 되다. ¶ 잎이 말라 오그라들다. 큰우그러들다. ②(형편이나 살림살이 등이) 이전보다 못하게 되어 가다. ¶ 오그라든 살림살이.

오그라-뜨리다타 힘을 주어 오그라지게 하다. 오그라트리다. ¶ 깡통을 오그라뜨리다. 큰우그러뜨리다.

오그라-지다자 ①물체가 안쪽으로 오목하게 휘어지다. 또는, 물체의 가장자리가 안쪽으로 옥아 들다. ¶ 마른 잎이 오그라지다. ②주름이 지거나 줄어드는 상태로 되다. ¶ 모직으로 된 옷이 오그라졌다. 큰우그러지다. ③길이·넓이·부피 따위가 작아지다. ¶ 풍선의 공기가 빠지면서 차차 오그라지다. ④두렵거나 춥거나 하여 몸이 옴츠러지다. ¶ 심한 추위로 몸이 오그라지는 느낌이었다. ⑤일이 잘 풀리지 아니하고 차차 글러지다. ¶ 불경기로 가뜩이나 영세한 사업 규모가 날로 오그라진다.

오그라-트리다타 오그라뜨리다. 큰우그러트리다.

오그랑-망태(-網-)명 아가리에 돌려 뀐 줄로 오그리거나 벌리게 된 망태기.

오그랑-오그랑부하형 여러 군데가 안쪽으로 오목하게 들어가고 주름이 많이 잡힌 모양. 준오글오글². 큰우그렁우그렁.

오그랑-이명 ①오그랑하게 생긴 물건. 큰우그렁이. ②'마음씨가 올바르지 아니한 사람'을 비유하여 이르는 말. ¶ 그런 오그랑이에게 가까운 친구가 있을 리 있나?

오그랑-장사명 들인 밑천만 먹어 들어가는 장사. 밑지는 장사. 준옥장사.

오그랑-쪼그랑부하형 여러 군데가 오그라지고 쪼그라진 모양. ¶ 박을 잘못 말려서 오그랑쪼그랑해졌다. 준오글쪼글. 큰우그렁쭈그렁.

오그랑-쪽박〔-빡〕명 ①오그라진 작은 바가지. 큰우그렁쪽박. ②'규모나 형세가 형편없이 된 상태'를 비유하여 이르는 말. ¶ 신세가 아주 오그랑쪽박일세.

오그랑-하다형여 안쪽으로 조금 오그라져 있다. ¶ 오그랑한 바가지. 큰우그렁하다.

오그르르부 ①하형(작은 벌레 따위가) 좁은 곳에 많이 모여 있는 모양. ②하자(좁은 그릇에서) 적은 물이 야단스럽게 끓어오르는 소리, 또는 그 모양. ¶ 찻주전자에 찻물이 오그르르 끓고 있다. 큰우그르르.

오그리다타 오그라지게 하다. ¶ 다리를 오그리고 앉다. 큰우그리다.

오:극(五極)명 다섯 가지의 더없이 훌륭한 덕(德). 곧, 인(仁)·의(義)·예(禮)·지(智)·신(信).

오:근(五根)명 〔불교에서〕 ①보고, 듣고, 맡고, 맛보고, 접촉하는 감각 기관인 눈·귀·코·혀·몸의 다섯 가지를 이르는 말. 〔여기서의 '근(根)'은 '기관(器官)'을 뜻함.〕 ②번뇌에서 벗어나 깨달음에로 나아가게 하는 다섯 가지의 좋은 방법. 곧, 신근(信根)·정진근(精進根)·염근(念根)·정근(定根)·혜근(慧根).

오글-거리다자 ①액체가 오그르르 끓다. ②(벌레 따위가) 오그르르 모여 자꾸 움직이다. 오글대다. 큰우글거리다.

오글-대다자 오글거리다.

오글-보글부하자 액체가 오글거리고 보글거리면서 끓는 소리, 또는 그 모양. ¶ 된장찌개가 오글보글 끓는다. 큰우글부글.

오글-오글¹부하자 ①(벌레 따위가) 한곳에 많이 모여 자꾸 움직이는 모양. ¶ 썩은 나무 밑동에 개미가 오글오글 모여 있다. ②(액체 따위가) 오그르르 끓어오르는 소리, 또는 그 모양. ¶ 찌개가 오글오글 끓다. 큰우글우글¹.

오글-오글²부하형 〈오그랑오그랑〉의 준말. 큰우글우글².

오글-쪼글부하형 〈오그랑쪼그랑〉의 준말. 큰우글쭈글.

오금명 ①무릎이 구부러지는, 다리의 뒤쪽 부분. 뒷무릎. ②〈팔오금〉의 준말. ③〈한오금〉의 준말.

오금아 날 살려라관용 도망칠 때, 다리가 빨리 움직여지기를 비는 마음에서 하는 소리. 참걸음아 날 살려라.

오금에서 불이 나게관용 무엇을 찾거나 구하려고 부지런히 움직임을 형용하는 말. ¶ 돈을 좀 구하려고 오금에서 불이 나게 싸다녀도 못 구하였다.

오금을 못 쓰다관용 몹시 마음이 끌리어 어쩔 줄을 몰라 하다. 오금을 못 펴다. ¶ 그저 영화라면 오금을 못 쓴다.

오금을 못 추다관용 힘이 빠지거나 병이 들어서서 제 몸을 가누지 못하다.

오금을 못 펴다관용 ☞오금을 못 쓰다.

오금(을) 박다관용 장담하던 이가 그와 반대되는 언행을 할 때, 그 장담하던 말을 들추어 몹시 공박하다. ¶ "네 입으로 전에 그렇게 말했잖아!" 하고 오금을 박자, 그는 그만 입을 다물어 버렸다.

오금이 굳다관용 꼼짝 못하게 되다. ¶ 몰래 외출하려다가 아버지와 딱 마주치자 그만 오금이 굳어 버렸다.

오금(이) 뜨다관용 ①침착하게 한곳에 오래 있지 못하고, 들떠서 나덤비다. ②마음이 방탕하여 놀아나다.

오금(이) 박히다관용 장담하던 이가 그와 반대되는 언행을 할 때, 그 장담하던 말을 빌미로 몹시 공박당하다.

오금이 쑤시다관용 무슨 일을 하고 싶어 가만히 있을 수가 없다. ¶ 오금이 쑤셔 견딜 수가 없다.

오금이 저리다관용 저지른 잘못이 들통이 나거나 또는 그것 때문에 어떤 벌이 내릴 것 같아 마음을 졸이다. ¶ 제가 저지른 죄가 있는 터라 오금이 저리겠지.

오:금(五金)명 다섯 가지의 주요한 금속. 곧, 금(金)·은(銀)·동(銅)·철(鐵)·주석(朱錫).

오금(烏金)명 ①장식용의 검붉은 금속. 구리에 1~10%의 금을 섞어 만든 합금. ②'적동(赤銅)' 또는 '철(鐵)'을 달리 이르는 말. ③'먹'을 달리 이르는 말.

오금-대패명 재목을 둥글고 우묵하게 우비어 깎는 대패.

오금-탱이명 '오금팽이'의 잘못.

오금-팽이명 ①'오금'을 홀하게 이르는 말. ②구부러진 물건의 굽은 자리의 안쪽.

오긋-오긋[-그도귿]부하형 여러 군데가 모두 오긋한 모양. 큰우긋우긋.

오긋-하다[-그타-]형여 안쪽으로 조금 옥은 듯하다. ¶ 오긋한 이. 큰우긋하다. **오긋-이**부.

오:기(五氣)명 ①목(木)·화(火)·토(土)·금(金)·수(水)의 오행(五行)의 기(氣). ②중앙·동·서·남·북의 다섯 방위. ③한방에서 이르는 다섯 가지 병증. 곧, 추운 기운〔寒〕, 더운 기운〔暑〕, 바람기〔風〕, 속이 타는 듯한 기운〔燥〕, 습한 기운〔濕〕.

오:기(傲氣)명 힘이 달리면서도 남에게 지기 싫어하는 마음. ¶ 오기를 부리다. /끝까지 오기로 버티다.

오기에 쥐 잡는다속담 쓸데없는 오기를 부리다가 낭패를 본다는 말.

오:기(誤記)명하타되자 글자나 글을 잘못 적음, 또는 잘못 적힌 글자나 글. ¶ 오기가 많다.

오나-가나부 오는 경우나 가는 경우나 다름이 없이. 가는 데마다 어디서든지. 가나오나. ¶ 오나가나 고생스럽기는 마찬가지다.

오나니슴(Onanisme 프)명 자위 행위. 수음(手淫).

오날나라[-라-]명 '오늘'의 심마니말.

오:납(誤納)명하타 (세금 따위를) 잘못 납부함.

오:낭(五囊)명 죽은 이를 염(殮)할 때, 그의 머리털과 좌우의 손톱·발톱을 잘라서 넣는 다섯 개의 작고 붉은 주머니.

오:내(五內)명 한방에서, '오장(五臟)'을 달리 이르는 말.

오:냐감 ①아랫사람의 물음이나 청원에 대하여 승낙이나 동의를 나타내는 말. 그래[1]. ¶ 오냐, 알았다. /오냐, 허락하마. 준오[2]. ②혼잣말로 벼르거나 다짐하는 말. ¶ 오냐, 두고 보자.

오:냐오냐-하다자타여 어린아이의 응석이나 투정 따위를 다 받아 주다. ¶ 막내라고 오냐오냐했더니 너무 버릇이 없다.

오:너(owner)명 소유자, 특히 기업의 소유자.

오:너-드라이버(owner driver)명 자가운전자(自家運轉者).

오:너먼트(ornament)명 꾸밈음.

오:년(午年)명 태세(太歲)의 지지(地支)가 오(午)로 된 해. 곧, 말띠가 되는 해. 〔갑오년(甲午年)·무오년(戊午年) 따위.〕 말해.

오:뇌(懊惱)[-뇌/-눼]명하자 뉘우쳐 한탄하고 괴로워함.

오-누명 〈오누이〉의 준말.

오-누이명 오라비와 누이. 남매. 준오누·오뉘.

오-뉘명 〈오누이〉의 준말.

오뉘-죽(-粥)명 멥쌀에 잘게 간 팥을 섞어서 쑨 죽.

오:뉴-월(←五六月)명 ①'오월'과 '유월'을 아울러 이르는 말. ②〔음력 오월과 유월의 때로〕 한창의 여름철을 이름.

오뉴월 감기는 개도 아니 걸린다〔앓는다〕속담 여름철에 감기를 앓는 사람을 조롱하여 이르는 말.

오뉴월 개 가죽 문인가속담 추울 때 문을 열어 놓고 다니는 사람을 탓하여 이르는 말.

오뉴월 겻불도 쬐다 나면 서운하다〔섭섭하다〕속담 평소에 대단하지 않게 여기다가도 그것이 없어지면 아쉬움을 느낀다는 말.

오뉴월 더위에는 염소〔암소〕 뿔이 물러 빠진다속담 더위는 오뉴월에 가장 심하다는 말.

오뉴월 배 양반이오 동지섣달은 뱃놈속담 〔뱃사공이 물 위에서 여름에는 더운 줄 모르고 지내는 데 비하여 겨울에는 무척 고생스럽게 지낸다는 뜻으로〕 시절에 따라 세상의 대접이나 형편이 다른 직업이나 신분을 두고 하는 말.

오뉴월 소나기는 쇠등을 두고 다툰다속담 여름 소나기는 같은 시간에 아주 가까운 지역끼리도 내리는 곳과 그렇지 않은 곳이 있다는 말.

오뉴월 송장이라속담 '받들기 귀찮은 웃어른'을 욕으로 이르는 말.

오뉴월 쇠불알 (늘어지듯)속담 〔한더위 때 쇠불알이 축 늘어지듯〕 '사물이나 행동이 축 늘어져 있음'을 농조로 이르는 말.

오뉴월 쉬파리속담 '몹시 귀찮고 성가신 존재'를 조롱하여 이르는 말.

오뉴월 써렛발 같다관용 사물이 촘촘하지 못하고 드문드문하다는 말.

오뉴월 염천(炎天)관용 음력 오월과 유월의 더위가 한창 심한 때, 또는 그런 날씨.

오늘 Ⅰ명 ①지금 지내고 있는 이날. 금일(今日). 본일(本日). ②〈오늘날〉의 준말.
Ⅱ부 지금 지내고 있는 이날에. ¶ 오늘 해야 할 일.

오늘-껏[-껃]부 오늘까지. 오늘까지도 아직. ¶ 오늘껏 해결을 못 짓고 있다.

오늘-날[-랄]명 지금 지내고 있는 이 시대. 현금(現今). ¶ 오늘날의 학교 교육. 준오늘.

오늘-내일(-來日)[-래-]명 오늘이나 내일 사이. 가까운 시일 안. ¶ 뭐, 오늘내일로 될 일도 아니니 느긋하게 기다려 보세.

오늘내일-하다(-來日-)[-래-]자여 ①가까운 시일 안에 결말이 날 형세다. ¶ 병세가 위중하여 오늘내일한다. /해산날이 오늘내일한다. ②그날이 오기를 매우 고대하다. ¶ 답장을 오늘내일하며 기다리다.

오늬[-니]명 화살의 머리를 시위에 끼도록 에어 낸 부분. 광대싸리로 짧은 동강을 만들어 화살 머리에 붙임.

오늬-도피(-桃皮)[-니-]명 화살의 오늬를 싼 복숭아나무 껍질.

오ː니(汚泥)명 더러운 흙.

오니까조 모음으로 끝난 어간이나 높임의 '-시-'에 붙어, 현재의 상태를 묻는 합쇼체의 예스러운 종결형 서술격 조사. ¶ 그가 누구오니까?/그분이 누구시오니까? 참이오니까.

-오니까어미 모음이나 'ㄹ'로 끝난 용언의 어간 또는 높임의 '-시-'에 붙어, 현재의 상태를 묻는 합쇼체의 예스러운 종결 어미. ¶ 키가 얼마나 크오니까? 참-으오니까.

오ᄂᆞᆯ명 〈옛〉오늘. ¶ 오ᄂᆞᆯ 더ᄫᅳᆯ 슌죵ᄒᆞ면(五倫 *2:24*). /오ᄂᆞᆯ 다ᄅᆞ리잇가(龍歌*26*章). /오ᄂᆞᇗ나래 내내 우ᇫᄫᅩ리(龍歌*16*章).

오다[1][오너라] Ⅰ자타너라 ①(다른 데서 이쪽으로) 움직여 이동하다. ¶ 이리 오너라. /친구들이 우리 집에 왔다. ②어떤 직책이나 소임 따위를 띠고 부임하다. 《'-으로 오다'의 꼴로 쓰임.》 ¶ 이분이 이번에 교장으로 오신 분이다. ↔가다[1].
Ⅱ자너라 ①(때·기회·계절·사태 등이) 이르다. 닥치다. ¶ 결단할 때가 오다. /새봄이 왔다. ②(어떤 기준이나 정도에) 이르다. ¶ 물이 가슴까지 오는 강물을 가까스로 건넜다. ③(비·눈·서리·이슬 등이) 내리다. ¶ 비가 온다. /함박눈이 오다. ④(병이나 졸음 등이) 들거나 시작하다. ¶ 졸음이 오다. /어째 으슬으슬 추운 것이 감기라도 오려나. ⑤(전등·가스·수도 등이) 켜지거나 통하다. ¶ 전기가 오다. ⑥(어떤 일을 하는 데) 차례나 순서가 되다. ¶ 내 차례가 왔다. ⑦(관념·표상·기억 등이) 의식의 표면에 떠오르다. ¶ 멋진 아이디어가 머리에 왔다. ⑧(편지·전보·전갈·소식 등이) 전하여지거나 알려지다. ¶ 편지가 오다. /그가 온다는 전갈이 오다. ⑨'이르러'·'이르러서는'의 뜻을 나타냄. 《'와서·와서는'의 꼴로 쓰임.》 ¶ 철석같이 약속을 해 놓고 이제 와서 안 된다는 거요? ⑩《'-에서·-로부터' 등에 이어 쓰이어》 말미암아 생기다. 유래하다. ¶ 우리의 승리는 총화 단결에서 온 것이다. ①②⑤⑧↔가다[1].
Ⅲ타너라 그 목적으로 위치를 옮기다. ¶ 면회를 오다. /근친(覲親)을 오다. ↔가다[1].
오는 말이 고와야 가는 말이 곱다속담 남이 나를 정당히 대접해 주어야 나도 상대편을 정당히 대접해 주게 마련이라는 뜻.
오는 정이 있어야 가는 정이 있다속담 남이 나에게 잘해 주면 나도 그만큼 상대편에게 잘해 주게 된다는 말.
오라는 데는 없어도 갈 데는 많다속담 남이 긴히 여겨 주거나 청하여 주는 데는 없어도 자기로서는 가야 할 데나 하여야 할 일이 많다는 말.
오도 가도 못하다관용 한곳에서 자리를 옮기거나 움직일 수 없는 상태가 되다.

오다[2][오너라]조동너라 《연결 어미 '-아'·'-어' 뒤에 쓰이어》 ①어떤 행동이나 상태가 계속하여 진행됨을 나타냄. ¶ 십 년을 하루같이 살아온 원앙새 같은 부부. ②일정 기간이 차게 됨을 나타냄. ¶ 고향을 떠나온 지도 벌써 3년이 되어 온다. ③어떤 상태나 현상이 시작되거나 비롯됨을 나타냄. ¶ 동녘 하늘이 밝아 온다. /슬픔이 북받쳐 온다.

오다-가다부 ①오고 가는 겨를에. ¶ 오다가다 들르는 단골 서점. ②가끔 어쩌다가. ¶ 오다가다 들르는 사람이라 오늘도 들를지 어떨지는 알 수 없지. ③우연히. 가다오다. ¶ 오다가다 만난 사람.

오ː단(誤斷)명하타 그릇되게 판단함, 또는 그 판단.

오ː단계^교ː수법(五段階敎授法)[-계-뻡/-게-뻡]명 학습 지도에서의 전개 방법의 한 가지. 예비·제시·비교·총괄·응용의 다섯 단계로 이루어지는 방법을 이름.

오ː달-지다형 (허술한 데가 없이) 야무지고 실속이 있다. ¶ 오달진 대답. /나이에 비해 말씨가 오달지다. 준오지다·올지다.
오달지기는 사돈네 가을 닭이다속담 보기가 좋아도 나와는 아무 상관도 없고 실속도 없다는 말.

오ː답(誤答)명하자 틀린 답, 또는 틀린 답을 함. ↔정답(正答).

오ː대(五大)명 불교에서, 만물을 만들어 내는 주요 요소로서 '지(地)'·'수(水)'·'화(火)'·'풍(風)'·'공(空)'의 다섯 가지를 이르는 말. 오륜(五輪).

오ː대(五代)명 ①예기(禮記)에서, 중국 상고 시대의 '당(唐)·우(虞)·하(夏)·은(殷)·주(周)'를 이르는 말. ②중국에서, 당나라의 멸망에서부터 송나라가 성립하기까지의 사이에 흥망(興亡)했던 후량(後梁)·후당(後唐)·후진(後晉)·후한(後漢)·후주(後周)의 다섯 왕조, 또는 그 시대.

오ː대(五帶)명 지구 상의 다섯 기후대(氣候帶). 곧, 열대, 남·북반구의 온대, 남·북반구의 한대.

오대(烏臺)명 조선 시대에, '사헌부(司憲府)'를 달리 이르던 말.

오ː-대양(五大洋)명 지구 상의 다섯 대양. 곧, 태평양·대서양·인도양·남빙양·북빙양.

오ː대-조(五代祖)명 고조(高祖)의 어버이.

오ː-대주(五大洲)명 지구 상의 다섯 대륙. 곧, 아시아 주·유럽 주·아프리카 주·오세아니아 주·아메리카 주.

오ː더(order)명 물품의 주문(注文).

오뎅(おでん〔御田〕 일)명 '꼬치'·'꼬치안주'로 순화.

오ː도(五道)명 ☞오취(五趣).

오ː도(悟道)명하자 불도의 진리를 깨달음.

오ː도(誤導)명하타되자 그릇된 길로 이끎. ¶ 진실을 오도하지 마라.

-오도어미 〈옛〉-어도. 〔어미 '-고도'의 ㄱ 약화형.〕 ¶ 아ᇫ이 모딜오도…兄이 모딜오도…(龍歌*103*章). /시혹 사ᄅᆞ미 ᄃᆞ외오도 ᄂᆞᆽ가ᄫᆞᆫ ᄂᆞ미 죵이 ᄃᆞ외야(釋譜*91:6*).

오도깝-스럽다[-쓰-따][~스러우니·~스러워] 형ㅂ 경망스레 덤비는 태도가 있다. **오도깝스레**부.
오ː-도깨비명 괴상한 잡것. 또는, 온갖 잡귀신.
오도당-거리다자 자꾸 오도당오도당하다. 오도당대다. 큰우두덩거리다.
오도당-대다자 오도당거리다.
오도당-오도당부하자 (작고 단단한 물건들이) 잇달아 무너져 떨어질 때 나는 요란한 소리, 또는 그 모양. ¶ 청소를 한답시고 오도당오도당하면서 교실 마룻바닥에 책상들이 끌리는 소리가 시끄럽다. 큰우두덩우두덩.
오도독부하자타 ①단단한 물건을 깨물 때 나는 소리. ¶ 날밤을 오도독 깨물다. ②단단하고 가는 물건을 단번에 부러뜨릴 때 나는 소리. 큰우두둑. **오도독-오도독**부하자타.
오도독-거리다[-꺼-]자타 자꾸 오도독오도독하다. 오도독대다. 큰우두둑거리다.
오도독-대다[-때-]자타 오도독거리다.
오도독-뼈명 소나 돼지의 여린 뼈.
오도독-주석(-朱錫)[-쭈-]명 노란 빛깔의 주석.
오ː도^명관(五道冥官)명 불교에서, 오취(五趣)로 가는 중생의 죄를 다스리는 저승의 관인(官人).
오ː-도미명 ☞옥돔. 준오돔.
오도-방정명 '오두방정'의 잘못.
오도카니부 넋이 나간 듯이 가만히 서 있거나 앉아 있는 모양. ¶ 빈 교실에 혼자서 오도카니 앉아 무얼 생각하고 있느냐? 큰우두커니.
오ː독(汚瀆)명하타되자 〔더러운 도랑이란 뜻으로〕 명예나 이름 따위를 더럽힘.
오ː독(誤讀)명하타 잘못 읽음. ¶ 오독을 줄이다.
오독도기[1][-또-]명 미나리아재빗과의 다년초. 높이 60 cm가량. 뿌리는 굵고 흑갈색이며 산지(山地)에 남. 여름에 엷은 자색의 꽃이 피며 뿌리는 '낭독(狼毒)'이라 하며 약재로 쓰임.
오독도기[2][-또-]명 경기 민요의 한 가지. 오돌또기가 서울에 전해져 달리 부르게 된 이름.
오독-오독부하자타 단단한 물건을 자꾸 깨물 때 나는 소리, 또는 그러한 모양. ¶ 날밤을 오독오독 씹어 먹다. 큰우둑우둑.
오돌또기명 제주도의 대표적 민요의 한 가지.
오돌-오돌부하형 ①씹기에 아주 단단하면서도 탄력이 있는 모양. ②오동통하고 보드라운 모양. 큰우둘우둘.
오돌-토돌부하형 오톨도톨. 큰우둘투둘.
오ː-돔명 〈오도미〉의 준말.
오동명 (돛대를 제외한) 배의 높이.
오동(烏銅)명 검붉은 빛이 나는 구리. 장식품으로 쓰임.
　오동 숟가락에 가물칫국을 먹었나속담 살갗이 검은 사람을 놀리는 말.
오동(梧桐)명 ①〈오동나무〉의 준말. ②화투짝의 한 가지. 오동을 그린, 11월을 상징하는 딱지.
오동-나무(梧桐-)명 현삼과의 낙엽 활엽 교목. 우리나라 특산으로 마을 부근에 심는데, 높이는 10~15 m. 넓은 잎이 마주나며, 봄에 보랏빛 꽃이 핌. 나무는 가볍고 질이 좋아 악기나 고급 가구 따위를 만드는 데 쓰임. 준오동(梧桐).
　오동나무만 보아도 춤을 춘다속담 성미가 너무 급하여 미리부터 서둔다는 뜻.
오동-딱지(烏銅-)[-찌]명 오동(烏銅)으로 만든, 몸시계의 껍데기
오동-보동부하형 몸이 오동통하고 살이 보동보동한 모양. ¶ 오동보동한 예쁜 볼. 큰우둥부둥.
오동-빛(烏銅-)[-삗]명 검붉은 빛. 구릿빛. * 오동빛이[-삐치]·오동빛만[-삔-]
오동-상장(梧桐喪杖)명 어머니의 상사(喪事) 때 짚는 오동나무 지팡이.
오동-수복(烏銅壽福)명 백통으로 만든 그릇에 검붉은 구리로 '수(壽)'나 '복(福)' 자를 박은 글자 꼴.
오동-장(梧桐欌)명 오동나무로 만든 장.
오-동지(-冬至)명 음력으로 동짓달 초순에 드는 동지. 애동지.
오ː-동지(五冬至)명 음력 오월과 동짓달. 〔동짓달에 오는 눈의 양을 보고 이듬해 오월에 비가 올 양을 헤아릴 수 있다는 데서, 상대적으로 이르는 말.〕
오동-철갑(烏銅-)명하자 〔껍데기를 오동빛으로 함빡 입혔다는 뜻으로〕 '때가 까맣게 낀 상태'를 이르는 말.
오동통부하형 몸집이 작으며 통통한 모양. ¶ 오동통 살이 오르다. 큰우둥퉁.
오동-포동부하형 몸이 오동통하고 살이 포동포동한 모양. 큰우둥푸둥.
오ː-되다[-되-/-뒈-]자 〈올되다[2]〉의 준말.
오두(烏頭)명 ①☞바꽃. ②〈천오두(川烏頭)〉의 준말. ③〈초오두(草烏頭)〉의 준말.
오두-막(-幕)명 사람이 겨우 거처할 정도로 작게 지은 막.
오두막-집(-幕-)[-찝]명 오두막으로 된 집. 비오막살이.
오ː두-미(五斗米)명 〔닷 말의 쌀이란 뜻으로〕 '얼마 안 되는 급료(給料)'를 이르는 말.
오두-발광(-發狂)명 매우 방정맞게 굴며 날뛰는 행동.
오ː두-방정명 몹시 방정맞은 행동. ¶ 오두방정을 떨다.
오두-잠(烏頭簪)명 조선 시대에, 부인들이 보통 때 꽂던, 꼭대기의 한편을 턱지게 만든 비녀.
오둠지명 ①옷의 깃고대가 붙은 어름. ②그릇의 윗부분.
오둠지-진상(-進上)명하타 ①너무 높이 올라붙은 것을 이르는 말. ②상투나 멱살을 잡고 번쩍 들어 올리는 짓.
오ː드(ode)명 ①고대 그리스에서, 음악에 맞추어 부르기 위해 지은, 신(神)이나 영웅에 대한 찬가(讚歌). 송가(頌歌). ②근대 서양에서, 사람이나 물건에 부치어 지은 서정시.
오ː득(悟得)명하타 깨달아 얻음.
오들-오들부하자타 (어린이나 몸집이 작은 사람이) 춥거나 무서워서 몸을 몹시 떠는 모양. ¶ 아이들은 추위에 오들오들 떨고 있었다. 큰우들우들.
오ː등(五等)명 ①☞오등작(五等爵). ②죽음을 그 신분에 따라 구분하던 다섯 등급. 곧, 붕(崩)·훙(薨)·졸(卒)·불록(不祿)·사(死).
오등(吾等)대 우리들. 아배(我輩). ¶ 오등은 자(玆)에 아(我) 조선의 독립국임과 조선인의 자주민임을 선언하노라.
오ː등-작(五等爵)명 다섯 등분한 작위. 곧, 공작·후작·백작·자작·남작. 오등. 준오작.
오디명 뽕나무의 열매. 상실(桑實).
오디-새명 후투팃과의 새. 몸길이 28 cm가량. 날개와 꽁지는 흑색과 백색의 줄무늬가 있고, 등은 분홍색을 띤 갈색, 배는 흼. 부리는 길고 갈고리처럼 굽었음. 우리나라에서는 중부 이북에서 볼 수 있는 드문 여름새임. 후투티.
오ː디션(audition)명 ①(가수나 성우·배우 등의) 채용 심사. ¶ 오디션을 받다. ②새로 채택한 방송 프로그램을 그 관계자들만이 검토하는 일.

오ː디오(audio)명 ①텔레비전의 영상(映像)에 대하여, '음성(音聲)' 부분을 뜻하는 말. ↔비디오(video). ②〈오디오 기기〉의 준말.
오ː디오^기기(audio機器)명 (라디오·전축·카세트 따위와 같이 귀로 들을 수만 있는) 음향 재생 장치. 준오디오.
오ː디오미터(audiometer)명 청력계(聽力計).
오듸명 〈옛〉오디. 뽕나무의 열매. ¶ 오듸:桑椹子(方藥32).
오똑부 '오뚝'의 잘못.
오똑-이명 '오뚝이'의 잘못.
오뚝부하형 (여럿 가운데서) 조금 높이 도드라진 모양. ¶ 오뚝한 코. 되똑2. 큰우뚝. 오뚝-이부. 오뚝-오뚝부하형.
오뚝-이명 아무렇게나 굴려도 오뚝오뚝 일어나게 만든 장난감. 부도옹(不倒翁).
오뚝이-찌명 오뚝이 모양으로 만든 낚시찌.
오ː라명 지난날, 도둑이나 죄인을 묶던 붉고 굵은 줄. 오랏줄. 홍사(紅絲). 참포승(捕繩).
-오라어미 〈옛〉〔감탄형 종결 어미〕-노라. -어라. ¶ 가다가 가다가 드로라 에정지 가다가 드로라(樂詞.靑山別曲). /내 쟝ᄎᆞ 北으로 갈제 아ᄋᆞ라히 지블 무로라(杜重1:1).
오ː라기명 (실이나 헝겊 따위의) ①동강 난 조각. ②〘의존 명사적 용법〙 동강 난 조각을 세는 단위. ¶ 실 한 오라기.
오라다형 〈옛〉오래다. ¶ 히 오라거늘 혼갓 불휘 기펫도다(杜初16:4). /聖化ㅣ 오라샤(龍歌9章).
오라버니명 여자가, 같은 항렬의 손위 남자 형제를 일컫는 말. 높오라버님.
오라버님명 〈오라버니〉의 높임말.
오라범명 '오라비'를 조금 높이어 일컫는 말.
오라범-댁(-宅)[-땍]명 오라범의 아내. 올케.
오라비명 ①(남 앞에서) 자기의 '오라버니'를 낮추어 일컫는 말. ②(손위의 누이가 남 앞에서) 자기의 '사내 아우'를 일컫는 말.
오라사부 〈옛〉오랜 뒤에야. ¶ 오라사 니ᄅᆞ샤ᄃᆡ(金剛下4).
오ː라-지다자 죄인이 두 손을 뒤로 하여 오랏줄로 묶이다. 줄지다.
오ː라-질감 〔'오라로 묶여 갈'이란 뜻으로〕 ①상대를 부르는 말에 앞세워, 그를 욕하는 뜻을 나타냄. ¶ 야, 이 오라질 놈아. ②'고약한!'·'빌어먹을!' 따위와 같이, 욕하는 뜻으로 내뱉는 말. ¶이런 오라질! 뭐 되는 게 하나라도 있어야지. 변우라질.
오라토리오(oratorio 이)명 종교적인 제재(題材)를 극적으로 표현한, 큰 규모의 악곡. 독창·합창·관현악을 사용함. 성담곡(聖譚曲).
오ː락(娛樂)명하자 (생활이나 노동·학업 등의 여가에) ①피로나 긴장을 풀기 위하여 게임·노래·춤 따위로 즐겁게 노는 일. ¶ 오락 시설. / 오락을 즐기다. ②사람의 마음을 즐겁게 하고 위안을 베푸는 것.
오락-가락[-까-]부하자타 ①왔다 갔다 하는 모양. ¶ 할머니는 동구 밖을 오락가락하며 손녀가 오기를 기다린다. ②(눈이나 비 따위가) 오다 말다 하는 모양. ¶ 진눈깨비가 오락가락하는 날씨. ③생각이나 기억이 떠오를 듯 말 듯한 모양. ④정신이 혼미해졌다 맑아졌다 하는 모양. ¶ 정신이 오락가락하다.
오ː락-물(娛樂物)[-랑-]명 ①오락에 사용하는 사물. ②오락을 위하여 마련한 연예물.
오ː락-실(娛樂室)[-씰]명 오락에 필요한 시설을 마련해 놓은 방.
오ː락-회(娛樂會)[-라쾨/-라퀘]명 오락을 즐기기 위한 모임.
오란비명 〈옛〉장마. ¶ 오란비 림:霖(訓蒙上3).
오람(吳藍)명 마디풀과에 딸린 쪽의 한 가지. 줄기는 길고 씨는 흼.
오ː랏-바람[-라빠-/-랃빠-]명 지난날, 오라를 차고 죄인을 잡으러 나선 포졸(捕卒)의 위세를 이르던 말.
오ː랏-줄[-라쭐/-랃쭐]명 ☞오라.
오랑우탄(orangutan)명 ☞성성이.
오랑캐명 ①〔야만스러운 종족이란 뜻으로〕 '침략자'를 업신여겨 이르던 말. ②15세기, 중국 동북 지방에 분포하여 살던 여진족을 이르던 말. 되2. 외이(外夷). 이적(夷狄). 만이(蠻夷).
오랑캐-꽃[-꼳]명 ☞제비꽃. * 오랑캐꽃이[-꼬치]·오랑캐꽃만[-꼰-]
오랑명 〈옛〉말의 뱃대끈. ¶ 오랑 느추고(老解上35). /오랑 드리웟고(飜朴上30).
오래1명 한 동네에서, 몇 집이 한 골목이나 한 이웃이 되어 사는 구역 안.
오래2부 동안이 길게. 시간이 길게.
오래 앉으면 새도 살을 맞는다속담 이로운 자리에 너무 오래 있으면 마침내 화를 당한다는 말.
오래명 〈옛〉문(門). ¶ 오래 문:門(訓蒙中7).
오래-가다형 (상태나 현상이) 긴 동안 이어지다. ¶ 전쟁이 오래가다.
오래간-만명 오래된 끝. 오래 지난 뒤. ¶ 오래간만에 만나는군. 준오랜만.
오래다형 (어떤 시점을 기준으로 하여) 지나간 동안이 길다. ¶ 그 사람을 못 만난 지가 벌써 오래다.
오래-도록부 시간이 많이 지나도록. ¶ 오래도록 기다리셨습니다.
오래-되다[-되-/-뒈-]형 지나거나 묵힌 동안이 오래다. ¶ 오래된 술.
오래-뜰명 대문 앞의 뜰.
오래-오래1부 아주 오래도록. ¶ 할아버지, 오래오래 사세요.
오래-오래2감 돼지를 부를 때 하는 소리.
오래-전(-前)명 상당한 시간이 지나간 과거. ¶ 오래전의 일이라 가물가물하다.
오랜관 동안이 오래된. ¶ 오랜 세월.
오랜 원수 갚으려다가 새 원수가 생겼다속담 무슨 일에나 보복을 하고 앙갚음을 하면 그 뒤가 더 좋지 않다는 뜻.
오랜-만명 〈오래간만〉의 준말.
오랫-동안[-래똥-/-랟똥-]명 매우 긴 동안. ¶ 오랫동안 기다리다.
오ː량(五樑)명 우리나라의 전통 가옥 건축에서, 보를 다섯 줄로 얹어 두 칸 넓이가 되게 집을 짓는 방식.
오ː량-각(五樑閣)명 ☞오량집.
오ː량-보(五樑-)[-뽀]명 오량집 한가운데 줄의 보.
오ː량-집(五樑-)[-찝]명 오량으로 지은 집. 오량각(五樑閣).
오ː량^쪼구미(五樑-)명 오량보를 받치도록 들보 위에 세우는 짧은 기둥.
오렌지(orange)명 감귤류 열매의 한 가지.
오렌지-색(orange色)명 주황빛. 귤색.
오렌지에이드(orangeade)명 오렌지 즙에 설탕과 냉수를 섞은 음료.
오려명 〈옛〉올벼. ¶ 오려 고개 숙고 열무우 솔졋 ᄂᆞᆫ듸(古時調). /오려 點心 날 시기소(古時調).

오려-논명 올벼를 심은 논.
오려논에 물 터놓기속담 〔물이 한창 필요한 오려논의 물고를 터놓는다는 뜻으로〕 매우 심술 사나운 짓을 이르는 말.
오려백복(烏驢白腹)[-뽁]명 온몸이 검고, 배만 흰 나귀.
오ː력(五力)명 불법(佛法)의 실천에 필요한 다섯 가지 힘. 곧, 신력(信力)·진력(進力)·염력(念力)·정력(定力)·혜력(慧力).
오련-하다형여 ①빛깔이나 형체 등이 겨우 알아볼 정도로 희미하다. 큰우련하다. ②기억 따위가 또렷하지 아니하다. ¶ 오련한 기억을 더듬다. 비아련하다. **오련-히**부 ¶ 안개가 조금 걷히면서 산허리가 오련히 드러난다.
오ː렴(誤廉)명하타 염알이를 잘못함, 또는 잘못한 염알이.
오렴매(烏蘞莓)명 ☞거지덩굴.
오ː령(五齡)명 ①누에가 넉 잠을 자고 섶에 오를 때까지의 사이. ②☞오령잠(五齡蠶).
오ː령(五靈)명 다섯 가지의 신령한 짐승. 곧, 기린·봉황·거북·용·백호.
오ː령-잠(五齡蠶)명 넉 잠을 잔 누에. 오령.
오ː령-지(五靈脂)명 한방에서, '산박쥐의 똥'을 약재로 이르는 말. 〔하혈이나 복통·이질·산증(疝症) 등에 쓰임.〕
오ː례명 〈오례쌀〉의 준말.
오ː례(五禮)명 지난날, 나라에서 지내던 다섯 가지 의례. 곧, 길례(吉禮)·흉례(凶禮)·군례(軍禮)·빈례(賓禮)·가례(嘉禮).
오ː례-송편(-松-)명 오례쌀로 빚은 송편.
오ː례-쌀명 올벼의 쌀. 준오례.
오로부 〈옛〉 온전히. 오로지. ¶ 온 體ㅣ 오로 업스며(圓覺上一之二*140*). /鴻寶롤 엇데 오로 祕密히 ᄒᆞ리오(杜初*8:10*). 참오ᄋᆞ로.
오로(烏鷺)명 ①까마귀와 해오라기. ②〔흰 것과 검은 것이라는 뜻으로〕 '바둑'을 멋스럽게 이르는 말.
오로(惡露)명 산후(産後)에 산부의 음문(陰門)에서 흐르는, 피가 섞인 분비물.
오ː로라(Aurora)[1]명 로마 신화에 나오는 '여명(黎明)의 여신'.
오ː로라(aurora)[2]명 극광(極光).
오ː로지부 오직 한 곬으로. ¶ 오로지 학업에만 열중하다. /우리는 오로지 너 하나만 기대할 뿐이다.
오로지쟁(烏鷺之爭)명 〔검은 까마귀와 흰 해오라기의 싸움이란 뜻으로〕 '바둑 두는 일'을 이르는 말.
오로지-하다타여 ①혼자 차지하여 제 마음대로 하다. ¶ 권력을 오로지하다. ②(한 가지만을) 외곬으로 하다. ¶ 국악만을 오로지하다.
오ː록(誤錄)명하타 잘못 기록함, 또는 잘못된 기록.
오롯-이부 고요하고 쓸쓸하게. 호젓하게. ¶ 창가에 오롯이 앉아 명상에 잠기다.
오롯이부 〈옛〉 오로지. 온전히. ¶ 그 本은 오롯이 誠홈에 이시니(常解*13*).
오롯-하다[-로타-]형여 (남고 처짐이 없이) 온전하다. ¶ 오롯한 살림살이. **오롯-이**부.
오롱이-조롱이명 '오롱조롱하게 생긴 여럿'을 이르는 말.
오롱-조롱부하형 몸집이 작은 여러 개의 물건이, 생김새와 크기가 저마다 다른 모양. ¶ 박덩굴에 여러 개의 박이 오롱조롱 달려 있다.
오ː룡-초(五龍草)명 ☞거지덩굴.
오ː류(誤謬)명 ①생각이나 지식 등의 그릇된 일. ¶ 오류를 범하다. ②논리학에서, '그릇된 인식(認識)'을 이름. ③☞에러.
오ː륙(五六)관 다섯이나 여섯의. 대여섯의. ¶ 오륙 년. /오륙 세.
오륙-월(五六月)명 '오뉴월'의 잘못.
오ː륜(五倫)명 유교에서 이르는 다섯 가지의 인륜(人倫). 곧, 부자(父子) 사이의 친애(親愛), 군신(君臣) 사이의 의리, 부부(夫婦) 사이의 분별(分別), 장유(長幼) 사이의 차서(次序), 붕우(朋友) 사이의 신의(信義)를 이름. 오상(五常). 오전(五典).
오ː륜(五輪)명 ①☞오대(五大). ②오륜기에 그려진 다섯 개의 고리 모양의 그림.
오ː륜-가(五倫歌)명 조선 초기의 작품으로 짐작되는, 작자를 알 수 없는 경기체가. 오륜(五倫)을 주제로 한 내용으로, 6연으로 되어 있음. '악장가사(樂章歌詞)'에 실려 전함.
오ː륜-기(五輪旗)명 근대 올림픽을 상징하는 기. 흰 바탕에 세계 오대륙을 상징하는 파랑·노랑·검정·초록·빨강의 다섯 고리가 아래위 두 줄로 그려져 있음. 올림픽기.
오ː륜^대ː회(五輪大會)[-회/-훼]명 국제 올림픽 위원회가 주최하는 국제 스포츠 경기 대회. 국제 올림픽 경기 대회.
오ː륜-행실도(五倫行實圖)[-또]명 조선 정조 때, 이병모(李秉模) 등이 엮은 책. 오륜에 모범이 될 만한 효자·충신·열녀 등 150명의 행적을 그림을 곁들여 한글로 기록한 내용.
오르가슴(orgasme 프)명 성교(性交)할 때에 느끼는 쾌감의 절정.
오르간(organ)명 ☞리드 오르간. 〔유럽에서는 '파이프 오르간'을 가리킴.〕 풍금(風琴).
오르골(←orgel)명 태엽을 이용하여 자동적으로 간단한 음악이 연주되도록 장치한 상자나 장난감. 음악상자. 자명금(自鳴琴).
오르-내리다자타 ①올라갔다 내려갔다 하다. ¶ 뒷산의 언덕길을 오르내리다. /반입량에 따라 시세가 오르내리고 있다. ②어떤 기준에 넘쳤다 모자랐다 하다. ¶ 열이 40도를 오르내린다. ③남의 말거리가 되다. ¶ 남의 입에 오르내리다.
오르다[오르니·올라] Ⅰ자타르 낮은 데서 높은 데로, 아래에서 위로 움직이어 가다. ¶ 나무에 오르다. /계단을 오르다.
Ⅱ자르 ①기록에 적히다. ¶ 호적에 오르다. /그 단어는 사전에 올라 있지 않다. ②(자동차 따위의 탈것에) 타다. ¶ 가마에 오르다. /기차에 오르다. ③(물속에서나 배에서 육지로) 옮다. 상륙하다. ¶ 육지에 오르다. ④(어떤 지위나 정도·상태 등이) 보다 높아지다. ¶ 급수가 오르다. /2학기에는 성적이 올랐다. ⑤좋은 결과로 되다. ¶ 성과가 오르다. /하반기 실적이 오르다. ⑥(물가·가치·수·양 등이) 비싸지다. 높아지다. 많아지다. ¶ 물가가 오르다. /등록금이 오르다. ⑦(높은 지위에) 앉다. ¶ 장관 자리에 오르다. ⑧(상 위에 음식이) 차려지다. ¶ 귀한 음식이 잔칫상에 오르다. ⑨(기세나 열기 따위가) 한결 더하여지다. 높아지다. ¶ 기세가 한껏 오르다. /혈압이 오르다. ⑩(화나 분기가) 치밀다. ¶ 약이 오르다. ⑪(이름·사진·화제 따위가) 실리다. 거론되다. ¶ 이름이 신문에 오르다. /의제에 오르다. /화제에 오르다. ⑫(살이나 살갗이) 늘거나 윤이 나다. ¶ 군살이 오르다. /얼굴에 기름기가 오르다. ⑬(때나 기름 따위가) 묻거나 칠해지다. ¶ 까맣게 때가 오르다. /반지

르르하게 기름이 오른 가구. ⑭(병이나 독 따위가) 옮다. ¶ 옴이 오르다. /옻이 오르다. ⑮(약 기운·술기운 따위가) 몸에 퍼지다. ¶ 술이 오르다. ⑯(귀신 따위가) 들리다. ¶ 신이 오른 무당은 춤을 더 신명나게 추었다. ⑰(어디를 목적으로 삼아) 떠나다. ¶ 이민 길에 오르다. ⑱(강의 상류로 향하여) 나아가다. ¶ 물길을 거슬러 오르다.

오르지 못할 나무는 쳐다보지도 마라(속담) 가능성이 없는 일은 처음부터 바라지 말라는 말.

오르도비스-기(Ordovice紀)(명) 고생대(古生代) 가운데 캄브리아기의 다음, 실루리아기의 앞 시대. 5억~4억 4천만 년 전으로, 삼엽충(三葉蟲)이 많이 살았음.

오르되:브르(hors-d'œuvre 프)(명) 서양식 식사에서 수프가 나오기 전에 간단하게 먹는 음식. 전채(前菜).

오르락-내리락[-랑-](부) ①(하자)(값이나 수치·온도·성적 따위가) 계속하여 올라갔다 내려갔다 하는 모양. ¶ 체온이 오르락내리락하다. ②(하자·타)아래위로 계속하여 올라갔다 내려갔다 하는 모양. ¶ 공이 오르락내리락하다. /언덕을 오르락내리락하다.

오르로(부) 오른쪽으로 향하여. ↔외로.

오르르(부)(하자) ①사람이나 짐승이 무리를 지어 바쁘게 몰려다니는 모양. ②쌓여 있던 물건이 한꺼번에 무너지는 소리, 또는 그 모양. ③작은 그릇에서 액체가 갑자기 끓어오르는 소리, 또는 그 모양. (큰)우르르.

오르를(부) '오르르'의 힘줌말.

오르-막(명) ①비탈이 져서 올라가도록 된 곳, 또는 그런 길. ¶ 오르막에서 잠시 쉬어 가다. /오르막이 지다. ②기운이나 기세가 올라가는 상태. ↔내리막.

오르막-길[-낄](명) 오르막으로 된 길. ¶ 가파른 오르막길을 따라 오르다. ↔내리막길.

오르케스타^티피카(orquesta tippica 스)(명) (스페인 어를 쓰는 여러 나라에서의) 표준 편성 관현악단.

오르토-헬륨(ortho-helium)(명) 두 개의 전자(電子)의 스핀이 같은 방향인 헬륨 원자.

오른(관) 오른쪽의. 바른. ¶ 오른 무릎. ↔왼.

오른-걸음(명) 건축에서, 쪼구미의 밑동 가랑이를 오른편으로 대각(對角)이 되게 '▚' 모양으로 따 내는 방식. ↔왼걸음.

오른-나사(-螺絲)(명) 오른쪽, 곧 시곗바늘 방향으로 돌리는 나사. ↔왼나사.

오른-발(명) 오른쪽 발. ↔왼발.

오른-배지기(명) 씨름의 들기술의 한 가지. 오른쪽 엉덩이를 상대편의 양다리 사이에 대고, 오른손으로 샅바를 당기며 왼쪽으로 돌면서 넘어뜨리는 기술. ↔왼배지기.

오른-뺨(명) 오른쪽 뺨. ↔왼뺨.

오른-새끼(명) 오른쪽으로 꼰 새끼. ↔왼새끼.

오른-섶[-섭](명) 저고리의 오른쪽으로 덮은 섶, 또는 그러한 저고리. ↔왼섶. *오른섶이[-서피]·오른섶만[-섬-]

오른-손(명) 오른쪽 손. ↔왼손.

오른손-잡이(명) 오른손을 왼손보다 더 잘 쓰는 사람. ↔왼손잡이.

오른-씨름(명) 씨름에서, 샅바를 왼 다리에 끼고 고개와 어깨는 오른쪽으로 돌려 대고 하는 씨름의 한 가지. (참)왼씨름.

오른-쪽(명) 동쪽을 향하였을 때, 남쪽에 해당하는 방향. 바른쪽. 우측(右側). ↔왼쪽.

오른-팔(명) ①오른쪽 팔. 우완(右腕). ↔왼팔. ②'큰 힘이 되는 중요한 사람'을 비유하여 이르는 말.

오른-편(-便)(명) 오른쪽. 오른쪽 방향. 우편(右便). ↔왼편.

오른-편짝(-便-)(명) 오른쪽의 편짝. ↔왼편짝.

오름-세(-勢)(명) (물가나 기세 따위가) 오르는 형세. ¶ 주가(株價)의 오름세. ↔내림세.

오름-차(-次)(명) 수학에서, 각 항의 차수를 낮은 것에서 높은 것의 차례로 배열하는 일. ↔내림차.

오름차-순(-次順)(명) 다항식에서, 각 항의 차수를 낮은 것에서 높은 것의 차례로 배열해 놓은 차례. ↔내림차순.

오리[1](명) (실·나무·대 따위의) ①가늘고 긴 가닥. ②〖의존 명사적 용법〗 가늘고 긴 가닥을 세는 단위. ¶ 실 세 오리.

오:리[2](명) 오릿과의 물새를 통틀어 이르는 말. 부리는 길고 넓적하며, 발가락 사이에 물갈퀴가 있음. 낮에는 물에 떠서 삶. 〔집오리·물오리·비오리·황오리 따위.〕

오리 알에 제 똥 묻은 격(속담) 제 본색에 과히 어긋나지 않아 흠잡을 것은 못 된다는 뜻.

오리 홰 탄 것 같다(속담) 제가 있을 곳이 아닌 데 있어서 격에도 맞지 않거니와 위태하다는 말.

오:리(汚吏)(명) 청렴하지 못한 관리. ↔청리.

오:리-걸음(명) ①오리처럼 뒤뚱거리며 걷는 걸음걸이. ②쪼그려 앉은 채로 걷는 동작.

-오리까(어미) 모음이나 'ㄹ'로 끝난 동사 어간 또는 높임의 '-시-'에 붙어, '그리할까요'의 뜻으로, 자기의 생각에 대한 상대편의 의사를 묻는 합쇼체의 종결 어미. ¶ 이 일을 어찌 하오리까? (참)-으오리까.

오리-나무(명) 자작나뭇과의 낙엽 활엽 교목. 산이나 들·습지에 나는데, 높이는 20 m가량. 초봄에 잎보다 먼저 꽃이 피고, 가을에 솔방울 모양의 열매를 맺음. 유리목(楡理木). 적양(赤楊).

오:리-너구리(명) 오리너구릿과의 포유동물. 몸길이 30~45 cm. 너구리와 비슷하나 주둥이가 오리의 부리 같고 발가락 사이에 물갈퀴가 있어 헤엄을 잘 침. 몸빛은 회갈색이며 알로 깐 새끼는 젖을 먹여 기름. 오스트레일리아 등지에 분포함.

오리다(타) (종이·천 따위를) 칼이나 가위로 필요한 모양으로 베다. ¶ 색종이를 둥글게 오리다.

-오리다(어미) 모음이나 'ㄹ'로 끝난 동사 어간 또는 높임의 '-시-'에 붙어, '그리 하겠습니다'의 뜻으로, 자기의 의사를 나타내는 합쇼체의 종결 어미. ¶ 다녀오리다. (참)-으오리다.

오리-목(-木)(명) 가늘고 길게 켠 나무.

오:리무중(五里霧中)(명) 〔5리에 걸친 깊은 안개 속이라는 뜻으로〕 어디에 있는지 찾을 길이 막연하거나, 갈피를 잡을 수 없음을 이르는 말. ¶ 범인의 행방이 오리무중이다.

오:리-발(명) ①☞물갈퀴. ②'손가락이나 발가락 사이가 맞붙은 손발'을 이르는 말. ③〔'닭 잡아먹고 오리발 내놓는다'는 속담에서〕 '엉뚱하게 부리는 딴전'을 비유하여 이르는 말. ¶ 오리발을 내밀다.

오리-새(명) ☞오처드그라스.

오리엔탈리즘(orientalism)(명) ①근세 유럽에서의 문학과 예술상의 한 풍조. '동양풍(東洋風)'을 뜻하는 말. ②동양학(東洋學).

오리엔테이션(orientation)(명) (신입생이나 신입 사원 등 새로운 환경에 들어가는 사람에게) 환경 적응을 위한 방향을 제시하고 지도하는 일.

오리엔트(Orient)명 〔서양에서 볼 때 해가 뜨는 곳이란 뜻으로〕 ①'서남아시아와 근동 및 이집트'를 두루 이르는 말. 동방(東方). ②아시아, 특히 동아시아를 이르는 말. 동양(東洋). ↔옥시덴트.

오리엔티어링(orienteering)명 산과 들에서 지도와 나침반을 가지고 미리 정해 둔 몇 군데의 중간 지점을 찾아 통과하여 되도록 짧은 시간 내에 목적지까지 이르기를 겨루는 경기.

오리온(Orion 그)명 ①그리스 신화의 거인 사냥꾼의 이름. ②〈오리온자리〉의 준말.

오리온-성좌(Orion星座)명 ☞오리온자리.

오리온-자리(Orion—)명 하늘의 적도 양편에 걸쳐 있는 별자리의 한 가지. 중앙에 있는 세 개의 별은 겨울에 가장 잘 보임. 오리온성좌. 준오리온.

-오리이까어미 모음이나 'ㄹ'로 끝난 동사 어간 또는 높임의 '-시-'에 붙어, '그리할까요'의 뜻으로, 자기의 생각에 대한 상대편의 의사를 묻는 합쇼체의 종결 어미. ¶ 함께 가오리이까? 참-으오리이까.

-오리이다어미 모음이나 'ㄹ'로 끝난 동사 어간 또는 높임의 '-시-'에 붙어, '그리하겠습니다'의 뜻으로, 자기 의사를 나타내는 합쇼체의 종결 어미. ¶ 보내 드리오리이다. 참-으오리이다.

오리지널(original)명 ①(미술이나 문학 작품의) 원작(原作). ②(번역의 근거가 되는) 원서(原書)나 원문(原文).

오림-장이명 오리목 따위를 전문으로 켜는 목수.

오ː립-송(五粒松)[-쏭]명 ☞잣나무.

오ᄅᆞ다[올아]타 〈옛〉 오르다. ¶ 됴비치 軒檻애 오ᄅᆞ놋도다(杜初8:25). /樓 우희 ᄂᆞ라 올아(釋譜6:3).

오ː마-작대(五馬作隊)[-때]명하자 지난날, 마병(馬兵)이 행군할 때 5열 종대로 편성하던 방식.

오막-살이[-싸리]명 ①사람이 겨우 들어 살 만큼 작고 허술한 집. 오막살이집. 비오두막집. ②오두막집에서 하는 살림살이.

오막살이-집[-싸리-]명 ☞오막살이.

오ː만(傲慢)명하형스형 젠체하며 남을 업신여기는 태도가 있음. 거만(倨慢). ¶ 오만한 태도. **오만스레**부.

오ː만(五萬)관 많은 수량이나 종류를 나타냄. ¶ 오만 가지 물건이 다 있다.

오ː만-불손(傲慢不遜)[-쏜]명하형 오만하여 겸손한 데가 없음. ¶ 오만불손한 태도.

오ː만-상(五萬相)명 얼굴을 잔뜩 찌푸린 형상, 또는 그 얼굴. ¶ 오만상을 짓다.

오ː만-소리(五萬—)명 수다스럽게 지껄이는 여러 가지 구구한 소리. ¶ 오만소리를 다 해 가며 유혹하다.

오ː말(午末)명 십이시의 오시(午時)의 끝. 〔하오 1시에 가까운 무렵.〕

오ː망(迂妄)명하형스형 하는 짓이 괴상스럽고 요망함, 또는 그러한 태도. ¶ 오망을 떨다. /오망을 부리다. 본우망(迂妄). **오망스레**부.

오망-부리명 (전체에 비하여) 어느 한 부분이 너무 볼품없이 작게 된 형체.

오망-하다형여 물체의 면이 쏙 들어가서 오목하다. 큰우멍하다.

오ː맞이-꾼(五—)명 집안 살림을 돌보기보다는 나들이에 여념이 없는 여자를 조롱하여 이르는 말. 〔물 맞으러 약수터에 갔다가 비 맞고, 도둑 맞고, 서방 맞고, 집에 와서 매 맞는다는, 뜻이 다른 '맞다'가 다섯 번 들어 있는 민요조 사설에서 유래함.〕

오매(烏梅)명 한방에서, 덜 익은 푸른 매실(梅實)의 껍질을 벗기고 짚불 연기에 그슬려서 말린 것을 약재로 이르는 말. 〔설사·기침·소갈(消渴) 등에 쓰이며, 구충약으로도 쓰임.〕

오매(寤寐)명 깨어 있는 때와 자는 때. 자나 깨나 언제나. 《흔히, '오매에(도)'의 꼴로 쓰임.》 ¶ 오매에도 잊지 못하다.

오매-구지(寤寐求之)명하타 자나 깨나 찾음.

오매-불망(寤寐不忘)명하타 자나 깨나 잊지 못함. ¶ 오매불망으로 임 그리는 마음.

오매-육(烏梅肉)명 오매의 씨를 발라낸 살. 오매차를 만들기도 하고, 구워서 한약재로도 씀.

오매-차(烏梅茶)명 오매육의 가루를 끓는 꿀물에 타서 만든 차.

오메가(omega 그)명 ①그리스 어 자모의 스물넷째 글자인 'Ω, ω'의 이름. ②맨 끝. 최종. ↔알파(α). ③전기의 저항 단위인 옴(ohm)의 기호[Ω].

오면-가면부 오면서 가면서.

오ː면-잠(五眠蠶)명 (알에서 깬 뒤) 다섯 번 잠을 자는, 곧 다섯 번 허물을 벗고 나서 고치를 짓는 누에.

오ː면-체(五面體)명 다섯 평면으로 둘러싸인 입체.

오ː명(汚名)명 ①더러워진 이름이나 명예. ¶ 오명을 남기다. ②☞누명(陋名). ¶ 오명을 씻다. /오명을 벗다.

오ː명-마(五明馬)명 몸의 털빛이 모두 검고 이마와 네 발만 흰 말.

오목부하형 동그스름하게 쏙 들어가 있는 모양. ¶ 방그레 웃을 때마다 오목 팬 보조개가 무척 귀엽다. /가운데가 오목하게 들어간 필통 뚜껑. 큰우묵. ↔볼록. **오목-오목**부하형.

오ː목(五目)명 바둑판을 이용한 놀이의 한 가지. 두 사람이 돌 하나씩을 번갈아 놓아 가로나 세로나 모로 한 줄에 자기의 돌 다섯 개를 잇따라 먼저 놓기를 겨루는 놀이. 연주(連珠).

오목(烏木)명 흑단(黑檀)의 심재(心材). 빛깔이 검으며 나무의 질이 단단함. 담배설대·문갑 따위의 재료로 쓰임.

오목^거울[-꺼-]명 반사면(反射面)이 오목한 거울. 오목면경. 요경(凹鏡). 요면경(凹面鏡). ↔볼록 거울.

오목-누비[-몽-]명 (솜옷이나 이불 따위에) 줄을 굵게 잡아서 골을 깊게 한 누비.

오목-눈[-몽-]명 오목하게 들어간 눈.

오목눈-이[-몽-]명 오목눈잇과의 새. 몸길이 14 cm(꽁지 길이 8 cm)가량으로 박새와 비슷함. 등은 분홍색, 깃털은 흑색과 백색이며 특히 긴 꽁지는 흑색임. 나무 사이를 재빨리 날면서 거미 따위를 잡아먹는 익조(益鳥)임. 우리나라의 모든 삼림에서 볼 수 있는 텃새.

오목^다각형(-多角形)[-따가켱]명 다각형의 한 변이나 여러 변을 연장할 때, 그 변이 그 도형 안을 통과하는 다각형. ↔볼록 다각형.

오목-다리[-따-]명 누비어 지은 어린아이의 버선. 흔히, 버선코에는 꽃을 수놓고 목에는 대님을 닮.

오목^렌즈(-lens)명 가운데로 갈수록 얇고 언저리가 두꺼운 렌즈. 근시의 교정에 쓰임. ↔볼록 렌즈.

오목면-경(-面鏡)[-몽-]명 ☞오목 거울.

오목-조목[-쪼-]부하형 여러 군데가 고르지 않게 오목오목한 모양. 큰우묵주묵.
오목-주발(-周鉢)[-쭈-]명 운두가 옥아 들어 속이 오목한 주발. 큰우묵주발.
오목-판(-版)명 인쇄판의 한 양식. 잉크가 묻는 부분이 다른 면보다 오목하게 들어가 있는 인쇄판. 〔그라비어판 따위.〕 요판(凹版). ↔볼록판.
오묘(奧妙) '오묘하다'의 어근.
오ː묘-하다(奧妙-)형여 심오하고 미묘하다. ¶ 자연의 오묘한 섭리.
오무래미명 (합죽한 입을) '늘 오물거리는 늙은이'를 홀하게 이르는 말.
오ː문(誤聞)명하타 잘못 들음.
오ː물(汚物)명 ①지저분하고 더러운 물건. ②대소변 따위의 배설물. ¶ 오물 수거.
오물-거리다[1]자 벌레나 작은 물고기 따위가 한곳에 많이 모여 자꾸 곰지락거리다. 오물대다[1]. 큰우물거리다[1].
오물-거리다[2]자타 ①음식을 자꾸 오물오물하며 씹다. ②말이나 행동을 자꾸 오물오물하다. 오물대다[2]. 큰우물거리다[2].
오물-대다[1]자 ☞오물거리다[1].
오물-대다[2]자타 ☞오물거리다[2].
오물-오물[1]부하자 벌레 따위처럼 몸피가 비교적 작은 생물이 한곳에 많이 모여 곰지락거리는 모양. 큰우물우물[1].
오물-오물[2]부하자타 ①입을 다문 채 입 안에 든 음식을 요리조리 천천히 자꾸 씹는 모양. ¶ 할머니가 반찬을 오물오물 씹고 있다. ②말이나 행동을 시원스럽게 하지 못하고 자꾸 꼬물거리는 모양. 큰우물우물[2].
오므라-들다[~드니·~들어]자 점점 오므라져 들어가다. ¶ 상처가 오므라들다./해가 지자 호박꽃이 오므라들었다. 큰우므러들다.
오므라-뜨리다타 힘주어 오므라지게 하다. 오므라트리다. 큰우므러뜨리다.
오므라이스(←omelet+rice)명 서양식 요리의 한 가지. 채소와 고기를 잘게 썰어 넣고 케첩을 섞어 볶은 밥을 오믈렛으로 싼 음식.
오므라-지다자 ①속이 비어 있는 물체의 가장자리가 한군데로 옥아 들다. ¶ 나팔꽃이 오므라지다. ②물체의 거죽이 안으로 옴폭하게 패어 들어가다. ¶ 이가 거의 다 빠져서 볼이 오므라지다. 큰우므러지다.
오므라-트리다타 오므라뜨리다. 큰우므러트리다.
오므리다타 오므라지게 하다. ¶ 입을 오므리다./손바닥을 오므리다. 큰우므리다.
오믈렛(omelet)명 서양 요리의 한 가지. 달걀을 부친 음식으로, 달걀만을 부친 것, 다른 재료에 달걀을 섞어 볶은 것, 다른 재료를 볶은 것을 푼 달걀로 싸듯이 부친 것 따위를 이름.
오미명 평지보다 조금 낮아서, 물이 늘 괴어 있으며 물풀이 나 있는 곳.
오ː미(五味)명 신맛·쓴맛·매운맛·단맛·짠맛의 다섯 가지 맛.
오미뇌명 〈옛〉꽁무니. ¶ 오미뇌 고:尻. 오미뇌 슈:脽(訓蒙上27).
오ː미-자(五味子)명 한방에서, '오미자나무의 열매'를 약재로 이르는 말. 폐를 돕는 효능이 있어 기침이나 갈증의 약재로 쓰이고, 땀과 설사를 그치게 하는 데도 쓰임.
오ː미자-나무(五味子-)명 목련과의 낙엽 만목. 산기슭의 돌밭 비탈에 흔히 나는데, 잎은 넓은 달걀 모양이며 뒤쪽에 털이 있음. 여름에 황백색 꽃이 피고, 둥근 열매는 가을에 붉게 익음. 열매는 '오미자'라 하여 한약재로 쓰임.
오ː미자-차(五味子茶)명 오미자와 미삼(尾蔘)을 함께 달여 만든 차.
오밀-조밀(奧密稠密)부하형 ①〔공예의 의장(意匠)이나 사물을 정리하는 따위의〕 솜씨가 교묘하고 세밀한 모양. ¶ 좁은 장소에 갖가지 위락 시설을 오밀조밀 갖추어 놓다. ②마음씨가 자상하고 세밀한 모양.
오바다-서(←Obadiah書)명 구약 성서 중 가장 짧은 한 편. 오바댜의 예언을 기록한 것으로, 에돔 족(族)의 오만함에 대한 징벌과 이스라엘의 회복에 관한 약속 등이 그 내용임.
오ː바이ː트(←over+eat)명하자 (음식·술 따위를 많이 먹거나 하여) 속이 불편하여, 먹은 것들을 토하여 내는 일.
오ː반(午飯)명 점심. 중식.
오ː발(誤發)명하타되자 ①(총포 따위를) 실수로 잘못 쏨. ¶ 사격장에서 총기 오발 사고가 일어났다. ②실수로 말을 잘못함.
오ː발-탄(誤發彈)명 실수로 잘못 쏜 탄알.
오ː-밤중(午-中)[-쭝]명 한밤중.
오ː방(午方)명 이십사방위의 하나. 정남을 중심으로 한 15도 범위 이내의 방위. 병방(丙方)과 정방(丁方)의 사이. 준오(午). ↔자방(子方).
오ː방(五方)명 동·서·남·북의 사방과 그 중앙의 다섯 방위.
오ː방-신장(五方神將)명 민속에서 이르는 동·서·남·북·중앙의 다섯 방위를 지키는 신. 곧, 동은 청제(青帝), 서는 백제(白帝), 남은 적제(赤帝), 북은 흑제(黑帝), 중앙은 황제(黃帝). 오방장군. 방위신.
오ː방-장군(五方將軍)명 ☞오방신장.
오ː배-자(五倍子)명 한방에서, 붉나무 잎줄기나 새잎에 오배자벌레가 기생하여 생기는 벌레혹을 이르는 말. 자갈색의 울퉁불퉁한 주머니 모양으로 많은 타닌산이 들어 있음. 가을에 혹 안의 벌레가 나가기 전에 따서 말려 입병·치통·치질 등의 약재로 쓰고, 염료나 잉크 제조에도 쓰임. 백충창(白蟲倉).
오ː배자-나무(五倍子-)명 ☞붉나무.
오ː배자-벌레(五倍子-)명 면충과의 곤충. 몸길이 2 mm가량. 몸빛은 흑색이며 날개는 투명함. 붉나무에 기생하여 오배자를 지음. 우리나라·일본·중국 등지에 분포함.
오ː백-계(五百戒)[-꼐/-께]명 비구니(比丘尼)가 지켜야 할 온갖 계율.
오ː백^나한(五百羅漢)[-뱅-]명 석가가 입적(入寂)한 뒤 그 가르침을 결집(結集)하기 위하여 모였다는 오백 명의 아라한(阿羅漢).
오ː버(over) Ⅰ명 〈오버코트〉의 준말. ¶ 오버를 입고 외출하다.
Ⅱ감 주로 무선 통신에서, 상대편의 응답을 요구하는 말. ¶ 응답하라, 오버.
오ː버^네트(over net)명 배구·테니스 등에서, 손 또는 라켓이 네트를 넘어 상대편의 코트에 있는 볼에 닿았을 때의 반칙.
오ː버랩(overlap)명 영화 등에서, 어떤 화면 위에 다른 화면이 겹치면서 먼저 화면이 차차 사라지게 하는 기법. 약호는 오엘(OL).
오ː버런(overrun)명 야구에서, 주자(走者)가 달리던 가속도 때문에 베이스를 지나치는 일.
오ː버-론ː(over loan)명 은행이 예금액 이상으로 대출을 하고, 부족한 자금을 중앙은행으로부터 차입(借入)하는 일. 초과 대부.

오ː버블라우스 (overblouse) 명 웃자락을 스커트 밖으로 내어 입는 블라우스를 통틀어 이르는 말. 참언더블라우스.
오ː버-센스 (over+sense) 명 지나치게 예민한 생각.
오ː버슈ː즈 (overshoes) 명 고산(高山) 등반에서의 방한(防寒)이나, 비 오는 날의 방수(防水)를 위하여 구두 위에 덧신는 신.
오ː버-스로ː (overthrow) 명 야구에서, 팔을 위로부터 아래로 휘둘러 던지는 투구법. 오버핸드 스로. 참언더스로.
오ː버액션 (overaction) 명 자연스럽지 못하고 과장된 연기.
오ː버올ː (overall) 명 아래위가 한데 붙은 작업복.
오ː버추어 (overture) 명 (오페라나 오라토리오 등에서) 개막 전에 연주하는 악곡. 서곡.
오ː버코ː트 (overcoat) 명 외투. 준오버.
오ː버타임 (over time) 명 배구·농구 등의 구기에서, 규정 횟수 또는 규정 시간 이상 공을 만지는 반칙.
오ː버핸드^스로ː (overhand throw) 명 ☞오버스로.
오ː버행 (overhang) 명 암벽의 일부가 처마처럼 튀어나온 부분.
오ː버헤드^킥 (overhead kick) 명 축구에서, 자기 앞에 있는 공을 몸을 뒤로 눕혀 공중에 뜨면서 머리 너머로 차는 일.
오ː버히ː트 (overheat) 명 (엔진 따위의) 과열(過熱).
오벨리스크 (obelisk) 명 고대 이집트에서 태양 신앙의 상징으로 세웠던, 네모진 거대한 돌기둥. 방첨탑(方尖塔).
오ː변-형 (五邊形) 명 ☞오각형.
오ː보 (誤報) 명하자타 되자 그릇되게 보도함, 또는 그런 보도. ¶ 오보를 정정하는 기사.
오보록-하다 [-로카-] 형여 (키가 작은 풀 따위가) 한데 몰려 있어 소복하다. ¶ 토끼풀이 오보록하게 나 있다. 준오복하다. 큰우부룩하다. 오보록-이 부.
오보에 (oboe 이) 명 목관 악기의 한 가지. 세로로 잡고서 불며, 약간 가라앉은 듯한 음색을 지녔음. 관현악에서는 고음부(高音部)를 맡음.
오ː복 (五服) 명 다섯 가지 복제(服制). 곧, 참최(斬衰)·재최(齊衰)·대공(大功)·소공(小功)·시마(緦麻)를 이름.
오ː복 (五福) 명 유교에서 이르는 다섯 가지 복. 곧, 수(壽)·부(富)·강녕(康寧)·유호덕(攸好德)·고종명(考終命)을 이름.
오ː복-음 (五福飮) 명 한방에서, 오장(五臟)을 보(補)하는 약.
오ː복-조르듯 [-쪼-듣] 부하자 몹시 조르는 모양. ¶ 하도 오복조르듯해서 부탁을 들어주었다.
오ː복-탕 (五福湯) 명 도라지·닭고기·돼지고기·해삼·전복의 다섯 가지를 넣고 끓인 국.
오복-하다 [-보카-] 형여 〈오보록하다〉의 준말. 큰우북하다. 오복-이 부.
오ː부 (五父) 명 아버지로서 섬겨야 할 다섯 분. 곧, 실부(實父)·양부(養父)·계부(繼父)·의부(義父)·사부(師父).
오ː부 (五部) 명 고려 시대에는 개경(開京), 조선 시대에는 한성(漢城)을 동부·서부·남부·북부·중부의 다섯 구역으로 나눈 행정 구역, 또는 그 관아를 아울러 이르던 말.
오불-고불 부하형 고르지 않게 고불고불한 모양. ¶ 오불고불한 면양의 털. 큰우불구불. 센오불꼬불.
오불관언 (吾不關焉) 명하타 나는 상관하지 아니함, 또는 그러한 태도. ¶ 형은 한식구이면서 집안일에 도무지 오불관언이다.
오불-꼬불 부하형 〈오불고불〉의 센말. 큰우불꾸불.
오ː-불효 (五不孝) 명 자식으로서의 다섯 가지 불효. 곧, 게으름 피우기, 도박과 술을 좋아하기, 재물과 처자만 아끼기, 유흥을 좋아하기, 성질이 사납고 싸움을 잘하기 등으로 부모를 돌보지 않거나 욕되게 하고 불안하게 하는 일.
오붓-하다 [-부타-] 형여 ①홀가분하면서 아늑하고 정답다. ¶ 휴일을 가족끼리 오붓하게 지내다. ②(살림 따위가) 실속이 있고 포실하다. ¶ 오붓한 살림살이. 오붓-이 부.
오브제 (objet 프) 명 ①초현실주의 미술에서, 작품에 쓴 일상생활 용품이나 자연물 또는 예술과 무관한 물건을 본래의 용도에서 분리하여 작품에 사용함으로써 새로운 느낌을 일으키는 상징적 기능의 물체를 이르는 말. ②꽃꽂이에서, 꽃 이외의 재료.
오븐 (oven) 명 조리 기구의 한 가지. 속에 재료를 넣고 밀폐하여, 상하 좌우에서 열을 보내어 재료를 굽는 기구.
오블라ː토 (oblato 포) 명 녹말로 만든 얇은 종이 모양의 투명한 막(膜). 쓴 가루약이나 알사탕을 싸서 먹기 좋게 만드는 데 쓰임.
오블리가토 (obbligato 이) 명 〔음악에서〕 ①'의무화된'이란 뜻으로, 생략할 수 없는 악기나 성부(聲部)를 가리키는 말. ②조주(助奏).
오ː비ː (OB) 명 (재학생에 상대하여 그 학교의) 졸업생, 또는 선배. ¶ 재학생 팀과 오비 팀과의 친선 경기. [old boy]
오비다 타 ①구멍이나 틈 따위의 속을 갉아 도려내다. ¶ 가슴을 오비는 듯한 아픔. /조롱박 속을 오비다. ②속에 붙은 것을 구멍을 통해 기구로 갉아 내다. 큰우비다. 거호비다.
오비-삼척 (吾鼻三尺) 명 〔내 코가 석 자라는 뜻으로〕 '내 사정이 급하여 남을 돌볼 겨를이 없음'을 이르는 말.
오비이락 (烏飛梨落) 명 〔까마귀 날자 배 떨어진다는 뜻으로〕 '공교롭게도 어떤 일이 같은 때에 일어나 남의 의심을 받게 됨'을 이르는 말.
오비일색 (烏飛一色) [-쌕] 명 〔날고 있는 까마귀가 모두 같은 빛깔이라는 뜻으로〕 '모두 같은 종류이거나, 또는 서로가 같음'을 이르는 말.
오비작-거리다 [-꺼-] 타 자꾸 오비작오비작하다. 오비작대다. ¶ 귓속을 오비작거리다. 큰우비적거리다. 거호비작거리다.
오비작-대다 [-때-] 타 오비작거리다.
오비작-오비작 부하타 자꾸 오비어 파내는 모양. 큰우비적우비적. 거호비작호비작.
오빠 명 ①'오라버니'의 어린이 말. ②'오라버니'를 친근하게 일컫는 말.
오ː사 (五事) 명 ①유교에서, 예절상 다섯 가지의 중요한 일. 곧, 모(貌)·언(言)·사(思)·시(視)·청(聽). ②불교에서, 늘 조절해야 할 다섯 가지 일. 곧, 심(心)·신(身)·식(息)·면(眠)·식(食).
오사 (烏蛇) 명 ☞먹구렁이.
오ː사 (誤死) 명하자 형벌이나 재앙을 입어 비명에 죽음. 《주로, '오사할'의 꼴로 쓰임.》
오ː사 (誤寫) 명하타 (글이나 글씨를) 잘못 베낌.
오ː-사리 명 ①음력 오월 사리 때 잡젓이 많이 섞여서 잡힌 새우나 해산물. ②이른 철의 사리에 잡힌 해산물. ③하타 이른 철에 농작물을 거두는 일, 또는 그 농작물.

오ː사리-잡놈(-雜-)[-잠-]명 ①'온갖 지저분한 짓을 하는 사내'를 욕으로 이르는 말. 오색잡놈. ②여러 종류의 불량배.

오ː사리-젓[-젇]명 오사리로 담근 새우젓. 준오젓. ＊오ː사리젓이[-저시]·오ː사리젓만[-전-]

오-사모(烏紗帽)명 ☞사모.

오사바사-하다형여 ①성격이 사근사근하고 부드러우나 굳은 주견이 없어 요리조리 변하기 쉽다. ②잔재미가 있다.

오삭-오삭부하형 ☞오슬오슬.

오ː산(誤算)명하타 ①잘못 셈함, 또는 잘못된 셈. ②추측이나 예상을 잘못함, 또는 그런 추측이나 예상. ¶ 상대편이 굴복하리라는 예상은 오산이었다.

오산(鼇山·鰲山)명 ☞산대놀음.

오ː산화-인(五酸化燐)명 인(燐)을 공기 중에서 태웠을 때 생기는 흡습성(吸濕性)을 가진 흰 가루. 탈수제·건조제 등으로 쓰임. 무수 인산.

오ː살(誤殺)명하타 잘못하여 사람을 죽임.

오ː상(五常)명 〔유교에서〕 ①사람으로서 마땅히 지켜야 할 다섯 가지 도리. 곧, 인(仁)·의(義)·예(禮)·지(智)·신(信). ②부·모·형·제·자식이 저마다 지켜야 할 도리. 아버지는 의리, 어머니는 자애, 형은 우애, 아우는 공경, 자식은 효도를 이름. 오륜(五倫). 오전(五典).

오ː상(五傷)명 가톨릭에서, 그리스도가 수난을 당할 때 입은 양손·양발·옆구리의 다섯 군데의 상처를 이름.

오ː상(誤想)명하타 착각으로 말미암은 그릇된 생각.

오ː상-고절(傲霜孤節)명 〔서릿발 속에서도 굽히지 않고, 외로이 지키는 절개라는 뜻으로〕 '국화(菊花)'를 비유하여 이르는 말.

오ː상^방위(誤想防衛)명 형법에서, 정당 방위의 요건이 갖추어져 있지 아니한데도 갖추어진 것으로 그릇 판단하여 행한 방위 행위를 이름. 착각 방위(錯覺防衛).

오ː상^피ː난(誤想避難)명 형법에서, 긴급 피난의 요건이 갖추어져 있지 아니한데도 갖추어진 것으로 그릇 판단하여 행한 피난 행위를 이름. 착각 피난(錯覺避難).

오ː색(五色)명 ①파랑·노랑·빨강·하양·검정의 다섯 가지 빛깔. 비오채(五彩). ②여러 가지 빛깔. ¶ 오색이 영롱하다. /단풍이 오색으로 물들다.

오ː색(傲色)명 오만한 기색.

오ː색-나비(五色-)[-생-]명 네발나빗과의 곤충. 편 날개 길이 7 cm가량. 날개의 바탕색은 흑갈색으로 가장자리를 따라 황갈색 띠가 있고, 수컷은 앞면이 보라색으로 빛남. 버드나무나 상수리나무의 진을 빨아 먹음. 우리나라·일본·유라시아 북부에 분포함.

오ː색-단청(五色丹青)[-딴-]명 (파랑·노랑·빨강·하양·검정의) 오색으로 칠한 단청.

오ː색-딱따구리(五色-)명 딱따구릿과의 새. 몸길이 23 cm가량. 몸빛은 흑색과 백색이 섞여 있고 꽁지는 진홍색임. 부리로 나무줄기를 쪼아서 구멍을 파고, 긴 혀를 이용하여 그 속의 곤충을 잡아먹음. 우리나라 전역에 분포하는 흔한 텃새임.

오ː색-실(五色-)[-씰]명 파랑·노랑·빨강·하양·검정의 다섯 가지 빛깔의 실.

오색영롱(五色玲瓏) '오색영롱하다'의 어근.

오ː색영롱-하다(五色玲瓏-)[-생녕농-]형여 여러 가지 빛깔이 어울려 눈부시게 찬란하다.

오ː색-잡놈(五色雜-)[-짬-]명 ☞오사리잡놈.

오색찬란(五色燦爛) '오색찬란하다'의 어근.

오ː색찬란-하다(五色燦爛-)[-찰-]형여 여러 가지 빛깔이 어울려 황홀하고도 아름답다.

오ː생(午生)명 오년(午年)에 난 사람. 말띠.

오ː생(五牲)명 지난날, 제물(祭物)로 쓰던 다섯 가지 짐승. 흔히, 사슴·고라니·본노루·이리·토끼를 이름.

오ː서(誤書)명하타 글자를 잘못 씀, 또는 잘못 쓴 글자.

오ː서-낙자(誤書落字)[-짜]명하자 ☞오자낙서.

오석(烏石)명 ☞흑요암(黑曜岩).

오ː선(五線)명 악보를 만들 때, 음표를 적을 수 있도록 가로로 그어 놓은 다섯 줄의 평행선.

오ː선-주(五仙酒)명 오가피와 어아리·쇠무릎지기·삽주·소나무의 마디를 넣어 빚은 술.

오ː선-지(五線紙)명 (악보를 적을 수 있도록) 오선을 그어 인쇄해 놓은 종이.

오ː성(五性)명 사람의 다섯 가지 성정(性情). 곧, 기쁨·노여움·욕심·두려움·근심.

오ː성(五星)명 ①다섯 개의 별. ②중국에서 고대로부터 알려진 '다섯 행성'을 통틀어 이르는 말. 곧, 세성(歲星;목성, 동쪽)·형혹(熒惑;화성, 남쪽)·태백(太白;금성, 서쪽)·진성(辰星;수성, 북쪽)·진성(鎭星;토성, 중앙).

오ː성(五聖)명 ①문묘(文廟)에 함께 모신 다섯 성인. 곧, 공자(孔子)·안자(顏子)·증자(曾子)·자사(子思)·맹자(孟子). ②고대 중국의 다섯 성인. 곧, 황제(黃帝)·요(堯)·순(舜)·우(禹)·탕왕(湯王).

오ː성(五聲)명 ☞오음(五音).

오ː성(悟性)명 사물에 대하여 논리적으로 이해하고 판단하는 능력. 〔칸트는 감성(感性)과 더불어 인식 능력에 있어서의 작용의 하나로 봄.〕

오ː성^장군(五星將軍)명 〔계급장에 별이 다섯 달린 장군이란 뜻으로〕 '원수(元帥)'를 달리 이르는 말.

오세아니아(Oceania)명 호주·뉴질랜드·멜라네시아·미크로네시아·폴리네시아를 포함하는 대부분의 태평양 지역의 섬을 아울러 이름. 대양주(大洋洲).

오소리명 족제빗과의 짐승. 산림에서 사는데 몸길이 70~90 cm. 꼬리는 10~18 cm. 몸은 너구리와 비슷하나, 앞발에는 큰 발톱이 있어서 땅굴을 파기에 알맞음. 몸빛은 회색 또는 갈색이고 얼굴에 뚜렷한 흑백색의 띠가 있음.

오소리-감투명 오소리의 털가죽으로 만든 벙거지.

오소리감투가 둘이다속담 일을 맡아 처리하는 사람이 둘이라, 서로 아옹다옹함을 이르는 말.

오소소부하자 ①(깨나 좁쌀 따위의) 작은 물건이 한꺼번에 많이 쏟아지는 모양. ②작은 가랑잎이 나무에서 많이 떨어져 흩어지는 소리, 또는 그 모양. ¶ 낙엽이 오소소 떨어지다. 큰우수수.

오ː손(汚損)명하타되자 더럽히고 손상함. ¶ 기계 문명에 오손된 자연.

오손-도손부하형 의좋게 서로 이야기를 나누거나 지내는 모양. 큰오순도순.

오솔-길[-낄]명 폭이 좁고 호젓한 길.

오솔-하다형여 (사방이 괴괴하여) 무서우리만큼 호젓하다.

오ː수(午睡)명 낮잠. 오침(午寢). ¶ 오수를 즐기다.

오ː수(汚水)명 더러워진 물. 구정물.

오수-경(烏水鏡)명 알이 오수정(烏水晶)으로 된 안경. 준오경.

오ː수부동(五獸不動)명 〔쥐는 고양이를, 고양이는 개를, 개는 범을, 범은 코끼리를, 코끼리는 쥐를 서로 두려워하고 꺼리기 때문에, 쥐·고양이·개·범·코끼리가 만나면, 서로 두려워하고 꺼리어 움직이지 못한다는 뜻으로〕 '사회 조직이 서로 견제하는 여러 세력으로 이루어져 있음'을 비유하여 이르는 말.

오-수유(吳茱萸)명 운향과의 낙엽 활엽 교목. 중국 원산으로 높이는 3 m가량. 잎은 깃털 모양의 겹잎임. 초여름에 황록색의 꽃이 피고, 가을에 둥근 열매가 붉게 익음. 열매는 한방에서 약재로 쓰임. 준오유.

오-수정(烏水晶)명 검은 빛깔의 수정.

오순-도순부하형 의좋게 서로 이야기를 나누거나 지내는 모양. ¶ 화롯가에 모여 앉아 오순도순 이야기를 나눈다. 작오손도손.

오ː순-절(五旬節)명 성령이 세상에 임한 날을 기념하는 축일. 그리스도의 부활에서 50일째에 해당하는 날. 성신 강림절(聖神降臨節).

오스뮴(osmium)명 백금족 원소의 한 가지. 은회색의 고체로 금속 중에서 비중이 가장 크고, 백금족 원소 가운데 녹는점이 가장 높음. 합금 재료나 촉매(觸媒) 등에 쓰임. 〔Os/76/190.2〕

오스뮴^전ː구(osmium電球)명 오스뮴을 필라멘트로 한 백열전구.

오스스부하형 차고 싫은 기운이 몸에 돌면서 소름이 끼치는 듯한 모양. ¶ 섬뜩하고 오스스한 장면이 연이은 영화. 큰으스스. 참아스스.

오스카(Oscar)명 미국의 세계적 영화상인 아카데미상 수상자에게 주는 청동제의 금도금 입상.

오스카-상(Oscar賞)명 ☞아카데미상.

오스트라시즘(ostracism)명 고대 그리스의 아테네에서, 시민의 비밀 투표로 국가의 위험 인물을 10년간 국외로 추방하던 제도.

오스트랄로피테쿠스(Australopithecus)명 제3기 말에서 홍적세 중기(200만~50만 년 전)까지의 지층에서 발견된 화석 인류.

오슬-오슬부하형 (감기나 몸살 따위로) 몸에 소름이 오스스 끼칠 듯이 추워가 느껴지는 모양. 오삭오삭. ¶ 몸살이 났는지 몸이 오슬오슬하다. 큰으슬으슬. 참아슬아슬.

오ː승(五乘)명 불교에 있어서의 다섯 가지 교법(敎法). 곧, 인승(人乘)·천승(天乘)·성문승(聲聞乘)·연각승(緣覺乘)·보살승(菩薩乘)을 이름.

오ː승-포(五升布)명 다섯 새의 올이 굵은 베나 무명.

오ː시(午時)명 ①십이시의 일곱째 시. 상오 11시부터 하오 1시까지의 동안. ②이십사시의 열셋째 시. 상오 11시 30분부터 하오 12시 30분까지의 동안. 준오(午).

오ː시-교(五時敎)명 석가여래의 일생 동안의 설교를 연대에 따라 나눈 것. 곧, 화엄시(華嚴時)·아함시(阿含時)·방등시(方等時)·반야시(般若時)·법화열반시(法華涅槃時)를 이름.

-오시니어미 〈옛〉-시오니. ¶ 天爲建國ᄒᆞ샤 天命을 ᄂᆞ리오시니(龍歌*32*章). /하ᄂᆞᆯ히 病을 ᄂᆞ리오시니(龍歌*102*章).

오시-목(烏柿木)명 ☞먹감나무.

오ː시ː아ː르(OCR)명 컴퓨터의 입력 장치에서 사용되는 광학 문자 판독기. 자성(磁性)을 띤 특수 잉크로 인쇄된 문자를 읽는 장치. [optical character reader]

오ː시ː아ː르 카ː드(OCR card) 오시아르 장치를 한 카드. 채점을 전산기로 처리하는 학력고사 답안지 따위.

오ː시-오중(五矢五中)명하자 화살 다섯 대를 쏘아 다섯 대를 모두 맞힘. 준오중(五中).

오ː식(五識)명 불교에서, 오근(五根)에 따라 일어나는 다섯 가지 지각. 곧, 색(色)·성(聲)·향(香)·미(味)·촉(觸)을 이름.

오ː식(誤植)명하타 활판에 활자를 잘못 꽂음, 또는 그로 인한 인쇄상의 잘못.

오ː신(娛神)명하자 (무당이 굿을 할 때) 타령이나 노랫가락 등으로 흥겹게 신(神)을 찬양하고 즐겁게 하는 일.

오ː신(誤信)명하자타 그릇 믿음. ¶ 위험이 없는 데도 있는 것으로 오신하다.

오ː-신명(誤身命)명하자 몸과 목숨을 그르침.

오실로그래프(oscillograph)명 (전류나 전압 따위의) 전기적 진동을 가시(可視) 곡선으로 기록하는 장치.

오실로스코ː프(oscilloscope)명 (브라운관을 사용하여) 시간적 변화가 빠른 전류의 파형(波形)을 관측하는 장치. 〔브라운관 오실로스코프라고도 함.〕

오ː심(惡心)명 한방에서, 속이 불쾌하고 울렁거리며 토할 듯한 기분이 생기는 증상을 이르는 말.

오ː심(誤審)명하자타 잘못 심판함, 또는 그 심판. 비오판(誤判).

오ː심-열(五心熱)[-녈]명 한방에서, 위경(胃經) 속에 화기(火氣)가 뭉쳐서 양쪽 손바닥과 발바닥, 가슴의 다섯 곳이 몹시 더워지는 병증을 이르는 말.

오ː십(五十·五拾) Ⅰ수 쉰.
Ⅱ관 《일부 단위를 나타내는 명사 앞에 쓰이어》 ①그 수량이 쉰임을 나타내는 말. ¶ 오십 년. /오십 미터. ②그 순서가 오십 번째임을 나타내는 말. ¶ 이번 시험에 오십 등을 했다.

오ː십-견(五十肩)[-껸]명 어깨의 통증으로 인하여 어깨의 움직임에 지장을 받게 되는 증상. 〔주로, 오십 세 전후의 나이에 많이 발생하여 붙은 이름임.〕

오ː십보-백보(五十步百步)[-뽀-뽀]명 약간의 차이는 있으나 본질적으로는 같다는 뜻. 〔싸움에서, 오십 보를 달아난 자가 백 보를 달아난 자를 보고 비웃더라도, 달아나기는 매일반이라고 한 맹자(孟子)의 말에서 유래함.〕 ¶ 이것이나 그것이나 오십보백보다. 준오십소백.

오ː십-소백(五十笑百)[-쏘-]명 〈오십보백보(五十步百步)〉의 준말.

오ː십음-도(五十音圖)명 일본 문자의 오십음을 성음(聲音)의 종류에 따라 배열한 표.

오ː십이-위(五十二位)명 불교에서, 보살 수행의 52단계. 곧, 십신(十信)·십주(十住)·십행(十行)·십회향(十廻向)·십지(十地)와 등각(等覺)·묘각(妙覺)을 이름.

오싹부하자 몸이 옴츠러들도록 갑자기 오스스 추워지거나 소름이 끼치는 모양. ¶ 등골이 오싹해지는 무서운 광경. /소름이 오싹 끼치는 날카로운 비명 소리가 들려왔다. **오싹-오싹**부하자.

오ᄉᆞ리명 〈옛〉오소리. ¶ 오ᄉᆞ리 단:猯(訓蒙上*19*).

오아시스(oasis)명 ①사막 가운데에 샘이 솟고 초목이 자라는 곳. ②'삶의 위안이 되는 사물이나 장소'를 비유하여 이르는 말.

오ː악(五惡)명 불교에서 이르는, 오계(五戒)를 어기는 다섯 가지의 악행(惡行). 곧, 망어(妄語)·

사음(邪淫)·살생(殺生)·음주(飮酒)·투도(偸盜).

오ː악(五岳·五嶽)명 ①우리나라의 이름난 다섯 산. 곧, 금강산·지리산·묘향산·백두산·삼각산. ②중국의 다섯 영산(靈山). 곧, 타이산 산(泰山山)·화산(華山)·헝산 산(衡山山)·헝산 산(恒山山)·쑹산 산(嵩山山). ③관상학에서, 사람의 '이마·코·턱·좌우의 광대뼈'를 이르는 말.

오ː안(五眼)명 불교에서, 수행에 따라 성도(成道)에 이르는 순서를 보인 다섯 안력(眼力). 곧, 육안(肉眼)·천안(天眼)·법안(法眼)·혜안(慧眼)·불안(佛眼).

오ː야(午夜)명 자정(子正). 밤 열두 시.

오ː야(五夜)명 지난날, 하루의 밤을 다섯으로 구분하던 이름. 곧, 갑야(甲夜)·을야(乙夜)·병야(丙夜)·정야(丁夜)·무야(戊夜).

오약(烏藥)명 한방에서, '천태오약'이나 '형주오약'의 뿌리를 약재로 이르는 말. 〔곽란이나 토사 따위에 쓰임.〕

오얏명 '자두'의 잘못.

오얏명〈옛〉자두. ¶ 블근 오야지 므레 ᄃᆞ마도 ᄎᆞ디 아니ᄒᆞ고(杜初*10:23*). 참외얏.

오ː언(五言)명 한 구(句)가 다섯 자씩으로 된 한시(漢詩), 또는 그 시체(詩體). 오언시.

오ː언^고ː시(五言古詩)명 한 구가 다섯 자씩으로 된 고체시(古體詩).

오ː언^배율(五言排律)명 한 구가 다섯 자씩으로 된 배율.

오ː언-시(五言詩)명 한 구가 다섯 자씩으로 된 한시(漢詩). 오언.

오ː언^율시(五言律詩)[-뉼씨]명 오언 팔구(八句)로 된 율시. 준오율.

오ː언^절구(五言絕句)명 기(起)·승(承)·전(轉)·결(結)의 네 구로 된 오언시. 준오절.

오ː에스(OS)명 ☞오퍼레이팅 시스템.

오ː에이(OA)명 사무 자동화(事務自動化). [office automation]

오ː엑스-문제(OX問題)명 문제를 보고 맞는 곳에 '○' 표, 틀린 곳에 '×' 표를 하여 답안을 작성하도록 한 시험 문제.

오ː엘(OL)명 '오버랩(overlap)'의 약호.

오ː엠아ː르(OMR)명 광학 마크 판독기. [optical mark reader]

오ː역(五逆)명 불교에서, 무간지옥(無間地獄)에 떨어질 다섯 가지의 악행을 이르는 말. 곧, 아버지를 죽이는 일, 어머니를 죽이는 일, 아라한(阿羅漢)을 죽이는 일, 중의 화합을 깨뜨리는 일, 불신(佛身)을 손상하는 일.

오ː역(誤譯)명하타되자 잘못 번역함, 또는 잘못된 번역.

오ː연(五軟)명 한방에서, 어린아이의 체질에 따라 생기는 다섯 가지 무력해지는 증상을 이르는 말. 곧, 고개를 가누지 못하는 것, 몸을 가누지 못하는 것, 입과 혀에 맥이 없어 말을 못하는 것, 살에 맥이 없어 피부가 늘어지는 것, 팔다리에 맥이 없어 버티지 못하는 것. ↔오경(五硬).

오연(傲然) '오연하다'의 어근.

오ː연-하다(傲然-)형여 오만스럽다. 거만한 듯하다. ¶ 산정에 올라 짐짓 오연한 자세로 세상을 굽어본다. **오연-히**부.

오ː열(五列)명 적 내부에 침투하여, 모략·파괴·간첩 활동을 하는 비밀 요원을 이름. 〔스페인 내란 때, 4개 부대를 이끌고 마드리드를 공격한 프랑코 장군이, 시내에도 우리에게 내응하는 위장(僞裝)한 제5부대가 있다고 말한 데서 유래함.〕 본제오 열(第五列).

오열(嗚咽)명하자 목이 메어 욺, 또는 그 울음. ¶ 유족들의 오열 속에 장례를 치르다.

오ː염(汚染)명되자 ①더러워짐. 염오(染汚). ¶ 오염된 산천. ②(공기·물·식료품 따위가) 세균·방사능·가스 등에 의하여 독성을 갖게 됨.

오ː염-도(汚染度)명 오염된 정도. ¶ 한강 상류의 오염도가 점점 높아지고 있다.

오ː염-원(汚染源)명 환경을 오염시키는 근원지나 근본 원인.

오엽(梧葉)명 오동나무의 잎.

오엽-선(梧葉扇)[-썬]명 살의 끝을 휘어서 오동나무 잎의 잎맥과 비슷하게 만든 둥근 부채.

오ː엽-송(五葉松)[-쏭]명 ☞잣나무.

오ː-영문(五營門)명 ☞오군영(五軍營).

오ː예(汚穢)명하형 지저분하고 더러움, 또는 그런 것.

오오열열(嗚嗚咽咽)명 몹시 목메어 욺.

오ː옥(五玉)명 다섯 가지 빛깔의 옥. 곧, 창옥(蒼玉)·적옥(赤玉)·황옥(黃玉)·백옥(白玉)·현옥(玄玉)을 이름.

오옥(烏玉)명 빛깔이 검은 구슬.

오ː온(五蘊)명 불교에서, 정신과 물질을 오분(五分)한 것. 곧, 색(色)·수(受)·상(想)·행(行)·식(識). 오음(五陰).

오올다형〈옛〉온전하다. 성하다. ¶ 엇뎨 뼈 내모미 ᄒᆞ오아 오오라 이시리오(杜重*4:9*). /오온 蜀애 일홈 난 士ㅣ 하니(杜重*2:3*). 참오올다.

오요요감 강아지를 부르는 소리.

오ː욕(五慾)명 ①사람의 다섯 가지 욕심. 곧, 재물욕(財物慾)·명예욕(名譽慾)·식욕(食慾)·수면욕(睡眠慾)·색욕(色慾). ②☞오진(五塵).

오ː욕(汚辱)명하타 (남의 명예를) 더럽혀 욕되게 함. ¶ 오욕의 역사. /오욕을 씻다.

오ː용(誤用)명하타되자 잘못 씀. ¶ 약의 오용으로 약화(藥禍)를 자초하다.

오우(烏芋)명 한방에서, '올방개의 뿌리'를 약재로 이르는 말. 지갈(止渴)이나 개위(開胃) 등에 약재로 씀.

오ː우-가(五友歌)명 조선 인조 때 윤선도(尹善道)가 지은 연시조. '산중신곡(山中新曲)'에 들어 있는 여섯 수의 시조로, 서시에 이어 다섯 가지 자연물인 물〔水〕·돌〔石〕·솔〔松〕·대〔竹〕·달〔月〕에 대하여 한 수씩 읊은 내용.

오ː운(五雲)명 오색(五色)의 구름.

오ː운(五運)명 오행(五行)의 운행, 곧 상생(相生)·상극(相剋)의 순서.

오ː운-거(五雲車)명 (신선이 타고 다닌다는) 오색의 수레.

오ː월(午月)명 〔월건(月建)에 십이지의 오(午)가 드는 달로〕 '음력 오월'의 딴 이름. 참중하(仲夏).

오ː월(五月)명 한 해의 다섯째 달. 참미음·오월(午月)·중하(仲夏).

오월(吳越)명 〔중국 춘추 시대의 오나라와 월나라를 가리키는 말로〕 '원수 같은 사이'를 이르는 말.

오월(梧月)명 '음력 칠월'을 달리 이르는 말.

오ː월-국(五月菊)명 국화의 한 가지. 오월에 꽃이 핌.

오월-동주(吳越同舟)명 서로 적의(敵意)를 품은 사람끼리 한자리나 같은 처지에 있게 된 경우, 또는 서로 미워하면서도 공통의 어려움이나 이해에 대해서는 협력하는 경우를 비유하는 말. 〔'손자(孫子)'의 '구지편(九地篇)'에 나오는 말로, 원수 사이인 오나라 군사와 월나라

군사가 같은 배를 타게 되었다는 고사에서 유래함.〕
오ː월-로 (五月爐) 명 〔오월의 화로란 뜻으로〕 '당장은 필요 없지만 없으면 아쉽게 여겨지는 물건'을 비유하여 이르는 말.
오ː위 (五衛) 명 조선 세조 3(1457)년에, 이전의 군제를 고쳐 새로 정한 다섯 위. 전〔忠佐〕·후〔忠武〕·좌〔龍驤〕·우〔虎賁〕·중〔義興〕의 다섯 위를 두고, 한 위를 다섯 부(部), 한 부를 네 통(統)으로 나누어 통제하였음.
오ː위-도총부 (五衛都摠府) 명 조선 시대에, 오위를 지휘 감독하던 최고 군령 기관(軍令機關).
오ː위-장 (五衛將) 명 조선 시대, 오위의 으뜸 벼슬. 정원(定員)은 열둘이며, 종이품 벼슬.
오유 (迂儒) 명 '우유(迂儒)'의 잘못.
오유 (吳萸) 명 〈오수유(吳茱萸)〉의 준말.
오유 (烏有) 명 사물이 아무것도 없이 됨. ¶ 화재로 가재도구 일체가 오유가 되다.
오ː유 (娛遊) 명하자 즐기고 놂.
오유-선생 (烏有先生) 명 실제로는 없는, 가공의 인물.
오ː율 (五律) 명 〈오언 율시(五言律詩)〉의 준말.
오ː음 (五音) 명 국악(國樂)의 다섯 음계. 곧, 궁(宮)·상(商)·각(角)·치(徵)·우(羽). 오성(五聲).
오ː음 (五陰) 명 ☞오온(五蘊).
오ː음 (五飮) 명 다섯 가지의 마실 것. 곧, 물·미음·약주·단술·청주.
오ː음성-고 (五陰盛苦) 명 불교에서 이르는 팔고(八苦)의 하나. 오온(五蘊)이 불같이 일어나서 생기는 고통.
오ː음^육률 (五音六律) [-뉵뉼] 명 '오음'과 '육률'을 아울러 이르는 말.
오ː음^음계 (五音音階) [-계/-게] 명 오음으로 이루어진 음계. 우리나라와 중국 음악의 주조(主調)를 이룸.
오ː의 (奧義) [-의/-이] 명 매우 깊은 뜻. 오지(奧旨).
오이 명 박과의 일년생 만초. 인도 원산의 재배 식물. 초여름에 노란 꽃이 핌. 길쭉한 열매는 녹색에서 황갈색으로 익는데, 물기가 많고 맛이 시원함. 준외[2]. 참물외.
　오이는 씨가 있어도 도둑은 씨가 없다 속담 마음을 잘못 가지면 누구나 도둑이 되기 쉽다는 뜻.
　오이를 거꾸로 먹어도 제멋〔**제 소청**〕 속담 남의 눈에 벗어나는 이상한 짓이라도 제가 좋아하는 짓이라면 상관할 바가 아니라는 말.
오이-과 (-瓜) 명 한자 부수의 한 가지. '瓟'·'瓢' 등에서의 '瓜'의 이름.
오이-김치 명 오이로 담근 김치. 준외김치.
오이-깍두기 [-뚜-] 명 오이를 썰어서 젓국과 고춧가루와 고명을 넣고 버무려 담근 깍두기.
오이-나물 명 오이를 가로 썰어 고기와 양념을 넣고 버무려 약간 볶은 반찬.
오이-냉국 (-冷-) [-꾹] 명 오이를 채를 쳐서 양념한 것에, 끓여 식힌 물을 붓고 식초를 친 냉국. 오이찬국.
오이다 조 모음으로 끝난 체언에 붙어, '입니다'의 뜻을 보다 정중하게 이르는 합쇼체의 종결형 서술격 조사. ¶ 훌륭한 시(詩)오이다. 준외다[3]. 참이오이다.
-오이다 어미 모음으로 끝난 어간이나 'ㄹ'로 끝난 용언의 어간 또는 높임의 '-시-'에 붙어, 현재의 사실을 베풀어 말하는 뜻을 나타내는 합쇼체의 종결 어미. ¶ 사실이 아니오이다. 준-외다. 참-으오이다.
오이디푸스^콤플렉스 (Oedipus complex) 명 정신 분석학에서, 사내아이가 어머니에게 애정을 느끼고, 아버지에게 반감을 가지는 심리적 경향을 이르는 말. 참엘렉트라 콤플렉스.
오이-소박이 명 〈오이소박이김치〉의 준말.
오이소박이-김치 명 꼭지를 딴 오이를 두세 토막으로 나누고, 그 끝을 조금 남기고 '十' 자 모양으로 쪼갠 다음 그 속에 갖은 양념·젓갈 등을 넣고 담근 김치. 준소박이·소박이김치·오이소박이.
오이-순 (-筍) 명 오이의 애순.
오ː이ː시ː디ː (OECD) 명 경제 협력 개발 기구. [Organization for Economic Cooperation and Development]
오이-씨 명 오이의 씨. 준외씨.
오ː이ː엠 (OEM) 명 주문자 상표 부착 생산. 계약에 따라, 상대편의 상표를 붙인 부품이나 완제품을 제조하여 공급하는, 일종의 하청 생산 방식. [original equipment manufacturer]
오이-지 명 끓여서 식힌 소금물에 오이를 담가 익힌 반찬의 한 가지. 준외지.
오이-찬국 명 ☞오이냉국.
오이-풀 명 장미과의 다년초. 산과 들에 흔히 나는데, 줄기 높이는 1 m가량. 잎은 깃 모양의 겹잎이며, 7~9월에 진한 자줏빛 꽃이 핌. 어린잎은 먹을 수 있고, 뿌리는 해열·지혈 등의 약재로 쓰임. 외나물.
오ː인 (午人) 명 조선 시대에, '남인(南人)'을 달리 이르던 말.
오ː인 (誤認) 명하타되자 잘못 보거나 잘못 생각함. 그릇 인정함. ¶ 동생을 형으로 오인하다. / 범인으로 오인하다.
오인 (吾人) 대 ①나. ②우리.
오ː일 (午日) 명 일진(日辰)의 지지(地支)가 오(午)로 된 날. 〔갑오일(甲午日)·병오일(丙午日) 따위.〕 말날.
오일 (oil) 명 기름.
오ː일-경조 (五日京兆) 명 '일이 오래가지 못함'을 비유하여 이르는 말. 〔중국 한(漢)나라 때, 장창(張敞)이 경조윤(京兆尹)이 되었다가 며칠 만에 물러났다는 고사에서 유래함.〕
오일^달러 (oil dollar) 명 산유국이 원유를 수출하여 벌어들인 잉여 외화(剩餘外貨).
오일^버ː너 (oil burner) 명 경유나 중유(重油)를 연소시키는 장치.
오일^샌드 (oil sand) 명 중질 원유(重質原油)를 함유하고 있는 모래나 사암(沙岩).
오일^셰일 (oil shale) 명 석유 혈암(石油頁岩).
오일^쇼크 (oil shock) 명 유가(油價)의 폭등이나 폭락으로 말미암은 국제적인 경제 타격. 석유 파동. 유류 파동.
오일스킨 (oilskin) 명 동백기름이나 삼씨기름 따위를 먹여 방수 가공을 한 천.
오일-실크 (←oiled silk) 명 기름이나 수지 용액 따위를 입힌 견직물. 방수용 외투 등에 쓰임.
오ː일-장 (五日場) [-짱] 명 닷새마다 서는 시골의 장.
오ː일-장 (五日葬) [-짱] 명 초상난 지 닷새 만에 지내는 장사.
오일클로ː스 (oilcloth) 명 ①기름으로 방수 처리한 피륙을 통틀어 이르는 말. 〔오일실크 따위.〕 ②두꺼운 피륙에 에나멜을 입히고 여러 가지 무늬를 그린 천. 책상보 따위로 씀.
오일-펌프 (oil pump) 명 송유(送油)·급유(給油)를 위하여 쓰는 펌프.

오일-펜스(oil fence)명 바다나 강·호수에 기름이 유출되었을 때, 기름이 퍼지는 것을 막기 위하여 수면 위에 울타리처럼 둘러치는 것.

오:입(悟入)명하자 불교에서, '도를 깨달아 실상(實相)의 세계로 들어감'을 이르는 말.

오:입(誤入)명하자 제 아내 아닌 여자와 성 관계를 가지는 일. 외도(外道). 외입(外入).

오:입-쟁이(誤入-)[-쨍-]명 '오입을 잘하는 사내'를 홀하게 이르는 말.

오입쟁이 헌 갓 쓰고 똥 누기는 예사다속담 되지 못한 자의 못된 짓거리야 놀랄 바가 아니라는 말.

오:입-질(誤入-)[-찔]명하자 오입하는 짓.

오:입-판(誤入-)명 오입쟁이들이 노는 사회.

오ᄋᆞ로부 〈옛〉 온전히. 전혀. ¶ ᄒᆞ나히 ᄠᅩ로 달아 비치 오ᄋᆞ로 희오(月釋2:46). /오ᄋᆞ로 가난티 아니ᄒᆞ도다(杜初7:21). 참오로.

오올다형 〈옛〉 온전하다. 완전하다. ¶ 善心이 오올면(月釋8:1). / 敬心이 몯 오ᄋᆞ더시니(月印128). 참오올다.

오올-오다타 〈옛〉 온전하게 하다. ¶ 衆生ᄃᆞ히 ᄆᆞ수몰 오올와(月釋8:5). 참올오다.

오:자(誤字)[-짜]명 ①잘못 쓴 글자. ②(인쇄물에 박힌) 틀린 글자. 참탈자(脫字).

오:자-낙서(誤字落書)[-짜-써]명하자 글자를 잘못 쓰는 일과 빠뜨리고 쓰는 일, 또는 그런 글자. 오서낙자(誤書落字).

오자미명 헝겊에 콩 따위를 싸서 공 모양으로 만든 주머니.

오:작(五爵)명 〈오등작(五等爵)〉의 준말.

오:작(仵作)명 지난날, 고을 수령에 딸리어 시체를 검시(檢屍)하던 하인.

오작(烏鵲)명 까막까치.

오작-교(烏鵲橋)[-꾜]명 칠월 칠석날에 견우와 직녀가 만날 수 있도록 까막까치가 은하에 놓는다는 전설상의 다리. 은하 작교.

오작-오작부하자타 비교적 단단한 음식을 얌전스레 씹는 모양, 또는 그 소리. 큰우적우적2. 센오짝오짝.

오:장(五葬)명 장례의 다섯 가지 방식. 곧, 토장(土葬)·화장(火葬)·수장(水葬)·야장(野葬)·임장(林葬).

오:장(五臟)명 한방에서, 다섯 가지 내장을 통틀어 이르는 말. 곧, 간장·심장·비장·폐장·신장.

오장(을) 긁다관용 남의 비위를 건드리다.

오장이 뒤집히다관용 분이 치밀어 견딜 수가 없다.

오:장^육부(五臟六腑)[-뉵뿌]명 〔오장과 육부라는 뜻으로〕 한방에서, '내장'을 통틀어 이르는 말. 준장부(臟腑).

오:재(五材)명 사물의 다섯 가지 재료. 곧, 금(金)·목(木)·수(水)·화(火)·토(土), 또는 금·목·피(皮)·옥(玉)·토.

오쟁이명 짚으로 만든 작은 섬.

오쟁이(를) 지다관용 자기 아내가 다른 남자와 사통(私通)하다.

오:적(五賊)명 대한 제국 때, 을사 오조약에 찬동한 다섯 사람의 역적. 곧, 박제순(朴齊純)·이지용(李址鎔)·이근택(李根澤)·이완용(李完用)·권중현(權重顯).

오적어(烏賊魚)명 '오징어'의 잘못.

오:전(五典)명 ①☞오륜(五倫). ②☞오상(五常).

오:전(午前)명 ①☞상오(上午). ②해가 뜰 때부터 낮 열두 시까지의 동안. ¶ 오전 근무. ↔오후.

오:전(誤傳)명하타되자 사실과 다르게 전함, 또는 그런 전갈이나 문헌.

오:절(五絕)명 ①비명에 죽는 다섯 가지 죽음. 곧, 목매어 죽는 일, 물에 빠져 죽는 일, 눌려 죽는 일, 얼어 죽는 일, 놀라서 죽는 일. ②〈오언 절구(五言絕句)〉의 준말.

오:점(汚點)[-쩜]명 ①더러운 점, 곧 얼룩. ②명예롭지 못한 흠. ¶ 한 번의 실수로 일생일대의 오점을 남기다.

오-접선(烏摺扇)[-썬]명 검은 칠을 한 쥘부채.

오:-젓[-젇]명 〈오사리젓〉의 준말. ＊오:젓이[-저시]·오:젓만[-전-]

오:정(午正)명 십이시의 오시의 한가운데. 〔낮 12시.〕 정오(正午). ↔자정(子正).

오:정(五情)명 사람의 다섯 가지 감정. 곧, 희(喜)·노(怒)·애(哀)·낙(樂)·욕(慾). 〔욕(慾) 대신에 원(怨)이나 오(惡)를 이르기도 함.〕

오:정-포(午正砲)명 지난날, 오정에 놓아서 시각을 알리던 대포 소리. 준오포.

오:제(五帝)명 ①중국 태고 시대의 다섯 성군을 아울러 이르는 말. 곧, 복희(伏羲)·신농(神農)·황제(黃帝)·요(堯)·순(舜). 또는, 복희·신농·황제 대신 소호(少昊)·전욱(顓頊)·제곡(帝嚳)을 들기도 함. ②민속에서, 오방(五方)을 맡은 다섯 신(神). 곧, 동쪽의 청제(青帝), 서쪽의 백제(白帝), 남쪽의 적제(赤帝), 북쪽의 흑제(黑帝), 중앙의 황제(黃帝).

-오져어미 〈옛〉-고자. ¶ 男子ㅣ 몸 ᄃᆞ외오져 ᄒᆞ리와(佛頂上4). /목숨 길오져 ᄒᆞ다가(釋譜9:36).

오:-조명 일찍 익는 조.

오조 먹은 돼지 벼르듯속담 혼내 주려고 잔뜩 벼르고 있다는 말.

오:-조약(五條約)명 〈을사 오조약〉의 준말.

오조-증(惡阻症)[-쯩]명 입덧.

오:족(五足)명 씨를 다섯 올씩 촘촘하게 하고 간(間)을 걸러서 짠 천.

오족-철(烏足鐵)명 문짝틀이 벌어지지 않게 덧붙이는 쇠.

오:족-항라(五足亢羅)[-조캉나]명 오족으로 짠 항라.

오존(ozone)명 산소의 동소체(同素體)로서 특유한 냄새가 나는 무색의 기체. 음료수의 살균이나 유류의 표백 따위에 쓰임. 액체일 때는 흑청색, 고체일 때는 암자색을 띰.

오존-층(ozone層)명 오존을 많이 포함하고 있는 공기층. 지상에서 약 20~25 km 범위의 상공을 가리킴. 인체나 생물에 해로운 태양의 자외선을 잘 흡수하는 성질이 있음.

오졸-거리다자타 자꾸 오졸오졸하다. 오졸대다. 큰우줄거리다. 센오쫄거리다.

오졸-대다자타 오졸거리다.

오졸-오졸부하자타 (몸피가 작은 사람이나 짐승이) 온몸을 가볍고 율동적으로 움직이는 모양. ¶ 오졸오졸 따라오는 강아지. 큰우줄우줄. 센오쫄오쫄.

오좀명 〈옛〉 오줌. ¶ 오좀 뇨:尿(訓蒙上28). /오좀 누는 짜홀 할ᄒᆞ니(釋譜11:25).

오좀ᄊᆡ명 〈옛〉 오줌통. 방광(膀胱). ¶ 오좀ᄊᆡ 포:脬. 오좀ᄊᆡ 방:膀(訓蒙上28).

오:종(五種)명 다섯 종류. 다섯 가지.

오:종^경:기(五種競技)명 육상 경기 중 혼성 경기의 한 가지. 한 사람이 다섯 종목을 겨루어 총득점으로 등수를 가리는 경기. 〔남자는 멀리뛰기·창던지기·200 m 달리기·원반던지기·1500 m

달리기, 여자는 100 m 허들·포환던지기·높이뛰기·멀리뛰기·창던지기의 다섯 종목임.〕

오종종-하다형여 ①(잘고 둥근 물건이) 빽빽하게 놓였거나 달려 있다. ②(얼굴이) 작고 옹졸스럽다. ¶ 이목구비가 오종종하다. **오종종-히**부.

오:좌(午坐)명 (집터나 묏자리 따위가) 오방(午方)을 등진 좌향, 또는 그런 자리.

오:좌-자향(午坐子向)명 (집터나 묏자리 따위가) 오방을 등지고 자방(子方)을 향한 좌향.

오죽부 여간. 얼마나. 작히나. ¶ 생인손을 앓으니 오죽 아프겠느냐.

오죽(烏竹)명 볏과의 다년생 목본 식물. 대의 일종으로, 높이는 2~20 m까지 자람. 줄기는 첫해에 녹색이며 이듬해부터 자흑색이 됨. 주로 관상용으로 심는데, 다 자란 줄기는 여러 가지 세공 재료로 쓰임.

오죽-이나부 오죽.

오죽잖다[-짠타]형 예사 정도도 못 되다. 변변하지 못하다. ¶ 솜씨가 오죽잖다. **오죽잖-이**부. * 오죽잖아[-짜나]·오죽잖소[-짠쏘]

오죽-하다[-주카-]형여 정도가 매우 심하다. 《주로 의문 종결형 앞에서, '오죽하면'·'오죽해서'의 꼴로 쓰임.》 ¶ 오죽하면 그 짓을 했을까. **오죽-이**부.

오죽한 도깨비 낮에 날까속담 하는 짓이 늘 무례 망측하지만 오죽 못났으면 그러겠는가 하고 그냥 내버려 두라는 말.

오줄-없다[-주럽따]형 하는 일이나 태도가 야무지거나 칠칠하지 못하다.

오줌명 (물질 대사로 몸 안에 생긴 찌끼로) 방광에서 요도를 통해 몸 밖으로 나오는 액체. 소변. ¶ 오줌을 누다. /오줌을 싸다. /오줌이 마렵다.

오줌 누는 새에 십 리 간다속담 잠시 동안이나마 쉬는 것과 쉬지 않고 계속하는 것은 상당한 차이가 있다는 말.

오줌에도 데겠다속담 '몸이 몹시 허약함'을 빗대어 이르는 말.

오줌-관(-管)명 ☞요관(尿管).

오줌-독[-똑]명 오줌을 누거나 모아 두는 독.

오줌-버캐명 오줌을 담아 둔 그릇에 엉겨 붙은 허연 물질, 또는 가라앉은 찌끼.

오줌-소태명 (방광염이나 요도염으로) 오줌이 자주 마려운 여자의 병. 삽뇨증(澁尿症).

오줌-싸개명 '오줌을 가리지 못하거나 실수로 싼 아이'를 놀리어 이르는 말.

오줌-장군[-짱-]명 오줌을 담아 나르는 오지나 나무로 된 통. 준장군.

오줌-줄[-쭐]명 ☞요도(尿道).

오줌-통(-桶)명 ①오줌을 누거나 담아 두는 통. ②☞방광(膀胱).

오:중(五中)명하자 〈오시오중(五矢五中)〉의 준말.

오:중(誤中)명하타 과녁이나 목표를 잘못 맞힘.

오:중-별(五重-)명 ☞오중성(五重星).

오:중-성(五重星)명 (서로 접해 있거나 우연히 같은 방향에 있어서) 육안으로는 하나로 보이나 망원경으로는 다섯으로 보이는 별. 오중별.

오:중-주(五重奏)명 다섯 사람이 연주하는 실내악의 한 형식. 보통 바이올린 둘, 비올라 둘, 첼로 하나로 편성된 현악 오중주가 대표적임.

오:중-창(五重唱)명 다섯 사람이 서로 다른 성부(聲部)를 함께 부르는 중창. 보통, 소프라노 두 사람, 알토·테너·베이스 각 한 사람씩으로 편성됨.

오:중-탑(五重塔)명 ☞오층탑.

오증어명 〈옛〉 오징어. ¶ 오증어: 烏鰂魚(四聲下 *60*. 方藥*51*).

오지명 ①〈오지그릇〉의 준말. ②〈오짓물〉의 준말.

오:지(五指)명 다섯 손가락.

오:지(汚池)명 ①물이 더러운 못. ②검버섯.

오:지(忤旨)명하타 임금의 뜻을 거역함.

오:지(奧地)명 해안이나 도시에서 멀리 떨어진 내륙에 있는 땅. ¶ 산간 오지.

오:지(奧旨)명 ☞오의(奧義).

오지-그릇[-른]명 질흙으로 빚어서 볕에 말리거나 낮은 온도로 구운 다음 잿물을 입혀 다시 구운 그릇. 겉면이 거칠고 검붉음. 〔도깨그릇·뚝배기·약탕관 따위.〕 도기(陶器). 준오지. * 오지그릇이[-르시]·오지그릇만[-른-]

오지끈부하자타 몸피가 작고 단단한 물건이 갑자기 부러지는 소리, 또는 그 모양. ¶ 나뭇가지가 오지끈하고 부러지다. 큰우지끈. **오지끈-오지끈**부하자타.

오지끈-거리다자타 자꾸 오지끈오지끈하다. 오지끈대다. 큰우지끈거리다.

오지끈-대다자타 오지끈거리다.

오지끈-똑딱부하자타 몸피가 작고 단단한 물건이 별안간 부러지거나 요란스레 바서지는 소리, 또는 그 모양. 큰우지끈뚝딱.

오지다형 〈오달지다〉의 준말. ¶ 부피는 작지만 몽직하고 단단한 것이 내용은 오지겠다.

오지-동이명 오짓물을 칠하여 만든 동이.

오지랖[-랍]명 웃옷의 앞자락. * 오지랖이[-라피]·오지랖만[-람-]

오지랖(이) 넓다관용 '주제넘게 남의 일에 참견하는 사람'을 빗대어 이르는 말.

오지리(墺地利)명 '오스트리아'의 한자음 표기. 준오(墺).

오지-벽돌(-甓-)[-똘]명 오짓물을 입혀 구워 낸 벽돌.

오지병-격(-甁鬲)명 한자 부수의 한 가지. '鬲'·'鬻' 등에서의 '鬲'의 이름. 다리굽은솥력.

오:지-서(五指書)명 다섯 손가락에 힘을 주어 붓대를 꽉 잡고 쓴 글씨.

오지자웅(烏之雌雄)명 〔까마귀는 암수의 구별이 어렵다는 뜻으로〕 선악과 시비(是非)를 가리기가 어렵다는 말.

오지직부하자타 ①잘 마른 보릿짚 따위가 불이 붙어 타는 소리. ②장국물이나 기름 따위가 바짝 졸아붙는 소리. ③가는 나뭇가지 따위를 단번에 부러뜨릴 때 나는 소리. ④조개껍데기처럼 단단한 물건이 바스러지는 소리. 큰우지직.

오지직-오지직부하자타.

오지직-거리다[-꺼-]자타 자꾸 오지직오지직하다. 오지직대다. 큰우지직거리다.

오지직-대다[-때-]자타 오지직거리다.

오지-항아리(-缸-)명 오짓물을 칠하여 만든 항아리.

오:직부 〔하나뿐이란 뜻으로〕 다만. 단지. 오로지. ¶ 오직 너만 믿는다.

오:직(汚職)명하자 직권을 남용하여 부정한 일을 꾀함. 비독직(瀆職).

오직-율(-聿)[-징뉼]명 한자 부수의 한 가지. '肆'·'肇' 등에서의 '聿'의 이름. 붓율.

오:진(五塵)명 불교에서 이르는, 중생의 진성(眞性)을 더럽히는 다섯 가지 더러움. 곧, 색(色)·성(聲)·향(香)·미(味)·촉(觸). 오욕(五慾).

오:진(五鎭)명 우리나라의 다섯 진산(鎭山)을 아울러 이르는 말. 곧, 백악산(白岳山)을 중심으로 동쪽의 오대산, 서쪽의 구월산, 남쪽의 속리산, 북쪽의 백두산.

오:진(汚塵)명 더러운 먼지.

오ː진(誤診)명하타되자 진단을 잘못함, 또는 그릇된 진단. ¶ 감기를 폐렴으로 오진하다.

오ː진-법(五進法)[-뻡]명 (0·1·2·3·4 따위의) 다섯 가지 숫자로만 나타내는 기수법의 한 가지. 수를 셀 때 4 다음은 한 자리 올려 10으로 적고, 다시 10이 다섯이면 100으로 적듯이, 다섯씩 모일 때마다 한 자리씩 올려 적는 방법. 참십진법.

오집지교(烏集之交)[-찌-]명 〔까마귀들이 모여 사귄다는 뜻으로〕 ①거짓이 많고 신용이 없는 교제를 이르는 말. ②이욕(利慾)으로 맺은 교제를 이르는 말.

오짓-물[-진-]명 오지그릇의 윤을 내는 데 쓰는 잿물. 준오지.

오징어명 오징엇과의 연체동물. 몸길이 30~40 cm. 몸은 머리·몸통·다리의 세 부분으로 되어 있으며 길쭉한 주머니 모양임. 머리 부분에 있는 입 둘레에 10개의 다리가 있는데, 그 가운데 긴 두 다리로 먹이를 잡음. 몸속에 먹물 주머니가 있어 적을 만나면 먹을 뿜고 달아남.

오징어-무침명 말린 오징어를 가늘게 썰어서 장과 기름에 무친 음식.

오징어-젓[-젇]명 생오징어를 고춧가루 양념으로 버무려 삭힌 젓. ＊오징어젓이[-저시]·오징어젓만[-전-]

오징어-포(-脯)명 말린 오징어.

오짝-오짝부하자타 〈오작오작〉의 센말. 큰우쩍우쩍.

오쫄-거리다자타 〈오졸거리다〉의 센말. 오쫄대다. 큰우쭐거리다.

오쫄-대다자타 오쫄거리다.

오쫄-오쫄부하자타 〈오졸오졸〉의 센말. 큰우쭐우쭐.

오ː차(誤差)명 ①실지로 계산하거나 측량한 값과 이론적으로 정확한 값과의 차이. ¶ 오차가 나다. /오차가 크다. ②수학에서, 참값과 근삿값과의 차이. ③잘못 또는 실수. ¶ 회견은 한 치의 오차도 없이 예정된 순서에 따라 진행되었다.

오ː-차물(五借物)명 불교에서 이르는, 중생이 빌려서 산다는 다섯 가지 물질. 곧, 흙·물·불·바람·공기.

오ː차-율(誤差率)명 ①오차의 정도. ②수학에서, 참값과 근삿값과의 차이의 참값에 대한 비율.

오ː착(五鑿)명 사람의 몸에 있는 다섯 가지 구멍. 곧, 이(耳)·목(目)·구(口)·비(鼻)·심(心).

오ː착(誤捉)명하타 (사람이나 사물을) 잘못 알고 붙듦.

오ː착(誤錯)명하타 ☞착오(錯誤).

오ː찬(午餐)명 여느 때보다 잘 차려 먹는 점심. 주찬(晝餐).

오ː찬-회(午餐會)[-회/-훼]명 손에게 오찬을 베풀기 위한 모임.

오ː채(五彩)명 ①파랑·노랑·빨강·하양·검정의 다섯 가지 채색. 비오색(五色). ②☞경채(硬彩).

오처드그라스(orchard grass)명 볏과의 다년초(多年草). 유럽과 서아시아 원산의 목초로, 줄기 높이는 1 m가량이며 잎은 가늘고 긺. 봄철에 일찍 자라기 시작하여 초여름에 꽃이 핌. 오리새.

오ː천(午天)명 한낮.

오ː천(五天)명 동·서·남·북 및 중앙의 하늘을 아울러 이르는 말.

오ː첩-반상(五-飯床)[-빤-]명 반찬 수에 따른 상 차리기의 한 가지. 밥·탕·김치·간장(초간장)·조치(찌개류)는 기본이고, 거기에 숙채·생채·구이(또는 조림)·전류·마른반찬의 다섯 가지 반찬을 차리는 상차림. 참칠첩반상·구첩반상.

오ː청(五淸)명 문인화(文人畫)의 소재로 쓰이는 다섯 가지. 곧, 소나무·대나무·매화·난초·돌. 〔매화 대신 파초를, 소나무와 난초 대신에 국화와 파초를 넣기도 함.〕

오ː청(五聽)명 지난날, 송사를 듣고 판단하던 다섯 가지 기준. 곧, 사청(辭聽;옳지 않으면 말이 번거로움), 기청(氣聽;진실이 아니면 숨이 참), 색청(色聽;옳지 않으면 안색이 변함), 이청(耳聽;진실이 아니면 잘못 들음), 목청(目聽;진실이 아니면 눈에 정기가 없음).

오ː청(誤聽)명하타 잘못 들음.

오ː체(五體)명 ①사람의 온몸. ②불교에서, '머리와 사지(四肢)'를 아울러 이르는 말. ③한방에서, '근(筋)·맥(脈)·육(肉)·골(骨)·모피(毛皮;피부)'를 통틀어 이르는 말. ④한자의 다섯 가지 서체(書體). 곧, 전(篆)·예(隸)·해(楷)·행(行)·초(草).

오ː체-투지(五體投地)명하자 불교에서 절하는 법의 한 가지. 두 무릎을 꿇은 다음 두 팔을 땅에 대고 머리가 땅에 닿도록 절함.

오ː초(午初)명 십이시의 오시의 처음. 〔상오 11시가 막 지난 무렵.〕

오ː초-룰ː(五秒rule)명 ①농구에서, 공을 가진 선수가 패스나 슛 또는 드리블을 하지 않고 5초를 넘기면 안 된다는 규칙. ②배구에서 서브할 선수가, 주심이 호루라기를 분 뒤 5초 이내에 서브해야 한다는 규칙.

오ː촌(五寸)명 사촌의 아들딸이나 아버지의 사촌과의 촌수. 참종숙(從叔)·종질(從姪).

오ː촌-정(五寸釘)명 다섯 치 길이의 쇠못.

오ː촌-척(五寸戚)명 오촌이 되는 친척.

오총-이(烏驄-)명 흰 털이 섞인 검은 말.

오추(梧秋)명 〔오동나무 잎이 지는 가을이라는 뜻으로〕 '음력 칠월'을 달리 이르는 말. 참조추(肇秋).

오추-마(烏騅馬)명 ①검은 털에 흰 털이 섞인 말. ②옛날 중국의 항우(項羽)가 탔다는 준마.

오ː축(五畜)명 다섯 가지 가축. 곧, 소·양·돼지·개·닭.

오ː충(五蟲)명 (형태상으로 구분한) 다섯 가지 종류의 벌레. 곧, 인충(鱗蟲)·우충(羽蟲)·모충(毛蟲)·나충(裸蟲)·개충(介蟲).

오ː취(五臭)명 다섯 가지 냄새. 곧, 노린내·비린내·향내·타는 내·썩는 내.

오ː취(五趣)명 불교에서, 중생이 업보에 따라 이르게 되는 미계(迷界)를 이르는 말. 곧, 천상(天上)·인간(人間)·축생(畜生)·아귀(餓鬼)·지옥의 다섯 세계. 오도(五道).

오ː층-탑(五層塔)명 다섯 층으로 된 불탑(佛塔). 〔흙·물·불·바람·공기를 상징함.〕 오중탑(五重塔).

오ː칠-일(五七日)명 불교에서, 사람이 죽은 뒤의 35일간, 또는 35일째 되는 날을 이름.

오ː침(午寢)명하자 낮잠. 오수(午睡).

오ː칭(誤稱)명하타되자 잘못 일컬음. 또는, 그릇된 명칭.

오카리나(ocarina)명 찰흙이나 사기로 만든 비둘기 모양의 서양식 피리. 구멍이 8~10개로, 왼쪽 돌기(突起) 부분을 입에 물고 불며 손가락으로 소리를 조절함.

오ː케스트라 (orchestra) 명 ①관현악. ②관현악단.
오ː케스트라^박스 (orchestra+box) 명 오페라 극장에서, 관현악단이 연주하는 자리.
오ː케이 (OK) Ⅰ 명하타 되자 ①승인. 허가. ②〔인쇄물의 교정에서〕 교정 완료. 교료(校了). ¶ 오케이를 놓다.
Ⅱ감 〔그만하면 되었다는 뜻에서〕 좋다. 알았다. 〔'all correct'가 변해서 된 말.〕
오ː타 (誤打) 명하타 타자기 따위를 칠 때에 잘못 침, 또는 그 글자. ¶ 오타를 수정하다.
오ː탁 (五濁) 명 불교에서 이르는, 세상의 다섯 가지 더러움. 곧, 명탁(命濁)·중생탁(衆生濁)·번뇌탁(煩惱濁)·견탁(見濁)·겁탁(劫濁).
오ː탁 (汚濁) 명하형 더럽고 흐림. 탁오.
오ː탄-당 (五炭糖) 명 탄소 원자 다섯 개를 지닌 단당류(單糖類)를 통틀어 이르는 말.
오ː탈 (誤脫) 명 ①☞탈오(脫誤). ②오류(誤謬)와 탈루(脫漏).
오토 (烏兎) 명 〈금오옥토(金烏玉兎)〉의 준말.
오ː토^단청 (五土丹靑) 명 분(粉)과 먹, 연녹색, 육색(肉色), 석간주(石間硃)로 선이나 무늬를 그리는 단청.
오ː토매틱 (automatic) 명 자동.
오ː토맷 (automat) 명 (사진기의 셔터 따위가) 자동으로 걸리는 장치. 자동 장치.
오ː토메이션 (automation) 명 ①전기 장치 따위로 자동 조작하거나 통제하는 방식, 또는 그 일. ②(과정이나 체계 따위가) 자동적으로 이루어지는 기술.
오ː토바이 (←auto+bicycle) 명 발동기를 장치하여 그 힘으로 달리게 된 자전거. 모터바이시클. 모터사이클.
오ː토자이로 (autogyro) 명 항공기의 한 가지. 보통 비행기의 날개 대신 프로펠러형의 회전 날개를 붙여 좁은 공간에서도 이착륙이 가능하게 만든 항공기.
오ː토-피아노 (auto+piano) 명 자동 피아노.
오톨-도톨 부하형 물건의 거죽이 고르지 못하여 요리조리 잘게 부풀어 오른 모양. 오돌토돌. ¶ 오톨도톨한 바닥. /오톨도톨한 피부. 큰우툴두툴.
오ː트밀ː (oatmeal) 명 귀리의 가루로 죽을 쑤어 소금과 설탕·우유 따위를 넣어 먹는 서양 음식.
오ː판 (誤判) 명하자타 잘못 판단함, 또는 그릇된 판정. 비오심(誤審).
오ː판-화 (五瓣花) 명 ☞다섯잎꽃.
오팔 (opal) 명 단백석(蛋白石).
오퍅 (傲愎) '오퍅하다'의 어근.
오ː퍅-하다 (傲愎-) [-파카-] 형여 교만하고 독살스럽다.
오퍼 (offer) 명 수출업자가 상대국의 수입업자에게 거래 조건 등을 제시하여 매매 계약을 맺겠다는 의사 표시, 또는 그 신청서.
오퍼랜드 (operand) 명 컴퓨터에서, 연산의 대상이 되는 변수, 또는 명령어에서 명령의 대상이 되는 부분.
오퍼레이션 (operation) 명 (증권 시장의) 투기 매매, 또는 매매에 의한 시장 조작.
오퍼레이션^리서ː치 (operations research) 명 ①기업 경영에서, 근대 수학이나 컴퓨터를 도입한 가장 합리적인 경영 방법의 연구. ②군대의 작전에서, 가장 과학적이고 수학적인 작전 계획의 방법.
오퍼레이터 (operator) 명 기계를 다루는 사람. 〔전화 교환원·무선 통신사·컴퓨터 조작자 등.〕
오퍼레이팅^시스템 (operating system) 명 컴퓨터의 운용 능률을 높이거나 조작을 쉽게 하기 위하여 준비된 소프트웨어를 통틀어 이르는 말. 〔약호는 OS〕 ¶ 디스크 오퍼레이팅 시스템.
오퍼-상 (offer商) 명 무역에서, 오퍼 업무를 전문으로 하는 업자, 또는 그 영업.
오페라 (opera) 명 가극(歌劇).
오페라-글라스 (opera glass) 명 연극이나 오페라를 볼 때 쓰는 작은 쌍안경.
오페라^코미크 (opéra comique 프) 명 연극적 대사를 곁들인 프랑스식 가극(歌劇).
오페라^하우스 (opera house) 명 오페라 극장.
오페레타 (operetta 이) 명 경가극(輕歌劇).
오펙 (OPEC) 명 석유 수출국 기구. [Organization of Petroleum Exporting Countries]
오펜스 (offence) 명 (구기 종목에서) 공격. ↔디펜스.
오ː평 (誤評) 명하타 되자 잘못 평함, 또는 그릇된 평론.
오ː-평생 (誤平生) 명하자 평생을 그르침.
오ː포 (五包) 명 촛가지가 다섯으로 된 공포.
오ː포 (午砲) 명 〈오정포(午正砲)〉의 준말.
오ː풍 (午風) 명 ☞마파람.
오ː풍 (烏風) 명 한방에서, 눈이 가렵고 아프며, 머리를 돌리지 못하는 병을 이르는 말.
오ː풍십우 (五風十雨) 명 〔닷새에 한 번 바람이 불고, 열흘에 한 번 비가 내린다는 뜻으로〕 날씨가 순조로움. 세상이 태평함.
오풍-증 (惡風症) [-쯩] 명 한방에서, 몸이 오슬오슬 추운 증세를 이르는 말.
오프너 (opener) 명 '따개'·'병따개'로 순화.
오프닝 (opening) 명 방송 프로그램이나 공연 따위의 첫 부분, 또는 첫 부분을 시작하는 일. ¶ 오프닝 쇼. /오프닝 멘트.
오프^더^레코ː드 (off the record) 명 (기자 회견이나 일반 면담 등에서) 기록하지 않거나 공표하지 않는 것을 조건으로 하는 일. ↔온 더 레코드.
오프라인 (off-line) 명 컴퓨터에 관련된 기기(器機)들이 중앙 처리 장치와 직결되어 있지 않은 상태, 또는 그러한 조작. 참온라인.
오프라인^시스템 (off-line system) 명 얻은 정보를 종이 테이프나 자기(磁氣) 테이프 등의 중간 기록 매체에 기록했다가, 그것을 다시 다른 정보 처리 기계에 입력 처리하는 방식.
오프사이드 (offside) 명 축구·럭비·하키 등에서의 반칙의 한 가지. 경기자가 경기해서는 안 되는 위치에서 공격하거나 방해하거나 하는 일. ↔온사이드.
오프셋 (offset) 명 〈오프셋 인쇄〉의 준말.
오프셋^인쇄 (offset印刷) 명 평판 인쇄 방식의 한 가지. 금속 제판면에 묻힌 잉크를 고무판에 한 번 옮겨 박은 다음에 종이에 제대로 인쇄하는 방법. 정판(精版). 준오프셋.
오프신ː (off-scene) 명 〔화면 밖이란 뜻으로〕 화면 밖의 인물이 말하는 대사나 설명.
오ː픈^게임 (open+game) 명 ①연습 경기나 비공식 경기. ②본경기에 앞서 하는 경기.
오ː픈^블로ː (open blow) 명 권투에서, 글러브를 낀 주먹을 펴거나 손바닥 쪽으로 상대편을 치는 일.
오ː픈^세트 (open set) 명 (영화나 텔레비전 등의 촬영을 위하여) 촬영소의 건물 밖에 마련하는 장면이나 장치.

오ː픈-카ː(open car)명 지붕이 없는 승용차, 또는 접어서 열 수 있게 지붕을 포장으로 만든 승용차.

오ː픈^코ː스(open course)명 스케이트나 육상 경기의 중·장거리 경주에서, 각 선수의 경주로(競走路)의 구별이 없이 자유로이 달릴 수 있는 주로(走路).

오ː픈^토ː너먼트(open tournament)명 운동 경기 따위에서, 선수의 참가 자격을 제한하지 않고 토너먼트 방식으로 하는 경기.

오ː피ː(OP)명 관측소. [observation post]

오피스텔(←office+hotel)명 간단한 주거 시설을 갖춘 사무실.

오한(惡寒)명 (병적으로) 갑자기 몸에 열이 나면서 오슬오슬 추운 증세. ¶ 오한이 들다.

오ː한(懊恨)명하타 ☞회한(悔恨).

오한-증(惡寒症)[-쯩]명 몸에 오한이 일어나는 증세.

오ː함(汚陷)명하자 땅바닥이 우묵하게 패어 들어가는 일.

오ː합-무지기(五合-)[-함-]명 길이가 같지 않은 다섯 벌의 무지기. 오색이 층이 지게 입음.

오합-잡놈(烏合雜-)명 '오사리잡놈'의 잘못.

오합지졸(烏合之卒)[-찌-]명 〔까마귀 떼처럼〕 아무 규율도 통일도 없이 몰려 있는 무리, 또는 그러한 군사. 오합지중.

오합지중(烏合之衆)[-찌-]명 ☞오합지졸.

오ː해(誤解)명하자타되자 (어떤 표현이나 사실에 대하여) 잘못 해석하거나 잘못 이해함, 또는 그런 해석이나 이해. ¶ 오해가 생기다. /오해를 받다. /오해를 사다.

오ː행(五行)명 동양 철학에서, 만물을 생성하고 만상(萬象)을 변화시키는 다섯 가지 원소인 '금(金)·목(木)·수(水)·화(火)·토(土)'를 이르는 말.

오ː행^상극(五行相剋)명 오행설에서, 오행에는 서로 이기는 관계가 있다고 보는 이치. 〔토(土)는 수(水)를, 수는 화(火)를, 화는 금(金)을, 금은 목(木)을, 목은 토를 이긴다는 것.〕

오ː행^상생(五行相生)명 오행설에서, 오행에는 서로 생겨나게 하는 관계가 있다고 보는 이치. 〔목(木)에서 화(火)가, 화에서 토(土)가, 토에서 금(金)이, 금에서 수(水)가, 수에서 목이 생겨난다는 것.〕

오ː행-설(五行說)명 동양 철학에서, 천지간에 끊임없이 순환하는 목(木)·화(火)·토(土)·금(金)·수(水)의 다섯 가지 원소가 온갖 사물을 이루고 또 변화시킨다고 보는 이론.

오ː행-점(五行占)명 음양오행설의 이치로 풀어서 헤아리는 점.

오ː향(五香)명 ①한방에서, 감인(芡仁)·복령(茯苓)·백출(百朮)·인삼(人蔘)·사인(沙仁)의 다섯 가지 약재를 이르는 말. ②불교에서, 백단향(白檀香)·울금향(鬱金香)·침향(沈香)·정향(丁香)·용뇌향(龍腦香)의 다섯 가지 향을 이르는 말.

오ː현-금(五絃琴)명 다섯 줄을 걸게 되어 있는 옛날 거문고의 한 가지.

오ː형(五刑)명 조선 시대에, 죄인을 다스리던 다섯 가지 형벌. 곧, 태형(笞刑)·장형(杖刑)·도형(徒刑)·유형(流刑)·사형(死刑).

오ː형(吾兄)명 '나의 형'이라는 뜻으로, 친근한 벗 사이의 편지에서 서로 상대편을 이르는 말. ¶ 오형의 반가운 소식을 듣고….

오ː-형(O型)명 ABO식 혈액형의 한 가지. 에이형·비형·에이비형·오형인 사람에게 수혈할 수 있고, 오형인 사람에게서만 수혈받을 수 있음.

오ː호(五胡)명 중국 후한 때부터 중국의 북부와 서부에서 살던, 흉노(匈奴)·갈(羯)·선비(鮮卑)·저(氐)·강(羌)의 다섯 이민족(異民族).

오호(嗚呼)감 한문 투의 문장에서, 슬픔을 나타낼 때 '아'·'오'의 뜻으로 쓰는 말. 《주로, '오호라'의 꼴로 쓰임.》 ¶ 오호라, 통탄(痛歎)할 일일진저!

오ː호^십육국(五胡十六國)[-심뉵꾹]명 중국의 진(晉)나라 말엽부터 남북조 시대가 시작될 때까지 오호(五胡)와 한족(漢族)이 세운 열여섯 나라.

오호-애재(嗚呼哀哉)감 한문 투의 문장에서, '아아, 슬프도다'의 뜻으로 쓰는 말. 《주로, '오호애재라'의 꼴로 쓰임.》 오호통재(嗚呼痛哉). ¶ 오호애재라, 오백 년(五百年) 사직(社稷)이 매국 오적(賣國五賊)에 농락되다니.

오호-통재(嗚呼痛哉)감 ☞오호애재. ¶ 오호통재라, 국운(國運)이 바야흐로 풍전등화(風前燈火)에 처하였구나.

오호호부하자 간드러지게 웃는 여자의 웃음소리.

오홉다(於-)[-따]감 감탄하여 찬미할 때 하는 말.

오활(迂闊) '오활하다'의 어근.

오ː활-하다(迂闊-)형여 ①실제와 관련이 멀다. ②사정에 어둡다. ③주의가 부족하다. 본우활(迂闊)하다.

오ː황(五黃)명 음양설에서 이르는 구성(九星)의 하나, 곧 토성(土星)을 이름.

오ː회(悟悔)[-회/-훼]명하타 잘못을 깨닫고 뉘우침. 회오(悔悟). ¶ 표정에 오회의 빛이 역력하다.

오ː후(午後)명 ①☞하오(下午). ②낮 열두 시부터 해가 질 때까지의 동안. ↔오전.

오ː-훈채(五葷菜)명 자극성이 있는 다섯 가지의 채소. 불가(佛家)에서는 마늘·달래·무릇·김장파·실파를, 도가(道家)에서는 부추·자총이·마늘·평지·무릇을 이름.

오히려부 ①일반적인 기준·예상·짐작·기대와는 전혀 반대가 되거나 다르게. ¶ 몸이 둔해 보이는 이가 오히려 빨리 달린다. ②그럴 바에는 차라리. ¶ 해고되느니 오히려 사표를 내겠다. 준외려.

오히양명 〈옛〉 외양간. ¶ 馬廐는 오히야이라(月釋 *2:46*)/오히양 구:廐(訓蒙中*19*).

옥(玉)명 ①보석의 한 가지. 경옥(硬玉)과 연옥(軟玉)을 통틀어 이르는 말. ②옥돌을 갈아서 동글게 만든 것. 구슬. ¶ 은반에 옥을 굴리는 듯한 고운 목소리.

옥에는 티나 있지속담 사람의 마음이나 물건의 바탕이 아주 깨끗하여 흠이 없다는 말.

옥에도 티가 있다속담 아무리 훌륭한 사람이나 좋은 물건이라도 작은 흠은 있다는 말.

옥에 티속담 모든 점이 다 좋은데, 아깝게도 한 가지 작은 흠이 있다는 말.

옥(獄)명 죄인을 가두어 두는 곳. ¶ 죄인을 옥에 가두다. 본감옥.

-옥(屋)접미 《지명을 나타내는 일부 고유 명사 뒤에 붙어》 '음식점'의 뜻을 나타냄. ¶ 부산옥. /해주옥.

옥-가락지(玉-)[-까-찌]명 옥으로 만든 가락지. 옥지환(玉指環).

옥-갈다[-깔-][~가니·~갈아]타 (칼이나 대패·낫 따위를 빨리 갈기 위하여) 날을 조금 세워 빗문질러 갈다.

옥갑(玉匣)[-깝]명 ①옥으로 만든 갑. ②옥돌로 장식을 한 갑.

옥개(屋蓋)[-깨]명 ①지붕. ②☞옥개석.
옥개-석(屋蓋石)[-깨-]명 석탑(石塔)이나 석등(石燈) 따위의 위를 덮는 돌. 옥개.
옥경(玉京)[-꼉]명 도가(道家)에서, 옥황상제(玉皇上帝)가 있다는 곳. 백옥경(白玉京).
옥경(玉莖)[-꼉]명 '음경(陰莖)'을 높이어 이르는 말.
옥경(玉鏡)[-꼉]명 ①옥으로 만든 거울. ②'달'을 달리 이르는 말.
옥계(玉階)[-꼐/-께]명 '대궐 안의 섬돌(돌층계)'을 아름답게 이르는 말.
옥계(玉鷄)[-꼐/-께]명 털빛이 흰 닭. 백계(白鷄).
옥고(玉稿)[-꼬]명 〔훌륭한 원고란 뜻으로〕 남을 높이어 그의 '원고'를 이르는 말.
옥고(獄苦)[-꼬]명 옥살이하는 고통. ¶ 5년 동안이나 옥고를 치르다.
옥골(玉骨)[-꼴]명 ①살빛이 희고 고결한 풍채. ②'매화나무'를 달리 이르는 말.
옥골-선풍(玉骨仙風)[-꼴-]명 살빛이 희고 고결하여 신선과 같은 풍채.
옥공(玉工)[-꽁]명 옥돌로 장식품 따위를 만드는 일을 전문으로 하는 사람. 옥장이.
옥-관자(玉貫子)[-꽌-]명 조선 시대에, 왕·왕족, 당상관인 벼슬아치가 쓰던 옥으로 만든 관자.
옥교(玉轎)[-꾜]명 (위를 장식하지 아니한) 임금이 타던 가마의 한 가지. 보련(寶輦).
옥교-배(玉轎陪)[-꾜-]명 지난날, 옥교를 메는 사람을 이르던 말.
옥구(獄具)[-꾸]명 감옥에서, 죄인의 처형이나 고문 등에 쓰는 도구.
옥근(玉根)[-끈]명 '음경(陰莖)'을 높이어 이르는 말.
옥기(玉肌)[-끼]명 옥과 같이 희고 아름다운 살갗. 옥부(玉膚).
옥기(玉器)[-끼]명 옥으로 만든 그릇.
옥-난간(玉欄干)[옹-]명 옥으로 장식한 난간.
옥내(屋內)[옹-]명 집의 안. 건물의 안. ¶ 옥내 배선. ↔옥외(屋外).
옥녀(玉女)[옹-]명 ①옥과 같이 아름다운 여자. ②남의 딸을 아름답게 이르는 말. ③☞선녀(仙女).
옥-니[옹-]명 안으로 옥게 난 이. ↔버드렁니.
옥-니(玉-)[옹-]명 옥으로 만들어 박은 의치(義齒). 옥치(玉齒).
옥니-박이[옹-]명 옥니가 난 사람.
옥니박이 곱슬머리와는 말도 말아라속담 옥니인 사람과 곱슬머리인 사람은 흔히 깐깐하고 매섭다는 속설에서, 이 두 가지를 겸친 사람은 그 정도가 매우 심하다는 말.
옥다[-따] Ⅰ자 장사 따위에서 본전보다 밑지다. ¶ 옥는 장사.
Ⅱ형 끝 부분이 안으로 조금 고부라져 있다. 큰욱다. ↔벋다.
옥단춘-전(玉丹春傳)[-딴-]명 조선 말기의 국문 소설의 하나. 작자·연대 미상으로 기생 옥단춘을 주인공으로 한 애정 소설임.
옥답(沃畓)[-땁]명 기름진 논. ↔박답(薄畓).
옥당(玉堂)[-땅]명 ①'홍문관(弘文館)'을 달리 이르던 말. ②홍문관의 부제학·교리·부교리·수찬·부수찬을 통틀어 이르던 말.
옥-당목(玉唐木)[-땅-]명 품질이 낮은 옥양목의 한 가지.
옥대(玉帶)[-때]명 비단으로 싸고 옥으로 된 장식을 붙여 꾸민 띠. 임금이나 높은 벼슬아치가 공복(公服)에 띠었음. 옥띠.
옥도(玉度)[-또]명 ①아름다운 풍채와 태도. ②임금의 몸차림과 몸가짐.
옥도(沃度)[-또]명 ☞요오드(Jod).
옥도-가리(沃度加里)[-또-]명 ☞요오드화칼륨.
옥도가리^전:분지(沃度加里澱粉紙)[-또-]명 ☞요오드화칼륨 녹말 종이.
옥-도끼(玉-)[-또-]명 옥으로 만든 도끼. 옥부(玉斧).
옥도-아연(沃度亞鉛)[-또-]명 ☞요오드화아연.
옥도^적정법(沃度滴定法)[-또-쩡뻡]명 ☞요오드 적정법.
옥도^전:분^반:응(沃度澱粉反應)[-또-]명 ☞요오드 녹말 반응.
옥도-정기(沃度丁幾)[-또-]명 ☞요오드팅크.
옥-돌(玉-)[-똘]명 ①옥이 들어 있는 돌. ②가공하지 않은 옥. 옥석(玉石).
옥-돔(玉-)[-똠]명 옥돔과의 바닷물고기. 몸길이 45 cm가량. 몸은 길둥글고 납작함. 몸빛은 뚜렷한 적색이며 옆구리에 주홍색 가로띠가 있음. 눈은 높게 달렸고 주둥이는 무디며 작음. 우리나라·일본·중국 등의 연해에 분포함. 오도미.
옥동(玉童)[-똥]명 ☞옥동자(玉童子).
옥-동귀[-똥-]명 까뀌의 한 가지. 양쪽 날을 옥게 만든 것으로 재목을 후비어 파는 데 쓰임.
옥-동자(玉童子)[-똥-]명 〔잘생긴 사내아이란 뜻으로〕 남의 어린 아들을 추어서 이르는 말. 옥동. ¶ 옥동자를 낳다.
옥등(玉燈)[-뜽]명 옥으로 만든 등.
옥-띠(玉-)명 ☞옥대(玉帶).
옥란(玉蘭)[옹난]명 ☞백목련(白木蓮).
옥련(玉輦)[옹년]명 임금을 높이어 그가 타는 '연(輦)'을 이르던 말.
옥렴(玉簾)[옹념]명 옥으로 장식한 발. 아름다운 발.
옥로(玉露)[옹노]명 구슬처럼 맑게 방울진 이슬.
옥로(玉鷺)[옹노]명 옥으로 해오라기 모양을 만든 옛 꾸미개의 한 가지. 높은 벼슬아치나 외국으로 가는 사신이 갓 위에 달았음.
옥루(玉淚)[옹누]명 ①구슬 같은 눈물. ②'임금의 눈물'을 이르는 말. ②용루(龍淚).
옥루(玉樓)[옹누]명 〈백옥루(白玉樓)〉의 준말.
옥루-몽(玉樓夢)[옹누-]명 조선 말기에, 남영로(南永魯)가 지었다는 고대 소설. 하늘의 신선들이 땅에 태어나서 영화를 누리다가 올라간다는 내용임.
옥륜(玉輪)[옹뉸]명 '달'을 아름답게 이르는 말.
옥리(獄吏)[옹니]명 〔지난날〕 ①감옥에 딸리어 있던 아전. ②형벌에 관한 일을 심리하던 아전.
옥매(玉梅)[옹-]명 장미과의 낙엽 관목. 줄기는 무더기로 나고, 잎은 길둥글며 가장자리에 톱니가 있음. 봄에 연분홍 꽃이 피고, 둥근 열매는 여름에 붉게 익는데 먹을 수 있음.
옥모(玉貌)[옹-]명 옥과 같이 아름다운 얼굴 모습. 옥용(玉容).
옥문(玉文)[옹-]명 아름다운 문장.
옥문(玉門)[옹-]명 ①옥으로 꾸민 화려한 문. ②'음문(陰門)'을 높이어 이르는 말.
옥문(獄門)[옹-]명 감옥의 문.
옥문-대(獄門臺)[옹-]명 ☞효목(梟木).
옥-물부리(玉-)[옹-뿌-]명 (담배설대에 끼우는) 옥으로 만든 물부리.
옥-밀이[옹-]명 꺾어 구부린 끝이 도래송곳의 날처럼 생긴 새김질 연장.

옥-바라지(獄-)[-빠-]명하타 옥살이하는 사람에게 외부에서 옷이나 책·일용품 등을 들여보내 주거나 하며 뒤를 보살피는 일.
옥반(玉盤)[-빤]명 옥으로 만든 예반.
옥반에 진주 구르듯〔굴듯〕속담 '목소리가 맑고 아름다움'을 비유하여 이르는 말.
옥방(玉房)[-빵]명 지난날, 옥으로 여러 가지 제품을 만드는 집, 또는 그러한 제품을 파는 가게를 이르던 말.
옥배(玉杯·玉盃)[-빼]명 ①옥으로 만든 술잔. 옥치(玉卮). ②'술잔'을 아름답게 이르는 말.
옥백(玉帛)[-빽]명 옥과 비단. 특히, 옛날 중국에서 제후(諸侯) 등이 황제를 뵐 때 예물로 바치던 것.
옥병(玉屛)[-뼝]명 옥으로 꾸민 병풍.
옥병(玉甁)[-뼝]명 옥으로 만든 병.
옥보(玉步)[-뽀]명 귀인이나 부인의 걸음걸이를 아름답게 이르는 말.
옥보(玉寶)[-뽀]명 임금의 존호를 새긴 도장.
옥부(玉斧)[-뿌]명 ☞옥도끼.
옥부(玉膚)[-뿌]명 옥과 같이 희고 아름다운 살갗. 옥기(玉肌).
옥-비녀(玉-)[-삐-]명 옥으로 만든 비녀. 옥잠(玉簪). 옥차(玉釵).
옥사(屋舍)[-싸]명 집. 건물.
옥사(獄死)[-싸]명하자 감옥살이를 하다가 감옥에서 죽음. 뇌사(牢死).
옥사(獄舍)[-싸]명 죄인을 가두어 두는 건물.
옥사(獄事)[-싸]명 반역·살인 등 중대한 범죄를 다스리는 일, 또는 그 사건. 죄옥(罪獄).
옥사-쟁이(←獄鎖-)[-싸-]명 지난날, 감옥에서 죄수를 감시하는 일을 맡아보는 사람을 이르던 말. 옥정(獄丁). 옥졸(獄卒). 준사쟁이.
옥-살이(獄-)[-싸리]명하자 〈감옥살이〉의 준말.
옥상(屋上)[-쌍]명 ①지붕 위. ②현대식 건물에서, 지붕 부분을 편평하게 만들어 놓은 곳.
옥상-가옥(屋上架屋)[-쌍-]명 〔지붕 위에 또 지붕을 얹는다는 뜻으로〕'부질없이 덧보태어 하는 일'을 비유하여 이르는 말. 비옥하가옥(屋下架屋).
옥상-토(屋上土)[-쌍-]명 육십갑자의 병술과 정해(丁亥)에 붙이는 납음(納音). 참벽력화(霹靂火).
옥새[-쌔]명 잘못 구워서 안으로 오그라든 기와.
옥새(玉璽)[-쌔]명 임금의 도장. 국새(國璽). 대보(大寶). 어새(御璽). 인새(印璽).
옥색(玉色)[-쌕]명 약간 파르스름한 빛깔.
옥-생각[-쌩-]명하타 ①(사실을 사실 그대로 보지 아니하고) 공연히 자기에게 불리하기라도 한 듯이 여기는 그릇된 생각. ¶ 허물없이 한 말에 옥생각을 품다니. ②(마음을 순하게 가지지 아니하고) 옹졸하게 가지는 생각.
옥서(玉書)[-써]명 ①도가(道家)에서, 신선이 전하는 책. ②상대편을 존대하여 그의 편지를 이르는 말. ②옥찰(玉札)·옥장(玉章).
옥석(玉石)[-썩]명 ①옥돌. ②〔'옥과 돌'이라는 뜻으로〕좋은 것과 나쁜 것을 구분함을 이르는 말. ¶ 옥석을 가리다./옥석을 고르다.
옥석-구분(玉石俱焚)[-썩꾸-]명 〔옥과 돌이 함께 탄다는 뜻으로〕'착한 사람이나 악한 사람이 함께 화를 당함'을 비유하여 이르는 말.
옥석-혼효(玉石混淆)[-써콘-]명 〔옥과 돌이 섞여 있다는 뜻으로〕'좋은 것과 나쁜 것, 또는 훌륭한 것과 하찮은 것이 한데 뒤섞여 있음'을 비유하여 이르는 말.
옥설(玉屑)[-썰]명 〔옥의 부스러기라는 뜻으로〕①한방에서, '옥의 가루'를 약재로 이르는 말. ②시문(詩文)에서, 특히 잘 지은 글귀를 기리어 이르는 말.
옥설(玉雪)[-썰]명 〔백옥같이 흰 눈이라는 뜻으로〕'깨끗하고 흰 것'을 비유하여 이르는 말. ¶ 옥설같이 고운 살결.
옥섬(玉蟾)[-썸]명 ①전설에서, 달 속에 있다는 두꺼비. ②'달'을 달리 이르는 말.
옥-셈[-쎔]명하타 (잘못 생각하여) 자기에게 도리어 손해가 되게 하는 셈.
옥소(玉簫)[-쏘]명 〈옥퉁소〉의 준말.
옥소(沃素)[-쏘]명 ☞요오드(Jod).
옥송(獄訟)[-쏭]명 형사상의 소송을 이르는 말.
옥-송골(玉松鶻)[-쏭-]명 좋은 송골매.
옥쇄(玉碎)[-쐐]명하자 〔옥처럼 아름답게 부서져 흩어진다는 뜻으로〕명예나 충절을 지키어 기꺼이 목숨을 바침을 이르는 말. ↔와전(瓦全).
옥쇄-장(獄鎖匠)[-쐐-]명 〈옥사쟁이〉의 본딧말. 준쇄장.
옥수(玉水)[-쑤]명 맑은 샘물.
옥수(玉手)[-쑤]명 ①임금을 높이어 그의 '손'을 이르던 말. 어수(御手). ②'여성의 아름다운 손'을 이르는 말. ¶ 옥수를 부여잡다.
옥수(獄囚)[-쑤]명 감옥에 갇힌 죄수.
옥-수수[-쑤-]명 볏과의 일년초. 열대 아메리카 원산의 재배 식물. 줄기 끝에 수꽃 이삭이, 잎겨드랑이에 수염 같은 암꽃 이삭이 달림. 열매는 둥글고 길쭉한데 낟알이 여러 줄로 박혀 있음. 열매는 주요 잡곡의 한 가지이며 사료로도 이용됨. 강냉이. 옥촉서(玉蜀黍).
옥수수-쌀[-쑤-]명 맷돌에 타서 껍질을 벗긴 옥수수의 낟알.
옥수숫-대[-쑤수때/-쑤숟때]명 옥수수의 줄기.
옥시글-거리다[-씨-]자 자꾸 옥시글옥시글하다. 옥시글대다. ¶ 장사치들이 옥시글거리는 시골 장터. 준옥실거리다. 큰욱시글거리다.
옥시글-대다[-씨-]자 옥시글거리다.
옥시글-옥시글[-씨-씨-]부하자 여럿이 한데 모여 몹시 오글거리는 모양. ¶ 옥시글옥시글한 시장 골목. 준옥실옥실. 큰욱시글욱시글.
옥시다아제(Oxydase 독)명 세포 안에서 산화 반응을 일으키는 효소를 통틀어 이르는 말.
옥시덴트(Occident)명 서양(西洋). 구미(歐美). ↔오리엔트(Orient).
옥시돌(oxydol)명 2~3%의 과산화수소에 안정제를 섞은 약품. 살균·소독제나 표백제로 쓰임.
옥식(玉食)[-씩]명 ①맛있는 음식. ②흰 쌀밥.
옥신-각신[-씬-씬] Ⅰ명하자 사람들이 서로 옳으니 그르니 하며 자꾸 다툼. ¶ 그들은 모이기만 하면 옥신각신한다.
Ⅱ부 사람들이 서로 옳으니 그르니 하며 자꾸 다투는 모양.
옥신-거리다[-씬-]자 자꾸 옥신옥신하다. 옥신대다. 큰욱신거리다.
옥신-대다[-씬-]자 옥신거리다.
옥신-석(屋身石)[-씬-]명 석탑의 탑신(塔身)을 이루는 돌.
옥신-옥신[-씨녹씬]부하자 ①(사람이나 동물이) 한데 몰려 몹시 복작거리는 모양. ②몸의 탈이 난 데나 상처가 자꾸 쑤시는 듯이 아픈 느낌. ¶ 머리가 옥신옥신 아프다. ③사람들이 서로 옳으니 그르니 하며 자꾸 다투는 모양. 큰욱신욱신.

옥실-거리다[-씰-] 자 〈옥시글거리다〉의 준말. 옥실대다. 큰옥실거리다.

옥실-대다[-씰-] 자 옥실거리다.

옥실-옥실[-씨록씰] 부 하자 〈옥시글옥시글〉의 준말. ¶ 시험 때만 되면 도서관의 각 열람실마다 학생들이 옥실옥실한다. 큰욱실욱실.

옥심-기둥(屋心-)[-씸-] 명 다층(多層) 건물의 중심에 세우는 기둥.

옥안(玉案) 명 ①'책상'을 아름답게 이르는 말. ②남을 높이어 그의 '책상'을 이르는 말.

옥안(玉眼) 명 ①고귀한 사람의 눈. 또는, 여자의 아름다운 눈. ②불상(佛像)에 수정이나 구슬 따위로 만들어 박은 눈.

옥안(玉顔) 명 ①'임금의 얼굴'을 이르는 말. 용안(龍顔). ②옥같이 아름다운 미인의 얼굴.

옥안(獄案) 명 옥사(獄事)에 관한 조서(調書).

옥야(沃野) 명 기름진 들.

옥야-천리(沃野千里)[-철-] 명 끝없이 넓게 펼쳐지는 기름진 들.

옥-양목(玉洋木) 명 생목보다 발이 고운 무명. 빛이 썩 희고 얇음.

옥-양사(玉洋紗) 명 감이 비단같이 얇고 고운 옥양목의 한 가지.

옥연(玉硯) 명 ①옥돌로 만든 벼루. ②'벼루'를 아름답게 이르는 말.

옥예(玉瞖) 명 한방에서, 각막(角膜)이 쑥 나오고 거죽은 옥색, 속은 청홍색으로 되는 눈병을 이르는 말.

옥외(屋外)[오괴/오궤] 명 집의 바깥. 건물의 바깥. 한데. ¶ 옥외 집회. 비야외. ↔옥내(屋內).

옥외-등(屋外燈)[오괴-/오궤-] 명 밤에 건물 바깥을 밝히는 등. 준외등.

옥요(沃饒) '옥요하다'의 어근.

옥요-하다(沃饒-) 형여 땅이 기름져서 산물이 많다.

옥용(玉容) 명 ①옥과 같이 아름다운 얼굴. 옥모(玉貌). ②'임금의 얼굴'을 이르는 말.

옥우(屋宇) 명 여러 집채.

옥운(玉韻) 명 남을 높이어 그의 '시가(詩歌)'를 이르는 말.

옥음(玉音) 명 ①임금의 말 또는 목소리를 이르는 말. 덕음(德音). ②남을 높이어 그의 '편지'를 이르는 말.

옥의(玉衣)[오긔/오기] 명 ①임금의 옷이나 귀인의 옷을 이르는 말. ②아름다운 옷. 좋은 옷.

옥의-옥식(玉衣玉食)[오긔-씩/오기-씩] 명 하자 좋은 옷을 입고 맛있는 음식을 먹음.

옥이(玉珥) 명 구슬로 된 귀고리.

옥-이다 타 〖'옥다'의 사동〗 안쪽으로 옥게 만들다. 큰욱이다.

옥인(玉人) 명 ①☞옥장이. ②용모나 마음씨가 아름다운 사람. ③옥으로 새겨 만든 인형.

옥인(玉印) 명 옥으로 만든 도장.

옥자강이[-짜-] 명 올벼의 한 품종.

옥-자귀[-짜-] 명 끝이 안쪽으로 옥은 자귀. 무엇을 후비어 파내는 데 쓰임.

옥자-둥이(玉子-)[-짜-] 명 〔옥같이 귀하고 보배롭다는 뜻으로〕 '어린아이'를 이르는 말.

옥-자새[-짜-] 명 끝이 안쪽으로 옥은 자새.

옥작-거리다[-짝꺼-] 자 자꾸 옥작옥작하다. 옥작대다. ¶ 조무래기들이 옥작거리는 골목. 큰욱적거리다.

옥작-대다[-짝때-] 자 옥작거리다.

옥작-옥작[-짜곡짝] 부 하자 (사람이나 동물이) 여럿이 한데 몰려 복작거리는 모양. 큰욱적욱적.

옥잠(玉簪)[-짬] 명 옥비녀.

옥잠-화(玉簪花)[-짬-] 명 백합과의 다년초. 중국 원산의 관상용 화초. 잎은 자루가 길고 넓은 달걀 모양임. 한여름에 흰 꽃이 피는데, 꽃봉오리의 모양이 옥비녀 비슷함.

옥장(玉匠)[-짱] 명 ☞옥장이.

옥장(玉章)[-짱] 명 ①남을 높이어 그의 '편지나 글'을 이르는 말. 옥서(玉書). ②아름다운 시문(詩文).

옥장(玉帳)[-짱] 명 옥으로 장식한 장막(帳幕).

옥-장도(玉粧刀)[-짱-] 명 자루와 칼집을 옥으로 만든 장도.

옥-장사[-짱-] 명 〈오그랑장사〉의 준말.

옥-장이(玉-)[-짱-] 명 옥돌을 다루어 장신품 따위를 만드는 일을 전문으로 하는 사람. 옥공(玉工). 옥인(玉人). 옥장(玉匠).

옥-쟁반(玉錚盤)[-쨍-] 명 옥으로 만든 쟁반.

옥저(玉-)[-쩌] 명 옥으로 만든 젓가락.

옥저(沃沮)[-쩌] 명 함경도 일대에 분포하고 있던 고조선의 한 부족, 또는 그 부족 국가.

옥적(玉笛)[-쩍] 명 옥으로 만든 저.

옥전(沃田)[-쩐] 명 기름진 밭.

옥절(玉折)[-쩔] 명 하자 '요절(夭折)'을 달리 이르는 말.

옥절(玉節)[-쩔] 명 옥으로 만든 부절(符節).

옥정(獄丁)[-쩡] 명 ☞옥사쟁이.

옥정-반(玉井飯)[-쩡-] 명 연뿌리와 연밥을 두어서 지은 멥쌀밥.

옥제(玉帝)[-쩨] 명 〈옥황상제(玉皇上帝)〉의 준말.

옥졸(獄卒)[-쫄] 명 ☞옥사쟁이.

옥좌(玉座)[-쫘] 명 임금이 앉는 자리. 또는, 임금의 지위. 보좌(寶座). 보탑(寶榻). 어좌(御座). 왕좌(王座). 제좌(帝座). ¶ 옥좌에 오르다.

옥-죄다[-쬐-/-쮀-] 타 (몸의 어느 부분을) 바싹 옥이어 죄다. ¶ 목을 옥죄다. 큰욱죄다.

옥죄-이다[-쬐-/-쮀-] 자 〖'옥죄다'의 피동〗 옥죔을 당하다. 큰욱죄이다.

옥중(獄中)[-쭝] 명 ①감옥의 안. ②감옥에 갇히어 있는 동안.

옥-지환(玉指環)[-찌-] 명 옥가락지. 옥환.

옥-집[-찝] 명 바둑에서, 필요한 연결점을 상대편이 끊어 놓아 집같이 보이면서도 집이 아닌 것.

옥차(玉釵) 명 옥비녀.

옥찰(玉札) 명 남을 높이어 그의 '편지'를 이르는 말. 옥서(玉書).

옥창(獄窓) 명 감옥의 창문.

옥책(玉冊) 명 왕이나 왕비의 존호(尊號)를 지어 올릴 때, 송덕문(頌德文)을 새긴 간책(簡策). 평평하게 깎은 여러 개의 옥 조각을 엮어서 만듦.

옥책-문(玉冊文)[-챙-] 명 옥책에 새긴 송덕문(頌德文).

옥척(屋脊) 명 ☞용마루.

옥천(玉泉) 명 맑은 샘.

옥체(玉體) 명 ①〔편지 글 등에서〕 남을 높이어 그의 '몸'을 이르는 말. 보체(寶體). ¶ 옥체 만안(萬安)하옵신지요. ②'임금의 몸'을 이르는 말. ¶ 전하, 옥체를 보중하옵소서.

옥촉서(玉蜀黍)[-써] 명 ☞옥수수.

옥총(玉葱) 명 ☞양파.

옥추-경(玉樞經) 명 소경이 읽는, 도가(道家)의 경문(經文)의 한 가지.

옥치(玉卮) 명 옥으로 만든 술잔. 옥배(玉杯).

옥치(玉齒) 명 ①'임금의 이'를 이르는 말. ②아름다운 이. ③☞옥니.

옥칙(獄則)명 감옥 안의 규칙.
옥타ː브(octave) Ⅰ명 음계에서, 어떤 음에서 위나 아래로 완전 8도의 간격을 가진 음, 또는 그 간격.
Ⅱ의 음정을 나타내는 단위. ¶ 한 옥타브 낮은 음.
옥탄-가(octane價)명 연료의 내폭성(耐爆性)을 양적으로 나타내는 수치.
옥탄트(octant 네)명 천체(天體)의 고도나 두 물체 사이의 각도를 재는 데 쓰는 측량 기계. 팔분의(八分儀).
옥탑(屋塔)명 빌딩·주택 따위의 옥상에 세운 작은 건물.
옥텟(octet)명 팔중주(八重奏).
옥토(玉兎)명 ①☞옥토끼. ②'달'을 달리 이르는 말.
옥토(沃土)명 (농작물이 잘 자라는) 기름진 땅. 비토(肥土). ↔박토(薄土).
옥-토끼(玉-)명 ①달 속에 산다는 전설상의 토끼. 옥토(玉兎). ②털이 흰 토끼.
옥-퉁소(←玉洞簫)명 옥으로 만든 퉁소. 준옥소.
옥판(玉板)명 잘게 새김질을 한 얇은 옥 조각. 족두리나 아얌·벼룻집 등을 꾸미는 데 쓰임.
옥판-선지(玉板宣紙)명 빛이 희고 폭이 좁고 두꺼우며 결이 고운 선지의 한 가지. 서화(書畫)에 쓰임.
옥패(玉佩)명 옥으로 만든 패물.
옥편(玉篇)명 한자를 모아 부수와 획수에 따라 배열하고, 그 음·뜻 등을 적은 책. 자전(字典).
옥필(玉筆)명 ①썩 잘 쓴 글씨. ②남을 높이어 그의 '글씨'나 '시문(詩文)'을 이르는 말.
옥하-가옥(屋下架屋)[오카-]명 〔지붕 아래 또 지붕을 만든다는 뜻으로〕 '부질없는 일을 거듭함'을 이르는 말. 비옥상가옥(屋上架屋).
옥하-사담(屋下私談)[오카-]명 쓸데없는 사사로운 이야기. 부질없는 공론(空論).
옥함(玉函)[오캄]명 옥으로 만든 작은 함.
옥합(玉盒)[오캅]명 옥으로 만든 작은 합.
옥항(玉缸)[오캉]명 옥으로 만든 작은 항아리.
옥향(玉香)[오캉]명 ①좋은 향기. ②부녀자의 노리개의 한 가지. 옥돌을 속이 비게 새겨서 그 안에 사향(麝香)을 넣어 지녔음.
옥협(玉頰)[오켭]명 미인의 볼.
옥형(玉衡)[오켱]명 북두칠성의 하나. 국자 모양의 자루 쪽에서 셋째 별. 변광성. 참개양(開陽).
옥호(玉虎)[오코]명 지난날, 무관(武官)의 갓 머리에 달던, 옥으로 만든 범 모양의 장식.
옥호(玉毫)[오코]명 부처의 삼십이상(三十二相)의 하나. 곧, 백호(白毫).
옥호(玉壺)[오코]명 옥으로 만든 작은 병.
옥호(屋號)[오코]명 가게의 이름.
옥호-광명(玉毫光明)[오코-]명 부처의 백호(白毫)에서 나오는 빛.
옥화(沃化)[오콰]명하자타되자 ☞요오드화.
옥화-물(沃化物)[오콰-]명 ☞요오드화물.
옥화-수소(沃化水素)[오콰-]명 ☞요오드화수소.
옥화-은(沃化銀)[오콰-]명 ☞요오드화은.
옥화-칼륨(沃化kalium)[오콰-]명 ☞요오드화칼륨.
옥환(玉環)[오콴]명 ①옥으로 만든 고리. ②'둥근 달'을 달리 이르는 말. ③☞옥지환(玉指環).
옥황-상제(玉皇上帝)[오쾅-]명 도가(道家)에서, 하느님을 이르는 말. 천황(天皇). 준옥제.
온ː¹관 전부의. 모두의. ¶ 온 집안. /온 세상.
온 바닷물을 다 켜야 맛이냐속담 욕심의 끝이 한이 없거나, 무슨 일을 꼭 끝장을 봐야겠다는 듯이 손을 놓지 않는 사람에게 하는 말.
온²감 '원²'의 방언. ¶ 온, 세상에 그럴 수가 있나.
온수 〈옛〉백(百). ¶ 온 빋:百(訓蒙下34). /온 사룸 다리샤(龍歌58章).
온각(溫覺)명 피부의 온도보다 높은 온도의 자극을 받았을 때 일어나는 감각. 피부에 있는 온점(溫點)이 지각함. ↔냉각(冷覺).
온감(溫感)명 〈온도 감각〉의 준말.
온ː-갖[-갇]관 모든 종류의. 여러 가지의. 별별(別別). ¶ 온갖 상품. /온갖 노력을 다하다.
온건(溫乾) '온건하다'의 어근.
온ː건(穩健)명하형 (생각이나 언행 등이) 온당하고 건전함. ¶ 온건한 사상. ↔과격. **온건-히**부 ¶ 사건을 온건히 처리하다.
온ː건-파(穩健派)명 행동이나 사상·언론 따위가 과격하지 않고 온건한 방법을 취하는 파, 또는 그러한 사람. ↔강경파.
온건-하다(溫乾-)형여 따뜻하고 습기가 없다.
온고-지신(溫故知新)명 옛것을 연구하여 거기서 새로운 지식이나 도리를 찾아내는 일. 〔'논어'의 '위정편(爲政篇)'에 나오는 말임.〕
온고지정(溫故之情)명 옛것을 살피고 생각하는 마음.
온ː-골명 (종이나 피륙 따위의) 전폭(全幅).
온공(溫恭) '온공하다'의 어근.
온ː-공일(-空日)명 〔온 하루를 쉬는 날이라는 뜻으로〕 '일요일'을, 토요일에 상대하여 이르는 말. ↔반공일.
온ː-공전(-工錢)명 전액을 한목에 주는 공전.
온공-하다(溫恭-)형여 (성격·태도 따위가) 온화하고 공손하다. **온공-히**부.
온구(溫灸)명하자 한방에서, 약쑥을 기구에 넣어 간접으로 환부(患部)에 뜸질하는 요법.
온기(溫氣)명 따뜻한 기운. 난기(暖氣). ¶ 방 안에 온기가 돌다. ↔냉기(冷氣).
온기(溫器)명 음식을 데우거나 끓이는 그릇.
온난(溫暖)명하형 (날씨가) 따뜻함. ¶ 온난 기후.
온난^고기압(溫暖高氣壓)명 중심 부근의 공기의 온도가 주위보다 따뜻한 고기압. ↔한랭 고기압.
온난^습윤^기후(溫暖濕潤氣候)명 온대 습윤 기후의 한 가지. 여름에는 계절풍의 영향으로 기온이 높고 비가 많으며, 겨울에는 기온이 낮음. 동부 아시아, 호주 동부 등지에서 볼 수 있음.
온난^전선(溫暖前線)명 따뜻한 기단(氣團)의 세력이 강하여 찬 기단을 밀어내면서 나아갈 때 생기는 전선. 이 전선이 가까워지면 비가 계속 내리고, 통과하면 기온이 오르면서 날씨가 회복됨. ↔한랭 전선.
온난-화(溫暖化)명하자되자 지구의 기온이 높아짐, 또는 그런 현상.
온뉘명 〈옛〉백대(百代). ¶ 淨飯王ㅅ우흐로 온뉘 짜히 鼓摩王이러시니(月釋2:2).
온ː-달명 둥근 달. 보름달.
온당(穩當) '온당하다'의 어근.
온ː당-하다(穩當-)형여 사리에 맞고 무리가 없다. ¶ 온당한 방법으로 해결하다. **온당-히**부.
온대(溫帶)명 위도상 남북 회귀선과 극권 사이의 지대. 또는, 연평균 기온이 섭씨 10~20도 사이인 지대. 참냉대·열대·한대.
온대^기후(溫帶氣候)명 온대의 일반적인 기후. 봄·여름·가을·겨울의 사철의 구별이 뚜렷하고, 여름은 열대·냉대 기후와 비슷하며 겨울은 냉대 기후와 비슷함.

온대^동:계^건조^기후(溫帶冬季乾燥氣候) [-계-/-게-] 명 온대 기후형의 한 가지. 여름에는 계절풍의 영향으로 비가 많고 고온이어서 열대와 차이가 나지 않고, 겨울에는 건기가 됨. 중국의 화남, 인도 북부, 브라질 고원 남부 등지에서 볼 수 있음.

온대-림(溫帶林) 명 온대 지방에 발달한 산림. 소나무·참나무·밤나무 따위가 자람.

온대^습윤^기후(溫帶濕潤氣候) 명 온대 기후형의 한 가지. 연중 습기가 많으며 뚜렷한 건기는 없으나, 대륙의 동안과 서안 사이에서 기온의 차이가 나타남. 〔온난 습윤 기후·해양성 기후로 나뉨.〕

온대^식물(溫帶植物) [-싱-] 명 온대에 잘 자라는 식물. 상록 활엽수, 낙엽 활엽수가 많음.

온대^저:기압(溫帶低氣壓) 명 온대 지방에서 발생하는 저기압.

온대^하:계^건조^기후(溫帶夏季乾燥氣候) [-계-/-게-] 명 온대 기후형의 한 가지. 여름에는 아열대 고기압의 영향으로 고온 건조하고 맑은 날씨가 계속되며, 겨울에는 편서풍과 저기압의 영향으로 온난하고 비가 내림. 지중해 연안, 캘리포니아, 칠레 중부 등지에서 볼 수 있음. 지중해성 기후.

온대-호(溫帶湖) 명 호수 분류의 한 가지. 표면의 수온(水溫)이 여름에는 4℃ 이상이 되고, 겨울에는 4℃ 이하로 내려가는 호수.

온^더^레코:드(on the record) 명 (속기록이나 기자 회견 등에서) 발표 내용을 기록하거나 보도하여도 무방한 사항. ↔오프 더 레코드.

온^더^마:크(on the mark) 감 달리기에서, 선수에게 출발점에 서라는 구령. 제자리에. 온 유어 마크(on your mark).

온데간데-없다 [-업따] 형 (이제까지 있던 것이) 감쪽같이 자취를 감추어 찾을 수가 없다. 간데온데없다. **온데간데없-이** 부 ¶ 온데간데없이 사라지다.

온도(溫度) 명 덥고 찬 정도, 또는 그 도수. ¶ 실내 온도. /온도가 낮다.

온도^감:각(溫度感覺) 명 피부 감각의 한 가지. 냉각(冷覺)과 온각(溫覺)을 아울러 이르는 말. 준 온감.

온도-계(溫度計) [-계/-게] 명 온도를 재는 기구.

온독(溫毒) 명 ☞열독(熱毒).

온돌(溫堗) 명 ☞방구들.

온돌-방(溫堗房) [-빵] 명 구들을 놓아 만든 방. 구들방.

온디-콩 명 콩의 한 품종. 깍지는 회색이며 알은 잘고 누름.

온라인(on-line) 명 컴퓨터의 입출력 장치가 중앙 연산 장치(中央演算裝置)와 직결되어 작동되는 상태, 또는 그러한 조직. 참 오프라인.

온라인^리얼타임^시스템(on-line realtime system) 명 컴퓨터의 단말(端末) 장치와 중앙 처리 장치가 온라인으로 되어 있어, 보내온 정보를 즉각 처리하여 되보내는 처리 방식.

온랭(溫冷) [올-] 명 따뜻함과 참.

온량(溫良) '온량하다'의 어근.

온량(溫涼) [올-] 명 하형 따뜻함과 서늘함.

온량보사(溫涼補瀉) [올-] 명 한방에서, 약재의 성질을 네 가지로 분류하여 이르는 말. 더운 성질의 약재, 찬 성질의 약재, 보(補)하는 성질의 약재, 사(瀉)하는 성질의 약재.

온량-하다(溫良-) [올-] 형여 마음씨가 부드럽고 무던하다.

온:마(蘊魔) 명 불교에서 이르는, 사마(四魔)의 하나. 오온(五蘊)이 인명(人命)을 빼앗는 인연이 되는 것을 이름.

온면(溫麵) 명 더운 장국에 만 국수.

온:-몸 명 몸의 전체. 전신(全身). ¶ 온몸이 나른하다.

온:몸^운:동(-運動) 명 온몸을 고루 움직이는 운동. 전신 운동(全身運動).

온박(鰮粕) 명 멸치나 정어리의 기름을 짜낸 찌끼. 말려서 거름이나 사료로 씀.

온반(溫飯) 명 ①따뜻한 밥. ②장국밥.

온:-밤 명 온 하루의 밤. 하루의 밤 내내. ¶ 온밤을 뜬눈으로 밝히다.

온방(溫房) 명 ☞난방(煖房).

온-백색(溫白色) [-쌕] 명 조명에서, '약간 밝은 기가 있는 흰색'을 이르는 말.

온복(溫服) 명 하타 탕약(湯藥)을 따뜻하게 데워 마시는 일.

온사이드(onside) 명 축구·럭비·하키 등에서, 선수가 진행되는 경기를 계속할 수 있는 위치 또는 상태. ↔오프사이드.

온상(溫床) 명 ①보온 설비를 갖추고 인공적으로 흙의 온도를 높여서 식물을 촉성 재배하는 묘상(苗床). ↔냉상(冷床). ②'어떤 사물 또는 사상 따위가 발생하기 쉬운 환경'을 비유하여 이르는 말. ¶ 그런 곳은 청소년 비행의 온상이다.

온:-새미 명 가르거나 쪼개지 않은 생긴 그대로의 상태. 《주로, '온새미로'의 꼴로 쓰임.》 ¶ 통닭을 온새미로 한 마리 주시오.

온색(溫色) 명 ①따뜻한 느낌을 주는 빛깔. 난색(暖色). ②온화한 얼굴빛.

온:색(慍色) 명 성난 얼굴빛.

온수(溫水) 명 따뜻한 물. 더운물. ↔냉수(冷水).

온수-난방(溫水煖房) 명 보일러에서 끓인 물을, 건물 안의 방열기(放熱器)로 끌어서 방 안을 덥게 하는 난방 방식.

온:숙(穩宿) 명 하자 ☞온침(穩寢).

온순(溫順) '온순하다'의 어근.

온순-하다(溫順-) 형여 성질이나 마음씨가 온화하고 순하다. ¶ 온순한 성격. **온순-히** 부.

온:-쉼표(-標) 명 서양 음악의 악보에서, 온음표와 같은 길이의 쉼표. '𝄻'로 표시함. 전휴부(全休符).

온스(ounce) 의 야드파운드법의 무게의 단위. 파운드의 16분의 1(28.35 g).

온습(溫習) 명 하타 되풀이하여 익힘. 복습.

온신(溫神) 명 피부 신경이 더운 것을 감각하는 기능. ↔냉신(冷神).

온실(溫室) 명 식물을 재배하거나 추위에 약한 동물 등을 기르기 위하여 알맞은 온도와 습도를 유지할 수 있게 만든 건물.

온실^효:과(溫室效果) 명 대기 중의 수증기나 탄산가스가 온실의 유리와 같은 작용을 함으로써 지표면 부근의 기온이 높아지는 현상.

온아(溫雅) '온아하다'의 어근.

온아-하다(溫雅-) 형여 온화하고 아담하다. ¶ 온아하면서 진중한 태도.

온안(溫顏) 명 온화한 얼굴빛.

온:양(醞釀) 명 하타 ①술을 담금. ②마음에 어떤 생각을 은근히 품음.

온언(溫言) 명 부드러운 말씨.

온언-순사(溫言順辭) 명 부드럽고 순한 말씨.

온엄-법(溫罨法) [-뻡] 명 환부(患部)를 덥게 찜질함으로써 소염(消炎)·진경(鎭痙)·진통의 효과를 얻는 방법. 〔더운 습포나 탕파(湯婆) 찜질 따위.〕 더운찜질. ↔냉엄법(冷罨法).

온^에어(←on the air)명 방송국에서, 프로그램이 방송 중임을 알리는 말.

온역(瘟疫·溫疫)명 한방에서, '유행성 열병'을 이르는 말. 여역(癘疫).

온오(蘊奧) '온오하다'의 어근.

온ː오-하다(蘊奧-)형여 학문이나 기예 등이 쌓이고 깊다.

온유(溫柔)명하형 마음씨가 따뜻하고 부드러움. ¶ 온유한 태도.

온^유어^마ː크(on your mark)감 ☞온 더 마크(on the mark).

온윤(溫潤) '온윤하다'의 어근.

온윤-하다(溫潤-)형여 마음씨가 따뜻하고 인정이 있다. 따뜻하고 화기롭다.

온ː-음(-音)명 반음 두 개에 해당하는 음정(音程). 〔장2도의 음정.〕 전음(全音).

온ː-음계(-音階)[-계/-게]명 한 옥타브 안에 다섯 개의 온음과 두 개의 반음을 포함하는 음계. 전음계(全音階). 참온음 음계.

온ː음^음계(-音音階)[-계/-게]명 한 옥타브 안에 여섯 개의 온음만으로 된 음계.

온ː-음정(-音程)명 두 개의 반음정을 합한 음정. 전음정(全音程).

온ː-음표(-音標)명 음표 가운데 기준이 되는 길이의 음표. 'o'로 표시함. 전음부(全音符).

온ː의(慍意)[오늬/오니]명 성난 마음.

온ː-이명 전체의 것. 《주로, '온이로'의 꼴로 쓰임.》

온인(溫人)명 조선 시대, 외명부의 한 품계. 정·종오품인 종친(宗親)의 아내의 일컬음.

온자(溫慈) '온자(溫慈)하다'의 어근.

온자(蘊藉) '온자(蘊藉)하다'의 어근.

온자-하다(溫慈-)형여 부드럽고 인자하다.

온ː자-하다(蘊藉-)형여 교양이 있고 마음이 넓으며 온화하다.

온ː-장(-張)명 종이 따위의 자르지 않은 온통의 것. 전장(全張).

온장-고(溫藏庫)명 조리한 식품 따위를 따뜻한 상태로 저장하는 상자 모양의 장치.

온재(溫材)명 한방에서, 더운 성질의 약재(藥材)를 이르는 말. 〔육계(肉桂)·육두구(肉荳蔻)·사인(沙仁)·회향(茴香) 따위.〕↔냉재(冷材).

온전(穩全) '온전하다'의 어근.

온ː전-하다(穩全-)형여 본디 그대로 고스란하다. ¶ 깨지지 않은 온전한 기와. **온전-히**부.

온ː-점(-點)명 ☞마침표.

온점(溫點)[-쩜]명 피부 온도보다 높은 온도, 곧 온각(溫覺)을 느끼는 감각점(感覺點). 피부나 구강·식도 등의 점막에 흩어져 있음. ↔냉점(冷點).

온정(溫井)명 ①절로 더운물이 솟는 우물. ②☞온천(溫泉).

온정(溫淸)명하자 〈동온하정(冬溫夏淸)〉의 준말.

온정(溫情)명 따뜻한 인정. 정다운 마음. ¶ 이웃을 생각하는 온정. /온정이 넘치는 사회.

온정-주의(溫情主義)[-의/-이]명 아랫사람에게 따뜻한 마음씨로 대하려 하는 생각이나 태도.

온제(溫劑)명 한방에서, 몸을 덥게 하는 약제를 이르는 말. ↔양제(涼劑).

온ː-종일(-終日)명 아침부터 저녁 무렵까지. 진종일. ¶ 온종일 비가 내리다.

온중(溫中)명하자 한방에서, '탕약을 먹여서 속을 덥게 함'을 이르는 말.

온ː-채명 집의 전체. ¶ 집을 온채로 빌리다.

온ː챗-집[-채찝/-챋찝]명 한 채를 전부 쓰는 집. ¶ 여유 있게 온챗집을 쓰고 살다.

온처(溫處)명하자 따뜻한 방에서 지냄. ¶ 두 분 어른이 온처하시도록 삼가 조처하다.

온천(溫泉)명 ①지열(地熱)로 말미암아 땅속에서 평균 기온 이상의 온도로 데워진 물이 자연적으로 솟아나는 샘. 온정(溫井). 탕천(湯泉). ↔냉천(冷泉). ②〈온천장〉의 준말.

온천-가스(溫泉gas)명 온천물에 섞여 뿜어나오는 가스.

온천-물(溫泉-)명 온천에서 솟아나는 더운물. 온천수.

온천-수(溫泉水)명 ☞온천물.

온천-장(溫泉場)명 온천이 있는 곳. 준온천.

온천-하다형여 (재물이) 축남이 없이 온전하다. **온천-히**부.

온ː축(蘊蓄)명하타되자 ①오랫동안 충분히 연구해서 쌓아 놓은, 학문이나 기예 따위의 깊은 지식. ②물건 따위를 쌓아 둠.

온ː침(穩寢)명하자 편안하게 잠을 잠. 온숙(穩宿).

온탕(溫湯)명 더운물이 들어 있는 탕. ↔냉탕.

온ː-통 Ⅰ명 있는 대로 전부.
Ⅱ부 있는 대로 모두. 모조리. ¶ 온통 다 새파랗다. /나라 안이 온통 환희의 도가니다. 준통⁶.

온파(溫波)명 ☞난파(暖波).

온^퍼레이드(on parade)명 공연을 마친 후에 출연 배우들이 무대 위에 죽 늘어서는 일.

온편(穩便) '온편하다'의 어근.

온ː편-하다(穩便-)형여 온당하다. **온편-히**부.

온포(溫飽)명 〔옷을 따뜻하게 입고 음식을 배불리 먹는다는 뜻으로〕 '생활에 아쉬움이 없이 넉넉함'을 이르는 말.

온ː포(縕袍)명 묵은 솜을 둔 도포.

온ː-폭(-幅)명 (피륙이나 종이 따위의) 가르지 아니한 온 너비.

온ː-품명 ①온 하룻일의 품이나 품삯. ②온전히 셈하여 받은 품삯.

온풍(溫風)명 따뜻한 바람.

온풍-난방(溫風煖房)명 데운 공기를 방 안으로 보내어 방을 따뜻하게 하는 난방 방식.

온ː-필(-疋)명 (필로 된 피륙의) 잘라 쓰지 아니한, 본디 그대로의 필(疋).

온-하다(溫-)형여 ①따뜻하다. ②(약의 성질이) 덥다. ¶ 약성이 온한 약재.

온혈(溫血)명 ①(외기의 온도와는 관계없이) 늘 더운 동물의 피. ↔냉혈. ②한방에서, 약으로 먹는 사슴이나 노루의 '더운피'를 이르는 말.

온혈^동ː물(溫血動物)명 ☞정온 동물(定溫動物). ↔냉혈 동물.

온화(溫和) '온화(溫和)하다'의 어근.

온화(穩和) '온화(穩和)하다'의 어근.

온ː화(穩話)명하자 화기롭고 부드럽게 이야기함.

온화-하다(溫和-)형여 ①날씨가 따뜻하고 바람결이 부드럽다. ②(성질이나 태도·행동 따위가) 온순하고 부드럽다. ¶ 평소 성품은 온화하시지만 불의(不義)는 절대 용납하지 않으신다.

온ː화-하다(穩和-)형여 조용하고 평화롭다. ¶ 온화한 분위기.

온ː회(穩會)[-회/-훼]명하자 화기롭게 모이는 일.

온후(溫厚) '온후하다'의 어근.

온후-하다(溫厚—) ⓗⓨ (마음씨나 태도가) 부드럽고 무던하다. ¶ 성품이 온후하신 어른.
옫바미 ⓜ 〈옛〉 올빼미. ¶ 賈生이 옫바밀 對ᄒᆞ야(杜初21:40). /옫바미 효:梟(訓蒙上17).
올ː[1] ⓜ ①실이나 줄의 가닥. ¶ 올이 가는 베. ②〖의존 명사적 용법〗 실이나 줄 따위의 가닥을 세는 단위. ¶ 한 올의 실.
올[2] ⓖ 올해의. ¶ 올 농사도 풍년이다. /올 들어 첫눈이다.
올- 접두 《일부 식물이나 열매 이름 앞에 붙어》 여느 품종보다 일찍 자라거나 일찍 익음을 나타냄. ¶ 올벼. /올콩. ⓙ오-.
올가미 ⓜ ①새끼나 노끈·철사 따위로 고를 내어 짐승을 잡는 데 쓰는 물건. 활고자. ②남이 걸려들게 꾸민 꾀.
올가미 없는 개장사 속담 밑천을 들이지 않은 장사를 두고 이르는 말.
올가미(를) 쓰다 관용 남의 꾀에 걸려들다.
올가미(를) 씌우다 관용 남을 자기의 계략에 걸려들게 하다.
올-가을[-까-] ⓜ 올해 가을. 금추(今秋).
올각-거리다[-꺼-] ⓣ 자꾸 올각올각하다. 올각대다. ⓚ울걱거리다.
올각-대다[-때-] ⓣ 올각거리다.
올각-올각 ⓑⓗⓣ 입에 물 따위를 조금 머금고 양볼의 근육을 자꾸 움직이는 모양, 또는 그럴 때 나는 소리. ⓚ울걱울걱.
올ː-감자 ⓜ 보통 감자 품종보다 이르게 수확하는 감자.
올강-거리다 ⓙⓣ 자꾸 올강올강하다. 올강대다. ⓚ울겅거리다.
올강-대다 ⓙⓣ 올강거리다.
올강-볼강 ⓑ하자타 올강거리며 볼강거리는 모양. ⓚ울겅불겅.
올강-올강 ⓑ하자타 입 안에 든 단단하고 탄력 있는 물건이 잘 씹히지 않고 요리조리 미끄러지는 모양. ⓚ울겅울겅.
올-겨울[-껴-] ⓜ 올해 겨울. 금동(今冬).
올ː-고구마 ⓜ 보통 고구마 품종보다 이르게 수확하는 고구마.
올ː곡-하다[-고카-] ⓗⓨ (실이나 줄 따위가) 너무 꼬여서 비비 틀려 있다.
올-곧다[-따] ⓗ ①(마음씨가) 곧고 바르다. ¶ 올곧은 성품. ②(모양이나 생김새 따위가) 비뚤지 않고 반듯하다. ¶ 올곧게 뻗은 도로.
올공-거리다 ⓙⓣ 자꾸 올공올공하다. 올공대다.
올공-대다 ⓙⓣ 올공거리다.
올공-볼공 ⓑ하자타 올공거리며 볼가지는 모양.
올공-올공 ⓑ하자타 입 안에 든 단단하고 탄력 있는 물건이 잘 씹히지 않고 요리조리 미끄러지는 모양.
올근-거리다 ⓣ 자꾸 올근올근하다. 올근대다. ⓚ울근거리다.
올근-대다 ⓣ 올근거리다.
올근-볼근[1] ⓑ ①하자 사이가 틀어져서 잘 다투는 모양. ②하타 올근거리며 볼근거리는 모양. ¶ 올근볼근 마냥 씹고만 있다. ⓚ울근불근[1].
올근-볼근[2] ⓑ하형 무엇에 덮였거나 싸인 단단한 것이 드러나 보이는 모양. ¶ 갈빗대가 올근볼근 드러나 보이다. ⓚ울근불근[2].
올근-올근 ⓑ하타 입 안에 든 질기고 오돌오돌한 물건을 오물거리며 씹는 모양. ¶ 오징어 다리를 올근올근 씹다. ⓚ울근울근.
올긋-볼긋[-귿뽈귿] ⓑ하형 여러 가지 짙고 엷은 빛깔의 것이 야단스럽게 한데 뒤섞여 있는 모양. ¶ 화단에 갖가지 꽃들이 올긋볼긋 피어 있다. ⓚ울긋불긋.
올깍 ⓑ하자타 먹은 음식을 갑자기 조금 토해 내는 소리, 또는 그 모양. ¶ 갓난아이가 젖을 올깍 게웠다. ⓚ울꺽. ⓒ올칵. **올깍-올깍** ⓑ하자타.
올깍-거리다[-꺼-] ⓙⓣ 자꾸 올깍올깍하다. 올깍대다. ⓚ울꺽거리다.
올깍-대다[-때-] ⓙⓣ 올깍거리다.
올나ᄒᆞ니 ⓣ 〈옛〉 오르니. 오른즉. ¶ 北寬亭의 올나ᄒᆞ니(鄭澈. 關東別曲).
올-내년(-來年) [-래-] ⓜ ①올해와 내년. ②올해나 내년. ¶ 나도 올내년에는 결혼해야지.
올ː-되다[1][-되-/-뒈-] ⓗ (피륙의 올 같은 것이) 바짝 죄어서 켕기다.
올ː-되다[2][-되-/-뒈-] ⓙ ①(곡식이나 과실 따위가) 제철보다 일찍 여물다. ¶ 올된 벼. /사과가 올되다. ②나이에 비하여 철이 일찍 들다. ¶ 올된 아이. ⓙ오되다. ↔늦되다.
올ː드-미스(old+miss) ⓜ 노처녀.
올딱 ⓑ 조금 삼킨 음식을 도로 토하는 모양. ⓒ왈딱.
올라-가다 Ⅰ ⓙⓣ 낮은 데서 높은 데로, 아래에서 위로 움직이어 가다. ¶ 무대에 올라가다. /깃발이 올라가다. /언덕에 올라가다. /산을 올라가다. ↔내려가다.
Ⅱ ⓙ ①물속에서나 배에서 뭍으로 옮아가다. ¶ 배를 떠나 뭍으로 올라가다. ②(지위·단계·정도 등이) 보다 높게 옮아가다. ¶ 계급이 올라가다. /한 학년이 올라가다. /성적이 올라가다. ③(물가·가치·수량 등이) 비싸지다. 높아지다. 많아지다. ¶ 물가가 올라가다. /기온이 올라가다. ④(기세·열기 등이) 한결 더해지다. 높아지다. ¶ 선수들의 사기가 올라가다. ⑤지방에서 중앙으로 가다. ¶ 지방 대표자들이 서울로 올라가다. ⑥(강물의) 상류로 향하여 나아가다. ¶ 보트로 강을 거슬러 올라가다. ②~⑥↔내려가다.
올라-붙다[-붇따] ⓙ ①높은 곳에 바싹 다가가다. ¶ 언덕에 올라붙다. ②살이 찌다. ¶ 살이 보기 좋게 올라붙으려면 시간이 걸리겠다.
올라-서다 ⓙ ①높은 데로 옮아가 서다. ¶ 지붕 위에 올라서다. ②지위나 등급 따위가 높아지다. ¶ 부장으로 올라서다. ③무엇을 디디고 그 위에 서다. ¶ 의자에 올라서다. ①②↔내려서다.
올라-앉다[-안따] ⓙ ①낮은 데서 높은 데로, 아래에서 위로 가 앉다. ¶ 마루 위에 올라앉다. ②지위가 올라서 이전보다 높은 자리를 차지하다. ↔내려앉다.
올라-오다 ⓙ ①낮은 데서 높은 데로, 아래에서 위로 움직이어 오다. ¶ 일행이 모두 다 정상으로 올라오다. ②아래에서 위로 미치어 오다. ¶ 강물이 불어서 허리까지 올라왔다. ③지방에서 중앙(서울)으로 오다. ¶ 시골에 사는 아우가 서울로 올라왔다. ④삼킨 것이나 배 속의 것이 입으로 나오다. ¶ 신물이 올라오다. ⑤배에서 뭍으로 옮아오다. 상륙하다. ¶ 육지로 올라오다. ①③↔내려오다.
올ː라운드 플레이어(all-round player) 운동 경기에서, 공격·수비의 모든 기술에 뛰어난 선수, 또는 모든 경기에 뛰어난 선수. 만능 선수.
올라-채다 ⓣ ①움직이던 탄력을 이용해 꼭대기에 오르다. ②힘들여 꼭대기에 이르다. ¶ 언덕을 올라채고 있는 아이들.
올라-타다 ⓙⓣ ①탈것에 오르다. ¶ 배에 올라타다. ②몸 위에 오르다. ¶ 앞사람의 등에 올라타다.

올라ᄒᆞ니타 〈옛〉 오르니. 오른즉. ¶ 외나모 뻐근 ᄃᆞ리 佛頂臺 올라ᄒᆞ니(鄭澈.關東別曲).
올랑-거리다자 자꾸 올랑올랑하다. 올랑대다. 큰울렁거리다.
올랑-대다자 올랑거리다.
올랑-올랑부하자 ①마음이 설레거나 하여 가슴이 자꾸 두근거리는 모양. ②작은 물결이 자꾸 흔들리는 모양. ③먹은 것이 잘 소화되지 않고 자꾸 매슥매슥하여 토할 것 같은 상태. ¶ 차를 오래 탔더니 배 속이 올랑올랑하다. 큰울렁울렁.
올랑-이다자 ①가슴이 설레며 뛰놀다. ②작은 물결이 흔들리다. ¶ 산들바람에 강물이 올랑인다. ③먹은 것이 토할 것같이 매슥거리다. 큰울렁이다.
올랑-촐랑부하자 작은 그릇에 담긴 액체가 자꾸 흔들리면서 나는 소리, 또는 그 모양. 큰울렁출렁.
올레-산(←oleic酸)명 고급 지방산의 한 가지. 빛깔·냄새가 없는 액체로 공기 중에서 산화하여 누런 빛깔로 변함. 올리브유나 동백기름 등 식물성 기름에 많이 들어 있음. 비누의 원료나 천의 방수제로 쓰임. 유산(油酸).
올려-놓다[-노타]타 ①무엇의 위에 옮겨 놓다. ¶ 난로 위에 주전자를 올려놓다. ↔내려놓다. ②명단 따위에 이름을 적어 넣다. ¶ 회원 명부에 이름을 올려놓았다. ③등급·직급·정도·수준을 높아지게 하다. ¶ 우리 팀을 4강에 올려놓은 감독. /아이들 사기를 최고로 올려놓는 방법은 무엇일까?
올려다-보다타 ①아래에서 위쪽을 보다. ¶ 나무 위를 올려다보다. ②남을 높이 받들고 우러러보다. ↔내려다보다.
올려본-각(-角)명 수학에서, 높은 곳에 있는 물체를 보는 시선과 수평면이 이루는 각도를 이르는 말. 고각(高角). 앙각. ↔내려본각.
올려-붙이다[-부치-]타 (손바닥으로 뺨을) 세게 때리다.
올려-치다자 광산에서 '안아치다'를 이르는 말.
올록-볼록[-뽈-]부하형 (물체의 거죽이) 고르지 않게 높고 낮은 모양. ¶ 올록볼록한 벽지. 큰울룩불룩.
올리고-당(←oligosaccharide糖)명 구조 단위가 2~10인 다당류. 다당류 가운데 구조가 비교적 간단하고 용해도나 맛, 화학적 성질 따위가 단당류와 비슷함.
올리고-세(←Oligocene世)명 신생대(新生代) 제3기(紀)를 다섯으로 나눈 때의 셋째 번 지질 시대. 점신세(漸新世).
올리다타 ①『'오르다'의 사동』 ㉠오르게 하다. ¶ 손을 올리다. /벼슬을 올리다. ㉡문서에 기록하거나 화젯거리로 삼게 하다. ¶ 지면에 올리다. /화제에 올리다. ㉢병 따위를 옮기게 하다. ¶ 옴을 올리다. ②윗사람에게 드리거나 바치다. ¶ 술잔을 올리다. /진짓상을 올리다. ③(칠이나 단청 따위를) 입히다. ¶ 금박을 올리다. ④(예식이나 행사를) 지내거나 거행하다. ¶ 결혼식을 올리다. ⑤기와 따위로 지붕을 이다. ¶ 기와를 올리다. /지붕에 이엉을 올리다. ⑥'먹다'의 궁중말. ⑦(따귀 따위를) 때리다. ¶ 보기 좋게 한 대 올리다. ⑧큰 소리를 내거나 지르다. ¶ 함성을 올리다. /비명을 올리다.
올리브(olive)명 물푸레나뭇과의 상록 교목. 높이 5~10 m. 열매는 길둥근 모양이며 암녹색으로 익음. 열매의 살로는 올리브유를 짬. 소아시아 원산으로 지중해 연안과 미국에서 많이 재배함.
올리브-색(olive色)명 (올리브의 열매와 같이) 약간 누른빛을 띤 녹색.
올리브-유(olive油)명 올리브의 열매로 짠 기름. 약용·식용 또는 비누·화장품 등의 재료로 쓰임.
올림명 어림수를 만드는 방법의 한 가지. 구하고자 하는 자리 미만의 끝수를 버리고, 구하고자 하는 자리에 1을 더하는 일. ↔버림. 참반올림.
올림-대[-때]명 ①〈시상판(屍床板)〉의 속된 말. ②'숟가락'의 심마니말.
　올림대(를) 놓다관용 〔'숟가락을 놓았다'는 뜻으로〕 '죽다'를 속되게 이르는 말.
올림-말명 ☞표제어.
올림-조(-調)[-쪼]명 악보에서, 올림표로만 나타낸 조(調). ↔내림조.
올림-표(-標)명 ☞샤프(sharp).
올림피아드(Olympiad)명 ①4년을 단위로 한 고대 그리스의 기년법(紀年法). ②올림픽.
올림픽(Olympic)명 ①국제 올림픽 위원회가 주최하는 국제적 종합 경기 대회. 4년에 한 번씩 국제 올림픽 위원회가 선정한 도시에서 열림. 올림픽 경기. ②체육 이외의 '국제 경기'를 흔히 이름. 〔기능 올림픽 따위.〕
올림픽^경ː기(Olympic競技)명 ☞올림픽.
올림픽-기(Olympic旗)명 ☞오륜기(五輪旗).
올막-졸막[-쫄-]부하형 작고 도드라진 것들이 고르지 않게 많이 벌여 있는 모양. 큰울먹줄먹.
올-망(-網)명 깊은 바다에서 고기를 잡을 때 쓰는 긴 그물.
올망-대(-網-)[-때]명 올망을 칠 때 쓰는 긴 장대.
올망이-졸망이명 올망졸망한 물건.
올망-졸망부하형 작고 고만고만한 것들이 고르지 않게 빽빽이 벌여 있는 모양. ¶ 아이들이 올망졸망 모여 있다. 큰울멍줄멍.
올목-졸목[-쫄-]부하형 작고 도드라진 것들이 고르지 않게 많이 벌여 있는 모양. 큰울묵줄묵.
올몽-졸몽부하형 작고 고만고만한 것들이 고르지 않게 빽빽이 벌여 있는 모양. ¶ 올몽졸몽한 섬들이 눈 아래로 보이다. 큰울뭉줄뭉.
올무[1]명 새나 짐승을 잡는 데 쓰는 올가미.
올ː-무[2]명 보통의 품종보다 일찍 자라는 무, 또는 일찍 자란 무.
올미명 택사과의 다년초. 꽃줄기 높이 10~30 cm. 논밭이나 연못가에 흔히 나는데, 땅속줄기가 가로 벋으며, 가늘고 긴 잎은 뿌리에서 무더기로 남. 여름부터 가을에 걸쳐 긴 꽃줄기 끝에 흰 꽃이 핌.
올-바로부 옳고 바르게. 곧고 바르게. ¶ 사리 판단을 올바로 하다.
올-바르다[~바르니·~발라]형르 옳고 바르다. ¶ 올바른 충고. /몸가짐이 올바르다.
올ː-밤명 보통 품종보다 일찍 익는 밤.
올방개명 사초과의 다년초. 늪 등에 자라는데, 가로 벋는 뿌리 끝에 덩이뿌리가 생김. 가을에 높이 70 cm가량의 줄기 끝에 작은 이삭이 달림. 덩이뿌리는 한방에서 '오우(烏芋)'라 하여 약재로 쓰임.
올ː-백(all+back)명 길게 기른 머리털을 가르마를 타지 않고 모두 뒤로 빗어 넘긴 머리 모양.
올ː-벼명 보통 품종보다 일찍 익는 벼. 조도(早稻). 조양(早穰). ↔늦벼.

올ː벼-신미(一新味)명하자 그해에 거둔 올벼의 쌀을 처음 맛봄.

올-봄[-뽐]명 올해 봄. 금춘(今春).

올빼미명 올빼밋과의 새. 몸길이 38 cm가량. 부엉이와 비슷하나 머리가 둥글고 우각(羽角)이 없음. 깃털에는 황갈색의 세로무늬가 있음. 낮에는 나뭇가지에 앉아 있다가 밤에 새나 쥐 따위를 잡아먹음. 천연기념물 제324호. 치효(鴟梟).

올ː-새명 ①피륙의 발. ¶ 올새가 곱다. ②〖의존명사적 용법〗 피륙의 날을 세는 단위. ¶ 이 베는 몇 올새나 될까?

올ː-서리명 여느 해에 비하여 일찍 내린 서리. ↔늦서리.

-올습니다어미 '-올시다'의 잘못.

올시다[-씨-]조 모음으로 끝난 체언에 붙어, '입니다'의 뜻을 보다 정중하게 나타내는 합쇼체의 종결형 서술격 조사. ¶ 훌륭한 솜씨올시다. 참이올시다.

-올시다[-씨-]어미 '아니다'의 어간에 붙어, '-ㅂ니다'의 뜻을 나타내는 합쇼체의 종결 어미. ¶ 그런 게 아니올시다.

올ː-실명 '외올실'의 잘못.

올쏙-볼쏙[-뽈-]부하형 작은 모가 군데군데 툭툭 튀어나온 모양. 큰울쑥불쑥.

올여명 '올벼'의 잘못.

올-여름[-려-]명 올해 여름. 금하(今夏).

올연(兀然)부하형 홀로 우뚝한 모양. ¶ 올연하게 버티고 선 거한(巨漢). **올연-히**부 ¶ 반도의 남쪽에 올연히 솟은 영봉(靈峯).

올연-독좌(兀然獨坐)[-쫘]명하자 홀로 단정히 앉음.

올오다타 〈옛〉 온전하게 하다. ¶ 사ᄅᆞ미…ᄆᆞᅀᆞᄆᆞᆯ 올오과뎌 ᄒᆞ논 마리라(內訓二上*13*). /麋鹿 뭀 서리에 사라쇼ᄆᆞᆯ 올왯노라(杜初*7:14*). 참오올오다.

올올(兀兀)부하형 ①마음을 한곳에 집중하여 흔들리지 않는 모양. ②(산이나 바위 따위가) 우뚝우뚝 솟은 모양. **올올-히**부.

올올-고봉(兀兀高峯)명 우뚝하게 높이 솟은 산봉우리.

올ː올-이부 올마다. 가닥마다.

올이다타 〈옛〉 ①올리다. ¶ 石壁에 ᄆᆞᄅᆞᆯ 올이샤(龍歌*48*章). ②드리다. ¶ 센 머리예 便安ᄒᆞᆫ 말ᄉᆞᄆᆞᆯ 올요니(杜初*20:54*).

올-적[-쩍]명 ☞미래(未來). ↔지난적.

올적-끝남[-쩍끈-]명 ☞미래 완료(未來完了).

올적-나아가기[-쩡-]명 ☞미래 진행.

올적나아가기-끝남[-쩡-끈-]명 ☞미래 진행 완료(未來進行完了).

올ː-지다형 〈오달지다〉의 준말.

올ː-차다형 ①오달지고 기운차다. ¶ 올찬 모습의 어린 씨름 선수. ②곡식의 알이 일찍 들어 차다. ¶ 벼 이삭이 올차다.

올챙이명 개구리의 유생. 알에서 부화한 지 오래지 않은 것으로, 지느러미처럼 생긴 꼬리로 헤엄치는 시기의 것을 이름. 과두(蝌蚪). 현어(玄魚).

올챙이 개구리 된 지 몇 해나 되나속담 어떤 일에 좀 익숙해진 사람이나, 가난하다가 형세가 좀 나아진 사람이 젠체함을 핀잔하여 이르는 말.

올챙이 적 생각은 못하고 개구리 된 생각만 한다속담 형세가 좀 나아진 사람이 지난날 어렵게 지내던 때를 잊고 오만하게 행동함을 빗대어 이르는 말.

올챙이-배명 (작은 몸집에) '똥똥하게 내민 배'를 놀림조로 이르는 말.

올칵부하자타 먹은 것을 갑작스레 조금 토하는 소리, 또는 그 모양. ¶ 젖을 올칵 게우다. 큰울컥. 참올깍. **올칵-올칵**부하자타.

올칵-거리다[-꺼-]자타 자꾸 올칵올칵하다. 올칵대다. 큰울컥거리다.

올칵-대다[-때-]자타 올칵거리다.

올케명 (여자의 처지에서 그의) 오빠나 남동생의 아내. ¶ 새 올케 언니는 아주 멋쟁이다.

올ː-콩명 보통 콩보다 일찍 여무는 콩.

올톡-볼톡[-뽈-]부하형 (물체의 거죽이나 바닥이) 고르지 않게 여기저기 볼가져 있는 모양. 큰울툭불툭.

올통-볼통부하형 (물체의 거죽이나 바닥이) 고르지 않게 여기저기 볼통볼통한 모양. 큰울퉁불퉁.

올ː-팥[-팓]명 보통 팥보다 일찍 여무는 팥. ＊올ː팥이[-파치]·올ː팥을[-파틀]·올ː팥만[-판-]

올ː-풀이명하타 지난날, 규모가 작은 장사치가 상품을 낱개나 낱자로 팔던 일. 참자풀이.

올-해명 이해. 금년. 당년(當年). 본년(本年).

올히명 〈옛〉 오리. ¶ 淸江의 ᄯᅥᆺᄂᆞᆫ 올히 白沙의 올마 안자(鄭澈.星山別曲). /沐浴ᄒᆞᄂᆞᆫ 올히와 ᄂᆞᄂᆞᆫ 하야로비ᄂᆞᆫ(杜初*9:38*).

올ᄒᆞᆫ관 〈옛〉 ①오른. ¶ 올ᄒᆞᆫ 소ᄂᆞ로 하ᄂᆞᆯ ᄀᆞᄅᆞ치시며(月釋*2:38*). ②옳은. ¶ 올ᄒᆞᆫ 일 ᄒᆞ기예ᄂᆞᆫ(飜小*10:12*).

올ᄒᆞᆫ녁명 〈옛〉 오른녘. 오른편. ¶ 右는 올ᄒᆞᆫ녀기라(訓諺). /앉ᄂᆞᆫ 올ᄒᆞᆫ녀긧 銘(內訓*1:26*).

올희명 〈옛〉 오리의. ¶ 올희 댤은 다리 학긔 다리 되도록애(古時調). 참올히.

옭-걸다[옥껄-][~거니·~걸어]타 옭아서 걸다.

옭다[옥따]타 ①(실이나 노끈 따위로) 친친 감아서 잡아매다. ②올가미를 씌우다. ③행동이 자유롭지 못하게 얽매다. ¶ 이번엔 꼼짝 못하게 옭아 두었지. ＊옭아·옭고[올꼬]·옭는[옹-]

옭-매다[옹-]타 ①잘 풀리지 않도록 고를 내지 않고 매다. ②☞옭아매다.

옭-매듭[옹-]명 고를 내지 않고 옭아맨 매듭. ↔풀매듭.

옭매-이다[옹-]자〖'옭매다'의 피동〗 ①옭맴을 당하다. ¶ 포승줄에 두 손이 옭매이다. ②어떤 일에 말려들어 몸을 빼지 못하게 되다. ¶ 독직(瀆職) 사건에 옭매이다.

옭아-내다타 ①올가미 따위를 씌워서 끌어내다. ②(남의 것을) 몰래 끄집어내다. 얽어내다.

옭아-매다타 ①잘 풀리지 않도록 단단히 매다. ¶ 밧줄로 짐을 옭아매다. ②행동이 자유롭지 못하게 얽매다. ③없는 허물을 짐짓 꾸미어 씌우다. 옭매다. ¶ 무고한 사람을 사기죄로 옭아매다.

옭혀-들다[올커-][~드니·~들어]자 ①옭히어 빠져들다. ¶ 사건에 옭혀들다. ②일이 어렵게 되다. ¶ 문제가 옭혀들기만 한다.

옭-히다[올키-]자 ①〖'옭다'의 피동〗 옭음을 당하다. ②(여러 가지 일들이) 서로 섞갈리다. ③일이 잘 펴이지 아니하고 어렵게 되다. ④(실이나 줄 따위가) 마구 엉키다. ¶ 낚싯줄이 옭히다.

옮겨-심기[옴-끼]명하타 농작물이나 나무를 옮겨 심는 일.

옮-기다[옴-]타 ①〖'옮다'의 사동〗 ㉠옮기게 하다. ㉡(사람이나 물건을) 본디 있던 자리에서 다른 자리로 바꾸어 놓게 하다. ¶ 책상을 창가로 옮기다. /총무과에서 인사과로 옮기다. ㉢(병균 따위를) 남에게 전염시키게 하다. ¶ 독감을 옮기다. ㉣(남에게서 들은 말을 다른 사람에게) 그대로 전하게 하다. ¶ 소문을 옮기다. ②발걸음을 한 걸음 한 걸음 떼어 놓다. ¶ 집으로 발걸음을 옮기다. ③(관심이나 시선 등을) 이제까지의 대상에서 다른 대상에로 돌리다. ¶ 다른 사업에로 관심을 옮기다. ④(어떠한 일을 다음 단계로) 밀고 나아가다. ¶ 오랜 구상을 실행에 옮기다. ⑤(거처 따위를) 본디 머물던 곳에서 다른 데로 바꾸다. ¶ 숙소를 다른 데로 옮기다. ⑥(어떤 나라 말을 다른 나라의 말로) 바꾸어 나타내다. 번역하다. ¶ 한문으로 된 고전들을 우리말로 옮기다. /외국인의 연설을 우리말로 옮기다. ⑦식물을 자라던 자리에서 다른 자리로 가져다 심다. ¶ 나무를 양지바른 데로 옮겨 심다.

옮ː다[옴따][자] ①어떤 곳에서 다른 곳으로 움직이어 자리를 바꾸다. ¶ 마른 자리로 옮아 앉다. ②(불길이나 소문 따위가) 한 곳에서 다른 곳으로 번져 가다. ¶ 불길이 마른 잔디로 옮아 붙다. ③(병균 따위가) 몸 안으로 들어오다. 전염되다. ¶ 눈병이 옮다. /감기가 옮다. ④물이 들다. ¶ 딸기 물이 옷에 옮다. ＊옮아·옮ː고[옴꼬]·옮ː는[옴–]

옮아-가다[자] ①본디 있던 자리에서 다른 곳으로 가다. ¶ 그 새댁은 해산달에 친정으로 옮아갔다. ②마음이나 눈길 등이 이제까지와는 다른 쪽으로 가다. ¶ 국민의 관심이 올림픽 경기에로 옮아가다. ③어떤 일이 다른 데로 미치다. ¶ 사업이 구상 단계에서 실천 단계로 옮아가다. /불길이 차차 이웃으로 옮아가다. ④병이나 버릇 따위가 다른 데로 번지거나 물들다. ¶ 독감이 여러 사람에게로 옮아가다.

옮아-앉다[–안따][자] 본디 있던 곳에서 다른 곳으로 이동하여 자리 잡다. ¶ 생산부에서 관리부로 옮아앉다.

옮아-오다[자] ①다른 곳에서 일정한 곳으로 자리 잡아 오다. ¶ 지방에서 서울로 옮아왔다. ②불이나 질병 따위가 번져 오다. ¶ 반 아이에게 감기를 옮아온 것 같다.

옰[올][명] 손해에 대한 보충이나 잘못에 대한 갚음. ¶ 남을 골탕 먹인 옰으로 다리를 다쳤다. ＊옰이[올씨]·옰만[올–]

옳다¹[올타][형] ①틀리지 않다. ¶ 옳은 답이 나오다. ②도덕이나 규칙 등에 벗어남이 없다. ¶ 옳은 도리를 다하다. /옳은 일을 하다. ③사리에 맞다. ¶ 자네의 말이 옳다. /옳은 말만 골라 한다. ④격식에 벗어남이 없이 제대로이다. ¶ 한복을 옳게 차려입다. **옳-이**[부]. ＊옳아[오라]·옳소[올쏘]

옳다²[올타][감] (어떠한 생각이 꼭 필요한 때에 문득 떠올랐을 때) '바로 이것이다' 하는 반가운 느낌을 나타내는 말. ¶ 옳다, 이제 내가 해야 할 일은 이 일뿐이다.

옳다-구나[올타–][감] '옳다²'의 힘줌말. ¶ 옳다구나 하고 당장 달려갔다. [준]오².

옳아[오라][감] ①(미리 들었거나 생각한 바대로) '과연 그렇구나' 하는 느낌을 나타내는 말. ¶ 옳아, 이제 보니 네가 말한 그대로구나. ②'과연 옳구나'의 뜻을 나타내는 말. ¶ 옳아, 그의 말이 맞았어. [준]오².

옳-이[오리][부] 옳게. ¶ 말을 옳이 할 사람이 아니다. ↔글리.

옳지[올치][감] ①(남이 어떤 일을 제대로 해내었을 때) '제대로 잘했다'는 뜻으로 하는 칭찬의 말. ¶ 옳지, 이제 잘하는구나. ②(어떤 일이 사리에 맞거나 마음에 맞았을 때) '그럼직하다'는 뜻을 나타내는 말. ¶ 옳지, 옳아. 바로 그걸세. ③(어떤 일이 미리 짐작한 바와 같았을 때) '그러면 그렇지' 하는 느낌을 나타내는 말. ¶ 옳지, 내가 그럴 줄 이미 짐작했었지. ④어떤 일에서 좋은 생각이 떠올랐을 때, 흔히 혼잣말로 하는 말. ¶ 옳지, 그 방법으로 한번 해 보아야지. [준]오².

옴ː¹[명] 개선충(疥癬蟲)이 기생하여 생기는 전염성 피부병의 한 가지. 손가락이나 발가락 사이, 오금이나 겨드랑이 따위에서 시작하여 온몸으로 퍼져 나가며 몹시 가려움. 개선(疥癬). 개창(疥瘡).

옴ː²[명] 산모(產母)의 젖꼭지 가장자리에 오톨오톨하게 좁쌀알 모양으로 돋은 것.

옴ː³[명] 〈옴쌀〉의 준말.

옴ː(ohm)[의] 전기 저항의 단위. 1볼트의 전압으로 1암페어의 전류가 흐를 때의 저항. 〔기호는 Ω〕

-옴[접미] 〈옛〉-씩. 〔'-곰'의 'ㄱ' 약화형.〕 ¶ 四天王 목수미 人間앳 쉰히를 흐르옴 혜여 五百히니(月釋1:37). [참]-곰.

옴ː-개구리[명] 개구릿과의 한 종. 몸길이 5 cm 가량. 몸빛은 흑색이고 등에 많은 혹이 도톨도톨하게 나 있음. 피부에서 독특한 냄새가 나는데, 흔히 물풀 따위에 붙어 있음.

옴ː-게[명] 부채겟과의 게. 등딱지의 길이 2 cm, 폭 3 cm가량. 등딱지와 가슴, 다리 뒤쪽에 혹 모양의 돌기가 많이 돋아 있음.

옴-나위[명][하자] ①《주로 '없다'와 함께 쓰이어》 '몸을 움직일 여유'를 뜻함. ¶ 매표소 앞은 귀성객들이 몰려들어 옴나위가 없다. ②《주로 '못하다'와 함께 쓰이어》 '꼼짝달싹'의 뜻을 나타냄. ¶ 옴나위도 못하다.

옴나위-없다[–업따][형] 꼼짝할 만큼의 적은 여유도 없다. **옴나위없-이**[부] ¶ 대합실 안은 피서 인파로 옴나위없이 붐볐다.

옴니버스(omnibus)[명] 영화·연극 등의 한 형식. 하나의 주제를 중심으로 몇 개의 독립된 짧은 이야기를 늘어놓아 한 편의 작품으로 만든 것. 〔옴니버스 영화·옴니버스 드라마 따위.〕

옴니버스^영화(omnibus映畫)[명] 옴니버스 형식으로 만든 영화.

옴니-암니 [I][명] 자질구레하게 이래저래 드는 비용. ¶ 옴니암니까지 따져 보니 비용이 엄청나다.
[II][부] 자질구레한 것까지 좀스럽게 따지는 모양. ¶ 사소한 일까지 옴니암니 따지는 데 아주 질렸다.

옴ː-두꺼비[명] '두꺼비'를 달리 이르는 말. 〔살가죽이 옴딱지 붙은 것처럼 보이는 데서 유래함.〕

옴둗거비[명] 〈옛〉 옴두꺼비. ¶ 옴둗거비:癩蝦蟆(四解下31).

옴ː-딱지[–찌][명] 옴이 올라 헐었던 자리에 말라붙은 딱지.

옴ː-벌레[명] ☞개선충(疥癬蟲).

옴부즈맨^제ː도(ombudsman制度)[명] 국회를 통해 임명된 조사관이 국민의 권리 보호를 위한 각종 행정 제도가 합법적으로 수행되고 있는가를 조사·감시하는 행정 통제 제도.

옴ː살[명] 한 몸같이 친한 사이.

옴실-거리다[자] 자꾸 옴실옴실하다. 옴실대다. ¶ 마당의 큰 돌을 들어냈더니 개미 떼가 옴실거리고 있었다. [큰]움실거리다.
옴실-대다[자] 옴실거리다.
옴실-옴실[부][하자] 작은 벌레 따위가 한데 모여 오글거리는 모양. [큰]움실움실.
옴ː-쌀[명] 인절미에 덜 뭉개진 채 섞여 있는 밥알. [준]옴3.
옴쏙[부][하형] 가운데가 오목하게 쏙 들어간 모양. ¶ 옴쏙한 양볼. [큰]움쑥. **옴쏙-옴쏙**[부][하형].
옴씰[부][하자.타] 놀라서 얼른 물러서거나 기운이 파질리어 몸을 옴츠리는 모양. [큰]움씰. **옴씰-옴씰**[부][하자.타].
옴ː자-떡(唵字-)[-짜-][명] 부처 앞에 공양하는 흰떡의 한 가지. 범자(梵字)의 '唵' 자를 새긴 판으로 가운데를 찍은 떡. 옴자병.
옴ː자-병(唵字餠)[-짜-][명] ☞옴자떡.
옴ː-쟁이[명] '옴이 오른 사람'을 조롱하여 이르는 말.
옴ː-종(-腫)[명] 옴이 올라서 생긴 헌데.
옴죽[부][하자.타] 《주로 뒤에 오는 '못하다'·'않다'·'말다' 따위의 부정어와 함께 쓰이어》 몸의 한 부분을 조금 옴츠렸다 폈다가 하는 모양. ¶ 독감에 걸려 몸도 옴죽 못하고 누워 있다. [큰]움죽. [센]옴쭉. **옴죽-옴죽**[부][하자.타].
옴죽-거리다[-꺼-][자타] 자꾸 옴죽옴죽하다. 옴죽대다. [큰]움죽거리다.
옴죽-대다[-때-][자타] 옴죽거리다.
옴직-거리다[-꺼-][자타] 자꾸 옴직옴직하다. 옴직대다. [큰]움직거리다. [센]옴찍거리다.
옴직-대다[-때-][자타] 옴직거리다.
옴직-옴직[부][하자.타] 몸의 한 부분을 자꾸 조금씩 움직이는 모양. [큰]움직움직. [센]옴찍옴찍.
옴질-거리다1 [I][자타] ①(작은 생물이) 한데 많이 모여 자꾸 굼뜨게 움직이다. 옴질대다1. [큰]움질거리다1. [센]옴찔거리다1.
[II][자] 결단성이 없이 망설이며 꼬물거리다. 옴질대다1. [큰]움질거리다1. [센]옴찔거리다1.
옴질-거리다2[타] 질긴 물건을 자꾸 오물거리며 씹다. 옴질대다2. ¶ 온종일 옴질거리며 껌을 씹다. [큰]움질거리다2. [센]옴찔거리다2.
옴질-대다1 [I][자타] ☞옴질거리다1.
[II][자] ☞옴질거리다1.
옴질-대다2[타] ☞옴질거리다2.
옴질-옴질1[부] ①[하자.타](작은 생물이) 한데 많이 모여 굼뜨게 자꾸 움직이는 모양. ②[하자]일에 결단성이 없이 자꾸 망설이는 모양. [큰]움질움질1. [센]옴찔옴찔1.
옴질-옴질2[부][하타] 입 안의 질긴 물건을 자꾸 오물거리며 씹는 모양. ¶ 오징어 다리를 옴질옴질 씹다. [큰]움질움질2. [센]옴찔옴찔2.
옴짝-달싹[-딸-][부][하자.타] 《주로 '못하다'·'않다'·'말다' 따위의 부정어와 함께 쓰이어》 '몸을 겨우 움직이려 하는 상태'를 뜻하는 말. 꼼짝달싹. ¶ 옴짝달싹할 수가 없다. /기가 질려서 몸을 옴짝달싹 못하다. [큰]움쭉달싹.
옴쭉[부][하자.타] 〈옴죽〉의 센말. [큰]움쭉.
옴쭉-달싹[부] '옴짝달싹'의 잘못.
옴찍-거리다[-꺼-][자타] 〈옴직거리다〉의 센말. 옴찍대다. [큰]움찍거리다.
옴찍-대다[-때-][자타] 옴찍거리다.
옴찍-옴찍[부][하자.타] 〈옴직옴직〉의 센말. [큰]움찍움찍.
옴찔[부][하자.타] 갑자기 몸을 옴츠리는 모양. ¶ 재잘거리던 아이들이 내가 들어서자 옴찔하더니 입들을 꼭 다물었다. [큰]움찔. **옴찔-옴찔**[부][하자.타].
옴찔-거리다1[자타] 〈옴질거리다1〉의 센말. 옴찔대다1. [큰]움찔거리다1.
옴찔-거리다2[타] 〈옴질거리다2〉의 센말. 옴찔대다2. [큰]움찔거리다2.
옴찔-거리다3[자타] 갑자기 몸을 자꾸 옴츠리다. 옴찔대다3.
옴찔-대다1[자타] ☞옴찔거리다1.
옴찔-대다2[타] ☞옴찔거리다2.
옴찔-대다3[자타] ☞옴찔거리다3.
옴찔-옴찔1[부][하자.타] 〈옴질옴질1〉의 센말. [큰]움찔움찔1.
옴찔-옴찔2[부][하타] 〈옴질옴질2〉의 센말. [큰]움찔움찔2.
옴츠러-들다[~드니·~들어][자] 점점 옴츠러지다. ¶ 겁을 먹었는지 몸이 옴츠러들었다. [큰]움츠러들다.
옴츠러-뜨리다[타] '옴츠리다'의 힘줌말. 옴츠러지게 하다. 옴츠러트리다. [큰]움츠러뜨리다.
옴츠러-지다[자] 차차 작아지거나 줄어지다. ¶ 몸이 옴츠러지다. /기세가 차차 옴츠러지다. [큰]움츠러지다.
옴츠러-트리다[타] 옴츠러뜨리다. [큰]움츠러트리다.
옴츠리다[타] ①몸을 오그리어 작아지게 하다. ¶ 날씨가 추워지자 모두 몸을 옴츠리고 걷는다. ②내밀었던 목을 오그리어 들여보내다. ¶ 자라가 목을 옴츠리다. [준]옴치다. [큰]움츠리다.
옴치다[타] 〈옴츠리다〉의 준말. [큰]움치다.
옴켜-잡다[-따][타] 손가락을 고부리어 꼭 잡다. ¶ 멱살을 옴켜잡다. /메기를 두 손으로 옴켜잡았다. [큰]움켜잡다. [거]홈켜잡다.
옴켜-쥐다[타] ①손가락을 고부리어서 꼭 쥐다. ¶ 넘어지지 않기 위해서 천장에 매달린 손잡이를 꼭 옴켜쥐었다. ②제 손에 든 것을 야무지게 지니다. ¶ 모든 권한을 옴켜쥐다. [큰]움켜쥐다. [거]홈켜쥐다.
옴큼[의] 물건을 한 손으로 옴켜쥔 분량. ¶ 쌀 한 옴큼. [큰]움큼.
옴키다[타] 손가락을 옥이어 쥐다. [큰]움키다.
옴-파다[타] 속을 오목하게 오비어 파다. [큰]움파다. [거]홈파다.
옴파리[명] 사기로 만든, 아가리가 오목한 바리.
옴팍[부][하형] 가운데가 오목하게 쏙 들어간 모양. [큰]움퍽. **옴팍-옴팍**[부][하형].
옴팡-눈[명] 옴팍하게 들어간 눈. [큰]움펑눈.
옴팡눈-이[명] '눈이 옴팍하게 생긴 사람'을 이르는 말. [큰]움펑눈이.
옴패다[자] 〖'옴파다'의 피동〗 오목하게 패다. [큰]움패다. [거]홈패다.
옴포동이-같다[-갇따][형] ①(어린아이가) 살이 쪄서 포동포동하다. ②옷을 두툼하게 입은 맵시가 통통하다. **옴포동이같-이**[부].
옴폭[부][하형] 가운데가 오목하게 폭 들어간 모양. ¶ 도로의 옴폭 꺼진 곳에 위험 표지판을 세우다. [큰]움푹. **옴폭-옴폭**[부][하형].
-옵-[선미] 모음이나 'ㄹ'로 끝난 용언 어간 또는 높임의 '-시-'에 붙어, 공손의 뜻을 나타내는 선어말 어미. ¶ 빌고 또 비옵나이다. /사뿐히 즈려 밟고 가시옵소서. [참]-으옵-.
-옵니까[옴-][어미] '-옵-'과 '-나이까'가 합하여 줄어서 된 말. 모음이나 'ㄹ'로 끝난 어간 또는 높임의 '-시-'에 붙어, 현재의 동작이나 상태에 대해 묻는 뜻을 나타내는 합쇼체의 종결 어미. ¶ 벌써 가시옵니까? /건강은 여전하시옵니까? [참]-으옵니까.

-옵니다[옴-] 어미 '-옵-'과 '-나이다'가 합하여 줄어서 된 말. 모음이나 'ㄹ'로 끝난 어간 또는 높임의 '-시-'에 붙어, 현재의 동작이나 상태를 설명하거나 대답하는 뜻을 나타내는 합쇼체의 종결 어미. ¶ 사실이 그러하옵니다. 참-으옵니다.

-옵디까[-띠-] 어미 '-옵-'과 '-더이까'가 합하여 줄어서 된 말. 모음이나 'ㄹ'로 끝난 어간 또는 높임의 '-시-'에 붙어, 상대편이 경험한 과거의 사실에 대해 묻는 뜻을 나타내는 합쇼체의 종결 어미. ¶ 화를 푸옵디까?/어디 계시옵디까? 참-으옵디까.

-옵디다[-띠-] 어미 '-옵-'과 '-더이다'가 합하여 줄어서 된 말. 모음이나 'ㄹ'로 끝난 어간 또는 높임의 '-시-'에 붙어, 경험한 과거의 사실을 돌이켜 말하는 뜻을 나타내는 합쇼체의 종결 어미. ¶ 식사는 잘 하시옵디다. 참-으옵디다.

옵서버(observer) 명 회의 등에서 발언권은 있으나 의결권이 없는 방청자(傍聽者).

옵션(option) 명 〔'선택'·'선택권'의 뜻으로〕 ①〔상거래에서〕 일정한 금액을 치르고 계약 기한 전에 언제든지 할 수 있는 매매, 또는 그 권리. ②각종 기기 따위에서, 표준 장치나 설비 이외에 구매자가 추가로 선택할 수 있는 장치나 설비.

옵티미즘(optimism) 명 낙천주의. 낙관론. ↔페시미즘.

옷[옫] 명 몸을 가리거나 꾸미기 위하여 몸에 걸치거나 입는 물건. 복장(服裝). 의복(衣服). * 옷이[오시]·옷만[온-]

옷은 새 옷이 좋고 사람은 옛 사람이 좋다 속담 물건은 새 것이 좋지만 사람의 경우는 오래 사귀어 정이 든 사람이 좋다는 말.

옷은 시집올 때처럼 음식은 한가위처럼 속담 옷은 시집올 때처럼 아름답게 입고 싶고, 음식은 한가윗날처럼 좋은 음식을 먹고 싶다는 말.

옷이 날개라 속담 못난 사람도 옷을 잘 입으면 잘나 보인다는 말. 의복이 날개라.

옷 입고 가려운 데 긁기 속담 요긴한 데에 꼭 맞추지 못하여 시원치 않음을 뜻하는 말.

옷[1] 명 〈옛〉옻. ¶ 榛은 오시라(法華*10*).

옷[2] 조 〈옛〉곧. 만. ¶ 사롬이 되여나셔 올티옷 몯ᄒᆞ면(古時調). /부텨옷 죽사릴 여희샤 娑婆世界 밧긔 버서 나시니라(月釋*1:21*).

옷-가게[옫까-] 명 옷을 파는 가게.

옷-가슴[옫까-] 명 윗옷의 가슴 부분. 준가슴.

옷-가지[옫까-] 명 몇 가지의 옷. 몇 벌의 옷. ¶ 옷가지를 장만하다.

옷-감[옫깜] 명 옷을 짓는 데 쓰는 천. 의차(衣次).

옷-값[옫깝] 명 옷의 값. * 옷값이[옫깝씨]·옷값만[옫깜-]

옷-갓[옫깓] 명 남자의 '웃옷과 갓'을 아울러 이르는 말. 의관(衣冠). ¶ 옷갓을 갖추다. * 옷갓이[옫까시]·옷갓만[옫깐-]

옷갓-하다[옫까타-] 자여 웃옷을 입고 갓을 쓰다. 의관을 제대로 차려입다.

옷-거리[옫꺼-] 명 옷을 입은 맵시. ¶ 옷거리가 좋다. /솜옷을 입은 옷거리가 옴포동이같구나.

옷-걸이[옫꺼리] 명 옷을 걸게 만든 기구. 의가(衣架).

옷-고름[옫꼬-] 명 저고리나 두루마기의 깃을 여미어 매기 위하여 깃 끝과 그 맞은편에 단 헝겊 끈. ¶ 옷고름을 매다. 준고름[1].

옷곳ᄒᆞ다 형 〈옛〉향기롭다. ¶ 香潔은 옷곳ᄒᆞ고 조ᄒᆞᆯ씨라(月釋*7:65*).

옷-기장[옫끼-] 명 옷의 길이.

옷-깃[옫낃] 명 ①저고리나 두루마기의 목에 둘러 대어 앞으로 여미게 된 부분. 의금(衣襟). 깃[3]. ②양복저고리나 와이셔츠·블라우스 따위의 목둘레에 길게 덧붙여진 부분. ¶ 옷깃을 세우다. * 옷깃이[옫끼시]·옷깃만[옫낀-]

옷깃을 여미다 관용 경건한 마음으로 자세를 바로잡다.

옷깃-차례(-次例)[옫낃-] 명 (어떠한 일을 차례차례 해 나갈 때) 시작한 사람으로부터 오른쪽으로 돌아가는 차례.

옷깇 명 〈옛〉옷깃. ¶ 領은 옷기지라(圓覺上一之二*76*). /늜므를 스주니 옷기제 젓느 피오(杜初*8:28*).

옷ᄀᆞ외 명 〈옛〉옷. 의상(衣裳). ¶ 구루메 누어슈멘 옷ᄀᆞ외 서늘ᄒᆞ도다(杜初*9:27*).

옷-농(-籠)[온-] 명 옷을 넣어 두는 농. 의롱(衣籠).

옷-단[옫딴] 명 옷자락·소매·가랑이 등의 가장자리를 안으로 접어 붙이거나 감친 부분. 준단[2].

옷-매[온-] 명 옷의 모양새. ¶ 옷매가 수수하다.

옷-매무새[온-] 명 ☞매무새.

옷-매무시[온-] 명하자 옷을 입을 때 매고 여미고 하는 일. ¶ 옷매무시가 단정하다.

옷-맵시[온-씨] 명 ①옷의 맵시. ②옷을 차려입고 잘 매무시한 모양새. ¶ 옷맵시가 나다. /옷맵시를 내다.

옷-밥[옫빱] 명 옷과 음식. 먹을 것과 입을 것. 의식(衣食). ¶ 옷밥 걱정은 없다.

옷-벌[옫뻘] 명 몇 벌의 옷. 《주로, 동사 앞에서 '옷벌이나'의 꼴로 쓰임.》 ¶ 옷벌이나 가지고 있다.

옷-보[옫뽀] 명 '옷을 몹시 탐내는 사람'을 조롱조로 이르는 말.

옷-보(-褓)[옫뽀] 명 옷을 싸는 보.

옷-섶[옫썹] 명 두루마기나 저고리 등의 깃 아래에 달린 길쭉한 조각. ¶ 옷섶을 여미다. * 옷섶이[옫써피]·옷섶만[옫썸-]

옷-소매[옫쏘-] 명 옷의 팔을 꿰는 부분.

옷-솔[옫쏠] 명 옷의 먼지 따위를 쓸어 떨어뜨리는 데 쓰이는 솔.

옷-의(-衣)[오듸/오디] 명 한자 부수의 한 가지. '表', '裁' 등에서의 '衣'를 이름. '被'·'裕' 등에서 쓰일 때는 자형이 '衤'으로, 명칭은 '옷의변'으로 바뀜.

옷의-변(-衣邊)[오듸-/오디-] 명 한자 부수의 한 가지. '被'·'裕' 등에서 '옷의(衣)'가 '衤'로 쓰일 때의 이름.

옷-자락[옫짜-] 명 옷의 아래로 드리운 부분. 준자락.

옷-장(-欌)[옫짱] 명 옷을 넣는 장. 의장(衣欌).

옷-좀나방[옫쫌-] 명 곡식좀나방과의 곤충. 편 날개 길이 2~3 cm가량. 몸빛은 회갈색이며 날개 가운데에 3개의 흑갈색 점이 있음. 유충은 옷감이나 모피 따위의 해충임.

옷-주제[옫쭈-] 명 옷을 입은 모양새. ¶ 옷주제가 사납다. /옷주제가 초라하다.

옷-차림[옫-] 명 ①하자 옷을 갖추어 입는 일. ②옷을 입은 차림새. 복장(服裝). ¶ 단정한 옷차림.

옷-치레[옫-] 명하자 좋은 옷을 입고 몸치장하는 일.

옷-핀(-pin)[옫-] 명 무엇을 옷에 달거나, 옷을 여미거나 할 때 꽂는 핀. 주로, 안전핀을 이름.

옹(癰)명 화농균이 옮아서 생기는 나쁜 혹의 한 가지. 목이나 등·엉덩이·입술 등에 남.
옹(翁) Ⅰ의 주로 사회적으로 존경을 받는 나이가 많은 사람의 성(姓)이나 성명·호 뒤에 쓰이어, 그 사람을 높여 부르거나 이르는 말.
Ⅱ대 '남자 노인'을 높이어 이름 대신 일컫는 말. ¶ 옹은 자신의 평생에 후회는 없다고 말했다.
-옹(翁)접미 서화가나 문필가들의 사회에서, 나이를 뜻하는 말이나 호(號) 뒤에 쓰이어, 늙은 이임을 멋스럽게 나타내는 말. ¶ 고희옹(古稀翁). /어초옹(漁樵翁).
옹고(翁姑)명 '시아버지'와 '시어머니'를 아울러 이르는 말.
옹ː-고집(壅固執)명 억지가 아주 심한 고집. ¶ 옹고집이 아주 세다.
옹ː고집-쟁이(壅固執-)[-쨍-]명 '옹고집이 있는 사람'을 낮추어 이르는 말.
옹골-지다형 실속이 있게 속이 꽉 차 있다. ¶ 옥수수가 옹골지게 여물었다. /올해는 고추 농사가 옹골지다더군.
옹골-차다형 ①보기보다 속이 꽉 차서 실속이 있다. 내용이 충실하다. ¶ 책의 겉보기는 이래도 내용은 매우 옹골차다. ②힘겨운 일도 잘 해낼 만큼 다부지다. 준옹차다.
옹ː관(甕棺)명 ☞도관(陶棺).
옹ː관-묘(甕棺墓)명 ☞독무덤.
옹구명 새끼로 망태처럼 얽어 만든 농기구의 한 가지. 소의 길마 위에 걸쳐 얹어, 양쪽 불에 거름이나 섶나무 따위를 실어서 나름.
옹구(翁嫗)명 '늙은 남자'와 '늙은 여자'를 아울러 이르는 말.
옹구-바지명 대님을 맨 윗부분의 바지통이 옹구의 불처럼 축 처진 한복 바지.
옹구-소매명 (중치막의 소매처럼) 옹구 모양으로 생긴 폭이 넓은 소매.
옹그리다타 (춥거나 겁이 나서) 몸을 옴츠리다. ¶ 추워서 옹그리고 앉아 있다. 큰웅그리다. 거옹크리다.
옹근관 ①본디 그대로의. ¶ 옹근 사과. ②조금도 축나거나 모자라지 아니한. ¶ 이 일을 하는 데 옹근 나흘이 걸렸다.
옹글다[옹그니·옹글어]형 물건이 깨져 조각나거나 축나지 않고 본디대로 있다.
옹긋-옹긋[-그동귿]부하형 크기가 비슷한 것이 군데군데 쏙쏙 볼가져 있는 모양. 큰웅긋웅긋.
옹긋-쫑긋[-귿-귿]부하형 크고 작은 것이 군데군데 쏙쏙 솟아 있거나 볼가져 있는 모양. 큰웅긋쭝긋.
옹ː기(甕器)명 옹기그릇. 참질그릇.
옹ː기^가마(甕器-)명 옹기를 굽는 가마.
옹ː기-그릇(甕器-)[-륻]명 '질그릇'과 '오지그릇'을 통틀어 이르는 말. *옹ː기그릇이[-르시]·옹ː기그릇만[-른-]
옹기-옹기부하형 크기가 작은 사람이나 물건들이 많이 모여 있는 모양. ¶ 아이들이 옹기옹기 앉아 있다. 큰웅기웅기.
옹ː기-장이(甕器-)명 옹기를 전문으로 만드는 사람. 도공(陶工).
옹ː기-전(甕器廛)명 옹기를 파는 가게.
옹ː기-점(甕器店)명 옹기를 팔거나 만드는 곳.
옹기-종기부하형 크기가 다른 것들이 고르지 않게 많이 모여 있는 모양. ¶ 옹기종기 모여서 사는 마을. 큰웅기중기.
옹달-샘명 작고 오목한 샘.
옹달-솥[-솓]명 작고 오목한 솥. 준옹솥. *옹달솥이[-소치]·옹달솥을[-소틀]·옹달솥만[-손-]
옹달-시루명 작고 오목한 시루. 준옹시루.
옹달-우물명 작고 오목한 우물.
옹당이명 늪보다는 작게 옴폭 패어 물이 괸 곳. 큰웅덩이.
옹당이-지다자 비나 큰물에 땅이 옴폭 패어 옹당이처럼 물이 괴다. 큰웅덩이지다.
옹동고라-지다자 바짝 오그라지다.
옹ː-동이(甕-)명 오지그릇으로 된 작은 동이.
옹ː두(甕頭)명 처음 익은 술. 참옹두춘.
옹ː두라지명 작은 옹두리.
옹ː두리명 나무의 가지가 떨어진 자리 같은 데에 결이 맺혀 혹처럼 불퉁해진 것. 목류(木瘤).
옹ː두리-뼈명 짐승의 정강이에 불통하게 나온 뼈.
옹ː두-춘(甕頭春)명 '옹두(甕頭)'를 멋스럽게 이르는 말.
옹ː립(擁立)[-닙]명하타 (임금의 자리 따위에) 모시어 세움. ¶ 세자(世子) 옹립.
옹망-추니명 ①작은 물건이 고부라지고 오그라진 모양. ②☞옹춘마니.
옹-방구리명 아주 작은 방구리.
옹배기명 〈옹자배기〉의 준말.
옹ː벽(擁壁)명 흙이 토압(土壓)에 무너지지 않게 만든 벽.
옹ː산(甕算)명 ☞독장수셈.
옹ː산-화병(甕算畫餠)명 〔독장수의 셈과 그림의 떡이라는 뜻으로〕 ①'헛배만 부르고 실속이 없음'을 이르는 말. ②'허황되고 현실성이 없음'을 이르는 말.
옹색(壅塞) '옹색하다'의 어근.
옹ː색-하다(壅塞-)[-새카-]형여 ①생활이 군색하다. ¶ 옹색한 살림. ②아주 비좁다. ¶ 방이 옹색하다. ③생각이 막혀서 옹졸하고 답답하다. ¶ 옹색한 사람.
옹ː-생원(-生員)명 '성질이 옹졸한 사람'을 농으로 이르는 말.
옹서(翁壻)명 장인과 사위를 아울러 이르는 말.
옹ː성(甕城)명 ①큰 성문을 지키기 위하여 성문 밖에 쌓은 작은 성. ②〈철옹산성〉의 준말.
옹송-그리다타 (춥거나 두렵거나 하여) 궁상맞게 몸을 옹그리다. 큰웅숭그리다. 거옹송크리다.
옹송망송-하다형여 옹송옹송하다.
옹송옹송-하다형여 정신이 흐릿하여 무슨 생각이 나다 말다 하다. 옹송망송하다.
옹송-크리다타 (춥거나 두렵거나 하여) 궁상맞게 몸을 옹크리다. 큰웅숭크리다. 여옹송그리다.
옹-솥[-솓]명 〈옹달솥〉의 준말. *옹솥이[-소치]·옹솥을[-소틀]·옹솥만[-손-]
옹ː-솥(甕-)[-솓]명 옹기로 만든 솥. *옹ː솥이[-소치]·옹ː솥을[-소틀]·옹ː솥만[-손-]
옹스트롬(angstrom)의 길이의 단위. 1옹스트롬은 1cm의 1억분의 1. 빛의 파장이나 원자 간의 거리 등을 측정하는 데 쓰임. 〔기호는 A 또는 Å〕
옹-시루명 〈옹달시루〉의 준말.
옹알-거리다자타 자꾸 옹알옹알하다. 옹알대다. 큰웅얼거리다.
옹알-대다자타 옹알거리다.
옹알-옹알부 ①하자타입속말로 똑똑하지 않게 중얼거리는 모양. 큰웅얼웅얼. ②하자아직 말을 못하는 어린아이가 입속말처럼 소리를 내는 모양.
옹알-이명하자 생후 백일쯤 되는 아기가 사람을 알아보고 옹알거리는 짓.
옹용(雍容) '옹용하다'의 어근.

옹용-하다(雍容-)형여 화락하고 조용하다. 옹용-히부
옹울(壅鬱) '옹울하다'의 어근.
옹ː울-하다(壅鬱-)형여 통하지 않아 답답하다.
옹ː위(擁衛)명하타 부축하여 좌우로 호위함.
옹이명 나무에 박힌 가지의 그루터기.
옹이에 마디속담 ①곤란이 겹쳐 생긴다는 뜻. ②일이 공교롭게도 자꾸 꼬이게 됨을 이름.
옹-자배기명 아주 작은 자배기. 준옹배기.
옹잘-거리다자타 자꾸 옹잘옹잘하다. 옹잘대다. 큰웅절거리다.
옹잘-대다자타 옹잘거리다.
옹잘-옹잘부하자타 (불만이나 탄식·원망 따위를) 입속말로 혼자 옹알거리는 모양. 큰웅절웅절.
옹ː저(癰疽)명 한방에서, '큰 종기'를 통틀어 이르는 말.
옹ː절(癰癤)명 한방에서, 급성으로 곪아서 한가운데에 마개 같은 근이 박히는 큰 종기를 이르는 말.
옹ː정(甕井)명 ☞독우물.
옹졸(壅拙) '옹졸하다'의 어근.
옹ː졸-하다(壅拙-)형여 성질이 너그럽지 못하고 소견이 좁다. ¶ 옹졸한 생각. /그는 사람이 너무 옹졸하다. 준옹하다.
옹종망종-하다형여 몹시 오종종하다.
옹종-하다형여 마음이 옹졸하고 모양이나 태도가 오종종하다. ¶ 옹종한 영감님이 그런 사업에 투자할 리가 없다. 준옹하다.
옹주(翁主)명 ①조선 시대에, 임금의 후궁(後宮)에게서 태어난 왕녀. ②조선 중엽 이전에, 왕의 서녀(庶女) 및 세자빈(世子嬪) 이외의 임금의 며느리를 일컫던 말. 참현주(縣主).
옹ː-차다형 〈옹골차다〉의 준말.
옹ː체(壅滯)명하자 막혀서 걸림.
옹추명 자기가 늘 미워하고 싫어하는 사람. 〔중국 한나라의 고조가 미워하던 사람의 이름이 옹치(雍齒)였던 데에서 유래함.〕 본옹치(雍齒).
옹춘마니명 소견이 좁고 성품이 오그라진 사람. 옹망추니. ¶ 거참 이상도 하지. 그 옹춘마니가 어떻게 그 일을 선뜻 결정했는지 말이다.
옹치(雍齒)명 〈옹추〉의 본딧말.
옹크리다타 (몹시 춥거나 겁이 나서) 몸을 잔뜩 옴츠리다. 큰웅크리다. 여옹그리다.
옹ː폐(壅蔽)[-폐/-페]명하타 윗사람의 총명(聰明)을 막아서 가림.
옹ː-하다형여 ①〈옹졸하다〉의 준말. ②〈옹종하다〉의 준말.
옹ː호(擁護)명하타되자 ①부축하여 보호함. ②편들어 지킴. ¶ 인권을 옹호하다.
옻[옫]명 옻나무 껍질에서 뽑은 진이나 독기, 또는 그 독기에 따라 생기는 중독증. 살에 닿으면 부르터 오르면서 몹시 가렵고 주위가 부어오름. *옻이[오치]·옻만[온-]
옻을 타면 꿈에 대만 보아도 옮는다속담 〔옻나무 잎과 대나무 잎은 닮았으므로 꿈에 대나무만 보아도 옻을 탈 만큼 옻을 잘 탄다는 뜻으로〕 옻을 잘 타는 사람에게 하는 말.
옻(을) 올리다관용 옻이 올라 살갗이 헐다.
옻(을) 타다관용 살갗이 옻의 독기를 잘 받다.
옻-기장[옫끼-]명 기장의 한 가지. 껍질은 잿빛이고 열매는 검은데, 음력 3월에 파종함.
옻-나무[온-]명 옻나뭇과의 낙엽 교목. 중국 원산으로 높이는 7m가량. 잎은 깃 모양의 겹잎이며 6월경에 연두색의 꽃이 핌. 껍질에서 뽑은 진을 '옻'이라고 하며, 도료로 쓰거나 한방에서 약재로 씀. 칠목(漆木).
옻-닭[옫딱]명 털을 뽑은 닭을 옻나무 껍질과 함께 곤 음식. 〔여름철 보신용으로 먹음.〕 *옻닭이[옫딸기]·옻닭만[옫딱-]
옻-오르다[오도-][~오르니·~올라]자르 몸에 옻의 독기가 오르다.
옻-칠(-漆)[옫-]명 ①옻나무의 끈끈한 진. 처음에는 회색이나 물체에 바르면 암갈색의 윤이 남. ②하자타옻나무의 진을 바르는 일. ¶ 옻칠이 잘된 밥상. ②준칠(漆).
와¹명 한글 자모(字母)의 이중 모음(二重母音) 'ㅘ'의 음가 및 이름.
와²자 ①'오다'의 해체 명령형 꼴. ¶ 이리 와. ②'오다'의 부사형 '오아'의 준말. ¶ 이리 와 앉아라.
와³부하자 여럿이 한목에 움직이는 모양, 또는 여럿이 한꺼번에 웃거나 떠들거나 지르는 소리. ¶ 와 몰려오다. /와하고 떠들다.
와ː⁴감 ☞우아. **와-와**감 ¶ 야구장에서 와와 하는 함성이 계속 들려왔다.
와⁵조《모음으로 끝난 체언에 붙어》 ①둘 이상의 사물을 같은 자격으로 이어 주는 뜻을 나타내는 접속 조사. ¶ 고양이와 개. ②비교되는 대상을 나타내는 부사격 조사. ¶ 언니와 닮은 동생. ③'함께함'을 나타내는 부사격 조사. ¶ 어머니와 같이 가다. 참과.
와조 〈옛〉 와. 과. ¶ 果實와 믈와 좌시고(月釋 *1:5*). /나모와 투구(龍歌*89*章).
와가(瓦家)명 기와집.
와각(蝸角)명 ①달팽이의 촉각. ②'매우 작거나 좁은 지경'을 비유하여 이르는 말.
와각-거리다[-꺼-]자 자꾸 와각와각하다. 와각대다. 큰워걱거리다.
와각-대다[-때-]자 와각거리다.
와각-와각부하자 여러 개의 단단한 물건이 서로 뒤섞여 자꾸 부딪칠 때 나는 소리, 또는 그 모양. 큰워걱워걱.
와각지세(蝸角之勢)[-찌-]명 와각지쟁(蝸角之爭)을 하는 형세.
와각지쟁(蝸角之爭)[-찌-]명 〔달팽이의 뿔 위에서 하는 싸움이라는 뜻으로〕 사소한 일로 벌이는 다툼, 또는 작은 나라끼리 싸우는 일을 이르는 말. '장자'의 '칙양편(則陽篇)'에 나오는 말임.
와ː간-상(臥看床)명 누워서 책을 읽을 때 책을 올려놓는 받침.
와ː견(臥繭)명 뇌문(雷紋) 비슷한 무늬의 한 가지. 서랍 고리 모양을 여러 개 끝과 끝이 겹물리게 늘어놓은 것으로, 흔히 미술품의 가장자리를 꾸미는 데 쓰임.
와공(瓦工)명 ①기와를 굽는 사람. ②기와장이.
와ː-공후(臥箜篌)명 공후의 한 가지. 나무로 배처럼 만들어 공명(共鳴)하게 하고, 소나 양의 심줄로 줄을 매었음.
와관(瓦棺)명 ☞도관(陶棺).
와구(瓦溝)명 ☞기왓고랑.
와ː구(臥具)명 누울 때 쓰는 제구를 통틀어 이르는 말.
와구-토(瓦口土)명 〈아귀토〉의 본딧말.
와굴(窩窟)명 ☞소굴(巢窟).
와그르르부하자 ①쌓여 있던 여러 개의 단단한 물건이 갑자기 무너지는 소리, 또는 그 모양. ¶ 돌담이 와그르르 무너지다. ②작은 그릇의 물이 야단스럽게 끓어오르는 소리, 또는 그 모

양. ¶ 물이 와그르르 끓는다. ㉤워그르르.
와그작-거리다[-꺼-]㉧ 자꾸 와그작와그작하다. 와그작대다. ㉤워그적거리다.
와그작-대다[-때-]㉧ 와그작거리다.
와그작-와그작㉥㉦ 시끄럽게 복작거리는 모양, 또는 그 소리. ㉤워그적워그적.
와글-거리다㉧ 자꾸 와글와글하다. 와글대다. ¶ 사람들로 와글거리는 시장 골목. ㉤워글거리다.
와글-대다㉧ 와글거리다.
와글-와글㉥㉦ ①사람이나 벌레 따위가 좁은 곳에 많이 모여 복작거리는 모양, 또는 그 소리. ②작은 그릇의 물이 야단스럽게 끓는 모양, 또는 그 소리. ㉤워글워글.
와기(瓦器)㉨ ☞토기(土器).
와니스(←varnish)㉨ '바니시'의 잘못.
와닥닥[-딱]㉥㉦ 놀라서 급히 뛰어나오는 모양, 또는 그 소리. ¶ 선생님이 들어서자 학생들이 와닥닥 달아났다.
와당(瓦當)㉨ 기와의 마구리.
와당탕㉥㉦ (널빤지 같은 것 위에서) 부딪치거나 뛰어서 요란하게 울리는 소리. **와당탕-와당탕**㉥㉦.
와당탕-거리다㉧ 자꾸 와당탕와당탕하다. 와당탕대다.
와당탕-대다㉧ 와당탕거리다.
와당탕-퉁탕㉥㉦ (널빤지 같은 것 위에서) 요란스럽게 뛰거나 부딪쳐 울리는 소리.
와대(瓦大)㉨ 질그릇으로 된 큰 충항아리.
-와뎌㉮ 〈옛〉-고자. -고 싶다. ¶ 가ᄉᆞ멸와뎌 願ᄒᆞ노라(杜初8:52). ㉯-과뎌.
와도(瓦刀)㉨ 기와를 쪼개는 데 쓰는 칼. 네모 반듯한 쇳조각에 쇠로 된 자루가 달렸음.
와동(渦動)㉨㉦ ☞소용돌이.
와동-륜(渦動輪)[-뉸]㉨ ☞소용돌이테.
와동-환(渦動環)㉨ ☞소용돌이테.
와드득㉥㉦㉪ 단단한 물건을 깨물거나 마구 부러뜨릴 때 나는 소리. ¶ 얼음을 와드득 깨물다. **와드득-와드득**㉥㉦㉪.
와드득-거리다[-꺼-]㉧㉪ 자꾸 와드득와드득하다. 와드득대다.
와드득-대다[-때-]㉧㉪ 와드득거리다.
와드등-와드등㉥㉦ 그릇 따위가 서로 부딪쳐서 깨어지는 소리.
와들-와들㉥㉦㉪ (춥거나 무서워서) 몸을 아주 심하게 떠는 모양. ¶ 추워서 와들와들 떨다. ㉰왈왈.
와디(wadi)㉨ (주로 아라비아나 사하라 사막에 있는) 비가 내릴 때만 물이 흐르고 이내 말라 버리는 골짜기.
와락㉥ ①급히 대들거나 잡아당기거나 끌어안는 모양. ¶ 도사견이 와락 달려들다. /"어머니!" 하며 와락 껴안았다. ㉤워럭. ②(어떤 감정이나 생각 따위가) 갑자기 치밀거나 떠오르는 모양. ¶ 눈물이 와락 쏟아지다. /와락 겁이 나다.
와락-와락㉥㉦ 더운 기운이 매우 세차게 일어나는 모양. ㉤워럭워럭.
와려(蝸廬)㉨ 〔달팽이집의 껍데기처럼 좁고 초라한 집이라는 뜻으로〕 '자기의 집'을 겸손하게 이르는 말. 와옥(蝸屋).
와력(瓦礫)㉨ 〈와륵(瓦礫)〉의 본딧말.
-와로㉱ 〈옛〉-와 더불어. ¶ 文字와로 서르 ᄉᆞᄆᆞᆺ디 아니ᄒᆞᆯᄊᆡ(訓諺). /옷과 뵈와로 佛像ᄋᆞᆯ ᄭᅮ미ᅀᆞᄫᅡ도(釋譜13:52).
와ː료(臥料)㉨ 일을 하지 않고 받는 돈.
와ː룡(臥龍)㉨ ①도사리고 누워 있는 용. ②'초야에 묻혀 있는 큰 인물'을 비유하여 이르는 말.
와ː룡-관(臥龍冠)㉨ 말총으로 만든 관의 한 가지. 〔제갈량이 썼다고 함.〕
와ː룡-장자(臥龍壯字)㉨ 도사리고 누운 용처럼, 힘이 서려 있는 글씨. ¶ 와룡장자 입춘서(立春書)는 동남풍에 펄렁펄렁, 이내 수심 도와 낸다(烈女春香守節歌).
와ː룡-촉대(臥龍燭臺)[-때]㉨ 놋쇠나 나무로 만든, 긴 줄기에 용틀임을 새긴 촛대. 와룡촛대.
와ː룡-촛대(臥龍-臺)[-초때/-촌때]㉨ ☞와룡촉대.
와류(渦流)㉨㉦ 소용돌이치며 흐르는 물, 또는 그 흐름.
와르르㉥㉦ ①쌓여 있던 작고 단단한 물건이 갑자기 야단스럽게 무너지는 소리, 또는 그 모양. ¶ 쌓아 놓은 벽돌이 와르르 무너졌다. ②많은 사람이 한꺼번에 몰려드는 모양. ¶ 군중이 한꺼번에 와르르 몰려가다. ③물이 야단스럽게 끓어오르거나 넘치는 소리, 또는 그 모양. ④담겨 있거나 매달려 있던 물건이 한꺼번에 쏟아지는 소리, 또는 그 모양. ¶ 동전이 방바닥에 와르르 쏟아졌다. ㉤워르르.
와르릉㉥㉦ ①천둥소리 따위가 요란스럽게 울리는 소리, 또는 그 모양. ②무엇이 무너지거나 흔들리면서 매우 요란스럽게 울리어 나는 소리, 또는 그 모양. ㉤우르릉.
와르릉-거리다㉧ 자꾸 와르릉와르릉하다. 와르릉대다. ㉤우르릉거리다.
와르릉-대다㉧ 와르릉거리다.
와륵(←瓦礫)㉨ 〔깨진 기와 조각, 또는 기와와 자갈이라는 뜻으로〕 '하찮은 것'을 비유하여 이르는 말. ㉲와력(瓦礫).
와롤㉱ 〈옛〉과를. ¶ 起와 滅와롤 니저(圓覺序57). /죵과 몰와롤 현맨돌 알리오(月印52章).
와문(渦紋)㉨ 소용돌이무늬.
와ː방(臥房)㉨ ☞침실.
와ː변(臥邊)㉨ ☞누운변.
와ː병(臥病)㉨㉦ 병으로 자리에 누움. 병을 앓음. 병와.
와부(瓦釜)㉨ ☞와요(瓦窯).
와사-등(瓦斯燈)㉨ ☞가스등.
와삭㉥㉦㉪ 가랑잎이나 바싹 마른 빨래 따위가 스치거나 바스러질 때 나는 소리. ㉤워석. ㉳와싹¹. **와삭-와삭**㉥㉦㉪.
와삭-거리다[-꺼-]㉧㉪ 자꾸 와삭와삭하다. 와삭대다. ㉤워석거리다.
와삭-대다[-때-]㉧㉪ 와삭거리다.
와ː상(臥牀)㉨ ☞침상(寢牀).
와상(渦狀)㉨ ☞와형(渦形).
와ː상^마비(臥牀痲痹)㉨ 오랫동안 병석에 누워 있어서 환자의 발끝이 마비되는 일.
와상^성운(渦狀星雲)㉨ 소용돌이 모양의 성운. 수백만 광년이 되는 은하계 밖에 있음.
와서(瓦署)㉨ 조선 시대에, 관에서 쓰는 기와와 벽돌을 만들어 바치던 관아.
와석(瓦石)㉨ 기와와 돌.
와ː석(臥席)㉨㉦ 병석에 누움.
와ː석-종신(臥席終身)[-쫑-]㉨㉦ 〔자리에 누워 신명을 마친다는 뜻으로〕 제 명(命)을 다 살고 편안히 죽음.
와설(訛說)㉨ ☞와언(訛言).
와셀린(←vaseline)㉨ '바셀린'의 잘못.
와셔(washer)㉨ 볼트를 죌 때, 너트 밑에 끼우는 둥글고 얇은 금속판. 자릿쇠. 좌철(座鐵).

와스스[부] ①가랑잎 따위가 요란스럽게 흔들리거나 떨어지는 소리. ¶ 낙엽이 와스스 떨어지다. ②가벼운 물건이 요란스럽게 무너져 내리는 소리. ③물건의 사개가 한꺼번에 물러나는 모양. **와스스-와스스**[부][하자].

와ː식(臥食)[명][하자] 일하지 않고 거저먹음. 좌식(坐食).

와ː신-상담(臥薪嘗膽)[명][하자] '원수를 갚거나 어떤 목적을 이루기 위하여 괴로움을 참고 견딤'을 비유하여 이르는 말. 〔'사기'의 '월세가(越世家)'와 '십팔사략' 등에 나오는 말로, 일부러 섶나무 위에서 자고, 쓰디쓴 곰 쓸개를 핥으며 패전의 굴욕을 되새겼다는, 중국 춘추 시대의 오왕(吳王) 부차(夫差)와 월왕(越王) 구천(句踐)의 고사에서 유래함.〕 [준]상담.

와실(蝸室)[명] 〔달팽이의 껍데기 같은 좁은 방이라는 뜻으로〕 '자기 방'을 겸손하게 이르는 말.

와싹1[부][하자.타] 〈와삭〉의 센말. [큰]워썩.

와싹2[부] 단번에 거침없이 나아가거나, 또는 갑자기 늘거나 줄어드는 모양. [큰]우썩. **와싹-와싹**[부][하자].

와어(訛語)[명] 사투리.

와언(訛言)[명] ①잘못 전하여진 말. 와설(訛說). ¶ "아니, 그건 와언일세. 사실은 그런 말이 아니고 …." ②사투리.

와옥(瓦屋)[명] 기와집.

와옥(蝸屋)[명] ☞와려(蝸廬).

와요(瓦窯)[명] 기와를 구워 내는 굴. 기왓가마. 와부(瓦釜).

와우(蝸牛)[명] ☞달팽이.

와우-각(蝸牛殼)[명] ☞달팽이관(管).

와우각-상(蝸牛角上)[-쌍][명] 〔달팽이의 뿔 위라는 뜻으로〕 '세상이 좁음'을 비유하여 이르는 말.

와ː유-강산(臥遊江山)[명] 〔누워서 강산을 노닌다는 뜻으로〕 산수화(山水畫)를 보며 즐김을 이르는 말.

와음(訛音)[명] 잘못 전하여진 글자의 음(音).

와의(瓦衣)[-의/-이][명] 기왓장 위에 끼는 이끼.

와이더블유시ː에이(YWCA)[명] 기독교 여자 청년회. [Young Women's Christian Association]

와이드^스크린(wide screen)[명] 비스타비전·시네라마·시네마스코프 등의 '대형 스크린'을 통틀어 이르는 말.

와이드^텔레비전(wide television)[명] 화면의 가로와 세로의 비율이 4대 3을 넘어 5대 3이나 6대 3 정도 되는 대형 텔레비전.

와이드^프로(←wide program)[명] 라디오나 텔레비전의, 장시간 집중적으로 방영하는 대형 프로그램.

와이-샤쓰(←white+shirts)[명] ☞와이셔츠.

와이-셔ː츠(←white+shirts)[명] 칼라와 소매가 달린 남자용 셔츠. 와이샤쓰.

와이어(wire)[명] ①철사. ②전선(電線).

와이어^게이지(wire gauge)[명] 철사의 굵기를 재는 기구.

와이어-로ː프(wire rope)[명] 쇠줄. 강삭(鋼索).

와이엠시ː에이(YMCA)[명] 기독교 청년회. [Young Men's Christian Association]

와이^염ː색체(Y染色體)[명] 성염색체(性染色體)의 한 가지. 암컷에는 없고 수컷의 몸 세포에 외짝으로 들어 있는 염색체 이외의 또 하나의 특수한 염색체. ↔엑스 염색체.

와이^좌ː표(Y座標)[명] ☞세로 좌표.

와이-축(Y軸)[명] 좌표축의 한 가지. 세로축. ↔엑스축(X軸).

와이퍼(wiper)[명] 자동차의 앞 유리에 들이치는 빗방울 따위를 자동적으로 좌우로 움직여서 닦아 내는 장치.

와이프아웃(wipe-out)[명] (영화나 텔레비전 등에서 장면을 바꿀 때) 한쪽으로부터 화면이 지워지듯이 없어지면서 다음 장면이 나타나는 장면 접속법.

와인(wine)[명] ①술. 양주(洋酒). ②포도주.

와인글라스(wineglass)[명] ①양주용의 술잔. ②포도주, 특히 셰리주용의 유리잔.

와인드업(windup)[명] 야구에서, 투수가 투구하는 예비 동작으로 팔을 들어 올리는 일.

와일드-카ː드(wild card)[명] ①컴퓨터의 운영 체제 명령어에서, 파일의 이름을 지정할 때, 여러 파일을 동시에 지정할 목적으로 사용하는 특수 기호. 〔'?'는 임의의 한 문자를, '*'는 임의의 수의 문자들을 나타내는 따위.〕 ②별도로 출전 자격이 주어지는 선수나 팀, 또는 그 규정.

와일드-하다(wild-)[형][여] 사납고 난폭하다. 거칠다.

와작-와작1[부][하타] 일을 무리하게 급히 해 나가는 모양. [큰]우적우적1. [센]와짝와짝1.

와작-와작2[부][하자.타] (좀 단단한 음식을) 시원스레 씹는 모양, 또는 그렇게 씹는 소리. [큰]우적우적2. [센]와짝와짝2.

와ː잠(臥蠶)[명] 잠자는 누에.

와ː잠-미(臥蠶眉)[명] 잠자는 누에처럼 길게 굽은 눈썹.

와장(瓦匠)[명] 〈개와장(蓋瓦匠)〉의 준말.

와장창[부][하자] 갑자기 한꺼번에 무너지거나 부서지는 소리, 또는 그 모양. ¶ 현관 유리창이 와장창 깨져 버렸다.

와전(瓦全)[명][하자][되자] 아무 보람도 없이 헛된 삶을 이어 감. ↔옥쇄(玉碎).

와전(訛傳)[명][하타][되자] 그릇 전함. ¶ 말이 와전되어 친구끼리 서로 오해가 생겼다.

와-전류(渦電流)[-절-][명] ☞맴돌이 전류.

와중(渦中)[명] 〔물이 소용돌이치는 가운데라는 뜻으로〕 복잡한 일이 벌어진 가운데. 《주로, '와중에'의 꼴로 쓰임.》 ¶ 이사하는 와중에 시계를 잃어버린 듯하다.

와즙(瓦葺)[명][하타] 기와로 지붕을 임.

와지(窪地)[명] 오목하게 패어 웅덩이가 된 땅.

와지끈[부][하자.타] 단단한 물건이 부러지거나 부서지는 소리, 또는 그 모양. ¶ 나뭇가지가 와지끈 부러지다. **와지끈-와지끈**[부][하자.타].

와지끈-거리다[자][타] 자꾸 와지끈와지끈하다. 와지끈대다.

와지끈-대다[자][타] 와지끈거리다.

와지끈-뚝딱[부][하자.타] 단단한 물건이 부서지거나 세차게 부딪치는 소리, 또는 그 모양.

와짝[부] 갑자기 늘거나 줄어드는 모양. ¶ 날씨가 추워지자 손님이 와짝 늘었다. [큰]우쩍. **와짝-와짝**[부][하자].

와짝-와짝1[부][하타] 〈와작와작1〉의 센말. [큰]우쩍우쩍1.

와짝-와짝2[부][하자.타] 〈와작와작2〉의 센말. [큰]우쩍우쩍2.

와ː창(臥瘡)[명] 한방에서, 병석에 오래 누워 있어서 엉덩이 같은 데에 생긴 부스럼을 이르는 말.

와창(蝸瘡)[명] 한방에서, 손가락이나 발가락 사이에 뾰루지가 나서 몹시 가렵고 아픈 병.

와탈(訛脫)명하자 글이나 글자의 와전(訛傳)과 탈락(脫落).
와ː탑(臥榻)명 ☞침상(寢牀).
와트(watt)의 전기 공학에서, 공률(일률)의 단위. 1볼트의 전압으로 1암페어의 전류를 통할 때의 전력의 크기에 해당함. 〔기호는 W〕
와트-계(watt計)[-계/-게]명 ☞전력계(電力計).
와트-시(watt時)의 전기 에너지의 실용 단위. 1와트의 전력을 한 시간 동안 썼을 때의 전력의 소비량. 〔기호는 Wh〕
와하하부 거리낌 없이 떠들썩하게 웃는 소리, 또는 그 모양.
와해(瓦解)명하자타되자 조직이나 기능 따위가 무너져 흩어짐. ¶ 보수 연합 세력이 와해되다.
와형(渦形)명 소용돌이 모양으로 빙빙 도는 형상. 와상(渦狀).
와ː환(臥還)명 지난날, 봄에 관아에서 백성들에게 대여하였던 환자(還子) 곡식을 가을에 거두어들이지 않고 해마다 모곡(耗穀)만 받아들이던 일.
왁다그르르[-따-]부하자 여러 개의 작고 단단한 물건이 요란스레 맞부딪치며 굴러 가는 소리, 또는 그 모양. 큰웍더그르르.
왁다글-닥다글[-따-따-]부하자 여러 개의 작고 단단한 물건이 다른 물건에 야단스레 부딪치면서 굴러 가는 소리, 또는 그 모양. 큰웍더글덕더글.
왁다글-왁다글[-따-따-]부하자 잇달아 자꾸 왁다그르르하는 소리, 또는 그 모양. 큰웍더글웍더글.
왁달-박달[-딸-딸]부하형 행동이 단정하지 못하고 조심성 없이 수선스러운 모양.
왁ː댓-값[-때깝/-땐깝]명 자기 아내를 딴 남자에게 빼앗기고 받는 돈. *왁ː댓값이[-때깝씨/-땐깝씨]·왁ː댓값만[-때깜-/-땐깜-]
왁살-스럽다[-쌀-따][~스러우니·~스러워]형ㅂ 〈우악살스럽다〉의 준말. ¶ 왁살스러운 생선 가게 아주머니. **왁살스레**부.
왁스(wax)명 ①가구나 자동차 따위에 광택을 내는 데 쓰이는 납(蠟). ②스키의 활주면에 바르는 납의 한 가지. ③레코드 취입에 쓰이는 납판(蠟板).
왁시글-거리다[-씨-]자 자꾸 왁시글왁시글하다. 왁시글대다.
왁시글-대다[-씨-]자 왁시글거리다.
왁시글-덕시글[-씨-씨-]부하자 많은 사람이나 짐승이 들끓어 서로 부딪고 붐비게 움직이는 모양.
왁시글-왁시글[-씨-씨-]부하자 많은 사람이나 짐승이 들끓어 붐비게 움직이는 모양.
왁실-거리다[-씰-]자 자꾸 왁실왁실하다. 왁실대다. ¶ 새벽부터 왁실거리는 동대문 시장.
왁실-대다[-씰-]자 왁실거리다.
왁실-덕실[-씰-씰]부하자 많은 사람이나 짐승이 들끓어 어지럽게 움직이는 모양.
왁실-왁실[-씰-씰]부하자 많은 사람이나 짐승이 붐비며 어지럽게 움직이는 모양.
왁자그르르[-짜-]부하자 ①여럿이 한데 모여 시끄럽게 떠드는 소리, 또는 그 모양. ¶ 시장 골목에 사람이 몰려 왁자그르르하다. ②소문이 갑자기 퍼져 시끄러운 모양. 큰웍저그르르.
왁자지껄[-짜-]부하자 여럿이 한데 모여 정신이 없도록 소리 높여 지껄이는 소리, 또는 그 모양.
왁자지껄-하다[-짜-]형여 매우 떠들썩하고 어수선하다.
왁자-하다[-짜-]형여 여럿이 한데 모여 떠들어서, 정신이 없도록 떠들썩하다.
왁작[-짝]부 여럿이 한꺼번에 급히 밀려드는 모양.
왁ː저지[-쩌-]명 무를 굵게 썰고, 고기나 다시마 따위를 넣고 양념을 하여 지진 반찬.
완각명 맞배지붕이나 팔작지붕의 측면.
완강(頑強) '완강하다'의 어근.
완강-하다(頑強-)형여 성질이나 태도가 검질기고 굳세다. ¶ 부탁을 완강하게 거절하다. **완강-히**부 ¶ 원고 청탁을 완강히 거절하다.
완거(頑拒)명하타 완강하게 거절함.
완결(刓缺)명하자되자 나무나 돌·쇠붙이 따위에 새긴 글자가 닳아서 없어짐.
완결(完決)명하자타되자 ☞완결(完結).
완결(完結)명하타되자 완전하게 끝맺음. 완결(完決).
완고(完固) '완고(完固)하다'의 어근.
완고(頑固) '완고(頑固)하다'의 어근.
완고-하다(完固-)형여 빈틈없이 완전하고 튼튼하다. **완고-히**부.
완고-하다(頑固-)형여 성질이 완강하고 고루하다. ¶ 완고하신 어른. **완고-히**부.
완곡(婉曲) '완곡하다'의 어근.
완ː곡-하다(婉曲-)[-고카-]형여 ①(말이나 행동을) 드러내지 않고 빙 돌려서 나타내다. ¶ 완곡한 표현. ②말씨가 부드럽고 차근차근하다. ¶ 완곡한 말씨. **완곡-히**부 ¶ 완곡히 거절하다.
완골(完骨)명 귀 뒤에 조금 도도록하게 솟아오른 뼈.
완ː골(腕骨)명 ☞손목뼈.
완공명 건축에서, 머름의 한가운데나 장지문·궁창·분합 따위에 새김질하는 일.
완공(完工)명하타되자 공사를 마침. 준공(竣工). ¶ 사옥이 완공되다. ↔착공(着工).
완ː구(玩具)명 장난감.
완ː구(緩球)명 야구에서, 투수가 느리게 던지는 공. ↔속구.
완국(完局)명 완전하여 결점이 없는 판국.
완ː급(緩急)명 ①느림과 빠름. ¶ 속도의 완급을 조절하다. ②일의 급함과 급하지 않음. ¶ 업무의 완급을 가려서 처리해야 한다.
완ː급-열차(緩急列車)[-금녈-]명 완급차를 연결한 열차.
완ː급-차(緩急車)명 열차 사고에 대비하여 수동 제동기나 관통(貫通) 제동기를 장치한 객차. 보통, 열차의 끝에 연결함.
완ː기(緩期)명하타되자 기약한 날짜를 늦춤.
완납(完納)명하타되자 모두 납부함. 개납(皆納). ¶ 세금을 완납하다.
완ː독(玩讀)명하타 글의 뜻을 깊이 음미하며 읽음.
완두(豌豆)명 콩과의 이년생 만초. 잎은 깃 모양의 겹잎이며 덩굴손으로 다른 물건에 감김. 봄에 흰빛 또는 보랏빛 꽃이 피고 열매는 꼬투리로 맺음. 꼬투리에는 2~10개의 푸른 콩이 들어 있음.
완둔(頑鈍) '완둔하다'의 어근.
완둔-하다(頑鈍-)형여 완고하고 우둔하다.
-완뎌어미 〈옛〉-건대. -기에. ¶ 엇던 行올 지스며 엇던 願을 세완뎌 不思議옛 이롤 能히 일우니잇고(月釋21:15). 참-관뎌.
완ː력(腕力)[왈-]명 ①주먹심, 또는 팔의 힘. 여력(膂力). ¶ 완력이 세다. ②육체적으로 상대편을 억누르는 힘. ¶ 완력으로 해결하려 한다.

완ː롱(玩弄)[왈-]명하타되자 장난감이나 놀림감으로 삼음.
완료(完了)[왈-]명하타되자 완전히 끝마침. 완제(完濟). ¶ 작업 완료.
완료-상(完了相)[왈-]명 시제(時制)에서의 동작상(動作相)의 한 가지. 동작의 완료를 나타냄. 〔'-아(어) 있다'·'-아(어) 있었다'·'-아(어) 있겠다' 따위로 표현됨.〕
완ː류(緩流)[왈-]명하자 느리게 흐름, 또는 그 물.
완만(婉娩) '완만(婉娩)하다'의 어근.
완만(頑慢) '완만(頑慢)하다'의 어근.
완만(緩晩) '완만(緩晩)하다'의 어근.
완만(緩慢) '완만(緩慢)하다'의 어근.
완ː만-하다(婉娩-)형여 ①(여자의 태도가) 의젓하고 부드럽다. ②수더분하다. **완만-히**부.
완만-하다(頑慢-)형여 (성질이) 모질고 거만하다. **완만-히**부.
완만-하다(緩晩-)형여 일 따위의 속도가 늦다. **완만-히**부.
완ː만-하다(緩慢-)형여 ①가파르지 않다. ¶ 완만한 언덕길. ②행동이 느릿느릿하다. ¶ 완만한 동작. **완만-히**부.
완매(頑昧) '완매하다'의 어근.
완매-채(完賣債)명 채권 거래 당사자가 일정 기간이 지난 후에 미리 약속한 가격에 되사는 조건으로 채권을 매도하는(또는 되파는 조건으로 채권을 매수하는) 매매 행위.
완매-하다(頑昧-)형여 완고하고 우매하다.
완명(頑命)명 죽지 않고 모질게 살아 있는 목숨.
완명(頑冥) '완명하다'의 어근.
완명-하다(頑冥-)형여 완고하고 사리에 어둡다. 준완하다.
완몽(頑蒙) '완몽하다'의 어근.
완몽-하다(頑蒙-)형여 완고하고 몽매하다.
완문(完文)명 조선 시대에, 관아에서 부동산이나 세금 따위의 처분에 관하여 발급하던 증명, 또는 승인 문서.
완ː물(玩物)명 장난감. 노리개.
완미(完美)명하형 완전하여 결함이 없음.
완ː미(玩味)명하타 ①시문(詩文)의 뜻을 깊이 음미함. ②음식을 잘 씹어서 맛을 즐김.
완미(頑迷) '완미하다'의 어근.
완미-하다(頑迷-)형여 완고하여 사리에 어둡다.
완벽(完璧)명하형 모자라거나 흠잡을 데 없이 완전함. ¶ 완벽한 기술. **완벽-히**부.
완보(完補)명하타되자 완전하게 보충함.
완ː보(緩步)명하타 느리게 걸음, 또는 그런 걸음. ↔질족(疾足).
완본(完本)명 ☞완질본(完帙本).
완봉(完封)명 ①하타완전히 봉함. 완전히 봉쇄함. ②하자야구에서, 투수가 상대 팀에게 득점을 주지 않고 완투(完投)하는 일.
완부(完膚)명 〔온전한 살갗이라는 뜻으로〕 '흠이 없는 곳'을 비유하여 이르는 말.
완부(頑夫)명 완고한 사내.
완불(完拂)명하타되자 (남김없이) 완전히 지불함. ¶ 공사비를 완불하다.
완비(完備)명하타되자 완전히 갖춤. ¶ 교육 시설을 완비하다.
완ː사(緩斜)명 가파르지 않은 경사.
완ː사-면(緩斜面)명 완만한 경사면.
완ː상(玩賞)명하타 (취미로) 즐겨 구경함. ¶ 춘색(春色)을 완상하다.
완ː색(玩索)명하타 ☞완역(玩繹).
완서(緩徐) '완서하다'의 어근.
완ː서-하다(緩徐-)형여 느릿느릿하고 더디다.
완선(頑癬)명 헌데가 둥글고 붉으며 몹시 가려운 피부병의 한 가지.
완성(完成)명하타되자 완전히 다 이룸. ¶ 완성된 작품. /논문을 완성하다.
완성-도(完成度)명 어떤 일이나 예술 작품 따위가 질적으로 완성된 정도. ¶ 완성도가 높은 작품.
완성-품(完成品)명 완성된 물품.
완ː속-물질(緩速物質)[-송-찔]명 ☞감속재.
완ː속-체(緩速體)명 ☞감속재.
완수(完遂)명하타되자 (목적이나 책임을) 모두 이루거나 다함. ¶ 책임 완수. /임무를 완수하다.
완수(頑守)명하타 완강하게 지킴.
완숙(完熟)명 ①하자(열매 따위가) 무르익음. 완전히 익음. ②하형(사람이나 동물이) 완전히 성숙함. ¶ 완숙한 여인. ③하형(재주나 기술 따위가) 아주 능숙함. ¶ 완숙한 솜씨. ④하타되자(음식 따위를) 완전히 익힘, 또는 그렇게 익힌 것. ¶ 달걀 완숙. ④참반숙.
완숙-기(完熟期)[-끼]명 완전히 무르익는 시기. ¶ 통일 신라는 불교 문화의 완숙기였다.
완순(婉順) '완순하다'의 어근.
완ː순-하다(婉順-)형여 예쁘고 순하다.
완습(頑習)명 완고한 버릇.
완승(完勝)명하자 완전하게 이김, 또는 그 승리. ¶ 개막전에서 완승을 거두었다. ↔완패(完敗).
완악(頑惡) '완악하다'의 어근.
완악-하다(頑惡-)[와나카-]형여 성질이 검질기고 모질다. ¶ 완악한 무리. 준완하다.
완약(婉弱) '완약하다'의 어근.
완ː약-하다(婉弱-)[와냐카-]형여 성질이 유순하고 생김새가 아리잠직하다.
완양(羱羊)명 ☞야양(野羊).
완여-반석(完如盤石)명 완전하기가 반석과 같음. 비견여반석(堅如盤石).
완역(完譯)명하타되자 전체의 글을 완전히 번역함, 또는 그 번역. 참초역(抄譯).
완ː역(玩繹)명하타 글의 깊은 뜻을 생각하여 찾음. 완색(玩索).
완연(完然) '완연(完然)하다'의 어근.
완연(宛然) '완연(宛然)하다'의 어근.
완연(蜿蜒) '완연(蜿蜒)하다'의 어근.
완연-하다(完然-)형여 흠이 없이 완전하다. **완연-히**부.
완ː연-하다(宛然-)형여 ①분명하다. ¶ 봄빛이 완연하다. /병색이 완연하다. ②모양이 흡사하다. **완연-히**부.
완ː연-하다(蜿蜒-)형여 벌레 따위가 꿈틀거리듯이 길게 뻗어 있는 모양이 구불구불하다. **완연-히**부.
완영(完泳)명하타 목표 지점까지 완전히 헤엄침.
완완(婉婉) '완완(婉婉)하다'의 어근.
완완(緩緩) '완완(緩緩)하다'의 어근.
완ː완-하다(婉婉-)형여 예쁘고 맵시가 있다. 완전(婉轉)하다.
완ː완-하다(緩緩-)형여 동작이 느릿느릿하다. **완완-히**부 ¶ 한 사람이 비수(匕首)를 들고 완완히 방문을 열고 들어오는지라(許筠.洪吉童傳).
완우(頑愚) '완우하다'의 어근.
완우-하다(頑愚-)형여 완고하고 어리석다.
완ː월(玩月)명하자 달을 구경함.
완ː월-사(玩月砂)[-싸]명 한방에서, '토끼의 똥'을 약재로 이르는 말. 안질·폐로(肺癆)·치루 등에 쓰임.

완ː의(浣衣)[와늬/와니]명하자 옷을 빪.
완ː이(莞爾)명 빙그레 웃는 모양.
완인(完人)명 ①신분이나 명예 따위에 흠이 없는 사람. ②병이 완전히 나은 사람.
완ː자명 쇠고기를 잘게 다진 후 달걀이나 두부 따위를 섞어 둥글게 빚어서 기름에 지진 음식.
완-자(←卍字)명 ☞만자(卍字). 〔'완'은 '만(卍)'의 중국 음임.〕
완자-문(←卍字紋)명 '卍' 자 모양을 이어서 만든 무늬.
완자-창(←卍字窓)명 '卍' 자 모양의 창살이 있는 창. 만자창(卍字窓).
완ː자-탕(-湯)명 완자를 넣고 끓인 국.
완장(完葬)명하타 ☞완폄(完窆).
완ː장(阮丈)명 남을 높이어 그의 '삼촌'을 일컫는 말.
완ː장(腕章)명 팔에 두르는 표장(標章). ¶ 주번 완장.
완재(完載)명하타되자 (주로 신문이나 잡지 등에서) 작품 전체를 마지막까지 다 실음.
완ː저(緩疽)명 한방에서, 살빛이 검은 보랏빛으로 변하면서 짓무르는 병.
완적(頑敵)명 완강하게 버티는 적.
완전(完全)명하형 필요한 것이 모두 갖추어져 있음. 부족함이나 흠이 없음. ¶ 완전한 자유./부품을 완전하게 갖추다. ↔불완전. **완전-히**부 ¶ 일을 완전히 마무리하다.
완전(宛轉) '완전(宛轉)하다'의 어근.
완전(婉轉) '완전(婉轉)하다'의 어근.
완전^고용(完全雇用)명 일할 능력과 의사가 있는 모든 사람에게 일자리가 보장되어 있는 상태.
완전^기체(完全氣體)명 ☞이상 기체(理想氣體).
완전^독점(完全獨占)[-쩜]명 상품의 공급자나 수요자가 단 한 사람이어서 경쟁자가 없는 일.
완전^동ː사(完全動詞)명 〔이전 문법에서〕 문장에서 서술 능력이 완전하여 따로 보충하는 말을 필요로 하지 않는 동사를 이르던 말. 갖은움직씨. ↔불완전 동사.
완전^명사(完全名詞)명 ☞자립 명사. ↔불완전 명사.
완전-무결(完全無缺)명하형 완전하여 아무런 결점이 없음.
완전^범ː죄(完全犯罪)[-죄/-줴]명 증거를 전혀 남기지 않고 교묘히 이루어진 범죄.
완전^변ː태(完全變態)명 곤충의 성장 과정이 유충, 번데기, 성충의 3단계를 확실히 거치는 변태 형식. 〔나비·모기·벌 따위에서 볼 수 있음.〕 참불완전 변태.
완전^비ː료(完全肥料)명 질소·인산·칼륨을 알맞게 혼합한 비료.
완전-수(完全數)명 ①분수나 소수가 아닌 수. 정수(整數). ②어떤 정수 a에서, a 이외의 모든 약수의 합이 a와 같을 때 a를 이르는 말. 〔28의 모든 약수 중 28을 제외한 나머지 약수 1·2·4·7·14의 합이 28이므로 28은 완전수임.〕
완전^시합(完全試合)명 ☞퍼펙트게임.
완전-식품(完全食品)명 인체에 필요한 영양소를 모두 갖춘 식품. 〔우유 따위.〕
완전^연소(完全燃燒)[-년-]명 가연물(可燃物)이 산소의 충분한 공급으로 완전히 타는 일. ↔불완전 연소.
완전-엽(完全葉)명 ☞갖춘잎.
완전^음정(完全音程)명 두 음이 동시에 울렸을 때 완전히 어울리는 음정. 〔완전 1도·완전 4도·완전 5도·완전 8도 따위.〕
완전^자동사(完全自動詞)명 〔이전 문법에서〕 문장에서 주어 이외의 다른 성분을 필요로 하지 않는 자동사를 이르던 말. 〔'꽃이 피다.', '개가 짖다.'에서 '피다'·'짖다' 따위.〕 갖은제움직씨.
완전^제곱(完全-)명 어떤 수나 수식의 제곱이 되는 정수나 정식.
완전^주권국(完全主權國)[-꿘-]명 (일부 주권국에 대하여) 외국의 간섭이나 제한 없이 주권을 완전히 행사하는 나라.
완전^타동사(完全他動詞)명 〔이전 문법에서〕 문장에서 주어·목적어 이외의 다른 성분을 필요로 하지 않는 타동사를 이르던 말. 〔'철수가 책을 읽다.', '순이가 물을 마신다.'에서 '읽다'·'마신다' 따위.〕 갖은남움직씨.
완전^탄ː성(完全彈性)명 밖에서 가했던 힘을 없애면 변한 모양이 원상태로 완전히 되돌아가는 탄성.
완ː전-하다(宛轉-)형여 군색한 데가 없이 순탄하고 원활하다. 완전(婉轉)하다.
완ː전-하다(婉轉-)형여 ①☞완완(婉婉)하다. ②☞완전(宛轉)하다.
완전^형용사(完全形容詞)명 〔이전 문법에서〕 문장에서 서술 능력이 완전하여 주어 이외의 다른 성분을 필요로 하지 않는 형용사를 이르던 말. 갖은그림씨.
완전-화(完全花)명 ☞갖춘꽃.
완정(完定)명하타되자 완전히 정함.
완정-질(完晶質)명 광물의 성분이 유리질을 함유하지 않고 모두 결정질로 이루어져 있는 조직.
완제(完制)명 ☞완조(完調).
완제(完製)명하타 완전히 만듦, 또는 그 제품.
완제(完濟)명하타되자 ①채무를 완전히 정리함. ②☞완료(完了).
완제-품(完製品)명 일정한 조건에 맞추어 완전하게 만든 물품.
완조(完調)[-쪼]명 전라도 전주(완주) 지방을 중심으로 발달한 시조의 창법. 완제(完制). 참경조(京調).
완존(完存)명하자 온전하게 존재함.
완주(完走)명하타 목표 지점까지 완전히 달림. ¶ 마라톤의 정식 코스인 42.195 km를 완주하다.
완준(完準)명하타되자 ☞교료(校了).
완질(完帙)명 (여러 권으로 한 질을 이루는 책에서) 빠진 책이 없이 완전히 갖추어져 있는 일, 또는 그 책. 완질본. ¶ 완질의 송강가사. ↔낙질(落帙).
완질-본(完帙本)명 낙질이 없이 완전히 갖추어진 책. 완본(完本). 완질. ↔낙질본.
완ː착(緩着)명 바둑이나 장기에서, 서둘러 두어야 할 다른 점이 있는데도 엉뚱한 데 두는 수나 점.
완ː초(莞草)명 ☞왕골.
완ː충(緩衝)명하타 급박한 충격이나 충돌을 중간에서 완화시킴. ¶ 완충 작용.
완ː충-국(緩衝國)명 대립하는 강대국 사이에서 그들의 긴장이나 충돌을 완화시키는 위치에 있는 나라.
완ː충-기(緩衝器)명 ☞완충 장치.
완ː충-액(緩衝液)명 외부로부터 어느 정도의 산이나 알칼리를 가하여도 영향을 받지 않고 수소 이온 농도를 거의 일정하게 유지하게 하는 용액.

완:충^장치(緩衝裝置)명 (기계나 차량·총포 따위에 설치하여) 급격한 충격을 완화시키는 장치. 완충기(緩衝器). 참범퍼.

완:충-재(緩衝材)명 두 물체 사이에 끼워서 충격을 완화하는 재료. 〔고무·용수철 따위.〕

완:충^지대(緩衝地帶)명 국가 간의 무력 충돌을 피하기 위하여 그 중간 지역에 설치하는 중립 지대. 비무장 지대.

완치(完治)명하타되자 병을 완전히 고침. ¶ 지병이 완치되다. 비전치(全治).

완:치(緩治)명하타 병이나 죄를 느즈러지게 다스림.

완쾌(完快)명하자되자 병이 완전히 나음. 비전쾌(全快).

완투(完投)명하자 야구에서, 한 투수가 교대하지 않고 한 경기를 끝까지 던지는 일.

완파(完破)명하타되자 완전히 부서짐, 또는 완전히 쳐부숨. ¶ 큰 점수 차로 상대 팀을 완파하다. /폭발 사고로 공장 건물이 완파되었다.

완판-본(完板本)명 조선 후기에, 전주(全州)에서 간행된 고대 국문 소설의 목판본. 참경판본(京板本).

완패(完敗)명하자 여지없이 패함, 또는 그 패배. ¶ 완패를 당하다. ↔완승(完勝).

완패(頑悖) '완패하다'의 어근.

완패-하다(頑悖-)형여 성질이 모질고 도리에 어긋나다.

완폄(完窆)명하타 (가매장에 대하여) 정식으로 매장(埋葬)함. 완장(完葬). 참권폄(權窆).

완-하다(刓-)형여 도장이나 책판(冊板) 따위에 새긴 글자가 닳아서 희미하다.

완-하다(頑-)형여 ①〈완명(頑冥)하다〉의 준말. ②〈완악(頑惡)하다〉의 준말.

완:-하다(緩-)형여 느리다. 더디다.

완:하-제(緩下劑)명 변비를 다스리어, 똥이 묽게 나오도록 하는 약제.

완:한(緩限)명하타 기한을 늦춤.

완:행(緩行)명 ①하자 느리게 감. ②〈완행열차〉의 준말. ↔급행.

완:행-열차(緩行列車)[-녈-]명 역마다 정거하는 보통 속도의 열차. 보통 열차. 준완행. ↔급행열차.

완호(完戶)명 조선 시대에, '식구가 여덟 이상인 집'을 이르던 말.

완:호(玩好)명 ①하자좋아하여 가지고 놂. ②진귀한 노리갯감.

완:화(芫花)명 한방에서, 팥꽃나무의 꽃봉오리를 말린 약재를 이르는 말. 〔부증(浮症)·창증(脹症)·해수(咳嗽)·담(痰) 등에 쓰임.〕

완:화(緩和)명하타되자 (긴장되거나 엄중하거나 격심한 것 따위를) 풀어서 느슨하게 하거나 편하게 함. ¶ 긴장 완화. /규율을 완화하다. /각종 행정 규제를 완화하다.

완:화-책(緩和策)명 완화하는 계책.

왈(曰) Ⅰ자 가로되. 가라사대. 말하기를. ¶ 공자 왈. /맹자 왈.
Ⅱ부 흔히 말하는 바.

왈가닥명 '덜렁거리며 수선스럽게 구는 사람'을 속되게 이르는 말. 〔흔히, 여자에 대하여 씀.〕

왈가닥-거리다[-꺼-]자타 자꾸 왈가닥왈가닥하다. 왈가닥대다. 큰월거덕거리다. 참왈각거리다.

왈가닥-달가닥[-딸-]부하자타 왈가닥거리고 달가닥거리는 소리, 또는 그 모양. 큰월거덕덜거덕. 참왈각달각.

왈가닥-대다[-때-]자타 왈가닥거리다.

왈가닥-왈가닥부하자타 여러 개의 크고 작은 물건이 서로 부딪치면서 나는 소리, 또는 그 모양. 큰월거덕월거덕. 참왈각왈각.

왈가왈부(曰可曰否)명하타 〔옳다느니 그르다느니 말한다는 뜻으로〕 '이러쿵저러쿵 말함'을 이르는 말. ¶ 밖에서 왈가왈부할 게 아니라 들어가서 차분히 의논하세.

왈각-거리다[-꺼-]자타 자꾸 왈각왈각하다. 왈각대다. 큰월걱거리다. 참왈가닥거리다.

왈각-달각[-딸-]부하자타 여러 개의 크기가 다른 작고 단단한 물건이 서로 마구 부딪치면서 나는 소리, 또는 그 모양. 큰월걱덜걱. 참왈가닥달가닥.

왈각-대다[-때-]자타 왈각거리다.

왈각-왈각부하자타 여러 개의 작고 단단한 물건이 서로 마구 부딪치면서 나는 소리, 또는 그 모양. 큰월걱월걱. 참왈가닥왈가닥.

왈강-달강부하자타 여러 개의 단단한 물건이 어수선하게 자꾸 서로 부딪치는 소리, 또는 그 모양. 큰월겅덜겅.

왈딱부 ①먹은 것을 갑자기 다 게워 내는 모양. ②물건이 별안간 통째로 뒤집히거나 젖혀지는 모양. ③물 따위가 갑자기 끓어올라 넘치는 모양. 큰월떡. **왈딱-왈딱**부하자.

왈랑-왈랑부 '우럭우럭'의 방언.

왈시왈비(曰是曰非)[-씨-]명하타 옳으니 그르니 시비를 따짐. 시야비야.

왈왈[1]부하형 많은 물이 급히 흐르는 모양.

왈왈[2]부하자타 〈와들와들〉의 준말.

왈왈-하다형여 ①성질이 괄괄하다. ②성질이 매우 급하다.

왈자(←曰者)명 '왈짜'의 잘못.

왈짜명 ☞왈패.

왈짜-자식(-子息)명 '못된 놈'이라는 뜻으로, 남을 욕하여 이르는 말.

왈츠(waltz)명 4분의3 박자의 경쾌한 춤곡, 또는 그 춤. 원무곡(圓舞曲).

왈카닥부하자타 ①별안간 밀치거나 잡아당기는 모양. ¶ 모두 함께 왈카닥 떠밀려 쓰러졌다. ②갑작스레 마구 쏟아지는 모양. 큰월커덕. **왈카닥-왈카닥**부하자타.

왈카닥-거리다[-꺼-]자타 자꾸 왈카닥왈카닥하다. 왈카닥대다. 큰월커덕거리다.

왈카닥-대다[-때-]자타 왈카닥거리다.

왈칵부 ①하자타먹은 것을 별안간 다 게워 내는 모양. ¶ 왈칵 게우다. ②하자타별안간 통째로 뒤집히는 모양. ③하자타별안간 밀치거나 잡아당기는 모양. ¶ 왈칵 떼밀다. /방 문을 왈칵 열어젖히다. ④하자격한 감정이 갑자기 치미는 모양. ¶ 설움이 왈칵 솟구치다. 큰월컥. **왈칵-왈칵**부하자타.

왈칵-하다[-카카-]형여 성미가 몹시 급하다.

왈패(-牌)명 '언행이 단정하지 못하고 수선스러운 사람'을 속되게 이르는 말. 한자를 빌려 '曰牌'로 적기도 함. 왈짜.

왈형-왈제(曰兄曰弟)[-쩨]명하자 ☞호형호제.

왓조 〈옛〉 와의. ¶ 自와 他왓 믜욤과 닷오믄(圓覺下三之一*123*). 참괏.

왕(王)명 ①임금. 군주(君主). ②'여럿 중의 으뜸'을 나타내는 말. ¶ 동물의 왕.

왕-(王)접두 《일부 명사 앞에 붙어》 ①'아주 큼'을 나타냄. ¶ 왕개미. /왕만두. ②'매우 심함'을 나타냄. ¶ 왕가뭄. /왕고집. ③할아버지뻘 되는 사람에 대한 높임을 나타냄. ¶ 왕고모. /왕대인.

-왕(王)접미 《일부 명사 뒤에 붙어》 '그 분야에서 가장 뛰어나거나 으뜸이 됨'을 뜻함. ¶ 발명왕. /타격왕.

왕가(王家)명 왕의 집안. 왕실(王室). ¶ 왕가의 후손.

왕가(王駕)명 임금이 타는 수레. 거가(車駕).

왕:가(枉駕)명하자 ☞왕림(枉臨).

왕-개미(王-)명 개밋과의 곤충. 몸길이 7~13 mm. 몸빛은 검고 온몸에 금빛 털이 빽빽이 나 있음. 건조한 땅속에서 삶. 말개미.

왕-거미(王-)명 왕거밋과의 거미. 몸길이는 암컷이 3 cm, 수컷이 1.5 cm가량. 몸빛은 암갈색. 몸은 삼각형 또는 길둥글고, 등에 검은 줄무늬가 있음. 말거미.

왕-겨(王-)명 벼의 겉겨. 매조밋겨.

왕계(王系)[-계/-게]명 왕이나 왕실의 계통.

왕고(王考)명 ☞조고(祖考).

왕:고(往古)명 오랜 옛날. 전고(前古).

왕:고(枉顧)명하자 ☞왕림(枉臨).

왕:고-내금(往古來今)명 옛날부터 지금까지의 동안. 고왕금래(古往今來).

왕-고모(王姑母)명 ☞대고모(大姑母).

왕고-장(王考丈)명 남을 높이어 그의 '죽은 할아버지'를 일컫는 말.

왕-고집(王固執)명 고집이 몹시 심한 사람, 또는 아주 심한 고집.

왕-골명 사초과의 일년초. 논밭이나 습지에 심는데, 줄기 높이는 1~2 m. 줄기는 세모지고 끝에 잔꽃이 핌. 줄기와 껍질은 돗자리나 방석 등을 만드는 데 쓰임. 완초(莞草).

왕골-기직명 왕골 껍질로 만든 기직. 왕골자리.

왕골-논[-론]명 왕골을 심은, 물기가 많은 논.

왕골-속[-쏙]명 왕골의 껍질을 벗겨 낸 속살. 수공품의 재료로 쓰임. 준골속.

왕골-자리명 ☞왕골기직.

왕공(王公)명 왕(王)과 공(公), 또는 신분이 고귀한 사람.

왕공-대인(王公大人)명 신분이 고귀한 사람.

왕관(王冠)명 왕위를 상징하는 관.

왕국(王國)명 ①임금이 다스리는 나라. 군주국(君主國). ②'하나의 큰 세력을 이루고 있는 곳(조직)'을 비유하여 이르는 말. ¶ 자동차 왕국.

왕궁(王宮)명 임금이 기거하는 궁전.

왕권(王權)[-꿘]명 임금의 권위, 또는 권력.

왕권-신수설(王權神授說)[-꿘-]명 왕권은 신으로부터 받은 것이므로 누구도 이를 제한하지 못하는 절대 무한의 것이라는 정치 이론. 근세 초기에 절대 군주제를 옹호한 이론임. 군주신권설. 제왕 신권설.

왕-귀뚜라미(王-)명 귀뚜라밋과의 곤충. 몸길이 2~3 cm로 귀뚜라미 중에서 가장 큼. 몸빛은 갈색 또는 흑갈색.

왕기(王氣)명 ①왕이 나올 기운이나 조짐. 또는, 왕이 될 조짐. ¶ 왕기가 서리다. ②잘될 조짐.

　왕기(가) 뜨이다관용 왕이 나올 조짐이 보이다.

왕기(王器)명 사기로 만든 큰 대접.

왕기(王畿)명 왕도(王都) 부근의 땅.

왕:기(旺氣)명 ①행복스럽게 될 조짐. ②왕성한 기운. ¶ 왕기가 뻗치다.

　왕기(가) 뜨이다관용 행복스럽게 될 조짐이 보이다.

왕-꽃등에(王-)[-꼳뜽-]명 꽃등엣과의 곤충. 몸길이 1.5 cm가량. 몸빛은 갈색을 띤 흑색임. 유충은 더러운 물이나 분뇨 따위에 서식함.

왕녀(王女)명 임금의 딸. 공주. ↔왕자(王子).

왕:년(往年)명 지나간 해. 《주로, '왕년에'·'왕년의'의 꼴로 쓰임.》 옛날. 왕세(往歲). ¶ 왕년엔 나도 힘깨나 썼었지. /왕년의 축구 스타.

왕눈-이(王-)명 '눈이 큰 사람'을 놓으로 이르는 말.

왕당(王黨)명 왕권을 유지·확장하려는 당파.

왕-대(王-)명 볏과의 상록 목본. 중국 원산의 재배 식물로 높이는 10~20 m. 줄기는 대 가운데서 가장 굵고, 초여름에 뿌리줄기에서 자줏빛 순이 돋음. 죽순은 먹고, 줄기는 건축재 등으로 쓰임. 고죽(苦竹). 왕죽(王竹). 참대.

왕대(王臺)명 여왕벌이 될 알을 받아 기르기 위해 벌집 속에 특별히 크게 만든 방.

왕-대고모(王大姑母)명 증조부의 자매.

왕-대부인(王大夫人)명 남을 높이어 그의 '할머니'를 일컫는 말.

왕-대비(王大妃)명 선왕(先王)의 살아 있는 아내. 참대왕대비.

왕-대인(王大人)명 남을 높이어 그의 '할아버지'를 일컫는 말.

왕-대포(王-)명 큰 대폿잔으로 마시는 술.

왕도(王都)명 왕궁이 있는 도성. 왕성(王城).

왕도(王道)명 ①왕자(王者)로서 마땅히 행해야 할 도리. ②임금은 마땅히 인덕을 근본으로 천하를 다스려야 한다는 정치사상. ③어떤 어려운 일을 하기 위한 쉬운 방법. ¶ 영어 공부에는 왕도가 없다. ②↔패도(霸道).

왕둥-발가락(王-)[-까-]명 〔굵은 발가락이라는 뜻으로〕 '올이 굵고 매우 성긴 피륙'을 이르는 말.

왕등(王燈)명 장사(葬事) 지내러 갈 때 메고 가는 큰 등.

왕-등이(王-)명 큰 피라미의 수컷. 생식 때가 되면 몸 양편에 붉은 무늬가 나타남.

왕-딱정벌레(王-)[-쩡-]명 딱정벌렛과의 곤충. 몸길이 3 cm가량. 몸빛은 검은데 앞가슴등판과 겉날개에 여덟 개의 줄무늬가 있음.

왕랑반혼-전(王郞返魂傳)[-낭-]명 조선 시대의 고전 소설. 인과응보(因果應報)의 사상을 강조한 내용으로, 지은이와 지은 때는 알 수 없음.

왕:래(往來)[-내]명하자타 ①가고 오고 함. ¶ 사람의 왕래가 잦다. ②(편지나 소식을) 주고받음. ¶ 그와는 서신 왕래가 끊긴 지 오래되었다. ③교제함. ¶ 왕래가 없는 사이다. 통래(通來). ①②내왕.

왕:래부절(往來不絕)[-내-]명하자 끊임없이 왕래함.

왕려(王旅)[-녀]명 임금의 군대. 왕사(王師).

왕:로(往路)[-노]명 가는 길. ↔귀로(歸路).

왕릉(王陵)[-능]명 임금의 무덤.

왕:림(枉臨)[-님]명하자타 남을 높이어 그가 자기를 찾아옴을 이르는 말. 왕가(枉駕). 왕고(枉顧). 내림(來臨). 혜고(惠顧). ¶ 아무쪼록 왕림하시어 자리를 빛내 주시기 바랍니다.

왕-만두(王饅頭)명 ☞큰만두.

왕-매미(王-)명 ☞말매미.

왕-머루(王-)명 포도과의 낙엽 활엽 만목. 산지에 나는데, 잎은 3~5갈래로 얕게 갈라져 있고 톱니가 있음. 초여름에 황록색 꽃이 피고, 동그란 열매는 가을에 검게 익음. 야포도(野葡萄).

왕명(王命)명 임금의 명령. 주명(主命). 군명(君命). 준명. ¶ 왕명을 거역(拒逆)하다.

왕모(王母)명 편지 글에서, 남에게 '자기의 할머니'를 높이어 일컫는 말.

왕-모래(王-)명 굵은 모래.
왕-못(王-)[-몯]명 크고 굵은 못. *왕못이[-모시]·왕못만[-몬-]
왕-바람(王-)명 풍력 계급의 11등급에 해당하는 바람. 풍속 28.5~32.6 m. 몹시 거칠고 거센 바람으로, 넓은 지역에 걸쳐 피해가 발생되고, 해상에는 산더미 같은 파도가 일며 시계(視界)가 제한됨. 폭풍(暴風).
왕-바위(王-)명 큰 바위.
왕-바퀴(王-)명 바퀴과의 곤충. 몸길이 18~23 mm. 몸빛은 밤색이고 앞가슴보다 조금 더 튀어나온 머리는 흑색임. 촉각은 몸길이보다 긺. 앞가슴은 수컷이 둥글고 암컷은 네모짐.
왕ː반(往返)명하타 ☞왕복(往復).
왕-밤(王-)명 굵은 밤.
왕ː방(往訪)명하타 가서 찾아봄. ↔내방.
왕-방울(王-)명 큰 방울. ¶ 왕방울 같은 눈.
왕배-덕배[-빼]부 이러니저러니 하고 시비를 가리는 모양. ¶ 우리 사이에 왕배덕배 할 일인가.
왕배야-덕배야[-빼-] Ⅰ부 여기저기서 시비를 따지는 소리.
Ⅱ감 여기저기서 시달림을 받아 견디기 어려울 때 부르짖는 소리.
왕백(王白)명 ☞어백미(御白米).
왕-뱀(王-)명 ①큰 뱀. ②☞보아(boa).
왕-버들(王-)명 버드나뭇과의 낙엽 교목. 물가에 절로 나는데, 높이는 20 m가량. 잎은 길둥글며 끝이 뾰족한 모양이고, 4월경에 꽃이 핌.
왕-버마재비(王-)명 ☞왕사마귀.
왕-벌(王-)명 ①☞말벌. ②☞어리호박벌.
왕법(王法)[-뻡]명 임금의 법령.
왕ː법(枉法)[-뻡]명하자 법을 왜곡함.
왕ː복(往復)명하타 갔다가 돌아옴. 왕반(往返). ¶ 왕복 운동. /왕복 승차권. /버스로 왕복 세 시간이 걸리는 거리.
왕ː복^기관(往復機關)[-끼-]명 증기 기관과 내연 기관을 통틀어 이르는 말. 곧, 피스톤의 왕복 운동을 회전 운동으로 바꾸는 원동기.
왕ː복^운ː동(往復運動)명 (시계추의 운동과 같이) 주기적 운동으로서 어느 점까지 질점(質點)의 변이가 생겨 한때 멈췄다가 다시 본디 위치로 돌아가는 운동.
왕봉(王蜂)명 ☞여왕벌.
왕부(王父)명 편지 글에서, 남에게 '자기의 할아버지'를 높이어 일컫는 말.
왕부(王府)명 조선 시대에, '의금부(義禁府)'를 달리 이르던 말.
왕-부모(王父母)명 ☞조부모(祖父母).
왕비(王妃)명 임금의 아내. 비(妃). 왕후(王后). 높내전(內殿)·중궁전(中宮殿).
왕사(王事)명 ①임금이 나라를 다스리는 일. ②임금에 관한 일.
왕사(王師)명 ①임금의 군대. 왕려(王旅). ②임금의 스승.
왕ː사(枉死)명하자 억울한 죄로 죽음.
왕ː사(往事)명 지나간 일. ¶ 왕사는 말하지 말고 덮어 두기로 하자.
왕-사마귀(王-)명 사마귓과의 곤충. 몸길이 7~9 cm. 몸빛은 녹색 또는 갈색. 앞날개는 끝이 뾰족하고 좁음. 들의 풀밭에서 삶. 왕버마재비.
왕산(王山)명 ①큰 산. ②'모양이 불룩하거나 부피가 큰 것'을 비유하여 이르는 말. ¶ 왕산 같은 배를 하고 어디를 나다니겠소.
왕ː상(往相)명 불교에서, 자기의 공덕을 중생에게 베풀어 함께 왕생하도록 하는 일.
왕-새기(王-)명 총이 없이 돌기총을 띄엄띄엄 여덟 개 세운 짚신의 한 가지.
왕-새우(王-)명 ☞대하(大蝦).
왕ː생(往生)명 〔불교에서〕 ①하자 이승을 떠나 저승에 다시 태어남. ②〈왕생극락(往生極樂)〉의 준말.
왕ː생-극락(往生極樂)[-긍낙]명 불교에서, 죽어서 극락세계에 태어남을 이르는 말. 극락왕생. 준왕생.
왕ː생-안락(往生安樂)[-알-]명하자 왕생극락하여 안락한 삶을 누림.
왕ː생-일정(往生一定)[-쩡]명 불심(佛心)이 지극하여 왕생극락할 것이 틀림없음.
왕ː석(往昔)명 옛적. 재석(在昔).
왕성(王城)명 ①☞왕도(王都). ②왕도의 성.
왕ː성(旺盛)명하형 한창 성함. 성왕(盛旺). ¶ 혈기가 왕성하다. /주식 거래가 왕성하다. **왕성-히**부.
왕ː세(往歲)명 ☞왕년(往年).
왕-세손(王世孫)명 왕세자의 맏아들. 준세손(世孫). 높세손궁(世孫宮).
왕-세자(王世子)명 왕위를 이을 왕자. 동궁(東宮). 저군(儲君). 저사(儲嗣). 준세자(世子). 높세자궁.
왕세자-비(王世子妃)명 왕세자의 정실 부인.
왕-세제(王世弟)명 왕위를 이을, 임금의 아우. 준세제.
왕-소금(王-)명 굵은소금.
왕손(王孫)명 임금의 손자 또는 후손.
왕손-교부(王孫教傅)명 지난날, 왕손을 기르고 가르치던 벼슬의 하나.
왕수(王水)명 진한 염산과 질산을 3대 1의 비율로 혼합한 액체. 금이나 백금 따위를 녹이는 데 쓰임.
왕ː시(往時)명 지나간 때. 지난날. 왕자(往者). 구시(舊時). ¶ 나도 왕시에는 이름난 씨름 선수였다.
왕ː신명 '마음이 올곧지 않아 건드리기 어려운 사람'을 농조로 이르는 말.
왕ː신(往信)명 보내는 통신. ↔반신(返信).
왕실(王室)명 왕의 집안. 왕가(王家).
왕ː양(汪洋)명하형 ①바다가 끝없이 넓음. ②미루어 헤아리기 어려움.
왕-얽이(王-)명 ①굵은 새끼로 친 얽이. ②〈왕얽이짚신〉의 준말.
왕얽이-짚신(王-)[-집씬]명 볼품없이 마구 삼은 짚신. 준왕얽이.
왕업(王業)명 임금이 나라를 다스리는 대업, 또는 그 업적. ¶ 오백 년 왕업.
왕연(汪然) '왕연(汪然)하다'의 어근.
왕연(旺然) '왕연(旺然)하다'의 어근.
왕ː연-하다(汪然-)형여 ①물이 깊고 넓다. ¶ 왕연한 대양. ②눈물이 줄줄 흐르다. **왕연-히**부.
왕ː연-하다(旺然-)형여 ①빛이 매우 아름답다. ②사물이 매우 왕성하다. **왕연-히**부.
왕ː오천축국-전(往五天竺國傳)[-꾹쩐]명 신라 때의 중 혜초(慧超)가 10년 동안 인도의 5개국과 그 이웃 나라들을 순례하고 당나라에 돌아와서 완성한 여행기.
왕-왕부하자 여럿이 큰 소리로 떠드는 소리.
왕왕(汪汪) '왕왕하다'의 어근.
왕ː왕(往往)부 때때로. 이따금. ¶ 초보자는 왕왕 그런 실수를 하는 법이다.

왕왕-거리다[자] 자꾸 왕왕 소리를 내며 떠들다. 왕왕대다. ¶ 2학년 교실은 요즘 구구법을 외는 소리로 왕왕거린다.
왕왕-대다[자] 왕왕거리다.
왕:왕-하다(汪汪-)[형][여] ①물이 끝없이 깊고 넓다. ②도량이 넓다. ③눈에 눈물이 가득하다. 왕왕-히[부].
왕:운(旺運)[명] 왕성한 운수.
왕월(王月)[명] '음력 정월(正月)'을 달리 이르는 말.
왕위(王位)[명] 임금의 자리. ¶ 왕위에 오르다.
왕위(王威)[명] 임금의 위엄. ¶ 왕위를 떨치다.
왕유(王乳)[명] ☞로열 젤리.
왕:유(往諭)[명][하타] (임금의 명령으로) 가서 타이름.
왕윤(王胤)[명] 임금의 자손.
왕인(王人)[명] 임금의 명령을 받들고 온 관원.
왕:일(往日)[명] 지나간 날. 예전.
왕자(王子)[명] 임금의 아들. ¶ 어린 왕자. ↔왕녀(王女).
왕자(王者)[명] ①임금. ②왕도(王道)로써 천하를 다스리는 사람. ③어느 분야의 '으뜸가는 사람'을 비유하여 이르는 말. ¶ 바둑계의 왕자.
왕:자(往者)[명] 지난번, 또는 지나간 때. 왕시(往時). ¶ 왕자에도 경험한 일이다.
왕자-군(王子君)[명] 〔공신에게 주던 군호(君號)와 구별하기 위하여〕 임금의 서자에게 붙이던 봉작. [참]군(君).
왕자-두(王字頭)[명] ☞왕자머리.
왕자-머리(王字-)[명] 건축에서, 사파수(四把手)를 짤 때 기둥 밖으로 나가서 서로 엇물려 물러나지 못하게 하는 봇머리를 이름. 왕자두.
왕자-사부(王子師傅)[명] 지난날, 왕자를 가르치던 벼슬의 하나.
왕자-의(王子衣)[-의/-이][명] 대궐 안의 나장(羅將)들이 입던 옷.
왕-잔디(王-)[명] 볏과의 다년초. 바닷가 모래땅에 절로 나는데, 뿌리줄기는 가로 벋고 마디마다 뿌리가 내림. 잎은 어긋맞게 나 옆으로 퍼지며, 6월경에 꽃줄기 끝에 이삭 모양의 꽃이 핌. 잔디와 비슷하나 꽃이삭이 특히 큼.
왕-잠자리(王-)[명] 왕잠자릿과의 곤충. 배 길이 5 cm, 뒷날개 길이 5.3 cm가량. 머리는 녹황색이고, 가슴은 녹색임. 6~10월에 못가나 물가를 날아다님.
왕장(王丈)[명] ☞왕존장(王尊丈).
왕장(王葬)[명] 임금의 장례.
왕정(王廷)[명] 임금이 친히 나라를 다스리는 조정.
왕정(王政)[명] ①왕도로써 다스리는 정치. ②☞군주 정체(君主政體).
왕정(王程)[명] 나랏일로 다니는 여정(旅程).
왕정-복고(王政復古)[-꼬][명] 나라의 정치 체계가 군주 정체(君主政體)로 되돌아가는 일.
왕제(王弟)[명] 임금의 아우.
왕조(王祖)[명] 임금의 조상.
왕조(王朝)[명] ①임금이 직접 다스리는 나라. ②같은 왕가에 딸린 통치자의 계열이나 혈통. ¶ 조선(朝鮮) 왕조.
왕조^시대(王朝時代)[명] 임금이 직접 나라를 다스리는 시대.
왕족(王族)[명] 임금의 일가.
왕-존장(王尊丈)[명] ①편지 글에서, 남을 높이어 그의 할아버지를 일컫는 말. 왕장(王丈). ②자기의 할아버지와 비슷한 나이의 어른을 공경하여 일컫는 말.
왕-종다리(王-)[명] 종다릿과의 새. 종다리보다 좀 크고 등 빛깔이 거무충충함.
왕좌(王座)[명] ①임금이 앉는 자리. 또는, 임금의 지위. 어좌(御座). 옥좌(玉座). ¶ 왕좌를 넘보다. ②어느 분야의 '으뜸가는 자리'를 비유하여 이르는 말. ¶ 헤비급의 왕좌를 차지하다.
왕좌지재(王佐之材)[명] 임금을 도와서 큰일을 할 만한 인재.
왕죽(王竹)[명] ☞왕대.
왕지(王旨)[명] ☞교지(敎旨).
왕지-기와[명] 박공 솟을각 끝에나 추녀 끝에 대는, 삼각형으로 깎은 암키와.
왕-지네(王-)[명] 왕지넷과의 절지동물. 몸길이 8 cm가량. 몸빛은 암녹색인데, 육식성이고 턱에 독샘이 있음. 그늘진 돌 밑, 먼지 속이나 썩은 나무 밑에 삶. 대오공.
왕지-도리[명] 모퉁이 기둥 위에 얹는 도리.
왕:진(往診)[명][하타] 의사가 환자가 있는 곳으로 가서 진찰하는 일. ¶ 왕진을 가다. /왕진하기엔 거리가 너무 멀다. ↔택진(宅診).
왕창[부] '엄청나게 큰 규모로'의 뜻으로 쓰이는 속된 말. ¶ 왕창 떼돈을 벌다. /태풍으로 인하여 집이 왕창 부서지다.
왕:척-직심(枉尺直尋)[-찍씸][명][하자] 〔한 자를 굽혀서 한 길을 바로 편다는 뜻으로〕 작은 욕에 얽매이지 않고 큰일을 이룸을 이르는 말.
왕-천하(王天下)[명][하자] 임금이 되어 천하를 다스림, 또는 그 천하.
왕:청-되다[-뙤-/-뛔-][형] 차이가 엄청나다.
왕:청-스럽다[-따][~스러우니·~스러워][형][ㅂ] 차이가 엄청난 듯하다. 왕청스레[부].
왕초(王-)[명] 거지나 넝마주이들의 '우두머리'를 속되게 이르는 말.
왕치[명] 지붕의 너새 끝에서 추녀 끝까지 비스듬히 물매가 지게 기와를 인 부분.
왕치(王-)[명] 방아깨비의 큰 암컷. [참]딱따깨비.
왕-태자(王太子)[명] 대한 제국 때, '태자'를 일컫던 말. 왕세자.
왕태자-궁(王太子宮)[명] 대한 제국 때, 왕태자의 궁사(宮事) 및 시종(侍從)과 진강(進講) 등을 맡아보던 관아.
왕택(王澤)[명] 임금의 은택.
왕토(王土)[명] 임금의 영토.
왕통(王統)[명] ①왕위를 이을 정통(正統). ②임금의 혈통.
왕-파(王-)[명] 굵은 파.
왕-파리(王-)[명] ☞쉬파리.
왕패(王牌)[명] 임금이 궁가(宮家)나 공신에게 논밭·산판·노비 등을 주거나, 또는 공이 큰 향리에게 면역(免役)의 혜택을 줄 때에 내리던 서면(書面).
왕화(王化)[명] 임금의 덕화(德化).
왕후(王后)[명] ☞왕비(王妃).
왕후(王侯)[명] 제왕(帝王)과 제후(諸侯).
왕후장상(王侯將相)[명] 제왕과 제후와 장수와 재상을 아울러 이르는 말.
왕흥(旺興) '왕흥하다'의 어근.
왕:흥-하다(旺興-)[형][여] ☞흥왕(興旺)하다.
왜[1][명] 한글 자모(字母)의 이중 모음(二重母音)인 'ㅙ'의 음가(音價) 및 이름.
왜:[2] [I][부] '무슨 까닭으로', '어째서'의 뜻으로 물음을 나타내는 말. ¶ 왜 우느냐?
[II][감] ①의문을 나타낼 때 쓰는 말. ¶ 왜? 무슨 일이야? ②할 말이 금방 안 나올 때 하는 군소리. ¶ 그 왜 있잖아요. ③남의 부름에 반

말로 대답하는 말. ¶ "철수야." "왜."

왜조 〈옛〉 와가. 〔'와'에 '이'가 겹친 말.〕 ¶ 브룸과 비왜 섯그니(杜初22:3). 참괘.

왜(倭)명 ①〈왜국(倭國)〉·〈왜인(倭人)〉의 준말. ②《일부 명사 앞에 붙어》 '일본의 것'임을 나타냄. ¶ 왜나막신. /왜돗자리.

왜ː가리명 왜가릿과의 새. 몸길이 90~100 cm. 등은 잿빛이고 아랫면은 흰색이며 가슴 옆구리에는 잿빛 세로줄무늬가 있음. 뒤통수에 긴 청홍색 털이 났음. 물가에 살며, 개구리나 뱀·물고기 따위를 잡아먹음.

왜각-대각[-때-]부하자타 그릇 따위가 서로 부딪거나 깨지면서 요란스레 나는 소리. 센왜깍대깍.

왜-간장(倭-醬)명 (집에서 담그는 재래식 간장에 대하여) 공장 같은 데서 만든 일본식 개량 간장을 이르는 말.

왜-감(倭-)명 '밀감(蜜柑)'의 잘못.

왜건(wagon)명 ①뒷자리에 짐을 실을 수 있는 승용차. ②요리 따위를 나르는 손수레. ¶ 왜건 서비스. ③바퀴 달린 상품 진열대.

왜검(倭劍)명 ①십팔기 또는 무예 이십사반의 하나. 보졸(步卒)이 일본도(日本刀)로 하는 검술. ②☞일본도(日本刀).

왜경(倭警)명 일제 강점기에, '일본 경찰'을 낮추어 이르던 말.

왜곡(歪曲)명하타되자 사실과 다르게 해석하거나 그릇되게 함. ¶ 사실(史實)을 왜곡하다. /왜곡된 보도.

왜골명 허우대가 크고 언행이 얌전하지 못한 사람.

왜골-참외[-차뫼/-차뭬]명 골이 움푹움푹 들어간 참외의 한 가지.

왜관(倭館)명 조선 시대에, 왜인이 머물러 통상할 수 있도록 두었던 관사(館舍).

왜구(倭寇)명 지난날, '일본의 해적(海賊)'을 이르던 말.

왜구(矮軀)명 (제 나이에 비하여) 작은 몸집.

왜국(倭國)명 '일본(日本)'을 얕잡아 이르는 말.

왜군(倭軍)명 '일본 군대'를 얕잡아 이르는 말.

왜궤(倭櫃)명 지난날, 남자들이 쓰던 가구의 한 가지. 궤 모양인데 앞면에 두 짝으로 된 여닫이문이 달려 있고, 그 안에 여러 개의 서랍이 있음.

왜귤(倭橘)명 '밀감(蜜柑)'의 잘못.

왜그르르부하자 쌓여 있던 물건이 한꺼번에 무너져 흩어지는 모양.

왜긋다형 '뻣뻣하다'의 잘못.

왜깍-대깍[-때-]부하자타 〈왜각대각〉의 센말.

왜-나막신(倭-)[-씬]명 일본식 나막신.

왜-난목(倭-木)명 ☞내공목(內供木).

왜-낫(倭-)[-낟]명 날이 얇고 자루가 긴 낫. 참조선낫. ＊왜낫이[-나시]·왜낫만[-난-]

왜냐-하면부 '왜 그런가 하면'의 뜻의 접속부사.

왜녀(倭女)명 '일본 여자'를 얕잡아 이르는 말.

왜-놈(倭-)명 '일본 사람 또는 일본 남자'를 욕하여 이르는 말.

왜-된장(倭-醬)[-된-/-뒌-]명 일본식으로 만든 된장.

왜-떡(倭-)명 지난날, 밀가루나 쌀가루를 반죽하여 얇게 늘여서 구운 과자를 이르던 말.

왜뚜리명 큰 물건.

왜뚤-삐뚤부하형 볼썽사납게 이리저리 비뚤어진 모양.

왜뚤-왜뚤부하형 이리저리 몹시 비뚤어진 모양.

왜라조 〈옛〉 '와'와 '이라'가 겹친 말. ¶ 四衆은 比丘와 比丘尼와 優婆塞와 優婆夷왜라(月釋序24).

왜란(倭亂)명 ①왜인들이 일으킨 난리. ②〈임진왜란〉의 준말.

왜력(歪力)명 ☞응력(應力).

왜림(矮林)명 키가 작은 나무가 우거진 숲. ↔교림(喬林).

왜마(矮馬)명 조랑말.

왜-말(倭-)명 '일본 말'을 얕잡아 이르는 말.

왜-모시(倭-)명 당모시보다 올이 굵은 모시.

왜-몰개(矮-)명 잉엇과의 민물고기. 몸길이 6 cm가량. 붕어와 비슷하나 더 가늘고 등지느러미가 짧음. 몸빛은 등이 담갈색, 배는 은백색임. 우리나라·중국 등지에 분포함.

왜-무(倭-)명 무의 한 품종. 뿌리가 굵고 길며 살이 연함. 단무지의 재료로 쓰임.

왜-밀(倭-)명 〈왜밀기름〉의 준말.

왜-밀기름(倭-)명 지난날, '향료를 섞어서 만든 밀기름'을 이르던 말. 준왜밀.

왜-바람(倭-)명 일정한 방향이 없이 마구 부는 바람. 왜풍(倭風)1.

왜-반물(倭-)명 남빛에 검은빛이 섞이어 있는 물감.

왜배기명 '겉보기에 좋고 질도 제법 괜찮은 물건'을 속되게 이르는 말.

왜병(倭兵)명 '일본 병사'를 얕잡아 이르는 말.

왜선(倭船)명 '일본의 배'를 얕잡아 이르는 말.

왜성(矮性)명 (생물이) 보통의 것보다 작게 자라는 특성, 또는 그러한 특성을 가진 품종. ¶ 왜성 사과.

왜성(矮星)명 지름과 광도가 작은 항성(恒星). ↔거성(巨星).

왜소(矮小) '왜소하다'의 어근.

왜소-하다(矮小-)형여 키가 작고 몸피가 작다. ¶ 왜소한 체격.

왜-솜(倭-)명 지난날, '개량종의 목화를 따서 만든 솜'을 이르던 말.

왜송(倭松)명 ☞누운잣나무.

왜송(矮松)명 가지가 많고 다보록한 어린 소나무. 다복솔.

왜-솥(倭-)[-솓]명 전이 있고 밑이 깊은 솥. ＊왜솥이[-소치]·왜솥을[-소틀]·왜솥만[-손-]

왜식(倭式)명 일본식. ¶ 왜식 문화.

왜식(倭食)명 '일식(日食)'을 얕잡아 이르는 말.

왜-여모기명 조의 한 품종. 줄기가 희고 이삭과 수염이 긺.

왜오조 〈옛〉 '와(과)'와 '이오'가 겹친 말. ¶ ᄒᆞ나ᄒᆞᆫ 廣大와 第一왜오(圓覺下三之一129).

왜옥(矮屋)명 낮고 작은 집.

왜왕(倭王)명 지난날, '일본의 왕'을 얕잡아 이르던 말.

왜-이이(倭-)명하타 짧은 재목(材木)을 이어서 씀, 또는 그렇게 하는 방법.

왜인(倭人)명 '일본 사람'을 얕잡아 이르는 말.

왜인(矮人)명 난쟁이. 왜자(矮子).

왜인-관장(矮人觀場)명 ☞왜자간희.

왜자(矮子)명 난쟁이. 왜인(矮人).

왜자-간희(矮子看戲)[-히]명 〔난쟁이가 키 큰 사람들 틈에 끼어 구경한다는 뜻으로〕 '자신은 아무것도 모르면서 남이 그렇다고 하니까 덩달아 그렇다고 하는 것'을 비유하여 이르는 말. 왜인관장(矮人觀場).

왜자기다자 (여러 사람이 모여서) 왁자지껄하게 떠들다.

왜자-하다형여 소문이 퍼져서 떠들썩하다. ¶ 염문이 왜자하다.

왜장(倭將)명 지난날, '일본 장수'를 얕잡아 이르던 말.

왜장-녀(-女)명 ①'체격이 크고 부끄럼을 타지 않는 여자'를 이르는 말. ②산대놀음에서 여자의 탈을 쓰고 춤을 추는 사람, 또는 그 탈.

왜장-치다자 맞대어 바로 말하지 아니하고 괜스레 큰 소리로 떠들다.

왜적(倭敵)명 지난날, 적으로서의 '일본이나 일본인'을 얕잡아 이르던 말.

왜전(矮箭)명 짧은 화살. 짧은작.

왜정(倭政)명 일본이 우리나라를 강점하여 다스리던 정치. 일정(日政).

왜정^시대(倭政時代)명 '일제 강점기'의 구용어.

왜-주홍(倭朱紅)명 선명한 붉은 물감.

왜죽-왜죽부하자 팔을 홰홰 내저으며 빠른 걸음걸이로 걷는 모양. 큰웨죽웨죽.

왜쭉-왜쭉부하자 걸핏하면 성을 내는 모양.

왜첨(矮檐)명 짧고 낮은 처마.

왜청(倭靑)명 당청보다 검은빛을 띤 검푸른 물감.

왜청-빛(倭靑-)[-삗]명 검푸른 빛. *왜청빛이[-삐치]·왜청빛만[-삔-]

왜축(矮縮)명하자되자 (물건 따위가) 쪼그라져 줄어듦.

왜-콩(倭-)명 '땅콩'의 잘못.

왜-태(-太)명 큰 명태.

왜퉁-스럽다[-따][~스러우니·~스러워]형ㅂ 보통 때와는 달리 아주 엉뚱한 데가 있다. 왜퉁스레부.

왜틀-비틀부하자 몸을 이리저리 흔들면서 걸어가는 모양.

왜포(倭布)명 ☞광목(廣木).

왜풍(倭風)[1]명 왜바람.

왜풍(倭風)[2]명 일본의 풍속.

왜형(歪形)명 비뚤어진 모양.

왜화(矮花)명 작은 꽃.

왝부 ①왜가리의 울음소리. ②구역질이 나서 갑자기 게워 내는 소리. ②큰웩. **왝-왝**부하자.

왝왝-거리다[-꺼-]자 자꾸 왝왝 소리를 내다. 왝왝대다. 큰웩웩거리다.

왝왝-대다[-때-]자 왝왝거리다.

왠지부 '왜 그런지'가 줄어서 된 말. ¶ 그가 난데없이 찾아온다니까 왠지 심란하구나.

왯다자 〈옛〉와 있다. 왔다. ¶ 나는 녀 볼셔 믌ᄀᆞ애 왯거놀(杜重1:4).

왱부 작은 날벌레가 날아다닐 때나 전선 등에 바람이 세차게 스칠 때 나는 소리. 큰웽. **왱-왱**부하자.

왱강-댕강부하자타 얇고 작은 여러 개의 쇠붙이가 아무렇게나 부딪치며 나는 소리. 큰웽겅뎅겅.

왱그랑-거리다자타 자꾸 왱그랑왱그랑하다. 왱그랑대다. 큰웽그렁거리다.

왱그랑-대다자타 왱그랑거리다.

왱그랑-댕그랑부하자타 크기가 다른 작은 쇠붙이가 아무렇게나 부딪치며 나는 소리. 큰웽그렁뎅그렁.

왱그랑-왱그랑부하자타 풍경이나 방울 따위가 자꾸 부딪치며 나는 소리. 큰웽그렁웽그렁.

왱댕부하자 요란하게 떠드는 소리, 또는 그 모양.

왱댕그랑부하자타 모양이나 크기가 다른 여러 개의 작은 쇠붙이가 요란하게 부딪치며 나는 소리.

왱-왱부하자 소리를 높여 길게 뽑으며 글을 읽는 소리.

왱왱-거리다자 자꾸 왱왱 소리를 내다. 왱왱대다. 큰웽웽거리다.

왱왱-대다자 왱왱거리다.

외[1][외/웨]명 한글 자모(字母)의 단모음인 'ㅚ'의 음가(音價) 및 이름.

외ː[2][외/웨]명 〈오이〉의 준말.

외ː(外)[외/웨] Ⅰ명 시문(詩文)을 평가하는 등급의 맨 꼴찌.

Ⅱ의 어떤 범위나 한계를 벗어나는 것. 밖. ¶ 필기도구 외에는 지참하지 마시오. /그 외에 또 무엇이 필요한가?

외(椳)[외/웨]명 흙벽을 만들 때, 댓가지나 싸리 등으로 가로세로 얽어서 흙을 받는 벽체(壁體)로 삼는 것. ¶ 외를 엮다.

외-[외/웨]접두 ①《일부 명사 앞에 붙어》'오직 하나만임', '한쪽에 치우친'의 뜻을 나타냄. ¶ 외아들. /외길. /외나무다리. /외고집. /외골수. ②《몇몇 부사 또는 동사 앞에 붙어》'홀로'의 뜻을 더함. ¶ 외따로.

외-(外)[외/웨]접두 《일부 명사 앞에 붙어》 ① '밖'·'바깥'의 뜻을 나타냄. ¶ 외과피. /외배엽. /외안산. ②'외가(外家) 쪽 친척임'을 나타냄. ¶ 외삼촌. /외할아버지. /외할머니.

-외어미 〈옛〉 -외다. -오이다. ¶ ᄒᆞᆫ 몸으로셔ᄂᆞᆫ ᄂᆞᆫ호디 못ᄒᆞ여 민망ᄒᆞ외(新語2:13).

외ː가(外家)[외-/웨-]명 어머니의 친정. 외갓집. 높외가댁.

외-가닥[외-/웨-]명 외줄로 된 가닥. ¶ 외가닥으로 뻗은 길.

외가닥-길명 '외길'의 잘못.

외ː가-댁(外家宅)[외-땍/웨-땍]명 〈외가〉의 높임말.

외ː가-서(外家書)[외-/웨-]명 중국에서, 유교의 경서(經書)와 사기(史記) 이외의 모든 서적을 통틀어 이르는 말. 준외서.

외ː각(外角)[외-/웨-]명 ①다각형에서, 한 변과 그 이웃 변의 연장선 사이에 이루어진 각. ②야구에서, 아웃코너. ↔내각(內角).

외ː각(外殼)[외-/웨-]명 겉껍데기. ↔내각(內殼).

외ː-각사(外各司)[외-싸/웨-싸]명 지난날, 궁궐 밖에 있던 여러 관청. ↔내각사(內各司).

외ː간(外間)[외-/웨-]명 동기(同氣)나 친척이 아닌 남. ¶ 외간 남자.

외ː간(外艱)[외-/웨-]명 아버지의 상사(喪事), 또는 승중(承重)으로서 당하는 할아버지의 상사. 외간상(外艱喪). 외우(外憂). ↔내간(內艱).

외ː간(外簡)[외-/웨-]명 남자가 하는 편지.

외ː간-상(外艱喪)[외-/웨-]명 ☞외간(外艱). ↔내간상.

외-갈래[외-/웨-]명 한 갈래.

외갈-소로(-小櫨)[외-/웨-]명 두공(枓栱) 끝에 놓는 접시받침. 참접시받침.

외ː감(外感)[외-/웨-]명 한방에서, '감기(感氣)', 또는 '기후의 갑작스러운 변화 등으로 일어나는 병'을 이르는 말.

외ː-감각(外感覺)[외-/웨-]명 ☞외부 감각.

외ː감-내상(外感內傷)[외-/웨-]명 한방에서, '감기에 배탈이 겹친 병증'을 이르는 말.

외ː감지정(外感之情)[외-/웨-]명 외부로부터의 자극으로 일어난 정.

외ː갓-집(外家-) [외가찝/웨갇찝] 명 ☞외가.

외강(煨薑) [외-/웨-] 명 한방에서, '불에 구운 새앙'을 약재로 이르는 말. 이질 등에 쓰임.

외ː강내유(外剛內柔) [외-/웨-] 명하형 겉으로는 강하게 보이나 속은 부드러움. 내유외강. ↔외유내강.

외ː객(外客) [외-/웨-] 명 ①(여자의 처지에서 이르는) 남자 손. 바깥손. ¶ 외객을 사랑채로 안내하다. ↔내객(內客). ②외부에서 온 손.

외ː거(外擧) [외-/웨-] 명하자 일가나 친척이 아닌 남을 천거함.

외ː거^노비(外居奴婢) [외-/웨-] 명 독립된 가정을 이루고 재산을 소유할 수 있었던 노비. 주인 집에 거주하지 않고, 주인의 토지를 경작하면서 조(租)만 바쳤음.

외ː겁(畏怯) [외-/웨-] 명하타 두렵게 여기고 겁냄.

외ː견(外見) [외-/웨-] 명 ☞외관(外觀).

외-겹 [외-/웨-] 명 (겹으로 되지 않은) 단 한 켜. ¶ 외겹 치마.

외겹-실 [외-씰/웨-씰] 명 ☞외올실. 홑실.

외ː경(外徑) [외-/웨-] 명 ☞바깥지름.

외ː경(畏敬) [외-/웨-] 명하타 ☞경외(敬畏).

외ː-경동맥(外頸動脈) [외-/웨-] 명 경동맥의 한 가지. 안면과 두개부에 분포함.

외ː-경정맥(外頸靜脈) [외-/웨-] 명 경정맥의 한 가지. 뒷머리와 귀 뒤의 외피(外皮)에 분포함.

외ː-경험(外經驗) [외-/웨-] 명 철학에서, 감각과 지각에 따르는 경험의 객관화, 또는 주관화(主觀化)를 이르는 말.

외ː계(外界) [외계/웨게] 명 ①사람이나 사물 등을 둘러싸고 있는 모든 것. 환경. ¶ 외계의 변화에 적응하다. ②지구 밖의 세계. ¶ 외계에서 오는 빛. ③철학에서, '인간의 인식과는 관계없이 독립하여 존재하는 모든 것'을 이르는 말.

외ː계-인(外界人) [외계-/웨게-] 명 지구 밖의 다른 천체(天體)에서 온 사람. 우주인.

외ː고(外姑) [외-/웨-] 명 편지 글에서, '장모(丈母)'를 일컫는 말. 참외구(外舅).

외-고리눈이 [외-/웨-] 명 한쪽 눈이 고리눈으로 된 말.

외-고집(-固執) [외-/웨-] 명 외곬으로 부리는 고집, 또는 그런 고집을 부리는 사람.

외ː곡(外穀) [외-/웨-] 명 외국에서 나는 곡물, 또는 외국으로부터 수입한 곡물.

외곡(歪曲) 명 '왜곡(歪曲)'의 잘못.

외ː-골격(外骨格) [외-/웨-] 명 일부 동물의 몸의 거죽을 이루고 있는 뼈 모양의 물질. 〔연체동물의 껍데기 따위.〕 겉뼈대.

외-골목 [외-/웨-] 명 단 하나뿐인 골목.

외-골수(-骨髓) [외-쑤/웨-쑤] 명 '한 가지에만 매달리고 파고드는 사람'을 이르는 말.

외-곬 [외골/웨골] 명 ①한 곳으로만 트인 길. ②단 한 가지 방법이나 일. 《주로, '외곬으로'의 꼴로 쓰임.》 ¶ 외곬으로 파고들다. * 외곬이 [외골씨/웨골씨]·외곬만 [외골-/웨골-]

외ː공(外供) [외-/웨-] 명 〔내공(內供)에 대하여〕 '옷의 거죽감'을 이르는 말.

외ː과(外科) [외꽈/웨꽈] 명 의학의 한 분과. 외부의 상처나 내부 여러 기관의 질병을 수술이나 처치에 의하여 치료함. 참내과(內科).

외ː과(外踝) [외-/웨-] 명 발목 바깥쪽에 있는 복사뼈. ↔내과(內踝).

외ː과-의(外科醫) [외꽈의/웨꽈이] 명 외과 치료를 전문으로 하는 의사.

외ː-과피(外果皮) [외-/웨-] 명 열매의 가장 바깥쪽에 있는 껍질. 겉 열매껍질. 참내과피(內果皮)·중과피(中果皮).

외ː곽(外廓·外郭) [외-/웨-] 명 ①성 밖으로 다시 둘러쌓은 성. 외성(外城). ②바깥 테두리. ¶ 외곽 도로. /외곽 지대. ↔내곽(內廓).

외ː곽(外槨) [외-/웨-] 명 관(棺)을 담는 곽. 외관(外棺).

외ː곽^단체(外廓團體) [외-딴-/웨-딴-] 명 관청이나 단체 등의 조직과는 형식상 별개이나 그것의 보조를 받아 운영되며 사업 활동을 돕는 단체. 〔철도청의 홍익회 따위.〕

외ː관(外官) [외-/웨-] 명 지난날, 지방의 관직이나 관원을 이르던 말. ↔경관(京官).

외ː관(外棺) [외-/웨-] 명 ☞곽(槨). 외곽(外槨).

외ː관(外觀) [외-/웨-] 명 겉모양. 겉보기. 보임새. 볼품. 외견(外見). ¶ 외관이 번듯하다.

외ː-광선(外光線) [외-/웨-] 명 옥외의 태양 광선.

외ː광-파(外光派) [외-/웨-] 명 ①근대 프랑스 회화의 한 유파. 주로, 야외의 태양 광선 아래에서의 자연을 묘사함. ②'인상파'를 달리 이르는 말.

외ː교(外交) [외-/웨-] 명하자 ①외국과의 교제나 교섭, 또는 국가 상호 관계를 맺는 일. ¶ 대미(對美) 외교. ②외부와 교제나 교섭을 하는 일. ¶ 외교 수완이 좋다.

외ː교(外敎) [외-/웨-] 명 불교의 처지에서, 불교 이외의 종교를 이르는 말. 외도(外道). ↔내교(內敎).

외ː교-가(外交家) [외-/웨-] 명 ①외교를 직업으로 하는 사람. ②외교에 능한 사람.

외ː교-관(外交官) [외-/웨-] 명 외교 통상부 장관의 감독 아래 외국에 주재하며 외교 사무에 종사하는 공무원을 통틀어 이르는 말.

외ː교-권(外交權) [외-꿘/웨-꿘] 명 주권 국가로서 제삼국의 간섭을 받지 않고 다른 나라와 외교 관계를 맺을 수 있는 권리.

외ː교-단(外交團) [외-/웨-] 명 한 나라에 주재하거나 임시로 파견되는 외교 사절의 단체.

외ː교^문서(外交文書) [외-/웨-] 명 ①외교 교섭에서 교환되거나 작성되는 모든 공문서. ②외교 관계의 법적 의사 표시를 적은 문서.

외ː교-부(外交部) [외-/웨-] 명 중앙 행정 기관의 하나. 외교 정책, 통상·경제 협력, 조약, 기타 국제 협정 등에 관한 사무를 맡아봄.

외ː교-사(外交史) [외-/웨-] 명 어떤 나라 또는 어떤 시대의 외교에 관한 역사.

외ː교^사ː절(外交使節) [외-/웨-] 명 외교 교섭을 하고, 자국민을 보호 감독하며, 주재국의 정세를 살펴 보고하기 위하여 파견되는 사절.

외ː교-술(外交術) [외-/웨-] 명 외교하는 수완. ¶ 외교술이 좋은 사원.

외ː교-원(外交員) [외-/웨-] 명 은행이나 회사 등에서 교섭이나 권유·선전·판매 등을 위하여 고객을 방문하는 일을 주로 하는 사원. 외무원.

외ː교-적(外交的) [외-/웨-] 관명 ①외교에 관한 (것). 외교와 관계되는 (것). ¶ 양국 간에 외교적 접촉을 시도하다. ②외교와 같은 (것). ¶ 외교적 수법.

외ː교^정책(外交政策) [외-/웨-] 명 한 나라가 자국(自國)의 정치 목적이나 국가 이익을 위하여 다른 나라에 대하여 취하는 정책.

외ː교^특권(外交特權) [외-꿘/웨-꿘] 명 외교 사절이 주재하는 나라에서 누리는 국제법상의 특권. 〔불가침권·치외 법권 따위.〕

외ː교-파우치(外交pouch)[외-/웨-]명 외교상의 기밀 문서나 자료 따위를 수송하는 데 쓰는, 특수한 우편 행낭.
외ː구(外寇)[외-/웨-]명 ☞외적(外敵). ↔내구.
외ː구(外舅)[외-/웨-]명 편지 글에서, '장인(丈人)'을 일컫는 말. 참외고(外姑).
외ː구(畏懼)[외-/웨-]명하타 삼가고 두려워함.
외ː국(外局)[외-/웨-]명 중앙 행정 기관에 직속되어 있으면서, 독립적인 특수 사업을 집행하는 기관.
외ː국(外國)[외-/웨-]명 자기 나라 이외의 '다른 나라'. 외방(外邦). 이국(異國). 타국(他國). ¶ 외국 상품. /외국으로 이민을 가다.
외ː국^공채(外國公債)[외-꽁-/웨-꽁-]명 정부나 공공 단체 등이 외국의 자본 시장에서 발행하는 공채. 준외국채·외채.
외ː국^무ː역(外國貿易)[외궁-/웨궁-]명 외국을 상대로 하여 이루어지는 수출과 수입. 해외 무역.
외ː국-미(外國米)[외궁-/웨궁-]명 외국에서 수입한 쌀. 준외미.
외ː국-법(外國法)[외-뻡/웨-뻡]명 〔내국법(內國法)에 상대하여 이르는〕 외국의 법률.
외ː국^법인(外國法人)[외-뻐빈/웨-뻐빈]명 외국의 법령에 따라 설립된 법인.
외ː국^사ː절(外國使節)[외-싸-/웨-싸-]명 외국 정부로부터 파견되어 온 특명 전권 대사·특명 전권 공사·대리 공사·임시 외교 사절 등을 통틀어 이르는 말.
외ː국-산(外國産)[외-싼/웨-싼]명 외국에서 생산된 물건. ↔내국산.
외ː국-선(外國船)[외-썬/웨-썬]명 다른 나라의 배. 외국에 선적(船籍)을 두고 있는 선박.
외ː국선^추섭권(外國船追躡權)[외-썬-꿘/웨-썬-꿘]명 한 나라의 영해 안에서 밀어(密漁) 등의 위법 행위를 한 외국 선박을 그 나라의 군함이 영해 밖까지 쫓아가서 압류할 수 있는 권리.
외ː국-어(外國語)[외-/웨-]명 다른 나라의 말. 참외래어.
외ː국-인(外國人)[외-/웨-]명 다른 나라의 사람. 외국의 국적을 가진 사람. 〔무국적자도 이에 포함됨.〕 타국인(他國人). 준외인.
외ː국인^학교(外國人學校)[외-꾜/웨-꾜]명 외국인의 자녀를 대상으로 하여 그 본국의 교과 과정에 따른 교육을 실시하는 학교.
외ː국^자본(外國資本)[외-짜-/웨-짜-]명 외국 투자가에 의하여 투자되는 자본. 준외자.
외ː국-제(外國製)[외-쩨/웨-쩨]명 외국에서 만든 물건. 준외제. ↔내국제(內國製).
외ː국-채(外國債)[외-/웨-]명 ①외국 시장에서 기채(起債)하여 납입과 상환도 외국 시장에서 하는 공채나 사채. ②〈외국 공채〉의 준말. 준외채.
외ː국^판결(外國判決)[외-/웨-]명 외국 법원의 확정 판결. 민사에서는 일정 요건만 갖추면 국내의 판결과 같은 효력을 가짐.
외ː국^항ː로(外國航路)[외구캉노/웨구캉노]명 국내에서 외국에 이르는 항로.
외ː국^화ː폐^어음(外國貨幣-)[외구콰폐-/웨구콰페-]명 어음 금액이 외국 화폐로 표시된 어음.
외ː국-환(外國換)[외구콴/웨구콴]명 국제간의 채권·채무를 현금으로 하지 않고 환어음으로 결제하는 방식. 국제환. 준외환.
외ː국환^관리법(外國換管理法)[외구콴괄-뻡/웨구콴괄-뻡]명 외국환과 그 대외 거래의 관리에 관한 제반 사항을 규정한 법률. 준외환 관리법.
외ː국환^시ː장(外國換市場)[외구콴-/웨구콴-]명 외국환이 거래되며 환시세(換時勢)가 이루어지는 시장. 준외환 시장.
외ː국환^어음(外國換-)[외구콰너-/웨구콰너-]명 어음의 발행지와 지급지가 서로 다른 나라로 되어 수출입 거래에 사용되는 환어음. 국제 어음.
외ː국환^은행(外國換銀行)[외구콰는-/웨구콰는-]명 외국환의 매매, 수출입 신용장의 개설, 대외 환거래 계약의 체결 등 외국환 업무를 다루는 특수 은행. 준외환 은행.
외ː군(外軍)[외-/웨-]명 다른 나라의 군대. ¶ 외군의 주둔을 반대하다.
외ː근(外勤)[외-/웨-]명하자 (관청이나 회사 등의 직원으로서) 외부와 관계되는 일을 하기 위해 직장 밖에 나가서 근무함, 또는 그 일. ¶ 외근 사원. ↔내근(內勤).
외ː-금정(外金井)[외-/웨-]명 무덤의 구덩이를 팔 때 그 길이와 넓이를 금정틀에 맞추어 파낸 곳.
외ː기(外技)[외-/웨-]명 ☞잡기(雜技).
외ː기(外記)[외-/웨-]명 본문(本文) 이외의 기록.
외ː기(外氣)[외-/웨-]명 바깥의 공기. ¶ 외기를 쐬다.
외ː기(畏忌)[외-/웨-]명하타 두려워하고 꺼림. 외탄(畏憚).
외ː기-권(外氣圈)[외-꿘/웨-꿘]명 대기의 가장 바깥쪽 기층(氣層).
외-기러기[외-/웨-]명 짝이 없는 한 마리 외로운 기러기. 고안(孤雁).
외-길[외-/웨-]명 ①한 군데로만 난 길. ②한 가지 방법이나 방향만을 택하는 태도. ¶ 외길 인생.
외길-목[외-/웨-]명 두 갈래의 길에서 외길로 접어들게 된 어귀. 준외목.
외ː-김치[외-/웨-]명 〈오이김치〉의 준말.
외ː-꼬부랑이[외-/웨-]명 꼬부라진 모양의 오이.
외꼬지[외-/웨-]명 조의 한 품종. 줄기가 희고 까끄라기가 짧으며 알이 누름.
외나무-다리[외-/웨-]명 좁은 시내나 도랑 같은 데에, 통나무 하나를 걸치거나 나무토막 여러 개를 길이로 잇대어 놓은 다리. 독목교.
외나무다리에서 만날 날이 있다속담 남과 원수진 사람은 언젠가는 피하기 어려운 데에서 만나 화를 입게 마련임을 이르는 말.
외ː-나물[외-/웨-]명 ☞오이풀.
외ː난(外難)[외-/웨-]명 밖으로부터 닥치는 재난.
외-눈[외-/웨-]명 ①한쪽 눈. ②'애꾸눈이'의 잘못.
외눈-박이[외-/웨-]명 애꾸눈이.
외눈-부처[외-/웨-]명 〔하나밖에 없는 눈동자라는 뜻으로〕 '매우 소중한 것'을 가리키는 말.
외눈-퉁이명 '애꾸눈이'의 잘못.
외ː다[1][외-/웨-]타 ①〈외우다〉의 준말. ¶ 천자문을 외다. ②(같은 말을) 되풀이하여 말하다.
외ː다[2][외-/웨-] Ⅰ자 피하여 비키다. Ⅱ형 물건이 제대로 놓이지 않고 뒤바뀌어 있어 쓰기에 불편하다.
외다[3][외-/웨-]조 〈오이다〉의 준말. ¶ 별명이 돼지외다. /제 안식구외다. 참이외다.

외다형 〈옛〉 그르다. ¶ 그 곗터 귀먹은 벙어리는 외다 올타 ᄒᆞ더라(古時調).

-외다[외-/웨-]어미 〈-오이다〉의 준말. ¶ 내일 가외다. /자리가 참 편하외다. 참-으외다.

외-다리[외-/웨-]명 ①하나만 있는 다리. ②'다리가 하나뿐인 사람이나 물건'을 비유하여 이르는 말.

외ː당(外堂)[외-/웨-]명 ☞사랑(舍廊).

외ː-당숙(外堂叔)[외-/웨-]명 '외종숙(外從叔)'을 친근하게 일컫는 말.

외ː-당숙모(外堂叔母)[외-숭-/웨-숭-]명 '외종숙모'를 친근하게 일컫는 말.

외ː-당질(外堂姪)[외-/웨-]명 ☞외종질.

외ː-당질녀(外堂姪女)[외-려/웨-려]명 ☞외종질녀.

외-대[외-/웨-]명 나무나 풀 따위의 단 한 대(줄기).

외ː대(外待)[외-/웨-]명하타 푸대접. ¶ 심한 외대를 받다.

외-대다[1][외-/웨-]타 사실과 반대로 일러 주다. ¶ 나무꾼은 사냥꾼에게 사슴이 도망간 쪽을 외대었다.

외대다[2][외-/웨-]타 ①소홀하게 대하다. ②꺼리며 멀리하다.

외대-머리[외-/웨-]명 정식 혼례를 하지 않고 머리를 쪽 찐 여자. 기생이나 매춘부 등을 가리켜 이르던 말.

외대-박이[외-/웨-]명 ①돛대가 하나뿐인 배. 참두대박이. ②배추나 무의 한 포기로 한 뭇을 만든 것. ③'애꾸눈이'의 잘못.

외대-으아리[외-/웨-]명 미나리아재빗과의 낙엽 활엽 만초. 산기슭 양지에 남. 여름에 흰 꽃이 피고 열매는 가을에 익음. 뿌리는 약으로 쓰고 어린잎은 식용함.

외ː도(外道)[1][외-/웨-]명 ①지난날, 경기도(京畿道) 이외의 다른 도를 이르던 말. ②불교에서, 불교 이외의 종교, 또는 그것을 따르는 사람을 이르는 말. 외교(外教). ↔내도(內道).

외ː도(外道)[2][외-/웨-]명 ①정도(正道)가 아닌 길, 또는 정도를 어기는 일. ②하자☞오입(誤入). ③하자본업을 떠나서 다른 일에 손을 댐.

외-독(-櫝)[외-/웨-]명 하나의 신주(神主)만 모신 독. 참합독(合櫝).

외-돌다[외-/웨-][~도니·~돌아]자 ①비뚤어지게 돌다. ②남과 어울리지 않고 따로 떨어져 행동하다.

외-돌토리[외-/웨-]명 기댈 데 없고 매인 데도 없는 홀몸. 외톨이. 준외톨.

외-동[외-/웨-]명 〈외동무니〉의 준말.

외동-덤[외-/웨-]명 자반고등어 따위의 배 속에 덤으로 끼워 놓는 한 마리의 새끼 자반.

외동-딸[외-/웨-]명 '외딸'을 귀엽게 이르는 말. ¶ 무남독녀 외동딸.

외동-무니[외-/웨-]명 윷놀이에서, 한 동으로만 가는 말. 준외동.

외동-아들[외-/웨-]명 '외아들'을 귀엽게 이르는 말.

외-둥이[외-/웨-]명 '외아들'을 귀엽게 이르는 말.

외ː등(外等)[외-/웨-]명 지난날, 시험 성적이 가장 낮은 등급. 차하(次下)의 아래로, 영점인 것을 이름.

외ː등(外燈)[외-/웨-]명 〈옥외등〉의 준말.

외-따님[외-/웨-]명 남을 높이어 그의 '외딸'을 일컫는 말. 참고명딸.

외-따로[외-/웨-]부 오직 홀로. 혼자 따로. ¶ 외따로 있는 초가집.

외-따롭다[외-따/웨-따][~따로우니·~따로워]형ㅂ 홀로 떨어져 외딴 듯하다. **외따로이**부.

외-딴[1][외-/웨-]명 (태껸 같은 운동에서) 혼자 휩쓸며 판을 치는 일.

외딴[2][외-/웨-]관 외따로 떨어져 있는. ¶ 외딴 초가집.

외딴-곳[외-곧/웨-곧]명 외따로 떨어져 있는 곳. * 외딴곳이[외-고시/웨-고시]· 외딴곳만[외-곤-/웨-곤-]

외딴-길[외-/웨-]명 외따로 난 작은 길.

외딴-섬[외-/웨-]명 뭍에서 멀리 떨어져 외따로 있는 섬.

외딴-집[외-/웨-]명 외따로 떨어져 있는 집.

외딴-치다[외-/웨-] Ⅰ자 (태껸 같은 운동에서) 혼자 휩쓸며 판을 치다.
Ⅱ타 《주로 '-을'의 조사가 생략된 꼴로 쓰이어》 능히 앞지르다. ¶ 남자 외딴치게 꿋꿋한 여자.

외-딸[외-/웨-]명 ①아들 없이 단 하나뿐인 딸. ②딸로는 하나뿐인 딸. ②고명딸. ↔외아들.

외-딸다[외-/웨-][~따니·~딸아]형 다른 것과 잇닿아 있지 않고 홀로 떨어지다. ¶ 외딸고 낡은 집.

외-떡잎[외떵닙/웨떵닙]명 떡잎이 한 장인 것. 단자엽(單子葉). 참뭇떡잎·쌍떡잎. * 외떡잎이[외떵니피/웨떵니피]·외떡잎만[외떵님-/웨떵님-]

외떡잎-식물(-植物)[외떵닙씽-/웨떵닙씽-]명 밑씨가 한 장의 떡잎을 가진 식물. 〔벼·보리·백합 따위.〕 단자엽식물(單子葉植物).

외-떨어지다[외-/웨-]자 외롭게 따로 떨어지다.

외람(猥濫) '외람하다'의 어근.

외ː람-되다(猥濫-)[외-되-/웨-뒈-]형 (하는 짓이) 분수에 지나친 데가 있다. ¶ 외람된 말씀이오나…. **외람되-이**부.

외ː람-스럽다(猥濫-)[외-따/웨-따][~스러우니·~스러워]형ㅂ 외람한 데가 있다. **외람스레**부.

외ː람-하다(猥濫-)[외-/웨-]형여 (하는 짓이) 분수에 지나치다. **외람-히**부.

외ː랑(外廊)[외-/웨-]명 집채의 바깥쪽에 달린 복도.

외ː래(外來)[외-/웨-]명 《주로 일부 명사 앞에 쓰이어》 ①외국에서 들어오거나 전하여 옴. ¶ 외래 사조. ②외부로부터 옴. ③(환자가 병원에 입원하여 치료받지 않고) 병원에 다니면서 치료를 받는 일, 또는 그러한 환자.

외ː래-문화(外來文化)[외-/웨-]명 외국에서 전하여 온 문화. ¶ 외래문화에 동화되다.

외ː래-어(外來語)[외-/웨-]명 외국에서 들어온 말로, 국어처럼 쓰는 단어. 특히, 한자어 이외의 외국어가 국어화된 것. 〔남포·라디오·아파트 따위.〕 들온말.

외ː래-종(外來種)[외-/웨-]명 외국에서 들여온 씨나 품종. ↔재래종.

외ː래-품(外來品)[외-/웨-]명 외국에서 들어온 물품. ↔국산품.

외ː래^환ː자(外來患者)[외-/웨-]명 (병원 쪽에서 입원한 환자와 구별하여) '진찰이나 치료를 받으러 오는 환자'를 이르는 말.

외ː려[외-/웨-]부 〈오히려〉의 준말. ¶ 외려 잘 되었다.

외ː력(外力)[외-/웨-]명 물체의 외부에서 작용하는 힘.

외ː로[외-/웨-][부] 왼쪽으로. 왼쪽으로 향하여. ¶ 외로 꼰 새끼. ↔오르로.
외로 지나 바로 지나[관용] 이렇게 되든지 저렇게 되든지 마찬가지라는 뜻.
외ː로-뒤기[외-/웨-][명] 씨름 기술의 한 가지. 상대편을 안걸이나 연장걸이로 걸거나, 또는 걸린 사람이 몸을 외로 뒤어 넘어뜨리는 기술.
외로움[외-/웨-][명] (홀로 되거나 의지할 데가 없어) 쓸쓸한 느낌. 고독한 느낌. ¶ 외로움을 타는 아이.
외ː론(外論)[외-/웨-][명] 외부의 논평.
외롭다[외-따/웨-따][외로우니·외로워][형][ㅂ] 홀로 되거나 의지할 데가 없어 쓸쓸하다. ¶ 혼자서 외롭게 살아가시는 외할머니. **외로이**[부] ¶ 외로이 떠나다.
외ː륜(外輪)[외-/웨-][명] ①바깥쪽의 바퀴. ②바퀴의 바깥쪽에 단 쇠나 강철제의 둥근 테. ③원형을 이룬 바깥 둘레.
외ː륜-산(外輪山)[외-/웨-][명] 복성 화산(複成火山)에서 중앙의 분화구(噴火口)를 둘러싸고 있는 고리 모양의 산.
외ː륜-선(外輪船)[외-/웨-][명] 배의 중앙부 양쪽이나 고물에 물레방아 모양의 추진 장치를 달아 항해하는 선박.
외ː마(畏馬)[외-/웨-][명][하자] 말(馬)을 두려워함.
외-마디[외-/웨-][명] ①(말이나 소리의) 한 마디. ¶ 갑자기 '윽' 하는 외마디 비명이 들렸다. ②마디가 없이 한 결로 밋밋하게 된 동강.
외-마치[외-/웨-][명] ①외로 치는 마치. ¶ 외마치라 헛손질이 많다. ②혼자서 치는 마치.
외마치-장단[외-/웨-][명] 북이나 장구 등을 칠 때, 소리의 높낮이나 박자의 변동 없이 단조롭게 치는 장단.
외ː맥(外麥)[외-/웨-][명] 외국산 보리나 밀.
외-맹이[외-/웨-][명] 광산에서 돌에 구멍을 뚫을 때, 망치를 한 손으로 쥐고 정을 때리는 일, 또는 그 망치.
외-며느리[외-/웨-][명] 오직 하나뿐인 며느리.
외며느리 고운 데 없다[속담] 외며느리는 다른 며느리와 비교할 수가 없기 때문에 언제나 밉게 보이기 마련이라는 뜻.
외ː면(外面)¹[외-/웨-][명] ①거죽. 겉. 겉면. ②겉에 나타난 모양. 겉모양. ¶ 사람을 외면만 보고 판단하다. ↔내면(內面).
외ː면(外面)²[외-/웨-][명][하타] ①대면하기를 꺼리어 피하거나 얼굴을 돌림. ¶ 친구의 시선을 외면하다. ②(어떤 인물이나 사상·학문 따위를) 받아들이지 않고 배척하거나 도외시함. ¶ 현실을 외면하다. /진실을 외면하다.
외ː면^묘ː사(外面描寫)[외-/웨-][명] 소설 등에서, 동작이나 태도 등 외면에 드러난 상태만을 묘사함으로써 인물의 성격이나 심리를 표현하려는 인물 묘사법. ↔내면 묘사.
외ː면-수새(外面-)[외-/웨-][명][하타] 마음에 없는 말로써 그럴듯하게 발라맞춤.
외ː-면적(外面積)[외-/웨-][명] 물체의 겉넓이.
외ː면-치레(外面-)[외-/웨-][명][하자] 겉모양만 그럴듯하게 꾸밈. 겉치레. 면치레. 외식(外飾). ¶ 한푼 없는 주제에 외면치레는 번드레하다.
외ː-명부(外命婦)[외-/웨-][명] 조선 시대에, 대전 유모(大殿乳母), 왕비의 어머니, 왕녀, 왕세자녀, 종친의 아내, 문무관(文武官)의 아내로서 품계를 가졌던 사람. [참]내명부.
외ː모(外侮)[외-/웨-][명] 외부로부터 받는 모욕.
외ː모(外貌)[외-/웨-][명] 겉에 나타난 모습이나 용모. 겉모습. ¶ 외모가 단정하다.
외모는 거울로 보고 마음은 술로 본다[속담] 술이 들어가면 본심을 털어놓고 이야기한다는 뜻으로 하는 말.
외목[외-/웨-][명] ①〈외길목〉의 준말. ②〈외목장사〉의 준말.
외ː목(外目)[외-/웨-][명] ①건축에서, '기둥의 바깥쪽'을 이르는 말. ↔내목. ②바둑에서, 제3선과 제5선이 교차하는 점을 이르는 말. 보통, 귀에 착점하는 정석(定石) 위치의 한 가지임.
외ː목-도리(外目-)[외-또-/웨-또-][명] 건축에서, '포작(包作) 바깥에 서까래를 얹기 위해 가로 얹는 도리'를 이르는 말.
외목-장사[외-짱-/웨-짱-][명][하자] 혼자만 독차지하여 파는 장사. [준]외목.
외목-장수[외-짱-/웨-짱-][명] 외목장사를 하는 사람.
외-몬다위[외-/웨-][명] '단봉낙타(單峯駱駝)'를 흔히 이르는 말.
외ː무(外務)[외-/웨-][명] ①외국에 관한 정무(政務). ↔내무. ②나다니며 보는 업무.
외ː무-대신(外務大臣)[외-/웨-][명] 조선 말기, 외무아문(外務衙門)의 으뜸 벼슬.
외ː무-아문(外務衙門)[외-/웨-][명] 조선 말기에, 외교 행정을 총괄하던 관청.
외ː무-원(外務員)[외-/웨-][명] ☞외교원(外交員).
외ː무주장(外無主張)[외-/웨-][명][하형] 집안에 살림을 주장할 만한 장성한 남자가 없음. [참]내무주장.
외-문(-門)[외-/웨-][명] 외짝으로 된 문.
외ː문(外門)[외-/웨-][명] 바깥문.
외ː문(外問)[외-/웨-][명][하자] 초상집에 이르러, 들어가지 않고 문밖에서 조문하는 일.
외ː문(外聞)[외-/웨-][명] 바깥소문.
외ː물(外物)[외-/웨-][명] ①외계(外界)에 존재하는 사물. ②철학에서, '내면에 접촉하는 모든 객관적 대상'을 이르는 말.
외ː미(外米)[외-/웨-][명] 〈외국미(外國米)〉의 준말. ¶ 외미 도입.
외-바퀴[외-/웨-][명] 외짝으로 된 바퀴. ¶ 외바퀴 자전거. /외바퀴 수레.
외ː박(外泊)[외-/웨-][명][하자] 자기 집이나 정해진 데에서 자지 않고 딴 데 나가서 잠. 외숙(外宿). ¶ 하루가 멀다고 외박이니 부부 싸움이 잦은 것도 당연하지.
외ː반슬(外反膝)[외-/웨-][명] 두 다리를 한데 모으고 섰을 때, 무릎 아랫부분이 바깥쪽으로 구부러진 상태의 다리. 엑스각(X脚). ↔내반슬.
외발-제기[외-/웨-][명] 한 발로만 차는 제기.
외ː방(外方)[외-/웨-][명] ①지난날, '서울 이외의 지방'을 이르던 말. 외하방(外下方). ②☞외지(外地). ③바깥쪽. 외부.
외ː방(外邦)[외-/웨-][명] 남의 나라. 외국(外國). 타국.
외ː방(外房)[외-/웨-][명] ①바깥에 있는 방. ②첩의 방. ③[하자]〈외방출입〉의 준말.
외ː방^별과(外方別科)[외-꽈/웨-꽈][명] 조선 시대에, 임금의 명령에 따라 지방에서 보이던 과거의 한 가지. 함경도·평안도·강화·제주 등지에서 실시하였는데 인원은 일정하지 않았음.
외ː방-살이(外方-)[외-/웨-][명][하자] 지난날, '벼슬아치가 지방 관아에 파견되어 지내는 생활'을 이르던 말.

외ː방-출입(外房出入) [외-/웨-] 명 하자 계집질을 하고 다님. 준 외방.
외ː-밭 [외받/웨받] 명 오이나 참외를 심은 밭. * 외ː밭이[외바치/웨바치]·외ː밭을[외바틀/웨바틀]·외ː밭만[외반-/웨반-]
외ː-배엽(外胚葉) [외-/웨-] 명 동물의 배(胚)의 맨 겉층을 이루는 세포층. 〔나중에 신경계·감각기 등을 형성하는 부분임.〕 참 내배엽(內胚葉).
외ː-배유(外胚乳) [외-/웨-] 명 배낭(胚囊) 밖의 주심 조직(珠心組織)이 양분을 저장하여 저장 조직으로 된 것. 〔명아줏과·석류과의 씨 따위.〕 ↔내배유(內胚乳).
외ː-백호(外白虎) [외배코/웨배코] 명 풍수설에서, 주산(主山)에서 남쪽을 향하여 오른쪽으로 벋어 나간 여러 갈래의 산줄기 가운데서 맨 바깥 줄기를 이르는 말. 참 내백호(內白虎).
외ː번(外藩) [외-/웨-] 명 ①국경 밖의 자기 나라 속지(屬地). ②제왕(諸王)·제후(諸侯)의 봉국(封國).
외벌-노 [외-로/웨-로] 명 얇고 좁다란 한 조각의 종이쪽으로 비벼서 꼰 노.
외벌-매듭 [외-/웨-] 명 한 번만 맺은 매듭.
외ː벌-적(外罰的) [외-쩍/웨-쩍] 관명 심리학에서, 뜻대로 되지 않거나 난처한 일이 생겼을 때 그것을 남의 탓으로 돌리는 경향의 (것). ↔내벌적(內罰的).
외ː벽(外壁) [외-/웨-] 명 바깥쪽의 벽. 밭벽. ↔내벽(內壁).
외ː변(外邊) [외-/웨-] 명 바깥의 둘레.
외ː보(外報) [외-/웨-] 명 외국으로부터의 통신이나 보도.
외ː-보도리 [외-/웨-] 명 오이를 썰어서 소금에 조금 절인 다음 기름으로 볶은 반찬.
외ː복(畏服) [외-/웨-] 명 하자 되자 두려워하며 복종함.
외ː봉(外封) [외-/웨-] 명 겉봉.
외ː봉-선(外縫線) [외-/웨-] 명 속씨식물의 수꽃술로 변한 잎의 주맥(主脈).
외ː봉-치다(外-) [외-/웨-] 타 물건을 훔쳐 딴 곳으로 옮겨 놓다.
외ː부(外部)[1] [외-/웨-] 명 ①물체나 일정한 범위의 바깥 부분. ¶ 건물 외부의 벽면. ②그 단체나 조직의 밖. ¶ 경비실에서 외부 사람의 출입을 통제하다. /회사의 신제품 정보가 외부로 새어 나가다. ↔내부(內部).
외ː부(外部)[2] [외-/웨-] 명 조선 말기에 '외무아문(外務衙門)'을 고친 이름.
외ː부^감ː각(外部感覺) [외-/웨-] 명 외부로부터의 자극에 따라 일어나는 감각. 자극의 종류에 따라 시각·청각·후각·미각·촉각의 오감(五感)으로 나뉨. 외감각(外感覺).
외ː부^기생(外部寄生) [외-/웨-] 명 기생 동물이 숙주(宿主)의 몸 거죽에 붙어서 살아가는 상태. ↔내부 기생(內部寄生).
외부^기억^장치(外部記憶裝置) [외-짱-/웨-짱-] 명 컴퓨터에서, 자기 디스크나 자기 테이프 따위와 같이 중앙 처리 장치에서 따로 떨어진 기억 장치.
외ː부내빈(外富內貧) [외-/웨-] 명 하형 겉보기에는 부유한 듯하나 실상은 가난함. ↔외빈내부.
외ː부-대신(外部大臣) [외-/웨-] 명 조선 말기, 외부(外部)의 으뜸 벼슬.
외부^영력(外部營力) [외-녁/웨-녁] 명 지구의 외력(外力). ↔내부 영력(內部營力).
외ː부-협판(外部協辦) [외-/웨-] 명 조선 말기, 외부대신의 아래 벼슬.
외ː분(外分) [외-/웨-] 명 하타 수학에서, 점이 선분의 연장선 상에 있는 것. 점 P가 선분 AB의 연장선 상에 있을 때, 점 P는 선분 AB를 PA:PB로 외분한다고 함. ↔내분(內分).
외ː분-비(外分比) [외-/웨-] 명 수학에서, 하나의 선분을 외분하는 비율. ↔내분비(內分比).
외ː-분비(外分泌) [외-/웨-] 명 동물체에서, 외분비샘을 통하여 몸 거죽이나 소화관 등으로 분비액을 내보내는 현상. 땀·젖·소화액 따위의 분비를 이름.
외ː분비-샘(外分泌-) [외-/웨-] 명 외분비 작용을 하는 샘. 〔땀샘·눈물샘·침샘 따위.〕
외ː분-점(外分點) [외-쩜/웨-쩜] 명 수학에서, 선분을 외분하는 점. ↔내분점(內分點).
외ː비(外備) [외-/웨-] 명 외적의 침입을 막기 위한 군사상의 방어 대책.
외ː빈(外賓) [외-/웨-] 명 외부나 외국에서 온 귀한 손. ¶ 외빈 응접실.
외ː빈내부(外貧內富) [외-/웨-] 명 하형 겉보기에는 가난한 듯하나 실상은 부유함. ↔외부내빈.
외뿔소-자리 [외-/웨-] 명 별자리의 하나. 오리온자리의 동쪽 은하 중에 있음. 이른 여름 저녁에 남중(南中)함.
외ː사(外史) [외-/웨-] 명 ①지난날, 사관(史官) 이외의 사람이 기록한 역사. ②(민간에서 사사로이 기록한) 정사(正史)가 아닌 역사의 기록.
외ː사(外使) [외-/웨-] 명 외국의 사신이나 사절.
외ː사(外事) [외-/웨-] 명 ①바깥일. ②외국이나 외국인과 관계되는 일.
외ː-사면(外斜面) [외-/웨-] 명 바깥쪽의 사면. ↔내사면(內斜面).
외ː-사촌(外四寸) [외-/웨-] 명 외삼촌의 아들이나 딸. 외종(外從). 외종 사촌. 표종(表從). 참 친사촌.
외ː-삼촌(外三寸) [외-/웨-] 명 어머니의 남형제. 외숙. 외숙부. 표숙(表叔). 참 친삼촌.
외삼촌 산소에 벌초하듯 속담 정성을 들이지 않고 건성으로 일함을 이르는 말.
외ː삼촌-댁(外三寸宅) [외-땍/웨-땍] 명 〈외숙모〉의 속된 말.
외ː상 [외-/웨-] 명 값은 나중에 치르기로 하고 물건을 사고파는 일. ¶ 외상 사절. /외상을 긋다. /외상 거래를 트다.
외상이면 소〔당나귀〕도 잡아먹는다 속담 뒷일은 생각지 않고 당장 좋은 일이면 무턱대고 하고 본다는 말.
외-상(-床) [외-/웨-] 명 한 사람 몫으로 차린 음식상. ¶ 외상을 받다. 비 독상(獨床). 참 겸상.
외ː상(外相) [외-/웨-] 명 우리나라의 '외교 통상부 장관'에 해당하는 외국의 관직을 흔히 이르는 말.
외ː상(外傷) [외-/웨-] 명 몸의 겉에 생긴 상처. ¶ 외상이 심하다.
외ː상-값 [외-깝/웨-깝] 명 외상으로 거래한 물건의 값. ¶ 외상값이 밀리다. * 외ː상값이[외-깝씨/웨-깝씨]·외ː상값만[외-깜-/웨-깜-]
외ː상-관례(-冠禮) [외-괄-/웨-괄-] 명 하자 ☞외자관례.
외ː상-말코지 [외-/웨-] 명 (어떤 일을 시키거나 물건을 주문할 때) 돈을 먼저 치르지 않으면 선뜻 해 주지 않는 일.
외ː상-술 [외-/웨-] 명 외상으로 마시는 술.

외ː상-없다[외-업따/웨-업따]형 조금도 틀림이 없거나 어김이 없다. 외상없-이부.
외ː상-질[외-/웨-]명하타 외상으로 물건을 사는 짓.
외ː생(外甥)[외-/웨-]대 〔주로 편지 글에서〕 사위가 장인·장모에게 '자기'를 일컫는 일인칭 대명사.
외ː서(外書)[외-/웨-]명 ①외국의 도서. ②〈외가서(外家書)〉의 준말.
외ː서(猥書)[외-/웨-]명 음탕하고 난잡한 내용의 책.
외ː-선[외-/웨-]명 오이에 고기소를 넣어서 삶은 다음에 식은 장국을 부어 만든 음식.
외ː선(外線)[외-/웨-]명 ①바깥쪽의 선. ②건물 밖의 전선. ↔내선(內線).
외ː설(猥褻)[외-/웨-]명 ①성욕을 자극하는 난잡한 행위. ②하형 성욕을 자극하거나 하여 난잡함. ¶ 외설 기사. /외설 잡지.
외ː설-물(猥褻物)[외-/웨-]명 성적으로 문란한 그림·사진·글 등을 통틀어 이르는 말.
외ː설-죄(猥褻罪)[외-쬐/웨-쮀]명 공공연하게 외설 행위를 하거나, 외설물 등을 판매·반포·진열하여 성도덕을 문란하게 함으로써 성립되는 죄.
외ː성(外城)[외-/웨-]명 성 밖에 겹으로 에워싼 성. 나성(羅城)¹. 외곽(外廓). ↔내성(內城).
외ː세(外勢)[외-/웨-]명 ①외부의 형세. ②외국의 세력. ¶ 외세의 압력을 받다.
외ː-소박(外疎薄)[외-/웨-]명하타 남편이 아내를 소박함. 〔'소박(疎薄)'을 '내소박(內疎薄)'에 상대하여 이르는 말임.〕 ↔내소박.
외-손[외-/웨-]명 ①한쪽 손. ②(두 손을 다 가지지 아니한) 한쪽만의 손.
외ː손(外孫)[외-/웨-]명 ①딸이 낳은 아들딸. 사손(獅孫). ②딸의 자손.
외ː-손녀(外孫女)[외-/웨-]명 딸이 낳은 딸.
외ː손-봉사(外孫奉祀)[외-/웨-]명하자 조상의 제사를 받들 자손이 없는 경우에 외손이 대신 제사를 받드는 일.
외ː-손부(外孫婦)[외-/웨-]명 딸의 며느리.
외-손뼉[외-/웨-]명 (쳐서 소리를 내려는) 한쪽 손바닥.
외손뼉이 소리 날까속담 ☞외손뼉이 울지 못한다.
외손뼉이 울랴속담 ☞외손뼉이 울지 못한다.
외손뼉이 울지 못한다속담 ①일이란 상대자가 같이 응해야지, 혼자서만 해서는 제대로 되지 않는다는 말. ②상대가 없이는 어떤 분쟁이나 싸움도 일어나지 않는다는 말. 외손뼉이 소리 날까. 외손뼉이 울랴.
외ː-손자(外孫子)[외-/웨-]명 딸이 낳은 아들.
외손자는 업고 친손자는 걸리면서 업은 아이 발 시리다 빨리 가자 한다속담 흔히, 친손자보다 외손자를 더 귀여워함을 빗대어 이르는 말.
외손자를 귀애하느니 방앗공이〔절굿공이〕를 귀애하지속담 외손자는 잘 보살펴 주어도 자란 다음에는 그 정을 모르기 때문에 귀여워한 보람이 없음을 이르는 말.
외손-잡이[외-/웨-]명 ①손으로 하는 일에 한쪽 손이 더 능한 사람. 한손잡이. ②씨름에서, 기운이 세거나 재간이 좋은 사람이 한 손은 뒤로 접고 한 손만으로 겨루는 일.
외손-지다[외-/웨-]형 (물체가 한쪽으로 다가붙어 있어서) 외손밖에 쓰지 못하게 되어 불편하다.
외손-질[외-/웨-]명하자 외손만을 쓰는 일.
외ː수(外需)[외-/웨-]명 외국으로부터의 수요(需要). ¶ 외수 상품. ↔내수(內需).
외ː수(外數)[외-/웨-]명 남을 속이는 수. 속임수. 암수(暗數). ¶ 외수에 걸리다.
외ː수외미(畏首畏尾)[외-외-/웨-웨-]명하자 〔처음도 끝도 다 두려워한다는 뜻으로〕 남이 알게 되는 것을 꺼리고 두려워함.
외ː숙(外叔)[외-/웨-]명 어머니의 남자 형제. 외삼촌. 표숙(表叔). 참내구(內舅).
외ː숙(外宿)[외-/웨-]명하자 ☞외박(外泊).
외ː-숙모(外叔母)[외숭-/웨숭-]명 외삼촌의 아내.
외ː-숙부(外叔父)[외-뿌/웨-뿌]명 ☞외삼촌(外三寸).
외ː-시골(外-)[외-/웨-]명 먼 시골. 비외읍(外邑).
외ː식(外食)[외-/웨-]명하자 끼니 음식을 음식점 등에 가서 사서 먹는 일, 또는 그러한 식사. ¶ 한 달에 두 번 외식을 한다.
외ː식(外飾)[외-/웨-]명하자 겉치레. 외면치레.
외ː식^산ː업(外食產業)[외-싸넙/웨-싸넙]명 여러 연쇄점을 거느린, 산업화한 요식업(料食業). 조리 재료의 일괄 구입, 공통된 식단 등이 특색임. 준외식업.
외ː식-업(外食業)[외-/웨-]명 〈외식 산업〉의 준말.
외ː신(外信)[외-/웨-]명 (보도 기관에 보내오는) 외국으로부터의 통신. ¶ 외신 기자. /외신이 전해 온 뉴스.
외ː신(外腎)[외-/웨-]명 〔내신(內腎)인 신장에 상대하여〕 '불알'을 이르는 말.
외ː신(畏愼)[외-/웨-]명하타 두려워하여 언행을 삼감.
외ː신(外臣)[외-/웨-]대 지난날, 외국의 사신이 그 나라 임금에게 '자기'를 가리켜 일컫던 제일인칭 대명사.
외ː실(外室)[외-/웨-]명 ☞사랑(舍廊). ↔내실(內室).
외ː심(外心)[외-/웨-]명 수학에서, 삼각형에 외접(外接)하는 원의 중심을 이름. ↔내심(內心)².
외ː-씨[외-/웨-]명 〈오이씨〉의 준말.
외ː씨-버선[외-/웨-]명 〔'외씨처럼 예쁜 버선'이라는 뜻으로〕 볼이 조붓하고 갸름하여, 신으면 맵시가 있는 버선.
외아(巍峨) '외아하다'의 어근.
외-아들[외-/웨-]명 ①(형제가 없는) 오직 하나뿐인 아들. 독자(獨子). ②아들로는 하나뿐인 아들. ↔외딸.
외아-하다(巍峨-)[외-/웨-]형여 산이 높이 솟아 있다.
외ː-안산(外案山)[외-/웨-]명 풍수설에서, 가장 바깥쪽에 있는 안산. ↔내안산(內案山).
외알-박이[외-/웨-]명 (콩이나 총알·안경 따위의) 알이 하나만 들어 있는 것을 두루 이르는 말.
외알-제기[외-/웨-]명하자 ①마소가 굽 하나를 끌듯이 디디어 걷는 걸음, 또는 그런 마소. ②나귀 따위가 못마땅할 때 한 발로 걷어차는 짓.
외ː압(外壓)[외-/웨-]명 외부로부터 가해지는 압력. 외부의 압력. ↔내압(內壓).
외ː야(外野)[외-/웨-]명 ①야구장의 본루에서 보아, 일루의 연장선 왼편과 삼루의 연장선 오른편 지역에서 내야 지역 이외의 지역. ②〈외야수(外野手)〉의 준말. ③〈외야석(外野席)〉의 준말. ↔내야(內野).

외ː야-석(外野席)[외-/웨-]명 야구장에서 외야의 주위에 마련된 관람석. 준외야. ↔내야석.

외ː야-수(外野手)[외-/웨-]명 야구에서, 외야를 수비하는 선수들을 통틀어 이르는 말. 〔우익수·좌익수 등.〕 준외야. ↔내야수(內野手).

외ː양(外洋)[외-/웨-]명 뭍에서 멀리 떨어진 넓은 바다. 외해(外海). ↔내양(內洋)·내해(內海).

외ː양(外樣)[외-/웨-]명 겉모양. 겉보기. ¶ 외양만 번드르르하다.

외양[외-/웨-]명 ①〈외양간〉의 준말. ②하타마소를 기르는 일.

외양-간(-間)[외-깐/웨-깐]명 마소를 기르는 집. 준외양.

외얒명 〈옛〉자두. ¶ 머자 외야자(樂範.處容歌). 참오얏·외엿.

외-어깨[외-/웨-]명 한쪽 어깨.

외ː-어물전(外魚物廛)[외-/웨-]명 조선 시대에, 서소문(西小門) 밖에 늘어서 있던 어물전. 참내어물전.

외어-서다[외어-/웨여-]자 ①길을 비키어 서다. ②방향을 다른 쪽으로 바꾸어 서다.

외어-앉다[외어안따/웨여안따]자 ①자리를 피하여 비켜 앉다. ②다른 방향으로 돌아앉다.

외얽-이(椳-)[외-/웨-]명하자 (흙벽을 바르기 위하여) 외를 가로세로로 얽는 일, 또는 그 물건.

외ː역(外役)[외-/웨-]명하자 ①밖에 나가서 하는 노동. ②☞외정(外征).

외ː역-전(外役田)[외-쩐/웨-쩐]명 고려 시대에, 나라에서 지방 향리(鄕吏)에게 주던 토지.

외ː연(外延)[외-/웨-]명 논리학에서, 어떤 개념이 적용되는 명제나 사물의 범위. 〔동물이란 개념의 외연이 개·물고기·인간이 되는 따위.〕 ↔내포(內包)[2].

외ː연(外宴)[외-/웨-]명 〈외진연〉의 준말.

외ː연(外緣)[외-/웨-]명 겉둘레. 가장자리.

외연(巍然) '외연하다'의 어근.

외ː연^기관(外燃機關)[외-/웨-]명 기관의 외부에 연소실을 두어 연료를 연소시켜 동력을 일으키는 기관. 〔증기 기관 따위.〕 ↔내연 기관.

외ː연-량(外延量)[외-냥/웨-냥]명 같은 종류의 작은 양을 합산하여 큰 양을 만들 수 있는 양. 〔도량형으로 잴 수 있는 양 따위.〕 ↔내포량.

외연-하다(巍然-)[외-/웨-]형여 높게 솟아 있다. 외연-히부.

외ː열(外熱)[외-/웨-]명 ①외부의 더운 기운. ②한방에서, 몸 거죽으로 나타나는 열기를 이르는 말.

외ː염(外焰)[외-/웨-]명 불꽃의 가장 바깥 부분. 〔연소가 가장 완전하며 온도가 제일 높은 곳임.〕 겉불꽃. 산화염(酸化焰). ↔내염(內焰).

외엿명 〈옛〉자두. ¶ 외엿 니:李(訓蒙上11). 참오얏·외얒.

외오[1]부 〈옛〉멀리. 외따로. ¶ 늙거야 므스 일로 외오 두고 그리는고(鄭澈.思美人曲).

외오[2]부 〈옛〉그릇. 잘못. ¶ 忠臣을 외오 주겨늘(龍歌106章).

외오다[1]타 〈옛〉에우다. ¶ 한 비를 아니 그치샤 날므를 외오시니(龍歌68章).

외오다[2]타 〈옛〉외다. ¶ 글 외오미 다 遊衍ᄒᆞ니(杜初16:1).

외-올[외-/웨-]명 (여러 겹이 아닌) 단 하나의 올.

외올-뜨기[외-/웨-]명 외올로 뜬 망건이나 탕건.

외올-망건(-網巾)[외-/웨-]명 외올로 뜬 망건.

외올-베[외-/웨-]명 외올로 성기게 짠 얇고 부드러운 베. 흔히, 붕대 등으로 쓰임. 난목.

외올-실[외-/웨-]명 한 올로 된 실. 외겹실. 홑실.

외올-탕건(-宕巾)[외-/웨-]명 외올로 뜬 탕건.

외ː-왕모(外王母)[외-/웨-]명 외할머니.

외ː-왕부(外王父)[외-/웨-]명 외할아버지.

외외(巍巍) '외외하다'의 어근.

외ː-외가(外外家)[외외-/웨웨-]명 어머니의 외가. 참진외가.

외외-하다(巍巍-)[외외-/웨웨-]형여 우뚝 높이 솟아 있다. 외외-히부.

외욕-질[외-찔/웨-찔]명하자 욕지기를 하는 짓. 준왹질.

외ː용(外用)[외-/웨-]명하타되자 외부에 씀. 몸의 거죽에 씀. 〔주로, 약을 피부나 점막에 바르거나 붙이는 일을 이름.〕 ¶ 외용 연고. ↔내복(內服)[2].

외ː용(外容)[외-/웨-]명 겉으로 본 모양이나 모습. 겉모양. ¶ 기골이 장대하고 외용이 늠름한 장부.

외ː용-약(外用藥)[외-냑/웨-냑]명 피부에 바르거나 붙이는 약. ↔내복약(內服藥).

외우[외-/웨-]부 ①외지게. ②멀리.

외ː우(外憂)[외-/웨-]명 ①☞외환(外患). ↔내우(內憂). ②☞외간(外艱).

외ː우(畏友)[외-/웨-]명 존경하는 친구.

외우다[외-/웨-]타 ①(글이나 말을) 기억하여 그대로 말하다. 암송하다. ¶ 불경을 줄줄 외우다. ②마음에 새겨 잊지 아니하다. 기억하다. ¶ 영어 단어를 외우다. 준외다[1].

외ː원(外苑·外園)[외-/웨-]명 궁궐의 바깥 뜰. ↔내원.

외ː원(外援)[외-/웨-]명 ①외국의 원조. ¶ 식량을 외원에 의존하다. ②외부의 도움.

외ː위(外圍)[외-/웨-]명 ①바깥 둘레. ②생물의 개체 둘레에 있는 모든 것. 환경.

외ː유(外遊)[외-/웨-]명하자 외국에 여행함.

외ː유-내강(外柔內剛)[외-/웨-]명하형 겉으로는 부드럽고 순하게 보이나 마음속은 단단하고 굳셈. 내강외유. ↔외강내유.

외ː율(外律·外率)[외-/웨-]명 ☞외항(外項).

외율(煨栗)[외-/웨-]명 군밤.

외ː-음부(外陰部)[외-/웨-]명 남녀 생식기의 몸 겉으로 드러나 있는 부분.

외ː읍(外邑)[외-/웨-]명 외딴 시골. 비외시골.

외ː응(外應)[외-/웨-]명 ①하자외부 사람과 몰래 통함. ②하자외부에서 호응함. ③외부의 반응.

외ː의(外衣)[외의/웨이]명 겉옷. ↔내의(內衣).

외의(嵬嶷) '외의하다'의 어근.

외의-하다(嵬嶷-)[외의-/웨이-]형여 산 따위가 높고 크다.

외ː이(外耳)[외-/웨-]명 청각 기관의 한 가지. 귓바퀴와 외이도(外耳道)로 이루어져 있으며, 음파를 중이(中耳)로 보내는 구실을 함. 겉귀.

외ː이(外夷)[외-/웨-]명 오랑캐.

외ː-이도(外耳道)[외-/웨-]명 청각 기관의 한 가지. 귓구멍에서 고막에 이르는 'S' 자 모양의 관(管)으로, 음파를 고막에 보내는 구실을 함. 외청도(外聽道).

외:이도-염(外耳道炎)[외-/웨-] 명 외이도에 생긴 염증.

외:인(外人)[외-/웨-] 명 ①가족 이외의 사람. ②한집안 사람이 아닌 남. ③같은 조직이나 단체에 딸리지 않은 사람. ¶ 외인 출입 금지. ④〈외국인〉의 준말.

외:인(外因)[외-/웨-] 명 (그것 자체에서 생긴 것이 아닌) 외부로부터 생긴 원인. ↔내인(內因).

외:인-부대(外人部隊)[외-/웨-] 명 외국 국적을 가진 사람으로 편성된 용병(傭兵) 부대.

외:임(外任)[외-/웨-] 명 ☞외직(外職).

외:입(外入)[외-/웨-] 명 하자 ☞오입(誤入).

외-자(-字)[외-/웨-] 명 한 글자. ¶ 외자 이름.

외:자(外字)[외-/웨-] 명 외국의 글자. ¶ 외자 신문.

외:자(外資)[외-/웨-] 명 〈외국 자본〉의 준말. ¶ 외자 도입(導入). /외자 유치. ↔내자(內資).

외자-관례(-冠禮)[외-괄-/웨-괄-] 명 하자 지난날, 혼인을 정한 데도 없이 상투만 틀어 올리던 일. 외상관례.

외-자궁(外梓宮) 명 '외재궁(外梓宮)'의 잘못.

외자-상투[외-/웨-] 명 지난날, '외자관례로 틀어 올린 상투'를 이르던 말.

외-자식(-子息)[외-/웨-] 명 단 하나뿐인 자식.

외잡(猥雜) '외잡하다'의 어근.

외:잡-하다(猥雜-)[외자파-/웨자파-] 형여 음탕하고 난잡하다.

외:장(外庄)[외-/웨-] 명 지난날, '먼 곳에 있는 자기의 땅'을 이르던 말.

외:장(外場)[외-/웨-] 명 지난날, '도시 밖에서 서는 시장'을 이르던 말.

외:장(外裝)[외-/웨-] 명 ①하타 되자 외부를 꾸미거나 설비를 갖춤, 또는 그 공사. ↔내장(內裝). ②겉 포장. ¶ 외장 검사.

외:장(外障)[외-/웨-] 명 눈알에 백태가 끼어서 잘 보이지 않게 되는 눈병.

외:재(外在)[외-/웨-] 명 하자 밖에 있는 것. 어떤 일에 직접적 관계가 없이 존재하는 것. ¶ 외재 원인의 규명. ↔내재(內在).

외:-재궁(外梓宮)[외-/웨-] 명 지난날, 임금이나 왕비의 장사(葬事)에 쓰던 외곽(外槨).

외:재-비평(外在批評)[외-/웨-] 명 문예 비평의 한 가지. 작품을 하나의 사회적 현상으로 보고, 사회적·역사적 관점에서 비평하는 일. ↔내재비평(內在批評).

외:재-율(外在律)[외-/웨-] 명 ☞외형률.

외:-재종매(外再從妹)[외-/웨-] 명 자기보다 나이가 아래인, 외종숙의 딸.

외:-재종자(外再從姉)[외-/웨-] 명 자기보다 나이가 위인, 외종숙의 딸.

외:-재종제(外再從弟)[외-/웨-] 명 자기보다 나이가 아래인, 외종숙의 아들.

외:-재종형(外再從兄)[외-/웨-] 명 자기보다 나이가 위인, 외종숙의 아들.

외:-저항(外抵抗)[외-/웨-] 명 전지(電池)의 양극을 연결한 도선에서 생기는 저항. ↔내저항.

외:적(外賊)[외-/웨-] 명 외부로부터 해를 끼치는 도둑의 무리.

외:적(外敵)[외-/웨-] 명 외국(외부)으로부터 쳐들어오는 적. 외구(外寇).

외:-적(外的)[외쩍/웨쩍] 관명 ①사물의 외부에 관한 (것). 외부적. ¶ 외적 조건. /외적으로 심각한 상황이다. ②(정신에 상대하여) 물질이나 육체에 관한 (것). ¶ 외적 욕망. /외적인 충족. ↔내적(內的).

외:전(外典)[외-/웨-] 명 ①불교에서, 불교의 경전(經典) 이외의 책을 이르는 말. ↔내전(內典). ②가톨릭에서, '경외 성경(經外聖經)'을 달리 이르는 말.

외:전(外電)[외-/웨-] 명 외국으로부터 온 전신.

외:전(外傳)[외-/웨-] 명 본전(本傳)에 기록되지 아니한 전기(傳記)나 일화·주석 등을 따로 모아 엮은 책.

외:절(外切)[외-/웨-] 명 하자 ☞외접(外接).

외:접(外接)[외-/웨-] 명 하자 수학에서, '어떤 도형이 다른 도형의 바깥쪽에 접해 있는 상태'를 이르는 말. ↔내접(內接).

외:접^사:각형(外接四角形)[외-싸가켱/웨-싸가켱] 명 수학에서, '각 변이 한 원의 겉에 접해 있는 사각형'을 그 원에 대하여 이르는 말.

외:접-원(外接圓)[외-/웨-] 명 한 다각형의 각 꼭짓점을 모두 지나는 원. ↔내접원(內接圓).

외:정(外征)[외-/웨-] 명 하자 외국에 군사를 보내어 싸우는 일. 외역(外役).

외:정(外情)[외-/웨-] 명 외부나 외국의 사정.

외:제(外除)[외-/웨-] 명 하타 조선 시대에, 내직에 있던 관원을 외방의 수령으로 보내던 일.

외:제(外製)[외-/웨-] 명 〈외국제〉의 준말. ¶ 외제 담배.

외:조(外助)[외-/웨-] 명 아내가 사회적인 활동을 잘할 수 있도록 남편이 도움. ↔내조(內助).

외:조(外祖)[외-/웨-] 명 〈외조부〉의 준말.

외:-조모(外祖母)[외-/웨-] 명 외할머니.

외:-조부(外祖父)[외-/웨-] 명 외할아버지. 준 외조.

외:족(外族)[외-/웨-] 명 어머니의 친정 쪽의 일가. 외편(外便).

외:종(外從)[외-/웨-] 명 ☞외사촌(外四寸).

외:종(外腫)[외-/웨-] 명 한방에서, 몸의 거죽에 난 종기를 이르는 말. ↔내종(內腫).

외:-종매(外從妹)[외-/웨-] 명 자기보다 나이가 아래인, 외삼촌의 딸.

외:종^사:촌(外從四寸)[외-/웨-] 명 ☞외사촌(外四寸).

외:-종숙(外從叔)[외-/웨-] 명 어머니의 사촌 형제. 외당숙.

외:-종숙모(外從叔母)[외-숭-/웨-숭-] 명 외종숙의 아내. 외당숙모.

외:-종씨(外從氏)[외-/웨-] 명 ☞외종형.

외:-종자(外從姉)[외-/웨-] 명 자기보다 나이가 위인, 외삼촌의 딸.

외:-종제(外從弟)[외-/웨-] 명 자기보다 나이가 아래인, 외삼촌의 아들.

외:-종조모(外從祖母)[외-/웨-] 명 외종조부의 아내.

외:-종조부(外從祖父)[외-/웨-] 명 외조부의 형제.

외:-종질(外從姪)[외-/웨-] 명 외사촌의 아들. 외당질(外堂姪).

외:-종질녀(外從姪女)[외-려/웨-려] 명 외사촌의 딸. 외당질녀(外堂姪女).

외:종-피(外種皮)[외-/웨-] 명 ☞겉씨껍질.

외:-종형(外從兄)[외-/웨-] 명 자기보다 나이가 위인, 외삼촌의 아들. 외종씨(外從氏).

외:종-형제(外從兄弟)[외-/웨-] 명 외사촌 형제.

외:주(外注)[외-/웨-] 명 하자 (회사의 작업의 일부를) 외부의 업자에게 주문하는 일. ¶ 외주를 주다.

외ː주(外周)[외-/웨-]명 바깥쪽의 둘레, 또는 그 길이. ↔내주(內周).
외주물-집[외-찝/웨-찝]명 마당이 없고 안이 길 밖에서 들여다보이는 집.
외ː-주방(外廚房)[외-/웨-]명 궁중에서, 임금의 수라상에 차릴 음식을 만들던 방.
외-죽각(-角)[외-깍/웨-깍]명 한쪽 모서리만이 둥글게 되어 있는 각재(角材).
외-줄[외-/웨-]명 단 한 줄. 단선(單線).
외-줄기[외-/웨-]명 (여러 가닥이 아닌) 단 한 줄기.
외줄-낚시[외-락씨/웨-락씨]명 낚시 방법의 한 가지. 한 가닥의 본줄 끝에 하나 또는 몇 개의 낚싯바늘을 달아 물고기를 낚음. 대낚시와 주낙 낚시가 있음.
외ː중-비(外中比)[외-/웨-]명 ☞황금비.
외ː-증조모(外曾祖母)[외-/웨-]명 어머니의 할머니.
외ː-증조부(外曾祖父)[외-/웨-]명 어머니의 할아버지.
외ː-지[외-/웨-]명 〈오이지〉의 준말.
외ː지(外地)[외-/웨-]명 ①나라 밖의 땅. ②제 고장 이외의 땅. ¶ 외지 사람. 외방(外方). ③식민지를 본국에 상대하여 이르는 말. ③↔내지(內地).
외ː지(外紙)[외-/웨-]명 외국의 신문.
외ː지(外智)[외-/웨-]명 불교에서 이르는, 삼지(三智)의 하나. 물질적 현상계를 관찰하는 지(智).
외ː지(外誌)[외-/웨-]명 외국의 잡지.
외-지다[외-/웨-]형 외따로 떨어져 있고 구석지다. ¶ 외진 곳이어서 사람의 왕래가 드물다.
외ː지-인(外地人)[외-/웨-]명 그 고장 사람이 아닌 사람을 이르는 말. ¶ 외지인의 발길이 끊기다.
외ː직(外職)[외-/웨-]명 지난날, '지방 관아의 벼슬'을 달리 이르던 말. 외관(外官). 외임(外任). ↔내직(內職)[2].
외ː-진연(外進宴)[외-/웨-]명 궁궐에서, 외빈(外賓)을 초대하여 베풀던 잔치. ㊟외연(外宴).
외-질빵[외-/웨-]명 한쪽 어깨로만 메는 질빵. ¶ 외질빵의 학생 가방.
외ː-집단(外集團)[외-딴/웨-딴]명 집단 심리학에서, '자기가 딸려 있지 않은 집단'을 이르는 말. ↔내집단(內集團).
외-짝[외-/웨-]명 (짝을 제대로 갖추지 아니한) 한 짝으로 된 것. ¶ 외짝 문.
외짝^열개[외짱녈-/웨짱녈-]명 (두 짝으로 된 문으로) 한쪽은 고정되어 있고 한쪽만 여닫게 된 문.
외-쪽[외-/웨-]명 ①방향이 서로 맞선 두 쪽 가운데의 한쪽. ②단 한 조각. ¶ 외쪽 마늘.
외쪽-박이[외-빠기/웨-빠기]명 뒷발의 왼쪽이 흰 짐승.
외쪽-생각[외-쌩-/웨-쌩-]명 상대편의 속은 알지도 못하면서 이쪽에서만 하는 생각.
외쪽-어버이[외-/웨-]명 〈홀어버이〉의 속된 말.
외쪽-여수(-與受)[외쫑녀-/웨쫑녀-]명하자 (저쪽에서는 얻어 쓰지도 못하면서) 이쪽에서 꾸어 주기만 하는 일.
외쪽-지붕[외-찌-/웨-찌-]명 앞이 높고 뒤쪽이 낮아 한쪽으로만 기울게 된 지붕.
외ː차(外車)[외-/웨-]명 스크루를 이용하기 이전의 기선에 달던 차륜 추진기. 둘레에 물갈퀴 노릇을 하는 판자가 방사상으로 달려 있음.
외-채[외-/웨-]명 단 하나로 된 집채.
외ː채(外債)[외-/웨-]명 ①〈외국 공채(外國公債)〉의 준말. ②〈외국채(外國債)〉의 준말. ¶ 외채를 상환하다.
외챗-집[외채찝/웨챋찝]명 외채로 된 집.
외ː처(外處)[외-/웨-]명 제 고장이 아닌 다른 곳.
외ː척(外戚)[외-/웨-]명 ①외가 쪽의 친척. 이성친(異姓親). ¶ 외척의 세도. ↔내척(內戚). ②본(本)이 다른 친척.
외ː첨내소(外諂內疏)[외-/웨-]명하자 겉으로는 비위를 맞추면서 속으로는 해치려고 함. ㊥외친내소(外親內疏).
외ː-청도(外聽道)[외-/웨-]명 ☞외이도.
외ː-청룡(外青龍)[외-뇽/웨-뇽]명 풍수설에서, 주산(主山)에서 남쪽을 향하여 왼쪽으로 벋어나간 여러 갈래의 산줄기 가운데서 맨 바깥쪽의 줄기를 이르는 말. ㊌내청룡.
외ː초(外哨)[외-/웨-]명 건물이나 막사의 바깥에 서 있는 초병(哨兵).
외ː촉(外鏃)[외-/웨-]명 화살촉의 더데 아래의 부분.
외ː촌(外村)[외-/웨-]명 ①고을 밖에 있는 마을. ②다른 마을.
외촘명 〈옛〉 침실. ¶ 외촘 구ː冓(訓蒙下8).
외ː축(畏縮)[외-/웨-]명하자되자 두려워서 몸을 움츠림.
외ː출(外出)[외-/웨-]명하자 (집이나 직장 등에서) 볼일을 보러 나감. 출타(出他). ¶ 외출 금지. /외출을 삼가다. ㊥나들이.
외ː출-복(外出服)[외-/웨-]명 외출할 때 입는 옷. 나들이옷.
외ː출-증(外出證)[외-쯩/웨-쯩]명 외출을 허가하는 증명서.
외ː-출혈(外出血)[외-/웨-]명 피부나 점막이 상하여 피가 몸 밖으로 흘러 나오는 상태, 또는 그 피. ↔내출혈(內出血).
외ː측(外側)[외-/웨-]명 바깥쪽. ↔내측.
외ː측(外廁)[외-/웨-]명 남자들이 쓰는 변소. ㊌내측(內廁).
외ː층(外層)[외-/웨-]명 (여러 겹으로 포개져 있는 것의) 바깥쪽의 켜나 층. ↔내층(內層).
외ː치(外治)[1][외-/웨-]명하자 외국을 상대로 하는 정치. 외국과의 교제나 교섭.
외ː치(外治)[2][외-/웨-]명하타 외용약이나 수술 등으로 병을 다스리는 일. ↔내치(內治)[2].
외ː치(外侈)[외-/웨-]명하자 (속사정은 아주 쪼들리면서) 분수에 넘치게 사치함.
외ː치(外痔)[외-/웨-]명 ☞수치질. ↔내치(內痔).
외치다[외-/웨-] Ⅰ자 큰 소리를 질러서 알리다. ¶ 큰 소리로 '도둑이야!' 하고 외치다. Ⅱ타 의견이나 요구 등을 강력히 주장하다. ¶ 자연보호의 절실함을 외치다.
외ː친-내소(外親內疏)[외-/웨-]명하자 겉으로는 가깝거나 친한 체하면서 속으로는 멀리함. ㊥외첨내소(外諂內疏).
외ː침(畏鍼)[외-/웨-]명하자 침 맞기를 두려워함.
외ː-캘리퍼스(外callipers)[외-/웨-]명 곡면(曲面)이 있는 물체의 바깥지름을 재는 기구.
외-코[외-/웨-]명 솔기를 외줄로 댄 가죽신의 코.
외코-신[외-/웨-]명 지난날, 가난한 사람들이 신던 가죽신의 한 가지. 코가 좀 짧고 눈을 놓지 않았음.

외ː-탁(外-)[외-/웨-]명하자 생김새나 성질 등이 외가(外家) 쪽을 닮음. ↔친탁.
외ː탄(畏憚)[외-/웨-]명하타 ☞외기(畏忌).
외ː택(外宅)[외-/웨-]명 남을 높이어 그의 외가(外家)를 이르는 말.
외-톨[외-/웨-]명 ①밤송이나 마늘통 따위에 한 톨만 들어 있는 알. ②〈외돌토리〉의 준말.
외톨-박이[외-/웨-]명 '알이 하나만 든 밤송이나 마늘통' 따위를 이르는 말.
외톨-밤[외-/웨-]명 한 송이에 한 톨만 들어 있는 밤.
외톨밤이 벌레가 먹었다속담 '단 하나뿐인 소중한 물건에 흠집이 생긴 경우'를 비유하여 이르는 말.
외톨-이[외-/웨-]명 외돌토리.
외-통(-通)[외-/웨-]명 장기에서, 상대편이 부른 장군에 궁이 피할 수 없게 된 형편. 단수(單手).
외통-길(-通-)[외-낄/웨-낄]명 오로지 한 곳으로만 난 길. 외곬의 길.
외통-목(-通-)[외-/웨-]명 장기에서, 외통장군이 될 요긴한 목.
외통-수(-通手)[외-/웨-]명 장기에서, 외통장군이 되게 두는 수. 단수(單手).
외통-장군(-通將軍)[외-/웨-]명 장기에서, 상대편을 외통으로 몰아 승부를 결정짓는 장군.
외ː투(外套)[외-/웨-]명 겨울철에 겉옷 위에 덧입는 방한용 옷. 오버코트.
외ː투-강(外套腔)[외-/웨-]명 연체동물의 외투막과 몸 사이의 빈 곳.
외ː투-막(外套膜)[외-/웨-]명 ①연체동물의 외피에서 형성되어 몸 전체 또는 일부를 싸고 있는 막. ②대뇌(大腦)의 바깥쪽 부분.
외-틀다[외-/웨-][~트니·~틀어]타 한쪽으로 또는 왼쪽으로 비틀다. ¶ 고개를 외틀어 쳐다보다.
외틀-리다[외-/웨-]자 〖'외틀다'의 피동〗 한쪽이나 왼쪽으로 비틀리다.
외틀어-지다[외-/웨-]자 한쪽으로 또는 왼쪽으로 비틀어지다. ¶ 외틀어진 널빤지.
외ː판(外販)[외-/웨-]명하타 판매 사원이 직접 고객을 방문하여 상품을 파는 일. ¶ 외판 조직.
외ː판(外辦)[외-/웨-]명하자 임금의 거둥 때, 의장(儀仗)과 호종(扈從)들을 제자리에 정렬시키던 일.
외ː판-원(外販員)[외-/웨-]명 외판 일을 하는 사원. 세일즈맨.
외-팔[외-/웨-]명 한 팔. 한쪽뿐인 팔.
외팔-이[외-/웨-]명 '한쪽 팔만 있는 사람'을 홀하게 이르는 말.
외패부득(-覇不得)[외-/웨-]명 바둑에서, 패를 쓸 자리가 한 군데도 없음을 이르는 말.
외패-잡이[외-/웨-]명 처음부터 끝까지 한 번도 갈마들지 않고 메고 가는 가마, 또는 그런 가마를 메는 교군꾼을 이르던 말.
외ː편(外便)[외-/웨-]명 외가 편의 일가. 외족(外族).
외ː편(外篇)[외-/웨-]명 (한 부의 책에서) 중심 내용이 되는 내편 이외의 부분. ↔내편(內篇).
외ː포-계(外圃契)[외-계/웨-게]명 왕조 때, 채소를 공물로 바치던 계.
외ː표(外表)[외-/웨-]명 ①겉으로 드러나 있는 풍채나 표정. ②사물의 겉면.
외ː풍(外風)[외-/웨-]명 ①(주로) 겨울에 문틈이나 벽틈으로 방 안에 새어 들어오는 찬 바람. 웃바람. ¶ 외풍이 없는 방. /외풍이 세다. ②외국에서 들어온 풍속.
외ː피(外皮)[외-/웨-]명 ①겉껍질. 겉가죽. ↔내피(內皮). ②동물의 몸의 거죽이나 몸 안의 여러 기관을 싸고 있는 세포층을 통틀어 이르는 말.
외ː-하방(外下方)[외-/웨-]명 ☞외방(外方).
외ː학(外學)[외-/웨-]명 불교에서, 불교에 관한 학문 이외의 학문을 이르는 말.
외ː한(外寒)[외-/웨-]명 바깥의 찬 기운.
외ː한(畏寒)[외-/웨-]명하자 추위를 두려워함.
외ː-할머니(外-)[외-/웨-]명 어머니의 친정어머니. 외왕모. 외조모. 낮외할미.
외ː-할미(外-)[외-/웨-]명 〈외할머니〉의 낮춤말.
외ː-할아버지(外-)[외-/웨-]명 어머니의 친정아버지. 외왕부. 외조부. 낮외할아비.
외ː-할아비(外-)[외-/웨-]명 〈외할아버지〉의 낮춤말.
외ː합(外合)[외-/웨-]명 (지구에서 보아) 태양과 행성이 일직선으로 늘어선 현상 가운데서, 내행성(수성·금성)이 태양보다 먼 위치에서 일직선이 된 현상을 이르는 말. 상합(上合). 순합(順合). ↔내합(內合).
외ː항(外航)[외-/웨-]명하자 배가 외국으로 항행함. ↔내항(內航).
외ː항(外港)[외-/웨-]명 ①선박이 항구에 들어오기 전에 임시로 정박하는 해역. ②항구의 방파제 바깥쪽 해역. ¶ 외항에 정박하다. ③대도시 가까이에 있어 그 도시의 출입구 구실을 하는 항구. ↔내항(內港).
외ː항(外項)[외-/웨-]명 비례식에서, 바깥쪽에 있는 두 항. 〔$a:b=c:d$에서 a와 d.〕 외율(外律). ↔내항(內項).
외ː항-선(外航船)[외-/웨-]명 국제 항로에 취항하여 왕래하는 선박.
외ː해(外海)[외-/웨-]명 ①뭍에 둘러싸여 있지 아니한 바다. ↔내해(內海). ②☞외양(外洋).
외ː-행성(外行星)[외-/웨-]명 태양계의 행성 중 지구보다 바깥쪽의 궤도에 있는 행성. 〔화성·목성·토성·천왕성·해왕성·명왕성의 여섯 행성.〕 ↔내행성.
외ː향(外向)[외-/웨-]명 ①바깥으로 드러남. ②마음의 움직임을 적극적으로 겉으로 드러냄. ↔내향.
외ː향-성(外向性)[외-썽/웨-썽]명 심리학에서, 마음의 작용이 외부로 향하기 쉬운 적극적이고 사교적인 성격, 또는 그런 특징. ↔내향성.
외ː향-적(外向的)[외-/웨-]관명 ①바깥으로 드러나는 (것). ②마음의 움직임을 적극적으로 나타내는 (것). ¶ 외향적 성격. ↔내향적(內向的).
외ː허(外虛)[외-/웨-]명 ①하형겉이 허함. 참내허(內虛). ②태양의 흑점 둘레의 어둠침침한 부분.
외ː허-내실(外虛內實)[외-/웨-]명하형 겉은 허한 듯 보이나 속은 옹골참.
외ː현(外現)[외-/웨-]명하자되자 겉으로 나타남.
외ː형(外形)[외-/웨-]명 겉으로 드러난 모양. 겉모양. ¶ 외형이 웅장하다.
외ː형(畏兄)[외-/웨-]명 〔편지 글 따위에서〕 친구끼리 상대편을 대접하여 일컫는 말.

외ː형-률 (外形律) [외-뉼/웨-뉼] 명 시가(詩歌)에서, 일정한 율격(律格)이 겉으로 드러나는 운율. 〔주로, 글자 수에 의한 운율을 말함. 삼사조(三四調)·사사조(四四調)·칠오조(七五調) 따위.〕 외재율(外在律). ↔내재율(內在律).

외ː-형제 (外兄弟) [외-/웨-] 명 ①고모의 아들. ②어머니는 같고, 아버지가 다른 형제.

외ː호 (外濠) [외-/웨-] 명 성(城) 밖으로 둘려 판 호(濠). 해자(垓字).

외ː호 (外護) [외-/웨-] 명하타 밖으로부터 보호함, 또는 그 보호.

외ː-호흡 (外呼吸) [외-/웨-] 명 (폐나 아가미 따위) 호흡 기관에 의하여 공기나 물에서 산소를 받아들이고 이산화탄소를 내보내는 작용. ↔내호흡(內呼吸).

외ː혼 (外婚) [외-/웨-] 명 ☞족외혼(族外婚).

외ː화 (外貨) [외-/웨-] 명 ①외국의 화폐. ↔방화(邦貨)·내화(內貨). ②외국에서 들어오는 화물.

외ː화 (外華) [외-/웨-] 명 겉모양이 화려한 꾸밈새.

외ː화 (外畫) [외-/웨-] 명 외국 영화. ¶ 외화를 수입하다. ↔방화(邦畫).

외ː화^가득률 (外貨稼得率) [외-등뉼/웨-등뉼] 명 상품의 수출액에서 원자재 수입액을 뺀 금액의 상품 수출액에 대한 비율.

외ː화^어음 (外貨-) [외-/웨-] 명 외국환 어음 중, 어음 금액이 외국 통화로 표시된 어음.

외ː환 (外患) [외-/웨-] 명 외적의 침범에 대한 근심. 외우(外憂). ¶ 내우외환. ↔내우·내환.

외ː환 (外換) [외-/웨-] 명 〈외국환(外國換)〉의 준말.

외ː환^관리법 (外換管理法) [외-괄-뻡/웨-괄-뻡] 명 〈외국환 관리법〉의 준말.

외ː환^시ː장 (外換市場) [외-/웨-] 명 〈외국환 시장(外國換市場)〉의 준말.

외ː환-율 (外換率) [외-뉼/웨-뉼] 명 ☞환시세(換時勢).

외ː환^은행 (外換銀行) [외-/웨-] 명 〈외국환 은행(外國換銀行)〉의 준말.

외ː환-죄 (外患罪) [외-쬐/웨-쮀] 명 국가의 대외적 지위를 침해함으로써 성립되는 죄.

외훈 (巍勳) [외-/웨-] 명 뛰어나게 큰 공훈.

왹ː-질 [왹찔/웩찔] 명하자 〈외욕질〉의 준말.

왼ː [왼/웬] 관 왼쪽의. ¶ 왼 다리. ↔오른.

왼ː-걸음 [왼-/웬-] 명 건축에서, 쪼구미의 밑동 가랑이를 왼편으로 대각(對角)이 되게 '▞' 모양으로 따 내는 방식. ↔오른걸음.

왼ː-고개 [왼-/웬-] 명 ①왼쪽으로 돌리는 고개. ②부정하는 뜻으로 돌리는 고개.

왼고개(를) 젓다〔치다〕 관용 부정하거나 반대하는 뜻을 표시하다.

왼고개(를) 틀다 관용 무엇이 못마땅하여 외면하다.

왼ː-구비 [왼-/웬-] 명 쏜 화살이 높이 떠가는 상태. 참반구비.

왼ː-나사 (-螺絲) [왼-/웬-] 명 왼쪽(시곗바늘과 반대 방향)으로 돌리는 나사. ↔오른나사.

왼ː-낫 [왼낟/웬낟] 명 왼손잡이가 쓰도록 날을 둘러놓은 낫. ＊왼ː낫이[왼나시/웬나시]·왼ː낫만[왼난-/웬난-]

왼-달 명 '온달'의 잘못.

왼ː-발 [왼-/웬-] 명 왼쪽 발. ↔오른발.

왼발 구르고 침 뱉는다 속담 무슨 일이든, 처음에는 앞장섰다가 곧 꽁무니를 빼는 사람을 두고 하는 말.

왼ː발목^치기 [왼-/웬-] 명 씨름 기술의 한 가지. 오른손으로 상대편의 왼편 발목을 치면서 왼팔로 다리 샅바를 당기며 오른편으로 돌아 넘어뜨리는 기술.

왼ː-배지기 [왼-/웬-] 명 씨름의 들기술의 한 가지. 왼편 다리를 상대편의 다리 사이에 들여 밀고 샅바를 당기며 오른쪽으로 돌면서 넘어뜨리는 기술. ↔오른배지기.

왼ː-빰 [왼-/웬-] 명 왼쪽 빰. ↔오른빰.

왼ː-새끼 [왼-/웬-] 명 왼쪽으로 꼰 새끼. ↔오른새끼.

왼새끼 내던졌다 속담 두 번 다시 돌아볼 생각 없이 아주 내버릴 때 이르는 말.

왼새끼(를) 꼬다 관용 ①비비틀려 나가는 일이 어떻게 될지 궁금하다. ②비비꼬아서 말하거나 비아냥거리다.

왼ː-섶 [왼섭/웬섭] 명 저고리의 왼쪽에 댄 섶, 또는 그러한 저고리. 겉섶. ↔오른섶. ＊왼ː섶이[왼서피/웬서피]·왼ː섶만[왼섬-/웬섬-]

왼ː-소리 [왼-/웬-] 명 사람이 죽었다는 소문.

왼ː-손 [왼-/웬-] 명 왼쪽 손. ↔오른손.

왼ː손-잡이 [왼-/웬-] 명 왼손을 오른손보다 더 잘 쓰는 사람. ↔오른손잡이.

왼ː손-좌 (-屮) [왼-/웬-] 명 한자 부수의 한 가지. '屯'에서의 '屮'의 이름.

왼ː손-좍질 [왼-찔/웬-찔] 명하자 식사할 때, 숟가락이나 젓가락을 왼손으로 잡는 것.

왼ː-씨름 [왼-/웬-] 명 씨름에서, 샅바를 오른 다리에 끼고 고개와 어깨는 왼쪽으로 돌려 대고 하는 씨름의 한 가지. 참오른씨름·띠씨름.

왼ː-안걸이 [외난-/웨난-] 명 씨름 기술의 한 가지. 왼배지기를 할 듯 하다가 왼 다리로 상대편의 오른 다리를 걸어서 왼쪽으로 젖히는 기술.

왼ː오금^치기 [외노-/웨노-] 명 씨름 기술의 한 가지. 상대편의 몸을 왼편으로 기울게 누르다가 오른 다리로 상대편의 왼 다리 오금 바깥쪽을 쳐서 넘어뜨리는 기술.

왼ː-쪽 [왼-/웬-] 명 동쪽을 향했을 때, 북쪽에 해당하는 방향. 좌측(左側). ↔오른쪽.

왼ː-팔 [왼-/웬-] 명 왼쪽 팔. 좌완. ↔오른팔.

왼ː-편 (-便) [왼-/웬-] 명 왼쪽. 왼쪽 방향. 좌편(左便). ↔오른편.

왼ː-편짝 (-便-) [왼-/웬-] 명 왼쪽의 편짝. ↔오른편짝.

욀ː-재주 (←-才操) [욀째-/웰째-] 명 잘 외는 재주.

욀ː-총 (-聰) [욀-/웰-] 명 잘 기억하여 외는 총기.

욋-가지 (椳-) [외까-/웯까-] 명 외(椳)를 엮는 데 쓰이는 가느다란 나뭇가지나 수수깡.

욍 [욍/웽] 부 ①작은 날벌레나 물건이 빠르게 날아갈 때 나는 소리. ¶ 모기가 '욍!' 하고 날아들다. ②기계의 바퀴가 세게 돌아갈 때, 또는 바람이 가느다란 철사 따위에 세게 부딪칠 때 나는 소리. 큰윙. **욍-욍** 부하자.

욍욍-거리다 [욍욍-/웽웽-] 자 자꾸 욍욍 소리가 나다. 욍욍대다. 큰윙윙거리다.

욍욍-대다 [욍욍-/웽웽-] 자 욍욍거리다.

요[1] 명 한글 자모(字母)의 이중 모음(二重母音) 'ㅛ'의 음가(音價) 및 이름.

요[2] 관 ①자기로부터 또는 현재로부터 아주 가까운 사물이나 시간을 이를 때 쓰는 말. ¶ 요 자리. /요 근방. /요 시간. ②눈앞에 있는 사람이나 사물을 얕잡아 이를 때 쓰는 말. ¶ 요 녀석. 큰이[5].

요[3]조 ①모음으로 끝난 체언에 붙어, 둘 이상의 사물을 대등적으로 나열하는 뜻을 나타내는 연결형 서술격 조사. 참이요. ②모음으로 끝난 체언 뒤에 쓰이는 하오체의 종결형 서술격 조사. ㉠무엇을 단정하여 일러 주는 뜻을 나타냄. ¶ 요게 바로 다람쥐요. ㉡묻는 뜻을 나타냄. ¶ 여기가 어디요? 참이오. ③서술어의 어미에 붙어 존칭이나 주의를 끌게 하는 뜻을 나타내는 보조사. ¶ 신부가 아주 예뻐요. /벌써 갔는걸요.

요(←褥)명 침구의 한 가지. 사람이 눕거나 앉을 때 바닥에 깖.

요(要)명 요점. 요지. 대요(大要). 《주로, '요는'의 꼴로 쓰임.》 ¶ 됐어, 그만하게. 요는 자네 잘못은 없다는 말 아닌가?

요ː(料)명 〔지난날〕 ①잡직(雜職)이나 각 군문·아문의 장교, 그 밖의 구실아치들에게 급료로 사맹삭(四孟朔)에 주던 쌀·콩·보리·무명·베·돈 따위 급료를 통틀어 이르던 말. ②하인에게 급료로 주던 곡식.

요(窯)명 기와나 자기를 굽는 가마.

요(謠)명 동요·민요·속요 따위의 가요를 통틀어 이르는 말.

요가(yoga 범)명 인도 고유의 심신 단련법의 한 가지. 자세와 호흡을 가다듬어 정신을 통일·순화시키고, 초자연적인 힘을 얻으려는 수행법.

요각(凹角)명 수학에서, 두 직각보다 크고 네 직각보다 작은 각, 곧 180°와 360° 사이의 각. ↔철각(凸角).

요ː감(了勘)명하타 ☞요결(了結).

요감(搖撼)명하타 흔들리게 함. 흔듦.

요강명 방에 두고 오줌을 누는 그릇. 한자를 빌려 '溺鋼·溺缸·溺江'으로 적기도 함. 야호(夜壺).

요강(要綱)명 중요한 골자나 줄거리, 또는 기본이 되는 중요 사항. ¶ 입시 요강을 발표하다.

요강-도둑명 바지의 솜이 아래로 처져서 퉁퉁하게 보이는 사람을 놀리는 말.

요-개감 개를 쫓을 때 하는 말. 큰이개.

요-거대 〈요것〉의 준말. ¶ 요거 얼마요? 큰이거.

요거(搖車)명 어린아이를 태워 밀어 주는 수레.

요거(饒居)명하자 넉넉하게 삶.

요건(要件)[-껀]명 요긴한 일이나 조건. ¶ 요건을 갖추다.

요-것[-걷]대 ①'이것'을 얕잡아, 또는 귀엽게 이르는 말. ¶ 요것은 책이고 조것은 연필이다. ②'요 사람'을 얕잡아 이르는 말. ¶ 요것들이 남을 놀리는구나. ③《반어적 표현으로》 '요 아이'를 귀엽게 이르는 말. ¶ 요것이 벌써 어리광을 부리네. /아이고나, 요것이 어디서 나왔을꼬. 준요거. ②③큰이것. * 요것이[-거시]·요것만[-건-]

요-게준 '요것이'가 줄어든 말. ¶ 요게 뭘까? 큰이게.

요격(邀擊)명하타 공격해 오는 적을 도중에서 기다렸다가 마주 나가 침. 〔주로, 미사일이나 항공기의 공격에 쓰임.〕 ¶ 적기를 요격하다. 비영격(迎擊).

요격^미사일(邀擊missile)명 적의 미사일이나 항공기를 요격하기 위한 미사일.

요ː결(了結)명하타 일을 끝내어 마침. 끝을 막음. 요감(了勘).

요결(要訣)명 ①종요로운 비결. ②긴요한 뜻.

요결(要結)명 긴요한 결과.

요경(凹鏡)명 ☞오목 거울.

요고(腰鼓)명 ☞장구.

요고-전(腰鼓田)명 ☞장구배미.

요골(腰骨)명 ☞허리뼈.

요골(橈骨)명 아래 팔뼈를 이루는 두 개의 뼈 중 바깥쪽에 있는 삼각기둥 모양의 뼈.

요공(要功)명하자 남에게 베푼 공을 스스로 드러내어 자랑함.

요관(尿管)명 오줌을 신장에서 방광으로 보내는 도관(導管). 오줌관. 수뇨관(輸尿管).

요광(搖光)명 북두칠성의 하나. 자루 쪽의 첫째 별. 2등성. 파군성(破軍星). 참천추(天樞).

요괴(妖怪)[-괴/-궤]명 ①하형스형요사스럽고 괴상함. ¶ 하는 짓이 요괴하다. ②요망한 마귀. ①요괴스레부.

요구(要求)명하타 ①되자달라고 청함. ¶ 요구 조건. /많은 돈을 요구하다. ②어떤 행위를 하도록 청하거나 구함. ¶ 증인으로 출두할 것을 요구하다.

요구(要具)명 필요한 도구.

요구르트(yogurt)명 발효유의 한 가지. 우유류에 젖산균을 넣어 발효시켜 만든 영양 식품.

요구불^예ː금(要求拂預金)[-례-]명 예금주(預金主)의 지급 청구가 있을 때 언제든지 즉시 지급할 수 있는 예금. 〔당좌 예금·보통 예금 따위.〕

요구-서(要求書)명 요구하는 내용을 쓴 문서. ¶ 출두 요구서.

요귀(妖鬼)명 ☞요마(妖魔).

요ː금(料金)명 남에게 수고를 끼쳤거나 사물을 사용·관람한 대가로 지불하는 금전을 통틀어 이르는 말. 〔이발료·대관료·관람료 따위.〕 ¶ 교통 요금. /전기 요금이 오르다.

요ː급(料給)명 삯으로 주는 돈. 급료.

요-기대 요 곳. 요 점. 요것. ¶ 요기에서 기다리고 있어라. /요기에 대해서 설명해 보아라. 큰여기.

요기(妖氣)명 요사스러운 기운. ¶ 요기가 서리다. /요기를 부리다.

요기(療飢)명하자 되자 시장기를 면할 정도로 음식을 조금 먹음. ¶ 차린 음식이 별로 많지 않아 요기나 되었는지 모르겠소.

요기-스럽다(妖氣-)[-따][~스러우니·~스러워]형ㅂ 요사스러운 기운이 있다. **요기스레**부.

요기-조기명 여러 장소를 통틀어 이르는 말. ¶ 개나리가 요기조기에 피었다. 큰여기저기.

요기-차(療飢次)명 ①지난날, 요기나 하라고 하인에게 주던 돈. ②상여꾼에게 쉴 참마다 주는 돈. 준요차.

요긴(要緊) '요긴하다'의 어근.

요긴-목(要緊-)명 요긴한 길목이나 대목.

요긴-하다(要緊-)형여 ☞긴요하다. ¶ 요긴한 물건. /빌려 준 돈은 요긴하게 잘 썼다. **요긴-히**부.

요깃-거리(療飢-)[-기꺼-/-긷꺼-]명 먹어서 시장기를 면할 만한 간단한 음식. ¶ 배가 출출한데 빵 같은 요깃거리 없나요?

요-까짓[-짇]관 겨우 요 정도밖에 안 되는. ¶ 요까짓 일로 쩔쩔매다니. 준까짓·요깟. 큰이까짓.

요-깟[-깓]관 〈요까짓〉의 준말. 큰이깟.

요나(嫋娜·裊娜) '요나하다'의 어근.

요-나마부 요것이나마. ¶ 요나마 마저 빼앗기게 되다니. 큰이나마.

요나-서(←Jonah書)명 구약 성서 중의 한 편. 예언자 요나가 하나님의 명령에 거역하여 고래 배 속에 갇히는 징벌을 받고, 회개의 기도를 통하여 구원되는 내용을 기록함.

요나-하다(嫋娜─·裊娜─)형여 (몸매가) 날씬하고 가냘프다. 간드러지다.
요-냥부 요 모양대로. 요대로 내처. ¶ 언제까지나 요냥 살 수는 없다. 큰이냥.
요녀(妖女)명 요사스러운 여자. 요희(妖姬).
요-년대 '이년'을 얕잡아, 또는 귀엽게 이르는 말.
요년(堯年)명 〔요 임금이 다스린 해라는 뜻으로〕 '태평성대(太平聖代)'를 예스럽게 이르는 말.
요-놈대 '이놈'을 얕잡아, 또는 귀엽게 이르는 말.
요다(饒多) '요다하다'의 어근.
요-다각형(凹多角形)[-가켱]명 '오목 다각형'의 구용어.
요-다음명 뒤미처 오는 때나 자리. 요번의 다음. ¶ 요다음 일요일에 다시 만나자. /요다음은 누구 차례니? 준요담. 큰이다음.
요-다지부 요렇게까지. 요러한 정도로까지. ¶ 장미꽃인들 요다지 예쁠까? 큰이다지.
요다-하다(饒多─)형여 넉넉하고 많다.
요-담명 〈요다음〉의 준말. 큰이담.
요담(要談)명 긴요한 말이나 이야기. ¶ 요담을 나누다.
요담-하다(要談─)자여 긴요한 이야기를 하다.
요당(僚堂)명 지난날, 자기가 근무하는 관아의 당상관(堂上官)을 이르던 말.
요대(腰帶)명 ☞허리띠.
요대(饒貸)명하타 너그러이 용서함.
요-대로부 요 모양으로 변함없이. 요와 같이. ¶ 요대로 만들어 보아라. 큰이대로.
요도(尿道)명 방광에 괸 오줌을 몸 밖으로 내보내는 관. 오줌길. 오줌줄.
요도(要圖)명 필요한 사항만을 간단히 그린 도면이나 지도.
요도(腰刀)명 지난날, 병기(兵器)로 쓰던 칼의 한 가지. 집이 없는 칼로 날의 길이가 석 자 두 치, 자루가 세 치인데, 강철로 조금 휘우듬하게 만들어 허리에 찼음.
요독-증(尿毒症)[-쯩]명 신장병의 경과 중에 나타나는 신경 계통의 중독 증세. 오줌이 잘 나오지 않고 몸 안에 남아서 일어남.
요동(搖動)명하자타되자 흔들림. 흔듦. ¶ 배가 심하게 요동을 하다.
요동-시(遼東豕)명 '견문이 좁아서 세상에 흔한 것을 모르고 혼자 득의양양함'을 비유하여 이르는 말. 〔옛날 요동의 어느 돼지가 머리가 흰 새끼를 낳았는데, 그것을 임금에게 바치려 하동(河東)에 갔더니 그곳 돼지는 모두 흰 돼지였다는 고사에서 유래함.〕
요동-치다(搖動─)자 ①심하게 흔들리거나 움직이다. ¶ 높은 파도에 배가 요동치다. ②(바람·불길·눈보라 따위가) 몹시 세차게 일어나다. ¶ 눈보라가 요동치는 벌판.
요두전목(搖頭轉目)명하자 〔머리를 흔들고 눈알을 굴린다는 뜻으로〕 '행동이 침착하지 못함'을 이르는 말.
요-뒤명 ☞요의.
요들(yodel)명 스위스나 오스트리아의 산악 지방에서 불리는 독특한 창법의 노래, 또는 그 창법.
요들-송(yodel+song)명 요들 창법으로 부르는 노래.
요-때기명 허름하여 요답지 못한 요.
요락(搖落)명 ①하자타흔들어 떨어뜨림. 흔들리어 떨어짐. ②하자늦가을에 나뭇잎이 저절로 말라 떨어짐.
요란(搖亂·擾亂)명하형스형 ①시끄럽고 떠들썩함. ¶ 요란을 떨다. /요란한 박수 소리. ②정도가 지나쳐 야단스럽거나 어수선함. ¶ 옷차림이 요란하다. **요란-히**부. **요란스레**부 ¶ 아이들이 어찌나 요란스레 설치는지 정신이 하나도 없다.
요란(燎亂) '요란하다'의 어근.
요란-하다(燎亂─)형여 불이 붙어서 어지럽다.
요람(要覽)명 중요한 것만 간추려서 볼 수 있게 엮은 책. ¶ 학교 요람.
요람(搖籃)명 ①젖먹이를 눕히거나 앉히고 흔들어서 즐겁게 하거나 잠재우는 채롱. ②'사물의 발생지나 근원지'를 비유하여 이르는 말.
 요람에서 무덤까지관용 나서 죽을 때까지. 〔제2차 세계 대전이 끝난 후, 영국의 노동당이 사회 보장 제도의 완벽한 실시를 주장하여 내세운 슬로건.〕
요람-기(搖籃期)명 ①어린 시절. ②사물 발달의 초창기. 요람시대.
요람-시대(搖籃時代)명 ☞요람기.
요람-지(搖籃地)명 ①어린 시절의 고향. ②사물이 처음 생겨서 발달하기 시작한 곳. ¶ 문명의 요람지.
요래[1]준 ①'요러하여'가 줄어든 말. ¶ 요래 봬도 무게는 천 근이지. ②'요리하여'가 줄어든 말. ¶ 요래 보아도 조래 보아도 결과는 마찬가지다. 큰이래[2].
요래[2]준 〔구어 투에서〕 '요렇다'·'요리한다'·'요럴까'·'요러할까' 등의 뜻으로 끝맺는 말. ¶ 무슨 모양이 요래? 큰이래[3].
요래(邀來)명하타 사람을 맞이하여 옴.
요래도준 ①'요리하여도'가 줄어든 말. ¶ 요래도 보고 조래도 보았다. ②'요러하여도'가 줄어든 말. ¶ 요래도 숨길 테냐? 큰이래도.
요래라-조래라준 '요리하여라 조리하여라'가 줄어든 말. ¶ 요래라조래라 잔소리도 많다. 큰이래라저래라.
요래서준 ①'요러하여서'가 줄어든 말. ②'요리하여서'가 줄어든 말. 큰이래서[2].
요래야준 ①'요러하여야'가 줄어든 말. ②'요리하여야'가 줄어든 말. 큰이래야[2].
요래-조래부 ①'요리하여 조리하여'가 줄어서 된 말. 요리조리하여. ¶ 요래조래 핑계만 대다. ②요러조러하여. ¶ 요래조래 일이 제대로 되지 않다. 큰이래저래.
요랬다-조랬다[-랟따-랟따]준 '요리하였다가 조리하였다가'가 줄어든 말. ¶ 요랬다조랬다 참 변덕도 많다. 큰이랬다저랬다.
요략(要略)명하타되자 중요한 것만 대충 추려서 줄임, 또는 줄인 그것.
요량(料量)명하타 (앞일에 대하여) 잘 헤아려 생각함, 또는 그 생각. ¶ 요량이 있다.
요러고준 '요리하고'가 줄어든 말. ¶ 왜 요러고만 있느냐? 큰이러고.
요러고-조러고준 '요러하고 조러하고'가 줄어든 말. ¶ 요러고조러고 할 것 없이 일이나 해라. 큰이러고저러고.
요러나-조러나 Ⅰ부 이것도 요렇다치고. 큰이러나저러나.
 Ⅱ준 ①'요러하나 조러하나'가 줄어든 말. ②'요리하나 조리하나'가 줄어든 말. 큰이러나저러나.
요러니-조러니준 '요러하다느니 조러하다느니'가 줄어든 말. ¶ 사람이 여럿 모이니까 요러니조러니 말도 많다. 큰이러니저러니.

요러다[자] '요리하다'가 줄어서 된 말. 요렇게 말하거나 행동하거나 생각하다. ¶ 요러지 마세요. /요러다가 늦겠다. [큰]이러다.

요러요러-하다[형여] 요러하고 요러하다. ¶ 요러요러한 물건 보았소? [큰]이러이러하다.

요러조러-하다[형여] 요러하고 조러하다. [큰]이러저러하다.

요러쿵-조러쿵[부][하자] 요러하다는 둥 조러하다는 둥. ¶ 일은 하지 않고 요러쿵조러쿵 구실만 둘러댄다. [큰]이러쿵저러쿵.

요러-하다[형여] ①요와 같다. ②요런 모양으로 되어 있다. [준]요렇다. [큰]이러하다.

요럭-조럭[-쪼-][부][하자] ①요렇게 조렇게 하는 사이에. 어느덧. ②되어 가는 대로. ③정한 방법이 없이 요러하게 또는 조러하게. [큰]이럭저럭.

요런¹ [I][관] 상태·모양·성질 따위가 요러한. ¶ 어떻게 요런 일이 다 있지. [작]이런¹.
[II][준] '요러한'이 줄어든 말. ¶ 요런 물건. /요런 사람. [큰]이런¹.

요런²[감] 가볍게 놀랐을 때 내는 소리. [큰]이런².

요렁-조렁[부][하자] 요런 모양과 조런 모양으로. [큰]이렁저렁.

요렇다[-러타][요러니·요래][형ㅎ] 〈요러하다〉의 준말. ¶ 사건의 진상은 요렇다. [큰]이렇다.

요렇-듯[-러튿][준] '요러하듯'이 줄어든 말. ¶ 요렇듯 착한 학생이 또 있을까? [큰]이렇듯.

요렇-듯이[-러트시][준] '요러하듯이'가 줄어든 말. ¶ 요렇듯이 험한 길은 처음이다. [큰]이렇듯이.

요령(要領)[명] ①사물의 요긴하고 으뜸되는 점, 또는 그 줄거리. ¶ 요령을 알 수가 없다. ②☞미립. ¶ 요령이 좋은 사람. ③적당히 꾀를 부려 하는 짓. ¶ 요령을 부리다. /요령을 피우다.

요령(鐃鈴·搖鈴)[명] ①☞솔발(鉢鈸). ②불가에서, 법요(法要)를 행할 때 흔드는 기구. 솔발보다 작음.

요령-부득(要領不得)[명][하형] (말이나 글의) 요령을 잡지 못함. 부득요령. ¶ 그의 설명은 도무지 무슨 말인지 요령부득이다.

요로(要路)[명] ①중요한 길. ②중요한 지위. ¶ 정부 요로에 진정하다.

요론(要論)[명][하자] 긴요한 의론이나 논설.

요리¹[부][하자][되자] 상태·모양·성질 따위가 요러한 모양. 《'요리도'의 꼴로도 쓰임.》 ¶ 요리 귀여울 수가. /요리도 작은 손으로 그 큰일을 해내다니. [큰]이리³.

요리²[부] 요 곳으로. 요쪽으로. 《주로, '요리로'의 꼴로 쓰임.》 ¶ 아가야, 요리 온. /우체국은 요리로 가야 한다. [큰]이리⁴.

요리(要利)[명] ☞식리(殖利).

요리(要理)[명] ①긴요한 이치나 도리. ②중요한 교리(教理). ¶ 천주교 요리 문답집.

요리(料理)[명][하타][되자] ①맛있는 음식을 만드는 일, 또는 그 음식. ¶ 요리 강습. ②'어떤 대상을 능숙하게 다루어 처리함'을 속되게 이르는 말. ¶ 남편을 제 마음대로 요리하다.

요리-사(料理師)[명] 음식을 전문으로 조리하는 사람.

요리-상(料理床)[-쌍][명] 요리를 차려 놓은 상.

요리-요리[부][하자][되자] 상태·모양·성질 따위가 요러하고 요러한 모양. ¶ 요리요리하라고 귀에 대고 속삭이다. [큰]이리이리.

요리-점(料理店)[명] ☞요릿집.

요리-조리[부] ①(일정한 방향이 없이) 요쪽 조쪽으로. ¶ 술래가 숨은 아이를 요리조리 찾아다닌다. ②[하자]이러하고 저러하게 되는대로 하는 모양. ¶ 요리조리 핑계만 댄다. [큰]이리저리.

요리쿵-조리쿵[부][하자] 요렇게 하자는 둥 조렇게 하자는 둥. [큰]이리쿵저리쿵.

요릿-집(料理-)[-리찝/-릳찝][명] (객실을 갖추고) 요리를 만들어 파는 집. 요리점(料理店). 요정(料亭).

요마(幺麼)[명][하형] ①작음, 또는 그런 것. ②변변하지 못함, 또는 그런 사람.

요마(妖魔)[명] 요사스러운 마귀. 요귀(妖鬼).

요마마-하다[형여] 요만한 정도에 이르다. [큰]이마마하다.

요미-적[명] 이세로부터 아주 가까운 얼마 동안의 지난날. [큰]이마적.

요-만 [I][관] 요만한. 요 정도의. ¶ 요만 일로 다투다니? [큰]이만.
[II][부] 요 정도까지만. ¶ 일은 요만 하고 쉬어라. [큰]이만.

요만-조만 《부정하는 말을 뒤따르게 하거나 반의적 의문문에 쓰이어》 [I][명][하형] 요만하고 조만함. ¶ 억지가 요만조만이 아니다. [큰]이만저만.
[II][부] 요만하고 조만한 정도로. 어지간히. ¶ 과일 값이 요만조만 비싼 게 아니다. [큰]이만저만.

요-만치 [I][명] 요만큼. [큰]이만치.
[II][부] 요만큼. [큰]이만치.

요-만큼 [I][명] 요만한 정도. 요만치. [큰]이만큼.
[II][부] 요만한 정도로. 요만치. [큰]이만큼.

요만-하다[형여] 요 정도만 하다. ¶ 요만한 일로 너무 상심하지 마라. [큰]이만하다.

요맘-때[명] 요만한 정도에 이른 때. ¶ 내일 요맘때. /어제 요맘때 다녀갔다. [큰]이맘때.

요망(妖妄)[명][하형][스형] 요사하고 망령됨, 또는 그러한 짓. ¶ 요망을 떨다. /요망을 부리다. /요망한 짓. **요망스레**[부] ¶ 요망스레 행동하다.

요망(要望)[명][하타] 어떻게 해 주기를 바람. ¶ 요망 사항(事項).

요망(遙望)[명][하타] 멀리 바라봄.

요망(瞭望)[명][하타] 높은 곳에서 적의 동정을 살피어 바라봄.

요망-군(瞭望軍)[-꾼][명] 지난날, 주로 요망을 맡아 하던 군사. 망군(望軍).

요면(凹面)[명] 가운데가 오목하게 들어간 면. ↔철면(凸面).

요면-경(凹面鏡)[명] ☞오목 거울.

요면^동판(凹面銅板)[명] 인쇄에서, 글씨나 그림이 들어가게 새겨진 동판.

요명(要名)[명][하자] 명예를 구함. 요예(要譽).

요모-조모[명] 요런 면 조런 면. 요쪽 조쪽의 여러 방면. ¶ 문단(文壇)의 요모조모. [큰]이모저모.

요목(要目)[명] 중요한 항목이나 조목.

요무(要務)[명] 중요한 임무. 요긴한 일.

요물(妖物)[명] ①요망스러운 것. ②'간악한 사람'을 빗대어 이르는 말.

요물^계ː약(要物契約)[-계-/-게-][명] 당사자끼리의 합의뿐만 아니라 목적물의 인도와 다른 급부(給付)까지도 효력 발생의 요건이 되는 계약. ↔낙성 계약(諾成契約).

요물-단지(妖物-)[-딴-][명] 요사스러운 사람이나 물건을 이르는 말.

요ː미(料米)[명] 지난날, 하급 관원에게 급료로 주던 쌀.

요미걸련(搖尾乞憐)[명][하자] 〔개가 꼬리를 흔들며 알랑거린다는 뜻으로〕 '간사하고 아첨을 잘함'을 이르는 말.

요민(擾民)[명][하자] 백성을 성가시게 함.

요민(饒民)명 살림이 넉넉한 백성.
요밀(要密)명하형 빈틈없이 자세하고 세밀함.
요밀요밀(要密要密) '요밀요밀하다'의 어근.
요밀요밀-하다(要密要密-) [-료-]형여 매우 요밀하다.
요배(僚輩)명 ☞요우(僚友).
요배(遙拜)명하자 ☞망배(望拜).
요-번(-番)명 이제 돌아온 바로 요 차례. ¶ 요번에는 꼭 이기겠다. /요번에는 네가 총무를 맡아라. 큰이번.
요법(療法) [-뻡]명 병을 치료하는 방법.
요변(妖變)명 ①하자요사스럽고 변덕스럽게 행동함, 또는 그 행동. ¶ 요변을 떨다. /요변을 부리다. ②요사스러운 변고.
요변(窯變)명하자 도자기를 구울 때, 통풍이나 불길 등의 영향으로 도자기가 변색하거나 모양이 일그러지는 일, 또는 그렇게 된 도자기.
요-변덕(妖變德)명 요사스러운 변덕.
요변-스럽다(妖變-) [-따] [~스러우니·~스러워]형ㅂ (말이나 하는 짓이) 요사하고 변덕스럽다. **요변스레**부.
요변-쟁이(妖變-)명 몹시 요변스러운 사람.
요병(療病)명하자 병을 치료함.
요부(妖婦)명 (남자를 호리는) 요사한 여자.
요부(要部)명 가장 중요한 부분. 가장 중요한 부서(部署). 비요처(要處).
요부(腰部)명 허리 부분. ¶ 요부의 통증.
요부(饒富) '요부하다'의 어근.
요부-하다(饒富-)형여 살림이 넉넉하다. 요실(饒實)하다. 요족(饒足)하다. **요부-히**부.
요분-질명하자 성교할 때, 여자가 남자에게 쾌감을 더해 주기 위하여 허리를 요리조리 놀리는 짓.
요ː사(夭死)명하자 ☞요절(夭折).
요사(妖邪)명하형스형 요망스럽고 간사함. ¶ 요사를 떨다. /요사를 부리다. /요사를 피우다. **요사스레**부.
요사(要事)명 매우 중요하거나 긴요한 일.
요사-꾼(妖邪-)명 '몹시 요사스러운 사람'을 홀하게 이르는 말.
요-사이명 요전부터 이제까지의 동안. ¶ 요사이의 추운 날씨. /요사이 어떻게 지내십니까? 준요새. 큰이사이.
요산-요수(樂山樂水) [-뇨-]명하자 산과 물을 좋아함, 곧 자연을 사랑함.
요상(要償)명하자 보상을 요구함.
요상(僚相)명 지난날, 정승끼리 동료인 상대편을 일컫던 말.
요상-권(要償權) [-꿘]명 보상을 요구할 수 있는 권리. 〔손해 배상 청구권 따위.〕
요-새명 〈요사이〉의 준말. ¶ 요새 물가가 부쩍 올랐다. /요새 젊은이치고는 예의 바르다. 큰이새.
요새(要塞)명 ①국방상 중요한 지점에 견고하게 마련해 놓은 군사적 방어 시설. ②차지하기 어렵게 되어 있는 대상이나 목표.
요색(要塞)명 '요새(要塞)'의 잘못.
요샛-말 [-샌-]명 ☞시쳇말.
요ː서(夭逝)명하자 ☞요절(夭折).
요서(妖書)명 (민심을 현혹시키는) 요사스러운 내용의 책.
요석(尿石)명 오줌 속에 있는 염분이 신장이나 방광의 내부에 가라앉아서 생긴 결석(結石).
요선(僚船)명 같은 선단(船團)에 딸린 선박.
요설(饒舌)명하자 수다스레 지껄임, 또는 수다스러운 말. 말이 많음.
요소(尿素)명 포유동물의 몸 안에서 단백질이 분해될 때 생겨 오줌으로 나오는 질소 화합물. 무색·무취의 바늘꼴의 결정임.
요소(要所)명 중요한 장소나 지점. 요처(要處).
요소(要素)명 ①어떤 사물의 성립이나 효력 따위에 없어서는 안 될 근본적인 조건. ¶ 연극의 3 요소. /비료의 3 요소. ②더 이상 간단하게 분석할 수 없는 것. ③구체적인 법률 행위나 의사 표시의 내용 가운데 그 표의자(表意者)에 의하여 중요한 의의를 가지는 부분.
요소^수지(尿素樹脂)명 요소와 포르말린을 원료로 하여 만든 합성수지. 가정용 기구의 재료·도료·접착제 등으로 이용됨. 참투명 수지.
요속(僚屬)명 자기보다 아래 계급인 동료. 속료(屬僚).
요수(潦水)명 ①땅 위에 괸 빗물. ②한방에서, 깊은 산중의 인적이 없는 곳에 새로 우묵 팬 땅에 괸 물을 이름. 여러 가지 보약제를 달이는 데 쓰임.
요순(堯舜)명 고대 중국의 요(堯)임금과 순(舜)임금을 아울러 이르는 말.
요순-시대(堯舜時代)명 ☞요순시절.
요순-시절(堯舜時節)명 〔요임금과 순임금이 다스리던 시절이라는 뜻으로〕 '태평성대(太平聖代)'를 비유하여 이르는 말. 요순시대.
요술(妖術)명하자 초자연적인 능력으로 괴이한 일을 행하거나, 사람의 눈을 어리게 하여 여러 가지 이상한 일을 나타내 보임, 또는 그런 방술. 마술(魔術). 참마법(魔法).
요술-객(妖術客)명 요술쟁이.
요술-쟁이(妖術-)명 요술하는 재주를 가진 사람. 요술객.
요승(妖僧)명 요사스러운 중.
요시찰-인(要視察人)명 사상이나 보안 문제와 관련하여 행정 당국이나 경찰 기관에서 감시가 필요하다고 인정하는 인물.
요식(要式)명 일정한 규정이나 방식에 따를 것을 필요로 하는 양식, 또는 그 일. ¶ 요식 절차. /요식 행사.
요식(料食)명 ①지난날, 이속(吏屬)의 잡급(雜給). ②자기 몫으로 배정받은 분량의 밥. 소식(所食).
요식^계ː약(要式契約) [-꼐-/-께-]명 법률상 일정한 형식을 갖추어야 하는 계약.
요식-업(料食業)명 음식을 파는 영업.
요식^행위(要式行爲) [-시캥-]명 법률 행위의 요소인 의사 표시가 일정한 방식에 따라 행해질 것을 필요로 하는 행위. 〔유언·혼인, 또는 어음·수표의 발행 따위.〕 ↔불요식 행위.
요신(妖臣)명 요사스러운 신하.
요신(妖神)명 요사스러운 귀신.
요신(要信)명 중요한 편지.
요실(饒實) '요실하다'의 어근.
요-실금(尿失禁)명 자기도 모르는 사이에 오줌이 저절로 나오는 상태를 이르는 말.
요실-하다(饒實-)형여 ☞요부(饒富)하다.
요ᄉᆞ싀명 〈옛〉요사이. ¶ 요ᄉᆞ싀예 幽深ᄒᆞᆫ 興이 ᄀᆞ장홀씨(杜初15:52).
요ᄉᆞ이명 〈옛〉요사이. ¶ 요ᄉᆞ이 서르 아는 사ᄅᆞᆷ이 와 니ᄅᆞ되(老解上8). /요ᄉᆞ이예 刺史 除授ᄒᆞ욘 보고(杜初23:10). 참요ᄉᆞ싀.
요악(妖惡)명하형스형 요사스럽고 간악함. **요악스레**부.
요약(要約)명하타되자 말이나 글에서 중요한 것만을 추려 냄. ¶ 강연의 취지를 요약한 글.

요약-자(要約者)[-짜]명 제삼자를 위한 계약에서, 상대편으로 하여금 제삼자에게 지불할 채무를 부담할 것을 약속하게 하는 계약 당사자. ↔낙약자(諾約者).
요양(療養)명하자타 병을 조섭하며 치료함. ¶ 전원에서의 요양 생활.
요양(擾攘) '요양하다'의 어근.
요양-미정(擾攘未定)명하타 정신이 혼미하여 안정되지 못함.
요양-소(療養所)명 요양에 필요한 시설이 갖추어져 있는 곳. 요양원(療養院). ¶ 결핵 요양소.
요양-원(療養院)명 ☞요양소.
요양-하다(擾攘-)형여 시끄럽고 어수선하다.
요언(妖言)명 요사스러운 말.
요언(要言)명 요점만 추려 정확하게 하는 말.
요업(窯業)명 화학 공업의 한 가지. 가마를 이용하여 열처리 공정을 거쳐 제품을 만드는 산업을 통틀어 이르는 말. 〔도자기·벽돌 및 시멘트·유리 공업 따위.〕 도업(陶業).
요엘-서(Joel書)명 구약 성서 중의 한 편. 예언자 요엘의 구술에 따라 기록한 것으로, 메뚜기 떼로 말미암은 재해가 하나님의 심판임을 밝히고 회개를 권장하는 내용임.
요여(腰輿)명 장사를 지낸 뒤에 혼백과 신주를 모시고 돌아오는 작은 가마.
요ː역(了役)명하타 ☞필역(畢役).
요역(要驛)명 ①지난날의 중요한 역참. ②철도의 중요한 역. 주요 역.
요역(徭役)명하자 지난날, 백성에게 일정한 구실 대신에 시키던 강제 노동.
요역-국(要役國)[-꾹]명 국제 지역(地役)으로 권리나 이익을 받는 국가. ↔승역국(承役國).
요역-지(要役地)[-찌]명 지역권(地役權)으로 편익을 얻는 토지. ↔승역지(承役地).
요연(瞭然) '요연하다'의 어근.
요연-하다(瞭然-)형여 똑똑하고 분명하다. 효연(曉然)하다. **요연-히**부.
요열(潦熱)명 ☞요염(潦炎).
요염(妖艶)명하형 사람을 호릴 만큼 아리따움. ¶ 요염한 자태.
요염(潦炎)명 장마철의 무더위. 요열(潦熱).
요예(要譽)명하자 ☞요명(要名).
요오드(Jod 독)명 할로겐 원소의 한 가지. 금속 광택이 있는 암자색의 비늘 모양의 결정체. 해초나 해산(海產) 동물 속에 있으며 성질은 염소나 브롬과 비슷함. 여러 가지 물감이나 소독약으로 쓰임. 〔I/53/126.9045〕
요오드^녹말^반ː응(Jod綠末反應)[-농-]명 녹말 용액에 찬 요오드를 작용시키면 남청색을 나타내는 반응.
요오드^적정법(Jod滴定法)[-쩡뻡]명 용량 분석(容量分析)의 한 가지. 산화 적정과 환원 적정이 있음.
요오드-팅크(←Jodtinktur 독)명 요오드의 알코올 용액으로, 대표적인 팅크제의 한 가지. 주로, 피부 살균이나 소독제로 쓰임.
요오드-화(Jod化)명하자타되자 요오드와 다른 물질이 화합하는 일.
요오드화-물(Jod化物)명 요오드와 그보다 양성인 원소와의 화합물을 통틀어 이르는 말.
요오드화-수소(Jod化水素)명 인산을 요오드화 칼륨에 작용시켜 만든 자극성이 있는 무색의 기체. 환원제·소독제·살균제 및 분석 시약 등으로 쓰임.
요오드화-아연(Jod化亞鉛)명 무색 또는 담황의 팔면체 결정. 물에 잘 녹고, 아질산 따위의 시약으로 쓰임.
요오드화-은(Jod化銀)명 누른빛의 미세한 바늘 모양의 결정. 빛을 받으면 분해해서 암색(暗色)을 띠게 되므로 건판·필름 따위에 사진 유제(乳劑)로 쓰임.
요오드화-칼륨(Jod化Kalium)명 무색투명 또는 흰색의 입방체 결정. 볕에 쬐면 요오드가 떨어져 나가 누렇게 됨. 물과 알코올에 잘 녹고 쓴맛이 남.
요오드화칼륨^녹말^종이(Jod化Kalium綠末-)[-농-]명 산화성 물질을 검출하는 시험지. 축축하게 젖은 상태에서 적은 양의 산화제와 반응하여 푸른빛을 띰.
요외(料外)[-외/-웨]명 생각 밖. 요량 밖.
요요(夭夭) '요요(夭夭)하다'의 어근.
요요(姚姚) '요요(姚姚)하다'의 어근.
요요(搖搖) '요요(搖搖)하다'의 어근.
요요(寥寥) '요요(寥寥)하다'의 어근.
요요(遙遙) '요요(遙遙)하다'의 어근.
요요(擾擾) '요요(擾擾)하다'의 어근.
요요(yoyo)명 장난감의 한 가지. 둥근 널빤지 두 쪽의 중심축을 연결하여 고정시키고, 그 축에 실의 한쪽 끝을 묶어 매고 실의 다른 한쪽을 손에 쥐고 널빤지를 올렸다 내렸다 하면서 회전시킴.
요요-무문(寥寥無聞)명하형 명예나 명성이 미미하여 남에게 알려지지 아니함.
요요-하다(搖搖-)자타여 자꾸 흔들다, 또는 자꾸 흔들리다.
요요-하다(夭夭-)형여 ①나이가 젊고 아리땁다. ②(물건이) 보기에 가냘프고 아름답다. **요요-히**부.
요요-하다(姚姚-)형여 예쁘고 아리땁다. **요요-히**부.
요요-하다(寥寥-)형여 ①괴괴하고 쓸쓸하다. ②매우 적고 드물다. **요요-히**부.
요요-하다(遙遙-)형여 매우 멀고도 아득하다. **요요-히**부.
요요-하다(擾擾-)형여 주위가 정돈되지 않고 어수선하다. 정신이 뒤숭숭하고 어지럽다. **요요-히**부.
요요-현상(yoyo現象)명 줄어든 체중이 얼마 지나지 않아 본래의 체중으로 되돌아가는 현상.
요용(要用)명하타되자 요긴하게 씀.
요용-건(要用件)[-껀]명 아주 긴요한 일, 또는 요긴하게 쓸 물건.
요용-품(要用品)명 요긴하게 쓸 물품.
요우(僚友)명 같은 일자리에서 일하고 있는 동료. 요배(僚輩).
요운(妖雲)명 상서롭지 못한 구름. 불길한 낌새가 보이는 구름.
요원(要員)명 ①어떤 일을 하는 데 꼭 필요한 인원. ¶ 행정 요원. /특수 부대 요원으로 근무하다. ②중요한 직위에 있는 사람. ¶ 필수 요원.
요원(遙遠·遼遠) '요원하다'의 어근.
요원(燎原)명 불타고 있는 벌판.
요원의 불길관용 〔벌판의 불길처럼〕 '무서운 기세로 번져 가는 세력' 따위를 비유하여 이르는 말.
요원-하다(遙遠-·遼遠-)형여 아득히 멀다. ¶ 전도가 요원하다. /남북통일의 날은 아직도 요원한가? **요원-히**부.
요위(腰圍)명 허리통.
요ː율(料率)명 요금의 정도나 비율.

요의(-衣) [-의/-이] 명 요의 등 쪽에 시치는 무색의 천. 요뒤.
요의(要義) [-의/-이] 명 중요한 뜻. 중요한 줄거리.
요의(僚誼) [-의/-이] 명 동료 간의 정분.
요의-빈삭(尿意頻數) [-의-/-이-] 명 (임독성 방광염이나 요도염 때문에) 오줌이 자주 마려운 증세. 참빈뇨증·삭뇨증(數尿症).
요인(妖人) 명 요사스러운 사람.
요인(要人) 명 중요한 자리에 있는 사람. ¶ 정부 요인. /요인을 경호하다.
요인(要因) 명 중요한 원인. ¶ 실패의 요인.
요인^증권(要因證券) [-꿘] 명 증권상의 권리가, 그 원인이 되는 법률관계의 유효한 존재를 필요로 하는 유가 증권. 어음·수표 이외의 거의 모든 유가 증권이 이에 해당함. 유인 증권(有因證券). ↔불요인 증권.
요일(曜日) 명 '요(曜)'를 붙이어 나타내는, 한 주일의 각 날을 이르는 말.
요임(要任) 명 중요한 임무.
요잡(繞匝) 명하타 불교에서, 부처를 중심으로 그 둘레를 돌아다니는 일. 위요(圍繞)2.
요적(寥寂) '요적하다'의 어근.
요적-하다(寥寂-) [-저카-] 형여 고요하고 적적하다.
요-전(-前) 명 요 며칠 전. ¶ 요전에 만났던 장소에서 저녁 7시에 보자.
요-전번(-前番) [-뻔] 명 지나간 지 얼마 안 되는 차례나 때. ¶ 요전번에는 폐를 많이 끼쳤소.
요전-상(澆奠床) [-쌍] 명 무덤 앞에 차려 놓은 제상(祭床).
요:절(夭折) 명하자 젊어서 일찍 죽음. 단절(短折). 요사(夭死). 요서(夭逝). 요함(夭陷). 조사(早死). 조서(早逝). 조세(早世). 조졸(早卒). ¶ 요절한 천재 시인.
요절(要節) 명 문장에서, 중요한 대목.
요절(腰絕·腰折) 명하자 (몹시 우스워서) 허리가 꺾일 지경임. ¶ 요절 복통.
요절-나다(撓折-) [-라-] 자 ①물건이 못 쓸 만큼 깨지거나 해어지다. ¶ 장난감을 잘못 다루어 요절났다. ②일이 깨어져서 실패하게 되다. ¶ 사업이 요절나다.
요절-내다(撓折-) [-래-] 타 〖'요절나다'의 사동〗 요절나게 하다. ¶ 홧김에 책상을 요절내 버렸다.
요점(要點) [-쩜] 명 가장 중요한 점. 골자. 요체(要諦). 절점(切點). 주점(主點). ¶ 요점 정리. /요점만 간단히 말하게.
요접(凹椄) 명 대목(臺木)의 접붙이기할 부분을 '凹' 자 모양으로 깎아 내고 접가지를 맞대어 붙여 접눈만 남기고 동여매는 접목 방법.
요:정(了定) 명하타 ①무엇을 결판냄. 끝을 냄. ¶ 요정을 짓다. /요정이 나다. ②무엇을 결정함.
요정(尿精) 명 한방에서, 오줌에 정액이 섞여 나오는 병증을 이르는 말.
요정(妖精) 명 ①요사스러운 정령(精靈). ②(서양의 신화나 전설에 나오는) 사람의 모습을 한 자연물의 정령. 〔마력을 지녔으며 주로 깜찍한 선녀로서 나타남.〕 ②님프.
요정(料亭) 명 ☞요릿집.
요정(僚艇) 명 같은 임무를 띤 다른 배.
요조(凹彫) 명 ☞음각(陰刻).
요조(窈窕) '요조하다'의 어근.
요:조-숙녀(窈窕淑女) [-숭-] 명 품위 있고 얌전한 여자. 얌전하고 조용한 여자.
요조숌 명 〈옛〉 요즈음. ¶ 요조숌 브터 오매(杜初 *21:25*).
요:조-하다(窈窕-) 형여 부녀자의 행실이 아리땁고 얌전하다.
요족(饒足) '요족하다'의 어근.
요족-하다(饒足-) [-조카-] 형여 ☞요부하다.
요-주의(要注意) [-의/-이] 명 주의를 요함. ¶ 요주의 사항.
요-즈막 명 이제까지에 이르는 아주 가까운 과거. ¶ 요즈막에야 겨우 허락을 얻었다. 큰이즈막.
요-즈음 명 요사이. 이적. ¶ 요즈음의 젊은이들. 준요즘. 큰이즈음.
요-즘 명 〈요즈음〉의 준말. ¶ 요즘도 바쁘니? 큰이즘.
요:지(了知) 명하타 깨달아서 앎.
요지(要旨) 명 ①(말이나 글의) 중요한 뜻. ¶ 질문의 요지를 파악하다. ②문장에서, 지은이의 의도를 짧게 간추린 대강의 내용.
요지(要地) 명 중요한 역할을 하는 곳, 또는 핵심이 되는 곳. ¶ 교통의 요지.
요지(窯址) 명 '가마터'로 순화.
요지-경(瑤池鏡) 명 ①상자 앞면에 확대경을 달고, 그 안에 여러 가지 그림을 넣어 들여다보게 만든 장치. ②'알쏭달쏭하고 묘한 세상일'을 비유하여 이르는 말.
요지경 속이다 속담 '속 내용이 알쏭달쏭하고 복잡하여 뭐가 뭔지 이해할 수 없음'을 비유하여 이르는 말.
요지부동(搖之不動) 명하자 흔들어도 조금도 움직이지 않음.
요지-호(凹地湖) 명 수면(水面)이 해면(海面)보다 낮은 호수.
요직(要職) 명 중요한 직위나 직무. ¶ 행정부의 요직을 두루 거치다.
요질(腰絰) 명 상복을 입을 때 허리에 띠는 띠. 짚에다 삼을 섞어 굵은 동아줄같이 만듦.
요-쪽 대 말하는 이에게 비교적 가까운 곳이나 방향을 나타내는 말.
요-쯤 Ⅰ 명 요만한 정도. ¶ 요쯤이면 해결되겠지. 큰이쯤.
Ⅱ 부 요만한 정도로. ¶ 요쯤 해도 양은 충분하다. 큰이쯤.
요차(療次) 명 〈요기차(療飢次)〉의 준말.
요참(腰斬) 명하타 지난날, 중죄인의 허리를 잘라 죽이던 일, 또는 그런 형벌.
요:채(了債) 명하자 ①빚을 다 갚음. ②자기의 의무를 다함.
요처(要處) 명 중요한 곳. 요소(要所). 비요부(要部).
요천(遙天) 명 아득히 먼 하늘.
요철(凹凸) 명하형 오목함과 볼록함. 철요.
요철^렌즈(凹凸lens) 명 한쪽 면은 오목하고 다른 한쪽 면은 볼록한 렌즈. 〔작용은 볼록 렌즈와 같음.〕
요청(要請) 명하자타 되자 필요한 일을 이리이리 해 달라고 청함. ¶ 시대의 요청에 부응하다. /긴급 지원을 요청하다.
요체(要諦) 명 ①사물의 가장 중요한 점. 요점(要點). ¶ 성공의 요체. ②중요한 깨달음. 올바른 사리(事理).
요초(料峭) 명 이른 봄의 으스스한 추위. ¶ 춘한(春寒) 요초.
요추(腰椎) 명 ☞허리등뼈.
요-축(饒-) 명 살림이 풍족한 사람들.
요충(要衝) 명 〈요충지(要衝地)〉의 준말.

요충(蟯蟲)명 요충과의 기생충. 암컷 1 cm, 수컷 3~5 mm. 실처럼 희고 가는데, 사람의 대장에 기생함. 특히, 어린이에게 많으며 소화불량·신경증·불면증 등을 일으킴.

요충-지(要衝地)명 지세(地勢)가 군사적으로 중요한 곳. 요해지. ¶ 전략적 요충지. 준요충.

요-컨대(要-)부 중요한 점을 말하자면. 결국은. ¶ 요컨대 모든 일의 성패는 마음에 달렸다.

요ː크(yoke)명 (여성복이나 아동복을 마름질할 때) 장식으로 어깨나 스커트의 윗부분을 다른 감으로 바꿔 대는 것.

요ː크셔-종(Yorkshire種)명 돼지의 한 품종. 영국 요크셔 원산. 몸빛은 흰색. 소백종·중백종·대백종이 있는데, 우리나라에는 대백종이 많음. 조숙하고 다산(多産)·강건함.

요ː탁(料度)명하타 ☞촌탁(忖度).

요탁(遙度)명하타 남의 심정 따위를 먼 곳에서 미루어 헤아림.

요탓-조탓[-탄쪼탄]명하자 요리 탓하고 조리 탓함. ¶ 요탓조탓 좀 그만 해라. 큰이탓저탓. *요탓조탓을[-탄쪼타슬]·요탓조탓만[-탄쪼탄-]

요통(腰痛)명 '허리가 아픈 증세'를 통틀어 이르는 말. 허리앓이.

요트(yacht)명 주로, 스포츠나 유람용으로 쓰이는 가볍고 작은 범선. 〔넓게는 발동기를 단 사교나 레저용의 주정(舟艇)까지를 뜻함.〕

요판(凹版)명 ☞오목판.

요패(腰牌)명 조선 시대에, 군졸이나 하인들이 신분을 나타내기 위하여 허리에 차던 나무패.

요폐(尿閉)[-폐/-페]명 한방에서, 하초(下焦)에 열이 생겨 오줌이 잘 나오지 않는 방광병(膀胱病)을 이르는 말.

요-포대기명 요로 쓸 수 있게 만든 포대기.

요하(腰下)명 ☞허리춤.

요ː-하다(要-)타여 필요로 하다. ¶ 검토를 요하는 문제. /많은 시간을 요하다.

요한^계ː시록(←Johannes啓示錄)[-계-/-게-]명 신약 성서 중의 마지막 편. 사도 요한이 하나님으로부터 계시를 받고 저술했다는 것으로, 예수의 재림, 천국의 도래, 로마 제국의 멸망 등이 그 내용임. 계시록. 묵시록. 요한 묵시록.

요한^묵시록(←Johannes默示錄)[-씨-]명 ☞요한 계시록.

요한-복음(←Johannes福音)명 신약 성서 중의 넷째 편. 사도 요한의 저작으로 사복음서(四福音書) 중의 하나. 예수의 부활·사랑·기적 등에 관한 내용이 기록되어 있음.

요한^서한(←Johannes書翰)명 신약 성서 중, 요한이 쓴 세 편의 편지. 하나님의 사랑과 교회의 윤리에 관하여 기록했음. 〔요한 일서·요한 이서·요한 삼서로 되어 있음.〕

요ː함(夭陷)명하자 ☞요절(夭折).

요함(凹陷)명하자 오목하게 빠져 들어감.

요함(僚艦)명 같은 작전 임무를 띤 군함.

요항(要項)명 중요한 사항. 필요한 사항.

요항(要港)명 교통이나 수송·군사 면에서의 중요한 항구. ¶ 지중해 항로상의 요항.

요ː해(了解)명하타 사물의 이치나 뜻 따위를 분명히 이해함. 회득(會得).

요해(要害)명 〈요해처(要害處)〉의 준말.

요해-지(要害地)명 ☞요충지(要衝地).

요해-처(要害處)명 ①지세가 아군에게는 유리하고 적에게는 불리한 곳. ②(생명과 직결되는) 신체의 중요 부분. 준요해.

요행(僥倖·徼幸)명하형스형 뜻밖의 행운. 또는, 행운을 바람. ¶ 요행을 바라다. /요행으로 입사 시험에 합격했다. **요행-히**부 ¶ 요행히 일이 잘 풀려 나간다. **요행스레**부.

요행-수(僥倖數)[-쑤]명 뜻밖에 얻는 좋은 운수. ¶ 요행수를 바라다.

요혈(尿血)명 오줌에 피가 섞여 나오는 병증. 혈뇨(血尿).

요호(饒戶)명 살림이 넉넉한 집. 부잣집.

요화(妖花)명 〔요사스러운 아름다움을 지닌 꽃이란 뜻으로〕 '요염한 여자'를 이름.

요화(蓼花)명 여뀌의 꽃.

요홧-대(蓼花-)[-화때/-활때]명 여뀌꽃 모양으로 만든 유밀과(油蜜菓)의 한 가지.

요희(妖姬)[-히]명 ☞요녀(妖女).

요힘빈(yohimbin)명 꼭두서닛과의 식물인 요힘베의 껍질에 들어 있는 알칼로이드. 최음제(催淫劑)로 쓰임.

욕(辱)명 ①하자〈욕설〉의 준말. ¶ 욕을 퍼붓다. ②하자·타 나무라거나 꾸짖음. 비난함. ¶ 상사에게 욕을 듣다. ③〈치욕(恥辱)〉의 준말. ¶ 욕을 당하다.

-욕(欲·慾)접미 《일부 명사 뒤에 붙어》 '욕구'·'욕망'의 뜻을 나타냄. ¶ 성취욕. /승부욕. /출세욕.

욕-가마리(辱-)[-까-]명 '남에게 욕을 먹어 마땅한 사람'을 이르는 말.

욕-감태기(辱-)[-깜-]명 '남에게 노상 욕을 먹는 사람'을 일컫는 말.

욕객(浴客)[-깩]명 목욕을 하려고 오는 손.

욕계(欲界·慾界)[-꼐/-께]명 불교에서 이르는 삼계(三界)의 하나. 식욕·음욕·수면욕 따위의 본능적인 욕망의 세계.

욕계^삼욕(欲界三欲)[-꼐-/-께-]명 불교에서 이르는 욕계의 세 가지 욕망, 곧 식욕·음욕·수면욕.

욕교(辱交)[-꾜]대 ☞욕지(辱知).

욕교반졸(欲巧反拙)[-꾜-]명 〔기교를 지나치게 부리면 도리어 졸하게 된다는 뜻으로〕 너무 잘하려 하면 도리어 잘 안됨을 이르는 말.

욕구(欲求·慾求)[-꾸]명하타 무엇을 얻거나 무슨 일을 하고자 바라고 원함, 또는 그 욕망. ¶ 생에 대한 욕구. /욕구를 채우다.

욕구^불만(欲求不滿)[-꾸-]명 욕구가 충족되지 않은 상태. ¶ 욕구 불만에 의한 반항.

욕기(浴沂)[-끼]명 '명리(名利)를 잊고 유유자적함'을 비유하여 이르는 말. 〔공자가 제자들에게 취향을 묻자 증석(曾皙)이 기수(沂水)에서 목욕하고 무우(舞雩)에 올라가 시가를 읊조리고 돌아오겠다고 대답한 고사에서 유래함.〕

욕기(欲氣·慾氣)[-끼]명 가지고 싶어 하는 마음. 욕심. ¶ 욕기가 생기다. /욕기를 부리다.

욕-되다(辱-)[-뙤-/-뛔-]형 면목이 없거나 명예롭지 못하다. ¶ 죄를 짓고 욕되게 살다. **욕되-이**부 ¶ 욕되이 사느니 죽는 편이 낫다.

욕례(縟禮)[용녜]명 복잡하고 까다로운 예절. 비번례(煩禮).

욕망(欲望·慾望)[용-]명하타 무엇을 하거나 가지고 싶어 간절히 바라고 원함, 또는 그 마음. ¶ 출세에 대한 욕망. /욕망을 충족시키다.

욕-먹다(辱-)[용-따]자 악평을 듣다. 욕설을 듣다. ¶ 욕먹을 짓만 골라 한다.

욕-보다(辱-)[-뽀-]자 ①곤란한 일을 겪거나 수고를 하다. ¶ 그걸 해내느라고 욕봤네. ②치욕스러운 일을 당하다. ③강간을 당하다.

욕보-이다(辱-)[-뽀-]타 〖'욕보다'의 사동〗 ①남을 괴롭히거나 수고롭게 하다. ②남에게 치욕을 주다. ③여자를 범하다. 강간하다.

욕불(浴佛)[-뿔]명하자 ☞관불(灌佛).

욕불-일(浴佛日)[-뿌릴]명 〔욕불하는 날이란 뜻으로〕 '파일(八日)'을 달리 이르는 말.

욕사무지(欲死無地)[-싸-]명 〔죽으려 해도 죽을 만한 땅이 없다는 뜻으로〕 매우 분하고 원통함을 이르는 말.

욕-사행(欲邪行)[-싸-]명 ☞사음(邪淫)[1].

욕생(欲生)[-쌩]명 죽은 다음에, 극락세계에 다시 태어나기를 바라는 마음.

욕설(辱說)[-썰]명하자 ①남을 저주하는 말. ②남을 욕되게 하는 말. 남을 모욕하는 말. ¶ 욕설을 퍼붓다. 준욕.

욕속부달(欲速不達)[-쏙뿌-]명 너무 빨리 하려고 서두르면 도리어 일을 이루지 못한다는 말.

욕실(浴室)[-씰]명 〈목욕실〉의 준말.

욕심(欲心·慾心)[-씸]명 무엇을 지나치게 탐내거나 누리고 싶어 하는 마음. 욕기(欲氣). ¶ 욕심을 부리다. /재물에 대한 욕심이 많다.

욕심은 부엉이 같다속담 온갖 것에 욕심을 부린다는 말.

욕심이 눈을〔앞을〕 가리다관용 욕심 때문에 사리 분별을 못하다.

욕심(이) 사납다관용 지나치게 욕심이 많다. ¶ 욕심 사납게 혼자서 다 차지하다.

욕심-꾸러기(欲心-)[-씸-]명 '욕심이 많은 사람'을 얕잡아 이르는 말. 욕심쟁이.

욕심-나다(欲心-)[-씸-]자 욕심이 생기다. ¶ 욕심나는 책. /돈이 욕심나면 일을 해서 벌어라.

욕심-내다(欲心-)[-씸-]타 욕심을 먹다. 욕심을 부리다. ¶ 남의 돈을 욕심내다.

욕심-쟁이(欲心-)[-씸-]명 욕심꾸러기.

욕우(辱友)대 ☞욕지(辱知).

욕의(浴衣)[요긔/요기]명 목욕할 때 입는 옷.

욕장(浴場)[-짱]명 목욕을 하는 곳.

욕-쟁이(辱-)[-쨍-]명 '욕을 잘하는 사람'을 낮추어 이르는 말.

욕정(欲情·慾情)[-쩡]명 ①몹시 가지고 싶은 마음. ②이성(異性)에 대한 육체적 욕망. 정욕. 색정(色情). ¶ 욕정이 동하다.

욕조(浴槽)[-쪼]명 목욕물을 담는 통.

욕지(辱知)[-찌]대 〔자기 같은 사람을 알게 된 것이 그 사람에게 욕이 된다는 뜻으로〕 상대편에게 '자기'를 겸손하게 이르는 말. 욕교(辱交). 욕우(辱友).

욕-지거리(辱-)[-찌-]명하자 〈욕설〉의 속된 말.

욕지기[-찌-]명 토할 것 같은 메슥메슥한 느낌. 역기(逆氣). 토기(吐氣).

욕지기-나다[-찌-]자 토할 것 같은 메스꺼운 느낌이 나다. 구역나다.

욕-질(辱-)[-찔]명하자 욕하는 짓.

욕창(褥瘡)명 병으로 오랫동안 누워 지내는 환자의, 병상에 닿는 곳의 피부가 짓물러서 생기는 부스럼.

욕탕(浴湯)명 〈목욕탕〉의 준말.

욕통(浴桶)명 〈목욕통〉의 준말.

욕해(欲海·慾海)[요캐]명 불교에서, '세속의 애욕이 넓고 깊음'을 바다에 비유하여 이르는 말.

욕화(浴化)[요콰]명하자 되자 높은 덕화(德化)를 입음.

욜랑-욜랑[-뇰-/-욜-]부하자타 ①가볍게 움직이는 모양. ¶ 어린아이가 욜랑욜랑 잘도 걷는다. ②자꾸 촐싹거리는 모양.

욥-기(Job記)명 구약 성서 중의 한 편. 의인(義人) 욥이 모든 재산을 잃고 병마에 신음하면서도 끝까지 신앙을 지킨 내용으로, 하나님의 사랑과 신앙의 위대함을 기록한 지혜 문학의 하나.

욧-속[요쏙/욛쏙]명 요 안에 넣는 '솜이나 털 따위'를 통틀어 이르는 말.

욧-의(-衣)명 '요의'의 방언.

욧-잇[욘닏]명 요의 거죽을 싸서 등 쪽으로 넘어오게 하여 시치는 흰 천. ＊욧잇이[욘니시]·욧잇만[욘닌-]

용(茸)명 〈녹용(鹿茸)〉의 준말.

용(庸)명 당나라 때, 부역을 치르지 않는 대신 현물로 바치던 공부(貢賦)의 한 가지.

용(龍)명 고대 중국인이 상상한 신령한 짐승. 머리에 뿔이 있고 몸통은 뱀과 같으나 네 발에 날카로운 발톱이 있으며, 춘분(春分)에는 하늘로 올라가고 추분(秋分)에는 연못에 잠긴다는 짐승. 〔상서로운 존재로 믿으며 제왕에 비유함.〕

용 못 된 이무기 방천 낸다속담 못된 사람은 반드시 못된 짓을 한다는 뜻.

용의 꼬리보다 닭의 머리가 낫다속담 크고 훌륭한 이의 뒤를 좇아다니기보다는 작고 보잘것없어도 우두머리 노릇하는 것이 낫다는 말.

용이 물을 잃은 듯속담 능력은 출중하나 그 능력을 펼칠 수 있는 환경이나 조건이 사라져서 불행하게 되었다는 뜻.

용(이) 되다관용 변변치 못하던 것이 크게 되다. ¶ 미꾸라지가 용이 되다.

-용(用)접미 주로 한자어 뒤에 붙어, 그러한 데 쓰임을 뜻함. ¶ 자가용. /선전용. /유아용.

용가(龍駕)명 임금이 타는 수레.

용-가마명 큰 가마솥.

용가마에 삶은 개가 멍멍 짖거든속담 들어줄 수 없는 일이나 도저히 이루어질 수 없는 일을 두고 하는 말. ¶ 그래, 용가마에 삶은 개가 멍멍 짖거든 해 주마.

용ː간(用奸)명하타 간사한 꾀로 남을 속임.

용감(勇敢) '용감하다'의 어근.

용ː감-무쌍(勇敢無雙)명하형 용감하기 짝이 없음. ¶ 용감무쌍한 병사.

용ː감-스럽다(勇敢-)[-따][~스러우니·~스러워]형ㅂ 씩씩하고 겁이 없으며 기운찬 데가 있다. **용감스레**부.

용ː감-하다(勇敢-)형여 씩씩하고 겁이 없으며 기운차다. ¶ 용감한 군인. /용감하게 싸우다. **용감-히**부.

용강(勇剛) '용강하다'의 어근.

용ː강-하다(勇剛-)형여 (성격이) 씩씩하고 굳세다.

용ː건(用件)[-껀]명 볼일. 용무(用務). ¶ 우선 중요한 용건부터 말해라. /급한 용건으로 해외 출장을 떠나다.

용고(龍鼓)명 국악(國樂)의 타악기의 한 가지. 용을 그린 북통 양쪽에 쇠고리를 박아 끈을 단 것으로, 어깨에 메고 양손에 쥔 채로 두드림.

용고뚜리명 '담배를 지나치게 많이 피우는 사람'을 농조로 이르는 말. 골초.

용골(龍骨)명 ①큰 배 밑바닥 한가운데를, 이물에서 고물에 걸쳐 선체를 받치는 길고 큰 목재. ②신생대에 살았던 마스토돈의 화석.

용골^돌기(龍骨突起)명 조류(鳥類)의 가슴뼈에 있는 돌기. 날개를 움직이는 근육이 붙어 있는 부분임.

용골때-질명하자 심술을 부려 남을 화나게 하는 짓.

용골-자리(龍骨-)명 겨울철 남쪽 하늘에 낮게 보이는 별자리.

용골-차(龍骨車)명 물을 자아올려 논밭에 대는 기구.

용공(容共)명 공산주의의 주장을 받아들이거나 그 운동에 동조하는 일. ¶ 용공 분자. /용공 세력.

용공(庸工)명 재주나 기술이 용렬한 장인.

용관(冗官)명 직책이 없는 벼슬아치, 또는 한가한 벼슬.

용광-로(鎔鑛爐) [-노]명 높은 온도로 금속·광석을 녹여 무쇠 따위를 제련해 내는 가마.

용ː구(用具)명 무엇을 하거나 만드는 데 쓰이는 기구. ¶ 제도 용구. /청소 용구.

용ː군(用軍)명하자 ☞용병(用兵).

용군(庸君)명 용렬하고 어리석은 임금.

용궁(龍宮)명 바다 속에 있다는 용왕의 궁전. 비수궁(水宮).

용ː권(用權)명하자 권세를 부림.

용규(龍葵)명 ①☞까마종이. ②한방에서, '까마종이를 말린 것'을 약재로 이르는 말.

용ː기(用器)명 어떤 일을 하는 데 쓰는 기구.

용ː기(勇氣)명 씩씩하고 굳센 기운. ¶ 용기가 나다. /용기를 잃다.

용기(容器)명 물건을 담는 그릇. ¶ 플라스틱 용기.

용ː기-백배(勇氣百倍) [-빼]명하자 격려나 응원 따위에 자극을 받아 용기가 크게 더하여 짐.

용-기병(龍騎兵)명 지난날 유럽에서, 갑옷에 총으로 무장한 기마병을 이르던 말.

용ː기-화(用器畫)명 제도기를 써서 물체를 기하학적으로 정확하게 그리는 그림. 설계도 작성 등에 쓰임. ↔자재화(自在畫).

용-꿈(龍-)명 용을 본 꿈. 〔이 꿈을 꾸면 대길(大吉)하다는 속설이 있음.〕 용몽(龍夢).

용-날(龍-)명 ☞진일(辰日).

용납(容納)명하타되자 남의 언행을 너그러운 마음으로 받아들임. ¶ 이 이상은 더 용납할 수 없다.

용녀(龍女)명 ①용왕의 딸. ②용궁에 산다는 선녀.

용뇌(龍腦) [-뇌/-눼]명 ①〈용뇌수〉의 준말. ②〈용뇌향〉의 준말.

용뇌-수(龍腦樹) [-뇌-/-눼-]명 용뇌수과의 상록 교목. 보르네오와 수마트라 원산으로 줄기의 갈라진 틈에서 용뇌향을 얻음. 준용뇌.

용뇌-향(龍腦香) [-뇌-/-눼-]명 한방에서, '용뇌수에서 얻은 널빤지 모양의 결정'을 약재로 이르는 말. 무색투명한데, 구강 청량제나 방충제·훈향(薰香) 따위에 쓰임. 빙편(氷片). 편뇌(片腦). 준용뇌.

용ː단(勇斷)명하타 용기 있게 결단을 내림, 또는 그 결단. ¶ 용단을 내리다.

용ː달(用達)명하타 물건이나 짐 따위를 전문적으로 배달함, 또는 그 일.

용ː달-사(用達社) [-싸]명 용달하는 것을 업으로 하는 회사.

용ː달-차(用達車)명 용달을 전문으로 하는 화물 자동차.

용담(冗談)명 쓸데없이 하는 말.

용ː담(用談)명 어떤 용건에 대한 이야기.

용담(龍膽)명 용담과의 다년초. 산지의 풀밭에 절로 나는데 줄기는 20~60 cm. 수염뿌리가 사방으로 퍼짐. 잎은 마주나고, 8~10월에 자줏빛 꽃이 핌. 한방에서, 근경(根莖)과 뿌리의 말린 것을 '용담'이라 하여 고미 건위제로 씀.

용ː덕(勇德)명 가톨릭에서 이르는 사추덕(四樞德)의 하나. 어떤 위험을 무릅쓰고서라도 착한 일을 해내는 덕행.

용ː도(用度)명 ①씀씀이. 드는 비용. ②관공서나 회사 같은 데서, 사무용품 따위를 구입하여 내부에 공급하는 일.

용ː도(用途)명 쓰이는 곳이나 쓰는 법. 효용(效用). ¶ 돈의 용도. /용도가 다양한 물건.

용도(鎔度)명 ☞녹는점.

용ː도^구역(用途區域)명 급속한 도시화에 따른 도시의 평면적 확대 및 인구의 과다 집중을 막기 위해 행정적으로 그 용도를 설정한 구역. 〔특정 시설 제한 구역, 개발 제한 구역, 시가화 조성 구역이 있음.〕

용ː도^지역(用途地域)명 토지를 효율적으로 이용·관리하기 위하여, 그 기능과 자연 조건 등에 따라 계획적으로 용도를 지정한 지역. 〔국토 이용 관리법상 도시 지역·농림 지역·산림 지역·공업 지역 등이 있고, 도시 계획법상 주거 지역·상업 지역·공업 지역·녹지 지역이 있음.〕

용ː-돈(用-) [-똔]명 평소에 잡비로 쓰는 돈이나 특별한 목적 없이 자유롭게 쓰는 돈. ¶ 용돈을 타다.

용ː동(聳動)명하자되자 깜짝 놀람. ¶ 세인이 용동한 사건.

용두(龍頭)명 ①지난날, 문과(文科)의 '장원(壯元)'을 이르던 말. ②☞망새. ③손목시계 따위의 태엽을 감는 꼭지.

용-두레명 지난날, 논에 물을 퍼 올려 대는 데 쓰이던 농구(農具).

용두-머리(龍頭-)명 ①용의 머리 모양을 한 장식. 건축물이나 상여·승교(乘轎) 따위에 닮. ②베틀 앞다리의 위 끄트머리에 얹는 나무.

용두-사미(龍頭蛇尾)명 〔머리는 용이나 꼬리는 뱀이라는 뜻으로〕 '시작은 거창하나 뒤로 갈수록 흐지부지해짐'을 비유하여 이르는 말. ¶ 그 계획은 용두사미로 끝났다.

용두-쇠(龍頭-) [-쇠/-쉐]명 장구의 양쪽에 달아 줄을 연결하는, 쇠로 만든 고리.

용두-질명하자 남성의 수음(手淫).

용-띠(龍-)명 ☞진생(辰生).

용ː략(勇略) [-냑]명 용기와 지략.

용ː량(用量) [-냥]명 주로 약제에서, 하루 또는 한 번에 사용하거나 복용하는 일정한 분량.

용량(容量) [-냥]명 ①용기 안에 들어갈 수 있는 물건의 분량. ¶ 6백 리터 용량의 냉장고. ②물리에서, 물질이 일정한 상태 변화에서 받아들이는 분량, 또는 그 분량의 최댓값. 〔열용량이나 전기 용량 따위.〕 ③컴퓨터에서, 저장할 수 있는 정보의 양.

용량^분석(容量分析) [-냥-]명 정량 분석의 한 가지. 농도가 정해진 시약 용액을 시료 용액에 떨어뜨려서 일정한 화학 반응을 일으켜 그 반응이 끝날 때까지 소요된 시약의 용량으로 시료의 정량을 측정하는 방법.

용ː려(用慮) [-녀]명하타 마음을 씀. 걱정함.

용ː력(用力) [-녁]명하자 힘을 냄. 힘을 씀.

용ː력(勇力) [-녁]명 씩씩한 힘. 용맹스러운 힘.

용렬(庸劣) '용렬하다'의 어근.

용렬-스럽다(庸劣-) [-녈-따] [~스러우니·~스러워]형여 용렬한 데가 있다. **용렬스레**부.

용렬-하다(庸劣-)[-녈-]형여 사람이 변변하지 못하고 졸렬하다. ¶ 용렬한 사람.
용ː례(用例)[-녜]명 실제로 쓰이고 있는 예, 또는 용법의 보기. ¶ 용례를 들어서 자세하게 설명하다.
용-룡(龍龍)[-뇽]명 한자 부수의 한 가지. '龐'·'龕' 등에서의 '龍'의 이름.
용루(龍淚)[-누]명 〔용의 눈물이라는 뜻으로〕 '임금의 눈물'을 높이어 이르는 말. 옥루(玉淚). ¶ 용루를 흘리다.
용린-갑(龍鱗甲)[-닌-]명 용의 비늘 모양으로 된 미늘을 달아 만든 갑옷.
용ː립(聳立)[-닙]명하자 (산이나 나무 따위가) 높이 우뚝 솟음.
용마(龍馬)명 ①중국 복희씨(伏羲氏) 때, 황하에서 팔괘(八卦)를 등에 싣고 나왔다는 준마. ②썩 잘 달리는 '훌륭한 말'을 비유하여 이르는 말. ②용총(龍驄).
용-마루(龍-)명 지붕 위의 마루. 옥척(屋脊). 지붕마루.
용-마름(龍-)명 초가의 용마루나 담 위에 덮는, 짚으로 길게 틀어 엮은 이엉.
용매(溶媒)명 용액을 만들 때에 용질을 녹이는 액체. 용제. 용해제. 참용질(溶質).
용ː맹(勇猛)명하형스형 용감하고 사나움. ¶ 용맹과 지략을 겸비한 장수. /용맹스럽게 싸우다.
용맹스레부.
용ː맹무쌍(勇猛無雙)명하형 견줄 만한 데가 없을 만큼 용감하고 사나움. ¶ 용맹무쌍한 군인.
용-머리(龍-)명 꿀풀과의 다년초. 산지에 나는데, 줄기는 15~40 cm까지 자라며 여름에 자줏빛 꽃이 줄기 끝에 핌.
용ː명(勇名)명 용자(勇者)로서의 명성. 용맹스럽다는 평판. ¶ 용명을 떨치다.
용명(勇明) '용명하다'의 어근.
용명(溶明)명 ☞페이드인(F.I.). ↔용암(溶暗).
용ː명-하다(勇明-)형여 용감하고 명민하다.
용모(容貌)명 사람의 얼굴 모양. 모용. 면상(面相). 형모(形貌). ¶ 출중한 용모. /용모가 준수하다.
용모-파기(容貌疤記)명하타 (어떤 사람을 체포하기 위하여) 그 사람의 용모와 특징 따위를 기록함, 또는 그 기록.
용몽(龍夢)명 ☞용꿈.
용ː무(用武)명하자 무력을 씀.
용ː무(用務)명 볼일. 용건(用件). ¶ 용무를 마치다. /용무가 있어 외출하다.
용문(龍門)명 중국 황하 중류에 있는 여울 이름. 〔물살이 세어, 잉어가 이곳을 뛰어오르면 용이 된다는 전설이 있음.〕
용문(龍紋)명 용을 그린 오색의 무늬.
용문-석(龍紋席)명 용문을 넣어 짠 돗자리.
용미(龍尾)명 ①용의 꼬리. ②무덤의 분상 뒤를 용의 꼬리처럼 만든 자리.
용미봉탕(龍味鳳湯)명 '맛이 썩 좋은 음식'을 비유하여 이르는 말.
용반-호거(龍蟠虎踞)명 〔용이 서리고 범이 걸터앉았다는 뜻으로〕 '산세(山勢)가 웅장함'을 비유하여 이르는 말.
용-방망이(龍-)명 지난날, 지방의 사령들이 쓰던 형구(刑具). 한끝에 용을 새겼음.
용ː법(用法)[-뻡]명 ①(무엇을) 사용하는 방법. ②하자 법을 부림.
용ː-벚[-벋]명 온몸을 벚나무 껍질로 싼 활. * 용ː벚이[-버지]·용ː벚만[-번-]
용ː변(用便)명하자 대소변을 봄. ¶ 용변을 가리다.
용ː병(用兵)명하자 군사를 부림. 용군(用軍).
용ː병(勇兵)명 용감한 병사. 용사(勇士).
용병(傭兵)명하자 보수를 주고 병사를 고용하는 일, 또는 그 병사. 고군(雇軍). 고병(雇兵).
용ː병-법(用兵法)[-뻡]명 전투에서, 군사를 쓰거나 부리는 방법.
용ː병-술(用兵術)명 전투에서, 군사를 쓰거나 부리는 기술. ¶ 용병술에 능하다.
용ː병-학(用兵學)명 군사를 쓰거나 부리는 방법을 연구하는 학문.
용봉-탕(龍鳳湯)명 ①닭고기와 잉어를 한데 넣어 끓인 국. ②닭을 고아 뼈를 발라내고, 은어와 쌀을 넣어 끓인 국.
용부(庸夫)명 용렬한 남자. 범용한 사내.
용부(傭夫)명 고용살이하는 남자.
용부(傭婦)명 고용살이하는 부녀자.
용ː불용-설(用不用說)명 생물에는 환경에 대한 적응력이 있어, 자주 사용하는 기관은 발달하고 사용하지 않는 기관은 퇴화하여 없어지게 된다는 학설. 〔라마르크가 제창한 진화설임.〕
용비(冗費)명 쓸데없는 비용.
용ː비(用費)명 ☞비용. ¶ 용비를 절감하다.
용비어천가(龍飛御天歌)명 조선 세종 27(1445)년에 권제·정인지·안지 등이 세종의 명을 받아 지은 악장. 조선 건국의 위업과 선대(先代) 육조(六祖)의 덕을 중국 고사에 비유하여 칭송한 서사시로, 역사상 최초의 한글 문헌임. 전 10권 5책 125장.
용빙(傭聘)명하타되자 (사람을) 예를 갖추어 고용함. 청하여 고용함.
용ː-빼다자 기운을 몰아 내다. 또는, 큰 재주를 부리다.
　용빼는 재주관용 아주 뛰어난 재주. ¶ 제아무리 용빼는 재주가 있어도 이 일은 해내지 못할 것이다.
용ː사(用私)명하자 사사로운 정을 둠.
용ː사(勇士)명 ①용기가 있는 사람. ②☞용병(勇兵). ¶ 역전의 용사.
용사(容赦)명하타되자 용서하여 놓아줌.
용사(龍蛇)명 ①용과 뱀. ②초서(草書)의 필세(筆勢)를 형용하여 이르는 말.
용사-비등(龍蛇飛騰)명하형 〔용이 날아오르는 형세라는 뜻으로〕 '초서로 쓴 큰 글자의 필세가 활기참'을 비유하여 이르는 말.
용상(庸常) '용상하다'의 어근.
용상(龍床)명 〈용평상(龍平床)〉의 준말.
용ː상(聳上)명 역도 종목의 한 가지. 역기를 한 동작으로 가슴 위까지 올린 후, 곧 그 반동으로 머리 위까지 추어올리는 것. 참인상(引上).
용상-하다(庸常-)형여 (됨됨이가) 대수롭지 아니하다. 범상(凡常)하다.
용ː색(用色)명하자 (남녀가 교합하여) 색을 씀.
용색(容色)명 용모와 안색.
용서(容恕)명하타되자 잘못이나 죄를 꾸짖거나 벌하지 않고 덮어 줌. ¶ 용서를 빌다. /잘못을 용서하다.
용석(鎔石)명 화산에서 뿜어 나온 돌. 또는, 땅 속에서 열을 받아 녹은 돌.
용선(溶銑)명하타 선철(銑鐵)을 녹는점 이상으로 가열하여 녹이는 일, 또는 녹아서 걸쭉해진 그 선철.
용선(傭船)명하자 세를 내고 배를 빌림, 또는 그 배. ¶ 용선 계약.

용설-란(龍舌蘭)명 용설란과의 상록 다년초. 멕시코 원산의 관상 식물. 잎은 다육질(多肉質)인데 가장자리에 억센 가시가 있으며 길이는 1~2 m. 10년 이상 묵은 포기에서 높이 5~10 m의 꽃줄기가 나와 노란 꽃이 핌. 열매를 맺은 다음 온 그루가 말라 죽음.
용소(龍沼)명 폭포가 떨어지는 바로 밑에 있는 웅덩이. 용추(龍湫).
용속(庸俗) '용속하다'의 어근.
용속-하다(庸俗—) [—소카—] 형여 사람됨이 범상하고 속되다.
용-솟음(湧—)명하자 (물 따위가) 세차게 솟아오르거나 끓어오름, 또는 그 기세.
용솟음-치다(湧—)자 세차게 용솟음하다. ¶ 지하수가 용솟음쳐 오르다. /기쁨이 용솟음치다.
용수명 ①술이나 장 따위를 거르는 데 쓰는 기구. 싸리나 대오리 따위로 둥글고 깊게 통처럼 만듦. 추자(篘子). ②지난날, 죄수를 밖으로 데리고 다닐 때 얼굴을 보지 못하게 머리에 씌우던 물건. ③꿀을 채취할 때 머리에 쓰는, 망으로 된 쓰개.
　용수(를) 지르다관용 술이나 간장을 뜨기 위하여 용수를 박다.
용:수(用水)명 ①(음료수에 대하여) '허드렛물'을 이르는 말. ②음료나 관개·방화·공업 등에 쓰기 위하여 끌어들이거나 저장한 물.
용수(龍鬚)명 〔용의 수염이란 뜻으로〕 '임금의 수염'을 높이어 이르는 말.
용수-뒤명 용수로 술을 거른 뒤의 남은 찌끼술. 조하주(糟下酒).
용:수-로(用水路)명 수원(水源)에서 용수를 끌어들이기 위하여 만든 수로.
용수-철(龍鬚鐵)명 강철로 나사처럼 만든 탄력이 강한 물건. 스프링.
용수철-저울(龍鬚鐵—)명 용수철에 가해진 무게와 용수철이 늘어난 정도가 비례하는 성질을 응용하여 만든 저울.
용숫-바람(龍鬚—) [—수빠—/—순빠—]명 ☞회오리바람.
용슬(容膝)명하타 〔무릎이나 겨우 들이밀 정도라는 뜻으로〕 '방이나 처소가 매우 비좁음'을 뜻하는 말. 용신(容身).
용식^작용(溶蝕作用) [—짜꽁]명 침식 작용의 하나로, 암석이 물에 의하여 점차 용해되는 작용.
용신(容身)명하타 ①☞용슬(容膝). ②이 세상에 겨우 몸을 붙이고 살아감.
용신(龍神)명 ☞용왕(龍王).
용신-경(龍神經)명 ☞용왕경(龍王經).
용신-굿(龍神—) [—꿋]명 무당이 용왕에게 비는 굿. *용신굿이[—꾸시]·용신굿만[—꾼—]
용신-제(龍神祭)명 음력 유월 유둣날 또는 칠월에 용신에게 풍작을 비는 제사.
용:심명 남을 미워하고 시기하는 심술. ¶ 용심을 부리다. /용심이 나다.
용:심(用心)명하자 정성스레 마음을 씀. 주의를 함.
용:심-꾸러기명 용심을 잘 부리는 사람. 용심쟁이.
용:심-부리다자 괜히 남을 미워하며 심술을 부리다.
용:심-쟁이명 용심꾸러기.
용-심지(—心—)명 실이나 종이·헝겊 따위의 오라기를 꼬아 기름이나 밀을 묻혀 초 대신 불을 켜는 물건.
용:-쓰다 [~쓰니·~써]자 ①기운을 몰아 쓰다. ¶ 아무리 용써 보아야 소용없다. ②힘을 들이어 괴로움을 억지로 참다.
용안(容顔)명 얼굴.
용안(龍眼)명 무환자과의 상록 교목. 높이 13 m. 인도 원산으로 동남아시아와 열대 아메리카에 분포함. 열매에 붙은 용안육은 한약재로 쓰임.
용안(龍顔)명 '임금의 얼굴'을 높이어 이르는 말. 성면(聖面). 성안(聖顔). 옥안(玉顔). 천안(天顔).
용안-육(龍眼肉) [—뉵]명 한방에서, '용안 열매의 살'을 약재로 이르는 말. 맛이 달고 자양분이 많아 날로 먹기도 하는데, 말려서 강장제·진정제로 씀.
용암(溶暗)명 ☞페이드아웃. ↔용명(溶明).
용암(鎔岩)명 화산이 분화할 때 분화구에서 분출한 마그마, 또는 그것이 굳어서 된 암석.
용암-구(鎔岩丘)명 유출한 용암이 분화구에 쌓여서 언덕 모양을 이룬 것.
용암-굴(鎔岩窟)명 용암 가운데 안쪽의 아직 굳지 않은 마그마가 거죽을 뚫고 흘러내림으로써 생긴 공동(空洞). 용암 터널.
용암^대지(鎔岩臺地)명 유동성이 심한 용암이 분출하여 이루어진 대지.
용암-류(鎔岩流) [—뉴]명 화산이 분화할 때, 분화구에서 흘러나오는 용암, 또는 그것이 식어서 굳어진 것.
용암-층(鎔岩層)명 용암이 분출하여 이루어진 지층.
용암-탑(鎔岩塔)명 분출한 용암이 화구(火口)에 높이 쌓이어 탑 모양을 이룬 것.
용암^터널(鎔岩tunnel)명 용암굴.
용액(溶液)명 물리·화학에서, 두 가지 이상의 물질이 섞여 액체 모양으로 된 균일 혼합물. 〔설탕물·소금물 따위.〕
용:약(勇躍)명하자 (무엇을 향하여) 마음이 힘차게 뜀.
용:약(踊躍)명하자 기쁘거나 좋아서 뜀.
용양호박(龍攘虎搏)명하자 〔용과 범이 서로 사납게 싸운다는 뜻으로〕 '비슷한 상대끼리 맹렬히 다툼'을 비유하여 이르는 말.
용:어(用語)명 사용하는 말, 특히 어떤 분야에서 주로 많이 사용하는 말. ¶ 의학 용어.
용:언(用言)명 문장의 주체를 서술하는 기능을 가진 단어. 〔'무엇이 어찌하다', '무엇이 어떠하다'에서 동작이나 작용을 나타내는 '어찌하다', 성질이나 상태를 나타내는 '어떠하다'에 해당하는 단어. 동사와 형용사가 이에 딸림.〕 풀이씨. 활어(活語). 참체언.
용언(庸言)명 평범한 말. 일상에서 쓰는 말.
용여(容與) '용여하다'의 어근.
용여-하다(容與—)형여 ①태도나 마음이 태연하고 여유가 있다. ②한가롭고 편안하여 흥에 겹다.
용:역(用役)명 주로, 생산과 소비에 필요한 노무(勞務)를 제공하는 일. ¶ 용역 회사. /전문 회사에 용역을 맡기다.
용:역^수출(用役輸出) [—쑤—]명 은행·보험·운송 등의 노무(勞務)를 외국에 제공하거나 노동 인력을 수출하는 일.
용연-향(龍涎香)명 향유고래에서 채취하는 송진 같은 향료. 사향과 비슷한 향기가 있음.
용왕(龍王)명 ①용궁의 임금. ②불교에서 이르는, 용족(龍族)을 거느리는 여덟 왕. 불법을 수호한다고 함. ②용신(龍神).

용왕-경(龍王經)명 용제(龍祭) 때에 읽은 경문. 용신경(龍神經).
용ː왕-매진(勇往邁進)명하자 거리낌 없이 용감하고 씩씩하게 나아감.
용용[-농]감 어린아이들이 양쪽 엄지손가락을 자기의 양볼에 대고 나머지 손가락을 펴서 너울거리며 남을 약 올릴 때 외는 소리.
용용 죽겠지관용 '몹시 약 오르지'의 뜻으로, 남을 약 올릴 때 하는 말.
용용(溶溶) '용용하다'의 어근.
용용-하다(溶溶-)형여 큰 강물의 흐름이 넓고 조용하다. **용용-히**부.
용우(庸愚) '용우하다'의 어근.
용우-하다(庸愚-)형여 (남보다) 못나고 옹졸하며 어리석다.
용원(傭員)명 관청에서 임시로 뽑아 쓰는 사람.
용유(溶油)명 유화용(油畫用) 물감을 녹이는 데 쓰는 기름.
용융(鎔融)명하자되자 고체가 열에 녹아 액체 상태로 되는 일. 융해(融解).
용융-점(鎔融點)[-쩜]명 ☞녹는점.
용ː의(用意)[-의/-이]명하타 ①어떤 일을 할 마음을 먹음, 또는 그 마음. ¶ 도와줄 용의가 있다. ②마음의 준비를 함.
용의(容疑)[-의/-이]명 범죄의 혐의(嫌疑). ¶ 용의 차량.
용의(容儀)[-의/-이]명 ☞의용(儀容). ¶ 용의 단정./조회 시간의 용의 검사.
용의(庸醫)[-의/-이]명 의술이 변변하지 못한 의사.
용의 알(龍-)[-의-/-에-] 궁중의 정재(呈才) 때 춤을 추면서 던지던, 나무로 만든 공. 채구(彩毬).
용의-자(容疑者)[-의-/-이-]명 ☞피의자(被疑者). ¶ 유력한 용의자로 지목되다.
용의주도(用意周到) '용의주도하다'의 어근.
용ː의주도-하다(用意周到-)[-의-/-이-]형여 마음의 준비가 두루 미쳐 빈틈이 없다. ¶ 용의주도한 계획.
용이(容易) '용이하다'의 어근.
용이-하다(容易-)형여 아주 쉽다. 어렵지 않다. ¶ 사용법이 용이하다. **용이-히**부.
용ː익(用益)명 사용하여 얻는 이익.
용ː익^물권(用益物權)[-잉-꿘]명 민법에서, 일정한 목적을 위해 남의 토지를 사용하고 이익을 얻을 수 있는 권리. 〔지상권(地上權)·지역권(地役權)·전세권 따위.〕 참담보 물권.
용ː인(用人)명하자 사람을 씀, 또는 그 사람.
용인(容忍)명하타되자 너그러운 마음으로 참음.
용인(容認)명하타되자 너그럽게 받아들여 인정함.
용인(庸人)명 어리석고 변변하지 못한 사람.
용인(傭人)명 고용된 사람. 품을 파는 사람.
용ː자(勇姿)명 용감한 모습.
용자(容姿)명 용모와 자태.
용ː자-례(用字例)[-짜-]명 글자를 사용하는 보기. ¶ 한글의 용자례.
용ː자-창(用字窓)[-짜-]명 가로살 두 개와 세로살 한 개로 '用' 자처럼 성기게 짠 창.
용잠(龍簪)명 한쪽에 용의 머리 모양을 새겨 만든 비녀.
용잡(冗雜) '용잡하다'의 어근.
용잡-하다(冗雜-)[-자파-]형여 쓸데없이 번거롭다.
용장(勇壯) '용장하다'의 어근.
용ː장(勇將)명 용감한 장수. ¶ 용장 밑에 약졸(弱卒) 없다.
용장(庸將)명 용렬한 장수.
용장(龍欌)명 용 모양의 무늬를 새긴 옷장.
용ː장-하다(勇壯-)형여 씩씩하고 장하다. 날쌔고 굳세다. ¶ 용장한 모습.
용ː재(用材)명 ①연료 이외의 용도를 가진 재목. 건축이나 가구 따위에 쓰이는 재목. ②재료로 쓰이는 물건.
용재-총화(慵齋叢話)명 조선 중기의 문신인 용재(慵齋) 성현(成俔)의 수필집. 시문·설화·역사·문물·풍속 등을 모아 엮은 내용으로, '대동야승(大東野乘)'에 실려 전함. 전 3권 3책.
용적(容積)명 ①물건을 담을 수 있는 부피. 용기(容器) 안을 채우는 분량. ②입체가 차지하고 있는 공간의 크기.
용적-계(容積計)[-꼐/-께]명 용적을 재는 계량기.
용적-량(容積量)[-정냥]명 담을 수 있는 분량.
용적-률(容積率)[-정뉼]명 대지 면적에 대한 건물 연건평(延建坪)의 비율. 〔건물에 의한 토지 이용도를 나타내는 척도임.〕 참건폐율.
용ː전(用錢)명 용돈.
용ː전(勇戰)명하자 용감하게 싸움, 또는 그 전투.
용점(鎔點)[-쩜]명 ☞녹는점.
용접(容接)명하타되자 ①(찾아온 손을) 맞아서 만나 봄. ②가까이하여 사귐.
용접(鎔接)명하타되자 높은 전열이나 가스열을 가하여 두 쇠붙이를 녹이어 붙이거나 이음.
용접-봉(鎔接棒)[-뽕]명 용접할 때, 접합 부분에 녹여 붙이는 녹는점이 낮은 금속 막대.
용정(舂精)명하타 곡식을 찧음.
용정-자(龍亭子)명 지난날, 나라의 옥책(玉冊)이나 금보(金寶) 등 보배를 옮길 때 사용하던 가마.
용제(溶劑)명 ☞용매(溶媒).
용제(鎔劑·熔劑)명 ☞융제(融劑).
용제(龍祭)명 가물 때, 용왕에게 비가 오게 해 달라고 비는 제사.
용존^산소량(溶存酸素量)명 하천·호수 따위의 물속에 녹아 있는 산소의 양. 수질 오염을 나타내는 척도의 한 가지로, 보통 깨끗한 하천에서는 7~10 ppm임. 디오(DO).
용졸(庸拙) '용졸하다'의 어근.
용졸-하다(庸拙-)형여 못나고 졸스럽다.
용종(龍種)명 고려 시대에, '왕족'을 이르던 말.
용주(龍舟)명 임금이 타는 배.
용지명 헝겊이나 헌 솜을 나무 막대기에 감고 기름을 묻혀서 초 대신 불을 켜는 물건.
용ː지(用地)명 어떤 일에 쓰기 위한 땅. ¶ 상업(商業) 용지./주거 용지.
용ː지(用紙)명 어떤 일에 쓰는 일정한 양식의 종이. ¶ 신청 용지.
용지-연(龍池硯)명 용의 모양을 아로새겨 놓은 벼루.
용지-판(-板)명 벽이 무너지지 않게 하려고 지방(地枋) 옆에 대는 널조각.
용ː진(勇進)명하자 씩씩하게 나아감.
용질(容質)명 얼굴 모양과 몸바탕.
용질(溶質)명 용액 속에 녹아 있는 물질. 용해질. ¶ 용액의 농도는 용질의 질량에 비례한다.
용집명 발에 땀이 나서 버선 위로 내밴 얼룩.
용ː처(用處)명 쓸 곳. 쓰이는 데. ¶ 얼마 안 되는 봉급인데 용처가 많아 걱정이다.

용천명 문둥병·지랄병 따위의 몹쓸 병.
용:천(湧泉)명 물이 솟아나는 샘.
용천-맞다[-맏따]형 용천한 데가 있다. ¶ 별 용천맞은 소리를 다 하네.
용천-스럽다[-따][~스러우니·~스러워]형ㅂ 보기에 용천한 데가 있다. 용천스레부.
용천-하다형여 썩 좋지 않다. 꺼림칙한 느낌이 있다. ¶ 먹은 것도 없는데 속이 용천하다.
용총(龍驄)명 ☞용마(龍馬).
용총-줄[-쭐]명 돛을 올리고 내리기 위해 돛대에 매어 놓은 줄. 마룻줄.
용추(龍湫)명 ☞용소(龍沼).
용:출(湧出)명하자 물이 솟아남. 병출(迸出).
용:출(聳出)명하자 우뚝 솟아남.
용-춤명 남이 추어올리는 바람에 기분이 좋아서 시키는 대로 하는 짓.
용춤(을) 추다관용 남이 추어올리는 바람에 기분이 좋아서 시키는 대로 하다.
용태(容態)명 ①얼굴 모양과 몸맵시. ②병의 상태. ¶ 용태가 어떠신지?
용:퇴(勇退)[-퇴/-퉤]명하자 조금도 꺼리지 않고 용기 있게 물러남. 선선히 그만둠.
용퉁-하다형여 소견이 좁고 미욱하다.
용-트림(龍-)명하자 거드름을 부리느라고 일부러 하는 트림. ¶ 비지국 먹고 용트림한다.
용-틀임(龍-)명 ①전각(殿閣) 등에 용의 모양을 그리거나 새긴 장식. 교룡(交龍). ②하자 이리저리 비틀거나 꼬면서 움직임.
용-평상(龍平床)명 임금이 정무(政務)를 볼 때 앉는 평상. 보탑(寶榻). 준용상(龍床).
용포(龍袍)명 〈곤룡포(袞龍袍)〉의 준말.
용:품(用品)명 《일부 명사 뒤에 붙어》 무엇에 쓰이거나 필요한 여러 가지 물품. ¶ 사무용품. /일상용품.
용:필(用筆)명하자 ☞운필(運筆).
용:하(用下)명하타 (윗사람이 아랫사람에게) 쓸 돈을 내줌, 또는 그 돈.
용:-하다형여 ①(어떤) 재주가 남달리 뛰어나다. ¶ 침술이 용한 의원. ②기특하고 장하다. ¶ 일 등을 하다니 참 용하구나. ③매우 다행스럽다. ¶ 태풍이 용하게도 우리나라를 비껴갔다. 용-히부.
용-하다(庸-)형여 (사람이) 성질이 순하고 어리석다. ¶ 겉보기에는 용해 보여도 화나면 무섭다.
용한(勇悍) '용한하다'의 어근.
용:한-하다(勇悍-)형여 날래고 사납다.
용합(溶合)명하자타되자 녹아서 한데 합쳐짐, 또는 녹여서 한데 합침.
용-해(龍-)명 ☞진년(辰年).
용해(溶解)명하자타되자 ①녹거나 녹임. ②기체 또는 고체가 액체 속에서 녹아서 용액이 되는 현상. ¶ 소금을 용해한 물이 소금물이다. ②비융해(融解).
용해(鎔解)명하자타되자 금속이 열에 녹아 액체 상태로 됨, 또는 그런 상태로 되게 함.
용해-도(溶解度)명 포화 용액 속에 들어 있는 용질(溶質)의 농도.
용해-로(鎔解爐)명 금속을 녹이는 데 쓰는 가마를 통틀어 이르는 말.
용해-열(溶解熱)명 용질이 용매 속에서 녹을 때 발생하거나 흡수되는 열량.
용해-제(溶解劑)명 ☞용매(溶媒).
용해-질(溶解質)명 ☞용질(溶質).
용행(庸行)명 평소의 품행이나 행실.
용허(容許)명하타되자 ☞허용(許容).
용:현(用賢)명하자 어진 사람을 뽑아 씀.
용혈(溶血)명 적혈구의 세포막이 파괴되어 그 안에 있는 헤모글로빈이 혈구 밖으로 빠져나가는 현상. 용혈 반응.
용혈^반:응(溶血反應)명 ☞용혈(溶血).
용혈성^빈혈(溶血性貧血)[-썽-]명 적혈구가 쉽게 파괴되어 생기는 질환. 빈혈·황달·비종(脾腫) 등의 증세가 나타남.
용혈-소(溶血素)[-쏘]명 적혈구를 파괴하고 헤모글로빈을 유출시키는 물질. 〔형(型)이 다른 적혈구가 몸 안에 들어온 경우 이를 용혈시키는 성분 따위를 말함.〕
용혐-저면흑(龍嫌猪面黑)명 원진살의 한 가지. 궁합에서, 용띠는 돼지띠를 꺼린다는 말.
용호(龍虎)명 ①용과 범. ②'뛰어난 두 사람, 또는 두 영웅'을 비유하여 이르는 말.
용호-군(龍虎軍)명 고려 시대에, 임금의 신변 경호를 맡아보던 군대.
용호-방(龍虎榜)명 조선 시대에, 문무과(文武科)에 급제한 사람의 이름을 써 붙이던 나무판. 〔나중에는 종이를 썼음.〕
용호-상박(龍虎相搏)명하자 〔용과 범이 서로 싸운다는 뜻으로〕'힘이 강한 두 사람이 승부를 겨룸'을 비유하여 이르는 말.
용혹무괴(容或無怪)[-훅-괴/-훅-궤]명하형 혹시 그럴지라도 괴이할 것이 없음.
용화(容華)명 예쁜 얼굴.
용화(鎔化)명하자타되자 열에 녹아서 모양이 변함, 또는 열로 녹여서 모양을 변하게 함.
용훼(容喙)명하자 말참견을 함. ¶ 이 문제는 자네가 용훼할 일이 아닐세.
우1명 한글의 자모 'ㅜ'의 음가 및 이름.
우2부 ①여럿이 한꺼번에 한데로 몰리는 모양. ¶ 방 안에서 아이들이 우 몰려나왔다. ②바람이 한쪽으로 세차게 몰아치는 소리, 또는 그 모양. 우-우부.
우명 〈옛〉 위. ¶ 하늘 우 하늘 아래 나쁜 尊호라(釋譜6:17). /곳 우마다 닐굽 王女ㅣ러니(釋譜6:31). 참웋.
우(牛)명 〈우성(牛星)〉의 준말.
우:(右)명 오른쪽. ¶ 우로 가! ↔좌(左).
우:(羽)명 동양 음악의 오음(五音) 음계의 다섯째 음. 참궁상각치우.
우(愚)명하형 어리석음. ¶ 다시는 이러한 우를 범하지 않도록 해라.
우(優)명 수·우·미·양·가의 다섯 등급으로 성적을 평가할 때의 둘째 등급.
-우-접미 일부 동사 어근에 붙어, 주동사를 사동사로 만드는 구실을 함. ¶ 깨우다. /지우다.
-우어미 모음으로 끝난 용언의 어간 또는 'ㄹ'·'ㅆ'·'ㅄ'으로 끝난 용언의 어간이나 어미에 붙어, 하오할 자리에 쓰여, 동작이나 상태의 서술·의문·명령을 나타내는 종결 어미. 여성들이 친근한 손윗사람을 대할 때 씀. ¶ 나 좀 보우. /이리 오우.
우각(牛角)명 쇠뿔.
우각(隅角)명 ①모퉁이. 구석. ②'입체각'의 구용어.
우각(優角)명 켤레각에서 큰 쪽의 각, 곧 180° 보다 큰 각. ↔열각(劣角).
우각-사(牛角莎)[-싸]명 무덤의 뒤와 양옆에 흙을 돋우어 떼를 심은 곳.
우각-새(牛角顋)[-쌔]명 쇠뿔 속에 든 골.
우:개-지륜(羽蓋芝輪)명 왕후(王侯)가 타던, 덮개가 녹색의 새털로 된 수레.

우거(牛車)명 불교에서 이르는 삼거(三車)의 하나. '보살승(菩薩乘)'을 비유하여 이르는 말.
우:거(寓居)명 ①하자 임시로 몸을 붙여 삶, 또는 그 집. 교거(僑居). 우접(寓接). ②남에게 자기의 '주거(住居)'를 낮추어 이르는 말.
우거지명 ①푸성귀에서 뜯어낸 떡잎이나 겉대. ②김장이나 새우젓 따위의 맨 위에 덮는, 빛깔이나 맛이 덜한 부분.
우거지다자 초목이 자라 빽빽하게 들어차고 가지나 잎이 많이 퍼지다. ¶ 숲이 우거지다.
우거지-상(-相)명 '잔뜩 찌푸린 얼굴 모양'을 속되게 이르는 말.
우거짓-국[-지꾹/-진꾹]명 우거지를 넣고 끓인 국.
우걱-뿔명 안으로 구부러진 뿔. 참송낙뿔.
우걱뿔-이명 우걱뿔이 난 소.
우걱-우걱부하자 마소가 짐을 지고 걸을 때에 나는 소리.
우걱-지걱[-찌-]부하자 마소나 달구지에 실은 짐 따위가 움직이는 대로 이리저리 쏠리면서 나는 소리.
우:걸(羽傑)명 새 중에서 가장 뛰어난 새.
우겨-넣다[-너타]타 억지로 밀어 넣다. ¶ 신문지를 쓰레기통에 우겨넣다.
우격명 억지로 무리하게 우김. 《주로, '우격으로'의 꼴로 쓰임.》 ¶ 무슨 일이든 우격으로 해서는 안 된다.
우:격(羽檄)명 군사상 급하게 전하는 격문(檄文). 〔옛날 중국에서 급한 일이 있을 때 날아가듯이 가라는 뜻으로 닭의 깃을 꽂아 보내던 데에서 유래함.〕 우서(羽書).
우격-다짐[-따-]명하자타 억지로 우겨서 남에게 강요함, 또는 그런 짓. ¶ 우격다짐을 벌이다.
우견(愚見)명 ①어리석은 생각. ②남 앞에서 '자기의 의견'을 낮추어 이르는 말.
우경(牛耕)명하자 소로 논밭을 갊.
우:경(右傾)명하자 우익(右翼)으로 기울어짐, 또는 그런 경향. ¶ 우경 세력. ↔좌경(左傾).
우:경(雨景)명 비가 내릴 때의 경치. 비에 젖는 강산(江山)의 풍경.
우:경-화(右傾化)명하자타되자 우익적인 사상으로 기울어지게 됨, 또는 그렇게 되게 함. ↔좌경화.
우:계(右契)[-계/-게]명 지난날, 병부(兵符) 따위를 둘로 쪼갰을 때의 '오른쪽 짝'을 이르던 말. ↔좌계(左契).
우계(佑啓)[-계/-게]명하타 도와서 이루게 함. 도와서 발달시킴.
우:계(雨季)[-계/-게]명 (강우량의 연변화에 따라 구별한) 비가 많이 내리는 계절. ↔건계.
우계(愚計)[-계/-게]명 ①어리석은 계략이나 계획. ②남 앞에서 '자기의 계략이나 계획'을 낮추어 이르는 말.
우곡(紆曲) '우곡하다'의 어근.
우곡-하다(紆曲-)[-고카-]형여 서로 얽혀 구부러져 있다.
우골(牛骨)명 소의 뼈.
우골-유(牛骨油)[-류]명 낮은 온도에서 우골지(牛骨脂)로부터 빼낸 기름. 응고점이 낮으며 윤활유로 씀.
우골-지(牛骨脂)[-찌]명 소의 뼈에서 뽑아낸 지방. 비누나 우골유 등의 제조에 쓰임.
우공(牛公)명 '소'를 사람 부르듯이 높여 이르는 말.
우괴(迂怪) '우괴하다'의 어근.
우괴-하다(迂怪-)[-괴-/-궤-]형여 〈오괴(迂怪)하다〉의 본딧말.
우:구(雨具)명 ☞우비(雨備).
우구(憂懼)명하타되자 걱정하고 두려워함.
우:구-화(雨久花)명 ☞물옥잠.
우국(憂國)명하자 나라의 현상이나 장래에 대하여 걱정함.
우국지사(憂國之士)[-찌-]명 나라의 현상이나 장래에 대하여 근심하는 사람.
우국지심(憂國之心)[-찌-]명 나라의 현상이나 장래에 대하여 염려하는 마음.
우국-충정(憂國衷情)명 나라의 현상이나 장래에 대하여 염려하는 참된 마음.
우:군(友軍)명 자기와 한편인 군대. 비아군.
우:군(右軍)명 〈우익군(右翼軍)〉의 준말.
우:궁(右弓)명 오른손으로 시위를 당겨 쏘는 활. ↔좌궁(左弓).
우:-궁깃(右弓-)[-긷]명 새의 왼쪽 날개 깃으로 꾸민 화살의 깃. ↔좌궁깃. * 우:궁깃이[-기시]·우:궁깃만[-긴-]
우-궁형(優弓形)명 '우활꼴'의 구용어.
우귀(于歸)명하자 전통 혼례에서, 혼인한 신부가 처음으로 시집에 들어감. 참우례(于禮).
우:규(右揆)명 '우의정(右議政)'을 달리 이르는 말. 참좌규.
우그러-들다[~드니·~들어]자 우그러져서 작아지거나 우묵하게 되다. 작오그라들다.
우그러-뜨리다타 힘을 주어 우그러지게 하다. 우그러트리다. ¶ 빈 깡통을 우그러뜨리다. 작오그라뜨리다.
우그러-지다자 ①물체가 안쪽으로 우묵하게 휘어지다. 또는, 물체의 가장자리가 안쪽으로 욱어들다. ¶ 우그러진 냄비. ②물체의 거죽이 주름이 지거나 줄어드는 상태로 되다. 작오그라지다.
우그러-트리다타 우그러뜨리다. 작오그라트리다.
우그렁-우그렁부하형 여러 군데가 안쪽으로 우묵하게 들어가고 주름이 많이 잡힌 모양. 준우글우글[2]. 작오그랑오그랑.
우그렁-이명 우그렁우그렁하게 생긴 물건. 작오그랑이.
우그렁-쪽박[-빡]명 우그러진 작은 바가지. 작오그랑쪽박.
우그렁-쭈그렁부하형 여러 군데가 우그러지고 쭈그러진 모양. 준우글쭈글. 작오그랑쪼그랑.
우그렁-하다형여 조금 우그러져 있다. 작오그랑하다.
우그르르부 ①하형(사람이나 생물 따위가) 한곳에 많이 몰려들거나 모여 있는 모양. ¶ 아이들이 우그르르 모여들다. ②하자 비교적 깊은 그릇의 물이 야단스레 끓어오르는 소리, 또는 그 모양. 작오그르르.
우그리다타 우그러지게 하다. 작오그리다.
우글-거리다자 ①액체가 우그르르 끓다. ②(사람이나 생물 따위가) 한곳에 우그르르 모여서 자꾸 움직이다. 우글대다. 작오글거리다.
우글다[우그니·우글어] Ⅰ 자 '우그러지다'의 잘못.
Ⅱ 형 욱어 들어 있다.
우글-대다자 우글거리다.
우글-부글부하자 액체 따위가 우글거리고 부글거리면서 끓는 소리, 또는 그 모양. ¶ 김치찌개가 우글부글 끓는다. 작오글보글.
우글-우글[1]부하자 ①(사람이나 좀 큰 생물이) 한곳에 많이 모여 자꾸 움직이는 모양. ¶ 도둑과 소매치기들이 우글우글 끓다. ②액체 따위가 우그르르 끓어오르는 소리, 또는 그 모양. [작]오글오글[1].

우글-우글[2][부][하형] 〈우그렁우그렁〉의 준말. [작]오글오글[2].

우글-쭈글[부][하형] 〈우그렁쭈그렁〉의 준말. [작]오글쪼글.

우금[명] 시냇물이 급히 흐르는, 가파르고 좁은 산골짜기.

우금(于今)[부] 지금까지. 이제까지. ¶ 고향을 떠난 지 우금 20년.

우긋-우긋[-그두귿][부][하형] 여러 군데가 모두 우긋한 모양. [작]오긋오긋.

우긋-하다[-그타-][형][여] 조금 욱은 듯하다. [작]오긋하다. **우긋-이**[부].

우:기(右記)[명] 세로쓰기로 쓴 글에서, 그 글의 '오른쪽에 쓴 글'을 가리키는 말. ↔좌기(左記). [참]하기(下記).

우:기(雨氣)[명] 비가 내릴 듯한 기운.

우:기(雨期)[명] 1년 중에서 비가 계속해서 많이 내리는 시기. ↔건기(乾期).

우기다[자][타] (자기의 주장이나 의견을) 고집하여 주장하다. ¶ 자기 말이 옳다고 끝까지 우기다.

우김-성(-性)[-썽][명] 자기의 주장이나 의견을 고집하는 성벽.

우꾼-우꾼[부][하자] ①어떤 기운이 자꾸 세게 일어나는 모양. ②여러 사람이 자꾸 기세를 올리는 모양.

우꾼-하다[자][여] ①어떤 기운이 한꺼번에 세게 일어나다. ②여러 사람이 한꺼번에 소리치며 기세를 올리다.

우낭(牛囊)[명] 〈우랑〉의 본딧말.

우:내(宇內)[명] 온 세계.

우너리[명] 가죽신의 운두.

우:는-살[명] 끝에 나무때기로 만든 속이 빈 깍지를 달아 붙인 화살. 옛날 전쟁 때 쓰던 것으로 날아갈 때 소리가 남. 명적(鳴鏑).

우:는-소리[명] 자기의 불행한 처지나 어려운 사정 등을 사실보다 과장하여 늘어놓는 말.

우니다[자] 〈옛〉울며 지내다. ¶ 내 님믈 그리ᅀᆞ와 우니다니(鄭敍.鄭瓜亭). /너를 여희오 더욱 우니ᄂᆞ니 어셔 도라니거라(釋譜8:*101*).

우:-닐다[~니니·~닐어][자] ①울다. ②울고 다니다.

우:단(羽緞)[명] 거죽에 고운 털이 돋게 짠 비단. 벨벳.

우담(牛膽)[명] 소의 쓸개.

우담화(優曇華)[명] ①인도에서 3천 년에 한 번씩 꽃이 핀다고 하는 상상의 나무. ②뽕나뭇과의 낙엽 교목. 키는 3m가량. 잎은 길둥글며 길이 15cm가량임. 작은 꽃이 꽃턱에 싸여 있어서 잘 보이지 않으며, 열매는 먹을 수 있음.

우:당(友黨)[명] (어떤 정당 편에서 보아) 당파는 다르지만 정책이나 강령 등에 공통점이 있어서 우호 관계를 유지하고 있는 정당.

우:당(右黨)[명] 우익(右翼) 정당. ↔좌당(左黨).

우당탕[부][하자] 잘 울리는 바닥에 물건이 요란스레 떨어지거나 널마루에서 요란스레 뛸 때 나는 소리. **우당탕-우당탕**[부][하자] ¶ 아이들이 계단을 우당탕우당탕 뛰어내렸다.

우당탕-거리다[자] 자꾸 우당탕우당탕하다. 우당탕대다. ¶ 방에서 우당탕거리며 다투다.

우당탕-대다[자] 우당탕거리다.

우당탕-퉁탕[부][하자] 우당탕거리고 퉁탕거리는 소리, 또는 그 모양. ¶ 수업이 끝나자 아이들은 계단을 우당탕퉁탕 뛰어내렸다.

우대[명] ①지난날, 서울 성내(城內)의 서북쪽 지역을 이르던 말. 곧, 인왕산 부근의 동네들을 이르던 말. [참]아래대. ②위쪽.

우:대(羽隊)[명] 지난날, '군대에서 화살을 지는 부대'를 이르던 말.

우대(優待)[명][하타][되자] 특별히 잘 대우함, 또는 그러한 대우. ¶ 교육계 출신을 우대하다.

우대-권(優待券)[-꿘][명] (남보다) 특별히 대우하겠다는 뜻을 나타낸 표.

우대^금리(優待金利)[-니][명] 은행이 실적·신용도 따위가 좋은 특정 기업체에 적용해 주는, 이자율이 낮은 대출 금리.

우:-대신(右大臣)[명] 지난날, '우의정(右議政)'을 달리 이르던 말.

우댓-사람[-대싸-/-댇싸-][명] 지난날, 우대에 사는 아전 계급의 사람을 이르던 말. [참]아래댓사람.

우덜거지[명] 허술하나마 위를 가리게 되어 있는 것.

우도(牛刀)[명] 소를 잡는 데 쓰는 칼.

우:도(友道)[명] 친구와 사귀는 도리.

우:도(右道)[명] 조선 시대에, 경기도·충청도·전라도·경상도·황해도의 각 도를 둘로 나누어 그 한쪽을 이르던 말. 경기도의 북부 지역과 충청도·전라도·경상도·황해도의 서쪽 지역을 이름. ↔좌도(左道).

우도-할계(牛刀割鷄)[-계/-게][명] 〔소 잡는 칼로 닭을 잡는다는 뜻으로〕 '작은 일을 하는 데 어울리지 않게 거창스레 벌이거나 큰 연장을 씀'을 비유하여 이르는 말.

우동(うどん.饂飩 일)[명] '가락국수'로 순화.

우두(牛痘)[명] ①(급성 전염병인) 천연두의 예방약으로 쓰이는, 소의 몸에서 뽑아낸 면역 물질. 두묘. ②☞종두(種痘).

우두(牛頭)[명] 소의 대가리.

우두덩-거리다[자] 자꾸 우두덩우두덩하다. 우두덩대다. [작]오도당거리다.

우두덩-대다[자] 우두덩거리다.

우두덩-우두덩[부][하자] 비교적 크고 단단한 물건들이 잇따라 무너져 떨어질 때 나는 요란한 소리, 또는 그 모양. [작]오도당오도당.

우두둑[부] ①[하자타]비교적 크고 단단한 물건을 야무지게 깨물 때 나는 소리. ¶ 아이는 사탕을 입 안에 넣고 우두둑 씹어 먹었다. ②[하자타]단단한 물건을 부러뜨릴 때 나는 소리. ③[하자]굵은 빗방울 따위가 세차게 떨어지는 소리. ¶ 우두둑하고 우박이 한차례 내리다. ①②[작]오도독.
우두둑-우두둑[부][하자타].

우두둑-거리다[-꺼-][자][타] 자꾸 우두둑우두둑하다. 우두둑대다. ¶ 날밤을 우두둑거리며 먹다. [작]오도독거리다.

우두둑-대다[-때-][자][타] 우두둑거리다.

우두망찰-하다[자][여] 갑작스러운 일로 얼떨떨하여 어찌할 바를 모르다.

우두머니[부] '우두커니'의 잘못.

우두머리[명] ①물건의 꼭대기. ②어떤 집단이나 조직의 가장 윗사람. 통솔하는 사람.

우두커니[부] 넋이 나간 듯이 가만히 서 있거나 앉아 있는 모양. ¶ 우두커니 먼 산만 바라보고 있다. [작]오도카니.

우둑-우둑[부][하자타] 비교적 크고 단단한 물건을 자꾸 깨물 때 나는 소리, 또는 그러한 모양. [작]오독오독.

우둔(愚鈍)[명][하형] 어리석고 무딤. ¶ 우둔한 생각. [참]노둔(駑鈍)하다.

우둔-우둔부하자 무서워서 가슴이 두근거리는 모양.

우둘-우둘부하형 ①씹기에 좀 단단하면서도 탄력이 있는 느낌. ②우둥퉁하고 부드러운 모양. 작오돌오돌.

우둘-투둘부하형 우툴두툴. 작오돌토돌.

우둥-부둥부하형 몸이 조금 우둥퉁한 모양. 작오동보동.

우둥-우둥부하자 여러 사람이 웅기중기 모여서 서성거리는 모양.

우둥퉁부하형 몸집이 크고 퉁퉁한 모양. 작오동통.

우둥-푸둥부하형 몸집이 크고 살이 푸둥푸둥한 모양. 작오동포동.

우드(wood)명 공을 치는 부분이 나무로 되어 있는 원거리용 골프채. 참아이언(iron).

우드^합금(Wood合金)[-끔]명 이융(易融) 합금의 한 가지. 창연 50 %, 납 24 %, 주석 14 %, 카드뮴 12 %의 비율로 이루어짐. 녹는점은 66~71℃. 퓨즈 따위로 쓰임.

우들-우들부하자타 (몸집이 큰 사람이) 춥거나 무서워서 몸을 몹시 떠는 모양. 작오들오들.

우듬지명 나무의 꼭대기 줄기. ¶ 미루나무 우듬지의 까치집.

우등(優等)명하형 학업 성적이나 능력 등이 남보다 특별히 뛰어난 상태. 또는, 높은 등급. ¶ 우등으로 학업을 마치다. ↔열등(劣等).

우등-상(優等賞)명 우등생, 또는 우등한 사람에게 주는 상.

우등-상장(優等賞狀)[-짱]명 우등생에게 주는 상장.

우등-생(優等生)명 학업 성적이 남보다 특별히 뛰어나고 품행이 방정한 학생. ↔열등생(劣等生).

우뚝부하형 ①(여럿 가운데서) 유난히 높이 두드러진 모양. ¶ 바다 위에 우뚝 솟은 한라산. 작오뚝. ②남보다 두드러지게 뛰어난 모양. ¶ 김 군의 성적은 유난히 우뚝하다. **우뚝-이**부. **우뚝-우뚝**부하형.

우라늄(uranium)명 천연으로 존재하는 원소 중 가장 무거운 방사성(放射性) 원소의 하나. 철과 비슷한 은백색의 결정성 금속 원소로, 원자폭탄·원자로 등 원자력의 이용에 필요한 중요한 원료이며, 라듐의 모체임. 우란(Uran). 〔U/92/238.029〕

우라늄-광(uranium鑛)명 우라늄이 들어 있는 광석을 통틀어 이르는 말.

우라-지다자 〔'오라지다'의 변한말로〕 몹시 마음에 맞지 아니함을 비속하게 이르는 말. 《주로, '우라질'·'우라지게'의 꼴로 쓰임.》 ¶ 날씨 한번 우라지게 덥다.

우라-질감 〔'오라질'의 변한말로〕 속이 상할 때 혼잣말처럼 내뱉거나 미운 상대를 욕할 때 하는 말.

우락(牛酪)명 ☞버터.

우ː락(羽樂)명 전통 가곡의 한 가지. 우조(羽調)에 딸림.

우락-부락[-뿌-]부하형 생김새가 험상궂고 행동이 거친 모양. ¶ 우락부락한 얼굴로 상대편을 노려보다.

우란(Uran 독)명 ☞우라늄(uranium).

우란분(盂蘭盆←ullambana 범)명 불교에서, 하안거(夏安居)의 끝 날인 음력 칠월 보름에 지내는 행사. 아귀도(餓鬼道)에 떨어져 괴로워하는 망령을 위안하는 행사임.

우랄알타이^어ː족(Ural-Altai語族)명 '우랄 어족'과 '알타이 어족'을 가까운 갈래의 것으로 보고 아울러 이르는 말.

우랄^어ː족(Ural語族)명 유럽 북부·동부에서 시베리아에 걸쳐 분포하는 어족. 모음조화 현상이나 교착어적(膠着語的)인 데가 있는 점 등이 알타이 어족과 비슷함.

우람(愚濫) '우람(愚濫)하다'의 어근.

우람-스럽다[-따][~스러우니·~스러워]형ㅂ 보기에 우람하다. **우람스레**부.

우람-지다형 우람한 데가 있다.

우람-차다형 매우 우람스럽다. ¶ 몸집이 우람찬 씨름 선수.

우람-하다형여 모양이 웅장하여 위엄이 있다. ¶ 우람한 체격.

우람-하다(愚濫-)형여 어리석고 외람되다.

우랑(←牛囊)명 소의 불알.

우ː량(雨量)명 '강우량'으로 순화.

우량(優良)명하형 여럿 가운데서 뛰어나게 좋음. ¶ 우량 상품. /우량 품종. /우량 기업.

우ː량-계(雨量計)[-계/-게]명 일정 시간 동안에 내린 비의 양을 재는 기구.

우ː량-도(雨量圖)명 지도에 강우량(降雨量)을 선으로 나타낸 도표.

우량-주(優良株)명 수익과 배당이 높으며 경영 내용이 건실한 회사의 주식.

우량-품(優良品)명 훌륭한(좋은) 물품.

우러곰부 〈옛〉울면서. ¶ 아라녀리 그츤 이런 이본 길헤 눌 보리라 우러곰 온다(月釋8:87). /괴시란디 우러곰 좃니노이다(樂詞.西京別曲).

우러-나다자 액체에 잠긴 물질에서 빛깔이나 맛 따위가 빠져나오다. ¶ 소금기가 우러나다. /떫은맛이 우러나다.

우러-나오다자 ①생각이나 느낌이 마음속에서 절로 생겨나다. ¶ 마음속에서 우러나오는 기쁨. ②눈물이나 소리 따위가 솟아나듯이 절로 나오다. ¶ 배 속에서 우러나오는 함성. /우러나오는 기쁨의 눈물을 주체하지 못하다.

우러러-보다타 ①얼굴을 위로 향하여 쳐다보다. ¶ 하늘을 우러러보다. ②훌륭한 사람을 존경하는 마음으로 대하거나 그리다. ¶ 스승으로서 우러러보다.

우러르다[우러르니·우러러]타 ①얼굴을 위로 향하다. ¶ 푸른 하늘을 우러르다. ②존경하는 마음을 지니다. ¶ 우러러 모시다. /우러러 받들다.

우러리명 얽어 만든 물건의 뚜껑.

우럭-우럭부하자 ①불기운이 세차게 일어나는 모양. ¶ 우럭우럭 타오르는 화톳불. ②술기운이 얼근하게 나타나는 모양. ③병세가 차차 더해 가는 모양.

우렁쉥이명 ☞멍게.

우렁-우렁부 ①하자소리가 크게 울리는 모양. ¶ 목소리가 우렁우렁하다. ②하형울리는 소리가 매우 큰 모양.

우렁이명 우렁잇과의 고둥을 통틀어 이르는 말. 소라와 비슷하나 크기는 소라보다 작으며 껍데기가 곱고 불룩함. 껍데기의 빛깔은 녹갈색. 수렁이나 논에 삶. 토라(土螺).

우렁이도 두렁 넘을 꾀가 있다속담 미련하고 못난 사람도 제 요량은 하고 있고, 한 가지 재주는 있다는 말.

우렁이도 집이 있다속담 (거처할 곳이 없을 때) 우렁이와 같은 미물도 집이 있건만 자기는 왜 없는가 하고 한탄할 때 하는 말.

우렁잇-속[-이쏙/-읻쏙]명 ①'내용이 복잡하여 헤아리기가 어렵거나 자세히 알 수 없는 일'을 비유하여 이르는 말. ②'털어놓지 않는 속마음'을 비유하여 이르는 말.
우렁-차다형 ①소리가 매우 크다. ¶ 우렁찬 만세 소리. ②매우 힘차고 씩씩하다.
우레[1]명 천둥. ¶ 우레와 같은 박수 소리.
우:레[2]명 꿩 사냥을 할 때 불어서 소리를 내는 물건. 살구 씨나 복숭아씨에 구멍을 뚫어 만드는데, 그 소리가 마치 장끼가 까투리를 꾀는 소리와 같음. ¶ 우레를 켜다.
우레아:제(urease)명 요소(尿素)를 암모니아와 이산화탄소로 가수 분해 하는 효소. 콩과 식물이나 세균 등에서 볼 수 있음.
우레탄(urethane)명 ①에틸우레탄을 주성분으로 하는 무색무취의 결정. 실험 동물의 마취나 백혈병 치료 등에 쓰임. ②〈우레탄 수지〉의 준말.
우레탄^수지(Urethane樹脂)명 인조 고무의 한 가지. 기름에 녹지 않고 마멸도가 적어 접착제나 방음제로 쓰임. ㊟우레탄.
우렛-소리[-레쏘-/-렌쏘-]명 천둥소리. 뇌성(雷聲).
우려(憂慮)명하타되자 근심하거나 걱정함. ¶ 무질서한 사태를 우려하다.
우려-내다타 ①(무엇을) 물에 담가 성분·빛깔·맛 따위를 우러나게 하다. ¶ 씀바귀의 쓴맛을 우려내다. ②구실을 붙여 남을 위협하거나 달래거나 하여 돈 따위를 억지로 얻어 내다. ¶ 용돈을 우려내다.
우려-먹다[-따]타 ①음식 따위를 우려서 먹다. ¶ 한약을 우려먹다. ②이미 썼던 내용을 다시 써먹다.
우력(偶力)명 ☞짝힘.
우련-하다형여 빛깔이나 형체 등이 조금 나타나 보일 정도로 엷고 희미하다. ¶ 안개 속으로 산봉우리가 우련하게 드러났다. ㉿오련하다. 우련-히부.
우례(于禮)명하자 전통 혼례에서, 혼인한 신부가 처음으로 시집에 들어가는 예식. 참우귀(于歸).
우례(優禮)명하타 예를 두텁게 함.
우로(迂路)명 멀리 돌아가게 된 길. ↔첩경(捷徑).
우:로(雨露)명 비와 이슬.
우:로-봐(右-) Ⅰ명 사열(査閱) 때, 사열관을 향해 고개를 오른쪽으로 60° 되게 돌려 예의를 표시하는 자세.
Ⅱ감 '우로봐' 하라는 구령.
우:로지택(雨露之澤)명 ①['비와 이슬의 혜택'이라는 뜻으로] 자연의 혜택. ②넓고 큰 은혜.
우론(愚論)명 ①어리석은 이론. 어리석은 견해. ②남 앞에서 '자기의 이론이나 견해'를 겸손하게 이르는 말.
우롱(愚弄)명하타 (남을 바보로 여기고) 업신여겨 놀림. ¶ 사람을 우롱하지 말게.
우뢰명 '우레1'의 잘못.
우료(郵料)명 〈우편 요금〉의 준말.
우루(愚陋) '우루하다'의 어근.
우:루-처(雨漏處)명 빗물이 새는 곳.
우루-하다(愚陋-)형여 어리석고 고루하다.
우르르부하자 ①사람이나 짐승이 무리를 지어 바쁘게 몰려다니는 모양. ¶ 마을 청년들이 우르르 몰려왔다. ②쌓여 있던 큰 물건이 한꺼번에 무너지는 소리, 또는 그 모양. ¶ 건축 자재가 우르르 무너졌다. ③액체가 갑자기 끓어오르는 소리, 또는 그 모양. ④천둥치는 소리. ㉿오르르.
우르릉부하자 ①천둥소리 따위가 무겁고 둔하게 울리는 소리, 또는 그 모양. ②무엇이 무너지거나 흔들리면서 매우 요란하게 울리어 나는 소리, 또는 그 모양.
우르릉-거리다자 자꾸 우르릉우르릉하다. 우르릉대다. ㉿와르릉거리다.
우르릉-대다자 우르릉거리다.
우리[1]명 짐승을 가두어 두거나 가두어 기르는 곳. ¶ 돼지 우리. /우리에 갇힌 호랑이.
우리[2]의 기와를 세는 단위. 한 우리는 2천 장임.
우리[3]대 ①말하는 이가 자기와 자기 동아리를 함께 일컬을 때 쓰는 말. ¶ 우리 국군. ㉠말하는 이와 제삼자만을 일컬음. ¶ 우리는 당신 친구요. ㉡말하는 이와 말을 듣는 이만을 일컬음. ¶ 우리 손잡고 일해 봅시다. ②《일부 명사 앞에 쓰이어》 '나의'의 뜻으로 쓰는 말. ¶ 우리 집. /우리 어머니. ②㊟울3.
우리-구멍명 논물이 새어 나가도록 논두렁에 뚫어 놓은 작은 구멍.
우리-글명 우리나라의 글. 곧, '한글'을 이르는 말.
우리-나라명 우리 한민족(韓民族)이 세운 나라를 스스로 이르는 말. ¶ 우리나라 고유의 악기.
우리다[1]자 ①바깥의 더운 기운으로 말미암아 방안이 더워지다. ②달빛이나 햇빛 따위가 희미하게 비치다. ¶ 달빛이 우린 정원.
우리다[2]타 ①어떤 물건을 물에 담가 맛이나 빛깔 따위가 우러나게 하다. ¶ 감을 우리다. ②어떤 구실로 위협하거나 달래어 남의 것을 억지로 얻다. ¶ 강도가 아녀자의 금품을 우리다. ③잿물을 내리다.
우리-말명 우리 겨레가 쓰는 고유의 말. 국어(國語). ¶ 우리말을 사랑합시다.
우리^사주^조합(-社株組合)명 회사 종업원이 자기 회사 주식을 차지·관리하기 위해 조직한 조합. 회사의 종업원 단체로서, 이들을 회사의 경영 및 이익 분배에 참여시킴으로써 종업원의 재산 형성을 촉진하고 근로 의욕을 고취하기 위한 제도임.
우리-판(-板)명 테두리를 좋은 나무로 짜고 가운데는 널빤지를 끼운 문짝.
우:립(雨笠)명 ☞갈삿갓.
우릿-간(-間)[-리깐/-릳깐]명 짐승의 우리로 쓰는 칸.
우마(牛馬)명 소와 말. 마소.
우마가 기린 되랴속담 본시 타고난 천품은 숨길 수 없음을 비유하여 이르는 말.
우-마차(牛馬車)명 소나 말이 끄는 수레.
우망(迂妄)명 '오망(迂妄)'의 본딧말.
우매(愚昧)명하형 어리석고 사리에 어두움. 우몽(愚蒙). 우미(愚迷). ¶ 우매한 백성.
우맹(愚氓)명 ☞우민(愚民).
우:먼-파워(woman+power)명 여성이 결속하여 나타내는 활동력이나 세력.
우멍거지명 ☞포경(包莖).
우멍-하다형여 물체의 면(面)이 쑥 들어가서 우묵하다. ㉿오망하다.
우명(優命)명 두터운 은혜로 내리는 명령.
우모(牛毛)명 소의 털. 쇠털.
우:모(羽毛)명 ①깃과 털. ②새의 깃에 붙어 있는 털. 깃털.
우:모(羽旄)명 새의 깃으로 꾸며 기(旗)에 꽂는 물건.
우목(牛目)명 ①소의 눈. ②소의 눈으로 만든 잡차래의 한 가지.

우목(疣目)명 ☞무사마귀.
우몽(愚蒙)명하형 ☞우매(愚昧).
우묘(尤妙) '우묘하다'의 어근.
우묘-하다(尤妙-)형여 더욱 묘하다. 더욱 신통하다.
우무명 우뭇가사리를 끓인 다음, 식혀서 묵처럼 굳힌 것. 한천(寒天)[2].
우묵부하형 가운데가 둥그스름하게 들어가 있는 모양. 작오목. **우묵-우묵**부하형.
우묵-주묵[-쭈-]부하형 여러 군데가 고르지 않게 우묵우묵한 모양. 작오목조목.
우묵-주발(-周鉢)[-쭈-]명 운두가 좀 욱어 들어 속이 우묵한 주발. 작오목주발.
우문(愚問)명 어리석은 질문. ↔현문(賢問).
우문-우답(愚問愚答)명 어리석은 물음에 어리석은 대답.
우:문-좌무(右文左武)명하자 문무를 다 갖추고 천하를 다스림.
우문-현답(愚問賢答)명 어리석은 물음에 현명한 대답. ↔현문우답(賢問愚答).
우물명 물을 얻으려고 땅을 파서 지하수를 괴게 한 곳, 또는 그런 시설. ¶ 우물을 파다. 참샘[1].
우물 들고 마시겠다속담 성미가 몹시 급하다는 뜻.
우물 안 개구리속담 '견문이 좁아서 세상 형편을 모르는 사람'을 비유하여 이르는 말. 정저와(井底蛙). 정중와(井中蛙).
우물에 가 숭늉 찾는다속담 성미가 너무 급하여 참고 기다리지 못함을 이르는 말.
우물을 파도 한 우물을 파라속담 무슨 일이든 한 가지 일을 끝까지 꾸준히 해야 성공할 수 있다는 말.
우물(尤物)명 ①가장 좋은 물건. ②'얼굴이 잘생긴 여자'를 이르는 말.
우물(愚物)명 '아주 어리석은 사람'을 얕잡아 이르는 말. 비우인(愚人).
우물-가[-까]명 우물의 언저리.
우물가에 애 보낸 것 같다속담 익숙하지 못한 사람에게 일을 시켜 놓고 몹시 불안해함을 비유하여 이르는 말.
우물가 공론(公論)관용 여자들이 우물가에서 주고받는, 세상 돌아가는 이야기나 남의 소문.
우물-거리다[1]자 물고기나 벌레 따위가 한곳에 많이 모여 자꾸 곰지락거리다. 우물대다[1]. 작오물거리다[1].
우물-거리다[2]자타 ①음식을 자꾸 우물우물하며 씹다. ②말을 자꾸 우물우물하다. ¶ 우물거리지 말고 똑똑히 말해라. 우물대다[2]. 작오물거리다[2].
우물-고누명 고누의 한 가지. '十'의 네 귀를 둥글게 이어 한쪽만 터놓은 판에 서로 말 둘씩을 놓고 먼저 가두어 이기는 놀이. 〔먼저 두는 사람이 첫수에 가두지는 못함.〕
우물고누 첫수속담 ①상대편을 꼼짝 못하게 할 수 있을 정도의 좋은 대책을 비유하여 이르는 말. ②한 가지 방법밖에는 달리 변통할 재주가 없음을 비유하여 이르는 말.
우물-대다[1]자 ☞우물거리다[1].
우물-대다[2]자타 ☞우물거리다[2].
우물-둔덕명 우물 곁에 작은 둑 모양으로 마련해 놓은 곳.
우물-마루명 짧은 널을 가로로, 긴 널을 세로로 놓아 '井' 자 모양으로 짠 마루. 귀틀마루.
우물-물명 ①우물에 괸 물. ②우물에서 길어 올린 물.
우물^반자명 ☞소란 반자.
우물-우물[1]부하자 (벌레 따위) 몸피가 비교적 큰 것들이 한곳에 많이 모여 자꾸 굼지럭거리는 모양. 작오물오물[1].
우물-우물[2]부하자타 ①입을 다문 채 입 안에 든 음식을 이리저리 천천히 씹는 모양. ②말이나 행동을 시원스럽게 하지 못하고 자꾸 꾸물거리는 모양. ¶ 우물우물하지 말고 분명하게 대답하여라. 작오물오물[2].
우물-지다자 ①뺨에 보조개가 생기다. ②우묵하게 들어가다.
우물-질명하자 우물물을 퍼내는 일.
우물쩍-주물쩍[-쭈-]부하자타 '우물쭈물'의 힘줌말.
우물-쭈물부하자타 말이나 행동을 분명하게 하지 않고 우물거리면서 흐리멍덩하게 하는 모양. ¶ 우물쭈물하지 말고 시원하게 털어놓아라.
우뭇-가사리[-무까-/-묻까-]명 우뭇가사릿과의 바닷말. 높이 10~30cm. 검붉은 나뭇가지 모양의 가지가 많음. 바다 속의 모래나 암석에 붙어사는데, 긴 쇠갈퀴 등으로 채취함. 우무의 원료가 됨. 석화채(石花菜). 준가사리·우뭇가시.
우뭇-가시[-무까-/-묻까-]명 〈우뭇가사리〉의 준말.
우므러-들다[~드니·~들어]자 점점 우므러져 들어가다. 작오므라들다.
우므러-뜨리다타 '우므리다'의 힘줌말. 우므러트리다. 작오므라뜨리다.
우므러-지다자 ①물체의 가장자리가 일정한 곳으로 욱어 들다. ②물체의 거죽이 안으로 움푹하게 패어 들어가다. ¶ 우므러진 양은 냄비. 작오므라지다.
우므러-트리다타 우므러뜨리다. 작오므라트리다.
우므리다타 우므러지게 하다. ¶ 입을 우므리다. 작오므리다.
우믈명 〈옛〉 우물. ¶ 우믌므를 ᄒᆞᄅᆞ 五百 디위옴길이더시니(月釋8:91). /아ᄃᆞᆯ을 안고 우믈에 ᄡᅡ질시(五倫2:70).
우미(愚迷)명하형 ☞우매(愚昧).
우미(優美) '우미하다'의 어근.
우미다타 '매만지다'의 잘못.
우미인-초(虞美人草)명 ☞개양귀비.
우미-하다(優美-)형여 뛰어나게 아름답다. 우아하게 아름답다. ¶ 한복의 우미한 맵시.
우민(愚民)명 ①어리석은 백성. 우맹(愚氓). ②국민이 통치자에게 '자신'을 낮추어 일컫는 말.
우민(憂民)명하자 백성의 살아가는 일을 걱정함, 또는 백성에 대한 근심.
우민(憂悶)명하타 걱정하고 괴로워함.
우민^정책(愚民政策)명 지배자가 지배 체제의 안정을 유지하기 위해 피지배자로 하여금 정치적 관심을 갖지 않게 하거나 비판 정신을 흐리게 하려는 정책. 참삼에스(3S) 정책.
우바니(←優婆尼.upāsikā 범)명 불교에서, 출가하지 않고 부처의 제자가 된 여자를 이름. 청신녀(淸信女). 우바이. 참우바새.
우바니사토(←優婆尼沙土.Upanisad 범)명 ☞우파니샤드.
우바새(←優婆塞.upāsaka 범)명 불교에서, 출가하지 않고 부처의 제자가 된 남자를 이름. 거사(居士). 신사(信士). 청신남(淸信男). 청신사(淸信士). 참우바니.
우바이(←優婆夷.upāsikā 범) ☞우바니.
우:박(雨雹)명 주로 적란운에서 내리는 지름 5 mm쯤의 얼음이나 얼음 덩어리, 또는 그것이

내리는 현상. 여름철로 접어드는 5, 6월과 겨울철로 접어드는 9, 10월에 많이 내림. 누리. 백우(白雨).

우ː발(偶發) 명하자되자 우연히 일어남. 뜻밖에 발생함. ¶ 우발 사고./우발 전쟁.

우ː발-범(偶發犯) 명 범죄의 원인이 행위자의 성격에 기인하지 않고 주로 외부적인 사정에 기인하는 범죄. 기회범(機會犯).

우ː발-적(偶發的) [-쩍] 관명 어떤 일이 전혀 예기치 않게 일어나는 (것). ¶ 우발적 행동./우발적인 사건.

우ː발^채ː무(偶發債務) 명 어떤 우발적 사실의 발생으로 말미암아 생기는 채무. 어음 배서 의무나 보증 채무 등으로서 장래에 일정 조건이 발생했을 때 채무가 됨.

우방(牛蒡) 명 ☞우엉.

우ː방(友邦) 명 서로 우호적인 관계를 맺고 있는 나라.

우ː방(右方) 명 오른쪽. ↔좌방(左方).

우방-자(牛蒡子) 명 한방에서, '우엉의 씨'를 약재로 이르는 말. 이뇨제나 해독제 등으로 쓰임.

우ː배(友輩) 명 친구들.

우ː-백호(右白虎) [-배코] 명 풍수지리에서, 서쪽을 상징하는 '백호'가 주산(主山)의 오른쪽에 있다는 뜻으로 오른쪽으로 벋은 산줄기를 이르는 말. 백호(白虎). ↔좌청룡(左青龍).

우범(虞犯) 명 성격이나 환경 등으로 죄를 저지를 우려가 있음. ¶ 우범 지역.

우범^소ː년(虞犯少年) 명 범죄나 비행을 저지를 우려가 있는 소년. 성격이나 환경 등으로 보아서 장래 형벌 법령에 저촉되는 행위를 할 우려가 있는 12세 이상 20세 미만의 소년.

우범-자(虞犯者) 명 범죄를 저지를 우려가 있는 사람.

우범^지대(虞犯地帶) 명 범죄 발생의 우려가 있는 지대. ¶ 우범 지대의 순찰을 강화하다.

우ː변(右邊) 명 ①오른편짝. ②오른쪽 가장자리. ③등식이나 부등식에서, 등호 또는 부등호의 오른쪽에 있는 수식(數式). ④조선 시대에, '우포도청(右捕盜廳)'을 달리 이르던 말. ↔좌변(左邊).

우^변ː칙^활용(-變則活用) [-치콰룡] 명 ☞우 불규칙 활용.

우보(牛步) 명 소의 걸음. 느린 걸음.

우부(愚夫) 명 어리석은 남자.

우부(愚婦) 명 어리석은 여자.

우부룩-하다 [-루카-] 형여 (긴 풀이나 나무 따위가) 한곳에 몰려 있어 수북하다. ¶ 전나무가 우부룩하게 자라 있는 숲. 준우북하다. 작오보록하다. 우부룩-이 부.

우ː부-방(右阜傍) 명 한자 부수의 한 가지. '郡'·'鄕' 등에서 '고을읍(邑)'이 '⻏'으로 쓰일 때의 이름.

우부-우맹(愚夫愚氓) 명 어리석은 백성들.

우북-하다 [-부카-] 형여 〈우부룩하다〉의 준말. 작오복하다. 우북-이 부.

우분(牛糞) 명 쇠똥.

우불-구불 부하형 고르지 않게 구불구불한 모양. 작오불고불. 센우불꾸불.

우^불규칙^용ː언(-不規則用言) [-칭뇽-] 명 우 불규칙 활용을 하는 용언. ['푸다'뿐임.]

우^불규칙^활용(-不規則活用) [-치콰룡] 명 어간의 끝 음절 모음 'ㅜ'가 '-어'로 시작되는 어미와 결합될 때 탈락되는 활용. ['푸다'가 '퍼라·퍼서·퍼'로 되는 활용.] 우 변칙 활용.

우불-꾸불 부하형 〈우불구불〉의 센말. 작오불꼬불.

우ː비(雨備) 명 비를 가리는 여러 가지 기구. [우산·우의·삿갓·도롱이 따위.] 우구(雨具).

우비(優比) 명 수학에서, 전항(前項)의 값이 후항(後項)의 값보다 큰 비(比). ↔열비(劣比).

우비다 타 ①구멍이나 틈 따위의 속을 긁어내거나 도려내다. ¶ 박 속을 우비어 바가지를 만들다. ②속에 붙은 것을 구멍을 통해 기구로 긁어내다. ¶ 귀를 우비다. 작오비다. 거후비다.

우비적-거리다 [-꺼-] 타 자꾸 우비적우비적하다. 우비적대다. 작오비작거리다. 거후비적거리다.

우비적-대다 [-때-] 타 우비적거리다.

우비적-우비적 부하타 자꾸 우비어 파내는 모양. 작오비작오비작. 거후비적후비적.

우ː빙(雨氷) 명 빗방울이 어는점 이하의 물체 표면에 떨어졌을 때, 그 표면에 생기는 얼음같이 반드러운 피막(皮膜).

우사(牛舍) 명 외양간.

우ː사(雨師) 명 비를 맡은 신. ¶ 풍백(風伯)과 운사(雲師)와 우사를 거느린 환웅 천왕.

우ː산(雨傘·雨繖) 명 펴고 접을 수 있게 만들어, 비가 올 때 손에 들고 머리 위에 받쳐 쓰는 우비(雨備)의 한 가지.

우ː산-걸음(雨傘-) 명 [우산을 들었다 내렸다 하듯이] 몸을 추썩거리며 걷는 걸음.

우산-국(于山國) 명 삼국 시대에, 울릉도에 있던 나라. 512년에 신라에 망함.

우ː산-나물(雨傘-) 명 국화과의 다년초. 높이 50~100 cm로, 깊은 산에 남. 잎이 새로 나올 때 우산같이 퍼지면서 나오는데, 어린잎은 나물로 먹음. 삿갓나물.

우ː삼(雨衫) 명 (종이나 천에 기름을 먹여) 비가 내릴 때 덮어쓰게 만든 것.

우ː상(右相) 명 '우의정(右議政)'을 달리 이르는 말. 참좌상(左相).

우ː상(偶像) 명 ①나무·돌·쇠붙이 따위로 만든, 사람이나 신의 형상. ②신앙의 대상으로 삼는 잡신(雜神)의 상. ③맹목적인 인기나 추종·존경의 대상. ¶ 그는 청소년들의 우상인 야구 선수다.

우ː상-교(偶像教) 명 우상을 숭배하는 종교를 통틀어 이르는 말.

우ː상-맥(羽狀脈) 명 잎맥의 한 가지. 한 주맥(主脈)의 좌우에 지맥(枝脈)이 벋고 다시 세맥(細脈)으로 갈라져 새의 깃 모양을 이룬 잎맥. [무궁화·매화·벚나무 따위의 잎맥.]

우ː상^복엽(羽狀複葉) 명 겹잎의 한 가지. 잎꼭지의 연장부 좌우 양쪽에 두 잎 이상의 작은 잎이 배열되어 새의 깃과 같은 모양을 이룬 잎. [가시나무·고비·고사리·소태나무·아카시아 따위의 잎.]

우ː상^숭배(偶像崇拜) 명 신(神) 이외의 사람이나 물체를 종교적 신앙의 대상으로 믿거나 추앙하는 일.

우ː상-적(偶像的) 관명 우상에 관한 (것). 우상과 같은 (것). ¶ 우상적 존재./우상적인 인물.

우상-전(虞裳傳) 명 조선 영·정조 때의 학자 박지원(朴趾源)이 지은 한문 소설. 우상 이언진의 전기(傳記)를 통하여 양반들의 허례를 풍자한 내용으로, '열하일기'에 전함.

우ː상-화(偶像化) 명하자타되자 우상이 됨, 또는 우상이 되게 함. ¶ 독재자는 어느 나라에서나 어김없이 자신을 우상화한다.

우색(憂色)명 근심하는 기색.
우ː생(寓生)명하자 남에게 얹혀 삶.
우생(愚生) Ⅰ명 어리석은 사람.
Ⅱ대 '자기'를 낮추어 일컫는 말.
우생^수술(優生手術)명 우생학에 따른 단종(斷種) 수술. 악성의 유전성 질환자(疾患者)의 생식 능력을 제거하는 수술.
우생-학(優生學)명 인류의 유전적 소질의 개선을 목적으로 하는 학문. 우량한 유전 형질을 보존하기 위해 배우자의 선택이나 출산에 관하여 유전학적으로 연구함.
우ː서(羽書)명 ☞우격(羽檄).
우서(郵書)명 우편으로 보내는 편지.
우서(愚書)명 〔어리석은 편지란 뜻으로〕 '자기의 편지'를 겸손하게 이르는 말.
우ː선(右旋)명하자타 오른쪽으로 돎, 또는 오른쪽으로 돌림. ↔좌선(左旋).
우ː선(羽扇)명 새의 깃으로 만든 부채.
우선(郵船)명 〈우편선(郵便船)〉의 준말.
우선(優先)명하자 다른 것보다 앞섬, 또는 남보다 앞서 행사함. ¶ 동점일 경우는 외국어 성적이 우선한다.
우선(于先)부 (무엇을 하기에 앞서) 먼저. 위선(爲先). ¶ 우선 점심부터 먹자.
우선 먹기는 곶감이 달다속담 그다지 실속은 없으나 당장 좋으니 취할 만하다는 말.
우선-권(優先權)[-꿘]명 ①남보다 앞서 행사할 수 있는 권리. ¶ 우선권을 주다. ②(금전이나 물건의 처분·취득 또는 이익 배당 등에서) 다른 권리자보다 먼저 그 특전을 받을 수 있는 권리.
우선-멈춤(優先-)명 달리던 자동차가 횡단보도 따위 앞에서 일단 정지하였다가 가는 일.
우선-순위(優先順位)명 (특별한 대우로) 다른 것에 앞서 매겨진 차례나 위치.
우선-적(優先的)관명 다른 것에 앞서 특별하게 대우하는 (것). ¶ 우선적으로 해결할 과제.
우선-주(優先株)명 보통주보다 이익 배당이나 잔여 재산의 분배를 받는 데 우선권(優先權)이 주어진 주식.
우선-하다형여 ①앓던 병이 조금 나은 듯하다. ②몰리거나 급박하던 형편이 다소 풀리다.
우설(牛舌)명 소의 혀.
우ː설(雨雪)명 비와 눈.
우설(愚說)명 〔어리석은 설(說)이란 뜻으로〕 '자기의 설(說)'을 겸손하게 이르는 말.
우성(牛星)명 이십팔수의 하나. 북쪽의 둘째 별자리. 준우(牛).
우ː성(羽聲)명 국악의 오음(五音)의 하나. 참우(羽).
우ː성(雨聲)명 빗소리.
우ː성(偶性)명 철학에서, 본질적이 아닌 우연히 발생한 성질, 또는 그 상태를 이르는 말.
우성(優性)명 대립 형질이 서로 다른 두 품종을 교배시켰을 때 잡종 제1대에 나타나는 형질. ↔열성(劣性).
우성^인자(優性因子)명 두 가지 유전 인자 중 한쪽 인자를 억압하여 잠복시키는 인자.
우세명하자 남에게 놀림이나 비웃음을 받음, 또는 그 놀림이나 비웃음. ¶ 우세를 사다.
우ː세(雨勢)명 비가 내리는 형세.
우세(憂世)명하자 세상일을 근심함.
우세(優勢)명하형 (힘이나 형세 따위가) 상대편보다 나음, 또는 그런 형세나 상태. ¶ 전투력이 우세하다. ↔열세(劣勢).
우세-스럽다[-따][~스러우니·~스러워]형ㅂ 남에게 비웃음을 받을 만하다. 참남우세. **우세스레**부.
우세-승(優勢勝)명 유도에서, 판정승의 한 가지. 절반·유효·효과를 얻었거나 상대편이 주의·경고 등을 받았을 때, 또는 경기 태도 및 기술의 묘 등이 상대편보다 낫다고 인정될 때 내려짐.
우셋-거리[-세꺼-/-셉꺼-]명 우세를 받을 만한 거리.
우송(郵送)명하타되자 우편으로 보냄.
우송-료(郵送料)[-뇨]명 편지나 물건을 부치는 데 드는 비용. ¶ 항공 우송료.
우수명 ①일정한 수효 이외에 더 받는 물건. ②〈우수리〉의 준말.
우수(牛髓)명 소의 뼈 속에 있는 골.
우ː수(右手)명 오른손. ↔좌수(左手).
우수(迂叟) Ⅰ명 세상일에 어두운 노인.
Ⅱ대 노인이 자기를 낮추어 이르는 말.
우ː수(雨水)명 ①이십사절기의 하나. 입춘(立春)과 경칩(驚蟄) 사이로, 2월 19일께. 이 무렵에 생물을 소생시키는 봄비가 내리기 시작한다고 함. ②빗물.
우ː수(偶數)명 짝수. ↔기수(奇數).
우수(憂愁)명 근심과 걱정. ¶ 우수에 잠기다. / 우수에 찬 얼굴.
우수(優秀)명하형 여럿 가운데 뛰어남. ¶ 우수 사원. /우수 상품.
우수(優數) '우수하다'의 어근.
우수리명 ①물건 값을 제하고 거슬러 받는 잔돈. 거스름돈. 단수(端數). 잔돈. 준우수. ②일정한 수효를 다 채우고 남은 수.
우수마발(牛溲馬勃)명 〔소의 오줌과 말불버섯이란 뜻으로〕 '흔하지만 유용한 물건 따위'를 비유하여 이르는 말. '한유(韓愈)'의 '진학해(進學解)'에 나오는 말임.
우ː-수사(右水使)명 조선 시대, 우수영(右水營)의 수사. 참좌수사.
우수-성(優秀性)[-썽]명 우수한 특성이나 속성. ¶ 우리 민족의 우수성.
우수수부하자 ①물건이 한꺼번에 많이 쏟아지는 모양. ②가랑잎이 나무에서 많이 떨어져 흩어지는 소리, 또는 그 모양. ¶ 낙엽이 우수수 떨어지다. ③세간의 사개나 묶어 놓은 물건이 저절로 물러나는 모양. ①②작오소소.
우수-아(優秀兒)명 심리학에서, 지능이 같은 또래의 아동 집단에서 2% 안에 드는 우수한 어린이를 이름.
우ː-수영(右水營)명 조선 시대에, 전라도와 경상도의 각 우도(右道)에 두었던 수군절도사의 군영. 해남에 전라 우수영, 통영에 경상 우수영을 두었음. 참좌수영.
우수-하다(優數-)형여 수효가 많다.
우ː순-풍조(雨順風調)명하형 〔비 오고 바람 부는 것의 때와 분량이 알맞다는 뜻으로〕 농사에 알맞게 기후가 순조로움을 이르는 말.
우ː숫-물(雨水-)[-순-]명 우수 때 내리는 많은 비.
우숫물(이) 지다관용 우수 무렵에 많은 비가 내려서 홍수가 나다.
우스개명 남을 웃기려는 말이나 짓. ¶ 우스개로 해 본 소리다.
우스갯-소리[-개쏘-/-갣쏘-]명 우스개로 하는 말.
우스갯-짓[-개찓/-갣찓]명 우스개로 하는 짓.
* 우스갯짓이[-개찌시/-갣찌시]·우스갯짓만[-개찐-/-갣찐-]

우스꽝-스럽다[-따][~스러우니·~스러워] 형ㅂ ①하는 모양이 가소롭다. ¶ 잘난 체하는 꼴이 참 우스꽝스럽다. ②됨됨이가 우습게 생기다. ¶ 우스꽝스럽게 꾸민 광대. **우스꽝스레**부.
우슬(牛蝨)명 ☞진드기.
우:습(雨濕)명 비가 와서 생기는 습기.
우:습게-보다[-께-]형 대수롭지 아니하게 여기다.
우:습다[-따][우스우니·우스워]형ㅂ ①웃음이 나올 만하다. ¶ 우스운 이야기. ②하찮다. 가소롭다. ¶ 젠체하는 꼴이 우습다.
우습지도 않다관용 너무 어이가 없는 일이어서 기가 막히다.
우승(優勝)명 ①하자 경기나 경주 등에서, 최고의 성적으로 이김. ¶ 마라톤에서 우승하다. ②하형 가장 뛰어남.
우승-기(優勝旗)명 우승한 사람이나 단체에게 주는 기.
우승-배(優勝杯·優勝盃)명 우승한 사람이나 단체에게 주는 상배. 우승컵. 트로피.
우승-열패(優勝劣敗)[-녈-]명하자 ①나은(강한) 자는 이기고 못한(약한) 자는 짐. ②☞적자생존(適者生存).
우승-자(優勝者)명 우승한 사람. 챔피언.
우:-승지(右承旨)명 ①고려 시대에, 왕명의 출납(出納)을 맡아보던 밀직사(密直司)의 정삼품 벼슬. ②조선 시대에, 중추원(中樞院) 또는 승정원(承政院)의 정삼품 벼슬.
우승-컵(優勝cup)명 ☞우승배.
우시(憂時)명하자 시국(時局)을 걱정함, 또는 그 걱정.
우-시장(牛市場)명 소를 사고파는 시장. 쇠전.
우식-악(憂息樂)명 신라 눌지왕이 지었다는 노래. 고구려와 일본에 볼모로 가 있던 왕의 아우 복호(卜好)와 미사흔(未斯欣)이 박제상(朴堤上)의 외교로 돌아오자, 그 축하 잔치에서 불렀다 함. 가사는 전하지 않음.
우신(牛腎)명 소의 자지.
우신(郵信)명 ☞우서(郵書).
우심(牛心)명 소의 염통.
우심(尤甚) '우심하다'의 어근.
우:심(寓心)명하자 마음을 둠, 또는 그 마음.
우심(憂心)명 걱정하는 마음.
우:-심방(右心房)명 심장 안의 오른쪽 윗부분. 온몸의 정맥(靜脈)에서 오는 피를 받아 우심실로 보냄. 참좌심방.
우:-심실(右心室)명 심장 안의 오른쪽 아랫부분. 우심방에서 오는 피를 깨끗이 하여 폐동맥으로 보냄. 참좌심실.
우심-하다(尤甚-)형여 더욱 심하다. **우심-히**부.
우심-혈(牛心血)명 소의 염통 피. 강장제로 쓰임.
우썩부 단번에 거침없이 나아가거나, 또는 갑자기 늘거나 줄어드는 모양. 작와싹[2]. **우썩-우썩**부하자.
우숨명 〈옛〉웃음. ¶ ᄒᆞ오사 우수믈 우ᅀᅡ 경샤(精舍)ㅅ공득(功德) 니ᄅᆞ고(月印*168章*). 참우움·우음.
우아감 ①뜻밖의 기쁜 일이 생겼을 때 내는 소리. ¶ 우아, 금메달이다. ②여럿이 한꺼번에 기세를 올려 외치는 소리. ¶ 의병들은 우아 소리와 함께 적진을 향해 돌진하였다. ③말이나 소를 달랠 때 내는 소리. 와[4]. **우아-우아**감.
우아(優雅) '우아하다'의 어근.
우아-하다(優雅-)형여 아름다운 품위와 아취(雅趣)가 있다. 부드럽고 곱다. ¶ 우아한 자태.
우악(愚惡) '우악(愚惡)하다'의 어근.
우악(優渥) '우악(優渥)하다'의 어근.
우악살-스럽다(愚惡-)[-쌀-따][~스러우니·~스러워]형ㅂ 매우 우악스럽다. 준와살스럽다. **우악살스레**부.
우악-스럽다(愚惡-)[-쓰-따][~스러우니·~스러워]형ㅂ 우악한 데가 있다. ¶ 사람됨이 우악스럽다. **우악스레**부.
우악-하다(愚惡-)[-아카-]형여 어리석고 포악하다. ¶ 성격이 우악하다.
우악-하다(優渥-)[-아카-]형여 (임금의) 은혜가 넓고 두텁다.
우:안(右岸)명 (바다나 강의 하류를 향하여) 오른쪽의 기슭. ↔좌안(左岸).
우안(愚案)명 '자기 생각이나 의견'을 겸손하게 이르는 말.
우:애(友愛)명하자 형제간이나 친구 사이의 도타운 정과 사랑. ¶ 우애가 두텁다.
우:애-롭다(友愛-)[-따][~로우니·~로워]형ㅂ 우애가 있어 보이다. ¶ 우애로운 형제. **우애로이**부 ¶ 우애로이 지내다.
우:야(雨夜)명 비 오는 밤.
우양(牛羊)명 소와 양.
우어감 말이나 소를 멈추게 할 때 내는 소리. 워[2]. **우어-우어**감.
우:어(偶語)명하자 두 사람이 마주 대하여 이야기함.
우:언(寓言)명 (어떤 뜻을 직접 말하지 않고) 다른 사물에 비유하여 의견이나 교훈을 나타내는 말.
우엉명 국화과의 이년생 재배 식물. 뿌리는 길고 살이 많으며, 높이는 1.5 m가량. 잎은 뿌리에서 무더기로 나며, 7월경에 검은 자줏빛 꽃이 핌. 뿌리는 먹고, 씨는 한방에서 '우방자(牛蒡子)'라 하여 이뇨제(利尿劑) 따위로 쓰임. 우방(牛蒡).
우여감 새 따위를 쫓는 소리.
우여-곡절(迂餘曲折)[-쩔]명 여러 가지로 뒤얽힌 복잡한 사정이나 변화. ¶ 그렇게 되기까지는 숱한 우여곡절이 있었다.
우역(牛疫)명 소의 전염병. 우질(牛疾).
우역(郵驛)명 ☞역(驛).
우연(偶然)명하형 뜻밖에 저절로 됨, 또는 그 일. 우이(偶爾). ¶ 우연의 일치. /우연한 기회. ↔필연(必然). **우연-히**부 ¶ 백화점에서 우연히 친구를 만났다.
우연만-하다형여 〈웬만하다〉의 본딧말.
우연^발생설(偶然發生說)[-쌩-]명 ☞자연 발생설(自然發生說).
우연^변:이(偶然變異)명 ☞돌연변이.
우:연-사(右撚絲)명 오른쪽으로 꼰 실. ↔좌연사(左撚絲).
우연-사(偶然死)명 우연한 원인으로 죽음. ↔자연사(自然死).
우연-성(偶然性)[-썽]명 우연으로 되는 성질. ↔필연성(必然性).
우:열(右列)명 오른쪽의 대열. ↔좌열(左列).
우열(愚劣) '우열하다'의 어근.
우열(優劣)명 우수함과 열등함. ¶ 학업 성적으로 우열을 가리다.
우열-하다(愚劣-)형여 어리석고 못나다.
우:완(右腕)명 오른팔. ¶ 우완 투수. ↔좌완(左腕).
우완(愚頑) '우완하다'의 어근.
우완-하다(愚頑-)형여 어리석고 완고하다.

우ː왕좌왕(右往左往) Ⅰ명하자 이리저리 오락가락하며 일이나 나아갈 방향을 결정짓지 못하고 망설임. ¶ 대입 수험생들이 지원 학과를 결정하지 못해 원서를 든 채 우왕좌왕하다. Ⅱ부 이리저리 오락가락하며 일이나 나아갈 방향을 결정짓지 못하고 망설이는 모양. ¶ 우왕좌왕 갈피를 못 잡다.
우ː요(右繞)명하타 부처를 중심으로 하여 오른쪽으로 도는 일.
우ː-우감 ①시시하거나 야비함을 야유할 때 여럿이 내는 소리. ②짐승을 쫓거나 몰 때 내는 소리.
우우(憂虞)명하자 근심하고 걱정함.
우우(優遇)명하타 아주 후하게 대우함, 또는 그러한 대우.
우울(憂鬱)명하형 (근심 걱정으로 마음이나 분위기 따위가) 답답하고 밝지 못함. ¶ 우울한 표정. /우울한 나날을 보내다.
우울-병(憂鬱病)[-뼝]명 ☞우울증.
우울-증(憂鬱症)[-쯩]명 ①근심 걱정으로 마음이 늘 우울한 증세. 우울병. ②☞심기증(心氣症).
우울-질(憂鬱質)[-찔]명 심리학에서, 사소한 일도 지나치게 생각하여 쓸데없이 애쓰면서 늘 마음이 우울한 기질.
우움명 〈옛〉웃음. ¶ 말ᄒᆞ며 우움 우어 河北을 업시 너기고(杜重5:53). /믈읫 희롱앳 우움과 야쇽ᄒᆞᆫ 말솜을 일즉 입에 내디 아니ᄒᆞ며(小解6:121). 참우슴.
우원(迂遠) '우원하다'의 어근.
우원-하다(迂遠-)형여 길이 구불구불하게 굽이져 돌아서 멀다.
우ː월(雨月)명 〔비 오는 달이라는 뜻으로〕 '음력 오월'을 달리 이르는 말. 포월(蒲月).
우월(優越)명하형 남보다 뛰어나게 나음.
우월-감(優越感)명 자기가 남보다 뛰어나다고 느끼는 감정. ¶ 누나는 자신의 미모에 대한 우월감이 대단하다. ↔열등감(劣等感).
우월-성(優越性)[-썽]명 우월한 성질이나 특성. ¶ 민족적 우월성.
우위(優位)명 남보다 우세한 자리나 수준. ¶ 실력으로 우위를 확보하다. ↔열위(劣位).
우유(牛乳)명 암소의 젖. 타락(駝酪).
우유(迂儒)명 세상 물정에 어두운 선비.
우유(優柔)명하형 ①(마음씨가) 매우 부드러움. ②마음이 부드러워 끊고 맺는 데가 없음.
우유(優遊·優游)명하자 한가롭게 잘 지냄.
우유-도일(優遊度日)명하자 하는 일 없이 한가롭게 세월을 보냄.
우유부단(優柔不斷)명하형 줏대 없이 어물거리기만 하고 딱 잘라 결단을 내리지 못함. ¶ 우유부단한 성격이 실패의 원인이다.
우유불박(優遊不迫)명하형 한가로움 속에서 급할 것이 없음.
우유-자적(優遊自適)명하자 한가로움 속에서 스스로 만족하게 지냄.
우ː유적 속성(偶有的屬性)[-쏙썽] 철학에서, 어떤 사물을 생각할 때에 본질적으로 그것이 없어도 무방한 성질. ↔본질적 속성.
우유-체(優柔體)명 문장 표현의 강유(剛柔)에 따라 나눈 문체의 한 가지. 청초·온화·겸허한 아취 등을 특징으로 하는 여성적인 문체. ↔강건체(剛健體).
우육(牛肉)명 쇠고기.
우ː윤(右尹)명 ①고려 시대, 삼사(三司)의 종삼품 벼슬의 한 가지. ②조선 시대, 한성부의 종이품 벼슬의 한 가지.
우윳-빛(牛乳-)[-유삗/-윧삗]명 젖빛. ¶ 우윳빛 살결. ＊우윳빛이[-유삐치/-윧삐치]·우윳빛만[-유삔-/-윧삔-]
우은(優恩)명 임금의 두터운 은혜. 비성은(聖恩).
우음명 〈옛〉웃음. ¶ 내 시름 어듸 두고 ᄂᆞ미 우음 블리잇가(鄭澈.星山別曲). 참우숨.
우음(牛飮)명하타 소처럼 많이 마심.
우음-마식(牛飮馬食)명 〔소같이 술을 많이 마시고 말같이 음식을 많이 먹는다는 뜻으로〕 '많이 마시고 먹음'을 비유하여 이르는 말.
우읍다형 〈옛〉우습다. ¶ 淸江에 비듯는 소릐 긔 무어시 우읍관듸(古時調). /長沙王 賈太傅 혜컨대 우읍괴야(靑丘10). 참웃보다.
우의(牛衣)[-의/-이]명 ☞덕석.
우ː의(友誼)[-의/-이]명 친구 사이의 정분. 우정(友情). ¶ 우의가 두텁다.
우ː의(羽衣)[-의/-이]명 새의 깃으로 만든 옷. 〔도사나 선녀가 입는다고 함.〕
우ː의(羽蟻)[-의/-이]명 〔날개 단 개미라는 뜻으로〕 교미기의 여왕개미와 수개미의 일컬음.
우ː의(雨衣)[-의/-이]명 비옷.
우ː의(寓意)[-의/-이]명하자 어떤 의미를 직접 말하지 않고 다른 사물에 빗대어 넌지시 비춤. ¶ 우의적 표현.
우의(優毅) '우의하다'의 어근.
우ː의^소ː설(寓意小說)[-의-/-이-]명 어떤 의견이나 교훈을 어떤 이야기에 빗대어서 쓴 소설.
우ː-의정(右議政)[-의-/-이-]명 조선 시대, 의정부(議政府)의 정일품 벼슬. 참우상(右相)·우정승(右政丞).
우의-하다(優毅-)[-의-/-이-]형여 마음씨가 부드러우면서도 굳세다.
우이(牛耳)명 ①쇠귀. ②일당·일파 등 한 동아리의 우두머리.
우이(를) 잡다관용 어떤 일을 주관하게 되거나 단체의 우두머리가 되다.
우ː이(偶爾)명하형 ☞우연(偶然).
우이다타 〈옛〉웃기다. ¶ 아마도 너 좃녀 든니다가 놈 우일가 ᄒᆞ노라(古時調). /모쳐라 밤일싀 만졍 놈 우일 번 ᄒᆞ패라(古時調). 참웃이다.
우이-독경(牛耳讀經)[-꼉]명 〔쇠귀에 경 읽기라는 뜻으로〕 '아무리 가르치고 일러 주어도 알아듣지 못함'을 이르는 말. 우이송경(牛耳誦經). 참쇠귀.
우이-송경(牛耳誦經)명 ☞우이독경. 참쇠귀.
우ː익(右翼)명 ①오른쪽 날개. ②〈우익군〉의 준말. ③보수적이고 점진적인 당파, 또는 거기에 딸린 사람. 우파(右派). ④☞라이트 윙. ⑤야구에서, 외야의 오른쪽. ⑥〈우익수〉의 준말. ↔좌익.
우ː익(羽翼)명 ①새의 날개. ②보좌(輔佐)하는 사람, 또는 그 일.
우ː익-군(右翼軍)[-꾼]명 지난날, 중군(中軍)의 오른쪽에 진을 친 군대, 곧 우익의 군대. 준우군(右軍)·우익. ↔좌익군.
우ː익-수(右翼手)[-쑤]명 야구에서, 외야의 오른쪽을 맡아 지키는 선수. 준우익.
우ː인(友人)명 ☞벗3.
우인(愚人)명 어리석은 사람. 비우물(愚物).
우자(芋子)명 ☞토란.
우자(愚者)명 어리석은 사람.
우자-스럽다(愚者-)[-따][~스러우니·~스러워]형ㅂ 보기에 어리석은 데가 있다. **우자스레**부.

우자-일득(愚者一得) [-뜩] 명 아무리 어리석은 사람일지라도 때로는 슬기롭게 잘하는 때도 있다는 말.

우장(牛漿) 명 천연두를 앓는 소의 두창(痘瘡)에서 뽑아낸 물. 면역성이 있어 천연두의 예방에 씀.

우:장(雨裝) 명 하자 비를 맞지 않게 우비를 차림, 또는 그 옷차림.

우:적(雨滴) 명 빗방울.

우적-가(遇賊歌) [-까] 명 신라 원성왕 때의 중 영재(永才)가 지었다는 10구체 향가. 도둑의 무리를 만나 불도(佛道)를 설파(說破)한 내용으로 '삼국유사'에 실려 있음.

우적-우적[1] 부 하타 ①거침없이 나아가는 모양. 기세 좋게 나아가는 모양. ②일을 우격다짐으로 급하게 해 나가는 모양. ¶ 미루어 두었던 일을 하루 만에 우적우적 해치웠다. 작 와작와작[1]. 센 우쩍우쩍[1].

우적-우적[2] 부 하자타 ①(좀 단단한 음식을) 입을 크게 움직이면서 먹음새가 시원스레 씹는 모양, 또는 그 소리. ¶ 사과를 우적우적 베어 먹었다. 작 오작오작·와작와작[2]. ②좀 크고 묵직한 것이 무너지거나 버그러지는 모양, 또는 그 소리. 센 우쩍우쩍[2].

우:전(右前) 명 야구에서, 우익수(右翼手)의 앞. ¶ 우전 안타.

우전(郵電) 명 우편과 전보.

우전(郵傳) 명 하타 우편으로 전함.

우:점(雨點) 명 빗방울이 떨어진 자국.

우점-종(優占種) 명 일정한 범위 안의 생물 군집(群集) 가운데서 가장 무성한 종류. 흔히, 식물 군락을 대표하는 종류를 이름.

우:접(寓接) 명 하자 ☞우거(寓居).

우-접다 [-따] Ⅰ 자 남보다 빼어나게 되다. Ⅱ 타 선배를 이겨 내다.

우:정(友情) 명 친구 사이의 정. 우의(友誼).

우정(郵政) 명 우편에 관한 사무.

우정-국(郵政局) 명 조선 말기에, 체신(遞信) 사무를 맡아보던 관청. 우정총국.

우:-정승(右政丞) 명 '우의정(右議政)'을 달리 이르는 말. 참 좌정승(左政丞).

우정-총국(郵政總局) 명 ☞우정국(郵政局).

우제(愚弟) Ⅰ 명 말하는 이가 자기 동생을 낮추어 이르는 말.
Ⅱ 대 〔편지 글 따위에서〕 형으로 대접하는 사람에게 '자기'를 낮추어 이르는 말.

우제(虞祭) 명 초우·재우·삼우를 아울러 이르는 말.

우:조(羽調) 명 국악에서, 오음의 하나인 우성(羽聲)의 곡조. 낙시조(樂時調)와 대조되는, 높고 씩씩하고 맑은 곡조.

우족(牛足) 명 잡아서 각을 뜬 소의 발.

우:족(右足) 명 오른발.

우:족(右族) 명 ①적자(嫡子)의 계통. ↔좌족(左族). ②명문 집안의 겨레붙이.

우:족(羽族) 명 '날짐승'을 통틀어 이르는 말. 우충(羽蟲).

우졸(愚拙) '우졸하다'의 어근.

우졸-하다(愚拙-) 형 여 어리석고 못나다. ¶ 우졸한 생각.

우:주(宇宙) 명 ①온 세계를 둘러싸고 있는 공간. ②천문학에서, 천체를 비롯한 만물을 포용하는 물리학적 공간을 이름. ③철학에서, 질서 있는 통일체로서의 세계를 이름.

우주(虞主) 명 지난날, 대궐 안에서 우제(虞祭)를 지낼 때 쓰던, 뽕나무로 만든 신주(神主).

우:주^개벽론(宇宙開闢論) [-병논] 명 철학에서, 우주의 기원 발생을 신화적·종교적·형이상학적 또는 과학적으로 설명한 이론.

우:주^공학(宇宙工學) 명 우주 개발을 목적으로 우주 비행을 여러 가지 분야에서 연구하는 학문.

우:주-관(宇宙觀) 명 우주의 기원·본질·변화·발전 등에 대한 견해.

우:-주다 타 장사판에서 이익을 남겨 주다.

우:주-론(宇宙論) 명 우주의 구조·기원·진화 등에 관한 자연 철학적 가설과 수리학적 이론을 통틀어 이르는 말.

우:주^먼지(宇宙-) 명 우주 공간에 널려 있는 아주 작은 물질. 우주진(宇宙塵).

우:주-복(宇宙服) 명 우주를 여행할 때, 우주 공간의 여러 조건에서 견딜 수 있도록 특수하게 만든 옷.

우:주^산:업(宇宙産業) 명 우주 개발에 필요한 기기·로켓 추진제 등을 개발하여 생산하는 산업.

우:주-선(宇宙船) 명 사람이 과학 기술로 우주 공간을 비행하게 만든 물체. 참 인공위성.

우:주-선(宇宙線) 명 우주로부터 지구로 끊임없이 날아오는 매우 높은 에너지의 입자선(粒子線)을 통틀어 이르는 말.

우:주^속도(宇宙速度) [-또] 명 인공위성 등이 지구에서 우주 공간으로 날아가는 데 필요한 속도. 〔지구의 주위를 도는 데는 초속 7.91 km(제1 우주 속도), 지구의 인력을 벗어나는 데는 11.19 km(제2 우주 속도), 태양계를 벗어나는 데는 16.65 km(제3 우주 속도)가 필요함.〕

우:주-식(宇宙食) 명 우주를 여행할 때 우주선 안에서 먹을 수 있도록 만든 특수 식품.

우:주-여행(宇宙旅行) 명 인류가 우주선을 타고 지구 이외의 다른 천체로 비행하는 일.

우:주^유영(宇宙遊泳) 명 우주 비행사가 우주선 밖에서 행동하는 일.

우:주-인(宇宙人) 명 ①우주선을 타고 우주를 비행하는 사람. ②☞외계인(外界人).

우:주^정류장(宇宙停留場) [-뉴-] 명 인류가 다른 천체로 비행하기 위해 우주 공간에 설계 가설하는 항구적인 우주 기지.

우:주-진(宇宙塵) 명 ☞우주 먼지.

우:주-총(宇宙銃) 명 우주 유영 때, 앞으로 움직일 수 있게 하는 가스 분사식 추진 장치.

우:주^통신(宇宙通信) 명 인공위성이나 우주선 등을 이용하는 무선 통신. 〔우주선과 지구 간의 통신, 인공위성을 중계소로 하는 원거리 통신 따위.〕

우죽 명 나무나 대의 우두머리 가지.

우죽(牛粥) 명 ☞쇠죽.

우죽-거리다 [-꺼-] 자 자꾸 우죽우죽하다. 우죽대다. ¶ 키다리 박 군이 우죽거리며 다가왔다.

우죽-대다 [-때-] 자 우죽거리다.

우죽-우죽 부 하자 (괜히 무슨 일이나 있는 것처럼) 몸을 야단스럽게 흔들면서 바삐 걷는 모양.

우줄-거리다 자타 자꾸 우줄우줄하다. 우줄대다. 작 오졸거리다. 센 우쭐거리다.

우줄-대다 자타 우줄거리다.

우줄-우줄 부 하자타 (몸피가 큰 사람이나 짐승이) 온몸을 천천히 율동 있게 움직이는 모양. ¶ 곡마단에서 우줄우줄 춤추는 곰들. 작 오졸오졸. 센 우쭐우쭐.

우줅-거리다 [-죽꺼-] 자 자꾸 우줅우줅하다. 우줅대다.

우줅-대다 [-죽때-] 자 우줅거리다.

우줅-우줅[-주구죽][부][하자] 어기적거리며 걷는 모양.
우줅-이다[타] 말려도 듣지 않고 억지로 하다.
우:중(雨中)[명] 비가 오는 가운데. 비가 올 때. 빗속. ¶ 우중에 어디 가느냐?
우:중(偶中)[명][하자] 우연히 맞음. 우연히 적중함.
우:-중간(右中間)[명] 야구에서, 우익수와 중견수 사이. ¶ 우중간 안타.
우중-우중[부] 몸을 일으켜 서거나 걷는 모양.
우중충[부][하형] ①보기 흉하게 침침한 모양. ¶ 우중충한 방 안. ②오래되어서 색이 선명하지 않은 모양. ¶ 우중충 얼룩진 대문.
우지¹[명] 〈가마우지〉의 준말.
우:지²[명] 걸핏하면 우는 아이를 일컫는 말. 〔남자 아이는 '울남', 여자 아이는 '울녀'라 함.〕 울보.
우지(牛脂)[명] 소의 살이나 뼈에서 녹여 낸 지방. 〔비누나 초의 원료가 됨.〕 쇠기름.
우:지(羽枝)[명] ☞깃가지.
우지끈[부][하자.타] 몸피가 크고 단단한 물건이 갑자기 부러지는 소리, 또는 그 모양. [작]오지끈. **우지끈-우지끈**[부][하자.타].
우지끈-거리다[자][타] 자꾸 우지끈우지끈하다. 우지끈대다. [작]오지끈거리다.
우지끈-대다[자][타] 우지끈거리다.
우지끈-뚝딱[부][하자.타] 몸피가 크고 단단한 물건이 별안간 부러지거나 요란스레 부서지는 소리, 또는 그 모양. [작]오지끈똑딱.
우지지다[자] 〈옛〉우짖다. ¶ 우지질 조:噪(訓蒙下*8*). /東窓이 ᄇᆞᆯ갓ᄂᆞ냐 노고지리 우지진다(古時調).
우지직[부][하자.타] ①보릿짚 따위가 불이 붙어 타는 소리. ②장국물이나 기름 따위가 바짝 졸아붙는 소리. ③좀 굵은 나뭇가지 따위를 단번에 부러뜨릴 때 나는 소리. ④조개껍데기 따위가 부스러지는 소리. [작]오지직. **우지직-우지직**[부][하자.타].
우지직-거리다[-꺼-][자][타] 자꾸 우지직우지직하다. 우지직대다. [작]오지직거리다.
우지직-대다[-때-][자][타] 우지직거리다.
우직(愚直) '우직하다'의 어근.
우직-하다(愚直-)[-지카-][형][여] 어리석고 고지식하다. ¶ 우직하게 일하다.
우진마불경(牛嗔馬不耕)[명] 원진살의 한 가지. 궁합에서, 소띠는 말띠를 꺼린다는 말.
우질(牛疾)[명] ☞우역(牛疫).
우질-부질[부][하형] 성질이나 행동이 곰살궂지 아니하고 좀 뚝뚝하고 그악스러운 모양.
우집다[-따][타] 남을 업신여기다.
우:징(雨徵)[명] 비가 올 징조.
우:-짖다[-짇따][자] ①새가 울어 지저귀다. ¶ 참새들이 우짖다. ②울부짖다.
우쩍[부] 갑자기 많이 나아가거나, 또는 갑자기 늘거나 줄어드는 모양. [작]와짝. **우쩍-우쩍**[부].
우쩍-우쩍¹[부][하타] 〈우적우적¹〉의 센말. [작]와짝와짝¹.
우쩍-우쩍²[부][하자.타] 〈우적우적²〉의 센말. [작]와짝와짝².
우쭉-우쭉[부][하자] ①키가 갑자기 커지는 모양. ¶ 화분에 심은 난초가 우쭉우쭉 자란다. ②걸음을 걸을 때 몸을 위아래로 흔드는 모양.
우쭐-거리다[자][타] ①〈우줄거리다〉의 센말. [작]오쫄거리다. ②의기양양하여 자꾸 뽐내다. 우쭐대다.
우쭐-대다[자][타] 우쭐거리다.
우쭐-우쭐[부][하자.타] 〈우줄우줄〉의 센말. [작]오쫄오쫄.
우쭐-하다[자][타][여] (자기가 잘난 듯이 여겨져) 한번 우쭐거리고 싶은 느낌이 들다. ¶ 나보다 덩치 큰 학생을 씨름에서 이기니 우쭐했다.
우차(牛車)[명] 소가 끄는 수레. 소달구지.
우:-찬성(右贊成)[명] 조선 시대, 의정부(議政府)의 종일품 벼슬.
우:-참찬(右參贊)[명] 조선 시대, 의정부(議政府)의 정이품 벼슬.
우책(愚策)[명] 어리석은 술책이나 책략.
우처(愚妻)[명] 편지 글 등에서, 남에게 '자기의 아내'를 낮추어 이르는 말. 형처(荊妻).
우:천(雨天)[명] ①비가 내리는 날씨. ¶ 우천으로 경기가 연기되었다. ②비가 내리는 하늘.
우:천-순연(雨天順延)[명] (어떤 모임이나 행사를 알릴 때) 이미 정한 날에 비가 오면 다음 날로 연기한다는 뜻으로 쓰는 말.
우:청(雨晴)[명] ☞청우(晴雨).
우체(郵遞)[명] ☞우편(郵便).
우체-국(郵遞局)[명] 지식 경제부에 딸리어 우편 업무와 전신·전보 및 우편환 등의 사무를 맡아 보는 기관.
우체-부(郵遞夫)[명] '우편집배원'을 이전에 이르던 말.
우체-통(郵遞筒)[명] 거리의 일정한 곳에 설치하여, 부칠 편지를 넣는 통.
우:충(羽蟲)[명] ☞우족(羽族).
우충(愚衷)[명] '자기의 정성스러운 마음'을 겸손하게 이르는 말.
우:측(右側)[명] 오른쪽. 바른쪽. ¶ 우측 차선. ↔좌측(左側).
우:측-통행(右側通行)[명] 도로 따위를 다닐 때에 오른쪽으로 다님, 또는 그렇게 다니게 되어 있는 규칙.
우치(疣痔)[명] 피가 나오는 치질. 혈치(血痔).
우치(愚痴)[명] ①[하형]어리석고 못남. ②불교에서 이르는 삼독(三毒)의 하나. 사상(事象)에 의혹되어 진리를 분별하지 못하는 일.
우치(齲齒)[명] ☞충치(蟲齒).
우케[명] 〈옛〉찧기 위하여 말리는 벼. ¶ 우케ᄂᆞᆫ 하ᄂᆞᆶ ᄇᆞᄅᆞ매 니겟도다(杜初*7:16*). /우케爲未舂稻(訓解).
우쿨렐레(ukulele)[명] 기타와 비슷한 넉 줄의 현악기. 〔본래는 하와이 원주민이 사용했음.〕
우:택(雨澤)[명] 비의 은택. 패택(沛澤).
우통-하다[형][여] 재빠르지 못하다. 굼뜨다. ¶ 사람이 너무 우통해서 큰일을 맡길 수가 없다.
우툴-두툴[부][하형] 물건의 거죽이 고르지 못하여 이리저리 굵게 부풀어 오른 모양. 우둘투둘. ¶ 우툴두툴한 자갈길. [작]오톨도톨.
우:파(右派)[명] ①어떤 단체나 정파(政派) 따위의 안에서, 온건주의적인 경향을 띤 파. ②☞우익(右翼). ↔좌파(左派).
우파니샤드(Upanisad 범)[명] 바라문교의 철학 사상을 나타내는 성전(聖典). 고대 인도의 철학서로서 성전 베다의 마지막 부분을 형성함. 우바니사토.
우:편(右便)[명] 오른쪽. ¶ 단상의 우편에 앉다. ↔좌편(左便).
우편(郵便)[명] 공중(公衆)의 의뢰로 편지나 기타의 물품을 전국 또는 전 세계에 보내 주는 제도. 우체(郵遞).
우편-낭(郵便囊)[명] ①우편물을 담아 우체국 사이에 주고받는 자루. ②우편집배원이 우편물을 넣어 메고 다니는 주머니.
우편-물(郵便物)[명] 우체국을 통하여 부치는 편지나 물품을 통틀어 이르는 말.

우편^번호(郵便番號)[명] 우편물을 분류하는 작업의 능률 향상을 위해 지역별로 정해 놓은 고유 번호.
우편^사서함(郵便私書函)[명] 우체국에 설치해 두고 가입자가 전용으로 이용하게 하는 우편물함. [준]사서함.
우편-선(郵便船)[명] 우편물을 전문으로 나르는 배. [준]우선.
우편-엽서(郵便葉書)[-녑써][명] 지식 경제부가 일정한 규격의 용지에다 우편 요금의 증표를 인쇄하여 발행하는 편지 용지. [준]엽서.
우편^요:금(郵便料金)[-뇨-][명] 우편물의 발송인이나 수취인이 내는 수수료. 〔흔히, 수수료를 낸 표시로 우표를 우편물에 붙임.〕 [준]우료.
우편^저:금(郵便貯金)[명] 우체국에서 맡아 하는 저금.
우편-집배원(郵便集配員)[-빼-][명] 우체통에서 우편물을 모아 들이고, 부쳐 온 우편물을 받을 사람에게 배달하는 우체국 직원. [준]집배원.
우편-함(郵便函)[명] 벽이나 대문 같은 데 걸어 두고 우편물을 넣게 한 작은 상자.
우편-환(郵便換)[명] 우체국에서 발행하는 환증서로 송금하는 방식. 〔통상환·소액환·전신환 등이 있음.〕
우:-포도청(右捕盜廳)[명] 조선 시대, 포도청의 우청(右廳). ↔좌포도청.
우표(郵票)[명] 우편물에 붙여 수수료를 낸 증표로 삼는, 정부 발행의 종이 딱지. [본]우표딱지.
우표-딱지(郵票-)[-찌][명] 〈우표〉의 본딧말.
우표-첩(郵票帖)[명] ①여러 가지 우표를 모아 사진첩처럼 꾸미어 맨 것. ②우표를 모아 보관할 수 있게 책처럼 매어 놓은 것.
우피(牛皮)[명] 쇠가죽.
우:필-성(右弼星)[명] 구성(九星) 가운데 아홉째 별.
우-하다(愚-)[형][여] 어리석다.
우:합(右閤)[명] '우의정(右議政)'을 달리 이르던 말.
우:합(偶合)[명][하자][되자] 우연히 맞음. 우연히 합치함.
우:향-우(右向右) [I][명] 바로 서 있는 상태에서 몸을 오른쪽으로 90도 틀어 돌아서는 동작.
[II][감] '우향우' 하라는 구령.
우:현(右舷)[명] (배의 뒤쪽에서 뱃머리 쪽으로 보아) 오른쪽 뱃전. ↔좌현(左舷).
우:협(右挾)[명] 〈우협무〉의 준말.
우:-협무(右挾舞)[-혐-][명] 춤출 때, 주연자(主演者)의 오른쪽에서 춤추는 사람. [준]우협. ↔좌협무.
우형(愚兄) [I][명] 말하는 이가 '자기 형'을 낮추어 이르는 말.
[II][대] 〔편지 글 등에 쓰이어〕 아우뻘 되는 사람에게 '자기'를 겸손하게 일컫는 말.
우:호(友好)[명] 서로 친함. 사이가 좋음. ¶ 우호 관계를 계속 유지하다.
우호(優弧)[명] 수학에서, 원주 위에 임의의 두 점을 잡아 원주를 둘로 나누었을 때의 큰 쪽의 호. ↔열호(劣弧).
우:호-적(友好的)[관][명] 사이 좋은 (것). ¶ 우호적 감정을 가지다. /회담이 우호적인 분위기 속에서 진행되다.
우:호^조약(友好條約)[명] 나라와 나라 사이에 우의적 관계를 유지하기 위하여 맺는 조약.
우:화(羽化)[명][하자] ①번데기가 날개 있는 성충으로 변하는 일. ②〈우화등선〉의 준말.
우:화(雨靴)[명] 비 올 때 신는 신.
우:화(寓話)[명] 교훈적·풍자적인 내용을 동식물 등에 빗대어 엮은 이야기.
우:화등선(羽化登仙)[명][하자] 도교(道敎) 사상에서, '사람이 신선이 되어 하늘로 올라감'을 이르는 말. 〔'진서'의 '허매전(許邁傳)'에 나오는 말임.〕 [준]우화.
우:화-법(寓話法)[-뻡][명] ☞풍유법.
우:화^소:설(寓話小說)[명] 교훈적·풍자적인 내용을 우화의 수법으로 엮은 소설.
우:화-시(寓話詩)[명] 동식물을 의인화하여 교훈이나 풍자를 곁들여 쓴 시.
우:화-집(寓話集)[명] 우화를 모아 엮은 책.
우환(憂患)[명] 집안에 병자가 있거나 복잡한 일이 생기거나 하여 겪는 근심.
우환-에[부] 그렇게 언짢은 위에 또.
우환질고(憂患疾苦)[명] '근심과 걱정과 질병과 고생'을 아울러 이르는 말.
우활(迂闊) '우활하다'의 어근.
우-활꼴(優-)[명] 반원보다 큰 활꼴. [참]활꼴.
우활-하다(迂闊-)[형][여] '오활(迂闊)하다'의 본딧말.
우황(牛黃)[명] 소의 쓸개에 병적으로 생겨 뭉친 물건. 강장제 또는 경간(驚癎)의 약재로 쓰임.
우:황(又況)[부] 하물며.
우회(迂廻·迂回)[-회/-훼][명][하자타][되자] 멀리 돌아서 감. ¶ 위험 지역을 우회하여 통과하다.
우회 도:로(迂廻道路)[-회-/-훼-] 시가지나 주요 도로의 교통 혼잡을 덜기 위하여 에둘러 가게 만든 보조 도로.
우회^생산(迂廻生産)[-회-/-훼-][명] (생산 능률을 향상시키기 위하여) 기계나 설비 따위 생산 수단을 먼저 만든 다음, 그것을 이용하여 소비재를 생산하는 방식.
우:-회전(右回轉·右廻轉)[-회-/-훼-][명][하자타] 오른쪽으로 돎. ¶ 우회전 신호. ↔좌회전.
우:후(雨後)[명] 비가 온 뒤.
우:후죽순(雨後竹筍)[-쑨][명] 〔비 온 뒤에 솟는 죽순같이〕 '어떤 일이 한때에 많이 일어남'을 비유하여 이르는 말.
우휼(優恤)[명][하타] 두텁게 은혜를 베풀어 도움.
우흡(優洽)[명][하자] 인덕(仁德)이 널리 미침.
욱-기(-氣)[-끼][명] 욱하는 성질. 사납고 괄괄한 성질. ¶ 욱기가 대단한 사람.
욱다[-따] [I][자] 기운이 줄어들다.
[II][형] 끝 부분이 안으로 구부러져 있다. [작]옥다.
욱-대기다[-때-][타] ①난폭하게 위협하다. ②우락부락하게 우겨 대다. ③억지를 부려 제 마음대로 해내다.
욱-둥이[-뚱-][명] 욱기가 있는 사람.
욱시글-거리다[-씨-][자] 자꾸 욱시글욱시글하다. 욱시글대다. [준]욱실거리다. [작]옥시글거리다.
욱시글-대다[-씨-][자] 욱시글거리다.
욱시글-득시글[-씨-씨-][부][하자] 몹시 들끓는 모양. ¶ 거리에 거지들이 욱시글득시글하다. [준]욱실득실.
욱시글-욱시글[-씨-씨-][부][하자] 여럿이 한데 모여 몹시 우글거리는 모양. [준]욱실욱실. [작]옥시글옥시글.
욱신-거리다[-씬-][자] 자꾸 욱신욱신하다. 욱신대다. ¶ 머리가 욱신거리다. [작]옥신거리다.
욱신-대다[-씬-][자] 욱신거리다.
욱신-덕신[-씬-씬][부][하자] 뒤끓는 모양.
욱신-욱신[-씨눅씬][부][하자] ①(사람이나 동물이) 한데 몰려 몹시 북적거리는 모양. ②몸의 탈이 난 데나 상처가 자꾸 쑤시듯이 아픈 모양. [작]옥신옥신.
욱실-거리다[-씰-][자] 〈욱시글거리다〉의 준말. 욱실대다. [작]옥실거리다.
욱실-대다[-씰-][자] 욱실거리다.
욱실-득실[-씰-씰][부][하자] 〈욱시글득시글〉의 준말.
욱실-욱실[-씨룩씰][부][하자] 〈욱시글욱시글〉의 준말. [작]옥실옥실.
욱여-들다[~드니·~들어][자] 주변에서 한가운데로 모여들다.
욱여-싸다[타] ①한가운데로 모아들여서 싸다. ②가장자리를 욱여 속에 있는 것을 싸다.
욱욱(郁郁) '욱욱(郁郁)하다'의 어근.
욱욱(昱昱) '욱욱(昱昱)하다'의 어근.
욱욱(煜煜) '욱욱(煜煜)하다'의 어근.
욱욱-하다(郁郁-)[우구카-][형][여] ①문채가 찬란하다. 문물이 번성하다. ②향기가 가득하다.
욱욱-하다(昱昱-)[우구카-][형][여] (해가) 눈부시게 밝다.
욱욱-하다(煜煜-)[우구카-][형][여] 빛나서 환하다.
욱-이다[타] 〖'욱다'의 사동〗 안쪽으로 욱게 하다. [작]옥이다.
욱일(旭日)[명] 아침 해.
욱일-승천(旭日昇天)[명][하자] 아침 해가 하늘에 떠오름, 또는 그런 세력. ¶ 욱일승천의 기세. /우리나라의 국력이 욱일승천하다.
욱적-거리다[-쩍꺼-][자] 자꾸 욱적욱적하다. 욱적대다. ¶ 증권 시세가 상승의 기미를 보이자 거래소 안팎은 거래인들로 욱적거렸다. [작]옥작거리다.
욱적-대다[-쩍때-][자] 욱적거리다.
욱적-욱적[-쩌국쩍][부][하자] (사람이나 동물이) 여럿이 한데 몰려 북적거리는 모양. ¶ 욱적욱적하던 시장이 오늘은 매우 한가하다. [작]옥작옥작.
욱-죄다[-쬐-/-쮀-][타] (몸의 어느 부분을) 욱이어 바싹 죄다. [작]옥죄다.
욱죄-이다[-쬐-/-쮀-][자] 〖'욱죄다'의 피동〗 욱죔을 당하다. [작]옥죄이다.
욱-지르다[-찌-][~지르니·~질러][타][르] 욱대겨 기를 꺾어 버리다.
욱질리다[-찔-][자] 〖'욱지르다'의 피동〗 욱지름을 당하다. ¶ 욱질려서 변변히 말도 못하고 나왔다.
욱케[명] 〈옛〉 찧기 위하여 말리는 벼. ¶ 노내 욱케 는 집마다 이받놋다(杜初13:15).
욱-하다[우카-][자][여] 앞뒤를 헤아리지 않고 말이나 행동을 함부로 하다. ¶ 그의 욱하는 성미가 늘 일을 그르쳐 놓는다.
운:[명] 어떤 일을 여럿이 어울려 한창 하는 바람. [참]운김.
운:(運)[명] 〈운수(運數)〉의 준말. ¶ 운이 좋았다. /운에 맡기다.
운:(韻)[명] ①〈운자(韻字)〉의 준말. ②〈운향(韻響)〉의 준말.
 운(을) **달다**[관용] ①운(韻)을 달아서 시문(詩文)을 짓다. ②〔강조나 긍정의 뜻으로〕 말의 뒤끝에 덧붙여 말을 하다.
 운(을) **떼다**[관용] 이야기의 첫머리를 말하기 시작하다.
 운(을) **밟다**[관용] ①남이 지은 한시에 화답하거나 운을 따라 한시를 짓다. ②남의 행동을 따라 하거나 본받아 비슷하게 하다.
운각(雲刻)[명] 기구(器具) 따위의 가장자리에 새긴 구름 모양의 새김.
운:각(韻脚)[명] 시나 부(賦)의 끝 구(句)에 붙이는 운자(韻字).
운객(雲客)[명] 〔구름 속의 사람이라는 뜻으로〕 '신선이나 은자(隱者)'를 이르는 말.
운검(雲劍)[명] 지난날, 의장(儀仗)에 쓰이던 큰 칼. 검(劍).
운경(雲鏡)[명] 거울로 구름의 방향과 속도를 재는 기구. 운속계(雲速計).
운:고(韻考)[명] 한자의 운자(韻字)를 분류해 놓은 책. 운책(韻册).
운:구(運柩)[명][하타] 시체를 넣은 관을 운반함. ¶ 운구 행렬이 길게 이어지다.
운:구-차(運柩車)[명] 시체를 넣은 관을 무덤까지 운반하는 차.
운:궁-법(運弓法)[-뻡][명] 바이올린 따위의 현악기에서 활을 쓰는 법.
운권-천청(雲捲天晴)[명][하자] ①구름이 걷히고 하늘이 맑게 갬. ②'병이나 근심 따위가 말끔히 사라짐'을 비유하여 이르는 말.
운기(雲氣)[명] ①기상 조건에 따라 구름이 움직이는 모양. ②공중으로 떠오르는 기운.
운:기(運氣)[명] ①돌림으로 돌아다니는 열병. ②☞운수(運數).
운:-김[-낌][명] ①여러 사람이 함께 일할 때 우러나는 힘. ¶ 운김에 끝까지 해치우다. ②사람들이 있는 곳의 따뜻한 기운.
운니지차(雲泥之差)[명] 〔구름과 진흙의 차이라는 뜻으로〕 매우 큰 차이. 천양지차.
운:-달다[~다니·~달아][자] 운김에 이끌리다. 운김에 따라서 하다. ¶ 여럿이 함께 먹으니 운달아서 밥맛이 더 좋다.
운당(雲堂)[명] ①불교에서, '구름집'을 이르는 말. ②도사(道士)의 방.
운:동(運動)[명][하자] ①물체가 시간의 경과에 따라 위치를 바꾸는 일. ¶ 시계추의 왕복 운동. ②몸을 단련하거나 건강을 보존하기 위하여 몸을 움직이는 일. ¶ 운동 시설. ③어떤 목적을 달성하기 위하여 여러 방면에 적극적으로 활동하는 일. ¶ 여권 운동. /학생 운동.
운:동-가(運動家)[명] ①운동을 좋아하고 잘하는 사람. ②사회적 또는 정치적인 개혁이나 개선을 위하여 비영리적이면서 적극적으로 활동하는 사람. ¶ 운동가 출신의 국회의원.
운:동^감:각(運動感覺)[명] 신체 각 부분의 운동에 대한 감각. 근육 조직이나 관절·건(腱)에 있는 특수한 감수기(感受器)를 자극시킴으로써 일어남.
운:동-구(運動具)[명] 운동하는 데 쓰이는 여러 가지 기구.
운:동-권(運動圈)[-꿘][명] 노동 운동·학생 운동·인권 운동 따위와 같은 사회 변혁이나 개혁 활동에 적극적으로 참여하는 사람들의 무리.
운:동^기관(運動器官)[명] 동물이 운동할 때 쓰는 기관. 〔고등 동물의 근육·골격, 하등 동물의 섬모(纖毛)·편모(鞭毛)·위족(僞足) 따위.〕
운:동-량(運動量)[-냥][명] ①운동하는 데 들인 힘의 양. ②운동하는 물체의 속도와 질량과의 곱으로 나타내는 벡터량.
운:동^마찰(運動摩擦)[명] 물체가 다른 물체의 표면에 닿아서 움직일 때 접촉면으로부터 받는 저항. 〔미끄럼마찰과 구름마찰로 구분함.〕 ↔정지 마찰(靜止摩擦).
운:동-모(運動帽)[명] ☞운동모자.
운:동-모자(運動帽子)[명] 운동 경기 등에서 쓰는 모자. 운동모.

운:동-복(運動服)명 ☞체육복.

운:동-비(運動費)명 ①운동을 하는 데 드는 비용. ②어떤 목적을 이루기 위하여 활동하는 데 드는 비용. ¶ 선거 운동비.

운:동-선수(運動選手)명 어떤 운동 경기에 뛰어난 재주가 있거나 운동을 전문적으로 하는 사람.

운:동^신경(運動神經)명 뇌나 척수 따위 중추에서 근육 같은 말초에 자극을 전달하여 운동을 일으키는 신경을 통틀어 이르는 말.

운:동^실조(運動失調)[-쪼]명 의학에서, 근육은 모두 건전한데도 각 근육 간의 조화 장애로 말미암아 일정한 운동을 잘할 수 없는 병증, 또는 그러한 상태. 〔말초 신경염이나 척수 질환으로 비롯됨.〕

운:동^에너지(運動energy)명 물리에서, 운동하고 있는 물체가 갖는 에너지. 〔물체의 질량을 m, 속도를 v라 할 때 물체의 운동 에너지는 1/2 mv^2으로 나타냄.〕

운:동-원(運動員)명 어떤 목적을 위해 적극적으로 참여하여 활동하는 행동원. ¶ 선거 운동원.

운:동^잔상(運動殘像)명 심리학에서, 움직이는 대상을 바라본 뒤에 정지한 대상을 보면 이것이 앞서 본 운동 방향과 반대 방향으로 움직이는 것처럼 보이는 현상.

운:동-장(運動場)명 주로, 체육이나 운동 경기를 하기 위해 마련한 큰 마당.

운:동^중추(運動中樞)명 고등 척추동물의 대뇌 피질(大腦皮質) 가운데 맘대로근인 골격근의 수축을 지배하는 부분, 곧 근육 운동을 주재하는 신경 중추.

운:동-학(運動學)명 물체의 운동에서 나타나는 기하학적 성질을 연구하는 학문.

운:동-화(運動靴)명 운동할 때 신는 신.

운:동-회(運動會)[-회/-훼]명 여러 사람이 모여 운동 경기나 놀이 따위를 하는 모임.

운두명 그릇이나 신 따위의 둘레의 높이.

운량(雲量)[울-]명 구름이 하늘을 덮은 비율. 구름이 전혀 없을 때를 0으로 하고 하늘에 가득할 때를 10으로 하여 눈대중으로 관측한 값.

운:량(運糧)[울-]명하타 양식을 나름.

운:명(運命)명 인간을 포함한 모든 것을 지배하는 필연적이고 초월적인 힘, 또는 그 힘으로 말미암아 생기는 길흉화복. 타고난 운수나 수명. 기수(氣數). 명운(命運). ¶ 운명의 여신. 준명(命).

운:명(殞命)명하자 사람의 목숨이 끊어짐, 곧 죽음. ¶ 막 운명하셨습니다.

운:명-극(運命劇)명 개인의 의지와 운명과의 싸움이나 운명의 지배를 받게 되는 이야기를 제재로 한 희곡이나 연극. 비운명 비극.

운:명-론(運命論)[-논]명 모든 자연현상이나 인간사는 이미 정해진 운명이기 때문에 변경시킬 수 없다고 믿는 이론. 숙명론.

운:명^비:극(運命悲劇)명 모든 인간사의 원인을 숙명적인 관점에서 보고 묘사하는 희곡. 〔주로, 그리스 비극을 가리킴.〕 비운명극.

운:명-신(運命神)명 ①사람의 운명을 좌우한다는 신. ②운명을 신격화하여 이르는 말.

운:명-적(運命的)관명 운명으로 정하여진 (것). ¶ 운명적 이별. /운명적인 만남.

운모(雲母)명 조암 광물의 한 가지. 널빤지나 비늘 모양의 규산(硅酸) 광물. 화강암·화성암 등에 많이 들어 있으며 엷은 판으로 갈라지는 성질이 있음. 백운모·흑운모 등이 있는데, 전기 절연체 등으로 널리 쓰임. 돌비늘.

운모-고(雲母膏)명 한방에서, 운모를 고아서 만든 고약. 옴이나 독창(毒瘡) 등에 바름.

운모-병(雲母屛)명 운모로 만든 병풍.

운모-지(雲母紙)명 운모의 가루를 바른 종이.

운모^편암(雲母片岩)명 운모·석영 등을 주성분으로 하는 결정 편암.

운:목(韻目)명 한시(漢詩)의 끝 구(句)가 두 자 또는 석 자의 운으로 된 글.

운무(雲霧)명 ①구름과 안개. ②'아주 의심스러운 일'을 비유하여 이르는 말.

운문(雲紋)명 구름 모양의 무늬. 구름문.

운:문(韻文)명 ①〔한시나 부(賦) 따위와 같이〕 운자를 갖춘 글. ②(산문에 상대하여) 운율을 가진 글을 이르는 말. 율문(律文). ↔산문(散文).

운:문-체(韻文體)명 운율의 유무에 따라 나눈 문체의 한 가지. 곧, 향가나 속요·가사와 같이 외형적인 자수율(字數律)을 가진 문체. 참산문체(散文體).

운:반(運搬)명하타되자 물건을 옮겨 나르는 일. ¶ 건축 자재를 운반하다.

운:반-비(運搬費)명 운반하는 데 드는 비용.

운:반^작용(運搬作用)명 물이나 바람이 흙이나 모래를 딴 곳으로 나르는 작용.

운발(雲髮)명 여자의 탐스러운 머리 모양을 구름에 비유하여 이르는 말.

운봉(雲峯)명 ①산봉우리처럼 뭉게뭉게 피어오른 구름. ②구름이 떠도는 산봉우리.

운:봉(運逢)명하자 좋은 운수를 만남.

운:부(韻府)명 운목(韻目)을 모아 놓은 책.

운-불삽(雲黻翣)[-쌉]명 운삽과 불삽을 아울러 이르는 말.

운빈(雲鬢)명 여자의 탐스러운 귀밑머리를 구름에 비유하여 이르는 말.

운빈-화용(雲鬢花容)명 아름다운 여자의 모습, 또는 아름다운 여자를 이르는 말.

운사(雲師)명 구름을 다스린다는 신(神). 참우사(雨師)·풍백(風伯).

운:사(韻士)명 ☞운인(韻人).

운산(雲山)명 구름이 낀 높고 아득한 산.

운:산(運算)명하타 ☞연산(演算). 참셈.

운산-무소(雲散霧消)명하자 〔구름이 흩어지고 안개가 사라진다는 뜻으로〕 '근심 걱정이 말끔히 없어짐'을 비유하여 이르는 말.

운:산-증(運算症)[-쯩]명 보이는 것을 모두 숫자로 환산하거나 특수한 수만을 생각하거나, 특수한 수에 대하여 공포를 느끼거나 하는 정신병.

운삽(雲翣)명 발인할 때, 상여 앞뒤에 세우거나 드는, 구름무늬를 그린 부채 모양의 널빤지.

운상-기품(雲上氣稟)명 속됨을 벗어난 고상한 기품, 곧 왕족의 기품.

운색(暈色)명 ☞훈색(暈色).

운:서(韻書)명 한자의 사성(四聲)을 운에 따라 분류·배열한 책. 운책(韻冊).

운:석(隕石)명 우주진(宇宙塵)이 떨어질 때, 지구의 대기 중에서 다 타지 않고 땅 위에 떨어진 것. 별똥돌.

운:선(運船)명하자 배를 띄워 나아감.

운:성(隕星)명 ☞유성(流星).

운:세(運勢)명 사람이 타고난 운명이나 운수. ¶ 운세가 사납다.

운소(雲霄)명 ①구름이 낀 하늘. ②'높은 지위'를 비유하여 이르는 말.

운속-계(雲速計)[-꼐/-께]명 ☞운경(雲鏡).

운손(雲孫)명 〔구름과 같이 멀어진 자손이라는 뜻으로〕 '잉손(仍孫)의 아들'을 이르는 말.

운:송(運送)명하타되자 사람을 태워 보내거나 물건을 운반하여 보냄. ¶ 여객 운송. /우편물을 항공 편으로 운송하다.

운:송-료(運送料)[-뇨]명 운송하는 삯. 운송비(運送費). 운임(運賃).

운:송^보:험(運送保險)명 운송에 관한 사고로 말미암아, 운송되는 화물에 생기는 손해를 보상하기 위한 손해 보험.

운:송-비(運送費)명 ①☞운송료. ②운송하는 데 드는 비용.

운:송-선(運送船)명 여객이나 화물을 실어 나르는 배.

운:송-업(運送業)명 일정한 운임을 받고 여객이나 화물을 실어 나르는 업.

운:송-장(運送狀)[-짱]명 ①운송인이 화물을 받을 사람에게 보내는 통지서. ②짐 임자가 운송인의 청구에 따라 법정 사항을 기재하여 주는 증서. 송장.

운:송^증권(運送證券)[-꿘]명 운송 계약에 따라 운송품의 인도 청구권을 나타내는 유가 증권. 〔화물 인환증과 선화(船貨) 증권이 포함됨.〕

운수(雲水)명 ①구름과 물. ②〈운수승(雲水僧)〉의 준말.

운:수(運數)명 인간의 힘을 초월한 천운(天運)과 기수(氣數). 명분(命分). 성수(星數). 신운(身運). 운기(運氣). ¶ 운수가 사납다. /운수가 대통하다. 준수(數)¹·운(運).

운:수(運輸)명하타 여객이나 화물을 실어 나르는 일. 〔운반·운송업보다 규모가 큼.〕 수운(輸運).

운:수-불길(運數不吉)명하형 운수가 좋지 않음. 운수가 사나움.

운:수-소관(運數所關)명 모든 일이 운수에 달려 있어 사람의 힘으로는 어찌할 수 없다는 말.

운수-승(雲水僧)명 '탁발승(托鉢僧)'을 멋스럽게 이르는 말. 준운수.

운:수-업(運輸業)명 여객이나 화물을 실어 나르는, 비교적 규모가 큰 영업.

운수지회(雲樹之懷)[-회/-훼]명 벗을 그리는 마음.

운:수^회:사(運輸會社)[-회-/-훼-]명 운수업을 하는 회사.

운:신(運身)명하자 ①몸을 움직임. ¶ 다리를 다쳐서 운신을 못한다. ②(사회적으로) 어떤 일이나 행동을 자유롭게 함. ¶ 운신의 폭이 좁다.

운애(雲靉)명 구름이나 안개가 끼어 흐릿하게 된 기운. ¶ 운애가 자욱하다.

운:역(運役)명하자 운반하는 일.

운연(雲煙)명 ①구름과 연기, 또는 구름과 안개. ②그림이나 글씨에서 운치 있는 필적을 형용하여 이르는 말.

운연-과안(雲煙過眼)명하자 〔구름이나 안개가 눈앞을 지나간다는 뜻으로〕 '한때의 즐거운 일이나 어떤 사물에 마음을 깊이 두지 않음'을 비유하여 이르는 말.

운영(雲影)명 구름의 그림자.

운영(暈影)명 '훈영(暈影)'의 잘못.

운:영(運營)명하타되자 (어떤 일이나 조직 따위를) 운용하여 경영함. ¶ 독서회 운영 방안. /백화점을 운영하다.

운:영^체제(運營體制)명 컴퓨터의 운용 능률을 높이거나 조작을 쉽게 하기 위하여 준비된 소프트웨어를 통틀어 이르는 말. 오에스(OS). 오퍼레이팅시스템.

운예(雲霓)명 〔구름과 무지개라는 뜻으로〕 '비가 내릴 징조'를 이르는 말.

운예(雲翳)명 햇빛을 가린 구름의 그늘.

운:용(運用)명하타되자 (돈이나 물건·제도 따위의) 기능을 부리어 씀. ¶ 운용의 묘(妙)를 살리다. /자금을 잘 운용하다.

운우(雲雨)명 ①구름과 비. ②'남녀 간의 육체적인 어울림'을 비유하여 이르는 말.

운우지락(雲雨之樂)명 남녀가 육체적으로 어울리는 즐거움. 〔중국 초나라 혜왕(惠王)이 운몽(雲夢)에 있는 고당에 갔을 때에 꿈속에서 무산(巫山)의 신녀(神女)를 만나 즐겼다는 고사에서 유래함.〕

운우지정(雲雨之情)명 남녀 간에 육체적으로 나누는 정(情).

운운(云云)명 ①글이나 말을 인용하거나 중도에서 끊어 생략할 때, '이러이러함'의 뜻으로 쓰는 말. ¶ 자유, 평화 운운. ②하자타이러쿵저러쿵 말함, 또는 그렇게 하는 여러 가지 말. ¶ 과거지사는 더 이상 운운하지 맙시다.

운월(雲月)명 구름에 가려진 달.

운위(云謂)명하타되자 일러 말함.

운유(雲遊)명하자 뜬구름처럼 여기저기 돌아다니며 놂.

운:율(韻律)명 시문(詩文)의 음성적 형식. 〔외형률과 내재율이 있음.〕 리듬.

운:의(運意)[우늬/우니]명하자 이리저리 여러모로 생각함.

운:인(韻人)명 운치가 있는 사람. 운사(韻士).

운:임(運賃)명 운반이나 운송·운수한 보수로 받거나 무는 삯. 운송료(運送料). 짐삯. ¶ 철도 운임. /화물 운임.

운:임-표(運賃表)명 여객이나 화물의 운임을 거리·무게별로 적은 표.

운잉(雲仍)명 〔운손(雲孫)과 잉손(仍孫)이라는 뜻으로〕 대수(代數)가 먼 자손을 이르는 말.

운:자(韻字)[-짜]명 한시(漢詩)의 운각(韻脚)에 쓰는 글자. 준운(韻).

운작(雲雀)명 ☞종다리.

운잔(雲棧)명 〔구름에 닿을 정도로 높은 사다리라는 뜻으로〕 높은 산의 벼랑 같은 가파른 곳을 건너다니도록 만든 통로.

운:재(運材)명하자 재목을 운반함.

운:적-토(運積土)명 풍화로 생긴 토양, 또는 침식으로 생긴 암석의 파편이 중력이나 물·빙하·바람 따위로 운반되어 다른 곳에 퇴적함으로써 이루어진 토양. 이적토(移積土). ↔원적토(原積土).

운전(雲箋)명 상대편을 높이어 그의 편지를 이르는 말. 귀함(貴函). 운한(雲翰).

운:전(運轉)명하타되자 ①(기계나 자동차 따위를) 움직여 부림. ②(자금 따위를) 돌라대어 활용함.

운:전-기사(運轉技士)명 '운전사'를 대접하여 이르는 말.

운:전-대(運轉-)[-때]명 운전을 하는 손잡이. ¶ 운전대를 잡다.

운:전-면허(運轉免許)명 도로에서 자동차나 오토바이 따위를 운전할 수 있는 자격.

운:전-사(運轉士)명 자동차나 기차·선박·기계 따위를 운전하는 사람.

운:전-수(運轉手)명 '운전사(運轉士)'·'운전기사'로 순화.

운:전^자금(運轉資金)명 기업의 경상적(經常的) 활동에 필요한 자금, 곧 원자재나 상품의 구입, 인건비 등의 경비로 쓰이는 자금. 회전 자금.

운:전^자본(運轉資本)명 기업 자본 가운데, 일상적인 기업 운영에 투입되는 자본.
운제(雲梯)명 ①높은 사다다리. ②지난날, 성(城)을 공격할 때 썼던 높은 사다다리.
운:조(運漕)명하타되자 배로 짐을 운반함.
운:조-술(運操術)명 배를 부리는 기술.
운:주(運籌)명하자 주판을 놓듯이 이리저리 꾀를 냄.
운:지-법(運指法)[-뻡]명 악기를 연주할 때 손가락을 사용하는 방법.
운:진(運盡)명하자되자 운수가 다함.
운집(雲集)명하자되자 〔구름처럼 모인다는 뜻으로〕 사람이 많이 모임. ¶ 군중이 운집하여 인산인해를 이루었다.
운집-종(雲集鐘)[-쫑]명 절에서, 사람을 모으려고 치는 종.
운:책(韻冊)명 ☞운서(韻書).
운:철(隕鐵)명 주성분이 철로 된 운석(隕石).
운:치(韻致)명 고아(高雅)한 품격을 갖춘 멋. 풍치. ¶ 운치가 있는 정원.
운:통(韻統)명 운서(韻書)에 있는 운자(韻字)의 계통.
운판(雲版)명 절에서, 식사 시간 등을 알리기 위하여 치는, 구름 모양을 새긴 금속판.
운편(芸編)명 '서책(書冊)'을 아름답게 이르는 말. 〔지난날, 책에 좀이 쏠지 않도록 궁궁이 잎을 끼워 두었던 데서 유래함.〕
운:필(運筆)명하자 글씨를 쓰거나 그림을 그리기 위하여 붓을 움직임. 용필(用筆).
운하(雲霞)명 구름과 노을.
운:하(運河)명 선박의 통행이나 농지의 관개·배수 또는 용수를 위하여 육지를 파서 만든 수로. ¶ 파나마 운하.
운:하(運荷)명하자 짐을 나름.
운:학(韻學)명 한자(漢字)의 음운을 연구하는 학문.
운한(雲翰)명 ☞운전(雲箋).
운:항(運航)명하타되자 (배나 항공기 등이) 정해진 항로를 운행함. ¶ 태풍으로 항공기 운항이 전면 중단되었다.
운해(雲海)명 ①〔구름 바다라는 뜻으로〕 매우 높은 곳에서 널리 깔린 구름을 내려다본 경치를 이르는 말. ②바다나 호수의 수면이 구름에 닿아 보이는 먼 곳.
운:행(運行)명하타되자 ①운전하여 다님. ¶ 시내버스 운행 노선. /정기 노선을 운행하다. ②천체가 궤도를 따라 운동함.
운:향(韻響)명 시(詩)의 신비로운 운치와 음조. 준운(韻).
운형-자(雲形-)명 ☞곡선자.
운혜(雲鞋)[-혜/-헤]명 지난날, 여자가 신던 마른신의 한 가지. 앞코에 구름무늬를 수놓았음.
운:화(運貨)명하타 화물을 운반함.
운환(雲鬟)명 예쁜 여자의 쪽 찐 머리를 구름에 비유하여 이르는 말.
운:휴(運休)명하자타 교통 기관이 정기적인 운행을 멈추고 쉼. ¶ 폭설로 버스가 운휴하다.
욷겁다형ㅂ 〈옛〉사납다. 성급하다. ¶ 욷거울 한:悍(訓蒙下*26*).
울[1]명 ①〈울타리〉의 준말. ②〈신울〉의 준말. ③속이 비고 위가 트인 것의 가를 두른 부분. ¶ 울이 높은 물통.
울[2]명 (다른 개인이나 패에 대하여) 이편의 힘이 될 일가나 친척.
울이 세다관용 족속이 많고 번성하다. 떨거지가 많다.
울[3]대 〔'나의'의 뜻을 나타내는〕 〈우리[3]〉의 준말. ¶ 울 엄마. /울 아버지.
울:(wool)명 ①양모(羊毛). 털실. ②짧은 양털로 짠 모직물의 한 가지.
울가망명하형 근심스럽거나 답답하여 마음이 편하지 않음, 또는 그런 상태.
울거미명 ①얽어맨 틀긴의 거죽에 댄 테나 끈. ②짚신이나 미투리 따위의 총을 꿰어 신갱기친, 기다랗게 둘린 끈.
울거미^문골(-門-)[-꼴]명 방문이나 장지 따위의 가를 두른 테두리. 참문얼굴.
울걱-거리다[-꺼-]타 자꾸 울걱울걱하다. 울걱대다. 작올각거리다.
울걱-대다[-때-]타 울걱거리다.
울걱-울걱부하타 입에 물 따위를 양껏 머금고 양볼의 근육을 자꾸 움직이는 모양, 또는 그럴 때 나는 소리. 작올각올각.
울겅-거리다자타 자꾸 울겅울겅하다. 울겅대다. ¶ 꽈리를 울겅거리기만 한다. 작올강거리다.
울겅-대다자타 울겅거리다.
울겅-불겅부하자타 울겅거리며 불겅거리는 모양. 작올강볼강.
울겅-울겅부하자타 입 안에 든 단단하고 탄력 있는 물건이 잘 씹히지 않고 이리저리 미끄러지는 모양. 작올강올강.
울결(鬱結)명하자 가슴이 답답하게 꽉 막힘.
울:고-불고부하자 야단스레 울기도 하고 부르짖기도 하는 모양. ¶ 돌아가신 뒤에 아무리 울고불고해도 소용없는 짓이다.
울골-질명하자 지긋지긋하게 으르며 마구 덤비는 짓.
울근-거리다타 자꾸 울근울근하다. 울근대다. ¶ 뭘 울근거리냐? 어디 한번 뱉어 봐! 작올근거리다.
울근-대다타 울근거리다.
울근-불근[1]부 ①하자사이가 토라져서 잘 다투는 모양. ②하타울근거리며 불근거리는 모양. ¶ 울근불근 씹으며 말을 하다. 작올근볼근[1].
울근-불근[2]부하형 무엇에 덮였거나 싸인 단단한 것이 드러나 보이는 모양. ¶ 갈빗대가 울근불근 드러나 보이는 여윈 몸. 작올근볼근[2].
울근-울근부하타 질기고 우둘우둘한 물건을 우물거리며 씹는 모양. 작올근올근.
울금(鬱金)명 ☞심황.
울금-색(鬱金色)명 ☞등색(橙色).
울금-향(鬱金香)명 ☞튤립.
울긋-불긋[-귿뿔귿]부하형 여러 가지 짙고 옅은 빛깔이 한데 야단스럽게 뒤섞여 있는 모양. ¶ 울긋불긋한 옷. /산에 울긋불긋하게 단풍이 들다. 작올긋볼긋.
울기(鬱氣)명 답답한 기분.
울꺽부 ①하자타먹은 음식을 갑자기 토해 내는 소리, 또는 그 모양. ¶ 새아기가 울꺽 구역질을 했다. 작올깍. ②하자격한 감정이나 생각이 한꺼번에 치미는 모양. ¶ 그 말을 듣는 순간 울꺽 화가 치밀어 올랐다. 참울컥. **울꺽-울꺽**부하자타 ¶ 아이가 차멀미를 참지 못하고 먹은 것을 울꺽울꺽 토해 놓았다.
울꺽-거리다[-꺼-]자타 자꾸 울꺽울꺽하다. 울꺽대다. 작올깍거리다.
울꺽-대다[-때-]자타 울꺽거리다.
울:-남(-男)[-람]명 울기를 잘하는 사내아이. ↔울녀.

울ː-녀(-女)[-려]명 울기를 잘하는 계집아이. ↔울남.
울녘명 '언저리'의 잘못.
울ː다[우니·울어]자 ①(기쁘거나 슬프거나 아파서) 눈물을 흘리면서 소리를 내다. ¶ 어머니를 생각하며 울다. ②새나 짐승·벌레 따위가 소리를 내거나 부르짖다. ¶ 귀뚜라미가 울다. ③물체가 움직여 소리를 내다. ¶ 문풍지가 울다. ④종(鐘)이나 천둥 등이 소리를 내다. ¶ 종이 울면 즉시 모여라. ⑤귀에서 저절로 소리가 나다. ¶ 귀가 울다. ⑥(도배나 장판의 바른 면이나 바느질 자리 따위가) 반듯하지 못하고 우글쭈글하다. ¶ 장판이 울다. ⑦짐짓 어려운 체하다. ¶ 네가 운다고 누가 도와줄 줄 아니?
우는 가슴에 말뚝 박듯속담 그렇지 않아도 가슴이 아픈데 더욱 큰 상처를 입힌다는 뜻.
우는 아이 젖 준다속담 보채고 조르고 해야 얻기가 쉬움을 이르는 말. 울지 않는 아이 젖 주랴.
울고 싶자 때린다속담 무슨 일을 하고 싶으나 마땅한 구실이 없어서 하지 못하고 있는데, 때마침 좋은 핑곗거리가 생겼음을 이르는 말.
울며 겨자 먹기속담 하기 싫은 일을 마지못해 함을 이르는 말.
울지 않는 아이 젖 주랴속담 ☞우는 아이 젖 준다.
울담(鬱痰)[-땀]명 한방에서, 목구멍이 마르고 기침이 나는 병을 이르는 말.
울-대[1][-때]명 울타리의 양쪽이나 군데군데에 세운 기둥 같은 대.
울ː-대[2][-때]명 새의 발성 기관. 명관(鳴管).
울ː대-뼈[-때-]명 ☞결후(結喉).
울도(鬱陶) '울도하다'의 어근.
울도-하다(鬱陶-)[-또-]형여 ①궁금하고 답답하다. ②날씨가 무덥다.
울두(熨斗)[-뚜]명 ☞다리미.
울뚝부하형 성미가 급하여 언행을 우악스럽게 하는 모양. **울뚝-울뚝**부하형.
울뚝-불뚝[-뿔-]부하형 성질이 급하여 언행을 함부로 우악스럽게 하는 모양.
울-띠명 울타리의 안팎에 가로 대고 새끼 따위로 얽어맨 띠 모양의 나무.
울렁-거리다자 자꾸 울렁울렁하다. 울렁대다. ¶ 가슴이 울렁거리다. 작올랑거리다.
울렁-대다자 울렁거리다.
울렁-울렁부하자 ①마음이 설레거나 하여 가슴이 자꾸 두근거리는 모양. ②물결이 자꾸 흔들리는 모양. ③먹은 것이 잘 소화되지 않고 자꾸 메슥메슥하여 토할 것 같은 상태. 작올랑올랑.
울렁-이다자 ①가슴이 설레며 뛰놀다. ②물결이 흔들리다. ③먹은 것이 토할 것같이 메슥거리다. ¶ 차를 오래 탔더니 속이 울렁인다. 작올랑이다.
울렁-출렁부하자 큰 그릇에 담긴 액체가 자꾸 흔들리면서 나는 소리, 또는 그 모양. 작올랑촐랑.
울레-줄레부 여러 사람이 줄레줄레 뒤따르는 모양. ¶ 사람들이 울레줄레 따라다니다.
울려-오다자 소리가 좀 떨어진 곳으로부터 들려오다. ¶ 메아리가 울려오다. /기관실에서 기계 소리가 울려왔다.
울ː력명하자 (여러 사람이) 힘을 합하여 일을 함, 또는 그 힘.
울ː력-다짐[-따-]명하자 여러 사람이 울력하는 기세. ¶ 울력다짐으로 일을 마치다.
울ː력-성당(-成黨)[-썽-]명하자 떼를 지어서 으르고 협박하는 일.
울룩-불룩[-뿔-]부하형 (물체의 거죽이) 고르지 않게 불룩불룩한 모양. 작올록볼록.
울릉-대다타 힘이나 말로써 남을 위협하다.
울리다[1]자 ①종 따위의 소리가 나거나 퍼지다. ¶ 전화벨 소리가 요란하게 울리다. ②소리가 반사되어 퍼지다, 또는 그 소리가 들리다. ¶ 메아리가 울리다.
울-리다[2]타 ①〖'울다'의 사동〗 울게 하다. ¶ 잘 노는 아이를 공연히 울리다. ②마음에 감동을 일으키다. ¶ 마음(가슴)을 울리는 슬픈 사연. ③악기나 종 따위를 뚱기거나 두드려 소리 나게 하다. ¶ 북을 울리다. ④(명성이나 평판 따위가) 널리 알려지거나 퍼지다.
울림명 ①소리가 무엇에 부딪쳐 되울려 오는 현상, 또는 그 소리. ②☞맥놀이.
울림-소리명 소리 낼 때 목청을 울리어 내는 소리. 모든 모음과 비음(鼻音) 'ㄴ·ㅁ·ㅇ', 유음(流音) 'ㄹ'이 이에 딸림. 유성음(有聲音). 탁음. 흐린소리. ↔안울림소리.
울ː^마ː크(wool mark)명 일정한 국제 품질 기준에 도달한 양모 제품에 붙여 주는, 국제 양모 사무국이 제정한 품질 표시 기호.
울먹-거리다[-꺼-]자 자꾸 울먹울먹하다. 울먹대다. ¶ 울먹거리는 꼬마를 달래다.
울먹-대다[-때-]자 울먹거리다.
울먹-울먹부하자 울상이 되어 금방이라도 울 듯 울 듯 하는 모양.
울먹-이다자 울상이 되어 금방이라도 울 듯 울 듯 하다. ¶ 울먹이며 말하다.
울먹-줄먹[-쭐-]부하형 크고 두드러진 것들이 고르지 않게 많이 벌여 있는 모양. 작올막졸막.
울멍-줄멍부하형 크고 그만그만한 것이 고르지 않게 많이 있는 모양. 작올망졸망.
울ː며-불며부하자 소리 내어 야단스럽게 부르짖으며 우는 모양. ¶ 울며불며 애타게 용서를 빌다.
울묵-줄묵[-쭐-]부하형 크고 두드러진 것들이 고르지 않게 많이 벌여 있는 모양. 작올목졸목.
울뭉-줄뭉부하형 크고 그만그만한 것이 고르지 않게 많이 있는 모양. ¶ 산들이 울뭉줄뭉한 줄기 산맥을 이루다. 작올몽졸몽.
울민(鬱悶) '울민하다'의 어근.
울민-하다(鬱悶-)형여 마음이 답답하고 괴롭다.
울밀(鬱密) '울밀하다'의 어근.
울밀-하다(鬱密-)형여 나무가 빽빽이 우거지다.
울-바자명 울타리를 만드는 데 쓰이는 바자, 또는 바자로 만든 울타리.
울바자가 헐어지니 이웃집 개가 드나든다속담 자신에게 약점이 있으니까 남이 업신여긴다는 말.
울ː-보명 걸핏하면 잘 우는 아이. 우지[2].
울부짖다[-짇따]자 울며 부르짖다. 우짖다. ¶ 유가족들의 울부짖는 소리. * 울부짖어·울부짖는[-진-]
울분(鬱憤)명하형 분한 마음이 가슴에 가득함, 또는 그 마음. ¶ 울분을 터뜨리다. /울분을 참지 못하다.
울불(鬱怫) '울불하다'의 어근.
울불-하다(鬱怫-)형여 성이 불끈 나도록 답답하다.
울-뽕명 (집 둘레나 밭머리 중에) 울타리가 되게 심은 뽕나무, 또는 그 나무의 뽕.
울ː-상(-相)[-쌍]명 울 듯한 얼굴 모양. ¶ 울상을 짓다. /꾸중을 듣고 울상이 되다.

울-섶[-썹]명 울타리를 만들어 세우는 데 쓰이는 섶나무. *울섶이[-써피]·울섶만[-썸-]
울쑥-불쑥[-뿔-]부하형 (산봉우리 따위가) 여기저기 고르지 않게 높이 솟은 모양. 작올쏙볼쏙.
울-안명 울타리로 둘러싸인 집의 안쪽.
울-어리명 둘러싼 어리. ¶ 울어리를 벗어나다.
울연(蔚然) '울연(蔚然)하다'의 어근.
울연(鬱然) '울연(鬱然)하다'의 어근.
울연-하다(蔚然-)형여 ①초목이 무성하게 우거져 있다. ②사물이 매우 흥성하다. **울연-히**부.
울연-하다(鬱然-)형여 ①마음이 답답하다. ②초목이 무성하다. **울연-히**부.
울울(鬱鬱) '울울하다'의 어근.
울울창창(鬱鬱蒼蒼) '울울창창하다'의 어근.
울울창창-하다(鬱鬱蒼蒼-)형여 (주로 큰 나무들이) 빽빽하게 들어서 매우 무성하고 푸르다. 창창울울하다. ¶ 울울창창한 산. 준울창하다.
울울-하다(鬱鬱-)형여 ①마음이 매우 답답하다. ¶ 울울한 심사. ②초목 따위가 매우 무성하다.
울-음명 ①우는 소리나 동작. ¶ 진종일 울음을 그치지 않다. ②우는 일. ¶ 울음으로 해결될 일이 아니다.
울음-바다[-빠-]명 많은 사람이 한꺼번에 울음을 터뜨려 온통 울음으로 뒤덮인 상태. ¶ 울음바다가 된 사고 현장.
울음-보[-뽀]명 《주로 '터지다'·'터뜨리다'와 함께 쓰이어》 꾹 참고 있는 울음을 이르는 말. ¶ 길을 잃었던 꼬마는 엄마를 보자 울음보를 터뜨렸다.
울음-소리[-쏘-]명 우는 소리. ¶ 두견이의 한 맺힌 울음소리.
울음-주머니[-쭈-]명 개구리나 맹꽁이 따위의 수컷의 귀 뒤나 목 밑에 있는 발음기(發音器). 명낭(鳴囊).
울음-통(-筒)명 ①곤충이나 새의 발성 기관. 명기(鳴器). ②〈울음〉의 속된 말. ¶ 울음통을 터뜨리다.
울인(鬱刃)명 독약을 바른 칼.
울적(鬱寂) '울적하다'의 어근.
울적(鬱積)[-쩍]명하자 되자 ①울화가 쌓임. ②불평불만이 쌓임.
울적-하다(鬱寂-)[-쩌카-]형여 마음이 답답하고 쓸쓸하다. ¶ 울적한 마음. /기분이 울적하다.
울증(鬱症)[-쯩]명 가슴이 답답한 병증.
울짱명 ①말뚝 따위를 잇달아 박아서 만든 울타리, 또는 그 말뚝. 목채. 목책. 책(柵). ②울타리.
울창술-창(鬯-鬯)명 한자 부수의 한 가지. '鬱'에서의 '鬯'의 이름. 울창주창.
울창-주(鬱鬯酒)명 울금향(鬱金香)을 넣어 빚은 술. 제사의 강신(降神)에 쓰임.
울창주-창(鬱鬯酒鬯)명 ☞울창술창.
울창-하다(鬱蒼-)형여 〈울울창창하다〉의 준말. ¶ 울창한 삼림.
울칩(鬱蟄)명하자 마음이 우울하여 집 안에만 들어앉아 있음.
울컥부 ①하자타 먹은 것을 갑작스레 세게 토하려고 하는 모양. 작올칵. ②하자 분한 생각이 한꺼번에 치미는 모양. ¶ 부아가 울컥 치밀다. 참울꺽. **울컥-울컥**부하자타.
울컥-거리다[-꺼-]자타 자꾸 울컥울컥하다. 울컥대다. 작올칵거리다.
울컥-대다[-때-]자타 울컥거리다.
울타리명 담 대신에 풀이나 나무 따위를 얽어서 집을 둘러막거나 경계를 구분하는 물건. 울짱. ¶ 울타리를 치다. 준울[1].
울타리 밖을 모른다속담 세상 물정을 전혀 모른다는 뜻.
울타리(를) 벗어나다관용 좁고 제한된 생활 범위에서 벗어나다.
울타리^조직(-組織)명 식물의 잎의 겉쪽 표피 바로 밑에 있는 조직. 세로로 길쭉한 세포가 촘촘히 줄지어 있으며, 많은 엽록소를 지니고 있음. 책상 조직(柵狀組織).
울툭-불툭[-뿔-]부하형 (물체의 거죽이나 바닥이) 고르지 않게 여기저기 불거져 있는 모양. 작올톡볼톡.
울퉁-불퉁부하형 (물체의 거죽이나 바닥이) 고르지 않게 불퉁불퉁한 모양. ¶ 울퉁불퉁한 비포장도로. 작올통볼통.
울-하다(鬱-)형여 가슴이 답답하다.
울ᄒᆞ다자 〈옛〉 울타리 치다. ¶ 長松 울ᄒᆞᆫ 소개(鄭澈.關東別曲).
울혈(鬱血)명 혈관의 일부에 정맥성(靜脈性) 혈액의 양이 증가되어 있는 상태. 정맥의 협착(狹窄)이나 폐색(閉塞)이 원인이 됨.
울화(鬱火)명 분한 마음을 삭이지 못하여 일어나는 화. ¶ 울화가 치밀다.
울화-병(鬱火病)[-뼝]명 한방에서, 울화로 말미암아 나는 병을 이르는 말. 심화병. 울화증. 준화병(火病).
울화-증(鬱火症)[-쯩]명 ☞울화병.
울화-통(鬱火-)명 '울화'의 힘줌말. 화통. ¶ 울화통이 터지다.
욺명 〈옛〉 울. 울타리. ¶ 울흔 솔와 菊花롤 帶ᄒᆞ얫도다(杜初21:25).
움ː[1]명 나무 등걸의 뿌리나 풀의 뿌리에서 새로 돋는 싹이나 어린 줄기. ¶ 움이 돋다.
움도 싹도 없다속담 ①(사람이나 물건이) 감쪽같이 없어져서 간 곳을 모름을 이르는 말. ②장래성이 전혀 없음을 이르는 말.
움ː[2]명 땅을 파고 위를 거적 따위로 덮어서 추위나 비바람을 막게 한 곳. 흔히, 겨울철에 화초나 채소 따위를 넣어 둠.
움 안에서 떡 받는다속담 구하지도 않은 좋은 물건을 뜻밖에 얻게 됨을 이르는 말.
움(을) 묻다관용 움을 만들다.
움[3]감 마음에 못마땅하거나 비분(悲憤)의 뜻으로 내는 소리.
움ː-누이명 시집간 누이가 죽고, 그 매부가 다시 장가를 든 후실(後室)을 이르는 말.
움ː-돋이[-도지]명 초목의 베어 낸 자리에서 다시 돋아 나온 움.
움ː-딸명 시집간 딸이 죽고, 그 사위가 다시 장가를 든 후실(後室)을 이르는 말.
움라우트(Umlaut 독)명 ①〔게르만 어, 특히 독일어에서〕 뒤따르는 'i'나 'e'의 영향으로, 모음'a·o·u'가 음질을 바꾸는 현상, 또는 그 바뀐 음. 〔'ä·ö·ü'로 표시함.〕 ②〔우리말에서〕 모음 'ㅏ·ㅓ·ㅗ·ㅜ' 등이 그 뒤 음절의 'ㅣ' 모음을 직접, 또는 자음을 건너서 만날 때, 그 'ㅣ'를 닮아서 'ㅐ·ㅔ·ㅚ·ㅟ' 등으로 바뀌는 현상. 변모음.
움ː-막(-幕)명 움으로 지은 막. 움집보다 작음. 움막집.
움ː막-살이(-幕-)[-싸리]명하자 움막에서 지내는 생활. ¶ 피난 시절의 움막살이.
움ː막-집(-幕-)[-찝]명 ☞움막.
움ː-버들명 움이 돋아난 버들.
움ː-벼명 베어 낸 벼의 그루에서 다시 움이 터 자란 벼. 그루벼.

움ː-불[-뿔]명 움 안에서 피우는 불.
움ː-뽕명 봄에 한 번 뽕잎을 딴 뽕나무에 다시 돋아난 뽕잎.
움실-거리다자 자꾸 움실움실하다. 움실대다. ¶ 구더기가 움실거리다. 작옴실거리다.
움실-대다자 움실거리다.
움실-움실부하자 작은 벌레 따위가 한데 모여 우글거리는 모양. 작옴실옴실.
움쑥부하형 가운데가 우묵하게 쑥 들어간 모양. 작옴쏙. **움쑥-움쑥**부하형.
움ː-씨명 뿌린 씨가 잘 싹트지 않을 때, 다시 덧뿌리는 씨.
움씰부하자타 놀라 얼른 물러서면서 몸을 움츠리는 모양. 작옴씰. **움씰-움씰**부하자타.
움ː-잎[-닙]명 움에서 돋아난 잎. *움잎이[-니피]·움잎만[-님-]
움죽부하자타 《주로 '못하다'·'않다'·'말다' 따위의 부정어와 함께 쓰이어》 몸의 한 부분을 조금 움츠리거나 펴거나 하는 모양. ¶ 승객이 너무 많아 발도 움죽 못할 정도다. 작옴죽. 센움쭉. **움죽-움죽**부하자타.
움죽-거리다[-꺼-]자타 자꾸 움죽움죽하다. 움죽대다. ¶ 움죽거리는 입. 작옴죽거리다.
움죽-대다[-때-]자타 움죽거리다.
움직-거리다[-꺼-]자타 자꾸 움직움직하다. 움직대다. 작옴직거리다. 센움찍거리다.
움직-대다[-때-]자타 움직거리다.
움직-도르래[-또-]명 축이 고정되어 있지 않고 이동할 수 있게 만든 도르래. 동활차(動滑車). ↔고정 도르래.
움직-씨명 ☞동사.
움직-움직부하자타 몸의 한 부분을 자꾸 움직이는 모양. 작옴직옴직. 센움찍움찍.
움직-이다자타 ①위치를 옮겨 가며 동작을 계속하다. ¶ 발동을 걸자 자동차가 움직이기 시작한다. ②바뀌다. 변동하다. ¶ 정세가 유리한 쪽으로 움직이다. ③활동(활약)하다. 조종하다. ¶ 회사 재건을 위하여 움직이다. /공작원이 비밀리에 움직이다. ④가동하다. 경영(운영)하다. ¶ 공장을 움직이다. ⑤마음이 흔들리다. (무엇을) 할 마음이 생기다. ¶ 마음이 움직이다. ⑥제자리에서 흔들리다. ¶ 앞니가 움직이다. /지진으로 집채가 움직이다. ⑦감동하다. ¶ 그의 열변에 마음이 움직이다.
움질-거리다[1] Ⅰ자타 (생물이) 한데 많이 모여 자꾸 굼뜨게 움직이다. 움질대다[1]. 작옴질거리다[1]. 센움찔거리다[1].
Ⅱ자 결단성이 없이 망설이며 꾸물거리다. 움질대다[1]. 작옴질거리다[1]. 센움찔거리다[1].
움질-거리다[2]타 질긴 물건을 자꾸 우물거리며 씹다. 움질대다[2]. 작옴질거리다[2]. 센움찔거리다[2].
움질-대다[1] Ⅰ자타 ☞움질거리다[1].
Ⅱ자 ☞움질거리다[1].
움질-대다[2]타 ☞움질거리다[2].
움질-움질[1]부 ①하자타(생물이) 한데 많이 모여 굼뜨게 자꾸 움직이는 모양. ②하자일에 결단성이 없이 자꾸 망설이는 모양. 작옴질옴질[1]. 센움찔움찔[1].
움질-움질[2]부하타 입 안에 든 질긴 물건을 자꾸 우물거리며 씹는 모양. 작옴질옴질[2]. 센움찔움찔[2].
움ː-집[-찝]명 움을 파고 지은 집. 굴집. 토막.
움ː집-살이[-찝싸리]명하자 움집에서 사는 생활.
움쩍부하자타 《주로 '못하다'·'않다'·'말다' 따위의 부정어와 함께 쓰이어》 몸을 움츠리거나 펴거나 하며 한 번 움직이는 모양. ¶ 다리를 다쳐 움쩍도 못하고 누워 있다.
움쩍-거리다[-꺼-]자타 몸을 움츠리거나 펴거나 하며 자꾸 움직이다. 움쩍대다.
움쩍-대다[-때-]자타 ☞움쩍거리다.
움쭉부하자타 〈움죽〉의 센말. 작옴쭉.
움쭉-달싹[-딸-]부하자타 《주로 '못하다'와 함께 쓰이어》 몸을 겨우 움직이려 하는 상태를 뜻하는 말. ¶ 좁은 공간에서 몸을 움쭉달싹도 못하고 있다. 작옴짝달싹.
움찍-거리다[-꺼-]자타 〈움직거리다〉의 센말. 움찍대다. 작옴찍거리다.
움찍-대다[-때-]자타 움찍거리다.
움찍-움찍부하자타 〈움직움직〉의 센말. 작옴찍옴찍.
움찔부하자타 갑자기 몸을 움츠리는 모양. ¶ 화를 내자 그가 움찔하며 뒷걸음질쳤다. 작옴찔. **움찔-움찔**부하자타.
움찔-거리다[1]자타 〈움질거리다[1]〉의 센말. 움찔대다[1]. 작옴찔거리다[1].
움찔-거리다[2]타 〈움질거리다[2]〉의 센말. 움찔대다[2]. 작옴찔거리다[2].
움찔-거리다[3]자타 갑자기 몸을 자꾸 움츠리다. 움찔대다[3].
움찔-대다[1]자타 ☞움찔거리다[1].
움찔-대다[2]타 ☞움찔거리다[2].
움찔-대다[3]자타 ☞움찔거리다[3].
움찔-움찔[1]부하자타 〈움질움질[1]〉의 센말. 작옴찔옴찔[1].
움찔-움찔[2]부하타 〈움질움질[2]〉의 센말. 작옴찔옴찔[2].
움츠러-들다[~드니·~들어]자 점점 움츠러지다. ¶ 날씨가 추워서 몸이 자꾸 움츠러들다. 작옴츠러들다.
움츠러-뜨리다타 '움츠리다'의 힘줌말. 움츠러지게 하다. 움츠러트리다. 작옴츠러뜨리다.
움츠러-지다자 차차 작아지거나 줄어들다. 작옴츠러지다.
움츠러-트리다타 움츠러뜨리다. 작옴츠러트리다.
움츠리다타 ①몸을 우그리어 작아지게 하다. ¶ 어깨를 움츠리다. ②내밀었던 몸을 우그리어 들여보내다. 준움치다. 작옴츠리다.
움치다타 〈움츠리다〉의 준말. 작옴치다.
움칠부하자타 깜짝 놀라서 몸을 갑자기 움직이는 모양. **움칠-움칠**부하자타.
움칫[-칟]부하자타 놀라서 몸을 갑자기 가볍게 움직이는 모양. **움칫-움칫**부하자타.
움켜-잡다[-따]타 손가락을 구부리어 꼭 잡다. ¶ 머리채를 움켜잡다. 작옴켜잡다. 거훔켜잡다.
움켜-쥐다타 ①손가락을 구부리어 꼭 쥐다. ¶ 멱살을 움켜쥐다. ②일이나 물건을 수중에 넣고 마음대로 다루다. ¶ 권력을 움켜쥐다. 작옴켜쥐다. 거훔켜쥐다.
움큼의 물건을 한 손으로 움켜쥔 분량을 세는 단위. ¶ 한 움큼의 흙. 작옴큼.
움키다타 손가락을 옥이어 쥐다. 작옴키다.
움ː-트다[~트니·~터]자 ①(초목의) 움이 돋기 시작하다. ¶ 한창 움트는 봄보리. ②생각이나 기운 따위가 처음으로 일기 시작하다. ¶ 사랑이 움트다.
움ː-파명 ①움 속에서 기른, 빛이 누런 파. ②줄기를 베어 먹은 자리에서 다시 줄기가 나온 파.
움ː-파다타 속을 우묵하게 우비어 파다. 작옴파다. 거훔파다.

움ː파리명 ①땅이 우묵하게 들어가서 물이 괸 곳. ②'움막'의 잘못.
움ː패다자 〖'움파다'의 피동〗 우묵하게 패다. 작옴패다. 거훔패다.
움펑부하형 가운데가 우묵하게 쑥 들어간 모양. ¶ 마당이 움펑 꺼지다. 작옴팍. **움펑-움펑**부하형.
움펑-눈명 움펑하게 들어간 눈. 작옴팡눈.
움펑눈-이명 '눈이 움펑하게 생긴 사람'을 이르는 말. 작옴팡눈이.
움푹부하형 가운데가 우묵하게 푹 들어간 모양. 작옴폭. **움푹-움푹**부하형.
웂다자 〈옛〉 움츠러지다. ¶ 펴며 웂츠며(楞解2:41).
웂명 〈옛〉 움. 움막. ¶ 漆沮 ᄀᆞᇫ애 움흘 後聖이 니르시니(龍歌 5章).
웁쌀명 잡곡으로 밥을 지을 때 위에 조금 얹어 안치는 쌀. ¶ 웁쌀을 얹다.
웃-[욷]접두 《일부 명사 앞에 붙어》 '더함'·'위'의 뜻을 나타냄. ¶ 웃국. /웃돈. /웃어른.
웃-간(-間)명 '윗간'의 잘못.
웃-거름[욷꺼-]명하자 자라나는 농작물에 주는 거름. 덧거름. 뒷거름. 추비(追肥). 참밑거름.
웃-국[욷꾹]명 간장이나 술 따위를 담가서 익은 뒤에 맨 처음에 떠내는 진한 국.
웃기[욷끼]명 ①떡·포·과실 따위를 괸 위에 볼품으로 올려 놓는 재료. ②〈웃기떡〉의 준말.
웃-기다[욷끼-]타 〖'웃다'의 사동〗 ①웃게 하다. ¶ 남을 곧잘 웃기곤 한다. ②어떤 일이나 모습 따위가 한심하고 기가 막히다. ¶ 웃기는 세상.
웃기-떡[욷끼-]명 합이나 접시 따위에 떡을 담고, 그 위에 모양을 내기 위하여 얹는 작고 예쁜 떡. 〔주악·산병·꽃전 따위.〕 준웃기.
웃-날[욷-]명 '흐렸을 때의 날씨'를 이르는 말.
웃날이 들다관용 날이 개다. ¶ 웃날이 들거든 고기나 잡으러 가자.
웃-녘명 '윗녘'의 잘못.
웃-눈썹명 '윗눈썹'의 잘못.
웃-니명 〈옛〉 윗니.
웃ː다[욷따] Ⅰ자 ①기쁜 빛을 얼굴에 나타내다. ¶ 빙그레 웃다. ②입을 벌리고 소리 내어 기뻐하다. ③(꽃이) 활짝 피다. ¶ 활짝 웃는 나팔꽃. ④같잖게 여기어 경멸하거나 조롱하다. 비웃다. ¶ 그런 짓을 하면 사람들이 웃는다. ＊웃어·웃ː는[욷-]
Ⅱ타 《'웃음' 또는 '~웃음'이 붙는 말을 목적어로 하여》 환한 표정을 짓거나 소리를 내어 어떤 종류의 웃음을 나타내다. ¶ 너털웃음을 웃다. ＊웃어·웃ː는[운-]
웃는 낯에 침 뱉으랴속담 좋은 낯으로 대하는 사람에게는 모질게 굴지 못한다는 말.
웃으며 뺨 치듯관용 겉으로는 부드럽게 대하면서 실제로는 해롭게 하는 경우를 이르는 말.
웃-당줄명 '윗당줄'의 잘못.
웃-대(-代)명 '윗대'의 잘못.
웃-더껑이[욷떠-]명 물건 위에 덮어 놓는 물건을 이르는 말.
웃-덧줄명 '윗덧줄'의 잘못.
웃-도드리[욷또-]명 국악 장단의 한 가지. 2분의10 박자의 대단히 빠른 장단으로 된 곡조, 또는 그 박자의 춤을 이름.
웃-도리명 '윗도리'의 잘못.
웃-돈[욷똔]명 ①본래의 값에 덧붙이는 돈. 가전(加錢). ¶ 구하기 힘든 약이라 웃돈을 주고 주문해 사 왔다. ②(물건을 맞바꿀 때, 그 값의 차이를 없애기 위하여) 값이 싼 물건 위에 얹어 주는 돈. 덧두리.
웃-돌다[욷똘-][~도니·~돌아]자타 어떤 기준이나 정도를 넘어서다. 상회(上廻)하다. ¶ 목표를 웃도는 수출. ↔밑돌다.
웃-동네(-洞-)명 '윗동네'의 잘못.
웃-동아리명 '윗동아리'의 잘못.
웃-마을명 '윗마을'의 잘못.
웃-막이명 '윗막이'의 잘못.
웃-머리명 〈옛〉 윗머리.
웃-목명 '윗목'의 잘못.
웃-물[운-]명 ①→겉물. ②루넛을 우리거나 고거나 죽 따위를 쑬 때, 위에 뜬 국물. ¶ 웃물을 걷어 내다. 참윗물.
웃-바람[욷빠-]명 겨울에, 방 안의 천장이나 벽 사이로 스며들어 오는 찬 기운. 웃풍.
웃-방(-房)명 '윗방'의 잘못.
웃-배명 '윗배'의 잘못.
웃-벌명 '윗벌'의 잘못.
웃-변(-邊)명 '윗변'의 잘못.
웃-비[욷삐]명 (날이 아주 갠 것이 아니라) 한창 내리다가 잠시 그친 비.
웃비-걷다[욷삐-따]형 내리던 비가 잠시 그치다.
웃-사람명 '윗사람'의 잘못.
웃-사랑(-舍廊)명 '윗사랑'의 잘못.
웃-아귀[우다-]명 엄지손가락과 집게손가락의 뿌리가 서로 닿은 곳.
웃-알명 '윗알'의 잘못.
웃어-넘기다자 ①(유감스러운 일이지만) 웃어 버리고 없던 일로 치다. ②하찮게 여기고 무시해 버리다. ¶ 남의 비난을 웃어넘기다.
웃-어른[우더-]명 자기가 직접·간접으로 모셔야 할 어른. 참윗사람.
웃-옷[우돋]명 겉에 입는 옷. 〔두루마기 따위.〕 겉옷. ¶ 웃옷을 걸치다. 참윗옷. ＊웃옷이[우도시]·웃옷만[우돈-]
웃-음명 웃는 일. ¶ 소리 없는 웃음. /웃음을 터뜨리다. /웃음이 터지다. /웃음이 나오다.
웃음을 사다관용 웃음거리가 되다.
웃음을 팔다관용 여자가 화류계 생활을 하다.
웃음-가마리[-까-]명 남의 웃음거리가 되는 일, 또는 그런 사람.
웃음-거리[-꺼-]명 (남에게) 비웃음을 살 만한 채신. ¶ 그런 짓은 남의 웃음거리가 될 뿐이다.
웃음-기(-氣)[-끼]명 웃으려는 기색, 또는 채 가시지 않은 웃음의 흔적. ¶ 웃음기를 머금은 얼굴. /웃음기를 띠다.
웃음-꽃[-꼳]명 '즐거운 웃음이나 웃음판'을 비유하여 이르는 말. ¶ 한바탕 웃음꽃을 피우다. ＊웃음꽃이[-꼬치]·웃음꽃만[-꼰-]
웃음-바다[-빠-]명 '여러 사람이 한꺼번에 웃음을 터뜨리는 장면'을 비유하여 이르는 말. ¶극장 안은 온통 웃음바다였다.
웃음-보[-뽀]명 《주로 '터지다'·'터뜨리다'와 함께 쓰이어》 잔뜩 참고 있는 큰 웃음을 이르는 말. ¶ 마침내 터진 웃음보.
웃음-보따리[-뽀-]명 《주로 '터지다'·'풀다'와 함께 쓰이어》 웃음이 많이 쌓여 있는 것을 이르는 말. ¶ 웃음보따리를 풀다.
웃음-빛[-삗]명 웃는 얼굴의 표정. 또는, 웃음의 얼굴빛. ¶ 웃음빛이 흐르다. ＊웃음빛이[-삐치]·웃음빛만[-삔-]
웃음-소리[-쏘-]명 웃는 소리. 소성(笑聲). ¶ 웃음소리가 대문 밖에까지 들린다.
웃음엣-말[우스멘-]명 웃음엣소리.
웃음엣-소리[우스메쏘-/우스멘쏘-]명 웃기느라고 하는 말. ¶ 웃음엣소리니까 오해하지 말게.

웃음엣-짓[우스메찓/우스멘찓]명 웃기느라고 하는 짓. * 웃음엣짓이[우스메찌시/우스멘찌시]·웃음엣짓만[우스메찐-/우스멘찐-]

웃음-판명 여러 사람이 어우러져 웃는 자리. ¶ 한바탕 웃음판이 벌어지다.

웃-입술명 '윗입술'의 잘못.

웃-잇몸명 '윗잇몸'의 잘못.

웃-자라다[욷짜-]자 식물의 줄기나 가지가 보통 이상으로 길고 연약하게 자라다. 참도장(徒長).

웃-자리명 '윗자리'의 잘못.

웃-중방(-中枋)명 '윗중방'의 잘못.

웃-짐[욷찜]명 짐 위에 덧얹은 짐. ¶ 잔뜩 실은 짐 위에 웃짐까지 올리다.

웃짐을 치다관용 ①마소에 웃짐을 싣다. ②사물을 덧붙이다.

웃-집명 '윗집'의 잘못.

웃-짝명 '위짝'의 잘못.

웃-쪽명 '위쪽'의 잘못.

웃-채명 '위채'의 잘못.

웃-층(-層)명 '위층'의 잘못.

웃-치다[욷-]타 실력이나 값 따위를 기준보다 높이 평가하거나 인정하다.

웃-턱명 '위턱'의 잘못.

웃-통[욷-]명 ①사람 몸의 윗부분. ②☞윗옷.

웃-팔명 '위팔'의 잘못.

웃-풍(-風)[욷-]명 웃바람. ¶ 웃풍이 센 방.

우ᇫᄫᅳ다형 〈옛〉우습다. ¶ 出家ᄅᆞᆯ 거스니 跋提 말이 긔 아니 우ᇫᄫᅳ니(月印*176*章). 참우읍다.

우ᇫᄫᅳ리형 〈옛〉〔'우ᇫᄫᅳ다'의 활용형〕 우스우리. ¶ 오ᄂᆞᆳ나래 내내 우ᇫᄫᅳ리(龍歌*16*章).

우ᇫᄫᅵ부 〈옛〉우습게. ¶ 世尊ㅅ 말ᄋᆞᆯ 우ᇫᄫᅵ 너기니(月釋*7:5*).

우ᇫ이다타 〈옛〉웃기다. ¶ 位 업슨 眞人을 우ᇫ이리로다(金三*2:28*). 참우이다.

웅거(雄據)명하자 어떤 지역에 자리 잡고 굳게 막아 지킴.

웅건(雄健) '웅건하다'의 어근.

웅건-하다(雄健-)형여 웅대하고 힘차다. ¶ 웅건한 필체.

웅걸(雄傑)명 ①뛰어난 호걸. ②하형 웅대하고 훌륭함.

웅계(雄鷄)[-계/-게]명 수탉.

웅그리다타 (춥거나 겁이 나서) 몸을 움츠리다. 작옹그리다. 거웅크리다.

웅긋-웅긋[-그둥귿]부하형 크기가 비슷한 것이 군데군데 쑥쑥 불거져 있는 모양. 작옹긋옹긋.

웅긋-쭝긋[-귿-귿]부하형 크고 작은 것이 군데군데 쑥쑥 솟아 있거나 불거져 있는 모양. 작옹긋쫑긋.

웅기-웅기부하형 몸피가 좀 큰 사람이나 물건이 많이 모여 있는 모양. 작옹기옹기.

웅기-중기부하형 크기가 다른 것이 고르지 않게 많이 모여 있는 모양. ¶ 초가집들이 웅기중기 모여 있다. 작옹기종기.

웅담(熊膽)명 한방에서, 바람에 말린 곰의 쓸개를 약재로 이르는 말. 〔열병·등창·이질·안질 등에 쓰임.〕

웅대(雄大) '웅대하다'의 어근.

웅대-하다(雄大-)형여 웅장하고 크다. ¶ 포부가 웅대하다.

웅덩이명 늪보다는 작게 움푹 패어 물이 괸 곳. 작옹당이.

웅덩이-지다자 비나 큰물에 땅이 움푹 패어 웅덩이처럼 물이 괴다. 작옹당이지다.

웅도(雄途)명 (큰 목적을 위하여 떠나는) 장한 길. ¶ 웅도에 오르다.

웅도(雄圖)명 웅대한 계획.

웅략(雄略)[-냑]명 웅대한 계략.

웅려(雄麗) '웅려하다'의 어근.

웅려-하다(雄麗-)[-녀-]형여 웅대하고 화려하다.

웅맹-탁특(雄猛卓特)명 웅대하고 용맹하여 우뚝 뛰어남.

웅문(雄文)명 기개(氣槪)가 뛰어난 힘찬 문장.

웅문-거벽(雄文巨擘)명 웅문에 능한 사람.

웅변(雄辯)명하자 (청중을 감동시킬 수 있게) 조리 있고 힘차게 거침없이 말함, 또는 그런 말이나 연설.

웅변-가(雄辯家)명 웅변에 능한 사람.

웅변-술(雄辯術)명 웅변의 기술.

웅변-조(雄辯調)[-쪼]명 웅변하는 것과 같은 힘찬 말투.

웅보(雄步)명 (웅대한 일을 위해 나서는) 씩씩하고 당당한 걸음. ¶ 선진 국가로의 웅보를 내딛었다.

웅봉(雄蜂)명 수벌. ↔자봉(雌蜂).

웅비(雄飛)명하자 힘차고 씩씩하게 뻗어 나아감. ¶ 전 세계로 웅비하는 자동차 산업. ↔자복(雌伏).

웅성(雄性)명 수컷의 공통적인 성질. ↔자성(雌性).

웅성-거리다자 자꾸 웅성웅성하다. 웅성대다. ¶ 웅성거리는 교실.

웅성-대다자 웅성거리다.

웅성-웅성부하자 (많은 사람이 모인 자리에서) 몇몇 사람이 수군거리기 시작하여 분위기가 소란스러워지는 모양이나 소리. ¶ 의안이 부결되자 장내는 웅성웅성해지기 시작했다.

웅숭-그리다타 (춥거나 두렵거나 하여) 궁상맞게 몸을 웅그리다. 작옹송그리다. 거웅숭크리다.

웅숭-깊다[-깁따]형 ①도량이 넓고 크다. ②되바라지지 않고 깊숙하다.

웅숭-크리다타 (춥거나 두렵거나 하여) 궁상맞게 몸을 웅크리다. 작옹송크리다. 여웅숭그리다.

웅시(雄視)명하타 잔뜩 위세를 부리며 남을 낮추봄.

웅신-하다형여 ①웅숭깊게 덥다. ②불꽃이 세지 않다. ¶ 장작이 마르지 않아서 웅신하게 타고 있다.

웅심(雄深) '웅심하다'의 어근.

웅심-하다(雄深-)형여 문장의 구성이 웅장하고 뜻이 깊다.

웅어명 멸칫과의 바닷물고기. 몸길이 22~30 cm. 몸은 가늘고 길며 칼 모양임. 몸빛은 은백색. 우리나라에서는 서해의 짠물과 민물이 만나는 강어귀에서 삶. 위어.

웅얼-거리다자타 자꾸 웅얼웅얼하다. 웅얼대다. 작옹알거리다.

웅얼-대다자타 웅얼거리다.

웅얼-웅얼부하자타 입속말로 똑똑하지 않게 중얼거리는 모양. 작옹알옹알.

웅예(雄蕊)명 ☞수술. ↔자예(雌蕊).

웅용(雄勇) '웅용하다'의 어근.

웅용-하다(雄勇-)형여 빼어나게 용맹하다.

웅위(雄偉) '웅위하다'의 어근.

웅위-하다(雄偉-)형여 우람하고 훌륭하다. ¶ 웅위한 기품.

웅읍(雄邑)명 큰 고을(읍). 대읍(大邑).

웅자(雄姿)명 우람한 모습. ¶ 백두산의 웅자.

웅장(雄壯) '웅장하다'의 어근.
웅장(熊掌)[명] 곰의 발바닥.
웅장-하다(雄壯-)[형][여] 우람하고 으리으리하다. ¶ 웅장한 모습을 드러낸 독립 기념관.
웅재(雄才·雄材)[명] 빼어난 재능, 또는 그런 재능을 가진 사람.
웅재-대략(雄才大略)[명] 빼어난 재능과 원대한 지략(智略), 또는 그것을 지닌 사람.
웅절-거리다[자][타] 자꾸 웅절웅절하다. 웅절대다. [작]옹잘거리다.
웅절-대다[자][타] 웅절거리다.
웅절-웅절[부][하자타] (불만이나 탄식 또는 원망하는 말 따위를) 입속말로 혼자 웅얼거리는 모양. [작]옹잘옹잘.
웅주거읍(雄州巨邑)[명] 땅이 넓고 산물이 많은 큰 고을.
웅지(雄志)[명] 웅대한 뜻. 큰 뜻. ¶ 웅지를 품다.
웅천(熊川)[명] 마음이 허황된 사람을 이르는 말. 〔고려 시대에, 열두 사학(私學) 가운데 학문의 수준이 가장 낮았던 웅천도에서 배운 사람을 놀림조로 이르던 말.〕
웅크리다[타] (몹시 춥거나 겁이 나서) 몸을 잔뜩 움츠리다. [작]옹크리다. [여]웅그리다.
웅큼[의] '움큼'의 잘못.
웅판(雄板)[명] 웅대한 판국이나 국량(局量).
웅편(雄篇)[명] 빼어나게 좋은 글이나 작품.
웅풍(雄風)[명] ☞된바람.
웅피(熊皮)[명] 곰의 가죽.
웅필(雄筆)[명] 당당하고 힘찬 글씨, 또는 그런 필력이 있는 사람.
웅혼(雄渾) '웅혼하다'의 어근.
웅혼-하다(雄渾-)[형][여] 〔시문(詩文)이나 필적 따위가〕 웅장하고 막힘이 없다.
웅화(雄花)[명] ☞수꽃. ↔자화(雌花).
웅황(雄黃)[명] 〈석웅황(石雄黃)〉의 준말.
웋[명] 〈옛〉 위. ¶ 千年 우희 미리 定하샨(龍歌*125*장). [참]우.
워[1][명] 한글 자모(字母)의 이중 모음인 'ㅝ'의 음가(音價) 및 이름.
워ː[2][감] 말이나 소를 멈추게 할 때 내는 소리. 우어. **워-워**[감].
워걱-거리다[-꺼-][자] 자꾸 워걱워걱하다. 워걱대다. [작]와각거리다.
워걱-대다[-때-][자] 워걱거리다.
워걱-워걱[부][하자] 단단한 물건들이 서로 뒤섞여서 자꾸 부딪칠 때에 나는 소리, 또는 그 모양. [작]와각와각.
워그르르[부][하자] ①쌓여 있던 여러 개의 단단한 물건이 갑자기 무너지는 소리, 또는 그 모양. ¶ 장작더미가 워그르르 무너지다. ②많은 물이 야단스럽게 끓어오르는 소리, 또는 그 모양. ¶ 냄비의 물이 워그르르 끓는다. [작]와그르르.
워그적-거리다[-꺼-][자] 자꾸 워그적워그적하다. 워그적대다. [작]와그작거리다.
워그적-대다[-때-][자] 워그적거리다.
워그적-워그적[부][하자] 시끄럽게 북적거리는 모양, 또는 그 소리. [작]와그작와그작.
워글-거리다[자] 자꾸 워글워글하다. 워글대다. [작]와글거리다.
워글-대다[자] 워글거리다.
워글-워글[부][하자] ①사람이나 벌레 따위가 한데 뒤섞여 북적거리는 모양, 또는 그 소리. ②많은 물이 한꺼번에 야단스럽게 끓는 모양, 또는 그 소리. [작]와글와글.

워낙[부] ①본디부터. 원래가. ¶ 워낙 못된 놈이라 타일러도 말을 잘 듣지 않는다. ②두드러지게 아주. 원체. ¶ 워낙 바쁘다. /워낙 말이 서툴다. /워낙 길이 험하다.
워낭[명] ①마소의 턱밑에 달아 늘어뜨린 쇠고리. ②마소의 귀에서 턱밑으로 늘이어 단 방울.
워ː드^프로세서(word processor)[명] 컴퓨터를 이용하여 문장의 기억과 편집, 인자(印字) 등의 기능을 갖춘 문서 작성 기계.
워리 말[명] '열룩말'의 잘못.
워럭[부] 매우 급히 대들거나 잡아당기거나 끌어안는 모양. ¶ 워럭 달려들다. /방문을 워럭 열어젖히다. [작]와락.
워럭-워럭[부][하자] 더운 기운이 매우 성하게 일어나는 모양. [작]와락와락.
워르르[부][하자] ①쌓여 있던 크고 단단한 물건이 갑자기 야단스럽게 무너지는 소리, 또는 그 모양. ¶ 쌓여 있던 책이 워르르 무너졌다. ②많은 사람이 한꺼번에 몰려드는 모양. ③많은 물이 야단스럽게 끓어오르거나 넘치는 소리, 또는 그 모양. ④담겨 있거나 매달려 있던 큰 물건이 한꺼번에 쏟아지는 소리, 또는 그 모양. [작]와르르.
워ː리[감] 개를 부르는 소리.
워ː밍업(warming-up)[명] 경기 전에 몸을 풀기 위해서 하는 준비 운동이나 가벼운 연습.
워석[부][하자타] 가랑잎이나 바싹 마른 빨래 따위가 서로 스치거나 부스러질 때 나는 소리. [작]와삭. [센]워썩. **워석-워석**[부][하자타].
워석-거리다[-꺼-][자][타] 자꾸 워석워석하다. 워석대다. [작]와삭거리다.
워석-대다[-때-][자][타] 워석거리다.
워썩[부][하자타] 〈워석〉의 센말. [작]와싹[1].
워ː어호[감] 상여꾼이 상여를 메고 갈 때 여럿이 함께 부르는 소리.
워ː커(walker)[명] '군화'로 순화.
워ː크숍(workshop)[명] 연구 발표회. 참가자가 전문가의 조언을 받으면서, 문제 해결을 위하여 하는 협동 연구.
워ː크스테이션(workstation)[명] ①개인용 컴퓨터의 규모에 소형 컴퓨터의 처리 속도를 갖춘 중간 형태의 컴퓨터. ②중앙 처리 장치에 연결되어 있으면서, 접속 없이도 독립해서 일을 처리할 수 있는 단말 장치로서의 컴퓨터. 주로, 근거리 컴퓨터 통신망에 다른 컴퓨터들과 접속하여 자료를 제공하는 용도로 쓰임.
워ː크아웃(workout)[명] 채권 금융 기관이 주도하여, 거래 기업의 재무 구조를 개선하고 채무 상환 능력을 높이는 일.
워ː키토ː키(walkie-talkie)[명] 가까운 거리에서의 연락을 위한 휴대용 소형 무전기.
워더그르르[-떠-][부][하자] 여러 개의 크고 단단한 물건이 요란스레 맞부딪치며 굴러 가는 소리, 또는 그 모양. [작]와다그르르.
워더글-덕더글[-떠-떠-][부][하자] 여러 개의 크고 단단한 물건이 다른 물건에 야단스레 부딪치면서 굴러 가는 소리, 또는 그 모양. [작]와다글닥다글.
워더글-워더글[-떠-떠-][부][하자] 잇달아 자꾸 워더그르르하는 소리, 또는 그 모양. [작]와다글와다글.
워저그르르[-쩌-][부][하자] ①여럿이 한데 모여 매우 시끄럽게 떠드는 소리, 또는 그 모양. ②소문이 갑자기 퍼져 매우 시끄러운 모양. [작]와자그르르.

원[1]의 우리나라 화폐의 단위.
원[2]감 놀랍거나 언짢거나 뜻밖의 일을 당할 때 하는 말. ¶ 나 원, 별소리를 다 듣겠네.
원ː(怨)명 ①하타〈원망(怨望)〉의 준말. ②〈원한(怨恨)〉의 준말.
원(員)명 조선 시대에, 고을을 다스리는 부윤·목사·부사·군수·현감·현령 등 관원을 두루 일컫던 말. 수령(守令).
원ː(院)[1]명 고려·조선 시대에, 출장하는 관원들을 위해 각 요로(要路)나 인가가 드문 곳에 두었던 국영(國營)의 숙식 시설.
원ː(院)[2]명 〈의원(議院)〉의 준말. ¶ 원을 구성하다.
원(園)명 〈원소(園所)〉의 준말.
원(圓)명 ①동그라미. ②수학에서, 한 정점(定點)에서 같은 거리에 있는 점의 자취의 곡선 및 그 자취에 둘러싸인 평면.
원ː(願)명 ☞소원(所願). ¶ 합격만 된다면 원이 없겠다.
원(圓)의 지난날, 우리나라 화폐의 단위. 1전의 100배. 〔1953년 2월의 화폐 개혁 이전의 단위임.〕
원-(元·原)접두 《일부 명사 앞에 붙어》 '본디'·'시초'의 뜻을 나타냄. ¶ 원그림. /원말. /원줄기.
-원(員)접미 조직이나 기능을 나타내는 명사 뒤에 붙어, 그 일에 관계하거나 종사하는 사람임을 나타냄. ¶ 수금원(收金員). /회사원. /배달원.
-원(院)접미 일부 명사 뒤에 붙어, 그것을 위해 일하는 관청이나 집(시설)임을 나타냄. ¶ 학술원. /고아원. /요양원.
-원(園)접미 《일부 명사 뒤에 붙어》 '집'·'시설'의 뜻을 나타냄. ¶ 유치원. /동물원. /식물원.
원ː가(怨歌)명 신라 효성왕 때, 신충(信忠)이 지었다고 하는 향가. 임금의 식언(食言)을 원망한 내용. 원수가(怨樹歌).
원가(原價)[-까]명 ①처음 사들일 때의 값. 매입 원가. 본값. ②제품의 생산이나 공급에 쓰인 순수 비용. ¶ 원가 산출.
원가^계ː산(原價計算)[-까계-/-까게-]명 제품을 생산하는 데 드는 원재료·노동력, 그 밖의 비용을 산출하는 일.
원-가지(原-)명 나무의 원줄기에 직접 붙어 있는 굵은 가지. 주지(主枝).
원각(圓覺)명 불교에서, 부처의 완전하고 원만한 깨달음을 이르는 말.
원각-경(圓覺經)[-경]명 대승 경전(大乘經典)의 한 가지. 보살들의 물음에 일일이 대답한, 석가여래의 각성(覺性)을 명백히 한 경전.
원각-본(原刻本)[-뽄]명 ①☞초간본(初刊本). ②☞원본(原本). ③초간본 중에서 특히 목판(木版)으로 간행된 책. ③초각본(初刻本).
원각-사(圓覺社)[-싸]명 광무 연대(光武年代)에 생긴, 우리나라 최초의 국립 극장. 1909년에 신극(新劇)의 첫 공연이 여기에서 있었음.
원간(原刊)명 ☞초간(初刊).
원간-본(原刊本)명 ①☞초간본(初刊本). ②☞원본(原本).
원ː객(遠客)명 먼 곳에서 온 손.
원ː-거리(遠距離)명 먼 거리. 장거리(長距離). ↔근거리(近距離).
원거원처(爰居爰處)명하자 이곳저곳으로 옮겨 다니며 사는 일.
원ː격(遠隔)명하형 기한이나 거리가 멀리 떨어져 있음. ¶ 원격 조종(操縱).
원ː격^제ː어(遠隔制御)[-쩨-]명 멀리 떨어진 곳에 있는 기계나 장치에 대해서 자동 제어를 하는 일. 리모트 컨트롤. 원격 조작.
원ː격^조작(遠隔操作)[-쪼-]명 ☞원격 제어.
원ː경(遠景)명 ①멀리 보이는 경치. ②그림이나 사진 등에서, 먼 곳에 있는 것으로 그려지거나 찍히는 대상. ↔근경(近景).
원ː경(遠境)명 ①멀리 떨어져 있는 국경. ②멀리 떨어져 있는 지역.
원ː경-법(遠景法)[-뻡]명 ☞투시 도법.
원고(原告)명 법원에 소송을 제기하여 재판을 청구한 사람. ↔피고(被告).
원고(原稿)명 ①출판하기 위하여 초벌로 쓴 글, 또는 제판(製版)의 기초가 되는 문서나 그림 따위. ②연설 따위의 초안.
원고-료(原稿料)명 원고를 집필한 데 대한 보수. 준고료.
원고-용지(原稿用紙)명 원고를 작성할 때 쓰는 일정한 규격의 종이. 준원고지.
원고-지(原稿紙)명 〈원고용지〉의 준말.
원곡(元曲)명 ☞북곡(北曲).
원곡(元穀)명 조선 시대에, 각 고을에서 춘궁기에 농가에 꾸이어 주던 곡식.
원ː골(怨骨)명 원한을 품고 죽은 사람.
원공(元功)명 가장 으뜸이 되는 큰 공.
원공(猿公)명 '원숭이'를 의인화하여 이르는 말.
원-관념(元觀念)명 비유법(譬喩法)에서, 표현하고자 하는 사물을 이르는 말. 〔'앵두 같은 입술'에서 '앵두'는 보조 관념이고, '입술'은 원관념임.〕 참보조 관념.
원광(原鑛)명 ①제련하지 않은, 파낸 그대로의 광석. 원석(原石). ②주가 되는 광산.
원광(圓光)명 ①둥근 모양의 빛, 곧 햇빛이나 달빛을 이르는 말. ②부처의 몸이나 머리에서 내비치는 둥근 빛. ②후광(後光).
원ː교(遠郊)명 도시에서 멀리 떨어져 있는 들이나 마을. ↔근교(近郊).
원ː교근공(遠交近攻)명 먼 나라와 우호 관계를 맺고, 이웃 나라를 공략하는 일. 〔중국 전국 시대에, 진(秦)나라의 범수(范雎)가 주창한 외교 정책으로 '사기'의 '범저채택전(范雎蔡澤傳)'에 나오는 말임.〕
원ː교^농업(遠郊農業)명 대도시에서 멀리 떨어진 고장에서 채소·과일·화초 등을 도시민들에게 공급하기 위하여 하는 집약적 농업. 참근교 농업(近郊農業).
원ː구(怨咎)명하타 (남을) 원망(怨望)하고 꾸짖음. 원우(怨尤).
원ː구(怨溝)명 〔사이를 갈라놓은 골이라는 뜻에서〕 원한으로 벌어진 사이. ¶ 영원히 화동할 수 없는 원구.
원구(圓球)명 둥근 공. 둥근 물체.
원ː국(遠國)명 멀리 떨어진 나라. 원방(遠邦). ↔근국(近國).
원ː군(援軍)명 도와주는 군대. 원사(援師). ¶ 원군을 청하다.
원굴(冤屈) '원굴하다'의 어근.
원ː굴-하다(冤屈-)형여 까닭 없는 죄를 뒤집어써서 억울하고 원망스럽다.
원권(原權)[-꿘]명 어떤 권리의 침해에 따라 발생하는 원상 회복이나 손해 배상의 청구권에 대하여, 그 침해된 본래의 권리를 이르는 말. ↔구제권(救濟權).
원ː귀(寃鬼)명 원통하게 죽은 사람의 귀신. ¶ 원귀를 달래다.

원규(原規)[명] 사회를 올바르게 유지하는 데 필요한 으뜸이 되는 원칙.
원-그림(原-)[명] 모사(模寫)나 복제(複製) 따위의 바탕이 되는 그림. 본그림. 원도(原圖).
원ː근(遠近)[명] 멀고 가까움, 또는 먼 곳과 가까운 곳.
원ː근-감(遠近感)[명] 멀고 가까운 거리에 대한 느낌.
원ː근-법(遠近法)[-뻡][명] 미술에서, 화면에 원근을 나타내어 그림의 현실감이나 입체감을 강하게 하는 기법.
원금(元金)[명] ①밑천으로 들인 돈. ¶ 소득은커녕 원금마저 날렸다. ②꾸어 준 돈에서 이자를 붙이지 아니한 본디의 돈. ¶ 이자는 포기하고 원금만 받았다. 본전(本錢). ↔이자.
원기(元氣)[명] ①타고난 기운. ②심신(心身)의 정력. ¶ 원기를 회복하다. ③만물의 정기.
원기(原器)[명] ①표준이 되게 만든 기물(器物). ②도량형의 기본이며 표준이 되는 기물. 〔미터 원기와 킬로그램 원기 따위.〕
원-기둥(原-)[명] 중심이 되는 곳이나 가장 중요한 곳을 버티는 기둥.
원-기둥(圓-)[명] 수학에서, 원주 곡면을 주어진 원의 면에 평행한 두 평면으로 자른 중간의 입체. 원통(圓筒).
원기둥^곡면(圓-曲面)[-공-][명] 수학에서, 정직선(定直線)에 평행하면서, 일정한 원둘레를 지나면서 움직이는 직선으로 생기는 곡면.
원ː납(願納)[명][하타] 자원해서 재물을 바침.
원ː납-전(願納錢)[-쩐][명] ①지난날, 스스로 원하여 바치던 돈. ②조선 말기에, 경복궁 중수를 위하여 대원군이 백성들로부터 거두어들인 기부금을 이르던 말.
원내(院內)[명] ①'원(院)' 자가 붙은 각종 기관의 내부. 곧, 병원·양로원·유치원 따위의 안. ②의원(議院)의 안, 곧 국회의 안. ¶ 원내 활동. ↔원외(院外).
원내^총ː무(院內總務)[명] 의회 안에서 자기 당에 딸린 의원을 통솔하고, 당무(黨務) 및 다른 당의 의원과의 대외 교섭을 총괄하는 정당의 간부 의원. [준]총무.
원ː녀(怨女)[명] ☞원부(怨婦).
원년(元年)[명] ①임금이 즉위한 해. ¶ 태종 원년. ②나라를 세운 해. ③연호(年號)를 정한 첫해. ¶ 융희 원년. ④어떤 일이 처음으로 시작되는 해.
원ː념(怨念)[명] 원한을 품은 생각.
원-노비(元奴婢)[명] 지난날, 부모가 본디 데리고 있던 노비를 이르던 말.
원-님(員-)[명] 지난날, 고을의 '원'을 높이어 일컫던 말.
　원님 덕에 나팔〔나발〕 분다[속담] 남의 덕으로 분에 넘치는 대접을 받음을 비유하여 이르는 말.
　원님도 보고 환자(還子)도 탄다[속담] 어떤 일을 동시에 겸하여 꾀함을 비유하여 이르는 말.
원-다회(圓多繪)[-회/-훼][명] ☞동다회(童多繪).
원단(元旦)[명] 설날 아침. 사시(四始). 삼시(三始). 세단(歲旦). 원신(元辰). 원조(元朝). 정단(正旦). 정조(正朝). ¶ 무진 원단.
원단(原緞)[명] (옷 따위의) 제품을 만드는 원료로서의 '천'을 이르는 말. ¶ 순면 원단.
원-단위(原單位)[명] (광업이나 제철업 등에서) 일정한 생산품을 만드는 데 드는 재료·시간·노동력 따위의 기준량.
원-달구(圓-)[명] 둥글고 큼직한 돌에 끈을 맨, 달구의 한 가지. 땅을 다지는 데 쓰임.
원당(原糖)[명] 〈원료당(原料糖)〉의 준말.
원ː당(願堂)[명] ①왕조 때, 궁중이나 민가에 베풀어 왕실의 명복을 빌던 곳. ②지난날, 소원을 빌기 위하여 세운 집.
원ː대(怨懟)[명][하타] ☞원망(怨望).
원대(原隊)[명] 본디 소속되어 있던 부대. ¶ 원대 복귀.
원대(遠大) '원대하다'의 어근.
원ː대(遠代)[명] 아득한 먼 시대. 또는, 먼 조상의 내(代).
원ː대-하다(遠大-)[형][여] (계획이나 희망 따위의) 규모가 크고 깊다. ¶ 원대한 꿈. /포부가 원대하다.
원덕(元德)[명] ☞주덕(主德).
원도(原圖)[명] ☞원그림.
원ː도(遠逃)[명][하자] 멀리 달아남.
원ː도(遠島)[명] 뭍에서 멀리 떨어져 있는 섬.
원ː독(怨毒)[명] 원망이 지극하여 마음속에 생긴 독기(毒氣).
원동(原動)[명] 운동을 일으키는 근원.
원ː동(遠東)[명] ☞극동(極東).
원동-기(原動機)[명] 자연계의 에너지를 역학적 에너지로 바꾸어 필요한 동력을 발생시키는 장치를 통틀어 이르는 말. 〔열기관·수력 기관·전동기 등이 있음.〕 발동기.
원동-력(原動力)[-녁][명] ①사물의 운동을 일으키는 근원이 되는 힘. ¶ 건전한 비판은 발전의 원동력이다. ②물체나 기계의 운동을 일으키는 힘. 〔열·수력·풍력 따위.〕 동력(動力).
원두(原頭)[명] 들 주변. 들판 머리. 들판2.
원두(園頭)[명] 밭에 심은 오이·참외·수박·호박 따위를 통틀어 이르는 말.
　원두(를) 놓다[관용] 밭에 원두를 심어 가꾸다.
　원두(를) 부치다[관용] 밭에 원두의 씨를 심다.
원두-막(園頭幕)[명] 원두밭을 지키기 위하여 그 한켠에 세워 놓은 간단한 다락집.
원두-밭(園頭-)[-받][명] 원두를 놓은 밭. ＊원두밭이[-바치]·원두밭을[-바틀]·원두밭만[-반-]
원두-커피(原豆coffee)[명] 커피 열매를 볶아서 빻은 가루를 물에 탄 커피.
원두-한(←園頭干)[명] 〈원두한이〉의 준말.
원두-한이(←園頭干-)[명] 원두를 부치거나 놓는 사람을 홀하게 이르는 말. [준]원두한.
원-둘레(圓-)[명] 한 점에서 같은 거리에 있는 폐곡선(閉曲線). 원주(圓周).
원둘레-율(圓-率)[명] 원둘레와 그 지름과의 비. 〔약 3.1416으로 나타나며 기호는 π임.〕 원주율(圓周率).
원-뜻(元-·原-)[-뜯][명] 본디 가지고 있는 뜻. ¶ 내 원뜻은 널 도우려는 것이었다. ＊원뜻이[-뜨시]·원뜻만[-뜬-]
원래(元來·原來)[월-][명] 본디. ¶ 원래의 위치로 돌아오다. /원래 악한 사람은 없다.
원ː래(遠來)[월-][명][하자] 먼 곳에서 옴.
원량(原量)[월-][명] 본디의 분량.
원량(原諒)[월-][명][하타] 〔주로 한문 투의 편지글 따위에서〕 '용서'의 뜻으로 쓰는 말.
원ː려(遠慮)[월-][명][하타][되자] 먼 앞일을 잘 헤아려 생각함, 또는 그 생각.
원력(原力)[월-][명] 본디부터 있는 기운. 근원이 되는 힘.
원ː력(願力)[월-][명] ①신이나 부처에게 빌어 바라는 바를 이루려는 염력(念力). ②불교에서, 아미타불의 서원(誓願)의 힘을 이르는 말.

원ː령(怨靈) [월-] 명 원한을 품고 죽은 사람의 혼령.

원ː례(援例) [월-] 명하타 전례를 끌어다 댐.

원로(元老) [월-] 명 ①지난날, 관직이나 나이·덕망 따위가 높고 나라에 공로가 많던 사람. ¶ 원로 재상. ②어떤 일에 오래 종사하여 경험과 공로가 많은 사람. ¶ 문단의 원로. /원로 가수.

원ː로(遠路) [월-] 명 멀리 가거나 멀리서 오거나 하는 길. 원정(遠程). ¶ 원로에 고생이 많소.

원로-원(元老院) [월-] 명 ①고대 로마의 입법·자문 기관. ②일부 공화국 등에서 상원(上院)을 달리 이르는 말.

원론(原論) [월-] 명 근본(根本)이 되는 이론, 또는 그런 이론을 기술한 책. ¶ 문학 원론. /경제 원론.

원론-적(原論的) [월-] 관명 근본이 되는 (것). ¶ 원론적 답변. /원론적으로 접근하다.

원ː뢰(遠雷) [월뢰/월뤠] 명 멀리서 울리는 우레나 우렛소리.

원료(原料) [월-] 명 어떤 물건을 제조하거나 가공하는 데 바탕이 되는 재료. 밑감. 원재료.

원료-당(原料糖) [월-] 명 정제하여 설탕을 만드는 조당(粗糖). 준원당.

원ː루(寃淚) [월-] 명 원통하여 흘리는 눈물. ¶ 고신(孤臣) 원루를 비 삼아 띄어다가(古時調).

원룸ː(one-room) 명 〈원룸 아파트〉의 준말.

원룸ː^아파ː트(←one-room apartment) 명 침실·거실·부엌 따위가 따로 구분되지 않고 하나의 방으로 되어 있는 주거 형태. 준원룸.

원류(源流) [월-] 명 ①물이 흐르는 근원. 수원(水源). ¶ 한강의 원류. ②사물이 일어나는 근원. 기원(起源). ¶ 문명의 원류를 찾다. ③주가 되는 유파(流派).

원ː류(願留) [월-] 명하타 지난날, 고을 백성이 갈려 가는 벼슬아치의 유임을 상부에 청원하던 일.

원리(元利) [월-] 명 원금과 이자. 밑천과 변리.

원리(原理) [월-] 명 ①사물의 기본이 되는 이치나 법칙. ¶ 지렛대의 원리. ②바탕이 되는 근거, 또는 보편적 진리. 원칙(原則).

원리-금(元利金) [월-] 명 원금과 이자를 합친 돈. ¶ 원리금을 상환하다.

원림(園林) [월-] 명 ①집터에 딸린 수풀. ②공원이나 정원의 숲.

원-마부(元馬夫) 명 지난날, 기구(器具)를 갖춘 말의 왼쪽에 달린 긴 경마를 잡고 끌던 말구종. 참곁마부.

원만(圓滿) '원만하다'의 어근.

원만-스럽다(圓滿-) [-따] [~스러우니·~스러워] 형ㅂ 보기에 원만한 듯하다. **원만스레** 부.

원만-하다(圓滿-) 형여 ①(성격이나 행동이) 모나지 않고 두루 너그럽다. ¶ 인품이 원만하다. ②(일의 진행이) 순조롭다. ¶ 원만한 진행. ③(지내는 사이가) 구순하다. ¶ 원만한 인간관계. **원만-히** 부 ¶ 일을 원만히 해결하다.

원-말(原-) 명 ①번역한 말에 대하여 그 본디의 말. 원어(原語). ②준말 또는 변한말에 대하여 그 본디의 말. ②본딧말.

원ː망(怨望) 명하타 (남이 내게 한 일에 대하여) 억울하게 여겨 탓하거나 분하게 여겨 미워함. 원대(怨懟). ¶ 원망을 사다. /친구를 원망하다. 준원(怨).

원ː망(遠望) 명 ①하타 먼 곳을 바라봄. ②먼 앞날의 희망.

원ː망(願望) 명하타 원하고 바람, 또는 원하고 바라는 바.

원ː망-스럽다(怨望-) [-따] [~스러우니·~스러워] 형ㅂ (어떤 사람이나 일에 대하여) 한스럽거나 유감스럽다. 원망하는 마음이 있다. ¶ 나를 버리고 떠난 그가 원망스럽다. **원망스레** 부.

원ː매-인(願買人) 명 사려고 하는 사람. 원매자(願買者). 작자(作者).

원ː매-인(願賣人) 명 팔고자 하는 사람. 원매자(願賣者).

원ː매-자(願買者) 명 ☞원매인(願買人).

원ː매-자(願賣者) 명 ☞원매인(願賣人).

원맥(原麥) 명 밀가루의 원료로 쓰는 밀.

원맨-쇼ː(one-man show) 명 한 사람이 무대에 나와 벌이는 쇼.

원면(原綿) 명 면사 방적의 원료로 쓰는, 아직 가공하지 아니한 솜.

원명(原名) 명 본디의 이름. 원이름.

원명(原命) 명 본디 타고난 목숨.

원ː모(怨慕) 명하타 (임금이나 부모의) 무정함을 원망하면서도 사모함.

원모(原毛) 명 모직물의 원료로 쓰는 짐승의 털. 〔주로, 양모(羊毛)를 이름.〕

원ː모(遠謀) 명하타 먼 장래를 위한 꾀. 원대한 계획.

원목(原木) 명 아직 제재(製材)하거나 가공하지 아니한 통나무. 비소재(素材).

원무(圓舞) 명 ①둥근 꼴을 이루며 추는 춤. ②왈츠나 폴카 따위와 같이 남녀 한 쌍이 추는 경쾌한 사교춤. 윤무(輪舞). ③〈원무곡(圓舞曲)〉의 준말.

원무-곡(圓舞曲) 명 ☞왈츠. 준원무.

원문(原文) 명 (베끼거나 번역한 것에 대하여) 본디의 글을 이르는 말. 본문(本文).

원문(轅門) 명 ☞군문(軍門).

원ː문(願文) 명 ☞발원문(發願文).

원물(元物) 명 민법에서, 경제적 수익으로서의 과실(果實)을 낳는 물건을 이르는 말. 〔우유에 대한 젖소, 과일에 대한 과일나무 따위.〕

원물(原物) 명 ①제품의 원료가 되는 물건, 또는 제품의 기준이 되는 물건. ②사진이나 그림, 또는 모조품 따위의 소재가 된 실제의 물건.

원미(元味) 명 쌀을 동강나게 살짝 갈아서 쑨 죽. 여름에 꿀과 소주를 넣어 차게 해서 먹음. 흰원미.

원-밀이(圓-) 명 건축에서, 문살의 등을 둥글게 밀어 파는 살밀이의 한 가지.

원반(原盤) 명 (복제한 음반에 대하여) 본디의 음반.

원반(圓盤) 명 ①접시 모양으로 둥글고 넓적하게 생긴 물건. ②원반던지기에 쓰는 운동 기구. 나무 바탕에 쇠붙이로 심과 테두리를 씌우고 둥글넓적하게 만든 판.

원반-던지기(圓盤-) 명하자 던지기 경기의 한 가지. 지름이 2.5 m인 원 안에서 일정한 규격의 원반을 한 손으로 던지어 그 거리를 겨루는 경기. 투원반(投圓盤). 참필드 경기.

원밥-수기 [-쑤-] 명 떡국에 밥을 넣어 끓인 음식.

원ː방(遠方) 명 먼 곳. 먼 지방. 원지(遠地).

원ː방(遠邦) 명 먼 나라. 원국(遠國).

원-방패(圓防牌) 명 방패의 한 가지. 둥근 널빤지에 뒷면은 무명으로 바르고 그 가운데에 손잡이를 했으며, 앞면은 쇠가죽으로 싸고 그 위에 수면(獸面)을 그렸음.

원배(元配) 명 (죽거나 헤어진) 원래의 아내. 전배(前配).

원ː배(遠配)명하타되자 먼 곳으로 귀양을 보냄. 원찬(遠竄).
원범(原犯)명 ☞정범(正犯).
원법(原法)[-뻡]명 (고치기 전의) 본디의 법.
원ː별(遠別)명하타 서로 멀리 헤어짐.
원ː병(援兵)명 (싸움을) 도와주는 군사. 구병(救兵). 구원병(救援兵). ¶ 원병을 청하다.
원복(元服)명 지난날, 남자가 성년이 되어 비로소 어른의 의관을 입던 의식.
원본(原本)명 ①등사나 초록(抄錄)·개정·번역 따위를 하기 전의 본디의 책. 원각본(原刻本). 원간본(原刊本). 저본(底本). ↔역본(譯本). ②등본이나 초본의 근본이 되는 문서. ②정본(正本).
원본(院本)명 중국 남송(南宋) 시대에, 북방의 금(金)나라에서 행하던 연극의 한 장르, 또는 그 각본(脚本).
원ː부(怨府)명 뭇사람의 원한이 쏠리는 단체나 기관. ¶ 일제(日帝) 강점기의 총독부는 우리 민족의 원부였다.
원ː부(怨婦)명 〔원한이 맺힌 여자라는 뜻으로〕 흔히 '홀어미'를 이르는 말. 원녀(怨女).
원부(原簿)명 ①(베끼거나 고쳐 만들기 전의) 본디의 장부. ¶ 호적 원부. ②☞원장(元帳).
원ː부-사(怨婦詞)명 ☞규원가(閨怨歌).
원ː불(願佛)명 사사로이 모셔 놓고 발원(發願)하는 부처.
원-불교(圓佛教)명 1916년 박중빈(朴重彬)이 법신불(法身佛) 일원상(一圓相)의 진리를 믿음의 대상과 수행의 표본으로 삼아 개창한 종교. '○'을 상징으로 나타내며, 불교의 현대화와 생활화·대중화를 주장함.
원비(元妃)명 임금의 정실(正室).
원비(元肥·原肥)명 밑거름.
원-뿌리(元-)명 식물의 뿌리 가운데 근본이 되는 뿌리. 주근(柱根).
원-뿔(圓-)명 수학에서, 직삼각형이 직각을 이루는 한 변을 축으로 하여 한 바퀴 돌 때 생기는 입체.
원뿔^곡선(圓-曲線)[-썬]명 수학에서, 원뿔을 그 꼭짓점을 지나지 않는 평면으로 잘랐을 때 생기는 단면의 곡선.
원뿔-꼴(圓-)명 원뿔 모양.
원뿔-대(圓-臺)명 수학에서, 원뿔을 밑면에 나란한 평면으로 잘랐을 때, 그 평면과 밑면 사이에 있는 부분의 입체.
원뿔-면(圓-面)명 수학에서, 하나의 원둘레를 도선(導線)으로 하여 그 위의 각 점과 원의 평면 밖에 있는 꼭짓점을 지나는 모든 직선을 모선(母線)으로 하여 생기는 곡면.
원사(元士)명 국군의 부사관 계급의 하나. 상사의 위, 준위의 아래로, 부사관 중 가장 위의 계급.
원ː사(怨詞)명 우리나라의 고대 가요. 신라 시대에, 기생 천관녀(天官女)가 김유신(金庾信)에게 버림받고 나서 그를 원망하여 지어 부른 노래. 〔가사는 전하지 아니하고, '동국여지승람'에 그 설화 내용만이 실려 전함.〕
원ː사(怨辭)명 원망하는 말.
원사(原絲)명 섬유를 가볍게 꼬아서 만든, 직물의 원료가 되는 실.
원ː사(寃死)명하자 원통하게 죽음. 원한을 품고 죽음.
원ː사(援師)명 도와주는 군대. 원군(援軍).
원ː사(遠射)명하타 (활이나 총을) 먼 곳에서 쏨, 또는 멀리 쏨.
원ː사(遠寫)명하타되자 ①사진을 먼 곳에서 찍음. ②영화 촬영에서, 멀리서 넓게 찍음.
원사^시대(原史時代)명 고고학상의 시대 구분의 한 가지. 선사 시대와 역사 시대의 중간 시대. 〔문헌적 자료가 단편적으로 존재하는 시대를 이름.〕
원사이드^게임(←one-sided game)명 한편이 일방적으로 이기는 게임.
원사-체(原絲體)명 ☞사상체(絲狀體).
원삭-동물(原索動物)[-똥-]명 동물 분류상의 한 문(門). 원시적 등뼈인 척삭(脊索)이 한 시기 또는 일생 동안 소화기의 등 쪽에 있고, 인두부(咽頭部) 양쪽에 아감구멍이 뚫려 있음. 모두 바다에 사는데, 물 위에 떠다니거나 바위 따위에 붙거나 모래 속에서 생활함. 〔멍게·창고기 따위.〕
원산(原產)명 (어떤 곳에서) 처음으로 생산되는 일, 또는 그 물건. ¶ 열대 원산의 식물.
원ː산(遠山)명 ①멀리 있는 산. ②안경테의 좌우 두 알을 잇는 부분. ③문짝이 걸리도록 문턱에 박는 쇠. ④뒷간 안의, 앉아서 뒤를 볼 때 생식기 있는 부분을 가리게 된 물건. ⑤☞풍잠(風簪).
원산-지(原產地)명 ①원료나 제품의 생산지. ¶ 원산지 표시가 없는 불법 수입품. ②동식물의 본디의 산지. 본산지(本產地).
원삼(元蔘)명 ☞현삼(玄蔘).
원삼(圓衫)명 여성 예복의 한 가지. 연둣빛 길에 자주 깃과 색동 소매를 달고 허리에는 대대(大帶)를 띰. 〔대례복이나 신부의 혼례복으로 입었음.〕
원상(原狀)명 본디의 상태. 원래 있던 그대로의 상태. ¶ 원상 복구.
원상(原象)명 본디의 형상(形象).
원상(院相)명 조선 시대에, 왕이 병이 났거나 어린 왕이 즉위한 경우 원임(原任)·시임(時任)의 재상들로 하여금 승정원에 주재하게 하여 국정을 의논하게 한 임시 관직.
원상-회복(原狀回復)[-회-/-훼-]명하타되자 본디의 형편이나 상태로 돌아감, 또는 그렇게 함.
원색(原色)명 ①다른 빛깔로 더 분해할 수 없는, 모든 빛깔의 바탕이 되는 빛깔, 곧 빨강·노랑·파랑을 이름. 기색(基色). ②☞천연색.
원ː색(遠色)명하자 여색(女色)을 멀리함.
원색-적(原色的)[-쩍]관명 언행이나 차림새 따위가 노골적인 (것). ¶ 원색적 비난. /원색적인 옷차림.
원색-판(原色版)명 인쇄에서, 원색을 써서 실물과 똑같은 빛깔을 내는 망판 인쇄, 또는 그 인쇄물. 〔현재는 원색에 흑색을 더한 사색판(四色版)이 쓰임.〕 참삼색판(三色版).
원생(原生)명 자연 그대로 있어 아직 진보나 변화가 없는 것. 원시(原始).
원생(院生)명 ①(고아원이나 소년원·학원 따위) '원(院)'에 수용되거나 소속되어 있는 사람. ②조선 중기 이후에 서원(書院)에 딸린 유생을 이르던 말.
원생-대(原生代)명 지질 시대 구분의 한 가지. 선(先)캄브리아기의 마지막 시대, 곧 시생대(始生代)와 고생대(古生代)의 중간 시대. 화석이 드물게 산출되며 단세포 동물 따위의 유적이 있음.
원생-동물(原生動物)명 동물 분류의 한 문(門). 몸이 하나의 세포로 되어 있는 원시적인 최하등 동물. 세포 분열이나 아생(芽生)에 의해서 번식함. 바닷물이나 민물·흙 속, 또는 썩고 있는 유기물이나 식물에서 살며 동물에 기생하는 것도 있음. 〔아메바·나팔벌레·유글레나·종벌레 따위.〕
원생-림(原生林)[-님]명 ☞원시림(原始林).
원생-생물(原生生物)명 단세포 생물을 통틀어 이르는 말.
원생-식물(原生植物)[-싱-]명 한 개의 세포로 된 최하등 식물. 〔박테리아·남조류 따위.〕
원서(爰書)명 지난날, 죄인의 공초(供招)를 적던 서류.
원서(原恕)명하타되자 형편을 딱하게 여겨 용서함.
원서(原書)명 (번역하거나 베낀 책에 대하여) 그 원본이 된 책. 원전(原典). ↔역서(譯書).
원:서(願書)명 지원하거나 청원하는 뜻을 적은 서류. ¶ 입학 원서. /입사 원서를 제출하다.
원석(元夕)명 음력 정월 보름날 밤. 원소(元宵).
원석(原石)명 ①파낸 그대로의 광석. 원광(原鑛). ②가공하기 전의 보석.
원선(圓扇)명 둥근 모양의 부채. 가운데를 중심으로 참대의 살을 둥글게 펼쳐 기름 먹인 종이를 붙여 만듦.
원:성(怨聲)명 원망의 소리. ¶ 원성을 사다. /원성이 자자하다.
원성(原性)명 본디의 성질.
원소(元宵)명 ☞원석(元夕).
원소(元素)명 ①수학에서, 집합을 이루는 낱낱의 대상이나 요소. ②화학에서, 한 종류의 원자로만 만들어진 물질, 또는 그 물질의 구성 요소. 〔현재 109종 정도가 알려져 있음.〕 홑원소 물질.
원:소(寃訴)명하자 무고한 죄를 호소함. 억울함을 하소연함.
원소(園所)명 왕세자나 왕세자빈 또는 왕의 사친(私親) 등의 산소. 준원(園).
원소^기호(元素記號)명 ☞원자 기호(原子記號).
원소-병(元宵餠)명 음력 정월 보름날 밤에 먹는 떡.
원소^분석(元素分析)명 유기 화합물에 들어 있는 원소를 검출하여 그 성분 원소의 함유량을 결정하는 일.
원소^주기율(元素週期律)명 원소를 원자 번호나 원자량의 차례로 벌여 놓을 때, 그 물리적·화학적 성질이 주기적으로 변화한다고 하는 법칙. 준주기율.
원손(元孫)명 왕세자의 맏아들.
원:손(遠孫)명 먼 후대의 자손. 촌수가 먼 자손. 계손(系孫). 말손(末孫).
원수(元首)명 ①한 나라의 최고 통치권을 가진 사람. ②국제법상, 외국에 대하여 그 나라를 대표하는 국가의 최고 기관. 〔군주국에서는 군주, 공화국에서는 대통령 등.〕
원수(元帥)명 ①군인의 가장 높은 계급, 또는 그 명예 칭호. 대장의 위. 오성 장군(五星將軍). ②고려 시대에, 전시(戰時)에 군을 통솔하던 장수, 또는 한 지방 군대를 통솔하던 주장(主將). ③대한 제국 때, 원수부의 으뜸 벼슬. 주로, 황태자가 맡았음.
원수(元數)명 ①근본이 되는 수. ②본디의 수.
원:수(怨讎)명 자기 또는 자기 집이나 나라에 해를 끼쳐 원한이 맺힌 사람. 구수(仇讎). 구수(寇讎). 구원(仇怨). 구적(仇敵). 수적(讎敵). 적수(敵讎). ¶ 겨레의 원수. /원수를 갚다.
원수는 외나무다리에서 만난다속담 남에게 원한을 사면 피할 수 없는 곳에서 공교롭게 만나게 된다는 말.
원수(員數)[-쑤]명 사람의 수효.
원:수-가(怨樹歌)명 ☞원가(怨歌).
원수-부(元帥府)명 대한 제국 때, 국방·용병(用兵)·군사에 관한 일을 지휘 감독하던 관청.
원:수-지다(怨讎-)자 서로 원수가 되다.
원:수-치부(怨讎置簿)명하타 원수진 것을 잊지 않고 오래 기억해 둠.
원숙(圓熟) '원숙하다'의 어근.
원숙-하다(圓熟-)[-수카-]형여 ①무르익다. ②나무랄 데 없이 익숙하다. 아주 숙달하다. ¶ 원숙한 연기. ③(인격이나 지식·기예 따위가) 깊은 경지에 이르다. ¶ 더욱 원숙해진 인품. **원숙-히**부.
원순^모:음(圓脣母音)명 입술을 둥글게 오므려서 소리 내는 단모음. 〔'ㅗ'·'ㅜ'·'ㅚ'·'ㅟ'가 이에 딸림.〕
원순^모:음화(圓脣母音化)명 순음(脣音) 밑의 'ㅡ'가 설음(舌音)이나 치음(齒音) 위에서 'ㅜ'로 변하는 현상. 〔믈>물, 블>불, 므지게>무지개, 므섯>무엇 따위.〕
원:숭이명 ①원숭잇과의 동물을 통틀어 이르는 말. 사람과 비슷하나 온몸에 긴 털이 나고 꼬리가 있음. 영리하고 흉내를 잘 내며 나무에 잘 오름. ②'남의 흉내를 잘 내는 사람'을 비유하여 이르는 말.
원숭이도 나무에서 떨어진다속담 아무리 재주가 뛰어나도 때로는 실수할 때가 있다는 말.
원:숭이-날명 ☞신일(申日).
원:숭이-띠명 ☞신생(申生).
원:숭이-해명 ☞신년(申年).
원-스텝(one-step)명 4분의2 박자의 음악에 맞춰 추는 경쾌한 사교춤. 한 박자에 한 걸음씩 나아갔다 물러섰다 함.
원-승자(原乘子)명 ☞소인수.
원시(元是·原是)명 본디. 본시(本是). ¶ 소문이란 원시 과장되어 퍼지게 마련이다.
원시(原始·元始)명 ①(사물의) 처음. ②자연 그대로 있어 아직 진보나 변화가 없는 것. 원생(原生). ¶ 원시 사회.
원시(原詩)명 (번역이나 개작한 시에 대하여) 본디의 시.
원:시(遠視)명 〈원시안(遠視眼)〉의 준말. 멀리 보기. ↔근시(近視).
원:시-경(遠視鏡)명 원시안(遠視眼)에 쓰는, 볼록 렌즈로 만든 안경. 돋보기. 돋보기안경. ↔근시경.
원시^공:동체(原始共同體)명 ☞원시 공산체.
원시^공:산체(原始共產體)명 토지를 공유하고 계급 지배가 없던 원시 사회의 혈연적 집단 조직. 〔인류가 최초로 만들었던 사회 조직으로 추정됨.〕 씨족 공산체. 원시 공동체.
원시-림(原始林)명 사람이 벌목하거나 이용하지 않은 자연 그대로의 산림. 시원림(始原林). 원생림(原生林). 자연림. 처녀림.
원시-산업(原始産業)명 ①원시 시대의 산업. 〔수렵이나 어로, 또는 초보적인 농목축업 따위.〕 ②천연자원의 획득을 목적으로 하는 산업. 〔농업·어업·광업 따위.〕 ②비제일차 산업.
원시-생활(原始生活)명 원시 시대에, 나무 열매를 따 먹고, 물고기·짐승 따위를 잡아먹고 살던 생활.
원시^시대(原始時代)명 문화가 아직 발달되지 않았던 미개한 시대.

원ː시-안(遠視眼)명 눈에 들어온 평행 광선이 망막 뒤쪽에서 상(像)을 맺어 먼 곳은 잘 보이나 가까운 곳은 잘 보이지 않는 눈. 멀리보기 눈. ㊥원시·원안. ↔근시안.

원시-인(原始人)명 ①현재의 인류 이전의 고대 인류. ②원시 시대나 미개 사회의 야만적인 사람. 미개인(未開人).

원시-적(原始的)관명 원시 상태이거나 그와 같은 (것). 문화적이지 못한 (것). ¶ 원시적 방법. /원시적인 생활.

원시^종교(原始宗敎)명 원시 시대나 미개 민족의 종교. 〔영혼이나 정령 따위의 초자연적인 존재에 대한 믿음으로, 애니미즘·토테미즘 등이 이에 딸림.〕

원시^프로그램(原始program)명 기계어로 번역되기 이전의 원래의 프로그램. 소스 프로그램. ↔목적 프로그램.

원-식구(原食口)[-꾸]명 본디의 집안 식구.

원신(元辰)명 ①☞원단(元旦). ②좋은 때.

원ː심(怨心)명 원망하는 마음.

원심(原審)명 상소심에서, 상소 전에 이루어진 재판, 또는 그 심리. 원재판. ¶ 원심 파기.

원심(圓心)명 원의 중심.

원ː심(遠心)명 회전하는 물체가 중심에서 멀어지려고 하는 작용. ↔구심(求心).

원ː심-력(遠心力)[-녁]명 물체가 원운동을 할 때, 그 물체에 작용하는 관성(慣性)의 힘. 〔원의 중심에서 멀어지려는 방향으로 작용하는 힘.〕 ↔구심력(求心力).

원ː심^분리기(遠心分離機)[-불-]명 원심력의 작용으로 고체와 액체 또는 비중이 다른 두 가지 액체를 분리하는 장치.

원ː심성^신경(遠心性神經)[-썽-]명 중추에서 일어난 흥분을 근육 따위의 말초 기관에 전달하는 신경. 〔운동 신경이나 대부분의 자율 신경이 이에 딸림.〕

원ː심^조속기(遠心調速機)[-끼]명 원심력을 이용하여 물체의 회전 속도를 자동적으로 일정하게 조절하는 장치.

원아(院兒)명 육아원이나 보육원 같은 데서 맡아 키우는 어린아이.

원아(園兒)명 유치원에 다니는 아이.

원악(元惡)명 ①악한 일의 주모자. 악한(惡漢)의 우두머리. ②매우 악한 사람.

원악-대대(元惡大憝)[-때-]명 ①반역죄를 지은 사람. ②매우 악하여 온 세상이 미워하는 사람.

원안(原案)명 회의에 부친 본디의 안. 바탕이 되는 안. ¶ 원안대로 통과되다.

원ː안(遠眼)명 〈원시안(遠視眼)〉의 준말.

원앙(鴛鴦)명 ①오릿과의 물새. 몸길이 43 cm 가량. 수컷의 몸빛은 여러 가지이나 암컷은 갈색임. 나무에 즐겨 앉고 높은 나무 구멍에 집을 지음. 암수가 늘 함께 다님. 우리나라·중국·일본 등지에 분포함. 천연기념물 제327호. ②'늘 함께 있는 의좋은 부부'를 비유하여 이르는 말.

원앙-금(鴛鴦衾)명 ①원앙을 수놓은 이불. ②부부가 함께 덮는 이불.

원앙-금침(鴛鴦衾枕)명 '원앙금'과 '원앙침'을 아울러 이르는 말.

원앙-새(鴛鴦-)명 '원앙'을 분명히 이르는 말.

원앙-침(鴛鴦枕)명 ①베갯모에 원앙을 수놓은 베개. ②부부가 함께 베는 베개.

원액(元額·原額)명 본디의 액수.

원액(原液)명 (가공하거나 묽게 하지 않은) 본디의 액체. ¶ 위스키 원액.

원야(原野)명 (개척하지 않았거나 인가가 없는) 들판.

원ː양(遠洋)명 뭍에서 멀리 떨어진 바다. 난바다. 원해(遠海). ↔근해(近海).

원ː양^어선(遠洋漁船)명 원양 어업을 하기 위하여, 그 구조나 설비가 외양(外洋)의 거센 파도를 견딜 수 있고 어획물을 실어 나르거나 스스로 처리할 수 있도록 시설을 갖춘 배.

원ː양^어업(遠洋漁業)명 어획물의 저장 및 가공 설비를 갖추고, 근거지로부터 수십 일 또는 수개월씩 걸리는 원양을 항해하며 하는 어업. ↔근해 어업.

원ː양^항ː해(遠洋航海)명 원양을 항해하는 일. 〔특히, 항해의 실무 연습을 위해 연습함을 타고 원양을 항해하는 일.〕 ㊥원항.

원어(原語)명 번역하거나 고치거나 한 말의 본디의 말. 원말. 밑말. ↔역어(譯語).

원ː언(怨言)명 원망하는 말.

원ː연(蜿蜒)부하형 ①뱀 따위가 구불구불 굼틀거리며 기어가는 모양. ②구불구불한 것이 길게 이어진 모양.

원염(原塩)명 정제(精製)하지 않은 굵고 거친 소금. 소다 공업 따위 화학 공업에 쓰임.

원엽-체(原葉體)명 ☞전엽체(前葉體).

원ː영(遠泳)명 먼 거리를 헤엄치는 일.

원예(園藝)명 (농업의 일부로) 채소나 화훼·과수 따위를 심어 가꾸는 일, 또는 그 기술.

원ː예(遠裔)명 먼 후세의 자손.

원예-농(園藝農)명 원예 작물을 주로 재배하는 농업.

원예-사(園藝師)명 원예를 업으로 하거나 원예 기술이 뛰어난 사람. 동산바치.

원예^식물(園藝植物)[-싱-]명 원예로서 가꾸는 식물. 〔정원수·화훼·과수 따위.〕 원예 작물.

원예^작물(園藝作物)[-장-]명 ☞원예 식물.

원예-학(園藝學)명 원예에 관한 기술이나 이론을 연구하는 학문.

원ː오(怨惡)명하타 원망하고 미워함.

원ː옥(冤獄)명 죄 없이 억울하게 옥에 갇히는 일, 또는 억울하게 옥살이하는 사람.

원ː왕생-가(願往生歌)명 신라 문무왕 때의 중 광덕(廣德)이 지었다는 10구체 향가. 서방 정토에 가고자 하는 염원을 읊은 내용.

원외(員外)[워뇌/워눼]명 정해진 사람 수효의 밖. 정원(定員) 밖.

원외(院外)[워뇌/워눼]명 '원(院)' 자가 붙은 기관의 밖, 또는 국회(國會)의 밖. ¶ 원외 교섭 단체. ↔원내(院內).

원외^운ː동(院外運動)[워뇌-/워눼-]명 어떤 지역의 선거민이, 특정한 법률의 제정에 대하여 출신 의원에게 찬성 또는 반대 투표를 하도록 작용하는 일.

원외^투쟁(院外鬪爭)[워뇌-/워눼-]명 국회의 원이, 국회 밖에서 벌이는 정치 투쟁. 장외 투쟁.

원ː용(援用)명하타 ①자기의 주장에 도움이 되게 어떤 문헌이나 사례·관례 따위를 인용함. ②법률에서 어떤 사실을 들어 주장함.

원ː우(怨尤)명하타 ☞원구(怨咎).

원-운동(圓運動)명 (추를 실에 달아 돌릴 때와 같이) 하나의 원을 그리면서 도는 운동.

원원(元元)명 ①근본. 근본의 뜻. ②백성.

원원(源源) '원원하다'의 어근.

원원-이(元元-)[부] 본디부터. 원래부터.
원원-하다(源源-)[형][여] 근원이 깊어서 끊임이 없다. **원원-히**[부].
원월(元月)[명] ☞정월(正月).
원위(原位)[명] 본디의 위치나 지위.
원-위치(原位置)[명] 본디 있던 자리.
원유(苑囿)[명] 지난날, 울을 치고 금수(禽獸)를 기르던 곳.
원유(原由)[명] ①☞원인(原因). ②원인과 이유(理由). 근본 이유.
원유(原油)[명] 땅속에서 나는 그대로의, 정제하지 않은 석유. 탄화수소의 혼합물로, 물·석유 가스와 적은 양의 황·산소·질소·금속을 함유함.
원:유(遠遊)[명][하자] ①멀리 가서 놂. ②수학(修學)이나 수업 등을 위하여 먼 곳에 감.
원:유-관(遠遊冠)[명] 고려 말과 조선 시대에, 임금이 조하(朝賀)에 나올 적에 강사포를 입고 쓰던 관. 검은 비단으로 만들었음.
원유-회(園遊會)[-회/-훼][명] (축하·사교 등을 목적으로) 손들을 청하여 정원에서 음식을 대접하는 모임.
원융(圓融) '원융하다'의 어근.
원융-무애(圓融無礙)[명] 일체 제법(諸法)의 사리가 융통되어 막힘이 없음.
원융-하다(圓融-)[형][여] ①한데 통하여 아무 구별이 없다. ②원만하여 막히는 데가 없다. ③불교에서, 일체 제법의 사리가 널리 어울리어 하나가 되어 구별이 없다.
원음(元音·原音)[명] 발음체가 낼 수 있는 소리 가운데 진동수가 가장 적은 소리. 기본음. 기음(基音).
원음(原音)[명] ①글자의 본디의 음. ②☞간음(幹音). ③(재생음에 대하여) 본디의 소리.
원:음(遠音)[명] 먼 데서 나는 소리.
원의(原意)[워늬/워니][명] ①본디의 생각. ②본디의 뜻. 원의(原義).
원의(原義)[워늬/워니][명] 본디의 뜻. 본의. 원의(原意).
원의(院議)[워늬/워니][명] '원(院)' 자가 붙은 의결 기관의 토의나 결의.
원:의(願意)[워늬/워니][명] (무엇을) 바라는 생각.
원-이름(原-)[-니-][명] 본디의 이름. 원명(原名).
원인(原人)[명] 지금의 인류보다 이전에 지구 상에 살았던 원시적 인류. 〔피테칸트로푸스 에렉투스·네안데르탈인 따위.〕
원인(原因)[명][하자] 사물의 말미암은 까닭, 곧 어떤 일이나 상태보다 먼저 일어나 그것을 일으키는 근본 현상. 원유(原由). ¶ 원인 분석./사고의 원인을 규명하다./다툼의 원인은 농담 한 마디였다. ↔결과.
원:인(援引)[명][하타] 끌어당김.
원인(猿人)[명] 가장 원시적인 최고(最古)의 화석 인류를 통틀어 이르는 말.
원:인(遠因)[명] 먼 원인. 간접적인 원인. ↔근인(近因).
원:인(願人)[명] (무엇을) 청하거나 원하는 사람.
원-인자(原因子)[명] ☞소인수(素因數).
원일(元日)[명] 설날.
원:일-점(遠日點)[-쩜][명] 태양의 둘레를 도는 행성이나 주기 혜성 등의 궤도 상에서, 태양과 가장 멀리 떨어진 점. [준]원점(遠點). ↔근일점(近日點).
원임(原任)[명] ①☞전관(前官). ②본디의 벼슬. [참]시임(時任).

원:입(願入)[명][하자] (어떤 기관이나 조직·단체 따위에) 들어가고자 함. 가입하고자 함.
원자(元子)[명] (아직 세자에 책봉되지 않은) 임금의 맏아들. ¶ 원자 아기.
원자(原子)[명] ①(그리스 철학의) 아톰(Atom). ②물질을 이루는 기본적인 단위. 화학 원소의 특성을 잃지 않는 범위에서 이를 수 있는 최소의 미립자. 〔원자핵과 전자(電子)로 이루어짐.〕
원자-가(原子價)[-까][명] 원자 한 개와 화합할 수 있는 수소 원자의 수.
원자-구름(原子-)[명] 원자 폭탄이나 수소 폭탄이 폭발할 때 급격한 상승 기류로 말미암아 생기는 버섯 모양의 구름. 버섯구름. 원자운(原子雲).
원자^기호(原子記號)[명] 원자의 종류를 나타내는 기호. 원소 기호. 화학 기호.
원자-단(原子團)[명] 화합물의 분자 안에 들어 있는 특정한 원자의 집단. 〔기(基) 또는 근(根)보다 넓은 뜻으로 쓰임.〕
원자-량(原子量)[명] 어떤 원소의 질량을 기준으로 삼아 각 원소의 상대적 질량을 나타낸 값. 〔현재는 탄소의 동위 원소 가운데 탄소 12를 기준으로 함.〕
원자-력(原子力)[명] 원자핵의 변환에 따라 방출되는 에너지. 〔일반적으로 핵분열이나 핵융합에 따라 일어나는 이용 가능한 에너지를 이름.〕 원자 에너지.
원자력^공학(原子力工學)[-꽁-][명] 핵분열·핵융합 등의 원자 에너지의 이용에 관한 공학.
원자력^발전(原子力發電)[-빨쩐][명] 원자로 안에서, 원자핵의 붕괴나 핵반응 결과로 방출되는 에너지로 증기를 만들고, 이것으로 터빈을 돌려 발전하는 일.
원자력^발전소(原子力發電所)[-빨쩐-][명] 원자력으로 발전하는 시설.
원자-로(原子爐)[명] 원자핵 분열의 연쇄 반응을 인위적으로 제어하여 원자력을 필요에 따라 서서히 방출하도록 조절하는 장치.
원자-론(原子論)[명] ☞원자설(原子說).
원자^무:기(原子武器)[명] ☞핵무기(核武器).
원자^번호(原子番號)[명] 원소 주기율표에서 원소의 차례를 나타내는 수. 〔원자핵 속의 양자수(陽子數)와 같음.〕
원자-병(原子病)[-뼝][명] 원자핵의 파괴로 말미암아 생기는 방사선을 몸에 받음으로써 일어나는 병. 백혈구가 비정상적으로 많아지는 것이 특징임.
원자-설(原子說)[명] ①철학에서, 모든 물질은 원자와 그 운동으로 성립되었다는 고대 그리스의 자연관. ②물리학에서, 원소는 각각 일정한 화학적 성질 및 질량을 가진 원자로 이루어지고, 화합물은 원자가 결합한 분자로 이루어진다는 학설. 아토미즘. 원자론.
원자^스펙트럼(原子spectrum)[명] 원자가 복사(輻射) 또는 흡수하는 빛의 스펙트럼. 원자가 어떤 에너지 상태에서 다른 상태로 옮길 때 생김. 휘선 스펙트럼.
원자-시(原子時)[명] 원자시계로 정한 시간의 체계. 〔오차는 300년에 1초 이하임.〕
원자-시계(原子時計)[-계/-게][명] 원자가 복사(輻射) 또는 흡수하는 전자기(電磁氣) 에너지의 일정한 주기를 이용하여 만든 시계. 중력이나 지구 자전에 관계없고 온도의 영향도 받지 않으므로 시간의 정밀 측정에 사용됨.
원자^에너지(原子energy)[명] ☞원자력.

원자-열(原子熱)명 어떤 원소의 1g 원자의 온도를 1℃ 올리는 데 필요한 열량. 〔원자량과 비열(比熱)과의 곱.〕
원자-운(原子雲)명 ☞원자구름.
원-자재(原資材)명 공업 생산의 원료가 되는 자재. 〔원유·원목·철광석 따위.〕 ¶ 수입 원자재. /원자재 값이 오르다.
원자-탄(原子彈)명 〈원자 폭탄〉의 준말.
원자^탄ː두(原子彈頭)명 ☞핵탄두.
원자-포(原子砲)명 핵탄두를 장치한 포탄을 발사할 수 있는 대포.
원자^폭탄(原子爆彈)명 원자핵이 분열할 때 생기는 에너지를 이용한 폭탄. 우라늄 235, 플루토늄 239가 주원료임. 준원폭·원자탄.
원자-핵(原子核)명 원자의 중심부에 있는 작은 입자. 양자와 중성자가 결합된 것으로 양(陽)의 전하(電荷)를 띰. 핵(核).
원자핵^반ː응(原子核反應)[-빠능]명 ☞핵반응.
원자핵^분열(原子核分裂)[-뿌녈]명 ☞핵분열. ↔원자핵 융합.
원자핵^붕괴(原子核崩壞)[-뿡괴/-뿡궤]명 ☞핵붕괴.
원자핵^연료(原子核燃料)[-행녈-]명 ☞핵연료.
원자핵^융합(原子核融合)[-행늉-]명 ☞핵융합. ↔원자핵 분열.
원작(原作)명 번역·개작·각색 등을 하기 전의 본디 작품. 원저(原著). ¶ 원작에 충실하게 각색하다.
원작-자(原作者)[-짜]명 ☞원저자(原著者).
원잠-아(原蠶蛾)명 ☞누에나방.
원잠-종(原蠶種)명 계통이 바른 누에씨.
원장(元帳)[-짱]명 ①부기에서 가장 근본이 되는 장부. 〔계정 과목별로 계좌를 두어 각각의 증감이나 변화를 계산하는 장부임.〕 원부. 원장부. ②조선 시대에, 고친 양안(量案)에 대하여 '본디의 양안'을 이르던 말.
원장(原狀)[-짱]명 (소장을 여러 차례 내었을 경우의) 처음에 내었던 소장(訴狀).
원장(院長)명 '원(院)' 자가 붙은 기관이나 시설의 대표자.
원-장부(元帳簿)명 ①(금전 출납부·일기장 따위에 대하여) 근본이 되는 장부. ②☞원장(元帳).
원-재료(原材料)명 ☞원료(原料).
원-재판(原裁判)명 지금 진행 중인 재판보다 앞서 있었던 재판. 〔항소(抗訴)에서는 초심(初審)의 재판을 이르고, 상고(上告)에서는 항소의 재판을 이름.〕 원심(原審).
원저(原著)명 번역·개작·각색·초록(抄錄) 등의 바탕이 된 본디의 책이나 작품. 원작(原作).
원-저자(原著者)명 원작을 지은 사람. 원작자.
원ː적(怨敵)명 원한이 있는 적. 원한 맺힌 원수.
원적(原籍)명 ①호적법에서, 입적(入籍)하거나 취적(就籍)하기 전의 호적. ②☞본적(本籍).
원ː-적외선(遠赤外線)[-저괴-/-저궤-]명 파장이 가장 긴 영역의 적외선. 파장은 50μm~1mm임.
원적-지(原籍地)[-찌]명 ①적(籍)을 옮기기 전에 적을 두고 살던 곳. ②☞본적지.
원적-토(原積土)명 암석의 풍화한 분해물이 다른 곳으로 옮겨지지 않고 본디의 암석 위에 그대로 쌓여서 된 흙. 잔적토. 정적토. ↔운적토.
원전(元田)명 조선 시대에, 양안(量案)을 고칠 때 '원장(元帳)에 적혀 있는 논밭'을 이르던 말.
원전(原典)명 ①기준이 되는 본디의 전거(典據). ②☞원서(原書).
원전(原電)명 '원자력 발전소'를 줄여 이르는 말.
원전(圓田)명 둥글게 생긴 밭.
원전(圓轉)명하자되자 ①둥글게 빙빙 돎, 또는 구름. ②글의 뜻이 순하게 잘 통함. ③막힘이 없이 순조롭게 진행됨.
원전-활탈(圓轉滑脫)명하자 (말을 하거나 일을 처리하는 데) 모나지 않게 갖은 수단을 다하여 잘 헤쳐 나감.
원점(原點)[-쩜]명 ①길이 따위를 잴 때 기준이 되는 점. ②사물이 시작되는 점. 기점(起點). ¶ 수사가 원점으로 돌아가다. ③수학에서, 좌표를 정할 때 기준으로 삼는 점.
원점(圓點)명 둥근 점.
원ː점(遠點)[-쩜]명 ①물리학에서 이르는, 눈으로 똑똑히 볼 수 있는 가장 먼 점. ②〈원일점(遠日點)〉의 준말.
원ː접-사(遠接使)[-싸]명 조선 시대에, 중국 사신을 멀리까지 나가 맞아들이던 임시 벼슬.
원정(原情)명하자타 사정을 하소연함.
원정(園丁)명 ☞정원사(庭園師).
원ː정(遠征)명하자타 ①멀리 적을 치러 감. ②먼 곳으로 경기나 조사·답사·탐험 따위를 하러 감. ¶ 원정 경기. /남극 원정.
원ː정(遠程)명 ☞원로(遠路).
원ː정-대(遠征隊)명 ①멀리 적을 치러 가는 군대. ②먼 곳으로 경기나 조사·답사·탐험 따위를 하러 가는 단체.
원제(原題)명 본디의 제목. 본제(本題).
원조(元祖)명 ①한 겨레의 맨 처음 조상. ②어떤 일을 처음 시작한 사람. ②비조(鼻祖).
원조(元朝)명 ☞원단(元旦).
원ː조(援助)명하타되자 도와줌. ¶ 아프리카에 식량을 원조하다.
원ː조(遠祖)명 〔고조(高祖) 이전의〕 먼 조상.
원ː족(遠族)명 혈통이 먼 일가. 먼 친족. 소족(疎族). 원척(遠戚).
원종(原種)명 ①사육하거나 재배하는 품종의 원형(原型)의 야생 동식물. ②재배용의 씨앗을 받는 데 쓰이는 씨.
원ː종(願從)명하자 (남을) 따라가기를 원함.
원ː죄(怨罪)[-죄/-줴]명 원한을 품고 저지른 극악한 죄.
원죄(原罪)[-죄/-줴]명 ①하타 죄를 용서하여 형(刑)을 더하지 않음. ②기독교에서, 아담과 하와가 금단(禁斷)의 열매를 따 먹은 이후부터, 인간이 본디부터 지니고 태어나게 되었다는 죄. ②본죄(本罪).
원죄(冤罪)[-죄/-줴]명 억울하게 뒤집어쓴 죄.
원주(原主)명 본디의 임자. 정당한 주인.
원주(原住)명 ①하자 본디부터 살고 있음. ②〈원주소(原住所)〉의 준말.
원주(原株)명 곁가지에 대한 원줄기.
원주(原註)명 본디의 주석(註釋).
원주(圓周)명 ☞원둘레.
원주(圓柱)명 ①☞두리기둥. ②'원기둥'의 구용어.
원주^곡면(圓柱曲面)[-공-]명 '원기둥 곡면'의 구용어.
원주-민(原住民)명 본디부터 살던 사람. 본바닥 사람.
원주-소(原住所)명 본디 살고 있던 곳. 준원주(原住). 참현주소.
원주-율(圓周率)명 ☞원둘레율.
원주-지(原住地)명 본디 살던 곳. 이전에 살던 고향 땅.

원주^투영법(圓柱投影法) [-뻡] 명 ☞원통 도법.
원-줄기(元-) 명 근본이 되는 줄기. 본간(本幹). ¶ 유교 사상의 원줄기.
원ː증회-고(怨憎會苦) [-회-/-훼-] 명 불교에서 이르는 팔고(八苦)의 하나. 원망하거나 미워하는 사람과 만나 살아야 하는 고통.
원지(原紙) 명 ①닥나무 껍질을 원료로 하여 뜬, 두껍고 질긴 종이. 누에씨를 받는 데 쓰임. ②등사판 따위의 원판으로 쓰이는, 초를 먹인 종이.
원지(園池) 명 ①정원(庭園)과 못. ②정원 안에 있는 못.
원ː지(遠地) 명 ☞원방(遠方).
원ː지(遠志)[1] 명 원대한 뜻. 앞날을 생각하는 마음. ¶ 원지를 품다.
원ː지(遠志)[2] 명 ①원지과의 다년초. 산이나 들에 절로 나는데, 뿌리는 굵고 길며 줄기 높이는 30 cm가량. 잎은 어긋맞게 나며, 여름에 자줏빛 꽃이 핌. ②한방에서, '원지의 뿌리'를 약재로 이르는 말. 〔거담(祛痰)·강장·강정제 등으로 쓰임.〕
원ː지-점(遠地點) [-쩜] 명 달이나 인공위성이 그 궤도 상에서 지구와 가장 멀리 떨어지는 지점. ↔근지점(近地點).
원-지형(原地形) 명 침식이나 변형이 되기 전의 본디 지형.
원진-살(元嗔煞) [-쌀] 명 ①부부 사이에 까닭 없이 서로 미워하는 한때의 액운. ②궁합이 서로 꺼리게 되어 있다는 살(煞). 〔소띠가 말띠를, 범띠가 닭띠를, 뱀띠가 개띠를 꺼리는 따위.〕
원질(原質) 명 ①본디의 성질. ②밑바탕이 되는 물질이나 성분.
원ː찬(遠竄) 명 하타 되자 먼 고장으로 귀양살이를 보냄. 원배(遠配).
원-채(原-) 명 한 집터 안에서 으뜸이 되는 집채. 몸채.
원ː처(遠處) 명 먼 곳.
원ː척(遠戚) 명 ☞원족(遠族).
원ː천(怨天) 명 하자 하늘을 원망함.
원천(源泉) 명 ①물이 솟아나는 근원. ②사물이 나거나 생기는 근원. ¶ 활력의 원천.
원천^과세(源泉課稅) 명 과세 방식의 한 가지. 소득이나 수익에 대한 과세를 소득자에게 종합해서 매기지 않고, 소득이나 수익을 지급하는 곳에서 그 지급액을 과세 표준으로 하여 개별적으로 매김.
원ː천-우인(怨天尤人) 명 하자 하늘을 원망하고 남을 탓함.
원천-적(源泉的) 관 명 사물의 근원에 관계된 (것). ¶ 원천적 문제. /원천적으로 해결하다.
원천^징수(源泉徵收) 명 소득세의 징수 방법의 한 가지. 각종 급여금이나 배당금·퇴직금 등 특정 소득에 대하여, 이를 지급하는 사람이 소정의 소득 세액을 공제 징수하여 국고에 납입함.
원체(元體) Ⅰ 명 으뜸이 되는 몸. 본디의 형체. Ⅱ 부 워낙. 본디부터. ¶ 몸이 원체 약하다. /채소 값이 원체 비싸서 못 샀다.
원체(圓體) 명 둥근 형체.
원초(原初) 명 사물이 비롯되는 맨 처음. 발생의 시초.
원초-적(原初的) 관 명 사물이 비롯되는 맨 처음의 (것). ¶ 원초적 욕구. /원초적인 문제.
원촌(原寸) 명 실제 치수.
원ː촌(遠寸) 명 먼 촌수. 먼촌. ↔근촌(近寸).
원ː촌(遠村) 명 먼 마을. ↔근촌(近村).
원추(圓錐) 명 '원뿔'의 구용어.
원추^곡선(圓錐曲線) [-썬] 명 '원뿔 곡선'의 구용어.
원추-근(圓錐根) 명 원뿔 모양으로 생긴 뿌리. 〔당근이나 무의 뿌리 따위.〕
원추^꽃차례(圓錐-次例) [-꼳-] 명 ☞원추 화서(圓錐花序).
원추-대(圓錐臺) 명 '원뿔대'의 구용어.
원추^도법(圓錐圖法) [-뻡] 명 ☞원추 투영법.
원추리 명 백합과의 다년초. 산지에 절로 나는데 관상용으로 심기도 함. 잎은 뿌리에서 무더기로 나며, 여름에 등황색 꽃이 종 모양으로 핌. 어린잎과 꽃은 먹을 수 있고, 뿌리는 한방에서 약재로 쓰임. 망우초(忘憂草).
원추-면(圓錐面) 명 '원뿔면'의 구용어.
원추^투영법(圓錐投影法) [-뻡] 명 지구 투영법의 한 가지. 지구의 어떤 위선(緯線)에 원뿔면을 맞닿게 하여 그 위에 비치는 지구 표면의 형태를 그리는 방법. 원추 도법(圓錐圖法).
원추-형(圓錐形) 명 '원뿔꼴'의 구용어.
원추^화서(圓錐花序) 명 화서(花序)의 한 가지. 화서의 축이 한 번 또는 여러 번 갈라져 맨 나중의 각 분지(分枝)가 총상 화서를 이루어 전체가 원뿔 모양으로 되는 화서. 원추 꽃차례.
원ː출(遠出) 명 하자 먼 길을 떠남.
원칙(原則) 명 ①근본이 되는 법칙. 본칙(本則). ¶ 문장 수련의 3대 원칙. ②여러 사물이나 일반 현상에 두루 적용되는 법칙. ¶ 웃어른께 먼저 여쭙는 것이 원칙이다. 원리(原理).
원칙-론(原則論) [-칭논] 명 원칙에 근거하거나 원칙을 따르고자 하는 주장이나 논리.
원칙-법(原則法) [-뻡] 명 어떤 사실의 기본적이고 원리적인 사항을 규정하는 법규. ↔예외법.
원칙-적(原則的) [-쩍] 관 명 원칙에 근거를 두는 (것). ¶ 원칙적 방침. /원칙적인 합의.
원ː친(遠親) 명 먼 일가.
원ː칭(遠稱) 명 말하는 이와 듣는 이로부터 멀리 떨어져 있는 대상을 가리키는 것. 먼가리킴. ↔근칭(近稱).
원ː칭^대ː명사(遠稱代名詞) 명 멀리 떨어져 있는 것을 가리키는 대명사. 말머리에 '저'가 붙어 이루어진 대명사. 〔저이·저것·저기 따위.〕 ↔근칭 대명사.
원ː-컨대(願-) 부 바라건대. ¶ 원컨대 조속한 시일 안에 가부를 알려 주십시오.
원탁(圓卓) 명 둥근 탁자.
원탁-회의(圓卓會議) [-타쾨의/-타퀘이] 명 원탁에 둘러앉아서 하는 회의. 주로, 자리의 차례에 관계없이 참가자가 모두 평등한 처지임을 내세울 때 이용함.
원탑(圓塔) 명 원기둥 모양으로 만든 탑.
원통(冤痛) 명 하형 분하고 억울함. 몹시 원망스러움. **원통-히** 부.
원통(圓筒) 명 ①둥근 통. ②'원기둥'의 구용어.
원통^도법(圓筒圖法) [-뻡] 명 지도 투영법의 한 가지. 지구의 중심을 시점(視點)으로 하고, 적도 위에서 지구에 접하는 원통면을 정하여 그 면에 투영된 경선(經線)과 위선(緯線)을 그리는 도법. 항해도·항공도 따위를 그릴 때 이용함. 개전법(開展法). 원주 투영법(圓柱投影法).
원투ː^펀치(one-two punch) 명 권투에서, 좌우의 주먹으로 연달아 치는 공격법.
원특(怨慝) '원특하다'의 어근.

원ː특-하다(怨慝-)[-트카-]형여 원한을 품어 요사스럽고 악하다.
원판(元-) Ⅰ명 본디의 판국.
Ⅱ부 원래. ¶ 원판 착한 성품이지.
원판(原板)명 사진에서, 밀착 또는 확대할 때 쓰는 음화(陰畫).
원판(原版)명 ①활판 인쇄에서, 연판(鉛版)의 바탕이 되는 활자 조판. ②복제나 번각(翻刻) 따위의 본디의 판. ③☞초판(初版).
원판(圓板)명 둥근 널빤지.
원-판결(原判決)명 원재판에서 받은 판결.
원포(園圃)명 과수나 채소 따위를 심는 뒤란이나 밭.
원폭(原爆)명 〈원자 폭탄〉의 준말.
원표(元標)명 (거리 따위를 잴 때의) 근본이 되는 표, 또는 푯대.
원-표피(原表皮)명 식물의 줄기가 되는 부분의 맨 거죽에 있는 세포층. 자라서 겉껍질이 됨.
원ː-풀이(怨-)명하자 원한을 푸는 일.
원ː-풀이(願-)명하자 소원을 푸는 일.
원품(原品)명 (모조품·가공품 등에 대하여) 본디의 물품.
원피(原皮)명 가공하지 않은 동물의 가죽. 원료로서의 가죽.
원-피고(原被告)명 원고(原告)와 피고(被告)를 아울러 이르는 말.
원피ː스(one-piece)명 여성이 입는, 위아래가 한데 이어져 하나로 된 옷.
원ː-하다(願-)타여 (장래에 무엇이 이루어지거나 얻게 되기를) 바라거나 청하다. ¶ 평화를 원하다. /입신출세를 원하다.
원ː한(怨恨)명 원통하고 한스러운 생각. ¶ 원한이 뼈에 사무치다. 준원(怨).
원ː항(遠航)명하자 〈원양 항해〉의 준말.
원ː해(遠海)명 ☞원양(遠洋). 난바다. ↔근해.
원ː행(遠行)명하자 먼 곳으로 감. 먼 여행길을 떠남. 탁행(逴行). 참원정(遠征).
원향(原鄕)명 한 지방에서 여러 대를 살아오는 향족(鄕族).
원향-리(原鄕吏)[-니]명 지난날, 한 고을에서 여러 대를 살면서 관아의 아전 노릇을 하던 사람.
원ː혐(怨嫌)명 ①원망과 혐의(嫌疑). ¶ 원혐을 품다. ②하타 원망하고 미워함. ¶ 친구들에게 원혐을 사다.
원ː혐(遠嫌)명하타 ①(의심스러운 일 따위를) 멀리함. ②멀리하고 미워함.
원형(元型)명 생물의 발생적인 유사성에 따라 추상(抽象)된 유형. 〔주로, 생물학이나 심리학·성격학 따위에서 생명 현상을 유형화할 때 쓰는 말임.〕
원형(原形)명 ①(변하기 전의) 본디의 모양. 본형(本形). ¶ 원형을 유지하다. ②진화하지 아니한 원시의 형태. ③☞기본형(基本形).
원형(原型)명 같거나 비슷한 여러 개가 만들어져 나온 본바탕.
원ː형(冤刑)명 죄 없이 억울하게 받는 형벌.
원형(圓形)명 둥글게 생긴 모양. 원 모양. ¶ 원형 경기장.
원형^극장(圓形劇場)[-짱]명 ①고대 로마 때, 관람석을 원형의 계단식으로 만든 옥외(屋外) 극장 또는 투기장(鬪技場). ②계단으로 둘러싸인 관람석 중앙에 마련된 원형의 무대, 또는 그러한 상연 형식.
원형이정(元亨利貞)[-니-]명 ①주역(周易)의 건괘(乾卦)의 네 가지 덕, 곧 천도(天道)의 네 가지 원리를 이르는 말. 〔원(元)은 만물의 시작인 봄·인(仁), 형(亨)은 여름·예(禮), 이(利)는 가을·의(義), 정(貞)은 겨울·지(智)를 뜻함.〕 사덕(四德). ②사물의 근본 원리나 도리.
원형-질(原形質)명 생물체의 세포를 이루는 기초 물질. 핵(核)과 세포질을 포함하는 세포 안의 살아 있는 물질계(物質界)임. 참후형질.
원형질-막(原形質膜)명 생물 세포의 원형질의 바깥쪽을 싸고 있는 매우 얇은 막.
원형질-체(原形質體)명 식물의 세포에서 세포막을 제외한 본체. 〔동물의 경우에는 세포와 같은 뜻으로 쓰임.〕
원호(元號)명 ☞다년호. 연호(年號).
원ː호(援護)명하타되자 도와주며 보살핌. ¶ 전쟁 유가족 원호 활동.
원호(圓弧)명 수학에서, 두 점 사이에 있는 원둘레의 한 부분. 〔우호(優弧)와 열호(劣弧)의 구분이 있음.〕
원ː혼(冤魂)명 원통하게 죽은 사람의 넋. ¶ 원혼을 달래다.
원-화(-貨)명 '원' 단위의 화폐, 곧 우리나라의 화폐.
원화(原畫)명 ①밑그림. ②(복제한 그림에 대한) 본디의 그림.
원ː화(遠禍)명하자 화(禍)를 물리침.
원ː화-소복(遠禍召福)명하자 화를 물리치고 복을 불러들임.
원환(圓環)명 둥근 쇠고리.
원활(圓滑)명하형 ①일이 거침이 없이 순조로움. ②모나지 않고 부드러움. ¶ 인간관계가 원활하다. 원활-히부 ¶ 회의가 원활히 진행되다.
원회(元會)[-회/-훼]명 지난날, 정월 초하룻날에 하던 대궐 안의 조회(朝會).
원훈(元勳)명 ①나라를 위한 가장 큰 공훈. ②지난날, 나라에 큰 공이 있어 임금이 믿고 가까이하던 노신(老臣).
원흉(元兇)명 못된 짓을 한 무리의 우두머리. 악당의 두목. ¶ 민족의 원흉.
월ː명 하나의 온전히 짜인 생각을 나타낸 글. 글월. 문장.
월(月) Ⅰ명 ①달. ¶ 월에 소요되는 경비. /월평균 강우량. ②〈월요일〉의 준말.
Ⅱ의 달을 세는 단위. ¶ 5월의 첫날.
월가(越價)[-까]명하자 ①값을 치러 줌. ②에누리.
월간(月刊)명 다달이 한 번씩 펴냄, 또는 그 간행물. ¶ 월간 잡지.
월간(月間)명 한 달 동안. 한 달간. ¶ 월간 경제 동향.
월간-보(越間-)[-뽀]명 공청(空廳)이 아닌 칸과 칸 사이에 얹힌 대들보.
월간-지(月刊誌)명 한 달에 한 번씩 펴내는 잡지.
월강(越江)명하자 ①강을 건넘. ②지난날, 압록강이나 두만강을 건너 중국에 감을 이르던 말.
월거덕-거리다[-꺼-]자타 자꾸 월거덕월거덕하다. 월거덕대다. ¶ 소달구지가 마을 앞길을 월거덕거리며 지나간다. 작왈가닥거리다. 참월걱거리다.
월거덕-대다[-때-]자타 월거덕거리다.
월거덕-덜거덕[-떨-]부하자타 월거덕거리고 덜거덕거리는 소리, 또는 그 모양. 작왈가닥달가닥. 참월걱덜걱.
월거덕-월거덕부하자타 여러 개의 크고 단단한 물건이 서로 거칠게 마구 부딪치면서 나는 소리, 또는 그 모양. 작왈가닥왈가닥. 참월걱월걱.

월걱-거리다[-꺼-]자타 자꾸 월걱월걱하다. 월걱대다. 작왈각거리다.
월걱-대다[-때-]자타 월걱거리다.
월걱-덜걱[-떨-]부하자타 여러 개의 크기가 다른 단단한 물건이 서로 마구 부딪치면서 나는 소리, 또는 그 모양. 작왈각달각.
월걱-월걱부하자타 여러 개의 단단한 물건이 서로 마구 부딪치면서 나는 소리, 또는 그 모양. 작왈각왈각.
월건(月建)명 다달이 배정된 간지(干支). 〔갑자·을축·병인 따위.〕
월겅-덜겅부하자타 여러 개의 단단하고 큼직한 물건이 어수선하게 자꾸 서로 부딪치는 소리, 또는 그 모양. 작왈강달강.
월경(月頃)명 한 달쯤. 달포.
월경(月經)명하자 성숙기의 정상적인 여성에게 있는 생리 현상. 난소 기능으로 일어나는 자궁 점막의 출혈로, 보통 28일 정도의 주기로 반복됨. 경도(經度)[2]. 달거리. 생리(生理). 월사(月事). 월수(月水). 월후(月候). 멘스. 참경수(經水).
월경(越境)명하자 국경 또는 관할하는 경계 등을 넘음.
월경-대(月經帶)명 ☞개짐. 생리대(生理帶).
월경^불순(月經不順)[-쑨]명 월경이 고르지 못한 부인병. 부조증(不調症).
월경-수(月經水)명 ☞몸엣것.
월경-통(月經痛)명 월경할 때 아랫배나 자궁 등이 아픈 증세. 생리통(生理痛).
월경^폐:쇄기(月經閉鎖期)[-폐-/-페-]명 월경이 멈추는 시기. 보통, 쉰 살 전후임. 경폐기. 폐경기(閉經期).
월계(月計)[-계/-게]명하타 한 달을 단위로 하여 셈함, 또는 그 회계나 통계.
월계-관(月桂冠)[-계-/-게-]명 ①고대 그리스에서, 월계수의 가지와 잎으로 관처럼 만들어 경기의 우승자에게 승리를 기리는 뜻으로 머리에 씌워 주던 것. ②'승리하거나 남보다 앞선 사람이 차지하는 명예'를 비유하여 이르는 말. ¶ 승리의 월계관을 쓰다. 계관(桂冠).
월계-수(月桂樹)[-계-/-게-]명 녹나뭇과의 상록 교목. 지중해 연안 원산으로 높이는 10~20 m. 잎은 어긋나며 딱딱함. 봄에 잎겨드랑이에 담황색의 작은 꽃이 피고, 가을에 앵두 모양의 열매가 암자색으로 익음. 잎은 향수 원료로 쓰임.
월계-표(月計表)[-계-/-게-]명 한 달 동안의 회계나 통계를 나타낸 표.
월계-화(月季花)[-계-/-게-]명 장미과의 상록 활엽 관목. 중국 원산의 관상 식물. 줄기에 가시가 있고, 잎은 깃 모양의 겹잎임. 5월에서 가을까지 홍자색이나 연분홍색의 꽃이 피고 둥근 열매가 붉게 익음. 사계. 사계화(四季花).
월고(月雇)명하타 ①한 달 기한으로 사람을 씀, 또는 그 사람. ②달로 쳐서 품삯을 주고 사람을 씀, 또는 그 품삯.
월과(月課)명 ①달마다 일정하게 하는 일. ②다달이 보는 시험. ③지난날, 지방 관청이 달마다 정부에 바치던 세금.
월광(月光)명 달빛. 월화(月華).
월광-단(月光緞)명 달무늬를 놓은 비단.
월광-보살(月光菩薩)명 불교에서 이르는, 약사 삼존(藥師三尊)의 하나. 약사여래불의 오른쪽에 모심.
월구(月球)명 ☞달[1].
월궁(月宮)명 전설에서, 달 속에 있다는 궁전.
월궁-항아(月宮姮娥)명 〔월궁에 있다는 항아같이 아름다운〕'절세 미인'을 비유하여 이르는 말.
월권(越權)[-꿘]명하자 자기 권한 밖의 일을 함. 남의 직권을 침범함. ¶ 월권 행위.
월귤(越橘)명 철쭉과의 상록 소관목. 높이는 30 cm. 높은 산에 절로 나며, 꽃은 5~6월에 총상 화서로 두세 개씩 분홍색으로 핌. 8~9월에 익는 둥근 열매는 신맛이 나며 날로 먹거나 과실주로 담가 먹음.
월금(月琴)명 중국에서 전해 온 현악기의 한 가지. 당비파와 비슷한데, 달 모양의 둥근 공명 상자에 가늘고 긴 목을 달고 네 줄을 맨 악기임.
월급(月給)명 (일한 데 대한 삯으로) 다달이 받는 일정한 돈. 월봉(月俸).
월급-쟁이(月給-)[-쟁-]명 '월급을 받고 일하는 사람'을 홀하게 이르는 말.
월남(越南)[-람]명하자 어떤 경계선을 넘어 남쪽으로 가거나 옴. ¶ 일사 후퇴 때 월남했다. ↔월북(越北).
월남-치마(越南-)[-람-]명 ☞통치마.
월내(月內)[-래]명 한 달 안. 그달 안. ¶ 꾸어 주면 월내에 갚겠다.
월년(越年)[-련]명하자 해를 넘김.
월년-생(越年生)[-련-]명 〈월년생 식물〉의 준말.
월년생^식물(越年生植物)[-련-싱-]명 이년생 식물. 월년생 초본. 준월년생.
월년생^초본(越年生草本)[-련-]명 ☞월년생 식물.
월년-성(越年性)[-련썽]명 (식물의 심은 씨가) 가을에 싹이 터서 겨울을 난 다음, 봄에 꽃이 피고, 열매가 맺히고는 말라 죽는 성질. 〔보리 따위.〕
월단(月旦)[-딴]명 매달의 첫날.
월담(越-)[-땀]명하자 담을 넘음.
월당(月當)[-땅]명 ☞월액(月額).
월대(月臺)[-때]명 대궐의 전각 앞에 놓인 섬돌.
월대-식(月帶蝕)[-때-]명 월식(月蝕) 중인 달이 이지러진 채 지평선 위로 돋거나 또는 지는 상태.
월도(月刀)[-또]명 ①무예 이십사반의 하나. 보졸(步卒)이 언월도(偃月刀)로 하는 검술. ②〈언월도〉의 준말.
월동(越冬)[-똥]명하자 겨울을 넘김. 겨울을 남. 겨우살이[1]. 과동(過冬). ¶ 월동 준비.
월동-력(越冬力)[-똥녁]명 (식물이) 겨울철을 잘 견디어 내는 능력.
월동-비(越冬費)[-똥-]명 겨울철을 지내는 데 드는 비용.
월동-성(越冬性)[-똥썽]명 (식물이) 겨울의 추위를 잘 견디어 내는 성질.
월드^와이드^웹(World Wide Web)명 동영상·음성·문자 따위의 멀티미디어 환경으로 인터넷 정보를 찾아볼 수 있도록 해 주는 검색 서비스를 이르는 말. 준웹(web).
월등(越等)[-뜽]부 정도의 차이가 대단히 크게. 다른 것보다 훨씬 낫게. ¶ 옛날보다는 생활수준이 월등 나아졌다.
월등-하다(越等-)[-뜽-]형여 정도의 차이가 대단히 크다. 다른 것보다 훨씬 낫다. ¶ 내 짝은 나보다 학업 성적이 월등하다. **월등-히**부.
월떡부 ①먹은 것을 갑자기 다 게워 내는 모양. ②물건이 통째로 뒤집히거나 젖혀지는 모양. ③물 따위가 갑자기 끓어올라 넘치는 모양. 작왈딱. **월떡-월떡**부하자.

월래(月來)명 ①지난달 이래 지금까지 이르는 동안. ②두어 달 동안.
월력(月曆)명 ☞달력.
월령(月令)명 지난날, 한 해 동안의 정례적인 정사(政事)나 의식(儀式), 또는 농가(農家)의 행사 따위를 다달이 구별하여 규정해 두던 것.
월령(月齡)명 ①초승달에서 다음 초승달까지의 동안을 하루 단위로 세어서, 그 날수에 따라 달의 차고 이지러진 정도를 나타내는 말. 초승달을 0으로 하여 세어 가면 보름달은 월령이 15가량 됨. ②생후 한 살 미만인 갓난아이의 나이를 달수로 세는 말.
월령-가(月令歌)명 한 해 동안의 기후 변화나 의식 및 농가 행사 따위를 음력 정월부터 선달까지의 차례로 읊은 노래. 〔농가월령가·사친가(思親歌)·동동(動動) 등이 이에 딸림.〕 월령체가.
월령-체(月令體)명 ☞달거리.
월령체-가(月令體歌)명 ☞월령가.
월례(月例)명 다달이 정해 두고 하는 일. ¶ 월례 행사./월례 조회.
월례-회(月例會)[-회/-훼]명 다달이 가지는 정기적인 모임.
월로(月老)명 〈월하노인(月下老人)〉의 준말.
월로-승(月老繩)명 월하노인이 주머니 속에 지니고 다닌다는 붉은 끈. 〔이 끈으로 남녀의 인연을 맺어 준다고 함.〕
월륜(月輪)명 달, 또는 달의 둘레.
월름(月廩)명 지난날, 월급으로 주던 곡식.
월름-미(月廩米)명 지난날, 월급으로 주던 쌀.
월리(月利)명 ☞달변.
월리(月離)명 ①달의 운동. ②달과 어떤 항성 또는 행성과의 각거리(角距離). 해상의 경도(經度)를 산출하는 데 쓰임.
월리스-선(Wallace線)명 생물 분포의 한 경계선. 아시아 주와 오스트레일리아 주를 구획하는 선으로 보르네오 섬과 술라웨시 섬 사이를 지남.
월말(月末)명 그달의 끝 무렵. ¶ 월말 고사. ↔월초(月初).
월면(月面)명 ①달의 겉면. ②달처럼 환하게 잘 생긴 얼굴.
월면-도(月面圖)명 달의 표면의 지세(地勢)를 나타낸 지도.
월면-차(月面車)명 달 표면을 탐험하는 데 사용하는 차.
월반(越班)명하자 학생의 학습 능력이 높아서 학년의 차례를 걸러서 상급반으로 오르는 일.
월방(越房)명 건넌방.
월번(月番)명 달마다 바뀌는 번차례.
월변(月邊)명 ☞달변.
월별(月別)명 달에 따라 나눈 구별. ¶ 월별 작업량.
월병(月餠)명 ☞달떡.
월보(月報)명 다달이 내는 보고나 보도, 또는 그 인쇄물. ¶ 세정(稅政) 월보.
월복(越伏)명하자 예사 때는 열흘 간격으로 드는 중복과 말복 사이가 스무 날로 되는 일.
월봉(月俸)명 ☞월급(月給).
월부(月賦)명 갚거나 치러야 할 돈을 얼마씩 나누어 다달이 내는 일. ¶ 월부 판매. 참연부.
월부-금(月賦金)명 다달이 얼마씩 나누어 갚는 돈.
월북(越北)명하자 어떤 경계선을 넘어 북쪽으로 가거나 옴. ¶ 월북 작가의 작품에 대한 해금(解禁) 조치. ↔월남(越南).
월비(月費)명 다달이 쓰는 비용.
월사(月事)[-싸]명 ☞월경(月經).
월사-금(月謝金)[-싸-]명 지난날, 다달이 내는 수업료를 이르던 말.
월삭(月朔)[-싹]명 그달의 초하룻날.
월삭(越朔)[-싹]명하자 해산달을 넘김.
월산(月産)[-싼]명 한 달 동안의 생산량.
월-삼도(越三道)[-쌈-]명하타 〔세 도(道)를 지난다는 뜻으로〕 지난날, 먼 고장으로 귀양 보냄을 이르던 말.
월색(月色)[-쌕]명 달빛.
월석(月夕)[-썩]명 ①달이 밝은 저녁. 밝은 달밤. ②한가윗날 밤.
월석(月石)[-썩]명 달의 표면에 있는 암석.
월성(越城)[-썽]명하자 성을 넘음.
월세(月貰)[-쎄]명 ☞사글세.
월-세계(月世界)[-쎄계/-쎄게]명 ①달의 세계. 달나라. ②달빛이 환히 비친 온 세상.
월소(月梳)[-쏘]명 얼레빗.
월소(越訴)[-쏘]명하타 지난날, 하급 관아를 거치지 않고 곧바로 상급 관아에 소청(訴請)하던 일.
월수(月水)[-쑤]명 ☞월경(月經).
월수(月收)[-쑤]명 ①다달이 들어오는 돈, 또는 매달의 수입. ¶ 월수 이백만 원. ②본전에 이자를 얹어서 다달이 갚아 나가는 일, 또는 빚.
월수(月數)[-쑤]명 ☞달수.
월수(越數)[-쑤]명하타 정한 수효나 예정한 수를 넘음.
월시(月始)[-씨]명 ☞월초(月初).
월시진척(越視秦瘠)[-씨-]명 〔월(越)나라가 진(秦)나라의 땅이 걸고 메마름을 상관하지 않았다는 데서〕 '남의 일이나 환난에 도무지 개의치 않음'을 비유하여 이르는 말.
월식(月蝕·月食)[-씩]명 지구가 태양과 달 사이에 들어가서 지구의 그림자로 말미암아 달의 일부 또는 전부가 가려져 어둡게 보이는 현상. 참일식(日蝕).
월액(月額)명 달마다 정한 금액. 월당(月當).
월야(月夜)명 달밤.
월여(月餘)명 한 달 남짓. 달포. ¶ 월여에 걸쳐 공사를 마무리하다.
월영(月影)명 달의 그림자.
월요(月曜)명 〈월요일〉의 준말. 《주로, 관형어로 쓰임.》 ¶ 월요 토론.
월요-병(月曜病)[-뼝]명 봉급 생활자가 토요일과 일요일에 지나치게 놀거나 푹 쉬지 못하여, 월요일에 느끼게 되는 피곤한 상태.
월-요일(月曜日)명 칠요일(七曜日)의 하나. 일요일의 다음 날. 준월(月)·월요.
월용(月容)명 달처럼 아름다운 얼굴.
월의-송(越議送)[워릐-/워리-]명하타 지난날, 그 지방의 관아를 거치지 않고 바로 관찰사에게 소청(訴請)하던 일.
월인석보(月印釋譜)[-뽀]명 조선 세조가, 월인천강지곡(月印千江之曲)의 각 절을 본문으로 삼고 석보상절(釋譜詳節)의 해당 부분을 주석처럼 엮어서 간행한 책. 〔세조 5(1459)년에 초간본 간행.〕
월인천강지곡(月印千江之曲)명 조선 세종이, 수양 대군이 지은 석보상절을 보고, 석가모니의 공덕을 찬양하여 지은 노래, 또는 그 노래를 실은 책. 〔세종 31(1449)년에 초간본 간행.〕
월일(月日)명 ①달과 해. ②달과 날.
월자(月子)[-짜]명 ☞다리[3].

월자(月滋) [-짜] 명 ☞달불이.
월장(越墻) [-짱] 명하자 담을 넘음.
월장성구(月章星句) [-짱-] 명 〔달빛 같은 문장, 별 같은 구절이란 뜻으로〕 '문장의 훌륭함'을 칭찬하여 이르는 말.
월전(月前) [-쩐] 명 달포 전.
월전(月顚) [-쩐] 명 신라 시대의 가면극의 한 가지. 두 어깨가 쑥 올라가고 목은 푹 들어간 데다가 상투를 뾰족하게 튼 모습으로, 노래와 웃음을 섞어 춤을 춘 골계희(滑稽戲)였음.
월-점(-點) [-쩜] 명 ☞문장 부호.
월정(月定) [-쩡] 명 한 달을 단위로 하여 얼마로 정해 놓음. ¶ 월정 요금. /월정 독자.
월조(越俎) [-쪼] 명 자기 직분을 넘어 남의 일에 간섭함.
월중(月中) [-쭝] 명 ①그달 동안. ¶ 월중 행사. ②달 가운데.
월차(月次) 명 ①하늘에서의 달의 위치. ②'매달'로 순화. ¶ 월차 계획. /월차 휴가.
월척(越尺) 명 낚시에서, 잡은 물고기의 길이가 한 자 남짓함, 또는 그 물고기. ¶ 월척을 낚다.
월천(越川) 명하자 내를 건넘.
월천-꾼(越川-) 명 지난날, 사람을 업어서 내를 건네주는 일을 업으로 삼던 사람.
월초(月初) 명 그달의 처음 무렵. 월시(月始). ↔월말(月末).
월출(月出) 명하자 달이 떠오름.
월커덕 부하자타 ①별안간 힘껏 밀치거나 잡아당기는 모양. ②별안간 마구 많이 쏟아지는 모양. 작왈카닥. **월커덕-월커덕** 부하자타.
월커덕-거리다 [-꺼-] 자타 자꾸 월커덕월커덕하다. 월커덕대다. 작왈카닥거리다.
월커덕-대다 [-때-] 자타 월커덕거리다.
월컥 부하자타 ①먹은 것을 별안간 다 게워 내는 모양. ②갑작스럽게 통째로 뒤집히는 모양. ③별안간 힘껏 밀치거나 잡아당기는 모양. 작왈칵. **월컥-월컥** 부하자타.
월파(月波) 명 달그림자가 비치는 물결.
월패(月牌) 명 달을 그린 패. 또는, 달 모양으로 된 패.
월편(越便) 명 건너편. 너머.
월평(月評) 명 다달이 하는 비평이나 평가.
월표(月表) 명 주요 사항을 다달이 알기 쉽게 적어 놓은 표.
월하-노인(月下老人) 명 부부의 인연을 맺어 주는 '중매쟁이 노인'을 이르는 말. 〔중국 당(唐)나라 때 위고(韋固)가 만난 노인의 예언에서 유래함.〕 준월로(月老).
월하-빙인(月下氷人) 명 부부의 인연을 맺어 주는 '중매쟁이'를 이르는 말. 〔중국 진(晉)나라의 삭담(索紞)이 얼음 위에서 얼음 아래의 사람과 이야기했다는 고사에서 유래함.〕 적승자(赤繩子). 준빙인.
월형(月形) 명 달처럼 둥근 모양.
월형(刖刑) 명 지난날, 범죄인의 발꿈치를 베던 형벌. 참단지(斷趾).
월화 명 일찍 익는 감의 한 종류. 열매가 작고 껍질이 얇음.
월화(月華) 명 달빛. 월광(月光).
월후(月候) 명 ☞월경(月經).
월훈(月暈) 명 달무리.
월흔(月痕) 명 새벽녘의 거의 스러져 가는 달그림자.
웨 명 한글 자모(字母)의 이중 모음인 'ㅞ'의 음가(音價) 및 이름.
웨다 자타 〈옛〉 외치다. ¶ 웰 호:呼(類合下6).
웨딩-드레스(wedding dress) 명 결혼식 때, 신부가 입는 서양식 혼례복.
웨스턴^그립(western grip) 명 배드민턴이나 테니스에서, 라켓을 쥐는 방식의 한 가지. 라켓의 면을 수평으로 하여, 그 면과 얼굴이 마주 보게 쥐는 방식. 참이스턴 그립.
웨이브(wave) 명 '주름'·'물결 주름'으로 순화.
웨이터(waiter) 명 (호텔이나 서양식 식당 등에서) 음식 따위를 나르거나 손님의 시중을 드는 남자 종업원. 보이.
웨이트리스(waitress) 명 (호텔이나 식당·바 등에서) 음식 따위를 나르거나 손님의 시중을 드는 여자 종업원. 여급(女給).
웨이트^트레이닝(weight training) 명 바벨 따위의 무거운 기구를 써서 하는 운동. 근력(筋力)의 강화를 위한 것으로, 각종 경기의 보조 운동으로 함.
웨이퍼(wafer) 명 양과자의 한 가지. 밀가루·설탕·달걀 따위를 섞어 틀에 넣고 살짝 구운 다음, 두 쪽 사이에 크림이나 초콜릿을 넣어 만듦.
웨죽-웨죽 부하자 팔을 훼훼 내저으며 느릿느릿 걷는 모양. 작왜죽왜죽.
웩 부 ①구역질이 치밀어서 갑자기 게워 내는 소리. 작왝. ②기를 쓰며 마구 고함치는 소리. **웩-웩** 부하자.
웩웩-거리다 [-꺼-] 자 자꾸 웩웩 소리를 내다. 웩웩대다. 작왝왝거리다.
웩웩-대다 [-때-] 자 웩웩거리다.
웬: 관 어찌 된. 어떠한. ¶ 웬 편지냐?/웬 소동이냐?/웬 사람이 저리 많으냐?
웬 불똥이 튀어 박혔나 속담 무슨 일을 당하였기에 그토록 찡그린 얼굴을 하고 있느냐는 뜻으로 이르는 말.
웬 떡이냐 관용 뜻밖의 행운을 만났을 때 하는 말. ¶ 아니, 이게 웬 떡이냐.
웬간-하다 형여 '웬만하다'의 잘못.
웬-걸 감 〔'웬 것을'이 줄어서 된 말로〕 의심이나 의외·부정의 뜻을 나타내는 말. ¶ 사실을 알아보았더니 웬걸, 헛소문이었어.
웬:-만치 부 웬만큼.
웬:-만큼 부 ①그저 그만하게. 웬만하게. ¶ 몸에 좋다는 약은 웬만큼 다 먹어 봤다. ②보통으로. ¶ 웬만큼 해 두고 끝맺다. 웬만치.
웬:만-하다 형여 ①정도가 표준에 가깝거나 그보다 약간 낫다. ¶ 성적이 웬만하다. ②허용되는 범위에서 크게 벗어나지 않은 상태에 있다. ¶ 웬만하면 참으세요. /웬만해서는 놀라지 않는다.
웬:-셈 명 어찌 된 셈. ¶ 그가 떠났다니 웬셈인지 모르겠다.
웬:-일 [-닐] 명 어떻게 된 일. 무슨 까닭. ¶ 웬일로 이렇게 일찍 일어났니?
웰터-급(welter級) 명 권투·태권도 따위에서, 중량별 체급의 한 가지. 아마추어 권투는 63.5 kg 이상 67 kg 미만, 태권도 남자 일반부는 70 kg 초과 76 kg 이하임. 참라이트 웰터급·라이트 미들급.
웹(web) 명 〈월드 와이드 웹〉의 준말.
웹-마스터(web master) 명 웹 사이트를 구축하거나 웹 사이트의 운영을 책임지고 관리하는 사람.
웹^사이트(web site) 명 웹 서비스를 제공하는, 웹이 개설된 사이트.

웽㉮ 좀 큰 날벌레가 날아다닐 때나 전선 따위에 바람이 세차게 스칠 때 나는 소리. ㉯왱. **웽-웽**㉮㉰.

웽겅-뎅겅㉮㉰ 좀 두껍고 큰 여러 개의 쇠붙이가 아무렇게나 부딪치며 나는 소리. ㉯왱강댕강.

웽그렁-거리다㉱㉲ 자꾸 웽그렁웽그렁하다. 웽그렁대다. ㉯왱그랑거리다.

웽그렁-대다㉱㉲ 웽그렁거리다.

웽그렁-뎅그렁㉮㉰ 크기가 다른 쇠붙이가 아무렇게나 부딪치며 나는 소리. ㉯왱그랑댕그랑.

웽그렁-웽그렁㉮㉰ 풍경이나 방울 따위가 자꾸 부딪치며 나는 소리. ㉯왱그랑왱그랑.

웽웽-거리다㉱ 자꾸 웽웽 소리를 내다. 웽웽대다. ㉯왱왱거리다.

웽웽-대다㉱ 웽웽거리다.

위[1]명 한글 자모(字母)의 단모음인 'ㅟ'의 음가(音價) 및 이름.

위[2]명 ①(자리가) 높은 곳. 높은 쪽. ¶ 벼랑 위에 서 있는 소나무. ②(물체의) 겉면. ¶ 책상 위에 놓인 책. ③(높고 긴 것의) 꼭대기나 그쪽에 가까운 곳. ¶ 전주 위의 까치 둥지. ④(지위나 정도·능력·품질 따위가) 보다 높거나 나은 쪽, 또는 그 사람이나 물건. ¶ 상대편의 수법이 한 수 위였다. /순위가 한 단계 위로 오르다. ⑤(수가 어떤 것에 비하여) 많은 편. ¶ 신랑의 나이가 두 살 위이다. ⑥'앞' 또는 '앞에 적은 것' 등의 뜻. ¶ 위의 내용은 사실 그대로임. ⑦'그것에 더하여'의 뜻을 나타내는 말. 《'(그) 위에'의 꼴로 쓰임.》 ¶ 다수확 표창장을 받은 위에 영농 장려금까지 받게 되었다. ①~⑥상(上). ①~⑥↔아래.

위(危)명 〈위성(危星)〉의 준말.

위(位)명 지위. 직위. ¶ 정승의 위에 오르다.

위(胃)명 ①내장의 식도(食道)와 장(腸) 사이에 있는, 주머니 모양의 소화 기관. 밥통. 위부(胃腑). 위장(胃臟). ②〈위경(胃經)〉의 준말. ③〈위성(胃星)〉의 준말.

위(緯)명 〔가로·좌우·동서의 뜻으로〕 ①〈위도(緯度)〉의 준말. ¶ 북위 38도. ②피륙의 씨. ↔경(經)[2].

위(位)의 ①차례나 등급을 나타내는 말. ¶ 제3위. /달리기에서 2위를 하다. ②신위(神位)를 세는 단위. ¶ 영령(英靈) 10위에 대한 위령제.

위각(違角)명 정상 상태에서 어긋나는 일.

위각-나다(違角—)[-강-]㉱ 정상적인 상태에서 어긋나다.

위거(偉擧)명 ①뛰어난 계획. ②위대한 거사.

위격(違格)[-격]명㉰ 격식이나 도리에 어긋남.

위-결핵(胃結核)명 위에 생기는 결핵.

위경(危境)명 위태로운 경우. 위험한 경지. ¶ 위경에 빠지다.

위경(胃經)명 ①한방에서 이르는, 위에 딸린 경락. ㉳위. ②위에 딸린 인대.

위경(胃鏡)명 의료 기구의 한 가지. 위 속을 들여다보는 거울. 가스트로스코프.

위경(僞經)명 ☞경외 성경.

위-경련(胃痙攣)[-년]명 (위궤양이나 담석증·충수염 따위로) 위가 오그라지며 심한 통증을 일으키는 병증.

위계(危計)[-계/-게]명 위험한 계획이나 계책.

위계(位階)[-계/-게]명 ①벼슬의 품계. ②지위의 등급. ¶ 위계가 분명히 서다.

위계(爲計)[-계/-게]명 〔주로 한문 투의 편지 글에 쓰이어〕 '예정임'·'작정임'을 뜻하는 말. ¶ 추후 발표 위계.

위계(僞計)[-계/-게]명㉰ 거짓 꾸민 계획이나 계략. ¶ 위계를 쓰다.

위계-질서(位階秩序)[-계-써/-게-써]명 (나이나 지위 등에 따라 나누어진) 상하 관계에 있는 사람들 사이의 질서. ¶ 위계질서를 세우다.

위곡(委曲)[1]명 자세한 사정이나 곡절.

위곡(委曲)[2] '위곡하다'의 어근.

위곡-하다(委曲—)[-고카-]㉴ 자세하고 찬찬하다. 위상(委詳)하다. **위곡-히**㉮ ¶ 위곡히 타일러 보내다.

위공(偉功)명 위대한 공로. 위열(偉烈).

위과(僞果)명 ☞헛열매.

위관(胃管)명 의료 기구의 한 가지. 위를 세척하거나 위액을 검사할 때 쓰는 가느다란 고무관.

위관(尉官)명 군의 장교 계급에서, 대위·중위·소위를 통틀어 이르는 말.

위관(偉觀)명 훌륭한 경치. 위대한 광경(光景). 장관(壯觀).

위-관절(僞關節)명 골절(骨折)의 치유 장애의 한 가지. 골절부에 가동성(可動性)을 남기는 상태. 가관절(假關節).

위관택인(爲官擇人)명㉰ 관직에 등용하기 위하여 인재를 고름.

위광(威光)명 감히 범할 수 없는 권위나 위엄. ¶ 위광에 눌리다. /위광이 천하에 미치다.

위괴(違乖)[-괴/-궤]명㉰ 어기고 배반함.

위구(危懼)명㉰㉵ 염려하고 두려워함, 또는 그러한 느낌.

위구르^문자(Uighur文字)[-짜]명 9세기 무렵부터 수세기에 걸쳐 위구르 족이 사용했던 문자. 몽골 문자의 바탕이 되었음.

위구-스럽다(危懼—)[-따][~스러우니·~스러워]㉴ 염려되고 두렵다. **위구스레**㉮.

위구-심(危懼心)명 염려하고 두려워하는 마음.

위국(危局)명 위태한 시국이나 판국.

위국(爲國)명㉰ 나라를 위함.

위국(衛國)명㉰ 나라를 지킴.

위국-충절(爲國忠節)명 나라를 위한 충성스러운 절개.

위권(威權)명 위세와 권력. 위엄과 권세.

위권(僞券)[-꿘]명 위조한 문권(文券).

위-궤양(胃潰瘍)명 위의 점막이 헐고, 심하면 구멍이 나는 병.

위그노(Huguenot 프)명 16~17세기경의 프랑스 신교도를 통틀어 이르던 말. 칼뱅파(派)에 딸렸음.

위극(危極)명 ①㉴매우 위태함. ②경제 공황의 한 가지. 신용의 남용으로 생산·분배·교환 등의 활동이 마비되어 파산자가 잇달아 생기는 상태.

위근(胃筋)명 위벽을 이루는 근육.

위근^쇠약증(胃筋衰弱症)[-쇠-쯩/-쉐-쯩]명 위근이 약해져서 위벽의 수축 운동에 장애가 생긴 병증. 위아토니.

위-근시(僞近視)명 ☞가성 근시(假性近視).

위금(僞金)명 ①황화 제이주석으로 된 황금빛의 도료. 금박 대신으로 쓰임. ②알루미늄 10%와 동 90%로 된 알루미늄 청동.

위급(危急)명㉴ 매우 위태롭고 급함. ¶ 위급한 상황. /병세가 위급하다. /사태가 매우 위급하다.

위급존망지추(危急存亡之秋) [-쫀-] 명 일의 존망이 걸려 있는 매우 위태로운 때나 지경. 〔제갈량의 '출사표'에 나오는 말임.〕
위기(危機) 명 위험한 때나 고비. ¶ 위기에 처하다. /위기에서 벗어나다.
위기(胃氣) 명 위의 작용.
위기(偉器) 명 (보통 사람보다) 뛰어난 큰 인재.
위기(圍棋·圍碁) 명 하자 바둑을 둠, 또는 그 일.
위기(違期) 명 하자 되자 약속한 기한을 어김.
위기(衞氣) 명 한방에서, 음식의 양분이 피부와 주리(腠理)를 튼튼히 하여 몸을 지켜 주는 기운을 이르는 말.
위기-감(危機感) 명 위기에 처해 있거나 위기가 닥쳐오고 있다는 느낌. ¶ 위기감이 감돌다.
위기-관리(危機管理) [-괄-] 명 현대 사회에서, 끊임없이 밀어닥치는 경제적·정신적·사회적 위기에 적절히 대처하여 극복해 나가는 일.
위기-의식(危機意識) [-의-/-이-] 명 위기가 닥쳐오고 있다는 느낌.
위기-일발(危機一髮) 명 '눈앞에 닥친 위기의 순간'을 이르는 말. 위여일발(危如一髮).
위나니미슴(unanimisme 프) 명 20세기 초 프랑스에서 일어난 문학 운동의 한 가지. 군중 속에 들어가 집단의 심리와 감정을 평명(平明)히 표현하려는 것으로, 로맹(J. Romains) 등이 제창함.
위난(危難) 명 매우 위급하고 어려운 경우. ¶ 국가가 위난에 처하다.
위-남자(偉男子) 명 인품이나 용모가 뛰어난 남자. 위장부(偉丈夫).
위내(衞內) 명 임금의 거둥 때, 위병이 호위하고 있는 수레의 전후좌우를 이르던 말.
위노위비(爲奴爲婢) 명 하타 왕조 때, 역적의 처자를 종으로 삼던 일.
위답(位畓) 명 〈위토답(位土畓)〉의 준말.
위대(偉大) '위대하다'의 어근.
위대-하다(偉大-) 형여 (도량이나 업적 따위가) 크게 뛰어나고 훌륭하다. ¶ 위대한 인물.
위덕(威德) 명 위엄과 덕망.
위덩더 둥셩 감 〈옛〉 악곡의 여음(餘音). ¶ 위덩더 둥셩 어마님ᄀ티 괴시리 업세라(樂詞.思母曲).
위도(緯度) 명 지구 위의 위치를 나타내는 좌표의 한 가지. 적도에서 남북으로 잰 각거리. 적도를 0°로 하여 남북 각 90°에 이르며, 북으로 잰 것이 북위, 남으로 잰 것이 남위임. 씨도. 준 위(緯). ↔경도(經度)[1].
위도^변ː화(緯度變化) 명 자전축의 이동에 따라 생기는 위도의 주기적인 변화.
위독(危篤) '위독하다'의 어근.
위독-하다(危篤-) [-도카-] 형여 병이 몹시 중하여 목숨이 위태롭다. ¶ 위독한 환자. /할아버님의 용태가 위독하다.
위-동맥(胃動脈) 명 위에 분포되어 있는 동맥.
위-들다 [~드니·~들어] 자 연을 날릴 때, 연줄을 걸어 얽히게 하다. ¶ 위드는 방패연을 피하다.
위-뜸 명 한 마을의 위에 있는 부분. ↔아래뜸.
위락(萎落) 명 하자 시들어 떨어짐.
위락(慰樂) 명 위안과 즐거움. ¶ 위락 시설을 조성하다.
위란(危亂) 명 하형 나라가 위태하고 어지러움.
위랭(胃冷) 명 한방에서, 위가 냉한 상태를 이르는 말.
위략(偉略) 명 위대한 책략. 출중한 꾀.
위력(威力) 명 ①사람을 위압하는 힘. ②강대한 힘이나 권력. ¶ 핵무기의 위력.
위력(偉力) 명 위대한 힘. 뛰어난 힘.
위력-성당(威力成黨) 명 '울력성당'의 잘못.
위령(威令) 명 위엄 있는 명령.
위령(違令) 명 하자 명령을 위반함.
위령(慰靈) 명 하타 죽은 사람의 영혼을 위로함.
위령-곡(慰靈曲) 명 ☞진혼곡(鎭魂曲).
위령^미사(慰靈missa) 명 가톨릭에서, 세상을 떠난 이를 위한 미사를 이르는 말.
위령-제(慰靈祭) 명 죽은 사람의 영혼을 위로하는 제사. 진혼제(鎭魂祭). ¶ 전몰 장병을 위한 위령제가 엄숙히 거행되다.
위령-탑(慰靈塔) 명 죽은 사람의 영혼을 위로하기 위해 세우는 탑.
위례(違例) 명 하자 상례를 벗어나거나 어김.
위로(慰勞) 명 하타 되자 ①괴로움을 어루만져 잊게 함. ¶ 실의에 빠진 수재민을 위로하다. ②수고를 치사하여 마음을 즐겁게 함. ¶ 해외로 위로 휴가를 보내다.
위로-금(慰勞金) 명 위로하는 뜻으로 주는 돈. ¶ 수재민에게 위로금을 전달하다.
위루(危樓) 명 높은 누각.
위리(圍籬) 명 하타 왕조 때, 배소(配所)의 둘레에 가시나무로 울타리를 치던 일.
위리-안치(圍籬安置) 명 왕조 때, 외부와의 접촉을 못하게 위리한 배소(配所) 안에 중죄인을 가두어 두던 일.
위립(圍立) 명 하자타 삥 둘러싸고 섬.
위망(威望) 명 위세와 명망.
위망(僞妄) 명 거짓과 망령.
위명(威名) 명 위세를 떨치는 이름.
위명(偉名) 명 위대한 명성. ¶ 위명을 떨치다.
위명(爲名) '위명하다'의 어근.
위명(僞名) 명 거짓 이름.
위명-하다(爲名-) 자여 《남의 허물을 드러내려 할 때, 그 사람의 지위를 나타내는 말 뒤에 쓰이어》 '이른바 …이라 이름하다'의 뜻으로, 그 사람의 사회적 지위 따위를 얕잡아 이르는 말. ¶ 세상에 공직자라 위명하는 자가 협잡질이나 하다니….
위모(僞冒) 명 하타 거짓 언행으로 남을 속임.
위목(位目) 명 절에서, 성현이나 혼령의 이름을 종이에 쓴 것.
위무(威武) 명 ①위세와 무력. ②위엄 있고 씩씩함. ¶ 위무 당당.
위무(慰撫) 명 하타 위로하고 어루만져 달램. ¶ 수재민을 위무하다.
위문(慰問) 명 하타 불행한 사람이나 수고하는 사람들을 방문하고 위로함. ¶ 위문 공연. /국군 장병들을 위문하다.
위문-대(慰問袋) 명 (일선 장병이나 이재민 등에게) 위문하는 뜻에서 여러 가지 물품을 넣어 보내는 주머니.
위문-문(慰問文) 명 위문의 뜻을 적은 글.
위-문서(僞文書) 명 〈위조문서〉의 준말.
위문-편지(慰問便紙) 명 위문의 뜻을 나타내기 위하여 보내는 편지.
위문-품(慰問品) 명 위문하기 위하여 보내는 여러 가지 물품.
위물(僞物) 명 위조한 물건. 가짜 물건.
위미(萎靡) 명 하자 시들고 느른해짐.
위미부진(萎靡不振) 명 하자 시들고 약해져서 떨쳐 일어나지 못함.
위미-태(位米太) 명 조선 중기 이후, 토산품의 공물(貢物) 대신 바치던 쌀과 콩.
위민(爲民) 명 하자 백성(국민)을 위함. ¶ 공무원이 위민 봉공의 자세를 견지하다.

위민부모(爲民父母) 명 '임금은 온 백성의 어버이가 되고, 고을의 원은 고을의 어버이가 됨'을 이르는 말.

위반(違反) 명하타되자 (약속이나 명령 따위를) 어기거나 지키지 아니함. 위배. ¶ 법률 위반. / 전세 계약을 위반하다.

위방불입(危邦不入) 명하자 (군자는) 위험한 곳에 들어가지 아니함. 〔'논어'의 '태백편(泰伯篇)'에 나오는 말임.〕

위배(圍排) 명하타 죽 둘러서 벌여 놓음.

위배(違背) 명하타되자 ☞위반(違反).

위범(違犯) 명하타 법을 어겨 죄를 저지름.

위법(違法) 명하자 법을 위반함. ↔적법·합법.

위법-성(違法性) [-썽] 명 어떤 행위가 불법 행위 또는 범죄로 인정되는 객관적 요건.

위법성^조ː각^사ː유(違法性阻却事由) [-썽-싸-] 명 법률에서, 형식적으로는 위법성이 갖추어졌더라도 특히 그것을 위법으로 인정하지 않는 일. 정당 방위·긴급 피난 따위가 이에 해당함.

위법자폐(爲法自弊) [-짜폐/-짜페] 명하자 〔자기가 정한 법을 스스로 범하여 벌을 받는다는 뜻으로〕 '자기가 한 일로 자기가 고난을 받음'을 비유하여 이르는 말.

위법^처ː분(違法處分) 명 법규에 위반되는 행정 처분.

위법^행위(違法行爲) [-버팽-] 명 (행위의 객관적인 성질이) 법의 규범을 위반한 행위.

위벽(胃壁) 명 위의 안쪽을 이루고 있는 벽. 점막과 근막(筋膜)·장액막(漿液膜)으로 이루어짐.

위병(胃病) [-뼝] 명 '위에서 생기는 병'을 통틀어 이르는 말. 참위장병.

위병(萎病) 명 ☞시들병.

위병(衛兵) 명 ①호위하는 병사. ②경비하거나 단속하기 위하여 일정한 곳에 배치된 병사.

위병-소(衛兵所) 명 위병 근무를 맡은 병사가 근무하는 곳.

위복(威服) 명하자타 위력에 복종함, 또는 위력으로 복종시킴.

위복(威福) 명 ①위광(威光)과 복덕(福德). ②벌을 주고 복도 주는 임금의 권력.

위본(僞本) 명 위조한 책. ↔진본(眞本).

위부(委付) 명 ①맡겨 부탁하는 일. ②상법에서, 해상 보험의 목적물이 전손(全損)되었는지의 여부가 분명하지 않을 경우 피보험자가 보험자에게 그 목적물을 이전하는 일.

위부(胃腑) 명 ☞위(胃).

위부모-보처자(爲父母保妻子) 명하자 부모를 위하고 처자를 보호함.

위부인-자(衛夫人字) [-짜] 명 〔중국 서진(西晉)의 위부인의 필적을 닮았다는 데서〕 '갑인자(甲寅字)'를 흔히 이르는 말.

위불-없다(爲不-) [-부럽따] 형 〈위불위없다〉의 준말. **위불없-이** 부.

위불위-간(爲不爲間) 부 되든 안 되든, 또는 하든 안 하든 좌우간. ¶ 위불위간 소식을 전하시오.

위불위-없다(爲不爲-) [-업따] 형 틀림없다. 의심할 여지가 없다. ¶ 흘림 글씨가 위불위없는 그의 필적이다. 준위불없다. **위불위없-이** 부.

위비(位卑) 명하형 벼슬이 낮음.

위비(委畀) 명하타 국가의 대사(大事)를 신하에게 맡김.

위ː빙(weaving) 명 권투에서, 몸을 앞뒤나 좌우로 흔들어 상대편의 공격을 피하는 일.

위사(緯絲) 명 ☞씨실. ↔경사(經絲).

위사(衛士) 명 왕조 때, 대궐이나 능·관아·군영 등을 지키던 장교.

위산(胃散) 명 위병에 쓰는 가루약.

위산(胃酸) 명 위액 속에 들어 있는 산성 물질. 염산이나 젖산임.

위산(違算) 명하자 ①계산이 틀림, 또는 틀린 계산. ②계획이 틀림.

위산^결핍증(胃酸缺乏症) [-쯩] 명 ☞무산증(無酸症).

위산^과ː다증(胃酸過多症) [-쯩] 명 위산이 너무 많이 분비되어 위벽을 헐게 하는 병증.

위-삼각(胃三角) 명 의학에서, 위의 전벽(前壁)의 일부로서 전복벽(前腹壁)에 직접 접촉하여 삼각을 이루고 있는 부분을 이르는 말.

위상(位相) 명 ①어떤 사물이 다른 사물과의 관계에서 가지는 위치나 상태. ¶ 국가의 위상을 높이다. ②물리학에서, 주기적으로 되풀이되는 운동 중에 나타나는 상태나 위치의 변수. ③수학에서, 집합의 요소가 이루는 연속 상태, 또는 그런 구조. ④(지역이나 직업·성별·나이 따위의) 사회적 차이에 따라 나타나는 말씨의 차이.

위상(委詳) '위상하다'의 어근.

위상^기하학(位相幾何學) 명 기하학의 한 가지. 도형이나 공간의 연속적인 변형(變形)이 가진 불변의 성질을 연구함.

위상^수ː학(位相數學) 명 위상에 관한 연구를 하는 수학. 위상 공간론·위상 기하학·측정론 등을 통틀어 이르는 말. 토폴로지 수학.

위상^심리학(位相心理學) [-니-] 명 레빈의 심리학, 곧 그의 이론 및 실험적 연구를 이름. 레빈은 행동을 규정하는 여러 조건을 다루는 데 위상 기하학의 개념을 이용하였음. 토폴로지 심리학.

위상-어(位相語) 명 남녀·연령·직업·계층 등의 차이에 따라 독특하게 쓰이는 말. 〔여성어·유아어·학생어·직업어 따위.〕

위상-하다(委詳-) 형여 ☞위곡(委曲)하다.

위-샘(胃-) 명 위벽에 있는, 위액을 분비하는 소화샘. 위선(胃腺).

위생(衛生) 명 건강의 유지·증진을 위하여 질병의 예방이나 치료에 힘쓰는 일. ¶ 위생 관리. / 보건 위생. /위생 관념.

위생^공학(衛生工學) 명 공중위생을 위하여 상수도와 하수도 따위에 관한 문제를 다루는 공학의 한 분야.

위생-병(衛生兵) 명 군에서 위생에 관한 일을 맡아보는 병종(兵種), 또는 그 병사.

위생-복(衛生服) 명 위생을 위하여 특별히 입는 덧옷. 소독의(消毒衣).

위생-적(衛生的) 관명 위생에 알맞은 (것). 위생에 관련된 (것). ¶ 위생적 방법. /위생적인 식당 설비.

위생-학(衛生學) 명 위생에 관한 일들을 연구하는 의학의 한 분야. 〔정신 위생학·공중위생학 따위.〕

위서(僞書) 명 ①가짜 편지. ②비슷하게 만든 가짜 책. ③〈위조문서〉의 준말.

위ː-서다 자 ①혼인 때 신랑이나 신부를 따라가다. 후행하다. ②지체 높은 사람의 뒤를 따라가다.

위선(胃腺) 명 ☞위샘.

위선(爲先) 명하자 〈위선사(爲先事)〉의 준말.

위선(僞善) 명하자 겉으로만 착한 체함, 또는 겉치레로 보이는 선행(善行). ¶ 위선을 벗기다. 비사선(詐善).

위선(緯線)명 위도를 나타낸 가상의 선. 씨금. 씨줄. ↔경선(經線).
위선(爲先)부하자 ☞우선(于先).
위선사(爲先事)명하자 조상을 받들어 위함, 또는 그 일. 준위선.
위선-자(僞善者)명 겉으로만 착한 체하는 사람.
위선-적(僞善的)관명 겉으로만 착한 체하는 (것). ¶ 위선적 태도. /위선적인 인간.
위선지도(爲先之道)명 조상을 위하는 도리.
위성(危星)명 이십팔수의 하나. 북쪽의 다섯째 별자리. 준위(危).
위성(胃星)명 이십팔수의 하나. 서쪽의 셋째 별자리. 준위(胃).
위성(衛星)명 ①행성의 둘레를 운행하는 작은 천체. 〔지구에서의 '달'과 같은 것.〕 달별. 배성(陪星). ②(위성처럼) 주된 것 가까이에 있어, 그것을 지키거나 그것에 딸리어 있음을 나타내는 말. ¶ 위성 도시. ③〈인공위성〉의 준말.
위성-국(衛星國)명 〈위성 국가〉의 준말.
위성^국가(衛星國家)[-까]명 강대국의 주위에 있어 정치·외교·경제적 지배나 영향을 받고 있는 나라. 준위성국.
위성^도시(衛星都市)명 대도시 주변에 발달하여 대도시와 밀접한 관계를 맺고, 그 기능의 일부를 분담하고 있는 중소 도시. 참모도시(母都市).
위성^방:송(衛星放送)명 지상 방송국에서 전송한 방송 프로그램을 통신 위성이 변환 증폭하여 최종 이용자에게 직접 보내는 방식의 방송. 방송 위성의 텔레비전 중계기에서 전파를 발사하므로, 깨끗한 영상을 수신할 수 있고 난시청 지역이 해소됨.
위성-사진(衛星寫眞)명 인공위성에서 찍은 사진.
위성^중계(衛星中繼)[-계/-게]명 통신 위성이나 방송 위성을 이용한 중계 방식.
위성^통신(衛星通信)명 인공위성을 중계소로 이용하는 장거리 통신 방법.
위세(委細) '위세하다'의 어근.
위세(威勢)명 위엄이 있는 기세. ¶ 위세에 눌리다. /위세를 부리다. /위세가 당당하다.
위세-하다(委細-)형여 ☞상세(詳細)하다.
위수(位數)명 수(數)의 자리. 오른쪽에서부터 제1, 제2의 순으로 나아감. 〔일·십·백·천·만…의 차례로 헤아림.〕
위수(衛戍)명하타 ①(일정 지역의 경비와 질서 유지를 위해) 육군 부대가 한곳에 오래 주둔하는 일. ¶ 위수 사령부. /위수 지구(地區). ②☞수자리.
위수-령(衛戍令)명 육군 부대가 일정한 지역에 주둔하여, 경비와 질서 유지 및 군기(軍機)의 감시, 군에 딸린 시설물 등을 보호할 것을 규정한 대통령령. ¶ 시위가 폭동성을 띠자 그 도시 일대에 위수령을 발동했다.
위수-병(衛戍兵)명 ①위수 근무를 맡은 병사. ②지난날, 수자리를 살던 병정.
위수^병:원(衛戍病院)명 위수지에 설치한, 육군 소속의 병원.
위수-지(衛戍地)명 군대가 위수를 하고 있는 일정한 지역.
위스키(whiskey)명 양주의 한 가지. 보리·밀·옥수수 따위에 엿기름·효모를 섞어 발효시킨 다음 증류하여 만드는데, 알코올 함유량이 많음.
위시(爲始)명하타 여럿 중에서 어떤 대상을 첫번으로 삼음. 비롯함. 《주로, '위시하여'·'위시한'의 꼴로 쓰임.》 ¶ 큰아버지를 위시하여 일가친척이 한자리에 다 모였다.
위식(違式)명하자 격식에 어긋남.
위신(委身)명하자 어떠한 일에 몸을 맡김.
위신(威信)명 위엄과 신망. ¶ 위신을 지키다. /위신이 서다.
위신지도(爲臣之道)명 신하로서 마땅히 지켜야 할 도리.
위실(委悉)명하타 (뜻이나 일을) 자세히 앎.
위-아래명 ①위와 아래. 상하(上下). ¶ 위아래를 찬찬히 훑어보다. ②윗사람과 아랫사람. 아래위.
위아랫물-지다[-랜-]자 ①(한 그릇 속에서) 두 가지의 액체가 서로 섞이지 않고 나누어지다. ②나이나 계급의 차이 때문에 서로 어울리지 아니하다.
위-아토니(胃Atonie)명 위근 쇠약증.
위악(僞惡)명하자 일부러 악한 체함, 또는 그런 행동.
위안(元 중)의 중국의 화폐 단위.
위안(慰安)명하타되자 위로하여 안심시킴. ¶ 위안을 삼다. /위안이 되다.
위안-부(慰安婦)명 전시에, 일선의 군인을 위안하기 위하여 성(性)의 도구로 동원되는 여자.
위안-제(慰安祭)명 민속에서, 산소나 신주의 경동(驚動)을 위안하기 위하여 지내는 제사.
위안-처(慰安處)명 위안이 될 만한 곳.
위않명 〈옛〉동산. ¶ 위안해 토란과 바물 거두워 드릴시(杜初7:21).
위암(危岩)명 깎아지른 듯이 절벽을 이룬 높은 바위.
위암(胃癌)명 위 속에 생기는 암종(癌腫).
위압(威壓)명하타되자 위력으로 억누르거나 위엄으로 을러댐, 또는 그 압력.
위압-감(威壓感)[-깜]명 위압을 받는 느낌.
위압-적(威壓的)[-쩍]관명 위력으로 억누르거나 위엄으로 을러대는 (것). ¶ 직장 상사의 위압적 태도.
위액(胃液)명 위샘에서 위 속으로 분비되는 소화액. 단백질을 분해하는 한편 음식물의 해독도 함.
위액^결핍증(胃液缺乏症)[-결-쯩]명 위액의 분비가 낮아지거나 없어지면서 일어나는 병증. 무산증의 일종으로, 노인에게 많음.
위약(胃弱)명 위경(胃經)의 소화력이 약해지는 병을 두루 이르는 말.
위약(胃藥)명 위병(胃病)에 먹는 약을 통틀어 이르는 말.
위약(違約)명하자 약속이나 계약을 어김. 부약(負約).
위약(僞藥)명 (심리 요법의 필요에서) 의사가 환자에게 주사하거나 복용시키는 무해 무익한 약물.
위약-금(違約金)[-끔]명 계약 당사자가 계약 위반을 했을 때, 손해 배상으로 상대편에게 치르기로 정한 금전.
위약-하다(胃弱-)[-야카-]형여 위가 약하다.
위양(委讓)명하타되자 남에게 위임하여 양보함. ¶ 권리 위양.
위양-장(渭陽丈)명 남의 외숙(外叔)을 높여 이르는 말.
위어(葦魚)명 ☞웅어.
위언(違言)명하자 ①자기가 한 말을 어김, 또는 어긴 그 말. ②이치에 닿지 않는 말.
위언(僞言)명 거짓말.
위엄(威嚴)명하형스형 의젓하고 엄숙함, 또는 그러한 태도나 기세. ¶ 위엄이 있는 어조. 위엄스레부.

위엄-차다(威嚴-)형 매우 위엄이 있다. ¶ 위엄찬 음성으로 호령하다.
위업(偉業)명 위대한 사업이나 업적. ¶ 삼국 통일의 위업을 달성하다.
위업(爲業)명하타 생업으로 삼음.
위-없다[-업따]형 〔그 위에는 더 없다는 뜻으로〕 가장 높거나 좋다. **위없-이**부.
위여감 참새 떼를 쫓는 소리.
위여(偉如) '위여하다'의 어근.
위여일발(危如一髮)명 ☞위기일발.
위여-하다(偉如-)형여 위대하다.
위연(威然) '위연(威然)하다'의 어근.
위연(喟然) '위연(喟然)하다'의 어근.
위연-하다(威然-)형여 점잖고 엄숙한 데가 있다. ¶ 위연한 태도. **위연-히**부 ¶ 좌상(座上)으로서 상좌(上座)에 위연히 좌정하다.
위연-하다(喟然-)형여 한숨 쉬는 모양이 서글프다. **위연-히**부.
위열(偉烈)명 ①위대한 공로. 위공(偉功). ②위대한 공로를 남긴 사람.
위열(慰悅)명하타 위안하여 기쁘게 함.
위염(胃炎)명 위 점막에 생기는 염증성 질환을 통틀어 이르는 말. 〔급성과 만성이 있음.〕 위카타르.
위옹(胃癰)명 한방에서, 위장에 열기가 모여 생기는 종기를 이르는 말. 〔구토와 해소가 나고 피를 토하기도 함.〕
위왇다타 〈옛〉위하다. 섬기다. ¶ 위와돌 봉:奉(類合下14). /제 사오나보몰 붓그려 어디로몰 위와돌씨 慚이오(釋譜11:43).
위요(圍繞)[1]명 혼인 때, 가족으로서 신랑이나 신부를 데리고 가는 사람. 상객(上客). 후배(後陪). 후행. 변위우(位右).
위요(圍繞)[2]명하타되자 ①주위를 둘러쌈. ②☞요잡(繞匝).
위요-가다(圍繞-)자 혼인 때, 가족으로서 신랑이나 신부를 데리고 가다.
위요-지(圍繞地)명 ①어떤 땅을 둘러싸고 있는 둘레의 토지. ②다른 한 나라에 의하여 둘러싸인 영토.
위용(威容)명 위엄 있는 모양이나 모습. ¶ 위용을 과시하다.
위용(偉容)명 뛰어나게 훌륭한 용모나 모양.
위우(位右)명 〈위요(圍繞)[1]〉의 변한말.
위운(違韻)명 한문의 시부(詩賦)에서, 운자(韻字)가 틀리는 일.
위원(委員)명 (행정 관청이나 기타 단체 등에서) 특정한 사항의 처리나 심의를 위임받은 자로서 임명되거나 선출된 사람. ¶ 국무 위원.
위원-회(委員會)[-회/-훼]명 특정한 목적 아래 위원으로써 구성된 합의체.
위월(違越)명하타 위반함. 어김.
위유(慰諭)명하타 위로하고 타이름.
위유-사(慰諭使)명 조선 시대에, 천재지변이 있을 때 백성을 위로하려고 파견하던 임시 벼슬.
위의(危疑)[-의/-이]명하형 의심이 나서 마음이 불안함.
위의(威儀)[-의/-이]명 ①위엄이 있는 몸가짐이나 차림새. ②불교에서 이르는, 규율에 맞는 기거 동작. 행(行)·주(住)·좌(坐)·와(臥)의 네 가지 위의가 있음.
위의당당(威儀堂堂) '위의당당하다'의 어근.
위의당당-하다(威儀堂堂-)[-의-/-이-]형여 위엄 있는 거동이 훌륭하다.
위인(偉人)명 위대한 일을 한 사람, 또는 국량이 위대한 사람. 거인(巨人).
위인(爲人)명 사람의 됨됨이, 또는 됨됨이로 본 그 사람. 사람됨. ¶ 못난 위인 같으니라고.
위인(僞印)명 가짜 도장. 안인(贗印).
위인모충(爲人謀忠)명하자 남을 위하여 정성껏 일을 꾀함.
위인설관(爲人設官)명하자 어떤 사람을 위하여 벼슬자리를 새로 마련함.
위인-전(偉人傳)명 위인의 업적과 일화(逸話) 등을 사실에 맞게 적어 놓은 글이나 책.
위임(委任)명하타되자 ①일이나 처리를 남에게 맡김. ②법률에서, 당사자의 한 편(위임자)이 다른 편(수임자)에게 사무 처리를 맡기는 계약. ③행정청이 그 권한 사무를 다른 행정청에 위탁하는 일.
위임^대:리(委任代理)명 ☞임의 대리.
위임^명:령(委任命令)[-녕]명 법률의 위임을 받은 사항에 관하여, 법률 내용을 보충하기 위하여 내리는 행정 관청의 명령.
위임^입법(委任立法)[-뻡]명 법률의 위임에 따라 행정부가 법규를 정립(定立)하는 일.
위임-장(委任狀)[-짱]명 ①어떤 사람에게 일정한 사항을 위임한다는 뜻을 적은 서장(書狀). ②국제법상, 영사를 파견하는 나라가 어떤 사람을 영사로 임명한다는 뜻을 적은 문서.
위임^통:치(委任統治)명 일정한 지역이나 나라에 대하여, 다른 나라 또는 나라들이 국제적인 합의에 의하여 맡아서 하는 통치.
위자(慰藉)명하타 위로하고 도와줌.
위자-료(慰藉料)명 (재산이나 생명·신체·명예 따위를 침해하였을 때) 그 정신적 고통과 손해에 대하여 지급하는 배상금.
위자지도(爲子之道)명 자식 된 도리.
위작(僞作)명하타 ①☞위조(僞造). ②다른 사람의 작품을 흉내 내어 비슷하게 만듦, 또는 그런 작품.
위장(胃腸)명 위와 창자. 배[1].
위장(胃臟)명 ☞위(胃).
위장(僞裝)명하타되자 ①사실과 다르게 거짓 꾸밈, 또는 그 꾸밈새. ¶ 위장 결혼. ②(적의 눈을 속이기 위하여) 장비나 복장·행동 따위를 거짓으로 꾸밈, 또는 그 수단. 의장(擬裝).
위장-망(僞裝網)명 전투 시에, 장비나 시설 따위를 위장하는 데 쓰는 그물. ¶ 전차에 위장망을 씌우다.
위장-병(胃腸病)[-뼝]명 위장에 생기는 병증을 두루 이르는 말. 참위병(胃病).
위-장부(偉丈夫)명 ☞위남자.
위장^실업(僞裝失業)명 ☞잠재적 실업(潛在的失業).
위장-염(胃腸炎)[-념]명 위와 장에 생기는 염증. 〔위염·대장염 따위.〕 위장 카타르.
위장^카타르(胃腸catarrh)명 위장염.
위재(偉才)명 위대한 재주, 또는 그런 재주를 지닌 사람.
위적(偉跡·偉蹟)명 위대한 사적(事跡).
위적(偉績)명 위대한 공적.
위전(位田)명 ①지난날, 관아·학교·절 등의 유지 경비를 마련하기 위하여 따로 마련한 토지. 〔신라 때의 승위전(僧位田), 고려 시대의 학전(學田), 조선 시대의 공수전(公須田)·원위전(院位田) 따위.〕 ②〈위토전(位土田)〉의 준말.
위정(爲政)명하자 정치를 함.
위정-자(爲政者)명 정치를 하는 사람.

위정-척사(衛正斥邪)[-싸]명 조선 말기에, 정학(正學)인 주자학을 지키고 사도(邪道)인 천주교를 물리치자던 주장. 척사위정.

위조(僞造)명하타되자 (물건이나 문서 따위의) 가짜를 만듦. 안작(贋作). 안조(贋造). 위작(僞作). ¶ 여권을 위조하다.

위조-문서(僞造文書)명 거짓으로 꾸며 만든 문서. 준위문서(僞文書)·위서(僞書).

위조-죄(僞造罪)[-쬐/-쮀]명 권한이 없는 자가 문서·통화·유가 증권·인장 등을 위조함으로써 성립되는 범죄.

위조-지폐(僞造紙幣)[-폐/-페]명 위조한 지폐. 가짜 돈. 위폐(僞幣).

위족(僞足)명 원생동물 따위의 세포 표면에 형성된 원형질의 돌기. 이것으로 운동하며 먹이를 잡음. 허족(虛足). 헛발.

위종(衛從)명하타 호위하기 위하여 곁에 따름.

위주(爲主)명 주되는 것으로 삼음. ¶ 경공업 중심에서 중공업 위주의 산업 구조로 개편하다.

위중(危重) '위중하다'의 어근.

위중-하다(危重-)형여 병세가 무겁고 위태롭다. ¶ 그는 부친이 위중하다는 소식을 듣고 고향으로 내려갔다.

위증(危症)명 위중한 병세.

위증(僞證)명하자 ①거짓 증거, 또는 거짓으로 증명함. ②법원에서, 증인이 허위 진술을 함.

위증-죄(僞證罪)[-쬐/-쮀]명 법률에 따라 선서한 증인이 고의로 허위 진술을 함으로써 성립하는 죄.

위지(危地)명 위험한 곳이나 지위.

위지협지(威之脅之)[-찌]명하타 여러 가지 방법으로 위협함.

위집(蝟集)명하자 (고슴도치의 털처럼) 많은 것이 한데 또는 한시에 모여듦.

위-짝명 (아래위가 한 벌을 이루는 물건의) 위의 짝. ¶ 맷돌의 위짝. ↔아래짝·밑짝.

위-쪽명 ①위의 방향. 상방(上方). ¶ 고개를 위쪽으로 쳐들다. ②위의 자리나 곳. 상측(上側). ¶ 서가(書架)의 맨 위쪽에 있는 책들. ↔아래쪽.

위차(位次)명 벼슬의 품계나 등급의 차례.

위착(違錯)명하자 말한 내용의 앞뒤가 서로 어긋남. ¶ 모순과 위착의 연속.

위착-나다(違錯-)[-창-]자 말한 내용의 앞뒤가 서로 어긋나다.

위-채명 (집채가 둘 이상이 있을 때의) 위쪽에 있는 집채. ↔아래채.

위처자(爲妻子)명하자 처자를 위함.

위-청(-廳)명 윗사람이 있는 처소나 관청. 상청(上廳). ↔아래청.

위촉(委囑)명하타되자 남에게 맡겨 부탁함. ¶ 김 교수를 편집 고문으로 위촉하다.

위축(爲祝)명하타 불교에서, 나라를 위한 기도를 이르는 말.

위축(萎縮)명하자되자 ①마르거나 시들어서 오그라지고 쪼그라듦. ②(어떤 힘에 눌려서) 기를 펴지 못함. ¶ 마음이 위축되다. /건설 경기가 위축되다. ③정상이던 생물체의 기관·조직 따위의 크기가 줄어듦. ¶ 혈관이 위축되다.

위축-감(萎縮感)[-깜]명 무엇에 눌려서 기를 펴지 못하는 느낌.

위-출혈(胃出血)명 위의 질환으로 위벽에서 피가 나오는 증세.

위-층(-層)명 이 층 이상으로 된 건물이나 물건의 위쪽에 있는 층. 상층(上層). ↔아래층.

위치(位置)명 ①자리나 처소. ¶ 위치를 옮기다. ②사회적인 자리. 지위. ③하자 자리 잡고 있음. ¶ 우리 학교는 교외에 위치하고 있다.

위치-각(位置覺)명 ☞위치 감각.

위치^감:각(位置感覺)명 공간에서의 신체의 위치, 또는 신체 각 부분의 상대적인 위치에 대한 감각. 위치각.

위치^에너지(位置energy)명 물리학에서, 어떤 특정 위치에 있는 물체가 표준 위치로 돌아갈 때까지 일할 수 있는 에너지.

위치^천문학(位置天文學)명 ☞구면 천문학(球面天文學).

위친(爲親)명하자 어버이를 위함.

위친지도(爲親之道)명 어버이를 섬기는 도리.

위칭(僞稱)명하타 거짓 일컬음. 사칭(詐稱).

위^카메라(胃camera)명 위의 내부를 촬영하는 카메라.

위-카타르(胃catarrh)명 위염(胃炎).

위탁(委託)명하타되자 ①남에게 사물의 책임을 맡김. ②남에게 법률 행위나 사실 행위의 수행을 맡기는 일. ¶ 위탁 교육.

위탁^가공^무:역(委託加工貿易)[-까-]명 가공 무역의 한 가지. 외국의 위탁자가 국내의 수출업자나 제조업자에게 원료를 주어 가공하게 한 뒤, 재수출의 형식으로 자기 앞으로 실어 보내게 하는 무역 방식.

위탁-금(委託金)[-끔]명 일정한 계약 아래 남에게 위탁하여 두는 돈.

위탁^매매(委託賣買)[-탕-]명 거래에 유리한 상인에게 상품의 매입이나 판매를 위탁하는 일.

위탁-자(委託者)[-짜]명 위탁한 사람. ↔수탁자(受託者).

위탁^증권(委託證券)[-쯩꿘]명 증권의 발행자 자신이 급부 의무를 지지 않고 제삼자로 하여금 급부시키기 위하여 제삼자 앞으로 급부 위탁을 적은 증권.

위탁^출판(委託出版)명 저작자가 모든 비용을 부담하여, 출판사나 개인에게 출판에 관한 일을 맡겨서 책을 펴내는 일.

위탁^판매(委託販賣)명 물품을 중간 상인에게 위탁하여, 판매 수수료를 주고 판매하도록 하는 일.

위태(危殆) '위태하다'의 어근.

위태-롭다(危殆-)[-따][~로우니·~로워]형ㅂ 위태한 듯하다. ¶ 목숨이 위태롭다. **위태로이**부.

위태위태(危殆危殆) '위태위태하다'의 어근.

위태위태-하다(危殆危殆-)형여 매우 위태하다. ¶ 축대가 몹시 위태위태하다.

위태-하다(危殆-)형여 ①형세(형편)가 어려운 지경이다. ¶ 회사 형편이 위태하다. ②마음을 놓을 수 없다. ③위험하다. ¶ 위태하니 큰길에는 나가지 마라.

위-턱명 위쪽의 턱. 상악(上顎). ↔아래턱.

위턱-구름[-꾸-]명 ☞상층운(上層雲).

위토(位土)명 제사 또는 이에 관련된 일에 드는 비용을 마련하기 위하여 장만한 토지. 위토답·위토전 등이 있음.

위토-답(位土畓)명 위토로서의 논. 준위답.

위토-전(位土田)명 위토로서의 밭. 준위전.

위통명 물체의 위쪽 부분. ¶ 나무의 위통을 잘라 내다. ↔아래통.

위통(胃痛)명 위가 아픈 증세. 위염·위궤양 따위로 위에 분포된 지각 신경이 자극을 받아 생김.

위트(wit)명 ①기지(機智). 재치. ②익살.

위튼입구-몸(-口-)[-닙꾸-]명 한자 부수의 한 가지. '凸'·'出' 등에서의 '凵'의 이름.
위판(位版)명 ☞위패(位牌).
위-팔명 어깨에서 팔꿈치까지의 부분. 상박(上膊). 상완(上腕).
위패(位牌)명 〔절이나 단(壇)·묘(廟)·원(院)에 모시는〕 신주의 이름을 적은 나무패. 목주(木主). 위판(位版). ¶ 위패를 모시다. /위패를 안치하다.
위패-단(位牌堂)명 위패를 모신 사당.
위패-목(位牌木)명 ①위패를 만들 나무. ②아직 글씨를 쓰지 않은 위패.
위패-바탕(位牌-)명 위패를 꽂아 놓는 받침 나무.
위편(韋編)명 책을 맨 가죽 끈.
위편-삼절(韋編三絕)명 '독서에 힘씀'을 이르는 말. 〔'사기(史記)'의 '공자세가(孔子世家)'에 나오는 말로, 공자가 주역(周易)을 즐겨 읽어서 책을 묶은 가죽 끈이 세 번이나 끊어졌다는 고사에서 유래함.〕 삼절.
위폐(僞幣)[-폐/-페]명 위조한 화폐. 위조지폐.
위품(位品)명 벼슬의 품계.
위풍(威風)명 위엄이 있는 풍채나 모양.
위풍-당당(威風堂堂)명하형 (남을 압도할 만큼) 풍채가 의젓하고 떳떳함. ¶ 위풍당당한 장군의 모습. /장병들의 위풍당당한 행진.
위필(僞筆)명하타 남의 필적을 위조하여 씀, 또는 그 위조한 필적.
위하(威嚇)명하타 ☞위협(威脅).
위-하다(爲-)타여 ①(어떤 사람이나 사물을) 사랑하거나 소중히 여기다. ¶ 부모를 위한 정성. /책을 신주처럼 위하다. ②(공경하여) 말씨를 존대하다. ③(일정한 목적이나 행동을) 이루려고 생각하다. ¶ 승리를 위한 다짐. /너의 성공을 위해서 하는 말이다. ④(무엇을) 이롭게 하려고 생각하다. ¶ 사업의 성공을 위하여 전력을 다하다.
위하는 아이 눈이 먼다속담 무슨 일에나 너무 많은 기대를 걸면 도리어 잘되지 않는 법이라는 말.
위-하수(胃下垂)명 의학에서, 위가 정상 위치보다 아래로 처지는 증상.
위학(胃瘧)명 위에 탈이 나서 생긴 학질.
위학(僞學)명 ①정도(正道)에 어그러진 학문. ②(그 시대에 있어서) 정통(正統)이 아닌 학문이나 학파.
위한(胃寒)명 한방에서, '위가 냉해지는 증상'을 이르는 말.
위한(爲限)명하타 〔문어 투의 말〕 기한이나 한도를 정함.
위한(違限)명하타 약속한 기한을 어김.
위항(委巷)명 좁고 지저분한 거리.
위항-인(委巷人)명 서리(胥吏)·중인(中人)·평민 등을 통틀어 일컫던 말. 여항인(閭巷人).
위해(危害)명 위험한 재해, 특히 사람의 생명을 위협하는 해나 위험. ¶ 위해를 가하다.
위해-물(危害物)명 ①위험하고 해로운 물건. ②(폭발물이나 석유·가스 따위) 위해를 끼칠 만한 물건.
위허(胃虛) '위허하다'의 어근.
위허-하다(胃虛-)형여 위가 허약하다.
위헌(違憲)명하자 (어떤 법률이나 명령 등의 내용이나 절차 따위가) 헌법 규정을 어김. ↔합헌(合憲).
위헌-성(違憲性)[-썽]명 어떤 법률 행위가 헌법의 조문이나 정신에 위배되는 일. 비합헌성(非合憲性). ↔합헌성.
위험(危險)명하형스형 실패하거나 목숨을 위태롭게 할 만함. 안전하지 못함. ¶ 위험을 무릅쓰다. /음주 운전은 매우 위험하다. ↔안전. 위험스레부.
위험-성(危險性)[-썽]명 위험한 성질, 또는 위험해질 가능성.
위험^수역(危險水域)명 핵무기 실험이나 군사 연습 등으로 발생할 위험을 예방하기 위하여 설정하는 수역.
위험^수위(危險水位)명 물이 넘쳐 홍수가 일어날 위험이 있는 수위.
위험-시(危險視)명하타되자 위험하다고 여김.
위험^신:호(危險信號)명 (선로의 사고나 발파 작업 등의 경우에) 열차나 통행인에게 위험을 알려 정지시킬 때 쓰는 붉은 기(旗)나 등(燈)의 신호. 적신호(赤信號).
위험-인물(危險人物)명 ①위험한 사상을 품은 사람. ②마음을 놓을 수 없는 사람.
위험-천만(危險千萬)명하형 몹시 위험함. 위험하기 짝이 없음.
위협(威脅)명하타 으르고 협박함. 공하(恐嚇). 위하(威嚇). 협위(脅威). ¶ 위협 사격. /총을 겨누고 위협하다.
위협-색(威脅色)[-쌕]명 동물의 몸빛이 이상한 무늬나 빛깔을 띰으로써 포식자(捕食者)의 공격으로부터 벗어나는 효과가 있는 빛깔. 〔나비나 나방 등에서 볼 수 있는, 눈알 모양의 무늬 따위.〕
위협-적(威脅的)[-쩍]관명 위협이 되는 (것). ¶ 위협적 분위기. /위협적인 언동(言動).
위호(位號)명 작위(爵位)와 명호(名號)를 아울러 이르는 말.
위화(違和)명 ①몸이 편하지 않아 기분이 좋지 않음. ②다른 사물과 조화되지 않는 일.
위화-감(違和感)명 잘 어울리지 않아서 일어나는 어색한 느낌. ¶ 위화감을 조성하다.
위^확장(胃擴張)[-짱]명 위장이 병적으로 확장된 상태, 또는 그 증세.
위황(危慌) '위황하다'의 어근.
위황-병(萎黃病)[-뼝]명 ①한방에서, 청춘기의 여자에게 흔히 있는 빈혈증을 이르는 말. 피부 점막이 창백해지며 월경 불순, 손톱의 변화 등이 나타나고 체력이 약해짐. ②(벼나 콩 따위) 식물의 잎이 누렇게 되고 줄기가 위축되는 병.
위황-하다(危慌-)형여 위태하고 황망하다.
위훈(偉勳)명 위대한 훈공.
윈도:(window)명 ①〈쇼윈도〉의 준말. ②컴퓨터에서, 처리 결과를 눈으로 직접 볼 수 있는 화면 상의 한 부분에 지정된 영역.
윈도:쇼:핑(window-shopping)명 상점이나 백화점의 진열장이나 진열창 안의 상품을 구경만 하고 돌아다니는 일.
윈드서:핑(windsurfing)명 레저 스포츠의 한 가지. 판 위에 돛을 달아 바람의 힘으로 물 위를 달리는 일, 또는 그런 기술이나 결승점에 닿은 차례 따위로 승부를 겨루는 수상 경기.
윈치(winch)명 밧줄이나 쇠사슬을 감았다 풀었다 함으로써 물건을 위아래로 옮기는 기계를 통틀어 이르는 말. 권양기.
윌리윌리(willy-willy)명 오스트레일리아 북쪽의 주변 해상에서, 여름철에서 가을철에 걸쳐 발생하는 열대성 저기압.
윗-간(-間)[위깐/윋깐]명 (전통적 한옥에서, 방이 둘로 나뉘어 있을 때) 아궁이에서 먼 쪽에 있는 방. ↔아랫간.

윗-국명 '웃국'의 잘못.
윗기명 '웃기'의 잘못.
윗-길[위낄/윋낄]명 ①위쪽에 있는 길. ②(비교되는 것보다) 품질이 좋은 물품이나 등급. ¶ 자네 솜씨보다 윗길일세. ↔아랫길.
윗-녘[윈녁]명 ①위쪽. ¶ 윗녘 마을. ②☞뒤대. ＊윗녘이[윈녀키]·윗녘만[윈녕–]
윗-누이[윈–]명 손윗누이.
윗-눈썹[윈–]명 윗눈시울에 난 속눈썹. ↔아랫눈썹.
윗-니[윈–]명 윗잇몸에 난 이. 상치(上齒). ↔아랫니.
윗-다리[위따–/윋따–]명 다리의 윗부분. ↔아랫다리.
윗-당줄[위땅쭐/윋땅쭐]명 망건당에 꿴 당줄. ↔아랫당줄.
윗-대(–代)[위때/윋때]명 조상의 대(代). 상대(上代). 상세(上世).
윗-덧줄[위떧쭐/윋떧쭐]명 악보의 오선(五線)보다 위쪽에 붙는 덧줄.
윗-도리[위또–/윋또–]명 ①인체의 허리 윗부분. 상반신(上半身). ②〈윗도리옷〉의 준말. ③지위가 높은 계급. ④흙일 따위를 할 때, 책임자로서 일하는 사람. ①~③↔아랫도리.
윗도리-옷[위또–옫/윋또–옫]명 윗도리에 입는 옷. 준윗도리. ↔아랫도리옷. ＊윗도리옷이[위또–오시/윋또–오시]·윗도리옷만[위또–온–/윋또–온–]
윗-돈명 '웃돈'의 잘못.
윗-돌[위똘/윋똘]명 (돌로 쌓은 축대의) 위쪽 돌. ↔아랫돌.
윗-동[위똥/윋똥]명 〈윗동아리〉의 준말.
윗-동네(–洞–)[위똥–/윋똥–]명 (물의 흐름이나 지형의 높낮이로 보아서) 위쪽에 있는 동네. ↔아랫동네.
윗-동아리[위똥–/윋똥–]명 ①긴 물건의 위쪽 부분. 준윗동. ②〈윗도리〉의 속된 말. ↔아랫동아리.
윗-마기[윈–]명 저고리나 적삼을 두루 이르는 말. ↔아랫마기.
윗-마을[윈–]명 (물의 흐름이나 지형의 높낮이로 보아서) 위쪽에 있는 마을. ↔아랫마을.
윗-막이[윈–]명 물건의 위쪽 머리를 막은 부분. ↔아랫막이.
윗-머리[윈–]명 아래위가 같은 물건의 위쪽 끝 부분. ↔아랫머리.
윗-면(–面)[윈–]명 물건의 위쪽을 이루는 겉면. ↔아랫면.
윗-목[윈–]명 (구들을 놓은 방에서) 아궁이에서 멀고 굴뚝에 가까운 방바닥. ↔아랫목.
윗-몸[윈–]명 허리 윗부분의 몸. ↔아랫몸.
윗-물[윈–]명 강이나 내의 상류(上流) 쪽의 물. ↔아랫물.
윗물이 맑아야 아랫물이 맑다속담 윗사람의 행실이 깨끗해야 아랫사람의 행실도 거기에 따라 깨끗해진다는 말.
윗-바람[위빠–/윋빠–]명 ①물의 상류 쪽에서 불어오는 바람. ②연을 날릴 때, '서쪽에서 불어오는 바람'을 이르는 말. ↔아랫바람.
윗-반(–班)[위빤/윋빤]명 ①위 학년의 학급(學級). ②수준이나 등급을 아래위로 구분한 경우의 위가 되는 반. 상급반. ↔아랫반.
윗-방(–房)[위빵/윋빵]명 (방고래가 잇달린 두 방 중에서) 아궁이로부터 멀리 떨어진 쪽에 있는 방. ↔아랫방.
윗-배[위빼/윋빼]명 배의 배꼽 위쪽 부분. ↔아랫배.
윗-벌[위뻘/윋뻘]명 (한 벌 가운데서) 윗도리에 입는 옷. ↔아랫벌.
윗-변(–邊)[위뼌/윋뼌]명 다각형(多角形)에서의 위의 변.
윗-볼[위뽈/윋뽈]명 볼의 윗부분. ↔아랫볼.
윗-부분(–部分)[위뿌–/윋뿌–]명 전체 가운데 위에 해당되는 범위. ↔아랫부분.
윗-사람[위싸–/윋싸–]명 ①손윗사람. ¶ 윗사람을 섬기다. ②자기 또는 어떤 사람보다 지위나 신분 따위가 높은 사람. 상사(上司). ↔아랫사람.
윗-사랑(–舍廊)[위싸–/윋싸–]명 위채에 있는 사랑방. ↔아랫사랑.
윗-세장[위쎄–/윋쎄–]명 지게나 걸채 따위에서, 윗부분에 가로질러 박은 나무. ↔아랫세장.
윗-수염(–鬚髥)[위쑤–/윋쑤–]명 윗입술의 가장자리 위로 난 수염. ↔아랫수염.
윗-알[위달]명 수판에서, 가름대의 위쪽의 알. 〔한 알이 5를 나타냄.〕 ↔아래알.
윗-어른명 '웃어른'의 잘못.
윗-옷[위돋]명 윗도리에 입는 옷. 상의. 웃통. ＊윗옷이[위도시]·윗옷만[위돈–]
윗-입술[윈닙쑬]명 위쪽의 입술. 상순(上脣). ↔아랫입술.
윗-잇몸[윈닌–]명 위쪽의 잇몸. ↔아랫잇몸.
윗-자리[위짜–/윋짜–]명 ①윗사람이 앉는 자리. 상좌(上座). ②높은 지위나 순위. ③십진법에서, 어느 자리보다 높은 자리. ①②↔아랫자리.
윗-중방(–中枋)[위쭝–/윋쭝–]명 ☞상인방(上引枋).
윗-집[위찝/윋찝]명 바로 위쪽에 이웃하여 있는 집. 더 높은 곳에 있는 집. ↔아랫집.
윙부 ①좀 큰 날벌레나 물건이 매우 빨리 날아갈 때 나는 소리. ②기계의 바퀴가 돌아갈 때, 또는 바람이 가느다란 철사 따위에 세게 부딪칠 때 나는 소리. 작웽. 윙-윙부하자.
윙(wing)명 축구 따위의 포워드 진용 가운데서 바깥쪽의 자리, 또는 그 자리를 맡은 선수.
윙윙-거리다자 자꾸 윙윙하다. 윙윙대다. 작웽웽거리다.
윙윙-대다자 윙윙거리다.
윙크(wink)명하자 (상대에게 무엇인가 암시하거나 추파로서) 한쪽 눈을 깜짝여서 하는 눈짓.
유명 이중 모음인 한글 자모 'ㅠ'의 음가(音價) 및 이름.
유ː(有)명 ①존재함. 있음. (형체가) 있는 것. ¶ 무(無)에서 유를 낳다. ↔무(無). ②철학에서 이르는, 존재(存在). ③불교에서 이르는, 십이인연의 하나인 미(迷)로서의 존재.
유(酉)명 ①십이지(十二支)의 열째. ②〈유방(酉方)〉의 준말. ③〈유시(酉時)〉의 준말.
유ː(柳)명 〈유성(柳星)〉의 준말.
유(鈕)명 ☞인꼭지.
유ː(類)명 ①〈종류〉의 준말. ②☞무리[1]. ③생물 분류에서, '강(綱)'·'목(目)' 대신에 흔히 쓰는 말.
유-(有)접두 《일부 명사 앞에 붙어》 '있음'을 뜻함. ¶ 유분수. /유자격.
유ː가(有價)[–까]명 금전상의 가치가 있음.
유가(油價)[–까]명 석유의 가격.
유가(瑜伽←yoga 범)명 불교에서, 주관·객관의 모든 사물이 서로 응하여 융합하는 일.
유가(遊街)명하자 지난날, 과거 급제자가 좌주(座主)·선진(先進)·친척들을 찾아보기 위하여 풍악을 울리며 시가를 행진하던 일.

유가(儒家)명 공자의 학설·학풍 등을 신봉하고 연구하는 학자나 학파.
유:가-물(有價物)[-까-]명 경제적 가치가 있는 물건.
유-가족(遺家族)명 죽은 사람의 뒤에 남은 가족. 유족. ¶ 전몰 군경 유가족.
유:가^증권(有價證券)[-까-꿘]명 사법상(私法上)의 재산권을 표시한 증권. 〔어음이나 수표·채권·주권 따위.〕
유:가^증권^대:부(有價證券貸付)[-까-꿘-]명 유가 증권을 담보로 자금(資金)을 대부하는 일.
유:가^증권^위조^변:조죄(有價證券僞造變造罪)[-까-꿘-쬐/-까-꿘-쮀]명 법률에서, 유가 증권을 위조·변조 또는 허위로 기입하거나, 또는 그 행사·교부·수입 등을 함으로써 성립되는 죄.
유:각-호(有脚湖)[-가코]명 ☞유구호(有口湖).
유:감(有感)명 느끼는 바가 있음.
유감(遺憾)명 ①마음에 남아 있는 섭섭한 느낌. ②언짢은 마음. ¶ 그에게는 유감이 많다.
유:감^반:경(有感半徑)명 (지진이 났을 때) 진앙(震央)으로부터 가장 먼 유감 지점.
유감-스럽다(遺憾-)[-따][~스러우니·~스러워]형ㅂ 섭섭한 느낌이 있다. 언짢은 마음이 있다. ¶ 다른 사람도 아닌 네가 그런 생각을 가졌다니 정말 유감스럽다. **유감스레**부.
유감-없다(遺憾-)[-가멉따]형 마음에 부족하거나 언짢은 느낌이 없다. **유감없-이**부 ¶ 비록 졌으나 유감없이 싸운 경기였다.
유:감^지대(有感地帶)명 (지진이 났을 때) 지진동(地震動)을 인체가 느낄 수 있는 지역. ↔무감 지대.
유:감^지점(有感地點)명 (지진이 났을 때) 지진동을 인체가 느낄 수 있는 지점.
유:감^지진(有感地震)명 지진동이 직접 인체에도 느껴지는 지진. ↔무감 지진.
유감-천만(遺憾千萬)명 몹시 유감스러움. ¶ 제삼자인 내가 생각해도 정말 유감천만이다.
유감-하다(遺憾-)형여 마음에 차지 아니하여 섭섭하다.
유:개(有蓋)명 덮개나 뚜껑이 있음. ↔무개.
유:-개념(類概念)명 논리학에서, 어떤 개념의 외연(外延)이 다른 개념의 외연보다 크고 그것을 포괄할 경우, 뒤의 개념(종개념)에 대한 앞의 개념을 이르는 말. 〔곧, '개인'이나 '인종'에 대한 '인류' 따위.〕 참종개념(種槪念).
유:개-차(有蓋車)명 뚜껑이 있는 차량. 개차. ↔무개차(無蓋車).
유객(幽客)명 세상을 멀리하여 한가로이 사는 사람.
유객(留客)명하자 손님을 머물게 함.
유객(遊客)명 ①유람하는 사람. ②놀고 지내는 사람. ③주색으로 소일하는 사람.
유객(誘客)명하자 손님을 꾀어 들임.
유거(幽居)명하자 속세를 떠나 그윽하고 외딴곳에 삶, 또는 그 집.
유:거(柳車)명 왕조 때, 나라나 민간에서 장사지낼 때, 재궁(梓宮)이나 시체를 실어 끌던 큰 수레. 〔조선 세종 이후는 상여(喪輿)로 대신함.〕
유건(儒巾)명 지난날, 유생들이 쓰던 예관. 검은 베로 만들었음.
유격(遊擊)명하타 그때그때의 형편에 따라 우군을 도와 적을 침.
유격-대(遊擊隊)[-때]명 유격의 임무를 띠고, 주로 적의 배후나 측면에서 활동하는 특수 부대나 비정규군(非正規軍). 게릴라. 참파르티잔.
유격-수(遊擊手)[-쑤]명 야구에서, 이루와 삼루 사이를 지키는 내야수(內野手). 쇼트스톱.
유격-전(遊擊戰)[-쩐]명 유격대가 벌이는 싸움. 게릴라전.
유:견(謬見)명 그릇된 생각이나 견해.
유경(幽境)명 그윽하고 조용한 곳.
유경(留京)명하자 (볼일이 있어) 시골 사람이 서울에 와서 얼마 동안 머묾.
유경(鍮檠)명 놋쇠로 만든 등잔 받침.
유경-촛대(鍮檠-臺)[-초때/-촏때]명 유경을 걸 수 있게 만든 촛대.
유계(幽界)[-계/-게]명 저승. ↔현계(顯界).
유계(遺戒)[-계/-게]명 ☞유훈(遺訓).
유:고(有故)명하형 탈이나 사고가 있음. ¶ 유고 결근. ↔무고(無故).
유고(油袴)명 ☞유바지.
유고(諭告)명하타 〔타일러 알린다는 뜻으로〕 나라에서 결행할 일을 백성에게 알려 줌, 또는 그 알림.
유고(遺孤)명 부모를 여읜 외로운 아이.
유고(遺稿)명 죽은 사람이 생전에 써서 남긴 원고. 유초(遺草). ¶ 유고 시집. /유고를 모아 출판하다.
유곡(幽谷)명 그윽하고 깊은 산골.
유골(遺骨)명 ①죽은 사람의 뼈. 특히, 화장(火葬)하고 남은 뼈. 유해(遺骸). ¶ 유골을 강물에 뿌리다. ②무덤 속에서 나온 뼈. ¶ 유골을 발굴하다.
유:공(有功)명하형 공로가 있음. ¶ 유공 훈장(勳章). ↔무공(無功).
유공(遺功)명 죽은 뒤에까지 남아 있는 공.
유:공-성(有孔性)[-썽]명 물질이 가지는 성질의 한 가지. 모든 물질이 그 조직 사이에 작은 구멍을 갖는 성질. 고체나 액체가 기체를 흡수하고, 고체가 액체에 흡수되는 것은 이 성질 때문임.
유:공-자(有功者)명 공로가 있는 사람. ¶ 국가 유공자. /독립 유공자.
유:공-전(有孔錢)명 구멍 뚫린 엽전. ↔맹전(盲錢)·무공전.
유:공-충(有孔蟲)명 원생동물의 육질충 아문(肉質蟲亞門)에 딸린 한 목(目)의 동물들을 통틀어 이르는 말.
유:공충-니(有孔蟲泥)명 열대 지방의 바다 밑에 쌓여 있는, 유공충이 죽어서 된 진흙.
유과(油菓·油果)명 〈유밀과(油蜜菓)〉의 준말.
유과(乳菓)명 우유를 넣어 만든 과자.
유곽(遊廓)명 〔지난날, 공창(公娼) 제도가 있었을 때〕 창녀가 모여서 몸을 팔던 집이나 그 구역.
유:관(有關)명하형 관계가 있음. ¶ 자네와도 유관한 일일세. ↔무관(無關).
유관(留官)명 왕조 때, 고을 원의 직무를 대리로 보던 좌수(座首).
유관(遊觀)명하타 돌아다니며 구경함. 비유람(遊覽).
유관-속(維管束)명 ☞관다발.
유:관^식물(有管植物)[-싱-]명 ☞경엽 식물(莖葉植物). ↔세포 식물.
유광(流光)명 ①물에 비친 달빛. ②(흐르는 물처럼) '빨리 가는 세월'을 비유하여 이르는 말.
유:광-지(有光紙)명 겉쪽이 반들반들하며 광택이 있는 종이.
유괘(遺挂)명 죽은 이가 남기고 간 옷 따위.

유괴(誘拐)[-괴/-궤]명하타되자 (사람을) 속여 꾀어냄. ¶ 어린아이를 유괴하다.
유괴-범(誘拐犯)[-괴-/-궤-]명 남을 유괴한 범인이나 범죄.
유교(遺敎)명 ①☞유명(遺命). ②부처와 조사(祖師)가 후인을 위하여 남긴 교법(敎法).
유교(儒敎)명 (공자를 시조로 하고) 인의(仁義)를 근본으로 하는 정치·도덕의 실천을 주장한 유학의 가르침. 명교(名敎).
유구(悠久) '유구하다'의 어근.
유구(遺構)명 지난날의 토목(또는 건축) 구조를 알아볼 수 있는 실마리가 될 구조물의 유물(遺物).
유ː구(類句)[-꾸]명 시문(詩文)에서의 비슷한 글귀. 유사한 구(句).
유구-곡(維鳩曲)명 작자·연대 미상의 고려 속요. 비둘기를 노래한 내용. 속칭 '비두로기'. 〔'시용향악보'에 실려 전함.〕
유ː구무언(有口無言)명 〔입은 있으나 할 말이 없다는 뜻으로〕 변명할 말이 없음.
유ː구불언(有口不言)명 〔입은 있으되 말을 아니한다는 뜻으로〕 사정이 거북하거나 따분하여, 특별히 하고 싶은 말이 있어도 하지 아니함.
유ː구-조충(有鉤條蟲)명 조충과의 기생충. 몸길이 2~3 m, 마디 수는 800~900 개나 되며 머리에 26 개가량의 갈고리가 붙어 있음. 돼지를 중간 숙주(宿主)로 하여 사람의 장내(腸內)에 기생함.
유구-하다(悠久-)형여 연대가 아득히 길고 오래되다. 유원(悠遠)하다. ¶ 유구한 역사를 자랑하다. 유구-히부.
유ː구-호(有口湖)명 물이 흘러 나갈 하천이 있는 호수. 유각호(有脚湖). ↔무구호.
유군(幼君)명 ☞유주(幼主).
유ː권(有權)[-꿘]명 권리가 있음.
유ː권-자(有權者)[-꿘-]명 〔권리가 있는 사람이란 뜻으로〕 선거권이 있는 사람. 선거인.
유ː권^해ː석(有權解釋)[-꿘-]명 (주로 입법적인 해석에서) 국가 기관에 의해 공식적으로 하는 구속력 있는 해석. 공권적 해석(公權的解釋).
유규(幽閨)명 부녀자가 거처하는 방.
유근(幼根)명 ☞어린뿌리.
유글레나(Euglena)명 ☞연두벌레.
유금(遊金)명 쓰지 않고 놀리는 돈.
유금-류(游禽類)[-뉴]명 물 위를 헤엄쳐 다니는 새를 통틀어 이르는 말. 〔오리 따위.〕
유ː급(有給)명 급료가 있음. ↔무급(無給).
유급(留級)명하자되자 (학교 등에서) 진급(進級)하지 못하고 그대로 남음. ¶ 수업 일수가 모자라 유급되었다.
유ː급-직(有給職)[-찍]명 급료를 받는 직임(職任). 참명예직(名譽職).
유ː급^휴가(有給休暇)[-그퓨-]명 임금을 받으면서 쉬는 휴가.
유ː기(有期)명 〈유기한(有期限)〉의 준말. ¶ 유기 정학. ↔무기(無期).
유ː기(有機)명 ①생명을 가지며, 생활 기능을 갖추고 있음. ↔무기. ②(생물체와 같이) 전체를 이루고 있는 각 부분이 서로 밀접한 관련을 가지고 있는 것.
유ː기(柳器)명 ☞고리[2].
유기(遊技)명 오락으로서 승부를 겨루는 운동. 〔당구·볼링 따위.〕
유기(遺棄)명하타되자 내버리고 돌아보지 않음. ¶ 시체 유기. /직무 유기.
유기(鍮器)명 놋그릇.
유ː기^감ː각(有機感覺)명 심리학에서, 체내의 여러 기관의 활동이나 상태에 따라 일어나는 막연한 감각을 통틀어 이르는 말. 〔시장기·한기·피로·쾌·불쾌·구토 따위 감각.〕 보통 감각. 일반 감각. 장기 감각(臟器感覺).
유ː기^감ː정(有機感情)명 심리학에서, 유기 감각에 자극되어 일어나는 감정.
유ː기^공채(有期公債)명 일정한 시기에 일정한 방법에 따라 원금을 상환하는 의무를 지는 공채. ↔무기 공채.
유ː기^광ː물(有機鑛物)명 유기물에서 생긴 광물을 통틀어 이르는 말. 〔석탄·백토·호박(琥珀) 따위.〕
유기-그릇(鍮器-)[-륻]명 놋그릇. ＊유기그릇이[-르시]·유기그릇만[-른-]
유ː기^금ː고(有期禁錮)명 유기형(有期刑)의 한 가지. 1개월 이상 15년 이하의 금고. ↔무기 금고.
유ː기^농업(有機農業)명 농약·화학 비료 따위를 쓰지 않고, 유기 비료를 써서 짓는 농사법.
유ː기-물(有機物)명 ①생물에서, 생체(生體)를 이루고 그 기관을 조직하는 물질. ↔무기물. ②〈유기 화합물〉의 준말.
유ː기^비ː료(有機肥料)명 성분이 유기물인 비료, 곧 동·식물질의 비료. 〔녹비·퇴비·어비(魚肥) 따위.〕 ↔무기 비료.
유ː기-산(有機酸)명 화학에서, 산성을 보이는 유기 화합물을 통틀어 이르는 말. 〔포름산·아세트산·부티르산 따위.〕 ↔무기산(無機酸).
유ː기-암(有機岩)명 광산에서, 동식물의 유해가 물 밑에 겹으로 쌓여서 된 암석을 통틀어 이르는 말. 〔석회암·규조토 따위.〕
유ː기^유리(有機琉璃)명 합성수지의 한 가지. 무색투명하고 강인하며 가공성이 좋아 유리와 같은 용도로 쓰임.
유ː기-음(有氣音)명 'k·t·p' 따위의 파열음이 다음의 음에 옮을 때 터져 나오는 소리. 〔우리말에서는 'ㅊ·ㅋ·ㅌ·ㅍ·ㅎ' 따위의 소리.〕 거센소리. 격음. ↔무기음.
유ː기인-제(有機燐劑)명 인원자(燐原子)를 함유한 유기 화합물 가운데서 살충제로 쓰이는 약제.
유기-장(柳器-)명 ☞고리장이.
유기-장이(柳器-)명 ☞고리장이.
유ː기-적(有機的)관명 ①(유기물처럼) 생명이나 생활력이 있는 (것). ②(유기체처럼) 각 부분과 전체가 필연적 관계를 지니는 (것). ¶ 유기적 기능. /유기적인 구성.
유기-죄(遺棄罪)[-쬐/-쮀]명 노유(老幼)나 질병 등으로 부조(扶助)해야 할 사람을 보호할 의무가 있는 사람이 버려 둔 죄.
유ː기-질(有機質)명 유기물에 딸리는 물질이나 성질. ↔무기질.
유ː기^징역(有期懲役)명 유기형의 한 가지. 1개월 이상 15년까지의 징역. ↔무기 징역.
유ː기-체(有機體)명 ①생물에서, 유기적으로 이루어진 생활 기능을 가진 조직체, 곧 동식물 따위. ↔무기체. ②많은 부분이 일정한 목적 아래 통일·조직되어 그 각 부분과 전체가 필연적 관계를 가진 것.
유ː기체-설(有機體說)명 (사회 제도를 생물 체제에 견주어) 유기체로서 사회를 설명하는 학설. 18~19세기에 발달한 서구의 사회 이론으로, 헤겔의 국가관이 대표적임.

유ː-기한(有期限)명하형 정해진 기한이 있음. 준유기(有期). ↔무기한.
유ː기-형(有期刑)명 일정한 기간의 구금(拘禁)을 내용으로 하는 자유형. 유기 징역·유기 금고·구류 등이 있음. ↔무기형.
유ː기^호흡(有氣呼吸)명 ☞산소 호흡. ↔무기 호흡.
유ː기^화ː학(有機化學)명 유기 화합물을 연구 대상으로 하는 화학의 한 분야.
유ː기^화ː합물(有機化合物)[-함-]명 탄소를 주성분으로 하는 화합물을 통틀어 이르는 말. 준유기물. ↔무기 화합물.
유나(柔懦) '유나하다'의 어근.
유나-하다(柔懦-)형여 유약하고 겁이 많다.
유ː난명하형스형 보통과 달리 각별함, 또는 그 상태나 행동. ¶ 유난을 떨다. **유난-히**부 ¶ 눈이 유난히 큰 아이. **유난스레**부 ¶ 오늘 별빛은 유난스레 밝다.
유ː난무난(有難無難)명하형 있으나 없으나 다 곤란함.
유남(幼男)명 어린 사내아이.
유-납(鍮-)명 놋쇠를 만드는 데 섞는 아연.
유네스코(UNESCO)명 국제 연합 교육 과학 문화 기구. 교육·과학·문화의 보급과 국제 교류 증진을 통한 국가 간의 이해와 세계 평화를 추구하는 국제 연합의 전문 기관. [United Nations Educational, Scientific and Cultural Organization]
유녀(幼女)명 어린 계집아이.
유녀(猶女)명 조카딸.
유녀(遊女)명 ☞노는계집. 갈보. 논다니.
유년(幼年)명 어린 나이나 때, 또는 어린아이. ¶ 유년 시절.
유ː년(有年)명 ①☞풍년(豊年). ②여러 해.
유년(酉年)명 태세(太歲)의 지지(地支)가 유(酉)로 된 해. 〔을유(乙酉)·정유(丁酉) 따위.〕 닭해.
유년(流年)명 〈유년사주(流年四柱)〉의 준말.
유년(을) 내다관용 유년사주를 풀다.
유년(踰年·逾年)명하자 해를 넘김.
유년-기(幼年期)명 ①(어린이의 발달 단계를 나타내는 말로) 유아기와 소년기의 중간 시기, 곧 유아기의 후반 2년과 초등학교 1·2학년의 시기. ②지질학에서, 침식 윤회에서의 초기. ¶ 유년기 지형.
유년-사주(流年四柱)명 해마다 운수를 점치는 사주. 준유년.
유년-칭원법(踰年稱元法)[-뻡]명 고려·조선 시대에 왕위 계승에서 왕이 죽은 그해는 전왕(前王)의 연호를 그대로 쓰고, 그 다음 해부터 새 왕의 연호를 쓰기 시작하던 법.
유념(留念)명하타 마음에 새기고 생각함.
유녕(諛佞)명하자 남에게 아첨함.
유뇨-증(遺尿症)[-쯩]명 ☞야뇨증(夜尿症).
유ː능(有能)명하형 재능이나 능력이 있음. ¶ 성실하고 유능한 사람. /유능한 인재. ↔무능.
유능제강(柔能制剛)명하자 부드러운 것이 능히 굳센 것을 이김.
유니버ː시아드(Universiade)명 국제 학생 경기 대회. 〔2년마다 열림.〕
유니세프(UNICEF)명 국제 연합 아동 기금. 1946년 개발도상국 아동의 복지 향상을 위하여 설립한 국제 연합의 특별 기구. [United Nations International Children's Emergency Fund]
유니섹스(unisex)명 ①옷이나 머리 모양 따위가 남녀의 구별이 없는 것, 또는 그러한 풍조. ②남성의 여성화, 여성의 남성화 경향으로, 성의 구별이 없는 상태를 이르는 말.
유니언^잭(Union Jack)명 영국의 국기.
유니폼ː(uniform)명 ①제복(制服). ②단체 경기를 하는 선수들이 똑같이 맞추어 입는 운동복.
유ː-다르다(類-)[~다르니·~달라]형르 다른 것과 몹시 다르다. 특별하다. 유별나다. ¶ 유다른 인생.
유다-서(←Judas書)명 신약 성서 중의 한 편. 유다가 썼다는 편지로, 교회 내의 이단자(異端者)와 악덕자(惡德者)를 경계하고 바른길을 권하는 내용임.
유단(油單)명 기름에 결은, 두껍고 질긴 큰 종이.
유ː단-자(有段者)명 (검도·유도·바둑 등에서) 초단 이상의 사람. ¶ 태권도 유단자.
유ː-달리(類-)부 유다르게. 유별나게. ¶ 소쩍새 울음소리가 오늘따라 유달리 구슬프다.
유당(乳糖)명 ☞젖당.
유대(紐帶)명 〔끈과 띠라는 뜻으로〕 기구·단체·나라 따위가 서로 인연을 맺은 관계. ¶ 동맹국과 유대를 강화하다. /동포들 사이의 돈독한 유대를 재확인하다.
유대(←Judea)명 기원전 10~6세기경, 지금의 팔레스타인 지방에 있었던 유대 민족의 왕국. 참유태(猶太).
유대-감(紐帶感)명 여러 개인이나 단체들 사이를 이어 주는 공통된 느낌.
유대-교(←Judea教)명 모세의 율법을 기초로 발달한 유대 사람의 민족 종교. 유일신 여호와를 믿고, 여호와 하느님의 선민(選民)임을 자처하며 메시아가 올 것을 믿고 있음. 유태교.
유대^인(←Judea人)명 셈 어족으로 히브리 어를 쓰고 유대교를 믿는 민족. 유태인.
유대-주의(←Judea主義)[-의/-이]명 ☞시오니즘.
유덕(有德) '유덕하다'의 어근.
유덕(遺德)명 죽은 이가 끼친 덕.
유ː덕-하다(有德-)[-더카-]형여 덕을 갖추거나 덕망이 있다. ↔무덕(無德)하다.
유ː도(有道)명하형 〔무도(無道)에 대하여〕 '덕행(德行)이 있거나 정도(正道)에 맞음'을 이르는 말.
유도(乳道)명 ①젖이 나오는 분비샘. ②젖이 나오는 분량.
유도(柔道)명 두 경기자가 맨손으로 맞잡고 서서 서로 상대편의 힘을 이용하여 넘어뜨리거나 몸을 눌러 조르거나 하여 승부를 겨루는 운동. 일본에서 유술(柔術)을 개량하여 만든 스포츠임.
유도(誘導)명되자 ①하타일정한 방향으로 나아가도록 이끎. 또는, 꾀어서 이끎. ¶ 차량 유도. /물건을 사도록 유도하다. ②하자물리학에서, 전기나 자기가 자계(磁界)·전계(電界) 속에 있는 어떤 물체에 미치는 작용. 감응. ③하자생물에서, 동물의 배(胚)의 일부가 다른 부분의 분화를 일으키는 작용.
유도(儒道)명 유가(儒家)의 도(道).
유도^기전기(誘導起電機)명 정전(靜電) 유도를 이용하여 전기를 모아 놓는 실험 장치. 감응 기전기.
유도^기전력(誘導起電力)[-절녁]명 전자기 유도에 따라 일어나는 기전력. 감응 기전력.
유도^단위(誘導單位)명 물리학에서, 기본 단위에서 유도한 단위를 이르는 말. 곧, 기본 단위에서 에너지·힘·속도·가속도 등의 단위가 유도되는 따위.

유도^신:문(誘導訊問)명 혐의자를 신문할 때, 예상하는 죄상(罪狀)의 단서를 얻기 위해 교묘한 질문을 하여 무의식중에 자백을 하도록 이끄는 신문. ¶ 유도 신문에 넘어가다.
유도-자(誘導子)명 〔전기에서〕 ①자기(自己) 인덕턴스나 상호 인덕턴스의 표준이 되는 코일. ②코일을 갖지 않고 톱니바퀴를 가진 강자성체로 된 회전자(回轉子).
유도^작전(誘導作戰)[-쩐]명 적군이 알지 못하는 사이에 아군의 계책에 빠지도록 하는 작전.
유도^전:기(誘導電氣)명 ☞감응 전기.
유도^전:동기(誘導電動機)명 교류 전동기의 한 가지. 고정자(固定子)와 회전자로 되어 있음. 감응 전동기.
유도^전:류(誘導電流)[-절-]명 전자기 유도에 따라 일어나는 전류. 감응 전류. 감전 전류.
유도^코일(誘導coil)명 1차 코일에 흐르는 전류를 단속(斷續)시켜 2차 코일에 높은 전압을 얻도록 한 장치. 감응 코일.
유도-탄(誘導彈)명 ☞미사일(missile).
유:독(有毒)명하형 《일부 명사 앞에 쓰이어》 독기(毒氣)가 있음. ¶ 유독 가스. /유독 물질. ↔무독(無毒).
유독(幽獨) '유독하다'의 어근.
유독(流毒)명하자 (세상에) 해독이 널리 퍼짐, 또는 그 해독.
유독(遺毒)명하자 해독을 끼침, 또는 아직 남아 있는 해독.
유독(唯獨·惟獨)부 (여럿 가운데) 홀로. 오직 홀로. ¶ 다 찬성인데 유독 너만 반대냐.
유:독-성(有毒性)[-썽]명 독기(毒氣)가 있는 성질. ¶ 유독성 화학 물질.
유독-하다(幽獨-)[-도카-]형여 쓸쓸하여 외롭다.
유동(油桐)명 대극과의 낙엽 활엽 교목. 높이 10 m가량. 줄기와 가지는 회갈색이며, 재목으로 쓰임. 열매는 둥근데, 그 씨에서 '동유(桐油)'라는 기름을 짬.
유동(流動)명하자 ①(액체나 기체 따위가) 흘러 움직임. ②(사람이나 형세 따위가) 이리저리 옮겨 다니거나 변천함. ¶ 유동 인구. /유동하는 국제 정세.
유동(遊動)명하자 자유로이 움직임.
유동^공채(流動公債)명 모집액이나 기한 및 이자 따위가 확정되지 않은 단기 공채. ↔확정 공채.
유동-물(流動物)명 유동성이 있는 물질. 〔기체나 액체 따위.〕
유:동-법(類同法)[-뻡]명 밀(J.S. Mill)이 든 다섯 가지 귀납법의 하나. 둘 이상의 사례(事例)에서 단 하나의 사례만 공통되더라도 이 공통 사례를 현상의 원인 또는 결과로 판단하는 방법. 일치법(一致法).
유동-성(流動性)[-썽]명 ①(액체처럼) 흘러 움직이는 성질. ②이리저리 옮겨 다니는 성질. ③기업이, 경영상의 여러 가지 요구에 적시(適時)에 대응하는 데 필요한 지급 능력.
유동-식(流動食)명 씹지 않고 삼킬 수 있는 음식. 소화하기 쉬워 흔히 환자용으로 쓰임. 〔미음이나 죽·우유 같은 것.〕
유동-원목(遊動圓木)명 통나무의 양쪽 끝을 쇠사슬로 나직이 매달아 앞뒤로 움직일 수 있게 하여 그 위를 걸어다니게 만들어 놓은 놀이 기구.
유동^자본(流動資本)명 한 번 사용함으로써 그 가치의 전부가 생산물로 전이(轉移)되어 버리는 자본. 〔운전 자본·경영 자본 따위.〕 ↔고정 자본(固定資本).
유동^자산(流動資産)명 현금, 또는 1년 이내에 현금화할 수 있는 자산. 〔현금·상품·미수금 따위.〕 ↔고정 자산.
유동-적(流動的)관명 유동의 성질을 띤 (것). ¶ 유동적 상황. /유동적인 상태.
유동-체(流動體)명 ☞유체(流體).
유두(乳頭)명 ①젖꼭지. ②동물의 피부나 혀 따위에 있는, 젖꼭지 모양의 돌기(突起).
유두(流頭)명 민속에서, '음력 유월 보름날'을 명절로 이르는 말. 〔이날, 동쪽으로 흐르는 물에 머리를 감고, 수단(水團) 따위를 만들어 먹음.〕
유두-분면(油頭粉面)명하자 〔기름 바른 머리와 분 바른 얼굴이라는 뜻으로〕 '부녀자의 화장, 또는 화장한 여자'를 이르는 말.
유둣-물(流頭-)[-둔-]명 유두를 전후하여 많이 내리는 비. ¶ 유둣물이 지다.
유들-유들[-들류-/-드류-]부하형 부끄러운 줄 모르고 뻔뻔한 데가 있는 모양. ¶ 그 사람은 얼마나 유들유들한지 꼴도 보기 싫다.
유:디:티:(UDT)명 수중(水中) 파괴반. 상륙용 주정(舟艇)의 접근을 막기 위해 설치한 해안 부근의 수중 장애물을 파괴하거나 제거하는 최소 단위 부대. [underwater demolition team]
유라시아(Eurasia)명 '유럽'과 '아시아'를 한 대륙으로 묶어 이르는 말.
유라시안(Eurasian)명 유럽 사람과 아시아 사람 사이에 태어난 사람.
유락(乳酪)명 우유를 가공하여 만든 식품. 〔버터·식용 크림 따위.〕
유락(流落)명하자 ①(고향을 떠나) 타향에 삶. ②(망하여) 떠돌아다님.
유락(遊樂)명하자 놀며 즐김.
유람(遊覽)명하타 구경하며 돌아다님. ¶ 명승지를 유람하다. 비유관(遊觀).
유람-객(遊覽客)명 돌아다니며 구경하는 사람.
유람-선(遊覽船)명 관광이나 유람용으로 사용되는 여객선.
유랑(流浪)명하타 일정한 거처 없이 떠돌아다님. ¶ 유랑 극단. 비유리표박(流離漂泊).
유랑-민(流浪民)명 일정한 거처가 없이 이리저리 떠돌아다니는 백성.
유래(由來)명하자되자 (사물이 어디에서) 연유(緣由)하여 옴, 또는 그 내력.
유래-담(由來談)명 사물의 내력에 대한 이야기.
유래지풍(由來之風)명 옛적부터 전하여 오는 풍속.
유량(乳量)명 젖의 양.
유량(流量)명 유체(流體)가 단위 시간에 흐르는 양. ¶ 유량을 조절하다.
유량(留糧)명 객지에서 먹으려고 마련한 양식.
유:러달러(Eurodollar)명 유럽의 은행에 예치되어 주로 단기의 이자 차액을 목적으로 운용되는 달러 자금. 참아시아달러.
유:럽(Europe)명 육대주의 하나. 아시아의 서북부에 돌출한 반도 모양의 대륙과 이에 딸린 여러 섬으로 이루어짐. 구주(歐洲). 유럽 주.
유:럽^주(Europe洲)명 ☞유럽.
유려(流麗) '유려하다'의 어근.
유려-하다(流麗-)형여 (글이나 말이) 유창하고 아름답다. **유려-히**부.

유ː력(有力)명하형 ①힘이 있음. 세력이 있음. 유세(有勢). ¶ 유력 일간지. /유력 인사. /유력한 사람. ↔무력(無力). ②가능성이 많음. ¶ 유력한 우승 후보.

유력(遊歷)명하타 (여러 곳을) 놀며 두루 돌아다님.

유ː력-시(有力視)[-씨]명하타되자 유력하다고 여김. 가능성이 많다고 여김. ¶ 당선이 유력시되는 후보.

유련(留連)명하자 객지에 머묾.

유련-황락(流連荒樂)[-낙]명하자 유흥을 좋아하고 주색에 빠짐.

유렵(遊獵)명하자 놀이로서 사냥을 함, 또는 놀러 다니면서 하는 사냥. 유익(遊弋).

유령(幼齡)명 어린 나이.

유령(幽靈)명 ①죽은 사람의 혼령. 망혼(亡魂). ②죽은 사람의 혼령이 생전의 모습으로 나타난 형상. ③실제로는 없는 것을 마치 있는 것처럼 꾸민 것을 이르는 말. ¶ 유령 단체.

유령^도시(幽靈都市)명 (광산(鑛山) 경기(景氣) 따위로) '갑자기 번창했다가 경기 후퇴로 쇠망해 버린 빈 도시'를 비유하여 이르는 말.

유령^인구(幽靈人口)명 (거짓 신고 따위로 생긴) 실제로는 없는 인구.

유령-주(幽靈株)명 ①실제로는 주금(株金)을 불입하지 않았는데도 불입한 것처럼 꾸며서 발행한 주식. ②유령 회사의 주식. ③위조한 주식.

유령^회ː사(幽靈會社)[-회-/-훼-]명 법적으로 정당한 절차를 밟지 않은 이름뿐인 회사, 또는 이름만 등록하고 주금(株金)을 불입하지 않은 회사.

유ː례(謬例)명 잘못된 사례(事例).

유ː례(類例)명《주로 없거나 적다는 뜻의 서술어와 함께 쓰이어》같거나 비슷한 예. ¶ 그런 유례를 찾아볼 수 없다.

유ː례-없다(類例-)[-업따]형 (그와) 비슷한 전례가 없다. ¶ 유례없는 물가고. **유례없-이**부.

유로(流路)명 물이 흐르는 길.

유로(流露)명하자 (진상이) 나타나거나 드러남.

유ː로(Euro)의 유럽 연합의 화폐 단위.

유ː로퓸(europium)명 희토류 원소의 한 가지. 무색인 2가(價)와 담홍색인 3가의 화합물을 만듦. 〔Eu/63/151.96〕

유록(柳綠)명 ①푸른빛과 누른빛의 중간 빛. ②봄철의 버들잎의 빛깔.

유록(黝綠)명 검은빛을 띤 녹색.

유ː록-화홍(柳綠花紅)[-로콰-]명 〔버들은 푸르고 꽃은 붉다는 뜻으로〕'봄철의 경치'를 말할 때 흔히 쓰는 말.

유ː료(有料)명 요금(料金)을 내게 되어 있음. ¶ 유료 입장. /유료 주차장. ↔무료.

유ː료^도ː로(有料道路)명 통행료를 받는 도로.

유료^작물(油料作物)[-장-]명 기름을 짤 목적으로 재배하는 작물. 〔들깨·콩·평지 따위.〕

유ː루(有漏)명 불교에서, '번뇌에 얽매임', 또는 '번뇌에 얽매인 사람'을 이르는 말. 속인(俗人). ↔무루(無漏).

유루(流淚)명하자 ☞유체(流涕).

유루(遺漏)명하자되자《주로 '없다'와 함께 쓰이어》(필요한 것이) 비거나 빠짐. ¶ 그는 모든 일에 유루가 없이 기민하다. 비탈루(脫漏).

유류(油類)명 기름 종류에 딸린 것을 두루 이르는 말. ¶ 유류 저장 탱크.

유류(遺留)명하타되자 ①(물건 따위를) 남겨 둠. ②(죽은 뒤에) 물려줌.

유류-분(遺留分)명 상속을 받은 사람이 다른 일정한 상속인을 위하여 법률상 반드시 남겨 두어야 할 유산의 일정 부분.

유류^파동(油類波動)명 유류의 품귀(品貴)로 일어난, 세계적인 경제 파동. 오일쇼크.

유류-품(遺留品)명 ①죽은 뒤에 남겨 둔 물품. ②잊어버리고 놓아 둔 물품.

유륜(乳輪)명 ☞젖꽃판.

유리(由吏)명 지난날, 지방 관아에 딸린 '이방(吏房)의 이전(衙前)'을 이르던 말.

유ː리(有利)명하형 이익이 있음. 이로움. ¶ 피고에게 유리한 증언. ↔불리(不利).

유ː리(有理)¹명 더하기·빼기·곱하기·나누기의 네 가지 연산 이외의 관계를 포함하지 않는 일. ↔무리(無理)².

유리(有理)² '유리하다'의 어근.

유리(流離)명하자 〈유리표박〉의 준말.

유리(琉璃)명 규사(硅砂)와 소다회·석회 따위를 섞어서 녹였다가 급히 냉각시켜 만든 물질. 단단하고 투명하나 깨어지기 쉬움. 파리(玻璃).

유리(遊離)명하자되자 ①(다른 것에서) 떨어짐, 또는 떨어져 존재함. ¶ 대중과 유리된 정치. ②단체(單體) 또는 기(基)가 딴 원소와 화합하지 않고 분리되어 존재하거나 화합물에서 분리되는 일.

유리(瑠璃)명 ①금빛의 작은 점이 여기저기 박혀 있는, 검푸른빛이 나는 광물. ②검푸른빛이 나는 보석.

유리-걸식(流離乞食)[-씩]명하자 정처 없이 떠돌아다니며 빌어먹음.

유리-관(琉璃管)명 유리로 만든 관. 흔히, 화학 실험 용구로 쓰임.

유리-구슬(琉璃-)명 유리로 만든 구슬. 장난감이나 장식용으로 쓰임. 유리알.

유리-그릇(琉璃-)[-른]명 유리로 만든 그릇. 〔유리 접시·유리컵·유리병 따위.〕 *유리그릇이[-르시]·유리그릇만[-른-]

유리-론(唯理論)명 ☞합리주의(合理主義).

유리-막(琉璃膜)명 동물의 상피 조직 겉면에 어떤 물질의 분비에 의하여 생기거나 바깥층의 세포질이 굳어져서 된 물질. 사진기의 어둠상자와 같은 구실을 함.

유리-면(琉璃綿)명 ☞유리솜.

유리-목(楡理木)명 ☞오리나무.

유리-병(琉璃甁)명 유리로 만든 병.

유리^섬유(琉璃纖維)명 용해된 유리를 섬유 모양으로 만든 것. 전기 절연재나 단열재 따위로 쓰임.

유리^세ː포(遊離細胞)명 다세포 동물의 세포 중에서 일정한 조직을 이루지 않고 독립적으로 행동하는 세포. 〔생식 세포나 혈구(血球) 따위.〕

유리-솜(琉璃-)명 솜 모양으로 만든 유리 섬유의 한 가지. 석면의 대용품으로 전기 절연과 단열 따위에 쓰임. 유리면. 참유리 섬유.

유ː리-수(有理數)명 정수(整數)나 분수(分數)의 형식으로 나타낼 수 있는 수. ↔무리수.

유ː리-식(有理式)명 근호 속에 문자를 포함하지 않은 대수식(代數式). 〔정식(整式)과 분수식(分數式)을 아울러 이름.〕↔무리식(無理式).

유리-알(琉璃-)명 ①유리로 만든 안경알. ②유리 구슬.

유리-잔(琉璃盞)명 유리로 만든 잔.

유ː리^정ː식(有理整式)명 근호(根號)를 쓰지 않고 나타낼 수 있는 정식.

유리-창(琉璃窓)명 유리판을 낀 창문.

유리-체(琉璃體)명 안구의 내부를 채우고 있는 투명하고 연한 물질. 앞쪽은 수정체, 옆과 뒤쪽은 모양체와 망막에 둘러싸여 있음. 안구의 형태를 유지하고 빛을 통과시켜 망막에 상을 맺게 함. 초자체(硝子體).

유리-컵(琉璃cup)명 유리로 만든 컵.

유리-판(琉璃板)명 유리로 만든 평평한 판. 참판유리.

유리-표박(流離漂泊)명하자 일정한 집과 직업이 없이 이리저리 떠돌아다님. 준유리. 비유랑(流浪).

유ː리-하다(有理－)형여 사리에 맞다. 이치가 있다.

유린(蹂躪·蹂躏)명하타되자 남의 권리나 인격을 함부로 짓밟음. ¶ 정조를 유린하다./적군의 발길에 국토가 유린되었다.

유림(儒林)명 유도(儒道)를 닦는 학자들, 또는 그들의 사회. 사림(士林).

유마(留馬)명하타 지난날, 마소를 징발하여 쓰던 일.

유마(를) 잡다관용 군용(軍用)으로 마소를 징발하다.

유마-경(維摩經)명 유마 거사(維摩居士)와 문수 보살(文殊菩薩)이 대승(大乘)의 깊은 뜻에 대해 문답한 내용을 기록한, 대승 불교 초기의 경전.

유막(帷幕)명 기밀을 의논하는 곳. 작전을 계획하는 곳. 유악(帷幄).

유ː만부동(類萬不同)명하형 ①비슷한 것이 많으나 서로 같지는 아니함. ②분수에 맞지 않음. 정도에 넘침. ¶ 배은망덕도 유만부동이지, 네가 나한테 그럴 수가 있느냐.

유말(酉末)명 십이시의 유시의 끝. 하오 7시에 가까운 무렵.

유ː망(有望)명하형 앞으로 잘될 듯한 희망이나 전망이 있음. ¶ 유망 직종./전도가 유망한 청년.

유망(遺忘)명하타 잊어버림.

유ː망-주(有望株)명 ①앞으로 시세가 오를 가망이 있는 주식이나 증권. ②'장래가 촉망되는 사람'을 비유하여 이르는 말.

유ː머(humor)명 익살스러운 농담. 해학(諧謔). ¶ 유머 감각이 풍부하다.

유ː머러스-하다(humorous－)형여 해학이 있거나 익살스럽다. ¶ 그는 유머러스한 언행으로 사람들을 곧잘 웃기곤 한다.

유ː머레스크(humoresque)명 경쾌하고 유머러스한 기악곡의 한 형식. 참해학곡.

유ː머^소ː설(humor小說)명 ☞해학 소설.

유면(宥免)명하타되자 (잘못을) 용서하여 놓아줌.

유ː명(有名)명하형 ①이름이 있음. ②이름이 널리 알려져 있음. ¶ 유명 인사./세계적으로 유명한 화가. 비저명(著名). ↔무명.

유명(幽明)명 ①어둠과 밝음. ②저승과 이승.

유명을 달리하다관용 '죽다'를 완곡하게 이르는 말.

유명(幽冥)명 ①하형그윽하고 어두움. ②저승.

유명(遺命)명 (임금이나 부모 등이) 임종할 때 내리는 분부. 유교(遺敎).

유ː명^계ː약(有名契約)[－계－/－게－]명 매매나 증여 등, 일상생활에서 자주 쓰이는 계약의 전형으로서 민법이 정하는 계약. ↔무명 계약.

유명-론(唯名論)[－논]명 중세 철학에서, 개체(個體)만이 실재하고 보편은 개체에서 추상하여 얻은 명목에 지나지 않는다고 하였던 이론. 명목론(名目論). ↔실념론(實念論).

유ː명-무실(有名無實)명하형 이름뿐이고 실상이 없음.

유ː명-세(有名稅)[－쎄]명 (스포츠나 연예, 그 밖의 방면에서) '세상에 이름이 널리 알려진 일 때문에 겪게 되는 어려움'을 세금에 비유하여 속되게 이르는 말. ¶ 유명세를 치르다.

유몌(濡袂)[－몌/－메]명 눈물로 옷소매를 적심, 또는 눈물에 젖은 옷소매.

유모(乳母)명 어머니를 대신하여 젖을 먹여 길러 주는 여자. 젖어머니.

유모-차(乳母車)명 어린아이를 태워서 밀거나 끌고 다니게 만든 자그마한 차. 동차(童車). 유아차.

유모^혈암(油母頁岩)명 ☞석유 혈암.

유목(幼木)명 어린나무.

유목(流木)명 (물에 떠서) 흘러가는 나무.

유목(遊牧)명하자 거처를 정하지 않고 물과 목초(牧草)를 따라 소·양·말 등의 가축을 몰고 다니며 하는 목축.

유목-민(遊牧民)[－몽－]명 유목을 하면서 이동 생활을 하는 민족.

유몽(幼蒙)명 어린아이.

유묘(幼苗)명 어린 모종.

유무(由無)명 지난날, 관원이 갈릴 때, 보관하던 물품 따위의 인계가 끝났음을 나타내기 위하여 녹패(祿牌)에 먹으로 찍던 글자.

유ː무(有無)명 있음과 없음. ¶ 경험의 유무.

유ː무-상통(有無相通)명하타 있는 것과 없는 것을 서로 융통함.

유ː무죄간(有無罪間)[－죄－/－줴－]명 죄가 있든지 없든지 관계하지 아니함.

유묵(遺墨)명 죽은 이가 남긴 글씨나 그림.

유문(幽門)명 위(胃)의 아래쪽 십이지장과 잇닿은 부분. 괄약근(括約筋)이 있어 항상 닫혀 있고, 이따금 열려 음식물을 장(腸)으로 보냄. 참분문(噴門).

유문(留門)명하타 조선 시대에, 특별한 일이 있어 밤중에 궁궐 문이나 성문 닫는 것을 중지시키던 일.

유문(遺文)명 죽은 이가 남긴 글.

유문-암(流紋岩)명 정장석과 석영·운모 따위로 이루어진 화성암. 도자기의 원료나 건축 재료로 쓰임.

유물(油物)명 기름을 칠하여 결은 물건.

유물(留物)명 쓸모가 없어 버려 둔 물건.

유물(唯物)명 (물질만이 존재한다고 하여) 물질만을 위주로 생각하는 일. ↔유심(唯心).

유물(遺物)명 ①(죽은 이가) 남겨 놓은 물건. 유품(遺品). ②과거의 인류가 남긴 유형(有形)의 제작품. 〔특히, 부피가 작고 옮길 수 있는 물건을 이름.〕 ¶ 신석기 시대의 유물을 발굴하다. ③'이미 그 효력을 잃어 쓸모없이 된 이전 시대의 제도나 이념 따위'를 비유하여 이르는 말. ¶ 구시대의 유물.

유물-관(唯物觀)명 유물론에 입각하여 사물을 보는 견해나 관점. ↔유심관.

유물-론(唯物論)명 영혼이나 정신 따위의 실재(實在)를 부정하고, 우주 만물의 궁극적 실재는 물질뿐이라고 보는 이론. 〔고대 그리스에서 비롯하여 마르크스에 이르는 무신론(無神論)의 근거가 됨.〕 ↔유심론(唯心論).

유물^변ː증법(唯物辨證法)[－뻡]명 ☞변증법적 유물론.

유물^사ː관 (唯物史觀) [-싸-] 명 마르크스주의의 역사관. 역사적 발전을 유물 변증법의 관점에서 설명한 것으로, 물질적·경제적 생활 관계를 사회 발전의 궁극적인 원동력으로 보는 관점. 사적 유물론(史的唯物論). ↔유심 사관.

유미 (乳糜) 명 ①젖으로 쑨 죽. ②장벽에 흡수된 지방의 작은 입자 때문에 젖빛이 된 림프액.

유ː미 (柳眉) 명 〔버들잎 같은 눈썹이라는 뜻으로〕 '미인의 눈썹'을 이르는 말.

유미-관 (乳糜管) 명 ☞안주관.

유미-뇨 (乳糜尿) 명 지방분이 섞여 젖빛이 된 오줌을 누는 병증.

유미-주의 (唯美主義) [-의/-이] 명 ☞탐미주의(耽美主義).

유미-파 (唯美派) 명 ☞탐미파(耽美派).

유민 (流民) 명 고향을 떠나 낯선 땅을 떠돌아다니는 백성.

유민 (遊民) 명 직업이 없이 놀고 지내는 사람.

유민 (遺民) 명 망하여 없어진 나라의 백성.

유밀-과 (油蜜菓·油蜜果) 명 쌀가루나 밀가루의 반죽을 밀어서 여러 가지 모양으로 빚은 조각을 기름에 지져서 꿀이나 조청에 잰 과자. 〔약과·다식과·타래과 따위.〕 밀과. 준유과(油菓).

유-바지 (油-) 명 비가 올 때 마부들이 입는, 기름에 결은 바지. 유고(油袴).

유박 (油粕) 명 깻묵.

유발 (乳鉢) 명 약을 빻거나 가는 데 쓰이는 보시기 모양의 그릇. 도자기나 유리 따위로 만듦. 막자사발. 참약연(藥碾).

유발 (誘發) 명하타되자 어떤 일이 원인이 되어 다른 일이 일어남, 또는 일으킴. ¶ 동기 유발. /사라예보의 총성이 제일 차 세계 대전을 유발했다.

유발 (遺髮) 명 죽은 이의 머리털.

유방 (酉方) 명 이십사방위의 하나. 정서(正西)를 중심으로 한 15도 범위 이내의 방위. 경방(庚方)과 신방(辛方)의 사이. 준유(酉). ↔묘방(卯方).

유방 (乳房) 명 포유동물의 가슴이나 배에 있는, 젖을 분비하기 위한 기관. 가운데에 젖꼭지가 있고 거기에 젖샘이 나 있어 젖을 분비함. 젖.

유방 (遺芳) 명하자 후세에 빛나는 영예를 남김.

유방백세 (流芳百世) [-쎄] 명하자 꽃다운 이름이 후세에 길이 전함.

유방-암 (乳房癌) 명 ☞유암(乳癌).

유방-염 (乳房炎) [-념] 명 여자의 유방에 생기는 염증.

유배 (流配) 명하타되자 (죄인을) 귀양 보냄.

유ː배유^종자 (有胚乳種子) 명 식물에서, 배젖을 가지는 종자. 〔감·벼 따위.〕 ↔무배유 종자.

유배-지 (流配地) 명 유배된 곳.

유-백색 (乳白色) [-쌕] 명 젖빛.

유벌 (流筏) 명 강물에 띄워 보내는 뗏목.

유법 (遺法) 명 ①옛사람이 남긴 법. ②불교에서, '부처의 가르침'을 이르는 말.

유벽 (幽僻) '유벽하다'의 어근.

유벽-하다 (幽僻-) [-벼카-] 형여 한적하고 구석지다.

유ː별 (有別) 명하형스형 구별이 있음. 다름이 있음. ¶ 남녀 유별. **유별-히** 부. **유별스레** 부 ¶ 왜 너만 유별스레 반찬 투정을 하니?

유별 (留別) 명하자 (떠나는 사람이) 뒤에 남는 사람에게 작별함. ↔송별.

유ː별 (類別) 명하타되자 종류에 따라 구별함. 종별(種別).

유ː별-나다 (有別-) [-라-] 형 (다른 것과) 두드러지게 다르다. 별나다. ¶ 유별나게 굴다. /유별난 짓을 하다.

유ː병 (有病) 명하형 병이 있음. ↔무병(無病).

유보 (留保) 명하타되자 ①(뒷날로) 미룸. 보류. ¶ 임금 인상을 유보하다. /발표가 유보되다. ②법률에서, 권리나 의무에 관하여 제한을 붙임.

유보^약관 (留保約款) [-꽌] 명 외국법의 적용에서, 그 결과가 사회의 질서에 위반될 때 그 적용을 배척할 수 있는 경우를 규정하는 국제 사법상(私法上)의 예외 규정. 참금지법.

유ː-보ː트 (U-boat) 명 제1·2차 세계 대전 중에 독일이 사용하였던 대형 잠수함.

유ː복 (有服) 명 〈유복지친(有服之親)〉의 준말.

유복 (有福) '유복(有福)하다'의 어근.

유복 (裕福) '유복(裕福)하다'의 어근.

유복-자 (遺腹子) [-짜] 명 어머니의 배 속에 있을 때 아버지를 여의고 태어난 자식. 유자(遺子).

유ː복지친 (有服之親) [-찌-] 명 복제(服制)에 따라 상복을 입는 가까운 친척. 준유복·유복친.

유ː복-친 (有服親) 명 〈유복지친〉의 준말.

유ː복-하다 (有福-) [-보카-] 형여 복이 있다. ¶ 유복한 사람.

유복-하다 (裕福-) [-보카-] 형여 살림이 넉넉하다. ¶ 유복한 가정에서 태어나다. /어린 시절을 유복하게 보내다.

유봉 (乳棒) 명 유발(乳鉢)에 약을 넣고 갈 때 쓰는 막자.

유부 (幼婦) 명 어린 부녀자.

유ː부 (有夫) 명 남편이 있음.

유ː부 (有婦) 명 아내가 있음.

유부 (油腐) 명 기름에 튀긴 두부.

유부 (猶父) 명 아버지의 형제. 삼촌. 참유자.

유ː부-간 (有夫姦) 명 남편이 있는 여자가 딴 사내와 간통하는 일.

유부-국수 (油腐-) [-쑤] 명 유부를 썰어 얹어서 만 국수.

유ː부-남 (有婦男) 명 아내가 있는 남자. ↔유부녀.

유ː부-녀 (有夫女) 명 남편이 있는 여자. ↔유부남.

유부-유자 (猶父猶子) 명 삼촌과 조카.

유-부족 (猶不足) 명하형 오히려 부족함.

유ː-분수 (有分數) 명 분수가 있음. 《주로, '-어도 유분수지'의 꼴로 쓰임.》 ¶ 사람을 업신여겨도 유분수지, 그럴 수가 있나?

유불 (儒佛) 명 ①유교와 불교. ②유가(儒家)와 불가(佛家).

유불선 (儒佛仙) [-썬] 명 유교·불교·선교를 아울러 이르는 말. 삼교(三敎).

유ː불여무 (有不如無) [-려-] 명 〔있어도 없음만 못하다는 뜻으로〕 '있으나마나 함'을 이르는 말.

유비 (油肥) 명 동물성 기름으로 된 거름.

유ː비 (類比) 명 ①하자 되자 ☞유추(類推). ②하타되자비교함. ③철학에서, 서로 다른 사물의 상호 간에 대응적으로 존재하는 유사성 또는 동일성을 이름.

유ː비-무환 (有備無患) 명 '준비가 있으면 근심할 것이 없음'을 이르는 말. 〔'서경'의 '열명편'에 나오는 말임.〕 ¶ 유비무환의 정신.

유ː비쿼터스 (Ubiquitous 라) 명 〔언제 어디에나 존재한다는 뜻으로〕 때와 장소에 구애받지 않고 자유로이 네트워크에 접속할 수 있는 정보 통신 환경.

유빙 (流氷) 명 ☞성엣장.

유ː사 (有史) 명 역사가 시작됨. 역사가 있게 됨. ¶ 유사 이래 최대의 풍년.

유ː사(有司)명 ①어떤 단체의 사무를 맡아보는 직무, 또는 그 사람. ¶ 종친회 유사. ②☞집사(執事)[1].
유사(有事) '유사하다'의 어근.
유사(流沙)명 하천에서, 물에 밀려 흘러내리는 모래.
유사(遊絲)[1]명 작은 시계의 초침을 움직이게 하는, 나선 모양의 가느다란 부속품.
유사(遊絲)[2]명 아지랑이.
유사(瘐死)명하자 (고문·질병 따위로) 감옥에 갇혀 고생하다가 죽음.
유사(遺事)명 ①후세에 전하는 사적(事跡). ②(죽은 이가) 생전에 남긴 일이나 사업.
유ː사(類似)명하형 서로가 비슷함. ¶ 유사 단체. /저 두 사람은 형제처럼 생김새가 유사하다.
유ː사^분열(有絲分裂)명 세포 분열의 한 형식. 핵 속에 염색체가 나타나서 새로 생겨나는 세포의 핵에 고르게 분배되는 일. 간접 분열. ↔무사 분열(無絲分裂).
유ː사^상호(類似商號)명 특정의 상호와 똑같지는 않으나 혼동 또는 오인될 우려가 있는 상호.
유ː사-성(類似性)[-썽]명 서로 비슷한 성질. ¶ 내용의 유사성.
유ː사-시(有事時)명 비상한 일이 있을 때. 유사지추(有事之秋). ¶ 일단 유사시에 대비하다.
유ː사^시대(有史時代)명 인간이 문헌적 역사 자료를 가지기 시작한 때부터 현대에 이르는 시대. 구석기 시대에서 현대에 이르는 시대. 참선사 시대.
유ː사^연합(類似聯合)명 현재의 의식 내용이나 경험이 그것과 유사한 다른 의식 내용이나 경험을 환기시키는 과정.
유사입검(由奢入儉)[-껌]명하자 사치를 폐하고 검소하기에 힘씀.
유ː사-점(類似點)[-쩜]명 서로 비슷한 점.
유ː사^종교(類似宗教)명 공인(公認)을 받지 못한 종교.
유ː사지추(有事之秋)명 ☞유사시(有事時).
유ː사-품(類似品)명 서로 비슷한 물품, 또는 비슷하게 만든 물품.
유ː사-하다(有事-)형여 큰일이 있다. 사변이 있다.
유ː산(有産)명 재산이나 재물이 많이 있음. ↔무산(無産).
유산(乳酸)명 ☞젖산.
유산(油酸)명 ☞올레산.
유산(流産)명되자 ①하자타달이 차기 전에 태아가 죽어서 나옴. 낙태(落胎). 타태(墮胎). ②하자'계획한 일이 중지됨'을 비유하여 이르는 말. ¶ 세계 대회가 유산되다.
유산(硫酸)명 ☞황산.
유산(遊山)명하자 산으로 놀러 나감.
유산(遺産)명 ①죽은 이가 남겨 놓은 재산. ¶ 부친으로부터 막대한 유산을 물려받다. ②'전대(前代)의 사람들이 물려준 사물이나 문화'를 비유하여 이르는 말. ¶ 냉전 시대의 유산을 청산하다. /본받아야 할 값진 유산.
유산-객(遊山客)명 산에 놀러 나온 사람.
유ː산^계급(有産階級)[-계-/-게-]명 많은 재산을 가지고 풍요한 생활을 하는 신분의 계급. 부르주아지. ↔무산 계급(無産階級).
유산-균(乳酸菌)명 ☞젖산균.
유산^발효(乳酸醱酵)명 ☞젖산 발효.
유산^상속(遺産相續)명 ☞재산 상속.
유ː산소^운ː동(有酸素運動)명 근육에 산소가 공급되도록 움직이는 동안에 계속 숨을 쉬며 하는 운동. 조깅·에어로빅스·줄넘기 따위가 대표적이며, 몸속의 지방을 산화시킴.
유산^음ː료(乳酸飮料)[-뇨]명 ☞젖산 음료.
유ː산-자(有産者)명 재산이 많은 사람. 유산 계급에 속하는 사람. ↔무산자(無産者).
유산-지(硫酸紙)명 ☞황산지.
유산-탄(榴散彈)명 포탄의 한 가지. 탄환이 터질 때 속에 든 많은 산탄이 튀어 나가게 만듦.
유살(誘殺)명하타 꾀어내어 죽임.
유삼(油衫)명 비나 눈을 막기 위하여 옷 위에 껴입는, 기름에 결은 옷. 유의(油衣).
유ː상(有償)명 ①(한 일에 대하여) 보상이 있는 것. ②값이나 삯을 받는 일. ¶ 유상 원조. ↔무상(無償).
유상(油狀)명 기름과 같은 모양.
유상(遺像)명 ①죽은 사람의 초상(肖像). ②☞잔상(殘像).
유ː상^계ː약(有償契約)[-계-/-게-]명 당사자끼리 대가(對價)를 치르기로 약속하는 계약. 〔고용이나 매매 따위의 계약.〕
유상-곡수(流觴曲水)[-쑤]명 ☞곡수유상.
유ː상^대ː부(有償貸付)명 대가를 받고 빌려 주는 일. ↔무상 대부(無償貸付).
유ː상^몰수(有償沒收)[-쑤]명 어떤 사물의 소유주에게 대가(對價)를 주고 하는 몰수.
유ː상-무상(有象無象)명 ①천지간에 있는 모든 물체. ②어중이떠중이.
유상^석회(乳狀石灰)[-서쾨/-서퀘]명 ☞석회유.
유ː상^증자(有償增資)명 주주(株主)로부터 증자의 불입금을 직접 징수하는 증자. ↔무상 증자.
유ː상^행위(有償行爲)명 어떠한 급부(給付)에 대하여 대가를 치르는 법률 행위. 〔매매나 고용 계약 따위.〕 ↔무상 행위(無償行爲).
유ː색(有色)명하형《주로 일부 명사 앞에 쓰이어》빛깔이 있음. ¶ 유색 옷감. ↔무색.
유ː색-인(有色人)명 ①(황색·동색·흑색 따위의) 유색 피부를 가진 사람. ②〈유색 인종(有色人種)〉의 준말.
유ː색^인종(有色人種)명 백색 인종 이외의 인종을 통틀어 이르는 말. 준유색인. 참백색 인종.
유ː색-체(有色體)명 (엽황소나 카로틴 따위) 엽록소 이외의 색소를 함유하는 색소체(色素體). 식물의 뿌리나 꽃잎 또는 과실 따위에 함유되어 광합성을 하지 않음.
유생(幼生)명 변태 동물의 어린 것. 〔곤충에서는 애벌레라고 하며, 개구리에 대한 올챙이 따위가 있음.〕 ¶ 올챙이는 개구리의 유생이다.
유ː생(有生)명 생명이 있음.
유생(酉生)명 유년(酉年)에 태어난 사람. 닭띠.
유생(儒生)명 유도(儒道)를 닦는 선비. 유자(儒者).
유생^기관(幼生器官)명 변태 동물의 유생에서만 볼 수 있고, 자라면 퇴화하거나 없어지는 기관. 〔올챙이의 아가미나 꼬리, 곤충 유충의 배나 다리 따위.〕
유ː생-물(有生物)명 생명이 있는 것, 곧 동식물. 생물.
유생^생식(幼生生殖)명 유생의 단계에서 성숙하여 생식하는 현상.
유서(由緖)명 예로부터 전하여 오는 까닭과 내력. ¶ 유서 깊은 곳.

유서(宥恕)명하타 너그럽게 용서함.
유:서(柳絮)명 버들개지.
유서(遺書)명 유언을 적어 남긴 글.
유서(遺緖)명 ☞유업(遺業).
유서(諭書)명 지난날, 관찰사나 절도사·방어사 등이 부임할 때 왕이 내리던 명령서.
유:서(類書)명 ①같은 종류의 책. ②지난날 중국에서, 경사자집(經史子集)의 여러 책을 내용이나 항목별로 분류하여 알아보기 쉽게 엮은 책을 통틀어 이르는 말. 〔오늘날의 백과사전과 비슷함.〕
유:선(有線)명 통신 따위에서, '전선(電線)을 사용함'을 이르는 말. ↔무선.
유선(乳腺)명 ☞젖샘.
유선(油腺)명 (오리 따위) 물새의 꽁지 위쪽에 있어 기름을 분비하는 선. 이 기름이 깃에 퍼져 물의 침투를 막음.
유선(流線)명 운동하는 유체(流體)의 각 점의 접선 방향이 유체의 운동 방향과 일치하도록 그어진 곡선.
유선(遊船)명 놀이할 때 타는 배. 놀잇배.
유선-도(流線圖)명 사람이나 물자의 이동 경로 등을 도표화한 통계 지도.
유:선^방:송(有線放送)명 전선을 사용하여 하는 방송. 교내 방송이나 제한 구역 안에서 연락 방송 따위에 이용됨.
유:선^전:신(有線電信)명 전선을 사용하여 전신 부호를 보내는 통신 방식. ↔무선 전신.
유:선^전:화(有線電話)명 전선을 이용한 전화. ↔무선 전화.
유:선^텔레비전(有線television)명 텔레비전 카메라와 수상기를 전선으로 연결하여 방영하는 텔레비전을 통틀어 일컫는 말. 참시에이티브이·공청용 안테나.
유:선^통신(有線通信)명 전선을 사용하여서 하는 통신. ↔무선 통신.
유선-형(流線型)명 유체(流體)의 저항을 최소한으로 줄이기 위하여, 앞부분을 곡선이 지게 둥글린 물체의 외형. 〔비행기나 자동차의 모양을 둥글게 하는 따위.〕
유선-희(遊仙戲)[-히]명 〔선녀가 노는 놀이란 뜻으로〕 '그네뛰기'를 이르는 말.
유설(流說)명 뜬소문.
유설(遊說)명 '유세(遊說)'의 잘못.
유설(縲絏)명 '누설(縲絏)'의 잘못.
유:설(謬說)명 이치에 어긋나는 말이나 학설.
유:성(有性)명 같은 종류의 개체에 '암컷과 수컷의 구별이 있음'을 이르는 말. ↔무성.
유성(油性)명 기름과 같은 성질, 또는 기름의 성질. ¶ 유성 사인펜.
유:성(柳星)명 이십팔수의 하나. 남쪽의 셋째 별자리. 준유(柳).
유성(流星)명 우주진(宇宙塵)이 지구의 대기권에 들어와 공기의 압축과 마찰로 빛을 내는 것. 〔대기권에서 다 타지 않고 지상에 떨어진 것이 운석(隕石)임.〕 별똥. 별똥별. 비성(飛星). 성화(星火). 운성(隕星).
유성(遊星)명 ☞행성(行星).
유성-군(流星群)명 태양 주위를 떼 지어 공전(公轉)하는 작은 천체들의 집합체.
유성-기(留聲機)명 '축음기(蓄音機)'를 이전에 이르던 말.
유:성^생식(有性生殖)명 암수의 배우자(配偶子)가 합쳐서 새 개체를 만드는 생식 방법의 한 가지. ↔무성 생식(無性生殖).
유:성^세:대(有性世代)명 세대 교번을 하는 생물에서, 유성 생식을 하는 세대. ↔무성 세대.
유성-우(流星雨)명 유성군(流星群) 속을 지구가 통과할 때, 한꺼번에 많은 유성을 볼 수 있는 현상. 성우(星雨).
유:성-음(有聲音)명 ☞울림소리.
유:세(有稅)명하형 세금이 있음. ↔무세(無稅).
유:세(有勢)명 ①하형 세력이 있음. 유력(有力). ②하자 자랑삼아 세도를 부림. ¶ 유세를 떨다. / 유세를 부리다.
유세(遊說)명하자타 각처로 돌아다니며 자기의 의견이나 소속 정당의 주장 따위를 설명하고 선전함, 또는 그 일. ¶ 국회의원 선거에 출마한 후보자들이 선거구를 돌며 유세를 하고 있다.
유세(誘說)명하타 감언이설로 달래어 꾐.
유세-장(遊說場)명 유세하는 장소.
유:세-지(有稅地)명 세금을 내어야 하는 땅. ↔무세지(無稅地).
유세차(維歲次)명 (간지로 따져 볼 때의) 해의 차례. 〔제문·축문의 첫머리에 쓰는 관용어.〕
유:세-통(有勢-)명 유세를 부리는 서슬. ¶ 그 놈의 유세통에 다들 죽어지낸다.
유:세-품(有稅品)명 세금이 붙는 물품. ↔무세품(無稅品).
유소(幼少) '유소하다'의 어근.
유소(流蘇)명 끈목으로 매듭을 맺어 그 끝에 색실로 술을 드리운 것. 기(旗)나 승교(乘轎) 따위에 달았음.
유소(儒疏)명 지난날, 유생(儒生)들이 연명으로 올리던 상소(上疏).
유:소(類燒)명하자 남의 집에 난 불 때문에 자기 집이 탐.
유-소년(幼少年)명 유년과 소년을 아울러 이르는 말.
유소-성(留巢性)[-썽]명 새끼 때의 발육이 더디어 보금자리에서 어미 새의 보호를 오래 받아야 하는 성질. 〔비둘기나 제비 따위에서 볼 수 있음.〕 ↔이소성(離巢性).
유소-시(幼少時)명 어릴 때.
유:소-씨(有巢氏)명 중국 고대의 전설상의 성인. 새의 보금자리를 보고 사람에게 집 짓는 법을 가르쳤다 함.
유소-하다(幼少-)형여 나이가 어리다. 비유충하다.
유속(流俗)명 예로부터 전하여 오는 풍속. 세상 일반의 풍속. 유풍(流風).
유속(流速)명 물 따위 유체(流體)의 속도, 또는 단위 시간에 그 유체가 흘러간 거리.
유속(遺俗)명 (지금에 남아 있는) 옛날의 풍속. 후세에 끼친 풍속. 유풍(遺風).
유송(油松)명 ☞잣나무.
유송-관(油送管)명 ☞송유관(送油管).
유:수(有數)명하형 ①손꼽힐 만큼 두드러짐. ¶ 국내 유수의 보험 회사. ②(모든 것이) 운수에 있음. ¶ 흥망이 유수하니 만월대도 추최로다(古時調).
유수(幽囚)명하타 잡아 가둠.
유수(幽邃) '유수하다'의 어근.
유수(流水)명 흐르는 물. ¶ 유수 같은 세월.
유수(留守)명 조선 시대에, 수도 이외의 요긴한 지역을 맡아 다스리던 정이품의 특수 외관직.
유수(遊手)명 일정한 직업이 없이 놀고 지내는 일, 또는 그런 사람.
유수-도식(遊手徒食)명하자 아무 일도 하지 않고 놀고먹음. 무위도식(無爲徒食).

유:수존언(有數存焉)명하자 모든 일은 운수가 있어야 됨.
유수-지(遊水池)명 홍수 때 물을 일시적으로 저장하여 하천의 수량을 조절하는 천연 또는 인공의 저수지.
유수-하다(幽邃-)형여 그윽하고 깊숙하다. **유수-히**부.
유숙(留宿)명하자 남의 집에서 묵음.
유순(柔順) '유순하다'의 어근.
유순-하다(柔順-)형여 성질이 부드럽고 순하다. ¶ 비둘기처럼 유순한 며느리. /크고 유순한 눈동자. **유순-히**부.
유술(柔術)명 유도의 모태가 된 일본의 옛 무술.
유스타키오-관(Eustachio管)명 중이(中耳)의 일부로, 중이에서 구강(口腔)으로 통하는 관(管). 고막 안팎의 기압을 조절하며 고실(鼓室)의 분비물을 배출하는 구실을 함. 이관(耳管).
유:스^호스텔(youth hostel)명 청소년의 건전한 여행 활동을 위하여 시설한 비영리적인 숙박 시설. 호스텔.
유습(遺習)명 예로부터 전해 오는 풍습(風習). 비유풍(遺風).
유:습(謬習)명 그릇된 습관. 못된 버릇.
유시(幼時)명 어릴 때.
유시(酉時)명 ①십이시의 열째 시. 하오 5시부터 7시까지의 동안. ②이십사시의 열아홉째 시. 하오 5시 30분부터 6시 30분까지의 동안. 준유(酉).
유시(流矢)명 빗나간 화살. 누가 쏘았는지 모르는 화살. 비시(飛矢). 유전(流箭).
유시(諭示)명하타 (관청 같은 데서 백성에게) 타일러 가르치거나 일러서 곧이듣게 함, 또는 그런 문서.
유:시무종(有始無終)명하자 〔처음은 있되 끝이 없다는 뜻으로〕 시작한 일의 마무리를 하지 아니함을 이르는 말. ¶ 그는 매사가 유시무종으로 흐리멍덩하게 넘어간다.
유:시유:종(有始有終)명하자 〔처음이 있고 끝도 있다는 뜻으로〕 시작한 일을 끝까지 마무리함을 이르는 말.
유:시호(有時乎)부 어떤 때는. 혹 가다가는.
유:식(有識)명하형 학식이 있음. 아는 것이 많음. ¶ 유식한 사람. ↔무식.
유식(侑食)명 제례에서, 종헌(終獻)이 끝나고 첨작(添酌)한 다음 숟가락을 젯메 가운데에 꽂고 젓가락 끝이 동쪽으로 가도록 음식 접시 중앙에 놓는 일.
유식(唯識)명 불교에서, 일체의 제법(諸法)은 오직 식(識)이 변하여 이루어진 것이라는 말. 〔법상종(法相宗)의 근본 원리임.〕
유식(遊食·游食)명하자 하는 일 없이 놀고먹음.
유식지민(遊食之民)[-찌-]명 하는 일 없이 놀고먹는 백성.
유:신(有信)명하형 믿음성이 있음. 신의가 있음. ¶ 붕우(朋友)유신. ↔무신(無信).
유신(維新)명하타 ①새롭게 함. ②낡은 제도나 체제를 아주 새롭게 고침.
유신(諛臣)명 아첨하는 신하.
유신(遺臣)명 ①왕조(王朝)가 망한 뒤에 남아 있는 신하. ②선대(先代)부터 계속 임금을 모시는 신하.
유신(儒臣)명 ①〔유학에 조예가 깊은 신하라는 뜻으로〕 '문신(文臣)'을 이르던 말. ②조선 시대에, 홍문관(弘文館) 관원을 두루 이르던 말.
유:신-론(有神論)[-논]명 무신론에 대하여, 신의 존재를 주장하는 설. 〔이신론(理神論)에 대하여 세계를 창조·지배하는 인격신(人格神)을 주장하는 견해와, 범신론(汎神論)에 대하여 변화·생멸하는 세계를 초월한 신의 존재를 주장하는 견해가 있음.〕 ↔무신론(無神論).
유실(幽室)명 조용하고 그윽한 곳에 있는 방.
유실(流失)명하타되자 물에 떠내려가서 없어짐. ¶ 홍수로 가옥이 유실되다.
유실(遺失)명하타되자 ①잃어버림. 떨어뜨림. ②동산의 소유자가 그 점유(占有)를 잃고 소재를 모르게 됨.
유:실난봉(有實難捧)[-란-]명 '채무자에게 재물이 있어도 빚을 받기가 어려움'을 이르는 말.
유:실-무실(有實無實)명 실상이 있는 것과 없는 것.
유실-물(遺失物)명 ①잃어버린 물건. ¶ 유실물 보관소. ②법률적으로, 훔치거나 가로채지 아니하고 정당하게 차지해 있던 제 것을 잃어버린 물건.
유:실-수(有實樹)[-쑤]명 과실이 열리는 나무. 〔감나무·밤나무·대추나무 따위.〕
유심(有心) '유심(有心)하다'의 어근.
유심(幽深) '유심(幽深)하다'의 어근.
유심(唯心)명 ①오직 정신만이 존재한다고 생각하는 일. ↔유물(唯物). ②불교에서, 일체의 제법(諸法)은 그것을 인식하는 마음의 나타남이며 존재의 본체는 오직 마음뿐이라는 말. 〔화엄경의 중심 사상임.〕
유심-관(唯心觀)명 유심론에 근거하여 사물을 관찰하는 견해나 관점. ↔유물관.
유심-론(唯心論)[-논]명 우주 만물의 참된 실재(實在)는 정신적인 것이며, 물질적인 것은 그 현상에 지나지 않는다고 주장하는 이론. ↔유물론(唯物論).
유심^사:관(唯心史觀)명 역사 발전의 원동력을 인간의 이성이나 도덕 의식, 이념 등 정신적인 작용에서 구하는 역사관. ↔유물 사관.
유심^연기(唯心緣起)[-년-]명 불교에서, 만법(萬法)을 일심(一心)으로 나타내는 것이라고 설명하는 연기설.
유심-정토(唯心淨土)명 불교에서, 정토는 일심(一心)의 현현(顯現)으로서, 마음 밖에 실재하는 것이 아니라 마음속에 존재함을 이르는 말.
유:심-하다(有心-)형여 ①깊은 뜻이 있다. ②마음을 한 곬으로 쏟고 있다. 주의가 깊다. **유심-히**부 ¶ 유심히 살피다.
유심-하다(幽深-)형여 깊숙하고 그윽하다.
유아(幼兒)명 어린아이. 흔히, 학령(學齡) 이전의 아이를 이름. 참유아(乳兒).
유아(幼芽)명 씨의 배(胚)의 한 부분으로, 자라서 줄기나 잎이 되는 부분. 어린눈.
유아(乳兒)명 젖먹이. 참유아(幼兒).
유아(幽雅) '유아하다'의 어근.
유아(遺兒)명 ①부모가 죽거나 없어져 고아로 남게 된 아이. ②내버린 아이. ②기아(棄兒).
유아-기(幼兒期)명 젖을 뗀 때로부터 학령(學齡) 이전까지의 시기.
유아-기(乳兒期)명 모유나 우유로 양육되는 생후 약 1년간의 젖먹이의 시기.
유아-독존(唯我獨尊)[-쫀]명 ①세상에서 자기만이 잘났다고 뽐내는 일. ②〈천상천하 유아독존(天上天下唯我獨尊)〉의 준말.
유아-등(誘蛾燈)명 주광성(走光性)이 있는 해충을 꾀어서 물에 빠져 죽게 만든 등불. 논밭·과수원·유원지 등에 설치하는데, 전등이나 석유등 밑에 물이 든 그릇을 놓아 둠.

유아-론(唯我論)명 실재하는 것은 오직 자아(自我)와 그 의식뿐이며, 다른 모든 사물은 자아의 관념이거나 자아에 대한 현상에 지나지 않는다는 이론.

유ː아ː르엘(URL)명 인터넷에서 홈페이지나 사이트의 위치를 표시하기 위한 방법. 맨 앞에 'http://'를 입력하고 각 사이트의 주소를 붙임. [Uniform Resource Locator]

유아^세ː례(幼兒洗禮)명 기독교에서, 어린아이에게 세례를 베풀어 구제의 축복에 참례하게 하는 관례. 영아 세례.

유아이사(由我而死)명 나로 인하여 죽음. ¶ 무죄한 너를 마치니, 백인(伯仁)이 유아이사(由我而死)라, 누를 한(恨)하며 누를 원(怨)하리오(兪氏夫人.弔針文).

유아지탄(由我之歎)명 나로 말미암아 남이 해를 입게 된 것을 걱정하는 탄식.

유아-차(乳兒車)명 ☞유모차(乳母車).

유아-하다(幽雅-)형여 깊은 품위가 있고 우아하다.

유악(帷幄)명 ①☞유막(帷幕). ②☞모신(謀臣). 참모(參謀).

유안(留案)명하타 일의 처리를 한동안 미루어 둠. 참보류(保留).

유안(硫安)명 ☞황산암모늄.

유암(乳癌)명 젖샘에 생기는 암종(癌腫). 유방암.

유암(柳暗) '유암(柳暗)하다'의 어근.

유암(幽暗) '유암(幽暗)하다'의 어근.

유ː암-하다(柳暗-)형여 버드나무가 무성하여 그늘이 짙다.

유암-하다(幽暗-)형여 그윽하고 어둠침침하다.

유ː암-화명(柳暗花明)명 〔버들은 무성하여 그늘이 짙고, 꽃은 활짝 피어 환하게 아름답다는 뜻으로〕 시골의 아름다운 봄 경치를 이르는 말.

유압(油壓)명 ①기름에 가해지는 압력. ②압력을 가한 기름으로 피스톤 따위의 동력 기계를 움직이게 하는 일. ¶ 유압 브레이크.

유압-식(油壓式)[-씩]명 높은 압력을 가한 기름을 매개로 하여 동력을 전달함으로써, 기계를 움직이게 하는 방식.

유액(乳液)명 ①식물에서 분비되는 젖 같은 액즙. 〔씀바귀·옻나무 등에서 볼 수 있음.〕 ②기초 화장품의 원료로 사용되는 묽은 액체. 피부에 지방분과 수분을 주고 분이 잘 묻게 함.

유액(誘掖)명하타 이끌어서 도와줌.

유야-랑(遊冶郞)명 주색에 놀아나는 사나이.

유ː야무야(有耶無耶)명하형 있는 듯 없는 듯 흐지부지함. ¶ 사건이 유야무야로 처리되다.

유ː야무야-되다(有耶無耶-)[-되-/-퉤-]자 있는 듯 없는 듯 흐지부지하게 되다.

유ː야무야-하다(有耶無耶-)타여 있는 듯 없는 듯 흐지부지하게 처리하다. ¶ 사건을 철저히 조사하여 유야무야하지 않도록 하시오.

유약(幼弱) '유약(幼弱)하다'의 어근.

유약(柔弱) '유약(柔弱)하다'의 어근.

유약(釉藥·泑藥)명 ☞잿물2.

유ː약(類藥)명 ①비슷한 약방문으로 지은 약제. ②약효가 비슷한 약.

유약무(有若無) '유약무하다'의 어근.

유ː약무-하다(有若無-)[-양-]형여 있어도 없는 것과 다름이 없다.

유약-하다(幼弱-)[-야카-]형여 어리고 여리다.

유약-하다(柔弱-)[-야카-]형여 부드럽고 약하다. ¶ 성품이 너무 유약하다.

유양(乳養)명하타되자 젖을 먹여 기름.

유양(悠揚) '유양하다'의 어근.

유양-하다(悠揚-)형여 (태도가) 듬직하고 느긋하다. ¶ 유양한 금도(襟度)를 보이다.

유어(幼魚)명 어린 물고기. 참치어(稚魚).

유어(游魚)명 물속에서 노는 고기.

유ː어(類語)명 뜻이 비슷한 말. 유의어(類義語).

유언(幽言)명 ①그윽하고 깊이가 있는 말. ②귀신이나 도깨비의 말.

유언(流言)명 터무니없는 소문. 뜬소문. 부언.

유언(諛言)명 아첨하는 말.

유언(遺言)명 ①하자타 죽음에 이르러서 부탁하여 남기는 말. 유음(遺音). ②죽은 뒤에 법률상의 효력을 발생시킬 목적으로 일정한 방식에 따라 하는 단독 의사 표시.

유언-비어(流言蜚語)명 아무 근거 없이 널리 퍼진 소문. 터무니없이 떠도는 말. 뜬소문. 부언낭설(浮言浪說). 부언유설(浮言流說). ¶ 유언비어를 퍼뜨리다. 비도청도설(道聽塗說).

유언-장(遺言狀)[-짱]명 유언을 적은 문서.

유얼(遺孽)명 ①죽은 뒤에 남은 서얼(庶孼). ②뒤에 남은 나쁜 사물.

유업(遺業)명 선대(先代)로부터 물려받은 사업. 유서(遺緖). ¶ 선친의 유업을 계승하다.

유ː에스(US)명 미국(美國). [United States]

유ː에스에이(USA)명 아메리카 합중국. 미국. [United States of America]

유ː에이치에프(UHF)명 극초단파(極超短波). [ultrahigh frequency]

유ː에프오ː(UFO)명 정체를 알 수 없는 비행 물체. 〔비행접시 따위.〕 미확인 비행 물체. [unidentified flying object]

유ː엔(UN)명 ☞국제 연합. [United Nations]

유ː엔-군(UN軍)명 ☞국제 연합군. ¶ 맥아더 사령관의 지휘로 인천에 상륙한 유엔군.

유ː엔-기(UN旗)명 국제 연합을 상징하는 기.

유여(有餘) '유여하다'의 어근.

유여(遺與)명하타 남겨 줌.

유ː여-하다(有餘-)형여 여유가 있다. 넉넉하다.

유역(流域)명 강물이 흐르는 언저리의 지역. ¶ 한강 유역.

유연(油然)명하형 (저절로 일어나는 형세가) 왕성함. **유연-히**부 ¶ 파란 새싹을 보면 삶의 의욕이 유연히 솟아난다.

유연(油煙)명 기름이나 관솔 따위를 불완전 연소시킬 때 생기는 검은빛의 자디잔 탄소 가루. 〔먹 따위를 만듦.〕

유연(柔軟) '유연(柔軟)하다'의 어근.

유연(悠然) '유연(悠然)하다'의 어근.

유연(遊宴)명 놀이로 베푼 잔치.

유연(鍮硯)명 놋쇠로 만든, 먹물을 담는 그릇.

유ː연(類緣)명 생물 상호 간의 형상이나 성질 등에 비슷한 관계가 있어, 그 사이에 연고(緣故)가 있는 것.

유연-노장(幽燕老將)명 〔유주 연지(幽州燕地)에 나아가 북쪽 오랑캐와 싸운 늙은 명장(名將)이란 뜻으로〕 '전투에 경험이 많은 늙은 장수'를 이르는 말.

유연-성(柔軟性)[-썽]명 부드럽고 연한 성질, 또는 그 정도.

유연-체조(柔軟體操)명 몸을 부드럽게 할 목적으로 팔다리·몸뚱이·머리 등의 관절을 충분히 굽혔다 폈다 하는 맨손 체조.

유ː연-탄(有煙炭)명 탈 때 연기가 나는 석탄. 〔갈탄이나 역청탄 따위.〕 ↔무연탄.

유연-하다(柔軟-)형여 부드럽고 연하다. ¶ 몸놀림이 매우 유연하다. **유연-히**부.
유연-하다(悠然-)형여 침착하고 여유가 있다. 유유하고 태연하다. **유연-히**부 ¶ 쫓길수록 유연히 행동하라.
유열(愉悅)명하형 유쾌하고 기쁨. 즐거움.
유:엽-전(柳葉箭)[-쩐]명 살촉이 버들잎처럼 생긴 화살.
유영(游泳)명하자 헤엄치며 놂.
유영(遺影)명 죽은 사람의 사진이나 초상화.
유영^동:물(游泳動物)명 물고기처럼 물속을 마음대로 헤엄쳐 다니는 동물을 통틀어 이르는 말.
유예(猶豫)명하타 ①우물쭈물하며 망설임. ¶ 유예하고 있을 때가 아니다. ②시일을 미루거나 늦춤. ¶ 핵실험 유예에 동의하다.
유요(有要) '유요하다'의 어근.
유:요(柳腰)명 〔버들가지처럼 가늘고 부드러운 허리라는 뜻으로〕 '미인의 허리'를 비유하여 이르는 말.
유:요-하다(有要-)형여 필요하다. 요긴하다.
유:용(有用)명하형 쓸모가 있음. 이용할 데가 있음. ¶ 유용 생물. /유용 광물. /유용한 인재. ↔무용(無用).
유용(流用)명 ①하타 되자(남의 것이나 딴 데 쓰기로 된 것을) 돌려서 씀. ¶ 공금 유용. ②예산(豫算) 등에서, 정해진 용도 이외의 딴 곳에 쓰는 일.
유:용^가격(有用價格)[-까-]명 실지의 가치보다 수요의 많고 적음에 따라 정해진 가격.
유:용^식물(有用植物)[-싱-]명 인간 생활에 유용하게 쓰이는 식물을 통틀어 이르는 말.
유용-종(乳用種)명 젖을 얻기 위하여 기르는 가축의 품종. 〔홀스타인 따위.〕
유우(乳牛)명 젖소.
유원(幽園)명 깊고 아늑한 동산.
유원(悠遠) '유원하다'의 어근.
유원-지(遊園地)명 즐겁게 놀 수 있도록 구경거리나 오락을 위한 시설을 갖추어 놓은 곳.
유원-하다(悠遠-)형여 아득히 멀다. 유구(悠久)하다. ¶ 유원한 역사와 전통. **유원-히**부.
유월(←六月)명 한 해의 여섯째 달. ¶ 유월 호(號). 참미월·계하·모하.
유월(酉月)명 〔월건(月建)에 십이지의 유(酉)가 드는 달로〕 '음력 팔월'의 딴 이름. 참중추.
유월(流月)명 〔유두가 있는 달이라는 뜻으로〕 '음력 유월'을 달리 이르는 말. 참임종(林鐘).
유월(逾月·踰月)명하자 달을 넘김. 그믐을 지남.
유월(逾越)명하자타 한도를 넘음.
유월-도(←六月桃)[-또]명 음력 유월에 익는 복숭아. 알이 크고 털이 많으며, 빛이 검붉음. 참털복숭아.
유월-절(逾越節)[-쩔]명 유대교의 3대 축일의 하나. 고대 이스라엘 민족이 하나님의 도움으로 이집트에서 탈출한 것을 기념하는 봄의 축제.
유:위(有爲)명 ①하형(일을 할 만한) 능력이 있음. 쓸모가 있음. ②불교에서, 인연으로 말미암아 일어나는 모든 현상을 이르는 말.
유위부족(猶爲不足)명하형 오히려 모자람.
유:위-전변(有爲轉變)명 인연에 의하여 일어난 일체 것의 변이.
유유(幽幽) '유유(幽幽)하다'의 어근.
유유(唯唯)명하자 시키는 대로 고분고분함.
유유(悠悠) '유유(悠悠)하다'의 어근.
유유낙낙(唯唯諾諾)[-낭-]명하자 명령하는 대로 언제나 공손히 승낙함.
유유-도일(悠悠度日)명하자 하는 일 없이 세월만 보냄.
유유범범(悠悠泛泛)명하형 일을 다잡아 하지 아니하고 느리며 조심성이 없음.
유:유-상종(類類相從)명하자 같은 동아리끼리 서로 오가며 사귐.
유-유아(乳幼兒)명 유아(乳兒)와 유아(幼兒)를 아울러 이르는 말. 곧, 학령(學齡) 이전의 어린이를 통틀어 이르는 말.
유유-자적(悠悠自適)명하자 속세를 떠나 아무 것에도 매이지 않고 자유롭게 마음 편히 삶.
유유-창천(悠悠蒼天)명 가마아득히 멀고 푸른 하늘. ¶ 유유창천 바라보며 청운의 꿈을 키우다.
유유-하다(幽幽-)형여 깊고 그윽하다. ¶ 유유한 사찰(寺刹)의 경내. **유유-히**부.
유유-하다(悠悠-)형여 ①태연하고 느긋하다. 침착하고 여유가 있다. ¶ 시험이 코앞에 닥쳤어도 그의 태도는 유유하다. ②(움직임이) 느릿느릿하고 한가하다. ③아득히 멀다. **유유-히**부 ¶ 삼엄한 경계망을 유유히 빠져나가다.
유은(遺恩)명 고인(故人)이 끼친 은혜. 고인에게서 받은 은혜.
유음(兪音)명 신하의 상주(上奏)에 대한 '임금의 하답'을 이르던 말.
유음(流音)명 자음의 한 갈래. 혀끝을 잇몸에 가볍게 대었다가 떼거나, 혀끝을 잇몸에 댄 채 날숨을 그 양옆으로 흘려 보내면서 내는 소리. 〔'ㄹ'이 이에 딸림.〕 흐름소리.
유음(溜飮)명 한방에서, 먹은 음식물이 소화가 되지 않고 위 속에 머물러 신물이 나오는 증상을 이르는 말.
유음(遺音)명 ①남긴 소문. ②하자타 ☞유언(遺言).
유:의(有意)[-의/-이]명하형 ①뜻이 있음. 생각이 있음. ②의미가 있음.
유의(油衣)[-의/-이]명 ☞유삼(油衫).
유의(留意)[-의/-이]명하자타 마음에 둠. 잊지 않고 새겨 둠. 유념(留念). ¶ 유의 사항. /건강에 유의하다. 비착의(着意).
유의(襦衣)[-의/-이]명 남자가 입는 저고리. 동옷.
유:의-막수(有意莫遂)[-의-쑤/-이-쑤]명하자 뜻은 있어도 마음대로 하지 못함. 유의미수(有意未遂).
유:의-미수(有意未遂)[-의-/-이-]명하자 ☞유의막수.
유:의-범(有意犯)[-의-/-이-]명 ☞고의범(故意犯).
유:의-어(類義語)[-의-/-이-]명 뜻이 비슷한 말. 유어(類語).
유의-유식(遊衣遊食)[-의-/-이-]명하자 하는 일 없이 놀면서 입고 먹음.
유:의^주:의(有意注意)[-의-의/-이-이]명 심리학에서, '미리 조심하려는 의지를 가지고 하는 주의(注意)'를 이르는 말. ↔무의 주의.
유:의^행동(有意行動)[-의-/-이-]명 심리학에서, '의지의 작용에 따라 하는 행동'을 이르는 말.
유:익(有益)명하형 이익이 있음. 도움이 될 만함. 이로움. ¶ 유익한 이야기. ↔무익(無益).
유익(遊弋)명하자 ☞유렵(遊獵).
유:익-비(有益費)[-삐]명 관리비의 한 가지. 물건을 고쳐서 쓰는 데 드는 비용.

유ː익-탄(有翼彈)명 탄두(彈頭)의 비행을 안정시키기 위하여 꼬리에 날개를 단 탄환. 박격포 따위에 쓰임.

유ː인(有人)명 《일부 명사 앞에 쓰이어》 인공위성 등에 그것을 다루는 '사람이 타고 있음'을 이르는 말. ¶ 유인 우주선. ↔무인(無人).

유인(幽人)명 속세를 피하여 그윽한 곳에서 조용히 숨어 사는 사람.

유인(柔靭) '유인하다'의 어근.

유인(流人)명 유형(流刑)을 받은 사람. 유배를 당한 죄인.

유인(遊人)명 ①하는 일 없이 놀고 있는 사람. ②놀러 다니는 사람.

유인(誘引)명하타되자 (남을) 꾀어냄. ¶ 적을 계곡으로 유인하여 요격하다.

유인(誘因)명 어떤 작용을 일으키는 직접적인 원인. ¶ 과속은 사고의 유인이 된다.

유인(孺人)명 ①'생전에 벼슬하지 못한 사람의 아내'를 높여 일컫는 말. 〔신주나 명정(銘旌) 등에 쓰임.〕 ②조선 시대, 외명부의 한 품계. 정·종구품 문무관의 아내의 칭호.

유인-물(油印物)명 등사한 인쇄물.

유ː인-원(類人猿)명 유인원과의 동물을 통틀어 이르는 말. 영장류 중에서 사람과 가장 비슷함. 꼬리가 없고 털이 적으며 거의 곧게 서서 걸을 수 있음. 〔고릴라·성성이·침팬지 따위.〕

유ː인^증권(有因證券) [-꿘]명 ☞요인 증권(要因證券).

유인-하다(柔靭-)형여 부드러우면서 질기다. ¶ 섬유가 유인하다.

유일(酉日)명 일진(日辰)의 지지(地支)가 유(酉)로 된 날. 〔계유(癸酉)·신유(辛酉)·정유(丁酉) 따위.〕 닭날.

유일(柔日)명 천간(天干)이 을(乙)·정(丁)·기(己)·신(辛)·계(癸)인 날. 쌍일(雙日).

유일(唯一·惟一)명하형 오직 그 하나밖에 없음. ¶ 유일의 친구. /유일한 방법.

유일-무이(唯一無二)명하형 〔둘이 아니고 오직 하나뿐이라는 뜻으로〕 '유일(唯一)'의 힘줌말. ¶ 유일무이의 존재. /유일무이한 기회.

유일-신(唯一神) [-씬]명 단 하나밖에 없는 지상(至上)의 신.

유일신-교(唯一神敎) [-씬-]명 ☞일신교.

유임(留任)명하자타되자 (그 자리에) 그대로 머물러 일을 맡아봄. ¶ 이번 개각에서 유임된 각료.

유입(流入)명하자되자 흘러 들어옴. ¶ 공장 폐수가 강으로 유입되다.

유입(誘入)명하타되자 꾀어 들임.

유자(幼子)명 어린 아들. 어린 자식.

유자(幼者)명 어린아이.

유ː자(有刺)명 가시가 있음. ¶ 유자 식물. /유자 철조망.

유ː자(柚子)명 유자나무의 열매.

유자(帷子)명 밑으로 늘어뜨리는 휘장.

유자(猶子) Ⅰ명 ☞조카.
Ⅱ대 〔한문 투의 편지 글 등에서〕 나이 많은 삼촌에 대하여 조카가 자기를 일컫는 말. 참유부(猶父).

유자(遊資)명 〈유휴 자본(遊休資本)〉의 준말.

유자(遺子)명 ☞유복자(遺腹子).

유자(儒者)명 ☞유생(儒生).

유자(孺子)명 나이 어린 남자.

유ː자(類字)명 모양이 비슷한 글자.

유ː-자격(有資格)명 자격이 있음. ↔무자격.

유ː자-관(U字管) [-짜-]명 흔히, 실험실에서 액체의 밀도나 비중을 비교하는 데 쓰이는 'U' 자 모양의 가느다란 대롱.

유자-기(油榨器)명 기름틀.

유ː자-나무(柚子-)명 운향과의 상록 관목. 중국 원산의 재배 식물로 높이는 4 m가량. 잎은 길둥글며 초여름에 흰 꽃이 핌. 약간 편평하게 둥근 열매는 노랗게 익는데, 신맛과 향기가 있어 향미료로 쓰임.

유-자녀(遺子女)명 죽은 사람의 자녀. 특히, 나라와 겨레를 위하여 싸우다 죽은 사람의 자녀를 이름. ¶ 군경(軍警) 유자녀.

유자-망(流刺網)명 ☞흘림걸그물.

유ː자생녀(有子生女)명하자 ①아들도 두고 딸도 낳음. ②아들딸을 많이 낳음.

유ː자-차(柚子茶)명 끓는 물에 유자청을 타고 실백을 띄운 차.

유ː자-청(柚子淸)명 유자를 꿀에 재어 한두 달 동안 꼭 눌러 두면 고이는 맑은 즙.

유작(遺作)명 창작 예술가나 저작자가 생존 중에 공표하지 않았던 창작품이나 저작물. ¶ 고(故) ○○○ 선생 유작 전시회.

유장(油帳)명 기름종이로 만든 천막.

유장(乳漿)명 젖에서 지방과 단백질을 빼고 남은 성분.

유장(悠長) '유장하다'의 어근.

유장(儒將)명 선비 출신의 장수(將帥).

유ː장-동물(有腸動物)명 동물의 상동(相同) 구조에서, 창자가 있는 동물을 통틀어 이르는 말.

유장-하다(悠長-)형여 ①길고 오래다. ②서두르지 않고 마음에 여유가 있다. **유장-히**부.

유재(留在)명하자 머물러 있음.

유재(留財)명 모아 둔 재물.

유재(遺在)명하자 남아 있음.

유재(遺財)명 고인이 남겨 놓은 재물.

유저(遺著)명 (생전에 지었으나) 죽은 뒤에 낸 책. ¶ 고인의 유저 출판 기념회.

유적(幽寂) '유적하다'의 어근.

유적(流賊)명 떼를 지어 여러 곳으로 떠돌며 노략질하는 도둑.

유적(遺跡·遺蹟)명 ①옛 인류가 남긴 유형물(有形物)의 자취. 〔특히, 패총·고분·집터 등 부피가 크고 옮길 수 없는 것을 이름.〕 ②역사상 큰 사변 따위가 있었던 자리.

유적(遺籍)명 옛사람이 남긴 서적.

유적-도(遺跡島) [-또]명 아주 오랜 옛날에 대륙의 대부분이 바다 속으로 가라앉아 없어진 뒤 그 일부가 남아서 된 섬.

유적-지(遺跡地) [-찌]명 유적이 있는 곳.

유적-하다(幽寂-) [-저카-]형여 깊숙하고 고요하다. 그윽하고 쓸쓸하다.

유전(油田)명 석유가 나는 곳. 석유가 땅속에 묻혀 있는 지역. ¶ 유전 지대(地帶). /해저 유전을 개발하다.

유전(流典)명하자되자 채무자가 변제 기한이 지나도 채무 이행을 하지 않을 때, 채권자가 질물(質物)의 소유권을 취득하거나 임의 매각의 방법으로 우선 변제에 충당하는 일. 유질(流質).

유전(流傳)명하자타되자 세상에 널리 퍼짐, 또는 그렇게 퍼뜨림. ¶ 유전하는 소문.

유전(流箭)명 ☞유시(流矢).

유전(流轉)명하타 ①이리저리 떠돌아다님. ¶ 유전하듯 살아온 일생. ②불교에서, 번뇌 때문에 생사(生死)를 수없이 되풀이하며 '미망(迷妄)

의 세계를 떠도는 일'을 이르는 말. ②↔환멸.
유전(遺傳)명하자타되자 ①끼쳐 내려옴. ②양친의 형질이 자식에게 전해지는 현상. 〔형질이 표면에 나타나지 않더라도 유전자가 전해지면 유전이라고 함.〕 ¶ 나병은 유전하지 않는다.
유전^공학(遺傳工學)명 유전자의 변형·합성 등을 연구하여, 병의 치료나 이로운 산물의 대량 생산 등에 기여하도록 하는 응용 유전학의 한 분야. 유전자 공학.
유전-물(油煎物)명 기름에 지진 음식.
유전-병(遺傳病)[-뼝]명 선천적으로 어버이로부터 자손에게 유전하는 병. 〔혈우병(血友病)·적록 색맹 따위.〕
유전-성(遺傳性)[-썽]명 유전하는 성질이나 경향. ¶ 혈액형은 유전성이 가장 확실하므로 친자 관계를 확인하는 결정적 근거가 된다.
유ː전스(usance)명 ①기한부 환어음의 지급 기한. 특히, 환어음이 수입지에 도착하여 수입업자에게 인수되면서부터 실제로 지급될 때까지의 유예 기간. ②기한부 어음.
유전^인자(遺傳因子)명 ☞유전자.
유전-자(遺傳子)명 자손에게 물려줄 형질(形質)을 지배하는 기본 인자. 디옥시리보핵산, 또는 그것과 단백질과의 복합체로서 염색체 안에 일정한 순서로 배열되어 있음. 유전 인자.
유전자^공학(遺傳子工學)명 ☞유전 공학.
유전자^돌연변이(遺傳子突然變異)명 생물의 돌연변이 중에서, 유전자를 이루는 디엔에이(DNA)에 구조상의 변화가 일어나서 유전자의 형질이 바뀌는 현상.
유전자-량(遺傳子量)명 하나의 핵(核) 안에 들어 있는 유전자의 수(數).
유전자-형(遺傳子型)명 생물체 개체의 특성을 결정짓는 유전자의 결합 양식. 인자형(因子型).
유전-질(遺傳質)명 생물의 생식 세포 중에서 어버이의 형질을 자손에게 전해 주는 물질. 〔유전자보다 넓은 뜻으로 쓰임.〕
유전-체(誘電體)명 전장(電場) 안에 놓았을 때 양쪽 표면에 전하(電荷)가 나타나는 물질. 〔유리·운모·합성수지 등의 절연체는 모두 이에 딸림.〕 전매질(電媒質).
유전-학(遺傳學)명 유전자의 이동 방식이나 물질적 기초, 외계와의 관계 따위를 연구하여, 생물의 형질이 자손에게 나타나는 원인이나 과정 등을 밝히는 생물학의 한 분야.
유점(油點)명 ①오래된 종이나 피륙 따위에 생기는 누릇누릇한 점. ②운향과나 물레나물과 같은 식물의 잎에서 볼 수 있는 반투명의 작은 점.
유ː정(有情)명 ①하형정이 있음. 사랑이나 동정심이 있음. ↔무정(無情). ②불교에서, 감정의 움직임이 있는 동물. 특히, '중생'을 이르는 말. ①유정-히부.
유정(酉正)명 십이시의 유시(酉時)의 한가운데. 〔하오 6시 정각.〕
유정(油井)명 천연석유를 찾아 뽑아 올리기 위하여 판 우물.
유정(遺精)명 성행위 없이 자기도 모르는 사이에 정액(精液)이 나오는 일. 누정(漏精).
유ː정^명사(有情名詞)명 사람이나 동물을 가리키는 명사. 〔('학생·개…' 따위.〕 ↔무정 명사.
유정지공(惟正之供·惟正之貢)명 지난날, 해마다 인사치레로 궁중이나 고관에게 바치던 공물.
유제(油劑)명 유상(油狀)이거나 기름기가 들어 있는 약제.
유제(乳劑)명 기름이나 지방 따위 물에 녹지 않는 물질에 아라비아고무·난황(卵黃)·연유(煉乳) 등을 넣어 물을 타고 짓개어서 만든 젖빛의 액체. 〔감광 유제나 석유 유제 따위.〕
유제(遺制)명 선대(先代)부터 전해 오는 제도. 남아 있는 옛날의 제도.
유ː제(類題)명 비슷하거나 같은 종류의 문제.
유-제품(乳製品)명 우유를 가공하여 만든 식품. 〔버터·치즈·분유 따위.〕
유ː조(有助)명하형 도움이 있음.
유조(油槽)명 석유나 가솔린 따위를 저장하는 아주 큰 용기(容器).
유조(留鳥)명 텃새.
유조(溜槽)명 빗물을 받는 통.
유조(遺詔)명 임금의 유언(遺言). ¶ 유조를 받들다.
유조-선(油槽船)명 유조(油槽)를 갖추고 석유나 가솔린 따위를 실어 나르는 배. 탱커.
유조-지(留潮地)명 수문(水門)으로 조수(潮水)가 드나드는 개펄.
유조-차(油槽車)명 유조(油槽)를 갖추고 석유나 가솔린 따위를 실어 나르는 차.
유족(有足) '유족(有足)하다'의 어근.
유족(裕足) '유족(裕足)하다'의 어근.
유족(遺族)명 (어떤 사람이) 죽은 뒤에 남아 있는 가족. 유가족(遺家族).
유ː족-하다(有足-)[-조카-]형여 (형편이) 넉넉하다. ¶ 자금은 유족하나, 사람이 부족하다. **유족-히**부.
유족-하다(裕足-)[-조카-]형여 (살림살이가) 넉넉하다. 쓰고 남음이 있다. ¶ 유족한 집안. **유족-히**부.
유ː종(有終)명하형 ①끝이 있음. ②끝맺음이 있음.
유종의 미관용 어떤 일 따위의 끝을 잘 마무리하는 성과.
유종(乳腫)명 젖샘에 염증이 생겨 젖이 곪는 종기. 젖멍울.
유종(儒宗)명 유자(儒者)들이 우러러보는, 유학에 통달한 큰 학자.
유-종신(流終身)명하자 죽을 때까지 귀양살이함, 또는 그 귀양살이.
유ː종지미(有終之美)명 시작한 일을 끝까지 잘하여 결과가 좋음. ¶ 유종지미를 거두다.
유좌(酉坐)명 (집터나 묏자리 따위가) 유방(酉方)을 등진 좌향, 또는 그런 자리.
유좌-묘향(酉坐卯向)명 (집터나 묏자리 따위가) 유방(酉方)을 등지고 묘방(卯方)을 향한 좌향.
유ː죄(有罪)[-죄/-줴]명하형 ①죄가 있음. ②재판상 죄가 되거나 범죄의 증명이 있음, 또는 그 판결. ¶ 유죄 판결을 받다. ↔무죄(無罪).
유죄(宥罪)[-죄/-줴]명하타 죄를 너그럽게 용서함.
유죄(流罪)[-죄/-줴]명 유형(流刑)에 해당하는 죄.
유주(幼主)명 ①나이 어린 임금. 유군(幼君). ¶ 유주를 능멸한 불충. ②나이 어린 주인.
유주(遺珠)명 〔빠뜨리고 미처 줍지 못한 구슬이라는 뜻으로〕 ①하자훌륭한 인재를 빠뜨리고 등용하지 못함, 또는 그 인재. ②'세상에 알려지지 않은 뛰어난 시문(詩文)'을 비유하여 이르는 말.
유주^골저(流注骨疽)[-쩌]명 한방에서, 골막이나 골수에 염증이 생기는 병을 이르는 말.

유주-담(流注痰)명 한방에서, 몸의 군데군데가 욱신거리고 간혹 아픈 곳이 부어오르는 병을 이르는 말.
유ː주-무량(有酒無量)명하형 한없이 마실 정도로 주량(酒量)이 큼.
유ː주-물(有主物)명 소유주가 있는 물건.
유주지탄(遺珠之歎)명 마땅히 등용(登用)되어야 할 인재가 빠진 데 대한 한탄.
유즙(乳汁)명 젖.
유증(遺贈)명하타 유언에 따라 재산을 부상으로 물려줌, 또는 그 일.
유ː지(有志)명 ①하형어떤 좋은 일에 관심을 가지어 그 일을 이루려는 뜻이 있음. ②어떤 지역에서 이름 있고 영향력을 가진 사람. ¶ 지역 유지.
유지(油脂)명 동식물에서 얻는 기름을 통틀어 이르는 말. 〔식용 및 비누·도료·의약 등 용도가 많음.〕
유지(油紙)명 기름을 먹인 종이. 기름종이.
유지(乳脂)명 ①☞크림. ②☞유지방(乳脂肪).
유지(宥旨)명 조선 시대에, 임금이 죄인을 특별히 사(赦)하던 명령.
유지(維持)명하타되자 (어떤 상태를) 그대로 지니어 감. 지켜 감. 지탱함. ¶ 건강 유지. /질서를 유지하다.
유지(遺旨)명 죽은 이의 생전의 생각.
유지(遺志)명 죽은 이가 생전에 이루지 못하고 남긴 뜻. ¶ 고인의 유지를 받들다.
유지(遺址)명 옛 자취가 남아 있는 빈터.
유지(諭旨)명 임금이 신하에게 내리던 글.
유ː지-가(有志家)명 ☞유지자(有志者).
유지^공업(油脂工業)명 유지를 채취하여 정제하거나, 유지를 가공하여 여러 가지 제품을 만드는 공업.
유지-면관(諭旨免官)명 임금의 유지로 벼슬을 물러나게 하던 일.
유-지방(乳脂肪)명 젖이나 우유에 들어 있는 지방. 유지(乳脂).
유지-비(維持費)명 (단체나 시설 따위를) 유지하는 데 드는 비용. ¶ 차량 유지비.
유지^사료(維持飼料)명 가축의 성장이나 노역(勞役), 또는 알이나 고기 같은 것의 생산에 필요한 사료가 아닌, 그 생명을 유지하는 데에만 필요한 사료.
유ː지-자(有志者)명 어떤 좋은 일에 관심을 가지고 그 일을 이루려는 뜻이 있는 사람. 유지가(有志家). 유지지사.
유지^작물(油脂作物)[-장-]명 기름을 얻기 위해 심는 식물. 〔깨·콩·평지·아주까리 따위.〕
유ː지지사(有志之士)명 ☞유지자(有志者).
유진(留陣)명하자타 행군하던 군대가 어떤 곳에서 한동안 머무름.
유ː진-무퇴(有進無退)[-퇴/-퉤]명하자 나아가기만 하고 물러나지 아니함.
유질(乳質)명 ①젖의 품질. ②젖과 같은 성질.
유질(流質)명하자 ☞유전(流典).
유질(留質)명하자타 볼모.
유ː질(類質)명 비슷한 성질.
유ː질-동상(類質同像)명 서로 비슷한 화학 성분을 가진 광물들이 비슷한 결정 구조를 가지는 현상. 〔방해석과 마그네사이트와의 관계 따위.〕
유징(油徵)명 땅 밑에 석유가 있음을 알 수 있는 징후.
유착(癒着)명하자되자 ①서로 떨어져 있어야 할 피부나 막(膜) 등이 염증으로 말미암아 들러붙는 일. ②어떠한 관계 또는 사물이 아주 밀접하게 결합되는 일. ¶ 정경(政經) 유착.
유ː착-스럽다[-쓰-따][~스러우니·~스러워]형ㅂ 보기에 투박하고 크다. **유착스레**부.
유ː착-하다[-차카-]형여 몹시 투박하고 크다. ¶ 유착한 놋대야. **유착-히**부.
유찬(流竄)명하타되자 멀리 귀양을 보냄.
유찰(流札)명하자되자 입찰한 결과 낙찰되지 못하고 무효가 됨.
유창명 소의 창자의 가장 긴 부분. 흔히, 국거리로 쓰임.
유창(流暢) '유창하다'의 어근.
유창-하다(流暢-)형여 글을 읽거나, 하는 말이 거침이 없다. ¶ 영어를 모국어처럼 유창하게 구사하다. /유창한 말솜씨로 사람들의 관심을 끌다. **유창-히**부.
유채(油彩)명 ☞유화(油畫).
유채(油菜)명 ☞평지.
유ː채-색(有彩色)명 색상(色相)을 가진 빛깔. 〔빨강·노랑·주홍 따위.〕 ↔무채색.
유ː책(有責)명하형 책임이 있음.
유ː책^행위(有責行爲)[-채캥-]명 법률상 책임이 있는 행위.
유ː처-취처(有妻娶妻)명하자 아내가 있는 사람이 또 아내를 맞아들임.
유척(鍮尺)명 조선 시대에 쓰이던 한 자 한 치 길이의 표준 자. 놋쇠로 만들었는데, 주로 지방 수령이나 암행어사가 검시(檢屍)에 썼음.
유ː척-동물(有脊動物)[-똥-]명 ☞척추동물.
유천(幽天)명 구천(九天)의 하나. 서북쪽 하늘.
유ː-천우(柳天牛)명 ☞버드나무하늘소.
유철(柔鐵·鑐鐵)명 무쇠를 조금 불린 시우쇠의 한 가지.
유철(鍮鐵)명 놋쇠.
유ː체(有體)명 형체가 있는 것. 실체가 있는 것.
유체(流涕)명하자 눈물을 흘림, 또는 그 눈물. 유루(流淚).
유체(流體)명 '기체'와 '액체'를 통틀어 이르는 말. 동체(動體). 유동체(流動體).
유체(遺體)명 ①〔부모가 남겨 준 몸이라는 뜻으로〕'자기 몸'을 이르는 말. ②송장.
유체(濡滯)명하자 (사물의 상태가 발전하거나 나아가지 아니하고) 막히고 걸림.
유ː체-물(有體物)명 (공간의 일부를 차지하는) 형체가 있는 물건. ↔무체물(無體物).
유체-스럽다[-따][~스러우니·~스러워]형ㅂ 말이나 하는 짓이 여느 사람과 달라서 별나다. **유체스레**부.
유체^역학(流體力學)[-여칵]명 유체가 가만히 있거나 움직이고 있을 때의 상태, 또는 유체가 그 안에 있는 물체에 미치는 힘 등을 연구하는 역학의 한 분야.
유ː체^자산(有體資產)명 유체물인 자산.
유초(酉初)명 십이시의 유시(酉時)의 처음. 〔하오 다섯 시가 막 지난 무렵.〕
유초(遺草)명 세상을 떠난 이가 생전에 써서 남겨 놓은 시문(詩文)의 초고. 유고(遺稿).
유촉(遺囑)명하타 자기가 죽은 뒤의 일을 부탁함, 또는 그 부탁.
유ː추(類推)명되자 ①하타어떠한 사실을 근거로 하여, 그것과 같은 조건 아래에 있는 다른 사실을 미루어 헤아리는 일. 유비(類比). ②하자어떤 단어나 문법 형식이, 그와 비슷한 다른 단어나 문법 형식을 본으로 하여 만들어지거나 변화하는 일. 〔'서르→서로, 바루→바

로, 새려→새로'의 변화가 '거꾸로·함부로·스스로' 등의 '로'에 유추된 것 따위.〕

유ː추^해ː석 (類推解釋) 명 어떤 사항에 대하여 법으로 규정해 놓은 바를 그것과 비슷한 다른 사항에 대해 적용하는 법 해석의 한 방법.

유ː축^농업 (有畜農業) [-충-] 명 가축의 사육과 농작물의 재배를 아울러 경영하는 농업 경영 형태. 〔혼합 농업 따위.〕

유출 (流出) 명하자타되자 ①(액체 등이) 흘러나오거나 흘러 나감. ¶ 원유가 바다로 유출되다. ②흐르는 물에 실려 다른 데로 흘러감. ¶ 토사의 유출이 심하다. ③사물이 밖으로 나감, 또는 그것을 내보냄. ¶ 외화의 유출을 억제하다. /문화재를 국외로 유출하다.

유출 (溜出) 명하자 증류할 때, 어떤 성분이 액체 상태로 엉기어 나오는 일.

유출 (誘出) 명하타되자 꾀어냄.

유충 (幼沖) '유충하다'의 어근.

유충 (幼蟲) 명 ☞애벌레. ↔성충(成蟲).

유충-하다 (幼沖-) 형여 (사람의) 나이가 어리다. 비유소하다.

유취 (乳臭) 명 젖에서 나는 냄새. 젖내.

유취 (幽趣) 명 그윽한 풍치.

유ː취 (類聚) 명하타되자 같은 종류의 것을 갈래대로 모음. 휘집(彙集).

유취-만년 (遺臭萬年) 명하자 더러운 이름을 오래도록 남김.

유층 (油層) 명 석유가 괴어 있는 지층.

유치 (由致) 명 불교에서, 부처나 보살을 청할 때 그 까닭을 먼저 알리는 일.

유치 (幼稚) '유치하다'의 어근.

유치 (乳齒) 명 젖니. ↔영구치.

유치 (留置) 명하타되자 ①(남의 물건을) 맡아 둠. ②구속의 집행 및 재판의 진행이나 그 결과의 집행을 위하여 일정한 곳에 사람을 가두어 두는 일.

유치 (誘致) 명하타되자 설비 등을 갖추어 두고 권하여 오게 함. ¶ 공장 유치. /관광객을 유치하다.

유치-권 (留置權) [-꿘] 명 법률에서, 남의 물건을 점유하고 있는 사람이 그 물건에 관하여 생긴 채권의 변제를 받을 때까지 그 물건을 유치할 수 있는 권리.

유치-원 (幼稚園) 명 초등학교에 들어가기 전의 어린이를 대상으로 삼는 교육 기관.

유치-장 (留置場) 명 경찰서에서, 형사 피의자 등을 한동안 가두어 두는 곳. ¶ 유치장에 수감되다.

유치-하다 (幼稚-) 형여 ①(사람의) 나이가 어리다. ②생각이나 하는 짓이 어리다. ¶ 유치한 행동. ③(지식이나 기술 따위의) 수준이 낮거나 익숙하지 아니하다. ¶ 기술이 아직도 유치한 단계이다.

유칙 (遺勅) 명 세상을 떠난 임금이 생전에 남긴 명령.

유칠 (油漆) 명 들기름으로 만든 칠.

유침 (留鍼) 명 한방에서, 침을 꽂은 채 한동안 가만히 두는 일.

유칩-역구 (幽縶歷久) [-침녁꾸] 명 오랫동안 감옥에 갇혀 있음.

유쾌 (愉快) '유쾌하다'의 어근.

유쾌-하다 (愉快-) 형여 마음이 즐겁고 상쾌하다. ¶ 유쾌한 분위기. ↔불쾌하다. **유쾌-히** 부.

유타 (遊惰) '유타하다'의 어근.

유타-하다 (遊惰-) 형여 빈들빈들 놀기만 하고 게으르다.

유탄 (流彈) 명 (목표물에 맞지 아니하고) 빗나간 탄환. 일탄(逸彈).

유ː탄 (柳炭) 명 버드나무를 태워 만든 숯. 주로, 소묘(素描)에 쓰임.

유탄 (榴彈) 명 포탄의 한 가지. 탄체 안에 작약(炸藥)을 채워서 목표물에 맞았을 때 터지게 만든 것.

유탈 (遺脫) 명하자되자 책이나 활판(活版)에서, 글자 따위가 빠짐.

유탕 (遊蕩) 명하자 ①만판 놀기만 함. ②음탕하게 놀아남.

유태 (猶太) 명 '유대(Judea)'의 한자음 표기.

유태-교 (猶太教) 명 ☞유대교.

유태-인 (猶太人) 명 ☞유대 인.

유택 (幽宅) 명 〔죽은 이의 집이라는 뜻으로〕 '무덤'을 달리 이르는 말.

유택 (遺澤) 명 후세에까지 남아 있는 고인(故人)의 은혜(은덕).

유ː-턴ː (U turn) 명하자 자동차 따위가 'U' 자 형으로 방향을 바꾸는 회전.

유ː토피아 (Utopia) 명 이상적인 사회. 이상향(理想鄕).

유통 (乳筩) 명 소나 돼지 따위의 젖통이 고기.

유통 (流通) 명되자 ①하자(공기나 액체가) 흘러 움직임. 흘러 드나듦. ¶ 오래된 책을 공기의 유통이 좋은 곳에 보관하다. ②하타상품이 생산자·상인·소비자 사이에 거래되는 일. ¶ 유통 과정. /시장에 유통되는 상품. ③하타(화폐나 수표 등이) 사회에서 널리 쓰이는 일. 통용(通用). ¶ 새로 유통되는 화폐.

유통 (儒通) 명 지난날, 유생(儒生)들 사이에 통지하던 글.

유통^경제 (流通經濟) 명 (자급자족 경제에 대하여) '상품의 교환을 기초로 하는 경제'를 이르는 말.

유통^기구 (流通機構) 명 생산자가 생산한 상품이 소비자의 손으로 넘어가기까지의 판매 경로. 수송 수단·시장·중간 업자 등을 통틀어 이르는 말.

유통^기한 (流通期限) 명 식품 따위의 상품이 시중에 유통될 수 있는 기한. ¶ 유통 기한이 지난 우유.

유통-세 (流通稅) [-쎄] 명 상품이나 재산의 매매 거래에 대하여 부과되는 세금. 〔인지세·등록세 따위.〕

유통-업 (流通業) 명 생산자가 생산한 상품이 소비자의 손으로 넘어가기까지 여러 단계에서 교환·분배되는 활동과 관련된 사업.

유통^자본 (流通資本) 명 상품 자본, 또는 화폐 자본으로 유통하는 자본. 참생산 자본.

유통^증권 (流通證券) [-꿘] 명 법률상 배서(背書), 또는 교부에 따라 자유로이 그 권리를 양도할 수 있는 증권.

유통^혁명 (流通革命) [-형-] 명 대량 생산과 대량 소비가 더해 감에 따라 상품의 유통 구조, 거래 방식, 기업의 상태 등이 아주 새롭게 바뀌는 현상.

유통^화ː폐 (流通貨幣) [-폐/-페] 명 사회에서 통용되고 있는 화폐.

유파 (流派) 명 (예술이나 기예 등의) 으뜸 되는 계통에서 어떤 독자적인 주의나 수법을 가지고 갈려 나온 한 파(派).

유폐 (幽閉) [-폐/-페] 명하타되자 사람을 일정한 곳에 가두어 두고 밖으로 나오지 못하게 함. ¶ 정신병자를 특수 병실에 유폐하다.

유폐(流弊) [-폐/-페] 명 ①사회에 널리 유행하고 있는 나쁜 풍속. ②〈말류지폐(末流之弊)〉의 준말.
유포(油布) 명 기름을 먹인 무명.
유포(流布) 명 하자타 되자 세상에 널리 퍼짐, 또는 퍼뜨림. ¶ 유언비어를 유포하다.
유:포니(euphony) 명 ☞활음조(滑音調).
유:표(有表) 명 하형 (여럿 가운데서) 특별히 두드러진 특징이 있음. ¶ 유표한 옷차림. **유표-히** 부.
유품(遺品) 명 세상을 떠난 이가 생전에 쓰던 물건. 유물(遺物). ¶ 아버지의 유품을 잘 간직하다.
유풍(流風) 명 ☞유속(流俗).
유풍(遺風) 명 ①예로부터 전해 내려오는 풍속. 유속(遺俗). 비 유습(遺習). ②선인(先人)이 남긴 기풍. 선인이 남긴 가르침.
유풍(飂風) 명 팔풍(八風)의 하나. 서풍(西風).
유풍-여속(遺風餘俗) [-녀-] 명 예로부터 전하여져 오늘에 이른 풍속.
유피(柔皮) 명 부드럽고 연한 가죽.
유피(鞣皮) 명 무두질한 가죽.
유:피:유:(UPU) 명 만국 우편 연합(萬國郵便聯合). [Universal Postal Union]
유:피-화(有被花) 명 꽃받침과 꽃잎을 갖춘 꽃. 〔이피화와 등피화의 두 가지가 있는데, 속씨식물이 이에 딸림.〕 ↔무피화(無被花).
유-하다(留-) 자여 머물러서 묵다. ¶ 오랜만에 오셨는데 하루만이라도 유하셔야지요.
유:-하다(有-) 형여 〔한문 투의 말〕 있다.
유-하다(柔-) 형여 ①부드럽다. ¶ 유한 살결. ②성질이 태평스럽고 눅다. ¶ 성미가 유하다. ↔강(剛)하다.
유하-주(流霞酒) 명 ①신선이 마신다는 좋은 술. ②멥쌀·쌀누룩·밀가루·물로 빚은 술.
유학(幼學) 명 고려·조선 시대에, '벼슬을 하지 아니한 유생(儒生)'을 이르던 말.
유학(幽壑) 명 깊숙한 골짜기.
유학(留學) 명 하자 외국에 머물러 학문이나 예술 등을 공부함. ¶ 미국 유학. /조기 유학. /유학 생활.
유학(遊學) 명 하자 고향을 떠나 객지에서 공부함. ¶ 서울 유학.
유학(儒學) 명 유교의 학문. 공자의 사상을 근본으로 하고, 사서오경(四書五經)을 경전으로 삼아 정치·도덕의 실천을 중심 과제로 함. 공맹학(孔孟學).
유학-생(留學生) [-쌩] 명 외국에 머물면서 공부하는 학생.
유학-자(儒學者) [-짜] 명 유학에 조예가 깊은 사람.
유한(由限) 명 말미의 기한.
유:한(有限) 명 하형 한도나 한계가 있음. ↔무한. **유한-히** 부.
유:한(有閑·有間) 명 하형 ①겨를이 있음. 한가함. ②재물이 넉넉하여 일하지 않아도 생활이 한가로움.
유한(幽閑·幽間) '유한하다'의 어근.
유한(流汗) 명 흘러내리는 땀.
유한(遺恨) 명 ①(생전에 풀지 못하고) 남은 원한. ¶ 이제 죽는다 해도 유한이 없다. ②풀리지 아니한 원한. 잔한(殘恨). ¶ 서로 유한이 있는 집안.
유:한-계급(有閑階級) [-계-/-게-] 명 재물이 넉넉하여 일하지 아니하고 한가로이 놀면서 지내는 계급. 유한층(有閑層).
유:한-급수(有限級數) [-쑤] 명 수학에서, 항(項)의 수에 한정이 있는 급수. ↔무한급수.
유:한^꽃차례(有限-次例) [-꼳-] 명 ☞유한 화서. ↔무한 꽃차례.
유:한-마담(有閑madame) 명 오락이나 사교를 일삼는 유한계급의 부인. 유한부인.
유:한-부인(有閑夫人) 명 ☞유한마담.
유:한^소:수(有限小數) 명 소수점 아래의 어떤 자리에 이르러 그치는 소수. ↔무한 소수.
유한-정정(幽閑靜貞) 명 하형 (여성으로서의) 인품이 얌전하고 몸가짐이 조촐함.
유:한^직선(有限直線) [-썬] 명 ☞선분(線分). ↔무한 직선.
유:한^책임(有限責任) 명 채무자가 자기의 재산의 일부나 일정한 금액을 한도로 하여 채무로서 갚는 형식의 책임. ↔무한 책임.
유:한^책임^사원(有限責任社員) 명 회사 채무에 대하여, 출자액(出資額)을 한도로 하여 직접 연대 책임을 지는 합자 회사의 사원. ↔무한 책임 사원.
유:한-층(有閑層) 명 ☞유한계급.
유한-하다(幽閑-·幽閒-) 형여 (여성으로서의) 인품이 조용하고 그윽하다. **유한-히** 부.
유:한^화서(有限花序) 명 화서의 한 가지. 꽃줄기 끝의 꽃부터 먼저 피고 차차 그 아래의 꽃이 피어 가는 화서. 유한 꽃차례. ↔무한 화서.
유:한^회:사(有限會社) [-회-/-훼-] 명 50인 이하의 유한 책임 사원들로 구성된 소규모의 회사.
유합(癒合) 명 하자 되자 상처가 나아서 피부나 근육이 아물어 붙음.
유:해(有害) 명 하형 해가 있음. 해로움. ¶ 유해 식품. /담배는 몸에 유해하다. ↔무해(無害).
유해(遺骸) 명 ☞유골(遺骨). 망해(亡骸). ¶ 국립 묘지에 안치된 순국선열들의 유해.
유:해-무익(有害無益) 명 하형 해롭기만 하고 이로움은 없음.
유:해-성(有害性) [-썽] 명 해로운 성질이나 특성.
유행(流行) 명 하자 되자 ①어떠한 양식이나 현상 등이 새로운 경향으로서 한동안 사회에 널리 퍼짐, 또는 그런 경향. ¶ 유행을 따르다. /유행의 첨단을 걷는 옷차림. ②전염병 따위가 한동안 널리 퍼짐. ¶ 독감이 유행하다.
유행(遊行) 명 하자 유람하기 위하여 여러 지방을 돌아다님.
유행-가(流行歌) 명 어느 한 시기에 널리 불리는 대중가요.
유행-병(流行病) [-뼝] 명 ①한동안 널리 옮아 퍼지는 병. 돌림병. 질역(疾疫). ②'바람직하지 않은 유행을 무턱대고 따르는 경향'을 비유하여 이르는 말.
유행-성(流行性) [-썽] 명 유행하는 성질 또는 특성. ¶ 유행성 독감.
유행성^간:염(流行性肝炎) [-썽-] 명 급성 간염의 한 가지. 바이러스가 입을 통하여 감염되어 일어남.
유행성^감:기(流行性感氣) [-썽-] 명 인플루엔자 바이러스로 말미암아 일어나는 급성 전염병. 돌림감기. 인플루엔자.
유행성^결막염(流行性結膜炎) [-썽-망념] 명 바이러스의 감염으로 눈의 결막에 일어나는 전염성의 염증.
유행성^뇌염(流行性腦炎) [-썽뇌-/-썽눼-] 명 모기가 바이러스를 옮김으로써 일어나는 전염성의 뇌염.

유행성^출혈열(流行性出血熱)[-썽-렬][명] 들쥐나 집쥐가 바이러스를 옮김으로써 일어나는 법정 전염병. 호흡기를 통하여 감염되는데, 두통·권태·근육통·발열 따위의 증상이 나타나고 좁쌀만 한 출혈진(出血疹)과 함께 단백뇨·혈뇨가 생김.

유행-어(流行語)[명] 어느 한 시기에 많은 사람 사이에 많이 쓰이는 말. 시쳇말.

유향(乳香)[명] 감람과의 상록 교목. 아프리카의 소말리아 원산으로 높이는 6m가량. 잎은 깃 모양의 겹잎이고 잎의 가장자리는 톱니 모양임. 나무줄기에 상처를 내어 뽑아낸 수지(樹脂)도 '유향'이라 하며, 한방에서 약재로 쓰임.

유향(幽香)[명] 그윽한 향기.

유향(留鄕)[명] 지난날, '고을 수령의 자리가 비었을 때의 그 고을의 좌수(座首)'를 일컫던 말.

유향(遺香)[명] ①남아 있는 향기. 여향(餘香). ②'고인이 끼친 미덕'을 비유하여 이르는 말.

유향(儒鄕)[명] 선비가 많이 사는 고장.

유향-소(留鄕所)[명] 조선 시대에, 군현(郡縣)의 수령을 보좌하던 자문 기관. 향소. 향청(鄕廳).

유현(幽玄)[명][하형] 헤아리기 어려울 만큼 깊고 오묘함. ¶ 유현한 음향.

유현(儒賢)[명] 경학(經學)에 정통하고 언행이 바른 선비.

유현(遺賢)[명] 벼슬하지 아니하고 보통 사람처럼 살아가는 현인(賢人).

유현-증(乳懸症)[-쯩][명] 한방에서, 산후(産後)에 젖이 아랫배까지 늘어지고 몹시 아픈 병증을 이르는 말.

유혈(流血)[명] ①흐르는 피. ②(다툼이나 사고 등으로) 피를 흘림. ③살상이 벌어지는 일. ¶ 유혈 충돌. /유혈 사태가 벌어지다.

유혈-극(流血劇)[명] 피를 흘리는 싸움판. ¶ 유혈극을 벌이다.

유협(遊俠)[명] ☞협객(俠客).

유ː형(有形)[명][하형] 형체가 있음. 형상이 있음. ↔무형(無形).

유형(流刑)[명] 죄인을 외딴곳으로 보내어 그곳을 떠나지 못하게 하는 형벌.

유ː형(類型)[명] ①비슷한 본. 비슷한 틀. ②어떤 비슷한 것들의 본질을 개체로서 나타낸 것, 또는 그것들의 공통되는 성질이나 모양. ¶ 인간의 체형을 몇 개의 유형으로 분류하다. ③개성이 뚜렷하지 않은 흔한 모양. ¶ 유형의 범위를 벗어나지 못한 평범한 작품들.

유형-객(流刑客)[명] 유형 생활을 하는 사람.

유ː형^고정^자산(有形固定資産)[명] 구체적인 형태를 가진 자산. 〔토지·가옥·기계 따위.〕 유형 자산. ↔무형 고정 자산.

유형-동물(紐形動物)[명] 동물 분류의 한 문(門). 몸은 좌우 대칭이며, 등과 배는 납작하고 길어, '끈벌레'라고도 함. 몸빛은 노란색·붉은색·녹색 등 여러 가지임. 모래 속이나 바위틈, 해조 사이에서 삶.

유ː형^무ː역(有形貿易)[명] 상품의 통관(通關)이 따르는 무역. ↔무형 무역.

유ː형-무적(有形無跡)[명][하형] 혐의는 있으나 증거가 없음.

유ː형-무형(有形無形)[명][하형] ①형체가 있는 것과 형체가 없는 것. ¶ 유형무형의 은혜를 입다. ②형체가 있는지 없는지 뚜렷하지 않음.

유ː형^문화재(有形文化財)[명] 건축물·회화·조각·공예품·고문서 따위 유형의 문화적 소산 가운데서 역사와 예술 및 고고학적 가치가 높은 것. 국보·보물 따위 국가 지정 문화재와 지방 문화재가 있음. ↔무형 문화재.

유ː형-물(有形物)[명] 형체가 있는 물건. ↔무형물(無形物).

유형-살이(流刑-)[명][하자] 유형당하여 살아가는 삶.

유형-수(流刑囚)[명] 유형살이를 하는 죄수.

유ː형-인(有形人)[명] 무형인(無形人)인 법인(法人)에 상대하여 '자연인(自然人)'을 달리 이르는 말.

유ː형^자본(有形資本)[명] 유형 재산으로 된 자본. 〔화폐·토지·건축물·기계 따위.〕 ↔무형 자본.

유ː형^자산(有形資産)[명] ☞유형 고정 자산. ↔무형 자산.

유ː형^재산(有形財産)[명] 구체적인 형태를 갖추고 있는 재산. 〔화폐·동산·부동산·상품 따위.〕 ↔무형 재산.

유ː형-적(有形的)[관][명] 형체가 있는 (것).

유ː형-적(類型的)[관][명] 어떤 틀에 박혀 있듯이 개성이 없는 (것). 퍽 흔한 모양의 (것). ¶ 유형적 문체. /조각 작품이 유형적이며 독창성이 없다.

유-형제(乳兄弟)[명] 유모의 젖을 먹고 자라는 아이와 그 유모의 자식을 형제 같은 관계라는 뜻으로 이르는 말.

유형-지(流刑地)[명] 유형살이를 하는 곳.

유ː형-체(有形體)[명] 형상이 있는 물체.

유ː형-학(類型學)[명] ①어떤 연구를 함에 있어서 전형적인 형태를 분명히 해 두고 연구를 진행하는 학문의 방법, 또는 그 성과. ②심리학에서, 개인이나 민족의 심신의 구조를 유형으로 분류하여 고찰하는 연구.

유혜(油鞋)[-혜/-헤][명] 지난날, 기름에 결은 가죽으로 만들어 신던 신. 진신.

유호-덕(攸好德)[명] 오복(五福)의 하나. 도덕을 지키기를 낙으로 삼는 일.

유호-필(柔毫筆)[명] 산양털이나 토끼털 등 비교적 부드러운 털로 만든 붓.

유혹(誘惑)[명][하타][되자] ①남의 마음을 현혹되게 하여 꾐. ②남을 호리어 나쁜 길로 꾐. ¶ 유혹의 손길. /유혹에 빠지다. /돈으로 상대를 유혹하다.

유혹(猶或)[부] ☞설령(設令).

유혹-적(誘惑的)[-쩍][관][명] 유혹하거나 유혹하는 것과 같은 (것). ¶ 유혹적 자태. /유혹적인 몸짓.

유혼(幽昏) '유혼하다'의 어근.

유혼(幽魂)[명] 죽은 사람의 혼.

유혼-일(遊魂日)[명] 생기법(生氣法)으로 본 해롭지 않은 날의 하나.

유혼-하다(幽昏-)[형][여] 그윽하고 어둡다.

유화(乳化)[명] 어떤 액체 속에 그것과 잘 섞이지 않는 다른 액체를 작은 낟알로 분산시켜 젖 모양의 액체로 만드는 일, 또는 분산된 그 상태.

유화(油畫)[명] 서양화의 한 가지. 기름으로 갠 물감으로 그리는 그림. 유채(油彩).

유화(宥和)[명][하자] 너그럽게 대하여 화평하게 지냄. ¶ 유화의 메시지를 보내다.

유화(柔和) '유화하다'의 어근.

유화(流火)[명] '유성(流星)'을 달리 이르는 말.

유ː화(柳花)[명] 버드나무의 꽃.

유화(硫化)[명][하자·타] ☞황화(黃化).

유화(榴花)[명] 석류나무의 꽃.

유ː화(類化)[명][하자][되자] 같은 종류의 물질이 동화 작용을 함.

유화^정책(宥和政策)명 상대편의 강경한 자세에 대하여 양보하거나 타협하여 화평을 꾀하는 정책.
유화-하다(柔和-)형여 성질이 부드럽고 온화하다.
유황(硫黃)명 ☞황(黃).
유황-불(硫黃-)[-뿔]명 황이 탈 때 생기는 파란 빛깔의 불.
유황-천(硫黃泉)명 많은 양의 황이 섞여 있는 광천(鑛泉). 피부병이나 신경통 등의 치료에 이용됨.
유회(油灰)[-회/-훼]명 기름과 재와 솜을 섞어서 만든 물건. 나무에 칠을 하기 전에 구멍을 메우는 데 쓰임.
유회(幽懷)[-회/-훼]명 마음속 깊이 간직한 회포.
유회(流會)[-회/-훼]명하자되자 예정된 모임이 어떠한 사정으로 말미암아 이루어지지 않거나 중도에 그만두게 됨. ↔성회(成會).
유회(遊回)[-회/-훼]명하타 떠돌아다님.
유회(儒會)[-회/-훼]명 유생들의 모임.
유회-색(黝灰色)[-회-/-훼-]명 잿빛을 띤 검푸른 색.
유ː효(有效)명 ①하형효과나 효력이 있음. 보람이 있음. ¶ 유효 기간. /이 약은 신경통 치료에 유효하다. ↔무효. ②유도 경기에서, 메치기나 누르기가 '절반'에 미치지 못한 경우에 심판이 선언하는 판정 용어. ①유효-히부.
유ː효^사거리(有效射距離)명 ☞유효 사정.
유ː효^사정(有效射程)명 사격에서, 쏜 탄알이 도달하여 효력을 나타낼 수 있는 거리. 유효 사거리.
유ː효^수요(有效需要)명 실제로 살 수 있는 능력을 가진 수요. 사람이 사고자 하는 욕망을 가졌을 때, 살 수 있는 능력이 있어서 언제든지 그 욕망이 실현될 수 있는 수요. ↔잠재 수요.
유ː효^숫ː자(有效數字)[-수짜/-숟짜]명 ①(0에 대하여) 1에서 9까지의 숫자. ②근삿값 등에서 실질적으로 유효하거나, 또는 잘라 버리지 않는 자리에 있는 숫자.
유훈(遺訓)명 세상을 떠난 사람이 생전에 남긴 훈계나 교훈. 유계(遺戒).
유휴(遊休)명 (쓸 수 있는 설비나 기계 등을) 쓰지 않고 놀리거나 묵힘. ¶ 유휴 시설. /유휴 경작지.
유휴^자본(遊休資本)명 생산에 활용되지 않고 있는 자본. 준유자(遊資).
유휴-지(遊休地)명 사용하지 않고 묵히고 있는 땅.
유흔(遺痕)명 남은 흔적. 끼친 흔적.
유흥(遊興)명하자 재미있게 즐기면서 노는 일. 음식점·술집 등에서 즐기면서 노는 일. ¶ 유흥 시설.
유흥-가(遊興街)명 유흥장이 많이 늘어서 있는 거리.
유흥-비(遊興費)명 유흥에 드는 비용.
유흥-업(遊興業)명 음식이나 술 등을 팔거나 유흥 시설을 빌려 주는 영업.
유흥업-소(遊興業所)[-쏘]명 유흥업을 경영하는 곳.
유희(遊戲)[-히]명하자 즐겁게 놂, 또는 노는 일. 놀이[1].
유희-요(遊戲謠)[-히-]명 놀음놀이를 하면서 여러 사람이 부르는 노래. 강강술래·놋다리밟기·줄다리기·대문놀이 등을 하면서 부름. 참노동요(勞動謠)·의식요(儀式謠).
육(肉)명 ①〈육신〉·〈육체〉의 준말. ¶ 영(靈)과 육이 일치하다. ↔영(靈). ②짐승의 고기, 또는 과실의 살.
육(六) Ⅰ수 여섯.
Ⅱ관《일부 단위를 나타내는 말 앞에 쓰이어》①그 수량이 여섯임을 나타내는 말. ¶ 육 년. /육 미터. ②그 순서가 여섯 번째임을 나타내는 말. ¶ 육 상. /육 번.
육^가야(六伽倻)[-까-]명 삼한(三韓) 때에, 낙동강 하류 유역에 있던 여섯 가야. 금관가야(金官伽倻)·아라가야(阿羅伽倻)·고령가야(古寧伽倻)·소가야(小伽倻)·대가야(大伽倻)·성산가야(星山伽倻)를 이름.
육각(六角)[1][-깍]명 국악에서, 북·장구·해금·피리 및 태평소 한 쌍을 통틀어 이르는 말.
육각(을) 잡히다관용 육각을 갖추어 음악을 연주하다.
육각(六角)[2][-깍]명 여섯 모. 육모.
육각-정(六角亭)[-깍쩡]명 ☞육모정.
육각-형(六角形)[-까켱]명 여섯 개의 직선으로 둘러싸인 평면 도형.
육간(肉間)명 '푸줏간'의 잘못.
육간-대청(六間大廳)[-깐-]명 여섯 칸이 되는 넓은 마루.
육감(六感)[-깜]명 〈제육감(第六感)〉의 준말. ¶ 육감으로 알아차리다.
육감(肉感)[-깜]명 ①육체상(肉體上)의 감각. ②육체에서 풍기는 성적인 느낌.
육감-적(肉感的)[-깜-]관명 성욕을 자극하는 (것). ¶ 육감적 자태. /육감적인 여인.
육갑(六甲)[-깝]명 ①〈육십갑자〉의 준말. ②하자남의 언행을 얕잡아 이르는 말. ¶ 육갑을 떨다.
육갑을 짚다관용 ①간지(干支)로써 사람의 나이를 헤아리다. ②간지로 나타낸 연월일로써 사람의 길흉화복을 헤아리다.
육-개장(肉-醬)[-깨-]명 소의 살코기를 푹 고아 찢어 고춧가루·파·마늘·간장·기름·후춧가루로 양념하여 국물에 넣고 끓인 국.
육경(六卿)[-꼉]명 '육조의 판서'를 예스럽게 일컫던 말.
육경(六經)[-꼉]명 중국의 여섯 가지 경서. 역경(易經)·시경(詩經)·서경(書經)·춘추(春秋)·주례(周禮)·예기(禮記)를 통틀어 이르는 말.
육경(六境)[-꼉]명 불교에서, 육식(六識)으로 인식하는 여섯 가지 대상인 '색경(色境)·성경(聲境)·향경(香境)·미경(味境)·촉경(觸境)·법경(法境)'을 이르는 말.
육계(六界)[-꼐/-께]명 ☞육도(六道).
육계(肉界)[-꼐/-께]명 육신의 세계. 곧, 육체 및 그 작용이 미치는 범위. ↔영계(靈界).
육계(肉桂)[-꼐/-께]명 한방에서, '계수나무의 두꺼운 껍질'을 약재로 이르는 말. 건위제·강장제로 쓰임.
육계(肉鷄)[-꼐/-께]명 ☞고기닭.
육계(肉髻)[-꼐/-께]명 부처의 정수리에 솟아 있는 상투 모양의 혹.
육계-도(陸繫島)[-꼐-/-께-]명 (육지에 가까이 있어) 모래톱으로 육지와 이어져 있는 섬.
육계-정기(肉桂丁幾)[-꼐-/-께-]명 육계의 진액으로 만든 물약. 교정약(矯正藥)으로 쓰임.
육계-주(肉桂酒)[-꼐-/-께-]명 육계를 소주에 담가 설탕을 타서 만든 술.

육고(肉庫) [-꼬] 명 지난날, 각 관아에 딸렸던 푸주.
육고-자(肉庫子) [-꼬-] 명 지난날, 육고에 딸려 관아에 육류를 진상하던 관노(官奴).
육과(肉果) [-꽈] 명 즙과 살이 많은 과실. 〔사과·복숭아 따위.〕
육-관음(六觀音) [-꽈늠] 명 육도(六道)의 중생을 교화한다는 육체(六體)의 관세음. 곧, 성관음(聖觀音), 천수(千手)관음, 마두(馬頭)관음, 십일면(十一面)관음, 준지(准胝)관음, 여의륜(如意輪)관음을 이름.
육괴(肉塊) [-꾀/-꿰] 명 고깃덩어리.
육교(陸橋) [-꾜] 명 도로나 철도 위에 가로질러 놓은 다리. 가도교(架道橋).
육구(肉灸) [-꾸] 명 ☞뜸4.
육군(陸軍) [-꾼] 명 육상에서의 전투를 맡은 군대. 참 공군·해군.
육군^본부(陸軍本部) [-꾼-] 명 국방부에 딸린, 육군의 최고 통수 기관. 준 육본.
육군^사ː관학교(陸軍士官學校) [-꾼-꾜] 명 육군의 초급 장교가 될 사람에게 필요한 정규 교육을 베푸는 군사 학교. 준 육사.
육근(六根) [-끈] 명 불교에서, 육식(六識)이 그 대상이 되는 육경(六境)에 대하여 인식 작용을 일으킬 경우의 그 여섯 가지 인식 기관. 안근(眼根)·이근(耳根)·비근(鼻根)·설근(舌根)·신근(身根)·의근(意根)을 이름.
육기(六氣) [-끼] 명 중국 철학에서 이르는 천지간의 여섯 가지 기운. 곧, 음(陰)·양(陽)·풍(風)·우(雨)·회(晦)·명(明).
육기(肉氣) [-끼] 명 ①몸에 살이 붙은 정도. ¶ 육기가 좋은 몸매. ②☞육미(肉味).
육-기통(六氣筒) [-끼-] 명 실린더가 여섯 개인 내연 기관.
육니(忸怩) '육니하다'의 어근.
육니-하다(忸怩-) [융-] 형 여 부끄럽고 창피하다.
육다골소(肉多骨少) [-따-쏘] 명 하형 (몸에) 살이 많고 뼈가 적음.
육-달월(肉-月) [-따뤌] 명 한자 부수의 한 가지. '肝'·'肺' 등에서의 '月'의 이름. 〔'肉(고기육)'의 변형임.〕 참 고기육·달월.
육담(肉談) [-땀] 명 상스러운 말씨나 이야기. ¶ 육담과 패담.
육-대주(六大洲) [-때-] 명 지구 상의 여섯 개의 대륙. 아시아·아프리카·유럽·오세아니아·남아메리카·북아메리카를 아울러 이름.
육덕(六德) [-떡] 명 〈육원덕(六元德)〉의 준말.
육덕(肉德) [-떡] 명 몸에 살이 붙은 정도나 상태. ¶ 육덕이 좋은 중년 부인.
육덕(六德) [-떡] 수관 찰나(刹那)의 10분의 1, 허공(虛空)의 10배가 되는 수(의). 곧, 10^{-19}.
육도(六道) [-또] 명 불교에서, 중생이 생전에 한 행위에 따라서 저마다 가서 살게 된다는 '지옥도·아귀도·축생도·아수라도·인간도·천상도'를 이르는 말. 육계(六界).
육도(六韜) [-또] 명 중국 주(周)나라의 태공망(太公望)이 지었다는, 문도(文韜)·무도(武韜)·용도(龍韜)·호도(虎韜)·표도(豹韜)·견도(犬韜) 등 여섯 종류의 병서(兵書).
육도(陸島) [-또] 명 〈대륙도(大陸島)〉의 준말.
육도(陸稻) [-또] 명 밭벼.
육도-삼략(六韜三略) [-또-냑] 명 중국의 병서(兵書)의 고전인 '육도(六韜)'와 상략·중략·하략으로 된 황석공(黃石公)의 '삼략(三略)'을 아울러 이르는 말.
육도-풍월(肉跳風月) [-또-] 명 글자를 잘못 써서 알아보기 어려운 한시(漢詩)를 이르는 말.
육돈(肉豚) [-똔] 명 고기돼지.
육-두구(肉荳蔲) [-뚜-] 명 육두구과의 상록 활엽 교목. 열대 식물로서 높이는 20 m가량 자람. 잎은 길둥글며 가장자리가 밋밋하고 두꺼움. 살구 씨처럼 생긴 열매가 익으면 적황색 껍질이 갈라지는데, 씨는 건위제·강장제·향미료 등으로 쓰임.
육두-문자(肉頭文字) [-뚜-짜] 명 상스러운 말로 된 숙어. 육담으로 된 말.
육-두품(六頭品) [-뚜-] 명 신라 골품 제도에서 진골 다음가는 신분의 등급. 왕족이 아닌 사람이 오를 수 있는 가장 높은 등급으로 오두품의 위임.
육량(肉量) [융냥] 명 고기를 먹는 양. ¶ 육량이 크다.
육량(陸梁) [융냥] 명 하자 제멋대로 날뜀.
육려(六呂) [융녀] 명 십이율(十二律) 가운데서 음성(陰聲)인 '대려(大呂)·협종(夾鐘)·중려(仲呂)·임종(林鐘)·남려(南呂)·응종(應鐘)'의 여섯 음을 통틀어 이르는 말. 음려(陰呂).
육력(戮力) [융녁] 명 하자 서로 힘을 합침.
육련-성(六連星) [융년-] 명 ☞묘성(昴星).
육례(六禮) [융녜] 명 우리나라의 재래식 혼례에서의 여섯 가지 의식. 곧, 납채(納采)·문명(問名)·납길(納吉)·납폐(納幣)·청기(請期)·친영(親迎). ¶ 육례를 갖추어 혼인하다.
육로(陸路) [융노] 명 육상(陸上)의 길. 한로(旱路). ¶ 육로로 인도까지 가다.
육룡(六龍) [융뇽] 명 ①'임금의 어가(御駕)'를 높이어 이르는 말. ②용비어천가에서, 조선조를 개국한 여섯 조상. 곧, '목조(穆祖)·익조(翼祖)·도조(度祖)·환조(桓祖)·태조(太祖)·태종(太宗)'을 높이어 이르는 말.
육류(肉瘤) [융뉴] 명 ☞육혹.
육류(肉類) [융뉴] 명 먹을 수 있는 '짐승의 고기'를 두루 이르는 말. 육미붙이.
육륜(肉輪) [융눈] 명 아래위의 눈까풀.
육률(六律) [융뉼] 명 십이율(十二律) 가운데서 양성(陽聲)인 '태주(太簇)·고선(姑洗)·황종(黃鐘)·유빈(蕤賓)·이칙(夷則)·무역(無射)'의 여섯 음을 통틀어 이르는 말. 양률(陽律). 준 율(律).
육림(育林) [융님] 명 산이나 들에 계획적으로 나무를 심어 숲을 가꾸는 일. ¶ 육림 사업.
육림-업(育林業) [융니멉] 명 나무를 심어 가꾸어 목재를 생산하는 사업.
육면-체(六面體) [융-] 명 여섯 개의 평면에 둘러싸인 입체.
육-모(六-) [융-] 명 ①여섯 개의 직선에 싸인 평면. ②(한 물체의 둘레를 이루고 있는) 여섯 개의 모. 육각(六角). ¶ 육모가 지다.
육모^방망이(六-) [융-] 명 지난날, 포졸들이 가지고 다니던 여섯 모가 진 방망이.
육모-얼레(六-) [융-] 명 모서리가 여섯인 얼레.
육모얼레에 연줄 감듯 속담 무엇을 둘둘 잘 감는다는 뜻.
육모-정(六-亭) [융-] 명 (여섯 개의 기둥을 세워) 지붕이 여섯 모가 지게 지은 정자. 육각정.
육목(六目) [융-] 명 타짜꾼이 쓰려고 일부러 맞추어 만든, 예순 장으로 된 투전.
육묘(育苗) [융-] 명 하자 묘목이나 모를 기름, 또는 그 일.
육미(六味) [융-] 명 ①여섯 가지의 맛. '쓴맛, 신맛, 단맛, 매운맛, 짠맛, 싱거운 맛'을 아울러 이르는 말. ②〈육미탕〉·〈육미환〉의 준말.

육미(肉味)[융—]명 ①짐승 고기로 만든 음식. 육기(肉氣). ②고기의 맛.

육미-붙이(肉味—)[융—부치]명 육미 종류들. 육류(肉類). 육속(肉屬). (준)육붙이.

육미-탕(六味湯)[융—]명 한방의 보약의 한 가지. 숙지황·산약·산수유·백복령·목단피·택사 등으로 지음. (준)육미.

육미-환(六味丸)[융—]명 한방에서, 육미탕을 가루로 만들어 꿀에 반죽한 알약. (준)육미.

육-바라밀(←六波羅蜜)[-빠-]명 불교에서, 보살이 수행에서 열반에 이르는 여섯 가지 방편. 보시(布施)·지계(持戒)·인욕(忍辱)·정진(精進)·선정(禪定)·지혜(智慧)를 아울러 이름.

육박(肉薄·肉迫)[—빡]명하자타 ①바싹 가까이 다가감. 바싹 따라붙음. ¶ 불과 2점 차로 육박하다. ②바싹 덤벼듦. 바싹 가까이 쳐들어감.

육박-전(肉薄戰)[—빡쩐]명 적과 맞붙어 싸우는 전투. ¶ 치열한 육박전을 벌이다.

육-반구(陸半球)[—빤—]명 북극을 북위 48°, 동경 30°, 남극을 남위 48°, 서경 179°에서 지구를 둘로 가를 경우의 북반구를 이름. 지구 상의 육지의 약 90%가 이에 들어감. ↔수반구.

육발-이(六—)[—빠리]명 발가락이 여섯인 사람. (참)육손이.

육방(六房)[—빵]명 조선 시대에, 승정원과 지방 관아에 두었던 여섯 부서. 이방(吏房)·호방(戶房)·예방(禮房)·병방(兵房)·형방(刑房)·공방(工房)을 이름.

육방^관속(六房官屬)[—빵—]명 지방 관아의 육방에 딸렸던 구실아치.

육-방망이(六—)[—빵—]명 방망이 여섯 개를 가로 꿰어 열두 사람이 메는 상여(喪輿).

육방^승지(六房承旨)[—빵—]명 승정원의 육방에 딸렸던 벼슬아치.

육방^정계(六方晶系)[—빵—계/—빵—게]명 결정계의 한 가지. 한 평면 안에서 길이가 같은 세 축이 서로 60°의 각으로 엇걸리고, 그 세 축과 길이가 다른 한 축이 세 축과 직각이 되게 엇걸리는 결정계. 〔석영(石英)·방해석(方解石) 따위에서 볼 수 있음.〕

육백(六白)[—빽]명 음양설에서 이르는 구성(九星)의 하나, 곧 금성(金星)을 이름.

육백(六百)[—빽]명 화투 놀이의 한 가지. 득점수 600이 먼저 되기를 겨루는 놀이.

육법(六法)[—뻡]명 ①여섯 가지의 기본이 되는 법률. 곧, 헌법(憲法)·민법(民法)·상법(商法)·형법(刑法)·민사 소송법(民事訴訟法)·형사 소송법(刑事訴訟法). ②〈육법전서〉의 준말.

육법-전서(六法全書)[—뻡쩐—]명 육법과 그것에 딸린 법규 등을 모아 엮은 책. (준)육법.

육보(肉補)[—뽀]명하자 고기붙이를 먹어서 몸을 보(補)하는 일.

육본(陸本)[—뽄]명 〈육군 본부〉의 준말.

육봉(肉峯)[—뽕]명 낙타 등의 살가죽 밑에 지방이 모여 불거진 큰 혹. 〔단봉(單峯)과 쌍봉(雙峯)이 있음.〕

육부(六部)[—뿌]명 고려 시대에, 국무를 맡아보던 여섯 관부. 곧, 이부(吏部)·병부(兵部)·호부(戶部)·형부(刑部)·예부(禮部)·공부(工部).

육부(六腑)[—뿌]명 한방에서, 대장·소장·위·담·방광·삼초(三焦)를 통틀어 이르는 말.

육분의(六分儀)[—뿌늬/—뿌니]명 천구 상의 두 점 간의 각도를 재는 기계. 태양이나 별의 고도를 재거나, 지금 있는 곳의 위도와 경도를 알아내는 데 쓰임.

육붕(陸棚)[—뿡]명 ☞대륙붕(大陸棚).

육-붙이(肉—)[—뿌치]명 〈육미붙이〉의 준말.

육사(六司)[—싸]명 고려 시대에, 주요한 나랏일을 맡아보던 여섯 관청. 곧, 군부사·예의사·전공사·전리사·전법사·판도사.

육사(六邪)[—싸]명 나라에 해로운 여섯 유형의 신하. 곧, 사신(邪臣)·구신(具臣)·유신(諛臣)·간신(奸臣)·참신(讒臣)·적신(賊臣)을 이름. ↔육정(六正).

육사(陸士)[—싸]명 〈육군 사관학교〉의 준말.

육-사단(六紗緞)[—싸—]명 생사(生紗)와 누인 명주실을 섞어 짠 옷감.

육산(陸產)[—싼]명 〈육산물〉의 준말.

육산-물(陸產物)[—싼—]명 육지에서 나는 물건. (준)육산.

육상(陸上)[—쌍]명 ①물 위. 육지의 위. ¶ 육상 교통. ②〈육상 경기〉의 준말.

육상^경:기(陸上競技)[—쌍—]명 달리기·뛰기·던지기의 세 가지 기본 기능을 중심으로 하여 땅 위에서 하는 운동 경기를 통틀어 이르는 말. 〔필드 경기·트랙 경기·혼성 경기·도로 경기 따위로 나뉨.〕 (준)육상.

육색(肉色)[—쌕]명 ①살갗의 빛깔. ¶ 언제 보아도 육색이 좋다. ②사람의 살빛처럼 불그스름한 빛깔.

육서(六書)[—써]명 ①한자의 구성상의 여섯 가지 유형. 상형·지사(指事)·회의(會意)·형성(形聲)·전주(轉注)·가차(假借)를 이름. ②한자의 여섯 가지 서체. 대전(大篆)·소전(小篆)·팔분(八分)·예서(隸書)·행서(行書)·초서(草書), 또는 고문(古文)·기자(奇字)·전서(篆書)·예서(隸書)·무전(繆篆)·충서(蟲書)를 이르기도 함. ②육체(六體).

육서(陸棲)[—써]명하자 육지에서 삶. ¶ 육서 동물.

육-섣달(六—)[—썯딸]명 '유월'과 '섣달'을 아울러 이르는 말.

육성(肉聲)[—썽]명 (확성기 따위의 기계를 통하지 않고) 직접 입으로 말하는 사람의 목소리. ¶ 명사의 육성 연설을 듣는 청중.

육성(育成)[—썽]명하타되자 길러서 자라게 함. ¶ 원예 작물을 육성하다.

육성-층(陸成層)[—썽—]명 육지에 생긴 지층.

육속(肉屬)[—쏙]명 ☞육미붙이.

육속(陸續)[—쏙]명하자 계속하여 끊이지 않음.

육손-이(六—)[—쏘니]명 손가락이 여섯인 사람. (참)육발이.

육송(陸松)[—쏭]명 ☞소나무.

육송(陸送)[—쏭]명하타되자 육지에서의 운송.

육수(肉水)[—쑤]명 양지머리·사태 등을 고아 밭친 국물.

육수(陸水)[—쑤]명 지구 상에 있는, 바닷물 이외의 내륙의 물. 지표수와 지하수로 크게 나뉨.

육수^꽃차례(肉穗—次例)[—쑤꼳—]명 ☞육수화서.

육수-학(陸水學)[—쑤—]명 하천·호소(湖沼)·지하수 등의 유래·분포·이동 등을 연구 대상으로 하는 학문.

육수^화서(肉穗花序)[—쑤—]명 식물에서, 무한(無限) 화서의 한 가지. 꽃대 주위에 꽃자루가 없는 수많은 잔꽃이 피는 꽃차례. 〔옥수수·앉은부채 따위.〕 육수 꽃차례.

육순(六旬)[—쑨]명 ①예순 날. ②예순 살.

육시(戮屍)[—씨]명하타 지난날, 죽은 사람의 목을 베던 일, 또는 그 형벌.

육시-랄(戮屍-) [-씨-] 감 '육시를 할'이 줄어서 된 말로, 욕으로 하는 소리.
육식(六識) [-씩] 명 불교에서, 육경(六境)의 대상을 육근(六根)에 따라 인식하는 여섯 가지 마음의 작용. 곧, 안식(眼識)·이식(耳識)·비식(鼻識)·설식(舌識)·신식(身識)·의식(意識).
육식(肉食) [-씩] 명하자 ①짐승의 고기를 먹음, 또는 그 음식. ↔채식(菜食). ②(일반 동물의 식성이) 동물을 먹이로 함. ②↔초식(草食).
육식-가(肉食家) [-씩까] 명 육식을 즐기는 사람.
육식^동:물(肉食動物) [-씩똥-] 명 동물성의 먹이를 먹고 사는 동물. 〔육식수·육식조 따위.〕
육식-수(肉食獸) [-씩쑤] 명 '식육성(食肉性) 짐승'을 흔히 이르는 말. 〔사자·범·고양이 따위.〕
육식-조(肉食鳥) [-씩쪼] 명 다른 새나 짐승을 잡아먹는 맹금류의 새. 〔솔개나 매 따위.〕
육식-처대(肉食妻帶) [-씩-] 명 고기를 먹고 아내를 둔 중을 이르는 말.
육식-충(肉食蟲) [-씩-] 명 작은 벌레를 잡아먹는 벌레. 〔물방개·잠자리·사마귀·거미 따위.〕
육신(六神) [-씬] 명 민속에서, 오방(五方)을 지킨다는 여섯 신. 청룡(青龍;동), 백호(白虎;서), 주작(朱雀;남), 현무(玄武;북), 구진·등사(句陳·螣蛇;중앙)를 이름.
육신(肉身) [-씬] 명 ①사람의 산 몸뚱이. ¶ 육신을 놀리다. /육신이 멀쩡하다. ②육체. 준육. ↔심령(心靈).
육신^승천(肉身昇天) [-씬-] 명 ☞백일 승천(白日昇天).
육십(六十·六拾) [-씹] Ⅰ수 예순.
Ⅱ관 《일부 단위를 나타내는 말 앞에 쓰이어》 ①그 수량이 예순임을 나타내는 말. ¶ 육십 미터. ②그 순서가 예순 번째임을 나타내는 말. ¶ 육십 등.
육십-갑자(六十甲子) [-씹깝짜] 명 민속에서, 십간(十干)과 십이지(十二支)를 순차로 배합하여 육십 가지로 배열한 순서. 〔'갑자(甲子)'에서 시작하여 '계해(癸亥)'에서 끝남.〕 준육갑.
육십분-법(六十分法) [-씹뿐뻡] 명 수학에서, 각도의 단위를 정하는 방법. 곧, 직각의 90분의 1을 1도, 1도의 60분의 1을 1분, 1분의 60분의 1을 1초로 함.
육십사-괘(六十四卦) [-씹싸-] 명 주역에서, 팔괘(八卦)를 두 괘씩 겹쳐 얻은 64개의 괘.
육십진-법(六十進法) [-씹찐뻡] 명 수학에서, 60을 한 단위로 자릿수를 셈하는 기수법(記數法). 〔고대 바빌로니아 때 비롯된 것으로 지금도 시간이나 각도 등에 쓰이고 있음.〕
육아(肉芽) 명 식물에서, 싹의 줄기에 해당하는 부분에 많은 양분을 저장하여 알 모양을 이룬 것. 땅에 떨어지면 새로운 개체가 됨.
육아(育兒) 명하자 어린아이를 기름. ¶ 육아 일기. /육아 문제.
육아-낭(育兒囊) 명 캥거루 따위 암컷의 아랫배에 있는, 새끼를 넣어 기르는 주머니.
육아-원(育兒院) 명 고아나 기아(棄兒)를 거두어 기르는 곳. 참고아원.
육아^조직(肉芽組織) 명 〔외상(外傷)이나 염증이 있을 때〕 상처가 아물어 가는 과정에서 볼 수 있는 부드럽고 과립상인 선홍색의 조직.
육안(肉眼) 명 ①(안경 따위를 쓰지 않은) 본디의 눈이나 시력. 맨눈. ②불교에서 이르는 오안(五眼)의 하나. 인간의 육체에 갖추어진 범부(凡夫)의 눈. ③눈으로 보는 표면적인 안식(眼識). ③↔심안(心眼).
육양(育養) 명하타되자 ☞양육(養育).
육양(陸揚) 명하타되자 ☞양륙(揚陸).
육영(肉癭) 명 ☞육혹.
육영(育英) 명하자 인재를 가르쳐 기름, 곧 '교육'을 달리 이르는 말.
육영(育嬰) 명하자 어린아이를 기르고 가르침.
육영^사:업(育英事業) 명 육영 재단이나 교육 기관을 두어 육영에 힘을 쏟는 사업.
육영^재단(育英財團) 명 육영 사업을 목적으로 설립한 재단.
육예(六藝) 명 고대 중국의 여섯 가지 교과(敎科), 곧 예(禮)·악(樂)·사(射)·어(御)·서(書)·수(數)를 아울러 이르는 말.
육욕(肉慾) 명 ①육체적인 욕망. ②이성(異性)의 육체에 대한 욕망. 정욕(情慾). 육정(肉情).
육욕(戮辱) 명 큰 치욕.
육욕-주의(肉慾主義) [-쭈의/-쭈이] 명 육욕의 만족이 인생의 목적이고, 그 추구만이 가치 있다고 여기는 주의.
육-욕천(六欲天) [융뇩-] 명 불교에서 이르는 삼계(三界) 중 욕계에 딸린 여섯 하늘. 곧, 사왕천(四王天)·도리천(忉利天)·야마천(夜摩天)·도솔천(兜率天)·화락천(化樂天)·타화자재천(他化自在天).
육용(肉用) 명하타 식육(食肉)으로 쓰는 것.
육용-종(肉用種) 명 (닭이나 소·양 따위에서) 고기를 얻으려고 기르는 가축의 품종. 참난용종.
육우(肉牛) 명 ☞고기소².
육운(陸運) 명 육상에서 하는 여객 및 화물의 운송. 참공운(空運)·해운(海運).
육-원덕(六元德) 명 ①사람으로서 지켜야 할 여섯 가지 도의. 지(知)·인(仁)·성(聖)·의(義)·충(忠)·화(和)를 이름. 준육덕(六德). ②진실·겸손·용기·충신·정의·인도(人道)의 여섯 가지 덕.
육월(六月) 명 '유월(六月)'의 잘못.
육위(六衛) 명 고려 시대 군대의 편제인 여섯 위. 곧, 좌우위·신호위·홍위위·금오위·천우위·감문위를 이름.
육의-전(六矣廛) [유긔-/유기-] 명 ☞육주비전.
육자(肉刺) [-짜] 명 티눈.
육자^명호(六字名號) [-짜-] 명 여섯 자로 된 미타(彌陀)의 명호(名號), 곧 '나무아미타불(南無阿彌陀佛)'을 이름.
육자-배기(六字-) [-짜-] 명 잡가의 한 가지. 남도 지방에서 널리 불리는데, 곡조가 활발함.
육자^염:불(六字念佛) [-짜-] 명 '나무아미타불(南無阿彌陀佛)'만을 외는 염불.
육장(六場) [-짱] Ⅰ명 지난날, 한 달에 여섯 번씩 열리던 장.
Ⅱ부 늘. 항상. ¶ 육장 신세타령, 돈타령이군.
육장(肉漿) [-짱] 명 새나 짐승의 고기를 끓인 국물.
육장(을) 내다 관용 초주검이 되도록 몹시 때리다.
육장(肉醬) [-짱] 명 잘게 썬 쇠고기를 간장으로 조린 반찬. 참장조림.
육재-일(六齋日) [-째-] 명 불교에서, 매월 몸과 마음을 깨끗이 하여 재계하는 여섯 날, 곧 음력 8·14·15·23·29·30일.
육적(六賊) [-쩍] 명 ☞육진(六塵).
육적(肉炙) [-쩍] 명 고기를 양념장에 재였다가 구운 적.
육적(肉積) [-쩍] 명 한방에서, 지나치게 육식만을 하여 위에 탈이 나서, 무엇이 뭉쳐 있는 병증을 이르는 말.

육전(肉錢)[-쩐]명 ☞살돈.
육전(陸戰)[-쩐]명 ☞지상전(地上戰).
육-젓(六-)[-쩟]명 유월에 잡은 새우로 담근 새우젓. * 육젓이[-쩌시]·육젓만[-쩐-]
육정(六正)[-쩡]명 나라에 이로운 여섯 신하. 곧, 성신(聖臣)·양신(良臣)·충신(忠臣)·지신(智臣)·정신(貞臣)·직신(直臣). ↔육사(六邪).
육정(六情)[-쩡]명 사람의 여섯 가지 성정(性情). 곧, 희(喜)·노(怒)·애(哀)·낙(樂)·애(愛)·오(惡).
육정(肉情)[-쩡]명 남녀가 각각 이성(異性)의 육체를 바라는 욕망. 육욕(肉慾).
육조(六曹)[-쪼]명 고려·조선 시대에, 기능에 따라 나랏일을 분담하여 집행하던 여섯 개의 중앙 관청, 곧 이조·호조·예조·병조·형조·공조를 통틀어 이르는 말.
육조(六朝)[-쪼]명 중국 역사에서, 후한(後漢)이 멸망하고 수(隋)나라가 천하를 통일하기까지 건업(建業), 즉 지금의 난징(南京)에 도읍하였던 오(吳)·동진(東晉)·송(宋)·제(齊)·양(梁)·진(陳)의 여섯 왕조.
육조^판서(六曹判書)[-쪼-]명 육조의 각 판서. 준육판서. 참육경(六卿).
육족(六足)[-쪽]명 〔발이 여섯이란 뜻으로〕 '말과 마부'를 아울러서 얕잡아 이르는 말.
육종(肉腫)[-쫑]명 ☞종양(腫瘍).
육종(育種)[-쫑]명하타 (재배 식물이나 사육 동물 중에서) 좋은 품종을 육성하거나 품종을 개량하는 일.
육-주비전(六注比廛)[-쭈-]명 조선 시대에, 서울 종로에 있던 백각전(百各廛) 가운데서 으뜸가던 여섯 전. 곧, 선전(縇廛)·면포전(綿布廛)·지전(紙廛)·면주전(綿紬廛)·저포전(紵布廛)·내외어물전(內外魚物廛). 육의전(六矣廛).
육중(肉重) '육중하다'의 어근.
육중-하다(肉重-)[-쭝-]형여 (덩치나 생김새 따위가) 투박하고 무겁다. ¶ 육중한 몸집.
육즙(肉汁)[-쯥]명 쇠고기를 다져 삶아서 짠 국물.
육지(陸地)[-찌]명 물에 잠기지 않은 지구 거죽의 땅. 땅[1]. 뭍. ¶ 육지와 바다.
육지니(育-)[-찌-]명 날지 못하는 어린 것을 잡아다 길들인, 한 살이 못 되는 매.
육지-면(陸地棉)[-찌-]명 목화의 한 품종. 미국 원산으로 기온이 높은 남부 지방에 나며, 수확기는 늦으나 소출이 많고 섬유가 길어서 옷감으로 좋음. ↔재래면.
육지-행선(陸地行船)[-찌-]명 〔뭍으로 배를 저으려 한다는 뜻으로〕 되지도 않을 일을 억지로 하고자 함을 이르는 말.
육진(六塵)[-찐]명 불교에서 이르는, 인간의 본성을 흐리게 하는 여섯 가지. 곧, 색(色)·성(聲)·향(香)·미(味)·촉(觸)·법(法)의 여섯 가지 욕정. 육적(六賊).
육진(六鎭)[-찐]명 조선 세종 때, 함경북도 경원·경흥·부령·온성·종성·회령의 여섯 곳에 두었던 진(鎭).
육진-장포(六鎭長布)[-찐-]명 〔지난날, 함경북도 육진에서 나던〕 필(疋)의 길이가 정한 척수보다 긴 삼베. ¶ 육진장포 개렴(改殮)하여 조촐한 상여 위에 덩그렇게 실은 후에(烈女春香守節歌).
육질(肉質)[-찔]명 ①살이나 살 같은 성질, 또는 그러한 질. ¶ 육질의 잎. ②고기의 품질. ¶ 육질이 좋은 한우.
육징(肉癥)[-찡]명 자꾸 고기가 먹고 싶은 생각이 나는 병증. 참소증(素症).
육찬(肉饌)명 고기붙이로 만든 반찬.
육척(六戚)명 ①☞육친(六親). ②모든 혈족.
육체(六體)명 ①과거 때 시험 보던, 시(詩)·부(賦)·표(表)·책(策)·논(論)·의(疑)를 통틀어 이르던 말. ②☞육서(六書).
육체(肉滯)명 한방에서, 짐승의 고기를 먹어서 생긴 체증을 이르는 말.
육체(肉體)명 (구체적인 물질로서의) 사람의 몸. 육신(肉身). ¶ 육체와 정신의 합일. 준육(肉). ↔정신·영혼·심령(心靈).
육체-관계(肉體關係)[-계/-게]명 남녀 사이의 성적(性的)인 교섭. ¶ 육체관계를 맺다.
육체-노동(肉體勞動)명 ☞근육노동. ↔정신노동.
육체-미(肉體美)명 육체의 균형이 주는 아름다움.
육체-적(肉體的)관명 육체에 관련되는 (것). ¶ 육체적 고통. /육체적인 성숙. ↔정신적.
육체-파(肉體派)명 체격이나 육체미가 뛰어난 사람. 〔흔히, 여성의 몸매에 대하여 씀.〕 ¶ 육체파 여배우.
육-초(肉-)명 쇠기름으로 만든 초. 육촉.
육촉(肉燭)명 ☞육초.
육촌(六寸)명 ①여섯 치. ②사촌의 아들딸, 곧 재종간의 형제자매. 재종(再從). ¶ 육촌 동생.
육추(育雛)명하자 알에서 난 새끼를 기름, 또는 그 새끼. 〔주로, 병아리를 이름.〕
육축(六畜)명 여섯 가지 가축, 곧 소·말·돼지·양·닭·개를 통틀어 이르는 말.
육친(六親)명 ①부모·형제·처자를 통틀어 이르는 말. 육척(六戚). ②점괘를 볼 때, 부모·형제·처재(妻財)·자손·관귀(官鬼)·세응(世應)의 여섯 가지를 이르는 말.
육친(肉親)명 〔부자(父子)나 형제와 같이〕 혈족 관계에 있는 사람을 이르는 말. ¶ 육친의 정.
육칠(六七)관 단위를 나타내는 일부 명사 앞에 쓰이어, 그 수량이 여섯이나 일곱임을 나타내는 말. 예닐곱. ¶ 육칠 명.
육침(肉針)명 (해면 따위 일부 생물의 몸에 있는) 가시처럼 생긴 뼈.
육침(肉鍼)명 한방에서, 손가락으로 혈(穴)을 눌러서 치료할 때의 '손가락'을 이르는 말.
육침(陸沈)명하자 〔뭍이 가라앉는다는 뜻에서〕 ①'나라가 매우 어지럽거나 망함'을 비유하여 이르는 말. ②'기량을 제대로 펴지 못하고 하찮은 벼슬에 있거나 세간(世間)에 은거함'을 비유하여 이르는 말.
육탄(肉彈)명 육체를 탄환 삼아 적진에 돌입하는 일, 또는 그 몸. ¶ 육탄 공격.
육탄-전(肉彈戰)명 육탄이 되어 싸우는 전투. ¶ 육탄전을 벌이다. 비백병전.
육탈(肉脫)명하자 ①몸이 여위어 살이 빠짐. ②매장한 시체의 살이 썩어 뼈만 남음, 또는 그 상태.
육탈-골립(肉脫骨立)명하자 몸이 몹시 여위어 뼈만 남도록 마름, 또는 그 상태.
육탕(肉湯)명 고깃국.
육태(陸駄)명 배에서 육지로 운송하는 짐.
육태-질(陸駄-)명하타 짐을 배에서 육지로 나르는 일.
육통-터지다(六通-)자 〔강경과(講經科)에서 칠서(七書) 가운데 여섯 가지만 외웠다는 뜻으로〕 일이 거의 다 되려다가 틀어짐을 이르는 말.

육-판서(六判書)명 〈육조 판서〉의 준말.
육포(肉包)명 ☞고기쌈.
육포(肉脯)명 쇠고기를 얇게 저미어서 말린 포. 〔염포(塩脯)·약포(藥脯) 따위.〕
육풍(陸風)명 (밤 기온의 차이로) 뭍에서 바다로 부는 바람. 뭍바람. ↔해풍(海風).
육필(肉筆)명 본인이 직접 손으로 쓴 글씨. 친필(親筆). ¶ 육필 원고.
육하-원칙(六何原則)[유카-]명 기사 작성의 여섯 가지 필수 조건, 곧 '누가·언제·어디서·무엇을·어떻게·왜'의 여섯 가지 조건.
육합(六合)[유캅]명 천지와 사방, 곧 온 우주.
육항-단자(六行單子)[유캉-]명 지난날, 생원이나 진사·문무과에 급제한 사람이 사은(謝恩)하기 위하여 임금에게 바치던 여섯 줄로 쓴 글.
육해공-군(陸海空軍)[유캐-]명 육군·해군·공군을 아울러 이르는 말. 삼군(三軍).
육행(肉杏)[유캥]명 살구.
육행-단자(六行單子)명 '육항단자'의 잘못.
육-허기(肉虛飢)[유커-]명 〔육욕(肉慾)에 허기가 졌다는 뜻으로〕 '남녀 간에 지나치게 사랑함'을 빗대어 이르는 말. ¶ 육허기가 지다.
육혈-포(六穴砲)[유켤-]명 지난날, 총알을 재는 구멍이 여섯 개 있는 권총을 이르던 말.
육형(肉刑)[유켱]명 옛날 중국에서, 육체에 과하던 형벌. 곧, 묵(墨)·의(劓)·비(剕)·궁(宮)·대벽(大辟) 등을 통틀어 이르는 말.
육-혹(肉-)[유콕]명 살로만 이루어진 혹. 육류(肉瘤). 육영(肉癭).
육화(六花)[유콰]명 '눈(雪)'을 달리 이르는 말.
육회(肉膾)[유쾨/유퀘]명 소의 살코기를 얇고 가늘게 썰어 갖은 양념을 한 회.
육효(六爻)[유쿄]명 점괘의 여섯 가지 획수. 〔1괘(卦)는 6효임.〕
육후(肉厚) '육후하다'의 어근.
육후-하다(肉厚-)[유쿠-]형여 살이 두툼하다.
윤:(潤)명 ①〈윤기〉의 준말. ②광(光). 광택. ¶ 마룻바닥을 윤이 나게 닦다.
윤:가(允可)명하타되자 ☞윤허(允許).
윤간(輪姦)명하타 한 여자를 여러 남자가 돌아가면서 강간함.
윤감(輪感)명 돌림감기.
윤곽(輪廓)명 ①둘레의 선. 테두리. ¶ 윤곽을 그리다. ②겉모양. 외모. ¶ 윤곽이 뚜렷한 얼굴. ③사물의 대강. 개관(槪觀). ¶ 사건의 윤곽이 드러나다.
윤관(輪關)명 지난날, 상관이 하관에게 돌려 보게 한 공문(公文).
윤:군(允君·胤君)명 ☞윤옥(允玉).
윤기(倫紀)명 윤리와 기강을 아울러 이르는 말.
윤:기(潤氣)[-끼]명 윤택한 기운. ¶ 얼굴에 윤기가 흐르다. 준윤(潤).
윤:-나다(潤-)자 번지르르한 기운이 돌다.
윤납(輪納)명하타 차례로 돌아가며 바침.
윤:-내다(潤-)타 번지르르한 기운이 나게 하다.
윤:년(閏年)명 윤일이나 윤달이 든 해. 〔태양력에서는 4년마다 2월을 29일로, 태음력에서는 5년에 두 번의 비율로 1년을 13개월로 함.〕 ↔평년(平年).
윤:-달(閏-)명 윤년에 드는 달, 또는 윤일이 든 달. 〔태음력에서는 평년보다 한 달을 더하여 윤달을 만들고, 태양력에서는 2월이 평년보다 하루가 많음.〕 윤월. 윤삭.
윤달에 만난 회양목속담 〔회양목은 윤년에 한 치씩 줄어든다는 전설에서〕 ①일이 매우 더딤을 이르는 말. ②'키 작은 사람'을 농조로 이르는 말.
윤대(輪臺)명 ☞물레.
윤대(輪對)명하타 조선 시대에, 매월 세 번씩 각 사(司)의 낭관(郎官)이 차례로 임금에게 직무에 대하여 보고하던 일.
윤도(輪圖)명 방위를 가리켜 보이는 기구의 한 가지. 중앙에 지남철을 놓고 주위에 이십사 방위를 그려 놓았음.
윤독(輪讀)명하타 (글이나 책을) 여러 사람이 차례로 돌려 가며 읽음.
윤-똑똑이명 '지나치게 영리한 체하는 사람'을 농조로 이르는 말.
윤락(淪落)[율-]명하자 〔몰락하여 타향에서 떠돎의 뜻으로〕 타락하여 몸을 버리거나 몸을 파는 처지에 빠짐. ¶ 윤락 여성. /윤락 행위.
윤락-가(淪落街)[율-까]명 윤락업소가 모여 있는 거리.
윤락-녀(淪落女)[율랑-]명 타락하여 몸을 파는 처지에 있는 여자.
윤리(倫理)[율-]명 ①사람이 지켜야 할 도리와 규범, 곧 인륜 도덕의 원리. ¶ 윤리 의식. ②〈윤리학〉의 준말.
윤리-관(倫理觀)[율-]명 윤리에 대하여 가지는 생각이나 태도.
윤리^신학(倫理神學)[율-]명 기독교 신학의 한 분과. 인간의 지복(至福)으로서의 신과, 그 지복에 이르는 길로서의 인간의 행위와 덕·은혜·법 등을 대상으로 함.
윤리-적(倫理的)[율-]관명 ①윤리에 관한 (것). ②윤리에 근거한 (것). ¶ 윤리적 규범. /윤리적인 태도.
윤리-학(倫理學)[율-]명 인간 행위의 선악을 정하는 표준을 연구하고 사람으로서 지켜야 할 의무와 도덕을 논하여, 도덕적 심성을 향상시키는 방법을 연구하는 학문. 도덕 철학. 준윤리.
윤몰(淪沒)명하자되자 ①물에 빠져 들어감. ②죄에 빠짐.
윤무(輪舞)명 ☞원무(圓舞).
윤:문(潤文)명하타 글을 윤색함.
윤번(輪番)명하자 차례로 번을 듦, 또는 그 돌아가는 차례.
윤번-제(輪番制)명 (어떤 일을) 차례대로 번 들어 맡아보는 방법이나 제도.
윤벌(輪伐)명하타 해마다 삼림의 일부를 차례로 벌채함, 또는 그 일.
윤:삭(閏朔)명 ☞윤달.
윤상(倫常)명 인륜의 상도(常道).
윤상(輪狀)명 바퀴 모양. 윤형(輪形).
윤:색(潤色)명하타되자 ①광택을 내고 색칠함. ②시문(詩文) 따위의 초고를 다듬어 좋게 꾸밈, 또는 그 일.
윤생(輪生)명하자 ☞돌려나기.
윤서(倫序)명 차례. 순서.
윤선(輪船)명 〈화륜선(火輪船)〉의 준말.
윤씨-행장(尹氏行狀)명 조선 숙종 때 김만중(金萬重)이 지은 수필. 어머니의 생전의 행적을 적어 여러 조카에게 나누어 준 글임.
윤:옥(允玉·胤玉)명 남을 높이어 그의 '아들'을 이르는 말. 윤군(允君).
윤:우(允友·胤友)명 웃어른이나 가까운 친구를 높이어 그의 '장성한 아들'을 일컫는 말.
윤:월(閏月)명 ☞윤달.
윤월(輪月)명 둥근 달.

윤:월(潤月)명 ☞달붙이.
윤:위(閏位)명 정통이 아닌 임금의 자리.
윤:유(允兪)명하타되자 ☞윤허(允許).
윤:음(綸音)명 임금의 말씀. 윤지(綸旨).
윤:음-언해(綸音諺解)명 조선 정조(正祖)가 각 도에 내린 유칙(遺勅) 23편을 모아 언해한 책. 전 1권.
윤:일(閏日)명 태양력에서, 윤년에 드는 날, 곧 2월 29일.
윤작(輪作)명하타 같은 경작지에 일정한 연한마다 여러 가지 농작물을 순서에 따라 돌려 가며 재배하는 경작법. 돌려짓기. 참연작(連作).
윤전(輪轉)명하자 (바퀴 모양으로) 둥글게 돎.
윤전-기(輪轉機)명 인쇄 기계의 한 가지. 두루마리로 된 인쇄용지를 빙빙 돌아가는 원통 모양의 인쇄판 사이로 통과하게 하여 고속으로 인쇄하는 기계. 윤전 인쇄기.
윤전^인쇄기(輪轉印刷機)명 윤전기.
윤중-제(輪中堤)명 강 가운데 있는 섬의 둘레를 둘러쳐 쌓은 둑.
윤증(輪症)명 돌림병.
윤:지(綸旨)명 ☞윤음(綸音).
윤:집(閏集)명 원본(原本)에서 빠진 것을 편집한 문집.
윤차(輪次)명 돌아가는 순차.
윤차(輪差)명하타 벼슬을 돌려 가며 시킴.
윤창(輪唱)명 돌림 노래.
윤척(輪尺)명 (서 있는 나무 따위의) 지름을 재는 기계 자. 참캘리퍼스.
윤척-없다(倫脊-)[-처겁따]형 (되는대로 지껄여) 하는 말에 대중이 없다. **윤척없-이**부.
윤첩(輪牒)명 지난날, 회람시키던 통첩.
윤:초(閏秒)명 지구의 자전 속도의 불규칙적인 변화에 따라 일어나는, 표준시와 실제 시각과의 오차. 〔한 해에 약 1초임.〕
윤축(輪軸)명 (바퀴를 축에 고정시켜) 바퀴와 축을 동시에 회전시키는 장치. 작은 힘으로 무거운 물체를 끌어 올리는 데 쓰임.
윤:택(潤澤)명하형 ①태깔이 부드럽고 번지르르함. ②(살림살이가) 넉넉함. ¶ 윤택한 생활.
윤:-포(-布)명 무당들이 쓰는, 발이 굵고 거친 베.
윤:필(潤筆)명하자 ①〔붓을 적신다는 뜻으로〕 글씨를 쓰거나 그림을 그림. ②〈윤필료〉의 준말.
윤:필-료(潤筆料)명 남에게 시문(詩文)이나 서화를 받고자 청할 때 주던 사례금. 준윤필.
윤:하(允下)명하타되자 임금이 윤가(允可)를 내림.
윤:하-수(潤下水)명 육십갑자의 병자(丙子)와 정축(丁丑)에 붙이는 납음(納音). 참성두토(城頭土).
윤:허(允許)명하타되자 임금이 허락함. 윤가(允可). 윤유(允兪). ↔불윤(不允).
윤형(輪刑)명 지난날, 죄인을 큰길을 따라 각 읍으로 끌고 다니며 욕보이던 형벌.
윤형(輪形)명 ☞윤상(輪狀).
윤형-동물(輪形動物)명 후생동물의 한 문(門). 몸은 매우 작아 2 mm가량이고, 몸의 앞쪽에 섬모의 관(冠)이 있어 섬모를 움직이면서 마치 수레바퀴처럼 돎. 주로, 민물에서 삶.
윤화(輪禍)명 (자동차나 기차 따위) 육상의 교통 기관에 의한 사고로 말미암은 화(禍).
윤환(輪奐)명하형 집이 크고 아름다움.
윤:활(潤滑)명하형 (물기나 기름기가 있어) 뻑뻑하지 않고 반드러움. **윤활-히**부.
윤:활-유(潤滑油)[-류]명 (기계 따위의) 맞닿는 부분의 발열을 방지하고 마찰을 덜기 위하여 치는 기름. 감마유(減磨油).
윤:활-제(潤滑劑)[-쩨]명 기계의 회전부 따위에 발라 마찰을 줄이고 부드럽게 하는 재료. 〔각종 윤활유·흑연·활석·그리스·석필 따위.〕 감마제(減磨劑).
윤회(輪廻)[-회/-훼]명하자 ①차례로 돌아감. ②〈윤회생사〉의 준말.
윤회^사상(輪廻思想)[-회-/-훼-]명 중생은 끊임없이 삼계 육도(三界六道)를 돌고 돌며 생사를 거듭한다고 보는 사상.
윤회-생사(輪廻生死)[-회-/-훼-]명 불교에서, 수레바퀴가 끝없이 돌듯이, 중생의 영혼은 해탈을 얻을 때까지는 육체와 같이 멸하지 않고 전전(轉轉)하여 무시무종(無始無終)으로 돎을 이르는 말. 준윤회.
윤회-설(輪廻說)[-회-/-훼-]명 불교에서, 윤회생사를 주장하는 설.
윤회-전생(輪廻轉生)[-회-/-훼-]명 불교에서, 중생이 번뇌나 업(業) 따위로 말미암아 삼계 육도(三界六道)를 돌고 돌면서 생사를 끊임없이 반복함을 이르는 말.
율(律)명 ①〈음률(音律)〉의 준말. ②〈육률(六律)〉의 준말. ③〈계율(戒律)〉의 준말. ④불교의 삼문(三門)의 하나. 신앙생활의 계율.
율(率)명 〈비율(比率)〉의 준말.
-율(律)접미 《모음이나 'ㄴ' 받침으로 끝난 일부 명사 뒤에 붙어》 '규범이나 법칙' 등의 뜻을 나타냄. ¶ 모순율. /인과율. 참-률(律).
-율(率)접미 모음이나 'ㄴ' 받침으로 끝난 일부 명사 뒤에 붙어, 그것의 '비율'임을 나타냄. ¶ 백분율. /치사율. 참-률(率).
율객(律客)명 ①음률(音律)에 밝은 사람. ②☞가객(歌客).
율격(律格)[-껵]명 ①규칙·법칙. 규정. ②한시(漢詩)의 구성법의 한 가지. 곧, 평측(平仄)·운각(韻脚) 따위를 두루 이르는 말.
율과(律科)명 조선 시대에, 형률(刑律)에 능통한 사람을 등용하던 잡과(雜科)의 한 가지.
율관(律官)명 조선 시대에, 율과(律科)에 급제하여 임명된 관원을 이르던 말.
율기(律己)명하자 ①자기 자신을 잘 다스림. 율신(律身). ②안색을 바르게 함.
율당(栗糖)[-땅]명 밤엿.
율동(律動)[-똥]명 ①규칙적인 움직임. ②음률(音律)의 곡조. 리듬. ③가락에 맞추어 추는 춤.
율동^체조(律動體操)[-똥-]명 음악의 가락에 맞추어 하는 체조. 심신의 발달과 운동의 미적 표현을 목적으로 함.
율려(律呂)명 ①'육률(六律)'과 '육려(六呂)'를 아울러 이르는 말. ②음악, 또는 그 가락. ②성률(聲律).
율렬(溧烈·栗烈) '율렬하다'의 어근.
율렬-하다(溧烈-·栗烈-)형여 추위가 맵고 심하다. **율렬-히**부.
율령(律令)명 ①〔형률과 법령이란 뜻으로〕 모든 국법(國法)을 통틀어 이르는 말. ②중국의 수(隋)·당(唐) 때의 법전(法典).
율례(律例)명 형률의 적용에 관한 범례.
율리우스-력(Julius曆)명 태양력의 한 가지. 율리우스 카이사르가 기원전 46년에 제정한 달력. 4년마다 하루의 윤일을 두었음.
율모기명 뱀과의 동물. 몸길이 90 cm가량. 몸빛은 감람녹색, 또는 암회색으로 큼직큼직한 검정 얼룩점이 있음.
율목(栗木)명 밤나무.
율무명 볏과의 일년초. 중국 원산의 재배 식물. 줄기 높이는 1~1.5 m, 잎은 가늘고 길며 어긋맞게 남. 여름에 꽃이 피며, 열매는 먹기도 하고, 한방에서 이뇨·건위·진통제 등으로도 쓰임.
율무-쌀명 율무 열매의 껍질을 벗긴 알맹이. 한방에서 소염·배농(排膿)·이뇨 및 진통제로 쓰이며, 민간에서는 율무죽이나 율무차로 만들어 허약 체질에 보양 식품으로 쓰임.
율문(律文)명 ①형률(刑律)의 조문. ②율격에 맞추어 지은 글. ②운문(韻文).
율믜명 〈옛〉율무. ¶ 율믜 의:薏(訓蒙上*13*).
율방(栗房)명 밤송이.
율법(律法)[-뻡]명 ①기독교에서, 하나님이 인간에게 지키도록 내린 규범을 이르는 말. 〔모세의 십계명이 대표적임.〕 ②불교에서, '계율'을 달리 이르는 말. 법계(法戒).
율부(律賦)명 한시에서, 부(賦)의 한 체(體). 변려문에 운(韻)을 달고 염(簾)을 봄.
율사(律士)[-싸]명 '변호사'를 흔히 이르는 말. ¶ 율사 출신의 국회의원.
율사(律師)[-싸]명 〔불교에서〕 ①계율을 잘 알고 지키는 중. ②승직(僧職)의 한 가지. 중의 잘못을 검찰하는 승려.
율시(律詩)[-씨]명 한시의 한 체. 여덟 구(句)로 이루어지며, 한 구의 글자 수에 따라 오언(五言) 율시와 칠언(七言) 율시로 나뉨.
율신(律身)[-씬]명하자 ☞율기(律己).
율원(栗園)명 밤나무가 많은 동산.
율장(律藏)[-짱]명 불교에서 이르는 삼장(三藏)의 하나, 곧 석가의 계율에 관한 전적(典籍)을 통틀어 이르는 말.
율절(律絕)[-쩔]명 '율시(律詩)'와 '절구(絕句)'를 아울러 이르는 말.
율조(律調)[-쪼]명 〈선율(旋律)〉의 속된 말.
율종(律宗)[-쫑]명 ☞계율종(戒律宗).
율학-청(律學廳)명 조선 시대에, 형률(刑律)·형구(刑具) 등에 관한 일을 맡아보던 형조(刑曹)의 한 분장(分掌).
융(戎)명 ①오랑캐. 〔특히, 북쪽의 오랑캐를 이르며, 중국에서는 서쪽의 오랑캐를 이르던 말.〕 ②'무기'를 통틀어 이르는 말. ③전쟁. 전투.
융(絨)명 감의 거죽을 부풋하게 짠, 촉감이 부드러운 피륙의 한 가지.
융기(隆起)명하자 ①어느 한 부분이 높이 솟아오름. ②땅이 해면에 대하여 높아짐, 또는 그러한 자연현상.
융기-도(隆起島)명 지각의 변동으로, 한 부분이 물 위로 솟아 이루어진 섬.
융기^산호초(隆起珊瑚礁)명 지반(地盤)의 융기 또는 해면의 저하(低下)로 말미암아 해면 위로 드러난 산호초.
융기^해:안(隆起海岸)명 지반(地盤)의 융기로 말미암아 생긴 해안.
융단(絨緞)명 모직물의 한 가지. 염색한 털로 그림이나 무늬를 놓아 짠 두꺼운 천. 〔마루에 깔거나 벽에 걸기도 함.〕
융단^폭격(絨緞爆擊)[-격]명 (여러 대의 폭격기가 융단을 깔듯이) 특정한 지역 안에 집중적으로 폭탄을 퍼붓는 일.
융동(隆冬)명 ☞엄동(嚴冬).
융로(隆老)[-노]명 칠팔십 세 이상의 노인.
융모(絨毛)명 ☞융털.
융병(癃病)명 늙어서 몸이 수척해지는 병.
융복(戎服)명 철릭과 주립(朱笠)으로 된 옛날 군복의 한 가지. 융의(戎衣).
융비(隆鼻)명 ☞융준(隆準).
융비-술(隆鼻術)명 낮은 코를 높이거나 코를 아름답게 다듬는 수술.
융성(隆盛)명하자 매우 기운차게 일어나거나 대단히 번성함. 융창(隆昌). ¶ 국운이 융성하다.
융숭(隆崇) '융숭하다'의 어근.
융숭-하다(隆崇-)형여 (대접하는 태도가) 극진하고 정성스럽다. ¶ 융숭한 대접을 받다. **융숭-히**부.
융안-악(隆安樂)명 임금의 어가(御駕)가 궁문(宮門)을 드나들 때 치던 풍류.
융액(融液)명 녹아 액체가 됨, 또는 그 물.
융융(融融) '융융하다'의 어근.
융융-하다(融融-)형여 화평한 기운이 있다. ¶ 화기(和氣)가 융융하다. **융융-히**부.
융은(隆恩)명 '임금이나 윗사람의 은혜'를 높이어 이르는 말.
융의(戎衣)[-의/-이]명 ☞융복(戎服).
융이(戎夷)명 〔오랑캐라는 뜻으로〕 옛날 중국에서, '서쪽과 동쪽의 이민족'을 얕잡아 이르던 말.
융자(融資)명하타되자 자금을 융통함, 또는 융통한 자금. ¶ 은행 융자. /농어촌 대학생에 대해 학자금이 융자된다.
융적(戎狄)명 〔오랑캐라는 뜻으로〕 옛날 중국에서 '서쪽과 북쪽의 이민족'을 얕잡아 이르던 말.
융점(融點)[-쩜]명 ☞녹는점.
융제(融劑)명 화학에서, 광석 따위 다른 물질을 녹이기 위해 사용하는 약제. 용융 상태에서 용융물의 접촉을 도움. 〔탄산소다나 질산칼륨 따위.〕 용제(鎔劑).
융준(隆準)명 우뚝한 코. 융비(隆鼻).
융창(隆昌)명하자 ☞융성(隆盛).
융체(隆替)명하자 성함과 쇠함, 곧 성쇠(盛衰). ¶ 국운(國運)의 융체.
융-털(絨-)명 ①융단의 거죽에 덮인 보드라운 털. ②포유류의 소장(小腸) 점막에 있는 많은 돌기. ③꽃잎이나 잎의 거죽에 있는 가는 털 모양의 돌기. 공기가 들어 있고, 물에 젖는 것을 막음. ②③융모(絨毛).
융통(融通)명하타되자 필요한 물건이나 돈을 돌려 씀. 통융(通融). ¶ 자금을 융통하다.
융통-물(融通物)명 사법(私法)에서, 거래의 객체가 될 수 있는 물건. ↔불융통물.
융통-성(融通性)[-썽]명 〔융통이 잘되는 성질이란 뜻으로〕 때나 경우에 따라 임기응변으로 변통할 수 있는 성질이나 재주. ¶ 융통성을 발휘하다. /고지식하기만 하고 융통성 없는 사람.
융통^어음(融通-)명 실제의 상거래 없이, 단순히 일시적인 자금의 융통을 꾀하기 위해 발행된 어음.
융합(融合)명하자·타되자 ①여럿이 섞이거나 녹아서 하나로 합침. ¶ 구리와 주석을 융합시키다. /불교와 고유 신앙이 융합하다. ②섬모충 이하의 원생동물에서, 두 개체가 합쳐 하나의 개체가 되는 현상.
융합^합성어(融合合成語)[-하팝썽-]명 두 어근(語根)이 모두 본디 뜻을 버리고, 다른 새로운 뜻을 지니는 한 단어로 어우러진 복합어. 〔춘추(春秋)→나이, 밤낮→늘, 광음(光陰)→시간 따위.〕 참병렬 합성어.

융해(融解)명하자타되자 ①녹아서 풀어짐. ②물리학에서, 열을 받은 고체가 액체로 되는 현상. 용융. ②비용해(溶解). ↔응결·응고.
융해-열(融解熱)명 물리학에서, 고체 1g을 완전히 융해시켜 같은 온도의 액체로 하는 데 필요한 열량. 녹는열.
융해-점(融解點)[-쩜]명 ☞녹는점.
융화(融化)명하자 되자 녹아서 아주 다른 것이 됨.
융화(融和)명하자 되자 서로 어울려 화목하게 됨. ¶ 이민족(異民族) 간의 융화 정책.
융회(融會)[-회/-훼]명하타되자 자세히 이해함.
융흥(隆興)명하자 (형세가) 기운차게 일어남.
융희(隆熙)[-히]명 대한 제국의 마지막 연호. 〔1907~1910년〕 참광무(光武).
윷ː[윤]명 ①(박달나무 따위) 둥근 나무 도막 두 개를 반으로 쪼개어 네 쪽으로 만든 놀잇감. ¶ 윷을 놀다. 참장작윷. ②윷놀이에서, 던진 윷짝 네 개가 모두 잦혀진 경우를 이름. 〔끗수는 넷으로 네 말밭을 가며, '모'처럼 다시 한 번 던질 수 있음.〕 ③윷판에서, 넷째 자리, 곧 모와 걸의 사이. *윷ː이[유치]·윷ː만[윤-]
윷ː-가락[윤까-]명 ☞윷짝.
윷ː-놀이[윤-]명하자 편을 갈라 윷을 던져 승부를 겨루는 민속놀이. 척사(擲柶).
윷ː놀이^채찍[윤-]명 지난날, 대궐을 지키는 병정이 가지던 채찍.
윷ː-말[윤-]명 윷판에 쓰는 말.
윷ː-밭[윤빧]명 윷판의 말밭. *윷ː밭이[윤빠치]·윷ː밭을[윤빠틀]·윷ː밭만[윤빤-]
윷ː-점(-占)[윤쩜]명 민속에서, 섣달그믐 날 밤이나 설날에 윷으로 그해의 길흉을 알아보는 점. 윷을 세 번 던져 괘를 만들어 육십사괘에 맞추어 점을 침.
윷ː-짝[윤-]명 윷의 낱개. 윷가락.
윷짝 가르듯관용 판단이 분명함을 이르는 말. ¶ 매사에 맺고 끊는 것이 윷짝 가르듯 하신다네.
윷ː-판[윤-]명 ①윷을 놀고 있는 자리. ¶ 마을 회관에서 윷판을 벌인다니 한번 가 보세. ②윷놀이에서, 윷밭을 그린 널빤지나 그런 물건. 곧, 윷의 말판.
으명 한글 자모의 모음인 'ㅡ'의 음가 및 이름.
으그러-뜨리다타 (물건의 거죽을) 으그러지게 하다. 으그러트리다. ¶ 깡통을 으그러뜨리다. 센으끄러뜨리다.
으그러-지다자 ①물건의 거죽이 찌그러지다. ¶ 으그러진 냄비. 센으끄러지다. ②물건의 사개가 물러나다.
으그러-트리다타 으그러뜨리다. 센으끄러트리다.
으그르르부 먹은 음식이나 물이 목구멍으로 끓어오르는 소리.
으깨다타 (덩이진 물건 따위를) 눌러 부스러뜨리다. ¶ 찐 감자를 으깨다.
으끄러-뜨리다타 으끄러지게 하다. 으끄러트리다. 여으그러뜨리다.
으끄러-지다자 ①(굳은 덩이 따위가) 눌리거나 문질리어서 부스러지다. 여으그러지다. ②뭉그러지다. ③으츠러지다.
으끄러-트리다타 으끄러뜨리다. 여으그러트리다.
으끄-지르다[~지르니·~질러]타르 (버릴 작정으로) 물건을 으깨다.
-으나어미 'ㄹ' 이외의 자음으로 끝난 어간이나 시제의 '-았(었)-'에 붙는 연결 어미. ①앞말과 뒷말을 대립적으로 이어 줌. ¶ 뜻은 좋으나 실천이 문제다. ②주로 상대적인 뜻을 가진 두 용언이 '-으나~-(으)나'의 꼴을 이루어, '언제든지'·'항상'의 뜻을 나타냄. ¶ 입으나 벗으나 춥기는 마찬가지. ③형용을 과장하기 위하여 어간을 겹쳐 쓸 때, '-으나~-ㄴ(은)'의 꼴을 이루어 강조하는 뜻을 나타냄. ¶ 넓으나 넓은 세상. 참-나[1].
-으나마어미 'ㄹ' 이외의 자음으로 끝난 어간이나 시제의 '-았(었)-'에 붙는 종속적 연결 어미. '-시반'의 뜻으로, 앞말이 사실임을 인정하되 뒷말이 그에 매이지 아니함을 나타냄. ¶ 찬은 없으나마 많이 드십시오. 참-나마.
-으나마나어미 'ㄹ' 이외의 자음으로 끝난 어간에 붙어, '그리하거나 아니하거나' 또는 '그러하거나 아니하거나 마찬가지'의 뜻을 나타내는 연결 어미. ¶ 몸에 맞으나마나 돈이 있어야 사지. 참-나마나.
-으냐어미 'ㄹ' 이외의 자음으로 끝난 형용사 어간에 붙는, 해라체의 의문형 종결 어미. ¶ 빛이 짙으냐?/너는 낚시가 그리도 좋으냐? 참-냐.
-으냐고어미 '-으냐 하고'가 줄어서 된 말. 'ㄹ' 이외의 자음으로 끝난 형용사 어간에 붙어, 물음을 인용하는 뜻을 나타내는 연결 어미. ¶ 방이 넓으냐고 묻더라. 참-냐고.
-으냐는준 '-으냐고 하는'이 줄어든 말. 'ㄹ' 이외의 자음으로 끝난 형용사 어간에 붙어, 물음이나 의사를 인용하는 뜻을 나타냄. ¶ 그만두는 것이 좋지 않으냐는 의견이더라. 참-냐는.
-으냔준 '-으냐고 하는' 또는 '-으냐고 한'이 줄어든 말. 'ㄹ' 이외의 자음으로 끝난 형용사 어간에 붙어, 물음을 인용하는 뜻을 나타냄. ¶ 욕심이 왜 그리 많으냔 소리는 나 들으라고 하는 말이냐? 참-냔.
-으냘준 '-으냐고 할'이 줄어든 말. 'ㄹ' 이외의 자음으로 끝난 형용사 어간에 붙어, 물음을 인용하는 뜻을 나타냄. ¶ 그 사람보고만 왜 그리 마음이 좁으냘 수도 없겠더라. 참-냘.
으늑-하다[-느카-]형여 ①둘레가 푹 싸여 편안하고 조용한 느낌이다. ¶ 산속의 으늑한 암자. 작아늑하다. ②은근한 멋이 있다. **으늑-히**부.
-으니[1]어미 ①'ㄹ' 이외의 자음으로 끝난 형용사 어간에 붙는, 해라체의 의문형 종결 어미. '-냐'·'-느냐'·'-으냐'보다 친근하고 부드러운 느낌을 나타냄. ¶ 날씨가 좋으니? ②'ㄹ' 이외의 자음으로 끝난 형용사 어간에 붙는, 하게체의 평서형 종결 어미. 경험을 바탕으로 하여 믿는 바를 일러 주는 뜻을 나타냄. ¶ 운동은 건강에 좋으니. 참-니[1].
-으니[2]어미 ①'ㄹ' 이외의 자음으로 끝난 용언의 어간이나 시제의 '-았(었)-'·'-겠-' 등에 붙는 종속적 연결 어미. ㉠앞말이 뒷말의 원인이나 근거가 됨을 나타냄. ¶ 시간이 없으니 서둘러라. ㉡어떤 사실을 들어 보인 다음 그와 관련된 다음 말을 끌어내는 뜻을 가짐. ¶ 그때 나타난 사람이 있으니 그가 바로 길동이었다. ②'ㄹ' 이외의 자음으로 끝난 형용사 어간에 붙는 종속적 연결 어미. 주로, '-으니~-(으)니'의 꼴로 쓰이어, 이렇게 하기도 하고 저렇게 하기도 한다는 뜻을 나타냄. ¶ 적으니 많으니 하면서도 다들 가지고 간다. 참-니[2].
-으니까어미 '-으니[2]'의 힘줌말.
-으니까는어미 '-으니까'의 힘줌말. 준-으니깐.
-으니깐어미 〈-으니까는〉의 준말.
-으니라어미 'ㄹ' 이외의 자음으로 끝난 형용사 어간에 붙는, 해라체의 평서형 종결 어미.

으레 그러한 일이나 경험으로 얻은 사실을 타이르듯 일러 주는 뜻을 나타냄. ¶ 입에 쓴 약이 몸에는 좋으니라. [참]-니라.

-으니만치[어미] ☞-으니만큼.

-으니만큼[어미] 'ㄹ' 이외의 자음으로 끝난 용언의 어간이나 시제의 '-았(었)-'·'-겠-' 등에 붙어, 앞말이 뒷말의 원인이나 이유가 됨을 나타내는 연결 어미. -으니만치. ¶ 올해는 날씨가 좋으니만큼 고추 농사도 잘될 것이다.

-으되[-되/-뒈][어미] 'ㅆ'·'ㅄ'으로 끝나는 용언의 어간이나 시제의 '-았(었)-'·'-겠-' 등에 붙는 연결 어미. ①위의 사실을 시인하면서, 아래에서 그것을 더 덧붙여 설명하는 뜻을 나타냄. ¶ 보긴 보았으되 다 보지는 못했다. ②앞의 사실은 인정하나 뒤의 사실이 이에 매이지 아니함을 나타냄. ¶ 가진 것은 없으되 마음은 한가롭다. [참]-되.

으드득[부][하자타] ①매우 단단한 물건을 힘껏 깨물어 깨뜨릴 때 나는 소리. ¶ 알밤을 으드득 깨물어 먹다. ②여무지게 이를 한 번 가는 소리. [작]아드득. **으드득-으드득**[부][하자타].

으드득-거리다[-꺼-][자타] 자꾸 으드득으드득하다. 으드득대다. [작]아드득거리다.

으드득-대다[-때-][자타] 으드득거리다.

으드등-거리다[자] 자꾸 으드등으드등하다. 으드등대다. [작]아드등거리다.

으드등-대다[자] 으드등거리다.

으드등-으드등[부][하자] 서로 고집을 꺾지 않고 부득부득 다투는 모양. [작]아드등아드등.

으등그러-지다[자] ①버썩 말라서 비틀어지다. ②날씨가 흐려지며 점점 찌푸리다. [작]아등그러지다.

으뜸[명] ①(중요한 정도로 본) 어떤 사물의 첫째. ②기본이나 근본이 되는 것. ¶ 효는 인륜의 으뜸이 되는 덕목이다.

으뜸-가다[형] ①(많은 가운데에서) 첫째가다. 일등이다. ¶ 장안에서 으뜸가는 부자. ②(어떤 일이나 현상 중에서) 가장 중요하다.

으뜸-꼴[명] ☞기본형(基本形).

으뜸-마디[명] ☞주절(主節).

으뜸^삼화음(-三和音)[명] 으뜸음과 딸림음·버금딸림음을 밑음으로 하는 삼화음. 화음 중에서 가장 중요한 역할을 함. 주요 삼화음.

으뜸-셈씨[명] ☞양수사(量數詞).

으뜸-움직씨[명] ☞본동사(本動詞).

으뜸-음(-音)[명] 음계의 첫째 음. 〔장음계에서는 도(do), 단음계에서는 라(la)임.〕 주음(主音). [참]딸림음·버금딸림음.

으뜸-조각[명] ☞주성분(主成分).

-으라[어미] 'ㄹ' 이외의 자음으로 끝난 동사 어간에 붙는, 문어 투의 해라체 종결 어미. 권유나 명령의 뜻을 나타냄. ¶ 거기 앉으라. [참]-라[1].

-으라고[어미] 'ㄹ' 이외의 자음으로 끝난 동사 또는 일부 형용사 어간에 붙는 연결 어미. 명령·지시·소망 등의 내용을 인용하는 뜻을 나타냄. ¶ 이게 다 너 좋으라고 한 일이야. [참]-라고.

-으라나[어미] 'ㄹ' 이외의 자음으로 끝난 동사 어간에 붙는 종결 어미. 남의 말이 못마땅하여 얕잡아 이르거나 시들한 심정을 나타냄. ¶ 나보고 남은 음식을 다 먹으라나. [참]-라나.

-으라네[준] '-으라고 하네'가 줄어든 말. 'ㄹ' 이외의 자음으로 끝난 동사 어간에 붙어, 명령한 내용을 알려줌을 나타냄. ¶ 여기에 꽃을 심으라네. [참]-라네.

-으라느냐[준] '-으라고 하느냐'가 줄어든 말. 'ㄹ' 이외의 자음으로 끝난 동사 어간에 붙어, 남이 들은 사실에 대하여 묻는 뜻을 나타냄. ¶ 뭘 먹으라느냐? [참]-라느냐.

-으라느니[어미] 'ㄹ' 이외의 자음으로 끝난 동사의 어간에 붙는 연결 어미. 《주로 '-으라느니~-으라느니'의 꼴로 쓰이어》 지시나 명령이 섞갈리어 나옴을 뜻함. ¶ 모자를 벗으라느니 쓰라느니 말이 많다. [참]-라느니.

-으라는[준] '-으라고 하는'이 줄어든 말. 'ㄹ' 이외의 자음으로 끝난 동사 어간에 붙어, 지시나 당부 또는 인정하는 내용을 전하는 뜻을 나타냄. ¶ 빨리 갚으라는 독촉. [참]-라는.

-으라니[어미] '-으라고 하니'가 줄어서 된 말. 'ㄹ' 이외의 자음으로 끝난 동사 어간에 붙는, 연결 어미 또는 종결 어미. ①그 말을 조건으로서 시인하면서, 이에 상응하는 행동이 이어 옴을 나타냄. ¶ 당장 다 갚으라니, 어디서 구해다 갚지. ②미심쩍은 내용을 되짚어 묻거나, 불만스럽거나 석연치 못한 감정을 나타내어 끝맺는 말. ¶ 이걸 음식이라고 먹으라니. [참]-라니.

-으라니까 《'ㄹ' 이외의 자음으로 끝난 동사 어간에 붙어》 [I][어미] 지시·명령·다짐·부정 등을 강조하는 뜻을 나타내는 종결 어미. ¶ 꽉 잡으라니까. [참]-라니까.

[II][준] '-으라고 하니까'가 줄어든 말. 앞말이 이유나 조건이 됨을 나타냄. ¶ 먹으라니까 싫단다. [참]-라니까.

-으라든지[준] '-으라고 하든지'가 줄어든 말. 'ㄹ' 이외의 자음으로 끝난 동사 어간에 붙어, 가리어 정하도록 하는 뜻을 나타냄. 《주로, '-으라든지~-으라든지'의 꼴로 쓰임.》 ¶ 앉으라든지 서라든지 어서 지시를 내리시오. [참]-라든지.

-으라며 [I][어미] 〈-으라면서〉의 준말.

[II][준] '-으라면서'가 줄어든 말.

-으라면[준] '-으라고 하면'이 줄어든 말. 'ㄹ' 이외의 자음으로 끝난 동사 어간에 붙어, 가정의 뜻을 나타냄. ¶ 읽으라면 읽겠네. [참]-라면.

-으라면서 《'ㄹ' 이외의 자음으로 끝난 동사 어간에 붙어》 [I][어미] 들은 사실을 다짐하거나 빈정거리는 뜻을 나타내는, 종결 어미 또는 연결 어미. ¶ 이젠 널 잊으라면서. [준]-으라며. [참]-라면서.

[II][준] '-으라고 하면서'가 줄어든 말. 명령이나 당부의 말과 함께 그에 상응하는 행위가 뒤따름을 나타냄. ¶ 부디 잘 있으라면서 그는 떠나갔다. [참]-라면서.

-으라지 《'ㄹ' 이외의 자음으로 끝난 동사 어간에 붙어》 [I][어미] 남의 말 하듯 빈정거리거나, 자기와는 상관이 없다는 투로 말함을 나타내는 해라체의 종결 어미. ¶ 마음대로 웃으라지. [참]-라지.

[II][준] '-으라고 하지'가 줄어든 말. 어떤 일을 간접으로 시키거나 권함을 나타냄. ¶ 시장할 텐데 뭘 좀 먹으라지. [참]-라지.

-으락[어미] 'ㄹ' 이외의 자음으로 끝난 동사 어간에 붙는 연결 어미. '-으락-으락 하다'의 꼴로 쓰이어, 어떤 동작이나 상태가 서로 엇바뀌어 일어남을 나타냄. ¶ 얼굴빛이 붉으락푸르락 한다. [참]-락.

으란[조] 〈옛〉을랑. 을랑은. ¶ 이링공 뎌링공 ᄒᆞ야 나즈란 디내와손뎌 오리도 가리도 업슨 바므란 ᄯᅩ 엇디 호리라(樂詞.靑山別曲).

-으란준 '-으라고 하는'·'-으라고 한'이 줄어든 말. 'ㄹ' 이외의 자음으로 끝난 동사 어간에 붙어 명령하거나 확인하는 뜻을 나타냄. ¶ 나더러 꿇어앉으란 말이냐. 참-란.

-으란다준 '-으라고 한다'가 줄어든 말. 'ㄹ' 이외의 자음으로 끝난 동사 어간에 붙어, 남의 말을 제삼자에게 전해 주는 뜻을 나타냄. ¶ 이번 교육은 어김없이 받으란다. 참-란다.

-으랄준 '-으라고 할'이 줄어든 말. 'ㄹ' 이외의 자음으로 끝난 동사 어간에 쓰임. ¶ 가진 것을 다 내놓으랄 수야 있나. 참-랄.

-으람어미 'ㄹ' 이외의 자음으로 끝난 동사 어간에 붙는, 해체의 종결 어미. '-으라는 말인가'의 뜻으로, 어떤 사실을 반박하면서 불평하거나 나무람을 나타냄. ¶ 그 말을 어찌 믿으람. 참-람.

-으랍니까[-람-]준 '-으라고 합니까'가 줄어든 말. 'ㄹ' 이외의 자음으로 끝난 동사 어간에 붙어, 남이 들은 사실에 대해 물어봄을 나타냄. ¶ 뭘 먹으랍니까?/언제까지 있으랍니까? 참-랍니까.

-으랍니다[-람-]준 '-으라고 합니다'가 줄어든 말. 'ㄹ' 이외의 자음으로 끝난 동사 어간에 붙어, 남의 명령을 전해 줌을 나타냄. ¶ 아무데나 놓으랍니다./기다리지 말고 먼저 먹으랍니다. 참-랍니다.

-으랍디까[-띠-]준 '-으라고 합디까'가 줄어든 말. 'ㄹ' 이외의 자음으로 끝난 동사 어간에 붙어, 남이 이전에 들은 사실을 물어봄을 나타냄. ¶ 뭘 심으랍디까? 참-랍디까.

-으랍디다[-띠-]준 '-으라고 합디다'가 줄어든 말. 'ㄹ' 이외의 자음으로 끝난 동사 어간에 붙어, 이전에 들은 사실을 일러 줌을 나타냄. ¶ 있고 싶으면 있으랍디다. 참-랍디다.

-으래준 '-으라고 해'가 줄어든 말. 'ㄹ' 이외의 자음으로 끝난 동사 어간에 붙어, 남의 말을 전해 줌을 나타냄. ¶ 점심 먹으래./먼저 하고 있으래. 참-래.

-으래도준 '-으라고 해도'가 줄어든 말. 참-래도.

-으래서준 '-으라고 하여서'가 줄어든 말. 'ㄹ' 이외의 자음으로 끝난 동사 어간에 붙어, 어떤 내용을 전하되, 그것이 뒷말의 이유(근거·전제)가 됨을 나타냄. ¶ 먹으래서 먹었다. 참-래서.

-으래서야준 '-으라고 하여서야'가 줄어든 말. 'ㄹ' 이외의 자음으로 끝난 동사 어간에 붙어, 그리하여서는 도리가 아니라는 뜻을 나타냄. ¶ 이런 누추한 데 앉으래서야 될 말입니까. 참-래서야.

-으래야준 '-으라고 하여야'가 줄어든 말. 'ㄹ' 이외의 자음으로 끝난 동사 어간에 붙어, 앞의 내용이 뒤의 행동의 필수 요건임을 뜻함. ¶ 찬물 한 그릇이나마 주인이 먹으래야 먹지. 참-래야.

-으래요준 '-으라고 하여요'가 줄어든 말. 'ㄹ' 이외의 자음으로 끝난 동사 어간에 붙어, 남이 한 말을 일러 줌을 뜻함. ¶ 여기 있으래요. 참-래요.

-으랴어미 ①'ㄹ' 이외의 자음으로 끝난 어간이나 시제의 '-았(었)-'·'-겠-'에 붙는 종결 어미. '-을까 보냐'의 뜻으로, 반어적 의문을 나타냄. ¶ 어찌 기쁘지 않으랴? ②'ㄹ' 이외의 자음으로 끝난 동사 어간에 붙는, 해라체의 의문형 종결 어미. 자기가 앞으로 할 일에 대해 상대편의 의사를 묻는 뜻을 나타냄. ¶ 이 책은 내가 읽으랴? 참-랴.

-으러어미 'ㄹ' 이외의 자음으로 끝난 동사 어간에 붙어, 어떤 동작의 직접적인 목적을 나타내는 종속적 연결 어미. ¶ 고기 잡으러 간다. 참-러.

으레부 ①두말할 것 없이. 마땅히. 의당(宜當). ¶ 학생이니 으레 공부해야지. ②거의 틀림없이. 대개. ¶ 이맘때면 으레 그가 나타난다.

-으려어미 <-으려고>의 준말.

-으려거든 《'ㄹ' 이외의 자음으로 끝난 동사 어간에 붙어》 **I**어미 '가상된 어떤 일이 실현될 경우에는'의 뜻을 나타내는 종속적 연결 어미. ¶ 늦으려거든 그 원고를 주었으면 좋겠다. 참-려거든.

II준 '-으려고 하거든'이 줄어든 말. ¶ 이러고 있으려거든 아예 집에 가거라. 참-려거든.

-으려고어미 ①'ㄹ' 이외의 자음으로 끝난 동사 어간에 붙는, 종속적 연결 어미. ㉠장차 그렇게 하려는 의도를 나타냄. ㉡곧 일어날 움직임이나 상태의 변화를 나타냄. 준-으려. ②모음이나 'ㄹ'로 끝난 용언의 어간 또는 시제의 '-았(었)-'에 붙는, 해체의 종결 어미. 의심과 반문을 나타냄. ¶ 설마 그 많은 것을 다 먹으려고. 참-려고.

-으려기에준 '-으려고 하기에'가 줄어든 말. 'ㄹ' 이외의 자음으로 끝난 동사 어간에 붙어, 앞말이 뒷말의 원인이나 이유(근거)가 됨을 나타냄. ¶ 손목을 잡으려기에 뿌리쳤다. 참-려기에.

-으려나 《'ㄹ' 이외의 자음으로 끝난 어간이나 시제의 '-았(었)-'·'-겠-'에 붙어》 **I**어미 추측하여 가볍게 의문을 품거나, 상대편의 의사를 묻는 뜻을 나타내는 해체의 종결 어미. ¶ 그가 왔으려나? 참-려나.

II준 '-으려고 하나'가 줄어든 말. ¶ 정말 가지 않으려나? 참-려나.

-으려네준 '-으려고 하네'가 줄어든 말. 'ㄹ' 이외의 자음으로 끝난 동사 어간에 붙어, 자기의 의사를 밝히는 뜻을 나타냄. ¶ 이제 독서로나 낙을 삼으려네. 참-려네.

-으려느냐준 '-으려고 하느냐'가 줄어든 말. 'ㄹ' 이외의 자음으로 끝난 동사 어간에 붙어, 상대편이 하려는 동작에 대해 묻는 뜻을 나타냄. ¶ 언제 밥을 먹으려느냐? 참-려느냐.

-으려는준 '-으려고 하는'이 줄어든 말. 'ㄹ' 이외의 자음으로 끝난 동사 어간에 붙어, 그리하려는 의도임을 나타냄. ¶ 몽땅 다 먹으려는 욕심. 참-려는.

-으려는가준 '-으려고 하는가'가 줄어든 말. 'ㄹ' 이외의 자음으로 끝난 동사 어간에 붙어, 추측하여 가볍게 의문을 품거나 상대편의 의사를 묻는 뜻을 나타냄. ¶ 정원에 무슨 나무를 심으려는가? 참-려는가.

-으려는고준 '-으려고 하는고'가 줄어든 말. 'ㄹ' 이외의 자음으로 끝난 동사 어간에 붙는, '-으려는가'보다 예스러운 말씨. 상대편의 의사를 묻는 뜻을 나타냄. ¶ 내 말을 들으려는고? 참-려는고.

-으려는데준 '-으려고 하는데'가 줄어든 말. 'ㄹ' 이외의 자음으로 끝난 동사 어간에 붙어, 앞말이 뒷말의 전제가 됨을 나타냄. ¶ 막 먹으려는데 손이 찾아왔다. 참-려는데.

-으려는지준 '-으려고 하는지'가 줄어든 말. 'ㄹ' 이외의 자음으로 끝난 동사 어간에 붙어, ①막연한 의문을 나타냄. ¶ 그 많은 빚을 언제 다 갚으려는지. ②추측하여 묻거나 의심스러워

하는 뜻을 나타냄. ¶ 내 말을 믿으려는지 모르겠다. [참]-려는지.

-으려니 (('ㄹ' 이외의 자음으로 끝난 어간에 붙어)) [I][어미] '그러하겠거니' 하고 혼자 속으로만 추측하여 짐작하는 뜻을 나타내는 종속적 연결 어미. ¶ 뛰어가면 따라잡으려니 여겼는데…. [참]-려니.
[II][준] '-으려고 하니'가 줄어든 말. 앞말의 결과로서 뒷말이 이끌려 나옴을 나타냄. ¶ 혼자 먹으려니 목에 걸려서 안 넘어간다. [참]-려니.

-으려니와[어미] 'ㄹ' 이외의 자음으로 끝난 어간이나 시제의 '-았(었)-'·'-겠-'에 붙는 종속적 연결 어미. ①'그러하겠거니와'의 뜻으로, 앞말을 인정하면서 뒷말이 그보다 더하거나 대등함을 나타냄. ¶ 경치가 좋으려니와 인심도 좋다. ②'-지마는'의 뜻으로, 어떤 일을 추정하되 그것이 뒷말에 매이지 아니함을 나타냄. ¶ 오지도 않으려니와 편지조차 안 할 것이다. [참]-려니와.

-으려다[준] '-으려다가'가 줄어든 말. [참]-려다.

-으려다가[준] '-으려고 하다가'가 줄어든 말. 'ㄹ' 이외의 자음으로 끝난 동사 어간에 붙어, 어떤 동작이 이루어질 듯하다가 다른 동작으로 바뀜을 나타냄. ¶ 책이나 읽으려다가 그냥 잤다. [참]-려다가.

-으려더니[준] '-으려고 하더니'가 줄어든 말. 'ㄹ' 이외의 자음으로 끝난 동사 어간에 붙어, 어떤 일이 의도대로 되려 하다가 아니 되거나 덜 이루어짐을 나타냄. ¶ 다 먹으려더니 겨우 두 개 먹고 말더라. [참]-려더니.

-으려더라[준] '-으려고 하더라'가 줄어든 말. 'ㄹ' 이외의 자음으로 끝난 동사 어간에 붙어, 이루어지려던 과거 일을 본 대로(들은 대로) 전하는 뜻을 나타냄. ¶ 그 욕심쟁이가 네 것까지 다 먹으려더라. [참]-려더라.

-으려던[준] '-으려고 하던'이 줄어든 말. 'ㄹ' 이외의 자음으로 끝난 동사 어간에 붙어, 앞말이 뒷말의 전제가 됨을 나타냄. ¶ 막 밥을 먹으려던 참이다. [참]-려던.

-으려던가[준] '-으려고 하던가'가 줄어든 말. 'ㄹ' 이외의 자음으로 끝난 동사 어간에 붙어, 제삼자의 어떤 사실(행동)을 확인하려고 묻는 뜻을 나타냄. ¶ 그 소문을 믿으려던가? [참]-려던가.

-으려도[준] '-으려고 하여도'가 줄어든 말. 'ㄹ' 이외의 자음으로 끝난 어간에 붙어, '어떤 일을 마음먹은 대로 하여도'의 뜻으로, 뒷말이 그에 매이지 아니함을 나타냄. 〔대개, 부정하는 말이 뒤에 옴.〕 ¶ 잊으려도 잊을 수 없는 사람. [참]-려도.

-으려면[어미] 'ㄹ' 이외의 자음으로 끝난 동사 어간이나 시제의 '-았(었)-'에 붙는 종속적 연결 어미. '그러한 의도라면'의 뜻으로, 앞말이 뒷말의 전제나 조건이 됨을 나타냄. ¶ 사랑을 받으려면 먼저 사랑해라. [참]-려면.

-으려무나[어미] 'ㄹ' 이외의 자음으로 끝난 동사 어간에 붙는, 해라체의 종결 어미. ①제 마음대로 하라는 뜻을 나타냄. ¶ 어서 먹으려무나. ②완곡하게 요구하는 뜻을 나타냄. ¶ 더러우니 그 옷 좀 벗으려무나. [준]-으렴. [참]-려무나.

-으려서는[준] '-으려고 하여서는'이 줄어든 말. 'ㄹ' 이외의 자음으로 끝난 동사 어간에 붙어, 앞말이 뒷말을 제한·구속함을 나타냄. ¶ 급히 먹으려서는 체하기 쉽다네. [참]-려서는.

-으려서야[준] '-으려고 하여서야'가 줄어든 말. 'ㄹ' 이외의 자음으로 끝난 동사 어간에 붙어, 어떤 의도를 가정하되, 그 의도가 뒷말의 원인(근거)이 됨을 나타냄. 〔대개, 뒤에 부정하는 말이나 훈계조의 말이 이어짐.〕 ¶ 놀고먹으려서야 되나. [참]-려서야.

-으려야[준] '-으려고 하여야'가 줄어든 말. 'ㄹ' 이외의 자음으로 끝난 동사 어간에 붙어, 하려고 의도하는 사실이나 행동이 뒷말의 조건이 됨을 나타냄. ¶ 약을 먹으려야 먹이지. [참]-려야.

-으려오[준] '-으려고 하오'가 줄어든 말. 'ㄹ' 이외의 자음으로 끝난 동사 어간에 붙어, 자기의 의사를 밝혀 말하는 뜻을 나타냄. ¶ 이젠 다 잊으려오. [참]-려오.

-으련 [I][어미] 'ㄹ' 이외의 자음으로 끝난 동사 어간에 붙는, 해라체의 의문형 종결 어미. 화자가 할 의사가 있는 어떤 행동에 대하여 상대편의 의향을 친근하게 묻는 뜻을 나타냄. ¶ 내가 밥을 지으련? [참]-으련.
[II][준] '-으려느냐'가 줄어든 말. ¶ 무엇을 먹으련? [참]-련.

-으련다[준] '-으려고 한다'가 줄어든 말. 'ㄹ' 이외의 자음으로 끝난 동사 어간에 붙어, 앞으로 그렇게 하겠다는 의지를 나타냄. ¶ 너를 믿으련다. [참]-련다.

-으련마는[어미] 'ㄹ' 이외의 자음으로 끝난 어간이나 시제의 '-았(었)-'에 붙는, 종속적 연결 어미. '-겠건마는'의 뜻으로, 앞일이나 가정의 사실을 추측하되, 그것이 뒷말에 매이지 아니함을 나타냄. ¶ 충고를 들어주면 좋으련마는 저렇게 고집불통이니. [준]-으련만. [참]-련마는.

-으련만[어미] 〈-으련마는〉의 준말.

-으렴[어미] 〈-으려무나〉의 준말.

-으렵니까[-렴-] (('ㄹ' 이외의 자음으로 끝난 동사 어간에 붙어)) [I][어미] 상대편이 장차 어떤 행위를 할 것인지에 대한 의사를 묻는 뜻을 나타내는, 합쇼체의 의문형 종결 어미. ¶ 당신이 읽으렵니까? [참]-렵니까.
[II][준] '-으려고 합니까'가 줄어든 말. ¶ 어떤 것을 먹으렵니까? [참]-렵니까.

-으렵니다[-렴-] (('ㄹ' 이외의 자음으로 끝난 동사 어간에 붙어)) [I][어미] 장차 어떤 행위를 할 자기의 의지를 베풀어 말하는 뜻을 나타내는, 합쇼체의 평서형 종결 어미. ¶ 제가 참으렵니다. [참]-렵니다.
[II][준] '-으려고 합니다'가 줄어든 말. ¶ 허락하신다면 제가 직접 읽으렵니다. [참]-렵니다.

-으렷다[-렫따][어미] ①'ㄹ' 이외의 자음으로 끝난 어간에 붙는, 해라체의 평서형 종결 어미. ㉠경험이나 이치로 미루어, 으레 그렇게 되거나 그러할 것임을 추정하는 뜻을 나타냄. ¶ 가을 날씨야 항상 좋으렷다. ㉡추상되는 사실에 대해 그것을 인정하면서 더 다지는 뜻을 나타냄. ¶ 두말 없으렷다. ②'ㄹ' 이외의 자음으로 끝난 동사의 어간에 붙는, 해라체의 명령형 종결 어미. ¶ 당장 잡아 묶으렷다. [참]-렷다.

으레[부] '으레'의 잘못.

으로[조] 'ㄹ' 이외의 자음으로 끝나는 체언에 붙는 부사격 조사. ①방향을 나타냄. ¶ 산으로 가자. ②원인·이유를 나타냄. ¶ 암으로 죽다. ③재료·연장·방편을 나타냄. ¶ 톱으로 나무를 켜다. ④신분·자격을 나타냄. ¶ 반장으로 선출되다. ⑤작용한 결과임을 나타냄. ⑥한정된 시간(때)임을 나타냄. ¶ 오늘 오전으로 원서 접수가 마감되었다. [참]로.

으로-도 조 'ㄹ' 이외의 자음으로 끝나는 체언에 붙어 '으로'와 '도'가 겹친 뜻을 나타내는 부사격 조사. ¶ 돈으로도 살 수 없다. 참 로도.

으로-밖에 조 'ㄹ' 이외의 자음으로 끝나는 체언에 붙어, 그것 이외로는 해석이나 판단이 되지 않거나 기구로 쓸 수 없음을 뜻함. ¶ 공중에 떠서 오는 공은 손으로밖에 받을 도리가 없다.

으로-부터 조 'ㄹ' 이외의 자음으로 끝나는 체언에 붙어, 거쳐 온 출발 지점이나 대상을 나타내는 부사격 조사. ¶ 삼촌으로부터 받은 공책. 참 로부터.

으로서 조 'ㄹ' 이외의 자음으로 끝나는 체언에 붙어, '지위나 신분 또는 자격을 가지고'의 뜻을 나타내거나 '어떤 동작이 일어나거나 시작되는 출발점'의 뜻을 나타내는 부사격 조사. ¶ 대통령으로서 행사하는 권한./싸움은 저 편으로서 시작되었다. 참 로서.

으로써 조 'ㄹ' 이외의 자음으로 끝나는 체언에 붙어, '…을 가지고'의 뜻을 나타내는 부사격 조사. '으로'와 같으나, 이유·수단·조건이 더 확실함을 뜻함. ¶ 믿음으로써 지켜 온 절개. 참 로써.

으르다[1] [으르니·을러] 타르 물에 불린 곡식 따위를 방망이 같은 것으로 으깨다.

으르다[2] [으르니·을러] 타르 (상대편을 해칠 듯이) 말이나 행동으로써 위협하다.

으르-대다 타 자꾸 으르고 딱딱거리다.

으르렁 부 하자 ①사나운 짐승이 몹시 성나서 울부짖는 소리, 또는 그 모양. ¶ 으르렁하며 달려드는 맹견. ②몹시 성이 나서 사나운 말로 서로 다투는 모양. 작 아르렁. **으르렁-으르렁** 부 하자.

으르렁-거리다 자 자꾸 으르렁으르렁하다. 으르렁대다. ¶ 저 두 사람은 만나기만 하면 서로 으르렁거린다. 작 아르렁거리다.

으르렁-대다 자 으르렁거리다.

으르르 부 하자 (분하거나 두렵거나 춥거나 할 때) 몸이 으스스 떨리는 모양. ¶ 놀라움에 으르르 떨다. 작 아르르.

으름 명 으름덩굴의 열매.

으름-덩굴 명 으름덩굴과의 낙엽 만목. 산이나 들에 절로 나는데 길이는 5m가량. 잎은 손바닥 모양의 겹잎이며 4월경에 연한 자줏빛 꽃이 핌. 길둥근 열매는 가을에 자갈색으로 익어 벌어짐. 뿌리 및 가지는 약용함. 목통(木通).

으름장 [-짱] 명 말과 행동으로 남을 위협하는 일. **으름장(을) 놓다** 관용 위협하는 말이나 행동으로 으르다. ¶ 자기 말을 듣지 않으면 재미없으리라면서 으름장을 놓았다.

-으리 어미 〈-으리라〉의 준말.

-으리까 어미 'ㄹ' 이외의 자음으로 끝난 어간이나 시제의 '-았(었)-'·'-겠-'에 붙는, 합쇼체의 의문형 종결 어미. ①앞으로의 자기 행동을 남에게 묻는 뜻을 나타냄. ¶ 이 일을 어찌해야 좋으리까? ②남에게 추측하여 반문하는 형식을 빌려, 자기 생각이 틀림없음을 은근히 강조하는 뜻을 나타냄. ¶ 어찌 보고 싶지 않으리까. 참 -리까.

-으리니 어미 'ㄹ' 이외의 자음으로 끝난 어간이나 시제의 '-았(었)-'·'-겠-'에 붙는, 종속적 연결 어미. '-을 것이니'의 뜻으로, 뒷말의 조건(근거)이 되는, 추측이나 의지를 나타냄. ¶ 사노라면 기쁜 날도 있으리니 희망을 가지고 살자. 참 -리니.

-으리니라 어미 'ㄹ' 이외의 자음으로 끝난 어간이나 시제의 '-았(었)-'·'-겠-'에 붙는, 문어투의 해라체 종결 어미. '-을 것이니라'의 뜻으로, 경험을 바탕으로 하여 어떤 사실을 장중하게 베풀어 말하는 뜻을 나타냄. ¶ 착한 일을 했으니 필시 복을 받으리니라. 참 -리니라.

-으리다 어미 'ㄹ' 이외의 자음으로 끝난 동사 어간이나 시제의 '-았(었)-'·'-겠-'에 붙는, 하오체의 종결 어미. ①'기꺼이 그리하겠소'의 뜻으로, 자기의 의사를 나타냄. ¶ 잊으라면 잊으리다. ②'그러할 것이오'의 뜻으로, 추측하여 조심하도록 일깨워 주는 뜻을 나타냄. ¶ 그러다가는 시간에 늦으리다. 참 -리다.

-으리라 어미 'ㄹ' 이외의 자음으로 끝난 어간이나 시제의 '-았(었)-'·'-겠-'에 붙는, 해라체의 종결 어미. '-을 것이다'의 뜻으로, 추측이나 미래의 의지를 나타냄. ¶ 그 은혜는 꼭 갚으리라./내일이면 늦으리라./어떤 벌이든 달게 받으리라. 준 -으리. 참 -리라.

-으리로다 어미 'ㄹ' 이외의 자음으로 끝난 어간이나 시제의 '-았(었)-'·'-겠-'에 붙는, 문어투의 종결 어미. '-으리라'보다 더 장중하게 추측이나 미래의 의지를 나타냄. ¶ 마음이 청결한 자에게 복이 있으리로다. 참 -리로다.

-으리만큼 어미 'ㄹ' 이외의 자음으로 끝난 어간이나 시제의 '-았(었)-'·'-겠-'에 붙는, 종속적 연결 어미. '그러할 정도로'의 뜻으로, 뒷말이 앞말의 원인이 됨을 나타냄. ¶ 몇 번이나 보았으리만큼 재미있는 영화였다. 참 -리만큼.

-으리오 어미 'ㄹ' 이외의 자음으로 끝난 어간이나 시제의 '-았(었)-'에 붙는 종결 어미. 이치로 미루어 '어찌 그러할 것이냐'의 뜻으로, 반어적 의문이나 한탄하는 뜻을 나타냄. ¶ 그때 갔더라면 얼마나 좋았으리오. 참 -리오.

으리으리-하다 형여 (건물·살림 따위의 규모나 형세가) 기가 질리도록 굉장하다. ¶ 으리으리한 저택.

-으마 어미 'ㄹ' 이외의 자음으로 끝난 동사 어간에 붙어, 자기가 기꺼이 그리하겠다고 약속하는 뜻을 나타내는 해라체의 종결 어미. ¶ 그 일은 내가 맡으마. 참 -마.

-으매 어미 'ㄹ' 이외의 자음으로 끝난 어간이나 시제의 '-았(었)-'·'-겠-'에 붙어, 앞말이 뒷말의 이유나 전제가 됨을 나타내는 종속적 연결 어미. ¶ 물이 깊으매 고기가 모이고, 덕이 높으매 사람이 따른다. 참 -매.

-으며 어미 ①〈-으면서〉의 준말. ②'ㄹ' 이외의 자음으로 끝난 어간이나 시제의 '-았(었)-'·'-겠-'에 붙어, 둘 이상의 동작이나 상태 따위를 나열할 때 쓰는 연결 어미. ¶ 강물이 맑으며 깊다. 참 -며.

-으면 어미 'ㄹ' 이외의 자음으로 끝난 어간이나 시제의 '-았(었)-'·'-겠-'에 붙는, 종속적 연결 어미. ①뒤의 실현을 전제한 가정적 조건임을 뜻함. ㉠실현이 불확실한 가정적 조건. 《이때는 흔히 '만약', '만일', '혹시' 등의 부사와 호응하여 쓰임.》 ¶ 날것을 먹으면 배탈이 나기 쉽다. ㉡실현이 확실한 가정적 조건. ¶ 저 고개만 넘으면 내 고향 마을이다. ②다음과 같은 관용구를 이루어 쓰임. ㉠'-으면 여간'의 호응 관계로 관용되어, 정도가 예상 밖으로 더함을 뜻함. ¶ 높으면 여간 높아야지. ㉡《'(차라리) -으면 -었지'의 꼴로 쓰이어》 단호한 거부의 뜻을 나타냄. ¶ 굶으면 굶었지 빌어먹지는 않는다. ㉢'-으면 -ㄹ수록'의 호응 관계로 관용되어,

정도가 심해짐을 나타내는 말의 조건이 됨을 뜻함. ¶ 읽으면 읽을수록 재미있다. 참-면.

-으면서어미 'ㄹ' 이외의 자음으로 끝난 어간이나 시제의 '-았(었)-'·'-겠-'에 붙는 연결 어미. ①둘 이상의 동작이나 상태 따위가 동시에 겸하여 있음을 나타냄. ¶ 웃으면서 살자. ②둘 이상의 동작이나 상태가 서로 맞서는 관계에 있음을 나타냄. ¶ 일을 하지도 않으면서 하는 체한다. 준-으며. 참-면서.

-으므로어미 'ㄹ' 이외의 자음으로 끝난 어간이나 시제의 '-았(었)-'·'-겠-'에 붙어, 앞말이 뒷말의 원인(이유·근거)이 됨을 나타내는 종속적 연결 어미. ¶ 사랑하였으므로 행복하였노라. 참-므로.

으밀-아밀부하자 남이 모르게 비밀스레 이야기하는 모양.

-으사이다어미 'ㄹ' 이외의 자음으로 끝난 동사 어간에 붙어, 청유의 뜻을 나타내는 합쇼체의 종결 어미. ¶ 여기 앉으사이다. 참-사이다.

-으세요어미 ☞-으셔요. ¶ 새해 복 많이 받으세요.

-으셔요어미 높임의 선어말 어미 '-으시-'와 어미 '-어요'를 합하여 줄여 이르는 말. 'ㄹ' 이외의 자음으로 끝난 어간 뒤에 붙어, 그리하도록 권하는 뜻을 나타내는 합쇼체의 종결 어미. -으세요. ¶ 이번에는 당신이 참으셔요. 참-셔요.

-으소서어미 'ㄹ' 이외의 자음으로 끝난 동사 어간에 붙어, 그리하거나 그리되기를 간절히 바라는 뜻을 나타내는 합쇼체의 종결 어미. ¶ 이것을 받으소서. 참-소서.

으스-대다자 (어울리지 않게) 으쓱거리며 뽐내다. ¶ 자기가 제일이라고 으스대다.

으스러-뜨리다타 단단한 물체를 힘껏 으깨어서 부스러지게 하다. 으스러트리다. ¶ 호두를 돌멩이로 찍어 으스러뜨리다. 작아스러뜨리다.

으스러-지다자 ①크고 단단한 물체가 센 힘에 짓눌려서 부서지다. ②살이 터지거나 벗어지다. 작아스러지다.

으스러-트리다타 으스러뜨리다. 작아스러트리다.

으스름명하형 빛 따위가 침침하고 흐릿한 상태. **으스름-히**부 ¶ 초저녁 달빛이 으스름히 비치다.

으스름-달[-딸]명 으슴푸레하게 비치는 달. 담월(淡月).

으스름-달밤[-빰]명 달빛이 으슴푸레한 밤.

으스스부하형 차고 싫은 기운이 몸에 스르르 돌면서 소름이 끼치는 듯한 모양. ¶ 온몸이 으스스 떨린다. 작아스스·오스스.

으슥-하다[-스카-]형여 ①무서운 느낌이 들 만큼 구석지고 조용하다. ¶ 으슥한 골목. ②몹시 고요하다.

으슬-으슬부하형 (감기나 몸살 따위로) 몸에 소름이 끼칠 듯이 추위가 느껴지는 모양. ¶ 오한인지 온몸이 으슬으슬 추워지는군. 작아슬아슬·오슬오슬.

으슴푸레부하형 (달빛이나 불빛이) 흐릿하고 침침한 모양. ¶ 으슴푸레한 가로등 불빛. 작아슴푸레.

-으시-선미 'ㄹ' 이외의 자음으로 끝난 어간에 붙어, 높임의 뜻을 나타내는 선어말 어미. ¶ 손을 꼭 잡으시오. 참-시-.

으시-대다자 '으스대다'의 잘못.

-으십시다[-씨-]어미 'ㄹ' 이외의 자음으로 끝난 동사 어간에 붙는, 합쇼체의 종결 어미. 어떤 행동을 함께 하자는 뜻을 나타냄. ¶ 그 사람의 말을 믿으십시다. 참-십시다.

-으십시오[-씨-]어미 'ㄹ' 이외의 자음으로 끝난 동사 어간에 붙는, 합쇼체의 종결 어미. 명령이나 권유를 나타냄. ¶ 여기 앉으십시오. 참-십시오.

으썩부하자타 (단단한 과실이나 무 따위를) 이로 힘껏 깨무는 모양, 또는 그 소리. ¶ 사과를 한입 으썩 베어 먹다. **으썩-으썩**부하자타.

으썩-거리다[-꺼-]자타 자꾸 으썩으썩하다. 으썩대다.

으썩-대다[-때-]자타 으썩거리다.

으쓱[1]부하자타 ①어깨를 갑자기 한 번 들먹이는 모양. ②어깨를 들먹이며 우쭐하는 모양. **으쓱-으쓱**부하자타.

으쓱[2]부하형 (무섭거나 찬 기운을 느낄 때) 갑자기 몸이 움츠러드는 모양. ¶ 몸이 으쓱한 게 감기에 걸린 모양이다. 작아쓱.

으쓱-거리다[-꺼-]자타 자꾸 으쓱으쓱하다. 으쓱대다. ¶ 선수로 뽑혔다고 으쓱거리는 철수.

으쓱-대다[-때-]자타 으쓱거리다.

으아 Ⅰ부 어린아이가 우는 소리. 으앙.
Ⅱ감 감탄하여 스스로 외치는 소리.

으아리명 미나리아재빗과의 다년초. 산기슭에 절로 나는데, 줄기 높이는 2 m가량. 잎은 깃모양 겹잎이며 7~8월에 흰 꽃이 핌. 뿌리는 한방에서 약재로 쓰임.

으악 Ⅰ부 갑자기 토하는 소리. ¶ 술을 마시더니 으악 하고 토했다.
Ⅱ감 스스로 놀라서, 또는 남을 놀라게 하려고 지르는 소리.

으앙부 어린아이의 울음소리. 으아. ¶ 갓난아이가 '으앙!' 하고 울음을 터뜨렸다. **으앙-으앙**부.

-으오-선미 '-으옵-'의 'ㅂ'이 모음이나 '-니'·'-리'·'-면' 등의 어말 어미 앞에서 줄어든 선어말 어미. ¶ 잡으오니. /잊으오리다. 참-오-.

-으오어미 'ㄹ' 이외의 자음으로 끝난 어간에 붙어, 현재의 동작이나 상태에 대한 서술이나 의문 또는 어찌하라고 시키는 뜻을 나타내는 하오체의 종결 어미. ¶ 얼마나 많으오? 참-오.

-으오니까어미 'ㄹ' 이외의 자음으로 끝난 형용사 어간이나 시제의 '-았(었)-'·'-겠-'에 붙어 현재의 상태를 묻는, 합쇼체의 예스러운 종결 어미. ¶ 빛깔이 검으오니까? 참-오니까.

-으오리까어미 'ㄹ' 이외의 자음으로 끝난 동사 어간이나 시제의 '-았(었)-'·'-겠-'에 붙어, '그리할까요'의 뜻으로, 자기의 생각에 대한 상대편의 의사를 묻는 합쇼체의 종결 어미. ¶ 이래도 참으오리까? 참-오리까.

-으오리다어미 'ㄹ' 이외의 자음으로 끝난 동사 어간이나 시제의 '-았(었)-'·'-겠-'에 붙어, '그리하겠습니다'의 뜻으로, 자기의 의사를 나타내는 합쇼체의 종결 어미. ¶ 잊으라면 잊으오리다. 참-오리다.

-으오리이까어미 'ㄹ' 이외의 자음으로 끝난 동사 어간이나 시제의 '-았(었)-'·'-겠-'에 붙어, '그리할까요'의 뜻으로, 자기의 생각에 대한 상대편의 의사를 묻는 합쇼체의 종결 어미. ¶ 그 약속을 믿으오리이까. 참-오리이까.

-으오리이다어미 'ㄹ' 이외의 자음으로 끝난 동사 어간이나 시제의 '-았(었)-'·'-겠-'에 붙어, '그리하겠습니다'의 뜻으로, 자기 의사를 나타내는 합쇼체의 종결 어미. ¶ 제가 참으오리이다. 참-오리이다.

-으오이다어미 'ㄹ' 이외의 자음으로 끝난 어간이나 시제의 '-았(었)-'·'-겠-'에 붙어, 현재

의 사실을 베풀어 말하는 뜻을 나타내는 합쇼체의 종결 어미. ¶ 경험이 많으오이다. [준]-으외다. [참]-오이다.
-으옵-[선미] 'ㄹ' 이외의 자음으로 끝난 용언 어간이나 시제의 '-았(었)-'·'-겠-'에 붙어, 공손의 뜻을 나타내는 선어말 어미. ¶ 받으옵소서. [참]-옵-.
-으옵니까[-옴-][어미] '-으옵-'과 '-나이까'가 합하여 줄어서 된 말. 'ㄹ' 이외의 자음으로 끝난 어간이나 시제의 '-았(었)-'·'-겠-'에 붙어, 현재의 동작이나 상태에 대해 묻는 뜻을 나타내는 합쇼체의 종결 어미. ¶ 할 일이 많으옵니까? [참]-옵니까.
-으옵니다[-옴-][어미] '-으옵-'과 '-나이다'가 합하여 줄어서 된 말. 'ㄹ' 이외의 자음으로 끝난 어간이나 시제의 '-았(었)-'·'-겠-'에 붙어, 현재의 동작이나 상태를 설명하거나 대답하는 뜻을 나타내는 합쇼체의 종결 어미. ¶ 밖이 아직 밝으옵니다. [참]-옵니다.
-으옵디까[-띠-][어미] '-으옵-'과 '-더이까'가 합하여 줄어서 된 말. 'ㄹ' 이외의 자음으로 끝난 어간이나 시제의 '-았(었)-'·'-겠-'에 붙어, 상대편이 경험한 과거의 사실에 대해 묻는 뜻을 나타내는 합쇼체의 종결 어미. ¶ 정말 믿으옵디까?/무슨 부탁의 말씀이 있으옵디까? [참]-옵디까.
-으옵디다[-띠-][어미] '-으옵-'과 '-더이다'가 합하여 줄어서 된 말. 'ㄹ' 이외의 자음으로 끝난 어간이나 시제의 '-았(었)-'·'-겠-'에 붙어, 경험한 과거의 사실을 돌이켜 말하는 뜻을 나타내는 합쇼체의 종결 어미. ¶ 물이 차고 맑으옵디다. [참]-옵디다.
-으외다[-외-/-웨-][어미] 〈-으오이다〉의 준말.
으응[감] ①응. ¶ 으응, 그랬구나. ②마음에 덜 차거나 짜증이 날 때 내는 소리. ¶ 으응, 겨우 요거야?
-으이[어미] 자음으로 끝난 형용사 어간에 붙어, 자기 생각에 약간의 느낌을 담아 베풀어 말하는 뜻을 나타내는 하게체의 평서형 종결 어미. ¶ 이만해도 좋으이. [준]-의. [참]-이.
으지적[부][하자타] 단단하고 질긴 물건을 단번에 깨물 때 부스러지는 소리. [작]아지작. **으지적-으지적**[부][하자타].
으지적-거리다[-꺼-][자타] 자꾸 으지적으지적 하다. 으지적대다. [작]아지작거리다.
으지적-대다[-때-][자타] 으지적거리다.
으지직[부][하자타] 단단하고 질긴 물건이 부스러지거나 쭈그러질 때 나는 소리. ¶ 의자가 으지직 부서졌다. [작]아지직. **으지직-으지직**[부][하자타].
으지직-거리다[-꺼-][자타] 자꾸 으지직으지직 하다. 으지직대다. [작]아지직거리다.
으지직-대다[-때-][자타] 으지직거리다.
으쩍[부][하자타] 단단하고 질긴 물건을 윽물고 깨무는 소리. **으쩍-으쩍**[부][하자타].
으츠러-지다[자] (푸성귀 따위) 연한 것이 다른 것에 문질리거나 눌리어 부스러지다. 으끄러지다.
으흐흐[부] 짐짓 음침하게 웃는 소리.
윽-물다[웅-][~무니·~물어][타] (몹시 아프거나 화가 나거나 또는 단단히 결심을 하거나 할 때) 아래위의 이를 마주 힘 있게 물다. ¶ 이를 윽물고 분을 참다. [작]악물다.
윽물-리다[웅-][자] 『'윽물다'의 피동』 윽묾을 당하다. [작]악물리다.
윽-박다[-빡따][타] 억지로 짓누르다. 몹시 억누르다.
윽박-지르다[-빡찌-][~지르니·~질러][타][르] 심하게 꾸짖거나 다그쳐서 기를 못 펴게 하다. ¶ 윽박지르지 말고 잘 타일러라.
은[조] 자음으로 끝난 체언에 붙어, 그 말을 한정 또는 지정하거나, 다른 말과 대조하거나, 때로는 강조하는 뜻을 나타내는 보조사. ¶ 청소년은 나라의 기둥./산은 높고, 물은 깊다./아직은 갈 수 없다. [참]는.
은(恩)[명] 〈은공〉·〈은덕〉·〈은택〉·〈은혜〉의 준말.
은(殷)[명] 중국 고대의 왕조 이름. 처음 이름은 상(商), 시조는 탕왕(湯王). 주(周)나라 무왕(武王)에게 멸망당하였음.
은(銀)[명] 구리족(族)에 딸리는 금속 원소의 한 가지. 청백색의 광택을 가진 귀금속. 전성(展性)과 연성(延性)이 커서 은박(銀箔)으로도 만들 수 있음. 양도체이며, 가공성과 기계적 성질이 좋아서 공업용 및 장식품·공예품·식기 따위와 사진 공업, 화폐 제조 등에도 쓰임. 〔Ag/47/107.869〕
-은[어미] 'ㄹ' 이외의 자음으로 끝난 어간에 붙는, 관형사형 전성 어미. ①동사 어간에 붙어, 과거 시제를 나타냄. ¶ 죽은 사람. ②형용사 어간에 붙어, 현재 시제를 나타냄. ¶ 맑은 시냇물. [참]-ㄴ[1].
-은가[어미] 'ㄹ' 이외의 자음으로 끝난 형용사의 어간에 붙는, 하게체 또는 해체의 현재 시제 종결 어미. 스스로의 의심이나 손아랫사람에게 묻는 뜻을 나타냄. ¶ 건강은 좋은가? [참]-ㄴ가.
은-가락지(銀-)[-찌][명] 은으로 만든 가락지. 은지환(銀指環). 은환(銀環).
은-가루(銀-)[-까-][명] ①은이 부서진 가루. 은분(銀粉). ¶ 은가루를 뿌려 놓은 듯한 은하수. ②은 빛깔을 띤 재료로 만든 가루.
은감(殷鑑)[명] 〔은(殷)나라 사람들은 바로 전대의 하(夏)나라가 망한 일을 거울삼으라는 뜻으로〕 '거울삼아 경계하여야 할 선례'를 뜻하는 말.
-은감[어미] '-은가 뭐'가 줄어서 된 말. 'ㄹ' 이외의 자음으로 끝난 형용사 어간에 붙는, 해체의 현재 시제 종결 어미. 뒤의 사실을 주장하기 위하여 앞의 사실을 반박하는 뜻을 나타냄. ¶ 벌이가 매일 좋은감, 공치는 날도 있지. [참]-ㄴ감.
은감불원(殷鑑不遠)[명] 〔'시경(詩經)'의 '탕편(蕩篇)'에 나오는 말로, 은(殷)나라 사람이 경계해야 할 선례(先例)는 먼 데 있지 않고, 바로 전대(前代)인 하(夏)나라 걸왕(桀王)의 학정(虐政)에 있다는 뜻으로〕 '다른 사람의 실패를 자신의 경계로 삼으라'는 말.
은갑(銀甲)[명] ①비파 따위를 탈 때에 손가락에 끼우는 물건. ②은으로 만든 갑옷.
은갱(銀坑)[명] 은을 파내는 광산의 구덩이.
은거(隱居)[명][하자] (세상을 피하여) 숨어 삶.
-은걸[어미] ①'ㄹ' 이외의 자음으로 끝난 어간에 붙는, 해체의 종결 어미. 이미 지난 사실을 새삼스럽게 감탄하거나 상대편에게 깨우쳐 주는 뜻을 나타냄. ¶ 생각보다 많은걸. ②'ㄹ' 이외의 자음으로 끝난 형용사 어간에 붙는, 종속적 연결 어미. 앞말이 뒷말의 이유나 전제가 됨을 나타냄. ¶ 싫은걸 어쩌나. [참]-ㄴ걸.
은격(隱格)[-껵][명] 관상에서, 겉으로 나타나지 않은 상격(相格).
은-결(銀-)[-껼][명] ☞은물결.
은결-들다[~드니·~들어][자] ①내부에 상처가 나다. ②원통한 일로 남몰래 속을 썩이다.
은고(恩顧)[명][하타] 특별히 아끼어 돌보아 줌.

-은고어미 'ㄹ' 이외의 자음으로 끝난 형용사 어간에 붙는, 해체의 현재 시제 종결 어미. '-은가'보다 예스러운 말투. 점잖게 묻거나 나무라는 뜻을 나타냄. ¶ 왜 이리 말이 많은고. 참-ㄴ고.
은공(恩功)명 은혜와 공로. 준은(恩).
은광(恩光)명 ①하늘이 내려 주는 비와 이슬의 은택. ②윗사람이나 임금의 은혜.
은광(銀鑛)명 ①은을 파내는 광산. 은산(銀山). 은점(銀店). ②은이 들어 있는 광석.
은괴(銀塊)[-괴/-궤]명 은 덩어리. 은 덩이.
은구(銀鉤)명 ①은으로 만든, 발(簾)을 거는 고리. ②'썩 아름답게 쓴 글씨'를 비유하여 이르는 말. 〔주로, 초서(草書)의 경우에 쓰임.〕
은구(隱溝)명 땅속에 묻어서 만든 수채.
은-군자(隱君子)명 ①부귀와 공명을 구하지 않고 숨어서 사는 군자. ②'국화(菊花)'를 달리 이르는 말. ③☞은근짜.
은근(慇懃)명하형 ①야단스럽지 않고 꾸준함. ¶ 은근과 끈기. ②겸손하고 정중함. ¶ 그는 만날 때마다 은근하게 인사한다. ③마음속으로 생각하는 정이 깊음. ¶ 그들은 서로 은근한 사이다. ④드러나지 않음. ¶ 은근하게 일을 꾸미다. **은근-히**부 ¶ 은근히 뜻을 전하다.
은근-슬쩍(慇懃-)부 은근하게 슬쩍. ¶ 은근슬쩍 길에 휴지를 버리다.
은근-짜(慇懃-)명 ①의뭉스러운 사람을 이르는 말. ②'몸을 파는 여자'를 속되게 이르는 말. ②은군자(隱君子).
은금(恩金)명 은급(恩給)으로 주던 돈.
은급(恩給)명 지난날, 정부가 법정 조건을 갖추어 퇴직한 사람에게 죽을 때까지 주던 연금.
은기(銀器)명 은으로 만든 그릇.
은니(銀泥)명 은가루를 아교에 개어 만든 물질. 글씨를 쓰거나 그림을 그리는 데 쓰임.
은닉(隱匿)명하타되자 (남의 물건이나 범인 등을) 몰래 감추어 둠.
은닉-죄(隱匿罪)[-쬐/-쮀]명 ①〈범인 은닉죄〉의 준말. ②범인이나 장물 따위를 숨겨 감춘 죄.
은닉^행위(隱匿行爲)[-니캥-]명 상대편과 짜고 어떤 행위를 은폐하거나 위장하여 진실이 드러나지 않게 하는 범법 행위.
은-단풍(銀丹楓)명 단풍나뭇과의 낙엽 교목. 미국 원산으로 높이는 40 m가량. 잎은 다섯 갈래로 깊이 갈라진 모양이며 뒷면은 은백색을 띰. 잎보다 먼저 황록색 꽃이 피고, 열매는 늦봄에 익음.
은대(銀帶)명 왕조 때, 품대(品帶)의 한 가지. 은으로 새긴 장식을 붙였으며, 정삼품에서 종육품에 이르는 벼슬아치가 허리에 띠던 띠.
은덕(恩德)명 ①은혜와 덕. ②은혜로 입은 신세. 준은(恩).
은덕(隱德)명 ①숨은 덕행. ②남이 모르게 베푸는 은덕(恩德).
-은데어미 'ㄹ' 이외의 자음으로 끝난 형용사 어간에 붙는 어미. ①뒷말을 끌어내기 위하여 어떤 전제를 베풀어 말하는 뜻을 나타내는 종속적 연결 어미. ¶ 몸집은 작은데 힘은 장사다. ②어떤 사실에 대하여 남의 동의나 의견을 구하는 투로, 가벼운 느낌을 담아 나타낼 때 쓰는 종결 어미. ¶ 경치가 참 좋은데. 참-ㄴ데.
은도(銀濤)명 ☞은물결.
은-도금(銀鍍金)명하타 다른 금속의 표면에 은을 입힘, 또는 그 일.
은-돈(銀-)명 은으로 만든 돈, 또는 은을 섞은 합금으로 만든 돈. 은자. 은전. 은화.
은-동거리(銀-)명 은을 물린 동거리. 참은목감이.
은-동곳(銀-)[-곧]명 은으로 된 동곳. *은동곳이[-고시]·은동곳만[-곤-]
은-두구리(銀-)명 은으로 된 약두구리.
은두^꽃차례(隱頭-次例)[-꼳-]명 ☞은두 화서.
은두^화서(隱頭花序)명 유한 꽃차례의 한 가지. 꽃대와 꽃턱이 살지고 꽃턱이 항아리처럼 깊이 들어가, 그 안에서 꽃이 피므로 겉에서는 꽃이 보이지 않는 꽃차례. 〔무화과가 대표적임.〕 은두 꽃차례.
은둔(隱遁·隱遯)명하자 세상을 피하여 숨음. 둔피(遁避). ¶ 은둔 생활.
은둔-사상(隱遁思想)명 속세와 인연을 끊고 숨어 살려는 생각. 둔피사상(遁避思想).
-은들어미 'ㄹ' 이외의 자음으로 끝난 어간에 붙는 종속적 연결어미. '-다 할지라도 어찌'의 뜻으로, 뒷말이 앞말에 매이지 아니함을 나타냄. ¶ 강이 아무리 넓은들 바다만 하랴. 참-ㄴ들.
은-딱지(銀-)[-찌]명 은으로 된 몸시계의 껍데기.
은딴명 딴꾼의 우두머리.
은랍(銀鑞)[을-]명 땜납의 한 가지. 은과 구리가 주성분이며, 아연·카드뮴·인 등을 더하여 연성(軟性)을 좋게 한 합금. 동·동합금·은·철강 등의 납땜에 쓰임.
은령(銀嶺)[을-]명 '눈이 하얗게 덮인 산'을 아름답게 이르는 말.
은로(銀露)[을-]명 '달빛에 은빛으로 빛나는 이슬'을 아름답게 이르는 말.
은록(恩祿)[을-]명 임금이 주는 녹봉(祿俸).
은루(隱漏)[을-]명하타 지난날, 논밭을 숨기고 양안(量案)에 올리지 않던 일.
은류(隱流)[을-]명하자 보이지 않게 속으로 흐름.
은륜(銀輪)[을-]명 〔은으로 만든 바퀴라는 뜻으로〕 '자전거'를 아름답게 이르는 말.
은린(銀鱗)[을-]명 〔은빛 나는 비늘이라는 뜻으로〕 '물고기'를 아름답게 이르는 말.
은린-옥척(銀鱗玉尺)[을-]명 〔비늘이 은빛으로 번쩍이는 옥 같은 큰 물고기라는 뜻으로〕 '싱싱하고 아름다운 큰 물고기'를 비유하여 이르는 말.
은막(銀幕)명 ①'영사막'을 달리 이르는 말. ②'영화계'를 비유하여 이르는 말. ¶ 은막의 여왕.
은맥(銀脈)명 은의 광맥. 은줄1.
은-메달(銀medal)명 ①은으로 만들거나 은도금(銀鍍金)한 메달. ②각종 운동 경기나 기능 대회 같은 데서 2위 입상자에게 주어지는 은빛 메달. 참금메달·동메달.
은명(恩命)명 임금이 임관(任官)이나 유죄(宥罪)에 관하여 내리던 명령.
은-목감이(銀-)[-까미]명 (담배물부리 따위의) 목을 은으로 감은 것.
은문(恩門)명 고려 시대에, 감시(監試)에 급제한 사람이 '시관(試官)'을 높이어 이르던 말. 좌주(座主).
은-물(銀-)명 불에 녹아서 유동체로 된 은.
은-물결(銀-)[-껼]명 달빛을 받아 은빛으로 반짝이는 물결. 은결. 은도(銀濤). 은파(銀波).
은미(隱微) '은미하다'의 어근.
은미-하다(隱微-)형여 ①희미하여 나타나지 않다. ②속이 깊어서 알기 어렵다.
은밀(隱密) '은밀하다'의 어근.

은밀-하다(隱密―) 형여 (생각이나 행동 따위를) 숨겨서 형적이 드러나지 아니하다. ¶ 은밀한 관계. /은밀한 이야기. **은밀-히** 부 ¶ 마약을 은밀히 거래하다.

-은바 어미 'ㄹ' 이외의 자음으로 끝난 동사 어간이나 시제의 '-았(었)-' 뒤에 붙는, 종속적 연결 어미. '하였더니'·'어떠어떠하니까'의 뜻으로, 앞말에 대하여 뒷말이 보충 설명의 관계에 있음을 나타냄. ¶ 내가 읽은바 성발 좋은 책이더라. 참-ㄴ바.

은박(銀箔) 명 ①하타 (비단이나 책 따위에) 은박지로 글자나 문양을 박아 넣음, 또는 그것. ¶ 은박을 박다. /은박을 입히다. ②☞은박지.

은박-지(銀箔紙) [-찌] 명 은을 종이처럼 아주 얇게 늘인 것. 흔히, 모조 은박이나 기타 금속박을 이용함. 은박. 참은지.

은반(銀盤) 명 ①은으로 만든 쟁반. ②'둥근달'을 아름답게 이르는 말. ③'맑고 깨끗한 얼음판'을 아름답게 이르는 말. 주로, 빙상 경기장이나 아이스 쇼의 무대를 가리킴. ¶ 은반의 요정.

은반-계(銀盤界) [-계/-게] 명 빙상 경기 선수들의 세계.

은-반상(銀飯床) 명 은으로 만든 반상.

은반위구(恩反爲仇) 명하자 은혜가 도리어 원수가 됨.

은-반지(銀斑指) 명 은으로 만든 반지.

은발(銀髮) 명 ①'백발(白髮)'을 아름답게 이르는 말. ¶ 은발의 노신사. ②은백색의 머리털.

은방(銀房) [-빵] 명 금이나 은 따위로 장식물을 만들어 파는 가게.

은방울-꽃(銀―) [-꼳] 명 백합과의 다년초. 산에 절로 나는데, 잎이 뿌리에서 두세 개 남. 5월경에 잎 사이에서 꽃줄기가 나와 방울 모양의 희고 작은 꽃이 핌. 열매와 뿌리는 한방에서 약재로 쓰임. ＊은방울꽃이[-꼬치]·은방울꽃만[-꼰-]

은배(銀杯·銀盃) 명 은으로 만들거나 은도금한 잔 또는 상배(賞杯). 은잔(銀盞).

은백-색(銀白色) [-쌕] 명 은빛이 도는 흰색.

은-백양(銀白楊) 명 버드나뭇과의 낙엽 교목. 유럽 중부에서 아시아 중부까지 분포하는데 높이 20 m, 지름 50 cm 이상 자람. 나무껍질은 회백색이고 잎은 달걀 모양임. 잎 뒷면에 은백색 털이 빽빽이 나 있음. 꽃은 4월에 피고 열매는 5월에 익음.

은벽(隱僻) '은벽하다'의 어근.

은벽-하다(隱僻―) [-벼카-] 형여 사람의 왕래가 드물고 구석지다. ¶ 외지고 은벽한 곳에 살다.

은병(銀甁) 명 ①은으로 만든 병, 또는 은도금한 병. ②고려 시대에 쓰던 화폐의 한 가지. 은 한 근으로 나라의 지형을 상징하여 만든 병인데, 그 가치는 일정하지 않아 쌀 열다섯 섬에서 쉰 섬 사이를 오르내렸음.

은복(隱伏) 명하자 ①숨어 엎드림. ②사람이 안에 숨어 있음.

은^본위제(銀本位制) 명 일정량의 은을 본위 화폐로 하는 화폐 제도.

은봉(銀―) [-뽕] 명 미술 장식품 따위에 은을 새겨 박은 것.

은봉(隱鋒) 명 해서(楷書)를 쓸 때, 예리한 규각(圭角)을 나타내지 아니하고 부드러운 형태로 쓰는 서법(書法).

은-봉채(銀鳳釵) 명 봉의 머리 모양으로 꼭지를 조각한 은비녀.

은부(殷富) '은부하다'의 어근.

은부-하다(殷富―) 형여 풍성하고 넉넉하다.

은분(銀粉) 명 은가루.

은-붙이(銀―) [-부치] 명 은으로 만든 물건을 통틀어 이르는 말.

은비(隱庇) 명하타 보호하여 덮어 줌.

은-비녀(銀―) 명 은으로 만든 비녀. 은잠(銀簪). 은채(銀釵).

은-빛(銀―) [-삗] 명 은과 같은 빛깔. 은색(銀色). ＊은빛이[-삐치]·은빛만[-삔-]

은사(恩師) 명 ①〔은혜를 베풀어 준 스승이라는 뜻으로〕'스승'을 감사한 마음으로 이르는 말. ②불교에서, 자기를 출가시켜 길러 준 스님을 이르는 말.

은사(恩赦) 명하타 왕조 때, 나라에 경사가 있을 경우 죄가 가벼운 죄인을 석방하던 일.

은사(恩賜) 명하타 임금이 신하나 백성에게 물건을 내려 줌, 또는 그 물건.

은사(銀沙) 명 '은빛같이 흰 모래'를 아름답게 이르는 말.

은사(銀絲) 명 은실.

은사(隱士) 명 벼슬을 하지 않고 숨어 사는 학덕이 높은 선비.

은사(隱私) 명 감추고 있는 사사로운 일.

은사(隱事) 명 숨기어 두고 남에게 드러내지 않는 일. 비밀로 하여 감추어야 할 일.

은-사시나무(銀―) 명 버드나뭇과의 낙엽 교목. 한국산 사시나무와 미국산 은백양 사이에서 생긴 천연 잡종. 잎의 겉모양은 달걀 모양에 톱니가 있으며, 뒷면은 은백양처럼 흰 털로 덮여 있음.

은사-죽음(隱事―) 명하자 마땅히 보람이 나타나야 할 일이 나타나지 않고 마는 일.

은산(銀山) 명 ☞은광(銀鑛).

은산덕해(恩山德海) [-더캐] 명 산같이 큰 은혜와 바다같이 너른 덕.

은-살대(隱―) [-때] 명 두 널빤지를 맞붙이기 위해 쓰이는 가늘고 납작한 나무쪽. 맞붙일 부분의 가운데에 은장홈을 내고 은살대를 끼워 맞춤.

은상(恩賞) 명하타 (공을 기리어) 임금이 상을 내림, 또는 그 상.

은상(銀賞) 명 (상의 등급을 금·은·동의 차례로 나누었을 때의) 2등상.

은상(銀霜) 명 ☞백영사(白靈砂).

은색(銀色) 명 은빛.

은서(隱棲) 명하자 세상을 피해 숨어 삶.

은설(銀屑) 명 한방에서, 은의 부스러기를 약재로 이르는 말. 해열·해독에 쓰임.

은-섭옥(銀鑷玉) 명 섭옥잠처럼 만든 은비녀.

은성(殷盛) 명하형 번화하고 성함.

은-세계(銀世界) [-계/-게] 명 눈이 내려 사방이 온통 은백색으로 덮인 천지를 이르는 말.

은^세:공(銀細工) 명 은을 재료로 한 세공.

은-수복(銀壽福) 명 (그릇이나 수저 따위에) '壽福(수복)'이란 글자를 은으로 새긴 장식.

은-수저(銀―) 명 은으로 만든 숟가락과 젓가락.

은신(隱身) 명하자 몸을 숨김. ¶ 친구 집에 은신하고 있다. 비피신.

은신-처(隱身處) 명 몸을 숨기는 곳. ¶ 범인에게 은신처를 제공하다.

은-실(銀―) 명 은을 얇게 입힌 실, 또는 종이 따위에 은박을 입혀 가늘게 썬 것. 은사(銀絲).

은애(恩愛) 명 ①은혜와 도타운 애정. ②하타 불교에서, 부모 자식 사이나 부부 사이에 못내 사랑하는 정을 이르는 말.

은약(隱約)명하형 ①뚜렷이 알 수 없음. 분명하지 않음. ②말은 간략하나 뜻이 깊음.
은어(銀魚)명 바다빙엇과의 민물고기. 몸길이 20~30 cm. 몸은 가늘고 길며 몸빛은 어두운 녹색을 띤 회색. 자갈이 깔려 있는 맑은 강에 삶. 치어(稚魚)는 바다에서 지내고 이른 봄에 강을 거슬러 올라와 알을 낳음. 일본·만주·대만 등지에 분포함.
은어(隱語)명 특수한 집단이나 계층 또는 사회에서, 남이 모르게 자기네끼리만 쓰는 말. 참곁말·변말.
은어-받이[-바지]명 음력 시월 보름께, 함경도 앞바다로 도루묵 떼를 좇아 몰려드는 몸집이 큰 명태의 떼. 〔함경도 방언으로 '도루묵'을 '은어'라고 함.〕
은연(隱然) '은연하다'의 어근.
은연-중(隱然中)부 은연한 가운데. 남이 모르는 동안에. 《주로, '은연중에'의 꼴로 쓰임.》 ¶ 은연중에 깊어진 정(情).
은연-하다(隱然-)형여 ①그윽하고 은근하다. ②겉으로 드러나지 아니하다. 은은하다. ¶ 남을 구제하는 일일수록 은연하게 해야 한다. 은연-히부.
은영(恩榮)명 임금의 은혜를 입은 영광.
은영(隱映)명하자 은은하게 비침.
은-오절(隱五節)명 화살대 다섯 마디 가운데 상사에 가려진 끝 마디.
은-옥색(銀玉色)[-쌕]명 엷은 옥색.
은-옥색(隱玉色)[-쌕]명 은은한 옥색.
은우(恩遇)명하타 은혜로써 대우함, 또는 그런 대우.
은우(隱憂)명 남모르게 혼자 하는 근심.
은원(恩怨)명 은혜와 원한.
은위(恩威)명 은혜와 위엄.
은위-병행(恩威竝行)명하자 은혜와 위엄을 아울러 베풂.
은유(隱喩)명 ①하자암유. ②〈은유법(隱喩法)〉의 준말.
은유-법(隱喩法)[-뻡]명 수사법상 비유법의 한 가지. 본뜻은 숨기고 비유하는 형상만 드러내어, 표현하려는 대상을 설명하거나 그 특질을 묘사하는 표현 방법. 〔'내 마음은 호수' 따위.〕 준은유(隱喩).
은율^탈:춤(殷栗-)명 황해도 은율 지방에 전해 내려오는 가면극. 가면은 모두 종이로 만들어 씀. 중요 무형 문화재 제61호.
은은(殷殷) '은은(殷殷)하다'의 어근.
은은(隱隱) '은은(隱隱)하다'의 어근.
은은-하다(殷殷-)형여 ①겉으로 뚜렷하게 드러나지 않고 어슴푸레하며 흐릿하다. ¶ 창에 은은하게 비치는 달빛. ②(대포나 천둥 따위) 멀리서 들려오는 소리가 크고 웅장하다. ¶ 은은한 대포 소리. 은은-히부.
은은-하다(隱隱-)형여 (먼 데서 울리어 들려오는 소리가) 들릴락 말락 하게 아득하다. 은은-히부 ¶ 은은히 들려오는 종소리.
은의(恩義)[으늬/으니]명 은혜와 의리, 또는 갚아야 할 의리 있는 은혜. ¶ 은의를 입다.
은익(銀翼)명 ①(비행기의) 은빛 날개. ②'비행기'를 멋스럽게 이르는 말.
은익(隱匿)명하타되자 '은닉'의 잘못.
은인(恩人)명 은혜를 베풀어 준 사람. 신세를 진 사람. ¶ 생명의 은인.
은인(隱人)명 속세를 떠나 초야에 묻혀 사는 사람. 은자(隱者).
은인(隱忍)명하자 괴로움을 참고 견디어 겉으로 드러내지 않음.
은인-자중(隱忍自重)명하자 마음속으로 참으며, 몸가짐을 신중히 함. ¶ 아무쪼록 은인자중하소서.
은일(隱逸)명 ①하자세상을 피하여 숨어 삶, 또는 그 사람. ②지난날, 은거하는 학자로서 임금이 특별히 벼슬을 내린 사람.
은자(銀子)명 은돈.
은자(隱者)명 ☞은인(隱人).
은잔(銀盞)명 은으로 만든 술잔. 은배(銀杯).
은잠(銀簪)명 ①은비녀. 은채(銀釵). ②은으로 만든 뒤꽂이.
은장(隱-)명 목공에서, 각재나 판재(板材)를 이을 때, 두 나무에 같은 모양의 홈을 파고 거기에 걸어 끼우는, 나비 모양의 나무쪽. 나비장.
은장(銀匠)명 ☞은장이.
은-장도(銀粧刀)명 ①노리개로 차던, 칼자루와 칼집을 은으로 장식한 작은 칼. ②의장의 한 가지. 나무로 만들고 칼집에 여러 가지 무늬를 아로새겼으며 몸에 은칠을 하고 끈을 달았음.
은-장색(銀匠色)명 ☞은장이.
은-장이(銀-)명 금은 세공이나 놋그릇 따위를 만드는 기술자. 은장. 은장색.
은장-홈(隱-)명 두 목재를 마주 이을 때, 맞붙는 면을 은살대가 끼이도록 파낸 홈.
은재(隱才)명 숨은 재주, 또는 숨은 재주가 있는 사람.
은-저울(銀-)명 금이나 은 따위를 다는 작은 저울. 은칭(銀秤). 은형(銀衡).
은적(隱跡·隱迹)명하자 종적을 감춤.
은전(恩典)명 ①온정 있는 조처(措處). 특별한 배려. ¶ 집행 유예의 은전. ②은혜를 베푸는 일.
은전(銀錢)명 은돈.
은점(銀店)명 ☞은광(銀鑛).
은정(恩情)명 사랑을 베푸는 마음. 은혜로운 마음.
은정(隱釘)명 ☞은혈못.
은제(銀製)명 은으로 만듦, 또는 그런 물건. ¶ 은제의 비녀.
은제-마(銀蹄馬)명 ☞사족발이.
은조-사(銀造紗·銀條紗)명 중국에서 나던 사(紗)의 한 가지. 여름 옷감으로 썼음.
은족-반(隱足盤)[-빤]명 다리 대신 편평한 받침을 붙인 둥근 소반.
은졸(隱卒)명하자 공신이 죽었을 때, 임금이 애도의 뜻을 표하던 일.
은졸지전(隱卒之典)[-찌-]명 왕조 때, 시호 따위를 주어서 은졸의 특전을 베풀던 일.
은종(隱腫)명 속으로 곪아 겉으로 드러나지 않는 종기.
은-종이(銀-)명 ①은가루나 은박을 입혀서 만든 종이. ②납과 주석의 합금을 종이처럼 얇게 펴서 만든 것. 은지(銀紙).
은주(銀朱·銀硃)명 수은으로 된 주사(朱砂). 주묵(朱墨)이나 약재로 쓰임.
은-죽절(銀竹節)[-쩔]명 가는 대나무처럼 마디를 넣어 만든 은비녀.
은-줄(銀-)[1][-쭐]명 ☞은맥(銀脈).
은-줄(銀-)[2]명 은으로 만든 줄.
은중-부(恩重符)명 드나드는 방문의 안쪽 위의 인방(引枋)이나 그 위에 붙여서 액(厄)을 막는다는 부적(符籍).
은중-태산(恩重泰山)명 '은혜가 태산같이 큼'을 이르는 말.

-은즉 어미 'ㄹ' 이외의 자음으로 끝난 어간이나 시제의 '-았(었)-'에 붙는, 종속적 연결 어미. 앞말이 뒷말의 이유나 원인 또는 가정이나 조건이 됨을 나타냄. ¶ 이제 위험한 고비는 넘겼은즉 안심하시오. 참-ㄴ즉.

-은즉슨[-쓴] 어미 '-은즉'의 힘줌말.

은지(銀紙) 명 은종이.

-은지 어미 'ㄹ' 이외의 자음으로 끝난 형용사 어간에 붙어, 막연한 의문을 나타내는 해체의 연결 어미 또는 종결 어미. ¶ 산이 어떻게나 높은지. 참-ㄴ지.

-은지고 어미 'ㄹ' 이외의 자음으로 끝난 형용사 어간에 붙어, 스스로의 느낌을 영탄조로 나타내는 예스러운 말투의 종결 어미. ¶ 오, 가엾은지고. 참-ㄴ지고.

-은지라 어미 'ㄹ' 이외의 자음으로 끝난 어간에 붙는 종속적 연결 어미. '-(으)므로'의 뜻으로, 앞말이 뒷말의 이유나 전제가 됨을 나타냄. 〔동사 어간 뒤에서는 과거 시제를 나타내고, 형용사 어간 뒤에서는 현재 시제를 나타냄.〕 ¶ 그는 마음이 좋은지라 친구가 많다. 참-ㄴ지라.

은-지환(銀指環) 명 은가락지.

은진(殷賑) '은진하다'의 어근.

은진(癮疹) 명 한방(韓方)에서, '두드러기'를 이르는 말.

은진-하다(殷賑-) 형여 흥성흥성하다.

은짬 명 은밀한 대목. ¶ 은짬을 남긴 발표.

은채(銀釵) 명 은비녀.

은초(銀-) 명 ①백랍으로 만든 초. ②깨끗이 비치는 촛불. ②은촉.

은초(銀硝) 명 ☞질산칼륨. 초석(硝石).

은촉(銀燭) 명 ☞은초.

은총(恩寵) 명 ①높은 사람에게서 받는 특별한 사랑. ②기독교에서, 하나님이 인간에게 내리는 은혜를 이르는 말. ¶ 그리스도의 죽음은 인류의 죄를 구속(救贖)하려는 하나님의 은총입니다.

은-총이(銀-) 명 불알이 흰 말.

은침(銀鍼) 명 은으로 만든 침.

은칭(銀秤) 명 은저울.

은-커녕 조 '커녕'의 힘줌말. ¶ 술값은커녕 차비도 없다.

은택(恩澤) 명 은혜로운 덕택. 준은(恩).

은-테(銀-) 명 은으로 만들거나 은으로 도금한 테. ¶ 은테 안경.

은토(銀兎) 명 ①달 속에 있다는 전설의 토끼. ②'달'을 달리 이르는 말. ③'흰 토끼'를 아름답게 이르는 말.

은퇴(隱退)[-퇴/-퉤] 명하자 직임(職任)에서 물러남, 또는 물러나서 한가로이 삶. 퇴은. ¶ 공직에서 은퇴하다. 참인퇴(引退).

은파(銀波) 명 은물결.

은폐(隱蔽)[-폐/-페] 명하타되자 ①덮어 감추거나 가리어 숨김. ¶ 비위 사실을 은폐하다. ②군에서, 병력이나 장비 등을 적에게 노출되지 않게 함. ¶ 위장망으로 장비를 은폐하다. 참엄폐(掩蔽).

은피(隱避) 명하타 피하여 숨음.

은하(銀河) 명 ①맑은 날 밤, 흰 구름 모양으로 길게 남북으로 보이는 수많은 행성의 무리. 은하수(銀河水). 은한(銀漢). 성하(星河). 천한(天漢). 참천하(天河). ②은하수에 있다는 전설상의 맑은 물.

은하-계(銀河系)[-계/-게] 명 태양계가 딸려 있는 수많은 항성과 성운의 집단.

은하-수(銀河水) 명 '은하'를 강물에 비유하여 이르는 말. 하한(河漢).

은하^작교(銀河鵲橋)[-꾜] 명 ☞오작교(烏鵲橋).

은한(銀漢) 명 ☞은하(銀河).

은합(銀盒) 명 은으로 만든 합(盒).

은행(銀行) 명 ①일반인의 예금을 맡고 다른 데 대부하는 일, 유가 증권을 발행·관리하는 일 등을 하는 금융 기관. 〔보통 은행과 특수 은행의 구별이 있음.〕 ②갑자기 필요한 것이나 모자라는 것 등을 모아서 보관하는 조직이나 체계. ¶ 문제 은행. /골수 은행.

은행(銀杏) 명 은행나무의 열매. 백과(白果).

은행-가(銀行家) 명 은행을 경영하는 사람.

은행-가(銀行街) 명 ①은행이 많이 모여 있는 거리. ②은행을 비롯한 금융업계.

은행^공:황(銀行恐慌) 명 경제 위기로 신용이 동요됨에 따라, 은행에 예금의 지급 청구가 한꺼번에 몰리어 은행이 청구대로 지급할 수 없게 되는 상태. 금융 공황.

은행-권(銀行券)[-꿘] 명 한 나라의 특정 은행이 발행하는 지폐. 〔우리나라의 경우 한국은행이 발행함.〕 은행 지폐.

은행-나무(銀杏-) 명 은행나뭇과의 낙엽 교목. 중국 원산으로 높이는 30 m가량 자람. 흔히, 가로수나 정자나무로 심는데 암수딴그루임. 잎은 부채 모양이며 서리를 맞으면 노랗게 단풍이 듦. 4월경에 녹황색 꽃이 피고 열매는 10월경에 노랗게 익는데 씨의 배젖은 먹음. 나무는 가구 재료 등으로 쓰임. 공손수(公孫樹).

은행-법(銀行法)[-뻡] 명 은행의 설립이나 업무·경영 등에 관한 것을 규정한 법률.

은행^수표(銀行手票) 명 예금자가 그 은행 앞으로 발행하는 지급 위탁서.

은행^어음(銀行-) 명 은행이 그 지점이나 거래처 앞으로 발행한 어음, 또는 다른 곳에서 발행된 것의 지급 의무를 인수한 어음. ↔개인어음.

은행-원(銀行員) 명 은행의 업무를 맡아보는 직원. 준행원(行員).

은행^이:율(銀行利率) 명 중앙은행이 주로 일정한 조건을 갖춘 어음을 할인하는 이율.

은행-장(銀行長) 명 보통 은행의 직무상의 최고 책임자. 준행장.

은행^준:비금(銀行準備金) 명 ☞지급 준비금.

은행^지폐(銀行紙幣)[-폐/-페] 명 ☞은행권(銀行券).

은행^할인(銀行割引) 명 은행이 하는 어음의 할인. 어음의 기일 지급 금액을 원금으로 하여 할인료를 계산함.

은행-환(銀行換) 명 은행에서 발행하는 환전표.

은허(殷墟) 명 중국 허난 성(河南省) 안양 현(安陽縣)에서 발견된, 은나라 중기 이후의 도읍의 유적. 땅속에 궁전 터 및 크고 작은 고분이 있고, 갑골 문자(甲骨文字)를 새긴 귀갑(龜甲)·수골(獸骨)·동기(銅器)·토기·골기(骨器)·석기 등이 출토됨.

은허^문자(殷墟文字)[-짜] 명 은허에서 나온, 거북의 딱지나 짐승의 뼈에 새겨진 상형 문자. 갑골 문자.

은현(隱現·隱顯) 명하자 숨었다 나타났다 함, 또는 그런 일.

은현-잉크(隱現ink) 명 쓴 그대로는 보이지 않으나, 불에 쬐거나 화학 약품을 바르거나 하면 써 놓은 것이 나타나게 만든 잉크.

은혈(銀穴) 명 은을 캐내는 굴. 은광 구덩이.

은혈(隱穴)명 ①겉으로 드러나 있지 않은 구멍. ②비밀스레 서로 통하는 길.
은혈-로(隱穴-)부 남이 모르도록 몰래. ¶ 떳떳하지 못하게 은혈로 처리하다.
은혈-못(隱穴-)[-몯]명 (못을 박은 흔적이 보이지 않게) 은혈에 박는 나무못. 은정(隱釘). ＊은혈못이[-모시]·은혈못만[-몬-]
은혈-장색(隱穴匠色)명 은혈장식을 전문으로 만드는 사람.
은혈-장식(隱穴裝飾)명 (세간 따위의 장식을) 겉에서 보이지 않게 은혈로 박는 장식.
은형(銀衡)명 은저울.
은혜(恩惠)[-혜/-헤]명 ①고맙게 베풀어 주는 신세나 혜택. ¶ 스승의 은혜. /은혜를 베풀다. 준은(恩). ②기독교에서, '하나님이 인간에게 베푸는 사랑'을 이름.
은혜-롭다(恩惠-)[-혜-따/-헤-따][~로우니·~로워]형ㅂ 은혜가 크다. 남의 은혜를 입어서 매우 고맙게 느끼다. ¶ 은혜로운 사랑. **은혜로이**부.
은혼-식(銀婚式)명 결혼기념식의 한 가지. 서양 풍속으로, 결혼 25주년을 맞아 베푸는 기념 의식. 참진주혼식(眞珠婚式).
은홍-색(殷紅色)명 짙은 검붉은 빛깔.
은화(恩化)명하자 은혜로 교화시킴, 또는 그 교화.
은화(銀貨)명 은돈.
은화-식물(隱花植物)[-싱-]명 ☞포자식물(胞子植物). ↔현화식물.
은환(銀環)명 ①은으로 만든 고리. ②은가락지. 은지환(銀指環).
은-회색(銀灰色)[-회-/-훼-]명 은빛이 나는 회색.
은휘(隱諱)명하타 꺼리어 숨김.
은휼(恩恤)명하타 사랑으로 남을 도움.
을조 ①자음으로 끝난 체언이나 용언의 명사형에 붙어, 그 말이 행위의 목적물이 되게 하는 목적격 조사. ¶ 강을 건너다. /잠을 자다. /즐거움을 맛보다. ②자음으로 끝난 일부 부사 뒤에 붙어, 강조하는 뜻을 나타내는 보조사. ¶ 먹고 싶은 대로 맘껏을 먹어라. 참를.
을(乙)명 ①십간(十干)의 둘째. ②(십간의 차례로, 등급이나 차례를 매길 때) '둘째'를 뜻하는 말. ③〈을방(乙方)〉의 준말. ④〈을시(乙時)〉의 준말. ⑤둘 이상의 사람이나 사물이 있을 때, 그 하나의 이름에 대신하여 이르는 말. ¶ 건물주를 갑(甲), 입주자를 을이라 칭한다.
-을어미 'ㄹ' 이외의 자음으로 끝난 어간이나 시제의 '-았(었)-'에 붙는, 관형사형 전성 어미. ①추측·예정·의지·가능성 등의 속뜻을 지니면서 미래 시제를 나타냄. ¶ 그렇게 말하면 모두 믿을 것이다. ②시제 관념 없이 추측 또는 가능성만을 나타냄. ¶ 더 이상 참을 수 없다. ③시간을 뜻하는 명사(때·적·제·무렵 따위) 앞에서, 시제 기능 없이 다만 뒷말을 꾸미는 구실을 함. ¶ 미소 지을 때가 예쁘다. ④시제 관념 없이, 그것이 일반적 사실임을 나타냄. ¶ 입을 옷가지. 참-ㄹ.
-을거나[-꺼-]어미 'ㄹ' 이외의 자음으로 끝난 동사 어간이나 시제의 '-았(었)-'·'-겠-'에 붙는, 문어 투의 감탄형 종결 어미. 그렇게 하고 싶다는 스스로의 뜻을 나타냄. ¶ 고향 떠나 떠도는 몸, 떨어진 짚신으로나 친구 삼을거나. 참-ㄹ거나.
-을걸[-껄]어미 '-을 것을'이 줄어서 된 말. 'ㄹ' 이외의 자음으로 끝난 어간 또는 시제의 '-았(었)-'에 붙는, 해체의 종결 어미. ①미루어 생각하는 뜻을 나타냄. ¶ 이미 떠나고 없을걸. ②지난 일에 대한 후회나 아쉬움의 뜻을 토로하는 투로 나타냄. ¶ 집에서 책이나 읽을걸. 참-ㄹ걸.
-을게[-께]어미 'ㄹ' 이외의 자음으로 끝난 동사 어간에 붙는, 하게체 또는 해체의 종결 어미. 자기의 의사를 드러내어 상대편에게 약속하거나 동의를 구하는 뜻을 나타냄. ¶ 그 일은 내가 맡을게. 참-ㄹ게.
을과(乙科)명 조선 시대에, 과거의 복시(覆試) 합격자에게 예조(禮曹)에서 전시(殿試)를 보여, 성적순에 따라 갑·을·병으로 분류하던 중의 둘째 등급. 참갑과·병과.
을근-거리다자 자꾸 을근을근하다. 을근대다. ¶ 마주치기만 하면 으레 을근거리는 사이다.
을근-대다자 을근거리다.
을근-을근부하자 미워하는 마음에서 은근히 자꾸 으르는 모양.
-을까어미 'ㄹ' 이외의 자음으로 끝난 어간 또는 시제의 '-았(었)-'에 붙는, 해체의 종결 어미. ①앞일을 짐작하여 말하는 뜻을 나타냄. ¶ 지금쯤 도착했을까? ②행동 주체의 의사를 나타냄. ¶ 정원에 꽃씨를 심을까? ③의문이나 가능성을 나타냄. ¶ 얼마나 보고 싶을까? ④현재 정해지지 않은 일에 대하여 자기나 상대편의 의사를 묻는 뜻을 나타냄. 《주로, '-을까 하다'·'-을까 싶다'·'-을까 보다'의 꼴로 쓰임.》 ¶ 이 사탕은 내가 먹을까 보다. /내일은 화단에 꽃이나 심을까 한다. 참-ㄹ까.
-을꼬어미 'ㄹ' 이외의 자음으로 끝난 어간 또는 시제의 '-았(었)-'에 붙는, 해체의 의문형 종결 어미. '-을까'보다 예스러운 말씨. ①추측하여 묻는 뜻을 나타냄. ¶ 어디쯤 가고 있을꼬? ②자기의 의지를 스스로 묻거나 상대편과 상의하는 투로 묻는 뜻을 나타냄. ¶ 어떤 음악을 들을꼬? ③가능성 여부를 묻는 뜻을 나타냄. ¶ 이번에는 원하는 학교에 합격할 수 있을꼬? 참-ㄹ꼬.
-을는지[-른-]어미 'ㄹ' 이외의 자음으로 끝난 어간이나 시제의 '-았(었)-'에 붙는, 종결 어미 또는 연결 어미. 행동 주체의 의지나 추측·가능성 여부를 묻는 뜻을 나타냄. ¶ 그 애가 이 책을 능히 읽을는지. /다시 만날 수 있을는지 기약할 수 없구나. 참-ㄹ는지.
-을라어미 'ㄹ' 이외의 자음으로 끝난 동사 또는 일부 형용사 어간이나 시제의 '-았(었)-'에 붙는, 해라체의 종결 어미. 그리될까 염려하는 뜻을 나타냄. ¶ 늑장 부리다가 시간에 늦을라. 참-ㄹ라.
-을라고어미 'ㄹ' 이외의 자음으로 끝난 어간 또는 시제의 '-았(었)-'에 붙는, 해체의 종결 어미. ①그 사실을 의심하면서, 상대편에게 되묻는 뜻을 나타냄. ¶ 그 주제에 아는 게 있을라고? ②상대편을 타이를 목적으로, 그 일보다 더한 일이 있음을 강조하는 뜻으로 쓰임. ¶ 그만 일로 너무 서러워 말게. 자식 잃은 나 같은 사람도 있을라고. ③반문하는 형식이되, 물음의 뜻은 없이 사실(상황)을 감탄조로 인정하는 뜻을 나타냄. ¶ 당선이 되면야 오죽이나 좋을라고. 참-ㄹ라고.
-을라치면어미 'ㄹ' 이외의 자음으로 끝난 동사 어간에 붙는, 종속적 연결 어미. '-으면'의 뜻으로, 뒤의 사실을 전제로 한 가정적 조건임을 나타냄. 참-ㄹ라치면.

-을락 어미 'ㄹ' 이외의 자음으로 끝난 일부 동사 어간이나 시제의 '-았(었)-'에 붙는 연결 어미. 주로, '-을락 말락'의 꼴로 쓰이어, 거의 되려다 말고 되려다 말고 함을 나타냄. ¶ 선반에 닿을락 말락 한 키. 참-ㄹ락.
을람(乙覽) 명하타 〈을야지람(乙夜之覽)〉의 준말.
을랑 조 일부 자음으로 끝난 체언에 붙어, '은·는'의 뜻으로 특별히 지정하여 강조하는 뜻을 나타내는 보조사. ¶ 집안 걱정을랑 말고 공부에만 힘써라.
-을래 어미 'ㄹ' 이외의 자음으로 끝난 동사 어간에 붙는, 해체의 종결 어미. 앞으로 할 일에 대해 자기의 의사를 잘라 말하거나, 상대편의 의사를 묻는 뜻을 나타냄. ¶ 속이 불편해서 점심은 굶을래. /무엇을 먹을래? 참-ㄹ래.
-을러니 어미 'ㄹ' 이외의 자음으로 끝난 어간이나 시제의 '-았(었)-'에 붙는, 종속적 연결 어미. '-겠더니'의 뜻으로, 경험에 바탕한 가능성을 나타내거나, 그 사실을 상대편에게 단순히 일러 주거나 하면서 뒤의 사실이 이와 대립적으로 이어지게 하는 뜻을 나타냄. ¶ 젊어서는 한 말 술도 먹을러니 이젠 한 잔이 어렵다네. 참-ㄹ러니.
을러-대다 타 ☞을러메다.
-을러라 어미 'ㄹ' 이외의 자음으로 끝난 어간이나 시제의 '-았(었)-'에 붙는, 문어 투의 해라체 종결 어미. '-겠더라'의 뜻으로, 경험에 바탕한 추측이나 가능성을 자기 스스로에게, 또는 상대편에게 감탄조로 말함을 나타냄. ¶ 춘풍(春風)이 불어오니 새순 곧 돋을러라. 참-ㄹ러라.
을러-메다 타 우격다짐으로 으르다. 을러대다.
을러-방망이 명하타 때릴 것처럼 겁을 주며 으르는 짓.
-을런가 어미 'ㄹ' 이외의 자음으로 끝난 어간이나 시제의 '-았(었)-'에 붙는 종결 어미. '-을까'·'-을 것인가'의 뜻. 경험한 사실이나 의사를 묻는 뜻을 나타냄. ¶ 누구의 말이 옳을런가? 참-ㄹ런가.
-을런고 어미 〈-을런가〉의 예스러운 말. 참-ㄹ런고.
-을런지 어미 '-을는지'의 잘못.
-을레 어미 'ㄹ' 이외의 자음으로 끝난 어간이나 시제의 '-았(었)-'에 붙는 하게체의 종결 어미. '-겠데'의 뜻으로, 경험한 사실에 비추어 가능성이나 추측을 나타냄. ¶ 그만하면 어려운 글도 읽기는 읽을레. /얘기를 들으니 그의 말이 옳을레. 참-ㄹ레.
-을레라 어미 'ㄹ' 이외의 자음으로 끝난 어간이나 시제의 '-았(었)-'에 붙는, 문어 투의 종결 어미. '-겠도다(-겠더라)'의 뜻으로, 추측·희망·가능성 따위를 감탄조로 나타냄. ¶ 세월이 흘러도 진정 못 잊을레라. /정직한 사람이지만, 그 말만은 못 믿을레라. 참-ㄹ레라.
-을려고 어미 '-으려고'의 잘못.
-을망정 어미 'ㄹ' 이외의 자음으로 끝난 어간이나 시제의 '-았(었)-'에 붙는, 종속적 연결 어미. '비록 그러하지만 그러나', '비록 그러하다 하여도 그러나'의 뜻으로, 사실이 그러하나 거기에 매이지 아니함을 나타냄. ¶ 굶어 죽을망정 빌어먹지는 않겠다. 참-ㄹ망정.
을모 명 (책상의 귀같이) 세모진 모.
을모-지다 형 책상의 귀같이 세모지다.
을묘(乙卯) 명 육십갑자의 쉰두째.
을미(乙未) 명 육십갑자의 서른두째.
을미-사변(乙未事變) 명 조선 고종 32(1895, 을미)년, 일본의 자객들이 경복궁에 침입하여 명성 황후를 죽인 사건. 일본 공사 미우라 고로(三浦梧樓) 등이 친러파를 제거하기 위하여 일으켰음.
을밋-을밋[-미들믿] 부하자 ①기한이나 일을 우물우물하며 미루어 나가는 모양. ¶ 어차피 해야 할 일을 을밋을밋 뒤로 미루다. ②자기의 허물이나 책임 등을 우물우물 넘기려 하는 모양.
-을밖에[-빠께] 어미 'ㄹ' 이외의 자음으로 끝난 어간이나 시제의 '-았(었)-'에 붙는 종결 어미. '그 방법밖에 다른 도리가 없음'을 뜻함. ¶ 힘센 놈이 때리면 맞을밖에 딴 도리가 없지. /배가 고프니 아무거나 잘 먹을밖에. 참-ㄹ밖에.
을방(乙方) 명 이십사방위의 하나. 동남동에서 동쪽으로 15도까지의 방위. 묘방(卯方)과 진방(辰方)의 사이. 준을(乙). ↔신방(辛方).
을번(乙番) 명 지난날, 두 편이 번갈아 일할 때, 뒤에 일을 맡던 번. 참갑번(甲番).
을부(乙部) 명 ☞사부(史部).
-을뿐더러 어미 'ㄹ' 이외의 자음으로 끝난 어간이나 시제의 '-았(었)-'에 붙어, 어떤 일이 그것만으로 그치지 않고 그 밖에 다른 일이 더 있음을 나타냄. ¶ 인물도 좋을뿐더러 마음씨도 좋다. 참-ㄹ뿐더러.
을사(乙巳)[-싸] 명 육십갑자의 마흔두째.
을사-늑약(乙巳勒約)[-싸-] 명 ☞을사조약.
을사-사화(乙巳士禍)[-싸-] 명 조선 명종 원년(1545, 을사) 7월 1일, 인종(仁宗)이 죽고 명종(明宗)이 즉위하자 외숙 윤원형(尹元衡)이 인종의 외숙 윤임(尹任) 등을 무고(誣告)하여 그의 집안 및 일당을 죽이거나 귀양 보낸 일.
을사-오조약(乙巳五條約)[-싸-] 명 ☞을사조약. 준오조약.
을사-조약(乙巳條約)[-싸-] 명 1905년 11월에, 일본이 한국의 외교권을 빼앗기 위하여 강제로 맺은, 다섯 조문으로 된 조약. 을사늑약. 을사오조약.
-을새[-쌔] 어미 'ㄹ' 이외의 자음으로 끝난 어간이나 시제의 '-았(었)-'에 붙는, 문어 투의 연결 어미. ①앞말이 뒷말의 원인이나 전제가 됨을 나타냄. ¶ 샘이 깊을새 물빛 더욱 푸르더라. ②그것을 기점으로 여러 행위나 상황이 동시적으로 일어남을 뜻함. 참-ㄹ새.
-을세라[-쎄-] 어미 'ㄹ' 이외의 자음으로 끝난 어간이나 시제의 '-았(었)-'에 붙는, 종결 어미 또는 연결 어미. 행여 그렇게 될까 염려하는 뜻을 나타냄. ¶ 모임에 늦을세라 단숨에 달려왔다. 참-ㄹ세라.
-을세말이지[-쎄-] 어미 'ㄹ' 이외의 자음으로 끝난 어간이나 시제의 '-았(었)-'에 붙는 종결 어미. 남의 말을 되받아서 부인하는 뜻을 나타냄. ¶ 그나저나 내 말을 들을세말이지. 참-ㄹ세말이지.
-을수록[-쑤-] 어미 'ㄹ' 이외의 자음으로 끝난 어간이나 시제의 '-았(었)-'에 붙는, 종속적 연결 어미. 어떤 일이 더하여 감에 따라 다른 일이 그에 비례하여 더하거나 덜하여 감을 나타냄. 《흔히, '-으면~-을수록'의 꼴로 쓰임.》 ¶ 많으면 많을수록 좋다. /먹으면 먹을수록 맛있다. 참-ㄹ수록.
을시(乙時)[-씨] 명 이십사시의 여덟째 시. 상오 6시 30분부터 7시 30분까지의 동안. 준을(乙).
-을쏘냐 어미 'ㄹ' 이외의 자음으로 끝난 어간이나 시제의 '-았(었)-'에 붙는, 해라체의 종결 어미. 사실은 그렇지 않다는 뜻으로, 강한 부정을 반어적 물음의 꼴로 나타냄. ¶ 억만금을 준다 한들 님 향한 이내 뜻을 꺾을쏘냐? 참-ㄹ쏘냐.
-을씨고 어미 〈옛〉 받침 있는 일부 형용사 어간

에 붙어, '-구나'의 뜻으로, 명랑한 기분을 나타내는 감탄형 종결 어미. ¶ 날씨도 좋을씨고. 참-ㄹ씨고.

을씨년-스럽다[-따][~스러우니·~스러워]형ㅂ ①보기에 쓸쓸하다. ¶ 을씨년스러운 겨울 바다. /날씨가 을씨년스럽다. ②보기에 살림이 군색한 듯하다. ¶ 을씨년스러운 살림살이. **을씨년스레**부.

을야(乙夜)명 하루의 밤을 갑·을·병·정·무의 다섯으로 나눈 둘째 시각. 오후 10시경. 이경(二更).

을야지람(乙夜之覽)명 〔임금은 낮에는 정사를 보고, 밤 열 시(을야)경이나 되어야 독서를 한다는 데서〕'임금의 독서'를 이르는 말. 준을람.

을유(乙酉)명 육십갑자의 스물두째.

-을이만큼어미 '-으리만큼'의 잘못.

-을작시면[-짝씨-]어미 'ㄹ' 이외의 자음으로 끝난 일부 동사 어간이나 시제의 '-았(었)-'에 붙는, 예스러운 말투의 종속적 연결 어미. 우습거나 같잖은 경우에 '그러한 처지에 이르게 되면'의 뜻을 나타냄. ¶ 네 노래를 들을작시면 영락없는 명매기 소리로다. 참-ㄹ작시면.

을종(乙種)[-쫑]명 갑·을·병 등으로 차례나 등급을 매길 때, 그 둘째 종류.

을좌(乙坐)[-쫘]명 (집터나 묏자리 따위가) 을방(乙方)을 등진 좌향, 또는 그런 자리.

을좌-신향(乙坐辛向)[-쫘-]명 (집터나 묏자리 따위가) 을방(乙方)을 등지고 신방(辛方)을 향한 좌향.

-을지[-찌]어미 'ㄹ' 이외의 자음으로 끝난 어간이나 시제의 '-았(었)-'에 붙는, 해체의 종결 어미 또는 연결 어미. 어떤 일을 추측하여 그 가능성을 묻거나 의문을 나타냄. ¶ 그가 집에 있을지 모르겠다. /지금쯤 도착했을지 모르겠다. /과연 그의 소망을 이룰 수 있을지. 참-ㄹ지.

-을지나[-찌-]어미 'ㄹ' 이외의 자음으로 끝난 어간이나 시제의 '-았(었)-'에 붙는, 문어투의 종속적 연결 어미. '마땅히 그러할 것이나'의 뜻으로, 뒷말이 앞말에 매이지 아니함을 나타냄. ¶ 이 시간쯤이면 그곳에 다다랐을지나 아직도 아무런 소식이 없소. 참-ㄹ지나.

-을지니[-찌-]어미 'ㄹ' 이외의 자음으로 끝난 어간이나 시제의 '-았(었)-'에 붙는, 문어투의 종속적 연결 어미. '마땅히 그러할 것이니'의 뜻으로, 앞말이 뒷말의 원인이나 근거가 됨을 나타냄. ¶ 학문도 다 때가 있을지니 그때를 놓치지 말지니라. /곧 점심을 먹을지니 배가 고파도 조금만 참아라. 참-ㄹ지니.

-을지니라[-찌-]어미 'ㄹ' 이외의 자음으로 끝난 어간이나 시제의 '-았(었)-'에 붙는, 문어투의 종결 어미. '응당 그리(그러)할 것'임을 단정하여 장중하게 말하는 뜻을 나타냄. ¶ 착한 자에게 복이 있을지니라. 참-ㄹ지니라.

-을지라[-찌-]어미 'ㄹ' 이외의 자음으로 끝난 어간이나 시제의 '-았(었)-'에 붙는, 문어투의 종결 어미. '마땅히 그리(그러)할 것이라'의 뜻을 나타냄. ¶ 죄를 지으면 벌을 받을지라. 참-ㄹ지라.

-을지라도[-찌-]어미 'ㄹ' 이외의 자음으로 끝난 어간이나 시제의 '-았(었)-'에 붙는, 종속적 연결 어미. '비록 그러하더라도'의 뜻으로, 뒷말이 앞말에 매이지 아니함을 나타냄. ¶ 몸은 비록 작을지라도 품은 뜻은 크다. /비록 죽을지라도 그렇게는 못하겠다. 참-ㄹ지라도.

-을지어다[-찌-]어미 'ㄹ' 이외의 자음으로 끝난 어간이나 시제의 '-았(었)-'에 붙는, 문어투의 종결 어미. '마땅히 그리하여라'의 뜻을 명령조로 장중하게 나타냄. ¶ 심신을 닦아 덕을 쌓을지어다. 참-ㄹ지어다.

-을지언정[-찌-]어미 'ㄹ' 이외의 자음으로 끝난 어간이나 시제의 '-았(었)-'에 붙는, 종속적 연결 어미. 어떤 사실을 인정(가정)하되, 뒷말이 앞말에 매이지 아니함을 나타냄. ¶ 하루 끼니를 굶을지언정 임을 하루라도 안 보고는 못 살겠네. 참-ㄹ지언정.

-을진대[-찐-]어미 'ㄹ' 이외의 자음으로 끝난 어간이나 시제의 '-았(었)-'에 붙는, 문어투의 종속적 연결 어미. 어떤 사실을 인정(가정)하되, 그것이 다음 사실의 근거나 전제가 됨을 장중하게 나타냄. ¶ 우리에게 젊음이 있을진대 무엇이 두려우랴. 참-ㄹ진대.

-을진댄[-찐-]어미 '-을진대'의 힘줌말. ¶ 시작을 했을진댄 결과가 좋아야지.

-을진저[-찐-]어미 'ㄹ' 이외의 자음으로 끝난 어간이나 시제의 '-았(었)-'에 붙는, 문어투의 종결 어미. '마땅히(아마) 그러할 것이다'의 뜻을 영탄조로 장중하게 나타냄. ¶ 죄지은 자 마땅히 벌을 받을진저. 참-ㄹ진저.

을축(乙丑)명 육십갑자의 둘째.

을축-갑자(乙丑甲子)[-깝짜]명 〔갑자을축이 바른 순서인데, 그것을 반대로 하였다는 뜻으로〕'무슨 일이 제대로 되지 않고 뒤죽박죽으로 뒤바뀜'을 이르는 말.

을해(乙亥)명 육십갑자의 열두째.

읊다[읍따]타 ①가락이 있는 소리로 시를 읽거나 외다. ¶ 시를 읊다. ②시를 짓다. ¶ 괴로운 심정을 읊은 시. * 읊어·읊고[읍꼬]·읊는[음-]

읊-조리다[읍쪼-]타 (시의) 뜻을 음미하면서 낮은 소리로 읊다.

음감 긍정하는 뜻으로 입을 다물고 내는 소리. ¶ 음, 듣고 보니 과연 그렇구나.

음(音)명 ①귀에 들리는 울림 소리. ¶ 음의 파장. ②사람이 말을 하기 위하여 내는 소리. 목소리. ¶ 정확한 음. ③글자를 읽을 때 내는 소리. 〔'天'을 '하늘 천'으로 읽을 때의 '천' 따위.〕 자음(字音). ¶ 한자의 음.

음(陰)명 ①역학에서, '양(陽)과 합하여 우주의 근원을 이루는 기(氣)'를 이르는 말. 양(陽)에 상대되는 것으로 수동적·소극적인 사상(事象)을 상징함. 〔해에 대한 '달', 남성에 대한 '여성' 따위.〕 ②(물건의) 그늘. 이면(裏面). 배후(背後). ③한방에서, 사람의 체질, 병의 증상, 약성(藥性) 등이 '찬 것, 조용한 것, 소극적인 것'을 이름. ④〈음극(陰極)〉의 준말. ↔양(陽).
음으로 양으로관용 알게 모르게. 기회가 있을 때마다 항상. ¶ 음으로 양으로 돕다.

-음[1]접미 'ㄹ' 이외의 자음으로 끝난 용언의 어근에 붙어, 그 말을 명사로 만들어 어떤 사실을 지칭하는 뜻을 나타내는 접사. ¶ 웃음. /죽음. /믿음. /걸음. 참-ㅁ[1].

-음[2]어미 'ㄹ' 이외의 자음으로 끝난 용언의 어간이나 시제의 '-았(었)-'에 붙어, 그 말을 명사형으로 만들어 서술어 기능을 갖게 하는 전성 어미. ¶ 아주 높음. /빈방 없음. 참-ㅁ[2].

음가(音價)[-까]명 낱자가 지니고 있는 소리. 소릿값.

음각(陰角)명 삼각법에서, 각을 낀 두 반직선 중의 한 반직선이 시곗바늘의 방향으로 돌아 생기는 각. ↔양각(陽角).

음각(陰刻)명하타 평면에 글씨나 그림 따위를 옴폭 들어가게 새김, 또는 그러한 조각. 요조(凹彫). ↔양각(陽刻).

음간(陰乾)[명][하타][되자] 〈음건(陰乾)〉의 본딧말.

음감(音感)[명] ①음이나 음악에서 받는 느낌. 음이나 음악이 빚어내는 감동. ¶ 음감이 좋다. /입체적인 음감이 나다. ②음에 대한 감각. 음의 높낮이나 셈여림·음색 등을 듣고 분별하는 능력. ¶ 음감이 없다.

음강-증(陰強症)[-쯩][명] ☞설단증(舌短症).

음객(吟客)[명] '시인(詩人)'을 달리 이르는 말.

음건(陰乾)[명][하타][되자] 그늘에서 말림. 그늘말림. ㊔음간(陰乾). ↔양건(陽乾).

음경(陰莖)[명] 남성의 외부 생식기. 옥경(玉莖). 옥근(玉根). 자지.

음계(音階)[-계/-게][명] 음악에 쓰이는 음을 그 높이의 차례대로 일정하게 배열한 것. 〔서양 음악의 도·레·미·파·솔·라·시, 동양 음악의 궁·상·각·치·우 따위.〕

음계(陰界)[-계/-게][명] 귀신의 세계. ↔양계(陽界).

음계(陰計)[-계/-게][명][하타] ☞음모(陰謀).

음고(音高)[명] 음의 높낮이. 음높이.

음곡(音曲)[명] ①음악의 곡조(曲調). ②'음악(音樂)'을 달리 이르는 말. ¶ 가무(歌舞)와 음곡.

음공(陰功)[명] ①드러나지 않게 돕는 공. ②남이 모르는 숨은 공덕. ¶ 음공을 쌓다. /음공이 세상에 알려지다.

음관(蔭官)[명] 조상의 공덕으로 얻은 벼슬, 또는 음직(蔭職)의 벼슬아치.

음교-맥(陰蹻脈)[명] 한방에서 이르는, 기경팔맥(奇經八脈)의 하나.

음구(音溝)[명] 영화 필름의 가장자리에 있는, 음성이 녹음된 부분. 사운드 트랙.

음극(陰極)[명] 두 전극 사이에 전류가 흐르고 있을 때, 전위(電位)가 낮은 쪽의 극. 곧, 마이너스(−)의 극. 〔기호는 −〕 음전극(陰電極). ㊟음(陰). ↔양극(陽極).

음극-관(陰極管)[-꽌][명] 음극선을 방출하는 데 쓰이는 진공관(眞空管). 〔가이슬러관·브라운관 따위.〕 음극선관(陰極線管).

음극-선(陰極線)[-썬][명] 진공 방전 때에, 음극에서 나와 양극으로 흐르는 빠른 전자(電子)의 흐름.

음극선-관(陰極線管)[-썬-][명] ☞음극관.

음기(陰記)[명] 비갈(碑碣)의 뒷면에 새긴 글.

음기(陰氣)[명] ①만물이 생성하는 근본이 되는 정기(精氣)의 한 가지. 음의 기운. ②음산하고 찬 기운. 음침한 기운. ¶ 음기가 돌다. ③한방에서, 몸 안의 음과 관련된 기운을 이르는 말. ¶ 음기를 돕는 약. ↔양기(陽氣).

음낭(陰囊)[명] 불알을 싸고 있는, 주머니 모양으로 생긴 부분.

음-넓이(音-)[명] ☞음역(音域).

음녀(淫女)[명] 음탕한 여자. 음부(淫婦).

음-높이(音-)[명] 음의 높낮이.

음달(陰-)[명] 〈응달〉의 본딧말.

음담(淫談)[명] 음탕한 이야기.

음담-패설(淫談悖說)[명] 음탕하고 상스러운 이야기. ¶ 음담패설을 늘어놓다.

음덕(陰德)[명] 남 앞에 드러내지 않고 베푼 덕행. 숨은 덕행. 음덕(蔭德).

음덕(蔭德)[명] ①(조상의) 드러나지 않게 베푸는 덕. ¶ 음덕을 입다. ②☞음덕(陰德). 비음(庇陰).

음덕-양보(陰德陽報)[-덩냥-][명] 남이 모르게 덕행을 쌓은 사람에게 반드시 그 보답이 있음을 이르는 말.

음도(音度)[명] 음의 높낮이의 정도.

음도(陰道)[명] ①〔군신(君臣)·부자(父子)·부부(夫婦)의 관계를 음양의 도에 비유하여〕 '신하·자식·아내 된 사람의 도리'를 이르는 말. ↔양도(陽道). ②달의 궤도.

음도(蔭塗)[명] 왕조 때, 음관(蔭官)의 벼슬길.

음독(音讀)[명][하타] ①한자(漢字)를 음으로 읽음. ¶ 음독과 훈독. ↔훈독(訓讀). ②글을 소리 내어 읽음. ®↔묵독(默讀).

음독(陰毒)[1][명] ①한방에서, 병독이 겉으로 내솟지 아니하고 몸속에 모여 목이 아프고 살빛이 검푸르게 되는 병을 이르는 말. ②겉으로 드러나지 않는 해독.

음독(陰毒)[2] '음독하다'의 어근.

음ː독(飮毒)[명][하자] 독약을 먹음. 복독(服毒). ¶ 음독 자결.

음ː독-자살(飮毒自殺)[-짜-][명][하자] 독약을 먹고 스스로 자기의 목숨을 끊는 일.

음독-하다(陰毒-)[-도카-][형][여] (성질이) 음험하고 독하다.

음동(陰冬)[명] 음산하고 찬 겨울.

음ː락(飮樂)[-낙][명][하자] 술을 마시며 즐거워함.

음란(淫亂)[-난][명][하형] 음탕하고 난잡함. ¶ 음란 도서. /음란한 생활. /음란한 이야기.

음란-물(淫亂物)[-난-][명] 음란한 내용을 담은 책이나 그림·사진·영화 따위를 통틀어 이르는 말.

음랭(陰冷) '음랭하다'의 어근.

음랭-하다(陰冷-)[-냉-][형][여] 음산하고 차다. ¶ 음랭한 겨울 날씨. /음랭한 동굴 속.

음량(音量)[-냥][명] (악기나 사람이 내는) 소리나 목소리의 크기. 성량(聲量). ¶ 라디오의 음량을 조절하다.

음량(陰涼) '음량하다'의 어근.

음량-하다(陰涼-)[-냥-][형][여] 그늘져서 시원하다.

음려(陰呂)[-녀][명] 십이율(十二律) 가운데서 음성(陰聲)에 딸린 여섯 음, 곧 육려(六呂). ↔양률(陽律).

음력(陰曆)[-녁][명] 〈태음력〉·〈태음 태양력〉의 준말. 구력(舊曆). ¶ 음력 정월. ↔양력(陽曆).

음롱(音聾)[-농][명] 청각에 이상은 없으면서 악음(樂音)의 이해나 식별을 못하는 사람.

음ː료(飮料)[-뇨][명] 사람이 갈증을 풀거나 맛을 즐기거나 하기 위하여 마시는 액체. 〔차·사이다·과즙 따위.〕 음료수. ¶ 천연 과즙 음료. /유산균 음료.

음ː료-수(飮料水)[-뇨-][명] ①사람이 그대로 마시거나 음식을 만드는 데 쓸 수 있는 물. 음용수(飮用水). 음수(飮水). ¶ 빗물을 받아 음료수로 쓰다. ②☞음료(飮料).

음률(音律)[-뉼][명] ①아악(雅樂)의 오음(五音)과 육률(六律). ②음악. ¶ 음률을 배우다. ③음악의 곡조. 성률(聲律). ¶ 청아한 음률. ㊟율(律).

음림(霪霖)[-님][명] ☞음우(霪雨).

음매[부] 소나 송아지의 울음소리. 엄매.

음모(陰毛)[명] ☞거웃[2].

음모(陰謀)[명][하타] 몰래 좋지 못한 일을 꾸밈, 또는 그 꾸민 일. 음계(陰計). ¶ 음모를 꾸미다.

음문(陰文)[명] 도장이나 금석문(金石文) 따위에서, 음각(陰刻)한 글. ↔양문(陽文).

음문(陰門)[명] 여성의 외부 생식기. 보지. 옥문(玉門). 하문(下門).

음물(淫物)[명] '음탕한 사람'이나 '쓸모없는 물건'을 하찮게 이르는 말.

음미(吟味)명하타 ①시가(詩歌)를 읊조리며 그 깊은 뜻을 맛봄. ¶ 시를 음미하다. ②사물의 내용이나 속뜻을 깊이 새기어 맛봄. ¶ 그가 보낸 회신을 찬찬히 음미하였다.
음미(淫靡) '음미하다'의 어근.
음미-하다(淫靡─)형여 (이성 교제나 풍습 따위가) 음란하고 난잡스럽다.
음반(音盤)명 음성이나 음악 따위를 녹음한 소용돌이 모양의 원반(圓盤). 레코드. 레코드판. 소리판. 앨범.
음방(淫放) '음방하다'의 어근.
음방-하다(淫放─)형여 음란하고 방탕하다.
음보(音步)명 ①시가를 읽을 때, 한 호흡 단위로 느껴지는 운율 단위. 〔'나 보기가/역겨워/가실 때에는//말없이/고이 보내/드리오리다'는 3음보의 운율이라고 하는 따위.〕 ②〖의존 명사적 용법〗 시에 있어서 운율을 이루는 기본 단위를 세는 단위.
음보(音譜)명 ☞악보(樂譜).
음보(蔭補)명하자 지난날, '조상의 덕으로 벼슬을 얻게 되는 일'을 이르던 말.
음보-율(音步律)명 시에서, 일정한 음보(音步)가 규칙적으로 반복됨으로써 이루어지는 운율. 참음수율.
음ː복(飮福)명하타 제사를 지내고 나서 제사에 썼던 술을 제관들이 나누어 마시는 일.
음부(音符)명 ☞음표(音標).
음부(陰府)명 저승.
음부(陰部)명 몸 밖에 드러나 있는 외부 생식기, 또는 그 생식기가 있는 자리. 국부(局部). 치부(恥部).
음부(淫婦)명 음탕한 여자. 음녀(淫女).
음부^기호(音部記號)명 ☞음자리표.
음분(淫奔)명하자 (여자가) 음란한 짓을 함.
음사(陰私)명 몰래 감추어 두는 일. 사사로운 비밀.
음사(陰事)명 ①비밀한 일. ②하자 남녀가 잠자리를 같이하는 일.
음사(淫祠)명 사신(邪神)을 모셔 놓은 집.
음사(淫辭)명 음탕한 말.
음산(陰散) '음산하다'의 어근.
음산-스럽다(陰散─) [-따] [~스러우니·~스러워] 형ㅂ 분위기가 음산한 데가 있다.
음산-하다(陰散─)형여 ①날씨가 흐리고 으스스하다. ¶ 음산한 날씨. ②을씨년스럽고 썰렁하다. ¶ 음산한 사무실 분위기. **음산-히**부.
음상(音相)명 어떤 단어 안에서, 그 근본적인 뜻에는 공통성을 지니고 있으면서, 모음이나 자음을 달리함에 따라서 느껴지는 어감(語感)의 차이. 〔'가짓말/거짓말', '간질간질/근질근질', '야위다/여위다' 등에서의 어감 차이 따위.〕
음색(音色)명 (목소리나 악기 등의) 그 음이 지닌 특유한 성질이나 울림. ¶ 부드러운 음색. /음색이 곱다.
음서(淫書)명 음탕한 내용의 책.
음ː서(飮暑)명하자 ☞복서(伏暑).
음서(蔭敍)명 고려·조선 시대에, 공신(功臣)이나 고관의 자제를 과거에 의하지 않고 관리로 뽑아 쓰던 일.
음성(吟聲)명 시나 노래를 읊조리는 소리.
음성(音聲)명 사람의 발음 기관에서 나오는 소리. 말소리. 목소리. ¶ 낯익은 음성. /또렷한 음성으로 대답하다.
음성(陰性)명 ①(본질이나 현상이) 음(陰)에 속하는 성질. ②어둡고 소극적인 성질. 폐쇄적인 성질. ¶ 성격이 음성인 사람. ③〈음성 반응〉의 준말. ④밖으로 드러나지 아니하는 성질. ¶ 음성 거래. /음성 수입. ①~③↔양성(陽性).
음성(陰聲)명 십이율(十二律) 가운데의 육려(六呂)의 소리. ↔양성(陽聲).
음성(淫聲)명 ①음탕한 목소리. ②음탕하고 난잡스러운 음악.
음성^기관(音聲器官)명 ☞발음 기관.
음성^기호(音聲記號)명 언어의 발음을 나타내는 데 쓰이는 기호. 발음 기호. 발음 부호. 음표 문자(音標文字).
음성^다중^방ː송(音聲多重放送)명 두 가지 음성 신호를 동시에 보내는 텔레비전 방송. 〔2개 국어 방송이나 스테레오 방송 따위.〕
음성-률(音聲律) [-뉼]명 시에서, 어음(語音)의 강약이나 장단·청탁(淸濁) 등을 알맞게 배치함으로써 이루어지는 운율. 주로, 한시(漢詩)에서 많이 쓰임.
음성^모ː음(陰性母音)명 한글 모음의 한 갈래. 음(音)의 느낌이 어둡거나, 둔하거나, 크거나, 웅숭깊은 'ㅓ·ㅔ·ㅕ·ㅜ·ㅝ·ㅟ·ㅠ·ㅡ' 등을 이름. 약모음(弱母音). ↔양성 모음(陽性母音).
음성^반ː응(陰性反應)명 (병의 화학적·세균학적인 검사 결과) 병독(病毒)의 반응이 나타나지 않는 상태. 준음성(陰性). ↔양성 반응.
음성^사ː서함(音聲私書函)명 통신 서비스의 한 가지. 이용자가 음성을 저장할 수 있는 통신상의 우편함에 정보 내용을 저장해 놓으면 상대편은 언제든지 이를 들을 수 있음.
음성^상징(音聲象徵)명 어떤 특정한 뜻이나 인상을 상징적인 음성으로 나타내어, 듣는 이에게 그 뜻을 짐작하도록 하는 현상. 〔와지끈·출렁출렁·쾅쾅 따위.〕
음성^언어(音聲言語)명 사람의 음성으로 나타내는 언어. ↔문자 언어(文字言語).
음성-적(陰性的)관명 밖으로 드러나지 아니하는 (것). ¶ 음성적 거래. /음성적인 낙태 수술.
음성-학(音聲學)명 사람의 언어 음성을 연구 대상으로 삼는 언어학의 한 분야. 성음학.
음세(音勢)명 음이나 음성의 강약.
-음세어미 'ㄹ' 이외의 자음으로 끝난 동사 어간에 붙어, 기꺼이 그리하겠다는 뜻을 나타내는, 하게체의 종결 어미. ¶ 내가 읽음세. /밥을 먹음세. 참-ㅁ세.
음소(音素)명 (그 이상 작은 단위로 나눌 수 없는) 음운론상의 최소 단위. 하나 이상의 음소가 모여 음절을 이룸.
음소^문자(音素文字) [-짜]명 표음 문자의 한 갈래. 하나의 음소를 한 기호로 나타내는 글자. 〔한글·로마자 따위.〕 낱소리글. 참음절 문자.
음속(音速)명 소리의 속도. 〔15℃의 대기 중에서는 매초 340 m. 단위는 마하.〕
음송(吟誦)명하타 시가를 소리 내어 읊음.
음수(陰數)명 영(零)보다 작은 수. ↔양수(陽數).
음수(陰樹)명 응달에서도 잘 자라는 나무. 〔주목·전나무·비자나무 따위.〕 ↔양수(陽樹).
음ː수(飮水)명 ☞음료수.
음수-율(音數律)명 시가에서, 음절의 수를 일정하게 배치함으로써 이루어지는 운율. 〔3·4조, 4·4조, 7·5조 따위.〕 자수율.
음순(陰脣)명 여성의 외음부의 일부. 요도(尿道)와 질(膣)을 좌우에서 싸고 있는 주름으로, 대음순과 소음순이 있음.
음습(淫習)명 음탕한 버릇.
음습(陰濕) '음습하다'의 어근.

음습-하다(陰濕-)[-스파-][형][여] 그늘지고 축축하다. 음산하고 눅눅하다. ¶ 숲 속의 음습한 땅.
음시(吟詩)[명][하자] 시를 읊음.
음ː식(飮食)[명] (사람이) 먹고 마시는 것. 음식물.
음식 같잖은 개떡수제비에 입천장(만) 덴다[속담] 우습게 알고 대한 일에 뜻밖에 해를 입었을 때에 이르는 말.
음식 싫은 건 개나 주지 사람 싫은 건 할 수 있니[속담] 싫은 음식은 안 먹으면 되지만 사람 싫은 건 어찌할 수도 없다는 말.
음식은 갈수록 줄고 말은 갈수록 는다[속담] 먹을 것은 먹을수록 주나 말은 할수록 보태져, 걷잡을 수 없게 되는 것이니 말을 삼가라는 말.
음ː식-물(飮食物)[-싱-][명] (사람이) 먹고 마시는 것. 음식.
음ː식-상(飮食床)[-쌍][명] 음식을 차린 상.
음ː식-점(飮食店)[-쩜][명] 조리한 음식을 파는 가게. ¶ 중국 음식점. [비]식당.
음식-창(陰蝕瘡)[명] 남녀의 음부에 나는 창병. 변독(便毒). 하감(下疳).
음신(音信)[명] (먼 데서 전하는) 소식이나 편지. 성식(聲息). ¶ 음신이 끊어지다.
음실(陰室)[명] ①햇빛이 들지 않는 음침한 방. ②북쪽으로 난 방.
음심(淫心)[명] 음탕한 마음. ¶ 음심을 품다.
음악(音樂)[명] 인간의 사상이나 감정을 주로 악음(樂音)을 소재로 하여 나타내는 예술. 〔율동·선율·화성이 기본적인 요소가 되며, 기악과 성악으로 크게 나뉨.〕
음악(淫樂)[명] 음탕한 음악.
음악-가(音樂家)[-까][명] 음악을 전문으로 하는 사람. 〔작곡가·작사가·연주가·지휘자·성악가 따위.〕
음악-계(音樂界)[-계/-게][명] ①음악의 분야. ②음악가들의 사회. 음악 관계자들의 사회. 악단(樂壇). ¶ 음악계의 소식.
음악-당(音樂堂)[-땅][명] 음악의 연주를 위하여 특별히 설비된 건물. ¶ 야외 음악당.
음악-대(音樂隊)[-때][명] 주로 야외에서 취주 악기나 타악기를 연주하는 단체.
음악-상자(音樂箱子)[-쌍-][명] ☞오르골.
음악-성(音樂性)[-썽][명] ①음악적인 성질. ②음악적인 감성이나 소질. ¶ 음악성이 풍부하다.
음악-인(音樂人)[명] ①음악계에 종사하는 사람. ②음악을 즐겨 하는 사람.
음악-적(音樂的)[-쩍][관][명] 음악과 같거나 음악과 관련되는 (것). ¶ 음악적 감각. /음악적인 요소.
음악-회(音樂會)[으마쾨/으마퀘][명] 음악을 연주하여 청중이 감상하게 하는 모임. 연주회.
음애(陰崖)[명] 햇빛이 잘 들지 않는 언덕. ¶ 풍운을 언제 어디 삼일우(三日雨)롤 디련는다. 음애에 이온 플을 다살 와 내여스라(鄭澈.關東別曲).
음액(陰液)[명] ☞정액(精液).
음약(陰約)[명][하타] 몰래 약속함, 또는 그 약속.
음약(淫藥)[명] ☞미약(媚藥).
음ː약(飮藥)[명][하자] 약을 마심.
음ː약자처(飮藥自處)[-짜-][명][하자] 독약을 마시고 자살함.
음양(陰痒)[명] 한방에서, 부녀자의 음부가 가려운 병을 이르는 말.
음양(陰陽)[명] ①음(陰)과 양(陽). 건곤(乾坤). ¶ 음양의 이치를 알다. ②역학(易學)에서 이르는, 만물의 근원이 되는 상반된 성질을 가진 두 가지 것. 〔해와 달, 남성과 여성, 낮과 밤, 불과 물, 여름과 겨울 따위.〕 ③전기나 자기(磁氣) 등의, 음극과 양극. ④여러 방면. 《주로, '음양으로'의 꼴로 쓰임.》 ¶ 불우한 이웃을 음양으로 돕다.
음양-가(陰陽家)[명] ①음양설에 정통한 사람. ②음양오행설을 바탕으로 하여 일이나 사람의 길흉화복을 헤아리는 사람.
음양-각(陰陽刻)[명][하자] 음각과 양각을 섞어서 새기는 일.
음양-객(陰陽客)[명] 음양가 노릇을 하는 사람.
음양-과(陰陽科)[명] 조선 시대에, 잡과(雜科)의 하나. 천문학·지리학·명과학(命課學)에 밝은 사람을 뽑던 과거.
음양-곽(淫羊藿)[명] 한방에서, 삼지구엽초(三枝九葉草)의 잎을 약재로 이르는 말. 〔음위(陰痿)·냉풍(冷風)·노기(勞氣) 등에 쓰임.〕
음양-도(陰陽道)[명] 음양오행설을 바탕으로 하여, 인간의 길흉화복을 논하는 학문.
음-양력(陰陽曆)[-녁][명] 음력과 양력을 아울러 이르는 말.
음양-립(陰陽笠)[-닙][명] 갓의 한 가지. 말총으로 모자를 만들고 모시나 명주실로 양태를 싼 갓. 〔육품 이상의 당하관(堂下官)이 썼음.〕
음양-배합(陰陽配合)[명][하자] 남녀가 화합함.
음양-상박(陰陽相薄)[명][하자] 음과 양이 서로 합하지 아니함.
음양-설(陰陽說)[명] 음과 양에 관한 이론이나 학설.
음양-소(陰陽梳)[명] 빗살이 한쪽은 성기고 한쪽은 촘촘한 빗.
음양-수(陰陽水)[명] 끓는 물에 찬물을 탄 물.
음양-쌍보(陰陽雙補)[명] (몸속의) 음기와 양기를 함께 보함.
음양-오행설(陰陽五行說)[명] 음양과 오행의 상호 관련으로 자연현상이나 인간 생활에서의 길흉을 설명하는 사상.
-음에도[어미] 명사형 전성 어미 '-음'에 조사 '에'와 '도'가 합쳐서 된 말. 《주로, '-음에도 불구하고'의 꼴로 관용됨.》 ¶ 열심히 연습했음에도 불구하고 좋은 성적을 거두지 못했다. [참]-ㅁ에도.
-음에랴[어미] 'ㄹ' 이외의 자음으로 끝난 동사 어간이나 시제의 '-았(었)-'에 붙는 종결 어미. 흔히, '-거늘 -음에랴'와 같은 반문하는 꼴로 쓰이어, '일이 이미 이리 되었으니 더 말할 것이 없다'는 뜻을 나타냄. ¶ 와 준 것만도 고맙거늘, 옆에 계속 있음에랴. [참]-ㅁ에랴.
음역(音域)[명] 사람의 목소리나 악기가 낼 수 있는 음(音)의 고저(高低)의 범위. 최고음에서 최저음까지의 폭. 음넓이. [참]성역(聲域).
음역(音譯)[명][하타] 한자의 음을 빌려 외국어의 음을 나타내는 일. 〔'India'를 '印度'로 적는 따위.〕
음역(陰易)[명] 한방에서, 심하던 열병이 고비를 지나 음증(陰症)으로 바뀌는 일.
음염(淫艶) '음염하다'의 어근.
음염-하다(淫艶-)[형][여] (색정을 불러일으킬 만큼) 음탕하고 요염하다.
음엽(陰葉)[명] (그늘진 쪽에 달려) 햇빛을 받지 못한 잎. ↔양엽(陽葉).
음영(吟詠)[명][하타] 시가(詩歌)를 읊조림.
음영(陰影)[명] ①그림자. ②그늘. ¶ 음영으로 입체감을 내다. ③미묘한 변화나 차이. ¶ 음영이 짙은 문장.
음영-법(陰影法)[-뻡][명] ☞명암법.
음영^화ː법(陰影畫法)[-뻡][명] 물체의 음영을 그리어 입체감이 나게 하는 화법.
음예(淫穢) '음예하다'의 어근.

음예(陰翳)명하형 (하늘에) 구름이 끼어 어두움.
음예-하다(淫穢-)형여 (말이나 행동 따위가) 음란하고 더럽다.
음욕(淫慾)명 음탕한 욕심. 색욕(色慾). ¶ 음욕을 품다.
음용(音容)명 음성과 용모.
음ː용(飮用)명하타 마시는 데 씀.
음ː용-수(飮用水)명 ☞음료수.
음우(陰佑)명하타 남몰래 도움. 뒤에서 도움.
음우(陰雨)명 음산하게 내리는 비.
음우(霪雨)명 여러 날 계속 내리는 궂은비. 음림(霪霖). 장맛비.
음운(音韻)명 ①한자의 음(音)과 운(韻). 〔한 음절(音節)의 초성이 음이고, 중성과 종성이 운임.〕 ②말의 뜻을 구별해 주는 소리의 가장 작은 단위. 〔'김'과 '감'이 다른 뜻이 되게 하는 'ㅣ'와 'ㅏ', '말'과 '발'이 다른 뜻이 되게 하는 'ㅁ'과 'ㅂ' 따위를 이름.〕
음운(陰雲)명 짙게 낀 검은 비구름.
음운^도ː치(音韻倒置)명 한 단어 안에서 음운의 자리가 서로 바뀌는 현상. 한 음절 안에서 서로 바뀌는 경우와, 음절과 음절이 서로 바뀌는 경우가 있는데, 뒤의 경우를 특히 '음절 도치'라 함. 〔'빗복→빗곱(배꼽), ᄒᆞ더시니→하시더니, 시혹→혹시' 따위.〕
음운^동화(音韻同化)명 소리와 소리가 이어 날 적에, 한 소리가 다른 소리의 영향을 받아서 그와 가깝게, 또는 같게 소리 나는 음운 현상. 〔모음조화·'ㅣ' 모음 동화·원순 모음화·전설 모음화·간음화(間音化)·구개음화·유성음화·자음 동화·유음화(流音化) 등이 모두 이에 딸림.〕
음운-론(音韻論)[-논]명 언어의 음운 조직과 체계를 연구하는 언어학의 한 부문. 음운학.
음운^첨가(音韻添加)명 모음 충돌이나 자음 충돌을 피하기 위하여, 또는 청각상의 강화(強化)를 위하여 음운이 첨가되는 현상. 〔'나ᅀᅵ(나이)→냉이, 먹니→먹으니, 보〔樑〕→들보, 호자→혼자, ᄡᅡ→땅, 내가→냇가' 따위.〕
음운-학(音韻學)명 ①한자의 음운·사성(四聲)·반절(反切) 등을 연구하는 학문. ②☞음운론(音韻論).
음울(陰鬱) '음울하다'의 어근.
음울-하다(陰鬱-)형여 ①(날씨가) 음침하고 쓸쓸하다. ¶ 며칠 동안 음울한 날씨가 계속되다. ②(기분이나 분위기 따위가) 어둡고 착 가라앉는 느낌이 있다. ¶ 음울한 분위기. /음울한 표정.
음월(陰月)명 '음력 사월'을 달리 이르는 말. 참조하(肇夏).
음위(陰痿)명 (질병이나 정신적인 장애 등으로) 남자의 생식기가 발기하지 않아 성교를 할 수 없게 되는 상태. 임포텐츠.
음위-율(音位律)명 시에서, 비슷한 음이나 같은 음을 시행(詩行)의 처음이나 중간, 또는 끝에 규칙적으로 되풀이하여 둠으로써 운율을 나타내는 것. 〔두운(頭韻)·각운(脚韻) 따위.〕
음유(吟遊)명하자 시를 지어 읊으며 여기저기 떠돌아다님.
음유-맥(陰維脈)명 한방에서 이르는, 기경팔맥(奇經八脈)의 하나.
음유^시인(吟遊詩人)명 중세에, 프랑스를 중심으로 한 유럽 각지에서 봉건 제후의 궁정을 찾아다니면서 스스로 지은 시를 낭송하던 시인.
음음(陰陰) '음음하다'의 어근.
음음-하다(陰陰-)형여 ①날이 흐리고 어두컴컴하다. ¶ 음음한 날씨. ②(수풀이) 무성하다. ¶ 음음한 밀림.
음ː읍(飮泣)명하자 흐느끼어 울.
음의(音義)[으믜/으미]명 (글자의) 음(音)과 뜻. ¶ 한자(漢字)의 음의.
음-이온(陰ion)명 음전기(陰電氣)를 띤 이온. ↔양이온.
음일(淫佚)명하자 거리낌 없이 음탕하게 놂.
음자(音字)[-짜]명 〈표음 문자〉의 준말.
음자(陰字)명 인쇄에서, 음각(陰刻)한 활자로 인쇄하여 획이 희게 나타난 글자를 이르는 말.
음자리-표(音-標)명 악보의 첫머리에 적어 음역을 나타내는 기호. 음부 기호(音部記號).
음자호산(淫者好酸)명 색(色)을 좋아하는 사람은 신맛을 좋아함.
음전명하형 ①말이나 행동이 의젓하고 점잖음. ¶ 음전한 규수. ②(모나거나 날카롭지 않고) 얼굴이 둥글고 번듯함.
음전(音栓)명 오르간 등의 음색(音色)이나 음역(音域)을 바꾸는 장치.
음전(陰電)명 〈음전기〉의 준말.
음-전극(陰電極)명 ☞음극. ↔양전극.
음-전기(陰電氣)명 전기의 두 가지 종류 가운데의 하나. 유리 막대를 비단 헝겊으로 문질러서 마찰 전기를 일으킬 때 비단 헝겊에 일어나는 전기, 또는 그와 같은 성질을 띤 전기. 준음전. ↔양전기(陽電氣).
음-전자(陰電子)명 음전기를 띤 전자. 보통, '전자'라 하면 이 음전자를 가리킴. ↔양전자(陽電子).
음-전하(陰電荷)명 음전기의 전하. 음하전. ↔양전하(陽電荷).
음절(音節)명 음소(音素)가 모여서 이루어진 소리의 한 덩어리. 모음만으로 이루어지거나 모음과 자음, 자음과 모음, 또는 자음과 모음과 자음이 어울려서 이루어짐. 〔'아·악·가·갈' 따위.〕 소리마디.
음절^문자(音節文字)[-짜]명 표음 문자의 한 가지. 한 음절을 한 글자로 나타내는 문자. 〔일본의 가나(かな) 따위.〕 참음소 문자.
음정(音程)명 음악에서, 동시에 또는 잇달아 울리는 두 음 사이의 높낮이의 차. ¶ 음정이 고르다.
음조(音調)명 ①소리의 높낮이와 강약 및 빠르기 등의 정도. 〔악센트나 인토네이션 따위.〕 ②음악이나 시가의 가락.
음조(陰助)명하타 (도움을 받는 사람도 모르게) 뒤에서 넌지시 도움.
음종(陰腫)명 부녀자의 외음부(外陰部)가 붓고 아픈 병.
음종(陰縱)명 남자의 생식기에 열이 생기고 늘 발기하여 있는 병.
음종(淫縱)명하자 색정(色情)에 빠져 함부로 놀아남. 색사(色事)가 지나치게 난잡함.
음ː주(飮酒)명하자 술을 마심. ¶ 음주 운전.
음중(陰中)명 '가을'을 달리 이르는 말. ↔양중(陽中).
음증(陰症·陰證)명 ①내숭스러운 성격. 내숭스러운 마음. ②한방에서, '병세가 몸 안에 뭉치어 있으면서 겉으로 내솟지 않는 상태'를 이르는 말. ③〈상한음증(傷寒陰症)〉의 준말. ↔양증(陽症).
음증-외감(陰症外感)[-외-/-웨-]명 한방에서, '내부적인 원인으로 생기는 만성 허증(虛症)'을 이르는 말. ↔양증외감(陽症外感).

음지(陰地)명 그늘진 곳. 응달. ↔양지(陽地).
음지도 양지 될 때가 있다속담 역경에 있던 사람도 때가 되면 행운을 만날 수 있다는 말.
음지의 개 팔자속담 남 보기에는 시시하게 보여도 실상 당사자에게는 더 바랄 것이 없을 만큼 좋은 처지임을 이르는 말.
음지^식물(陰地植物)[-싱-]명 응달에서 잘 자라는 식물. 〔양치류·선태류 따위.〕 ↔양지 식물.
음직(蔭職)명 ①고려·조선 시대에, 부조(父祖)의 공으로 얻어 하던 벼슬. ②생원(生員)·진사(進士)·유학(幼學)으로서 하던 벼슬을 두루 이르던 말. 남행(南行)2.
-음직스럽다[-쓰-따]접미 'ㄹ' 이외의 자음으로 끝난 동사 어간에 붙어, '그럴 만한 가치가 있음'을 나타냄. ¶ 먹음직스럽다. 참-ㅁ직스럽다.
-음직하다[-지카-]접미 'ㄹ' 이외의 자음으로 끝난 동사 어간에 붙어, '그럴 만한 특성이나 가치가 있음'을 나타냄. ¶ 믿음직하다. /먹음직하다. 참-ㅁ직하다.
음질(音質)명 말하거나 녹음된 소리의 질적인 상태. ¶ 음질이 좋다. /음질이 깨끗하다.
음-집(陰-)[-찝]명 짐승의, 음문(陰門)에서 자궁으로 통하는 길.
음차(音叉)명 ☞소리굽쇠.
음창(陰瘡)명 한방에서, '부녀자의 음부에 나는 부스럼'을 이르는 말.
음청(陰晴)명 (날씨의) 흐림과 갬. 청음(晴陰).
음축(陰縮)명 한방에서, 음경(陰莖)이 차고 바짝 줄어드는 병을 이르는 말.
음충(陰蟲)명 ①음증의 성질을 지닌 벌레. 〔빈대 따위.〕 ②음습한 곳에서 사는 벌레.
음충-맞다[-맏따]형 (성질이) 음충한 데가 있다.
음충-스럽다[-따][~스러우니·~스러워]형ㅂ 보기에 음충맞다. ¶ 음충스러운 웃음소리. **음충스레**부.
음충-하다형여 (성질이) 엉큼하고 불량하다. ¶ 음충한 말로 둘러대다.
음측(陰測)명하타 남이 모르게 넌지시 헤아림.
음치(音痴)명 ①음(音)에 대한 감각이 둔하고 목소리의 가락이나 높낮이 등을 분별하지 못하는 상태. ②음악에 대하여 아는 것이 없거나 노래가 서투름, 또는 그러한 사람.
음침(陰沈) '음침하다'의 어근.
음침-스럽다(陰沈-)[-따][~스러우니·~스러워]형ㅂ 보기에 음침한 데가 있다. **음침스레**부.
음침-하다(陰沈-)형여 ①(날씨가) 흐리고 침침하다. ¶ 음침하던 날씨가 활짝 개다. ②어두컴컴하고 스산하다. ¶ 음침한 굴속. ③(성질이) 그늘지고 엉큼하다. 의뭉스럽고 흉하다. **음침-히**부.
음탐(淫貪)명하자 음란한 것을 좋아함.
음탕(淫蕩) '음탕하다'의 어근.
음탕-스럽다(淫蕩-)[-따][~스러우니·~스러워]형ㅂ 겉으로 보기에 음탕한 태도가 있다. **음탕스레**부.
음탕-하다(淫蕩-)형여 ①주색(酒色)에 마음을 빼앗기어 행실이 온당하지 못하고 방탕하다. ¶ 음탕한 생활. ②성적(性的)인 내용을 노골적으로 다루고 있어 난잡하다. 또는, 성적으로 엉큼한 데가 있다. ¶ 음탕한 마음. /음탕한 여자. /노래 가사가 음탕하다.
음택(陰宅)명 풍수지리에서, 사람 사는 집에 상대하여 '무덤'을 달리 이르는 말. ↔양택(陽宅).
음통(陰通)명하자 (남녀가) 처음으로 성교를 하게 됨.
음특(陰慝) '음특하다'의 어근.
음특-하다(陰慝-)[-트카-]형여 음흉하고 간사하다.
음파(音波)명 소리의 파동. 발음체의 진동으로 말미암아 공기나 그 밖의 매질에 생기는 파동.
음파^탐지기(音波探知機)명 ☞소나(SONAR).
음편(音便)명 발음의 편의를 위하여, 어떤 음이 발음하기 쉬운 다른 음으로 바뀌어 발음되는 음운 현상. 〔'ㄹ' 아래의 '이'를 '리'로 발음하는 따위.〕
음표(音標)명 악보에서, 음의 길이와 높낮이를 나타내는 기호. 음부(音符). 소리표.
음표^문자(音標文字)[-짜]명 ①☞표음 문자(表音文字). ②☞음성 기호(音聲記號).
음풍(淫風)명 (남녀의 성에 관한) 음란한 풍속. 음란한 풍조.
음풍(陰風)명 ①겨울바람. 북풍. 삭풍(朔風). ②(흐린 날에 부는) 음산한 바람. ¶ 음풍이 스산하다.
음풍-농월(吟風弄月)명하자 맑은 바람과 밝은 달을 대하여 시를 지어 읊으며 즐김. 음풍영월(吟風咏月). 준풍월.
음풍-영월(吟風咏月)[-녕-]명하자 ☞음풍농월.
음-하다(淫-)형여 음욕(淫慾)이 많다.
음-하다(陰-)형여 ①(날씨가) 흐리다. ②(마음이) 엉큼하다.
음:하만복(飮河滿腹)명 〔강물은 많지만, 실지로 마시는 분량은 배를 채우는 정도를 넘지 못한다는 뜻으로〕 '무슨 일이나 제 분수를 넘지 않도록 조심해야 함'을 이르는 말.
음-하전(陰荷電)명 ☞음전하.
음학(淫虐) '음학하다'의 어근.
음학-하다(淫虐-)[-하카-]형여 행실이 음탕하고 잔학하다.
음해(陰害)명하타 남을 넌지시 해침.
음핵(陰核)명 여자의 외음부에 있는 해면체(海綿體)의 작은 돌기. 공알. 클리토리스.
음행(淫行)명하자 음란한 짓을 함, 또는 그런 행실. ¶ 음행을 일삼다.
음향(音響)명 소리의 울림. 울리어 귀로 느끼게 되는 소리. ¶ 음향 시설.
음향-관제(音響管制)명 차량의 경적 등 시끄러운 소리를 내지 못하게 금하는 일.
음향^신:호(音響信號)명 음향을 이용하는 신호. 〔기적(汽笛)·무적(霧笛)·사이렌 따위.〕 참가시 신호(可視信號).
음향^측심(音響測深)[-씸]명 초음파를 바다 밑으로 쏘아 보내어, 그것이 반사되어 오기까지의 시간으로 바다의 깊이를 재는 일.
음향-학(音響學)명 음향의 성질·현상·진동 등을 연구하는 학문.
음향^효:과(音響效果)명 ①방송·영화·연극에서, 의음(擬音)을 써서 극의 효과를 높이는 일. ②극장 등에서, 건물의 구조·재질(材質) 등에 따라서 영향을 받게 되는 음향의 효과. ¶ 음향 효과가 좋은 연주회장.
음허(陰虛)명 ①한방에서, 날마다 오후에 춥고 조열(潮熱)이 나는 병을 이르는 말. ②하형 음기가 허함.
음허-천(陰虛喘)명 한방에서 이르는, 음기(陰氣)가 허하여서 일어나는 병의 한 가지. 조열(潮熱)·도한(盜汗)·객담(喀痰) 등이 있고, 기침을 몹시 함.

음허-화동(陰虛火動)명 한방에서 이르는, 음기가 허하여서 일어나는 병의 한 가지. 혈담(血痰)이 있고 기침이 나며, 유정(遺精)·몽설(夢泄) 등의 증세가 나타남.
음험(陰險) '음험하다'의 어근.
음험-하다(陰險-)형여 마음씨가 음흉하고 사납다. ¶ 음험한 인물.
음혈(音穴)명 피리 같은 악기의 몸통에 뚫어 놓은 구멍.
음호(陰戶)명 보지. 하문(下門).
음화(陰火)명 (흐리거나 궂은비가 내리는) 밤에 묘지나 습지 등에서 파랗게 빛나는 불. 도깨비불. 인화(燐火).
음화(陰畫)명 사진에서, 현상한 필름에 나타난 화상(畫像). 명암·흑백 등이 피사체와는 반대임. ↔양화(陽畫).
음황(淫荒) '음황하다'의 어근.
음황(陰黃)명 한방에서, 양기가 줄고 음기가 성해서 일어나는 병을 이르는 말. 황달의 한 가지로 살빛이 누레지고 기운이 없음.
음황-하다(淫荒-)형여 주색(酒色)에 빠져 몸과 마음이 건강하지 못한 상태에 있다.
음훈(音訓)명 (표의 문자인) 한자의 음과 새김(뜻).
음휼(陰譎) '음휼하다'의 어근.
음휼-하다(陰譎-)형여 (마음속이) 컴컴하고 내숭스럽다. ¶ 음휼한 속셈.
음흉(陰凶)명하형스형 (마음속이) 음침하고 흉악함. ¶ 음흉한 술책./음흉한 미소. **음흉스레**부.
음흉-주머니(陰凶-)[-쭈-]명 '마음씨가 음흉한 사람'을 조롱조로 이르는 말.
읍(邑)명 ①지방 행정 구역의 한 가지. 시(市)나 군(郡)의 관할에 딸린 인구 2~5만 이내의 작은 도시. ②〈읍내〉의 준말.
읍(揖)명하자 인사하는 예의 한 가지. 두 손을 맞잡아 얼굴 앞으로 들고 허리를 공손히 구부렸다가 펴면서 두 손을 내림.
읍각부동(邑各不同)[-깍뿌-]명하형 ①(풍속이나 규칙이) 각 고을마다 같지 아니함. ②사람마다 의견이 서로 같지 아니함.
읍간(泣諫)[-깐]명하타 울면서 간함.
읍곡(泣哭)[-꼭]명하자 소리 내어 통곡함.
읍내(邑內)[읍-]명 ①읍의 구역 안. ¶ 읍내로 들어가는 길목. 준읍(邑). ②고을. ③왕조 때, 관찰 관아(觀察官衙)를 제외한, 지방 관아가 있던 마을.
-읍닌다어미 '-습닌다'의 잘못.
-읍니까어미 '-습니까'의 잘못.
-읍니다어미 '-습니다'의 잘못.
-읍디까어미 '-습디까'의 잘못.
-읍디다어미 '-습디다'의 잘못.
-읍딘다어미 '-습딘다'의 잘못.
읍례(揖禮)[음녜]명하자 읍으로 하는 예, 또는 그 예법.
읍리(邑吏)[음니]명 지난날, '군아(郡衙)에 딸린 아전'을 이르던 말.
읍민(邑民)[음-]명 읍내에 사는 사람.
읍소(泣訴)[-쏘]명하자타 (어려운 사정을) 울며 간절히 하소연함.
읍속(邑俗)[-쏙]명 읍내의 풍속.
-읍시다[-씨-]어미 'ㄹ' 이외의 자음으로 끝난 동사 어간에 붙어, 어떤 행동을 함께 하자고 이끄는 뜻을 나타내는, 하오체의 종결 어미. ¶ 그 분을 믿읍시다./우리가 참읍시다. 참-ㅂ시다.
읍안(泣顔)명 우는 얼굴.
읍양(揖讓)명 ①하타 예를 다하여 사양함. ②하자겸손한 태도를 가짐.
읍양지풍(揖讓之風)명 읍양의 예를 잘 지키는 풍습.
읍울(悒鬱)명하형 근심스러워 마음이 답답함.
읍읍(悒悒) '읍읍하다'의 어근.
읍읍-하다(悒悒-)[으브파-]형여 마음이 답답하고, 편하지 아니하다. **읍읍-히**부.
읍장(邑長)[-짱]명 읍의 행정 사무를 통할하는 책임자.
읍지(邑誌)[-찌]명 읍의 역사나 지리·풍속 따위를 기록한 책.
읍징(邑徵)[-찡]명하타 지난날, 고을의 아전이 공금을 유용했을 때 그 돈을 아전의 친척에게 물리고도 모자랄 경우에 나머지 돈을 읍민에게 물게 하던 일.
읍차(邑借)명 삼한 때에, 가장 작은 부족 국가의 우두머리를 이르던 말.
읍참-마속(泣斬馬謖)명 군율을 세우기 위해서는 사랑하고 아끼는 사람도 버림을 이르는 말. 〔'삼국지'의 '마속전(馬謖傳)'에 나오는 말로, 중국 촉나라의 제갈량(諸葛亮)이 군령을 어긴 마속을, 눈물을 흘리면서 목을 베었다는 고사에서 유래함.〕
읍청(泣請)명하타 울면서 간절히 청함.
읍체(泣涕)명하자 ☞체읍(涕泣).
읍혈(泣血)[으펼]명하자 어버이의 상(喪)을 당하여, 피눈물을 흘리며 슬피 욺.
읍호(邑豪)[으포]명 ①고을이나 읍내에서 으뜸가는 부호. ②고을이나 읍내에서 가장 유력한 사람.
응감 ①나이가 비슷한 벗 사이나 손아랫사람에게 대답하는 말, 또는 대답을 재촉하거나 다짐을 둘 때 하는 소리. ¶ 응, 그렇게 하지./왜 대답이 없니, 응?/알았지, 응? ②무슨 일이나 남의 행동이 못마땅할 때 불평하여 내는 소리. ¶ 그만큼 주의를 주었는데 또 늦어, 응?
응가 Ⅰ명 '똥'의 어린이 말. ¶ 엄마, 응가 했어. Ⅱ감 어린아이에게 똥을 누일 때 하는 소리. ¶ 자, 응가!
응ː감(應感)명하자되자 마음에 통하여 느낌.
응견(鷹犬)명 ①사냥하는 데 쓰려고 길들인 매와 개. ②☞주구(走狗).
응ː결(凝結)명하자되자 ①엉기어 맺힘. 응고(凝固). 응집(凝集). ↔융해(融解). ②액체나 기체에 흩어져 있던 미립자가 모여 큰 입자를 이루어 가라앉는 현상. ¶ 수증기의 응결로 물이 만들어졌다. ③시멘트 등에 물이 섞였을 때 차차 엉기는 현상.
응ː결-기(凝結器)명 ☞응축기(凝縮器).
응ː결-력(凝結力)명 한 물질 중 가까이 있는 부분이 서로 끌어당겨 엉기는 힘.
응ː고(凝固)명하자되자 ①엉기어 굳어짐. 응결(凝結). ¶ 혈액이 응고되다. ②액체나 기체가 고체로 변함, 또는 그런 현상. ↔융해(融解).
응ː고-열(凝固熱)명 액체 또는 기체가 응고하여 고체로 될 때 내놓는 열.
응ː고-점(凝固點)[-쩜]명 액체나 기체가 응고할 때의 온도.
응ː구-첩대(應口輒對)[-때]명하자 묻는 대로 거침없이 대답함.
응그리다타 ①얼굴을 찌푸리다. ¶ 잔뜩 응그린 얼굴. ②손으로 움키다.
응ː급(應急)명하자 《주로 일부 명사 앞에 쓰이어》 급한 대로 우선 처리함. 또는, 급한 정황에 대처함. ¶ 응급 환자./응급 상황.

응:급-수단(應急手段)[-쑤-]명 급한 대로 우선 조처하는 수단.
응:급-실(應急室)[-씰]명 병원 등에서, 환자의 응급 치료를 할 수 있는 시설을 갖추어 놓은 방.
응:급-조처(應急措處)[-쪼-]명하타 급한 대로 우선 베푸는 처리. 응급조치. ¶ 응급조처를 취하다. /환자를 응급조처하다.
응:급-조치(應急措置)[-쪼-]명하타 ☞응급조처(應急措處).
응:급^처치(應急處置)명 ☞응급 치료.
응:급^치료(應急治療)명 (다쳤거나 갑작스레 병이 났을 때) 급한 대로 우선 베푸는 간단한 치료. 구급 치료. 응급 처치.
응:낙(應諾)명하자타 부탁의 말을 들어줌. ¶ 어려운 부탁을 선선히 응낙하다.
응:납(應納)명 지난날, '마땅히 바쳐야 할 물건'을 이르던 말.
응:능-주의(應能主義)[-의/-이]명 과세의 기준을 납세자의 조세 부담 능력에 두어야 한다는 주장. 참응익주의(應益主義).
응달명 햇빛이 들지 않아 그늘진 곳. 음지(陰地). 본음달. ↔양달.
응달에도 햇빛 드는 날이 있다속담 역경에 빠진 사람도 더러는 좋은 때를 만날 수 있다는 말.
응달-지다형 그늘이 져 있다. ¶ 응달진 산비탈.
응달-쪽명 응달진 쪽. ↔양달쪽.
응:답(應答)명하자 물음이나 부름에 응하여 대답함. ¶ 응답을 받다. /응답을 기다리다.
응:당(應當)부 마땅히. 당연히. ¶ 응당 해야 할 책무.
응:당-하다(應當-)형여 ①지극히 당연하다. ¶ 그 문제에 관하여 회장에게 책임을 묻는 것은 응당하다. ②무엇이 그것에 해당하거나 알맞다. ¶ 능력에 걸맞은 응당한 보수. 응당-히부.
응:대(應待)명하타 ☞응접(應接).
응:대(應對)명하자 상대가 되어서 이야기를 나누거나 물음에 답하거나 함. ¶ 전화 응대. /응대가 시큰둥하다.
응등그러-지다자 ①(물체가) 마르거나 굳어지면서 뒤틀리다. ②(춥거나 겁이 나서) 몸이 움츠러지다. 작앙당그러지다.
응등-그리다타 (춥거나 겁이 나서) 갑자기 몸을 움츠러뜨리다. 작앙당그리다.
응:력(應力)[-녁]명 물체가 외부로부터 힘을 받았을 때, 물체 안에 생기는 반작용의 힘. 내력(內力). 왜력(歪力).
응:모(應募)명하자되자 모집에 응함. ¶ 응모 작품. /신춘문예에 응모하다.
응:변(應變)명하자 〈임기응변〉의 준말.
응:보(應報)명 선악의 행위에 따라 받게 되는 길흉화복의 갚음. 보응(報應).
응:보-주의(應報主義)[-의/-이]명 형벌은 법질서를 어긴 범죄자가 마땅히 받아야 할 갚음이라고 하는 주장. 응보형론(應報刑論).
응:보-형(應報刑)명 응보주의의 이념에 따라 과하는 형벌. ↔목적형(目的刑).
응:보형-론(應報刑論)[-논]명 ☞응보주의(應報主義). ↔목적형론(目的刑論).
응:분(應分)명하형 제 신분에 맞음. 분수나 정도에 맞음. 《주로, '응분의'의 꼴로 쓰임.》 ¶ 응분의 대가. /응분의 보수를 받다.
응:사(應射)명하자 상대편의 사격에 맞서서 사격함. 맞총질.
응:석명하자 어린이가 어른에게 어리광을 부리며 하는 버릇없는 말이나 행동. ¶ 응석을 받아주다. /응석을 부리다. /외아들이라고 귀여워했더니 응석이 심하다.
응:석-꾸러기명 응석을 잘 부리는 아이.
응:석-둥이[-뚱-]명 응석을 부리며 자란 아이. 응석받이.
응:석-받이[-빠지]명 ①응석을 받아 주는 일. ②응석둥이.
응:성-충(應聲蟲)명 〔사람의 목구멍 속에 있으면서 사람의 말하는 것을 흉내 내는 벌레라는 뜻으로〕 '일정한 주견이 없이 남이 하는 대로 따라 하는 사람'을 이르는 말.
응:소(應召)명하자 소집에 응함.
응:소(應訴)명하자 원고의 소송에 대하여, 피고도 맞서서 소송 행위를 함. 응송(應訟).
응:송(應訟)명하자 ☞응소(應訴). 대송(對訟).
응:수(應手)명하자타 바둑이나 장기 따위에서, 상대편의 수를 받은 다음에 두는 일, 또는 두는 그 수.
응:수(應酬)명하자 ①대립되는 의견 따위로 맞서서 주고받음. ②상대편의 말을 되받아 반박함. ¶ 한마디도 지지 않고 응수하다.
응:시(凝視)명하타 눈길을 한곳으로 모아 가만히 바라봄. ¶ 창밖을 응시한 채 상념에 잠겨 있다. 비주시(注視).
응:시(應試)명하자 시험을 치름. ¶ 검정고시에 응시하다.
응:신(應身)명 불교에서 이르는 삼신(三身)의 하나. 중생을 제도(濟度)하기 위하여 때에 따라 여러 가지 모습으로 나타나는 부처를 이름. 현신(現身).
응:신-불(應身佛)명 삼신불(三身佛)의 하나인 '석가여래불'을 이르는 말.
응아-응아부 ☞응애응애.
응애-응애부 갓난아이가 잇따라 우는 소리. 응아응아.
응어리명 ①근육이나 피하 조직의 일부가 뭉쳐져서 덩어리진 부분. ¶ 장딴지에 응어리가 생기다. ②마음에 가시지 않고 남아 맺혀 있는 한이나 불만 따위의 감정. ¶ 마음에 응어리가 맺히다. ③사물 속에 깊이 박힌 것. ④과실의 씨가 박힌 부분.
응어리-지다자 ①무엇이 한데 엉기어 뭉치다. ②한이나 불만 따위의 감정이 쌓여 가슴에 맺히다. ¶ 가슴에 응어리진 울분. /슬픔이 응어리지다.
응얼-거리다자타 자꾸 응얼응얼하다. 응얼대다. ¶ 아이가 혼자 응얼거리며 시를 외고 있다.
응얼-대다자타 응얼거리다.
응얼-응얼부하자타 ①원망이나 불만의 말을 입속에서 중얼거리는 소리, 또는 그 모양. ②글이나 노래 따위를 입속말로 외거나 읊조리는 소리, 또는 그 모양.
응:역(應役)명하자 왕조 때, 병역이나 부역 등을 치르던 일.
응연(凝然) '응연(凝然)하다'의 어근.
응연(應然) '응연(應然)하다'의 어근.
응:연-하다(凝然-)형여 단정하고 점잖다. ¶ 이제 성년이 되었으니 행동은 더욱 의젓하고 태도는 응연해야 한다. 응연-히부.
응:연-하다(應然-)형여 마땅히 그러하다. 당연하다. 응연-히부.
응:용(應用)명하타되자 원리나 지식·기술 따위를 실제로 다른 일에 활용함.

응ː용^경제학(應用經濟學)명 이론 경제학의 연구 성과를 실질 경제 현상에 응용하는 실천 경제학의 한 분야. ↔이론 경제학.
응ː용-과학(應用科學)명 인간 생활이나 산업에 실제로 활용될 기술을 연구하는 과학. 〔공학·농학·의학 따위.〕 ↔이론과학.
응ː용-문제(應用問題)명 기본 지식을 활용하여 풀어 보게 하는 문제.
응ː용^물리학(應用物理學)명 인간 생활이나 산업에 실제로 활용되는 공업 기술 따위를 연구하는 물리학의 한 분야.
응ː용^미ː술(應用美術)명 감상을 주로 하지 않고 실용품에 알맞게 응용하는 미술. 〔도안·모형·의장(意匠) 따위.〕
응ː용^수ː학(應用數學)명 역학·통계학·물리학·공학 등에 응용되는 수학을 통틀어 이르는 말.
응ː용^심리학(應用心理學)[-니-]명 의료·산업·종교·법률·사회 등의 실제 문제의 해결에 응용되는 심리학.
응ː용^화ː학(應用化學)명 인간 생활이나 산업에 실제로 활용될 화학적 기술을 연구하는 화학의 한 분야. 공업 화학·농예 화학·식품 화학 따위. 〔좁은 뜻으로 공업 화학만을 이름.〕
응ː원(應援)명하타 ①편들어 격려하거나 돕는 일. ②운동 경기 등에서, 박수나 노래 등으로 자기편 선수의 힘을 북돋우는 일. ¶ 응원 연습. /자기 나라 선수를 열렬히 응원하다.
응ː원-가(應援歌)명 운동 경기 등에서, 자기편 선수를 응원할 때 여럿이 함께 부르는 노래.
응ː원-단(應援團)명 운동 경기 등에서, 자기편 선수를 응원하는 단체.
응-응부하자 크게 소리 내어 우는 소리.
응ː익-주의(應益主義)[-쭈의/-쭈이]명 과세의 기준을 납세자가 국가나 지방 자치 단체로부터 받는 이익의 크기에 두어야 한다는 주장. 참응능주의(應能主義).
응ː장-성식(凝粧盛飾)명하자 얼굴을 단장하고 옷을 잘 차려입음.
응ː전(應戰)명하자 적의 공격에 맞서서 싸움. ¶ 응전 태세를 갖추다.
응ː접(應接)명하타 손을 맞이하여 접대함. 응대(應待). ¶ 가정 방문 오신 담임선생님을 정중히 응접하다.
응ː접-세트(應接set)명 손을 응접하는 데 쓰이는, 한 벌로 된 탁자와 의자.
응ː접-실(應接室)[-씰]명 손을 맞이하여 접대하는 방. 접빈실(接賓室).
응ː제(應製)명 ①임금의 명에 따라 임시로 치르던 과거. ②하타임금의 명에 따라 시문(詩文)을 짓던 일.
응ː종(應從)명하자 받아들여 그대로 따름.
응ː종(應鐘)명 ①아악(雅樂) 십이율 가운데 음려(陰呂)의 하나. ②'음력 시월'을 달리 이르는 말. ②참방동(方冬).
응ː진(應眞)명 ☞아라한(阿羅漢).
응ː집(凝集)명하자타되자 ①(분산 또는 용해되어 있던 물질이) 한데 엉김. 응결. ¶ 수은(水銀)이 응집하다. ②'사물이 한데 모임'을 뜻함. ¶ 온 국민의 열의가 응집된 결과.
응ː집-력(凝集力)[-짐녁]명 분자·원자 또는 이온 사이에 작용하여 고체나 액체 등을 이루고 있는 인력(引力).
응ː집^반ː응(凝集反應)[-빠능]명 항원 항체 반응의 한 가지. 세균이나 적혈구 등의 항원 부유액과 항체를 지닌 혈청을 섞었을 때 한데 엉기는 현상. 혈액형 반응이나 세균의 혈청 진단 등에 이용됨.
응ː집-소(凝集素)[-쏘]명 ①응집 반응을 일으키는 항체. ②같은 종류의 혈액이 응집 반응을 할 때에 항체로 되는 물질. 사람의 혈청 속에 있음.
응ː징(膺懲)명하타되자 ①잘못을 뉘우치도록 징계함. ¶ 응징을 가하다. ②적국(敵國)을 정복함.
응ː착(凝着)명하자되자 두 고체의 면이 액체 상태로 녹아 엉겨 붙음, 또는 그런 현상.
응ː찰(應札)명하자 입찰에 응함. ¶ 응찰 가격.
응ː천-순인(應天順人)명하자 하늘의 뜻에 따르고, 백성의 뜻에 순종함.
응ː체(凝滯)명하자되자 (사물의 흐름이) 막히어 나아가지 아니함. ¶ 업무 처리가 응체되다.
응ː체(凝體)명 엉기어 굳은 물체.
응ː축(凝縮)명하자되자 ①(흩어져 있던 것이) 한데 엉겨 굳어짐. ②어느 한 점으로 집중되게 함. ¶ 전 국민의 열의가 하나로 응축되다. ③기체가 액체로 변하는 현상. ¶ 수증기가 응축하여 이슬이 되다.
응ː축-기(凝縮器)[-끼]명 기체를 냉각 응축하여 액체로 만드는 장치. 응결기(凝結器).
응ː축-열(凝縮熱)[-충녈]명 기체가 응축하여 같은 온도의 액체로 될 때에 내는 열.
응ː-하다(應-)자여 ①(요구나 질문 등에 대하여) 그것에 따르는 행동을 하다. ¶ 예비군 비상소집에 응하다. ②(부름에) 대답하다. 응답하다. ③(정세나 변화 등에) 알맞게 맞추어 따르다. ¶ 정세 변화에 응하여 신중히 조처하다.
응ː험(應驗)명하자 징조가 나타나 맞음, 또는 그 징조.
응ː혈(凝血)명하자 피가 엉김. 또는 엉긴 피.
응ː화(應化)명하자되자 ①불보살(佛菩薩)이 중생을 구제하기 위하여 여러 형태로 이 세상에 나타나는 일. ②☞적응(適應).
응ː화(應和)명하자 서로 응하여 대답함.
응ː회-암(凝灰岩)[-회-/-훼-]명 화산에서 분출된 화산회(火山灰) 등이 쌓여 굳어진 암석.
읊다타 〈옛〉 읊다. ¶ 으플 영:詠(石千14). /더르며 긴 으푸물 虛費히 호라(杜重2:5). 참잎다.
의[1]명 한글 이중 모음의 자모 'ㅢ'의 음가 및 이름.
의[2]조 체언이나 용언의 명사형에 붙어, 그 말이 관형어의 구실을 하게 하는 관형격 조사. ①'가진 사람〔소유〕', '딸린 바〔소속〕'를 뜻함. ¶ 나의 책. /우리나라의 선박. ②그 말이 다음 말의 내용의 주체임을 뜻함. ¶ 온 겨레의 염원. /우리의 각오. ③'있는 곳(데)'·'범위'·'시간' 등을 뜻함. ¶ 강원도의 경승지. /시민의 한 사람. /저녁 무렵의 하늘 빛깔. ④'성질'·'상태'·'수량' 등을 뜻함. ¶ 빨간 빛깔의 모자. /다섯 자루의 연필. ⑤뒤의 체언이 나타내는 동작이나 작용의 '목표' 또는 '대상'임을 뜻함. ¶ 질서의 확립. ⑥'관계'를 뜻함. ¶ 나의 스승. /당신의 아우. ⑦'(지은) 대상, 내용상의 관련'을 뜻함. ¶ 가을의 노래. /요리의 교본. ⑧'나는 데〔생산지〕'를 뜻함. ¶ 대구의 사과. ⑨'일어난 곳'을 뜻함. ¶ 중동의 석유 전쟁. ⑩'…과(와) 같은'의 뜻으로, 비유를 나타냄. ¶ 하루살이의 인생. /철의 여인. ⑪'…이(가) 이룬'의 뜻을 나타냄. ¶ 신라의 삼국 통일. ⑫'…이라 하는'의 뜻을 나타냄. ¶ 고요한 아침의 나라. ⑬'작가(지은이)'를 뜻함. ¶ 춘원(春園)의 단편 소설.

의㉠ 〈옛〉에. ¶ 올흔 녀긔 브터 쓰라(訓諺).

-의(어미) 〈옛〉-게. ¶ 後ㅅ 사르물 알의호논 거시라(釋譜序1).

의ː(義)(명) ①오상(五常)의 하나. 사람으로서 지켜야 할 바른 도리. ②오륜(五倫)의 하나. 임금과 신하 사이에 지켜야 할 바른 도리. ③〈덕의(德義)〉의 준말. ④〈도의(道義)〉의 준말. ⑤글자나 글의 뜻. ⑥남과 맺은, 혈연과 같은 관계. ¶ 형제의 의를 저버리다.

의ː(誼)(명) 〈정의(情誼)〉의 준말. ¶ 의가 상하다. /의가 도타운 형제.

의가 좋으면 천하도 반분한다(속담) 사이가 좋으면 무엇이나 나누어 가진다는 뜻.

의가 나다(관용) 사이가 나빠지다.

-의(어미) 〈-으이〉의 준말. ¶ 정말 보기 좋의.

의가(衣架)(명) 옷걸이.

의가(醫家)(명) 〈의술가(醫術家)〉의 준말.

의가-반낭(衣架飯囊)(명) 〔옷걸이와 밥주머니란 뜻으로〕'아무 쓸모 없는 사람'을 비유하여 이르는 말.

의가사^제대(依家事除隊)(명) 군대에서, 현역으로 복무 중에 있는 사람이 가정 사정으로 말미암아 제대하게 되는 일.

의가-서(醫家書)(명) ☞의서(醫書).

의ː각(義脚)(명) ☞의족(義足).

의거(依據)(명) ①(하자)어떠한 사실을 근거로 함. ¶ 헌법에 의거하다. ②(하자)어떤 곳에 자리 잡고 머무름. ¶ 사찰에 의거하다. ③(하자타)남의 힘을 빌려 의지함. ③의빙(依憑).

의ː거(義擧)(명)(하자) 정의를 위하여 사사로운 이해타산을 생각함이 없이 일으킨 행동.

의건(議件) [-껀](명) 의논할 안건.

의건모-하다(자여) 살아 나갈 계획을 세우다.

의-걸이(衣-)(명) 〈의걸이장〉의 준말.

의걸이-장(衣-欌)(명) 위는 윗옷을 걸 수 있고, 아래는 반닫이 모양으로 되어 옷을 개어 넣게 된 장. ㊂의걸이.

의ː견(意見)(명) 어떤 일에 대한 생각. ¶ 의견이 일치하다. /다수의 의견에 따르다.

의-견사(擬絹絲)(명) 면화·아교·단백질 등을 진한 수산화나트륨으로 처리하여 천연견사와 같은 광택이 나게 한 실.

의ː견-서(意見書)(명) 어떤 의견을 적은 글, 또는 의견을 적은 그 문서.

의결(議決)(명)(하타)(되자) 합의에 의하여 어떤 의안(議案)에 대한 의사를 결정하는 일. ¶ 법률안을 만장일치로 의결하다.

의결-권(議決權) [-꿘](명) ①회의에 참석하여 의사를 밝히고 의결에 참여할 수 있는 권리(權利). ②의결 기관이 어떤 사항을 의논하여 결정할 수 있는 권리. 결의권.

의결^기관(議決機關)(명) 국회·지방 의회·주주 총회 등과 같이, 국가나 공공 단체, 주식회사 등 법인의 의사를 결정하는 합의제의 기관. 결의 기관. ↔집행 기관.

의ː경(義警)(명) 〈의무 경찰〉의 준말.

의고(擬古)(명)(하타) ①옛것을 본뜸. ②시가(詩歌)나 문장 등을 옛 형식에 맞추어 지음.

의고-주의(擬古主義) [-의/-이](명) 예술 작품의 표현에서, 고전적 작품의 양식을 본뜨려는 주의. 고전주의(古典主義). 상고주의(尙古主義).

의고-체(擬古體)(명) 옛 형식을 본뜬 문체.

의공(蟻孔)(명) 개미구멍.

의과(醫科)(명) 고려·조선 시대에, 의관을 뽑기 위해 두었던 잡과(雜科)의 한 가지.

의과^대ː학(醫科大學) [-꽈-](명) 의학을 연구하고 가르치는 단과 대학. ㊂의대(醫大).

의관(衣冠)(명) ①옷과 갓. 옷차림. ¶ 의관을 갖추다. /의관을 정제하다. ②문물(文物)이 열리고 예의가 바른 풍속. ③(하자)옷과 갓을 갖추어 차림. ¶ 의관하고 나오느라 시간이 걸렸소.

의관(醫官)(명) 조선 시대에, 내의원에 속하여 의술에 종사하던 관원.

의관(議官)(명) 조선 고종 때 두었던 중추원(中樞院)의 한 벼슬.

의관-문물(衣冠文物)(명) 그 나라의 의관을 비롯한 예절과 문물, 곧 그 나라의 문명.

의구(疑懼)(명)(하타) 의심하고 두려워함.

의구(依舊) '의구하다'의 어근.

의구-심(疑懼心)(명) 의심하고 두려워하는 마음. ¶ 의구심이 들다. /의구심을 가지다.

의구-하다(依舊-)(형여) 옛 모양과 다름이 없다. 옛날 그대로 변함이 없다. ¶ 산천은 의구하되 인걸은 간 데 없다(古時調). **의구-히**(부).

의ː군(義軍)(명) 국가를 위하여 스스로 일어난 군대. 의려(義旅). 의병(義兵).

의궤(儀軌)(명) ①본보기. 법칙. ②밀교(密教)에서, 의식(儀式)의 법칙, 또는 그것을 적은 책. ③지난날, 나라에 큰일이 있을 때, 후세에 참고로 하기 위하여 그 일의 처음부터 끝까지의 경과나 경비 등을 자세히 적은 책.

의귀(依歸)(명)(하자) 몸과 마음을 의지함.

의ː근(意根)(명) 불교에서 이르는 육근(六根)의 하나. 마음에 의하여 인식 작용이 이루어질 때의, 그 근거가 되는 기관을 이르는 말.

의금(衣衾)(명) 옷과 이부자리.

의금(衣襟)(명) 옷깃.

의ː금-부(義禁府)(명) 조선 시대에, 왕명을 받들어 죄인을 추국(推鞫)하는 일을 맡아보던 관청. ㊂금부.

의ː금-사(義禁司)(명) 조선 고종 때, '의금부'를 고친 이름. 법무아문(法務衙門)에 딸려 각 재판소의 상소(上訴)를 다루었음.

의ː기(意氣)(명) ①적극적으로 무엇을 하려고 하는 마음. 기개(氣槪). ¶ 의기가 드높다. /의기가 왕성하다. ②장한 마음.

의ː기(義妓)(명) 의로운 일을 한 기생. ¶ 의기 논개.

의ː기(義氣)(명) 정의감에서 일어나는 기개.

의ː기(義旗)(명) 의병(義兵)의 군기(軍旗).

의기(疑忌)(명)(하타) 의심하고 꺼림.

의ː기-상투(意氣相投)(명)(하자) 서로 마음이 맞음. 의기투합.

의ː기-소침(意氣銷沈)(명)(하형) 기운을 잃고 풀이 죽음. 의욕을 잃고 기가 꺾임.

의ː기-양양(意氣揚揚)(명)(하형) (바라던 대로 되어) 아주 자랑스럽게 행동하는 모양. ¶ 우승기를 앞세우고 의기양양하게 개선하였다.

의ː기-충천(意氣衝天)(명)(하형) (뜻한 바를 이루어) 기세가 하늘을 찌를 듯함.

의ː기-투합(意氣投合)(명)(하자) ☞의기상투(意氣相投).

의ː-남매(義男妹)(명) ①의로 맺은 남매. ②아버지나 어머니가 서로 다른 남매.

의낭(衣囊)(명) 호주머니.

의ː녀(義女)(명) 의붓딸.

의녀(醫女)(명) 조선 시대에, 기생으로 간단한 의술을 배워 내의원(內醫院)·혜민서(惠民署) 등에서 심부름하던 여자.

의념(疑念)(명) 의심스러운 생각. ¶ 의념을 품다.

의논(*議論)명하타되자 (어떤 일을 해결하기 위하여) 서로 의견을 주고받음. ¶ 대학 진학 문제를 의논하다.
의단(疑端)명 의심을 하게 되는 실마리.
의:담(義膽)명 의로운 마음. 의로운 담력.
의당(宜當)부하형 마땅히. 으레. ¶ 의당 그래야 될 일이지. /그분의 판단에 따름이 의당하다. **의당-히**부 ¶ 그야 의당히 그의 차례가 아닌가?
의당-당(宜當當)부하형 '의당'의 힘줌말.
의당-사(宜當事)명 ①마땅한 일. ②지난날, 관아의 명령문 끝에 '마땅히 이대로 실행할 것'이란 뜻으로 쓰던 말.
의대(衣帶)명 ①옷과 띠. ¶ 의대를 갖추다. ②옷의 띠.
의대(衣襨)명 ①임금의 옷. 주로, 겉에 입는 평복을 이름. ②무당이 굿할 때 입는 옷.
의대(醫大)명 〈의과 대학〉의 준말.
의덕(懿德·宜德)명 아름다운 덕행.
의:덕(義德)명 가톨릭에서, 사추덕(四樞德)의 하나. 의로운 일을 지향하고 생명·자유·명예 등 인간의 권리를 보호하는 덕.
의:도(義徒)명 정의를 위하여 일을 일으키는 사람들. 의중(義衆).
의:도(意圖)명 ①(무엇을 이루려는) 생각. ¶ 일이 의도대로 잘되다. ②하자타 무엇을 이루려고 속으로 꾀함, 또는 그 계획. ¶ 상대의 의도를 간파하다.
의:도-적(意圖的)관명 무엇을 이루려고 미리 정해 놓은 계획에 따르는 (것). 계획적. ¶ 의도적 실수. /의도적으로 접근하다.
의:도-형(意圖形)명 용언의 연결 어미의 한 갈래. 동사에만 있는 것으로 주어(主語)의 의도를 나타냄. 〔'-(으)려·-고자·-자' 따위.〕
의량(衣糧)명 옷과 양식.
의려(倚閭)명하자 〔마을 어귀의 문에 의지해 선다는 뜻으로〕 어머니가 아들딸이 돌아오기를 애타게 기다림.
의:려(義旅)명 의로운 군대. 의군(義軍).
의려(疑慮)명하타 의심하여 염려함.
의려지망(倚閭之望)명 ☞의려지정.
의려지정(倚閭之情)명 자녀가 돌아오기를 초조하게 기다리는 어머니의 마음. 의려지망(倚閭之望). 의문이망(倚門而望).
의례(依例)명하자 〈의전례〉의 준말. **의례-히**부.
의례(儀禮)명 형식을 갖춘 예의.
의례-건(依例件)[-껀]명 전례 또는 관례에 따라 마땅히 할 일. ¶ 그 집 혼사에 가는 거야 의례건이지. 준예건(例件).
의론(議論)명하타되자 (어떤 문제에 대하여) 각자 의견을 주장하거나 논의함, 또는 그 의견이나 논의. ¶ 의론이 분분하다. /두 가지 의론이 팽팽하게 맞서다.
의:-롭다(義-)[-따][~로우니·~로워]형ㅂ ①의기(義氣)가 있다. ②의리(義理)가 있다. ③의분(義憤)이 있다. **의로이**부.
의롱(衣籠)명 옷을 넣어 두는 농. 옷농.
의뢰(依賴)[-뢰/-뤠]명하타되자 ①남에게 의지함. ②남에게 부탁함. ¶ 중재를 의뢰하다. /소송을 의뢰하다.
의뢰-서(依賴書)[-뢰-/-뤠-]명 남에게 부탁하는 내용을 적은 글. ¶ 매매 의뢰서.
의뢰-심(依賴心)[-뢰-/-뤠-]명 남에게 의지하는 마음. ¶ 의뢰심이 생기다.
의뢰-인(依賴人)[-뢰-/-뤠-]명 남에게 어떤 일을 의뢰한 사람. ¶ 송금 의뢰인.
의료(衣料)명 '옷감이나 옷'을 통틀어 이르는 말.
의료(醫療)명 의술로 병을 고치는 일.
의료-계(醫療界)[-계/-게]명 의료에 종사하는 사람들의 사회.
의료-기(醫療器)명 병자를 치료하기 위한 검사·진찰·수술 등에 쓰이는 기구.
의료^기관(醫療機關)명 의료인이 공중 및 특정 다수인을 위하여 의료 행위를 하는 곳. 〔병원·의원·조산원 따위.〕
의료^보:험(醫療保險)명 사회 보험의 한 가지. 수입에 따라 일정한 보험료를 치른 보험 계약자와 그 부양 가족이, 의료 기관에서 치료를 받을 수 있는 보험.
의료-비(醫療費)명 병을 치료하는 데 드는 비용.
의료-업(醫療業)명 의술로 병을 고치는 직업.
의료-진(醫療陣)명 의료 부문에 종사하는 사람들의 진용.
의류(衣類)명 옷 종류를 통틀어 이르는 말.
의:리(義理)명 ①사람으로서 마땅히 지켜야 할 바른 도리. ¶ 의리를 모르다. ②남과 사귈 때 지켜야 할 도리. ¶ 의리 없는 사람으로 낙인찍히고 말았다.
의:리-부동(義理不同)명하형 의리에 맞지 아니함.
의:마-심원(意馬心猿)명 〔뜻은 날뛰는 말과 같고, 마음은 떠드는 원숭이와 같다는 뜻으로〕 불교에서, '세속의 번뇌와 욕정 때문에 흐트러진 마음을 억누를 수 없음'을 비유하여 이르는 말.
의마지재(倚馬之才)명 '글을 빨리 잘 짓는 재주'를 이르는 말. 〔말에 잠깐 기대어 있는 동안에 만언(萬言)의 글을 지었다는 중국 진(晉)나라 원호(袁虎)의 고사에서 유래함.〕
의막(依幕)명 임시로 거처하게 된 곳.
의:망(意望)명 바라는 마음. 소망.
의망(擬望)명하타 지난날, 삼망(三望)의 후보자로 추천하던 일.
의:매(義妹)명 ①의로 맺은 누이동생. ②아버지나 어머니가 서로 다른 누이동생.
의명(依命)명하자 명령에 따름. ¶ 의명 통첩(通牒).
의:모(義母)명 ①의붓어머니. ②수양어머니. ③의로 맺은 어머니.
의:무(義務)명 ①마땅히 해야 할 직분. ¶ 윤리적 의무. /가장으로서의 의무. ②법률로써 강제로 하게 하거나 못하게 하는 일. ¶ 납세의 의무. /병역의 의무. ↔권리.
의무(醫務)명 ①의료에 관한 업무. ②의사로서의 업무.
의:무-감(義務感)명 의무를 느끼는 마음.
의:무^경:찰(義務警察)명 병역 의무를 대신하여 일정 기간 동안 치안 업무를 보조하는 경찰. 준의경.
의:무^교:육(義務教育)명 국민의 의무로서 학령(學齡)에 이른 아동을 취학시켜야 하는 보통 교육. 국민 교육.
의문(疑問)명하타 의심스러운 생각을 함, 또는 그런 일. ¶ 의문의 죽음. /의문이 풀리다.
의문^대:명사(疑問代名詞)명 대명사의 한 가지. 알지 못하는 사람이나 확실하지 아니한 사실을 말할 때 쓰이는 대명사. 〔누구·무엇·어디 따위.〕 물음대이름씨.
의문-문(疑問文)명 서술어의 종결 어미에 따른 문장 갈래의 하나. 무엇을 물어서 그 답을 듣고자 하는 형식의 문장. 용언의 의문형 종결 어미로 끝맺는 형식. 〔'너도 지금 떠나겠느냐?', '지금 거기서 무얼 하고 있니?' 따위.〕

의문-부(疑問符)명 ☞물음표.

의문-스럽다(疑問-)[-따][~스러우니·~스러워]형ㅂ 보기에 의문 나는 데가 있다. **의문스레**부.

의문-시(疑問視)명하타 되자 의문스럽게 여김. ¶ 어린 선수들이 제 기량을 발휘할 수 있을지 의문시된다.

의문이망(倚門而望)명하타 ☞의려지정(倚閭之情).

의문-점(疑問點)[-쩜]명 의심나는 점.

의문-표(疑問標)명 ☞물음표.

의문-형(疑問形)명 종결 어미의 한 갈래. 어떤 사실에 대해서 묻거나 의문을 나타내는 형식. 〔'-느냐·-는가·-오·-ㅂ니까' 따위.〕

의뭉명하형 겉으로는 어리석은 것 같으나 속은 엉큼함. ¶ 의뭉을 떨다.

의뭉한 두꺼비 옛말 한다속담 의뭉한 사람이 남의 말이나 옛말을 끌어다가 자기 속의 말을 한다는 말.

의뭉-스럽다[-따][~스러우니·~스러워]형ㅂ 의뭉한 데가 있다. **의뭉스레**부 ¶ 모른 척하고 있지만 의뭉스레 제 실속은 다 차리고 있다.

의미(依微) '의미하다'의 어근.

의:미(意味)명하타 ①어떤 말이 나타내고 있는 내용. 뜻. 의의(意義). ¶ 낱말의 의미. /나는 그것이 무엇을 의미하는지 모르겠다. ②표현이나 행위 등의 의도나 동기. ¶ 의미가 있어서 시작한 일이다. ③(어떤 행위나 사물이 지닌) 보람 또는 가치. ¶ 여름 방학을 의미 없이 보내다.

의:미-론(意味論)명 언어의 의미에 관하여, 그 기원·변화·발전 등을 연구하는 언어학의 한 분야. 의의학(意義學).

의:미-소(意味素)명 ☞실질 형태소.

의미심장(意味深長) '의미심장하다'의 어근.

의:미심장-하다(意味深長-)형여 (말이나 글 따위의) 뜻이 매우 깊다. ¶ 의미심장한 한마디. /의미심장한 미소를 짓다.

의미-하다(依微-)형여 어렴풋하다.

의발(衣鉢)명 〔스승인 중이 제자에게 주는 가사(袈裟)와 바리때란 뜻으로〕 불교의 오의(奧義)를 이르는 말.

의방(依倣)명하타 (남의 것을) 모방함. 흉내 냄.

의범(儀範)명 모범이 될 만한 몸가짐.

의법(依法)명하자 법에 따름.

의:병(義兵)명 나라를 위하여 스스로 일어난 군대, 또는 그 군사. 의군(義軍).

의병(擬兵)명 적의 눈을 속이려고 거짓으로 꾸민 군사.

의:병-장(義兵將)명 의병의 장수.

의병^제대(依病除隊)명 병으로 말미암아 제대하는 일.

의복(衣服)명 옷.

의복이 날개(라)속담 ☞옷이 날개라.

의:복(義服)명 친족 관계에 있지 않아 상복을 입지 않아도 되는 사람이 의리로 입는 상복.

의복풍(醫卜風)명 의술(醫術)과 복술(卜術)과 풍수(風水)를 아울러 이르는 말.

의봉(蟻封)명 ☞개밋둑.

의:부(義父)명 ①의붓아버지. ②수양아버지. ③의로 맺은 아버지.

의:부(義婦)명 의로운 여자.

의부(蟻附)명하자 ①개미 떼처럼 달라붙거나 모여듦. ②개미 떼처럼 한마음으로 장수에게 복종함.

의부-증(疑夫症)[-쯩]명 남편의 행실을 공연히 의심하는 변태적 성격이나 병적 증세. 참의처증.

의:분(義憤)명 의로운 마음에서 우러나오는 분노. ¶ 의분에 떨다. /의분을 느끼다. /의분을 참지 못하다.

의:분(義奮)명하자 의를 위하여 기운을 냄.

의불합(意不合) '의불합하다'의 어근.

의:불합-하다(意不合-)[-하파-]형여 뜻이 서로 맞지 않다.

의:붓-딸[-붇-]명 개가해 온 아내나 첩이 데리고 온 딸. 가봉녀(加捧女). 의녀(義女).

의:붓-아들[-부다-]명 개가해 온 아내나 첩이 데리고 온 아들. 가봉자(加捧子). 의자(義子).

의:붓-아버지[-부다-]명 개가한 어머니의 남편. 계부(繼父). 의부(義父). 낮의붓아비.

의:붓-아비[-부다-]명 〈의붓아버지〉의 낮춤말.

의붓아비 제삿날 물리듯속담 마음에 없는 일이라 차일피일하고 뒤로 미룸을 이르는 말.

의:붓-어머니[-부더-]명 아버지의 후처나 첩. 계모(繼母). 의모(義母). 낮의붓어미.

의:붓-어미[-부더-]명 〈의붓어머니〉의 낮춤말.

의붓어미 눈치 보듯속담 어려운 사람이나 무서운 사람의 눈치를 살핌을 이르는 말.

의:붓-자식(-子息)[-붇짜-]명 개가해 온 아내나 첩이 데리고 온 자식. 계자(繼子).

의붓자식 다루듯속담 남의 것처럼 하찮게 다룸을 이르는 말.

의빈(儀賓)명 부마도위(駙馬都尉) 등과 같이 왕족의 신분이 아니면서 왕족과 통혼한 사람을 두루 일컫던 말.

의빙(依憑)명하자타 ☞의거(依據).

의빙(疑氷)명 (굳게 언 얼음처럼) 풀리지 않는 의심.

의:사(義士)명 ①의리와 지조를 굳게 지키는 사람. 의인(義人). ②(나라와 민족을 위해) 의로운 행동으로 목숨을 바친 사람. ¶ 조국 광복을 위해 목숨을 바친 윤봉길 의사.

의:사(義死)명하자 의로운 일을 위하여 죽음.

의:사(意思)명 ①(무엇을 하려고 하는) 생각이나 마음. ¶ 의사 전달. /상대편의 의사를 알아보다. /행동을 함께하겠다는 의사를 밝히다. ②법률에서, 행위의 직접적인 원인이 되는 심리 작용을 이르는 말. ¶ 의사 표시.

의사(縊死)명 〈액사(縊死)〉의 본딧말.

의사(擬死)명 동물이 갑작스러운 자극이나 적의 공격을 받았을 때 반사적으로 죽은 체하는 일. 〔곤충·조류·포유류 따위에서 널리 볼 수 있는 습성임.〕

의사(擬似) '의사하다'의 어근.

의사(醫師)명 의술과 약으로 병을 고치는 직업에 종사하는 사람. 일정한 자격을 가지고 면허를 받아야 함. 도규가(刀圭家).

의사(議事)명하타 회의에서, 어떤 안건을 토의함, 또는 그 토의.

의:사^능력(意思能力)[-녁]명 법률에서, 자기 행위의 결과를 인식하고, 판단할 수 있는 정신적인 능력.

의사-당(議事堂)명 의원들이 모여서 회의하는 건물. 흔히, 국회 의사당을 이름.

의사-록(議事錄)명 회의의 내용, 토의의 경과, 의결 사항 등을 기록한 문서.

의사-봉(議事棒)명 의결 기관의 의장이 회의의 개회나 폐회, 안건의 상정·가결·부결 등을 선언할 때 탁자를 두드리는 기구. 망치와 비슷한 모양으로 되어 있음.

의:사-소통(意思疏通)명하자 생각이나 뜻이 서로 통함. ¶ 의사소통이 원활하다.

의사-일정(議事日程) [-쩡] 명 그날의 회의할 안건을 미리 정해 놓은 차례.

의ː사-주의(意思主義) [-의/-이] 명 법률에서, 의사 표시의 효력을 생각하는 경우에, 객관적인 표시 행위보다 그 사람의 진의(眞意)를 중시하는 주의. 참 표시주의.

의사-증(擬似症) [-쯩] 명 진성(眞性)의 전염병과 비슷한 병증(病症).

의사^콜레라(擬似cholera) 명 콜레라균은 검출되지 않았으나 콜레라와 비슷한 증상을 보이는 병.

의ː사^표시(意思表示) 명 ①의사를 밖으로 나타내는 일. ②법률에서, 권리나 의무에 관한 효과를 발생시킬 목적으로 자기 의사를 외부에 나타내는 일. 〔계약의 청약이나 해제, 유언 따위.〕

의사-하다(擬似-) 형여 실제와 비슷하다.

의산(蟻酸) 명 ☞포름산.

의살(縊殺) 명 〈액살(縊殺)〉의 본딧말.

의상(衣裳) 명 ①(여자가 겉에 입는) 저고리와 치마. ②옷. ¶ 민족 고유의 의상.

의ː상(意想) 명 (마음속의) 뜻과 생각.

의상-실(衣裳室) 명 ①주로, 여성 정장을 만들어 파는 옷가게. ②옷을 보관하거나 갈아입거나 하기 위하여 따로 마련한 방.

의생(醫生) 명 지난날, 한방 의술로 병을 고치는 일을 업으로 하던 사람.

의서(醫書) 명 의학에 관한 책. 의가서(醫家書).

의석(議席) 명 ①회의를 하는 자리. ②회의장에서 의원이 앉는 자리.

의성(擬聲) 명 사물의 소리를 흉내 냄. 소리시늉. 참 의음(擬音).

의성-법(擬聲法) [-뻡] 명 비유법의 한 가지. 사물의 소리를 그대로 시늉하여 나타내려는 표현 방법. 성유법(聲喩法).

의성^부ː사(擬聲副詞) 명 성상 부사(性狀副詞)의 한 갈래. 사물의 소리를 시늉한 부사. 〔철썩철썩·딸랑딸랑·와당탕퉁탕 따위.〕

의성-어(擬聲語) 명 사물의 소리를 흉내 낸 말. 〔딸랑·쨍그랑·철썩철썩 따위.〕 소리시늉말. 소리흉내말. 참 의태어(擬態語).

의세(倚勢) 명하자 세력을 믿고 떠세함.

의속(依屬) 명 논리학에서, 어떤 사물의 존재·가치·성질·상태 등이 다른 사물에 따라 규정되고 제약되는 관계를 이르는 말.

의송(議送) 명 조선 시대에, 고을의 원에게 제소(提訴)했다가 패소(敗訴)한 백성이, 그에 불복하여 다시 관찰사에게 제소하던 일.

의수(依數) 명하타 일정한 수대로 함. 정한 수에 따름. 준수(準數).

의ː수(義手) 명 손이 없는 사람이, 나무·고무·금속 따위로 만들어 붙이는 인공의 손. 참 의족(義足).

의ː숙(義塾) 명 공익을 위하여 의연금(義捐金)으로 세운 교육 기관.

의술(醫術) 명 병을 고치는 기술. 의학에 관한 기술. 도규술(刀圭術).

의술-가(醫術家) 명 의술에 뛰어난 사람. 의술을 가진 사람. 준 의가(醫家).

의시(依施) 명하타 청원(請願)에 의하여 임금이 허가함. 준허(準許).

의시(疑視) 명하타 의심하여 봄.

의식(衣食) 명 의복과 음식. 옷밥.

의ː식(意識) 명 ①깨어 있을 때의 마음의 작용이나 상태. ¶ 의식을 잃다. /3일째 의식을 차리지 못하고 있다. ②사회적 또는 역사적인 영향을 받아서 형성되는 감정·견해·사상·이론 따위를 이르는 말. ¶ 엘리트 의식. /역사 의식. ③하타 되자 (어떤 일을) 마음에 둠. 자각함. ¶ 남의 눈을 의식하다. /이성(異性)을 의식하다. ④불교에서, 육식(六識) 또는 팔식(八識)의 하나. 대상을 총괄하며 판단·분별하는 심적 작용.

의식(儀式) 명 의례(儀禮)를 갖추어 베푸는 행사. 식전(式典). 의전(儀典). ¶ 혼인 의식. 준 식.

의ː식^구조(意識構造) [-꾸-] 명 어떤 개인이나 집단이 가진 의식의 짜임새, 또는 그 계통. ¶ 대학생의 의식 구조를 조사하다.

의ː식^불명(意識不明) [-뿔-] 명 의식을 잃은 상태. ¶ 의식 불명에 빠지다.

의ː식^수준(意識水準) [-쑤-] 명 어떤 대상에 대하여 생각하고 판단하는 능력의 정도. 〔정치 의식의 수준, 사회 비판 의식의 수준 따위.〕 ¶ 의식 수준이 낮다. /환경 문제에 대한 국민의 의식 수준이 점차 높아지고 있다.

의ː식^심리학(意識心理學) [-씸니-] 명 의식을 주요 연구 대상으로 하는 심리학.

의식-요(儀式謠) 명 의식을 치르면서 부르는 민요. 의식이 아닌 때에는 거의 부르지 않는 노래로서, 장례요·지신밟기 노래·성주풀이·동투잡이 등이 있음. 참 노동요·유희요(遊戲謠).

의ː식^일반(意識一般) 명 칸트 철학의 선험적 관념론에서, 객관적 인식 정립의 기초로서 상정(想定)되는 인식론적 주관.

의ː식-적(意識的) [-쩍] 관명 스스로 그런 줄 알면서 일부러 하는 (것). ¶ 의식적 행동. /의식적으로 친구들을 피하다. ↔무의식적.

의식주(衣食住) [-쭈] 명 인간 생활의 세 가지 요소인 옷·음식·집을 아울러 이르는 말.

의식-화(意識化) [-시콰] 명하타 되자 어떤 관념이나 사상에 대하여, 아직 체계적으로 의식하지 못하는 상태에 있는 것을, 의식하는 상태가 되게 함. ¶ 의식화 교육.

의신간-에(疑信間-) 부 반은 의심하고 반은 믿는 정도로.

의ː심(義心) 명 의로운 마음.

의심(疑心) 명하타 되자 확실히 알지 못하거나 믿지 못하여 이상하게 생각함, 또는 그런 마음. ¶ 의심을 받다. /남의 말을 의심하다.

의심-꾸러기(疑心-) 명 의심이 많은 사람을 얕잡아 이르는 말.

의심-나다(疑心-) 자 의심이 생기다. ¶ 의심나는 점이 있으면 언제든지 질문하십시오.

의심-스럽다(疑心-) [-따] [~스러우니·~스러워] 형ㅂ 보기에 의심되는 데가 있다. 의심쩍다. ¶ 의심스러운 눈빛으로 바라보다. **의심스레** 부 ¶ 의심스레 살피다.

의심-증(疑心症) [-쯩] 명 공연히 남을 믿지 못하여 의심하는 버릇.

의심-쩍다(疑心-) [-따] 형 의심스러운 데가 있다. 의심스럽다. ¶ 하는 수작이 영 의심쩍다.

의아(疑訝) 명하형 스형 (뜻밖의 일이어서) 의심스럽고 괴이쩍음. ¶ 의아스럽다는 얼굴로 바라보다. **의아-히** 부. **의아스레** 부.

의아-심(疑訝心) 명 의아하게 여기는 마음.

의ː안(義眼) 명 유리알 같은 것으로 만들어 박은 인공의 눈알. 이로써 볼 수는 없음.

의안(疑案) 명 ①의심스러운 안건. ②의혹에 싸인 안건.

의안(議案) 명 회의에서 토의할 안건.

의약(依約) 명하자 약조한 대로 함.

의약(醫藥)명 ①병을 고치는 데 쓰는 약. ②의술과 약품. ③의학과 약학.
의약^분업(醫藥分業)[-뿌넙]명 의사와 약사의 업무 한계를 분명히 하여, 의사는 약제의 처방전을 내고, 약사는 약제의 조제만 하게 하는 제도.
의약-품(醫藥品)명 병을 고치는 데 쓰는 약품.
의양(衣樣)명 옷의 치수.
의양-단자(衣樣單子)[-딴-]명 신랑이나 신부가 입을 옷의 치수를 적은 단자.
의:업(意業)명 불교에서 이르는 삼업(三業)의 하나. 마음에서 비롯되는 모든 활동을 이르는 말.
의업(醫業)명 ①의술을 베푸는 직업. ②고려 시대의 잡과(雜科)의 한 가지. 여러 의서(醫書)로 의술을 시험했음.
의:역(意譯)명하타되자 낱낱의 단어나 구절의 뜻에 너무 얽매이지 않고 문장 전체의 뜻을 살리는 번역. ↔직역(直譯).
의연(依然) '의연(依然)하다'의 어근.
의:연(義捐)명하타 자선이나 공익을 위하여 돈이나 물품을 냄. 기연(棄捐).
의연(毅然) '의연(毅然)하다'의 어근.
의:연-금(義捐金)명 자선이나 공익을 위하여 내는 돈. ¶ 수재 의연금. 준연금.
의연-하다(依然-)형여 전과 다름이 없다. ¶ 의연한 사고방식. 의연-히부.
의연-하다(毅然-)형여 의지가 굳세고 태도가 꿋꿋하며 단호하다. ¶ 온갖 압력과 회유에도 굴하지 않고 의연하게 대처하다. 의연-히부.
의열(義烈) '의열하다'의 어근.
의:열-하다(義烈-)형여 의로운 마음이 열렬하다. 방렬하다.
의옥(疑獄)명 죄가 있는지 없는지 의심스러워 판결하기 어려운 형사 사건. 〔대규모의 정치적 수회(收賄) 사건 따위.〕
의:외(意外)[-외/-웨]명 뜻밖. 생각 밖. ¶ 의외의 결과.
의:외-로(意外-)[-외-/-웨-]부 뜻밖에. ¶ 매우 어려울 것이라고 생각했었는데 의외로 쉬웠다.
의:외-롭다(意外-)[-외-따/-웨-따][~로우니·~로워]형ㅂ 뜻밖이라고 생각되는 느낌이 있다. ¶ 사건의 진상은 참으로 의외로웠다. 의외로이부.
의:욕(意欲)명 ①적극적으로 하고자 하는 마음. ¶ 배우려는 의욕이 강하다. ②철학에서, 선택된 어떤 목표로 향하여 의지가 적극적이고 능동적으로 움직이는 일.
의:욕-적(意欲的)[-쩍]관명 무엇을 적극적으로 하고자 하는 (것). ¶ 의욕적 태도./의욕적으로 일하다.
의:용(義勇)명 ①의로운 일을 위하여 일으키는 용기. ②정의와 용기.
의용(儀容)명 몸을 가지는 태도, 또는 차린 모습. 용의(容儀). 의표(儀表). 의형(儀形).
의:용-군(義勇軍)명 전쟁이나 사변 때, 국민이 자진해서 참여하여 조직한 군대, 또는 그 군사.
의:용병-제(義勇兵制)명 징병에 의하지 않고 자원해서 입대한 병사로 군대를 충원하는 제도.
의:용^소방대(義勇消防隊)명 소방서의 업무를 돕기 위하여, 그 지역 주민들이 자진하여 구성한 비상근(非常勤)의 소방대.
의운(疑雲)명 의심스러운 일을 구름에 비유하여 이르는 말. ¶ 의운이 짙게 일다.
의원(醫員)명 의사(醫師)와 의생(醫生)을 아울러 이르는 말.
의원(醫院)명 병자나 부상자의 치료를 위해 특별한 시설을 갖추어 놓은 곳. 병원보다 규모가 작으며, 법적으로는 환자 20명 이하의 수용 시설을 갖춘 곳을 말함.
의원(議員)명 국회나 지방 의회 따위의 합의 기관의 구성원으로서 의결권(議決權)을 가진 사람.
의원(議院)명 ①합의제의 기관이 의사(議事)를 펴는 곳, 또는 그 조직. ②양원제 의회의 상원과 하원을 두루 이르는 말. 준원(院)[2].
의원^내:각제(議院內閣制)[-쩨]명 민주 국가의 주요 정부 형태의 한 가지. 정부의 성립과 존립이 국회의 신임을 필수 조건으로 하는 제도. 내각 책임제(內閣責任制). 참대통령제.
의원-면직(依願免職)명하타 본인의 원하는 바에 따라 그 직(職)에서 물러나게 함.
의위(依違) '의위하다'의 어근.
의위(儀衛)명 의식을 장엄하게 하기 위하여 참렬시키는 호위병.
의위-하다(依違-)형여 〔의(依)는 가까이 붙고, 위(違)는 떨어져 나간다는 뜻으로〕 ①사물이 분명치 않다. ②태도가 분명치 않다.
의:유당-일기(意幽堂日記)명 조선 순조 때 의유당 김씨가 지은 수필집. 함흥 판관인 남편을 따라가서 그 지방의 풍물과 인정을 적은 것으로, 기행·번역·전기 등으로 구성됨. 〔원명은 '의유당관북유람일기(意幽堂關北遊覽日記)'.〕
의:육(意育)명 의지의 단련을 목적으로 하는 교육.
의윤(依允)명하타 상주(上奏)를 윤허함.
의율(擬律)명하타 법원이 법규를 구체적인 사건에 적용하는 일. 조율(照律).
의음(擬音)명 어떤 소리를 흉내 내어 인공적으로 만드는 소리. 흔히, 연극·영화·방송극 등에 쓰임. 효과음(效果音).
의의(依依) '의의(依依)하다'의 어근.
의의(猗猗) '의의(猗猗)하다'의 어근.
의:의(意義)[-의/-이]명 ①의미. 뜻. ②(어떤 일정한 사실이나 행위 따위가 갖는) 중요성이나 가치. ¶ 이번 행사는 그 의의가 자못 크다. ③언어학에서, 하나의 말이 가리키는 대상.
의의(疑義)[-의/-이]명 글의 뜻 가운데 의심이 나는 곳.
의:의-소(意義素)[-의-/-이-]명 ☞실질 형태소.
의의-하다(依依-)[-의-/-이-]형여 ①풀이 싱싱하게 푸르다. ②기억이 어렴풋하다. ③헤어지기가 서운하다. ④몸이나 마음이 부드럽고 약하다. 의의-히부.
의의-하다(猗猗-)[-의-/-이-]형여 ①보기 좋을 만큼 성하다. ②(바람 소리가) 부드럽다. 의의-히부.
의:의-학(意義學)[-의-/-이-]명 ☞의미론(意味論).
의인(宜人)명 조선 시대, 외명부의 한 품계. 정육품·종육품 무관의 아내의 칭호.
의:인(義人)명 의로운 사람. 의사(義士).
의인(擬人)명하타 ①사람이 아닌 것을 사람인 양 나타내는 일. ②자연인이 아닌 것에 법률상 인격을 부여하는 일.
의인-법(擬人法)[-뻡]명 비유법의 한 가지. 사람이 아닌 것을 사람인 것처럼 나타내는 표현 방법. 〔'가을은 마차를 타고 달아나는 신부(新婦)' 하는 따위.〕 참활유법(活喩法).

의인-화(擬人化)명하타되자 사람이 아닌 사물을 사람에 견주어 나타냄. 비인격화.
의자(倚子)명 바닥에 앉을 때 몸을 뒤로 기댈 수 있게 만든 기구.
의자(椅子)명 걸터앉도록 만든 기구. 〔사무용 의자, 안락의자 따위.〕 교의(交椅). 걸상.
의ː자(義子)명 의붓아들.
의작(擬作)명하타 (남의 것을) 본떠서 만듦, 또는 그런 작품.
의잠(蟻蠶)명 개미누에.
의장(衣裝)명 옷을 차려입은 꾸밈새.
의장(衣欌)명 옷을 넣어 두는 장. 옷장.
의장(倚仗)명하타 의지하고 믿음.
의ː장(意匠)명 물품의 겉에 아름다운 느낌을 주기 위하여 그 모양·맵시·빛깔, 또는 이들의 조화 따위를 연구하여 응용하는 장식적인 고안(考案). 미장(美匠).
의장(儀仗)명 의식에 쓰이는 무기나 일산(日傘)·기 따위의 기구.
의장(擬裝)명하타 ☞위장(僞裝).
의장(艤裝)명하타 배가 출항할 수 있도록 모든 장비를 갖춤, 또는 그 일.
의장(議長)명 ①회의에서 의사(議事)를 주재하는 사람. ②의원(議員)을 통솔하고 의회를 대표하는 사람. ¶ 국회 의장.
의ː장-가(意匠家)명 의장(意匠)을 잘하는 사람. 의장을 업으로 하는 사람.
의ː장-권(意匠權)[-꿘]명 의장(意匠)을 등록함으로써 얻는 소유권. 등록된 의장에 대하여 그 제작·사용·판매 등의 독점적이고 배타적인 권리를 이름.
의장-기(儀仗旗)명 의장(儀仗)에 쓰이는 기.
의장-단(議長團)명 의장과 부의장을 아울러 이르는 말. ¶ 의장단을 선출하다.
의장-대(儀仗隊)명 의식 절차에 따른 예법을 익혀 의식 때에만 참렬(參列)하는 군대.
의ː장^등록(意匠登錄)[-녹]명 독창적 의장을 특허청의 의장 원부(意匠原簿)에 기재함으로써, 법적으로 그 지적 소유권을 확보하는 일.
의장-병(儀仗兵)명 의장대의 구성원으로 의식에 참렬하는 군인.
의ː적(義賊)명 부정으로 치부한 사람의 재물을 훔쳐다가 가난한 사람들에게 나누어 주는, 의협심이 많은 도둑.
의전(衣廛)명 ☞넝마전.
의ː전(義戰)명 정의를 위한 전쟁.
의전(儀典)명 ☞의식(儀式).
의전(醫專)명 '의학 전문학교'가 줄어서 된 말.
의-전례(依前例)[-절-]명하자 전례에 따름. 준의례.
의ː절(義絶)명 ①하자 맺었던 의를 끊음. ②하자 (감정이 상하여) 친구나 친척 사이의 정을 끊음. ③아내가 죽은 뒤의 처족(妻族)과 자기 사이를 이르는 말. ④조선 시대에, 일정한 법정 원인(法定原因)에 의하여 강제로 이혼시키던 일. 절의(絶義).
의절(儀節)명 ☞예절(禮節).
의젓잖다[-전짠타]형 의젓하지 아니하다. 작야젓잖다. **의젓잖-이**부. *의젓잖아[-전짜나]·의젓잖소[-전짠쏘]
의젓-하다[-저타-]형여 말이나 행동이 점잖고 무게가 있다. ¶ 어린 나이지만 하는 짓은 의젓하다. 작야젓하다. **의젓-이**부.
의정(議定)명하타되자 의논하여 결정함, 또는 그 결정.
의정(議政)[1]명 〈의회 정치(議會政治)〉의 준말.
의정(議政)[2]명 ①조선 시대에, 영의정·좌의정·우의정을 통틀어 이르던 말. 정승(政丞). ②대한 제국 때, 의정부의 으뜸 벼슬.
의정-부(議政府)명 조선 시대에, 백관(百官)을 통솔하고 정사를 도맡아 하던 최고 행정 관청. '도당(都堂)'의 고친 이름. 준정부.
의정-서(議定書)명 국가 간에 의정한 사항을 기록한 문서, 또는 관계국의 대표가 의정한 외교 교섭이나 국제회의의 의사(議事)를 기록하여 서명한 문서.
의정-안(議定案)명 회의에서 의정할 사항의 초안, 또는 그 안건.
의정^헌ː법(議定憲法)[-뻡]명 ☞협정 헌법(協定憲法).
의제(衣制)명 의복에 관한 제도.
의ː제(義弟)명 ①의로 맺은 아우. ②아버지나 어머니가 서로 다른 아우. ↔의형(義兄).
의제(擬制)명 성질이 다른 것을 같은 것으로 보고 법률상 같은 효과를 주는 일. 〔실종된 것을 사망한 것으로 간주하는 따위.〕
의제(擬製)명하타 어떤 물건을 흉내 내어 만듦, 또는 그 만든 물건. 모조(模造).
의제(議題)명 (회의에서) 의논할 문제.
의제^자본(擬制資本)명 현실적 가치는 갖지 않으나 장래에 이익을 낳는 원천으로서 상정(想定)된 가공의 자본. 〔주권·공사채·권리금 따위.〕 가장 자본.
의ː족(義足)명 다리가 없는 사람이 나무나 고무 또는 금속 따위로 만들어 붙이는 인공의 다리. 의각(義脚). 참나무다리[2]·의수(義手).
의존(依存)명하자되자 다른 것에 의지하여 있음. ¶ 원자재를 외국에 의존하다.
의존-도(依存度)명 의존하는 정도. ¶ 무역 의존도가 높은 산업 구조.
의존^명사(依存名詞)명 자립성이 없어 다른 말 아래에 기대어 쓰이는 명사. 〔분·것·데·바·듯·체·개·마리 따위.〕 불완전 명사. 형식 명사. 매인이름씨. 안옹근이름씨. ↔자립 명사.
의존-적(依存的)관명 다른 것에 의지하는 성질이 있는 (것). ¶ 의존적 자세. /의존적인 성격.
의존^형태소(依存形態素)명 다른 말에 기대어 쓰이는 형태소. 〔'철수가 이야기 책을 읽었다.'에서 '가·을·읽·었·다' 따위로, 일부 어간·조사·선어말 어미·어말 어미·접사가 이에 딸림.〕 ↔자립 형태소.
의ː-좋다(誼-)[-조타]형 정분이 두텁다. 정답다. 사이가 좋다. ¶ 의좋은 형제.
의주(儀註)명 지난날, 나라의 전례(典禮) 절차를 적은 책.
의준(依準)명하타 청원(請願)을 들어줌.
의ː중(意中)명 마음속. 심중(心中). ¶ 그의 의중을 떠보기로 했다.
의ː중(義衆)명 ☞의도(義徒).
의ː중-인(意中人)명 〈의중지인(意中之人)〉의 준말.
의ː중지인(意中之人)명 마음속에 두고 있는 사람. 준의중인.
의증(疑症)[-쯩]명 의심을 잘하는 성질, 또는 그런 증세.
의지명 관(棺) 대신에 시체를 넣는 기구.
의지(依支)명 ①하타 (다른 것에) 몸을 기댐, 또는 기댈 대상. ¶ 밤길에는 작은 막대기 하나라도 큰 의지가 된다. ②하자타 (무엇에) 마음을 붙여 도움을 받음. ¶ 의지할 데 없는 몸.

의ː지(意志) 명 ①(목적이 뚜렷한) 생각. 뜻. ¶ 의지를 관철(貫徹)하다. ②사물을 깊이 생각하고 선택·판단하여 실행하려는 적극적인 마음가짐. ¶ 강철 같은 의지. /의지가 약하다(강하다). ③철학에서, 도덕적 행위의 근원이 되는 힘.

의ː지(義肢) 명 의수(義手)와 의족(義足)을 아울러 이르는 말.

의지가지-없다(依支—)[—업따] 형 의지할 곳이 전혀 없다. ¶ 의지가지없는 선쟁 고아. **의지가지없-이** 부

의지-간(倚支間)[—깐] 명 원채의 처마 밑에 잇대어 지은 조그만 집. 참달개.

의ː지-력(意志力) 명 의지의 힘. ¶ 의지력이 강한 사람.

의ː지-박약(意志薄弱) 명하형 의지가 약함. 무슨 일을 결심하거나, 어려운 일을 해내거나 하는 강한 마음이 없음.

의질(疑疾) 명 전염될 우려가 있는 병.

의집(蟻集) 명하자 개미 떼처럼 모임.

의차(衣次) 명 옷감.

의ː창(義倉) 명 고려 시대에, 평상시에 곡식을 저장하여 두었다가 흉년에 빈민을 구제하던 제도, 또는 그 곡식을 넣어 두던 창고. 참진대(賑貸)·환곡.

의처-증(疑妻症)[—쯩] 명 아내의 행실을 공연히 의심하는 변태적 성격이나 병적 증세.

의ː체(義諦) 명 사물의 근본 뜻, 또는 근본 이유.

의ː초(誼—) 명 ①동기간(同氣間)의 우애. ②부부 사이의 정의(情誼).

의ː초-롭다(誼—)[—따][~로우니·~로워] 형ㅂ 화목하고 우애가 있다. **의초로이** 부

의촉(依囑) 명하타 어떤 일을 남에게 맡기어 부탁함. ¶ 연구소에 성분 분석을 의촉하다.

의ː총(義塚) 명 ①불교에서, '연고가 없는 사람의 주검을 거두어 묻은 무덤'을 이르는 말. ②의사(義士)의 무덤.

의총(疑塚) 명 지난날, 남이 파낼 염려가 있는 무덤을 보호하기 위하여 진짜 무덤과 똑같이 만들어 놓던 여러 개의 '가짜 무덤'.

의ː충(意衷) 명 마음속에 깊이 품은 참뜻.

의ː취(意趣) 명 ①마음이 쏠리는 데. 의향(意向). ②의지와 취향. ②지취(志趣).

의ː치(義齒) 명 이를 뽑아낸 자리에 보충하여 만들어 박은 가짜 이. 가치(假齒). 비틀니.

의치(醫治) 명하타 의술로써 병을 다스림.

의침(依枕) 명 (비스듬히 앉을 때 팔꿈치를 괴도록 만든) 사방침(四方枕)이나 장침(長枕) 따위를 통틀어 이르는 말.

의타(依他) 명하자 남에게 의지함.

의타-심(依他心) 명 남에게 의지하는 마음.

의탁(依託·依托) 명하타 남에게 맡기어 부탁함. ¶ 모든 일을 그에게 의탁하다.

의ː태(意態) 명 마음이 움직이는 상태. 마음의 상태.

의태(擬態) 명 어떤 모양이나 움직임(짓)을 흉내 내어 그와 비슷하게 꾸미는 일. 짓시늉. 참의성(擬聲).

의태-법(擬態法)[—뻡] 명 수사법상 비유법의 한 가지. 사물의 모양이나 동작 등을 그 느낌이나 특징대로 시늉하여 나타내는 표현 방법. 〔'구름이 뭉게뭉게 피어 오른다.', '술 취한 사람처럼 비틀비틀 걸어왔다.' 하는 따위.〕 시자법(示姿法).

의태^부ː사(擬態副詞) 명 성상 부사(性狀副詞)의 한 갈래. 사물의 모양이나 움직임을 흉내 내어 만든 부사. 〔'데굴데굴'·'나풀나풀'과 같이 같은 말이 되풀이되는 특성이 있음.〕 참의성 부사.

의태-어(擬態語) 명 사물의 모양이나 움직임을 흉내 내어 만든 말. 〔'아장아장'·'곰실곰실'·'반짝반짝' 따위.〕 참의성어(擬聲語).

의ː표(意表) 명 (상대편이나 남이) 전혀 예상하고 있지 않았던 것. 생각 밖. 예상 밖. ¶ 의표를 찌르다.

의표(儀表) 명 ①☞의용(儀容). ②본받을 만한 모범.

의피(擬皮) 명 ☞인조 가죽.

의-하다(依—) 자여 《주로 '의한'·'의하면'·'의하여'의 꼴로 쓰이어》 ①(무엇으로) 말미암다. ¶ 운전 부주의에 의한 교통사고. /부득이한 사정에 의하여 학교에 결석하다. ②어떠한 사실에 근거하다. 의거하다. ¶ 법에 의하여 처벌되다.

의-하다(疑—) 형여 생각이 분명하지 않다. 미심하다.

의학(醫學) 명 인체의 구조와 기능, 건강과 질병의 여러 현상을 연구하며, 건강 유지와 질병의 예방 및 치료에 관한 기술을 발전시켜 나가는 학문.

의학-계(醫學界)[—꼐/—께] 명 의학을 연구하는 학자들의 사회.

의학-부(醫學部)[—뿌] 명 대학에서, 의학에 관한 학문을 전공하는 학부.

의학-자(醫學者)[—짜] 명 의학을 전문으로 연구하는 학자.

의ː합(意合) 명하형 ①뜻이나 마음이 서로 맞음. ②의가 좋음. ¶ 의합한 친구끼리의 모임.

의항(衣桁) 명 ☞횃대.

의ː해(義解) 명 글의 뜻을 밝힌 풀이.

의ː행(義行) 명 의로운 행위.

의향(衣香) 명 ①좀먹지 않도록 옷장이나 옷 갈피에 넣어 두는 향. ②옷에서 나는 향내.

의ː향(意向) 명 (무엇을) 어떻게 할 것인가에 대한 생각. 의취(意趣). ¶ 상대편의 의향을 타진해 보다.

의혁-지(擬革紙)[—찌] 명 종이를 가공하여 가죽 비슷하게 만든 것.

의현(疑眩) '의현하다'의 어근.

의현-하다(疑眩—) 형여 얼떨떨하도록 의심스럽다.

의ː혈(義血) 명 정의를 위하여 흘린 피.

의혈(蟻穴) 명 개미굴.

의ː협(義俠) 명 자기를 희생하면서까지 정의의 편에 서서 약자를 돕는 일, 또는 그런 기질.

의ː협-심(義俠心)[—씸] 명 자기를 희생하는 일이 있다 하더라도 불의의 강자를 누르고 정의의 약자를 도우려 하는 의로운 마음. ¶ 의협심이 강하다.

의ː형(義兄) 명 ①의리로 맺은 형. ②아버지나 어머니가 서로 다른 형. ↔의제(義弟).

의형(儀形) 명 ☞의용(儀容).

의형-의제(宜兄宜弟)[—의—/—이—] 명하형 형제간에 우애가 좋음.

의ː-형제(義兄弟) 명 〈결의형제(結義兄弟)〉의 준말. ¶ 의형제를 맺다.

의혹(疑惑) 명하타 의심하여 수상히 여김, 또는 그 생각. ¶ 의혹을 품다. /남의 의혹을 사다.

의혼(議婚) 명하자 혼사를 의논함, 또는 그 일.

의-화학(醫化學) 명 생리학에서 떨어져 나온 기초 의학의 한 갈래. 인체의 생리 현상을 화학적·물리 화학적 방면에서 연구함.

의회(議會)[-회/-훼]명 ①국민이 선출한 의원들로 구성되어, 선거민의 의사를 대표하여 예산의 심의·입법·의결 등을 하는 합의제(合議制) 기관. ②'국회'를 달리 이르는 말.

의회^정치(議會政治)[-회-/-훼-]명 의회주의에 의한 정치. 준의정(議政)1.

의회-주의(議會主義)[-회-의/-훼-이]명 국가의 최고 정책을 의회에서 결정하여 그것에 따라 정치를 펴 나가는 정치 방식.

의ː흥-위(義興衛)명 조선 시대, 오위(五衛)의 하나인 중위(中衛).

의희(依稀·依俙) '의희하다'의 어근.

의희-하다(依稀-·依俙-)[-히-]형여 ①매우 비슷하다. 방불하다. ②어렴풋하다. **의희-히**부.

읫조 〈옛〉에 있는 ¶ 지빗 眷屬이 흔 사ᄅᆞ미나(月釋21:136).

읫-님[읜-]명 '심마니'를 대접하여 일컫는 말.

읫-만[읜-]명 '어른'의 심마니말.

ㅣ 조 〈옛〉①가. ¶ 一夫ㅣ 流毒홀ᄊᆡ(龍歌10章). ②와. 과. ¶ 오ᄂᆞᆳ날 보ᅀᆞᄫᆞᆫ 佛土ㅣ ᄀᆞᄐᆞ더라(釋譜13:32). ③의. ¶ 公州ㅣ 江南ᄋᆞᆯ 저ᄒᆞ샤(龍歌15章).

이[1]명 한글 자모의 모음인 'ㅣ'의 음가 및 이름.

이[2]명 ①사람이나 척추동물의 입 안에 아래위로 나란히 돋아 있어, 음식물 등을 씹거나 으깨는 일을 하는 기관. ¶ 이가 나다. 높치아(齒牙). 낮이빨. ②톱날이나 톱니바퀴 따위의 뾰족뾰족하게 내민 부분. ¶ 톱의 이가 날카롭다. /톱니바퀴의 이가 닳았다. ③기구나 기계 따위의 맞물리는 짬이나 이에짬. ¶ 집게의 이가 맞다.

이도 아니 나서 콩밥을 씹는다속담 재능과 역량이 부족한 사람이 분에 넘치는 일을 하려 한다는 말.

이도 안 난 것이 뼈다귀 추렴하겠단다〔추렴한다〕속담 무턱대고 자기의 능력에 부치는 일을 하려 한다는 말.

이 없으면 잇몸으로 살지〔산다〕속담 꼭 있어야 할 것이 없으면 없는 대로 견디어 나갈 수 있다는 말.

이에 신물이 돈다〔난다〕속담 어떤 일을 거듭 당하여 지쳤거나 싫증이 몹시 나서 지긋지긋하다.

이(가) 갈리다관용 몹시 분하여 이가 절로 갈리다.

이(가) 빠지다관용 ①칼날이나 그릇 등의 가장자리의 일부가 조금 떨어져 나가다. ¶ 이가 빠진 사발. ②한 벌로 갖추어져 있어야 할 것에서 일부가 빠져서 온전하지 않다.

이(를) 갈다〔갈아 마시다〕관용 어떤 일에 대하여 참을 수 없이 분하거나 원통하여 상대편에게 독한 마음을 먹고 벼르다.

이를 악물다〔깨물다/물다/사리물다〕관용 고통이나 힘에 겨운 어려움을 기어이 이겨 내려고 꾹 참거나 단단히 결심하다. ¶ 시험에 합격하기 위해 이를 악물고 공부하다.

이[3]명 이목의 곤충. 몸길이 1~4 mm. 몸빛은 담황색 또는 갈색. 흡혈 기생충으로 사람이나 가축의 몸에 붙어살며, 발진 티푸스·재귀열·참호열 등을 옮김.

이 잡듯이관용 샅샅이 뒤지어 찾는 모양.

이[4]의 '사람'이나 '사물(것)'을 뜻하는 말. ¶ 서 있는 이에게 다가가다. /궁리만 하는 이보다 차라리 직접 해 보는 편이 빠르겠다.

이[5] Ⅰ대 ①〈이것〉의 준말. ¶ 이와 같은 모양. ②'이러한 형편'을 뜻함. ¶ 이에 이천만 동포가 분연히 일어나도다. ②참이에.

Ⅱ관 ①말하는 이에게 가까이 있는 사람이나 물건을 가리킬 때 쓰는 말. ¶ 이 꽃을 보셔요. /이 사람이 제 친구입니다. ②조금 전에 말한 바 있거나 알려진 사물을 가리킬 때 쓰는 말. ¶ 꽃이 피어야 열매를 맺는다. 이 말은 행위가 결과를 낳는다는 뜻이다. 작요2.

이[6]조 자음으로 끝난 일부 체언이나 용언의 명사형에 붙는 조사. ①그 말이 주어의 자격을 가지게 하는 주격 조사. ¶ 하늘이 맑다. /한 사람이 이리로 뛰어온다. 높께서. ②《동사 '되다' 앞에 쓰이어》 '(무엇이) 변하여 그것으로 됨'을 뜻하는 보격 조사. ¶ 검던 머리가 백발이 되다. ③《형용사 '아니다' 앞에 쓰이어》 그 말이 '부정의 대상이 됨'을 뜻하는 보격 조사. ¶ 그 동물은 말이 아니다. 참가3.

이(伊)명 〈이태리(伊太利)〉의 준말.

이ː(利)명 ①이익이나 이득. ¶ 이가 되든 해가 되든 한번 해 보는 거지. ↔해(害). ②☞변리(邊利). ¶ 몇 푼의 이를 붙여 빌려 주다.

이ː(里)명 지방 행정 구역의 한 가지. 면에 딸리며 여러 개의 촌락이 모여 이루어짐.

이ː(理)명 ①☞이치. ②성리학에서 이르는, 우주의 본체. ¶ 이와 기(氣). ②참기(氣).

이(頤)명 〈이괘(頤卦)〉의 준말.

이ː(履)명 〈이괘(履卦)〉의 준말.

이(離·离)명 ①〈이괘(離卦)〉의 준말. ②〈이방(離方)〉의 준말.

이ː(二·貳) Ⅰ수 둘.

Ⅱ관 《일부 단위를 나타내는 명사 앞에 쓰이어》 ①그 수량이 둘임을 나타내는 말. ¶ 이 개월. /이 미터. ②그 순서가 두 번째임을 나타내는 말. ¶ 이제 수호지 이 권을 읽었다.

-이접미 ①자음으로 끝난 일부 체언 뒤에 붙어, ㉠그 체언이 뜻하는 특징을 지닌 사람임을 나타냄. ¶ 절름발이. /육손이. ㉡자음으로 끝난 일부 고유 명사에 붙어, 어조(語調)를 고르는 구실을 함. ¶ 복동이. /갑순이. ㉢명사를 부사로 바꾸는 구실을 함. ¶ 나날이. /집집이. ②자음으로 끝난 일부 용언의 어근에 붙어, ㉠그 동사를 명사로 바꾸는 구실을 함. ¶ 먹이. /놀이. ㉡그 형용사를 부사로 바꾸는 구실을 함. ¶ 많이. /높이. ㉢그 형용사를 명사로 바꾸는 구실을 함. ¶ 깊이. /넓죽이. ③물건의 수효를 나타내는 수사 뒤에 붙어, 사람의 수효를 지시하는 뜻을 나타냄. ¶ 둘이. /셋이. /여럿이. ③참서4.

-이-접미 ①일부 용언의 어간에 붙어, 그 말을 사동사로 만듦. ¶ 녹이다. /속이다. /높이다. ②일부 동사의 어간에 붙어, 그 말을 피동사로 만듦. ¶ 놓이다. /쌓이다.

-이어미 모음으로 끝난 형용사 어간에 붙어, 자기 생각에 약간의 느낌을 담아 베풀어 말하는 뜻을 나타내는, 하게체의 평서형 종결 어미. ¶ 참 서운하이. 참-으이.

이ː가(二價)[-까]명 ①수학에서, 결정되는 값이 둘인 것. ②화학에서, 두 단위의 원자가(原子價). ¶ 이가 알코올. /이가 원소.

이ː가(離家)명하자 집을 떠남.

이ː각(二刻)명 〔옛 시각(時刻)에서〕 한 시간을 넷으로 나눈 그 둘째 시각. 곧, 30분.

이ː각(耳殼)명 귓바퀴.

이ː각(離角)명 천구 위에서, 한 천체나 한 정점에서 다른 천체까지의 각거리(角距離).

이ː간(離間)명하타 짐짓 두 사람 사이에 하리놀아 서로 떨어지게 만듦. 반간(反間).

이간(을) 붙이다관용 이간질을 하여 서로의 사이를 버성기게 만들다.

이ː간-질(離間-)명하타 두 사람 사이를 갈라놓는 짓. ¶ 어디서나 이간질하는 사람을 조심하여라.

이ː간-책(離間策)명 이간을 붙이는 술책.

이-갈이명 젖니가 빠지고 영구치가 나는 일.

이감(移監)명하타 되자 수감되어 있던 사람을 다른 교도소로 옮김.

이ː갑-사(二甲絲)[-싸]명 ☞이겹실.

이ː강(以降)명 ☞이후(以後).

이ː강-웅예(二強雄蕊)명 이생 웅예(離生雄蕊)의 한 가지. 네 개의 수꽃술 가운데서 둘은 길고 둘은 짧은 것.

이-같이[-가치]부 이와 같이. 이렇게. ¶ 할아버지께서 이같이 화를 내시는 모습을 본 적이 없다.

이-개감 개를 쫓을 때 하는 말. 작요개.

이ː객(異客)명 타향살이하는 나그네.

이-거대 〈이것〉의 준말. ¶ 이거 얼마요? 작요거.

이거(移去)명하자 옮겨 감. 옮아감.

이거(移居)명하자 ☞이주(移住).

이ː거(離居)명하자 (한집에서 같이 살아야 할 사람이) 서로 떨어져서 따로 삶.

이거나조 자음으로 끝난 체언에 쓰이되, 둘 이상 열거된 체언마다 붙어서 그중 어느 것(쪽)이든 가리지 아니함을 나타내는 연결형 서술격 조사. 《모음 뒤에서는 '이'가 생략되기도 하고, 강조할 때에는 '간에'와 어울려 쓰이기도 하며, 체언이 '아무'·'어느'·'무엇' 따위일 때는 다른 체언이 열거되지 않기도 함.》 ¶ 아들이거나 딸이거나 간에 하나만 낳자. /무엇이거나 상관이 없다. 준이건·건[1]. 참거나.

이거늘조 자음으로 끝난 체언에 붙는 연결형 서술격 조사. 《모음 뒤에서는 '이'가 생략되기도 함.》 ①'사실이 이러이러하기에 그에 따라서'의 뜻을 나타냄. ¶ 오랜만의 산행이거늘 중도에서 하산할 수야 있나. ②앞의 사실로 미루어 뒤의 사실이 마땅하다는 뜻을 나타냄. 《흔히, 반어적 의문의 말이 뒤따름.》 ¶ 그도 사람이거늘 어찌 피붙이를 그리는 정이 하나도 없으랴. 참거늘.

이거니조 자음으로 끝난 체언에 붙는 연결형 서술격 조사. 《모음 뒤에서는 '이'가 생략되기도 함.》 ①'사실이 이러이러한데'의 뜻을 나타냄. 《흔히, 반어적 의문의 말이 뒤따름.》 ¶ 휴일이거니 좀 쉰들 어떠랴. ②혼자 속으로 추측하는 뜻을 나타냄. ¶ 인기척이 나기에 형이거니 했는데. /내 집이거니 여기고 편하게 지내게. 참거니.

이거니와조 자음으로 끝난 체언에 붙는 연결형 서술격 조사. 《모음 뒤에서는 '이'가 생략되기도 함.》 ①서로 맞서거나 어긋나는 사실을 이어 줌. ¶ 이것은 내가 할 일이거니와 저것은 누가 할 일인고. ②이미 있는 사실(현상)을 인정하되, 그보다 더하거나 그와 다른 사실이 있음을 나타냄. ¶ 공부도 일등이거니와 품행도 방정하다. 참거니와.

이거든조 자음으로 끝난 체언에 붙는 서술격 조사. 《모음 뒤에서는 '이'가 생략되기도 함.》 ①㉠가정하여 말하는 내용이 뒷말의 조건이 됨을 나타내는 연결형 서술격 조사. ¶ 너도 사람이거든 부끄러움을 알아라. ㉡앞말을 인정함으로써, 뒷말이 앞말에 매이는 뜻을 나타내는 연결형 서술격 조사. 《흔히, '~거든 어찌 ~랴'와 같은 반어적 의문문의 꼴로 쓰임.》 ¶ 부모가 모범적이거든 하물며 자식이야 더 말할 나위가 있으랴. /나도 아는 사실이거든 어찌 그가 모르랴. ②신기하거나 이상함을 스스로 영탄하는 투로 나타내는 종결형 서술격 조사. ¶ 그 친구의 속은 참 알다가도 모를 일이거든. 참거든.

이거들랑조 '이거든'과 '을랑'이 합쳐서 줄어서 된 말. 자음으로 끝난 체언에 붙어, 앞말이 뒷말의 전제 조건이 됨을 나타내는 연결형 서술격 조사. 《모음 뒤에서는 '이'가 생략되기도 함.》 ¶ 식전이거들랑 같이 한술 뜨자. 준이걸랑. 참거들랑.

이거들랑-은조 '이거들랑'의 힘줌말.

이건조 〈이거나〉의 준말. ¶ 밤이건 낮이건 할 일은 해야지.

이건마는조 자음으로 끝난 체언에 붙는 연결형 서술격 조사. 앞의 사실을 정해진 또는 마땅한 사실로 인정하거나 미루어 짐작하면서 뒤의 사실이 이와 어긋난다는 뜻을 나타냄. 《모음 뒤에서는 '이'가 생략되기도 함.》 ¶ 사위도 자식이건마는 어찌 그리 데면데면하게 구는지. 준이건만. 참건마는.

이건만조 〈이건마는〉의 준말. ¶ 겉은 사람이건만 속은 짐승이다.

이걸랑조 〈이거들랑〉의 준말. ¶ 착실한 총각이걸랑 한번 데리고 오너라.

이ː검(利劍)명 썩 잘 드는 검.

이-것[-걷]대 ①말하는 이가 그의 '가까이에 있는 사물'을 가리키는 말. ¶ 이것은 책이고 저것은 연필이다. ②이제 막 말한 내용이나 지금의 상황 등을 두루 가리키는 말. ¶ 물가의 안정, 이것은 사회 안정의 기본 요건이다. ③'이 사람'을 얕잡아 이르는 말. ¶ 이것들이 사람을 어떻게 보고 하는 수작이야. ④《반어적 표현으로》 '이 아이'를 귀엽게 이르는 말. ¶ 이것이 이젠 도리도리도 할 줄 알고 죄암죄암도 할 줄 안다니까. ①~③준이[5]·이거. ③④작요것. ＊이것이[-거시]·이것만[-건-]

이것다[-걷따]조 자음으로 끝난 체언에 붙어, 원인이나 조건 등이 충분하다는 뜻을 나타내는 연결형 서술격 조사. 《모음 뒤에서는 '이'가 생략되기도 함.》 ¶ 부자것다, 미남이것다, 뭐가 맘에 안 차서 마다하느냐? 참것다.

이것-저것[-걷쩌걷]명 이것과 저것. ¶ 이것저것을 다 잘 살펴보아라. ＊이것저것이[-걷쩌거시]·이것저것만[-걷쩌건-]

이ː격(離隔)명하자·타 사이가 벌어짐, 또는 사이를 벌려 놓음.

이ː견(異見)명 남과 다른 의견. 또는, 서로 다른 의견. 이론(異論). ¶ 이견을 내놓다. /이견을 좁히다.

이ː결(已決)명하타 되자 이미 결정함. 기결(旣決).

이ː겹-실(二-)[-씰]명 두 올을 겹으로 꼰 실. 이갑사(二甲絲). 이합사(二合絲).

이ː경(二更)명 하루의 밤을 다섯 경(更)으로 나눈 둘째의 때. 밤 10시를 전후한 두 시간, 곧 하오 9시부터 11시까지의 동안. 을야(乙夜).

이ː경(耳鏡)명 의료기의 한 가지. 귓속을 들여다보는 데 쓰임.

이ː경(異境)명 모국에서 멀리 떨어진 곳. 이역(異域). 타국(他國).

이ː경(離京)명하자 서울을 떠남. ↔귀경(歸京).

이ː계(異系)[-계/-게]명 서로 계통이 다른 것, 또는 그 다른 계통.

이ː계^교배(異系交配) [-계-/-게-] 명 종류는 같으나 계통이 서로 다른 품종을 교배시키는 일.

이고조 자음으로 끝난 체언에 붙는 조사. 《모음 뒤에서는 '이'가 생략되기도 함.》 ①두 가지 이상의 사실을 대등하게 벌여 놓는 뜻을 나타내는 대등적 서술격 조사. ¶ 이것은 돌이고, 저것은 흙이다. ②물음이나 항의하는 뜻을 나타내는 의문형 서술격 조사. ¶ 날더러 바보라니, 그럼 저는 무엇이고? ③두 가지 이상의 사물(사실)을 벌여 놓는 뜻을 나타내는 접속 조사. ¶ 어머니는 술이고 음식이고 달라는 대로 준다. 참고.

이고(尼姑) 명 '비구니'를 낮잡아 이르는 말.

이고-말고조 자음으로 끝난 체언에 붙어, 상대편의 물음에 대하여 긍정하는 뜻을 강조하여 나타내는 종결형 서술격 조사. 《모음 뒤에서는 '이'가 생략되기도 함.》 ¶ 아무렴, 좋은 사람이고말고. 참고말고.

이-골[1] 명 ☞치수(齒髓).

이ː골[2] 명 어떤 방면에 아주 길이 들어서, 그것에 익숙해진 상태.

이골(이) 나다 관용 어떤 방면에 아주 익숙해지다. ¶ 낚시질에 이골이 난 사람.

이-곳 [-곧] 대 ①말하는 이로부터 아주 가까운 곳을 가리키는 말. ¶ 이곳에다 나무를 심어라. /이곳에 30층 빌딩이 들어설 예정이다. ②이 지방. ¶ 이곳 특산물. /순박한 이곳 사람들. ＊이곳이[-고시]·이곳만[-곤-]

이곳-저곳 [-곧쩌곧] 명 '여기저기'를 문어적으로 이르는 말. ＊이곳저곳이[-곧쩌고시]·이곳저곳만[-곧쩌곤-]

이ː공(理工) 명 '이학(理學)'과 '공학(工學)'을 아울러 이르는 말.

이ː과(耳科) [-꽈] 명 귓병을 전문으로 치료하는 의술 부분.

이ː과(理科) [-꽈] 명 자연 과학의 이론과 현상을 연구하는 학과. 〔물리학이나 화학·생리학·천문학 따위.〕 ↔문과(文科).

이ː과지사(已過之事) 명 이미 지나간 일. 이왕지사(已往之事).

이ː관(耳管) 명 ☞유스타키오관.

이관(移管) 명하타되자 관할을 옮김, 또는 옮기어 관할함. ¶ 출판 관계 업무를 문화 체육 관광부로 이관하다.

이관데조 자음으로 끝난 체언에 붙어, 어떤 원인이나 근거 등을 따져 묻는 뜻을 나타내는, 예스러운 말투의 연결형 서술격 조사. 《모음, 뒤에서는 '이'가 생략되기도 함.》 ¶ 고향이 무엇이관데 나를 이토록 그리움에 떨게 하느뇨? 참관데.

이괘(頤卦) 명 육십사괘의 하나. 간괘(艮卦)와 진괘(震卦)를 위아래로 놓은 괘. 산과 우레를 상징함. 준이(頤).

이ː괘(履卦) 명 육십사괘의 하나. 건괘(乾卦)와 태괘(兌卦)를 위아래로 놓은 괘. 하늘 아래의 못〔池〕을 상징함. 준이(履).

이괘(離卦·离卦) 명 ①팔괘의 하나. 상형은 ☲. 불을 상징함. ②육십사괘의 하나. ☲를 위아래로 놓은 괘. 밝음이 거듭됨을 상징함. 준이(離).

이-괴 [-괴/-궤] 감 고양이나 도둑을 쫓을 때 하는 말.

이ː교(理教) 명 불교에서, 본체와 현상을 다른 것으로 보지 않고, 차별 그대로가 평등이라고 보는 교지(教旨).

이ː교(異教) 명 ①자기가 믿는 종교 이외의 종교. ②기독교에서, 기독교 이외의 종교를 이르는 말.

이ː교-도(異教徒) 명 ①자기가 믿는 종교 이외의 종교를 믿는 사람. ②기독교에서, 기독교 이외의 종교를 믿는 사람을 이르는 말.

이ː교-주의(異教主義) [-의/-이] 명 (기독교에서 본) 다른 종교를 신봉하는 처지나 주의를 이르는 말.

이구(已久) '이구하다'의 어근.

이ː구(耳垢) 명 귀지.

이구(泥丘) 명 이화산(泥火山)에서 내뿜어진 진흙이 분화구의 둘레에 원뿔 모양으로 엉겨 붙어서 이루어진 언덕.

이구나조 〈이로구나〉의 준말. 구나. ¶ 벌써 가을이구나. /아, 이게 산삼이구나. 준이군.

이ː구-동성(異口同聲) 명 여러 사람의 말이 한결같이 같음. 여출일구(如出一口). 이구동음. ¶ 이구동성으로 칭찬하다.

이ː구-동음(異口同音) 명 ☞이구동성.

이구려조 〈이로구려〉의 준말. ¶ 나를 생각해 주는 이는 역시 당신이구려.

이구료조 '이구려'의 잘못.

이구먼조 〈이로구먼〉의 준말. ¶ 듣던 대로 과연 미인이구먼. 준이군.

이ː구-하다(已久-) 형여 이미 오래되다. ¶ 집 떠난 지 이구하되 소식이 돈절이라.

이국(夷國) 명 오랑캐 나라.

이ː국(理國) 명하자 나라를 다스림. 치국(治國).

이ː국(異國) 명 다른 나라. 외국. ¶ 이국의 풍물.

이ː국-땅(異國-) 명 남의 나라 땅.

이ː국-적(異國的) [-쩍] 관명 (풍물이나 분위기 따위가) 자기 나라와는 다른 (것). ¶ 이국적 풍경. /얼굴이 이국적으로 생겼다.

이ː국-정조(異國情調) [-쩡-] 명 ①다른 나라의 낯선 풍물에 감도는 자기 나라와는 다른 독특한 분위기, 또는 그러한 풍물을 대하여 느끼게 되는 독특한 정서. ②작품 속에서 표현된, 외국의 풍물이나 정취. 이국정취.

이ː국-정취(異國情趣) [-쩡-] 명 ☞이국정조.

이ː국-취미(異國趣味) 명 ①다른 나라의 낯선 풍물이나 일들에서 느껴지는 색다른 정취나 맛, 또는 그러한 것을 동경하는 일. ②문학에서, 다른 나라의 풍물이나 정취를 그려서 예술적 효과를 높이는 일.

이ː국-편민(利國便民) 명하자 나라를 이롭게 하고, 국민의 생활을 편안하게 함.

이군조 ①〈이로구나〉·〈이구나〉의 준말. ¶ 여기가 자네 집이군. ②〈이로구먼〉·〈이구먼〉의 준말. ¶ 참, 좋은 세상이군.

이궁(离宮) 명 ①지난날, 태자궁과 세자궁을 두루 이르던 말. ②☞행궁(行宮). ③고려 시대에, 동경과 남경·서경에 두었던 임금의 별궁.

이궁(理窮) '이궁하다'의 어근.

이ː궁-하다(理窮-) 형여 이치 또는 사리가 막히어 어찌할 도리가 없다.

이ː권(利權) [-꿘] 명 이익을 얻게 되는 권리. 〔업자가 공무원이나 정객 등과 결탁하여 얻는, 이익이 많은 권리 따위.〕 ¶ 이권 다툼. /사업자 선정 과정에서 이권이 개입되다.

이그러-지다 자 '일그러지다'의 잘못.

이ː극구당(履屐俱當) [-꾸-] 명 〔맑은 날에는 신으로 쓰고, 궂은 날에는 나막신으로 쓴다는 뜻으로〕 온갖 재주를 다 갖추어 못할 일이 없는 재간이나 사람을 두고 이르는 말.

이:극^진공관(二極眞空管)[-찐-]명 음극에 해당하는 필라멘트와 양극에 해당하는 플레이트만 들어 있는 진공관. 정류기나 검파기로 쓰이는 가장 단순한 진공관임.
이:근(耳根)명 ①귀뿌리. ②불교에서 이르는, 육근(六根)의 하나. 청각 기관인 '귀'를 이르는 말.
이:글(eagle)명 골프에서, 기준 타수보다 둘 적은 타수로 홀(hole)에 공을 쳐 넣는 일. 참버디(birdie)·파(par)·보기(bogey).
이글-거리다자 자꾸 이글이글하다. 이글대다. ¶ 한여름의 이글거리는 태양.
이글-대다자 이글거리다.
이글루:(igloo)명 ①얼음과 눈덩이로 둥글게 지은, 에스키모의 집. ②이글루 모양으로 지은 집.
이글-이글[-글리-/-그리-]부하자 ①불꽃이 벌겋게 타오르는 모양. ¶ 모닥불이 이글이글 타오르고 있다. ②얼굴이 벌겋게 달아오르는 모양. ¶ 놀이에 열중한 꼬마의 얼굴이 이글이글 달아올랐다. ③정기나 정열이 매우 왕성하게 나타나는 모양. ¶ 젊은이의 눈동자는 미래에 대한 의욕으로 이글이글 타올랐다.
이금(弛禁)명하자되자 금령(禁令)을 조금 늦춤.
이:금(利金)명 ①이익으로 얻은 돈. ②변리(邊利)의 돈.
이금(泥金)명 금박 가루를 아교에 갠 것. 글을 쓰거나 그림을 그리는 데 쓰임. 금니(金泥).
이:금당(已今當)명 불교에서, 과거·현재·미래를 통틀어 이르는 말.
이금-에(而今-)부 이제 와서. ¶ 이금에 종군 위안부 문제를 거론함은….
이금-이후(而今以後)명 지금으로부터 이후. 자금이후(自今以後). ¶ 이금이후 吾等은 民族自發的 意志에 좇아 外勢의 干涉을 除할 것인즉….
이긔다타 〈옛〉이기다. ¶ 勝은 이긜씨라(月釋序 *9*). /이긜 승:勝(訓蒙下*22*).
이기조 서술격 조사의 명사형. ¶ 이왕이면 아들이기를 바랐다.
이:기(二氣)명 〔동양 철학에서〕 음(陰)과 양(陽).
이:기(利己)명 (남의 일을 생각함이 없이) 자기 한 몸의 이익만을 꾀하는 일. ↔이타(利他).
이:기(利器)명 〔날카로운 병기나 연장이라는 뜻으로〕 ①실제로 쓰기에 편리한 기계나 기구. ¶ 문명의 이기. ②쓸모 있는 재능, 또는 그런 재능을 가진 사람. ③마음대로 할 수 있는 권력.
이:기(理氣)명 성리학에서, 태극과 음양, 우주의 본체인 이(理)와 그 현상인 기(氣).
이기다[1] Ⅰ자타 힘이나 재주를 겨루어 상대편을 앞지르거나 굴복시키다. ¶ 전쟁에 이기다. /씨름을 해서 이기다. ↔지다[3].
Ⅱ타 ①(육체적·정신적 고통이나 장애·슬픔·흥분 등을) 참고 견디다. ¶ 유혹을 이기다. /그는 아픔을 이기고 일어섰다. /그는 제 분을 못 이기어 문을 박차고 나갔다. ②몸을 가누거나 바로 하다. ¶ 제 몸도 못 이기는 환자 신세.
이기다[2]타 ①흙이나 가루 따위에 물을 부어 뒤섞어서 반죽하다. ¶ 칼국수를 하려고 밀가루 반죽을 이기다. ②잘게 썰어 짓찧어서 다지다. ¶ 마늘 양념을 이겨 넣다. ③빨래 따위를 이리저리 뒤치면서 두드리다.
이기로조 자음으로 끝난 체언에 붙는 연결형 서술격 조사. '아무리 그렇다 하더라도'의 뜻으로, 앞의 사실을 인정하되 뒤의 사실이 마땅하지 아니함을 반어적으로 나타냄. 《모음 뒤에서는 '이'가 생략되기도 함.》 ¶ 아무리 좋은 집이기로 그렇게 터무니없이 비쌀까. 참기로.
이기로서조 〈이기로서니〉의 준말.
이기로서니조 '이기로'의 힘줌말. ¶ 아무리 높은 산이기로서니 못 오를 게 무어냐. 준이기로서.
이기로선들조 '이기로서니'의 힘줌말. 기로선들. ¶ 제가 아무리 재주꾼이기로선들 이것만은 못할걸.
이:기-심(利己心)명 자기의 이익만을 꾀하는 마음. ↔공공심(公共心).
이기에조 자음으로 끝난 체언에 붙는 연결형 서술격 조사. 《모음 뒤에서는 '이'가 생략되기도 함.》 ①원인이나 이유를 나타냄. ¶ 하나밖에 없는 자식이기에 오냐오냐했더니 버릇이 없다. ②원인이나 이유를 따지는 뜻을 나타냄. ¶ 무슨 책이기에 밤새워 읽느냐? 참기에.
이:기-작(二期作)명 한 경작지에서 한 해에 같은 작물을 두 차례 지어 거두는 일.
이:기-적(利己的)관명 자기의 이익만 꾀하는 (것). ¶ 이기적 사고방식. /이기적인 목적.
이:기-주의(利己主義)[-의/-이]명 ①윤리학에서, 자기의 쾌락을 증진시킴을 도덕적 행위의 유일한 목적이라고 하는 이기적 쾌락주의. 자애주의. 주아주의. ↔애타주의·이타주의. ②다른 사람이야 어떻든 자기의 이익만을 추구하는 방식이나 태도. 개인주의. 자기주의.
이기죽-거리다[-꺼-]자 자꾸 이기죽이기죽하다. 이기죽대다. ¶ 그는 눈꼴사납다는 듯이 입을 비쭉이면서 이기죽거렸다. 준이죽거리다. 작야기죽거리다.
이기죽-대다[-때-]자 이기죽거리다.
이기죽-이기죽부하자 밉살스럽게 지껄이며 빈정거리는 모양. ¶ 이기죽이기죽 빈정대다. 준이죽이죽. 작야기죽야기죽.
이:기-증(異嗜症)[-쯩]명 ☞이미증(異味症).
이:기-한(利己漢)명 (다른 사람이야 어떻든) '자신의 이익과 쾌락만을 꾀하는 사람'을 얕잡아 이르는 말.
이-까짓[-짇]관 겨우 이 정도밖에 안 되는. ¶ 이까짓 것쯤이야 하루면 다 끝낼 수 있다. 준이깟. 작요까짓.
이-깟[-깓]관 〈이까짓〉의 준말. ¶ 이깟 것쯤은 한 손으로도 들 수 있다. 작요깟.
이끌다[이끄니·이끌어]타 ①앞에서 잡고 끌다. ¶ 막내의 손을 이끌고 공원 길을 거닐었다. /손수레를 이끌다. ②따라오도록 인도하다. ¶ 모세는 유대 민족을 가나안 복지로 이끌었다. ③마음이나 시선이 쏠리게 하다. ¶ 그의 옷차림은 뭇시선을 한 몸에 이끌었다. 준끌다.
이끌-리다자 〖'이끌다'의 피동〗 이끎을 당하다. ¶ 나도 모르게 마음이 이끌리다.
이끎-음(-音)[-끄믐]명 음계(音階)의 제7음으로, 으뜸음의 반음 아래에 있으며, 으뜸음으로 이끄는 음. 도음(導音).
이:-끗(利-)[-끋]명 이익을 얻는 실마리. ¶ 이끗에 밝다. /장사야 다 이끗을 보고 하는 노릇 아닌가. *이:끗이[-끄시]·이:끗만[-끈-]
이끼[1]명 습기가 많은 땅·숲 속·고목 껍질·바위 밑 등에서 자라는 선태식물·지의류 따위를 통틀어 이르는 말. 매태(莓苔). 선태(蘚苔). 태선(苔蘚).
이끼[2]감 〈이끼나〉의 준말.
이끼나감 갑작스러운 일로 놀라서 급히 물러설 듯이 하며 하는 말. ¶ 이끼나 이게 뭐야? 준이끼[2].

이나[조] 자음으로 끝난 체언에 붙는 조사. 《모음 뒤에서는 '이'가 생략되기도 함.》 ①선택의 뜻을 나타내는 보조사. ¶ 잠이나 자자. ②가리지 않는다는 뜻을 나타내는 보조사. ¶ 밥이 없으면 술이나 주시오. ③조건을 붙이는 뜻을 나타내는 보조사. ¶ 장정이나 할 일. ④어림이나 짐작의 뜻을 나타내는 보조사. ¶ 한 백 명이나 모였을까? ⑤'많지는 않으나 좀 있음'을 얕잡아 이르는 뜻을 나타내는 보조사. ¶ 돈푼이나 있다고 되게 으스댄다. ⑥〈이나마2〉의 준말. ¶ 변변찮은 찬이나 많이 드시오. ⑦느꺼움을 나타내는 감탄 조사. ¶ 돈을 만 원이나 주시더라. ⑧앞말이 뒷말에 매이지 아니함을 뜻하는, 방임형 서술격 조사. ¶ 직함은 사장이나 이름뿐인 사장이오. ⑨둘 이상의 사람이나 사물을 같은 자격으로 이어 주는 접속 조사. ¶ 옷이나 신발을 사 주세요. [참]나4.

이-나마1[부] 이것이나마. 이것이라도. ¶ 이나마 남겨 뒀으니 망정이지 이마저 없었다면…. [작]요나마.

이나마2[조] 자음으로 끝난 체언에 붙어, '좀 모자라지만 아쉬운 대로'의 뜻으로, 양보나 불만의 뜻을 나타내는 보조사. 《모음 뒤에서는 '이'가 생략되기도 함.》 ¶ 조그만 정성이나마 받아 주시오. [준]이나. [참]나마.

이나-마나[조] 자음으로 끝난 체언에 붙어, '그것이기는 하나, 아닌 것과 마찬가지로'의 뜻을 나타내는 서술격 조사. 《모음 뒤에서는 '이'가 생략되기도 함.》 ¶ 봉급이나마나 뭐 남는 게 있어야지. [참]나마나.

이-날[명] 바로 앞에서 이야기한 날. ¶ 경술년 8월 29일, 이날에 우리 이천만 동포는 하늘을 우러러 호곡하니….

이날 이때까지[관용] 지금에 이르기까지. ¶ 결혼 후 30년, 이날 이때까지 서로 얼굴 한 번 붉혀 본 적이 없다.

이ː남 (以南)[명] ①기준으로 삼은 곳에서 그보다 남쪽. ¶ 한강 이남 지역. ②우리나라에서, '남한(南韓)'을 흔히 이르는 말. ↔이북(以北).

이남-박[명] 함지박의 한 가지. 쌀 따위의 곡물을 씻거나 일 때에 씀. 안쪽에 여러 줄의 골이 나 있음.

이내1[명] 해 질 무렵에 멀리 보이는 푸르스름하고 흐릿한 기운. 남기(嵐氣).

이-내2[관] '나의'의 힘줌말. ¶ 슬프다, 이내 신세.

이내3[부] ①(시간적으로) 그때 바로. 지체하지 않고 곧. ¶ 검은 구름이 몰리자 이내 비가 쏟아졌다. ②(공간적으로) 가까이에. 멀지 않게. ¶ 이 고개만 넘어서면 이내 우리 고향 동네요. ③그때의 형편대로 계속. 내처. ¶ 그때 헤어진 후 이내 소식이 끊겼다.

이ː내 (以內)[명] (시간 또는 공간에서) 어떤 기준을 포함한 범위의 안. ¶ 15분 이내. /백 리 이내의 거리. ↔이외(以外).

이냐[조] 자음으로 끝난 체언에 붙어, 묻는 뜻을 나타내는 해라체의 종결형 서술격 조사. ¶ 그게 무슨 말이냐? [참]냐.

이냐고[조] 자음으로 끝난 체언에 붙어, 물음의 말을 인용하는 뜻을 나타내는 연결형 서술격 조사. 《모음 뒤에서는 '이'가 생략되기도 함.》 ¶ 오늘이 생일이냐고 했더니 아니라더라. [참]냐고.

이냐는[조] '이냐고 하는'이 줄어서 된 말. 자음으로 끝난 체언에 붙는 서술격 조사. 《모음 뒤에서는 '이'가 생략되기도 함.》 ¶ 무엇이 행복이냐는 질문. [참]냐는.

이냔[조] '이냐고 하는' 또는 '이냐고 한'이 줄어서 된 말. 자음으로 끝난 체언에 붙는 서술격 조사. 《모음 뒤에서는 '이'가 생략되기도 함.》 ¶ 이것도 음식이냔 말이야. [참]냔.

이냘[조] '이냐고 할'이 줄어서 된 말. 자음으로 끝난 체언에 붙는 서술격 조사. 《모음 뒤에서는 '이'가 생략되기도 함.》 ¶ 얻어먹는 주제에, 이게 어른에 대한 대접이냘 수는 없잖은가. [참]냘.

이-냥[부] 이 모양대로. 이대로 내처. ¶ 자네나 떠나려면 떠나게. 나는 이냥 여기 눌러앉아 고향을 지키겠네. [작]요냥.

이냥-저냥[부] 이대로. 적당히. 되어 가는 대로. ¶ 구차한 대로 이냥저냥 꾸리고 살아갑니다.

이너 (inner)[명] 축구에서, 제일선의 다섯 사람의 공격수 중, 중간의 센터 포워드와 양쪽 가의 윙 사이의 공격수.

이-네[대] 이 사람들. ¶ 나 혼자 본 게 아니라 이네들도 다 함께 보았소.

이-녁[대] 〔하오할 자리에〕 ①상대편을 조금 낮추어 이르는 말. ¶ 방금 이녁이 그리 말하지 않았소? ②'자기'를 낮추어 일컫는 말. ¶ 제발 이녁 형편도 좀 생각해 주시오.

이-년[대] ①말하는 이에게 가까이 있거나, 말하는 이가 생각하고 있는 여자를 홀하게 가리키는 말. ②여자가 윗사람에게 자기를 낮추어 이르는 말. ③'이 여자아이'를 홀하게 또는 얕잡아 이르는 말. ↔이놈.

이ː년-생 (二年生)[명] ①〈이년생 식물〉의 준말. 두해살이. 월년생. ②(각급 학교에서) 2학년이 되는 학생. ③난 지 2년이 되는 동물 또는 식물. ¶ 이년생 젖소. /이년생 감나무.

이ː년생^식물 (二年生植物) [-싱-][명] 식물체가 싹 트고, 자라고, 꽃이 피고, 열매 맺은 다음에 말라 죽기까지 1년 이상 2년 이내의 시일이 걸리는 초본(草本) 식물. 두해살이풀. 월년생 식물. 이년생 초본. [준]이년생. [참]다년생 식물.

이ː년생^초본 (二年生草本)[명] ☞이년생 식물.

이ː념 (理念)[명] ①철학에서, 모든 경험에 통제를 부여하는, 순수 이성에서 얻어진 최고의 개념. 〔가령, 플라톤에서는 도덕 가치로서의 최고선(最高善), 칸트에서는 경험을 통일하는 데 불가결한 순수 이성 개념 따위.〕 이데아(Idea). ②무엇을 최고의 것으로 하는가에 대한 그 사람의 근본적인 생각. ¶ 이념 대립. /건국 이념.

이녕 (泥濘)[명] ☞진창.

이노베이션 (innovation)[명] 기술 혁신. 〔이제까지 없었던 새 상품의 개발, 새 기술, 새로운 생산 조직, 새 원료, 새 시장의 개척 따위의 새로운 방법을 끌어들여 새로운 발전을 이룩하는 일.〕

이노신산^소다 (←inosinic酸soda)[명] 무색 또는 백색의 결정. 고등어 따위의 살에서 뽑아내며 물에 잘 녹음. 독특한 맛이 있어 단독 또는 글루탐산나트륨과 섞어 음식의 맛을 내는 데 쓰임.

이-놈[대] ①말하는 이에게 가까이 있거나, 말하는 이가 생각하고 있는 남자를 홀하게 가리키는 말. ¶ 이놈이 범인입니다. ②남자가 윗사람에게 자기를 낮추어 이르는 말. ③'이 아이'를 홀하게 또는 얕잡아 이르는 말. ④말하는 이에게 가까이 있거나, 말하는 이가 생각하고 있는 사물을 속되게 이르는 말. 《주로, '이놈의'의 꼴로 쓰임.》 ¶ 이놈의 차가 또 말썽이다. ①~③↔이년.

이ː농 (離農)[명] (농민이) 농사일을 그만두고 농촌을 떠나는 현상.

이ː뇨 (利尿)[명][하자] 오줌을 잘 나오게 함.

이ː뇨-제(利尿劑)명 오줌을 잘 나오게 하는 약제.

이ː능(異能)명 남다른 재능. 특이한 재능.

이니[1]조 자음으로 끝난 체언에 붙는 연결형 서술격 조사. 《모음 뒤에서는 '이'가 생략되기도 함.》 ①앞말이 뒷말의 까닭이 됨을 나타냄. ¶ 휴일이니 푹 쉬어라. ②어떤 사실을 들어 보인 다음 그와 관련된 다른 말을 끌어내는 뜻을 나타냄. ¶ 금강산은 천하 명산이니, 그 봉우리가 무려 일만이천이나 된다. ③《주로 '-이니 -이니'의 꼴로 쓰이어》 ㉠이것이라고도 하고 저것이라고도 함을 나타냄. ¶ 병신이니 바보니 하면서 구박만 한다. ㉡여러 사물을 벌여 놓는 뜻을 나타냄. ¶ 아들이니 딸이니 다 모였다. 참니[1].

이니[2]조 자음으로 끝난 체언에 붙는 종결형 서술격 조사. 《모음 뒤에서는 '이'가 생략되기도 함.》 ①경험에 바탕을 둔 어떤 사실을 일러 주는 뜻을 나타냄. ¶ 회초리를 들게나, 매 끝에 정이 드는 것이니. ②'이냐'보다 은근한 느낌을 나타냄. ¶ 무슨 일이니? 참니[2].

이니까조 앞말이 뒷말의 까닭이 됨을 나타내는 연결형 서술격 조사 '이니[1]'의 힘줌말. ¶ 먼 길이니까 채비를 단단히 해라.

이니까는조 '이니까'의 힘줌말. ¶ 여름이니까는 덥지. 준이니깐.

이니깐조 〈이니까는〉의 준말. ¶ 바닷물이니깐 짜지.

이니라조 자음으로 끝난 체언에 붙어, 당연한 일, 또는 경험으로 얻은 어떤 사실을 단정적으로 베풀어 말하는, 해라체의 종결형 서술격 조사. 《모음 뒤에서는 '이'가 생략되기도 함.》 ¶ 인간은 만물의 영장이니라. 참니라.

이니셜(initial)명 구문(歐文)의 글 첫머리나 고유 명사의 첫 글자에 쓰는 대문자, 또는 그것의 장식적인 글자. 머리글자.

이닝(inning)명 야구에서, 양 팀이 각각 한 번의 공격과 수비를 끝내는 동안. 한 회(回).

이다[1]타 ①(물건을) 머리 위에 얹다. ¶ 물동이를 머리에 이다. ②(무엇이) '머리 위쪽에 있음'을 비유하여 이르는 말. ¶ 푸른 하늘을 이고 솟아 있는 산봉우리.

이ː다[2]타 (기와나 볏짚·슬레이트 따위로) 지붕을 덮다. ¶ 초가집 속에 드문드문 기와로 지붕을 인 집도 보인다.

이다[3]조 자음으로 끝난 체언에 붙어, 사물을 지정하는 뜻을 나타내는 종결형 서술격 조사. 《모음 뒤에서는 '이'가 생략되기도 함.》 ¶ 이것은 연필이다. 참다[4].

이다[4]조 자음으로 끝난 체언에 붙어, 둘 이상의 사물을 같은 자격으로 열거하는 뜻을 나타내는 접속 조사. 《주로, '-이다 -이다'의 꼴로 쓰임.》 ¶ 밥이다 떡이다 잔뜩 먹었다. 참다[5].

-이다접미 '-거리다'가 붙을 수 있는 시늉말(부사) 어근에 붙어, 그 말이 동사가 되게 함. ¶ 끄덕이다. /망설이다. /헐떡이다. /출렁이다.

이다마는조 '이다'와 '마는'이 합쳐서 된 말. 자음으로 끝난 체언에 붙어, '그렇기는 하지마는'의 뜻으로, 앞말을 인정하되 그것이 뒷말에 영향을 미치지 아니함을 나타내는 연결형 서술격 조사. 《모음 뒤에서는 '이'가 생략되기도 함.》 ¶ 형식은 소설이다마는 내용은 수필이다. 준이다만. 참다마는.

이다만조 〈이다마는〉의 준말. ¶ 예쁜 꽃이다만 향기가 없구나.

이-다음명 뒤미처 오는 때나 자리. 이번의 다음. ¶ 이다음에 전개되는 장면이 더욱 장관이라오. 준이담. 작요다음.

이-다지부 이렇게까지. 이러한 정도로까지. ¶ 이다지 기쁠 줄이야. 작요다지.

이다지-도부 '이다지'의 힘줌말. ¶ 이다지도 고생일 줄은 미처 몰랐수.

이ː단(異端)명 ①정통 학파나 종파에 벗어나는 설(說)이나 파벌을 주장하는 일. ②기독교에서, '정통적 교의(敎義)나 교파 이외의 교의나 교파'를 이름. ③유교에서, '노(老)·장(莊)·양(楊)·묵(墨) 등의 제자백가'를 이르던 말. ④불교에서, '외도' 또는 '이안심(異安心)'을 이름.

이ː단-시(異端視)명하타 되자 〔어떤 사상이나 학설·교의(敎義) 따위를〕 이단으로 봄.

이ː단-자(異端者)명 ①〔어떤 사상이나 학설·교의(敎義) 따위의〕 이단을 믿거나 주장하는 사람. ¶ 학계의 이단자. ②세속적 전통이나 권위 또는 세속적 상식에 반발하여, 자기 개성을 강하게 내세워 무리로부터 고립해 있는 사람. ¶ 그는 시대의 이단자였다.

이ː단^평행봉(二段平行棒)명 여자 체조 경기 종목의 한 가지. 2~3 m의 높은 봉과 1.5 m의 낮은 봉을 이용하여 매달리기·흔들기·버티기 따위의 동작을 연결하며 하는 운동.

이-달명 ①이번 달. 금월. ¶ 이달의 인물. ②바로 앞에서 이야기한 달. 참그달.

이-담명 〈이다음〉의 준말. ¶ 이담에 여기서 다시 만나세. 작요담.

이당(飴餹)명 ☞엿[1].

이ː당(離黨)명하자 소속되어 있던 정당이나 당파에서 떠남.

이ː당-류(二糖類)[-뉴]명 가수 분해로 한 개의 분자에서 두 분자의 단당류가 생기는 당류. 복당류(複糖類).

이대부 〈옛〉잘. 좋게. ¶ 모몰 조캐 이대 가져 돈니샤(月釋2:56).

이-대로부 이와 같이. 이 모양으로 변함없이. ¶ 이대로 만들어 보아라. /손대지 말고 꼭 이대로 두어라. 작요대로.

이더구나조 자음으로 끝난 체언에 붙어, 지난 일을 일러 주거나 스스로 돌이켜 생각하는 뜻을 나타내는 해라체의 종결형 서술격 조사. 《모음 뒤에서는 '이'가 생략되기도 함.》 ¶ 알고 보니 헛소문이더구나. 준이더군. 참더구나[2].

이더구려조 자음으로 끝난 체언에 붙어, 경험한 사실을 회상하거나 알려 주는 뜻을 나타내는 하오체의 종결형 서술격 조사. 《모음 뒤에서는 '이'가 생략되기도 함.》 ¶ 겪어 보니 무던한 성격이더구려. 참더구려.

이더구먼조 자음으로 끝난 체언에 붙어, 경험한 사실을 회상하거나 그것에 대한 새삼스러운 느낌을 혼잣말처럼 나타내는 반말 투의 종결형 서술격 조사. 《모음 뒤에서는 '이'가 생략되기도 함.》 ¶ 동네가 온통 꽃밭이더구먼. 준이더군. 참더구먼.

이더군조 ①〈이더구나〉의 준말. ¶ 믿음직한 청년이더군. ②〈이더구먼〉의 준말. ¶ 아주 절경이더군.

이더냐조 자음으로 끝난 체언에 붙는 해라체의 종결형 서술격 조사. 《모음 뒤에서는 '이'가 생략되기도 함.》 ①지난 일을 묻는 뜻을 나타냄. ¶ 어떤 사람이더냐? ②과거 느낌을 강조하는 뜻을 나타냄. ¶ 얼마나 아름다운 강산이더냐. 참더냐.

이더니¹[조] '이더냐'의 뜻을 보다 친밀하고 부드럽게 이르는 말. ¶ 무슨 일이더니? [준]이던¹. [참]더니¹.

이더니²[조] 자음으로 끝난 체언에 붙는 서술격 조사. 《모음 뒤에서는 '이'가 생략되기도 함.》 ①지난 일을 회상하는 뜻을 나타내는 종결형 서술격 조사. ¶ 한때는 당당하던 집안이더니. ②지난 일을 회상하면서 지금의 일을 감상 조로 베풀어 말하는 뜻을 나타내는 연결형 서술격 조사. ¶ 전에는 논이더니 지금은 주택지가 되었더라. [참]더니².

이더니라[조] 자음으로 끝난 체언에 붙어, 지난 일을 회상하여 일러 주는 뜻을 나타내는 해라체의 종결형 서술격 조사. 《모음 뒤에서는 '이'가 생략되기도 함.》 ¶ 이 터가 옛날엔 절이 있던 땅이더니라. [참]더니라.

이더니마는[조] 연결형 서술격 조사 '이더니²'의 힘줌말. ¶ 옛날엔 가난한 마을이더니마는 이젠 아주 부자 마을이 되었더라. [준]이더니만. [참]더니마는.

이더니만[조] 〈이더니마는〉의 준말. ¶ 전에는 바싹 마른 소년이더니만 어느새 건장한 청년이 되었더군.

이더니이까[조] 자음으로 끝난 체언에 붙어, 윗사람에게 전에 경험한 사실을 돌이켜 묻는 뜻을 나타내는 합쇼체의 종결형 서술격 조사. 《모음 뒤에서는 '이'가 생략되기도 함.》 ¶ 무슨 까닭이더니이까? [준]이더이까. [참]더니이까.

이더니이다[조] 자음으로 끝난 체언에 붙어, 전에 경험한 사실을 윗사람에게 알려 주는 뜻을 나타내는 합쇼체의 종결형 서술격 조사. 《모음 뒤에서는 '이'가 생략되기도 함.》 ¶ 썩 훌륭한 가문이더니이다. [준]이더이다. [참]더니이다.

이더라[조] 자음으로 끝난 체언에 붙어, 지난 일을 회상하거나 그 회상을 감상 조로 나타내는 해라체의 종결형 서술격 조사. 《모음 뒤에서는 '이'가 생략되기도 함.》 ¶ 깨고 보니 꿈이더라. [참]더라.

이더라도[조] 자음으로 끝난 체언에 붙어, 가정하거나 양보하는 뜻으로, 뒷말이 앞말에 매이지 아니함을 나타내는 연결형 서술격 조사. 《모음 뒤에서는 '이'가 생략되기도 함.》 ¶ 설령 그의 말이 거짓이더라도 나는 그를 따르겠다. [참]더라도.

이더라면[조] 자음으로 끝난 체언에 붙어, 지난 일을 회상하되 그 회상 내용과는 다른 사실을 가정하는 뜻을 나타내는 연결형 서술격 조사. 《모음 뒤에서는 '이'가 생략되기도 함.》 ¶ 내가 총각이더라면 그 여자와 결혼했을 거요. [참]더라면.

이더라손[조] 자음으로 끝난 체언에 붙어, '이더라고'의 뜻을 나타내는 연결형 서술격 조사. 흔히, '치다'의 활용형과 어울려 쓰이어, 앞말을 가정하되 그것이 뒷말에 영향을 미치지 아니함을 나타냄. 《모음 뒤에서는 '이'가 생략되기도 함.》 ¶ 촌각을 다투는 일이더라손 치더라도 절대로 서두르지 마라. [참]더라손.

이더랍니까[-람-][조] '이더라고 합니까'가 줄어서 된 말. 자음으로 끝난 체언에 붙어, 남이 들은 사실에 대해서 묻는 뜻을 나타내는 종결형 서술격 조사. 《모음 뒤에서는 '이'가 생략되기도 함.》 ¶ 그 소문이 사실이더랍니까? [참]더랍니까.

이더랍니다[-람-][조] '이더라고 합니다'가 줄어서 된 말. 자음으로 끝난 체언에 붙어, 들은 사실을 인용하는 뜻을 나타내는 종결형 서술격 조사. 《모음 뒤에서는 '이'가 생략되기도 함.》 ¶ 그 사람이 그 회사의 사장이더랍니다. [참]더랍니다.

이더랍디까[-띠-][조] '이더라고 합디까'가 줄어서 된 말. 자음으로 끝난 체언에 붙어, 남이 들은 과거 사실에 대해서 묻는 뜻을 나타내는 종결형 서술격 조사. 《모음 뒤에서는 '이'가 생략되기도 함.》 ¶ 아들이더랍디까? [참]더랍디까.

이더랍디다[-띠-][조] '이더라고 합디다'가 줄어서 된 말. 자음으로 끝난 체언에 붙어, 과거에 들은 사실을 인용하는 뜻을 나타내는 종결형 서술격 조사. 《모음 뒤에서는 '이'가 생략되기도 함.》 ¶ 아직도 홀몸이더랍디다. [참]더랍디다.

이더이까[조] 〈이더니이까〉의 준말.

이더이다[조] 〈이더니이다〉의 준말.

이던¹[조] 〈이더니¹〉의 준말.

이던²[조] 체언에 두루 붙어, 지난 일을 회상하는 뜻을 나타내는 관형사형 서술격 조사. ¶ 시인이던 국어 선생님. /대표 선수이던 시절.

이던가[조] 자음으로 끝난 체언에 붙는 서술격 조사. 《모음 뒤에서는 '이'가 생략되기도 함.》 ①㉠지난 일을 돌이켜 생각하면서 스스로에게 묻는 투로 가벼운 느낌을 나타내는 종결형 서술격 조사. ¶ 얼마나 그리던 고향이던가. ㉡지난 일을 손아랫사람이나 스스로에게 묻는 뜻을 나타내는 종결형 서술격 조사. ¶ 그때가 작년이던가? ②지난 일에 대한 의심이나 의문의 뜻을 나타내는 연결형 서술격 조사. ¶ 그때 먹은 게 무슨 음식이던가 생각이 안 난다. [참]던가.

이던걸[조] 자음으로 끝난 체언에 붙어, 지난 일을 회상하면서 자기 생각으로는 이러이러하다고 스스로 느껴워하는 뜻을 나타내는 종결형 서술격 조사. 《모음 뒤에서는 '이'가 생략되기도 함.》 ¶ 노래 솜씨가 대단한 수준이던걸. [참]던걸.

이던고[조] 자음으로 끝난 체언에 붙어, '이던가'보다 예스럽고 점잖은 뜻을 나타내는 종결형 또는 연결형 서술격 조사. 《모음 뒤에서는 '이'가 생략되기도 함.》 ¶ 얼마나 기다리던 소식이던고. /이름이 무엇이던고 기억에 없구려. [참]던고.

이던데[조] 자음으로 끝난 체언에 붙는 서술격 조사. 《모음 뒤에서는 '이'가 생략되기도 함.》 ①다음의 말을 끌어내기 위해 그와 관련된 지난 일을 회상하는 뜻을 나타내는 연결형 서술격 조사. ¶ 참 좋은 책이던데 다 읽었니? ②남의 의견을 듣고자 하는 태도로, 지난 일에 대한 자기의 느낌을 들어 보이는 뜻을 나타내는 종결형 서술격 조사. ¶ 되게 험상궂은 인상이던데. [참]던데.

이던들[조] 자음으로 끝난 체언에 붙어, 지난 일을 회상하되 그 결과와 반대되는 어떤 사실을 가정하는 뜻을 나타내는 연결형 서술격 조사. 《모음 뒤에서는 '이'가 생략되기도 함.》 ¶ 그가 조금만 느긋한 성질이던들 이렇게 되지는 않았을 텐데. [참]던들.

이던지[조] 자음으로 끝난 체언에 붙는 연결형 서술격 조사. 《모음 뒤에서는 '이'가 생략되기도 함.》 ①지난 일을 회상하되, 그 회상이 막연함을 나타냄. ¶ 누가 일등이던지 잘 모르겠다. ②지난 일을 회상하되, 그것이 다른 일을 일으키는 근거나 원인이 됨을 나타냄. ¶ 얼마나 험한 산이던지 아주 혼났다. [참]던지.

이데[조] 자음으로 끝난 체언에 붙는 종결형 서술격 조사. 《모음 뒤에서는 '이'가 생략되기도 함.》 ①하게할 자리에, 경험하여 알게 된 사실을 회상하여 일러 주거나 스스로의 느낌을 나타냄. ¶ 아직도 총각이데. ②해라할 자리에, 지난 일을 회상하여 묻는 뜻을 나타냄. ¶ 그 여자가 부인이데? [참]데2.

이데아(Idea 독)[명] 〔보이는 것, 모습·형체 등이 뜻으로〕 철학에서, 인간이 감각하는 개개 사물의 원형으로서, 모든 존재와 그 인식과의 근거가 되는 것을 뜻함. 이념.

이데올로기ː(Ideologie 독)[명] 정치나 사회에 대한 기본적인 사고방식. 사상 경향. 관념 형태(觀念形態).

이ː도(吏道)1[명] 관리로서 마땅히 지켜야 할 도리.

이ː도(吏道)2[명] ☞이두(吏讀).

이ː도(利刀)[명] (썩 잘 드는) 날카로운 칼.

이ː도(異道)[명] ①서로 다른 방법. ②(생활·사업에서의) 서로 다른 길. ③(학문·학술에서의) 다른 주장.

이돌라(idola 라)[명] 〔'우상'·'환상'의 뜻으로〕 올바른 인식을 가로막는 선입견을 뜻함.

이ː동(以東)[명] 어떤 지점을 기준으로 하여 그 곳으로부터의 동쪽.

이동(移動)[명][하자타][되자] 옮아 움직임. 움직여서 자리를 바꿈. ¶ 군 부대의 이동. /기차 편으로 이동하는 것이 좋겠다.

이ː동(異同)[명] 서로 다름, 또는 서로 다른 점. ¶ 실물과 모조품과의 이동을 살펴보다.

이ː동(異動)[명] (같은 직장 안에서의) 직위나 직책 따위의 변동. ¶ 사내의 인사 이동.

이동^경ː찰(移動警察)[명] 기차·선박·전차 등을 타고 다니면서 그 안에서 일어난 범죄 사고를 단속하는 경찰관.

이동^대ː사(移動大使)[명] ☞순회 대사(巡廻大使).

이동-도서관(移動圖書館)[명] ☞순회도서관(巡廻圖書館).

이동^무ː대(移動舞臺)[명] 무대 장치의 한 형식. 본무대 양편에 바퀴 장치로 된 다음 무대를 미리 준비해 두어 쉽게 장면을 바꿀 수 있게 만든 무대.

이동^방ː송(移動放送)[명] 라디오·텔레비전 방송국에서, 송신 장비를 갖춘 중계차로 취재 현장을 옮겨 가면서 직접 방송하는 일.

이동^병ː원(移動病院)[명] 의료 시설과 기구를 갖추어, 이동하면서 위급한 환자를 치료하는 야전 병원.

이동성^고기압(移動性高氣壓)[-썽-][명] 비교적 빠른 속도로 움직이는 고기압. 우리나라의 경우는 매시 약 50 km의 속도로 서쪽에서 동쪽으로 이동함.

이동-식(移動式)[명] 움직일 수 있게 된 방식, 또는 그런 방식으로 만든 장치. ↔고정식.

이동^연ː극(移動演劇)[-년-][명] 작은 규모로 편성된 극단이 간편한 장비를 가지고 각 지방을 옮아 다니면서 공연하는 연극.

이동^전ː화(移動電話)[명] 이동하면서 통화할 수 있는 무선 전화. 〔휴대 전화 따위.〕

이동^촬영(移動撮影)[명] 피사체(被寫體)의 움직임에 따라, 카메라의 위치를 이동해 가면서 촬영하는 일.

이동^취ː락(移動聚落)[명] (특정 지역에 정착하지 않고) 생활의 근거지나 물자를 찾아 자주 이동하는 취락. 〔유목민·화전민 등의 취락.〕

이ː동-치마(二-)[명] 연의 한 가지. 위쪽은 희고, 아래쪽은 세로로 양분하여 두 가지 색으로 꾸민 연.

이동^통신(移動通信)[명] 움직이는 물체 사이에, 또는 움직이는 물체와 붙박인 물체 사이에 이루어지는 통신.

이동-판(移動瓣)[명] 기계가 도는 대로 위치가 바뀌는 판(瓣).

이되[-뇌/-뒈][조] 자음으로 끝난 체언에 붙어, 앞의 사실을 인정하면서 설명을 덧붙이거나, 뒤의 사실이 앞의 사실에 매이지 아니함을 나타내는 연결형 서술격 조사. 《모음 뒤에서는 '이'가 생략되기도 함.》 ¶ 값싼 상품이되 쓸모는 많다. [참]되3.

이ː두(吏讀·吏頭)[명] 신라 때부터, 한자의 음과 새김을 빌려 우리말을 적던 방식, 또는 그 문자. 이도(吏道)2. 이서(吏書). 이토(吏吐). 이투(吏套). [참]향찰(鄕札).

이ː두(李杜)[명] 중국 당나라 때의 시인인 '이백(李白)'과 '두보(杜甫)'를 아울러 이르는 말.

이두(螭頭)[명] ①☞이수(螭首). ②☞이무깃돌.

이ː두^문학(吏讀文學)[명] 이두로 씌어진 우리나라의 고전 문학. 〔향가가 대표적임.〕

이ː두-박근(二頭膊筋)[-끈][명] 위팔의 앞쪽에 있는 큰 근육. 팔을 굽혀 펴거나 뒤로 돌리는 데 작용함. 상완 이두근.

이ː두-정치(二頭政治)[명] ☞양두 정치.

이ː둔(利鈍)[명][하형] ①날카로움과 무딤. ②영리함과 어리석음. 예둔(銳鈍).

이드(id 라)[명] 정신 분석학에서, 정신의 심층부에 있는, 본능적 에너지의 원천. 성적 쾌락과 만족을 추구하나, 자아와 초자아(超自我)의 통제를 받음.

이드거니[부][하형] 시간이 좀 걸리면서 분량이 좀 많게. ¶ 너무 가물었으니 비가 이드거니 와야 벼가 자라겠는걸.

이드르르[부][하형] 번들번들 윤이 나고 부드러운 모양. ¶ 얼굴에 개기름이 이드르르 흐른다. [준]이드를. [작]야드르르.

이드를[부][하형] 〈이드르르〉의 준말. [작]야드를.

이ː득(利得)[명] 이익을 얻는 일, 또는 그 이익. ¶ 이득을 보다. ↔손실(損失).

이든[조] 〈이든지〉의 준말. ¶ 어느 것이든 아무 상관 없다.

이든[관] 〈옛〉 착한. 어진. ¶ 善女人은 이든 겨지비라(阿彌17).

이든지[조] 자음으로 끝난 체언에 붙어, '무엇이나 가리지 않음'을 나타내는 보조사. 《모음 뒤에서는 '이'가 생략되기도 함.》 ¶ 무엇이든지 사 줄 테니 마음대로 골라 보아라. [준]이든. [참]든지.

이들-이들[-들리-/-드리-][부][하형] 윤이 나고 매우 부들부들한 모양. [작]야들야들.

이듬[명][하타] 논이나 밭을 두 번째 갈거나 매는 일. 이듬매기.

이듬-달[-딸][명] 바로 그 다음의 달. 익월(翌月).

이듬-매기[명] ☞이듬.

이듬-해[명] 바로 그 다음의 해. 익년(翌年).

이듭[명] 마소의 두 살.

이ː등(二等)[명] 둘째 등급.

이ː등(異等)[명][하형] 재능이 여느 사람과 다름.

이ː등^도ː로(二等道路)[명] '지방도'의 구용어.

이ː등변^삼각형(二等邊三角形)[-가켱][명] 두 변의 길이가 같은 삼각형. 등각 삼각형.

이ː등-병(二等兵)[명] 국군의 사병 계급의 하나. 군의 가장 아래의 계급. [준]이병.

이ː-등분(二等分)명하타되자 둘로 똑같이 나눔. ¶ 사과를 이등분하여 나눠 먹다.
이ː등분-선(二等分線)명 각이나 선분을 두 부분으로 똑같게 나누는 선.
이ː디ː피ː에스(EDPS)명 전자적 데이터 처리 시스템. 컴퓨터를 이용하여 사무나 경영·관리를 위한 정보를 처리하는 방식. [electronic data processing system]
이따부 〈이따가〉의 준말. ¶ 이따 다시 와. /이따 보여 줄게.
이따가부 조금 뒤에. ¶ 이따가 말해 줄게. 준이따.
이따금부 조금씩 있다가. 가끔. 때때로. 왕왕(往往). ¶ 이따금 내리는 비. /이따금 들르곤 한다.
이-따위 Ⅰ대 이러한 부류의 대상을 얕잡아 이르는 말. ¶ 뭐 이따위가 다 있어!
Ⅱ관 〔얕잡는 뜻으로〕 이러한 부류의. ¶ 이따위 짓이나 하고 돌아다니다니, 네가 몇 살이냐?
이-때명 ①바로 지금의 때. 현시(現時). ¶ 이때까지 헛살았어. ②바로 앞에서 이야기한 시간상의 어떤 점이나 부분. ¶ 초인종이 울린 것은 바로 이때였다.
이때-껏[-껃]부 지금에 이르기까지. 이제까지. 여태까지. ¶ 이때껏 거짓말 한 번 한 적이 없소이다.
이-똥명 이 안팎에 누렇게 낀 곱 모양의 버캐. 치석(齒石).
이라[1]조 자음으로 끝난 체언에 붙는 서술격 조사. 《모음 뒤에서는 '이'가 생략되기도 함.》 ①이러이러하다고 베풀어 말하는 뜻을 나타내는 종결형 서술격 조사. ¶ 역시 무궁화는 꽃 중의 꽃이라. ②'이므로'의 뜻으로, 앞말이 뒷말의 원인이나 이유가 됨을 나타내는 연결형 서술격 조사. ¶ 워낙 귀한 물건이라 구하기가 어렵다. 참라[2].
이라[2]조 ①〈이라고〉의 준말. ¶ 공자 같은 분을 성인이라 한다. /그 정도면 똑똑한 사람이라 할 만하다. ②〈이라서〉의 준말. ¶ 너무 비싼 값이라 살 엄두도 못 내었다.
이라고조 자음으로 끝난 체언에 붙는 조사. 《모음 뒤에서는 '이'가 생략되기도 함.》 ①남의 말을 인용함을 뜻하는 조사. ㉠남의 말을 단순히 인용하는 뜻을 나타냄. ¶ 그 아이가 자기 동생이라고 하더라. ㉡남의 말을 인용하되, 그것을 하찮게 여기는 뜻을 나타냄. ¶ 이걸 음식이라고 먹으라니. /재미있는 책이라고 해서 샀더니 볼 것이 없더라. ㉢보편적·일반적 개념을 인용하는 투로, 그것을 남에게 일러 주는 뜻을 나타냄. ¶ 직립 보행하는 동물을 사람이라고 한다. ②별것 아니라는 뜻을 나타내는 보조사. ¶ 뭐, 그 사람이라고 별수 있으랴. ③남의 말을 인용하는 투로 되묻는 뜻을 나타내는 종결형 서술격 조사. ¶ 그래 이걸 인삼이라고? 준이라[2]. 참라고.
이라나조 자음으로 끝난 체언에 붙어, 남의 말이 못마땅하여 얕잡아 이르거나 시들한 심정을 나타내는 종결형 서술격 조사. 《모음 뒤에서는 '이'가 생략되기도 함.》 ¶ 체, 자기는 보나마나 합격이라나. 참라나.
이라느냐조 '이라고 하느냐'가 줄어서 된 말. 자음으로 끝난 체언에 붙어, 묻는 뜻을 나타내는 종결형 서술격 조사. 《모음 뒤에서는 '이'가 생략되기도 함.》 ¶ 입상한 작품이 어느 것이라느냐? 참라느냐.
이라느니조 '이라고 하느니'가 줄어서 된 말. 자음으로 끝난 체언에 붙어, '그러하다 하기도 하고 저러하다 하기도 함'을 나타내는 연결형 서술격 조사. 《모음 뒤에서는 '이'가 생략되기도 함.》 ¶ 날짐승이라느니 길짐승이라느니 의견이 분분하다. 참라느니.
이라는조 '이라고 하는'이 줄어서 된 말. 자음으로 끝난 체언에 붙어, 어떤 사실을 짐작하거나 인용하는 뜻을 나타내는 서술격 조사. 《모음 뒤에서는 '이'가 생략되기도 함.》 ¶ 어쩐지 이번이 마지막이라는 생각이 든다. /명색이 반장이라는 사람이 그런 짓을 하다니. 참라는.
이라니조 ①'이라고 하니'가 줄어서 된 말. 자음으로 끝난 체언에 붙는 연결형 서술격 조사. ㉠상대편의 말이 의심쩍어 되묻는 뜻을 나타냄. ¶ 내 책임이라니, 그게 어찌 내 책임이냐? ㉡앞말이 뒷말의 원인이나 근거가 됨을 나타냄. ¶ 사실이라니 믿을 수밖에. ②자음으로 끝난 체언에 붙어, 상대편의 말이 의심쩍거나 놀랍다는 뜻을 나타내는 종결형 서술격 조사. 《모음 뒤에서는 '이'가 생략되기도 함.》 ¶ 아니, 그 말썽꾸러기가 수석 합격이라니. 참라니.
이라니까조 ①'이라고 하니까'가 줄어서 된 말. 자음으로 끝난 체언에 붙어, 앞말이 뒷말의 까닭이나 전제적 사실이 됨을 나타내는 연결형 서술격 조사. ¶ 돈이라니까 끝내 사양하더군. ②자음으로 끝난 체언에 붙어, 의심쩍어하는 상대편에게 거듭 다짐하는 뜻을 나타내는 종결형 서술격 조사. 《모음 뒤에서는 '이'가 생략되기도 함.》 ¶ 글쎄, 내 동생이라니까. 참라니까.
이라도조 자음으로 끝난 체언에 붙는 조사. 《모음 뒤에서는 '이'가 생략되기도 함.》 ①'이라고 하여도'가 줄어서 된 말. 어떤 사실을 인정하거나 가정하되, 뒷말이 거기에 매이지 아니하고 맞서거나 그보다 더한 사실이 이어짐을 나타내는 서술격 조사. ¶ 밤이라도 달이 밝아서 대낮 같다. ②여럿 중에서 특히 그것을 가리거나 가리지 아니함을 뜻하는 보조사. ¶ 생선이라도 한 마리 사 들고 찾아가야지. /나물이라도 좋으니 내놓아라. 참라도.
이라든지조 자음으로 끝난 체언에 붙는 연결형 서술격 조사. 《모음 뒤에서는 '이'가 생략되기도 함.》 ①'이라고 하는 것이든지'의 뜻으로, 무엇을 생각하여 열거할 때 쓰임. ¶ 햇빛이라든지 비라든지 모두 자연이 인간에게 주는 혜택이다. ②'이라고 하든지'가 줄어서 된 말. 무엇이거나 가리어 정하게 하는 뜻을 나타냄. ¶ 정군이라든지 미스터 정이라든지 편하신 대로 부르시지요. 참라든지.
이라며조 〈이라면서〉의 준말. ¶ 부산이 고향이라며?/착한 학생이라며 추천하더라.
이라면조 '이라고 하면'이 줄어서 된 말. 자음으로 끝난 체언에 붙어, 어떤 사실(상황)을 가정(가상)하는 뜻을 나타내는 연결형 서술격 조사. 《모음 뒤에서는 '이'가 생략되기도 함.》 ¶ 외상이라면 소도 잡아먹는다. /아마 형이라면 그렇게 하지는 않았을 거다. 준이람[2]. 참라면.
이라면서조 자음으로 끝난 체언에 붙는 서술격 조사. 《모음 뒤에서는 '이'가 생략되기도 함.》 ①들은 사실을 다짐하거나 빈정거려 묻는 뜻을 나타내는 종결형 서술격 조사. ¶ 그게 네 생각이라면서? ②'이라고 하면서'가 줄어서 된 말. 남이 말한 어떤 사실을 인용하는 뜻을 나타내는 연결형 서술격 조사. ¶ 제 잘못이라면서 용서를 빌더군. 준이라며. 참라면서.

이라서㊄ 자음으로 끝난 체언에 붙는 조사. 《모음 뒤에서는 '이'가 생략되기도 함.》 ①'감히(능히)'의 뜻을 속뜻으로 지니면서, 주격 조사 '이(가)'의 기능으로 쓰임. ¶ 학생이라서 못할 일은 아니다. ②앞말이 뒷말의 이유나 전제적 사실이 됨을 나타내는 연결형 서술격 조사. ¶ 따뜻한 고장이라서 살기는 참 좋겠다. ㊟이라². ㊕라서.

이라손㊄ 자음으로 끝난 체언에 붙어, '이라고'의 뜻을 나타내는 연결형 서술격 조사. '치다'의 활용형과 어울려 쓰이어, 앞말을 가정하되 그것이 뒷말에 영향을 미치지 아니함을 나타냄. 《모음 뒤에서는 '이'가 생략되기도 함.》 ¶ 설혹 그가 죄인이라손 치더라도 그에게 돌을 던질 자 누구냐? ㊕라손.

이라야㊄ 자음으로 끝난 체언에 붙어, 꼭 필요한 사물을 가리키거나 꼭 그래야 함을 나타내는 연결형 서술격 조사. 《모음 뒤에서는 '이'가 생략되기도 함.》 ¶ 그 일은 그 사람이라야 해낼 수 있다. ㊕라야.

이라야만㊄ '이라야'의 힘줌말. ¶ 관 뚜껑에 못을 박은 다음이라야만 그 사람의 진가를 알 수 있다.

이라오㊄ 조사 '이라'와 어미 '-오'가 합쳐서 된 말. 자음으로 끝난 체언에 붙어, 어떤 사실을 설명하되 좀 대접하거나 친근한 맛이 느껴지게 베풀어 말하는, 하오체의 종결형 서술격 조사. 《모음 뒤에서는 '이'가 생략되기도 함.》 ¶ 겨울엔 그저 따뜻한 게 제일이라오. ㊕라오.

이라와㊄ 〈옛〉보다. ¶ ᄂᆞᆺ비치 히요미 누니라와 더으더니(杜重*1*:5). ㊕라와.

이라지㊄ 자음으로 끝난 체언에 붙어, 묻는 뜻을 나타내는 하게체의 종결형 서술격 조사. 《모음 뒤에서는 '이'가 생략되기도 함.》 ¶ 고향이 서울이라지? ㊕라지.

이ː락(二樂)㊔ 삼락(三樂) 중의 둘째의 낙(樂), 곧, 위로는 하늘에 아래로는 사람에게 부끄러울 것이 없이 사는 군자의 즐거움. ㊕삼락(三樂).

이ː락(利落)㊔ ①〈이락 가격〉의 준말. ②〈이자락(利子落)〉의 준말. ↔이부(利附).

이ː락^가격(利落價格)[-까-]㊔ 이자가 지급된 뒤의 채권(債權)으로 가치가 낮아진 때의 가격. ㊟이락.

이란㊄ 자음으로 끝난 체언에 붙는 서술격 조사. 《모음 뒤에서는 '이'가 생략되기도 함.》 ①'이라고 하는'이 줄어서 된 말. 뒤의 사실을 규정하는 뜻을 나타냄. ¶ 사슴이란 짐승은 보기와는 달리 성질이 조급하다. ②'이라고 하는 것은'의 뜻으로, 지적하여 강조하는 뜻을 나타냄. ¶ 삶이란 기쁘거나 슬픈 것만은 아니다. ㊕란.

이ː란격석(以卵擊石)[-썩]㊔ 〔달걀로 돌을 친다는 뜻으로〕 '턱없이 약한 것으로 엄청나게 강한 것을 당해 내려는 어리석음'을 비유하여 이르는 말.

이란다㊄ 자음으로 끝난 체언에 붙는, 해라체의 종결형 서술격 조사. 《모음 뒤에서는 '이'가 생략되기도 함.》 ①'이라고 한다'가 줄어서 된 말. 남이 한 말을 인용하여 전달하는 뜻을 나타냄. ¶ 자기 책이란다. ②'이란 말이다'의 뜻으로 어떤 사실을 단정하되 그것을 친근하게 베풀어 말함을 나타냄. ¶ 아무리 조심해도 모자라는 것이 건강이란다. ㊕란다.

이ː란성^쌍생아(二卵性雙生兒)[-썽-]㊔ 두 개의 난자가 두 개의 정자에 의해 제각기 수정되어 태어난 쌍생아. 동성일 경우도 있고 이성일 경우도 있으며, 닮은 정도가 일란성 쌍생아보다 덜함.

이랄㊄ '이라고 할'이 줄어서 된 말. 자음으로 끝난 체언에 붙는 서술격 조사. 주로, 부정적인 말과 어울려 양보의 뜻을 나타냄. 《모음 뒤에서는 '이'가 생략되기도 함.》 ¶ 집이랄 수도 없는 오두막. ㊕랄.

이람¹㊄ 자음으로 끝난 체언에 붙어, '이란 말인가'의 뜻으로, 대상(상황)을 못마땅해하거나 빈정거리는 투로 말하는 종결형 서술격 조사. 《모음 뒤에서는 '이'가 생략되기도 함.》 ¶ 이게 무슨 짓이람. ㊕람¹.

이람²㊄ 〈이라면〉의 준말. ¶ 어차피 틀린 일이람 빨리 손을 떼라.

이랍니까[-람-]㊄ '이라고 합니까'가 줄어서 된 말. 자음으로 끝난 체언에 붙어, 남이 들은 사실에 대해서 묻는 뜻을 나타내는, 합쇼체의 종결형 서술격 조사. 《모음 뒤에서는 '이'가 생략되기도 함.》 ¶ 누가 한 짓이랍니까? ㊕랍니까.

이랍니다[-람-]㊄ 자음으로 끝난 체언에 붙는, 합쇼체의 종결형 서술격 조사. 《모음 뒤에서는 '이'가 생략되기도 함.》 ①'이라고 합니다'가 줄어서 된 말. 들은 사실을 남에게 알려 주는 뜻을 나타냄. ¶ 모두 자기 탓이랍니다. ②자기와 관련된 어떤 사실을 친근하게 베풀어 말하는 뜻을 나타냄. ¶ 실은 오늘이 제 생일이랍니다. ㊕랍니다.

이랍디까[-띠-]㊄ '이라고 합디까'가 줄어서 된 말. 자음으로 끝난 체언에 붙어, 남이 전에 들은 사실을 돌이켜 묻는 뜻을 나타내는 종결형 서술격 조사. 《모음 뒤에서는 '이'가 생략되기도 함.》 ¶ 그 청년이 우리 학교 학생이랍디까? ㊕랍디까.

이랍디다[-띠-]㊄ '이라고 합디다'가 줄어서 된 말. 자음으로 끝난 체언에 붙어, 남의 말을 인용해서 사실이 그러함을 단정하여 말하는 뜻을 나타내는 종결형 서술격 조사. 《모음 뒤에서는 '이'가 생략되기도 함.》 ¶ 그분은 공무원이랍디다. ㊕랍디다.

이랍시고[-씨-]㊄ 자음으로 끝난 체언에 붙어, '이라고'의 뜻으로, 스스로 그것이라고 여기는 꼴을 빈정거리거나 어떤 사물을 얕잡아 이르는 연결형 서술격 조사. 《모음 뒤에서는 '이'가 생략되기도 함.》 ¶ 사장이랍시고 도도하게 구는 꼴이라니. ㊕랍시고.

이랑¹㊔ ①갈아 놓은 논밭의 한 두둑과 한 고랑을 아울러 이르는 말. ¶ 이랑을 따라 씨를 뿌리다. ②〚의존 명사적 용법〛 갈아 놓은 논밭의 한 두둑과 한 고랑을 하나로 묶어 세는 단위. ¶ 한 이랑.

이랑²㊄ 자음으로 끝난 체언에 붙어, 둘 이상의 사물을 같은 자격으로 열거하는 뜻을 나타내는 접속 조사. 《모음 뒤에서는 '이'가 생략되기도 함.》 ¶ 산이랑 들이랑 마구 뛰놀던 어린 시절. ㊕랑.

이랑^재ː배(-栽培)㊔ 이랑을 만들어 곡식을 심어 가꾸는 일, 또는 그 방식.

이래¹㊄ '이라고 해'가 줄어서 된 말. 자음으로 끝난 체언에 붙어, 남의 말을 인용하여 전하는 뜻을 나타내는 종결형 서술격 조사. 《모음 뒤에서는 '이'가 생략되기도 함.》 ¶ 아직 총각이래. ㊕래.

이래²㊟ ①'이리하여'가 줄어든 말. ¶ 이래 보아도 안 되고, 저래 보아도 안 되네. ②'이러하여'가 줄어든 말. ¶ 성적이 이래 가지고 어찌 진학하겠느냐?/이래 봬도 값비싼 고급품이란다. [작]요래[1].

이래[3][준] '이렇다'·'이리한다'·'이럴까'·'이리할까' 등의 뜻으로 끝맺는 말. ¶ 이 사람 옷차림은 항상 이래. [작]요래[2].

이래(移來)[명][하자] 옮겨 옴.

이래(爾來·邇來)[명] 요사이. 근래(近來).

이ː래(以來)[의] 지나간 일정한 때로부터 지금까지. 《어미 '-ㄴ(-은)'이나 일부 명사 뒤에 쓰임.》 ¶ 건국 이래. /지난 여름에 떠나 온 이래로 고향 소식을 통 듣지 못했다.

이래도[준] ①'이러하여도'가 줄어든 말. ¶ 이래도 보고 저래도 보았다. ②'이리하여도'가 줄어든 말. ¶ 이래도 항복하지 않을 테냐? [작]요래도.

이래라-저래라[준] '이리하여라 저리하여라'가 줄어든 말. ¶ 이래라저래라 간섭하지 마시오. [작]요래라조래라.

이래서[1][조] '이라고 하여서'가 줄어서 된 말. 자음으로 끝난 체언에 붙어, 앞말이 뒷말의 이유나 전제적 사실이 됨을 나타내는 연결형 서술격 조사. 《모음 뒤에서는 '이'가 생략되기도 함.》 ¶ 자네 딸이래서 예쁘다고 하는 건 아닐세. [참]래서.

이래서[2][준] ①'이러하여서'가 줄어든 말. ②'이리하여서'가 줄어든 말. [작]요래서.

이래서야[조] '이라고 하여서야'가 줄어서 된 말. 자음으로 끝난 체언에 붙어, 그러하여서는 이치에 어긋나거나 정상적이 아니라는 뜻을 나타내는 연결형 서술격 조사. 《모음 뒤에서는 '이'가 생략되기도 함.》 ¶ 콩을 팥이래서야 누가 믿겠니? [참]래서야.

이래야[1][조] '이라고 하여야'가 줄어서 된 말. 자음으로 끝난 체언에 붙어, 앞의 사물을 뒷말로 한정하되, 그 사물이 시답지 않다는 느낌을 나타내는 연결형 서술격 조사. 《모음 뒤에서는 '이'가 생략되기도 함.》 ¶ 월급이래야 쥐꼬리만 한걸. [참]래야.

이래야[2][준] ①'이러하여야'가 줄어든 말. ②'이리하여야'가 줄어든 말. ¶ 이래야 이긴다. [작]요래야.

이래요[조] '이라고 하여요'가 줄어서 된 말. 자음으로 끝난 체언에 붙어, 남의 말을 인용하여 윗사람에게 알려 주는 뜻을 나타내는 종결형 서술격 조사. 《모음 뒤에서는 '이'가 생략되기도 함.》 ¶ 올해도 풍년이래요. [참]래요.

이래-저래[부] ①'이리하고 저리하여'가 줄어서 된 말. ¶ 넉넉하지 않지만 이래저래 꾸려 나간다. ②이러저러하여. ¶ 이래저래 꾸중만 듣는다. [작]요래조래.

이랬다-저랬다[-랟따-랟따][준] '이리하였다가 저리하였다가'가 줄어든 말. ¶ 이랬다저랬다 변덕이 죽 끓듯 하다. [작]요랬다조랬다.

이랴[1][감] 마소를 몰 때 내는 소리. [비]이러.

이랴[2][조] 자음으로 끝난 체언에 붙어, 이치로 미루어 '어찌 그러할 것이냐'의 뜻으로, 반어적 의문을 나타내는 종결형 서술격 조사. 《모음 뒤에서는 '이'가 생략되기도 함.》 ¶ 부모를 버린 놈이 어찌 자식이랴. [참]랴.

이러[감] 마소를 몰거나 좇거나 끌어당길 때 하는 소리. ¶ "이러, 쯧쯧." 쟁기질하는 김 서방은 쟁기를 끄는 소의 고삐를 잡아챘다. [비]이랴[1].

이러[자] 〈옛〉〔'일다'의 활용형〕 이루어져. ¶ 내히 이러 바ᄅᆞ래 가ᄂᆞ니(龍歌2章).

이러고[준] '이리하고'가 줄어든 말. ¶ 이러고 있을 때가 아니다. [작]요러고.

이러고-저러고[준] '이러하고 저러하고'가 줄어든 말. ¶ 이러고저러고 변명만 늘어놓다. [작]요러고조러고.

이러구러[부] ①우연히 이러하게 되어. ¶ 이러구러 이 학교에서 공부하게 되었습니다. ②이럭저럭하여. ¶ 이러구러 10년의 세월이 흘렀다.

이러나[준] '이러하나' 또는 '이리하나'가 줄어든 말. ¶ 제 생각은 이러나 그 사람의 생각은 다릅니다. [참]그러나.

이러나-저러나 [I][부] 이것도 이렇다 치고. ¶ 이러나저러나 결과가 좋아야 할 텐데. [작]요러나조러나.

[II][준] ①'이러하나 저러하나'가 줄어든 말. ¶ 이러나저러나 금세 오겠다더니 어째 종무소식일까? ②'이리하나 저리하나'가 줄어든 말. ¶ 이러나저러나 이미 늦었으니 다시 해 보세. [작]요러나조러나.

이러니[조] 자음으로 끝난 체언에 붙는 연결형 서술격 조사. '이더니'의 예스러운 말. 《모음 뒤에서는 '이'가 생략되기도 함.》 ¶ 그는 본시 유가(儒家)의 자손이러니 일찍이 대과에 급제하여…. [참]러니.

이러니라[조] 자음으로 끝난 체언에 붙는 종결형 서술격 조사. '이더니라'의 예스러운 말. 《모음 뒤에서는 '이'가 생략되기도 함.》 ¶ 가슴에 깊이 새길 교훈이러니라. [참]러니라.

이러니이까[조] 자음으로 끝난 체언에 붙는 종결형 서술격 조사. '이더니이까'의 예스러운 말. 《모음 뒤에서는 '이'가 생략되기도 함.》 ¶ 그렇게도 안타까운 사연이러니이까? [준]이러이까. [참]러니이까.

이러니이다[조] 자음으로 끝난 체언에 붙는 종결형 서술격 조사. '이더니이다'의 예스러운 말. 《모음 뒤에서는 '이'가 생략되기도 함.》 ¶ 덕망이 높으신 분이러니이다. [준]이러이다. [참]러니이다.

이러니-저러니[준] '이러하다느니 저러하다느니'가 줄어든 말. ¶ 이러니저러니 해도 내 집이 제일 편하다네. [작]요러니조러니.

이러다[자] '이리하다'가 줄어서 된 말. 이렇게 말하거나 행동하거나 생각하다. ¶ 이러지 마세요. /이러다 다치겠다. /아침부터 이러다 지각하겠군. [작]요러다.

이러루-하다[형][여] 대개 이런 정도로 엇비슷하다. ¶ 사는 형편이 모두 이러루하다.

이러면[준] '이러하면'·'이리하면'이 줄어든 말. ¶ 모양이 이러면 누가 사겠어요?/너 또 이러면 혼난다.

이러이까[조] 〈이러니이까〉의 준말. ¶ 어찌 된 영문이러이까?

이러이다[조] 〈이러니이다〉의 준말. ¶ 무어니 무어니 해도 그에게서 가장 부러운 것은 건강이러이다.

이러이러-하다[형][여] 이러하고 이러하다. 여차여차하다. ¶ 사정이 이러이러하다. /사실인즉슨 이러이러하다. /이러이러한 사람을 찾습니다. [작]요러요러하다.

이러저러-하다[형][여] 이러하고 저러하다. ¶ 이러저러한 사정으로 휴학을 하게 되었다. [작]요러조러하다.

이러쿵-저러쿵[부][하자] 이러하다는 둥 저러하다는 둥. ¶ 이러쿵저러쿵 뒷말이 많다. [작]요러쿵조러쿵.

이러-하다형여 ①이와 같다. ¶ 사건의 진상은 이러하다. ②이런 모양으로 되어 있다. 준이렇다. 작요러하다. **이러-히**부.

이럭-저럭[-쩌-]부하자 ①하는 일 없이 어름어름하는 가운데 어느덧. ¶ 이럭저럭 하루 해가 다 갔다. ②되어 가는 대로. ¶ "사는 형편이 어떤가?" "그저 이럭저럭 살아가지." ③정한 방법이 없이 이러하게 또는 저러하게. ¶ 이럭지럭 짜 맞추었더니 그런대로 맞더라. 작요럭조럭.

이런[1] Ⅰ관 상태·모양·성질 따위가 이러한. ¶ 이런 일 저런 일. /이런 변이 있나. 작요런[1]. Ⅱ준 '이러한'이 줄어든 말. ¶ 이런 일이 되풀이되어선 안 됩니다. 작요런[1].

이런[2]감 가볍게 놀랐을 때 내는 소리. ¶ 이런, 차에다 우산을 놓고 내렸네. 작요런[2].

이런가조 자음으로 끝난 체언에 붙는, 종결형 또는 연결형 서술격 조사. '이던가'의 예스러운 말. 《모음 뒤에서는 '이'가 생략되기도 함.》 ¶ 이게 꿈이런가 생시런가. /어즈버, 태평연월이 꿈이런가 하노라. 참런가.

이런-고로(-故-)부 이러한 까닭으로. ¶ 이런고로 사람을 차별해서는 안 된다.

이런-대로부 만족스럽지는 아니하지만 이러한 정도로. ¶ 이런대로 아직 쓸 만합니다.

이런들조 자음으로 끝난 체언에 붙는 연결형 서술격 조사. '이던들'의 예스러운 말. 《모음 뒤에서는 '이'가 생략되기도 함.》 ¶ 친자식이런들 이토록 지극하랴. 참런들.

이런-즉준 '이러한즉'이 줄어든 말. ¶ 지금 우리의 형편이 이런즉 서두르지 않으면 큰일 난다.

이럼준 '이러면'이 줄어든 말. ¶ 이럼 어떨까?

이렁성-저렁성부하형 이런 듯도 하고 저런 듯도 하여 아무 대중 없이. 참그렁성저렁성.

이렁-저렁부하자 이런 모양과 저런 모양으로. ¶ 이렁저렁 해를 넘겼다. 작요렁조렁.

이렇다[-러타][이러니·이래]형ㅎ 〈이러하다〉의 준말. ¶ 그 얼굴을 그림으로 그려 보인다면 바로 이렇다. 작요렇다.

이렇다 저렇다 말이 없다관용 이러하다거나 저러하다거나 하는 의사 표시를 하지 아니하다. ¶ 이렇다 저렇다 말이 없이 하늘만 쳐다보고 있다.

이렇-듯[-러틋]준 '이러하듯'이 줄어든 말. ¶ 이렇듯 험한 길은 처음이다. 작요렇듯.

이렇-듯이[-러트시]준 '이러하듯이'가 줄어든 말. ¶ 우리 형편이 이렇듯이 저쪽도 어렵기는 매한가지다. 작요렇듯이.

이렇지[-러치] Ⅰ감 '틀림없이 이와 같다'는 뜻을 나타낼 때 내는 소리. ¶ 이렇지, 분명히 네가 여기 있을 줄 알았어.
Ⅱ준 '이러하지'가 줄어든 말. ¶ 어렸을 적에는 이렇지 않았다.

이레명 ①〈이렛날〉·〈초이레〉·〈초이렛날〉의 준말. ②일곱 날. 칠일. ¶ 그가 떠난 지 벌써 이레나 되었다.

이렛-날[-렌-]명 〈초이렛날〉의 준말. ¶ 동짓달 이렛날이 내 생일일세. 준이레.

이려니조 자음으로 끝난 체언에 붙어, 혼자 속으로 '그러하겠거니' 하고 추측하는 뜻을 나타내는 연결형 서술격 조사. 《모음 뒤에서는 '이'가 생략되기도 함.》 ¶ 헛소문이려니 했는데 사실이더라. 참려니.

이려니와조 자음으로 끝난 체언에 붙어, 어떤 사실을 인정하면서 그와 비슷하거나 대립되는 다른 사실을 덧붙이는 뜻을 나타내는 연결형 서술격 조사. 《모음 뒤에서는 '이'가 생략되기도 함.》 ¶ 돈도 돈이려니와 몸도 좀 생각해라. 참려니와.

이ː력(二力)명 조선 시대에, 역(力)의 둘째 등급. 50근 무게의 물건을 양손에 하나씩 들고 130보를 가던 시험. 참역(力).

이ː력(履歷)명 지금까지 닦아 온 학업이나 거쳐 온 직업 따위의 경력. ¶ 이력이 화려하다.

이력(이) 나다관용 (어떤 일에) 경험을 많이 쌓아 숙달되다.

이ː력-서(履歷書)[-써]명 이력을 적은 문서. ¶ 건설 회사에 이력서를 내다.

이련마는조 자음으로 끝난 체언에 붙어, '-건마는'의 뜻으로, 어떤 사실이 가정이나 추측으로는 그리됨직하나 실제로는 그렇지 아니함을 나타내는 연결형 서술격 조사. 《모음 뒤에서는 '이'가 생략되기도 함.》 ¶ 양보해도 좋을 일이련마는 내내 싸우기만 한다. 준이련만. 참련마는.

이련만조 〈이련마는〉의 준말. ¶ 그도 인간이련만 어찌 그리 무정한지.

이렷다[-렫따]조 자음으로 끝난 체언에 붙는 해라체의 종결형 서술격 조사. 《모음 뒤에서는 '이'가 생략되기도 함.》 ①경험이나 이치로 미루어 사실이 으레 그러할 것임을 추정하는 뜻을 나타냄. ¶ 이제 곧 봄이렷다. ②짐작되는 어떤 사실에 대해 다짐하여 확인하는 뜻을 나타냄. ¶ 그 말이 어김없는 사실이렷다. 참렷다.

이ː령(二齡)명 누에가 첫잠을 자고 난 뒤부터 두 잠을 자기까지의 동안.

이령수명하자 신(神)에게 비손을 할 때, 말로 고하는 일.

이ː령-잠(二齡蠶)명 첫잠을 자고 난 때부터 두 잠을 잘 때까지의 누에.

이ː례(異例)명 보통의 예에서 벗어나는 일. 특수한 예. ¶ 이례에 속하는 특별 승진.

이ː례-적(異例的)관명 특수한 예에 속하는 (것). ¶ 이례적 조치. /이례적인 현상.

이로(泥路)명 진흙 길. 진창길.

이ː로(理路)명 (말이나 글 따위에서의) 논리의 맥락. ¶ 이로가 정연하다.

이로고조 자음으로 끝난 체언에 붙어, 괴이쩍거나 새삼스러운 느낌을 혼잣말로 나타내는 종결형 서술격 조사. 《모음 뒤에서는 '이'가 생략되기도 함.》 ¶ 귀신이 곡할 노릇이로고. 참로고.

이로구나조 자음으로 끝난 체언에 붙어, 새삼스럽게 깨달은 느낌을 나타내는 해라체의 종결형 서술격 조사. 《모음 뒤에서는 '이'가 생략되기도 함.》 구나. ¶ 올해도 벌써 섣달이로구나. 준이구나·이로군. 참로구나.

이로구려조 자음으로 끝난 체언에 붙어, 어떤 사실을 새삼스러운 느낌을 담아 인정하는 뜻을 나타내는 하오체의 종결형 서술격 조사. 《모음 뒤에서는 '이'가 생략되기도 함.》 ¶ 올해도 마지막이로구려. 준이구려. 참로구려.

이로구먼조 자음으로 끝난 체언에 붙어, 어떤 사실을 새삼스럽게 깨닫는 느낌을 나타내는 하게체의 종결형 서술격 조사. 《모음 뒤에서는 '이'가 생략되기도 함.》 ¶ 아담한 집이로구먼. 준이구먼·이로군. 참로구먼.

이로군조 ①〈이로구나〉의 준말. ¶ 현명한 사람이로군. ②〈이로구먼〉의 준말. ¶ 완연한 봄이로군.

이로다조 자음으로 끝난 체언에 붙는 해라체의 종결형 서술격 조사. 《모음 뒤에서는 '이'가 생략되기도 함.》 ①'이로구나'의 뜻을 예스럽게 나타냄. ¶ 어화둥둥 내 사랑이로다. 준일다4. ②'이다'의 뜻을 예스럽게 나타냄. ¶ 참 예쁜 꽃이로다. 참로다.

이ː로-동귀(異路同歸)명 〔길은 다르나 돌아가는 곳은 같다는 뜻으로〕 방법은 다르지만 결과는 같다는 말.

이로되[-되/-뒈]조 자음으로 끝난 체언에 붙는 연결형 서술격 조사. 《모음 뒤에서는 '이'가 생략되기도 함.》 ①앞의 사실을 인정하면서 뒤의 사실을 덧붙여 한정하는 뜻을 나타냄. ¶ 길은 길이로되 험한 산길이다. ②앞의 사실은 인정하나 뒤의 사실이 그에 매이지 아니함을 나타냄. ¶ 산천은 옛 산천이로되 인심은 옛 인심이 아니로구나. 참로되.

이로라조 자음으로 끝난 체언에 붙어, 남의 몸가짐이나 하는 짓이 스스로를 쳐들어 뽐내는 모습을 두고 이르는 연결형 서술격 조사. 《모음 뒤에서는 '이'가 생략되기도 함.》 ¶ 제 딴에는 사장이로라 하고 행세를 내지만…. 참로라.

이로세조 자음으로 끝난 체언에 붙어, '일세'의 뜻으로, 감탄을 나타내는 종결형 서술격 조사. 《모음 뒤에서는 '이'가 생략되기도 함.》 ¶ 그야말로 통탄할 일이로세. 참로세.

이록(移錄)명하타되자 옮기어 적음, 또는 그 기록.

이ː론(理論)명 ①낱낱의 사물이나 현상을 일정한 원리와 법칙에 따라 통일적으로 설명할 수 있는, 보편적인 지식 체계. ¶ 문학 이론. ②(실천에 대립되는) 관념적이고 논리적인 지식. ¶ 실현성이 없는 공허한 이론. ↔실천. ③어떠한 문제에 관한 특정한 학자의 견해나 학설. ¶ 아인슈타인의 상대성 이론.

이ː론(異論)명 다른 의견. 이견(異見). 이설(異說). 이의(異議). ¶ 이론을 제기하다.

이ː론-가(理論家)명 ①이론에 밝고 능한 사람. ②실천은 하지 아니하고 이론만 내세우는 사람. ↔실천가.

이ː론^경제학(理論經濟學)명 경제 현상 및 경제 조직에 지배적인 공통성 또는 상대적인 법칙성을 이론적으로 연구하는 경제학. 순수 경제학. ↔응용 경제학.

이ː론-과학(理論科學)명 (실제적인 응용 방면의 연구보다는) 순수한 지식의 원리를 중시하여 연구하는 과학. ↔응용과학.

이ː론^물리학(理論物理學)명 계산과 추론 따위의 이론적 연구를 주로 하는 물리학. 실험이나 관측에 의해 얻어진 사실이나 경험적인 법칙을 토대로, 원리 또는 가설을 세워 더 많은 사실을 포괄하는 이론적 체계를 만드는 것을 목적으로 함. ↔응용 물리학.

이ː론-적(理論的)관명 이론에 바탕을 둔 (것). ¶ 이론적 근거. /이론적으로 뒷받침하다.

이ː론^철학(理論哲學)명 이론적 문제로서의 논리학, 존재론, 인식론 등을 연구 대상으로 삼는 철학의 한 부문. ↔실천 철학.

이ː론-화(理論化)명하자타되자 법칙을 찾고 체계를 세워 이론으로 되게 함.

이롭명 마소의 일곱 살.

이ː-롭다(利-)[-따][~로우니·~로워]형ㅂ 유리하다. 이익이 있다. ¶ 몸에 이로운 약. /정치적 안정은 경제 발전에 이롭다.

이ː롱(耳聾)명 귀가 먹어 소리를 듣지 못함.

이ː롱-증(耳聾症)[-쯩]명 한방에서, 귀가 먹어 소리를 듣지 못하는 병을 이르는 말.

이룡(驪龍)명 몸빛이 검은 용. 여룡(驪龍). 흑룡(黑龍).

이루부 《주로 '이루 다'의 꼴로 쓰이며, '어찌'와 어울리거나, '없다'·'어렵다' 따위의 부정어와 호응하여 쓰이거나, 반어적 의문으로 끝맺게 하여》 도저히. 아무리 하여도 다. 있는 것은 모두. ¶ 피난 때의 고생이란 이루 다 말할 수 없다. /그 눈물겨운 사연을 어찌 이루 다 말할 수 있으리요.

이ː루(二壘)명 야구에서, 투수의 뒤쪽, 곧 일루와 삼루 사이의 베이스.

이ː루(耳漏)명 귓구멍에서 고름이 나오는 병.

이루다타 ①어떤 상태나 결과가 되게 하다. ¶ 한 가정을 이루다. /온갖 걱정으로 잠을 이루지 못했다. ②(몇 가지 부분이나 요소를 모아서) 일정한 성질이나 모양을 가진 존재가 되게 하다. ¶ 주성분을 이루다. ③일을 마무리 짓다. ¶ 오늘 안으로 이 일을 다 이루어 놓아라. ④뜻한 바를 얻다. 뜻대로 되게 하다. ¶ 소원을 이루다.

이ː루-수(二壘手)명 야구에서, 이루를 지키는 선수.

이루어-지다자 ①어떤 상태나 결과가 되다. ¶ 합의가 이루어지다. ②뜻한 바대로 되다. ¶ 이루어질 수 없는 사랑. /기도가 이루어지다. ③(몇 가지 부분이나 요소가 모여서) 일정한 성질이나 모양을 가진 존재가 되다. ¶ 의회가 상하 양원으로 이루어지다. /우리 마을은 30여 호로 이루어졌다.

이ː루-타(二壘打)명 야구에서, 타자가 이루까지 나갈 수 있게 친 안타.

이룩-되다[-뙤-/-뛔-]자 (목적하던 큰일이나 현상이) 이루어지다. ¶ 통일이 이룩되다.

이룩-하다[-루카-]타여 ①(목적하던 큰일이나 현상 등을) 이루다. ¶ 국내 기술진만으로 이룩한 대역사. /밝고 명랑한 사회를 이룩하다. ②(나라나 도읍 또는 건물 따위의 구조물을) 새로 세우다. ¶ 고승 원효 대사가 이룩한 절.

이ː류(二流)명 버금가는 정도, 또는 그런 정도의 부류. ¶ 이류 극장.

이류(泥流)명 (화산의 폭발이나 산사태 따위로 말미암아) 산꼭대기나 산허리에서 흘러내리는 진흙의 흐름.

이ː류(異流)명 같지 아니한 다른 무리. 함께 섞일 수 없는 각기 다른 것.

이ː류(異類)명 서로 다른 종류나 종족.

이ː류-개념(異類概念)명 ☞괴리개념.

이류^안개(移流-)명 대기가, 온도 차가 매우 큰 지역으로 흘러 들어갔을 경우에 생기는 안개.

이륙(離陸)명하자타 비행기가 날기 위해서 땅에서 떠오름. ↔착륙(着陸).

이륙^활주(離陸滑走)[-류콸쭈]명 비행기가 땅에서 떠오르기 위해 미끄러져 달리는 일.

이ː륜(耳輪)명 귓바퀴.

이륜(彝倫)명 ☞인륜(人倫).

이ː륜-차(二輪車)명 바퀴가 둘 달린 차. 〔자전거나 오토바이 따위.〕

이ː륜-행실도(二倫行實圖)[-또]명 조선 중종 때, 김안국(金安國)이 장유(長幼)와 붕우(朋友)의 도리에 뛰어난 사람의 사실을 모아 엮어, 조신(曺伸)에게 위탁하여 간행한 책. 〔그 뒤 정조 때에 이르러 '삼강행실도'와 합하여 '오륜행실도'로 간행됨.〕

이르다[1] [이르니·이르러] ㉠㉡ ①어떤 곳에 닿다. 도착하다. ¶ 종착점에 이르다. ②일정한 시간에 미치다. ¶ 새벽녘에 이르러 비로소 열이 내리기 시작하였다. ③어느 정도나 범위에 미치다. ¶ 결론에 이르다. /어린이로부터 노인에 이르기까지 다 모였다.

이르다[2] [이르니·일러] 타르 ①(무엇이라고) 말하다. ¶ 공자가 이르기를…. /저곳을 샘할낀이라고 이른다. ②일도록 말하다. ¶ 학생들에게 버스가 다섯 시에 출발한다고 일러라. ③타이르다. ¶ 내가 알아듣도록 이를 테니, 이제 그만하게나. ④고자질하다. ¶ 네가 거짓말한 것을 선생님께 이를 거야.

이를 데〔것〕 없다관용 ①'더 말할 나위가 없다'는 뜻으로, '더없이 마땅하거나 옳음'을 이름. ¶ 이를 데 없이 적절한 결단을 내리다. ②'무어라고 표현할 길이 없다'는 뜻으로, '정도가 대단함'을 뜻함. ¶ 이를 데 없이 감격적인 순간. /기쁘기 이를 데 없다.

이르다[3] [이르니·일러] 형르 ①시간이 늦지 않고 빠르다. ¶ 이른 아침. ②시간이, 대중 잡은 때보다 앞서 있다. ¶ 산에 오르기에는 아직 이르다. ㊣일다[3]. ↔늦다.

이른 새끼가 살 안 찐다속담 ①조숙한 사람은 대체로 큰 인물이 되기가 어렵다는 말. ②무엇이나 처음에 너무 쉽게 잘되는 일은 나중이 시원치 않다는 말.

이르집다 [-따] 타 ①여러 겹의 껍질을 뜯어내다. ②(없는 일을 거짓으로 만들거나 옛일을 들추어내어) 말썽을 일으키다. ¶ 왜 문제를 이르집어 시끄럽게 만드니?

이른-모명 일찍 심는 모. ↔마냥모.

이른-바부 흔히 말하는. 소위(所謂). ¶ 이른바 학자라는 사람이 책을 멀리하다니.

이를-지(-至) [-찌] 명 한자 부수의 한 가지. '致'·'臺' 등에서의 '至'의 이름.

이를-터이면부 〈이를테면〉의 본딧말.

이를-테면부 '가령 말하자면'의 뜻으로 쓰이는 접속 부사. ¶ 이를테면 너와 내가 형제인 것처럼 그들도 한핏줄이다. ㊔이를터이면.

이름명 ①사람의 성(姓) 뒤에 붙여, 그 사람만을 가리켜 부르는 일컬음. ¶ 이름을 부르다. /손녀딸의 이름을 순 우리말로 지었다. ②성(姓)과 이름을 아울러 이르는 말. ¶ 당신의 이름 석 자를 여기에 쓰시오. ③다른 것과 구별 짓기 위하여 사물이나 단체에 붙이는 일컬음. ¶ 이 꽃의 이름은 무궁화다. /자네 회사 이름이 뭔가? ④어떤 일이나 행동이 유별나다 해서, 일반에게 불리는 일컬음. ¶ 그녀는 노래 솜씨가 뛰어나 꾀꼬리란 이름을 얻었다. ⑤널리 알려진 소문. ¶ 이름 높은 명승고적. /전주 비빔밥으로 이름이 난 식당. ⑥평가나 가치, 또는 그에 따른 영광. 명예. 영예. ¶ 나라의 이름을 빛내다. ⑦겉으로 내세우는 까닭. 구실. 명분. ¶ 평화라는 이름으로 독재를 정당화해서는 안 된다. ⑧명의(名義). ¶ 대통령의 이름으로 된 축전을 받다. ⑨남을 대하기가 떳떳한 처지. 체면. 체통. ¶ 제 이름을 스스로 깎아내리는 행위. ⑩《주로 '~의 이름으로'의 꼴로 쓰이어》 '~의 세력이나 권위를 빌려', '~을 대표(대신)하여'의 뜻을 나타냄. ¶ 반역자를 국민의 이름으로 처단하다.

이름도 성도 모른다속담 전연 모르는 사람이라는 말.

이름이 고와야 듣기도 좋다속담 이왕이면 사물의 명칭도 좋아야 한다는 말.

이름 좋은 하눌타리속담 '겉모양은 그럴듯하나 실속이 없음'을 비유하여 이르는 말.

이름(을) 날리다〔떨치다〕관용 좋은 평판을 얻다. ¶ 세계적인 성악가로 이름을 날리다.

이름(을) 남기다관용 후세에까지 이름이 전해질 만큼 공적을 세우다.

이름(을) 팔다관용 이름이나 명성을 이용하다. ¶ 남의 이름을 팔아 제 배를 채우다.

이름(이) 없다관용 세상에 알려질 만한 존재가 못되다. 유명하지 않다. 성명없다. ¶ 이름 없는 작가의 작품.

이름(이) 있다관용 (두드러진 존재라서) 세상에 그 이름이 널리 알려져 있다. ¶ 이름 있는 집안의 후손.

이름-값 [-깝] 명 《주로 '하다'·'못하다'와 함께 쓰이어》 세상에 널리 알려진 제 이름에 걸맞은 행동이나 구실. ¶ 이름값도 못하다. ＊이름값이 [-깝씨]·이름값만[-깜-]

이름-나다자 이름이 세상에 널리 알려지다. 유명해지다. ¶ 소설가로 이름나다.

이름난 잔치 배고프다속담 소문이 크게 난 것이 도리어 보잘것없다는 말.

이름-씨명 ☞명사(名詞).

이름-자(-字) [-짜] 명 (어떤 사람의) 이름을 나타내는 글자. ¶ 제 이름자도 못 쓰는 무지렁이.

이름-표(-標) 명 이름이나 직위 등을 써서 옷 따위에 다는 표. 명찰(名札). ¶ 가슴에 이름표를 달다. ㊟명패(名牌).

이리[1] 명 물고기 수컷의 배 속에 들어 있는 흰 정액 덩어리. 어백(魚白).

이리[2] 명 갯과의 짐승. 개 비슷하나 좀 야위었고, 늑대나 승냥이보다 좀 큼. 털빛은 대개 회갈색 바탕에 검은 털이 섞였으나 변화가 많음. 무리를 이루어 다니며, 성질이 사나워 사람을 해침.

이리[3] 부 하자 되자 상태·모양·성질 따위가 이러한 모양. 《'이리도'의 꼴로도 쓰임.》 ¶ 이리도 내 마음을 몰라주다니. ㊈요리[1].

이리[4] 부 이곳으로. 이쪽으로. ¶ 이리 앉게. /이리 놓아라. ㊈요리[2].

이리 뒤적 저리 뒤적관용 물건을 이리저리 뒤적거리는 모양. ¶ 생선을 이리 뒤적 저리 뒤적 고르기만 하고 사지는 않는다.

이리 뒤척 저리 뒤척관용 몸을 이쪽저쪽으로 뒤척거리는 모양. ¶ 잠을 이루지 못하여 이리 뒤척 저리 뒤척 하다가 날밤을 새웠다.

이리 오너라관용 예전에, 남의 집에 찾아가 대문 밖에서 그 집 사람을 부를 때 하던 말. ¶ 이리 오너라. 게 아무도 없느냐?

이리[5] 조 자음으로 끝난 체언에 붙어, '이라'의 뜻으로, 스스로에게 묻거나 한탄함을 나타내는 종결형 서술격 조사. 《모음 뒤에서는 '이'가 생략되기도 함.》 ¶ 그게 어찌 사람이 할 짓이리. ㊟리.

이리듐(iridium) 명 백금족에 딸린 은백색 원소. 경도가 크고 팽창률이 작으며 잘 녹지 않음. 주로, 백금과의 합금으로 쓰임. 만년필의 촉 끝에 붙이는 금속 및 화학 기구를 만드는 데 쓰임. 〔Ir/77/192.22〕

이리라조 자음으로 끝난 체언에 붙어, '일 것이다'의 뜻으로, 미루어 짐작함을 나타내는 종결형 서술격 조사. 《모음 뒤에서는 '이'가 생략되기도 함.》 ¶ 더없는 영광이리라. ㊟리라.

이리-박이명 배 속에 이리가 들어 있는 물고기.

이리오조 자음으로 끝난 체언에 붙어, 반어적 의문을 나타내거나 한탄함을 나타내는 종결형 서술격 조사. 《모음 뒤에서는 '이'가 생략되기도 함.》 ¶ 그게 어디 남의 탓이리오. 참리오.

이리-위감 신래(新來)를 불릴 때, 신래를 앞으로 나오라고 불리는 쪽의 하인들이 외치던 소리. ¶ 신래 이리위, 신은(新恩) 이리위, 찍찍. ↔저리위. 참신은·신래.

이리-이리부하자 되자 상태·모양·성질 따위가 이러하고 이러한 모양. ¶ 이리이리하라고 일러주었다. 작요리요리.

이리-저리부 ①(일정한 방향이 없이) 이쪽저쪽으로. ¶ 이리저리 돌아다니며 지지를 호소했다. ②하자이러하고 저러하게 되는대로 하는 모양. ¶ 거짓말로 이리저리 둘러대다. 작요리조리.

이리쿵-저리쿵부하자 이렇게 하자는 둥 저렇게 하자는 둥. ¶ 여러 사람이 모이니까 이리쿵저리쿵 말이 많다. 작요리쿵조리쿵.

이리-탕(-湯)명 생선의 이리로 저냐를 만들어 넣어 맑게 끓인 장국. 백자탕(白子湯).

이립(而立)명 〔논어의 '三十而立(서른 살에 인생관이 서다)'에서 온 말로〕 나이 '서른 살'을 이르는 말.

이링공-뎌링공부 〈옛〉이러쿵저러쿵. 이렁저렁. 이렇게 저렇게. ¶ 이링공뎌링공 ᄒᆞ야 나즈란 디내와손뎌(樂詞.青山別曲).

이ᄅᆞ삷다타 〈옛〉 경영하다. 이룩하다. ¶ 집을 이ᄅᆞ살ᄆᆞ며(呂約4).

이릐명 〈옛〉재롱. 아양. 응석. ¶ 나도 님을 미더 군 쁘디 전혀 업서 이릐야 교틱야 어즈러이 ᄒᆞ돗뎐디(鄭澈.續美人曲).

이마명 ①눈썹 위로부터 머리털이 난 부분까지의 사이. ②〈이맛돌〉의 준말.

이마를 뚫어도 진물도 아니〔안〕 난다속담 몹시 인색한 사람을 두고 하는 말.

이마를 맞대다〔마주하다〕관용 어떤 일을 의논하거나 결정하기 위하여 서로 마주 대하다.

이마에 내 천(川) **자를 쓰다〔그리다〕**관용 언짢거나 근심이 있어 얼굴을 잔뜩 찌푸리다.

이마에 피도 안 마르다관용 아직 나이가 어리다.

이마마-하다형여 이만한 정도에 이르다. 이 정도만 하다. 작요마마하다.

이마-받이[-바지]명 ①하자이마로 부딪는 짓. ②하타'두 물체가 맞부딪거나 서로 닿을 듯이 아주 가까이 있음'을 이르는 말. ¶ 우리 집 추녀와 이웃집 추녀가 이마받이라도 할 듯이 붙어 있다.

이마-빡명 〈이마〉의 속된 말.

이마-빼기명 〈이마〉의 속된 말.

이마-적명 이제에 가까운 얼마 동안의 지난날. 간경(間頃). 간자(間者)[1]. 작요마적.

이-만 Ⅰ관 이만한. 이 정도의. ¶ 이만 일에 화를 내나? 작요만.

Ⅱ부 이 정도까지만. 이만하고서. ¶ 이만 합시다. 작요만.

이만-저만《부정하는 말을 뒤따르게 하거나 반의적 의문문에 쓰이어》 Ⅰ명하형 이만하고 저만함. ¶ 걱정이 이만저만이 아니다. 작요만조만.

Ⅱ부 이만하고 저만한 정도로. 대단히 많이. ¶ 값이 비싸도 이만저만 비싼 게 아니야. 작요만조만.

이-만치 Ⅰ명 이만큼. 작요만치.

Ⅱ부 이만큼. ¶ 이만치 물러나라. 작요만치.

이-만큼 Ⅰ명 이만한 정도. 이만치. ¶ 이만큼만 더 먹어라. 작요만큼.

Ⅱ부 이만한 정도로. 이만치. ¶ 그동안 이만큼 컸구나. 작요만큼.

이만-하다형여 이 정도만 하다. ¶ 피해가 이만하길 다행입니다. 작요만하다.

이맘-때명 이만한 정도에 이른 때. ¶ 작년 이맘때. 작요맘때.

이맛-돌[-마똘/-맏똘]명 아궁이 위쪽 앞으로 가로 얹어 놓는 긴 돌. 준이마.

이맛-살[-마쌀/-맏쌀]명 ①이마의 살갗. ②이마에 잡힌 주름살. ¶ 이맛살을 찌푸리다.

이맛-전[-마쩐/-맏쩐]명 이마의 넓은 부분.

이매(移買)명하타 자기 땅을 팔아서 다른 땅을 사는 일.

이매(魑魅)명 사람을 홀려 해친다는 산도깨비. 사람의 얼굴에 짐승의 몸을 한, 네발 가진 도깨비라고 함.

이매-망량(魑魅魍魎)[-냥]명 (사람을 해치는) 온갖 도깨비나 귀신. 준망량.

이ː메일(email)명 컴퓨터 이용자끼리 네트워크를 통하여 문서나 화상(畫像) 등의 정보를 주고받는 통신 시스템. 메일. 전자 우편(電子郵便). [electronic mail]

이며조 ①자음으로 끝난 체언에 붙어, 둘 이상의 사물을 같은 자격으로 열거하는 뜻을 나타내는 접속 조사. 《모음 뒤에서는 '이'가 생략되기도 함.》 ¶ 이번 장마로 논이며 밭이며 집이며 모두가 물에 잠겼다. 참며. ②〈이면서〉의 준말. ¶ 그는 시인이며 소설가다.

이면조 자음으로 끝난 체언에 붙어, 앞의 사실이 가정적 조건임을 나타내는 연결형 서술격 조사. 《모음 뒤에서는 '이'가 생략되기도 함.》 ¶ 사람이면 나서고 귀신이면 썩 물러가라. 참면[3].

이ː면(裏面)명 ①속. 안쪽 면. ②뒷면. ¶ 수표 이면에 주민 등록 번호와 이름을 적어 주세요. ③겉으로 드러나지 않은 속사정. ¶ 범죄 조직의 이면을 속속들이 파헤치다. ↔표면(表面).

이면(을) 모르다관용 경위를 알고 체면을 차릴 만한 지각이 없다.

이ː면-각(二面角)명 수학에서, 서로 만나는 두 평면이 이루는 각. 면각(面角).

이ː면-경계(裏面境界)[-계/-게]명 일의 내용과 옳고 그름. ¶ 이면경계도 모르면서 참견하다.

이ː면-공작(裏面工作)명 (겉으로 드러나지 않게) 뒤에서 일을 꾸밈.

이ː면부지(裏面不知)명 경위도 모르고 체면을 지킬 줄도 모름, 또는 그러한 사람.

이ː면-사(裏面史)명 (어떤 사건이나 일의) 이면에 숨어 있는 역사, 또는 그 사실을 서술한 것. ¶ 문단(文壇)의 이면사.

이면서조 자음으로 끝난 체언에 붙어, 둘 이상의 사실을 아울러 나타내는 연결형 서술격 조사. 《모음 뒤에서는 '이'가 생략되기도 함.》 ¶ 그는 교장이면서 평교사다. 준이며. 참면서.

이면수명 '임연수어'의 잘못.

이ː면-지(裏面紙)명 한쪽 면은 사용되었으나 그 뒷면은 사용되지 않은 종이.

이ː면-치레(裏面-)명하자 ☞면치레.

이ː명(耳鳴)명 귀의 질환이나 정신 흥분 등으로 청신경(聽神經)에 병적 자극이 생겨 어떤 소리가 잇달아 울리는 것처럼 느껴지는 일. 귀울음.

이ː명(異名)명 ①본이름 외에 달리 부르는 이름. ②서로 다른 이름.

이ː명-법(二名法)[-뻡]명 생물 분류학에서, 종(種)의 학명(學名)을 붙일 때, 라틴 어로 그 속

(屬)의 이름 다음에 종의 이름을 붙여 나타내는 명명법(命名法).

이:명-주(耳明酒)명 ☞귀밝이술.

이:명-증(耳鳴症)[-쯩]명 정신 홍분이나 혈관 장애 또는 귀의 질환 등으로, 귀에서 저절로 소리가 울리는 것처럼 느껴지는 상태, 또는 그 증세. 노인이나 허약한 이에게 흔히 일어남.

이:모(二毛)명 ①반백(斑白)의 머리. ②〈이모지년(二毛之年)〉의 준말.

이모(姨母)명 어머니의 자매.

이모(移模·移摸)명하타 남의 글씨나 그림을 본떠 쓰거나 그림.

이모-부(姨母夫)명 이모의 남편.

이:모-작(二毛作)명 한 경작지에서 한 해에 두 차례 다른 작물을 심어 거두는 일. 그루갈이. 양그루. 양모작. 참다모작·일모작.

이모-저모명 이런 면 저런 면. 이쪽 저쪽의 여러 방면. ¶ 가정생활의 이모저모를 찬찬히 이야기하고 있다. 작요모조모.

이:모-제(異母弟)명 배다른 아우.

이:모지년(二毛之年)명 〔흰 머리털이 나기 시작하는 나이라는 뜻으로〕 '서른두 살'을 이르는 말. 준이모(二毛).

이:모취인(以貌取人)명하자 생김새만 보고 사람을 쓰는 일.

이모티콘(emoticon)명 컴퓨터 통신 등에서, 자신의 감정을 나타내기 위하여 사용하는 기호. 웃는 모습은 ^^, 반가운 표정은 *^^* 따위로 나타냄. [emotion+icon]

이:모-형(異母兄)명 배다른 형.

이:모-형제(異母兄弟)명 배다른 형제.

이:목(耳目)명 ①귀와 눈, 또는 귀와 눈을 중심으로 한 얼굴의 생김새. ¶ 잘생긴 이목. ②다른 사람의 관심이나 주의·주목. ¶ 남의 이목이 두렵다.

이목을 끌다관용 남의 주목을 받다. 특별히 남의 눈에 띄다.

이목이 넓다관용 보고 듣고 하여 아는 것이 많다.

이목(梨木)명 배나무.

이목(移牧)명 가축을 여름에는 산야에 놓아기르고, 겨울에는 우리에 넣어 마른풀로 기르는 일. 〔유목과 방목의 중간 형태임.〕

이:목구비(耳目口鼻)[-꾸-]명 ①귀·눈·입·코를 아울러 이르는 말. ②귀·눈·입·코를 중심으로 한 얼굴의 생김새. ¶ 이목구비가 수려하다.

이:목지욕(耳目之慾)[-찌-]명 ①듣고 싶고 보고 싶은 욕망. ②(귀로 듣고 눈으로 봄으로써 생기는) 물질에 대한 욕망.

이몽-가몽(-夢-夢)명 '비몽사몽'의 잘못.

이무(移貿)명하자 조선 말기에, 지방의 벼슬아치가 값이 오른 자기 고을의 환곡(還穀)을 팔아서, 그 돈으로 값이 싼 다른 고을의 곡식을 사서 채워 넣음으로써 남는 이익을 가로채던 일.

이:무기명 ①용이 되려다 못 되고 물속에 산다는 전설상의 큰 구렁이. ②'거대한 뱀'을 흔히 이르는 말. 〔열대 지방에 사는 왕뱀 따위.〕 ②대망(大蟒).

이:무깃-돌[-기똘/-긷똘]명 성문 같은 데의 난간에 끼워 빗물이 흘러내리게 하는, 이무기 대가리 모양의 돌 홈. 이두(螭頭).

이:문(耳門)명 귓문.

이:문(利文)명 ①이익으로 남은 돈. 이전(利錢). ¶ 이문이 크다. /이문을 남기다. ②☞이자(利子).

이:문(里門)명 동네 어귀에 세운 문. 여문(閭門).

이:문(異聞)명 이상한 소문. 신기한 소문.

이:문-목견(耳聞目見)[-껸]명하타 〔귀로 듣고 눈으로 본다는 뜻으로〕 '실지로 겪어 봄'을 이르는 말.

이물명 배의 머리 쪽. 뱃머리. 선두(船頭). 선수(船首). ↔고물1.

이:물(異物)명 ①기이한 물건. ②제대로의 것이 아닌 딴 물질. ¶ 눈에 이물이 들어가다. ③음흉한 사람. ④죽어 넋어진 사람.

이:물-감(異物感)명 무엇인가 별다른 것이 들어 있는 듯한 느낌.

이물-대[-때]명 두대박이 배의 이물 쪽에 있는 돛대. ↔고물대.

이물-스럽다(異物-)[-따][~스러우니·~스러워]형ㅂ 성질이 음험하여 마음속을 헤아리기 어렵다. **이물스레**부.

이:-물질(異物質)[-찔]명 섞이거나 들어가서는 안 될 다른 물질. ¶ 곡식에서 이물질을 골라내다.

이므로조 체언에 두루 붙어, 그 말이 뒤의 사실의 까닭이 됨을 나타내는 연결형 서술격 조사. ¶ 정기 휴일이므로 쉽니다.

이믜셔부 〈옛〉이미. ¶ 이믜셔 世間애 얽미여슈믈 免티 몯홀시(杜初9:22).

이:미부 벌써. 이왕에. 기위(旣爲). 〔돌이킬 수 없이 된 지난 일을 말할 때 쓰임.〕 ¶ 이미 엎질러진 물. /기차는 이미 떠나고 난 뒤였다.

이:미(異味)명 이상한 맛. 색다른 맛.

이:미-증(異味症)[-쯩]명 기생충에 의한 소화장애나 정신 장애 등으로 말미암아 입맛이 이상하게 바뀌는 병. 〔어린이들이 흙이나 백묵을 먹는다든지, 임신부가 신 것을 즐기는 따위.〕 이기증.

이미지(image)명 ①마음속에 그려지는 사물의 감각적 영상. 심상(心象). ②어떤 사람이나 사물로부터 받는 느낌이나 인상. ¶ 청순한 이미지.

이미지^오:시콘(image orthicon)명 텔레비전의 영상을 얻기 위하여 사용하는, 텔레비전 카메라용 촬상관(撮像管)의 한 가지. 종래의 아이코노스코프의 분해 능력이나 감도보다 그 성능이 훨씬 뛰어남.

이미지즘(imagism)명 제1차 세계 대전 후, 재래의 시(詩)에 대한 반동으로 일어난 신시(新詩) 운동. 음악적 율동과 회화적(繪畫的) 영상을 융합한 새로운 운율을 창조하려 하였음.

이미테이션(imitation)명 ①모방. ②보석 따위의 모조품.

이:민(吏民)명 지방의 아전과 백성.

이:민(里民)명 동리 사람.

이민(移民)명하자 다른 나라의 땅으로 옮겨 가서 사는 일, 또는 그 사람. ¶ 호주로 이민을 가다.

이:민위천(以民爲天)명하자 〔백성으로써 하늘을 삼는다는 뜻으로〕 '백성을 소중하게 여김'을 이르는 말.

이:-민족(異民族)명 (핏줄이나 언어·풍속 따위가) 다른 민족.

이바감 〈옛〉여봐. 여봐라. ¶ 이바 거리에 셰낼 나귀 잇ᄂᆞ냐(朴解下57).

이바디명 〈옛〉잔치. ¶ 이바디 연:宴(訓蒙下10).

이바지명 ①하자되자(나라나 사회에) 도움이 되게 함. 공헌함. ¶ 산업 발전에 이바지한 공로. ②하타음식 같은 것을 정성 들여 보내 줌, 또는 그 음식. ¶ 형님에게 음식을 이바지하다. ③하타물건을 고루 갖추어 바라지함.

이-박기[-끼]명 음력 정월 대보름날, 이를 튼튼히 한다는 뜻으로 부럼을 씹는 일.

이:반(離叛·離反)명하자 사이가 벌어져 떠나거나 돌아섬. ¶ 민심(民心)이 이반하다.

이받다 타 〈옛〉 대접하다. 공궤하다. ¶ 아바님 이받ᄌᆞᄫᆞᆯ 제(龍歌*91*章).
이ː발 (理髮) 명하자 머리털을 깎고 다듬음.
이ː발-관 (理髮館) 명 ☞이발소.
이ː발-기 (理髮器) 명 머리털을 깎는 기계.
이ː발-사 (理髮師) [-싸] 명 남의 머리털을 깎고 다듬어 주는 일을 직업으로 하는 사람.
이ː발-소 (理髮所) [-쏘] 명 이발을 영업으로 하는 집. 이발관.
이ː발지시 (已發之矢) [-찌-] 명 〔이미 시위를 떠난 화살이란 뜻으로〕 '이미 벌인 일이라 그만두기 어려운 처지'를 이르는 말.
이ː-밥 명 입쌀로 지은 밥. 쌀밥. 흰밥.
이밥이면 다 젯밥인가 속담 같은 물건이라도 경우에 따라 각각 다르게 쓰이며 또 효과도 각각 다름을 이르는 말.
이ː방 (吏房) 명 〔조선 시대〕 ①승정원과 지방 관아에 딸린 육방(六房)의 하나. 인사(人事)와 비서(祕書) 따위의 일을 맡아보았음. ②지방 관아에 딸린 이방의 아전.
이ː방 (異方) 명 ①풍속이나 습관 따위가 다른 지방. ②빛의 굴절·팽창 등 물체의 물리적 성질이, 방향에 따라 다른 것. ②↔등방(等方).
이ː방 (異邦) 명 다른 나라. 타국(他國).
이ː방 (←豫防) 명 질병이나 재앙을 미리 막기 위하여 하는 미신적인 행위.
이방 (離方·离方) 명 팔방(八方)의 하나. 정남(正南)을 중심으로 한 45도 범위 이내의 방위. 준이(離). ↔감방(坎方).
이ː방-성 (異方性) [-썽] 명 〔대부분의 결정질(結晶質) 고체와 같이〕 빛의 굴절·열전도·팽창률 따위 물질의 물리적 성질이, 그 물체 안에서 방향에 따라 다르게 작용하는 성질. ↔등방성.
이ː-방승 (二方乘) 명 '제곱'의 구용어.
이ː방-인 (異邦人) 명 ①다른 나라 사람. ②유대인들이 선민(選民) 의식에서, 그들 이외의 다른 민족을 얕잡아 이르던 말.
이ː방-체 (異方體) 명 이방성(異方性)이 있는 물체. ↔등방체(等方體).
이ː배 (吏輩) 명 이서(吏胥)의 무리. 이속(吏屬).
이배 (移配) 명하타 되자 귀양살이하는 곳을 다른 곳으로 옮김.
이ː배-체 (二倍體) 명 보통의 2배의 염색체 수를 가지는 생물체.
이ː배-치 (吏輩-) 명 울이 깊고 코가 짧으며 투박하게 생긴 남자 가죽신. 〔이속(吏屬)들이 많이 신은 데서 생긴 이름.〕
이-번 (-番) 명 이제 돌아온 바로 이 차례. 금번. 이참. ¶ 이번에는 꼭 이기겠다. 작요번.
이벌-찬 (伊伐湌) 명 신라 때의 17관등의 첫째 등급. 각간. 각찬. 간벌찬. 서불한. 참이찬.
이ː법 (理法) [-뻡] 명 ①원리와 법칙. ¶ 대자연의 이법. ②도리와 예법. ¶ 이법에 밝다.
이ː법종사 (以法從事) [-쫑-] 명하자 법에 따라 일을 처리함.
이벤트 (event) 명 〔'사건(事件)'의 뜻으로〕 ①경기의 종목, 또는 그 경기. ②행사. ¶ 상품 홍보를 위한 이벤트.
이ː변 (異變) 명 ①괴이한 변고. ②상례에서 벗어나는 변화. 예상하지 못한 사태. ¶ 기상 이변. /이번 월드컵에서는 이변이 속출했다.
이ː별 (離別) 명하자 (오랫동안 떨어져 있어야 할 일로 해서) 서로 헤어짐. 별리(別離). 메별(袂別). ¶ 슬픈 이별. /사랑하는 이와 이별하다.
이ː별-가 (離別歌) 명 이별의 노래.
이ː별-주 (離別酒) [-쭈] 명 이별할 때 나누어 마시는 술. 별주(別酒).
이ː병 (二兵) 명 〈이등병(二等兵)〉의 준말.
이병 (罹病) 명하자 병에 걸림. 이환(罹患).
이보 (移步) 명하자 걸음을 옮김.
이ː-보다 (利-) 자 ①이익이 되다. ②이익을 얻다.
이ː복 (異腹) 명 아버지는 같고 어머니가 다름. ¶ 이복 남매. ↔동복(同腹).
이ː복-동생 (異腹同生) [-똥-] 명 배다른 동생.
이ː복-형 (異腹兄) [-보켱] 명 배다른 형.
이ː복-형제 (異腹兄弟) [-보켱-] 명 배다른 형제나 자매. 줄무더기형제.
이ː본 (異本) 명 ①희귀한 책. 진본(珍本). 진서(珍書). ②같은 내용으로 되었으나 판각(板刻) 또는 펴낸 때나 곳이 다른 책. 이서(異書). ¶ 춘향전 이본.
이-봐 감 〔'이 보아'가 줄어서 된 말로〕 평교간이나 아랫사람을 부를 때 하는 말. ¶ 이봐, 나 좀 보세.
이ː부 (二部) 명 이부제를 실시하는 학교에서, 야간 또는 오후에 수업을 하는 부.
이ː부 (利附) 명 〈이자부(利子附)〉의 준말. ↔이락(利落).
이ː부 (吏部) 명 고려 시대의 육부(六部)의 하나. 문선(文選)과 훈봉(勳封)에 관한 일을 맡아보았음.
이ː부 (異父) 명 어머니는 같고 아버지가 다름. 〔한 어머니에게서 태어났으나 그 아버지가 서로 다른 경우를 이름.〕 ↔동부(同父).
이ː부^가격 (利付價格) [-까-] 명 이자를 치르기 전의 채권 가격. 값이 가장 높음.
이ː부^교ː수 (二部教授) 명 학교의 수업을 주간과 야간 또는 오전과 오후의 두 부로 나누어 하는 일. 이부 수업(二部授業).
이ː부^수업 (二部授業) 명 ☞이부 교수.
이부-자리 명 이불과 요. 금구(衾具). ¶ 이부자리를 펴다.
이부자리를 보다 관용 이부자리를 깔아서 잘 수 있게 준비를 하다.
이ː부-작 (二部作) 명 (소설·희곡·음악·그림 따위에서) 두 부분으로 갈라져 있으나, 주제가 서로 관련되어 통일을 이룬 작품.
이ː부-제 (二部制) 명 (주·야간제 따위와 같이) 이부 교수를 하는 제도.
이ː부-지 (耳部-) 명 '귀지'의 궁중말.
이부지(를) 아뢰다 관용 '귀지를 우비어 드리다'의 궁중말.
이ː부^합주 (二部合奏) [-쭈] 명 ☞이중주.
이ː부^합창 (二部合唱) 명 두 성부(聲部)로 나누어 각각 다른 가락으로 노래하는 합창. 참이중창(二重唱).
이ː부^형식 (二部形式) 명 한 곡이 두 개의 큰 악절(樂節)로 이루어진 형식.
이ː부-형제 (異父兄弟) 명 어머니는 같고 아버지가 다른 형제.
이ː북 (以北) 명 ①어떤 지점을 기준으로 한 그 북쪽. ¶ 한강 이북 지역. ②〔우리나라에서〕 북위 38°선, 또는 휴전선을 기준으로 한 그 북쪽. 곧, '북한(北韓)'을 가리킴. ↔이남(以南).
이-분 대 '이 사람'의 높임말. 이 어른. 이 양반. ¶ 이분이 우리 선생님이십니다.
이ː분 (二分) 명 ①하타 되자 둘로 나눔. ②춘분과 추분 또는 춘분점과 추분점을 아울러 이르는 말. 참이지(二至).
이ː-분모 (異分母) 명 둘 이상의 분수에서 분모가 서로 다른 것. ↔동분모(同分母).

이ː분-법(二分法)[-뻡]명 논리학에서, 어떤 대상을 둘로 나누는 논리적 구분의 방법. 곧, 생물을 동물과 식물로 나누는 따위.
이ː분-쉼표(二分-標)명 온쉼표의 절반의 길이를 가지는 쉼표. 〔기호는 ▬〕
이ː분-음표(二分音標)명 온음표의 절반의 길이를 가지는 음표. 〔기호는 𝅗𝅥〕
이ː-분자(異分子)명 같은 정당이나 단체에 있으면서, 구의 주장이나 사상을 달리하는 사람. ¶ 이분자를 색출해 내다.
이불명 잘 때에 몸을 덮기 위하여 피륙과 솜 따위로 꾸미어 만든 것.
이불 안 활개관용 〔이불 속에서 활개친다는 뜻으로〕 '남이 보지 않는 곳에서 호기를 부림'을 이르는 말.
이불(泥佛)명 진흙으로 빚어서 구워 만든 불상.
이ː불리-간(利不利間)부 이가 되든지 해가 되든지 간에. 《주로, '이불리간에'의 꼴로 쓰임.》 ¶ 이불리간에 약속한 것은 지켜야지.
이불-보(-褓)[-뽀]명 이불을 간수할 때 싸기 위하여 만든 크고 넓은 보자기.
이불-잇[-릳]명 (이불이 더러워지지 않도록 하기 위해) 이불에 덧씌우거나 덧싸서 시치는 천. 홑이불. *이불잇이[-리시]·이불잇만[-린-]
이불-장(-欌)[-짱]명 이불을 넣어 두는 장롱.
이불-줄[-쭐]명 광산에서, 경사가 거의 없이, 편평한 이불이 깔려 있는 것처럼 가로 박힌 광맥을 이르는 말.
이ː브(Eve)명 구약 성서에 나오는, 하나님이 아담의 갈비뼈로 만든 인류 최초의 여성. 아담의 아내. 하와.
이ː브닝-드레스(evening dress)명 여자의 야회복(夜會服).
이ː브닝-코ː트(evening coat)명 ①남자의 야회복. 연미복. ②이브닝드레스 위에 입는 코트.
이ː비(吏批)명 지난날, 이조(吏曹)에서 임금에게 주청하여 윤허를 얻는 일을 맡아보던 벼슬, 또는 그 일.
이ː비(理非)명 옳음과 그름. 시비(是非). ¶ 어느새 인생의 애환과 이비를 아는 나이가 되었다.
이ː비인후-과(耳鼻咽喉科)[-꽈]명 귀·코·목구멍·기관 및 식도의 질병 치료를 전문으로 하는 의학의 한 분과, 또는 그 병원.
이ː빙(履氷)명하자 〔얼음을 밟는다는 뜻으로〕 '매우 위태로운 짓을 함'을 이르는 말. 여리박빙(如履薄氷).
이ː-빛(二-)[-빋]명 단청(丹靑)에서, 채색의 짙은 정도를 이르는 말로, 초빛보다 진하고 삼빛보다 엷은 빛. 참삼빛·초빛. *이ː빛이[-비치]·이ː빛만[-빈-]
이빨명 〈이[2]〉의 낮은말.
이쁘다형 ☞예쁘다.
이쁘-둥이명 ①귀엽게 생긴 어린아이. ②'어린아이'를 귀엽게 부르는 말.
이ː사(二死)명 야구에서, 공격 쪽의 선수가 두 사람 아웃되는 일. 투 아웃. ¶ 이사 만루.
이사(移徙)명하자 살던 곳(집)을 떠나 다른 데로 옮김.
이사할 때 강아지 따라다니듯속담 어디든지 늘 붙어 다니며 귀찮게 굶을 이르는 말.
이ː사(理事)명 법인(法人) 기관의 사무를 처리하며 이를 대표하여 권리를 행사하는 직위, 또는 그러한 일을 맡은 사람.
이ː사-관(理事官)명 일반직 2급 공무원의 직급. 관리관의 아래, 부이사관의 위. 〔중앙 관청의 국장급임.〕
이ː사-국(理事國)명 국제기관의 이사회(理事會)의 일원이 되는 나라.
이사금(尼斯今)명 신라 때, '임금'의 칭호. 〔제3대 유리왕 때부터 제18대 실성왕 때까지 사용되었음.〕
이ː-사반기(二四半期)명 ☞이사분기.
이ː-사분기(二四分期)명 1년을 네 기(期)로 나눈 그 둘째 기간. 곧, 4·5·6월. 이사반기.
이사야-서(Isaiah書)명 구약 성서 중의 한 편. 예언자 이사야가, 메시아가 동정녀(童貞女)에게서 탄생하게 되리라는 것과 여호와의 궁극적인 승리 등에 관하여 예언(預言)한 내용임.
이ː사위한(以死爲限)명하타 (어떤 일을) 죽기를 각오하고 함.
이-사이명 좀 가까운 이전부터 이제까지의 동안. ¶ 이사이는 날씨가 고르지 못해 혼났다. 준이새. 작요사이.
이ː사-회(理事會)[-회/-훼]명 ①이사들로 구성되는 회의체의 의사 결정 기관, 또는 그 모임. ②국제기구에서, 이사국(理事國)의 대표들로 구성되는 기관.
이삭명 ①(벼나 보리 따위의) 꽃이나 열매가 꽃대 둘레에 많이 달려 있는 부분. ¶ 벼 이삭. / 이삭이 떨어지다. ②농사지은 것을 거둔 뒤에 땅에 흘리어 처진 지스러기. ¶ 이삭을 줍다.
이삭(이) 패다관용 (벼나 보리 따위의) 이삭이 돋아 나오다.
이삭 밥에도 가난이 든다속담 가난하게 살 징조가 보임을 이르는 말.
이삭-줍기[-쭙끼]명하자 이삭을 줍는 일.
이ː산(離散)명하자되자 헤어져 흩어짐. 거산.
이ː산-가족(離散家族)명 남북 분단 등의 사정으로 헤어져 흩어져서 서로 소식을 모르는 가족. ¶ 이산가족 찾기.
이ː산^염기(二酸鹽基)[-념-]명 한 분자 속에 두 개의 수산기를 가진 염기. 〔수산화칼슘·수산화마그네슘 따위.〕
이ː-산화(二酸化)명 화학에서, 산소 두 원자가 결합한 화합물임을 나타내는 말.
이ː산화-규소(二酸化硅素)명 규소의 산화물. 경유리(硬琉璃)의 원료로 쓰이는데, 천연으로는 석영·수정·규사·규조토 등에서 산출됨. 참규산.
이ː산화-망간(二酸化Mangan)명 망간 산화물의 한 가지. 연망간광으로 많이 산출되는 회흑색 또는 흑색의 가루. 산화제로서 산소·염소·브롬의 제조와 유리·도자기 등의 착색에 쓰임. 과산화망간. 참연망간광.
이ː산화-수소(二酸化水素)명 ☞과산화수소.
이ː산화-질소(二酸化窒素)[-쏘]명 질소의 산화물의 한 가지. 초산연이 분해될 때 생기는 적갈색의 기체로, 질식성이 강하며 마취제 등에 쓰임.
이ː산화-탄소(二酸化炭素)명 탄소와 산소의 화합물. 탄소가 완전 연소할 때 생기는, 빛깔과 냄새가 없는 기체로, 공기보다 1.5배 무거움. 대기 중에 0.03%가 들어 있으며, 식물의 동화작용에 가장 중요한 물질임. 석회석에 묽은 염산을 섞어 만들며, 청량음료나 탄산소다의 제조에 쓰임. 무수 탄산. 탄산 무수물. 탄산가스.
이ː산화-황(二酸化黃)명 황과 산소의 화합물. 황을 공기 중에서 태울 때 생기는 기체로서 빛깔이 없고 자극성의 냄새가 나며 독이 있음. 무수 아황산. 아황산가스.

이:삼(二三)관 단위를 나타내는 일부 명사 앞에 쓰이어, 그 수량이 둘이나 셋임을 나타내는 말. ¶ 이삼 명. /이삼 분 동안.

이삿-짐(移徙-) [-사찜/-삳찜]명 이사할 때 옮기는 짐. ¶ 이삿짐을 싸다.

이:상(二上)명 지난날, 시문(詩文)을 끊을 때의 등급의 한 가지. 열두 등급 중 넷째 등급. 상지하(上之下)와 이중(二中)의 중간급임. 참이중.

이:상(以上)명 ①《어떤 수량·단계 따위를 나타내는 말 뒤에 쓰이어》 '그것을 포함하여, 그것보다 많거나 위임'을 나타냄. ¶ 20세 이상의 남성들. /자녀를 둘 이상 둔 가정. ②(두 가지 사물을 비교할 때 다른 한쪽이) '그것보다 정도가 더하거나 위임'을 나타냄. ¶ 그 사람은 자네 이상의 어려움을 겪었지. ↔이하(以下). ③(말이나 글 따위에서) 이제까지 말한 내용. ¶ 이상의 일은 모두 사실이다. ④문서나 강연 등의 마지막에 써서, '끝'의 뜻을 나타냄. ¶ 이것으로써 오늘 강의를 마치겠습니다. 이상. ⑤《용언의 관형사형 어미 '-ㄴ'·'-은'·'-는' 뒤에 쓰이어》 '이미 …한(…된) 바에는'의 뜻을 나타냄. ¶ 일단 약속한 이상 반드시 실천한다.

이:상(異狀)명 ①평소와는 다른 상태. ¶ 갑작스레 몸에 이상이 생기다. ②보통과는 다른 상태나 모양. ¶ 농약이 묻은 잎에만 이상이 나타난다. 참이상(異常).

이:상(異相)명 보통 사람과는 다른 인상(人相)이나 골상(骨相).

이:상(異常)명하형스형 ①정상이 아닌 상태나 현상. ¶ 이상한 행동. ②보통과는 다름. 이제까지와 달리 별남. ¶ 기분이 이상하다. ③의심스러움. ¶ 행동이 이상하여 주의 깊게 살피다. 참이상(異狀). **이상-히**부. **이상스레**부.

이:상(異象)명 ①이상한 모양. ②기이한 현상.

이:상(理想)명 ①(실제로는 실현할 수 없다 하더라도) 이성으로 생각할 수 있는, 사물의 가장 완전한 상태나 모습. ¶ 이상 세계. ②그렇게 되었으면 하고 마음에 그리며 추구하는 최상·최선의 목표. ¶ 젊은이의 이상. /이상이 높다(낮다).

이:상(貳相)명 〔삼정승(三政丞) 다음의 정승이라는 뜻으로〕 조선 시대에, 좌찬성과 우찬성을 아울러 이르던 말.

이:상^건조(異常乾燥)명 맑은 날씨가 오래 계속되어 공기가 유난히 건조해지는 일. 곧, 실효(實效) 습도가 50% 이하인 상태.

이:상-곡(履霜曲)명 작자·연대 미상의 고려 가요. 음녀(淫女)의 음탕한 노래라 하여 조선 성종 때에 남녀상열지사(男女相悅之詞)라는 비난을 받음. 〔'악장가사'와 '시용향악보'에 실려 전함.〕

이:상^기체(理想氣體)명 '보일 샤를의 법칙'이 그대로 적용될 수 있다고 가정한 기체. 고온·저압의 기체가 이에 가까움. 완전 기체.

이:상-론(理想論) [-논]명 현실을 고려하지 않고 추상적인 이상만을 주장하는 논설. ¶ 그의 경제 이론은 현실을 외면한 이상론에 치우쳐 있다.

이:상^심리학(異常心理學) [-니-]명 ☞변태 심리학.

이:상-아(異常兒)명 심신에 장애가 있거나 사회적으로 어떤 이상이 있는 어린이를 통틀어 이르는 말. ↔정상아(正常兒).

이:상야릇-하다(異常-) [-냐르타-]형여 (무엇이라고 표현할 수 없을 정도로) 이상하고 묘하다. ¶ 사무실 분위기가 이상야릇하다. **이상야릇-이**부.

이:상-적(理想的)관명 사물의 상태가 이상에 가장 가까운 (것). 사물이 가장 바람직한 상태인 (것). ¶ 이상적 인간상. /이상적인 교사상.

이:상-주의(理想主義) [-의/-이]명 인생의 의의를 도덕적·사회적 이상의 실현에 두고 그것을 목표로 삼는 주의, 또는 그러한 인생관. 관념주의. ↔현실주의.

이:상-향(理想鄕)명 이상으로 그리는, 완전하고 평화로운 상상(想像)의 세계. 도원경(桃源境). 유토피아.

이:상-화(理想化)명하타되자 사물을 현실 그대로 보지 않고, 가장 바람직한 모습에 비추어 생각하거나 이상으로 삼는 모습으로 바꾸어 생각하는 일. ¶ 혁명을 이상화하다.

이-새명 〈이사이〉의 준말. 작요새.

이:색(二色)명 두 가지 색.

이:색(異色)명 ①다른 빛깔. ¶ 이색 천으로 꾸미다. ②(성질이나 상태 등이) 색다르게 두드러진 것. ¶ 건물 정면의 이색 조형물이 눈길을 끌었다.

이:색-적(異色的) [-쩍]관명 색다르게 두드러진 성질을 지닌 (것). ¶ 이색적 제안. /이색적인 풍습.

이:색-지다(二色-) [-찌-]자 ①똑같아야 할 빛깔이나 모양이 서로 딴판이다. ②어떤 물건의 빛깔이나 모양이 서로 잘 어울리지 아니하다.

이:색-판(二色版)명 ①두 가지 색으로 찍은 인쇄물. ②두 가지 색으로 인쇄하는 인쇄판.

이-생(-生)명 ①이 세상에 살아 있는 동안. ②☞이승.

이:생(利生)명하타 불교에서, '세상 사람들을 제도(濟度)하는 일'을 이르는 말.

이:생규장-전(李生窺墻傳)명 조선 초기의 학자 김시습(金時習)이 지은 한문 단편 소설. '금오신화(金鰲新話)'에 실리어 전함.

이생^웅예(離生雄蕊)명 저마다 따로, 떨어져 있는 수꽃술. 이강웅예(二強雄蕊)와 사강웅예(四強雄蕊)로 나뉨.

이생-지(泥生地)명 (흔히 냇가에서 볼 수 있는) 모래 섞인 개흙 땅.

이:서(以西)명 기준으로 삼은 어떤 지점으로부터의 서쪽.

이:서(吏胥)명 ☞아전(衙前).

이:서(吏書)명 ☞이두(吏讀).

이:서(異書)명 보기 드문 책. 색다르고 귀한 책.

이:서(裏書)명하자 ①종이 뒤에 씀. ②서화(書畫)의 뒷면에 그 서화의 진위 여부를 증명하는 글을 씀. ③☞배서(背書).

이선악-곡(離船樂曲) [-꼭]명 ☞배따라기.

이:선-주(二仙酒)명 소주에 용안육(龍眼肉)·계피·꿀 따위를 넣어 우린 술.

이설(移設)명하타되자 다른 곳으로 옮겨 설치함. ¶ 공장을 이설하다.

이:설(異說)명 ①이미 나와 있는 설(說)과 다른 설. ②통설이나 정설과는 다른 설. 이론(異論).

이:성(二姓)명 ①혼인을 할 남자와 여자의 양가. ②성이 다른 두 임금. ③두 지아비.

이:성(理性)명 사물의 이치를 논리적으로 생각하고 판단하는 마음의 작용. 도리에 따라 판단하거나 행동하는 능력. ¶ 이성을 되찾다. /이성을 잃은 행동.

이:성(異姓)명 다른 성. 타성(他姓). ↔동성(同姓).

이ː성 (異性) 명 ①성질이 다름, 또는 그 다른 성질. ②남성 쪽에서 본 여성, 또는 여성 쪽에서 본 남성을 이르는 말. ¶ 건전한 이성 교제. ③(같은 종류의 생물 사이에서) 암수가 서로 다름, 또는 서로 다른 그것. ↔동성(同性).

이성에 눈을 뜨다 관용 이성에 대한 감정을 느끼기 시작하다.

이ː성-론 (理性論) [-논] 명 참된 인식은 경험에 의한 것이 아니고, 선험적인 이성적 인식이라고 설명하는 이론.

이ː성^장군 (二星將軍) 명 '소장(少將)'을 달리 이르는 말.

이ː성-적 (理性的) 관명 감정에 치우치지 않고 이성에 따른 (것). ¶ 이성적 행동. /이성적인 판단. ↔감정적.

이ː성지합 (二姓之合) 명 〔두 성이 합한다는 뜻으로〕 '남녀의 혼인'을 이르는 말.

이ː성질-체 (異性質體) 명 화학에서, 분자식은 같으나 물리적·화학적 성질이 다른 화합물을 이르는 말.

이ː성-친 (異姓親) 명 어머니 쪽의 일가. 외척.

이ː세 (二世) 명 ①외국에 이주해 가서 낳은 자녀로서 그 나라의 시민권을 가진 사람. ¶ 재일 동포 이세. ②다음 세대. ③〔주로 서양에서〕 같은 이름을 가지고 둘째 번으로 자리에 오른 황제나 교황의 일컬음. ¶ 성 바오로 이세. ④불교에서, 현세와 내세를 아울러 이르는 말. ⑤〔뒤를 이을 아이라는 뜻으로〕 '자녀'를 흔히 이르는 말. ⑥〈이세국민〉의 준말.

이ː세 (理勢) 명 ①도리와 형세. ②자연의 운수.

이ː세-국민 (二世國民) [-궁-] 명 〔다음 세대의 국민이라는 뜻으로〕 '어린이' 또는 그 세대를 이르는 말. 준이세.

이소 (泥沼) 명 진흙의 수렁.

이ː소 (貽笑) 명하자 남에게 비웃음을 받게 됨.

이ː소 (離騷) 명 〔시름을 만난다는 뜻으로〕 중국 초나라 때의 사람 굴원(屈原)이 지은 사부(詞賦).

이소 (ISO) 명 국제 표준화 기구. [International Standardization Organization]

이ː소능장 (以少凌長) 명하자 젊은 사람이 어른을 업신여김.

이소류신 (isoleucine) 명 필수 아미노산의 한 가지. 육류에 많이 들어 있음.

이ː소-성 (離巢性) [-썽] 명 새의 새끼가 빨리 자라, 둥지에 오래 머물지 않는 성질. 〔물오리·도요새 따위에서 볼 수 있음.〕 ↔유소성(留巢性).

이ː소역대 (以小易大) [-때] 명하자 작은 것을 큰 것과 바꿈.

이소옥탄 (isooctane) 명 포화 탄화수소의 한 가지. 무색 액체로, 가솔린의 내폭성을 측정하는 데 쓰이는 표준 연료임.

이소프렌 (isoprene) 명 불포화 탄화수소의 한 가지. 천연고무를 열분해할 때 생기는 무색 투명한 휘발성 액체로, 인조 고무의 주원료임.

이속 (夷俗) 명 오랑캐의 풍속.

이ː속 (吏屬) 명 아전의 무리. 이배(吏輩).

이ː속 (異俗) 명 ①다른 풍속. ②색다른 풍습. 이풍(異風). ↔정속(正俗).

이ː솝^우ː화 (Aesop寓話) 명 고대 그리스 사람 이솝이 지었다는 우화. 동물을 의인화하여 인간 세계를 풍자한 내용들임.

이송 (移送) 명하타되자 ①다른 곳으로 옮기어 보냄. ¶ 화물 이송 열차. /중환자를 종합 병원으로 이송하다. ②(소송 또는 행정 절차에서) 사건의 처리를 다른 관청으로 옮기는 일. ¶ 경찰서에서 사건을 검찰청으로 이송하다.

이ː수 (耳垂) 명 ☞귓불¹.

이ː수 (利水) 명하자 ①물을 잘 이용함. ②물이 잘 통하게 함. ¶ 이수 공사. ③(오줌 따위) 액체를 장기(臟器)에서 잘 나오게 함.

이ː수 (里數) [-쑤] 명 ①거리를 리(里)의 단위로 헤아린 수. ②마을의 수효.

이수 (泥水) 명 진흙이 섞여 흐린 물. 흙탕물.

이수 (移囚) 명하타 죄수를 다른 교도소로 옮김.

이ː수 (履修) 명하타 해당 학과를 차례대로 공부하여 마침. ¶ 이수 과목. /이수 학점. /석사 과정을 이수하다.

이수 (螭首) 명 궁전의 섬돌이나 비(碑) 머리·인장(印章)·종정(鐘鼎) 따위에, 뿔 없는 용이 서린 모양을 새긴 형상. 이두(螭頭).

이ː수 (離水) 명하자 (수상 비행기가) 수면을 떠나 날아오름. 참이륙(離陸).

이ː수 (離愁) 명 이별의 슬픔.

이ː수-도 (利水道) 명하자 한방에서, '이뇨(利尿)'를 이르는 말.

이ː수-변 (二水邊) 명 한자 부수의 한 가지. '冬'·'冷' 등에서의 '冫'의 이름.

이ː수-성 (異數性) [-썽] 명 ①염색체의 수가 정상보다 약간 늘거나 주는 현상. ②같은 식물 중에서, 꽃이나 잎의 수효가 일정하지 않은 성질. 〔연꽃의 꽃잎·꽃받침 따위에서 볼 수 있음.〕

이숙 (梨熟) 명 ☞배숙.

이ː순 (耳順) 명 〔'논어(論語)'의 '육십이이순(六十而耳順)'에서 나온 말로, 나이 육십에야 비로소 모든 것을 순리대로 이해하게 된다는 뜻에서〕 나이 '예순 살'을 이르는 말.

이슈 (issue) 명 논의나 논쟁의 중심이 되는 점. 논점(論點). 논쟁점(論爭點). ¶ 남북 회담의 주요 이슈.

이숌 명 〈옛〉〔'이시다'의 명사형〕 있음. ¶ 이숌과 업숌괘 다ᄅᆞ디 아니ᄒᆞᆯᄊᆡ(月釋*2:53*).

이ː스턴^그립 (eastern grip) 명 배드민턴이나 테니스에서, 라켓을 쥐는 방식의 한 가지. 라켓의 면이 지면과 직각이 되도록 하여, 마치 악수할 때처럼 쥐는 방식. 참웨스턴 그립.

이ː스트 (yeast) 명 효모. 효모균.

이슥-하다 [-스카-] 형여 밤이 매우 깊다. 이슥-히 부.

이슥히 부 〈옛〉밤 깊게. 이슥하도록. ¶ 말ᄉᆞ믈 이슥히 호ᄃᆡ(飜小*10:26*).

이슬 명 ①공기 중의 수증기가 식어서 물체의 겉면에 물방울이 되어 엉겨 붙어 있는 것. ②'눈물'을 비유하여 이르는 말. ¶ 그대 눈에 맺힌 이슬. ③'덧없는 생명'을 비유하여 이르는 말. ¶ 형장의 이슬. ④월경이나 해산 전에 미리 나오는 누르스름한 액체.

이슬로 사라지다 관용 형장이나 싸움터에서 목숨을 잃다.

이슬-떨이 명 ①☞이슬받이. ②이슬을 떠는 막대기.

이슬람 (Islam) 명 ①〔신에 복종한다는 뜻으로〕 이슬람교도가 자기네 종교를 이르는 말. ②이슬람교의 세계, 또는 이슬람교도 전체. ¶ 이슬람 문화.

이슬람-교 (Islam敎) 명 세계 3대 종교의 하나. 7세기 초엽에 아라비아의 마호메트가 알라의 계시를 받은 데서 비롯된 종교. 계시를 기록한 코란을 경전으로 삼고 알라를 유일(唯一) 전능

(全能)의 신으로 믿음. 마호메트교. 모하메드교. 회교(回教). 회회교.

이슬람-력(Islam曆) [-녁]명 이슬람교 국가에서 쓰는 태음력의 한 가지. 평년이 354일, 윤년이 355일로 태양력과는 10~11일의 차가 있음. 예언자 마호메트가 메디나로 옮겨 간 서기 622년 7월 16일을 기원 원년 1월 1일로 정하여 서기 636년에 제정됨. 마호메트력. 회교력.

이슬-마루명 배 위에 지은 뜸집의 대들보.

이슬-받이[-바지]명 ①이슬이 내리는 무렵. ②양 길섶의 풀에 이슬이 맺혀 있는 작은 오솔길. ③이슬이 맺힌 풀섶을 걸을 때 이슬을 막기 위하여 아랫도리에 둘러 입는 도롱이. ④이슬 내린 길을 걸을 때 맨 앞에 서서 가는 사람. ④이슬떨이.

이슬-방울[-빵-]명 구슬처럼 둥글게 맺힌 이슬.

이슬-비명 아주 가늘게 내리는 비. 는개보다 굵고 가랑비보다 가늚.

이슬-아침명 이슬이 마르지 않은 이른 아침.

이슬-점(-點) [-쩜]명 이슬이 맺히기 시작할 때의 온도. 곧, 대기 중의 수증기가 식어서 엉겨 붙기 시작할 때의 온도. 노점(露點).

이슬점^습도계(-點濕度計) [-쩜-또계/-쩜-또게]명 이슬점을 재어 공기 속의 습도를 구하는 장치. 노점 습도계. 다니엘 습도계.

이:습(吏習)명 아전(衙前)의 풍습.

이슷ᄒᆞ다형 〈옛〉비슷하다. ¶ 山 졉동새 난 이슷ᄒᆞ요이다(鄭敍.鄭瓜亭).

이승명 지금 살고 있는 '일생(동안)', 또는 '이 세상'을 이르는 말. 금생(今生). 금세(今世). 이생. 차세(此世). 차생(此生). ¶ 이승에서 못다 이룬 사랑. ↔저승.

이승을 떠나다관용 '죽다'를 완곡하게 이르는 말.

이:승(二乘)명 ①'제곱'의 구용어. ②불교에서, 성문승과 연각승, 성문승과 보살승, 대승과 소승을 각각 아울러 이르는 말.

이승(尼僧)명 ☞비구니.

이승-잠명 〔이 세상에서 자는 잠이라는 뜻으로〕 '병중에 정신을 못 차리고 계속해서 자는 잠'을 이르는 말.

이시(伊時·爾時)명 그때.

이시(移施)명하타 지난날, 양자(養子) 간 사람의 벼슬이 높아지면, 생가(生家)의 아버지와 할아버지에게 품계와 벼슬을 내리던 일.

이:시(異時)명 다른 때.

이시다자 〈옛〉있다. ¶ 니르고져 홇 배 이셔도(訓諺). /道ㅣ 이시매(小解1:8). 참잇다.

이시여조 자음으로 끝난 체언에 붙어, 호칭의 대상을 감탄 조로 높이어 부를 때 쓰이는, 극존칭 호격 조사. 《모음 뒤에서는 '이'가 생략되기도 함.》 ¶ 하느님이시여.

이:식(利息)명 ☞이자(利子). 길미.

이:식(利殖)명하자 (이자에 이자가 붙어) 재물이 점점 늘어 감.

이식(移植)명하타되자 ①농작물이나 나무를 다른 데로 옮겨 심는 일. ¶ 묘목을 이식하다. 비이종(移種). ②의학에서, 생체(生體)의 일부 조직을 다른 생체나 부위에 옮겨 붙이는 일, 또는 그런 치료법. ¶ 피부 이식. /심장 이식 수술.

이:식위천(以食爲天)명 사람이 살아가는 데 먹는 것이 가장 중요하다는 말.

이:신-론(理神論) [-논]명 세계의 창조자인 신(神)은 세상일에 관여하거나 계시를 보이지 않으며, 세계는 독자적인 법칙에 따라 움직인다고 하는 이성적인 종교관. 18세기 계몽주의 시대의 대표적인 기독교 사상임. 자연신론.

이:신벌군(以臣伐君)명하자 신하가 임금을 침.

이신-양성(頤神養性) [-냥-]명하자 마음을 가다듬어 고요하게 정신을 수양함. 준이양(頤養).

이:실고지(以實告之)명하자타 ☞이실직고.

이:실직고(以實直告) [-꼬]명하자타 사실 그대로 고함. 이실고지.

이:심(二心·貳心)명 ①두 가지 마음. 이심(異心). ②배반하는 마음. ¶ 이심을 품다. ③바뀌기 쉬운 마음.

이:심(二審)명 〈제이심(第二審)〉의 준말. ¶ 이심에서 무죄 판결을 받다.

이심(已甚) '이심하다'의 어근.

이심(移審)명하타 소송 사건을 다른 법원으로 이송하여 심리하는 일, 또는 그 심리.

이:심(異心)명 ①딴마음. ②☞이심(二心).

이:심-률(離心率) [-뉼]명 이차 곡선이 갖는 상수(常數)의 한 가지. 이것이 1보다 크면 쌍곡선, 같으면 포물선, 작으면 타원이 됨.

이:심-스럽다(已甚-) [-따] [~스러우니·~스러워]형ㅂ 이심한 데가 있다. **이심스레**부.

이:심전심(以心傳心)명하자 (말이나 글을 쓰지 않고) 마음에서 마음으로 서로 뜻을 전함. 심심상인(心心相印). ¶ 이심전심으로 통하는 사이.

이:심-하다(已甚-)형여 정도에 지나치게 심하다. **이심-히**부.

이:십(二十) Ⅰ수 스물.
Ⅱ관 일부 단위를 나타내는 명사 앞에 쓰이어, 그 수량이 스물임을 나타내는 말. ¶ 이십 년. /이십 세.

이:십사-금(二十四金) [-싸-]명 〔금의 성분이 24분의 24라는 뜻으로〕 '순금(純金)'을 이르는 말.

이:십사-기(二十四氣) [-싸-]명 ☞이십사절기.

이:십사반^무:예(二十四般武藝) [-싸-]명 ☞무예 이십사반.

이:십사-방위(二十四方位) [-싸-]명 스물넷으로 나눈 방위, 곧 자(子)·계(癸)·축(丑)·간(艮)·인(寅)·갑(甲)·묘(卯)·을(乙)·진(辰)·손(巽)·사(巳)·병(丙)·오(午)·정(丁)·미(未)·곤(坤)·신(申)·경(庚)·유(酉)·신(辛)·술(戌)·건(乾)·해(亥)·임(壬)의 방위를 통틀어 이르는 말.

이:십사번-화신풍(二十四番花信風) [-싸-]명 이십사절기 중에서, 소한에서 곡우까지의 사이에 부는 바람. 닷새마다 새로운 바람이 불며, 그에 따라 꽃이 차례로 핀다 함. 준화신풍.

이:십사-사(二十四史) [-싸-]명 중국 청나라 건륭(乾隆) 때에 정한 '중국의 스물네 가지 정사(正史)'를 이르는 말.

이:십사-시(二十四時) [-싸-]명 하루를 스물넷으로 나눈 시간. 상오와 하오 각각 열두 시간에 이십사방위의 이름을 붙여 이름.

시	1	2	3	4	5	6	7	8	9	10	11	12
상오	계(癸)	축(丑)	간(艮)	인(寅)	갑(甲)	묘(卯)	을(乙)	진(辰)	손(巽)	사(巳)	병(丙)	오(午)
하오	정(丁)	미(未)	곤(坤)	신(申)	경(庚)	유(酉)	신(辛)	술(戌)	건(乾)	해(亥)	임(壬)	자(子)

〈이십사시〉

이:십사-절(二十四節) [-싸-]명 〈이십사절기〉의 준말.

이:십사-절기(二十四節氣)[-싸-]명 태양의 황도(黃道) 상의 위치에 따라 일 년을 스물넷으로 나눈 계절의 구분. 이십사기. 이십사절후. 준이십사절.

계절	절기	음력	양력
봄	입춘(立春)	정월	2월 4·5일
	우수(雨水)		2월 19·20일
	경칩(驚蟄)	이월	3월 5·6일
	춘분(春分)		3월 21·22일
	청명(淸明)	삼월	4월 5·6일
	곡우(穀雨)		4월 20·21일
여름	입하(立夏)	사월	5월 6·7일
	소만(小滿)		5월 21·22일
	망종(芒種)	오월	6월 6·7일
	하지(夏至)		6월 21·22일
	소서(小暑)	유월	7월 7·8일
	대서(大暑)		7월 23·24일
가을	입추(立秋)	칠월	8월 8·9일
	처서(處暑)		8월 23·24일
	백로(白露)	팔월	9월 8·9일
	추분(秋分)		9월 23·24일
	한로(寒露)	구월	10월 8·9일
	상강(霜降)		10월 23·24일
겨울	입동(立冬)	시월	11월 7·8일
	소설(小雪)		11월 22·23일
	대설(大雪)	동지	12월 7·8일
	동지(冬至)		12월 22·23일
	소한(小寒)	섣달	1월 6·7일
	대한(大寒)		1월 20·21일

〈이십사절기〉

이:십사-절후(二十四節候)[-싸-]명 ☞이십사절기.

이:십오^보살(二十五菩薩)명 불교에서, 아미타불을 염하여 극락왕생을 원하는 사람을 보호하여 주는 스물다섯 보살을 통틀어 이르는 말.

이:십오-시(二十五時)명 부조리의 시대에 전개되는 '불안과 절망의 시간'을 뜻하는 말. 〔루마니아의 소설가 게오르기우의 소설 제명(題名)에서 유래함.〕

이:십오-유(二十五有)명 불교에서, 윤회의 생사계(生死界)를 스물다섯 가지로 나누어 이르는 말. 욕계(欲界)에 열넷, 색계(色界)에 일곱, 무색계에 네 개의 유가 있다고 함.

이:십팔-수(二十八宿)[-쑤]명 〔고대 인도·페르시아·중국에서, 해와 달 및 행성들의 소재를 밝히기 위하여〕 황도를 중심으로 나눈 천구(天球)의 스물여덟 자리. 동쪽의 각(角)·항(亢)·저(氐)·방(房)·심(心)·미(尾)·기(箕), 서쪽의 규(奎)·누(婁)·위(胃)·묘(昴)·필(畢)·자(觜)·삼(參), 남쪽의 정(井)·귀(鬼)·유(柳)·성(星)·장(張)·익(翼)·진(軫), 북쪽의 두(斗)·우(牛)·여(女)·허(虛)·위(危)·실(室)·벽(壁).

이ᄯᅡᆫ조 〈옛〉이야. ¶ 白骨麋粉인ᄃᆞᆯ 丹心이ᄯᅡᆫ 가시리잇가(樂詞.感君恩).

이-쑤시개명 잇새에 낀 것을 우벼 내는 데 쓰는 작은 나뭇개비.

이슥-고부 〈옛〉이윽고. ¶ 이슥고 부톄 드러오나시늘(月釋10:8).

이아치다자타 ①(자연의 힘에 의하여) 손실이나 손해를 입다, 또는 입게 하다. ②(남에게) 거치적거려 방해가 되거나 손실을 입게 하다. 준이치다.

이악-스럽다[-쓰-따][~스러우니·~스러워]형ㅂ 보기에 이악한 데가 있다. ¶ 그 나이에 벌써 지렇게 이악스러워서야 장차 어떤 인간이 될런고? **이악스레**부.

이악-하다[-아카-]형여 ①자기 이익에만 마음이 있다. ②달라붙는 기세가 굳세고 끈덕지다.

이:안(吏案)명 지난날, 군아(郡衙)에 갖추어 두던 아전 명부.

이안(移安)명하타 〔신주나 영정(影幀) 따위를〕 다른 곳으로 옮겨 모심.

이:안-류(離岸流)[-뉴]명 짧은 시간에 매우 빠른 속도로 해안에서 바다 쪽으로 흐르는 좁은 표면 해류.

이:-안심(異安心)명 불교에서, 조사(祖師)로부터 이어지는 정통적인 교리에 어긋나는 사설(私說)을 주장하는 안심(安心)을 이르는 말. 이단.

이-알명 이밥의 낟알.

이알이 곤두서다속담 가난하던 사람이 조금 잘살게 되었다고 거만하게 행동함을 비꼬아 이르는 말.

이-앓이[-아리]명하자 이를 앓는 일.

이암(泥岩)명 미세한 진흙이 쌓여서 딱딱하게 굳어 이루어진 암석.

이앙(移秧)명하자 모내기.

이앙-기(移秧機)명 모를 내는 기계.

이애저애-하다자여 〔'이 애', '저 애' 하는 식으로〕 남을 함부로 얕잡아 부르거나 하대(下待)하다. ¶ 누구더러 이애저애하는 거야.

이야조 자음으로 끝난 체언에 붙는 조사. 《모음 뒤에서는 '이'가 생략되기도 함.》 ①긍정적으로 단정하는 뜻을 나타내는, 해체 또는 하게체의 평서형 서술격 조사. ¶ 여기가 우리 집이야. ②사물을 지정하여 묻는 뜻을 나타내는, 해체 또는 하게체의 의문형 서술격 조사. ¶ 보따리에 싼 것이 책이야? ③별다르거나 특수함을 뜻하는 보조사. ¶ 사람이야 그만이지. ④'이야-이야'와 같이 겹치는 꼴로 쓰이어, 여러 가지를 열거하거나 이어 주는 뜻을 나타내는 보조사. ¶ 술이야 고기야 홍청망청이더라. 참야5.

이야기명 ①일정한 줄거리가 있는 긴 말. ¶ 별에 관한 이야기. ②현실 경험을 일정한 주제 아래 재구성한 것. ¶ 젊었을 때 고생한 이야기. ③소문. 평판. ¶ 요즘 당신한테 좋지 않은 이야기가 떠돌더군요. ④옛이야기. 고담(古談). 야담(野談). ¶ 할머니한테서 '나무꾼과 선녀' 이야기를 들었다. ⑤하자타되자 ㉠느낌·감정·사상 등을 전하는 내용. ¶ 처리 결과를 놓고 이야기를 나누다. /글쎄 내 이야기는 그게 아니라니까. ㉡어떤 문제를 놓고 하는 이런 말 저런 말. ¶ 이야기가 막혀서 헛기침을 한다. /화롯가에서 정겨운 이야기를 나누다. ㉢사정하거나 부탁하는 말. ¶ 오해를 풀도록 이야기 좀 잘해 주시오. /취직 이야기를 하다. 준애기.

이야기 장단에 도끼자루 썩는다속담 이야기에 정신이 팔려 시간 가는 줄을 깨닫지 못함을 이르는 말.

이야기-꽃[-꼳]명 '즐겁고 재미나는 이야기나 이야기판'을 비유하여 이르는 말. *이야기꽃이[-꼬치]·이야기꽃만[-꼰-]

이야기꽃을 피우다관용 (여럿이 한자리에 모여) 이야기를 한창 재미있게 하다.

이야기-꾼명 이야기를 재미있게 잘하는 사람.
이야기-책(-冊)명 이야기를 적어 놓은 책.〔고담(古談)책이나 소설책 따위.〕
이야기-판명 여럿이 한자리에 모여서 이야기를 재미있게 하는 판. ¶ 이야기판이 벌어지다.
이야깃-거리[-기꺼-/-긷꺼-]명 이야기가 될 만한 자료. ㊟얘깃거리.
이야깃-주머니[-기쭈-/-긷쭈-]명 재미있는 이야깃거리를 많이 가지고 있는 사람.
이야-말로¹부 '이것이야말로'가 줄어서 된 말. ¶ 사람이 개를 물다니, 이야말로 포복절도할 이야기로군.
이야-말로²조 자음으로 끝난 체언에 붙어, '그것이야 참말로'의 뜻으로, 특수함을 강조하는 뜻을 나타내는 보조사. 《모음 뒤에서는 '이'가 생략되기도 함.》 ¶ 노력이야말로 성공의 비결이다. ㊟야말로.
이약(餌藥)명 몸을 보하기 위하여 먹는 약.
이양(移讓)명하타되자 (권리 따위를) 남에게 양보하여 넘겨줌. ¶ 정권을 이양하다.
이양(頤養)명하자 〈이신양성(頤神養性)〉의 준말.
이:양-선(異樣船)명 〔이상한 모양을 한 배라는 뜻으로〕 대한 제국 때, '외국의 선박'을 이르던 말.
이어부 계속하여. 잇대어. ¶ 1등에 이어 2등과 3등을 발표하다.
이어(耳語)명하자 ☞귀엣말.
이어(俚語)명 ☞이언(俚言).
이어(移御)명하자 임금이 거처를 옮김.
이:어(鯉魚)명 〈잉어〉의 본딧말.
이어-갈이명하타 ☞이어짓기.
이어다타 〈옛〉흔들다. ¶ 쇠리롤 苦로이 이어고 (杜初3:9).
이어-달리기명하자 트랙 경기의 한 가지. 한편을 이룬 네 선수가 일정한 거리를 나누어 맡아 차례로 배턴 등을 이어받아 달려서 그 빠르기를 겨루는 경기. 계주 경기(繼走競技). 릴레이 경주.
이어도조 자음으로 끝난 체언에 붙어, 가정이나 양보의 뜻을 나타내는 연결형 서술격 조사. ¶ 꿈이어도 좋으니 깨지나 말았으면. ㊟여도.
이어마:크(earmark)명 ①(놓아기르는 가축의 임자를 밝히기 위하여) 가축의 귀에 다는 표지. ②㉠무역이나 차관 등으로 외국에서 받은 금을 그대로 그 나라의 중앙은행에 맡겨 두는 일. ㉡외국 은행에서의 차입금의 일부를 금으로 인출할 수 있는 특별 계정에 예금해 두는 일.
이어-받다[-따]타 (재산이나 지위·신분·권리·의무 따위를) 조상이나 선임자에게서 물려받다. 계승하다. ¶ 조상의 얼을 이어받다.
이어-서부 부사 '이어'와 조사 '서'가 합쳐서 된 말. 계속하여서. 잇달아서. ¶ 10분간 휴식이 끝나자 곧 이어서 강의가 계속되었다.
이어야조 자음으로 끝난 체언에 붙어, 앞의 사실이 뒤의 사실에 대한 조건이 됨을 나타내는 연결형 서술격 조사. ¶ 노력하는 사람이어야 성공한다. ㊟여야.
이어요조 자음으로 끝난 체언에 붙어, 친근한 느낌을 담아 사물을 긍정적으로 단정하여 말하거나 지정하여 묻는 뜻을 나타내는 종결형 서술격 조사. 이에요. ¶ 좋은 고장이어요. /누구의 집이어요? ㊟여요.
이:어인(異於人)명하형 보통 사람과 다름.
이:어중(異於衆)명하형 뭇사람보다 뛰어남.
이어-지다자 ①끊어졌거나 따로 있던 것이 잇대어지다. ¶ 전지와 전구가 전선으로 이어져 있다. /연등 행렬이 끝없이 이어지다. ②(어떤 일이나 현상 따위가) 끊어지거나 끝나지 않고 다음에 계속되다. ¶ 궂은 날씨가 이어지다. /조상을 기리는 미풍양속이 이어져 내려오다.
이어진-문장(-文章)명 둘 이상의 절(節)이 연결 어미에 의하여 결합된 문장. 대등하게 이어지거나 종속적으로 이어짐. 〔'꽃이 피고 새가 운다.', '겨울이 오니 날이 춥다.' 따위.〕 ㊟겹문장.
이어-짓기[-짇끼]명하타 한 땅에 같은 농작물을 해마다 이어서 심는 일. 연작(連作). 이어갈이.
이어폰:(earphone)명 (혼자서 라디오 따위를 들을 때나 동시 통역을 들을 때) 귀에 꽂아 소리를 듣게 만든 장치.
이:언(二言)명하타 한번 한 말을 뒤집어서 달리 하는 말. ¶ 일구이언.
이언(俚言)명 항간에 떠돌며 쓰이는 속된 말. 상말. 이어(俚語).
이언(俚諺)명 ☞속담(俗談).
이언정조 자음으로 끝난 체언에 붙어, '일지언정'의 뜻으로, 앞의 사실을 인정(가정)하되 뒤의 사실이 그에 매이지 아니함을 나타내는 연결형 서술격 조사. 《모음 뒤에서는 '이'가 생략되기도 함.》 ¶ 영위계구(寧爲鷄口)이언정 물위우후(勿爲牛後)라. ㊟언정.
이:엄(耳掩)명 지난날, 관복을 입을 때 귀를 가리기 위해 사모 밑에 쓰던, 모피로 된 방한구.
이엄-이엄[-엄니-/-어미-]부 끊이지 않고 자꾸 이어 가는 모양.
이엉명 초가집의 지붕이나 담을 이기 위하여 엮은 짚. 개초(蓋草). ㊟영¹.
이엉-꼬챙이명 지붕을 일 때 이엉 마름을 꿰어 올리는 기구.
이-에부 그래서. 이리하여 곧. ¶ 이에 우리의 나아갈 바를 밝혀….
이-에서부 ①이보다. 이것에 비하여. ¶ 만약 그렇게만 된다면 이에서 더 반가울 데가 없겠다. ②여기서. ¶ 자, 이 일은 이에서 그치자.
이에요조 ☞이어요. ¶ 이곳은 아주 살기 좋은 고장이에요.
이에-짬명 물건과 물건을 맞붙여 이은 짬.
이여조 자음으로 끝난 체언에 붙어, 호칭의 대상을 감탄조로 높여 부를 때 쓰이는 호격 조사. 《모음 뒤에서는 '이'가 생략되기도 함.》 ¶ 소년이여, 대망을 품어라. ㊟여³.
이여(爾汝)명 너나들이. ¶ 이여의 친분.
이여(爾餘)명 ☞기여(其餘).
이여차감 〈이영차〉의 준말.
이:역(二役)명 ①두 가지 역할. ②한 배우가 극중에서 두 사람의 역을 하는 일. ㊟일인이역.
이:역(異域)명 ①다른 나라의 땅. ¶ 이역에서 고향을 그리워하다. ②제 고장에서 멀리 떨어진 다른 곳. 이경(異境).
이:역-만리(異域萬里)[-영말-]명 다른 나라의 아주 먼 곳.
이역부득(利易不得)[-뿌-]명하형 달리 변통할 도리가 없음. ㊟역부득.
이연(怡然) '이연하다'의 어근.
이연(移延)명하타 (시일이나 기일 따위를) 차례로 미루어 나감.
이:연(異緣)명 〔불가사의한 인연이라는 뜻으로〕 '남녀의 인연'을 이르는 말.

이연(離緣)명하자 ①☞이혼. ②☞파양.
이연^계ː정(移延計定)[-계-/-게-]명 회계에서, 한 기(期)의 손익 계산에서 차기로 이월해야만 될 자산·부채를 위해 설정하는 계정.
이연^부ː채(移延負債)명 회계에서, 이미 수익으로 기장된 것 중에서 아직 그 기간의 이익으로 계산하지 않고 차기 이후의 수익으로 하기 위하여 이연된 부분.
이ː연지사(已然之事)명 이미 그렇게 된 일.
이연-하다(怡然-)형여 기뻐 좋아하다. ¶ 장쇠 이연하여 계모 따라 나서는데 거동 보소. **이연-히**부.
이열(怡悅)명하형 즐겁고 기쁨.
이ː열치열(以熱治熱)명하자 〔열은 열로써 다스린다는 뜻으로〕 '힘에는 힘으로, 또는 강한 것에는 강한 것으로 상대함'을 이르는 말. ¶ 이열치열이라고, 삼복에는 뜨거운 삼계탕이 그만이지.
이ː-염기산(二塩基酸)명 (황산·황화수소·탄산 따위와 같이) 한 분자 속에 금속 원자와 바꿀 수 있는 수소 원자 2개를 가진 산.
이ː영보래(以影補來)명 '형(影)' 자의 'ㆆ'으로써 '래(來)' 자의 'ㄹ'을 깁는다는 뜻으로, '동국정운'에 규정되어 있는 한자음 표기법. 한자의 'ㄹ' 받침이 있는 글자는 중국에서는 'ㄷ'으로 발음되는 입성자(入聲字)인데, 이것을 'ㄹ'로 발음하면 입성이 되지 못하므로, 폐쇄음인 'ㆆ'을 'ㄹ'에 병서하여 입성이 되게 하자는 표기법임. 〔八밣·日잃·戌슗·佛뿛 따위.〕
이영차감 (여러 사람이 무거운 물건을 움직이거나 옮길 때) 한목에 기운을 돋우려고 함께 지르는 소리. ¶ 두 아저씨가, "이영차!" 하고 외치며 큰 냉장고를 마주 들어 옮겼다. 준여차·영차·이여차.
이오조 자음으로 끝난 체언에 붙는 하오체의 종결형 서술격 조사. ①무엇을 단정하여 일러 주는 뜻을 나타냄. ¶ 이게 우리 집이오. ②묻는 뜻을 나타냄. ¶ 무슨 사건이오? 참요³.
이오니까조 자음으로 끝난 체언 뒤에 쓰이어, 현재의 상태를 묻는 합쇼체의 예스러운 종결형 서술격 조사. 《모음이나 높임의 '-시-' 뒤에서는 '이'가 생략되기도 함.》 ¶ 그가 사람이오니까? 참오니까.
이오니아-식(Ionia式)명 고대 그리스의 3대 건축 양식의 하나. 도리스식보다 뒤늦게 이오니아 지방에서 이룩됨. 기둥에는 주춧돌이 있고 기둥머리가 곡선으로 된 와형(渦形)이며, 우아한 것이 특징임. 참도리스식·코린트식.
이오이다조 자음으로 끝난 체언에 붙어, '입니다'의 뜻을 보다 정중하게 이르는 합쇼체의 종결형 서술격 조사. 《모음 뒤에서는 '이'가 생략되기도 함.》 ¶ 상쾌한 아침이오이다. 준이외다. 참오이다.
이온(ion)명 양(陽) 또는 음(陰) 전기를 띠는 원자나 원자단을 통틀어 이르는 말. 〔양극으로 향하는 것을 음이온, 음극으로 향하는 것을 양이온이라고 함.〕
이온-설(ion說)명 ☞전리설(電離說).
이온-화(ion化)명하자타되자 원자 또는 원자단이 대전하여 이온으로 되는 일. 전리(電離).
이온화 상자(ion化箱子) 방사선에 의한 기체의 이온화 작용을 이용하여 방사선을 전기적으로 검출하거나, 그 세기·조사량(照射量)·에너지 따위를 측정하는 장치. 전리 상자(電離箱子).
이올시다[-씨-]조 자음으로 끝난 체언에 붙어, '입니다'의 뜻을 보다 정중하게 나타내는 합쇼체의 종결형 서술격 조사. 《모음 뒤에서는 '이'가 생략되기도 함.》 ¶ 제 자식이올시다. 참올시다.
이옵나이다[-옴-]조 자음으로 끝난 체언에 붙어, '이올시다'의 뜻을 더 높여 이르는 종결형 서술격 조사. ¶ 제 여식이옵나이다.
이옵니다[-옴-]조 자음으로 끝난 체언에 붙어, '입니다'의 뜻을 높여 이르는 종결형 서술격 조사. ¶ 제가 그린 그림이옵니다.
이ː와전와(以訛傳訛)명하자 거짓말에 또 거짓말이 더해져 자꾸 거짓으로 전해 감. ¶ 그 소문은 이와전와하여 걷잡을 수가 없었다.
이완(弛緩)명하타되자 ①(근육이나 신경 따위가) 느스러짐. ②(주의나 긴장 따위가) 풀리어 느슨해짐. ¶ 이완 감정(感情). /긴장이 이완되다. ↔긴장(緊張).
이ː왕(已往) Ⅰ명 지나간 때. 이전(以前). ¶ 이왕의 일은 생각하지 말자.
Ⅱ부 〈이왕에〉의 준말. 기왕(旣往). ¶ 이왕 하는 김에 끝을 맺읍시다.
이왕(易往)명 아미타불의 본원(本願)에 의하여 극락정토에 쉽게 왕생하는 일.
이ː왕-에(已往-)부 이미 그렇게 된 바에. 기왕에. 이미. ¶ 이왕에 만났으니, 서로 지난 이야기나 합시다. 준이왕.
이ː왕-이면(已往-)부 이미 그리하게 된 바에는. 기왕이면. ¶ 이왕이면 잘해 보자.
이ː왕지사(已往之事)명 이미 지나간 일. 기왕지사. 이과지사(已過之事).
이ː외(以外)[-외/-웨]명 어떤 범위나 한도의 밖. 이 밖. 그 밖. ¶ 관계자 이외 출입 금지.
이외다[-외-/-웨-]조 〈이오이다〉의 준말. ¶ 제 소생이외다.
이요조 자음으로 끝난 체언에 붙어, 둘 이상의 사물을 대등적으로 나열하는 뜻을 나타내는 연결형 서술격 조사. 《모음 뒤에서는 '이'가 생략되기도 함.》 ¶ 당신은 꽃이요, 나는 나비로다. 참요³.
이ː욕(利慾)명 이익을 탐하는 욕심.
이ː용(利用)명하타되자 ①물건을 이롭게 쓰거나 쓸모 있게 씀. ¶ 강물을 이용한 수력 발전. ②방편으로 하거나 남을 부려 씀. ¶ 남을 이용하다. /학문을 출세의 도구로 이용하다.
이용(移用)명하타 세출 예산에 세워 놓은 각 부(部)·국(局) 또는 부·국 내의 각 항목의 경비를 필요에 따라 다른 부·국 또는 다른 항목으로 돌려쓰는 일.
이ː용(理容)명 이발과 미용. 흔히, 남자의 조발(調髮)·면도 따위를 이름.
이ː용-후생(利用厚生)명 기구를 편리하게 쓰고 먹을 것과 입을 것을 넉넉하게 하여, 국민의 생활을 나아지게 함.
이우(移寓)명하자 딴 곳으로 옮겨 몸을 붙여 삶.
-이우-접미 《사동화 접미사 '이'와 '우'가 어우러진 꼴로》 일부 동사나 형용사를 사동사로 만드는 구실을 하는 말. 〔세우다(서+이우+다)·키우다(크+이우+다) 따위.〕
이우다타 『'이다¹'의 사동』 머리 위에 이게 하다. ¶ 보퉁이를 머리에 이우다.
이운(移運)명하타되자 ①자리를 옮김. ②부처를 옮겨 모심.
이울다[이우니·이울어]자 ①꽃이나 잎이 시들다. ②점점 쇠약해지다. ¶ 국운이 이울다. ③해나 달의 빛이 약해지거나 스러지다.
이웃[-욷]명 ①가까이 있는 곳. 인근(隣近). ¶ 이웃 마을. ②가까이 사는 사람, 또는 그 집. ¶ 이웃끼리 잘 지내다. ③가까이 있어 경계가 서로 맞닿아 있음. ¶ 이웃 나라. ④하자 서로 가까이 있음. 가까이 삶. ¶ 우리 집은 동사무소와 이웃하고 있다. 인비(隣比). *이웃이[-우시]·이웃만[-운-]
이웃-사촌(-四寸)[-욷싸-]명 〔먼 데 사는 사촌보다 이웃에 사는 남이 더 가깝다는 말로〕 정분이 두터운 이웃을 이르는 말.
이웃-집[-욷찝]명 이웃하여 사는 집. 인가(隣家).
이웃집 개도 부르면 온다 속담 불러도 못 들은 체하는 사람을 두고 핀잔하는 말.
이웃집 며느리 흉도 많다 속담 늘 가까이 있고 잘 아는 사이일수록 상대편의 결점이 눈에 더 많이 띈다는 말.
이웆명 〈옛〉이웃. ¶ 이우지 업거니(楞解3:37).
이ː원(二元)명 ①두 가지의 요소. ②철학에서, 사물이 두 개의 다른 근본 원리로 이루어져 있다고 생각할 때의 그 '두 원리'를 이름. ③수학에서의 두 개의 미지수. ¶ 이원 3차 방정식. ④근거가 되는 두 곳. ¶ 이원 방송으로 중계하다.
이ː원(利源)명 이익이 생기는 근원.
이원(梨園)명 ①배나무 동산. ②〔본디는 당(唐)나라 때의 배우(俳優) 양성소로서〕 '배우들의 사회'나 '연극계'를 이르는 말.
이ː원-권(以遠權)[-꿘]명 (항공 협정에 따라 인정되는 권리로서) 항공 협정을 맺은 상대국 내의 지점에서 다시 제3국으로 여객이나 화물을 운송할 수 있는 권리.
이ː원-론(二元論)[-논]명 ①〔철학에서, 주관과 객관, 정신과 물질, 천지, 음양 따위와 같이〕 서로 대립하는 두 개의 원리로써 실재(實在)의 개별적 부분 또는 전체를 설명하는 이론. ②우주의 근본 원리를 정신과 물질로 삼는 설. 데카르트의 물심 이원론이 대표적임.
이ː원-제(二院制)명 〈이원 제도(二院制度)〉의 준말. 양원제.
이ː원^제ː도(二院制度)명 ☞양원 제도(兩院制度). 준이원제.
이ː월(二月)명 한 해의 둘째 달. 참묘월·중춘·중양(仲陽).
이월(移越)명하타 되자 〔옮기어 넘긴다는 뜻으로〕 ①부기에서, 계산의 결과를 다음 쪽으로 넘기는 일. ②회계에서, 한 회계 연도의 순손익금, 또는 남은 돈을 다음 기로 넘기는 일.
이ː월^혁명(二月革命)[-형-]명 ☞삼월 혁명(三月革命).
이ː유(理由)명 까닭. 사유.
이ː유(離乳)명하자타 되자 젖먹이가 자라서 젖을 먹지 않게 됨, 또는 먹지 못하게 젖을 뗌.
이ː유-기(離乳期)명 젖먹이의 젖을 떼는 시기. 보통, 태어난 지 6~7개월부터 시작함.
이ː유-부(理由符)명 ☞이유표.
이ː유-식(離乳食)명 젖먹이의 이유기에 먹이는, 젖 이외의 음식.
이ː유-율(理由律)명 ☞충족 이유율.
이ː유-표(理由標)명 수학에서, 어떤 문제나 사실을 베풀어 보인 뒤 그 까닭을 나타낼 때, '왜냐하면'의 뜻으로 쓰는 부호 ∵의 이름. 그 까닭이 되는 식 앞에 씀. 거꿀삼발점. 까닭표. 이유부(理由符).
이ː유화-탄소(二硫化炭素)명 ☞이황화탄소.
이ː윤(利潤)명 ①장사하여 남은 돈. 이(利). 이익(利益). ¶ 이윤을 남기다. ②기업의 총수익에서 모든 생산비를 뺀 나머지의 소득.
이ː윤-율(利潤率)[-뉼]명 총자본에 대한 이윤의 비율.
이ː율(利率)명 원금에 대한 이자의 비율. 기간을 잡기에 따라 연리(年利)·월리(月利)·일변(日邊) 따위로 나뉨. 변(邊).
이ː율-배반(二律背反)명 서로 모순·대립하는 두 명제가 동등한 타당성을 가지고 주장되는 일. 안티노미.
이ː융^합금(易融合金)[-끔]명 (납·주석·카드뮴·창연 따위와 같이) 융점이 낮은 금속을 알맞은 비율로 섞어 만든, 융점이 더 낮은 합금. 〔땜납이나 퓨즈 따위.〕 가융 합금(可融合金).
이윽고[-꼬]부 얼마쯤 있다가. 한참 만에. ¶ 하늘에 먹구름이 끼더니 이윽고 빗방울이 떨어지기 시작했다.
이은-말명 ☞구(句).
이음-매명 두 물체를 이은 자리.
이음-새명 ①두 물체를 이은 모양새. ②'이음매'의 잘못.
이음-씨명 ☞접속사(接續詞).
이음-줄[-쭐]명 악보에서, 음높이가 다른 둘 또는 그 이상의 음표의 위나 아래에 긋는 호선(弧線). 레가토(legato)로 연주하라는 뜻을 나타내는 부호의 이름.
이음-토씨명 ☞접속 조사(接續助詞).
이음-표(-標)명 문장 부호의 한 가지. 물결표(~)·붙임표(-)·줄표(—)를 통틀어 이르는 말. 연결부.
이응명 한글 자모의 자음 'ㅇ'의 이름.
이ː의(二儀)[-의/-이]명 ☞양의(兩儀).
이ː의(異義)[-의/-이]명 다른 뜻. 다른 의미. ↔동의(同義).
이ː의(異意)[-의/-이]명 ①다른 의견. 다른 의사. ¶ 이의가 없다. ②모반(謀反)하려는 마음.
이ː의(異議)[-의/-이]명하자 ①의견이나 주장을 남과 달리함, 또는 그 의견이나 주장. 이론(異論). ¶ 이의를 달다. /이의가 있으신 분은 발언해 주십시오. ↔동의(同議). ②남의 어떤 행위가 법률상의 효력을 갖지 못하도록 반대하여, 그것을 따르지 않겠다는 뜻을 나타내는 일. ¶ 이의를 제기하다.
이ː의^신청(異議申請)[-의-/-이-]명 법률상 인정되어 있는 절차에 따라 이의를 주장하는 행위.
이-이대 이 사람.
이ː이제이(以夷制夷)명하자 〔오랑캐로 오랑캐를 제어한다는 뜻으로〕 이 나라의 힘을 빌리어 저 나라를 침.
이ː익(利益)명 ①이롭고 도움이 되는 일. ¶ 화해를 하는 것이 피차의 이익이다. ②물질적으로 보탬이 되는 것. ¶ 내 손으로 직접 하는 것이 여러모로 이익이 된다. ③기업의 결산 결과 모든 경비를 빼고 남은 순소득. 이윤(利潤). ¶ 인건비가 올라서 이익이 크게 줄었다. ↔손실·손해.
이ː익-금(利益金)[-끔]명 이익으로 남은 돈. ¶ 이익금의 일부를 장학금으로 내놓다.
이ː익^대ː표(利益代表)[-때-]명 어떤 단체에서 권익을 보장받기 위하여 의회에 뽑아 보낸 대표.
이ː익^배ː당(利益配當)[-빼-]명 회사 등에서, 기말 결산의 순이익을 주주에게 나누어 주는 일.

이ː익^사회(利益社會) [-싸회/-싸훼] 명 자유 의지로 이익을 얻으려는 목적 아래 모여 이룬 사회. 〔각종 영업 조합·노동조합·영리 회사 따위가 이에 딸림.〕 ↔공동 사회.
이ː익^준ː비금(利益準備金) [-쭌-] 명 결산기(決算期)마다 순이익에서 일부를 떼어 적립하는 법정 준비금.
이ː인(異人) 명 ①보통 사람과는 달리 재주가 신통하고 뛰어난 사람. ②다른 사람. ¶ 동명(同名)이인. ③다른 나라 사람.
이ː인-삼각(二人三脚) 명 두 사람이 옆으로 나란히 서서 맞닿는 쪽의 발목을 함께 묶고 뛰는 경기.
이ː-인칭(二人稱) 명 ☞제이 인칭.
이ː일(異日) 명 ①앞으로 올 어느 날. ②딴 날. ②타일(他日).
이ː일-학(二日瘧) 명 ☞이틀거리.
이임(移任) 명하자 되자 ☞전임(轉任).
이ː임(離任) 명하자 맡아보던 일을 내놓고 그 자리를 떠남. ↔착임(着任)·취임(就任).
이입(移入) 명하타 되자 ①옮겨 들여옴. ②한 나라 안의 어떤 지역에 다른 지역으로부터 화물을 옮겨 들이는 일. ↔이출(移出).
이어긔 대 〈옛〉여기. ¶ 天女ㅣ 이어긔 왯더니(月釋2:27).
이자 조 자음으로 끝난 체언에 붙어, 두 가지 이상의 사실을 같은 자격으로 이어 주는 접속 조사. 《모음 뒤에서는 '이'가 생략되기도 함.》 ¶ 오늘이 청명이자 한식이다. /교육은 국민의 권리이자 의무다. 참자[3].
이ː자(利子) 명 남에게 금전을 꾸어 쓴 대가로 치르는 일정한 비율의 금전. 길미. 변리(邊利). 이문(利文). 이식(利息). ↔원금(元金).
이자(胰子) 명 ☞췌장(膵臟).
이-자(-者) 대 '이 사람'을 속되게 이르는 말. ¶ 이자를 당장 끌어내시오.
이자-관(胰子管) 명 이자에서 분비되는 이자액을 십이지장으로 보내는 가는 관.
이ː자-락(利子落) 명 공채나 유가 증권의 이자 또는 이익 배당이 지급필(支給畢)로 된 것. 준이락(利落). ↔이자부(利子附).
이자-머리 명 새창에 붙은 쇠고기의 한 가지. 열구자탕(悅口子湯)을 만드는 데 쓰임.
이ː자-부(利子附) 명 공채나 주식 등에 이자 또는 이익 배당이 붙어 있는 것. 준이부(利附). ↔이자락(利子落).
이자-액(胰子液) 명 이자에서 분비되는 소화액. 약알칼리성으로 무색투명함. 췌액(膵液).
이ː자-택일(二者擇一) 명하자 ☞양자택일.
이작(移作) 명하타 소작인(小作人)을 바꿈.
이ː작(裏作) 명 ☞뒷갈이.
이장(弛張) 명하타 되자 느즈러짐과 팽팽하게 켕김.
이ː장(里長) 명 행정 구역의 하나인 이(里)의 사무를 맡아보는 사람.
이장(移葬) 명하타 무덤을 옮김. 개장(改葬). ¶ 선친의 묘를 선산으로 이장했다.
이ː재(吏才) 명 관리로서 백성을 잘 다스리는 재간. 관리의 행정적 수완.
이ː재(異才) 명 남다른 재주.
이ː재(理財) 명하자 재물을 유리하게 다루어 씀. ¶ 이재에 밝은 사람.
이재(罹災) 명하자 재해를 입음. 재앙을 당함.
이재-민(罹災民) 명 재해를 입은 주민. ¶ 이번 호우로 수많은 이재민이 발생하였다. 준재민.
이ː재발신(以財發身) [-씬] 명하자 재물의 힘으로 출세함.
이ː재-학(理財學) 명 ①☞경제학(經濟學). ②☞재정학(財政學).
이저디다 자 〈옛〉이지러지다. ¶ 입시우리 듣거우며 거두쥐며 이저디디 아니ᄒᆞ야(法華6:18).
이-적 명 ①이때. 요즈음. ②☞현새(現在).
이적(夷狄) 명 오랑캐.
이ː적(利敵) 명하자 적을 이롭게 함. ¶ 이적 단체. /이적 행위.
이적(移籍) 명하자 되자 ①(혼인하거나 양자로 가서) 호적을 옮김. ②(운동선수가) 소속을 옮김.
이ː적(異跡·異蹟) 명 ①이상스러운 행적. ②신의 힘으로 이루어지는 불가사의한 일. ③☞기적(奇跡).
이ː적(離籍) 명하타 되자 호적에서 떼어 냄. 〔구제도(舊制度)에서, 호주가 가족에 대하여 가족 신분을 박탈하는 법률 행위였음.〕
이적-토(移積土) 명 ☞운적토(運積土).
이ː전(以前) 명 ①기준이 되는 일정한 때를 포함하여 그 앞(전). ¶ 선사(先史) 시대 이전. ↔이후. ②오래 전. 옛날. ¶ 이전에 살던 곳.
이ː전(吏典) 명 〔조선 시대〕 ①육전(六典)의 하나. 군무(軍務) 이외의 일반 관제와 관규(官規) 및 이조(吏曹)의 여러 가지 사무를 규정한 법전. ②'이속(吏屬)'을 통틀어 이르던 말.
이ː전(利錢) 명 이익으로 남은 돈. 길미. 이문(利文). ¶ 이전이 많은 장사.
이전(移轉) 명하타 되자 ①(처소나 주소 따위를) 다른 데로 옮김. ¶ 사무실 이전. ②(권리 따위를) 넘겨주거나 넘겨받음. ¶ 등기 이전. /소유권을 이전하다.
이전^등기(移轉登記) 명 부동산의 매매·증여·상속 등의 사실에 따라 생기는 권리의 이전에 관한 등기.
이전^소ː득(移轉所得) 명 이전 지급(移轉支給)에 따라 생기는 소득.
이전^지급(移轉支給) 명 재화나 용역의 급부(給付)와는 관계없이 이루어지는 지급. 〔연금·증여·보조금 따위.〕
이전-투구(泥田鬪狗) 명 〔'진창에서 싸우는 개'라는 뜻으로〕 ①'강인한 성격'을 평하여 이르는 말. ②'볼썽사납게 서로 헐뜯거나 다투는 모양'을 비유하여 이르는 말.
이ː점(利點) [-쩜] 명 이로운 점.
이접(移接) 명하자 ①거처를 잠시 옮겨 자리를 잡음. ②지난날, 글을 배울 때 동접(同接)을 옮김. ③자기가 딸려 있던 사정(射亭)에서 다른 사정으로 옮겨 감.
이ː정(里程) 명 길의 이수(里數). 도리(道里).
이정(移定) 명하타 되자 옮겨 정함.
이ː정-표(里程表) 명 육로(陸路)의 거리를 적어 놓은 표.
이ː정-표(里程標) 명 ①(도로·선로 등의 길가에) 거리(距離)를 적어 세운 푯말이나 표석. 거리표(距離標). ②어떤 일이나 목적의 기준. ¶ 이정표로 삼다. /이정표를 세우다.
이제 Ⅰ명 ①(말하고 있는) 바로 이때. 지금. ¶ 더위가 이제부터 시작이다. ②현재. ¶ 예나 이제나 변함이 없다.
Ⅱ부 바로 이때에. 지금 곧. 지금에 이르러. ¶ 이제 날이 새려나 보다.
이ː제(裏題) 명 책의 속표지에 적힌, 그 책의 제목.

이ː-제공(二提栱)명 주삼포(柱三包) 집 기둥에 덧붙이는 쇠서받침.
이제-껏[-껃]부 지금에 이르기까지. 여태껏. 입때껏. ¶ 이제껏 무엇을 했느냐?
이제나-저제나부 언제인지 알 수 없을 때나, 어떤 일을 몹시 기다릴 때 쓰는 말. ¶ 이제나 저제나 소식이 올까 하여 애를 태우다. 참하마하마.
이제-야부 이제 겨우. 이제 비로소. 지금에 이르러서야 겨우. ¶ 이제야 좀 알 것 같다. /이제야 운이 트이나 보다.
이젝션^시ː트(ejection seat)명 비행기가 사고로 추락할 때, 탑승원이 앉은 채 좌석과 함께 자동적으로 비행기 밖으로 튀어나오면서 낙하산이 펴지게 된 장치.
이ː젤(easel)명 화가(畫架).
이ː조(吏曹)명 고려·조선 시대의 육조(六曹)의 하나. 문관의 선임과 훈봉, 관원의 성적 고사와 포폄에 관한 일을 맡아보았음.
이ː조(李朝)명 '이씨 조선'을 줄여 이르는 말. 〔일본인들이 '조선 왕조'를 얕잡아 일컫은 말.〕
이조(移調)명하자 ☞조옮김.
이ː조^판서(吏曹判書)명 조선 시대, 이조의 정이품 으뜸 벼슬. 준이판.
이ː족(異族)명 ①다른 민족. ↔동족(同族). ②성(姓)이 다른 겨레붙이.
이종(姨從)명 이모의 아들이나 딸. 이종 사촌. 참고종(姑從).
이종(移種)명하타되자 모종을 옮겨 심음. 비이식(移植).
이ː종(異種)명 ①다른 종류. ②변한 종자.
이ː종^교배(異種交配)명 서로 다른 종류의 동식물을 교배시키는 일. 〔여기서 나오는 새로운 품종은 생식 능력이 없음.〕
이종-매(姨從妹)명 자기보다 나이가 아래인, 이모의 딸.
이종^사ː촌(姨從四寸)명 ☞이종(姨從).
이종-자(姨從姉)명 자기보다 나이가 위인, 이모의 딸.
이종-제(姨從弟)명 자기보다 나이가 아래인, 이모의 아들.
이종-형(姨從兄)명 자기보다 나이가 위인, 이모의 아들.
이ː주(二走)명 지난날, 달음질 취재(取才)에서의 둘째 등급을 이르던 말.
이주(移住)명하자 다른 곳이나 다른 나라로 옮아가서 삶. 이거(移居). ¶ 해외 이주.
이ː주-화(異株花)명 수꽃과 암꽃이 서로 다른 나무에서 피는 꽃. 〔삼나무·은행나무 따위.〕
이죽-거리다[-꺼-]자 〈이기죽거리다〉의 준말. 이죽대다. 작야죽거리다.
이죽-대다[-때-]자 이죽거리다.
이죽-이죽[-중니-/-주기-]부하자 〈이기죽이기죽〉의 준말. 작야죽야죽.
이ː중(二中)명 ①지난날, 시문(詩文)을 꼲을 때의 등급의 한 가지. 열두 등급 중의 다섯째 등급. 이상(二上)과 이하(二下)의 중간급임. ②하자국궁(國弓)에서, 화살 다섯 대를 쏘아 두 대를 맞히는 일.
이ː중(二重)명 ①두 겹. ¶ 이중 창문. /적군을 이중으로 에워싸다. ②두 가지가 겹침, 또는 두 번 거듭됨. ¶ 이중 과세.
이ː중^가격(二重價格)[-까-]명 물가 통제 정책상, 같은 상품에 대하여 두 가지 이상의 공정 가격을 매기는 일, 또는 그 가격. 〔쌀의 생산자 가격과 소비자 가격, 상품의 수출 가격과 수입 가격 따위.〕
이ː중^결합(二重結合)명 두 개의 원자가 두 개의 원자가(原子價)로 결합되는 일. 〔'=' 또는 ':'로 표시함.〕
이ː중^경제(二重經濟)명 기본적으로 사기업(私企業)의 자유로운 경제 활동을 인정하면서, 정부가 대규모의 정부 사업이나 국영 기업 등을 통하여 경제 활동에 적극적으로 참여하는 경제.
이ː중-고(二重苦)명 겹치는 고생. 거듭되는 고생. ¶ 이중고에 시달리다.
이ː중-과세(二重過歲)명하자 양력의 설과 음력의 설을 둘 다 쇠는 일.
이ː중^과세(二重課稅)명 동일한 과세 물건에 대하여 같은 성격의 조세를 두 번 이상 매기는 일.
이ː중^국적(二重國籍)[-쩍]명 한 사람이 동시에 둘 이상의 국적을 가지는 일.
이ː중^노출(二重露出)명 각각 다른 피사체를 같은 건판이나 필름에 이중으로 노출되게 촬영하는 일.
이ː중^매ː매(二重賣買)명 동일한 목적물을 이중으로 매매하는 일.
이ː중^모ː음(二重母音)명 국어에서, 소리를 내는 동안 입술 모양이나 혀의 위치가 처음과 나중이 달라지는 모음. 〔'ㅑ·ㅕ·ㅛ·ㅠ·ㅒ·ㅖ·ㅘ·ㅙ·ㅝ·ㅞ·ㅢ' 따위.〕 거듭홀소리. 겹홀소리. 복모음(複母音). 중모음(重母音).
이ː중^방ː송(二重放送)명 한 방송국에서 전파를 달리하여 동시에 두 가지 방송을 하는 일.
이ː중-상(二重像)명 ①한 물체를 볼 때 둘로 나타나는 망막(網膜)의 영상. ②두 개로 겹쳐 보이는 텔레비전의 화상(畫像).
이ː중-생활(二重生活)명 ①한 사람이 직업이나 환경 따위가 크게 다른 두 가지 생활을 하는 일, 또는 한 사람이 두 곳에서 생활하는 일. ¶ 서울과 부산에서의 이중생활. ②한 가족의 구성원이 어떤 사정으로 서로 다른 곳에서 생활하는 일.
이ː중-성(二重性)[-썽]명 하나의 사물이 동시에 가지고 있는, 서로 다른 두 가지의 성질.
이ː중-성(二重星)명 육안으로는 하나로 보이나 망원경으로는 둘로 보이는 별.
이ː중-성격(二重性格)[-껵]명 양면성을 띤 성격.
이ː중^수소(二重水素)명 수소의 동위 원소 중에서 질량수가 2인 중수소.
이ː중^압류(二重押留)[-암뉴]명 한 채권자를 위하여 압류한 채무자의 재산이나 권리를 다시 다른 채권자를 위하여 압류하는 일.
이ː중^외ː교(二重外交)[-외-/-웨-]명 내각(內閣) 이외의 독립 권한을 가진 특수 기관이 외무 당국과 병립적으로 하는 외교.
이ː중^의ː식(二重意識)명 의식이 동시에 두 가지로 작용하는 일. 〔글을 쓰면서 옆 사람과 이야기하는 따위.〕
이ː중-인격(二重人格)[-껵]명 ①한 사람이 전혀 다른 두 가지 성격을 지니고 때때로 다른 사람처럼 행동하는 일, 또는 그 성격. ②인격 장애로 말미암아 일어나는 이상 심리.
이ː중-장부(二重帳簿)명 금전의 출납·거래 따위의 실상을 감추기 위해 본디의 장부 이외에 따로 장부를 만드는 일, 또는 그 장부.
이ː중^저ː당(二重抵當)명 동일한 부동산에 대하여 이중으로 저당권을 설정하는 일.

이-중절(離中絕)명 팔괘 중, 이괘(離卦)는 가운데 막대만 끊어졌다는 뜻으로 '☲'의 모양을 이르는 말. ↔감중련(坎中連).
이ː중-주(二重奏)명 두 사람이 서로 같거나 다른 두 개의 악기로 합주하는 일. 이부 합주. 듀엣. ¶ 현악 이중주.
이ː중-창(二重唱)명 두 사람이 두 개의 성부(聲部)를 동시에 또는 교대로 부르는 일. 듀엣. 참이부 합창.
이ː중-창(二重窓)명 방한(防寒)·방음(防音) 등의 목적으로 두 겹으로 만든 창.
이ː중^화ː산(二重火山)명 복성 화산(複成火山)의 한 가지. 화구(火口)나 칼데라 안에 새로운 작은 화산이 생겨난 화산.
이ː중^회로(二重回路)[-회-/-훼-]명 한 회로로 송신과 수신을 동시에 할 수 있는 통신 회로.
이-즈막명 이제까지에 이르는 가까운 지난날. ¶ 무슨 일로 그리 바쁜지 이즈막에는 통 만날 수가 없다. 작요즈막.
이-즈음명 이 사이. 준이즘. 작요즈음.
이-즘명 〈이즈음〉의 준말. 작요즘.
이즘(ism)명 주의(主義). 설(說).
이증(貽贈)명하타 ☞추증(追贈).
이ː증(痢症)명 ☞이질(痢疾).
이ː증(裏症·裏證)명 한방에서, 몸에 병이 들었을 때의 증세를 이르는 말.
이지조 자음으로 끝난 체언에 붙는 서술격 조사. 《모음 뒤에서는 '이'가 생략되기도 함.》 ①서로 다른 두 가지 사실을 견주되, 앞의 사실을 시인하는 뜻을 나타내는 연결형 서술격 조사. ¶ 고래는 짐승이지 물고기가 아니다. ②어떤 사실을 약간의 느낌을 담아 베풀어 말하는 뜻을 나타내는 종결형 서술격 조사. ¶ 겉모습이야 깔끔한 미남이지. ③묻는 뜻을 나타내는 종결형 서술격 조사. ¶ 내일이 며칠이지? 참지[4].
이ː지(二至)명 하지(夏至)와 동지(冬至)를 아울러 이르는 말. 참이분(二分).
이ː지(異志)명 딴생각. 등지거나 저버릴 뜻.
이ː지(理智)명 ①감정이나 본능에 치우치지 않고 깊은 지식으로 사물을 분별하고 이해하는 슬기. ②불교에서, 진여(眞如)의 이치를 깨닫는 지혜를 이르는 말.
이지-기사(頤指氣使)명하타 〔턱으로 가리켜 부리고, 기색(氣色)으로 시킨다는 뜻으로〕 '남을 마음대로 부림'을 이르는 말.
이ː지다형 (물고기나 닭·돼지 따위가) 살져서 기름지다.
이지러-뜨리다타 한 귀퉁이가 떨어지게 하다. 이지러트리다.
이지러-지다자 ①(물건의) 한 부분이 떨어져 없어지다. 작야지러지다. ②(달 따위가) 한쪽이 차지 아니하다. ¶ 이지러진 조각달. ③얼굴이 일그러지다. ¶ 표정이 이지러지다.
이지러-트리다타 이지러뜨리다.
이지렁명 《일부 동사와 함께 쓰이어》 능청맞고 천연스러운 태도. ¶ 이지렁을 떨다. /이지렁을 부리다. /이지렁을 피우다. 작야지랑.
이지렁-스럽다[-따][~스러우니·~스러워] 형ㅂ 얄밉도록 능청맞으면서 천연스럽다. 작야지랑스럽다. **이지렁스레**부.
이지마는조 자음으로 끝난 체언에 붙어, 앞의 사실을 인정하되 그것이 뒤의 사실과는 상관이 없음을 나타내는 연결형 서술격 조사. 《모음 뒤에서는 '이'가 생략되기도 함.》 ¶ 봄이지마는 바람이 꽤 쌀쌀하다. 준이지만·지만. 참지마는.
이지만조 〈이지마는〉의 준말. ¶ 시인이지만 소설도 쓴다.
이ː지-적(理智的)관명 ①이지를 갖추고 그에 따라 행동하는 (것). ②모습이나 언행에서 이지가 풍기는 (것). ¶ 이지적 여성. /이지적인 모습. /얼굴이 이지적으로 생겼다.
이직(移職)명하자되자 직장이나 직업을 옮김. 비전직(轉職).
이ː직(離職)명하타 직업을 잃거나 직장을 떠남.
이ː직(理直)명하형 이치가 곧고 바름.
이ː진(二陣)명 ①둘째의 진(陣)이나 집단. ②(경기 따위에서) 보결·후보 선수, 또는 그러한 팀. ¶ 이진 선수.
이ː진-법(二進法)[-뻡]명 (0·1 또는 +·- 따위로 된) 두 가지 숫자로 나타내는 기수법의 한 가지. 수를 셀 때 1 다음은 한 자리 올려 10으로 적고, 다시 10이 둘 모일 때 100으로 적듯이, 둘씩 모일 때마다 한 자리씩 올려 세는 방법. 컴퓨터 등에 쓰임.
이질(姨姪)명 ①언니나 여동생의 아들딸. ②아내의 자매의 아들딸.
이ː질(異質)명 ①성질이 다름, 또는 그 다른 성질. ↔동질(同質). ②남달리 뛰어난 재주, 또는 그런 재주가 있는 사람.
이ː질(痢疾)명 뒤가 잦고 곱똥이 나오며 항문 둘레가 당기는 병. 급성 전염병으로, 피가 섞여 나오는 것을 적리(赤痢), 흰 곱만 나오는 것을 백리(白痢)라고 함. 이증(痢症). 하리(下痢).
이질-녀(姨姪女)[-려]명 ①언니나 여동생의 딸. ②아내의 자매의 딸.
이질-부(姨姪婦)명 이질의 아내.
이질-서(姨姪壻)[-써]명 이질녀의 남편.
이ː질-성(異質性)[-썽]명 서로 다른 성질이나 특성. ↔동질성.
이ː질-적(異質的)[-쩍]관명 성질이 서로 다른 (것). ¶ 동서의 이질적 문화. /둘 사이에는 이질적인 요소가 너무 많다.
이ː질-풀(痢疾-)명 쥐손이풀과의 다년초. 산이나 들에 절로 나는데 키는 50 cm가량. 잎은 손바닥 모양으로 갈라져 있고 검은 무늬가 있으며, 8~9월에 분홍색·홍자색·백색 등의 꽃이 핌. 민간에서 이질과 설사의 약으로 씀.
이징가미명 질그릇의 깨어진 조각. ¶ 이징가미로 소꿉 살림을 차리다.
이-쩍명 오래되어 굳어 붙은 이똥.
이-쪽[1]명 이곳을 향한 쪽. ↔저쪽.
이-쪽[2]명 이의 부스러진 조각.
이쪽-저쪽[-쩌-]명 이쪽과 저쪽을 아울러 이르는 말.
이-쯤 Ⅰ명 이만한 정도. ¶ 이쯤이면 충분하겠지. 작요쯤.
Ⅱ부 이만한 정도로. ¶ 이쯤 해 두자. 작요쯤.
이ː차(二次)명 ①두 번째. ¶ 이차 모임. ②어떤 사물이나 현상이 본디 것에 대하여 부수적 관계나 처지에 있는 것. 부차(副次). ¶ 이번 안건에서 파생되는 이차 문제는 뒤에 다시 논의하기로 했다. ③정식·방정식·대수 곡선 따위의 차수(次數)가 2인 것. ¶ 이차 방정식.
이ː차^곡면(二次曲面)[-공-]명 해석 기하학에서, 삼원 이차 방정식으로 나타내는 곡면을 통틀어 이르는 말. 〔구면(球面)·뿔면·쌍곡선·타원면 따위.〕

이ː차^곡선(二次曲線) [-썬] [명] 해석 기하학에서, 이차 방정식으로 나타내는 곡선을 통틀어 이르는 말. 〔원·타원·쌍곡면·포물선 따위.〕
이ː차^방정식(二次方程式) [명] 미지수의 가장 높은 근을 가진 항(項)이 이차인 방정식. 〔$ax^2+bx+c=0$의 꼴로 나타남.〕
이ː차^산ː업(二次産業) [명] ☞제이차 산업.
이ː차-색(二次色) [명] 두 가지의 다른 원색(原色)이 섞이어 이루어진 색. [참]삼차색.
이ː차어피-에(以此於彼-) [부] ☞어차어피에. [준]이차피.
이-차원(二次元) [명] 차원의 수가 둘인 것. 곧, 길이와 폭이라는 두 방향으로 넓이를 이루어 내는 평면 같은 것.
이ː차이ː피-에(以此以彼-) [부] ☞어차어피에.
이ː차^전ː류(二次電流) [-절-] [명] 전자 유도(電磁誘導)로 이차 회로나 이차 코일 속에 유도되는 전류.
이ː차^전ː지(二次電池) [명] ☞축전지(蓄電池).
이ː차^코일(二次coil) [명] 유도 코일이나 변압기에서 전압을 받는 쪽의 코일.
이ː차피(以此彼) [부] 〈이차어피에〉의 준말. 어차피(於此彼).
이ː차-회(二次會) [-회/-훼] [명] 연회나 회의 따위를 한 번 연 뒤에, 그 참가자들이 다시 다른 곳에서 가지는 모임.
이ː-착륙(離着陸) [-창뉵] [명][하자] 이륙과 착륙을 아울러 이르는 말. ¶ 짙은 안개로 항공기 이착륙이 전면 중단되었다.
이찬(伊湌) [명] 신라 때의 17관등의 둘째 등급. [참]잡찬(迊湌).
이-참 [명] ☞이번. ¶ 이참에 양복도 한 벌 사자.
이-찹쌀 [명] '찹쌀'의 잘못.
이-창포(泥菖蒲) [명] 창포의 한 가지. 못이나 늪 같은 데에 남. 뿌리가 굵고 살지고 희며 마디가 성김. 백창포(白菖蒲).
이ː채(吏債) [명] 지난날, 백성이 그 지방의 아전에게 진 빚을 이르던 말.
이ː채(異彩) [명] ①이상한 빛. 색다른 빛깔. ②남다름. 뛰어남. ¶ 이채를 띠다.
이ː채-롭다(異彩-) [-따] [~로우니·~로워] [형][ㅂ] 보기에 색다른 데가 있다. **이채로이**[부].
이처ᄒᆞ다 [타] 〈옛〉 고단해하다. 힘들어하다. ¶ 새 그를 海內예셔 流傳호ᄆᆞᆯ 이처ᄒᆞᄂᆞ니(杜初 *22:16*). [참]잋다.
이ː천(二天)[1] [명][하자] 지난날, 과거나 백일장을 보는 자리에서 한시(漢詩) 따위를 지을 때, 둘째로 지어 바치던 일.
이ː천(二天)[2] [명] ①범천(梵天)과 제석천(帝釋天). ②다문천(多聞天)과 지국천(持國天).
이ː첨-판(二尖瓣) [명] ☞승모판.
이첩(移牒) [명][하타] 받은 통첩을 다른 곳으로 다시 알림, 또는 그 통첩.
이ː첩-계(二疊系) [-께/-께] [명] 이첩기의 지층(地層).
이ː첩-기(二疊紀) [-끼] [명] ☞페름기.
이ː첩^석탄기(二疊石炭紀) [-썩-] [명] ①이첩기와 석탄기를 아울러 이르는 말. ②이첩기와 석탄기의 중간 시대.
이체(移替) [명][하자·타] ①서로 갈리고 바뀜. 또는, 서로 바꿈. ②바꾸거나 돌려씀.
이ː체(異體) [명] ①같지 않은 몸. 서로 다른 몸. ②☞변체(變體).
이ː체-동심(異體同心) [명] 몸은 서로 다르나 마음은 한가지임.
이ː체-동종(異體同種) [명] 겉모양은 다르나 본바탕은 같은 것.
이ː체^웅예(異體雄蕊) [명] 열 개의 수술 가운데서 아홉 개는 꽃실이 서로 붙고, 남은 한 개는 떨어져 있어 두 몸으로 된 합생 웅예(合生雄蕊)의 한 가지.
이ː초(二草) [명] 담뱃잎을 한 번 딴 뒤, 그 줄기에서 다시 돋은 잎을 따 말린 잎담배.
이ː초(異草) [명] 이상한 풀이나 화초.
이ː초(離礁) [명][하자] 항해 중에 암초에 걸려 좌초했던 배가 암초에서 떨어져 다시 뜸.
이-촉 [명] 이의 뿌리. 치근(齒根).
이추(泥鰍) [명] 미꾸라지.
이축(移築) [명][하타] (건물 따위를) 다른 곳으로 옮겨 세움. ¶ 본사 건물을 이축하다.
이ː출(利出) [명] 본전을 빼고 남은 이익.
이출(移出) [명][하타][되자] ①옮겨 냄. ②한 나라 안의 어떤 지역에서 다른 지역으로 화물을 옮기는 일. ↔이입(移入).
이-출입(移出入) [명][하타] 이출과 이입을 아울러 이르는 말.
이-춤 [명] 옷을 두껍게 입거나 물건을 몸에 지녀 가려워도 긁지 못하고 몸을 일기죽거리며 어깨를 으쓱거리는 짓. ¶ 이춤을 추다.
이ː충기대(以充其代) [명][하자] 실물이 아닌 딴 물건으로 대신 채움.
이취(泥醉) [명][하자] 술에 곤드레만드레 취함.
이ː취(異臭) [명] 이상한 냄새. 싫은 냄새.
이-취임(離就任) [명] 이임과 취임을 아울러 이르는 말.
이ː측(離側) [명][하자] 부모의 슬하를 떠남.
이ː층(離層) [명] '떨켜'로 순화.
이ː층-장(二層欌) [-짱] [명] 두 층으로 된 장.
이ː층-집(二層-) [-찝] [명] 단층 위에 한 층 더 올려 지은 집.
이-치(-齒) [명] 한자 부수의 한 가지. '齡'·'齬' 등에서의 '齒'의 이름.
이ː치(理致) [명] 사물의 정당한 조리. 도리에 맞는 근본 뜻. 이(理). ¶ 자연의 이치. /이치에 어긋나는 말.
이-치 [대] '이 사람'을 얕잡아 이르는 말. ¶ 이치는 누군데 나서는 거야.
이치다 [타] 〈이아치다〉의 준말.
이치다 [자] 〈옛〉 가빠하다. 시달리다. ¶ ᄇᆞᄅᆞᆷ의 이치여 이제야 왓ᄉᆞᆸ너(新語*1:12*).
이ː-칠일(二七日) [명] 두이레.
이ː칭(異稱) [명] 달리 일컫는 말.
이카오(ICAO) [명] 국제 민간 항공 기구. [International Civil Aviation Organization]
이커서니 [감] 힘을 써서 무거운 물건을 번쩍 들 때 내는 소리. [작]아카사니.
이코노마이저(economizer) [명] 연료를 절약하기 위하여 보일러와 굴뚝의 중간이나 연도(煙道)의 도중에 많은 수관(水管)을 붙여 폐열을 이용하는 급수 가열 장치.
이퀄(equal) [명] 등호(等號) '='의 이름. 같음표.
이ː큐ː(EQ) [명] ☞감성 지수(感性指數). [Emotional Quotient]
이크 [감] ①당황하거나 놀랐을 때 내는 소리. ②남을 슬쩍 추어주면서 비웃을 때 내는 소리.
이키 [감] 〈이키나〉의 준말.
이키나 [감] 뜻밖의 일을 보고 놀랐을 때 지르는 소리. ¶ 이키나, 뱀이다. [준]이키.
이타(弛惰) '이타하다'의 어근.
이ː타(耳朶) [명] ☞귓불[1].

이ː타(利他)명 ①하자 자기를 희생하여 남을 이롭게 함. 타애. ↔이기(利己). ②불교에서, 공덕과 이익을 베풀어 중생을 구제하는 일.

이ː타-주의(利他主義)[-의/-이]명 ☞애타주의. ↔이기주의.

이타-하다(弛惰-)형여 마음이 느슨하고 게으르다.

이탄(泥炭)명 ☞토탄(土炭).

이ː탈(離脫)명하자타되자 떨어져 나가거나 떨어져 나옴. 관계를 끊음. 탈리. ¶ 대열에서 이탈하다.

이탓-저탓[-탇쩌탇]명하자 이리 탓하고 저리 탓함. ¶ 이탓저탓은 이제 그만하고 어서 일이나 시작하게. 작요탓조탓. ＊이탓저탓이[-탇쩌타시]·이탓저탓만[-탇쩌탄-]

이태명 두 해.

이태리(伊太利)명 '이탈리아(Italia)'의 한자음 표기. 준이(伊).

이태리-포플러(伊太利poplar)명 버드나뭇과의 낙엽 활엽 교목. 미루나무와 비슷하며, 산기슭의 비옥한 땅에서 잘 자람. 유럽 원산으로, 성냥개비·건축재·가로수 따위에 쓰임. 양버들.

이탤릭(italic)명 서양 활자체의 한 가지. 오른쪽으로 조금 비스듬한 글자체. 강조할 어구나 외국어·학명 따위를 두드러지게 나타내는 데 쓰임. 참사체(斜體).

이테르븀(ytterbium)명 희토류 원소의 한 가지. 가돌리나이트나 제노타임 따위의 광석에 들어 있는데 순수한 산화물로서 얻어짐. 〔Yb/70/173.04〕

이ː토(吏吐)명 ☞이두(吏讀).

이토(泥土)명 진흙.

이-토록부 이러하도록. 이런 정도로까지. 이와 같이. ¶ 그리움이 이토록 사무칠 줄이야.

이ː투(吏套)명 ☞이두(吏讀).

이트륨(yttrium)명 희토류 원소의 한 가지. 가돌린석의 주성분이며, 모나자이트·제노타임 따위에 많이 들어 있는 은백색의 금속. 〔Y/39/88.9059〕

이튿-날[-튼-]명 ①어떤 일이 있은 다음의 날. 뒷날. ¶ 밤새 이가 아프더니 이튿날 아침에는 말짱했다. ②둘쨋날. 이틀째의 날. ③〈초이튿날〉의 준말. 준이틀1.

이틀1명 ①두 날. 양일(兩日). ¶ 이틀을 꼬박 굶었다. /나는 이틀에 한 번은 꼭 목욕한다. ②〈이튿날〉·〈초이틀〉·〈초이튿날〉의 준말.

이-틀2명 이가 박혀 있는 아래위의 턱뼈.

이틀-거리명 이틀씩 걸러서 앓는, 좀처럼 낫지 않는 학질. 당고금. 이일학(二日瘧). 해학(痎瘧).

이-틈명 이와 이 사이의 틈.

이ː파(異派)명 다른 유파.

이파리명 살아 있는 나무나 풀의, 넓이가 있는 낱 잎. 비잎사귀.

이ː판(吏判)명 〈이조 판서〉의 준말.

이ː판(理判)명 불교에서, 속세를 떠나 도를 닦는 데 마음을 기울이는 일.

이판-사판명 막다른 데에 이르러 더는 어찌할 수 없게 된 판. ¶ 어차피 이판사판이니까 후회나 없도록 저질러 놓고 보는 거야.

이판-암(泥板岩)명 수성암의 한 가지. 점토가 엉겨 붙어서 된 암석. 혈암(頁岩). 셰일(shale).

이ː판-화(離瓣花)명 ☞갈래꽃. ↔합판화.

이ː판화-관(離瓣花冠)명 ☞갈래꽃부리. ↔합판화관.

이ː판화-악(離瓣花萼)명 ☞갈래꽃받침. ↔합판화악.

이ː팔-월(二八月)명 민간에서, 2월에 눈비가 오는 정도에 따라 그해 8월에 비가 많이 오고 적게 온다고 하여 2월과 8월이 맞섬을 이르는 말.

이ː팔-청춘(二八青春)명 나이가 열여섯 살가량 된 젊은이.

이ː팝-나무[-팜-]명 물푸레나뭇과의 낙엽 교목. 산이나 들에 나는데, 높이는 20 m가량. 잎은 길둥글며 마주남. 늦봄에 흰 꽃이 피고, 열매는 가을에 보랏빛으로 익음. 정원수나 풍치목(風致木)으로 심음.

이ː-팥[-팓]명 팥의 한 종류. 알이 조금 납작하고 길며, 빛이 검붉고 품질이 낮음. ＊이ː팥이[-파치]·이ː팥을[-파틀]·이ː팥만[-판-]

이펙트(effect)명 〔'효과'·'영향'의 뜻으로〕 연극이나 방송 등에서의 음향 효과.

이-편(-便)대 ①이쪽. ¶ 동생은 쏜살같이 이편으로 뛰어왔다. ②자신이 스스로 '자기'를 좀 대접하여 이르는 말. ¶ 이편이 잘못했네.

이폐(弛廢)[-폐/-페]명하자 느즈러지고 거칠어짐.

이ː폐(貽弊)[-폐/-페]명하자 남에게 폐를 끼침.

이ː포역포(以暴易暴)명 〔횡포한 사람으로 횡포한 사람을 바꾼다는 뜻으로〕 나쁜 사람을 갈아치운다면서 또 나쁜 사람을 들여세운다는 말.

이ː-푼(二-)명 인쇄에서, 활자나 공목 따위의 크기의 한 가지. 전각의 반. 반각(半角).

이ː-풀명 입쌀가루로 쑨 풀.

이ː품(異稟)명 남달리 뛰어난 성품.

이ː풍(異風)명 ①이상스러운 기풍. ②☞이속(異俗).

이풍-역속(移風易俗)[-녁쏙]명하자 풍속을 보다 좋게 고쳐 바꿈.

이ː피ː-반(EP盤)명 1분간에 45회 회전하는 음반. 도넛판. [extended play]

이ː피-화(異被花)명 꽃받침이 초록색이고 꽃잎이 초록색 이외의 빛깔인 꽃. ↔등피화(等被花).

이ː필(吏筆)명 지난날, 아전들이 쓰던 글씨체. 일정한 서체에 따르지 않고 겉보기에만 곱고 미끈하게 썼음.

이ː필(異筆)명 필적(筆跡)이 다름. 한 사람의 필적이 아님.

이필-지다(異筆-)자 한곳에 쓴 글씨가 서로 다르다.

이ː하(二下)명 지난날, 시문(詩文)을 꼲을 때의 등급의 한 가지. 열두 등급 중의 여섯째 등급. 이중(二中)과 삼상(三上)의 중간급임.

이ː하(以下)명 ①(어떤 수량·단계 따위가) '그것을 포함하여, 그것보다 적거나 아래임'을 나타냄. ¶ 50세 이하의 여성. /18세 이하 관람 불가. ②그것보다 정도가 덜하거나 아래임. ¶ 수준 이하의 작품. ③다음에 말할(적을) 내용. ¶ 이하 생략. ↔이상(以上).

이ː하부정관(李下不整冠)명 〔'자두나무 밑에서 관을 고쳐 쓰지 말라'는 뜻으로〕 남의 의심을 받을 일을 하지 말라는 말. '문선(文選)'의 '군자행(君子行)'에 나오는 말임.

이ː하-선(耳下腺)명 구강(口腔) 안에 있는 세 개의 침샘 가운데 가장 큰 침샘. 분비되는 침은 점액이 없어 물 같고, 단백질과 효소가 많음. 귀밑샘.

이ː하선-염(耳下腺炎)[-념]명 침샘, 특히 이하선이 염증으로 부어오르는, 여과성 병원체에 의한 전염병.
이ː학(異學)명 이단(異端)의 학문.
이ː학(理學)명 ①자연 과학을 통틀어 이르는 말. ②원리를 연구하는 학문이라는 뜻으로 '철학'을 이르는 말. ③☞성리학(性理學).
이ː학^병기(理學兵器)[-뼝-]명 과학 병기 중에서 전기나 광선 따위를 이용하여 만든 병기.
이ː학-부(理學部)[-뿌]명 대학의 학부의 한 가지. 수학·천문·물리·화학·생물·지질·광물 따위의 학과를 포함함.
이ː한(離韓)명하자 한국에서 떠남.
이ː합(離合)명하자 헤어짐과 모임. 이합집산.
이ː합-사(二合絲)[-싸]명 ☞이겹실.
이ː합-집산(離合集散)[-찝싼]명 헤어짐과 모임. 헤어졌다 모였다 함. 이합. ¶ 선거철이 되면 정치인들이 이합집산을 한다.
이항(移項)명하타 되자 ①항목(項目)을 옮김. ②수학에서, 등식의 한 변에 있는 항을 부호를 바꾸어 다른 변으로 옮기는 일.
이ː항-식(二項式)명 두 개의 항으로 된 정식(整式).
이ː항^정ː리(二項定理)[-니]명 이항식을 오름차순으로 전개하는 방법을 나타낸 정리.
이-해명 ①바로 앞에서 이야기한 해. ¶ 딸아이가 태어난 1995년, 나는 이해를 결코 잊지 못할 것이다. ②이번 해. 올해. ¶ 이해를 넘기지 말고 일을 마무리 짓자.
이ː해(利害)명 ①이익과 손해. ¶ 이해를 분명하게 따지다. ②☞득실(得失).
이ː해(理解)명하타되자 ①사리를 분별하여 앎. ②(말이나 글의 뜻을) 깨쳐 앎. ¶ 이해하기 어려운 책. ③☞양해(諒解). ¶ 친구들에게 이해를 구하고 자리에서 먼저 일어섰다.
이ː해-간(利害間)부 이가 되거나 해가 되거나 간에. ¶ 이해간에 따질 것은 따져야지.
이ː해-관계(利害關係)[-계/-게]명 서로 이해가 미치는 사이의 관계. ¶ 이해관계가 복잡하게 얽힌 사건.
이ː해관계-인(利害關係人)[-계-/-게-]명 어떤 사실의 유무(有無) 또는 어떤 행위나 공공 기관의 처분 등으로 말미암아 자기의 권리나 이익에 영향을 받는 사람.
이ː해-관두(利害關頭)명 이해관계가 결정되는 고비.
이ː해-득실(利害得失)[-씰]명 이로움과 해로움 및 얻음과 잃음. ¶ 이해득실을 따지다.
이ː해-력(理解力)명 사리를 분별하여 아는 힘. ¶ 이해력이 부족하다./이해력을 알아보는 문제.
이ː해-상반(利害相半)명하형 이익과 손해가 어금지금함.
이ː해-설(利害說)명 이해관계에 대한 관심을 사회 현상의 원동력이라고 주장하는 사회학설.
이ː해-심(理解心)명 남의 사정이나 형편을 잘 헤아려 주는 마음. ¶ 이해심이 많은 청년.
이ː해-타산(利害打算)명 이익과 손해를 이모저모 따져 셈함.
이ː핵(離核)명 과실의 살과 떨어져 있는 씨.
이행(易行)명하형 실행하기 쉬움. ↔난행(難行).
이행(移行)명하자되자 (어떤 현상이 다른 현상으로) 옮아감. 변해 감. 추이(推移).
이ː행(履行)명하타 되자 ①실제로 행함. 말과 같이 함. ¶ 약속 이행. ②법적 의무의 실행. 채무 소멸의 경우의 변제(辨濟)를 이름.
이행-도(易行道)명 불교에서, 염불을 외움으로써 아미타불의 자비에 의하여, 곧 타력(他力)에 의하여 쉽게 깨달음에 이르는 방법을 이르는 말. ↔난행도(難行道).
이ː행^불능(履行不能)[-릉]명 채권 성립 때에 가능했던 급부가 그 뒤에 불능이 되는 일.
이ː행정^기관(二行程機關)명 내연 기관에서, 피스톤의 한 번 왕복으로 한 사이클을 완료하는 기관. 주로, 오토바이 같은 소형 기관에 쓰임.
이ː향(異香)명 이상야릇하게 좋은 향기.
이ː향(異鄕)명 낯선 고장. 타향(他鄕).
이ː향(離鄕)명하자 고향을 떠남. ↔귀향(歸鄕).
이ː허(里許)명 십 리쯤. 십 리쯤 되는 곳.
이ː현령비현령(耳懸鈴鼻懸鈴)[-혈-혈-]명 〔귀에 걸면 귀걸이 코에 걸면 코걸이라는 뜻으로〕 어떤 사실이 이렇게도 저렇게도 해석됨을 이르는 말. 참귀.
이ː형(異形)명 ①이상야릇하게 생긴 모양. ②보통과 다른 모양.
이ː형-관(異形管)명 구부러지거나 갈라지는 곳을 이을 때 쓰는 관. 〔'T' 자 관, 'Y' 자 관 따위.〕
이ː형^배ː우자(異形配偶子)명 유성 생식(有性生殖)을 하는 식물의 두 배우자가 서로 모양이나 크기가 다른 것. ↔동형 배우자.
이ː형^분열(異形分裂)명 염색체 수가 반으로 줄어드는 세포 분열. 감수 분열.
이ː-형질(異形質)명 생물의 세포에서 특수한 기능을 하는, 원형질이 변해서 된 세포 내용물.
이혜(泥鞋)[-혜/-헤]명 ☞진신.
이ː혼(離婚)명하자 생존 중인 부부가 서로의 합의나 재판상의 청구에 따라 부부 관계를 끊는 일. ↔결혼.
이ː혼-병(離魂病)[-뼝]명 ☞몽유병(夢遊病).
이ː화(李花)명 ①자두나무의 꽃. ②대한 제국 때, 관리들이 쓰던 휘장.
이화(梨花)명 배나무의 꽃. 배꽃.
이ː화(異化)명 ①<이화 작용>의 준말. ②두 감각을 시간적·공간적으로 가깝게 했을 때, 그 둘의 질적·양적인 차이가 더욱 두드러지게 나타나는 일. ③한 단어 안에서, 같거나 비슷한 두 음이 이웃하여 있을 때, 그 가운데 한 음을 다른 음으로 바꾸거나 탈락시켜, 발음의 단조로움을 피하는 음운 현상. 〔'붑→북'에서의 'ㅂ,ㅂ→ㅂ,ㄱ'은 자음의 이화이며, '서르→서로'에서의 'ㅓ,ㅡ→ㅓ,ㅗ'는 모음의 이화임.〕 ↔동화(同化).
이화(罹禍)명하자 재앙을 당함.
이ː화-명충(二化螟蟲)명 한 해에 두 번 우화(羽化)하는 명충. 벼의 큰 해충(害蟲)임. 명충나방.
이-화산(泥火山)명 땅속에서 가스가 솟아 나올 때 함께 나온 진흙이 쌓여 생긴 작은 산. 유전(油田) 지역에서 흔히 볼 수 있음.
이ː화-성(二化性)[-썽]명 한 해에 두 번 우화(羽化)하는 성질. 참다화성·일화성.
이ː화^수정(異花受精)명 식물이 같은 나무의 다른 꽃이나 다른 나무의 꽃으로부터 꽃가루를 받아 수정하는 현상.
이ː화^작용(異化作用)명 생물의 물질대사 가운데, 체내의 복잡한 화합물을 간단한 물질로 분해하는 작용. 준이화.
이화-주(梨花酒)명 배나무의 꽃을 넣고 빚은 술. 백운향(白雲香).
이ː-화학(理化學)명 물리학과 화학.
이ː환(耳環)명 귀고리.
이환(罹患)명하자 병에 걸림. 이병(罹病).

이환-율(罹患率)[-뉼]명 일정한 기간 내의 평균 인구에 대한 질병 발생 건수의 비율.
이ː황화-탄소(二黃化炭素)명 탄소와 황의 화합물인 무색투명한 액체. 인조견 제조의 원료, 또는 살충제 및 지방·고무·수지 등을 녹이는 데 쓰임. 이유화탄소(二硫化炭素).
이ː회(里會)[-회/-훼]명 한 동네에 관한 일을 의논하기 위하여 모이는 모임.
이회(泥灰)[-회/-훼]명 물에 이긴 석회. 장사 지낼 때, 광중(壙中)이 굳도록 흙을 메우기 전에 씀.
이ː회(理會)[-회/-훼]명하타 사리를 깨달아 앎.
이회-암(泥灰岩)[-회-/-훼-]명 모래에 진흙이 덮쳐서 된 석회질의 이판암(泥板岩).
이회-질(泥灰-)[-회-/-훼-]명하타 석회를 이기어 벽을 바르는 일.
이ː효상효(以孝傷孝)명하자 효성이 지극한 나머지, 부모의 죽음을 너무 슬퍼하여 병이 나거나 죽음.
이ː후(以後)명 ①기준이 되는 일정한 때를 포함하여 그 뒤. ¶ 유사(有史) 이후. ②지금으로부터 뒤. 이다음. ¶ 이후에는 좋은 성적을 올리자. 이강(以降). ↔이전(以前).
이후(爾後)명 ☞기후(其後).
이ː흑(二黑)명 음양설에서 이르는 구성(九星)의 하나, 곧 토성(土星)을 이름.
이히히부 익살맞게 웃거나 바보스럽게 웃는 웃음소리.
익(益)명 〈익괘(益卦)〉의 준말.
익(翼)명 〈익성(翼星)〉의 준말.
익곡(溺谷)[-꼭]명 육지의 침강(沈降)이나 해면의 상승(上昇)에 따라 육지에 바닷물이 밀려들어와 생긴 골짜기.
익공(翼工)[-꽁]명 첨차(檐遮) 위에 소로(小櫨)와 함께 얹는, 장식한 나무.
익공-집(翼工-)[-꽁찝]명 기둥 위에 익공을 얹어 지은 집.
익과(翼果)[-꽈]명 ☞시과(翅果).
익괘(益卦)[-꽤]명 육십사괘의 하나. 손괘(巽卦)와 진괘(震卦)를 위아래로 놓은 괘. 바람과 우레를 상징함. 준익(益).
익년(翌年)[잉-]명 다음 해. 이듬해.
익다[1][-따]자 ①열매나 씨 따위가 다 자라서 여물다. ¶ 오곡이 익다. ②날것이 뜨거운 열을 받아 그 성질과 맛이 달라지다. ¶ 덜 익은 불고기. /군고구마가 먹기 좋게 익었다. ③빚거나 담근 음식물이 맛이 들다. ¶ 술이 익다. /총각김치가 알맞게 익었다. ④볕이나 불을 오래 쬐거나 뜨거운 물에 담그거나 하여 살갗이 빨갛게 되다. ¶ 뙤약볕에 얼굴이 빨갛게 익었다.
익은 밥 먹고 선소리한다속담 사리에 맞지 않는 말을 싱겁게 하는 사람을 편잔하여 이르는 말.
익은 밥이 날로 돌아갈 수 없다속담 일이 이미 다 되었으니 아무리 해도 소용없음을 이르는 말.
익다[2][-따]형 ①여러 번 겪거나 치러서 익숙하다. ¶ 일이 손에 익다. ②여러 번 보거나 들어서 설지 않다. ¶ 낯이 익다. /귀에 익은 목소리.
익대(翊戴·翼戴)[-때]명하타 받들어 정성스럽게 모심.
익더귀[-떠-]명 새매의 암컷. ↔난추니.
익랑(翼廊)[잉낭]명 대문의 좌우 양쪽에 잇대어 지은 행랑(行廊).
익룡(翼龍)[잉뇽]명 중생대 쥐라기 초부터 백악기에 걸쳐 살았던, 하늘을 나는 파충류.
익면(翼面)[잉-]명 날개의 표면.
익명(匿名)[잉-]명하자 본이름을 숨김. ¶ 익명의 제보. /익명으로 발표하다.
익모-초(益母草)[잉-]명 ①꿀풀과의 이년초. 들에 절로 나는데 키는 1m가량, 줄기는 네모지고 잎은 깃 모양이거나 손바닥 모양임. 여름에 연한 홍자색 꽃이 핌. 암눈비앗. ②한방에서, '익모초의 잎과 줄기'를 약재로 이르는 말. 〔산모(產母)의 지혈이나 강장·이뇨 및 더위먹은 데 등에 쓰임.〕
익몰(溺沒)[잉-]명하자 물에 빠져 가라앉음.
익-반죽[-빤-]명하타 곡식 가루에 끓는 물을 끼얹어 가며 하는 반죽. 참날반죽.
익벽(翼壁)[-뼉]명 교대(橋臺)의 양쪽 둑의 흙이 무너지지 않게 하기 위하여 교대에 붙여 양 날개처럼 만든 벽체(壁體).
익사(溺死)[-싸]명하자 물에 빠져 죽음. ¶ 하절기(夏節期) 익사 사고 방지 대책을 세우다.
익사-체(溺死體)[-싸-]명 물에 빠져 죽은 사람의 시체.
익살[-쌀]명 남을 웃기려고 일부러 하는 우스운 말이나 짓. 골계(滑稽). ¶ 익살을 부리다. 참해학(諧謔).
익살-꾸러기[-쌀-]명 ☞익살꾼.
익살-꾼[-쌀-]명 익살을 잘 부리는 사람. 익살꾸러기. 익살쟁이.
익살-맞다[-쌀맏따]형 익살스러운 데가 있다. ¶ 익살맞게 굴다.
익살-스럽다[-쌀-따][~스러우니·~스러워]형ㅂ 말이나 하는 짓이 우습고 재미난 데가 있다. ¶ 재롱을 떠는 피에로의 모습이 익살스럽다. **익살스레**부.
익살-쟁이[-쌀-]명 ☞익살꾼.
익선-관(翼善冠·翼蟬冠)[-썬-]명 임금이 평상복(곤룡포) 차림으로 정사(政事)를 볼 때 쓰던 관.
익성(翼星)[-썽]명 이십팔수의 하나. 남쪽의 여섯째 별자리. 준익(翼).
익숙-하다[-쑤카-]형여 ①손에 익어서 매우 능란하다. ②자주 보거나 들어서 눈에 환하다. ¶ 눈을 감고도 찾아갈 만큼 익숙해진 길. ③서로 잘 알고 사귀어서 사이가 가깝다. ¶ 익숙한 친구. **익숙-히**부.
익실(翼室)[-씰]명 재래식 한옥(韓屋)의 몸채에 있는 대청 좌우편에 딸려 있는 방.
익심(益甚) '익심하다'의 어근.
익심-하다(益甚-)[-씸-]형여 점점 더 심하다.
익심-형(益甚形)[-씸-]명 용언의 연결 어미의 한 갈래. 문장에서 서술되는 사실의 정도가 더하여짐에 따라 다른 일이 더욱더 나타남을 뜻함. 〔'먹을수록·갈수록·할수록' 등에서의 '(으)ㄹ수록' 따위.〕
익애(溺愛)명하타 ①몹시 사랑함, 또는 열렬한 사랑에 빠짐. 비혹애(惑愛). ②맹목적으로 귀여워함.
익야(翌夜)명 이튿날 밤.
익우(益友)명 사귀어서 도움이 되는 벗. 유익한 친구. ↔손우(損友).
익월(翌月)명 다음 달. 이듬달.
익은-말명 ☞숙어(熟語).
익은-소리명 ☞속음(俗音).
익은-이명 ☞수육.
익일(翌日)명 이튿날.

익자-삼요(益者三樂)[-짜-]명 (사람이) 좋아하여 유익한 일 세 가지. 곧 '예악(禮樂)을 알맞게 지키며, 남의 착함을 들어 말하며, 어진 벗이 많음을 좋아하는 일'의 세 가지를 이름. 〔'논어'의 '이씨편(李氏篇)'에 나오는 말임.〕 ↔손자삼요(損者三樂).

익자-삼우(益者三友)[-짜-]명 사귀어 유익한 세 가지 유형의 벗. 곧, '정직한 벗, 신의가 있는 벗, 지식이 많은 벗'을 이름. 삼익우(三益友). ↔손자삼우.

익재-난고(益齋亂藁)[-째-]명 고려 공민왕 때의 학자 익재 이제현(李齊賢)의 유고(遺稿)를 모아 엮은 시문집. 〔이 책의 한 편인 '소악부(小樂府)'에 고려 가요의 한역시(漢譯詩) 11수가 실려 있음.〕

익조(益鳥)[-쪼]명 농작물 따위의 해충을 잡아먹거나 고기와 알을 식용으로 이바지하는 등 사람에게 직접·간접으로 유익한 새. 〔제비·까치·딱따구리 따위.〕 ↔해조(害鳥).

익조(翌朝)[-쪼]명 이튿날 아침.

익찬(翊贊·翼贊)명하자 (임금의 정사를) 잘 도와서 인도함.

익충(益蟲)명 해충을 잡아먹거나 식물의 꽃가루를 매개하거나 하여 직접·간접으로 인간 생활에 유익한 곤충. 〔꿀벌·누에나방·잠자리 따위.〕 ↔해충(害蟲).

익효(翌曉)[이쿄]명 이튿날 새벽.

익-히[이키]부 ①(사람과의 사귐에서) 익숙하게. 익숙히. ¶ 그와는 익히 아는 사이지. ②(귀에) 설지 아니하게. ¶ 귀에 못이 박히도록 익히 들었던 말.

익-히다[1][이키-]타 〖'익다1'의 사동〗 ①날것을 뜨거운 기운으로 익게 하다. ¶ 날밤을 잿불에 묻어 알맞게 익히다. ②빚거나 담근 음식물이 제 맛이 들게 하다. ¶ 잘 익힌 동동주.

익-히다[2][이키-]타 〖'익다2'의 사동〗 익숙해지도록 하다. ¶ 기술을 익히다. /낯을 익히다.

인[1]명 늘 되풀이하여 몸에 배다시피 한 버릇.

인(이) 박이다관용 버릇이 되다시피 깊이 배거나 빠지거나 굳어지다. ¶ 담배에 인이 박이다.

인[2]조 체언에 두루 붙어, 그 말의 성질이나 자격을 강조하여 '…으로서'·'…으로서의'의 뜻을 나타내는 관형사형 서술격 조사. ¶ 교사인 내 친구. /그도 사람인 이상 어찌 감회가 없겠나.

인(人)명 ①사람. ¶ 만물지중에 인이 최귀(最貴)라. ②〖의존 명사적 용법〗 사람을 세는 단위. ¶ 민족 대표 삼십삼 인.

인(仁)[1]명 타고난 어진 마음씨와 자애(慈愛)의 정을 바탕으로 하여 자기를 완성하는 덕(德). 〔유교의 근본 개념임.〕

인(仁)[2]명 ①한방에서, '식물의 씨의 겉껍질을 벗겨 낸 알맹이'를 이르는 말. ②생물의 세포핵 속에 있는 작은 구형의 구조.

인(印)명 ①도장. 인장. ②불상의 손가락 끝으로 나타내는 여러 가지 모양의 표상. 〔깨달음이나 맹세 등을 나타냄.〕 ③〈인도(印度)〉의 준말.

인(을) 치다관용 도장을 찍다.

인(因)명 ①어떤 일이 일어나는 원인. ②불교에서 이르는, 어떤 결과를 일으키는 직접적인 원인. ↔과(果). 참연(緣).

인(寅)명 ①십이지(十二支)의 셋째. 범을 상징함. ②〈인방(寅方)〉의 준말. ③〈인시(寅時)〉의 준말.

인(燐)명 질소족 원소의 한 가지. 황린·자린·흑린 따위가 있는데, 황린은 습한 공기 속에서 빛을 냄. 황린은 쥐약으로, 적린은 성냥 제조나 농약의 합성 등에 쓰임. 〔P/15/30.97376〕

인(in)명 ①(탁구·테니스 등에서) 일정한 선의 안쪽, 또는 공이 안쪽에 있음. ②골프의, 규정된 18홀 중에서 후반의 9홀. ↔아웃.

-인(人)접미 일부 명사 뒤에 붙어, '그 일에 종사하거나 거기에 딸린 사람임'을 나타냄. ¶ 예술인. /상공인. /연극인. /한국인.

인가조 자음으로 끝난 체언에 붙어, 의문의 뜻을 나타내는 종결형 서술격 조사. 《모음 뒤에서는 '이'가 생략되기도 함.》 ¶ 벌써 가을인가? 참ㄴ가.

인가 보다관용 조사 '인가'에 보조 형용사 '보다'가 이어 쓰인 꼴. 짐작의 뜻을 나타냄. ¶ 그 소문이 사실인가 보다.

인가(人家)명 사람이 사는 집. 인호(人戶).

인가(姻家)명 인척(姻戚)의 집.

인가(認可)명하타되자 ①(어떤 일을) 인정하여 허락함. 인허(認許). ¶ 인가를 받다. ②어떠한 일을 법적으로 옳다고 인정하여, 행정적으로 그 시행을 허락하는 일.

인가(隣家)명 이웃집.

인-가난(人-)명 실제로 쓸 만한 사람이 모자라서 일을 하는 데 어려움을 겪는 상태.

인가-목명 장미과의 낙엽 관목. 줄기는 떨기로 돋아나고, 줄기의 밑동에 가시가 많이 남. 5월에 홍자색 또는 홍백색의 다섯잎꽃이 피고, 달걀 모양의 열매가 7~8월에 익음. 우리나라 중·북부 및 만주·사할린 등지의 높은 산에 남.

인각(印刻)명하타 되자 ①도장을 새기는 일. ②(나무·돌·쇠붙이 따위에) 그림이나 글자를 새기는 일.

인각(麟閣)명 지난날, '충훈부(忠勳府)'를 달리 이르던 말.

인간(人間)명 ①사람. 인류(人類). ②사람의 됨됨이. ¶ 그는 인간이 됐어. ③사람이 사는 세상. 세간(世間). ¶ 환웅이 인간에 내려와서 백성을 다스리다. ④'마음에 마땅치 않은 사람'을 얕잡아 이르는 말. ¶ 저 인간의 말은 아무도 믿지 않는다.

인간 만사는 새옹지마라속담 〔인간의 길흉화복은 돌고 돈다는 뜻으로〕 인생의 덧없음을 비유적으로 이르는 말.

인간(印刊)명하타 인쇄하여 책을 박아 냄, 또는 그 책.

인간-계(人間界)[-계/-게]명 ①사람이 사는 세계. 하계(下界). 준인계. ②불교에서 이르는, 십계(十界)의 하나. 중생의 세계. ②사바세계.

인간-고(人間苦)명 사람이 세상을 살아가는 데 따르는 고통이나 번뇌.

인간-고해(人間苦海)명 '사람이 살아가는 데 괴로움이 한없이 많음'을 바다에 비유하여 이르는 말.

인간^공학(人間工學)명 기계나 작업 환경을 인간의 정신적·육체적인 여러 조건에 알맞도록 설계·제작·배치·조정하는 일을 연구하는 과학.

인간-관계(人間關係)[-계/-게]명 사회 집단이나 조직의 구성원이 빚어 내는 개인적·정서적인 관계. ¶ 인간관계가 원만하다.

인간-대사(人間大事)명 ☞인륜대사.

인간^독(人間dock)명 건강 상태를 정밀하게 검사하기 위하여 병원에 단기간 입원하여 하는 종합 검진.

인간-문화재(人間文化財)명 '무형 문화재 기능 보유자'를 흔히 이르는 말.

인간-미(人間味)명 인간다운 정겨운 맛. ¶ 인간미가 있는 사람./인간미가 넘치다.
인간-사(人間事)명 사람이 살아가면서 겪게 되는 온갖 일들.
인간-상(人間像)명 ①인간으로서 갖추어야 할 모습. ②어떤 사람의 생김새·성격·행동·사상 등 모든 것을 포함한, 그 사람 전체의 모습이나 상태. ¶ 대통령의 인간상을 부각시켜 많은 이의 관심을 모으다.
인간-성(人間性)[-썽]명 ①사람이 타고난 본성. ¶ 인간성 회복. ②사람다운 품성. ¶ 인간성이 좋다.
인간^세ː계(人間世界)[-계/-게]명 ☞중생계(衆生界).
인간^소외(人間疎外)[-외/-웨]명 고도로 발달한 산업 사회에서, 문명의 이기로 말미암아 오히려 인간들 사이의 정신적 유대가 허물어지고 인간미가 없어져, 인간성이 소외되는 현상.
인간-애(人間愛)명 인간에 대한 사랑.
인간-적(人間的)관명 ①사람의 성격·인격·감정 따위에 관한 (것). ¶ 인간적 욕망. ②사람다운 성질이 있는 (것). ¶ 인간적인 대접.
인간-주의(人間主義)[-의/-이]명 ☞인간 중심주의.
인간^중심주의(人間中心主義)[-의/-이]명 인간이 우주의 중심이며 궁극의 목적이라고 여기는 세계관. 인간주의.
인간-학(人間學)명 ①인간에 관한 생물학적 연구. ②(인류학에 상대하여) 인간성의 본질이나 우주에서의 인간의 지위 등을 연구하는 학문.
인감조 '인가 뭐'가 줄어서 된 말. 자음으로 끝난 체언에 붙어, 남의 말에 의문을 품으면서 반박하는 뜻을 나타내는, 해체의 종결형 서술격 조사. 《모음 뒤에서는 '이'가 생략되기도 함.》 ¶ 체, 호박꽃도 꽃인감. 참ㄴ감.
인감(印鑑)명 자기의 도장임을 증명할 수 있도록 미리 관공서·거래처 등에 등록해 둔 특정한 도장의 인발.
인감-도장(印鑑圖章)[-또-]명 인감 등록이 되어 있는 도장. 실인(實印).
인감^증명(印鑑證明)명 ①증명을 신청해 온 인발이 관공서의 인감부에 등록된 인발과 같다는 사실을 관공서의 책임자가 증명하는 일. ②〈인감 증명서〉의 준말.
인감^증명서(印鑑證明書)명 증명을 신청해 온 인발이 관공서에 이미 등록된 인발과 같음을 증명하는 서류. 준인감 증명.
인-감질(人疳疾)명 꼭 필요한 때에 일손이 모자라서 몹시 애가 타는 일.
인갑(印匣)명 도장을 넣어 두는 갑.
인갑(鱗甲)명 ①(동물의) 비늘과 껍데기. ②어류(魚類)와 갑각류(甲殼類)를 아울러 이르는 말. ③거북이나 악어 등에서와 같은 비늘 모양의 딱딱한 껍데기.
인개(鱗介)명 어류(魚類)와 패류(貝類)를 아울러 이르는 말.
인거(引鋸)명하자 큰 톱을 두 사람이 밀고 당기면서 톱질함.
인건(人件)[-껀]명 개인의 직무나 능력·신분 등에 관한 일.
인건-비(人件費)[-껀-]명 (경비 중에서) 사람을 쓰는 데 드는 비용.
인걸조 자음으로 끝난 체언에 붙는 서술격 조사. 《모음 뒤에서는 '이'가 생략되기도 함.》 ①'이다'의 뜻으로, 이미 있는 사실에 대해 새삼스럽게 감탄하거나 어떤 결과가 자기의 생각 밖임을 나타내는 종결형 서술격 조사. ¶ 아주 멋진 계획인걸. ②앞말을 인정하면서 그것이 뒷말의 전제적 사실이 됨을 나타내는 연결형 서술격 조사. ¶ 제 잘못인걸 가지고 저렇게 우기다니. 참ㄴ걸.
인걸(人傑)명 매우 뛰어난 인재(人材). 걸출한 인물. ¶ 산천은 의구(依舊)하되 인걸은 간 데 없다(古時調).
인검(印劍)명 지난날, 임금이 군사를 통솔하는 장수에게 주던 칼. 명령을 어기는 자는 보고하지 않고 죽일 수 있는 권한을 주었음.
인격(人格)[-껵]명 ①(말이나 행동 등에 나타나는) 사람의 품격. ¶ 훌륭한 인격을 갖춘 지도자. 비품성(品性). ↔신격(神格). ②온갖 행위를 함에 있어서, 스스로 책임을 질 자격을 가진 독립된 개인. ¶ 인격이 형성되다. ③법률에서 이르는, 권리·의무의 주체가 되는 자격.
인격-권(人格權)[-껵꿘]명 생명·신체·자유·명예 등에 관한 권리와 같이 권리 주체와 떼어 놓을 수 없는, 인격적 이익을 누리는 것을 목적으로 하는 권리.
인격^분열(人格分裂)[-껵뿌녈]명 기억이나 의식의 연락이 없고, 정신의 통일이 되지 않아 자기를 잃어버리고 때때로 이상한 증세를 나타내는 일.
인격-신(人格神)[-껵씬]명 (신을 의인화한 것으로) 인간적인 의식과 감정을 가진 신. 〔그리스 신화에 나오는 신 따위.〕
인격-자(人格者)[-껵짜]명 훌륭한 인격을 갖춘 사람.
인격-주의(人格主義)[-껵쭈의/-껵쭈이]명 인격에 최고의 가치를 두어, 다른 모든 가치의 척도로 삼는 사상.
인격-화(人格化)[-껴콰]명하타되자 사물을 감정과 의지가 있는 인간으로 간주함. 비의인화.
인견(人絹)명 〈인조견(人造絹)〉의 준말.
인견(引見)명하타 신분이나 지위가 높은 사람이 아랫사람을 불러 만나 보는 일.
인견-사(人絹絲)명 〈인조 견사〉의 준말.
인경(←人定)명 조선 시대에, 밤에 사람이 거리에 다니는 것을 금하기 위하여 밤마다 이경(오후 10시)에 쇠북을 스물여덟 번씩 치던 일. 참파루(罷漏).
인경(隣境)명 이웃하여 있는 땅의 경계.
인경(鱗莖)명 ☞비늘줄기.
인계(人界)[-계/-게]명 ①삼계(三界)의 하나. 사람의 세계. ②〈인간계(人間界)〉의 준말.
인계(引繼)[-계/-게]명하타되자 (어떤 일이나 물건을) 남에게 넘겨줌, 또는 남으로부터 이어받음. ¶ 이동 발령으로 업무를 인계하다.
인계-인수(引繼引受)[-계-/-게-]명하타되자 ☞인수인계.
인고조 자음으로 끝난 체언에 붙어, 현재의 사실과 관련하여 묻거나 나무라는 뜻을 나타내는, 해체의 종결형 서술격 조사. '인가'보다 예스러운 또는 점잖은 말투. 《모음 뒤에서는 '이'가 생략되기도 함.》 ¶ 이게 무슨 짓인고!/어디서 오는 길인고? 참ㄴ고.
인고(印稿)명 도장을 새기기에 앞서 종이에 쓴 도장 본.
인고(忍苦)명하자 괴로움을 참음. ¶ 인고의 생활./인고의 세월을 보내다.
인곤마핍(人困馬乏)명하형 (먼 길을 달려서) 사람과 말이 모두 지쳐 피곤함.

인골(人骨)명 사람의 뼈. 해골.

인골:(in-goal)명 럭비 경기장에서, 양쪽 골라인 밖의 직사각형으로 된 지역.

인공(人工)명 ①자연물을 사람의 힘(손)으로 달리 바꾸어 놓는 일. 인위(人爲). ②사람의 힘으로 자연물과 똑같은 것을, 또는 전혀 새로운 것을 만들어 내는 일. 인조(人造). ¶ 인공 심장. /인공 호수의 아름다운 경관.

인공(人共)명 '인민 공화국'을 줄여 이르는 말.

인공^가루받이(人工-)[-바지]명 ☞인공 수분.

인공^강:우(人工降雨)명 인공적으로 비가 내리게 하는 일, 또는 그 비. 과냉각 구름 속에 드라이아이스·요오드화은·물 따위를 뿌려서 비가 되게 함.

인공^결정(人工結晶)[-쩡]명 실험실이나 공장 등에서 천연의 결정체와 화학 성분이 같게 만든 결정.

인공^교배(人工交配)명 재배 식물이나 가축의 품종 개량 등을 위하여 인공적으로 수분이나 수정이 되게 하는 일.

인공^기흉^요법(人工氣胸療法)[-뇨뻡]명 폐결핵 치료법의 한 가지. 흉막강(胸膜腔)에 공기를 넣고 폐를 수축시켜 결핵의 치료를 촉진하는 방법. 기흉.

인공^단위생식(人工單爲生殖)명 수정되지 아니한 난자를 물리적 자극이나 약품 처리로써 발생시키는 일.

인공^돌연변이(人工突然變異)명 생체의 염색체나 유전자에 물리적·화학적인 자극을 주어서 인공적으로 만들어 낸 돌연변이.

인공-두뇌(人工頭腦)[-뇌/-눼]명 사람의 대뇌 활동을 본떠 만든 기계, 특히 컴퓨터를 이르는 말.

인공-림(人工林)[-님]명 사람이 계획적으로 심어 가꾸어 이룬 숲. ↔자연림.

인공-미(人工美)명 사람의 힘으로 이루어진 아름다움. ↔자연미.

인공^방:사능(人工放射能)명 인공 방사성 원소에서 발생하는 방사능.

인공^방:사성^원소(人工放射性元素)명 중성자(中性子)·양자(陽子)·알파 입자(α粒子) 등으로 핵반응을 일으켜서 인공적으로 만들어 낸 방사성 원소.

인공^부화(人工孵化)명 날짐승·물고기·누에 따위의 알을 인공적으로 까는 일. ↔모계 부화(母鷄孵化).

인공^수분(人工受粉)명 과수(果樹)나 원예 식물 가운데서 품종 개량이나 결실을 목적으로 하여, 사람의 힘으로 수꽃의 꽃가루를 암꽃술 머리에 묻히는 일. 인공 가루받이.

인공^수정(人工受精)명 인위적으로 수컷의 정액을 채취하여 암컷의 생식기 속으로 들여보내어 수정되게 하는 일. 동물 실험, 가축의 품종 개량, 번식 등에 이용됨.

인공^심폐(人工心肺)[-폐/-페]명 심장 수술을 하는 동안 심장과 폐장을 대신하여 혈액 순환과 산소의 공급을 할 수 있게 만든 장치.

인공-어(人工語)명 ①세계의 공통어가 될 것을 목표로 하여 만든 언어. 에스페란토가 대표적임. 국제어. ②어떤 기계 체계로 정보를 처리할 수 있도록 바꾸어 놓은 언어. 기계어(機械語).

인공-영양(人工營養)[-녕-]명 ①입으로 음식물을 먹을 수 없을 때에 피하·정맥·직장(直腸) 등에 생리적 식염수·포도당액·유화 지방액 등을 주입하는 일, 또는 그 영양분. ②모유(母乳) 대신에 우유·분유 따위로 유아에게 영양을 주는 일, 또는 그 영양. ↔자연영양.

인공-위성(人工衛星)명 지구에서 사람이 쏘아 올려 지구 둘레를 공전하고 있는 물체. 〔과학 위성·기상 위성·통신 위성·방송 위성 따위.〕 준위성.

인공^조:림(人工造林)명 임지 조성 등의 필요에 따라, 씨앗을 뿌리거나 식목하여 인공적으로 나무를 키우는 일. ↔천연 조림(天然造林).

인공^지능(人工知能)명 인간의 지능이 갖는 학습·추리·적응 따위의 기능을 갖춘 컴퓨터 시스템. 또는 그것을 연구하는 컴퓨터 공학의 한 분야. 에이아이(AI).

인공^진주(人工眞珠)명 인공적으로 만들어 낸 진주. 진주조개 속에 조개껍데기 또는 은으로 만든 주핵(珠核)을 넣고 바다 속에서 기름으로써 만들어지는 진주.

인공-호흡(人工呼吸)명 호흡이 멈추어져 가사(假死) 상태에 있거나 호흡 곤란에 빠진 사람에게 인공적으로 호흡을 시키는 일. 〔입을 통해 공기나 산소를 불어 넣는 방법, 가슴 부위를 주기적으로 움직여서 호흡을 돌이키게 하는 방법 따위.〕

인과(因果)명 ①원인과 결과. ¶ 사건의 인과 관계를 밝히다. ②원인이 있으면 반드시 결과가 있게 마련이고, 결과가 있으면 반드시 그 원인이 있다는 이치. ③불교에서 이르는, 선악의 행위에는 반드시 그 업보(갚음)가 있다는 이치.

인과^관계(因果關係)[-계/-게]명 (사물의 생성·변화에서의) 원인과 결과의 관계. 〔두 가지 일에서 한 현상은 다른 현상의 원인이고, 다른 한 현상은 그 결과가 되는 관계.〕

인과니조 '인고 하니'가 줄어서 된 말. 자음으로 끝난 체언에 붙어, 무엇을 지적하여 서술하려 할 때, 그에 앞서 스스로 다짐하여 묻는 형식을 취하는 연결형 서술격 조사. 《모음 뒤에서는 '이'가 생략되기도 함.》 ¶ 이게 무슨 책인과니 우리 가문의 족보란다. 참ㄴ과니.

인과-율(因果律)명 원인이 되는 어떤 상태가 일어나면, 결과적인 다른 상태가 필연적으로 따라 일어난다는 법칙.

인과-응보(因果應報)명 불교에서, 과거 또는 전생의 선악의 인연에 따라서 뒷날 길흉화복의 갚음을 받게 됨을 이르는 말. 준과보.

인과-자책(引過自責)명하자 자기의 잘못을 깨닫고 스스로 자신을 꾸짖음.

인광(燐光)명 ①황린(黃燐)이 공기 중에서 절로 내는 파란빛. ②어떤 물체에 자외선 등의 빛을 쬐었다가 그 빛을 없앤 뒤에도 그 물질에서 한동안 나오는 빛, 또는 그러한 현상.

인광(燐鑛)명 인(燐) 성분을 많이 함유한 광물을 통틀어 이르는 말. 인회석·인회토 따위가 있으며, 인산이나 비료의 원료로 쓰임.

인교(人巧)명 사람의 세밀하고 교묘한 솜씨.

인교(隣交)명 이웃 또는 이웃 나라와의 사귐.

인-교대(印交代)명하자 왕조 때, 벼슬아치가 갈릴 때, 후임자에게 관인을 넘겨주던 일.

인구(人口)명 ①한 나라 또는 일정한 지역 안에 사는 사람의 수. ¶ 농촌 인구. ②세상 사람의 입. 세상의 소문. ¶ 인구에 회자되다.

인구(印歐)명 인도(印度)와 유럽.

인구^동:태(人口動態)명 일정 시점으로부터 다른 시점 사이에서의 인구 변동의 상태. 출생·사망·이주(移住) 등이 그 주요 요인이 됨. 참인구 정태(人口靜態).

인구^밀도(人口密度) [-또]명 일정한 지역의 단위 면적에 대한 인구수의 비율. 보통 1 km² 안의 인구수로 나타냄.
인구-센서스(人口census)명 ☞인구 조사(人口調査).
인구^어:족(印歐語族)명 ☞인도게르만 어족.
인구^정:태(人口靜態)명 인구의 지리적 분포·밀도·성별·구조 등을 일정 시점이 정지한 상태에서 관찰할 때의 인구의 상태. 참인구 동태.
인구^조사(人口調査)명 일정한 시기에 전국적으로 동시에 인구의 실태를 알아보는 조사. 인구센서스.
인구-준행(因舊遵行)명하타 (어떤 일을) 옛 전례대로 좇아 함.
인구^지수(人口指數)명 해마다 또는 달마다의 인구 변동량을 나타내기 위하여 일정 시(一定時)를 100으로 하여 비교하는 수.
인구^통:계(人口統計) [-계/-게]명 인구가 나타내는 여러 현상을 알아보기 위한 통계. 〔인구의 분포·밀도·구조 등을 조사하는 정태(靜態) 통계와 출생·사망·전입·전출 등을 조사하는 동태(動態) 통계가 있음.〕
인구^피라미드(人口pyramid)명 일정 지역 또는 사회의 인구를, 성별(性別)을 가로축으로 하고, 연령을 세로축으로 하여 만든 도표. 출생률과 사망률이 비슷하고 장기간 안정되는 경우에는 대체로 피라미드 모양을 이룸.
인국(隣國)명 이웃 나라. 인방(隣邦).
인군(人君)명 임금.
인군(隣郡)명 이웃 고을.
인권(人權) [-꿘]명 사람이라면 누구나 태어나면서부터 가지고 있는, 생명·자유·평등 등에 관한 기본적인 권리. ¶ 인권 탄압.
인권(引勸)명하자 불교에서, 남에게 시주(施主)하도록 권하는 일.
인권^선언(人權宣言) [-꿘-]명 1789년 8월 26일, 프랑스 국민 의회의 결의에 따라 채택된, 인간의 자유·평등 등 인권에 관한 선언.
인궤(印櫃)명 ☞인뒤웅이.
인귀(人鬼)명 ①사람과 귀신. ②'잔인하기 이를 데 없는 사람'을 가리켜 이르는 말.
인귀-상반(人鬼相半)명하형 〔반은 사람이고 반은 귀신이라는 뜻으로〕 '몸이 쇠약하여 뼈만 앙상하게 드러난 사람의 모습'을 이르는 말.
인근(隣近)명 가까운 곳. 이웃. ¶ 인근 도로. /인근 마을.
인-금(人-) [-끔]명 사람의 값어치. 사람의 됨됨이.
인기(人氣) [-끼]명 어떤 사람이나 사물에 대하여 쏠리는 사람들의 높은 관심이나 호감. 사회의 평판. ¶ 인기 가수. /인기를 끌다.
인기(人器)명 사람의 됨됨이.
인기-인(人氣人) [-끼-]명 (스포츠나 연예 등에서) 대중의 환심을 많이 사고 있는 사람.
인-기척(人-) [-끼-]명 ①사람이 있음을 알 수 있게 내는 소리. ②사람이 있음을 짐작할 수 있을 만한 기미. ¶ 방 안에서 인기척이 나다.
인기-투표(人氣投票) [-끼-]명하자 투표를 통하여 인기의 순위를 정하는 일.
인-꼭지(印-) [-찌]명 도장의 등에 있는 손잡이. 유(鈕).
인-끈(印-)명 ①인꼭지에 꿴 끈. ②조선 시대에, 병조 판서나 군문의 대장 등 병권을 가진 관원이 병부 주머니를 차던, 사슴 가죽으로 된 끈. 인수(印綬).
인-날(人-)명 '음력 정월 초이렛날'을 이르는 말. 인일(人日).
인-내(人-)명 ①사람의 몸에서 나는 냄새. ②(짐승이나 벌레 따위가) 사람에게서 맡게 되는 냄새.
인내(忍耐)명하타 (괴로움이나 노여움 따위를) 참고 견딤. ¶ 인내는 쓰나 그 열매는 달다.
인내-력(忍耐力)명 참고 견디는 힘. 견딜힘.
인내-성(忍耐性) [-썽]명 참고 견디는 성질. 견딜성.
인내-심(忍耐心)명 참고 견디는 마음. ¶ 인내심이 강하다.
인내천(人乃天)명 천도교(天道教)의 근본 교의(教義)로, 사람이 곧 한울님이라는 뜻. 〔사람마다 한울님을 모시고 있으므로 사람을 하늘과 같이 여겨야 한다고 실천 요강에서 이름.〕
인년(寅年)명 태세(太歲)의 지지(地支)가 인(寅)으로 된 해. 곧, 갑인년(甲寅年)·병인년(丙寅年)·무인년(戊寅年)·경인년(庚寅年)·임인년(壬寅年)을 이름. 범해.
인-누에명 잠이 끝나고 허물을 갓 벗은 누에.
인당(印堂)명 관상에서, 양쪽 눈썹 사이를 이르는 말.
인대(靭帶)명 ①척추동물의 뼈와 뼈를 잇는 끈 모양의 결합 조직. 관절의 운동 및 억제 작용을 함. ②조개의 두 껍데기를 잇는 탄력성의 섬유 조직. 조개껍데기를 벌리는 작용을 함.
인-대명사(人代名詞)명 ☞인칭 대명사(人稱代名詞).
인덕(人德) [-떡]명 ☞인복(人福). ¶ 인덕이 많은 사람. /인덕이 있다.
인덕(仁德)명 어진 덕.
인덕턴스(inductance)명 회로 내를 흐르는 전류가 변화했을 때 생기는 역기전력(逆起電力)과 전류의 변화량과의 비.
인데조 자음으로 끝난 체언에 붙어 쓰이는 서술격 조사. 《모음 뒤에서는 '이'가 생략되기도 함.》 ①뒤의 사실을 끌어내기 위해 어떤 전제를 말하는 뜻을 나타내는 연결형 서술격 조사. ¶ 집에서 담근 술인데 한잔 드시려오? ②자기 말에 남의 동의를 구하는 투로 가벼운 느낌이나 아쉬움 등을 나타내는 종결형 서술격 조사. ¶ 참 아까운 사람인데. 참ㄴ데.
인덱스(index)명 색인(索引).
인도(人道)¹명 (가로에서 차도와 구별되어 있는) 사람이 다니는 길. 보도(步道). ¶ 시내버스가 인도로 돌진하다.
인도(人道)²명 인간으로서 마땅히 지켜야 할 도리.
인도(引渡)명하타되자 (물건이나 권리 따위를) 남에게 넘겨줌. ¶ 상품을 매수인에게 인도하다. ↔인수.
인도(引導)명하타되자 ①가르쳐 일깨움. 이끌어 지도함. ②길을 안내함. ③불교에서, 사람을 불도로 이끄는 일. ④불교에서, 죽은 이의 넋을 정토(淨土)로 이끌기 위하여 장례 때 중이 관 앞에서 경을 외우는 일.
인도(印度)명 '인디아'의 한자음 표기. 준인(印).
인도게르만^어:족(Indo-German語族)명 인도에서 유럽에 이르는 지역에 퍼져 있는 대어족. 〔영어·독일어·프랑스 어·이탈리아 어·러시아 어·스페인 어 등 현재 유럽의 거의 모든 언어가 이에 딸림.〕 인구 어족. 인도유럽 어족.
인도-고(人道苦)명 불교에서 이르는, 오고(五苦)의 하나. 인간으로 태어나서 받는 고통.

인도-고무나무(←印度gomme-)명 뽕나뭇과의 상록 교목. 인도 원산인데 우리나라에서는 흔히 관상용으로 심음. 잎은 길둥글고 두꺼우며 어긋맞게 남. 여름에 꽃이 피고, 열매는 황록색으로 익는데 모양은 무화과와 비슷함.

인도-교(人道橋)명 (열차 철교에 상대하여) 사람이나 자동차 따위가 건너다니게 만든 다리.

인도-교(印度教)명 ☞힌두교.

인도-남(印度藍)명 ☞인디고.

인도유ː럽^어ː족(Indo-Europe語族)명 ☞인도게르만 어족.

인도-적(人道的)관명 인간으로서 마땅히 지켜야 할 도리에 관계되는 (것). ¶ 인도적 차원의 해결책을 찾다. /인도적인 처리.

인도-주의(人道主義)[-의/-이]명 모든 인류의 공존과 복지의 실현을 꾀하려는 박애적인 사상. 휴머니즘. 참인문주의·인본주의.

인도-지(印度紙)명 ☞인디언지.

인도차이나^어ː족(Indo-China語族)명 서쪽은 인도의 카슈미르에서 티베트와 중국 대륙을 거쳐, 동쪽은 타이완에 이르고, 북쪽은 중앙아시아, 남쪽은 동남아시아에 걸친 넓은 지역에 분포하는 어족. 티베트 어·남어·모소 어·서하어·미얀마 어·퓨 어·샴 어 등의 고립어가 이에 딸림.

인도-코끼리(印度-)명 코끼릿과의 짐승. 키 3m, 코 길이 1.8m 이상. 몸집은 아프리카코끼리보다 좀 작음. 헤엄을 잘 치며 겁이 많아 낮에는 숲에 숨고 밤에 나와 나무 잎사귀나 과실을 따 먹음. 성질이 온순하여 길들여서 짐을 나르는 데 부리기도 함. 가죽과 어금니는 널리 쓰임.

인동(忍冬)명 ①☞인동덩굴. ②한방에서, '인동덩굴의 줄기와 잎사귀를 말린 것'을 약재로 이르는 말.

인동(隣洞)명 이웃 동네. 인리(隣里).

인동-덩굴(忍冬-)명 인동과의 반상록 덩굴성 관목. 꽃은 향기로우며, 백색에서 황색으로 변함. 가을에 검은 장과가 익음. 줄기와 잎은 그늘에서 말려 한방에서 약재로 씀. 겨우살이덩굴. 인동.

인두명 ①재래식 바느질 도구의 한 가지. 불에 달구어 솔기를 꺾어 누르거나 구김살을 눌러 펴는 데 쓰임. ②납땜할 때 쓰이는 작은 망치 모양의 기구.

인두(人頭)명 ①사람의 머리. ②사람의 머릿수.

인두(咽頭)명 구강(口腔)과 식도, 비강(鼻腔)과 후두(喉頭) 사이에 있는 깔때기 모양의 근육.

인-두겁(人-)명 사람의 탈이나 겉모양.

인두겁(을) 쓰다관용 행실이나 바탕이 사람답지 못한 사람을 욕으로 이르는 말.

인두-세(人頭稅)[-쎄]명 원시적인 조세 형태의 한 가지. 성·신분·소득 등에 관계없이, 가족의 수에 따라 일정하게 매기는 조세.

인두-염(咽頭炎)명 인두에 염증이 생겨서 발갛게 붓는 병.

인두-질명하자타 인두로 솔기를 누르거나 옷감의 구김살을 펴는 일.

인두-판(-板)명 인두질할 때 받쳐 쓰는, 안에 솜을 두고 헝겊으로 싼 널빤지.

인-둘리다(人-)자 여러 사람의 운김에 정신이 휘둘리다.

인-뒤웅이(印-)명 지난날, 관아에서 쓰는 도장을 넣어 두던 궤. 인궤(印櫃). 인뚱이. 인합(印盒). 준인뚱이.

인듐(indium)명 희유원소의 한 가지. 은백색의 납처럼 말랑말랑한 금속으로, 가열하면 푸른 불꽃을 내며 탐. 섬아연광에 들어 있음. 전자공업에서 합금 등에 쓰임. 〔In/49/114.88〕

인들조 자음으로 끝난 체언에 붙어, '이라고'·'이라고 할지라도 어찌'의 뜻으로, 양보 또는 비특수(非特殊)의 뜻을 나타내는 보조사. 《모음 뒤에서는 '이'가 생략되기도 함.》 ¶ 그 사람인들 별 수 있겠는가. 참ㄴ들.

인등(引燈)명하자 불당(佛堂)에 등불을 켬.

인디고(indigo)명 마디풀과 식물인 쪽 등에 들어 있는 색소 성분. 어두운 붉은빛 가루로 금속광택이 남. 남(藍). 양람(洋藍). 인도남(印度藍). 청람(青藍).

인디언(Indian)명 아메리칸 인디언.

인디언-지(Indian紙)명 얇으면서도 질기고 불투명한 서양 종이. 성경이나 사전 등의 용지로 쓰임. 인도지.

인디오(Indio 스)명 (아메리칸 인디언 가운데) 중남미에 사는 원주민.

인-뚱이(印-)명 ☞인뒤웅이.

인라인-스케이트(inline skate)명 창 밑에 4~5개의 작은 바퀴가 한 줄로 달린 신발을 신고 아스팔트나 콘크리트 바닥 등을 달리는 놀이, 또는 그 기구. 롤러블레이드.

인력(人力)[일-]명 ①사람의 힘. 사람의 능력. ¶ 인력으로는 안 되는 일. ②사람의 노동력. ③사회의 각 분야에서 필요한 전문적인 지식이나 기술 따위를 가진 자원(資源)으로서의 인간.

인력(引力)[일-]명 떨어져 있는 두 물체가 서로 끌어당기는 힘. ↔척력(斥力).

인력-거(人力車)[일-꺼]명 사람을 태우고 사람이 끄는, 두 개의 큰 바퀴가 달린 수레.

인력거-꾼(人力車-)[일-꺼-]명 인력거를 끄는 일을 업으로 하는 사람.

인력-권(引力圈)[일-꿘]명 인력이 미치는 범위.

인력-난(人力難)[일력-]명 인력 부족으로 겪는 어려움. ¶ 심각한 인력난을 겪다.

인례(引例)[일-]명 ①인용된 예. ②하자되자 해당되는 예를 끌어다 보임(댐). 예를 들어서 말함.

인류(人類)[일-]명 ①'사람'을 다른 동물과 구별하여 이르는 말. 인간(人間). ②세계의 모든 사람. ¶ 인류의 역사.

인류 공ː영(人類共榮)[일-] 온 인류가 다 함께 번영함. ¶ 인류 공영에 이바지하다.

인류-애(人類愛)[일-]명 (인류로서) 인류 전체에 대한 사랑. 인류를 사랑하는 일.

인류-학(人類學)[일-]명 생물로서의 인류와 그 문화를 연구하는 학문. 〔자연 인류학과 문화 인류학의 두 부문이 있음.〕

인륜(人倫)[일-]명 ①사람으로서 마땅히 지켜야 할 도리(도덕). 이륜(彝倫). ②사람과 사람과의 사이에 자연적으로 생겨난 질서. 오륜(五倫)의 도(道).

인륜-대사(人倫大事)[일-]명 사람의 일생에서 겪게 되는 가장 중요한 일, 곧 출생·혼인·사망 등의 일. 인간대사(人間大事).

인리(隣里)[일-]명 이웃 마을. 인동(隣洞).

인린(燐燐) '인린하다'의 어근.

인린-하다(燐燐-)[일-]자여 도깨비불이나 반딧불 따위가 반득거리다.

인마(人馬)명 ①사람과 말. ②마부와 말.

인마-궁(人馬宮)명 ☞궁수자리.

인-마일(人mile)의 마일로 계산하는 나라에서 인킬로에 해당하는 계산 단위.

인말(姻末)대 편지 글 등에서, 이질(姨姪)이나 처질(妻姪)에게 자기를 가리켜 이르는 말. 인하(姻下).

인말(寅末)명 십이시의 인시(寅時)의 끝. 〔상오 5시에 가까운 무렵.〕
인망(人望)명 세상 사람이 우러러 믿고 따르는 덕망.
인맥(人脈)명 〔학문·출신·경향·친소(親疎) 등의 관계로〕 한 갈래로 얽힌 인간관계. ¶ 인맥을 형성하다.
인면(人面)명 사람의 얼굴.
인면-수심(人面獸心)명 〔사람의 얼굴을 하였으나 마음은 짐승과 같다는 뜻으로〕 '사람의 도리를 지키지 못하고 배은망덕하거나 행동이 흉악하고 음탕한 사람'을 이르는 말.
인멸(湮滅·堙滅)명하자타되자 흔적도 없이 모조리 없어짐, 또는 없앰. 인몰(湮沒). ¶ 범인이 증거를 인멸하다.
인명(人名)명 사람의 이름.
인명(人命)명 사람의 목숨. ¶ 인명 구조.
인명-록(人名錄)[-녹]명 사람의 이름을 적은 문서나 책. 참방명록(芳名錄).
인명-재천(人命在天)명 사람이 오래 살고 일찍 죽음이 다 하늘에 매여 있음.
인모(人毛)명 사람의 머리털.
인모(鱗毛)명 식물의 줄기나 잎 따위의 겉면을 덮고 있는 털의 한 가지. 방패 모양이나 비늘 모양의 많은 세포로 되어 있으며, 속의 기관을 싸서 보호함.
인모-앞(人毛-)[-압]명 사람의 머리털로 뜬 망건의 앞. *인모앞이[-아피]·인모앞만[-암-]
인목(人目)명 보는 사람의 눈. 남의 눈길.
인몰(湮沒)명하자타되자 ☞인멸(湮滅).
인문(人文)명 ①인류의 문화. ②인물(人物)과 문물(文物). ③인륜의 질서.
인문(印文)명 ☞인발.
인문-계(人文系)[-계/-게]명 〔이과계(理科系)에 대하여〕 언어·문학·철학·사회학 등의 학문(학과) 계통.
인문^과학(人文科學)명 정치·경제·사회·역사·학예 따위의 정신 과학을 통틀어 이르는 말. 참자연 과학(自然科學).
인문-주의(人文主義)[-의/-이]명 중세 문예 부흥기에, 스콜라적이며 교회적인 세계관에 대한 반동으로서 일어났던 정신 운동. 인간성의 존중과 문화적 교양의 발전을 주장으로 삼았음. 휴머니즘. 참인도주의·인본주의.
인문^지리학(人文地理學)명 지표(地表)에 존재하는 인문 사상(事象)을 대상으로 하여, 그것을 지역적 관점에서 연구하는 과학. ↔자연 지리학(自然地理學).
인문^토기(印紋土器)명 겉면에 도장 무늬를 새겨 넣어 만든 선사 시대의 토기. 주로, 중국의 양쯔 강 중류와 하류 지방에서 많이 발견됨.
인물(人物)명 ①사람과 물건. ②어떤 역할을 하는 사람. ¶ 주요 인물. ③뛰어난 사람. 인재(人材). ¶ 당대의 인물. /인물이 없다. ④사람의 생김새. ¶ 인물이 잘났다. ⑤사람의 됨됨이. ¶ 인물을 살피다.
인물-가난(人物-)명 뛰어난 인물이 드문 일.
인물-값(人物-)[-깝]명 《주로 '하다'·'못하다'와 함께 쓰이어》 생김새와 어울리는 행동. ¶ 인물값도 못하다. *인물값이[-깝씨]·인물값만[-깜-]
인물-차지(人物次知)명 지난날, 인사 관계의 사무를 맡아보던 사람을 이르던 말.
인물-추심(人物推尋)명 ①도망한 사람의 자취를 더듬어 찾음. ②도망하여 딴 곳에서 사는 노비나 그 자손을 그의 상전이나 자손이 찾는 일.
인물-화(人物畫)명 사람을 주제로 하여 그린 그림.
인민(人民)명 ①사회를 구성하는 사람. 국민. 민인(民人). 백성. ②공화국의 구성원인 자연인(自然人), 또는 군주국 따위의 피치자(被治者).
인민^공:화국(人民共和國)명 인민이 주권을 가지고 직접 또는 대표 기관을 통하여 주권을 행사하는 공화국. 공산주의 체제의 국가에서 쓰는 말임.
인민^위원회(人民委員會)[-회/-훼]명 공산 국가에서의 행정 기관.
인민-재판(人民裁判)명 공산주의 국가에서, 민중을 배심으로 하여 직접 행하여지는 재판 형식.
인민^전:선(人民戰線)명 지난날, 독일의 나치스나 이탈리아의 파시즘에 대항하여 싸우던 모든 정당·단체의 연합체.
인민^주권(人民主權)[-꿘]명 주권이 인민에게 있는 것, 또는 그 주권. 주권 재민(主權在民).
인바:(invar)명 철에 니켈을 36~38%가량 섞은 합금. 열팽창 계수가 아주 작으며 정밀 기계나 측량기 등에 쓰임.
인-발(印-)[-빨]명 찍어 놓은 도장의 형적. 인문(印文). 인영(印影). 인장(印章). 인형(印形).
인방(引枋)명 출입구나 창 따위의 아래위에 가로놓여 벽을 받쳐 주는 나무 또는 돌.
인방(寅方)명 이십사방위의 하나. 동북동에서 북쪽으로 15도까지의 방위. 간방(艮方)과 갑방(甲方)의 사이. 준인(寅). ↔신방(申方).
인방(隣邦)명 ☞인국(隣國).
인법(人法)[-뻡]명 (국제 사법상, 관할 구역이 달라서 법규의 저촉 문제가 일어났을 때) 사람에 부수(附隨)되어 어느 곳에서나 적용되는 법. ↔물법(物法).
인변(人變)명 ☞인아(人痾).
인병-치사(因病致死)명하자 병에 걸려 죽음.
인보(印譜)명 여러 가지 인발을 모아 둔 책.
인보(隣保)명 ①이웃집과 이웃 사람들. 〔중국 당나라 때 한 집의 이웃 네 집을 '인(隣)'이라 하고, 그 집을 보탠 다섯 집을 '보(保)'라 하는 주민 조직이 있었던 데서 유래함.〕 ②이웃끼리 서로 힘을 합해 돕는 일, 또는 그러한 조직.
인보^사:업(隣保事業)명 빈민의 실생활을 조사하여, 그의 개선과 교화를 위해서 하는 사회사업. 보린 사업.
인보이스(invoice)명 수출업자가 수입업자 앞으로 써서 보내는 거래 상품의 안내서. 송장(送狀).
인-보험(人保險)명 사람에 관한 보험 사고가 일어났을 때 보험금을 줄 것을 약속하는 보험. 참물보험.
인복(人福)[-뽁]명 사람을 잘 사귀고, 사귄 사람들에게서 도움을 받는 복. 인덕(人德). ¶ 인복이 많은 사람. /인복이 없다.
인본(印本)명 인쇄한 책. 간본(刊本).
인본-주의(人本主義)[-의/-이]명 인간이 모든 것의 중심이 된다는 사상. 휴머니즘. 참인도주의·인문주의.
인봉(印封)명하타 ①(함부로 손을 대지 못하도록) 단단히 뚜껑을 닫은 물건에 도장을 찍음. 봉인. ②공무가 끝난 뒤에 관인을 봉하여 둠.
인봉(因封)명 ☞인산(因山).
인봉-가수(印封枷囚)명 지난날, 중죄인(重罪人)의 목에 칼을 씌우고 그 위에 관인을 찍은 종이를 붙이던 일.

인부(人夫) 명 막벌이꾼. 인정(人丁).

인부(人負) 명 사람의 등에 지우는 짐.

인-부심(人-) 명 하자 〔아이 낳은 집에서, 인부정을 막는다는 뜻으로〕 이레마다 수수떡을 쪄서 문 앞을 지나가는 사람에게 먹이던 일.

인-부정(人不淨) 명 꺼려 하거나 피해야 할 사람을 금하지 않음으로써 생기는 부정.

인부정(을) 타다 관용 부정한 사람을 가까이하여 탈이 나다.

인분(人糞) 명 사람의 똥.

인분(鱗粉) 명 나비·나방 따위의 날개나 몸의 겉면을 덮고 있는 가루 모양의 분비물.

인-분뇨(人糞尿) 명 사람의 똥과 오줌.

인비(人祕) 명 〈인사비밀〉의 준말.

인비(隣比) 명 ☞이웃.

인비(燐肥) 명 〈인산 비료(燐酸肥料)〉의 준말.

인비(鱗比) '인비하다'의 어근.

인-비늘(人-) 명 사람의 살갗에서 생겨 떨어지는 하얀 부스러기.

인비-하다(鱗比-) 형여 ☞인차(鱗次)하다.

인사(人士) 명 (어떤 일에 있어서) 사회적인 지위가 있는 사람. ¶ 각계각층의 저명한 인사들이 참석한 가운데 행사가 벌어졌다.

인사(人事) 명 하자 ①안부를 묻거나 공경하는 뜻을 나타낼 때 하는 예(禮). ¶ 인사를 드리다. ②처음 만나 서로의 이름을 주고받으며 자기를 소개하는 일. ¶ 이웃과 인사를 나누다. ③사람들 사이에 지켜야 할 예의범절. ¶ 인사를 차리다. /신세를 많이 졌는데 인사가 좀 늦었습니다. ④세상의 일. ⑤개인의 능력이나 신분에 관계되는 행정적인 일. ¶ 인사 행정. /낙하산 인사.

인사-권(人事權) [-꿘] 명 (기관이나 단체 등의 조직에서) 구성원에 대하여 채용·해임·승진·상벌·이동 따위의 인사 문제를 다루는 권한. 참임명권(任命權).

인사-란(人事欄) 명 ☞소식란(消息欄).

인사-말(人事-) 명 인사로 하는 말.

인사불성(人事不省) [-썽] 명 ①정신을 잃어 의식이 없음. ②사람으로서 지켜야 할 예절을 차릴 줄을 모름. 불성인사.

인사-비밀(人事祕密) 명 (개인의 능력이나 신분 따위의) 인적 사항에 관한 비밀. 준인비(人祕).

인사-성(人事性) [-썽] 명 인사를 차리는 습성. ¶ 인사성이 밝다.

인사-이동(人事異動) 명 (기관이나 단체 등의 조직에서) 구성원의 지위나 근무 부서를 바꾸는 일.

인사이드(inside) 명 테니스·배구 등에서, 공이 경기장 안으로 떨어지는 일. ↔아웃사이드.

인사이드^킥(inside kick) 명 축구에서, 발의 안쪽으로 공을 차는 일.

인사-조(人事調) [-쪼] 명 ①마음에 없이 겉으로만 형식을 갖춘 인사나 대접. ②인사하는 모양이나 태도. ¶ 인사조로 한마디 하다.

인사-치레(人事-) 명 하자 성의나 공경심이 없이 겉으로 꾸미기만 하는 인사.

인산(人山) 명 (산처럼) 많은 사람이 모인 상태를 이르는 말. 참인산인해.

인산(因山) 명 태상황과 그의 비, 임금과 그의 비, 황태자 부부, 황태손 부부의 장례. 국장(國葬). 인봉(因封).

인산(燐酸) 명 오산화인이 여러 가지 방법으로 물과 작용하여 생기는 산을 통틀어 이르는 말. 무색무취의 끈적끈적한 액체이며 농도가 높아지면 딱딱하게 되기 쉬움. 인산 비료로 쓰이거나 녹의 제거, 금속 표면 처리, 염색 공업, 식품 가공이나 의약품 등으로 널리 쓰임. 〔일반적으로 '오르토인산'을 단순히 인산이라 함.〕

인산-나트륨(燐酸Natrium) 명 인산을 탄산나트륨이 녹아 있는 물에 포화시켜서 만든, 색이 없고 투명한 기둥 모양의 덩어리. 인산소다.

인산^비ː료(燐酸肥料) 명 인산이 많이 섞인 비료. 뼈·구아노·달걀 껍데기·쌀겨 따위의 천연 인산 비료와 과인산석회·인산암모늄·소성 인비 따위의 인조 인산 비료가 있음. 준인비(燐肥).

인산-석회(燐酸石灰) [-서괴/-서퀘] 명 ☞인산칼슘.

인산-소ː다(燐酸soda) 명 ☞인산나트륨.

인산-암모늄(燐酸ammonium) 명 인에 암모늄을 넣어 만든 화합물. 〔인산일암모늄·인산이암모늄·인산삼암모늄의 세 가지가 있음.〕 인안(燐安).

인산-인해(人山人海) 명 〔산과 바다처럼〕 '많은 사람이 모인 상태'를 이르는 말.

인산-칼슘(燐酸calcium) 명 인산과 칼슘의 염(塩). 천연으로는 인회석(燐灰石)의 주성분으로서 산출되고 척추동물의 뼈나 흙 속에도 널리 들어 있음. 잿물·에나멜·젖빛 유리 따위의 첨가제나 치약·의약품 등에 쓰임. 인산석회.

인삼(人蔘) 명 ①두릅나뭇과의 다년초. 예로부터 약용으로 많이 재배하고 있는 식물. 줄기 높이는 60 cm가량. 뿌리는 희고 살이 많으며 가지를 많이 침. 줄기 끝에 손바닥 모양의 잎이 서너 잎 돌려나며 봄에 연한 녹색 꽃이 피고 길쭉한 열매가 붉게 익음. 4~6년 만에 수확함. ②한방에서, '인삼의 뿌리'를 약재로 이르는 말. 〔성질이 온(溫)하여 강장제로 쓰임.〕 준삼(蔘).

인삼-주(人蔘酒) 명 인삼을 넣어 빚거나 소주에 인삼을 넣어 우린 술.

인삼-차(人蔘茶) 명 인삼, 특히 미삼(尾蔘)을 넣어 끓인 차.

인상(人相) 명 사람의 얼굴 생김새와 골격. ¶ 험악한 인상의 사나이. /인상을 찌푸리다.

인상(을) 쓰다 관용 얼굴 표정을 일그러뜨려 사람을 기분 나쁘게 만들다.

인상(引上) 명 ①하타 되자 끌어 올림. ②하타 되자 (가격이나 요금·임금 따위를) 올림. ¶ 임금 인상. /금리를 인상하다. ↔인하. ③역도 종목의 한 가지. 역기를 두 손으로 단숨에 머리 위까지 들어 올리는 것. ③참용상(聳上).

인상(印象) 명 ①외래의 사물이 사람의 마음에 주는 감각. ②마음에 깊이 새겨져 잊혀지지 않는 자취. ¶ 인상에 남다.

인상(이) 깊다〔짙다〕 관용 마음속에 강렬히 새겨져 잊히지 않다.

인상(鱗狀) 명 비늘 모양.

인상^비ː평(印象批評) 명 예술 작품을 비평자 개인의 인상에 따라 주관적으로 하는 비평.

인상-적(印象的) 관명 뚜렷이 기억에 남는 (것). ¶ 인상적 장면. /인상적인 그림.

인상-주의(印象主義) [-의/-이] 명 19세기 후반, 프랑스를 중심으로 일어난 근대 미술 운동의 한 갈래. 빛의 변화에 따라 시시각각 달라 보이는 자연을 그 순간적 양상 그대로 묘사하고자 하는 주의. 뒤에 음악·문학 등의 분야에도 크게 영향을 끼쳤음.

인상-착의(人相着衣) [-차긔/-차기] 명 사람의 생김새와 옷차림. ¶ 범인의 인상착의를 말하다.

인상-파(印象派)명 예술에서, 인상주의를 좇는 한 갈래, 또는 그러한 사람들.

인새(印璽)명 임금의 도장. 옥새(玉璽).

인색(吝嗇)명하형 ①재물을 아끼는 태도가 몹시 지나침. ¶ 돈에 인색하다. ②어떤 일을 하는 데 대하여 지나치게 박함. ¶ 웃음에 너무 인색하다. **인색-히**부.

인생(人生)명 ①목숨을 가지고 살아가는 사람. ¶ 이리도 정신을 못 차리나니, 불쌍한 인생이로군. ②이 세상에서의 인간 생활. ¶ 인생을 설계하다. ③사람의 살아 있는 동안. ¶ 인생은 짧고 세월은 덧없다.

인생 칠십 고래희(人生七十古來稀)관용 사람이 일흔 살까지 살기란 예로부터 드문 일이라는 말. 〔두보(杜甫)의 시 '곡강(曲江)'에 있는 말.〕 참고희.

인생(寅生)명 인년(寅年)에 태어난 사람. 범띠.

인생-관(人生觀)명 인생의 존재 가치·의미·목적 등에 관해 갖고 있는 전체적인 사고방식.

인생-길(人生-)[-낄]명 사람으로 태어나서 세상을 살아가는 길. ¶ 고달픈 인생길.

인생-무상(人生無常)명 인생이 덧없음.

인생-살이(人生-)명 사람이 세상을 살아가는 일.

인생-삼락(人生三樂)[-낙]명 ☞삼락.

인생-파(人生派)명 인생을 위한 예술을 주장하는 문학상의 한 파. 〔흔히, 톨스토이를 인생파의 대표적인 문학가로 침.〕

인생-항로(人生航路)[-노]명 사람이 한평생 여러 가지 어려움을 겪으며 살아가는 일을, 험한 바다의 뱃길에 견주어 이르는 말.

인서:트(insert)명 영화에서, 어떤 장면에 편지·전보·명함·신문 따위에 씌어 있는 글자를 화면에 끼워 넣는 기법.

인석(人石)명 ☞석인(石人).

인석(茵席)명 왕골이나 부들로 만든 돗자리.

인선(人選)명하타 사람을 가려 뽑음. ¶ 총리 인선.

인선(仁善) '인선하다'의 어근.

인선-하다(仁善-)형여 어질고 착하다. ¶ 배우자의 조건으로서 우선 성품이 인선하고 성실해야 돼.

인성(人性)명 사람의 성품. ¶ 인성 교육.

인성(人聲)명 사람의 소리.

인성(引性)명 끌어당기는 성질.

인성(靭性)명 물리학에서, 재료가 지닌 점성(粘性)의 강도. 다른 힘에 의해서 파괴하기 어려운 성질을 말함.

인성(韌性)명 잡아당기는 힘에 견디는 성질.

인성-만성부하형 ①많은 사람이 떠들썩하게 복작거리는 모양. ②정신이 걷잡을 수 없이 아뜩한 모양.

인세(人稅)[-쎄]명 소득세나 상속세 따위와 같이, 과세의 목표를 사람에게 두고 그 사정에 따라 부과하는 조세. 대인세(對人稅). ↔물세(物稅).

인세(印稅)[-쎄]명 저작물의 출판과 발매를 조건으로, 출판사로부터 작자 또는 저작권자에게 지급되는 저작권의 사용료.

인센티브(incentive)명 동기 부여를 목적으로 행하는 자극. 특히, 종업원의 근로 의욕이나 소비자의 구매 의욕을 높이는 각종 포상이나 혜택 따위를 이름.

인솔(引率)명하타되자 손아랫사람이나 무리를 이끌고 감. ¶ 인솔 교사. /학생들을 인솔하다.

인쇄(印刷)명하타되자 문자나 그림·사진 등을 종이나 기타 물체의 겉면에 옮겨 찍어서 여러 벌의 복제물(複製物)을 만드는 일.

인쇄-공(印刷工)명 인쇄에 종사하는 직공.

인쇄-물(印刷物)명 인쇄하여 내는 신문·책·광고 따위의 물건을 통틀어 이르는 말.

인쇄-소(印刷所)명 인쇄의 일을 맡아 하는 곳.

인쇄-인(印刷人)명 인쇄하는 곳의 대표자, 또는 간행물의 인쇄 책임자. 박은이.

인쇄-체(印刷體)명 인쇄 활자의 글자꼴로 된 해서체(楷書體). ↔필기체(筆記體).

인쇄-판(印刷版)명 인쇄를 하는 판. 양식으로는 볼록판·오목판·평판이 있고, 재료로는 동판·목판·석판·연판·활판 따위가 있음. 박음판. 준인판.

인수(人數)[-쑤]명 사람의 수효. 인원수.

인수(仁壽)명 인덕(仁德)이 있고 수명이 길.

인수(引水)명하자 물을 끌어다 댐.

인수(引受)명하타되자 ①(물건이나 권리를) 넘겨받음. ¶ 현장에서 관련 자료를 인수하다. ↔인도(引渡). ②환어음을 넘겨받아 어음의 지급 채무자가 된다는 뜻을 어음에 기재하는 일.

인수(印綬)명 ☞인끈.

인수(因數)명 주어진 정수 또는 정식을 몇 개의 정수 또는 정식의 곱으로 나타낼 때, 이들을 본래 주어진 정수나 정식에 대해 이르는 말.

인수^분해(因數分解)명 주어진 정수(整數)나 정식(整式)을 몇 개의 인수(因數)의 곱으로 바꾸어 나타내는 일.

인수^설립(引受設立)명 ☞단순 설립.

인수-인(引受人)명 ①(물건이나 권리를) 넘겨받는 사람. ②환어음을 넘겨받아 채무를 지는 사람.

인수-인계(引受引繼)[-계/-게]명하자타되자 (업무 따위를) 넘겨받고 물려줌. 인계인수.

인숙(姻叔)명 ☞고모부(姑母夫).

인순(因循)명하자 ①내키지 않아서 머뭇거림. ②낡은 인습을 고집하고 고치지 않음.

인순-고식(因循姑息)명하자 낡은 인습에서 벗어나지 못하고 눈앞의 평안함만 좇음.

인술(仁術)명 ①어진 덕을 베푸는 법. ②〔사람을 살리는 어진 기술이라는 뜻으로〕 '의술(醫術)'을 이르는 말. ¶ 인술을 펼치다.

인숭무레기명 어리석어 올바르게 사리를 가릴 줄 모르는 사람.

인-슈:트(inshoot)명 야구에서, 투수가 던진 공이 타자의 안쪽으로 꺾이어 들어오는 일. ↔아웃슈트.

인슐린(insulin)명 이자로부터 분비되는 호르몬. 포도당으로부터 글리코겐의 생성을 돕고 포도당의 산화 및 지방으로의 전화 등을 촉진하는 작용을 하며, 혈당을 낮춰 주므로 당뇨병 따위의 치료에 쓰임.

인스턴트(instant)명 즉석에서 손쉽게 조리해 먹을 수 있도록 만들어진 상태, 또는 그 식품. ¶ 인스턴트 만두.

인스턴트-식품(instant食品)명 즉석에서 손쉽게 조리해 먹고, 저장이나 휴대에 편리한 가공 식품. 즉석식품(卽席食品).

인스텝^킥(instep kick)명 축구에서, 공을 발등으로 차는 일.

인습(因習)명 이전부터 전해 내려와 몸에 익은 관습. ¶ 인습 타파. /인습에 얽매이다.

인습(因襲)명하타 옛 관습을 따름, 또는 그 따르는 짓이나 노릇.

인습-도덕(因習道德)[-또-]명 ①옛날부터 지켜 내려오는 도덕. ②인습에 젖어 지금의 생활에 맞지 않는 형식적인 도덕.

인습-주의(因襲主義) [-쭈의/-쭈이]명 옛 관습에 사로잡혀 새로운 사회도덕을 따르지 않는 주의.
인시(人時)명 ☞민시(民時).
인시(因時)명하자 때를 좇거나 시세(時勢)를 따름.
인시(寅時)명 ①십이시의 셋째 시. 상오 3시부터 5시까지의 동안. ②이십사시의 다섯째 시. 상오 3시 30분부터 4시 30분까지의 동안. 준인(寅).
인식(認識)명 ①하타되자사물을 깨달아 아는 일. ¶ 역사에 대한 인식이 부족하다. ②사물의 의의를 바르게 이해하고 판별하는 마음의 작용.
인식^능력(認識能力) [-싱-녁]명 사물을 인식할 수 있는 정신 능력. ↔감정 능력.
인식-론(認識論) [-싱논]명 인식이나 지식의 기원·구조·범위·방법 등을 연구하는 철학.
인식-색(認識色) [-쌕]명 동물의 체색(體色)의 한 가지. 같은 종류의 동물 사이에서 서로의 눈에 잘 띄고 서로 간의 연락에 도움이 되는 몸빛이나 무늬. 〔원숭이의 붉은 궁둥이나 사슴 꼬리의 흰 무늬 따위.〕
인식-표(認識票)명 군인의 이름·군번·혈액형 따위가 새겨져 있는 길둥글고 얇은 금속판. 쇠줄이나 끈으로 목에 걸도록 되어 있어, 군인이 사망하거나 부상당했을 때 그 신분을 바로 알게 함. 참군번(軍番).
인신(人臣)명 ☞신하(臣下).
인신(人身)명 ①사람의 몸. ②개인의 신상이나 신분.
인신(印信)명 도장. 관인(官印).
인신-공격(人身攻擊)명하타 남의 신상에 관한 일을 들어 비난함. ¶ 인신공격을 퍼붓다.
인신-매매(人身賣買)명하자 사람을 팔고 삼.
인심(人心)명 ①사람의 마음. ¶ 시골 인심. /인심을 얻다. ②백성의 마음. ¶ 인심을 살피다. ③남의 딱한 사정을 헤아려 주고 도와주는 마음. 인정(人情). ¶ 인심이 후하다. /인심이 각박해지다.
　인심(을) 사다관용 남에게서 좋은 사람이라는 평을 듣다.
　인심(을) 쓰다관용 (필요 이상으로) 남에게 좋게 대해 주다.
　인심(을) 잃다관용 (남을 박대하거나 하여) 사람들에게 나쁜 사람이라는 평을 듣다.
　인심이 사납다관용 인정이 없고 매우 야박하다.
인심-세태(人心世態)명 세상 사람들의 마음과 세상 물정.
인아(人我)명 ①다른 사람과 나. ②불교에서, 사람의 몸 안에 늘 변하지 않는 본체가 있다는 미혹한 생각. 곧, '아(我)'가 있다는 생각.
인아(人痾)명 사람이 죽었다가 다시 살아나거나, 남녀의 성(性)이 뒤바뀌거나, 또는 사람의 몸뚱이가 바뀌어 이상하게 되는 현상. 인변(人變).
인아(姻婭)명 사위 쪽의 사돈과 동서 쪽의 사돈을 통틀어 이르는 말.
인아(鱗芽)명 ☞비늘눈. ↔나아(裸芽).
인안(燐安)명 ①☞인산암모늄. ②화성 비료의 한 가지. 인산에 암모니아를 넣고 만듦. 질소분 20%, 인산분 50%를 함유함.
인애(仁愛)명하타 어진 마음으로 남을 사랑함, 또는 그 마음.
인양(引揚)명하타되자 끌어 올림. ¶ 익사자 인양 작업. /사고 선박을 인양하다.
인어(人魚)명 상반신은 사람의 몸이며 하반신은 물고기의 몸인 상상의 동물.
인어(人語)명 ①사람의 말. ②사람의 말소리.
인언(人言)명 세상 사람들의 말. 소문.
인-업(人-)명 사람으로 태어난 업. 사람으로서의 업.
인업(因業)명 불교에서, '전세(前世)의 업을 벗는 현세의 운명과 내세(來世)의 과보를 자아내는 필연적인 현세의 작업(作業)'을 이르는 말.
인연(人煙)명 〔인가에서 불을 때어 나는 연기라는 뜻으로〕 사람이 사는 기척, 또는 인가(人家)를 이르는 말. 연화(煙火).
인연(因緣)명 ①사물들 사이에 서로 맺어지는 관계. ¶ 경제계 인사들과는 별로 인연이 없다. ②연분. ¶ 아름다운 인연을 맺다. ③내력. ④불교에서, 결과를 내는 직접적인 원인인 인(因)과 간접적인 원인인 연(緣). 〔씨과 보리는 그 씨가 인(因)이고, 노력·자연·거름 따위가 연(緣)임.〕
　인연이 멀다관용 관계가 적거나 없다.
인연-하다(因緣-)자타여 서로 관련을 맺어 어떠한 일이 이루어지거나 생기다. ¶ 한 여자에 인연하여 집안을 멀리하게 되었다.
인엽(鱗葉)명 ☞비늘잎.
인영(人影)명 사람의 그림자.
인영(印影)명 ☞인발.
인왕(仁王)명 ☞금강신(金剛神).
인왕-문(仁王門)명 인왕의 상(像)을 좌우에 세워 놓은, 절의 문.
인요(人妖)명 〔떳떳한 도리에서 벗어나 요사스러운 짓을 하는 사람이라는 뜻으로〕 '남자가 여자로, 여자가 남자로 옷을 바꿔 입고 그 행세를 하는 사람'을 이르는 말.
인욕(人慾)명 사람의 욕심.
인욕(忍辱)명 ①욕되는 일을 참음. ¶ 인욕의 세월. ②불교에서 이르는, 온갖 모욕과 번뇌를 참고 원한을 일으키지 않는 수행.
인용(引用)명하타되자 (남의 글이나 말 가운데서 필요한 부분만을) 끌어다 씀. ¶ 인용 보도.
인용(認容)명하타되자 인정하여 받아들임.
인용-구(引用句) [-꾸]명 다른 글에서 필요한 부분만을 끌어다 쓴 구절.
인용-례(引用例) [-녜]명 남의 글이나 다른 문헌 등에서 따온 예.
인용-문(引用文)명 다른 글에서 끌어다 쓴 문장. 따옴월.
인용-법(引用法) [-뻡]명 수사법상 변화법의 한 가지. 남의 말이나 글, 또는 고사나 격언 등에서 필요한 부분을 인용함으로써 글의 뜻을 더욱 분명히 하는 표현 방법. 인유법(引喩法).
인용-부(引用符)명 다른 글에서 끌어다 쓰는 말이나 글을 다른 것과 가르기 위해서 앞뒤에 찍는 부호. 〔가로쓰기에는 " "·' ', 세로쓰기에는 『 』·「 」를 씀.〕 따옴표.
인용-어(引用語)명 남의 글이나 말에서 끌어다 쓴 말. 따옴말.
인용-절(引用節)명 문장에서 남의 말을 직접 또는 간접으로 인용한 절. 직접 인용에는 인용된 말 앞뒤에 따옴표가 들어가고, '라고' 또는 '하고' 따위가 붙으며, 간접 인용에는 '고'가 붙어서 이루어짐. 〔'어떤 청년이 "이 근처에 혹시 절이 있습니까?"라고 물었다.', '순이가 자기 집 바둑이가 새끼를 낳았다고 나에게 말했다.' 따위.〕
인우(隣友)명 이웃에 사는 벗.

인원(人員)명 ①사람의 수. ¶ 인원 점검. /인원이 모자라다. ②단체를 이룬 여러 사람. ¶ 인원을 감축하다. /회사의 규모에 비해 인원이 너무 많다.
인원-수(人員數)[-쑤]명 사람의 수효. 인수(人數). ¶ 인원수가 부족하다.
인월(寅月)명 〔월건(月建)에 십이지의 인(寅)이 드는 달로〕 '음력 정월'의 딴 이름. 참맹춘(孟春).
인위(人爲)명 (자연의 힘이 아닌) 사람의 힘으로 이루어지는 일. 인공. ↔자연·천연·천위(天爲).
인위^도태(人爲淘汰)명 사람의 힘으로 생물의 형태와 기능을 인간이 바라는 대로 바꾸는 일. ↔자연 도태.
인위^분류(人爲分類)[-불-]명 생물의 분류 방법의 한 가지. 생물의 유연(類緣)이나 계통과는 상관없이 겉으로 드러나는 특징에 따라 분류하는 일. 〔고래를 어류로, 박쥐를 조류로 분류하는 따위.〕 ↔자연 분류(自然分類).
인위^사회(人爲社會)[-회/-훼]명 인간의 의지나 목적에 의하여 이룩된 사회. 〔이익 단체나 문화 단체 따위.〕 ↔자연 사회.
인위-적(人爲的)관명 사람이 일부러 한 모양이나 성질의 (것). ¶ 인위적 조작. /인위적으로 만들어진 폭포.
인위적 경계(人爲的境界)[-경계/-껑게] 경계의 구분에 표적이 될 만한 자연물이 없을 때, 인공적으로 목표를 만들어서 삼아 놓은 경계. ↔자연적 경계.
인유(人乳)명 사람의 젖.
인유(引喩)명하타 다른 예를 끌어다 비유함.
인유-법(引喩法)[-뻡]명 ☞인용법(引用法).
인육(人肉)명 ①사람의 고기. ②'매음하는 여자의 몸뚱이'를 이르는 말.
인육-시장(人肉市場)[-씨-]명 〔사람의 몸뚱이를 거래하는 곳이라는 뜻으로〕 '매음굴'을 빗대어 이르는 말.
인은(仁恩)명 어진 사랑으로 베푸는 은혜.
인음-증(引飮症)[-쯩]명 술을 한번 마시기 시작하면 자꾸 마시고 싶어 하는 버릇.
인읍(隣邑)명 가까운 고을. 이웃 고을.
인의(人意)[이늬/이니]명 사람의 뜻. 민심(民心).
인의(人義)[이늬/이니]명 사람이 마땅히 해야 할 도리. ¶ 사람이 인의를 모른다면 금수(禽獸)나 다름이 없다.
인의(仁義)[이늬/이니]명 어짊과 의로움. ¶ 인의를 치자(治者)의 근본으로 여기는 정치가.
인의(引義)[이늬/이니]명하자 모든 일을 함에 있어 의리를 좇아 함.
인의(隣誼)[이늬/이니]명 이웃끼리의 정의(情誼). ¶ 인의가 두텁다.
인의예지(仁義禮智)[이늬-/이니-]명 〔사단(四端)의 근원으로〕 사람으로서 갖추어야 할 네 가지 마음가짐, 곧 어짊과 의로움과 예의와 지혜. 참사단.
인의예지신(仁義禮智信)[이늬-/이니-]명 사람으로서 갖추어야 할 다섯 가지 도리, 곧 어짊과 의로움과 예의와 지혜와 믿음. 오상(五常).
인의지정(仁義之情)[이늬-/이니-]명 어짊과 의로움의 인간 본성.
인인(認印)명 막도장.
인인(隣人)명 이웃 사람. ¶ 인인의 증언.
인인-성사(因人成事)명하자 다른 사람의 힘으로 일을 이룸. ¶ 인인성사의 사은을 표하는 잔치.
인일(人日)명 ☞인날.
인일(寅日)명 일진(日辰)의 지지(地支)가 인(寅)으로 된 날. 〔갑인일·병인일 따위.〕 범날.
인임(←仍任)명하타 지난날, 갈릴 기한이 된 관리를 그대로 두던 일.
인자(人子)명 기독교에서, 예수가 스스로를 일컬은 말.
인자(仁者)명 어진 사람. ¶ 인자는 산을 좋아하며, 적이 없느니라.
인자(仁慈) '인자하다'의 어근.
인자(因子)명 ①어떤 결과의 원인이 되는 낱낱의 요소. ②생명 현상에 있어서 어떤 작용의 원인이 되는 요소. 〔영양 인자·유전 인자 따위.〕
인자(印字)명하자 (타이프라이터나 전신 수신기 따위의 기계로) 글자를 찍는 일, 또는 그 글자. ¶ 먹끈이 낡아 인자 상태가 불량하다.
인자-기(印字機)명 낱자로 글자를 찍어 내는 기계를 통틀어 이르는 말. 〔타자기, 전신기, 텔레타이프의 수신 장치, 컴퓨터의 인자(印字) 출력 장치 따위.〕
인자-롭다(仁慈-)[-따][~로우니·~로워]형ㅂ 인자스럽다. **인자로이**부.
인자-무적(仁者無敵)명 어진 사람에게는 적이 없음.
인자-스럽다(仁慈-)[-따][~스러우니·~스러워]형ㅂ 인자한 데가 있다. 인자롭다. **인자스레**부.
인자요산(仁者樂山)명 어진 사람은 산을 좋아함. 〔어진 사람의 행동은 신중하기가 산과 같다는 말.〕 참지자요수(智者樂水).
인자-하다(仁慈-)형여 마음이 어질고 무던하며 자애롭다. ¶ 인자한 성품.
인자-형(因子型)명 ☞유전자형(遺傳子型).
인작(人作)명 ☞인조(人造). ↔천작(天作).
인작(人爵)명 〔사람이 정해 준 지위라는 뜻으로〕 '공경대부(公卿大夫)의 벼슬'을 이르는 말. ↔천작(天爵).
인장(印章)명 ①도장. 인(印). ②☞인발.
인장(印藏)명하타 (문서 따위를) 인쇄하여 잘 보관함.
인장-묘발(寅葬卯發)명 〔인시(寅時)에 장사 지내고 묘시(卯時)에 발복(發福)한다는 뜻으로〕 '묏자리를 잘 써서, 장사 지낸 뒤에 곧 복을 받음'을 이르는 말.
인재(人才)명 재주가 뛰어난 사람.
인재(人材)명 학식과 능력이 뛰어난 사람. 인물(人物). ¶ 참신한 인재를 물색하다.
인재(人災)명 사람의 잘못으로 일어나는 재난. ↔천재(天災).
인재(印材)명 도장을 만드는 재료.
인저리^타임(injury time)명 ☞로스 타임.
인적(人跡·人迹)명 사람이 다닌 발자취. 사람의 왕래. ¶ 인적이 드문 산길.
인-적(人的)[-쩍]관명 사람에 관한 (것). ¶ 인적 사항. /인적인 요소. ↔물적(物的).
인적-기(人跡氣)[-끼]명 사람이 다니는 기척.
인적 자원(人的資源)[-쩍짜-] (생산 조건에서 물적 자원에 대하여) '사람의 노동력'을 이르는 말.
인적 증거(人的證據)[-쩍쯩-] 증거 방법의 한 가지. 증인이나 감정인 또는 당사자인 본인의 진술을 토대로 하는 증거. ↔물적 증거.
인전(印篆)명 도장에 새긴 전자(篆字).
인절미명 찹쌀이나 찹쌀가루를 시루에 쪄서 떡메로 친 다음, 길둥글거나 네모지게 썰어 고물을 묻힌 떡.

인접(引接)명하타 ①들어오게 하여 면접함. ②지난날, 임금이 의정(議政)을 불러들일 때 시신(侍臣)을 시켜 맞게 하던 일. ③불교에서, 부처나 보살이 대자대비의 손으로 염불하는 행자를 인도하는 일.

인접(隣接)명하자되자 이웃해 있음. 맞닿아 있음. ¶ 인접 국가. /도로에 인접한 건물.

인접^수역(隣接水域)[-쑤-]명 ☞접속 수역(接續水域).

인정(人丁)명 ☞인부(人夫).

인정(人定)명 〈인경〉의 본딧말.

인정(人情)명 ①사람이 본디 지니고 있는 온갖 감정. ②남을 생각하고 도와주는 따뜻한 마음씨. 인심(人心). ¶ 인정이 많은 사람. ③세상 사람의 마음. ¶ 인정이 각박하다. ④지난날, 벼슬아치들에게 은근히 주던 선물이나 뇌물 따위를 이르던 말.

인정도 품앗이라속담 남도 나를 생각해야 나도 그를 생각하게 된다는 말.

인정은 바리로 싣고 진상(進上)**은 꼬치로 꿴다**속담 ①직접 자기의 이해에 관계 있는 일에 더 마음을 쓴다는 뜻. ②하급 관원들은 실제적 영향력 때문에 높은 벼슬아치보다 더 권세를 부린다는 말.

인정(을) **쓰다**관용 남에게 돈이나 물건 따위를 주어 자기의 마음을 보이다.

인정(仁政)명 어진 정치.

인정(寅正)명 십이시의 인시(寅時)의 한가운데. 〔상오 4시.〕

인정(認定)명하자·타되자 ①옳다고 믿고 정함. 확실히 그렇다고 여김. ¶ 패배를 인정하다. ②국가의 행정 기관이 어떤 일을 판단하여 결정함.

인정^과세(認定課稅)명 정부가 조사한 여러 가지 간접 자료에 의하여 과세 표준액을 결정하여 조세를 부과하는 방법.

인정-머리(人情-)명 《흔히 부정적인 뜻으로 쓰이어》 '인정미(人情味)'를 속되게 이르는 말. ¶ 인정머리 없는 놈.

인정-미(人情味)명 인정이 깃든 따뜻한 맛. ¶ 인정미가 넘치다. 준정미.

인정-받다(認定-)[-따]타 ①남으로부터 확실한 사람이라는 신임을 얻다. ¶ 능력을 인정받다. ②학술계·예술계나 그 밖의 사회에서 충분한 자격이 있다고 믿게 되다.

인정-법(人定法)[-뻡]명 인위적으로 제정한 법. ↔자연법(自然法).

인정^사ː망(認定死亡)명 어떤 사고 등으로 사망이 확실하나 시체를 발견할 수 없을 때, 이를 처리하는 관서(官署)가 사망으로 인정하여 처리하는 일.

인정-사정(人情事情)명 인정과 사정을 아울러 이르는 말. ¶ 인정사정을 두지 않다.

인정사정-없다(人情事情-)[-업따]형 〔인정을 베푸는 것도 없고 사정을 봐주는 것도 없다는 뜻으로〕 '몹시 무자비하거나 엄격함'을 이르는 말. **인정사정없-이**부 ¶ 몽둥이를 인정사정없이 휘두르다.

인정-세태(人情世態)명 (세상을 살아가며 느끼는) 사람들의 정의와 세상의 형편.

인정-스럽다(人情-)[-따][~스러우니·~스러워]형ㅂ 인정이 있다. **인정스레**부.

인정^신ː문(人定訊問)명 형사 재판의 법정에서, 재판관이 피고인의 성명·연령 등 인적 사항을 물어, 본인임을 확인하는 일.

인제 Ⅰ명 이제. ¶ 자, 인제부터 시작이다. /인제는 정신을 차리겠지.
Ⅱ부 ①지금에 이르러. 이 시점에 와서야. ¶ 인제 말해 무엇 하랴. /인제 와서 안 갚겠다는 거요? ②지금부터. ¶ 인제 다시는 안 하겠다. /인제 곧 가겠다. /꽃샘추위도 인제 고비를 넘겼다.

인제 보니 수원 나그네속담 모르고 있었는데, 본인이 깨우쳐 주어서 다시 보니 아는 사람이라는 말.

인제(姻弟)명 편지 글에서, 매부가 처남에게 자기를 낮추어 일컫는 말.

인조(人造)명 ①사람이 만듦. 천연물과 비슷하게 인공으로 만듦, 또는 그 물건. 인작(人作). ¶ 인조 섬유. /인조 잔디. ②〈인조견(人造絹)〉의 준말.

인조^가죽(人造-)명 삼베나 인조견 따위에 고무·합성수지 등을 입혀서 천연 가죽처럼 만든 것. 의피(擬皮). 인조 피혁.

인조-견(人造絹)명 인조 견사로 짠 비단. 준인견·인조. ↔본견(本絹).

인조^견사(人造絹絲)명 섬유소(纖維素)를 화학적으로 합성하여 천연 견사와 비슷하게 만든 실. 준인견사.

인조-고기(人造-)명 콩이나 밀에서 단백질을 뽑아 정제하여 고기와 같은 맛이 나게 만든 식품.

인조^고무(←人造gomme)명 ☞합성 고무.

인조-물감(人造-)[-깜]명 화학적으로 합성시켜 만든 물감. 인조염료. 합성물감.

인조-미(人造米)명 밀가루 등 쌀 이외의 곡식의 가루와 녹말을 원료로 하여 쌀알 모양으로 만든 것.

인-조반(因早飯)명하자 주막에서 묵은 나그네가, 아침에 일어나자마자 그 자리에서 아침밥을 먹음, 또는 그 아침밥.

인조-반정(仁祖反正)명 광해군 15(1623)년에 김유(金瑬)·이서(李曙)·이귀(李貴)·이괄(李适) 등의 서인(西人)이, 집권 세력인 대북파(大北派)와 광해군을 몰아내고 능양군(綾陽君), 곧 인조를 즉위시킨 일.

인조-버터(人造butter)명 ☞마가린.

인조-석(人造石)명 시멘트에 모래·화강암·석회 등의 가루를 섞어 굳혀서 자연석과 비슷하게 만든 돌. 모조석(模造石).

인조^섬유(人造纖維)명 인공적으로 만든 섬유를 통틀어 이르는 말. 화학 섬유. ↔천연 섬유.

인조-염료(人造染料)[-뇨]명 ☞인조물감.

인조-인간(人造人間)명 ☞로봇.

인조^진주(人造眞珠)명 유리구슬에 진주 빛깔의 도료를 입히어 천연 진주처럼 만든 모조품. 모조 진주(模造眞珠).

인조^피혁(人造皮革)명 ☞인조 가죽.

인족(姻族)명 ☞인척(姻戚).

인종(人種)명 사람의 피부나 머리털의 빛깔, 골격 등 신체적인 여러 형질에 따라 구분되는 사람의 집단. 〔백인종·황인종·흑인종 따위.〕 ¶ 인종 차별. /유색 인종.

인종(忍從)명하자·타 참고 따름.

인좌(寅坐)명 (집터나 묏자리 따위가) 인방(寅方)을 등진 좌향, 또는 그런 자리.

인좌-신향(寅坐申向)명 (집터나 묏자리 따위가) 인방(寅方)을 등지고, 신방(申方)을 향한 좌향.

인주(人主)명 '임금'을 달리 이르는 말.

인주(印朱)명 도장을 찍을 때 묻혀 쓰는, 붉은 빛깔의 재료. 도장밥.

인준(認准)명하타 법률에 규정된 공무원의 임명(任命)에 대한 국회의 승인. ¶ 국무총리의 인준. /인준을 받다.
인-줄(人-) [-쭐]명 부정(不淨)을 꺼리어 사람이 함부로 드나들지 못하도록 문이나 길 어귀에 건너질러 매는 줄. 금줄.
인중(人中)명 코와 윗입술 사이에 우묵하게 골이 진 부분.
인중이 길다관용 〔인중이 길면 수명이 길다는 속설에서〕 수명이 길 것이다.
인중(人衆)명 ①많은 사람. ②사람.
인-중방(引中枋)명 인방(引枋)과 중방(中枋)을 아울러 이르는 말.
인중-백(人中白)명 한방에서, '오줌버캐'를 이르는 말.
인중지말(人中之末)명 여러 사람 가운데서 행실이나 인품이 가장 못난 사람을 이르는 말.
인-쥐(人-)명 '곡식이나 음식물을 남몰래 조금씩 훔치는 사람'을 비유하여 이르는 말.
인즉조 자음으로 끝난 체언에 붙는 연결형 서술격 조사. 《모음 뒤에서는 '이'가 생략되기도 함.》 '으로 말하면'의 뜻으로, 조건이나 전제적 사실이 됨을 나타냄. ¶ 김 군이야 사람인즉 그만이지. 참ㄴ즉.
인즉슨[-쓴]조 '인즉'의 힘줌말. ¶ 사건의 내막인즉슨 이렇다.
인증(人證)명 법원에서, 증인이나 감정인(鑑定人)·참고인 등의 증언을 증거로 삼는 일.
인증(引證)명하타되자 (글 따위를) 인용하여 증거를 삼음, 또는 그 증거.
인증(認證)명하타되자 어떠한 행위 또는 문서의 성립이나 기재가 정당한 절차로 이루어졌음을 공적 기관이 증명하는 일.
인지조 자음으로 끝난 체언에 붙어, 막연한 의문을 나타내는 연결형 또는 종결형 서술격 조사. 《모음 뒤에서는 '이'가 생략되기도 함.》 ¶ 무슨 뜻인지 모르겠다. /이게 꿈인지 생신지. 참ㄴ지.
인지(人指)명 둘째손가락. 집게손가락.
인지(人智)명 사람의 슬기. 사람의 지식.
인지(印紙)명 국가가 세금이나 수수료 등을 거두어들일 때 그 증서 등에 붙이게 하는, 일정한 금액을 나타낸 증표(證票). 수입 인지가 그 대표적인 것임.
인지(認知)명하타되자 ①어떠한 사실을 분명히 인정함, 또는 인정하여 앎. ¶ 실태를 인지하다. ②법률에서, 혼인 관계에 있지 않은 남녀가 낳은 자녀에 대하여 그 생부(生父)나 생모(生母)가 자기의 자식이라고 인정하는 일.
인지^과학(認知科學)명 인간의 마음과 지식의 습득 과정 등을 종합적으로 탐구하는 학문.
인지-도(認知度)명 (어떤 사람이나 물건 따위를) 알아보는 정도. ¶ 제품의 인지도를 높이다.
인지라조 자음으로 끝난 체언에 붙어, 앞말이 뒷말의 이유나 전제가 됨을 나타내는 연결형 서술격 조사. 《모음 뒤에서는 '이'가 생략되기도 함.》 ¶ 그도 사람인지라 실수할 때가 있겠지. 참ㄴ지라.
인지상정(人之常情)명 사람이라면 누구나 가지는 보통의 마음, 또는 생각. ¶ 떠나온 고향을 그리워하는 것은 인지상정이지.
인지-세(印紙稅)[-쎄]명 매매 계약서, 차용 증서, 위임장, 어음, 영수증 등, 재산권의 창설·이전·변경·소멸 등을 증명하는 증서나 장부 등을 작성하는 사람에게 부과되는 세.
인지위덕(忍之爲德)명 참는 것이 덕이 됨.
인지-의(印地儀)[-의/-이]명 조선 시대에, 세조가 만든 토지의 측량 기구. 각도와 축척의 원리를 이용하여 토지의 거리와 높낮이를 쟀음. 규형(窺衡).
인-지질(燐脂質)명 분자 안에 인산(燐酸)이 들어 있는 복합 지질. 동식물의 세포를 형성하는 중요한 물질임. 〔레시틴 따위.〕
인진(引進)명하타 인재를 끌어다 씀.
인진(茵蔯)명 ①☞사철쑥. ②한방에서, '사철쑥의 어린잎'을 약재로 이르는 말. 〔황달을 다스리거나 이뇨(利尿)에 쓰임.〕
인질(人質)명 볼모.
인질(姻姪)명 고모부에 대하여 자기를 일컫는 말. 고질(姑姪). 부질(婦姪).
인질-극(人質劇)명 완력이나 무력으로 무고한 사람을 붙들어 놓고, 자기의 목적을 이루려고 벌이는 소동.
인차(人車)명 탄광이나 광산에서 광부를 실어 나르는 데 쓰이는 특수한 광차(鑛車).
인차(鱗次) '인차하다'의 어근.
인차-하다(鱗次-)형여 비늘처럼 차례로 잇닿아 있다. 인비(鱗比)하다.
인찰-지(印札紙)[-찌]명 미농지에 괘선을 인쇄해 놓은 종이. 괘지(罫紙).
인책(引責)명하타 (잘못된 일에 대하여) 스스로 책임을 지거나 책임을 지게 함. ¶ 인책 사직. /시민 단체는 관련자의 인책을 요구했다.
인척(姻戚)명 혈연관계가 없으나 혼인으로 맺어진 친족. 〔혈족의 배우자, 혈족의 배우자의 혈족, 배우자의 혈족, 배우자의 혈족의 배우자 따위.〕 인족(姻族). 혼척(婚戚). ¶ 회사의 주요 임직은 사주(社主)의 인척들이 완전히 장악하고 있다.
인-청동(燐靑銅)명 청동에 약간의 인을 섞은 합금. 용수철 따위를 만드는 데 쓰임.
인체(人體)명 사람의 몸.
인체^모델(人體model)명 화가나 조각가의 모델이 되는 사람.
인초(寅初)명 십이시의 인시(寅時)의 처음. 〔상오 3시가 막 지난 무렵.〕
인촌(隣村)명 이웃 마을.
인총(人總)명 ①인구의 총수. ②☞인구(人口).
인축(人畜)명 사람과 가축.
인출(引出)명하타되자 예금 따위를 찾음. ¶ 현금 인출. /500만 원을 수표로 인출하다.
인출(印出)명하타되자 인쇄하여 펴냄.
인충(鱗蟲)명 몸에 비늘이 있는 동물을 통틀어 이르는 말. 〔뱀·물고기 따위.〕
인치(引致)명하타되자 ①사람을 억지로 끌어가거나 끌어 오는 일. ②신체의 자유를 구속하여 일정한 곳으로 데려가는 일. ¶ 인치를 가하다. /인치를 당하다.
인치(inch)의 영국식 도량형의 길이의 단위. 〔1피트의 12분의 1을 1인치로 함. 약 2.54 cm.〕
인친(姻親)명 ☞사돈(査頓).
인칭(人稱)명 어떤 동작의 주체가 말하는 이, 말 듣는 이, 제삼자의 어느 것인가의 구별을 이르는 말. 〔제일 인칭·제이 인칭·제삼 인칭의 세 가지가 있음.〕 참인칭 대명사.
인칭^대:명사(人稱代名詞)명 사람을 이름 대신 가리키는 대명사. 〔나·우리·저희(일인칭), 너·당신·그대·너희(이인칭), 이이·그이·저이·이들·그들·저들(삼인칭), 아무(부정칭) 따위.〕 사람대이름씨. 인대명사.

인커ː브(incurve)명 야구에서, 투수가 던진 공이 홈 가까이에서 인코너로 꺾이어 들어오는 일, 또는 그 공. ↔아웃커브.
인-코ː너(←inside corner)명 야구에서, 홈베이스의 중앙부와 타자와의 사이. 내각(內角). ↔아웃코너.
인코넬(Inconel)명 니켈을 주성분으로 하여 크롬 15%, 철 6~7%, 티탄 2.5%와, 1% 이하의 알루미늄·망간·규소를 넣어 만든 합금. 내열성이 강하여 제트 엔진의 재료나 진공관의 필라멘트 따위에 쓰임. 〔상표명〕
인코ː스(in+course)명 ①야구에서, 인코너를 지나가는 공의 길. ②육상 경기장의 트랙의 안쪽 주로(走路). ↔아웃코스.
인큐베이터(incubator)명 보육기(保育器).
인클라인(incline)명 경사진 곳에 레일을 깔고, 주로 동력으로 배나 화물 따위를 운반하는 장치.
인-킬로(人kilo)의 교통 기관에서, 여객 운수의 양을 정밀하게 나타낼 때의 계산 단위. 〔1인킬로는 한 사람의 여객을 1 km 운송하였음을 나타냄.〕
인터내셔널(international)명 여러 나라에 관계되거나 미침.
인터넷(Internet)명 (1969년, 미국 국방부에서 비롯된) 국제 컴퓨터 통신망의 한 가지. 서로 다른 컴퓨터 또는 네트워크 사용자들과 연결, 여러 가지 서비스를 제공받으며 통신할 수 있는 세계 최대의 컴퓨터 통신망임.
인터럽트(interrupt)명 컴퓨터에서, 어떤 프로그램의 실행을 잠시 중단하고 다른 프로그램을 불러들여 실행할 수 있도록 어떤 사상(事象)이나 신호가 들어오게 하는 일.
인터벌(interval)명 ①시간적인 간격. ②야구에서, 투수의 투구와 투구 사이의 시간. ¶ 인터벌이 길다. ③막간(幕間). 휴식 시간.
인터뷰ː(interview)명하자타 〔'면접'·'대담'·'회견' 등의 뜻으로〕 조사·진단·시험·취재 등을 목적으로, 특정한 개인이나 집단을 만나 필요한 정보를 수집하는 일.
인터셉트(intercept)명하타 축구·럭비·농구 등의 경기에서, 상대편에서 패스한 공을 중간에서 가로채는 일.
인터체인지(interchange)명 고속도로의 출입구나 일반 도로의 교차 지점에 설치되어 있는 입체 교차 시설의 교차 부분. 나들목. 아이시(IC).
인터컷(intercut)명 스포츠 실황 방송 따위를 할 때, 관람석의 모습이나 관객의 소감 따위를 짧게 끼워 넣는 일.
인터타이프(intertype)명 ☞라이노타이프.
인터페론(interferon)명 바이러스에 감염된 동물 세포에서 생기는 단백질. 바이러스의 증식을 방해하는 물질이며, 암 치료 등에 이용됨.
인터페이스(interface)명 ①컴퓨터에서, 서로 다른 두 시스템·장치·소프트웨어 따위를 서로 이어 주는 부분, 또는 그런 접속 장치. ②컴퓨터에서, 사용자인 인간과 컴퓨터를 연결하여 주는 장치. 〔키보드·디스플레이 따위.〕
인터폰(interphone)명 옥내의 통화에 쓰이는 간단한 유선 전화.
인터폴(Interpol)명 국제 형사 경찰 기구. [International Criminal Police Organization]
인턴(intern)명 수련의(修鍊醫) 과정의 첫 1년 동안의 의사를 이르는 말. 〔전 과목에 걸쳐 순환 근무를 하며 임상 수련을 받음.〕 참레지던트.
인턴-사원(intern社員)명 회사에 정식으로 채용되지 아니한 채 실습 과정을 밟는 사원.
인테르(←interline)명 활자 조판에서 행간을 띄우기 위하여 행과 행 사이에 끼워 넣는 물건. 나무나 납 따위로 만듦.
인테르메조(intermezzo 이)명 ①간주곡(間奏曲). ②막간극(幕間劇). ③교향악이나 소나타를 연결하는 소형식(小形式)의 기악.
인테리어(interior)명 실내 장식. ¶ 인테리어 디자인.
인텔리(←intelligentsia 러)명 〈인텔리겐치아〉의 준말.
인텔리겐치아(intelligentsia 러)명 〔러시아 제정 시대에, 혁명적 지식인을 일컫던 말로〕 지식층. 지식 계급. 준인텔리.
인텔리전트^빌딩(intelligent building)명 (자동 제어 장치, 근거리 통신망, 사무 자동화 시스템 따위) 최첨단 전자 시설 및 정보 통신 시설을 완비한 임대용 사무실 빌딩.
인텔샛(INTELSAT)명 국제 상업 통신 위성 기구. [International Telecommunication Satellite Organization]
인퇴(引退) [-퇴/-퉤]명하자 어떤 직무를 그만두고 물러남. 참은퇴(隱退).
인트라넷(intranet)명 기업이 내부의 정보 교환 및 공동 작업을 위하여 인터넷을 이용하여 구축한 컴퓨터 통신망.
인파(人波)명 많이 모여 움직이는 사람의 모양을 파도에 비유하여 이르는 말. ¶ 피서 인파.
인파이팅(infighting)명 권투에서, 상대편에게 접근하여 공격하는 전법. ↔아웃복싱.
인판(印版)명 〈인쇄판〉의 준말.
인편(人便)명 오가는 사람의 편. ¶ 인편에 편지를 부치다.
인편(鱗片)명 비늘 조각.
인품(人品)명 사람의 품격. 사람의 됨됨이. ¶ 인품이 원만하다. 비품성(品性).
인풋(input)명 컴퓨터에 정보를 넣는 일. 입력(入力). ↔아웃풋.
인프라(←infrastructure)명 〈인프라스트럭처〉의 준말.
인프라스트럭처(infrastructure)명 생산이나 생활의 기반을 형성하는 기초적인 시설. 〔도로·항만·철도·발전소·통신 시설 따위.〕 준인프라.
인플레(←inflation)명 〈인플레이션〉의 준말. ↔디플레.
인플레이션(inflation)명 물가가 오랫동안 지속적으로 올라가는 경제 현상. 통화 팽창(通貨膨脹). 준인플레. ↔디플레이션.
인플루엔자(influenza)명 돌림감기.
인피(靭皮)명 ①☞체관부. ②☞인피 섬유.
인피-부(靭皮部)명 ☞체관부.
인피^섬유(靭皮纖維)명 식물의 체관부 섬유 및 피층(皮層) 섬유. 질기고 저항력이 강하여 제지(製紙)나 제직(製織)에 이용됨. 인피(靭皮).
인피^식물(靭皮植物) [-싱-]명 잎이나 줄기의 인피 섬유가 직물·종이·끈·편물 따위의 공업용 원료로 쓰이는 식물을 통틀어 이르는 말. 〔아마(亞麻)·삼·청마(靑麻) 따위.〕
인필ː드^플라이(infield fly)명 야구에서, 노 아웃 또는 원 아웃에 주자가 일루·이루에 있거나 또는 만루일 때에, 타자가 친 공이 내야수가 쉽게 받을 수 있게 뜬 것. 심판이 이를 선언하면 타자는 자동적으로 아웃이 됨. 참내야 플라이.

인하(引下)명하타되자 ①끌어내림. ②(가격이나 임금·요금 따위를) 떨어뜨림. ¶ 물가 인하 정책. /금리를 인하하다. ↔인상(引上).
인하(姻下)대 ☞인말(姻末).
인-하다(因—)자여 ①본디 그대로 하다. ¶ 옛 풍속에 인하여 식을 올리다. ②말미암다. ¶ 병충해로 인하여 수확이 크게 줄었다.
인-하다(吝—)형여 좀 인색하다.
인합(印盒)명 ☞인뒤웅이.
인항(引航)명하타 ①☞예항(曳航). ②글라이더를 공중으로 떠오르게 할 때 자동차 따위로 끌어서 이륙시키는 일.
인해(人海)명 (바다처럼) 많은 사람이 모인 상태를 이르는 말. ¶ 오후가 되자 이곳은 청중들로 인해를 이루었다. 참인산인해(人山人海).
인해^전ː술(人海戰術)명 ①막대한 인명 피해를 무릅쓰고 많은 지상군(地上軍)을 계속적으로 투입하여, 적군을 압도하려고 하는 전술. ②많은 사람을 투입하여 무슨 일을 이룩하려는 방책.
인행(印行)명하타되자 ☞간행(刊行).
인허(認許)명하타되자 인정하여 허가함. 인가(認可).
인-허가(認許可)명 인가와 허가를 아울러 이르는 말.
인현왕후-전(仁顯王后傳)명 작자·연대 미상의 조선 시대 전기 소설. 숙종의 계비(繼妃) 인현왕후의 폐비(廢妃) 사건과 장 희빈(張禧嬪)과의 관계를 다룬 내간체(內簡體)의 궁중 비극 소설. '인현왕후덕행록(仁顯王后德行錄)'이라고도 함.
인혐(引嫌)명하타 자기의 과실(過失)에 대한 책임을 짐.
인형(人形)명 ①사람의 형상. ②사람의 형상을 본떠 만든 장난감.
인형(印形)명 ☞인발.
인형(姻兄)명 편지 글 등에서, '자형(姉兄)'을 달리 이르는 말.
인형(仁兄)대 편지 글에서, 친구 사이에 서로 상대편을 높이어 일컫는 말.
인형-극(人形劇)명 인형을 움직여서 하는 연극을 통틀어 이르는 말.
인혜(仁惠) '인혜하다'의 어근.
인혜-하다(仁惠—)[-혜-/-헤-]형여 어질고 은혜롭다.
인호(人戶)명 사람의 집. 인가(人家).
인호(隣好)명 이웃끼리 다정히 지내는 일.
인홀불견(因忽不見)명 언뜻 보였다가 금방 사라져 보이지 않음.
인화(人和)명하자 여러 사람의 마음이 서로 화합함. ¶ 인화 단결.
인화(引火)명하자되자 불이 옮아 붙음. ¶ 인화 물질. /불이 이웃집으로 인화하다.
인화(印花)명 도자기를 만들 때, 겉면에 도장 따위를 눌러 찍어 무늬를 만드는 기법, 또는 그 무늬. 고화(敲花).
인화(印畫)명하타되자 필름이나 건판의 상(像)을 감광지에 비추어 화상(畫像)이 나타나게 하는 일.
인화(燐火)명 ①인(燐)이 탈 때 보이는 파르스름한 빛. ②도깨비불. ②음화(陰火).
인화-물(引火物)명 불이 잘 옮아 붙는 성질을 가진 물질.
인화-성(引火性)[-썽]명 불이 잘 옮아 붙는 성질. ¶ 인화성 물질.
인화-점(引火點)[-쩜]명 물질이 인화하는 최저 온도. 참발화점(發火點).
인화-지(印畫紙)명 사진의 음화(陰畫)를 양화(陽畫)로 만드는 데 쓰이는 감광지(感光紙).
인환-증(引換證)[-쯩]명 ☞상환증(相換證).
인회-석(燐灰石)[-회-/-훼-]명 인(燐)이 섞인 광물. 주성분은 산성 인산칼슘. 녹색·청색·갈색·무색 등 여러 가지이며 유리와 같은 광택이 있음. 인산질 비료의 원료로 쓰임.
인후(仁厚) '인후하다'의 어근.
인후(咽喉)명 ☞목구멍.
인후-강(咽喉腔)명 목구멍의 후두개 연골에서 성문(聲門)까지의 기도(氣道).
인후-병(咽喉病)[-뼝]명 목구멍이 붓고 아픈 병을 통틀어 이르는 말. 후증(喉症).
인후-염(咽喉炎)명 인후의 점막에 염증이 생겨 붉게 부어오르는 병. 인후 카타르.
인후지지(咽喉之地)명 〔목과 같은 땅이라는 뜻으로〕 중요한 요새가 되는 땅.
인후^카타르(咽喉catarrh)명 ☞인후염(咽喉炎).
인후-하다(仁厚—)형여 마음이 어질고 무던하다.
인휼(仁恤)명하타 어진 마음으로 어려운 처지에 놓인 사람을 구제함.
인희-지광(人稀地廣)[-히-]명하형 사람은 드물고 땅은 넓음. 지광인희(地廣人稀).
읻다형 〈옛〉좋다. 잘생기다. ¶ 이든 工巧ᄒᆞᆫ 말(法華6:67). /이ᄃᆞ며 골업소믈 굴히리오(南明 下28).
일ː[1]명 ①(어떤 가치 창조를 위하여) 몸과 마음을 쓰는 활동. 작업. ¶ 인간은 일을 하기 위하여 태어났다. ②(어떤 사건이나 사태에 관련된) 짓. 행위(行爲). ¶ 그 시각에 피고가 한 일을 소상히 말하시오. ③(생계나 벌이를 위한) 노동. 직업. ¶ 요즘 무슨 일을 하십니까? ④(되어 가는) 형편. ¶ 요즘 회사 일이 어떻게 돌아갑니까? ⑤볼일. 소간사(所幹事). 용무. ¶ 무슨 일로 오셨나요? ⑥형편. 사정. 사유. ¶ 참석하지 못할 일이 생겼소. ⑦사실. 현상. ¶ 무사하셨다니 반가운 일입니다. /준비도 없는데 손님이 들이닥쳤으니 이 일을 어쩐담. ⑧(돈이나 노력이 드는) 행사(行事). ¶ 이번에 혼사 일을 치르시느라 애 많이 쓰셨습니다. ⑨계획. 사업. ¶ 나라를 세우는 일. /이번 일은 성공률 100%이다. ⑩(실제로 겪거나 본) 적. 경험. ¶ 이런 걸 본 일이 있느냐? /저 사람에게 속았던 일이 있소. ⑪말썽. 사단(事端). 사건. 변고(變故). ¶ 곤란한 일이 생기다. /갑작스럽게 일을 당하다. /기어이 일을 저지르고야 마는구나. ⑫(처리해야 할) 사안(事案). 책무(責務). ¶ 어려운 일을 혼자 감당하다. /그 지도자에게 나라의 일을 맡기다. ⑬용변이나 남녀의 교접을 완곡하게 이르는 말. ¶ 친구 하나가 화장실로 일을 보러 갔다. /일을 치르다. ⑭물리학에서, 물체에 힘이 작용하여 그것을 움직이게 하는 기능.
일 다하고 죽은 무덤 없다속담 일을 하려고 들면 끝이 없다는 말.
일에는 베돌이, 먹을 땐 감돌이속담 일할 때는 멀리 가 있으려고 살살 빼다가, 먹을 것이 있으면 조금이라도 더 많이 먹으려고 살금살금 다가오는 사람을 두고 이르는 말.
일이 되면 입도 되다속담 일이 많으면 먹을 것도 많이 생기게 된다는 말.
일 잘하는 아들 낳지 말고 말 잘하는 아들 낳으라속담 사람이 말을 잘하면 처세(處世)하기에 유리하다는 뜻으로 이르는 말.

일[2]〖조〗 자음으로 끝난 체언에 붙는 관형사형 서술격 조사. 《모음 뒤에서는 '이'가 생략되기도 함.》 ①그 말이 일반적인 사실임을 나타냄. ¶ 한 집안의 가장일 사람이 저런 행동을 하다니. ②그 일을 짐작하는 뜻을 나타냄. ¶ 이번에도 또 우승일 것이다. 〖참〗ㄹ[2].

일 거다〖관용〗 '일 것이다'가 줄어서 된 말. 자음으로 끝난 체언에 붙어, 추측하여 단정하는 뜻을 나타냄. ¶ 이번에는 틀림없이 합격일 거다.

일 거야〖관용〗 '일 것이야'가 줄어서 된 말. 자음으로 끝난 체언에 붙어, 가능성이나 추측의 뜻을 나타냄. ¶ 일 등은 아마 박 군일 거야.

일 바에〖관용〗 자음으로 끝난 체언에 붙어, '어차피 그렇게 된 일이면'의 뜻으로, 앞말이 뒷말의 전제나 조건이 됨을 나타냄. ¶ 어차피 만날 수 없는 사람일 바에 굳이 가 뭣 하랴.

일 바에야〖관용〗 '일 바에'의 힘줌말. ¶ 이왕 버릴 옷일 바에야 나나 다오.

일〖부〗 〈옛〉 일찍이. ¶ 일 門을 단놋다(杜初7:*10*).

일(日)[1] 〖Ⅰ〗〖명〗 ①날. 하루. ¶ 일 평균 생산량. ②〈일요일〉의 준말.
〖Ⅱ〗〖의〗 날짜를 세는 단위. ¶ 3일째 되는 날. /아버지 생신이 앞으로 15일 남았다.

일(日)[2]〖명〗 〈일본〉의 준말. ¶ 한·일 관계.

일(一·壹) 〖Ⅰ〗〖수〗 하나.
〖Ⅱ〗〖관〗 《일부 단위를 나타내는 명사 앞에 쓰이어》 ①그 수량이 하나임을 나타내는 말. ¶ 일 그램. ②그 순서가 첫 번째임을 나타내는 말. ¶ 삼국지 일 권.

-일(日)〖접미〗 일부 체언 뒤에 붙어, 그러한 날의 뜻을 나타냄. ¶ 공휴일. /기념일. /마감일.

일가(一家)〖명〗 ①한집안. 한가족. ②동성동본(同姓同本)의 겨레붙이. ③학문이나 예술·기술 등의 분야에서, 독자성을 가진 독립된 한 유파(流派). ¶ 나전 공예 부문에서 일가를 이루다.

일가-견(一家見)〖명〗 ①자기대로의 독특한 의견이나 학설. ¶ 일가견을 가지다. /일가견이 있다. ②상당한 견식을 가진 의견. ¶ 일가견을 피력하다. 일가언(一家言).

일가-문중(一家門中)〖명〗 모든 일가.

일가-붙이(一家-) [-부치]〖명〗 성과 본이 같은 모든 겨레붙이.

일가-언(一家言)〖명〗 ☞일가견(一家見).

일가^원소(一價元素) [-까-]〖명〗 원자가 하나인 원소. 〔취소·염소·나트륨 따위.〕

일가월증(日加月增) [-쯩]〖명〗〖하자〗 날이 가고 달이 갈수록 더욱 늘어감.

일-가족(一家族)〖명〗 한집안의 가족, 또는 온 가족.

일가-친척(一家親戚)〖명〗 일가와 외척(外戚)·인척(姻戚)의 모든 겨레붙이.

일가^함ː수(一價函數) [-까-쑤]〖명〗 하나의 독립 변수에 대하여 종속 변수의 값이 하나뿐인 함수. ↔다가 함수(多價函數).

일각(一角)〖명〗 한 귀퉁이. 한 모서리. 한 부분. ¶ 사회 일각에서 제기되고 있는 여론.

일각(一刻)〖명〗 ①매우 짧은 동안. ¶ 최후의 일각까지 분전하다. /일각이 급한 처지다. ②한 시(時)의 첫째 각(刻). 〔옛 시각의 단위로, 지금의 한 시간의 4분의 1. 곧, 15분.〕
일각이 삼추(三秋) 같다〖속담〗 〔일각이 삼 년의 세월같이 여겨진다는 뜻으로〕 '기다리는 마음이 매우 간절함'을 이르는 말.

일각(日脚)〖명〗 햇발.

일각^대문(一角大門) [-때-]〖명〗 (대문간이 따로 없이) 양쪽에 기둥을 하나씩 세우고 문짝을 단 대문. 일각문.

일각-문(一角門) [-강-]〖명〗 ☞일각 대문.

일각-수(一角獸) [-쑤]〖명〗 중국의 전설상의 동물. 모양과 크기는 말과 비슷하고 이마에는 뿔이 하나 있다 함.

일각^중문(一角中門) [-쭝-]〖명〗 두 개의 기둥으로 세운 중문.

일각-천금(一刻千金)〖명〗 '매우 짧은 시간도 천금과 같이 귀중함'을 이르는 말.

일간(日刊)〖명〗〖하타〗 날마다 간행함, 또는 그 간행물.

일간(日間) 〖Ⅰ〗〖명〗 하루 동안. ¶ 일간 생산량.
〖Ⅱ〗〖부〗 가까운 며칠 사이에. ¶ 일간 찾아가겠네. /일간 다시 오겠네.

일간-두옥(一間斗屋)〖명〗 한 칸밖에 되지 않는 작은 오두막집.

일간^신문(日刊新聞)〖명〗 날마다 박아서 펴내는 신문. 일간지(日刊紙).

일간-지(日刊紙)〖명〗 ☞일간 신문.

일간-초옥(一間草屋)〖명〗 한 칸밖에 되지 않는 작은 초가집.

일갈(一喝)〖명〗〖하자〗 한 번 큰 소리로 꾸짖음.

일ː-감 [-깜]〖명〗 일거리. ¶ 일감이 쌓이다.

일갓-집(一家-) [-가찝/-갇찝]〖명〗 일가가 되는 집.

일개(一介)〖명〗 보잘것없는 한 낱. ¶ 일개 사원에서 사장으로 입신(立身)하다.

일ː-개미〖명〗 개미의 한 가지. 집을 짓고 먹이를 모으는 등의 일을 맡아 하는 개미. 날개가 없고 생식 기능이 없음.

일-개인(一個人)〖명〗 한 사람. 한 개인.

일거(一擧)〖명〗 한 번의 행동. 한 번의 동작. 《주로, '일거에'의 꼴로 쓰임.》 ¶ 만루에 홈런을 날려 일거에 넉 점을 더하다.

일거(逸居)〖명〗〖하자〗 별로 하는 일 없이 편안하고 한가로이 지냄.

일ː-거리 [-꺼-]〖명〗 해야 할 일. 일감. ¶ 일거리를 맡기다. /일거리가 다 떨어지다.

일거수-일투족(一擧手一投足)〖명〗 〔손을 한 번 드는 일과 발을 한 번 옮겨 놓는 일이라는 뜻으로〕 사소한 하나하나의 동작이나 행동을 이름. ¶ 적 진지의 일거수일투족을 살피다.

일거-양득(一擧兩得)〖명〗〖하자〗 한 가지 일로써 두 가지의 이익을 얻음. ¶ 일거양득의 효과. 〖비〗일석이조(一石二鳥).

일거월저(日居月諸) [-쩌]〖명〗 쉼 없이 가는 세월. 〖준〗거저(居諸).

일거-일동(一擧一動) [-똥]〖명〗 하나하나의 행동이나 동작. ¶ 학생들의 일거일동을 주시하다.

일건(一件) [-껀]〖명〗 ①한 가지. ②한 벌. ¶ 일건 서류를 갖추어서 제출하다. ③한 가지 일. ¶ 일건은 이미 해결되었다.

일건^기록(一件記錄) [-껀-]〖명〗 (그 일에 관계되는) 모든 기록. 한 벌의 기록.

일건^서류(一件書類) [-껀-]〖명〗 (그 일에 관계되는) 모든 서류.

일걸 [-껄]〖조〗 자음으로 끝난 체언에 붙어, 막연한 추측의 뜻을 나타내는 종결형 서술격 조사. 《모음 뒤에서는 '이'가 생략되기도 함.》 ¶ 그건 아마 헛소문일걸. 〖참〗ㄹ걸.

일격(一擊)〖명〗 한 번 세게 침. 한 번의 공격. ¶ 일격에 때려눕히다. /적을 일격에 쳐부수다.

일견(一見)〖명〗〖하타〗 한 번 봄. 언뜻 봄. 《주로, '일견'·'일견에'의 꼴로 쓰임.》 ¶ 일견에 알아보다. 〖비〗일모(一眸).

일ː결 명 크게 손〔客〕을 겪는 일.
일결(一決) 명하타 ①한 번에 결정함. ②(제방 따위가) 한 번에 터짐.
일경(一更) 명 하루의 밤을 다섯으로 나눈 첫째 시각. 〔하오 7시부터 9시까지.〕 갑야(甲夜).
일경(日警) 명 일본 경찰, 특히 '일제 강점기의 경찰'을 이르는 말.
일계(一計) [-계/-게] 명 (목적을 이루기 위하여 생각해 낸) 한 가지 꾀. 한 가지 책략. ¶ 저에게 기발한 일계가 있습니다.
일계(日計) [-계/-게] 명 ①하루를 단위로 하는 계산. ②날수대로 하는 계산.
일계-표(日計表) [-계-/-게-] 명 날마다의 계산을 한눈에 알아볼 수 있도록 만든 표.
일고(一考) 명하타 한 번 생각하여 봄. ¶ 일고해 볼 만한 일이다.
일고(一顧) 명하타 《주로 부정하는 말과 함께 쓰이어》 ①잠깐 돌아봄. ②(관심을 두고) 조금 생각하여 봄. ¶ 이 제안은 일고의 가치도 없다.
일고(日雇) 명 날품팔이. 일용(日傭).
일ː-고동 [-꼬-] 명 일의 되고 안 됨이 결정되는 중요한 고비.
일고-삼장(日高三丈) 명 〔해가 세 길이나 떠올랐다는 뜻으로〕 '아침 해가 높이 떴음'을 뜻하는 말. 삼간(三竿).
일고-여덟 [-덜] 수관 일곱이나 여덟쯤 되는 수(의). ¶ 일고여덟 살쯤 된 어린이. 준일여덟.
* 일고여덟이[-덜비]·일고여덟만[-덜-]
일곱 수관 여섯에 하나를 더한 수(의). 칠(七). ¶ 모임에 참석한 사람은 모두 일곱이다. /그 애는 일곱 살이다.
일곱-무날 [-곰-] 명 조수의 간만의 차가 같은 음력 초하루와 열엿새를 아울러 이르는 말.
일곱-이레 [-곰니-] 명 (아이가) 태어난 지 일곱 번째 되는 이레의 끝날. 〔태어난 지 49일째 되는 날.〕 칠칠(七七).
일곱-째 Ⅰ 수관 여섯째의 다음 차례(의). ¶ 일곱째 줄.
Ⅱ 명 맨 앞에서 세어 모두 일곱 개가 됨을 이르는 말. ¶ 귤을 벌써 일곱째 먹는다.
일공(一空) 명 아무것도 없이 텅 빈 상태.
일공(日工) 명 ①하루의 품삯. ②날삯을 받고 하는 일, 또는 그런 사람. 날품팔이.
일공-쟁이(日工-) 명 날삯을 받고 일하는 사람을 홀하게 이르는 말. 날품팔이꾼.
일과(一過) 명하타 ①한 번 지남. ¶ 태풍이 한반도를 일과하다. ②스치듯이 한 번 봄, 또는 그런 시선.
일과(日課) 명 날마다 일정하게 하는 일, 또는 그 과정. ¶ 아침 산책을 일과로 삼다.
일과-력(日課曆) 명 날마다 한 일을 적어 놓을 수 있게 만든 일력(日曆).
일과-성(一過性) [-썽] 명 (어떤 현상이나 증상이) 일시적으로 일어났다가 곧 사라지는 성질. ¶ 증권에 대한 일과성 과잉 투자 열기.
일과-표(日課表) 명 그날그날의 해야 할 일을 적어 놓은 표.
일곽(一郭·一廓) 명 하나의 담으로 둘러쳐 막은 곳. 한 구역.
일관(一貫) 명하자타 되자 ①〈일이관지(一以貫之)〉의 준말. ②(태도나 방법 등을) 처음부터 끝까지 한결같이 함. ¶ 처음에 결정한 방침대로 일관하다. /일관된 정책.
일관-성(一貫性) [-썽] 명 (태도나 방법 등에서) 처음부터 끝까지 한결같은 성질. 일관하는 성질.
일관^작업(一貫作業) 명 (어떤 일의 모든 과정을) 분산하지 않고 연속적으로 하는 작업. ¶ 원고 작성부터 출판까지 일관 작업으로 처리되다.
일괄(一括) 명하타 되자 (낱낱의 것들을) 한데 뭉뚱그림. ¶ 일괄 사표. /남은 안건들을 일괄하여 처리하다.
일괄^처리(一括處理) 명 컴퓨터에서, 입력 데이터를 일정량 또는 일정 기간 모아서, 한꺼번에 처리하는 방법. 배치 프로세싱.
일광(日光) 명 햇빛.
일광^반ː사경(日光反射鏡) 명 ☞헬리오스탯.
일광-보살(日光菩薩) 명 불교에서, 약사 삼존(藥師三尊)의 한 보살. 약사여래불의 왼쪽에 서 있는 협사(脇士).
일광^소독(日光消毒) 명 햇빛 속의 자외선의 살균력을 이용한 소독법.
일광^요법(日光療法) [-뇨뻡] 명 햇빛 속의 자외선을 이용한 치료법. 구루병·결핵성 질환 따위에 효과가 있음.
일광-욕(日光浴) [-뇩] 명하자 (병을 치료하거나 건강을 위하여) 맨몸을 햇빛에 쬐는 일. ¶ 일광욕을 즐기다.
일광^절약^시간(日光節約時間) [-씨-] 명 ☞서머 타임.
일교-차(日較差) 명 하루 동안의, 기온·기압·습도 따위의 가장 높은 값과 가장 낮은 값의 차.
일구(一口) 명 ①한 입. ②한 사람. ③여러 사람의 한결같은 말. ④한 마디의 말.
일구(日寇) 명 ☞왜구(倭寇).
일구(逸口) 명 지나친 말. 실수한 말. 과언(過言). 실언(失言).
일구-난설(一口難說) 명 한 마디 말로는 다 설명하기 어려움.
일구다 타 ①(논밭을 만들기 위하여) 땅을 파서 흙을 뒤집다. ¶ 화전을 일구다. ②(두더지 따위가) 땅속을 쑤셔 흙이 솟게 하다.
일구월심(日久月深) [-씸] 명하형 〔날이 오래고 달이 깊어 간다는 뜻으로〕 세월이 흐를수록 바라는 마음이 더욱 간절해짐을 이르는 말. ¶ 일구월심 그와의 재회를 기다리다.
일구-이언(一口二言) 명하자 〔한 입으로 두 말을 한다는 뜻으로〕 말을 이랬다저랬다 함을 이르는 말. ¶ 대장부가 일구이언을 하다니.
일구-하다(逸口-) 자여 지나친 말이나 실언을 하다.
일국(一國) 명 ①한 나라. ¶ 일국의 장관. ②온 나라.
일국(一掬) 명하타 두 손으로 한 번 움키는 일, 또는 한 움큼.
일군(一軍) 명 ①한 군대. ②온 군대.
일군(一群) 명 한 무리. 한 떼. ¶ 일군의 외국인 관광객이 입국하다.
일군(逸群) 명하형 무리 가운데서 매우 뛰어남. 발군(拔群).
일규(一揆) 명 ①같은 경우나 경로(經路). ②한결같은 법칙.
일그러-뜨리다 타 (물건이나 얼굴의) 한쪽을 좀 비뚤어지게 하거나 우글쭈글하게 하다. 일그러트리다. ¶ 미간을 일그러뜨리다.
일그러-지다 자 한쪽이 좀 틀리어 비뚤어지다. ¶ 그의 왼쪽 눈언저리가 일그러져 있다.
일그러-트리다 타 일그러뜨리다.
일근(日勤) 명하자 ①날마다 출근하여 사무를 봄. ②낮에 근무함. ②참야근.
일금(一金) 명 돈의 액수를 쓸 때 그 앞에

'돈'이란 뜻으로 쓰는 말. ¶ 일금 만 원정.

일급(一級)명 ①한 계급. ②등급의 첫째. ¶ 일급 공무원. /일급 자격증. ③어떤 분야에서 '최고 수준에 이른 것'을 뜻하는 말. ¶ 일급 기능공. /일급 투수. ④바둑이나 유도 따위에서 초단 바로 아래의 급수.

일급(日給)명 ①하루에 얼마로 정한 급료. 일한 삯을 하루 단위로 셈하여 받는 급료. ②하루치의 품삯. 날삯. 비날공전.

일급-쟁이(日給-)[-쨍-]명 일급을 받고 일하는 사람을 얕잡아 이르는 말. 날품팔이꾼.

일긋-거리다[-귿꺼-]자 자꾸 일긋일긋하다. 일긋대다. 작얄긋거리다.

일긋-대다[-귿때-]자 일긋거리다.

일긋-얄긋[-근날귿/-그댤귿]부하자 일긋거리고 얄긋거리는 모양.

일긋-일긋[-근닐귿/-그딜귿]부하자 (꽉 짜인 물건의) 사개가 느슨하여 조금씩 일그러지는 모양. 작얄긋얄긋.

일긋-하다[-그타-]형여 한쪽으로 조금 삐뚤어져 있다. 작얄긋하다.

일기(一己)명 자기 한 몸.

일기(一技)명 한 가지 기술. 한 가지 능한 솜씨. ¶ 일인(一人) 일기.

일기(一氣)명 ①천지간에 가득한 대기(大氣). ②한목에 내치는 기운.

일기(一期)명 일생(一生). ¶ 70세를 일기로 세상을 떠났다.

일기(一朞)명 한 돌. 일주년(一週年).

일기(日記)명 ①그날그날 겪은 일이나 생각·느낌 등을 적은 개인의 기록. ¶ 일기를 꼬박꼬박 쓰다. ②일기를 적는 책. 일기장. ③폐위된 임금의 재위 기간의 사적(事績)을 적은 기록. 실록(實錄)에 해당하는 것. 〔'연산군 일기' 따위.〕 ③참실록(實錄).

일기(日氣)명 날씨. 천기(天氣).

일기(逸機)명하자 기회를 놓침.

일기-가성(一氣呵成)명 ①단숨에 문장을 지어냄. ②(무슨 일을) 단숨에 해냄.

일기^개ː황(日氣槪況)명 ☞기상 개황.

일기-당천(一騎當千)명 〔혼자서 천 명의 적을 대항해 낸다는 뜻으로〕 ①무예가 매우 뛰어남. ¶ 일기당천의 기백으로 계백의 진영에 뛰어든 관창랑. ②기술이 남보다 뛰어남. 경험이 남보다 월등히 많음. 일인당천(一人當千).

일기-도(日氣圖)명 어떤 지역의 기상 상태를 숫자나 기호 따위로 나타낸 그림.

일기^문학(日記文學)명 ①일기 형식으로 표현된 문학. ②일기로서 문학적인 가치가 높은 기록.

일기^예ː보(日氣豫報)명 일정한 지역에서의 얼마 동안의 기상 상태를 미리 알리는 일.

일기-장(日記帳)[-짱]명 ①일기를 적는 책. ②영업상의 거래나 기업 재산에 관한 나날의 상태를 기록하는 장부.

일기죽-거리다[-꺼-]자타 자꾸 일기죽일기죽하다. 일기죽대다. 작얄기죽거리다.

일기죽-대다[-때-]자타 일기죽거리다.

일기죽-얄기죽[-중냘-/-주걀-]부하자타 일기죽거리고 얄기죽거리는 모양.

일기죽-일기죽[-중닐-/-주길-]부하자타 걸을 때, 허리를 이리저리 느리게 흔드는 모양. 작얄기죽얄기죽.

일기지욕(一己之慾)명 자기만의 욕심.

일기-초(日記抄)명 폐위된 임금의 역사를 편찬하는 데에 근거가 되는 초록(抄錄).

일길-찬(一吉飡)명 신라 때의 17관등의 일곱째 등급. 참사찬.

일까조 자음으로 끝난 체언에 붙어, 앞일이나 지금의 일을 짐작함에 있어 의문이나 의심의 뜻을 나타내는 종결형 서술격 조사. 《모음 뒤에서는 '이'가 생략되기도 함.》 ¶ 그는 어떤 사람일까?/이게 무슨 뜻일까?/과연 이게 옳은 일일까? 참ㄹ까.

일-깨다[1]자 잠을 일찍 깨다.

일-깨다[2]타 '일깨우다[1]'의 잘못.

일-깨다[3]자타 '일깨우다[2]'의 잘못.

일깨-우다[1]타 〖'일깨다[1]'의 사동〗 (자고 있는 이를) 여느 때보다 일찍 깨게 하다.

일-깨우다[2]자타 (일러 주거나 가르쳐서) 깨닫게 하다. ¶ 청소년들에게 애국심을 일깨우다.

일ː껏[-껃]부 모처럼. 애써서. ¶ 일껏 요리해 주었더니 맛이 없다고 투정이다. /일껏 귀띔해 두었는데도 또 실수하다니.

일꼬조 자음으로 끝난 체언에 붙어, '일까'의 뜻을 예스럽게 나타내는 종결형 서술격 조사. 《모음 뒤에서는 '이'가 생략되기도 함.》 ¶ 이게 어찌 된 노릇일꼬?/저 사람 직업이 무엇일꼬? 참ㄹ꼬.

일ː-꾼명 ①일하는 사람, 또는 일을 할 사람. 일손. ¶ 일꾼을 구하다. /일꾼이 턱없이 부족하다. ②일을 솜씨 있게 계획하거나 처리하는 사람. ¶ 저 사람은 우리 과의 일꾼이야. /어린이는 나라의 일꾼이 될 새싹이다.

일ː-끝[-끋]명 일의 실마리. ¶ 일끝이 풀리다. *일ː끝이[-끄치]·일ː끝을[-끄틀]·일ː끝만[-끈-]

일낙(一諾)[-락]명하타 한 번 승낙함.

일낙-천금(一諾千金)[-락-]명 〔한 번 승낙한 일은 천금같이 귀중하다는 뜻으로〕 '확실한 승낙'을 뜻하는 말.

일난풍화(日暖風和)[-란-]명하형 날씨가 따뜻하고 바람결이 부드러움.

일-남중(日南中)[-람-]명 태양이 자오선(子午線)에 이르는 일.

일-남지(日南至)[-람-]명 〔동지 때 해가 남회귀선에 이르는 데서〕 '동짓날'을 뜻하는 말.

일ː-내다[-래-]자 말썽을 일으키다. 사고를 저지르다. ¶ 저 사람 일낼 사람일세.

일년-감(一年-)[-련-]명 '토마토'를 달리 이르는 말.

일년-생(一年生)[-련-]명 ①학교에 입학하여 제1학년 과정을 공부하고 있는 학생. ¶ 고등학교 일년생. ②싹이 터서 자란 지 1년 정도 되는 식물. ③〈일년생 식물〉의 준말. ③한해살이.

일년생^식물(一年生植物)[-련-싱-]명 (식물체가) 한 해 동안에, 싹 트고, 자라고, 꽃이 피고, 열매 맺고 말라 죽는 초본 식물. 일년생 초본. 일년초. 한해살이풀. 준일년생. 참다년생 식물·월년생 식물·이년생 식물.

일년생^초본(一年生草本)[-련-]명 ☞일년생 식물. 한해살이풀.

일년-초(一年草)[-련-]명 ☞일년생 식물.

일념(一念)[-렴]명 ①한결같은 마음. 오직 한 가지의 생각. ¶ 구국(救國)의 일념. ②불교에서, 온 정신을 기울여 염불하는 일.

일념-통천(一念通天)[-렴-]명 한결같은 마음으로 노력하면 하늘도 감동시켜 무슨 일이든 이룰 수 있음을 뜻하는 말.

일는지[-른-]조 자음으로 끝난 체언에 붙어, 막연한 의문이나 추측의 뜻을 나타내는 종결형 또는 연결형 서술격 조사. 《모음 뒤에서는 '이'가 생략되기도 함.》 ¶ 이게 진짜 산삼일는지? [참]ㄹ는지.

일능(一能)[-릉][명] 한 가지의 재능.

일ː다[1][이니·일어][자] ①(어떤 상태가) 새로 생기다. ¶ 바람이 일다. /거품이 일다. ②(약하거나 대단하지 않던 것이) 성하게 되다. ¶ 살림이 날로 일다. /불꽃이 일다. ③위로 솟아오르거나 겉으로 부풀다. ¶ 옷에 보푸라기가 일다.

일ː다[2][이니·일어][타] ①곡식이나 광물 따위를 물에 담가 조리질을 하거나 흔들어서, 가벼운 것은 위로, 무거운 것은 아래로 가게 하여 쓸 것과 못 쓸 것을 가려내다. ¶ 쌀을 일다. /사금(沙金)을 일다. ②까붐질이나 사래질을 하여 쓸 것과 못 쓸 것을 가려내다. ¶ 키로 참깨를 일다.

일다[3][-따][형] 〈이르다[3]〉의 준말.

일다[4][조] 〈이로다〉의 준말.

일다[자] 〈옛〉이루어지다. 되다. ¶ 내히 이러 바ᄅᆞ래 가ᄂᆞ니(龍歌2章). /西征에 功이 일어늘(龍歌41章).

일단(一段)[-딴][명] ①계단 따위의 한 층계. ②문장이나 이야기 따위의 한 도막. ③신문 따위 인쇄물의 한 단. ¶ 일단 기사. ④자동차 따위의 기어 변속에서 그 첫 단계. ⑤바둑·검도·유도 따위의 초단(初段) 또는 한 단.

일단(一團)[-딴][명] ①한 덩어리. ②하나의 집단. 한 무리. ¶ 일단의 시인들.

일단(一端)[-딴][명] ①한 끝. ②(사물의) 한 부분. ¶ 그것은 오류의 일단에 지나지 않는다.

일단(一旦)[-딴][부] ①한번. 우선. 먼저. ¶ 일단 정해진 대로 실천하다. ②잠깐. ¶ 일단 정지(停止)하시오.

일-단락(一段落)[-딸-][명][되자] (일정한 정도에서) 일이 마무리되는 일. ¶ 그 까다롭던 교섭도 일단락되었다. /범인의 자수로 그 사건은 일단락되었다.

일단-정지(一旦停止)[-딴-][명] 차량이 횡단보도 따위를 통과할 때에 우선멈춤으로써 보행자의 통행을 방해하지 않는 일.

일당(一黨)[-땅][명] ①목적과 행동을 함께하는 무리, 또는 그에 딸린 사람. 한 동아리. ¶ 폭력배 일당이 검거되다. ②하나의 정당 또는 당파. ¶ 일당 독재를 고수하다.

일당(日當)[-땅][명] 하루 몫의 수당이나 보수. ¶ 회의에 참석하는 이에게는 일당을 지급합니다.

일당백(一當百)[-땅-][명] 〔한 사람이 백 사람을 당해 낸다는 뜻으로〕 '매우 용맹함'을 비유하여 이르는 말. ¶ 일당백의 장수.

일대(一代)[-때][명] (어떤) 한 시대. 그 시대. ¶ 일대의 영걸. 일세(一世).

일대(一帶)[-때][명] 어떤 지역의 전부. 일원(一圓). ¶ 서해안 일대의 어장.

일대(一隊)[-때][명] (대오를 지은) 한 떼. ¶ 일대의 병사.

일대(一對)[-때][명] 한 쌍.

일대(一大)[-때][관] 《명사 앞에 쓰이어》 '하나의 큰' 또는 '굉장한'의 뜻을 나타내는 말. ¶ 일대 수라장. /일대 장관을 이루다.

일대-기(一代記)[-때-][명] 어느 한 사람의 일생 동안의 일을 적은 기록.

일대-사(一大事)[-때-][명] 중대한 일. 아주 큰 일. ¶ 결혼은 인생의 일대사다.

일대^잡종(一代雜種)[-때-쫑][명] 서로 다른 순수 품종을 교배시켜서 얻은 최초의 것.

일-더위[-떠-][명] 첫여름부터 일찍 오는 더위. ↔늦더위.

일명[부] 〈옛〉반드시. 필연코. ¶ 일명 빅년 산들 긔 아니 초초ᄒᆞᆫ가(古時調).

일도(一到)[-또][명] 한 번 다다름. ¶ 일도 창해(一到滄海)하면 다시 오기 어려우리(古時調).

일도(一途)[-또][명] 한 가지 길이나 방도. 같은 길.

일도(一道)[-또][명] ①한 길. ②하나의 도리.

일도-양단(一刀兩斷)[-또-][명][하자] 〔한 칼로 두 동강이를 낸다는 뜻으로〕 '머뭇거리지 않고 과감히 결정하거나 처리함'을 이르는 말.

일도-조(一刀彫)[-또-][명] 조각에서, 한 칼로 간단히 소박하게 조각하는 방법.

일독(一讀)[-똑][명][하타] 한 번 읽음. ¶ 응모 작품을 일독하다.

일동(一同)[-똥][명] 그곳에 있는 모든 사람. 또는, 어떤 집단이나 단체에 든 모든 사람. ¶ 3학년 1반 일동. /일동을 대신하다.

일동일정(一動一靜)[-똥-쩡][명] 하나하나의 모든 행동이나 동정. 모든 동작.

일동장유-가(日東壯遊歌)[-똥-][명] 조선 영조 때, 김인겸(金仁謙)이 지은 장편 기행 가사. 통신사의 서기관으로 일본에 다녀오면서 그곳의 문물·풍속 등을 읊은 내용. 4책. 〔필사본으로 전함.〕

일-되다[-뙤-/-뛔-][자] ①곡식이나 열매 따위가 제철보다 일찍 익다. ②(나이에 비해) 발육이 빠르거나 일찍 철이 들다. ¶ 하는 짓이 일되다. ↔늦되다.

일득일실(一得一失)[-뜨길씰][명] 한 가지 이득이 있으면 한 가지 손실이 있다는 말. [참]일리일해(一利一害).

일등(一等)[-뜽][명] (순위·등급 따위에서) 첫째. ¶ 일등 국민. /일등을 차지하다.

일등^도ː로(一等道路)[-뜽-][명] '국도(國道)'의 구용어.

일등-병(一等兵)[-뜽-][명] 국군의 사병 계급의 하나. 이등병의 위, 상등병의 아래. [준]일병.

일등-성(一等星)[-뜽-][명] 맨눈으로 볼 수 있는 별의 밝기를 여섯 등급으로 나눌 때, 가장 밝게 보이는 별. 〔항성 중의 시리우스·카노푸스·견우성·직녀성 따위.〕

일등-품(一等品)[-뜽-][명] 품질이 가장 뛰어난 물품이나 상품.

일-떠나다[1][자] 기운차게 일어나다.

일-떠나다[2][자] 일찍 길을 떠나다.

일떠-서다[자] 기운차게 벌떡 일어서다. ¶ 훈련병들은 교관의 호각 소리에 일떠서서 정렬을 했다.

일떠세우다[타] 《'일떠서다'의 사동》 일떠서게 하다.

일라[조] 자음으로 끝난 체언에 붙어, 의심쩍거나 염려됨을 나타내는, 해라체의 종결형 서술격 조사. 《모음 뒤에서는 '이'가 생략되기도 함.》 ¶ 아무거나 사다가는 불량품일라. [참]ㄹ라.

일라고[조] 자음으로 끝난 체언에 붙어, 그 사실을 의심하면서 되묻는 뜻을 나타내는 종결형 서술격 조사. 《모음 뒤에서는 '이'가 생략되기도 함.》 ¶ 설마 그 사람이 진짜 범인일라고. [참]ㄹ라고.

일락(一樂)[명] 삼락(三樂) 중의 첫째의 낙, 곧 부모가 살아 계시고 형제가 다 무고한 일. [참]삼락(三樂).

일락(逸樂)[명][하자] 편안히 놀며 즐김, 또는 제멋대로 놀며 즐김.

일락-배락뷔 〈옛〉 홍할락 망할락. 이을락 끊일락. ¶ 엇디호 時運이 일락배락 ᄒᆞ얏ᄂᆞᆫ고(鄭澈.星山別曲).

일락-서산(日落西山) [-써-] 명하자 해가 서산에 짐.

일란성^쌍생아(一卵性雙生兒) [-썽-] 명 한 개의 수정란에서 태어난 쌍생아. 유전자가 같기 때문에 동성(同性)이며, 체형·성질·지능 정도 따위가 비슷함. 참이란성 쌍생아.

일람(一覽) 명 ①하타 한 번 봄, 또는 한 번 죽 훑어봄. ¶ 선수 명단을 일람하다. ②모든 내용을 한눈에 볼 수 있도록 간단히 적은 작은 책이나 표. ¶ 명승지 일람.

일람불^어음(一覽拂-) 명 수취인이 지급인에게 어음 금액을 청구하면서 함께 제시하면 즉시 지급해야 하는 어음. 일람 출급 어음. ↔기한부 어음.

일람-첩기(一覽輒記) [-끼] 명하자 (기억력이 좋아서) 한 번 보면 잊지 아니함.

일람^출급^어음(一覽出給-) 명 ☞일람불 어음.

일람-표(一覽表) 명 많은 사항을 한눈에 죽 훑어보아 알 수 있게 꾸며 놓은 표.

일랍(一臘) 명 ①〈일법랍〉의 준말. ②절에서, 법랍(法臘)이 제일 많은 스님을 이르는 말. ③'첫이레'를 달리 이르는 말.

일랑조 자음으로 끝난 체언에 붙어, 조사 'ㄴ(은·는)'의 뜻으로, 주격·목적격 등에 쓰이는 보조사. 《모음 뒤에서는 '이'가 생략되기도 함.》 ¶ 종철일랑 여기 남아라. /책가방일랑 여기 두고 가자. 참ㄹ랑.

일랑-은조 '일랑'의 힘줌말. ¶ 딴생각일랑은 아예 하지 마라.

일러니조 자음으로 끝난 체언에 붙어, '이겠더니'의 뜻으로, 경험에 바탕을 둔 어떤 사실을 말하되, 뒤의 사실이 그것과는 다르게 전개됨을 예스럽게 나타내는 연결형 서술격 조사. 《모음 뒤에서는 '이'가 생략되기도 함.》 ¶ 장래의 장군감일러니 중도에서 포기할 줄이야. 참ㄹ러니.

일러두-기명 책의 첫머리에 그 책의 내용이나 사용법 등에 대하여 설명한 글. 범례(凡例).

일러-두다자타 특별히 부탁하거나 지시하여 두다. ¶ 문단속을 잘 하라고 일러두다.

일러라조 자음으로 끝난 체언에 붙어, '이겠더라'의 뜻으로, 경험에 바탕을 둔 어떤 사실을 감탄조로 예스럽게 베풀어 말하는 종결형 서술격 조사. 《모음 뒤에서는 '이'가 생략되기도 함.》 ¶ 그분은 만고의 충신일러라. 참ㄹ러라.

일러-바치다자타 윗사람에게 고자질하다. ¶ 형은 내가 거짓말했다고 어머니께 일러바쳤다.

일러스트(←illustration) 명 〈일러스트레이션〉의 준말.

일러스트레이션(illustration) 명 ①삽화(挿畫). 도해(圖解). ②책이나 잡지·신문 등에서 글의 내용을 돕기 위하여 곁들인 그림. 준일러스트.

일런가조 자음으로 끝난 체언에 붙는 종결형 서술격 조사. 《모음 뒤에서는 '이'가 생략되기도 함.》 ①혼자 속으로 의심쩍어하거나 묻는 뜻을 나타냄. ¶ 새로 짓는 건물이 무엇일런가? ②'이런가'의 강조형으로, 스스로 느껴워하여 묻는 뜻을 나타냄. ¶ 아, 이게 꿈일런가. 참ㄹ런가.

일런고조 자음으로 끝난 체언에 붙어, '일런가'보다 예스럽게 나타내는 종결형 서술격 조사. 《모음 뒤에서는 '이'가 생략되기도 함.》 ¶ 이 무슨 기구한 운명일런고. 참ㄹ런고.

일렁-거리다자 자꾸 일렁일렁하다. 일렁대다. ¶ 일렁거리는 물결. 작얄랑거리다.

일렁-대다자 일렁거리다.

일렁-얄랑[-냘-/-얄-] 부하자 일렁거리며 얄랑거리는 모양.

일렁-이다자 물에 뜬 물건이 물결에 따라 이리저리 움직이다.

일렁-일렁[-닐-/-일-] 부하자 물에 뜬 물건이 물결에 따라 이리저리 움직이는 모양. 작얄랑얄랑.

일레조 자음으로 끝난 체언에 붙어, '이겠데'의 뜻으로, 겪어 본 바에 따른 가능성이나 추측을 나타내는 종결형 서술격 조사. 《모음 뒤에서는 '이'가 생략되기도 함.》 ¶ 이목구비가 반듯한게 그런대로 미인일레. 참ㄹ레.

일레라조 자음으로 끝난 체언에 붙어, '이겠더라'의 뜻으로, 막연한 추측·희망·가능성 따위를 감탄조로 나타내는 종결형 서술격 조사. 《모음 뒤에서는 '이'가 생략되기도 함.》 ¶ 벗이 따로 소용이랴, 술이 바로 벗일레라. 참ㄹ레라.

일렉트론-메탈(electron metal) 명 마그네슘을 주성분으로 하는 경합금(輕合金)의 한 가지. 알루미늄 계통의 경합금보다 가볍고 강하지만 내식성(耐蝕性)은 떨어짐.

일력(一力) 명 조선 시대에, 역(力)의 첫째 등급. 50근 무게의 물건을 두 손에 하나씩 들고 160보를 가던 시험. 참역(力).

일력(日力) 명 ①해가 떠서 해가 질 때까지의 동안. 그날의 해가 있는 동안. ②하루 종일의 일, 또는 날마다의 일.

일력(日曆) 명 날마다 한 장씩 떼거나 젖히어 가며 그날의 날짜·요일·일진 따위를 보게 만든 책력(冊曆).

일련(一連) 명 (관계를 가지고) 하나로 이어지는 것. 하나의 연속. 일련(一聯). ¶ 일련의 사건.

일련(一聯) 명 ①☞일련(一連). ②율시의 한 대구(對句).

일련-번호(一連番號) 명 일률적으로 연속되어 있는 번호, 또는 연속되게 매긴 번호. 준연번.

일련-탁생(一蓮托生) [-쌩] 명 ①다른 사람과 행동과 운명을 같이하는 일. ②불교에서, 죽은 뒤에 극락정토의 같은 연대(蓮臺)에 왕생하는 일을 이르는 말.

일렬(一列) 명 한 줄. ¶ 일렬로 늘어서다.

일령(一齡) 명 알에서 깬 누에가 첫 번째 잠을 잘 때까지의 동안.

일례(一例) 명 하나의 예. 한 가지의 실례. ¶ 일례를 들다. /일례를 보면 이렇다.

일로(一路) 명 《일부 명사 뒤에 쓰이어》 한 방향으로 곧장 뻗어 나가는 길. ¶ 성장 일로에 있는 건설 회사.

일로-매진(一路邁進) 명하자 한 길로 곧장 힘차게 나아감. ¶ 목표 달성을 위하여 일로매진하다.

일록(日錄) 명하타 날마다의 일을 기록함, 또는 그 기록.

일루(一縷) 명 〔한 오리의 실이라는 뜻으로〕 '몹시 미약하여 겨우 유지되는 정도의 상태'를 비유하여 이르는 말. ¶ 일루의 희망도 없다.

일루(一壘) 명 야구에서, 주자가 맨 처음 밟는 베이스.

일루-수(一壘手) 명 야구에서, 일루를 지키는 선수.

일루-타(一壘打) 명 야구에서, 타자가 일루까지 갈 수 있게 친 안타. 단타(單打).

일류(一流)명 ①(어떤 분야에서) 첫째가는 지위나 부류. ¶ 일류 호텔. /일류의 작곡가. ②(학문이나 예술 따위 분야에서) 하나의 같은 유파(流派)나 계통(系統).

일류-제(溢流堤)명 저수지 따위에서, 수량을 조절하기 위하여 물이 찼을 때 저절로 넘쳐흐르도록 만든 둑.

일륜(一輪)명 ①(달 따위와 같이) 둥근 것. ②외바퀴. ③(꽃 따위의) 한 송이.

일륜(日輪)명 불교에서, 태양을 이르는 말.

일륜-명월(一輪明月)명 (음력 보름날 밤의) 둥글고 밝은 달.

일륜-차(一輪車)명 바퀴가 하나 달린 수레.

일-률(一率)명 단위 시간당 이루어지는 일의 양. 〔단위는 와트(W) 또는 마력.〕

일률(一律)명 ①(사물의 상태나 무슨 일을 하는 방법이) 한결같음. ¶ 모든 것을 일률로 처리하다. ②지난날, 사형에 해당되는 죄를 이르던 말. ②일죄(一罪).

일률-적(一律的)[-쩍]관명 태도나 방식 따위가 한결같은 (것). ¶ 일률적 방식. /일률적으로 처리하다.

일리(一利)명 한 가지 이익이나 이로움.

일리(一理)명 ①《주로 '있다'·'없다'와 함께 쓰이어》 어떤 면에서 수긍하거나 인정할 만하다고 생각되는 이치. ¶ 그 말도 일리가 있는 말이다. ②같은 이치.

일리미네이터(eliminator)명 (라디오나 수신기 따위에 사용하는) 교류 전원으로부터 직류를 얻는 장치.

일리일해(一利一害)명 한 가지 이로움이 있으면 한 가지 해로움도 있음.

일립만배(一粒萬倍)[-림-]명 〔한 알의 곡식도 심으면 만 알이 된다는 뜻으로〕 '아주 적은 것도 쌓이면 많게 됨'을 비유하여 이르는 말.

일막-극(一幕劇)[-끅]명 ☞단막극(單幕劇).

일말(一抹)명 〔한 번 바르거나 지우는 정도라는 뜻으로〕 약간. 조금. 《주로, '일말의'의 꼴로 쓰임.》 ¶ 일말의 후회. /일말의 불안감이 없지는 않다.

일망(一望)[1]명하타 한눈에 바라봄. 일모(一眸).

일망(一望)[2]명 한 보름 동안.

일망-무애(一望無涯)명하형 ☞일망무제.

일망-무제(一望無際)명하형 아득히 멀고 넓어서 끝이 없음. 일망무애. ¶ 일망무제의 대평원. 비망무제애(茫無際涯).

일망정조 자음으로 끝난 체언에 붙어, '비록 그러하지만 그러나'의 뜻으로, 앞의 사실을 인정하되 뒤의 사실이 그에 매이지 아니함을 나타내는 연결형 서술격 조사. 《모음 뒤에서는 '이'가 생략되기도 함.》 ¶ 미물일망정 함부로 죽이지 마라. 참ㄹ망정.

일망지하(一望之下)명 한눈에 바라볼 수 있는 시야의 아래. ¶ 비로봉 꼭대기에 오르니 동해 바다가 멀리까지 일망지하에 내려다보인다.

일망타진(一網打盡)명하타되자 〔한 번 그물을 쳐서 모조리 잡는다는 뜻으로〕 어떤 무리를 한꺼번에 죄다 잡음을 이르는 말. ¶ 폭력배를 일망타진하다. 준망타.

일매-지다형 죄다 고르고 가지런하다. ¶ 걸음새가 일매지지 못하다. /사과를 일매지게 깎다.

일맥(一脈)명 하나로 이어진 것. 한줄기.

일맥-상통(一脈相通)[-쌍-]명하자 (처지·성질·생각 등이) 어떤 면에서 한 가지로 서로 통함. ¶ 그와 나의 시국관은 일맥상통한 데가 있다.

일면(一面)명 ①(물체의) 한 면. ¶ 팔면체의 일면. ②(사물의) 한쪽 면. 한 방면. ¶ 그에게도 어수룩한 일면이 있다. /일면만을 보고 사람을 평하다. ③주위 일대. 전체. ¶ 호수 일면에 끼어 있는 짙은 안개. ④하자타 모르는 사람을 처음으로 한 번 만나 봄. ¶ 일면을 권하다.

일-면식(一面識)명 한 번 만난 적이 있어 얼굴을 약간 알고 있는 일. ¶ 일면식도 없는 사람.

일면여구(一面如舊)[-녀-]명하형 처음 만나 사귀었으나 오래 사귄 것처럼 친밀함.

일명(一名)명 사물의 본이름 외에 달리 일컫는 딴 이름. ¶ 일명 까치내라고 하는 마을.

일명(一命)명 ①한 목숨. ②한 번의 명령.

일명(逸名)명 ☞서얼(庶孼).

일명-경인(一鳴驚人)명 한 마디 말로 뭇사람을 놀라게 함. 사람들을 놀라게 할 만한 일을 함.

일모(一毛)명 〔한 가닥의 털이란 뜻으로〕 아주 가벼운 것, 또는 아주 적은 분량.

일모(一眸)명하타 ①한눈에 바라봄. 일망(一望)[1]. ②한 번 봄. 비일견(一見).

일모(日暮)명하자 날이 저무는 일, 또는 날이 저물 무렵.

일모-도궁(日暮途窮)명하형 〔날은 저물고 갈 길은 막힘의 뜻으로〕 '늙고 쇠약하여 앞날이 오래지 않음'을 비유하여 이르는 말.

일모-작(一毛作)명 한 경작지에서, 한 해에 한 차례만 작물을 심어 거두는 일. 단일 경작. 한그루. 참다모작·이모작.

일목요연(一目瞭然) '일목요연하다'의 어근.

일목요연-하다(一目瞭然-)형여 한 번 보고도 환히 알 수 있을 만큼 분명하다. ¶ 공정표(工程表)를 일목요연하게 작성하다.

일목-장군(一目將軍)[-짱-]명 '애꾸눈이'를 조롱하여 이르는 말.

일몰(日沒)명하자 해가 지는 일, 또는 해넘이. 일입(日入). ¶ 일몰 시간. ↔일출(日出).

일무(一無)명하형 하나도 없음.

일무(佾舞)명 사람을 여러 줄로 벌여 세워 놓고 추게 하는 춤.

일무-가관(一無可觀)명 하나도 볼 만한 것이 없는 것.

일무-가론(一無可論)명 의논할 일이 전혀 없음.

일무-소식(一無消息)명 ☞감감소식.

일무-차착(一無差錯)명 (일을 처리함에 있어) 조금도 잘못이나 실수가 없음.

일문(一門)명 ①한 혈통의 사람들. 한 가족. 한 집안. ②불교에서, 같은 종파의 사람들을 이르는 말. ③예술이나 학문 따위에서, 같은 스승 밑에서 배운 동문을 이르는 말.

일문(日文)명 일본 글.

일문(逸文)명 ①뛰어난 글. ②세상에 알려지지 않은 글. ③흩어져서 그 일부밖에 전하여지지 아니하는 글.

일문(逸聞)명 세상에 알려지지 않은 소문이나 이야기. 일화(逸話).

일문-일답(一問一答)[-땁]명하자 하나의 질문에 대하여 하나씩 답변함, 또는 그 일을 여러 차례 되풀이함. ¶ 기자단과 일문일답하다.

일물(逸物)명 매우 뛰어난 물건.

일미(一味)명 ①아주 뛰어난 맛. 독특한 맛. ②불교에서, 부처의 가르침은 여러 가지인 듯하나 그 본래의 뜻은 하나라는 뜻.

일미-선(一味禪)명 불교에서, 참선하여 부처의 참뜻을 깨닫게 되는 경지.

일민(逸民)명 (학문과 덕행이 있으면서도) 세상을 피해 숨어 지내는 사람.
일박(一泊)명하자 하룻밤을 묵음. ¶ 일박 이 일(二日). /경주에서 일박하다.
일밖에[-빠께]조 자음으로 끝난 체언에 붙어, '그럴 수밖에 없음'의 뜻을 나타내는 종결형 또는 연결형 서술격 조사. 《모음 뒤에서는 '이'가 생략되기도 함.》 ¶ 전쟁이 나면 고생하는 건 그 나라 백성일밖에 더 있나. 참ㄹ밖에.
일반(一半)명 ☞절반(折半).
일반(一般)명 ①(어떤 공통되는 요소가) 전체에 두루 미치고 있는 일. ¶ 일반 상식. ②(특별한 점이 없이) 보통인 것, 또는 그러한 사람들. ¶ 일반 가정. /일반에게 인기가 있는 작품. ③다를 데가 없는 마찬가지의 상태. 같은 모양. 《주로, '일반이다'의 꼴로 쓰임.》 ¶ 이것이나 저것이나 일반이다. ↔특별.
일반^감ː각(一般感覺)명 ☞유기 감각(有機感覺).
일반^개ː념(一般概念)명 많은 대상의 어느 것에나, 그 뜻을 바꾸지 않아도 적용되는 개념. 급개념. 보통 개념. 보편 개념. ↔개별 개념·단독 개념.
일반^교ː서(一般教書)명 미국 대통령이 연두(年頭)에 의회에 보내는 시정 방침 교서.
일반^명사(一般名詞)명 ☞보통 명사.
일반-법(一般法)[-뻡]명 (특별법에 대하여) 사람·장소·사항 따위에 특별한 제한 없이 널리 적용되는 법. 〔헌법·형법·민법 따위.〕 보통법. ↔특별법(特別法)·특례법(特例法).
일반^사ː면(一般赦免)명 범죄의 종류를 지정하여 이에 해당하는 모든 죄인에게 베푸는 사면. 형의 선고 효력과 공소권이 소멸됨. 참특별 사면.
일반^상대성^이ː론(一般相對性理論)[-썽-]명 1915년 아인슈타인이 특수 상대성 이론을 확장하여, 가속 운동을 하는 좌표계에도 상대성 원리를 적용하여 체계화한 이론. 참특수 상대성 이론.
일반-석(一般席)명 (귀빈석이나 특별석에 대하여) 보통의 자리. 보통석. ↔특별석.
일반-세(一般稅)[-쎄]명 국가의 일반 경비에 쓸 목적으로 매기는 세금. 〔지세(地稅)·소득세·주세(酒稅) 따위.〕 참특별세.
일반-수(一般數)[-쑤]명 수식(數式)에서, 문자로 나타내어 아무 수치로도 대신할 수 있는 수. 〔$a+2a=3a$에서의 a 따위.〕
일반^심리학(一般心理學)[-니-]명 개체에 차이를 두지 않고, 누구에게나 공통되는 것을 연구 대상으로 하는 심리학. 보통 심리학. ↔개성 심리학.
일반^예ː금(一般預金)[-녜-]명 시중 은행이 중앙은행에 이자 없이 맡겨 둔 돈.
일반^은행(一般銀行)명 일반으로부터의 예금을 주된 자금원으로 하여 금융 사업을 하는 은행. 보통 은행. ↔특수 은행(特殊銀行).
일반-인(一般人)명 ①특별한 신분이나 지위가 없는 보통 사람. ¶ 일반인의 자격으로 출국하다. ②특별히 지정되지 않은 사람. ¶ 일반인의 통행을 제한하다. ↔특정인(特定人).
일반-적(一般的)관명 어떤 특정한 분야에만 한정되지 않고 전체에 두루 걸치는 (것). ¶ 일반적 방식. /일반적으로 나타나는 현상.
일반^조약(一般條約)명 (형식을 기준으로 분류할 때) 다수의 국가가 참가하는 조약. ↔특수 조약.
일반지덕(一飯之德)명 〔한술 밥을 베푸는 정도의 덕이라는 뜻으로〕 아주 작은 은덕을 이르는 말.
일반지보(一飯之報)명 〔한 번 밥을 얻어먹은 은혜에 대한 보답이라는 뜻으로〕 아주 작은 은혜에 대한 보답을 이르는 말.
일반-직(一般職)명 국가 공무원 중에서, 행정 일반이나 기술·연구 등의 업무를 담당하는 공무원의 직.
일반^투표(一般投票)명 ☞국민 투표.
일반-항(一般項)명 여러 항으로 된 식·수열·급수 등에서의 임의의 항.
일반-화(一般化)명하자타되자 일반적으로 되거나 일반적인 것으로 되게 함.
일반^회ː계(一般會計)[-회계/-훼게]명 (특별 회계에 속하지 않는) 국가나 지방 자치 단체의 일반적인 세입·세출을 종합하여 처리하는 회계. ↔특별 회계.
일발(一發)명 ①(활이나 총포 따위를) 한 번 쏘는 일. ¶ 일발의 총성. ②총알이나 탄환 따위의 하나. 한 방. ¶ 일발이 명중하다.
일발(一髮)명 〔한 가닥의 머리털이라는 뜻으로〕 극히 작음을 이르는 말.
일방(一方)명 한쪽. 한편. ¶ 길이 일방으로 통하다.
일방(一棒)명 불교에서, 선의 수행에 있어서 스승이 죽비나 방망이로 제자를 깨우치는 일.
일-방보(一方步)명 사방 한 걸음의 넓이.
일방-적(一方的)관명 ①어느 한편으로 치우치는 (것). ¶ 일방적 행동. /일방적인 승리를 거두다. ②상대편은 생각지도 않고 자신의 일만 생각해서 하는 (것). ¶ 일방적 주장. /일방적으로 선전 포고를 하다.
일방-통행(一方通行)명 ①사람이나 차량을 도로의 한쪽 방향으로만 통행시키는 일. ¶ 일방통행 도로. ②'어떤 의사나 주장 따위가 일방적으로만 전하여지거나 이루어지는 일'을 비유하여 이르는 말. ¶ 정치가 일방통행의 양상을 띠다.
일방^행위(一方行爲)명 ☞단독 행위.
일배-주(一杯酒)명 한 잔의 술.
일백(一白)명 음양설에서 이르는 구성(九星)의 하나, 곧 수성(水星)을 이름.
일백(一百)수관 백(百). ¶ 일백 년.
일ː-벌명 꿀벌의 한 가지. 생식 능력이 없는 암벌로서, 집을 짓고 애벌레를 기르며 꿀을 치는 일을 맡아 함.
일벌-백계(一罰百戒)[-꼐/-께]명하자 〔한 사람을 벌하여 백 사람을 경계한다는 뜻으로〕 여러 사람에게 경각심을 불러일으키게 하기 위하여 무거운 벌로 다스리는 일.
일벌-일습(一一襲)[-씁]명 '옷 한 벌'을 거듭 강조하여 이르는 말.
일-법랍(一法臘)[-범납]명 중의, 득도(得道)한 후의 한 해. 준일랍.
일벗다타ㅅ 〈옛〉 도둑질하다. ¶ 金을 일벗디 아니ᄒᆞ리라(杜初*21:35*). /竊盜는 일버슬씨라(法華*2:167*). /그윗 거슬 일버ᅀᅥ(月釋*1:6*).
일변(一邊)명 ①어느 한편. 한쪽 부분. ②어떤 일의 한 측면. 한편. ¶ 동네 사람의 친절은 일변으로는 고맙기도 하고 일변으로는 부담스럽기도 했다.
일변(一變)명하자되자 〔'한 번에 바뀜'의 뜻으로〕 아주 싹 달라짐. ¶ 사태가 일변하다. /태도가 일변하다.

일변(日邊)명 하루하루 계산하는 변리. ¶ 눈덩이처럼 불어나는 고리(高利)의 일변.
일변-도(一邊倒)명 한쪽으로만 쏠리거나 치우침. ¶ 대미 일변도의 무역.
일-변화(日變化)명 어떤 지점에서의 기온·습도·기압 등의 하루 동안의 변화.
일별(一別)명하자 한 번 헤어짐.
일별(一瞥)명하타 한 번 흘낏 봄. ¶ 일별조차 하지 않고 지나쳤다.
일별(日別)명 ①날마다. ②날을 단위로 나눈 구별. ¶ 일별 생산량.
일병(一兵)명 〈일등병〉의 준말.
일보(一步)명 ①〔비유적으로〕 어떤 일이 아주 가까이 있음. ¶ 건물이 붕괴되기 일보 직전에 구출되다. ②〔비유적으로〕 첫걸음. 시작. 초보. ¶ 마침내 개혁의 일보를 내딛다. ③조금. 약간. ¶ 일보도 양보할 수 없다.
일보(日報)명 ①날마다의 보도나 보고. ¶ 일보를 작성하다. ②매일 나오는 신문.
일보불양(一步不讓)명하자 남에게 조금도 양보하지 아니함.
일ː-복(一服)명 일을 할 때 입는 옷.
일ː-복(一福)[-뽁]명 '늘 일거리가 많은 상태'를 복으로 비유하여 이르는 말. ¶ 일복이 많다. / 일복이 터지다. /일복을 타고나서 늘 바쁘다.
일본-도(日本刀)명 일본의 온갖 검을 통틀어 이르는 말. 일본에서 옛날부터 무기로서 사용해 온 칼. 왜검(倭劍).
일본-잎갈나무(日本-)[-닙깔라-]명 ☞낙엽송.
일봉(一封)명 ①한 통의 편지. ②(상금이나 사례금으로) 얼마의 돈을 넣은 봉투.
일봉(日捧)명하타 날마다 거두어들임.
일부(一部)명 (전체의) 한 부분. ¶ 일부 지역. / 사건의 일부가 발표되었다. 비일부분.
일부(日賦)명 (갚아야 할 돈을) 날마다 얼마씩 갚아 가는 일, 또는 그 돈. 참월부(月賦).
일부-금(日賦金)명 얼마 동안에 나누어 날마다 갚아 나가는 돈.
일부-다처(一夫多妻)명 한 남자가 둘 이상의 아내를 거느리는 혼인 형태. 참일처다부.
일ː부러부 ①특히 일삼아. 굳이. ¶ 일부러 갈 것까지는 없다. ②알면서도. 짐짓. ¶ 일부러 모르는 체하다. /일부러 나쁜 짓만 골라 하다.
일부^변ː경선(日附變更線)명 ☞날짜 변경선.
일-부분(一部分)명 전체 중의 한 부분. ¶ 신체의 일부분. /건물의 일부분만 보수하다. 비일부(一部).
일부-인(日附印)명 서류 따위에 그날그날의 날짜를 넣어 찍는 도장. 날짜 도장.
일부일(日復日)부 날마다. 나날이.
일부-일처(一夫一妻)명 한 남자가 한 아내만 거느리는 혼인 형태.
일부-종사(一夫從事)명하자 한 남편만을 섬김.
일부-종신(一夫終身)명하자 한 남편만을 섬기어 남편이 죽은 뒤에도 개가하지 아니하고 혼자서 일생을 마침.
일부^주권국(一部主權國)[-꿘-]명 국제적으로 완전한 주권을 인정받지 못하고 있는 나라. 반독립국. 반주권국. 불완전 주권국.
일부^판결(一部判決)명 하나의 소송에 여러 개의 청구가 있는 경우, 그 일부에 대해서만 행하여지는 종국 판결. ↔전부 판결.
일분자-층(一分子層)명 ☞단분자층.
일불(一不)명 여럿 가운데서 하나가 잘못되거나 불합격임.
일불이 살육(殺六)통관용 단 하나의 잘못으로 모든 것이 다 그릇됨을 이르는 말. 〔지난날, 강경과(講經科)의 강생이 칠서(七書) 중에서 육서(六書)에 합격하고도 일서(一書)에 합격하지 못하여 낙제하던 일에서 유래함.〕
일불(一佛)명 ①한 부처. ②'아미타여래'를 달리 이르는 말.
일불^국토(一佛國土)명 ☞일불 세계.
일불^세ː계(一佛世界)[-계/-게]명 불교에서, 한 부처의 교화가 골고루 미치는 세계. 일불국토.
일-불승(一佛乘)[-쏭]명 불교에서, 모든 중생을 구제하고 깨닫게 하는 부처의 가르침을 이르는 말. 일승법(一乘法).
일불^정토(一佛淨土)명 일불(一佛)의 극락정토. 〔특히, 아미타불의 극락정토를 이름.〕
일비(日費)명 날마다 드는 비용.
일비일희(一悲一喜)[-히]명 ①하자슬픈 일과 기쁜 일이 번갈아 일어남. ②하형한편으로는 슬프고 한편으로는 기쁨.
일비지력(一臂之力)명 〔한 팔의 힘이라는 뜻으로〕 아주 조그마한 힘.
일빈-일소(一嚬一笑)[-쏘]명하자 〔얼굴을 찡그리기도 하고 웃기도 한다는 뜻으로〕 '사람의 감정이나 표정이 때때로 변하는 것'을 이르는 말.
일뿐더러조 자음으로 끝난 체언에 붙어, 어떤 일이 그것만으로 그치지 않고 그 밖에 다른 일이 더 있음을 나타내는 말. 《모음 뒤에서는 '이'가 생략되기도 함.》 ¶ 사랑은 세상을 밝히는 빛일뿐더러 썩지 않게 하는 소금이라. 참ㄹ뿐더러.
일사(一死)[-싸]명 ①한 번 죽음. 한 목숨을 버림. ②야구에서, 공격 쪽의 선수가 한 사람 아웃되는 일. 원 아웃. ¶ 일사 이루.
일사(一事)[-싸]명 한 가지의 일. 한 사건.
일사(日射)[-싸]명 ①햇빛이 내리쬐는 일. ②태양으로부터 지구에 이른 방사 에너지.
일사(逸士)[-싸]명 ①세상에 나타나지 아니하고 숨어 사는 사람. ②《호(號) 뒤에 쓰이어》 '속세에 매이지 아니하고 유유자적하는 선비'임을 나타내는 말. ¶ 청명(靑溟) 일사.
일사(逸史)[-싸]명 정사(正史)에서 빠져 드러나지 않은 사실을 기록한 역사.
일사(逸事)[-싸]명 세상에 드러나지 아니한 숨겨진 일.
일-사반기(一四半期)[-싸-]명 ☞일사분기(一四分期).
일사-병(日射病)[-싸뼝]명 한여름의 뙤약볕 따위 강한 햇볕을 오래 쬠으로써 일어나는 병. 열이 나고 심한 두통과 현기증이 일어나며, 심하면 경련과 졸도를 함. 갈병(暍病).
일사부재리(一事不再理)[-싸-]명 형사 소송법에서, 어떤 사건에 대하여 일단 판결이 내리고 확정되면 그 사건을 다시 소송하여 심리하지 않는다는 원칙.
일사부재의(一事不再議)[-싸-의/-싸-이]명 의회의 의사(議事)에서 한 번 부결된 안건은 같은 회기 중에는 다시 제출할 수 없다는 원칙.
일-사분기(一四分期)[-싸-]명 1년을 네 기(期)로 나눈 그 첫째 기간, 곧 1·2·3월. 일사반기.
일사불란(一絲不亂)[-싸-]명하형 질서나 체계 따위가 정연하여 조금도 흐트러진 데나 어지러운 데가 없음. ¶ 일사불란하게 움직이다.

일사-천리(一瀉千里)[-싸철-]명 〔강물이 거침없이 흘러 천 리에 다다른다는 뜻으로〕 ①'어떤 일이 거침없이 기세 좋게 진행됨'을 이르는 말. ¶ 일사천리로 일을 해치우다. ②'말이나 글이 조금도 거침이 없음'을 이르는 말. ¶ 일사천리로 써 내려가다.

일삭(一朔)[-싹]명 한 달.

일산(日産)[-싼]명 ①하루의 생산량. ②일본에서 만든 물건.

일산(日傘)[-싼]명 ①햇볕을 가리기 위해 한데다 세우는 큰 양산. ②지난날, 의장(儀仗)의 한 가지. 자루가 긴 양산으로 왕·왕후·왕세자 등이 받았음. ③지난날, 감사(監司)나 수령(守令)들이 부임할 때 받던 의장.

일산^염기(一酸塩基)[-싼념-]명 산(酸)의 수소 원자와 작용하여 물을 만드는 수산기를 한 개 가진 염기. 〔수산화나트륨이나 수산화칼륨 따위.〕

일산화-납(一酸化-)[-싼-]명 ☞일산화연.

일산화-연(一酸化鉛)[-싼-]명 납을 공기 속에서 태워 만든 황색 가루. 납유리·도자기·유약 따위에 쓰임. 일산화납.

일산화-질소(一酸化窒素)[-싼-쏘]명 질소와 산소를 고온에서 직접 작용시키거나 암모니아를 가열하거나 하여 만드는 무색의 기체. 공기보다 약간 무거우며, 여러 금속과 니트로 화합물을 만드는 데 쓰임.

일산화-탄소(一酸化炭素)[-싼-]명 ☞산화탄소(酸化炭素).

일ː-삼다[-따]타 ①어떤 일을 자기의 일처럼 여기어 자주 하다. ¶ 그렇게 일삼아 할 것까지는 없다. ②오로지 그 짓만을 계속하여 하다. ¶ 당쟁을 일삼다.

일상(日常)[-쌍]명 날마다. 평소. 항상. ¶ 일상의 대화. /일상 하고 있는 일.

일상-사(日常事)[-쌍-]명 날마다 일어나는 일. 늘 있는 일.

일상-생활(日常生活)[-쌍-]명 날마다의 생활. 평소의 생활. 늘 하는 생활.

일상-성(日常性)[-쌍썽]명 일상적인 특성.

일상-용어(日常用語)[-쌍농-]명 평소 생활에서 보통으로 쓰이는 말.

일상-적(日常的)[-쌍-]관명 (특별한 것이 아닌) 늘 있는 예사로운 (것). ¶ 일상적 습관. /일상적인 생활에 권태를 느끼다.

일새[-쌔]조 자음으로 끝난 체언에 붙어, 앞말이 뒷말의 전제나 원인으로서 이미 그러하거나 진행 중임을 나타내는 문어 투의 연결형 서술격 조사. 《모음 뒤에서는 '이'가 생략되기도 함.》 ¶ 밤은 깊어 삼경일새 세상은 쥐 죽은듯 고요하고. 참ㄹ새.

일색(一色)[-쌕]명 ①한 가지 빛. ¶ 벽을 온통 붉은빛 일색으로 칠하다. ②아주 뛰어나게 아름다운 미인. ¶ 인물이 일색인 여인. ③《일부 명사 뒤에 쓰이어》 '같은 종류나 같은 경향이 지배하고 있는 모양'을 비유하여 이르는 말. ¶ 온통 빨간 모자 일색이다. ②↔박색(薄色).

일색 소박은 있어도 박색 소박은 없다속담 ①아름다운 여자는 남편에게 박대를 받게 되나 못생긴 여자는 그렇지 않으니, '아무리 아름다운 여자라도 그 사람됨이 좋지 않으면 남편에게 버림받게 됨'을 이르는 말. ②사람됨이 얼굴에 매인 것은 아니라는 말.

일생(一生)[-쌩]명 살아 있는 동안. 평생. 일기(一期). 전생(全生). 한살이. 한평생. ¶ 사람의 일생. /일생 잊을 수 없는 일. /일생을 헛되이 보내다. /일생을 이세 교육에 바치다.

일생-일대(一生一代)[-쌩-때]명 사람의 평생. 사람의 한평생. 《주로, '일생일대의'의 꼴로 쓰임.》 ¶ 일생일대의 걸작.

일생-토록(一生-)[-쌩-]부 평생토록.

일서(逸書)[-써]명 세상에 드러나지 아니한 글, 또는 없어져 전하지 아니하는 글.

일석(一夕)[-썩]명 ①하루 저녁. ②어느 저녁.

일석(日夕)[-썩]명 저녁.

일석이조(一石二鳥)[-써기-]명 〔한 개의 돌을 던져 두 마리의 새를 잡는다는 뜻으로〕 한 가지 일로써 동시에 두 가지의 이득을 얻음을 이르는 말. ¶ 일석이조의 효과를 노리다. 비일거양득(一擧兩得).

일석-점호(日夕點呼)[-썩쩜-]명 군대에서, 취침 전에 취하는 점호. 참일조점호.

일선(一線)[-썬]명 <제일선(第一線)>의 준말. ¶ 일선 기자. /일선 장병.

일설(一說)[-썰]명 ①하나의 설. 하나의 학설. ¶ 일설을 이루다. ②(어떤 일에 관한) 또 하나의 설. 다른 설. ¶ 일설에 의하면….

일성(一聲)[-썽]명 (큰) 한 마디의 소리. ¶ 일성을 지르다.

일성(日省)[-썽]명하타 날마다의 자기의 행실을 돌아보거나 반성함.

일성일쇠(一盛一衰)[-썽-쐬/-썽-쒜]명하자 한 번 성하고 한 번 쇠하는 일. 성쇠가 엇갈리는 일. 일영일락(一榮一落).

일성-장군(一星將軍)[-썽-]명 '준장(准將)'을 달리 이르는 말.

일성-호가(一聲胡笳)[-썽-]명 한 가락의 피리 소리. ¶ 어디서 일성호가는 남의 애를 끊나니(古時調).

일세[-쎄]조 자음으로 끝난 체언에 붙어, 어떤 사실이나 자기의 생각을 베풀어 말하는 뜻을 나타내는 하게체의 종결형 서술격 조사. 《모음 뒤에서는 '이'가 생략되기도 함.》 ¶ 오늘이 바로 선달 그믐일세. 참ㄹ세.

일세(一世)[-쎄]명 ①(사람의) 일생. ¶ 일세를 마치다. ②한 시대. 당대. 일대(一代). ¶ 일세를 풍미하다. ③한 군주나 가장이 다스리는 동안. ④한 혈통이나 유파의 원조, 또는 같은 이름의 황제나 법왕 중 첫 대의 사람. ¶ 엘리자베스 일세. ⑤이주민(移住民) 따위의 첫 대의 사람. ¶ 재일 교포 일세. /미국 교민 일세. ⑥한 세대가 다음 세대와 바뀌는 동안. 〔약 30년 동안.〕

일세라[-쎄-]조 자음으로 끝난 체언에 붙어, 행여 그렇게 될까 염려하는 뜻을 나타내는 종결형 또는 연결형 서술격 조사. 《모음 뒤에서는 '이'가 생략되기도 함.》 ¶ 보고 또 보며 한 숨짓는 뜻은, 아 어쩌면 이번이 마지막일세라. 참ㄹ세라.

일세말이지[-쎄-]조 자음으로 끝난 체언에 붙어, 남의 말을 되받아서 부인하는 뜻을 나타내는 종결형 서술격 조사. 《모음 뒤에서는 '이'가 생략되기도 함.》 ¶ 글쎄, 내가 주인일세말이지. 참ㄹ세말이지.

일세-일대(一世一代)[-쎄-때]명 〔한 세상과 한 대란 뜻으로〕 '한평생'을 이르는 말.

일세지웅(一世之雄)[-쎄-]명 그 시대에 대적할 사람이 없을 정도로 뛰어난 사람.

일ː-소[-쏘]명 주로, 일을 시키기 위하여 기르는 소.

일소(一笑)[-쏘]명 ①하자 한 번 웃는 일. ②하타 업신여기거나 깔보아 웃음.

일소에 부치다관용 대수롭지 않게 여겨 그대로 묵살하다. ¶ 그의 충고를 일소에 부치다.

일소(一掃)[-쏘]명하타되자 남김없이 모조리 쓸어 버림. ¶ 부정부패 일소. /구습을 일소하다.

일소(馹召)[-쏘]명하타 지난날, 지방의 관원에게 역마(驛馬)를 주어 불러올리던 일.

일ː-속[-쏙]명 일의 속사정이나 실속. ¶ 일속이 훤히 들여다보인다.

일ː-손[-쏜]명 ①일하고 있는 손. 또는, 손을 놀려 하고 있는 일. ¶ 잠시 일손을 멈추다. ②일하는 사람. ¶ 일손이 달린다. /일손을 구하다. ③일하는 솜씨. ¶ 일손이 시원스럽다.

일손(을) 놓다관용 ①하던 일을 그만두다. 일손(을) 떼다. ②일하던 손을 잠시 멈추다. ¶ 일손을 놓고 잠시 먼 산을 바라보았다.

일손(을) 떼다관용 ①☞일손(을) 놓다. ②하던 일을 마치다.

일손이 잡히다관용 일할 의욕이 생기다. ¶ 요즘은 전혀 일손이 잡히지 않는다.

일ː-솜씨명 일하는 솜씨, 또는 일해 놓은 솜씨. ¶ 일솜씨가 제법이다.

일수(一手)[-쑤]명 바둑이나 장기 따위에서, 한 수. 한 번 둔 수. ¶ 일수를 놓다.

일수(一數)[-쑤]명 제일 좋은 수. 상수.

일수(日收)[-쑤]명 ①하루의 수입. ¶ 일수 오만 원으로 생계를 이어 가다. ②본전과 이자를 일정한 날짜로 나눠 날마다 갚아 나가는 일, 또는 그 빚. ¶ 일수를 빌려 쓰다.

일수(日數)[-쑤]명 ①날의 수. ¶ 근무 일수. /수업 일수. ②그날의 운수. 날성수. ¶ 일수가 사납다.

일수-놀이(日收-)[-쑤-]명 일수로 돈을 빌려주는 일.

일수록[-쑤-]조 자음으로 끝난 체언에 붙어, '그러할수록'의 뜻으로, 어떤 일이 더하여 감에 따라 다른 일이 더하거나 덜하여 감을 나타내는 연결형 서술격 조사. 《모음 뒤에서는 '이'가 생략되기도 함.》 ¶ 거짓말일수록 내용은 그럴싸하다. 참ㄹ수록.

일수백확(一樹百穫)[-쑤배콱]명 〔나무 한 그루를 기르면 백 가지 수확이 있다는 뜻으로〕 '인재 한 사람을 길러 내면 사회에 큰 이득이 있음'을 이르는 말.

일수불퇴(一手不退)[-쑤-퇴/-쑤-퉤]명하자 (바둑이나 장기를 둘 때) '한번 둔 수는 무르지 아니함'을 이르는 말.

일수-판매(一手販賣)[-쑤-]명 물건을 도거리로 혼자 맡아서 파는 일. 도고(都庫).

일숙-일반(一宿一飯)[-쑤길-]명 〔하룻밤을 머무르면서 한 끼 끼니를 얻어먹는다는 뜻으로〕 '조그마한 은덕을 입음'을 비유하여 이르는 말.

일-숙직(日宿直)[-쑥찍]명 일직(日直)과 숙직(宿直)을 아울러 이르는 말.

일순(一巡)[-쑨]명하자타 한 바퀴 돎, 또는 한 바퀴 돌림. ¶ 타자 일순. /술잔이 일순하다.

일순(一瞬)[-쑨]명 〈일순간(一瞬間)〉의 준말. 삽시(霎時). ¶ 일순의 착각.

일순-간(一瞬間)[-쑨-]명 눈 깜짝할 사이. 아주 짧은 시간 동안. 삽시간(霎時間). ¶ 일순간에 일어난 사고. 준일순.

일순-천리(一瞬千里)[-쑨철-]명하자 넓게 펼쳐진 경치를 한눈에 내다봄.

일숫-돈(日收-)[-쑤똔/-쑫똔]명 본전과 이자를 일정한 날짜로 나누어 날마다 갚아 나가는 빚돈. ¶ 일숫돈을 쓰다.

일습(一襲)[-씁]명 (옷·그릇·기구 따위의) 한 벌. ¶ 반상기 일습을 새로 장만하다.

일승-법(一乘法)[-씅뻡]명 ☞일불승(一佛乘).

일승일패(一勝一敗)[-씅-]명 한 번 이기고 한 번 지는 일. ¶ 일승일패의 진직.

일시[-씨]조 자음으로 끝난 체언에 붙어, '일 것이'·'인 것이'의 뜻으로, 미루어 헤아린 사실이 틀림없음을 나타내는 연결형 서술격 조사. 《주로, '분명하다'와 어울려 쓰이며, 모음 뒤에서는 '이'가 생략되기도 함.》 ¶ 그가 범인일시 분명하다. 참ㄹ시.

일시(一時)[-씨] Ⅰ명 ①짧은 한 시기. 한동안. 한때. ¶ 일시도 마음을 놓을 수 없다. ②같은 때. 《주로, '일시에'의 꼴로 쓰임.》 ¶ 일시에 일어난 일.

Ⅱ부 한동안. 잠시. ¶ 일시 정신을 잃다. /일시 귀국하다.

일시(日時)[-씨]명 날과 때. 날짜와 시간. ¶ 회합 일시를 알리다.

일시동인(一視同仁)[-씨-]명하자 누구나 차별 없이 똑같이 사랑함.

일시^변ː이(一時變異)[-씨-]명 (환경이 바뀜에 따라 생기는) 생물체의 일시적인 변이.

일시-불(一時拂)[-씨-]명 (치러야 할 돈을) 한꺼번에 다 치르는 일. ¶ 일시불로 물건을 사다. ↔분할급(分割給).

일시-생사(一時生死)[-씨-]명 같이 살다가 함께 죽는 일. ¶ 백년 고락과 일시생사를 한가지로 하기를 바라노라(弔針文).

일시-성(一時星)[-씨-]명 ☞신성(新星).

일시^자석(一時磁石)[-씨-]명 (전자석과 같이) 일시적으로 자성(磁性)을 띠는 자석. ↔영구 자석(永久磁石).

일시-적(一時的)[-씨-]관명 한때만의 (것). 오래가지 않는 (것). ¶ 일시적 현상. /일시적인 사랑. ↔영구적(永久的).

일시^차ː입금(一時借入金)[-씨-]명 국고금의 일시적인 부족을 메우기 위해 국가가 한국은행에서 빌려 넣는 돈.

일식(一式)[-씩]명 (그릇이나 가구 따위의) 한 벌.

일식(日食)[-씩]명 일본식 요리. 화식(和食). 참왜식.

일식(日蝕·日食)[-씩]명하자 (달이 태양과 지구의 사이에 끼여) 태양의 일부 또는 전부가 가리는 현상. 〔개기 일식·금환 일식·부분 일식 등이 있음.〕

일-식경(一息耕)[-씩꼉]명 넓이가 한 식경인 밭을 갈 만한 동안.

일신(一身)[-씬]명 ①자기 한 몸. ¶ 일신을 보존하다. /일신의 영달만을 노리다. ②온몸. ¶ 일신을 다 바치다.

일신(一新)[-씬]명하자타되자 아주 새로워짐, 또는 새롭게 함. ¶ 분위기를 일신하다. /내용이 일신되다.

일신(日新)[-씬]명하자타 나날이 새로워짐, 또는 새롭게 함.

일신 일일신 우일신(日新日日新又日新)관용 〔중국 탕왕(湯王)의 반명(盤銘)에 있는 말로서〕 날로 새롭게 하며 나날이 새롭게 하며 또 날로 새롭게 함, 곧 '날마다 잘못을 고치어 그 덕(德)을 닦음에 게으르지 않음'을 이르는 말.

일신-교(一神敎)[-씬-]명 오직 하나의 신(神)만을 인정하고 믿는 종교. 〔기독교·마호메트교·유대교 따위.〕 유일신교(唯一神敎). ↔다신교.
일신-상(一身上)[-씬-]명 자기 한 몸에 관한 일. ¶ 일신상의 문제로 사직을 하다.
일신-양역(一身兩役)[-씬냥-]명 한 몸으로 두 가지 일을 겸하여 맡음.
일실(一室)[-씰]명 ①한 방. ②같은 집에서 사는 가족.
일실(逸失)[-씰]명하타 잃어버림. 놓침.
일심(一心)[-씸]명 ①한마음. ¶ 일심으로 단결하다. ②하자마음을 한쪽으로만 씀, 또는 그 마음. ¶ 일심으로 기도하다. ③하자여러 사람이 한마음으로 일치함.
일심(一審)[-씸]명 〈제일심(第一審)〉의 준말.
일심(日甚) '일심하다'의 어근.
일심-동체(一心同體)[-씸-]명 여러 사람이 한 사람처럼 뜻을 합하여 굳게 결합하는 일. ¶ 형제가 모두 일심동체가 되어 사업을 성공시켰다.
일심-만능(一心萬能)[-씸-]명 무슨 일이든 한 마음이 되어 하게 되면 안 될 일이 없음을 이르는 말.
일심-불란(一心不亂)[-씸-]명하자 마음에 흐트러짐이 없이 오로지 한 가지 일에만 마음을 기울임. **일심불란-히**부.
일심-전력(一心專力)[-씸절-]명하자 온 마음을 기울이고 온 힘을 다 쏟음.
일심-하다(日甚-)[-씸-]형여 날로 심하다.
일심-협력(一心協力)[-씸혐녁]명하자 한마음 한뜻으로 서로 힘을 합함.
일쏘냐조 자음으로 끝난 체언에 붙어, 앞말의 내용을 반어적 물음의 꼴로 나타내는 종결형 서술격 조사. 《모음 뒤에서는 '이'가 생략되기도 함.》 ¶ 부모를 버린 자식이 어찌 자식일쏘냐? 참ㄹ쏘냐.
일쑤 Ⅰ명 흔히 또는 으레 그러는 일. 《주로, '-기(가) 일쑤이다'의 꼴로 쓰임.》 ¶ 밥을 흘리기 일쑤이다. /넘어지기 일쑤이다.
Ⅱ부 드물지 않게 흔히. ¶ 일쑤 뒷머리를 긁는다.
일악(一惡)명 몹시 악한 사람.
일안(一安) '일안하다'의 어근.
일안^리플렉스^카메라(一眼reflex camera)명 한 조의 렌즈가 초점 조절용과 촬영용을 겸하고 있는 카메라.
일안-하다(一安-)형여 한결같이 편안하다.
일야(一夜)명 하루의 밤. 한 밤. ¶ 악몽의 일야.
일야(日夜)명 밤과 낮. 밤낮. ¶ 일야로 책만 읽는다.
일약(一躍) Ⅰ명하자 대번에 높이 뛰어오름. ¶ 평사원에서 부장으로 일약하다.
Ⅱ부 (지위나 등급·가격 따위가) 대번에 뛰어오르는 모양. ¶ 일약 인기인이 되다.
일양(一樣) Ⅰ명 한결같은 모양. 같은 모양.
Ⅱ부 한결같이 그대로, 또는 꼭 그대로. ¶ 쌀값은 오르지도 내리지도 않고 일양 그 수준이다.
일-양일(一兩日)[-량-]명 하루나 이틀.
일어(日語)명 일본어. 일본 말.
일어-나다자 ①누웠다가 앉거나, 앉았다가 서다. ¶ 얼마나 컸는지 어디 일어나 보아라. ②잠에서 깨어 몸을 일으키다. ¶ 아침 일찍 일어나다. ③몸과 마음을 모아 나서다. 분기(奮起)하다. ¶ 일어나라, 학도들이여! ④(없던 현상이) 생겨나다. 발생하다. ¶ 전쟁이 일어나다. ⑤(약하거나 희미하던 것이) 한창 성하게 되다. ¶ 가세(家勢)가 일어나다. ⑥(불이 붙기) 시작하다. ¶ 장작에 불이 일어나다. ⑦완쾌하다. ¶ 오랜 투병 끝에 병석에서 일어나다.
일어-서다자 ①앉았다가 서다. ②나쁜 상태로 기울었다가 다시 본디의 좋은 상태로 돌아오다. ¶ 좌절을 딛고 일어서다. ③다시 성해지다. ¶ 회사가 다시 일어서다.
일어셩부 〈옛〉 이럭저럭. ¶ 每日에 일어셩 지내면 므슨 실음 잇시리(古時調).
일어-앉다[-안따]자 (누웠다가) 일어나 앉다.
일어탁수(一魚濁水)[-쑤]명 〔한 마리의 물고기가 물을 흐리게 한다는 뜻으로〕 '한 사람의 잘못으로 여러 사람이 피해를 입게 됨'을 비유하여 이르는 말.
일언(一言)명 ①한 마디 말. ¶ 남아(男兒) 일언은 중천금(重千金)이다. ②하자타간단하게 말함, 또는 그 말.
일언-가파(一言可破)명 (여러 말을 하지 않고) 한 마디로 잘라 말해도 능히 판단해 냄.
일언-거사(一言居士)명 말참견을 썩 좋아하여, 무슨 일이든지 한 마디씩 참견하지 않으면 마음이 놓이지 않는 사람.
일언-반구(一言半句)명 〔한 마디의 말과 한 구(句)의 반이라는 뜻으로〕 아주 짧은 말. ¶ 일언반구의 사과도 없다.
일언이폐지(一言以蔽之)[-폐-/-페-]명하자 구구한 말을 다 줄이고, 한 마디의 말로써 함. 《주로, '일언이폐지하여'·'일언이폐지하고'의 꼴로 쓰임.》 ¶ 일언이폐지하고, 그는 쓸모없는 인간이다. 참폐일언(蔽一言)하다.
일언-일행(一言一行)명 하나하나의 말과 행동. 사소(些少)한 언행.
일언지하(一言之下)명 한 마디로 딱 잘라서 말함. 두말할 나위 없음. 《주로, '일언지하에'의 꼴로 쓰임.》 ¶ 원고 청탁을 일언지하에 거절하다.
일ː-없다[이럽따]형 ①소용이나 필요가 없다. ¶ 네 도움은 일없다. ②괜찮다. ¶ 염려하지 않아도 일없다. **일없-이**부 ¶ 동생은 아까부터 집 앞을 일없이 왔다 갔다 하고 있다.
일-여덟[-덜]수관 〈일고여덟〉의 준말.
일역(日域)명 ①〔해가 뜨는 곳이라는 뜻으로〕 중국에서 '우리나라'를 이르던 말. ②〔태양이 비치는 곳이라는 뜻으로〕 왕이나 황제의 치덕(治德)이 미치는 나라 안, 또는 천하.
일역(日譯)명하타 일본어로 번역함, 또는 일본어로 번역한 것.
일-염기산(一塩基酸)명 산(酸)의 염기도(塩基度)가 1인 산. 〔염산·질산 따위.〕
일엽-주(一葉舟)[-쭈]명 〈일엽편주〉의 준말.
일엽-지추(一葉知秋)[-찌-]명 〔나뭇잎 하나가 떨어지는 것을 보고 가을이 온 것을 안다는 뜻으로〕 하찮은 조짐을 보고 앞으로 일어날 일을 미리 안다는 말.
일엽-편주(一葉片舟)명 한 척의 조각배. 준일엽주.
일영(日影)명 ①햇빛이 비쳐서 생긴 그림자. ②지난날, 햇빛이 비쳐서 생기는 그림자를 이용하여 시간을 헤아리던 해시계의 한 가지.
일영일락(一榮一落)명하자 ☞일성일쇠(一盛一衰).
일오(日午)명 한낮. 정오(正午).
일요(日曜)명 〈일요일〉의 준말. 《주로, 관형어로 쓰임.》 ¶ 일요 신문.

일-요일(日曜日)명 칠요일의 첫째 날. 공일(空日). 준일(日)[1]·일요(日曜).
일용(日用)명 ①하타 날마다 씀. ¶ 일용 잡화. /일용할 양식. ②나날의 씀씀이.
일용(日傭)명 날품팔이. 일고(日雇). ¶ 일용 노무자.
일용-범백(日用凡百)명 늘 쓰는 모든 물건.
일용-상행(日用常行)명 날마다 하는 행위 일상적인 행동.
일용-품(日用品)명 날마다 쓰는 물건.
일우(一隅)명 한쪽 구석. 한 모퉁이.
일우명지(一牛鳴地)명 소 한 마리의 울음소리가 들릴 만한 가까운 거리의 땅.
일운(日暈)명 햇무리. 일훈(日暈).
일-울다[~우니·~울어]자 (제때나 제철보다) 일찍 울다.
일원(一元)명 ①여러 사물·현상의 근원이 오직 하나인 것. ②대수 방정식에서, 미지수가 하나인것. ¶ 일원 이차 방정식. ↔다원(多元).
일원(一員)명 어떤 단체나 사회를 이루는 구성원 가운데의 한 사람. ¶ 가족의 일원.
일원(一圓)명 ☞일대(一帶).
일원-론(一元論)[-논]명 (정신이든 물질이든, 또는 그 둘을 합한 것이든) 우주의 본체는 오직 하나라고 하는 견해나 학설. 단원론(單元論). ↔다원론.
일원^묘ː사(一元描寫)명 소설에서, 작품 속의 사건이나 인물의 심리를 주요 인물 한 사람의 시점(視點)을 통하여 묘사하는 일. ↔다원 묘사(多元描寫).
일원-제(一院制)명 〈일원 제도(一院制度)〉의 준말. 단원제(單院制).
일원^제ː도(一院制度)명 ☞단원 제도(單院制度). 준일원제.
일원-화(一元化)명하자타 되자 하나의 체계로 됨. 한 줄기로 만듦. ¶ 조직을 일원화하다.
일월(一月)명 ①한 해의 첫째 달. ②☞정월(正月).
일월(日月)명 ①해와 달. ②〔날과 달의 뜻으로〕 '세월'을 이르는 말.
일월-광(日月光)명 ①해와 달의 빛. ②불교에서, 가사(袈裟)의 등에 붙이는 수(繡).
일월-권(日月圈)[-꿘]명 사월 초파일에 세우는 등대 꼭대기의 장식.
일월성신(日月星辰)명 해와 달과 별.
일-월식(日月蝕)[-씩]명 일식과 월식.
일위(一位)명 한 분. 한 사람.
일위다자 〈옛〉흔들거리다. ¶ 萬國이 일위더니(鄭澈.關東別曲).
일으키다타 ①일어나게 하다. 일어서게 하다. ¶ 앉아 있는 사람을 일으키다. ②일을 벌이다. ¶ 말썽을 일으키다. ③병이 나다. ¶ 경련을 일으키다. ④세우다. 창시(創始)하다. 창설(創設)하다. ¶ 학교를 일으키다. /기업을 일으키다. ⑤생겨나게 하다. ¶ 전기를 일으키다. ⑥기운이 성하게 하다. ¶ 집안을 일으키다. ⑦출세하다. 입신(立身)하다. ¶ 천한 신분에서 몸을 일으키다.
일음-증(溢飮症)[-쯩]명 한방에서, 몸속의 수분이 땀이나 오줌으로 배설되지 못하여 일어나는 병을 이름.
일읍(一邑)명 ①한 고을. ②온 고을. ¶ 일읍을 들썩하게 만든 사건.
일의대-수(一衣帶水)[이릐-/이리-]명 한 가닥의 띠와 같은 좁은 냇물이나 바닷물, 또는 그것을 사이에 둔 관계. ¶ 한일 양국은 일의대수의 이웃이다.
일이(一二)관 《단위를 나타내는 일부 명사 앞에 쓰이어》 그 수량이 하나나 둘임을 나타내는 말. ¶ 일이 명의 힘으로는 다루기 어려운 일.
일이관지(一以貫之)명하자타 하나의 이치로써 모든 일을 꿰뚫음. 준일관.
일익(一翼)명 한쪽 부분. 한 가지의 구실. ¶ 국방의 일익을 담당하는 예비군.
일익(日益)부 날이 갈수록 더욱. 나날이.
일인(一人)명 ①한 사람. ¶ 일인 독재. ②어떤 사람.
일인(日人)명 일본 사람.
일인-당천(一人當千)명 ☞일기당천.
일인-이역(一人二役)명 한 사람이 두 가지 구실을 맡아 함.
일인-일기(一人一技)명 사람마다 한 가지 기술을 가지는 일. ¶ 일인일기 교육.
일인-자(一人者)명 〈제일인자(第一人者)〉의 준말. ¶ 병아리 감별의 일인자.
일-인칭(一人稱)명 ①☞제일 인칭. ②창작의 주인공으로 묘사되는 '나'.
일인칭^소ː설(一人稱小說)명 '나'를 주인공으로 삼은 소설. 내가 남에게 나 자신에 관한 이야기를 하듯이, 대상을 보는 시점이 '나'에게 한정된 구조 형식임.
일인칭^희곡(一人稱戲曲)[-히-]명 한 사람의 배우가 독백 형식으로 연기하도록 쓴 희곡. 참모노드라마.
일일(一日)명 하루. ¶ 일일 관광권.
일일(日日) Ⅰ명 매일. ¶ 일일 연속극.
Ⅱ부 매일. ¶ 일일 성장하는 사업.
일일-생활권(一日生活圈)[-꿘]명 그날로 볼일을 끝내고 되돌아올 수 있는 거리 안에 있는 구역이나 범위.
일일신(日日新)[-씬]명하자 나날이 새로워짐. 참일신(日新).
일일여삼추(一日如三秋)[-려-]명하형 〔하루가 삼 년 같다는 뜻으로〕 '매우 지루하거나 몹시 애태우며 기다림'을 비유하여 이르는 말.
일ː일-이[-리리]부 일마다 모두. 사사(事事)이. ¶ 일일이 트집을 잡다. /일일이 제대로 된 게 없다.
일일-이(一一-)[-리리]부 하나하나. 낱낱이. 모조리. ¶ 일일이 간섭하다. /일일이 검사하다. /일일이 체크하다.
일일-조(日日潮)[-쪼]명 하루의 주기를 가지는 천체의 기조력(起潮力)에 따라 일어나는 조석(潮汐), 곧 매일의 밀물과 썰물.
일일지장(一日之長)[-찌-]명 〔하루 먼저 태어나서 나이가 조금 위가 된다는 뜻으로〕 '조금 나음'을 이르는 말.
일일-학(一日瘧)명 날마다 일정한 시간에 앓는 학질.
일임(一任)명하타 되자 도맡김. 모조리 맡김. ¶ 집안일을 맏며느리에게 일임하다.
일입(日入)명하자 ☞일몰(日沒). ↔일출(日出).
일자(一字)[-짜]명 ①〔한 글자라는 뜻으로〕 아주 적은 지식을 이르는 말. ②짧은 글. 한 마디의 글. ¶ 일자 소식도 없다. ③'一' 자 모양. ¶ 입을 일자로 다물다.
일자(日字)[-짜]명 ☞날짜[1].
일ː-자리[-짜-]명 직업으로 삼아 일하는 곳. 일터. 직장(職場). ¶ 일자리가 생기다. /일자리를 얻다.

일자-매기(一字-) [-짜-] 명하타 서까래 끝을 '一' 자 모양으로 가지런히 자르는 일. ↔방구매기.
일자-무식(一字無識) [-짜-] 명하형 글자를 한 자도 모를 정도로 무식함. 목불식정. 전무식(全無識).
일자-반급(一資半級) [-짜-] 명 보잘것없는 작은 벼슬.
일자-양의(一字兩義) [-짜-의/-짜-이] 명 한 글자에 두 가지의 뜻이 있음.
일자이후(一自以後) [-짜-] 명 그 뒤부터 지금까지. ¶ 일자이후 사뭇 이 집에서 살고 있지.
일자-좀나비(一字-) [-짜-] 명 팔랑나빗과의 곤충. 몸길이 2 cm, 편 날개 길이 3.5 cm가량. 몸빛은 다갈색, 날개는 흑갈색이며 앞날개에 8개, 뒷날개에 4개의 흰 반점이 '一' 자 모양으로 있음. 애벌레는 '가위좀'이라 하며 벼의 해충임.
일자-집(一字-) [-짜-] 명 집채를 '一'자 모양으로 지은 집.
일자-총(一字銃) [-짜-] 명 한 방으로 바로 맞히는 좋은 총.
일자-포수(一字砲手) [-짜-] 명 한 방으로 바로 맞히는 명포수.
일-잠 [-짬] 명 저녁 일찍 드는 잠.
일장(一場) [-짱] 명 한바탕. 《주로, '일장'·'일장의'의 꼴로 쓰임.》 ¶ 일장 연설. /일장의 훈시.
일-장검(一長劍) [-짱-] 명 한 자루의 길고 큰 칼. ¶ 일장검 짚고 서서 만병을 호령하다.
일장-기(日章旗) [-짱-] 명 일본 국기(國旗).
일장-월취(日將月就) [-짱-] 명하자 ☞일취월장. 준장취.
일장일단(一長一短) [-짱-딴] 명 장점도 있고 단점도 있음. ¶ 사람은 누구에게나 일장일단이 있게 마련이다.
일장일이(一張一弛) [-짱-] 명 〔활시위를 죄었다 늦추었다 하는 것처럼〕 사람이나 물건을 적당히 부리고 적당히 쉬게 함.
일장-춘몽(一場春夢) [-짱-] 명 〔한바탕의 봄꿈이라는 뜻으로〕 '헛된 영화(榮華)나 덧없는 일'을 비유하여 이르는 말.
일장-풍파(一場風波) [-짱-] 명 '한바탕의 심한 야단이나 싸움'을 비유하여 이르는 말.
일재(逸才) [-째] 명 뛰어난 재주, 또는 그런 재주를 가진 사람.
일ː-재간(-才幹) [-째-] 명 어떤 일을 해 나가는 솜씨.
일적(一滴) [-쩍] 명 〔한 방울이라는 뜻으로〕 아주 적은 액체를 이르는 말.
일전(一戰) [-쩐] 명하자 한바탕의 싸움. ¶ 최후의 일전을 벌이다. /일전을 불사(不辭)하다.
일전(一轉) [-쩐] 명 ①하타 한 번 돎. ②하자 아주 변함. 싹 바뀜. ¶ 심기(心機)의 일전.
일전(日前) [-쩐] 명 며칠 전. 요전. ¶ 일전에 드린 말씀을 기억하시는지요?
일절(一切) [-쩔] 부 《사물을 부인하거나 금하는 말과 어울려서》 아주. 도무지. 결코. 전혀. ¶ 면회는 일절 금한다. /발길을 일절 끊다. 참일체(一切).
일점-혈육(一點血肉) [-쩜-] 명 자기가 낳은 단 하나의 자녀. ¶ 일점혈육도 없는 노부부.
일점-홍(一點紅) [-쩜-] 명 ①☞홍일점(紅一點). ②'석류꽃'을 달리 이르는 말.
일정(一定) [-쩡] 명하형 ①정해져 있어 바뀌거나 달라지지 않고 한결같음. ¶ 수입이 일정하다. ②어떤 기준에 따라 모양이나 방향 따위가 정해져 있음. ¶ 일정한 복장 형태. **일정-히** 부 ¶ 몫을 일정히 나누다.
일정(日政) [-쩡] 명 ☞왜정(倭政). ¶ 일정 시대.
일정(日程) [-쩡] 명 ①그날에 할 일, 또는 그 분량이나 차례. ¶ 행사 일정. ②그날 하루에 가야 할 도정(道程). ¶ 여행 일정. ③의회(議會) 등에서, 그날그날 심의할 의사(議事)나 그 차례.
일정-량(一定量) [-쩡냥] 명 정해진 분량. 어느 한도를 넘지 않는 알맞은 분량.
일정-표(日程表) [-쩡-] 명 일정을 적어 놓은 표. ¶ 일정표에 따라 행동하다.
일제(一齊) [-쩨] 명 《일부 명사 앞에 쓰이어》 여럿이 한꺼번에 함. ¶ 일제 단속. /일제 점검.
일제(日帝) [-쩨] 명 '일본 제국' 또는 '일본 제국주의'를 줄이어 이르는 말.
일제(日製) [-쩨] 명 일본에서 만든 물품(物品). 일본의 제품.
일제^강ː점기(日帝強占期) [-쩨-] 명 우리나라가 일본 제국에게 국권을 빼앗겨 통치당하던 시대. 1910년 8월 29일부터 1945년까지 35년간의 시기임.
일제^사격(一齊射擊) [-쩨-] 명 여러 사람이 한꺼번에 총을 쏘는 일.
일제-히(一齊-) [-쩨-] 부 여럿이 한꺼번에. ¶ 기계가 일제히 멈추었다. /수업이 끝나자 아이들이 일제히 교실에서 나온다.
일조(一助) [-쪼] 명하자 얼마간의 도움이 됨, 또는 그 도움. ¶ 우리도 이번 행사에 일조할 만한 일을 찾아봅시다.
일조(一朝) [-쪼] 명 ①〈일조일석(一朝一夕)〉의 준말. ②하루아침. 어느 날 아침. 《주로, '일조에'의 꼴로 쓰임.》 ¶ 계획이 일조에 수포로 돌아가다. ③만일의 경우. ¶ 일조 유사시(有事時).
일조(日照) [-쪼] 명 햇볕이 내리쬠.
일조-권(日照權) [-쪼꿘] 명 햇볕을 확보할 수 있도록 법률상 보호되어 있는 권리. 인접 건물 따위에 의하여 자기 집에 태양 광선이 충분히 닿지 못하여 생기는 신체·정신·재산의 피해에 대하여 보상을 청구할 수 있는 권리를 말함.
일조-량(日照量) [-쪼-] 명 일정한 물체의 표면이나 지표면에 햇볕이 내리쬐는 양. ¶ 일조량이 풍부하다.
일조부등(日潮不等) [-쪼-] 명 같은 날의 두 번의 만조나 간조의 높이가 서로 같지 않은 현상.
일조-시(日照時) [-쪼-] 명 ☞일조 시간(日照時間).
일조^시간(日照時間) [-쪼-] 명 해가 구름이나 안개 따위에 가리지 않고 햇빛을 지상에 비추는 시간. 일조시(日照時). 참가조시간(可照時間).
일조-율(日照率) [-쪼-] 명 가조시간(可照時間)에 대한 일조 시간의 비율.
일조-일석(一朝一夕) [-쪼-썩] 명 〔하루 아침이나 하루 저녁이라는 뜻으로〕 '아주 짧은 시일'을 이르는 말. 《주로, '일조일석에'의 꼴로 쓰임.》 ¶ 문화의 전통은 일조일석에 이루어지지 않는다. 준일조(一朝).
일조-점호(日朝點呼) [-쪼-] 명 군대에서, 기상하여 일과를 시작하기 전에 취하는 점호.
일족(一族) [-쪽] 명 (조상이 같은) 한 족속. 같은 겨레붙이.
일족(을) 물리다 관용 지난날, '일가붙이에게 족징(族徵)을 내게 하다'의 뜻으로 쓰던 말.

일종(一種)[-쫑]명 ①한 종류. 한 가지. ¶ 고래는 포유동물의 일종이다. ②어떤 종류. 《주로, '일종의'의 꼴로 쓰임.》 ¶ 그것도 일종의 모험이다.

일좌(一座)[-쫘]명 ①한자리. 같은 자리. 동석(同席). ②온 자리. 만좌(滿座).

일죄(一罪)[-쬐/-쮀]명 ①한 가지의 죄. 같은 죄. ¶ 일당(一黨) 일죄. ②☞일률(一律).

일주(一走)[-쭈]명 지난날, 달음질 취재(取才)에서의 첫째 등급을 이르던 말.

일주(一周)[-쭈]명하타 한 바퀴를 돎, 또는 그 한 바퀴. ¶ 세계 일주.

일주(逸走)[-쭈]명하자 딴 데로 달아남. 엉뚱한 데로 벗어나 내닫는 일. ¶ 자유적 정신을 발휘할 것이오, 결코 배타적 감정으로 일주하지 마라.

일주-권(日週圈)[-쭈꿘]명 천구(天球)의 일주 운동에 의한 천체의 궤도.

일주-기(一週忌)[-쭈-]명 ☞소상(小祥).

일주-년(一週年)[-쭈-]명 한 돌. ¶ 결혼 일주년.

일주-문(一柱門)[-쭈-]명 기둥을 한 줄로 세운 문. 〔흔히, 절 입구 등에 세움.〕

일주^운:동(日週運動)[-쭈-]명 천체가 약 하루를 주기로 하여 지구 둘레를 회전하는 현상. 지구의 자전에 따른 천체의 겉보기 운동임. 매일 운동(每日運動).

일-주일(一週日)[-쭈-]명 이레 동안. 칠 일간.

일중-식(日中食)[-쭝-]명하자 (가난한 사람이) 아침과 저녁은 거르고 낮에 한 끼만 먹는 일.

일증-월가(日增月加)[-쯩-]명하자 나날이 다달이 자꾸자꾸 늘어 감.

일지[-찌]조 자음으로 끝난 체언에 붙어 쓰이는, 연결형 또는 종결형 서술격 조사. 어떤 일을 추측하여 그 가능성을 묻거나 의문의 뜻을 나타냄. 《모음 뒤에서는 '이'가 생략되기도 함.》 일는지. ¶ 이게 맞는 대답일지 모르겠다. 참ㄹ지.

일지(日誌)[-찌]명 그날그날의 직무상의 기록을 적은 책. ¶ 근무 일지.

일지(逸志)[-찌]명 세속을 벗어난 고결한 뜻.

일지나[-찌-]조 자음으로 끝난 체언에 붙어, '비록 그러할 것이나'의 뜻으로, 뒷말이 앞의 말에 매이지 아니함을 나타내는, 예스러운 말투의 연결형 서술격 조사. 《모음 뒤에서는 '이'가 생략되기도 함.》 ¶ 서로 남일지나 아끼는 정은 일가보다도 더하오. 참ㄹ지나.

일지니[-찌-]조 자음으로 끝난 체언에 붙어, '마땅히 그러할 것이니'의 뜻으로, 앞말이 뒷말의 원인이나 근거가 됨을 나타내는 예스러운 말투의 연결형 서술격 조사. 《모음 뒤에서는 '이'가 생략되기도 함.》 ¶ 자연은 우리 삶의 터전일지니 우리가 마땅히 가꾸어야 할지니라. 참ㄹ지니.

일지니라[-찌-]조 자음으로 끝난 체언에 붙어, '마땅히 그러할 것이니라'의 뜻으로, 어떤 사실을 단정하여 장중하게 말하는 예스러운 말투의 종결형 서술격 조사. 《모음 뒤에서는 '이'가 생략되기도 함.》 ¶ 효는 인륜의 으뜸일지니라. 참ㄹ지니라.

일지라[-찌-]조 자음으로 끝난 체언에 붙어, '마땅히 그리(그러)할 것이라'의 뜻으로, 단정을 나타내는 예스러운 말투의 종결형 서술격 조사. 《모음 뒤에서는 '이'가 생략되기도 함.》 ¶ 나라의 발전이 곧 나의 발전일지라. 참ㄹ지라.

일지라도[-찌-]조 자음으로 끝난 체언에 붙어, '비록 그러하더라도'의 뜻으로, 양보하여 가정함을 나타내는 연결형 서술격 조사. 《모음 뒤에서는 '이'가 생략되기도 함.》 ¶ 하찮은 미물일지라도 밟으면 꿈틀한다. 참ㄹ지라도.

일지-반해(一知半解)[-찌-]명하타 〔하나쯤 알고 반쯤 깨닫는다는 뜻으로〕 '아는 것이 매우 적음'을 이르는 말.

일지어다[-찌-]조 자음으로 끝난 체언에 붙어, '마땅히 그러하여라'의 뜻을 명령조로 장중하게 나타내는 예스러운 말투의 종결형 서술격 조사. 《모음 뒤에서는 '이'가 생략되기도 함.》 ¶ 나라에 충성함이 대장부의 본분일지어다. 참ㄹ지어다.

일지언정[-찌-]조 자음으로 끝난 체언에 붙어, 어떤 사실을 인정(가정)하되, 뒷말이 거기에 매이지 아니함을 나타내는 연결형 서술격 조사. 《모음 뒤에서는 '이'가 생략되기도 함.》 ¶ 몸은 비록 칠십 노령일지언정 마음만은 젊다. 참ㄹ지언정.

일지-필(一枝筆)[-찌-]명 한 자루의 붓.

일직(日直)[-찍]명 ①그날그날의 당직. ②낮의 당직, 또는 그런 사람. 참숙직.

일직^사령(日直司令)[-찍싸-]명 지난날, 군대에서 지휘관의 명령을 받아 지휘관이 퇴근한 뒤부터 다음 날 출근할 때까지 부대의 모든 업무를 맡아보던 장교.

일-직선(一直線)[-찍썬]명 한 방향으로 쭉 곧음, 또는 그런 선.

일진(一陣)[-찐]명 ①한 떼의 군사의 진. ¶ 전방에 일진의 군사를 배치해 두다. ②첫째의 진(陣)이나 집단. ¶ 국가 대표 일진. /일진 선수들로 구성된 팀. ③(주로 바람이나 구름 따위의) '한바탕 이는', '한 떼로 몰린'의 뜻을 나타냄. ¶ 일진의 눈보라.

일진(日辰)[-찐]명 ①날의 육십갑자(六十甲子). 〔갑자일·을축일·병신일 따위.〕 ②그날의 운세. ¶ 일진이 좋다. /일진이 사납다고 이사할 날짜를 미루었다.

일진(日進)[-찐]명하자 날로 나아짐. 나날이 진보함.

일진-광풍(一陣狂風)[-찐-]명 한바탕 부는 사납고 거센 바람.

일진대[-찐-]조 자음으로 끝난 체언에 붙어, '일 것 같으면'의 뜻으로, 어떤 사실을 인정하되, 그것이 뒷말의 근거나 전제가 됨을 나타내는 연결형 서술격 조사. 《모음 뒤에서는 '이'가 생략되기도 함.》 ¶ 그게 숙명일진대 피한다고 해결되랴. 참ㄹ진대.

일진댄[-찐-]조 '일진대'의 힘줌말. ¶ 그게 네 욕심일진댄 누가 동조하겠니?

일진-월보(日進月步)[-찌눨-]명하자 날로 달로 끊임없이 나아감.

일진일퇴(一進一退)[-찌닐퇴/-찌닐퉤]명 한 번 나아갔다 한 번 물러섰다 하거나 좋아졌다 나빠졌다 함. ¶ 일진일퇴의 접전. /일진일퇴의 공방전이 벌어지다.

일진저[-찐-]조 자음으로 끝난 체언에 붙어, '마땅히 그러할 것이다'의 뜻을 영탄조로 장중하게 나타내는 예스러운 말투의 종결형 서술격 조사. 《모음 뒤에서는 '이'가 생략되기도 함.》 ¶ 희망이 있는 생활이 곧 행복일진저. 참ㄹ진저.

일진-청풍(一陣淸風)[-찐-]명 한바탕 부는 시원한 바람.

일진-흑운(一陣黑雲)[-찐-]명 한바탕 이는 먹구름.
일쩝다[-따][일쩌우니·일쩌워]형ㅂ 거추장스럽거나 일거리가 되어 귀찮고 불편하다. ¶ 몸이 아파 밥을 먹는 것도 일쩝다.
일쭉-거리다[-꺼-]자타 자꾸 일쭉일쭉하다. 일쭉대다. ¶ 허리를 얄밉게 일쭉거리면서 춤을 추었다. 작얄쭉거리다.
일쭉-대다[-때-]자타 일쭉거리다.
일쭉-얄쭉[-쭝날-/-쭈갈-]부하자타 고르지 않고 재게 일긋거리고 얄긋거리는 모양.
일쭉-일쭉[-쭝닐-/-쭈길-]부하자타 허리를 이리저리 빠르게 흔드는 모양. 작얄쭉얄쭉.
일찌감치부 좀 더 일찍이. 일찌거니. ¶ 일찌감치 속 차려라. /일찌감치 나서다. ↔느지감치.
일찌거니부 일찌감치. ↔느지거니.
일찌기부 '일찍이'의 잘못.
일찍부 〈일찍이〉의 준말. ¶ 일찍 자고 일찍 일어나라.
일찍-이부 ①이르게. 늦지 않게. ¶ 일찍이 떠나다. /일찍이 나섰지만 길이 막혀서 지각하고 말았다. 준일찍. ②이전에. 이전까지. ¶ 일찍이 이런 일은 없었다.
일차(一次)명 ①한 차례. 한 번. ②첫 번. ¶ 일차 원인. ③대수식에서, 제곱 또는 그 이상의 항(項)을 갖지 않는 것.
일차^방정식(一次方程式)명 미지수(未知數)의 가장 높은 근을 가진 항이 일차인 방정식.
일차^산ː업(一次産業)명 ☞제일 차 산업.
일차^산ː품(一次產品)명 가공 단계를 거치지 않은, 일차 산업의 생산물. 〔곡식·목재·석탄 따위.〕
일차-적(一次的)관명 첫 번째가 되는 (것). 우선적인 (것). ¶ 일차적 목적. /일차적인 책임은 내가 지겠다.
일차^전ː류(一次電流)[-절-]명 변압기 따위에서, 일차 코일에 흐르는 전류.
일차^제ː품(一次製品)명 자연에서 얻는 일차 산품을 원료로 하여 첫 단계의 가공 과정을 거친 제품. 〔방적사·선철 따위.〕
일차^코일(一次coil)명 유도 코일이나 변압기에서 전원(電源)에 연결하는 코일. 참이차 코일.
일착(一着)명하자 ①맨 먼저 닿음. ¶ 일착으로 골인하다. ②맨 처음 시작함. ③바둑이나 장기에서, 돌이나 말을 한 번 놓음.
일처-다부(一妻多夫)명 한 여자가 둘 이상의 남편을 가지는 혼인 형태. 참일부다처.
일척(一擲)명하타 (가진 것을) 한 번에 다 버림.
일척-천금(一擲千金)명 많은 돈을 한꺼번에 써 버림.
일천(一天)명 과거(科擧) 때, 맨 먼저 지어 바치던 글장.
일천(一喘)명 한 번 숨을 쉬는 시간, 곧 매우 짧은 시간을 이름.
일천(日淺) '일천하다'의 어근.
일천-하다(日淺-)형여 시작한 지 얼마 되지 않다. 날짜가 많지 않다. ¶ 경험은 일천하나 기세는 대단하다.
일철(一轍)명 〔한 수레바퀴의 자국이라는 뜻으로〕 '이전 사람의 경우와 똑같은 길을 밟음'을 이르는 말.
일체(一切) Ⅰ명 모든 것. 온갖 것. ¶ 재산 일체를 고아원에 기부하다.
Ⅱ부 모든 것을 다. ¶ 일체 사무를 관장하다. 참일절(一切).
일체(一體)명 ①한 몸. 한 덩어리. ¶ 부부는 일체다. ②전부. 온통. ③한결같음.
일체-감(一體感)명 하나가 되는 느낌. 하나인 듯한 느낌.
일체-경(一切經)명 ☞대장경(大藏經).
일체-종지(一切種智)명 삼지(三智)의 하나. 일체 만상(萬相)의 진리를 낱낱이 구체적으로 아는 부처의 지혜. 일체지.
일체-중생(一切衆生)명 불교에서 이르는, 이 세상에 살아 있는 온갖 생물. 〔특히, '사람'을 가리킴.〕
일체-지(一切智)명 ①삼지(三智)의 하나. 일체 만상(萬相)을 완전히 아는 지혜로, 성문 연각(聲聞緣覺)의 지혜. ②☞일체종지(一切種智).
일초(日草)명 〔지난날〕 ①평양에서 나던 질 좋은 살담배. ②일본에서 나던 솜털 같은 살담배.
일촉즉발(一觸卽發)[-쯕빨]명 〔조금만 닿아도 곧 폭발한다는 뜻으로〕 '금방이라도 일이 크게 터질 듯한 아슬아슬한 긴장 상태'를 이르는 말. 《주로, '일촉즉발의'의 꼴로 쓰임.》 ¶ 일촉즉발의 위기.
일촌(一村)명 한 마을. 온 동네. ¶ 일촌을 휩쓴 소문.
일촌-간장(一寸肝腸)명 〔한 도막의 간과 창자라는 뜻으로〕 애달프거나 애가 탈 때의 '마음'을 형용하여 이르는 말. ¶ 일촌간장을 에는 듯한 슬픔.
일촌-광음(一寸光陰)명 매우 짧은 시간. 촌각(寸刻). ¶ 일촌광음도 가벼이 여기지 말자.
일축(一蹴)명하타되자 단번에 물리침. ¶ 그의 의견을 일축해 버리다.
일출(日出)명하자 해가 돋음. 해돋이. ↔일몰(日沒)·일입(日入).
일출(逸出)명 ①하자피하여 빠져나옴. ②하형 보통보다 뛰어남.
일출(溢出)명하자 물 같은 것이 넘쳐 흐름.
일취(日就)명하자 〈일취월장〉의 준말.
일취-월장(日就月將)[-짱]명하자 날로 달로 자라거나 나아감. 일장월취. ¶ 실력이 일취월장하다. 준일취.
일취지몽(一炊之夢)명 ☞한단몽(邯鄲夢).
일층(一層)부 한결. 더욱. ¶ 경계를 일층 강화하다.
일치(一致)명하자되자 서로 어긋나지 않고 꼭 맞음. 어긋나는 것이 없음. ¶ 언행의 일치. /의견이 일치하다.
일치-단결(一致團結)명하자 여럿이 한 덩어리로 굳게 뭉침.
일치-법(一致法)[-뻡]명 ☞유동법(類同法).
일치-점(一致點)[-쩜]명 (둘 이상의 것이) 서로 일치하는 점이나 계기. 합치점. ¶ 일치점을 찾다.
일침(一鍼)명 〔침 한 대라는 뜻으로〕 '따끔한 충고나 경고'를 이르는 말. ¶ 일침을 가하다. /일침을 맞다.
　일침(을) 놓다관용 따끔한 충고를 하다.
일컫다[-따][일컬으니·일컬어]타ㄷ ①(무엇이라고) 일러 부르다. ¶ 그를 일컬어 천재라고 한다. ②(무엇이라고) 이름 지어 부르다. ¶ 사람들은 흔히 사자를 백수의 왕으로 일컫는다. ③우러러 칭찬하거나 기리어 말하다. ¶ 효행을 길이 일컫다. ④핑계 삼다. ¶ 병을 일컬어 퇴직하다.
일콛다타ㄷ 〈옛〉일컫다. ¶ 如來ㅅ 일후믈 일콛ᄌᆞ바(釋譜*9:25*). /ᄒᆞᆫ번 經ㅅ 일훔 일ᄏᆞᄅᆞ면(月釋*18:58*).

일탄(逸彈)명 목표물에 맞지 않고 빗나간 탄환. 유탄(流彈).
일탈(逸脫)명하자타되자 ①(어떤 사상이나 조직·규범 등에서) 벗어남. 빠져나감. ¶ 미풍양속을 일탈한 행동. ②(잘못하여) 빠뜨림.
일ː-터명 일을 하는 곳. 일자리. 작업장. 직장.
일ː-토시명 일할 때 끼는 토시.
일통(一統)명하타되자 한데 뭉침. 하나로 합침.
일통(을) 치다관용 한데 뭉치다. 하나로 합치다. ¶ 일통을 쳐서 셈합시다.
일퇴(日退)[-퇴/-퉤]명하자 날로 뒤떨어짐. 나날이 쇠퇴함.
일파(一派)명 ①강의 한 줄기. ②학예(學藝)·종교·무술 등의, 본디의 계통에서 떨어져 나온 한 갈래. ¶ 그들은 진경 산수화에서 독자적인 일파를 이루었다. ③주의나 주장 또는 목적을 같이하는 한 동아리.
일파-만파(一波萬波)명 〔하나의 물결이 연쇄적으로 많은 물결을 일으킨다는 뜻으로〕 한 사건이나 일이 크게 확대되거나 번져 나가는 상태를 이르는 말.
일ː-판명 일이 벌어진 판. ¶ 일판에서 막일을 하다.
일패도지(一敗塗地)명하자 여지없이 패하여 다시는 일어날 수 없게 됨.
일편(一片)명 한 조각. ¶ 일편의 구름.
일편(一便)명 한편.
일편-고월(一片孤月)명 외로이 떠 있는 조각달.
일편-단심(一片丹心)명 〔한 조각의 붉은 마음이라는 뜻으로〕 '변치 않는 참된 마음'을 이르는 말. ¶ 임 향한 일편단심이야 가실 줄이 있으랴.
일-평생(一平生)명 한평생.
일폭(一幅)명 한 폭. 한 장. ¶ 일폭의 그림.
일폭-십한(一曝十寒)[-씨판]명 ☞십한일폭.
일-품명 '품삯'의 방언.
일품(一品)명 ①으뜸가는 품질, 또는 그런 물품. ¶ 일품으로 평가된 상품. ②솜씨가 제일감, 또는 그 솜씨. ¶ 음식 솜씨가 일품이다. ③고려와 조선 시대, 문무관 벼슬의 첫째 품계(品階). 〔정(正)·종(從)의 구별이 있었음.〕
일품(逸品)명 아주 뛰어난 물품, 또는 다시없는 물품. 신품(神品). 절품(絶品).
일품-요리(一品料理)[-뇨-]명 ①한 가지마다 그 값을 매겨 놓고 손님의 주문에 따라 내는 요리. ②맛이 좋기로 첫째가는 요리. ③한 끼의 음식을 모두 한 그릇에 담은 간편한 요리. 〔덮밥·비빔밥·카레라이스 따위.〕
일필(一筆)명 ①(붓에 먹을 다시 먹이지 않고) 한 번에 내리 씀. ②같은 필적. ③짧은 한 문장. ④한 통의 문서.
일필-난기(一筆難記)[-란-]명 (내용이 복잡하거나 길어서) 간단히 적기가 어려움.
일필-휘지(一筆揮之)명하자 글씨를 단숨에 힘차고 시원하게 죽 써 내림.
일하(一瑕)명 한 가지 흠. 조그마한 결점.
일ː-하다자여 일을 하다. 작업하다. 활동하다. 노동하다. ¶ 일하는 즐거움. /일하지 않고는 먹지도 말라. /공사판에서 일하다.
일한(日限)명 일정한 날짜의 기한. 〔특히, 계약 따위로 지정해 놓은 날을 말함.〕
일합(一合)명 창·칼 따위로 싸울 때, 창과 창 또는 칼과 칼이 서로 한 번 맞부딪침. ¶ 일합에 승부를 내다.
일행(一行)명 길을 함께 가는 사람, 또는 함께 가는 사람 전체.
일행(日行)명 하루 걷는 걸음.
일향(←一晌)명 아주 짧은 시간.
일향(一向)부 언제나 한결같이. 꾸준히. ¶ 일향 만강(萬康)하옵소서.
일현-금(一絃琴)명 길이 석 자 여섯 치가량 되는 나무에 한 가닥의 줄을 친 금(琴).
일혈(溢血)명 몸의 조직 사이에 일어나는 내출혈(內出血).
일호(一毫)명 〔한 개의 가는 털이라는 뜻으로〕 '아주 작은 정도'를 비유하여 이르는 말. ¶ 일호의 어긋남도 없다.
일호-반점(一毫半點)명 '일호(一毫)'의 힘줌말. ¶ 일호반점의 흠도 없다.
일호-차착(一毫差錯)명하자 아주 작은 잘못이나 어긋남.
일홈명 〈옛〉이름. ¶ 일홈을 後世예 베퍼(小解 *2:29*). 참일훔.
일화(逸話)명 (어떤 사람이나 어떤 사건에 관련된) 아직 세상에 널리 알려지지 않은 이야기. 일문(逸聞).
일화-성(一化性)[-썽]명 한 해에 한 번만 까는 누에 품종의 성질. 참다화성·이화성.
일확(一攫)명 ①한 움큼. ②하타힘들이지 않고 손쉽게 얻음.
일확-천금(一攫千金)명하자 힘들이지 않고 단번에 많은 재물을 얻음. ¶ 일확천금의 꿈을 버리지 못하다.
일환(一環)명 ①이어져 있는 많은 고리 가운데의 하나. ②썩 가까운 관계에 있는 사물의 한 부분. ¶ 국가 발전의 일환인 농촌 개발.
일환-책(一環策)명 전체와 관련되면서 한 부분이 되는 방법과 계책.
일회-성(一回性)[-회썽/-훼썽]명 오직 한 번만 일어나는 성질. ¶ 일회성 행사.
일회-용(一回用)[-회-/-훼-]명 한 번만 쓰고 버리도록 되어 있는 상태, 또는 그런 것. ¶ 일회용 주사기. /일회용 접시.
일회-용품(一回用品)[-회-/-훼-]명 한 번만 쓰고 버리도록 되어 있는 물품.
일후(一吼)명하자 크게 한 번 울부짖음.
일후(日後)명 뒷날. 나중. ¶ 일후에 또 만납시다.
일훈(日暈)명 햇무리.
일훔명 〈옛〉이름. ¶ 일훔 명:名. 일훔 호:號(訓蒙上*32*). 참일홈.
일흔수관 열의 일곱 곱절(의). 칠십(七十).
일희일비(一喜一悲)[-히-]명 ①하자기쁜 일과 슬픈 일이 번갈아 일어남. ②하형한편으로는 기쁘고 한편으로는 슬픔.
일히명 〈옛〉이리. ¶ 비얌과 일히와 가히와(月釋 *21:45*).
읽다[익따]타 ①(소리를 내거나 눈으로 살피어) 글을 보다. ¶ 편지를 읽다. /신문을 읽다. ②(표정이나 태도를 보고) 뜻을 헤아려 알다. ¶ 그의 표정에서 사태의 심각성을 읽을 수 있었다. ③바둑이나 장기에서, 자기의 수(手)를 생각하거나 상대편의 수를 헤아리다. ¶ 다음 수를 읽기가 쉽지 않다. *읽어·읽고[일꼬]·읽는[잉-]
읽을-거리[-꺼-]명 읽을 만한 책이나 잡지·신문 따위, 또는 그 내용.
읽-히다[일키-] Ⅰ자 〖'읽다'의 피동〗 읽음을 당하다. ¶ 재미있게 읽히는 책.
Ⅱ타 〖'읽다'의 사동〗 읽게 하다. ¶ 어린이에게 동화책을 읽히다.

잃다[일타]㉠ ①(몸에 지녔던 물건을) 자기도 모르게 떨어뜨리거나 놓쳐서 없어지게 되다. ¶ 가방을 잃다. /복잡한 시장 거리에서 지갑을 잃다. ②(지니거나 누리고 있던 것을) 빼앗기거나 차지하지 못하다. ¶ 직장을 잃다. /농토를 잃다. ③(주위의 가까운 사람이) 죽어서 헤어지게 되다. ¶ 부모를 잃다. /병으로 조강지처를 잃다. ④어떤 사람과의 관계가 끊어지거나 헤어지게 되다. ¶ 돈 때문에 벗을 잃다. /불친절한 종업원들의 태도 때문에 손님을 많이 잃었다. ⑤(정신이나 감각 따위) 자기에게 본디 있던 것이 사라지거나 없어지다. ¶ 넋을 잃다. /이성을 잃다. /용기를 잃다. ⑥경기나 도박에서 져서 돈을 빼앗기거나 손해를 보다. ¶ 본전까지 다 잃다. ⑦(가야 할 길이나 방향을) 못 찾거나 분간하지 못하게 되다. ¶ 길을 잃은 나그네. /산 속에서 길을 잃었다. ⑧같이 있던 사람을 놓쳐 헤어지게 되다. ¶ 어머니가 잠깐 한눈을 파는 사이에 아이를 잃고 말았다. ⑨(때나 기회, 운 따위를) 놓치다. ¶ 공부할 기회를 잃다. /때를 만나기는 어려워도 잃기는 쉽다. * 잃어·잃는[일른]·잃소[일쏘]

잃어-버리다[이러-]㉠ 아주 잃다. ¶ 잃어버린 세월. /입맛을 잃어버리다. /아이를 잃어버리다.

임[1]명 사모하는 사람. ¶ 임을 그리는 마음.

임도 보고 뽕도 딴다속담 한꺼번에 두 가지의 좋은 결과를 얻게 됨을 이르는 말. 도랑 치고 가재 잡는다.

임[2]명 머리에 인 물건, 또는 머리에 일 정도의 짐. ¶ 머리에 임을 인 여자.

임[3]조 체언에 두루 붙어, 앞의 말이 사실이라는 뜻을 나타내는 종결형 또는 명사형 서술격 조사. ¶ 회의 장소는 강당임. /이 사람은 학생임을 증명함.

임:(壬)명 ①십간(十干)의 아홉째. ②〈임방(壬方)〉의 준말. ③〈임시(壬時)〉의 준말.

임(臨)명 〈임괘(臨卦)〉의 준말.

임:-가공(賃加工)명 일정한 값을 받고 물품을 가공하는 일.

임간(林間)명 수풀 사이. 숲 속.

임간^학교(林間學校)[-꾜]명 학교 교육 행사의 한 가지. 여름철에 학생들의 건강 증진이나 자연 학습 등을 꾀하기 위해 숲 속 같은 데에서 베푸는 교육, 또는 그런 교육을 하기 위해 세운 건물.

임검(臨檢)명하타 현장에 가서 검사함.

임경업-전(林慶業傳)[-전]명 작자와 연대 미상의 고대 소설. 조선 인조 때의 명장 임경업의 빛나는 무공과 생애를 그린 군담 소설(軍談小說).

임계(臨界)[-계/-게]명 ①☞경계(境界). ②어떠한 물리 현상이 갈라져서 다르게 나타나기 시작하는 경계.

임계-각(臨界角)[-계-/-게-]명 빛의 전반사(全反射)가 일어나는 한계의 입사각. 한계각.

임계-량(臨界量)[-계-/-게-]명 핵분열 물질이 연쇄 반응을 일으킬 수 있는 최소의 질량. 임계 질량.

임계^상태(臨界狀態)[-계-/-게-]명 임계 온도·임계 압력 아래에 있는 물질의 상태.

임계^압력(臨界壓力)[-계암녁/-게암녁]명 일정한 온도에서 기체를 액화시키는 데 필요한 최소한의 압력.

임계^온도(臨界溫度)[-계-/-게-]명 일정한 압력에서 기체를 액화시키는 데 필요한 최고 온도.

임계^질량(臨界質量)[-계-/-게-]명 ☞임계량(臨界量).

임:관(任官)명하자되자 ①관직에 임명됨. 서관(敍官). ¶ 지방 수령으로 임관되다. ②사관생도나 사관후보생이 장교로 임명됨. ¶ 이제 유격 훈련만 마치면 임관이다.

임관(林冠)명 수림(樹林)의 위층의 모양. 수령(樹齡)에 따라 층이 생기며, 수관(樹冠)에 따라 모양이 달라짐.

임관-석(臨官席)명 극장 같은 곳에 단속 경찰관이나 소방관 등을 위해 따로 마련한 자리.

임괘(臨卦)명 육십사괘의 하나. 곤괘(坤卦)와 태괘(兌卦)를 위아래로 놓은 괘. 기쁨과 유순의 덕을 상징함. 준임(臨).

임:국(任國)명 외교 사절로 임명되어 부임하는 나라.

임:균(淋菌·痳菌)명 임질을 일으키는 병원균. 환자의 백혈구 속에 있으며 요도로 고름이 되어 흘러나옴. 몸 밖에서는 저항력이 약함.

임:균성^결막염(淋菌性結膜炎)[-썽-망념]명 임균의 감염으로 눈에 생기는 급성 결막염.

임:금명 군주 국가에서, 나라를 다스리는 원수. 나라님. 왕(王). ¶ 어진 임금. /세종은 조선 4대 임금이다. 높극존·상감·상감마마.

임금(林檎)명 능금.

임:금(賃金)명 ①노동의 대가로 받는 보수. 노비(勞費). 노임(勞賃). 삯. 삯돈. ¶ 임금 인상. ②임대차(賃貸借)에서, 차용물 사용에 대한 대가.

임:금^기금설(賃金基金說)명 일정한 사회의 임금으로서 근로자에게 주는 기금은 일정하며, 노동자 개인은 이 기금 총액을 노동자 총수로 나눈 임금을 받는 것이라는 학설. 노임 기금설(勞賃基金說).

임:금^지수(賃金指數)명 시간이나 장소에 따른 임금 수준의 변동을 나타내기 위한 지수.

임:금^철칙(賃金鐵則)명 임금은 노동자와 그 가족의 생존비에 따라 결정된다고 하는 학설을 부동의 것으로 여겨 이르는 말. 노임 철칙(勞賃鐵則).

임:금^학설(賃金學說)[-썰]명 임금 수준을 결정하는 요인을 연구하는 이론.

임:금^형태(賃金形態)명 임금 지급의 형태. 〔크게 나누어 고정급과 능률급(能率給)이 있음.〕

임:기(任期)명 일정한 임무를 맡아보는 기간. ¶ 임기를 마치다. /임기를 채우지 못하고 장관직에서 물러나다.

임기(臨機)명하자 어떤 기회나 고비에 이름.

임기-응변(臨機應變)명하자 그때그때의 형편에 따라 알맞게 일을 처리함. 기변. ¶ 임기응변에 능하다. /임기응변으로 겨우 위기를 모면하다. 준응변.

임:년(壬年)명 태세(太歲)의 천간(天干)이 임(壬)으로 된 해. 〔임자년(壬子年)·임진년(壬辰年) 따위.〕

임농(臨農)명하자 농사지을 때가 됨.

임:대(賃貸)명하타되자 임금을 받고 자기 물건을 상대편에게 사용·수익하게 하는 일. ¶ 임대 아파트. /사무실을 임대하다. ↔임차(賃借).

임:대-료(賃貸料)명 빌려 주고 받는 돈. ¶ 사무실 임대료. ↔임차료.

임:대-물(賃貸物)명 임대차의 목적이 되는 물건을 임대인 쪽에서 이르는 말. ↔임차물.

임:대-인(賃貸人)명 임대차 계약에 따라 임대물을 빌려 주는 사람. ↔임차인. 참대주(貸主).

임ː대-지(賃貸地)명 임대차 계약에 따라 삯을 받고 빌려 주는 토지. ↔임차지.

임ː-대차(賃貸借)명하타 당사자의 한쪽이 상대편에게 일정한 목적물을 사용·수익하게 하고, 상대편이 그 대가로 임대료를 지급할 것을 내용으로 하는 계약.

임ː독(淋毒·痲毒)명 임질의 독.

임ː란(壬亂)[-난]명 〈임진왜란〉의 준말.

임ː리(淋漓)[-니]명하형 피·땀·물 따위가 흥건하게 흐르거나 뚝뚝 떨어지는 모양.

임립(林立)[-닙]명하자 숲의 나무들처럼 죽 늘어섬. ¶ 고층 빌딩이 임립한 신시가지.

임마누엘(Immanuel 히)명 〔하나님이 우리와 함께 계시다는 뜻으로〕 구약 성서에 예언된 내림(來臨)할 사람의 이름. 〔신약 성서에는 그 예언된 사람이 그리스도라고 하였음.〕

임ː만(任滿)명하자 임기가 다 참.

임ː맥(任脈)명 한방에서 이르는, 기경팔맥(奇經八脈)의 하나.

임ː면(任免)명하타 임명(任命)과 해면(解免). 임관과 면관.

임ː면-권(任免權)[-꿘]명 직무를 맡기거나 그만두게 할 권한. 참임명권(任命權).

임ː명(任命)명하타되자 직무를 맡김. 관직을 줌. ¶ 교장으로 임명되다. 준명(命).

임ː명-권(任命權)[-꿘]명 구성원의 임명·휴직·면직 또는 징계 따위를 할 수 있는 인사권. ¶ 대통령은 국무총리의 임명권을 가진다. 참임면권(任免權).

임ː명-장(任命狀)[-짱]명 임명한다는 사실을 밝힌 서류, 또는 문서.

임목(林木)명 숲을 이룬 나무.

임ː무(任務)명 맡은 일. 또는, 맡겨진 일. ¶ 임무 교대. /임무를 완수하다.

임박(臨迫) '임박하다'의 어근.

임박-하다(臨迫-)[-바카-]자여 어떤 때가 가까이 닥쳐오다. ¶ 인사 발표 시기가 임박하다. /죽음에 임박하다. /마감 시간에 임박해서야 겨우 기사를 넘겼다.

임ː방(壬方)명 이십사방위의 하나. 북북서에서 북쪽으로 15도까지의 방위. 해방(亥方)과 자방(子方)의 사이. 준임(壬). ↔병방(丙方).

임ː방(任房)명 지난날, 보부상(褓負商)들이 모여 놀던 곳.

임ː병-양란(壬丙兩亂)[-냥난]명 임진왜란과 병자호란의 두 난리.

임ː부(姙婦)명 아기를 밴 부인. 임신부. 잉부(孕婦).

임사(臨死)명하자 ☞임종(臨終).

임사(臨事)명하자 일에 임함.

임사-본(臨寫本)명 원본을 옆에 놓고 베낀 모사본(模寫本).

임삭(臨朔)명하자 임부가 해산달을 당함. 아이 낳을 달이 닥침. 임월(臨月). 당삭(當朔). 참만삭(滿朔).

임산(林山)명 숲으로 덮여 있는 산. 수풀이 우거져 있는 산.

임산(林產)명 ☞임산물(林產物).

임ː산(姙產)명 아이를 배고 낳는 일.

임산(臨產)명하자 아이를 낳을 때가 됨.

임산-물(林產物)명 산림에서 나는 산물. 임산(林產).

임ː-산부(姙產婦)명 '임부(姙婦)'와 '산부(產婦)'를 아울러 이르는 말. ¶ 임산부와 노약자는 이 영화를 관람하실 수 없습니다.

임산^자원(林產資源)명 산림에서 생산되는 자원. 〔목재·연료·수액 따위.〕

임상(林相)명 이루어져 있는 산림의 모습.

임상(臨床)명하자 〔'병상에 임한다'는 뜻으로〕 실지로 환자를 접하여 병의 치료와 함께 그 예방의 실천 면을 연구하는 일. ¶ 임상 실험. /임상 경험. /임상 전문의.

임상^강ː의(臨床講義)[-의/-이]명 직접 환자의 병상 곁에서 그 병의 진단 및 치료 방법 따위를 강의하는 일.

임상^의학(臨床醫學)명 직접 환자를 관찰하여 연구·치료하는 학문.

임서(臨書)명하자 (글씨를 배우는 과정에서) 글씨본을 보고 씀.

임석(臨席)명하자 자리에 참석함. ¶ 임석 상관에 대한 경례. /많은 축하객이 임석하다.

임ː석-간(衽席間)[-깐]명 부부가 잠자리를 같이하는 때.

임성(稔性)명 식물이 수정(受精)에 의해서 열매를 맺는 일.

임ː소(任所)명 지난날, 지방 관원이 머물며 근무하던 곳.

임ː술(壬戌)명 육십갑자의 쉰아홉째.

임ː시(壬時)명 이십사시의 스물넷째 시. 하오 10시 30분부터 11시 30분까지의 동안. 준임(壬).

임시(臨時)명 ①하자일정한 때에 다다름, 또는 그 때. 《주로, '-을 임시에'의 꼴로 쓰임.》 ¶ 해뜰 임시에 출발하라. ②(본래 정해져 있는 때가 아닌) 필요에 따른 일시적인 때. ¶ 임시 기구. ↔경상(經常). ③(정식 절차를 거치기 전의) 일시적인 얼마 동안. ¶ 임시 반장. /사장님은 나에게 임시로 가게를 맡아 달라고 했다.

임시^국회(臨時國會)[-구쾨/-구퀘]명 국회법에 따라, 임시로 소집하는 국회. ↔정기 국회.

임시-낭패(臨時狼狽)명하자 다 잘된 일이 그때에 이르러 틀어짐. ¶ 임시낭패를 하지 않으려면 사전 준비를 철저히 해라.

임시-방편(臨時方便)명 ☞임시변통.

임시-변통(臨時變通)명하자 뜻밖에 생긴 일을 우선 임시로 둘러맞춰서 해결함. 임시방편. ¶ 급한 대로 임시변통해서 써라.

임시-비(臨時費)명 임시로 지출하는 비용. 불항비(不恒費). ↔경상비.

임시^정부(臨時政府)명 국내적으로나 국제적으로 적법한 절차가 없어서 그 정당성을 인정받지 못한 사실상의 정부. 가정부(假政府). 준임정(臨政).

임시-졸판(臨時猝辦)명하타 졸지에 당한 일을 급하게 처리함.

임시-직(臨時職)명 일정 기간 동안만 근무하기로 계약하고 고용된 직원. ¶ 임시직을 고용하다. /임시직으로 일하다.

임시-표(臨時標)명 악보에서, 변화표의 하나. 악곡(樂曲)의 도중에서, 본디의 음을 임시로 변화시키기 위하여 쓰는 표. 올림표(♯), 내림표(♭), 제자리표(♮) 따위를 씀. 〔한 마디 안에서만 효력이 있음.〕 변위 기호. 참조표(調標).

임ː신(壬申)명 육십갑자의 아홉째.

임ː신(姙娠)명하자타 아이를 뱀. 잉태(孕胎). 회임(懷姙). 회잉(懷孕).

임ː신-부(姙娠婦)명 ☞임부(姙婦).

임야(林野)명 ①숲이 있거나 개간되지 않은 땅. ②(재산으로 말할 때의) 산지. ¶ 임야 천 평.

임업(林業)명 경제적 이득을 얻고자 삼림(森林)을 경영하는 사업.

임연수어(林延壽魚)명 쥐노래밋과의 바닷물고기. 몸길이 45 cm가량으로 쥐노래미와 비슷함. 몸빛은 누런 바탕에 다섯 줄의 검은 세로띠가 있음. 한해성(寒海性) 어종임.

임ː염(荏苒)명하자 ①세월이 흐름. ②(사물이) 점차로 변화함.

임ː오(壬午)명 육십갑자의 열아홉째.

임ː오-군란(壬午軍亂)[-굴-]명 조선 고종 19(1882.임오)년에 신식 군대 양성과 군제(軍制) 개혁에 불만을 품고 구군인(舊軍人)들이 일으킨 변란.

임ː용(任用)명하타되자 어떤 일을 맡아 할 사람을 씀. ¶ 신규 임용. /공무원 임용 시험. /무관으로 임용하다.

임우(霖雨)명 장마.

임ː원(任員)명 어떤 단체의 일을 맡아 처리하는 사람. 역원(役員). ¶ 동창회의 임원으로 뽑히다.

임월(臨月)명 ☞임삭(臨朔).

임ː의(任意)[이믜/이미]명 ①자기 뜻대로 하는 일. ¶ 일을 임의로 처리하다. ②대상이나 장소 따위를 일정하게 정하지 아니함. 《주로, '임의의'의 꼴로 쓰임.》 ¶ 임의의 장소. /임의의 수.

임ː의^공채(任意公債)[이믜-/이미-]명 응모자가 자기 뜻대로 정부와의 자유 계약으로 응모하는 공채. ↔강제 공채.

임ː의^규정(任意規定)[이믜-/이미-]명 당사자가 법의 규정과 다른 의사를 표시한 경우에는 적용되지 않는 법 규정. ↔강행 규정(強行規定).

임ː의^대ː리(任意代理)[이믜-/이미-]명 본인과 대리인 사이의 수권(授權) 행위에 의해서 생기는 대리 관계. 위임 대리. ↔법정 대리(法定代理).

임ː의^동행(任意同行)[이믜-/이미-]명 수사 기관이 피의자나 참고인 등에게 검찰청이나 경찰서에 함께 가기를 요구하여 상대편의 승낙을 얻은 다음에 연행하는 처분.

임ː의-롭다(任意-)[이믜-따/이미-따][~로우니·~로워]형ㅂ ①얽매이거나 제한이 없이 내키는 대로 자유롭다. ¶ 임의로운 처지. /임의로운 선택. ②체면을 차릴 필요가 없이 무간하다. ¶ 두 사람은 죽마지우로 임의로운 사이이다.

임의로이부 ¶ 우리는 나이 차이가 꽤 나지만 서로 친구처럼 임의로이 지낸다.

임ː의-법(任意法)[이믜뻡/이미뻡]명 당사자의 의사에 의하여 다른 효과를 발생시킬 수 있을 때, 그 당사자가 희망하면 적용이 배제되는 법규. 임의 법규. ↔강행법(強行法).

임ː의^법규(任意法規)[이믜-뀨/이미-뀨]명 ☞임의법(任意法). ↔강행 법규.

임ː의^소각(任意消却)[이믜-/이미-]명 주주와 회사의 임의 계약에 의하여, 회사가 주식을 취득해서 하는 소각. ↔강제 소각(強制消却).

임ː의^수사(任意搜査)[이믜-/이미-]명 수사를 받는 사람의 동의나 승낙을 얻고 하는 수사. ↔강제 수사.

임ː의^조정(任意調整)[이믜-/이미-]명 노동쟁의에서, 노사 관계에 있는 당사자 쌍방의 요청에 의해서 하는 조정. ↔강제 조정.

임ː의^준ː비금(任意準備金)[이믜-/이미-]명 회사 등에서, 정관(定款) 또는 주주 총회의 결의에 의하여 적립하는 준비금. ↔법정 준비금.

임ː의^추출법(任意抽出法)[이믜-뻡/이미-뻡]명 통계학 용어의 한 가지. 표준을 뽑을 때, 여러 개 가운데서 일정한 기준 없이 되는대로 뽑는 방법. 무작위 추출법.

임ː의^출두(任意出頭)[이믜-뚜/이미-뚜]명 용의자가 자기 뜻대로 수사 기관에 나오는 일.

임ː의^표본(任意標本)[이믜-/이미-]명 임의 추출법에 따라 추출되는 표본.

임ː인(壬人)명 절조가 없고 간사한 사람.

임ː인(壬寅)명 육십갑자의 서른아홉째.

임ː일(壬日)명 일진(日辰)의 천간(天干)이 임(壬)으로 된 날.

임ː자[1]명 물건을 차지하고 있는 사람. 주인(主人). ¶ 건물 임자. /임자 없는 땅.

임자(를) 만나다관용 ①제 주인을 만나 구실을 제대로 다할 수 있게 되다. ②단수가 높거나 한결 뛰어난 상대 등을 만나, 된고생을 하게 되다. ¶ 그도 이제 임자를 만나 꼼짝 못하고 있다.

임ː자[2]대 ①친한 사람끼리 '자네'라는 뜻으로 서로를 조금 높이어 이르는 말. ¶ 이번 해외 출장은 임자 덕에 잘되었네. ②나이 지긋한 부부 사이에서 남편이 '아내'를 이르는 말. ¶ 임자, 내일은 아들네나 다녀옵시다. /음식을 장만하느라 임자가 고생이 많았소.

임ː자(壬子)명 육십갑자의 마흔아홉째.

임ː자-마디명 ☞주어절(主語節).

임ː자-말명 ☞주어(主語).

임ː자-몸명 ☞숙주.

임ː자-씨명 ☞체언(體言).

임ː자-자리명 ☞주격(主格).

임ː자자리-토씨명 ☞주격 조사(主格助詞).

임ː자-조각명 ☞주부(主部).

임장(林葬)명 시체를 숲 속에 버려 금수(禽獸)의 먹이가 되게 하는 장사법. 참오장(五葬).

임장(臨場)명하자 그 현장에 나옴.

임전(臨戰)명하자 전쟁에 나아감. ¶ 임전 태세.

임전-무퇴(臨戰無退)[-퇴/-퉤]명 세속 오계의 하나로, 전쟁에 임하여 물러나지 아니하여야 한다는 계율.

임정(林政)명 임업(林業)에 관한 행정.

임정(臨政)명 〈임시 정부(臨時政府)〉의 준말.

임종(林鐘)명 ①십이율 가운데 음려(陰呂)의 하나. ②'음력 유월'을 달리 이르는 말. ②장하.

임종(臨終)명하자 ①죽음에 다다름, 또는 그때의 망종(亡終). 임사(臨死). 최후(最後). ¶ 할아버지는 편안하게 임종을 하셨다. ②아버지나 어머니가 운명할 때에 그 옆에 모시고 있음. 종신(終身). ¶ 임종을 못하다.

임ː좌(壬坐)명 (집터나 묏자리 따위가) 임방(壬方)을 등진 좌향, 또는 그런 자리.

임ː좌-병향(壬坐丙向)명 (집터나 묏자리 따위가) 임방(壬方)을 등지고 병방(丙方)을 향한 좌향(坐向).

임ː중도원(任重道遠)명하형 맡은 책임은 무겁고 가야 할 길은 멂.

임ː지(任地)명 관원이 부임하는 곳.

임지(林地)명 나무가 많이 자라고 있는 땅.

임ː직(任職)명하타되자 직무를 맡김.

임ː-직원(任職員)명 임원과 직원을 아울러 이르는 말.

임ː진(壬辰)명 육십갑자의 스물아홉째.

임진(臨陣)명하자 싸움터에 나섬.

임진-대적(臨陣對敵)명하자 싸움터에 나서서 적과 맞섬.

임ː진-란(壬辰亂)[-난]명 ☞임진왜란.

임ː진-록(壬辰錄)[-녹]명 작자·연대 미상의 고대 소설. 임진왜란을 소재로 한 군담류(軍談類)로서 허구적 승전사(勝戰史)로 꾸며져 있음.

임진-역장(臨陣易將)[-녁짱]명하자 〔싸움터에서 장수를 바꾼다는 뜻으로〕 '실제로 일할 때가 되어 익숙한 사람을 버리고 서투른 사람으로 바꿔 씀'을 비유하여 이르는 말.

임ː진-왜란(壬辰倭亂)명 조선 선조 25(1592.임진)년에 일본의 침입으로 비롯된 6년간의 전란. 임진란. 준왜란·임란.

임-질명하자 물건을 머리 위에 이는 일.

임ː질(淋疾·痳疾)명 임균의 감염에 의하여 일어나는 성병의 한 가지. 주로, 성교에 의해서 전염됨.

임ː차(賃借)명하타되자 삯을 내고 물건을 빌림. ¶ 은행에서 대출을 받아 사무실을 임차하였다. ↔임대(賃貸).

임ː차-권(賃借權)[-꿘]명 임대차 계약에서, 임차인이 임대물을 쓰고 이득을 얻을 수 있는 권리. 〔민법상의 채권(債權)임.〕

임ː차-료(賃借料)명 물건을 빌린 삯으로 내는 돈. ↔임대료.

임ː차-물(賃借物)명 임대차의 목적이 되는 물건을 임차인 쪽에서 이르는 말. ↔임대물.

임ː차-인(賃借人)명 임대차 계약에서, 삯을 주고 물건을 빌려 쓰는 사람. ↔임대인.

임ː차-지(賃借地)명 임대차 계약에 따라 삯을 주고 빌려 쓰는 토지. ↔임대지.

임ː천(任天)명하타 하늘에 맡김.

임천(林泉)명 〔숲과 샘이라는 뜻으로〕 '은사(隱士)가 사는 곳'을 이르는 말.

임ː치(任置)명하타되자 ①남에게 돈이나 물건 따위를 맡겨 둠. ②물품의 보관을 위탁받은 사람이, 상대편에게 보관하기로 계약함, 또는 그렇게 함으로써 성립되는 계약. ②기탁(寄託).

임ː파(淋巴)명 ☞림프.

임ː파-선(淋巴腺)명 ☞림프샘.

임팩트^론ː(impact loan)명 용도에 규제를 받지 않는 차관(借款).

임ː편(任便)명하자 편리할 대로 함.

임포텐츠(Impotenz 독)명 ☞음위(陰痿).

임플란트(implant)명 턱뼈에 인공 치아를 심는 일, 또는 그 인공 치아.

임ː-하다(任-)타여 ①떠맡아 자기의 직무로 삼다. ¶ 관직을 임하다. ②어떠한 직무나 임무를 맡게 하다. ¶ 김 계장을 관리과장에 임하다.

임-하다(臨-)자여 ①높은 곳에서 낮은 곳을 대하다. ②윗사람이 아랫사람을 대하다. ¶ 아랫사람에게 임하는 태도. ③(지위가) 높은 사람이 낮은 사람의 집으로 가다. ④(어떤 장소에) 다다르다. ¶ 공사 현장에 임하다. ⑤(어떤 때나 일에) 이르다. ¶ 전시에 임하다. /회담에 임하다. ⑥(어떤 대상을 향하여) 가까이 있다. 면(面)하다. ¶ 바다에 임한 마을.

임하-유문(林下儒門)명 초야에 묻혀 벼슬길에 나아가지 않은 선비.

임학(林學)명 임업(林業)에 관해 연구하는 학문. 삼림학(森林學).

임항(臨港)명하자 항구에 가까이 있음.

임해(臨海)명하자 바다에 가까이 있음. ¶ 임해 지역.

임행(臨幸)명하자 임금이 그곳에 임함.

임화(臨畫)명하자 미술책 따위를 보고 그림을 그려 배우는 일, 또는 그 그림. ↔자유화.

입명 ①입술에서 목구멍에 이르는 부분으로, 음식물을 받아들이고, 소리를 내는 신체의 기관. ②(사람의) 두 입술 부분. ¶ 꼭 다문 입. ③'말재간'이나 '말버릇'을 이르는 말. ¶ 입이 걸다. /입이 재다. ④'음식을 먹는 사람의 수효'를 비유하여 이르는 말. ¶ 입이 늘다. /집에서 기다리는 입이 한둘이 아니네. ⑤〖의존 명사적 용법〗 한 번에 먹을 만한 음식물의 분량을 세는 단위. ¶ 사과를 한 입 베어 먹다.

입에 문 혀도 깨문다속담 사람인 이상 누구라도 실수는 있다는 말.

입은 비뚤어져도 말은 바로 해라〔하랬다〕속담 언제든지 말을 정직하게 해야 한다는 말.

입만 살다관용 ①'실천은 따르지 않으면서 말만 그럴듯하게 잘함'을 이르는 말. ¶ 그는 입만 살았지, 정말로 시키면 아무 일도 못하더라. ②'격에 맞지 않게 음식을 까다롭게 가려 먹음'을 이르는 말.

입만 아프다관용 '여러 번 말해 주어도 아무 소용이 없음'을 이르는 말.

입 밖에 내다관용 (감추어야 할 말이나 사실을) 드러내어 말하다. 발설하다. ¶ 이번 프로젝트에 관한 정보를 절대 입 밖에 내서는 안 된다.

입에 거미줄 치다관용 오랫동안 주리다. 목에 거미줄 치다. ¶ 무슨 일이든 닥치는 대로 하다보면 밥은 안 굶겠지. 설마 산 입에 거미줄 치겠어?

입에 발린〔붙은〕 소리관용 마음에는 없이, 듣기 좋으라고 말로만 하는 소리. ¶ 그는 입에 발린 소리를 잘하니 그의 말을 모두 믿지는 마라.

입에 침이 마르다관용 남을 아주 좋게 말하다. ¶ 입에 침이 마르도록 친구 자랑을 하다.

입(을) 놀리다관용 거리낌 없이 함부로 나불나불 지껄이다. ¶ 함부로 입을 놀렸다가는 큰 낭패를 보게 될 것이다.

입(을) 다물다관용 말을 하지 아니하거나 하던 말을 그치다. ¶ 넌 입 다물고 가만히 있어.

입(을) 떼다관용 말을 하기 시작하다.

입(을) 막다관용 말이 나지 않게 하다. ¶ 입을 막기 위해 뇌물을 주다.

입(을) 맞추다관용 '서로의 말이 일치하도록 미리 짜다'를 속되게 이르는 말. ¶ 그들은 범행 사실을 숨기기 위해 서로 입을 맞추었다.

입(을) 모으다관용 여러 사람이 내는 의견이 모두 일치하거나 일치되게 하다. ¶ 입을 모아 반대하다.

입(을) 씻기다관용 자기에게 불리한 말을 못하도록 슬며시 금품을 주다.

입(을) 씻다〔닦다〕관용 이문 같은 것을 혼자 가로채거나 감추고서 모르는 체하다.

입을 열다관용 말을 하기 시작하다.

입(이) 가볍다〔싸다〕관용 아무에게나 경솔하게 이것저것 지껄이거나, 비밀을 지키지 못하고 금방 누설하다. ¶ 입이 가벼워서 무슨 얘기를 못한다.

입이 되다관용 음식에 몹시 까다롭다. ¶ 풍족하지 않은 가정 형편에 남편이 입이 되어 여자가 무척 고생이 심한 모양이다.

입이 (딱) 벌어지다관용 매우 놀라거나 좋아하다.

입(이) 뜨다관용 말수가 적다. 입이 무겁다. ¶ 그는 입이 뜨고 과묵한 사람이다.

입이 무겁다관용 ①☞입(이) 뜨다. ¶ 입이 무거운 아이. ②해서는 안 될 말은 하지 않는다. 비밀을 잘 지킨다. ¶ 그는 입이 무거운 사람이니깐 함부로 말을 옮기지 않을 거야.

입이 쓰다관용 어떤 일이나 말 따위가 못마땅하여 기분이 언짢다. ¶ 신임하던 그가 사실은 사기꾼이었다는 사실에 모두들 입이 썼다.

입이 짧다〔**밭다**〕관용 음식을 심하게 가리거나 적게 먹다. ¶ 그녀는 입이 짧아 음식을 조금 먹다가 그만둔다.

입이 천 근 같다 관용 입이 매우 무겁다. 말수가 매우 적다.

입 명 〈옛〉 어귀. 출입문. ¶ 입과 窓과 뻐메(楞解 *2:25*). 참 잎.

입-가[-까] 명 입의 가장자리. 입의 언저리. 구변(口邊). ¶ 입가에 미소를 띠다.

입-가심[-까-] 명 ① 하자 (먹은 음식이 쓰거나 느끼하거나 텁텁하거나 할 때) 무엇을 먹어서 입맛을 개운하게 함, 또는 그런 음식. ¶ 입가심으로 사과를 먹었다. ②'더 중요한 일에 앞서 가볍게 할 수 있는 일'을 비유하여 이르는 말. ¶ 이 정도 일은 입가심이다.

입각(入閣)[-깍] 명 하자 되자 내각 조직의 한 사람이 됨.

입각(立脚)[-깍] 명 하자 근거로 삼아 그 처지에 섬. ¶ 증거에 입각해서 판결을 내리다.

입-간판(立看板)[-깐-] 명 (처마나 벽에 걸거나 높이 매달지 않고) 땅에 세워 두는 간판.

입감(入監)[-깜] 명 하자·타 되자 죄수가 감방이나 감옥에 갇힘. 수감(收監).

입거(入渠)[-꺼] 명 하타 배를 독(dock)에 넣음.

입-거웃 명 〈옛〉 수염. ¶ 입거웃 슈:鬚(訓蒙上*28*). 참 입거웆.

입-거웆 명 〈옛〉 수염. ¶ 鬚는 입거우지니(月釋 *18:73*). 참 거웃·입거웃.

입건(立件)[-껀] 명 하타 되자 범죄 사실을 인정하여 사건을 성립시킴. ¶ 폭력 혐의로 입건되다.

입격(入格)[-껵] 명 하자 되자 ①시험에 뽑힘. 합격(合格). ②지난날, 생원·진사·초시의 과거(科擧)에 합격하던 일.

입겻 명 〈옛〉 토. ¶ 입겻 언:焉. 입겻 지:哉(石千 *42*). 참 입겿.

입경(入京)[-꼉] 명 하자 서울에 들어옴. ¶ 외국 사절단이 입경하다. ↔출경(出京)·퇴경(退京). 참 상경(上京).

입겿 명 〈옛〉 토. ¶ 之는 입겨지라(訓諺). 참 입겿.

입겿 명 〈옛〉 토. 구결(口訣). ¶ 哉는 입겨체 쓰는 字ㅣ라(月釋序*9*). /上이 입겨출 ᄃᆞᄅᆞ샤(楞解跋*4*).

입고(入庫)[-꼬] 명 하타 되자 (물건이나 자동차 따위를) 창고에 넣음. ↔출고(出庫).

입곡(入哭)[-꼭] 명 하자 우제(虞祭)·졸곡(卒哭)·소상(小祥)·대상(大祥) 따위의 제사를 드리기 전에 먼저 소리 내어 욺.

입공(入貢)[-꽁] 명 하자 지난날, 조공을 바치던 일.

입관(入棺)[-꽌] 명 하자 되자 시체를 관 속에 넣음.

입관(入館)[-꽌] 명 하자 도서관·미술관·박물관 따위에 들어감.

입관(入關)[-꽌] 명 하자 관문으로 들어감.

입교(入校)[-꾜] 명 하자 되자 ☞입학(入學).

입교(入敎)[-꾜] 명 하자 ①종교를 믿기 시작함. ②기독교에서, 세례를 받고 정식으로 교인이 됨.

입-구(-口)[-꾸] 명 한자 부수의 한 가지. '可'·'叱'·'吉' 등에서의 '口'의 이름.

입구(入口)[-꾸] 명 들어가는 어귀. ¶ 교문 입구. /주차장 입구가 너무 좁다. ↔출구(出口).

입구(入寇)[-꾸] 명 하자 적이 쳐들어옴.

입국(入國)[-꾹] 명 하자 (자기 나라나 남의) 나라에 들어감. ¶ 입국 절차. ↔출국(出國).

입국^사증(入國査證)[-꾹싸쯩] 명 외국에 가기 위하여, 그 나라 주재 기관으로부터 받는 입국 허가 증명. 비자(visa). 사증.

입궁(入宮)[-꿍] 명 하자 ①궁 안으로 들어감. ②장기에서, 말이 상대편의 궁밭에 들어감. ③지난날, 궁궐에 들어가 궁녀가 되던 일.

입궐(入闕)[-꿜] 명 하자 대궐로 들어감. 예궐(詣闕). ↔퇴궐.

입-귀 명 '입아귀'의 방언.

입-귀틀[-뀌-] 명 대청 한가운데에 있는 동귀틀의 양쪽에 끼우는 나무.

입금(入金)[-끔] 명 하타 되자 ①돈이 들어옴, 또는 들어온 돈. ¶ 입금 전표. ↔출금. ②(예금을 하거나 빚을 갚기 위하여) 은행 등에 돈을 들여놓음.

입금-액(入金額)[-끄맥] 명 은행 따위에 넣은 돈의 액수.

입-길[-낄] 명 남을 흉보는 입의 놀림. ¶ 남의 입길에 오르내리다.

입-김[-낌] 명 ①입에서 나오는 더운 김이나 날숨의 기운. ¶ 유리창에 입김을 불다. ②'어떤 일에 대한 영향력'을 비유하여 이르는 말. ¶ 입김을 넣다. /입김이 세다.

입김이 어리다 관용 소중히 여기고 귀여워하는 정이 담겨 있다.

입납(入納)[임-] 명 편지의 겉봉에 '삼가 편지를 드림'의 뜻으로 쓰는 말.

입-내[1][임-] 명 소리와 말로 내는 흉내.

입-내[2][임-] 명 입에서 나는 나쁜 냄새. 구취(口臭).

입-노릇[임-릇] 명 하자 음식을 먹는 것을 속되게 이르는 말. *입노릇이[임-르시]·입노릇만[임-른-]

입-놀림[임-] 명 ①입의 움직임. ¶ 입놀림이 빠르다. ②거리낌 없이 함부로 하는 말. ¶ 입놀림이 가볍다.

입니까[임-] 조 자음으로 끝난 체언에 붙어, 묻는 뜻을 나타내는 합쇼체의 종결형 서술격 조사. 《모음 뒤에서는 '이'가 생략되기도 함.》 ¶ 아니, 그게 사실입니까? 참 ㅂ니까.

입니다[임-] 조 자음으로 끝난 체언에 붙어, '이다'의 높임말로, 어떤 사실을 단순히 베풀어 말하거나 동작이나 상태의 어떠함을 나타내는 합쇼체의 종결형 서술격 조사. 《모음 뒤에서는 '이'가 생략되기도 함.》 ¶ 여기가 제 고향입니다. 참 ㅂ니다.

입다[-따] 타 ①옷을 몸에 꿰거나 두르다. ¶ 작업복을 입다. /치마를 입다. ②손해를 받거나 누명 따위를 뒤집어쓰다. ¶ 피해를 입다. ③(은혜나 도움 따위를) 받다. ¶ 가없는 은총을 입다. ④(어떤 일을) 치르거나 당하다. ¶ 부상을 입다.

입다 형ㅂ 〈옛〉 혼미(昏迷)하다. ¶ 갏 길히 입더시니(龍歌*19*章). /이런 이불 길헤(月釋*8:86*).

입-다짐[-따-] 명 하타 말로써 확실히 약속하여 다짐함, 또는 그 다짐. ¶ 입다짐을 받아 두다.

입단(入團)[-딴] 명 하자 어떤 단체에 가입함. ¶ 입단 선서. /시향(市響)에 입단하다. ↔퇴단(退團).

입-단속(-團束)[-딴-] 명 말이 밖으로 새어 나가지 못하도록 단단히 주의하는 일.

입-담[-땀] 명 말하는 솜씨와 힘. 언변(言辯). ¶ 입담이 좋다. /입담을 늘어놓다.

입당(入黨)[-땅] 명 하자 정당(政黨) 등에 가입함. ↔탈당(脫黨).

입대(入隊)[-때]명하자 군대에 들어가 군인이 됨. 입영(入營). ↔제대(除隊).
입대(入對)[-때]명하자 지난날, 임금 앞에 나아가 임금의 자문에 응하던 일.
입-덧[-떧]명하자 임신 초기에 구역질이 나고 몸이 쇠약해지는 증세. 임신 2~3개월에 일어나며, 신 음식 등을 좋아하게 됨. 오조증(惡阻症). *입덧이[-떠시]·입덧만[-떤-]
입덧(이) 나다관용 입덧의 증세가 나타나다.
입도(入道)[-또]명하자 ①불도(佛道)에 들어감, 또는 그 사람. ②도교(道教)에 들어 도사(道士)가 됨.
입도(粒度)[-또]명 암석이나 모래 따위의 낱알의 평균적인 크기.
입도-선매(立稻先賣)[-또-]명하타 아직 논에서 자라고 있는 벼를 미리 팖.
입도^압류(立稻押留)[-또암뉴]명 아직 논에서 자라고 있는 벼를 강제 집행으로 압류함.
입동(立冬)[-똥]명 이십사절기의 하나. 상강(霜降)과 소설(小雪) 사이로, 11월 8, 9일경. 이 무렵에 겨울이 시작된다고 함.
입디까[-띠-]조 자음으로 끝난 체언에 붙어, 지난 일을 돌이켜 묻는 뜻을 나타내는 하오체의 종결형 서술격 조사. 《모음 뒤에서는 '이'가 생략되기도 함.》 ¶ 무슨 사연입디까? 참ㅂ디까.
입디다[-띠-]조 자음으로 끝난 체언에 붙어, 지난 일을 돌이켜 말하는 뜻을 나타내는 하오체의 종결형 서술격 조사. 《모음 뒤에서는 '이'가 생략되기도 함.》 ¶ 오늘이 그 사람 생일입디다. 참ㅂ디다.
입때부 여태. 입때껏. ¶ 입때 안 왔어./입때 떠나지 않았구나.
입때-껏[-껃]부 이제껏. 여태껏. 입때.
입락(入落)[임낙]명 합격과 낙제, 또는 급제와 낙방을 아울러 이르는 말.
입력(入力)[임녁]명 ①어떤 장치 등을 정상적으로 움직이게 하기 위해 필요한 동력이나 신호를 보내는 일. ②하타되자 컴퓨터에서, 문자나 숫자 등 정보를 컴퓨터가 기억하게 하는 일. 인풋(input). ↔출력.
입력^장치(入力裝置)[임녁짱-]명 컴퓨터의 중앙 처리 장치에 정보를 읽어 주는 장치. ↔출력 장치(出力裝置).
입론(立論)[임논]명하타 의론의 체계를 세움, 또는 그 의론.
입-막음[임-]명하타 비밀이나 자기에게 불리한 사실을 말하지 못하게 함. 입을 막음.
입-말[임-]명 ☞구어(口語). ↔글말.
입-맛[임맏]명 입이 받는, 음식의 자극이나 맛. 구미(口味). ¶ 입맛이 변하다./입맛이 하나도 없다. *입맛이[임마시]·입맛만[임만-]
입맛대로 하다관용 저 좋을 대로 하다.
입맛(을) 다시다관용 ①일이 난처하게 되어 근심스럽게 여기다. ②무엇을 갖거나 하고 싶어 하다.
입맛(이) 쓰다관용 뜻대로 되지 않아 기분이 좋지 않다.
입-맞춤[임맏-]명하자 ①서로 입을 맞추는 일. 키스. ②(어린아이에게 귀엽다는 뜻으로) 뺨이나 손등에 입을 맞추는 일. 참뽀뽀.
입매[1][임-]명 ①하자음식을 조금 먹어 시장기를 면함. ②하타일을 남의 눈가림으로만 함.
입-매[2][임-]명 입의 생긴 모양. ¶ 고운 입매.
입-맵시[임-씨]명 예쁘게 생긴 입의 모양.
입맷-상(-床)[임매쌍/임맫쌍]명 잔치 같은 때에 큰상을 드리기 전에 간단히 차려 대접하는 음식상.
입면(立面)[임-]명 수직으로 본 면에 대하여, 정면이나 측면에서 수평으로 본 면.
입면-도(立面圖)[임-]명 수학에서, 투영법(投影法)에 따라 입면에 투영된 그림. 수직 투영도.
입멸(入滅)[임-]명하자 ☞입적(入寂).
입명(立命)[임-]명하자 천명(天命)에 좇아 마음의 평안을 얻음.
입모(笠帽)[임-]명 ☞갈모.
입모-근(立毛筋)[임-]명 포유류의 모근에 붙어 기온의 변화나 정신 감동에 따라 수축하는 평활근(平滑筋). 〔수축 상태가 곧 소름이 돋는 것임.〕
입-모습[임-]명 입의 생김새.
입목(立木)[임-]명 땅에 뿌리 박고 서 있는 수목.
입몰(入沒)[임-]명 ①하자되자무엇에 들어가 빠짐. ②죽음.
입묘(入廟)[임-]명하타 대상(大祥)을 치른 뒤에 신주를 사당에 모심.
입묵(入墨)[임-]명하타 ☞먹물뜨기.
입문(入門)[임-]명 ①하자스승을 따라 그의 문하에 들어가 제자가 됨. ②어떤 학문을 배우려고 처음 들어감, 또는 그 과정. ¶ 역사학 입문. ③〈입문서〉의 준말. ④하자왕조 때, 과거 보는 유생이 과장(科場)에 들어가던 일. ⑤하자일정한 직업이나 분야에 처음 들어섬, 또는 그 길. ¶ 정계에 입문하다.
입문(入聞)[임-]명하자되자 윗사람의 귀에 들어감.
입문-관(入門官)[임-]명 왕조 때, 과장(科場)에서 과거를 감독하던 임시 벼슬.
입문-서(入門書)[임-]명 입문하는 사람을 위해 쉽게 쓴 해설서나 소개서. 안내서. 준입문.
입-바르다[-빠-][~바르니·~발라]형르 《주로 관형사형으로 쓰이어》 바른말을 하는 데 거침이 없다. ¶ 입바른 소리.
입-발림[-빨-]명 사탕발림. ¶ 입발림 소리 좀 그만 하시오.
입방(立方)[-빵]명 '세제곱'의 구용어.
입방-근(立方根)[-빵-]명 '세제곱근'의 구용어.
입-방아[-빵-]명 어떤 일을 화제로 삼아 이러쿵저러쿵 쓸데없이 입을 놀리는 일.
입방아(를) 찧다관용 쓸데없는 말을 방정맞게 자꾸 하다. ¶ 남의 일에 이러쿵저러쿵 입방아를 찧다.
입-방정[-빵-]명 말을 수다스럽게 지껄이며 방정을 떠는 일.
입방-체(立方體)[-빵-]명 ☞정육면체.
입-버릇[-뻐륻]명 입에 굳어 버린 말버릇. 구벽(口癖). 구습(口習). ¶ 입버릇이 고약하다./입버릇처럼 말하다. *입버릇이[-뻐르시]·입버릇만[-뻐른-]
입법(立法)[-뻡]명하타 법을 제정함, 또는 그 행위. ¶ 입법 정신. 참사법(司法)·행정.
입법-권(立法權)[-뻡꿘]명 〔삼권(三權)의 하나로〕 ①법을 제정하는 국가 작용. ②의회가 행사하는 법률 제정권.
입법^기관(立法機關)[-뻡끼-]명 법률 제정에 참여하는 권한을 가진 국가 기관을 통틀어 이르는 말.
입법-부(立法府)[-뻡뿌]명 삼권 분립에 따라 법률을 제정하는 '국회'를 이르는 말. 참사법부·행정부.

입법-화(立法化)[-뻐퐈]명하타되자 법률이 되거나, 법률이 되게 함. ¶ 감사권을 입법화하다.
입-병(-病)[-뼝]명 입에 생기는 모든 병.
입북(入北)[-뿍]명하자 북한으로 들어감.
입-비뚤이[-삐-]명 '입이 비뚤어진 사람'을 속되게 이르는 말.
입-빠르다[~빠르니·~빨라]형르 ①입이 가볍다. 입이 싸다. ②경솔하게 남의 약점을 잘 찔러 말하다. ¶ 입빠른 소리.
입사(入仕)[-싸]명하자 벼슬자리에 나아감.
입사(入社)[-싸]명하자 ①회사에 취직이 되어 들어감. ¶ 입사 시험. ↔퇴사(退社). ②조선 시대에, 기로소(耆老所)에 들어가던 일.
입사(入射)[-싸]명하자 ☞투사(投射).
입사(入絲)[-싸]명하자 (놋그릇이나 쇠 그릇에) 은실을 장식으로 박아 넣음.
입사(立嗣)[-싸]명하타 ①사자(嗣子)를 길러 대를 잇게 함. ②사자(嗣子) 또는 상속인을 세움. 입후(入後).
입사-각(入射角)[-싸-]명 물리학에서, 입사 광선이 입사점에서 경계면의 법선(法線)과 이루는 각. 투사각(投射角).
입사^광선(入射光線)[-싸-]명 제1매질(媒質)을 통과하여 제2매질의 경계면에 들어오는 광선. 투사선. 투사 광선. ↔반사 광선.
입사-점(入射點)[-싸쩜]명 입사 광선이 제2매질의 경계면과 만나는 점. 투사점(投射點).
입사-첩(入社帖)[-싸-]명 임금이 기로소(耆老所)에 들어간 내용을 적은 기록. 기로소에 보관하던 문서.
입산(入山)[-싼]명하자 ①산에 들어감. ↔하산(下山)·출산(出山). ②출가하여 중이 됨.
입상(入賞)[-쌍]명하자되자 상을 타게 되는 등수에 듦. ¶ 입상 경력.
입상(立像)[-쌍]명 서 있는 모양의 상. 선 모양으로 만든 형상.
입상(粒狀)[-쌍]명 알갱이나 낟알 모양.
입상-반(粒狀斑)[-쌍-]명 멀리서 본 태양(太陽)의 광구면(光球面)에 나타나는, 쌀알 모양의 잔무늬.
입석(立石)[-썩]명 ①하자돌로 노정(路程)의 표지 따위를 세움, 또는 그 돌. ②☞선돌. ③하자비석 따위를 세움.
입석(立席)[-썩]명 (탈것·극장 따위에서) 서서 타거나 구경하는 자리. ↔좌석.
입선(入選)[-썬]명하자되자 ①응모·출품한 작품 따위가 뽑는 범위 안에 듦. ¶ 신춘문예에 입선되다. ②선거 등에 입후보하여 뽑힘. ↔낙선(落選). 참당선(當選).
입선(入禪)[-썬]명하자 불교에서, 참선(參禪)하러 염불당에 들어감.
입성[-썽]명 〈옷〉의 속된 말.
입성(入城)[-썽]명하자 ①성 안으로 들어감. ↔출성(出城). ②싸움에서 이겨 점령지에 진주(進駐)함. ¶ 연합군의 베를린 입성.
입성(入聲)[-썽]명 ①사성(四聲)의 하나. 짧고 빨리 닫는 소리. ②15세기 국어의 사성(四聲)의 하나. 훈민정음 등에서 받침이 'ㄱ·ㅂ·ㄹ·ㅅ·ㄷ' 등인 것은 방점에 관계없이 모두 입성임. 참방점.
입-성수(-星數)[-썽-]명 음성(音聲)으로 그 사람의 장래를 점치는 일.
입소(入所)[-쏘]명하자 (훈련소·연구소 등에) 들어감. ¶ 신병 훈련소에 입소하다.
입-소리[-쏘-]명 ☞구음(口音).
입-소문(-所聞)[-쏘-]명 입에서 입으로 전해지는 소문. ¶ 입소문이 나다.
입-속[-쏙]명 ☞구강.
입속-말[-쏭-]명 입속으로 중얼거리는 말. ¶ 입속말로 투덜거리다.
입수(入水)[-쑤]명하자 물에 들어감.
입수(入手)[-쑤]명하자·타되자 손에 넣거나 손에 들어옴. ¶ 새로운 정보를 입수하다.
입술[-쑬]명 입의 아래위에 붙은 살. 구문(口吻). 구순(口脣).
입술에 침이나 바르지속담 거짓말을 천연스럽게 꾸며 대는 것을 욕하는 말.
입술을 깨물다관용 고통을 참거나 분을 참을 때, 또는 굳게 결심할 때, 이로 입술을 물다. ¶ 슬픔을 참느라고 입술을 깨물다.
입술-가벼운소리[-쑬-]명 ☞순경음.
입술-소리[-쑬-]명 자음의 한 갈래. 두 입술 사이에서 나는 소리. 〔'ㅂ·ㅃ·ㅍ·ㅁ'이 이에 딸림.〕 순음(脣音). 양순음(兩脣音).
입술-연지(-臙脂)[-쑬련-]명 입술을 아름답게 꾸미는 데 쓰이는 화장품.
입시(入侍)[-씨]명하자 지난날, 대궐에 들어가 임금을 알현하던 일.
입시(入試)[-씨]명 〈입학시험〉의 준말. ¶ 입시 제도. /입시 준비.
입시울명 〈옛〉입술. ¶ 脣은 입시우리라(訓諺).
입시울가비야븐소리명 〈옛〉한글 초기에 쓰이던 'ㅸ·ㆄ·ㅱ·ㅹ' 따위의 소리. 순경음(脣輕音). ¶ ㅸ는 입시울가비야븐소리니(訓諺).
입시울쏘리명 〈옛〉입술소리. 순음(脣音). ¶ ㅂ는 입시울쏘리니(訓諺).
입식(入植)[-씩]명하자 개척지(開拓地)나 식민지(植民地) 같은 데 가서 생활함.
입식(立式)[-씩]명 서서 행동하도록 된 방식.
입신(入神)[-씬]명 〔신의 경지에 이른다는 뜻으로〕 ①하자지혜나 기술이 신묘한 경지에 이름. ②바둑에서, '9단(段)'을 이르는 말.
입신(立身)[-씬]명하자 사회적으로 인정을 받고 높이 됨. 사회적으로 기반을 닦고 출세함.
입신-양명(立身揚名)[-씬냥-]명하자 입신하여 이름을 세상에 들날림.
입신-출세(立身出世)[-씬-쎄]명하자 입신하여 사회적으로 높은 지위에 오르거나 유명해짐.
입실(入室)[-씰]명하자 ①방에 들어감. ②연수·교육 등을 받기 위해 어떤 조직에 들어가거나 군부대의 의무실에 환자로 들어감. ③선종에서, 제자가 스승의 방에 들어가 도를 묻는 일.
입-심[-씸]명 쉬지 않고 거침없이 말하는 힘. ¶ 입심이 좋다. /입심이 대단하다.
입심(立心)[-씸]명하자 마음을 작정하여 세움, 또는 그 안건.
입ː-쌀명 (잡곡에 대하여) 멥쌀을 이르는 말. 도미(稻米). 준쌀.
입-씨름명하자 ①어떤 일을 이루려고 말로 애를 쓰는 일. ¶ 여러 차례의 입씨름 끝에 모든 일이 원만히 해결되었다. ②☞말다툼.
입-씻김[-씯낌]명하타 자기에게 불리한 말을 못하도록 슬며시 금품을 줌.
입-씻이명 ①하타입씻김으로 금품을 줌, 또는 그 금품. ②하자☞입가심.
입-아귀명 입의 양쪽 구석. 구각(口角).
입안(立案)명 ①하타(실행에 앞서) 안을 세움, 또는 그 안건. ¶ 문화재 보존책을 입안하다. ②관청에서 어떤 사실을 인증(引證)한 서류.
입약(立約)명하타 약속함.

입양(入養)명하타되자 혈연관계가 아닌 일반인 사이에, 양친과 양자로서의 법적인 친자 관계를 맺는 일. ¶ 해외 입양. /그들 부부는 고아원에서 아이 한 명을 입양하였다. /나는 두 살 때 미국으로 입양되었다.
입어(入御)명하자 임금이 편전에 들어 좌정함.
입어-권(入漁權)[-꿘]명 남이 점유하고 있는 어장(漁場) 등, 특정한 어장에서 어업을 할 수 있는 권리.
입언(立言)명하자 ①의견을 발표함. 언명(言明). ②후세에 교훈이 될 만한 훌륭한 말을 함, 또는 그 말.
입영(入營)명하자 군(軍)에 들어가 군인이 됨. 입대(入隊). ¶ 입영 통지.
입영(笠纓)명 갓끈.
입옥(入獄)명하자되자 옥에 갇힘. ↔출옥(出獄). 참투옥.
입욕(入浴)명하자 목욕하러 탕에 들어감. 입탕.
입원(入院)명하자 환자가 치료 또는 요양을 위하여 병원에 들어감. ¶ 입원 수속. ↔퇴원.
입자(笠子)[-짜]명 ☞갓[1].
입자(粒子)[-짜]명 물질을 이루는 매우 작은 낱낱의 알. 알갱이[1].
입장(入場)[-짱]명하자 (회장이나 식장·경기장 따위의) 장내에 들어감. ↔퇴장.
입장(立場)[-짱]명 ☞처지.
입장-권(入場券)[-짱꿘]명 입장하기 위한 표.
입-장단[-짱-]명 음악을 듣거나 춤을 출 때 입속말로 맞추는 장단.
입장-료(入場料)[-짱뇨]명 입장하기 위하여 내는 돈.
입재(入齋)[-쩨]명하자 〔불교에서〕 ①제사 전날에 재계(齋戒)함. ②재를 시작함, 또는 그 의식.
입적(入寂)[-쩍]명하자 불교에서, 수도승의 죽음을 이르는 말. 〔적(寂)은 열반(涅槃)의 옮긴 말.〕 귀적(歸寂). 입멸(入滅). 멸도(滅度).
입적(入籍)[-쩍]명하타되자 ①호적에 넣음. ¶ 사고로 부모를 잃은 그 아이는 큰아버지의 호적에 입적되었다. ②명부 등에 끼임.
입전(入電)[-쩐]명하자되자 전신·전화·전보 등이 들어옴, 또는 그 전신·전화·전보. ↔타전(打電).
입점(入店)[-쩜]명 상가나 건물 따위에 어떤 점포가 새로 들어가 영업함.
입정[-쩡]명 입버릇. 입노릇.
 입정(을) 놀리다관용 ①쉴 새 없이 군것질을 계속하다. ②입버릇 사납게 말하다.
 입정(이) 사납다관용 ①말투가 점잖지 못하다. ②거칠게 탐식하다.
입정(入廷)[-쩡]명하자 재판을 하거나 받기 위하여 법정에 들어감. ↔퇴정(退廷).
입정(入定)[-쩡]명하자 ①선정(禪定)에 듦. ↔출정(出定). ②출가(出家)한 사람의 죽음.
입정-미(入鼎米)[-쩡-]명 ☞아주먹이.
입제(入題)[-쩨]명 지난날, 과거(科擧)에서 시(詩)의 첫째 귀와 부(賦)의 넷째 귀.
입조(入朝)[-쪼]명하자 〔지난날〕 ①벼슬아치가 조회에 들어가던 일. ↔퇴조(退朝). ②외국 사신이 조정에 참렬(參列)함.
입조(立朝)[-쪼]명하자 벼슬에 오름.
입주(入住)[-쭈]명하자 특정한 땅이나 집 등에 들어가 삶. ¶ 아파트 단지에 입주하다.
입주(立柱)[-쭈]명하자 집을 짓기 위하여 기둥을 세움, 또는 세워 놓은 기둥.
입증(立證)[-쯩]명하타되자 증거를 내세워 증명함. 거증(擧證). ¶ 알리바이를 입증하다.
입증^책임(立證責任)[-쯩-]명 ☞거증 책임.
입지(立地)[-찌]명 ①농업·공업 등의 산업 경영에 작용하는 토질이나 기후 따위의 자연환경. ¶ 입지 조건. ②생태학(生態學) 등에서, 동식물이 자라는 특정 지역의 환경을 이르는 말.
입지(立志)[-찌]명하자 뜻을 세움.
입지-전(立志傳)[-찌-]명 뜻을 세워, 고난을 잘 참고 정진하여 그 뜻을 이룬 사람의 전기.
입직(入直)[-찍]명하자 근무하는 곳에 들어가 번(番)을 듦. 숙직함.
입-질[-찔]명하자 낚시질할 때, 물고기가 낚싯밥을 건드리는 일.
입질(入質)[-찔]명하타 돈을 빌릴 때 저당으로 물품 등을 맡기는 일.
입-짓[-찟]명하자 뜻을 전하기 위해 입을 움직이는 짓. *입짓이[-찌시]·입짓만[-찐-]
입-차다자 말로 떠벌리다. 장담하다.
입찬-말명하자 ☞입찬소리.
입찬-소리명하자 자기의 지위나 능력을 믿고 지나치게 장담함, 또는 그 말. 입찬말.
 입찬소리는 무덤 앞에 가서 하라속담 입찬소리는 죽어서나 하라는 뜻으로, 함부로 장담하지 말라는 말.
입찰(入札)명하자 일의 도급이나 물건의 매매 등의 계약 체결에서, 희망자에게 예정 가격을 써내게 하는 일, 또는 그것을 써내는 일. ¶ 입찰 공고.
입참(入參)명하자 궁중의 경축이나 제례에 참렬함.
입창(入倉)명 ①하타(물건이나 곡식 따위를) 창고에 넣음. ②하자타법규를 어긴 군인이 영창에 들어감.
입창(立唱)명 ☞선소리[1].
입-천장(-天障)명 입 안의 천장을 이루는 부분.
입천장-소리(-天障-)명 ☞구개음(口蓋音).
입천장소리-되기(-天障-)[-되-/-뒈-]명 ☞구개음화.
입첨(笠簷)명 ☞갓양태.
입체(立替)명 뒤에 상환받을 목적으로 금품 등을 대신 지급함.
입체(立體)명 공간의 일부를 차지하고, 길이와 넓이, 두께를 지닌 것. 참평면.
입체-각(立體角)명 공간의 한 점을 정점(頂點)으로 하는 사선이, 정점을 중심으로 회전하여 처음의 위치로 되돌아왔을 때 그려진 도형에 생긴 각.
입체-감(立體感)명 ①위치와 넓이, 길이와 두께를 가진 물체의 느낌. ②입체를 보는 것과 같은 느낌. ¶ 입체감을 살리다.
입체-경(立體鏡)명 ☞실체경(實體鏡).
입체^교차(立體交叉)명 도로나 철도가 아래위로 높이를 달리 하여 교차되는 일, 또는 그런 방식.
입체^기하학(立體幾何學)명 공간에 있는 점·각·직선·곡선·평면·곡면·입체 또는 그것들의 집합으로 된 도형을 연구하는 기하학.
입체-낭독(立體朗讀)명 소설 따위를 낭독할 때, 대화 장면 같은 데서 등장인물의 성별에 따라 남녀가 나누어 읽고 효과나 음악 등도 넣어, 듣는 사람으로 하여금 실감을 느끼게 하는 낭독.
입체^도형(立體圖形)명 한 평면 위에 있지 않고 공간적인 부피를 가지는 도형. 공간 도형.

입체-미(立體美)명 (조각·공예·건축 등의) 입체의 형상이 갖는 아름다움.
입체^방:송(立體放送)명 하나의 방송 프로그램을 주파수가 다른 둘 이상의 방송 회로(回路)를 통하여 하는 방송.
입체^사진(立體寫眞)명 같은 대상을 시차(視差)를 달리 하여 찍은 두 장의 사진을 실체경으로 들여다볼 때 입체적으로 보이는 것.
입체^영화(立體映畫)명 화면이 입체감을 내도록 만든 영화. 시차(視差)를 달리 하는 두 화상(畫像)을 합쳐서 입체감을 내는 스테레오 스코프와, 시각(視角)에 가까운 화상을 볼 때 생기는 착각을 이용하는 시네라마 방식이 있음. 삼차원 영화.
입체^음향(立體音響)명 원음(原音)의 음색뿐만 아니라 방향감·거리감 등이 그대로 재생되는 음. 입체 녹음된 레코드나 테이프, 스테레오 방송이 좌우 또는 앞뒤로 놓인 두 개 이상의 스피커를 통하여 재생될 때 이루어짐.
입체-적(立體的)관명 ①입체감을 주는 (것). ¶ 입체적 기법. /도안이 입체적인 포스터. ②사물을 여러 각도로 파악하는 (것). ¶ 입체적 진단. /입체적으로 조명한 역사의 현장.
입체-전(立體戰)명 육해공군의 합동 작전으로 하는 현대의 전쟁.
입체-주의(立體主義)[-의/-이]명 ☞입체파(立體派).
입체-파(立體派)명 20세기 초, 프랑스에서 일어난 회화의 한 유파. 물체의 본질이나 형상을 이성(理性)으로 파악할 것을 주장하고, 물체의 모양을 분석하여 기하학적인 점과 선으로 표현하려고 했음. 입체주의. 큐비즘.
입체^화:법(立體畫法)[-뻡]명 여러 종류의 입체 도형을 평면 상에 정밀하게 나타내려고 하는 기법. 〔투시 화법·투영 화법 따위.〕
입초(入超)명 〈수입 초과(輸入超過)〉의 준말. ↔출초.
입초(立哨)명하자 (정해진 곳에 고정되어) 보초를 섬, 또는 그 사람. 부동초(不動哨). ↔동초.
입촌(入村)명하자 마을에 들어감. ¶ 선수단이 선수촌에 입촌하다.
입추(立秋)명 이십사절기의 하나. 대서(大暑)와 처서(處暑) 사이로, 8월 8일경. 이 무렵에 가을이 시작된다고 함.
입추(立錐)명하자 송곳을 세움.
입추의 여지가 없다관용 (송곳을 세울 틈도 없을 만큼) 많은 사람이나 물건이 꽉 들어차 있다. ¶ 입추의 여지가 없이 들어찬 관람객.
입추지지(立錐之地)명 〔송곳 하나를 세울 만한 땅이라는 뜻으로〕 매우 좁아 조금도 여유가 없음을 이르는 말.
입춘(立春)명 이십사절기의 하나. 대한(大寒)과 우수(雨水) 사이로, 2월 4일경. 이 무렵에 봄이 시작된다고 함.
입춘-대길(立春大吉)명 입춘을 맞이하여 크게 길함. 〔입춘 때 문지방이나 대문 등에 써 붙이는 입춘방의 한 가지.〕
입춘-방(立春榜)명 입춘 때, 대문이나 문지방에 써 붙이는 한문 글귀. 입춘서(立春書).
입춘-서(立春書)명 ☞입춘방(立春榜).
입출(入出)명 수입과 지출. 수지(收支). ¶ 입출 내역.
입-출금(入出金)명 들어오는 돈과 나가는 돈. ¶ 입출금이 자유로운 보통 예금.
입출력^장치(入出力裝置)[-짱-]명 컴퓨터 등에서, 입력 장치와 출력 장치를 아울러 이르는 말.
입-춤(立-)명 기생 춤의 한 가지. 평상복을 입고 둘이 마주 서서 춤.
입-치다꺼리명하자 '먹는 일을 뒷바라지하는 일'을 속되게 이르는 말. ¶ 저축은커녕 입치다꺼리도 하기가 벅차다.
입탕(入湯)명하자 ☞입욕(入浴).
입-태자(立太子)명하자 태자를 정함(세움).
입평(立坪)의 흙이나 모래 따위의 용적을 헤아리는 단위. 〔1입평은 가로, 세로, 높이를 각각 여섯 자로 쌓아 올린 더미의 용적임.〕
입표(立標)명 ①하자 나무·돌·기(旗) 등으로 표를 세움, 또는 그 표. ②항로(航路) 표지의 한 가지. 암초나 여울 등이 있음을 알리는 경계 표지.
입품(入品)명하자되자 물품을 들여옴, 또는 들여온 그 물품.
입품(入稟)명하타 (임금에게 들어가서) 아뢈.
입하(入荷)[이파]명하자·타되자 물건이 들어옴, 또는 물건을 들여옴. ¶ 입하 시기. /신상품이 매장에 입하되었다. ↔출하(出荷).
입하(立夏)[이파]명 이십사절기의 하나. 곡우(穀雨)와 소만(小滿) 사이로, 5월 6일경. 이 무렵에 여름이 시작된다고 함.
입학(入學)[이팍]명하자·타되자 (공부하기 위해) 학교에 들어가 학생이 됨. 입교(入校). ¶ 초등학교에 입학하다. ↔졸업.
입학-시험(入學試驗)[이팍씨-]명 입학하기 위하여 치르는 시험. 준입시.
입학-식(入學式)[이팍씩]명 입학할 때에 신입생을 모아 놓고 행하는 의식. ¶ 초등학교 입학식.
입학^원:서(入學願書)[이파권-]명 입학을 청원하는 문서.
입항(入港)[이팡]명하자 배가 항구에 들어옴. ↔출항.
입향-순속(入鄕循俗)[이퍙-]명하자 다른 지방에 가서는 그 지방의 풍속을 따름. 〔'회남자'의 '제속편(齊俗篇)'과 '장자'의 '외편(外篇)'에 나오는 말임.〕
입헌(立憲)[이펀]명 ①하자 헌법을 제정함. ②《주로 관형어적으로 쓰이어》 '헌법에 따름'을 뜻하는 말. ¶ 입헌 군주 정체.
입헌-국(立憲國)[이펀-]명 입헌 정치를 하는 나라.
입헌^군주국(立憲君主國)[이펀-]명 입헌 군주제를 실시하는 나라.
입헌^군주제(立憲君主制)[이펀-]명 삼권 분립의 원칙을 인정한 헌법에 따라 군주의 권력이 일정한 제약을 받는 정치 체제. 〔절대 군주제가 시민 계급과 타협한 결과로 생겼음.〕
입헌^정체(立憲政體)[이펀-]명 입헌 정치의 체제. 〔군주제와 공화제(共和制)가 있음.〕
입헌^정치(立憲政治)[이펀-]명 삼권 분립의 원칙을 인정한 헌법에 따라 하는 정치. 준헌정.
입헌-주의(立憲主義)[이펀-의/이펀-이]명 입헌 정치의 체제를 이상으로 하고, 이것의 성장·실현을 꾀하는 주의.
입-화면(立畫面)[이퐈-]명 투영도에서, 물체를 평면에 수직을 이루는 정면에서 보았을 때의 모양을 그린 면. 직립면(直立面). 참측화면·평화면.
입회(入會)[이푀/이퉤]명하자 어떤 회에 들어가 회원이 됨. ↔퇴회·탈회.

입회(立會)[이푀/이풰]명하자 ①(증거로 삼거나 검증을 하려고) 현장에 가서 지켜봄. ¶ 경찰관 입회 아래 추첨하다. ②거래소에서, 거래원이나 그 대리인이 일정 시간에 모여 매매 거래를 하는 일.

입회-인(立會人)[이푀-/이풰-]명 뒷날에 증인으로 삼기 위하여 어떤 일이 벌어지거나 일어난 곳에 입회시키는 사람.

입후(入后)[이푸]명하자타 왕후 또는 황후를 들임, 또는 왕후로 들어감.

입후(入後)[이푸]명하자타 양자(養子)를 들임, 또는 양자로 들어감. 입사(立嗣).

입후(立后)[이푸]명하타 왕후 또는 황후를 봉하여 세움.

입-후보(立候補)[이푸-]명하자 되자 후보자로 나서거나 내세움. ¶ 대통령 선거에 입후보하다.

입-히다[이피-]타 〖'입다'의 사동〗 ①입게 하다. 당하게 하다. 끼치다. ¶ 옷을 입히다. /손해를 입히다. ②물건의 거죽에 무엇을 한 꺼풀 올리거나 바르다. ¶ 금박을 입히다. /운동장에 잔디를 입히다.

잇[1][읻]명 이부자리나 베개 따위의 거죽에 시치는 피륙. ¶ 이불의 잇. *잇이[이시]·잇만[인-]

잇[2][읻]명 ①잇꽃. ②잇꽃의 꽃부리에서 채취하는 붉은빛의 물감. *잇이[이시]·잇만[인-]

잇명 〈옛〉이끼. ¶ 프른 잇과 흐린 수레(杜初*10:8*). /잇 ᄆᆡ:莓. 잇 ᄐᆡ:苔(訓蒙上*8*). 참읷.

잇-꽃[읻꼳]명 국화과의 이년초. 줄기 높이는 1 m가량, 잎은 가장자리가 톱니 모양임. 여름에 줄기 끝이나 가지 끝에 주황색 꽃이 핌. 꽃은 한방의 약재로, 꽃부리는 붉은 물감의 원료로, 씨는 기름을 짜는 데 쓰임. 잇[2]. 홍화(紅花). *잇꽃이[읻꼬치]·잇꽃만[읻꼰-]

잇:다[읻따][이으니·이어]타ㅅ ①두 끝을 맞대어 붙이다. ¶ 끈을 잇다. ②앞뒤가 끊어지지 않게 계속하다. ¶ 끼니를 잇기가 어렵다. ③뒤를 잇달다. ¶ 가업(家業)을 잇다.

잇다자 〈옛〉있다. ¶ 녜도 잇더신가(龍歌*88*章). /너 ᄆᆞᄐᆞ니 또 잇ᄂᆞᆫ가(鄭澈.關東別曲). 참이시다.

잇다감부 〈옛〉이따금. ¶ 이런ᄃᆞ로 잇다감 닐오ᄃᆡ(金三*2:41*).

잇:단-음표(-音標)[읻따늠-]명 같은 음표 몇 개를 이어서 본디의 박자 수보다 길거나 짧게 연주하는 표. 연음부(連音符).

잇:-달다[읻딸-][~다니·~달아] Ⅰ자 잇따르다. ¶ 차량 행렬이 잇달다. /어린이 실종 사건이 잇달아 발생했다.
Ⅱ타 일정한 모양이 있는 사물을 다른 사물에 이어 달다. ¶ 방을 잇달아 내다.

잇:달-리다[읻딸-]자 〖'잇달다'의 피동〗 일정한 모양이 있는 사물이 다른 사물에 이어 달리다. ¶ 마당에 잇달린 텃밭.

잇:-닿다[읻따타]자 ①뒤에 이어 닿다. ②서로 이어져 맞닿다. ¶ 바다에 잇닿은 길. /두 산맥이 잇닿는 곳에 깊은 계곡이 있다.

잇:-대다[읻때-]타 서로 잇닿게 하다. ¶ 꼬빡연의 종이 꼬리를 잇대어 붙이다.

잇ᄃᆞᆫ조 〈옛〉이야. ¶ 信잇ᄃᆞᆫ 그츠리잇가(樂詞.西京別曲).

잇:-따르다[읻-][~따르니·~따라]자 ①움직이는 물체가 다른 물체의 뒤를 이어 따르다. ¶ 그분이 들어가자 나도 잇따라 들어갔다. ②어떤 사건이나 행동 따위가 이어 발생하다. ¶ 유괴 사건이 잇따라 발생하다. /각계의 성원이 잇따르다. 연달다. 잇달다.

잇-몸[인-]명 이촉을 싸고 있는 살. 치경(齒莖). 치은(齒齦).

잇몸-소리[인-]명 자음의 한 갈래. 혀끝과 잇몸 사이에서 나는 소리. 〔'ㄷ·ㅌ·ㄸ·ㄴ·ㄹ'이 이에 딸림.〕 치조음.

잇-바디[이빠-/읻빠-]명 이가 죽 박힌 줄의 생김새. 치열.

잇브다형 〈옛〉고단하다. ¶ 大闕을 思戀ᄒᆞ야 肝肺ᄅᆞᆯ 잇브게 ᄒᆞᄂᆞ니(杜初*1:49*).

잇-살명 ①잇몸의 틈. ②'잇몸'의 잘못.

잇-샅명 '잇새'의 잘못.

잇-새[이쌔/읻쌔]명 이와 이의 사이. ¶ 잇새가 넓다.

잇-소리[이쏘-/읻쏘-]명 ☞치음(齒音).

잇-속[이쏙/읻쏙]명 이의 생긴 모양, 또는 이가 난 모양새. ¶ 잇속이 고르다.

잇:-속(利-)[이쏙/읻쏙]명 이익이 있는 실속, 또는 그것을 가늠하는 셈. ¶ 잇속에 밝다.

잇-솔명 '칫솔'의 잘못.

잇ᄯᆞᆫ조 〈옛〉이야. ¶ 一片丹心잇ᄯᆞᆫ 變ᄒᆞᆯ ᄯᅳᆮ이 이시랴(古時調).

잇-자국[이짜-/읻짜-]명 이로 문 자국.

잇:-줄(利-)[이쭐/읻쭐]명 이익을 얻을 수 있는 길. 또는, 이익이 될 만한 연줄.

잇-집[이찝/읻찝]명 ☞치조(齒槽).

잇:-짚[이찝/읻찝]명 메벼의 짚. *잇:짚이[이찌피/읻찌피]·잇:짚만[이찜-/읻찜-]

읷명 〈옛〉이끼. ¶ ᄇᆞᄅᆞ미 잇글 쓰러 다ᄋᆞ니(南明上*72*). 참잇.

있다[1][읻따] Ⅰ자 ①존재하다. 높계시다. ②사람이 어떤 직장에 계속 다니다. ¶ 다른 회사로 옮길 생각 말고 그 회사에 있어라. ③어떤 상태를 유지하다. ¶ 가만히 있어라. /손 들고 있어. ④얼마의 시간이 경과하다. ¶ 사흘만 있으면 휴가다. ⑤(무슨 일이) 벌어지다. 진행되다. ¶ 하필이면 학예회가 있는 날 병이 나다니. /12시에 회의가 있습니다. *있어·있는[인-]
Ⅱ형 ①존재하거나 소유한 상태(상황)임을 나타냄. ¶ 신(神)은 있다. /우리에겐 희망이 있다. ②재물이 넉넉하거나 많다. 《주로, '있는'의 꼴로 쓰임.》 ¶ 그는 있는 집 자손이다. ③《'-ㄹ 수 있다'의 꼴로 쓰이어》 가능하다는 뜻을 나타냄. ¶ 나도 해낼 수 있다. /될 수만 있다면 작히나 좋으랴. ④《구어체에서, '있지'·'있잖아'의 꼴로 쓰이어》 어떤 사실을 강조하는 뜻을 나타냄. ¶ 그 소문 있지 사실이래. ⑤어떤 상태에 처하거나 놓이다. ¶ 난처한 상태에 있다. ⑥일정 범위에 포함된 상태이다. ¶ 명단에 내 이름이 있다. ⑦소유하거나 자격이나 능력을 가진 상태이다. ¶ 나에게 만 원이 있다. /그는 고집이 있다. ⑧일정한 관계를 가진 사람이 존재하는 상태이다. ¶ 나에게는 형제가 셋 있다. ⑨무슨 일이 생긴 상태이다. ¶ 급한 일이 있으면 이리로 연락해라. ⑩(직장 따위에) 어떤 지위나 역할로 존재하는 상태이다. ¶ 서무과장으로 있다. ⑪'에(에게·게) 있어서'의 꼴로 쓰이어, '에(에게·게)'를 강조하는 뜻을 지님. ¶ 그 감격은 나에게 있어서 평생 잊지 못할 감격이었소. ⑫이유나 근거 따위가 성립된 상태이다. ¶ 그녀의 투정은 이유가 있다. ↔없다. *있어·있는[인-]

있다[2][읻따] Ⅰ조동 《동사의 보조적 연결 어미 '-고' 뒤에 쓰이어》 그 동작이 현재 계속되다. ¶ 아기가 놀고 있다. /새가 울고 있다. *있어·있는[인-]

Ⅱ ㉢조형 《보조적 연결 어미 '-아(어)' 뒤에 쓰이어 본용언의 상태가》 계속되다. ¶ 꽃이 피어 있다. * 있어·있고[읻꼬]

잉걸 명 〈불잉걸〉의 준말.

잉걸-불[-뿔] 명 ①활짝 핀 숯불. ②다 타지 않은 장작불.

잉곳(ingot) 명 제련하여 녹인 금속을 일정한 주형(鑄型)에 부어 굳힌 것.

잉글리시^호른(English horn) 명 목관 악기의 한 가지. 오보에보다 낮은 음성을 내며 대편성(大編成)의 관현악에 쓰임.

잉꼬(←いんこ〔鸚哥〕 일) 명 ①앵무과의 앵무속을 제외한 대부분의 새를 흔히 이르는 말. ②앵무과의 새. 몸길이 21 cm가량. 도가머리가 없고, 몸빛은 적색·녹색·황색 등이며, 암수의 사이가 좋음.

잉꼬-부부(←いんこ夫婦) 명 '금실이 좋은 부부'를 비유하여 이르는 말.

잉:모(孕母) 명 ☞잉부(孕婦).

잉:부(孕婦) 명 아이를 밴 부인. 임부(妊婦). 잉모(孕母). 태모(胎母).

잉:손(仍孫) 명 곤손(昆孫)의 아들.

잉:수(剩數)[-쑤] 명 남은 수.

잉아 명 베틀의 날실을 한 칸씩 걸러서 끌어 올리도록 맨 굵은 실. 종사(綜絲).

잉앗-대[-아때/-앋때] 명 베틀에서, 뒤로는 눈썹줄에 대고 아래로는 잉아를 걸어 놓은 나무.

잉:어 명 잉엇과의 민물고기. 몸길이는 일정하지 않으나 큰 것은 1 m에 이름. 등의 빛깔은 검푸르고 배는 담황색임. 잡식성인데, 입가에 두 쌍의 수염이 있음. 본이어(鯉魚).

잉:어-등(-燈) 명 사월 초파일에 등대에 다는, 종이 따위로 만든 잉어 모양의 등.

잉:엇-국[-어꾹/-얻꾹] 명 잉어를 넣고 끓인 국.

잉엇국 먹고 용트림한다 속담 작은 일을 큰일인 체하고 남에게 거짓 태도를 보이거나 행동한다는 말.

잉:여(剩餘) 명 쓰고 난 나머지. 여잉(餘剩). ¶ 잉여 농산물.

잉:여^가치(剩餘價値) 명 노동자가 생산하는 생산물의 가치와 노동자에게 지급되는 임금과의 차액. 기업 이윤·이자·지대 같은 소득의 원천이 됨.

잉:여-금(剩餘金) 명 기업의 자산 가운데 법정(法定) 자본을 넘는 금액. 〔이익 잉여금과 자본 잉여금으로 이루어짐.〕

잉:용(仍用) 명하타되자 이전의 것을 그대로 씀.

잉잉[1] 부하자 어린애가 잇달아 우는 소리.

잉-잉[2] 부하자 ①가느다란 철사 줄이나 전선 따위에 세찬 바람이 부딪칠 때 나는 소리. ②날벌레가 연이어 나는 소리.

잉잉-거리다[1] 자 어린애가 자꾸 잉잉하며 울다. 잉잉대다[1].

잉잉-거리다[2] 자 자꾸 잉잉 소리를 내다. 잉잉대다[2]. ¶ 벌들이 잉잉거리다.

잉잉-대다[1] 자 ☞잉잉거리다[1].

잉잉-대다[2] 자 ☞잉잉거리다[2].

잉:조(剩條)[-쪼] 명 쓰고 남은 부분.

잉카-문명(Inca文明) 명 15~16세기에 남아메리카 안데스 지대를 중심으로 잉카 족이 이루었던 청동기 문명. 높은 산악 지역에 건축물을 세우고 도시를 건설하였는데, 직물·금세공 및 농업 문화가 발달하였음.

잉크(ink) 명 필기나 인쇄에 쓰는, 빛깔이 있는 액체.

잉크스탠드(inkstand) 명 책상 위에 놓고 쓰게 만든, 잉크를 담는 그릇.

잉:태(孕胎) 명하자타되자 아이를 뱀. 임신(妊娠). 태잉(胎孕). 회태(懷胎).

잊다[읻따] 타 ①(알았던 것을) 기억하지 못하거나 깨닫지 못하다. ¶ 수학 공식을 잊다. /약속 시간을 잊지 마라. ②단념하고 생각하지 아니하다. ¶ 침식을 잊고 연구에 매달리다. ③마음에 새겨 두지 않고 저버리다. ¶ 본분을 잊다. /은혜를 잊다. ④(품었던 생각을) 떨어내 끊어버리다. ¶ 서름을 잊다. ⑤해야 할 일을 깨닫지 못하고 그냥 지나 버리다. ¶ 숙제를 깜박 잊다. * 잊어·잊는[인-]

잊어-버리다 타 모두 잊다. 아주 잊다. 참야자버리다.

잊혀지다 자 '잊히다'의 잘못.

잊-히다[이치-] 자 〖'잊다'의 피동〗 잊음을 당하다. 생각이 나지 않게 되다. 모르게 되다. ¶ 오래도록 잊히지 않는 충고의 말.

잎[1][입] 명 식물의 영양 기관의 한 가지. 호흡 작용과 탄소 동화 작용을 하는데, 완전한 것은 잎몸·잎자루·턱잎의 세 부분으로 이루어짐. * 잎이[이피]·잎만[임-]

잎[2][입] 의 명주실의 한 바람. * 잎이[이피]·잎만[임-]

잎 명 〈옛〉 방문. 어귀. ¶ 블근 새 그를 므러 寢室 이페 안ᄌ니(龍歌7章). /峽ㅅ 이페 ᄇᄅ미 샹녜 섀ᄅ니(杜初7:12). 참입.

잎갈-나무[입깔라-] 명 소나뭇과의 낙엽 침엽 교목. 깊은 산이나 고원 등에 남. 4월경에 황갈색 꽃이 피고, 길둥근 열매는 9월경에 익음. 나무는 건축·전주(電柱)·침목(枕木) 등의 재료로 쓰임. 적목(赤木).

잎-겨드랑이[입껴-] 명 잎이 줄기나 가지에 붙어 있는 부분의 위쪽. 엽액(葉腋).

잎-꼭지[입-찌] 명 ☞잎자루.

잎-꽂이[입-] 명 꺾꽂이의 한 방법. 잎을 흙에 꽂아 뿌리를 내리게 하는 방법.

잎-나무[임-] 명 가지에 잎이 붙어 있는 땔나무.

잎-노랑이[임-] 명 ☞엽황소(葉黃素).

잎-눈[임-] 명 자라서 잎이나 줄기가 될 식물의 눈. 엽아(葉芽).

잎다 타 〈옛〉 읊다. ¶ 이플 음:吟(訓蒙下32). 참읊다.

잎-담배[입땀-] 명 썰지 않고 잎사귀 그대로 말린 담배. 엽연초. 엽초. ↔살담배.

잎-덩굴손[입떵-] 명 잎에서 돋는 덩굴손.

잎-맥(-脈)[임-] 명 잎몸 안에 평행선이나 그물 모양으로 뻗어 있는 관다발. 수분이나 양분의 통로가 됨. 엽맥(葉脈).

잎-몸[임-] 명 잎의 몸을 이루는 엷고 넓은 부분. 잎맥과 잎살로 이루어져 있는데, 엽록소가 풍부하며 광합성(光合成)을 함. 엽신(葉身). 엽편(葉片).

잎-바늘[입빠-] 명 잎 또는 그 일부가 변하여 바늘처럼 된 것. 〔선인장의 가시 따위.〕 엽침(葉針).

잎-사귀[입싸-] 명 낱낱의 잎. 비이파리.

잎사귀-머리[입싸-] 명 소의 처녑에 붙은 넓고 얇은 고기. 흔히, 저냐를 부쳐 먹음.

잎-살[입쌀] 명 잎몸을 이루는 한 부분으로, 잎의 아래위 겉껍질 사이를 채우고 있는 연하고 얇은 부분. 수많은 엽록체를 가진 세포로 이루어지며, 광합성을 함. 엽육(葉肉).

잎-새 명 '나무'의 잎사귀. 문학적 표현임.

잎-샘[입쌤]명하자 이른 봄철, 잎이 나올 무렵에 날씨가 갑자기 추워지는 일, 또는 그 추위. ¶ 잎샘 추위. 참꽃샘.

잎-숟가락[입쑫까-]명 얇고 거칠게 만든 놋쇠 숟가락. ↔간자숟가락.

잎잎-이[임니피]부 잎마다. ¶ 잎잎이 이슬이 맺히다.

잎-자루[입짜-]명 잎몸을 줄기나 가지에 붙어 있게 하는 자루 모양의 꼭지. 잎몸을 햇빛 방향으로 돌리는 작용을 하는데, 식물에 따라서는 없는 것도 있음. 엽병(葉柄). 잎꼭지.

잎-줄기[입쭐-]명 잎의 줄기. 엽축(葉軸).

잎-집[입찝]명 잎자루의 밑동이 발달해서 칼집 모양이 되어 줄기를 싸고 있는 부분. 〔볏과·방동사닛과·미나릿과 따위의 식물에서 볼 수 있음.〕 엽초(葉鞘).

잎-차례(-次例)[입-]명 잎이 줄기나 가지에 붙어 있는 모양. 〔돌려나기·마주나기·어긋나기 따위의 구별이 있음.〕 엽서(葉序).

잎-채소(-菜蔬)[입-]명 ☞엽채(葉菜).

잎-초(-草)명 '잎담배'의 잘못.

잎-파랑이[입-]명 ☞엽록소(葉綠素).

잎파리명 '이파리'의 잘못.

잎-혀[이펴]명 잎집의 끝이 줄기에 닿은 부분에 붙어 있는 작고 얇은 조각. 줄기와 잎집 사이에 불순물이 들어가는 것을 막음.

-ᄋᆞ니어미 〈옛〉-으니. ¶ 즘겟가재 연ᄌᆞ니(龍歌7章).

-ᄋᆞ니이다어미 〈옛〉-으니이다. -은 것입니다. ¶ 洛陽애 올ᄋᆞ니이다(龍歌14章).

ᄋᆞ란조 〈옛〉을랑. ¶ 됴ᄒᆞᆫ 고ᄌᆞᄅᆞᆫ ᄑᆞ디 말오 다 王ᄭᅴ 가져오라(月釋1:9).

ᄋᆞ로조 〈옛〉으로. ¶ 簞食壺漿ᄋᆞ로(龍歌10章).

-ᄋᆞ리잇가어미 〈옛〉-으리까. -을 것입니까. ¶ 七代之王ᄋᆞᆯ 뉘 마ᄀᆞ리잇가(龍歌15章).

-ᄋᆞ샤어미 〈옛〉-으시어. ¶ 海東六龍이 ᄂᆞᄅᆞ샤(龍歌1章).

-ᄋᆞ샨어미 〈옛〉-으신. ¶ 聖人ㅅ ᄀᆞᄌᆞ샨 功德에 니르리라(圓覺上三之一62).

-ᄋᆞ쇼셔어미 〈옛〉-으소서. ¶ 님금아 아ᄅᆞ쇼셔(龍歌125장).

-ᄋᆞ시니이다어미 〈옛〉-으신 것입니다. ¶ 모딘 도ᄌᆞᄀᆞᆯ 자ᄇᆞ시니이다(龍歌35章).

-ᄋᆞ시리잇가어미 〈옛〉-으시리이까. -으실 것입니까. ¶ 天下蒼生ᄋᆞᆯ 니ᄌᆞ시리ᅌᅵᆺ가(龍歌21章)

-ᄋᆞ실씨어미 〈옛〉-으실새. -으시므로. ¶ 天命을 모ᄅᆞ실씨(龍歌13章).

ᄋᆞ자감 〈옛〉아. 어. ¶ ᄋᆞ자 내 少年이야 어드러로 간거이고(古時調).

ᄋᆞᆫ조 〈옛〉은 ¶ 불휘 기픈 남ᄀᆞᆫ(龍歌2章).

ᄋᆞᆯ조 〈옛〉을. ¶ 揚子江南ᄋᆞᆯ ᄭᅥ리샤(龍歌15章).

-ᄋᆞᆸ-선미 〈옛〉-옵-. ¶ 아소 님하 遠代平生애 여힐ᄉᆞᆯ 모ᄅᆞᄋᆞᆸ새(樂詞.滿殿春別詞).

ᄋᆡ[1]감 〈옛〉아아. ¶ ᄋᆡ 슬프다. 셜우믈 ᄆᆞᅀᆞ매 얼규니(永嘉序15).

ᄋᆡ[2]조 〈옛〉①의. ¶ 宮女로 놀라샤미 宮監ᄋᆡ 다시언마ᄅᆞᆫ(龍歌17章). ②에. ¶ 英主 알ᄑᆡ 내내 붓그리리(龍歌16章).

-ᄋᆡ어미 〈옛〉-게. ¶ 드트리 ᄃᆞ외ᄋᆡ ᄇᆞᆺ아디거늘(釋譜 6:31).

ᄋᆡ긋다자 〈옛〉애끊다. ¶ 밤중만 지국총 소래에 ᄋᆡ긋ᄂᆞᆫ 듯ᄒᆞ여라(古時調).

ㆁ자모 〈옛〉옛이응. 옛 한글 자음의 하나. 아음(牙音). 지금의 'ㅇ' 받침 소리와 같은 음가로 씌었음. 오늘날 글자는 쓰이지 않게 되고 음가만이 받침 소리에 남아 'ㅇ' 자로 적음. 〔바ᅌᅩᆯ·그ᅌᅦ·-ᅌᅵ다〕

-이다어미 〈옛〉-습니다/-ㅂ니다. ¶ 올하시이다 世尊하(釋譜13:47).

-잇가어미 〈옛〉-습니까/-ㅂ니까. ¶ 사ᄅᆞᆷ ᄡᅳ디리잇가(龍歌15章).

-잇고어미 〈옛〉-습니까/-ㅂ니까. ¶ 이 이리 엇뎨잇고(月釋21:138).

ᅇ자모 〈옛〉쌍이응. 'ㅇ'의 각자 병서(各自竝書). 〔ᄒᆡᅇᅧ/ᄆᆡᅇᅵ다〕

ㅈ[지읒]자모 지읒. ①한글 자모의 아홉째 글자. ②자음의 하나. 혓바닥을 입천장에 붙였다가 터뜨리면서 내는 무성 파찰음. 받침의 경우에는 혀를 입천장에서 떼지 않음. *ㅈ이[지으시]·ㅈ만[지은-]

자[1] Ⅰ명 길이를 재는 데 쓰이는 기구. 길이의 단위를 나타내는 눈금이 그어져 있으며, 대자·삼각자·곱자·줄자 등이 있음.
Ⅱ의 척관법(尺貫法)의 길이의 단위. '치'의 10배. 〔약, 30.3 cm에 해당함.〕 척(尺). ¶ 열 자 세 치.
자에도 모자랄 적이 있고 치에도 넉넉할 적이 있다속담 경우에 따라, 많아도 모자랄 수 있고 적어도 남을 수가 있다는 말.

자[2]감 ①어떤 행동을 하도록 주의를 주거나, 스스로 하려는 의욕을 보일 때 하는 말. ¶ 자, 또 시작해 봅시다. /자, 나도 그만 떠나야겠다. ②스스로 안타깝거나 한심스럽게 느낄 때, 혼잣말처럼 하는 말. ¶ 자, 이런 멍청이가 있나.

자[3]조 모음으로 끝난 체언에 붙어, 두 가지 이상의 사실을 같은 자격으로 이어 주는 접속 조사. 참이자.

자(子)[1]명 ①아들. ②민법에서, 적출자(嫡出子)·서자(庶子)·양자(養子) 등을 통틀어 이르는 말. ③'공자(孔子)'를 높이어 일컫는 말. ¶ 자왈(曰). ④〈자작(子爵)〉의 준말.

자(子)[2]명 ①십이지(十二支)의 첫째. ②〈자방(子方)〉의 준말. ③〈자시(子時)〉의 준말.

자(字)명 ①글자. ②〔본이름을 함부로 부르지 않던 시대에〕 장가든 뒤 본이름 대신 부르던 이름. ¶ 이순신의 자는 여해(汝諧), 시호(諡號)는 충무공이다. ③〖의존 명사적 용법〗 글자의 수를 나타내는 말. ¶ 200자 원고지. 참호(號).

자(姉)명 손위의 누이. 누나. 언니.

자ː(紫)명 자줏빛. 자색.

자(觜)명 〈자성(觜星)〉의 준말.

자(者)의 '사람'을 얕잡아 가리키는 말. ¶ 그 자가 나타났단 말이오.

자(秭)수관 해(垓)의 1만 배, 양(穰)의 만분의 일이 되는 수(의). 곧, 10^{24}.

-자(子)접미 ①《일부 명사 뒤에 붙어》 ㉠아주 작은 것임을 나타냄. ¶ 유전자. /미립자. ㉡'기계 장치'·'도구'의 뜻을 나타냄. ¶ 연산자. /유도자. /전기자. /진동자. ②《주로 성(姓) 뒤에 붙어》 학덕이 높거나 학설을 편 사람임을 나타냄. ¶ 공자. /맹자.

-자(者)접미 일부 명사 뒤에 붙어, 그러한 사람임을 뜻함. ¶ 철학자. /기술자. /당사자. /유력자.

-자[1]어미 《동사 어간에 붙어》 ①평교간이나 손아랫사람에게 함께 하자는 뜻을 나타내는 해라체의 종결 어미. ¶ 더 빨리 가자. 《일부 형용사 어간에 붙어 쓰이는 경향이 있음. ¶ 우리 좀 더 침착하자.》 ②하고자 하는 뜻을 나타내는 연결 어미. ¶ 버리자 하니 아깝고, 먹자 하니 먹을 게 없다. ③어떤 동작이나 상태가 막 끝나고 다른 동작이나 상태가 바로 이어짐을 나타내는 연결 어미. ¶ 까마귀 날자 배 떨어진다. /비가 그치자 우리는 다시 길을 떠났다.

-자[2]어미 《시제의 '-았(었)-'에 붙어》 앞 절의 행동이나 상태가 이루어져도 뒤 절의 상태에는 영향을 미칠 수 없다는 뜻을 나타내는 연결 어미. ¶ 아무리 이야기해 보았자 쇠귀에 경 읽기다.

자가(自家)명 ①자기의 집. 자택(自宅). ↔타가(他家). ②자기. ¶ 자가 진단.

자가^결실(自家結實)[-씰]명 식물의 난세포가 같은 개체의 꽃가루로 수분하여 열매를 맺는 일.

자가-광고(自家廣告)명 자기의 가치를 자기 스스로 선전함. 자가선전. 자기광고.

자가^규정(自家規定)명 다른 것에 의지하지 않고, 자기의 자유의사에 맡기는 규정. 자기규정.

자가-당착(自家撞着)명 언행의 앞뒤가 맞지 않음. 모순당착. ¶ 자가당착에 빠지다. 참자기모순.

자가-발전(自家發電)[-쩐]명 개인이 소규모의 발전 시설을 갖추고 하는 발전.

자가^보ː존(自家保存)명 ☞자기 보존.

자가사리명 퉁가릿과의 민물고기. 맑은 냇가의 돌 밑에 숨어 사는데, 몸길이 5~13 cm. 몸빛은 등이 짙은 적갈색, 배는 누런색임. 아래턱이 위턱보다 짧고 네 쌍의 수염이 있음. 남부 하천에 분포함. 탁어.

자가-선전(自家宣傳)명 ☞자가광고.

자가-소비(自家消費)명 자기가 생산하여 자기가 소비함.

자가^수분(自家受粉)명 꽃가루가 같은 그루에 있는 암술 머리에 붙는 일. 〔암수한그루로 된 꽃에서 수분하는 경우를 자화 수분(自花受粉)이라고도 함.〕 제꽃가루받이. ↔타가 수분.

자가^수정(自家受精)명 ①식물에서, 같은 그루에 있는 암술과 수술 사이에 수정이 일어나는 일. 〔암수한몸으로 된 꽃에서 수정하는 경우를 자화 수정(自花受精)이라고도 함.〕 제꽃정받이. ②암수한몸인 동물에서 수정이 일어나는 일. 〔지렁이·달팽이 따위에서 볼 수 있음.〕 ↔타가 수정.

자가-용(自家用)명 ①영리를 목적으로 하지 않고 개인이나 개인의 가정에서 사용함, 또는 그 물건. ¶ 자가용 발전기. ②영리를 목적으로 하지 않고 개인이나 개인의 가정에서 전용으로 사용하는 자동차. 주로, 승용차를 이름.

자가-운전(自家運轉)명 자기의 차를 자기가 손수 운전함.

자가^임성(自家稔性)명 타화 수분 식물 중, 어떤 개체에 한하여 자기의 꽃가루로 열매를 맺는 성질.

자가^전염(自家傳染)명 병을 일으킨 병원균이 다른 데서 침입한 것이 아니고, 이전부터 몸속에 있다가 어떤 유인(誘因)에 의하여 병을 일으키게 되는 일.

자가-제(自家製)명 자기 집 또는 자기 공장에서 만든 물건.

자가^중독(自家中毒)명 몸 안에서 물질대사의 결과로 생긴, 유독한 물질로 말미암은 중독 현상.

자가품명 과로로, 손목·발목·손아귀 등의 이음매가 마비되어 시고 아픈 병증.

자각(自覺)명하타되자 ①(자기의 처지를) 스스로 깨달음. ¶ 책임감을 자각하다. ②스스로 느낌. ¶ 자각 증세. ③불교의 삼각(三覺)의 하나. 미망(迷妄)에서 벗어나 스스로 진리를 깨닫는 일. ③↔각타.

자각-심(自覺心)[-씸]명 자각하는 마음.
자각^존재(自覺存在)[-쫀-]명 '사람'을 뜻하는 말. 동물에게는 자기 이외의 대상을 아는 능력이 있을 뿐이지만, 인간에게는 자기의 사명이나 인생의 의의를 자각하는 능력이 있는 데에서 이르는 말.
자각^증상(自覺症狀)[-쯩-]명 환자가 스스로 느끼는 병의 상태 〔열·아픔·가려움·구역 출혈·설사·현기증·숨참 따위.〕
자간(子癎)명 분만(分娩) 때 흔히 일어나는, 전신 경련과 실신 발작을 되풀이하는 병. 발작에 앞서 두통·현기증·구역 등이 나타나는 것이 보통임.
자간(字間)명 쓰거나 인쇄한, 글자와 글자의 사이. ¶ 자간을 넓히다(좁히다). 참행간(行間).
자갈명 자잘한 돌멩이. 석력(石礫).
자갈-길[-낄]명 자갈이 깔린 길.
자갈-밭[-받]명 자갈이 많은 밭, 또는 자갈이 많은 땅. *자갈밭이[-바치]·자갈밭을[-바틀]·자갈밭만[-반-]
자ː-갈색(紫褐色)[-쌕]명 검누르면서 붉은빛을 조금 띤 빛깔. 자주고동색.
자갈-수멍명 물이 잘 빠지도록 바닥에 조약돌을 채워 묻은 도랑.
자갈치명 등가시칫과의 바닷물고기. 몸은 길고 꼬리 쪽이 가늘며, 몸빛은 연한 갈색임. 배지느러미가 없음. 동해와 오호츠크 해 등지에 분포함.
자강(自強·自彊)명하자 스스로 가다듬어 힘씀.
자강불식(自強不息)[-씩]명하자 스스로 힘쓰며 쉬지 않음.
자개명 금조개 껍데기를 얇게 썰어 낸 조각. 갖가지 모양으로 오려서 칠기(漆器)의 표면에 박아 장식하는 데 쓰임.
자개-그릇[-른]명 자개를 박아서 만든 나무 그릇. *자개그릇이[-르시]·자개그릇만[-른-]
자개-농(-籠)명 〈자개장롱〉의 준말.
자개미명 허벅다리가 몸에 붙은, 불두덩 양쪽의 오목한 곳.
자개-상(-床)명 자개를 박아서 꾸민 상을 통틀어 이르는 말.
자개-장(-欌)명 〈자개장롱〉의 준말.
자개-장롱(-欌籠)[-농]명 자개를 박아서 꾸민 장롱. 준자개농·자개장.
자개-함(-函)명 자개를 박아서 꾸민 함.
자ː객(刺客)명 (어떤 음모에 가담하거나 남의 사주를 받고) 사람을 몰래 찔러 죽이는 사람.
자ː객-간인(刺客奸人)[-까닌]명 마음씨가 매우 모질고 악한 사람.
자갸(←自家)대 '자기(自己)'를 예스럽게, 좀 더 공손하게 일컫는 말.
자거(恣擧)명하타 불교를 공부하는 동안 느낀 바를 들어서 말함.
자겁(自怯)명하자 제풀에 겁을 냄. ¶ 자겁이 나다.
자ː-게(紫-)명 자겟과의 게. 등딱지의 길이는 4 cm, 폭은 5 cm가량. 털이 없고 몸빛은 연붉은 자줏빛임. 집게발이 억세고 큼. 깊이 30~200 m의 바다 밑 진흙이나 모래땅에 사는데, 우리나라와 일본·태평양 연안 등지에 분포함.
자격(字格)명 글자, 특히 한자를 쓰는 법칙.
자격(資格)명 ①일정한 신분·지위를 가지거나, 어떤 행동을 하는 데 필요한 조건. ¶ 중등 교사 자격. /그를 나무랄 자격이 없다. ②(어떤 조직 속에서의) 일정한 지위나 신분. ¶ 회원 자격으로 참석하다.
자격-루(自擊漏)[-경누]명 조선 세종 때, 물이 듣는 성질을 이용하여 일정한 시각이 되면 자동적으로 소리를 내게 만든 시계의 한 가지.
자격-법(資格法)[-뻡]명 용언이 경우에 따라 전성 어미로 그 자격을 바꾸어, 명사·관형사·부사의 구실을 하게 되는 법. 감목법.
자격^상실(資格喪失)[-쌍-]명 사형이나 무기형 또는 무기 금고의 판결을 받은 사람에게, 일정한 자격을 갖지 못하도록 하는 명예형(名譽刑)의 한 가지.
자격-시험(資格試驗)[-씨-]명 특정 업무에 종사할 수 있는 자격의 유무를 검정하기 위한 시험.
자격^임ː용(資格任用)명 일정한 자격을 갖춘 사람만을 임용하는 일, 또는 그 제도. ↔자유 임용.
자격-자(資格者)[-짜]명 일정한 자격을 갖춘 사람.
자격^정지(資格停止)[-쩡-]명 유기 징역이나 유기 금고의 판결을 받은 사람에게, 일정한 자격의 전부 또는 일부가 일정 기간 동안 정지되는 명예형(名譽刑)의 한 가지.
자격-증(資格證)[-쯩]명 일정한 자격을 인정하여 주는 증서. ¶ 교사 자격증.
자격지심(自激之心)[-찌-]명 자기가 한 일에 대하여 자기 스스로 미흡하게 여기는 마음.
자견(雌犬)명 암캐.
자결(自決)명 ①하자(의분을 참지 못하거나, 지조를 지키기 위해) 스스로 목숨을 끊음. 자처(自處). ②하타자기의 문제를 자기의 의사(意思)로 결정하고 해결함. ¶ 민족 자결.
자결-권(自決權)[-꿘]명 자기 문제를 자기 스스로 결정·해결할 수 있는 권리.
자결-주의(自決主義)[-의/-이]명 (남의 힘을 빌리지 않고) 자기 문제를 스스로의 힘으로 결정·해결하려는 주의.
자겸(自謙)명하자 겸손한 태도로 자신을 낮춤.
자경(自剄)명하자 ☞자문(自刎).
자경(自敬)명 ①철학에서, 자기 인격의 절대적 가치와 존엄을 스스로 깨달아 아는 일을 이르는 말. ②☞자존(自尊).
자경(自警)명하자 스스로 경계하여 조심함.
자경-단(自警團)명 지역 주민들이 마을을 지키기 위해 스스로 조직한 경비 단체.
자-경마(←自牽馬)명하자 말 탄 사람 스스로가 고삐를 잡고 말을 모는 일.
자경마(를) 들다관용 말 탄 사람이 스스로 고삐를 잡고 말을 몰다.
자계(自戒)[-계/-게]명하자 스스로 경계하고 삼감.
자ː계(磁界)[-계/-게]명 ☞자기장(磁氣場).
자고(自顧)명하자 스스로 자신을 돌아봄.
자ː고(瓷鼓)명 도자기로 된 장구.
자고(慈姑)명 ☞쇠귀나물.
자고(鷓鴣)명 꿩과의 새. 날개 길이는 수컷이 17 cm, 암컷이 16 cm가량이며 메추리와 비슷함. 산이나 들에서 풀씨·곤충 따위를 먹고 삶. 우리나라와 중국·유럽 동부 등지에 분포함.
자고-급금(自古及今)[-끔]명 예부터 지금에 이르기까지. 《주로, '자고급금에'의 꼴로 쓰임.》
자고-로(自古-)부 〈자고이래로〉의 준말. ¶ 자고로 죄를 짓고는 못 사는 법이다.
자고-이래(自古以來)명 예부터 지금까지의 동안. ¶ 자고이래 남녀 사이는 유별한 법이다. 준고래(古來).

자고이래-로(自古以來-)[부] 예부터 내려오면서. [준]고래(古來)로·자고로·자래로.
자고-자대(自高自大)[명][하자] 교만하여 스스로 잘난 체함.
자곡(自曲)[명][하자] (열등감 따위로 말미암아) 스스로 고깝게 여김.
자곡지심(自曲之心)[-찌-][명] 자곡하는 마음. 스스로 고깝게 여기는 마음.
자공(自供)[명][하타] 범인이나 용의자가, 자기가 지은 죄나 자기의 행동에 대하여 스스로 말함, 또는 그 내용. ¶ 그의 자공에 의하여 공범자가 밝혀졌다.
자과(自科)[명] 자기가 저지른 죄과.
자과(自過)[명] 자신의 잘못.
자과(自誇)[명][하자] 스스로 자신을 자랑함.
자과부지(自過不知)[명][하자] 자기의 잘못을 스스로 알지 못함.
자과-심(自誇心)[명] 스스로 자랑하는 마음.
자괴(自愧)[-괴/-궤][명][하자] 스스로 부끄러워함.
자괴(自壞)[-괴/-궤][명][하자] 저절로 부서짐. 내부에서 자연적으로 붕괴함.
자괴-감(自愧感)[-괴-/-궤-][명] 스스로 부끄럽게 여기는 느낌이나 감정. ¶ 자괴감에 잠을 못 이루다.
자괴지심(自愧之心)[-괴-/-궤-][명] 스스로 부끄럽게 여기는 마음. ¶ 자괴지심이 들다.
자구(字句)[-꾸][명] 문자와 어구. ¶ 개정판에서 자구를 수정하다.
자구(自求)[명][하타] (필요한 것을) 스스로 구함.
자구(自救)[명][하자] 스스로 자신을 구제함.
자ː구(磁區)[명] 강자성체의 내부에서 일정한 방향으로 자화(磁化)하여 있는 작은 영역.
자ː구(藉口)[명][하자] 구실 삼아 핑계함, 또는 핑계가 될 만한 구실.
자구-권(自救權)[-꿘][명] 자구 행위를 할 수 있는 법률상의 권리.
자ː구지단(藉口之端)[명] 핑계로 내세울 만한 거리.
자구-책(自救策)[명] 스스로 자기를 구하기 위한 방책. ¶ 자구책을 강구하다.
자구^행위(自救行爲)[명] 형법에서, 권리 침해를 받았을 때 공권력의 발동을 기다리지 않고, 피해자 자신이 권리 보존을 위하여 직접 실력 행위를 하는 일을 이르는 말. 민법에서는 '자력구제(自力救濟)', 국제법에서는 '자조(自助)'라고 함.
자국¹[명] ①어떤 물체에 다른 물건이 닿거나 하여 생긴 자리. ¶ 손톱 자국. ②상처나 부스럼 따위가 아문 흔적. ¶ 수술 자국. ③발자국.
자국(을) 밟다[관용] 남이 남긴 발자국을 따르다. 남을 따라 하다.
자국²[명] ①물건이 생산되거나 집산(集散)되는 곳. ②일의 근원이 발단된 곳. ③붙박이로 있어야 할 자리.
자국(自國)[명] 자기 나라.
자국-걸음[-꺼름][명] 조심스럽게 한 발씩 옮겨 디디는 걸음.
자국-눈[-궁-][명] 겨우 발자국이나 날 정도로 조금 내린 눈. 박설(薄雪).
자국-물[-궁-][명] ①발자국에 괸 물. ②겨우 발목에나 닿을 정도의 적은 물.
자국-민(自國民)[-궁-][명] 자기 나라의 국민. 자국인.
자국민^대ː우(自國民待遇)[-궁-][명] ☞내국민 대우(內國民待遇).
자국-인(自國人)[명] ☞자국민.
자굴(自屈)[명][하자] 남에게 스스로 굽힘.
자굴지심(自屈之心)[-찌-][명] 남에게 스스로 굽히는 마음.
자궁(子宮)[명] 여성 생식기의 일부로, 수정란이 착상하여 자라는 곳. 아기집. 자호(子壺). 포궁(胞宮).
자궁(←梓宮)[명] 왕·왕비·왕세자 등의 시체를 넣던 관. [본]재궁(梓宮).
자궁^내ː막염(子宮內膜炎)[-망념][명] 여러 가지 세균에 감염하여 일어나는 자궁 내막의 염증.
자궁-병(子宮病)[-뼝][명] 자궁에 일어나는 병을 통틀어 이르는 말.
자궁-암(子宮癌)[명] 자궁에 생기는 암.
자궁-염(子宮炎)[-념][명] 자궁의 안벽에 생기는 염증.
자궁^외ː^임ː신(子宮外姙娠)[-외-/-웨-][명] 수정란이 자궁이 아닌 난관·난소·복강 등에서 자라는 임신.
자궁-탈(子宮脫)[명] 자궁이 정상적인 위치에서 내려앉는 병. 염불. [참]탈음(脫陰).
자궁-후굴(子宮後屈)[명] 자궁이 뒤로 젖혀져 있는 상태. 임신이 어렵고 임신하더라도 유산하기 쉬움.
자궤(自潰)[명][하자] 저절로 뭉그러져 터짐.
자귀¹[명] 연장의 한 가지. 나무를 깎아 다듬을 때 씀. [참]까뀌.
자귀²[명] 짐승의 발자국.
자귀(를) 짚다[관용] 짐승의 발자국을 따라 찾아가다.
자귀³[명] 개나 돼지 따위에, 과식으로 생기는 병. 배가 붓고 발목이 굽으며, 잘 일어서지 못함.
자귀-나무[명] 콩과의 낙엽 활엽 소교목. 높이는 3~5 m. 잎은 깃 모양의 겹잎인데 밤이 되면 오므라듦. 6~7월에 실처럼 길고 붉은 꽃이 핌. 우리나라 황해도 이남과 일본·이란 등지에 분포함. 합환목.
자귀-벌[명] 원목(原木)을 산판에서 자귀로 제재(製材)한 것.
자귀-질[명][하자] 자귀로 나무를 깎는 일.
자귀-풀[명] 콩과의 일년초. 높이 50~100 cm. 잎은 깃 모양의 겹잎으로 어긋맞게 남. 7월에 노란 꽃이 피며, 열매는 협과(莢果)임. 밭이나 습지에 남. 잎은 차 대용으로 쓰임.
자귓-밥[-귀빱/-귇빱][명] 자귀질할 때 깎여 나오는 나무 부스러기. 비목(飛木).
자규(子規)[명] ☞두견이.
자그락-거리다[-꺼-][자] 자꾸 자그락자그락하다. 자그락대다. [큰]지그럭거리다. [센]짜그락거리다.
자그락-대다[-때-][자] 자그락거리다.
자그락-자그락[-짜-][부][하자] 하찮은 일로 다투며 옥신각신하는 모양. [큰]지그럭지그럭. [센]짜그락짜그락.
자그르르[부][하자] 거의 잦아진 물이나 기름 따위가 바짝 끓어오르거나 졸아드는 소리, 또는 그 모양. [큰]지그르르. [센]짜그르르.
자그마치[부] ①자그마하게. 적게. ¶ 속 좀 자그마치 썩여라. ②생각보다 훨씬 많을 때 반어적으로 쓰는 말. ¶ 그 좁은 곳에 자그마치 300명이나 모였다더군.
자그마-하다[형][여] 보기에 좀 작다. ¶ 키가 자그마하다. [준]자그맣다.
자그만치[부] '자그마치'의 잘못.
자그맣다[-마타][자그마니·자그매][형][ㅎ] 〈자그마하다〉의 준말. ¶ 생각보다 몸집이 자그맣다.

자그시부 ①(무엇을 누르거나 밀거나 할 때) 힘을 사르르 은근히 들이는 모양. ¶ 배를 손바닥으로 자그시 누르다. ②눈을 살며시 감는 모양. ③참을성 있게 견디는 모양. ¶ 아픔을 자그시 참다. 큰지그시.

자ː극(刺戟)명하타되자 ①생물체나 그 감각 기관에 작용하여 어떤 반응을 일으키게 하는 일, 또는 일으키게 하는 것. ¶ 위에 자극을 주다. ②흥분시키는 일.

자ː극(磁極)명 ①자기력(磁氣力)이 가장 센, 자석의 양쪽 끝 부분. ②지구 상에서 자기력이 가장 센 부분, 곧 자북극과 자남극.

자ː극-물(刺戟物)[-긍-]명 자극을 주는 물질.

자ː극^비ː료(刺戟肥料)[-삐-]명 농작물의 생리적 기능을 촉진함으로써 양분 흡수의 효율을 높이는 간접 비료. 〔망간·구리·철·붕소·취소(臭素) 등의 화합물이 이에 딸림.〕 보조 비료.

자ː극-성(刺戟性)[-썽]명 (감각·신경 따위를) 자극하는 성질. ¶ 커피는 자극성 있는 음료이다.

자ː극-역(刺戟閾)[-긍녁]명 생체 반응을 일으키게 하는 데 필요한 가장 적은 자극의 양.

자ː극^운ː동(刺戟運動)명 식물의 세포가 외부의 자극을 받아 일으키는 일련의 운동.

자ː극-적(刺戟的)[-쩍]관명 신경이나 감각 등을 자극하는 (것). ¶ 토론 석상에서는 자극적 언행을 삼가야 한다. /자극적인 용어.

자ː극-제(刺戟劑)[-쩨]명 ①피부나 내장을 자극하여 염증·운동·이뇨 등을 일으키게 하는 약제. ②어떤 현상이 촉진되도록 자극을 주는 요소. ¶ 여행은 그의 창작 활동에 자극제가 된다.

자ː근(紫根)명 ☞자초근(紫草根).

자근-거리다자타 자꾸 자근자근하다. 자근대다. 큰지근거리다. 센짜근거리다. 거차근거리다.

자근-대다자타 자근거리다.

자근덕-거리다[-꺼-]자타 자꾸 자근덕자근덕하다. 자근덕대다. 큰지근덕거리다. 센짜근덕거리다. 거차근덕거리다.

자근덕-대다[-때-]자타 자근덕거리다.

자근덕-자근덕[-짜-]부하자타 끈덕지게 자근자근하는 모양. 큰지근덕지근덕. 센짜근덕짜근덕. 거차근덕차근덕.

자근-자근부 ①하자 머리가 좀 가벼운 상태로 쑤시듯 아픈 모양. ¶ 오른쪽 머리가 자근자근 쑤신다. 센자끈자끈. ②하자타 (남을) 은근히 못 견디게 괴롭히거나 조르는 모양. ③하타 가볍게 자긋자긋 누르거나 씹거나 하는 모양. ¶ 껌을 자근자근 씹다. 큰지근지근. ②③센짜근짜근.

자글-거리다자 자꾸 자글자글하다. 자글대다. 큰지글거리다. 센짜글거리다.

자글-대다자 자글거리다.

자글-자글[1]부하자 ①끓고 있는 액체가 갈쭉하게 잦아들 때 나는 소리, 또는 그 모양. ¶ 소고기 장조림의 국물이 자글자글 잦아들다. ②어린아이의 몸에 열이 몹시 나는 상태를 나타내는 말. ¶ 독감으로 온몸이 자글자글 끓듯 하다. ③걱정스럽거나 하여 마음을 몹시 졸이는 모양. ¶ 말은 못하고 속만 자글자글 끓이다. 큰지글지글. 센짜글짜글.

자글-자글[2]부하형 물체가 쪼그라들어 잔주름이 많은 모양. ¶ 얼굴에 주름이 자글자글한 게 고생깨나 했나 보다.

자금(自今)부 이제부터.

자금(資金)명 ①〈자본금〉의 준말. ¶ 사업 자금. ②특정한 목적에 쓰는 돈. ¶ 결혼 자금을 마련하다.

자금-거리다자 자꾸 자금자금하다. 자금대다. 큰지금거리다. 센자끔거리다.

자금-난(資金難)명 자금이 부족한 데서 생기는 어려움. ¶ 기업들이 자금난에 허덕이다.

자금-대다자 자금거리다.

자금^동ː결(資金凍結)명 ①자금의 처분이나 이동을 극도로 제한하거나 금지하는 조처. ②대부(貸付)한 자금이 회수되지 않는 일.

자ː금-우(紫金牛)명 자금우과의 상록 활엽 소관목. 여름에 흰 꽃이 피며, 열매는 장과(漿果)로 가을에 빨갛게 익음. 산지의 숲 속에 나는데, 우리나라 남부 및 일본·대만·중국 등지에 분포함. 관상용으로도 재배함.

자금-이후(自今以後)명 이제부터의 뒤. 이금이후(而今以後).

자금-자금부하자 음식에 섞인 잔모래 따위가 가볍게 자꾸 씹히는 모양. 큰지금지금. 센자끔자끔.

자금-줄(資金-)[-쭐]명 돈줄. ¶ 자금줄이 끊기다.

자금^코스트(資金cost)명 기업체가 생산 또는 사업을 위하여 사용하는 자금 중, 차입금(借入金)에 대한 금리 따위를 이르는 말.

자금^통ː제(資金統制)명 정부 또는 중앙은행이 금융 시장을 통하여, 자금의 원활한 수급과 통화 가치의 안정을 꾀하기 위하여 실시하는 정책.

자급(自給)명하타되자 필요한 것을 자기 힘으로 마련해서 씀. ¶ 식량을 자급하다.

자급^비ː료(自給肥料)[-삐-]명 농가에서 만들어 쓰는 거름. 〔두엄·뒷거름·재 따위.〕

자급-자족(自給自足)[-짜-]명하타 (교환에 의하지 않고) 자기에게 필요한 것을 자기가 생산하여 충당함. ¶ 자급자족의 경제.

자급자족-주의(自給自足主義)[-짜-쭈의/-짜-쭈이]명 자기 나라의 수요를 자기 나라에서 생산·충족시킴으로써 경제의 발전을 꾀하는 주의.

자긋-자긋[1][-귿짜귿]부 ①자그시 자꾸 누르는 모양. ②괴로움을 가까스로 참으면서 견디어 내는 모양. 큰지긋지긋[1].

자긋-자긋[2][-귿짜귿]부하형 ①진저리가 나도록 싫고 괴로운 모양. ②보기에 소름이 끼치도록 잔인한 모양. 큰지긋지긋[2]. **자긋자긋-이**부.

자긍(自矜)명하자타 스스로 하는 자랑, 또는 스스로 긍지를 가짐.

자긍-심(自矜心)명 스스로 자랑하는 마음. 스스로 가지는 긍지. ¶ 자긍심을 갖다.

자기(自己) Ⅰ명 그 사람 자신(自身). ¶ 자기보다 이웃을 먼저 생각하다.

Ⅱ대 앞에서 이야기된 사람을 다시 가리키는 말. 저[3]. ¶ 그는 자기가 가겠다고 자원했다.

자기도 모르게관용 무의식중에 절로.

자기(自記)명하타 ①스스로 기록함. ②(부호·문자 따위를) 기계가 자동적으로 기록하는 일.

자기(自起)명하자 ①남의 힘을 빌리지 않고 제 힘으로 일어남. ②저절로 일어남.

자기(自期)명하자 스스로 마음속에 기약함.

자기(自棄)명하자 될 대로 되라는 태도로 자기 자신을 버림.

자기(自欺)명하자 자기의 양심을 속임, 곧 스스로 자기의 생각에 어긋난 언동을 함.

자ː기(瓷器·磁器)명 백토(白土) 따위를 원료로 하여 빚은 다음 1300~1500℃의 비교적 높은 온도로 구운 도자기의 한 가지. 겉면이 매끄럽고 단단하며, 두드리면 맑은 쇳소리가 남. 참도기(陶器)·석기(炻器).

자ː기(磁氣)명 자석이 철을 끌어당기는 작용, 또는 그런 작용의 근원이 되는 것.
자기-감응(自己感應)명 ☞자기 유도(自己誘導).
자ː기-감응(磁氣感應)명 ☞자기 유도(磁氣誘導).
자기-감정(自己感情)명 자기 자신에 대하여 갖는 감정. 〔우월감·자기 혐오 따위.〕
자기^고도계(自記高度計)[-계/-게]명 자동적으로 고도를 기록하는 항공용 계기.
자기^과ː시(自己誇示)명 자기의 존재를 인정받으려고 남에게 자기를 과장하여 보여 주려는 심리적인 경향.
자기^관찰(自己觀察)명 자기의 심리 상태나 정신의 움직임을 스스로 관찰하는 일. 내관(內觀).
자기-광고(自己廣告)명 ☞자가광고(自家廣告).
자기^교ː육(自己敎育)명 학습자가, 자기가 자신을 교육한다는 자각을 가지고 학문의 추구, 기술의 연마, 인격의 향상을 꾀하는 일.
자기-규정(自己規定)명 ☞자가 규정.
자ː기^기뢰(磁氣機雷)[-뢰/-뤠]명 함선(艦船)이 가까이 다가오면, 자기의 작용에 의하여 자동적으로 폭발하도록 장치한 기뢰.
자기-기만(自己欺瞞)명 스스로 자기의 마음을 속이는 일. 자기의 신조나 양심에 어긋난다는 것을 의식하면서 굳이 실행하는 경우를 이름.
자기^기압계(自記氣壓計)[-꼐/-께]명 기압의 시간적 변화를 자동적으로 기록하는 장치. 〔아네로이드 자기 기압계가 대표적임.〕
자ː기^나침의(磁氣羅針儀)[-치믜/-치미]명 ☞자기 컴퍼스(磁氣compass).
자ː기^녹음(磁氣錄音)명 테이프 리코더 등 강자성체(強磁性體)의 자화 현상(磁化現象)을 이용한 녹음.
자ː기-도(磁氣圖)명 지구 상의 여러 지점의 지자기(地磁氣)를 측정하여 도면으로 나타낸 것.
자기-도취(自己陶醉)명 ☞자아도취.
자ː기^드럼(磁氣drum)명 컴퓨터의 정보 기억 매체의 한 가지. 회전하는 원통에 자성(磁性) 재료를 바른 것, 또는 그것을 갖춘 장치.
자ː기^디스크(磁氣disk)명 컴퓨터의 정보 기억 매체의 한 가지. 회전하는 원반에 자성(磁性) 재료를 바른 것, 또는 그것을 갖춘 장치.
자ː기-력(磁氣力)명 ☞자력(磁力).
자기-류(自己流)명 보통과는 다른 자기만의 방식. 자기가 생각해 낸 독특한 방식. ¶ 자기류의 창법(唱法). /자기류로 세상을 살다.
자ː기^마당(磁氣-)명 ☞자기장.
자기-만족(自己滿足)명 스스로 자기 자신이나 자신의 행위에 대하여 만족하는 일.
자기-모순(自己矛盾)명 자기의 논리나 실천의 내부에서 몇몇 사항이 서로 대립하는 일. ¶ 자기모순에 빠지다. 참자가당착(自家撞着).
자기-반성(自己反省)명 자기가 한 일을 스스로 반성하는 일.
자기^보ː존(自己保存)명 생물이 자기의 생명을 보존·발전시키려고 하는 일. 자가 보존.
자기^부상^열차(磁氣浮上列車)[-녈-]명 자기력(磁氣力)에 의해 차륜(車輪)이 궤도와 접촉하지 않고 떠서 달리는 열차. 고속 구동 및 고가속이 가능하고 소음과 진동이 적은 것이 특징임.
자기^부ː정(自己否定)명 스스로 자기 자신을 부정하는 일. 〔변증법에서는, 다음의 새로운 자기 발전을 위하여 필연적으로 거쳐야 할 단계로 되어 있음.〕
자기^분석(自己分析)명 자기의 심리를 스스로 분석해 보는 일.
자기-비판(自己批判)명 이제까지의 자기 행동이나 사상에 대해 잘못을 스스로 비판하는 일. 자아비판(自我批判).
자기^생산(自己生産)명 자기가 소비하기 위하여 자기가 하는 생산. '시장 생산(市場生產)'에 상대하여 이르는 말.
자ː기세력(藉其勢力)명하자 남의 세력에 의지함.
자기-소개(自己紹介)명 초면인 사람에게, 자기의 이름이나 경력·직업 따위를 알리는 일.
자기^소외(自己疏外)[-외/-웨]명 인간의 개성이나 인격이 사회관계 속에 파묻혀서 주체성을 잃어버린 결과, 남에게 대해서뿐만 아니라 자기 자신에 대해서도 소원(疏遠)한 느낌에 사로잡히는 상태. 준소외.
자기^습도계(自記濕度計)[-또계/-또게]명 습도의 시간적 변화를 자동적으로 기록하는 장치.
자기-실현(自己實現)명 ☞자아실현.
자기^암ː시(自己暗示)명 자기가 자기에게 일정한 관념(觀念)을 되풀이하여 암시함으로써 저절로 그러한 관념이 마음에 새겨지게 하는 심리 작용.
자기앞^수표(自己-手票)[-압쑤-]명 발행인이 자기를 지급인으로 하여 발행하는 수표. 보증수표.
자기앞^어음(自己-)[-아버-]명 발행인이 자기를 지급인으로 하여 발행하는 어음. ↔단명어음.
자기-애(自己愛)명 정신 분석학에서, 리비도가 자기를 향하여 나타나는 사랑을 이르는 말. ↔대상애(對象愛).
자기^온도계(自記溫度計)[-계/-게]명 온도의 시간적 변화를 자동적으로 기록하는 장치.
자기^우ː량계(自記雨量計)[-계/-게]명 강우량의 시간적 변화를 자동적으로 기록하는 장치.
자기^유도(自己誘導)명 전기 회로에서 전류의 크기나 방향을 바꿈으로써 회로 자체에 일어나는 전자 유도(電磁誘導). 자기감응(自己感應). 자체 유도. ↔상호 유도.
자ː기^유도(磁氣誘導)명 자석의 부근 등 자기장에 놓여 있는 물체가 자기를 띠는 현상. 자기감응(磁氣感應).
자기^일사계(自記日射計)[-싸계/-싸게]명 일사량의 시간적 변화를 자동적으로 기록하는 장치.
자기^자본(自己資本)명 기업 소유자의 출자 자본과 기업 내부에서 축적된 적립금·준비금 따위의 유보 자본(留保資本)을 합한 자본. ↔타인 자본.
자ː기^자오선(磁氣子午線)명 지구 상의 어느 지점에 있어서, 수평 자기력(水平磁氣力)의 방향을 연결한 곡선.
자ː기-장(磁氣場)명 자기력이 작용하고 있는 공간. 자석끼리, 전류끼리, 또는 자석과 전류 사이에 작용하는 힘의 공간. 자계(磁界). 자기마당.
자기^장치(自記裝置)명 시간적으로 변화하는 현상을 자동적으로 기록하기 위한 장치.
자ː기^저ː항(磁氣抵抗)명 자기 회로 안에서 자기의 투과력을 방해하는 현상.
자ː기^적도(磁氣赤道)[-또]명 지구 상에서 지자기의 복각(伏角), 곧 자침(磁針)의 방향과 수평면이 이루는 각이 영(零)인 점을 연결하는 곡선. 적도 부근에서 지구를 일주함.

자기^점유(自己占有)명 점유자가 스스로 물건을 소지하는 점유. 직접 점유.

자기^접종(自己接種)[-쫑]명 ①병이 몸의 한 부분으로부터 다른 곳으로 퍼지는 일. ②자가 백신의 주사.

자기-주의(自己主義)[-의/-이]명 ☞이기주의(利己主義).

자기-주장(自己主張)명 자기의 생각이나 의견 따위를 당당하고 자신 있게 주장하는 일. ¶ 자기주장이 강하다.

자기-중심(自己中心)명 자기의 처지만 생각하고 남의 처지는 생각하지 않는 일.

자:기^증폭기(磁氣增幅器)[-끼]명 강자성체(強磁性體)의 자기 포화 현상(磁氣飽和現象)을 이용하여 전류를 증폭하는 장치.

자기^진:단(自己診斷)명 ☞자기 평가.

자기-청산(自己清算)명 이제까지의 온갖 복잡했던 생활을 스스로 깨끗이 정리하는 일.

자:기^컴퍼스(磁氣compass)명 자석의 남북을 가리키는 성질을 이용하여 방향을 아는 장치. 자기 나침의(磁氣羅針儀). 자석반(磁石盤).

자:기^탐광법(磁氣探鑛法)[-뻡]명 지자기(地磁氣)의 국부 이상(局部異常)을 측정하여 광상(鑛床)의 위치나 지질 구조를 추정하는 물리 탐광법의 한 가지.

자:기^탐지기(磁氣探知機)명 자기를 이용하여, 주로 물속을 항행하는 잠수함을 탐지하는 장치.

자:기^테이프(磁氣tape)명 플라스틱이나 종이에 자성(磁性) 재료로 막을 입힌 테이프. 음성 신호나 화상(畫像) 신호를 기록하는 데 쓰임. 준테이프.

자기-편(自己便)명 자기와 같은 처지에 선 쪽, 또는 그런 사람.

자기^평:가(自己評價)[-까]명 자기의 정신·행동·개성 등을 어떤 기준에 따라 스스로 평가해 보는 일. 자기 진단.

자:기^폭풍(磁氣暴風)명 지구의 자기장에 일어나는 불규칙한, 비교적 큰 변동. 지구 위 전체에 걸쳐 자침(磁針)이 빗나가고 전파 통신이 교란됨. 태양면의 폭발과 깊은 관계가 있음.

자기-표현(自己表現)명 자기의 생각이나 의견 또는 자기에 관한 것을 겉으로 드러내 보이는 일.

자기^현:시(自己顯示)명 자기의 존재를 유난히 남에게 드러내는 일.

자기-혐오(自己嫌惡)명 스스로 자기 자신을 싫어함. ¶ 자기혐오에 빠지다.

자기-황(自起磺)명 화약을 채워, 문지르거나 부딪치면 불이 일어나거나 폭발하도록 만들어진 것을 통틀어 이르는 말.

자기-희생(自己犧牲)[-히-]명 남을 위하여 자기의 노력이나 목숨을 아끼지 않는 일.

자깝-스럽다[-쓰-따][~스러우니·~스러워]형ㅂ 어린아이가 너무 어른스럽게 행동하여 깜찍스럽다. **자깝스레**부.

자꾸명 '지퍼(zipper)'의 잘못.

자꾸부 잇달아서 여러 번. 끊이지 않고 잇달아서. ¶ 자꾸 찾아와서 괴롭힌다. /왜 자꾸 우니? **자꾸-자꾸**부.

-자꾸나어미 《동사 어간에 붙어》 '-자'의 뜻을 좀 더 친근하게 나타내는 해라체의 종결 어미. ¶ 같이 가자꾸나. 《일부 형용사 어간에도 쓰이는 경향이 있음. ¶ 좀 조용하자꾸나.》

자꾸-만부 '자꾸'의 힘줌말. ¶ 일이 자꾸만 꼬인다.

자끈부 작고 단단한 물건이 갑자기 부러지거나 깨지는 소리, 또는 그 모양. ¶ 아이가 나뭇가지를 자끈 부러뜨렸다. 큰지끈. **자끈-자끈**부하자.

자끈-거리다[1]자 여러 개의 작고 단단한 물건이 한꺼번에 부러지거나 깨지는 소리가 자꾸 나다. 자끈대다[1]. 큰지끈거리다[1].

자끈-거리다[2]자 자꾸 자끈자끈하다. 자끈대다[2]. ¶ 이마가 자끈거려 좀 쉬어야겠다. 큰지끈거리다[2].

자끈-대다[1]자 ☞자끈거리다[1].

자끈-대다[2]자 ☞자끈거리다[2].

자끈-동부 '자끈'의 힘줌말. 큰지끈둥.

자끈-자끈부하형 머리나 몸이 쑤시듯이 아픈 모양. 큰지끈지끈. 여자근자근.

자끔-거리다자 〈자금거리다〉의 센말. 자끔대다. 큰지끔거리다.

자끔-대다자 자끔거리다.

자끔-자끔부하자 〈자금자금〉의 센말. ¶ 찌꺼기라 그런지 자꾸 자끔자끔 씹힌다. 큰지끔지끔.

자:-난초(紫蘭草)명 꿀풀과의 다년초. 줄기 높이 50 cm가량. 잎은 마주나고 올라갈수록 커지며 넓은 타원형임. 6월에 짙은 자줏빛 꽃이 피며, 열매는 둥근 수과(瘦果)임. 산지에 절로 자라는데, 경기도 광릉이나 황해도 개성 등지에 분포함.

자:-남극(磁南極)명 지자기(地磁氣)의 축(軸)이 지구 표면과 만나는 남쪽 점, 곧 자침이 가리키는 남쪽 끝. 남자극. ↔자북극(磁北極).

자낭(子囊)명 ①하등 식물에서, 자낭균의 포자가 들어 있는, 주머니처럼 생긴 기관. ②양치류, 특히 태류(苔類)의 포자낭. 씨주머니.

자낭균-류(子囊菌類)[-뉴]명 자낭 속에서 포자를 만드는 균류를 통틀어 이르는 말. 〔효모균·누룩곰팡이·푸른곰팡이 따위.〕 털곰팡이.

자내부 〈옛〉몸소. 스스로. ¶ 舍利弗도 자내 毗沙門王이 ᄃᆞ외니(釋譜6:33).

자내^거둥(←自內擧動)명 임금이 대궐 안에서 하는 거둥.

자내^제수(自內除授)명 임금이 삼망(三望)을 거치지 않고 친히 벼슬을 임명함, 또는 그 일을 이르던 말. 특지(特旨).

자네대 하게할 자리에, 상대자를 가리켜 일컫는 말. ¶ 이 일은 자네가 맡아야겠네.

자녀(子女)명 아들과 딸. 아들딸. ¶ 자녀 교육.

자녀-안(恣女案)명 조선 시대에, 양반집 여자로서 품행이 나쁘거나 세 번 이상 개가(改嫁)한 이의 소행(所行)을 적어 두던 문서.

자년(子年)명 태세(太歲)의 지지(地支)가 자(子)로 된 해. 〔갑자년·병자년 따위.〕 쥐해.

자-놀이(字-)명하자 한시를 지을 때, 압운(押韻)이나 평측(平仄) 따위의 형식에 맞추어 글자를 배치하는 일.

자농(自農)명 〈자작농(自作農)〉의 준말.

자늑-자늑[-짜-]부하형 움직임이 가볍고 부드러운 모양.

자:니(紫泥)명 철분이 많이 섞여 검붉게 된 도자기의 빛.

자닝-스럽다[-따][~스러우니·~스러워]형ㅂ 자닝한 데가 있다. **자닝스레**부.

자닝-하다형여 모습이나 처지 따위가 참혹하여 차마 볼 수 없다. ¶ 병고에 시달리는 그의 모습이 참으로 자닝하다. **자닝-히**부.

자다 Ⅰ자 ①바람이나 파도 따위가 잠잠해지다. ¶ 물결이 자다. ②기계가 멎다. ¶ 시계가 자다. ③화투장 따위가 떼어 놓은 몫의 맨 밑에 깔리다. ¶ 흑싸리가 자고 있었구나. ④남녀가 잠자리를 함께하다. ⑤물건이 제 용도로 쓰이지 못하고 묻혀 있다. ¶ 물건이 팔리지 않고 창고에서 자고 있다.

Ⅱ타 잠이 든 상태가 되다. ¶ 잠을 푹 자다. 높주무시다.

자는 범〔호랑이〕 코침 주기속담 공연히 건드려서 스스로 위험을 부른다는 뜻.

자다가 봉창 두드린다속담 얼토당토않은 딴말을 할 때 이르는 말.

자나 깨나관용 잠을 잘 때나 깨어 있을 때나늘. 언제나. ¶ 자나 깨나 불조심. /자나 깨나 자식 걱정으로 마음 편할 날이 하루도 없다.

자단(自斷)명하타 〔스스로 끊는다는 뜻으로〕 스스로 결단을 내림.

자ː단(紫檀)명 콩과의 상록 활엽 교목. 높이 10 m가량. 껍질은 자줏빛이며 부드러운 잔털이 있음. 잎은 깃 모양의 겹잎인데, 잔잎은 달걀 모양이고 꽃은 노란 나비 모양임. 인도 및 스리랑카 원산으로 대만·필리핀 등지에 분포함. 재목은 붉은빛을 띠고 아름다워서 건축·가구 따위의 재료로 쓰임.

자ː단-향(紫檀香)명 자단을 잘게 깎아 만든 향. 불에 피우기도 하고, 약으로도 쓰임.

자담(自擔)명하타 자기가 부담함. 자당(自當). ¶ 교통비 이외의 비용은 자담한다.

자답(自答)명하자 (자신의 물음에 대하여) 스스로 대답함. ¶ 자문(自問)자답.

자당(自當)명하타 ☞자담(自擔).

자당(自黨)명 자기의 당파(黨派).

자당(慈堂)명 상대편의 어머니를 높이어 일컫는 말. 대부인. 북당(北堂). 영당(令堂). 훤당(萱堂).

자당(蔗糖)명 ☞수크로오스(sucrose). 준당.

자대(自大)명하자 자기 스스로 잘난 체함.

자도(子道)명 아들로서 지켜야 할 도리.

자도(紫桃)명 '자두'의 잘못.

자독(自瀆)명 〔스스로 자신을 더럽힌다는 뜻에서〕 '수음(手淫)'을 달리 이르는 말.

자돈(仔豚)명 돼지 새끼. 새끼 돼지.

자동(自動)명 ①(기계 따위가) 제힘으로 움직임. ¶ 자동 승강기. /자동 응답기. ↔수동(手動). ②〈자동사〉의 준말. ②↔타동(他動).

자동^경운기(自動耕耘機)명 원동기를 장치하여 논과 밭을 갈거나 김을 매는 데 쓰는 농업 기계. 동력 경운기.

자동-계단(自動階段)[-계-/-게-]명 ☞에스컬레이터.

자동^기록기(自動記錄器)[-끼]명 여러 가지 계기에 의하여 측정된 값을 자동적으로 종이나 자기(磁氣) 테이프 따위에 기록하는 장치.

자동-기술법(自動記述法)[-뻡]명 초현실주의 시나 회화에서 쓰이는 표현 기법의 한 가지. 이성이나 기존의 미학을 배제하고 무의식의 세계에서 생기는 이미지를 그대로 옮기는 기법임.

자동^대ː패(自動-)명 동력을 이용하여 자동으로 나무를 깎을 수 있게 만든 대패.

자동^면ː역(自動免疫)명 어떤 병을 앓은 후, 또는 백신의 접종에 의하여 직접 제 몸 안에 항체를 생기게 하여 면역이 되는 일. ↔타동 면역.

자동-문(自動門)명 사람이 출입할 때, 센서에 의하여 자동으로 여닫게 된 문.

자-동사(自動詞)명 동사의 한 갈래. 움직임의 대상인 목적어를 필요로 하지 않고 주어 자체만의 움직임을 나타내는 단어. 〔'송아지가 운다.', '새가 날다.'에서 '운다'·'날다' 따위.〕 제움직씨. 준자동. ↔타동사(他動詞).

자동^선반(自動旋盤)명 금속 소재를 갈거나 도려내거나 하는 작업을 자동적으로 하는 선반.

자동^소ː총(自動小銃)명 방아쇠를 당기면 발사·추출·장전 등이 자동적으로 되는 소총.

자동-식(自動式)명 사람의 힘을 필요로 하지 않고, 기계 장치 자체의 힘으로 움직이게 만든 방식. ¶ 자동식 기계. ↔수동식(手動式).

자동^악기(自動樂器)[-끼]명 자동 피아노·오르골 등 자동적으로 악곡을 연주하는 악기.

자동-저울(自動-)명 저울판에 물건을 올려놓으면 자동적으로 무게를 나타내는 저울.

자동-적(自動的)관명 ①다른 힘을 빌리지 않고 저절로 움직이는 (것). ¶ 자동적 장치. /날이 어두워지면 자동적으로 불이 켜진다. ②당연한 결과로서 그렇게 되는 (것). ¶ 자동적 현상. /자동적으로 의원직을 승계하다.

자동^접지기(自動摺紙機)[-찌-]명 종이나 인쇄물 따위를 자동적으로 접는 기계.

자동^제ː어(自動制御)명 기계 작동을, 조건의 변화에 따라 자동적으로 조정하는 일.

자동^직기(自動織機)[-끼]명 사람의 손을 빌리지 않고 동력에 의하여 자동으로 옷감을 짜는 직기.

자동-차(自動車)명 석유나 가스 등을 연료로 하는 엔진의 힘으로 도로 위를 달리게 만든 차. 보통, 바퀴가 넷인 차를 이름.

자동-총(自動銃)명 기관 단총·자동 소총 따위 자동식 총을 통틀어 이르는 말.

자동-판매기(自動販賣機)명 돈을 넣고 지정된 단추를 누르면, 원하는 물건이나 차표 따위가 자동적으로 나오게 되어 있는 기계 장치. 준자판기.

자동^피아노(自動piano)명 (사람이 연주하는 대신에) 기계 작용에 의하여 자동적으로 연주할 수 있게 장치한 피아노. 특수한 악보를 쓰며, 공기의 힘으로 해머를 쳐서 소리를 내게 되어 있음. 오토피아노.

자동-화(自動化)명하자타되자 자동적으로 됨, 또는 자동적으로 되게 함. ¶ 사무 자동화 시대.

자동^화ː기(自動火器)명 자동 권총·자동 소총·기관총·기관포 따위 자동식 총포를 통틀어 이르는 말.

자두(←紫桃)명 자두나무의 열매. 복숭아와 비슷한데, 조금 작고 신맛이 있음. 가경자(嘉慶子). 자리(紫李).

자두-나무(←紫桃-)명 장미과의 낙엽 활엽 교목. 과실나무의 한 가지로 높이는 10 m가량. 잎은 끝이 뾰족한 긴 달걀 모양이며 가장자리에 잔 톱니가 있음. 4월경에 잎보다 먼저 흰 꽃이 피고, 둥근 열매가 7월경에 누른빛이나 자줏빛으로 익음.

자두지미(自頭至尾)명 처음부터 끝까지. 자초지종(自初至終). 종두지미(從頭至尾).

자드락명 산기슭의 비탈진 땅.

자드락-거리다[-꺼-]자타 자꾸 자드락자드락하다. 자드락대다. 큰지드럭거리다. 센짜드락거리다.

자드락-길[-낄]명 산기슭의 비탈에 난 좁은 길.

자드락-나다[-랑-]자 남에게 숨겨 오던 일이 드러나다. 센짜드락나다.

자드락-대다[-때-]자타 자드락거리다.

자드락-밭[-빧]명 산기슭의 비탈에 있는 밭. ＊자드락밭이[-빠치]·자드락밭을[-빠틀]·자드락밭만[-빤-]

자드락-자드락[-짜-][부][하자타] 몹시 성가시도록 일마다 까다롭게 구는 모양. [큰]지드럭지드럭. [센]짜드락짜드락.
자득(自得)[명][하자] ①스스로 터득함. 스스로 이해함. ②자기가 한 일에 대하여 자기 스스로 갚음을 받음. ¶ 자업(自業)자득. ③스스로 뽐내며 우쭐거림.
자득지묘(自得之妙)[-찌-][명] 스스로 터득한 묘리(妙理)나 묘법(妙法).
자ː등(紫藤)[명] 등나무의 한 가지. 보랏빛 꽃이 핌.
자디-잘다[~자니·~잘아][형] ①아주 가늘고 작다. ¶ 글씨가 자디잘다. ②성질이 아주 좀스럽다. ¶ 남자가 그렇게 자디잘아서야 무슨 큰일을 할 수 있겠니.
자라[명] 자랏과의 동물. 몸길이 30 cm가량. 거북과 비슷한데 등딱지에 각질(角質)의 비늘판이 없으며, 중앙부는 좀 볼록하고 단단하지만, 그 밖의 부분은 사마귀 모양의 돌기가 있는 연한 피부로 싸여 있음. 주둥이는 뾰족하고, 발에는 물갈퀴가 있으며 각각 세 개씩의 발톱이 있음. 얕은 물의 바닥에 숨어 있다가 물고기·개구리·게 따위를 잡아먹음. 우리나라·일본·중국 등지의 강·못·늪 등에서 삶.
자라 보고 놀란 가슴 소댕〔솥뚜껑〕 보고 놀란다[속담] 무엇에 놀라면, 그와 비슷한 것만 보아도 겁이 난다는 말.
자라-구이[명] 자라의 껍데기를 벗겨 내고 기름종이로 싸서 잿불에 구운 음식.
자라-나다[자] 자라서 크게 되다. ¶ 새싹이 자라나다. /아이가 건강하게 잘 자라났다.
자라-눈[명] 젖먹이의 엉덩이 양쪽에 오목하게 들어간 부분.
자라다[1][자] ①(생물이) 점점 커지다. ¶ 아기가 많이 자랐다. /나무가 자라다. ②(생물이) 성숙한 상태로 되다. ¶ 훌륭한 성인으로 자라다. ③기능이나 역량 따위가 나아지다(발전하다). ¶ 훌륭한 선수로 자라다.
자라다[2] [I][자] 어떤 수준에 미치거나 닿다. ¶ 너무 떨어져 있어서 손이 자라지 않는다.
[II][형] 모자라지 않다. 충분하다. ¶ 여비가 이만하면 자라고도 남는다.
자라-마름[명] ☞자라풀.
자라-목[명] '보통 사람보다 짧고 밭은 목'을 비유하여 이르는 말.
자라목 오그라들듯[속담] 면구스럽거나 멋쩍어서 목을 옴츠림을 비유하는 말.
자라-배[명] ☞복학(腹瘧).
자라-병(-甁)[명] 자라 모양의 병.
자라-자지[명] 보통 때에는 작지만 발기하면 몹시 커지는 자지.
자라-풀[명] 자라풀과의 다년초. 연못 등의 물 속에 나는데, 줄기는 옆으로 벋고 마디에서 수염뿌리가 남. 잎은 원형 또는 콩팥 모양인데 물위에 뜨고, 8~9월에 하얀 꽃이 핌. 자라마름.
자락[명] ①〈옷자락〉의 준말. ②옷이나 피륙 따위의 아래로 드리운 부분. ¶ 두루마기 자락. ③논밭이나 산 따위의 넓은 부분. ¶ 설악산 자락에서 길을 잃었다. ④넓게 퍼진 안개·구름·어둠 따위를 이르는 말. ¶ 안개 자락.
자락(恣樂)[명][하자] 마음대로 즐김.
자락-자락[-짜-][부] 갈수록 거리낌 없이 행동하는 모양. ¶ 보자 보자 하니까 자락자락 더해지는군.
자ː란(紫蘭)[명] ☞대왐풀.
자란-벌레[명] ☞성충(成蟲).
자란-자란[부][하형] ①그릇에 가득한 액체가 잔에서 넘칠 듯 말 듯 한 모양. ¶ 유리잔에 맥주가 자란자란하다. ②물체의 한끝이 다른 물체에 가볍게 스칠락 말락 하는 모양. [큰]지런지런. [거]차란차란.
자람-점(-點)[-쩜][명] ☞생장점.
자랑[1][명][하자타] 자기 또는 자기와 관계되는 것을 남에게 드러내어 뽐냄, 또는 그렇게 뽐낼 수 있는 거리. ¶ 자식 자랑. /친구에게 새 신발을 자랑하다.
자랑 끝에 불붙는다[속담] 자랑이 지나치면 그 끝에 무슨 말썽이 생기기 쉽다는 말.
자랑[2][부][하자타] 얇은 쇠붙이 같은 것이 서로 가볍게 부딪쳐서 나는 부드러운 소리. [큰]저렁. [센]짜랑. [거]차랑. **자랑-자랑**[부][하자타].
자랑-거리[-꺼-][명] 자랑할 만한 거리.
자랑-거리다[자타] 자꾸 자랑자랑하다. 자랑대다. [큰]저렁거리다.
자랑-대다[자타] 자랑거리다.
자랑-삼다[-따][타] 자랑거리로 하다. ¶ 형은 반에서 일 등을 한 사실을 자랑삼아 말했다.
자랑-스럽다[-따][~스러우니·~스러워][형][ㅂ] 자랑할 만하다. **자랑스레**[부].
자래[명] 쌍으로 된 물고기의 알주머니.
자래-로(自來-)[부] 〈자고이래로〉의 준말.
자량(自量)[명][하타] 스스로 헤아림. 자기 자신의 요량. ¶ 자량하여 처리하다.
자량(資糧)[명] 식량. 자금과 식량.
자량-처지(自量處之)[명][하타] 스스로 헤아려서 처리함.
자력(自力)[명] ①자기 혼자의 힘. ¶ 자력으로 대학원까지 마치다. ↔타력(他力). ②불교에서, 자기 자신의 행업(行業)에 의하여 깨달음을 얻으려고 하는 일을 이르는 말.
자력(資力)[명] ①자본을 낼 수 있는 힘. ②경제적인 지급 능력. ¶ 자력이 좀 약하다.
자ː력(磁力)[명] (같은 극끼리는 서로 밀치고, 다른 극끼리는 서로 끌어당기는) 자석의 힘. 자기력.
자력-갱생(自力更生)[-깽-][명][하자] 남에게 의지하지 아니하고, 스스로의 힘만으로 어려운 처지에서 벗어나 새로운 삶을 살아감.
자ː력-계(磁力計)[-꼐/-께][명] 자기장의 세기와 그 방향을 측정하는 장치.
자력-교(自力敎)[-꾜][명] 불교에서, 자력으로 깨달음을 얻으려는 성도(聖道)의 가르침을 이르는 말. 자력문(自力門).
자력^구ː제(自力救濟)[-꾸-][명] 민법에서, 자기의 권리를 확보하기 위하여 사법 절차를 따르지 아니하고 피해자 자신이 직접 실력 행위를 하는 일. [참]자구 행위(自救行爲).
자력-문(自力門)[-령-][명] ☞자력교(自力敎).
자ː력-선(磁力線)[-썬][명] 자기장에 있어서 자기 작용의 방향을 나타내는 곡선. N극에서 나와 S극으로 향하려는 성질이 있음. 지력선.
자ː력^선ː광(磁力選鑛)[-썬-][명] 광물의 자성(磁性) 차이를 이용하여, 전자석의 작용으로 유용 광물을 골라내는 방법.
자력^염ː불(自力念佛)[-령념-][명] 불교에서, 아미타여래(阿彌陀如來)의 본원(本願)의 힘에 의하지 않고, 자력으로 왕생을 얻으려고 외는 염불을 이르는 말.
자력-종(自力宗)[-쫑][명] 불교에서, 자력(自力)으로 깨달음에 이르는 것을 원칙으로 하는 종파(宗派)를 이르는 말.

자력-회향(自力回向) [-려쾨-/-려퀘-]명 불교에서, 자기가 닦은 선행의 공덕을 남에게 베풀어서 과보(果報)를 얻으려는 일을 이르는 말.
자ː로(紫鷺)명 ☞얼룩백로.
자로이득(自勞而得)명하타 (어떤 결과를) 스스로 노력하여 얻음.
자뢰(資賴) [-뢰/-뤠]명하타 밑천으로 삼음.
자료(自了)명하타 (어떤 일을) 스스로의 힘으로 끝마침.
자료(資料)명 무엇을 하기 위한 재료. 특히, 연구나 조사 등의 바탕이 되는 재료. ¶ 자료 수집. /그 시기의 신문에서 자료를 모으다.
자루¹명 ①(여러 가지 물건을 담을 수 있게) 헝겊 따위로 만든, 크고 길쭉한 주머니. ②〖의존 명사적 용법〗 물건을 헝겊 따위로 만든 크고 길쭉한 주머니에 담아, 그 분량을 세는 단위. ¶ 쌀 두 자루.
자루²명 ①연장의 손잡이. ¶ 낫 자루. /도끼 자루. ②〖의존 명사적 용법〗 (총·칼·도끼 따위) 기름한 물건을 세는 단위. ¶ 권총 한 자루. /연필 두 자루.
자루-걸레명 긴 막대로 된 자루에 걸레를 단 청소 용구. 대걸레.
자루-바가지명 나무를 파서 만든, 손잡이가 달린 바가지.
자ː류-마(紫騮馬)명 털빛이 밤빛인 말.
자르다¹ [자르니·잘라]타르 ①(날붙이 따위로) 물체를 베어 도막을 내다. ¶ 고등어를 세 도막으로 자르다. ②온 것에서 한 부분을 떼어 내다. ¶ 곁가지를 자르다. /생선의 꼬리만 자르다. ③(말이나 일이) 이어지던 것을 끊다. ¶ 남의 말을 중도에서 자른 다음, 제 주장만 늘어놓다. ④(상대편의 요구 등을) 받아들이지 않겠다는 뜻을 나타내다. 거절하다. ¶ 경위 해명의 요구를 한마디로 잘라 버렸다. ⑤(직장 등에서) '내보내다'를 속되게 이르는 말.
자르다² [자르니·잘라]타르 (물체를) 잘록하도록 동이다. ¶ 지혈을 위해 상처를 붕대로 잘라 매었다.
자르랑부하자타 얇은 쇠붙이 조각들이 서로 부딪칠 때 울리어 나는 소리. 큰저르렁. 센짜르랑. 거차르랑. **자르랑-자르랑**부하자타.
자르랑-거리다자타 자꾸 자르랑자르랑하다. 자르랑대다. 큰저르렁거리다.
자르랑-대다자타 자르랑거리다.
자르르부하형 ①물기·기름기·윤기 따위가 고루 묻거나 배어서 반드르르한 모양. ¶ 기름기가 자르르 흐르다. ②뼈마디나 몸의 일부가 조금 자릿한 느낌. ¶ 손목이 자르르 저리다. 큰지르르. 센짜르르.
자리¹명 ①차지하는 어떤 한정된 공간. ¶ 자리가 좁다. /구경하기에 좋은 자리. ②앉거나 서거나 누울 곳. ¶ 자리에 눕다. /자리에서 일어서다. ③물건을 놓아 두는 곳. ¶ 본디 자리에 갖다 놓아라. ④무엇 또는 무슨 일이 있었던 곳. ¶ 못에 긁힌 자리. /성문이 있던 자리. ⑤일정한 사람이 모인 곳, 또는 그런 기회. ¶ 친구들이 모인 자리. ⑥지위 또는 직위. ¶ 과장 자리. ⑦십진법에 따른 숫자의 위치. ¶ 백(百)의 자리. /두 자리의 수(數). ⑧일정한 조건의 사람을 필요로 하는 곳. ¶ 영업부에 자리가 났다. /자네가 일할 만한 자리를 마련해 보겠네.
자리(가) 잡히다관용 ①서투르던 것이 익숙해지다. ②생활이 안정되다. ③규율이나 질서 따위가 제대로 이루어지다.
자리를 같이하다관용 ①(옆에) 같이 앉다. ¶ 나란히 자리를 같이하여 연극을 보다. ②한자리에 모이다.
자리를 뜨다관용 그곳을 떠나다. ¶ 회의 중에는 자리를 뜨지 마라.
자리(를) 잡다관용 ①어떤 자리를 정하거나 차지하다. 들어서다. 들어앉다. ②일정한 곳에서 살게 되다. ¶ 그는 외국으로 이민 간 후 그곳에서 자리를 잡고 살고 있다. ③어떤 생각이 마음속에 뿌리박다. ¶ 과학자가 되겠다는 생각이 자리 잡기 시작하였다.
자리²명 ①사람이 앉거나 눕거나 하기 위하여 바닥에 까는 물건. 〔돗자리·삿자리 따위.〕 ¶ 자리를 펴다. ②잠을 잘 때 깔고 덮는 이부자리. ③〈잠자리¹〉의 준말. ¶ 자리에 들다.
자리(를) 보다관용 (잠을 자려고) 이부자리를 펴다. ¶ 아버지 주무시게 자리 보아 드려라.
자리에 눕다관용 병으로 앓아 눕게 되다.
자리(自利)명 ①자신의 이익. ②불도를 닦아서 얻은 공덕을 남에게 돌리지 않고 자기 혼자 차지하는 일.
자ː리(紫李)명 ☞자두.
자리-갈이명하자 누에의 똥을 치고 새 자리로 바꾸어 주는 일.
자리개명 무엇을 옭아 매거나 묶거나 하는 데 쓰는, 짚으로 만든 굵은 줄.
자리개미명하타 조선 시대에, 포도청에서 사형수의 목을 졸라 죽이던 일.
자리개-질명하자 자리개로 곡식 단을 동여 타작하는 일. 준잘개질.
자리-걷이 [-거지]명하자 관(棺)이 나간 뒤에 집가시는 일의 한 가지. 관이 놓였던 자리에 음식을 차려 놓고 굿을 하며 죽은 이의 명복을 빎.
자리공명 자리공과의 다년초. 뿌리는 굵고 줄기는 1~1.5 m. 잎은 담배의 잎과 비슷함. 5~6월에 흰 꽃이 피며, 열매는 적자색의 장과(漿果)로 독(毒)이 있음. 산의 그늘진 땅에 나는데, 뿌리는 '상륙(商陸)'이라 하여 이뇨제로 쓰임.
자리-끼명 잠자리에서 마시기 위하여 머리맡에 떠 놓는 물.
자리다형 ①몸의 일부가 오래 눌려 있어서 신경이 마비된 듯한 느낌이 있다. ¶ 발이 자리다. ②근육이나 뼈마디가 쏙쏙 쑤시듯이 아프다. ¶ 뼈마디가 자리다. 큰저리다.
자리-다툼명하자 좋은 지위나 자리를 차지하려고 다투는 일. ¶ 나는 친구와 자리다툼하고 싶지 않다.
자리-돔명 자리돔과의 바닷물고기. 몸길이 10~18 cm. 몸이 달걀 모양이며, 몸빛은 검붉음. 꼬리지느러미 양옆에 흑갈색 세로띠가 있고, 가슴지느러미의 기부(基部)에 맑은 청색 무늬가 있음. 내만(內灣)에 사는데, 중남부 특히 제주도 연해에서 많이 남.
자리-매김명하자되자 (어떤 집합체 안에서) 특정의 사물이 가진 그 나름의 의의나 중요성 따위를 매기는 일. ¶ 여성 심리를 날카롭게 파헤친 그의 노력은 우리 문학사에서 하나의 새로운 시도로 자리매김되어야 할 것이다.
자리-바꿈명 ①하자타자리를 바꿈. ②☞격 변화(格變化). ③하자 음정·선율·화음에서 음을 한 옥타브 올리거나 내리는 일. ③전회(轉回).
자리-보전(-保全)명하자 병이 들어 자리를 깔고 누워서 지냄.
자리-옷 [-옫]명 잠을 잘 때 입는 옷. 잠옷. * 자리옷이 [-오시]·자리옷만 [-온-]

자리-자리부하형 심하지 않게 계속 자린 느낌. 큰저리저리.

자리-토씨명 ☞격 조사(格助詞).

자리-틀명 자리를 짜는, 나무로 만든 틀.

자리-품명 〈고지자리품〉의 준말.

자리-하다자여 ①(어떠한 곳에) 자리를 차지하다. ¶ 대도시 근교에 자리한 원예 단지. ②(정해진) 자리에 앉다. ¶ 자기소개가 끝나신 분은 모두 자리하십시오. ③여러 사람이 일정한 곳에 모이다. ¶ 조만간 함께 자리해서 술이나 한잔하자.

자린-고비명 '아니꼬울 정도로 인색한 사람'을 이르는 말.

자림(子淋)명 한방에서, 임부(姙婦)의 소변이 잦은 병증을 이르는 말.

자립(自立)명하자 남에게 의지하거나, 남의 지배를 받거나 하지 않고 자기의 힘으로 해 나감. ¶ 자립 생활. /자립 경영. /경제적으로 자립하다.

자립^명사(自立名詞)[-림-]명 문장에서 다른 말의 도움 없이 여러 성분으로 쓰이는 명사. 〔'인수가 안국역에서 지하철을 탔다.'에서 '인수'·'안국역'·'지하철' 따위.〕 실질 명사. 완전 명사. ↔의존 명사(依存名詞).

자립-성(自立性)[-썽]명 남에게 의존함이 없이 스스로의 힘으로 일어서려는 성질.

자립-심(自立心)[-씸]명 남에게 의존함이 없이 스스로의 힘으로 해 나가거나 일어서려는 마음가짐.

자립-적(自立的)[-쩍]관명 남에게 의존함이 없이 스스로의 힘으로 서는 (것). ¶ 자립적 국민경제. /자립적인 경영.

자립^형태소(自立形態素)[-리평-]명 단독으로 쓰일 수 있는, 뜻을 가진 가장 작은 말의 단위. 〔'철수가 책을 읽었다.'에서 '철수'·'책' 따위로, 체언·수식언·독립언이 이에 딸림.〕 ↔의존 형태소(依存形態素).

자릿-값[-리깝/-릳깝]명 자릿세. *자릿값이[-리깝씨/-릳깝씨]·자릿값만[-리깜-/-릳깜-]

자릿-내[-린-]명 (빨지 않고 오래 둔) 빨랫감이 떠서 나는 쉰 냄새.

자릿-상(-床)[-리쌍/-릳쌍]명 이부자리를 쌓아 두는 상(床). 의장(衣欌)같이 만드는데, 높이는 책상만 하고 문짝은 없으며 서랍만 있음.

자릿-세(-貰)[-리쎄/-릳쎄]명 자리를 빌려 쓰고 내는 셋돈. 자릿값.

자릿-쇠[-리쐬/-릳쒜]명 ☞와셔(washer).

자릿-수(-數)[-리쑤/-릳쑤]명 십진법에 따른 자리의 숫자. ¶ 두 자릿수.

자릿-자릿[-릳짜릳]부하형 (피부나 점막 등에 강한 자극을 받아) 잇달아 자지러지게 자린 듯한 느낌. ¶ 자릿자릿한 쾌감. /뼈마디가 자릿자릿한 통증. 큰저릿저릿. 센짜릿짜릿.

자릿-장(-欌)[-리짱/-릳짱]명 이부자리를 넣어 두는 장롱. 금침장(衾枕欌).

자릿-저고리[-리쩌-/-릳쩌-]명 잠잘 때에 입는 저고리.

자릿-점(-點)[-리쩜/-릳쩜]명 수판(數板)에서, 수의 자리를 나타내기 위하여 표시한 점. 정위점(定位點).

자릿-조반(-早飯)[-리쪼-/-릳쪼-]명 새벽에 일어나는 대로 그 자리에서 먹는 죽이나 미음 따위의 간단한 음식.

자릿-하다[-리타-]형여 (감전된 것처럼) 순간적으로 자지러지게 자리다. ¶ 전선에 닿는 순간 자릿한 느낌이 온몸을 스쳐 갔다. 큰저릿하다. 센짜릿하다.

자마구명 벼·보리 따위의 꽃가루.

자:-마노(紫瑪瑙)명 자줏빛을 띤 마노.

-자마자어미 동사 어간이나 높임의 '-시-' 뒤에 붙어, '그 동작을 하자 곧' 또는 '그 상태가 되자 곧'의 뜻으로, 앞말이 뒷말의 전제적 사실이 됨을 나타내는 종속적 연결 어미. ¶ 날이 밝자마자 떠났다.

자막(字幕)명 영화·텔레비전 등에서, 제목·배역·해설·대사 등을 글자로 나타낸 화면.

자-막대기[-때-]명 자로 쓰는 막대기. 잣대.

자막집중(子莫執中)[-찝쭝]명 '융통성이 없음'을 이르는 말. 〔중국 전국 시대의 자막(子莫)이란 사람이 중용(中庸)만을 지켰다는 데에서 유래함.〕

자만(自滿)명하자 스스로 만족하게 여김.

자만(自慢)명하자타 자기에게 관계되는 일을 남 앞에서 뽐내고 자랑하며 오만하게 행동함. ¶ 자만에 빠지다.

자만-심(自慢心)명 자만하는 마음.

자말(子末)명 십이시의 자시(子時)의 끝. 〔상오 1시에 가까운 무렵.〕

자:망(刺網)명 물고기를 잡는 그물의 한 가지. 고기 떼가 지나는 곳에 길게 쳐서 물고기가 그물코에 걸리게 하여 잡는 그물.

자망(資望)명 자질과 인망. 신분과 인망.

자-맞춤(字-)[-맏-]명하자 ①책에서, 나란히 있는 같은 글자를 찾아내는 놀이. ②☞자모듬.

자매(自媒)명 ☞자천(自薦).

자매(姉妹)명 ①여자끼리의 동기. 손위 누이와 손아래 누이. 여형제. ②같은 계통에 속하여 밀접한 관계에 있거나 서로 친선 관계에 있는 둘 또는 그 이상의 것. ¶ 자매 학교. /자매 회사.

자매-결연(姉妹結緣)명 ①자매의 관계를 맺는 일. ②어떤 지역이나 단체 또는 집단이 다른 지역이나 단체 또는 집단과 친선이나 상호 교류를 목적으로 밀접한 관계를 맺는 일.

자매-교(姉妹校)명 ①친선이나 연구 교류 등의 목적으로 특별히 가까운 관계에 있는 두 학교. ②같은 대학의 부속 학교 관계에 있는 두 학교.

자매-기관(姉妹機關)명 목적과 정신을 같이하여, 서로 밀접한 관계에 있는 기관.

자매^도시(姉妹都市)명 국제적인 문화 교류나 친선을 목적으로, 특별히 친밀한 관계를 맺은 도시와 도시.

자매-선(姉妹船)명 같은 설계로써 건조된 배, 또는 그런 관계에 있는 배들을 이르는 말.

자매^역연혼(姉妹逆緣婚)명 홀아비가, 죽은 아내의 언니나 아우와 하는 결혼.

자매-지(姉妹紙)명 발행 정신과 목적이 같고 서로 밀접한 관계에 있거나, 한 기관에서 내는 두 신문.

자매-편(姉妹篇)명 소설·희곡·영화 따위의, 서로 관련되는 두 작품, 또는 먼저의 작품에 이어지는 비슷한 내용의 작품.

자매^회:사(姉妹會社)[-회-/-훼-]명 같은 목적과 정신을 가지고 운영되는, 서로 밀접한 관계에 있는 두 회사.

자맥(自脈)명하자 자기 자신의 맥을 짚어 스스로 진찰하는 일.

자맥-질[-찔]명하자 〈무자맥질〉의 준말.

자-머리명 피륙 따위를 자로 잴 때, 자의 길이보다 좀 여유 있게 잡은 부분. ¶ 자머리를 넉넉하게 두고 끊다.

자멸(自滅)명하자되자 ①저절로 멸망함. ②자기의 행동이 원인이 되어 자기가 멸망함. ¶ 인류는 핵무기에 의하여 자멸할는지 모른다.
자멸(自蔑)명하자 자기 자신을 멸시함.
자멸-책(自滅策)명 잘한다는 것이 잘못되어, 도리어 자기 자신이 망하게 되는 꾀.
자명(自明) '자명하다'의 어근.
자명(自鳴)명하자 ①저절로 소리가 남. ②제풀에 울거나 울림.
자ː명(藉名)명하타 이름을 빙자함.
자명-고(自鳴鼓)명 적이 침입해 오면 저절로 울렸다는 전설상의 북. 〔한사군(漢四郡) 때 낙랑(樂浪)에 있었다고 함.〕
자명-금(自鳴琴)명 ☞오르골(orgel).
자명-소(自明疏)명 자신의 결백을 스스로 밝히는 상소(上疏).
자명-종(自鳴鐘)명 미리 정하여 놓은 시간이 되면 스스로 울려서 시각을 알려 주는 시계.
자명-하다(自明-)형여 증명이나 설명의 필요 없이 그 자체만으로 명백하다. ¶ 자명한 이치.
자모(子母)명 아들과 어머니. 모자(母子).
자모(字母)명 ①표음 문자(表音文字)의 음절을 이루는 단위인, 하나하나의 글자. 〔ㄱ·ㄴ·ㅏ, a·b·c 따위.〕 낱자. ②☞모형(母型).
자모(自侮)명하자 자기 자신을 업신여김.
자모(姊母)명 손위 누이와 어머니. 모자(母姊).
자모(姿貌)명 얼굴 모양. 얼굴 모습.
자모(慈母)명 ①자애로운 어머니. ②팔모(八母)의 하나. 죽은 어머니를 대신하여 자기를 길러 준 서모(庶母).
자-모듬(字-)명하자 한시(漢詩) 짓기를 익히기 위하여, 아이들이 한자를 되는대로 모아서 말을 만드는 일. 자맞춤.
자모-변(字母辨)명 조선 정조 때의 학자 황윤석(黃胤錫)의 문집인 '이재유고(頤齋遺稿)' 26권 13책 중, 26권 속에 있는 국문 연구론. 한글의 자모나 우리말의 어원을 몽골 어·범어(梵語)·여진어 등과 대조해 가며 밝힌 점이 특색임.
자모-순(字母順)명 자모의 배열 순서. 〔ㄱㄴ순·알파벳순 따위.〕
자-모음(子母音)명 자음과 모음.
자모-자(子母字)명 자음 문자와 모음 문자.
자모-전(子母錢)명 이자가 붙은 돈. 본전과 이자.
자모-회(姊母會)[-회/-훼]명 유치원·초등학교 등에서, 어린이들의 효과적인 교육을 위하여 그 자모들이 구성한 후원 단체.
자목(字牧)명하타 지난날, 지방 수령(守令)이 백성을 사랑으로 다스리던 일.
자ː-목련(紫木蓮)[-몽년]명 목련과의 낙엽 활엽 교목. 중국 원산의 관상용 식물. 잎은 끝이 뾰족한 달걀 모양임. 봄에 짙은 자줏빛 꽃이 잎보다 먼저 피고, 열매는 가을에 갈색으로 익음.
자목지임(字牧之任)[-찌-]명 지난날, '수령(守令)'을 달리 이르던 말.
자못[-몯]부 생각보다는 훨씬. 꽤. 퍽. ¶ 올림픽 참가 선수들에 대한 기대가 자못 크다.
자문(自刎)명하자 스스로 자신의 목을 찔러 죽음. 자경(自剄).
자문(自問)명하자타 스스로 자신에게 물음.
자ː문(刺文)명하자 ①☞자자(刺字). ②☞문신(文身).
자ː문(諮問)명하타 ①아랫사람에게 의견을 물음. ②정부나 기업체 따위에서, 학식과 경험이 풍부한 전문가에게 의견을 물음. ¶ 선거법 개정에 대한 자문에 응하다.
자ː문-감(紫門監)명 조선 시대에, 궁중의 영선(營繕)·공작(工作)을 맡아보던 선공감(繕工監)의 한 직소(職所).
자ː문^기관(諮問機關)명 자문받은 문제에 대해서 전문가들이 연구·검토·협의하여 답신하는 기관.
자문-자답(自問自答)명하자 스스로 묻고 스스로 대답함.
자문-죽(自紋竹)명 아롱진 무늬가 있는 대나무의 한 종류. 중국 원산으로, 담뱃대를 만드는 데 많이 쓰였음.
자물-단추명 직사각형이나 타원형으로 된 암단추의 구멍에 작은 수단추를 끼게 된 단추. 금·은·옥 따위로 만듦.
자물-쇠[-쐬/-쒜]명 여닫는 물건에 채워서 열지 못하게 잠그는 쇠. 자물통.
자물쇠-청[-쐬-/-쒜-]명 자물쇠에 딸린 날름쇠. 탄력성 있는 얇은 강철 조각으로 되어 있음.
자물-통(-筒)명 ☞자물쇠.
자ː미(紫薇)명 ☞백일홍.
자미(滋味)명 ①자양분이 많고 맛이 좋은 음식. ②'재미'의 잘못.
자ː미-궁(紫微宮)명 ☞자미원(紫微垣).
자ː미-사(紫薇紗)명 봄옷이나 가을옷의 옷감으로 쓰이는 비단의 한 가지.
자ː미-성(紫微星)명 고대 중국의 천문학에서 이르던 자미원(紫微垣)에 딸린 별. 북두칠성의 북쪽에 있으며, 천제(天帝)에 비유됨.
자미-승(粢米僧)명 ①음력 섣달 대목이나 정월 보름에 아이들의 복을 빌어 준다며 쌀을 얻으러 다니는 중. ②☞동냥중.
자ː미-원(紫微垣)명 고대 중국의 천문학에서, 삼원(三垣)의 하나인 별자리. 큰곰자리를 중심으로 한 170여 개의 별로 이루어지며, 천제(天帝)가 거처하는 곳이라고 전해 옴. 자미궁.
자미-중(粢米-)명 ☞동냥중.
자바라(←啫哱囉)명 놋쇠로 둥글넓적하고 배가 불룩하게 만든, 두 짝으로 된 타악기. 한가운데 있는 구멍에 가죽 끈을 꿰어 한 손에 하나씩 쥐고 마주 쳐서 소리를 냄. 불교 의식에 많이 씀. 부구(浮漚). 제금. 준바라.
자바라-수(←啫哱囉手)명 군중(軍中)에서 자바라를 치던 취타수(吹打手). 준바라수(哱囉手).
자-바리명 바릿과의 바닷물고기. 몸길이 60 cm 가량. 몸빛은 다갈색인데, 옆구리에 흑갈색 가로띠가 있음. 우리나라 남해 및 일본 중부 이남과 중국·인도 등지의 연안(沿岸)에 분포함.
자바^원인(Java猿人)명 인류와 유인원(類人猿)의 중간형으로 추정되는, 약 40만 년 전의 화석 인류(化石人類). 1891년에 네덜란드 인 뒤브와가 자바에서 발견함. 학명은 '호모 에렉투스'. 직립 원인(直立猿人).
자박[1]명 사금광(沙金鑛)에서 캐낸 큰 생금(生金) 덩어리.
자박[2]부하자 가만가만 내디딜 때 나는 발자국 소리, 또는 그 모양. 큰저벅. **자박-자박**부하자.
자박(自縛)명하자 ①스스로 자신을 옭아 묶음. ②자기가 주장한 의견에 구속되어 자기의 자유를 잃음. 참자승자박.
자박-거리다[-꺼-]자 자꾸 자박자박하다. 자박대다. 큰저벅거리다.
자박-대다[-때-]자 자박거리다.

자ː반명 ①물고기를 소금에 절인 반찬. ②해산물이나 나물 종류에 간장이나 찹쌀 풀을 발라서 말린 것을 굽거나 기름에 튀긴 반찬. ③짭짤하게 무치거나 졸인 반찬. 한자를 빌려 '佐飯'으로 적기도 함.

자ː반(紫斑)명 피부 조직에 내출혈로 말미암아 나타나는 자줏빛 얼루기.

자ː반(紫瘢)명 상처가 아문 자리에 한동안 남는 자줏빛 흔적.

자ː반-뒤지기명 씨름 재주의 한 가지. 자기 몸을 뒤로 젖히면서 상대편을 넘기는 기술.

자ː반-뒤집기[-끼]명하자 (고통을 못 이겨) 몸을 마구 엎치락뒤치락하는 짓.

자ː반-병(紫斑病)[-뼝]명 피부 조직이나 점막 아래에 출혈(出血)로 인하여 자줏빛 얼루기가 나타나는 병.

자발(自發)명하자 (남의 명령이나 암시 따위에 의하지 않고) 자기 스스로 하는 일.

자ː발머리-없다[-업따]형 〈자발없다〉의 속된 말. **자발머리없-이**부.

자발-성(自發性)[-썽]명 (남의 영향에 의하지 않고) 무슨 일을 자기 스스로 하는 성질, 또는 그런 특성.

자ː발-없다[-바럽따]형 참을성 없이 가볍고 방정맞다. **자발없-이**부 ¶ 자발없이 다리를 떨면서 조잘거린다.

자발-적(自發的)[-쩍]관명 (남의 영향에 의하지 않고) 자기 스스로 하는 (것). ¶ 자발적 참여. /자발적인 학습 태도를 기르다.

자발적 실업(自發的失業)[-쩍씨럽] 일할 의사나 능력은 있으나 임금이 너무 낮거나 조건이 맞지 않아, 스스로 취업을 거부함으로써 생기는 실업.

자밤의 양념이나 나물 따위의, 두 손가락 끝으로 집을 만한 정도의 분량을 나타내는 말. ¶ 나물 한 자밤.

자밤-자밤부 손가락으로 한 자밤씩 한 자밤씩 계속 집는 모양. ¶ 나물을 그릇마다 자밤자밤 집어 놓다.

자방(子方)명 이십사방위의 하나. 정북을 중심으로 하여 15도 범위 이내의 방위. 임방(壬方)과 계방(癸方) 사이. 준자(子)[2]. ↔오방(午方).

자방(子房)명 ☞씨방.

자방(恣放) '자방하다'의 어근.

자방-충(蚜蚄蟲)명 ☞며루.

자방-하다(恣放-)형여 ☞방자(放恣)하다.

자배기명 질그릇의 한 가지. 둥글넓적하고 아가리가 쩍 벌어진 질그릇으로, 소래기보다 운두가 약간 높음.

자백(自白)명하자타 ①자기의 죄나 허물을 스스로 고백함. ②형사 소송법에서, 자기의 범죄 사실을 인정하는 일. ③민사 소송법에서, 상대편이 주장하는, 자기에게 불리한 점을 인정하는 일.

자벌(自伐)명 자기의 공로를 드러내어 자랑함.

자-벌레명 자나방과의 나방의 유충. 가슴에 세 쌍, 배에 한 쌍의 발이 있으며, 기어갈 때는 꼬리를 머리 쪽에 붙이고 마치 뼘으로 자질하듯 기어감. 풀이나 나뭇잎을 갉아 먹고 사는 해충임.

자벌레-나방명 자나방과의 곤충을 통틀어 이르는 말.

자벌-적(自罰的)[-쩍]관명 ☞내벌적(內罰的).

자법(子法)명 외국의 법률을 본떠서 만든 법률. ↔모법(母法).

자벽(自辟)명하타 조선 시대, 관리 등용 방법의 한 가지. 각 관아의 장이 자기 마음대로 관원을 임명하던 일. 특히, 중국에 가는 사신들이 역관(譯官)을 자의로 임명하는 일이 많았음.

자벽-과(自辟窠)[-꽈]명 조선 시대에, 자벽으로 시킨 벼슬을 이르던 말.

자변(自辨)명하타 스스로 비용(費用)을 부담함. 자판(自辦).

자별(自別) '자별하다'의 어근.

자별-하다(自別-)형여 ①본디부터 다르다. ¶ 남녀가 자별하다. ②(인정이나 교분 따위가) 남보다 특별하다. ¶ 그는 나와 자별한 사이이다. **자별-히**부.

자복(子福)명 ①자식을 많이 둔 복. ②자식을 두어서 얻는 복.

자복(自服)명 ①친고죄(親告罪)에 있어서, 고소권을 가진 피해자에게 자발적으로 자기의 범죄 사실을 고백하는 일. 자수(自首)와 같이 취급됨. ②저지른 죄를 자백하고 복종함.

자복(雌伏)명하자 ①〔새의 암컷이 수컷에 복종한다는 뜻으로〕 남에게 굴복함. ②(실력 있는 사람이) 시기를 기다리며 가만히 숨어 있음. ¶ 자복 십 년. ↔웅비(雄飛).

자본(資本)명 ①사업을 하는 데 필요한 돈. 밑천. ②(토지·노동과 함께) 생산의 기본 요소의 하나. ③'활동의 바탕이 되는 소중한 것'을 비유하여 이르는 말. ¶ 건강이야말로 가장 큰 자본이다.

자본-가(資本家)명 ①자본금을 내어서 그 이윤을 얻는 사람. ②노동자를 고용·사역하여 기업을 경영하는 사람.

자본가^계급(資本家階級)[-계-/-게-]명 생산 수단으로서 자본을 소유하는 계급. 부르주아지. 자본 계급.

자본^거ː래(資本去來)명 국가 간의 거래에서, 유가 증권의 매매나 자금의 융통 따위에 의한 채권·채무의 거래.

자본^계급(資本階級)[-계-/-게-]명 ☞자본가 계급.

자본^계ː수(資本係數)[-계-/-게-]명 생산 설비, 원자재 등 투입 자본 전량(全量)의 생산량에 대한 비율.

자본^계ː정(資本計定)[-계-/-게-]명 부기에서, 자본 거래를 계상(計上)하는 계정 과목(計定科目). 자본금·자본 잉여금·이익 잉여금·결손금 등의 과목으로 나뉨.

자본-금(資本金)명 ①이익을 낳는 바탕이 되는 돈. 준자금. ②영리를 목적으로 하는 회사를 경영하는 바탕이 되는 돈. 주식회사에서는 주주(株主)에게서 모집함.

자본^도피(資本逃避)명 자국 화폐 가치의 하락이 예상되는 경우, 불이익을 피하기 위하여 자국 화폐 자금을 외화 자금으로 옮겨 놓는 일.

자본^수출(資本輸出)명 한 나라의 자본을 다른 나라의 생산 활동에 투자하는 일. 외국의 채권이나 증권에 대한 투자, 차관 또는 외국에서의 공장 건설, 합작 회사 설립 등의 방법으로 이루어짐.

자본^시ː장(資本市場)명 금융 시장 중, 장기 자금의 수요와 공급이 이루어지는 시장.

자본^예ː산(資本豫算)[-녜-]명 기업의 설비 자산에 대한 지출 예산.

자본-재(資本財)명 부(富)를 생산하기 위하여 사용되고 소비되는 토지 이외의 재화. 〔원자재·기계 설비·공장 따위.〕 참생산재(生産財).

자본-주(資本主)명 자본을 대는 사람.

자본-주의(資本主義)[-의/-이]명 생산 수단을 가진 자본가 계급이 노동자 계급으로부터 노동력을 사서 생산 활동을 함으로써 이익을 추구해 나가는 경제 구조, 또는 그 바탕 위에 이루어진 사회 제도.

자본^준:비금(資本準備金)명 주식회사·유한 회사가 적립해야 할 법정 준비금.

자본^축적(資本蓄積)[-쩍]명 이익의 일부를 자본에 추가하여 생산 규모를 확대해 나가는 일.

자-볼기명 자막대기로 때리는 볼기.

자볼기 맞겠다속담 〔아내가 쓰는 자막대기로 볼기를 맞겠다는 뜻으로〕 '아내에게 나무람을 듣겠다'는 말을 농조로 하는 말.

자봉(自奉)명하자 스스로 자기 몸을 보양(保養)하는 일.

자봉(雌蜂)명 벌의 암컷. 암벌. ↔웅봉(雄蜂).

자봉-침(自縫針)명 '재봉틀'의 잘못.

자봉-틀(自縫-)명 '재봉틀'의 잘못.

자부(子部)명 중국의 고전을 경(經)·사(史)·자(子)·집(集)의 사부로 분류한 것 중에서 '자'에 딸린 부류. 〔유가(儒家)·병가(兵家)·법가(法家)·도가(道家)·석가(釋家)·기예(技藝)·술수(術數) 및 소설 따위.〕 병부(丙部).

자부(子婦)명 며느리.

자부(自負)명하자타 자기의 재능이나 학문·직업 따위에 자신을 가지고 스스로 자랑으로 생각함, 또는 그런 마음. ¶ 일류 선수임을 자부하다. /그는 컴퓨터 분야에서는 그 누구보다도 잘 안다고 자부한다.

자부(姉夫)명 ☞자형(姉兄).

자부(慈父)명 ①자식에 대하여 깊은 사랑을 가진 아버지. 자애로운 아버지. ②'아버지'를 높이어 일컫는 말.

자부락-거리다[-꺼-]자타 자꾸 자부락자부락하다. 자부락대다. 큰지부럭거리다.

자부락-대다[-때-]자타 자부락거리다.

자부락-자부락[-짜-]부하자타 실없는 말이나 행동으로 가만히 있는 사람을 자꾸 귀찮게 하는 모양. 큰지부럭지부럭.

자부-심(自負心)명 자부하는 마음. ¶ 일등 국민이라는 자부심을 가지다.

자부지명 쟁기의 손잡이.

자:북(磁北)명 나침의(羅針儀)가 가리키는 북쪽 방향. 참도북(圖北)·진북(眞北).

자:-북극(磁北極)[-끅]명 지자기(地磁氣)의 축(軸)이 지구 표면과 만나는 북쪽 점, 곧 자침이 가리키는 북쪽 끝. 북자극. ↔자남극(磁南極).

자분(自噴)명하자 (온천수·석유·가스 따위가) 저절로 뿜어 나옴.

자분-거리다자타 자꾸 자분자분하다. 자분대다. 큰지분거리다.

자분-대다자타 자분거리다.

자분-자분[1]부 ①하자타짓궂은 말이나 행동으로 남을 자꾸 귀찮게 하는 모양. ②하자음식에 섞인 잔모래 따위가 자꾸 씹히는 모양. 큰지분지분.

자분-자분[2]부하형 성질이 찬찬하고 부드러운 모양. 큰저분저분. 거차분차분.

자분-정(自噴井)명 지하수가 지층의 압력으로 자연히 뿜어 나오는 샘.

자분치명 귀 앞에 난 잔머리카락.

자불(自不)명 과거(科擧)의 강서과(講書科)에서, 시관(試官)의 물음에 대답을 못한 사람이, 자기 이름 위에 '불(不)' 자를 써 달라고 스스로 시관에게 청하던 일.

자:불(瓷佛)명 도자기로 된 불상.

자비[1]명 가마·초헌(軺軒)·승교(乘轎)·남여(籃輿) 따위의 탈것을 통틀어 이르는 말.

자비[2]명 〈차비(差備)〉의 변한말.

자비(自卑)명하자 ①스스로 자신을 낮춤. ②낮은 곳에서부터 시작함.

자비(自備)명하타 스스로 준비함.

자비(自費)명 스스로 부담하는 비용. 사비(私費). ¶ 자비로 유학을 가다.

자비(煮沸)명하자타 (물 같은 것이) 펄펄 끓음, 또는 펄펄 끓임.

자비(慈悲)명 ①하형(고통 받는 이를) 사랑하고 불쌍히 여김. ¶ 자비를 베풀다. ②하자부처가 중생을 불쌍히 여겨 고통을 덜어 주고 안락하게 해 주려고 함, 또는 그 마음. 자비심(慈悲心).

자비-량(自備糧)명하자 (길을 떠나거나 할 때) 몸소 양식을 가지고 감, 또는 그 양식.

자비-롭다(慈悲-)[-따][~로우니·~로워]형ㅂ 사랑하고 불쌍히 여기는 마음이 깊다. 자비스럽다. ¶ 자비로운 얼굴. **자비로이**부.

자비-문(-門)명 〈차비문(差備門)〉의 변한말.

자비^소독법(煮沸消毒法)[-뻡]명 물체를 펄펄 끓는 물속에 넣어서 살균하는 방법.

자비-스럽다(慈悲-)[-따][~스러우니·~스러워]형ㅂ 자비롭다. **자비스레**부.

자비-심(自卑心)명 스스로 자신을 남보다 못하다고 여기는 마음.

자비-심(慈悲心)명 ☞자비(慈悲).

자비-옷(慈悲-)[-옫]명 중들이 입는 '가사(袈裟)'를 달리 이르는 말. *자비옷이[-오시]·자비옷만[-온-]

자비-인욕(慈悲忍辱)명 ①(중이 반드시 지켜야 할 도리로서) 대중을 사랑하는 일과 욕됨을 참는 일. ②보살이 중생을 구제하기 위한 자비심으로 고난을 참고 견디는 일.

자비^출판(自費出版)명 개인이 자기의 비용으로 책을 펴내는 일.

자빗-간(-間)[-비깐/-빋깐]명 지난날, 가마 따위의 탈것을 넣어 두던 곳간.

자빠-뜨리다타 자빠지게 하다. 자빠트리다. ¶ 도망가는 도둑의 다리를 걸어 자빠뜨리다.

자빠-지다자 ①뒤로 넘어지다. ¶ 벌렁 자빠지다. ②함께 하던 일에서 손을 떼다. ¶ 이 고비에서 네가 자빠지다니…. ③〈눕다〉의 속된 말. ¶ 집에 들어오자마자 발랑 자빠졌다. ④〈있다〉의 속된 말. ¶ 지랄하고 자빠졌다.

자빠-트리다타 자빠뜨리다.

자빡명 결정적인 거절. 납백(納白).

자빡(을) 대다〔치다〕관용 딱 잘라 거절하다.

자빡(을) 맞다관용 딱 잘라 거절을 당하다.

자빡-계(-契)[-꼐/-께]명 곗돈을 타는 동시에 곧 탈퇴하도록 된 산통계(算筒契)의 한 가지.

자빡-뿔명 끝이 뒤틀려 뒤로 잦혀진 쇠뿔.

자-뼈명 하박(下膊)을 이루는 두 뼈 가운데 안쪽에 있는 뼈. 척골(尺骨).

자뿌룩-하다[-루카-]형여 조금 어긋나다.

자사(子史)명 중국 고전의 분류법에 의한 자부(子部)와 사부(史部), 곧 유교 이외의 사상서와 역사서.

자사(子舍)명 ①☞자제(子弟). ②지난날, 각 고을 원의 아들이 거처하던 곳.

자사(自社)명 자기가 소속하여 있는 회사. ¶ 자사 제품. ↔타사(他社).

자사(恣肆)명하형 자기 멋대로 하는 면이 있음.

자ː사(刺絲)명 자포동물인 해파리나 산호 따위의 자세포에 있는, 실 모양의 독이 든 기관.
자사-받기[-끼]명하자 윷을 치던져 손등으로 받아서, 다시 치던져 잡는 놀이.
자산(資産)명 ①토지·건물·금전 따위의 재산. ②법률에서, 자본이 될 수 있거나 채무의 담보가 될 수 있는 재산을 이르는 말. 자재(資財).
자산-가(資産家)명 자산을 많이 가지고 있는 사람. 재산이 많은 사람.
자산^계ː정(資産計定)[-계-/-게-]명 부기(簿記)에서, 자산의 증감을 기록하기 위한 계정 과목. ↔부채 계정.
자산^동ː결(資産凍結)명 자산의 처분이나 이동을 제한하거나 금지하는 조치. 주로, 적대국에 대한 경제 제재 수단으로 쓰임.
자산^재ː평가(資産再評價)[-까]명 적정한 감가 상각(減價償却)을 위하여, 고정 자산의 장부 가격을 시가(時價)로 다시 평가하는 일.
자산-주(資産株)명 자산으로 가지고 있을 만한, 장래성 있는 견실한 주식.
자산^평ː가(資産評價)[-까]명 토지·건물 따위의 적극 재산(積極財產)을 값으로 표시하는 일.
자살(自殺)명하자 스스로 자기의 목숨을 끊음. 자재(自裁). 자진(自盡). 자해(自害). ¶ 자살을 기도하다. ↔타살.
자ː살(刺殺)명하타되자 ☞척살(刺殺).
자살-골(自殺goal)명 ☞자책골.
자살^관여죄(自殺關與罪)[-쬐/-쮀]명 남에게 자살을 교사하거나 방조함으로써 성립하는 죄.
자살^교ː사죄(自殺敎唆罪)[-쬐/-쮀]명 자살의 의사가 없는 사람에게 협박·유혹 따위의 방법으로 자살을 결의하게 함으로써 성립하는 죄.
자살^방조죄(自殺幫助罪)[-쬐/-쮀]명 자살의 의사가 있는 사람에게 유형·무형의 편의를 제공하여 자살하게 함으로써 성립하는 죄.
자살-자(自殺者)[-짜]명 자살한 사람.
자상(仔詳) '자상하다'의 어근.
자상(自傷)명하자 일부러 자기 몸에 상처를 냄, 또는 그 상처. 비자해(自害).
자ː상(刺傷)명 (칼 따위의) 날카로운 기물에 찔린 상처. ¶ 팔에 자상이 있다.
자상달하(自上達下)명하자 위로부터 아래에까지 미침. ↔자하달상(自下達上).
자상-스럽다(仔詳-)[-따][~스러우니·~스러워]형ㅂ 자상한 데가 있다. **자상스레**부.
자상-처분(自上處分)명하자 상관이 내리는 지휘나 명령.
자상-하다(仔詳-)형여 ①(성질이) 꼼꼼하고 찬찬하다. ¶ 자상한 성미. ②(말이나 글 따위가) 구체적이고 자세하다. ¶ 학습 내용을 자상하게 설명해 주다. ③정이 넘치고 마음씀이 융숭하다. ¶ 자상한 남편. /자상하신 어머니. **자상-히**부.
자상^행위(自傷行爲)명 스스로 자기의 몸에 상처를 내는 행위.
자새명 실·새끼·바 따위를 감거나 꼬는 데 쓰는 작은 얼레.
자새-질명하자 새끼를 꼬거나 줄을 드리기 위하여 자새를 돌리는 일.
자색(自色)명 그 광물 고유의 빛깔. 불순물로서 착색되지 않음.
자색(姿色)명 여자의 고운 얼굴.
자ː색(紫色)명 ☞자줏빛.
자ː색(赭色)명 붉은 흙빛 같은 검붉은 색.
자ː색-금(紫色金)[-끔]명 금 78%와 알루미늄 22%의 비율로 만든 합금.
자생(子生)명 자년(子年)에 태어난 사람. 〔갑자생·병자생·무자생 따위.〕 쥐띠.
자생(自生)명하자 ①(식물이) 사람의 재배나 보호에 의하지 않고 자연히 싹 터서 자라는 일. ¶ 자생 춘란. ②저절로 생겨남. ¶ 자생 단체. ③(사물이) 스스로의 힘으로 존속함. ¶ 자생 능력.
자생-력(自生力)[-녁]명 ①(식물이) 사람의 손길 없이 저절로 나서 자라는 힘. ②(사물이) 스스로 존속할 수 있는 힘. ¶ 자생력이 없는 기업.
자생^식물(自生植物)[-싱-]명 산이나 들 또는 강이나 바다에 저절로 나는 식물. ↔재배 식물.
자생-적(自生的)관명 저절로 나서 자라나거나 생기는 (것). ¶ 자생적 정당. /자생적인 조직.
자생-지(自生地)명 자생 식물이 자라는 곳. ¶ 풍란(風蘭)의 자생지.
자서(字書)명 ☞자전(字典).
자서(自序)명하자 지은이가 책머리에 스스로 적는 서문.
자서(自書)명하타 ☞자필(自筆).
자서(自敍)명하타 자신(自身)에 관한 일을 자기가 서술함.
자서(自署)명하자 (문서 따위에) 자기 이름을 적음, 또는 그 서명(署名). 수서(手署).
자서^문학(自敍文學)명 자기 자신의 지난 일을 소재로 한 문학.
자서-전(自敍傳)명 자기가 쓴 자기의 전기. 준자전(自傳).
자서제질(子壻弟姪)명 아들과 사위와 아우와 조카. ¶ 회갑 잔치에 자서제질이 다 모였다.
자석(字釋)명 ①한자(漢字)의 새김. 〔'하늘 천'에서의 '하늘' 따위.〕 ②글자의 뜻풀이. 자해(字解).
자ː석(紫石)명 ①<자석영(紫石英)>의 준말. ②자줏빛의 돌로 만든 벼루.
자ː석(磁石)명 ①철을 끌어당기는 성질을 가진 물체. 자침(磁針). 지남석. 지남철. ②자기 컴퍼스·자석반·지남침 등을 흔히 이르는 말. ③☞자철석(磁鐵石).
자ː석(赭石)명 ①붉은 빛깔의 돌. ②<대자석(代赭石)>의 준말.
자ː석-강(磁石鋼)[-깡]명 영구 자석으로 쓰이는 특수강(特殊鋼). 확성기·발전기·계전기(繼電器) 등에 널리 쓰임.
자ː석-광(磁石鑛)[-꽝]명 '자석석'의 구용어.
자ː석-반(磁石盤)[-빤]명 ☞자기 컴퍼스.
자ː석-석(磁石石)[-썩]명 ☞자철석.
자ː석식 전ː화기(磁石式電話機)[-씩쩐-] 통화할 때마다 핸들을 돌려서 신호 전류를 발생시켜 교환수를 불러내는 방식의 전화기.
자ː-석영(紫石英)명 ☞자수정(紫水晶). 준자석.
자선(自選)명하자 ①선거 따위에서, 자기 자신에게 투표함. ②자기 작품을 자기가 고름, 또는 골라서 엮음. ¶ 자선 작품집.
자선(慈善)명하타 가난하거나 불행한 처지에 있는 사람을 딱하게 여겨 도와주는 일. ¶ 자선을 베풀다.
자선-가(慈善家)명 자선 행위를 하는 사람.
자선-냄비(慈善-)명 구세군(救世軍)이 연말에 가난한 사람들을 돕기 위한 성금을 받는, 쇠로 만든 그릇.
자선^단체(慈善團體)명 자선 사업을 하는 단체. 〔적십자사·고아원·양로원 따위.〕
자선^병ː원(慈善病院)명 공공 단체 등에서 자선을 목적으로 설립한 병원.

자선^사:업(慈善事業)명 고아·병자·노약자·빈민 등을 돕기 위한 사회적·공공적인 구제 사업.
자선-시(慈善市)명 ☞바자(bazaar).
자선-회(慈善會)[-회/-훼]명 자선 사업의 자금을 마련하기 위하여, 어떤 흥행(興行)을 하거나 물품을 판매하는 모임.
자설(自說)명 자기의 의견이나 학설. ¶ 어떠한 비판에도 자설을 굽히지 않는다.
자성(自性)명 〈자성본불(自性本佛)〉의 준말.
자성(自省)명하타 스스로 반성함. 자기가 한 일에 대하여 옳고 그름을 되돌아봄. ¶ 과소비에 대한 자성의 목소리가 높아지고 있다.
자성(觜星)명 이십팔수의 하나. 서쪽의 여섯째 별자리. 준자(觜).
자성(資性)명 ☞천성(天性).
자성(雌性)명 암컷의 공통적인 성질. ↔웅성.
자성(慈聖)명 임금의 어머니를 높이어 일컫는 말. 자전(慈殿).
자:성(磁性)명 자기(磁氣)를 띤 물체가 쇠붙이 따위를 끌어당기거나 하는 성질.
자성-본불(自性本佛)명 본래부터 지니고 있는 불성(佛性). 준자성(自性).
자:성^산:화철(磁性酸化鐵)명 ☞사산화삼철.
자성-일가(自成一家)명하자 스스로의 노력으로 어떤 학문이나 기예에 통달하여 일가를 이룸.
자:성-체(磁性體)명 자기장에 놓았을 때 자화(磁化)하는 물질. 상자성체(常磁性體)·반자성체·강자성체(強磁性體)로 나뉨.
자세(仔細·子細) '자세하다'의 어근.
자세(姿勢)명 ①(앉아 있다든가 서 있다든가 하는) 몸을 가누는 모양. ¶ 자세가 바르다. /자세를 가다듬다. ②무슨 일에 대하는 마음가짐, 곧 정신적인 태도. ¶ 소극적 자세. /전진적(前進的)인 자세.
자:세(藉勢)명하자타 자기나 남의 세력을 믿고 의지함. ¶ 돈푼이나 있다고 자세가 대단하다.
자:-세포(刺細胞)명 자포동물인 해파리·히드라 따위의 표피 속에 들어 있는 특유한 세포. 세포 속에 독액(毒液)과 나선형으로 감긴 실 모양의 자사(刺絲)가 들어 있는데, 외부의 자극에 의하여 독액이 묻은 자사가 튀어나와 먹이를 잡거나 몸을 지키거나 함. 바늘 세포.
자세-하다(仔細-·子細-)형여 아주 작고 하찮은 부분까지 구체적이고 분명하다. ¶ 기타 자세한 사항은 본사 총무부로 문의하시오. **자세-히**부 ¶ 향후 계획을 자세히 설명하시오.
자소(仔小) '자소하다'의 어근.
자소(自訴)명하자 스스로 자기 자신의 죄를 고소함.
자소-로(自少-)부 〈자소이래로〉의 준말.
자소이래-로(自少以來-)부 어렸을 때부터 이제까지. 준자소로.
자소-하다(仔小-)형여 ☞잔작하다.
자손(子孫)명 ①자식과 손자. ②아들·손자·증손·현손 및 후손을 통틀어 이르는 말. ③☞후손(後孫). ¶ 단군의 자손. 준손(孫).
자손-계(子孫計)[-계/-게]명 자손의 앞날을 위하여 세우는 계획.
자수(自手)명 자기 혼자의 노력이나 힘. 《주로, '자수로'의 꼴로 쓰임.》 ¶ 자수로 성공한 어른. /자수로 마련한 집.
자수(自守)명하타 (언행 따위를) 스스로 삼가서 범절을 지킴.
자수(自首)명하자 죄를 지은 사람이, 경찰의 조사나 수사를 받기 전에 자기의 범죄를 경찰 등 수사 기관에 신고하는 일. 자현(自現). ¶ 자수를 권하다.
자수(自修)명하타 (남에게서 배우지 않고) 스스로 학문이나 기술 따위를 익힘. 비독학.
자수(字數)[-쑤]명 글자의 수효.
자:수(刺繡)명하자 수를 놓음, 또는 그 수. 수(繡).
자:수(紫綬)명 지난날, 당상관(堂上官)이 차던 호패(號牌)의 자줏빛 술이나 술띠.
자-수립(自樹立)명하타 (사업의 기초나 공을) 자기 스스로의 힘으로 세움.
자수-삭발(自手削髮)[-빨]명하자 ①자기 손으로 자기 머리털을 깎음. ②'어려운 일을 혼자의 힘으로 감당함'을 비유하여 이르는 말.
자수-성가(自手成家)명하자 (물려받은 재산이 없이) 스스로의 힘으로 집안을 일으키고 재산을 모음.
자수-율(字數律)[-쑤-]명 시가(詩歌)의 외형률의 한 가지. 글자의 수로써 나타내는 운율. 음수율(音數律).
자:-수정(紫水晶)명 자줏빛의 수정. 자석영.
자숙(自肅)명하자 스스로 행동이나 태도를 삼감. ¶ 공해 배출 업소의 자숙을 촉구하다.
자숙-자계(自肅自戒)[-짜계/-짜게]명하자 스스로 자신의 언행을 삼가고 경계함.
자:순(諮詢)명하타 ☞하순(下詢).
자술-서(自述書)[-써]명 어떤 사건의 형사 피의자가 혐의 사실에 대하여 스스로 진술하여 적은 서면(書面).
자슬(慈膝)명 〔자애로운 무릎이라는 뜻으로〕 '부모의 슬하(膝下)'를 이르는 말.
자습(自習)명하자타 (가르치는 이 없이) 혼자서 공부하여 익힘. 독습(獨習). ¶ 자습 시간.
자습-서(自習書)[-써]명 남의 가르침 없이, 스스로 배워 익힐 수 있도록 쉽고 자세하게 풀이해 놓은 책. ¶ 수학 자습서.
자승(自乘)명하타 ☞제곱.
자승(自勝)명하자 ①스스로 자기가 남보다 나은 줄로만 여김. ②스스로 욕망을 억누름.
자승-근(自乘根)명 ☞제곱근.
자승-멱(自乘冪)명 ☞제곱멱.
자승-비(自乘比)명 ☞제곱비.
자승-수(自乘數)[-쑤]명 ☞제곱수.
자승-자박(自繩自縛)명 〔자기가 꼰 새끼로 스스로를 묶는다는 뜻으로〕 자기가 한 말이나 행동 때문에 자기 자신이 구속되어 괴로움을 당하게 됨을 이름.
자승지벽(自勝之癖)명 스스로 자기가 남보다 나은 줄로 여기는 버릇.
자시(子時)명 ①십이시의 첫째 시. 하오 11시부터 상오 1시까지의 동안. ②이십사시의 첫째 시. 하오 11시 30분부터 상오 12시 30분까지의 동안. 준자(子)[2].
자시(自恃)명하타 ☞자신(自信).
자시(自是)명하자 (고집스럽게) 자기의 의견만 옳은 줄로 여김.
자:시다[1]타 〈먹다[2]〉의 높임말. 참잡수다.
자:시다[2]자 《주로 '-고 자시고'의 꼴로 쓰이어》 '-고 말고'의 뜻을 나타냄. ¶ 목적지를 알고 있을 텐데 기다리고 자시고 할 게 뭐 있어?
자시지벽(自是之癖)명 자신의 의견만 옳은 줄로 여기는 버릇.
자-시하(慈侍下)명 ☞편모시하. ↔엄시하(嚴侍下).
자식(子息)명 ①아들과 딸. ¶ 자식이 여럿이다. ②남자를 욕하여 이르는 말. ¶ 나쁜 자식. ③어린아이를 귀엽게 이르는 말. ¶ 자식, 참 귀엽기도 하지.

자식 둔 골은 호랑이〔범〕도 돌아본다㊙ 짐승도 새끼를 사랑하는데, 사람이야 더 말할 나위 없다는 뜻.

자식-농사(子息農事) [-싱-] 명 '자식 키우는 일'을 비유하여 이르는 말. ¶ 두 아들 모두 바르게 자랐으니 자식농사는 성공한 셈이다.

자식-새끼(子息-) [-쌔-] 명 〈자식〉의 속된 말.

자신(自身) 명 제 몸. 자기. ¶ 네 자신을 알라.

자신(自信) 명 하자타 자기의 값어치나 능력을 믿음, 또는 그런 마음. 자시(自恃). ¶ 자신 있게 나서다. /합격을 자신하다.

자신-감(自信感) 명 자신이 있다고 여겨지는 느낌. ¶ 자신감이 넘치다.

자신만만(自信滿滿) '자신만만하다'의 어근.

자신만만-하다(自信滿滿-) 형여 아주 자신이 있다. 자신감이 넘쳐 있다. ¶ 자신만만하게 대답하다. **자신만만-히** 부.

자신-방매(自身放賣) 명 하자 제 몸을 스스로 팔아 망침. 스스로 남의 종이 됨.

자신지책(資身之策) 명 자기 한 몸의 생활을 꾸려 나갈 계책.

자실(自失) 명 하자 자기 자신을 잊고 멍해짐.

자실-체(子實體) 명 균류의 균사(菌絲)가 빽빽이 모여서 된 영양체.

자심(滋甚) '자심하다'의 어근.

자심-하다(滋甚-) 형여 점점 더 심하다. ¶ 충격이 자심하다. **자심-히** 부.

자씨(姊氏) 명 남을 높여 그의 '손위의 누이'를 일컫는 말. ¶ 자씨께서도 편안하신지요?

자씨(慈氏) 명 〈자씨보살〉의 준말.

자씨-보살(慈氏菩薩) 명 '미륵보살'의 딴 이름. ㊟자씨(慈氏). ㊏자씨존(慈氏尊).

자씨-존(慈氏尊) 명 〈미륵보살〉의 높임말.

자아(自我) 명 ①자기. 자기 자신. ②철학에서, 천지 만물에 대한 인식이나 행동의 주체로서의 자기를 이르는 말. 나[1]. ↔객아(客我)·비아(非我)·타아(他我). ③심리학에서, 자기 자신에 대한 의식이나 관념을 이르는 말.

자아-내다 타 ①펌프 같은 것으로 물 따위를 높은 데로 흘러나오게 하다. ¶ 지하실에 괸 물을 자아내다. ②물레 같은 것으로 실을 뽑아내다. ③어떤 느낌을 우러나게 하다. ¶ 슬픔을 자아내는 장면.

자아-도취(自我陶醉) 명 스스로에게 황홀하게 빠지는 일. 또는, 스스로를 제일이라고 여기는 일. 자기도취(自己陶醉).

자아-비판(自我批判) 명 ☞자기비판.

자아-실현(自我實現) 명 자기의 가능성을 실현하는 일. 자기가 본디 가지고 있는 절대적인 자아를 완전히 실현하는 일. 자기실현.

자아-올리다 타 펌프 같은 것으로 물이나 석유 따위를 높은 데로 빨아올리다.

자아-의식(自我意識) [-의-/-이-] 명 ☞자의식.

자안(字眼) 명 시문(詩文), 특히 한시나 한문에서, 그 시문의 사활(死活)을 결정하는 가장 중요한 한 글자.

자안(慈眼) 명 ①자비(慈悲)의 눈. 자애로운 눈. ②(중생을 자비롭게 보는) 불보살의 눈.

자안(慈顔) 명 자비로운 얼굴. 자애(慈愛)에 찬 다정한 얼굴.

자애(自愛) 명 하자 ①자기 자신을 스스로 아끼고 사랑함. 애기(愛己). ②행동을 삼가 품행을 바르게 가짐. ¶ 부디 자중(自重) 자애하십시오.

자애(慈愛) 명 아랫사람에게 베푸는 깊은 사랑.

자애-롭다(慈愛-) [-따] [~로우니·~로워] 형ㅂ (자기 자식에 대한 것처럼) 사랑이 도탑다. **자애로이** 부.

자애-심(慈愛心) 명 아랫사람에게 깊은 사랑을 베푸는 마음.

자애-주의(自愛主義) [-의/-이] 명 ☞이기주의.

자애지정(慈愛之情) 명 자애로운 마음.

자액(自縊) 명 하자 스스로 목을 매어 죽음.

자야(子夜) 명 자시(子時) 무렵의 한밤중.

자약 명 〈작약(芍藥)〉의 변한말.

자약(自若) '자약하다'의 어근.

자약-하다(自若-) [-야카-] 형여 큰일을 당하고도 아무렇지도 않은 듯 침착하다. ¶ 임종을 앞두고도 자약하다. **자약-히** 부.

자양(字樣) 명 글자의 모양. 자체(字體). 자형(字形).

자양(滋養) 명 몸에 영양이 되는 일, 또는 그런 물질. ㊥영양(營養).

자양^관:장(滋養灌腸) 명 입으로 음식을 섭취할 수 없을 때, 자양액을 항문으로 넣어 대장벽(大腸壁)에서 흡수시키는 일.

자양-당(滋養糖) 명 맥아당과 덱스트린을 주성분으로 하는 유아용(乳兒用) 영양제의 한 가지.

자양-물(滋養物) 명 자양분이 많은 음식물. 자양품.

자양-분(滋養分) 명 몸의 자양이 되는 성분. ¶ 자양분을 섭취하다.

자양-액(滋養液) 명 자양분이 많이 들어 있는 액체.

자양-제(滋養劑) 명 소화·흡수가 잘 되도록 만들어진 영양제. 소화기 계통의 환자나 회복기의 환자 및 어린이들의 영양에 쓰임.

자양-품(滋養品) 명 ☞자양물(滋養物).

자:양-화(紫陽花) 명 ☞수국(水菊).

자언(自言) 명 하타 자기 말을 자기가 함.

자업-자득(自業自得) [-짜-] 명 하자 자기가 저지른 일의 과보(果報)를 자기 자신이 받음. 자업자박. ¶ 이번에 당한 봉변도 다 자업자득이지.

자업-자박(自業自縛) [-짜-] 명 하자 ☞자업자득(自業自得).

자-에(玆-) 부 이에. 여기에. ¶ 오등(吾等)은 자에 아(我) 조선의 독립국임을 선언하노라.

자여(自餘) 명 하자 넉넉하여 저절로 남음.

자여손(子與孫) 명 아들과 손자.

자여질(子與姪) 명 아들과 조카. 자질(子姪).

자연(自然)[1] Ⅰ 명 ①사람의 손에 의하지 않고서 존재하는 것이나 일어나는 현상. 〔산·강·바다·동물·식물·비·바람·구름 따위.〕 ¶ 자연의 혜택을 누리다. /자연의 섭리를 거역하다. ↔인위(人爲). ②사람이나 물질의 본디의 성질. 본성(本性). ¶ 잠을 안 자면 졸리는 것은 다 자연의 이치다. ③철학에서, 인식의 대상이 되는 외계(外界)의 모든 현상을 이르는 말.

Ⅱ 부 사람의 의도적인 행위 없이 저절로. ¶ 물은 자연 아래로 흐르기 마련이다.

자연(自然)[2] '자연하다'의 어근.

자:연(瓷硯) 명 자기로 만든 벼루. 도연(陶硯).

자:연(紫煙) 명 ①담배 연기. ②보랏빛 연기.

자연-가스(自然gas) 명 ☞천연가스.

자연-경관(自然景觀) 명 자연의 경치. ↔문화 경관.

자연^경제(自然經濟) 명 교환 수단으로서의 화폐를 사용하지 않는 물물 교환 경제. ↔교환 경제·화폐 경제.

자연-계(自然界)[-계/-게]명 (인간을 포함한) 천지 만물이 존재하는 범위.
자연^공물(自然公物)명 자연 그대로의 상태로 공공(公共)의 소용에 이바지되는 것. 〔하천·호수·늪·해변 따위.〕
자연^과학(自然科學)명 자연계에서 일어나는 현상을 연구하는 학문. 자연현상 사이의 상호 관계나 원인 등을 연구하여 그 일반적인 법칙을 탐구하려는 과학. 참문화 과학·사회 과학·인문 과학·정신과학.
자연-관(自然觀)명 자연에 대한 관념이나 견해. ¶ 종교적 자연관.
자연-광(自然光)명 인공적인 광원(光源)에서 나오는 빛이 아닌, 태양 광선이나 구름의 반사광 등으로 비치는 빛.
자연-교(自然敎)명 ☞자연 종교.
자연-권(自然權)[-꿘]명 인간이 나면서부터 자연적으로 가지고 있는 권리. 천부 인권(天賦人權).
자연-금(自然金)명 천연으로 산출되는 금. 보통, 은·구리 따위의 불순물을 함유하고 있음. 〔산금(山金)이나 사금(沙金) 따위.〕
자연-대수(自然對數)명 '자연로그'의 구용어.
자연-도태(自然淘汰)명 ①☞자연선택. ↔인위 도태. ②'시대의 흐름에 따라가지 못하는 것은 저절로 없어지고 만다는 것'을 비유하여 이르는 말.
자연-동(自然銅)명 천연으로 산출되는 구리. 보통, 표면이 변색되어 흑색·녹색·갈색 등을 나타냄. 소량의 은이나 철을 함유하는 경우도 있음.
자연-력(自然力)[-녁]명 ①자연계의 작용이나 능력. ②경제학에서 생산 요소의 한 가지. 곧, 인간의 노동력을 돕는 바람·물·빛·수증기·전기 따위의 힘.
자연-로그(自然log)명 흔히 e로 나타내는 특정한 수(e=2.71828…)를 밑으로 하는 로그.
자연-림(自然林)[-님]명 ①☞원시림. ②자연적으로 이루어진 수풀. 천연림. ↔인공림.
자연^면ː역(自然免疫)명 사람이나 동물이 어떤 병원체에 대하여 선천적으로 가지고 있는 저항성. 선천성 면역(先天性免疫).
자연-목(自然木)명 산과 들에 저절로 나서 자라는 나무.
자연^묘ː사(自然描寫)명 문학 작품 등에서, 자연을 있는 그대로 그려 내는 일.
자연-물(自然物)명 (인공으로 된 것이 아닌) 자연계에 있는 유형물(有形物).
자연-미(自然美)명 (꾸밈이 없는) 자연 그대로의 아름다움. 천연미(天然美). ↔예술미·인공미.
자연^발생설(自然發生說)[-쌩-]명 생물이 무생물로부터 자연적으로 생겨날 수 있다는 학설. 예로부터 많은 학자가 믿어 왔으나, 파스퇴르에 이르러 부정되었음. 우연 발생설.
자연^발화(自然發火)명 황린(黃燐)·인화수소(燐化水素) 등 공기에 닿으면 산화되기 쉬운 유기물이 계속 산소를 흡수함으로써 열을 내어, 발화 온도에 이르러 타기 시작하는 일. 자연 연소.
자연-범(自然犯)명 법규로 규정할 필요도 없이, 어느 시대 어느 사회에서나 도의적·사회적 규범에 어긋나는 범죄. 〔살인·절도·강간 따위.〕 형사범(刑事犯). ↔법정범·행정범.
자연-법(自然法)[-뻡]명 인간의 본성에 바탕을 두고 시대와 장소에 관계없이 영구불변의 효력을 가지는 것으로 생각되는 보편적인 법률. 인위적인 실정법 위에 위치함. ↔실정법·인정법(人定法).
자연-법칙(自然法則)명 자연의 여러 사건이나 성질 사이에서 성립하고 있는 항상적이고 보편적인 관계를 경험적으로 나타낸 것. 자연율.
자연법-학(自然法學)[-뻐팍]명 자연법을 인정하여 이를 실정법(實定法)의 기초로 삼으려는 법률 사상의 학문 체계.
자연-보호(自然保護)명 인류의 생활 환경인 자연을 훼손하지 않고 좋은 상태로 가꾸고 보살펴 본래의 모습으로 보존하려 하는 일.
자연^분류(自然分類)[-불-]명 생물 분류법의 한 가지. 유연 관계(類緣關係)를 반영하고 있는 생식 기관 등 형질(形質)을 기준으로 하는 분류 방법. ↔인위 분류.
자연-사(自然史)명 인류가 나타나기 이전의 자연의 발전이나 인간 이외의 자연계의 발전 및 변화에 관한 역사.
자연-사(自然死)명하자 노쇠로 말미암아 자연히 죽는 일. 생리적인 여러 기능이 쇠약해짐으로써 저절로 죽는 일. ↔우연사(偶然死).
자연^사회(自然社會)[-회/-훼]명 개인의 의지나 목적과는 관계없이 혈연이나 지연에 의하여 성립하는 사회. ↔인위 사회.
자연-산(自然産)명 양식한 것이 아니라 자연에서 저절로 생산된 것. ¶ 자연산 광어. /자연산 송이.
자연-생(自然生)명 (자연계에) 씨를 뿌리거나 심지 아니하여도 풀이나 나무가 저절로 남, 또는 그런 것. ¶ 자연생 향나무.
자연-석(自然石)명 인공을 가하지 않은 자연 그대로의 돌. 천연석.
자연-선택(自然選擇)명 생물 중에서, 외계에 적응하는 것은 번영하고, 적응하지 못하는 것은 자손을 남기지 못하고 멸망하게 되는 일. 자연도태.
자연-성(自然性)[-썽]명 자연 그대로의 성질.
자연-수(自然水)명 바다·강·호수·땅속 같은 데에 자연적으로 있는 물.
자연-수(自然數)명 양(陽)의 정수(整數)를 통틀어 이르는 말. 〔1·2·3… 따위.〕
자연^수은(自然水銀)명 천연으로 산출되는 수은. 상온에서는 액체 상태이며, 소량의 금과 은을 함유함.
자연^숭배(自然崇拜)명 자연신을 숭배하는 일. 〔태양 숭배·수목 숭배·산악 숭배 따위.〕 천연숭배(天然崇拜).
자연-스럽다(自然-)[-따][~스러우니·~스러워]형ㅂ 꾸밈이나 거짓이나 억지가 없어 어색하지 않다. ¶ 말이나 태도가 자연스럽다. /자연스러운 분위기. **자연스레**부 ¶ 두 사람은 함께 공부하면서 자연스레 친해졌다.
자연-식(自然食)명 인공 색소나 방부제 등을 첨가하는 따위의 가공(加工)을 하지 않은 자연 그대로의 식품.
자연-신(自然神)명 자연물이나 자연현상을 신격화(神格化)한 것.
자연신-교(自然神敎)명 자연신론에 바탕을 두는 종교.
자연신-론(自然神論)[-논]명 ☞이신론(理神論).
자연^신학(自然神學)명 신의 존재 및 그 진리의 근거를 초자연적인 계시나 기적에서 구하지 않고, 인간의 이성(理性)이 인식할 수 있는 자연적인 것에서 구하는 처지. 〔이신론(理神論)이 그 전형(典型)임.〕

자연^신화(自然神話)명 자연물이나 자연현상이 성립한 기원이나 상태·활동 따위를 종교적·문학적으로 서술한 신화.

자연^언어(自然言語)명 인간이 일상생활을 하는 가운데 자연스럽게 사용하고 있는 언어. 〔에스페란토·기계어와 같은 인공 언어에 상대하여 이르는 말임.〕

자연^연소(自然燃燒)[-년-]명 ☞자연 발화.

자연-영양(自然營養)[-녕-]명 모유로 젖먹이를 기르는 일, 또는 모유의 영양. ↔인공영양.

자연-율(自然律)[-뉼]명 ☞자연법칙.

자연-은(自然銀)명 천연으로 산출되는 은. 금·수은 등의 불순물을 함유하며, 공기 속에서 변색되기 쉬움.

자연-인(自然人)명 ①미개인, 또는 사회나 문화 따위에 오염되지 않은 자연 그대로의 인간. ②법률에서, 권리나 의무의 주체로서 평등하게 그 능력과 자격을 인정받고 있는 개인을 이르는 말. ②↔법인(法人).

자연^인류학(自然人類學)[-일-]명 생물로서의 인간의 특성을 과학적으로 연구하는 학문. 참문화 인류학.

자연-재해(自然災害)명 자연현상으로 일어나는 재해. 〔가뭄·홍수·태풍 따위.〕 비천재(天災).

자연-적(自然的)관명 ①인공을 가하지 않은 자연 그대로의 (것). ¶ 자연적 환경. /자연적인 상태. ②저절로 또는 당연히 그렇게 되는 (것). ¶ 언어의 자연적 습득.

자연적 경계(自然的境界)[-껑계/-껑게] 산맥·해양·하천·사막·산림 따위의 자연물에 의하여 이루어진 경계. ↔인위적 경계.

자연^종교(自然宗教)명 ①(윤리적 종교에 대하여) 자연 발생적인 원시 종교나 민족 종교를 통틀어 이르는 말. 자연교. ②(신의 은총에 바탕을 두는 계시 종교에 대하여) 인간 본래의 이성(理性)에 바탕을 두는 종교. ↔계시 종교.

자연-주의(自然主義)[-의/-이]명 ①철학에서, 자연을 오직 하나의 실재(實在)로 보고, 모든 현상을 자연 과학의 방법으로 설명하려는 주의를 이르는 말. ②윤리학에서, 인간의 자연적인 소질을 바탕으로 하여 도덕을 설명하려는 주의를 이르는 말. ③문학에서, 인생의 현실을 이상화(理想化)하지 않고, 있는 그대로 묘사해야 한다는 주의를 이르는 말. 19세기 후반, 프랑스를 중심으로 일어난 문예 사조임. ④교육에서, 어린이의 천성을 자연 그대로 발달시키려고 하는 주의를 이르는 말.

자연^증가율(自然增加率)명 출생률에서 사망률을 뺀 값. 〔인구 동태 통계의 하나.〕

자연^증수(自然增收)명 세율의 인상이나 세제(稅制)의 개혁 없이, 경기 상승 등의 원인으로 조세 수입이 증가하는 일.

자연-지(自然智)명 남의 가르침을 받지 않고 저절로 생겨나는 지혜.

자연^지리학(自然地理學)명 인간 활동의 자연적 배경을 연구하는 학문을 통틀어 이르는 말. 〔지리학·기후학·육수학(陸水學)·토양 지리학·생물 지리학 등으로 구성됨.〕 지문학(地文學). ↔인문 지리학.

자연^채ː무(自然債務)명 꼭 이행해야 할 의무나 책임이 없는 채무. 곧, 채권자에게 소송할 권리나 강제 이행 청구권이 없는 채무. 〔도박으로 말미암아 생긴 채무 따위.〕

자연-철(自然鐵)명 천연으로 산출되는 철. 소량의 니켈·구리·탄소 등을 함유함.

자연^철학(自然哲學)명 자연 과학의 근본 개념인 공간·물질·운동·힘·에너지·생명 따위를 인식론적으로 고찰하거나 관련짓거나 종합화하거나 하는 철학.

자연-파(自然派)명 서정적인 농촌의 풍경화를 주로 그렸던 근대 미술의 한 유파.

자연-하다(自然-)형여 저절로 그렇게 되어 꾸밈이나 거짓이 없다. ¶ 부모의 자식 사랑은 자연한 일이다. **자연-히**부 ¶ 상처가 자연히 아물다.

자연-현상(自然現象)명 자연계의 법칙에 따라서 일어나는 여러 가지 현상.

자연^혈족(自然血族)[-쪽]명 어버이와 자식처럼 실제로 혈통이 이어져 있는 혈족. ↔법정 혈족.

자연-환경(自然環境)명 자연계의 모든 요소가 이루는 환경.

자연-황(自然黃)명 천연으로 산출되는 황. 황색의 덩어리·알갱이·가루 모양임. 화산이나 온천 등에서 산출되며, 불순물을 함유함. 공업용 또는 약용으로 널리 쓰임.

자ː염(煮塩)명하자 바닷물을 졸여 소금을 만듦, 또는 그 소금.

자엽(子葉)명 ☞떡잎.

자영(自營)명하타 (사업 따위를) 독립하여 자기의 혼자 힘으로 경영함.

자ː-영산(紫映山)명 ☞영산자.

자영-업(自營業)명 자기의 혼자 힘으로 경영하는 사업.

자예(雌蕊)명 ☞암술. ↔웅예(雄蕊).

자오(慈烏)명 ☞까마귀. 자조(慈鳥).

-자오-선미 '-자옵-'의 'ㅂ'이 'ㄴ·ㄹ·ㅁ'이나 모음으로 시작되는 어말 어미 앞에서 줄어든 선어말 어미. 〔받자와·듣자오면·묻자오며·잊자오니 등에서의 '자오'.〕

자오록-하다[-로카-]형여 매우 자옥한 느낌이 있다. 큰자우룩하다. **자오록-이**부.

자오-면(子午面)명 자오선이 이루는 평면. 적도면(赤道面)과 직교(直交)함.

자오-선(子午線)명 ①하늘의 북극〔子〕에서 어떤 지점의 천정(天頂)을 지나 하늘의 남극〔午〕에 이르는 천구 상의 가장 짧은 선. ②☞경선(經線).

자오선^고도(子午線高度)명 천체가 자오선을 지나갈 때의 고도.

자오선^관측(子午線觀測)명 천체가 자오선을 통과할 때 그 적경과 적위를 관측하는 일.

자오선^통과(子午線通過)명 태양·달·항성 따위의 천체가 주로 일주 운동(日週運動)에 의하여 자오선을 지나가는 일, 또는 지나가는 그 시간. 이때, 천체의 고도는 최대 또는 최고가 됨.

자오-의(子午儀)[-의/-이]명 천체가 자오선을 지나가는 시각이나 위치를 관측하는 기계.

자오-환(子午環)명 대형의 자오의(子午儀). 천체가 자오선을 통과할 때의 고도(高度)를 측정하여, 그 천체의 적위(赤緯)를 정밀하게 구하는 기계임.

자옥-금(-金)[-끔]명 같은 광맥(鑛脈)이면서 금의 함유량이 고르지 못하여 부분적으로 많기도 하고 적기도 한 사금 광맥의 상태.

자옥-하다[-오카-]형여 연기나 안개 같은 것의 끼어 있는 정도가 짙다. ¶ 방에 담배 연기가 자옥하다. 큰자욱하다. **자옥-이**부.

-자옵-선미 'ㄷ·ㅊ'으로 끝난 동사 어간과 자음으로 시작되는 어말 어미 사이에 쓰이어, 공손의 뜻을 나타내는 선어말 어미. 〔듣자옵건대·받자옵고 등에서의 '자옵'.〕 준-잡-.

자ː완(紫菀)명 ①☞탱알. ②한방에서, 탱알의 뿌리를 약재로 이르는 말. 기침을 가라앉히고 가래를 삭히는 데 쓰임.
자ː외-선(紫外線)[-외-/-웨-]명 파장이 가시광선보다 짧고 엑스선보다 긴, 눈에 보이지 않는 복사선(輻射線). 태양 스펙트럼에서 보랏빛의 바깥쪽에 나타남. 참적외선(赤外線).
자ː외선^사진(紫外線寫眞)[-외-/-웨-]명 특수한 건판(乾板)에 자외선을 비추어서 찍는 촬영법, 또는 그렇게 찍은 사진. 고문서(古文書)의 감정이나 범죄 수사 따위에 이용됨.
자ː외선^요법(紫外線療法)[-외-뇨뻡/-웨-뇨뻡]명 태양등 따위의 자외선을 사용하는 질병 치료법. 구루병, 외과적 결핵, 허약 체질의 개선 따위에 유효함.
자용(自用)명하타 자기가 몸소 씀, 또는 그 씀씀이.
자용(姿容)명 모습. 모양. 자태.
자우(慈雨·滋雨)명 ①식물이 자라기 알맞게 내리는 비. 택우(澤雨). ②오래도록 가물다가 내리는 비. ②비단비.
자우룩-하다[-루카-]형여 매우 자욱한 느낌이 있다. 작자오록하다. **자우룩-이**부.
자욱-포수(-砲手)명 짐승의 발자국을 용케 잘 찾아가는 포수.
자욱-하다[-우카-]형여 연기나 안개 같은 것의 끼어 있는 정도가 몹시 짙다. ¶ 안개가 자욱하다. 작자옥하다. **자욱-이**부.
자운(字韻)명 글자의 운(韻).
자ː운(紫雲)명 자줏빛 구름. 〔불교에서는 부처가 이 구름을 타고 나타난다고 하여 상서로운 징조로 여김.〕
자ː운영(紫雲英)명 콩과의 이년초. 중국 원산의 녹비 작물. 줄기는 지면을 따라 뻗으며, 꽃잎은 깃 모양의 겹잎임. 4~5월에 홍자색 꽃이 피고 꼬투리는 검게 익음. 밭에 심었다가 자란 뒤에 갈아엎어 녹비로 쓰며, 꽃에서는 꿀을 얻음.
자웅(雌雄)명 ①암컷과 수컷. 암수. ②이김과 짐. ¶ 자웅을 겨루다.
자웅-눈(雌雄-)명 한쪽은 크고 한쪽은 작은 눈. 짝눈. 자웅목.
자웅눈-이(雌雄-)명 자웅눈을 가진 사람. 자웅목.
자웅^도태(雌雄淘汰)명 ☞자웅 선택.
자웅^동가(雌雄同家)명 한 꽃봉오리에 암술과 수술이 다 있는 것. 자웅 일가. ↔자웅 이가.
자웅^동주(雌雄同株)명 ☞암수한그루. ↔자웅 이주.
자웅^동체(雌雄同體)명 ☞암수한몸. ↔자웅 이체.
자웅^동형(雌雄同形)명 같은 종류로서, 암컷과 수컷의 형태가 서로 같은 것. ↔자웅 이형.
자웅^동화(雌雄同花)명 ☞양성화(兩性花). ↔자웅 이화.
자웅-목(雌雄目)명 ①☞자웅눈. ②☞자웅눈이.
자웅^선ː택(雌雄選擇)명 동물계에서는 이차 성징이 발달한 개체가 배우자로서 선택될 기회를 많이 가지며, 그 형질(形質)이 더욱 발달한다는 학설. 자웅 도태(雌雄淘汰).
자웅-성(雌雄聲)명 거센 소리와 앳된 소리가 섞여 나오는 목소리.
자웅^이ː가(雌雄異家)명 암꽃과 수꽃이 서로 다른 꽃봉오리에 있는 것. ↔자웅 동가.
자웅^이ː색(雌雄異色)명 동물 중, 암컷과 수컷의 몸빛이 서로 다른 것. 〔새나 곤충 따위에서 볼 수 있음.〕
자웅^이ː주(雌雄異株)명 ☞암수딴그루. ↔자웅 동주(雌雄同株).
자웅^이ː체(雌雄異體)명 ☞암수딴몸. ↔자웅 동체(雌雄同體).
자웅^이ː형(雌雄異形)명 같은 종류이면서 암컷과 수컷의 형태가 서로 다른 것. ↔자웅 동형.
자웅^이ː화(雌雄異花)명 ☞단성화(單性花). ↔자웅 동화.
자웅^일가(雌雄一家)명 ☞자웅 동가.
자원(字源)명 글자의 기원(起源). 특히, 한자(漢字)의 구성 원리. 〔'信'이 '人'과 '言'으로 이루어졌다는 따위.〕
자원(自願)명하자타 어떤 일을 자기 스스로 하고자 바라거나 나섬. ¶ 궂은일을 자원하다.
자원(資源)명 ①생산의 바탕이 되는 여러 가지 물자(物資). 〔지하의 광물이나 임산물·수산물 따위.〕 ¶ 자원이 풍부하다. ②어떤 목적에 이용할 수 있는 물자나 인재. ¶ 현대는 기술력이 가장 큰 자원이다.
자원-봉사(自願奉仕)명 (대가를 바라지 아니하고) 자기 스스로 나서서 국가나 사회 또는 남을 위하여 애쓰는 것.
자ː-원앙(紫鴛鴦)명 ☞비오리.
자원^위성(資源衛星)명 적외선 카메라 따위를 사용하여 지구 상의 자원을 감시하거나, 자원의 개발과 이용을 위한 자료를 수집하거나 하는 인공위성.
자월(子月)명 〔월건(月建)에 십이지의 자(子)가 드는 달로〕 '동짓달'의 딴 이름. 참중동(仲冬).
자위[1]명 ①무거운 물건이 놓여 있던 자리. ②배 속의 아이가 놀기 전까지 차지하고 있는 자리. ③밤이 완전히 익기 전까지 밤톨이 밤송이 안에 붙어 있는 자리. ④운동 경기 따위에서, 상대에게 틈을 보여서는 안 될, 선수가 지킬 자리.
자위(가) 돌다관용 먹은 것이 삭기 시작하다.
자위(가) 뜨다관용 밤톨이 익어서 밤송이와의 사이에 틈이 나기 시작하다.
자위(를) 뜨다관용 ①무거운 물건이 조금 움직이다. ②배 속의 아이가 놀기 시작하다. ③운동 경기 따위에서, 선수가 자기 자리에서 벗어나 빈틈이 생기다.
자위[2]명 눈알이나 새알·달걀 따위에서, 빛깔에 따라 구분되는 그 각각의 부분. ¶ 알의 노른자위. /눈의 검은자위.
자위(自慰)명하자타 ①스스로 자신을 위로함. 스스로 자기 마음을 달램. ¶ 실패를 교훈으로 여기며 자위하다. ②☞수음(手淫).
자위(自衛)명하타 (침략이나 폭력 따위에 대하여) 자기의 힘으로 자기를 지킴.
자위(慈闈)명 〈어머니〉의 높임말. 자친(慈親).
자위-권(自衛權)[-꿘]명 ①다른 사람으로부터 자신의 생명이나 재산의 위해(危害)를 받을 때 자기 실력을 행사할 수 있는 권리. ②외국의 불법적인 침해에 대해서, 자기 나라 또는 자기 나라 국민을 위하여 국가가 실력 행사를 할 수 있는 권리. ¶ 자위권을 발동하다.
자위-대(自衛隊)명 ①자위를 위하여 조직한 부대. ②제2차 세계 대전 이후 일본의 방위 조직.
자위-책(自衛策)명 스스로 위험을 막고 자신을 지키기 위한 방책. ¶ 자위책을 강구하다.
자유(自由)명 ①남에게 얽매이거나 구속받거나 하지 않고, 자기 마음대로 행동하는 일. ¶ 먹고 안 먹고는 내 자유니까 상관하지 마라. ②법률이 정한 범위 안에서 자기 뜻대로 할 수 있는 행위. ¶ 언론의 자유. /주거(住居)의 자유.

자유^가격(自由價格)[-까-]명 정부의 간섭 없이, 시장에서 자유 경쟁에 의하여 성립되거나 변동하는 가격.
자유^결혼(自由結婚)명 부모의 동의 없이 당사자들의 자유의사로 하는 혼인. 〔오늘날의 혼인 사상은 자유 결혼을 원칙으로 하고 있음.〕 자유 혼인.
자유^경ː쟁(自由競爭)명 아무런 규제도 받지 않고 남과 자유로이 경쟁하는 일. 〔자본주의 체제 아래서의 경제 활동을 이르는 말.〕
자유^경제(自由經濟)명 ①국가의 간섭이나 통제 없이, 기업이나 개인의 경제 활동의 자유가 인정되는 경제. ↔계획 경제·통제 경제. ②☞자유주의 경제.
자유^공채(自由公債)명 법률상, 응모(應募)의 의무가 없는 공채. ↔강제 공채.
자유^교ː육(自由敎育)명 정치·종교·직업 등 모든 속박에서 떠나, 인간으로서의 자질과 교양을 높일 목적으로 베푸는 교육.
자유-권(自由權)[-꿘]명 국가 권력에 의해서도 침해될 수 없는 개인의 자유. 〔신앙·학문·사상·언론·집회·결사(結社)·직업 선택·거주 이전의 자유 따위.〕 참기본적 인권.
자유-기구(自由氣球)명 밧줄로 지상에 붙잡아 매지 않고 바람의 방향에 따라 날아가게 한 기구. 학술용·탐험용 따위로 쓰임.
자유^기업(自由企業)명 개인의 자유의사로 경영하는 기업.
자유-노동(自由勞動)명 일정한 직장을 갖지 않고 날품으로 하는 노동.
자유-노동자(自由勞動者)명 자유노동에 종사하는 사람. 날품팔이꾼.
자유^대ː련(自由對鍊)명 태권도의 겨루기의 한 가지. 실전에 임하는 자세로 상대의 급소를 노리며 공격과 방어 기술을 발휘하여 득점하거나 상대를 제압하는 대련.
자유-도(自由度)명 하나의 역학계(力學系)에서, 물체의 운동 상태나 평형 상태를 나타내는 데 필요한 독립 변수의 개수(個數).
자유^도시(自由都市)명 중세 후기의 유럽에서, 국왕이나 제후·교황 등의 지배를 받지 않고 자치권을 가지고 있던 도시. 〔이탈리아의 베네치아·피렌체, 독일의 브레멘 따위.〕 자유시(自由市).
자유-롭다(自由-)[-따][~로우니·~로워]형ㅂ 아무런 규제나 구속 따위가 없이 자기 마음대로 행동할 수 있는 상태에 있다. ¶ 의견을 자유롭게 발표하다. **자유로이**부 ¶ 자유로이 활동하다. /자유로이 움직이다.
자유^무ː역(自由貿易)명 국가가 아무런 규제나 보호를 하지 않고 수출입을 자유로이 방임하는 무역. ↔보호 무역.
자유^무ː역항(自由貿易港)[-여캉]명 ☞자유항.
자유-민(自由民)명 ①정당한 행위에 대하여 자기의 권리를 자유로이 행사할 수 있는 국민. 자유인. ↔노예·사민(私民). ②그리스·로마에서, 천민과 노예가 아닌 모든 사람을 이르던 말.
자유^민권론(自由民權論)[-꿘논]명 자유와 민권의 신장 및 민주적 의회 정치를 주장한 정치사상. 〔18세기 프랑스의 사상가 루소가 주장한 것임.〕
자유-방임(自由放任)명하타 각자의 자유에 맡겨 간섭하지 않음.
자유방임-주의(自由放任主義)[-의/-이]명 국가가 국민의 경제 활동에 간섭하지 않고, 각자의 자유 경쟁에 맡겨야 한다는 경제적 자유주의.
자유^법학(自由法學)[-버팍]명 개념 법학(概念法學)이나 법전 만능주의(法典萬能主義)에 반대하고, 법을 자유로이 해석함으로써 사회의 실정에 합치시키려는 법률 사상. 19세기 말에서 20세기 초에 걸쳐 독일·프랑스 등에서 주장되었음. ↔개념 법학.
자유-분방(自由奔放)명하형 체면이나 관습·격식 같은 것에 얽매이지 아니하고 행동이 자유로움. ¶ 자유분방한 옷차림.
자유-사상(自由思想)명 자유를 소중히 여기는 사상. 자유로운 활동을 주장하는 사상.
자유-삼매(自由三昧)명 마음껏 자기가 하고 싶은 대로 행동하는 태도.
자유^선박(自由船舶)명 국제법에서, 교전국(交戰國)에서 포획·몰수할 수 없는 중립국의 선박을 이르는 말.
자유-세계(自由世界)[-계/-게]명 ①자유가 보장된 사회. 자유로운 세계. ②제2차 세계 대전 후, 공산주의 국가군(國家群)에 대하여 자본주의 국가들을 통틀어 이르는 말.
자유-스럽다(自由-)[-따][~스러우니·~스러워]형ㅂ 자유로운 상태에 있다. ¶ 자유스러운 분위기. **자유스레**부.
자유-시(自由市)명 ☞자유 도시.
자유-시(自由詩)명 정형적(定型的) 운율이나 시형(詩型)에 구애되지 않고, 자유로운 형식으로 시상을 나타낸 시. 참정형시(定型詩).
자유^심증주의(自由心證主義)[-의/-이]명 재판에 필요한 사실의 인정에 관하여, 그 증거의 가치 평가를 법관의 자유로운 판단에 맡기는 주의. ↔법정 증거주의.
자유^어업(自由漁業)명 관(官)의 허가 없이 자유로이 할 수 있는 어업.
자유-업(自由業)명 일정한 고용 관계에 의하지 않으며, 시간에 얽매이지 않고 독립해서 하는 직업. 〔변호사·개업의·작가 등의 직업.〕 자유직업.
자유^연상(自由聯想)명 어떤 말이 주어질 때, 그 말에서 떠오르는 생각을 자유로이 연상해 나가는 일.
자유-연애(自由戀愛)명 전통이나 도덕적 속박에서 벗어나 당사자의 자유로운 뜻에 따라 하는 연애.
자유-의사(自由意思)[-의-/-이-]명 남의 속박이나 강제에 의한 것이 아닌 자유로운 의사.
자유^의ː지(自由意志)명 ①윤리학에서, 외부의 제약이나 구속을 받지 아니하고 어떠한 목적을 스스로 세우고 실행할 수 있는 의지를 이르는 말. ②심리학에서, 두 가지 이상의 동기에 대한 선택과 결정은 자신이 자유로이 할 수 있다는 의지를 이르는 말. ③철학에서, 유심론(唯心論)에 근거를 두어, 우주의 일체인 정신이 목적을 가지고 스스로 생각하고 결정하는 의지를 이르는 말. ④종교적 처지에서, 인간이 신에 의해 창조될 때 부여되었다는 의지를 이르는 말. 내적 자유.
자유^의ː지론(自由意志論)명 ☞비결정론.
자유^이민(自由移民)명 개인의 자유의사에 따라 다른 나라로 이주하는 일, 또는 그 사람.
자유-인(自由人)명 ☞자유민(自由民).
자유^임ː용(自由任用)명 (공무원이나 공공 단체의 구성원 등을 임용할 때) 임용권자가 특별한 자격이나 요건에 구애되지 아니하고 자유롭게 결정하는 임용. 〔별정직 공무원의 임용 따위.〕 ↔자격 임용.

자유-자재(自由自在)명 자기 뜻대로 모든 것이 자유롭고 거침이 없음. 《주로, '자유자재로'의 꼴로 쓰임.》 ¶ 영어를 자유자재로 구사하다.
자유-재(自由財)명 사람이 차지할 수도 처분할 수도 없고 그럴 필요도 없는 재화, 곧 임자가 있을 수 없는 재화. 〔공기·바닷물·일광(日光) 따위.〕 자유 재화(自由財貨). ↔경제재.
자유-재량(自由裁量)명 ①개인이 자기가 옳다고 믿는 바대로 일을 처리하거나 결단함. ②(법으로 규정할 수 없는 판단에 대하여) 국가 기관에 허용되는 판단 및 행위의 자유. ㊌재량.
자유^재화(自由財貨)명 ☞자유재(自由財).
자유^전ː기(自由電氣)명 절연된 도체(導體)에 있는 전기. 다른 물체를 만나게 되면 전기의 작용을 일으킴.
자유^전ː자(自由電子)명 진공 속이나 물질 속을 자유로이 운동하는 전자.
자유-주의(自由主義)[-의/-이]명 개인의 자유를 존중하여 국가의 간섭을 최대한으로 줄이려는 사상이나 태도.
자유주의^경제(自由主義經濟)[-의-/-이-]명 중상주의(重商主義)와 자유 무역을 배경으로 한 세계 시장 체제. 19세기 영국을 중심으로 발달하였으나, 20세기 후반에 이르러 쇠퇴함. 자유 경제.
자유주의^경제학(自由主義經濟學)[-의-/-이-]명 무역이나 모든 경제적 활동에서, 보호 관세(保護關稅)나 제도적 통제 등을 반대함을 바탕으로 하는 경제학.
자유지정(自有之情)명 인(仁)·의(義)·예(禮)·지(智)의 바탕이 되는, 나면서부터 가지고 있는 정(情). ㊟사단(四端).
자유-직업(自由職業)명 ☞자유업.
자유^진ː동(自由振動)명 외력(外力)의 영향을 받지 않고 자유로이 하는 진동. 고유 진동(固有振動).
자유^토ː의(自由討議)[-의/-이]명 특정한 의제를 회의에 올리지 않고 자유로이 문제를 내놓고 하는 토의.
자유^통상(自由通商)명 교역 당사국들 사이에 통상의 원활함을 위하여, 보호 무역의 정책을 협력적으로 완화하거나 배제하는 조처.
자유-투(自由投)명 농구·핸드볼·수구(水球) 따위에서, 상대편이 반칙을 범하였을 때, 일정한 선이나 지점에서 상대 수비수의 방해 없이 자유로이 공을 던지는 일. 프리 스로.
자유-항(自由港)명 외국의 화물이나 선박에 대하여 관세 없이 자유롭게 출입할 수 있도록 개방된 항구. 자유 무역항.
자유^항ː로(自由航路)[-노]명 정부의 규제 없이 선주(船主)가 자유로이 골라서 배선(配船)할 수 있는 항로.
자유-항행(自由航行)명하자 국제적으로 개방된 공해(公海)나 하천을 자유로이 항행함, 또는 그 항행.
자유-행동(自由行動)명 집단에 소속한 개인이 그 집단의 규율에 따르지 않고, 자기 마음대로 하는 행동.
자유-형(自由刑)명 범죄자의 자유를 빼앗는 형벌. 〔징역·구류·금고 따위.〕 ㊟체형(體刑).
자유-형(自由型)명 ①레슬링 경기 종목의 한 가지. 몸 전체를 자유롭게 이용하여 공격하거나 방어할 수 있는 경기 방식. ㊟그레코로만형. ②수영 경기 종목의 한 가지. 수영법의 형(型)에 제한을 두지 않는 경기 방식. ②크롤.
자유^혼인(自由婚姻)명 ☞자유 결혼(自由結婚).
자유-화(自由化)명하자타되자 자유롭게 하거나 자유롭게 됨, 또는 그 일. ¶ 두발 자유화. /자유화의 물결.
자유-화(自由畫)명 어린이들이 사물에 대한 인식을 표현하고 싶은 대로 자유로이 그린 그림, 또는 아이들이 자기의 실감(實感)을 솔직하게 표현한 그림. ↔임화(臨畫).
자유^화ː물(自由貨物)명 교전국(交戰國)이 포획·몰수할 수 없는 중립국 선박의 화물.
자유^환ː시세(自由換時勢)명 시장에서 자유로이 거래되는 환(換)의 시세.
자육(孳育)명하타 동물이 새끼를 낳아서 기름.
자육(慈育)명하타 자애(慈愛)로 기름.
자율(自律)명 ①스스로의 의지로 자신의 행동을 규제함. ↔타율(他律). ②칸트의 윤리관에서, 어떤 권위나 욕망에도 구애됨이 없이 실천 이성에 의하여 스스로 세운 도덕률에 따르는 일.
자율-권(自律權)[-꿘]명 국가 기관의 독자성을 존중하여, 일정한 범위 안에서 그 기관이 스스로 규칙을 제정할 수 있는 권리.
자율-성(自律性)[-썽]명 스스로의 의지로 자기 행동을 조절하는 성질이나 특성. ¶ 자율성이 보장되다.
자율^신경(自律神經)명 생체의 의지와는 관계없이 신체 내부의 기관이나 조직의 활동을 지배하며 조절하는 신경. 교감 신경과 부교감 신경이 있음. 식물성 신경.
자율-적(自律的)[-쩍]관명 스스로의 의지로 자기 행동을 조절하는 (것). ¶ 자율적 통제. /자율적인 결정.
자은-종(慈恩宗)명 ☞법상종(法相宗).
자음(子音)명 사람이 날숨으로 소리를 낼 때, 목 안 또는 입 안에서 장애를 받고 나는 소리. 소리를 내는 자리에 따라 입술소리·혀끝소리·구개음·연구개음·목청소리로, 소리를 내는 방법에 따라 파열음·마찰음·비음·유음·파찰음으로 나뉨. 닿소리. ㊟모음(母音).
자음(字音)명 ①글자의 음. ②한자(漢字)의 음. 음(音).
자음-강화탕(滋陰降火湯)명 한방에서, 음허화동(陰虛火動)·도한(盜汗)·폐결핵 따위에 쓰는 탕약.
자음^동화(子音同化)명 음절 끝 자음이 그 뒤에 오는 자음과 만날 때, 어느 한쪽이 다른 쪽을 닮아서 그와 비슷하거나 같은 소리로 바뀌기도 하고, 양쪽이 서로 닮아서 두 소리가 다 바뀌기도 하는 현상. 〔'밥물→밤물, 종로→종노, 섭리→섬니, 신라→실라' 따위.〕 자음 접변.
자음^접변(子音接變)[-뼌]명 ☞자음 동화(子音同化).
자ː응-장(紫鷹章)명 대한 제국 때의 무공 훈장의 한 가지. 무공이 뛰어난 사람에게 주었는데, 1등부터 8등까지 있었음.
자의(字義)[-의/-이]명 글자, 특히 한자(漢字)의 뜻.
자의(自意)[-의/-이]명 자기 스스로의 생각이나 의견. ¶ 자의로 사표를 내다. ↔타의(他意).
자의(恣意)[-의/-이]명 제멋대로 하는 생각. ¶ 저마다 자의로 해석하다.
자ː의(紫衣)[-의/-이]명 ①자줏빛 의복. ②임금의 의복. ③자줏빛 가사(袈裟).
자ː의(赭衣)[-의/-이]명 ①붉은빛의 옷. ②지난날, 죄수가 입던 붉은 옷, 또는 그 죄수.

자ː의(諮議)[-의/-이]명 ①자문(諮問)하여 의논함. ②조선 시대에, 세자시강원에 딸린 정칠품의 벼슬. ③고려 시대에, 춘방원(春坊院)에 딸린 정삼품 벼슬.
자의-대부(資義大夫)[-의-/-이-]명 조선 시대에, 부마(駙馬)에게 주던 종이품의 동반(東班) 벼슬.
자의-성(恣意性)[-의썽/-이썽]명 언어에 있어서, 소리와 의미의 관계가 사회적 약속에 의하여 임의적으로 이루어지는 특성.
자-의식(自意識)[-의-/-이-]명 ①외계의 의식에 대립하는, 자아(自我)에 대한 의식. 자아의식. ②자기 중심적인 의식 상태.
자의-적(恣意的)[-의-/-이-]관명 (일정한 질서를 무시하고) 제멋대로 하는 (것). ¶ 자의적 판단. /법조문을 자의적으로 해석하다.
자이로스코ː프(gyroscope)명 회전체의 역학적인 운동 성질을 관찰하는 실험 기구. 회전하는 팽이를 세 개의 회전축으로 자유로이 방향을 바꿀 수 있도록 받친 장치. 회전의(回轉儀).
자이로스태빌라이저(gyrostabilizer)명 자이로스코프를 응용하여 선박이나 항공기의 동요를 막는 장치.
자이로컴퍼스(gyrocompass)명 나침반의 한 가지. 자이로스코프의 원리를 이용하여 만든 방위(方位) 측정 계기. 자기(磁氣)와 관계없이 진북(眞北)을 가리킴.
자이로파일럿(gyropilot)명 선박·항공기 따위에서, 자이로스코프를 응용하여 조타수나 조종사를 대신해서 자동적으로 진로를 유지시키는 기계 장치.
자이로^호라이즌(gyro horizon)명 기울기 쉬운, 배나 비행기 따위의 수평 상태를 확인하기 위한 장치. 자이로스코프의 원리를 응용한 것임.
자익(自益)명 자기의 이익.
자익-권(自益權)[-꿘]명 사원권(社員權)의 한 가지. 사원 개인을 위하여 상법상 주어진 권리. 〔이익 배당 청구권 따위.〕 ↔공익권.
자익^신ː탁(自益信託)[-씬-]명 신탁 재산에서 생기는 이익이 위탁자에게 돌아가는 신탁. ↔타익 신탁.
자인(自刃)명하자 칼로 자기 목숨을 끊음.
자인(自認)명하자타 ①스스로 인정함. 시인(是認). ¶ 그는 공개적으로 자신의 잘못을 자인했다. ②형사 소송법상, 범인이 자기에게 불리한 사실을 인정하는 것.
자ː인(瓷印·磁印)명 흙을 구워서 만든 도장.
자인-소(自引疏)명 왕조 때, 자신의 허물을 스스로 밝히던 상소. 자핵소(自劾疏).
자일(子日)명 일진(日辰)의 지지(地支)가 자(子)로 된 날. 〔갑자일·병자일 따위.〕 쥐날.
자일(恣逸) '자일하다'의 어근.
자일(Seil 독)명 등산용의 밧줄. 로프.
자ː일-하다(恣逸-)타여 ☞방자(放恣)하다.
자임(自任)명 ①하타(어떤 일을) 스스로 자기의 임무로 여김. ¶ 후원자 역할을 자임하다. ②하자타스스로 자기의 능력 따위에 대하여 훌륭하다고 자부함. ¶ 국내 최강의 선수임을 자임하다.
자자(字字)명 한 글자 한 글자.
자자(自恣)명 ①하자자기 멋대로 함. ②불교에서, 하안거(夏安居)의 마지막 날에, 모인 중들이 자기 잘못을 뉘우치고 고백하여 서로 훈계하는 일.
자자(孜孜) '자자(孜孜)하다'의 어근.
자ː자(刺字)명하타 옛날 중국에서, 얼굴이나 팔뚝에 죄명을 먹칠하여 넣던 형벌. 자문(刺文). 자청(刺靑). ¶ 자자 지르다.
자ː자(紫瓷·紫磁)명 ①발해(渤海) 때 만든 자줏빛 사기그릇. ②중국 명(明)나라 세종 때 만든 자줏빛 사기그릇.
자자(藉藉) '자자(藉藉)하다'의 어근.
자자손손(子子孫孫)명 자손의 여러 대(代). 대대손손(代代孫孫). ¶ 자자손손이 부귀영화를 누리다.
자자-이(字字-)부 한 글자 한 글자마다. 글자마다. ¶ 자자이 비점(批點)이요 구구(句句)이 관주(貫珠)로다(烈女春香守節歌).
자자-일(自恣日)명 절에서, 하안거(夏安居)의 마지막 날, 곧 자자(自恣)를 하는 날인 '음력 칠월 보름날'을 이르는 말.
자자-주옥(字字珠玉)명 〔글자마다 주옥과 같다는 뜻으로〕 글씨의 한 자 한 자가 모두 잘 쓰여진 것을 칭찬하여 이르는 말.
자자-하다(孜孜-)형여 꾸준하게 부지런하다. **자자-히**부.
자ː자-하다(藉藉-)형여 (소문이나 칭찬 따위가) 여러 사람의 입에 오르내리어 떠들썩하다. 짜하다. ¶ 그의 효성에 대해 칭찬이 자자하다. **자자-히**부.
자ː자-형(刺字刑)명 자자(刺字)의 형벌.
자작(子爵)명 오등작(五等爵)의 넷째 작위. 백작의 아래, 남작의 위. 준자(子)[1].
자작(自作)명하타 ①손수 만듦, 또는 그 물건. 자제(自製). ②자기 농토에 직접 농사를 지음. 가작(家作). ¶ 자작 논. ②↔소작(小作).
자작(自酌)명하자 〈자작자음〉의 준말.
자작-거리다[-꺼-]자 자꾸 자작자작하다. 자작대다. 큰저적거리다.
자작-곡(自作曲)[-꼭]명 스스로 지어 부르는 악곡. ¶ 자작곡을 불러 갈채를 받았다.
자작-극(自作劇)[-끅]명 ①자기 스스로 만든 연극. ②남을 속이거나 모략하기 위해서 자기 스스로 거짓으로 꾸민 사건. ¶ 자작극을 벌이다.
자작-나무[-장-]명 자작나뭇과의 낙엽 활엽 교목. 북부 지방의 깊은 산에 나는데, 높이는 20 m가량. 나무껍질은 희며 얇게 벗겨짐. 봄에 꽃이 이삭 모양으로 핌. 나무는 가구재로 쓰임. 백단(白椴). 백화(白樺).
자작-농(自作農)[-장-]명 자기 땅에 자기가 직접 짓는 농사, 또는 그러한 농민. 준자농. ↔소작농.
자작-대다[-때-]자 자작거리다.
자작-시(自作詩)[-씨]명 자기가 지은 시. ¶ 문학의 밤에서 자작시를 낭송하다.
자작-일촌(自作一村)명하자 한집안끼리 또는 뜻이 같은 사람끼리 모여 한 마을을 이룸.
자작-자급(自作自給)[-짜-]명하타 ①생활에 필요한 것들을 자기가 직접 경작하거나 만들어 해결함. ②자기 나라에서 생산한 것만으로 살아감. 참자급자족.
자작-자연(自作自演)[-짜-]명하타 자기가 지은 각본을 몸소 연출하거나 거기에 출연함.
자작-자음(自酌自飮)[-짜-]명하자 손수 술을 따라 마심. 준자작.
자작-자작[1][-짜-]부하자 아기가 겨우 발걸음을 떼며 위태롭게 걷는 모양. 큰저적저적.
자작-자작[2][-짜-]부하형 액체가 조금씩 잦아들어 적은 모양. ¶ 국물이 자작자작할 때까지 끓여라. 큰지적지적[1].

자작-자필(自作自筆) [-짜-] 명 하타 자기가 글을 지어 자기 손으로 씀. 작지서지(作之書之).
자작-자활(自作自活) [-짜-] 명 하자 자작하여 제힘으로 살아감.
자작-지(自作地) [-찌] 명 직접 경작하는 자기 소유의 농지. ↔소작지.
자작지얼(自作之孼) [-찌-] 명 자기 스스로가 만든 재앙(災殃).
자작-지주(自作地主) [-찌-] 명 자작농인 지주.
자잘-하다 형여 여럿이 모두 다 잘다. ¶ 가물었던 탓인지 감자 알이 모두 자잘하다.
자ː장(煮醬) 명 장조림.
자ː장(磁場) 명 자석이나 전류의 주위에 생기는 자력(磁力)이 미치는 범위. 자계(磁界). 자기장(磁氣場).
자장-가(-歌) 명 아기를 잠재우기 위하여 부르는 노래.
자장-격지(自將擊之) [-찌] 명 ①하자 스스로 군사를 거느리고 나아가 싸움. ②하타 남에게 시키지 않고 손수 함을 이르는 말.
자장면(←炸醬麵 중) 명 중국식 국수 요리의 한 가지. 고기와 채소를 넣고 볶은 중국식 된장에 국수를 비벼 먹는 음식.
자장이분(滋長利分) 명 관계된 물건으로부터 불어서 생기는 이자.
자장-자장 감 아기를 재우며 조용히 노래처럼 부르는 소리.
자장-타령 명 아기를 재울 때에 부르는, 타령조의 자장가.
자재 명 〈옛〉 자벌레. ¶ 자재 척:蚇(訓蒙上*21*).
자재(自在) 명 하형 ①저절로 있음. 스스로 있음. ②구속이나 방해가 없이 마음대로임.
자재(自裁) 명 하자 ☞자살(自殺).
자재(資材) 명 물자와 재료. ¶ 건축용 자재.
자재(資財) 명 ①☞자산(資產). 재산. ②자본이 되는 재산.
자재^관리(資材管理) [-괄-] 명 생산에 필요한 각종 자재의 보관·운반 및 재고(在庫) 등을 합리적으로 운영하는 생산 관리.
자재-난(資材難) 명 자재가 귀하거나 모자라서 겪게 되는 어려운 사정.
자재^스패너(自在spanner) 명 ☞멍키 스패너.
자재-천(自在天) 명 〈대자재천〉의 준말.
자재-화(自在畫) 명 (자·컴퍼스·분도기 따위의 기구를 쓰지 아니하고) 손만으로 그리는 그림. 〔사생화·상상화 따위.〕 ↔용기화(用器畫).
자저(自著) 명 하타 자기 스스로 책을 지음, 또는 그 책.
자저(赵趄) 명 하자 되자 머뭇거리며 망설임. 주저.
자적(自適) 명 하자 (무엇에 속박됨이 없이) 제 마음 내키는 대로 즐김. ¶ 유유(悠悠)자적.
자전(字典) 명 한자를 모아 일정한 순서로 배열하여 그 한 자 한 자의 음(音)·훈(訓)·운(韻)·자원(字源) 따위를 해설한 책. 옥편(玉篇). 자서(字書). 자휘(字彙).
자전(自全) 명 하자 하형 스스로 편안하고 온전함, 또는 그렇게 되게 함.
자전(自傳) 명 〈자서전(自敍傳)〉의 준말.
자전(自轉) 명 하자 ①저절로 돎. ②천체(天體)가 그 내부를 지나는 축(軸)을 중심으로 하여 회전하는 일. ↔공전(公轉).
자ː전(紫電) 명 ①자줏빛을 띤 전광(電光). ②날카로운 눈빛. ③'일이 매우 다급함'을 비유하여 이르는 말.
자전(慈殿) 명 ☞자성(慈聖).
자전-거(自轉車) 명 사람이 올라타고 두 발로 페달을 밟아 바퀴를 돌리면서 앞으로 나아가게 만든 것.
자전거^경ː기(自轉車競技) 명 자전거를 타고서 일정한 거리를 달려 그 속력을 겨루는 경기를 통틀어 이르는 말.
자전거-포(自轉車鋪) 명 자전거를 팔거나 수선하는 점포.
자ː전-관(磁電管) 명 극초단파(極超短波)를 발생시키는 특수 진공관. 레이더에 이용됨.
자전^소ː설(自傳小說) 명 자기 자신의 성장 과정을 중심으로 생애의 전부 또는 일부를 내용으로 하여 쓴 소설.
자전-적(自傳的) 관 명 자서전의 성격을 띠고 있는 (것). ¶ 자전적 소설.
자전^주기(自轉週期) 명 천체(天體)가 한 바퀴 자전하는 데 걸리는 시간. ↔공전 주기.
자전지계(自全之計) [-계/-게] 명 자신의 안전을 도모하는 계책.
자전-차(自轉車) 명 '자전거'의 잘못.
자절(自切·自截) 명 하자 일부 동물이 외부의 공격으로부터 벗어나 생명을 유지하기 위하여 몸의 일부를 절단하는 일. 〔촌충·지렁이·오징어·불가사리·게·새우·도마뱀 따위에서 볼 수 있음.〕 자할(自割).
자정(子正) 명 십이시의 자시(子時)의 한가운데. 곧, 밤 12시. ↔오정(午正).
자정(自淨) 명 하자 되자 ①오염된 물이나 공기 따위가 물리학적·화학적·생물학적 작용으로 저절로 깨끗해지는 일. ¶ 생태계의 자정 능력. ②어떤 조직이 스스로를 정화하는 일. ¶ 언론계의 자정 노력.
자-정간(字井間) 명 여러 줄로 쓴 각 글자 사이의 가로줄과 세로줄로 이루어진 가지런한 정간.
자정-수(子正水) 명 자정에 길은 물. 〔이 물을 날마다 마시면 건강에 좋다고 함.〕
자정^작용(自淨作用) 명 오염된 대기나 하천이 침전, 산화 작용, 유기물의 분해 등으로 저절로 깨끗해지는 작용.
자ː-정향(紫丁香) 명 ☞라일락(lilac).
자제(子弟) 명 ①남을 높이어 그의 아들을 일컫는 말. ②남을 높이어 그의 집안 젊은이를 일컫는 말. 자사(子舍).
자제(自制) 명 하타 욕망·감정 따위를 스스로 억제함. 극기(克己). ¶ 흥분을 자제하다.
자제(自製) 명 하타 (공예품 따위의 물건을) 자기가 직접 만듦, 또는 그 물건. 자작(自作).
자제(姉弟) 명 누이와 동생.
자제-력(自制力) 명 스스로 자기를 억제하는 힘. ¶ 자제력을 잃다.
자제-심(自制心) 명 자기의 욕망·감정 따위를 억누르는 마음. ¶ 강한 자제심.
자조(自助) 명 하자 ①스스로 자기를 도움. ②국제법상, 국가가 자기 힘으로 자기의 권리를 확보하는 일. 자구 행위(自救行爲). 자력 구제.
자조(自照) 명 하자 자기 자신을 스스로 돌아보아 관찰함, 또는 그렇게 하는 일.
자조(自嘲) 명 하자타 스스로 자신을 비웃음.
자조(慈鳥) 명 〔새끼가 어미에게 먹이를 물어다 주는 어진 새란 뜻으로〕 '까마귀'를 달리 이르는 말. 자오(慈烏).
자조^문학(自照文學) 명 (일기·수필 따위처럼) 자조의 정신에서 이루어지는 문학.
자조-적(自嘲的) 관 명 스스로 자기 자신을 비웃는 (것). ¶ 자조적 표현. /자조적인 냉소(冷笑).

자족(自足)명하자 스스로 만족하게 여김, 또는 그 만족. ¶ 작은 집일망정 내 집이란 생각에 자족한다.
자족-감(自足感)[-깜]명 스스로 자신을 만족스럽게 여기는 느낌.
자족^경제(自足經濟)[-경-]명 (경제 발전의 가장 초기 단계로) 자기가 필요한 만큼 생산하여 소비하고, 가족 이외의 교환 관계를 일으키지 않는 경제.
자족-하다(自足-)[-조카-]형여 남에게 빌리거나 의지하지 않을 만큼 넉넉하다.
자존(自存)명 ①자신의 존재 또는 생존. ②하자(남의 힘에 기대지 않고) 스스로의 힘으로 생존하는 일. ¶ 독립 자존의 의지.
자존(自尊)명하자 ①스스로 잘난 체하거나 자기를 높임. ②자신의 인격을 존중하며, 긍지를 가지고 스스로의 품위를 지킴. 자경(自敬).
자존-권(自存權)[-꿘]명 자기의 생존을 유지하기 위하여 필요한 일체의 행위를 할 수 있는 자기 보호권.
자존-심(自尊心)명 (남에게 굽힘이 없이) 제 몸이나 품위를 스스로 높이 가지는 마음. ¶ 자존심이 상하다. /자존심이 강한 사람. /자존심이 없는 곳에 얄미운 아첨이 있다.
자존-자대(自尊自大)명하자 스스로 자기를 높고 크게 여김.
자존-자만(自尊自慢)명하자 스스로 자기를 높여 잘난 체하며 뽐냄.
자종(自從)명하자 스스로 따르고 복종함.
자좌(子坐)명 (집터나 묏자리 따위가) 자방(子方)을 등진 좌향, 또는 그런 자리.
자좌-오향(子坐午向)명 (집터나 묏자리 따위가) 자방(子方)을 등지고 오방(午方)을 향한 좌향(坐向).
자주부 동안이 짧게 여러 번. 잦게. ¶ 몸은 못 가지만 편지는 자주 한다.
자주(自主)명하타 ①(남의 도움이나 간섭을 받지 아니하고) 자신의 일을 스스로 처리하는 일. ②〈자주장(自主張)〉의 준말.
자주(自註)명하자 자기가 쓴 글에 자기가 직접 주를 닮, 또는 그 주석(註釋). 참역주(譯註).
자ː주(紫朱)명 자줏빛.
자ː주(紫珠)명 ☞작살나무.
자ː주(紫紬)명 자줏빛 나는 명주(明紬).
자주(慈主)명 어머니. 〔편지 글에 쓰는 말.〕
자ː주-감자(紫朱-)명 감자의 한 품종. 알은 기름하며 껍질은 자줏빛. 성숙은 늦은 편이나, 추위와 습기·병에 강함. 경북·충북 지방에서 많이 재배함.
자ː주-고동색(紫朱古銅色)명 ☞자갈색.
자주-권(自主權)[-꿘]명 ①어떤 일을 자기의 뜻대로 자유롭게 결정·처리할 수 있는 권리. ②지방 자치 단체가 가지는 자치 입법권. ③독립 국가로서, 국가의 존립과 발전을 위하여 제 나라에 관한 나라 안팎의 문제를 자주적으로 행사하거나 처리할 수 있는 권리.
자ː주-달개비(紫朱-)명 닭의장풀과의 다년초. 북미 원산의 관상용 식물. 높이 50 cm가량의 줄기는 무더기로 나고, 5월경에 자줏빛 꽃이 핌. 닭의장풀과 비슷하나 꽃빛이 더 짙음.
자주-독립(自主獨立)[-동닙]명하자 국가가 자주권을 행사할 수 있는 완전한 독립.
자주-독왕(自主獨往)명하자 (남의 주의·주장에 조금도 거리끼지 아니하고) 자기의 주의나 주장대로 소신껏 행동함.
자주-민(自主民)명 자주권을 가진 국가의 국민(國民). ¶ 오등(吾等)은 자(玆)에 아(我) 조선의 독립국임과 조선인의 자주민임을 선언하노라.
자ː주-색(紫朱色)명 자줏빛.
자주-성(自主性)[-썽]명 자주적인 성질.
자ː주-쓴풀(紫朱-)명 용담과의 이년초. 산이나 들에 절로 나는데, 줄기 높이는 15~30 cm. 가름한 잎은 마주나며, 9~10월에 푸른 자줏빛 꽃이 핌. 한방에서, 뿌리와 줄기를 말린 것을 당약(當藥)이라 하여 약재로 씀.
자-주장(自主張)명하타 자신에 관한 일은 자기의 뜻대로 처리함. 준자주.
자주-적(自主的)관명 자기에게 관계되는 일을 독자적으로 처리하는 (것). ¶ 자주적 결정. /자주적인 노력을 기울이다.
자주^점유(自主占有)명 법률에서, 소유의 의사를 가지고 하는 점유를 이르는 말. ↔타주 점유(他主占有).
자주-정신(自主精神)명 자주적으로 일을 처리하려는 정신.
자주-포(自走砲)명 차량 위에 고정시킨, 기동성이 있는 야포(野砲). 전차(戰車)도 이 일종임.
자ː주-호반새(紫朱湖畔-)명 물총샛과의 새. 호반새와 비슷함. 날개 길이 13 cm, 부리 6 cm가량. 등과 꽁지의 빛깔은 고운 남색, 목과 가슴은 희고 머리는 검은빛임. 작은 개울이나 연못가·양어장에서 삶. 물고기·개구리·가재 따위를 잡아먹음. 양어장의 해조(害鳥)임. 산비취.
자ː죽(紫竹)명 볏과의 대. 흔히 관상 및 마당의 산울타리로 심음. 높이 3 m, 굵기 2 cm가량. 마디 사이의 겉껍질은 적갈색임. 잎은 길이 6~15 cm, 9~11월에 죽순이 돋음. 설죽(雪竹). 한죽(寒竹).
자ː줏-물(紫朱-)[-준-]명 자줏빛 물감.
자ː줏-빛(紫朱-)[-주삗/-준삗]명 짙은 남빛에 붉은빛을 띤 빛. 자색(紫色). 자주(紫朱). 자주색. 자지(紫地). ＊자ː줏빛이[-주삐치/-준삐치]·자ː줏빛만[-주삗-/-준삗-]
자중(自重)[1]명 물건 그 자체의 무게. ¶ 하물의 중량에 자동차의 자중이 포함된 중량.
자중(自重)[2]명하자 ①자기 몸을 소중히 여김. ¶ 자중 자애(自愛)하다. ②품위(品位)를 지켜 몸가짐을 진중히 함.
자ː중(藉重)명하자 중요한 것에 의거하거나 좇음.
자중지란(自中之亂)명 한패 속에서 일어나는 싸움질. 비소장지변(蕭墻之變).
자증(自證)명하자 ①스스로 자기에 관한 것을 증명함, 또는 그 증명. ②불법(佛法)을 자기 스스로 깨달아 앎.
자ː지명 남자의 외부 생식기의 길게 내민 부분. 남경(男莖). 남근(男根). 양경(陽莖). 양근(陽根). 음경(陰莖).
자지(子枝)명 번성하게 퍼진 자손.
자지(自持)명하타 ①(무엇을) 자기가 가짐. ②(무엇을) 스스로 지님.
자ː지(紫地)명 자줏빛.
자지(紫芝)명 ①☞지치. ②☞영지(靈芝).
자지(慈旨)명 임금의 어머니의 전교(傳敎).
자지러-들다[~드니·~들어]자 몸이나 목소리 따위가 움츠러들거나 작아지다. ¶ 그의 질문에 그녀는 자지러드는 목소리로 대답했다.
자지러-뜨리다타 자지러지게 하다. 자지러트리다. 큰지지러뜨리다.

자지러-지다[1] 자 ①몹시 놀라서 몸이 옴츠러지다. ¶ 자지러질 정도로 기침을 한다. ②생물이 자라는 도중에 병이 생겨 잘 자라지 못하다. ③(웃음이나 울음소리 또는 장단이) 듣기에 자릿자릿하도록 빠르고 잦아지다. ¶ 자지러지게 웃다. ①②큰지지러지다.

자지러-지다[2] 형 (솜씨가) 정교하고 미묘하다. ¶ 자수의 무늬가 자지러지다.

자지러-트리다 타 자지러뜨리다. 큰지지러트리다.

자지레-하다 형여 〈자질구레하다〉의 준말.

자지리 부 《주로 부정적인 뜻을 나타내는 말과 함께 쓰이어》 아주 몹시, 또는 지긋지긋하게. ¶ 자지리 계속되는 장마. /자지리 못나다. 큰지지리.

자진(自進) 명하자 (남이 시키기 전에) 제 스스로 나섬. ¶ 자진 신고. /자진하여 출두하다.

자진(自盡) 명하자 ①식음을 끊거나, 병들어도 약을 먹지 아니하여 스스로 죽음. ②(기운 따위가) 저절로 다하거나 잦아듦. ③(몸과 마음으로) 온갖 정성을 다함. ④☞자살(自殺).

자진-가락 명 전통 음악에서, 빠르고 잦게 넘어가는 가락.

자진-마치 명 (무엇을) 잦게 두드리거나 치는 동작.

자진모리-장단 명 판소리 및 산조(散調) 장단의 한 가지. 중모리장단보다 조금 빠른 장단.

자진-장단 명 빠르고 잦게 치는 장단.

자-질 명하자 자로 물건의 길이를 재는 일.

자질(子姪) 명 ☞자여질(子與姪).

자질(資質) 명 ①타고난 성품이나 소질. ②맡아 하는 일에 대한 능력이나 실력의 정도. ¶ 관리자로서의 자질이 부족하다.

자질구레-하다 형여 (어슷비슷하게) 모두 다 잘고 시시하다. 준자지레하다.

자질-자질 부하형 물기가 말라서 잦아드는 모양.

자-짜리 명 낚시에서, '한 자짜리의 물고기'를 이르는 말.

자차(咨嗟) 명하타 애석하여 탄식함.

자차분-하다 형여 ①자질구레하다. ¶ 자차분한 걱정. ②잘고 아담하게 차분하다. ¶ 자차분한 들국화. ①**자차분-히** 부.

자찬(自撰) 명하타 (책 따위를) 손수 편찬함.

자찬(自讚) 명하자타 (자기가 한 일을) 자기가 스스로 칭찬함. 자화자찬(自畫自讚).

자ː창(刺創) 명 (바늘·송곳·못·칼·창 따위의) 날카롭고 뾰족한 것에 찔린 상처.

자창-자화(自唱自和) 명하자 ①자기가 노래를 부르고 스스로 화답(和答)함. ②'남을 위하여 자기가 마련한 것을 자기가 이용함'을 비유하여 이르는 말. ③☞자탄자가(自彈自歌).

자ː채(紫彩) 명 〈자채벼〉의 준말.

자ː채-논(紫彩-) 명 〈자채볏논〉의 준말.

자ː채-벼(紫彩-) 명 올벼의 한 가지. 밥맛이 좋아 상등(上等) 쌀로 침. 빛이 누르고 가시랭이가 있으며, 재배하기에 알맞은 논이 따로 있음. 준자채.

자ː채볏-논(紫彩-) [-변-] 명 자채벼를 심는 논, 또는 자채벼를 심을 수 있는 좋은 논. 준자채논.

자책(自責) 명하자타 (양심에 거리끼어) 스스로 자기를 책망함.

자책-감(自責感) [-깜] 명 자책을 느끼는 마음. 자책하는 마음. ¶ 자책감에 사로잡히다.

자책-골(自責goal) 명 축구 따위에서, 실수로 자기편 골에 공을 넣는 일. 자살골.

자책^관념(自責觀念) [-꽌-] 명 자기가 나쁜 짓을 하였다는 망상적(妄想的) 관념.

자책-점(自責點) [-쩜] 명 야구에서, 야수의 실책에 의해서가 아니고, 데드 볼·안타 따위로 투수가 상대편에 준 점수.

자처(自處) 명 ①하자타(자기 자신을 어떠한 사람으로 여기고) 스스로 그렇게 처신함. ¶ 대가(大家)로 자처하다. /세계 최강임을 자처하다. ②하자☞자결(自決).

자처-울다 [~우니·~울어] 자 (닭이) 점점 재우쳐 울다.

자천(自薦) 명하자 자기가 자기를 추천함. 자매(自媒). ↔타천(他薦).

자천(恣擅) 명하자 방자하게 제 주장대로 함.

자천-배타(自賤拜他) 명하자 자기 것을 천시하고 남의 것을 숭배함.

자철(子鐵) 명 '신의 바닥에 박는 징'을 통틀어 이르는 말.

자ː철(磁鐵) 명 〈자철석〉의 준말.

자ː철-광(磁鐵鑛) 명 '자철석'의 구용어.

자ː철-석(磁鐵石) [-썩] 명 제철(製鐵)의 주요 원료가 되는 산화철의 한 가지. 알갱이·결정·층상(層狀) 등의 모습으로 생산되는 등축 정계(等軸晶系)의 철광. 검은 광택이 나며 부스러지기 쉽고 자성이 강함. 주성분은 사산화삼철(Fe_4O_3). 자석. 자석석. 준자철.

자청(自請) 명하자타 (어떤 일 하기를) 자기 스스로 청함. ¶ 고생을 자청하다. /기자 회견을 자청하다.

자ː청(刺靑) 명 ①글자로 문신(文身)하는 일, 또는 그 글자. ②☞자자(刺字).

자체(字體) 명 ①글자의 체(體). ②☞자양(字樣). 자형(字形).

자체(自體) 명 ①(사람이나 사물의) 그 본체(本體). ②그 자신.

자체(姿體) 명 몸의 모양. 몸가짐.

자체-감응(自體感應) 명 ☞자체 유도.

자체^금융(自體金融) [-금늉/-그뮹] 명 기업 자체나 기업주에 의하여 마련되는 자본.

자체^방ː전(自體放電) 명 축전지의 외부 회로를 연결하지 않은 상태에서 저절로 일어나는 방전.

자체^유도(自體誘導) 명 회로를 흐르는 전류가 변화할 때, 그 회로 자체에 전류의 변화를 방해하는 방향으로 기전력이 유발되는 현상. 자기 유도. 자체감응(自體感應). ↔상호 유도.

자체^환ː각(自體幻覺) 명 거울에 비치듯 자기 자신을 보는 환각. 경영 환각(鏡映幻覺).

자초(子初) 명 십이시의 자시(子時)의 처음. 곧, 하오 11시가 막 지난 무렵.

자초(自初) 명 ①어떤 일이 비롯된 처음. ②처음부터. 《주로, '자초로'·'자초에'의 꼴로 쓰임.》 ¶ 자초로 이 지방에 살던 사람. /자초에 팔자가 사납다.

자초(自招) 명하타 (어떤 결과를) 자기 스스로 불러들임. ¶ 화(禍)를 자초하다. 비자취(自取).

자ː초(紫草) 명 ①☞지치. ②☞자초근.

자ː초-근(紫草根) 명 지치의 뿌리. 성질이 차고, 오줌을 순하게 하며 피를 맑게 하는 효험이 있어서 창증(脹症)·두진(頭疹) 또는 일반 피부병에 씀. 자근(紫根). 자초(紫草).

자ː초-용(紫草茸) 명 지치의 싹. 약재로 씀.

자초지종(自初至終) 명 처음부터 끝까지의 동안이나 과정. 자두지미(自頭至尾). 종두지미(從頭至尾). ¶ 사건의 자초지종을 털어놓다.

자ː촉(刺促)명 세상일에 얽매여 몹시 바쁨.
자촉^반ː응(自觸反應)[-빠능]명 화학 반응에 이바지하는 물질, 또는 그 생성물이 스스로 촉매 구실을 하는 일.
자ː총(紫葱)명 ☞자총이.
자ː총-이(紫葱-)명 파의 한 가지. 땅속줄기는 보통 파의 것보다 훨씬 매움. 흔히, 김장감으로 쓰임. 자총.
자최(齊衰)[-최/-췌]명 〈재최(齊衰)〉의 본딧말.
자최명 〈옛〉자취. ¶ 나라해 이셔 도ᄌᆞ기 자최 바다 가아 그 菩薩올 자바(月釋*1:6*).
자축(自祝)명하타 (자기가 맞은 경사 따위를) 스스로 축하함. ¶ 승리를 자축하다.
자축-거리다[-꺼-]타 자꾸 자축자축하다. 자축대다. 큰저축거리다.
자축-대다[-때-]타 자축거리다.
자축-연(自祝宴)명 자축하는 잔치.
자축-자축[-짜-]부하타 힘없는 다리로 잘록거리며 걷는 모양. 큰저축저축.
자춤-거리다타 자꾸 자춤자춤하다. 자춤대다. 큰저춤거리다.
자춤-대다타 자춤거리다.
자춤발-이명 '자춤거리는 사람'을 조롱조로 이르는 말.
자춤-자춤부하타 약간 자축거리며 걷는 모양. 큰저춤저춤.
자충(仔蟲)명 ☞애벌레. 유충(幼蟲).
자충(自充)명하자 바둑에서, 자기가 돌을 놓아 자기의 수를 줄임.
자ː충(刺衝)명하타 찌름.
자충-수(自充手)명 ①바둑에서, 자충이 되는 수. ②'스스로 행한 행동이 결국에는 자기에게 불리한 결과를 가져오게 됨'을 비유하여 이르는 말.
자취명 ①(어떤 원인으로 하여) 남아 있는 흔적. ¶ 자취를 남기다. ②(사람·동물 따위의) 행방(行方). 간 곳. ¶ 자취를 감추다. ③기하학에서, 주어진 조건의 모든 것을 만족시키는 점의 집합으로 이루어지는 도형을 이르는 말. ③궤적.
자취(自炊)명하자 손수 밥을 지어 먹음, 또는 그 일. ¶ 방을 얻어 자취를 하다.
자취(自取)명하타 (잘잘못간에) 제 스스로 만들어서 그렇게 됨. 비자초(自招).
자취-기화(自取其禍)명하자 스스로의 잘못으로 화를 입게 됨.
자취지화(自取之禍)명 자기 잘못으로 자기가 입게 되는 화.
자치명 연어과의 민물고기. 송어를 닮았으나 훨씬 큼. 몸길이 150 cm가량. 몸빛은 등 쪽이 황갈색이며 머리와 등에 검은 점이 흩어져 있음. 찬물이 흐르는 계곡의 맑은 물 밑바닥에 붙어 헤엄침. 우리나라의 압록강 상류, 장진강 등에 분포하는 특산 어종임.
자치(自治)명하자 ①제 일은 제 스스로 처리함. ¶ 학생 자치 기구. ②(지방 자치 단체 등이) 공선(公選)된 사람들에 의하여 그 범위 안의 행정이나 사무를 자주적으로 처리함. ③〈자치 행정〉의 준말. ③↔관치(官治).
자치-국(自治國)명 연방국(聯邦國)에 딸리면서 자치권을 가진 나라.
자치-권(自治權)[-꿘]명 (공공 단체, 특히 지방 자치 단체가) 자치 행정을 할 수 있는 권리.
자-치기명하자 어린이들 놀이의 한 가지. 짤막한 나무토막을 다른 긴 막대기로 쳐서 그 나간 거리의 멀고 가까움을 자질하여 승부를 겨루는 놀이.
자치^기관(自治機關)명 자치 행정의 권한을 가진 공공 기관. 지방 자치 단체가 그 대표적 기관임.
자치^단체(自治團體)명 국가로부터 법적으로 인정된 자치 기관. 〔지방 자치 단체 따위.〕
자치-대(自治隊)명 (정치상의 공백이나 혼란기에) 지역 안의 공안 질서를 유지하기 위하여 조직되는 민간 치안대.
자치-동갑(-同甲)명 나이가 한 살 차이인 동배(同輩). 어깨동갑.
자치-령(自治領)명 ①한 국가의 영토이면서 광범위한 자치권 또는 주권을 행사하는 지역. ②'영연방의 자치령'을 이르는 말. 〔캐나다·인도·오스트레일리아·뉴질랜드 따위의 나라.〕
자치^식민지(自治植民地)[-싱-]명 자치권이 부여된 식민지.
자치-적(自治的)관명 스스로 다스리는 (것). ¶ 자치적 기구. /자치적으로 운영하는 학교.
자치-제(自治制)명 ☞지방 자치 제도.
자치^제ː도(自治制度)명 ☞지방 자치 제도.
자치^통ː제(自治統制)명 업자(業者)들이 조합이나 카르텔을 통하여, 각자의 자유로운 경제 활동을 자치적으로 통제하는 일.
자치^행정(自治行政)명 ①민중 정치의 한 형태. 국민이 행정 기관을 선출하여 그 기관에 의해 그들의 사무를 처리하는 행정. ②지방 자치 단체에 의한 행정. 준자치.
자치^활동(自治活動)[-똥]명 학생들이 자치적으로 행하는 학교 생활의 과외 활동.
자치-회(自治會)[-회/-훼]명 ①학교에서, 학생들의 자치 활동을 위하여 만든 교육적인 조직을 이르는 말. ②지역 내 주민들의 지역 생활 향상을 위하여 만든 자치적인 조직.
자친(慈親)명 남에게, '자기의 어머니'를 일컫는 말. 가자(家慈). 자위(慈闈). ↔엄친(嚴親).
자침(自沈)명하자 (타고 있는 배 따위를) 자기 스스로 가라앉힘.
자침(自鍼)명하자 자기가 자기 몸에 침을 놓음.
자ː침(瓷枕)명 자기(瓷器)로 만든 베개. 도침(陶枕).
자ː침(磁針)명 자장(磁場)의 방향을 재기 위하여, 수평으로 자유로이 회전할 수 있도록 한 소형의 영구 자석. 방위를 찾는 데에도 쏨. 나침(羅針). 자석(磁石). 지남침(指南針).
자칫[-칟]부 ①(어떤 일이) '조금 어긋남'을 나타내는 말. ¶ 자칫 잘못하면 큰 화를 입게 된다. /옛글을 읽으면서 자칫 어지러워지기 쉬운 마음을 가다듬는다. ②'비교적 조금'을 나타내는 말. ¶ 자칫 작은 듯하다.
자칫-거리다[-칟꺼-]자타 자꾸 자칫자칫하다. 자칫대다. 큰지칫거리다.
자칫-대다[-칟때-]자타 자칫거리다.
자칫-자칫[-칟짜칟]부하자타 (걸음발 타는 아기가) 서투른 걸음을 걷는 모양.
자칫-하다[-치타-]자여 (어떤 일이) 조금 어긋나 잘못되다. ¶ 자칫하면 사고가 난다.
자칭(自稱)명 ①하자타(남에게) 스스로 자기를 일컬음. ¶ 선배라고 자칭하는 이에게서 전화가 걸려 왔다. ②대명사의 제일 인칭. 〔나·우리·저·저희·소생·소자 등 자기를 가리키는 말을 이름.〕
자ː칭(藉稱)명하타 ☞자탁(藉托).
자칭-군자(自稱君子)명 ☞자칭천자.
자칭^대ː명사(自稱代名詞)명 자기를 일컫는 대명사. 〔나·소생·소자·우리 따위.〕

자칭-천자(自稱天子)명 자기가 스스로 제일이라고 하는 사람을 비웃는 뜻으로 이르는 말. 자칭군자(自稱君子).

자칼(jackal)명 갯과의 짐승. 몸은 승냥이와 여우의 중간형이며, 털빛은 황갈색이고 꼬리 끝은 검음. 유럽·중앙아시아·북부 아프리카 등지에 분포함.

자켓(jacket)명 '재킷'의 잘못.

자타(自他)명 ①저와 남. ¶ 자타가 공인하는 세계 최고의 선수. ②불법(佛法)을 깨닫는, 자기의 힘과 남의 힘.

자-타작(自打作)명하자 자기의 논밭을 자기 스스로 농사지어 추수함.

자ː탁(藉托)명하타 (어떤 일의 잘못 따위를) 다른 일에다 미루어 핑계함. 자칭(藉稱).

자탄(自彈)명하타 피아노·거문고 따위 현악기를 손수 연주함.

자탄(自歎·自嘆)명하자타 자기 일을 자기 스스로 탄식함.

자탄(咨歎)명하타 아끼고 가엾게 여겨 탄식함, 또는 그런 탄식.

자탄-가(自歎歌)명 자기 신세를 스스로 한탄하여 부르는 노래.

자탄-자가(自彈自歌)명하자 스스로 타는 거문고 소리에 맞추어 스스로 노래함. 자창자화(自唱自和).

자ː탑(瓷塔)명 자기(瓷器)로 된 탑.

자태(姿態)명 ①몸가짐과 맵시. ¶ 한복을 입은 자태. ②모양이나 모습. ¶ 북악(北岳)의 우아한 자태. 자용(姿容).

자ː태(瓷胎·磁胎)명 돌을 갈아 만든 가루. 그릇 만드는 데 씀.

자택(自宅)명 자기의 집. 자가(自家).

자ː토(瓷土)명 ☞도토(陶土).

자ː토(赭土)명 ☞석간주(石間硃).

자통(自通)명 ①하타자기 스스로 사리를 통하여 앎. ②하자저절로 트임. 자연히 통함.

자ː통(刺痛)명 찌르는 듯한 아픔.

자퇴(自退)[-퇴/-퉤]명하타 스스로 물러남.

자투리명 ①(팔거나 쓰다가 남은) 피륙의 조각. 말합(末合). ¶ 비단 자투리. ②어떤 기준에 미치지 못할 정도로 작거나 적음. ¶ 자투리 필름. /자투리 시간.

자투리-땅명 구획 정리나 도로 확장 따위에 이용하고 남은 좁은 땅. 잔지(殘地).

자파(自派)명 자기 쪽의 계파(系派) 또는 유파(流派). 자기편. ¶ 자파 세력을 규합하다.

자파(自罷)명하타 (어떤 일을) 스스로 그만둠.

자판(字板)명 ①글자판. ②사진 식자에서, 모형(母型)이 되는 글자를 음화(陰畫)로 하여, 일정한 차례에 따라 배열해 놓은 판.

자판(自判)명 ①하자저절로 밝혀짐. ②하자타 상급 법원에서, 원심(原審)을 파기하고 독자적으로 새로운 판결을 내리는 일.

자판(自辦)명하타 ①자기의 일을 스스로 처리함. ②☞자변(自辦).

자판-기(自販機)명 〈자동판매기(自動販賣機)〉의 준말.

자ː패(紫貝)명 복족강의 조개. 껍데기의 입구가 안쪽으로 오므라들며 맞닿아 여성의 성기와 같이 생긴 나사조개의 한 가지. 길이 8 cm가량으로 등 쪽은 자색임. 옛날에는 안산(安產)·다산(多產)·풍요의 상징물로 몸에 지녔으며, 화폐로도 쓰였음. 난류 해역에 분포함.

자편(子鞭)명 ☞도리깻열.

자편(自便)명 ①자기 한 몸의 편안을 꾀하는 일. ②자기편.

자ː편-각(磁偏角)명 독도법에서, 진북(眞北)을 기준으로 하여 자북(磁北)까지 잰 각도.

자평(自評)명하타 자기가 한 일을 스스로 평가함, 또는 그런 평가. ¶ 위정자들은 이번 회담이 성공적이었다고 자평했다.

자폐(自廢)[-폐/-페]명하타 스스로 그만둠.

자폐(自斃)[-폐/-페]명하자 자기 스스로 목숨을 끊음. 자살(自殺).

자폐-선(自閉線)[-폐-/-페-]명 ☞폐곡선.

자폐-성(自閉性)[-폐썽/-페썽]명 ☞내폐성(內閉性).

자폐-아(自閉兒)[-폐-/-페-]명 자폐증의 증상이 있는 어린이.

자폐-증(自閉症)[-폐쯩/-페쯩]명 정신병의 한 가지. 주위에 관심이 없어지거나, 남과의 공감·공명을 느낄 수 없어 말을 하지 않게 되는 증세로 자기 세계에만 몰두하게 됨.

자포(自暴)명하자 〈자포자기〉의 준말.

자ː포(刺胞)명 자포동물의 자세포에서 만들어지는 세포 기관.

자포(恣暴)명하자 자기 멋대로 날뜀.

자ː포(紫袍)명 ①자줏빛 도포. ②훌륭한 옷.

자포-동물(刺胞動物)명 동물 분류학상의 한 문(門). 몸의 내부가 하나의 빈 구멍으로 되어 있음. 〔물에서 사는 원시적 다세포 동물인 해파리·말미잘·산호 따위.〕

자포-자기(自暴自棄)명하자 절망(絕望) 상태에 빠져서, 자신을 버리고 돌보지 아니함. ¶ 자포자기에 빠지다. 준자포(自暴)·포기(暴棄).

자폭(自爆)명하자 ①전황(戰況)이 불리할 때, 자기가 타고 있는 함선이나 항공기 따위를 적에게 넘겨주지 않기 위하여 스스로 폭파시키는 일. ②자기가 지닌 폭발물을 스스로 폭발시켜 자기 목숨을 끊음.

자폭(恣暴)명하자 '자포(恣暴)'의 잘못.

자표(字票)명 화살에 표시한 숫자.

자-풀이명하타 ①피륙 한 필 값을 자수로 풀어 한 자에 값이 얼마씩 치었는가를 셈하여 보는 일. ②피륙을 몇 자씩 끊어서 파는 일. 해척(解尺). ③방의 칸수나 건물의 높이·폭 따위를 계산하는 일.

자품(資稟)명 사람됨의 바탕과 타고난 성품.

자필(自筆)명하타 (글씨를) 자기 손으로 직접 씀, 또는 그 글씨. 자서(自書). ¶ 자필 이력서. ↔대필(代筆).

자하(自下)명하타 〈자하거행〉의 준말.

자ː하(紫蝦)명 ☞곤쟁이.

자ː-하거(紫河車)명 한방에서, '태(胎)'를 약재로서 이르는 말.

자하-거행(自下擧行)명하타 전례(前例)가 있는 일을, 윗사람의 결재 없이 스스로 처결함. 준자하.

자-하다(資-)자여 도움이 되게 하다. ¶ 참고에 자하다.

자하-달상(自下達上)[-쌍]명하타 (어떤 일의 영향이) 아래로부터 위에까지 미침. ↔자상달하(自上達下).

자학(子瘧)명 임신한 여자가 앓는 학질.

자학(自虐)명하자 스스로 자기를 학대함. ¶ 자신을 무능한 사람이라고 자학하다.

자학(自學)명하타 ①자기 스스로의 힘으로 배움. ②강의를 위주로 하기보다 학생들 스스로 공부하게 하는 학습법.

자학(字學)명 글자의 근본 원리와 음(音)·훈(訓) 따위를 연구하는 학문. 문자학(文字學).
자학-자습(自學自習)[-짜-]명하타 (남의 가르침 없이) 스스로 배워 익힘.
자한(自汗)명하자 병적으로 지나치게 땀을 많이 흘림, 또는 그런 증세.
자할(自割)명하자 ☞자절(自切).
자항(慈航)명 불교에서, 자비심으로 중생(衆生)을 구하는 일.
자해(自害)명하타 ①스스로 자기 몸을 해침. 비자상(自傷). ②☞자살(自殺).
자해(自解)명하타 ①자기 스스로의 생각으로 풀이함. ②자기를 해명함. ③스스로의 힘으로 구속에서 벗어남. ④(스승의 가르침 없이) 스스로 깨달아 해탈함.
자해(字解)명 (특히 한자에서의) 글자의 풀이. 자석(字釋).
자핵-소(自劾疏)[-쏘]명 ☞자인소(自引疏).
자행(字行)명 (인쇄물 따위에서) 글씨의 줄.
자행(自行)명 ①자기의 깨달음을 위한 수행. ②하타(어떤 일을) 스스로 행함.
자행(恣行)명하타되자 방자하게 행동함, 또는 그 행동. ¶ 파렴치한 짓을 자행하다.
자행-자지(自行自止)명하타 제 마음대로, 하고 싶으면 하고 하기 싫으면 아니 함.
자행-화타(自行化他)명 스스로 불도(佛道)를 닦고, 그 얻은 바에 따라 다시 다른 중생을 교화함.
자허(自許)명하타 자기 힘으로 넉넉히 해낼 만한 일이라고 생각함.
자허(←自詡)명하자 스스로 추킴.
자헌-대부(資憲大夫)명 조선 시대에, 정이품 문무관의 품계.
자현(自現)명하자 ☞자수(自首).
자형(自形)명 그 광물(鑛物) 특유의 결정면(結晶面)으로 둘러싸여 있을 때의 광물의 결정 형태. 참사형(似形).
자형(字形)명 글자의 모양. 글자의 생김새. 자양(字樣). 자체(字體).
자형(姉兄)명 손위 누이의 남편. 매형(妹兄). 자부(姉夫).
자형(慈兄)명 〔주로 편지 글에서〕 '자애로운 형'이란 뜻으로, 상대편을 높이어 일컫는 말.
자혜(慈惠)[-혜/-헤]명 자애롭게 베푸는 은혜.
자혜-롭다(慈惠-)[-혜-따/-헤-따][~로우니·~로워]형ㅂ 자애롭고 은혜롭다. **자혜로이**부.
자호(子壺)명 ☞자궁(子宮).
자호(自號)명하자 스스로 자기의 호(號)를 지어 부름, 또는 그러한 호.
자호(字號)명 ①활자의 크기를 나타내는 번호. ②토지 번호나 한서(漢書) 따위에 천자문(千字文)의 글자를 순서대로 매긴 것.
자ː홍-색(紫紅色)명 자주보다 붉은 색. 적자색.
자화(自火)명 자기 집에 난 불.
자화(自畫)명 자기가 그린 그림.
자화(雌花)명 암꽃. ↔웅화(雄花).
자ː화(磁化)명하자타되자 물체가 자성(磁性)을 띠게 되는 일, 또는 띠게 하는 일. 자성체(磁性體)가 자장(磁場) 속에 놓여질 때 일어남. 대자(帶磁). 여자(勵磁).
자화-상(自畫像)명 자기가 그린 자신의 초상화.
자화^수분(自花受粉)명 자가 수분(自家受粉). ↔타화 수분.
자화^수정(自花受精)명 자가 수정(自家受精). ↔타화 수정.
자화-자찬(自畫自讚)명하자타 〔자기가 그린 그림을 자기 스스로 칭찬한다는 뜻으로〕 자기가 한 일을 자기 스스로 자랑함. 자찬. ¶ 자화자찬을 늘어놓다.
자ː화-채(紫花菜)명 (사람이 먹을 수 있는) 꽃이나 잎을 따서 끓는 물에 데친 뒤에 소금과 기름에 무친 나물.
자활(自活)명하자 자기 스스로의 힘으로 살아감. ¶ 자활을 위한 직업 교육.
자황(雌黃)명 ①(황과 비소의 화합물인 결정체로서) 노란색의 채료(彩料). ②'시문을 첨삭(添削)하는 일' 또는 '변론·시비를 가리는 일'을 이르는 말. 〔고대 중국에서 글의 잘못된 글자를 이 채료로 지운 데서 유래함.〕 ③한방의 외과용 약재.
자ː황-색(赭黃色)명 ☞주황.
자회(自晦)[-회/-훼]명하타 자기의 재능이나 지위 따위를 숨기어 드러내지 아니함.
자회(資賄)[-회/-훼]명 시집갈 때 가지고 가는 물품.
자회(慈誨)[-회/-훼]명 자애로운 가르침.
자-회사(子會社)[-회-/-훼-]명 다른 회사와 자본적 관계를 맺어, 그 회사의 지배 아래에 있는 회사. ↔모회사(母會社).
자획(字畫)[-획/-훽]명 글자의 획. 필획(筆畫). 획.
자획(自劃)[-획/-훽]명하타 〔스스로 획을 긋는다는 뜻으로〕 하던 일을 도중에 단념함.
자훈(字訓)명 ①한자(漢字)의 우리말 새김. ②글자와 새김.
자훈(慈訓)명 ☞모훈(母訓).
자휘(字彙)명 ☞자전(字典).
자휼(慈恤·字恤)명하타 백성을 어루만져 사랑함.
자ː흑-색(紫黑色)[-쌕]명 짙은 자주(紫朱). 흑자색.
자흔(疵痕)명 흠이 된 자리. 흉터.
자히의 〈옛〉 채. ¶ 몰 톤 자히 건너시니이다(龍歌 34章).
자히다타 〈옛〉 재다. ¶ 자ᄒᆞ로 자히놋다(杜初 *25:50*).
작부 ①글자의 획이나 선 같은 것을 한 번 긋는 소리. ②종이나 헝겊 따위를 단번에 찢는 소리. 큰직[3]. 센짝[5]. **작-작**부하타.
작(作)명 (작자의 이름 뒤에 쓰이어) '지음'·'작품'·'저작' 등의 뜻을 나타냄. ¶ 이광수 작.
작(勺)의 ①액체·씨앗 따위의 양을 되는 단위. 한 홉의 10분의 1. ②지적(地積)을 나타내는 단위. 한 평(坪)의 100분의 1.
작(昨)관 《날짜 앞에 쓰이어》 어제. ¶ 작 삼 일 별세(別世).
-작(作)접미 《일부 명사 뒤에 붙어》 ①'작품'·'제작'의 뜻을 나타냄. ¶ 처녀작./출세작./야심작. ②'작황' 또는 '농사'의 뜻을 나타냄. ¶ 평년작./이모작.
작가(作家)[-까]명 ①문학이나 예술의 창작 활동을 전문으로 하는 사람. ②소설가.
작가-론(作家論)[-까-]명 작가의 활동과 그 작품 따위를 여러 각도에서 입체적으로 연구·평론하는 일, 또는 그러한 평론.
작가-적(作家的)[-까-]관명 작가로서 가지는 (것), 또는 작가다운 (것). ¶ 작가적 기질./불의와의 타협은 작가적인 양심을 포기하는 일이다.
작간(作奸)[-깐]명하자 간악한 짓을 함, 또는 그러한 짓.

작객(作客)[-깩]명하자 (자기 집을 떠나) 객지나 남의 집에서 손 노릇을 함.
작견(柞繭)[-껸]명 ☞산누에고치.
작고(作故)[-꼬]명하자 죽은 사람을 높이어 그의 '죽음'을 이르는 말. ¶ 오래전에 작고하신 할아버지.
작곡(作曲)[-꼭]명하타되자 악곡을 지음, 또는 그 악곡. ¶ 교가를 작곡하다.
작곡-가(作曲家)[-꼭까]명 작곡을 전문으로 하는 사람.
작곡-계(作曲界)[-꼭꼐/-꼭께]명 작곡가들이 활동하는 사회.
작곡-법(作曲法)[-꼭뻡]명 선율법·화성법·대위법·관현악법 따위의 기초 지식을 토대로 하여 악곡을 창작하는 기법.
작곡-자(作曲者)[-꼭짜]명 작곡한 사람.
작과(作窠)[-꽈]명하타 (딴 사람을 등용하기 위해) 현임자(現任者)를 사임시킴.
작관(作貫)[-꽌]명하타 (엽전을) 열 냥씩 꿰어 한 뭉치를 만듦. 작쾌.
작광(作壙)[-꽝]명하자 땅을 파내어 시체를 묻을 구덩이를 만듦.
작교(酌交)[-꾜]명하자 술(술잔)을 나눔.
작구(雀口)[-꾸]명 도자기 밑 부분에 달린 발.
작국(作局)[-꾹]명 골상(骨相)이나 묏자리 따위의 생긴 모양새.
작근(作斤)[-끈]명하타 ①(물건을) 무게가 한 근씩 되게 만듦. ②☞작편(作片).
작금(昨今)[-끔]명 ①어제와 오늘. 어제와 이제. ②요즈음. 요사이. ¶ 작금의 사회상.
작금-양년(昨今兩年)[-끔냥-]명 작년과 금년의 두 해. ¶ 작금양년에 걸친 풍작.
작금-양일(昨今兩日)[-끔냥-]명 어제와 오늘의 이틀. ¶ 작금양일의 그의 동정(動靜).
작년(昨年)[장-]명 지난해. 거년(去年). 구년(舊年). 전년(前年).
작년-도(昨年度)[장-]명 작년의 연도. ¶ 작년도 졸업생.
작농(作農)[장-]명하자 농사를 지음.
작ː다[-따]형 ①(부피·길이·넓이·키 따위가) 보통 정도에 못 미치다. ¶ 작은 키. /작은 방. ②(소리 따위가) 약하다. ¶ 작은 소리로 도란도란 이야기하다. ③(옷·신·모자 따위의 치수가) 몸의 치수에 못 미치다. ¶ 신발이 작아서 발이 아프다. /옷이 작아서 거북하다. ④(규모·범위·도량·정도 따위가) 넓지(크지) 못하다. ¶ 규모가 작다. /작은 인물(人物). /그것은 작은 문제가 아니다. ⑤(금액이나 수치의) 단위가 낮다. ¶ 작은 양(量). /몇 푼 안 되는 작은 돈. ↔크다[2].
작게 먹고 가는 똥 누어라〔싸지〕속담 분수에 넘치지 않게 생활함이 마땅하다는 말.
작은 고추가 더 맵다속담 작은 사람이 큰 사람보다 오히려 더 단단하고 오달지다는 말.
작-다랗다[-따라타][~다라니·~다래]형ㅎ 꽤 작다. ¶ 작다란 몸집. ↔커다랗다.
작-다리[-따-]명 '키가 작달막한 사람'을 조롱조로 이르는 말. ↔키다리.
작단(作壇)[-딴]명 작가의 사회. 참문단(文壇).
작달막-하다[-딸마카-]형여 (키가 몸피에 비해) 작다. ¶ 작달막한 체구.
작달-비[-딸-]명 굵고 거세게 퍼붓는 비.
작답(作畓)[-땁]명하자 토지를 개간하여 논을 만듦. 기답(起畓).
작당(作黨)[-땅]명하자 떼를 지음. 동아리를 이룸. ¶ 불량배가 작당하여 행패를 부리다. /내부 직원과 작당해서 물건을 빼돌리다. 비작배(作輩).
작대기[-때-]명 ①기름한 막대기. 주로, 물건 따위를 버티는 데 씀. ②(시험 답안지 따위의) 잘못된 부분에 가로 또는 세로로 긋는 줄.
작대기-바늘[-때-]명 굵고 긴 바늘.
작대기-찜질[-때-]명하타 작대기를 마구 휘둘러 모질게 때리는 짓. 몽둥이찜질.
작도(作圖)[-또]명하타 ①(지도·설계도 따위를) 그림. ②주어진 조건을 만족시키는 기하학적 도형을 그림, 또는 그 일.
작도(斫刀)[-또]명 〈작두〉의 본딧말.
작도-법(作圖法)[-또뻡]명 작도하는 여러 가지 규칙이나 방법. 준도법.
작동(作動)[-똥]명하자·타되자 기계의 운동 부분이 움직임, 또는 그 부분을 움직이게 함. ¶ 기계가 작동하다. /컴퓨터를 작동하다.
작동(昨冬)[-똥]명 지난겨울.
작두(作頭)[-뚜]명하자 여러 사람의 우두머리가 됨.
작두(←斫刀)[-뚜]명 풀·짚·약재 따위를 써는 연장. 본작도.
작두(鵲豆)[-뚜]명 ☞까치콩.
작두-질(←斫刀-)[-뚜-]명하자 작두로 짚·풀·콩깍지·약재 따위를 써는 일.
작두-향(雀頭香)[-뚜-]명 ☞향부자(香附子).
작ː디-작다[-띠-따]형 몹시 작다. ↔크디크다.
작란(作亂)[장난]명하자 난리를 일으킴.
작란(雀卵)[장난]명 참새의 알. 양기(陽氣)를 돕는 데나 여자의 대하증에 약으로 쓰임.
작란-반(雀卵斑)[장난-]명 주근깨. 작반(雀斑).
작량(作兩)[장냥]명하타 지난날, 엽전 백 푼으로 한 꿰미를 만들던 일.
작량(酌量)[장냥]명하타 (어떠하리라고) 짐작하여 헤아림. ¶ 정상(情狀)을 작량하다.
작량^감ː경(酌量減輕)[장냥-]명 (범죄의 정상에 참작할 만한 사유가 있을 때에) 법관의 작량에 의하여 형을 경감하는 일.
작려(作侶)[장녀]명하자·타 ☞작반(作伴).
작렬(炸裂)[장녈]명하자되자 (폭발물 따위가) 터져서 산산이 퍼짐. ¶ 포탄이 작렬하다.
작례(作例)[장녜]명 시문(詩文) 따위를 짓는 데 본보기가 되는 예문.
작록(爵祿)[장녹]명 벼슬과 녹봉.
작료(作僚)[장뇨]명하자 동료가 됨.
작린(作隣)[장닌]명하자 이웃이 되어 삶.
작만(昨晩)[장-]명 어제저녁 무렵. 작석(昨夕).
작말(作末)[장-]명하타 (찧거나 갈거나 빻아서) 가루로 만듦.
작망(繳網)[장-]명 〔'주살과 그물'이란 뜻으로〕 '사냥'과 '고기잡이'를 아울러 이르는 말.
작맥(雀麥)[장-]명 ☞귀리.
작명(作名)[장-]명하타 ①이름을 지음. ②지난날, 호(戶) 단위로 기병(騎兵)이나 보졸(步卒)이 징발되는 수효를 치던 일.
작명-가(作名家)[장-]명 (사람이나 사물의) 이름을 짓는 사람. 작명사.
작명-사(作名師)[장-]명 ☞작명가(作名家).
작명-소(作名所)[장-]명 (사람이나 사물의) 이름을 지어 주는 업소.
작목(雀目)[장-]명 (참새의 눈이라는 뜻으로) 밤눈이 어두운 눈.
작몽(昨夢)[장-]명 ①지난밤에 꾼 꿈. ②'지나간 일'을 가리키는 말.

작문(作文)[장-]명하자 ①글을 지음, 또는 그 글. 비글짓기·행문(行文). ②〈작자문(作者文)〉의 준말. ③국어과의 교과에서, 학생이 자기의 감상이나 생각을 글로 쓰는 일, 또는 그 글.
작문(作門)[장-]명 지난날, 파수병을 두어 함부로 드나들지 못하게 경계하던 군영의 문.
작문(을) 잡다관용 삼문(三門)이 있는 관아에서, 귀빈을 맞을 때 중문(中門)을 열어서 맞다.
작문-법(作文法)[장-뻡]명 글을 짓는 법.
작문-정치(作文政治)[장-]명 '시정 방침(施政方針)만 늘어놓고 시행하지 않는 정치'를 비꼬아 이르는 말.
작물(作物)[장-]명 〈농작물〉의 준말.
작물-학(作物學)[장-]명 농작물의 품종·기원·형태·생태·분류·증식·재배·이용·개량 따위를 연구하는 농학의 한 분야.
작물^한ː계(作物限界)[장-계/장-게]명 지형이나 기후 따위에 지배되는, 농작물의 재배 한계.
작미(作米)[장-]명하타 벼를 찧어서 쌀로 만듦.
작박구리[-빡꾸-]명 위로 뻗은 뿔.
작반(作伴)[-빤]명하자타 길동무로 삼음. 작려(作侶).
작반(雀斑)[-빤]명 주근깨. 작란반(雀卵斑).
작발(炸發)[-빨]명하자 화약이 폭발함.
작배(作配)[-빼]명하타 부부로 짝을 지음. 배필을 정함.
작배(作輩)[-빼]명하자 무리를 지음. 비작당(作黨).
작벌(斫伐)[-뻘]명하타 (도끼 따위로) 나무를 찍어 베어 넘김. 참벌(斬伐).
작법(作法)[-뻡]명 ①글을 짓는 법. ¶ 소설 작법. ②하자 법칙을 정함.
작법-자폐(作法自斃)[-뻡짜폐/-뻡짜페]명하자 자기가 만든 법에 자기가 해를 입음.
작벼리[-뼈-]명 물가의, 모래와 돌들이 섞여 있는 곳.
작변(作變)[-뼌]명하자 변란을 일으킴.
작별(作別)[-뼐]명하자타 ①서로 헤어짐. ¶ 작별을 고하다. ②이별의 인사를 나눔.
작보(昨報)[-뽀]명하타 (신문 따위에서) 어제 보도함, 또는 그 보도.
작봉(作封)[-뽕]명하타 한 봉지씩 따로따로 만듦.
작부(作付)[-뿌]명 농작물을 심음.
작부(酌婦)[-뿌]명 술집에서 손을 접대하며 술을 따라 주는 여자.
작비-금시(昨非今是)[-삐-]명 전에는 그르다고 여겨지던 것이 지금은 옳게 여겨짐.
작사(作事)[-싸]명하자 일을 만듦.
작사(作査)[-싸]명하자 서로 사돈 관계를 맺음.
작사(作詞)[-싸]명하타 가사를 지음.
작사-도방(作舍道傍)[-싸-]명 〔길가에 집을 짓자니 오가는 사람의 말이 많다는 뜻에서〕 '무슨 일을 함에 있어, 의견이 분분하여 결정을 짓지 못함'을 비유하여 이르는 말.
작사리[-싸-]명 한끝을 엇결어서 동여맨 작대기. 무엇을 받치거나 걸 때에 씀. 준작살.
작사-자(作詞者)[-싸-]명 가사를 지은 사람.
작살[-쌀]명 ①작대기 끝에 뾰족한 쇠를 두세 개 박아, 물고기 따위를 찔러 잡는 데 쓰는 연장. ②〈작사리〉의 준말.
작살-나다[-쌀라-]자 ①형편없이 부서져, 산산조각으로 박살나다. ¶ 도자기가 바닥에 떨어져 작살났다. ②아주 결딴나다. ¶ 아버지의 사업 실패로 온 집안은 거의 작살나다시피 되었다.
작살-나무[-쌀라-]명 마편초과의 낙엽 활엽 관목. 높이 2~3 m. 잎은 길둥근 모양으로 마주남. 여름에 자줏빛의 잔 꽃이 피며, 열매는 잘고 둥근 핵과(核果)로 10월쯤 발갛게 익음. 산기슭이나 해안에 절로 나는데, 함남·평남 이남에 분포하며, 목재가 희고 단단하여 도구(道具)·양산 자루 따위를 만드는 데 쓰임. 자주(紫珠).
작살내다[-쌀래-]타 〖'작살나다'의 사동〗 작살나게 하다.
작색(作色)[-쌕]명하자 불쾌한 느낌이 얼굴빛에 드러남.
작석(作石)[-썩]명하타 (곡식을) 섬에 담아 한 섬씩으로 만듦.
작석(昨夕)[-썩]명 어제저녁 무렵. 작만(昨晩).
작설(綽楔)[-썰]명 ☞정문(旌門).
작설지전(綽楔之典)[-썰찌-]명 충신·열녀·효자 등을 표창하기 위하여 정문(旌門)을 세워 주던 나라의 특전.
작설-차(雀舌茶)[-썰-]명 (참새의 혀처럼 생긴) 갓 나온 차나무의 어린싹을 따서 만든 차.
작성(作成)[-썽]명하타 되자 (원고·서류·계획 따위를) 만듦. ¶ 보고서를 작성하다.
작성-법(作成法)[-썽뻡]명 작성하는 방법.
작성-자(作成者)[-썽-]명 작성한 사람.
작소(昨宵)[-쏘]명 어젯밤.
작소(繳銷)[-쏘]명하타 (한 말이나 한 일의) 흔적을 없애 버림.
작송(繳送)[-쏭]명하타 (문서나 물건 따위를) 돌려보냄. 작환(繳還).
작수불입(勺水不入)[-쑤-]명하자 〔한 모금의 물도 마시지 못한다는 뜻으로〕 음식을 조금도 먹지 못함을 이르는 말.
작수-성례(酌水成禮)[-쑤-녜]명하자 〔물을 떠 놓고 혼례를 치른다는 뜻으로〕 '가난한 집안에서 구차하게 혼례를 치름'을 이르는 말.
작시(作詩)[-씨]명하자 시를 지음. 시작(詩作).
작시-법(作詩法)[-씨뻡]명 시를 짓는 방법.
작신-거리다[-씬-]자타 자꾸 작신작신하다. 작신대다. 큰직신거리다.
작신-대다[-씬-]자타 작신거리다.
작신-작신[-씬-씬]부 ①하자타 검질기게 남을 귀찮게 하는 모양. ②하타 자그시 힘을 주어 자꾸 누르는 모양. 큰직신직신.
작심(作心)[-씸]명하자타 마음을 단단히 먹음, 또는 그 마음. ¶ 술을 끊기로 작심하다.
작심-삼일(作心三日)[-씸-]명 〔품은 마음이 사흘을 못 간다는 뜻으로〕 '결심이 굳지 못함'을 빗대어 이르는 말. ¶ 금연 계획이 작심삼일로 끝나다.
작야(昨夜)명 어젯밤.
작약(芍藥)명 미나리아재빗과의 다년초로, 백작약·적작약 등을 통틀어 이르는 말. 변자약.
작약(炸藥)명 (포탄·어뢰·지뢰 따위의) 외피 용기(外皮容器)를 파열시키도록 내부에 장전한 화약.
작약(雀躍)명하자 팔딱팔딱 뛰면서 기뻐함.
작약(綽約) '작약하다'의 어근.
작약-하다(綽約-)[자갸카-]형여 몸이 가냘프고 아리땁다.
작약-화(芍藥花)[자갸콰]명 작약의 꽃. 함박꽃.
작업(作業)명하자 (일정한 목적과 계획 아래) 일터에서 일을 함, 또는 그 일.
작업-가설(作業假說)[-까-]명 충분히 실증된 것은 아니나, 연구나 실험을 위하여 잠정적으로 유효한 것으로 간주되는 가설. 작용가설(作用假說).

작업^검ː사(作業檢査)[-껌-]명 성격·지능 검사의 한 가지. 미로 찾기·널빤지 맞추기·그림 그리기 따위의 작업을 통하여 지각·기억·주의·학습·상상 능력을 측정함. 언어 지식이 필요 없으며, 종이와 필기도구를 쓰지 않음.
작업^곡선(作業曲線)[-꼭썬]명 단위 시간에 따른 작업량의 변화를 좌표로 나타낸 곡선.
작업-기(作業機)[-끼]명 원동기로부터 동력을 공급받아 기계 작업을 하는 기계를 통틀어 이르는 말.
작업-대(作業臺)[-때]명 작업을 하기에 편리하도록 만든 대(臺).
작업-등(作業燈)[-뜽]명 작업장을 밝히기 위하여 켜는 등(燈).
작업-량(作業量)[자검냥]명 일정한 시간에 하는 작업의 분량. 일의 분량.
작업-모(作業帽)[자검-]명 ①일할 때 쓰는 모자. ②군인이 일상 근무나 훈련·작업 때 쓰는 모자. ②↔정모(正帽).
작업-반(作業班)[-빤]명 일정한 작업을 하기 위하여 편성·조직한 반(班).
작업-복(作業服)[-뽁]명 작업할 때 입는 옷.
작업-실(作業室)[-씰]명 작업을 하는 방.
작업-장(作業場)[-짱]명 작업을 하는 곳. 〔공장이나 공사장 따위.〕 일터.
작연(灼然) '작연(灼然)하다'의 어근.
작연(綽然) '작연(綽然)하다'의 어근.
작연-하다(灼然-)형여 ①(번쩍이는 빛이) 눈부시게 찬란하다. ②명백하다.
작연-하다(綽然-)형여 침착하고 여유가 있다.
작열(灼熱)[장녈]명하자되자 ①불에 새빨갛게 닮. ②뜨겁게 타오름. ¶ 작열하는 태양.
작용(作用)명하자되자 ①어떠한 현상이나 행동을 일으킴, 또는 그 현상이나 행동. ¶ 식물은 동화 작용을 한다. ②한 물체의 힘이 다른 물체의 힘에 미치어서 영향을 주는 일.
작용-가설(作用假說)명 ☞작업가설.
작용-권(作用圈)[-꿘]명 물리적 작용이 미치는 범위(範圍).
작용-량(作用量)[-냥]명 ①작용하는 물질의 분량. ②작용의 세기 또는 크기.
작용-력(作用力)[-녁]명 작용하는 힘.
작용-선(作用線)명 작용점에서 작용하는 힘의 방향으로 그은 직선.
작용-점(作用點)[-쩜]명 어떤 물체에 작용하는 힘이 미치는 한 점.
작월(昨月)명 지난달. 객월(客月). 거월(去月).
작위(作爲)명 ①마음먹고 벌인 짓이나 행동. ¶ 작위에 의한 범죄. ↔부작위(不作爲). ②의도적으로 꾸민 부자연스러운 짓이나 행동.
작위(爵位)명 오등작(五等爵)에 속하는 벼슬, 또는 그 지위. ¶ 작위를 받다.
작위-령(作爲令)명 특정 행위를 수행하게 하는 행정상의 명령.
작위-범(作爲犯)명 고의로 저지른 범죄, 또는 그 범인. ↔부작위범.
작위-적(作爲的)관명 꾸며서 하는 것이 두드러지게 눈에 띄는 (것). ¶ 작위적 행동. /작위적인 미소.
작위^채ː무(作爲債務)명 채무자의 적극적 행위를 목적으로 하는 채무. ↔부작위 채무(不作爲債務).
작위^체험(作爲體驗)명 정신 분열 증상의 한 가지. 스스로 하는 생각이나 행위를 모두 남의 조종을 받아 하는 것으로 느끼는 체험.

작육(雀肉)명 겨울에 잡은 참새의 고기를 약재로 이르는 말. 보양제·강장제로 쓰임.
작은-접두《친족 관계를 나타내는 명사 앞에 붙어》'맏이가 아님'의 뜻을 나타냄. ¶ 작은이모. /작은동생. ↔큰-.
작은개-자리명 북쪽 하늘 별자리의 하나. 쌍둥이자리의 남쪽에 있음.
작은-계집[-계-/-게-]명 '첩' 또는 '소실(小室)'을 속되게 이르는 말.
작은-골명 ☞소뇌(小腦).
작은곰-자리명 북쪽 하늘 별자리의 하나. 북두칠성 옆에 있으며, 북극성을 주성(主星)으로 함. 소웅좌.
작은-꾸리명 소의 앞다리 안쪽 부분의 살코기. ↔큰꾸리.
작은-놈명 남 앞에서, '자기의 작은아들'을 겸손하게 이르는 말.
작은-누나명 '작은누이'의 어린이 말.
작은-누이명 맏누이가 아닌 누이.
작은-달명 양력으로 31일이 못 되는 달, 또는 음력으로 30일이 못 되는 달. ↔큰달.
작은-댁(-宅)명 〈작은집〉의 높임말.
작은-동서(-同壻)명 남편의 아우의 아내.
작은-따님명 (남의) 맏딸이 아닌 딸을 정중하게 이르는 말.
작은-따옴표(-標)명 따옴표의 한 가지. 간단한 인용(引用)이나 강조, 따온 말 가운데 다시 따온 말이 있을 때, 또는 마음속으로 한 말을 적을 때, 단어나 글 앞뒤에 쓰이는 부호 ' '의 이름. 내인용부(內引用符). 참큰따옴표.
작은-딸명 맏딸이 아닌 딸.
작은-떼새명 ☞작은물떼새.
작은-마누라명 ☞첩(妾).
작은-마마(-媽媽)명 어린이의 살갗에 돋은 붉은 발진이 얼마 안 가서 물집으로 변하는 전염성 피부병. 가두(假痘). 소두(小痘). 수두(水痘).
작은-말명 뜻은 큰말과 거의 같으나 밝고 작은 느낌을 주는 말. 의성어·의태어에 흔히 있으며, 낱말의 주음절을 이루는 모음이 양성 모음임. 〔'방글방글·졸졸·노랗다·요기조기·종알거리다' 따위.〕
작은-매부(-妹夫)명 작은누이의 남편.
작은-며느리명 작은아들의 아내.
작은며느리 보고 나서 큰며느리 무던한 줄 안다속담 먼저 있던 사람의 좋은 점은 뒷사람을 겪어 보고 나서야 비로소 알게 된다는 말.
작은모-쌓기[-싸키]명 벽돌의 작은 모가 겉으로 나오도록 쌓는 일.
작은-물떼새명 물떼샛과의 여름새. 날개 길이 11 cm가량. 등은 연한 갈색, 배는 흰빛임. 앞가슴에 갈색의 무늬가 있음. 바닷가·하천·호수 등지에서 주로 벌레를 잡아먹고 삶. 알도요. 작은떼새.
작은-방(-房)명 집 안의 큰방에 나란히 딸려 있는 방.
작은-북명 ①☞소고(小鼓). ②타악기의 한 가지. 목에 걸거나 대(臺) 위에 놓고, 두 개의 가는 나무 막대기로 두들겨 소리를 냄. ②사이드 드럼.
작은-사랑(-舍廊)명 (주인의) 아들이 거처하는 사랑. 참큰사랑.
작은-사위명 작은딸의 남편.
작은-사폭(-邪幅)명 한복 바지나 고의의 오른쪽 마루폭에 대는, 한쪽이 비스듬한 폭. 참큰사폭.

작은-설명 ('설'에 대하여) '섣달 그믐'을 이르는 말. 까치설날.
작은-손녀(-孫女)명 맏손녀가 아닌 손녀.
작은-손자(-孫子)명 맏손자가 아닌 손자.
작은-아기명 '막내딸'이나 '막내며느리'를 정답게 일컫는 말.
작은-아기씨명 작은아씨.
작은-아들명 맏아들이 아닌 아들.
작은-아버지명 아버지의 결혼한 아우. 숙부(叔父).
작은-아씨명 ①(지체가 낮은 사람이) '시집가지 아니한 처녀'를 높이어 일컫는 말. ②'손아래 시누이'를 높이어 이르는 말. ③(아씨가 둘 이상일 경우에) 나이 적은 아씨를 일컫는 말.
작은-아이명 작은아들이나 작은딸을 다정하게 이르는 말. 준작은애.
작은-악절(-樂節)[-쩔]명 음악에서, 두 개의 동기(動機), 곧 네 마디 또는 여섯 마디로 이루어진 악절을 이르는 말. 소악절. 참큰악절.
작은-애명 〈작은아이〉의 준말.
작은-어머니명 ①작은아버지의 아내. 숙모(叔母). ②(자기 어머니와 구별하여) '서모(庶母)'를 일컫는 말. 낮작은어미.
작은-어미명 〈작은어머니〉의 낮춤말.
작은-언니명 맏언니가 아닌 언니.
작은-오빠명 맏오빠가 아닌 오빠.
작은-집명 ①따로 살림하는 아들이나 아우의 집, 또는 작은아버지의 집. ②첩 또는 첩의 집. 별방. 별실(別室). 소실. 부실(副室). ③'변소'의 곁말. ①②높작은댁. ①②↔큰집.
작은-창자명 ☞소장(小腸). ↔큰창자.
작은-처남(-妻男)명 맏처남이 아닌 처남.
작은-칼명 지난날, 죄수의 목에 씌우던 길이 1m가량의 형틀. 참큰칼.
작은-할머니명 작은할아버지의 아내.
작은-할아버지명 할아버지의 아우.
작은-형(-兄)명 맏형이 아닌 형.
작은-형수(-兄嫂)명 작은형의 아내.
작을-소(-小)명 한자 부수의 한 가지. '尖'·'尙' 등에서의 '小'의 이름.
작을-요(-幺)[-료]명 한자 부수의 한 가지. '幻'·'幽' 등에서의 '幺'의 이름.
작의(作意)[자긔/자기]명 작가가 작품을 창작하려는 의도, 또는 창작하려는 작품의 의도. ¶ 이 소설에는 작의가 잘 나타나 있다.
작인(作人)명 ①〈소작인〉의 준말. ②사람의 됨됨이.
작일(昨日)명 어제. ↔내일·명일(明日).
작자(杓子)[-짜]명 ☞구기.
작자(作者)[-짜]명 ①☞소작인(小作人). ②〈저작자(著作者)〉의 준말. ③(물건을) 살 사람. 원매인(願買人). ¶ 작자가 나서야 팔든지 말든지 하지. ④남을 업신여겨 홀대해서 이르는 말. ¶ 제 잘난 듯이 떠드는 저 작자는 누구냐?
작자-문(作者文)[-짜-]명 기교를 부려서 짓는 산문(散文). 준작문.
작작[1][-짝]부 너무 지나치지 않게. 어지간히. 대강. ¶ 웃기는 소리 좀 작작 하려무나.
작작 먹고 가는 똥 누어라속담 욕심 부리지 말고, 분수에 맞게 행동하라는 뜻.
작-작[2][-짝]부하타 ①신발 따위를 가볍게 끌며 걷는 소리, 또는 그 모양. ¶ 슬리퍼를 작작 끌며 복도를 지나가다. ②줄이나 획을 마구 긋거나 종이 따위를 함부로 찢는 소리, 또는 그 모양. ¶ 편지를 작작 찢다. 큰직직. 센짝짝[1].
작작(灼灼) '작작(灼灼)하다'의 어근.
작작(綽綽) '작작(綽綽)하다'의 어근.
작작-거리다[-짝꺼-]타 자꾸 작작 소리를 내다. 작작대다. 큰직직거리다.
작작-대다[-짝때-]타 작작거리다.
작작유여(綽綽有餘) '작작유여하다'의 어근.
작작유여-하다(綽綽有餘-)[-짱뉴-]형여 ☞여유작작하다.
작작-하다(灼灼-)[-짜카-]형여 (붉게 핀 꽃 따위가) 화려하고 찬란하다. **작작-히**부.
작작-하다(綽綽-)[-짜카-]형여 빠듯하지 않고 넉넉하다. **작작-히**부.
작잠(柞蠶)[-짬]명 ☞산누에. ↔가잠(家蠶).
작잠-견(柞蠶繭)[-짬-]명 ☞산누에고치.
작잠-사(柞蠶絲)[-짬-]명 산누에고치에서 뽑은실.
작잠-아(柞蠶蛾)[-짜마]명 ☞산누에나방.
작장(作場)[-짱]명 농사짓는 일터.
작장초명 ☞괭이밥·초장초.
작재(作宰)[-째]명하자 고을의 원이 되는 일.
작전(作戰)[-쩐]명하자 ①싸움이나 경기의 대책을 세움. ¶ 작전을 짜다. ②일정 기간에 집중적으로 벌이는 군사적 행동을 통틀어 이르는 말. ¶ 군경(軍警) 합동 작전. /작전을 전개하다. ③증권 시장에서, 일부 세력이 짜고 부당한 방법으로 특정 주식의 주가를 끌어올린 다음 매도하여 차익을 챙기는 일.
작전(作錢)[-쩐]명하자 ①물건을 팔아서 돈을 마련함. ②조선 시대에, 전세(田稅)로서 쌀·콩·무명 따위 대신에 돈으로 바치게 하던 일.
작전^명ː령(作戰命令)[-쩐-녕]명 군(軍)의 작전 행동을 구체적으로 규정한 지휘관의 명령.
작전^목표(作戰目標)[-쩐-]명 작전 계획의 수행을 위한 목표.
작전-지(作戰地)[-쩐-]명 작전의 대상이 되는 지역.
작전^참모(作戰參謀)[-쩐-]명 부대 작전에 관한 사항을 맡아보는 참모.
작전^타임(作戰time)[-쩐-]명 농구·배구 등 운동 경기에서, 감독이나 주장이 자기 팀의 선수에게 작전을 지시하기 위하여 심판에게 요구하는 시간.
작전^행동(作戰行動)[-쩐-]명 군인들이 작전에 따라 행하는 실제 전투 행위.
작정(作定)[-쩡]명하자타되자 (어떤 일을) 마음으로 결정함, 또는 그 결정. ¶ 내일부터 운동을 할 작정이다. /죽기를 작정하면 못할 일이 없다.
작정(酌定)[-쩡]명하타되자 (어떤 일을) 짐작하여 결정함, 또는 그런 결정.
작조(昨朝)[-쪼]명 어제 아침.
작조-기(作條器)[-쪼-]명 씨를 뿌릴 고랑을 만드는 데 쓰이는 기구. 〔괭이·쟁기 따위.〕
작죄(作罪)[-쬐/-쮀]명하자 죄를 지음, 또는 그 죄.
작주(昨週)[-쭈]명 지난주.
작주(酌酒)[-쭈]명하자 잔에 술을 따름.
작중^인물(作中人物)[-쭝-]명 작품 가운데에 등장하는 인물.
작증(作證)[-쯩]명하타 증거로 삼음, 또는 그 증거.
작지(昨紙)[-찌]명 어제 날짜의 신문.
작지불이(作之不已)[-찌-]명하타 (어떤 일을) 끊임없이 힘을 다하여 함.
작지서지(作之書之)[-찌-]명하타 ☞자작자필(自作自筆).

작-차다자 ①가득히 차다. ②(기한·한도 따위가) 꽉 차다.
작처(酌處)명하타 죄의 무겁고 가벼움을 헤아려 처단함.
작척(作隻)명하자 서로 척을 지음, 곧 서로 원수가 되는 일.
작첩(作妾)명하자 첩을 얻음. 첩을 삼음.
작추(昨秋)명 지난가을.
작축(作軸)명하타 종이를 한 축씩 묶음.
작춘(昨春)명 지난봄.
작취-미성(昨醉未醒)명하자 어제 마신 술이 아직 깨지 아니함.
작쾌(作-)명하타 ①☞작관(作貫). ②(북어를) 스무 마리씩 꿰어서 한 쾌로 만듦.
작태(作態)명 ①하자의도적으로 어떠한 태도나 표정을 지음, 또는 그 태도나 표정. ②꼴불견의 짓거리. ¶ 안하무인의 작태를 보이다.
작파(作破)명하타 (어떤 계획이나 하던 일 따위를) 그만두어 버림. ¶ 농사를 작파하고 도시로 떠나다.
작파(斫破)명하타 찍어서 둘로 쪼갬.
작패(作牌)명하타 (골패 노름에서) 몇 짝씩 모아 한 패를 지음. 조패(造牌).
작편(作片)명하타 (인삼을) 굵고 잔 것을 따로 따로 골라, 열 냥씩 말아서 한 근을 만듦. 작근(作斤).
작폐(作弊)[-폐/-페]명하자 폐를 끼침. 폐단이 됨. ¶ 서민 생활에 작폐가 되어서는 안 된다.
작표(雀瓢)명 ☞새박.
작품(作品)명 ①만든 물건. ②그림·조각·소설·시 등 예술 활동으로 만든 것. ¶ 전후 문학 작품 선집. /예술 작품을 감상하다.
작품(爵品)명 ☞직품(職品).
작품-란(作品欄)[-난]명 (신문·잡지·교지 따위의) 문예 작품을 싣는 난.
작품-론(作品論)[-논]명 예술 작품의 가치를 여러 각도로 구명(究明)하여 비평한 평론. 참작가론.
작품-성(作品性)[-썽]명 작품이 가지는 그 자체의 예술적 가치. ¶ 작품성이 높은 영화.
작품-집(作品集)명 작품을 모아서 엮은 책. ¶ 희곡 작품집.
작풍(作風)명 예술 작품에 나타난 작가의 독특한 수법이나 특징.
작하(昨夏)[자카]명 지난여름.
작-하다(作-)[자카-]타여 (언행을) 부자연스럽게 꾸며서 하다.
작헌-례(酌獻禮)[자컨녜]명 임금이 종묘·문묘·영전(影殿)·왕릉 등에 몸소 지내던 제례.
작혐(作嫌)[자켬]명하자 서로 싫어하고 의심하는 관계가 됨.
작호(綽號)[자코]명 (본명 이외에) 남들이 별명으로 지어서 불러 주는 이름.
작호(爵號)[자코]명 관작의 칭호, 특히 작위의 칭호. 〔공작·후작·백작·자작·남작 따위.〕
작화(作畫)[자콰]명하타 그림을 그림.
작환(作丸)[자콴]명하타 환약(丸藥)을 만듦.
작환(繳還)[자콴]명하타 ①☞작송(繳送). ②(보냈던 문서나 물건 따위를) 도로 찾아옴.
작황(作況)[자쾅]명 농작(農作)의 잘되고 못된 상황. ¶ 올해는 작황이 어떻습니까?
작황^지수(作況指數)[자쾅-]명 벼 따위의 작황을 평년에 비교하여 나타낸 지수.
작흥(作興)[자킁]명하타 정신이나 기운을 떨쳐 일으킴. ¶ 민족정신을 작흥하다.
작희(作戱)[자키]명하자타 (남의 일에) 훼방을 놓음.
작히[자키]부 《반어적으로 쓰이어》 얼마나. 오죽. ¶ 그렇게 된다면야 작히 좋으랴.
작히-나[자키-]부 '작히'의 힘줌말.
잔(盞)명 ①술잔. ②찻잔. 컵. ③〖의존 명사적 용법〗 잔의 수를 세는 단위. ¶ 커피 두 잔.
잔을 기울이다관용 술잔에 부어 놓은 술을 마시다.
잔(을) 드리다관용 〔환갑 잔치 같은 데에서, 오래 살기를 비는 뜻으로〕 잔에 술을 부어서 바치다. 잔(을) 올리다.
잔을 비우다관용 부어 놓은 술잔의 술을 말끔히 마시다.
잔(을) 올리다관용 ①(제사를 지낼 때에) 잔에 술을 부어 올리다. ②☞잔(을) 드리다.
잔-접두 《일부 명사 앞에 붙어》 '자잘함'·'가늚'·'하찮음'의 뜻을 나타냄. ¶ 잔가지. /잔심부름. /잔소리.
잔-가락명 (노래나 춤 따위의) 짧고도 급한, 또는 잦고도 빠른 가락.
잔-가랑니명 자디잔 가랑니.
잔-가시명 생선의 몸에 있는 자디잔 가시.
잔-가지명 풀과 나무의 자디잔 가지.
잔간(殘簡)명 일부 또는 대부분이 흩어지고 남은 문서.
잔-걱정[-쩡]명하자 자질구레한 걱정.
잔-걸음명 ①가까운 곳을 자주 왔다 갔다 하는 걸음. ②걸음의 폭을 좁게 떼면서 재게 걷는 걸음. ¶ 잔걸음을 치다. ③우리나라 민속 무용의 기본 동작인 걸음새의 한 가지. 한 박자에 두 걸음 앞으로 걷기와 뒤로 걷는 동작. ③참장진걸음.
잔-결명 가늘게 나타난 곧은결.
잔결(殘缺)명하자되자 일부분이 빠져 있어 완전하지 못함, 또는 그 물건.
잔결-본(殘缺本)명 ☞낙질본(落帙本).
잔경(殘更)명 날이 샐 무렵. 오경(五更).
잔-경위(-涇渭)명 아주 사소한 일에도 분명히 따지는 경위.
잔고(殘高)명 ☞잔액.
잔-고기명 조그마한 물고기. 소어(小魚).
잔고기 가시 세다속담 몸은 작아도 속은 올차다는 뜻.
잔골(孱骨)명 ☞약골.
잔공(殘孔)명 발파한 뒤에 손가락 길이만큼 남는 남폿구멍.
잔광(殘光)명 ①해가 질 무렵의 약한 햇빛. ②방전관 안의 물질이 전류가 끊어진 뒤에도 잠시 동안 더 내는 빛.
잔교(棧橋)명 ①(계곡에 걸쳐 놓은) 구름다리. ②☞선창(船艙).
잔구(殘丘)명 준평원(準平原) 위에 홀로 남아 있는 언덕(산).
잔-구멍명 ①잘게 뚫린 구멍. ②(어떤 일에 대하여) 좁게 내다보는 관점.
잔국(殘菊)명 ①늦가을까지 피어서 남아 있는 국화. ②시든 국화.
잔-글씨명 잘고 가늘게 쓴 글씨. 세서(細書). 세자(細字).
잔-금명 잘게 접히거나 잘게 긋거나 한 금.
잔금(殘金)명 ①쓰고 남은 돈. 여전(餘錢). 잔액(殘額). ②갚다가 덜 갚은 돈. ¶ 잔금을 치르고 등기를 이전하다.
잔기(殘期)명 나머지 기간.

잔-기술(-技術)명 운동 경기 따위에서의 자잘한 재간. 세기(細技).
잔-기침명 작은 소리로 자주 하는 기침. ¶ 잔기침을 하여 기척을 알리다. ↔큰기침.
잔-꾀[-꾀/-꿰]명 얕은꾀. ¶ 잔꾀에 넘어가다.
잔나비명 '원숭이'의 방언.
잔년(殘年)명 명(命)이 다할 때까지의 얼마 남지 않은 나이. 여년(餘年). 여생(餘生).
잔-누비명 잘게 누빈 누비.
잔누비-질명하타 잘게 누비는 일.
잔-눈치명 (남의 언동에서) 자질구레한 기미를 알아채는 눈치.
잔다리-밟다[-밥따]자 지위가 낮은 데로부터 한 계급씩 차차 올라가다.
잔-달음명 걸음의 폭을 좁게 잇달아 떼어 놓으면서 바삐 뛰는 걸음. ¶ 잔달음을 치다.
잔당(殘黨)명 (패하거나 망하고) 남은 무리. 여당(餘黨). 여류(餘類). 잔도(殘徒).
잔ː대명 초롱꽃과의 다년초. 줄기 높이 50~100 cm, 뿌리는 굵고 잔털이 있음. 7~9월에 하늘색 꽃이 종 모양으로 피며, 어린잎은 먹을 수 있음. 굵고 잔털이 있는 뿌리는 민간에서 거담제(祛痰劑)로 씀.
잔대(盞臺)[-때]명 술잔을 받치는 접시 모양의 그릇. 탁반(托盤).
잔도(殘徒)명 ☞잔당(殘黨).
잔도(殘盜)명 (잡히지 아니하고) 남은 도둑.
잔도(棧道)명 험한 벼랑에 나무로 선반처럼 내매어 만든 길.
잔독(殘毒) '잔독하다'의 어근.
잔독-하다(殘毒-)[-도카-]형여 잔인하고 악독하다. **잔독-히**부.
잔-돈명 ①단위가 작은 돈. ¶ 잔돈이 없어 천 원짜리를 냈다. ②〈잔돈푼〉의 준말.
잔-돈(殘-)명 ☞우수리. ¶ 잔돈을 거슬러 주다.
잔돈-푼명 ①얼마 안 되는 돈. ②자질구레하게 쓰이는 돈. 준잔돈.
잔-돌명 조그마한 돌.
잔돌-밭[-받]명 ①잔돌이 많이 섞여 있는 밭. ②잔돌이 널리 깔려 있는 곳. *잔돌밭이[-바치]·잔돌밭을[-바틀]·잔돌밭만[-반-]
잔동(殘冬)명 겨울이 거의 끝날 무렵.
잔두지련(棧豆之戀)명 〔말이 얼마 되지 않는 콩을 못 잊어 마구간을 떠나지 못한다는 뜻으로〕 사소한 이익에 집착함을 이르는 말.
잔드근-하다형여 조금 잔득하다. 큰진드근하다. **잔드근-히**부.
잔득-거리다[-꺼-]자 자꾸 잔득잔득하다. 잔득대다. 큰진득거리다. 센짠득거리다.
잔득-대다[-때-]자 잔득거리다.
잔득-잔득[-짠-]부하자 ①검질기게 짝짝 달라붙는 모양. ¶ 껌이 손에 잔득잔득 달라붙다. ②끊으려고 해도 잘 끊어지지 않는 모양. ¶ 잔득잔득한 연분. 큰진득진득. 센짠득짠득.
잔득-하다[-드카-]형여 ①몸가짐이 제법 차분하고 참을성이 있다. ¶ 조바심 내지 말고 잔득하게 앉아서 기다려라. ②녹진하고 차지다. 큰진득하다. **잔득-이**부.
잔등(殘燈)명 (밤늦게 심지가 다 타서) 꺼지려고 하는 불, 또는 희미한 등불.
잔등-머리명 〈등〉의 낮춤말.
잔등-이명 〈등〉의 낮춤말.
잔디명 ①볏과의 다년초. 줄기가 땅바닥에 붙어 옆으로 길게 벋고, 마디마다 뿌리가 내려 재생력이 강함. 5~10 cm의 좁고 긴 잎은 줄기의 마디에서 위로 벋으며 안으로 말려 있음. 지표(地表)를 빽빽하게 덮기 때문에 조경으로 널리 쓰이며, 품종이 다양함. 사초(莎草). 초모(草茅). 참떼[2]. ②〈잔디밭〉의 준말.
잔디-밭[-받]명 ①잔디가 많이 난 곳. ②잔디로 꾸민 마당. 준잔디. *잔디밭이[-바치]·잔디밭을[-바틀]·잔디밭만[-반-]
잔디밭에서 바늘 찾기속담 무엇을 고르거나 찾거나 얻어 내기가 매우 어렵거나 불가능한 경우에 하는 말.
잔디-찰방(-察訪)명 〔무덤의 잔디를 지킨다는 뜻으로〕 '죽어서 땅에 묻힘'을 농으로 이르는 말.
잔뜩부 더할 수 없는 데까지. 꽉 차게. ¶ 화가 잔뜩 나다. /음식을 잔뜩 담다.
잔량(殘量)[잘-]명 나머지. 남은 수량.
잔루(殘淚)[잘-]명 눈물 자국.
잔루(殘壘)[잘-]명 ①(함락되지 않고) 남아 있는 보루(堡壘). ②야구에서, 그 회(回)의 공격이 끝나 교체할 때, 주자가 누(壘)에 남아 있는 일, 또는 그 누.
잔류(殘留)[잘-]명하자 남아서 처져 있음. ¶ 잔류 부대. /귀국하지 않고 그대로 잔류하다.
잔류^감ː각(殘留感覺)[잘-]명 감각을 일으키는 자극이 사라진 뒤에도 잠시 남아 있는 감각. 잔존 감각(殘存感覺).
잔류^자ː기(殘留磁氣)[잘-]명 강자성체(強磁性體)를 자화(磁化)한 후, 자화력(磁化力)을 제거한 상태에서 그대로 남아 있는 자기(磁氣).
잔-말명하자 쓸데없이 자질구레하게 늘어놓는 말. ¶ 잔말 말고 시키는 대로 해. 참잔소리.
잔말-쟁이명 (수다스럽게) 잔말을 잘하는 버릇이 있는 사람.
잔망(殘亡)명하자되자 ☞잔멸(殘滅).
잔망(孱妄) '잔망하다'의 어근.
잔망-스럽다(孱妄-)[-따][~스러우니·~스러워]형ㅂ 잔망한 데가 있다. ¶ 어린것이 여간 잔망스럽지가 않다. **잔망스레**부.
잔망-이(孱妄-)명 '잔망스러운 사람'을 농조로 이르는 말.
잔망-하다(孱妄-)형여 ①몸이 작고 약하다. ②하는 짓이 얄밉도록 맹랑하거나 경망하다.
잔매(殘梅)명 ①철 늦도록 피는 매화. ②지고 남은 매화.
잔맹(殘氓)명 ☞잔민(殘民).
잔-머리명 〈잔꾀〉의 속된 말. ¶ 잔머리를 굴리다.
잔멸(殘滅)명하자되자 쇠잔하여 다 없어짐. 잔망(殘亡). 잔폐(殘廢).
잔명(殘命)명 얼마 남아 있지 않은 쇠잔한 목숨. ¶ 어미 없는 어린애가 어찌 잔명을 부지하랴(謝氏南征記).
잔-모래명 가는 모래.
잔-못[-몯]명 작은 못. *잔못이[-모시]·잔못만[-몬-]
잔무(殘務)명 다 처리하지 못하고 남은 사무.
잔-무늬[-니]명 잘고 섬세한 무늬.
잔물(殘物)명 팔거나 쓰고 남은 물건.
잔-물결[-껼]명 ①초속 1m 이상 5m 이하의 바람이 불 때 생기는 주름살 모양의 작은 파도. 파장(波長)은 1.7cm 이하. ¶ 은빛 잔물결이 일다. ②'마음에 일어나는 동요'를 비유하여 이르는 말. ¶ 감동이 잔물결처럼 일다.
잔물-잔물부하형 (눈가나 살가죽이) 약간 짓무르고 진물이 괴어 있는 모양. ¶ 눈가가 잔물잔물한 할머니. 큰진물진물.

잔민(殘民)명 피폐한 백성. 잔맹(殘氓).
잔-밉다[-따][~미우니·~미워]형ㅂ 몹시 얄밉다.
잔밉고 얄밉다관용 몹시 잔밉다.
잔-바느질명하자 자질구레한 바느질.
잔-바늘명 가는 바늘.
잔바늘 쑤시듯속담 무엇이나 착살맞게 들쑤시기를 잘한다는 말.
잔반(殘班)명 가세(家勢)가 기운 양반.
잔반(殘飯)명 ①먹다 남은 밥. ②☞대궁.
잔-발명 (무나 인삼 따위 식물의) 굵은 뿌리에 달린 잘고 가는 뿌리.
잔-방귀명 조금씩 자주 뀌는 방귀.
잔배(殘杯·殘盃)명 마시다가 잔에 남긴 술, 또는 그 술잔.
잔배-냉적(殘杯冷炙)명 〔마시다 남은 술과 식은 적이라는 뜻으로〕 '보잘것없는 음식(주안상)'을 이르는 말. 잔배냉효.
잔배-냉효(殘杯冷肴)명 ☞잔배냉적.
잔-별명 작은 별. 자잘한 별.
잔-병(-病)명 자주 앓는 자질구레한 병.
잔병에 효자 없다속담 부모가 늘 잔병을 앓고 있으면 자식이 변함없이 효도하기가 쉽지 않다는 말.
잔병(殘兵)명 ①남아 있는 병사. ②☞패잔병.
잔병-꾸러기(-病-)명 자질구레한 병을 자주 앓는 사람.
잔병-치레(-病-)명하자 자질구레한 병을 자주 앓는 일.
잔본(殘本)명 팔다가 남은 책. ¶ 잔본 처리.
잔-부끄러움명 사소한 일에도 잘 부끄러워하는 마음. ¶ 잔부끄러움을 타다.
잔-불명 (꿩 따위 작은 짐승을 잡기 위하여 쏘는) 화력이 약한 총탄. ¶ 잔불을 놓다.
잔불-놓이[-로-]명하자 (작은 짐승을 잡기 위하여) 잔불질로 하는 사냥.
잔불-질명하자 잔불을 놓는 일.
잔비(殘匪)명 (소탕을 면하여) 아직 남아 있는 비적(匪賊).
잔비(殘碑)명 (비바람을 견디며) 오래 전하여 남아 있는 비석.
잔-뼈명 ①(어려서) 아직 다 자라지 못한 뼈. ②가늘고 작은 약한 뼈. ¶ 생선의 잔뼈를 발라내다.
잔뼈가 굵어지다〔굳다〕관용 어릴 때부터 어떤 일이나 환경 속에서 자라나다. ¶ 시장 바닥에서 잔뼈가 굳은 사람.
잔-뿌리명 (굵은 뿌리에서 돋아난) 잘고 가는 뿌리. 세근(細根).
잔사(殘寺)명 낡아 허물어져 가는 절.
잔사(殘渣)명 ☞잔재(殘滓).
잔-사다리명하타 〈잔사설〉의 속된 말.
잔-사단(-事端)명하타 ☞잔사설.
잔-사설(-辭說)명하타 쓸데없이 번거롭게 늘어놓는 말. 잔사단.
잔산(殘山)명 비바람에 깎인 나지막한 산.
잔산-단록(殘山短麓)[-달-]명 낮고 작은 산들.
잔살(殘殺)명하타 잔인하게 죽임.
잔상(殘像)명 보이던 대상물이 사라진 뒤에도 잠시 동안 그대로 시각에 남아 있는 상(像). 유상(遺像).
잔생(殘生)명 쇠잔한 생애. 나머지 생애.
잔생-이부 ①지긋지긋하게 말을 듣지 않는 모양. ¶ 왜 그렇게 잔생이 말을 안 듣는 거냐? ②애걸복걸하는 모양. ¶ 살려 달라고 잔생이 빌다. ③'지지리'의 잘못.
잔생이 보배라속담 못난 체하는 것이 처세에 이롭다는 말.
잔서(殘暑)명 늦여름의 마지막 더위. 여열(餘熱). 잔염(殘炎).
잔-석기(-石器)[-끼]명 중석기 시대에 사용되었던, 작은 돌로 다듬은 간석기. 〔작은 돌칼, 창의 촉, 낫 따위.〕 세석기.
잔선(殘蟬)명 늦가을까지 남아서 우는 매미.
잔설(殘雪)명 녹다가 남은 눈, 또는 이른 봄까지 녹지 아니한 눈.
잔성(殘星)명 새벽녘에 보이는 별.
잔-셈명하타 자질구레한 셈.
잔-소리명하자 ①듣기 싫게 늘어놓는 잔말. 세설(細說). ¶ 두말하면 잔소리지. ②꾸중으로 이러니저러니 하는 말. ¶ 주인한테 잔소리를 듣다.
잔소리-꾼명 잔소리를 많이 하는 사람.
잔-속명 ①자세한 속내. ¶ 잔속도 모르면서 아는 체한다. ②자잘하게 썩이는 속. ¶ 아이들이 잔속을 많이 썩인다.
잔-손명 자질구레하게 여러 번 가는 손질. ¶ 한복을 짓는 데는 잔손이 많이 간다.
잔-손금[-끔]명 손바닥의 잔금.
잔손-불림명 잔손질이 드는 일.
잔-손질명하타 자질구레한 손질.
잔-솔명 어린 소나무. 치송(稚松).
잔솔-가지명 어린 소나무의 가지.
잔솔-밭[-받]명 잔솔이 많은 곳. ＊잔솔밭이[-바치]·잔솔밭을[-바틀]·잔솔밭만[-반-]
잔솔-잎[-립]명 어린 소나무의 잎. ＊잔솔잎이[-리피]·잔솔잎만[-림-]
잔솔-포기명 어린 소나무의 포기.
잔-술(盞-)[-쑬]명 ①잔에 따른 술. 배주(杯酒). ②낱잔으로 파는 술.
잔술-집(盞-)[-쑬찝]명 낱잔으로 술을 파는 술집.
잔-시중명 자질구레한 시중.
잔-심부름명하자 자질구레한 심부름.
잔심부름-꾼명 잔심부름을 하는 사람.
잔악(殘惡)명하형 잔인하고 악독함. **잔악-히**부.
잔악-무도(殘惡無道)[자낭-]명하형 말할 수 없이 잔인하고 악독함. 비잔인무도·잔학무도.
잔악-성(殘惡性)[-썽]명 잔악한 성질.
잔암(殘庵)명 황폐한 암자.
잔액(殘額)명 나머지 금액. 잔고(殘高). 잔금(殘金). ¶ 예금의 잔액.
잔야(殘夜)명 새벽녘. 미명(未明).
잔약(孱弱) '잔약하다'의 어근.
잔-약과(-藥菓)[-냑꽈]명 자잘하게 만든 유밀과(油蜜菓).
잔약-하다(孱弱-)[자냐카-]형여 가냘프고 약하다.
잔양(殘陽)명 (저녁 무렵의) 기우는 햇볕. 석양. 잔일(殘日).
잔양-판(殘陽-)명 ☞석양판.
잔업(殘業)명 ①하다가 남은 작업. ②근무 시간이 끝나고 나서 더 하는 작업.
잔업^수당(殘業手當)[-쑤-]명 잔업의 대가로 지급되는 노임.
잔여(殘餘)명 남아 있는 것. ¶ 잔여 임기. /휴가의 잔여 시간을 시골집에서 보내다.
잔여-기간(殘餘期間)명 일정한 기간 가운데에서 얼마간 남아 있는 기간.
잔연(殘煙)명 사라져 가는 연기.
잔열(孱劣) '잔열하다'의 어근.
잔열(殘熱)명 ☞여열(餘熱).

잔열-하다(孱劣-)형여 가냘프고 변변하지 못하다.
잔염(殘炎)명 ☞잔서(殘暑).
잔영(殘影)명 ①뒤에 남은 흔적. ②가시지 않은 지난날의 모습.
잔-영산(-靈山)[-녕-]명 영산회상(靈山會上)의 마지막인 셋째 곡조. 세 곡조 중 가장 빠르며, 네 장(章)으로 되어 있음. 세영산(細靈山). 참상영산·중영산.
잔용(-用)[-뇽]명 자질구레한 일에 쓰는 용돈. 비잡비(雜費).
잔원(潺湲) '잔원하다'의 어근.
잔원-하다(潺湲-)형여 물의 흐름이 조용하고 잔잔하다. ¶ 잔원한 수성(水聲)에 흉금이 청량하다.
잔월(殘月)명 ①지새는 달. 새벽달. ②거의 넘어가게 된 달.
잔월-효성(殘月曉星)명 지는 달과 샛별. ¶ 殘月曉星이 아르시리이다(鄭瓜亭).
잔읍(殘邑)명 피폐한 고을. 박읍(薄邑).
잔인(殘忍)명하형스형 인정이 없고 몹시 모짊. ¶ 납치범이 인질을 잔인하게 살해했다. **잔인스레**부.
잔인-무도(殘忍無道)명하형 더할 수 없이 잔인함. 비잔악무도·잔학무도.
잔인-박행(殘忍薄行)[-바캥]명 잔인하고도 야박한 행위.
잔인-성(殘忍性)[-썽]명 잔인한 성질.
잔인해물(殘人害物)명하자 사람에게 모질게 굴고 물건을 해침. 잔해(殘害).
잔-일[-닐]명하자 잔손이 많이 가는 자질구레한 일. ↔큰일1.
잔일(殘日)명 ①(저녁 무렵의) 기우는 해. 석양. 잔양(殘陽). ②(앞으로 살아갈) 남은 생애.
잔-입[-닙]명 아침에 일어나서 아직 아무것도 먹지 않은 입. 마른입.
잔-잎[-닙]명 ☞소엽(小葉). *잔잎이[-니피]·잔잎만[-님-]
잔-자갈명 자잘한 자갈.
잔자누룩-하다[-루카-]형여 소란스럽지 않고 잔잔하다. ¶ 늦도록 떠들던 아이들도 잠이 들었는지, 밤은 잔자누룩하기만 하다.
잔:작-하다[-자카-]형여 (나이에 비하여) 늙되고 용렬하다. 자소(仔小)하다.
잔잔(孱孱) '잔잔(孱孱)하다'의 어근.
잔잔(潺潺) '잔잔(潺潺)하다'의 어근.
잔-잔누비명 이랑의 폭이 썩 좁게 누비는 일, 또는 그렇게 누빈 것.
잔잔-하다형여 ①(바람·물결·소리 따위가) 가라앉아 조용하다. ¶ 잔잔한 바다. /잔잔한 말소리. ②(병세·형세 따위가) 더하지 아니하고 가라앉다. ③(태도 따위가) 차분하고 평온하다. ¶ 입가에 잔잔한 미소를 띠다. /잔잔한 가슴에 풍파가 일다. ①③**잔잔-히**부.
잔잔-하다(孱孱-)형여 (기질이) 잔약하다. **잔잔-히**부.
잔잔-하다(潺潺-)형여 (물 흐르는 소리나 비 내리는 소리가) 약하고 가늘다. ¶ 잔잔하게 흐르는 시냇물. **잔잔-히**부.
잔재(殘在)명하자 남아 있음.
잔재(殘滓)명 남은 찌꺼기. 잔사(殘渣). ¶ 일제(日帝)의 잔재를 청산하다.
잔-재미명 아기자기하고 오밀조밀한 재미. ¶ 잔재미라고는 전혀 없는 사내.
잔-재비명 ①자질구레하고 공교로운 일을 잘하는 손재주. ②(큰일이 벌어진 판에서) 잔손이 많이 드는 일.
잔-재주(←-才操)명 ①얕은 재주. ¶ 잔재주를 부리다. ②자질구레한 일을 잘 해내는 재주. ¶ 잔재주가 많다.
잔적(殘賊)명 ①(소탕을 면하여) 아직 남아 있는 도둑. ②하타☞장적(戕賊).
잔적(殘敵)명 (소탕을 면하여) 아직 남아 있는 적병(敵兵).
잔적-토(殘積土)명 ☞원적토(原積土).
잔전(殘錢)명 '잔돈'의 잘못.
잔-절편명 잘게 만든 절편.
잔-정(-情)명 자상하고 다정한 정. ¶ 잔정이 많은 여자.
잔정(殘政)명 (백성을 못살게 구는) 잔학한 정치.
잔조(殘租)명 기한 안에 다 거두어들이지 못하고 남은 조세.
잔조(殘照)명 저녁노을.
잔족(殘族)명 남은 족속.
잔존(殘存)명하자 남아 있음. ¶ 잔존 세력.
잔존^감:각(殘存感覺)명 ☞잔류 감각.
잔졸(孱拙) '잔졸하다'의 어근.
잔졸-하다(孱拙-)형여 몹시 약하고 옹졸하다.
잔주명하자 술에 취하여 늘어놓는 잔말. ¶ 많이 마시지도 않았는데 잔주가 심하다.
잔-주(-註)명 큰 주석 아래 잘게 단 주석.
잔-주름명 잘게 잡힌 주름. ¶ 눈가에 잡힌 잔주름.
잔-주름살[-쌀]명 잘게 잡힌 주름살.
잔-주접명 ①어렸을 때 잔병치레를 하여 제대로 자라지 못하는 탈. ¶ 돌이 지났건만 잔주접으로 잘 걷지 못한다. ②'헌데'나 '옴' 따위를 일컫는 말.
잔-줄명 잘게 그은 줄.
잔지(殘地)명 자투리땅.
잔지러-뜨리다타 몹시 자지러뜨리다. 잔지러트리다. 큰진지러뜨리다.
잔지러-지다자 몹시 자지러지다. 큰진지러지다.
잔지러-트리다타 잔지러뜨리다. 큰진지러트리다.
잔-질(盞-)명하자 잔에 술을 따르는 짓, 또는 잔에 술을 따라 돌리는 짓.
잔질(殘疾)명 몸에 남아 있는 병.
잔질다[잔지니·잔질어]형 ①마음이 굳세지 못하고 약하다. ②하는 짓이 잘고 다랍다.
잔질지인(殘疾之人)[-찌-]명 병을 많이 치러 쇠약해진 사람.
잔-짐승명 작은 짐승.
잔-채명 잘게 썬 채.
잔채(殘菜)명 먹고 남은 반찬.
잔채-질명하자타 포교가 죄인을 신문할 때, 회초리로 마구 때리는 매질.
잔챙이명 자잘하고 보잘것없는 것. ¶ 쓸 만한 것은 다 팔고 잔챙이만 남았다. /오늘 낚시에서는 잔챙이만 걸린다.
잔천(殘喘)명 (겨우 숨이 붙어 있는) 거의 다 죽게 된 목숨.
잔초(殘礎)명 남아 있는 주춧돌.
잔촉(殘燭)명 거의 다 타 가는 촛불.
잔추(殘秋)명 늦은 가을. 늦가을. 만추(晩秋).
잔춘(殘春)명 늦은 봄. 늦봄. 만춘(晩春).
잔치명하자 경사가 있을 때, 음식을 차려 놓고 여러 사람을 청하여 즐김, 또는 그 일. ¶ 혼인 잔치. /잔치를 베풀다.
잔치-판명 잔치를 벌여 놓은 판. ¶ 떠들썩하게 잔치판을 벌이다.
잔칫-날[-친-]명 잔치하는 날.

잔칫-상(-床)[-치쌍/-칟쌍]명 잔치 때에 차리는 음식상.
잔칫-집[-치찝/-칟찝]명 잔치를 베푸는 집.
잔-칼질명하자.타 아주 잘게 채를 치거나 이기는 칼질.
잔-털명 매우 보드랍고 가늘고 짧은 털.
잔판(棧板)명 굽기 전의 질그릇을 담아 나르는 데 쓰는 널판.
잔판-머리명 일의 끝판이 날 무렵.
잔패(殘敗)명하자 쇠잔하여 패함.
잔편(殘片)명 남은 조각.
잔편(殘編)명 ☞낙질(落帙).
잔폐(殘廢)[-폐/-페]명하자 되자 ☞잔멸(殘滅).
잔포(殘暴)명하형 ☞잔학(殘虐).
잔-풀명 어린 풀. 자디잔 풀.
잔풀-나기[-라-]명 잔풀이 돋는 봄철.
잔풀-내기[-래-]명 '하찮은 출세로 거들먹거리는 사람'을 조롱하여 이르는 말.
잔풀-호사(-豪奢)명 분(分)에 넘치게 옷치장을 잘하는 일.
잔품(殘品)명 (팔거나 쓰거나 먹거나 하다가) 남은 물품. ¶ 잔품 처리.
잔풍(殘風)명 약한 바람. 잔잔한 바람.
잔풍-하다(殘風-)형여 바람기가 없이 잔잔하다. ¶ 잔풍한 날씨.
잔피(孱疲) '잔피하다'의 어근.
잔피-하다(孱疲-)형여 몹시 잔약하여 골골하다.
잔하(殘夏)명 늦여름. 만하(晩夏).
잔학(殘虐)명하형 잔인하고 포악함. 잔포(殘暴). 잔혹(殘酷). ¶ 잔학한 살인 사건.
잔학-무도(殘虐無道)[-항-]명하형 더할 수 없이 잔인하고 포악함. 비잔악무도·잔인무도.
잔학-성(殘虐性)[-썽]명 잔학한 성질.
잔한(殘恨)명 ☞유한(遺恨).
잔한(殘寒)명 봄까지 남아 있는 추위. 늦추위. 여한(餘寒).
잔해(殘害)명하자 ☞잔인해물(殘人害物).
잔해(殘骸)명 ①(썩거나 타다가) 남은 뼈. ②(부서지거나 못 쓰게 되어) 남아 있는 물체. ¶ 추락한 비행기의 잔해.
잔향(殘香)명 남아 있는 향기.
잔향(殘鄕)명 황폐한 시골.
잔향(殘響)명 발음체(發音體)의 진동이 그친 후에도 벽이나 천장에 반사되어 남는 음향. 여향(餘響).
잔-허리명 허리의 뒤쪽으로 가늘게 된 부분. 가는허리.
잔혈(孱孑) '잔혈하다'의 어근.
잔혈-하다(孱孑-)형여 잔약하고 의지할 곳이 없다. 잔약하고 외롭다.
잔호(殘戶)명 피폐한 민가.
잔혹(殘酷)명하형 잔인하고 혹독함. 잔학(殘虐). ¶ 잔혹한 행위.
잔화(殘火)명 타고 남은 불. 꺼져 가는 불.
잔화(殘花)명 ①거의 다 지고 남은 꽃. ②시들어 가는 꽃.
잔회(殘懷)[-회/-훼]명 (마음속에) 남은 회포.
잔-회계(-會計)[-회계/-훼게]명하타 자질구레한 회계.
잔효(殘肴)명 먹다 남은 안주.
잔훼(殘毁)명하타 헐어서 무너뜨림, 또는 헐리어 무너진 것.
잔흔(殘痕)명 남은 흔적.
잗-갈다[-깔-][~가니·~갈아]타 잘고 곱게 갈다.
잗갈-리다[-깔-]자 《'잗갈다'의 피동》 잘고 곱게 갈아지다. ¶ 맷돌로 갈아야 잗갈린다.
잗-널다[잔-][~너니·~널어]타 (음식물 따위를) 이로 깨물어 잘게 만들다.
잗-다듬다[-따-따]타 잘고 곱게 다듬다.
잗-다랗다[-따라타][~다라니·~다래]형ㅎ 매우 잘다. ¶ 잗다란 소나무. /잗다란 글씨. /사람이 너무 잗다랗다. 준잗닿다.
잗-달다[-딸-][~다니·~달아]형 (하는 짓이) 잘고 다랍다. ¶ 그렇게 잗달게 굴지 마시오.
잗-닿다[-따타][~다니·~달]형ㅎ 〈잗다랗다〉의 준말. ¶ 깨알같이 잗단 글씨.
잗-젊다[-쩜따]형 나이에 비하여 젊다.
잗-주름[-쭈-]명 옷 따위에 잡는 잗다란 주름.
잗-타다타 맷돌로 콩이나 팥·녹두 따위를 잘게 부서뜨리다.
잘[1]명 검은담비의 털가죽. 산달피(山獺皮). 초웅피(貂熊皮).
잘[2]부 ①익숙하게. 능란하게. ¶ 글씨를 잘 쓰다. ②옳게. 착하게. 바르게. ¶ 사람은 마음을 잘 써야지. ③좋게. 훌륭하게. ¶ 아들을 잘 두다. /자식을 잘 키웠다. ④만족스럽게. 충분히. ¶ 우리도 잘 먹고 잘 살아야지. /그 까닭을 잘 모르겠다. ⑤탈없이. 편안히. ¶ 잘 가시오. /잘 있었는가. ⑥적절하게. 알맞게. ¶ 마침 잘 만났다. /제때 잘 왔네. ⑦걸핏하면. 버릇으로. 늘. ¶ 잘 우는 아이. ⑧분명하게. 자세히. 똑똑히. ¶ 잘 모르다. /소리가 잘 들리다. ⑨유리하게. 적당히. ¶ 잘 봐주시오. ⑩쉽게. ¶ 문제가 잘 풀리다. /손이 잘 풀리다. ⑪《수량을 나타내는 말 뒤에 쓰이어》 실히. 족히. ¶ 다섯 시간은 잘 걸릴걸. ①②↔잘못.
잘 자랄 나무는 떡잎부터 안다〔알아본다〕속담 앞으로 훌륭하게 될 사람은 어려서부터 남다른 점이 있다는 말.
-잘준 '-자고 할'이 줄어든 말. ¶ 같이 가잘 사람이 마땅치 않다.
잘가닥부하자.타 ①차진 물체가 가볍게 달라붙는 소리, 또는 그 모양. ②작은 쇠붙이 따위가 가볍게 맞부딪칠 때 나는 소리, 또는 그 모양. 큰절거덕. 센잘까닥·짤가닥·짤까닥. 거잘카닥·찰가닥·찰카닥. **잘가닥-잘가닥**부하자.타.
잘가닥-거리다[-꺼-]자타 자꾸 잘가닥잘가닥하다. 잘가닥대다. ¶ 호주머니 속의 동전을 잘가닥거리다. 큰절거덕거리다.
잘가닥-대다[-때-]자타 잘가닥거리다.
잘가당부하자.타 작은 쇠붙이 따위가 부딪칠 때에 가볍게 울리어 나는 소리. 큰절거덩. 센잘까당·짤가당·짤까당. 거잘카당·찰가당·찰카당. **잘가당-잘가당**부하자.타.
잘가당-거리다자타 자꾸 잘가당잘가당하다. 잘가당대다. 큰절거덩거리다.
잘가당-대다자타 잘가당거리다.
잘각부하자.타 작은 쇠붙이 따위가 맞부딪치거나 걸릴 때 나는 소리. 큰절걱. 센잘깍·짤각·짤깍. 거잘칵·찰각·찰칵. **잘각-잘각**부하자.타.
잘각-거리다[-꺼-]자타 자꾸 잘각잘각하다. 잘각대다. 큰절걱거리다.
잘각-대다[-때-]자타 잘각거리다.
잘강-거리다타 자꾸 잘강잘강하다. 잘강대다. 큰질겅거리다.
잘강-대다타 잘강거리다.
잘강-잘강부하타 질긴 것을 잇따라 잘게 씹는 모양. 큰질겅질겅.
잘개-질명하자 〈자리개질〉의 준말.

잘겁-하다[-거파-]자여 자지러질 정도로 깜짝 놀라다. ¶ 서늘한 손길이 목에 닿자 잘겁하고 비켜섰다. 큰질겁하다.

잘그락부하자타 얇은 쇠붙이 따위가 가볍게 부딪칠 때 나는 소리. 큰절그럭. 센짤그락. **잘그락-잘그락**부하자타.

잘그락-거리다[-꺼-]자타 자꾸 잘그락잘그락하다. 잘그락대다. ¶ 주머니에서 잘그락거리는 동전. 큰절그럭거리다.

잘그락-대다[-때-]자타 잘그락거리다.

잘그랑부하자타 작은 쇠붙이 따위가 땅에 떨어지거나 서로 부딪칠 때 울리어 나는 소리. 큰절그렁. 센짤그랑. 거찰그랑. **잘그랑-잘그랑**부하자타.

잘그랑-거리다자타 자꾸 잘그랑잘그랑하다. 잘그랑대다. ¶ 처마의 풍경이 잘그랑거리다. 큰절그렁거리다.

잘그랑-대다자타 잘그랑거리다.

잘근-잘근부하타 잘깃한 것을 가볍게 자꾸 씹는 모양. 큰질근질근.

잘금부하자타 액체가 조금 새어 흐르거나 쏟아지다가 그치는 모양. 큰질금. 센짤끔. **잘금-잘금**부하자타 ¶ 오줌을 잘금잘금 누다.

잘금-거리다자타 자꾸 잘금잘금하다. 잘금대다. 큰질금거리다.

잘금-대다자타 잘금거리다.

잘깃-잘깃[-긴짤긷]부하형 (씹히는 맛이) 매우 잘깃한 모양. ¶ 오징어를 잘깃잘깃 씹다. 큰질깃질깃. 센짤깃짤깃. 참졸깃졸깃.

잘깃-하다[-기타-]형여 조금 질긴 듯하다. 큰질깃하다. 센짤깃하다.

잘까닥부하자타 〈잘가닥〉의 센말. 큰절꺼덕. 센짤까닥. 거찰까닥.

잘까당부하자타 〈잘가당〉의 센말. 큰절꺼덩. 센짤까당. 거찰까당.

잘깍부하자타 〈잘각〉의 센말. 큰절꺽. 센짤깍. 거찰깍.

잘끈부 바싹 동이거나 단단히 졸라매는 모양. ¶ 머리에 수건을 잘끈 동여매다. 큰질끈.

잘-나가다[-라-]자 성공을 이루거나 능력을 발휘하거나 하며 계속 순조롭게 되어 가다. ¶ 요새 한창 잘나가는 가수.

잘-나다[-라-]자 ①(사람됨이) 남보다 똑똑하고 뛰어난 데가 있다. ¶ 잘난 체하다. /잘난 사람. ②(생김새가) 남보다 빼어나서 썩 좋아 보이다. 잘생기다. ¶ 그 집 아들, 인물은 정말 잘났어. /듬직한 체구에 얼굴도 훤하니 참 잘났더라. ③《반어적으로 쓰이어》 보잘것없거나 대수롭지 않다는 뜻을 나타내는 말. ¶ 그렇게 큰소리만 탕탕 치더니, 잘났어 정말. /뭐, 그 잘난 솜씨로 다음번엔 일등을 하겠다고? ①②↔못나다.

잘다[자니·잘아]형 ①(크기가) 작다. ¶ 알이 잔 사과. ②가늘다. ¶ 글씨가 잘아 알아보기가 힘들다. ③(성질이) 좀스럽다. ¶ 사람이 잘아서 늘품이 없다. ①③↔굵다.

잘-되다[-되-/-뒈-]자 ①(어떤 일이) 바라던 대로 이루어지거나 좋은 상태로 되다. ¶ 농사가 잘되다. /잘돼야 할 텐데…. /하는 일마다 잘된다. /고향에 돌아온다니 참 잘된 일이다. ②사람이 훌륭하게 되다. ¶ 부모는 자식 잘되기를 항상 바란다. ③일정한 정도나 수준에 이르다. ¶ 우리 가운데 잘돼야 세 명만 합격할 수 있다. ④《반어적으로 쓰이어》 결과가 좋지 않게 되다. ¶ 시험에 떨어졌다고 하자 오빠가 잘됐다고 약을 올렸다.

잘되면 제 탓[복] 못되면 조상[남] 탓속담 무엇이든 잘되면 제 공으로 돌리고, 잘못되면 남의 탓으로 돌리는 인정 세태를 이르는 말.

잘ː-두루마기명 검은담비의 털로 안을 대어 지은 두루마기.

잘똑-거리다[-꺼-]타 자꾸 잘똑잘똑 절면서 걷다. 잘똑대다. ¶ 발목을 삐어서 잘똑거리다. 큰절뚝거리다. 센짤똑거리다.

잘똑-대다[-때-]타 잘똑거리다.

잘똑-잘똑[1][-짤-]부하타 걸을 때마다 되똑되똑 다리를 저는 모양. 큰절뚝절뚝. 센짤똑짤똑[1].

잘똑-잘똑[2][-짤-]부하형 군데군데 잘똑한 모양. 큰질뚝질뚝. 센짤똑짤똑[2].

잘똑-하다[-또카-]형여 갸쭉한 물건의 한 부분이 깊이 패어 옴폭하다. 큰질뚝하다. 센짤똑하다.

잘뚜마기명 (긴 물건의 한 부분이) 잘록하게 들어간 부분.

잘라-매다타 (무엇을 끈 따위로) 단단히 졸라 동여매다. 참졸라매다.

잘라-먹다[-따]타 ①(갚아야 할 것을) 갚지 아니하다. 떼어먹다. ②(남에게 전해 주어야 할 것을) 가로채어 가지다. ¶ 공금을 잘라먹다. ③다른 사람의 의견을 무시하거나 중간에서 끊어서 전하지 않다. ¶ 그 사람은 다른 사람의 말을 번번이 잘라먹는다. ④〈자르다[1]〉의 속된 말. ¶ 졸다가 기계에 손가락을 잘라먹었다. ⑤써서 없애거나 마구 허비하다. ¶ 장사 밑천을 다 잘라먹었다.

잘랑부하자타 얇은 쇠붙이나 작은 방울 따위가 함께 흔들리어 나는 소리. 큰절렁. 센짤랑. 거찰랑. **잘랑-잘랑**부하자타.

잘랑-거리다자타 자꾸 잘랑잘랑하다. 잘랑대다. 큰절렁거리다.

잘랑-대다자타 잘랑거리다.

잘래-잘래부하타 고개를 자꾸 가볍게 가로 내젓는 모양. ¶ 고개를 잘래잘래 흔든다. 큰절레절레. 센짤래짤래. 참살래살래.

잘량명 〈개잘량〉의 준말.

잘록-거리다[-꺼-]타 자꾸 잘록잘록 절면서 걷다. 잘록대다. 큰절룩거리다. 센짤록거리다.

잘록-대다[-때-]타 잘록거리다.

잘록-잘록[1][-짤-]부하타 걸을 때 다리를 조금씩 저는 모양. 큰절룩절룩. 센짤록짤록[1].

잘록-잘록[2][-짤-]부하형 군데군데 잘록한 모양. 큰질룩질룩. 센짤록짤록[2].

잘록-하다[-로카-]형여 ①긴 물체의 한 부분이 홀쭉하다. ¶ 허리가 잘록하다. ②길게 두두룩한 것의 한 부분이 옴폭 꺼져 있다. ¶ 저 산 줄기의 잘록한 곳이 고갯마루다. 큰질룩하다. 센짤록하다.

잘름-거리다[1] Ⅰ자 (액체 따위가) 자꾸 잘름잘름 넘치다. 잘름대다[1]. 큰질름거리다. 센짤름거리다[1].

Ⅱ타 자꾸 잘름잘름 주다. 잘름대다[1]. 큰질름거리다. 센짤름거리다.

잘름-거리다[2]타 자꾸 잘름잘름 절면서 걷다. 잘름대다[2]. ¶ 잘름거리면서도 열심히 따라갔다. 큰절름거리다. 센짤름거리다[2].

잘름-대다[1]자타 ☞잘름거리다[1].

잘름-대다[2]타 ☞잘름거리다[2].

잘름-발이명 '다리를 잘름거리는 사람'을 얕잡아 이르는 말. 큰절름발이. 센짤름발이.

잘름-잘름[1]부 ①하자가득 찬 액체가 흔들려서 그릇 밖으로 잘금잘금 넘치는 모양. ②하타동안이 잦게 여러 차례에 걸쳐 조금씩 주는 모양. [큰]질름질름. [센]짤름짤름[1].
잘름-잘름[2][부][하타] 걸을 때 다리를 가볍게 약간씩 저는 모양. [큰]절름절름. [센]짤름짤름[2].
잘리다[자타] 〖'자르다'의 피동〗 ①동강나게 끊기다. ¶ 꼬리가 잘리다. ②(자기의 몫을 남에게) 가로채이다. ¶ 이자는 잘리고 원금만 도로 받다. ③직장에서 해고를 당하다.
잘못[-몯] [Ⅰ][명] 옳게 하지 못한 일. 제대로 되지 못한 일. 허물[2]. ¶ 잘못을 뉘우치다. /잘못을 저지르다. ＊잘못이[-모시]·잘못만[-몬-]
[Ⅱ][부] ①[하타]그릇되게. 틀리게. ¶ 내 뜻을 잘못 이해하고 있다. ②앞뒤를 살피지 않고. 깊이 생각함이 없이. ¶ 일을 잘못 서두르다가는 낭패를 보기 쉽다. ↔잘[2].
잘못-되다[-몯뙤-/-몯뛔-][자] ①(어떤 일이) 실패로 끝나다. 나쁜 결과로 되다. ¶ 하던 사업이 잘못되어 큰 손해를 보다. ②(품성이나 성질이) 나쁘게 되다. ¶ 자라는 환경이 나쁘다 보면 잘못되기 쉽지요. ③(뜻밖의 사고나 병 등으로) 죽다. ¶ 집 나간 지 한 달이 넘도록 소식이 없으니 혹시 잘못되지 않았나 걱정이다.
잘못-짚다[-몯찝따][자타] 짐작이나 예상이 어긋나다(빗나가다). 헛다리 짚다. ¶ 우승 후보를 잘못짚다.
잘못-하다[-모타-][타][여] ①올바르게 행동하지 못하고 어물어물하다. 《주로, '잘못하다가는'의 꼴로 쓰임.》 ¶ 자칫 잘못하다가는 열차 시간에 늦겠다. ②일이 어그러지다. 《주로, '잘못하면'의 꼴로 쓰임.》 ¶ 자칫 잘못하면 큰 싸움이 나겠다.
잘바닥[부][하자타] 얕은 물이나 진창을 거칠게 밟거나 칠 때 나는 소리. [큰]절버덕. [거]찰바닥. **잘바닥-잘바닥**[부][하자타].
잘바닥-거리다[-꺼-][자타] 자꾸 잘바닥잘바닥하다. 잘바닥대다. ¶ 아이들이 물에서 잘바닥거리며 놀고 있다. [큰]절버덕거리다.
잘바닥-대다[-때-][자타] 잘바닥거리다.
잘바당[부][하자타] 조금 묵직한 물체가 얕은 물에 떨어져 울리어 나는 소리. [큰]절버덩. [거]찰바당. **잘바당-잘바당**[부][하자타].
잘바당-거리다[자타] 자꾸 잘바당잘바당하다. 잘바당대다. [큰]절버덩거리다.
잘바당-대다[자타] 잘바당거리다.
잘박[부][하자타] 얕은 물이나 진창을 가볍게 밟거나 칠 때에 나는 소리. [큰]절벅. [거]찰박. **잘박-잘박**[부][하자타].
잘박-거리다[-꺼-][자타] 자꾸 잘박잘박하다. 잘박대다. [큰]절벅거리다.
잘박-대다[-때-][자타] 잘박거리다.
잘방[부][하자타] 작은 물체 따위가 얕은 물에 떨어질 때 나는 소리. [큰]절벙. [거]찰방. **잘방-잘방**[부][하자타].
잘방-거리다[자타] 자꾸 잘방잘방하다. 잘방대다. [큰]절벙거리다.
잘방-게[명] 민물에 사는 작은 게의 한 가지. 딱지는 앞이 넓고 뒤가 좁으며, 몸빛은 사는 환경에 따라 다르나 대개는 황갈색임. 디스토마의 숙주(宿主)임.
잘방-대다[자타] 잘방거리다.
잘ː-배자(-褙子)[명] 검은담비의 털로 안을 대어 지은 배자.
잘-빠지다[형] 미끈하게 생기다. ¶ 잘빠진 몸매. /상품 디자인이 아주 잘빠졌더라. /잘빠진 놈으로 한 마리만 골라 주시오.
잘-살다[~사니·~살아][자] 넉넉하게 살다. ¶ 시집가서 잘살고 있더라. /잘산다고 해도 하루에 세 끼밖에 더 먹겠니? ↔못살다.
잘-생기다[형] (생김새·얼굴 모양이) 훌륭하고 미끈하여 보기에 좋다. 잘나다. ¶ 잘생긴 이마. /잘생긴 오이. /새신랑이 참 잘생겼다. /코가 특히 잘생겼다. ↔못생기다.
잘싸닥[부][하자타] 액체의 면이 납작한 물체와 부딪칠 때 크게 울리어 나는 소리, 또는 그 모양. ¶ 파도가 뱃전에 잘싸닥 부딪힌다. [큰]절써덕. [거]찰싸닥. **잘싸닥-잘싸닥**[부][하자타].
잘싸닥-거리다[-꺼-][자타] 자꾸 잘싸닥잘싸닥하다. 잘싸닥대다. [큰]절써덕거리다.
잘싸닥-대다[-때-][자타] 잘싸닥거리다.
잘싹[부][하자타] ①액체의 면이 납작한 물체와 부딪칠 때 차지게 나는 소리. ¶ 시멘트 반죽을 벽에 잘싹 붙이고 흙칼로 문지르다. ②차진 물건이 물체에 부딪치는 소리, 또는 그 모양. [큰]절썩. [거]찰싹. **잘싹-잘싹**[부][하자타].
잘싹-거리다[-꺼-][자타] 자꾸 잘싹잘싹하다. 잘싹대다. [큰]절썩거리다.
잘싹-대다[-때-][자타] 잘싹거리다.
잘쏙-거리다[-꺼-][타] 한쪽 다리가 짧거나 탈이 나서 자꾸 잘쏙잘쏙하며 걷다. 잘쏙대다. ¶ 발을 삐어 잘쏙거리며 걷다. [큰]절쑥거리다. [센]짤쏙거리다.
잘쏙-대다[-때-][타] 잘쏙거리다.
잘쏙-잘쏙[1][-짤-][부][하타] 한쪽 다리가 탈이 나거나 하여 걸을 때 약간씩 저는 모양. [큰]절쑥절쑥. [센]짤쏙짤쏙[1]. [참]잘름잘름[2]·잘똑잘똑[1].
잘쏙-잘쏙[2][-짤-][부][하형] 여러 군데가 잘쏙한 모양. [큰]질쑥질쑥. [센]짤쏙짤쏙[2].
잘쏙-하다[-쏘카-][형][여] 긴 물체의 한 부분이 잘록하게 가늘다. ¶ 잘쏙한 허리. [큰]질쑥하다. [센]짤쏙하다. **잘쏙-이**[부].
잘잘[1][부] ①물 따위가 끓는 모양. ¶ 물이 잘잘 끓다. ②뜨거운 열기로 몹시 달아 있는 모양. ¶ 온돌방 아랫목이 잘잘 끓다. ③좀 적은 양의 액체가 그치지 않고 흐르는 모양, 또는 그 소리. [작]잴잴. ¶ 수돗물이 밤새도록 잘잘 흘렀다. [큰]절절[1]·질질[1]. [센]짤짤[2].
잘잘[2][부] ①윤기가 반드르르하게 흐르는 모양. ¶ 벗어진 이마에 윤기가 잘잘 흐른다. ②드리워진 것이 바닥에 닿아 끌리는 모양. ¶ 치맛자락을 잘잘 끌며 가다. [큰]질질[2].
잘잘[3][부] 주책없이 이리저리 자꾸 쏘다니는 모양. ¶ 종일 어디를 그렇게 잘잘 쏘다니느냐? [큰]절절[2]·질질[3]. [센]짤짤[2].
잘잘-거리다[자] 주책없이 이리저리 자꾸 쏘다니다. 잘잘대다. [큰]절절거리다·질질거리다.
잘잘-대다[자] 잘잘거리다.
잘-잘못[-몯][명] 잘함과 잘못함. 옳음과 그름. 시비. 조백(皂白). 흑백. ¶ 잘잘못을 가리기가 어렵다. ＊잘잘못이[-모시]·잘잘못만[-몬-]
잘잘못-간에(-間-)[-몯깐네][부] 잘하였거나 잘못하였거나 따질 것 없이. ¶ 잘잘못간에 이번 일은 없었던 걸로 하세.
잘착-거리다[-꺼-][자] 자꾸 잘착잘착하다. 잘착대다. ¶ 길바닥이 몹시 잘착거리다. [큰]질척거리다.
잘착-대다[-때-][자] 잘착거리다.
잘착-잘착[-짤-][부][하자] 잘착한 진흙 땅을 자꾸 밟을 때 좀 차지게 나는 소리. [큰]질척질척.
잘착잘착-하다[-짤차카-][형][여] 여러 군데가 고루 잘착하다. [큰]질척질척하다.

잘착-하다[-차카-]형여 묽은 진흙 따위가 차지게 질다. 큰질척하다.

잘카닥부하자타 ①차진 물체가 세게 맞부딪칠 때 나는 소리, 또는 그 모양. ②작은 쇠붙이 따위가 세게 맞부딪칠 때 나는 소리, 또는 그 모양. ¶ 두 개의 막대자석이 서로 잘카닥 들러붙었다. 큰절커덕. 센짤카닥. 거찰카닥. 여잘가닥. **잘카닥-잘카닥**부하자타.

잘카닥-거리다[-꺼-]자타 자꾸 잘카닥잘카닥하다. 잘카닥대다. 큰절커덕거리다.

잘카닥-대다[-때-]자타 잘카닥거리다.

잘카닥-하다[-다카-]형여 진흙 따위가 물기가 많아서 몹시 질다. 준잘칵하다. 큰질커덕하다.

잘카당부하자타 좀 세게 부딪쳐 울려 나는 날카로운 쇳소리. 큰절커덩. 센짤카당. 여잘가당. **잘카당-잘카당**부하자타.

잘카당-거리다자타 자꾸 잘카당잘카당하다. 잘카당대다. 큰절커덩거리다.

잘카당-대다자타 잘카당거리다.

잘칵부하자타 ①단단하고 찰기 있는 물체가 세게 달라붙는 소리, 또는 그 모양. ②작은 자물쇠 따위가 열리거나 잠기는 소리. 큰절컥. 센짤칵. 거찰칵. 여잘각. **잘칵-잘칵**부하자타.

잘칵-거리다[-꺼-]자타 자꾸 잘칵잘칵하다. 잘칵대다. 큰절컥거리다.

잘칵-대다[-때-]자타 잘칵거리다.

잘칵-하다[-카카-]형여 〈잘카닥하다〉의 준말. ¶ 잘칵한 골목길. 큰질컥하다.

잘코사니 Ⅰ명 고소하게 여겨지는 일.
Ⅱ감 얄미운 사람이 불행을 당하거나 봉변당하는 것을 고소하게 여길 때 하는 말. ¶ 잘코사니! 공연스레 허풍을 떨고 으스댈 적에 알아봤지.

잘크라-지다자 잘쏙하게 들어가다. 큰질크러지다.

잘ː-토시명 검은담비의 털을 안에 대어 만든 토시.

잘파닥부하자타 무르게 진 바닥을 밟을 때 나는 소리. 준잘팍. 큰질퍼덕. **잘파닥-잘파닥**부하자타.

잘파닥-거리다[-꺼-]자타 자꾸 잘파닥잘파닥하다. 잘파닥대다. 준잘팍거리다. 큰질퍼덕거리다.

잘파닥-대다[-때-]자타 잘파닥거리다.

잘파닥잘파닥-하다[-짤-다카-]형여 매우 잘파닥하다. 준잘팍잘팍하다. 큰질퍼덕질퍼덕하다.

잘파닥-하다[-다카-]형여 바닥이 물기가 많아 무르게 질다. 준잘팍하다. 큰질퍼덕하다.

잘팍부하자타 〈잘파닥〉의 준말. 큰질퍽. **잘팍-잘팍**부하자타.

잘팍-거리다[-꺼-]자타 〈잘파닥거리다〉의 준말. 잘팍대다. 큰질퍽거리다.

잘팍-대다[-때-]자타 잘팍거리다.

잘팍잘팍-하다[-짤파카-]형여 〈잘파닥잘파닥하다〉의 준말. 큰질퍽질퍽하다.

잘팍-하다[-파카-]형여 〈잘파닥하다〉의 준말. 큰질퍽하다. **잘팍-히**부.

잘-하다 Ⅰ타여 ①바르고 착하고 떳떳하게 하다. ¶ 정말 잘했다. /그녀는 시부모님께 참 잘한다. ②남보다 낫게, 또는 뛰어나고 훌륭하게 하다. ¶ 공부를 잘하다. /뭘 해도 잘한다. ③막히거나 서투른 데 없이 익숙하게 하다. ¶ 영어를 잘하다. /축구를 잘하다. ④음식 따위를 즐겨 먹다. ¶ 그 사람은 술을 잘한다. ⑤버릇으로 자주 하다. ¶ 웃기를 잘하는 처녀. /술에 취하면 싸움을 잘한다. ⑥《반어적으로 쓰이어》 어이없거나 한심하다는 뜻을 나타내는 말. ¶ 시험만 봤다 하면 꼴찌라니, 정말 잘하는 짓이다. /잘한다 잘해, 만날 늦잠이나 자고. ⑦《주로, '잘하면'의 꼴로 추측을 나타내는 문장 앞에 쓰이어》 '운이나 여건 따위가 좋으면'의 뜻을 나타냄. ¶ 잘하면 올해도 풍년이 들겠다. ⑧'넉넉잡아서, 넉넉잡아야, 고작'의 뜻을 나타냄. 《주로, '잘해서'·'잘해야'의 꼴로 쓰임.》 ¶ 이 정도면 잘해서 오천 원이면 살 수 있다.
Ⅱ자여 친절히 성의껏 대하다. ¶ 부모에게 잘해야 한다.

잘-해야부 고작해야. 기껏해야. 크게(많이) 잡아야. ¶ 잘해야 오천 원쯤이겠지. /잘해야 일 년쯤 버틸 것이다.

잠명 ①(동물이) 심신의 활동을 쉬면서 무의식 상태로 되는 일. ¶ 잠이 들다. /잠을 자다. /잠을 설치다. /잠이 깨다. ②(누에가 허물을 벗기 전) 뽕을 먹지 않고 쉬는 상태. ③(겹으로 쌓인 것이 부풀지 않고) 눌리어 착 가라앉은 상태. ¶ 솜이 잠을 자서 얄팍하다. ④(문화적으로) 각성하지 못한 상태. ¶ 겨레가 오랜 잠에서 깨어나다. ⑤〖의존 명사적 용법〗 누에가 허물을 벗기 전에 뽕잎을 먹지 않고 잠시 쉬는 횟수를 세는 단위.
잠을 자야 꿈을 꾸지속담 어떤 결과(結果)를 얻으려면 먼저 그에 필요한 조건을 갖추어 놓아야 한다는 뜻.

잠(箴)명 경계(훈계)하는 뜻을 담은 한문(漢文)의 한 체(體).

잠(簪)명 ①비녀. ②비녀장.

잠가(蠶架)명 누에 채반을 얹는 시렁.

잠간(箴諫)명하타 훈계하여 간함.

잠개명 〈옛〉 병기(兵器). 연장. ¶ 兵은 잠개 자본 사ᄅᆞ미오(月釋序6).

잠거(潛居)명하자 남몰래 숨어 있음.

잠견(暫見)명하타 잠깐 봄.

잠견(蠶繭)명 ☞누에고치.

잠-결[-껼]명 의식이 흐릿할 정도로 잠이 어렴풋이 들거나 깬 상태, 또는 잠을 자는 겨를. 《주로, '잠결에'의 꼴로 쓰임.》 ¶ 잠결에 들은 말이라 기억이 안 난다.
잠결에 남의 다리 긁는다속담 ①자기를 위해 한 일이 뜻밖에 남을 위한 일이 되어 버렸다는 뜻. ②얼떨결에 하는 일은 실수하기 쉽다는 뜻.

잠계(箴戒)[-계/-게]명하타 깨우쳐 훈계함.

잠구(蠶具)명 누에를 치는 데 쓰이는 기구.

잠군(潛軍)명 ①잠복해 있는 군사. ②몰래 쳐들어오는 군사.

잠-귀[-뀌]명 잠결에 소리를 들을 수 있는 감각. ¶ 잠귀가 밝다. /잠귀가 매우 어둡다.

잠규(箴規)명 잘못을 바로잡게 하는 경계.

잠그다[1][잠그니·잠가]타 ①(여닫는 물건을) 걸거나 채우거나 해서 함부로 열 수 없게 하다. ¶ 문을 잠그다. /금고를 잠그다. ②물이나 가스 따위가 흘러나오지 않도록 차단하다. ¶ 수도꼭지를 잠그다. ③옷의 단추나 지퍼를 채우다. ¶ 외투의 단추를 단단히 잠그고 나가거라.

잠그다[2][잠그니·잠가]타 ①(물체를) 물속에 넣다. ¶ 목욕물 속에 몸을 잠그다. /아이들이 개울에다 손을 잠그고 물장난을 하고 있다. ②(이익을 바라고) 어떤 일에 밑천을 들이다. ¶ 증권에 많은 돈을 잠가 두었다.

잠금-장치(-裝置)명 총기나 문·서랍 따위를 잠그는 장치.

잠기명 〈옛〉 쟁기. ¶ 마히 매양이랴 잠기 연장 다스려라(古時調). 참잠개.

잠-기(-氣)[-끼]명 잠이 오는 기색, 또는 잠에서 덜 깬 기색. 잠기운.

잠기다[1]자 〖'잠그다[1]'의 피동〗 열지 못하게 잠가지다. ¶ 문이 잠기다.

잠기다[2]자 ①〖'잠그다[2]'의 피동〗 ㉠가라앉다. ¶ 논이 물에 잠기다. ㉡(자금 따위가) 활용될 수 없게 되다. ¶ 자금의 일부가 부동산에 잠겨 있다. ②한 가지 생각에 골똘하게 되다. ¶ 생각에 잠겨 꼼짝하지도 않는다. ③(어떤 분위기나 상황에) 휩싸이다. ¶ 슬픔에 잠기다. /정적(靜寂)에 잠긴 교실.

잠기다[3]자 (소리를 내기가 거북하도록) 목이 쉬다. ¶ 목이 잠겨 노래를 부를 수 없다.

잠-기운[-끼-]명 ☞잠기.

잠깐(←暫間) Ⅰ명 (얼마 되지 아니하는) 매우 짧은 동안. 오래지 않은 사이. ¶ 좋은 세월도 잠깐이다.
Ⅱ부 얼마 되지 않는 매우 짧은 동안에. ¶ 잠깐 기다려라. /잠깐 봅시다.

잠깐-잠깐부 잠깐씩 여러 차례 거듭하는 모양. ¶ 공사 현장에는 잠깐잠깐 들른다.

잠-꼬대명하자 ①잠을 자면서 무의식중에 하는 헛소리. 섬어(譫語). ¶ 복남이는 잠꼬대에서도 곧잘 투정을 부린다. ②'사리에 닿지 않는 엉뚱한 말'을 이르는 말. ¶ 이 친구야, 지금이 어느 땐데 그런 잠꼬대를 하고 있나?

잠-꾸러기명 '잠이 썩 많은 사람'을 얕잡아 이르는 말. 잠보.

잠녀(潛女)명 잠수하여 해산물을 채취하는 일을 업으로 하는 여자. 해녀(海女).

잠농(蠶農)명 누에 농사. 잠작(蠶作).

잠-누에명 허물을 벗느라고 먹지도 움직이지도 않고 가만히 있는 누에.

잠닉(潛匿)명하자 ☞잠복장닉(潛伏藏匿).

잠-동무[-똥-]명하자 남과 친근하게 함께 자는 일, 또는 그 사람.

잠두(蠶豆)명 ☞누에콩.

잠두-마제(蠶頭馬蹄)명 한자(漢字) 필법(筆法)의 한 가지. 가로 긋는 획의 왼쪽 시작 부분은 말굽 모양으로 하고, 오른쪽 끝은 누에의 머리 모양으로 하는 필법.

잠-들다[~드니·~들어]자 ①잠을 자게 되다. ¶ 고단하여 초저녁부터 잠들었다. ②'죽다, 묻히다'를 에둘러 달리 이르는 말. ¶ 고이 잠드소서! /여기 순국의 넋이 잠들다. ③사납던 바람세나 눈보라·물결 따위가 잦아지면서 조용해지다.

잠란(蠶卵)[-난]명 누에의 알.

잠란-지(蠶卵紙)[-난-]명 누에가 알을 슬어 놓은 종이. 누에알을 붙여 놓은 종이.

잠령(蠶齡)[-녕]명 (누에가 잠을 잔 횟수로 헤아려서 나타내는) 누에의 나이.

잠룡(潛龍)[-뇽]명 〔승천(昇天)의 때를 기다리며 물속에 잠겨 있는 용이라는 뜻으로〕 '얼마 동안 왕위에 오르지 않고 이를 피하고 있는 사람' 또는 '기회를 얻지 못한 영웅'을 이르는 말. 비복룡·칩룡. 참항룡.

잠루(岑樓)[-누]명 높고도 뾰족한 누각.

잠류(暫留)[-뉴]명하자 (한곳에) 잠시 머묾.

잠린(潛鱗)[-닌]명 물속에 깊이 잠겨 있는 물고기.

잠망-경(潛望鏡)명 (잠수함이나 참호 따위에서) 해상이나 지상의 목표물을 살펴볼 수 있도록 반사경이나 프리즘을 이용하여 만든 망원경.

잠매(潛寐)명하자 ☞영면(永眠).

잠매(潛賣)명하타 ☞암매(暗賣).

잠매(蠶莓·蠶苺)명 ☞뱀딸기.

잠명송(箴銘頌)명 행실을 가르치고 경계하는 글인 잠(箴)과, 마음에 간직하여 생활의 신조로 삼는 글인 명(銘)과, 공덕을 찬양하는 글인 송(頌)을 아울러 이르는 말.

잠몰(潛沒)명하자 물속에 잠김.

잠바(←jumper)명 ☞점퍼.

잠박(蠶箔)명 누에를 치는 데 쓰는, 싸리나 대오리 등으로 결은 채반. 누에 채반.

잠방부하자타 작은 물체가 액체에 떨어져 잠길 때 나는 소리, 또는 그 모양. 큰점벙. **잠방-잠방**부하자타.

잠방-거리다자타 자꾸 잠방잠방하다. 잠방대다. 큰점벙거리다.

잠방-대다자타 잠방거리다.

잠방이명 가랑이가 무릎까지 내려오게 지은, 짧은 남자 홑바지.

잠방이에 대님 치듯속담 군색한 일을 당하여 몹시 켕긴다는 뜻.

잠뱅이명 '잠방이'의 잘못.

잠-버릇[-뻐릇]명 잘 때 하는 버릇이나 짓. ¶ 잠버릇이 고약하다. *잠버릇이[-뻐르시]·잠버릇만[-뻐른-]

잠별(暫別)명하자타 잠깐 동안의 이별, 또는 잠깐 동안 이별함.

잠병(蠶病)명 누에에 생기는 병(病)을 통틀어 이르는 말.

잠-보[-뽀]명 잠꾸러기.

잠복(潛伏)명하자 ①되자(겉으로 드러나지 않게) 숨어 있음. ¶ 용의자가 잠복 중인 형사에게 붙잡혔다. ②(병에 감염되어 있으면서도) 증상이 겉으로 드러나지 않음.

잠복^감:염(潛伏感染)[-까몀]명 ☞불현성 감염.

잠복-근무(潛伏勤務)[-끈-]명하자 (범인의 연고지나 적군의 출현 예상지에) 잠복하여 임무를 수행함, 또는 그 일.

잠복-기(潛伏期)[-끼]명 병원체가 체내에 침입하여 발병하기까지의 기간.

잠복-아(潛伏芽)명 식물 줄기의 껍질 밑에 생겨 드러나지 않는 눈. 보통 때는 여러 해가 지나도 발달하지 않고 있다가, 근처의 가지나 줄기가 잘리면 비로소 자라기 시작하는 눈. 잠아(潛芽).

잠복^유전(潛伏遺傳)[-봉뉴-]명 ☞격세 유전.

잠복-장닉(潛伏藏匿)[-짱-]명하자 행방을 감추어 남이 그 소재를 모르게 함. 잠닉.

잠복^초소(潛伏哨所)명 군대에서, 잠복근무를 하도록 지정해 놓은 곳.

잠봉(暫逢)명하자타 잠시 서로 만나 봄.

잠부(蠶婦)명 누에를 치는 여자.

잠분(蠶糞)명 누에똥.

잠불리측(暫不離側)명하자 잠시도 곁에서 떠나지 않음.

잠불-마(暫佛馬)명 뺨에 흰 줄이 지고, 눈에 누른빛을 띤 말.

잠뿍부 (물건이) 담뿍하게 잔뜩. ¶ 짐차에 이삿짐을 잠뿍 싣다. /수면에 수초가 잠뿍 뒤덮여 있다.

잠사(潛思)명하타 (마음을 가라앉히고) 생각에 잠김. 고요한 마음으로 깊이 생각함.

잠사(蠶事)명 누에를 치는 일.

잠사(蠶砂)명 한방에서, 누에의 똥을 약재로 이르는 말. 중풍으로 손발을 자유롭게 쓰지 못하는 데 쓰임. 마명간(馬鳴肝).

잠사(蠶絲)명 누에고치에서 뽑은 실.

잠사-업(蠶絲業)명 양잠·잠종(蠶種) 제조·제사(製絲) 따위를 경영하는 기업을 통틀어 이르는 말.
잠사-총(潛射銃)명 (참호와 같은 은폐물에 숨어서 목표물을 쏠 수 있도록) 잠망경 등을 장치한 총.
잠삼(潛蔘)명 지난날, 관아의 허가 없이 몰래 홍삼을 만들어 팔던 일, 또는 그런 홍삼.
잠상(潛商)명 법령으로 금하는 물건을 몰래 사고파는 장사, 또는 그런 장수.
잠상(潛像)명 사진에서, 노출한 후 아직 현상하지 않은 건판이나 필름의 감광막에 생기는 피사체의 영상(影像)을 이르는 말.
잠상(蠶桑)명 누에와 뽕.
잠섭(潛涉)명하타 (강·호수 따위를) 몰래 건넘.
잠성(潛性)명 ☞열성(劣性).
잠세(潛勢)명 〈잠세력〉의 준말.
잠-세력(潛勢力)명 겉으로 드러나지 않는 세력. 숨은 세력. 준잠세.
잠소(潛笑)명하자 가만히 웃음.
잠수(潛水)명하자 물속으로 들어감, 또는 물속으로 잠김. ¶ 잠수 시간을 재다.
잠수-관(潛水冠)명 잠수부가 물속에서 일할 때 쓰는, 구리나 쇠붙이로 만든 모자. 앞면과 좌우 양쪽에 앞을 볼 수 있고 빛을 받을 수 있는 유리가 붙었고, 뒤쪽은 송기관(送氣管)·배기관(排氣管)에 이어졌음.
잠수-교(潛水橋)명 큰물이 났을 때에는 물에 잠기는 교량.
잠수-군(潛水軍)명 지난날, 수영(水營)에 딸려 수중 공사를 하던 군졸.
잠수^모:함(潛水母艦)명 잠수함에 연료·탄약·식량 등을 공급하며 승무원의 휴양 시설을 갖추고, 잠수 함대의 기함(旗艦)이 되어 그 지휘 임무를 수행하는 군함. 준모함.
잠수-병(潛水病)[-뼝]명 물 밑과 물 위의 심한 기압의 차로 말미암아 잠수부에게 흔히 나타나는 갖가지 신체적 장애를 통틀어 이르는 말. 케이슨병.
잠수-복(潛水服)명 물속으로 들어갈 때 입는 특수한 옷.
잠수-부(潛水夫)명 잠수복을 입고 물속에 들어가서 작업을 하는 사람. 다이버(diver).
잠수^어로(潛水漁撈)명 잠수하여 수산물을 잡거나 채취하는 일.
잠수^어업(潛水漁業)명 잠수질로 수산물을 채취하는 어업.
잠수^영:법(潛水泳法)[-뻡]명 ☞잠영.
잠수-정(潛水艇)명 ①바다 밑으로 잠수하여 항행하는, 비교적 작은 배. 해저 생태나 지형 탐사용이 많음. ②☞잠항정(潛航艇).
잠수-질(潛水-)명하자 물속으로 잠기는 짓.
잠수-함(潛水艦)명 물속에 잠기기도 하고 물 위에 떠다닐 수도 있는 군함을 통틀어 이르는 말. 준잠함. 참잠수정·잠항정.
잠:시(暫時) Ⅰ명 〈잠시간〉의 준말. 편시(片時). 수유(須臾). ¶ 잠시라도 눈을 붙여라.
Ⅱ부 〈잠시간〉의 준말. 편시(片時). ¶ 잠시 걸음을 멈추다.
잠:시-간(暫時間) Ⅰ명 잠깐 동안. 오래지 않은 짧은 동안. 수유(須臾). 준잠시.
Ⅱ부 짧은 시간 동안에. ¶ 여기서 잠시간 기다려라. 준잠시.
잠식(蠶食)명하타되자 〈초잠식지(稍蠶食之)〉의 준말. ¶ 농산물 시장 개방으로 외국 농산물이 국내 시장을 급속도로 잠식하고 있다.
잠신(潛身)명하자 ①몸을 숨기어 나타나지 아니함. ②(어떤 활동에 참여할 만한 사람이) 몸을 사리어 나타나지 아니함. ¶ 정계를 떠나서 잠신하다.
잠신(蠶神)명 ☞선잠(先蠶).
잠실(蠶室)명 누에를 치는 방.
잠심(潛心)명하자 어떤 일에 마음을 두고 깊이 생각함.
잠아(潛芽)명 ☞잠복아(潛伏芽).
잠아(蠶蛾)명 ☞누에나방.
잠양(潛陽)명 한방에서, 과음(過淫) 또는 금욕(禁慾)으로 말미암아 성욕이 없어지고 양기가 동하지 않는 상태를 이르는 말.
잠언(箴言)명 ①사람이 살아가는 데 교훈이 되고 경계(警戒)가 되는 짧은 말. ②구약 성서 중의 한 편. 솔로몬 왕의 경계와 교훈을 내용으로 함.
잠업(蠶業)명 〈양잠업〉의 준말.
잠열(潛熱)명 ①겉으로 나타나지 아니하고 속에 숨어 있는 열. ②(고체가 액체로 변하거나 액체가 기체로 변할 때의 융해열이나 기화열처럼) 외부에서 흡수하는 열량.
잠영(潛泳)명하자 몸을 물 위로 드러내지 않고 물속에서만 헤엄치는 일. 잠수 영법.
잠영(潛影)명 ①하자그림자를 감춤. 얼씬도 아니함. ②(어떤 무늬나 빛깔 따위가) 잠긴 듯이 은근히 드러나는 일, 또는 그런 상태. 〔백자(白瓷)의 영청(影靑) 빛깔 따위.〕
잠영(簪纓)명 ①왕조 때, 관원이 쓰던 비녀와 갓끈. ②'높은 벼슬아치'를 이르던 말.
잠영-세족(簪纓世族)명 대대로 높은 벼슬을 지내 온 겨레붙이.
잠-옷[자몯]명 잠잘 때 입는 옷. 자리옷. 침의. *잠옷이[자모시]·잠옷만[자몬-]
잠유(蘸釉)명하타 ☞찬유(贊釉).
잠입(潛入)명하자 ①물속에 잠기어 들어감. ②몰래 숨어 들어감. ¶ 적의 소굴에 잠입하다.
잠-자다자 ①잠이 들어서 자다. ②(사물이) 활용되지 않는 상태로 되다. ¶ 잠자고 있는 천연자원./불경기로 기계가 잠자고 있는 실정이다. ③(부풀어 오른 물건이) 눌리어 착 가라앉다. ¶ 솜이불이 잠자다. ④(어떤 현상이) 겉으로 드러나지 않고 감추어지다. ¶ 내면에서 잠자고 있는 이성을 깨우치다.
잠-자리[1][-짜-]명 ①잠을 자는 자리. ¶ 할머니의 잠자리를 살펴 드리다. 준자리[2]. ②하자 '남녀(부부)가 함께 자는 일'을 완곡하게 이르는 말.
잠자리를 같이하다관용 성 관계를 맺거나 성생활을 하다.
잠자리(를) 보다관용 이부자리를 깔아서 잘 수 있게 준비를 하다.
잠자리[2]명 잠자리목의 곤충을 통틀어 이르는 말. 머리에는 큰 겹눈이 한 쌍 있고, 날카롭고 큰 턱을 가졌음. 가슴에는 세 쌍의 다리와 두 쌍의 날개가 있음. 날개는 투명하고 그물 모양의 맥이 있으며, 멀리까지 날 수 있음. 배는 가늘고 길며 10개의 마디로 되어 있음. 불완전 변태를 하며 벌레를 잡아먹음. 청령(蜻蛉).
잠자리 날개 같다관용 모시나 사붙이 따위가 매우 얇고 고움을 이르는 말.
잠자리-무사(-武砂)명 홍예문(虹霓門)과 홍예문을 잇대어 쌓은 뒤, 벌어진 사이에 처음으로 놓는 돌. 윗면과 앞뒷면은 평평하고, 양옆은 우묵하게 다듬어 아래 끝이 뾰족하게 된 역삼각형 모양임. 청정무사(蜻蜓武砂).

잠자리-비행기(一飛行機)명 '헬리콥터'를 흔히 이르는 말.
잠자리-채명 잠자리 따위의 곤충을 잡기 위한, 긴 막대에 그물주머니를 단 채. 참포충망.
잠자리-피명 볏과의 다년초. 줄기 높이는 40~80 cm이고, 까끄라기는 좀 긴 편임. 산이나 들에 흔한 들풀의 한 가지.
잠자-코부 아무 말 없이. ¶ 잠자코 앉아 있다.
잠자코 있는 것이 무식을 면한다속담 아무 말도 하지 않고 가만히 있으면 무식이 드러나지 않으므로, 모르면 가만히 있는 것이 상책이라는 말.
잠작(蠶作)명 누에 농사. 잠농(蠶農).
잠ː잖다[-잔타]형 ①몸가짐이 단정하고 얌전하다. ②품격이 속되지 않고 깔끔하다. ③됨됨이가 의젓하다. 큰점잖다. ＊잠ː잖아[-자나]·잠ː잖소[-잔쏘]
잠잠(潛潛) '잠잠하다'의 어근.
잠잠-하다(潛潛-)형여 ①아무 움직임이나 소리가 없이 조용하다. ¶ 한동안 잠잠하던 파도가 다시 거세게 일었다. ②아무 말이 없이 가만히 있다. **잠잠-히**부 ¶ 잠잠히 듣고만 있다.
잠재(潛在)명하자 (겉으로 드러나지 않고) 속에 숨어 있거나 잠기어 있음. ¶ 잠재 능력./잠재해 있는 민족의 저력. ↔현재(顯在).
잠재-력(潛在力)명 (겉으로 드러나지 않고) 속에 숨어 있는 힘.
잠재-부(潛在符)명 ☞안드러냄표.
잠재^수요(潛在需要)명 현금의 뒷받침 없이 잠재 구매력만을 가지는 수요. ↔유효 수요.
잠재우다타 〖'잠자다'의 사동〗 ①잠을 자게 하다. ②(부풀어 오른 물건을) 차분하게 가라앉히다. ¶ 솜이불을 잠재우다. ③진압하여 조용하게 하거나 무력하게 만들다. ¶ 적의 화력(火力)을 잠재우다.
잠재^유전(潛在遺傳)명 부모의 유전질이 바로 자식에게 나타나지 않고 잠재하다가 손자 이후에 나타나는 유전. 우성(優性) 유전자와 결합한 열성(劣性) 유전자에 의하여 유전함.
잠재-의식(潛在意識)[-의-/-이-]명 자각(自覺)됨이 없이 활동하는 의식, 또는 자기의 의식 안에서 강한 금지(禁止)에 의하여 자각면(自覺面)에 나타날 수 없는 의식. 부의식(副意識).
잠재-적(潛在的)관명 (겉으로 드러나지 않고) 잠재하는 (것). ¶ 잠재적 능력./잠재적인 가능성.
잠재적 실업(潛在的失業)[-씨럽] (통계적 실업 인구에 대하여) 취업이 불안정하거나, 능력보다 못한 직장에서 잠정적으로 일을 하면서 본격적인 직업을 얻으려고 기회를 기다리는 상태 등을 이름. 위장 실업(僞裝失業).
잠재^통화(潛在通貨)명 중앙은행에 맡겨진 정부 및 시중 은행의 당좌 예금. 현재는 유통되고 있지 않으나 언제라도 출금되어 통화될 수 있음.
잠저(潛邸)명 왕이 등극하기 전까지 살던 집.
잠저(蠶蛆)명 ☞누엣구더기.
잠적(潛寂) '잠적하다'의 어근.
잠적(潛跡·潛迹)명하자 〈잠종비적(潛蹤祕跡)〉의 준말. ¶ 사장은 행방을 알리지 않고 잠적해 버렸다. 비회적(晦跡).
잠적-하다(潛寂-)[-저카-]형여 고요하고 호젓하다. **잠적-히**부.
잠정(暫定)명하타 《일부 명사 앞에 쓰이어》 우선 임시로 정함. ¶ 잠정 조처.
잠정^예ː산(暫定豫算)[-녜-]명 ☞가예산.
잠정-적(暫定的)관명 우선 임시로 정한 (것). ¶ 잠정적 조처./잠정적인 결론.
잠정^조약(暫定條約)명 (정식 조약을 체결하기 전에) 우선 임시로 체결하는, 영구성이 없는 조약. 가조약(假條約).
잠족(蠶蔟)명 ☞섶[4].
잠종(蠶種)명 누에씨.
잠종비적(潛蹤祕跡)명하자 종적을 아주 감추어 버림. 준잠적.
잠-주정(-酒酊)명하자 '잠투정'의 잘못.
잠지명 '어린아이의 자지'를 귀엽게 이르는 말.
잠차(暫借)명하타 잠시 동안 빌림.
잠착(潛着)명 〈참척〉의 본딧말. **잠착-히**부.
잠채(潛採)명하타 (광물을) 몰래 채굴하거나 채취함. ¶ 사금을 잠채하다.
잠채-꾼(潛採-)명 잠채하는 사람.
잠청(潛聽)명하타 ①주의 깊게 조용히 들음. ②몰래 엿들음.
잠-출혈(潛出血)명 화학적 검사에 의해서만 알 수 있을 정도로 매우 적은 양의 혈액이 대변에 섞여 나오는 일. 소화관, 특히 위나 장에 이상이 있을 때에 나타남. 잠혈(潛血).
잠통(潛通)명하자 ①몰래 간통함. ②몰래 내통함.
잠-투세명하자 '잠투정'의 잘못.
잠-투정명하자 어린아이가 잠들기 전이나 잠 깬 후에 짜증을 내거나 칭얼거리는 버릇. ¶ 잠투정이 심해서 엄마를 힘들게 하다.
잠포록-하다[-로카-]형여 날이 흐리고 바람이 없다. **잠포록-이**부.
잠필(簪筆)명하자 붓을 지니고 다님. 〔옛날, 중국 사람이 붓을 비녀처럼 머리에 꽂고 다니던 데서 유래함.〕
잠한(涔旱)명 홍수와 가뭄.
잠함(潛函)명 토목건축의 기초 공사 때, 압축 공기를 보내어 지하수가 솟아 나오는 것을 막으면서, 그 속에서 작업할 수 있도록 철근 콘크리트로 만든 함(函). 케이슨.
잠함(潛艦)명 〈잠수함〉의 준말.
잠항(潛航)명하자 ①(잠수함 따위가) 물속으로 숨어서 항행함. ②몰래 항해함.
잠항-정(潛航艇)명 ①소형의 잠수함. 잠수정. ②초기(初期)의 '잠수함'을 이르던 말.
잠행(潛行)명 ①하자물속으로 잠기어서 나아감. ②하자숨어서 남몰래 다님. ③하타되자비밀리에 감. ②③밀행(密行).
잠행^운ː동(潛行運動)명 ☞지하 운동.
잠향(蠶蠁)명 ☞누에파리.
잠허(暫許)명하타 잠시 허락함.
잠혈(潛血)명 ☞잠출혈(潛出血).
잠형(潛形)명하자 형적을 감춤.
잠홀(簪笏)명 지난날, 벼슬아치가 관(冠)에 꽂던 잠(簪)과 손에 쥐던 홀(笏).
잠화(簪花)명 지난날, 경사스러운 모임이 있을 때에 남자 머리에 꽂던 조화(造花).
잠간부 〈옛〉잠깐. ¶ 잠간 안ᄌᆞ라 ᄂᆞᆫ 가마괴는 두서 삿기ᄅᆞᆯ 더브렛고(杜初7:1).
잡-(雜)접두 《일부 명사 앞에 붙어》 ①'순수하지 않음', '기본적인 것이 아니고 딸린 것임', '갖가지가 뒤섞임' 등의 뜻을 나타냄. ¶ 잡상인./잡수입. ②'막된'의 뜻을 나타냄. ¶ 잡놈./잡것./잡년.
-잡-선미 〈-자옵-〉의 준말. 〔'받잡다·듣잡고' 등에서의 '잡'.〕

잡가(雜家)[-까]명 중국 춘추 전국 시대의 제자백가의 한 가지. 유가·묵가·명가·법가 등 제가(諸家)의 설(說)을 종합·참작한 학설, 또는 그 학파.

잡가(雜歌)[-까]명 ①잡상스럽고 속된 노래. 잡소리. ②조선 말기에, 서민층에서 부르던 민속악. 율격이 산문적으로 파격을 이루며 긴 사설로 된, 가사 형태를 가진 노래들을 통틀어 이르는 말. 〔경기 잡가·서도 잡가·남도 잡가 따위.〕

잡감(雜感)[-깜]명 잡다한 느낌.

잡객(雜客)[-깩]명 대수롭지 않은 손.

잡거(雜居)[-꺼]명하자 ①(갖가지 사람들이나 여러 나라의 사람이) 한데 섞여서 삶. 잡처(雜處). ②교도소에서, 한 감방 안에 여러 재소자가 섞여 지내는 일을 이르는 말. 혼거(混居). ③한 집이나 건물 안에 여러 세대가 삶.

잡거^구금(雜居拘禁)[-꺼-]명 두 사람 이상을 잡거시키는 구금.

잡거-제(雜居制)[-꺼-]명 두 사람 이상의 재소자를 잡거시키는 제도. ↔독방제(獨房制).

잡거-지(雜居地)[-꺼-]명 (여러 나라의 사람이) 한데 섞여 사는 지역.

잡건(雜件)[-껀]명 대수롭지 않은 여러 가지의 일.

잡-것(雜-)[-껃]명 ①(순수하지 못하고) 여러 가지가 섞인 것. ②'잡스러운 사람'을 욕으로 이르는 말. ¶ 요 잡것이 사람 잡네. ＊잡것이[-꺼시]·잡것만[-껀-]

잡견(雜犬)[-견]명 혈통이 순수하지 못한 개.

잡-계정(雜計定)[-께-/-게-]명 일정한 항목에 해당되지 않는 거래나 독립된 과목을 설정할 만큼 크지 못한 거래를 처리하는 계정.

잡고(雜考)[-꼬]명 계통이 서 있지 않은 여러 가지 사항을 고찰하거나 고증함, 또는 그 고찰이나 고증.

잡곡(雜曲)[-꼭]명 잡스러운 곡(曲).

잡곡(雜穀)[-꼭]명 멥쌀과 찹쌀 이외의 곡식을 통틀어 이르는 말. 〔보리·밀·수수·조·옥수수·콩 따위.〕

잡곡-밥(雜穀-)[-꼭빱]명 잡곡으로 지은 밥.

잡곡-전(雜穀廛)[-꼭쩐]명 잡곡을 파는 가게.

잡곡-주(雜穀酒)[-꼭쭈]명 잡곡으로 빚은 술.

잡과(雜果)[-꽈]명 다식이나 떡을 만들 때 쓰는, 곶감·대추·밤·잣·호두 따위 여러 가지 과실.

잡과(雜科)[-꽈]명 고려·조선 시대의 과거 제도의 한 가지로, '역과(譯科)·의과(醫科)·음양과(陰陽科)·율과(律科)' 따위를 통틀어 이르던 말.

잡-관목(雜灌木)[-꽌-]명 경제성이 적은, 하찮은 관목.

잡교(雜交)[-꾜]명하타되자 다른 종류 또는 같은 종류지만 계통이 다른 개체 사이에 이루어지는 수정. 교잡.

잡구(雜具)[-꾸]명 ☞잡기(雜器).

잡귀(雜鬼)[-뀌]명 온갖 못된 귀신. 객귀(客鬼). 객신(客神). 잡신(雜神).

잡균(雜菌)[-뀬]명 ①미생물 따위를 배양할 때, 외부로부터 섞여 들어가서 자라는 이종(異種)의 세균. ②여러 가지 세균.

잡급(雜給)[-끕]명 (일정한 급료 이외에) 가외로 더 받는 돈.

잡기(雜技)[-끼]명 ①(투전·골패 따위의) 잡된 여러 가지 노름. 외기(外技). ②여러 가지 자질구레한 기술이나 재주. ¶ 잡기에 능하다.

잡기(雜記)[-끼]명하타 여러 가지 자질구레한 일들을 기록함, 또는 그 기록. 잡록. 잡필.

잡기(雜器)[-끼]명 ①잡다한 기명(器皿). 잡구(雜具). ②신령에게 공물(供物)을 바칠 때 쓰는, 작은 나무 접시.

잡기-꾼(雜技-)[-끼-]명 잡된 노름으로 소일하는 사람. 노름꾼.

잡기-장(雜記帳)[-끼-]명 여러 가지의 잡다한 것을 적는 공책.

잡기-판(雜技-)[-끼-]명 잡기를 하는 자리. 노름판.

잡기-하다(雜技-)[-끼-]자여 잡다한 노름을 하다.

잡-꽃(雜-)[-꼳]명 대수롭지 않은 꽃. ＊잡꽃이[-꼬치]·잡꽃만[-꼰-]

잡-년(雜-)[잠-]명 '행실이 부정(不貞)한 여자'를 욕으로 이르는 말.

잡념(雜念)[잠-]명 ①여러 가지 쓸데없는 생각. 객려(客慮). ②불도(佛道) 따위의 수행을 방해하는 여러 가지 옳지 못한 생각.

잡-놈(雜-)[잠-]명 '행실이 나쁜 남자'를 욕으로 이르는 말. 잡한(雜漢).

잡-누르미(雜-)[잠-]명 도라지·숙주·미나리·쇠고기·돼지고기·해삼·전복 따위를 잘게 썬 것에, 목이(木耳)·황화채(黃花菜) 따위를 넣고 갖은 양념을 하여 걸쭉한 밀가루 반죽에 부친 술안주.

잡다[1][-따]타 ①손으로 움키거나 거머쥐다. ¶ 손잡이를 잡다. /어린것의 손을 꼭 잡고 가다. ②(범인 따위 쫓는 사람을) 검거하다. 체포하다. ¶ 범인을 잡다. ③선택해 가지다. 선정하다. ¶ 패를 잡다. /아파트 한 채를 잡다. ④(탈것을) 타려고 세우다. ¶ 택시를 잡다. ⑤(권리·세력 따위를) 차지하다. ¶ 기득권을 잡다. /대권(大權)을 잡다. ⑥(담보나 저당으로) 맡아 가지다. ¶ 가옥을 저당으로 잡다. /술값으로 시계를 잡다. ⑦(남의 결점이나 비밀, 또는 사건의 단서 따위를) 찾아내다. 알아내다. ¶ 약점을 잡다. /증거를 잡다. /트집을 잡다. ⑧(기회·신호·전파·순간적인 장면 따위를) 포착하다. ¶ 절호의 찬스를 잡다. /괴전파(怪電波)를 잡다. ⑨(시간·방향·처소 등을) 정하다. ¶ 혼인 날짜를 잡다. /머무를 여관을 잡다. ⑩(어떤 연장이나 물건이 상징하는 일이나 직업에) 종사하거나 활동하다. ¶ 핸들을 잡다. /지휘봉을 잡다. /망치를 잡다. ⑪(말이나 글의 뜻을) 파악하다. ¶ 요점을 잡다. ⑫악기의 음을 맞추거나 고르다. 조율하다. ¶ 첫 음을 잡다. /현을 잡다. ⑬(논 따위에 물을) 받아 모아 괴게 하다. ¶ 논물을 잡다. ⑭(삼눈 따위를) 고치다. ¶ 삼눈을 잡다. ⑮(떠나는 이를) 떠나지 못하게 말리다. ¶ 떠나려는 손님을 잡다. ⑯(일자리나 소득원을) 확보하다. 장만하다. ¶ 직장을 잡다. /한밑천 잡다. ⑰어떤 상태를 유지하다. ¶ 중심을 잡다. /균형을 잡다.

잡다[2][-따]타 ①마음으로 헤아려 보다. 개산(概算)하다. ¶ 전체의 비용을 대충 잡아 보다. ②어떤 계산의 기준을 요량하여 정하다. 기준으로 삼다. ¶ 마지기당 벼 한 섬으로 잡다. /버스 한 대당 승객을 마흔으로 잡다. ③일단 어떤 일로 가정하거나 인정하다. ¶ 일단 그의 소행으로 잡고 증거를 찾다. /횡재를 정상 소득으로 잡을 수는 없다.

잡다[3][-따]타 ①(새·물고기·짐승·가축 따위를) ㉠죽이다. 도살하다. ¶ 소를 잡다. ㉡포획(捕

獲)하다. ¶ 새를 잡다. ②꾀를 써서 남을 해치다. ¶ 생사람을 잡다. ③(불길을) 끄다. ¶ 불길을 잡다. ④(바람·기세·마음 따위를) 가라앉히거나 안정되게 하다. ¶ 마음을 잡아 다시 일에 열중하다. /뛰어오르는 물가를 잡다.
잡다4[-따]타 ①(굽은 것을) 곧게 하다. ¶ 물렛가락을 잡다. ②(옷 따위에) 주름을 내다, 또는 주름이 지게 하다. ¶ 주름을 잡다.
잡다5[-따]타 〈잡치다〉의 준말. ¶ 자네 실수로 다된 일을 잡았네.
잡다(雜多) '잡다하다'의 어근.
잡다-하다(雜多-)[-따-]형여 여러 가지가 뒤섞여 있다. ¶ 마당에 잡다한 물건들이 흩어져 있다. **잡다-히**부
잡담(雜談)[-땀]명하자 쓸데없이 지껄이는 말. ¶ 잡담으로 시간을 보내다.
잡답(雜沓)[-땁]명하형 (사람이) 많이 몰리어 붐빔. 분답(紛沓). ¶ 잡답한 거리.
잡도리[-또-]명하타 (잘못되지 않도록) 엄중하게 단속함. ¶ 비밀이 새지 않도록 잡도리하다.
잡동사니(雜-)[-똥-]명 (별 소용이 없는 것들로) 마구 뒤섞인 온갖 물건. ¶ 창고에는 잡동사니 가재들이 어지럽게 널려 있었다.
잡-되다(雜-)[-뙤-/-뛔-]형 ①(여러 가지가 뒤섞여) 순수하지 아니하다. ②됨됨이가 조촐하지 못하고 막되어 천격스럽다.
잡들다타 〈옛〉붙들다. ¶ 支는 서르 잡드러 괴올씨니 모디 서르 업디 몯ᄒᆞ야 힘저슨 쁘디라(釋譜9:18).
잡렴(雜斂)[잠념]명 〈잡추렴〉의 준말.
잡령(雜令)[잠녕]명 여러 가지 금령(禁令).
잡록(雜錄)[잠녹]명하타 ☞잡기(雜記).
잡류(雜流)[잠뉴]명 정파(正派)가 아닌, 잡다한 유파(流派).
잡류(雜類)[잠뉴]명 잡된 부류의 사람들. 잡것들. 비잡배(雜輩).
잡-말(雜-)[잠-]명하자 잡스러운 말.
잡-맛(雜-)[잠맏]명 (제맛이 아닌) 다른 맛이 섞인 군맛. 잡미(雜味). ＊잡맛이[잠마시]·잡맛만[잠만-]
잡-매다[잠-]타 〈잡아매다〉의 준말.
잡면(雜綿)[잠-]명 (미국산이 아닌) 다른 나라의 목화를 이르는 말.
잡목(雜木)[잠-]명 (긴요하게 쓰이지 않는) 온갖 나무. ¶ 잡목으로 덮인 야산.
잡무(雜務)[잠-]명 갖가지 자질구레한 일. ¶ 잡무에 시달리다.
잡문(雜文)[잠-]명 일정한 문장 형식에 구애됨이 없이 닥치는 대로 쓰는 글.
잡문(雜問)[잠-]명 잡다한 질문이나 문제.
잡물(雜物)[잠-]명 ①하찮은 여러 가지 물건. ②어떤 물질 속에 섞여 있는, 필요 없거나 해로운 물질. 비불순물(不純物).
잡미(雜味)[잠-]명 잡맛.
잡박(雜駁) '잡박하다'의 어근.
잡박-하다(雜駁-)[-빠카-]형여 여러 가지가 마구 뒤섞여 질서가 없다.
잡방(雜方)[-빵]명 의서(醫書)에는 없고, 민간에 전해 오는 약방문(藥房文).
잡배(雜輩)[-빼]명 잡된 무리. ¶ 허랑방탕한 잡배와 어울리다. 비잡류(雜類).
잡범(雜犯)[-뻠]명 정치범 이외의 여러 가지 범죄, 또는 그 죄를 범한 사람.
잡병(雜病)[-뼝]명 갖가지 잡스러운 병.
잡보(雜報)[-뽀]명 자질구레한 보도.
잡부(雜夫)[-뿌]명 여러 가지 잡일을 하는 인부. 잡역부.
잡부-금(雜賦金)[-뿌-]명 잡다한 부과금.
잡분(雜粉)[-뿐]명 (밀가루 이외의) 여러 가지 잡곡(雜穀)의 가루.
잡비(雜肥)[-삐]명 온갖 잡살뱅이를 한데 썩혀서 만든 거름.
잡비(雜費)[-삐]명 자질구레하게 쓰이는 여러 가지 비용. 잡용(雜用). 비잔용.
잡사(雜史)[-싸]명 (체재를 갖추지 못한 채) 민간에 전하는 역사책.
잡사(雜事)[-싸]명 여러 가지의 자질구레한 일.
잡살-뱅이[-쌀-]명 여러 가지 자질구레한 것들이 뒤섞인 허름한 물건(것).
잡살-전(-廛)[-쌀-]명 여러 가지 씨앗, 특히 채종(菜種)을 파는 가게.
잡상(雜像)[-쌍]명 궁전의 추녀나 용마루 또는 박공머리 위의 수키와 위에 덧얹는, 여러 가지 짐승 모양이나 손오공(孫悟空) 모양의 장식.
잡상-스럽다(雜常-)[-쌍-따][~스러우니·~스러워]형ㅂ ①난잡하고 음탕하다. ②(언행이) 잡되고 상스럽다. **잡상스레**부
잡-상인(雜商人)[-쌍-]명 잡다한 물건을 들고 다니면서 파는 상인. ¶ 잡상인 출입 금지.
잡색(雜色)[-쌕]명 ①여러 가지 빛이 뒤섞인 빛깔. ②'온갖 사람이 뒤섞임'을 이르는 말.
잡색-군(雜色軍)[-쌕꾼]명 조선 시대에, 생원·진사·향리·교생·장인 등을 모아 조직한 일종의 예비역 군대.
잡색-꾼(雜色-)[-쌕-]명 (큰일을 치를 때) 여러 가지 잡일을 맡아 하는 일꾼.
잡서(雜書)[-써]명 ①대수롭지 않은 책. ②여러 가지 사실을 되는대로 모아 엮은 책. ③도서 분류상, 부류와 소속이 명확하지 않은 여러 가지 책. ④한학(漢學)에서, 경사자집(經史子集)이 아닌 책을 이르는 말.
잡석(雜石)[-썩]명 ①토목·건축 따위에 쓰는 허드렛돌. ②☞막돌.
잡설(雜說)[-썰]명 잡된 이야기나 여론.
잡성-화(雜性花)[-썽-]명 한 그루의 나무에 암꽃과 수꽃이 다 피는 꽃.
잡세(雜稅)[-쎄]명 ①여러 가지 자질구레한 세금. ②〈잡종세〉의 준말.
잡소(雜訴)[-쏘]명 대수롭지 않은 잡다한 소송.
잡-소득(雜所得)[-쏘-]명 (정규 소득 이외의) 여러 가지 잡다한 소득.
잡-소리(雜-)[-쏘-]명 ①〈잡말〉의 속된 말. ②잡된 노래. 잡가(雜歌). ③☞잡음(雜音).
잡-손(雜-)[-쏜]명하자 〈잡손질〉의 준말.
잡-손질(雜-)[-쏜-]명하자 ①쓸데없는 손질. ②자질구레한 손질. ②준잡손.
잡-송골(雜松鶻)[-쏭-]명 옥송골(玉松鶻) 다음가는 송골매.
잡수(雜修)[-쑤]명 (염불 이외의) 잡다한 수행.
잡수다[-쑤-]타 〈먹다2〉의 높임말. 자시다1. ¶ 진지를 잡수다. 높잡수시다.
잡-수당(雜手當)[-쑤-]명 (정규 수당 이외의) 여러 가지 자질구레한 수당.
잡-수수료(雜手數料)[-쑤-]명 (정규 수수료 이외의) 여러 가지 자질구레한 수수료.
잡수-시다[-쑤-]타 〈잡수다〉의 높임말. 준잡숫다.
잡-수입(雜收入)[-쑤-]명 ①장부에 두드러진 명목의 계정(計定)이 없는, 잡살뱅이 수입. ②(정상적인 수입 이외의) 이러저러 생기는 잡다한 수입. 참부수입.

잡순(帀旬·匝旬) [-쑨] 명 십 일간. 열흘 동안.
잡술(雜術) [-쑬] 명 사람을 속이는 요사한 술법.
잡숫다 [-쑫따] 타 《잡수시다》의 준말.
잡-스럽다(雜-) [-쓰-따] [~스러우니·~스러워] 형ㅂ 난잡하고 상스럽다. ¶ 노래가 잡스럽다. **잡스레** 부.
잡시-방약(雜施方藥) [-씨-] 명하타 (병을 다스리기 위하여) 여러 가지 약을 시험하여 씀.
잡식(雜食) [-씩] 명하자타 ①여러 가지 음식을 가리지 않고 마구 먹음, 또는 그 음식. ②동물성 먹이나 식물성 먹이를 두루 먹음. ¶ 참새나 고양이는 잡식하는 동물이다.
잡식(雜植) [-씩] 명하타 (모를) 줄을 맞추어 심지 아니하고 되는대로 마구 심음.
잡-식구(雜食口) [-씩꾸] 명 ☞군식구.
잡식^동:물(雜食動物) [-씩똥-] 명 동물성 먹이와 식물성 먹이를 두루 먹는 동물. 〔닭·참새·쥐·고양이·오소리 따위.〕
잡식-성(雜食性) [-씩썽] 명 잡식하는 성질. ¶ 고양이는 잡식성 동물이다.
잡신(雜神) [-씬] 명 ☞잡귀.
잡심(雜心) [-씸] 명 잡된 마음.
잡아-가다 타거라 ①(경찰이 범인이나 용의자를) 붙들어 데려가다. ②(무서운 존재가) 끌고 가다. ¶ 귀신은 뭐하나, 저 인간 안 잡아가고.
잡아-끊다 [-끈타] 타 이야기나 요구 따위를 딱 잘라 거절하다. ¶ 부탁을 냉정히 잡아끊었다.
잡아-끌다 [~끄니·~끌어] 타 손으로 잡고 끌다. ¶ 수레를 잡아끌다. /멱살을 잡아끌다.
잡아-내다 타 ①(결점이나 틀린 점을) 찾아서 들추어 가려내다. ¶ 오자를 잡아내다. ②(숨어 있거나 속에 있는 것을) 찾아내거나 밖으로 나오게 하다. ¶ 범인을 잡아내다. ③야구에서, 투수가 타자를 아웃시키다. ¶ 4번 타자를 삼진으로 잡아내다.
잡아-넣다 [-너타] 타 ①억지로 들어가게 하다. ¶ 아이를 방에 잡아넣고 공부를 시키다. ②붙잡아 가두다. ¶ 범인을 감옥에 잡아넣다.
잡아-다니다 타 '잡아당기다'의 잘못.
잡아-당기다 타 잡아서 자기 쪽으로 끌다. ¶ 줄을 잡아당기다. /소매를 잡아당기다.
잡아-들다 [~드니·~들어] Ⅰ자 ①어떤 시기나 나이 따위에 가까워져 가는 상태가 되다. ¶ 가을에 잡아들다. /불혹(不惑)에 잡아들다. ②어떤 길이나 장소에 들어서게 되다. 들어가다. ¶ 험한 산길로 잡아들다. 큰접어들다. Ⅱ타 정하여 들다. ¶ 방을 잡아들다.
잡아-들이다 타 ①(범인 따위를) 잡아 오거나 가두다. ¶ 소매치기들을 잡아들이다. ②밖에 있는 것을 붙잡아서 안으로 들여놓다.
잡아-떼다 타 ①(붙은 것을) 잡아당겨 떨어지게 하다. ¶ 벽보를 잡아떼다. ②(한 일이나 아는 일을) 아니라거나 모른다고 우겨 말하다. ¶ 증거가 뚜렷한데도 아니라고 딱 잡아떼다.
잡아-매다 타 ①(따로 있는 것을) 흩어지지 않게 한데 매다. ¶ 두 사람의 한쪽 다리를 서로 잡아매어 이인삼각(二人三脚) 경주를 하다. ②(달아나지 못하도록) 고정된 곳에 묶어 두다. ¶ 개를 기둥에 잡아매다. 준잡매다.
잡아-먹다 [-따] 타 ①(어떤 동물을) 잡아 죽여서 그 고기를 먹다. ¶ 꿩을 잡아먹다. /호랑이가 노루를 잡아먹었다. ②(남을) 모해하여 어려운 처지에 빠뜨리다. ¶ 생사람 잡아먹을 소리. ③(시간·자재·경비 따위를) 낭비하다. ¶ 시간만 잡아먹다. ④(공간을) 차지하다.
잡아-채다 타 잡아서 낚듯이 세게 당기다. ¶ 가겠다는 사람의 소매를 잡아채서 주저앉히다.
잡아-타다 타 (말·자동차 따위 탈것을) 세워서 타다. ¶ 택시를 잡아타고 따라가다.
잡악(雜樂) 명 (아악 이외의) 여러 가지 속악.
잡어(雜魚) 명 여러 가지 자질구레한 물고기.
잡언-고시(雜言古詩) 명 잡언체(雜言體)로 쓰여진 고시.
잡언-체(雜言體) 명 한 수의 시(詩) 속에 삼언(三言)·사언·오언·칠언 따위의 구(句)를 섞어 쓰는 한시체(漢詩體).
잡업(雜業) 명 (일정하지 않은) 갖가지 자질구레한 일이나 직업.
잡역(雜役) 명 ①공역(公役) 이외의 여러 가지 부역. ②갖가지 자질구레한 일. 잡일. 허드렛일.
잡역-꾼(雜役-) 명 잡역에 종사하는 일꾼. 막일꾼.
잡역-부(雜役夫) [-뿌] 명 잡역에 종사하는 인부. 잡부.
잡역-부(雜役婦) [-뿌] 명 잡역에 종사하는 여자.
잡역-선(雜役船) [-썬] 명 잡역에 쓰이는 배.
잡연(雜緣) 명 불심(佛心)을 흐트러지게 하여 불도(佛道) 수행을 방해하는 온갖 연(緣). 〔사견(邪見)·유혹 따위.〕
잡예(雜藝) 명 갖가지 너절한 기예.
잡용(雜用) 명 ①일상의 자질구레한 씀씀이. ②☞잡비(雜費).
잡은-것 [-걷] 명 '광물을 캐내는 데 쓰는 연장'을 통틀어 이르는 말. ＊잡은것이 [-거시]·잡은것만 [-건-]
잡을-도조(-賭租) [-또-] 명 지주가 소작인을 입회시켜 간평(看坪)한 수확 예상에 따라 정하는 도조. 간평 도조. 집조(執租).
잡을-손 [-쏜] 명 일을 다잡아 하는 솜씨.
　잡을손(이) 뜨다 관용 일을 다잡아 하지 못하거나 미숙하여 느리다.
잡음(雜音) 명 ①시끄러운 소리. ②(전신·라디오 등의) 본디 소리에 섞여 청취를 방해하는 딴 소리. 잡소리. ¶ 잡음이 심해서 들을 수가 없다. ③화제의 중간에 끼어든 엉뚱한 소리나 방해되는 말. ¶ 얘기하는데 잡음 넣지 마라. ④(어떤 일에 대하여) 주위에서 이러쿵저러쿵하는 여론이나 소문. ¶ 잡음이 많아서 이 계획은 취소한다.
잡음-씨 명 ☞지정사(指定詞).
잡이 의 《어미 '-ㄴ·-ㄹ' 뒤에 쓰이어》 (무엇을 할 만한) 인간. 대상. 감. ¶ 그 일을 해낼 만한 잡이가 못 된다.
-잡이 접미 《일부 명사 뒤에 붙어》 ①(그것을) 다루는 사람. ¶ 총잡이. /칼잡이. ②(그것을) 잘 쓰는 사람. ¶ 왼손잡이. /외손잡이. ③(그것을) 잡는 일, 또는 잡는 일을 업으로 삼는 사람. ¶ 고기잡이. /고래잡이.
잡인(雜人) 명 (그 장소나 그 일에) 관계가 없는 사람. ¶ 잡인의 출입을 금합니다.
잡-일(雜-) [잠닐] 명하자 ☞잡역(雜役).
잡장(雜杖) [-짱] 명 벽을 만들 때 외로 쓰는 잡살뱅이의 나뭇가지.
잡저(雜著) [-쩌] 명 ①서(序)·기(記)·잠(箴)·명(銘)·부(賦)·표(表)·책(策) 이외의, 한문으로 된 갖가지 저술. ②잡다한 의견이나 감상을 되는대로 모은 책. ③여러 가지 잡다한 저술.
잡전(雜廛) [-쩐] 명 ①여러 가지 자질구레한 물건을 파는 가게. ②잡다한 여러 가지 가게.
잡전(雜錢) [-쩐] 명 여러 가지 잔돈.

잡-젓(雜-)[-쩟]명 여러 가지 생선으로 담근 젓. *잡젓이[-쩌시]·잡젓만[-쩐-]
잡제(雜題)[-쩨]명 ①여러 가지 잡다한 문제. ②(일정한 제목이 없이 여러 가지 글을 적은) 대수롭지 않은 한시(漢詩).
잡졸(雜卒)[-쫄]명 훈련이 되어 있지 않은 병사나 잡역에 종사하는 병사.
잡종(雜種)[-쫑]명 ①여러 가지가 섞인 잡다한 종류. ②품종이 다른 암수의 교배에 의하여 생긴, 유전적으로 순수하지 못한 생물체. ③☞튀기.
잡종^강세(雜種強勢)[-쫑-]명 잡종 제1대가 몸의 크기·번식력·내성(耐性) 등의 조건에서 어버이보다 뛰어난 현상.
잡종^경:기(雜種競技)[-쫑-]명 (정식 육상 경기가 아닌) 줄다리기 따위의 여러 가지 경기.
잡종-법(雜種法)[-쫑뻡]명 유용한 잡종(雜種)을 만드는 방법.
잡종^보:험(雜種保險)[-쫑-]명 손해 보험 가운데서, 해상 화재 보험을 제외한 다른 보험을 통틀어 이르는 말. 〔운송 보험·자동차 보험·신용 보험·도난 보험 따위.〕
잡종-세(雜種稅)[-쫑쎄]명 상공업(商工業) 이외의 영업이나 물품에 부과하는 여러 가지 세금. 〔차량세·시장세·선박세 따위.〕 준잡세.
잡종^형성법(雜種形成法)[-쫑-뻡]명 품종이 다른 식물을 인공 수분(人工受粉) 하여 우수한 개체로 고정시키는 품종 개량 방법.
잡-좆[-쫃]명 쟁깃술의 중간에 박아서 잡아 쳐들게 된 나무. *잡좆이[-쪼지]·잡좆만[-쫀-]
잡-죄다[-쬐-/-쮀-]타 ①다잡아서 죄어치거나 독촉하다. ②엄하게 잡도리하다.
잡쥐다타 〈옛〉잡아 쥐다. 제어(制御)하다. ¶ 히미 세여 可히 잡쥐돌 몯ᄒᆞ니(杜初17:7).
잡증(雜症)[-쯩]명 주되는 병 이외에 함께 일어나는 여러 가지 증세.
잡지(雜誌)[-찌]명 호(號)를 거듭하여 정기적으로 간행되는 출판물. 〔주간·순간·월간·격월간·계간 등의 구별이 있음.〕 휘보(彙報).
잡지-사(雜誌社)[-찌-]명 잡지를 편집·간행하는 출판사.
잡직(雜職)[-찍]명 조선 시대에, 사무를 담당하지 않고 잡무에만 종사하던 관직.
잡차래명 주로 내포(內包) 따위를 삶아 낸, 잡살뱅이의 쇠고기. 준잡찰.
잡착(雜錯) '잡착하다'의 어근.
잡착-하다(雜錯-)[-차카-]형여 ☞착잡하다.
잡찬(迊湌)명 신라 때의 17관등의 셋째 등급. 참파진찬.
잡찬(雜纂)명 잡다한 내용을 모아 편찬하는 일, 또는 그 책.
잡찰명 〈잡차래〉의 준말.
잡채(雜菜)명 여러 가지 나물에 고기를 잘게 썰어 넣고, 양념하여 볶은 음식. 당면을 주된 재료로 쓰기도 함.
잡처(雜處)명하자 ☞잡거(雜居).
잡철(雜鐵)명 잡다한 쇠붙이.
잡초(雜抄)명하타 여러 가지 것을 추려 뽑아 적음, 또는 그렇게 만든 책.
잡초(雜草)명 ☞잡풀.
잡총(雜聰)명 여러 가지 자잘한 일들을 잘 기억하는 총기.
잡-추렴(←雜出斂)명 (정규적이 아닌) 갖가지 자질구레한 추렴. 준잡렴.
잡축(雜畜)명 말과 소 이외의 여러 가지 가축.
잡치다타 ①(일을) 잘못하여 그르치다. ¶ 농사를 잡치다. ②(물건을) 못 쓰게 만들다. ③(기분 따위를) 상하다. 준잡다[5].
잡칙(雜則)명 여러 가지 자질구레한 규칙.
잡탈(雜頉)명 ①여러 가지 잡스러운 폐단. ②관노(官奴)의 여러 가지 탈.
잡탕(雜湯)명 ①쇠고기·해삼·전복·채소·무 등을 삶아 썰어 넣고 양념과 고명을 하여 끓인 국이나 볶은 음식. ②'난잡한 모양이나 사물, 또는 난잡한 행동을 하는 사람'을 비유하여 이르는 말.
잡탕-패(雜湯牌)명 몹시 난잡한 행동을 하는 사람들의 무리.
잡-티(雜-)명 여러 가지 자질구레한 티나 흠.
잡-풀(雜-)명 저절로 나서 자라는 여러 가지 대수롭지 않은 풀. 잡초.
잡품(雜品)명 여러 가지 자질구레한 물품.
잡필(雜筆)명하타 ☞잡기(雜記).
잡학(雜學)[자팍]명 여러 방면에 걸쳐 있으나 체계가 서지 않은 학문이나 지식.
잡한(雜漢)[자판]명 잡놈.
잡행(雜行)[자팽]명 ①잡스러운 행실. ②중이 계율을 범하는 행위. ↔정행(正行).
잡혀-가다[자펴-]자 ①붙들리어 가다. ¶ 유리창을 깨어 주인에게 잡혀가서 혼이 났다. ②수사 기관에 연행되어 가다. ¶ 형사들에게 잡혀가다. ③볼모나 포로가 되어 가다. ¶ 적군에게 잡혀가다.
잡혼(雜婚)[자폰]명 ☞난혼(亂婚).
잡화(雜貨)[자퐈]명 잡다한 상품.
잡화-상(雜貨商)[자퐈-]명 여러 가지 일용품을 파는 장사, 또는 그 장수나 상점.
잡화-점(雜貨店)[자퐈-]명 여러 가지 일용품을 파는 상점.
잡희(雜戲)[자피]명 여러 가지 잡스러운 놀음놀이.
잡-히다[1][자피-]자 〖'잡다[1]'의 피동〗 ①잡음을 당하다. ¶ 손에 잡히다. ②(범인 또는 쫓기는 사람이) 붙들리어 도망가지 못하게 되다. 체포되다. ¶ 도둑이 잡히다. ③담보 되다. 저당되다. ¶ 집이 빚에 잡히다. ④(결점·비밀·단서 따위가) 드러나다. ¶ 약점이 잡히다. /단서가 잡히다. ⑤(신호·전파 따위가) 포착되다. ¶ 아군의 비밀 신호가 적에게 잡히다. ⑥(글이나 말의 뜻이) 파악되다. ¶ 문의(文意)가 잡히다. /글의 줄거리가 잡히다. ⑦(날짜 따위가) 결정되다. ¶ 결혼식을 거행할 날짜가 잡히다. ⑧조음(調音)되다. 조율(調律)되다. ¶ 기본음이 잡히다. ⑨(논물 따위가) 가득히 고이게 되다. ¶ 모내기할 물이 논에 잡히다. ⑩(삼눈이) 고쳐지다. ¶ 삼눈이 잡히다. ⑪확보되다. 장만되다. ¶ 살림이 잡히다. /한밑천 잡히다.
잡-히다[2][자피-]자 〖'잡다[2]'의 피동〗 심산(心算)이 서다. 기준이 정해지다. ¶ 계획이 대강 잡히다. /도조가 한 마지기에 두 섬으로 잡히다.
잡-히다[3][자피-]자 〖'잡다[3]'의 피동〗 ①동물이 잡음을 당하다. 포획(捕獲)당하다. ¶ 고등어가 많이 잡히다. /새가 잡히다. ②불길이나 바람 또는 기세(기운) 따위가 꺾이다. 가라앉게 되다. ¶ 불길이 잡히다. /마음이 잡히다.
잡-히다[4][자피-]자 〖'잡다[4]'의 피동〗 ①굽은 것이 곧게 펴지게 되다. ¶ 굽은 철사가 바르게 잡히다. ②옷이나 천의 주름이 서게 되다. ¶ 주름이 반듯하게 잡히다.

잡-히다⁵[자피-]타 〖'잡다¹'의 사동〗 ①붙들게 하거나 쥐게 하다. ¶ 형의 손을 잡혀서, 꼬마를 학교에 보내다. ②담보나 저당 따위를 맡게 하다. ¶ 집을 잡히고 빚을 내다.

잡-히다⁶[자피-]자 ①(얼음이) 얼기 시작하다. ¶ 살얼음이 잡히다. ②(꽃망울이) 맺히어 생기다. ¶ 가지마다 꽃망울이 잡히다.

잡힐-손[자필쏜]명 무슨 일에든지 쓸모가 있는 재간. ¶ 잡힐손이 있는 사람.

잣ː[잗]명 잣나무의 열매. 백자(柏子). 송자(松子). 해송자(海松子). ＊잣ː이[자시]·잣ː만[잔-]

잣명 〈옛〉 성(城). ¶ 城은 자시라(月釋1:6).

잣ː-가루[잗까-]명 잣으로 만든 가루. 음식이나 떡의 고명으로 쓰임. 백자말(柏子末).

잣ː-기름[잗끼-]명 잣을 짜서 만든 기름. 식용하거나 약용함. 해송자유(海松子油).

잣ː-나무[잔-]명 소나뭇과의 상록 교목. 높이는 30 m가량 자람. 잎은 한 눈에서 다섯 잎씩 남. 꽃은 5월경에 피고, 가을에 솔방울보다 큰 잣송이가 익음. 씨는 '잣'이라 하여 먹고, 나무는 건축재나 가구재·판재(板材) 등으로 쓰임. 과송(果松). 백목(柏木). 송자송. 오립송(五粒松). 오엽송(五葉松). 유송(油松). 해송(海松).

잣-눈¹[잔-]명 (길이를 재는) 자에 새겨진 눈금.

잣눈도 모르고 조복(朝服) 마른다속담 기본적이거나 기초적인 것도 모르고 가장 어려운 일을 하고자 함을 빗대어 이르는 말.

잣-눈²[잔-]명 〔한 자가량 내린 눈이란 뜻으로〕 '많이 내린 눈'을 이르는 말. 척설(尺雪).

잣ː다[잗따][자으니·자아]타ㅅ ①(물레 따위로 실을) 뽑다. ¶ 물레로 실을 잣다. ②(무자위 따위로 물을) 낮은 데서 높은 데로 빨아올리다. ¶ 양수기로 물을 잣다.

잣다리[잗따-]명 까라기 없는 올벼의 한 가지. 한식 뒤에 곧 파종함.

잣ː-단자(-團餈)[잗딴-]명 잣으로 소를 넣어 만든 단자.

잣-대[자때/잗때]명 ①자막대기. ②'무엇을 판단하거나 평가하는 기준'을 비유하여 이르는 말.

잣ː-박산(-薄饊)[잗빡싼]명 ①산자(饊子)에 잣을 으깨어 붙인 유밀과. ②잣을 꿀이나 엿에 버무려 반듯반듯하게 만든 과줄.

잣ː-불[잗뿔]명 일 년 신수를 보는 아이들의 놀이. 음력 정월 열나흗날 저녁에, 깐 잣 열두 개를 각각 바늘로 꿰어 그해 열두 달에 별러 붙여 불을 놓고, 불이 밝은 달은 신수가 좋고, 밝지 않은 달은 나쁘다고 함.

잣ː-새[잗쌔]명 ☞솔잣새.

잣ː-송이[잗쏭-]명 잣이 박혀 있는 잣나무의 열매.

잣ː-송진(-松津)[잗쏭-]명 잣나무에서 나는 진.

잣ː-엿[잔녇]명 실백잣을 섞어서 만든 엿. ＊잣ː엿이[잔녀시]·잣ː엿만[잔년-]

잣ː-죽(-粥)[잗쭉]명 잣과 쌀로 쑨 죽. 쌀을 물에 불린 후 갈아 밭친 잣을 섞어서 쑴.

잣ː-즙(-汁)[잗쯥]명 잣을 짜서 낸 즙.

잣ː-집게[잗찝께]명 잣을 까는 데 쓰는 작은 집게.

잣ː-징[잗찡]명 대가리가 잣처럼 동글동글하고 못이 하나 달린 작은 징.

장¹명 화투놀이에서, '열 끗'을 이르는 말.

장ː²명 게의 딱지 속에 들어 있는, 누르스름한 된장 같은 생식소(生殖巢). 가을이 되면 분량이 많아지고, 맛도 좋음.

장³의 무덤을 헤아리는 단위. ¶ 두 장의 뫼가 나란히 자리 잡고 있다.

장(長)¹명 길이. ¶ 장이 일곱 자에 폭이 석 자.

장ː(長)²명 (단체나 부서의) 으뜸 직책, 또는 그 직에 있는 사람.

장(章)명 ①〔문장이나 문서에서〕 내용을 구분짓는 단위. ¶ 첫째 장을 서론으로 삼다. ②예산 편성상의 구분의 하나. 관(款)의 위. ③〖의존 명사적 용법〗 글의 내용을 구분한 것을 세는 단위. ¶ 시조는 세 장으로 짜여 있다. /제1편 제3장 제6절.

장(帳)¹명 〈휘장(揮帳)〉의 준말.

장(帳)²명 조선 시대에, 동학(東學) 교구(敎區)의 한 단위. 접(接)의 아래임.

장(張)명 〈장성(張星)〉의 준말.

장ː(將)명 ①☞장수(將帥). ②장기에서, '초(楚)'나 '한(漢)' 자를 새긴 짝. 궁밭에서 한 밭씩 움직일 수 있음. ③〈장군(將軍)²〉의 준말. ¶ 장을 부르다. /장이야.

장(을) 받다관용 장기를 둘 때, 장군을 부른 데 대하여 장을 피하거나 막다. 장군(을) 받다.

장(場)¹명 ①많은 사람이 모여 물건을 팔고 사는 일, 또는 그러한 곳. ¶ 장에 가다. /장이 서다. ②〈장날〉의 준말. ¶ 내일이 봉평 장이다. ③〈시장〉의 준말.

장(을) 보다관용 장에서 물건을 사거나 팔다.

장(場)²명 ①어떤 일이 행하여지는 곳. ¶ 대화의 장이 마련되다. ②물리학에서, 물질 또는 물체 사이에 작용하는 힘이 전달되는 공간을 이르는 말. 〔중력장·자기장 따위.〕 ③심리학적인 특정 현상의 원인을, 그 현상과 상호 의존적인 복합 요소로 보았을 때의 그 '총체적인 영역'을 이르는 말.

장ː(腸)명 음식물의 소화·흡수·배설 작용을 담당하는 소화기의 한 부분. 비창자.

장ː(醬)명 ①〈간장〉의 준말. ②간장·된장·고추장을 통틀어 이르는 말.

장ː(欌)명 개판과 마대·서랍을 갖추고, 침구·의류 따위를 넣어 두는 가구를 통틀어 이르는 말. 몸체는 층으로 나뉘지 않고 통째로 쓰나 칸을 다는 경우도 있으며, 넣어 두는 물건의 종류에 따라 옷장·이불장·찬장 따위로 나뉨. 참농(籠).

장(臟)명 심장·간장·폐장·신장·비장 따위 오장(五臟)을 통틀어 이르는 말.

장(張)의 (종이·유리 따위처럼) 얇고 넓적한 조각을 세는 단위. ¶ 종이 열 장.

장(場)의 ①연극에서, 막(幕)을 다시 나눈 작은 단락을 세는 단위. ¶ 제3막은 5장으로 되어 있다. /2막 5장. 참막(幕).

장-(長)접두 《일부 명사 앞에 붙어》 멀거나 오래됨을 나타냄. ¶ 장거리. /장시간. ↔단(短)-.

-장(丈)접미 《일부 명사 뒤에 붙어》 어른임을 나타냄. ¶ 노인장. /주인장. /춘부장.

-장(狀)접미 일부 명사 뒤에 붙어, 그러한 문서임을 나타냄. ¶ 신임장. /임명장. /연하장. /추천장.

-장(長)접미 일부 명사 뒤에 붙어, 그 단체나 부서의 책임자임을 나타냄. ¶ 위원장. /홍보실장.

-장(帳)접미 《일부 명사 뒤에 붙어》 ①'장부'의 뜻을 나타냄. ¶ 매입장. /출납장. ②'공책'의 뜻을 나타냄. ¶ 연습장. /일기장.

-장(場)접미 일부 명사 뒤에 붙어, 그러한 장소임을 나타냄. ¶ 수영장. /실습장. /연회장. /운동장.

-장(葬) 접미 《일부 명사 뒤에 붙어》 '장례(葬禮)'의 뜻을 나타냄. ¶ 가족장. /국민장. /사회장.
장ː가 명 남자가 아내를 맞아들이는 일. 한자를 빌려 '丈家'로 적기도 함.
장가(長歌) 명 (시조와는 달리) 길이나 편수(篇數)에 제한 없이 형식이 긴, 국문학상의 시가를 통틀어 이르는 말. 〔가사·잡가·경기체가 따위.〕 ↔단가.
장ː가(葬歌) 명 남의 죽음에 대한 애도의 뜻으로 부르는 노래.
장ː가-가다 자 장가들다. ↔시집가다.
장ː가-들다 [~드니·~들어] 자 남자가 아내를 맞아들이다. 장가가다.
장가들러 가는 놈이 불알 떼어 놓고 간다 속담 가장 중요한 것을 잊거나 잃어버렸을 때 하는 말.
장ː가들-이다 타 《'장가들다'의 사동》 장가들게 하다. ¶ 막내아들을 장가들이다.
장ː가-보내다 타 장가들이다.
장ː가-처(–妻) 명 정식으로 혼례식을 치르고 맞은 아내. 적처(嫡妻). 정배(正配). 정적(正嫡).
장각(長角) 명 ①긴 뿔. ②〈장각과〉의 준말.
장각(長脚) 명 긴 다리.
장각(獐角) 명 한방에서, '노루의 굳은 뿔'을 약재로 이르는 말. 임질 또는 부인병·요통·월경불순 등에 쓰임.
장각-과(長角果) [–꽈] 명 건조과(乾燥果)에 딸린 열과(裂果)의 한 가지. 가늘고 길쭉한 꼬투리로 된 열매로, 모가 졌음. 씨방은 한 칸이나 나중에 격막(隔膜)이 생겨 두 쪽으로 벌어짐. 〔무·배추·냉이 따위의 열매가 이에 딸림.〕 준 장각.
장ː-간(醬–) 명 (간장·음식 따위의) 맛의 짜고 싱거운 정도. ¶ 이 국은 장간이 알맞다.
장간(長竿) 명 장대.
장간(獐肝) 명 한방에서, '노루의 간'을 약재로 이르는 말.
장간(檣竿) 명 돛대.
장ː-간막(腸間膜) 명 복막(腹膜)의 한 부분. 한 끝은 창자에 붙어 있고, 다른 한 끝은 척추의 앞을 지나 복막과 합해진, 쭈글쭈글한 반투명의 엷은 막으로 신경과 혈관 등이 통함.
장-간죽(長簡竹) 명 (가는 대나무로 만든) 긴 담배설대.
장감(長感) 명 감기가 오래가서 생기는 병. 기침이 나오고 오한이 심하여 폐렴이 되기 쉬움.
장-감고(場監考) 명 지난날, 관아에서 파견되어 장판으로 다니면서 물건의 시세를 살펴 검사하던 사람.
장ː갑(掌匣·掌甲) 명 손을 보호하거나 추위를 막기 위하여, 천이나 실 또는 가죽 따위로 만들어 손에 끼는 물건. ¶ 장갑 한 켤레. /장갑을 끼다.
장갑(裝甲) 명하타 ①갑옷을 입고 투구를 갖춤. ②(적탄으로부터 보호하기 위하여) 선체(船體)·차체(車體) 따위를 특수한 강철판으로 둘러쌈, 또는 그 강철판.
장갑^부대(裝甲部隊) [–뿌–] 명 주로 기계화된 장갑 차량으로 편성된 육군의 지상 부대. 비 기계화 부대.
장갑^열차(裝甲列車) [–감녈–] 명 장갑판과 화포 등으로 중무장한 철도 차량.
장갑^자동차(裝甲自動車) [–짜–] 명 ☞장갑차.
장갑-차(裝甲車) 명 선회 포탑(旋回砲塔) 및 고정식 또는 반고정식 총포 따위로 무장하고, 전체를 강철판으로 둘러싼 차륜식(車輪式) 차량. 수색이나 경계 또는 인원 수송 등에 쓰임. 장갑 자동차.
장갑^차량(裝甲車輛) 명 전차·장갑차·자주포 따위의 차륜식 차량이나 무한궤도 차량으로서 장갑이 된 전투용 특수 차량을 통틀어 이르는 말.
장갑-판(裝甲板) 명 장갑하는 데 쓰는 강철판.
장갑-함(裝甲艦) [–가팜] 명 강철판으로 장갑한 군함. 갑철함(甲鐵艦).
장강(長江) 명 물줄기가 긴 강.
장강(長杠) 명 길고 굵은 멜대. 장강목.
장강-대필(長杠大筆) 명 〔긴 장대와 같은 큰 붓이라는 뜻으로〕 '길고 힘있는 문장'을 비유하여 이르는 말.
장강-목(長杠木) 명 ☞장강(長杠).
장강-틀(長杠–) 명 둘 이상의 길고 굵은 멜대를 맞추거나 얽어맨 틀. 흔히, 상여 같은 것을 나르는 데 씀.
장갱이 명 장갱잇과의 바닷물고기. 몸길이 60 cm 가량으로 뱀장어를 닮았음. 몸빛은 회갈색이고, 등에 흑갈색 반점이 빽빽함. 눈이 몹시 작고, 입은 매우 큼. 우리나라 동해 북부에서 많이 잡힘.
장ː거(壯擧) 명 장하고 큰 계획이나 일. 성거(盛擧). ¶ 대륙 도보 횡단의 장거.
장-거리(場–)[1] [–꺼–] 명 장이 서는 거리.
장-거리(場–)[2] [–꺼–] 명 장에 내다 팔아서 돈을 마련할 물건, 또는 장에 가서 사 올 물건.
장-거리(長距離) 명 ①멀고 긴 거리. 원거리. ②〈장거리 달리기〉의 준말. ↔단거리.
장거리^경ː주(長距離競走) 명 ☞장거리 달리기.
장거리^달리기(長距離–) 명 육상 경기의 한 가지. 5000 m, 10000 m 달리기와 마라톤 경주를 통틀어 이르는 말. 장거리 경주. 준 장거리. 참 단거리 달리기·중거리 달리기.
장거리^전ː화(長距離電話) 명 일반 가입 구역 밖인 특정의 먼 구역과 통화하는 전화.
장거리-포(長距離砲) 명 먼 곳을 포격할 수 있도록 만든, 사정(射程)이 긴 대포.
장건(壯健) '장건하다'의 어근.
장ː-건건이(醬–) 명 장을 재료로 한 반찬을 통틀어 이르는 말.
장ː건-하다(壯健–) 형여 (기골이) 장대(壯大)하고 건장하다.
장검(長劍) 명 지난날, 무기로 쓰던 긴 칼. 비 장도(長刀). ↔단검.
장ː-결핵(腸結核) 명 장(腸)의 점막에 생기는 결핵. 흔히, 소장(小腸) 끝 부분에서 발생함.
장경(長徑) 명 '긴지름'의 구용어.
장경(粧鏡) 명 ☞경대(鏡臺).
장경(漿莖) 명 식물 줄기의 한 형태. 육질(肉質)이며 비대하고 저수(貯水) 조직이 있음. 〔선인장의 줄기 따위.〕
장경(藏經) 명 〈대장경〉의 준말.
장경-성(長庚星) 명 ☞태백성(太白星).
장경-판(藏經板) 명 석가모니가 일생 동안 베푼 가르침을 새겨 놓은 경판.
장계(長計) [–계/–게] 명 〈장구지계〉의 준말.
장ː계(狀啓) [–계/–게] 명하자 감사나 왕명으로 지방에 파견된 벼슬아치가 글로 써서 올리던 보고.
장계-취계(將計就計) [–계–계/–게–게] 명하자 상대편의 계략을 미리 알아채고 그것을 역이용하는 계략.
장ː고(杖鼓·長鼓) 명 〈장구〉의 본딧말.

장고(長考)명하타 오랫동안 깊이 생각함. ¶ 장고 끝에 악수(惡手)를 두다.

장-고래(長-)명 길이로 길게 켠 방고래.

장곡(長谷)명 깊고 긴 산골짜기.

장ː골(壯骨)명 기운 좋게 생긴 큰 골격, 또는 그런 골격의 사람. ¶ 코흘리개가 어느새 어엿한 장골이 되었다.

장골(長骨)명 척추동물의 사지(四肢)를 이루고 있는 길고 굵은 뼈. 양 끝이 구상(球狀)인 원통형으로, 내부에는 골수가 들어 있음. 긴뼈.

장ː골(掌骨)명 손바닥뼈.

장ː골(腸骨)명 허리 부분을 이루고 있는 뼈. 엉덩이뼈의 두 끝, 궁둥이뼈의 뒤쪽 위에 있음.

장공(長空)명 높고 먼 공중.

장공-속죄(將功贖罪)[-쬐/-쮀]명하자 (죄를 지은 사람이) 공을 세움으로써 속죄함.

장과(漿果)명 다육과(多肉果)의 한 가지. 겉껍질은 얇고, 살에는 즙이 많으며, 속에는 씨가 들어 있는 과실을 통틀어 이르는 말. 〔감·포도·귤·무화과 따위.〕 참다육과.

장-과지(長果枝)명 과수(果樹)에서, 열매가 열리는 30~60 cm의 긴 가지.

장곽(長藿)명 길이가 길고 넓은 미역.

장ː관(壯觀)명 ①굉장하여 볼 만한 경관. 위관(偉觀). ¶ 만고천하(萬古天下)에 그런 장관은 대두(對頭)할 데 없을 듯하더라(意幽堂.東溟日記). ②《반어적으로 쓰이어》 꼴불견. ¶ 거드럭거리는 꼴이란 참으로 장관이군.

장ː관(長官)명 ①국무(國務)를 맡아보는 행정 각부의 책임자. ¶ 국방부 장관. ②왕조 때, 한 관아의 으뜸 벼슬.

장ː관(將官)명 ①☞장수(將帥). ②장성(將星)급의 고급 장교를 통틀어 이르는 말. ③대한 제국 때, 대장(大將)·부장(副將)·참장(參將)을 통틀어 이르던 말.

장ː관(掌管)명하타 ☞관장(管掌).

장ː관(腸管)명 ①섭취한 음식물을 소화하고 흡수하는 기관을 통틀어 이르는 말. 소화관. ②☞창자.

장관이대(張冠李戴)명 〔장가(張哥)의 관을 이가(李哥)가 쓴다는 뜻으로〕 '이름과 실상이 일치하지 아니함'을 이르는 말.

장광(長廣)명 길이와 넓이.

장광-도(長廣刀)명 날이 길고 넓은 큰 칼.

장광-설(長廣舌)명 ①길고 줄기차게 잘하는 말솜씨. ②쓸데없이 장황하게 늘어놓는 말.

장광-창(長廣窓)명 창고 따위의 도리 밑에 가로질러 길게 낸 창.

장ː교(將校)명 ①육·해·공군의 소위 이상의 무관을 통틀어 이르는 말. 〔위관·영관·장관으로 구분됨.〕 ↔사병(士兵). ②조선 시대에, 각 군영과 지방 관아의 군무에 종사하던 낮은 벼슬아치를 통틀어 이르던 말. ②군관(軍官)·병교.

장ː교-단(將校團)명 (임무·목적 및 소속 따위가 같은) 장교들로 구성된 단체.

장구(←杖鼓·長鼓)명 국악(國樂)의 타악기의 한 가지. 오동나무로 된, 허리가 가늘고 잘록한 둥근 통의 양쪽 마구리에 말가죽(왼쪽은 쇠가죽을 쓰기도 함)을 팽팽하게 씌운 철테를 대고 조임줄로 켕기게 얽어 만듦. 왼쪽은 손이나 궁채로, 오른쪽은 채로 치는데, 춤이나 소리의 반주에 쓰임. 요고(腰鼓). 본장고.

장구를 쳐야 춤을 추지속담 어떤 일이든 곁에서 거들어 주는 사람이 있어야 잘할 수 있다는 뜻.

장구(長久) '장구하다'의 어근.

장구(長軀)명 키가 큰 몸집. 장신. ¶ 6척 장구. ↔단구(短軀).

장구(長驅)명 ①하자 먼 길을 빨리 달려감. ②하타 멀리까지 휘몰아 쫓아감.

장구(章句)명 글의 장(章)과 구(句).

장ː구(葬具)명 장사(葬事) 지내는 데 쓰는 제구. 장기(葬器).

장구(裝具)명 ①(무엇을) 꾸미고 단장하는 데 쓰는 제구. ②무장할 때, 몸에 차는 탄띠·대검 등의 도구. ¶ 개인 장구.

장구-대진(長驅大進)명하자 멀리까지 몰아서 거침없이 나아감.

장-구럭(場-)[-꾸-]명 (주로 부녀자들이) 시장에 갈 때 들고 다니는 구럭.

장구-매듭명 두 끝을 맞매는 매듭의 한 가지. 양 끝을 잡아당기면 줄었다 늘었다 하게 되어 있음.

장구-머리명 보·도리·평방(平枋) 따위에 그리는 단청의 한 가지. 다섯 송이씩 꽃을 띄엄띄엄 그리고, '살'과 '휘'를 교착(交錯)하여 그림.

장구-무사(-武砂)명 홍예문(虹蜺門)의 홍예의 옆이나 위의 호형(弧形)에 맞추어 평행이 되게 놓는 돌.

장구-배미(←杖鼓-)명 가운데가 잘록하게 장구처럼 생긴 논배미. 요고전(腰鼓田).

장구-벌레명 모기의 유충. 몸길이 4~7 mm. 몸빛은 갈색 또는 흑색. 여름에 썩은 유기물을 먹고 자라 번데기가 되었다가 다시 변태하여 모기가 됨. 적충(赤蟲).

장구-애비명 장구애빗과의 곤충. 몸길이 3 cm 가량. 몸빛은 갈색이며 배 끝에 한 쌍의 긴 호흡기가 있음. 논이나 늪에 삶.

장구-재비(←杖鼓-)명 (농악이나 풍악에서) 장구를 치는 일을 맡은 사람.

장구지계(長久之計)[-계/-게]명 (어떤 일이) 오래 계속되도록 도모하는 계책. 장구지책. 준장계.

장구지책(長久之策)명 ☞장구지계.

장구-채(←杖鼓-)[1]명 장구를 치는 채. 보통, 가는 대오리 따위로 만듦.

장구채[2]명 석죽과의 이년초. 산이나 들에 절로 나는데, 높이는 30~80 cm. 줄기는 무더기로 남. 잎은 끝이 뾰족한 길둥근 모양으로 마주 나고, 여름에 흰 꽃이 핌. 씨는 한방에서 약재로 쓰임. 전금화(翦金花).

장구-통(←杖鼓-)명 장구의 몸통. 허리가 잘록하고 양쪽이 볼록하게 생겼음.

장구-하다(長久-)형여 매우 길고 오래다. 장원(長遠)하다. ¶ 장구한 세월. **장구-히**부.

장ː-국(醬-)[-꾹]명 ①〈맑은장국〉의 준말. ②'토장국이 아닌 국물'을 통틀어 이르는 말. ③간장을 탄 물. 열구자·전골 따위의 국물로 씀.

장ː국-밥(醬-)[-꾹빱]명 ①더운 장국에 만 밥. ②더운 장국을 붓고 산적이나 혹살을 넣은 다음 고명을 얹은 밥. 온반(溫飯). 탕반(湯飯).

장군명 ①물·술·간장 따위를 담아서 옮길 때 쓰는, 오지나 나무로 만든 그릇. 중두리를 뉜 모양으로, 배때기에는 좁은 아가리가 있음. ②〈오줌장군〉의 준말.

장군(將軍)[1]명 ①군(軍)을 통솔하는 무관(武官). ②'장관(將官)'을 흔히 일컫는 말. ③신라 때, 임금을 호위하던 군대의 으뜸 벼슬. ④고려 시대, 무관의 정사품 벼슬. 대장군의 아래, 중랑장(中郞將)의 위. ⑤조선 초기, 무관의 종사품 벼슬.

장군(將軍)² Ⅰ명 장기에서, 상대편 '장(將)'을 잡으려고 두는 수. 준장(將).
Ⅱ감 장기에서, '장(將)'을 둘 때 지르는 소리.
장군 멍군관용 ☞멍군 장군.
장군(을) 받다관용 부르는 장을 피하는 수를 두다. 장(을) 받다.
장군-목(將軍木)명 궁문이나 성문을 닫아 거는, 굵고 큰 나무 빗장.
장군-부(-缶)명 한자 부수의 한 가지. '缸'·'罌' 등에서의 '缶'의 이름.
장군-석(將軍石)명 '무석인(武石人)'을 흔히 이르는 말.
장군-전(將軍箭)명 순쇠붙이로 만든 화살. 쇠뇌로 쏘게 되어 있음.
장군-풀(將軍-)명 여뀟과의 다년초. 고산 지대에 나는데, 뿌리는 굵고 길며 누런빛을 띰. 속이 빈 원줄기는 2m가량 자람. 잎은 손바닥 모양이며, 여름에 황백색 꽃이 핌. 뿌리는 한방에서 약재로 쓰임. 참대황(大黃).
장:-굴젓(醬-)[-젇]명 굴을 소금에 절였다가 끓여, 간장을 부어 삭힌 것. *장:굴젓이[-저시]·장:굴젓만[-전-]
장궁(長弓)명 앞을 순전히 뿔로 만든 각궁(角弓).
장:권(奬勸)명하타 장려하여 권함. 권장(勸奬).
장궐-증(臟厥症)[-쯩]명 한방에서, 원기(元氣)가 빠져 설사와 구토를 하고 오한이 나는 증세를 이르는 말.
장궤(長櫃)명 기다랗고 큼직한 궤짝.
장:귀명 투전에서, 열 끗짜리 한 장과 아홉 끗짜리 한 장으로 된 가보.
장:귀-천(將鬼薦)명 무과(武科) 출신의 사람으로 장차 대장이 될 만한 사람을 벼슬길에 천거하던 일. 명장의 집안에서 태어난 사람에 한하였음.
장-귀틀(長-)명 마룻귀틀 가운데서 세로로 놓이는 가장 긴 귀틀.
장그랍다[-따][장그라우니·장그라워]형ㅂ '쟁그랍다'를 얕잡아 하는 말.
장근(將近)부 거의. 거의 가깝게. ¶ 집을 떠나온 지도 장근 두 달이나 되었다.
장근-하다(將近-)형여 거의 가깝다. ¶ 김 씨는 오십이 장근하도록 슬하에 자식이 없다.
장글-장글부하형 '쟁글쟁글'의 잘못.
장-금(場-)[-끔]명 (물건 따위가) 시장에서 거래되는 시세. 장시세.
장:기(壯妓)명 나이가 지긋한 기생.
장:기(壯氣)명 건장한 기운. 왕성한 원기.
장:기(杖朞)명 상장(喪杖)을 짚고 1년 동안 재최(齊衰)를 입던 거상(居喪), 또는 그 기간.
장기(長技)[-끼]명 가장 능한 재주. 특기. ¶ 장기 자랑. /장기를 부리다.
장기(長期)명 오랜 기간. 장기간. ↔단기.
장:기(帳記·掌記)[-끼]명 물건이나 논밭 따위의 매매에 관한 물목(物目)을 적은 명세서.
장:기(將棋·將棊)명 ①둘이서 청·홍의 장기짝을 각각 차지하여 장기판에 정해진 대로 마주 벌여 놓고 번갈아 두면서 겨루는 놀이. 장군을 받지 못하면 지게 됨. ¶ 장기를 두다. ②〈장기짝〉의 준말.
장:기(將器)명 장수가 될 만한 기량(器量), 또는 그러한 기량을 지닌 사람.
장:기(葬器)명 장례 때 쓰는 기물. 장구(葬具).
장:기(瘴氣)명 축축하고 더운 땅에서 생기는 독기(毒氣). 장독(瘴毒).
장기(臟器)명 내장의 여러 기관. 특히, 흉강(胸腔)과 복강(腹腔)에 있는 기관.
장-기간(長期間)명 오랜 동안. 오랜 기간. 장기(長期). ↔단기간.
장기^감:각(臟器感覺)명 ☞유기 감각.
장기^거:래(長期去來)명 ☞장기 청산 거래. ↔단기 거래.
장기^금융(長期金融)[-금늉/-그뮹]명 장기간에 걸쳐 갚기로 하고 대부받는 자금. ↔단기 금융.
장기^기생충(臟器寄生蟲)명 동물의 장기 속에 기생하는 벌레.
장:기-망태기(將棋網-)명 장기짝을 넣어 두는 작은 망태기.
장기^신:용(長期信用)명 부동산을 담보로 하여 오래 지속시키는 금융상의 신용.
장기^신:탁(長期信託)명 일반적으로 '5년 이상의 신탁'을 이르는 말. ↔단기 신탁.
장기^어음(長期-)명 발행일로부터 3개월 이상에 걸쳐 지불되는 어음. ↔단기 어음.
장기^예:보(長期豫報)명 사흘 이상의 장기간을 대상으로 하는 기상 예보. ↔단기 예보.
장기^이식(臟器移植)명 다른 개체의 정상적인 장기를 손상된 부분에 이식하여 기능을 회복시키는 일.
장기-적(長期的)관명 오랜 기간에 걸친 (것). ¶ 장기적 전망. /장기적인 안목. /장기적인 계획.
장기-전(長期戰)명 오랜 기간에 걸친 전쟁. 지구전(持久戰). ¶ 장기전에 돌입하다. ↔단기전.
장:기-짝(將棋-)명 장기를 두는 데 쓰는 말. 장(將)을 중심으로 사(士)·차(車)·포(包)·마(馬)·상(象)·졸(卒) 등, 청색과 홍색 각 16짝씩으로 모두 32짝임. 준장기.
장기-채(長期債)명 오랜 기간에 걸쳐 갚기로 된 채무. ↔단기채.
장기^청산^거:래(長期淸算去來)명 매매 약정을 한 뒤 물건과 대금을 주고받는 기간이 장기인 거래 방법. 장기 거래. ↔단기 청산 거래.
장:기-튀김(將棋-)명 〔장기짝을 한 줄로 늘어놓고, 그 한쪽 끝을 밀면 차차 밀리어 다 쓰러지게 된다는 뜻으로〕 어떤 일의 영향이 '다른 것에 튀어 번짐'을 이르는 말.
장:기-판(將棋-)명 장기를 두는 자리(판국). ¶ 남의 장기판에 끼어들어 훈수하다.
장:기-판(將棋板)명 장기를 두는 데 쓰이는 판.
장기-화(長期化)명하자타되자 (어떤 일이) 오래 끌게 되거나, 또는 오래 끌게 함. ¶ 불황이 장기화되다.
장:-김치(醬-)명 무·배추·오이 등을 간장에 절여 갖은 고명을 넣어서 담근 김치.
장:-깍두기(醬-)[-뚜-]명 (소금 대신) 간장을 넣고 담근 깍두기.
장-꾼(場-)명 장(場)에 모여 물건을 팔고 사는 사람들.
장끼명 꿩의 수컷. 수꿩. ↔까투리.
장끼-전(-傳)명 작자·연대 미상의 고대 소설. 꿩을 의인화한 동물 우화 소설.
장-나무(長-)명 (물건을 괴거나 받치는) 굵고 긴 나무. 목간(木竿). 장목(長木).
장나무에 낫 걸기〔걸이〕속담 큰 세력에 턱없이 쓸데없는 대항을 하여 헛수고만 한다는 말.
장난명하자 ①아이들의 놀음놀이. ②실없이 하는 짓. ¶ 장난으로 시작한 것이 싸움이 되다. ③짓궂게 놀리는 짓. 짓궂게 하는 못된 짓. ¶ 소녀는 사내 녀석들의 짓궂은 장난에 울음을 터트렸다.
장난-감[-깜]명 아이들 놀음놀이의 재료가 되는 물건. 애완구. 완구(玩具).

장난-기(-氣)[-끼]명 장난하는 기분. 장난하려는 마음. ¶ 장난기가 발동하다.
장난-꾸러기명 〔주로 아이들을 두고 하는 말로〕 장난이 심한 사람.
장난-꾼명 장난을 좋아하거나 잘하는 사람.
장난-삼다[-따]자 목적·의도 따위를 가지지 아니하고 심심풀이로 실없게 행동하다. 《주로, '장난삼아(서)'의 꼴로 쓰임.》 ¶ 장난삼아 한 말.
장난-치다자 ①장난을 하다. ②못되게 굴다.
장-날(場-)명 장이 서는 날. 〔일반적으로 닷새만에 섬.〕 준장(場)[1].
장:남(長男)명 맏아들.
장:남-하다형여 '다 자라서 어른스럽다'는 뜻으로 이르는 말. ¶ 장남한 자식.
장내(場內)명 ①어떠한 장소의 안. 회장(會場)의 내부. ¶ 장내에 계신 손님 여러분께서는 주목해 주십시오. ↔장외(場外). ②지난날, 과장(科場)의 안을 이르던 말. 장중(場中).
장:내(帳內)명 ①조선 시대에, '서울 오부(五部)의 관할 구역 안'을 이르던 말. ↔장외(帳外). ②지난날, 토지 대장에 경작지로 등록되어 있던 땅.
장:내(掌內)명 맡아보는 일의 범위 안.
장내(墻內)명 담장의 안.
장-내기(場-)명 시장에 내다 팔기 위하여 만든 물건. ¶ 장내기 짚신.
장내기-옷(場-)[-옫]명 시장에 내다가 팔기 위하여 만든 옷. *장내기옷이[-오시]·장내기옷만[-온-]
장:녀(長女)명 맏딸. 큰딸.
장:년(壯年)명 혈기 왕성하여 한창 활동할 나이, 또는 그런 나이의 사람. 일반적으로 서른 살에서 마흔 살 안팎을 이름. 장령(壯齡).
장년(長年)명 ①나이가 많은 사람. 늙은이. ②긴 세월.
장:년-기(壯年期)명 ①장년의 시기. ②지질학에서, 침식 작용이 가장 왕성하고 활발하여 지형이 매우 험준한 시기를 이르는 말.
장:년기^지형(壯年期地形)명 활발한 침식 작용으로 험준한 산곡(山谷)을 이룬 지형.
장년^섭동(長年攝動)[-똥]명 ☞장차(長差).
장농(欌籠)명 '장롱(欌籠)'의 잘못.
장뇌(長腦)[-뇌/-눼]명 심어서 기른 산삼. 장뇌산삼(長腦山蔘). 장뇌삼(長腦蔘). 장로(長蘆).
장뇌(樟腦)[-뇌/-눼]명 휘발성과 방향(芳香)이 있는 무색 반투명의 결정체. 녹나무의 잎·줄기·뿌리 따위를 증류·냉각시켜 얻음. 방충·방취제나 필름 제조 등에 쓰임.
장뇌-산삼(長腦山蔘)[-뇌-/-눼-]명 ☞장뇌(長腦).
장뇌-삼(長腦蔘)[-뇌-/-눼-]명 ☞장뇌(長腦).
장뇌-유(樟腦油)[-뇌-/-눼-]명 녹나무로 장뇌를 만들 때 함께 유출(溜出)되는 정유(精油). 의약품이나 향료 따위의 제조에 쓰임.
장니(障泥)명 ☞말다래.
장닉(藏匿)명하타 감추어 숨김.
장:님명 〈소경〉의 높임말.
장님 문고리 잡기속담 ①'재주가 없는 사람이 어떤 일을 우연히 성취하는 경우'를 비유하여 이르는 말. ②가까이 있는 것도 찾지 못하고 헤맴을 이르는 말.
장님 손 보듯 한다속담 친절한 맛이 없음을 이르는 말.
장님 잠자나 마나속담 무엇을 했는데도 겉으로는 도무지 표가 나지 않을 때 이르는 말.
장님 코끼리 말하듯속담 ①일부분만 가지고 그것이 전체인 것처럼 말함을 이르는 말. ②어리석은 사람이 엄청나게 큰일을 아는 체할 때 비웃는 투로 이르는 말.
장:님-도가(-都家)명 '여럿이 모여서 떠들어 대는 곳'을 비유하여 이르는 말.
장:님-술래명 수건으로 눈을 가린 술래가 손뼉을 쳐서 위치를 알리는 사람들을 쫓아다니며 잡는 놀이.
장:님-총(-銃)명 바로 겨냥하지 못하고 마구 쏘아 대는 총, 또는 그러한 총질.
장다리명 무나 배추 따위의 꽃줄기.
장다리-꽃[-꼳]명 장다리에서 피는 꽃. *장다리꽃이[-꼬치]·장다리꽃만[-꼰-]
장다리-무명 씨받기를 위하여 장다리꽃이 피도록 가꾼 무.
장단명 (춤·노래·풍악 등에서의) 박자. 리듬. 한자를 빌려 '長短'으로 적기도 함.
장단(을) 맞추다관용 ①(악기를 다룸에 있어) 장단이 맞게 하다. ②남의 비위를 맞추다. 남의 말이나 행동에 동조하다.
장단(을) 치다관용 (풍악이나 노래에 맞도록) 북·장구·손뼉 따위를 치다.
장단(이) 맞다관용 ①(노래나 춤이) 장단이 서로 맞아 잘 어울리다. ②(말이나 행동이) 서로 짝이 맞다.
장단(長短)명 ①길고 짧음. ②장점과 단점. 장단점.
장-단점(長短點)[-쩜]명 장점과 단점. 장단.
장-닭[-딱]명 ①《일부 속담이나 관용구에 쓰이어》'수탉'을 이르는 말. ②'수탉'의 방언. *장닭이[-딸기]·장닭만[-땅-]
장:담(壯談)명하자타 (확신을 가지고) 자신 있게 말함, 또는 그런 말. 장어(壯語). 장언(壯言). ¶ 승리를 장담하다.
장:담(壯膽)명 씩씩한 담력.
장-대(長-)[-때]명 (대나 나무로 만든) 긴 막대기. 장간(長竿). 참바지랑대.
장대로 하늘 재기속담 '되지도 않을 어리석은 일을 함'을 이르는 말.
장대(壯大) '장대(壯大)하다'의 어근.
장:대(杖臺)명 ☞장판(杖板).
장대(長大) '장대(長大)하다'의 어근.
장대(長臺)명 〈장대석〉의 준말.
장:대(狀袋)명 왕조 때, 서장(書狀)을 넣던 봉투.
장대(張大) '장대(張大)하다'의 어근.
장:대(將臺)명 지휘하는 장수가 올라서서 명령하던, 돌로 높이 쌓은 대(臺). 성(城)·보(堡)·둔(屯)·수(戍) 따위의 동서(東西)에 쌓았음.
장:대(掌大)명 〔손바닥만큼의 크기라는 뜻으로〕 '매우 작은 물건이나 비좁은 장소'를 비유하여 이르는 말.
장:-대구(醬大口)명 간장에 절였다가 배를 갈라 벌려서 말린 대구.
장대-높이뛰기(長-)[-때-]명 육상 경기 종목의 한 가지. 긴 장대를 짚고 넘는 높이뛰기. 봉고도.
장대-도둑(長-)[-때-]명 장대질로 남의 물건을 훔치는 도둑.
장대-비(長-)[-때-]명 장대같이 굵은 빗줄기로 세차게 쏟아지는 비.
장대-석(長臺石)명 길게 다듬어 만든 돌. 섬돌·축대·디딤돌 따위로 씀. 준장대.
장대-질(長-)[-때-]명하자 장대를 사용하여 하는 짓.

장-대패(長-)명 대팻집이 길고 바닥이 평평한 대패. 면을 반듯하게 고르는 데 씀.
장:대-하다(壯大-)형여 ①(기운이) 세고 씩씩하다. ②(체격이) 매우 크고 튼튼하다. ¶ 기골이 장대하다. **장대-히**부.
장대-하다(長大-)형여 길고 크다. **장대-히**부.
장대-하다(張大-)형여 (규모 따위가) 넓고 크다. ¶ 장대한 하늘. /장대한 계획.
장:도(壯途)명 중대한 사명이나 장한 뜻을 품고 나서는 길. ¶ 장도에 오르다. /선수들의 장도를 축복하다.
장:도(壯圖)명 장대한 계획이나 포부.
장도(長刀)명 긴 칼. 비장검. ↔단도.
장도(長途)명 먼 길. 긴 여행.
장도(粧刀)명 정교한 장식을 한 칼집이 있는 주머니칼. 옷고름이나 주머니에 차고 다녔음. 장도칼.
장-도감(張都監)명 큰 말썽이나 풍파를 이르는 말. 〔'수호지(水滸誌)'에 나오는 말로, 장도감의 집이 풍파를 만나 큰 해를 입었다는 이야기에서 유래함.〕
장도감(을) 치다관용 말썽이나 풍파를 크게 일으키다.
장:도리명 못을 박거나 빼는 데 쓰는 연장.
장-도막(場-)의 장날과 장날 사이의 동안을 세는 말. ¶ 두 장도막 후에야 도착할 물건.
장-도지(場賭地)명 ☞장변(場邊).
장도-칼(粧刀-)명 ☞장도(粧刀).
장:-독(醬-)[-똑]명 장(醬)을 담가 두는 독. 장옹(醬甕).
장독보다 장맛이 좋다속담 겉모양은 보잘것없으나 내용은 매우 좋다는 말. 뚝배기보다 장맛이 좋다.
장:독(杖毒)명 곤장을 맞아 생긴 독기(毒氣).
장:독(瘴毒)명 ☞장기(瘴氣).
장:독(臟毒)명 한방에서, 똥을 눌 때 피가 나오는 치질을 이르는 말.
장:독-간(醬-間)[-똑깐]명 장독을 놓아두는 곳. 참장독대.
장:-독교(帳獨轎)[-꾜]명 가마의 한 가지. 뒤쪽은 벽, 양옆은 창, 앞쪽은 들창 같은 문으로 되어 있고 뚜껑은 지붕처럼 둥긋하며 바닥은 살을 대었는데, 전체가 붙박이로 되어 있음. 참장보교(帳步轎).
장:독-대(醬-臺)[-똑때]명 장독을 놓을 수 있도록 땅바닥보다 좀 높게 만든 대(臺).
장:독-받침(醬-)[-똑빧-]명 장독을 받쳐 놓는 물건. 돌·벽돌·나무토막 따위.
장:독-소래(醬-)[-똑쏘-]명 〈장독소래기〉의 준말.
장:독-소래기(醬-)[-똑쏘-]명 장독을 덮는, 오지나 질흙으로 만든 뚜껑. 준장독소래.
장-돌다[~도니·~돌아]자 (속이 비어서) 자위가 뜨다.
장-돌림(場-)[-똘-]명 각 장으로 돌아다니면서 물건을 파는 장수.
장돌-뱅이(場-)[-똘-]명 '장돌림'을 속되게 이르는 말.
장동(章動)명 태양의 방향 및 거리의 변동 때문에, 인력 작용이 일정하지 못한 데서 일어나는 지구 자전축의 동요 현상. 매월 장동(每月章動).
장-되(場-)[-뙤/-뛔]명 지난날, 장판에서 곡식을 되던 공인된 되. 시승(市升). 화인(火印).
장두명하타 거리의 멀고 가까움을 서로 비교함.
장:두(杖頭)명 지팡이의 손잡이 부분.
장두(長頭)명 두장폭 시수(頭長幅示數)가 76 미만인 머리. ↔단두(短頭).
장:두(狀頭)명 연명(連名)으로 된 소장(訴狀)의 첫머리에 적힌 사람.
장두(를) 서다관용 연명한 소장에 장두가 되다.
장두(裝頭)명 책판(册板) 같은 널조각이 들뜨지 않도록 두 끝에 대는 나무오리.
장두(檣頭)명 돛대의 맨 꼭대기.
장:두-상련(腸肚相連)[-년]명 〔창자가 서로 잇닿아 있다는 뜻으로〕 배짱이 서로 잘 맞음을 이르는 말.
장두은미(藏頭隱尾)명하타 〔머리를 감추고, 꼬리를 숨긴다는 뜻으로〕 일의 전말을 똑똑히 밝히지 아니함을 이름.
장:두-전(杖頭錢)명 여행할 때 술값으로 지니고 다니는 약간의 돈.
장등(長燈)명하자 ①밤새도록 등불을 켜 둠, 또는 그런 등불. ②부처 앞에 불을 켬.
장등(張燈)명하자 등불을 켜 놓음.
장등(檣燈)명 배의 돛대 꼭대기에 달아 앞쪽을 비추는 흰빛의 항해등. 헤드라이트.
장등-시주(長燈施主)명 장등(長燈)하는 데 쓸 기름을 시주하는 일.
장:딴지명 종아리 뒤쪽의 살이 불룩한 부분. 비장(腓腸). 어복(魚腹).
장-딸기명 장미과의 반만성(半蔓性) 낙엽 관목. 잎은 깃털 모양인데, 가지에 털이 있음. 봄철에 흰 다섯잎꽃이 피고, 붉게 익는 둥근 열매는 먹을 수 있음.
장땡명 ①(투전·골패·화투 따위) 끗수를 겨루는 노름에서 가장 높은 끗수. 열 끗이 둘 겹치는 끗수임. ②'제일'·'최고' 또는 '상책(上策)'의 뜻을 나타내는 속된 말. ¶ 그렇게 입다물고 있으면 장땡인 줄 아니?
장:-떡(醬-)명 ①고추장을 갠 물에 밀가루를 풀고 미나리와 다른 나물을 넣어서 부친 전병. ②밀가루에 된장을 섞고 파나 다른 나물을 버무려 부친 전병. ③간장을 쳐서 만든 흰무리.
장:람(瘴嵐)[-남]명 (더운 지방의) 산이나 바다가 품은 독기(毒氣).
장랑(長廊)[-낭]명 ☞줄행랑.
장래(將來)[-내]명 ①앞으로 닥쳐올 날. 뒷날. 미래. 앞날. ②앞날의 전망이나 전도. ¶ 장래가 촉망되는 젊은이.
장래-성(將來性)[-내썽]명 (성공·발전 따위에 대한) 앞날의 가능성. ¶ 이 사업은 장래성이 있다.
장:략(將略)[-냑]명 장수다운 지략.
장려(壯麗) '장려하다'의 어근.
장:려(奬勵)[-녀]명하타 되자 권하여 힘쓰게 함. ¶ 보리 농사를 장려하다.
장:려(瘴癘)[-녀]명 기후가 덥고 습한 지방에서 생기는 유행성 열병이나 학질.
장:려-금(奬勵金)[-녀-]명 (어떤 일을) 장려하는 뜻으로 보조해 주는 돈.
장:려-상(奬勵賞)[-녀-]명 ①(무엇을) 장려할 목적으로 주는 상. ②본상에는 들지 않지만 참가자 가운데 가능성이 있는 사람에게 격려하는 뜻으로 주는 상.
장:려-하다(壯麗-)[-녀-]형여 웅장(雄壯)하고 화려하다.
장:력(壯力)[-녁]명 씩씩하고 굳센 힘.
장력(張力)[-녁]명 ①당기거나 당겨지는 힘. ②물체 안의 임의의 면을 경계로 한쪽 부분이 다른 쪽 부분을 이 면에 수직으로 서로 끌어당기는 힘. ¶ 표면 장력.

장ː력-세다(壯力-) [-녁쎄-] 형 (담력이 세어) 무서움을 타지 아니하다.
장렬(壯烈) '장렬하다'의 어근.
장ː렬(葬列) [-녈] 명 장의(葬儀)의 행렬.
장ː렬-하다(壯烈-) [-녈-] 형여 (의기가) 씩씩하고 열렬하다. ¶ 장렬한 전사. **장렬-히** 부.
장ː령(壯齡) [-녕] 명 ☞장년(壯年).
장ː령(將令) [-녕] 명 장수의 명령.
장ː령(將領) [-녕] 명 ☞장수(將帥). 장성(將星)1.
장ː령(掌令) [-녕] 명 조선 시대, 사헌부(司憲府)의 정사품 벼슬.
장ː례(葬禮) [-녜] 명하자 장사를 지내는 일. 빈례(殯禮). 장의(葬儀). ¶ 장례를 치르다.
장ː례-비(葬禮費) [-녜-] 명 ☞장비(葬費).
장ː례-식(葬禮式) [-녜-] 명 장사를 지내는 의식. 준장식.
장ː례-원(掌隷院) [-녜-] 명 조선 시대에, 노비에 관한 부적(簿籍)과 소송 관계 일을 맡아보던 관아.
장ː례-원(掌禮院) [-녜-] 명 조선 말기에서 대한 제국 때까지, 궁내부(宮內府)에 딸리었던 관아. 궁중의 의식·제향·조의(朝儀)·시호·능원·종실(宗室) 등의 일을 맡아보았음.
장ː로(長老) [-노] 명 ①'나이가 지긋하고 덕이 높은 사람'을 높이어 일컫는 말. ②불교에서, 지혜와 덕이 높고 법랍이 많은 중을 높이어 일컫는 말. ③장로교·성결교 등에서 교회 운영 등에 대한 봉사와 교도를 맡아보는 직분, 또는 그 사람.
장로(長路) [-노] 명 ☞장정(長程).
장로(長蘆) [-노] 명 ☞장뇌(長腦).
장ː로-교(長老敎) [-노-] 명 교회의 운영을 장로들의 합의제로 하는, 개신교의 한 교파.
장ː롱(欌籠) [-농] 명 ①장과 농을 아울러 이르는 말. ②농. 농장(籠欌).
장루(檣樓) [-누] 명 군함의 돛대 위에 꾸며 놓은 대(臺). 전망대나 포좌(砲座)로 씀.
장루-포(檣樓砲) [-누-] 명 장루에 설치한 소구경의 속사포나 기관포.
장ː류(杖流) [-뉴] 명 장형과 유형. 장배(杖配).
장류(長旒) [-뉴] 명 폭이 넓고 긴 깃발.
장류-수(長流水) [-뉴-] 명 ①쉬지 않고 늘 흘러가는 물. 천리수(千里水). ②육십갑자의, 임진(壬辰)과 계사(癸巳)에 붙이는 납음(納音). ②참사중금(沙中金).
장ː륙(丈六) [-뉵] 명 ①1장 6척의 높이. ②'높이가 1장 6척 되는 불상'을 이르는 말. ②장륙불.
장ː륙-불(丈六佛) [-뉵뿔] 명 ☞장륙.
장률(長律) [-뉼] 명 한시(漢詩)에서, 배율(排律)이나 칠언율(七言律)을 이르는 말.
장르(genre 프) 명 ①유(類). 부류(部類). ②문예 작품의 형태상 분류에 의한 종별. 시·소설·희곡·평론·수필·동시·동화 따위가 각각 문학상의 한 장르를 이룸.
장ː리(長吏) [-니] 명 왕조 때, 고을의 '수령(守令)'을 달리 일컫던 말.
장ː리(長利) [-니] 명 ①봄에 꾸어 준 곡식에 대하여 가을에 그 절반을 이자로 쳐 받는 변리. ②물건의 길이나 양에서 '본디의 것보다 절반을 더한 길이나 양'을 이르는 말.
장ː리(掌理) [-니] 명하타 (일을) 맡아서 처리함.
장ː리(掌裏) [-니] 명 손바닥 안. 장중(掌中).
장리(墻籬) [-니] 명 담장. 울타리.
장림(長林) [-님] 명 우거진 숲.
장림(長霖) [-님] 명 오래 계속되는 장마.
장림-심처(長林深處) [-님-] 명 우거진 숲의 깊숙한 곳. ¶ 장림심처(長林深處) 녹림간(綠林間)에 춘향 집이 저기로다(烈女春香守節歌).
장립(將立) [-닙] 명하타 개신교에서, 목사가 선정된 신자에게 안수하여 교직(敎職)을 주는 일. ¶ 장로 장립.
장립-대령(長立待令) [-닙때-] 명 〔오래 서서 분부를 기다린다는 뜻으로〕 '권문세가에 날마다 문안을 드리며 이권을 기다리는 사람'을 조롱하여 이르는 말.
장ː릿-벼(長利-) [-니뼈/-닏뼈] 명 장리로 빌려주는 벼.
장마 명 여러 날 동안 비가 계속해서 오는 일. 임우(霖雨).
장마(가) 들다 관용 장마가 시작되다.
장마(가) 지다 관용 많은 비가 여러 날 오다.
장-마당(場-) 명 ☞장판. 장터.
장-마루(長-) 명 긴 널빤지를 죽 깔아 만든 마루.
장마^전선(-前線) 명 여름철에 우리나라의 남쪽 지방에 머물면서 장마가 지게 하는 전선. 남쪽 지역부터 시작되어 점차 북상함.
장마-철 명 장마가 지는 계절.
장마철에 비구름 모여들듯 속담 구름처럼 많이 모여드는 모양을 나타낸 말.
장막(帳幕) 명 ①사람이 들어가 볕이나 비를 피할 수 있도록 한데에 둘러치는 막. ②안을 보지 못하게 둘러치는 막, 또는 그러한 조처. ¶ 철의 장막.
장막(漿膜) 명 ①포유류·조류·파충류의 배(胚)의 맨 바깥쪽을 둘러싸고 있는 막(膜). ②척추동물의 체강(體腔)에 면한 부분과 내장의 외면을 싸고 있는, 흰빛의 얇은 막(膜). 흉막·복막·심막을 통틀어 이르는 말.
장막-극(長幕劇) [-끅] 명 여러 막으로 나누어진 긴 연극. ↔단막극.
장막-절(帳幕節) [-쩔] 명 유대 인의 추수 감사절. 유대 인의 삼대 명절의 하나임.
장만 명하타 ①(필요한 것을) 갖추어 놓음. ¶ 저녁 반찬을 장만하다. ②(자기의 것으로) 마련하여 갖춤. ¶ 내 집 장만.
장만(腸滿) 명 속에 액체나 가스가 차서 배가 부어오르는 병증. 복막염·간경변증 등이 원인이 됨.
장ː-맛(醬-) [-맏] 명 간장·된장 따위의 맛. ＊장ː맛이[-마시]·장ː맛만[-만-]
장맛-비 [-마삐/-맏삐] 명 장마 때 내리는 비.
장망(長望) 명 왕조 때, 넷 이상의 후보를 내세워 벼슬아치로 천거하던 일. 참삼망(三望)·수망(首望).
장ː-맞이 명하타 (사람을) 길목에 지켜 서서 만나려고 기다리는 일.
장-매(長-) 명 길쭉한 물건을 세로로 동이는 줄. ↔동매.
장면(場面) 명 ①어떤 장소에서 벌어진 광경. ¶ 싸우는 장면. ②(연극·영화 등에서의) 한 정경. ¶ 전투 장면.
장면^전ː환(場面轉換) 명 (연극·영화 등에서) 장면이 갈리어 바뀜.
장명(長命) 명하형 목숨이 긺, 또는 긴 수명. ↔단명.
장명-등(長明燈) 명 ①(처마 끝이나 마당의 기둥에 달아 놓고) 밤새도록 켜 두는 등. ②무덤 앞이나 절 안에 세우는, 돌로 만든 등. ②석등(石燈)·석등롱(石燈籠).

장ː모(丈母)명 아내의 친정어머니. 빙모(聘母). 악모(岳母). 처모(妻母). 참장인(丈人).
장모(長毛)명 긴 털. ↔단모(短毛).
장-모음(長母音)명 길게 발음하는 모음.
장목명 ①꿩의 꽁지깃. ②꿩의 꽁지깃을 묶어 깃대 끝에 꽂는 꾸밈새.
장목(長木)명 ☞장나무.
장목(張目)명하자 눈을 부릅뜸.
장목(樟木)명 ☞녹나무.
장목-계(長木契)[-꼐/-께]명 지난날, 목재를 관청에 공물(貢物)로 바치던 계.
장목-비[-삐]명 ①꿩의 꽁지깃으로 만든 비. ②장목수수의 이삭을 매어 만든 비.
장목-수수[-쑤-]명 이삭의 줄기가 길며 알이 잘고 껍질이 두꺼워 품이 낮은 수수.
장목-어(樟木魚)명 ☞귀상어.
장목-전(長木廛)[-쩐]명 온갖 목재를 파는 가게.
장ː묘(葬墓)명 '매장(埋葬)'과 '묘지(墓地)'를 아울러 이르는 말. ¶ 장묘 문화.
장ː묵-죽(醬-粥)[-쭉]명 쇠고기와 파를 다져 이겨서 끓인 뒤에, 불린 입쌀을 찧어 넣고 다시 끓여 고명을 얹은 죽.
장문(-門)명 활짝 열어 놓은 문.
장ː문(杖問)명하타 지난날, 관아에서 곤장을 치면서 신문하던 일.
장문(長文)명 ①길게 지은 글. ¶ 장문의 글을 쓰다. ↔단문(短文). ②☞줄글.
장ː문(狀聞)명하타 지난날, 상계(上啓)하여 주달(奏達)하던 일, 또는 그 글.
장ː문(將門)명 장수의 가문.
장ː문(掌紋)명 손바닥에 나타난 무늬, 곧 손금.
장문(藏門)명 바둑에서, 자기편 세력을 이용하여, 한 수로 상대편 돌의 달아날 길을 봉쇄해 버리는 수법.
장ː문(欌門)명 장(欌)에 달아 여닫게 된 문.
장ː-물(醬-)명 ①간장을 탄 물. ②간장을 담그려고 소금을 탄 물.
장물(長物)명 ①긴 물건. ②쓸모가 없는 물건.
장물(贓物)명 (강도·절도 등) 범죄 행위로 부당하게 취득한 남의 물건. 장품(贓品).
장물-아비(贓物-)명 '장물을 전문으로 사거나 알선하여 주는 사람'을 속되게 이르는 말.
장물-죄(贓物罪)[-쬐/-쮀]명 장물의 취득·매매·보관·운반·알선 따위의 행위를 한 죄를 통틀어 이르는 말. 준장죄(贓罪).
장물^취ː득죄(贓物取得罪)[-쬐/-쮀]명 장물을 취득함으로써 성립되는 장물죄의 한 가지.
장미(壯美) '장미하다'의 어근.
장미(薔薇)명 ①장미과의 낙엽 관목. 관상용 식물로 품종이 많음. 키가 낮은 품종과 덩굴로 뻗는 품종으로 크게 나뉘며, 꽃이 피는 시기에 따라 한 철 피는 것, 두 철 피는 것, 네 철 피는 것 등으로도 나뉨. 잎은 깃 모양의 겹잎이며 줄기에는 가시가 있음. ②장미꽃.
장미-계(長尾鷄)[-계/-게]명 일본에서 애완용으로 개량한 닭의 한 품종. 수컷의 꼬리가 빠지지 않고 해마다 자라 3~6 m에 이름.
장미-꽃(薔薇-)[-꼳]명 장미의 꽃. 장미. 장미화. ＊장미꽃이[-꼬치]·장미꽃만[-꼰-]
장미-꽃부리(薔薇-)[-꼳뿌-]명 평평한 꽃잎이 서로 모여서 술잔 비슷한 모양으로 된 이판(離瓣) 화관의 한 가지. 장미상 화관.
장미상 화관(薔薇狀花冠) ☞장미꽃부리.
장미-색(薔薇色)명 ①장미꽃의 빛깔. ②☞담홍색(淡紅色). 장밋빛.
장미^석영(薔薇石英)명 담홍색의 석영. 덩이꼴이며 공기 가운데 오래 두면 청색이 됨.
장미^소ː설(薔薇小說)명 세기말적이고 퇴폐적인 경향의 강렬한 연애 소설을 이르는 말.
장미-수(薔薇水)명 장미꽃을 증류하거나 장미유를 물에 녹이거나 하여 얻는 투명한 액체. 방향이 나므로 약품의 냄새나 맛을 조절하는 데 쓰임.
장미-유(薔薇油)명 장미속(薔薇屬)의 꽃을 물과 함께 증류하여 얻는 휘발성 향유(香油). 고급 향료나 화장품의 원료, 또는 약품의 냄새나 맛을 조절하는 데 쓰임.
장미-진(薔薇疹)명 ①모세 혈관의 충혈에 의하여 일어나는 장밋빛의 작은 홍반(紅斑). 장티푸스·발진 티푸스·매독 제2기의 초기 등에 나타남. ②☞발진 티푸스.
장미-촌(薔薇村)명 우리나라 최초의 시 전문 동인지. 1921년 5월에 창간, 1호에 그침. 황석우·박종화·변영로·노자영·박영희 등이 동인으로 낭만주의를 표방하였음.
장ː미-하다(壯美-)형여 장대하고 아름답다.
장미-화(薔薇花)명 장미꽃.
장ː민(狀民)명 지난날, 관가에 소장(訴狀)을 낸 백성을 이르던 말.
장밋[-믿]명 배에서 쓰는 노(櫓)의 한 가지. ＊장밋이[-미시]·장밋만[-민-]
장밋-빛(薔薇-)[-미삗/-믿삗]명 ①장미꽃과 같은 빛깔. 장미색. ②(무슨 일이) '낙관적이고 희망적임, 또는 그런 상태'를 비유하여 이르는 말. ¶ 장밋빛 인생. ＊장밋빛이[-미삐치/-믿삐치]·장밋빛만[-미삔-/-믿삔-]
장-바구니(場-)[-빠-]명 부녀자들이 주로 찬거리를 사러 시장에 다닐 때 들고 다니는 바구니.
장-바닥(場-)[-빠-]명 ①시장의 땅바닥. ②장이 서는 범위의 안. ¶ 온 장바닥을 휩쓸다.
장박-새[-쌔]명 되샛과의 새. 날개 길이 7~8 cm의 아주 작은 새. 방울새와 닮았음. 회갈색의 머리, 암갈색의 등, 흑갈색의 날개와 꼬리에, 부리는 적갈색임. 도로 부근, 촌락 근처의 솔밭에 서식하며 곡식이나 풀씨를 먹고 삶. 제주도에 흔함.
장-반경(長半徑)명 '긴반지름'의 구용어.
장-반자(長-)명 (소란 반자를 짜지 않고) 긴 널을 그대로 죽죽 대서 만든 반자.
장ː발(杖鉢)명 석장(錫杖)과 바리때, 또는 그것을 가지고 다니는 탁발승(托鉢僧).
장발(長髮)명 길게 기른 머리털. ↔단발.
장ː발(欌-)명 장롱 밑에 괴는 물건.
장발에 치인 빈대 같다속담 몹시 납작하여 볼품이 없다는 뜻.
장발-승(長髮僧)[-쏭]명 머리를 길게 기른 중.
장발-족(長髮族)명 '머리털을 길게 기른 남자들'을 얕잡아 이르는 말.
장방(長房)명 ①너비보다 길이가 드러나게 긴 큰 방. ②지난날, 관아에서 서리들이 쓰던 방.
장방-체(長方體)명 ☞직육면체.
장방-형(長方形)명 ☞직사각형.
장ː배(杖配)명 장형(杖刑)과 유배(流配). 장류(杖流).
장백-대(長白帶)[-때]명 가톨릭의 사제가 장백의를 입고 매는 띠.
장-백의(長白衣)[-배긔/-배기]명 가톨릭의 사제가 의식 때 입는 길고 흰 두루마기 모양의 겉옷.

장ː벌(杖罰)명하타 벌로서 매를 때림.
장법(章法)[-뻡]명 ①문물 제도와 법도(法度). ②문장을 구성하는 방법.
장ː법(葬法)[-뻡]명 시신을 장사 지내는 방법. 〔토장(土葬)·수장(水葬)·화장(火葬) 따위.〕
장법(贓法)[-뻡]명 장물(贓物)에 관한 법규.
장벽(-壁)명 광맥과 맞닿은 모암(母岩)의 면(面).
장ː벽(腸壁)명 ①창자의 둘레를 이룬 벽. ②환형동물의 소화관의 벽.
장ː벽(腸癖)명 한방에서, 똥에 피가 섞여 나오는 병을 이르는 말.
장벽(障壁)명 ①가리어 막은 벽. ¶ 장벽을 쌓다. /베를린 장벽이 무너지다. ②(의사소통이나 교류 등에) '방해가 되는 사물'을 비유하여 이르는 말. ¶ 양국 간의 교류에 장벽이 되는 요소를 없애다.
장벽(墻壁)명 담장과 벽.
장벽-무의(墻壁無依)[-병-의/-병-이]명하형 전혀 의지할 곳이 없음.
장변(長邊)명 ☞누운변.
장변(場邊)[-뼌]명 시장판에서 꾸는 돈의 이자. 한 장도막, 곧 닷새 동안에 얼마로 셈함. 시변(市邊). 장도지(場賭地). 장변리. ¶ 장변을 내다. /장변을 얻다.
장-변리(場邊利)[-뼐-]명 ☞장변(場邊).
장병(長兵)명 거리를 두고 싸우는 전투에서 사용되는 병기를 통틀어 이르는 말. 〔궁시(弓矢)·총포(銃砲) 따위.〕↔단병(短兵).
장병(長病)명 오랜 병. 장질(長疾).
장ː병(將兵)명 ①장졸(將卒). ②장교와 사병을 아울러 이르는 말. ¶ 국군 장병.
장병-엽(長柄葉)명 잎자루가 긴 잎. 〔미루나무·수양버들·제비꽃 따위의 잎.〕
장-보(長-)[-뽀]명 칸 반 이상 되는 큰 방의 중간에 기둥을 세우지 않고 길게 짠 보.
장보(章甫)명 '유생(儒生)'을 달리 이르는 말.
장ː-보교(帳步轎)명 사면을 휘장으로 둘러치고 뜯었다 꾸몄다 할 수 있게 된 보교(步轎). 참장독교(帳獨轎).
장-보기(場-)명 장에 가서 물건을 사거나 팔거나 하는 일.
장-보석(長步席)명 ☞행보석(行步席).
장복(長服)명하타 (같은 약이나 음식 따위를) 오래 두고 늘 먹음. ¶ 한약을 장복하다.
장본(張本)명 ①일의 발단이 되는 근원. ¶ 돈을 물 쓰듯 하는 것이 망할 장본이다. ②〈장본인〉의 준말.
장본(藏本)명하자 ☞장서(藏書).
장본-인(張本人)명 못된 일을 저지르거나 물의를 일으킨 바로 그 사람. ¶ 이 사람이 불을 지른 장본인이다. 준장본.
장봉(藏鋒)명 서도(書道)에서, 획의 처음과 끝에 붓끝의 흔적이 날카롭게 나타나지 않도록 쓰는 필법을 이르는 말.
장부¹명 ☞문장부.
장부²명 〈장부꾼〉의 준말.
장ː부(丈夫)명 ①다 자란 건장한 남자. ¶ 장부가 그만한 일에 울어서야 되겠느냐. ②〈대장부〉의 준말.
장부의 한 말이 천금같이 무겁다속담 〔사나이가 한 한마디 말은 천금보다 무겁다는 뜻으로〕 한번 한 말은 꼭 실행해야 한다는 말.
장부(帳簿)명하타 금품의 수입과 지출을 기록하는 일, 또는 그 책. 부책(簿冊). ¶ 외상 장부. /장부를 정리하다.
장부(臟腑)명 〈오장 육부(五臟六腑)〉의 준말.
장부^가격(帳簿價格)[-까-]명 총계정 원장(元帳)에 기재되어 있는 자산이나 부채(負債), 또는 자본의 가격.
장부-꾼명 가래질할 때, 가랫장부를 잡는 사람. 준장부². 참줄꾼.
장부-쇠[-쇠/-쉐]명 장부를 보강하려고 씌우는 쇠.
장부-촉(-鏃)명 장부의 끝.
장붓-구멍[-부꾸-/-붇꾸-]명 장부촉을 끼우는 구멍.
장비(裝備)명하타되자 (장치와 설비 등을) 갖추어 차림, 또는 그 장치나 비품. ¶ 촬영 장비.
장ː비(葬費)명 장사를 치르는 데 드는 비용. 장례비. 장수(葬需).
장비 군령(張飛軍令)[-굴-] '갑자기 내리는 명령' 또는 '졸지에 다급하게 서두름'을 이르는 말. 〔옛날 중국 촉한(蜀漢)의 장수 장비(張飛)의 성미가 몹시 급했다는 데서 유래함.〕
장비-목(長鼻目)명 포유류에 속하는 한 목(目). 육지의 동물 가운데 가장 큰 몸과 긴 코를 가진 동물임. 〔코끼리·매머드 따위.〕
장ː-비지(醬-)명 장을 걸러 내고 남은 찌끼.
장비 호통(張飛-) '벽력같이 큰 호통'을 이르는 말. 〔옛날 중국 촉한(蜀漢)의 장수 장비(張飛)가 무섭게 호통을 잘 쳤다는 데서 유래함.〕
장빙(藏氷)명하자 얼음을 빙고(氷庫)에 저장함, 또는 그 얼음.
장-뼘(長-)명 엄지손가락과 가운뎃손가락을 다 벌린 길이. 뼘².
장사명하자 물건을 사고파는 일.
장사 웃덮기속담 (장사꾼이 손님을 끌기 위하여) 겉으로만 허울 좋게 꾸밈을 이르는 말.
장ː사(壯士)명 ①기개와 체질이 굳센 사람. ②☞역사(力士). ③씨름에서, 선수를 이르는 말.
장사 나면 용마(龍馬) 나고 문장(文章) 나면 명필(名筆) 난다속담 무슨 일이나 잘 되어지면 좋은 기회가 저절로 생긴다는 말.
장ː사(杖死)명하자 장형(杖刑)을 당하여 죽음. 장폐(杖斃).
장사(長蛇)명 ①크고 긴 뱀. ②'열차나 긴 행렬'을 비유하여 이르는 말.
장ː사(狀辭)명 소장(訴狀)에 적은 글의 내용.
장사(將事)명하자 제사 지내는 일을 맡아 함.
장ː사(將士)명 ☞장졸(將卒).
장ː사(葬事)명하타 예를 갖추어 시신을 묻거나 화장하는 일. ¶ 장사를 지내다.
장사-꾼명 ①장사 수단이 좋은 사람. ¶ 타고난 장사꾼. ②☞장사치.
장사-아치명 '장사치'의 잘못.
장사-진(長蛇陣)명 ①'많은 사람이 줄을 지어 길게 늘어서 있는 모양'을 이르는 말. ¶ 매표소 앞은 아침부터 손님들로 장사진을 이루었다. ②지난날, 한 줄로 길게 벌이던 진법의 한 가지.
장사-치명 '장사하는 사람'을 홀하게 이르는 말. 상고배(商賈輩). 상로배(商路輩). 장사꾼.
장사-판명 ①장사를 하는 범위나 장소. ¶ 장사판을 벌이다. ②장삿길. ¶ 장사판에 나서다.
장ː산(壯山)명 웅장하고 큰 산.
장산(長山)명 ☞장선(長線).
장ː-산적(醬散炙)명 쇠고기를 짓이겨 갖은 양념을 하고 얇은 반대기를 지어 구운 뒤에 다시 네모반듯하게 썰어서 진간장에 조린 반찬. 약산적(藥散炙).

장-살(長-)명 세로로 세워서 지르는 문살. 장전(長箭). 참동살².
장ː살(杖殺)명하타 왕조 때, 매로 쳐서 무참히 죽이던 형벌.
장살(戕殺)명하타되자 무찔러서 죽임.
장삼(長衫)명 검은 베로써 길이가 길고 품과 소매를 넓게 지은 중의 웃옷.
장삼-띠(長衫-)명 장삼 위에 띠는 헝겊 띠.
장삼-이사(張三李四)명 ①〔장씨의 셋째 아들과 이씨의 넷째 아들이라는 뜻으로〕'평범한 보통 사람'을 이르는 말. 갑남을녀. 비필부필부(匹夫匹婦). ②불교에서, '사람에게 성리(性理)가 있음은 아나, 그 모양이나 이름을 지어 말할 수 없음'을 비유하여 이르는 말.
장삼-춤(長衫-)명 장삼을 입고 긴 소매를 휘저으며 추는 민속춤.
장삿-길[-사낄/-삳낄]명 장사를 하려고 나선 길. 상로(商路). 장사판. ¶ 장삿길에 나서다.
장삿-속[-사쏙/-삳쏙]명 (이익을 꾀하는) 장사치의 속마음. ¶ 장삿속이 밝다.
장ː상(杖傷)명 ①형벌로 매를 맞아 생긴 상처. ②하자 형벌로 매를 맞아 상함.
장ː상(長上)명 지위가 높거나 나이 많은 어른.
장상(長殤)명하자 ☞상상(上殤).
장ː상(將相)명 장수(將帥)와 재상(宰相). ¶ 왕후(王侯)장상.
장ː상(掌上)명 손바닥 위.
장ː상(掌狀)명 (손가락을 다 편) 손바닥 모양.
장ː상-맥(掌狀脈)명 손바닥 모양으로 된 잎의 잎맥. 〔단풍잎·포도나무잎 따위의 잎맥.〕
장ː상^복엽(掌狀複葉)명 한 개의 잎자루에 여러 개의 작은 잎이 손바닥 모양으로 붙은 겹잎. 〔오갈피나무·으름덩굴 따위의 잎.〕
장ː상^심ː렬(掌狀深裂)[-녈]명 잎이 손바닥 모양으로 갈라짐, 또는 그런 잎. 하늘타리·단풍나무 따위의 잎과 같은 모양.
장ː상지재(將相之材)명 장수나 재상이 될 만한 인재(人材).
장색(匠色)명 ☞장인(匠人).
장ː샘(腸-)명 장액(腸液)을 분비하는 대롱 모양의 선(腺). 소장(小腸)과 대장(大腸)의 점막(粘膜) 전체에 분포하는데, 길이는 0.3~0.4 mm. 장선. 창자샘.
장생(長生)명 ①하자 오래도록 삶. ②천도교에서, '육신(肉身)의 장수(長壽), 영혼의 불멸, 사업의 유전(遺傳)'을 통틀어 이르는 말.
장생(長牲)명 〈장승〉의 본딧말.
장생불사(長生不死)[-싸]명하자 오래도록 살고 죽지 아니함.
장생-전(長生殿)명 ①조선 초기에, 개국 공신의 화상(畫像)을 모시던 곳. ②조선 시대에, 왕족·대신의 관재(棺材)인 동원비기(東園祕器)를 보관하던 곳, 또는 그 마을.
장서(長書)명 ①사연을 길게 쓴 편지. ②내용을 길게 쓴 글.
장서(長逝)명하자 〔영원히 가 버린다는 뜻으로〕'죽음'을 달리 이르는 말. 사거(死去). 영면(永眠). ¶ 친구의 장서를 애도하다.
장서(藏書)명하자 책을 간직하여 둠, 또는 그 책. 장본(藏本).
장서-가(藏書家)명 책을 많이 간직하고 있는 사람.
장서-판(藏書版)명 오래 간직해 둘 수 있도록 견고하고 미려(美麗)하게 만든 책, 또는 그런 체재.
장서-표(藏書票)명 책의 임자를 표시하기 위하여 책의 표지나 면지에 붙이는 쪽지.
장ː석(丈席)명 학문과 덕망이 높은 사람.
장석(長石)명 규산염(硅酸塩) 광물의 한 가지. 칼륨·칼슘·나트륨·바륨 및 규산이 주성분임. 질그릇·사기(沙器)·유리·성냥·비료의 원료가 됨. 질돌.
장석(長席)명 짚을 결어 길게 만든 자리.
장석(張石)명 둑·호안(護岸)·절토(切土) 따위의 경사면을 보호하기 위하여 돌을 덮어 까는 일.
장ː석(腸石)명 ☞분석(糞石).
장석-친구(長席親舊)명 ☞병문친구.
장선(長線)명 장청판(長廳板) 밑에 가로놓아 받치는 부재(部材). 장산(長山).
장ː선(將船)명 장수가 타고 군사를 지휘하는 배. 비기함(旗艦).
장선(裝船)명하타 배에 짐을 실음.
장ː선(腸腺)명 ☞장샘.
장ː선(腸線)명 〔양·돼지 따위의 장(腸)으로 만든 노끈으로〕 ①외과 수술용 봉합사(縫合絲). 주로, 장내 조직을 봉합할 때 쓰며, 조직 내에 녹아 들어 뽑아낼 필요가 없음. ②현악기의 줄이나 라켓의 그물 따위로 쓰는 가는 줄. ②현선(絃線).
장ː설(丈雪)명 한 길이나 되게 내린 눈. 썩 많이 내린 눈.
장ː설(壯雪)명 엄청나게 많이 내린 눈. 대설(大雪).
장설(長舌)명 〔긴 혀라는 뜻으로〕 수다스러움. 말이 많음. 다변(多辯).
장ː설(帳設)명 (잔치나 놀이 같은 때) 여러 사람이 모인 자리에 내어 가는 음식.
장ː설-간(帳設間)[-깐]명 장설을 차리는 곳.
장성(壯盛) '장성하다'의 어근.
장ː성(長成)명하자 (아이가) 자라 어른이 됨. ¶ 장성한 아들을 두셔서 든든하시겠습니다.
장성(長城)명 ①길게 둘러쌓은 성(城). ②☞만리장성.
장성(張星)명 이십팔수의 하나. 남쪽의 다섯째 별. 준장(張).
장ː성(將星)¹명 '장군(將軍)'을 달리 이르는 말. 장령(將領).
장ː성(將星)²명 ①민속에서, 어떤 사람에게든지 각각 그에게 인연이 맺어져 있다는 별. ②☞하괴성(河魁星).
장성-세다형 '장력세다'의 잘못.
장ː성-하다(壯盛-)형여 건장하고 원기(元氣)가 왕성하다.
장세(場稅)[-쎄]명 시장에서, 상인들로부터 시장 사용료로 받아들이는 세금.
장세(場勢)명 주식 시장의 형세. ¶ 금융 장세.
장소(長所)명 ☞장처(長處).
장소(長嘯)명하자 ①휘파람을 길게 붊, 또는 그 휘파람. ②시가(詩歌) 따위를 길게 읊조림.
장소(場所)명 ①무엇이 있거나 무슨 일이 벌어지거나 하는 곳. ¶ 학교를 세울 만한 장소. /장소가 좋지 않다. /아무리 좋은 말이라도 때와 장소를 가려서 해라. ②지금 있는 곳, 또는 차지하는 자리. 처소(處所). ¶ 비좁은 장소.
장ː속(杖贖)명 지난날, 장형(杖刑)을 면하기 위하여 바치던 속전(贖錢).
장속(裝束)명하타 (무슨 일을 하기 위하여) 몸을 꾸며 차림, 또는 그 몸차림.
장ː손(長孫)명 맏손자.
장ː-손녀(長孫女)명 맏손녀.

장송(長松)명 ①높이 자란 큰 나무. ②너비 25 cm, 두께 4 cm, 길이 250 cm가량의 널.
장ː송(葬送)명하타 시신을 장지로 보냄.
장ː송-곡(葬送曲)명 ①장례 때 연주하는 악곡(樂曲). ②☞장송 행진곡.
장ː송^행진곡(葬送行進曲)명 장례 행렬이 행진할 때 연주하는 장중하고 비통한 느낌의 느린 행진곡. 장송곡.
장수명 장사하는 사람. 상고(商賈). 상인(商人).
장ː수(杖囚)명하타 〈장지수지〉의 준말.
장수(長袖)명 (웃옷의) 긴 소매.
장수(長壽)명하자 목숨이 긺. 오래 삶. 대수(大壽). 영수(永壽). 하수(遐壽). ¶ 장수 마을. /장수를 누리다.
장수(張數)[-쑤]명 (종이·유리·널빤지 따위처럼) 얇고 넓적한 물건의 수효.
장ː수(將帥)명 군사를 지휘 통솔하는 장군. 장(將). 장관(將官). 장령(將領).
장ː수(葬需)명 ☞장비(葬費).
장수(漿水)명 좁쌀을 흠씬 끓여 만든 미음.
장수(樟樹)명 ☞녹나무.
장수(藏守)명하타 (물건을) 잘 간직하여 지킴.
장-수로(長水路)명 수영 경기장에서, 수로가 50 m 이상인 것. ↔단수로(短水路).
장ː수-벌(將帥-)명 ☞여왕벌.
장수-선무(長袖善舞)명 〔소매가 길면 춤추기가 수월하다는 뜻으로〕 재물이 넉넉하면 성공하기도 쉽다는 말. '한비자'의 '오두편(五蠹篇)'에 나오는 말임.
장ː수장-변(將帥將邊)명 한자 부수의 한 가지. '牀'·'牆' 등에서의 '爿'의 이름.
장ː수-풍뎅이(將帥-)명 장수풍뎅잇과의 곤충. 수컷의 몸길이는 35~55 mm, 암컷은 40 mm가량이며, 수컷의 머리에는 투구를 쓴 것처럼 뿔돌기가 있으나 암컷에는 없음. 한여름에 등불을 향해 날아듦. 우리나라·일본·중국 등지에 분포함. 투구벌레. 투구풍뎅이.
장ː수-하늘소(將帥-)[-쏘]명 하늘솟과의 곤충. 수컷의 몸길이는 11~66 mm, 암컷은 60~90 mm로 보통 하늘소보다 배 이상 큼. 산림을 해치지만 천연기념물(제218호)로 지정하여 보호하고 있음.
장승(←長栍)명 ①기다란 통나무나 돌 따위에 사람의 얼굴 모양을 익살스럽게 새겨 세운 것. 〔절의 입구에 세워져 그 절을 지키는 호법상(護法像)의 구실을 하는 것과 큰길가에 세워져 이정표 구실을 하는 것 등이 있음.〕 ②'멋없이 키가 큰 사람'이나 '멍하니 서 있는 사람'을 비유하여 이르는 말. ¶ 장승처럼 서 있다. 참벅수.
장시(長詩)명 많은 시구(詩句)로 이루어진 긴 형식의 시(詩). ↔단시(短詩).
장-시간(長時間)명 오랜 시간. 긴 시간. ¶ 장시간 이야기를 나누다. ↔단시간.
장-시세(場時勢)[-씨-]명 시장에서 물건이 거래되는 시세. 장금.
장-시일(長時日)명 오랜 시일. 긴 날짜. ↔단시일.
장-시조(長時調)명 ☞사설시조.
장식(粧飾)명하타 (겉모양을) 치장함, 또는 그 치장.
장식(裝飾)명하타되자 (겉모양을) 아름답게 꾸밈, 또는 그 꾸밈새나 장식물. ¶ 실내 장식. /무대를 국화꽃으로 장식하다.
장ː식(葬式)명 〈장례식〉의 준말.
장식-깃(裝飾-)[-낃]명 일부 새들에 붙어 있는, 한결 두드러지게 보이는 깃. *장식깃이[-끼시]·장식깃만[-낀-]
장식^도안(裝飾圖案)[-또-]명 장식(裝飾)을 목적으로 하는 도안.
장식-물(裝飾物)[-싱-]명 ☞장식품.
장식^미ː술(裝飾美術)[-싱-]명 (건축물이나 기구 따위의) 장식을 목적으로 하는 응용 미술의 한 분야. 〔주금(鑄金)·상안(象眼)·염색 따위.〕
장식-음(裝飾音)명 ☞꾸밈음.
장식-지(裝飾紙)[-찌]명 (제본·포장·상자·공예 미술 따위에 쓰이는) 장식용 가공지(加工紙).
장식-품(裝飾品)명 장식에 쓰이는 물건. 장식물.
장식-화(裝飾畫)[-시콰]명 (그릇·가구 따위에) 장식으로 도안화하여 그린 응용 미술의 한 가지.
장신(長身)명 키가 큰 몸, 또는 그런 몸을 가진 사람. 장구(長軀). ¶ 장신 선수. ↔단신(短身).
장ː신(將臣)명 ☞대장(大將).
장신-구(裝身具)명 몸치장을 하는 데 쓰는 제구. 〔비녀·목걸이·반지·귀고리 따위.〕
장ː실(丈室)명 ①주지(住持)의 거실. 방장(方丈)[1]. ②천도교의 최고 기관, 곧 대도주(大道主)의 방.
장ː심(壯心)명 장렬한 마음. 장지(壯志).
장ː심(掌心)명 손바닥이나 발바닥의 한복판.
장-써레(長-)명 논바닥의 두둑진 곳을 길이로 써는 일.
장아찌명 ①무나 오이·마늘 따위를 썰어 말려서 간장에 절이고 양념을 하여 묵혀 두고 먹는 반찬. ②열무나 배추·미나리 따위를 소금에 절여 간장을 붓고 양념을 하여서 곧바로 먹는 반찬. ③두부·물고기 따위를 진장을 치고 조려서 고명을 한 반찬.
장ː악(掌握)명하타되자 〔손으로 잡아 쥔다는 뜻으로〕 판세나 권력 따위를 휘어잡음. ¶ 고지를 장악하다. /당권을 장악하다.
장ː악-원(掌樂院)명 조선 시대에, 음악에 관한 일을 맡아보던 관아.
장안(長安)명 ①중국 산시 성(陝西省) 웨이수이(渭水) 남쪽에 있었던 지명. 〔현재는 시안(西安)으로, 역대 여러 나라의 수도(首都)였음.〕 ②'서울'을 수도라는 뜻으로 이르는 말. ¶ 장안의 화젯거리가 되다.
장안-장외(長安長外)[-외/-웨]명 지난날, '서울의 성안과 성 밖'을 속되게 이르던 말.
장안-편사(長安便射)명 조선 시대에, 서울에서 구역별로 편을 갈라 활을 쏘던 내기의 한 가지.
장ː암(腸癌)명 장(腸)에 생기는 암을 통틀어 이르는 말. 〔대장암·직장암 따위.〕
장애명 광산에서, 갱구의 물을 퍼 올리는 데 쓰는 기구.
장애(障礙)명 ①하타되자(무슨 일을 하는 데) 거치적거리어 방해가 되는 일, 또는 그것. ¶ 통신 장애. /공부하는 데 장애가 되다. ②신체상의 고장. ¶ 시각 장애. /위장 장애를 일으키다.
장애^경ː주(障礙競走)명 ☞장애물 달리기.
장애-물(障礙物)명 장애가 되는 사물.
장애물^경ː주(障礙物競走)명 ☞장애물 달리기.
장애물^달리기(障礙物-)명 육상 경기에서, 트랙에 설치된 장애물을 뛰어넘어 달리는 경기 종목. 장애 경주. 장애물 경주. 허들 레이스.
장애^미ː수(障礙未遂)명 범죄의 실행에 착수하였으나, 뜻밖의 장애로 범죄의 실행을 완수하지 못한 경우를 이르는 말.

장애-인(障礙人)명 신체의 일부에 장애가 있거나 정신적으로 결함이 있어서 일상생활이나 사회생활을 하는 데 상당한 제약을 받는 사람.
장애-틀명 광산에서, 장애를 만드는 틀.
장:액(腸液)명 창자의 점막에 분포하는 무수한 샘과 조직 등에서 분비되는 소화액.
장액(獐腋)명 노루의 앞다리 겨드랑이에 난 보드라운 털. 끝이 빨아서 붓을 매는 데 쓰임.
장액(漿液)명 동식물의, 점성 물질이 섞이지 않은 분비물. 참점액(粘液).
장액-막(漿液膜)[-앵-]명 척추동물의 체강(體腔)에 면한 부분을 싸고 있는 얇은 막.
장액-필(獐腋筆)명 장액으로 만든 붓.
장야(長夜)명 가을이나 겨울의 긴긴밤. ↔단야(短夜).
장약(裝藥)명하타되자 (탄환을 발사하기 위하여) 총포의 약실에 화약을 잼, 또는 그 화약.
장:양(將養)명하타 ☞양육(養育).
장:어(壯語)명하자타 ☞장언(壯言).
장어(長魚)명 〈뱀장어〉의 준말.
장어(章魚)명 ☞낙지.
장:어-영(壯禦營)명 조선 고종 때, 금위영(禁衛營)·어영청(御營廳)·총융청(摠戎廳)을 합쳐서 만든 군영(軍營).
장:언(壯言)명하자타 (확신을 가지고) 자신 있게 말함, 또는 그 말. 장담(壯談). 장어(壯語).
장엄(莊嚴)명하형 엄숙하고 위엄이 있음. ¶ 장엄한 분위기를 연출하다. **장엄-히**부.
장:여(丈餘)명 한 길 남짓. 열 자 남짓.
장여(*長欐)명 (도리 밑에서) 도리를 받치고 있는 모가 진 나무.
장:역(瘴疫)명 한방에서, 장기(瘴氣)로 말미암아 생기는 유행성 열병을 이르는 말.
장연(長椽)명 ☞들연.
장:열(壯熱)[-녈]명 병으로 말미암아 일어나는 매우 높은 신열(身熱).
장:염(腸炎)[-념]명 창자의 점막이나 근질(筋質)에 생기는 염증. 장카타르.
장:염-균(腸炎菌)[-념-]명 ☞게르트너균.
장:염^비브리오(腸炎Vibrio)[-념-]명 여름에 생선이나 조개류 등으로 말미암아 일어나는 식중독의 병원균.
장:염전-증(腸捻轉症)[-념-쯩]명 장관(腸管)이 뒤틀리어 꼬이는 증세.
장-영창(長映窓)명 재래식 건축에서, 광선을 잘 받도록 하기 위하여 방과 마루 사이에 길게 낸 미닫이. 준장창(長窓).
장옥(墻屋)명 ☞담[1].
장옷[-옫]명 지난날, 부녀자들이 나들이할 때 얼굴을 가리기 위하여 머리에서부터 길게 내려 쓰던 두루마기 모양의 옷. 장의(長衣). ＊장옷이[-오시]·장옷만[-온-]
장옷-짜리[-옫-]명 지난날, '장옷을 쓰고 다니는 여자'를 얕잡아 이르던 말.
장:옹(醬甕)명 ☞장독.
장와불기(長臥不起)명하자 오래도록 앓아 누워 일어나지 못하는 일.
장:외(帳外)[-외/-웨]명 조선 시대에, 서울 오부(五部)의 관할 구역 바깥을 이르던 말. ↔장내(帳內).
장외(場外)[-외/-웨]명 일정하게 구획된 공간이나 회장(會場)의 바깥(외부). ¶ 장외 홈런을 날리다. ↔장내(場內)·장중(場中).
장외^거:래(場外去來)[-외-/-웨-]명 거래소 밖에서 이루어지는 거래. 특히, 증권 거래소 밖에서 이루어지는 증권 거래를 이름.
장외^시:장(場外市場)[-외-/-웨-]명 장외 거래가 이루어질 때 형성되는 시장.
장외^투쟁(場外鬪爭)[-외-/-웨-]명 ☞원외 투쟁. ¶ 야당은 국회 등원을 거부한 채 장외 투쟁을 계속 벌여 나가기로 했다.
장용(獐茸)명 한방에서, '돋아서 채 굳지 않은 노루의 어린 뿔'을 약재로 이르는 말. 보약으로 씀. 참녹용(鹿茸).
장:용-제(腸溶劑)명 (약의 거죽을 젤라틴으로 싸서) 위(胃)에서는 녹지 않고 장(腸)에 들어가서 녹게 만든 약제.
장-용지(長-)명 벽 밖에 담을 붙여 쌓을 때, 흙이 무너지지 않도록 담의 마구리에 대는 긴 널조각. 참용지판.
장우-단탄(長吁短歎)명 〔긴 한숨과 짧은 탄식이라는 뜻으로〕 탄식하여 마지아니함을 이르는 말. ¶ 장우단탄으로 울분을 삭이다.
장:-운동(腸運動)명 소화 작용으로 일어나는 대장·소장의 운동.
장:원(壯元·狀元)명하자 ①왕조 때, 과거에서 갑과(甲科)에 수석으로 급제함, 또는 그 사람. ②서당이나 백일장 또는 놀이 등에서, 가장 우수한 성적으로 뽑힘, 또는 뽑힌 그 사람.
장원(長遠) '장원하다'의 어근.
장원(莊園)명 서양의 중세 봉건 사회에서, 귀족이나 승려·교회 등에 의해 이루어졌던 토지 소유의 한 형태.
장:원(掌苑)명 조선 시대에, 장원서(掌苑署)의 정육품 벼슬을 이르던 말.
장원(墻垣)명 ☞담[1].
장:원^급제(壯元及第)[-쩨]명하자 과거에서, 장원으로 급제함.
장:원-랑(壯元郎)[-낭]명 과거에서, 장원으로 급제한 사람. 괴방(魁榜).
장:원-례(壯元禮)[-녜]명하자 지난날, 글방에서 장원이 된 사람이 한턱내던 일.
장:원-서(掌苑署)명 조선 시대에, 궁중의 원유(苑囿)·과채(果菜)·화초(花草)에 관한 일을 맡아보던 관아.
장원지계(長遠之計)[-계/-게]명 먼 장래를 위한 계책.
장원-하다(長遠-)형여 길고 멀다. 장구(長久)하다. **장원-히**부.
장:월(壯月)명 '음력 팔월'을 달리 이르는 말. 참청추(淸秋).
장:유(長幼)명 어른과 어린이. 연상과 연하.
장:유(醬油)명 ①간장. ②간장과 먹는 기름.
장:유-유서(長幼有序)명 오륜(五倫)의 하나. 연장자와 연소자 사이에는 지켜야 할 차례가 있고 복종해야 할 질서가 있음을 이르는 말.
장:-유지(壯油紙)명 들기름에 결은 장지(壯紙).
장:육(醬肉)명 ☞장조림.
장으리명 줄기가 푸르고 씨앗이 흰 기장.
장음(長吟)명하타 (시가 따위를) 길게 읊음.
장음(長音)명 긴소리. ↔단음(短音).
장-음계(長音階)[-계/-게]명 서양 음계에서, 셋째와 넷째, 일곱째와 여덟째 음 사이는 반음, 그 밖의 음은 온음으로 이루어진 음계. 〔대체로 명랑하고 활발한 느낌을 나타냄.〕 참단음계.
장음-부(長音符)명 긴소리표.
장-음정(長音程)명 '다(C)' 음을 기준으로 하여 2도·3도·6도·7도 되는 음정, 또는 그와 같은 음정을 이름. 〔장2도·장3도·장6도·장7도 등이 있음.〕 참완전 음정.

장음-화(長音化)명하자·타되자 장음이 됨, 또는 장음이 되게 함.
장읍(長揖)명하자 인사로, 두 손을 마주 잡고 눈 높이만큼 들어 올리며 허리를 약간 굽힘, 또는 그렇게 하는 예.
장읍불배(長揖不拜)[-뿔-]명하자 길게 읍만 할 뿐 엎드려 절하지는 않음.
장의(長衣)[-의/-이]명 ☞장옷.
장ː의(葬儀)[-의/-이]명 ☞장례(葬禮). ¶ 상의 행렬.
장ː의-사(葬儀社)[-의-/-이-]명 장례에 필요한 물건을 팔거나, 남의 장사 지내는 일을 맡아 하는 영업집.
장-의자(長椅子)[-의-/-이-]명 (여러 사람이 앉을 수 있도록) 가로로 길게 만든 의자.
장ː의-차(葬儀車)[-의-/-이-]명 ☞영구차.
-장이접미《일부 명사 뒤에 붙어》 수공업적인 기술로써 물건을 만들거나 수리하거나 하는 사람을 홀하게 이르는 말. ¶ 대장장이. /미장이. /옹기장이.
장ː인(丈人)명 아내의 아버지. 빙부(聘父). 악부(岳父). 높빙장(聘丈)·악장(岳丈). 참장모(丈母).
장인(匠人)명 목공이나 도공(陶工) 등과 같이, 손으로 물건 만드는 일을 업으로 하는 사람. 장색(匠色).
장ː인(將印)명 장수의 관인(官印).
장인-공(匠人工)명 한자 부수의 한 가지. '巧'·'差' 등에서의 '工'의 이름.
장인-바치(匠人-)명 '장인(匠人)'의 낮춤말.
장ː일(葬日)명 장사 지내는 날.
장일^식물(長日植物)[-싱-]명 하루의 일조 시간이 길어야 꽃이 피는 식물. ↔단일 식물.
장ː임(將任)명 장수의 임무.
장-잎[-닙]명 (벼·보리·밀 따위의) 이삭이 패기 직전에 나오는 마지막 잎. *장잎이[-니피]·장잎만[-님-]
장ː자(壯者)명 장년(壯年)에 이른 사람.
장ː자(長子)명 맏아들.
장ː자(長姉)명 맏누이.
장ː자(長者)명 ①(나이나 지위·항렬 따위가) 자기보다 위인 사람. 어른. ②덕망(德望)이 있고 노성(老成)한 사람. ¶ 장자의 기풍이 있다. ③'큰 부자'를 높이어 이르는 말. 거부(巨富).
장ː자^상속(長子相續)명 장자가 단독으로 상속하는 상속 형태의 한 가지.
장-자석(場磁石)명 (발전기나 전동기 따위에 쓰이는) 강한 자기장을 일으키기 위한 전자석.
장ː자-풍(長者風)명 <장자풍도>의 준말.
장ː자-풍도(長者風度)명 덕망이 있는 노성(老成)한 사람의 풍채와 태도. 준장자풍.
장작(長斫)명 통나무를 잘라서 쪼갠 땔나무.
장작-개비(長斫-)[-깨-]명 쪼갠 장작의 낱개비.
장작-더미(長斫-)[-떠-]명 장작을 쌓아 놓은 더미.
장작-모시(長斫-)[-장-]명 올이 굵고 성기게 짠 모시. ↔세모시.
장작-바리(長斫-)[-빠-]명 수레나 마소의 등 따위에 가득 실은 장작.
장작-불(長斫-)[-뿔]명 장작으로 피운 불.
장작-윷(長斫-)[-장늄]명 굵은 나무를 길게 잘라서 만든 윷. *장작윷이[-장뉴치]·장작윷만[-장늄-]
장ː잠(壯蠶)명 석 잠을 잔 누에.
장ː장(葬場)명 장례를 치르는 장소.
장장(長長)관《주로 시간이나 날짜·거리·분량 따위를 나타내는 수량 표현 앞에 쓰이어》 분량이나 날짜 따위가 예상보다 상당히 길음을 나타내는 말. ¶ 장장 10년이 걸린 대공사.
장ː-장이(欌-)명 장롱 따위를 만드는 일을 업으로 삼는 사람을 낮추어 이르는 말.
장장-이(張張-)부 하나하나의 장마다. ¶ 장장이 눈물로 얼룩진 사연.
장장-추야(長長秋夜)명 기나긴 가을밤.
장장-춘일(長長春日)명 기나긴 봄날.
장장-치기명 투전 노름의 한 가지.
장장-하일(長長夏日)명 기나긴 여름날.
장ː재(將材)명 장수가 될 만한 훌륭한 인재.
장ː재(掌財)명 금전의 출납을 맡아보는 사람. 비회계(會計).
장재(裝載)명하타 (배나 수레에) 짐을 꾸려서 실음.
장ː재(醬滓)명 ☞된장.
장ː재(壯哉)감〔한문 투로〕'장하도다'의 뜻.
장적(戕賊)명하타 ①주색(酒色)으로 몸을 상하게 함. ②잔인하게 해치거나 무자비하게 쳐 죽임. ②잔적(殘賊).
장ː적(長嫡)명 본처(本妻)가 낳은 장남.
장ː적(帳籍)명 ☞호적(戶籍).
장ː적(掌跡)명 손바닥 자국.
장전(長田)명 고려·조선 시대에, 역장(驛長)의 공비(公費)를 대는 몫으로 지급한 마위전(馬位田).
장전(長箭)명 ①(싸움에 쓰는) 긴 화살. ②길이로 세운 문살. ②장살.
장전(莊田)명 지난날, 왕실의 사유지(私有地)를 이르던 말.
장전(章典)명 ☞전장(典章). ¶ 권리 장전.
장ː전(帳前)명 ①임금이 거둥해 있는 장막의 앞을 이르던 말. ②장수(將帥)의 앞.
장ː전(帳殿)명 임금이 앉도록 임시로 꾸며 놓은 자리를 이르던 말.
장전(裝塡)명하타되자 총포에 탄환을 잼. ¶ 권총에 실탄을 장전하다.
장ː전(葬前)명 장사를 지내기 전. ↔장후(葬後).
장전(贓錢)명 옳지 못한 짓을 해서 얻은 돈.
장ː전(欌廛)명 (장롱·찬장·뒤주 따위의) 방세간을 파는 가게.
장ː절(壯絕)명하형 매우 장함. 매우 장렬함. ¶ 장절한 최후를 마치다. **장절-히**부.
장절(章節)명 (문장의) 장(章)과 절(節).
장-절초(長切草)명〔길게 썬 살담배라는 뜻으로〕품질이 썩 좋은 살담배.
장점(長點)[-쩜]명 가장 나은(좋은) 점. 미점(美點). 장처(長處). ¶ 장점을 찾아내다. /장점을 살리다. ↔결점·단점.
장점(粧點)명하타 ①좋은 집터를 가려서 집을 지음. ②살아 있는 동안에 미리 좋은 묘터를 가려서 광중을 마련해 둠.
장ː-점막(腸粘膜)명 장벽(腸壁)을 이루고 있는 점막.
장ː정(壯丁)명 ①성년(成年)에 이른 혈기가 왕성한 남자. ②징병 적령(適齡)의 남자.
장정(長汀)명 길게 뻗치어 있는 바닷가.
장정(長征)명하자 멀리 감, 또는 멀리 정벌(征伐)을 떠남.
장정(長程)명 매우 먼 길. 먼 여로(旅路). 장로(長路). ¶ 장정에 오르다.
장정(章程)명 여러 가지 조목(條目)으로 나누어 정한 규정.

장정(裝幀·裝訂)명하타 ①제본에서, 책을 매어 표지를 붙임. ②책의 모양새 전반에 걸친 의장(意匠)을 함, 또는 그 의장. 책치레. ¶ 장정이 화려한 책.
장정-곡포(長汀曲浦)명 해안선이 길게 뻗치어 구부러진 갯벌.
장제(長堤)명 기다란 둑.
장ː제(葬制)명 장례(葬禮)에 관한 제도.
장ː제(葬祭)명 장례(葬禮)와 제례(祭禮).
장제(漿劑)명 아라비아고무·셀렙근(selep根)·전분 따위 점액질이 들어 있는 약물을 물에 풀어 끈적끈적하게 만든 물약.
장ː조(丈祖)명 ☞처조부(妻祖父).
장조(長調)[-쪼]명 장음계(長音階)로 된 곡조. ↔단조(短調).
장ː-조림(醬-)명 쇠고기를 간장에 넣어 조린 반찬. 장육(醬肉). 자장(煮醬).
장ː-조모(丈祖母)명 ☞처조모(妻祖母).
장ː-조부(丈祖父)명 ☞처조부(妻祖父).
장ː-조카(長-)명 맏형의 맏아들. 장질(長姪).
장족(長足)명 〔빠른 걸음이란 뜻으로〕'진보나 발전 속도가 매우 빠름'을 비유하여 이르는 말. 《주로, '장족의'·'장족으로'의 꼴로 쓰임.》 ¶ 장족의 발전을 이루다.
장족(獐足)명 과녁에 꽂힌 화살을 뽑는 데 쓰는 노루발처럼 생긴 연장. 노루발[1].
장족-마치(獐足-)[-종-]명 (과녁에 꽂힌 화살을 뽑을 때) 장족을 두드리는 마치.
장ː-족편(醬足-)명 간장을 쳐서 만든 족편.
장족-한량(獐足閑良)[-조칼-]명 장족으로 과녁에 꽂힌 화살을 뽑는 일을 맡아 하는 사람.
장ː졸(將卒)명 장수(將帥)와 병졸(兵卒). 장병(將兵). 장사(將士).
장졸(藏拙)명하자 자기의 단점을 가리어 감춤.
장ː종(將種)명 장군 집안에 태어난 사람 또는 무장(武將) 집안의 자손을 낮추어 이르는 말.
장ː죄(杖罪)[-쬐/-쮀]명 장형(杖刑)에 상당한 죄.
장죄(贓罪)[-쬐/-쮀]명 ①관리가 뇌물을 받은 죄. ②〈장물죄(贓物罪)〉의 준말.
장죄-피[-죄-/-줴-]명 피의 한 가지. 까끄라기가 길고 씨가 흰데, 7월에 익음.
장주기-조(長週期潮)명 보름 이상의 주기를 가지는, 천체의 기조력(起潮力)에 의하여 일어나는 조석(潮汐). 참반일조(半日潮).
장-주릅(場-)[-쭈-]명 지난날, 장터에서 흥정 붙이는 일을 업으로 하던 사람. 시쾌(市儈).
장주지몽(莊周之夢)명 '자아(自我)와 외계(外界)와의 구별(區別)을 잊어버린 경지(境地)'를 이르는 말. 〔'장자(莊子)'에 나오는 말로, 장주(莊周)가 나비가 된 꿈을 꾸었는데, 잠에서 깬 뒤에 자기가 나비가 된 것인지 나비가 자기가 된 것인지 분간이 가지 않았다는 데서 유래함.〕 호접지몽(胡蝶之夢).
장ː죽(杖竹)명 지팡이로 쓰는 대나무.
장죽(長竹)명 긴 담뱃대. 긴대.
장준(長蹲)명 큰 뾰주리감.
장-줄명 (줄모를 심을 때) 세로로 길게 대는 못줄.
장ː중(帳中)명 장막의 안.
장중(場中)명 ①어떠한 장소의 안. ↔장외(場外). ②지난날, 과장(科場)의 안을 이르던 말. 장내(場內).
장ː중(掌中)명 ①손 안. ②무슨 일이 자기 뜻대로 되는 범위. 수중(手中). 장리(掌裏). ¶ 정권을 장중에 넣다.
장중-득실(場中得失)[-씰]명 '일이 생각하는 바와 같이 잘 이루어지지 않음'을 이르는 말. 〔과장에서는 잘하는 사람도 낙방을 하고, 못하는 사람도 급제하는 수가 있다는 말에서 유래함.〕
장ː중-물(掌中物)명 자기 손 안에 든 물건. 수중에 있는 물건.
장ː중-보옥(掌中寶玉)명 〔손 안에 든 보배로운 옥이란 뜻으로〕'가장 사랑스럽고 소중한 것'을 비유하여 이르는 말. 장중주(掌中珠).
장ː중-주(掌中珠)명 ☞장중보옥(掌中寶玉).
장중-하다(莊重-)형여 장엄하고 정중하다. ¶ 장중한 음악. **장중-히**부 ¶ 의식이 장중히 거행되다.
장지(←障子)명 ①(방과 방 또는 방과 마루 사이에 있는) 운두가 높고 문지방이 낮은, 미닫이와 비슷한 문. ②〈장지문〉의 준말.
장ː지(壯志)명 큰 뜻. 장대한 포부. 장심(壯心). ¶ 장지를 품다.
장ː지(壯紙)명 두껍고 질긴 한지(韓紙)의 한 가지. 기름을 먹여 장판지로 씀.
장지(長指·將指)명 가운뎃손가락.
장ː지(將指)명 엄지발가락.
장ː지(葬地)명 장사 지낼 땅. 시체를 묻을 땅. 매장지(埋葬地).
장지^두꺼비집(←障子-)명 장지를 열 때, 문짝이 옆으로 들어가게 된 집.
장지-문(←障子門)명 지게문에 장지를 덧들인 문. 준장지.
장지-뱀명 장지뱀과의 파충류. 몸길이 15~20 cm. 꼬리가 몸길이의 3배를 차지하고 짧은 네 개의 다리가 있어 도마뱀과 닮았음. 등은 붉은빛이 도는 회갈색, 배는 분홍빛이 도는 흰빛임. 긴 사각형 비늘이 덮여 있음.
장ː지수지(杖之囚之)명하타 지난날, 죄를 다스릴 때 곤장을 때려서 옥에 가두던 일. 준장수(杖囚).
장지-틀(←障子-)명 장지를 끼우는 틀, 곧 장지문이 들락날락하도록 만든 틀.
장진-성(將進性)[-썽]명 ☞장취성(將就性).
장진주-사(將進酒辭)명 조선 선조 때의 문인 정철(鄭澈)이 지은 사설시조 형식의 권주가(勸酒歌). 〔'송강가사'에 실려 전함.〕
장질(長疾)명 ☞장병(長病).
장ː질(長姪)명 장조카. 큰조카.
장-질부사(腸窒扶斯)명 ☞장티푸스.
장-짐(場-)[-찜]명 장에서 팔 물건이나 산 물건을 꾸린 짐.
장ː-짠지(醬-)명 데친 오이와 배추를 간장에 절이어 갖은 양념을 넣고, 진간장을 부어 익힌 반찬의 한 가지.
장ː-쪽박(醬-)[-빡]명 〈간장쪽박〉의 준말.
장차(長差)명 행성(行星)이나 위성(衛星)의 궤도의 위치 및 형상이 해마다 조금씩 변하여 가는 현상. 장년 섭동(長年攝動).
장차(將次)부 앞으로. 앞날에 가서. 방장(方將). ¶ 장차 무엇을 할 작정인가?
장-차다(長-)형 ①꿋꿋하고도 길다. ¶ 장찬 줄기. ②거리가 멀다. ¶ 하룻길로는 장차다. ③시간적으로 길다. ¶ 장찬 세월.
장착(裝着)명하타되자 (기구나 장비 따위를) 부착함. ¶ 미사일을 장착한 전투기.
장찬(粧撰)명하타 허물을 숨기려고 꾸밈.
장찰(長札)명 긴 사연의 편지.
장-창(長-)명 짚신이나 미투리 따위의 바닥 전체에 덧대는 창.

장ː창(杖瘡)명 장형(杖刑)으로 매를 맞은 자리에 생긴 헌데.
장창(長窓)명 〈장영창(長映窓)〉의 준말.
장창(長槍)명 ①긴 창. ↔단창(短槍). ②긴 창을 가지고 하는 십팔기(十八技)의 한 가지.
장-채(長-)명 (가마채 따위와 같은) 긴 채.
장책(長策)명 좋은 계책. 양책(良策).
장책(粧冊)명하타 책을 꾸미어 만듦.
장책(賬冊)명 거래처에 따라 분류하여 기입하는 장사꾼의 장부.
장ː처(杖處)명 곤장(棍杖)을 맞은 자리.
장처(長處)명 ①☞장점(長點). ②여러 일 중에서 잘하는 것. 장소(長所). ↔단처(短處).
장ː척(丈尺)명 열 자 길이의 장대로 된 자.
장척(長尺)명 (무명이나 베 따위를) 정척(定尺) 마흔 자보다 길게 짠 길이.
장천(長天)명 멀고도 넓은 하늘. ¶ 구만리 장천.
장천(長川)부 〈주야장천(晝夜長川)〉의 준말.
장ː-천공(腸穿孔)명 (외상이나 궤양 등으로) 창자에 구멍이 뚫린 병.
장첩(粧帖)명 책처럼 꾸며 만든 서화첩.
장ː청(狀請)명하타 지난날, 글발을 올려 주청(奏請)하던 일.
장-청자(章青瓷)명 중국 송나라 때, 장생일(章生一), 장생이(章生二) 형제가 구워 만든 청자기.
장-청판(長廳板)명 마룻바닥에 깔린 기다란 널빤지.
장-체계(場遞計)[-계/-게]명 장에서, 비싼 변리로 돈을 꾸어 주고, 장날마다 원금의 일부와 변리를 함께 받아들이던 일. 준체계.
장ː초(壯抄)명하타 지난날, 군사가 될 만한 장정을 골라 뽑던 일.
장초(章草)명 한자 서체의 한 가지. 초서(草書)의 별체(別體).
장ː초-군(壯抄軍)명 지난날, 장초에 뽑힌 군사를 이르던 말.
장-초석(長礎石)명 다락집이나 정각(亭閣) 등에서, 길게 세운 초석.
장촉(長鏃)명 긴 살촉.
장총(長銃)명 단총(短銃)에 대하여, '소총(小銃)'을 이르는 말.
장축(長軸)명 긴지름. ↔단축.
장ː-출혈(腸出血)명 (장티푸스나 장결핵·장암·장궤양 따위로 말미암아) 장벽(腸壁)에서 일어나는 출혈(出血).
장취(長醉)명하자 늘 술에 취해 있음.
장취(將就)명하자 〈일장월취(日將月就)〉의 준말.
장취불성(長醉不醒)[-썽]명하자 늘 술에 취해 있어 깨어나지 아니함.
장취-성(將就性)[-썽]명 앞으로 진보해 나아갈 만한 가능성. 장진성(將進性).
장-치(場-)명 장날마다 갚던 변리. 참날치.
장ː치(腸痔)명 한방에서, 항문 속의 살이 밖으로 늘어져 나온 치질을 이르는 말. 탈항(脫肛).
장치(裝置)명하타되자 ①(기계나 설비 따위를) 어떤 목적에 따라 기능하도록 설치함, 또는 그 설치한 물건. ¶ 도청 장치. /무대 장치. ②'어떤 일을 원만하게 수행하기 위하여 설정한 조직 구조나 규칙 따위'를 비유하여 이르는 말. ¶ 환경오염 방지를 위한 제도적 장치 마련이 시급하다.
장치(藏置)명하타 (물건 따위를) 간직하여 둠.
장치^공업(裝置工業)명 생산 수단으로서 거대한 장치나 설비를 필요로 하는 공업. 〔석유 화학 공업 따위.〕
장ː치-기명하자 두 편으로 나뉜 사람들이 각각 공채로 장치기공을 쳐서 서로 한정한 금 밖으로 먼저 내보내기를 겨루는 민속 경기의 한 가지. 공치기.
장ː치기-공명 장치기할 때 쓰는, 나무를 둥글게 깎아 만든 공.
장-치다[1]자 (말이) 누워서 등을 땅에 대고 비비다.
장ː-치다[2]자 장치기를 하다.
장-치다(場-)자 〈독장치다〉의 준말.
장침(長枕)명 모로 기대 앉아서 팔꿈치를 괴는 데 쓰는 베개 모양의 물건. 가로가 길며 네모짐. 참사방침(四方枕).
장침(長針)명 ①긴 바늘. ②☞분침. ↔단침.
장ː-카타르(腸catarrh)명 ☞장염(腸炎).
장쾌(壯快) '장쾌하다'의 어근.
장쾌(駔儈)명 ☞중도위.
장ː쾌-하다(壯快-)형여 힘차고 상쾌하다. 장하고 통쾌하다. ¶ 장쾌한 행진곡. **장쾌-히**부.
장타(長打)명 야구에서, 2루타 이상의 안타를 이름. ¶ 장타를 날리다. ↔단타(短打).
장-타령(場-)명 동냥하는 사람이 장판이나 거리로 돌아다니며 부르는 속가(俗歌)의 한 가지. 각설이 타령.
장타령-꾼(場-)명 장타령을 부르며 동냥을 다니던 거지.
장탄(長歎·長嘆)명하자 〈장탄식〉의 준말.
장탄(裝彈)명하타되자 총포(銃砲)에 탄환을 잼.
장-탄식(長歎息)명하자 긴 한숨을 내쉬며 크게 탄식함, 또는 그 탄식. 장태식(長太息). 준장탄.
장태(漿胎)명 곱게 수비(水飛)하여 앙금을 가라앉힌 도토(陶土).
장ː태(醬太)명 장을 담글 콩, 곧 메주를 쑬 콩.
장-태식(長太息)명하자 ☞장탄식(長歎息).
장태평(長太平) '장태평하다'의 어근.
장태평-하다(長太平-)형여 늘 아무런 걱정 없이 태평하다. ¶ 장태평하게 지내다.
장ː택(葬擇)명하자 장사 지낼 날짜를 정함.
장-터(場-)명 장이 서는 곳. 장마당. 장판.
장토(莊土)명 ☞전장(田莊).
장ː통(醬桶)명 간장을 담는 나무통.
장ː-티푸스(腸typhus)명 장티푸스균이 장에 들어감으로써 생기는, 급성 법정 전염병의 한 가지. 고열이 나며 두통·설사·장출혈 등을 일으킴. 열병. 장질부사.
장파(長波)명 파장(波長) 3000 m 이상, 주파수 3~100 kHz의 전파. 주로 근거리 통신에 이용됨. 참단파(短波)·중파(中波).
장ː파(長派)명 ☞맏파.
장ː파(狀罷)명하타되자 죄를 지은 원을 감사가 왕에게 장계(狀啓)를 올려 파직시키던 일.
장-파장(長波長)명 장파(長波)의 파장. 라디오 방송 및 무선 통신 따위에 쓰임. 참단파장.
장-판(場-)명 ①장이 선 곳. 장마당. 장터. ②'많은 사람이 모여서 북적거리는 곳'을 비유하여 이르는 말.
장판(壯版)명 ①새벽질한 위에, 기름 먹인 종이를 바른 방바닥. ②〈장판지〉의 준말.
장ː판(杖板)명 지난날, 장형(杖刑)을 집행할 때에 죄인(罪人)을 엎어 놓고 팔다리를 잡아매던 틀. 장대(杖臺).
장판(藏板·藏版)명 (일정한 곳에) 보관하여 둔 책판(冊板).
장판-돌(壯版-)[-똘]명 광산에서, 선광(選鑛)할 때에 광석을 놓고 두드려 깨뜨리는 받침돌.

장판-머리명 소의 양에 붙어 있는 넓적한 고기. 주로, 국거리로 쓰임.

장판-방(壯版房)명 바닥을 장판지로 바른 방. **장판방에서 자빠진다**속담 〔방심함을 경계(警戒)하는 말로〕 안전한 조건 아래에서도 실패할 수 있음을 비유하여 이르는 말.

장판-지(壯版紙)명 방바닥을 바르는 데 쓰는, 기름을 먹인 두꺼운 종이. 준장판(壯版).

장판-하다(壯版―)자타여 장판지로 방바닥을 깔거나 바르다.

장ː패(將牌)명 지난날, 군관(軍官)이나 비장(裨將)들이 허리에 차던 나무 패.

장ː편(杖―)명 쇠로 된 테에 쇠가죽을 메워 장구의 마구리에 댄 부분.

장편(長篇)명 ①구(句)의 수(數)에 제한이 없는 한시체(漢詩體)의 한 가지. ②시가나 소설·영화 따위에서, 내용이 긴 작품. ③〈장편 소설(長篇小說)〉의 준말. ③참장편(長篇)·중편(中篇).

장ː편(掌篇)명 ①〔손바닥만 한 크기의 작품이라는 뜻으로〕 극히 짧은 문학 작품을 이르는 말. ②〈장편 소설(掌篇小說)〉의 준말.

장편^소ː설(長篇小說)명 구상이 크고 줄거리가 복잡하며 양적으로 긴 소설. 준장편(長篇). 참단편 소설·중편 소설.

장ː편^소ː설(掌篇小說)명 ☞콩트. 준장편(掌篇).

장ː폐(杖斃)[-폐/-페]명하자 ☞장사(杖死).

장ː폐색-증(腸閉塞症)[-폐-쯩/-페-쯩]명 장관(腸管)의 일부가 막혀 창자 안의 것이 통하지 않게 되는 병증.

장포(←菖蒲)명 ☞창포(菖蒲).

장포(場圃)명 집 가까이에 있는 채소밭.

장포(漿疱)명 한방에서, 살이 부르터 진물이 괴어 곪은 부스럼을 이르는 말.

장ː포(醬脯)명 진장(陳醬)을 쳐서 주물러 말린 포육(脯肉).

장폭(長瀑)명 큰 폭포.

장품(贓品)명 ☞장물(贓物).

장ː풍(掌風)명 무술에서, 손바닥으로 일으키는 바람.

장ː풍(腸風)명 한방에서, 변을 볼 때 피가 나오는 결핵성 치질을 이르는 말.

장피(獐皮)명 노루의 가죽.

장피-살명 (창포의 줄기처럼) 배를 약간 불룩하게 만든 문살.

장ː하(杖下)명 왕조 때, 장형(杖刑)을 집행하는 그 자리를 이르던 말.

장하(長夏)명 ①긴 여름의 해. ②'음력 유월'을 달리 이르는 말. ②차월(且月).

장ː하(帳下)명 ①장막의 아래. ②☞막하(幕下).

장하(裝荷)명하타 통신에서, 전송 상태를 좋게 하기 위하여 일정한 간격으로 회로에 코일을 끼워 넣는 일. ¶ 장하 케이블.

장ː-하다(壯―)형여 ①(하는 일이) 매우 대단하고 훌륭하다. ¶ 장한 일. ②(정성 따위가) 매우 갸륵하다. ¶ 그 지극한 효성이 정말 장하다. **장-히**부.

장-하다(長―)형여 (어떤 일에) 매우 능하다.

장하-주(章下註)명 (책에 주석을 달 때) 각 장(章)의 끝에 몰아서 단 주석.

장ː학(奬學)명하자 학문을 장려함, 또는 그 일. ¶ 장학 제도. /장학 사업.

장ː학(瘴瘧)명 열대 지방에 유행하는 학질.

장ː학-관(奬學官)[-꽌]명 교육의 기획·조사·연구·지도·감독에 관한 사무를 맡은 교육 공무원.

장ː학-금(奬學金)[-끔]명 ①학술 연구를 장려하고 원조하기 위하여 특정한 학자나 단체 등에 내주는 돈. ②가난한 학생이나 우수한 학생에게 학비 보조금으로 내주는 돈.

장ː학-사(奬學士)[-싸]명 장학관의 아래 직급으로, 교육 내용의 지도와 교사의 감독에 관한 일을 맡아보는 교육 공무원.

장ː학-생(奬學生)[-쌩]명 장학금을 받는 학생.

장ː한(壯漢)명 허우대가 크고 힘이 센 남자.

장한(長旱)명하자 오랫동안 가묾, 또는 오랜 가뭄.

장한-몽(長恨夢)명 깊이 사무쳐 오래도록 잊을 수 없는 마음.

장함(長銜)명 위계(位階)·관직(官職) 따위를 박은 명함.

장ː항(醬缸)명 간장·된장·고추장 따위를 담은 항아리.

장해(戕害)명하타 참혹하게 상처를 내어 해침. 살해함. 죽임.

장해(障害)명하타되자 하고자 하는 일을 막아서 방해함, 또는 그것. ¶ 별다른 장해 없이 고지를 탈환하였다.

장해-물(障害物)명 장해가 되는 사물.

장혈(獐血)명 노루의 피.

장ː혈(葬穴)명 시체를 묻는 구덩이.

장ː-협착(腸狹窄)명 장관(腸管)이 좁아져서 먹은 것 따위가 잘 통하지 않게 되는 증상.

장ː형(杖刑)명 왕조 때, 오형(五刑)의 하나. 곤장으로 볼기를 치던 형벌. 곤형(棍刑).

장ː형(長兄)명 맏형. 큰형.

장ː형-부모(長兄父母)명 맏형의 지위와 하는 일이, 부모와 같음을 이르는 말.

장화(長靴)명 목이 무릎께까지 올라오도록 만든 가죽신이나 고무로 된 신. ↔단화.

장화(裝畫)명 책의 장정(裝幀)의 그림.

장-화반(長花盤)명 공청(空廳)이나 법당(法堂) 따위에, 두공을 겸하여 초제공(初提栱)과 서로 엇걸리게 길게 짠 화반.

장화홍련-전(薔花紅蓮傳)[-년-]명 작자·연대 미상의 조선 시대의 고대 소설. 많은 계모형(繼母型) 가정 비극 소설 중에서 가장 널리 알려짐. 계모 허씨에 의하여 고통스러운 삶을 살다가 원통한 죽음을 당한 장화·홍련 자매가 원혼이 되어 복수한다는 내용.

장활(長闊) '장활하다'의 어근.

장활-하다(長闊―)형여 장원(長遠)하고 광활(廣闊)하다. ¶ 장활한 들판. **장활-히**부 ¶ 가을 하늘이 장활히 펼쳐져 있다.

장황(張皇) '장황하다'의 어근.

장황(裝潢·粧潢)명하타 (서책·서화첩 따위를) 보기 좋게 꾸미어 만듦. 표장(表裝).

장황-하다(張皇―)형여 번거롭고 길다. ¶ 요령부득의 말을 장황하게 늘어놓다. **장황-히**부.

장ː회(壯懷)[-회/-훼]명 장한 생각.

장회^소ː설(章回小說)[-회-/-훼-]명 긴 이야기를 여러 회(回)로 분장(分章)한 중국 소설의 한 체재. 〔삼국지연의·서유기 따위.〕

장ː후(葬後)명 장사를 치른 뒤. ↔장전(葬前).

장흔(粧痕)명 화장(化粧)한 흔적.

장흥-고(長興庫)명 조선 시대에, 돗자리·종이·유지(油紙) 따위의 관리를 맡아보던 관아.

장-흥정(場―)명하타 장판에서 하는 흥정.

잦감[잗깜]명 밀물이 다 빠져서 잦아진 상태.

잦다[1][잗따]자 ①(액체 따위가) 차차 졸아들어 없어지다. ②(흔들리던 기운 따위가) 가라앉아 조용해지다. * 잦아·잦는[잔-]

잦다2[잗따] 자 뒤로 기울어지다. 큰 젖다1. *잦아·잦는[잔-]

잦다3[잗따] 형 (거듭되는 어떤 일이) 짧은 동안에 자주 있다. ¶ 사고가 잦다. /작년 겨울에는 눈이 참 잦았다. ↔드물다. *잦아·잦고[잗꼬]

잦-뜨리다[잗-] 타 (힘을 들여서) 뒤로 잦게 하다. 잦트리다. ¶ 고개를 잦뜨려 뒤를 보다. 큰 젖뜨리다.

잦바듬-하다[잗빠-] 형 여 ①뒤로 자빠질 듯이 배스듬하다. ¶ 모자를 잦바듬하게 쓰다. ②탐탁하게 여기지 않는 듯하다. 큰 젖버듬하다. **잦바듬-히** 부.

잦아-들다[~드니·~들어] 자 ①(액체 따위가) 차츰 졸아들어 없어져 가다. ②(흔들리던 기운 따위가) 가라앉으며 조용해져 가다. ¶ 비바람이 잦아들다.

잦아-지다1 자 차차 잦아들어 없어지게(가라앉게) 되다. ¶ 바람이 잦아지다. /물결이 잦아지다.

잦아-지다2 자 (어떤 일이) 짧은 동안에 자주 있게 되다. ¶ 병원에 가는 일이 잦아지다.

잦은-가락 명 '자진가락'의 잘못.

잦은-걸음 명 ①두 발을 자주 놀려 걷는 걸음. ¶ 잦은걸음으로 급하게 걷다. ②자주 들름. ¶ 도서관에 잦은걸음을 하다.

잦은-몰이 명 '자진모리장단'의 잘못.

잦은-방귀 명 잇달아 잦게 뀌는 방귀.

잦추[잗-] 부 잦추는 동작으로. ¶ 뛰듯이 잦추 발을 놀려 길을 건너다.

잦추다[잗-] 타 동작을 재게 하여 잇달아 재촉하다. ¶ 수탉의 울음소리가 아침을 잦추다.

잦추르다[잗-][잦추르니·잦추러] 타 르 잇달아 몹시 재촉하여 몰아치다. ¶ 아무리 잦추러도 오늘 끝내기는 틀렸다.

잦-트리다[잗-] 타 잦뜨리다. 큰 젖트리다.

잦혀-지다[자처-] 자 ①(물체가) 뒤로 잦바듬하게 잦다. ②안쪽이 겉으로 드러나게 열리다. 큰 젖혀지다.

잦-히다1[자치-] 타 ①〖'잦다1'의 사동〗 (밥을 지을 때) 초벌 끓은 뒤에 불을 물렸다가 다시 조금 때어 밥물이 잦아지게 하다. ②(흔들리던 기운 따위가) 가라앉아 조용해지게 하다.

잦-히다2[자치-] 타 ①〖'잦다2'의 사동〗 (물체를) 뒤로 잦게 하다. ¶ 윗몸을 뒤로 잦히다. ②물건의 밑쪽이 위로 올라오게 뒤집다. ¶ 엎어진 신발을 잦히다. ③(문짝 따위) 물건의 안쪽이 겉으로 드러나게 열다. ¶ 문짝을 잦히다. 큰 젖히다.

잫 명 〈옛〉 자. ¶ 마순 아홉 자홀 ᄒᆞ고(釋譜9:32).

재1 명 불에 타고 남은 가루 모양의 물질. ¶ 아궁이의 재를 긁어내다.

재2 명 길이 나 있는 높은 산의 고개. 영(嶺).

재는 넘을수록 험하고〔높고〕 내는 건널수록 깊다 속담 '어떤 일이 갈수록 더 어려워짐'을 비유하여 이르는 말.

재3 명 장기판의 앞에서 맨 끝 줄.

재ː(在) 명 (돈이나 물건 따위의) 쓰거나 팔고 남은 나머지.

재(災) 명 ①〈재액(災厄)〉의 준말. ②〈재상(災傷)〉의 준말.

재(財) 명 〈재산(財產)〉·〈재물(財物)〉의 준말.

재(齋)1 명 ①명복을 비는 불공. ¶ 재를 올리다. ②〈재계(齋戒)〉의 준말.

재(齋)2 명 ①초상계(初喪契)에서, 잿돈을 타게 되는 일. ¶ 재가 나다. /재를 타다. ②☞잿돈.

재(載) 수 관 '정(正)'의 1만 배, '극(極)'의 1만분의 1이 되는 수(의). 곧, 10^{44}.

재-(在) 접두 주로, 곳을 나타내는 명사 앞에 붙어, '그곳에 있는'의 뜻을 나타냄. ¶ 재일본.

재-(再) 접두 《일부 명사 앞에 붙어》 '다시'·'거듭'의 뜻을 나타냄. ¶ 재확인. /재심사.

-재(材) 접미 일부 명사 뒤에 붙어, 그러한 데 쓰이는 재목(材木)이나 재료임을 나타냄. ¶ 건축재. /한약재.

재ː가(在家) 명 하자 ①집에 있음. ②자기의 집에서 중처럼 불도를 닦음. 재속(在俗). ③불가에서, 사회에서 살아가는 일반 사람을 이르는 말. ②③↔출가(出家).

재ː가(再嫁) 명 하자 ☞개가(改嫁).

재가(裁可) 명 하타 ①결재하여 허가함. ②임금이 결재하여 허가함.

재가(齋家) 명 ①재(齋)를 올리는 사람의 집. ②'초상난 집'을 무당이나 중이 이르는 말. ③초상 계원 중에서 '초상난 집'을 초상 계원이 이르는 말.

재ː가-계(在家戒)[-계/-게] 명 불교에서 이르는 삼계(三戒)의 하나. 속세에서 사는 사람이 지켜야 할 계. 참 도속공수계·출가계.

재ː-가동(再稼動) 명 하자타 일을 하기 위하여 기계·인원 따위를 다시 움직임, 또는 그렇게 되게 함.

재ː가-무일(在家無日) 명 바삐 돌아다니느라고 집에 붙어 있는 날이 없음.

재ː가-승(在家僧) 명 ①속가(俗家)에서 불법을 닦는 중. ②왕조 때, 함경도 변경 지역에 살던 여진족의 유민. 머리털을 깎고, 마을마다 불당(佛堂)을 두고 살았음.

재각(齋閣) 명 ☞재실(齋室).

재간(才幹) 명 ①일을 적절하게 잘 처리하는 솜씨나 능력(기능). ¶ 재간이 있는 사람. 비 재능. ②방도나 도리. ¶ 더 이상 추위를 견딜 재간이 없다.

재ː간(再刊) 명 하타 되자 다시 간행함, 또는 그 간행물. ¶ 재간 잡지.

재간-꾼(才幹-) 명 재간이 많은 사람.

재갈 명 ①(말을 마음대로 다루기 위하여) 말의 입에 가로 물리는 쇠 도막. 마함(馬銜). ②(소리를 내거나 말을 하지 못하도록) 사람의 입에 물리는 물건. ¶ 납치범들은 나의 손을 뒤로 묶고 입에는 재갈을 물렸다.

재갈(을) 먹이다 관용 ①(말의 입에) 재갈을 물리다. ②(소리를 내거나 말을 하지 못하도록) 입을 틀어막다. ¶ 유괴범들은 소년의 입에 재갈을 먹였다.

재ː감(在監) 명 하자 징역형, 금고형, 구류 처분 따위를 받은 사람이 교도소 안에 갇혀 있는 일.

재감(災減) 명 하타 재해(災害)를 입은 논밭에 대하여 세금을 덜 매김.

재감(裁減) 명 하타 짐작하여 가볍게 덜어 줌.

재ː-감염(再感染) 명 한 번 걸렸던 병에 다시 걸림.

재ː감-자(在監者) 명 ☞재소자(在所者).

재강 명 술을 걸러 내고 남은 찌끼. 술찌끼. 모주(母酒). 조박(糟粕). 주조(酒糟).

재-강아지 명 ①잿빛 털의 강아지. ②재투성이가 된 강아지.

재강아지 눈 감은 듯하다 속담 '무슨 일이나 사물이 요행히도 발각되지 않고 감쪽같이 지나감'을 비유하여 이르는 말.

재강-장(-醬) 명 재강으로 담근 간장.

재강-죽(-粥)명 재강에 멥쌀을 넣고 쌀이 풀리도록 끓여 꿀이나 설탕 따위를 탄 죽.
재ː개(再改)명하타 (한 번 고친 것을) 다시 고침. 두 번째 고침.
재ː개(再開)명하타되자 (끊기거나 쉬었던 회의나 활동 따위를) 다시 엶. ¶ 중단되었던 회담을 재개하다.
재ː-개발(再開發)명하타되자 (이미 있는 것을 더 낫게 하려고) 다시 개발함, 또는 그 일. ¶ 재개발 지구.
재ː-개의(再改議)[-의/-이]명하자 회의에서, 개의(改議)에 대하여 다시 개의함, 또는 그 개의.
재ː거(再擧)명하타 두 번째 거사(擧事)함, 또는 그 거사.
재-거름명 재로 만든 거름.
재ː건(再建)명하타되자 (없어졌거나 허물어진 것을) 다시 일으켜 세움.
재ː-건축(再建築)명하타되자 기존에 있던 건축물을 헐고 다시 세우거나 쌓아 만드는 일.
재ː-검사(再檢査)명하타 (한 번 검사한 것을) 다시 검사함, 또는 그 검사.
재ː-검토(再檢討)명하타되자 (한 번 검토한 것을) 다시 검토함, 또는 그 검토.
재격(才格)명 재주와 품격.
재결(災結)명 재상(災傷)을 입은 논밭.
재결(裁決)명하타되자 ①옳고 그름을 가리어 결정함. 재단(裁斷). ②소원(訴願)의 제기나 행정 소송에 대한 행정 기관의 판정.
재결(齋潔)명하자 근신하여 몸을 깨끗이 함.
재결^신청(裁決申請)명 당사자 간에 행정상의 법률적 분쟁이 생겼을 때, 제삼자인 행정 기관에 그 판정을 청구하는 행위.
재ː-결정(再結晶)[-쩡]명하자되자 결정성 물질의 용액을 냉각하거나 증발시켜 다시 결정시키는 일.
재결^처ː분(裁決處分)명 법규에 정한 형식에만 엄밀히 좇아 내리는 행정 처분. 〔조세 징수 따위.〕
재ː-결합(再結合)명하자되자 ①다시 결합함, 또는 그 결합. ②전리(電離)에 의하여 분리된 음양의 이온, 또는 전자와 양이온이 다시 결합하여 중성 분자나 원자를 만드는 일.
재겸(災歉)명하자 재상(災傷)으로 곡식이 잘 여물지 못함.
재ː경(在京)명하자 서울에 있음. ¶ 재경 동문회.
재ː경(再耕)명하타 ☞두벌갈이.
재경(財經)명 재정과 경제. ¶ 재경 담당 보좌관.
재ː-경매(再競賣)명하타되자 경락(競落)이 결정된 뒤, 경락인이 경락 대금을 지불하지 않을 경우에 다시 경매함, 또는 그 경매.
재ː계(再啓)[-계/-게]명하타 ☞추신(追伸).
재계(財界)[-계/-게]명 실업가나 금융업자의 사회. 비경제계.
재계(齋戒)[-계/-게]명하자 제(祭)를 지낼 사람이, 몸과 마음을 깨끗이 하고 음식과 언행을 삼가며 부정을 멀리하는 일. 준재(齋)[1].
재ː고(再考)명하타되자 (한 번 정한 일을) 다시 한 번 생각함. ¶ 이 계획은 재고의 여지도 없다.
재ː고(在庫)명 ①창고에 있음. ②〈재고품〉의 준말. ¶ 재고 정리.
재ː고^투자(在庫投資)명 기말(期末)에 있어서의 재고의 증가분을 기수(期首)의 재고에 대한 추가 투자로 보아 이르는 말.
재ː고-품(在庫品)명 ①창고에 있는 물품. ②(미처 출고를 못했거나 팔다가 남아서) 창고에 있는 생산품(상품). 준재고.
재곤두-치다자 세게 곤두박질하여 떨어지다.
재골(才骨)명 재주 있게 생긴 골상(骨相), 또는 그러한 골상의 사람.
재ː관(在官)명 관직에 있음.
재ː교(在校)명 ①학교 안에 있음. ②재학 중임. ②재학(在學).
재ː교(再校)명하타 초교(初校)를 본 후에 두 번째로 교정함, 또는 그 교정. 재준(再準).
재ː-교부(再交付)명하타되자 (한 번 교부한 서류나 증명서 따위를) 다시 교부하는 일.
재ː-교섭(再交涉)명하타되자 (처음의 교섭이 실패한 경우에) 다시 교섭함, 또는 그 교섭.
재ː-교육(再敎育)명하타되자 ①(일정한 교육이 끝난 사람을) 다시 교육함, 또는 그 교육. ②실무에 종사하고 있는 사람에게 다시 직책상 필요한 교육을 베풂, 또는 그 교육.
재구(災咎)명 재앙과 허물.
재-구새명 황화물(黃化物)이 산화할 때 생기는 재와 같은 가루를 광산에서 이르는 말.
재ː-구성(再構成)명하타되자 (한 번 구성한 것을) 다시 구성함, 또는 그 구성. ¶ 내각을 재구성하다.
재국(才局)명 재주와 국량(局量). 재기(才器). 재량(才量). ¶ 재국이 있는 사람.
재국(材局)명 사람의 됨됨이와 유능한 소질. 재기(材器). ¶ 재국이 훌륭한 인재.
재ː-군비(再軍備)명하자 (한 국가가 일단 해제되거나 폐지했던) 군비를 다시 갖춤. ¶ 일본의 재군비를 주시하다. 비재무장.
재궁(梓宮)명 〈자궁(梓宮)〉의 본딧말.
재궁(齋宮)명 ①지방의 문묘(文廟). 교궁(校宮). ②☞재실(齋室).
재ː귀(再歸)명하자 (본디 있던 곳으로) 다시 돌아옴. 되돌아감.
재ː귀^대ː명사(再歸代名詞)명 서양어에서, 주로 재귀 동사의 목적어로 쓰이면서, 동작주(動作主) 자신을 가리키는 대명사. 우리 문법에서는, 한 문장 안에서 앞에 나온 주어를 도로 가리키는 대명사. 〔'철수는 자기 잘못을 알고 있다'에서의 '자기' 따위.〕
재ː귀^동ː사(再歸動詞)명 서양어에서, 어떤 동작의 작용이 동작주(動作主) 자신에게 되돌아옴을 나타내는 동사.
재ː귀-열(再歸熱)명 급성 전염병의 한 가지. 5~7일간 내처 두통 및 높은 열과 오한으로 앓다가 5~7일간 회복된 다음 다시 이전의 증세를 보이는 병. 이·벼룩·진드기의 매개로 재귀열 스피로헤타에 의하여 발병함. 회귀열.
재ː-귀화(再歸化)명하자 혼인·귀화·이탈 등의 이유로 국적을 잃었던 사람이 다시 그 국적을 회복하는 일. 국적 회복.
재ː근(在勤)명하자 (어떤 직장에) 근무하고 있음. 비재직(在職).
재기(才氣)명 재주가 있어 보이는 기질. ¶ 재기 발랄하다. /재기 넘치는 언행.
재기(才器)명 ☞재국(才局).
재ː기(再起)명하자되자 (한 번 망하거나 실패했다가) 다시 일어나는 일. 갱기(更起). ¶ 재기의 기회를 엿보다.
재ː기(再記)명하타되자 다시 기록함.
재기(材器)명 ☞재국(材局).
재기(齋期)명 재계(齋戒)하는 기간.

재ː기^불능(再起不能)[-릉]명 다시 일어날 힘이 없음.
재ː-기소(再起訴)명하타 형사 소송법상, 공소(公訴)를 취소한 후, 그 범죄 사실에 대한 다른 중요한 증거를 발견하였을 경우에 다시 공소를 제기하는 일. 준재소.
재깍[1]부 ①하자타 단단한 물체가 가볍게 부러지거나 맞부딪칠 때 나는 소리. ②하자 시계 따위의 톱니바퀴가 돌아가는 소리. 큰제꺽[1]. 센째깍[1]. **재깍-재깍**부하자타.
재깍[2]부 무슨 일을 빠르고 시원스럽게 해내는 모양. 큰제꺽[2]. 센째깍[2]. **재깍-재깍**부.
재깍-거리다[-꺼-] Ⅰ자타 단단한 물체가 잇달아 가볍게 부러지거나 맞부딪치면서 재깍재깍 소리를 내다. 재깍대다. 큰제꺽거리다.
Ⅱ자 시계 따위의 톱니바퀴가 잇달아 돌아가며 재깍재깍 소리를 내다. 재깍대다. 큰제꺽거리다.
재깍-대다[-때-] Ⅰ자타 재깍거리다.
Ⅱ자 재깍거리다.
재깔-거리다자 자꾸 재깔재깔하다. 재깔대다. 큰지껄거리다.
재깔-대다자 재깔거리다.
재깔-이다자 나직한 목소리로 좀 떠들썩하게 말하다. 큰지껄이다.
재깔-재깔부하자 좀 떠들썩하게 자꾸 이야기하는 모양, 또는 그 소리. 큰지껄지껄.
재난(災難)명 뜻밖의 불행한 일. 액화(厄禍). 화해(禍害).
재ː내(在內)명하자 안에 있음. ↔재외(在外).
재-넘이명 산에서 내리 부는 바람. 산바람.
재녀(才女)명 재주 있는 여자. 비재원(才媛). ↔재사(才士).
재년(災年)명 ①재앙이 많은 해. ②☞흉년.
재능(才能)명 재주와 능력. 재력(才力). 준능(能). 비재간(才幹).
재ː다[1]자 젠체하며 뽐내다. ¶ 돈푼깨나 있다고 너무 재지 마라.
재ː다[2]타 ①(도량형기나 계측기 또는 연장을 사용하여) 길이·크기·무게·정도 따위를 헤아려 보다. ¶ 뼘으로 길이를 재다. /체온을 재다. ②일의 앞뒤를 헤아리다. ¶ 너무 재다가 기회를 놓치고 말았다. ③몰래 실정을 살피다. ¶ 뒤를 재다.
재ː다[3]타 ①〈쟁이다〉의 준말. ¶ 깻잎을 양념장에 재다. ②(총포의 약실 속에 화약이나 탄환을) 다져 넣거나 끼워 넣다. ¶ 총알을 재다.
재ː다[4]형 ①동작이 재빠르고 날쌔다. ¶ 걸음이 매우 재다. ②물건의, 온도에 대한 감응성이 몹시 예민하다. ¶ 양은솥은 불에 재다. ③입이 싸다. 가볍다. ¶ 입이 잰 여자.
재단(財團)명 ①일정한 목적을 위하여 결합된 재산의 집합. 법률상 부동산같이 다루어지며, 저당권 설정의 목적이 됨. 참사단(社團). ②〈재단 법인〉의 준말.
재단(裁斷)명하타 ①마름질. ②☞재결(裁決).
재단-기(裁斷機)명 (종이·천·철판 따위를) 마름질하는 기계. 단재기(斷裁機).
재단-법(裁斷法)[-뻡]명 마름질하는 방법.
재단^법인(財團法人)명 일정한 목적에 제공된 재산의 독립된 운용을 위하여, 그 설립이 인정된 공익 법인. 준재단. 참사단 법인(社團法人).
재단^비ː평(裁斷批評)명 미리 일정한 기준을 세워 놓고, 그 기준에 준하여 작품을 다루는 문예 비평의 한 가지. 18세기 초까지 영국·프랑스 등지에서 주로 행하여졌음.
재단-사(裁斷師)명 마름질을 전문으로 하는 사람.
재단^저ː당(財團抵當)명 일정한 기업용 재산을 일괄하여 담보 가치를 파악하고 거기에 설정하는 저당권, 또는 그러한 저당권을 설정하는 일. 공장 재단·어업 재단·철도 재단 따위에 설정된 저당임.
재단^채ː권(財團債權)[-꿘]명 파산한 재단으로부터 파산 절차에 의하지 아니하고 파산 채권자에 우선하여 변제를 받을 수 있는 청구권.
재담(才談)명하자 (익살을 부리며) 재치 있게 하는 재미있는 이야기.
재담-꾼(才談-)명 '재담을 잘하는 사람'을 낮추어 이르는 말.
재당(齋堂)명 선사(禪寺)의 식당.
재ː-당숙(再堂叔)명 재종숙(再從叔)을 친근하게 일컫는 말.
재ː-당숙모(再堂叔母)[-숭-]명 재종숙모(再從叔母)를 친근하게 일컫는 말.
재ː-당질(再堂姪)명 재종질(再從姪)을 친근하게 일컫는 말.
재ː-당질녀(再堂姪女)[-려]명 재종질녀(再從姪女)를 친근하게 일컫는 말.
재덕(才德)명 재주와 덕. 재지(才智)와 덕행(德行). ¶ 재덕을 겸비한 규수.
재덕-겸비(才德兼備)[-껨-]명하자 재주와 덕을 두루 다 갖춤.
재ː도(再度) Ⅰ명 ☞재차(再次).
Ⅱ부 또다시.
재-도감(齋都監)명 재(齋)를 올리는 의식을 감독하는 중.
재ː독(再讀)명하타 (한 번 읽은 것을) 다시 읽음. 두 번째 읽음.
재동(才童)명 재주가 빼어난 아이.
재-두루미명 두루밋과의 새. 몸길이가 120 cm에 가까운 대형의 담회색 두루미로, 눈 앞에 붉은 살이 드러나 있고, 다리도 붉은빛임. 10월 하순부터 우리나라와 중국 등지에 와서 겨울을 남.
재떨-이명 담뱃재를 떨어 놓는 그릇.
재랄명하자 '법석을 떨거나 분별없이 함부로 행동하는 짓'을 욕으로 이르는 말. 큰지랄.
재ː래(在來)명 전부터 있어 내려온 것. 이제까지 해 오던 일. ¶ 재래의 방식.
재ː래(再來)명하자 다시 한 번 옴. 두 번째 옴. 비재림(再臨).
재래(齎來)명하타 어떤 결과를 가져옴. 초래.
재ː래-면(在來棉)명 옛날부터 재배하여 오던 면화. ↔육지면.
재ː래-시장(在來市場)명 전부터 있어 오던 시장을 대형 슈퍼마켓이나 백화점·할인점 따위에 상대하여 이르는 말.
재ː래-식(在來式)명 재래의 방식(법식). ¶ 재래식 부엌.
재ː래식 무기(在來式武器)[-싱-] 칼·총·대포 따위와 같이 전부터 사용해 오던 무기. 〔핵무기·생화학 무기·탄도 미사일 따위를 제외한 무기를 이름.〕
재ː래-종(在來種)명 어느 지방에서 오랜 세월 동안 다른 품종과 교배되지 않고 재배되거나 길러 오던 품종. 본종(本種). 토종(土種). ↔개량종·외래종(外來種).
재략(才略)명 ①재지(才智)와 책략(策略). ②재주가 있는 꾀.
재량(才量)명 재주와 도량(국량). 재국(才局). ¶ 마음껏 재량을 펼치다.
재량(裁量)명 ①하타 스스로 판단하여 처리함. 재작(裁酌). 재탁(裁度). ¶ 맡은 일을 재량껏 처리하다. ②〈자유재량〉의 준말.

재ː량(載量)명 ☞적재량(積載量).
재량(齎糧)명하자 양식을 가지고 다님.
재량-권(裁量權)[-꿘]명 자유재량으로 결정·처리할 수 있는 권한.
재량^변ː호(裁量辯護)명 법원이 자유재량에 의하여 직권으로 선임한 변호인의 변호. 곧, 임의적인 국선(國選) 변호.
재량^처ː분(裁量處分)명 행정청의 자유재량에 속하는 범위 안에서 하는 행정 처분. ↔기속처분(羈束處分).
재력(才力)명 재주와 능력. 재능(才能).
재력(財力)명 재물의 힘. 재산상의 능력. 부력(富力). ¶ 재력만 믿고 까불다가는 큰코다친다.
재력-가(財力家)[-까]명 ☞재산가.
재ː련(再鍊)명하타 ①쇠붙이를 두 번째 불림. ②목재나 석재를 두 번째 다듬음.
재ː련-질(再鍊-)명하타 한 번 깎아 낸 목재의 면을 다시 곱게 깎는 일. 재벌질.
재령(材齡)명 회삼물(灰三物)이나 콘크리트를 한 뒤로 지나간 햇수.
재ː록(再錄)명하타되자 다시 기록하거나 수록함, 또는 그 기록.
재ː록(載錄)명하타되자 (책이나 기록 따위에) 올려서 실음.
재록-신(財祿神)[-씬]명 사람의 재물을 맡아본다는 신. 준재신.
재ː론(再論)명하타되자 다시 의논하거나 거론함. ¶ 재론의 여지도 없다.
재롱(才弄)명 (어린아이의) 슬기롭고 귀여운 말과 행동. ¶ 손자의 재롱을 즐기다.
재롱-둥이(才弄-)명 '재롱을 잘 부리는 어린아이'를 사랑스럽게 이르는 말.
재롱-떨다(才弄-)[~떠니·~떨어]자 ☞재롱부리다.
재롱-받이(才弄-)[-바지]명 재롱을 부리는 것을 받아 주는 일.
재롱-부리다(才弄-)자 (어린아이가) 재롱스러운 짓을 하다. 재롱떨다. ¶ 요즘은 손자 녀석 재롱부리는 걸 보는 재미에 산다.
재롱-스럽다(才弄-)[-따][~스러우니·~스러워서]형ㅂ (어린아이의) 말과 행동이 슬기롭고 귀여운 데가 있다. **재롱스레**부.
재료(材料)명 ①물건을 만드는 감. ¶ 나무는 건축 재료로 쓰인다. ②어떤 일을 하거나 이루는 거리. ¶ 강의 재료. ③예술적 표현의 제재.
재료-미(材料美)명 예술적 표현물에서, 재료 그대로의 아름다움.
재료-비(材料費)명 제품 생산에 소비되는 물적(物的) 재료에 드는 비용.
재료^역학(材料力學)[-여칵]명 (기계·건축물·교량 따위의) 구조물을 형성하는 재료의 역학적인 성질을 연구하는 학문.
재ː류(在留)명하자 ①(어느 곳에) 한동안 머물러 있음. ②(외국에 가서) 한동안 머물러 있음. ¶ 미국 재류 한국인. 비체류(滯留).
재ː류-민(在留民)명 ☞거류민(居留民).
재리[1]명 (눈이나 얼음에 미끄러지지 않도록) 나막신의 굽에 박는 큰 징.
재ː리[2]명 ①나이 어린 땅꾼. ②'몹시 인색한 사람'을 멸시하여 이르는 말.
재리(財利)명 재물과 이익. ¶ 재리에 밝다.
재ː림(再臨)명하자 ①두 번째 옴. 비재래(再來). ②〔다시 내림(來臨)한다는 뜻으로〕 부활하여 승천한 예수가, 최후의 심판 때 이 세상에 다시 온다는 일.
재ː림-파(再臨派)명 기독교의 한 종파. 그리스도의 재림에 대한 믿음을 신앙의 가장 중요한 기초로 강조하는 파.
재망(才望)명 재주와 명망. 재명(才名).
재명(才名)명 ①☞재망(才望). ②재주로 말미암아 소문난 이름.
재ː-명년(再明年)명 ☞내명년.
재ː-명일(再明日)명 모레.
재목(材木)명 ①(건축·토목·가구 따위의) 재료로 쓰는 나무. ②'큰일을 할 인물'을 비유하여 이르는 말. ¶ 저 청년은 앞으로 큰일을 할 재목이다.
재목(宰木)명 무덤가에 심은 나무.
재목-상(材木商)[-쌍]명 재목을 사고파는 장사, 또는 그 장수. 준목상.
재무(財務)명 재정에 관한 사무.
재무-관(財務官)명 ①대한 제국 때에, 재무서(財務署)의 주임(奏任) 벼슬을 이르던 말. ②(재무에 관하여) 지출 원인 행위를 운영하는 각 중앙 관서의 공무원.
재무-비(財務費)명 징세나 국유 재산의 관리 등 재무에 관한 활동이나 운영상의 경비. 〔경영비·출납비·징세비 따위.〕
재무-서(財務署)명 대한 제국 때에, 세무와 지방 재무에 관한 일을 맡아보던 관청.
재ː-무장(再武裝)명하자되자 (무장을 해제당했던 상태에서) 다시 무장함. 비재군비(再軍備).
재무-제표(財務諸表)명 기업 활동의 계산적 결과를 이해관계가 있는 사람에게 보고할 목적에서 작성되는 여러 가지 계산표. 〔대차 대조표·손익 계산서 따위.〕
재-무진동(-銅)명 잿빛 가루로 된 무진동.
재무^테크놀로지(財務technology)명 기업이 자금의 조달이나 운용에 고도의 기술을 사용하여 금융 거래에 의한 이득을 꾀하는 일. 개인의 재산 운용에도 씀. 준재테크.
재무^행정(財務行政)명 국가나 그 밖의 행정 주체가 임무를 행하는 데 필요한 재화의 조달·관리·사용 등에 관한 행정.
재문(才門)명 대대로 재사(才士)가 많이 나오는 가문.
재ː문(在文)명 셈을 하고 남은 돈. 재전(在錢).
재묻은-떡명 굿을 할 때 쓰고 남은 떡.
재ː물(在物)명 어떤 자리에 있는 물건. ¶ 재물 목록.
재물(財物)명 ①돈과 값나가는 물건. ¶ 재물을 모으다. ②(주로 형법상 사용하는 용어로서) 절도·강도·사기·공갈·횡령·장물 따위 죄의 객체가 되는 것. 재화(財貨). ¶ 재물 손괴죄. 준재(財).
재ː물-대(載物臺)[-때]명 현미경에서 관찰 재료를 얹어 놓고 보는 대.
재미(←滋味)명 ①아기자기하게 즐거운 맛이나 기분. ¶ 살아가는 재미를 알다. /소설의 재미에 취하다. ②(돈벌이 따위의) 좋은 성과나 보람. ¶ 재미가 괜찮은 사업. ③(안부를 물을 때의) 생활의 형편. ¶ 요즘 재미가 어떤가?
재미(를) 보다관용 ①즐겁거나 수지맞는 일을 경험하다. ¶ 증권에 투자하여 재미를 보다. ②이성과의 교제를 즐기다. ¶ 그는 요즘 김 아무개와 재미 보느라고 정신이 없다.
재미(를) 붙이다관용 (어떤 일을) 좋아하게 되거나 재미를 느끼게 되다. ¶ 국어 공부에 재미를 붙이다. /장사에 재미를 붙이다.
재미(齋米)명 중에게 보시(布施)로 주는 쌀.

재미-나다(←滋味-)[자] 아기자기한 맛이나 즐거움이 일다. ¶ 재미난 일. /만화가 재미나다.
재미난 골에 범 난다[속담] ①지나치게 재미있으면 그 끝에 가서는 좋지 않은 일이 생긴다는 말. ②남몰래 나쁜 짓을 계속하면 마침내는 변을 당하게 마련이라는 말.
재미-스럽다(←滋味-)[-따][~스러우니·~스러워][형ㅂ] 재미가 있어 보이다. **재미스레**[부].
재미-없다(←滋味-)[-업따][형] ①아기자기한 즐거움이나 이문(利文)이 없다. ¶ 재미없는 장사. /영화가 재미없다. ②(장차) 신상에 좋지 않은 일이 있다. ¶ 너 또 그런 짓을 하면 재미없어.
재미-있다(←滋味-)[-읻따][형] 아기자기한 맛이나 즐거움이 있다. ¶ 재미있게 말씀하신다.
재미-적다(←滋味-)[-따][형] ①재미있는 편이 못 되다. ¶ 요즘 부동산 투자는 재미적다. ②신상에 해로운 일이 있을 듯하여 떨떠름하다. ¶ 그에게 들켰으니 아무래도 재미적을 것 같다. ③(위협하는 뜻으로) '해를 끼치겠다'는 말. ¶ 또 그런 짓을 하면 재미적을 줄 알아.
재미-중(齋米-)[명] ☞동냥중.
재ː-바닥[명] ①끊긴 광맥의 아래쪽에 다시 나타난 큰 광맥. ②사금(沙金)을 캘 때, 잿빛을 띤 바닥.
재바닥(을) 짚다[관용] 재바닥의 광맥을 따라 파들어 가다.
재ː바닥-줄[-쭐][명] 재바닥으로 있는 광맥.
재-바르다[~바르니·~발라][형르] 재치가 있고 날렵하다. [센]재빠르다.
재ː발(再發)[명][되자] ①[하자](한 번 생기었던 일이나 병 따위가) 다시 나타남. ¶ 전쟁의 재발을 막아야 한다. /위암이 재발하다. ②[하타](한 번 보낸 글발 따위를) 다시 부침. ¶ 독촉장을 재발하다.
재ː-발견(再發見)[명][하타][되자] 다시 발견함. 새삼스럽게 깨달아 알아냄. ¶ 전통미의 재발견.
재방-변(才傍邊)[명] 한자 부수의 한 가지. '打'·'技' 등에서의 '扌'의 이름. [참]손수.
재ː-방송(再放送)[명][하타][되자] (이미 했던 방송 내용을) 다시 방송함.
재-방어(-魴魚)[명] 고등엇과의 바닷물고기. 깊은 바다에서 사는데, 몸길이는 2m가량. 삼치와 모양이 비슷하나 반문이 두드러지지 않음. 혀 위에 이가 있으며, 옆줄이 긴 'S' 자 모양으로 크게 굽이져 있음. 제주도 연해 및 남중국해·대만 연해 등지에 분포함.
재ː배(再拜)[명] ①[하자]두 번 절함, 또는 그 절. [참]단배(單拜). ②'두 번 절하며 올립니다.' 하는 뜻으로, 손윗사람에게 보내는 편지 글 끝에 흔히 쓰는 말. ¶ 소생 이길남 재배.
재ː배(栽培)[명][하타][되자] (식물을) 심어서 가꿈. ¶ 비닐하우스에서 꽃을 재배하다.
재ː-배당(再配當)[명][하타][되자] 회사가 특별한 이익을 얻었을 때, 보통 배당(配當) 이외에 다시 더하는 배당.
재ː배-법(栽培法)[-뻡][명] 식물(植物)을 심어 가꾸는 방법.
재ː배^식물(栽培植物)[-싱-][명] (식용·약용·관상용 따위의 목적으로) 심어서 가꾸는 식물. ↔야생 식물·자생 식물.
재ː-배치(再配置)[명][하타][되자] 다시 배치함. ¶ 서부 전선에 군사를 재배치하다.
재백(財帛)[명] 재화(財貨)와 포백(布帛).
재ː번(再燔)[명][하타][되자] (도자기를) 두 번째 구움.
재벌(財閥)[명] ①재계에서 큰 세력을 가진 독점적 자본가나 기업가의 무리, 또는 일가나 친척으로 구성된 대자본가의 집단. ②☞콘체른.
재ː벌-질(再-)[명][하타] ①(끝낸 일을) 다시 한 번 더 하는 일. ②☞재련질.
재ː범(再犯)[명][하자] (죄를 저지른 사람이) 다시 죄를 저지름, 또는 그 사람. [참]누범(累犯)·초범.
재ː벽(再壁)[명][하자] (초벽을 바른 위에) 두 번째 벽토를 바름.
재변(才辯)[명] 재치 있게 잘하는 말.
재변(災變)[명] ①재앙으로 말미암아 생기는 변고. ②자연계의 이변(異變).
재ː보(再報)[명][하타] 두 번째 알리는 일.
재보(財寶)[명] ①보배로운 재물. 〔금·은·주옥 따위.〕 ②재화와 보물.
재보(裁報)[명] 재결의 통보.
재-보시(←財布施)[명] 중이나 가난한 사람에게 재물을 주는 일.
재-보시(←齋布施)[명] 재주(齋主)가 재(齋)를 치른 뒤에 사례로 절에다 내는 돈.
재ː-보험(再保險)[명][하타] 보험자가 피보험자에 대한 계약상의 책임을 다시 다른 보험자에게 인수시키는 보험.
재ː-복무(再服務)[-봉-][명][하자] (일정한 병역 의무를 마친 사람이) 다시 군무(軍務)에 복무함, 또는 그 일.
재ː봉(再逢)[명][하자] (헤어졌던 사람을) 다시 만남. 재회.
재봉(裁縫)[명][하자타] 옷감을 말라서 재봉틀로 바느질함, 또는 그 일.
재봉-기(裁縫機)[명] ☞재봉틀.
재봉-사(裁縫師)[명] (양복 따위를) 마르고 짓는 일을 직업으로 하는 사람.
재봉-사(裁縫絲)[명] ☞재봉실.
재봉-수(裁縫繡)[명] 재봉틀로 놓은 수.
재봉-실(裁縫-)[명] 재봉하는 데 쓰는 실. 재봉사(裁縫絲).
재ː-봉춘(再逢春)[명][하자] ①음력으로, 일 년 안에 입춘(立春)이 두 번 드는 일. ②불우한 처지에 빠졌던 사람이 '다시 행복을 되찾음'을 비유하여 이르는 말.
재봉-틀(裁縫-)[명] (피륙·종이·가죽 따위를) 바느질하는 기계. 미싱. 재봉기. [준]틀.
재부족(才不足) '재부족하다'의 어근.
재부족-하다(才不足-)[-조카-][형여] 재주가 모자라다. ¶ 재부족한 사람이 중책을 맡다.
재ː-분배(再分配)[명][하타][되자] 다시 분배함. ¶ 소득의 재분배.
재ː-분할(再分割)[명][하타][되자] 다시 분할함.
재블린(javelin)[명] 끝에 날카로운 쇠붙이가 달린, 나무로 만든 투척용(投擲用) 창(槍).
재-빠르다[~빠르니·~빨라][형르] 동작이 재고 빠르다. ¶ 몸놀림이 재빠르다. [여]재바르다. ↔굼뜨다.
재빨리[부] 재빠르게. ¶ 재빨리 손을 쓰다.
재-빼기[명] 재(嶺)의 꼭대기. ¶ 재빼기를 넘어가다.
재사(才士)[명] 재주가 많은 남자. ↔재녀(才女).
재사(才思)[명] 재치 있는 생각.
재ː사(在社)[명][하자] ①회사에 있음. ②회사에 근무하고 있음. [비]재직(在職).
재ː사(再思)[명][하타] (생각한 일을) 다시 생각함, 또는 그 생각. 심사(深思).
재사-스럽다(才思-)[-따][~스러우니·~스러워][형ㅂ] 재사가 있어 보이다. **재사스레**[부] ¶ 사람이 아주 재사스레 생겼다.

재ː삭(再削)명하타 ☞되깎이.

재산(財産)명 ①개인이나 단체가 소유한 유형·무형의 경제적 가치가 있는 것의 총체. ¶ 저작권이나 특허도 재산의 한 가지다. ②☞천량. 돈. ③'개인의 삶을 위하여 가치 있는 것'을 비유하여 이르는 말. ¶ 성실만이 나의 재산이다. 준재(財).

재산-가(財産家)명 재산이 많은 사람. 부자. 재력가.

재산^계ː정(財産計定)[-계-/-게-]명 부기에서, 자산 및 부채에 관한 계정.

재산^관리인(財産管理人)[-괄-]명 파산자나 채무자 또는 상속인이 없을 때 상속 재산 따위를 법원의 선임이나 본인의 위탁을 받아 관리하는 사람. 관재인(管財人).

재산-권(財産權)[-꿘]명 물권·채권·무체(無體) 재산권 따위의, 경제적 이익을 목적으로 하는 재산상의 권리. 참신분권·인격권.

재산^목록(財産目錄)[-몽녹]명 ①(일정한 시기에 있어서) 상인의 영업 재산을 개별적으로 값을 매겨서 적어 놓은 정태적(靜態的)인 명세표. ②금전상의 가치가 있는 모든 개인 재산의 목록. ¶ 이 도자기는 내 재산 목록 1호일세.

재산-법(財産法)[-뻡]명 사법(私法) 관계 중 경제생활 관계를 규정한 법률을 통틀어 이르는 말. 〔민법의 물권법·채권법·상법 따위.〕 참신분법.

재산^보ː험(財産保險)명 재산상의 사건에 관련된 경제 사정의 불안정성을 제거할 목적으로 만든 보험. 〔해상 보험·화재 보험·육운 보험·도난 보험·신용 보험 따위.〕

재산^분여(財産分與)명 (이혼할 경우에) 당사자의 어느 한쪽이 상대편에게 재산을 나누어 주는 일.

재산^상속(財産相續)명 재산상의 지위 상속. 적극 재산은 물론 소극 재산도 포함됨. 유산 상속. 참신분 상속.

재산-세(財産稅)[-쎄]명 재산의 소유, 또는 재산의 이전 사실에 대하여 부과하는 조세. 〔지세·가옥세·상속세·증여세 따위.〕

재산^소ː득(財産所得)명 재산의 이용에서 생기는 이득. 〔지대(地代)·이자 따위.〕

재산^압류(財産押留)[-암뉴]명 ①채권자가 국가의 공권력을 빌려 채무자의 재산을 압류하는 강제 집행의 한 가지. ②납세 의무를 행하지 않는 사람에게 국가나 자치 단체가 그 사람의 재산을 압류하는 강제 징수의 한 가지. ②재산 차압.

재산^제ː도(財産制度)명 (개인의 재산 보호를 위하여 국가에서 규정한) 재산의 소유 및 처분에 관한 제도.

재산^차압(財産差押)명 ☞재산 압류.

재산^출자(財産出資)[-짜]명 (회사·조합 등의) 공동 사업을 하기 위한 자본으로서 금전, 기타의 재산을 출연(出捐)하는 일.

재산-형(財産刑)명 재산의 박탈을 내용으로 하는 형벌. 〔벌금·과료 따위.〕 ↔체형(體刑).

재산^형성^저ː축(財産形成貯蓄)명 〈근로자 재산 형성 저축〉의 준말. 준재형저축.

재살(災煞)명 삼살방(三煞方)의 하나. 이 살이 있는 방위를 범하면 질병과 재난을 만나게 된다고 함. 〔범·말·개의 해는 자방에, 돼지·토끼·양의 해는 유방에, 원숭이·쥐·용의 해는 오방에, 뱀·닭·소의 해는 묘방에 있다 함.〕

재살(宰殺)명하타 ☞도살(屠殺).

재ː삼(再三)부 두세 번. 거듭. ¶ 재삼 당부하다. /재삼 강조하다.

재ː삼-사지(再三思之)명하타 여러 번 생각함.

재ː삼-재ː사(再三再四)부 몇 번씩. 거듭거듭. ¶ 재삼재사 타일러 보내다.

재ː상(在喪)명 (상제로서) 상중(喪中)에 있음.

재상(災祥)명 재앙과 상서로운 일.

재상(災傷)명 천재(天災)로 말미암아 농작물이 입는 해(害). 준재(災).

재ː상(宰相)명 ①임금을 보필하며 관원을 지휘·감독하는 자리에 있는 이품 이상의 벼슬, 또는 벼슬아치를 통틀어 이르던 말. 경상. 경재. 재신. 높상공(相公). 참중당(中堂). ②☞수상(首相).

재ː상-가(宰相家)명 재상의 집.

재상-분명(財上分明)명 돈 거래에서 흐리터분하지 않고 셈이 밝음.

재색(才色)명 (여자의) 재주와 아름다운 용모. ¶ 재색을 겸비한 규수.

재색(財色)명 재물과 여색(女色). 화색(貨色). ¶ 재색을 탐하다.

재ː생(再生)명하자타되자 ①(죽게 되었다가) 다시 살아남. ¶ 사경(死境)에서 재생하다. ②(전과자 등이) 다시 올바른 생활을 시작함. ¶ 사회에 나가면 재생의 길을 찾아야지. ③(버리게 된 물건을) 다시 살려서 쓰게 만듦. ¶ 재생 필름. /폐품을 재생하여 쓰자. ④(신앙을 가져) 새로운 영적 생활을 시작함. ¶ 신앙으로 재생의 길을 찾다. ⑤잊어버렸던 일을 다시 기억해 냄. 재현. ¶ 기억 재생. ⑥(어떤 종류의 생물에서) 손상된 생체가 다시 자라나 원상대로 조직체가 만들어짐. ¶ 생체 재생. ⑦(녹음·녹화한 테이프나 레코드로) 본디의 음이나 영상을 다시 들려주거나 보여 줌. ¶ 영상 재생. /음향 재생. ⑧민속 신앙에서, 죽은 뒤에 그 영혼이 다른 육체 속으로 들어가 다시 생활을 시작함. ①②비갱생.

재생(齋生)명 〈거재 유생(居齋儒生)〉의 준말.

재ː생-고무(再生-)명 헌 고무를 가루로 만든 다음 약품을 섞고 가열하여 다시 만들어 낸 고무. 갱생고무.

재생명(哉生明)명 〔달의 밝은 부분이 처음 생긴다는 뜻으로〕 '음력 초사흗날'을 이르는 말.

재ː생-모(再生毛)명 털을 원료로 한 헌 제품을 풀어 다듬어서 다시 원모(原毛)처럼 만든 털.

재생백(哉生魄)명 〔달의 검은 부분이 처음 생긴다는 뜻으로〕 '음력 열엿샛날'을 이르는 말.

재ː생^불량성^빈혈(再生不良性貧血)[-썽-]명 골수의 장애로 적혈구·백혈구·혈소판이 매우 적어진 상태.

재ː-생산(再生産)명하타되자 (경제 활동에 의하여) 생산과 소비가 되풀이되는 일. 생산된 재화가 소비에 의하여 다시 생산되는 과정으로 반복됨.

재ː생^섬유(再生纖維)명 (천연 또는 인조의 섬유상 고분자 물질 중에서) 섬유 형태로 되어 있지 않거나 방적에 부적합한 형태의 것을 용해 또는 융해하여 균일한 상태로 만들고 이를 다시 섬유로 형성한 합성 섬유를 통틀어 이르는 말. 〔아세테이트·레이온·재생 견사 따위.〕

재ː생-성(再生性)[-썽]명 (상실되거나 손상된 생물체의 어떤 조직이) 다시 되살아나는 성질.

재ː생^에너지(再生energy)명 태양열·풍력·조력·지열 따위의 자연 에너지처럼, 아무리 소비하여도 없어지지 않고 무한하게 공급되는 에너지.

재ː생-지(再生紙)명 헌 종이를 풀어 녹여서 다시 만든 종이.

재ː생지은(再生之恩)명 죽게 된 목숨을 다시 살려 준 은혜.

재ː생지인(再生之人)명 죽을 고비를 겪은 사람.

재ː생-품(再生品)명 재생한 물품.

재ː석(在席)명하자 ①자리에 있음. ②회의에서, 표결할 때 자리에 있는 일. ¶ 재석 의원.

재ː선(再選)명 ①하타〈재선거(再選擧)〉의 준말. ②하자되자(한 번 당선된 사람이) 다시 두 번째 당선됨. ¶ 재선 의원.

재ː-선거(再選擧)명하타 다시 하는 선거. 선거의 일부나 전부가 무효 판결을 받았을 때, 또는 당선인이 임기 개시 전에 사망하거나 사퇴할 때, 선거 결과 당선인이 없을 때 등의 경우에 실시함. 준재선.

재ː설(再說)명하자타 (이미 한 이야기를) 다시 말함. 되풀이하여 설명함.

재성(裁成)명하타 〔옷감을 말라서 만든다는 뜻으로〕 재량껏 조처하여 일을 이루어 냄. ¶ 이 일은 네 재성대로 해 보아라.

재ː성-장(再成醬)명 ☞내림장.

재ː세(在世)명하자 세상에 살아 있음, 또는 살아 있는 그동안.

재ː소(再訴)명하타 ①(한 번 취하했거나 각하당한 소송을) 다시 제기함. ②〈재기소〉의 준말.

재소(齋所)명 ①재계(齋戒)를 하는 곳. ②☞재장(齋場).

재ː소난면(在所難免)명하형 어떤 일에서 벗어나기가 어려움.

재ː소-자(在所者)명 ①어떤 일정한 곳에 있는 사람. ②교도소(矯導所)에 갇혀 있는 사람. ②재감자(在監者).

재ː속(在俗)명하자 ☞재가(在家). ↔출가(出家).

재ː송(再送)명 ①하타되자다시 보냄. ②〈재송전보〉의 준말.

재ː송(載送)명하타 (차나 배 따위에) 물건을 실어 보냄.

재ː송^전ː보(再送電報)명 (수신인의 주소가 바뀌었을 때) 수신인의 대리인이나 전 주소에 있는 사람에게 새 주소로 다시 보내 줄 것을 청구하는 특별 전보. 준재송.

재ː수(在囚)명 교도소 안에 갇혀 있음.

재ː수(再修)명하자타 한 번 배웠던 학과 과정을 다시 공부함.

재수(財數)명 ①재물에 관한 운수. ②좋은 일이 생길 운수. ¶ 오늘은 정말 재수가 좋다.

재수가 불 일 듯한다속담 재수가 썩 좋아서 일이 뜻대로 잘되어 간다는 뜻.

재수가 옴 붙었다〔**붙다**〕속담 재수가 지독하게 없다는 말.

재수 없는 놈은 (뒤로) 자빠져도 코가 깨진다속담 하는 일마다 운수가 없다는 말.

재수^발원(財數發願)명 재수가 형통하기를 부처에게 비는 일.

재수^불공(財數佛供)명 재수 발원(財數發願)으로 올리는 불공.

재ː수-생(再修生)명 (입학 시험에 떨어져서) 다시 공부하는 학생.

재ː-수술(再手術)명하타 (한 번 수술한 부위를) 다시 수술함, 또는 그 수술.

재ː-수습(再收拾)명하타되자 다시 수습함.

재ː-수입(再輸入)명하타되자 (수출했던 물건을) 다시 수입함, 또는 그 수입. ↔재수출. 참역수입(逆輸入).

재ː-수출(再輸出)명하타되자 (수입한 물건을) 다시 수출함, 또는 그 수출. ↔재수입. 참역수출.

재ː숙(再宿)명하자 이틀 밤을 묵음.

재ː순(再巡)명 ①두 번째 도는 차례. ②활쏘기의 두 번째 차례.

재스민(jasmine)명 ①열대 또는 아열대에 나는 목본(木本) 식물. 200여 종이 있음. 특유한 향내가 나는 노란 또는 하얀 꽃이 핌. ②재스민의 꽃에서 얻는 향유(香油).

재승덕(才勝德) '재승덕하다'의 어근.

재승덕박(才勝德薄)[-빡]명하형 ☞재승박덕.

재승덕-하다(才勝德-)[-더카-]형여 재주는 있으나 덕이 따르지 못하다.

재승-박덕(才勝薄德)[-떡]명하형 재주는 있으나 덕이 적음. 재승덕박.

재시(財施)명 불교에서 이르는, '삼시(三施)'의 하나. 재산(財產)과 입을 것과 먹을 것을 베푸는 일을 이름.

재ː-시공(再施工)명하타되자 다시 시공함.

재ː-시험(再試驗)명하타 ①두 번 시험을 침. ②일정한 점수에 미달하는 사람에게 다시 치르게 하는 시험.

재식(才識)명 재주와 식견.

재ː식(栽植)명하타되자 (농작물·초목 따위를) 심음.

재식(齋式)명 재(齋)를 올리는 의식.

재신(財神)명 〈재록신(財祿神)〉의 준말.

재ː신(宰臣)명 ☞재상(宰相).

재ː-신문(再訊問)명 반대 신문이 끝난 다음에 증인을 신청한 당사자가 하는 신문.

재ː실(再室)명 ①재취한 아내. ②낡은 집을 헐어서 그 재목으로 지은 집.

재실(齋室)명 ①무덤이나 사당 옆에 제사를 지내려고 지은 집. 재각(齋閣). 재궁(齋宮). ②능·종묘 등에 제사를 지내려고 지은 집. 재전(齋殿). ③문묘에서 유생들이 공부하던 집.

재ː심(再審)명하타되자 ①〈재심사〉의 준말. ¶ 재심을 본심(本審)으로 간주하다./작품을 재심하다. ②확정된 판결에 대하여, 그 판결에 결함이 있음을 이유로 당사자나 청구권자가 다시 심리(審理)할 것을 요구하는 일, 또는 그 절차. ③삼심(三審) 제도에서, '제이심(第二審)'을 이르는 말. 참초심.

재ː-심사(再審查)명하타되자 (한 번 심사한 일을) 다시 심사함. 준재심.

재앙(災殃)명 천변지이(天變地異) 따위로 말미암은 불행한 변고. ¶ 재앙을 내리다./재앙을 입다.

재액(災厄)명 재앙으로 입은 화(禍). 준재(災).

재ː야(在野)명하자 ①〔초야에 파묻혀 있다는 뜻으로〕 벼슬하지 아니하고 민간에 있음. ②(정치인이나 저명인사로서) 공직에 있지 않거나 정치 활동에 직접 나서지 않고 있음. ¶ 재야 세력./재야의 인사를 영입하다.

재ː야-당(在野黨)명 ☞야당.

재ː약-하다(-藥-)[-야카-]자여 총포에 화약을 재어 넣다.

재ː양(載陽)[1]명 (명주·모시붙이를) 풀을 먹여 반반하게 펴서 말리거나 다리는 일. 준쟁.

재ː양(載陽)[2]명하형 절기가 비로소 따뜻함. ¶ 일기 재양하여 상춘(賞春)에 호기로다.

재ː양-치다(載陽-)타 명주나 모시붙이를 풀을 먹여서 반반하게 펴서 말리거나 다리다. 준쟁치다.

재ː양-틀(裁陽-)명 재양치는 데 쓰는 틀. 가는 나무오리를 직사각형으로 짜서 만듦. 준쟁틀.
재ː양-판(裁陽板)명 재양치는 데 쓰는 직사각형의 널빤지.
재억(裁抑)명하타 제재(制裁)하여 억누름.
재ː언(再言)명하타 (한 번 말한 것을) 다시 말함. ¶ 재언할 필요조차 없다.
재역(災疫)명 천재(天災)와 전염병.
재ː연(再演)명하타되자 ①(한 번 했던 일을) 다시 되풀이함. ¶ 범인은 현장 검증에서 태연히 범행을 재연했다. ②다시 공연함.
재ː연(再燃)명하자되자 ①(꺼졌던 불이) 다시 탐. ②(잠잠해진 일이) 다시 떠들고 일어남. ¶ '순수'와 '참여' 논쟁이 재연되다.
재ː열(宰列)명 재상(宰相)의 반열(班列). ¶ 재열에 오르다.
재ː염(再塩)명 거친 천일염을 물에 풀어서 다시 고아 만든 소금. 빛깔이 희고 고우며, 맛이 좀 쓴 듯함. 재제염.
재ː영(在營)명하자 병역으로 군영(軍營)에 들어가 있음.
재예(才藝)명 재능과 기예.
재완(才腕)명 재능 있는 수완(手腕).
재ː외(在外)[-외/-웨]명 외국에 있음. ¶ 재외동포. ↔재내.
재ː외^공관(在外公館)[-외-/-웨-]명 외교 통상부의 해외 파견 기관을 통틀어 이르는 말. 〔대사관·공사관·대표부·총영사관·영사관 따위.〕
재ː외^자금(在外資金)[-외-/-웨-]명 외국에 있는 자기 나라의 자금.
재ː외^정ː화(在外正貨)[-외-/-웨-]명 정부나 중앙은행이 국제 대차를 결제하기 위하여 외국의 금융 중심지에 보관하는 정화.
재요(災妖)명 재앙과 요괴(妖怪).
재욕(財慾)명 불교에서 이르는 '오욕(五慾)'의 하나. 재물을 탐내는 욕심.
재용(才容)명 재주와 용모.
재우부 매우 재게. ¶ 손을 재우 놀리다.
재ː우(再虞)명 (장사를 지낸 뒤에) 두 번째 지내는 우제(虞祭). 참초우(初虞)·삼우(三虞).
재우다¹타 ①〖'자다'의 사동〗 잠이 들게 하다. ¶ 아기를 재우다. ②(잠을) 자게 하다. 숙박시키다. ¶ 손님을 사랑방에 재우다.
재우다²타 거름을 잘 썩도록 손질하다.
재우다³타 (양념한 고기 따위에) 양념 맛이 배어들도록 한동안 담아 두다. ¶ 불고깃거리를 양념하여 재우다.
재-우리명 재를 모아 두는 우리.
재우-치다타 빨리 몰아치거나 재촉하다. ¶ 학교에 늦을세라 걸음을 재우치다.
재운(財運)명 재물을 모을 운수.
재원(才媛)명 재주 있는 젊은 여자. 비재녀(才女). ↔재자(才子).
재원(財源)명 재화(財貨)나 자금이 나올 원천. ¶ 재원을 확보하다. /재원이 고갈되다.
재ː위(在位)명하자 임금의 자리에 있음, 또는 그동안. 어극(御極). ¶ 재위 기간의 치적.
재ː유(再由)명하자 벼슬아치가 말미를 두 번째 연기해 주기를 청함.
재유(齋儒)명 〈거재 유생(居齋儒生)〉의 준말.
재ː-음미(再吟味)명하타 다시 음미함.
재ː의(再議)[-의/-이]명하타되자 ①두 번째 의논함, 또는 그 의논. ②이미 의결된 사항에 대하여 같은 기관이 다시 심의하거나 의결하는 절차.

재의 수요일(-水曜日)[-의-/-에-] 가톨릭에서, 사순절이 시작되는 첫날로 사순 제일주일 전 수요일.
재이(災異)명 ①재앙이 되는 괴이한 일. ②천재(天災)와 지이(地異).
재인(才人)명 ①재주가 있는 사람. ②고려·조선 시대에, '재주를 넘거나 악기로 풍악을 울리던 광대'를 이르던 말.
재ː인(再認)명하타되자 〈재인식〉의 준말.
재ː-인식(再認識)명하타되자 ①(이왕의 인식에 대하여) 고쳐서 달리 인식함. ¶ 그분에 대하여 재인식하게 되었다. ②현재의 어떤 자극으로 과거에 경험한 행위나 감정을 새삼 뚜렷하게 인식하는 일. 준재인.
재일(齋日)명 ①불교에서, 재가승(在家僧)이 재계(齋戒)를 하며 착한 일을 행하는 날. ②가톨릭에서, 대소재(大小齋)를 지키는 날.
재ː-일차(再一次)부 다시 또 한 번. ¶ 기획안을 재일차 검토하다.
재ː임(在任)명하자 어떤 직무나 임지에 있음, 또는 그동안. ¶ 재임 기간.
재ː임(再任)명하자되자 본디의 직책에 두 번째 다시 임명됨.
재임(齋任)명 지난날, 거재 유생(居齋儒生) 중의 임원을 이르던 말.
재ː-임용(再任用)명하타 다시 임용함.
재ː입(再入)명 ①하타다시 넣음. ②하자(어떤 모임이나 조직체에) 다시 들어감.
재ː-입찰(再入札)명하타 다시 입찰함, 또는 그 입찰.
재자(才子)명 재주 있는 젊은 남자. ↔재원(才媛).
재자(齋者)명 재(齋)를 올리러 온 사람.
재자-가인(才子佳人)명 재주 있는 젊은 남자와 아름다운 여자. 가인재자(佳人才子).
재자-거리다자 자꾸 재자재자하다. 재자대다. 큰지저거리다.
재자-다병(才子多病)명 재주 있는 이는 병이 잦음. ¶ 예로부터 재자다병 가인박명(佳人薄命)이라 했다.
재자-대다자 재자거리다.
재자-재자부하자 끊임없이 지저귀는 소리, 또는 그 모양. ¶ 새들이 재자재자 지저귀다. 비재재재재. 큰지저지저.
재ː작(再昨)명 〈재작일(再昨日)〉의 준말.
재작(裁作)명하타 마름질하여 만듦.
재작(裁酌)명하타 ☞재량(裁量).
재ː-작년(再昨年)[-장-]명 그러께.
재ː-작일(再昨日)명 그저께. 준재작.
재잘-거리다자 자꾸 재잘재잘하다. 재잘대다. ¶ 재잘거리는 아이들의 소리. 큰지절거리다.
재잘-대다자 재잘거리다.
재잘-재잘부하자 ①여러 사람이 낮은 음성으로 지껄이는 소리, 또는 그 모양. ¶ 교실 귀퉁이에서 여학생들이 모여 앉아 재잘재잘 이야기하고 있다. ②참새 따위가 지저귀는 소리, 또는 그 모양. 비재재재재. 큰지절지절.
재장(齋場)명 ①불공을 드리는 곳. ②제사를 지내는 곳. ③밥을 먹는 곳. ③재소(齋所).
재ː-장구치다(再-)타 두 번째로 서로 마주쳐 만나다.
재장-바르다[~바르니·~발라]형르 (일을 시작하기에 앞서 생긴 불길한 일로) 마음에 꺼림하다.
재재-거리다자 자꾸 재재재재하다. 재재대다. ¶ 여학생들이 재재거리며 교문을 나서고 있었다.

재재-대다 자 재재거리다.

재ː재소소(在在所所) 명 여기저기. 이곳저곳. ¶ 재재소소에 산재(散在)하다.

재재-재재 부 하자 수다스럽게 지저귀거나 지껄이는 소리, 또는 그 모양. ¶ 먹이를 다투며 재재재재 울어 대는 제비 새끼들. /혼자서 마냥 재재재재 지껄이고 있다. 비 재자재자·재잘재잘.

재재-하다 형 여 재재거리어 어지럽다.

재ː적(在籍) 명 하자 ①학적·호적·병적(兵籍) 따위의 적(籍)에 올라 있음. ②어떤 단체 따위에 적(籍)이 있음. ¶ 재적 회원의 과반수가 출석했다.

재적(材積) 명 목재의 부피.

재ː적(載積) 명 하타 (물건을 수레 같은 것에) 실어서 쌓음.

재ː적-생(在籍生) [-쌩] 명 학적부에 올라 있는 학생.

재ː적-수(在籍數) [-쑤] 명 학적·호적·병적(兵籍) 따위의 적(籍)에 올라 있는 수효.

재ː전(在前) 명 이전. 증왕(曾往).

재ː전(在錢) 명 ☞재문(在文).

재ː전(再煎) 명 하타 ①(한 번 고고 난 찌꺼기를) 다시 곰. ②☞재탕(再湯).

재전(齋殿) 명 ☞재실(齋室).

재전(齋錢) 명 ☞잿돈.

재ː-전과(再煎果) 명 과줄을 부수어 꿀과 기름에 반죽한 뒤에 다시 기름에 지지고 꿀에 담가 낸 과줄.

재ː-점검(再點檢) 명 하타 다시 점검함. ¶ 장비를 재점검하다.

재ː정(在廷) 명 하자 ①조정(朝廷)에서 일을 함. 재조(在朝). ②법정에 출두하여 있음.

재ː정(再訂) 명 하타 되자 두 번째 정정(訂正)함, 또는 그 정정.

재정(財政) 명 ①국가 또는 공공 단체가 그 존립·유지에 필요한 재산을 조달·관리·사용하는 일체의 작용. ②개인·가정·단체 등의 경제 상태. ¶ 재정 상태가 부실한 회사.

재정(裁定) 명 하타 (어떠한 일의) 옳고 그름을 따지어 결정함.

재정-가(財政家) 명 재정 사무와 이재(理財)에 능한 사람.

재정^관세(財政關稅) 명 재정상의 수입을 목적으로 하는 관세.

재정-권(財政權) [-꿘] 명 재정상의 수입을 올리기 위하여 행사하는 국가 권력.

재정^기간(裁定期間) 명 법원에서 재판으로써 정하는 기간. ↔법정 기간(法廷期間).

재정-난(財政難) 명 재정의 부족으로 말미암아 생기는 어려움. ¶ 재정난에 허덕이다.

재ː-정립(再正立) [-닙] 명 하타 되자 다시 바로 세움. ¶ 역할을 재정립하다. /관계를 재정립하다.

재정-범(財政犯) 명 행정범의 한 가지. 재정법상의 의무에 위반하는 행위.

재정-법(財政法) [-뻡] 명 ①국가 또는 지방 자치 단체의 재정에 관한 법을 통틀어 이르는 말. ②헌법에 따라, 국가 재정의 기본 원칙과 예산의 작성·집행 또는 결산에 관한 기본 규정 등으로 이루어지는 법률.

재정^보증(財政保證) 명 재산을 다루는 국가 공무원이나 회사원이 그 사무를 집행함에 있어서 고의 또는 과실로 인하여 일정한 재산에 손해를 끼쳤을 때, 그 신속한 보상을 하게 하기 위한 조처로서의 보증.

재정^보증인(財政保證人) 명 재정 보증을 하는 사람. ¶ 재정 보증인을 세우다.

재ː-정비(再整備) 명 하타 되자 다시 정비함. ¶ 전열(戰列)을 재정비하다.

재정^신청(裁定申請) 명 고소 또는 고발한 사건에 대하여 검사가 결정한 불기소 처분에 불복할 경우, 고소인 또는 고발인이 정한 기일 안에 고등 법원에 그 결정의 옳고 그름을 묻는 일.

재정^융자(財政融資) [-늉-] 명 국가 재정으로 융자해 주는 일.

재정^인플레이션(財政inflation) 명 재정상의 적자로 불환 지폐가 증발(增發)되어 일어나는 물가의 앙등(昂騰).

재정^자금(財政資金) 명 (민간 자금에 대하여) 국가 재정의 수입 또는 지출로서, 국고(國庫)에서 다루는 자금.

재정^재산(財政財產) 명 수익(收益)을 목적으로 보유되는 국가나 지방 자치 단체의 재산.

재정-적(財政的) 관 명 재정상으로 하는 (것), 또는 재정에 관한 (것). ¶ 재정적 지원. /재정적인 문제.

재ː정^증인(在廷證人) 명 미리 증인으로 호출·소환(召喚)된 것이 아니고, 우연히 또는 당사자와 동행하여 법정에 현재 있는 사람 중에서 선정된 증인.

재정^투융자(財政投融資) 명 (국가의 재정 활동으로서) 물적 자산의 증가를 위해 주택·도로·통신·지역 개발 따위에 돌려지는 투자 및 융자를 통틀어 이르는 말.

재정^투자(財政投資) 명 정부가 조세 수입 및 전매 사업 따위로 생긴 이익금을 공익사업이나 공공사업에 투자하는 일.

재정-학(財政學) 명 국가 또는 공공 단체의 재정에 관하여, 그 조달·관리·운용 등을 연구하는 학문. 이재학(理財學).

재ː제(再製) 명 하타 (이미 만든 것이나 낡아서 못 쓰게 된 것을) 다시 가공하여 제품으로 만듦.

재ː제-염(再製塩) 명 ☞재염(再塩).

재ː제-주(再製酒) 명 양조주나 증류주를 원료로 하여 알코올·당분·약품·향료 등을 혼합하여 빚은 술. 〔배갈 따위.〕

재ː조(再祚) 명 하자 (물러났던 임금이) 다시 왕위에 나아감. 중조(重祚).

재ː조(再造) 명 하타 다시 만듦.

재ː조(在朝) 명 하자 ☞재정(在廷).

재ː-조명(再照明) 명 하타 되자 (일반의 관심 밖으로 밀려났거나, 역사 속에 묻혀 버린 것을) 다시 연구하여 그 가치를 밝히는 일. ¶ 연암 박지원의 현대적 재조명.

재ː-조사(再調査) 명 하타 되자 다시 조사함.

재ː-조정(再調整) 명 하타 되자 다시 조정함.

재ː조지은(再造之恩) 명 거의 멸망하게 된 것을 구원해 준 은혜.

재ː-조직(再組織) 명 하타 되자 다시 조직함.

재ː종(再從) 명 재종간에 서로를 일컫는 말. 육촌.

재종(材種) 명 재료나 자재의 종류.

재ː종-간(再從間) 명 육촌 형제자매의 사이.

재ː종-고모(再從姑母) 명 아버지의 육촌 누이.

재ː종-고모부(再從姑母夫) 명 재종고모의 남편.

재ː종-대고(再從大姑) 명 ☞재종대고모.

재ː종-대고모(再從大姑母) 명 조부의 사촌 누이. 재종대고(再從大姑).

재ː종-동서(再從同壻) 명 남편의 재종형제의 아내.

재ː종-매(再從妹) 명 육촌 손아래 누이. 육촌 동생.

재ː종-매부(再從妹夫) 명 육촌 누이의 남편.

재ː종-손(再從孫)명 ①종형제의 손자. ②남편의 종형제의 손자.
재ː종-손녀(再從孫女)명 ①종형제의 손녀. ②남편의 종형제의 손녀.
재ː종-손부(再從孫婦)명 재종손의 아내.
재ː종-손서(再從孫壻)명 재종손녀의 남편.
재ː종-수(再從嫂)명 육촌 형제의 아내.
재ː종-숙(再從叔)명 아버지의 재종(再從), 곧 칠촌 숙부. 참재당숙(再堂叔).
재ː종-숙모(再從叔母)[-숭-]명 재종숙의 아내. 참재당숙모(再堂叔母).
재ː종-씨(再從氏)명 ①(남에게 대하여) 자기의 '재종형'을 일컫는 말. ②남의 '재종형제'를 높이어 일컫는 말.
재ː종-자(再從姉)명 육촌 손위 누이. 육촌 언니.
재ː종-제(再從弟)명 육촌 아우.
재ː종-조(再從祖)명 ☞재종조부(再從祖父).
재ː종-조모(再從祖母)명 재종조의 아내.
재ː종-조부(再從祖父)명 조부의 종형제. 재종조.
재ː종-질(再從姪)명 ①육촌 형제의 아들. ②남편의 육촌 형제의 아들. 참재당질(再堂姪).
재ː종-질녀(再從姪女)[-려]명 ①육촌 형제의 딸. ②남편의 육촌 형제의 딸. 참재당질녀.
재ː종-형(再從兄)명 육촌 형.
재ː종-형제(再從兄弟)명 육촌 형제.
재주(←才操)명 ①(무엇을) 잘하는 소질과 타고난 슬기. ¶ 악기 다루는 재주가 있다. ②교묘한 솜씨나 기술. ¶ 줄타기 재주. /재주를 부리다. /재주를 피우다. 기예(技藝).
재주는 곰이 넘고 돈은 되놈〔주인〕이 받는다 속담 정작 수고한 사람은 대가를 못 받고, 엉뚱한 사람이 가로챈다는 뜻.
재ː주(在住)명하자 (어떤 곳에) 머물러 삶.
재ː주(再鑄)명하타 주화(鑄貨) 따위를 다시 주조함.
재주(財主)명 재산이나 재물의 임자.
재주(齋主)명 재(齋)를 올리는 주인.
재주-껏(←才操-)[-껃]부 있는 재주를 다하여.
재주-꾼(←才操-)명 재주가 뛰어난 사람.
재주-넘다(←才操-)[-따]자 몸을 날려 머리와 다리를 거꾸로 하여 뛰어넘다.
재준(才俊)명 재주가 뛰어난 사람.
재ː준(再準)명하타 ☞재교(再校).
재ː중(在中)명 〔속에 들어 있음의 뜻으로〕 봉함한 봉투 겉에 쓰는 말. ¶ 원고 재중.
재즈(jazz)명 미국에서 나타난 경쾌하고 활기가 넘치는 리듬의 대중 음악. 20세기 초, 흑인 민속악을 바탕으로 하여 행진곡·클래식 따위의 요소가 가미되었으며 즉흥적 연주를 중시함.
재즈^문학(jazz文學)명 정통적인 격을 갖추지 않고 즉흥적으로 이루어진 문학.
재즈^밴드(jazz band)명 재즈를 연주하는 악대.
재지(才智)명 재주와 지혜.
재지(災地)명 재해(災害)가 일어난 곳.
재ː지니(再-)명 두 해 묵어서 세 살 된 매나 새매.
재ː직(在職)명하자 어떤 직장에 근무하거나 어떤 직무를 맡고 있음. ¶ 재직 증명서. /사장으로 재직 중이다. 비재근(在勤)·재사(在社).
재질(才質)명 재주와 기질. ¶ 연예인의 재질이 있다.
재질(材質)명 ①목재의 성질. ¶ 단단한 재질의 나무. ②재료의 성질. ¶ 재질이 좋은 톱.
재ː차(再次) Ⅰ명 두 번째. 거듭. 재도(再度). Ⅱ부 또다시. ¶ 재차 도전하다.
재-차비(齋差備)명 재(齋)를 올리는 절차.
재ː창(再唱)명하타 다시(또) 노래를 부름.
재채기명하자 코 안의 점막 신경이 자극을 받아 간질간질하다가 갑자기 입으로 숨을 터뜨려 내뿜으면서 큰 소리를 내는 일, 또는 그러한 현상. ¶ 재채기가 나다.
재ː천(在天)명 ①하늘에 있음. ②하늘에 달려 있음. 《주로, '…은 재천이다'의 꼴로 쓰임.》 ¶ 인명은 재천이다.
재ː-천명(再闡明)명하자타되자 다시 드러내어 밝힘. ¶ 자유민임을 재천명하다.
재첩명 백합과의 민물 조개. 쌍각류(雙殼類)로서 난생(卵生)이며 먹을 수 있음. 껍데기는 사는 곳에 따라 빛깔이 다른데, 모래가 많은 곳에 사는 것은 황갈색, 갯가에 사는 것은 검은색임. 가막조개.
재ː청(再請)명하자타 ①다시 청함. ②회의에서, 남의 동의를 찬성하여 거듭 청함.
재촉명하자타 ①(어떤 일을) 빨리 하라고 죄침. ¶ 성화같이 재촉하다. ②(빚돈 따위를) 어서 갚으라고 몰아침. ¶ 빚돈 재촉에 시달리다. ③(빨리 이르려고) 바쁘게 움직임. ¶ 걸음을 재촉하다. 최촉(催促).
재최(齊衰)[-최/-췌]명 조선 시대에, 내간(內艱)과 그에 준한 가까운 혈족의 상사(喪事)에 입던 오복(五服)의 한 가지. 참최(斬衰) 다음 등급에 해당하는 무거운 복제. 본자최(齊衰).
재최^부장기(齊衰不杖朞)[-최-/-췌-]명 상장(喪杖)은 짚지 않고 한 해 동안 입는 재최복. 조부모나 방계 가족의 상에 입음.
재최^장ː기(齊衰杖朞)[-최-/-췌-]명 상장(喪杖)을 짚고 한 해를 입는 재최복. 아내의 상에 남편이 입음.
재최-친(齊衰親)[-최-/-췌-]명 상(喪)을 당하면 재최복을 입어야 할 가까운 혈족.
재ː축(再築)명하타되자 (무너진 축대나 건축물을) 다시 쌓거나 세움.
재ː-출발(再出發)명하자 (어떤 일을) 처음으로 돌아가서 다시 시작함.
재ː-충전(再充電)명하자타 ①축전기나 축전지 따위에 다시 전기 에너지를 축적함. ②'휴식을 통하여 활력을 되찾는 일'을 비유하여 이르는 말. ¶ 모든 활동을 중단하고 재충전의 시간을 갖기로 했다.
재ː취(再娶)명 ①하자다시 장가드는 일. 계취(繼娶). 후취(後娶). ②〈후처(後妻)〉의 높임말. ②참초취.
재치(才致)명 눈치 빠르고 재빠르게 응하는 재주. ¶ 재치 있는 말. /임기응변하는 재치.
재치-꾼(才致-)명 재치 있는 사람.
재ː침(再侵)명하타 다시 침범함. ¶ 호시탐탐 재침의 기회를 노리다.
재킷(jacket)명 ①양복의 짧은 윗도리를 통틀어 이르는 말. ②(보일러나 스팀의 파이프 따위에) 열의 방산이나 기관의 과열을 막기 위하여 입힌 피복물. ③레코드의 커버.
재탁(裁度)명하타 ☞재량(裁量).
재탄(滓炭)명 잘게 부스러진 탄(炭).
재ː-탈환(再奪還)명하타되자 (탈환했다가 빼앗긴 것을) 다시 탈환함.
재ː탕(再湯)명하타 ①(한 번 달여 낸 약재 따위의 찌끼를) 다시 달임. 재전(再煎). ②'한 번 써먹은 것을 되풀이함'을 비유하여 이르는 말. ¶ 그의 이론은 1930년대 이론의 재탕에 불과하다.

재ː택-근무(在宅勤務)[-끈-]명 회사와 통신 회선으로 연결된 정보 통신 기기 등을 이용하여, 사무실에 출근하지 않고 자기 집에서 회사의 업무를 보는 일.
재-테크(財tech)명 〈재무 테크놀로지〉의 준말.
재ː-통일(再統一)명하타되자 다시 통일함.
재ː-투자(再投資)명하타 단순 재생산을 하기 위하여 자본을 들임, 생산을 위하여 발생한 자본의 소모를 보충하는 투자 부분을 이름.
재-티명 (바람에 날리는) 재의 티.
재-판(-板)명 담배통이나 재떨이·요강·타구 따위를 벌이어 놓기 위하여 방 안에 까는 널빤지나 두꺼운 종이.
재ː판(再版)명하타되자 ①(이미 간행된 출판물을) 두 번째 출판함, 또는 그 책. 중판. 참초판. ②(과거에 있었던 일이) 또다시 되풀이되는 것.
재판(裁判)명하타되자 ①옳고 그름을 살피어 판단함. ②어떤 소송 사건에 대하여 국가 기관인 법원이나 법관이 관련 법률에 따라 내리는 판단. ¶ 재판을 받다.
재판-관(裁判官)명 ①법원에서 재판 사무를 맡아보는 법관. ②당사자 간의 분쟁에 대하여 구속력이 있는 재단(裁斷)을 내리는 권한을 가진 제삼자. 판관.
재판^관할(裁判管轄)명 ①법원 상호 간의 사무 분배에 관한 관할. ②국제법상, 조약에 의하여 국제 재판소가 다룰 수 있다고 인정되는 사건의 범위.
재판-권(裁判權)[-꿘]명 국가 통치권의 한 작용으로서의 사법권, 곧 국가에서 법원에 부여한 권한.
재판-서(裁判書)명 재판의 내용을 적은 문서.
재판-소(裁判所)명 ①분쟁에 대한 재판권을 가진 기관. ¶ 국제 사법 재판소. ②☞법원.
재판-장(裁判長)명 합의제 법원에서 합의체를 대표하는 법관.
재판-적(裁判籍)명 민사 소송에서, 사건의 당사자에게 어느 법원의 재판권의 행사를 받게 할 것인가에 대한 근거가 되는 관계.
재ː-판정(再判定)명하자타되자 다시 판정함, 또는 그 판정.
재판-정(裁判廷)명 ☞법정(法廷).
재판^청구권(裁判請求權)[-꿘]명 법원(法院)에 대하여 법률에 의한 재판을 청구할 수 있는 국민의 권리.
재ː편(再編)명하타되자 〈재편성〉의 준말.
재ː-편성(再編成)명하타되자 다시 편성함, 또는 그 편성. ¶ 선수단을 재편성하다. 준재편.
재ː-평가(再評價)[-까]명하타되자 다시 평가함, 또는 그 평가. ¶ 사후(死後) 100주기를 맞아 재평가되는 문학적 업적.
재품(才品)명 재주와 품격.
재필(才筆)명 재치 있게 쓴 글씨나 문장, 또는 글씨나 글을 재치 있게 쓰는 사람.
재ː하-도리(在下道理)명 (웃어른을 섬기는) 아랫사람으로서의 도리.
재ː하-자(在下者)명 웃어른을 섬겨야 할 처지에 있는 사람.
재학(才學)명 재주와 학식.
재ː학(在學)명하자 학교에 학적을 두고 공부함. 재교(在校). ¶ 재학 증명서. /재학 중에 취직이 되다.
재학-겸유(才學兼有)[-껴뮤]명하자 재주와 학식(學識)을 아울러 갖춤.
재ː학-생(在學生)[-쌩]명 재학하고 있는 학생.
재ː할(再割)명하타 〈재할인〉의 준말.
재ː할(宰割)명하타 일을 주장하여 처리함.
재ː-할인(再割引)명하타되자 금융 기관에서 한 번 할인한 어음을 중앙은행이나 다른 금융 기관이 다시 할인하는 일. 준재할.
재ː할인-료(再割引料)[-뇨]명 어음을 재할인할 때 치러 주는 이자.
재ː-항고(再抗告)명하자 민사 소송 및 형사 소송에서, 항고 법원이나 고등 법원의 결정 또는 명령이 헌법·법률·명령 또는 규칙에 위배됨을 이유로 대법원에 다시 항고하는 일.
재ː-항변(再抗辯)명하자 피고의 항변에 대하여 부당함을 주장하는 원고의 항변.
재해(災害)명 재앙으로 말미암은 피해.
재해^보ː상(災害補償)명 사용자가 업무상 재해를 입은 근로자에게 근로 기준법에 따라서 지급하는 보상.
재해^보ː험(災害保險)명 노무자 등의 업무상의 사유로 말미암은 질병·부상·폐질(廢疾) 및 사망 따위를 대비하여 가입하는 보험. 사회 보험의 한 가지임.
재해-자(災害者)명 재해를 입은 사람.
재해-지(災害地)명 재해를 입은 곳.
재ː행(再行)명하자 혼인하고 돌아온 신랑이 처음으로 처가에 감, 또는 그 일.
재ː향(在鄕)명하자 고향에 있음.
재ː향^군인(在鄕軍人)명 현역 복무를 마치고 생업에 종사하는 사람. 준향군.
재허(裁許)명하타되자 재결하여 허가함.
재ː현(再現)명하자타되자 ①다시 나타남, 또는 나타냄. ¶ 고려자기의 청잣빛을 재현하다. ②☞재생.
재형-저축(財形貯蓄)명 〈재산 형성 저축〉의 준말.
재ː혼(再婚)명하자 다시 혼인함, 또는 그 혼인. ↔초혼(初婚).
재화(才華)명 빛나는 재주. 뛰어난 재능.
재화(災禍)명 재앙과 화난(禍難). 액화(厄禍).
재화(財貨)명 ☞재물(財物).
재ː화(載貨)명하자 (차나 배에) 화물을 실음, 또는 그 화물.
재ː화^흘수선(載貨吃水線)[-쑤-]명 선체의 중앙 바깥쪽에 표기한, 배에 재화를 가득 실었을 때의 흘수선.
재ː-확인(再確認)명하타되자 다시 확인함. 다시 다짐함. ¶ 합격 여부를 재확인하다.
재환(災患)명 재앙(災殃)과 환난(患難).
재ː활(再活)명하자 다시 활동함. 〔특히, 몸이나 정신의 장애를 이기고 생활이나 활동을 다시 시작하는 것을 이름.〕
재ː-활용(再活用)명하타되자 (다 쓰거나 버리게 된 물건 따위를) 다시 활용하거나 다시 활용할 수 있는 상태로 재생함. ¶ 폐지를 수거하여 재활용하다.
재ː회(再會)[-회/-훼]명하자 ①두 번째 갖는 모임, 또는 다시 갖는 모임. ②다시 만남. 재봉(再逢). ¶ 재회의 기쁨을 나누다.
재회(齋會)[-회/-훼]명 ①음식을 차려 여러 중과 모든 넋을 공양하는 법회. ②하자불교 신도들이 모여 중을 공양함, 또는 그 일. ③조선 시대에, 성균관 재생(齋生)들이 재(齋) 중의 일을 처결하던 모임.
재ː흥(再興)명하자 다시 일어남. 다시 일으킴. ¶ 전통문화의 재흥. 참부흥(復興).

잭(jack)명 ①무거운 것을 밑에서 받쳐 들어 올리는 기중기. ②트럼프에서, 병사가 그려진 카드. ③플러그에 꽂게 된 전기 접속 기구의 한 가지. ③참콘센트.
잭나이프(jackknife)명 ①접었다 폈다 할 수 있는 주머니칼. ②수영 다이빙의 한 가지. 도약판에서 뛰어내린 순간 몸을 새우처럼 구부렸다가, 물속으로 들어가기 직전에 몸을 쭉 펴고 들어감.
잰-걸음명 보폭이 짧고 빠른 걸음.
잰지명 큰집가리빗과의 조개. 껍데기는 긴 쪽 길이가 12 cm가량인 부채 모양으로 한쪽은 붉은 갈색, 한쪽은 흰 바탕에 갈색 무늬가 있음. 껍데기 안은 흰빛임. 깊이 20~30 cm 되는 연안 바다에 살며 겨울에 산란함.
잴잴부 적은 양의 액체가 그치지 않고 흐르는 모양, 또는 그 소리. 큰잘잘[1]·질질[1]. 센잴잴.
잼(jam)명 과실을 삶아 즙을 내어 설탕을 넣고 약한 불로 달여 조림으로 한 식품.
잼버리(jamboree)명 보이 스카우트의 야영 대회. 흔히, 캠핑·작업·경기 따위를 함.
잼^세션(jam session)명 (작은 편성의 재즈 밴드에서) 모두 동시에 또는 번갈아 악보 없이 즉흥적으로 연주하는 일.
잼처부 다시. 거듭. 되짚어.
잽(jab)명 권투에서, 계속적으로 팔을 뻗어 가볍게 상대편을 치는 공격법. ¶ 잽을 넣다.
잽-싸다형 (동작이) 매우 재고 빠르다.
잿-간(-間)[재깐/잳깐]명 (거름으로 쓰기 위하여) 재를 모아 두는 헛간.
잿-길[재낄/잳낄]명 재에 난 길. 언덕배기로 난 길. 참재[2].
잿-날(齋-)[잰-]명 염불·일종식(一終食)·설법(說法) 등을 하며 정진(精進)하는 날.
잿-더미[재떠-/잳떠-]명 ①재가 쌓여 있는 더미. ②'불에 타서 폐허가 된 자리'를 비유하여 이르는 말.
잿-독[재똑/잳똑]명 (잿물을 내리려고) 재를 모아 두는 독.
잿-돈(齋-)[재똔/잳똔]명 지난날, 초상계(初喪契)에서 초상이 난 집에 상비(喪費)로 보내던 돈. 재(齋)[2]. 재전(齋錢).
잿-모[잰-]명 재거름을 한 못자리에 심은 모.
잿-물[1][잰-]명 ①(지난날 빨래에 쓰려고) 재에 물을 부어 받아서 우려낸 물. 흔히, 콩깍지·짚·풋나무 따위를 태운 재를 씀. ②〈양잿물〉의 준말.
잿물(을) 내리다관용 콩깍지·풋나무 등의 재를 시루에 안쳐서 물을 붓고 시루 구멍으로 잿물이 흘러나오게 하다.
잿물[2][잰-]명 도자기의 몸에 덧씌우는 약. 유약(釉藥). ¶ 도자기에 잿물을 입히다.
잿물-시루[잰-]명 잿물을 내리는 데 쓰는 시루.
잿-박[재빡/잳빡]명 거름으로 쓸 재를 담는 그릇.
잿-밥(齋-)[재빱/잳빱]명 (불공을 드릴 때) 부처 앞에 올리는 밥.
잿-방어(-魴魚)[재빵-/잳빵-]명 전갱잇과의 바닷물고기. 몸길이 150 cm가량. 방어보다 짧고 등이 둥글며 통통함. 등은 선명한 감색, 배는 회청빛이 도는 흰색임. 몸의 중앙에 머리에서 꼬리까지 뚜렷한 황색 띠가 있음. 황해와 남해 및 일본 근해에 분포함.
잿-밭[재빧/잳빧]명 장기판을 가로 그은 줄의 맨 앞 끝줄 말밭. *잿밭이[재빠치/잳빠치]·잿밭을[재빠틀/잳빠틀]·잿밭만[재빤-/잳빤-]
잿-불[재뿔/잳뿔]명 재 속에 남아 있는 아주 약한 불.
잿-빛[재삗/잳삗]명 재와 같은 빛깔. 회색. *잿빛이[재삐치/잳삐치]·잿빛만[재삔-/잳삔-]
쟁:명 〈재양(載陽)[1]〉의 준말.
쟁(箏)명 폭이 좁고 긴 오동나무 공명관(共鳴管) 위에 열세 줄의 명주실을 현으로 한 국악 현악기의 한 가지.
쟁(錚)명 ☞꽹과리.
쟁강부하자타 얇은 쇠붙이 따위가 맞부딪치거나 부러질 때 가볍게 울리어 나는 소리. 큰쟁경. 센쨍강. **쟁강-쟁강**부하자타.
쟁강-거리다자타 자꾸 쟁강쟁강하다. 쟁강대다. 큰쟁경거리다.
쟁강-대다자타 쟁강거리다.
쟁개비명 (무쇠나 양은으로 만든) 작은 냄비.
쟁공(爭功)명하자 서로 공을 다툼.
쟁괴(爭魁)[-괴/-궤]명하자 서로 두목이 되려고 다툼.
쟁권(爭權)[-꿘]명하자 권리나 권세를 다툼.
쟁규(爭窺)명하타 서로 다투어 엿봄.
쟁그랍다[-따][쟁그라우니·쟁그라워]형ㅂ (만지거나 보기에) 소름이 끼칠 정도로 흉하다. 큰징그럽다.
쟁그랑부하자타 얇은 쇠붙이 따위가 가볍게 맞부딪치거나 떨어질 때 울리어 나는 소리. 큰젱그렁. 센쨍그랑. **쟁그랑-쟁그랑**부하자타.
쟁그랑-거리다자타 자꾸 쟁그랑쟁그랑하다. 쟁그랑대다. 큰젱그렁거리다.
쟁그랑-대다자타 쟁그랑거리다.
쟁글-쟁글부하형 ①몹시 쟁그라운 모양. 큰징글징글. ②(미운 사람이 잘못되거나 하여) 몹시 고소한 느낌.
쟁기명 술·성에·한마루를 삼각형 모양으로 맞춘 농기구. 마소에 끌려 논밭을 갊.
쟁기-질명하자 쟁기로 논밭을 가는 일.
쟁깃-밥[-기빱/-긷빱]명 쟁기질을 할 때, 쟁기날에 깎이어 나오는 흙.
쟁깃-술[-기쑬/-긷쑬]명 쟁기의 몸채 아래로 비스듬히 벋어 나간 나무. 그 끝에 보습을 맞추는 넓적하고 삐죽한 바닥이 있음. 준술[2].
쟁단(爭端)명 싸움의 실마리.
쟁두(爭頭)명하자 ①어떤 일을 할 때 서로 먼저 하기를 다툼. ②내기에서, 끗수가 같을 때 다른 방법으로 이기고 짐을 겨룸.
쟁란(爭亂)[-난]명하형 ☞소란(騷亂).
쟁론(爭論)[-논]명하자 서로 다투어 논박함, 또는 논박하는 그 이론. 쟁변(爭辯).
쟁반(錚盤)명 운두가 얕고 바닥이 넓적한 그릇. 주로, 음식 그릇을 받쳐 드는 데 씀. ¶ 과일 쟁반.
쟁반-서랍(錚盤-)명 일본식 장(欌)에 있는, 운두가 낮은 서랍.
쟁변(爭辯)명하자 ☞쟁론(爭論).
쟁선(爭先)명하자 서로 앞서기를 다툼.
쟁소(爭訴)명하자 ☞쟁송(爭訟).
쟁송(爭訟)명하자 송사로 서로 다툼. 쟁소(爭訴).
쟁신(諍臣·爭臣)명 임금의 잘못을 바른말로 간(諫)하는 신하.
쟁심(爭心)명 남과 다투거나 겨루려는 마음.
쟁연(錚然) '쟁연하다'의 어근.
쟁연-하다(錚然-)형여 쇠붙이가 부딪쳐 울리는 것같이 소리가 새되다. **쟁연-히**부.
쟁우(諍友·爭友)명 친구의 잘못을 바른말로 충고하는 벗.

쟁의(爭議)[-의/-이]명 ①하자 서로 자기의 의견을 주장하여 다툼, 또는 그 의론. ②〈노동쟁의〉의 준말.

쟁의-권(爭議權)[-의꿘/-이꿘]명 근로자가 단결하여 자신들의 권익 옹호를 위한 여러 가지 쟁의 행위를 할 수 있는 권리.

쟁의^행위(爭議行爲)[-의-/-이-]명 노동 관계의 당사자인 근로자와 사용자가 자기 주장의 관철 또는 이에 대항할 목적으로 행하는, 업무의 정상적인 운영을 저해하는 행위. 〔파업·태업·직장 폐쇄 따위.〕

-쟁이접미 사람의 성질, 독특한 습관·행동·모양 등을 나타내는 말에 붙어, 그 사람을 홀하게 이르는 뜻을 나타냄. ¶ 고집쟁이. /멋쟁이. /허풍쟁이.

쟁이다타 ①여러 개를 차곡차곡 포개어 쌓다. ¶ 땔나무를 차곡차곡 쟁이다. ②고기 따위를 양념하여 그릇 속에 쌓아 묵히거나, 김 따위에 기름을 바르고 소금을 뿌려서 쌓다. ¶ 쇠고기를 양념하여 쟁이다. 준재다[3].

쟁자(諍子·爭子)명 어버이의 잘못을 바른말로 간(諫)하는 아들.

쟁장(錚匠)명 조선 시대에, 쟁을 만드는 일을 업으로 하던 장인.

쟁쟁(錚錚)[1]부 울림이 좋은 쇠붙이가 맞부딪쳐 내는 맑은 소리.

쟁쟁(錚錚)[2] '쟁쟁(錚錚)하다'의 어근.

쟁쟁-하다(琤琤-)형여 ①옥이나 물건의 울리는 소리가 매우 맑고 아름답다. ②이전에 들은 소리가 잊히지 않고 남아 귀에 울리는 듯하다. ¶ 선생님의 말씀이 아직도 귀에 쟁쟁하다. 쟁쟁-히부.

쟁쟁-하다(錚錚-)형여 여럿 가운데서 아주 우뚝하다. ¶ 쟁쟁한 인물. /쟁쟁한 청년 실업가.

쟁점(爭點)[-쩜]명 논쟁이나 쟁송(爭訟)의 중심이 되고 있는 점. ¶ 노사 분규의 쟁점.

쟁진(爭進)명하자 서로 다투어 나아감.

쟁:첩명 반찬을 담는, 뚜껑이 달린 작은 그릇. 세 개, 다섯 개, 일곱 개, 아홉 개를 한 벌로 함.

쟁취(爭取)명하타 싸워서 빼앗아 가짐. ¶ 권력 쟁취.

쟁:-치다타 〈재양치다〉의 준말.

쟁탈(爭奪)명하타 서로 다투어 빼앗음, 또는 그 다툼. ¶ 선수권을 쟁탈하다.

쟁탈-전(爭奪戰)명하자 서로 다투어 빼앗는 싸움. ¶ 우승기를 놓고 쟁탈전을 벌이다.

쟁투(爭鬪)명하자 서로 다투며 싸움.

쟁:-퉁이명 ①(가난에 쪼들리거나 하여) 마음이 옹졸하고 비꼬인 사람을 별명으로 이르는 말. ②'잘난 체하며 거드름을 피우는 사람'을 같잖게 여겨 이르는 말.

쟁:-틀명 〈재양틀〉의 준말.

쟁패(爭霸)명하타 ①패자(霸者)가 되려고 다툼. ②우승을 다툼.

쟁패-전(爭霸戰)명 패권을 다투는 싸움.

쟁힐(爭詰)명하자 서로 다투어 힐난함.

쟈감명 〈옛〉메밀 꺼풀. ¶ 쟈감:蕎麥皮(訓解).

쟈래명 〈옛〉자라. ¶ 오직 고기와 쟈래롤 즐겨 머그며(月釋*21:53*).

쟈ᄅ[쟐익·쟐은]명 〈옛〉자루. ¶ 쟈ᄅ 더:袋(訓蒙中*13*). /쟐익 녀허(救簡*1:86*).

-쟈ᄉ라어미 〈옛〉-자꾸나. ¶ 山中을 미양 보랴 東海로 가쟈ᄉ라(鄭澈.關東別曲).

쟉도명 〈옛〉작두. 작도(斫刀). ¶ 톱과 왈와 쟉도와(月釋*21:45*).

-쟉시면어미 〈옛〉-것 같으면. ¶ 네 이믜 北京을 향ᄒ야 갈쟉시면(老解上7).

쟝명 〈옛〉장. ¶ 쟝 쟝:醬(訓蒙中*21*).

쟝긔명 〈옛〉장기. ¶ 쟝긔 혁:弈(訓蒙中*19*).

쟝추부 〈옛〉장차. ¶ 쟝추 주구미 오라디 아니ᄒ리니(法華*6:8*).

쟝ᄎ부 〈옛〉장차(將次). ¶ 내 쟝ᄎ 北으로 갈 제(杜重*1:1*).

재:준 '저 아이'가 줄어든 말. ¶ 재는 누구니?/아빠, 재 좀 보세요.

저[1]명 가로 대고 부는 피리를 통틀어 이르는 말. 적(笛). 횡적(橫笛).

저[2]명 젓가락. 한자를 빌려 '箸'로 적기도 함.

저[3]대 ①〈나[1]〉의 낮춤말. 〔주격 조사 '가' 앞에서는 '제'가 됨.〕 ¶ 저는 학생입니다. /제가 그랬습니다. ②자기(自己). ¶ 누가 저더러 가라고 했나?

저[4] Ⅰ대 〈저것〉의 준말. ¶ 이도 저도 아니다. Ⅱ관 대화하는 양쪽 사람에게 보일 만큼 비교적 가까운 거리에 있는 사람이나 사물을 가리키는 말. ¶ 저 사람. /저 책상. 참조[2].

저:[5]감 〔미처 생각이 나지 않거나, 꺼내기 거북한 말을 하게 되어〕 금방 말을 할 수 없을 때 내는 군소리. ¶ 저, 누구더라. /저, 돈 좀 꿔 주시겠습니까?

저(氐)명 〈저성(氐星)〉의 준말.

저:(著)명 〈저술〉·〈저작〉의 준말. ¶ 김길동 저.

저-(低)접두 《일부 명사 앞에 붙어》 '낮다'는 뜻을 나타냄. ¶ 저물가. /저소득. /저학년.

저:가(低價)[-까]명 낮은 값. 헐한 값. 염가(廉價). ↔고가(高價).

저:각(底角)명 '밑각'의 구용어.

저:간(這間)명 그동안. 요즈음. ¶ 저간의 소식을 몰라 궁금하오.

저간(豬肝·猪肝)명 돼지의 간. 어린이의 경간(驚癎)과 어른의 각기(脚氣)·대하증 등에 약으로 쓰임.

저:감(低減)명하타 줄임. ¶ 비용을 저감하다.

저:개발-국(低開發國)명 ☞개발도상국.

저-거대 〈저것〉의 준말. 작조거.

저-거시기감 말을 하다가 기억이 잘 나지 않을 때 내는 군소리. ¶ 저거시기, 고향이 어디랬지?

저-것[-걷]대 ①대화하는 양쪽 모두에게 보이면서, 떨어져 있는 사물을 가리키는 말. ¶ 저것이 자동차다. 준저[4]·저거. ②'저 사람'을 얕잡아 이르는 말. ¶ 저것도 인간인가? ③《반어적 표현으로》 '저 아이'를 귀엽게 이르는 말. ¶ 저것이 이제 어른이 다 됐네. ②③작조것. * 저것이[-거시]·저것만[-건-]

저:격(狙擊)명하타 (어떤 대상을) 겨냥하여 쏨. ¶ 괴한에게 저격을 당하다.

저:격-대(狙擊隊)[-때]명 적을 저격하는 부대.

저:격-병(狙擊兵)[-뼝]명 은폐 진지(隱蔽陣地)에서, 적을 저격하는 임무를 맡은 병사. 저격수(狙擊手).

저:격-수(狙擊手)[-쑤]명 ☞저격병.

저:-고도(低高度)명 항공기의 비행에서, 해발 1만 피트 이하의 높이를 이르는 말. ¶ 저고도로 비행하다.

저고리명 ①윗도리에 입는 한복의 겉옷. 길·소매·깃·섶·동정·고름 등으로 되어 있으며, 겹것과 핫것이 있음. ②〈양복저고리〉의 준말.

저:곡(貯穀)명하자 곡식을 쌓아 둠, 또는 그 곡식.

저-곳[-곧][대] 말하는 이나 듣는 이로부터 좀 떨어져 있는 곳을 가리키는 말. ¶ 저곳에 나무와 꽃을 심자. *저곳이[-고시]·저곳만[-곤-]

저ː공(低空)[명] 고도가 낮은 공중. ↔고공.

저ː공-비행(低空飛行)[명] 비행기가 지면 가까이 떠서 낢. ↔고공비행.

저광-수리[명] 수릿과의 새. 날개 길이 60 cm가량. 목과 배는 희고, 등은 갈색, 꽁지는 잿빛임. 고원(高原)에 살며 쥐·뱀·개구리 따위를 잡아먹음. 우리나라 전역에 분포함.

저광이[명] 올벼의 한 가지. 까끄라기가 짧고 빛이 검누르며, 이른 봄에 심음.

저ː광-장(貯鑛場)[명] (제철소 등에서) 광석이나 석회석 따위를 저장해 두는 곳.

저구지교(杵臼之交)[명][하자] 〔절굿공이와 절구통 사이의 사귐이란 뜻으로〕 고용인들끼리의 교제, 즉 귀천을 가리지 않고 사귀는 일.

저군(儲君)[명] ①☞왕세자(王世子). ②☞황태자(皇太子). 저궁(儲宮).

저궁(儲宮)[명] ☞저군(儲君).

저ː극(低極)[명] 장기간에 걸쳐 나타난 기온이나 그 밖의 기상 요소의 최저치. ↔고극(高極).

저글(juggle)[명] ①야구에서, 공을 잡을 때 꼭 잡지 못하여 글러브 안에서 공이 한두 번 튀는 일. ②핸드볼에서, 한 사람이 뜬 공을 두 번 쳐서 올리는 반칙.

저ː금(貯金)[명][하타] ①돈을 모아 둠, 또는 그 돈. ②돈을 금융 기관이나 우체국 등에 맡겨 저축함, 또는 그 돈. ¶ 저금을 찾다.

저ː-금리(低金利)[-니][명] ☞저리(低利).

저ː금리^정책(低金利政策)[-니-][명] 정부나 중앙은행이 주로 금융의 완화, 유통 화폐량 및 대부 신용량의 증대를 목적으로, 낮은 금리 수준을 유지하여 경기의 회복을 촉진시키려는 정책.

저ː금-통(貯金筒)[명] 주로 동전을 모아 둘 수 있게 만든 통.

저ː금-통장(貯金通帳)[명] ☞예금 통장.

저ː급(低級)[명][하형] (등급·정도·성질·내용·취미 따위가) 낮거나 천박함. ¶ 저급 문화. ↔고급.

저ː급^개ː념(低級概念)[-깨-][명] 다른 개념에 대하여 적고 좁은 외연(外延)을 가진 개념. 〔생물이라는 개념에 대한, 동물이나 식물의 개념 따위.〕 하위 개념. ↔고급 개념.

저기 [Ⅰ][대] 저곳. ¶ 저기가 어디냐?/저기 달려오는 사람이 누군가? [작]조기².

[Ⅱ][감] 생각이 잘 나지 아니하거나, 말을 꺼내기 거북할 때 쓰는 말. ¶ 저기, 그 뭐더라?/저기, 혹시 박 선생님 아니십니까?

저기(沮氣)[명][하자] ☞축기(縮氣).

저ː-기압(低氣壓)[명] ①대기의 기압이 주위보다 낮은 상태. 이때는 일반적으로 날씨가 나빠짐. ↔고기압. ②'좋지 못한 조짐이나 긴장으로 가라앉은 분위기, 또는 기분이 몹시 언짢은 상태'를 비유하여 이르는 말.

저ː기압-성(低氣壓性)[-썽][명] 저기압과 같은 성질. 저기압의 영향으로 생기는 성질.

저-까지로[부] 겨우 저만한 정도로. 〔언짢음을 나타낼 때 흔히 쓰는 말.〕 [작]조까지로.

저-까짓[-짇][관] 겨우 저만한 정도의. ¶ 저까짓 것쯤은 나도 할 수 있다. [준]까짓·저깟. [작]조까짓.

저-깟[-깓][관] 〈저까짓〉의 준말. [작]조깟.

저-나마[부] (좋지 않거나 부족하지만) 저것이나마. 저것일망정. ¶ 저나마 없으면 분위기가 너무 썰렁할 뻔했다.

저ː냐[명] 쇠고기나 생선 따위를 얇게 저미거나 다져서 밀가루를 바르고 달걀을 입혀 기름에 지진 음식. 전(煎). 전유어.

저-냥[부] ①저러한 모양으로. ②저대로 줄곧. ¶ 언제까지나 저냥 두시렵니까? [작]조냥.

저ː널(journal)[명] ①정기적으로 간행되는 신문이나 잡지. ②일간 신문.

저ː널리스트(journalist)[명] 저널리즘에 종사하는 사람. 신문·잡지·방송의 기자나 편집자·기고가(寄稿家) 등을 통틀어 이르는 말.

저ː널리즘(journalism)[명] 신문·잡지·방송 등 활자나 전파를 매체로 하는 보도나 그 밖의 전달 활동, 또는 그 사업.

저-네[대] 대화하는 양쪽 모두로부터 멀리 있는 사람을 이르는 말.

저녁[명] ①해가 지고 밤이 되기까지의 사이. ②〈저녁밥〉의 준말. ¶ 저녁을 먹고 좀 쉬었다가 또 공부를 시작했다. ↔아침.

저녁 굶은 시어미 상(相)[속담] ①'매우 못마땅하여 얼굴을 잔뜩 찌푸리고 있는 모양'을 비유하여 이르는 말. ②음산한 날씨를 이르는 말.

저녁-거리[-꺼-][명] 저녁밥을 지을 거리.

저녁-곁두리[-곋뚜-][명] 점심밥과 저녁밥 사이에 먹는 곁두리.

저녁-나절[-녕-][명] 해 지기 전의 한동안.

저녁-내[-녕-][부] 저녁 동안 계속하여. ¶ 할 일을 미루어 두고 저녁내 놀기만 한다.

저녁-노을[-녕-][명] 저녁 하늘에 끼는 노을. 석하(夕霞). 잔조(殘照). [준]저녁놀.

저녁-놀[-녕-][명] 〈저녁노을〉의 준말.

저녁-달[-딸][명] 저녁에 뜨는 달. 석월.

저녁-때[명] ①해가 질 무렵. ②저녁 끼니때.

저녁-먹이[-녕-][명] 저녁으로 먹을 음식.

저녁-밥[-빱][명] 저녁때의 끼니로 먹는 밥. 석반(夕飯). [준]저녁.

저녁-상(-床)[-쌍][명] 저녁밥을 차려 놓은 밥상.

저녁-상식(-上食)[-쌍-][명] 상가에서, 탈상(脫喪) 때까지 저녁때마다 궤연(几筵) 앞에 올리는 음식. 석상식(夕上食).

저녁-석(-夕)[-썩][명] 한자 부수의 한 가지. '外'·'夜' 등에서의 '夕'의 이름.

저녁-쌀[명] 저녁밥을 지을 쌀.

저-년[대] ①말하는 상대로부터 멀리 있는 여자를 낮추어 이르는 말. ②'저 여자 아이'를 낮추어 이르는 말. ↔저놈.

저-놈[대] ①말하는 상대로부터 멀리 있는 남자를 낮추어 이르는 말. ②'저 아이'를 낮추어 이르는 말. ③말하는 이로부터 멀리 있는 사물을 낮추어 이르는 말. 《주로, '저놈의'의 꼴로 쓰임.》 ¶ 저놈의 소음 때문에 잠을 잘 수가 있어야지. ①②↔저년.

저ː능-아(低能兒)[명] 지능이 보통 수준보다 낮은 아이. 주의력 산만, 기억 불확실, 의지 박약 등이 나타남. 정신 지체아.

저-다지[부] 저러하게까지. 저러하도록. ¶ 여행을 떠난다고 저다지도 좋아할까. [작]조다지.

저단(低短) '저단하다'의 어근.

저ː단-하다(低短-)[형][여] 낮고 짧다.

저ː당(抵當)[명][되자] ①[하자]서로 맞서서 겨룸. ②[하타](일정한 동산이나 부동산 따위를) 채무의 담보로 삼음. ¶ 저당을 잡다./집을 저당하다.

저ː당-권(抵當權)[-꿘][명] 채무자가 채무를 이행하지 않을 경우에, 미리 특정 부동산을 담보물로 저당 잡아 둔 채권자가, 그 담보물에 대하여 다른 채권자에 우선해서 변제받을 것을 목적으로 하는 권리. 담보 물권의 하나.

저ː당권^설정(抵當權設定) [-꿘-쩡]명 채권자와 채무자 또는 제삼자와의 사이에 저당권의 발생을 목적으로 맺어지는 낙성 계약(諾成契約).

저ː당-물(抵當物)명 저당 잡힌 물건.

저ː당^채ː권(抵當債券) [-꿘]명 원금 및 이자의 청구권이 저당권부 채권(抵當權付債券)에 의하여 보증되는 유가 증권.

저대(著大) '저대하다'의 어근.

저-대로부 변함없이. 저 모양으로. 저것과 똑같이. ¶ 저대로 두었다가는 큰일 나겠다. 작조대로.

저ː대-하다(著大-)형여 현저하게 크다.

저돌(豬突·猪突) '저돌하다'의 어근.

저돌-적(豬突的) [-쩍]관명 앞뒤 헤아림 없이 곧장 돌진하거나 실행하는 (것). ¶ 저돌적 행동. /저돌적인 추진력.

저돌-하다(豬突-·猪突-)자여 (멧돼지처럼) 좌우를 살핌이 없이 막무가내로 돌진하다, 또는 실행하다. 시돌(豕突)하다. ¶ 럭비 선수들이 상대 진지로 저돌하다.

저돌-희용(豬突豨勇) [-히-]명하자 앞뒤를 생각지도 아니하고 함부로 날뛰는 일, 또는 그 사람.

저ː두(低頭)명하자 머리를 숙임.

저ː두부답(低頭不答)명하자 머리를 숙인 채 대답을 하지 않음.

저ː두-평신(低頭平身)명하자 사죄하거나 경의를 표하기 위해 머리를 숙이고 몸을 굽힘.

저ː등(著騰)명하자 물가 따위가 현저하게 오름. ↔저락(著落).

저-따위 Ⅰ대 '저러한 종류(물건)' 또는 '저러한 인간'을 얕잡아 이르는 말. ¶ 저따위는 아무 쓸모가 없소. /저따위가 교육자라니….
Ⅱ관 〔얕잡는 뜻으로〕 저러한 부류의. ¶ 뭐 저따위 녀석이 다 있어.

저라감 소를 왼편으로 가게 몰 때 지르는 소리. 참이러·어디여.

저ː락(低落)명하자되자 (물가·명예·가치·위신 따위가) 떨어짐.

저ː락(著落)명하자 물가 따위가 현저하게 떨어짐. ↔저등(著騰).

저래[1]준 ①'저러하여'가 줄어든 말. ¶ 늘 저래 놓으니 눈총만 맞지. ②《주로 '가지고'·'가지고도'를 뒤따르게 하여 쓰이어》 '저리하여'가 줄어든 말. ¶ 저래 가지고 무사할 수 있을까? 작조래.

저래[2]준 '저렇다'·'저리한다'·'저럴까'·'저리할까' 등의 뜻으로 끝맺는 말. ¶ 저 사람은 하고 다니는 꼴이 늘 저래. /말버릇이 원래부터 저래. /무슨 꼴이 저래. /쟤가 왜 저래?

저래도준 ①'저러하여도'가 줄어든 말. ¶ 인상은 저래도 마음씨는 착하다. ②'저리하여도'가 줄어든 말. ¶ 말은 저래도 일은 제대로 한다. 작조래도.

저래서준 ①'저러하여서'가 줄어든 말. ¶ 옷이 저래서 입고 나갈 수가 없다. ②'저리하여서'가 줄어든 말. ¶ 말이 늘 저래서 신용을 잃는다. 작조래서.

저러다자 '저리하다'가 줄어서 된 말. 저렇게 말하거나 행동하거나 생각하다. ¶ 저러다가 실수라도 하면 어쩌지. 작조러다.

저러루-하다형여 대개 저런 것과 같거나 비슷하다. 작조러루하다.

저러면준 ①'저러하면'이 줄어든 말. ¶ 그것도 저러면 안 사겠소. ②'저리하면'이 줄어든 말. ¶ 커서도 저러면 사람 구실 하긴 틀렸다.

저러저러-하다형여 ①저러하고 저러하다. ②모두가 다 저러하다. ③저러루하여 별다른 것이 없다. 작조러조러하다.

저러-하다형여 상태·모양·성질 따위가 저와 같다. ¶ 하는 짓이 다 저러하다. 준저렇다. 작조러하다.

저런[1] Ⅰ관 상태·모양·성질 따위가 저러한. ¶ 나도 저런 거 갖고 싶어. 작조런[1].
Ⅱ준 '저리한'이 줄어든 말. ¶ 너도 저런 적이 있느냐? 작조런[1].

저런[2]감 뜻밖의 일을 보거나 듣거나 하여 놀랐을 때 하는 말. ¶ 저런, 큰일이군. 작조런[2].

저렁부하자타 얇은 쇠붙이끼리 부딪쳐서 은은히 울리는 소리. 작자랑[2]. 센쩌렁. 거처렁. **저렁-저렁**부하자타.

저렁-거리다자타 자꾸 저렁저렁하다. 저렁대다. 작자랑거리다.

저렁-대다자타 저렁거리다.

저렇다 [-러타] [저러니·저래]형ㅎ 〈저러하다〉의 준말. 작조렇다.

저ː력(底力)명 평소에는 잘 드러나지 않다가, 여차할 때 발휘되는 강한 힘. ¶ 경기 후반에 저력을 발휘하다.

저력지재(樗櫟之材) [-찌-]명 〔가죽나무와 상수리나무의 재목이란 뜻으로〕 '아무 쓸모가 없는 인물'을 비유하여 이르는 말.

저렴(低廉) '저렴하다'의 어근.

저ː렴-하다(低廉-)형여 (물건 따위의) 값이 싸다. ¶ 저렴한 가격.

저ː뢰(抵賴) [-뢰/-뤠]명하자 변명을 하면서 신문(訊問)에 복종하지 아니함.

저ː류(底流)명 ①(바닷물이나 강물의) 밑바닥을 흐르는 흐름. ②(겉에 드러나지 않은) '사물의 깊은 곳의 움직임'을 비유하여 이르는 말. ¶ 사회의 저류.

저르렁부하자타 얇고 좀 넓은 쇠붙이 조각들이 부딪칠 때 울리어 나는 소리. 작자르랑. 센쩌르렁. 거처르렁. **저르렁-저르렁**부하자타.

저르렁-거리다자타 자꾸 저르렁저르렁하다. 저르렁대다. 작자르랑거리다.

저르렁-대다자타 저르렁거리다.

저름-나다자 말이나 소가 다리를 절게 되다. ¶ 소가 저름나서 논을 못 갈고 있다.

저리[1]부하자타되자 상태·모양·성질 따위가 저러한 모양. 《'저리도'의 꼴로도 쓰임.》 ¶ 저리도 영롱한 구슬은 처음 본다. /왜 일을 저리하는지 모르겠다. 작조리[1].

저리[2]부 저곳으로. 저쪽으로. ¶ 아까 저리 가는 것을 보았다. 작조리[2].

저ː리(低利)명 싼 이자. 낮은 비율의 변리. 저금리. 저변. 헐변. ¶ 저리로 융자하다. ↔고리.

저리(楮李)명 ☞갈매나무.

저리다형 ①몸의 일부가 너무 오래 눌려 있어서 신경이 마비된 듯한 느낌이 있다. ¶ 발이 저리다. ②근육이나 뼈마디가 쑥쑥 쑤시듯이 아프다. ¶ 날만 궂으면 무릎이 저리다. 작자리다.

저리다타 〈옛〉 위협하다. ¶ 저리며 달애야 말 바ᄃᆞ라 ᄒᆞ야시ᄂᆞᆯ(三綱.忠9).

저리-위감 신래(新來)를 불릴 때, 저쪽으로 뒷걸음쳐서 가라고 불리는 쪽의 하인들이 외치던 소리. ¶ 신은(新恩) 저리위! ↔이리위. 참신은·신래.

저:리^자금(低利資金)명 사회 정책상 정부나 금융 기관이 싼 이자로 빌려 주는 자금.

저리-저리부하형 계속해서 몹시 저린 모양. 작자리자리.

저:리^차:환(低利借還)명 한 번 꾸어 온 빚의 변리를, 지금까지 물어 오던 변리보다 싸게 물게 되는 일.

저:리-채(低利債)명 이자가 싼 빚. ↔고리채.

저:립(佇立)명하자 우두커니 섬.

저릿-저릿[-릳쩌릳]부하형 (피부나 점막 등에 강한 자극을 받아) 잇달아 자지러지게 몹시 저린 듯이 느껴지는 모양. 작자릿자릿. 센쩌릿쩌릿.

저릿-하다[-리타-]형여 감전된 것처럼 순간적으로 자지러지게 저리다. ¶ 온몸이 저릿하다. 작자릿하다. 센쩌릿하다.

저:마(苧麻·紵麻)명 ☞모시풀.

저-마다 Ⅰ명 각각의 사람이나 사물. ¶ 열심히 저마다의 삶을 살아가다.
Ⅱ부 각각의 사람이나 사물마다. ¶ 저마다 제가 제일이라고 뽐내다.

저만저만-하다형여 ①(일의 상태 등이) 예사롭다. 《흔히, 부정의 뜻을 나타내는 말과 함께 쓰임.》 ¶ 저만저만하게 끝날 일이 아니다. ②사실이나 내용이 저렇고 저렇다. ¶ 사실은 형편이 저만저만해서 그렇다네. 작조만조만하다.

저-만치 Ⅰ명 저만큼 되는 데. ¶ 저만치에서 오는 아이의 모습.
Ⅱ부 (떨어진 거리가) 저만큼 되는 데에서. ¶ 저만치 서서 건너다보다.

저-만큼 Ⅰ명 저만한 정도. ¶ 저에게도 저만큼을 주세요. 작조만큼.
Ⅱ부 저만한 정도로. ¶ 학교에도 안 들어간 아이가 저만큼 알기도 어렵다. 작조만큼.

저만-하다형여 ①(정도나 수준이) 저 정도만 하다. ¶ 저만한 일은 나도 할 수 있다. ②정도가 비슷하다. ¶ 키도 저만하다, 몸집도 저만하다. 작조만하다.

저맘-때명 꼭 저만큼 된 때. ¶ 대부분의 아이들이 저맘때는 낯가림을 하지. 작조맘때.

저:망(貯望)명하자 명망(名望)의 바탕을 기름. 양망(養望).

저:면(底面)명 ①밑바닥. ②'밑면'의 구용어.

저:-면적(底面積)명 '밑넓이'의 구용어.

저:명(著名)명하형 세상에 이름이 널리 알려짐. ¶ 저명 작가. /저명한 과학자. 비유명(有名).

저명(著明) '저명하다'의 어근.

저:명-인사(著名人士)명 세상에 이름이 널리 알려진 사람.

저:명-하다(著明-)형여 아주 분명하다.

저모(豬毛·猪毛)명 돼지의 털. 솔 따위를 만드는 데 쓰임. 돈모(豚毛).

저모-립(豬毛笠)명 돼지의 털로 싸개를 한 갓. 당상관(堂上官)이 썼음.
저모립 쓰고 물구나무를 서도 제멋이다속담 제가 좋아서 하는 짓이니, 남이 간섭할 것이 아니라는 뜻.

저:-모음(低母音)명 단모음의 한 갈래. 입을 크게 벌려 혀의 위치가 가장 낮은 상태에서 발음되는 모음. 〔'ㅐ·ㅏ'가 이에 딸림.〕 개모음.

저모-필(豬毛筆)명 돼지의 털로 맨 큰 붓.

저목(樗木)명 ☞가죽나무.

저묵(楮墨)명 종이와 먹.

저문(著聞) '저문하다'의 어근.

저:문-하다(著聞-)형여 (세상에 널리 드러나서) 소문이 자자하다.

저:-물가(低物價)[-까]명 물건의 값이 쌈, 또는 헐한 물가.

저:물가^정책(低物價政策)[-까-]명 (금융 긴축 따위로) 국가가 국내 물가를 인하하거나, 낮은 물가 수준을 유지하려는 정책.

저물다[저무니·저물어]자 ①해가 져서 어두워지다. ¶ 날이 저물다. ②(한 해나 계절이) 거의 다 가게 되다. ¶ 올해도 거의 저물어 간다. ③(어떤 일이) 날이 어두워질 때까지 늦어지다. ¶ 귀가가 저물다.

저물-도록부 해가 져서 어두워질 때까지. 늦게까지. ¶ 저물도록 일하다.

저뭇-하다[-무타-]형여 (날이) 저물어 어스레하다. ¶ 날이 저뭇해서야 돌아오다.

저:미(低眉)명 ①아래로 처진 눈썹. ②하자〔눈썹을 낮춘다는 뜻으로〕 고개를 숙이거나 굴복함을 이르는 말.

저미(低迷) '저미하다'의 어근.

저미다타 ①(여러 개의 작은 조각으로) 얇게 베다. ¶ 생선을 저미다. ②칼로 도려내듯이 몸이나 마음을 쓰리고 아프게 하다. ¶ 가슴을 저미는 듯한 아픔.

저:미-하다(低迷-) Ⅰ자여 ①구름·안개 따위가 낮게 깔려 떠돌다. ②불안한 기미가 감돌다. ¶ 전운(戰雲)이 저미하다.
Ⅱ형여 ①구름·안개 따위가 낮게 깔려 어둑하다. ②(기운이) 까라져 활동이 둔하고 혼미하다.

저-백피(楮白皮)명 닥나무의 속껍질. 종이의 원료로 씀.

저-버리다타 ①(약속 따위를) 어기다. ¶ 맹세를 저버리다. ②(은혜 따위를) 마음에 두지 아니하다. ¶ 어버이의 은혜를 저버리다. ③(호의나 기대 따위를) 거절하여 실망시키다. ¶ 남의 호의를 저버리다.

저벅부하자 크게 한 번 내디딜 때 묵직하게 나는 발자국 소리, 또는 그 모양. 작자박[2]. **저벅-저벅**부하자.

저벅-거리다[-꺼-]자 자꾸 저벅저벅하다. 저벅대다. 작자박거리다.

저벅-대다[-때-]자 저벅거리다.

저:번(這番)명 요전의 그때. 거번(去番). ¶ 저번에는 폐를 많이 끼쳤습니다.

저:변(低邊)명 헐한 변리. 경변(輕邊). 저리. 헐변(歇邊).

저:변(底邊)명 ①'밑변'의 구용어. ②사회적·경제적으로 기저(基底)를 이루는 계층, 또는 부분. ¶ 스포츠 인구의 저변 확대.

저:본(底本)명 ①문서 또는 저술물(著述物)의 초고(草稿). ②번역을 하거나 저술을 할 때, 그 바탕을 삼는 책. 원본. 대본.

저:부(低部)명 낮은 부분.

저:부(底部)명 밑바닥을 이루는 부분.

저-분대 '저 사람'의 높임말. ¶ 저분이 우리 삼촌이시다.

저:분자^화합물(低分子化合物)[-함-]명 적은 수의 분자가 결합한 화합물. ↔고분자 화합물.

저분-저분부하형 ①가루 따위가 부드럽게 씹히는 모양. ②성질이 매우 찬찬하고 부드러운 모양. 작자분자분[2].

저:사(抵死)명하자 <저사위한(抵死爲限)>의 준말.

저사(儲嗣)명 ☞왕세자(王世子).

저:사-위한(抵死爲限)명하자 죽기를 작정하고 저항함. 준저사.

저ː상(沮喪)명하자되자 기력이 꺾여서 기운을 잃음. ¶ 사기가 저상되다.
저ː생-동물(底生動物)명 물 밑바닥에 사는 동물을 통틀어 이르는 말. 〔바다·늪·강 따위의 밑바닥에 사는 말미잘·무명조개·갯지렁이·가래·해삼·넙치·메기 따위.〕
저ː생-전(楮生傳)명 고려 말기의 문인 이첨(李詹)이 지은 가전체 작품. 종이를 의인화하여, 당시 부패한 속유(俗儒)들의 해이한 사도(士道)를 풍자한 내용. 〔'동문선(東文選)'에 실려 전함.〕
저ː서(著書)명 책을 지음, 또는 지은 책.
저ː선(底線)명 '밑줄'의 이전 일컬음.
저ː성(氐星)명 이십팔수의 하나. 동쪽의 셋째 별자리. 저수(氐宿). 준저(氐).
저ː성(低聲)명 낮은 목소리. ↔고성(高聲).
저ː-소득(低所得)명 소득이 낮음. 낮은 소득. ↔고소득.
저ː속(低俗)명하형 ①(품은 뜻이나 인격 따위가) 낮고 속됨. ¶ 고상한 외모와 달리 말이나 행동은 아주 저속하다. ②(학문·예술성 따위의 정도가) 깊거나 고상하지 못하고 천박함. ¶ 저속한 문학 작품.
저ː속(低速)명 〈저속도〉의 준말. ¶ 저속으로 비행하다. ↔고속.
저ː-속도(低速度)[-또]명 느린 속도. 준저속. ↔고속도.
저ː속-어(低俗語)명 고상하지 못하고 천박한 말.
저수(氐宿)명 ☞저성(氐星).
저ː수(低首)명하자 고개를 숙임.
저ː수(貯水)명하타되자 인공적으로 물을 가두어 모아 둠, 또는 그 물.
저ː수-공사(低水工事)명 강물이 최저 수량일 때에도 배가 다닐 수 있도록, 일정한 폭과 깊이를 유지하게 하기 위하여 하는 하천 공사.
저ː수-량(貯水量)명 (저수지·댐 따위에) 모아 두는 물의 양.
저ː-수로(低水路)명 하천 부지에서, 가물 때에도 물이 흐르는 부분.
저ː수-반(貯水盤)명 분수 시설 따위에서, 뿜어낸 물을 모아 두기 위하여 만들어 놓은 장치.
저ː수^식물(貯水植物)[-싱-]명 몸 안에 스스로 물을 많이 저장하여, 오랫동안 마르지 않고 가물에 잘 견디는 식물. 다장식물(多漿植物).
저ː수-지(貯水池)명 인공으로 둑을 쌓아 물을 모아 두는 못.
저ː술(著述)명하타되자 책을 씀, 또는 그 책. 저작. 찬술(撰述). 준저(著).
저ː술-가(著述家)명 저술을 전문으로 하는 사람. 저작가.
저ː술-업(著述業)명 저술에 종사하는 직업.
저ː습(低濕)명하형 땅이 낮고 습기가 많음. ¶ 저습 지대.
저승명 죽은 사람의 영혼이 가서 산다는 세계. 명도(冥途). 명부(冥府). 유명(幽冥). 음부(陰府). 타계(他界). 황천(黃泉). ↔이승.
저승-길[-낄]명 저승으로 가는 길, 곧 죽음에 이르는 일. ¶ 모처럼의 귀향길이 저승길이 될 줄이야.
저승길이 대문 밖이다속담 죽는 일이 나와는 아무 관계없이 먼 곳의 일 같지만 실상은 아주 가깝다는 말.
저승-꽃[-꼳]명 '검버섯'을 비유하여 이르는 말. *저승꽃이[-꼬치]·저승꽃만[-꼰-]
저승-말명 사람을 저승으로 잡아가기 위하여, 저승의 차사(差使)가 타고 온다는 말.
저승-빛[-삗]명 저승에서 이승으로 올 때 지고 온다는 빚. *저승빚이[-삐지]·저승빚만[-삔-]
저승-사자(-使者)명 저승에서 염라대왕의 명에 따라 죽은 사람의 넋을 데리러 온다는 심부름꾼.
저승-패(-牌)명 남사당패의 은어로, 놀이를 하지 못하는 노인을 이르던 말.
저ː시(貯柴)명하자 땔나무를 모아 쌓아 둠.
저ː실(楮實)명 한방에서 '닥나무의 열매'를 약재로 이르는 말. 모양은 딸기와 비슷하며 빛깔은 붉고 성질이 참. 부종·안질에 약으로 씀.
저숩다[-따][저쑤우니·저쑤워]자ㅂ (신이나 부처에게) 절하다.
저숩다타ㅂ 〈옛〉두려워하다. 황송해하다. 〔'젛다'에 어미 '숩다'가 붙은 말.〕 ¶ 王ㄱ出令을 저쏘봐(月釋*1:9*).
저숩다타 〈옛〉저숩다. 절하옵다. ¶ 부텨를 맛조바 저숩고(月釋*1:13*).
저ː압(低壓)명 (전압·기압·풍압·수압 따위의) 압력이 낮음. ↔고압.
저ː압^경제(低壓經濟)[-경-]명 공급이 수요보다 많아 생산 과잉 상태에 있는 경제.
저ː압-계(低壓計)[-꼐/-께]명 희박한 기체의 압력을 재는 장치. 참진공계(眞空計).
저ː압-선(低壓線)[-썬]명 배전선(配電線)에서, 변압기에 의하여 다시 전압을 낮추어 수요자에게 보내는 전선. ↔고압선.
저ː압^터ː빈(低壓turbine)명 대기압(大氣壓) 내외의 증기로 동력을 발생시키는 터빈.
저ː앙(低昂)명하자타 ①낮아졌다 높아졌다 함. ②낮추었다 높였다 함.
저ː액(低額)명 적은 금액. ↔고액.
저어(齟齬) '저어하다'의 어근.
저어-새명 저어샛과의 새. 몸길이는 84 cm가량. 겨울깃은 흰색이고, 성조(成鳥)의 여름깃은 가슴에 황갈색 띠가 있으며, 노랑부리저어새와 비슷함. 동북아시아에 분포하는데 해안의 얕은 곳이나 소택지, 간척지, 갈밭 등에서 서식하는 것이 발견되었음. 매우 드문 새로 천연기념물 205호임.
저어-하다타여 두려워하다.
저어-하다(齟齬-)형여 〔이가 맞지 아니하다는 뜻으로〕 사물이나 일이 잘 맞지 않고 어긋나다.
저ː억(沮抑)명하타 억지로 누름. 비억지(抑止)·저지(沮止).
저열(低劣) '저열하다'의 어근.
저ː열(低熱)명 (온도가) 낮은 열. ↔고열.
저ː열-하다(低劣-)형여 질이 낮고 용렬하다. **저열-히**부.
저ː온(低溫)명 낮은 온도. ¶ 저온 다습한 기후. ↔고온.
저ː온^공업(低溫工業)명 기체를 냉각, 액화시켜 제품을 얻는 공업. 〔공기에서 산소를 분리하는 것 따위.〕
저ː온^마취(低溫痲醉)명 체온을 25~30℃로 내려 물질대사(物質代謝)를 저하시키면서 하는 마취. 뇌수술·심장 수술 등 큰 수술 때 이용함. 저체온 마취. 저체온법.
저ː온^살균(低溫殺菌)명 식품류를 60~80℃의 비교적 낮은 온도에서 30분 정도 살균하는 일.
저용(豬勇·猪勇)명 (멧돼지처럼) 무턱대고 앞으로만 내닫는 무모한 용기.
저울명 물건의 무게를 다는 데 쓰이는 기구를 통틀어 이르는 말. 참권형(權衡).
저울-눈[-룬]명 저울의 눈금. ¶ 저울눈을 속이다.

저울-대[-때]명 대저울의 몸이 되는 긴 막대. 눈금이 새겨져 있음.
저울-자리명 ☞천칭(天秤)자리.
저울-질명하타 ①저울로 물건의 무게를 다는 일. ②남의 속내를 헤아려 봄. ¶ 사람을 저울질하다. ③이해득실을 헤아림. ¶ 양쪽을 저울질하다.
저울-추(-錘)명 (무게를 달 때) 저울대 한쪽에 거는, 일정한 무게를 지닌 쇠로 만든 추. 칭추(秤錘). 준추.
저울-판(-板)명 무게를 달 때 물건을 올려놓는 접시 모양의 판. 칭판(秤板).
저ː원(低原)명 지형이 낮은 벌판.
저ː위(低位)명 ①낮은 지위. ②낮은 위치. ↔고위(高位).
저ː-위도(低緯度)명 낮은 위도, 곧 적도(赤道)에 가까운 위도.
저ː위도^지방(低緯度地方)명 적도에서 남·북 회귀선(回歸線)에 이르는 사이의 지역.
저ː위도^해ː역(低緯度海域)명 적도에서 남·북 회귀선에 이르는 사이의 바다.
저ː유(貯油)명하자 유류를 저장하는 일.
저육(豬肉·猪肉)명 〈제육〉의 본딧말.
저ː율(低率)명 어떠한 표준보다 낮은 비율. ↔고율(高率).
저으기부 '적이'의 잘못.
저ː음(低吟)명하타 (시 따위를) 낮은 소리로 읊음. ↔고음(高吟).
저ː음(低音)명 낮은 소리. 약한 음. 낮은음. ↔고음(高音).
저ː음부^기호(低音部記號)명 ☞낮은음자리표. ↔고음부 기호.
저ː의(底意)[-의/-이]명 (드러내지 않고) 속에 품고 있는 뜻. ¶ 그 사람에게 접근하려는 저의가 무엇일까?
저ː의(紵衣·苧衣)[-의/-이]명 모시로 지은 옷.
저-이대 저 사람.
저ː익-기(低翼機)[-끼]명 동체(胴體)의 중심선 아래에 주익(主翼)이 달려 있는 단엽 비행기.
저ː인-망(底引網)명 바다 밑바닥으로 끌고 다니며 깊은 데 사는 물고기를 잡는 그물의 한 가지. 자루나 주머니처럼 생겼음. 참트롤망.
저ː인망^어선(底引網漁船)명 저인망으로 물고기를 잡는 배. 트롤선.
저ː인망^어업(底引網漁業)명 저인망으로 바다 깊은 데 사는 물고기를 잡는 어업. 주로 가자미나 명태 따위를 잡음.
저ː일-계(低日季)[-계/-게]명 동지(冬至)를 중심으로 한 그 앞뒤의 기간. 이 기간에는 해가 낮게 뜸.
저ː-임금(低賃金)명 낮은 임금. 싼 품삯.
저자명 ①시장에서 물건을 파는 가게. ②큰 길거리에 아침저녁으로 반찬거리를 사고팔기 위해 서는 장(場).
저자(를) 보다관용 저자에서 물건을 사거나 팔거나 하다.
저ː자(著者)명 〈저작자(著作者)〉의 준말. ¶ 김부식은 '삼국사기'의 저자다.
저-자(-者)대 '저 사람'을 낮추어 일컫는 말.
저자-상어명 ☞전자리상어.
저ː-자세(低姿勢)명 (교섭 따위에서) 상대편의 비위를 맞추려는 태도. ¶ 저자세로 나오다. ↔고자세.
저작(咀嚼)명하타되자 음식물을 씹음.
저ː작(著作)명 ①하타☞저술. 준저(著). ②조선 시대에, 홍문관·승문원·교서관의 정팔품 벼슬.
저ː작-가(著作家)[-까]명 ☞저술가(著述家).
저ː작-권(著作權)[-꿘]명 저작자가 자기 저작물의 복제·번역·방송·상연 등을 독점적으로 이용할 수 있는 권리.
저ː작권-법(著作權法)[-꿘뻡]명 저작권의 보호를 목적으로 하는 법률.
저ː작권-자(著作權者)[-꿘-]명 저작권법에 따라 저작물에 대한 저작권을 가진 사람. 원칙적으로 저작자가 저작권자로 됨.
저ː작권^침ː해(著作權侵害)[-꿘-]명 저작권자의 승낙 없이 저작물의 내용을 상업적으로 이용하여, 저작권자의 이익을 침해하는 일.
저작-근(咀嚼筋)[-끈]명 음식물을 씹는 작용을 맡은 안면근(顔面筋)의 한 가지.
저작-기(咀嚼器)[-끼]명 음식물을 씹는 작용을 맡은 기관. 〔무척추동물의 키틴질(chitin質)의 턱, 척추동물의 이 따위.〕
저ː작-물(著作物)[-장-]명 사상 또는 감정을 창작적으로 표현한 것으로, 문예·학술·미술·음악의 범위에 드는 것을 이름.
저ː작^인접권(著作隣接權)[-꿘]명 가수나 연주자 등 저작물의 내용을 실연(實演)하는 사람, 음반 제작자, 방송 사업자 등에게 인정하는, 저작권에 준하는 권리.
저ː작-자(著作者)[-짜]명 ①책을 지은 사람. 지은이. 준작자·저자. ②(저작권법에 따른) 저작물을 작성하는 사람.
저잣-거리[-자꺼-/-잗꺼-]명 시장의, 가게가 죽 늘어서 있는 거리.
저ː장(低張)명하형 한 용액의 삼투압이 다른 용액의 삼투압에 비하여 낮음. 〔주로, 각종 용액의 농도를 체액(體液)이나 혈액과 비교할 때 쓰는 말.〕 ↔고장(高張).
저ː장(貯藏)명하자타되자 ①물건을 모아서 간수함. 갈무리. ¶ 고구마를 움 속에 저장하다. ②컴퓨터에서, 생성된 데이터를 기억 장치에 보존하는 일. 세이브(save). ¶ 파일을 하드에 저장하다.
저ː장-근(貯藏根)명 양분을 저장하여 두는 식물의 뿌리. 〔우엉·고구마·무·당근 따위.〕 저장뿌리.
저ː장-량(貯藏量)[-냥]명 ①저장되어 있는 물건의 양. ②물건을 저장할 수 있는 용량.
저ː장-물(貯藏物)명 저장되어 있는 물건.
저ː장^물질(貯藏物質)[-찔]명 생물의 몸속에 저장되어 있는 영양 물질.
저ː장-법(貯藏法)[-뻡]명 물건을 상하지 않게 저장하는 방법.
저ː장-뿌리(貯藏-)명 ☞저장근(貯藏根).
저ː장-성(貯藏性)[-썽]명 오래 저장해 두어도 상하지 않는 성질.
저ː장-실(貯藏室)명 물건을 저장하는 방.
저ː-장애(低障礙)명 〈저장애물 경주〉의 준말.
저ː장애물^경ː주(低障礙物競走)명 남자 육상 경기 종목의 한 가지. 200 m 코스에 높이 62 cm의 허들 열 개를 세워 놓고 빨리 뛰어넘어 달리는 경기. 준저장애. ↔고장애물 경주.
저ː장-엽(貯藏葉)명 양분이나 수분 따위를 많이 저장하여 두는 특수한 잎. 〔양파·백합 따위의 비늘잎.〕
저ː장^전ː분(貯藏澱粉)명 식물의 뿌리·땅속줄기·배젖·떡잎 따위에 저장되어 있는 전분. 고구마의 뿌리, 감자의 덩이줄기, 보리나 벼의 배젖, 완두의 떡잎 등에 저장되어 있음. 참동화 전분(同化澱粉).

저ː장^조직(貯藏組織)명 식물체 안에서 영양 물질을 특별히 많이 저장하고 있는 조직.
저ː저-이(這這-)부 낱낱이 모두. ¶ 어려운 실정(實情)을 저저이 보고하다.
저ː적(抵敵)명하자타되자 ☞대적(對敵).
저적-거리다[-꺼-]자 자꾸 저적저적하다. 저적대다. 작자작거리다.
저적-대다[-때-]자 저적거리다.
저ː적-에부 지난번에. 접때에.
저적-저적[-쩌-]부하자 ①아기가 간신히 걸음마를 하는 모양. ②힘없이 간신히 발을 내디디며 걷는 모양. 작자작자작[1].
저전(楮田)명 닥나무 밭.
저-절로부 인공을 가하지 않고 자연적으로. 다른 힘을 빌지 않고 제 스스로. ¶ 문이 저절로 열리다. /선생의 모습만 봐도 저절로 숙연해진다. 준절로[1].
저ː조(低調)명하형되자 ①능률·성적 따위가 낮음. ¶ 영업 실적이 저조하다. ②활기가 없거나 내용이 충실하지 않음. ¶ 저조하던 남북 대화가 다시 활기를 띠다.
저ː조(低潮)명 ①☞간조(干潮). ②'감정이나 기세가 가장 까라진 상태'를 비유하여 이르는 말. ↔고조(高潮).
저ː조-선(低潮線)명 ☞간조선. ↔고조선(高潮線).
저ː주(詛呪·呪呪)명하타 (미운 이에게) 재앙이나 불행이 닥치기를 빌고 바람. 주저. ¶ 저주를 받다.
저ː주-스럽다(詛呪-)[-따][~스러우니·~스러워]형ㅂ 저주하여 마땅하다. **저주스레**부.
저주-지(楮注紙)명 조선 시대에, 저화(楮貨)로 쓰던, 길이 한 자 여섯 치에 너비 한 자 네 치의 닥나무 껍질로 만든 종이.
저ː-주파(低周波)명 진동수가 비교적 적은 주파, 또는 그러한 파동이나 전파. ↔고주파.
저ː지(低地)명 지대가 낮은 땅. ↔고지.
저ː지(底止)명하자되자 갈 데까지 가서 멈춤.
저ː지(沮止)명하타되자 막아서 못하게 함. ¶ 적의 침입을 저지하다. 비저억(沮抑).
저지(judge)명 운동 경기의 심판원.
저-지난관 '지지난'의 잘못.
저지난-달명 ①이삼 개월 전의 달. ②'지지난달'의 잘못.
저지난-밤명 ①이삼 일 전의 밤. ②'지지난밤'의 잘못.
저지난-번(-番)명 ①지난번의 전번. ②'지지난번'의 잘못.
저지난-해명 ①이삼 년 전의 해. ②'지지난해'의 잘못.
저지다타 〈옛〉적시다. ¶ 쌜리 비롤 ᄂᆞ리와 이 大地롤 저지라(月釋*10:101*).
저ː-지대(低地帶)명 (평지보다) 낮은 지대. ¶ 홍수로 저지대의 가옥이 침수되다. ↔고지대.
저지레명하타 (일·물건 따위를) 버르집어 그르치는 짓. 말썽 부리는 짓.
저지르다[저지르니·저질러]타르 잘못하여 그르치다. 탈을 내다. ¶ 네가 기어이 일을 저지르고야 말았구나.
저ː지-선(沮止線)명 그 이상 범하지 못하도록 막는 경계선. ¶ 경찰의 저지선을 뚫고 시위대가 거리로 진출했다.
저지^페이퍼(judge paper)명 권투에서, 부심이 경기자의 득점을 기록하는 종이.
저ː질(低質)명 질이 낮음. 바탕이 좋지 않음. ¶ 저질 상품.
저ː질-탄(低質炭)명 화력(火力)이 약하고 질이 나쁜 석탄.
저-쪽대 ①(이야기하는 곳에서 확인이 되는) 좀 떨어진 곳이나 방향을 가리키는 지시 대명사. ¶ 저쪽 거리에 있는 나무. /이쪽과 저쪽. ②우리 쪽이 아닌 상대편 쪽을 가리키는 삼인칭 대명사. ¶ 그는 저쪽 사람이다. ③(대화하는 자리에서) 무엇을 사이에 둔 반대편을 가리키는 지시 대명사. ¶ 강 저쪽. /산 너머 저쪽. ↔이쪽[1].
저-쯤 Ⅰ명 저만한 정도. ¶ 저쯤이면 충분하겠지? 작조쯤.
Ⅱ부 저만한 정도로. ¶ 저쯤 했으면 이제 지칠 만도 하지. 작조쯤.
저-천우(楮天牛)명 (닥나무를 해치는) 하늘소를 통틀어 이르는 말.
저ː체온^마취(低體溫痲醉)명 ☞저온 마취.
저ː체온-법(低體溫法)[-뻡]명 ☞저온 마취.
저ː촉(抵觸)명하자되자 ①서로 부딪침. 서로 모순됨. ②(법률이나 규칙에) 위배되거나 거슬림. ¶ 법에 저촉되는 일.
저ː축(貯蓄)명하타되자 ①절약해 모아 둠. ¶ 창고에 저축되었던 곡식. ②소득의 일부를 아껴 금융 기관에 맡겨 둠, 또는 그 돈. ¶ 저축을 장려하다. /용돈을 고스란히 저축하다.
저축-거리다[-꺼-]타 자꾸 저축저축하다. 저축대다. 작자축거리다.
저축-대다[-때-]타 저축거리다.
저ː축^보ː험(貯蓄保險)[-뽀-]명 보험에 든 사람이 일정한 연령이나 조건에 이르렀을 때에 일정한 금액을 지급할 것이 약속된 보험. 〔학자(學資) 보험·혼인 보험 따위.〕
저ː축^성ː향(貯蓄性向)[-썽-]명 소득에서 차지하는 저축의 비율. ↔소비 성향.
저ː축^예ː금(貯蓄預金)[-충녜-]명 개인이 저축 및 이식(利殖)을 목적으로 하는 은행 예금의 한 가지. 장기에 걸친 정기 예금의 형식을 취하는 경우가 많음.
저ː축^은행(貯蓄銀行)명 일반 서민의 저축을 주안(主眼)으로 하는 은행.
저축-저축[-쩌-]부하타 힘없는 다리로 절룩거리며 걷는 모양. 작자축자축.
저춤-거리다타 자꾸 저춤저춤하다. 저춤대다. 작자춤거리다.
저춤-대다타 저춤거리다.
저춤-저춤부하타 약간 저축거리며 걷는 모양. 작자춤자춤.
저ː층(底層)명 건물의 낮은 층, 또는 그 건물. ¶ 저층 아파트.
저-치대 '저 사람'을 얕잡아 이르는 말.
저ː치(貯置)명하타되자 저축하여 둠.
저퀴명 사람을 몹시 앓게 한다는 귀신.
저퀴(가) 들다관용 저퀴가 씌어서 몹시 앓다.
저큼명하자 잘못을 고치고 다시 잘못하지 않도록 조심함, 또는 그렇게 하는 버릇. ¶ 그만큼 타일렀으면 저큼할 줄 알아야지.
저ː탄(貯炭)명하타 석탄·숯 따위를 저장함, 또는 그 석탄이나 숯.
저ː탄-량(貯炭量)[-냥]명 석탄·숯 따위의 저장되어 있는 분량.
저ː탄-장(貯炭場)명 석탄이나 숯 따위를 저장해 두는 곳.
저ː택(邸宅)명 ①지난날, 왕후의 집. 제관(第館). ②규모가 아주 큰 집. ¶ 호화로운 저택.
저택(瀦宅)명하타 왕조 때, 대역 죄인의 집을 헐고 그 자리에 못을 만들던 형벌.

저ː토(底土)명 하층의 흙. 밑바닥의 흙.
저-토록부 저러하도록. 저렇게까지. ¶ 저토록 비는데 너그럽게 용서하시게.
저ː판(底板)명 밑널.
저-편(-便)대 ①저쪽. ②저쪽 사람. ¶ 말썽은 항상 저편에서 난다.
저폐(楮幣)[-폐/-페]명 ☞저화(楮貨).
저ː포(紵布·苧布)명 ☞모시.
저ː포-전(紵布廛)명 조선 시대에, 육주비전의 하나. 모시를 팔던 시전(市廛).
저품명 〈옛〉두려움. ¶ 그 ᄯᅬ리 念佛力으로 自然히 저푸미 업더라(月釋21:24).
저프다형 〈옛〉두렵다. 무섭다. ¶ 믄ᄂᆞᆫ 저플씨라(月釋序22).
저ː피(底皮)명 쇠가죽이나 물소 가죽을 식물 타닌으로 무두질한 것. 두껍고 딱딱한데 주로 구두창으로 쓰임.
저ː하(低下)명하자되자 ①(높이 있던 것이) 낮아짐. ②(사기·정도·수준·물가·능률 따위가) 떨어져 낮아짐. ¶ 사기 저하. /경쟁력이 저하되다. ↔향상.
저ː하(邸下)명 조선 시대에, '왕세자'를 높이어 일컫던 말.
저ː-학년(低學年)[-항-]명 낮은 학년. ↔고학년.
저함(低陷) '저함하다'의 어근.
저ː함-하다(低陷-)형여 (밑바닥이 가라앉아) 낮고 우묵하다. ¶ 저함한 부분을 메우다.
저ː항(抵抗)명 ①하자(어떤 힘·권위 따위에) 맞서서 버팀. ¶ 저항 세력. ②힘의 작용에 대하여 그 방향과 반대 방향으로 작용하는 힘. 〔전류 저항·관성 저항 따위가 있음.〕 ¶ 공기 저항. ③정신 분석에서, 치료에 대하여 감정적으로 거슬러 버티는 경향.
저ː항-계(抵抗計)[-계/-게]명 유효(有效) 저항을 재는 데 쓰는 계기.
저ː항-권(抵抗權)[-꿘]명 기본적 인권을 침해하는 압정적(壓政的)인 국가 권력에 대하여 저항할 수 있는 국민의 권리.
저ː항-기(抵抗器)명 전기 회로에 전기 저항을 조성하기 위하여 연결하는 기구.
저ː-항라(紵亢羅)[-나]명 모시로 짠 항라.
저ː항-력(抵抗力)[-녁]명 ①저항하는 힘. ¶ 병충해에 대한 저항력이 강한 신품종이 개발되었다. ②(운동체의) 운동을 방해하는 힘.
저ː항-률(抵抗率)[-뉼]명 단면적(斷面積)이 같은 등질(等質)의 전기 도체가 갖는 전기 저항의 비율. 비저항(比抵抗).
저ː항^문학(抵抗文學)명 제2차 세계 대전 중, 나치 독일에 대한 프랑스의 저항 운동을 기반으로 생성된 문학.
저ː항-선(抵抗線)명 ①적의 공격을 막아 버티는 방어선. ②(전기 에너지를 열에너지로 바꾸기 위하여) 전류를 통하게 한 고유 저항의 쇠붙이 줄. 〔니크롬선 따위가 있음.〕
저ː항-성(抵抗性)[-썽]명 저항하는 성질.
저ː항-손(抵抗損)명 전류가 저항체를 흐를 때, 열이 되어 소산(消散)하는 전기 에너지의 손실.
저ː항-심(抵抗心)명 저항하는 마음.
저ː항^운ː동(抵抗運動)명 압제나 외국의 지배에 대항하여 싸우는 민족적 운동. 참레지스탕스.
저ː항-체(抵抗體)명 ①☞항체. ②저항기(抵抗器)나 저항 재료를 이르는 말.
저ː해(沮害)명하타되자 막아서 못하게 하여 해침. ¶ 사회 발전에 저해되는 이기주의적 사고.
저허ᄒᆞ다타 〈옛〉두려워하다. ¶ 오히려 일흘가 저허홀띠니라(論解2:38).
저혈(豬血·猪血)명 돼지의 피.
저ː-혈압(低血壓)명 혈압이 정상보다 낮은 현상. 〔보통, 성인의 경우 최고 혈압이 90 mmHg 보다 낮은 혈압.〕 ↔고혈압.
저화(楮貨)명 고려 말기·조선 초기에, 화폐로 통용되던 저주지(楮注紙). 〔조선 태조 때는 쌀 한 되와 이 종이 한 장을 비기게 했음.〕 저폐.
저ː회(低徊·低回)[-회/-훼]명하자 머리를 숙이고 생각에 잠겨 왔다 갔다 함.
저ː회-취미(低徊趣味)[-회-/-훼-]명 세속의 노고(勞苦)를 피하여, 온갖 사물을 여유 있는 각도에서 바라보며, 동양적 시취(詩趣)의 경계에 노니는 태도.
저희[-히]대 ①〈우리[3]〉의 낮춤말. ¶ 저희를 한 번만 용서해 주십시오. ②저 사람들.
저ː희(沮戲)[-히]명하타 (남에게) 지근덕거려 방해함.
저히다타 〈옛〉위협하다. 두렵게 하다. ¶ 罪福ᄋᆞ로 저히ᅀᆞᆸ거든(龍歌124章).
저ᄒᆞ샤타 〈옛〉〔'젛다'의 활용형〕 두려워하시어. ¶ 公州ㅣ 江南ᄋᆞᆯ 저ᄒᆞ샤 子孫ᄋᆞᆯ ᄀᆞᄅᆞ치신돌(龍歌15章).
적[1]명 ①나무·돌 따위의 결을 따라 일어나는 조각. ②굴의 껍데기를 따 낸 뒤에도 아직 굴에 붙어 있는 껍데기 조각.
적[2]의 《일부 명사나 어미 '-은'·'-을' 뒤에 쓰이어》 ①시기(때). 당시. ¶ 어릴 적 추억. /일할 적엔 일에만 몰두하라. ②경험한 일. ¶ 그를 본 적이 있다. /그와는 다툰 적이 없다.
적[1]명 〈옛〉적. 때. ¶ 이제 져믄 저그란(釋譜6:11).
적[2]명 〈옛〉소금물. ¶ 적 겸:鹻(訓蒙中22).
적(赤)명 〈적색〉의 준말.
적(炙)명 어육(魚肉)·채소 따위를 양념하여 대꼬챙이에 꿰어 굽거나 번철에 지진 음식.
적(的)명 ①과녁. ②대상. 목표. 표적. ¶ 선망의 적이 되다.
적(笛)명 ①☞저[1]. ②대로 만든 관악기의 한 가지. 6 개의 구멍이 있으며 길이는 두 자가량임.
적(賊)명 도둑. 도적.
적(敵)명 ①원수가 되는 자(者). ②경쟁의 상대자. 적수. ③전쟁의 상대자. ④'어떤 것에 해를 끼치는 요소'를 비유하여 이르는 말. ¶ 마약은 인류의 적이다.
적(積)명 ①'곱[1]'의 구용어. ②☞적취(積聚).
적(篴)명 퉁소보다 약간 긴 피리의 한 가지. 지공(指孔)이 앞에 다섯, 뒤에 하나가 있고, 허공(虛孔)이 끝에 둘 나 있음.
적(籍)명 (사람·가축·토지 따위의) 소속·신분·성별·생년월일 따위를 공적(公的)으로 등록한 근거. 〔학적·호적·병적·당적 따위.〕
적(癪)명 한방에서, 여자에게 흔히 일어나는 위경련 증세를 이르는 말.
-적(的)접미 일부 한자어 명사 뒤에 붙어, '그 명사의 상태로 된'·'그런 성질을 띤' 등의 뜻을 나타냄. ¶ 예술적. /인간적. /과학적.
적가(嫡家)[-까]명 서가(庶家)에서 '적자손(嫡子孫)의 집'을 이르는 말. ↔서가(庶家).
적각(赤脚)[-깍]명 ①벌겋게 드러낸 다리. 맨다리. ②☞다목다리.
적각-마(赤脚馬)[-깡-]명 ☞정강말.
적각-선(赤脚仙)[-깍썬]명 ☞적각선인.
적각-선인(赤脚仙人)[-깍써닌]명 알몸으로 이곳저곳 돌아다닌다는 신선. 적각선.

적간(摘奸)[-깐]명하타 부정한 일이 있나 살피어 캐냄.
적-갈색(赤褐色)[-깔쌕]명 붉은빛을 띤 갈색. 고동색. 구릿빛.
적강(謫降)[-깡]명하자 되자 ①(신선이) 인간 세상에 내려오거나 사람으로 태어남. ②지난날, '관리가 외직(外職)으로 좌천됨'을 이르던 말.
적개-심(敵愾心)[-깨-]명 적에 대하여 분개하는 마음. ¶ 적개심을 품다.
적객(謫客)[-깩]명 적소(謫所)에서 귀양살이를 하고 있는 사람.
적거(謫居)[-꺼]명하자 귀양살이를 함.
적격(適格)[-껵]명하형 (어떤 일에) 자격이 알맞음, 또는 그 자격. ↔결격.
적격-자(適格者)[-껵짜]명 (어떤 일에) 알맞은 자격을 갖춘 사람. 자격에 맞는 사람. ¶ 사회자로는 그가 가장 적격자다.
적견(的見)[-껸]명하타 아주 적확하게 봄.
적경(赤經)[-꼉]명 천구 상의 천체의 위치를 나타내는 적도 좌표에서의 경도(經度). 춘분점에서 비롯하여 동쪽으로 0도에서 360도까지, 또는 0시에서 24시까지로 나타냄. ↔적위(赤緯).
적경(賊警)[-꼉]명하자 ①도둑을 경계함. ②도둑이 생길 기미가 보임.
적경(敵境)[-꼉]명 적 또는 적국과의 경계.
적경(積慶)[-꼉]명 거듭 생기는 경사스러운 일.
적고병간(積苦兵間)[-꼬-]명하자 여러 해 동안 전쟁터에서 갖은 괴로움을 겪음.
적곡(積穀)[-꼭]명하자 곡식을 쌓아 둠, 또는 그 곡식.
적공(積功)[-꽁]명하자 ①공을 쌓음. ②어떤 일에 많은 공을 들임. ¶ 적공 없이 어찌 성공을 바라겠는가.
적공-누덕(積功累德)[-꽁-]명 불과(佛果)의 보리(菩提)를 얻으려고 늘 착한 일을 행하고 공덕을 쌓는 일.
적과(摘果)[-꽈]명하타 (과실나무의 보호 따위를 위하여) 과실을 솎아 냄, 또는 그 일.
적과-기(炙果器)[-꽈-]명 ☞적틀.
적과-율(賊科律)[-꽈-]명 지난날, 과장(科場)에서 남의 답안을 훔쳐 제 이름을 써넣은 사람에게 적용하던 형벌.
적광(寂光)[-꽝]명 〔불교에서〕 ①세상의 번뇌를 끊고 적정(寂靜)의 진리에서 발현(發現)하는 진지(眞智)의 광명. ②〈적광토〉의 준말.
적광-토(寂光土)[-꽝-]명 사토(四土)의 하나. 법신불(法身佛)이 사는 정토, 곧 부처가 사는 세계. 준적광.
적괴(賊魁)[-꾀/-꿰]명 도둑의 괴수(魁首). 적수(賊首).
적괴(敵魁)[-꾀/-꿰]명 적의 우두머리.
적교(弔橋)명 '조교(弔橋)'의 잘못.
적구(適口) '적구하다'의 어근.
적구(積久)[-꾸]명하자 오래 걸림.
적구-독설(赤口毒舌)[-꾸-썰]명 남을 몹시 비난하고 저주하는 말.
적구지병(適口之餠)[-꾸-]명 입에 맞는 떡.
적구-하다(適口-)[-꾸-]자여 (음식이) 입에 맞다.
적국(敵國)[-꾹]명 적대 관계에 있는 나라. 교전국.
적군(赤軍)[-꾼]명 공산군. 붉은 군대.
적군(賊軍)[-꾼]명 도둑의 군대. 적도(賊徒). ↔관군.
적군(敵軍)[-꾼]명 ①적국의 군대. ②(운동 경기 따위에서) '상대편'을 이르는 말. ↔아군.
적굴(賊窟)[-꿀]명 도둑의 소굴. 적소(賊巢). 적혈(賊穴).
적굴(敵窟)[-꿀]명 적(敵)의 무리가 근거로 삼고 우글거리는 소굴.
적권-운(積卷雲)[-꿘눈]명 ☞고적운(高積雲).
적극(積極)[-끅]명 어떤 일에 대하여, 바짝 다잡는 성향이나 태도. 능동적·긍정적·사발적·진취적·표면적·양성적인 면을 보이는 활동적 성향을 이름. ¶ 환경 보호에 적극 동참하다. /봉사 활동에 적극 나서다. ↔소극.
적극^명:제(積極命題)[-끙-]명 ☞긍정 명제.
적극^방어(積極防禦)[-끅빵-]명 적의 공격에 맞서 각종 화기로 공격함으로써 방어하는 일.
적극-성(積極性)[-끅썽]명 적극적인 성질. ¶ 적극성을 띠다. ↔소극성.
적극^의:무(積極義務)[-끄긔-]명 어떤 일정한 일을 해야 하는 의무. ↔소극 의무.
적극^재산(積極財産)[-끅째-]명 어느 특정인에게 딸린 재산권의 총체. ↔소극 재산.
적극^재정(積極財政)[-끅째-]명 국가가 어떤 목적을 위하여, 지출을 극대화하고 공채를 발행하여 차입금을 얻는 등 적자 재정이 되는 경제 확대 정책.
적극-적(積極的)[-끅쩍]관명 (어떤 일을 처리하거나 활동함에 있어) 바짝 다잡아 하는 (것). ¶ 적극적 홍보. /적극적인 판촉 활동. ↔소극적.
적극적 개:념(積極的槪念)[-끅쩍깨-] ☞긍정적 개념.
적극적 판단(積極的判斷)[-끅쩍-] ☞긍정적 판단.
적극-주의(積極主義)[-끅쭈의/-끅쭈이]명 ☞실증주의(實證主義). ↔소극주의.
적극-책(積極策)[-끅-]명 적극적인 정책이나 대책. ↔소극책.
적극-화(積極化)[-끄콰]명하자타되자 적극적인 것으로 되거나 되게 함.
적금(赤金)[-끔]명 ①붉은빛을 띤 금(金)의 합금. ②☞구리1.
적금(積金)[-끔]명 ①하타돈을 모아 둠, 또는 그 돈. ②일정 기간 동안 일정 금액을 불입한 다음 만기가 되면 찾기로 약속된, 은행 저금의 한 가지.
적기(赤記)[-끼]명하타 붉은 글씨, 또는 붉은 글씨로 쓴 기록.
적기(赤旗)[-끼]명 ①붉은빛의 기. ②위험 신호용의 붉은 기. ¶ 적기를 흔들어 위험을 알리다. ③흔히, 공산주의를 상징하는 기.
적기(炙器)[-끼]명 ☞적틀.
적기(摘記)[-끼]명하타 요점만 뽑아 적음, 또는 그 기록. 적록(摘錄).
적기(適期)[-끼]명 알맞은 시기. ¶ 모내기에는 지금이 가장 적기다.
적기(敵機)[-끼]명 적의 비행기.
적기(積氣)[-끼]명 ☞적취(積聚).
적-꼬치(炙-)명 적을 꿰는 꼬챙이. 대나 싸리로 만듦. 준적꽂.
적-꽂(炙-)[-꼳]명 〈적꼬치〉의 준말. * 적꽂이[-꼬치]·적꽂만[-꼰-]
적나라(赤裸裸) '적나라하다'의 어근.
적나라-하다(赤裸裸-)[정-]형여 〔몸에 아무것도 걸치지 않은 발가벗은 상태라는 뜻으로〕 있는 그대로 다 드러내어 숨김이 없다. ¶ 환자의 얼굴에 고통이 적나라하게 드러났다.

적난(賊難) [정-] 명 하자 도둑에게 재난을 당함, 또는 그 재난.

적남(嫡男) [정-] 명 ☞적자(嫡子).

적녀(嫡女) [정-] 명 정실(正室)의 몸에서 난 딸. ↔서녀(庶女).

적년(積年) [정-] 명 여러 해.

적년-신고(積年辛苦) [정-] 명 하자 여러 해를 두고 쓰라린 고생을 겪음, 또는 그 고생.

적념(寂念) [정-] 명 번뇌를 벗어나 몸과 마음이 흔들림 없이 매우 고요한 상태의 생각.

적다[1] [-따] 타 (어떤 내용을) 글로 쓰다. 기록하다. ¶ 장부에 금액을 적다.

적:다[2] [-따] 형 (분량이나 수효가) 일정한 기준에 이르지 못하다. ¶ 수입이 적다. /경험이 적다. ↔많다.

적게 먹으면 약주요 많이 먹으면 망주다 속담 모든 일은 정도에 맞게 하여야 함을 비유하여 이르는 말.

적다(摘茶) [-따] 명 하자 차(茶)나무의 싹을 땀.

적다-마(赤多馬) [-따-] 명 ☞절따말.

적담(赤痰) [-땀] 명 피가 섞여 붉은빛을 띤 가래.

적담(敵膽) [-땀] 명 〔적의 쓸개라는 뜻으로〕 적의 마음을 이르는 말. ¶ 적담을 서늘하게 하다.

적당(賊黨) [-땅] 명 ☞적도(賊徒).

적당(適當) '적당하다'의 어근.

적당-주의(適當主義) [-땅-의/-땅-이] 명 임시변통이나 눈가림으로 대충 해 버리는 태도나 생각.

적당-하다(適當-) [-땅-] 형 여 ①정도나 이치에 꼭 알맞고 마땅하다. ¶ 모내기에 적당한 비. /신사업을 맡아 하기에 적당한 인물. ②'임시변통이나 눈가림으로 대충 해 버림'을 속되게 이르는 말. 《흔히, '적당하게'·'적당한'의 꼴로 쓰임.》 ¶ 불참한 이유를 적당하게 둘러대다.

적당-히 부 ¶ 적당히 얼버무리다.

적대(赤帶) [-때] 명 ☞적도(赤道).

적대(敵對) [-때] 명 하타 적으로 맞서 버팀. ¶ 적대 행위.

적대-감(敵對感) [-때-] 명 적으로 여기는 감정. ¶ 적대감을 보이다.

적대-국(敵對國) [-때-] 명 서로 적대하는 나라.

적-대모(赤玳瑁) [-때-] 명 빛깔이 검붉고 광택이 나는 대모갑(玳瑁甲).

적대-성(敵對性) [-때썽] 명 적대되는 성질.

적대-시(敵對視) [-때-] 명 하타 되자 적으로 여김. 준적시(敵視).

적대-심(敵對心) [-때-] 명 적으로 여기는 마음. ¶ 적대심을 품다.

적대-적(敵對的) [-때-] 관 명 적대하는 (것). 적대되는 (것). ¶ 적대적 태도. /적대적인 관계.

적-대하(赤帶下) [-때-] 명 피가 섞인 붉은빛의 대하증, 또는 그 분비액.

적덕(積德) [-떡] 명 하자 (선행을 많이 하거나 은혜를 베풀어) 덕을 쌓음, 또는 쌓은 덕행.

적덕-누인(積德累仁) [-떵-] 명 하자 덕을 쌓고, 어진 일을 많이 함.

적도(赤道) [-또] 명 ①지구의 중심(重心)을 지나는 지축에 직각인 평면과 지표가 교차되는 선. 〔위도의 0도가 되는 선.〕 ②지구의 적도 평면을 천구상에 연장했을 때 그 평면이 천구의 면에 닿는 가상의 교선(交線). ②적대(赤帶).

적도(賊徒) [-또] 명 도적의 무리. 적당(賊黨). 도둑. 적군(賊軍).

적도(適度) [-또] 명 알맞은 정도. 적당한 정도.

적도-류(赤道流) [-또-] 명 〈적도 해류〉의 준말.

적도^무풍대(赤道無風帶) [-또-] 명 남북 두 반구의 무역풍대 사이에 끼어 바람이 없는 적도 부근의 지대.

적도^반:경(赤道半徑) [-또-] 명 지구 중심에서 적도까지의 평균 거리. 〔약 6378.4 km〕

적도^반:류(赤道反流) [-또발-] 명 ☞적도 역류.

적도^상우대(赤道常雨帶) [-또-] 명 적도를 중심으로 한 남북 약 5도 이내의, 늘 비가 내리는 지대.

적도^역류(赤道逆流) [-또영뉴] 명 적도의 북쪽에서, 북적도 해류와 남적도 해류 사이를 적도 해류와 반대 방향인 동쪽으로 흐르는 해류. 적도 반류.

적도-의(赤道儀) [-또의/-또이] 명 지구의 자전축에 평행인 회전축과 그에 직각인 회전축을 가진 천체 관측 기계. 천체의 일주 운동을 따르며 관측할 수 있도록 된 방식의 가대(架臺). 적도 좌표에 의한 적경(赤經)과 적위(赤緯)의 두 방향으로 회전할 수 있도록 되어 있음.

적도^저:압대(赤道低壓帶) [-또-때] 명 적도 부근의 온도가 높아 기류가 상승함으로써 기압이 낮아지는 곳. 적도 무풍대와 일치함.

적도^전선(赤道前線) [-또-] 명 북동 무역풍과 남동 무역풍이 열대 기단(熱帶氣團)과 만나서 형성하는 불연속선.

적도-제(赤道祭) [-또-] 명 배가 적도 직하를 지날 때 뱃사람들이 안전한 항해를 비는 제사 의식.

적도^직하(赤道直下) [-또지카] 명 적도의 선(線)에 해당하는 지역. 일 년 내내 태양의 직사광선을 받아 매우 더움.

적도^해:류(赤道海流) [-또-] 명 무역풍 때문에 적도의 남북 양쪽을 동쪽으로부터 서쪽으로 흐르는 두 줄기의 해류. 준적도류.

적돈-수(積噸數) [-똔-] 명 선박에 적재할 수 있는 화물의 돈수.

적동(赤銅) [-똥] 명 ①적동석에서 나는 구리. 적석(赤錫). ②구리에 3~8 %의 금을 더한 합금.

적동-광(赤銅鑛) [-똥-] 명 '적동석'의 구용어.

적동-색(赤銅色) [-똥-] 명 검붉은 빛깔. 구릿빛.

적동-석(赤銅石) [-똥-] 명 적동을 주원료로 하는 광석. 구리를 제련하는 원료로 보통 8면체의 결정을 이루는데, 질이 무르고 빛이 검붉으며 광택이 있음.

적동-설(赤銅屑) [-똥-] 명 구리의 가루. 한방에서, 암내 나는 데나 눈병 등에 약으로 씀.

적동-자(赤銅-) [-똥-] 명 적동(赤銅)으로 만든 주전자의 한 가지.

적동-전(赤銅錢) [-똥-] 명 적동색을 띤 동전. 적동화.

적동-화(赤銅貨) [-똥-] 명 ☞적동전(赤銅錢).

적두(赤豆) [-뚜] 명 붉은팥.

적두-반(赤豆飯) [-뚜-] 명 팥밥.

적두-병(赤豆餠) [-뚜-] 명 팥떡.

적두-함(赤豆餡) [-뚜-] 명 팥소.

적락(謫落) [정낙] 명 하자 (죄를 지어) 관직을 박탈당함.

적란-운(積亂雲) [정나눈] 명 수직으로 발달한 구름의 한 가지. 검은 구름이 뭉게뭉게 솟구쳐 오르면서 위의 구름은 아래로 흐르듯 흩어져 내리는 비구름. 소나기·우박·번개·천둥·돌풍 등이 함께 일어남. 쌘비구름. 참소나기구름.

적람(積藍) [정남] 명 쪽빛에 가까운 도자기의 빛깔.

적량(適量) [정냥] 명 적당한 분량.

적량(積量)[정냥]명 (선박 따위에) 적재한 화물의 중량. 적재량.
적력(的歷) '적력하다'의 어근.
적력-하다(的歷—)[정녀카—]형여 또렷또렷하여 분명하다.
적령(適齡)[정녕]명 ①(어떤 표준이나 규정에) 알맞은 나이. ¶ 초등학교 입학 적령./군 입대 적령. ②(어떤 일을 치르기에) 알맞은 나이.
적령-기(適齡期)[정녕—]명 적령이 된 시기. ¶ 결혼 적령기의 젊은이.
적령-자(適齡者)[정녕—]명 (어떤 표준이나 규정에) 알맞은 나이의 사람.
적례(適例)[정녜]명 알맞은 예. 적당한 보기.
적로(滴露)[정노]명 방울지어 떨어지는 이슬.
적로-마(駒盧馬)[정노—]명 ☞별박이².
적로-성질(積勞成疾)[정노—]명하자 오랜 노고로 말미암아 병이 남.
적록(赤綠)[정녹]명 붉은빛을 많이 띤 녹색.
적록(摘錄)[정녹]명하타되자 요점만을 적음, 또는 그 기록. 적기(摘記). ¶ 적록된 서류.
적록^색맹(赤綠色盲)[정녹쌩—]명 적색과 녹색을 구별할 수 없는 색맹.
적루(弔樓)명 '조루(弔樓)'의 잘못.
적루(敵壘)[정누]명 적의 보루(堡壘).
적루(積累)[정누]명하타되자 ☞누적(累積).
적류(嫡流)[정뉴]명 적가(嫡家)의 계통. 정통(正統)의 유파(流派). ↔서류(庶流).
적률(賊律)[정뉼]명 도둑을 벌하는 법률.
적리(赤痢)[정니]명 급성 전염병인 이질의 한 가지. 아랫배가 아프고, 자주 뒤를 보고 싶으며 곱이 섞인 피똥을 눔.
적리-균(赤痢菌)[정니—]명 적리의 병원균인 간균(桿菌)의 한 가지.
적리-아메ː바(赤痢amoeba)[정니—]명 아메바 적리의 원인이 되는 원생동물의 한 가지. 혈구를 좀먹고, 위족(僞足)으로 운동하며, 큰 저항력을 가지고 있음.
적린(赤燐)[정닌]명 독이 없는 가루로 된 적갈색의 인. 성냥을 만드는 데 쓰임.
적립(赤立)[정닙]명하형 ☞적빈(赤貧).
적립(積立)[정닙]명하타되자 모아서 쌓아 둠. ¶ 장학금으로 은행에 2억 원이 적립되었다.
적립-금(積立金)[정닙끔]명 ①적립하여 두는 돈. ②(특정 목적에 쓰기 위하여) 은행·회사 따위에서 연도마다 이익금의 일부를 기업 내에 유보하여 두는 경우의 축적 자본.
적립^저ː금(積立貯金)[정닙쩌—]명 일정 기간마다 일정 금액을 적립하는 저금.
적마(績麻)[정—]명하자 삼으로 길쌈을 함, 또는 그 일.
적막(寂寞)[정—]명하형 ①고요하고 쓸쓸함. ¶ 적막에 잠기다. ②의지할 곳이 없이 외로움. ¶ 부모 형제 없이 적막한 내 신세. **적막-히**부.
적막-감(寂寞感)[정—깜]명 고요하고 쓸쓸한 느낌. 외로운 느낌.
적면(赤面)[정—]명하자 부끄럽거나 성이 나서 얼굴을 붉힘, 또는 그 얼굴.
적면^공ː포증(赤面恐怖症)[정—쯩]명 남의 앞에 나서면 얼굴이 붉어져, 나서기를 꺼리는 강박성(強迫性) 신경증.
적멸(寂滅)[정—]명하자되자 ☞열반(涅槃).
적멸-궁(寂滅宮)[정—]명 불상을 봉안하지 않고 법당만 있는 불전(佛殿).
적모(嫡母)[정—]명 서자(庶子)가 '아버지의 정실(正室)'을 일컫는 말. 큰어머니.
적목(赤木)[정—]명 ☞잎갈나무.
적몰(籍沒)[정—]명하타되자 왕조 때, 중죄인의 가산(家産)을 몰수하던 일.
적묵(寂默) '적묵하다'의 어근.
적묵-하다(寂默—)[정무카—]형여 고요히 명상에 잠기어 아무 말이 없다.
적미(赤米)[정—]명 품질이 나쁜 쌀. 참앵미.
적-바르다[—빠—][~바르니·~발라]형르 겨우 어떤 수준에 이르러 여유가 없다.
적-바림[—빠—]명하타되자 뒤에 들추어보기 위하여 간단히 적어 두는 일.
적반하장(賊反荷杖)[—빤—]명 〔도둑이 되레 매를 든다는 뜻으로〕 '잘못한 사람이 도리어 잘한 사람을 나무라는 경우'를 이르는 말. ¶ 적반하장도 유분수지 누구한테 큰소리냐?
적발[—빨]명하타 적바림하여 둔 글.
적발(摘發)[—빨]명하타되자 (숨겨져 드러나지 않는 것을) 들추어냄. ¶ 교통 법규 위반 차량이 적발되다./불법 과외 행위를 적발하다.
적배(賊輩)[—빼]명 도둑의 무리.
적-백리(赤白痢)[—뺑니]명 ①적리(赤痢)와 백리(白痢)가 한데 겹쳐진 이질. ②적리와 백리.
적법(適法)[—뻡]명하형 ①법규나 법률에 맞음. ¶ 적법 행위./적법한 조치. ②(어떤 사태나 사안에 관한) 적합한 법이나 법규. ¶ 그러한 부조리를 다스릴 적법이 없다. 합법(合法). ↔위법(違法).
적법-성(適法性)[—뻡썽]명 법에 어긋남이 없이 맞는 것.
적벽-가(赤壁歌)[—뼉까]명 판소리의 한 마당. 중국 소설 '삼국지연의(三國志演義)' 가운데 적벽의 싸움을 소재로 한 내용.
적벽-부(赤壁賦)¹[—뼉뿌]명 중국 송나라의 소식(蘇軾)이 지은 글. 신종(神宗) 5년(1082)에 적벽에서 놀 때, 적벽 대전(赤壁大戰)을 생각하며 지은 것임.
적벽-부(赤壁賦)²[—뼉뿌]명 지난날, 중국에서 들여오던 큰 사기대접의 한 가지. 한쪽에 소식(蘇軾)의 적벽부를 쓰고, 다른 한쪽에 적벽의 경치를 그려 넣었음.
적병(賊兵)[—뼝]명 도둑이나 역적의 병졸.
적병(敵兵)[—뼝]명 적(敵)의 병사.
적병(積病)[—뼝]명 ☞적취(積聚).
적보(的報)[—뽀]명 적확(的確)한 통보.
적봉(賊鋒)[—뽕]명 도둑이나 역적이 세차게 공격해 오는 기세, 또는 그들의 병기(兵器).
적봉(敵鋒)[—뽕]명 세차게 공격해 오는 적의 기세, 또는 그들의 병기(兵器).
적부(的否)[—뿌]명 꼭 그러함과 그렇지 아니함.
적부(適否)[—뿌]명 적당함과 부적당함. 알맞음과 알맞지 않음.
적-부루마(赤—馬)[—뿌—]명 붉은빛 털이 섞인 흰빛의 말.
적부^심사(適否審査)[—뿌—]명 ☞구속 적부 심사.
적부적(適不適)[—뿌—]명 적합한 것과 적합하지 않은 것. 적당과 부적당.
적분(積分)[—뿐]명 ①하타함수를 나타내는 곡선과 좌표축 위의 일정한 구간으로 싸인 면적을 어떤 극한값으로 구하는 일. ②〈적분학〉의 준말.
적분(積憤)[—뿐]명 쌓이고 쌓인 분한 마음.
적분^방정식(積分方程式)[—뿐—]명 미지(未知) 함수의 적분을 포함하는 방정식을 통틀어 이르는 말.

적분-학(積分學)[-뿐-]명 함수의 적분에 관한 성질을 연구하는 수학의 한 분과. 준적분. 참미분학.
적불선(積不善)[-뿔썬]명하자 착하지 못한 행실을 거듭함. ↔적선.
적비(賊匪)[-삐]명 (살상과 약탈을 일삼는) 도둑의 무리. 비적.
적-비취(赤翡翠)[-삐-]명 ☞호반새.
적빈(赤貧)[-삔]명하형 몹시 가난함. 적립(赤立). 철빈(鐵貧).
적빈-무의(赤貧無依)[-삔-의/-삔-이]명하형 매우 가난한 데다가 의지할 곳조차 없음.
적빈여세(赤貧如洗)[-삔녀-]명하형 마치 물로 씻은 듯이 아무것도 가진 것이 없을 정도로 가난함.
적사(嫡嗣)[-싸]명 적출(嫡出)의 사자(嗣子).
적사(積仕)[-싸]명하자 〈적사구근〉의 준말.
적사(積卸)[-싸]명하타 (선박이나 화차 따위에) 짐을 싣거나 부리거나 함.
적사-구근(積仕久勤)[-싸-]명하자 여러 해를 두고 벼슬살이를 함. 준적사.
적사-장(積卸場)[-싸-]명 (선박이나 화차 따위에) 짐을 싣거나 부리거나 하는 곳.
적산(敵産)[-싼]명 자기 나라의 영토나 점령지 안에 있는 적국의 재산, 또는 적국인(敵國人) 소유의 재산. ¶ 적산 가옥(家屋).
적산(積算)[-싼]명하타 (어떤 수나 값을) 계속 더하여 계산함.
적산-법(積算法)[-싼뻡]명 공사(工事)의 실비를 정확하게 산출하는 방법. 수량의 결정, 단가의 기입, 간접비의 가산 세 부분으로 나뉨.
적산^온도(積算溫度)[-싸논-]명 생물의 생육(生育) 시기와 관련된 온도의 총계.
적산^전:력계(積算電力計)[-싼절-꼐/-싼절-께]명 일정 기간 동안 사용한 전력의 총량을 재는 계기(計器). 전기미터.
적삼[-쌈]명 윗도리에 입는 홑저고리. 단삼.
　적삼 벗고 은가락지 낀다속담 격에 맞지 않는 짓을 하는 경우를 비유하여 이르는 말.
적상(積想)[-쌍]명 오랫동안 쌓이고 쌓인 생각.
적상(積傷)[-쌍]명하자 오래 쌓인 근심, 또 그 근심으로 속을 썩임.
적새[-쌔]명 ①기와집의 지붕마루를 포개어 덮어 쌓는 암키와. ②초가집의 지붕마루에 물매가 지게 틀어 덮은 이엉.
적색(赤色)[-쌕]명 ①붉은빛. 빨강. 준적. ②〔적기(赤旗)를 사용한다는 데서〕'공산주의'를 상징하는 말. ¶ 적색 사상.
적색^공포(赤色恐怖)[-쌕꽁-]명 ☞적색 테러.
적색^리트머스(赤色litmus)[-쌕-]명 ①붉은빛의 리트머스 시험지. 알칼리성 용액에 적시면 푸른빛으로 변함. ②붉은 리트머스 시험지를 만드는 용액. 리트머스 용액에 염산을 가해 만듦.
적-색맹(赤色盲)[-쌩-]명 적색 시각(赤色視覺)이 보다 더 나쁜 적록 색맹. 붉은색 부분이 더욱 어둡게 보임. 참녹색맹.
적색-분자(赤色分子)[-쌕뿐-]명 공산주의자를 이르는 말.
적색^선화^증권(赤色船貨證券)[-쌕썬-꿘]명 선화 증권과 보험 증권을 겸한 것으로, 선적 화물에 보험이 붙여진 선화 증권. 적하 증권.
적색^테러(赤色terror)[-쌕-]명 공산주의자들의 폭력 행위. 적색 공포. 참백색 테러.
적서(赤黍)[-써]명 이삭의 빛이 붉고 알맹이는 누르며 차진 기가 많은, 기장의 한 가지.
적서(摘書)[-써]명하타 남의 글을 따다 씀. 요점만을 뽑아 씀.
적서(嫡庶)[-써]명 ①적자(嫡子)와 서자(庶子). ②적파(嫡派)와 서파(庶派). ¶ 적서의 차별.
적석(赤舃)[-썩]명 임금이 면복(冕服)을 입을 때 신던, 붉은 비단으로 만든 운두가 낮은 신.
적석(赤錫)[-썩]명 ☞적동(赤銅).
적석^목곽분(積石木槨墳)[-썩-꽉뿐]명 ☞돌무지 덧널 무덤.
적석-총(積石塚)[-썩-]명 ☞돌무지무덤.
적선(賊船)[-썬]명 ☞해적선.
적선(敵船)[-썬]명 적(적국)의 배.
적선(積善)[-썬]명하자 착한 일을 많이 함. ↔적악(積惡)·적불선.
적선(謫仙)[-썬]명 ①선계(仙界)에서 벌을 받아 인간계로 귀양 온 선인(仙人). ②당나라 시인 이백(李白)을 미화하여 이르는 말.
적설(赤雪)[-썰]명 한대(寒帶) 및 고산의 항설대(恒雪帶)에서, 눈 위에 붉은빛의 조류(藻類)가 번식하기 때문에 붉게 보이는 것.
적설(積雪)[-썰]명 쌓인 눈.
적설-량(積雪量)[-썰-]명 땅 위에 쌓인 눈의 양.
적성(赤誠)[-썽]명 참된 정성. 단성(丹誠).
적성(笛聲)[-썽]명 ①피리 소리. ②기적 소리.
적성(適性)[-썽]명 (어떤 사물에) 알맞은 성질이나 적응 능력, 또는 그와 같은 소질이나 성격. ¶ 적성을 살리다./직업이 적성에 맞다.
적성(敵性)[-썽]명 대적하려는 성질, 또는 적국에 동조하는 성향. ¶ 적성 국가.
적성(積誠)[-썽]명하자 오랫동안 정성을 다함.
적성^검:사(適性檢査)[-썽-]명 특정 활동에 대한 개인의 적성을 측정하기 위하여 하는 검사.
적성-병(赤星病)[-썽뼝]명 담배·배나무·사과나무 등의 잎에 붉은 반문(斑紋)이 생기는 병.
적세(賊勢)[-쎄]명 도둑이나 역적의 세력(형세).
적세(敵勢)[-쎄]명 적(적국)의 세력(형세).
적소(賊巢)[-쏘]명 도둑의 소굴. 적굴. 적혈.
적소(適所)[-쏘]명 ①알맞은 자리. 적당한 곳. ②알맞은 지위. ¶ 적소에 배치되다.
적소(謫所)[-쏘]명 지난날, 죄인이 귀양살이하던 곳.
적-소두(赤小豆)[-쏘-]명 붉은팥.
적소성대(積小成大)[-쏘-]명하자 작은 것도 많이 쌓이면 큰 것을 이룸. 적진성산(積塵成山). 적토성산.
적손(嫡孫)[-쏜]명 적자(嫡子)의 정실(正室)이 낳은 아들. ↔서손(庶孫).
적손-승조(嫡孫承祖)[-쏜-]명 적손이 직접 조부(祖父)의 가독(家督)을 계승하는 일.
적송(赤松)[-쏭]명 소나무. 육송(陸松). 〔백송(白松)·흑송(黑松)에 상대하여 이르는 말.〕
적송(積送)[-쏭]명하타 (물품을) 실어서 보냄.
적송-품(積送品)[-쏭-]명 실어서 보내는 물품.
적-쇠명 '석쇠'의 방언.
적쇳-가락(炙-)[-쐬까-/-쒠까-]명 굵은 철사로 만든 기다란 부젓가락. 화로나 풍로에 걸쳐 놓고, 적을 굽거나 음식을 익히는 그릇을 올려놓거나 하는 데 쓰임.
적수(赤手)[-쑤]명 맨손.
적수(赤鬚)[-쑤]명 ①붉은 수염. ②붉은 갈기.
적수(笛手)[-쑤]명 지난날, 대금(大笒)을 불던 세악수(細樂手)의 하나.
적수(賊首)[-쑤]명 ☞적괴(賊魁).
적수(敵手)[-쑤]명 ①재주나 힘이 서로 비슷하여 상대가 되는 사람. 대수(對手). 적. ¶ 어린 것이 어찌 어른의 적수가 될까 보냐. ②적의 손길. ¶ 적수가 아군의 내부에까지 미치다.

적수(敵讐)[-쑤]명 ☞원수.
적수(積數)[-쑤]명 서로 곱한 수.
적수-공권(赤手空拳)[-쑤-]명 〔맨손과 맨주먹이란 뜻으로〕 아무것도 가진 것이 없음. 도수공권. ¶ 적수공권으로 시작해서 큰 기업체를 일으켰다.
적수-단신(赤手單身)[-쑤-]명 〔맨손과 홑몸이란 뜻으로〕 재산이나 의지할 일가붙이가 없는 외로운 몸.
적수-성가(赤手成家)[-쑤-]명하자 〔맨손으로 한 집을 이루었다는 뜻으로〕 가진 것 없이 시작하여 한 살림(한 기업)을 이룩함.
적습(敵襲)[-씁]명 적의 습격.
적습(積習)[-씁]명 오래된 버릇. 옛적부터의 습성.
적승(赤繩)[-씅]명 부부의 인연을 맺는 일.
적승-계족(赤繩繫足)[-씅계-/-씅게-]명 〔붉은 끈으로 발을 묶는다는 뜻에서〕 '혼인이 정해짐'을 이름.
적승-자(赤繩子)[-씅-]명 ☞월하빙인.
적시(摘示)[-씨]명하타되자 지적하여 제시함. 집어내어 보임. ¶ 문제점이 적시되다.
적시(適時)[-씨]명 적당한 시기. 알맞은 때. ¶ 적시에 안타(安打)를 치다.
적시(敵視)[-씨]명하타되자 〈적대시(敵對視)〉의 준말.
적시다[-씨-]타 ①(물이나 액체에) 젖게 하다. ¶ 개울을 건너다가 바짓가랑이를 적셨다. ②(정조를 빼앗겨) 몸을 더럽히다.
적시재상(赤屍在牀)[-씨-]명하자 몹시 가난하여 죽은 사람을 장사 지내지 못함.
적시-적지(適時適地)[-씨-찌]명 때와 곳이 알맞음.
적시-타(適時打)[-씨-]명 야구에서, 누상에 있는 주자를 홈으로 불러들여 타점을 올리는 안타.
적신(赤身)[-씬]명 벌거벗은 몸. 알몸. 벌거숭이.
적신(賊臣)[-씬]명 반역하는 신하. 불충한 신하.
적-신호(赤信號)[-씬-]명 ①교통 신호의 한 가지. 교차로 따위에 붉은 등이나 기를 달아 '멈춤'을 나타내는 신호. ②(경제나 건강 따위가) 위험한 상태가 되는 징조를 비유하여 이르는 말. ¶ 혈압이 높아지기 시작하면서 건강에 적신호가 켜졌다. ↔청신호.
적실(的實) '적실(的實)하다'의 어근.
적실(嫡室)[-씰]명 ☞정실(正室).
적실(敵失)[-씰]명 (운동 경기 등에서) 상대편의 실책. ¶ 적실로 한 점을 만회하다.
적실(適實) '적실(適實)하다'의 어근.
적실-인심(積失人心)[-씨린-]명하자 (남에게) 인심을 많이 잃음.
적실-하다(的實-)[-씰-]형여 틀림이 없이 확실하다. ¶ 그 사람 짓이 불을 보듯 적실하다. **적실-히**부.
적실-하다(適實-)[-씰-]형여 실제에 적합하다. 실제로 잘 들어맞다.
적심[1][-씸]명 재목을 물에 띄워 내리는 일.
적심[2][-씸]명 한옥에서, 지붕의 물매를 잡기 위하여 알매 위에 넣는 지저깨비나, 마루·서까래의 뒷목에 눌러 박은 큰 원목.
적심(赤心)[-씸]명 (조금도 거짓이 없는) 참된 마음. 단심(丹心).
적심(摘心)[-씸]명하자 (성장과 결실을 조절하기 위하여) 나무나 농작물 줄기의 정아(頂芽)나 생장점을 따 내는 일.
적심-돌(積心-)[-씸-]명 옹벽을 쌓을 때, 안쪽에 심을 박아 쌓는 돌. 적심석.
적심-석(積心石)[-씸-]명 ☞적심돌.
적심-쌓음(積心-)[-씸싸-]명 옹벽의 안쪽을 돌로 튼튼히 쌓는 일.
적-십자(赤十字)[-씹짜]명 ①흰 바탕에 붉은색의 십자를 그린 휘장. 〔적십자사의 표장.〕 ②〈적십자기〉의 준말. ③〈적십자사〉의 준말.
적십자-기(赤十字旗)[-씹짜-]명 적십자의 표장을 나타낸 깃발. 적십자사 또는 적십자 활동을 상징하는 깃발임. 준적십자.
적십자-사(赤十字社)[-씹짜-]명 적십자 정신에 의한 활동을 하는 국제적, 또는 각 국가별 기구. 1863년 10월 앙리 뒤낭의 제창으로 창설됨. 요원은 전시에 중립적 지위가 보장되며, 적십자 표장을 각국이 공통으로 사용함. 준적십자.
적십자-정신(赤十字精神)[-씹짜-]명 전쟁·천재(天災)·질병 등으로 재난을 입은 군인·민간인 등에 대하여, 이념과 적대(敵對) 관계를 초월하며, 인류 구원의 입장에서 구휼하고자 하는 박애 정신.
적아(摘芽)명하자 농작물의 새싹 가운데서 필요하지 않은 어린눈을 따 냄, 또는 그 일.
적악(積惡)명하자 악한 짓을 많이 함. 못할 짓을 많이 함. ↔적선.
적앙(積殃)명하자 재앙이 거듭됨, 또는 그 재앙.
적약(敵藥)명 ①배합의 정도에 따라 서로 독이 되는 약. ②함께 먹으면 독이 되는 약.
적양(赤楊)명 ☞오리나무.
적:어도부 ①줄잡아 어림하여도. 최소한도로 잡아도. ¶ 적어도 십만 명은 모일 게다. ②아무리 양보하여 생각해도. ¶ 적어도 대장부라면 책임은 질 줄 알아야지. ③다른 것은 그만두고라도. 하다못해. ¶ 적어도 밥벌이는 해야지.
적업(適業)명 능력이나 적성에 알맞은 직업. 적직(適職).
적여구산(積如丘山)명하형 산더미처럼 많이 쌓여 있음.
적역(適役)명 (연극·영화 따위에서) 알맞은 배역. ¶ 적역을 맡다.
적역(適譯)명 적절한 번역이나 통역.
적연(的然) '적연(的然)하다'의 어근.
적연(寂然) '적연(寂然)하다'의 어근.
적연(適然) '적연(適然)하다'의 어근.
적연무문(寂然無聞)명하형 감감히 아무 소식도 없음. 전연 소식이 없음.
적연부동(寂然不動)명하형 아무 소리도 없이 고요하고 움직이지도 아니함.
적-연와(赤煉瓦)[정녀놔]명 붉은 벽돌.
적연-하다(的然-)형여 뚜렷하다. 확실하다. ¶ 그의 승리는 적연하다. **적연-히**부.
적연-하다(寂然-)형여 ①조용하고 쓸쓸하다. ¶ 적연한 산속. ②매우 감감하다. ¶ 그간 소식이 적연하여 궁금하기 그지없다. **적연-히**부.
적연-하다(適然-)형여 (일이 그렇게 됨이) 우연하다. 공교롭다. **적연-히**부.
적열(赤熱)[정널]명하자타되자 (쇠붙이 따위를) 빨갛게 되도록 달굼, 또는 그러한 상태. ¶ 적열한 쇳덩이.
적영(敵營)명 적군의 진영. 적의 병영.
적외-선(赤外線)[저괴-/저궤-]명 파장이 가시광선보다 길며 극초단파보다 짧은, 750 μm~1 mm의 전자파. 눈으로는 볼 수 없고, 공기 중의 투과력이 강함. 적외선 사진·적외선 통신 등에 이용됨. 열선.

적외선^사진(赤外線寫眞) [저괴-/저궤-] 명 적외선을 이용하여 찍는 사진. 적외선 필름과 적외선 필터를 사용하여 원거리의 물체를 촬영하거나 야간 촬영에 이용함.
적외선^요법(赤外線療法) [저괴-뇨뻡/저궤-뇨뻡] 명 환부에 적외선을 조사(照射)하는 광선 요법의 한 가지. 류머티즘·신경통·만성 염증·동상 따위의 치료에 효력이 있음.
적외선^필름(赤外線film) [저괴-/저궤-] 명 적외선에 감광하는 필름. 천체의 사진 관측 따위에 쓰임.
적요(寂寥) 명하형 쓸쓸하고 고요함. ¶ 적요한 벽지(僻地) 생활. 참 요적(寥寂).
적요(摘要) 명하타 중요한 부분을 뽑아내어 적음, 또는 그렇게 적어 놓은 것.
적요-란(摘要欄) 명 요점을 따서 적는 난.
적용(適用) 명하타되자 알맞게 응용함. 맞추어 씀. ¶ 새로운 기술이 적용되면 생산이 늘어날 것이다.
적우(適雨) 명 알맞은 시기에 내리는 비.
적우(積憂) 명 오랫동안 쌓인 근심.
적우침주(積羽沈舟) 명 〔깃털같이 가벼운 것이라도 많이 쌓이면 배를 가라앉힐 수 있다는 뜻으로〕 많은 사람이 힘을 합하면 놀라운 일을 해낼 수 있음을 이르는 말.
적운(積雲) 명 수직으로 발달한 구름의 한 가지. 독특한 구름 덩이가 둥글게 뭉게뭉게 솟아오르는 흰 구름. 맑은 봄날 지평선에 흔히 나타남. 뭉게구름. 쌘구름.
적울(積鬱) 명 답답한 마음이 풀리지 않고 오래 쌓임.
적원(積怨) 명하자 오랫동안 쌓이고 쌓인 원한.
적위(赤緯) 명 천구 상의 별의 위치를 나타내기 위하여 적도로부터 남북 양쪽으로 재어 나간 각거리(角距離). ↔적경(赤經).
적위(積威) 명 선대(先代)로부터 쌓아 내려온 위세.
적위-권(赤緯圈) [-꿘] 명 ①적위를 나타내기 위하여 적도의(赤道儀)에 표시한 눈금. ②☞적위 등권.
적위^등ː권(赤緯等圈) [-꿘] 명 천구 상의 등적위(等赤緯)를 이은 선. 적위권.
적은-집 명 '작은집'의 잘못.
적응(適應) 명하자되자 ①어떠한 상황이나 조건에 잘 어울림. ¶ 단체 생활에 적응하다. ②(생물이) 외계의 변화에 따라 생존에 알맞게 그 형태나 습성이 변함. ③(사람이) 자연환경과 사회적 조건에 알맞게 그 습성이나 생활 방식이 변함. 응화(應化).
적응^기제(適應機制) 명 ☞방어 기제.
적응-력(適應力) [-녁] 명 적응하는 능력. ¶ 적응력이 높다. /적응력이 뛰어나다.
적응-성(適應性) [-썽] 명 생물의 형태나 습성이 주위 환경과 그 변화에 적합하도록 변화하는 능력이나 성질.
적응-증(適應症) [-쯩] 명 약제나 수술, 또는 그 밖의 치료법이 적용되어 효과를 나타내는 질환이나 증세. 〔키니네 투여(投與)에 대한 말라리아 따위.〕
적응^형질(適應形質) 명 생물이 생명을 유지하기 위하여 주위 환경과 그 변화에 적응하여 나타내는 형질.
적의(赤衣) [저긔/저기] 명 ①붉은 옷. ②진언종(眞言宗)의 중이 군다리명왕(軍荼利明王)에게 수법(修法)할 때 입는 붉은 옷.
적의(翟衣) [저긔/저기] 명 조선 시대에, 왕후가 입던, 붉은 비단 바탕에 꿩을 수놓고 둘레에 용(龍)이나 봉(鳳)을 그린, 붉은 선을 두른 옷.
적의(敵意) [저긔/저기] 명 ①적대하는 마음. ¶ 적의를 나타내다. ②해치려는 마음. ¶ 적의를 품다.
적의(適宜) '적의(適宜)하다'의 어근.
적의(適意) '적의(適意)하다'의 어근.
적의-하다(適宜-) [저긔-/저기-] 형여 (무엇을 하기에) 알맞고 마땅하다. **적의-히** 부.
적의-하다(適意-) [저긔-/저기-] 형여 뜻에 맞다. 마음에 맞다. 중의(中意)하다. **적의-히** 부.
적ː이 부 약간. 다소. 얼마간. 조금. ¶ 인편이나마 소식을 들으니 적이 안심이 된다.
적ː이-나 부 ①다소라도. 약간이나마. 그나마도. ¶ 잘못을 뉘우치니 적이나 다행이다. ②'적이'를 약간 꼬집는 투로, 반어적 부인(否認)의 뜻을 나타냄. ¶ 네가 나를 치겠다고? 흥, 적이나 두렵겠다.
적ː이나-하면 부 형편이 어지간하면. ¶ 적이나하면 병문안을 갈 텐데….
적인(狄人) 명 ①☞북적(北狄). ②지난날, '여진족(女眞族)'을 이르던 말.
적일(積日) 명 여러 날. 누일(累日).
적임(適任) 명 ①어떤 임무나 일에 알맞음, 또는 그 임무. ②〈적임자〉의 준말.
적임-자(適任者) 명 그 임무를 맡기에 적당한 사람. 준 적임.
적자(赤子) [-짜] 명 ①갓난아이. ②〔갓난아이처럼 여기어 사랑한다는 뜻에서〕 임금이 '백성'을 이르던 말.
적자(赤字) [-짜] 명 ①교정에서, 오식(誤植) 등을 바로잡기 위해 적은 붉은빛의 글자. ②장부에서, 수입을 초과한 지출로 잔고 부족일 때 적는 붉은 글씨의 숫자. ③수지 결산 등에서, 지출이 수입보다 많은 일. ¶ 적자 운영. /적자가 나다. ②③↔흑자(黑字).
적자(炙子) [-짜] 명 ☞번철.
적자(賊子) [-짜] 명 ①(부모에게 거역하는) 불효한 자식. ②불충한 사람.
적자(嫡子) [-짜] 명 정실(正室)의 몸에서 태어난 아들. 적남(嫡男). ↔서자(庶子).
적자(適者) [-짜] 명 (어떤 일에) 알맞은 사람. 잘 적응하는 사람.
적자^공채(赤字公債) [-짜-] 명 국가가 적자를 메우기 위하여 발행하는 공채(公債).
적-자색(赤紫色) [-짜-] 명 ☞자홍색(紫紅色).
적자-생존(適者生存) [-짜-] 명 생존 경쟁의 세계에서, 외계의 상태나 변화에 적합하거나 잘 적응하는 것만이 살아남고, 그렇지 못한 것은 멸망하는 일. 우승열패(優勝劣敗).
적자^예ː산(赤字豫算) [-짜-] 명 예산을 편성할 때, 적자 공채를 발행함으로써 그 부족분을 메워 균형을 잡는 예산.
적자^융자(赤字融資) [-짜-] 명 기업체의 적자를 메우도록 금융 기관이 자금을 융통해 주는 일.
적자^재정(赤字財政) [-짜-] 명 국가나 공공 단체의 재정에서, 지출이 수입보다 많은 상태. ↔건전 재정.
적자지심(赤子之心) [-짜-] 명 ①임금에게 충성을 다하는 백성의 마음. ②갓난아이같이 거짓이 없는 마음.
적-작약(赤芍藥) [-짜각] 명 작약과의 다년초. 산이나 들에서 나는데, 재배하기도 함. 줄기 높이는 50~80 cm, 뿌리는 방추형이며 속은 붉은빛을 띰. 5~6월에 하양·빨강의 꽃이 핌. 뿌리는 한방에서 진통·진경(鎭痙) 및 부인병의 약으로 쓰임.

적:잖다[-짠타]형 〔'적지 아니하다'가 줄어서 된 말로〕 적다고 할 수 없게 많다. ¶ 사고가 나서 다친 사람이 적잖다고 한다. **적잖-이**부. *적:잖아[-짜나]·적:잖소[-짠쏘]

적장(賊將)[-짱]명 도둑의 우두머리.

적장(敵將)[-짱]명 적의 장수.

적-장자(嫡長子)[-짱-]명 정실이 낳은 장자.

적재(摘載)[-째]명하타되자 요긴한 점만을 따서 기재함.

적재(適材)[-째]명 (어떤 일에) 알맞은 재목, 또는 그와 같은 인재.

적재(積財)[-째]명하자 재산을 모아 쌓음, 또는 그 재산.

적재(積載)[-째]명하타되자 (차나 선박 따위에) 짐을 실음. ¶ 수출용 화물을 적재한 선박.

적재-량(積載量)[-째-]명 ①물건을 실은 분량이나 중량. 재량(載量). ②적재할 수 있는 용량. ②적량.

적재-적소(適材適所)[-째-쏘]명 어떤 일에 알맞은 재능을 가진 사람에게 알맞은 임무를 맡기는 일. ¶ 인재를 적재적소에 배치하다.

적재-함(積載函)[-째-]명 화물 자동차 따위에 짐을 실을 수 있게 만들어 놓은 칸.

적적(寂寂) '적적하다'의 어근.

적적-상승(嫡嫡相承)[-쩍쌍-]명하자 대대로 적파(嫡派)의 장자·장손이 가계(家系)를 이어 내려옴.

적적-하다(寂寂-)[-쩌카-]형여 괴괴하고 쓸쓸하다. 조용하고 쓸쓸하다. ¶ 시골로 내려와 적적하게 지내다. **적적-히**부.

적전(敵前)[-쩐]명 적의 앞. 적진(敵陣)의 전면.

적전(籍田·耤田)[-쩐]명 지난날, 임금이 몸소 농사를 짓던 제전(祭田)의 한 가지.

적전^도하(敵前渡河)[-쩐-]명 적의 전면에서 위험을 무릅쓰고 강을 건넘, 또는 그 작전.

적전^상:륙(敵前上陸)[-쩐-뉵]명 적의 전면에서 위험을 무릅쓰고 상륙함, 또는 그 작전.

적절(適切) '적절하다'의 어근.

적절-하다(適切-)[-쩔-]형여 꼭 알맞다. ¶ 적절한 시기. /표현이 적절하다. **적절-히**부 ¶ 적절히 처리하시오.

적-점토(赤粘土)[-쩜-]명 깊이 3500 m 이상인 대양(大洋)의 바닥에 널리 분포되어 있는, 적갈색의 해저 침전물의 한 가지.

적정(寂靜)[1]명 불교에서, 번뇌를 떠나 고(苦)를 멸(滅)한 해탈·열반의 경지를 이르는 말.

적정(寂靜)[2] '적정하다'의 어근.

적정(滴定)[-쩡]명하타 화학 실험에서, 정량 분석(定量分析)에 사용되는 중요한 조작의 한 가지. 시료(試料) 용액과 시약(試藥) 용액 중 한쪽을 흔히 뷰렛에 취하고, 한쪽은 비커에 담아, 뷰렛의 용액을 비커에 방울지게 떨어뜨리면서 반응을 살핌. 점적(點滴).

적정(適正)[-쩡]명하형 적당하고 바름. ¶ 적정 요금. /적정 인구. /적정한 평가.

적정(敵情)[-쩡]명 적의 형편. 적군의 동정(動靜). ¶ 적정을 살피다.

적정-가(適正價)[-쩡까]명 ☞적정 가격.

적정^가격(適正價格)[-쩡까-]명 원가(原價)를 적정하게 계산하여 정한 값. 적정가. ¶ 생활 필수품의 적정 가격.

적정-하다(寂靜-)[-쩡-]형여 아주 괴괴하고 고요하다. 참정적(靜寂).

적제(赤帝)[-쩨]명 오행설(五行說)에서, 오제(五帝)의 하나. 불과 여름을 맡은 남쪽 신(神).

적제(嫡弟)[-쩨]명 서자(庶子)가 자기 아버지의 정실(正室)에서 난 '아우'를 가리켜 이르는 말.

적제(滴劑)[-쩨]명 (아주 적은 양으로도 효과가 있기 때문에) 사용량을 방울 수로 정한 극성(劇性)의 액체로 된 약.

적조(赤潮)[-쪼]명 플랑크톤의 이상 증식으로 바닷물이 붉게 보이는 현상. 바닷물이 부패하기 때문에 어패류가 크게 해를 입음.

적조(積阻)[-쪼]명하자되자 (두 사람 사이에) 오랫동안 소식이 막힘. 격조(隔阻). ¶ 그동안 적조하였습니다. /적조된 지 얼마 만이냐?

적중(的中)[-쭝]명하자되자 목표에 정확히 들어맞음. 예측이 들어맞음. ¶ 화살이 과녁에 적중하다. /예상이 적중되다. 비득중(得中).

적중(適中) '적중하다'의 어근.

적중(積重)[-쭝]명하자·타되자 거듭 겹쳐 쌓임, 또는 거듭 쌓임.

적중(謫中)[-쭝]명 귀양살이하는 동안.

적중-률(的中率)[-쭝뉼]명 (화살이나 총알, 또는 예측 따위가) 들어맞는 비율.

적중-하다(適中-)[-쭝-]형여 (과부족이 없이) 꼭 알맞다.

적증(的證)[-쯩]명 적확한 증거. 틀림없는 증거.

적지(赤地)[-찌]명 흉년이 들어 거둘 농작물이 아주 없게 된 땅.

적지(的知)[-찌]명하타 적확하게 앎.

적지(適地)[-찌]명 무엇을 하는 데 알맞은 곳. ¶ 목축에는 여기가 적지다.

적지(敵地)[-찌]명 적의 땅. 적의 세력 아래 들어가 있는 지역. ¶ 적지에 들어가다.

적지-적수(適地適樹)[-찌-쑤]명 알맞은 땅에 알맞은 나무를 심는 일.

적지-적작(適地適作)[-찌-짝]명 알맞은 땅에 알맞은 작물을 심는 일.

적지-천리(赤地千里)[-찌철-]명 입춘 뒤의 첫 갑자일(甲子日)에 비가 내리면, 그해 봄에는 가물어서 논밭이 온통 적지(赤地)가 된다는 말.

적직(適職)[-찍]명 (취미·재능·성격 따위에) 알맞은 직업. 적업.

적진(敵陣)[-찐]명 적의 진영. 적군의 진지. ¶ 홀로 적진에 뛰어들다.

적진-성산(積塵成山)[-찐-]명하자 ☞적소성대(積小成大).

적찰(赤札)명 팔기로 약속된 상품이나, 팔다가 남아서 싼값으로 팔아 치우려는 상품 따위에 붙이는 붉은 쪽지, 또는 그런 쪽지가 붙은 물건.

적채(積債)명 오랫동안 쌓인 빚.

적처(嫡妻)명 장가처. 정배(正配).

적철(炙鐵)명 석쇠.

적-철광(赤鐵鑛)명 '적철석'의 구용어.

적-철석(赤鐵石)[-썩]명 육방 정계(六方晶系)에 딸리는 광물. 산화 제2철[Fe_2O_3]이 주성분임. 조흔색(條痕色)이 적갈색으로 철의 함유량이 70%에 가까운 제철용의 주요 광석.

적첩(嫡妾)명 적실(嫡室)과 첩실(妾室). 곧, 처(妻)와 첩(妾). 처첩.

적첩(積疊)명하자 첩첩이 쌓임.

적체(赤體)명 배란(排卵) 뒤의 난포(卵胞)가 황체(黃體)가 되는 과정에서 응혈(凝血)이 차서 빨갛게 보이는 것.

적체(積滯)명하자되자 (잘 통하지 아니하고) 쌓여서 막힘. ¶ 실업자의 적체 현상.

적출(摘出)명하타되자 ①(수술 따위로) 속에 들어 있는 것을 끄집어내거나 몸의 일부를 도려냄. ¶ 탄환의 파편을 적출하다. /장기(臟器)의 일부를 적출하다. ②(부정이나 결점 따위를) 들추어냄. ¶ 외환 관리법 위반 사실이 적출되다.

적출(嫡出)명 정실(正室)의 소생. ↔서출(庶出).

적출(積出)명하타되자 물건을 실어 냄. 출하.

적출-자(嫡出子)명 법률상의 혼인 관계에서 출생한 자식. 호주 상속에서 적출자는 서자에 우선함.

적출-항(積出港)명 화물을 선박(船舶)으로 실어 내는 항구.

적충(赤蟲)명 ☞장구벌레.

적취(積聚)명하자되자 ①쌓여서 모임. ②한방에서, 오랜 체증으로 말미암아 배 속에 덩어리가 생기는 병을 이르는 말. 적(積). 적기(積氣). 적병(積病).

적측(敵側)명 적의 편. 적의 쪽.

적치(敵治)명 적이 침입하여 다스리는 정치.

적치(積置)명하타되자 쌓아 둠.

적침(敵侵)명 적의 침입.

적탄(敵彈)명 적군이 쏜 탄환. 적환(敵丸).

적토(赤土)명 ①☞석간주(石間硃). ②붉은 흙.

적토-마(赤兎馬)명 ①중국 삼국 시대에 위(魏)의 여포(呂布)가 타던 준마의 이름. 뒤에 촉한(蜀漢)의 관우(關羽)가 소유함. ②매우 빠른 말을 이르는 말.

적토-성산(積土成山)명 ☞적소성대(積小成大).

적통(嫡統)명 적파(嫡派)의 계통.

적-틀(炙-)명 제사 때 적(炙)을 담는 장방형의 그릇. 적과기(炙果器). 적기(炙器).

적파(嫡派)명 적장자의 계통. ↔서파(庶派).

적파(摘播)명하타 일정한 간격을 두고, 한군데에 몇 알씩 씨앗을 뿌림. 참점파(點播).

적판(滴板)명 실험 기구의 한 가지. 여러 군데를 오목오목하게 만든 사기로 된 판. 적정 분석(滴定分析) 때 여러 가지 시료 용액(試料溶液)을 비교 검사하기 위하여 씀. 점적판(點滴板).

적패(積敗)명하자되자 〔실패나 패배를 거듭한다는 뜻으로〕 기운이 빠져 몹시 지침.

적평(適評)명 적절한 평.

적폐(積弊)[-폐/-페]명 오랫동안 쌓여 온 폐단. ¶ 적폐를 뿌리 뽑다.

적-포도주(赤葡萄酒)명 붉은빛의 포도주. 알코올 농도 12% 정도. 육류 요리를 먹을 때 곁들여 마시며, 조리용으로도 쓰임.

적하(滴下)[저카]명하자타 액체가 방울져 떨어짐, 또는 그렇게 방울져 떨어지게 함.

적하(積荷)[저카]명하타 ☞적화(積貨).

적하(謫下)[저카]명하자타되자 지난날, 귀양을 가거나 귀양을 보내는 일. ¶ 간신의 모함으로 산간 오지로 적하되었다.

적하^보ː험(積荷保險)[저카-]명 ☞적화 보험.

적하^증권(積荷證券)[저카-꿘]명 ☞적색 선화증권.

적학(積學)[저각]명하자 학문의 공(功)을 쌓음.

적함(敵艦)[저캄]명 적의 군함.

적합(適合)[저캅]명하형 꼭 알맞음. ¶ 적합 판정. /적합한 인물. /농사짓기에 적합한 땅.

적-행낭(赤行囊)[저캥-]명 우체국에서, 등기 우편 등의 귀중한 우편물을 담아 나르는 데에 쓰는 붉은 주머니.

적혈(赤血)[저결]명 붉은 피.

적혈(賊穴)[저결]명 도둑의 소굴. 적굴(賊窟). 적소(賊巢).

적혈(積血)[저결]명 ☞어혈(瘀血).

적-혈구(赤血球)[저결-]명 혈구의 한 가지. 주로, 골수(骨髓)에서 생산되며 산소를 운반하는 헤모글로빈이 있음. 혈색소(血色素)인 헤모글로빈 때문에 붉게 보임. 붉은피톨. 참백혈구.

적형(嫡兄)[저켱]명 서자(庶子)가, 아버지의 정실(正室)에게서 태어난 '형'을 가리켜 이르는 말.

적호(適好) '적호하다'의 어근.

적호-하다(適好-)[저코-]형여 알맞고 좋다.

적화(赤化)[저콰]명하자타되자 ①붉게 됨. ②공산주의에 물듦, 또는 그렇게 되게 함. 공산주의자가 됨. ¶ 적화 통일. /적화를 노리다.

적화(赤禍)[저콰]명 공산주의로 말미암아 입는 화(禍), 또는 불행.

적화(積貨)[저콰]명하타 (차나 선박 따위에) 화물(貨物)을 실음, 또는 그 화물. 적하.

적화^보ː험(積貨保險)[저콰-]명 배에 실은 짐이 운송 도중 분실·훼손될 경우의 손해를 보전하기 위한 해상 보험. 적하 보험.

적화-사상(赤化思想)[저콰-]명 공산주의에 물든 사상.

적화^운ː동(赤化運動)[저콰-]명 적화(赤化)를 위한 혁명 운동.

적확(的確) '적확하다'의 어근.

적확-하다(的確-)[저콰카-]형여 (벗어남이 없이) 정확하다. 틀림이 없다. **적확-히**부.

적환(賊患)[저콴]명 도둑으로 말미암은 근심.

적환(敵丸)[저콴]명 ☞적탄(敵彈).

적황(赤黃)[저쾅]명 붉은빛을 띤 누른빛.

적황(敵況)[저쾅]명 적의 움직임. 적의 상황. ¶ 정찰병으로부터 적황을 보고받다.

적회(炙膾)[저쾨/저퀘]명하자 ☞산적(散炙).

적회(積懷)[저쾨/저퀘]명 (오랫동안 서로 만나지 못하여) 쌓인 회포. 그리워하는 생각.

적효(適效)[저쿄]명 알맞은 효과.

적흉(赤凶)[저큥]명 매우 심한 흉년.

적흑-색(赤黑色)[저큭쌕]명 붉은빛을 띤 검은빛. 검붉은 빛.

적-히다[저키-]자 〖'적다[1]'의 피동〗 적음을 당하다. ¶ 이름이 수첩에 적히다.

전ː[1]명 (독이나 화로 따위) 물건의 위쪽 가장자리의 약간 넓게 된 부분.

전ː[2] Ⅰ명 갈퀴 따위와 손으로 한꺼번에 껴안을 정도의, 나무나 꼴 따위의 분량.

Ⅱ의 갈퀴 따위와 손으로 한꺼번에 껴안을 정도의, 나무나 꼴 따위의 분량을 세는 단위. ¶ 갈퀴나무 열 전.

전(田)명 밭.

전(前) Ⅰ명 ①(막연한) 이전. 과거. ¶ 저분은 전에 뵌 적이 있다. ↔후. ②《일부 명사나 명사형 어미 '-기' 다음에 쓰이어》 무엇을 하기에 앞서. ¶ 졸업 전에 입대하다. /식사하기 전에 손을 씻어라. ③〔편지 따위에서〕 편지를 받는 어른의 자리 앞. ¶ 아버님 전 상서(上書).

Ⅱ관 그전의. 이전의. ¶ 전 국무총리.

전ː(奠)명 장사 지내기 전에 영좌(靈座) 앞에 간단히 주과(酒果)를 차려 놓는 일.

전ː(煎)명 ①재료를 얄팍하게 썰어 밀가루를 묻힌 다음, 번철에 기름을 두르고 지진 음식을 통틀어 이르는 말. 〔파전·고추전 따위.〕 ¶ 전을 부치다. ②저냐.

전ː(廛)명 물건을 늘어놓고 파는 가게.

전ː(篆)명 〈전자(篆字)〉의 준말.

전(甎·塼·磚)명 흙을 구워 방형이나 장방형으로 벽돌처럼 넓적하게 만든, 옛날 건축 자재.

전ː(氈)명 짐승의 털로 무늬 없이 두껍게 짠 피륙의 한 가지.
전ː(轉)명 〈전구(轉句)〉의 준말. 참기승전결.
전ː(戰)의 운동 경기에서, 경기를 치른 횟수를 세는 단위. ¶ 5전 3선승제. /10전 전패.
전(錢)의 ①화폐의 단위. 〔'환(圜)' 또는 '원'의 100분의 1.〕 ②지난날, 엽전 열 푼을 이르던 말.
전(全)관 《한자어 명사 앞에 쓰이어》 모든. 전체. 전부. ¶ 전 세계. /전 20권 한 질(帙)의 총서.
-전(展)접미 《일부 명사 뒤에 붙어》 '전람회'의 뜻을 나타냄. ¶ 시화전. /도예전. /서예전.
-전(殿)접미 《일부 명사 뒤에 붙어》 '궁전·신당·불각' 등의 뜻을 나타냄. ¶ 교태전. /근정전. /대웅전.
-전(戰)접미 《일부 명사 뒤에 붙어》 ①'전투' 또는 '전쟁'의 뜻을 나타냄. ¶ 백병전. /청일전. ②'경기'·'경쟁'의 뜻을 나타냄. ¶ 청백전. /선수권전.
전가(田家)명 농부의 집. 전사(田舍). 비농가.
전가(全家)명 온 집안. 거가(擧家). 전호(全戶).
전가(傳家)명하타되자 ①(윗대에서 아랫대로) 집안 살림이나 재산을 물려줌. ②대대로 그 집안에 전하여 내려옴. ¶ 전가의 보도(寶刀).
전ː가(轉嫁)명하타되자 (자기의 허물이나 책임 따위를) 남에게 덮어씌움. 넘겨씌움. ¶ 책임을 전가하다.
전가지보(傳家之寶)명 대대로 집안에 전해 내려오는 보물.
전각(全角)명 인쇄에서, 활자나 공목(空木) 따위의 폭의 전체 길이.
전각(前脚)명 앞다리. ↔후각(後脚).
전ː각(殿閣)명 ①임금이 거처하던 궁전. ②궁전과 누각.
전ː각(篆刻)명하자타 나무나 돌·쇠붙이·옥 따위에 글자를 새김, 또는 그 글자.
전ː각-가(篆刻家)[-까]명 전각을 잘하거나 전문으로 하는 사람.
전간(傳簡)명하자 사람을 시켜서 편지를 전함.
전ː간(癲癎)명 지랄병. 간질(癎疾).
전간-전(傳簡錢)명 사람을 시켜서 편지를 전할 때 주던 삯.
전갈(全蠍)명 전갈과의 절지동물. 몸길이 3.5~20 cm. 가재와 생김새가 비슷함. 몸빛이 누르고 꼬리 끝에 맹독(猛毒)이 있는 독침이 있음. 사막 지대에 흔하며, 햇빛을 꺼려 밤에 나와 작은 벌레를 잡아먹고 삶.
전갈(傳喝)명하타되자 사람을 시켜 안부를 묻거나 말을 전함, 또는 그 안부나 말. ¶ 급한 전갈을 받고 달려왔소.
전ː갈(錢渴)명하자 돈이 잘 융통되지 않음.
전갈-자리(全蠍-)명 황도 십이궁의 하나. 궁수자리의 서쪽에 있는 별자리. 여름에 남쪽 하늘에 보이며, 7월 하순에 자오선을 통과함. 전갈좌. 천갈궁.
전감(前鑑)명 ①지난 일을 거울삼아 비추어 보는 일. ②앞사람이 남긴 본받을 만한 일.
전감-소연(前鑑昭然)명하형 거울을 보는 것처럼, 앞으로의 일이 아주 분명함.
전강(前腔)명 국악 형식에서 세 마디로 나눌 때, 처음 가락의 마디. 참중강·후강.
전-강풍(全強風)명 ☞노대바람.
전개(悛改)명하자 ☞개전(改悛).
전ː개(展開)명하자타되자 ①(논리나 사건, 이야기의 장면 따위가) 점차 크게 펼쳐짐. ¶ 이론을 전개하다. /선거전이 본격적으로 전개되다. ②(눈앞에) 넓게 펼쳐짐. ¶ 신천지(新天地)가 눈앞에 전개되다. ③수학에서, 어떤 함수나 어떤 식을 급수(級數)의 형태로 고침. ④입체의 표면을 한 평면 위에 펼침. ⑤작곡에서, 제시한 주제를 여러 형태로 변화 발전시킴. ⑥집합 상태의 부대를 전투 대형으로 벌림.
전ː개-도(展開圖)명 입체의 표면을 평면 위에 펴 놓은 모양을 나타낸 그림.
전ː개-식(展開式)명 수학에서, 단항식의 합으로만 된 다항식.
전객(佃客)명 남의 땅을 빌려서 농사를 짓는 사람. 소작인(小作人).
전갱이명 전갱잇과의 바닷물고기. 몸길이 40 cm 가량. 몸은 방추형이며, 등은 암청색이고 배는 흼. 온대성 물고기로 근해의 깊은 곳에 살다가 4~7월의 산란기가 되면 얕은 곳으로 나옴. 우리나라 연해에 널리 분포함. 매가리[2].
전ː거(典據)명 (말·문장 따위의) 근거로 삼는 문헌상의 출처.
전ː거(奠居)명하자 머물러 살 만한 곳을 정함. 전접(奠接).
전ː거(轉居)명하자 살던 곳을 떠나 다른 곳으로 옮김. 전주(轉住).
전ː-거리명 전으로 쌓아 둔 나무, 또는 한 전씩 묶어서 단을 지은 잎나무.
전건(前件)[-껀]명 ①앞에서 말한 조항. 앞의 사건. ②가언적 판단(假言的判斷)에서, 그 '조건'을 나타내는 부분.
전ː건(電鍵)명 (전기·전신 따위의 회로에서) 손가락으로 누르거나 떼면 전기가 흐르거나 끊기게 된 단추 모양의 장치를 통틀어 이르는 말. 〔스위치나 전신용 키 따위.〕 참키(key).
전ː건(戰巾)명 지난날, 군사들이 쓰던 두건(頭巾)의 한 가지.
전ː격(電擊)명 ①강한 전류에 의한 갑작스러운 충격. ②하타 번개처럼 빠르게 들이침, 또는 번개처럼 갑작스러운 공격. ¶ 전격 작전.
전ː격-적(電擊的)[-쩍]관명 (번개가 들이치듯이) 갑자기 민첩하게 행동하거나 결단해 버리는 (것). ¶ 전격적 발표. /전격적인 결혼.
전ː격-전(電擊戰)[-쩐]명 번개처럼 들이치는 싸움. 순식간에 들이쳐서 결판을 내는 싸움.
전결(田結)명 지난날, 논밭에 대하여 물리던 세금.
전결(專決)명하타되자 (결정권자가) 단독 책임으로 결정함, 또는 그 결정. ¶ 전결 사항. 비전단(專斷).
전ː결(纏結)명하타 얽어 맺음. 매어 묶음.
전경(全景)명 한눈에 바라보이는 전체의 경치(정경).
전ː경(典經)명 ①☞규범(規範). ②경전(經典). 경서(經書). ③조선 시대에, 서책에 관한 일을 맡아보던 경연청(經筵廳)의 정구품 벼슬.
전경(前景)명 ①눈앞에 펼쳐져 보이는 경치. ②(그림·사진 따위에서) 사람이나 물건의 앞에 있는 경치. ②↔배경(背景).
전ː경(戰警)명 〈전투 경찰〉의 준말.
전ː경-의(轉鏡儀)[-의/-이]명 ☞트랜싯.
전계(傳戒)[-계/-게]명하타 계법(戒法)을 전함.
전ː계(電界)[-계/-게]명 ☞전기장.
전ː고(典故)명 ①전례(典例)와 고사(故事). ②전거가 되는 옛일. ②고실(故實).
전고(前古)명 지나간 옛날. 《주로, '전고에'의 꼴로 쓰임.》 ¶ 전고에 없던 일.
전고(傳告)명하타되자 전하여 알림.

전고(傳稿) 명하자 뒤에 남길 목적으로 자기의 일대기를 적어 놓음, 또는 그 글.

전ː고(詮考) 명하타 의논하여 상고함.

전ː고(銓考) 명하타 (사람을 전형할 때에) 여러 모로 따져서 고름.

전ː고(戰鼓) 명 전투할 때에 치던 북.

전고-미문(前古未聞) 명 전에는 들어 보지 못한 일. 처음 듣는 일. 전대미문.

전고-미증유(前古未曾有) 명 옛날에는 미처 없었던 일. 처음 있는 일. ¶ 전고미증유의 일대 변란이 일어나다.

전ː곡 명 집터의 경계선.

전곡(田穀) 명 밭에서 나는 곡식. 〔팥·콩·녹두·수수 따위.〕 밭곡식.

전곡(全曲) 명 어떤 곡(曲)의 전체. ¶ 전곡을 연주하다.

전ː곡(錢穀) 명 돈과 곡식. 금곡(金穀). 전량(錢糧). ¶ 전곡을 풀어 난민에게 나누어 주다.

전ː골 명 쇠고기나 돼지고기를 잘게 썰어 양념을 하고, 어패류·버섯·채소 따위를 섞어서 국물을 조금 부어 끓인 음식.

전골(全骨) 명 〈전신골(全身骨)〉의 준말.

전ː골-틀 명 전골을 끓이는 데 쓰는 그릇.

전공(全功) 명 ①모든 공로나 공적. ②(결점이 없이) 온전한 공로나 공적.

전공(前功) 명 ①전에 세운 공로나 공적. ②앞 사람의 공로나 공적.

전공(專攻) 명 ①하타(어느 일정한 부문에 대하여) 전문적으로 연구함. ¶ 전공 분야. /전공을 바꾸다. /전공을 살리다. ②전공과목.

전ː공(電工) 명 ①〈전기 공업〉의 준말. ②〈전기공〉의 준말.

전ː공(戰功) 명 전투에서 세운 공로. 군공(軍功). 전훈(戰勳). ¶ 전공을 세우다.

전공-과목(專攻科目) 명 전문적으로 이수하는 과목. 전공.

전ː공-비(戰功碑) 명 전투에서 세운 공을 기리어 세우는 비석.

전공-의(專功醫) [-의/-이] 명 ☞수련의.

전ː공-탑(戰功塔) 명 전투에서 세운 공을 기리어 세우는 탑.

전ː-공후(鈿箜篌) 명 자개로 장식한 공후.

전과(全科) [-꽈] 명 ①모든 교과. 모든 학과. ②☞전과서(全科書).

전과(全課) [-꽈] 명 ①모든 과. ¶ 사내 전과에 알리는 말. ②그 과의 전체. ¶ 전과 회의.

전과(前科) [-꽈] 명 전에 형벌을 받은 사실. ¶ 전과 5범의 흉악범.

전과(前過) 명 전에 저지른 허물. ¶ 전과를 뉘우치고 열심히 살아가다.

전과(專科) [-꽈] 명 전문적으로 연구하는 학과.

전ː과(煎果) 명 ☞정과(正果).

전ː과(戰果) [-꽈] 명 ①전투에서 거둔 성과. ¶ 혁혁한 전과를 세운 장병에게 훈장이 수여되었다. ②운동 경기에서 올린 성과.

전ː과(轉科) [-꽈] 명하자 학과(學科)나 병과(兵科)를 다른 과로 옮김.

전과-서(全科書) [-꽈-] 명 전 학과의 참고 사항을 모아 한데 엮은 참고서. 전과.

전과-자(前科者) [-꽈-] 명 전에 형벌을 받은 사실이 있는 사람.

전관(全館) 명 ①모든 관(館). ②그 관의 전체. ¶ 건물 전관이 소실되다.

전관(前官) 명 이전에 그 벼슬자리에 있던 관원. 원임(原任). ¶ 전관 사또.

전관(專管) 명하타 되자 ①그 일만을 전적으로 책임지고 맡아서 관리함. ②전체가 그 관할에 딸림.

전ː관(錢貫) [-꽌] 명 한 관(貫)가량의 엽전.

전ː관(轉官) 명하자 관직 자리를 옮김.

전관^거류지(專管居留地) 명 외국 영토 안에 자기 나라 행정권이 시행되고 있는 조계(租界). 전관 조계.

전관^수역(專管水域) 명 연안국이 자기 나라의 연안에서 어업이나 자원의 발굴 등에 대해서 배타적 권리를 갖는 수역. 어업 전관 수역.

전관-예우(前官禮遇) [-녜-] 명 장관급 이상의 관직을 지냈던 사람에게, 퇴관 후에도 재임 당시의 예우를 하는 일.

전관^조계(專管租界) [-계/-게] 명 ☞전관 거류지. ↔공동 조계(共同租界).

전ː광(電光) 명 ①번갯불. 번개. ②전력으로 일으킨 빛. 〔전등의 불빛 따위.〕 ¶ 전광 간판.

전광(癲狂) 명 ①한방에서, 실없이 웃는 미친 병. ②간질과 광기.

전ː광-게시판(電光揭示板) 명 많은 전구를 배열하여 그것을 켰다 껐다 함으로써 문자나 그림을 나타내도록 만든 게시판. 준전광판.

전ː광^뉴ː스(電光news) 명 전광게시판에 문자로 나타내는 뉴스.

전ː광-석화(電光石火) [-서콰] 명 〔번갯불이나 부싯돌의 불이 번쩍이는 것처럼〕 ①'몹시 짧은 시간'을 비유하여 이르는 말. ②'매우 재빠른 동작'을 비유하여 이르는 말. ¶ 전광석화처럼 빠른 동작.

전ː광-판(電光板) 명 〈전광게시판〉의 준말.

전괴(全壞) [-괴/-궤] 명하자타 모두 파괴됨. 전부 파괴함. 비전파(全破).

전교(全校) 명 한 학교의 전체.

전교(傳教)[1] 명하타 임금이 명령을 내리는 일, 또는 그 명령. 하교(下教). ¶ 전교를 내리다.

전교(傳教)[2] 명하자 ①종교를 널리 전도함. ②불제자(佛弟子)에게 교리를 전함.

전ː교(錢驕) 명 돈 많은 사람의 교만.

전ː교(轉交) 명 ①〔다른 사람의 손을 거쳐서 받게 한다는 뜻으로〕 편지의 겉봉에 쓰는 말. ②하타 되자(서류 따위를) 다른 사람을 거쳐서 교부함.

전ː교(轉校) 명하자 ☞전학(轉學).

전교-생(全校生) 명 한 학교의 전체 학생.

전교-회(傳教會) [-회/-훼] 명 가톨릭에서, 포교를 목적으로 하는 단체.

전구(全軀) 명 ☞전신(全身).

전구(前驅) 명 ①기마(騎馬)에서 선도(先導)하는 사람. ②행렬의 맨 앞에 가는 사람.

전ː구(電球) 명 공 모양의 둥근 전등. 전등알. ¶ 전구를 갈다.

전ː구(戰具) 명 ☞병구(兵具).

전ː구(轉句) [-꾸] 명 한시(漢詩)의 절구(絕句)의 셋째 구. '기승전결'의 전. 중간에서 시의(詩意)를 일전(一轉)시킴. 준전.

전ː구(轉求) 명하타 가톨릭에서, 자신이 지은 죄를 사(赦)하여 줄 것을 천주께 직접 빌지 않고, 성모나 성인·천사 들을 통하여 빎, 또는 그 기도.

전구^증상(前驅症狀) 명 전염병의 잠복기, 또는 뇌출혈이나 간질병 따위가 일어나기 직전에 나타나는 증세.

전-국(全-) 명 군물을 타지 않은 간장·술·국 따위의 국물. 진국.

전국(全局)명 전체의 국면. 전체의 판국.
전국(全國)명 한 나라의 전체. 온 나라. ¶ 전국 각지.
전:국(戰局)명 전쟁이 되어 가는 형편. ¶ 전국이 심상치 않다.
전국-구(全國區)[-꾸]명 전국을 한 단위로 하는 선거구(選擧區). 참지역구.
전:국^시대(戰國時代)[-씨-]명 중국 춘추 시대 이후, 신(晉)나라가 한·위·소(趙)로 삼분(三分)된 때부터 진(秦)나라가 통일할 때까지의 동란기.
전국-적(全國的)[-쩍]관명 (규모·범위 따위가) 나라 전체에 관계되는 (것). ¶ 전국적 규모의 대회. /전국적인 행사.
전군(全軍)명 한 나라 군대의 전체. 삼군(三軍). ¶ 전군에 비상이 걸리다.
전군(前軍)명 앞장선 군대. ↔후군(後軍).
전:군(殿軍)명 대열의 맨 뒤에 따르는 군대. 후미의 군대. 후군(後軍).
전권(全卷)명 ①(여러 권으로 된 책의) 모든 권. ②한 권(卷)의 전부.
전권(全權)[-꿘]명 ①(단체·국가 등을 대표하여) 맡겨진 일을 처리할 수 있는 일체의 권한. ¶ 전권을 위임받다. ②완전한 권리. ¶ 전권을 장악하다. ③〈전권 위원〉의 준말.
전:권(典券)명하자 문권(文券)을 전당으로 함. 문권을 전당 잡힘.
전권(專權)[-꿘]명하자 권력을 홀로 차지하여 마음대로 부림, 또는 그러한 권력. ¶ 전권을 휘두르다. 비전횡(專橫).
전권^공사(全權公使)[-꿘-]명 〈특명 전권 공사〉의 준말.
전권^대:사(全權大使)[-꿘-]명 〈특명 전권 대사〉의 준말.
전권^위원(全權委員)[-꿔뉘-]명 국가로부터 국제 조약의 체결, 국제 회의, 외교 교섭 등에 관한 전권을 위임받아 파견되는 외교 사절. 준전권.
전권^위임장(全權委任狀)[-꿔뉘-짱]명 임시 외교 사절이, 국가를 대표하여 외교 교섭을 벌이고, 조약을 체결할 수 있는 권한을 국가 원수(元首)로부터 위임받은 공문서.
전:극(電極)명 전지나 발전기 따위의 전원(電源)에서, 전기가 드나드는 양극(兩極)의 단자(端子). 〔양극과 음극이 있음.〕
전:극^전:위(電極電位)[-쩌뉘]명 전극과 이에 접촉하는 전해질 용액과의 사이에서 생기는 접촉 전위차(電位差). 단극 전위(單極電位).
전:근(轉筋)명하자되자 쥐가 나서, 근육이 뒤틀리어 오그라짐. ¶ 한쪽 발이 전근되다.
전:근(轉勤)명하자되자 근무처를 옮김. ¶ 지방 학교로 전근되다. 비전출(轉出).
전근대-적(前近代的)관명 근대 이전 시대의 특징을 지니고 있는 (것). ¶ 전근대적 사고방식. /전근대적인 방법.
전금(前金)명 대차 관계를 셈할 때, 이미 그 이전에 치른 돈.
전:금-화(剪金花)명 ☞장구채[2].
전:긍(戰兢)명하자 〈전전긍긍〉의 준말.
전기(全期)명 ①모든 기간. ②한 기간의 전체.
전기(全機)명 한 전대(戰隊)에 편성되어 있는 전체의 비행기, 또는 어느 특정 기종의 비행기 전부. ¶ 이 전대에 딸린 전투기 전기를 발진시키다.
전기(前記)명하타 앞에 기록함, 또는 앞의 기록. ¶ 내용은 전기와 같다. ↔후기(後記).
전기(前期)명 ①어떤 기간을 두 기(期)로 나누었을 때 그 앞의 기간. ¶ 전기 대학. /전기 리그에서 우승하다. ②현재의 앞의 기간. ¶ 전기의 순이익. /전기의 이월금(移越金). ↔후기(後期).
전기(傳奇)명 (있을 수 없는) 기이한 일을 내용으로 한 이야기. 괴이하고 환상적인 색채가 짙은 이야기.
전기(傳記)명 한 개인의 일생의 사적(事跡)을 적은 기록. ¶ 위인의 전기를 읽다.
전기(傳騎)명 전령(傳令) 임무를 맡아보던 기병(騎兵).
전:기(電氣)명 ①전자의 이동으로 생기는 에너지의 한 형태. 〔양전기와 음전기가 있음.〕 ②'저리거나 무엇에 부딪히거나 할 때 몸에 짜릿하게 오는 느낌'을 비유하여 이르는 말.
전:기(電機)명 전력으로 움직이는 기계.
전:기(戰記)명 전쟁의 기록. 전쟁의 모습을 기록한 책. ¶ 제1차 세계 대전 전기.
전:기(戰騎)명 말을 타고 싸우는 군사. 전쟁에 참가하는 기병.
전:기(戰機)명 ①전쟁이 일어날 기미. ¶ 전기가 무르익다. ②전투에서 이길 수 있는 기회. 병기(兵機). ¶ 전기를 잃다.
전:기(轉記)명하타 (어떤 기재 사항을) 한 장부에서 다른 장부로 옮기어 적음, 또는 옮기어 적은 그 기록.
전:기(轉機)명 (사물이나 형세가) 어떤 상태에서 다른 상태로 변하는 계기. 전환하는 기회. ¶ 인생의 전기를 맞이하다.
전:기-가오리(電氣-)명 전기가오릿과의 바닷물고기. 가오리를 닮았으며, 몸빛은 검붉은 갈색에 검은 무늬가 군데군데 있음. 가슴지느러미와 머리 사이에 음·양 한 쌍의 발전 기관(發電器官)이 있어 전기를 냄.
전:기^감:수율(電氣感受率)명 전기장(電氣場)에 의하여 물질이 분극(分極)을 일으키는 정도를 나타내는 양.
전:기^감:응(電氣感應)명 ☞정전 유도.
전:기-계(電氣計)[-계/-게]명 ☞전위계.
전:기^계:기(電氣計器)[-계-/-게-]명 전기에 관한 갖가지 양을 측정하는 계기를 통틀어 이르는 말. 〔전압계·전류계·적산 전력계 따위.〕
전:기-공(電氣工)명 (발전, 변전, 전기 장치의 가설 및 수리 따위) 전기 관계의 작업에 종사하는 직공. 준전공.
전:기^공업(電氣工業)명 전기를 원동력으로 하는 공업. 준전공.
전:기^공학(電氣工學)명 전기의 성질과 그 응용을 연구하는 학문.
전:기^기관(電氣器官)명 (전기뱀장어·전기가오리 따위의 어류에서 볼 수 있는) 전기를 발생하는 특별한 기관.
전:기^기관차(電氣機關車)명 전동기로 움직이는 기관차.
전:기^기구(電氣器具)명 전기 에너지를 이용하는 각종 기구를 통틀어 이르는 말. 〔전열기·등기구(燈器具) 따위.〕
전:기-난로(電氣煖爐)[-날-]명 전열을 이용한 난로. 전기스토브.
전:기-냄비(電氣-)명 전기를 열원(熱源)으로 쓰는 냄비.
전:기-냉장고(電氣冷藏庫)명 전기를 이용하여 내부의 온도를 차게 함으로써 안에 든 물건을 냉각시키는 냉장고.

전ː기-다리미(電氣-)명 전기 저항에 의한 발열 작용을 이용하여 만든 다리미.
전ː기^당량(電氣當量)[-냥]명 〈전기 화학 당량〉의 준말.
전ː기^도ː금(電氣鍍金)명 전기 분해를 이용하여 금속의 표면에 다른 금속의 엷은 막을 입히는 방법. 준전도.
전ː기-동(電氣銅)명 전기 야금으로 얻은 구리. 전해동.
전ː기^동ː력계(電氣動力計)[-녁꼐/-녁께]명 발전기를 돌려서 그 고정자(固定子)의 반동력을 계측함으로써 원동기의 동력을 측정하는 계기.
전ː기^드릴(電氣drill)명 소형 전동기를 이용하여 송곳을 돌려서 구멍을 뚫는 휴대용 공구.
전ː기-등(電氣燈)명 전력을 광원(光源)으로 한 등. 준전등.
전ː기-량(電氣量)명 대전체(帶電體)가 가지는 전기의 양. 준전량.
전ː기-력(電氣力)명 대전체(帶電體) 사이에 작용하는 전기의 힘.
전ː기력-선(電氣力線)[-썬]명 전기장(電氣場)에서, 전기장의 접선 방향으로 양전하에서 시작하여 음전하에서 끝나는 가상의 곡선. 그 곡선 위의 모든 점의 접선 방향이 전기장의 방향과 일치함.
전ː기-로(電氣爐)명 전열을 이용한 노(爐). 저항로·아크로·유도로 따위가 있으며, 금속 정제에 널리 쓰임. 준전로.
전ː기-료(電氣料)명 전기를 사용한 데 대한 요금.
전ː기-메기(電氣-)명 전기메깃과의 민물고기. 발전 기관을 가졌으며 메기를 닮았음. 몸길이 약 20 cm, 몸빛은 다갈색. 최대 전압 400~450 볼트의 고압까지 방전하여 외적으로부터의 보호와 먹이를 잡는 데 씀. 야행성이며, 새끼를 입에 넣어 보호함. 아프리카의 열대 하천에 삶.
전ː기^메스(電氣mes)명 고주파 전류를 이용하여, 조직을 잘라 내는 데 쓰는 작은 칼. 전기수술도.
전ː기-면도기(電氣面刀器)명 전기의 힘으로 면도날을 움직여 면도할 수 있게 된 기구.
전기^문학(傳奇文學)명 공상적이고 기이한 사건을 다룬 흥미 본위의 문학.
전기^문학(傳記文學)명 어느 개인의 한평생의 사적(事跡)을 소재로 한 문학.
전ː기-미터(電氣meter)명 ☞적산 전력계.
전ː기-밥솥(電氣-)[-쏟]명 전열을 이용하여 밥을 짓는 밥솥. *전ː기밥솥이[-쏘치]·전ː기밥솥을[-쏘틀]·전ː기밥솥만[-쏜-]
전ː기-밥통(電氣-桶)명 전열을 이용하여 밥을 따뜻하게 보존하는 밥통.
전ː기-방석(電氣方席)명 전열기를 장치하여 만든 방석.
전ː기^부화기(電氣孵化器)명 자동으로 온도가 조절되는 전열(電熱) 장치를 이용하여 알을 부화시키는 장치.
전ː기^분석(電氣分析)명 전기 적정(滴定), 전기 분해 따위를 이용한 화학 분석.
전ː기^분해(電氣分解)명 화합물을 수용액이나 용융(熔融) 상태에 두고, 전극을 넣어 전류를 통하여서 음극과 양극에 그 성분을 석출(析出)시키는 일. 준전해(電解).
전ː기^불꽃(電氣-)[-꼳]명 ☞스파크. *전ː기불꽃이[-꼬치]·전ː기 불꽃만[-꼰-]
전ː기^사ː업(電氣事業)명 발전, 전력 공급 및 판매의 세 가지 사업을 통틀어 이르는 말. 특히, 전력 공급 사업만을 가리키는 경우도 있음.
전ː기-사인(電氣sign)명 전구나 네온관 등을 이용하여 나타내는 글자·신호·표지(標識) 따위의 여러 가지 기호.
전ː기-삽(電氣-)명 전기를 동력으로 사용하는 삽. 규모가 큰 노천굴(露天掘)이나 토목 공사(土木工事) 등에 쓰임.
전기생^식물(全寄生植物)[-싱-]명 엽록소가 없어 동화 작용(同化作用)을 못하고, 다른 식물에 기생하여 숙주(宿主)로부터 온전히 양분을 흡수하여 살아가는 식물. 참반기생(半寄生).
전ː기-석(電氣石)명 육방 정계(六方晶系)의 규산염 광물을 통틀어 이르는 말. 철·마그네슘·붕소·알루미늄 따위가 주성분임. 마찰하거나 가열하면 전기가 일어남. 성분 구성에 따라 종류가 많고, 광택·투명성·빛깔이 다양함.
전ː기-선(電氣線)명 ☞전선(電線).
전ː기-세탁기(電氣洗濯機)[-끼]명 전동기의 힘을 이용하여 빨래를 세탁하는 기계.
전ː기^소량(電氣素量)명 전자가 지니는 전기량의 절댓값.
전기^소ː설(傳奇小說)명 공상적이고 기이한 사건을 내용으로 다룬 흥미 본위의 소설.
전기^소ː설(傳記小說)명 어떤 특정 인물의 전기를 소설 형식으로 쓴 작품.
전ː기-소제기(電氣掃除機)명 ☞진공청소기.
전기-수(傳奇叟)명 지난날, 고대 소설을 낭독하여 들려주는 일을 업으로 삼던 사람.
전ː기^수술도(電氣手術刀)[-또]명 ☞전기 메스.
전ː기-스탠드(電氣stand)명 책상 따위에 두고 쓰는 조명용 전등. 준스탠드.
전ː기-스토ː브(電氣stove)명 ☞전기난로.
전ː기^야ː금(電氣冶金)명 전류의 화학 작용이나 열작용을 이용한 야금 방법. 전기 정련.
전ː기-어(電氣魚)명 몸에 전기 기관을 갖추고 있어서, 강한 전기를 발생하는 물고기들을 통틀어 이르는 말.
전ː기^에너지(電氣energy)명 정전기 및 전류의 능력을 표시하는 물리학적인 양.
전ː기-온돌(電氣溫突)명 전열 장치를 한 온돌.
전ː기-요(電氣-)명 솜 안에, 석면 따위로 싼 가는 전열선(電熱線)을 넣어 만든 요.
전ː기^요법(電氣療法)[-뻡]명 ☞전기 치료.
전ː기-욕(電氣浴)명 물리 치료의 한 방법. 약한 전류를 흐르게 한 목욕물에 환자의 몸을 담그게 함. 신경통, 혈관 운동 장애 등에 효과가 있음.
전ː기^용ː량(電氣容量)[-냥]명 도체(導體)나 축전기의 전위를 단위량만큼 높이는 데 필요한 전기량.
전ː기^용접(電氣鎔接)명 전기 에너지를 열원(熱源)으로 한 용접을 통틀어 이르는 말. 〔아크 용접·저항 용접 따위.〕
전ː기-의자(電氣椅子)[-의-/-이-]명 고압 전류가 통하게 만든 사형 집행용의 의자.
전ː기^이ː중극(電氣二重極)명 전기량이 같은 양·음의 두 전하(電荷)가 매우 가까이 있는 현상.
전ː기-인두(電氣-)명 전열을 이용한 인두.
전ː기-자(電氣子)명 ☞아마추어.
전ː기^자ː석(電氣磁石)명 ☞전자석(電磁石).
전ː기-장(電氣場)명 대전체(帶電體)의 주위에 전기적인 힘이 미치는 공간. 전계(電界). 전장.
전ː기-장판(電氣壯版)명 전열선을 넣은 장판.

전ː기-쟁반(電氣錚盤)명 정전기 유도를 이용하여 전기를 모으는 실험 기구.

전ː기^저ː항(電氣抵抗)명 물체에 전류가 통하기 어려운 정도를 나타낸 수치. 〔단위는 옴(Ω)〕

전ː기^전도(電氣傳導)명 도체 속의 전하의 이동으로 물체 사이에 전류가 흐르게 되는 현상.

전ː기^전도도(電氣傳導度)명 ☞전기 전도율. 준전도도.

전ː기^전도율(電氣傳導率)명 도체 속을 흐르는 전류의 크기를 나타내는 상수(常數). 전기 전도도. 준전도율.

전ː기^절연물(電氣絕緣物)명 전기 전도를 가로막는 물질. 〔도자기·유리·고무 따위.〕 절연물. 절연체.

전ː기^점화(電氣點火)명 내연 기관 따위에서, 전기 방전의 불꽃을 이용하여 가스를 폭발시키는 일.

전ː기^정련(電氣精鍊)[-년]명 ☞전기 야금.

전ː기-종(電氣鐘)명 ☞전령(電鈴).

전ː기^주조(電氣鑄造)명 ☞전주(電鑄).

전ː기^진ː동(電氣振動)명 전기 회로에 진동 전류가 발생하는 현상, 또는 이 현상이 회로 주위의 전기장(電氣場)을 진동시켜 전자기파를 발생하는 현상. 참진동 전류.

전ː기^진ː동기(電氣振動器)명 전기 회로에 진동 전류를 일으키는 장치.

전ː기^진ː자(電氣振子)명 정전기의 실험에 쓰이는 흔들이.

전ː기^착암기(電氣鑿岩機)명 전기의 힘으로 암석에 구멍을 뚫는 기계.

전ː기^철도(電氣鐵道)[-또]명 전기를 동력으로 이용하는 철도. 준전철.

전ː기^치료(電氣治療)명 전기적 에너지를 이용한 의료 기계로, 신경 계통이나 근육을 자극하는 물리 치료의 한 방법. 전기 요법.

전ː기^탐광(電氣探鑛)명 땅속을 흐르는 전류의 방향·세기 따위를 측정하여 지하의 광상(鑛床)을 찾아내는 물리 탐광의 한 방법.

전ː기^통신(電氣通信)명 유선·무선 또는 그 밖의 전자적 방식으로 모든 종류의 부호·음성·음향·영상을 전송하거나 수신하는 통신.

전ː기-파(電氣波)명 ☞전파(電波).

전ː기-풍(電氣風)명 어느 첨단(尖端)에서 방전(放電)이 일어날 때, 그 결과로 일어나는 공기의 진동 현상.

전ː기-풍로(電氣風爐)[-노]명 전열선(電熱線)을 장치한 풍로.

전ː기-학(電氣學)명 ①전기 현상 및 그 이론을 연구하는 학문을 통틀어 이르는 말. ②전기의 물리적 현상을 연구하는 학문.

전ː기^해ː리(電氣解離)명 ☞전리(電離).

전ː기^현ː상(電氣現象)명 (전자·전자 감응·전파 따위) 전기에 관한 여러 가지 현상을 통틀어 이르는 말.

전ː기^화ː학(電氣化學)명 전기적 현상을 일으키는 화학 변화나, 전기적 현상에 의한 화학 변화에 관하여 연구하는 물리 화학의 한 부문. 전지·전기 분해·전리(電離) 등에 관한 이론 및 그 응용을 연구함.

전ː기^화ː학^당량(電氣化學當量)[-땅냥]명 전기 분해 때, 1쿨롬의 전기량에 의하여 전해 용액으로부터 석출(析出)되는 원자, 또는 원자단의 그램수. 준전기 당량.

전ː기^회로(電氣回路)[-회-/-훼-]명 도체에 의하여 만들어진 전류의 통로. 준전로·회로.

전ː깃-불(電氣-)[-기뿔/-긷뿔]명 전등에 켜지는 불.

전ː깃-줄(電氣-)[-기쭐/-긷쭐]명 ☞전선(電線).

전ː-나귀명 다리를 절름거리는 나귀.

전ː-나무명 소나뭇과의 상록 교목. 높은 산에 나는데, 높이는 40 m가량. 잎은 바늘 모양임. 봄에 황록색 꽃이 피고, 가을에 솔방울을 맺음. 나무는 건축·가구·제지용으로 쓰임. 종목(樅木).

전-날(前-)명 ①(어떤 날의) 바로 앞의 날. ¶ 생일 전날. ②지난날.

전-남편(前男便)명 그전 남편. 먼저의 남편. 전부(前夫). 전서방.

전납(全納)명하타 전부 납부함.

전납(前納)명하타되자 ☞예납(豫納).

전ː내(殿內)명 ①궁전·전각 등의 안. ②신위(神位)를 안치해 놓고 길흉을 점치는 곳, 또는 거기서 점을 치는 사람.

전-내기(全-)명 물을 조금도 타지 않은 술.

전ː-내기(廛-)명 가게에 내다 팔려고 날림으로 만든 물건.

전ː냥(錢兩)명 ☞돈냥.

전년(前年)명 ①지나간 해. ②지난해. 작년. ¶ 수입이 전년에 비하여 크게 늘었다.

전념(專念)명하자 오로지 한 가지 일에만 마음을 씀. ¶ 공부에 전념하다.

전ː농(轉農)명하자 직업을 농업으로 바꿈.

전능(全能)명하형 (어떤 일이든) 못하는 일이 없이 능함.

전ː다(煎茶)명하자 차를 달임. 팽다(烹茶).

전다라(旃茶羅←candala 범)명 ☞전타라(旃陀羅).

전ː-다리명 걸음을 절름거리는 다리, 또는 그런 다리를 가진 사람.

전-다리(前-)[-따-]명 (사람·물건·지위·처소 따위가 자리를 옮겼을 경우) 그 전의 사람·물건·지위·처소 따위를 이르는 말.

전단(全段)명 ①모든 단이나 단락. ②한 단이나 단락의 전부. ¶ 전단 광고./전단 기사(記事).

전단(前端)명 앞의 끄트머리.

전단(栴檀·旃檀)명 ☞단향목(檀香木).

전단(專斷)명하타되자 자기 마음대로 결정해서 시행함. ¶ 국정을 전단하다. 비전결(專決).

전ː단(剪斷)명하타 자름. 끊음.

전단(傳單)명 (선전·광고를 위하여) 사람들에게 돌리거나 눈에 잘 띄는 곳에 붙이거나 하는 종이. ¶ 전단을 뿌리다.

전ː단(戰端)명 전쟁의 실마리. 병단(兵端).

전-달(前-)[-딸]명 ①지난달. 전월. ¶ 물가가 전달에 비하여 크게 올랐다. ②(어떤 달의) 바로 앞의 달. ¶ 막내가 태어나던 그 전달에 난리가 터졌다.

전달(傳達)명하타되자 (상대에게 무엇을) 전하여 이르게 함. ¶ 명령을 전달하다.

전담(全擔)명하타되자 어떤 일이나 비용의 전부를 도맡아 하거나 부담함. 전당(全當). ¶ 이번 여행 경비는 제가 전담하지요.

전담(專擔)명하타되자 전문적으로 맡거나 혼자서 담당함. 전당(專當). ¶ 수출 업무를 전담하다.

전답(田畓)명 밭과 논. 논밭. 전토(田土).

전당(全當)명하타되자 ☞전담(全擔).

전당(全黨)명 한 정당의 전체.

전ː당(典當)명하타되자 물품을 담보로 하여 돈을 꾸어 주거나 꾸어 쓰는 일. ¶ 잡힐 만한 것은 모두 전당되었다.

전당 잡은 촛대(같고 꾸어 온 보릿자루 같다)[속담] '말없이 한구석에 덤덤하니 앉아 있기만 하는 사람'을 비유하여 이르는 말.
전당(專當)[명][하타][되자] ☞전담(專擔).
전ː당(殿堂)[명] ①신불(神佛)을 모시는 집. 전우(殿宇). ②크고 화려한 집. 당우(堂宇). ③(어떤 분야에서) 가장 권위 있는 기관을 이르는 말. ¶ 배움의 전당. /예술의 전당.
전ː당-국(典當局)[명] ☞전당포.
전당^대ː회(全黨大會)[-회/-훼][명] 한 정당의 전국 대의원 대회.
전ː당-질(典當-)[명][하자] 물건을 잡히고 돈을 빌리는 일을 얕잡아 이르는 말.
전ː당-포(典當鋪)[명] 물품, 유가 증권 따위를 담보로 잡고 돈을 꾸어 주는 일을 업으로 삼는 점포. 전당국. [준]전포.
전ː당-표(典當票)[명] 전당을 잡았다는 증거로 품명과 액수·기한 따위를 적어 주는 쪽지.
전ː당-품(典當品)[명] 전당 잡거나 전당 잡히는 물품.
전대(前代)[명] 지나간 시대. 앞 시대. 전세(前世). ↔후대(後代).
전ː대(戰隊)[명] ①군함 두 척 이상, 또는 군함 및 구축함대·잠수함대로 편성된 부대. ②공군에서, 비행 대대의 상위 부대. 〔2, 3개 비행 대대로 편성됨.〕
전ː대(轉貸)[명][하타][되자] ①(빌리거나 꾼 것을) 다시 남에게 빌려 주거나 꾸어 줌. ②남을 사이에 두고 빌려 주거나 꾸어 줌. [참]전차(轉借).
전ː대(纏帶)[명] 무명이나 베 따위의 헝겊으로 만든, 중간을 막고 양 끝을 튼 긴 자루. 돈이나 물건을 넣어, 허리에 차거나 어깨에 걸쳐 둘러멤. 견대(肩帶).
전ː대-띠(戰帶-)[명] 구식 군복에 띠던 띠.
전대-미문(前代未聞)[명] 〔매우 놀라운 일이나 새로운 것을 두고 이르는 말로〕 지금까지 들어본 적이 없음. 미증유. 전고미문. ¶ 전대미문의 사건이 발생하다.
전ː-대야[명] 전이 있는 놋대야.
전ː대-작(轉貸作)[명][하타] 소작인이 자기가 소작하던 토지를 다시 딴 사람에게 빌려 주어 소작하게 하는 일.
전대지재(專對之才)[명] 〔남의 물음에 지혜롭게 즉시 대답할 수 있는 인재라는 뜻으로〕 외국에 사신으로 보낼 만한 인재.
전ː-대차(轉貸借)[명][하타] 임차인이 임대차 계약에 따라 임대인으로부터 빌려 온 물건을 제삼자인 전차인(前借人)에게 다시 빌려 주는 일.
전도(全島)[명] 한 섬의 전체. 온 섬.
전도(全都)[명] ①서울 전체. ②도시 전체.
전도(全道)[명] 한 도의 전체.
전도(全圖)[명] 전체를 그린 그림이나 지도. ¶ 대한민국 전도.
전도(前途)[명] ①앞으로 나아갈 길. 앞길[2]. ②장래. ¶ 전도가 촉망되는 청년.
전도(前渡)[명][하타][되자] ☞선급(先給).
전도(前導)[명][하타] 앞길을 인도함. 선도(先導).
전ː도(剪刀)[명] ☞가위[1].
전ː도(奠都)[명][하자] 도읍(都邑)을 정함.
전도(傳道)[명][하타] 기독교에서, 기독교의 교리를 세상에 널리 펴서, 비교인(非敎人)으로 하여금 신앙을 가지게 하는 일.
전도(傳導)[명][하타][되자] 열(熱)이나 전기가 물질의 한 부분으로부터 점차 다른 곳으로 옮김, 또는 그 현상.
전ː도(電鍍)[명] 〈전기 도금(電氣鍍金)〉의 준말.
전ː도(顚倒)[명][하자타][되자] ①엎어지고 넘어짐, 또는 엎어지게 넘어뜨림. ②(위치나 차례가) 거꾸로 뒤바뀜. ¶ 주객(主客)이 전도되다.
전ː-도가(廛都家)[-또-][명] 같은 장사를 하는 사람들끼리 정해 놓고 모이는 집.
전도-금(前渡金)[명] ☞선급금(先給金).
전도-도(傳導度)[명] ①〈전기 전도도〉의 준말. ②〈열전도도〉의 준말. 전도율.
전도-사(傳道師)[명] 개신교에서, 전도의 임무를 맡은 교직자.
전도-서(傳道書)[명] 구약 성서 중의 한 편. 세속적인 것들의 무상함을 가르치며, 하나님이 주는 지혜만이 최선임을 깨우친 지혜 문학.
전ː도-열(顚倒熱)[명] (정상 체온과는 달리) 아침에는 오르고, 저녁에는 내리는 열.
전도-요원(前途遙遠)[명][하형] (목적한 바를 이루기까지의) 앞날이 창창하게 멂.
전도-유망(前途有望)[명][하형] 앞날이 잘되어 갈 희망이 있음. ¶전도유망한 젊은이.
전도-율(傳導率)[명] ①〈전기 전도율〉의 준말. ②〈열전도율〉의 준말. 전도도.
전도^전ː자(傳導電子)[명] 금속이나 반도체 내에서 전위차(電位差)에 따라 이동하며, 전기 전도를 일으키는 자유 전자(自由電子).
전도^주뢰(剪刀周牢)[-뢰/-뤠][명] ☞가새주리.
전ː돈-낭패(顚頓狼狽)[명] 자빠지고 엎어지며 갈팡질팡하는 모양.
전동(全洞)[명] 동네 전체. 온 동네.
전동(傳動)[명][하자] 기계의 동력을 다른 부분 또는 다른 기계로 전하는 일. ¶ 전동 장치.
전ː동(電動)[명][하타] 전기의 힘으로 움직임. ¶ 전동 모터. /전동 기관차.
전ː동(*箭筒)[명] 화살을 넣는 통. 전채(箭靫). [본]전통(箭筒).
전ː동(轉動)[명][하자] 굴리어 움직임. 구르며 움직임.
전ː동(顫動)[명][하자] 떨거나 떨리어서 움직임.
전ː동-기(電動機)[명] 전기 에너지를 기계 에너지로 바꾸는 기계. 코일을 감은 전동자에 전류를 통하여 자계(磁界)를 발생함으로써 스스로 회전력을 일으킴.
전ː동-력(電動力)[-녁][명] 전기 회로에 전류를 통하게 하여 기계를 움직이게 하는 힘. 기전력(起電力). 동전력(動電力).
전ː동^발전기(電動發電機)[-쩐-][명] 전동기로써 발전기를 돌리어 어떤 전류를 다른 전류로 변환하는 장치.
전ː동-음(顫動音)[명] 탄성 있는 발음 기관인 혀·목젖·입술 따위의 진동에 의하여 나는 자음(子音).
전ː동-주머니(*箭筒-)[명] 활의 부속품을 넣는 주머니.
전ː동-차(電動車)[명] 전동기를 설비하여 전력으로 달릴 수 있게 만든 전철용 차량. 단독으로도 달리고, 열차를 끄는 기관차의 구실도 함.
전두(前頭)[명] ①머리의 앞쪽. 앞머리. ↔후두(後頭). ②☞내두(來頭). ¶ 다만 전두의 광명(光明)으로 맥진(驀進)할 따름인저.
전ː두(纏頭)[명] ①옛날 중국에서, 가무(歌舞)가 끝났을 때 그 가무자에게 상으로 주던 물건. 금전두(錦纏頭). ②회교도(回敎徒)가 흰 천으로 머리를 싸는 일.
전두-골(前頭骨)[명] 두개(頭蓋)의 앞부분을 이루는 뼈. 앞머리뼈.

전두-근(前頭筋)명 머리의 앞면에 있는 근육. 눈썹을 올리고, 또는 이마에 가로 주름을 짓는 작용 따위를 함.

전ː-두리명 둥근 그릇의 아가리에 둘려 있는 전의 둘레, 또는 둥근 뚜껑 따위의 둘레의 가장자리. 주변(周邊).

전ː-드리다(廛-)자 가게의 물건을 거두어들이고 문을 닫다.

전득(傳得)명하타되자 (재산 따위를) 상속 또는 유증(遺贈)에 의하여 취득함.

전ː득(轉得)명하타되자 ①(물건 따위를) 남의 손을 거쳐서 얻음. ②남이 일단 취득한 물건이나 권리를 다시 그 사람으로부터 취득함.

전등(前燈)명 ☞전조등(前照燈).

전등(傳燈)명하자 불법(佛法)의 전통을 받아 전하는 일. 〔불법을 '중생의 마음을 밝히는 등불'에 비유하여 이르는 말.〕

전ː등(電燈)명 〈전기등(電氣燈)〉의 준말. ¶ 전등을 켜다(끄다).

전ː등-갓(電燈-)[-갇]명 (빛을 반사하도록 하여 조명도를 높이려고) 전등 위에 씌우는 갓. *전ː등갓이[-가시]·전ː등갓만[-간-]

전ː등-불(電燈-)[-뿔]명 전깃불.

전ː등-선(電燈線)명 ①가정용 전기를 보내는 배전선. ↔동력선(動力線). ②전등이 달린 전깃줄.

전ː등-알(電燈-)명 ☞전구(電球).

전라(全裸)[절-]명 발가벗은 알몸뚱이.

전ː락(轉落)[절-]명하자 ①(물건 따위가) 굴러 떨어짐. 전추(顚墜). ②되자 나쁜 상태나 처지에 빠짐. ¶ 삼류 작가로 전락하다.

전ː란(戰亂)[절-]명 전쟁으로 말미암은 난리.

전ː람(展覽)[절-]명하타되자 ①펼쳐서 봄. ②(여러 가지 물품을) 한군데 모아 진열하여 놓고 보임. ¶ 이번 전시회에서는 개인이 소장한 작품들만 모아 전람한다.

전ː람(電纜)[절-]명 절연물로 포장한 전선, 또는 전선의 다발. 주로, 땅속이나 물속으로 송전(送電)하거나 배전(配電)할 때 씀.

전ː람-회(展覽會)[절-회/절-훼]명 여러 가지 물품, 또는 작품을 진열해 놓고 보이는 모임. ¶ 미술 전람회. /공산품 전람회. ㊥전시회.

전래(傳來)[절-]명하자되자 ①(예부터) 전하여 내려옴. ¶ 전래 동화. /전래 민요. ②(외국으로부터) 전하여 들어옴. ¶ 한자(漢字)의 전래.

전래지물(傳來之物)[절-]명 예전부터 전하여 내려오는 물건.

전래지풍(傳來之風)[절-]명 예전부터 전하여 내려오는 풍습.

전략(前略)[절-]명하타되자 앞부분을 생략함. ㊟중략·후략.

전ː략(電略)[절-]명 〈전신 약호〉의 준말.

전ː략(戰略)[절-]명 ①전쟁·전투의 계략. 군략(軍略). 병략(兵略). ②전쟁 목적의 달성을 위하여, 준비·계획·동원·조직 등에 대한 국가적인 방략(方略). ③(운동 경기나 정치적·경제적 승부에서) 투쟁을 위한 전반적, 또는 세부적인 방책. ¶ 판매 전략.

전ː략-가(戰略家)[절-까]명 전략을 세우는 데 능한 사람.

전ː략^공군(戰略空軍)[절-꽁-]명 전략 폭격을 주요 임무로 하는 항공 부대.

전ː략^무ː기(戰略武器)[절량-]명 전략상의 목적에 쓰이는 병기. 〔대륙 간 탄도 유도탄·전략 폭격기·원자력 잠수함 따위.〕

전ː략^물자(戰略物資)[절량-짜]명 전시 경제(戰時經濟)의 유지에 있어서 중요한 식량·석유·철·석탄 따위의 물자.

전ː략^산ː업(戰略産業)[절-싸넙]명 국가 경제 발전의 기동력(起動力)이 되고, 유사시에 방위 산업으로의 전환이 용이하거나 직접 기여할 수 있는 기간 산업으로서 정책적으로 지원되는 산업. 〔전력 생산·중기계·강철·석유 및 중화학·정밀 전자 등의 공업 따위.〕

전ː략^요지(戰略要地)[절량뇨-]명 전략상 매우 중요한 지역. 〔국가 행정 중심지·전략 산업 기지·비행장 및 항구·주요 군사 기지 따위.〕

전ː략-적(戰略的)[절-쩍]관명 전쟁을 전반적으로 이끌어 가는 책략에 관한 (것). ¶ 전략적 요충지. /전략적인 가치.

전ː략^지도(戰略地圖)[절-찌-]명 병력의 이동·집결 및 보급 따위의, 군사 작전을 위하여 사용되는 지도. ㊟중축척도.

전ː략^폭격(戰略爆擊)[절-껵]명 전략상의 목표물에 타격을 주기 위한 장거리 비행 폭격. 국가 행정 중심지, 국방 산업, 주요 교통망 또는 그 기지나 요새 따위의 파괴 및 민심 교란을 목적으로 하는 폭격 등을 가리킴. ㊟전술 폭격.

전ː략^핵무기(戰略核武器)[절랴캥-]명 전략적으로 적의 영토나 국가 기반이 되는 공업 중심지·전략 핵기지 등을 파괴할 목적으로 사용하는 핵무기. 〔대륙 간 탄도 유도탄(ICBM)·잠수함 발사 유도탄(SLBM)·장거리 전략 폭격기 따위.〕 ㊟전술 핵무기.

전량(全量)[절-]명 전체의 분량(수량). ¶ 원유를 전량 수입하다.

전ː량(電量)[절-]명 〈전기량〉의 준말.

전ː량(錢糧)[절-]명 재물과 양식. 전곡.

전ː량-계(電量計)[절-계/절-게]명 도선(導線)을 통과한 전하(電荷)의 총량을 재는 계기.

전력(全力)[절-]명 가지고 있는 모든 힘. 있는 힘. 온 힘. 최선(最善). ¶ 전력 질주. /전력을 다한 투구(投球). ㊟총력(總力).

전력(前歷)[절-]명 과거(이전)의 경력. ¶ 다양한 전력을 가진 인물.

전력(專力)[절-]명하자 오로지 한 가지 일에만 힘을 쏟음. ¶ 신기술 개발에 전력하다.

전ː력(電力)[절-]명 전류가 단위 시간에 하는 일, 또는 단위 시간에 사용되는 전기 에너지의 양. 〔단위는 와트(W), 킬로 와트(kW)〕

전ː력(戰力)[절-]명 전쟁·경기 등을 수행할 수 있는 능력. ¶ 전력 강화(보강).

전ː력(戰歷)[절-]명 전투에 참가한 경력.

전ː력-계(電力計)[절-꼐/절-께]명 전등·동력 따위에 사용되는 전력을 측정하는 계기.

전ː력^수송(電力輸送)[절-쑤-]명 발전소에서 일으킨 전력을 수요지까지 송전선으로 보내는 일.

전력-투구(全力投球)[절-]명하자 ①야구에서, 투수가 타자를 상대로 온 힘을 기울여 공을 던지는 일. ②(어떤 일에) 온 힘을 다 기울임. ¶ 당국은 물가 안정을 위해 전력투구하고 있다.

전ː력-화(電力化)[절려콰]명하자타되자 (시설·장치 따위에) 전력을 이용하거나 이용하게 함.

전련(前聯)[절-]명 ☞함련(頷聯).

전련(顚連) '전련하다'의 어근.

전ː련-하다(顚連-)[절-]형여 몹시 가난하여 어찌할 수가 없다.

전렴(專念)명 '전념(專念)'의 잘못.

전렵(畋獵·田獵) [절-] 명 하타 ☞사냥.
전ː령(典令) [절-] 명 법률이나 명령.
전령(傳令) [절-] 명 ①전하여 보내는 훈령(訓令)이나 고시(告示). ②하타 명령을 전함, 또는 그 명령을 전하는 사람. 전명(傳命). ③하타 부대와 부대 사이에 오가는 명령을 전달하는 일, 또는 그 일을 맡아 하는 병사.
전ː령(電令) [절-] 명 ☞전명(電命).
전ː령(電鈴) [절-] 명 전류를 이용하여 종을 때려 소리를 내게 하는 장치. 초인종·전화기 따위에 씀. 전기종(電氣鐘). 전종(電鐘).
전령-병(傳令兵) [절-] 명 명령 전달의 임무를 띤 병사.
전령-패(傳令牌) [절-] 명 조선 시대에, 좌우 포도대장이 가지고 다니던 긴 네모로 된 패(牌).
전ː례(典例) [절-] 명 전거(典據)가 되는 선례.
전ː례(典禮) [절-] 명 ①왕실 또는 나라의 의식(儀式). ②일정한 의식.
전례(前例) [절-] 명 이전의 사례. 선례(先例). ¶ 전례대로 하다. 준 예.
전ː례(篆隷) [절-] 명 전자(篆字)와 예자(隷字).
전ː로(電路) [절-] 명 〈전기 회로〉의 준말.
전ː로(電爐) [절-] 명 〈전기로〉의 준말.
전ː로(錢路) [절-] 명 돈이 융통되는 길. 돈길.
전롱(全聾) [절-] 명 전혀 듣지 못하는 상태, 또는 그런 귀머거리.
전루(傳漏) [절-] 명 하자 조선 시대에, 경점(更點) 군사들이 북을 쳐서 경(更)을 알리던 일.
전ː류(電流) [절-] 명 전하(電荷)가 이동하는 현상. 도체 내의 전위가 높은 곳에서 낮은 곳으로 흐르며, 양전기가 흐르는 방향을 그 방향으로 함. ¶ 고압 전류.
전ː류(轉流) [절-] 명 하자 조류(潮流)가 흐름의 방향을 바꾸는 일. 보통, 하루 네 번 있으며, 평균 시간은 6시간 12분 정도임.
전ː류-계(電流計) [절-계/절-게] 명 전류의 세기를 재는 계기. 〔단위는 암페어(A)〕 암미터.
전ː류^전ː환기(電流轉換器) [절-] 명 ☞정류자.
전륜(前輪) [절-] 명 자동차·자전거 따위의 앞바퀴. ¶ 전륜 구동(驅動). ↔후륜(後輪).
전ː륜(轉輪) [절-] 명 ①하자 바퀴를 돌림. ②〈전륜왕〉의 준말.
전ː륜-성왕(轉輪聖王) [절-] 명 ☞전륜왕.
전ː륜-성제(轉輪聖帝) [절-] 명 ☞전륜왕.
전ː륜-왕(轉輪王) [절-] 명 불교에서, 정법(正法)으로 온 세상을 다스리는 왕. 몸에 32상(相)을 갖추고 있으며, 전차(戰車)처럼 생긴 윤보(輪寶)를 굴리어 모든 악을 물리친다 함. 전륜성왕. 전륜성제. 준 전륜.
전ː륜-화(轉輪花) [절-] 명 국화과의 일년초. 높이 30~60 cm. 멕시코 원산으로, 초여름부터 가을까지 노랑·빨강·연노랑의 큰 두상화가 줄기 끝에 핌. 특이한 냄새가 나며, 정원에 관상용으로 심음.
전리(田里) [절-] 명 고향 마을. 향리(鄕里).
전ː리(電離) [절-] 명 하자타 되자 ①중성(中性)의 원자나 분자가 전기를 띤 원자나 원자단으로 되는 일. ②산·염기 및 염류(塩類)가 물에 녹을 때, 분자의 일부분이 이온으로 분해되는 일. 이온화. 전기 해리.
전ː리(戰利) [절-] 명 전쟁에서 얻은 이득.
전ː리-도(電離度) [절-] 명 전해질(電解質)의 전리한 분자의 수가 그 물질 전체의 분자수에 대하여 갖는 비율.
전ː리^상자(電離箱子) [절-] 명 ☞이온화 상자.
전ː리-설(電離說) [절-] 명 전류는 이온을 운반하는 역할만을 하며, 전류와는 관계없이 전해질 용액은 항상 일정한 전리도(電離度)로 전리하여 있다는 설. 이온설.
전ː리^전ː류(電離電流) [절-절-] 명 기체를 방사선 따위로 전리시켜 생긴 이온에 전장(電場)을 작용시켜서 일으키는 전류.
전ː리-층(電離層) [절-] 명 대기 상층부에 현저히 전리되어 있어 전파를 반사하는 공기의 층. 이 층 때문에 장거리 무선 전신이 가능하게 됨.
전ː리-품(戰利品) [절-] 명 ☞노획물.
전ː립(戰笠) [절-] 명 조선 시대에, 무관이 쓰던 벙거지.
전ː립(氈笠) [절-] 명 ☞군뢰복다기.
전립-샘(前立-) [절-쌤] 명 ☞전립선.
전립-선(前立腺) [절-썬] 명 방광 아래, 남성 생식기의 뒤쪽에 있어 요도를 둘러싸고 있는 밤톨만 한 선(腺). 정자(精子)의 운동을 활발하게 하는 액체를 분비함. 섭호선(攝護腺). 전립샘.
전ː마(電碼) 명 전신 부호와 그 글자를 대조해 놓은 표.
전ː마(戰馬) 명 ①전쟁에 쓰는 말. ②바둑에서, 서로 싸우고 있는 말.
전마-선(傳馬船) 명 큰 배와 육지, 배와 배 사이를 오가며 짐 따위를 나르는 배.
전ː-마찰(轉摩擦) 명 〈회전마찰〉의 준말.
전막(全幕) 명 장막극에서, 한 편의 극을 이루는 막의 전체. 모든 막.
전ː만(錢萬) 명 ☞돈만.
전ː말(顚末) 명 일의 처음부터 끝까지 진행되어 온 경위. ¶ 사건의 전말을 진술하다.
전ː말-서(顚末書) [-써] 명 일의 경위를 적은 문서. 경위서. 시말서(始末書).
전ː망(展望) 명 하타 되자 ①멀리 바라봄, 또는 멀리 바라다보이는 풍경. ②(앞날을) 미리 내다봄, 또는 내다보이는 앞날. ¶ 사업 전망이 밝다(어둡다). /전망이 있다(없다).
전ː망(戰亡) 명 하자 되자 ☞전사(戰死).
전ː망-대(展望臺) 명 멀리 바라볼 수 있도록 만들어 놓은 높은 대. 망대. 파노라마대.
전ː망-성(展望性) [-썽] 명 앞날이 유망한 성질. ¶ 이 사업은 전망성이 있어 보인다.
전ː망-차(展望車) 명 달리는 열차에서 철도 연변의 경치를 전망할 수 있도록 창을 크게 하는 등 특별한 설비를 한 객차.
전ː-맞춤(廛-) [-맏-] 명 가게에서 공장에다 직접 맞추어서 날림치보다 좀 공들여 만든 상품.
전매(前賣) 명 하타 되자 ☞예매(豫賣).
전매(專賣) 명 하타 ①(어떤 물품을) 독점(獨占)하여 팖, 또는 그 일. ②국가가 특별한 목적으로 특정의 물품을 생산에서부터 판매에 이르기까지 독점하는 일.
전ː매(轉賣) 명 하타 되자 산 물건을 다시 다른 사람에게 팔아넘김. ¶ 아파트 분양권을 전매하다.
전매-권(專賣權) [-꿘] 명 정부나 지방 자치 단체가 특정의 물품을 전매할 수 있는 권리.
전매^수입(專賣收入) 명 정부나 지방 자치 단체가 어떤 물품을 전매하여 얻은 수입.
전ː매-질(電媒質) 명 ☞유전체(誘電體).
전매-특허(專賣特許) [-트커] 명 (발명을 보호·장려하기 위하여) 발명품에 대한 판매 독점권을 주는 특별한 허가.
전매-품(專賣品) 명 전매권이 있는 기관에서만 생산·판매할 수 있게 된 물품.

전면(全面)명 ①모든 면(방면). ¶ 전면 개각. /건물 전면을 밝게 칠하다. ②하나의 면 전체. ¶ 전면 광고.
전면(前面)명 ①앞쪽 면. 앞면. ¶ 권력의 전면에 나서다. ↔후면(後面). ②절의 큰방의 정면(正面).
전:면(轉眄)명 ①하타 눈알을 굴려서 봄. ②잠깐 사이.
전:면(纏綿)명하자 ①얽히어 달라붙음. ②남녀 사이의 애정이 깊게 얽혀서 헤어질 수 없거나 헤어지려 하지 아니함.
전면^강:화(全面講和)명 전쟁이 끝날 즈음에 동맹 관계에 있는 여러 나라가 공동으로 교전 상대국과 강화 조약을 맺는 일. ↔단독 강화. 참다수 강화.
전면-적(全面的)관명 전면에 걸친 (것). ¶ 이 계획은 전면적인 재검토가 필요하다.
전면-전(全面戰)명 〈전면 전쟁〉의 준말.
전면^전:쟁(全面戰爭)명 모든 전선에 걸쳐 광범위하게 벌어진 전쟁. 준전면전. ↔국지 전쟁·제한 전쟁.
전멸(全滅)명하자되자 완전히 멸망함. 모두 다 죽음. 모두 패(敗)함. ¶ 전멸을 당하다. /적군이 전멸되다.
전명(傳命)명하타 ☞전령(傳令).
전:명(電命)명 전보로 하는 명령. 전령(電令).
전모(全貌)명 전체의 모습. 전용(全容). ¶ 사건(事件)의 전모가 드러나다.
전모(前母)명 전어머니. ↔후모(後母).
전:모(旃毛)명 모직물의 올을 이룬 털.
전:모(剪毛)명하자 (가축 따위의) 털을 깎음.
전:모(氈帽)명 지난날, 여자들이 나들이할 때 쓰던 모자의 한 가지.
전:몰(戰歿)명하자되자 전장에서 적과 싸우다가 죽음. 전사(戰死). ¶ 전몰 장병.
전:몰-자(戰歿者)[-짜]명 ☞전사자.
전묘(田畝)명 밭이랑.
전무(全無)명하형 전혀 없음. ¶ 이 섬에는 교육 시설이 전무하다.
전무(專務)명 ①하타(어떤 일을) 전적으로, 또는 전문적으로 맡아봄, 또는 그 사람. ②〈전무이사(專務理事)〉의 준말.
전-무식(全無識)명하형 아주 무식함, 또는 그 사람. 일자무식. 판무식(判無識).
전무-이사(專務理事)명 사장을 보좌하여, 회사 업무를 주장(主掌)하는 이사. 준전무.
전무-후무(前無後無)명하형 전에도 없었고 앞으로도 있을 수 없음. 공전절후(空前絕後). ¶ 전무후무한 대성황을 이루다.
전문(全文)명 글의 전체. ¶ 기사 전문을 인용하다.
전문(前文)명 ①한 편의 글에서, 앞부분에 해당하는 글. ②법령 따위에서, 첫째 조항 앞에 적어, 그 법령의 목적이나 기본 원칙을 선언하는 글.
전문(前門)명 앞쪽으로 난 문. 앞문.
전문(前聞)명하타 이전에 들음, 또는 그 소문.
전문(專門)명하타 어떤 분야에 상당한 지식과 경험을 가지고 오로지 그 분야만 연구하거나 맡음, 또는 그 분야. ¶ 전문 지식. /이 음식점에서는 냉면을 전문으로 한다.
전문(傳聞)명하타 전하여 들음.
전:문(電文)명 〈전보문〉의 준말.
전:문(箋文)명 지난날, 나라에 길흉사(吉凶事)가 있을 때 써 올리던 사륙체(四六體)의 글.
전:문(錢文)명 돈.
전:문(轉聞)명하타 (소문 따위를) 다른 사람을 거쳐서 들음.
전문-가(專門家)명 어떤 한 가지 일을 전문으로 하거나, 한 가지 분야에 전문적인 지식이나 기술을 가진 사람. ¶ 경제 전문가.
전문^경영인(專門經營人)명 기업 경영에 대한 전문적인 지식과 경험을 갖춘 사람.
전문^교:육(專門敎育)명 특정한 직업인이나 연구자 양성을 위하여 전문적인 지식이나 기술을 가르치는 교육.
전문-대학(專門大學)명 중견 직업인을 양성하기 위하여 전문적인 이론과 기술을 교수·연구하는 고등 교육 기관. 수업 연한은 2~3년임.
전문-어(專門語)명 특정 분야의 사회에서 인위적으로 만들어 주로 그 방면에서만 전문적으로 쓰는 용어. 참학술어.
전문-의(專門醫)[-무늬/-무니]명 의술(醫術)의 일정한 분과(分科)만을 전문적으로 맡아보는 의사. ¶ 내과 전문의.
전문-적(專門的)관명 전문으로 하거나, 전문에 속한 (것). ¶전문적 기술. /전문적인 지식.
전문-점(專門店)명 일정한 종류의 상품만을 전문적으로 취급하는 소매점. ¶ 수입품 전문점.
전문-직(專門職)명 ①전문적인 지식이나 기술이 요구되는 직업. ②특수 경력직 공무원의 한 갈래. 국가와의 채용 계약에 따라 일정 기간 연구 또는 기술 업무에 종사하는 과학자·기술자 및 특수 분야의 전문가.
전문-학교(專門學校)[-꾜]명 ①'전문대학'의 이전 일컬음. ②일제 강점기에, 중등학교 졸업생에게 전문적인 학술이나 기술 따위를 가르치던 학교.
전문-화(專門化)명하자타되자 전문적으로 됨. 전문적으로 되게 함.
전:물(奠物)명 신불(神佛)에게 올리는 물건.
전:물(澱物)명 가라앉아서 앙금이 된 물질. 침전물.
전:물-상(奠物床)[-쌍]명 무당이 굿을 할 때, 전물을 차려 놓은 상.
전미(全美) '전미하다'의 어근.
전:미(展眉)명하자 〔찡그린 눈썹을 편다는 뜻으로〕 근심거리가 없어져 마음을 놓음.
전미개오(轉迷開悟)명 불교에서, 어지러운 번뇌에서 벗어나 열반의 깨달음에 이름.
전미련-하다(全-)형여 아주 미련하다.
전미-하다(全美-)형여 흠이 없이 온전히 아름답다. ¶ 전미한 보석. 참완미(完美).
전민(田民)명 ☞농민(農民).
전:민(煎悶)명하타 속을 태우며 몹시 민망히 여김.
전박(前膊)명 ☞하박(下膊).
전박-골(前膊骨)[-꼴]명 ☞하박골(下膊骨).
전반(全般)명 통틀어 모두. 여러 가지 것의 전부. ¶ 학습 전반에 걸친 검토.
전반(前半)명 (전체를 둘로 나누었을 때) 앞부분이 되는 절반. ↔후반(後半).
전:반(←剪板)명 (종이 따위를 도련할 때) 칼질을 바로 할 수 있도록 대는 좁고 긴 나뭇조각.
전반-기(前半期)명 (전체를 둘로 나눈) 앞의 기간. ↔후반기.
전반-부(前半部)명 (전체를 둘로 나눈) 전반의 부분. ↔후반부.
전-반사(全反射)명하자되자 굴절률이 큰 매질(媒質)에서 작은 매질로 입사(入射)하던 광선이 나아가지 못하고 완전히 반사되는 현상.

전반사^프리즘(全反射prism)명 전반사를 이용하여 광선의 방향을 바꿀 수 있게 만든 프리즘. 단면이 직각 이등변 삼각형임. 직각 프리즘.
전-반생(前半生)명 한평생의, 거의 절반에서 그 이전에 해당하는 삶. ↔후반생.
전-반신(前半身)명 몸의 앞쪽 반.
전반-적(全般的)관명 전반에 걸친 (것). ¶ 전반적 흐름. /올해 응모작은 전반적으로 수준이 높다.
전반-전(前半戰)명 (전반과 후반으로 나누어 하는 경기에서) 전반에 하는 경기. ↔후반전.
전발(傳鉢)명하자 〈전의발(傳衣鉢)〉의 준말.
전방(前方)명 ①앞쪽. ②적을 바로 마주하고 있는 지역, 또는 그쪽. ↔후방.
전방(專房)명하자 ①방을 독차지함. ②(첩이) 사랑을 독차지함.
전방(傳方)명 지식이나 기술 따위를 전수(傳授)하는 방법.
전방(傳榜)명하타 과거에 급제한 사람이나, 관원의 초사(初仕), 또는 수령의 임명이 있을 때, 그 성명·관직을 적어 방군(榜軍)을 시켜서 본인에게 알리던 일.
전ː방(廛房)[-빵]명 물건을 파는 곳. 가게. 전포(廛鋪).
전ː-방석(氈方席)명 전(氈)으로 만든 방석.
전방지총(專房之寵)명 여러 처첩(妻妾) 가운데서, 어느 한 첩에게 특별히 쏟는 총애.
전배(前杯)명 ☞전작(前酌).
전배(前胚)명 ①수정란의 분할부터 진짜 배(胚)가 생길 때까지의 배(胚). ②식물에서, 생기기 시작할 무렵의 배(胚). 〔난할(卵割)에서 진배(眞胚)가 생기기까지를 이름.〕
전배(前配)명 (죽거나 이별한) 전 아내. 원배(元配). 초배(初配). ↔후배(後配).
전배(前陪)명 지난날, 벼슬아치가 행차할 때나 상관을 배견(拜見)할 때, 앞에서 인도하던 관아의 하인.
전배(前輩)명 ①☞선배(先輩). ②☞연장자(年長者). ↔후배(後輩).
전ː배(展拜)명하자 (궁궐·종묘·문묘·능침 따위에) 참배함. 전알(展謁).
전ː배(餞杯)명하자 이별의 정을 나누며 술을 마심, 또는 그 술이나 술잔. 전음(餞飮).
전ː백(錢百)[-빽]명 ☞돈백.
전번(前番)[-뻔]명 지난번.
전ː범(典範)명 본보기가 될 만한 모범. ¶ 전범을 이루다. /전범이 되다.
전ː범(戰犯)명 〈전쟁 범죄〉·〈전쟁 범죄자〉의 준말.
전ː범-자(戰犯者)명 〈전쟁 범죄자〉의 준말.
전법(傳法)명하자 (후계자에게) 교법(敎法)을 전함.
전ː법(戰法)[-뻡]명 (전쟁·전투·운동 경기 등에서) 싸우는 방법.
전ː-법륜(轉法輪)[-범뉸]명 석가가 사(私)를 깨뜨리고 성도(成道)한 뒤에 사제(四諦)·팔정도(八正道) 따위를 설법한 일.
전벽(全壁)명 창이나 문이 전혀 없는 벽.
전벽(磚壁)명 벽돌로 쌓은 벽.
전ː벽(錢癖)명 돈을 탐욕스럽게 모으거나, 지나치게 아끼는 성벽.
전ː변(轉變)명하자되자 (사물이나 형세가) 바뀌어 변함. ¶ 전변 무쌍한 세계 정세.
전ː별(餞別)명하타 떠나는 이를 위하여, 잔치를 베풀어 작별함.
전ː별-금(餞別金)명 전별의 뜻으로 주는 돈.
전ː별-연(餞別宴)명 전별의 뜻으로 베푸는 연회.
전ː별-주(餞別酒)[-쭈]명 전별의 뜻으로 마시는 술.
전ː별-회(餞別會)[-회/-훼]명 전별의 뜻으로 베푸는 모임.
전병(前兵)명 대열의 선두에서 행군하는 경계(警戒) 부대.
전ː병(煎餠)명 ☞부꾸미.
전ː병-코(煎餠-)명 '몹시 넓적하게 생긴 코'를 조롱하여 이르는 말.
전ː보(電報)명하자 전신(電信)으로 단시간에 보내는 통신. ¶ 전보를 띄우다. /전보를 치다.
전ː보(塡補)명하타되자 부족한 것을 메워서 채움. 보전.
전ː보(戰報)명 경기나 전쟁 따위의 경과나 결과를 알리는 보도.
전ː보(轉報)명하타 (소식 등을) 인편으로 알림.
전ː보(轉補)명하자되자 동일한 직급 안에서, 다른 자리로 임용됨.
전ː보-료(電報料)명 전보를 치는 값으로 내는 요금. 전신료.
전ː보-문(電報文)명 전보의 내용이 되는 짤막한 글. 준전문.
전ː보-발신지(電報發信紙)[-씬-]명 (전보를 치려고 맡길 때) 전보문을 적어 내도록 마련된 용지. 전보용지(電報用紙).
전ː보-용지(電報用紙)명 ☞전보발신지.
전ː보^탁송(電報託送)[-쏭]명 전화 가입자가 전화를 이용하여 전보를 치는 일. 탁송 전보.
전ː보-환(電報換)명 ☞전신환(電信換).
전복(全鰒)명 전복과의 조개. 껍데기는 타원형으로 크기는 10～20 cm인데, 나선형으로 줄이 가고, 등에 구멍이 줄지어 있음. 겉은 암갈색이고, 속은 매끈하며 진주 빛의 광택이 남. 암초에 붙어삶. 살은 식용하고, 껍데기는 한약재나 자개의 재료로 쓰임. 참석결명(石決明)[1].
전ː복(戰服)명 조선 말기에 무관들이 입던 군복의 한 가지. 동달이 위에 걸쳐 입었음. 쾌자.
전ː복(顚覆)명하자·타되자 뒤집혀 엎어짐, 또는 뒤집어엎음. ¶ 국가 전복. /열차가 전복되다.
전복-죽(全鰒粥)[-쭉]명 전복과 쌀로 쑨 죽. 전복을 썰어서 참기름이나 볶다가 쌀을 넣어 다시 볶은 다음 물을 붓고 쑴.
전복-탕(全鰒湯)명 생전복으로 끓인 맑은장국.
전ː봇-대(電報-)[-보때/-볻때]명 ①전선(電線), 또는 통신선을 늘여 매기 위하여 세운 기둥. 전선주(電線柱). 전신주(電信柱). 전주(電柱). ②'키가 큰 사람'을 놓으로 이르는 말.
전ː봇-줄(電報-)[-보쭐/-볻쭐]명 '전선(電線)'을 흔히 이르는 말.
전봉(前鋒)명 ☞선봉(先鋒).
전ː봉(轉蓬)명 〔가을에 뿌리째 뽑히어 여기저기 굴러다니는 쑥이라는 뜻으로〕 '고향을 떠나 이리저리 떠돌아다니는 일이나, 그런 사람'을 비유하여 이르는 말.
전부(田夫)명 ☞농부(農夫).
전부(田婦)명 농가의 부녀. 농부(農婦).
전부(全部) Ⅰ명 모두 다. 모조리. 온통. ¶ 재산 전부를 장학금으로 내놓다.
Ⅱ부 어느 한 부분이 아니라 전체가 다. ¶ 전부 내다 버려야 되겠다.
전부(佃夫)명 ☞전호(佃戶).
전부(前夫)명 전남편. 전서방.
전부(前婦)명 ☞전처(前妻).
전부(前部)명 앞부분. ↔후부(後部).

전ː부(戰斧)명 도끼같이 생긴, 지난날의 병장기(兵仗器).

전부지공(田夫之功)명 '힘들이지 않고 이득을 보는 것'을 이르는 말. 참어부지리.

전부^판결(全部判決)명 하나의 소송에 여러 개의 청구가 있는 경우, 전부에 대해 행하여지는 종국 판결. ↔일부 판결.

전ː분(澱粉)명 식물의 씨·열매·뿌리·줄기 등에 들어 있는 탄수화물. 녹말.

전ː분-당(澱粉糖)명 전분을 산(酸)으로 가수 분해 하여 얻는, 포도당을 함유하는 제품.

전ː분당화-소(澱粉糖化素)명 ☞전분 효소.

전분육등-법(田分六等法)[-뉵뜽뻡]명 조선 시대에, 전국의 토지를 비옥도에 따라 여섯 등급으로 나누어 세금을 달리 내도록 하던 제도. 참연분구등법.

전ː분-종자(澱粉種子)명 전분을 영양으로 많이 저장한 종자. 주로, 곡식류가 이에 속함.

전ː분-질(澱粉質)명 전분을 많이 함유한 물질.

전ː분^효ː소(澱粉酵素)명 전분을 당(糖)으로 변화시킬 때 촉매 작용을 하는 효소. 〔디아스타아제 따위.〕 전분당화소.

전불(全拂)명하타되자 모두 다 지급함.

전불(前佛)명 현세불(現世佛) 이전에 성도(成道)하여 입멸(入滅)한 부처.

전불고견(全不顧見)명하타 전혀 돌보아 주지 아니함.

전비(全備)명하타 (있어야 할 것을) 완전히 갖춤, 또는 완전한 장비. 완비(完備).

전비(前妣)명 ☞선비(先妣).

전비(前非)명 이전에 저지른 잘못. 과거의 허물.

전ː비(戰備)명 전쟁의 준비, 또는 그 장비.

전ː비(戰費)명 전쟁에 드는 비용.

전비^중ː량(全備重量)[-냥]명 규정 탑재물(搭載物)을 모두 실었을 때의 항공기의 전체 무게.

전사(田舍)명 ①☞전가(田家). ②지난날, 경복궁·창덕궁 안에 논을 만들어 임금에게 팔도(八道)의 농사짓는 모습을 보이던 곳.

전사(前史)명 ①한 시대의 역사의 성인(成因)을 설명하기 위하여 씌어지는, 그 이전의 역사. ②역사 이전. ②선사(先史).

전사(前事)명 이미 지나간 일. ¶ 전사를 놓고 지금 다시 왈가왈부할 필요가 없다.

전사(專使)명 ☞특사(特使).

전사(傳寫)명하타되자 서로 전하며 베끼어 씀.

전ː사(電寫)명 〈전송 사진〉의 준말.

전ː사(戰士)명 ①전투하는 군사. ②작업 현장에서 땀 흘려 일하는 사람. ¶ 산업 전사.

전ː사(戰史)명 전쟁의 사적을 기록한 역사.

전ː사(戰死)명하자되자 전쟁터에서 싸우다가 죽음. 전망(戰亡). 전몰(戰歿).

전ː사(戰事)명 전쟁에 관한 일.

전ː사(轉寫)명하타되자 ①글씨·글·그림 따위를 옮겨 베끼거나 촬영하거나 복사함. ②전사지(轉寫紙)에 그린 잉크 화상(畫像)을 평판 판재면(版材面)에 옮기는 일.

전ː사-과녁(←戰射貫革)명 내기할 때 쓰는 과녁.

전-사내(前-)명 〈전남편〉의 속된 말.

전사물론(前事勿論)명 이미 지나간 일은 다시 논하지 아니함.

전사-옹(田舍翁)명 고루한 시골 늙은이.

전ː사-자(戰死者)명 전사(戰死)한 사람. 전몰자.

전ː사-지(轉寫紙)명 ①전사 석판에 쓰이는 얇은 가공지(加工紙). ②도기(陶器)나 양철에 인쇄할 때에 쓰이는 인쇄 화지(畫紙).

전삭(前朔)명 지난달.

전산(全山)명 ①모든 산. ②한 산의 전체.

전산(前山)명 앞산.

전ː산(電算)명 ①〈전자계산기〉의 준말. ¶ 성적을 전산으로 처리하다. ②☞컴퓨터.

전ː산-기(電算機)명 〈전자계산기〉의 준말.

전ː산-망(電算網)명 컴퓨터로 연결되는 통신 조직망.

전ː산^사식기(電算寫植機)[-끼]명 컴퓨터의 제어에 따라, 사진 식자를 고속으로 자동 처리하는 기계.

전ː산-화(電算化)명하자타되자 (대량의 정보를) 컴퓨터로 고속·자동으로 처리함, 또는 그러한 시설을 갖춤.

전ː상(戰狀)명 ☞전황(戰況).

전ː상(戰傷)명하자 전쟁터에서 상처를 입음, 또는 그 상처.

전ː상-병(戰傷兵)명 전쟁에서 부상당한 군인.

전상-의(田相衣)[-의/-이]명 〔밭두둑이나 고랑 같은 줄이 진 옷이라 하여〕 '가사(袈裟)'를 달리 이르는 말.

전ː상-자(戰傷者)명 전쟁에서 다친 사람.

전색(栓塞)명 혈관이 혈액 중의 불순물로 말미암아 막힘. ¶ 동맥(動脈) 전색.

전ː색(塡塞)명하자타되자 ①메어서 막힘. ¶ 전색한 배수구를 뚫다. ②메우고 막음.

전-색맹(全色盲)[-생-]명 전혀 빛깔을 느끼지 못하고 명암(明暗)만 구별하는 색맹. 참부분 색맹.

전ː색-제(展色劑)[-쩨]명 페인트의 액체를 고루 펴는 데 사용하는 물질. 보통, 아마인유를 많이 씀.

전생(全生)명 온 생애. 일생. 평생.

전생(前生)명 이 세상에 태어나기 전의 세상. 전세(前世).

전ː생(轉生)명하자 다른 것으로 다시 태어남.

전생-연분(前生緣分)[-년-]명 전생에서 맺은 연분. 준전연(前緣).

전서(田鼠)명 ☞두더지.

전서(全書)명 ①어떤 한 사람의 저작물 전부를 모아 한 질(帙)로 만든 책. ②어떤 종류나 부문의 것을 전부 모아서 체계적으로 만든 책. ¶ 의학 전서를 간행하다.

전서(前書)명 ☞전신(前信).

전서(傳書)명하자 편지를 전함.

전ː서(塡書)명하타되자 빠진 글자를 채워서 씀.

전ː서(篆書)명 ①☞전자(篆字). ②전자체(篆字體)로 쓴 글씨.

전ː서(戰書)명 개전(開戰)한다는 통지서.

전ː서(轉書)명하자 ☞배서(背書).

전서-구(傳書鳩)명 통신에 이용하기 위하여 훈련시킨 비둘기.

전-서방(前書房)명 전남편. 전부(前夫).

전석(全石) Ⅰ명 (곡식 따위의) 마되 수효가 완전히 차는 온 섬.
Ⅱ의 ☞대곡(大斛).

전석(磚石)명 ☞벽돌.

전ː석(轉石)명 암반에서 떨어져 굴러 내려온 돌, 또는 흐르는 물에 떠 내려온 돌.

전선(全線)명 철도의 모든 선로(線路).

전선(前線)명 ①적군 또는 적지와 가장 가깝게 배치된 보병 부대들을 가로로 이어 형성한 선(線). 참전방(前方). ②☞전선(戰線). 제일선. ③기온이 서로 다른 기단(氣團)의 경계면이 지표와 만나는 선. ¶ 한랭 전선. ④직접 뛰어든 일정한 활동 분야. ¶ 판매 전선. /생활 전선.

전ː선(電線)명 전류가 통하도록 만든 도체(導體)의 금속선. 전기선. 전깃줄. 전선줄. 전신선. 전신줄.

전ː선(銓選)명하타되자 (쓸 사람을) 전형(銓衡)하여 골라 뽑음.

전ː선(戰船)명 '해전(海戰)에 쓰는 배'를 통틀어 이르는 말. 병선(兵船).

전ː선(戰線)명 ①육상 교전(交戰) 지역에서, 교전 상태의 보병 전투 단위가 형성한 선, 또는 그런 지역. 전선(前線). 전장(戰場). 제일선. ¶ 동부 전선. /전선이 없는 혼전 상태. ②격심한 경쟁의 국면이 전개되는 현장. ¶ 치열한 무역 전선.

전ː선(轉旋)명하자타 굴러서 빙빙 돌아감. 굴려서 빙빙 돌림.

전선-대(電線-)명 '전봇대'의 잘못.

전ː선-주(電線柱)명 ☞전봇대.

전ː선-줄(電線-)[-쭐]명 ☞전선(電線).

전설(前說)명 ①예전 사람이 남겨 놓은 말. ②전에 내놓은 논설. ③☞전언(前言).

전설(傳說)명 ①설화의 한 가지. 구체적인 배경과 특정의 증거물이 제시되는 영웅적 인물의 기행담(奇行談)이나 자연물의 유래 따위가 주된 내용임. ②전해 주는 말. ②전언(傳言).

전설^모ː음(前舌母音)명 단모음의 한 갈래. 혀의 앞쪽에서 발음되는 모음. 〔ㅣ·ㅔ·ㅐ·ㅚ 따위.〕 참중설 모음·후설 모음.

전ː설-사(典設司)[-싸]명 조선 시대에, 장막(帳幕)을 치는 일을 맡아보던 관아.

전ː설-음(顫舌音)명 ☞설전음(舌顫音).

전설-적(傳說的)[-쩍]관명 전설에 있거나, 전설로 전할 정도의 (것). ¶ 전설적 인물. /전설적인 사건.

전설-화(傳說化)명하자타되자 전설적인 것이 됨. 전설적인 것이 되게 함.

전성(全盛)명하형 한창 성함.

전ː성(展性)명 두드리거나 압착하면 얇게 펴지는 금속의 성질. 금·은·동 등에 이런 성질이 뚜렷함. 가전성(可展性).

전ː성(轉成)명 ①하자되자(기능·상태 따위가) 바뀌어 다른 것이 됨. ②〈품사 전성〉의 준말.

전ː성(顫聲)명 떨리어 나오는 소리.

전ː성^감ː탄사(轉成感歎詞)명 본디 감탄사가 아니었던 것이, 어형 그대로 또는 어형의 일부가 바뀌어서 감탄사로 된 단어. 〔만세·참·옳지·여보·어디·아니 따위.〕

전성-관(傳聲管)명 (항공기·기선·열차 따위의 소음이 심한 곳에서) 관(管)의 한끝에서 한 말소리가 다른 한끝에서 들리도록 한 장치.

전ː성^관형사(轉成冠形詞)명 본디 관형사가 아니었던 것이, 그 어형의 일부가 바뀌어서 관형사로 된 단어. 〔적극적·민주적·한·두·모든·헌·어떤 따위.〕

전성-기(全盛期)명 한창 왕성한 시기. ¶ 전성기를 누리다.

전ː성^대ː명사(轉成代名詞)명 본디 명사이던 단어가 대명사로 쓰이는 단어. 〔본인·소인 따위.〕

전ː성^동ː사(轉成動詞)명 본디 동사가 아니었던 것이, 그 어형 일부가 바뀌어서 동사로 된 단어. 〔명사 '공부'에서 '공부하다'로, 형용사 '높다'에서 '높이다'로, 부사 '출렁'에서 '출렁이다'로 되는 따위.〕

전ː성^명사(轉成名詞)명 본디 명사가 아니었던 것이, 그 어형 그대로 또는 형태가 바뀌어서 명사로 된 단어. 〔동사 '웃다'에서 '웃음'으로, 형용사 '높다'에서 '높이'로, 부사 '다'가 그대로 명사로 되는 따위.〕

전ː성^부ː사(轉成副詞)명 본디 부사가 아니었던 것이, 그 어형 그대로 또는 어형의 일부가 바뀌어서 부사로 된 단어. 〔명사 '자연'에 접미사 '-히'가 붙어서 '자연히'로, 동사 '넘다'에서 '너무'로, 형용사 '멀다'에서 '멀리'로, 감탄사 '허허'가 그 어형 그대로 부사가 되는 따위.〕

전성-시대(全盛時代)명 (형세·세력 따위가) 한창 왕성한 시대.

전ː성-어(轉成語)명 ①어떤 말에 접사가 붙거나 형태가 바뀌어서 그 기능이나 의미가 다른 품사로 바뀐 말. 〔전성 명사·전성 동사·전성 부사 따위.〕 ②외국어가 아주 국어화한 말. 〔남포·담배 따위.〕

전ː성^어ː미(轉成語尾)명 활용어의 어말 어미의 한 갈래. 용언의 성격을 임시로 바꾸어 다른 품사처럼 쓰이게 하는 어말 어미. 관형사형 어미〔-ㄹ(을)·-는·-ㄴ(은) 따위〕, 명사형 어미〔-ㅁ(음)·-기 따위〕의 구별이 있음. 참연결 어미·종결 어미.

전ː성^조ː사(轉成助詞)명 본디 조사가 아니었던 것이, 그 어형의 일부가 바뀌어서 조사로 된 단어. 〔명사 '밖'에서 '밖에'로, 동사 '붙다'에서 '부터'로 되는 따위.〕

전ː성-형(轉成形)명 용언의 활용형의 한 가지. 용언이 문장의 서술어 구실을 하면서, 한편으로는 다른 품사처럼 그 자격을 바꾼 꼴로 된 것. 명사형〔먹음·먹기 따위〕, 관형사형〔먹은·먹는·먹을 따위〕의 구별이 있음. 참전성 어미.

전ː성^형용사(轉成形容詞)명 본디 형용사가 아니었던 것이, 그 어형의 일부가 바뀌어서 형용사로 된 단어. 〔명사 '멋'에서 '멋있다'로, 동사 '놀라다'에서 '놀랍다'로, 부사 '반들반들'에서 '반들반들하다'로, 관형사 '새'에서 '새롭다'로 되는 따위.〕

전세(田稅)명 논밭의 조세.

전세(前世)명 ①현세(現世)에 태어나기 이전에 살던 세상. 과거세(過去世). 숙세(宿世). 전생(前生). ②☞전대(前代). ↔후세. 참내세·현세.

전세(專貰)명 약정한 기간 동안 그 사람에게만 빌려 주는 일. 대절(貸切). ¶ 전세 버스.

전세(傳世)명하타되자 대대로 물려서 전함.

전세(傳貰)명 부동산 소유자에게 일정 금액을 맡기고, 그 부동산을 빌려 쓰는 일. 부동산을 돌려주면 맡긴 돈을 되찾게 됨. ¶ 전세 들다. /집을 전세 놓다.

전ː세(戰勢)명 싸움의 형세. ¶ 전세를 뒤엎다. /전세가 아군에게 유리하다.

전세-가(傳貰價)[-까]명 전세를 얻을 때 그 대가로 내는 돈의 액수. 전셋값.

전세-권(傳貰權)[-꿘]명 전세금을 지급하고 타인의 부동산을 점유하여 사용·수익(收益)하는 것을 내용으로 하는 물권(物權).

전세-금(傳貰金)명 전세를 얻을 사람이 전세를 놓을 사람에게 맡기는 돈. 전셋돈.

전-세기(前世紀)명 ①지나간 세기. ②지금 세기의 바로 앞의 세기.

전세-방(傳貰房)[-빵]명 전세로 빌려 주거나 빌리는 방.

전-세월(前歲月)명 지나간 세월.

전셋-값(傳貰-)[-세깝/-섿깝]명 ☞전세가(傳貰價). ＊전셋값이[-세깝씨/-섿깝씨]·전셋값만[-세깜-/-섿깜-]

전셋-돈(傳貰-) [-세똔/-섿똔] 명 ☞전세금.

전셋-집(傳貰-) [-세찝/-섿찝] 명 전세로 빌려주거나 빌리는 집.

전소(全燒) 명 하자 되자 모조리 불탐. 참 반소(半燒).

전속(全速) 명 〈전속력〉의 준말.

전속(全屬) 명 하자 되자 (한곳에) 모두 속함.

전속(專屬) 명 하자 되자 ①오로지 어느 한곳에만 딸림. ¶ 전속 가수. /그 방송국에 전속하다. ②(권리나 의무가) 특정한 사람이나 기관에만 딸림. ¶ 이 산의 관리권은 저 사찰에 전속되어 있다.

전ː속(轉屬) 명 하자 되자 ①원적(原籍)을 다른 데로 옮김. ②소속을 바꿈.

전속^관할(專屬管轄) [-꽌-] 명 민사 소송을 특정 법원의 재판권에만 따르게 하고, 당사자가 변경할 수 없도록 된 관할.

전-속력(全速力) [-송녁] 명 낼 수 있는 힘을 다낸 속력. 준 전속.

전속-물(專屬物) [-송-] 명 어느 한곳에만 전적으로 딸려 있는 물건.

전속^부ː관(專屬副官) [-뿌-] 명 장관급 군인에게 딸려 개인 참모의 구실을 하는 장교. 준 부관(副官).

전ː속^전ː류(電束電流) [-쩔-] 명 ☞변위 전류.

전손(全損) 명 하자 ①전부를 손실함. ②해상 보험의 목적물인 선체나 적화(積貨)가 완전히 형체를 손실하거나 모조리 아무 소용도 없게 됨, 또는 그 일. ↔분손(分損).

전송(傳送) 명 하타 되자 전하여 보냄.

전송(傳誦) 명 하타 되자 대대로 전하여 외움. 외워서 전함. ¶ 참요(讖謠)를 전송하다.

전ː송(電送) 명 하타 되자 (사진 따위를) 전류나 전파를 이용하여 먼 곳으로 보냄. ¶ 팩시밀리로 입사 지원서를 전송하다.

전ː송(餞送) 명 하타 전별하여 보냄.

전ː송(轉送) 명 하타 되자 (소식·물건 따위를) ①사람을 시켜 보냄. ②보내온 것을 또 다른 곳으로 보냄. ¶ 우편물을 전송하다.

전ː송^사진(電送寫眞) 명 전송된 사진. 준 전사.

전수(田叟) 명 농촌의 늙은이.

전수(全數) 명 전체의 수효. ¶ 전수 동의(同意)에 의한 결의. 참 반수(半數).

전수(專修) 명 하타 (특정한 어떤 전문 기술·지식 따위를) 전문적으로 닦음. ¶ 양재(洋裁) 전수 학원. /자동차 정비 기술을 전수하다.

전수(傳受) 명 하타 (법도·기술·비방 따위를) 전하여 받음. ¶ 다도(茶道)를 전수하다.

전수(傳授) 명 하타 되자 (법도·기술·비방 따위를) 전하여 줌. ¶ 기술을 후대에 전수하다.

전ː수(轉銹) 명 하타 기와나 검은빛의 토기(土器)를 불에 더 그슬려 검은 광채가 나게 함, 또는 그 일.

전수-가결(全數可決) 명 하타 모두가 찬성하여 가결함. 만장일치의 가결. 참 다수결.

전수-금(前受金) 명 ☞선수금(先受金).

전수^조사(全數調査) 명 통계에서, 통계 집단에 딸린 모든 요소를 관찰하는 조사. ↔표본 조사.

전ː숙(轉宿) 명 하자 숙소나 하숙을 다른 데로 옮김.

전술(前述) 명 하자타 되자 말이나 글 따위에서, 앞에서 이미 논술함, 또는 그 논술. ¶ 이미 전술한 바와 같다. ↔후술(後述).

전ː술(戰術) 명 ①작전의 수행 방법이나 기술. ¶ 유격 전술. ②전투에서, 부대의 운용 기술이나 부대 상호 간의 기동성 있는 배치. 참 작전. ③정치적 운동이나 투쟁의 방법. ¶ 득표(得票) 전술. ④운동 경기에서, 이기기 위한 기술적 수단. ¶ 비장의 전술을 구사하다.

전ː술-가(戰術家) 명 전술에 능한 사람.

전ː술^공군(戰術空軍) 명 (전략적 차원이 아닌) 교전 중의 지상 또는 해상 부대의 작전을 지원하기 위한 항공전을 주임무로 하는 공군 부대. 참 전략 공군.

전ː술-적(戰術的) [-쩍] 관 명 전술에 관한 (것). ¶ 전술적 무기. /전술적인 면.

전ː술^폭격(戰術爆擊) [-껵] 명 작전에 직접 참가하여 우군(友軍)의 엄호(掩護)를 위해서 하는 폭격. 참 전략 폭격.

전ː술-학(戰術學) 명 전술에 관한 군사학.

전ː술^핵무기(戰術核武器) [-행-] 명 한정된 국지전에서 쓰이는, 비교적 폭발 위력이 작은 킬로톤 급의 핵무기. 〔공대공 미사일·지대공 미사일·핵 지뢰 따위.〕 참 전략 핵무기·전역 핵무기.

전습(前習) 명 이전의 버릇.

전습(傳習) 명 하타 되자 (기술·지식 따위를) 전수(傳受)하여 익힘.

전습(傳襲) 명 하타 되자 전하여 내려오는 그대로 답습함.

전승(全勝) 명 하자 (경기나 전쟁 따위에서) 한 번도 지지 않고 모조리 이김. ¶ 전승 가도를 달리다. ↔전패(全敗).

전승(傳承) 명 하타 되자 (문화·풍속·제도 따위를) 대대로 전하여 이어 감. ¶ 민간 전승. /탈춤을 전승하다.

전ː승(戰勝) 명 하자 싸워 이김. 승전(勝戰). 전첩(戰捷). ↔전패(戰敗).

전ː승(轉乘) 명 하타 (말·차·배 따위를) 바꾸어 탐.

전ː승-국(戰勝國) 명 전쟁에서 이긴 나라.

전승^문학(傳承文學) 명 ☞구비 문학(口碑文學).

전시(全市) 명 온 시중(市中). 시(市)의 전체.

전ː시(展示) 명 하타 되자 ①(물품 따위를) 늘어놓아 보임. ¶ 전시 기간. /도서 전시. ②(접혀 있거나 말려 있는 편지·글·그림 따위를) 펴서 봄, 또는 펴 보임.

전ː시(展翅) 명 하타 (표본을 만들기 위하여) 곤충의 촉각·날개·다리 따위를 폄.

전ː시(殿試) 명 조선 시대에, 복시(覆試)에서 선발된 사람에게 임금이 친히 보이던 과거.

전ː시(戰時) 명 전쟁을 하고 있는 때. ↔평시(平時).

전ː시^경제(戰時經濟) 명 소비 절약, 생산 증가를 꾀하는 전시의 계획적인 통제 경제.

전ː시^공법(戰時公法) [-뻡] 명 ☞전시 국제 공법(戰時國際公法).

전ː시^공채(戰時公債) 명 전시에 국가가 군사비의 지출을 위해 모집하는 공채.

전시-과(田柴科) [-꽈] 명 고려 시대에, 현직 벼슬아치나 공신 등에게 그 품위(品位)에 따라 토지와 임야를 나누어 주던 제도.

전ː시^국제^공법(戰時國際公法) [-쩨-뻡] 명 전시에 있는 국제간의 법률 관계 규준을 규정한 것을 통틀어 이르는 말. 전시 공법. 전시 국제법.

전ː시^국제법(戰時國際法) [-쩨뻡] 명 ☞전시 국제 공법. ↔평시 국제법.

전ː시^금ː제품(戰時禁制品) 명 전시 국제법에서, 적국으로 수송되어서는 안 될, 수출 금지 또는 수출 제한 물품. 주로, 적국의 교전 능력을 도울 수 있는 물품.

전ː시^복구(戰時復仇) [-꾸] 명 한 교전국이 전시 법규에 위반되는 행위를 하였을 경우, 다른 교전국이 거기에 대응하여 전시 법규에 위반되는 행위를 하는 일. 이 경우에는 위법이 되지 아니함.

전ː시^봉쇄(戰時封鎖) 명 전시에 해군력으로 적의 항구나 연안(沿岸)의 교통을 차단하는 일.

전ː시^비ː상권(戰時非常權) [-꿘] 명 교전국이 점령 지역의 재산을 강제적으로 사용·처분할 수 있는 권리. 국제관례상 예외로 인정된 권한임.

전ː시-세(戰時稅) [-쎄] 명 전시에 전쟁 경비의 조달을 위하여 매기는 특별세.

전ː시^징발(戰時徵發) 명 전시에 민간으로부터 군대에 필요한 물적 자원을 징발하는 일.

전ː시^체제(戰時體制) 명 전시에 맞도록 편성한 국내의 체제.

전ː시-판(展翅板) 명 전시(展翅)하는 데 쓰는, 곤충 표본 제작 용구.

전ː시^편제(戰時編制) 명 전쟁이 일어났을 때 공격과 방어를 효과적으로 수행할 수 있도록 마련한 부대 편제. ↔평시 편제.

전ː시-품(展示品) 명 전시하는 물품.

전ː시-회(展示會) [-회/-훼] 명 전시품을 진열해 놓고 일반에게 보이는 모임. ¶ 공산품(工産品) 전시회. 비 전람회.

전ː시^효ː과(展示效果) 명 ①(주위의 높은 소비 수준에 영향을 받아) 소득 수준에 비하여 소비 수준이 높아지는 현상. ②정치적 업적을 과시하기 위하여 실질성보다 상징적 효과를 노린 정책적 사업 따위. ③실질보다 외양의 시각적 매력을 높이는 효과.

전식(傳食) 명하자 ☞전찬(傳餐).

전ː식(電飾) 명하타 전기 조명을 이용한 장식.

전신(全身) 명 몸 전체. 온몸. 만신. 전구(全軀). 전체. 혼신. ¶ 전신에 땀이 배다. /전신을 비단옷으로 휘감다.

전신(前身) 명 ①전세(前世)의 몸. ②(어떤 단체나 물체 따위의) 바뀌기 이전의 본체. ¶ 교육대학의 전신은 사범학교였다. ↔후신(後身).

전신(前信) 명 이전에 보낸 편지. 전서(前書).

전신(傳信) 명하자 소식이나 편지를 전함.

전ː신(電信) 명 전류나 전파를 이용한 통신.

전ː신(轉身) 명하자 ①다른 자리로 몸을 옮김. ¶ 연예인이 정치가로 전신하다. ②주의(主義)나 사상(思想), 생활 방침 따위를 바꿈.

전신-골(全身骨) 명 (염소·노루·소 따위) 짐승의 살을 발라내고 난 온몸의 뼈. ¶ 염소의 전신골을 통째로 고다. 준 전골(全骨).

전ː신-기(電信機) 명 전류나 전파를 이용하여 통신하는 기계.

전ː신^동맹(電信同盟) 명 국제간의 전신 교환을 약정한 동맹.

전ː신-료(電信料) [-뇨] 명 ①전보료. ②전신을 이용한 각종 통신의 사용 요금을 통틀어 이르는 말. 전보·텔레타이프·전송·팩시밀리 따위를 이용한 요금.

전신^마취(全身痲醉) 명 외과에서, 큰 수술을 하기 위하여 온몸을 마취하는 일. 참 국부 마취.

전신-만신(全身滿身) 명 '온몸'을 강조하여 이르는 말. ¶ 전신만신이 흙투성이다.

전ː신-망(電信網) 명 전신 시설이 서로 유기적으로 연락되도록 분포된 체계.

전ː신^부ː호(電信符號) 명 전신에서, 점이나 선으로 자모(字母)를 나타낸 부호.

전신^불수(全身不隨) [-쑤] 명 (중풍 등으로) 온몸을 자유롭게 움직이지 못하는 일. 참 반신불수.

전신-상(全身像) 명 몸 전체를 조각이나 그림 따위로 나타낸, 사람의 형상.

전ː신-선(電信線) 명 ☞전선(電線).

전ː신^약호(電信略號) [-냐코] 명 전보를 발신할 때, 그 특수한 취급을 지정하기 위하여 전보용지에 기입하는 약호. 준 전략(電略).

전신^운ː동(全身運動) 명 ☞온몸 운동.

전ː신-주(電信柱) 명 ☞전봇대. 준 전주(電柱).

전ː신-줄(電信-) [-쭐] 명 ☞전선(電線).

전ː신-환(電信換) 명 지급 송금이 필요한 발송인의 청구에 의하여, 그 발행국이 전신으로 지불국에 통지하면, 지불국에서 현금 또는 전신환 증서를 수취인에게 보내 주는 환(換). 전보환(電報換).

전실(典實) '전실하다'의 어근.

전실(前室) 명 다른 사람의 '전취(前娶)'를 높이어 이르는 말. ¶ 전실 소생. /전실 자식.

전ː실-하다(典實-) 형여 도리에 맞고 성실하다.

전심(全心) 명 온 마음.

전심(前審) 명 이전에 있었던 심리(審理).

전심(專心) 명하자 마음을 오로지 한 일에만 모아서 씀. ¶ 지금은 농사일에만 전심할 때다.

전심-전력(全心全力) [-절-] 명 온 마음과 온 힘. ¶ 전심전력을 다하다.

전심-전력(專心專力) [-절-] 명하자 마음과 힘을 오로지 한 일에만 모아 씀. ¶ 자식 교육에 전심전력하다.

전심-치지(專心致志) 명하자 다른 생각은 하지 않고 오로지 한 일에만 마음을 써서 뜻한 바를 이룸.

전아(全我) 명 자아(自我)의 전체.

전아(典雅) '전아하다'의 어근.

전ː아(剪芽) 명하자 (초목의 고른 성장을 위하여) 싹을 자름.

전ː아-하다(典雅-) 형여 바르고 아담하여 품위가 있다.

전ː악(典樂) 명 조선 시대에, 장악원(掌樂院)에 딸렸던 정육품의 잡직(雜職).

전악(前惡) 명 ①이전에 저지른 죄악. ②전세(前世)의 죄업(罪業).

전안(前案) 명 이전의 안건.

전ː안(奠雁) 명하자 구식 결혼식에서, 신랑이 신부 집에 기러기를 가지고 가서 상 위에 놓고 절하는 예.

전ː안-상(奠雁床) [-쌍] 명 전안을 행할 때에 기러기를 올려놓는 상.

전ː안-청(奠雁廳) 명 전안을 행하기 위하여 베풀어 놓은 자리. 초례청(醮禮廳).

전ː알(展謁) 명하자 ☞전배(展拜).

전ː압(電壓) 명 전기장(電氣場)이나 도체 내에 있는 두 점 사이의 전위(電位)의 차. 단위는 볼트(volt). 〔약호는 V〕 전위차(電位差). 참 전위.

전ː압-계(電壓計) [-꼐/-께] 명 전압을 재는 계기. 볼트미터.

전-압력(全壓力) [저남녁] 명 서로 접해 있는 면적 전체에 작용하는 압력의 합계.

전ː압-선(電壓線) [-썬] 명 배전 간선(配電幹線)에서 발전소나 배전소로 끌어 온 가는 전선. 〔이 끝을 전압계에 연결하여 전압을 측정함.〕

전ː압^조정기(電壓調整器) [-쪼-] 명 전원과 부하(負荷) 사이에 설치하여, 일정한 전압을 유지하거나 전압을 필요로 하는 크기로 바꾸는 장치.

전액(全額) 명 액수의 전체. ¶ 수업료 전액을 면제하다. ㉥총액.
전ː액(篆額) 명 비석의 위쪽에 전자(篆字)로 쓴 제자(題字).
전야(田野) 명 논밭과 들.
전야(前夜) 명 ①전날 밤. 지난밤. ¶ 성탄절 전야. ②(어떤 시기나 단계의) 바로 그 앞의 시기나 단계. ¶ 폭풍 전야의 고요.
전야-제(前夜祭) 명 어떤 행사의 전날 밤에 벌이는 축제.
전약(前約) 명 이전에 맺은 약속. 선약(先約).
전ː약(煎藥) 명 ①동짓날에 먹던 음식의 한 가지. 쇠가죽을 고아 만듦. ②하타 한약을 달이는 일, 또는 달여 놓은 약.
전어(佃漁) 명 사냥질과 고기잡이.
전어(傳語) 명하자타 ☞전언(傳言).
전ː어(箭魚) 명 ☞준치.
전ː어(錢魚) 명 청어과의 바닷물고기. 몸길이 20~30 cm. 몸은 옆이 납작하고, 등은 누른빛을 띤 푸른색이며 배는 흼. 등지느러미 뒤 끝에 유난히 긴 가시가 있고, 옆구리에 검고 큰 반점이 하나 있음. 근해성 물고기로 봄부터 여름까지 우리나라 삼면의 바다에 몰려옴. 잔가시가 많음.
전-어머니(前-) 명 후취(後娶)의 자녀가 그 아버지의 전취(前娶)를 일컫는 말. 전모(前母).
전ː어-사리(錢魚-) 명 전어의 새끼.
전언(前言) 명 먼저 한 말. 이전에 한 말. 전설(前說).
전언(傳言) 명하자타 말을 전함, 또는 그 말. 전설(傳說). 전어(傳語). ㉥탁언(託言).
전언-판(傳言板) 명 다방이나 역의 대합실 따위에서, 만날 사람을 만나지 못했을 때 그 사람에게 전할 말을 적어 두거나, 메모한 쪽지를 달거나 꽂아 둘 수 있게 된 판.
전업(前業) 명 ①전세(前世)에 지은 선악의 업(業). ②이전의 사업이나 직업.
전업(專業) 명하자 전문으로 하는 직업이나 사업. ¶ 전업 주부.
전ː업(電業) 명 전기(電氣)에 관계되는 사업. 〔발전·송전·배전 따위.〕
전ː업(轉業) 명하자 직업을 바꿈.
전역(全域) 명 전체의 지역. ¶ 수도권 전역이 단전되다.
전역(全譯) 명하타 원문을 전부 번역함, 또는 그 번역. ㉶초역(抄譯).
전ː역(戰役) 명 전쟁. 난리.
전ː역(戰域) 명 전투하는 지역.
전ː역(轉役) 명하자 현재까지 복무하던 역종(役種)에서 다른 역종으로 편입됨. 〔현역에서 예비역으로 편입되는 따위.〕
전ː역-식(轉役式) [-씩] 명 전역할 때 행하는 의식.
전ː역^핵무기(戰域核武器) [저녀캥-] 명 전략 핵무기를 제외한 사정 거리 6400 km 이하의 중·단거리 공격용 핵무기. 〔1970년대 중반 이후의 개념으로, 종래의 중거리 탄도 미사일(IRBM)·준중거리 탄도 미사일(MRBM)·전술 핵무기로 불리던 것을 통틀어 이르는 말임.〕 ㉶전략 핵무기·전술 핵무기.
전연(全緣) 명 (감나무의 잎처럼) 잎의 가장자리에 톱니가 없고 매끈하게 생긴 것. ㉶거치연(鋸齒緣).
전연(前緣) 명 ①<전생연분>의 준말. ②비행기 주익(主翼)의 전단부(前端部).
전ː연(展延) 명하자타 얇게 펴거나 얇게 펴짐.
전연(全然) 부 전혀. 아주. 도무지. 조금도. ¶ 부정(不正)이라고는 전연 모르는 사람.
전열(全裂) 명하자 ①전부 갈라짐. ②잎·꽃잎·꽃받침 따위가 그 밑 부분까지 깊게 째진 것.
전열(前列) [-녈] 명 앞에 있는 줄. 앞선 대열. ↔후열(後列).
전ː열(電熱) 명 전류가 흐를 때 전기 저항에 의해서 생기는 열. ¶ 전열 기구.
전ː열(戰列) 명 전쟁에 참가하는 부대의 대열. ¶ 전열을 갖추다. /전열을 정비하다.
전ː열-기(電熱器) 명 전열을 이용하게 만든 기구. 〔전기난로·전기다리미 따위.〕
전ː열-선(電熱線) [-썬] 명 전류를 통하여 전열을 발생시키는 도선(導線).
전염(傳染) 명하자되자 ①남에게서 병독이 옮음. ¶ 눈병에 전염되다. ②(나쁜 성질이나 습관 따위가) 옮아서 물듦. ¶ 좌익 사상에 전염되다.
전염-병(傳染病) [-뼝] 명 전염성을 가진 병. 〔콜레라·장티푸스 따위.〕 ㉣염병.
전염-성(傳染性) [-썽] 명 (병독 따위가) 전염하는 성질.
전엽-육(全葉育) [저념뉵] 명 누에에게 썰지 않은 통째의 뽕잎을 주어 치는 일.
전엽-체(前葉體) 명 양치식물의 배우체의 한 가지. 포자가 발아하여 형성됨. 원엽체. 편평체.
전-오대(前五代) 명 중국에서 동진(東晉) 이후 당(唐)까지의 다섯 왕조. 곧, 송(宋)·제(齊)·양(梁)·진(陳)·수(隋).
전ː옥(典獄) 명 ①이전에, '교도소장'을 이르던 말. ②대한 제국 때, '교도소'를 이르던 말.
전와(磚瓦) 명 벽돌과 기와.
전ː와(戰渦) 명 전쟁의 소용돌이.
전ː와(轉訛) 명하자되자 어떤 말의 뜻이 잘못 전하여 굳어짐. 〔윽박지르고 을러댄다는 뜻의 '공갈'이 '거짓말'의 뜻으로 쓰이는 따위.〕
전ː와-어(轉訛語) 명 전와된 말.
전완(前腕) 명 ☞하박(下膊).
전완(傳玩) 명하타 대대로 전해 내려가며 애완(愛玩)함.
전완-골(前腕骨) 명 ☞하박골(下膊骨).
전완-근(前腕筋) 명 ☞하박근(下膊筋).
전왕(前王) 명 ①전대(前代)의 임금. ②(지금 임금의) 앞 임금.
전ː-요(氈-) [-뇨] 명 전(氈)으로 만든 요.
전ː요(纏繞) 명하자타 덩굴 따위가 다른 나무에 친친 얽히어 감김. 전착(纏着).
전ː요-경(纏繞莖) 명 스스로 서지 못하고 다른 물건을 얽어 감아 오르면서 벋어 나가는 덩굴진 줄기. 〔나팔꽃의 덩굴 따위.〕
전용(全用) 명 온통 다 씀. 온전히 씀.
전용(全容) 명 전체의 모습, 또는 내용. 전모(全貌). ¶ 전용이 드러나다.
전용(專用) 명하타 ①혼자서만 씀. ¶ 대통령 전용 비행기. ②오로지 어떤 한 가지만을 씀. ¶ 한글 전용. ③국한된 사람이나 부문에 한하여만 씀. ¶ 축구 전용 구장. ↔공용.
전ː용(轉用) 명하타되자 (쓰기로 되어 있는 곳에 쓰지 않고) 다른 곳에 돌려서 씀. ¶ 예산의 전용. /농지를 택지로 전용하다.
전용-권(專用權) [-꿘] 명 특정한 사람만이 어떤 특정한 물건이나 장소를 쓰고, 다른 사람은 쓰지 못하게 할 수 있는 권리.
전용-기(專用機) 명 특정한 사람의 전용 비행기. ¶ 대통령 전용기.

전용^면:적(專用面積)명 공동 주택에서, 복도·계단·승강기 등의 공용 면적을 뺀 나머지 바닥의 면적.
전용-선(專用船)명 특정한 화물만을 실어 나르도록 만든 배.
전용-선(專用線)명 ①궤도(軌道) 사용자가 국유 철도의 역 구내에 설치하여 전용하는 철도선. ¶ 제철 공장의 전용선. ②어떤 기관 안에서만 통할 수 있도록 가설한 전화선.
전용^어장(專用漁場)명 수면(水面) 전용의 허가를 받은 어장.
전용-전(專用栓)명 그 집에서만 전용하는 수도전(水道栓).
전용^철도(專用鐵道)[-또]명 사용자가 전용하기 위하여 부설한 철도. ¶ 비료 공장의 전용 철도.
전:우(殿宇)명 ☞전당(殿堂).
전:우(戰友)명 병영 생활을 함께하는 동료 군인. 군우(軍友).
전:우-애(戰友愛)명 전우로서 서로 아끼고 사랑하는 마음.
전우치-전(田禹治傳)명 지은이와 지은 때를 알 수 없는 조선 시대의 고대 소설. 홍길동전을 본뜬 내용임.
전:운(戰雲)명 전쟁이 일어나려는 험악한 형세. ¶ 전운이 감돌다.
전원(田園)명 ①논밭과 동산. ②시골. 도시의 교외(郊外).
전원(全員)명 전체의 인원. ¶ 전원 합격. /전원 집합.
전원(全院)명 한 원(院)의 전체.
전:원(電源)명 ①전력을 공급하는 원천. ¶ 전원 스위치. /전원을 차단하다. ②전기를 발생시키기 위하여 이용하는 자원.
전:원^개발(電源開發)명 전원(電源) 확보를 위한 수력·화력·원자력 따위의 발전에 필요한 댐·저수지·수로(水路)·발전소 등의 시설을 설치하거나 개량하는 일.
전원-도시(田園都市)명 전원의 정취를 지니고 있는 도시, 또는 큰 도시 근교의 전원 지대에 계획적으로 건설된 도시.
전원^문학(田園文學)명 전원생활을 제재(題材)로 한 문학.
전원-생활(田園生活)명 도시를 떠나 전원에서 농사를 짓거나 하며 자연과 더불어 사는 생활.
전원-시(田園詩)명 전원생활이나 자연미를 읊은 시(詩).
전원-시인(田園詩人)명 전원시를 주로 쓰는 시인.
전원-주택(田園住宅)명 전원의 정취를 느낄 수 있게 주로 도시 근교의 전원 지대에 지은 단독 주택.
전월(前月)명 ①지난달. 전달. ②(어떤 일이 있은) 그 앞의 달.
전위(全委)명하타 전부 맡김. 전부 위임함.
전위(前衛)명 ①앞장서 나가는 호위(護衛). ②〈전위대〉의 준말. ③(테니스·배구 따위에서) 자기 진의 앞쪽에 위치한 선수. ④(예술 운동 따위에서) 가장 선구적인 집단. ↔①~③후위.
전위(專委)명하타 ☞전임(專任).
전위(專爲)명하타 오로지 한 가지 일만 위하여 함.
전위(傳位)명하타 후계자에게 왕위를 물려줌.
전:위(電位)명 어느 한 점에서 전기적(電氣的) 작용을 미칠 수 있는 에너지의 양. 참전압.
전:위(轉位)명 ①하자 자리를 옮김. 위치가 바뀜. ②하자 심리학에서, 어떤 대상에게 향했던 태도나 감정이 다른 대상으로 옮겨지는 일을 이르는 말. ③하자타 유기 화합물의 한 분자 안에서 두 개의 원자, 또는 원자단(原子團)이 서로 위치를 바꾸는 일.
전:위-계(電位計)[-계/-게]명 전기장(電氣場)에서 정전기적(靜電氣的) 전기량을 재는 계기. 전기계.
전위-극(前衛劇)명 새로운 시대 정신으로 그 시대를 앞서 가려는 선구적인 연극. 〔1919년 이후의 미국에서 일어난 소극장 운동 따위.〕
전위-대(前衛隊)명 부대가 전진할 때, 적의 엄습을 경계하기 위하여 본대의 앞에 서서 나가는 부대. 준전위.
전위^영화(前衛映畫)명 새로운 실험적 표현 수법을 사용하여 만든 영화.
전위^예:술(前衛藝術)명 기존의 예술 경향에서 벗어나, 실험적인 창작을 주로하는 첨단의 예술 경향. 〔다다이즘·초현실주의 따위.〕
전:위-차(電位差)명 전기장(電氣場), 또는 도체 안 두 점 사이의 전위의 차. 전압(電壓).
전위-파(前衛派)명 ☞아방가르드.
전유(全乳)명 지방을 빼지 않은 자연 그대로의 우유. ↔탈지유(脫脂乳).
전유(專有)명하타 독차지함. 독점(獨占).
전:유(煎油)명하자타 지짐질.
전유(傳諭)명하타 임금의 유지(諭旨)를 의정(議政) 또는 유현(儒賢)에게 전함.
전유-물(專有物)명 독차지한 물건. 독점물(獨占物). ¶ 특권층의 전유물. ↔공유물.
전:유-어(煎油魚)명 ☞저냐.
전:율(典律)명 조선 시대에, 장악원(掌樂院)에 딸렸던 정칠품 잡직(雜職).
전:율(戰慄)명하자 심한 두려움이나 분노 따위로 몸을 떪. 전전율률(戰戰慄慄). ¶ 테러의 참상을 목격하고 전율을 금치 못하였다.
전:율-스럽다(戰慄-)[-따][~스러우니·~스러워]형ㅂ 몹시 무섭거나 두려워서 몸이 떨리는 느낌이 있다.
전음(全音)명 ☞온음.
전:음(餞飮)명하자 ☞전배(餞杯).
전:음(顫音)명 ☞트릴(trill).
전음-기(傳音器)명 소리를 크게 멀리 전하는 기계. 〔메가폰·확성기 따위.〕
전음-부(全音符)명 ☞온음표.
전-음정(全音程)명 ☞온음정.
전읍(全邑)명 읍의 전체.
전:의(典衣)[저늬/저니]명하타 옷을 전당 잡힘.
전:의(典醫)[저늬/저니]명 대한 제국 때, 궁내부의 태의원(太醫院)에 딸렸던 주임관(奏任官).
전의(前誼)[저늬/저니]명 이전부터의 정의.
전의(前議)[저늬/저니]명 앞서 한 의논.
전의(專意)[저늬/저니]명하자 오로지 한곳에만 뜻을 기울여 쏟음.
전의(傳衣)[저늬/저니]명하자 〈전의발〉의 준말.
전:의(詮議)[저늬/저니]명하타 ①(일을 명백히 하기 위하여) 사리를 따져 논의함. ②(죄인의 범죄 사실을) 따져서 밝힘.
전:의(戰意)[저늬/저니]명 (전투나 운동 경기에서) 싸우고자 하는 의욕. ¶ 전의를 불태우다. /전의를 상실하다.
전:의(氈衣)[저늬/저니]명 전(氈)으로 만든 옷.
전:의(轉義)[저늬/저니]명하자되자 본래의 뜻이 바뀌어 변한 뜻. 뜻이 바뀜.

전:의-감(典醫監)[저늬-/저니-]명 조선 시대에, 왕실의 의약을 맡아보던 관아. 대한 제국 때, '태의원(太醫院)'으로 개편됨.
전-의발(傳衣鉢)[저늬-/저니-]명 예도(藝道)나 학문의 정통을 제자에게 전함. 〔당나라의 달마에서부터 제6조 혜능까지 가사와 바리때가 대물림된 데서 유래함.〕 준전발·전의.
전-의식(前意識)[저늬-/저니-]명 정신 분석학에서, 의식이나 기억에 나타날 수 있으나, 현재는 억압되어 있는 잠재의식.
전:이(轉移)명하자되자 ①자리를 옮김. ②물질이 한 상태에서 다른 상태로 변화하는 일. ③어떤 장기(臟器)의 암이나 종양 따위가 다른 장기로 옮아가서 새 종양을 만드는 일. ④앞서 한 학습이 뒤에 한 학습에 영향을 미치는 일. ⑤정신 분석에서, 환자가 과거에 부모 등과 같이 주요한 타인에게 경험했던 감정·욕망·기대 등을 치료자에게 나타내는 것.
전인(全人)명 지(知)·정(情)·의(意)가 조화를 이룬 원만한 인격자.
전인(前人)명 이전 사람. 예전 사람. ↔후인.
전인(前因)명 전생(前生)의 인연.
전인(專人)명하자 기별이나 물품을 보내기 위하여 특별히 사람을 보냄, 또는 그 사람. 전족(專足).
전인^교:육(全人教育)명 지식에만 치우친 교육이 아닌, 인간이 지닌 모든 자질을 조화롭게 발달시키는 것을 목적으로 하는 교육.
전-인구(全人口)명 인구 전체. ¶ 전인구의 반가량이 남자다.
전인-미답(前人未踏)명 ①이제까지 아무도 가 보지 않음. ¶ 전인미답의 원시림. ②이제까지 아무도 해 보지 못함. ¶ 전인미답의 새 분야.
전일(全一)명 완전한 모양. 통일성 있는 모양.
전일(全日)명 ①하루 종일. ¶ 전일 근무. ②(어떤 기간 동안의) 모든 날.
전일(前日)명 전날. 선일(先日). ↔후일(後日).
전일(專一)명하자 마음과 힘을 오로지 한 가지 일에만 쏟음.
전일-제(全日制)[-쩨]명 ①어떤 일을 온종일 실시하도록 만든 제도. ¶ 토요 전일제 근무. ②매일 학생들을 등교시키는 것을 원칙으로 하는 교육 제도. ②참정시제(定時制).
전:일회천(轉日回天)[-회-/-훼-]명하자 〔해를 굴리고 하늘을 돌린다는 뜻으로〕 임금의 마음을 돌아서게 하는 일.
전임(前任)명 ①이전에 맡았던 일. ②(어떤 재임자나 재직자를 기준으로 하여) 바로 그 앞에 재임하고 있었던 사람. ¶ 전임 장관. ↔후임.
전임(專任)명하타 어떤 일을 전문적으로 맡기거나 맡거나 함, 또는 그 사람. 전위(專委). ¶ 전임 교수. ↔겸임.
전:임(轉任)명하자되자 다른 관직이나 임무, 또는 임지로 옮김. 이임(移任). 천임(遷任). ¶ 전임 발령.
전임^강:사(專任講師)명 학교에서, 전임으로 있는 강사. 참시간 강사.
전임-자(前任者)명 전임(前任)으로 있던 사람. ↔후임자.
전임-책성(專任責成)[-썽]명하타 (어떤 일을) 오로지 남에게 맡겨서 책임지게 함.
전:입(轉入)명하자되자 ①학적(學籍)을 이 학교에서 저 학교로 옮기어 들어감. ②이 거주지에서 저 거주지로 옮기어 들어감. ¶ 전입 인구. ②↔전출.

전자(前者)명 ①지난번. 저번. ¶ 전자에 내가 한 말을 기억하는가? ②둘을 들어 말한 가운데서 앞의 것이나 사람. ¶ 전자가 후자보다 낫다. ↔후자(後者).
전자(專恣) '전자하다'의 어근.
전:자(電子)명 원자를 이루는 기본적 소립자의 한 가지. 음전하(陰電荷)를 가지고, 질량이 매우 자으면서 안정되어 있음. 원지의 진자 수는 원자 번호와 일치함.
전:자(電磁)명 전기와 자기(磁氣)와의 상호 작용.
전:자(篆字)명 한자 서체의 한 가지. 〔대전(大篆)과 소전(小篆)이 있음.〕 전서(篆書). 준전(篆). 참고전(古篆).
전:자^감:응(電磁感應)명 ☞전자기 유도.
전:자^게:시판(電子揭示板)명 중앙 컴퓨터와 개인의 단말기를 통신망으로 연결하고 가입한 사람들에게 여러 가지 서비스를 제공하는 게시판 시스템. 가입자들은 모뎀과 전화선을 통하여 접속함으로써 다른 가입자와 편지나 데이터 따위를 주고받을 수 있음. 비비에스.
전:자-계(電磁界)[-계/-게]명 ☞전자기 마당.
전:자-계산기(電子計算機)[-계-/-게-]명 ①☞컴퓨터. 준전산기·전산(電算). ②가·감·승·제 따위를 간단한 조작을 통해 자동적으로 할 수 있는 소형 디지털 계산기.
전:자^공학(電子工學)명 전자의 운동에 의한 현상이나 그 현상의 응용 기술을 연구하는 공학의 한 분야. 〔전자 장치·전자 회로·전자 응용 등의 부문이 있음.〕
전:자-관(電子管)명 진공관·방전관·광전관 따위를 통틀어 이르는 말.
전:-자기(電磁氣)명 전류에 의하여 생기는 자기.
전:자기^마당(電磁氣-)명 ①전기장(電氣場)과 자기장(磁氣場)을 통틀어 이르는 말. ②전기장과 자기장이 서로 연관되어 함께 나타날 때를 이르는 말. 전자계. 전자장. 전자기장.
전:자기^유도(電磁氣誘導)명 회로를 관통하는 자력선이 변화하면, 그 회로에 전류를 흐르게 하려는 기전력이 생기는 현상. 전자 감응(電磁感應). 전자 유도.
전:자기-장(電磁氣場)명 ☞전자기 마당.
전:자기-파(電磁氣波)명 주기적으로 그 세기가 변하는 전자기 마당이 공간을 통하여 전파해 가는 현상. 전자파(電磁波).
전:자-뇌(電子腦)[-뇌/-눼]명 〈전자두뇌〉의 준말.
전:자^단위(電磁單位)명 전류를 자기 작용의 기본으로 하여 정한, 전자기량(電磁氣量) 단위의 하나. 〔기호는 emu〕
전-자동(電自動)명 기계 장치에서, 전체적으로 이루어지는 자동. ¶ 전자동 세탁기. 참반자동.
전:자-두뇌(電子頭腦)[-뇌/-눼]명 (사람의 두뇌처럼) 계산이나 논리적 판단 따위를 할 수 있도록 전자를 이용하여 만든 장치. 〔컴퓨터의 연산 장치(演算裝置) 따위.〕 준전자뇌.
전:자-레인지(電子range)명 고주파(高周波)로 가열하는 조리 기구.
전:자^렌즈(電子lens)명 전자 빔을 전장(電場)이나 자장(磁場)으로 광학계(光學系)의 렌즈와 같이 굴절시켜 상(像)을 맺게 하는 장치.
전:자-력(電磁力)명 전류와 자석 사이에 서로 작용하는 힘.
전:자-론(電子論)명 전자의 성질 및 물질의 전자적 구성을 연구하는 이론 체계. 〔현대에는 '소립자론(素粒子論)'으로 발전함.〕

전자리-상어명 전자리상엇과의 바닷물고기. 상어와 가오리의 중간형으로 몸길이 2 m가량. 몸은 넓적하고 가슴지느러미가 커서 좌우로 갈라졌음. 비교적 얕은 바다의 밑바닥에 살며 새끼를 낳음. 저자상어.

전ː자^망ː원경(電子望遠鏡)명 전자 빔과 전자 렌즈에 의하여 상(像)을 맺게 한 망원경.

전ː자^방ː출(電子放出)명 고체 속의 전자가 외부로부터 에너지를 받거나 강한 전장(電場)의 작용으로 말미암아 고체 밖으로 빠져나오는 현상. 모든 전자관에 응용됨.

전ː자-볼트(電子volt)의 전위차 1볼트의 두 점 사이를 움직인 한 개의 전자가 얻을 수 있는 운동 에너지의 단위. 〔기호는 eV〕

전ː자^브레이크(電子brake)명 전자석(電磁石)을 이용한 브레이크. 〔전자 레일 브레이크와 전자 드럼 브레이크 따위가 있음.〕

전ː자^빔ː(電子beam)명 전자총에서 나오는 선(線) 모양으로 집속(集束)된 전자의 흐름. 엑스선관이나 전자 현미경 등에 이용됨. 전자선.

전ː자^사서함(電子私書函)명 통신 서비스의 한 가지. 이용자가 자신에게 주어진 컴퓨터 내의 우편함에 편지·메모·보고서 따위의 전갈이나 정보 내용을 담아 놓으면 상대편은 언제든지 이를 찾아볼 수 있음.

전ː자^사전(電子辭典)명 주로 수첩만 한 전자 기기에 내용을 담은 전자 매체형 사전을 이르는 말.

전ː자^사진(電子寫眞)명 셀렌(Selen)이나 산화 아연 따위의 반도체가, 광선을 받을 때 전기 저항이 작아지는 성질을 이용한 사진법. 도면·서류 따위의 복사에 쓰임.

전ː자^상거래(電子商去來)명 컴퓨터 통신망을 이용하여 상품을 사고파는 일.

전ː자-석(電磁石)명 연철심(軟鐵心)의 둘레에 절연된 코일을 감은 것. 여기서 전류를 통하면 연철이 자기 유도에 의하여 자석이 됨. 전기 자석.

전ː자-선(電子線)명 ☞전자 빔.

전ː자-설(電磁說)명 전자기에 관한 이론.

전ː자-수첩(電子手帖)명 수치 연산 외에 전화번호·주소·스케줄·사전·메모 따위의 정보를 입·출력할 수 있는 수첩 크기의 휴대용 컴퓨터.

전ː자-시계(電子時計)[-계/-게]명 전자 장치와 수정 발진자(水晶發振子) 및 액정(液晶)에 의한 숫자 표시 장치로 이루어진 시계.

전ː자^오르간(電子organ)명 전자를 이용하여 음정이 있는 음향을 발생하도록 설계한 건반 악기의 한 가지. 참해먼드 오르간.

전ː자^우편(電子郵便)명 ①문서를 고속 팩시밀리로 전송하여 수신자에게 배달하는 우편 방식. ②☞이메일.

전ː자^유도(電磁誘導)명 ☞전자기 유도.

전ː자-음(電子音)명 전자적인 발진에 의하여 나는 소리. 경보기의 발진음이나 전자 악기음 따위를 이름. 테크노사운드.

전ː자^음악(電子音樂)명 여러 가지 전자 회로에 의한 발진음(發振音)을 소재로 하여 만들어지는 음악. 보통은 한 개의 녹음 테이프에 정리하여 녹음된 것을 스피커로 재생함.

전ː자^자(電子jar)명 전열로 보온하는 밥통. 참보온밥통.

전ː자-장(電磁場)명 ☞전자기 마당.

전ː자^장치(電子裝置)명 전자관·트랜지스터·반도체 등을 응용한 여러 가지 장치를 통틀어 이르는 말.

전자-창(田字窓)[-짜-]명 창살을 '十' 자 모양으로 만들어 '田' 자 모양으로 짠 창(窓).

전ː자-책(電子冊)명 〔종래의 종이 책에 상대하여〕 컴퓨터·PDA 따위의 화면에 떠올려 읽을 수 있게 만든 전자 매체형 책을 이르는 말.

전ː자-총(電子銃)명 브라운관·촬상관(撮像管) 등의 전자관(電子管)에서, 고속의 전자 빔을 방출하는 장치.

전ː자-파(電子波)명 입자(粒子)로서가 아니고, 물질파(物質波)로서 전자를 이르는 말.

전ː자-파(電磁波)명 ☞전자기파(電磁氣波).

전자-하다(專恣-)형여 제 마음대로 하여 방자(放恣)하다.

전ː자^현ː미경(電子顯微鏡)명 전자 빔과 전자 렌즈를 사용하여 시료(試料)를 확대해서 관찰하는 현미경.

전자^화ː폐(電子貨幣)[-폐/-페]명 실제의 물리적인 화폐는 아니나 네트워크상에서 사용하는 가상 화폐.

전작(田作)명 ①밭농사. ②밭곡식.

전작(全作)명 모든 작품.

전작(前作)명 ①(지금의 작품이 아닌) 먼젓번의 작품. ②☞앞그루. ↔후작(後作).

전작(前酌)명 (지금의 술자리가 아닌 데서) 바로 전에 술을 마신 일, 또는 마신 그 술. 전배(前杯). ¶ 전작이 있어 술이 당기지 않네.

전작^장편^소ː설(全作長篇小說)[-짱-]명 (여러 차례 나누어 발표하지 않고) 전편을 한꺼번에 써낸 장편 소설.

전작-지(田作地)[-찌]명 밭농사를 짓는 땅.

전잠(田蠶)명 밭농사와 누에치기.

전장(田莊)명 (소유하고 있는) 논과 밭. 장토(莊土).

전장(全長)명 전체의 길이. ¶ 전장 300 m의 터널.

전장(全張)명 종이 따위의 온 장. ¶ 창호지 전장을 바르다.

전ː장(典章)명 ①(한 나라의) 제도와 문물. ②법칙. 규칙. 장전(章典).

전ː장(典掌)명하타 일을 맡아서 주장(主掌)함.

전장(前章)명 앞의 장(章).

전장(前場)명 오전의 증권 시장. 증권 시장에서의 오전의 거래. ¶ 전장의 시세. ↔후장.

전장(前裝)명하타 탄약을 총구로 장전함. 참후장(後裝).

전장(前檣)명 뱃머리 쪽에 있는 돛대.

전장(傳掌)명하타되자 (전임자가 후임자에게) 맡아보던 일이나 물건을 인계함.

전ː장(電場)명 ☞전기장(電氣場).

전ː장(戰場)명 싸움터. 전선(戰線).

전장-총(前裝銃)명 탄약을 총구로 재는 구식 소총.

전장-포(前裝砲)명 탄약을 포구(砲口)로 재는 화포.

전재(全載)명하타되자 (연재하지 않고) 전체의 글을 한꺼번에 다 게재함.

전ː재(剪裁)명하타 (옷감을) 마름질함.

전ː재(戰災)명 전쟁으로 말미암아 입은 재해.

전ː재(錢財)명 (재물로서의) 돈.

전ː재(轉載)명하타되자 (한곳에 발표했던 글을) 다시 다른 곳에 옮기어 실음. ¶ 무단(無斷) 전재를 금함.

전ː재-고아(戰災孤兒)명 전쟁고아.

전ː재-민(戰災民)명 전쟁으로 말미암아 재난을 당한 사람.

전ː쟁(戰爭)명 ①하자국가 또는 교전 단체 사

이에 서로 무력을 써서 하는 싸움. 금혁(金革). 전화(戰火). ¶ 전쟁 포로. /전면 전쟁. /전쟁을 일으키다. ②'극심한 경쟁이나 혼잡한 상태'를 비유하여 이르는 말. ¶ 교통 전쟁. /입시 전쟁.
전:쟁-고아(戰爭孤兒)명 전쟁으로 말미암아 부모를 잃은 고아. 전재고아(戰災孤兒).
전:쟁-놀이(戰爭—)명하자 ☞병정놀이.
전:쟁^문학(戰爭文學)명 전쟁을 소재로 한 희곡·소설·시 따위의 문학.
전:쟁^범:죄(戰爭犯罪)[—죄/—줴]명 ①국제 조약에 정해진 전투 법규를 어긴 행위. ②침략 전쟁이나, 국제법에 위반하는 전쟁을 하거나, 또는 그렇게 하기 위한 공동의 계획·모의에 참가하는 죄. 준전범.
전:쟁^범:죄자(戰爭犯罪者)[—죄—/—줴—]명 전쟁 범죄를 범한 사람. 준전범·전범자.
전:쟁-터(戰爭—)명 싸움터. 전장. 진중(陣中).
전:-저당(轉抵當)명 저당권자가 저당권을 자기의 채무 담보로 하는 일.
전적(田籍)명 ☞양안(量案).
전적(全的)[—쩍]관명 모든 것이 그러한 (것). 전부에 미치는 (것). ¶ 전적 인간의 해방. /전적으로 우리 책임이다.
전:적(典籍)[1]명 ☞책(冊).
전:적(典籍)[2]명 조선 시대에, 성균관(成均館)에서 학생을 가르치던 정육품 벼슬.
전적(前績)명 이전의 공적(功績).
전:적(戰跡·戰迹)명 전쟁의 자취.
전:적(戰績)명 대전(對戰)하여 얻은 실적. ¶ 4승 1패의 전적으로 우승하다.
전:적(轉籍)명하자되자 (호적·학적·병적 따위의) 적(籍)을 다른 데로 옮김.
전:적-비(戰跡碑)[—삐]명 격전의 자취가 있는 곳에 그 사실을 기념하기 위하여 세운 비.
전:적-지(戰跡地)[—찌]명 전쟁의 자취가 남아 있는 곳. ¶ 6·25 전쟁 때의 대표적 전적지인 철의 삼각 지대.
전:전(戰前)명 전쟁이 일어나기 이전. ↔전후.
전:전(輾轉)명하자 누운 채 몸을 이리저리 뒤척임.
전:전(轉傳)명하타 이리저리 거쳐서 전해짐.
전:전(轉戰)명하자 이리저리 자리를 옮겨 가면서 싸움.
전:전(轉轉)명하자타 여기저기로 떠돌아다니거나 옮겨 다님. ¶ 셋방을 전전하다.
전전(前前) Ⅰ관 이전의 이전. 저지난. ¶ 전전 주일.
Ⅱ명 오래전. ¶ 전전의 일이라 아무것도 기억나지 않는다.
전:전-걸식(轉轉乞食)[—씩]명하자 정처 없이 여기저기로 떠돌아다니며 빌어먹음.
전:전긍긍(戰戰兢兢)명하자 매우 두려워하며 조심함. 〔'시경'의 '소아(小雅)'·'소민편(小旻篇)'에서 유래함.〕 준전긍.
전전-날(前前—)명 ①(어떤 날의) 이틀 전. ¶ 우리가 만나던 전전날 밤. ②그저께.
전전-년(前前年)명 ①(어떤 일이 있던) 2년 전. ②그러께.
전전-달(前前—)[—딸]명 ①(어떤 일이 있던) 두 달 전. ②지지난달. 전전월.
전:전-반측(輾轉反側)명하자 ☞전전불매.
전전-번(前前番)[—뻔]명 지지난번.
전:전불매(輾轉不寐)명하자 누운 채 이리 뒤척 저리 뒤척 하며 잠을 이루지 못함. 전전반측.
전전-월(前前月)명 전전달.
전:전-율률(戰戰慄慄)[—뉼—]명하자 ☞전율(戰慄).
전:전-파(戰前派)명 ☞아방게르. ↔전후파.
전:절(剪截)명하타 가위로 베어 버림.
전점(專占)명하타 자기 혼자서 점유함.
전:접(奠接)명하자 ☞전거(奠居).
전정(前定)명 전생(前生)에 이미 정하여진 것.
전정(前庭)명 ①앞뜰. ②속귀의 일부로, 달팽이관과 반고리관 사이에 있는 빈 곳. 평형 감각을 맡음.
전정(前情)명 옛정. 구정(舊情).
전정(前程)명 ☞앞길[2].
전정이 구만 리 같다속담 나이가 아직 젊어서 희망을 걸 만한 장래가 있다는 말.
전:정(剪定)명하타 가지치기.
전:정(殿庭)명 궁전의 뜰.
전:정-가위(剪定—)명 전정할 때 쓰는 가위. 전지가위.
전제(田制)명 논밭에 관한 제도.
전제(前提)명되자 ①하타무슨 일이 이루어지기 위하여 선행(先行)되는 것. ¶ 전제 조건. /결혼을 전제로 사귀다. ②〔논증에서〕 그것으로부터 출발하여 결론을 얻을 수 있는 명제. 〔삼단 논법에서는 대전제와 소전제가 있음.〕
전제(專制)명하타 ①(어떤 일을) 혼자의 생각대로 결정하고 처리함. ②국가의 모든 권력을 개인이 쥐고, 개인 의사에 따라 정치를 함. 참공화(共和).
전:제(剪除)명하타되자 (불필요한 것을) 잘라서 없애 버림.
전제(筌蹄)명 〔고기를 잡는 통발과 토끼를 잡는 올가미라는 뜻으로〕 목적을 위한 방편을 이르는 말. ¶ 장자(莊子)는, 언어란 뜻을 얻어 내는 전제라고 했다.
전제-국(專制國)명 전제 정치를 하는 나라.
전제^군주(專制君主)명 전제 정치를 하는 나라의 군주.
전제-적(前提的)관명 어떤 일의 전제가 되는 (것). ¶ 노력은 성공의 전제적 조건이다.
전제-적(專制的)관명 (어떤 일을) 혼자의 생각대로 결정하고 처리하는 (것). ¶ 전제적 지도자.
전제^정체(專制政體)명 전제 정치의 체제. 참공화 정체(共和政體).
전제^정치(專制政治)명 국가의 주권이 한 개인이나 특정 계급에 좌우되어, 그들만의 의사대로 정치가 행해지는 일. ↔민주 정치. 참공화 정치(共和政治).
전제-주의(專制主義)[—의/—이]명 지배자의 전단(專斷)에 의한 정치를 합리화하려는 주의. ↔민주주의.
전조(田租)명 논밭에 대한 조세.
전조(前兆)명 미리 나타나 보이는 조짐. 징조. ¶ 전조 증세를 보이다.
전조(前條)명 앞의 조항 또는 조문.
전조(前朝)명 (어떤 왕조의) 바로 전대(前代)의 왕조. 승국(勝國).
전:조(電槽)명 ①축전지(蓄電池)의 그릇. ②☞전해조(電解槽).
전:조(轉照)명하타 ☞회람(回覽).
전:조(轉漕)명하타 ☞조운(漕運).
전:조(轉調)명하타 ☞조바꿈. 변조.
전조-등(前照燈)명 (진행 방향을 밝게 하기 위해, 자동차 따위의 앞에 달아서) 앞쪽으로 밝게, 멀리 내비추는 등. 전등(前燈). 헤드라이트.
전족(前足)명 앞발.

전족(專足)명하자 ☞전인(專人).
전ː족(塡足)명하타 모자라는 것을 보충함. 채움.
전ː족(纏足)명 지난날 중국에서, 여자의 발을 작게 만들기 위해 어릴 때부터 천으로 발을 옥죄어 자라지 못하게 하던 풍속, 또는 그렇게 만든 발.
전존(傳存)명하자 전하여져 현존함.
전종(前蹤)명 옛사람의 발자취. 기왕(旣往)의 사적(事蹟).
전종(專從)명하자 오로지 한 가지 일에만 종사함.
전ː종(電鐘)명 ☞전령(電鈴).
전ː좌(殿座)명하자 친정(親政) 때나 조하(朝賀) 때, 임금이 옥좌에 나와 앉음, 또는 그 자리.
전죄(前罪)[-죄/-줴]명 이전에 지은 죄.
전주(田主)명 논밭의 임자.
전ː주(典主)명 전당(典當)을 잡은 사람.
전주(前主)명 ①전의 군주(君主). ②전의 주인. 선주(先主).
전주(前奏)명 악곡(樂曲)의 주요부 앞의 도입 부분. 〔노래가 시작되기 전의 기악(器樂) 연주 부분 따위.〕 서주(序奏).
전주(前週)[-쭈]명 지난주. 지난 주일.
전주(專主)명하타 혼자서 일을 주관함.
전ː주(電柱)명 〈전신주〉의 준말.
전ː주(電鑄)명 전기 분해에 의한 전기 도금의 방법을 이용하여 원형(原型)을 복제(複製)하는 주조법(鑄造法). 전기 주조.
전ː주(銓注)명하타 인물을 전형(銓衡)하여 적재적소에 배정함.
전ː주(箋註·箋注)명 본문의 뜻을 설명한 주석(註釋). 본문의 주해(註解).
전ː주(錢主)명 ①밑천을 대어 주는 사람. ②빚을 준 사람.
전ː주(轉住)명하자 ☞전거(轉居).
전ː주(轉注)명 한자의 육서(六書)의 하나. 어떤 한자의 원래의 뜻을 비슷한 뜻으로 전용(轉用)하는 방법. 〔주로, 자음(字音)을 바꾸어 쓰는데, '惡(악)'을 '미워하다'의 뜻으로 전용하여 '오'로 하는 따위.〕
전주-곡(前奏曲)명 ①서양 고전 음악에서, 악곡의 첫머리에 놓여 도입적인 역할을 하는 곡을 통틀어 이르던 말. 프렐류드. ②서양 근대 음악에서, 짧은 음형 내지 모티프에 근거를 두고 화성적으로 계속 조바꿈을 사용한 피아노 위주의 소품을 이르는 말. ③의식이나 극 따위에서, 시작을 알리기 위해 연주되는 짧은 곡을 이르는 말. ④'어떤 일이 본격화되거나 겉으로 드러나기 전의 조짐이나 암시가 되는 일'을 비유하여 이르는 말. ¶ 진주만 공격은 태평양 전쟁의 전주곡이었다.
전주르다[전주르니·전줄러]자르 (동작을 진행하는 가운데) 다음 동작에 힘을 더하기 위하여 한 번 쉬다.
전ː죽(箭竹)명 ☞화살대.
전중(典重) '전중하다'의 어근.
전중(傳重)명하타 선조의 제사를 후손에게 전하여 잇게 함.
전중-이명 〈징역꾼〉의 속된 말.
전ː중-파(戰中派)명 제2차 세계 대전 때 청년 시절을 보낸 세대. 참전전파·전후파.
전ː중-하다(典重-)형여 언행이 법도에 맞고 정중하다. **전중-히**부.
전지명 ①어린아이에게 약을 먹일 때, 입을 벌리게 하기 위해 물리던, 끝이 갈래진 막대기. ¶ 전지 물리다. ②〈전짓다리〉의 준말. ③〈전짓대〉의 준말.
전지(田地)명 논밭.
전지(全知)명 신(神)의 속성으로서, 모든 것을 앎.
전지(全紙)명 ①(자르지 아니한) 온 장의 종이. 〔제지 공장에서 만들어 낸 크기 그대로의 종이로, 편 신문지의 배의 크기임.〕 ②신문 따위의 한 면 전체.
전지(全智)명 모든 것에 통달(通達)한 지혜. 완전한 지혜.
전지(前志)명 ①전에 품었던 뜻. ②이전의 기록(記錄), 또는 서적.
전지(前肢)명 앞쪽의 두 다리. 앞다리.
전ː지(剪枝)명하타 가지치기.
전지(傳旨)명하타 상벌에 관한 임금의 뜻을 담당 관아나 관리에게 전하는 일.
전지(傳持)명하자 불교에서, 법을 받아 전하여 유지함.
전ː지(電池)명 ①화학적인 반응에 의하여 전류를 일으키는 장치. ②'회중전등'을 흔히 이르는 말.
전ː지(戰地)명 싸움터.
전ː지(轉地)명하자 (환경이 크게 다른 곳으로) 거처나 근거지를 바꾸어 옮김. ¶ 전지 요양. / 전지 훈련.
전ː지(顚躓)명하자 ☞전질(顚躓).
전ː지-가위(剪枝-)명 ☞전정가위. 나무가위.
전ː지^용ː량(電池容量)[-냥]명 전지가 방전할 때에 낼 수 있는 전기량.
전지-자손(傳之子孫)명하타 자손에게 물려줌.
전지-적(全知的)관명 모든 것을 다 아는 (것). ¶ 전지적 작가 시점(視點).
전지-전능(全知全能)명하형 모든 것을 다 알고, 모든 것에 능함. ¶ 전지전능하신 하느님.
전지-전지(傳之傳之)부 전하고 전하여. ¶ 이것은 조상 때부터 전지전지 물려 온 것이다.
전직(前職)명 이전에 가졌던 직업(직함). 전함(前銜). ¶ 전직 교사. ↔현직(現職).
전ː직(轉職)명하자 직무나 직업을 바꾸어 옮김. 비이직(移職)·천직(遷職).
전진(前陣)명 (여러 진 가운데서) 맨 앞쪽에 친 진. ↔후진(後陣).
전진(前進)명하자 앞으로 나아감. ¶ 중단 없는 전진. ↔후진(後進)·후퇴(後退).
전진(前震)명 대지진(大地震)에 앞서 일어나는 작은 지진.
전ː진(戰陣)명 ①싸움터. ②전투를 하기 위하여 친 진(陣).
전ː진(戰塵)명 ①(전투로 말미암은) 싸움터의 먼지나 티끌. ②싸움터의 소란. 병진(兵塵). 연진(煙塵). 풍진(風塵).
전ː진(轉進)명하자 진로(進路)를 바꾸어 나아감. 있던 곳을 떠나 다른 쪽으로 나아감.
전질(全帙)명 한 질(帙)로 된 책의 온 질(帙). ¶ 전질 30권의 백과사전. /전질을 갖추다. 참낙질(落帙).
전ː질(典質)명하타 물건을 전당 잡힘.
전ː질(顚躓)명하자 무엇에 걸리거나 헛디디거나 하여 굴러 넘어짐. 전지(顚躓).
전ː질(癲疾)명 지랄병. 전간(癲癎).
전집(全集)명 ①한 사람의 모든 저작물을 한데 모아서 한 질로 출판한 책. ②같은 시대, 또는 같은 종류의 저작물을 한데 모아서 한 질로 출판한 책.

전ː집(典執)명하타 (물건을) 전당을 잡히거나 또는 전당을 잡음.

전집(前集)명 전에 가리어 모은 시집이나 문집. ↔후집(後集).

전집(專執)명하자 (어떤 일을) 오로지 주장(主掌)하여 잡음.

전짓-다리[-지따-/-짇따-]명 삼이나 모시를 삼을 때 양쪽에 세워 쓰는 제구. 나무 받침 위에 끝이 두 갈래진 기둥을 세워 놓은 것. 준전지.

전짓-대[-지때/-짇때]명 위 끝을 두 갈래지게 한 긴 장대. 흔히, 감을 딸 때 씀. 준전지.

전-짬(全-)명 다른 군것이 섞이지 않은 순수하고 진한 것.

전차(前次)명 지난번.

전차(前借)명하타 (받을 약속이 되어 있는 돈을) 미리 앞당기어 받아 씀. ¶ 월급 중에서 10만 원을 미리 전차하여 쓰다.

전ː차(塡差)명하타되자 비어 있는 벼슬자리를 보충하여 채움.

전ː차(電車)명 전동기(電動機)를 장치하고, 공중에 가설한 전선으로부터 전력을 공급받아 궤도 위를 달리는 차량.

전ː차(戰車)명 ①전투에 쓰이는 차. 병거(兵車). ②장갑(裝甲)한 차체에 무한궤도를 갖추고, 포와 기관총 따위로 무장한 공격 병기. ②탱크(tank).

전ː차(轉借)명하타 남이 빌려 온 것을 다시 빌려 씀. 참전대(轉貸).

전차-금(前借金)명 (급료 따위를) 받을 기일 전에 미리 당기어 받은 돈.

전차-후옹(前遮後擁)명하타 많은 사람이 앞뒤를 옹위하여 따름.

전ː착(電着)명하자 전기 분해로 전해질(電解質) 용액에서 석출(析出)된 이온이 음극의 물체 표면에 들러붙는 일.

전ː착(顚錯)명하타되자 앞뒤를 바꾸어 어그러뜨림.

전ː착(纏着)명하자 감기어 붙음. 전요(纏繞).

전ː착-제(展着劑)[-쩨]명 살포한 농약이 작물에 고르게 퍼져서 붙게 하기 위하여 섞어 쓰는 보조제.

전찬(傳餐)명하자 아침저녁으로 끼니를 날라줌. 전식(傳食).

전참(前站)명 다음에 머무를 곳.

전ː창(箭窓)명 ☞살창.

전채(前菜)명 ☞오르되브르.

전채(前債)명 전에 진 빚.

전ː채(箭靫)명 ☞전동(箭筒).

전ː채(戰債)명 ①전비(戰費)를 마련하려고 발행하는 국채(國債). ②전쟁으로 말미암아 생긴 국가의 채무.

전처(前妻)명 재혼하기 전의 아내. 전부(前婦). 전취(前娶). ¶ 전처와의 사이에 아들 하나를 두었다. ↔후처(後妻).

전처-소생(前妻所生)명 전처가 낳은 자식. 전취소생.

전천(專擅)명하타 ☞전행(專行).

전ː천(錢千)명 ☞돈천.

전천^사진기(全天寫眞機)명 어안(魚眼) 렌즈나 구면경(球面鏡)을 써서, 온 하늘의 구름을 단번에 찍는 사진기.

전-천후(全天候)명 어떠한 기상 조건에서도 제 기능을 다할 수 있음. 《주로, 관형사적으로 쓰임.》 ¶ 전천후 운동장. /전천후 폭격기.

전천후-기(全天候機)명 밤중이나 시계(視界)가 흐린 때에도 활동할 수 있도록 레이더를 갖춘 항공기.

전천후^농업(全天候農業)명 (수리 시설이 잘 되어 있어서) 가뭄이나 홍수 등의 기상 조건 아래서도 지장을 받지 않는 농업.

전철(前哲)명 옛날의 철인(哲人). 선철(先哲).

전철(前轍)명 〔앞서 지나간 수레바퀴의 자국이라는 뜻으로〕 앞사람의 실패의 경험. 복철(覆轍).

전철을 밟다관용 이전 사람의 잘못이나 실패를 되풀이하다.

전ː철(煎鐵)명 ☞번철(燔鐵).

전ː철(電鐵)명 〈전기 철도〉의 준말.

전ː철-기(轉轍機)명 철도에서, 차량을 다른 선로로 옮기기 위하여 철로가 갈리는 곳에 장치한 고동. 참포인트.

전ː철-수(轉轍手)[-쑤]명 전철기를 조작하는 철도 종업원.

전ː철-역(電鐵驛)[-력]명 전기 철도 노선의 역.

전첨-후고(前瞻後顧)명하자 〔앞을 쳐다보고 뒤를 돌아본다는 뜻으로〕 어떤 일을 당하여 용기(勇氣)를 내어 결단하지 못하고 두리번거리기만 함. 첨전고후.

전ː첩(戰捷)명하자 ☞전승(戰勝).

전청(全淸)명 훈민정음 초성(初聲) 체계 중의 'ㄱ·ㄷ·ㅂ·ㅅ·ㅈ·ㆆ' 등에 공통되는 음적 특질. 곧, 현대 음성학의 무성 자음을 말함.

전ː청(轉請)명하타 다른 사람을 사이에 넣어서 간접으로 청함. 전탁(轉託).

전체(全體)명 (사물이나 현상의) 전부. 비총체(總體). ↔부분.

전체(傳遞)명하타되자 차례로 전하여 보냄.

전ː체(轉遞)명하타되자 여러 사람의 손을 거쳐 전하여 보냄, 또는 그런 인편. 전편(轉便).

전체^국가(全體國家)[-까]명 ☞전체주의 국가.

전체-성(全體性)[-썽]명 (사물을 하나의 전체로써 파악하여 고찰할 때) 그 전체가 가지는 특성.

전체-송장(傳遞-)명 ①(고을에서 고을로 차례 차례 넘기어) 제 고향으로 보내 주는 객사(客死)한 송장. ②'억지로 남에게 떠맡긴 귀찮은 일'을 비유하여 이르는 말.

전체-수(全體需)명 ①통째로 삶거나 구워서 익힌 음식. ②꿩·닭·물고기 따위를 통째로 양념하여 구운 적(炙).

전체-적(全體的)관명 전체에 관계되는 (것). ¶ 전체적 구조. /전체적인 조화. ↔부분적.

전체-주의(全體主義)[-의/-이]명 개인의 모든 활동은 국가나 민족 전체의 존립·발전을 위해 바쳐져야 한다는 이념 아래, 국민의 자유(自由)를 억압·통제하는 사상 및 체제. 〔나치즘·파시즘 따위.〕 ↔개인주의.

전체주의^국가(全體主義國家)[-의-까/-이-까]명 전체주의를 통치 원리로 하는 국가. 흔히, 일국 일당제(一國一黨制)를 취하는데, 나치스가 지배하던 독일과 파시스트가 지배하던 이탈리아가 대표적임. 전체 국가.

전체^집합(全體集合)[-지팝]명 부분 집합에 대하여 한 집합의 원소 전체로 된 집합을 이르는 말.

전초(全草)명 (잎·줄기·뿌리를 가진) 풀의 온포기.

전초(前哨)명 (적진 가까이에) 군대가 주둔할 때, 경계 임무를 띠고 그 전방에 배치되는 작은 부대, 또는 그런 초소.

전초-전(前哨戰)명 ①전초에서 하는 전투. ②본격적인 전투가 시작되기 전에 하는 소규모의 전투.
전ː촉(箭鏃)명 화살촉.
전촌(全村)명 온 마을. 마을 전체.
전총(專寵)명하자 각별한 사랑을 혼자서 받음.
전ː추(顚墜)명하자되자 굴러 떨어짐. 전락(轉落).
전ː추라(翦秋羅)명 너도개미자릿과의 다년초. 산과 들에 절로 나는데, 높이는 60~90 cm. 여름과 가을에 붉은빛의 다섯잎꽃이 줄기 위에 핌. 관상용으로도 가꿈.
전ː축(電蓄)명 레코드에 녹음한 진동을 바늘에 받아 진동 전류로 바꾸고, 이것을 증폭하여 확성기를 통해 원음(原音)을 재생하는 축음기. ¶ 전축을 켜다. /전축을 틀다.
전ː춘(餞春)명하자 봄을 마지막으로 보냄.
전ː춘-날(餞春-)명 〔봄을 보내는 마지막 날이라는 뜻으로〕 '음력 삼월 그믐날'을 이르는 말.
전ː춘-놀이(餞春-)명 봄을 보내는 뜻으로, 음력 삼월 그믐께 노는 놀이.
전ː춘-시(餞春詩)명 가는 봄에 대한 감상을 읊은 시(詩).
전ː출(轉出)명하자되자 ①딴 곳으로 이주하여 감. ¶ 전출 신고. ↔전입(轉入). ②딴 곳으로 전직하여 감. ②비전근(轉勤).
전ː출^증명서(轉出證明書)명 딴 곳으로 이주하였음을 증명하는 문서.
전ː충(塡充)명하자되자 빈 곳을 채워서 메움.
전ː충-성(塡充性)[-썽]명 물질이 공간을 메워 채우는 성질.
전취(前娶)명 ☞전처(前妻). ↔후취(後娶).
전ː취(戰取)명하타되자 (목적한 바를) 싸워서 차지하거나 얻음.
전취-소생(前娶所生)명 ☞전처소생.
전치(全治)명하타되자 (상처나 질병 따위를) 완전히 고침. ¶ 전치 4주의 부상. 비완치(完治).
전치(前齒)명 앞니.
전ː치(轉置)명하타 딴 곳으로 옮겨 놓음.
전치-사(前置詞)명 인도·유럽 어 문법에서, 품사의 한 가지. 명사나 대명사 앞에 놓여 다른 품사와의 문법적 관계를 나타내는 말. 〔영어의 at·in·to·from 따위.〕
전ː칙(典則)명 ☞법칙(法則).
전칭(全稱)명 논리학에서, 주사(主辭)의 전 범위에 걸쳐 긍정 또는 부정하는 말. 〔'모든 사람은 남자나 여자로 태어난다.'에서 '모든' 따위.〕 참특칭(特稱).
전칭^긍ː정^명ː제(全稱肯定命題)명 전칭 긍정 판단을 명제로 나타낸 것. ↔전칭 부정 명제.
전칭^긍ː정^판단(全稱肯定判斷)명 주사(主辭)의 모든 범위에 걸쳐서 긍정하는 판단. ↔전칭 부정 판단(全稱否定判斷).
전칭^명ː제(全稱命題)명 전칭 판단을 명제로 나타낸 것.
전칭^부ː정^명ː제(全稱否定命題)명 전칭 부정 판단을 명제로 나타낸 것. ↔전칭 긍정 명제.
전칭^부ː정^판단(全稱否定判斷)명 주사(主辭)의 모든 범위에 걸쳐서 부정하는 판단. ↔전칭 긍정 판단(全稱肯定判斷).
전칭^판단(全稱判斷)명 주사(主辭)의 모든 범위에 걸쳐서 긍정 또는 부정하는 판단.
전쾌(全快)명하자되자 병이나 상처가 다 나음. 비완쾌(完快).
전타라(旃陀羅←caṇḍala 범)명 인도의, 사성(四姓)을 제외한 최하층 계급의 종족. 수렵·도살 따위를 업으로 하는 천민임. 전다라(旃荼羅).
전타-음(前打音)명 ☞앞꾸밈음.
전탁(全託)명하타 (어떤 일을) 모두 남에게 맡겨 부탁함.
전탁(全濁)명 훈민정음 초성(初聲) 체계 중의 'ㄲ·ㄸ·ㅃ·ㅆ·ㅉ·ㆅ' 등에 공통되는 음적 특질. 곧, 된소리를 말함.
전탁(專託)명하타 오로지 남에게만 부탁함.
전ː탁(轉託)명하타 ☞전청(轉請).
전탑(甎塔)명 흙벽돌로 쌓은 탑.
전택(田宅)명 논밭과 집.
전토(田土)명 논밭. 전답(田畓).
전토(全土)명 국토의 전체. 온 나라 안.
전통(全通)명하자되자 (가설하던 전선이나 부설하던 철로 따위가) 죄다 통하게 됨.
전통(全統) Ⅰ명 온통.
Ⅱ부 온통. ¶ 들녘이 전통 황금빛이다.
전통(傳統)명 어떤 집단이나 공동체에서, 지난날로부터 이어 내려오는 사상·관습·행동 따위의 양식(樣式), 또는 그것의 핵심을 이루는 정신. 〔역사적 생명력을 가진 것으로서 현재의 생활에 의미와 효용이 있는 문화유산을 이르기도 함.〕 ¶ 전통 문화. /전통을 세우다.
전ː통(箋筒)명 전문(箋文)을 넣어 두는 봉투.
전ː통(箭筒)명 〈전동〉의 본딧말.
전통-미(傳統美)명 전통적으로 전해 내려오는 것에서 느끼는 아름다움. ¶ 한옥(韓屋)의 전통미.
전통-적(傳統的)관명 전통으로 되는 (것). 전통에 관한 (것). ¶ 전통적 가치관. /전통적인 관습.
전통-주의(傳統主義)[-의/-이]명 전통을 존중하여 굳게 지키려고 하는 보수적인 생각.
전ː투(戰鬪)명하자 전쟁에서 이기기 위해 병기를 써서 직접 맞붙어 싸움, 또는 그런 무력 행동. ¶ 백마 고지 전투의 영웅. /치열한 전투가 벌어지다.
전ː투^경ː찰(戰鬪警察)명 대간첩(對間諜) 작전이나 경비 임무 등을 수행하는 경찰. 준전경(戰警).
전ː투-기(戰鬪旗)명 군함에서 전투 개시의 신호로 올리는 기(旗).
전ː투-기(戰鬪機)명 적기(敵機)와 공중전(空中戰)을 하고, 또 아군의 폭격기·수송기 등을 호위하며 지상 전투를 도와주는, 비교적 작고 빠른 비행기.
전ː투^대형(戰鬪隊形)명 전투를 하기 위한 부대, 또는 함대(艦隊)의 배열.
전ː투-력(戰鬪力)명 전투를 해낼 수 있는 힘. 전투를 할 수 있는 병력.
전ː투^명ː령(戰鬪命令)[-녕]명 야전에서의 작전과 행정에 관한 명령. 〔지령(指令)·훈령(訓令)·행정 명령·부대 예규 등이 이에 딸림.〕
전ː투-모(戰鬪帽)명 군인이 훈련이나 전쟁 때 쓰는, 천으로 만든 모자.
전ː투^병과(戰鬪兵科)[-꽈]명 육군에서, 실제 전투에 투입되는 병과로, 보병·포병·기갑·공병·통신 등의 병과를 통틀어 이르는 말.
전ː투-복(戰鬪服)명 군인이 훈련이나 전쟁 때에 입는 옷.
전ː투^부대(戰鬪部隊)명 실제 전투에 참가하여 적과 싸우는 부대.
전ː투-선(戰鬪線)명 전시에 전투 부대가 차지한 최전선의 지점을 가상으로 연결한 선.
전ː투-원(戰鬪員)명 무기를 가지고 직접 전투에 참가하는 병사. 교전 법규에 따라 적의 공격 대상이 됨.

전:투^폭격기(戰鬪爆擊機)[-껵끼]명 공중전과 폭격을 아울러 할 수 있게 만든 비행기. 준전폭기(戰爆機).
전:투-함(戰鬪艦)명 군함 가운데서, 전투에 직접 사용할 목적으로 만든 배를 통틀어 이르는 말. 〔전함·구축함·순양함 따위.〕 준전함(戰艦).
전:투^행위(戰鬪行爲)명 전투의 한 방법으로, 적군의 저항을 불가능하게 함을 목적으로 하는 행위.
전:투^휴대량(戰鬪携帶量)명 전투에 참가할 때에 개인 또는 차량으로 운반되는, 재보급이 가능할 때까지의 전투 작전 수행에 필요한 장비 및 보급품.
전파(全破)명하자타되자 전부 파괴됨. 전부 파괴함. ¶ 가옥이 전파되다. 비전괴(全壞).
전:파(電波)명 전자기파(電磁氣波) 중에서 적외선 이상의 파장을 갖는 것. 주로, 무선 통신에 쓰이며, 장파·중파·단파·초단파 등이 있음. 전기파(電氣波).
전파(傳播)명하타되자 ①전하여 널리 퍼뜨림. 전포(傳布). 파전. ¶ 복음을 전파하다. ②파동이 매질(媒質) 속을 퍼져 감. ¶ 음향의 전파.
전:파-계(電波計)[-계/-게]명 무선 주파 발진기(發振器)의 출력, 또는 도달한 전파의 파장이나 주파수를 재는 장치.
전:파^망:원경(電波望遠鏡)명 천체로부터 복사(輻射)되는 전파를 관측하기 위한 장치.
전:파^병기(電波兵器)명 전파를 이용한 군용 기기(器機)를 통틀어 이르는 말. 〔통신 병기·암시 망원경·레이더 따위.〕
전파-설(傳播說)명 문화의 기원(起源)이나 전달에 관한 연구에서, 다른 요소보다 역사적 접촉에 따른 전파의 역할을 특히 강조하는 이론.
전파^수신기(全波受信機)명 장파로부터 단파에 이르는 모든 방송을 들을 수 있는 수신기.
전:파^탐지기(電波探知機)명 ☞레이더.
전:파^항:법(電波航法)[-뻡]명 레이더 따위를 이용하여 배의 위치를 알아내는 항법.
전판(全-)명 남김없이 전부. 온통. ¶ 하나도 못 쓰고 전판 다 버렸다.
전패(全敗)명하자 (경기나 전쟁 따위에서) 싸움마다 다 짐. 완전히 패함. ↔전승(全勝).
전:패(殿牌)명 지방의 객사(客舍)에 '殿' 자를 새겨서 세워 둔, 임금을 상징하던 나무 패. 공무(公務)로 그 지방에 간 벼슬아치나 그 고을의 원이 배례하였음.
전:패(戰敗)명하자 ☞패전(敗戰). ↔전승(戰勝).
전:패(顚沛)명하자 엎어지고 자빠짐.
전:패위공(轉敗爲功)명하자 실패가 바뀌어 오히려 공이 됨.
전편(全篇)명 책·시문(詩文)·영화 따위의 한 편 전체. ¶ 전편에 넘쳐흐르는 시정(詩情).
전편(前篇)명 (두세 편으로 나뉜 책이나 작품의) 앞의 편. ↔후편(後篇).
전편(專便)명 (어떤 일을) 특별히 부탁하여 보내는 인편(人便).
전:편(轉便)명하타 ☞전체(轉遞).
전폐(全閉)[-폐/-페]명하타 모두 닫음. 아주 닫아 버림.
전폐(全廢)[-폐/-페]명하타되자 아주 그만두거나 없애 버림. 모두 폐지함. ¶ 식음(食飮)을 전폐하다.
전폐(前弊)[-폐/-페]명 전부터 내려오는 폐단.
전:폐(奠幣)[-폐/-페]명하자 지난날, 나라의 대제(大祭)에 폐백(幣帛)을 올리던 일.
전:폐(殿陛)[-폐/-페]명 전각(殿閣)의 섬돌.
전:폐(錢幣)[-폐/-페]명 ☞돈.
전:폐(錢弊)[-폐/-페]명 지난날, 화폐 제도가 확립되지 않은 데서 생기던 여러 가지 폐단.
전포(田圃)명 남새밭.
전:포(典鋪)명 〈전당포(典當鋪)〉의 준말.
전포(傳布)명하타되자 ☞전파(傳播).
전:포(廛鋪)명 ☞전방(廛房).
전:포(戰袍)명 지난날, 장수(將帥)가 군복으로 입던 긴 웃옷.
전폭(全幅)명 ①한 폭의 전부. 온 너비. ②일정한 범위의 전체. ¶ 전폭 지지하다. /상대편의 요구를 전폭 수용하다.
전폭(前幅)명 앞폭.
전:폭-기(戰爆機)[-끼]명 〈전투 폭격기(戰鬪爆擊機)〉의 준말.
전폭-적(全幅的)[-쩍]관명 있는 대로 전부인 (것). ¶ 전폭적 지원. /전폭적인 지지를 얻다.
전표(傳票)명 은행이나 회사 등의 관계자 사이에서, 금전 출납이나 거래 내용 따위를 간단히 적어 그 책임 소재를 밝히는 종이 쪽지. ¶ 입금 전표. /전표를 떼다.
전:표(錢票)명 흔히 공사장 등에서, 일용(日傭) 근로자들에게 현금 대신 지급하는 쪽지. 가지고 오는 사람에게 적혀 있는 액수대로 돈을 주도록 되어 있음.
전:풍(癜風)명 ☞어루러기.
전:하(殿下)명 ①왕이나 왕비 등 왕족을 높이어 일컫는 말. ②가톨릭에서, '추기경(樞機卿)'을 높이어 일컫는 말. ②참각하(閣下)·성하(聖下).
전:하(電荷)명 물체가 띠고 있는 전기, 또는 그 전기의 양(量). 하전(荷電).
전:하(轉荷)명하타 ①짐을 다른 데로 옮김. ②책임이나 죄과(罪過) 따위를 남에게 떠넘김.
전-하다(傳-) Ⅰ자여 후대나 당대에 이어지거나 남겨지다. ¶ 그 마을에는 슬픈 이야기 하나가 전해 오고 있다.
Ⅱ타여 ①(소식을) 알리다. ¶ 안부를 전하다. ②(물건을) 이곳에서 저곳으로 옮기다. ¶ 선물을 전하다. ③물려서 내려 주다. ¶ 가업(家業)을 후대에 전하다.
전:학(轉學)명하자 (다니던 학교에서) 다른 학교로 학적을 옮겨 가서 배움. 전교(轉校).
전할(全割)명 알 전체가 세포로 분할되는 난할(卵割). 〔개구리나 성게의 알 같은 것.〕
전할-란(全割卵)명 전할을 하는 알.
전함(前銜)명 ☞전직(前職).
전:함(戰艦)명 ①전쟁에 쓰이는 함선을 통틀어 이르는 말. 군함(軍艦). 병선(兵船). ②〈전투함〉의 준말.
전:-함지명 전이 달린 함지박.
전항(前項)명 ①앞에 적혀 있는 사항 또는 항목. ②수학에서, 둘 이상의 항(項) 가운데 앞의 항. ↔후항(後項).
전항-동물(前肛動物)명 동물 분류의 한 문(門). 무척추동물의 한 가지로, 입 둘레에 여러 개의 촉수(觸手)가 발달하였고 항문이 몸 앞쪽의 입 부분에 있음. 촉수동물.
전-해(前-)명 ①지난해. ②어떤 해의 바로 그 앞의 해.
전:해(電解)명하자타되자 〈전기 분해〉의 준말.
전:해^공업(電解工業)명 전기 분해를 이용하는 전기 화학 공업의 한 가지. 〔수소·산소·가성소다 등의 제조, 알루미늄·마그네슘 등의 제련(製鍊), 전기 도금 따위가 이에 딸림.〕

전:해-동(電解銅)명 ☞전기동(電氣銅).
전:해-물(電解物)명 ☞전해질(電解質).
전:해-액(電解液)명 전기 분해를 할 때, 전해조(電解槽) 안에 넣어 이온 전류로 전류를 흘려 보내는 매체(媒體)가 되는 용액.
전:해-조(電解槽)명 전기 분해를 할 때에 전극과 전해액을 넣는 통. 전조(電槽).
전:해-질(電解質)명 물이나 기타 용매(溶媒)에 용해되어 전기 전도를 일으키는 물질. 〔산·알칼리·염류 따위.〕 전해물.
전행(專行)명하타 제 마음대로 결단하여 실행함. 전천(專擅). 천행(擅行).
전:향(轉向)명하자되자 ①이제까지의 사상·신념·주의·주장 따위를 다른 것으로 바꿈. ¶ 전향 작가. /공산주의에서 전향하다. ↔미전향. ②방향을 바꿈.
전:향^문학(轉向文學)명 사상의 전향 현상을 소재로 한 문학.
전혀(全-)부 《부정하는 말과 함께 쓰이어》 도무지. 아주. 온전히. ¶ 전혀 들은 바 없다. /전혀 모르겠다.
전혀(專-)부 오로지. ¶ 이 일은 전혀 네 소관이다. /내가 유명하게 된 것은 전혀 아내의 힘이었다.
전현(前賢)명 예전의 현인(賢人).
전:혈(戰血)명 전쟁으로 흘린 피. ¶ 전혈로 산천을 물들이다.
전혐(前嫌)명 이전에 받던 혐의.
전형(全形)명 ①전체의 모습. ②모든 것이 온전하게 갖추어진 형체.
전:형(典刑)명 예로부터 전하여 내려오는 법전.
전:형(典型)명 같은 종류의 사물 가운데서, 그것의 본질적이고 일반적인 특성을 가장 많이 지닌, 본보기로 삼을 만한 사물. ¶ 단편 소설의 전형.
전:형(銓衡)명하타 (사람을) 여러모로 시험하여 골라 뽑음. 선고(選考). ¶ 서류 전형.
전:형(箭形)명 잎 모양의 한 가지. 화살처럼 끝이 뾰족하고, 잎몸과 잎자루가 붙은 부분은 날카롭게 갈라져 있음.
전:형(轉形)명하자 형식이나 형태를 바꿈.
전:형-적(典型的)관명 전형이 될 만한 (것). ¶ 한국의 전형적 건축 양식. /전형적인 한국인.
전호(全戶)명 온 집안. 전가(全家).
전호(佃戶)명 소작하는 농가. 전부(佃夫).
전호(前胡)명 ①산형과의 다년초. 줄기 높이는 1m가량. 여름에 흰 다섯잎꽃이 줄기 끝에 피고, 타원형의 열매는 검푸른색으로 익음. 산간 습지에 나는데, 어린잎은 식용하며 뿌리는 약용함. ②한방에서, '바디나물의 뿌리'를 약재로 이르는 말. 두통·해소·담 등에 쓰임.
전호(前號)명 신문이나 잡지 따위에서, 앞의 번호. 또는, 앞의 호수(號數).
전:호(電弧)명 ☞아크 방전.
전:화(電火)명 번갯불.
전:화(電化)명하자타되자 열·빛·동력 따위를 전력을 써서 얻도록 함. ¶ 농어촌 전화 사업.
전:화(電話)명 ①하자전화기로 말을 주고받는 일. ¶ 전화를 걸다. ②〈전화기〉의 준말. ¶ 전화가 고장이다.
전:화(戰火)명 ①전쟁으로 말미암아 일어나는 화재. 병화(兵火). ②☞전쟁(戰爭).
전:화(戰禍)명 전쟁으로 말미암아 입는 재앙. 병화(兵禍).
전:화(錢貨)명 ☞돈.
전:화(轉化)명하자타되자 바뀌어 달리 됨. 바꾸어 다르게 함.
전:화^교환(電話交換)명 전화 사용자의 전화선을 통화하고자 하는 상대편의 전화선에 이어 주는 일. 준교환.
전:화^교환기(電話交換機)명 전화 교환에 쓰이는 기계. 준교환기.
전:화^교환원(電話交換員)명 전화 교환을 업으로 하는 사람. 준교환원.
전:화-국(電話局)명 전화를 가설하거나, 전화 가입자의 전화 회선을 집중시켜 교환과 중계에 관한 일을 맡아보는 곳.
전:화-기(電話機)명 말소리를 전파나 전류로 바꾸어 다른 곳으로 보내고, 다른 곳에서 온 전파나 전류를 다시 말소리로 바꾸어 통화를 하게 하는 장치. 준전화.
전:화-당(轉化糖)명 설탕을 산(酸) 또는 전화 효소(轉化酵素)로 가수 분해 하여 얻은, 포도당과 과당의 등량(等量) 혼합물. 과자나 식품에 쓰임.
전:화^도:수제(電話度數制) [-쑤-]명 전화 가입자로부터 전화 사용의 기본 요금 이외에, 그 사용 도수에 따라 요금을 받는 제도.
전:화-료(電話料)명 전화를 사용한 데 대한 요금. 전화세.
전:화-번호(電話番號)명 가입된 전화마다 매겨져 있는 일정한 번호. 전화 가입자의 번호.
전:화-벨(電話bell)명 전화가 걸려 올 때 소리가 나도록 전화기에 내장한 장치.
전:화-선(電話線)명 유선 전화기에 전류를 보내는 전선(電線).
전:화-세(電話稅) [-쎄]명 ☞전화료.
전:화위복(轉禍爲福)명 화(禍)가 바뀌어 오히려 복(福)이 됨.
전:화-통(電話筒)명 〈전화기〉의 속된 말.
전:화-학(錢貨學)명 고대로부터의 돈을 모아 그 연혁(沿革)·유별(類別)·계통 등을 고증(考證)하는 학문.
전:화^회선(電話回線) [-회-/-훼-]명 전화의 신호를 보내기 위해 설치해 놓은 전화선.
전:환(轉換)명하자타되자 이제까지의 방침이나 경향·상태 등이 다른 것으로 바뀜, 또는 그렇게 바꿈. ¶ 기분 전환. /허가제를 신고제로 전환하다.
전:환-기(轉換期)명 전환하는 시기(時期). 변하여 바뀌는 때.
전:환-기(轉換器)명 전기 회로나 자기(磁氣) 회로 따위의 개폐(開閉)나 전환을 하는 기구, 또는 장치. 스위치.
전:환^무:대(轉換舞臺)명 연극에서, 뼈대가 되는 고정된 장치는 그대로 두고, 장면에 따른 배경이나 소도구 등을 그때그때마다 바꾸는 무대.
전:환^사채(轉換社債)명 소유자의 희망에 따라, 주식(株式)으로 바꿀 수 있는 조건 아래 발행되는 사채.
전:환-점(轉換點) [-쩜]명 전환하는 계기. 바뀌거나 바꾸는 고비. ¶ 역사의 전환점. /전환점을 마련하다.
전:환^주식(轉換株式)명 다른 종류의 주식으로 전환할 수 있는 권리가 인정된 주식. 〔우선주(優先株)를 보통주(普通株)로 전환하는 따위.〕
전:황(戰況)명 전쟁(戰爭)의 상황. 싸움의 형편. 전상(戰狀). ¶ 전황이 호전되다.
전:황(錢荒)명 돈이 잘 돌지 않아서 매우 귀해지는 일.

전회(前回)[-회/-훼]명 먼젓번. 전번. 앞 회. ¶ 전회의 패배를 설욕하다.
전:회(轉回)[-회/-훼]명하자타 ①☞회전. ②☞자리바꿈.
전횡(專橫)[-횡/-휑]명하자 권세를 틀어쥐고 제 마음대로 휘두름. ¶ 외척(外戚)들의 전횡. 비전권(專權).
전후(前後)명 ①앞뒤. ¶ 전후를 살피다./전후를 둘러보다. ②(시각이나 일의) 번서와 나중. ¶ 전후 사정을 밝히다. ③(시간·나이·수량 따위를 나타내는 말과 어울려서) '안팎'·'쯤'의 뜻을 나타내는 말. ¶ 20세 전후의 청년들. ④하자(두 가지 이상의 일이) 거의 사이를 두지 않고 이어짐. ¶ 그의 출국에 전후하여 입국하다. ⑤하타(어떤 일이나 일정한 때를) 중심으로 함. ¶ 그 사건을 전후하여 심경의 변화를 일으키다./19세기를 전후하여 일어난 문예사조.
전:후(戰後)명 전쟁이 끝난 뒤. ¶ 전후 복구 사업. ↔전전(戰前).
전후-곡절(前後曲折)[-쩔]명 (어떤 일의) 처음부터 끝까지의 자세한 사연. 전후사연.
전-후방(前後方)명 전방(前方)과 후방(後方)을 아울러 이르는 말.
전후-사(前後事)명 앞일과 뒷일을 아울러 이르는 말.
전후-사연(前後事緣)명 ☞전후곡절(前後曲折).
전후좌우(前後左右)명 앞쪽과 뒤쪽과 왼쪽과 오른쪽, 곧 사방(四方).
전:후-파(戰後派)명 ☞아프레게르. ↔전전파.
전:훈(電訓)명 전보(電報)로 내리는 훈령.
전:훈(戰勳)명 ☞전공(戰功).
전휴(全休)명하타 온 하루를 내처 쉼.
전-휴부(全休符)명 ☞온쉼표.
전흉(前胸)명 곤충의 앞가슴.
전흉배-판(前胸背板)명 곤충의, 앞가슴의 뒤쪽이 되는 등 부분.
전:흔(戰痕)명 전쟁의 흔적.
절[1]명 중이 불상(佛像)이나 사리탑을 모셔 놓고 불도를 닦으며 교법을 펴는 집. 불가(佛家). 불사(佛寺). 불찰(佛刹). 사원(寺院). 사찰(寺刹). 참산문(山門).
절에 가면 중노릇 하고 싶다속담 줏대나 지조가 없이 남이 하는 일을 보면 덮어놓고 따르려고 한다는 말.
절에 가서 젓국 달라 한다속담 ①있을 수 없는 데 가서 당치 않게 찾음을 이르는 말. ②엉뚱한 짓을 한다는 말.
절에 간 색시속담 '남이 시키는 대로만 따라 하는 사람'을 비유하여 이르는 말.
절[2]명하자 남에게 몸을 굽혀 공경하는 뜻을 나타냄, 또는 그 뜻을 나타내는 예(禮). 공경하는 정도나 경우, 또는 대상에 따라 예를 나타내는 방법이 다름.
절(節)명 ①주어와 서술어를 갖춘 하나의 온전한 문장이 더 큰 문장의 한 성분 구실을 하는 것을 이름. 〔'철수가 일등을 했음이 밝혀졌다.' 에서의 '철수가 일등을 했음이' 따위.〕 참관형절·명사절·부사절. ②글의 내용을 여러 단락으로 나눌 경우의 한 단락. ③한 제목 아래 여러 덩어리로 이루어진 가사의 각 덩어리. ¶ 가사의 절마다 후렴구가 딸려 있다. ④예산 편성에서 맨 아래 구분의 명목. 목(目)의 다음. ⑤〖의존 명사적 용법〗 ㉠글의 단락을 세는 단위. ¶ 제1장은 3절로 이루어졌다. ㉡같은 곡조의 가사 덩어리를 세는 단위. ¶ 애국가를 4절까지 부르다.
절가(折價)[-까]명하타되자 ①값을 결정함, 또는 결정한 값. 결가(決價). ②어떤 물건 대신 다른 물건을 받을 때, 그 값을 견주어 받을 물건의 수량을 정함. ③(물건의) 값을 깎음. 가절.
절가(絕佳) '절가하다'의 어근.
절가(絕家)명하자 혈통이 끊어져 상속자가 없게 됨, 또는 그런 집.
절가-하다(絕佳-)형여 ①더없이 훌륭하고 좋다. ¶ 절가한 산천경개. ②(주로 여자의 얼굴이) 빼어나게 아름답다. ¶ 절가한 미인.
절각(折角)명하자되자 ①뿔이 부러짐. ②두건(頭巾)을 접음.
절각(折脚)명하자되자 다리가 부러짐.
절각(截脚)명하자 다리를 자름.
절-간(-間)[-깐]명 〈절[1]〉의 속된 말. ¶ 절간같이 조용하다.
절감(切感)명하타 절실히 느낌. 깊이 느낌. ¶ 건강의 중요성을 절감하다. 비통감(痛感).
절감(節減)명하타되자 아껴서 줄임. ¶ 예산 절감./제품의 원가를 절감하다.
절개(切開)명하타 (치료를 위해 칼·가위 따위로 몸의 일부를) 째어서 엶. ¶ 절개 수술.
절개(節槪·節介)명 옳은 일을 지키어 뜻을 굽히지 않는 굳건한 마음이나 태도. ¶ 절개를 지키다.
절거덕부하자타 ①차진 물체가 들러붙는 소리, 또는 그 모양. ②쇠붙이 따위가 가볍게 맞부딪칠 때 나는 소리, 또는 그 모양. ¶ 자물쇠를 절거덕하고 열다. 작잘가닥. 센절꺼덕·쩔거덕·쩔꺼덕. 거절커덕·철거덕·철커덕. **절거덕-절거덕**부하자타.
절거덕-거리다[-꺼-]자타 자꾸 절거덕절거덕하다. 절거덕대다. 작잘가닥거리다.
절거덕-대다[-때-]자타 절거덕거리다.
절거덩부하자타 쇠붙이 따위가 부딪칠 때에 좀 묵직하게 울리어 나는 소리. ¶ 절거덩하고 철문이 닫히다. 작잘가당. 센절꺼덩·쩔거덩·쩔꺼덩. 거절커덩·철거덩·철커덩. **절거덩-절거덩**부하자타.
절거덩-거리다자타 자꾸 절거덩절거덩하다. 절거덩대다. 작잘가당거리다.
절거덩-대다자타 절거덩거리다.
절걱부하자타 쇠붙이 따위가 맞부딪치거나 걸릴 때 나는 소리. 작잘각. 센절꺽·쩔걱·쩔꺽. 거절컥·철걱·철컥. **절걱-절걱**부하자타.
절걱-거리다[-꺼-]자타 자꾸 절걱절걱하다. 절걱대다. 작잘각거리다.
절걱-대다[-때-]자타 절걱거리다.
절검(節儉)명하타 절약하고 검소하게 함.
절경(絕景)명 더할 나위 없이 아름다운 경치. 썩 좋은 경치. 비가경(佳景)·승경(勝景).
절경(絕境)명 멀리 떨어져 있는 땅. 절역(絕域).
절계(節季)[-계/-게]명 ①계절의 끝. ②'섣달'을 달리 이르는 말.
절고(絕高) '절고하다'의 어근.
절고(節鼓)명 국악기의 한 가지. 붉은 칠을 한 나무 궤 위에 구멍을 뚫고 북의 한 모를 끼워 놓은 타악기. 주악의 시작과 마침에 쓰임.
절고-하다(絕高-)형여 더없이 높다. 썩 높다.
절곡(絕穀)명하자 ☞단식(斷食).
절골(折骨)명하자되자 뼈가 부러짐. 골절.
절골지통(折骨之痛)[-찌-]명 〔뼈가 부러지는 아픔이라는 뜻으로〕 매우 견디기 어려운 고통을 이르는 말.

절괘(節卦)명 육십사괘의 하나. 감괘(坎卦)와 태괘(兌卦)를 위아래로 놓은 괘. 물 가운데 못이 있음을 상징함.
절교(絶巧·切巧) '절교하다'의 어근.
절교(絶交)명하자 서로 교제를 끊음. 단교(斷交). 조면(阻面).
절교-하다(絶巧--·切巧-)형여 더할 수 없이 교묘하다.
절구명 곡식을 찧거나 빻는 데 쓰는 기구. 통나무나 돌을 우묵하게 파서 만듦. 도구(搗臼).
절구(絶句)명 기(起)·승(承)·전(轉)·결(結)의 네 구(句)로 된 한시의 한 가지. 한 구의 자수(字數)에 따라 오언(五言) 절구와 칠언(七言) 절구로 나뉨.
절구-구(-臼)명 한자 부수의 한 가지. '與'·'舊' 등에서의 '臼'의 이름.
절구-질명하자 ①곡식을 절구에 넣고 찧거나 빻는 일. ②씨름에서, 상대편을 들었다 놓았다 하여 넘어뜨리는 들재간의 한 가지.
절구-통(-桶)명 ①절구를 절굿공이에 대하여 이르는 말. ②'뚱뚱한 여자'를 비유하여 이르는 말.
절국-대[-때]명 현삼과의 반기생(半寄生) 일년초. 산이나 들의 양지바른 곳에 절로 나는데, 줄기는 60 cm가량이고 여름철에 노란 꽃이 줄기와 가지 끝에 핌. 뿌리는 약으로 쓰임.
절굿-공이[-구꽁-/-굳꽁-]명 절구에 곡식(穀食)을 넣고 찧거나 빻는 데 쓰는, 나무나 쇠로 만든 공이.
절굿-대[-구때/-굳때]명 국화과의 다년초. 산이나 들에 절로 나는데, 줄기는 1 m가량이고 깃털 모양의 겹잎이 어긋맞게 남. 7~9월에 짙은 자줏빛의 두상화(頭狀花)가 피며, 뿌리는 한방에서 약재로 쓰임.
절규(絶叫)명하자타 힘을 다하여 부르짖음. ¶ 처절한 절규. /김 병장은 전우의 시신 앞에서 절규했다.
절그럭부하자타 쇠붙이 따위가 가볍게 부딪칠 때 나는 소리, 또는 그 모양. 작잘그락. 센쩔그럭. **절그럭-절그럭**부하자타.
절그럭-거리다[-꺼-]자타 자꾸 절그럭절그럭하다. 절그럭대다. 작잘그락거리다.
절그럭-대다[-때-]자타 절그럭거리다.
절그렁부하자타 좀 큰 쇠붙이 따위가 떨어지거나 서로 부딪칠 때 울리어 나는 소리. ¶ 열쇠뭉치를 책상 위에 절그렁 내려놓다. 작잘그랑. 센쩔그렁. 거철그렁. **절그렁-절그렁**부하자타.
절그렁-거리다자타 자꾸 절그렁절그렁하다. 절그렁대다. 작잘그랑거리다.
절그렁-대다자타 절그렁거리다.
절근(切近) '절근하다'의 어근.
절근-하다(切近-)형여 아주 가깝다.
절금(切禁)명하타되자 ☞엄금(嚴禁).
절급(切急) '절급하다'의 어근.
절급-하다(切急-)[-그파-]형여 몹시 급하다.
절기(絶忌)명하타 몹시 꺼림. 아주 싫어함.
절기(絶技)명 아주 뛰어난 기예(技藝).
절기(絶奇) '절기하다'의 어근.
절기(節氣)명 ①이십사절기. 시령(時令). 절후(絶候). ②이십사절기 중에서 양력으로 매달 상순에 드는 입춘·경칩·청명 따위. 참중기(中氣).
절기-하다(絶奇-)형여 ①매우 신기하다. ②☞절묘(絶妙)하다.
절긴(切緊) '절긴하다'의 어근.
절긴-하다(切緊-)형여 ☞긴절(緊切)하다.
절꺼덕부하자타 〈절거덕〉의 센말. 작잘까닥. 센쩔꺼덕. 거철꺼덕.
절꺼덩부하자타 〈절거덩〉의 센말. 작잘까당. 센쩔꺼덩. 거철꺼덩.
절꺽부하자타 〈절걱〉의 센말. 작잘깍. 센쩔꺽. 거철꺽.
절ː다[1][저니·절어]자 ①(푸성귀·생선 따위에) 소금기가 배어들어 숨이 죽다. ¶ 배추가 알맞게 절었다. ②(땀·때·버릇 따위가) 흠뻑 배어들다. ¶ 땀에 전 적삼. ③(사람이) 술이나 독한 기운에 의하여 몸이 심한 영향을 받은 상태가 되다. ¶ 형은 늘 술에 절어 산다.
절ː다[2][저니·절어]타 (한쪽 다리가 짧거나 아파서) 기우뚱거리며 걷다. ¶ 다리를 절다.
절단(切斷·截斷)[-딴]명하자타되자 끊어 냄. 잘라 냄. ¶ 쇠붙이를 절단하다.
절단(絶斷)[-딴]명하타되자 ☞단절(斷絶).
절단-기(切斷機)[-딴-]명 물건을 절단하는 데 쓰이는 기계.
절단-면(切斷面)[-딴-]명 절단한 자리의 표면. 단면(斷面).
절담(絶談)[-땀]명 썩 잘된 말.
절대(絶大) '절대하다'의 어근.
절대(絶代)[-때]명 ①아득히 먼 옛 세대. ②썩 빼어나서 당대에 견줄 만한 것이 없음. ②비절세(絶世).
절대(絶對)[-때] Ⅰ명 ①《주로 일부 명사 앞에 쓰이어》 대립되거나 비교될 것이 없는 상태, 또는 구속이나 제약을 받지 않고 그 자체로서 존재하는 것. ¶ 절대 자유. /절대 권력. ↔상대(相對). ②〈절대자(絶對者)〉의 준말.
Ⅱ부 〈절대로〉의 준말. ¶ 허튼 짓은 절대 안 하는 사람이다.
절대^가격(絶對價格)[-때까-]명 물건의 가치를 화폐량으로 나타낸 값. ↔상대 가격.
절대^개ː념(絶對槪念)[-때-]명 그 자체만으로 뜻이 명백한 독립적인 개념. 〔한국·공자·구름 따위.〕 ↔상대 개념.
절대^군주제(絶對君主制)[-때-]명 절대주의에 의하여 군주가 통치하는 정치 제도.
절대-권(絶對權)[-때꿘]명 ①절대적인 권리 또는 권력. ②일반인을 대상으로 하는 사권(私權)의 한 가지. 모든 사람에게 어떤 행위를 금지 또는 요구하는 권리. 〔물권(物權)·인격권(人格權) 따위.〕 ↔상대권(相對權).
절대^농지(絶對農地)[-때-]명 (농토의 감소를 막기 위하여) 딴 목적으로 전용(轉用)하는 것이 금지되어 있는 농지.
절대-다수(絶對多數)[-때-]명 전체 중에서 차지하는 비율이 압도적으로 많은 수. 〔흔히, 과반수를 넘는 수를 이름.〕 ¶ 절대다수의 지지를 받다.
절대^단위(絶對單位)[-때-]명 기본 단위의 크기가 때·곳 또는 특수한 물질의 성질 따위에 관계없이 일정한 단위. 〔길이의 cm, 질량의 g, 시간의 s 따위.〕
절대^등ː급(絶對等級)[-때-]명 별의 밝기를 나타내는 기준이 되는 등급. 〔별을 10파섹, 곧 32.59광년의 거리에서 본 밝기의 등급을 이름.〕 ↔실시 등급(實視等級).
절대-량(絶對量)[-때-]명 ①꼭 필요한 양. ¶ 식량의 절대량을 확보하다. ②(더하거나 덜거나 하지 않은) 본디의 양. ¶ 생산된 절대량.
절대-로(絶對-)[-때-]부 도무지. 조금도. ¶ 절대로 하지 마라. 준절대.

절대^습도(絶對濕度)[-때-] 명 1 m^3의 공기 속에 들어 있는 수증기의 양을 g 단위로 나타낸 것.

절대^안정(絶對安靜)[-때-] 명 중병을 앓거나 중상을 입은 환자를 누운 자세로 쉬게 하고, 외부인과의 접촉을 끊게 하는 일.

절대^영도(絶對零度)[-때-] 명 절대 온도의 기준 온도. 〔열역학상(熱力學上)으로 생각할 수 있는 최저 온도인 섭씨 영하 273.16도.〕

절대^오ː차(絶對誤差)[-때-] 명 (계산하거나 측정하여 얻은) 참값과 근삿값 사이에 생기는 차. 〔오차의 절댓값이라고도 함.〕

절대^온도(絶對溫度)[-때-] 명 섭씨 영하 273.16도를 기점으로 보통의 섭씨 온도계와 같은 눈금으로 잰 온도. 〔기호는 K〕

절대^음감(絶對音感)[-때-] 명 어떤 음의 높이를 다른 음과 비교하지 않고 식별하는 능력. ↔상대 음감.

절대^음악(絶對音樂)[-때-] 명 음의 예술성만을 순수하게 나타내기 위하여 작곡한 음악. ↔표제 음악(標題音樂).

절대^의ː무(絶對義務)[-때-] 명 권리가 뒤따르지 않는 의무. 〔납세의 의무·병역의 의무 따위.〕 ↔상대 의무(相對義務).

절대^임야(絶對林野)[-때-] 명 산지를 영구히 보호할 것을 행정적으로 지정한 임야. 〔경사가 15° 이상이고, 30% 이상 나무가 들어서 있는 임야.〕

절대-자(絶對者)[-때-] 명 아무것에도 제약받음이 없고 의존하지도 않으면서 만물의 근원을 이루는 존재. 〔하느님과 같은 존재.〕 준 절대(絶對).

절대-적(絶對的)[-때-] 관명 ①아무런 조건이나 제약이 붙지 않는 (것). ¶ 절대적 신뢰. /절대적인 충성. ②다른 것과 비교하거나 동등한 것으로서 병립(竝立)할 수 없는 (것). ¶ 절대적 우위. /절대적인 진리. ↔상대적(相對的).

절대적 빈곤(絶對的貧困)[-때-삔-] 인간의 생존에 필요한 최소한의 물자조차 부족한 극도의 빈곤.

절대적 진리(絶對的眞理)[-때-찔-] 모든 현상 및 경험을 초월하여 영구히 변하지 않는 진리.

절대-절명(絶對絶命) 명 '절체절명(絶體絶命)'의 잘못.

절대-주의(絶對主義)[-때-의/-때-이] 명 ①진리나 가치 따위의 객관적 존재를 인정하고 그 절대성을 주장하는 주의. ↔상대주의. ②군주(君主)가 절대적인 권력을 잡고 국민을 지배·통치하는 정치 형태.

절대-치(絶對値)[-때-] 명 ☞절댓값.

절대^평ː가(絶對評價)[-때-까] 명 학습자의 학업 성취도를 절대적인 기준에 따라 평가하는 일. ↔상대 평가.

절대-하다(絶大-)[-때-] 형여 더할 나위 없이 크다.

절댓-값(絶對-)[-때깝/-땓깝] 명 어떤 수에서 플러스 또는 마이너스 부호를 떼어 버린 값. 〔a의 절댓값은 $|a|$로 나타냄.〕 절대치. *절댓값이[-때깝씨/-땓깝씨]·절댓값만[-때깜-/-땓깜-]

절덕(節德)[-떡] 명 가톨릭에서 이르는, 사추덕(四樞德)의 하나. 욕심과 쾌락을 절제하는 덕.

절도(絶島)[-또] 명 〈절해고도(絶海孤島)〉의 준말.

절도(絶倒)[-또] 명하자 〈포복절도(抱腹絶倒)〉의 준말.

절도(節度)[-또] 명 말이나 행동 따위의 적당한 정도. 또는, 말이나 행동 따위가 규칙적이고 질서가 있는 것. ¶ 절도 있는 생활.

절도(竊盜)[-또] 명하타 남의 재물을 몰래 훔침, 또는 그런 사람.

절도-범(竊盜犯)[-또-] 명 ①☞절도죄. ②절도죄를 범한 사람.

절도사(節度使)[-또-] 명 ①〈병마절도사〉의 준말. ②〈수군절도사〉의 준말.

절도-죄(竊盜罪)[-또쬐/-또쮀] 명 남의 재물을 몰래 훔침으로써 성립되는 죄. 절도범.

절두(截頭)[-뚜] 명하타 머리 부분을 자름.

절두-체(截頭體)[-뚜-] 명 어떤 물체를 그 밑면과 나란한 평면으로 잘랐을 때, 그 밑면과 자른 면 사이의 부분.

절등(絶等) '절등하다'의 어근.

절등-하다(絶等-)[-뜽-] 형여 ☞절륜하다.

절따 명 〈절따말〉의 준말.

절따-마(-馬) 명 절따말.

절따-말 명 털빛이 붉은 말. 적다마(赤多馬). 절따마. 준 절따.

절뚝-거리다[-꺼-] 타 자꾸 절뚝절뚝하다. 절뚝대다. 작 잘똑거리다. 센 쩔뚝거리다.

절뚝-대다[-때-] 타 절뚝거리다.

절뚝발-이[-빠리] 명 절뚝거리며 걷는 사람. 건각(蹇脚). 준 뚝발이. 센 쩔뚝발이. 참 절름발이.

절뚝-절뚝[-쩔-] 부하타 걸을 때 뒤뚝뒤뚝 다리를 저는 모양. 작 잘똑잘똑. 센 쩔뚝쩔뚝.

절락(絶落) 명하자되자 끊어져서 떨어짐.

절략(節略) 명하타되자 ☞절약(節約).

절량(絶糧) 명되자 양식이 떨어짐.

절량-농가(絶糧農家) 명 (재해나 흉작 따위로) 양식이 떨어진 농가.

절렁 부하자타 엷은 쇠붙이나 방울 따위가 함께 흔들리어 나는 소리. 작 잘랑. 센 쩔렁. 거 철렁.

절렁-절렁 부하자타.

절렁-거리다 자타 자꾸 절렁절렁하다. 절렁대다. 작 잘랑거리다.

절렁-대다 자타 절렁거리다.

절레-절레 부하타 고개를 자꾸 가로 내젓는 모양. 준 절절[1]. 작 잘래잘래. 센 쩔레쩔레.

절련(絶戀) 명하자 연애 관계를 끊음.

절로[1] 부 〈저절로〉의 준말. ¶ 절로 자란 풀.

절로[2] 부 '저리로'가 줄어서 된 말. ¶ 절로 가거라.

절록(節錄) 명하타되자 알맞게 줄이어 적음.

절룩-거리다[-꺼-] 타 자꾸 절룩절룩하다. 절룩대다. 작 잘록거리다. 센 쩔룩거리다.

절룩-대다[-때-] 타 절룩거리다.

절룩-절룩[-쩔-] 부하타 걸을 때 다리를 심하게 저는 모양. 작 잘록잘록[1]. 센 쩔룩쩔룩.

절류(折柳) 명하자 '떠나는 이를 배웅함'을 이르는 말. 〔중국 한(漢)나라 때, 떠나는 이에게 버들가지를 꺾어 주며 석별의 정을 나누었다는 고사에서 유래함.〕

절륜(絶倫) '절륜하다'의 어근.

절륜-하다(絶倫-) 형여 매우 뛰어나다. 절등(絶等)하다.

절름-거리다 타 자꾸 절름절름하다. 절름대다. 작 잘름거리다[2]. 센 쩔름거리다.

절름-대다 타 절름거리다.

절름발-이 명 다리를 절름거리는 사람. 건각(蹇脚). 작 잘름발이. 센 쩔름발이. 참 절뚝발이.

절름발이-왕(-尢) 명 한자 부수의 한 가지. '尤'·'就' 등에서의 '尢'의 이름.

절름-절름뷔하타 걸을 때 다리를 가볍게 저는 모양. 작잘름잘름2. 센쩔름쩔름.
절리(節理)명 ①갈라진 틈. ②암석(岩石)에서 볼 수 있는 좀 규칙적인 틈새.
절마(切磨)명하타 〈절차탁마(切磋琢磨)〉의 준말.
절망(切望)명하타 간절히 희망함. 절실한 소망.
절망(絕望)명하자타 모든 희망이 끊어짐. 희망을 다 버림. ¶ 절망의 구렁텅이에 빠지다. /절망을 딛고 일어서다. ↔희망.
절망-감(絕望感)명 모든 희망이나 기대가 끊어진 느낌. ¶ 절망감에 사로잡히다.
절망고(絕望顧) '절망고하다'의 어근.
절망고-하다(絕望顧-)형여 (일이 너무 바빠서) 미처 다른 일을 돌볼 겨를이 없다.
절망-적(絕望的)관명 모든 희망이나 기대가 끊어지다시피 된 (것). ¶ 절망적 소식. /절망적인 목소리. ↔희망적(希望的).
절맥(切脈)명하타 한방에서, 맥(脈)을 짚어서 진찰하는 일.
절맥(絕脈)명하자되자 ①맥박이 끊어짐. 죽음. ②산(山)의 혈맥(穴脈)이 끊어짐.
절-메주명 조선 시대에, 훈조계(燻造契)에서 검은콩으로 쑤었던 메주.
절멸(絕滅)명하자타되자 완전히 멸(滅)하여 없앰. 싹 없어짐. ¶ 절멸된 품종.
절명(絕命)명하자되자 목숨이 끊어짐. 죽음.
절목(節目)명 ☞조목(條目).
절묘(絕妙) '절묘하다'의 어근.
절묘-하다(絕妙-)형여 썩 교묘하다. 묘절(妙絕)하다. 절기(絕奇)하다. ¶ 절묘한 작전.
절무(絕無) '절무하다'의 어근.
절무-하다(絕無-)형여 전혀 없다. 개무(皆無)하다.
절문(切問)명하타 간절히 물음.
절문(節文)명 예절에 관한 규정.
절물(節物)명 철 따라 나는 물건.
절미(折米)명 도막 쌀. 싸라기.
절미(節米)명하자 쌀을 아낌. ¶ 절미 운동.
절미(絕美) '절미(絕美)하다'의 어근.
절미(絕微) '절미(絕微)하다'의 어근.
절미-하다(絕美-)형여 더할 나위 없이 아름답다.
절미-하다(絕微-)형여 더할 나위 없이 미묘하다.
절박(切迫) '절박하다'의 어근.
절박(節拍)명하타 ①아악(雅樂)의 곡조에서, 한 곡마다 박자를 쳐서 음조의 마디를 지음. ②끝을 막음.
절박-하다(切迫-)[-바카-]형여 (일이나 사정이) 다급하여 여유가 없다. ¶ 절박한 사태.
절박-흥정(切迫-)[-바킁-]명 빡빡하여 융통성이 없는 흥정.
절반(折半)명 ①하타하나를 반으로 가름, 또는 그렇게 가른 반. 반절. 일반(一半). ¶ 종이를 절반으로 접다. ②유도에서, 판정의 한 가지. 메치기의 효과가 한 판에 가깝다고 인정되거나 누르기가 선언된 후, 25~29초 동안 누르고 있을 때 얻게 됨.
절버덕뷔하자타 옅은 물이나 진창을 거칠게 밟거나 치거나 할 때 나는 소리. 작잘바닥. 거철버덕. **절버덕-절버덕**뷔하자타.
절버덕-거리다[-꺼-]자타 자꾸 절버덕절버덕하다. 절버덕대다. 작잘바닥거리다.
절버덕-대다[-때-]자타 절버덕거리다.
절버덩뷔하자타 돌멩이 같은 묵직한 물체가 깊은 물에 떨어져 울리어 나는 소리. 작잘바당. 거철버덩. **절버덩-절버덩**뷔하자타.
절버덩-거리다자타 자꾸 절버덩절버덩하다. 절버덩대다. 작잘바당거리다.
절버덩-대다자타 절버덩거리다.
절벅뷔하자타 옅은 물이나 진창 따위를 밟거나 치거나 할 때 나는 소리. 작잘박. 거철벅. **절벅-절벅**뷔하자타.
절벅-거리다[-꺼-]자타 자꾸 절벅절벅하다. 절벅대다. 작잘박거리다.
절벅-대다[-때-]자타 절벅거리다.
절벙뷔하자타 묵직한 물체가 깊은 물에 떨어질 때 나는 소리. 작잘방. 거철벙. **절벙-절벙**뷔하자타.
절벙-거리다자타 자꾸 절벙절벙하다. 절벙대다. 작잘방거리다.
절벙-대다자타 절벙거리다.
절벽(絕壁)명 ①바위 같은 것들이 깎아 세운 것처럼 솟았거나 내리박힌 험한 벼랑. ②'아주 귀가 먹었거나 사리에 어두운 사람'을 비유하여 이르는 말. 절벽강산. ¶ 사람이 아주 절벽이야.
절벽-강산(絕壁江山)[-깡-]명 ☞절벽(絕壁).
절병(切餠)명 ☞절편.
절병-통(節甁桶)명 궁전이나 정자 따위를 지을 때, 지붕마루의 가운데에 세우는 탑 모양의 기와로 된 장식.
절봉(絕峯)명 썩 험한 산봉우리.
절부(切膚)명하자 살에 와 닿듯 몹시 사무침.
절부(節婦)명 절개가 굳은 부인.
절분(切忿) '절분하다'의 어근.
절분-하다(切忿-)형여 몹시 원통하고 분하다. ¶ 그 경주에서 진 것이 두고두고 절분하다. **절분-히**뷔.
절사(折死)[-싸]명하자 일찍 죽음. 젊은 나이에 죽음. 요사(夭死).
절사(絕嗣)[-싸]명하자 대를 이을 후손이 끊어짐. 절손(絕孫). 참무후(無後).
절사(節士)[-싸]명 절개가 굳은 선비.
절사(節死)[-싸]명하자 절개를 지키어 죽음.
절사(節祀)[-싸]명 철이나 명절을 따라 지내는 제사(祭祀).
절사-하다(絕嗣-)[-싸-]형여 후사가 없다.
절삭(切削)[-싹]명하타되자 (쇠붙이 따위를) 자르거나 깎음. ¶ 절삭 공구(工具).
절상(切上)[-쌍]명 ①하타되자화폐의 대외(對外) 가치를 높임. ¶ 원화 절상. ↔절하(切下). ②'올림'의 구용어.
절새(絕塞)[-쌔]명 아주 먼, 국경 가까이의 땅.
절색(絕色)[-쌕]명 (다시없을 정도의) 빼어난 미색(美色). ¶ 천하의 절색.
절서(節序)[-써]명 절기의 차례.
절선(切線)[-썬]명 ☞접선(接線).
절선(折線)[-썬]명 '꺾은선'의 구용어.
절선^그래프(折線graph)[-썬-]명 '꺾은선 그래프'의 구용어.
절세(絕世)[-쎄]명 ①하자세상과 인연을 끊음. ②하형세상에 비길 것이 없을 만큼 썩 빼어남. ¶ 절세의 영웅. 비절대(絕代).
절세(節稅)[-쎄]명하자 적법(適法)하게 세금 부담을 줄이는 일.
절세-가인(絕世佳人)[-쎄-]명 이 세상에서는 비길 사람이 없을 만큼 빼어나게 아름다운 여자. 절세미인(絕世美人).
절세-미인(絕世美人)[-쎄-]명 ☞절세가인.
절소(絕笑)[-쏘]명하자 자지러지게 웃음, 또는 그런 웃음.
절속(絕俗)1[-쏙]명하자 속세(俗世)와의 인연을 아주 끊음.

절속(絶俗)² '절속하다'의 어근.
절속-하다(絶俗-)[-쏘카-]형여 여느 사람보다 빼어나다.
절손(絶孫)[-쏜]명하자 대를 이을 자손이 끊어짐. 절사(絶嗣). 참무후(無後).
절수(折收)[-쑤]명하타 (거두는 돈 따위를) 여러 차례로 나누어서 거둠.
절수(絶秀) '절수하다'의 어근.
절수(節水)[-쑤]명하지 물을 아껴 씀.
절수-기(節水器)[-쑤-]명 물을 아껴 쓰기 위하여 설치하는 기구나 장치.
절수-하다(絶秀-)[-쑤-]형여 썩 빼어나다.
절승(絶勝)[-씅]명하형 경치가 빼어나게 아름다움, 또는 그 경치.
절식(絶食)[-씩]명하자 ☞단식(斷食).
절식(絶息)[-씩]명하자 숨이 끊어짐. 죽음.
절식(節食)¹[-씩]명하자 (건강이나 미용을 위하여, 또는 식량 절약을 위하여) 음식의 양을 줄여서 먹음.
절식(節食)²[-씩]명 민속 행사로, 달마다의 명절에 별미로 먹는 음식. 〔설날의 떡국, 대보름의 오곡밥, 삼짇날의 참꽃전, 추석의 송편 따위.〕 참시식(時食).
절식-복약(節食服藥)[-씩뽀갹]명하자 음식의 양을 줄여 먹으면서 약을 먹음.
절식^요법(絶食療法)[-씽뇨뻡]명 ☞단식 요법(斷食療法).
절신(絶信)[-씬]명하자 소식이나 편지를 끊음, 또는 끊어진 소식이나 편지.
절실(切實) '절실하다'의 어근.
절실-하다(切實-)[-씰-]형여 ①실제에 꼭 들어맞다. ¶ 절실한 표현. ②썩 절박하거나 긴요하다. ¶ 절실한 요구. **절실-히**부.
절심(絶心)[-씸]명하자·타되자 (폭약에 연결된) 도화선이 타 들어가다가 끊어짐, 또는 도화선을 끊음.
절써덕부하자·타 액체의 면이 넓적한 물체와 부딪칠 때 크게 울리어 나는 소리, 또는 그 모양. 작잘싸닥. 거철써덕. **절써덕-절써덕**부하자·타.
절써덕-거리다[-꺼-]자타 자꾸 절써덕절써덕하다. 절써덕대다. 작잘싸닥거리다.
절써덕-대다[-때-]자타 절써덕거리다.
절썩부하자·타 ①액체의 면이 넓적한 물체와 부딪칠 때 차지게 나는 소리. ②차진 물건이 물체에 척 들러붙는 소리, 또는 그 모양. 작잘싹. 거철썩. **절썩-절썩**부하자·타.
절썩-거리다[-꺼-]자타 자꾸 절썩절썩하다. 절썩대다. 작잘싹거리다.
절썩-대다[-때-]자타 절썩거리다.
절쑥-거리다[-꺼-]타 자꾸 절쑥절쑥하다. 절쑥대다. 작잘쏙거리다. 센쩔쑥거리다.
절쑥-대다[-때-]타 절쑥거리다.
절쑥-절쑥[-쩔-]부하타 한쪽 다리가 탈이 나거나 하여, 걸을 때 조금 심하게 저는 모양. 작잘쏙잘쏙¹. 센쩔쑥쩔쑥.
절애(絶崖)명 ☞단애(斷崖).
절약(節約)명하타되자 아끼어 씀. 아낌. 검약(儉約). 절략(節略). ¶ 물자 절약. /에너지를 절약하다.
절억(節抑)명하타 억지로 참고 절제함.
절언(切言)명 간절한 말.
절엄(切嚴·截嚴) '절엄하다'의 어근.
절엄-하다(切嚴-·截嚴-)형여 ☞지엄하다.
절역(絶域)명 멀리 떨어져 있는 지역, 또는 먼 나라. 절경(絶境). 참절지(絶地).
절연(絶緣)명되자 ①하자 인연이나 관계를 끊음. ②하타 도체(導體) 사이에 전기(電氣)나 열(熱)이 통하지 못하게 함.
절연(截然) '절연하다'의 어근.
절연(節煙)명하자 담배 피우는 양을 줄임.
절연^도료(絶緣塗料)명 절연성 피막을 형성하는 도료.
절연-물(絶緣物)명 ☞절연 재료.
절연-선(絶緣線)명 절연 재료를 입혀서 전류가 새지 않도록 한 전선. 피복선(被覆線).
절연-성(絶緣性)[-썽]명 전기(電氣)가 통하지 않는 성질.
절연-유(絶緣油)[-뉴]명 (전기 기계나 기구에서) 절연 재료로 쓰는 기름. 주로, 광물성 기름임.
절연-장(絶緣狀)[-짱]명 인연을 끊자는 내용을 적은 편지.
절연^재료(絶緣材料)명 전기나 열의 도체(導體) 사이를 절연하는 데 쓰는 재료. 절연물.
절연-지(絶緣紙)명 전기 절연물로 쓰는 종이.
절연-체(絶緣體)명 전기나 열이 잘 통하지 않는 물체. 전기 절연물. 부도체(不導體).
절연-하다(截然-)형여 맺고 끊음이 칼로 자른 듯이 분명하다. **절연-히**부.
절염(絶艶)명하형 비길 데 없을 만큼 예쁨.
절영(絶影)명하자 〔그림자조차 끊어진다는 뜻으로〕 전연 나타나지 않음을 이르는 말.
절요(切要·絶要) '절요하다'의 어근.
절요(折腰)명하자 〔허리를 꺾어 절한다는 뜻으로〕 남에게 굴종함을 이르는 말.
절요-하다(切要-·絶要-)형여 매우 긴요하다.
절욕(節慾)명하자 ①색욕(色慾)을 절제함. ②욕심을 억제함.
절용(節用)명하타 아끼어 씀.
절원(切願)명하타 열렬히 바람. 간절한 소원. 열원(熱願). ¶ 조국 통일을 절원하다.
절원(絶遠) '절원하다'의 어근.
절원-하다(絶遠-)형여 ☞격원(隔遠)하다.
절육(切肉)명 얄팍얄팍하게 썰어 양념장에 재어서 익힌 고기.
절음명 (말이나 소의) 다리를 저는 병.
절음(絶飮)명하자 술을 끊음.
절음(節飮)명하자 (흔히 건강을 위하여) 술을 알맞게 줄여서 마심. 절주(節酒).
절음^법칙(絶音法則)명 합성어나 단어 사이에서 앞의 받침이 모음을 만날 때, 받침이 모음 위에 연음되지 않고, 끊어져서 대표음으로 발음되는 음운 법칙. 〔옷 안→오단, 넋 없이→너겁씨, 꽃 아래→꼬다래 따위.〕 참연음 법칙(連音法則).
절의(絶義)[저릐/저리]명하자 ☞의절(義絶).
절의(節義)[저릐/저리]명 사람으로서 마땅히 해야 할 바른 도리를 끝내 지키는 굳은 뜻. 의리를 지키어 한번 품은 뜻을 바꾸지 않는 일. ¶ 절의를 지키다.
절이(絶異) '절이하다'의 어근.
절-이다타 ①〖'절다'의 사동〗 소금을 써서 절게 하다. ¶ 배추를 절이다. ②(채소나 양념류를) 식초에 넣어 숨을 죽이다. ¶ 오이를 식초에 절이다. ③(과일 따위를) 설탕이나 꿀에 재어 당분이 배어들게 하다. ¶ 유자를 썰어 설탕에 절이다.
절이-하다(絶異-)형여 썩 뛰어나게 다르다.
절인(絶人)명하형 남보다 아주 뛰어남, 또는 그런 사람.

절인지력(絕人之力)명 남보다 뛰어난 힘.
절인지용(絕人之勇)명 남보다 뛰어난 용맹.
절일(節日)명 ①한 철의 명일. ②임금의 생일.
절임명 채소나 과일 따위를 절인 음식.
절장보단(絕長補短·截長補短)[-짱-]명하자 〔긴 것을 잘라 짧은 것에 보탠다는 뜻으로〕 장점으로 부족한 점이나 나쁜 점을 보충함.
절재(絕才)[-째]명 썩 뛰어난 재주.
절적(絕跡·絕迹)[-쩍]명하자 (발걸음을 끊고) 서로 오고 가지 않음. 절족(絕足).
절전(節電)[-쩐]명하자 전기를 아껴 씀.
절절[1]부 ①물 따위가 끓는 모양. ¶ 가마솥의 물이 절절 끓고 있다. ②뜨거운 열기로 몹시 달아 있는 모양. ¶ 방이 절절 끓는다. ③하타 〈절레절레〉의 준말. 작잘잘[1]. 센쩔쩔[1].
절절[2]부 주책없이 이리저리 바쁘게 싸다니는 모양. 큰질질[3]. 작잘잘[3]. 센쩔쩔[2].
절절(切切) '절절하다'의 어근.
절절-거리다자 주책없이 이리저리 바쁘게 싸다니다. 절절대다. 큰질질거리다. 작잘잘거리다.
절절-대다자 절절거리다.
절절-매다자 〈쩔쩔매다〉의 여린말.
절절-하다(切切-)형여 몹시 간절하다. ¶ 절절한 염원. **절절-히**부.
절점(切點)[-쩜]명 ①☞요점. ②☞접점(接點).
절접(切椄)[-쩝]명 가지접의 한 방법. 접가지의 아래 부분을 쐐기 모양으로 빗깎은 다음, 접본(椄本)의 부름켜가 드러나도록 깎은 자리에 맞대어 접붙이는 법.
절정(切釘)[-쩡]명 대가리를 잘라 없앤 쇠못.
절정(絕頂)[-쩡]명 ①산의 맨 꼭대기. ②사물의 진행이나 상태 따위가 최고에 이른 때, 또는 그러한 경지. 정점(頂點). ¶ 인기 절정의 드라마./행복의 절정. ③예술 작품에서, 사건의 발전이 가장 긴장한 단계. ②③최고조·클라이맥스.
절정-기(絕頂期)[-쩡-]명 절정에 달한 시기. ¶ 절정기의 기량을 뽐내다.
절제(切除)[-쩨]명하타되자 잘라 냄. ¶ 맹장 절제 수술을 받다.
절제(節制)[-쩨]명하타되자 ①알맞게 조절함. ¶ 술을 절제하다. ②(방종에 흐르지 않도록) 감성적 욕구를 이성으로써 제어하는 일. ¶ 감정의 절제.
절제-사(節制使)[-쩨-]명 ①조선 초기에, 의흥친군위(義興親軍衛)에 딸렸던 군직(軍職)의 한 가지. ②조선 시대에, 절도사 밑에 딸렸던 거진(巨鎭)의 정삼품 벼슬. 〔정식 명칭은 병마절제사로, 부윤(府尹)이 겸하였음.〕
절제-술(切除術)[-쩨-]명 장기(臟器)나 조직의 일부를 잘라 내는 수술.
절조(絕調)[-쪼]명 썩 뛰어난 곡조.
절조(節操)[-쪼]명 절개와 지조. 조(操).
절족(絕足)[-쪽]명하자 ☞절적(絕跡).
절종(絕種)[-쫑]명하자되자 (생물의) 씨가 끊어져 아주 없어짐. 비멸종(滅種).
절주(節奏)[-쭈]명 ☞리듬(rhythm).
절주(節酒)[-쭈]명하자 ☞절음(節飮).
절주-배(節酒杯)[-쭈-]명 ☞계영배(戒盈杯).
절중(節中) '절중하다'의 어근.
절중-하다(節中-)[-쭝-]형여 일의 이치나 형편에 꼭 알맞다.
절지(折枝)[-찌]명 ①하자 나뭇가지를 꺾음. ②동양화에서, 한두 개의 가지만을 그린 꽃가지나 나뭇가지.
절지(絕地)[-찌]명 (나라의 중심부에서) 멀리 떨어진 곳. 참절역(絕域).
절지-동물(節肢動物)[-찌-]명 동물 분류의 한 문(門). 몸이 작고 여러 개의 환절(環節)로 이루어져 있음. 대개 머리·가슴·배의 세 부분으로 나뉘며, 겉껍질이 단단함. 〔갑각류·곤충류 따위가 이에 딸림.〕
절직(切直) '절직하다'의 어근.
절직-하다(切直-)[-찌카-]형여 매우 정직하다.
절질-상(折跌傷)[-찔쌍]명 다리가 부러지거나 접질리어 다치는 일, 또는 그 상처.
절차(切磋)명하타 ①(옥이나 돌을) 깎고 닦음. ②☞절차탁마(切磋琢磨).
절차(節次)명 일을 치르는 데 밟아야 하는 차례와 방법. ¶ 회의 절차.
절차-법(節次法)[-뻡]명 실체법의 운용 절차를 규정하는 법. 〔민사 소송법·형사 소송법·행정 소송법·부동산 등기법 따위.〕 형식법. 참실체법.
절차-탁마(切磋琢磨)[-탕-]명하타 〔옥·돌 따위를 갈고 닦아 빛을 낸다는 뜻으로〕 '학문이나 덕행 등을 배우고 닦음'을 이르는 말. '시경'의 '위풍(衛風)'·'기욱편(淇澳篇)'과 '논어'의 '학이편(學而篇)'에서 유래함. 절차(切磋). 준절마(切磨).
절찬(絕讚)명하타 더할 나위 없는 칭찬. ¶ 비평가들의 절찬을 받다.
절찬-리(絕讚裡)[-니]명 절찬을 받는 가운데. ¶ 공연이 절찬리에 막을 내리다.
절창(絕唱)명 ①하타 썩 잘 부름, 또는 그런 노래. ②썩 잘 지은 시문(詩文).
절책(切責)명하타 ☞심책(深責).
절처봉생(絕處逢生)명 몹시 쪼들리던 판에 살 길이 생김.
절척(切戚)명 동성동본이 아닌 가까운 친척.
절척(折尺)명 ☞접자.
절척(絕尺)명하타 (피륙을) 몇 자씩으로 끊음.
절청(竊聽)명하타 몰래 엿들음.
절체-절명(絕體絕命)명 〔몸도 목숨도 다 되었다는 뜻으로〕 궁지(窮地)에 몰려 살아날 길이 없게 된 막다른 처지를 이르는 말. ¶ 절체절명의 위기.
절초(切草)명 살담배.
절초(折草)명하타 (거름이나 땔감으로 쓰기 위하여) 풀이나 잎나무를 벰.
절축(截軸)명 원뿔의 초점을 지나는 축.
절충(折衷)명하타되자 둘 이상의 서로 다른 견해 따위에서, 한쪽에 치우치지 않고 양쪽의 좋은 점을 골라 뽑아 알맞게 조화시키는 일. ¶ 양쪽의 의견을 절충하다.
절충(折衝)명하타되자 〔쳐들어오는 적의 창끝을 꺾는다는 뜻으로〕 '국제간의 외교적 담판 또는 흥정'을 이르는 말.
절충-설(折衷說)명 대립되는 둘 이상의 학설을 취사(取捨)하여 절충한 학설.
절충-주의(折衷主義)[-의/-이]명 ①여러 가지 사상이나 학설에서 적당하다고 생각되는 부분만을 골라서 결합하려는 경향. ②둘 이상의 대립되는 법 학설(法學說)에서 좋은 점만을 가려서 절충하는 주의.
절취(切取·截取)명하타 (물체를) 잘라 냄.
절취(竊取)명하타 남의 물건을 훔치어 가짐. 투취(偸取). ¶ 버스 승객의 지갑을 절취하다.
절-치명 (본디 절에서 만들어 신었던 것으로) 거칠게 삼은 미투리.

절치(切齒)명하자 (분하여) 이를 갊.
절치-부심(切齒腐心)명하자 (몹시 분하여) 이를 갈며 속을 썩임.
절치-액완(切齒扼腕)명 (몹시 분하여) 이를 갈고 팔을 걷어붙이며 벼름.
절친(切親) '절친하다'의 어근.
절친-하다(切親-)형여 썩 친근하다. ¶ 절친한 친구. **절친-히**부.
절커덕부하자타 ①단단하고 찰기 있는 물체가 매우 세게 맞부딪칠 때 나는 소리, 또는 그 모양. ②자물쇠 따위가 잠기거나 열리는 소리. ¶ 철문이 절커덕하고 잠겼다. 작잘카닥. 센쩔커덕. 거철커덕. 여절거덕. **절커덕-절커덕**부하자타.
절커덕-거리다[-꺼-]자타 자꾸 절커덕절커덕하다. 절커덕대다. 작잘카닥거리다.
절커덕-대다[-때-]자타 절커덕거리다.
절커덩부하자타 쇠붙이 따위가 세게 맞부딪칠 때 요란하게 울리어 나는 소리. 작잘카당. 센쩔커덩. 거철커덩. 여절거덩. **절커덩-절커덩**부하자타.
절커덩-거리다자타 자꾸 절커덩절커덩하다. 절커덩대다. 작잘카당거리다.
절커덩-대다자타 절커덩거리다.
절컥부하자타 ①단단하고 찰기 있는 물체가 세게 들러붙는 소리, 또는 그 모양. ②자물쇠 따위가 잠기거나 열리는 소리. 작잘칵. 센쩔컥. 거철컥. 여절걱. **절컥-절컥**부하자타.
절컥-거리다[-꺼-]자타 자꾸 절컥절컥하다. 절컥대다. 작잘칵거리다.
절컥-대다[-때-]자타 절컥거리다.
절-터명 절이 있던 터. 절을 세울 터. 사기(寺基). 사지(寺址).
절토(切土)명하자 평지나 법면(法面)을 만들기 위하여 흙을 깎아 내는 일.
절통(切痛)명하형 몹시 원통함. ¶ 하루 아침에 전 재산을 날리다니 절통할 노릇이다. **절통-히**부.
절특(絕特) '절특하다'의 어근.
절특-하다(絕特-)[-트카-]형여 아주 별다르다.
절판(絕版)명하자되자 ①출판된 책이 떨어짐. ②책을 계속 간행하지 못함.
절편명 떡살로 눌러 둥글거나 모나게 만든 흰떡. 절병(切餠).
절편(截片)명 (해석 기하에서) 직선이 가로축이나 세로축과 만나는 점의 높이나 거리.
절편-판(-板)명 절편에 무늬를 박아 내는 나무판. 떡살.
절품(切品)명하자되자 물건이 다 팔리어 없음. 품절(品切).
절품(絕品)명 품질(品質)이 뛰어나게 좋은 물건. 일품(逸品).
절피명 활시위의 오늬를 먹이는 곳에 감은 실, 또는 실로 감은 것.
절필(絕筆)명 ①하자붓을 놓고 글 또는 글씨 쓰기를 그만둠. ¶ 절필을 선언하다. ②(죽기 전에 쓴) 마지막 글 또는 글씨나 그림.
절핍(切逼) '절핍하다'의 어근.
절핍(絕乏)명하자되자 죄다 없어져 더 이상 생기지 않음. 핍절(乏絕). ¶ 식량의 절핍.
절핍-하다(切逼-)[-피파-]형여 ①(시기나 기일 따위의) 정해진 날짜가 바싹 닥쳐서 몹시 다급하다. ¶ 원고 마감 때가 절핍하여 밤을 낮 삼아 집필하다. ②몹시 궁핍하다.
절하(切下)명하타되자 화폐의 대외 가치(對外價値)를 낮춤. ¶ 달러화의 평가(平價) 절하. ↔절상(切上).
절-하다(切-)자여 끊어지다. ¶ 경술년 8월 29일, 500년 사직이 이날에 절하니….
절-하다(絕-)형여 매우 뛰어나다. ¶ 고금(古今)에 절할 효부(孝婦).
절학(絕學)명 ①(가치가 없어졌거나 미처 이어받지 못하여) 계통이 끊어진 학문. ②(이미 초월하여) 학문이나 지식이 필요 없게 된 상태. ¶ 절학의 경지.
절한(絕汗)명 죽음이 닥쳐와 이마에 나는 식은땀.
절한(節限)명하타 한도를 조절함. 알맞은 정도에서 제한함.
절해(絕海)명 뭍에서 멀리 떨어진 바다.
절해-고도(絕海孤島)명 뭍에서 멀리 떨어진 외딴섬. 준절도(絕島).
절행(節行)명 절개를 지키는 일. 절개가 굳은 행실.
절험(絕險) '절험하다'의 어근.
절험-하다(絕險-)형여 몹시 험하다.
절현(絕絃)명하자 '지기(知己)와의 사별(死別)'을 비유하여 이르는 말. 〔중국 춘추 시대에, 거문고의 명수 백아(伯牙)가, 자기 거문고의 가락을 알아주는 벗 종자기(鍾子期)가 죽은 후에는 거문고의 줄을 끊고 다시는 타지 않았다는 고사에서 유래함.〕 백아절현(伯牙絕絃).
절협(絕峽)명 깊고 험한 두메.
절호(絕好)명하형 (무엇을 하기에) 더없이 좋음. 아주 딱 좋음. ¶ 절호의 기회.
절화(折花)명하자 꽃을 가지째 꺾음, 또는 그렇게 꺾은 꽃.
절화(絕火)명하자 〔아궁이의 불이 끊어진다는 뜻으로〕 '몹시 가난하여 밥을 짓지 못함'을 이르는 말.
절효(節孝)명 ①절조(節操)와 효성. ②하자남편과 사별한 부인이 재가(再嫁)하지 않고 시부모를 잘 모시는 일.
절효-정문(節孝旌門)명 충신·효자·열녀 등을 기리어 세운 정문.
절후(絕後)명하형 (비길 만한 것이) 이후로 다시 없음. ¶ 절후의 명작.
절후(節候)명 ☞절기(節氣).
젊:다[점따]형 ①혈기가 한창 왕성한 나이에 있다. ¶ 젊고 건장한 남자. ②겉으로 보기에 나이가 제 나이보다 적은 듯하다. ¶ 할머니는 환갑이 지났지만 40대처럼 젊어 보인다. ↔늙다. *젊어·젊:고[점꼬]
젊은 과부 한숨 쉬듯속담 시름이 가득하여 한숨을 많이 쉴 때 이르는 말.
젊으신-네명 '젊은이'를 높이어 일컫는 말. ¶ 젊으신네가 아는 것도 참 많군요.
젊은-것[-걷]명 '젊은이'를 낮추어 일컫는 말. ¶ 젊은것들이 버릇이 없다. *젊은것이[-거시]·젊은것만[-건-]
젊은-이명 젊고 혈기가 한창 왕성한 사람. 〔단순히 자기보다 젊은 사람을 친근하게 이르는 말로도 쓰임.〕 ¶ 젊은이 못지않은 패기. ↔늙은이.
젊은이 망령은 몽둥이로 고친다속담 젊은 사람의 망령됨은 철이 덜 든 까닭이니 매로써 정신을 차리게 해야 한다는 말.
점(占)명 팔괘(八卦)·육효(六爻)·오행(五行) 따위의 특정한 방법을 써서 사람의 길흉화복(吉凶禍福)을 판단하는 일.
점:(店)명 지난날, 토기나 철기(鐵器) 따위를 만들던 곳.

점ː(漸)명 〈점괘(漸卦)〉의 준말.

점(點) Ⅰ명 ①작고 둥글게 찍힌 표나 자리. ¶ 이름 위에 점을 찍다. ②글자(특히 한자)를 쓸 때 한 번 찍는 작은 획. ¶ 한 점 한 획 정성을 들여 쓰다. ③'온점'을 흔히 이르는 말. ㉠문장의 끝남을 보이거나 구절을 나누기 위하여 찍는 표시. ㉡준말임을 나타내는 표시. 〔U.S.A. 따위.〕 ④살갗에 거뭇하거나 불그레하게 박힌 표난 부분. ⑤짐승의 털이나 피륙 따위의 표면에 다른 빛깔로 박힌 작은 얼룩. 반점(斑點). ⑥《관형사형 다음에 쓰이어》 꼬집어 가리키는 어느 부분이나 요소. ¶ 배울 점. /좋은 점. ⑦기하학의 기본 개념의 한 가지로, 길이·넓이·두께는 없고 위치만 있는 것. ⑧음표나 쉼표의 오른쪽에 덧붙여 찍어서 그 표의 반만큼의 길이를 더함을 나타내는 표. ⑧참점음표.

Ⅱ의 ①성적 따위를 나타내는 단위. ¶ 70점. ②시간을 나타내는 말. ¶ 벽시계가 아홉 점을 치다. ③옷이나 그릇 따위, 또는 여러 종류가 섞인 물품의 가짓수를 셀 때 쓰는 말. ¶ 의류 열 점을 기증하다. /서양화 석 점. ④떨어지는 물방울 따위를 세는 단위. ¶ 한 점 두 점 눈물이 떨어지다. ⑤살코기 따위의 작은 조각들을 셀 때 쓰는 말. ¶ 쇠고기 몇 점을 집어 먹다. ⑥바둑에서, 바둑판의 눈이나 바둑돌의 수효를 세는 말. ¶ 넉 점 바둑.

-점(店)접미 《일부 명사 뒤에 붙어》 '가게'나 '상점'을 뜻함. ¶ 가구점. /백화점. /양복점. /음식점.

점ː가(漸加)명하자타 점점 더해짐. 점점 더함. ↔점감(漸減).

점ː감(漸減)명하자타 점점 줄어듦. 점점 줄임. ↔점가(漸加).

점ː강-법(漸降法)[-뻡]명 수사법의 한 가지. 힘찬 표현으로부터 점점 약한 표현으로 서술하여, 나타내려는 뜻을 강조하는 표현법. ↔점층법.

점거(占居)명하타 (어느 곳을) 차지하여 삶.

점거(占據)명하타되자 ①(일정한 곳을) 차지하여 자리를 잡음. ¶ 점거 농성. /공장이 일시적으로 채권자들에게 점거되었다. ②☞점령(占領).

점검(點檢)명하타되자 낱낱이 검사함, 또는 그 검사. 검점(檢點). ¶ 가스 안전(安全) 점검.

점결-성(粘結性)[-썽]명 석탄이 탈 때, 녹아서 생긴 유동성 물질이 스스로 뭉쳐져 덩어리가 되는 성질.

점결-탄(粘結炭)명 점결성이 있는 석탄.

점경(點景)명하타 풍경화에 사람이나 짐승 등을 그려 넣어서 정취를 더하는 일.

점계(點計)[-계/-게]명하타 (수량 따위를) 일일이 살펴서 헤아림.

점ː고(漸高)명하자되자 점점 높아짐. 더 높아감. ¶ 여론이 점고하다.

점고(點考)명하타 일일이 점을 찍어 가며 사람의 수효를 헤아림. 참점호(點呼).

점고(를) 맞다관용 점고에 빠지지 않고 그 일을 치르다.

점괘(占卦)[-꽤]명 길흉을 점쳤을 때 나온 괘. ¶ 점괘가 썩 좋다. 준괘.

점ː괘(漸卦)명 육십사괘의 하나. 손괘(巽卦)와 간괘(艮卦)를 위아래로 놓은 괘. 산 위에 나무가 있음을 상징함. 준점(漸).

점괘-효(占卦爻)[-꽤-]명 한자 부수의 한 가지. '爽'·'爾' 등에서의 '爻'의 이름.

점괴(苫塊)[-괴/-궤]명 〔거적자리와 흙덩이의 베개라는 뜻으로〕 '상제(喪制)가 앉는 자리'를 비유하여 이르는 말.

점괴-여천(苫塊餘喘)[-괴-/-궤-]명 〔어버이를 따라 죽지 못하고 살아 있어, 거적자리를 깔고 흙덩이 베개를 베는 목숨이라는 뜻으로〕 어버이의 상(喪)을 막 벗은 사람이 죄스럽고 경황없음을 남에게 대하여 이르는 말.

점ː교(漸教)명 불교의 교리를 닦는 첫 단계로, 간단한 가르침으로부터 차츰 깊은 가르침으로 나아가는 교법(教法), 또는 차차 닦아 나아가서 마침내 불과(佛果)를 얻는 법문.

점귀-부(點鬼簿)명 죽은 사람의 이름을 적는 장부. 과거장(過去帳).

점균(粘菌)명 균류의 한 가지. 분화(分化)가 매우 낮아 포자로 번식하며 세포막과 엽록소가 없는 끈적끈적한 덩어리임.

점-그래프(點graph)명 통계 도표의 한 가지. 점의 개수로 양의 다소를 나타내고, 점의 밀집 정도로 양의 변동을 나타내는 도표. 점도표.

점ː근(漸近)명하자 점점 가까워짐.

점ː급(漸及)명하자 (일정한 시기나 장소에) 점점 이르러 미침.

점-내기(點-)명하자 바둑에서, 이기고 짐에 따라 한 점씩 접어주는 내기.

점다(點茶)명하자 차 달이는 방법의 한 가지. 마른 찻잎을 다기(茶器)에 넣고 끓는 물을 부어서 우려내는 일.

점-다랑어(點-魚)명 고등엇과의 바닷물고기. 가다랑어와 비슷하며, 몸길이는 1 m가량. 등쪽에 검푸른 띠가 있으며, 가슴지느러미 밑에 1~7개의 검은 점이 있음.

점단(占斷)명하타 점을 쳐서 판단함.

점-대(占-)[-때]명 점을 치는 데 쓰는, 점괘가 적혀 있는 대오리. 첨자(籤子).

점-대칭(點對稱)명 대칭의 한 가지. 두 도형 사이의 한 점을 중심으로 한 도형을 180도 회전하였을 때 다른 도형과 완전히 겹치는 대칭. 참선대칭·면대칭.

점도(粘度)명 유동체(流動體)가 고체의 면에 들러붙는 정도. 점성도.

점도-계(粘度計)[-계/-게]명 점도를 재는 계기(計器).

점-도미(點-)명 ☞달고기. 준점돔.

점-도표(點圖表)명 ☞점그래프.

점-돈(占-)[-돈]명 점(占)을 치는 도구로 쓰이는 돈.

점-돔(點-)명 〈점도미〉의 준말.

점ː두(店頭)명 가게 앞, 또는 가게의 앞쪽.

점두(點頭)명하자 동의(同意)의 뜻이나 옳다는 뜻으로 고개를 약간 끄덕임.

점ː두^거ː래(店頭去來)명 거래소를 통하지 않고 장외(場外)에서 이루어지는 주식이나 채권의 거래. 장외 거래(場外去來). 점두 매매.

점ː두^매ː매(店頭賣買)명 ☞점두 거래.

점-둥이(點-)명 ①☞점박이. ②점이 박힌 개.

점득(占得)명하타 자기 것으로 차지함.

점ː등(漸騰)명하자 (시세 따위가) 점점 오름. ↔점락(漸落).

점등(點燈)명하자타 ①등의 심지에 불을 당김. ②전깃불을 켬. ↔소등(消燈).

점등-관(點燈管)명 형광등의 음극을 예열(豫熱)하여 불이 켜지게 하는 방전관(放電管).

점ː락(漸落)[-낙]명하자 (시세 따위가) 점점 떨어짐. ↔점등(漸騰).

점력(粘力) [-녁] 명 질기고 차진 힘. 끈끈한 기운.
점령(占領) [-녕] 명하타되자 ①일정한 땅이나 대상을 차지하여 자기 것으로 함. 점거(占據). ②다른 나라의 영토를 무력으로 빼앗아 자기 나라의 지배 아래 둠. ¶ 적의 수도를 점령하다.
점ː막(店幕) 명 음식을 팔고 나그네를 재우는 것을 업으로 하는 집.
점막(粘膜) 명 소화관·기도(氣道) 따위의 안쪽을 싸고 있는 끈끈하고 부드러운 막을 통틀어 이르는 말. 점액막.
점막-암(粘膜癌) 명 점막에 생기는 암종(癌腫). 흔히, 식도·후두 및 생식 기관의 내벽 따위의 점액으로 덮인 조직에 생김.
점ː멸(漸滅) 명하자 점점 멸망(滅亡)하여 감. 차차 없어져 감.
점멸(點滅) 명하자타되자 등불을 켰다 껐다 함, 또는 등불이 켜졌다 꺼졌다 함.
점멸-기(點滅器) 명 (광고탑 따위에 쓰이는) 전등을 켰다 껐다 하는 기구.
점멸-등(點滅燈) [-뜽] 명 (자동차 따위에 쓰이는) 신호등의 한 가지. 일정한 시간 간격을 두고 켜졌다 꺼졌다 하는 등. 깜박등.
점명(點名) 명하타 명부에 따라 차례로 점을 찍어 가며 이름을 부름.
점모(粘毛) 명 식물의 어린잎이나 꽃받침 따위에 있는, 점액을 분비하는 털.
점묘(點描) 명하타 ①붓으로 점을 찍음으로써 그림을 그림, 또는 그러한 그림이나 화법(畫法). ②사물 전체를 그리지 않고 어느 부분만을 따로 떼어서 그림.
점묘-주의(點描主義) [-의/-이] 명 18세기 프랑스에서 일어난 회화의 한 경향. 물감을 팔레트 위에 섞지 않고 각각의 물감을 그대로 써서 점묘의 화법으로 그림을 그림. 신인상주의.
점묘-파(點描派) 명 점묘주의를 따르는 화가들의 한 파. 신인상파(新印象派).
점문(占文) 명 점괘(占卦)에 나타난 길흉화복의 내용을 적은 글.
점미(粘米) 명 찹쌀.
점-박이(點-) 명 ①얼굴이나 몸에 큰 점이 있는 사람이나 짐승을 이르는 말. 점둥이. ②(점이 박힐 정도로) 남에게 손가락질을 받는 사람을 이르는 말.
점ː방(店房) [-빵] 명 가게. 상점(商店).
점법(點法) [-뻡] 명 ☞점엽(點葉).
점벙 부하자타 큰 물체가 물에 떨어져 잠길 때 나는 소리, 또는 그 모양. 작잠방. 거첨벙. 점벙-점벙 부하자타.
점벙-거리다 자타 자꾸 점벙점벙하다. 점벙대다. 작잠방거리다.
점벙-대다 자타 점벙거리다.
점병(粘餠) 명 찹쌀가루·찰수숫가루·밀가루 따위를 개어 번철에 지진 떡.
점보(粘報) 명하타 증거 서류를 덧붙여 보고함.
점보(jumbo) 명 〔거대하다는 뜻을 지닌 말로〕 ①(여러 개의 착암기를 장치한) 대형의 갱도 굴진 장비의 한 가지. ②자동 확대 인화기, 또는 그것으로 만든 사진. ¶ 점보 사이즈. ③☞점보제트기.
점보-제트기(jumbo jet機) 명 승객 400명 이상이 탑승할 수 있는 초대형 제트 여객기. 점보(jumbo).
점보트론(Jumbotron) 명 도로 따위에서 광고를 내보내는 대형 광고차.
점복(占卜)[1] 명하자 ①점을 쳐서 길흉화복을 미리 알아보는 일. ②점술과 복술을 아울러 이르는 말. 복점(卜占).
점-복(占卜)[2] 명 한자 부수의 한 가지. '卞'·'占'·'卦' 등에서의 '卜'의 이름.
점-불정(點佛睛) [-쩡] 명하자 불상을 만들거나 그릴 때, 마지막으로 그 눈을 박거나 찍는 일. 점안(點眼). 참점정(點睛).
점-뿌림(點-) 명하타 (논밭에) 한 개나 여러 개의 씨앗을 한 곳 한 곳씩 일정한 사이를 두고 뿌리는 일, 또는 그런 파종법. 점파(點播).
점사(占辭) 명 점괘(占卦)의 뜻을 풀이하여 나타낸 말.
점사(點射) 명하타 기관총·소총 사격법의 한 가지. 목표를 향하여 몇 발씩 끊어서 쏨.
점상(占床) [-쌍] 명 점치는 제구를 얹어 놓는 상.
점상(點狀) 명 점처럼 생긴 모양. 점으로 이루어진 모양.
점서(占書) 명 점술에 관한 것을 적은 책.
점서(占筮) 명 ☞괘서(卦筮).
점석(苫席) 명 (상제가 깔고 앉는) 거적자리.
점선(點線) 명 줄지어 찍은 점으로써 이루어진 선. ¶ 점선을 긋다.
점성(占星) 명하자 별의 모양·밝기·자리 등을 보아서 나라나 개인의 길흉화복을 점치는 일.
점성(粘性) 명 ①차지고 끈끈한 성질. 찰기. ②(기름 따위의) 유체가 운동할 때 일어나는 내부 마찰.
점성-가(占星家) 명 ☞성학가(星學家).
점성-도(粘性度) 명 ☞점도.
점성-술(占星術) 명 별의 모양이나 밝기 또는 자리 등을 보아서 나라의 안위(安危)와 백성의 길흉 및 천변지이(天變地異) 따위를 점치는 술법.
점수(點水) 명하자 물을 방울지게 떨어뜨림.
점수(點授) 명하타 점지.
점수(點數) [-쑤] 명 ①성적을 나타내는 숫자. ¶ 좋은 점수를 얻다. ②끗수. ③물건의 가짓수.
점술(占術) 명 점을 치는 술법.
점ː시(覘視) 명하타 ☞규시(窺視).
점-시력(點視力) 명 미세한 점의 있고 없음을 가려낼 수 있는 눈의 능력. 참선시력(線視力).
점ː신-세(漸新世) 명 ☞올리고세.
점ː심(點心) 명 ①낮에 먹는 끼니. 중반(中飯). 중식(中食). ②선종(禪宗)에서, 배고플 때에 조금 먹는 음식을 이르는 말. ③무당이 떡과 과일 따위를 차려 놓고, 삼신(三神)에게 갓난아이의 젖이나 명복(命福)을 비는 일.
점ː심-나절(點心-) 명 점심때를 앞뒤로 한 반나절.
점ː심-때(點心-) 명 점심 끼니때.
점ː심-시간(點心時間) [-씨-] 명 점심을 먹기로 정하여 둔 시간. 보통 정오에서 오후 한 시 사이임.
점ː심-참(點心-) 명 점심을 먹는 시간. 점심을 먹는 동안.
점안(點眼) 명하자 ①눈에 안약을 떨어뜨리어 넣음. 점약(點藥). ②불상을 그리고 나서, 잡귀를 막기 위하여 주문을 외며 불상의 눈에 점을 찍음. 점불정(點佛睛). ③☞점정(點睛).
점안-수(點眼水) 명 (눈병 따위를 치료하기 위하여) 눈에 한 방울씩 떨어뜨리게 되어 있는 안약.
점액(粘液) 명 ①끈끈한 성질을 가진 액체. ②생물체 안의 점액선 따위에서 분비되는 끈끈한 액체.

점액-막(粘液膜)[저맹-]명 ☞점막.
점액-선(粘液腺)[-썬]명 동식물체의 점막에서 점액을 분비하는 외분비샘.
점액^수종(粘液水腫)[-쑤-]명 갑상선의 기능 감퇴로 말미암아 생기는 질병. 몸의 곳곳이 종기처럼 부어오르고 사고력이나 운동력이 몹시 둔화됨.
점액-질(粘液質)[-찔]명 ①끈끈한 액체로 된 물질. ②기질(氣質)의 유형의 한 가지. 감정이 차갑고 활발하지 못하나 침착하고 의지가 강하며 끈기 있는 기질임.
점약(點藥)명하자 눈에 약물을 넣음, 또는 그 약. 점안(點眼).
점-양태(點-)[-냥-]명 양탯과의 바닷물고기. 몸길이 20 cm가량으로, 머리에 톱니 모양의 가시가 있으며 작고 검은 점이 흩어져 있음. 몸빛은 등 쪽이 엷은 갈색이고 뚜렷하지 않은 검은 띠가 등 옆쪽에 있음.
점-양토(粘壤土)[-냥-]명 양토에 점토가 섞인 토질.
점역(點譯)명하타 말이나 보통의 글자를 점자(點字)로 고침.
점:염(漸染)명하자 차차 번져서 물듦. 점점 전염됨.
점염(點染)명하자되자 (빛깔이나 성격·기질 따위가) 조금씩 젖어 물듦.
점엽(點葉)명 동양화에서, 나뭇잎을 그릴 때 윤곽선을 사용하지 않고 붓으로 점묘(點描)하는 수법. 점법(點法).
점:오(漸悟)명하타 불교에서, 수행(修行) 과정에 따라 점점 깊이 깨닫는 일.
점용(占用)명하타 차지하여 씀.
점:원(店員)명 상점에 고용되어 물건을 팔거나 그 밖의 일을 맡아서 하는 사람.
점유(占有)명하타되자 자기 소유로 함. 차지함. ¶ 국유지를 부당하게 점유하다.
점:유(漸癒)명하자 병이 차차 낫게 됨.
점유-권(占有權)[-꿘]명 물권(物權)의 한 가지. 점유 사실을 법률 요건으로 하여 발생하는 물권.
점유-물(占有物)명 점유하고 있는 물건.
점윤(霑潤·沾潤)명하자 ①비나 이슬에 젖어서 불음. ②땀이나 물기가 배어 번짐.
점-음표(點音標)명 음표의 오른쪽에 찍어서 그 본디 길이의 반만큼의 길이를 더함을 표시하는 검은 점. 부점음표(附點音標).
점:이(漸移)명하자 차차 옮아감.
점:이-성(漸移性)[-썽]명 차차 옮아가는 성질.
점:이^지대(漸移地帶)명 서로 다른 지리적 특성을 가진 두 지역 사이에 위치하여 중간적인 현상을 나타내는 지대.
점:입-가경(漸入佳境)[-까-]명 갈수록 더욱 좋거나 재미있는 경지(境地)로 들어감, 또는 그 모양. ¶ 사건은 그야말로 점입가경이다.
점자(點字)[-짜]명 점으로 이루어진 맹인용의 글자. 두꺼운 종이 위에 도드라진 점들을 일정한 방식으로 나타내어, 손가락으로 만져 읽을 수 있도록 하였음.
점:잔명 (말이나 행동이) 경솔하지 않고 묵중한 태도. 점잖은 태도. ¶ 점잔을 부리다. /점잔을 빼다. /점잔을 피우다.
점:잖다[-잔타]형 ①언행이나 몸가짐이 묵중하고 음전하다. ¶ 점잖게 말하다. ②품격이 속되지 않고 고상하다. ¶ 점잖은 취미. ③됨됨이가 품위 있고 의젓하다. 작잠잖다. ①**점잖-이**부 ¶ 점잖이 좀 앉아 있어라. ＊점:잖아[-자나]·점:잖소[-잔쏘]
점잖은 개가 부뚜막에 오른다〔오줌 싼다〕속담 '겉으로는 점잖은 체하는 사람이 옳지 못한 짓을 함'을 비유하여 이르는 말.
점재(點在)명하자 여기저기 점점이 흩어져 있음. ¶ 많은 섬이 점재하는 다도해.
점-쟁이(占-)명 남의 신수(身數)를 점쳐 주는 일을 업으로 삼는 사람. 매복자(賣卜者). 복사(卜師). 복자(卜者). 주역선생.
점적(點滴)명 ①낱낱의 물방울. ②(처마 따위의 높은 곳에서) 하나둘 떨어지는 물방울. ③하타 ☞적정(滴定).
점적-판(點滴板)명 ☞적판(滴板).
점전(苫前)명 〔거적자리 앞이란 뜻으로〕 초상(初喪)을 치르기 전의 상제에게 편지를 낼 때, 상제의 이름 뒤에 쓰는 말.
점점(點點)명 ①낱낱의 점. ¶ 점점의 무늬가 놓인 옷. ②하형(점을 찍은 듯이) 여기저기 하나씩 흩어져 있는 모양. ¶ 해가 저물자 가로등이 점점으로 밝아 왔다. **점점-이**부.
점:점(漸漸)부 조금씩 더하거나 덜하여지는 모양. 점차(漸次). 차차. 초초(稍稍). ¶ 날씨가 점점 더워지다. /병이 점점 악화되다.
점점-홍(點點紅)명 ①점점이 붉은 모양. ②여기저기 울긋불긋하게 꽃이 핀 모양.
점정(點睛)명 ①하자사람이나 짐승을 그릴 때 마지막에 눈동자를 그려 넣음. 점안(點眼). ②〈화룡점정(畫龍點睛)〉의 준말. 참점불정(點佛睛).
점조(占兆)명 점괘(占卦)에 나타난 좋고 나쁜 조짐.
점조(粘稠) '점조하다'의 어근.
점조-제(粘稠劑)명 액체에 점력(粘力)을 주기 위하여 쓰는 물질.
점-조직(點組織)명 철저한 비밀 유지를 위해, 지령이나 명령을 수행하고 전달하는 구성원의 계통이 드러나지 않도록 만들어진 조직.
점조-하다(粘稠-)형여 찰기가 있고 밀도(密度)가 높다.
점-주(點丶)명 한자 부수의 한 가지. '丹'·'丸' 등에서의 '丶'의 이름.
점:주(店主)명 가게의 주인.
점-줄(點-)[-쭐]명 줄임표.
점:증(漸增)명하자되자 점점 많아짐. 점점 불어남.
점:지명하타 ①신불(神佛)이 사람에게 자식이 생기게 하여 주는 일. 점수(點授). ¶ 삼신(三神)이 점지하신 아들. ②'무엇이 생기는 것을 미리 지시하여 줌'을 비유하여 이르는 말. ¶ 하늘이 점지하여 준 배필.
점직-스럽다[-쓰-따][~스러우니·~스러워]형ㅂ 보기에 좀 미안하고 부끄러운 느낌이 있다. ¶ 칭찬을 받으니 좀 점직스럽다. **점직스레**부.
점직-하다[-지카-]형여 좀 미안하고 부끄러운 느낌이 있다. 준점하다.
점:진(漸進)명하자 (차례를 따라) 차차 나아감. 조금씩 나아감. ↔급진(急進).
점:진-적(漸進的)관명 점차로 조금씩 나아가는 (것). ¶ 점진적 발전. /점진적으로 개선해 나가다. ↔급진적.
점:진-주의(漸進主義)[-의/-이]명 (급진적인 방법을 쓰지 않고) 차례를 밟아 서서히 이루어 나아가려는 주의. ↔급진주의.
점질(粘質)명 끈끈하고 차진 성질, 또는 그러한 물질(物質).

점-찍다(點-)[-따]㉺ 여럿 가운데서 하나를 마음속으로 정하다. ¶ 장래의 며느릿감으로 점찍어 둔 처녀.

점차(苫次) Ⅰ명 거상 중에 있는 아랫사람을 이르는 말.
Ⅱ대 주로 편지 글에서, 거상 중에 있는 아랫사람이 자기를 낮추어 이르는 말.

점차(點差)명 점수의 차이. 득점의 차. ¶ 큰 점차로 이기다.

점ː차(漸次)부 점점. 차차. ¶ 어수선하던 교실 분위기가 점차 가라앉다.

점착(粘着)명하자되자 끈기 있게 착 달라붙음.

점착-제(粘着劑)[-쩨]명 물질을 점착시키는 데 쓰이는 물질. 〔풀·고무풀 따위.〕

점철(點綴)명하자.타되자 여기저기 흩어진 것들이 서로 이어짐, 또는 그것들을 이음. ¶ 도전과 좌절로 점철된 생애.

점체(粘體)명 고체와 액체의 중간적인 성질을 띤 끈끈한 물질. 〔꿀·엿 따위.〕

점ː층-법(漸層法)[-뻡]명 수사법상 강조법의 한 가지. 같거나 비슷한 어구(語句)를 겹치어 써서 문장의 뜻이 점점 강조되고, 커지고, 높아지게 하여 독자의 감흥을 고조시키거나 절정에로 이끄는 표현 방법. 〔'날자, 날자, 날자꾸나, 한 번만 날자꾸나' 하는 따위.〕 ↔점강법(漸降法).

점-치다(占-)자타 ①길흉을 짐작하기 위하여 점괘를 내어 보다. 점하다[1]. ②앞일을 내다보아 미리 판단하다. ¶ 우승을 점치다.

점탈(占奪)명하타 남의 것을 빼앗아 차지함.

점태(點苔)명 동양화에서, 바위나 나뭇가지 따위에 낀 이끼를 나타내기 위하여 찍는 점.

점토(粘土)명 (석영·장석 따위의) 암석이 풍화하여 지름 0.01 mm 이하로 분해된 흙. 물에 이기면 점성을 띠어 기와·도자기·벽돌 따위의 원료로 쓰임. 찰흙.

점토-기(粘土器)명 점토로 만든 질그릇.

점토-암(粘土岩)명 퇴적암의 한 가지. 점토가 쌓여 굳어진 것으로서, 점판암·이판암 등이 이에 딸림.

점토-질(粘土質)명 점토가 많이 섞여 있는 암석이나 지층의 성질.

점ː퇴(漸退)[-퇴/-퉤]명하자 ①차차 뒤로 물러남. ②점점 쇠퇴하여 감.

점파(點播)명하타 파종법의 한 가지. 씨앗을 일정한 간격을 두고 한 곳에 하나나 두서너 개씩을 심음. 점뿌림.

점파-기(點播機)명 점파(點播)에 쓰이는 농기구의 한 가지.

점ː판(店-)명 금·은·동 따위의 광구(鑛區)를 두루 이르는 말.

점판-암(粘板岩)명 퇴적암의 한 가지. 점토가 굳어져서 된 것으로 검은 빛깔이며, 얇게 잘 갈라짐. 돌비석·벼룻돌·슬레이트 따위를 만드는 데 쓰임.

점퍼(jumper)명 품이 넉넉하고 활동적인 웃옷. 꾸밈새에 따라 놀이용으로, 또는 운동복이나 작업복 따위로 이용됨. 잠바.

점퍼-스커ː트(jumper+skirt)명 소매 없는 웃옷과 스커트가 한데 붙은 옷.

점편(占便)명하타 쉬운 방법을 골라서 택함.

점ː포(店鋪)명 ①가게를 벌인 집. 가겟집. ¶ 점포를 차리다. ②(은행이나 금융 기관 따위에서) 고객을 상대로 하는 지점·출장소 따위를 이르는 말. ¶ 지방 점포.

점폭-약(點爆藥)[-퐁냑]명 폭약(爆藥)을 터뜨리는 데 쓰이는 약제.

점풍(占風)명 점술(占術)과 지술(地術).

점풍-기(占風旗)명 바람의 방향을 알기 위하여 돛대 머리에 단 기.

점프(jump)명하자 ①뜀질. 도약(跳躍). ②스키에서의 도약 경기. ③영화에서, 필름 편집의 잘못 따위로 장면의 이어짐이 어긋남, 또는 그 일.

점프^볼(jump ball)명 농구에서, 심판이 양편의 두 선수 사이에 공을 던져 올려 경기를 시작하거나 계속하게 하는 일.

점ː-하다형여 〈점직하다〉의 준말.

점-하다(占-)[1]자타 ①점을 보다. ②☞점치다.

점-하다(占-)[2]타여 자리를 차지하다. ¶ 국토의 대부분을 점하고 있는 산지(山地).

점호(點呼)명하타 ①일일이 이름을 불러서 인원의 이상 유무를 알아봄. ②병영 생활의 일과의 한 가지. 기상(起牀) 후나 취침 전에 인원 파악, 건강 상태, 병기 점검 따위를 조사하는 일. ¶ 각개 점호.

점화(點火)명하자.타되자 ①불을 붙임, 또는 불을 켬. 착화(着火). ¶ 용광로에 점화하다. /성화를 점화하다. ②내연 기관에서, 압축된 가스를 터뜨리기 위하여 가스체(gas體)에 가열 물체나 전기 불꽃을 접촉시키는 일.

점화-구(點火口)명 (가스등 따위의) 불을 켜는 부리의 구멍.

점화미소(拈華微笑)명 '염화미소(拈華微笑)'의 잘못.

점화-약(點火藥)명 화약에 연소를 일으키기 위하여 쓰이는 약제.

점화^장치(點火裝置)명 ①총포의 장약(裝藥)의 발화나 수뢰 따위의 폭약을 터뜨리는 장치. ②내연 기관에서, 압축된 가스를 터뜨리기 위하여 전기 불꽃을 일으키는 장치. 발화 장치.

점화-전(點火栓)명 ☞점화 플러그.

점화^플러그(點火plug)명 내연 기관에서, 압축된 혼합 기체에 불을 붙이기 위하여, 고압 전류를 흘려서 불꽃 방전을 일으키는 점화용 부품. 발화전(發火栓). 점화전. 플러그.

점획(點畫)[-획/-휙]명 (글자를 이루는) 점(點)과 획(畫).

점후(占候)명하타 구름의 모양·빛·움직임 따위를 보고 길흉을 점치는 일.

접의 (마늘·과일 따위를 셀 때) 100개를 한 단위로 이르는 말. ¶ 마늘 한 접. /오이 두 접.

접(接)명 ①글방 학생이나 과거에 응시하는 유생(儒生)들이 모여 이룬 동아리. 거접(居接). ②보부상의 무리. ③동학(東學)의 교구(敎區). ③포(包)[3].

접(椄)명하타 ☞접목(椄木). ¶ 접을 붙이다.

접-가지(椄-)[-까-]명하타 나무를 접붙일 때, 접본(椄本)에 나뭇가지를 붙임, 또는 그 붙이는 나뭇가지. 접수(椄穗). 접순(椄筍).

접각(接角)[-깍]명 평면 상의 두 개의 각이 꼭짓점과 한 변을 공유할 때, 그 한쪽의 각을 다른 쪽 각에 대하여 이르는 말.

접객(接客)[-깩]명하자 손님을 대접함. 접빈(接賓).

접객-부(接客婦)[-깩뿌]명 ☞접대부(接待婦).

접객-업(接客業)[-깨겁]명 (다방·음식점·목욕탕·여관 따위와 같이) 일정한 요금을 받고 손님을 접대하는 영업.

접거(接居)[-꺼]명하자 한동안 임시로 머물러 삶.

접견(接見)[-견]명하타 ①(신분이 높은 사람이) 공식적으로 손님을 만나 봄. ¶ 대통령이 외국 사절(使節)을 접견하다. ②구속된 피의자나 수형자(受刑者)가 변호사 등 외부 사람을 만나는 일.

접견-실(接見室)[-견-]명 ①공식적으로 손님을 만나 보는 방. ②구속된 피의자나 수형자(受刑者)가 변호사 등 외부 사람을 만나는 방.

접경(接境)[-경]명하자되자 (두 지역의) 경계가 서로 맞닿음, 또는 그 맞닿은 경계. 교계(交界). 연경(連境). 접계(接界).

접계(接界)[-계/-께]명하자되자 ☞접경(接境).

접골(接骨)[-꼴]명하타되자 서로 어긋나거나 부러진 뼈를 이어 맞춤. 정골(整骨).

접골-사(接骨師)[-꼴싸]명 (외과 수술에 의하지 않고) 주로 부목(副木)·안마·깁스 따위의 방법으로 골절·탈구 등을 치료하는 사람.

접구(接口)[-꾸]명하타 음식을 겨우 입에 대는 시늉만 함. 근구(近口).

접근(接近)[-끈]명하자되자 가까이 함. 바싹 다가붙음. 근접(近接).

접-낫[점낟]명 (날이 동그랗게 휘어진) 자그마한 낫. *접낫이[점나시]·접낫만[점난-]

접-눈(椄-)[점-]명 접붙이기 위하여 접가지에 함께 붙여서 도려낸 눈. 접아(椄芽).

접다[-따]타 ①(천이나 종이 따위의 너비가 있는 물건을) 꺾어서 겹치게 하다, 또는 그렇게 하여 어떤 모양을 만들다. ¶ 종이를 접다. /비행기를 접다. ②(펴진 것을) 본디의 모양이 되게 하다. ¶ 우산을 접다. /날개를 접다. ③(의견이나 주장 따위를) 미루어 두다. ¶ 그 생각은 일단 접어 두자. ④〈접어주다〉의 준말.

접대(接待)[-때]명하타 ①☞대접(待接). ②손님을 맞이하여 시중을 듦. ¶ 접대를 받다.

접대(接對)[-때]명하타 (찾아온 이를) 맞이하여 대면함.

접대(椄臺)[-때]명 ☞접본(椄本).

접대-등절(接待等節)[-때-]명 손님을 접대하는 여러 가지 예절.

접대-부(接待婦)[-때-]명 술집 따위에서 손님을 접대하는 일을 직업으로 하는 여자. 접객부(接客婦).

접대-비(接待費)[-때-]명 손님을 접대하는 데 드는 비용.

접-대패(接-)[-때-]명 대패의 한 가지. 나뭇결을 곱게 깎기 위하여 날 위에 덧날을 끼운 대패.

접도(椄刀)[-또]명 (나무를 접붙일 때에) 접본을 째거나 접눈을 도려내는 데 쓰는 칼.

접도(摺刀)[-또]명 ☞접칼.

접도^구역(接道區域)[-또-]명 도로의 보호, 미관의 보존, 위험 방지 및 앞으로의 도로 확장용 공간 확보를 위하여 법으로 지정한 구역.

접동-새명 '두견이'의 방언.

접두-사(接頭辭)[-뚜-]명 어근(語根) 앞에 붙어서 그 뜻을 제한하는 접사. 〔'덧버선'·'개나리' 따위에서 '덧-'·'개-'와 같은 것.〕 머리가지. 앞가지[2]. 접두어. ↔접미사.

접두-어(接頭語)[-뚜-]명 ☞접두사.

접등(摺燈)[-뜽]명 초나 등잔 따위를 넣게 되어 있는 등. 주로 종이로 만들어져 접었다 폈다 할 수 있도록 주름이 잡혀 있음.

접ː때 Ⅰ명 지난 지 며칠 되지 않은 그때. 지난때. 지난번. 향시(向時). ¶ 접때는 어디 갔었니? Ⅱ부 지난 지 며칠 되지 않은 그때에. ¶ 그 친구는 접때 만나 보았다.

접린(接隣)[점닌]명하자 서로 이웃하여 가까이 닿음, 또는 그러한 이웃.

접맥(接脈)[점-]명하자·타 맥락(脈絡)이 닿음. 맥을 이음.

접목(接目)[점-]명하자 (잠을 자려고) 눈을 감음.

접목(椄木·接木)[점-]명하타 ①나무를 접붙임, 또는 그 나무. 접붙이기. 접(椄). ②'둘 이상의 다른 현상 따위를 알맞게 조화시킴'을 비유하여 이르는 말. ¶ 국악에 대중가요를 접목하다. 참실생(實生).

접문(接吻)[점-]명하자 입맞춤.

접문(接問)[점-]명하타 대면하여 물어봄.

접물(接物)[점-]명하자 물건에 접함.

접미-사(接尾辭)[점-]명 어근(語根) 뒤에 붙어서 그 뜻을 돕거나 품사를 바꾸는 접사. 〔'말하기'·'선생님' 따위에서 '-기'·'-님'과 같은 것.〕 끝가지. 뒷가지[2]. 발가지. 접미어. ↔접두사.

접미-어(接尾語)[점-]명 ☞접미사.

접-바둑[-빠-]명 바둑에서, 하수(下手)가 미리 화점(花點)에 두 점 이상을 놓고 두는 바둑.

접변(接變)[-뼌]명하자 어떤 음(音)이 이웃해 있는 다른 음의 영향으로 다르게 발음되는 현상.

접본(椄本)[-뽄]명 접붙일 때 바탕이 되는 나무. 대목(臺木). 접대(椄臺).

접-붙이기(椄-)[-뿌치-]명하타 나무의 품종 개량이나 번식을 위해 접가지를 접본(椄本)의 부름켜에 맞대어 붙이는 일. 접(椄). 접목(椄木).

접-붙이다(椄-)[-뿌치-]타 (나무의 가지나 눈을 잘라서) 다른 나무의 줄기나 가지에 옮겨 붙이다.

접빈(接賓)[-삔]명하자 ☞접객(接客).

접빈-실(接賓室)[-삔-]명 ☞응접실.

접사(接邪)[-싸]명하자 〔요사스럽고 못된 귀신이 붙었다는 뜻으로〕 시름시름 앓는 병에 걸림을 이르는 말.

접사(接寫)[-싸]명하타 렌즈를 피사체 가까이에 대고 찍음.

접사(接辭)[-싸]명 단어의 어근(語根) 앞이나 뒤에 붙어 그 뜻을 더하거나 품사를 바꿈으로써 새로운 단어를 만드는 형태소(形態素). 어근에 붙는 자리에 따라 접두사와 접미사로 구별됨. 씨가지.

접사리[-싸-]명 모내기할 때 쓰는 비옷의 한 가지. 띠나 밀짚 따위를 섞어서 만드는데, 머리에 덮어써서 무릎 가까이까지 이르게 만듦.

접석(接席)[-썩]명하자 자리를 가까이 붙이어 앉음.

접선(接線)[-썬]명 ①곡선이나 곡면의 한 점에 닿는 직선. 절선(切線). 촉선(觸線). 참할선(割線). ②하자줄을 대어 만남. ¶ 그쪽 사람들과 접선이 되었다.

접선(摺扇)[-썬]명 ☞쥘부채.

접속(接續)[-쏙]명하타되자 (서로 맞닿게) 이음.

접속-곡(接續曲)[-쏙꼭]명 여러 악곡의 일부씩을 접속하여 한 곡으로 엮은 곡. 메들리.

접속-범(接續犯)[-쏙뻠]명 시간적·공간적으로 거의 같은 기회에 여러 가지의 비슷한 범죄를 저지르는 일, 또는 그 범인.

접속^부ː사(接續副詞)[-쏙뿌-]명 부사의 한 갈래. 문장에서 성분과 성분, 문장과 문장을 이으면서 뒤의 말을 꾸미는 말. 〔가령, '지구는 돈다. 그러나 아무도 그것을 믿지 않았다.'에서 '그러나'와 같은 것.〕

접속-사(接續辭)[-쏙싸]명 ☞접속어.
접속^수역(接續水域)[-쏙쑤-]명 영해(領海) 가까이에 이어진 일정한 범위의 공해(公海) 수역. 인접 수역.
접속-어(接續語)[-쏘거]명 문장에서, 성분과 성분 또는 문장과 문장을 이어 주는 말. 접속사(接續辭).
접속^조:사(接續助詞)[-쏙쪼-]명 단어와 단어, 문장과 문장을 같은 자격으로 잇는 소사. 〔'와·과·하고' 따위.〕 이음토씨.
접솔(接率)[-쏠]명 지난날, 과거를 보는 사람과 그에 딸린 여러 사람을 이르던 말.
접수(接收)[-쑤]명하타되자 ①(돈이나 물건 따위를) 받음. ②권력 기관이, 필요에 따라 국민의 소유물을 일방적으로 거두어들임, 또는 그 일. ¶ 점령군이 방송국을 접수하다.
접수(接受)[-쑤]명하타되자 ①공문서 따위의 서류나, 구두로 신청한 사실들을 처리하기 위하여 받아들임. ¶ 서류 접수 마감. ②돈이나 물건 따위를 받음. ¶ 부의금 접수.
접수(椄穗)[-쑤]명하타 ☞접가지.
접수-국(接受國)[-쑤-]명 다른 나라의 외교 사절을 받아들이는 쪽의 나라.
접수-증(接受證)[-쑤쯩]명 접수한 사실을 증명하는 문서.
접수-처(接受處)[-쑤-]명 접수 사무를 맡아보는 곳.
접순(椄筍)[-쑨]명하타 ☞접가지.
접순(接脣)[-쑨]명하타 ☞근구(近口).
접슬(接膝)[-쓸]명하자 (바싹 가까이하여) 무릎을 맞대고 앉음.
접시[-씨]명 운두가 낮고 짝 바라진 납작한 그릇. 과일이나 반찬 따위를 담는 데 쓰임.
접시 밥도 담을 탓이다속담 무슨 일이나 머리를 써서 솜씨 있게 하기 나름이라는 뜻.
접시-꽃[-씨꼳]명 아욱과의 다년초. 중국 원산의 관상용 식물로, 높이 2.5 m가량. 잎은 넓은 심장 모양이며 가장자리가 5~7개로 갈라짐. 6월경에 잎겨드랑이마다 접시 모양의 빨강·하양·자줏빛의 꽃이 핌. 규화(葵花). 촉규(蜀葵). ＊접시꽃이[-씨꼬치]·접시꽃만[-씨꼰-]
접시-돌리기[-씨-]명 접시를 손가락이나 막대 따위의 끝에 올려놓고 돌리는 곡예.
접시-받침[-씨-]명 두공·장여·첨차·한대·화반 따위를 괴는 데 쓰는 네모진 나무. 소로(小櫨). 소루(小累).
접시-천칭(-天秤)[-씨-]명 (약품의 조제 따위에 쓰이는) 접시가 위쪽에 붙은 천칭.
접신(接神)[-씬]명하자 신이 사람의 몸에 내리어 서로 영(靈)이 통하는 일.
접심(接心)[-씸]명하자 마음이 바깥 세계의 사물에 대하여 느낌, 또는 그 일.
접아(椄芽)명 ☞접눈.
접안(接岸)명하자 배를 안벽(岸壁)이나 뭍에 댐. ¶ 접안 시설.
접안-경(接眼鏡)명 ☞접안렌즈. ↔대물경.
접안-렌즈(接眼lens)명 (망원경·쌍안경·현미경 따위에서) 눈에 가까이 닿는 쪽의 렌즈. 대안렌즈. 접안경(接眼鏡). ↔대물렌즈.
접어(接語)명하자 말을 서로 주고받음.
접어(鰈魚)명 ☞가자미.
접어-놓다[-노타]타 젖혀 놓고 관심을 두지 아니하다. ¶ 과거는 접어놓고 앞으로 더 잘하자.
접어-들다[~드니·~들어]자 ①어느 시기나 나이에 이르다. ¶ 장마철로 접어들다. /갱년기에 접어들다. ②어느 지점을 넘거나 들어서다. ¶ 지름길로 접어들다. 작잡아들다.
접어-주다타 ①자기보다 못하거나 흠이 있는 사람을 너그러이 생각하여 주다. ¶ 나이 어린 사람이 한 잘못이니 자네가 접어주어야지. ②바둑·장기 등에서, 수가 낮은 사람에게 좋은 조건을 붙여 주다. ¶ 두 점 접어주고 두는 바둑. 준접다.
접역(鰈域)명 〔모양이 가자미와 비슷하다는 데서〕 한때 우리나라를 이르던 말.
접영(蝶泳)명 수영법의 한 가지. 두 팔을 뒤에서 앞으로 크게 휘돌러 물을 끌어당기고, 두 다리로 동시에 물을 차며 나아감.
접-요[점뇨]명 짐승의 털을 두어서 병풍처럼 접었다 폈다 할 수 있도록 만든 요. 〔먼 길을 갈 때 씀.〕
접요-사(接腰辭)명 다른 말의 중간에 끼어, 그 뜻을 바꾸거나 어조를 고르는 구실을 하는 접사. 〔현재 학교 문법에서는 접요사가 인정되지 않음.〕 삽요사(揷腰辭).
접-의자(摺椅子)[저븨-/저비-]명 접을 수 있도록 만든 의자.
접이(接耳)명하자 남의 귀에 입을 대고 소곤거림. 귀엣말을 함.
접-자[-짜]명 접었다 폈다 할 수 있게 만든 자. 절척(折尺).
접잠(蝶簪)[-짬]명 ☞나비잠.
접장(接長)[-짱]명 ①조선 시대에, 접(接)의 우두머리를 일컫던 말. ②보부상의 우두머리.
접장(接狀)[-짱]명하자 서류를 접수함.
접적(接敵)[-쩍]명하자 ①적과 맞부딪침. ②적진에 가까이 다가감.
접전(接戰)[-쩐]명 ①서로 힘이 비슷하여 좀처럼 승부가 나지 않는 싸움. ¶ 접전이 예상되다. /팽팽한 접전을 벌이다. ②하자 적에게 가까이 다가가 싸움.
접점(接點)[-쩜]명 수학에서, 곡선 또는 곡면에 접선이나 접평면이 닿는 점. 절점(切點).
접제(接濟)[-쩨]명하타 ①살림살이에 필요한 물건을 차림. ②살아갈 길을 세움.
접족(接足)[-쪽]명하자 (어떤 자리에 들어가기 위해) 발을 들여놓음. 디디고 들어감.
접종(接種)[-쫑]명하타되자 병의 예방·치료·진단 또는 실험 등을 위하여 병원균이나 독소 따위를 사람 또는 동물의 몸 안에 집어넣는 일. ¶ 예방 접종.
접종(接踵)[-쫑]명하자 〔앞사람의 발꿈치에 뒷사람의 발끝이 닿는다는 뜻으로〕 ①남의 뒤에 바싹 붙어서 따름. ②일이 잇달아 일어남. ¶ 접종하는 교통사고. 종접(踵接).
접지(接地)[-찌]명하타 감전(感電)을 피하기 위하여 전기 기기를 전선으로 이어 땅에 연결하는 일, 또는 그 장치. 어스.
접지(椄枝)[-찌]명하타 접본(椄本)에 나뭇가지를 접붙이는 일, 또는 그 접붙이는 나뭇가지.
접지(摺紙)[-찌]명하타되자 ①종이를 접음, 또는 접은 종이. ②책을 꾸밀 때, 인쇄된 종이를 페이지의 차례대로 접는 일.
접지-기(摺紙機)[-찌-]명 접지하는 기계.
접지-선(接地線)[-찌-]명 접지를 할 때 전기 기기와 땅을 연결하는 전선. 어스선.
접-질리다[-찔-]자타 (팔다리의) 관절이 심한 충격으로 지나치게 접혀서 삔 지경에 이르다. ¶ 발목이 접질리다.
접착(接着)명하자되자 착 달라붙음.

접착-제(接着劑)[-쩨]명 두 물체를 접착하는 데 쓰이는 물질. 〔풀·아교·천연고무·본드 따위.〕
접책(摺册)명 ①종이를 앞뒤로 가지런하게 여러 겹 접어 책처럼 꾸민 것. ②장첩(粧帖)으로 꾸민 책.
접철(摺綴)명하타 접어서 한데 맴.
접첨-접첨부하타 여러 번 접어서 포갠 모양.
접첩(摺帖)명 접을 수 있도록 만든 서화첩.
접촉(接觸)명하자타되자 ①다가가서 닿음. 서로 닿음. ¶ 접촉 사고. /피부 접촉에 의한 전염. ②다른 사람과 교섭을 가짐. ¶ 그는 예술인과의 접촉이 잦다.
접촉^감:염(接觸感染)[-까명]명 ☞접촉 전염.
접촉^광:물(接觸鑛物)[-꽝-]명 암석이 접촉 변성 작용을 받았을 때, 본디 암석 중의 광물이 재결정(再結晶)하여 생긴 새로운 광물. 〔홍주석·흑운모 따위.〕
접촉-렌즈(接觸lens)명 ☞콘택트렌즈.
접촉^반:응(接觸反應)[-빠능]명 촉매와 반응 물질과의 균일하지 않은 상(相)의 계면(界面)에서 진행하는 촉매 반응. 보통, 고체 촉매에 의한 불균일 촉매 반응을 이름.
접촉-법(接觸法)[-뻡]명 고체 촉매의 표면에서 기체나 액체가 반응하는 경우와 같이, 균일하지 않은 상(相)의 계면(界面)에서 일어나는 촉매 반응을 사용하는 방법.
접촉^변:성암(接觸變成岩)[-뼌-]명 땅속 깊은 곳에서 올라온 마그마의 높은 열과 접촉하여 구조·성분·조직 따위가 변한 암석.
접촉^변:성^작용(接觸變成作用)[-뼌-]명 마그마가 주변의 바위에 접촉하여 그것을 접촉 변성암으로 변화시키는 작용.
접촉^운:동(接觸運動)명 (채송화 따위에서 수꽃술을 건드리면 건드린 쪽으로 수꽃술들이 몰리는 것처럼) 외부의 접촉으로 말미암아 일어나는 식물의 운동.
접촉^작용(接觸作用)[-짜굥]명 접촉 반응에 있어서 촉매가 반응을 촉진 또는 방해하는 작용.
접촉^저:항(接觸抵抗)[-쩌-]명 두 도체(導體)의 접촉면에 생기는 전기 저항.
접촉^전:기(接觸電氣)[-쩐-]명 종류가 다른 금속 또는 절연물(絶緣物)을 접촉시키고서 떼어 낼 때 생기는 전기.
접촉^전염(接觸傳染)[-쩌념]명 피부나 점막에, 병원균이 있는 배설물·분비물·소지품 따위가 닿아서 생기는 전염. 접촉 감염.
접촉-제(接觸劑)[-쩨]명 ①접촉 반응을 일으키는 촉매. ②해충의 몸에 닿으면 신경을 마비시키거나 기문(氣門)을 폐쇄시켜 살충 효과를 나타내는 살충제의 한 가지. 〔DDT·니코틴 따위.〕
접치다[1]자 〈접치이다〉의 준말. ¶ 포장지가 잘 접친다.
접-치다[2]타 '접다'의 힘줌말. ¶ 종이를 접치다.
접치-이다자 〖'접치다[2]'의 피동〗 접침을 당하다. 준접치다[1].
접침(摺枕)명 ①짐승의 털을 두툼하게 두고, 드문드문 누빈 여러 조각을 포개어 만든 베개. ②다리를 접었다 폈다 하도록 만든 목침.
접-침상(摺寢牀)명 접었다 폈다 할 수 있게 만든 침상.
접침-접침부하타 되는대로 이리저리 접힌 모양. ¶ 이불을 접침접침 개다.
접-칼명 접었다 폈다 할 수 있게 만든 칼. 접도(摺刀).
접-톱명 날을 자루 속으로 접어 넣을 수 있게 만든 톱.
접-평면(接平面)명 곡면(曲面) 위의 한 점에 접하는 평면.
접피-술(接皮術)명 상처나 흉터에 피부를 이식(移植)하는 외과 수술.
접-하다(接-)[저파-] Ⅰ자타여 ①이어서 닿다. ¶ 내 고향은 바다와 접해 있다. ②어떤 일에 부닥치다. ¶ 어려운 일에 접하더라도 포기하지 마라. ③어떤 사람과 가까이하다. ¶ 이웃과 접할 기회를 자주 만들어라.
Ⅱ타여 ①소식 따위를 듣게 되다. ¶ 기쁜 소식을 접하다. ②귀신이 지피다.
접합(接合)[저팝]명 ①하자타되자 한데 이어 붙이거나 서로 닿아서 맞붙음. ¶ 접합 수술. ②유성 생식에서, 암수 구별이 없는 동형(同形)의 생식 세포가 서로 달라붙는 현상.
접합-부(接合符)[저팝뿌]명 ☞붙임표.
접합-자(接合子)[저팝짜]명 두 개의 배우자(配偶子)가 접합하여 생긴 세포.
접합^재료(接合材料)[저팝째-]명 조선(造船)·건축 등에서 접합에 쓰이는 재료. 〔리벳·볼트·못·나사못·땜납·아교·풀 따위.〕
접형-골(蝶形骨)[저평-]명 척추동물의 두개(頭蓋)에 연골성(軟骨性)으로 발생하여, 눈 부근에서 두개의 밑 중앙에까지 자리 잡은, 보통 여섯 개로 된 나비 모양의 뼈.
접형^화관(蝶形花冠)[저평-]명 좌우 상칭(左右相稱)이며 나비와 비슷한 모양의 꽃부리.
접-히다[저피-]자 〖'접다'의 피동〗 접음을 당하다. ¶ 책장이 접히다.
젓[젇]명 멸치·새우·조기 따위 생선의 살·알·창자 등을 소금에 짜게 절이거나 양념하여 삭힌 것. 〔멸치젓·새우젓 따위.〕 *젓이[저시]·젓만[전-]
젓-가락[저까-/전까-]명 나무나 쇠붙이 따위로 가늘고 길게 만들어 음식이나 그 밖의 물건을 집는 데 쓰는 한 벌의 막대기. 저. ¶ 젓가락 한 벌. 준젓갈[2].
젓가락으로 김칫국을 집어 먹을 놈속담 어리석고 용렬하여 어이없는 짓을 하는 사람에게 하는 말.
젓가락-나물[저까랑-/전까랑-]명 미나리아재빗과의 이년초. 햇볕이 잘 드는 풀밭에서 자라는데, 줄기는 60 cm가량이고 온몸에 거친 털이 나 있음. 여름에 노란 꽃이 핌.
젓가락-질[저까-찔/전까-찔]명하자 젓가락으로 음식을 집어 먹거나 물건 따위를 집는 일.
젓-갈[1][젇깔]명 젓으로 담근 음식.
젓갈 가게에 중속담 아무 상관도 없는 사람이 나타남을 이르는 말.
젓-갈[2][저깔/젇깔]명 〈젓가락〉의 준말.
젓갈-붙이[젇깔부치]명 젓갈 종류에 딸린 음식.
젓-갖[젇깓]명 매의 두 발을 따로따로 잡아매는 가느다란 가죽 끈. *젓갖이[젇까지]·젓갖만[젇깐-]
젓개-질[젇깨-]명하타 액체나 가루 따위를 식히거나 섞기 위하여 휘젓는 짓.
젓-국[젇꾹]명 젓갈이 삭아서 우러나온 국물.
젓국-수란(-水卵)[젇꾹쑤-]명 젓국을 탄 물에 쇠고기나 파 따위를 썰어 넣고 끓이다가, 달걀을 깨뜨려 넣어 반쯤 익힌 반찬.
젓국-지[젇꾹찌]명 조기 젓국으로 간을 맞추어 담근 김치.
젓나모명 〈옛〉 전나무. ¶ 젓나모: 檜松(譯解下*41*).

젓ː다[전따][저으니·저어]타ㅅ ①액체의 온도나 농도를 고르게 하려고 막대기 따위로 휘둘러 섞다. ¶ 주걱으로 죽을 젓다. ②배를 움직이려고 노를 두르다. ¶ 배를 저어 가다. ③부정(否定)의 뜻을 나타내려고 손이나 머리를 가볍게 이리저리 흔들다. ¶ 고개를 젓다. ④신체의 일부를 일정한 방향으로 계속해서 움직이다. ¶ 팔을 힘차게 저으며 걷다. ⑤(짐승이) 꼬리를 흔들다.

-젓다 접미 〈옛〉-롭다. -스럽다. ¶ 마시 香氣젓더니(月釋*1:43*).

젓-대[저때/젇때]명 '저(笛)'를 달리 이르는 말.

젓-조기[젇쪼-]명 (잡아 올 때부터 미리 제쳐 놓은) 젓을 담그기에 딱 알맞은 조기.

정ː[1]명 돌에 구멍을 뚫거나 쪼아서 다듬는 데 쓰는, 쇠로 만든 연장.

정ː[2]부 정말로. 참으로. ¶ 정 가겠다면 내일 아침에 가거라.

정(丁)명 ①십간(十干)의 넷째. ②(십간의 차례로 등급이나 차례를 매길 때) '넷째'를 뜻하는 말. ③〈정방(丁方)〉의 준말. ④〈정시(丁時)〉의 준말. ⑤(짐승이) 꼬리를 흔들다.

정(井)명 ①〈정성(井星)〉의 준말. ②〈정괘(井卦)〉의 준말.

정ː(正)명 ①옳고 바름. 옳고 바른 일. ↔사(邪). ②변증법의 세 단계의 하나. 정립(定立). ↔반(反). 참정반합(正反合).

정(疔)명 한방에서, 화농균이 침입하여 뼈마디에 생기는 부스럼을 이르는 말. 불에 덴 것처럼 부풀고 고름이 들며 몹시 아픔. 정저(疔疽). 정종(疔腫).

정ː(定)명 불교에서 이르는, 마음을 한곳에 머물게 하여 흐트러뜨리지 않는 안정된 상태. 선정(禪定).

정(情)명 ①무엇을 보거나 듣거나 하여 느끼게 되는 마음의 움직임. 감정(感情). ②사귐이 깊어 감에 따라 더해 가는 친근한 마음. ¶ 낳은 정보다 기른 정이 더 깊다. ③남을 염려하여 헤아리는 마음. ¶ 연민의 정을 느끼다. ④(남이라고 여기지 않을 만큼 두터운) 남녀 간의 애정. ¶ 부부간의 정. ⑤심리학에서, 마음을 이루는 두 요소 가운데의 한 가지. 곧, 이지적인 요소에 대하여 감동적인 요소를 이름.

정 각각 흉 각각 속담 정이 쏠리더라도 흉은 남아 있고, 흉이 있어도 정이 막히지는 않는다는 말.

정에서 노염이 난다 속담 〔정이 깊이 들면 좋아하는 마음이 크기 때문에 노염이 잘 난다는 뜻으로〕 정다운 사이일수록 예의를 지켜야 한다는 말.

정을 쏟다 관용 정성을 다해 사랑하다. 애정을 기울이다.

정을 통하다 관용 부부가 아닌 남녀가 관계를 가지다.

정(旌)명 깃대 끝에 늘어뜨린 장목을 새의 깃으로 꾸민 기(旗).

정(鉦)명 ☞징1.

정ː(鼎)명 〈정괘(鼎卦)〉의 준말.

정(精)명 ①〈정기(精氣)〉의 준말. ②〈정령(精靈)〉의 준말. ③〈정수(精髓)〉의 준말. ④〈정액(精液)〉의 준말.

정(町)의 ①거리의 단위. 60칸, 곧 360자. 약 109.1 m. ②지적(地積)의 단위. 10단(段), 곧 3000평. 약 0.99 ha.

정(梃·挺)의 〔'자루'의 뜻으로〕 총·노(櫓)·호미·삽·먹 따위를 세는 단위. ¶ 소총 3정.

정ː(正)수관 간(澗)의 1만 배, 재(載)의 1만분의 1이 되는 수(의). 곧, 10^{40}.

정-(正)접두 《일부 명사 앞에 붙어》 ①'올바름'·'바름'의 뜻을 나타냄. ¶ 정삼각형. ②'부(副)'·'준(準)'에 대하여, 주장의 위치임을 뜻함. ¶ 정교사. /정회원. ③'종(從)'에 대하여, 한 자리 높은 품계임을 뜻함. ¶ 정일품. /정이품.

-정(亭)접미 《일부 명사 뒤에 붙어》 '정자(亭子)'의 뜻을 나타냄. ¶ 노인정. /세검정. /팔각정(八角亭).

-정(艇)접미 《일부 명사 뒤에 붙어》 '규모가 작은 배'의 뜻을 나타냄. ¶ 경비정. /어뢰정.

-정(整)접미 돈의 액수 뒤에 쓰이는 말. ¶ 삼만원정.

-정(錠)접미 《일부 명사 뒤에 붙어》 '알약'의 뜻을 나타냄. ¶ 당의정. /발포정.

정가[1]명하타 지난 허물이나 흠을 초들어 흉봄. ¶ 까맣게 잊고 있던 지난 일을 정가하여 난처하게 만들다.

정가[2]명 명아줏과의 일년초. 높이 1 m가량. 줄기와 잎에서 독특한 냄새가 나고 여름에 연분홍의 꽃이 핌. 한방에서 온 그루를 말리어 약재로 씀. 형개(荊芥).

정ː가(正價)[-까]명 에누리 없는 값.

정ː가(定價)[-까]명 ①(상품의) 정한 값. ¶ 정가 판매. ②하타 값을 매김.

정ː가(政街)명 정치인을 중심으로 형성된 사회.

정ː-가교(正駕轎)명 임금이 타고 있는 가교. 참공가교(空駕轎).

정ː-가극(正歌劇)명 ☞그랜드 오페라.

정ː각(正角)명 ☞양각(陽角).

정ː각(正刻)명 (틀림없는) 바로 그 시각. ¶ 12시 정각에 출발하다.

정ː각(正覺)명 (진리를 터득한) 부처의 깨달음. 가장 올바른 깨달음.

정ː각(定刻)명 정해진 시각. ¶ 비행기는 정각에 도착했다.

정각(亭閣)명 ☞정자(亭子).

정각(頂角)명 '꼭지각'의 구용어.

정ː-각기둥(正角-)[-끼-]명 밑면이 정다각형이고, 꼭 같은 직사각형의 옆면들과 직교(直交)하는 각기둥.

정ː-각뿔(正角-)명 밑면이 정다각형이고, 꼭짓점에서 밑면으로 내린 수선(垂線)이 밑면의 중심을 지나는 각뿔.

정ː-각주(正角柱)[-쭈]명 '정각기둥'의 구용어.

정ː-각추(正角錐)명 '정각뿔'의 구용어.

정간(井間)명 ('井' 자처럼) 가로세로의 평행선을 여러 개 그은 바둑판 모양의 칸살. 사란(絲欄). ¶ 정간을 친 공책.

정ː간(正諫)명하타 (윗사람에게) 바른말로 충고함.

정간(停刊)명하타되자 신문·잡지 따위 정기 간행물의 간행을 감독관청의 명령으로 한때 중지함. ¶ 정간 처분을 당하다.

정간(楨幹)명 〔담을 쌓을 때 양쪽에 세우는 나무라는 뜻으로〕 사물을 지탱하는 중요한 것.

정간-보(井間譜)명 정간(井間)을 쳐서 소리의 길이를 나타낸 옛 악보. 조선 세종 때 창안되었음. 참향악보(鄕樂譜).

정간-자(釘竿子)명 물레의 가락.

정간-지(井間紙)명 (글씨를 쓸 때 간격을 고르게 하기 위하여 종이 밑에 받치는) 정간(井間)을 친 종이.

정갈-스럽다 [-따] [~스러우니·~스러워] 형ㅂ 보기에 정갈한 데가 있다. **정갈스레** 부 ¶ 정갈스레 차린 음식.
정갈-하다 형여 (모양이나 옷 따위가) 깨끗하다. ¶ 정갈한 옷차림. /음식을 정갈하게 차리다. **정갈-히** 부.
정감(情感) 명하타 정조와 감흥을 불러일으키는 느낌. ¶ 정감 넘치는 노래. /정감을 자아내다.
정갑(精甲) 명 ☞정병(精兵).
정강(政綱) 명 (정부나 정당이 내세우는) 정치상의 중요 방침. 정치의 강령(綱領).
정강(精鋼) 명 정련(精鍊)한 강철.
정강-다리 명 '정강이'의 잘못.
정강-마루 명 정강이뼈 거죽에 마루가 진 곳.
정강-말 명 〔정강이 힘으로 걷는 말이라는 뜻으로〕 아무것도 타지 않고 자기 발로 걸어감을 곁말로 이르는 말. 적각마(赤脚馬).
정강이 명 아랫다리 앞쪽의, 뼈가 있는 부분.
정강이-뼈 명 하퇴골(下腿骨)의 하나. 종아리의 안쪽에 있는 긴 뼈. 경골(脛骨).
정ː개(定改) 명 가톨릭에서, 고해(告解)의 다섯 가지 요건 가운데의 한 가지를 이르는 말. 다시는 죄를 짓지 않기로 결심하는 일.
정ː객(正客) 명 주된 손님. 정빈(正賓).
정객(政客) 명 정치를 일삼아 하는 사람. 정계에서 활동하는 사람.
정거(停車) 명하자타 가던 차가 멎음, 또는 가던 차를 멎게 함. 정차(停車).
정거(停擧) 명하타 조선 시대에, 부정행위를 한 유생(儒生)에게 얼마 동안 과거를 보지 못하게 하던 벌.
정거(靜居) 명하자 세상일에서 떠나 조용하고 한가로이 지냄.
정거-장(停車場) 명 열차가 멈추어서 승객이나 화물을 싣고 내릴 수 있도록 정하여진 곳. 참역(驛)·정류장.
정걸(挺傑) 명 남달리 썩 잘남, 또는 그런 사람.
정ː격(正格) [-껵] 명 올바른 격식. 정당한 규격. ↔변격(變格).
정ː격(定格) [-껵] 명 발전기·변압기·전동기·진공관 따위의 전기 기기에 대하여 제조자가 규정한 사용 상태. ¶ 정격 전압. /정격 전류. /정격 출력.
정ː견(正見) 명 팔정도의 하나. 바른 도리를 깨달음.
정ː견(定見) 명 일정한 견식(見識)이나 주견(主見). ¶ 정견이 없는 사람.
정견(政見) 명 정치상의 의견. 정치에 관한 식견. ¶ 정견 발표.
정결(貞潔) 명하형 정조가 곧고 행실이 깨끗함. ¶ 정결한 부인. **정결-히** 부.
정결(淨潔) 명하형스형 맑고 깨끗함. 참건정(乾淨)하다. **정결-히** 부. **정결스레** 부.
정결(精潔) '정결하다'의 어근.
정결-스럽다(精潔-) [-따] [~스러우니·~스러워] 형ㅂ 깨끗하고 조촐한 느낌이 있다. **정결스레** 부.
정결-하다(精潔-) 형여 깨끗하고 조촐하다. **정결-히** 부 ¶ 몸을 정결히 하다.
정-겹다(情-) [-따] [~겨우니·~겨워] 형ㅂ 정이 넘치는 듯하다. 아주 다정하다. ¶ 모자간의 모습이 정겹다.
정ː경(正逕) 명 올바른 길. 정도(正道).
정ː경(正經) 명 ①행하여야 할 바른 도리. ②기독교에서, 구약과 신약을 아울러 이르는 말. 가톨릭에서는 신약과 구약 외에 '외경(外經)'까지 합해서 이름.
정경(政經) 명 정치와 경제. ¶ 정경 유착.
정경(情景) 명 마음에 감흥을 불러일으킬 만한 경치나 장면. ¶ 비참한 정경. /그 감격스럽던 정경이 아직도 눈에 선하다.
정ː경-대원(正經大原) 명 옳고 바른 길과 큰 원칙.
정경-부인(貞敬夫人) 명 조선 시대, 외명부의 한 품계. 정일품·종일품 문무관의 아내의 칭호.
정ː계(正系) [-계/-게] 명 ☞정통(正統).
정ː계(定界) [-계/-게] 명하타 일정한 경계나 한계를 정함, 또는 그 경계나 한계.
정계(政界) [-계/-게] 명 〈정치계(政治界)〉의 준말. ¶ 정계에 투신하다.
정계(淨界) [-계/-게] 명 ①〔깨끗한 곳이라는 뜻으로〕 신불(神佛)을 모시는 곳을 이르는 말. ②☞정토(淨土).
정계(晶系) [-계/-게] 명 〈결정계(結晶系)〉의 준말.
정계(精系) [-계/-게] 명 고환(睾丸)에서 복벽(腹壁)으로 이어져 있는 새끼손가락만 한 크기의 줄. 편평한 원기둥 모양으로, 수정관·임파선·신경·동맥·정맥 따위가 들어 있음.
정ː계-비(定界碑) [-계-/-게-] 명 조선 숙종 38(1712)년에, 청나라와 국경을 정하기 위하여 백두산에 세운 비.
정ː계-항(定繫港) [-계-/-게-] 명 선박을 매어 두거나 머물게 하는 일정한 항구.
정고(艇庫) 명 보트를 넣어 두는 창고.
정ː곡(正鵠) 명 ①과녁의 한가운데가 되는 점. ¶ 화살이 정곡에 꽂히다. ②'목표 또는 핵심이 되는 것'을 비유하여 이르는 말. ¶ 정곡을 찌르다.
정곡(情曲) 명 간절하고 곡진한 정. 심곡(心曲).
정ː골(整骨) 명하타되자 ☞접골(接骨).
정ː공(正攻) 명하타 ①정면(正面)으로 하는 공격. ②(계략 따위를 쓰지 않고) 정정당당히 하는 공격.
정공(精工) 명하타 정교하게 세공함, 또는 정교한 세공(細工).
정공-법(正攻法) [-뻡] 명 ①정면(正面)으로 공격하는 방법. ②(계략 따위를 쓰지 않고) 정정당당히 공격하는 방법.
정공-식물(挺空植物) [-싱-] 명 ☞지상 식물.
정ː과(正果) 명 여러 가지 과일이나 새앙·연근·인삼 따위를 꿀이나 설탕물에 조리어 만든 음식. 전과(煎果).
정ː과(正課) 명 학교에서 학생이 필수적으로 배워야 할 정규의 과목.
정ː과정(鄭瓜亭) 명 고려 의종 때 정서(鄭敍)가 지은 고려 가요. 유배지인 동래(東萊)에서 임금을 그리는 절절한 심정을 읊은 내용. 일명 '정과정곡'. 〔'악학궤범'에 실려 전함.〕
정ː관(正官) 명 어떤 부서에서 가장 높은 관리.
정관(呈官) 명하타 관청에 소장(訴狀)이나 청원서(請願書)를 내어 하소연함.
정ː관(定款) 명 회사나 공익 법인 등의 목적·조직·업무 집행 따위에 관한 규정, 또는 그것을 적은 문서.
정관(精管) 명 ☞수정관(輸精管).
정관(靜觀) 명하타 ①(사물의 변화 따위를) 조용히 지켜봄. ¶ 사태의 추이를 정관하다. ②대상의 안에 있는 본질적인 것을 마음의 눈으로 관찰함.

정ː-관사(定冠詞)명 서구어에서 관사의 한 가지. 명사 앞에 붙어 강한 지시나 한정의 뜻을 나타냄. ↔부정 관사.

정관^수술(精管手術)명 정관을 실로 묶거나 절단하여 정충의 사출을 막는, 남성의 피임 수술.

정광(精鑛)명 선광(選鑛) 작업에 의하여 필요 없는 불순 성분이 제거되고 유용한 성분이 많아져 순도가 높아진 광물.

정괘(井卦)명 육십사괘의 하나. 감괘(坎卦)와 손괘(巽卦)를 위아래로 놓은 괘. 나무 위에 물이 있음을 상징함. 준정(井).

정ː괘(鼎卦)명 육십사괘의 하나. 이괘(離卦)와 손괘(巽卦)를 위아래로 놓은 괘. 나무 위에 불이 있음을 상징함. 준정(鼎).

정ː교(正校)명 대한 제국 때의 무관 계급의 한 가지. 하사관급으로 특무정교의 아래, 부교(副校)의 위.

정ː교(正敎)명 ①바른 종교. ↔사교. ②☞그리스 정교.

정교(政敎)명 ①정치와 종교. ②정치와 교육.

정교(情交)명하자 ①친밀하게 사귐, 또는 그런 교제. ②남녀 간의 육체관계.

정교(精巧) '정교하다'의 어근.

정교-롭다(精巧-)[-따][~로우니·~로워]형ㅂ 정교한 데가 있다. **정교로이**부.

정ː-교사(正敎師)명 국가에서 인정하는 정식 교사의 자격을 가진 교사.

정ː교-점(正交點)[-쩜]명 ☞승교점(昇交點).

정교-하다(精巧-)형여 (기계나 세공물 따위가) 아주 세세한 부분까지 정밀하게 잘 되어 있다. ¶ 정교한 솜씨. **정교-히**부.

정ː-교회(正敎會)[-회/-훼]명 ☞그리스 정교.

정구(井臼)명 〈정구지역(井臼之役)〉의 준말.

정구(庭球)명하자 경기장 바닥에 네트를 가로질러 치고 그 양쪽에서 라켓으로 공을 주고받아 승패를 겨루는 경기. 연식 정구와 경식 정구가 있음.

정구(停柩)명하자 행상(行喪) 때 상여가 길에 머무는 일.

정구(精究)명하타 꼼꼼하고 자세하게 연구함.

정구지역(井臼之役)명 〔우물물을 긷는 일과 절구질하는 일이라는 뜻으로〕 '살림살이의 수고로움'을 이르는 말. 준정구.

정구-청(停柩廳)명 인산(因山) 때에, 행상(行喪)하는 도중에 상여를 머물러 쉬게 하려고 임시로 베풀어 놓은 곳.

정ː-구품(正九品)명 고려·조선 시대의 문무관 품계의 열일곱째 등급.

정국(政局)명 정치의 국면(局面). 정치계의 형편. ¶ 정국의 안정을 꾀하다.

정국(庭鞫·庭鞠)명하타 (왕명에 따라) 의금부 또는 사헌부에서 죄인을 신문하던 일.

정국(靖國)명하자 어지럽던 나라를 평안하게 진정시킴.

정ː군(正軍)명 조선 시대에, 장정으로 군역(軍役)에 복무하던 사람. 정병(正兵).

정ː군(整軍)명하자 군대를 정비하고 군기(軍紀)를 바로잡음.

정ː궁(正宮)명 임금의 정실(正室), 곧 왕비나 황후를 후궁에 대하여 일컫는 말.

정ː권(正權)명 정당한 권리. ¶ 차(此)로써 자손 만대에 고(誥)하야 민족 자존의 정권을 영유(永有)케 하노라.

정권(呈券)명하자 지난날, 과거(科擧)의 답안을 시관(試官)에게 내던 일.

정권(政權)[-꿘]명 정치를 하는 권력. 나라의 통치 기관을 움직이는 권력. 정병(政柄). ¶ 정권 교체. /정권을 잡다.

정ː궤(正軌)명 ☞정규(正規).

정ː규(正規)명 바른 규정. 정식의 규정. 정궤(正軌). ¶ 정규 방송. /정규 과정을 밟다.

정ː규(定規)명 ①정해진 규약이나 규칙. ②제도(製圖)에 쓰이는 제구의 한 가지. 〔삼각 정규 따위.〕

정ː규-군(正規軍)명 한 나라의 정부에 딸리어 조직된, 정식 훈련 과정을 거친 군대. ↔비정규군.

정ː극(正劇)명 가면극·인형극·창극·무용극 따위에 대하여 보통의 연극을 이르는 말.

정극(靜劇)명 무대 위의 정조(情調)를 중시하고, 적은 동작과 대사로 내면의 갈등을 표현하는 극.

정ː근(定根)명 불교에서, 오근(五根)의 하나인 '선정(禪定)'을 이르는 말. 일체의 공덕을 만들기 때문에 근(根)이라고 함.

정근(情近) '정근하다'의 어근.

정근(精勤)명 쉬거나 게으름을 피우거나 하지 않고 일이나 학업에 힘씀.

정근-하다(情近-)형여 정분이 썩 가깝다.

정글(jungle)명 열대의 밀림, 또는 그 지대.

정글-짐(jungle gym)명 여러 개의 둥근 나무나 철봉 따위를 가로세로로 짜 맞추어 만든 어린이용 운동 시설.

정ː금(正金)명 ①(지폐에 대하여) 정화(正貨). 보통, 금화와 은화를 가리킴. ②☞순금(純金).

정ː금(整襟)명하자 옷깃을 여미어 자세(姿勢)를 바로잡음.

정금-나무명 철쭉과의 낙엽 활엽 관목. 숲 속에 절로 나며, 높이 2~3 m. 초여름에 홍백색의 꽃이 피고, 가을에 장과(漿果)가 까맣게 익음.

정ː금-단좌(整襟端坐)명하자 옷매무시를 바로하고 단정하게 앉음.

정금-미옥(精金美玉)명 〔순수한 금과 아름다운 구슬이라는 뜻으로〕 '인품이나 시문이 깔끔하고 아름다움'을 이르는 말.

정기(丁幾)명 ☞팅크.

정ː기(正氣)명 ①천지에 널리 존재한다고 여겨지는, 사물의 근본이 되는 바르고 큰 힘. 천지의 원기. ②바른 의기(意氣). 바른 기풍(氣風). ¶ 민족 정기를 되살리자.

정ː기(定氣)명 춘분점을 기준으로 황도(黃道)를 24등분하여, 태양이 각 분점(分點)에 도달하는 순간을 이십사절기로 구분하는 방법.

정ː기(定期)명 시기나 기한 등이 일정하게 정해져 있는 것, 또는 그 시기나 기한. ¶ 정기 검진. /정기 답사. ↔부정기(不定期).

정기(旌旗)명 정(旌)과 기(旗).

정기(精記)명하타 꼼꼼하고 자세하게 적음, 또는 그 기록.

정기(精氣)명 ①만물에 갖추어져 있는 순수한 기운. ¶ 백두산의 정기를 받다. ②심신 활동의 근본이 되는 힘. 준정(精).

정기(精機)명 〈정밀 기계(精密機械)〉의 준말.

정기(精騎)명 썩 날쌔고 용맹스러운 기병.

정ː기^간행물(定期刊行物)명 정해진 시기마다 발행되는 책·신문·잡지 따위의 출판물. 준정기물.

정ː기^거ː래(定期去來)명 거래소에서, 주고받는 날짜를 정해 두고 매매 계약을 하는 거래 방법. 그 기일 안에 환매(還買) 및 전매(轉賣)

의 방법에 의하여 매매 거래를 상쇄할 수 있게 되어 있음. 정기 매매.

정ː기^국회(定期國會)[-구쾨/-구퀘]명 국회법에 따라 정기적으로 모이는 국회. 정기회. 통상 의회. ↔임시 국회.

정ː기-권(定期券)[-꿘]명 〈정기 승차권〉의 준말.

정ː기-금(定期金)명 일정한 시기(時期)에 치르거나 받을 돈.

정ː기^대ː부(定期貸付)명 대부 기한이 일정한 은행의 대부.

정ː기^매ː매(定期賣買)명 ☞정기 거래.

정ː기-물(定期物)명 ①정기 거래에서 매매의 목적이 되는 물건. ②〈정기 간행물〉의 준말.

정ː기-불(定期拂)명 ①일정한 기간 안에, 또는 일정한 기간마다 하는 지급. ②하타어음 지급인이 일정한 기일, 또는 발행 날짜로부터 일정한 기일이 지난 뒤에 지급하는 일.

정ː기^상환(定期償還)명 정해진 기한에 공채(公債)나 사채(私債) 따위를 상환하는 일.

정ː기-선(定期船)명 일정한 항로를 정해진 시간에 다니는 배. ↔부정기선(不定期船).

정ː기^선ː거(定期選擧)명 규정된 임기가 끝났을 때에 하는 선거.

정ː기^소ː작(定期小作)명 계약에 의하여 기한을 정해 놓은 소작.

정ː기^승차권(定期乘車券)[-꿘]명 (통근이나 통학 등을 위하여) 일정한 기간에 일정한 구간을 다니는 데 쓰는 기차·전철 따위의 할인 승차권. 패스. 준정기권.

정ː기^연금(定期年金)명 연금을 받을 대상자가 일정한 나이에 이른 때로부터 일정 기간의 생존을 조건으로 지급하는 연금.

정ː기^예ː금(定期預金)명 은행이나 우체국 같은 데서, 기한을 정하여 그 안에는 찾지 않겠다는 계약 아래 맡는 예금.

정ː기-적(定期的)관명 일정한 시기에 일정한 일을 하는 (것). ¶ 정기적 집회. /정기적인 신체검사.

정ː기^적금(定期積金)[-끔]명 계약자에게 일정한 기한에 일정 금액을 계속 적립하게 하는 은행 예금.

정ː기^총ː회(定期總會)[-회/-훼]명 ①정기적으로 여는 총회. ②법인·회사 등이 결산 보고 따위를 목적으로 하여 정기적으로 여는 주주 총회 또는 사원 총회. 준정총(定總).

정ː기-풍(定期風)명 (계절풍이나 해륙풍같이) 일정한 시기에 풍향을 달리하는 바람.

정ː기^항ː공로(定期航空路)[-노]명 항공기가 정기적으로 다니는 항공로. 정기 항로.

정ː기^항ː로(定期航路)[-노]명 ①배가 정기적으로 다니는 항로. ②☞정기 항공로.

정ː기-형(定期刑)명 법원이 자유형(自由刑)의 기간을 확정하여 선고하는 형. ↔부정기형.

정ː기-회(定期會)[-회/-훼]명 ①정기적으로 여는 모임. 통상회(通常會). ②☞정기 국회.

정ː기^휴업(定期休業)명 (상점·백화점·회사 등에서) 정기적으로 영업을 쉬는 일. 준정휴.

정긴(精緊) '정긴하다'의 어근.

정긴-하다(精緊-)형여 정밀하고 긴요하다. 정요(精要)하다. **정긴-히**부.

정-나미(情-)명 어떤 대상에 대한 애착의 정. ¶ 정나미가 떨어지다.

정난(靖難)명하자 ☞정란(靖亂).

정남(丁男)명 장정(壯丁)인 사내.

정ː남(正南)명 〈정남방(正南方)〉의 준말.

정남(貞男)명 동정(童貞)을 잃지 않은 남자. ↔정녀(貞女).

정ː-남방(正南方)명 똑바른 남쪽, 또는 그 방향. 준정남.

정납(呈納)명하타 윗사람에게 물건을 바치는 일. 정상(呈上). 정송(呈送).

정납(停納)명하타 상납(上納)을 그만둠.

정낭(精囊)명 남성 생식기의 한 부분. 수정관에 이어지는, 가늘고 긴 주머니 모양의 한 쌍의 기관. 정액의 일부를 이루는 점액을 분비함.

정내(廷內)명 법정의 안. ¶ 선고가 내려지자 정내의 분위기가 숙연해졌다. ↔정외(廷外).

정녀(貞女)명 ①동정(童貞)을 잃지 않은 여자. ↔정남(貞男). ②☞정부(貞婦).

정년(丁年)[1]명 남자의 나이가 만 20세임을 가리키는 말.

정년(丁年)[2]명 태세(太歲)의 천간(天干)이 '정(丁)'으로 된 해. 〔정축년(丁丑年)·정묘년(丁卯年) 따위.〕

정년(停年)명 일정한 나이에 이르면 퇴직하도록 정해진 바로 그 때. ¶ 정년을 5년 앞둔 나이.

정년-제(停年制)명 일정한 나이에 이르면 퇴직하도록 되어 있는 제도. ¶ 계급 정년제.

정년-퇴직(停年退職)[-퇴-/-퉤-]명하자 정해진 나이가 되어 직장에서 물러남.

정ː념(正念)명 ①팔정도의 하나. 사념을 떨쳐 버리고 항상 불도를 생각하는 일. ②불법에 따라 극락에서 다시 태어남을 믿는 생각. ③일념으로 염불하는 일.

정념(情念)명 온갖 감정에 따라 일어나는 억누르기 어려운 생각. 정사(情思). ¶ 불꽃처럼 타오르는 사랑의 정념.

정녕(丁寧·叮嚀)부 틀림없이. 꼭. ¶ 정녕 떠나려나?/이것이 정녕 네가 잃은 그 물건이렷다.

정녕-코(丁寧-)부 '정녕'의 힘줌말.

정농(精農)명 농사에 힘쓰는 농민. 부지런한 농부. ↔타농(惰農).

정ː-다각형(正多角形)[-가켱]명 변의 길이와 각의 크기가 모두 같은 다각형.

정ː-다면체(正多面體)명 모든 면이 똑같은 정다각형이고, 모든 입체각이 다 같은 다면체.

정-다시다(精-)자 어떤 일에 욕을 톡톡히 당하여 다시는 안할 만큼 정신을 차리게 되다. ¶ 이제 그 일에는 정다셨네.

정단(正旦)명 ☞원단(元旦).

정단(呈單)명하자 서류를 관아에 내는 일.

정ː-단층(正斷層)명 단층의 한 가지. 기울어진 단층면에 따라 상반(上盤)이 하반(下盤)에 대하여 상대적으로 밀려 내려간 것. ↔역단층.

정담(政談)명하자 정치 또는 정치계에 관한 담론(談論).

정담(情談)명 ①다정한 이야기. ¶ 정담으로 밤을 새우다. ②남녀 간에 애정을 주고받는 이야기. 정화(情話).

정ː담(鼎談)명 (솥발처럼) 세 사람이 마주 앉아서 나누는 이야기. 세 사람의 회담.

정ː답(正答)명 옳은 답. 맞는 답. ¶ 정답을 맞히다. ↔오답(誤答).

정-답다(情-)[-따][~다우니·~다워]형ㅂ ①사이가 가깝고 정이 도탑다. ¶ 정다운 친구. ②다정하고 따뜻하다. ¶ 손님을 정답게 맞다. /정다운 고향 산천. **정다이**부.

정ː당(正堂)명 몸채의 대청. 안당.

정당(正當) '정당(正當)하다'의 어근.

정당(政堂)명 옛날의 지방 관아.

정당(政黨)[명] 정치상의 이념이나 이상을 함께 하는 사람들이, 정권을 잡아 그 이념이나 이상을 실현하기 위하여 모인 단체. [준]당.
정당(精當) '정당(精當)하다'의 어근.
정당(精糖)[명] 조당(粗糖)으로부터 순수한 설탕을 정제(精製)하는 일, 또는 그 설탕. ↔조당.
정당^내:각(政黨內閣)[명] 의회(議會), 특히 하원에 많은 의석을 가진 정당에 의하여 조직되는 내각. 정당 정치를 선제도 하여 성립됨.
정:당-방위(正當防衛)[명] 급박하고 부당한 침해에 대하여, 자기 또는 남의 생명이나 권리를 지키기 위하여 어쩔 수 없이 하게 된 가해 행위. 긴급 방위.
정:당-성(正當性)[-썽][명] 사리에 맞아 옳고 정의로운 성질. ¶ 논리의 정당성.
정당^정치(政黨政治)[명] 두 개 이상의 정당 중 가장 많은 의석을 가진 정당이 내각을 조직해서 하는 정치.
정:당-하다(正當-)[형][여] 바르고 마땅하다. 이치가 당연하다. ¶ 정당한 주장. /정당한 요구. ↔부정당하다. 정당-히[부].
정당-하다(精當-)[형][여] 매우 자세하고 마땅하다. 정당-히[부].
정:당^행위(正當行爲)[명] 위법성이 없어 죄가 되지 않는 행위. 〔법령에 의한 행위, 업무로 인한 행위, 사회 상규(常規)에 위배되지 않는 행위 따위.〕
정:당-화(正當化)[명][하타][되자] 정당하게 되게 함.
정대(正大) '정대하다'의 어근.
정대(艇隊)[명] 두 척 이상으로 이루어진 수뢰정(水雷艇) 따위의 대(隊).
정:대-하다(正大-)[형][여] 바르고 옳아서 사사로움이 없다.
정덕(貞德)[명] (여자의) 정숙한 덕.
정:도(正道)[명] 올바른 길. 바른 도리. 정경(正逕). 정로(正路). ¶ 정도를 걷다. ↔사도(邪道).
정도(征途)[명] ①여행길. ②전쟁이나 경기 따위에 나가는 길. 정로(征路).
정:도(定都)[명] 도읍을 새로 정함. 건도(建都). [비]정정(定鼎).
정:도(定道)[명] 저절로 정해져 변하지 않는 도리.
정:도(定賭)[명] 풍년과 흉년에 관계없이 해마다 일정하게 정한 도조(賭租). 정조(定租).
정도(政道)[명] 정치의 방침. 시정(施政) 방침.
정도(情到) '정도하다'의 어근.
정도(程度)[명] ①알맞은 한도. ¶ 음식을 정도껏 먹어라. ②《수량을 나타내는 말 뒤에 쓰이어》 그만큼의 분량. ¶ 걸어서 20분 정도의 거리. ③사물의 양적 또는 질적 분량이나 수준. ¶ 피해 정도. /어느 정도 예상했던 결과.
정도(程途)[명] ☞노정(路程).
정도(精到)[명][하자] 매우 정묘한 경지에 다다름.
정도(精度)[명] 〈정밀도(精密度)〉의 준말.
정:도-론(定道論)[명] ☞결정론.
정도-하다(情到-)[형][여] 애정이 매우 깊다.
정독(精讀)[명][하타] (여러모로 살피어) 자세히 읽음. ¶ 한 번을 읽더라도 정독을 해야 한다. [비]세독(細讀). ↔남독(濫讀).
정:-독본(正讀本)[-뽄][명] 학습용 독본 가운데서 주가 되는 것. ↔부독본(副讀本).
정돈(停頓)[명][하자][되자] 막히어 나아가지 않음. 나아가던 것이 막히어 한때 멈춤. ¶ 정돈 상태.
정:돈(整頓)[명][하타][되자] 가지런히 바로잡음. ¶ 정리(整理) 정돈. /주위를 정돈하다.
정:동(正東)[명] 〈정동방(正東方)〉의 준말.
정동(征東)[명][하자] ①동쪽을 향하여 감. ②동방을 정벌함. ¶ 정동 정책.
정동(情動)[명] 일시적으로 왈칵 치솟는 감정. 타오르는 듯한 애정이나 강렬한 증오 같은 것이 이에 딸림.
정동(精銅)[명] 조동(粗銅)을 정련하여 만든 구리. [참]조동.
정:-동방(正東方)[명] 똑바른 동쪽, 또는 그 방향. [준]정동.
정동방-곡(靖東方曲)[명] 조선 개국 공신인 정도전(鄭道傳)이 지은 악장. 〔이성계의 위화도 회군(威化島回軍)을 칭송한 내용으로, '악학궤범'·'악장가사'에 실려 전함.〕
정동-적(情動的)[관][명] 감정이 일시적으로 왈칵 치솟는 (것). ¶ 정동적 표현. /정동적인 행동.
정동-주의(情動主義)[-의/-이][명] 어떤 행위를 논리적으로 파악하지 않고 일시적인 감정에 치우쳐 행동으로 옮기는 태도, 또는 그런 태도를 당연하게 여기는 생각.
정-들다(情-)[~드니·~들어][자] (사람·환경·사물 등에 대해) 정이 생겨 친근해지다. ¶ 정든 친구. /정든 고향. /정든 직장을 떠나다.
정-떨어지다(情-)[자] 정이 없어지다. 싫은 생각이 들다. ¶ 정떨어지는 말.
정란(靖亂)[-난][명][하자] 나라의 난리를 평정함. 정난(靖難).
정란-공신(靖亂功臣)[-난-][명] 나라의 난리를 평정하는 데 공적이 큰 신하.
정:랑(正郞)[-낭][명] ①조선 시대, 육조(六曹)의 정오품 벼슬. ②고려 시대, 육조의 정오품 벼슬.
정랑(情郞)[-낭][명] ①(여자의) 정든 임. ②(남편은 아니나) 여자가 정을 둔 사내.
정략(政略)[-냑][명] 정치상의 책략.
정략-결혼(政略結婚)[-냑꼘-][명] ☞정략혼.
정략-적(政略的)[-냑쩍][관][명] 정치상의 책략을 목적으로 삼는 (것). ¶ 정략적 차원. /정략적으로 이루어진 담합.
정략-혼(政略婚)[-냐콘][명] 주혼자(主婚者)가 자기의 이익을 위하여, 당사자의 뜻과는 상관없이 억지로 시키는 혼인. 정략결혼.
정:량(定量)[-냥][명] 일정하게 정해진 분량. ¶ 정량 급식.
정:량^분석(定量分析)[-냥-][명] 시료(試料)를 이루고 있는 각 성분 물질의 양을 재는 화학 분석의 한 방법.
정려(旌閭)[-녀][명][하타] 충신·효자·열녀 등에 대하여 그들이 살던 고을에 정문(旌門)을 세워 기리던 일.
정려(精慮)[-녀][명][하타] 꼼꼼하고 자세하게 생각함.
정려(精勵)[-녀][명][하자] 모든 힘을 다하여 부지런히 일함.
정려(靜慮)[-녀][명][하타] (마음을 가다듬고) 고요히 생각함.
정:력(定力)[-녁][명] 불교에서 이르는 오력(五力)의 하나. 선정(禪定)이 지니고 있는, 악을 물리치는 힘을 이르는 말.
정력(精力)[-녁][명] ①심신(心身)의 활동력. 기운. ¶ 정력을 쏟다. /정력이 왕성하다. ②남자의 성적(性的) 능력. 신기(腎氣). ¶ 정력이 세다.
정력-가(精力家)[-녁까][명] 정력이 왕성한 사람.
정력-적(精力的)[-녁쩍][관][명] 정력이 좋은 (것). 정력을 들여 하는 (것). ¶ 정력적 활동. /정력적으로 일하다.

정력-제(精力劑)[-녁쩨]명 정력(精力)을 돋우어 주는 약.
정ː련(正輦)[-년]명 임금이 거둥할 때 타던 연(輦). ↔부련(副輦).
정련(精練)[-년]명하타되자 ①잘 연습함. ②천연 섬유에 들어 있는 잡물을 없애고 표백이나 염색을 완전하게 하기 위한 준비 공정.
정련(精鍊)[-년]명하타되자 ①잘 단련함. ②광석이나 그 밖의 원료에서 함유 금속을 뽑아내어 정제(精製)하는 일.
정련-소(精鍊所)[-년-]명 ☞제련소(製鍊所).
정련-제(精練劑)[-년-]명 천연 섬유를 정련하는 데 쓰이는 약제. 〔비누·소다 따위.〕
정렬(貞烈)[-녈]명하형 (여자의) 지조(志操)가 굳고 순결을 지키며 행실이 바름.
정ː렬(整列)[-녈]명하자타되자 ①(일정한 간격이나 거리를 두고) 가지런히 벌여 섬, 또는 그렇게 벌여 서게 함. ¶ 두 줄로 정렬하다. /책상을 정렬하다. ②☞소팅.
정렬-부인(貞烈夫人)[-녈-]명 조선 시대에, 정렬한 부인에게 내리던 가자(加資).
정ː령(正領)[-녕]명 대한 제국 말기의 무관 계급의 한 가지. 영관(領官)의 맨 위로 참장(參將)의 아래, 부령(副領)의 위임.
정령(政令)[-녕]명 (정치상의) 명령이나 법령.
정령(精靈)[-녕]명 ①죽은 사람의 넋. 정백(精魄). 정혼(精魂). ②원시 종교에서, 산천초목·무생물 따위에 붙어 있다고 믿던 혼령. ¶ 산의 정령. ③만물의 근원이 된다고 하는 불가사의한 기운. ④생활력이나 생명력의 근원. 준정(精).
정령^숭배(精靈崇拜)[-녕-]명 사람이나 짐승의 혼령 또는 산천초목 따위의 정령이 생활에 커다란 영향을 끼친다고 믿어, 화를 피하기 위하여 이를 숭배하던 원시 종교의 한 형태.
정ː례(正禮)[-녜]명하자 ☞합례(合禮).
정ː례(定例)[-녜]명 일정하게 정하여 놓은 규례(規例) 또는 사례(事例). ¶ 정례 회의. /정례에 따라 처리하다.
정례(頂禮)[-녜]명하자 (가장 공경하는 뜻으로) 이마가 땅에 닿도록 절함, 또는 그 절.
정례(情禮)[-녜]명 정리(情理)와 예의.
정례-심(頂禮心)[-녜-]명 (이마가 땅에 닿도록 하여 절할 만큼) 경건한 마음.
정ː로(正路)[-노]명 ☞정도(正道).
정로(征路)[-노]명 ☞정도(征途).
정ː론(正論)[-논]명 바른 언론. 이치에 딱 들어맞는 의견이나 주장. ¶ 정론을 펴다.
정론(廷論)[-논]명 조정(朝廷)의 공론.
정론(政論)[-논]명 (그 시대의) 정치에 관한 언론.
정ː론(定論)[-논]명 ①(이미 결론지어진) 일정한 언론. ¶ 시간이 금이라는 것은 정론이다. ②확정되어 굳어진 학문상의 이론.
정ː류(定流)[-뉴]명 ☞정상류(定常流).
정류(停留)[-뉴]명하자 (탈것 따위가) 머무름. ¶ 고속도로 휴게소에서 잠시 정류하다.
정류(精溜)[-뉴]명하타되자 어떤 액체를 분류(分溜)하여 잡물을 없애고 정제하는 일.
정ː류(整流)[-뉴]명하타되자 ①물이나 공기 같은 유체(流體)의 흐름을 고르게 흐르도록 하는 일. ②전류의 교류를 직류로 바꾸는 일.
정류(檉柳)[-뉴]명 ☞능수버들.
정ː류-관(整流管)[-뉴-]명 교류 전류를 직류 전류로 바꾸는 데 쓰이는 전자관(電子管).
정류-기(精溜器)[-뉴-]명 특히 높은 순도의 증류물을 얻기 위한 장치.
정ː류-기(整流器)[-뉴-]명 교류 전류를 직류 전류로 바꾸는 장치.
정류-부(停留符)[-뉴-]명 ☞쌍반점(雙半點).
정류-소(停留所)[-뉴-]명 ☞정류장(停留場).
정ː류-자(整流子)[-뉴-]명 발전기나 직류 전동기 따위의 회전자의 한 부분. 브러시와 접촉하여 전류를 정류하는 구실을 함. 전류 전환기.
정류-장(停留場)[-뉴-]명 버스 따위가 사람이 타고 내리도록 잠시 멈추는 일정한 곳. 정류소. 참정거장.
정ː률(定律)[-뉼]명 ①정해진 법률이나 법칙. ②어떤 관찰에서 얻어진 사실이 다른 경우에도 인정되어 일반화된 것. ¶ 질량 불변의 정률.
정ː률(定率)[-뉼]명 일정한 비율.
정ː률-세(定率稅)[-뉼쎄]명 과세 물건, 과세율, 과세 표준 따위를 정하여 부과하는 조세.
정ː리(正理)[-니]명 올바른 도리.
정리(廷吏)[-니]명 법정에서의 잡무나 소송 서류의 송달 등을 맡아 하는 법원의 직원.
정ː리(定理)[-니]명 공리(公理)나 정의(定義)를 바탕으로 하여 이미 진리임이 증명된 일반적인 명제. ¶ 파스칼의 정리. /피타고라스의 정리.
정리(情理)[-니]명 인정과 도리. ¶ 그동안의 정리를 생각해서라도 편지 좀 해라.
정ː리(整理)[-니]명하타되자 (어수선하거나 쓸데없는 것을 없애거나 하여) 가지런하게 바로잡음. ¶ 서류 정리.
정ː리^공채(整理公債)[-니-]명 이미 발행한 여러 공채를 정리할 목적으로 새로이 발행하는 공채.
정ː리^운ː동(整理運動)[-니-]명 힘든 운동을 한 뒤에 몸을 풀기 위하여 가볍게 하는 운동.
정ː리-자(整理字)[-니-]명 조선 정조 때, '정리의궤(整理儀軌)'를 박아 내기 위하여 생생자(生生字)를 본보기로 하여 만든 구리 활자.
정ː리-지(整理地)[-니-]명 경작지 정리를 해야 할 토지, 또는 경지 정리를 한 땅.
정ː립(正立)[-닙]명하자타 바로 섬, 또는 바로 세움. ¶ 올바른 노사 관계 정립.
정ː립(定立)[-닙]명 ①증명되어야 할 명제. ②하타되자판단이나 명제를 세우는 일. ③변증법에서, 논리를 전개하는 데 있어서의 그 전제가 되는 명제. 정반합(正反合)의 '정(正)'에 해당함.
정립(挺立)[-닙]명 ①하자높이 솟음. ②하형뛰어남.
정ː립(鼎立)[-닙]명하자 (솥발 모양으로) 셋이 벌여 섬. ¶ 삼국(三國)이 정립하다.
정마(征馬)명 먼 길을 가는 말.
정마(停馬)명하자 가는 말을 멈추게 함.
정ː-말(正-) Ⅰ명 거짓이 아닌 진실한 말. 참말. ¶ 그 말이 정말이냐? ↔거짓말.
Ⅱ부 참으로. 참말. ¶ 정말 떠날 거요?
Ⅲ감 어떤 일에 대하여 심각한 느낌을 나타내는 말. ¶ 정말, 큰일 났구나!
정ː망(定望)명하타되자 어떤 사람을 마음에 두고 벼슬에 추천함.
정망(停望)명하타 죄지은 사람에게 벼슬살이를 그만두게 하던 일.
정맥(精麥)명 ①깨끗하게 쓿은 보리쌀. ②하자보리를 찧어 대낌.
정맥(靜脈)명 순환 계통의 한 가지. 몸의 각 부분에서 피를 모아 심장으로 보내는 혈관. 살갗 겉으로 퍼렇게 드러나 보임. ↔동맥.
정ː맥(整脈)명 박동이 규칙적인 맥박. ↔부정맥.
정맥-노장(靜脈怒張)[-맹-]명 정맥류(靜脈瘤) 가운데서 주머니 모양으로 늘어난 것.

정ː맥-류(靜脈瘤)[-맹뉴]명 정맥의 일부가 혈행(血行) 장애로 말미암아 불룩하게 뭉쳐진 것.
정맥^산ː업(靜脈産業)[-싸넙]명 폐기물을 처리·재생·재가공하는 산업.
정맥^주ː사(靜脈注射)[-쭈-]명 (포도당이나 피 따위를) 정맥에 놓는 혈관 주사.
정맥-혈(靜脈血)[-매켤]명 정맥에 의하여 몸의 각 부분에서 심장으로 보내지는 노폐한 피. 산소의 양이 적고 이산화탄소가 많으며, 검붉은 빛을 나타냄.
정ː면(正面)명 ①바로 마주 보이는 쪽. 정방(正方). ¶ 정면에 보이는 건물. ②에두르지 않고 직접 마주 대함. ¶ 정면 대결.
정면(精綿)명 솜이나 섬유 부스러기를 타서 길이와 폭을 일정하게 만든 면섬유.
정ː면^공ː격(正面攻擊)명 ①적을 바로 맞대고 공격하는 일. ②상대편을 바로 맞대고 비난하는 일.
정ː면-도(正面圖)명 ①사물의 정면을 그린 그림. ②설계 도면에서, 사물의 정면을 입화면(立畫面)에 나타낸 투영도.
정ː면-충돌(正面衝突)명하자 ①두 물체가 정면으로 맞부딪침. ¶ 버스와 트럭이 정면충돌하다. ②양편의 의견이나 감정 따위가 맞부딪쳐 다툼. ¶ 여야의 정면충돌로 국회가 파행하다.
정ː명(正命)명 팔정도의 하나. 악업(惡業)을 짓지 않고 불법(佛法)을 따르는 바른 생활.
정ː명(正明)명하형 정대하고 공명함. 정명-히부.
정ː명(定命)명 ①태어날 때부터 정해진 운명. ②전세(前世)의 인연에 따라 정해진 목숨.
정명(淨命)명 불교의 오덕(五德)의 하나. 비구가 걸식을 하며, 다른 생활 방법은 구하지 않고 깨끗한 마음으로 생활하는 일.
정명(旌銘)명 ☞명정(銘旌).
정명(精明) '정명하다'의 어근.
정명-하다(精明-)형여 썩 깨끗하고 밝다. 정명-히부.
정ː모(正帽)명 (정복에 갖추어 쓰는) 정식의 모자. ↔약모·작업모.
정모^세ː포(精母細胞)명 동물의 정자(精子)의 근원이 되는 세포. 두 번의 감수 분열로 네 개의 정세포가 생김.
정목(政目)명 조선 시대에, 벼슬아치의 임명과 해임을 적은 기록.
정목(貞木)명 〔정절이 있는 나무라는 뜻으로〕 '상록수(常綠樹)'를 이르는 말.
정묘(丁卯)명 육십갑자의 넷째.
정묘(精妙) '정묘하다'의 어근.
정묘-하다(精妙-)형여 정교(精巧)하고도 아주 묘하다. ¶ 정묘한 기술. 정묘-히부.
정묘-호란(丁卯胡亂)명 조선 인조 5(1627.정묘)년에 후금(後金)이 침입해 온 난리. 왕과 조신(朝臣)들은 강화(江華)로 피난하였다가 후금과 평화 조약을 맺어 형제국이 됨.
정무(政務)명 정치에 관한 사무. 행정 사무.
정무(停務)명하자 사무를 멈추고 잠시 쉼.
정무-관(政務官)명 내각 책임제에서, 사무 계통의 정부 직원이 아니고, 장관을 도와 오직 정책에만 관여하며 국회와의 연락 교섭의 일을 하는 별정직의 직원.
정무^장ː관(政務長官)명 원(院)·부(部)·처(處)의 장관이 아닌 국무 위원. 대통령 및 국무총리가 특별히 지정하는 사무를 수행함.
정무-직(政務職)명 특수 경력직 공무원의 한 갈래. 선거에 의해 취임하거나 국회의 동의를 얻어 임명되는 공무원.
정무^차관(政務次官)명 장관을 보좌하여 정책의 기획 수립에 참여하며 정무를 처리하는 별정직의 차관.
정묵(靜默) '정묵하다'의 어근.
정묵-하다(靜默-)[-무카-]형여 말이 없이 조용하다. 정묵-히부.
정ː문(正文)명 (부록이나 주석 따위에 대하여) 책이나 문서의 본문.
정ː문(正門)명 ①건물의 정면에 있는 문. 본문(本門). ↔후문(後門). ②삼문(三門)의 가운데의 문. ↔측문(側門).
정문(旌門)명 충신·효자·열녀 등을 표창하기 위하여 그의 집 앞이나 마을 앞에 세우던 붉은 문. 작설(綽楔). 홍문(紅門).
정문(頂門)명 ①☞정수리. ②☞숫구멍.
정문-금추(頂門金椎)명 〔정수리를 쇠망치로 두들긴다는 뜻으로〕 '정신을 바짝 차리도록 깨우침'을 이르는 말.
정문-일침(頂門一鍼)명 〔정수리에 침을 놓는다는 뜻으로〕 '따끔한 비판이나 타이름'을 이르는 말. 정상일침(頂上一鍼).
정물(靜物)명 ①멈추어 움직이지 않는 물건. 생명이 없는 물건. ②〈정물화〉의 준말. ③정물화의 소재(素材)가 되는 사물.
정물-화(靜物畫)명 (꽃이나 과일 또는 기물 따위의) 정물을 소재로 하여 그린 그림. 준정물.
정미(丁未)명 육십갑자의 마흔넷째.
정ː미(正味)명 ①물건의 겉껍질을 뺀 내용물. ②전체의 무게에서 포장이나 그릇 무게 따위를 뺀 내용물만의 무게. ③예비지를 보태지 아니한 정량의 용지.
정미(情味)명 ①(인간다운) 따뜻한 정. ②〈인정미(人情味)〉의 준말.
정미(精米)명 ①〈정백미(精白米)〉의 준말. ②하타(기계 따위로) 벼를 찧어 쌀을 만듦.
정미(精美) '정미(精美)하다'의 어근.
정미(精微) '정미(精微)하다'의 어근.
정미-소(精米所)명 방앗간.
정ː미^시ː장(正米市場)명 쌀을 실제로 거래하는 시장.
정미-하다(精美-)형여 (세공 따위가) 정교하고 아름답다. ¶ 정미한 장식. 정미-히부.
정미-하다(精微-)형여 자세하고 치밀하다. ¶ 정미한 관찰. 정미-히부.
정민(精敏) '정민하다'의 어근.
정민-하다(精敏-)형여 꼼꼼하고 자세하면서도 아주 재빠르다.
정밀(精密)명하형 ①가늘고 촘촘함. ②아주 잘고 자세함. ¶ 정밀 공업. /정밀 검사. 정밀-히부.
정밀(靜謐)명하형 고요하고 편안함. 정밀-히부.
정밀-과학(精密科學)명 수학·물리학 따위와 같이 정밀한 양적(量的) 관계의 측정에서 얻어지는 인식을 바탕으로 하여 성립하는 과학을 통틀어 이르는 말.
정밀^기계(精密機械)[-계/-게]명 비교적 복잡한 기구를 가지며, 부품이나 조립에 높은 정밀도(精密度)를 필요로 하는 기계. 준정기(精機).
정밀-도(精密度)[-또]명 측정 등의 정밀함을 나타내는 정도. 준정도(精度).
정박(碇泊·渟泊)명하자타 배가 닻을 내리고 머무름. ¶ 부두에 정박하다. 비하묘(下錨).
정박-등(碇泊燈)[-뜽]명 정박 중인 배가, 밤에 그 위치를 나타내기 위하여 갑판 위에 높이 내거는 등불.
정박-아(精薄兒)명 〈정신박약아〉의 준말.

정ː-반대(正反對)명되자 완전히 반대되는 일. ¶ 정반대 방향. /정반대로 나가다.
정ː-반사(正反射)명하자 (바르고 반듯한 거울 따위에) 투사된 빛살이 반사 법칙에 따라 일정한 방향으로 되비치는 현상.
정반-왕(淨飯王←Suddhodana 범)명 석가모니의 아버지인 '슈도다나'의 한자음 표기.
정ː-반응(正反應)명 가역 반응(可逆反應)에서, 화학 변화가 본디의 물질로부터 생성 물질의 방향으로 나아가는 반응. ↔역반응.
정ː반합(正反合)명 헤겔의 변증법에서, 논리 전개의 세 단계. 정립(定立)·반정립(反定立)·종합(綜合)을 이름.
정-받이(精-)[-바지]명하자되자 ☞수정(受精).
정방(丁方)명 이십사방위의 하나. 남남서에서 남쪽으로 15도까지의 방위. 오방(午方)과 미방(未方)의 사이. 준정(丁). ↔계방(癸方).
정ː방(正方)명 ①똑바른 네 개의 각. 사각(四角). ②☞정면(正面).
정ː방(正房)명 몸채.
정방(政房)명 고려 무신 집권기에, 최우가 자기 집에 설치하였던 사설 정치 기관. 관리의 인사 행정을 다루었음.
정방(淨房)명 뒷간.
정방(精紡)명하타 방적의 마지막 공정으로, 알맞은 굵기의 질기고 탄력 있는 실로 만들기 위하여 실을 잡아당기면서 꼬는 일.
정ː방^정계(正方晶系)[-계/-게]명 결정계(結晶系)의 한 가지. 서로 직각을 이루며 만나는 세 개의 결정축 가운데, 옆으로 뻗은 두 개의 축은 길이가 같고, 아래위로 뻗은 한 축은 길이를 달리하는 것.
정ː방-형(正方形)명 ☞정사각형.
정ː배(正配)명 장가처. 적처(嫡妻).
정ː배(正褙)명하타 초배를 한 뒤에 정식으로 하는 도배.
정ː배(定配)명하타되자 배소(配所)를 정하여 귀양 보냄. 귀양.
정백(淨白) '정백하다'의 어근.
정백(精白)명 ☞순백(純白).
정백(精魄)명 ☞정령(精靈).
정백-미(精白米)[-뱅-]명 뉘가 조금도 없는, 썩 깨끗하게 쓿은 흰쌀. 아주먹이. 준정미(精米).
정백-하다(淨白-)[-배카-]형여 깨끗하고 희다.
정벌(征伐)명하타되자 무력을 써서 적이나 죄 있는 무리를 치는 일. 정토(征討).
정ː범(正犯)명 두 사람 이상이 저지른 범죄에서 범죄 행위를 실행한 사람. 원범. 주범. ↔종범(從犯).
정ː법(正法)[-뻡]명 ①바른 법칙. 옳은 법. ②불교에서, 삼시(三時)의 하나. 석가의 입멸(入滅) 후 오백 년 또는 일천 년 동안. 정법이 이루어지는 시기. 정법시(正法時). 참상법(像法)·말법(末法). ③불교의 바른 교법(敎法). 불법(佛法). ④☞정형(正刑).
정ː법(定法)[-뻡]명 정해진 법칙.
정법(政法)[-뻡]명 ①정치와 법률. ②정치의 방법.
정ː법-시(正法時)[-뻡씨]명 ☞정법(正法).
정벽-처(靜僻處)명 고요하고 궁벽한 곳.
정변(政變)명 불법적 수단으로 정권이나 내각이 돌연 바뀌는 일. 〔혁명·쿠데타 따위.〕
정ː병(正兵)명 ①☞정군(正軍). ②기계(奇計)를 쓰지 않고 정정당당히 싸우는 군사.
정병(廷兵)명 군사 법원에서 재판관이 명(命)하는 사무를 집행하는 헌병 부사관이나 병사. 참정리(廷吏).
정병(政柄)명 ☞정권(政權).
정병(精兵)명 (추리어 뽑은) 날쌔고 용맹한 군사. 정갑(精甲). 정졸(精卒). ¶ 정병 양성.
정보(情報)명 ①사물의 내용이나 형편에 관한 소식이나 자료. ¶ 생활 정보. ②군사·국가 안보 등의 분야에서, 어떤 방면의 정황이나 그에 관한 지식 또는 보고.
정보(町步)의 (땅의 넓이가) 한 정(町)으로 끝이 나고 우수리가 없을 때의 일컬음. 경(頃). ¶ 300정보의 임야.
정보^검ː색(情報檢索)명 컴퓨터에서, 데이터베이스에 있는 정보를 찾아내는 일, 또는 그런 절차나 방법.
정보^과학(情報科學)명 정보의 관리·전송·처리·축적·형태 따위에 관한 이론이나 기술을 연구하는 분야.
정보-망(情報網)명 정보를 효과적으로 모으기 위하여 여러 곳에 펴 놓은 조직.
정보^부대(情報部隊)명 정보 수집을 주임무로 하는 부대.
정보^산ː업(情報産業)명 컴퓨터 등을 이용하여 정보를 수집·가공·제공하거나, 정보 시스템을 개발하는 산업을 두루 이르는 말.
정보-원(情報員)명 정보에 관한 일을 맡아 처리하는 사람. ¶ 비밀 정보원.
정보-원(情報源)명 정보가 흘러나오는 근원.
정보-은행(情報銀行)명 ☞데이터 뱅크.
정보화 사회(情報化社會)[-회/-훼] 공업화 사회 다음에 오게 된다는 사회. 정보의 생산이나 전달·유통 따위가 중요한 자원이 되어 경제가 발전하고 가치가 창조되는 사회.
정ː복(正服)명 ①의식(儀式) 때에 입는 정식의 옷. ②☞제복(制服).
정복(征服)명하타되자 ①(남의 나라나 이민족 따위의 집단을) 정벌하여 복종시킴. ¶ 정복을 당하다. /정복에 나서다. ②어려운 일을 이겨 내어 뜻한 바를 이룸. ¶ 외국어 정복. ③미지의 현상 따위를 이용할 수 있도록 그 내용이나 법칙을 밝혀냄. ¶ 암 정복. /우주 정복.
정복(淨福)명 ①썩 조촐한 행복. ②부처의 혜택. 불교를 믿음으로써 얻는 행복.
정ː복(整復)명 골절·탈구(脫臼) 등을 본디 상태로 바로잡음.
정ː본(正本)명 ①☞원본(原本). ②원본에 따라 작성되어, 원본과 똑같은 효력을 갖는 등본. ↔부본(副本).
정ː본(定本)명 이본(異本)이 여럿인 고전 가운데서 비교·검토를 통하여 잘못을 바로잡은, 가장 표준이 되는 책.
정봉(停捧)명하타 흉년이나 그 밖의 이유로 세금을 거두는 일을 그만두거나 뒤로 미루는 일.
정봉(精捧)명하타 세곡(稅穀)을 정확하게 받아들이는 일.
정ː부(正否)명 바름과 바르지 아니함. 옳고 그름. ¶ 정부를 가리다.
정ː부(正副)명 으뜸과 버금. ¶ 정부 책임자.
정부(征夫)명 ①멀리 싸움터로 나가는 군사. ②먼 길을 가는 남자.
정부(政府)명 ①(입법부·사법부에 대하여) 국가의 정책을 집행하는 행정부. ②국가의 통치권을 행사하는 입법·사법·행정을 통틀어 이르는 말. ③내각(內閣), 또는 중앙 관청. ④〈의정부〉의 준말.
정부(貞婦)명 정조가 곧은 아내. 정녀(貞女).

정부(情夫) 명 (남편 있는 여자가) 몰래 정을 통하고 있는 남자. 내연 관계에 있는 남자.

정부(情婦) 명 (아내 있는 남자가) 몰래 정을 통하고있는 여자. 내연 관계에 있는 여자.

정부-군(政府軍) 명 정부에 소속된 군대. 관군.

정부-미(政府米) 명 쌀값 조절 및 군수용(軍需用)이나 구호용에 충당하기 위하여 정부가 사들여 보유하고 있는 쌀.

정부^보ː유불(政府保有弗) 명 국고금으로 정부가 보관·관리하고 있는 달러. 정부불.

정부-불(政府弗) 명 ☞정부 보유불.

정부-안(政府案) 명 정부가 작성하여 국회에 내는 의안. ¶ 정부안이 원안대로 통과되다.

정부^예ː금(政府預金) 명 중앙은행에 맡겨 둔 정부의 돈.

정부^위원(政府委員) 명 국회 본회의나 위원회에서 장관의 답변 설명을 보좌하는 정부 기관의 직원.

정ː-부의장(正副議長) [-의-/-이-] 명 의장과 부의장.

정-부인(貞夫人) 명 조선 시대, 외명부(外命婦)의 한 품계. 정이품·종이품 문무관의 아내의 칭호.

정부^자ː금(政府資金) 명 ①자금의 출자 및 융자에 관하여 정부가 그 운용을 규제하는 자금. ②자금의 수불(受拂)이 정부의 창구를 통하여 이루어지는 자금.

정ː-부통령(正副統領) [-녕] 명 대통령과 부통령.

정ː북(正北) 명 〈정북방(正北方)〉의 준말.

정ː-북방(正北方) [-빵] 명 꼭 바른 북쪽, 또는 그 방향. 준정북.

정분(情分) 명 사귀어서 정이 도타워진 정도. ¶ 이웃 간의 정분. /정분이 깊다.

정분-나다(情分-) 자 서로 사랑하게 되다. ¶ 이웃집 총각과 정분나다.

정-붙이다(情-) [-부치-] 자 정을 두다. ¶ 정붙여 살아온 고향. /정붙일 데 없다.

정ː비(正比) 명 반비(反比)에 대하여, 보통의 비. ↔반비·역비(逆比).

정ː비(正妃) 명 왕의 정실인 왕비를 후궁(後宮)에 대하여 일컫는 말. ↔후궁(後宮).

정비(鼎沸) 명 (솥 안의 물이 끓는 것처럼) 많은 사람의 들끓는 의론(議論).

정ː비(整備) 명하타되자 ①(뒤섞이거나 흩어진 것을) 가다듬어 바로 갖춤. ¶ 대열을 정비하다. ②(기계류나 그에 딸린 것들을) 매만져 수리함. ¶ 정비 공장. /자동차를 정비하다.

정ː비-공(整備工) 명 차량이나 비행기 따위의 이상 유무를 살펴 정비하는 기능공.

정ː-비례(正比例) 명하자되자 두 양이 같은 비율로 늘거나 줄거나 하는 일. 비례. ↔반비례·역비례.

정ː-비례(定比例) 명 일정한 비율.

정ː비-사(整備士) 명 비행기·자동차 따위의 엔진이나 부속 기계 등을 정비하는 기술자.

정ː빈(正賓) 명 ☞정객(正客).

정사(丁巳) 명 육십갑자의 쉰넷째.

정ː사(正史) 명 ①정확한 사실을 바탕으로 하여 편찬한 역사. ↔야사(野史). ②기전체(紀傳體)로 쓴 중국 역대의 역사.

정ː사(正邪) 명 ①바른 일과 사악한 일. 사정(邪正). ¶ 정사를 분간하다. ②정기(正氣)와 사기(邪氣).

정ː사(正使) 명 수석(首席)인 사신(使臣). 상사(上使). 주사(主使). 참부사(副使).

정ː사(正射) 명하타 ①(활 따위를) 정면에서 쏨. ②수학에서, 수직으로 투영(投影)하는 일.

정ː사(正寫) 명하타 ☞정서(正書).

정사(呈辭) 명 지난날, 벼슬을 사양하거나 말미를 얻고자 할 때, 그 원서(願書)를 관아(官衙)에 내던 일.

정사(政事) 명 ①정치에 관한 일. 행정에 관한 일. ¶ 정사를 돌보다. ②벼슬아치의 임면(任免)·출척(黜陟)에 관한 일.

정사(情史) 명 남녀의 애정에 관한 기록. 연애를 다룬 소설.

정사(情死) 명하자 사랑하는 남녀가 사랑을 이루지 못하고 함께 목숨을 끊는 일.

정사(情私) 명 친족 사이의 사사로운 정.

정사(情事) 명 ①남녀 간의 사랑에 관한 일. ②부부 아닌 남녀 사이의 성교(性交). 치화(痴話).

정사(情思) 명 ①남녀가 서로 사랑하는 마음. ②☞정념(情念).

정사(淨寫) 명하타되자 ☞정서(淨書).

정사(精舍) 명 ①학문을 가르치려고 지은 집. ②정신을 수양하는 곳. ③중이 불도(佛道)를 닦는 곳.

정사(精査) 명하타되자 (아주 작은 것도 빼놓지 않고) 자세히 조사함.

정사(靜思) 명하타 조용히 생각함. ¶ 정사에 잠기다.

정ː-사각형(正四角形) [-가켱] 명 네 각의 크기와 네 변의 길이가 다 같은 사각형. 정방형(正方形). 평방형(平方形).

정ː사^도법(正射圖法) [-뻡] 명 투시 도법의 한 가지. 시점(視點)을 무한히 먼 곳에 두고 지구를 바라본 듯이, 지표를 지도로 나타내는 방법.

정ː-사면체(正四面體) 명 네 면이 정삼각형인 사면체.

정ː-사영(正射影) 명 도형 위의 한 점으로부터 한 직선이나 한 평면 위에 내려 그은 수선의 발.

정ː-사원(正社員) 명 일정한 자격을 갖춘 정식 사원.

정ː-사유(正思惟) 명 팔정도의 하나. 사제(四諦)의 이치를 추구·고찰하고, 지혜를 향상하는 일.

정ː사^투영(正射投影) 명 평면에 대하여 수직인 무한대의 거리로부터의 투영법.

정ː-사품(正四品) 명 고려·조선 시대의 문무관 품계의 일곱째 등급.

정삭(正朔) 명 정월 초하루.

정삭(精索) 명 부고환(副睾丸)에서 정낭(精囊)으로 정자(精子)를 이끄는 끈 모양의 통로. 혈관·신경·근(筋) 등으로 이루어져 있음.

정ː산(正酸) 명 비금속의 산화물이 물과 화합하여 만든 산 가운데 염기도가 가장 높은 산.

정ː산(定算) 명 미리 정한 계산.

정산(精算) 명하타되자 자세하게 계산함, 또는 그 계산. ¶ 연말에 세금을 정산하다. ↔개산(槪算).

정산-표(精算表) 명 손익 계산서가 작성될 때까지의 계산 과정을 하나의 표로 나타낸 것.

정ː-삼각형(正三角形) [-가켱] 명 세 각의 크기와 세 변의 길이가 모두 같은 삼각형. 등각 삼각형. 등변 삼각형.

정ː-삼품(正三品) 명 고려·조선 시대의 문무관 품계의 다섯째 등급.

정ː상(正常) 명 바른 상태. 이상한 데가 없는 보통의 상태. ¶ 정상 활동. ↔비정상.

정상(呈上)명하타 ☞정납(呈納).
정ː상(定常)명 일정하여 늘 한결같음.
정상(頂上)명 ①산의 꼭대기. 천정(天頂). ¶ 백두산 정상을 정복하다. ②그 이상 더 없는 것. 최상(最上). ¶ 인기 정상의 가수. ③한 나라의 최고 수뇌. ¶ 정상 외교.
정상(情狀)명 어떤 결과에 이르기까지의 사정. ¶ 정상을 참작하다.
정상(情想)명 감정과 생각. 정서와 상념.
정상(晶相)명 결정(結晶)의 모양.
정상(精詳) '정상하다'의 어근.
정ː상^가격(正常價格)[-까-]명 시장 경쟁을 통하여 안정되는 표준 가격. 일시적이나 우발적으로 형성되는 것이 아닌, 항시성(恒時性)을 지닌 것이 특징임.
정상-급(頂上級)[-끕]명 지위나 등급에서 맨 위의 급. ¶ 국내 정상급 가수. /한미 정상급 회담.
정ː상-류(定常流)[-뉴]명 방향·속도·압력 따위가 일정한, 유체(流體)의 흐름. 정류(定流).
정상-배(政商輩)명 정치 권력과 한통속이 되어 사사로운 이익을 꾀하는 무리.
정ː상^상태(定常狀態)명 어떤 물리적 체계(體系)를 결정하는 변수가 시간과 더불어 변하지 않는 경우, 그 변수에 관한 체계를 이르는 말.
정ː상-아(正常兒)명 심신(心身) 상태에 이상이 없는 아이. ↔이상아(異常兒).
정상-일침(頂上一鍼)명 ☞정문일침(頂門一鍼).
정상^작량(情狀酌量)[-장냥]명 재판관이 범죄의 사정을 헤아려서 형벌을 가볍게 하는 일. 정상 참작(情狀參酌).
정ː상-적(正常的)관명 상태가 정상인 (것). ¶ 정상적 운행. /정상적인 가정생활.
정ː상^전ː류(定常電流)[-절-]명 (직류와 같이) 방향이나 크기가 시간에 따라 변하지 않는 전류. ↔맥류(脈流).
정상^참작(情狀參酌)명 ☞정상 작량(情狀酌量).
정ː상-파(定常波)명 몇 개의 파형(波形)이 겹쳐서 부딪치는 결과로, 파형이 매질(媒質)을 통하여 더 나아가지 못하고 일정한 곳에 머물러 진동하는 파동. ↔진행파.
정상-하다(精詳-)형여 정밀하고 자상하다. **정상-히**부.
정ː상-화(正常化)명하자.타되자 (정상적이 아닌 것이) 정상적으로 됨, 또는 정상적으로 되게 함. ¶ 국교(國交) 정상화.
정상^회ː담(頂上會談)[-회-/-훼-]명 두 나라 이상의 최고 수뇌끼리 모여 하는 회담.
정ː색(正色)[1]명 ①(다른 빛깔과 섞이지 않은) 본디의 순수한 빛깔, 곧 백·적·청·황·흑. ↔간색(間色). ②어떤 물체의 본디의 빛깔.
정ː색(正色)[2]명하자 얼굴에 엄정한 빛을 나타냄, 또는 그 표정. ¶ 정색하고 말하다.
정색(呈色)명하자 빛깔을 나타냄.
정색(精索)명 '정삭(精索)'의 잘못.
정ː색-건판(整色乾板)[-껀-]명 (보통의 건판보다) 녹색에 감광성을 더한 사진 건판.
정색^반ː응(呈色反應)[-빠능]명 발색(發色)·변색(變色)의 현상이 따르는 화학 변화.
정생(頂生)명하자 (꽃 따위가) 줄기 끝에 남.
정ː서(正西)명 〈정서방(正西方)〉의 준말. ¶ 정서로 향해 있는 집.
정ː서(正書)명하타되자 ①글씨를 (흘려 쓰지 않고) 또박또박 바르게 씀, 또는 그렇게 쓴 글씨. ②초 잡았던 글 따위를 정식으로 베껴 씀. 정사(正寫). ¶ 보고서를 정서하다.
정서(征西)명하자 ①서쪽으로 나아감. ②서쪽을 정벌함.
정서(情緖)명 ①사람의 마음에 일어나는 갖가지 감정, 또는 그런 감정을 유발하는 주위의 분위기나 기분. ¶ 정서 불안. ②희로애락과 같이 본능적·충동적으로 외부에 표출되기 쉬운 감정. ¶ 도시 생활에서 황폐해진 정서.
정서(淨書)명하타 (초 잡았던 글 따위를) 읽기 쉽도록 깨끗이 옮겨 씀. 정사(淨寫). 청서(淸書). ¶ 원고를 정서하다.
정서(精書)명하타 (정신을 들여) 글씨를 정(精)하게 씀.
정ː-서방(正西方)명 꼭 바른 서쪽, 또는 그 방향. 준정서.
정ː서-법(正書法)[-뻡]명 낱말의 바른 표기법. 한 언어의 바른 표기 방법의 체계. 정자법.
정서^장애(情緖障礙)명 외계의 자극에 정서적 반응을 보이지 못하는 일종의 정신 이상 상태.
정서-적(情緖的)관명 정서를 띤 (것). ¶ 정서적 분위기. /정서적인 안정.
정ː석(定石)명 ①바둑에서, 최선(最善)인 것으로 인정되어 온 일정한 수(手). ¶ 정석대로 두다. ②어떤 일을 처리할 때의, 정해진 일정한 방식. ¶ 경영의 정석. /정석을 밟다.
정ː석(定席)명 어떤 사람이 늘 앉는 자리. 정해진 좌석.
정석(晶析)명하타 ☞정출(晶出).
정석(鼎席)명 ①조선 시대에, 영의정·좌의정·우의정의 삼공(三公)의 자리를 이르던 말. ②세 사람이 자리를 같이함.
정ː석-가(鄭石歌)[-까]명 작자·연대 미상의 고려 가요. 임에 대한 영원한 사랑을 읊은 내용으로 3·3·4조의 자수율임. 모두 여섯 연. 〔'악장가사'와 '시용향악보'에 실려 전함.〕
정ː선(正善)명하형 마음이 바르고 착함.
정선(汀線)명 해면과 육지가 맞닿은 선.
정ː선(定先)명 바둑에서, 한쪽이 수가 낮아 늘 검은 돌을 쥐고 선수(先手)로 두는 일. ↔호선(互先).
정선(停船)명하자.타되자 항행 중인 배가 멈춤, 또는 항행 중인 배를 멈춤. ¶ 정선을 명하다.
정선(精選)명하타되자 공을 들여 좋은 것을 골라 뽑음. 정택(精擇). ¶ 응모 작품을 정선하다. /정선된 시험 문제.
정ː-선율(定旋律)명 대위법(對位法)에서, 대위선율을 붙이는 데 바탕이 되는 주선율.
정ː설(定說)명 이미 확정된 학설, 또는 일반적으로 옳다고 인정되고 있는 설.
정성(井星)명 이십팔수의 하나. 남쪽의 첫째 별자리. 준정(井).
정ː성(正聲)명 ①음률에 맞는 바른 성음(聲音). ②음탕하지 않은 음률.
정ː성(定性)명하타 화학 분석으로, 물질의 성분을 밝히어 정하는 일.
정ː성(定星)명 ☞항성(恒星).
정ː성(定省)명 〈혼정신성(昏定晨省)〉의 준말.
정성(情性)명 (사람이 본디 가지고 있는) 인정과 성질. 성정(性情).
정성(精誠)명 온갖 성의를 다하려는 참되고 거짓이 없는 마음. ¶ 정성이 지극하다. /정성 어린 선물.
정ː성(鄭聲)명 ①〔중국 정(鄭)나라의 음악이 음탕했던 데서〕 '음란하고 야비한 음악'을 이르는 말. ②하자 한방에서, 병적으로 미친 사람처럼 지껄여 잘 알아들을 수 없는 말을 이름.

정성-껏(精誠-) [-껃] 부 정성을 다하여. ¶ 정성껏 돌보다.

정:성^분석(定性分析) 명 조사하려는 물질이 어떠한 성분으로 이루어졌는가를 알아내기 위하여 실시하는 화학 분석.

정성-스럽다(精誠-) [-따] [~스러우니·~스러워] 형ㅂ 보기에 정성 어린 데가 있다. ¶ 환자를 정성스럽게 돌보다. **정성스레** 부.

정세(情勢) 명 일이 되어 가는 사정과 형세. ¶ 복잡 미묘한 국제 정세.

정세(精細) '정세하다'의 어근.

정-세포(精細胞) 명 동물의 정자 형성에서, 정모세포의 두 번의 감수 분열로 말미암아 생긴 네 개의 세포. 각각 정자가 됨. ↔난세포.

정세-하다(精細-) 형여 자세하고 빈틈이 없다. 정밀하고 상세하다. ¶ 정세한 관찰. **정세-히** 부.

정소(呈訴) 명하자 소장(訴狀)을 냄. 정장(呈狀).

정:소(定所) 명 정해진 처소. 일정한 곳.

정소(情疏) '정소하다'의 어근.

정소(精巢) 명 수컷의 생식소. 여기서 정자가 만들어짐. 사람이나 포유동물에서는 고환(睪丸)이라고도 함. 정집. ↔난소.

정소-하다(情疏-) 형여 정분(情分)이 버성기다.

정:속(正俗) 명 올바른 풍속. ↔이속(異俗).

정:속(定屬) 명하타되자 지난날, 죄인을 노비(奴婢)로 삼던 일.

정송(呈送) 명하타 ☞정납(呈納).

정송(停訟) 명하자 송사(訟事)를 그만둠.

정송오죽(正松五竹) 명 소나무는 정월에, 대나무는 오월에 옮겨 심어야 잘 산다는 말.

정송오죽(淨松汚竹) 명 깨끗한 땅에는 소나무를 심고, 지저분한 땅에는 대나무를 심는다는 말.

정쇄(精灑) '정쇄하다'의 어근.

정쇄-하다(精灑-) 형여 아주 깨끗하고 맑다.

정수(井水) 명 우물물.

정:수(正手) 명 바둑·장기 따위에서, 속임수나 홀림수가 아닌 정당한 법수.

정:수(正數) 명 '양수(陽數)'의 구용어.

정:수(定數) 명 ①일정한 수나 수효, 특히 규칙 따위에서 정해진 일정한 인원 수. ¶ 임원의 정수. /정수를 채우다. ②불교에서, 태어나기 전부터 정해져 있다는 사람의 운수를 이름. 명수(命數). 상수(常數). ③수학·물리학에서, '상수(常數)'의 구용어.

정수(淨水) 명하타 물을 맑게 하는 일, 또는 맑게 한 그 물. ¶ 정수 장치. /수돗물을 정수하여 마시다.

정수(渟水) 명 괴어 있는 물.

정수(艇首) 명 (초계정·수뢰정·요트 따위) 작은 배의 이물.

정수(精水) 명 ☞정액(精液).

정수(精修) 명하타 정세하게 학문을 닦음.

정수(精粹) '정수하다'의 어근.

정수(精髓) 명 ①뼛속에 있는 골. 준정(精). ②사물의 본질을 이룬 가장 뛰어난 부분. 가장 중요한 것. ¶ 신라(新羅) 문화의 정수.

정수(靜水) 명 흐르지 않고 괴어 있는 물.

정수(靜修) 명하타 고요한 마음으로 학덕을 닦음.

정:수(整數) 명 자연수와, 자연수에 대응하는 음수 및 0을 통틀어 이르는 말. 완전수. ↔가수(假數)·분수(分數)[1].

정수-기(淨水器) 명 물을 깨끗하게 하는 기구.

정:수-론(整數論) 명 정수의 성질을 연구하는 수학의 한 분야.

정수리(頂-) 명 머리 위의 숫구멍이 있는 자리. 뇌천(腦天). 신문(囟門). 정문(頂門).

정:수^비:례(定數比例) 명 ☞상수 비례.

정수-식물(挺水植物) [-싱-] 명 수생 식물(水生植物)의 한 가지. 뿌리는 물속의 땅에 내리고, 잎이나 줄기 따위는 물 위로 벋어 있는 식물. 〔연꽃·갈대 따위.〕

정수-압(靜水壓) 명 흐르지 않고 괴어 있는 물속에 작용하는 압력.

정수-지(淨水池) 명 수도 설비에서, 여과지(濾過池)에서 거른 정수를 저장하는 못.

정수-하다(精粹-) 형여 ①(불필요하거나 불순한 것이 섞이지 않아) 깨끗하고 순수하다. ¶ 자질이 청명하고 정수하다. ②청렴하고 사욕이 없다.

정숙(貞淑) 명하형 여자로서 행실이 얌전하고 마음씨가 고움. ¶ 정숙한 아내. **정숙-히** 부.

정숙(情熟) '정숙(情熟)하다'의 어근.

정숙(精熟) '정숙(精熟)하다'의 어근.

정숙(靜淑) '정숙(靜淑)하다'의 어근.

정숙(靜肅) 명하형 조용하고 엄숙함. **정숙-히** 부.

정숙(整肅) '정숙(整肅)하다'의 어근.

정숙-하다(情熟-) [-수카-] 형여 정분이 두텁고 친숙하다. **정숙-히** 부.

정숙-하다(精熟-) [-수카-] 형여 어떤 일에 정통하고 능숙하다. **정숙-히** 부.

정숙-하다(靜淑-) [-수카-] 형여 여자의 성품이나 몸가짐이 조용하고 얌전하다. ¶ 정숙한 걸음걸이. **정숙-히** 부.

정:숙-하다(整肅-) [-수카-] 형여 잘 정돈되고 엄숙하다. 엄숙하고 흐트러짐이 없다. ¶ 정숙한 분위기. **정숙-히** 부.

정:순(正巡) 명 활쏘기 경기에서, 정식(正式)의 순(巡).

정순(呈旬) 명 조선 시대에, 낭관(郎官)이 사임을 빌 때 열흘에 한 번씩 세 차례 잇달아 원서(願書)를 내던 일.

정순(貞順) '정순하다'의 어근.

정순-하다(貞順-) 형여 몸가짐이 정숙하고 마음씨가 온순하다.

정승(政丞) 명 조선 시대에, 의정부의 영의정·좌의정·우의정을 일컫던 말. 대신. 의정(議政)[2].

정승 말〔개/당나귀〕 죽은 데는 (문상을) 가도 정승 죽은 데는 (문상을) 안 간다 속담 권력을 가진 자 앞에서는 아첨을 하다가도 그가 죽으면 돌아다보지도 않음을 비유하여 이르는 말.

정승 판서 사귀지 말고 제 입이나 잘 닦아라 속담 윗사람에게 빌붙어 한자리하려 들지 말고 제 앞이나 잘 가리라는 말.

정시(丁時) 명 이십사시의 열넷째 시. 하오 12시 30분부터 하오 1시 30분까지의 동안. 준정(丁).

정:시(正視) 명하타 ①똑바로 봄. ¶ 사물을 정시하다. ②〈정시안(正視眼)〉의 준말.

정시(呈示) 명하타 ①내어 보임. ②어음이나 증권 등의 소유자가 지급을 청구하기 위하여 지급인이나 인수인에게 그것을 제시해 보임. 제시(提示). ¶ 어음을 정시하다.

정:시(定時) 명 ①정해진 시각. ¶ 정시 퇴근. /정시에 도착하다. ②일정한 시기. ¶ 정시 간행.

정시(庭試) 명 조선 시대에, 나라에 경사가 있을 때 대궐 안에서 보이던 과거.

정:시-안(正視眼) 명 바른 시력의 눈. 평행 광선이 망막 위에 결상(結像)하는 눈. 준정시.

정시자-전(丁侍者傳) 명 고려 말기에 석식영암(釋息影庵)이 지은 가전체(假傳體) 작품. 지팡이를 의인화하여, 도(道)를 지킬 것을 강조한 교훈적인 내용. 〔'동문선(東文選)'에 실려 전함.〕

정ː시-제(定時制)명 농한기나 야간 따위, 특별한 시간이나 시기에 이루어지는 학습 과정. 참전일제(全日制).

정시^증권(呈示證券)[-꿘]명 '제시 증권(提示證券)'의 구용어.

정ː식(正式)명 규정대로의 바른 방식. 정당한 방식. ¶ 사원을 정식으로 채용하다. /정식 절차를 밟다. ↔약식(略式).

정ː식(定式)명하자 방식이나 격식을 일정하게 정함, 또는 그 방식이나 격식.

정ː식(定食)명 ①식당·음식점 등에서, 일정한 식단에 따라 차리는 음식. 식단이나 식품 내용이 일정한 요리. ¶ 백반 정식. ②일정하게 정해진 차례에 따라 차려 내는 정식(定式) 식사. 〔특히, 양식(洋式)의 만찬(디너)의 경우를 이름.〕

정ː식(定植)명 (온상에서 기른 채소의 모종 따위를) 밭의 제자리에 정식으로 옮겨 심는 일. ↔가식(假植).

정식(淨食)명 불교에서, 계율에 어긋나지 않는 음식을 이름. 깨끗한 식사.

정ː식(整式)명 문자에 대하여, 덧셈·뺄셈·곱셈만의 연산을 사용하여 얻어지는 대수식.

정식(靜息)명하자 조용히 멈춤. 조용히 쉼.

정ː식^간ː격(正式間隔)[-깐-]명 제식 훈련에서, 왼팔을 옆으로 쭉 뻗쳤을 때 가운뎃손가락 끝이 왼쪽 사람의 오른쪽 어깨에 닿을 정도의 간격.

정ː식^재판(正式裁判)[-째-]명 형사 소송법상, 약식 명령에 불복한 피고인이나 검찰의 신청에 따라, 통상의 소송 절차에 의하여 이루어지는 재판.

정ː신(正信)명 불교에서, 참되고 올바른 믿음을 이르는 말.

정신(貞臣)명 육정(六正)의 하나. 절개가 곧은 신하.

정신(挺身)명하자 어떤 일에 남보다 앞장서서 나아감. 솔선하여 일에 부딪침. ¶ 교육 사업에 오랫동안 정신하다.

정신(艇身)명 ①보트의 전체 길이. ②〖의존 명사적 용법〗 보트 경기에서, 골인 때의 보트와 보트 사이의 거리의 차를 나타내는 단위. ¶ 1 정신 차이로 우승하다.

정신(精神)명 ①사고나 감정의 작용을 다스리는 인간의 마음. ¶ 정신 세계. /건전한 정신은 건전한 신체로부터 시작한다. ↔육체. ②물질적인 것을 초월한 영적인 존재. 성령(性靈). ↔물질. ③사물을 느끼고 생각하며 판단하는 능력, 또는 그런 작용. ¶ 정신이 몽롱해지다. /정신을 가다듬다. ④사물의 근본이 되는 의의나 목적. ¶ 화랑도 정신. /입법 정신. ⑤마음의 자세나 태도. ¶ 희생 정신. /절약 정신.

정신은 꽁무니에 차고 다닌다속담 정신없이 엉뚱한 짓을 잘하거나, 건망증이 심하여 할 일을 잘 잊어버린다는 말.

정신(을) 차리다관용 ①잃었던 정신을 되찾다. ②(어떤 환경이나 자극·충격 등으로) 분별력이 생기다. ¶ 크게 혼이 났으니 이제는 정신을 차리겠지.

정신(이) 나가다관용 얼이 빠지다. 정신없는 상태가 되다. ¶ 정신 나간 사람.

정신(이) 나다관용 사리를 분간할 수 있을 만큼 정신이 생기다. ¶ 정신이 나게 밖에 나가 바람을 쐬다.

정신(이) 들다관용 ①잃었던 정신이 되돌아오다. ②어떤 자극 따위를 받아 긴장하게 되거나 각성하게 되다. ¶ 늘그막에 가서야 정신이 들다.

정신(이) 빠지다관용 정신 나가다. 얼이 빠지다. ¶ 그런 정신 빠진 소리 그만 하여라.

정신(이) 팔리다관용 (딴생각을 할 겨를조차 없을 만큼) 어떤 일에 정신이 쏠리다.

정신^감ː응(精神感應)명 ☞텔레파시.

정신^감정(精神鑑定)명 재판에서, 피고에게 책임 능력이 있는가 없는가를 판단하기 위하여 전문의가 정신 상태를 감정하는 일.

정신-계(精神界)[-계/-게]명 정신이 작용하는 세계. 정신세계. ↔물질계.

정신-골(精神骨)명 총기 있게 생긴 골격.

정신-골자(精神骨子)[-짜]명 (일의) 가장 중요한 부분.

정신-과(精神科)[-꽈]명 정신 질환을 전문으로 연구하고 치료하는 임상 의학의 한 분야.

정신-과학(精神科學)명 인간의 정신 활동의 소산인 여러 문화 현상, 곧 예술·종교·사회·역사 따위를 이론적으로 밝혀내는 학문을 통틀어 이르는 말. 참자연 과학.

정신^교ː육(精神敎育)명 정신을 훈련하는 교육. 특히, 의지의 단련이나 덕성의 함양 따위를 목적으로 하는 교육.

정신-기(精神氣)[-끼]명 정신의 기운.

정신-노동(精神勞動)명 주로 두뇌를 써서 하는 노동. ↔근육노동·육체노동.

정신-대(挺身隊)명 ①☞결사대. ②태평양 전쟁 때, 일본군을 위해 강제로 종군하던 위안부를 이르는 말.

정신-력(精神力)[-녁]명 정신을 받치고 있는 힘. ¶ 강한 정신력으로 어려움을 이겨 내다.

정신-론(精神論)[-논]명 물질적인 것보다도 정신적인 것에 더 큰 비중을 두는 생각이나 이론.

정신-맹(精神盲)명 사물을 볼 수도 있고 사고 능력도 있으나, 보이는 것이 무엇인지를 알지 못하는 일종의 정신 장애.

정신-머리(精神-)명 〈정신(精神)〉의 속된 말. ¶ 정신머리가 없다. /정신머리가 나가다.

정신-문명(精神文明)명 인간의 정신적 활동을 바탕으로 하여 이루어진 문명. ↔물질문명.

정신-문화(精神文化)명 인간의 정신 활동의 소산인 문화를 통틀어 이르는 말. 〔학술·사상·종교·예술 따위.〕 ↔물질문화.

정신-박약(精神薄弱)명 지능 발달이 매우 늦은 일, 또는 그러한 사람.

정신-박약아(精神薄弱兒)명 지능 발달이 지체된 아이. 보통, 지능 지수가 75 이하인 아이를 이름. 준정박아.

정신-병(精神病)[-뼝]명 정신에 이상이 생겨 정상적인 사회생활을 하지 못하는 병.

정신^병ː리학(精神病理學)[-뼝니-]명 정신 이상에 대한 과학적인 연구와 치료를 주로 하는 임상 의학. 정신 의학.

정신^병ː원(精神病院)[-뼝-]명 정신병자를 수용하여 치료하는 병원. 뇌병원.

정신병-자(精神病者)[-뼝-]명 정신병에 걸린 사람.

정신병-질(精神病質)[-뼝-]명 태어날 때부터 이상 인격(異常人格)인 상태.

정신^보ː건(精神保健)명 ☞정신 위생.

정신^분석(精神分析)명 꿈이나 공상·연상 따위를 분석하여 인간의 의식 속에 있는 무의식의 영역을 밝혀내려 하는 일. 정신병의 치료나 사회 현상의 연구 등에 응용됨.

정신^분열증(精神分裂症) [-쯩]명 청년기에 많은 정신병의 한 가지. 자기를 둘러싼 외계와의 접촉을 꺼리고, 사고나 감정·행동 따위에 통일성이 없어지는 질환. 조발성 치매. 준분열증.

정신-사(精神史)명 역사의 흐름을 정신이나 이념의 흐름으로 설명하려고 하는 처지에서 쓰여진 역사.

정신-생활(精神生活)명 ①사람의 생활 활동 가운데 정신적인 면. ②생활의 의의를 물질적인 것보다도 정신적인 것에 두고 있는 생활. 정신적인 면을 중요시하는 생활.

정신-세계(精神世界) [-계/-게]명 ☞정신계.

정신^안정제(精神安靜劑)명 정신적인 흥분을 가라앉히는 약제.

정신-없다(精神-) [-시넙따]형 ①(무엇에 놀라거나 경황이 없어) 앞뒤를 생각하거나 사리를 분별할 여유가 없다. ②몹시 바쁘다. ¶ 감사 준비를 하느라 정신없다. **정신없-이**부 ¶ 정신없이 쏘다니다.

정신^연령(精神年齡) [-녈-]명 지능의 정도를 나이로 나타낸 것, 곧 지능 검사에 의해서 측정된 정신 수준. 지능 연령. ¶ 정신 연령이 어리다./정신 연령이 낮다(높다). ↔생활 연령.

정신^요법(精神療法) [-뇨뻡]명 (약물을 사용하지 않고) 환자에게 여러 가지 심리적인 영향을 주어 병을 치료하는 방법. 심리 요법. 참약물 요법.

정신^위생(精神衛生)명 정신적인 건강을 유지하고 그 향상을 꾀하기 위한 실천적 이론과 방법. 정신 보건.

정신^의학(精神醫學)명 ☞정신 병리학.

정신^이ː상(精神異常·精神異狀)명 신경 계통의 장애로, 비정상적인 행동을 하는 병증.

정신^장애자(精神障礙者)명 정신 위생법에 의한 의료나 보호를 필요로 하는 사람, 곧 정신병자·정신박약자·정신병질자 등을 통틀어 이르는 말.

정신-적(精神的)관명 정신에 관한 (것). 정신에 중점을 둔 (것). ¶ 정신적 부담./정신적인 지주. ↔물질적·육체적.

정신-주의(精神主義) [-의/-이]명 물질보다도 인간의 정신을 더 중시하는 주의. ↔물질주의.

정신^지체아(精神遲滯兒)명 정신 능력의 발달이 늦어진 아이. 보통 정신박약아보다 가벼운 정도를 가리킴. 열등아(劣等兒). 저능아.

정신^착란(精神錯亂) [-창난]명 증상이 심한 의식 장애. ¶ 정신 착란으로 빚어진 사고.

정ː실(正室)명 ①첩(妾)에 대하여, 정식 혼인하여 맞은 아내. 큰마누라. 본실(本室). 본처. 적실(嫡室). 정처(正妻). ↔부실(副室). ②☞몸채.

정실(正實) '정실(正實)하다'의 어근.

정실(貞實) '정실(貞實)하다'의 어근.

정실(淨室)명 제사에 참례하는 사람이 몸과 마음을 깨끗이 하고 부정을 멀리하기 위하여 묵는 방.

정실(情實)명 ①실제의 사정. 있는 대로의 사실. ②사사로운 의리나 인정에 끌리는 일, 또는 그러한 의리나 인정에 끌리어 공정성을 잃는 일. ¶ 정실 인사(人事)./정실에 끌리어 원칙을 저버리다.

정ː실-하다(正實-)형여 바르고 참되다. **정실-히**부.

정실-하다(貞實-)형여 마음이 곧고 성실하다. 정숙하고 독실하다. **정실-히**부.

정ː심(正心)명하자 바른 마음, 또는 마음을 바르게 가짐.

정ː심-공부(正心工夫)명하타 마음을 바르게 가다듬어 배워 익히는 데 힘씀.

정ː-씨(正-)명 논밭의 넓이에 에누리 없이 꼭 맞게 뿌려지는 곡식의 씨. ¶ 정씨 너덧 말은 먹겠다.

정ː아(定芽)명 식물에서, 꼭지눈이나 곁눈 따위와 같이 일정한 자리에 나는 싹. 제눈. ↔부정아(不定芽).

정아(頂芽)명 꼭지눈.

정ː악(正樂)명 아악(雅樂)을 포함한, 고상한 정통 국악(國樂). ↔속악(俗樂).

정안-수(井-水)명 '정화수(井華水)'의 잘못.

정ː압(定壓)명 일정한 압력.

정압(靜壓)명 멎어 있는 유체(流體) 속에서 물체가 받는 압력, 또는 유체와 같은 속도로 운동하는 물체가 유체로부터 받는 압력. ↔동압.

정ː압^비ː열(定壓比熱) [-삐-]명 일정한 압력 아래서, 물체 1g의 온도를 1°C 올리는 데 필요한 열량.

정애(情愛)명 (육친애·부부애와 같은) 정겨운 사랑. 따뜻한 사랑.

정ː액(定額)명 일정한 금액. 정해진 액수.

정액(精液)명 ①순수한 진액. ②수컷의 생식기에서 생겨난, 정자가 섞여 있는 액체. 신수(腎水). 음액(陰液). 정수(精水). 준정(精).

정ː액-권(定額券) [-꿘]명 〈정액 승차권(定額乘車券)〉의 준말.

정ː액-등(定額燈) [-뜽]명 사용량에 구애되지 않고 등(燈)의 수와 촉수에 따라 요금을 내는 전등. 참종량등(從量燈).

정ː액^보ː험(定額保險) [-뽀-]명 보험 사고가 일어났을 때에 계약상 정해진 금액의 전액이 지급되는 보험. 〔생명 보험 따위.〕 ↔부정액 보험.

정ː액-세(定額稅) [-쎄]명 소득 따위와는 관계없이 징수하는, 금액이 일정한 조세.

정ː액^승차권(定額乘車券) [-꿘]명 일정한 금액을 미리 지불하고 그 금액만큼 버스나 전철 따위를 이용할 수 있는 승차권.

정액-은행(精液銀行)명 혈통이 좋은 남성의 정액을 냉동으로 보존해 두었다가 인공 수정을 원하는 여성에게 주는 기관.

정야(丁夜)명 하루의 밤을 갑·을·병·정·무의 다섯으로 나눈 넷째 시각. 새벽 2시경. 사경(四更).

정야(靜夜)명 고요한 밤.

정ː약(定約)명하자 약속을 정함, 또는 그 약속.

정약(情弱)명하형 인정에 약함.

정ː양(正陽)명 ①한낮. ②음력 정월.

정양(靜養)명하자 피로 회복이나 병 치료 따위를 위하여 조용히 쉬거나 요양함. ¶ 온천에 가서 정양하다.

정양-원(靜養院)명 정양을 필요로 하는 사람들을 위해서 세운 시설.

정ː어(正語)명 팔정도의 하나. 도리에 어긋나는 일체의 말을 삼감.

정어리명 청어과의 바닷물고기. 몸길이 20~25 cm. 몸빛은 등이 검푸르고 배와 옆구리는 흼. 우리나라의 동해에서 많이 잡힘.

정ː언(正言)명 조선 시대에, 사간원(司諫院)의 정육품 벼슬.

정ː언(定言)명하자 어떤 명제나 주장·판단을, '만약'·'혹은' 따위의 조건을 달지 않고 단정하는 일.

정ː언-적(定言的)관명 어떤 명제나 주장·판단을 무조건 단정하는 (것). 단언적. 참가언적(假言的)·선언적(選言的).

정ː언적 명ː령(定言的命令) [-정-녕] 칸트가 주장한 도덕률의 형식. 누구나 따라야 할, 무조건적이며 보편타당성 있는 도덕적 명령. 무상 명령. 정언적 명법. 지상 명령. ㉥가언적 명령.

정ː언적 명ː법(定言的命法) [-정-뻡] ☞정언적 명령(定言的命令).

정ː언적 명ː제(定言的命題) [-정-] 정언적 판단을 명제로서 나타내는 것. ㉥가언적 명제(假言的命題)·선언적 명제(選言的命題).

정ː언적 삼단^논법(定言的三段論法) [-쌈-뻡] 추리(推理)의 두 전제가 정언적 판단으로 이루어진 삼단 논법. ㉥가언적 삼단 논법·선언적 삼단 논법.

정ː언적 판단(定言的判斷) 아무런 조건 없이 단정하는 판단. 〔'A는 B이다.', '모든 사람은 죽는다.' 따위.〕 ㉥가언적 판단·선언적 판단.

정ː업(正業) 명 ①정당한 직업. 견실한 직업. ②팔정도의 하나. 삼업(三業)에 있어서 행실을 바르게 하는 일, 또는 바른 행위.

정ː업(定業) 명 ①일정한 직업이나 업무. ②불교에서, 전세(前世)부터 정하여진 업보, 곧 전생에 지은 업에 따라 이승에서 받게 되는 과보.

정업(淨業) 명 〔불교에서〕 ①청정(清淨)한 행업(行業). 선업(善業). ②정토왕생의 정업(正業), 곧 염불을 이름.

정업(停業) 명하타 하고 있는 영업이나 사업 따위를 쉬거나 그만둠.

정역(停役) 명하타 하던 일을 중지하고 쉼.

정-역학(靜力學) [-녀칵] 명 물체에 작용하는 힘의 균형을 연구하는 역학. ↔동역학(動力學).

정연(井然) '정연(井然)하다'의 어근.

정연(亭然) '정연(亭然)하다'의 어근.

정연(整然) '정연(整然)하다'의 어근.

정연-하다(井然-) 형여 구격(具格)이 맞고 조리가 있다. **정연-히** 부.

정연-하다(亭然-) 형여 솟아 있는 모양이 우뚝하다. **정연-히** 부 ¶ 정연히 솟아 있는 봉우리.

정ː연-하다(整然-) 형여 질서나 구획 따위가 잘 정돈되어 어지럽거나 흐트러지지 않고 가지런하다. ¶ 질서가 정연하다. /정연하게 늘어서다. **정연-히** 부.

정열(情熱) [-녈] 명 불같이 세차게 일어나는 감정. ¶ 정열을 불태우다.

정열-적(情熱的) [-녈쩍] 관명 정열에 불타는 (것). ¶ 정열적 사랑. /정열적으로 노래하다.

정염(井塩) 명 염분이 섞여 있는 지하수를 퍼 올려서 만든 소금.

정ː염(正塩) 명 다염기산(多塩基酸)의 수소 원자를 모두 금속으로 치환한 소금.

정염(情炎) 명 불같이 타오르는 욕정. 정화(情火). ¶ 정염에 몸을 사르다.

정예(淨穢) 명 깨끗함과 더러움.

정예(精鋭) 명하형 ①재기가 발랄하고 뛰어남. ②여러 사람 가운데서 골라 뽑은, 뛰어난 사람. 특히, 골라 뽑은 날래고 용맹스러운 군사를 이름. ¶ 소수 정예. /정예 부대.

정ː오(正午) 명 낮 열두 시. 상오(晌午). 오정(午正). ¶ 정오를 알리는 종소리.

정ː오(正誤) 명하타 잘못된 글자나 문구 따위를 바로잡음.

정ː오-표(正誤表) 명 (인쇄물 따위에서) 잘못된 곳을 바로잡아 죽 벌여 적은 일람표.

정ː-오품(正五品) 명 고려·조선 시대의 문무관 품계의 아홉째 등급.

정ː온(定溫) 명 일정한 온도.

정온(靜穩) 명하형 (환경이나 분위기가) 고요하고 평온함. **정온-히** 부.

정ː온-기(定溫器) 명 자동적으로 온도를 조절하게 된 장치. 일정한 온도가 되면 불이 나갔다가 온도가 낮아지면 다시 불이 켜지게 됨. 항온기(恒溫器).

정ː온^동ː물(定溫動物) 명 외계의 온도 변화에 영향을 받지 않고, 체온을 늘 일정하게 따뜻한 상태로 유지하는 동물. 등온 동물. 상온 동물. 온혈 동물. 항온 동물. ㉥변온 동물.

정완(貞婉) '정완하다'의 어근.

정완-하다(貞婉-) 형여 정숙하고 온순하다.

정외(廷外) [-외/-웨] 명 법정의 밖. ↔정내.

정외(情外) [-외/-웨] 명 ①인정에 벗어나는 일. 《주로, '정외의'의 꼴로 쓰임.》 ¶ 정외의 냉혹한 처사. ②하타 가까이 지내는 사람을 멀리함.

정외지언(情外之言) [-외-/-웨-] 명 인정에 벗어나는 말.

정요(精要) '정요하다'의 어근.

정요-하다(精要-) 형여 ☞정긴(精緊)하다.

정욕(情欲) 명 ①☞정욕(情慾). ②불교에서 이르는, 사욕(四欲)의 하나. 물건을 탐하고 집착하는 마음.

정욕(情慾) 명 이성(異性)에 대한 성적인 욕망. 색정(色情). 욕정(欲情). 정욕(情欲). ¶ 정욕을 채우다.

정ː용(整容) 명하자 자세를 가다듬는 일. 용모를 단정히 하는 일.

정ː용-법(整容法) [-뻡] 명 체조하기에 앞서 준비 운동으로 자세를 바르게 하는 법. 두 팔을 벌리고 손바닥을 펴서 앞뒤와 위아래로 원을 그리며, 발뒤축을 들었다 놓았다 하여 자세를 바로잡음.

정ː용^비ː열(定容比熱) 명 물질의 체적을 일정하게 유지한 채, 온도를 1°C 올리는 데 소요되는 열량. 정적 비열(定積比熱).

정용-체(晶溶體) 명 두 가지 이상의 결정물이 섞이어 녹아서 재결정된 물체.

정우(丁憂) 명하자 부모상(父母喪)을 당함.

정우(政友) 명 정치상의 의견이 같은 사람.

정ː원(正員) 명 어떤 조직체 따위에서, 정식 인원으로서의 자격을 가지고 있는 사람.

정ː원(定員) 명 일정한 규정에 따라 정해진 인원. ¶ 모집 정원. /정원 미달.

정원(庭園) 명 뜰, 특히 잘 가꾸어 놓은 넓은 뜰. ¶ 정원을 거닐다.

정원(淨院) 명 〔깨끗한 집이라는 뜻으로〕 '절'을 달리 이르는 말.

정원-사(庭園師) 명 정원을 가꾸는 일을 업으로 하는 사람. 원정(園丁).

정원-수(庭園樹) 명 정원에 심어 가꾸는 나무.

정ː원-제(定員制) 명 일정한 규정에 따라 정해진 인원으로 운영하는 제도. ¶ 졸업 정원제.

정월(丁月) 명 월건(月建)의 천간(天干)이 정(丁)으로 된 달. 〔정축(丁丑)·정묘(丁卯) 따위.〕

정월(正月) 명 음력으로 한 해의 첫째 달. 음력 일월. 원월(元月). 일월(一月). ㉥인월·맹춘·개세.

정ː위(正位) 명 바른 자리. 정당한 위치.

정ː위(正尉) 명 대한 제국 때, 장교 계급의 하나. 참령(參領)의 아래, 부위(副尉)의 위로 위관급의 맨 윗자리임. 지금의 대위에 해당함.

정ː위(正僞) 명 바른 것과 거짓된 것.

정ː위(定位) 명하자 어떤 사물의 위치를 정함, 또는 그 정해진 위치.

정:위-점(定位點)[-쩜]명 ☞자릿점.
정유(丁酉)명 육십갑자의 서른넷째.
정유(情由)명 ☞사유(事由).
정유(精油)명 ①어떤 식물에서 채취하여 정제한, 향기를 지닌 휘발성 기름. 〔레몬유·박하유 따위.〕 ②하타 석유를 정제하는 일, 또는 정제한 석유.
정유-재란(丁酉再亂)명 조선 선조 30(1597.정유)년에 왜군이 임진왜란에 이어 우리나라를 다시 침입해 온 난리.
정:육(正肉)명 쇠고기의 살코기.
정육(精肉)명 뼈나 굳기름 따위를 발라낸 살코기.
정:-육면체(正六面體)[-늉-]명 여섯 면이 모두 정사각형인 육면체. 입방체(立方體).
정육-점(精肉店)[-쩜]명 정육을 파는 가게. 푸주.
정:-육품(正六品)[-눅-]명 고려·조선 시대의 문무관 품계의 열한째 등급.
정:윤(正閏)명 ①평년과 윤년. ②정위(正位)와 윤위(閏位).
정은(丁銀)명 품질이 낮은 은. 칠성은(七成銀).
정:은(正銀)명 ☞순은(純銀).
정:음(正音)[1]명 글자의 바른 음. 제소리[1].
정:음(正音)[2]명 〈훈민정음〉의 준말.
정읍-사(井邑詞)[-싸]명 오늘날 전하는 유일한 백제 가요. 한글로 기록된 가장 오래된 노래. 행상을 나간 남편의 밤길을 염려하는 내용. 〔'악학궤범'에 실려 전함.〕
정:의(正義)[-의/-이]명 ①사람으로서 지켜야 할 바른 도리. ¶ 정의를 위해 싸우다. ↔불의(不義). ②(법전 따위의) 바른 뜻.
정:의(正意)[-의/-이]명 바른 마음. 바른 뜻.
정의(廷議)[-의/-이]명 조정의 논의. 조의(朝議).
정의(征衣)[-의/-이]명 ①☞여장(旅裝). ②지난날, (군인이) 출정(出征)할 때 입던 옷.
정:의(定義)[-의/-이]명하타되자 어떤 개념의 내용이나 용어의 뜻을 다른 것과 구별할 수 있도록 명확히 한정하는 일, 또는 그 개념이나 뜻. ¶ 정의를 내리다.
정의(情意)[-의/-이]명 감정과 의지. 마음. 뜻.
정의(情義)[-의/-이]명 인정과 의리.
정의(情誼)[-의/-이]명 사귀어 두터워진 정. ¶ 정의가 깊다. /그간의 정의로 보아서도 그럴 수는 없다. 준의(誼).
정의(精義)[-의/-이]명 상세한 뜻. 정확한 의의.
정:의-감(正義感)[-의-/-이-]명 정의를 관철하려는 마음. ¶ 정의감에 불타다.
정:-의관(整衣冠)[-의-/-이-]명하자 의관을 바로잡아 몸가짐을 단정하게 함.
정:의-롭다(正義-)[-의-따/-이-따][~로우니·~로워]형ㅂ 정의에 어긋나지 않고 올바르다. ¶ 정의로운 사회. 정의로이부.
정의-상통(情意相通)[-의-/-이-]명하자 마음과 뜻이 서로 통함.
정의-투합(情意投合)[-의-/-이-]명하자 마음과 뜻이 서로 잘 맞음.
정이(征夷)명하자 오랑캐를 정벌함.
정이사지(靜而俟之)명하타 가만히 기다림.
정-이월(正二月)명 정월과 이월.
정:-이품(正二品)명 고려·조선 때의 문무관 품계의 셋째 등급.
정:인(正人)명 마음씨가 바른 사람.
정인(情人)명 ①서로 사랑하는 남녀 사이에서 상대편을 이르는 말. ②정을 통하고 있는 사람.
정일(丁日)명 일진(日辰)의 천간(天干)이 '정(丁)'으로 된 날. 〔정미(丁未)·정사(丁巳)·정유(丁酉)·정축(丁丑) 따위.〕
정:일(定日)명하타 어떤 일을 하기 위하여 미리 날짜를 정함, 또는 그 날짜.
정일(精一) '정일하다'의 어근.
정:일-시장(定日市場)명 날짜를 정하여 놓고 정기적으로 서는 장.
정:일^출급^어음(定日出給-)명 일정한 날짜를 지급 청산 기일로 하여 기재한 어음.
정:-일품(正一品)명 고려·조선 시대의 문무관 품계의 첫째 등급.
정일-하다(精一-)형여 ①마음이 자상하고 한결같다. ②잡된 것이 섞이지 않고 순수하다. 정일-히부.
정:임(正任)명 ☞실직(實職).
정:임^대:신(正任大臣)명 실직(實職)에 있는 대신.
정자(丁字)[-짜]명 〈정자형(丁字形)〉의 준말.
정:자(正字)명 ①글자체를 바르게 또박또박 쓴 글자. ¶ 흘려 쓰지 않고 정자로 쓰다. ②속자(俗字)나 반자(半字)가 아닌, 자획이 바른 한 자. ↔속자·반자(半字). 참본자(本字).
정자(亭子)명 놀거나 쉬기 위하여, 주로 경치나 전망이 좋은 곳에 아담하게 지은 집. 사정(舍亭). 정각(亭閣).
정자(晶子)명 유리질(琉璃質)의 화성암에 들어 있는 아주 미세한 결정 입자.
정자(精子)명 웅성(雄性)의 생식 세포. 난자(卵子)와 결합하여 새로운 개체를 이루는 바탕이 됨. 정충(精蟲). ↔난자.
정자-각(丁字閣)[-짜-]명 능원(陵園)의 묘(墓) 앞 아래쪽에, '丁' 자 모양으로 지은 각. 이곳에서 제사를 지냄. 침전(寢殿).
정자-관(程子冠)명 지난날, 선비들이 집에서 평상시에 쓰던 관. 말총으로, 위는 터지고 세 봉우리가 지게 두 층 또는 세 층으로 짜거나 떠서 만들었음.
정자-나무(亭子-)명 집 근처나 길가 같은 데에 있는 큰 나무. ¶ 정자나무 그늘에서 쉬다.
정자-로(丁字路)[-짜-]명 '丁' 자 모양으로 난 길. 삼거리.
정자-모(亭子-)명 산골 논에 듬성듬성 심은 모.
정:자-법(正字法)[-뻡]명 ☞정서법(正書法).
정자-보(丁字-)[-짜-]명 건축에서, '丁' 자 모양으로 짠 보.
정자살^교창(井字-交窓)[-짜-]명 문살을 '井' 자 모양으로 짠 교창.
정자살-문(井字-門)[-짜-]명 문살을 '井' 자 모양으로 짠 세전문(細箭門)의 한 가지.
정자-자(丁字-)[-짜-]명 ☞티(T)자.
정자^전:법(丁字戰法)[-짜-뻡]명 해군에서, 함대(艦隊)의 대형을 '丁' 자 모양으로 벌여 싸우는 진법(陣法).
정자^정:규(丁字定規)[-짜-]명 ☞티(T)자.
정자-집(丁字-)[-짜-]명 종마루가 '丁' 자 모양으로 된 집.
정자-형(丁字形)[-짜-]명 '丁' 자 꼴로 된 모양. 준정자(丁字).
정자형 약(丁字形葯)[-짜-냑] 수술대의 꼭대기에 붙어 '丁' 자 모양을 이룬 꽃밥. 〔참나무나 중다리의 꽃밥 따위.〕 ↔각생약(脚生葯).
정작 Ⅰ명 진짜. 진짜인 것. ¶ 싸움은 이제부터가 정작이다. /지금까지는 연습이고 정작은 이제부터이다.

Ⅱ부 막상. 정말로. 실지로. ¶ 그는 정작 오라고 하면 오질 않는다./정작 집을 떠나려고 하니 발걸음이 떨어지지 않는다./정작 해 보니 굉장히 어렵더라.

정ː장(正章)명 정식 훈장 또는 휘장. ↔약장(略章).

정ː장(正裝)명하자 정식 복장을 함, 또는 그 복장. ¶ 정장을 하고 나서다. ↔약장(略裝).

정장(呈狀)명하자 ☞정소(呈訴).

정ː-장석(正長石)명 칼륨·알루미늄이 들어 있는 단사 정계(單斜晶系)의 규산염 광물. 도자기·비료·유리 따위의 원료로 쓰임.

정ː장-제(整腸劑)명 장의 기능을 좋게 하는 약.

정재(呈才)명 조선 시대에, 대궐 잔치에서 하던 노래와 춤. ¶ 정재무(舞).

정재(淨財)명 전도(傳道)나 사회사업·자선 사업 등을 위하여 기부하는 재물.

정재(淨齋)명 〈정재소(淨齋所)〉의 준말.

정재-소(淨齋所)명 절에서 밥을 짓는 곳. ㊟정재(淨齋).

정쟁(政爭)명 정치상의 싸움. 정전(政戰). ¶ 정쟁의 불씨가 될 사건.

정쟁(挺爭)명하타 앞질러 나가서 싸움. 앞장서서 다툼.

정저(疔疽)명 ☞정(疔).

정저-와(井底蛙)명 우물 안 개구리. 정정와(井庭蛙). 정중와(井中蛙). ㊟우물.

정ː적(正嫡)명 ①☞장가처. ②본처가 낳은 아들. ③☞종가(宗家).

정ː적(正籍)명 바른 호적(戶籍).

정ː적(定積)명 ①일정한 면적이나 체적. ②곱하여 얻은 일정한 값.

정적(政敵)명 정치상으로 적대의 처지에 있는 사람. ¶ 정적을 제거하다.

정적(情迹)명 ①(느낌으로 알 수 있는) 어떤 일이나 사정의 자취. ②☞정황(情況).

정적(靜寂)명하형 고요하고 괴괴함. ¶ 새벽의 정적을 깨뜨리는 종소리. **정적-히**부.

정-적(靜的)[-쩍]관명 정지하여 움직이지 않는 (것). 조용한 (것). ¶ 정적인 분위기. ↔동적(動的).

정ː적^도법(正積圖法)[-또뻡]명 지도 작도법의 한 가지. 각 부분의 넓이가 어디서나 같은 비율이 되게 그리는 방법.

정ː-적분(定積分)[-뿐]명 일정 구간 안의 적분. ↔부정적분(不定積分).

정ː적^비ː열(定積比熱)[-삐-]명 ☞정용 비열.

정ː적-토(定積土)명 ☞원적토(原積土).

정전(丁田)명 신라 때, 15세 이상의 남자에게 나라에서 나누어 주던 토지. 〔성덕왕 21(722)년에 처음으로 시행.〕

정전(丁錢)명 〔조선 시대에〕 ①장정이 군역(軍役) 대신 바치던 돈. ②중이 군역을 면제받는 도첩(度牒)을 받을 때, 관아에 군포(軍布) 대신 바치던 돈.

정ː전(正田)명 조선 시대에, 토지 구분의 한 가지. 양안(量案)에 적혀 있으며, 해마다 농사를 짓던 논밭.

정ː전(正殿)명 임금이 나와서 조회(朝會)를 하던 궁전.

정전(征戰)명하자 출정(出征)하여 싸움.

정전(政戰)명 ☞정쟁(政爭).

정전(挺戰)명하자 스스로 앞장서서 싸움.

정전(停電)명하자되자 송전(送電)이 한때 끊어짐.

정전(停戰)명하자되자 교전 중이던 두 편(나라)이 합의에 따라, 한때 어떤 지역 또는 전역에 걸쳐 전투 행위를 그치는 일. ¶ 정전 협정. ㊥휴전(休戰).

정전-감응(靜電感應)명 ☞정전 유도.

정ː-전기(正電氣)명 ☞양전기(陽電氣).

정-전기(靜電氣)명 마찰한 물체가 띠는 이동하지 않는 전기. 〔수지(樹脂)를 담요에 마찰할 때 생기는 전기 따위.〕 ↔동전기(動電氣).

정전^렌즈(靜電lens)명 전기장(電氣場)을 이용한 전자 렌즈의 한 가지.

정전-법(井田法)[-뻡]명 중국의 하·은·주나라 때의 토지 제도. 일리 사방(一里四方)의 땅을 정(井) 자 모양으로 아홉 등분하여 여덟 농가가 나누어 부치게 하고, 가운데의 땅은 공동으로 지어 조세(租稅)로 바치게 하던 제도임.

정전^유도(靜電誘導)[-뉴-]명 양(陽) 또는 음(陰)의 전기를 띤 도체를, 전기를 띠지 않은 다른 도체에 접근시키면, 가까운 표면에 반대되는 대전(帶電)이 일어나는 현상. 전기 감응. 정전감응.

정ː절(正切)명 '탄젠트'의 구용어.

정절(貞節)명 여자의 곧은 절개. ¶ 정절을 지키다.

정절(情節)명 (궂은일을 당한) 가엾은 정상(情狀).

정ː점(定點)[-쩜]명 정해져 있는 점.

정점(頂點)[-쩜]명 ①'꼭짓점'의 구용어. ②사물의 맨 꼭대기. ③사물의 수준이나 정도 따위가 최고의 경지에 달한 상태. 절정(絕頂). ¶ 정점에 다다르다.

정ː접(正接)명 '탄젠트'의 구용어.

정정(井井) '정정(井井)하다'의 어근.

정ː정(正定)명 팔정도의 하나. 산란한 생각을 버리고, 마음을 안정하는 일.

정정(征頂)명하타 산의 정상을 정복함.

정ː정(定鼎)명하자 새로 나라를 세워 도읍을 정함. ㊥정도(定都).

정정(訂正)명하타되자 잘못을 고쳐 바로잡음.

정정(訂定)명하타 의논하여 잘잘못을 정함.

정정(亭亭) '정정(亭亭)하다'의 어근.

정정(政情)명 정치의 형편. 정계(政界)의 움직임. 정치 정세. ¶ 정정이 소연하다.

정정(貞靜) '정정(貞靜)하다'의 어근.

정정(淨淨) '정정(淨淨)하다'의 어근.

정정(丁丁)부하형 〔'땅땅' 하는 의성어의 한자식 표음으로〕 ①말뚝을 박는 소리, 또는 도끼로 나무를 잇달아 찍는 소리. ②바둑을 잇달아 두는 소리.

정정당당(正正堂堂) '정정당당하다'의 어근.

정ː정당당-하다(正正堂堂-)형여 (태도·처지·수단 따위가) 꿀림이 없이 바르고 떳떳하다. **정정당당-히**부 ¶ 정정당당히 맞서다.

정정방방(正正方方) '정정방방하다'의 어근.

정ː정방방-하다(正正方方-)형여 조리가 발라서 조금도 어지럽지 않다. **정정방방-히**부.

정정백백(正正白白) '정정백백하다'의 어근.

정ː정백백-하다(正正白白-)[-빼카-]형여 썩 바르고 깨끗하다. **정정백백-히**부.

정ː-정업(正定業)명 〔아미타불의 본원(本願)에서 정당한 왕생(往生)의 행업으로 선정된 업인(業因)이라는 뜻으로〕 아미타불의 명호인 '나무아미타불'을 외는 일.

정정-와(井庭蛙)명 ☞정저와(井底蛙).

정ː-정진(正精進)명 팔정도의 하나. 온 마음을 기울여 악이 발생하지 못하게 하며, 선이 발생하게 하는 것.

정정-하다(井井-)형여 ①조리가 정연하다. 질서가 바르다. ②왕래가 잦다. **정정-히**부.
정정-하다(亭亭-)형여 ①(나무나 산 따위가) 우뚝 솟아 있다. ②(늙은 몸이) 건장하다. ¶ 나이 70인데도 아직도 정정하다. **정정-히**부.
정정-하다(貞靜-)형여 (여자의) 행실이 곧고, 성질이 조용하다. **정정-히**부.
정정-하다(淨淨-)형여 썩 맑고 깨끗하다. **정정-히**부.
정제(井祭)명 우물에 지내는 제사.
정제(庭除)명 섬돌 아래.
정제(情弟)대 친근한 벗에게 보내는 편지에서, '자기'를 가리켜 일컫는 말.
정제(精製)명하타되자 ①정성껏 잘 만듦. ↔조제(粗製). ②조제품(粗製品)을 다시 가공하여 더 좋고 순도 높은 것으로 만듦. ¶ 원유를 정제하다.
정:제(整除)명 '나누어떨어짐'의 구용어.
정:제(整齊)명하타되자 바로잡아 가지런히 함. ¶ 의관을 정제하다.
정제(錠劑)명 알약.
정제-면(精製綿)명 ☞탈지면(脫脂綿).
정제-품(精製品)명 정제한 물품.
정:제-화(整齊花)명 꽃받침과 꽃잎의 모양이나 크기가 각각 똑같이 생긴 꽃. 〔복숭아꽃·벚꽃 따위.〕
정:제^화관(整齊花冠)명 각 꽃잎의 모양과 크기가 똑같고 규칙적인 방사상(放射狀)으로 배열된 꽃부리. 〔매화·장다리꽃 따위.〕
정:조(正租)명 ①☞벼. ②정규의 조세(租稅).
정:조(正條)명 법에 규정되어 있는 조례(條例).
정조(正朝)명 ☞원단(元旦).
정:조(正調)명 바른 곡조.
정:조(定租)명 ☞정도(定賭).
정조(貞操)명 ①(여자의) 곧고 깨끗한 절개. ②성적(性的) 관계의 순결. ¶ 정조 관념. /정조를 지키다.
정조(情調)명 ①가락. ②어떤 사물에서 풍기는 독특한 멋이나 분위기. 정취. ¶ 이국(異國) 정조. ③감각에 따라서 일어나는 단순한 감정. 〔고운 빛에 대한 미감, 싫은 냄새에 대한 불쾌감 따위.〕 ③감관적 감정.
정조(情操)명 정서(情緖)가 더 순화 발달된 단계로서, 문화적 가치, 특히 예술이나 종교 등에서 느끼는, 지적(知的)이고 고차원적인 감정.
정조-대(貞操帶)명 금속으로 띠처럼 만들어 여자의 국부에 자물쇠로 채우던, 정조 보호 기구. 12세기경의 십자군 기사들이 원정하기에 앞서 아내에게 채웠다고 함.
정:조^문:안(正朝問安)명 손아랫사람이 손윗사람에게, 또는 신하가 임금에게 정월 초하룻날 문안드리던 일.
정:조-사(正朝使)명 조선 시대에, 해마다 정월 초하루의 하례(賀禮)를 위하여 중국으로 보내던 사신. 하정사.
정-조시(停朝市)명하자 지난날, 국상(國喪)이나 대신의 장례 또는 큰 재변이 있을 때, 관아는 공사(公事)를 보지 않고, 시장은 문을 닫고 장사를 쉬던 일.
정:조-식(正條植)명하타 줄모.
정조^의:무(貞操義務)명 부부가 저마다 정조를 지켜야 할 의무.
정족(晶簇)명 암석·광맥 따위의 공동(空洞) 내면에 결정이 빽빽하게 돋아 있는 것.
정:족(鼎足)명 ☞솥발.
정:족-수(定足數)[-쑤]명 의사(議事)의 의결(議決)에 필요한 구성원의 출석수.
정:족지세(鼎足之勢)[-찌-]명 솥발처럼 셋이 맞서 대립한 형세.
정졸(精卒)명 정예(精銳)의 병졸. 정병(精兵).
정:종(正宗)[1]명 불교에서, 개조(開祖)의 정통을 이은 종파.
정:종(正宗)[2]명 일본식 '청주(淸酒)'를 흔히 이르는 말.
정종(疔腫)명 ☞정(疔).
정:종(定鐘)명 인정(人定)을 알리는 종.
정좌(丁坐)명 (집터나 묏자리 따위가) 정방(丁方)을 등진 좌향, 또는 그런 자리.
정:좌(正坐)명하자 몸가짐을 바르게 하고 앉음. ¶ 불단 앞에 정좌하다. 비단좌(端坐).
정:좌(鼎坐)명하자 (세 사람이) 솥발 모양으로 벌려 앉음.
정좌(靜坐)명하자 마음을 가라앉히고 몸을 바르게 하여 단정히 앉음.
정좌-계향(丁坐癸向)[-계-/-게-]명 (집터나 묏자리 따위가) 정방(丁方)을 등지고 계방(癸方)을 향한 좌향.
정:죄(定罪)[-죄/-줴]명 ①하타죄가 있는 것으로 판정함. ②불교에서 이르는, 전생에 정하여진 죄.
정죄(情罪)[-죄/-줴]명 사정과 죄상(罪狀).
정주(汀洲)명 (강·못·바다 등에서) 물이 얕아 바닥이 드러나 보이는 곳.
정:주(正株)명 (거래할 때 실제로 주고받는) 주권(株券)의 현품. 참공주(空株).
정:주(定住)명하자 일정한 곳에 자리 잡고 삶.
정:주(鼎廚)명 <정주간(鼎廚間)>의 준말.
정:주-간(鼎廚間)[-깐]명 부엌과 안방 사이에 벽이 없이 부뚜막과 방바닥이 한데 잇닿은 곳. 준정주.
정:주-자(定住者)명 일정한 곳에 자리 잡고 사는 사람.
정:-주체(正柱體)명 '정각기둥'의 구용어.
정주-학(程朱學)명 중국 송나라 때의 정호(程顥)·정이(程頤) 및 주희(朱熹) 등이 발전시킨 유학. 성리학. 주자학. 참송학(宋學).
정:중(正中)명 한가운데.
정중(鄭重) '정중하다'의 어근.
정중와(井中蛙)명 ☞정저와(井底蛙).
정:중-하다(鄭重-)형여 점잖고 엄숙하다. 은근하고 친절하다. ¶ 정중한 태도. **정중-히**부.
정지(正至)명 정월 초하루와 동지(冬至).
정지(停止)명하자타되자 ①(움직이던 것이) 중도에서 멈추거나 그침. ¶ 정지 신호. /뇌의 기능이 정지하다. ②하고 있던 일을 그만둠. ¶ 영업 정지 처분.
정지(淨地)명 (절 등이 있는) 맑고 깨끗한 곳.
정지(情地)명 ①마음을 둘(붙일) 곳. 몸 둘 곳. ②(사정이) 딱한 처지.
정지(靜止)명하자타되자 조용히 멈춤, 또는 멈추어 가만히 있는 상태. ¶ 정지 자세. /정지 화면.
정:지(整地)명하타 (건물을 짓거나 농작물을 심으려고) 땅을 고르게 다듬음. ¶ 정지 작업.
정:지(整枝)명하타 나무의 가지를 잘라 가지런히 다듬음.
정지-각(靜止角)명 평면 위에서 물체를 당길 때, 면의 마찰과 압력의 합력(合力)과 압력의 방향이 이루는 각 가운데서 가장 큰 각.
정지^공권(停止公權)[-꿘]명 일정 기간 공권의 행사를 정지하는, 부가형(附加刑)의 한 가지.

정지^마찰(靜止摩擦)명 어떤 면에 놓인 물체를 그 면에 따라 움직일 때, 면으로부터 받는 저항력. ↔운동 마찰.
정지^인구(靜止人口)명 늘지도 줄지도 않는 인구. 남녀별 출생률과 사망률이 일정하여 인구 증가율이 0이 되고, 인구 구조가 일정하게 된 것으로 가정하였을 때의 인구임.
정지^조건(停止條件)[-껀]명 법률 행위의 효력이, 조건이 성취될 때까지 정지하여 있다가 조건이 이루어지면 비로소 발생하는 일.
정지-핵(靜止核)명 세포가 분열하지 않고 평상시의 상태로 있을 때의 핵.
정:직(正直)명하형 (거짓이나 꾸밈이 없이) 마음이 바르고 곧음. **정직-히**부.
정:직(正職)명 ☞실직(實職).
정:직(定職)명 일정한 직업.
정직(停職)명하타 공무원 징계 처분의 한 가지. 공무원의 신분은 그대로 두되, 일정 기간 직무에 종사하지 못하게 하고 보수의 3분의 2를 감하는 일.
정:-직선(定直線)[-썬]명 (기준을 삼기 위해서) 임의로 주어진 직선, 또는 정해진 직선.
정:진(正眞)[1]명 '석가모니'를 달리 일컫는 말.
정진(正眞)[2] '정진하다'의 어근.
정진(挺進)명하자 (여럿 가운데서) 앞질러 나아감.
정진(精進)명하자 ①정성을 다하여 노력함. ¶ 자기 맡은 일에 정진하라. ②몸을 깨끗이 하고 마음을 가다듬음. ③불교에서, 오로지 정법(正法)을 믿어 수행에 힘씀을 이르는 말.
정진(靜振)명 바닷가의 큰 물굽이나 호수 따위의 표면에 일어나는, 정상파(定常波)에 의한 주기적인 진동 현상.
정진-근(精進根)명 불교에서 이르는 오근(五根)의 하나. 잡념을 버리고 굳게 정법(正法)을 믿어 닦는 일.
정:진-하다(正眞-)형여 바르고 참되다.
정질(晶質)명 결정(結晶)을 이루는 성질, 또는 그러한 물질.
정-집(精-)[-찝]명 ☞정소(精巢).
정차(停車)명하자타 ☞정거(停車).
정차(艇差)명 (보트 경주에서) 보트와 보트 사이의 좌우 거리.
정:착(定着)명하자되자 ①다른 물건에 단단히 붙음. ②일정한 곳에 자리 잡아 삶. ¶ 정착 생활. /피난지에 그대로 정착해 살다. ③사진에서, 필름을 현상한 뒤 감광판의 감광액을 없애는 일.
정:착-물(定着物)[-창-]명 토지에 붙어 있어 쉽사리 옮길 수 없는 물건. 〔토지에 딸린 건물, 나무, 토지에 설치한 기계 따위.〕
정:찬(正餐)명 정식 식단에 따라 차린 음식, 또는 그러한 식사. 〔양식의 만찬(디너) 따위.〕
정:찰(正札)명 물건의 정당한 값을 적은 쪽지. ¶ 정찰 판매.
정:찰(正察)명하타되자 똑바로 살핌. 정확하게 관찰함.
정찰(情札)명 따뜻한 정이 어린 편지.
정찰(偵察)명하타 ①살피어 알아냄. ②몰래 적군의 실정을 살핌. ¶ 정찰 비행.
정찰(精察)명하타되자 자세하고 꼼꼼하게 살핌.
정찰-기(偵察機)명 적정(敵情)을 정찰하는 임무를 띤 비행기.
정찰-병(偵察兵)명 적의 정세나 지형에 관한 정보를 수집하는 임무를 맡은 병사.
정:찰-제(正札制)[-쩨]명 상품에 붙인 정찰대로 에누리 없이 파는 판매 제도.
정채(精彩)명 ①아름답고 영롱한 빛깔. ②생기가 넘치는 표정.
정책(政策)명 (정부나 정치 단체의) 정치에 관한 방침과 그것을 이루기 위한 수단. ¶ 안보(安保) 정책. /문화 정책.
정책-적(政策的)[-쩍]관명 정책에 관한 (것). 정책에 관계되는 (상태). ¶ 정책적 지원. /정책적인 차원.
정:처(正妻)명 ☞정실(正室).
정:처(定處)명 정한 곳. 일정한 곳. ¶ 정처 없이 떠나다.
정천-수(井泉水)명 육십갑자의 갑신(甲申)과 을유(乙酉)에 붙이는 납음. 참옥상토(屋上土).
정:철(正鐵)명 ①시우쇠. ②잡것이 섞이지 않은 무진동.
정철(精鐵)명 잘 정련(精鍊)된 시우쇠.
정첩(偵諜)명 적군이나 적국의 실정을 정탐하는 사람. 간첩.
정청(政廳)명 정무(政務)를 보는 관청.
정청(靜聽)명하타 조용히 들음.
정:체(正體)명 ①본디의 참모습. 본체(本體). ¶ 정체가 탄로 나다. ②본마음. ③바른 모양의 글씨.
정체(政體)명 ①국가의 조직 형태. 〔군주제·공화제·민주제 따위.〕 ②통치권의 행사 방식에 따른 국가 형태. 입헌 정체와 전제 정체로 나뉨.
정체(停滯)명하자되자 (사물의 흐름이) 더 나아가지 못하고 한곳에 머물러 막힘. ¶ 도로 사정으로 차들이 정체하다.
정:체-불명(正體不明)명 정체가 분명하지 아니한 것. ¶ 정체불명의 편지.
정:체-성(正體性)[-썽]명 본디의 참모습을 깨닫는 성질, 또는 그러한 성질을 가진 독립적인 존재. ¶ 정체성 확립. /한민족의 참된 정체성.
정체-성(停滯性)[-썽]명 (사물이) 앞으로 더 나아가거나 발전하지 못하고 한곳에 머물러 있는 성질.
정체^전선(停滯前線)명 온난 전선이나 한랭 전선의 방향이 동서로 길게 뻗어 진행이 거의 정지된 상태의 기상 전선.
정초(正初)명 정월 초순. 그해의 맨 처음. 세초(歲初). ¶ 정초부터 좋은 일이 생긴다.
정:초(正草)명 ①하타정서(正書)로 글의 초를 잡음. ②☞시지(試紙).
정:초(定草)명 결정된 글의 초.
정:초(定礎)명하타 주춧돌을 놓음, 또는 그 돌. 머릿돌.
정초(旌招)명하타 조선 시대에, 학덕이 높은 선비를 과시(科試)를 치르지 않고 유림(儒林)의 천거로 벼슬에 올리던 일.
정:-초점(正焦點)[-쩜]명 평행 입사 광선이 반사한 뒤에 축 위의 한곳에 모이는 점.
정:-촉매(正觸媒)[-총-]명 화학 반응에서, 반응의 속도를 빠르게 하는 촉매. ↔부촉매.
정:총(定總)명 〈정기 총회(定期總會)〉의 준말.
정추(精麤)명 정밀한 것과 거친 것.
정축(丁丑)명 육십갑자의 열넷째.
정축(頂祝)명하타 이마를 땅에 대고 빎.
정출(挺出)명 ①하자쑥 비어져 나옴. ②하형남보다 뛰어남.
정출(晶出)명하타 액체의 용질(溶質)을 고체의 결정으로 석출해 냄. 정석(晶析).
정충(貞忠)명하형 절개가 곧고 충성스러움.

정충(精忠)명 정성을 다하는 충성.
정충(精蟲)명 ☞정자(精子).
정충-증(怔忡症)[-쯩]명 한방에서, 까닭 없이 가슴이 울렁거리고 불안해지는 증세를 이르는 말.
정취(情趣)명 정감을 불러일으키는 흥취. 정조(情調). 정치(情致). ¶ 정취를 자아내다.
정측(精測)명하타 정밀하게 측량함.
정ː치명 알을 배지 않은 뱅어.
정ː치(定置)명하타 일정한 곳에 놓아둠.
정치(政治)명하자 ①국가 권력을 획득하고 유지하며 행사하기 위하여 벌이는 여러 가지 활동. ¶ 밀실 정치. /정치 이념. ②통치자나 위정자가 국민을 위하여 시행하는 여러 가지의 일. ¶ 정치를 잘하려면 국민의 마음을 읽어야 한다.
정치(情致)명 ☞정취(情趣).
정치(情痴)명 색정(色情)에 빠져 이성을 잃어버림.
정치(精緻) '정치하다'의 어근.
정치^결사(政治結社)[-싸]명 정치적 권력의 획득이나 유지, 또는 정치에 관한 주장·요구 따위의 실현을 목적으로 결성된 집단. 정치 단체.
정치^경ː찰(政治警察)명 국가의 특정한 지배 체제를 강화할 목적으로, 그에 맞서는 언론·사상·정치 운동 따위의 단속과 탄압을 임무로 하는 경찰. 참비밀경찰.
정치-계(政治界)[-계/-게]명 정치에 관계되는 분야. 정치 사회. 준정계.
정치^교ː육(政治教育)명 ①일반인이 갖추어야 할 정치 지식 및 정치 도덕의 향상을 꾀하는 교육. ②특정의 이데올로기나 정책을 지지하거나 반대할 목적으로 하는 교육.
정치-권(政治圈)[-꿘]명 정치하는 사람들의 영역, 또는 사회.
정치-권력(政治權力)[-궐-]명 정치적 기능을 수행하기 위한 조직적인 권력으로서의 공권력.
정치^단체(政治團體)명 ☞정치 결사(政治結社).
정치-력(政治力)명 정치적인 일을 처리하는 솜씨나 능력. ¶ 정치력을 발휘하다.
정ː치-망(定置網)명 고기 떼가 지나가는 일정한 자리에 쳐 두어 고기가 그물 속에 갇히게 하여 잡는 그물.
정치-면(政治面)명 ①정치의 분야. 정치적인 처지에서 본 국면. ②신문 따위에서 국내외의 정치에 관한 기사를 싣는 지면. 〔흔히, 제일 면을 이름.〕
정치-범(政治犯)명 ☞국사범(國事犯).
정ː치-법(正置法)[-뻡]명 문장의 성분을 정상적인 차례로 배열하는 법. ↔도치법.
정치-부(政治部)명 신문사나 방송국 등에서, 정치에 관한 기사를 다루는 편집 부문. ¶ 정치부 기자.
정치-사(政治史)명 정치적 사실(史實) 및 정치 권력의 발전 과정 따위에 관한 역사.
정치-사상(政治思想)명 정치에 관한 사상.
정치^사회(政治社會)[-회/-훼]명 ①☞정치계. ②정치 권력에 의하여 통치되는 사회.
정치^소ː설(政治小說)명 정치적인 사건이나 인물을 다룬 소설. 또는, 정치적인 선전이나 정치사상의 보급을 목적으로 하는 소설.
정치^스트라이크(政治strike)명 특정 정책이나 시정(施政)에 반대하여 일으키는 스트라이크.
정ː치^어업(定置漁業)명 어구(漁具)를 일정한 곳에 상당한 기간 펴 놓고 하는 어업.
정치-의식(政治意識)[-의-/-이-]명 일반 정치에 대하여, 또는 특정의 정치 문제에 대하여 사람들이 품고 있는 사고방식이나 관심.
정치^자금(政治資金)명 정당이나 정치 단체의 운영 및 선거 따위에 필요한 자금.
정치-적(政治的)관명 ①정치에 관한 (것). 정치성을 띤 (것). ¶ 정치적 문제. /정치적인 사건. ②사무적이 아니고 홍정이나 교섭에 의하는 (것). ¶ 정치적 방법. /정치적인 타결.
정치적 책임(政治的責任) 정치 행위자의 정치적 언동에 관한 책임.
정치^차ː관(政治借款) 정치나 그에 관련되는 일에 쓸 목적으로 들여오는 차관.
정치^철학(政治哲學)명 정치의 본질·이념·가치 및 정치학의 방법론 등을 연구하는 학문.
정치^투쟁(政治鬪爭)명 ①정치적 수단에 의한 투쟁. ②정치적 자유 또는 권리를 얻기 위한 투쟁.
정치-하다(精緻-)형여 정교하고 치밀하다.
정치-학(政治學)명 정치 현상을 연구 대상으로 하는 사회 과학의 한 분야.
정치^헌ː금(政治獻金)명 (개인·회사·단체 등이) 정당이나 정치가에게 정치 활동에 필요한 자금을 제공하는 일, 또는 그 돈.
정치^혁명(政治革命)[-형-]명 기성 정치 제도의 근본적인 변혁을 가져오는 혁명.
정ː칙(正則)명 ①바른 규칙이나 법칙. ②규칙이나 법칙에 맞는 일. ↔변칙(變則).
정ː칙(定則)명 일정한 규칙(법칙).
정친(情親)명하형 정분이 썩 도타움. ¶ 정친한 사이. **정친-히**부
정칠-월(正七月)명 정월의 적설량에 비례하여 칠월의 강우량이 정해진다 하여, 정월과 칠월을 맞세워 이르는 말.
정ː-칠품(正七品)명 고려·조선 시대의 문무관 품계의 열셋째 등급.
정ː침(正寢)명 ①제사를 지내는 몸채의 방. ②사람이 거처하지 않고 주로 일을 보는 곳으로 쓰는 몸채의 방.
정크(junk)명 중국에서, 연해(沿海)나 하천에서 승객이나 화물을 실어 나르는 데 쓰는 특수한 모양의 작은 배.
정ː탈(定奪)명 임금의 재결(裁決).
정탈-목명 활의, 꼭뒤의 다음에서부터 고자잎 바로 전까지의 부분.
정탐(偵探)명하타 ☞탐정.
정탐-꾼(偵探-)명 정탐하는 사람.
정태(情態)명 ①아첨하는 사람의 마음씨와 태도. ②사정과 상태.
정태(靜態)명 ①움직이지 않고 머물러 있는 상태. ②경제에 영향을 주는 사회적 주요 여건에 변화가 없는 상태. ↔동태(動態).
정태^통ː계(靜態統計)[-계/-게]명 모집단의 일정 시점(時點)의 상태를 나타내는 통계. 〔국세 조사·공업 통계 따위.〕 ↔동태 통계.
정택(精擇)명하타 ☞정선(精選).
정토(征討)명하타 ☞정벌(征伐).
정토(淨土)명 부처가 사는 청정한 곳. 불계(佛界). 정계(淨界). ↔예토(穢土).
정토-교(淨土教)명 정토문(淨土門)의 교법. 염불을 함으로써 죽은 뒤 정토에 왕생하여 불과(佛果)를 얻는다고 하는 가르침.
정토^만다라(淨土曼荼羅)명 ☞극락 만다라.
정토-문(淨土門)명 불교의 두 흐름 중의 하나인 타력교(他力教). 부처의 가르침에 따라 염

불을 하면 정토에 왕생하여 불과(佛果)를 얻는다고 믿는 교파(敎派)를 통틀어 이름.

정토-발원(淨土發願)명 죽어서 극락에 왕생하기를 원하여 빎.

정토-변상(淨土變相)명 정토의 여러 부처의 모양을 그린 그림.

정토-왕생(淨土往生)명 ☞극락왕생.

정토-종(淨土宗)명 무량수경·아미타경 등을 근본 경전으로 삼는 불교의 한 종파.

정토-회향(淨土回向)[-회-/-훼-]명 ①자신의 선근과 공덕을 중생에게 베풀어 함께 정토에 왕생하는 일. ②젊어서는 다른 일을 하다가 늙바탕에 염불을 하는 일.

정:통(正統)명 ①바른 계통. ¶ 정통 궁중 요리. ②정당한 혈통. 정계(正系). ③표적이나 과녁의 한가운데. ¶ 화살이 과녁을 정통으로 꿰뚫었다. ④요긴하고 바른 목표나 핵심. ¶ 그의 말은 항상 정통을 찌른다.

정통(精通)명하자되자 정확하고 자세히 앎. ¶ 정통한 소식통.

정:통-론(正統論)[-논]명 어떤 학설이나 종교상의 교의(敎義)를 가장 올바르게 이어받은 이론.

정:통-성(正統性)[-썽]명 정식으로 계승되어 오는 바른 계통의 자격. ¶ 정통성이 결여된 군사 정권.

정:통-적(正統的)관명 정통에 딸린 (것). ¶ 정통적 학설. /그는 물리학을 정통적으로 공부한 이론가다.

정:통-파(正統派)명 학파나 종파에서, 학설 또는 교의를 가장 바르게 이어받은 파.

정퇴(停退)[-퇴/-퉤]명하타 기한을 뒤로 물림.

정파(政派)명 ①정치상의 파벌. ②정당 안에서 나누어진 갈래 또는 동아리.

정-파리(淨玻璃)명 투명하고 맑은 파리.

정판(精版)명 ☞오프셋 인쇄.

정:판(整版)명하자 조판의 잘못된 부분이나 오자(誤字) 등을 교정 지시대로 고치는 일.

정:-팔면체(正八面體)명 여덟 개의 각 면이 정삼각형으로 된 입방체.

정:-팔품(正八品)명 고려·조선 시대의 문무관 품계의 열다섯째 등급.

정패(征霸)명하타 정복하여 패권을 잡음.

정:평(正平)명하타 되질이나 저울질 따위를 꼭 바르게 함.

정:평(正評)명 꼭 바른 평론. 정당한 비평.

정:평(定評)명 모든 사람이 다 같이 인정하는 평판. ¶ 정평이 나다. /정평 있는 작품.

정폐(停廢)[-폐/-페]명하타 하던 일을 중도에서 그만둠.

정폐(情弊)[-폐/-페]명 정실(情實) 때문에 생기는 폐단.

정:포(正布)명 품질이 좋은 베.

정표(情表)명하타 정을 표시하기 위하여 물건을 줌, 또는 그 물건.

정표(旌表)명하타 어진 행실을 칭송하고 세상에 드러내어 널리 알림.

정:품(正品)명 진짜이거나 온전한 물품.

정품(精品)명 정제한 물품.

정:풍(整風)명하자 어지러운 기풍(氣風)이나 작풍(作風) 따위를 바로잡음.

정피(丁皮)명 한방에서, 정향나무의 껍질을 약재로 이르는 말. 〔치통약이나 건위제 따위로 쓰임.〕

정필(停筆)명하자 ①(글씨를 쓰다가) 붓을 멈춤. ②(남의 잘된 글을 보고 압도되어) 글쓰기를 그만둠.

정-하다(呈-)타여 소장(訴狀)이나 원서(願書) 따위를 내다.

정:-하다(定-)타여 ①(어떻게 하기로) 마음먹다. 작정하다. ¶ 마음을 정하다. ②판단하여 마련하거나 잡다. ¶ 규칙을 정하다. /구역을 정하다.

정-하다(淨-)형여 맑고 깨끗하다. ¶ 옷을 정하게 입다. **정-히**부.

정-하다(精-)형여 (거칠지 않고) 썩 곱다. ¶ 고춧가루를 정하게 빻다. **정-히**부.

정-하중(靜荷重)명 구조물이 받는 하중 가운데 시간적으로 변화하지 않는 하중.

정학(停學)명하타 (교칙을 어긴 학생에게) 한때 등교를 그만두게 하는 처벌. ¶ 정학 처분.

정:한(定限)명 ①일정한 기한(期限). ②일정한 한도나 제한.

정한(情恨)명 정과 한.

정한(精悍) '정한(精悍)하다'의 어근.

정한(靜閑) '정한(靜閑)하다'의 어근.

정한-수(井-水)명 '정화수'의 잘못.

정:한^이:자(定限利子)명 이율의 최고액을 법률로 한정한 이자.

정한-하다(精悍-)형여 날쌔고 용감하다. **정한-히**부.

정한-하다(靜閑-)형여 조용하고 한가롭다. **정한-히**부.

정:할(正割)명 '시컨트(secant)'의 구용어.

정:합(整合)명하자 ①가지런히 들어맞음. ②전지 따위의 기전력을 가변 회로에 넣을 때, 출력이 가장 크게 조절된 경우의 회로와 기전력의 관계. ③두 개 이상의 지층이 나란히 잇대어 겹쳐지는 퇴적 현상.

정합-국(政合國)[-꾹]명 따로따로 독립해 있는 여러 나라가 대외 문제를 함께 처리하기 위하여 결합한, 연합국의 한 형태.

정해(丁亥)명 육십갑자의 스물넷째.

정:해(正解)명하타 바르게 풀이함, 또는 그 풀이. 바른 해답.

정해(精解)명하타 자세하게 풀이함, 또는 그 풀이. ¶ 국문법 정해.

정핵(精覈)명하타 자세하게 조사하여 밝힘.

정:행(正行)명 ①올바른 행실. ②불교에서, 실천 수행(實踐修行)으로서의 올바른 노력을 이르는 말. ↔잡행(雜行).

정향(丁香)명 한방에서, 정향나무의 꽃봉오리를 약재로 이르는 말. 심복통(心腹痛)·구토증 등에 쓰임. 계설향(鷄舌香).

정향-나무(丁香-)명 ①물푸레나뭇과의 낙엽 교목. 한국 특산으로 높이는 10 m가량. 봄에 자줏빛 또는 흰빛의 꽃이 피고, 열매는 가을에 익음. 산기슭에 절로 나는데 관상용으로 심기도 함. ②협죽도과의 상록 교목. 동남아시아 원산으로 높이는 10 m가량이며, 엷은 자줏빛의 네잎꽃이 가지 끝에 피는데 향기가 좋음. 꽃봉오리·껍질·열매는 약재 및 정향유(丁香油)의 원료로 쓰임.

정향-유(丁香油)[-뉴]명 정향나무의 꽃봉오리와 열매에서 짜낸 기름. 향료로 쓰임.

정:향^진:화설(定向進化說)명 생물은 일정한 방향성을 가지고 진화한다는 학설.

정:험(定驗)명 규정된 경험.

정:험^철학(定驗哲學)명 철학은 과학을 규정하는 내재적 원리가 된다고 보는 철학.

정:현(正弦)명 '사인(sine)'의 구용어.

정:현-파(正弦波)명 '사인파(sine波)'의 구용어.

정혈(精血)명 신선하고 생생한 피.

정ː형(正刑)명 ①죄인을 사형에 처하는 형벌. ②바른 형벌. ②정법(正法).

정ː형(定形)명 일정한 형식. 정해진 꼴.

정ː형(定型)명 일정한 틀(본). 일정한 유형. ¶ 시조의 정형.

정형(情形)명 ①어떤 일이 되어 가는 상태. ②딱한 형편. ¶ 정형이 가긍하다.

정형(晶形)명 ☞결정형(結晶形).

정ː형(整形)명하타 모양을 가지런히 함. 형체를 바로잡음.

정ː형^수술(整形手術)명 뼈·관절·근육 등의 선천적 또는 후천적 장애를 바로잡는 외과 수술. 참성형 수술.

정ː형-시(定型詩)명 자수(字數)·구수(句數)·음의 성질에 따른 위치 등이 일정하게 정해진 시. 〔한시(漢詩)·시조·가사 따위.〕 참자유시.

정ː형-외과(整形外科)[-외꽈/-웨꽈]명 외과의 한 분파. 주로 근육·골격 따위 운동 기관의 기능 장애나 형상의 변화 등에 관한 예방·치료를 전문으로 함.

정혜(淨慧)[-혜/-헤]명 불교에서 이르는, 맑고 깨끗한 지혜. 밝은 지혜.

정호(情好)명 서로 정의(情誼)가 좋은 사이.

정ː혼(定婚)명하자 혼인하기로 약정함. 약혼(約婚). ¶ 정혼한 사이.

정혼(精魂)명 ☞정령(精靈).

정ː화(正貨)명 지폐·은행권 등에 대하여, 명목(名目) 가치와 소재(素材) 가치가 일치하는 '본위 화폐'를 이르는 말.

정화(政化)명하타 되자 정치로 백성을 가르쳐 이끎.

정화(淨火)명 신성한 불.

정화(淨化)명하타 되자 ①(더럽거나 불순한 것을 없애고) 깨끗하게 함. ¶ 사회 정화. /축산 폐수를 정화하다. ②☞카타르시스.

정화(情火)명 ☞정염(情炎).

정화(情話)명 ☞정담(情談).

정화(精華·菁華)명 ①(다른 것이 섞이지 않은) 깨끗하고 순수한 부분. ②정수(精髓)가 될 만한 뛰어난 부분. ¶ 민족 문화의 정화.

정화-수(井華水)명 이른 새벽에 길은 우물물. 정성을 들이거나 약을 달이는 데 씀.

정화-조(淨化槽)명 오물 처리 시설이 되어 있지 않은 지역에서, 수세식 변소의 분뇨를 정화하여 하수도로 흐르게 하기 위해 땅속에 설비한 시설.

정ː화^준ː비(正貨準備)명 중앙은행이 발행한 은행권을 정화로 바꿀 수 있도록 금은화나 지금(地金)을 준비해 두는 일. ↔보증 준비.

정ː확(正確)명하형 바르고 확실함. ¶ 정확을 기하다. /정확한 시간. **정확-히**부.

정ː확(鼎鑊)명 ①발이 있는 솥과 발이 없는 솥. ②중국 전국 시대에, 죄인을 삶아 죽이던 큰 솥.

정확(精確)명하형 자세하고 확실함. ¶ 정확한 분석. **정확-히**부.

정ː확-성(正確性)[-썽]명 정확한 성질. 정확한 정도. ¶ 정확성이 부족하다.

정ː-활차(定滑車·靜滑車)명 '고정 도르래'의 구용어. ↔동활차(動滑車).

정황(政況)명 정계(政界)의 형편.

정황(情況)명 ①일의 사정과 상황. 정적(情迹). ¶ 정황을 판단하다. ②인정상 딱한 처지에 있는 상황.

정회(停會)[-회/-훼]명하자 되자 ①회의를 한때 정지함. ②국회의 개회 중, 한때 그 활동을 멈춤. ¶ 정회를 선포하다.

정회(情懷)[-회/-훼]명 마음속에 품고 있는 정, 또는 그런 생각. ¶ 쌓인 정회를 풀다.

정훈(政訓)명 군대에서, 군인의 교양 및 보도 선전 등을 맡아보는 일. ¶ 정훈 교육.

정훈(庭訓)명 가정의 교훈. 〔'논어'의 '계씨편(季氏篇)'에 나오는 말로, 공자가 아들 이(鯉)가 뜰을 달려갈 때 불러 세우고 시(詩)와 예(禮)를 배워야 한다고 가르친 데서 유래함.〕

정ː휴(定休)명 〈정기 휴업〉의 준말.

정ː휴-일(定休日)명 정기 휴업을 하는 날.

정ː-히(正-)부 ①틀림없이 바로. ¶ 정히 영수함. ②꼭. 정말로. ¶ 정히 그렇다면 지금 가거라.

젖[젇]명 ①사람이나 포유동물에게서 분비되는, 새끼의 먹이가 되는 뿌연 빛의 액체. 유즙(乳汁). ②☞유방(乳房). ③식물의 줄기나 잎에서 나오는 흰빛의 끈끈한 액체. *젖이[저지]·젖만[전-]

젖 떨어진 강아지 같다속담 몹시 보챈다는 말.

젖 먹던 힘이 다 든다속담 몹시 힘이 든다는 말.

젖(을) 떼다관용 (아이나 짐승의 새끼에게) 젖을 빨지 못하게 하여 젖으로 기르기를 그치다.

젖(이) 떨어지다관용 젖먹이가 자라서 젖을 먹지 않게 되다.

젖-가슴[젇까-]명 젖 언저리의 가슴.

젖-감질(-疳疾)[젇깜-]명 젖이 모자라서 생기는 젖먹이의 병.

젖-꼭지[젇-찌]명 ①젖 한가운데에 도도록하게 내민 가뭇한 꼭지. 유두(乳頭). ②젖먹이에게 젖병에 담긴 우유나 미음 따위를 빨아 먹게 하려고 만든 물건.

젖-꽃판[젇꼳-]명 젖꼭지 둘레의 가무스름하고 동그란 자리. 유륜(乳輪).

젖-내[전-]명 젖의 냄새. 유취(乳臭).

젖내(가) 나다관용 ①나이가 어리다는 말. ②하는 짓이나 말이 어리다는 말.

젖-니[전-]명 젖먹이 때 나서 아직 갈지 않은 이. 배냇니. 유치(乳齒). ↔간니.

젖다[1][젇따]자 ①액체가 배어들어 축축하게 되다. ¶ 옷이 비에 젖다. ②어떤 마음의 상태에 깊이 잠기다. ¶ 향수에 젖다. ③몸에 배어 버릇이 되다. ¶ 인습에 젖다. ④되풀이되어 귀에 익다. ¶ 귀에 젖은 목소리. *젖어·젖는[전-]

젖다[2][젇따]자 뒤쪽으로 기울어지다. 작잦다[2]. *젖어·젖는[전-]

젖-당(-糖)[젇땅]명 포유동물의 젖 속에 들어 있는 이당류(二糖類)의 하나. 락토오스. 유당.

젖-동냥[젇똥-]명하자 젖먹이를 기르려고 남의 집으로 젖을 얻으러 다니는 일.

젖-동생(-同生)[젇똥-]명 '자기의 유모가 낳은 아들이나 딸'을 동생으로 여겨 이르는 말.

젖-떼기[젇-]명 젖을 뗄 때가 된 아이나 짐승 새끼.

젖-뜨리다[젇-]타 힘을 주어 뒤로 젖게 하다. 젖트리다. ¶ 의자를 젖뜨리다. 작잦뜨리다.

젖-마(-媽)[전-]명 임금의 젖어머니.

젖먹-이[전-]명 젖을 먹는 어린아이. 영아(嬰兒). 유아(乳兒).

젖-멍울[전-]명 (젖이 잘 분비되지 않아) 젖에 생기는 멍울. 유종(乳腫). ¶ 젖멍울이 서다.

젖-몸살[전-]명하자 젖에 탈이 나서 몸살이 듦.

젖-무덤[전-]명 성숙한 여자의 젖꽃판 언저리로 살이 불룩하게 두드러진 부분.

젖-미수[젇-]명 멥쌀가루를 구덩이 속에 넣고 풀로 덮은 후 쇠똥으로 막아 두었다가, 비가 온 뒤에 쌀가루가 뜨고 변하여 반대기가 되고 축축하게 진이 난 것을 즙을 내어, 다른 쌀가루와 반죽하여 쪄서 볕에 말린 가루. 몸에 보가 된다고 함.

젖-미시명 '젖미수'의 잘못.

젖-배[젇빼]명 젖먹이의 배.

젖배(를) 곯다관용 젖먹이가 젖을 배불리 먹지 못하다.

젖버듬-하다[젇뻐-]형여 ①뒤로 자빠질 듯이 비스듬하다. ②탐탁하게 여기지 않는 듯하다. 작잣바듬하다. **젖버듬-히**부.

젖-병(-甁)[젇뼝]명 ①지난날, 산모가 젖이 넉넉하지 못하여 삼신(三神)에게 젖을 빌 때, 샘물을 담아 놓던 목이 긴 흰 사기병. ②젖먹이에게 모유 대신으로 먹일 우유나 미음 따위를 담는, 젖꼭지가 달린 병.

젖-부들기[젇뿌-]명 짐승의 젖퉁이의 살.

젖-비린내[젇삐-]명 ①젖에서 나는 비린내. ②유치한 느낌.

젖비린내가 나다관용 말이나 행동이 몹시 치기가 어리고 아직 애티가 나다. 비린내가 나다.

젖-빌다[젇삘-][~비니·~빌어]자 젖이 잘 나오지 않는 산모가 약수터나 삼신(三神) 앞에서 젖병에 물을 담아 놓고 젖이 잘 나오기를 빌다.

젖-빛[젇삗]명 젖 같은 뿌연 빛깔. 우윳빛. 유백색(乳白色). *젖빛이[젇삐치]·젖빛만[젇삔-]

젖빛^유리(-琉璃)[젇삔뉴-]명 광택도 없고 투명하지도 않은 뿌연 빛깔의 유리.

젖-산(-酸)[젇싼]명 발효된 젖 속에 생기는 산(酸). 젖당이나 포도당을 젖산균으로 발효시켜 만듦. 유산(乳酸).

젖산-균(-酸菌)[젇싼-]명 당류(糖類)를 분해하여 젖산으로 만드는 세균을 통틀어 이르는 말. 유산균(乳酸菌).

젖산^발효(-酸醱酵)[젇싼-]명 당류(糖類)를 분해하여 젖산이 생겨나게 하는 발효. 요구르트 등 낙농품의 제조나 청주 제조 등에 이용됨. 유산 발효(乳酸醱酵).

젖산^음ː료(-酸飮料)[젇싸늠뇨]명 우유나 탈지유에 젖산균을 섞어 젖산 발효를 시켜 만든, 독특한 풍미와 새콤한 맛이 나는 음료. 유산 음료.

젖-샘[젇쌤]명 포유동물의 유방(乳房) 속에 있는, 젖을 분비하는 선(腺). 특히, 암컷에 발달하여 임신을 하면 활동을 시작해서 분만하면 젖을 분비함. 젖줄.

젖-소[젇쏘]명 젖을 짜려고 기르는 소. 유우(乳牛).

젖-송이[젇쏭-]명 젖 안에 멍울멍울 엉긴 부분.

젖-양(-羊)[전냥]명 젖을 짜려고 기르는 양.

젖-어머니[저더-]명 (남의 아이에게) 어머니 대신 젖을 먹여 키우는 여자. 유모(乳母). 낮젖어멈·젖어미.

젖-어멈[저더-]명 〈젖어머니〉의 낮춤말.

젖-어미[저더-]명 〈젖어머니〉의 낮춤말.

젖을-개[-깨]명 길쌈할 때, 베실이 마르면 물을 적셔다가 축이는, 끝에 헝겊을 단 나무토막.

젖-줄[젇쭐]명 ①☞젖샘. ②'생명을 이어 가는 데 꼭 필요한 것을 대 주는 중요한 통로'를 비유하여 이르는 말. ¶ 민족의 젖줄인 한강.

젖-털[젇-]명 남자의 젖꽃판 둘레에 난 털.

젖-통[젇-]명 젖퉁이.

젖-퉁이[젇-]명 '젖무덤'을 낮잡아 이르는 말. 젖통.

젖-트리다[젇-]타 젖뜨리다. 작잣트리다.

젖혀-지다[저처-]자 ①물건의 밑쪽이 겉으로 드러나다. ②안쪽이 겉으로 드러나게 열리다. ③뒤로 기울어지다. ¶ 고개가 뒤로 젖혀지다. 작잦혀지다.

젖-히다[저치-]타 ①『'젖다²'의 사동』(물체의 윗부분을) 뒤로 젖게 하다. ¶ 상체를 젖히다. ②물건의 안쪽이 겉으로 드러나게 하다. ¶ 윗도리를 뒤로 젖히며 앉다. ③물건의 밑쪽이 위로 올라오게 뒤집다. ¶ 이불을 젖히다. ④바둑에서, 자기의 돌에서 대각선 방향으로 상대편의 돌에 붙여 놓다. ¶ 젖히면 끊어라. 작잦히다².

젛다타 〈옛〉두려워하다. ¶ 二隊玄甲올 보숩고 저ᄒᆞ니(龍歌59章). /눈과 서리가 저코(杜初 *6:41*).

제¹ Ⅰ대 《조사 '가' 앞에서만 쓰이는》 ①'나'의 낮춤말인 '저'의 다른 꼴. ¶ 제가 다녀오지요. ②남을 가리켜 이르는 '저'의 다른 꼴. ¶ 제가 뭘 잘했다고 떠들어.

Ⅱ준 ①〔'나의'의 낮춤말인〕 '저의'가 줄어든 말. ¶ 제 아냅니다. ②〔'자기의'의 낮춤말인〕 '저의'가 줄어든 말. ¶ 제 욕심만 차리다.

제가 기른 개에게 발꿈치 물린다속담 은혜를 베풀어 준 사람에게서 도리어 해를 입게 됨을 이르는 말.

제 꾀에 (제가) 넘어간다속담 남을 속이려다 자기가 속는다는 말.

제 논에 물 대기속담 자기에게만 유익하도록 일을 함을 이름.

제 도끼에 제 발등 찍힌다속담 자기가 한 일이 도리어 자기에게 해가 되는 경우를 이르는 말.

제 버릇 개 줄까속담 나쁜 버릇은 고치기 어렵다는 말.

제 코가 석 자속담 코가 쑥 빠져나올 정도로 몹시 어려운 처지에 있음을 이르는 말.

제 눈에 안경관용 보잘것없는 것도 마음에 들면 좋아 보인다는 말.

제 세상〔세상을/세상이나〕 만난 듯관용 자기 마음대로 행동하는 모양을 이르는 말.

제²준 '저기에'가 줄어든 말. ¶ 봄 처녀 제 오시네.

제³준 '적에'가 줄어든 말. ¶ 날이 밝을 제 오너라.

제ː(弟)대 '아우'의 뜻으로, 평교간의 편지에서 자기를 낮추어 일컫는 말.

제(除)명하타 〈제법(除法)〉·〈제산(除算)〉의 준말. ↔승(乘)¹.

제ː(祭)명 〈제사(祭祀)〉의 준말.

제(題)명 ①〈제목〉의 준말. ②〈제사(題詞)〉의 준말.

제(劑)의 탕약 스무 첩, 또는 그만한 분량으로 지은 환약. ¶ 보약 한 제.

제(諸)관 《일부 한자어 앞에 쓰이어》 '모든'·'여러'의 뜻을 나타냄. ¶ 제 단체. /제 문제. /제 비용.

제-(第)접두 《숫자 앞에 쓰이어》 차례의 몇 째임을 나타냄. ¶ 제일 장. /제7차 회담.

-제(制)접미 《일부 명사 뒤에 붙어》 '제도(制度)'의 뜻을 나타냄. ¶ 내각제. /대통령제. /양당제.

-제(祭)접미 《일부 명사 뒤에 붙어》 '의식·제전·축전' 등의 뜻을 나타냄. ¶ 예술제. /위령제. /추모제.

-제(製)접미 ①생산지 이름 뒤에 붙어, 그곳에서 만든 제품임을 나타냄. ¶ 한국제. /미국제. ②일부 명사 뒤에 붙어, 그것을 재료로 하여 만든 물품임을 나타냄. ¶ 목제. /강철제.

-제(劑)접미 일부 명사 뒤에 붙어, 그런 데에 쓰는 약품임을 나타냄. ¶ 소화제. /진통제.

제가(齊家)명하자 집안을 잘 다스려 바로잡음.

제가(諸家)명 ①문중(門中)의 여러 집안. 높제택(諸宅). ②여러 대가(大家). ¶ 제가의 학설을 집대성하다. ③〈제자백가(諸子百家)〉의 준말.

제-가끔부 ☞제각기.

제각(除角)명하타 (소나 염소의 성질을 온순하게 하려고) 뿔을 없앰.

제각(除却)명하타되자 ☞제거(除去).

제ː각(祭閣)명 제청(祭廳)으로 쓰려고 지은 집.

제각(題刻)명하타 문자나 물건의 모양을 새김.

제-각각(-各各)[-깍] Ⅰ명 사람이나 물건이 모두 각각. ¶ 성격이 제각각인 사람들.
Ⅱ부 여럿이 다 따로따로. ¶ 제각각 흩어지다.

제-각기(-各其)[-끼] Ⅰ명 저마다 각기. 각자(各自). ¶ 제각기의 의견을 발표하다.
Ⅱ부 여럿이 다 저마다. 제가끔. ¶ 하는 일이 제각기 다르다.

제갈-동지(-同知)명 '나잇살이나 먹고 터수도 넉넉한데, 언행이 건방지고 지체가 낮은 사람'을 농으로 이르는 말.

제감(除減)명하타되자 수효를 덜어 내어 줄임.

제-값[-갑]명 물건의 가치에 맞는 가격. ¶ 제값을 받다. ＊제값이[-갑씨]·제값만[-감-]

제ː강(製鋼)명하자 시우쇠를 불려서 강철을 만듦, 또는 그런 강철.

제거(除去)명하타되자 없애 버림. 제각(除却). ¶ 불순물을 제거하다.

제겨-내다타 ①돈치기할 때, 정해 놓은 돈을 영락없이 맞혀 내다. ②나뭇가지 같은 것을 베어 내다.

제겨-디디다타 발끝이나 발꿈치만 땅에 닿게 디디다. ¶ 한 발 제겨디딜 틈조차 없다.

제겨-잇다[-읻따][~이으니·~이어]자ㅅ 두 끈의 끝을 서로 어긋매껴 대고 한 끝씩 꼬부리어 옭매어 잇다.

제-격(-格)명 그 가진 바의 정도에 알맞은 격식. 신분에 알맞은 격식. ¶ 보리밥에는 풋고추 된장이 제격이다.

제계(梯階)[-계/-게]명 사닥다리.

제ː고(制誥)명 임금이 내리던 사령(辭令).

제고(提高)명하타되자 쳐들어 높임. 정도를 높임. ¶ 기술 수준의 제고. /생산성을 제고하다.

제고(諸苦)명 갖가지의 괴로움. 많은 괴로움.

제-고물명 반자를 들이지 않고 서까래에 치받이를 붙여 만든 천장.

제-고장명 본고장. 준제곶.

제곡(啼哭)명하자 큰 소리로 욺.

제곱명 ①하타같은 수를 두 번 곱함, 또는 그렇게 하여 얻은 수. ②길이의 단위 위에 붙어서 면적의 단위를 나타내는 말. ③길이의 단위 밑에 붙어서 그 길이를 한 변으로 하는 정사각형의 넓이를 나타내는 말. 자승(自乘).

제곱-근(-根)[-끈]명 어떤 수의 제곱이 다른 수와 같을 때, 그 다른 수에 대한 어떤 수를 이르는 말.〔3은 9의 제곱근인 것 따위.〕자승근.

제곱근-표(-根表)[-끈-]명 수학에서, 각 정수 n에 대하여 제곱근 $\sqrt{n}$을 표로 만든 것.

제곱근-풀이(-根-)[-끈-]명 제곱근을 풀어 그 답을 얻음, 또는 그 셈. 개평근. 개평방.

제곱-멱(-冪)[-곰-]명 제곱의 멱수(冪數).〔3의 제곱은 3^2과 같이 적는 따위.〕자승멱.

제곱-비(-比)[-삐]명 서로 같은 두 개의 비(比)의 복비(複比).〔$a^2:b^2$은 $a:b$의 제곱비임.〕자승비.

제곱^비ː례(-比例)[-삐-]명 어떤 양이 다른 양의 제곱에 비례되는 관계. 곧, A의 수가 n배로 늘어 감에 따라 B의 수가 n^2배로 늘어 가는 일.

제곱-수(-數)[-쑤]명 어떤 수를 제곱하여 이루어진 수.〔4는 2, 9는 3의 제곱수임.〕자승수.

제ː공(祭供)명하자 제사(祭祀)에 이바지함, 또는 그런 물건.

제공(提供)명하타되자 갖다 줌. 내놓음. 보내어 이바지함. ¶ 숙식 제공. /자료를 제공하다.

제공(諸公)대 여러분.

제ː공-권(制空權)[-꿘]명 (공군의 힘으로) 일정 지역의 공중을 지배하는 권력. ¶ 제공권의 장악 유무가 현대전의 승패를 좌우한다.

제-곶[-곧]명 〈제고장〉의 준말. ＊제곶이[-고지]·제곶만[-곤-]

제ː과(製菓)명하자 과자나 빵을 만듦.

제ː과-점(製菓店)명 과자나 빵을 만들어 파는 가게.

제ː관(祭官)명 ①제사를 맡아보는 관원. 향관(享官). ②제사에 참례하는 사람.

제ː관(祭冠)명 제향 때 제관(祭官)이 머리에 쓰는 관(冠).

제ː관(第館)명 ☞저택(邸宅).

제ː관(製罐)명 양철통이나 보일러를 만드는 일.

제ː구(制球)명 야구에서, 투수가 공을 던지려고 마음먹은 곳으로 던질 수 있는 일. 컨트롤.

제ː구(祭具)명 제사에 쓰는 여러 가지 기구.

제ː구(製具)명 물건을 만드는 데 쓰는 연장.

제구(諸具)명 여러 가지의 기구. ¶ 바느질 제구.

제ː구-력(制球力)명 야구에서, 투수가 투구를 조절하는 능력. ¶ 제구력이 좋은 투수.

제구멍-박이명 김맬 때, 흙덩이를 떠서 그 자리에 도로 덮는 일.

제-구실명 ①하자제가 마땅히 해야 할 일. ¶ 제구실도 못하다. ②어린아이들이 으레 치러야 할 홍역이나 역질(疫疾).

제ː구^예ː술(第九藝術)명 '발성 영화'를 달리 이르는 말.

제-국명 ①다른 물이나 잡것을 섞지 않고 본디의 재료만으로 조리한 국. ②'거짓이나 잡것이 섞이지 않은, 본디 생긴 그대로의 것'을 비유하여 이르는 말.

제ː국(帝國)명 황제(皇帝)가 다스리는 나라. ¶ 대한(大韓) 제국. 참왕국(王國).

제국(諸國)명 여러 나라. 제방(諸邦).

제ː국-주의(帝國主義)[-쭈의/-쭈이]명 군사적·경제적으로 남의 나라나 후진 민족을 정복하여 자기 나라의 영토와 권력을 넓히려는 주의.

제군(諸君)대 '여러분'·'그대들'의 뜻으로, 평교나 손아랫사람에게 쓰는 말. 제자(諸子). ¶ 친애하는 학생 제군.

제ː궁(帝弓)명 '무지개'를 달리 이르는 말. 천궁(天弓).

제ː권(帝權)[-꿘]명 제왕의 권한.

제ː궐(帝闕)명 ☞황궁(皇宮).

제궤의혈(堤潰蟻穴)[-의-/-이-]명 〔개미구멍으로 말미암아 큰 둑이 무너진다는 뜻으로〕소홀히 한 작은 일이 큰 화를 불러옴을 이르는 말.

제ː규(制規)명 정해 놓은 규칙.
제균(齊均) '제균하다'의 어근.
제균-하다(齊均―)형여 잘 가다듬어 한결같이 가지런하다.
제금(提琴)명 ①중국 명나라·청나라 때의 현악기의 한 가지. 야자나무 열매의 속을 파서 울림통을 만들고, 한옆에 대를 세우고 두 줄을 매어 말총을 맨 활로 켜서 소리를 냄. ②☞바이올린.
제금(提金)명 ☞자바라.
제금-가(提琴家)명 ☞바이올리니스트.
제급(除給)명하타 (돈이나 물건 따위의 일부를) 덜고 줌.
제급(題給)명하타 제사(題辭)를 매기어 내줌.
제기[1]명 어린이들의 장난감의 한 가지. 엽전이나 그와 비슷한 것을 종이나 헝겊으로 싸서 만드는데, 땅에 떨어뜨리지 않고 발로 많이 차는 쪽이 이김.
제ː기[2]감 〈제기랄〉의 준말.
제ː기(祭器)명 제사 때 쓰는 그릇. 예기(禮器).
제기(提起)명하타되자 ①의논에 붙이기 위하여 의견을 내어 놓음. ¶ 반론을 제기하다. ②드러내어 문제를 일으킴. ¶ 소송을 제기하다.
제ː기(製器)명하자 기구나 그릇을 만듦.
제기다[1]자 ①〈알제기다〉의 준말. ②있던 자리에서 살짝 빠져 달아나다.
제기다[2]자 소장(訴狀)이나 원서(願書)에 제사(題辭)를 쓰다.
제기다[3]타 ①팔꿈치나 발꿈치로 지르다. ②자귀 따위 연장으로 가볍게 톡톡 깎다. ③물이나 국물 따위를 조금씩 부어 떨어뜨리다. ④돈치기에서, 돈이 다 붙었을 때, 그 가운데서 맞히라고 지정한 돈을 목대를 던져 꼭 맞히다.
제ː기랄감 마뜩찮거나 실망한 때 불평스럽게 내뱉는 소리. ¶ 제기랄, 또 틀렸잖아. 준제기[2].
제ː기-접시(祭器―)[―씨]명 제사 때 쓰는, 굽이 썩 높은 접시.
제기-차기명하자 제기를 차며 노는 놀이.
제-긴명 윷놀이에서, 모 한 사리를 하면 잡을 수 있는 거리.
제깃-물[―긴―]명 간장을 담근 뒤 뜨기 전에 장물이 줄어드는 대로 채우는 소금물.
제-까짓[―짇]관 겨우 저따위 정도의. ¶ 제까짓 게 알면 얼마나 알겠나. 준제깟.
제-깟[―깓]관 〈제까짓〉의 준말. ¶ 제깟 녀석이 버티면 얼마나 버티겠어?
제꺽[1]부 ①하자타단단한 물체가 맞부딪칠 때 나는 소리. ¶ 제꺽하고 문이 닫히다. ②하자시계 따위의 톱니바퀴가 돌아가는 소리. 작재깍[1]. 센쩨꺽[1]. **제꺽-제꺽**부하자타.
제꺽[2]부 무슨 일을 재빠르고 시원스럽게 해내는 모양. ¶ 말 떨어지기가 무섭게 제꺽 일어나다. 작재깍[2]. 센쩨꺽[2]. **제꺽-제꺽**부.
제꺽-거리다[―꺼―] Ⅰ자타 단단한 물체가 잇달아 맞부딪치면서 제꺽제꺽 소리를 내다. 제꺽대다. 작재깍거리다.
Ⅱ자 시계 따위의 톱니바퀴가 돌아가면서 잇달아 제꺽제꺽 소리를 내다. 제꺽대다. 작재깍거리다.
제꺽-대다[―때―] Ⅰ자타 제꺽거리다.
Ⅱ자 제꺽거리다.
제꽃-가루받이[―꼳까―바지]명하자 ☞자가 수분(自家受粉). ↔딴꽃 가루받이.
제꽃-정받이(―精―)[―꼳쩡바지]명하자 ☞자가 수정(自家受精). ↔딴꽃 정받이.
제-날[1]명 〈제날짜〉의 준말. ¶ 제날을 넘기지 마라.
제-날[2]명 짚신이나 미투리 같은 것에, 삼는 재료와 같은 재료로 댄 날.
제-날짜명 미리 정해 두었던 날, 또는 기한이 꽉 찬 날. ¶ 제날짜를 넘기다. /제날짜에 꼭 갚아라. 준제날[1].
제낭(臍囊)명 알에서 막 깬 물고기 새끼의 배 속에 있는 주머니. 스스로 먹이를 구할 때까지 그 안에 들어 있는 난황을 흡수하면서 자람.
제내-지(堤內地)명 둑 안에 있어, 둑의 보호를 받는 땅.
제네바^조약(Geneva條約)명 ①뒤낭(Dunant)이 제창하여 스위스 정부의 주선으로 1864년 제네바에서 맺은 조약. 16개국이 참가하여 전쟁에서의 전상자 대우에 관한 문제 등을 협약한 내용. 이에 따라 세계 적십자사가 창설됨. ②1929년 제네바에서 조약된 적십자 조약. 포로에 대한 보호와 인도적 대우, 포로에 관한 정보 제공 등 포로 수용국의 의무 및 포로의 권리 등을 협약한 내용.
제-눈명 ☞정아(定芽).
제ː다(製茶)명하자 차를 만듦.
제ː단(祭壇)명 ①제사를 지내는 단. ②가톨릭에서, 미사를 드리는 단을 이르는 말.
제-달명 미리 정해 두었던 달, 또는 기한(期限)이 꽉 찬 달. ¶ 제달에 공사가 마무리되었다.
제ː답(祭畓)명 수확물을 제사 비용에 쓰려고 마련한 논.
제ː당(祭堂)명 제사를 지내려고 마련한 집.
제ː당(製糖)명하자 설탕을 만듦.
제ː당-업(製糖業)명 설탕류를 만드는 일을 전문으로 하는 직업.
제대(除隊)명하자타 현역 군인이 규정된 연한이 차거나 그 밖의 일로 복무 해제되어 예비역에 편입되는 일. ¶ 만기(滿期) 제대. ↔입대.
제대(梯隊)명 군대·군함·비행기 따위를 사다리꼴로 편성한 대.
제ː대(祭臺)명 '제단(祭壇)'의 구용어.
제대(臍帶)명 탯줄.
제-대로부 ①제 격식(규격)대로. ¶ 제대로 만든 물건. ②마음먹은 대로. ¶ 화가 나서 말도 제대로 못 한다. ③마땅한 정도로. 채[9]. ¶ 비가 제대로 오지 않아 농사가 걱정이다. ④본래 상태 그대로. ¶ 네가 고장 냈으니 네가 제대로 고쳐 놓아라.
제대로-근(―筋)명 척추동물에서, 의지와는 상관없이 운동하는 근육. 〔심장근이나 평활근(平滑筋) 따위.〕 불수의근(不隨意筋). ↔맘대로근.
제대-혈(臍帶血)명 태반이나 탯줄에 들어 있는 피. 백혈병이나 각종 소아암 따위의 치료에 쓰임.
제ː덕(帝德)명 제왕의 성덕(聖德).
제ː도(制度)명 ①정해진 법규. 마련된 법도. 나라의 법칙. ②국가나 사회 구조의 체계 및 형태. ¶ 가족 제도. /의회 제도.
제ː도(帝都)명 제국(帝國)의 수도. 황성(皇城).
제ː도(帝道)명 제왕으로서 지켜야 할 도리.
제ː도(製陶)명하자 질그릇을 만듦.
제ː도(製圖)명하자타 (기계·건축물·공작물 등의) 도면이나 도안을 그려 만듦.
제도(諸島)명 ①많은 섬. 여러 섬. ②지리학에서, 어떤 해역(海域)에 흩어져 있는 많은 섬을 통틀어 이르는 말. 군도(群島).
제도(諸道)명 ①행정 구획의 모든 도(道). ②모든 길.
제ː도(濟度)명하타 불교에서, 중생을 고해(苦海)에서 건지어 극락으로 이끌어 주는 일을 이르는 말.

제ː도-공(製圖工)명 제도하는 일을 전문으로 하는 기술자.
제ː도-권(制度圈)[-꿘]명 국가나 사회의 제도를 벗어나지 않는 영역이나 범위.
제ː도-기(製圖器)명 제도하는 데 쓰는 기구. 〔가막부리·디바이더·컴퍼스 따위.〕
제ː도-문화(制度文化)명 법률·관습·제도 따위와 같이, 인간의 행동면이나 사회 생활을 구체적으로 규정하고 있는 문화.
제ː도^이ː생(濟度利生)명 중생(衆生)을 제도하여 이롭게 함.
제ː도-적(制度的)관명 방식이나 기준 따위를 법률이나 제도로 규정하는 (것). ¶ 제도적인 장치를 마련하다.
제ː도^중ː생(濟度衆生)명 ☞중생 제도.
제ː도-판(製圖板)명 제도할 때, 그림 그릴 종이 밑에 받치는 널빤지.
제ː도-화(制度化)명하자타되자 제도로 됨, 또는 제도가 되게 함.
제ː독(制毒)명하타 해독을 미리 막음.
제독(을) 주다관용 기운을 꺾어 감히 딴마음을 품지 못하게 하다.
제독(除毒)명하자 독을 없애 버림.
제ː독(祭犢)[-똑]명 제사에 쓰는 송아지.
제독(提督)명 ①해군의 장관(將官). 함대의 사령관. ②조선 선조 때, 교육을 감독·장려하는 일을 맡아보던 벼슬아치.
제독-검(提督劍)[-껌]명 십팔기 또는 무예 이십사반의 하나. 보졸(步卒)이 요도(腰刀)로 하는 검술.
제ː동(制動)명하자되자 (기계 따위의) 운동을 멈추게 함. 속력을 떨어뜨림. ¶ 제동 장치.
제동을 걸다관용 일의 진행이나 사물의 활동을 방해하거나 못하게 하다.
제ː동-기(制動機)명 ☞브레이크(brake).
제-동맥(臍動脈)명 탯줄을 통하여 태아와 태반을 잇는 핏줄.
제등(提燈)명 ①손잡이가 달려 있어 들고 다닐 수 있게 된 등. ②등불을 들고 부처의 탄생을 축하하는 일. ¶ 제등 행렬.
제등-명법(諸等命法)[-뻡]명 단명수(單名數)를 제등수(諸等數)로 바꾸는 셈법. 〔90분을 1시간 30분으로 하는 따위.〕 ↔제등통법(諸等通法).
제등-수(諸等數)[-쑤]명 여러 가지 단위의 명칭으로 나타내는 명수. 〔1시간 30분 15초 같은 것.〕 복명수(複名數).
제등-통법(諸等通法)[-뻡]명 제등수(諸等數)를 단명수(單名數)로 바꾸는 셈법. 〔1시간 30분을 90분으로 하는 따위.〕 ↔제등명법(諸等命法).
제-때명 ①무슨 일이 있는 그때. 정해 놓은 그 시각. ¶ 식사는 제때에 해라. ②알맞은 때. ¶ 제때에 이발을 안 해서 머리가 덥수룩하다.
제라늄(geranium)명 양아욱.
제ː랑(弟郞)명 ☞제부(弟夫).
제ː련(製鍊)명하타되자 광석이나 원료를 용광로에 녹여서 함유 금속을 뽑아내어 정제함.
제ː련-소(製鍊所)명 광석 등에서 함유 금속을 뽑아내어 정제하는 곳. 정련소.
제ː령(制令)명 ①제도와 법령. ②일제 강점기에, 조선 총독이 내리던 명령.
제ː례(制禮)명하자 예법을 만들어 정함.
제례(除例)명하타 식례(式例)를 생략함.
제례(除禮)명하자 〔흔히 한문 투의 편지 첫머리에〕 '갖추어야 할 예의를 갖추지 못함'의 뜻으로 쓰는 말. ¶ 제례하옵고. 비제번(除煩).
제ː례(祭禮)명 제사의 예법이나 예절.
제례(諸禮)명 모든 예의범절.
제ː례-악(祭禮樂)명 향부악(鄕部樂)의 한 가지. 문묘·종묘의 춘추 사대제(四大祭) 및 나라의 제향(祭享)에 씀. 제악(祭樂).
제로(zero)명 ①영(零). ②영점(零點). ③전혀 없음. 아무것도 남지 않음. ¶ 학력은 높아도 인격은 제로다.
제로^게임(zero game)명 한 점도 얻지 못하고 진 시합. 영패(零敗) 경기. 전패(全敗) 경기.
제로섬(zero-sum)명 〔스포츠 등에서 승자의 득점과 패자의 실점의 합계가 제로가 되는 경우를 이르는 말로〕 사회 전체의 이익이 일정하여 한쪽이 득을 보면 다른 한쪽이 반드시 피해를 보게 되는 상태.
제록스(Xerox)명 전자 복사기, 또는 그것으로 복사한 것. 〔본디는 전자 사진 장치의 상표명임.〕
제론(提論)명하타 ☞제의(提議).
제리(諸吏)명 모든 아전.
제ː마(製麻)명하자 삼을 다루어 삼실을 만듦, 또는 삼실로 삼베를 짬.
제ː마(濟馬)명 제주도(濟州道)에서 나는 말.
제막(除幕)명하자 막을 걷어 냄.
제막-식(除幕式)[-씩]명 동상이나 기념비 등을 다 만들고, 공개하기에 앞서 갖는 축하 의식. 보통, 흰 보를 씌웠다가 연고(緣故) 있는 사람이 걷어 냄. ¶ 윤동주 시비(詩碑) 제막식.
제-만사(除萬事)명하자 ☞제백사(除百事).
제ː망매-가(祭亡妹歌)명 신라 경덕왕 때, 월명사(月明師)가 지은 10구체의 향가. 그의 죽은 누이를 위하여 재(齋)를 올릴 때 지은 것으로, '삼국유사'에 실려 전함.
제ː매(弟妹)명 남동생과 여동생.
제-멋[-먿]명 자기 나름으로 느끼고 생각하는 멋. ¶ 제멋에 산다. ＊제멋이[-머시]·제멋만[-먼-]
제멋-대로[-먿때-]부 제 마음대로. 제 하고 싶은 대로. ¶ 제멋대로 처리하다.
제ː면(製綿)명하자 목화를 다루어 솜을 만듦.
제ː면(製麵)명하자 밀가루로 국수를 만듦.
제ː면-기(製麵機)명 국수틀.
제-명(-命)명 타고난 목숨. ¶ 제명을 다하지 못하다.
제ː명(帝命)명 제왕의 명령.
제명(除名)명하타되자 ①명부에서 결격자 등의 이름을 빼어 버림. 할명(割名). ②어떤 단체에서 구성원의 자격을 그의 의사에 반하여 박탈하는 일. ¶ 제명 처분.
제명(題名)명 ①(책이나 시문 따위의) 표제의 이름. ②하자명승지에 자기의 이름을 기록함.
제명(題銘)명 책머리에 쓰는 제사(題詞)와 기물(器物)에 새기는 명(銘).
제ː모(制帽)명 학교·관청·회사 등에서, 규정에 따라 정한 모자.
제모(諸母)명 제부(諸父)의 아내.
제목(題目)명 ①☞글제. ②책이나 문학 작품 등에서 그것을 대표하거나 내용을 보이기 위하여 붙이는 이름. ¶ 소설 제목. 준제(題).
제ː문(祭文)명 제사 때, 죽은 사람을 조상하여 읽는 글.
제-물명 ①음식을 익힐 때, 처음에 맞추어 부었던 물. ②제 몸에서 우러난 물. ③딴 것을 섞거나 덧붙이지 않은, 순수하게 제대로 된 물건.

제ː물(祭物)명 ①제사에 쓰는 음식. 제수(祭需). ②'희생물'을 비유하여 이르는 말.
제물-국수[-쑤]명 삶은 제물에 끓여 먹는 국수.
제물-낚시[-낙씨]명 깃털로 모기 또는 파리 모양으로 만든 낚싯바늘.
제물-땜명하타 ①깨진 쇠붙이 그릇에 덧조각을 대지 않고 같은 쇠붙이를 녹여 붙이는 땜. ②뚫린 물건에 같은 종류의 물건을 대어 깁는 일. ③어떤 일을 그 자체 안에서 마무리를 짓는 일.
제물-로부 제 스스로. 저절로. ¶ 제물로 가라앉다.
제물-묵명 물에 불린 녹두를 맷돌에 갈아서 자루에 담아 짜낸 물로 쑨 묵. 참녹말묵.
제물-물부리[-뿌-]명 지궐련의 한끝에 제물로 붙여 만든 물부리.
제물-에부 그 자체가 스스로 하는 김에. ¶ 제물에 지치다.
제물-장(-欌)명 붙박이로 설비되어 있어 옮길 수 없는 장.
제민(齊民)명 일반 백성. 서민(庶民).
제ː민(濟民)명하자 (도탄에 빠진) 백성을 구제함.
제밑-동생(-同生)[-믿똥-]명 자기와 성별이 같은, 바로 밑의 동생.
제-바닥명 ①물건 자체의 본바닥. ②본디 살고 있는 고장. ¶ 제바닥 사람.
제-바람명 제 스스로의 동작으로 말미암아 생긴 영향. 《주로, '제바람에'의 꼴로 쓰임.》 ¶ 제바람에 놀라 달아나다.
제ː박(制縛)명하타 제재(制裁)를 가하여 자유를 속박함.
제반(除飯)명하자 민간에서, 곡신(穀神)에게 감사의 뜻을 나타내기 위하여 끼니마다 밥을 조금씩 떠내는 일.
제반(諸般)명 (어떤 것과 관련된) 여러 가지. 모든 것. 각반(各般). 만반(萬般). 백반(百般). ¶ 제반 문제. /제반 여건.
제반-사(諸般事)명 여러 가지 일. 모든 일. ¶ 제반사가 엉망이다. 준제사.
제ː발부 간절히 바라건대. ¶ 제발 돌아와 다오.
 제발 덕분(에)관용 '제발'을 더 간곡히 이르는 말. ¶ 제발 덕분에 일이 성사되도록 해 주십시오.
제발(題跋)명 제사(題辭)와 발문(跋文).
제방(堤防)명 ☞둑2.
제방(諸邦)명 ☞제국(諸國).
제배(儕輩)명 ☞동배(同輩).
제배부채명 흰빛의 조금 굵은 팥.
제-백사(除百事)[-싸]명하자 (한 가지 일에만 온 힘을 기울이기 위하여) 다른 일은 다 제쳐놓음. 제만사(除萬事). 파제만사(破除萬事).
제번(除番)명하자 번차례를 벗어나 그만둠.
제번(除煩)명하자 〔한문 투의 간단한 편지 첫머리에〕 번거로운 인사말을 덜고 바로 할 말을 적는다는 뜻으로 쓰는 말. ¶ 제번하옵고 드릴 말씀은…. 비제례(除禮).
제벌(除伐)명하타 수풀을 가꾸려고 쓸데없는 나무나 곁가지를 베어 버림.
제법부 어지간한 정도로. 보통의 수준에 가깝게. ¶ 날씨가 제법 춥다. /제법 잘하는구나. /노래 솜씨가 제법이다. /네가 이제는 집안일을 거두어 줄 줄 아니 제법이로구나.
제법(除法)[-뻡]명 나눗셈법. 준제(除). ↔승법(乘法).
제ː법(製法)[-뻡]명 〈제조법〉의 준말.
제법(諸法)명 ①모든 법. ②불교에서, 우주 사이에 있는 유형·무형의 온갖 사물을 이르는 말. 만법(萬法). 제유(諸有). 참유상무상(有象無象).
제법^실상(諸法實相)[-씰쌍]명 불교에서, 우주 사이의 모든 사물이 그대로 진실한 자태로 있는 일을 이르는 말.
제벽(題壁)명하타 시문(詩文)을 지어 벽에 씀.
제ː병(祭屛)명 제사 때 치는 병풍.
제병연명(除病延命)[-년-]명하자 병(病)을 물리치고 목숨을 이어 감.
제보(提報)명하자타 정보를 제공함. ¶ 목격자의 제보로 수사는 활기를 띠기 시작했다.
제ː복(制服)명 학교·관청·회사 등에서, 규정에 따라 정한 옷. 정복(正服).
제복(除服)명하자 상기(喪期)가 지나서 상복을 벗음. 탈복.
제ː복(祭服)명 ①제향(祭享) 때 입는 옷. ②'최복(衰服)'의 잘못.
제복-살[-쌀]명 쇠갈비에 붙은 고기.
제ː본(製本)명하타되자 ☞제책(製冊).
제ː부(弟夫)명 아우의 남편. 제랑. ↔형부.
제부(諸父)명 아버지와 같은 항렬(行列)의 당내친(堂內親).
제ː분(製粉)명하타 (밀 따위의 곡식으로) 가루를 만듦, 또는 그 일. ¶ 제분 공장.
제-붙이[-부치]명 〈제살붙이〉의 준말.
제비[1]명 미리 정해 놓은 글자나 기호를 종이나 나무쪽 따위에 적어 놓고, 그 가운데 어느 하나를 골라잡게 하여 승부·차례 또는 경품 탈 사람 등을 가리는 방법, 또는 그때 쓰이는 종이나 나무쪽 따위의 물건. ¶ 제비를 뽑다. 참추첨.
제ː비[2]명 제빗과의 철새. 3~4월에 날아와 해충을 잡아먹으며 인가의 처마 끝에 집을 짓고 살다가 9월경에 날아감. 등은 윤기 나는 검은 빛이며, 배는 흼. 날개와 꽁지가 길며, 시속 250 km 정도로 날 수 있음.
 제비는 작아도 강남(을) 간다속담 비록 모양은 작아도 제 할 일은 다 한다는 말.
제ː비-갈매기명 갈매깃과의 바닷새. 날개 길이 27 cm가량. 부리는 가늘고 꽁지는 날카롭게 갈라졌음. 몸빛은 암수 같은 빛깔로, 머리와 목 뒤는 검고, 가슴은 희며 등은 푸른 잿빛임. 가을에 와서 이듬해 봄에 날아가는 철새임.
제ː비-꽃[-꼳]명 제비꽃과의 다년초. 들에 절로 나는데, 높이는 10 cm가량. 잎은 뿌리에서 무더기로 나며 잎자루가 긺. 4~5월에 잎 사이에서 꽃줄기가 나와 자줏빛 다섯잎꽃이 핌. 오랑캐꽃. *제ː비꽃이[-꼬치]·제ː비꽃만[-꼰-]
제ː비-꿀명 단향과의 다년초. 우리나라 각지의 산과 들에 절로 나는데, 다른 풀의 뿌리에 붙어 반기생(半寄生)함. 여름에 잎겨드랑이의 작은 가지에 열은 녹색의 꽃이 피고 동글동글한 열매가 달림. 한방에서 온 포기를 '하고초(夏枯草)'라고 하여 약재로 씀.
제ː비-나비명 호랑나빗과의 나비. 편 날개 길이는 8~14 cm. 몸빛은 검고 앞쪽에 금빛 녹색의 비늘무늬가 있으며, 뒷날개 바깥쪽에 수컷은 푸른빛, 암컷은 붉은빛의 반달무늬가 줄지어 있음. 봄·여름 두 차례에 걸쳐 나타남.
제ː비-난(-蘭)명 난초과의 다년초. 산지의 숲 속에 나는데, 줄기 높이는 20~50 cm. 뿌리는 일부가 마늘쪽처럼 굵어짐. 줄기에 커다랗고 길둥근 잎이 두 잎 달리며, 여름에 흰 꽃이 핌.
제ː비-도요명 ☞제비물떼새.

제ː비-물떼새 명 제비물떼샛과의 새. 몸길이 23 cm가량. 꼬리와 부리는 제비와 비슷함. 해안·하구·갯벌 등에 떼 지어 날아다니며 곤충을 잡아먹음. 봄에 우리나라에 와서 여름을 지냄. 제비도요.

제ː비-부리 명 좁고 긴 물건의 오라기 한 끝의 좌우 귀를 접어 제비의 부리처럼 가운데만 뾰족하게 만든 모양.

제ː비-붓꽃 [-붇꼳] 명 붓꽃과의 나넌초. 습지에 절로 나는데, 관상용으로 못가에 심기도 함. 줄기는 70 cm가량. 잎은 긴 칼 모양이며 늦봄에 짙은 자줏빛이나 흰빛 꽃이 줄기 끝에 핌. 지리산·시베리아·일본 등지에서 자람. *제ː비붓꽃이[-붇꼬치]·제ː비붓꽃만[-붇꼰-]

제비-뽑기 [-끼] 명 하자 제비를 만들어 승패나 차례 따위를 가리는 일. ¶ 제비뽑기하여 차례를 정하다.

제ː비-쑥 명 국화과의 다년초. 산과 들에 나며 줄기 높이는 30~90 cm. 여름에 줄기 끝에서 노란색의 두상화(頭狀花)가 핌. 어린잎은 먹을 수 있는데, 한방에서는 '청호(靑蒿)'라 하여 약재로 씀.

제ː비-옥잠 (-玉簪) [-짬] 명 은방울꽃과의 다년초. 깊은 산의 응달에서 나며, 높이는 25~50 cm이고 잎은 달걀 모양임. 여름에 잎 사이에서 꽃줄기가 돋아 그 끝에 흰빛의 여섯잎꽃이 핌. 금강산·묘향산·백두산 등지에서 자람.

제ː비-족 (-族) 명 '특별한 직업 없이 연상(年上)의 유한부인(有閑夫人)에게 붙어사는 젊은 남자'를 속되게 이르는 말.

제ː비-초리 명 뒤통수나 앞이마의 한가운데에 아래로 뾰족하게 내민 머리털.

제ː비-추리 명 ①소의 안심에 붙은 고기의 한 가지. ②'제비초리'의 잘못.

제ː비-턱 명 밑이 두툼하고 너부죽하게 생긴 턱, 또는 그런 턱을 가진 사람을 조롱조로 이르는 말.

제ː빈 (濟貧) 명 하자 가난한 사람을 구제함.

제ː빙 (製氷) 명 하자 (물을 얼리어) 얼음을 만듦.

제ː빙-기 (製氷機) 명 얼음을 만드는 기계.

제ː빵 (製-) 명 빵을 만듦. ¶ 제빵 기술자.

제ː사 (娣姒) 명 손아래 동서와 손위 동서.

제ː사 (祭司) 명 ①유대교에서, 신전의 의식·전례를 맡아보는 사람을 이르는 말. ②☞사제(司祭). ③주문(呪文) 따위로 영험을 얻게 하는 사람.

제ː사 (祭祀) 명 하자타 신령이나 죽은 사람의 넋에게 음식을 차려 놓고 정성을 나타냄, 또는 그런 의식. 향사. ¶ 제사를 지내다. 준제(祭). 높제향(祭享).

제사 덕에 이밥이라 속담 무슨 일을 빙자하여 이익을 얻는다는 말.

제ː사 (製絲) 명 하자 고치나 솜 따위로 실을 만드는 일. ¶ 제사 공장.

제사 (諸事) 명 〈제반사(諸般事)〉의 준말.

제사 (題詞) 명 ①책의 첫머리에 그 책에 관련되는 내용을 시문으로 적은 글. ②화폭(畫幅) 따위의 위에 적은 글. 준제(題).

제사 (題辭) 명 백성이 낸 소장(訴狀)이나 원서(願書)에 적는 관부의 판결이나 지령(指令). 제지(題旨).

제ː사^계급 (第四階級) [-계-/-게-] 명 ①노동자 계급. 프롤레타리아. ②언론직에 종사하는 사람, 특히 신문 기자를 이르는 말.

제ː사-기 (第四紀) 명 지질 시대의 한 구분. 신생대 후반에서부터 현대까지의 시대. 홍적세와 충적세로 나뉨.

제ː사기-계 (第四紀系) [-계/-게] 명 ☞제사기층.

제ː사기-층 (第四紀層) 명 제사기에 생긴 지층, 곧 홍적층과 충적층. 제사기계.

제-사날로 부 제 생각으로. 남의 시킴을 받지 않고 제 스스로. ¶ 제사날로 만들었지만 제법 쓸 만하다.

제ː사-상 (祭祀床) [-쌍] 명 ☞제상(祭床).

제ː사^성ː병 (第四性病) [-뼝] 명 ☞서혜 림프 육아종.

제ː사^위 (第四胃) 명 ☞주름위.

제ː사의 불 (第四-) [-의-/-에-] (핵분열에 의한 원자력보다 더 강력한) 핵융합에 의한 에너지를 이르는 말. 참제삼의 불.

제ː사-장 (祭司長) 명 ①유대교 교직(敎職)의 한 가지. 예루살렘 성전의 의식·전례 등을 맡아보는 사람. ②제례나 주문에 밝아 영험을 얻게 하는 사람.

제ː사^종^우편물 (第四種郵便物) 명 통상 우편물 분류의 한 갈래. 책·사진·인쇄물·상품 견본·업무용 서류·박물학상의 표본 따위의 우편물.

제ː사차^산ː업 (第四次産業) 명 (제삼차 산업을 가른 것 가운데 한 가지로) 정보·의료·교육·서비스 따위 지식 집약형 산업을 이름.

제산 (除算) 명 하타 나누기. 나눗셈. 나눗셈법. 준제(除).

제ː산 (製産) 명 하타 물건을 만들어 냄.

제ː산-제 (制酸劑) 명 위산 과다증에, 위산의 분비를 억제하거나 위액 중의 산을 중화하여 자극을 누그러뜨리는 약제.

제ː살 (制煞) 명 하자 살풀이를 하여 재액(災厄)을 미리 막는 일.

제살-붙이 [-부치] 명 자기와 같은 혈통을 받은 가까운 겨레붙이. 준제붙이.

제-살이 명 하자 남에게 기대지 않고 제힘으로 살아감, 또는 그러한 살림.

제살이(를) 가다 관용 시부모 등 어른이 없는 집으로 시집을 가다.

제ː삼^계급 (第三階級) [-계-/-게-] 명 ①봉건 사회의, 자본가를 중심으로 한 상공업자·농민·소상인 등의 평민을 통틀어 이르는 말. 참제일 계급·제이 계급. ②☞중산 계급(中産階級).

제ː삼-국 (第三國) 명 당사국이 아닌 다른 나라. ¶ 망명자를 제삼국으로 보내다.

제ː삼^권리자 (第三權利者) [-궐-] 명 채권 관계의 권리자에 대하여 채권을 가지는 권리자, 곧 채권자의 채권자.

제ː삼-기 (第三紀) 명 지질 시대의 한 구분. 신생대 전반의 시대. 포유류와 쌍떡잎식물이 번성하였고, 세계적으로 조산 운동이 활발하였으며, 알프스·히말라야 등의 산맥이 형성되었다.

제ː삼기-계 (第三紀系) [-계/-게] 명 ☞제삼기층.

제ː삼기-층 (第三紀層) 명 제삼기에 생긴 지층. 석유·석탄·석회 따위가 많이 묻혀 있음. 제삼기계.

제ː삼^당 (第三黨) 명 의석(議席) 수에서 세 번째를 차지한 정당. 2대 정당의 세력이 비슷할 때, 그 사이에서 캐스팅 보트를 쥐고 있는 정당.

제ː삼^세ː계 (第三世界) [-계/-게] 명 강대국인 미국·서구·일본 등의 선진 공업국을 제외한 아시아·아프리카·라틴 아메리카의 개발도상국을 통틀어 이르는 말.

제ː삼^세ː력 (第三勢力) 명 ①대립하는 두 세력의 밖에 있는 세력. ②국제 정치에서, 동서 체제(東西體制) 어느 쪽에도 가담하지 않고 중립을 내세우는 나라들.

제:삼-심(第三審)명 소송에서, 제삼 차로 받는 심판, 또는 그 심판 기관. 보통, 상고심(上告審)과 재항고심(再抗告審)이 이에 해당함.

제삼의 물결(第三-)[-사믜-껼/-사메-껼] 미래의 고도로 발달한 과학 기술에 힘입은 대변혁을 이름. 〔미국의 문명 비평가 토플러가 쓴 책 이름에서 온 말임.〕

제삼의 불(第三-)[-사믜-/-사메-] 핵분열 반응에 의한 원자력. 원시인의 불을 제일의 불, 전기를 제이의 불이라고 하는 데 대한 이름. 참제사의 불.

제:삼^의학(第三醫學)명 (치료 의학·예방 의학 등에 대하여) 전쟁·산업 재해 따위로 말미암은 신체 장애자를 육체적·정신적·경제적으로 재기시켜 사회에 복귀시키려는 의학.

제:삼^인칭(第三人稱)명 말하는 이와 듣는 이가 아닌 다른 사람을 가리키는 대명사. 〔그이·저분 따위.〕 삼인칭. 셋째가리킴.

제:삼-자(第三者)명 당사자(當事者)가 아닌 사람. 삼자(三者). ¶ 제삼자는 상관하지 마시오. /제삼자가 개입할 일이 아니다.

제:삼^제:국(第三帝國)명 나치스가 다스리던 때(1933~1945년)의 독일을 달리 이르던 말.

제:삼^종^우편물(第三種郵便物)명 통상 우편물 분류의 한 갈래. 당국의 인가를 받은 정기 간행물의 우편물.

제:삼^종^전염병(第三種傳染病)[-뼝]명 법정 전염병의 한 가지. 〔결핵·나병·성병 따위.〕

제:삼차^산:업(第三次產業)명 판매·운수·통신·금융·보험 따위의 각종 서비스 산업. 제일차·제이차 산업 이외의 모든 산업. 삼차 산업.

제:삼^차^산:업^혁명(第三次產業革命)[-사너평-]명 증기와 전력에 이어, 원자력의 원동력을 평화적인 목적에 이용함으로써 일어날 산업의 획기적인 전환.

제:삼^채:무자(第三債務者)명 채권 관계의 채무자에 대하여 채무를 지는 제삼자, 곧 채무자의 채무자.

제:삿-날(祭祀-)[-산-]명 제사를 지내는 날. 기일(忌日). 제일(祭日). 준젯날.

제:삿-밥(祭祀-)[-사빱/-삳빱]명 ①제상에 차려 놓은 밥. ②제사를 지낸 뒤에 먹는 밥. 메[1]. 준젯밥.

제상(除喪)명하자 상기(喪期)를 마치거나, 복상(服喪)을 도중에서 그만두어 상을 벗음.

제:상(祭床)[-쌍]명 제사 때 제물을 벌여 놓는 상. 제사상.

제상(梯狀)명 '사다리꼴'의 구용어.

제:생(濟生)명하자 ①생명을 구제함. ②중생을 구제함.

제서(題書)명 ☞제자(題字).

제서(臍緖)명 탯줄.

제:석(帝釋)명 ①〈제석천(帝釋天)〉의 준말. ②〈제석신(帝釋神)〉의 준말.

제석(除夕)명 섣달 그믐날 밤. 세제(歲除). 제야(除夜).

제:석(祭席)명 제사 때에 까는 돗자리.

제:석-거리(帝釋-)[-꺼-]명 제석풀이할 때 무당이 부르는 노래 이름.

제:석-굿(帝釋-)[-꾿]명 ☞제석풀이. *제:석굿이[-꾸시]·제:석굿만[-꾼-]

제:석-신(帝釋神)[-씬]명 무당이 섬기는 신의 하나. 가신제(家神祭)의 대상임. 준제석(帝釋).

제:석-천(帝釋天)명 도리천(忉利天)의 임금. 범왕(梵王)과 더불어 불법을 지키는 신. 준제석.

제:석-풀이(帝釋-)명하자 무당이 제석신을 섬기어 하는 굿. 제석굿.

제설(除雪)명하자 쌓인 눈을 치움. 소설(掃雪). ¶ 제설 작업.

제설(諸說)명 ①여러 사람이 주장하는 말이나 학설. ②온갖 풍문(소문). ¶ 제설이 분분하다.

제설-기(除雪機)명 (트랙터에 장착하여) 도로 등에 쌓인 눈을 치워 없애는 기계.

제설-차(除雪車)명 쌓인 눈을 치우는 차량.

제:성(帝城)명 ☞황성(皇城).

제:세(濟世)명하자 세상을 구제함.

제:세-경륜(濟世經綸)[-뉸]명 세상을 구제할 만한 역량과 포부.

제:세-안민(濟世安民)명 세상을 구제하여 백성을 편안하게 함.

제:세-재(濟世才)명 〈제세지재(濟世之才)〉의 준말.

제:세-주(濟世主)명 세상을 구제하는 거룩한 사람.

제:세지재(濟世之才)명 세상을 구제할 만한 뛰어난 재주, 또는 그런 재주를 가진 사람. 준제세재.

제소(提訴)명하타되자 소송을 일으킴. ¶ 제소를 취하하다.

제-소리[1]명 ①글자의 바른 음. 정음(正音)[1]. ②발음체 각각의 고유한 소리. ¶ 피아노가 제소리를 못 낸다.

제-소리[2]명하자 본마음에서 나오는 말. ¶ 이제야 제소리를 하는구나.

제:수(弟嫂)명 ☞계수(季嫂).

제수(除授)명하타되자 추천을 받지 않고 임금이 바로 벼슬을 줌.

제수(除數)[-쑤]명 나눗셈에서, 어떤 수를 나누는 바로 그 수. 〔6÷2=3에서 2 따위.〕 나눗수. 법수(法數). ↔승수(乘數)·피제수.

제:수(祭需)명 ①제사에 쓰는 여러 가지 재료. ②☞제물(祭物).

제:수-답(祭需畓)명 ☞제위답(祭位畓).

제:수-씨(弟嫂氏)명 ☞계수씨.

제:수-전(祭需錢)명 제사에 쓰이는 물건들을 장만하는 데 드는 돈.

제:술(製述)명하타 시나 글을 지음.

제스처(gesture)명 ①(말의 표현이나 전달 효과를 높이기 위해서 하는) 몸짓·손짓·표정 따위. ②(제 본마음은 아니면서도) 남 보란 듯이 하는 말이나 짓. 성실성이 없는 형식뿐인 태도. ¶ 헤어질 때 눈물까지 보였지만 그것은 제스처였다.

제습(除濕)명하자 습기를 없앰.

제:승(制勝)명 ①하타 승리함. ②세자(世子)가 섭정(攝政)할 때 군무(軍務)의 문서에 찍던 나무 도장.

제:승(濟勝)명하자 명승지를 두루 돌아다님.

제시(提示)명하타되자 ①글이나 말로 어떤 내용·문제·의사·방향 따위를 드러내어 보임. ¶ 의견 제시. /해결책을 제시하지 못하다. ②검사나 검열 따위를 위하여 물품을 내어 보임. ¶ 신분증 제시를 요구하다. /영장을 제시하다. ③어음·수표 따위의 증권을 가진 이가 지급 청구를 위하여 지급인 또는 인수인에게 그 증권을 내보이는 일. 정시(呈示).

제시(題詩)명하자 ①시를 지음. ②정해진 제목에 따라 시를 지음, 또는 그 시.

제-시간(-時間)명 정해 놓은 시간. 정한 시간. ¶ 목적지에 제시간에 닿다.

제시^증권(提示證券) [-꿘] 명 증권상의 권리를 내세우기 위해서는 증권을 가진 이가 의무 이행자에게 그 증권을 내보여야 하는 유가 증권.

제:식(制式) 명 ①정해진 양식. ②군대의 대열 훈련에서 규정된 모든 격식과 방식.

제:식-복(祭式服) [-뽁] 명 관혼상제(冠婚喪祭) 또는 공식적인 의식에 입는 옷.

제:식^훈:련(制式訓練) [시클] 명 군인의 기본 정신 함양과 절도 있는 단체 생활을 목적으로 하는 훈련의 한 가지. 행진이나 정지 때에 대오·대열을 맞추거나 경례 동작 따위를 익힘.

제신-기(除燼器) 명 굴뚝 끝에 달아 그을음이 흩어지는 것을 막는, 쇠망으로 만든 장치.

제:실(帝室) 명 ☞황실(皇室).

제:씨(弟氏) 명 ☞계씨(季氏).

제씨(諸氏) 명 '여러분'의 뜻으로 쓰는 말. 《여러 사람의 이름이나 직명(職名)을 열거한 뒤에 씀.》 ¶ 법조인 제씨.

제-아무리 부 남의 능력이나 됨됨이 따위를 얕잡아 보는 뜻으로 이르는 말. ¶ 제아무리 설쳐도 그 일은 못할걸.

제:악(祭樂) 명 ☞제례악(祭禮樂).

제악(諸惡) 명 모든 악. 온갖 악한 행동.

제안(提案) 명하자타되자 의안(議案)을 냄, 또는 그 의안. ¶ 건설적인 제안.

제안-권(提案權) [-꿘] 명 국회에 법률안이나 예산안을 낼 수 있는 권리.

제안-자(提案者) 명 제안한 사람. 제안한 기관.

제:압(制壓) 명하타되자 (세력이나 기세를) 제어하여 억누름. ¶ 실력으로 상대를 제압하다.

제:애(際涯) 명 끝닿는 곳.

제액(題額) 명하자 액자(額子)에 그림을 그리거나 글씨를 씀.

제야(除夜) 명 ☞제석(除夕). ¶ 제야의 종소리.

제:약(制約) 명 ①사물의 성립에 필요한 조건 또는 규정. ¶ 단체 생활에는 여러 가지 제약이 있기 마련이다. ②하타되자 어떤 조건을 붙여 제한함. ¶ 행동을 제약하다.

제:약(製藥) 명하자 약을 만듦, 또는 만들어진 약. ¶ 제약 회사에 취직하다.

제:약-성(制約性) [-썽] 명 제약하는 성질이나 특성.

제:약적 판단(制約的判斷) [-쩍-] 논리학에서, 가언적 판단(假言的判斷)과 선언적 판단(選言的判斷)을 통틀어 이르는 말.

제:어(制御) 명하타되자 ①억눌러 따르게 함. ②기계·설비 따위가 알맞게 움직이도록 조절함. ¶ 자동 제어 장치.

제:어-봉(制御棒) 명 원자로에 넣었다 뺐다 하여 핵분열에 의한 연쇄 반응을 조절하는 막대기.

제언(提言) 명하자타 생각이나 의견을 냄, 또는 낸 생각이나 의견. ¶ 전문가의 제언.

제언(堤堰) 명 물을 가두어 두기 위하여 하천이나 골짜기 따위에 쌓은 둑. 언제(堰堤).

제언(諸彦) 명 ☞제현(諸賢). ¶ 독자(讀者) 제언.

제언(題言) 명 책·화폭·비석 따위의 위에 쓴 글. 제사(題詞).

제언-사(堤堰司) 명 조선 시대에, 각 도의 수리 시설 및 제언에 관한 일을 맡아보던 관아.

제:업(帝業) 명 ①제왕이 나라를 다스리는 사업. ②제왕이 이루어 놓은 업적.

제여곰 부 〈옛〉제각기. ¶ 반도 제여곰 눈호며 집도 제여곰 짓더니(月釋*1:45*).

제역(除役) 명 ①병역(兵役)의 전부 또는 일부를 면제함. ②☞면역(免役).

제:염(製塩) 명하자 소금을 만듦.

제염(臍炎) 명 탯줄을 자른 뒤 사흘쯤 되어서 배꼽과 그 언저리가 곪는 갓난아이의 병.

제영(題詠) 명하타 ①시를 지어 읊음. ②정해진 제목에 따라 시를 지음, 또는 그 시가.

제:오^열(第五列) 명 〈오열(五列)〉의 본딧말.

제:오^종^우편물(第五種郵便物) 명 통상 우편물 분류의 한 갈래. 농산물의 씨앗 및 누에의 씨를 싼 우편물.

제:오차^산:업(第五次產業) 명 (제삼차 산업을 가른 것 가운데의 한 가지로) 취미·오락·패션 따위의 산업.

제-왈(-曰) 부 자기랍시고 큰소리치는 모양을 얕잡아 이르는 말. ¶ 제왈, 막걸리 두 말쯤은 문제없단다.

제:왕(帝王) 명 황제(皇帝)와 국왕(國王)을 통틀어 이르는 말.

제왕(諸王) 명 여러 임금.

제:왕^신권설(帝王神權說) [-꿘-] 명 ☞왕권신수설(王權神授說). 준신권설.

제:왕-운기(帝王韻紀) 명 고려 고종 때, 이승휴(李承休)가 지은 역사책. 중국과 우리나라의 역사를 칠언시(七言詩)로 기술하였음. 상하 2권.

제:왕^절개^수술(帝王切開手術) 명 산도(產道)를 통해 해산하기 어려울 때, 배와 자궁을 갈라 태아를 꺼내는 수술.

제:왕^주권설(帝王主權說) [-꿘-] 명 국가의 주권이 제왕에게 있으며 제왕이 곧 국가라고 보는 학설.

제외(除外) [-외/-웨] 명하타되자 어떤 범위 밖에 두어 한데 셈 치지 아니함. 따로 빼어 냄. ¶ 이자는 제외하고 원금만 다오.

제외-례(除外例) [-외-/-웨-] 명 예외 규정.

제요(提要) 명하자 요령만을 추려 냄. ¶ 심리학 제요.

제:욕(制慾) 명하자 욕심을 억누름.

제:욕-주의(制慾主義) [-쭈의/-쭈이] 명 ☞금욕주의.

제우(悌友) 명 형제간 또는 어른과 아이 사이의 정의가 두터움. 우애가 깊음.

제:우(際遇) 명하자 ☞제회(際會).

제우(諸友) 명 여러 벗.

제:우-교(濟愚教) 명 ☞천도교(天道教).

제우스(Zeus 그) 명 그리스 신화에 나오는 가장 높은 신. 참주피터.

제-움직씨 명 ☞자동사. ↔남움직씨.

제웅 명 ①짚으로 만든 사람의 형상. 민속에서, 음력 정월 열나흗날 저녁의 액막이나, 무당이 앓는 사람을 위하여 산영장을 지내는 데 씀. 초우인(草偶人). ②'분수를 모르는 사람'을 조롱조로 이르는 말.

제웅(除雄) 명하자 식물의 자가 수정을 막기 위하여 꽃봉오리 때 꽃밥을 없애는 일.

제웅-직성(-直星) [-썽] 명 민속에서, 나이에 따른 사람의 운수를 맡아본다는 아홉 직성의 하나. 남자는 열 살, 여자는 열한 살에 처음 들며 9년에 한 번씩 돌아온다고 함. 나후직성.

제웅-치기 명하자 음력 정월 열나흗날 밤에 집집마다 돌아다니며 제웅에 입힌 옷과 그 속에 넣어 둔 돈푼을 얻으려고 제웅을 거두는 일.

제원(諸元) 명 기계류의 치수나 무게 따위의 성능과 특성을 나타낸 수적(數的) 지표.

제원(諸員) 명 여러 인원.

제월(除月)명 '섣달'을 달리 이르는 말. 참절계.
제:월(霽月)명 (비가) 갠 날의 밝은 달.
제:월-광풍(霽月光風)명 ☞광풍제월.
제:위(帝位)명 제왕의 자리. 성조(聖祚). ¶ 제위를 물려주다.
제:위(帝威)명 (감히 범할 수 없는) 제왕의 권위.
제:위(祭位)명 제사를 받는 신위(神位).
제위(諸位)대 여러분. ¶ 독자 제위께 감사의 말씀을 드립니다.
제:위-답(祭位畓)명 거둔 곡식을 제사 비용으로 쓰는 논. 제수답(祭需畓).
제:위-보(濟危寶)명 고려 시대에, 돈·곡식 따위를 모아 두었다가 백성에게 꾸이어 주고 그 이자를 받아 빈민을 구제하던 기관.
제:위-전(祭位田)명 거둔 곡식을 제사 비용으로 쓰는 밭.
제:유(製油)명하타 ①동식물체로부터 기름을 짜서 만듦. ②원유를 가공·정제하여 경유 등의 유제품을 만듦.
제유(諸有)명 ①☞제법(諸法). ②☞중생(衆生).
제유(諸儒)명 여러 선비. 모든 유생(儒生).
제유-법(提喩法)[-뻡]명 수사법상 비유법의 한 가지. 사물의 한 부분으로 전체를, 또는 한 말로 그와 관련되는 모든 것을 나타내는 표현 방법. 〔'빵'이 식량을, '감투'가 벼슬을 나타내는 따위.〕 참대유법·환유법.
제육(-肉)명 돼지고기. 본저육(豬肉).
제:육-감(第六感)[-깜]명 오관(五官)으로는 느낄 수 없다고 생각되는 감각. 사물의 신비한 점이나 깊은 본질을 직감적으로 포착하는 마음의 기능 따위. 준육감(六感).
제육-구이(-肉-)[-꾸-]명 돼지고기를 얇게 저며서 양념하여 구운 음식.
제육-무침(-肉-)[-융-]명 비계 없는 돼지고기를 삶아 내어 잘게 썰어 양념을 넣고 무친 음식.
제육-볶음(-肉-)[-뽀끔]명 돼지고기를 고추장과 간장 양념으로 고루 주물러 볶다가 붉은 고추, 파 등을 넣어 다시 볶은 음식.
제:육^의:식(第六意識)명 불교에서, 감각의 결과를 종합하여 이지(理智)·감정·의욕 따위를 발동시키는 마음의 작용을 이르는 말.
제육-편육(-肉片肉)명 삶은 돼지고기를 눌러 식혔다가 썬 음식.
제:윤(帝胤)명 임금의 혈통.
제읍(啼泣)명하자 소리를 높이어 욺.
제읍(諸邑)명 여러 고을.
제:의(祭衣)[-의/-이]명 가톨릭에서, 신부가 미사 때 입는 옷.
제의(提議)[-의/-이]명하자타되자 의논이나 의안을 냄, 또는 그 의논이나 의안. 제론(提論). ¶ 협상을 제의하다.
제의(題意)[-의/-이]명 제목의 뜻.
제:이^계급(第二階級)[-계-/-게-]명 봉건 사회의 둘째 계급인 귀족·승려의 계급. 참제일 계급·제삼 계급.
제:이^국민역(第二國民役)[-궁-녁]명 병역의 한 가지. 징병 검사 결과 현역으로 복무할 수는 없으나 전시에 군사 지원 업무는 감당할 수 있다고 판정된 병역, 또는 그에 해당하는 사람.
제:이^금융권(第二金融圈)[-금늉꿘/-그뮹꿘]명 은행 이외의 금융 기관, 곧 보험 회사·신탁 회사·증권 회사·단자 회사 따위를 통틀어 이르는 말.
제:이^성:질(第二性質)명 〔로크의 인식론에서, 물건의 성질을 둘로 나눈 것 가운데의 하나로〕 물건의 빛깔·냄새·맛·소리 따위와 같이 감각기관에 대한 물건의 작용에 따라 생기는 주관적인 성질. 참제일 성질.
제:이^성:징(第二性徵)명 ☞제이차 성징.
제:이-심(第二審)명 소송에서, 제일심의 재판에 불복 신청이 있을 때 하는 제이차 심리. 재심(再審). 준이심(二審).
제:이^예:비금(第二豫備金)명 예비비의 한 가지. 예산 항목에 들어 있지 않은, 뜻밖의 사건에 충당하는 비용.
제:이^위(第二胃)명 ☞벌집위.
제:이-의(第二義)[-의/-이]명 근본이 되는 첫째 의의가 아닌 둘째의 의의.
제:이의적 생활(第二義的生活)[-의-쌩-/-이-쌩-] 철학에서, '인습에 얽매여 자각이 없는 생활'을 이르는 말.
제:이-인산암모늄(第二燐酸ammonium)명 인산과 암모늄의 염(塩). 비료 등으로 쓰임.
제:이^인칭(第二人稱)명 인칭 대명사의 한 구분. 말을 듣는 이를 가리키는 대명사. 〔너·자네·그대·당신 따위.〕 이인칭.
제:이^종^우편물(第二種郵便物)명 통상 우편물 분류의 한 갈래. 엽서와 같은 우편물.
제:이^종^전염병(第二種傳染病)[-뼝]명 법정 전염병의 한 가지. 〔백일해·홍역·발진염·성홍열·파상풍·일본 뇌염·유행성 출혈열 따위.〕
제:이차^산:업(第二次產業)명 건설업·광업·제조업 등, 원자재를 가공·정제하는 산업. 원시 산업을 뺀 모든 생산적인 산업. 이차 산업.
제:이차^성:징(第二次性徵)명 동물의 수컷과 암컷의 특징을 짓는 성질 가운데서, 생식기 이외에 암수를 구별할 수 있는 특징. 성호르몬이 분비됨에 따라 나타남. 제이 성징. 참성징.
제:이^차^세:계^대:전(第二次世界大戰)[-계-/-게-]명 1939년 9월 1일부터 1945년 8월 15일까지 연합국과 독일·일본·이탈리아를 중심으로 한 추축국 사이에 벌어진 세계 대전.
제인(諸人)명 모든 사람. 많은 사람.
제일(除日)명 섣달그믐.
제:일(祭日)명 ☞제삿날.
제:일(第一) Ⅰ명 여럿 중 첫째가는 것. ¶ 제일의 목표. 준젤.
Ⅱ부 가장. ¶ 제일 빨리 달리는 사람. 준젤.
제일(齊一)명하형 고르게 가지런함. **제일-히**부.
제:일-가다(第一-)형 으뜸가다. 첫째가다. ¶ 백두산은 우리나라에서 제일가는 명산이다.
제:일-강산(第一江山)명 경치(景致) 좋기로 으뜸갈 만한 곳.
제:일^계급(第一階級)[-계-/-게-]명 봉건 사회의 첫째 계급인 왕과 제후의 계급. 참제이 계급·제삼 계급.
제:일^국민역(第一國民役)[-궁-녁]명 병역의 한 가지. 18세부터 30세까지의 병역 의무자로서 현역·예비역·보충역·제이 국민역이 아닌 병역, 또는 그에 해당하는 사람.
제:일-류(第一流)명 가장 높은 등급, 또는 가장 높은 등급의 사람.
제:일-보(第一步)명 첫걸음.
제:일-선(第一線)[-썬]명 ①맨 첫째 번 선. 맨 앞의 선. ②☞최전선(最前線). 전선(前線). 전선(戰線). ¶ 제일선에서 지휘하다. ③그 분야에서 실질적으로 활발한 활동이 벌어지는 곳. ¶ 판매부의 제일선에서 활약하다. 준일선.
제:일^성:질(第一性質)명 〔로크의 인식론에서, 물건의 성질을 둘로 나눈 것 가운데의 하나로〕 물건의 연장(延長)·모양·운동·정지 따위와 같

이, 물건 그 자체에 항상 들어 있는 객관적인 성질. ㊀제이 성질.

제ː일-심(第一審)[-씸]명 소송에서, 제일 차로 받는 심판. 간이 법원이나 지방 법원 등에서 하는 심리 재판. 시심(始審). 초심(初審). ㊁일심.

제ː일^원리(第一原理)[-이뤌-]명 철학에서, 현상의 이면에 있는 초인식적 근본 원리를 이름.

제ː일-의(第一義)[-이릐/-이리]명 ①근본이 되는 의의. 가장 소중하고 근본적인 것. ②불교에서, 더할 수 없이 깊고 묘한 진리를 이름.

제ː일^의ː무(第一義務)명 법률에 의하여 그 위배를 허락하지 않는 의무. 〔납세 의무·부채 변상 의무 따위.〕

제ː일의적 생활(第一義的生活)[-이릐-쌩-/-이리-쌩-] 개성을 존중하여 본디의 사명에 충실한 생활.

제ː일인-자(第一人者)명 어느 사회나 분야에서 견줄 이가 없을 만큼 뛰어난, 으뜸가는 사람. ¶ 사계(斯界)의 제일인자. ㊁일인자.

제ː일^인칭(第一人稱)명 인칭 대명사의 한 가지. 말하는 이를 가리키는 대명사. 〔나·저·우리 따위.〕 일인칭.

제ː일^종^우편물(第一種郵便物)[-쫑-]명 통상 우편물 분류의 한 갈래. 보통 봉함 편지의 우편물.

제ː일^종^전염병(第一種傳染病)[-쫑-뼝]명 법정 전염병의 한 가지. 〔콜레라·페스트·장티푸스·파라티푸스·디프테리아·세균성 이질 따위.〕

제ː일-주의(第一主義)[-의/-이]명 무슨 일에나 제일이 되고자 하는 주의.

제ː일^주제(第一主題)명 소나타 형식의 악장 첫머리에 제시되는 주제. 악상(樂想)의 중심.

제ː일차^산ː업(第一次產業)명 농업·임업·수산업·목축업 따위로, 직접 자연을 상대하여 원재료를 생산·채취하는 산업. 일차 산업. ㊂원시 산업.

제ː일차^성ː징(第一次性徵)명 동물의 수컷과 암컷의 특징을 짓는 성질 가운데서, 생식선(生殖腺)이나 생식기 등에 나타나는 형태상의 차이. ㊀성징.

제ː일^차^세ː계^대ː전(第一次世界大戰)[-계-/-게-]명 1914년 7월 28일부터 1918년 11월 11일까지 영국·프랑스·러시아 등의 연합국과 독일·오스트리아·이탈리아의 삼국 동맹 사이에 벌어진 세계 대전. 연합국의 승리로 베르사유 조약에 의하여 강화함.

제ː자(弟子)명 스승의 가르침을 받거나 받은 사람. 문도(門徒). ¶ 제자로 삼다.

제자(梯子)명 사닥다리.

제ː자(祭資)명 제사에 드는 비용.

제자(諸子) Ⅰ명 ①아들 또는 아들과 항렬이 같은 사람을 통틀어 이르는 말. ②중국 춘추 전국 시대에 일가(一家)의 학설을 이룬 여러 사람, 또는 그들의 저서와 학설.
Ⅱ대 ☞제군(諸君).

제자(題字)명 책의 머리나 족자·비석 따위에 쓴 글자. 제서(題書).

제자루-칼명 자루를 따로 박지 않고 제물로 손잡이까지 되게 만든 칼.

제-자리명 본디 있던 자리. 마땅히 있어야 할 자리. ¶ 제자리에 갖다 놓아라. /제자리를 떠나지 마시오.

제자리-걸음명 ①앞으로 나아가지 않고 제자리에서 걷는 일, 또는 그 걸음. ②일의 진행이나 상태가 나아가거나 나아지지 않고 제자리에 그대로 머물러 있음, 또는 그런 상태. 답보(踏步). ¶ 경제 성장이 제자리걸음을 하다.

제자리-높이뛰기명 도움닫기 없이 제자리에서 가로대를 뛰어넘는 경기.

제자리-멀리뛰기명 도움닫기 없이 발구름판 위에 두 발을 놓고 서서 멀리 뛰는 경기.

제자리-표(-標)명 악보에서, ♯로 높였거나 ♭으로 낮춘 음을 본디의 음으로 되돌아가게 하는 표. ♮로 나타냄. 본위 기호(本位記號).

제자-백가(諸子百家)[-까]명 중국 춘추 전국 시대의 여러 학파를 통틀어 이르는 말. ㊁제가(諸家).

제ː작(製作)명하타되자 (재료를 써서) 물건이나 예술 작품 등을 만듦. ¶ 도구 제작. /영화 제작.

제ː작-비(製作費)[-삐]명 제작하는 데 드는 비용.

제ː작-진(製作陣)[-찐]명 연극·영화·방송 프로그램 등을 만드는 일에 관여하는, 연기자 이외의 모든 사람.

제ː작-품(製作品)명 제작한 물품(작품).

제잠(鯷岑)명 지난날, 중국에서 우리나라를 이르던 말.

제-잡담(除雜談)[-땀]명하자 이러니저러니 여러 말 할 것 없이 바로 함. ¶ 어제 폭력배가 들이닥쳐 제잡담하고 사무실의 기물을 부수었다.

제ː장(祭場)명 제사를 지내는 곳.

제장(諸將)명 ①여러 장수. ②민속에서, '싸움터에 나갔다가 죽은 남자의 혼령'을 이르는 말.

제ː재(制裁)명하타 ①(어떤 태도나 행위에 대한 대응으로) 불이익이나 벌을 줌, 또는 그 일. ¶ 법적인 제재를 가하다. ②도덕이나 관습, 또는 집단의 규율을 어긴 사람에게 주는 심리적·물리적 압력.

제ː재(製材)명하타 베어 낸 나무를 켜서 각목·널빤지 따위를 만듦.

제재(題材)명 예술 작품이나 학술 연구 따위에서 주제의 재료가 되는 것.

제ː재-소(製材所)명 베어 낸 나무로 각목·널빤지 따위의 재목을 만드는 곳.

제적(除籍)명하타 되자 호적·학적·당적(黨籍) 따위에서 이름을 빼어 버림. 삭적(削籍).

제적-부(除籍簿)[-뿌]명 ①제적된 호적을 호적부에서 빼어 따로 맨 장부. ②일정한 조직체에서 제적된 사람의 이름을 따로 적어 두는 명부.

제전(除田)명 조세를 면제받던 토지. 〔사전(寺田) 따위.〕

제전(梯田)명 (비탈에 층층으로 일구어 놓은) 사다리꼴로 된 논밭.

제ː전(祭田)명 ①조상의 제사(祭祀)를 모시는 데 드는 비용을 마련하기 위해 장만한 토지. ②왕실의 의례(儀禮)나 제례(祭禮)에 드는 비용을 마련하던 토지.

제ː전(祭典)명 ①제사를 지내는 의식. ②성대하게 열리는 예술·문화·체육 등에 관한 사회적 행사. ¶ 민속 예술 제전.

제ː전(祭奠)명 의식을 갖춘 제사와 갖추지 않은 제사를 통틀어 이르는 말.

제ː전-악(祭典樂)명 제전에서 연주하는 음악.

제ː절(制節)명하타 (옷감 따위를) 잘 마름질하여 쓰기에 알맞게 함.

제절(除節)명 <계절(階節)>의 변한말.

제ː절(祭節)명 제사를 지내는 절차.

제절(諸節)명 ①남을 높이어 그 집안 사람들의 지내는 형편을 이르는 말. ¶ 댁내 제절이 평안하신지요. ②남의 집안의 윗사람을 높이어 그의 지내는 형편을 이르는 말. ¶ 자당(慈堂) 제절이 안녕하신지요. ③모든 절차.

제:정(制定)명하타되자 (제도나 규정 따위를) 만들어 정함. ¶ 법률 제정.

제:정(帝政)명 ①황제가 다스리는 정치, 또는 그런 정체(政體). ¶ 제정 러시아. ②제국주의의 정치.

제:정(祭政)명 제사와 정치. ¶ 제정 분리.

제정(提呈)명하타 드림. 바침. ¶ 신임장을 제정하다.

제:정-법(制定法)[-뻡]명 문서로 나타낸 법률. 〔부령(部令)·조례(條例) 따위.〕

제-정신(-精神)명 자기 본래의 똑바른 정신. 본정신. ¶ 제정신이 아니다.

제:정-일치(祭政一致)명 제사와 정치가 일치한다는 사상, 또는 그러한 정치 형태.

제제(提題)명 논증에 의하여 그 진위(眞僞)를 확정해야 할 명제.

제:제(製劑)명하타 (치료 목적에 따라) 약품을 맞추어 섞거나 일정한 형태로 만듦, 또는 그 제품. ¶ 생약(生藥) 제제.

제제(濟濟) '제제하다'의 어근.

제:제-다사(濟濟多士)명 ☞다사제제(多士濟濟).

제:제창창(濟濟蹌蹌)명하형 몸가짐이 위엄이 있고 질서가 정연함.

제:제-하다(濟濟-)형여 ①많다. 왕성하다. ②엄숙하고 신중하다.

제조(提調)명 조선 시대에, 종일품이나 이품의 품계를 가진 사람이, 각 사(司)나 청(廳)의 책임자가 아니면서 그 일을 맡아보던 벼슬.

제:조(製造)명하타되자 ①만듦. 지음. ②원료를 가공하여 제품을 만듦.

제:조^계:정(製造計定)[-계-/-게-]명 제조 원가를 모아서 셈한 계정.

제:조-법(製造法)[-뻡]명 (물품을) 만드는 방법. 준제법(製法).

제-조사(除朝辭)명하타 왕조 때, 지방 관원의 부임을 재촉하기 위하여 숙배(肅拜)를 면해 주던 일.

제:조-업(製造業)명 원료를 가공하여 물품을 만드는 영업.

제:조-원(製造元)명 특정 제품을 만들어 내는 본고장, 또는 공장이나 회사.

제:조^원가(製造原價)[-까]명 어떤 제품을 만들 때 드는 재물(財物)과 용역(用役)을 화폐 가치로 계산한 합계액.

제족(諸族)명 한집안의 여러 겨레붙이.

제종(諸宗)명 한 겨레붙이의 본종(本宗)과 지파(支派).

제종(臍腫)명 한방에서, 어린아이의 배꼽에 생기는 부스럼을 이르는 말. 제창(臍瘡).

제:좌(帝座)명 ①황제가 앉는 자리. 옥좌. ②중국에서, 천제의 자리라고 정해 놓은 별자리.

제좌(諸座)명 ①여러 계좌(計座). ②부기에서, 분개(分介)할 때에 한 거래의 대차(貸借) 어느 한쪽의 계정 과목이 둘 이상에 걸쳐 있는 일. 〔차변의 상품에 대하여 대변은 현금과 당좌 예금이 되는 것 따위.〕

제:주(帝主)명 신으로 모시는 제왕의 신주.

제:주(祭主)명 제사를 주장하는 사람. 주장이 되는 상제.

제:주(祭酒)명 제사에 쓰는 술.

제주(題主)명하자 신주(神主)에 글자를 씀.

제:주-자제(濟州子弟)명 조선 시대에, 하급 무관에 쓰려고 해마다 제주도에서 뽑아 올리던 사람.

제:주-잔(祭酒盞)[-짠]명 제주를 담는 잔.

제주-전(題主奠)명 장사 지낸 뒤 산소에서 혼령을 신주에 옮기기 위하여 지내는 제사.

제:중(濟衆)명하자 모든 사람을 구제함.

제:지(制止)명하타 말려서 못하게 함. ¶ 출입을 제지하다. 비금지(禁止).

제:지(製紙)명하자 종이를 만듦. ¶ 제지 공장.

제지(蹄紙)명 ☞국지.

제지(題旨)명 ☞제사(題辭).

제:-지내다(祭-)자 제물을 차려 신위(神位)에 바치다.

제직-회(諸職會)[-지쾨/-지퀘]명 개신교에서, 교회의 직책을 맡은 사람들이 교회 업무를 의논하는 모임.

제진(除塵)명하자 공기 중에 떠도는 먼지를 걷어 없애는 일.

제진(梯陣)명 군대·군함·비행기 따위를 사다리꼴로 편성한 진형(陣形).

제진(齊進)명하자 여럿이 한목에 나아감.

제-집명 자기의 집. ¶ 제집 떠나면 고생이다.

제-짝명 한 벌을 이루는 그 짝. ¶ 제짝을 잃다.

제:차(第次)명 차례.

제:찬(制撰)명하타 임금의 말씀이나 명령의 내용을 신하가 대신 지음. 대찬(代撰).

제:찬(祭粲)명 ☞젯메.

제창부 애쓰지 않고 저절로. 저절로 알맞게. ¶ 일손이 아쉽더니 제창 잘되었다.

제창(提唱)명하자타 (어떤 일을) 내세워 주장함. ¶ 자유의 수호를 제창하다.

제창(齊唱)명하타 여럿이 한목에 소리를 내어 부름. ¶ 애국가 제창. 참독창·중창·합창.

제창(臍瘡)명 ☞제종(臍腫).

제채(薺菜)명 ☞냉이.

제:책(製冊)명하타 종이나 인쇄물 따위를 실이나 철사로 매고 겉장을 붙여 책으로 만듦. 제본(製本). 참장책(粧冊).

제척(除斥)명하타되자 ①물리쳐 없앰. ②재판권 행사의 공정을 꾀하고 재판에 대한 국민의 신뢰를 지키기 위하여, 법관이 특정 사건의 피해자거나 또는 피해자나 피고인의 가족·친척 관계일 때는 그 직무의 집행에서 제외하는 일.

제:천(祭天)명하자 하늘에 제사 지냄.

제천(諸天)명 모든 하늘. 곧 불교에서 이르는, 마음을 수양하는 경계를 따라 나눈 여덟 하늘.

제:천(霽天)명 맑게 갠 하늘.

제:천^의:식(祭天儀式)명 하늘을 숭배하고 제사 지내는 원시 종교 의식.

제-철명 ①마땅한 때. ¶ 제철에 맞는 옷. ②알맞은 시기. ¶ 물고기는 제철에 잡아야 제 맛이 난다. 당철. 준철[1].

제:철(製鐵)명하자 철광석을 녹여 무쇠를 뽑음. ¶ 제철 공업.

제철(蹄鐵)명 ☞편자.

제:철-소(製鐵所)[-쏘]명 철광석을 녹여 무쇠를 뽑는 곳. 보통 제선(製銑)·제강·압연의 세 개 공정을 갖춘 선강(銑鋼) 일관 공장과 독립 제강 공장을 이름.

제:청(祭廳)명 ①장사 지낼 때, 무덤 옆에 제사 지낼 수 있도록 베푼 곳. ②제사를 지내는 대청.

제청(提請)명하자타 안건을 제안하여 결정해 줄 것을 요청하는 일, 또는 그렇게 함. ¶ 총리 임명 동의안을 제청하다.
제초(除草)명하자 잡초를 뽑아 없앰. 김매기.
제초-기(除草器)명 잡초를 뽑아 없애는 기구.
제초-약(除草藥)명 ☞제초제.
제초-제(除草劑)명 농작물은 해치지 않고 잡초만을 없애는 약제. 살초제. 제초약.
제ː축 문(祭祝文)[-충-]명 제사 때 신명(神明)에게 고하는 글.
제출(除出)명하타되자 덜어 냄.
제출(提出)명하타되자 (의견이나 안건·문안 따위를) 내어 놓음. ¶ 보고서 제출. /계획서를 제출하다.
제ː출(製出)명하타 만들어 냄.
제출물-로부 남의 시킴을 받지 않고 제 생각대로. 남의 힘을 빌리지 않고 제힘으로.
제출물-에부 제 생각대로 하는 바람에. ¶ 제출물에 그렇게 되었으니 누구를 탓하겠나.
제충(除蟲)명하자 해로운 벌레를 없애 버림. 구충(驅蟲).
제충-국(除蟲菊)명 국화과의 다년초. 줄기 높이 30~60 cm. 늦봄에 하양 또는 빨강의 두상화(頭狀花)가 피는데, 곤충에 대하여 독성이 강한 피레트린이 함유되어 있음.
제충국-분(除蟲菊粉)[-뿐]명 제충국의 꽃을 말리어 만든 가루. 구충제·살충제로 쓰임.
제취(除臭)명하자 냄새를 없앰.
제치다타 ①거치적거리지 않게 따로 처리하다. ¶ 차를 빼려고 굄돌을 제치다. ②일정한 기준 아래 따로 빼다. ¶ 나만 제쳐 두고 저희들끼리 놀러가다니. ③어떤 일을 뒤에 하려고 미루다. ¶ 하던 숙제를 제쳐 두다. ④경쟁 상대보다 우위에 서다. ¶ 선두를 제치고 나서다. ⑤'젖히다'의 잘못.
제ː칠-천국(第七天國)명 위안(慰安)의 나라. 향락(享樂)의 거리.
제키다[1]자 조금 다쳐서 살갗이 벗겨지다.
제키다[2]타 '젖히다'의 잘못.
제ː탄(製炭)명하자 ①탄을 만듦. ②숯을 구워 만듦.
제태(除汰)명하타되자 조선 시대에, 칠반천역(七般賤役)에 종사하던 사람의 구실을 그만두게 하던 일.
제ː태(祭馱)명 제수(祭需)를 실은 짐바리.
제ː택(第宅)명 살림집과 정자 따위를 통틀어 이르는 말.
제택(諸宅)명 〈제가(諸家)〉의 높임말.
제ː-터(祭-)명 제사를 지내려고 마련한 터.
제-턱명 변함이 없이 제가 지녔던 그대로의 정도나 분량.
제ː토-제(制吐劑)명 구토를 멈추게 하는 약.
제ː통(帝統)명 제왕의 계통.
제ː-퇴선(祭退膳)[-퇴-/-퉤-]명 제사를 지내고 제상(祭床)에서 물린 음식. 준퇴선.
제트(jet)명 증기나 액체 따위가 좁은 구멍에서 잇달아 뿜어 나오는 상태.
제트-기(Z旗)명 만국 선박 신호에 따라 정해진, 로마자 신호기의 한 가지. 두 줄의 대각선으로 사분하며, 황·청·적·흑의 네 색깔로 물들임.
제트-기(jet機)명 제트 엔진을 추진 장치로 하는 비행기. 분사 추진식 비행기.
제트^기관(jet機關)명 ☞제트 엔진.
제트^기류(jet氣流)명 대류권의 상부나 성층권에서 수평축에 따라 동쪽으로 흐르는 공기의 세찬 흐름. 최대 풍속이 초속 100 m에 이르는 일도 있음.
제트^엔진(jet engine)명 기관 안에서 연소시킨 고온의 가스를 노즐에서 뿜어내어 그 반동으로 추진력을 얻는 열기관. 제트 기관.
제트^연료(jet燃料)[-열-]명 가스 터빈 기관을 갖춘 제트기에 쓰는 연료. 인화점 52℃의 특급 등유를 씀.
제-판명 거리낌 없이 제멋대로 하는 판. ¶ 세판처럼 떠들다.
제ː판(製版)명하자되자 ①인쇄판(印刷版)을 만듦. ②☞조판(組版).
제판(題判)명 지난날, 관부(官府)에서 백성이 올린 소장(訴狀)에 쓰던 판결.
제ː팔^예ː술(第八藝術)[-례-]명 〔여러 가지 예술 가운데서 여덟 번째로 생겼다는 뜻에서〕 '영화', 특히 '무성 영화'를 이르는 말. 참제구 예술.
제ː패(制霸)명하타 ①패권을 잡음. ②운동·바둑 따위의 경기에서 우승함. ¶ 탁구 경기에서 세계를 제패하다.
제평(齊平) '제평하다'의 어근.
제평-하다(齊平-)형여 가지런하고 고르다.
제폐(除弊)[-폐/-페]명하자 폐단이 될 만한 일을 없앰.
제폭(除暴)명하자 폭력을 없앰.
제표(除標)명 ☞나눗셈표.
제풀-로부 저 혼자 저절로. 제 스스로. ¶ 제풀로 배우고 익히다.
제풀-에부 저절로 되는 바람에. ¶ 한참 울더니 제풀에 잠이 들었다.
제ː품(製品)명하타 재료를 써서 물건을 만듦, 또는 만든 그 물건. ¶ 유리 제품.
제품(題品)명 어떤 사물의 가치나 우열 따위를 평하는 일. 품제(品題).
제하(除下)명하타 아랫사람에게 물건을 나누어 줌.
제하(除荷)명하타 조난당한 배를 가볍게 하기 위하여 싣고 있는 짐을 바다에 버림, 또는 버리는 그 짐. 투하(投荷).
제하(題下)명 제목 아래. ¶ '봄'이라는 제하에 글을 쓰다.
제하(臍下)명 배꼽 밑.
제ː-하다(際-)자타여 당하다. 즈음하다. 《주로, '제하여'의 꼴로 쓰임.》 ¶ 한글날에 제하여…. /체육 대회 개최를 제하여….
제ː-하다(制-)타여 한약을 짓기 위하여 건재를 썰고 갈고 빻고 하다.
제-하다(除-)타여 ①(일정한 수에서 어떤 수를) 덜어내다. ¶ 책값을 제하고 나니 쓸 돈이 없다. ②나누다. ③빼거나 없애다.
제학(提學)명 ①고려 시대에, 대제학 아래의 정삼품 벼슬. ②조선 시대에, 예문관(藝文館)·홍문관(弘文館)의 종이품, 또는 규장각의 종일품이나 종이품 벼슬.
제ː한(制限)명하타되자 ①한계나 범위를 정함, 또는 정해진 한계나 범위. ¶ 연령 제한. ②일정한 한계나 범위를 넘지 못하게 함. ¶ 속도 제한.
제ː한(際限)명 죽 이어진 것의 끝이 되는 부분.
제ː한^공간(制限空間)명 국가 보안을 위하여 정해 놓은 육지나 수역(水域)의 상공에, 항공기의 비행이 금지 또는 제한되는 공간.
제ː한^선ː거(制限選擧)명 선거 자격에 재산·납세·교육·신앙 따위의 일정한 제한을 두는 제도. ↔보통 선거.

제ː한-적 (制限的) 관명 일정한 한계나 범위를 정하거나 그것을 넘지 못하게 하는 (것). ¶ 제한적 허용. /제한적으로 시행하다.

제ː한^전ː쟁 (制限戰爭) 명 전쟁의 목적이나 수단·지역 따위를 일정 범위에 제한한 전쟁. 한정 전쟁. ↔전면 전쟁(全面戰爭).

제ː한-제 (制汗劑) 명 ☞지한제(止汗劑).

제함 (擠陷) 명하타 나쁜 마음으로 남을 못된 데로 밀어 넣어 해침.

제항 (梯航) 명하자타 〔사닥다리로 산에 오르고 배로 바다를 건넌다는 뜻으로〕 '먼 길을 여행함'을 이르는 말.

제해 (除害) 명하자 해로운 사물을 없앰.

제ː해-권 (制海權) [-꿘] 명 바다를 지배하는 권력. 곧, 전시(戰時)나 평시(平時)를 가리지 않고 군사·통상·항해 따위 국가 이익 및 안보에 관한 권리를 확보하는 실력. 해상권. ¶ 제해권을 장악하다.

제행 (諸行) 명 〔불교에서〕 ①온갖 수행. ②인연(因緣)으로 말미암아 일어나는 온갖 현상.

제행-무상 (諸行無常) 명 불교에서, '우주 만물은 항상 돌고 변하여 잠시도 한 모양으로 머무르지 않음'을 이르는 말.

제ː향 (帝鄕) 명 ①☞황성(皇城). ②제왕이 태어난 곳. ③하느님이 있다는 곳.

제ː향 (祭享) 명 ①나라에서 올리는 제사. ②〈제사(祭祀)〉의 높임말.

제ː헌 (制憲) 명하자 헌법을 제정함. ¶ 제헌 국회.

제ː헌-절 (制憲節) 명 우리나라의 헌법이 공포된 것을 기념하는 국경일. 〔7월 17일.〕

제ː혁 (製革) 명하자 (생가죽을 다루어 제품으로 서의) 가죽을 만듦.

제현 (諸賢) 명 여러 어진 사람, 곧 점잖은 여러 분. 제언(諸彥). ¶ 강호(江湖) 제현.

제ː형 (弟兄) 명 아우와 형.

제형 (梯形) 명 '사다리꼴'의 구용어.

제형 (諸兄) Ⅰ명 집안의 여러 형.
Ⅱ대 동료 사이에 '여러분'을 높이어 일컫는 말.

제형 (蹄形) 명 말굽 모양.

제형^자ː석 (蹄形磁石) 명 ☞말굽자석.

제ː호 (帝號) 명 제왕의 칭호.

제호 (除號) 명 ☞나눗셈표.

제호 (醍醐) 명 우유에 갈분(葛粉)을 타서 미음같이 쑨 죽.

제호 (題號) 명 책자 따위의 제목. ¶ 잡지의 제호를 붙이다.

제호 (鵜鶘) 명 ☞사다새.

제호-탕 (醍醐湯) 명 오매육(烏梅肉)·사인(沙仁)·백단향(白檀香)·초과(草果) 등에 물을 붓고 달여 즙을 낸 후 그 즙에 꿀을 넣고 다시 달여서 찬물에 타서 먹는 청량음료.

제ː홍 (祭紅) 명 도자기에 칠하는 유약의 한 가지. 산뜻한 다홍빛임.

제ː화 (製靴) 명하자 구두를 만듦. ¶ 제화 공장.

제ː화 (濟化) 명하타 가르치고 이끌어 잘하게 함.

제ː회 (際會) [-회/-훼] 명하자타 ①우연히 만남. ②임금과 신하 사이에 뜻이 잘 맞음. ②제우(際遇).

제후 (諸侯) 명 봉건 시대에, 군주로부터 받은 영토와 그 영내에 사는 백성을 다스리던 사람. 공후(公侯). 군후(君侯). 열후(列侯).

제후-국 (諸侯國) 명 제후가 다스리는 나라.

제휴 (提携) 명하자 (공동의 목적을 위하여) 서로 도움, 또는 공동으로 일을 함. ¶ 기술 제휴를 맺다.

제-힘 명 자기의 힘. ¶ 대학 등록금을 제힘으로 마련하다.

젠더 (Gender) 명 사회적 의미로서의 성(性). 1995년 5월 베이징 제4차 여성 대회에서, 생물학적 의미의 성(Sex) 대신 새로 쓰기로 결정한 용어로, 남녀 간의 대등한 관계를 내포하고 있음.

젠ː장 감 마땅찮아서 혼자 내뱉듯이 하는 말. ¶ 젠장, 비가 또 오네.

젠ː장-맞을 관감 〔'제기, 난장(亂杖)을 맞을 것'이라는 뜻으로〕 마땅찮아서 혼자 내뱉듯이 하는 말. ¶ 젠장맞을 녀석. /젠장맞을, 또 허탕이구나. 참젠장칠.

젠ː장-칠 관감 〔'제기, 난장(亂杖)을 칠 것'이라는 뜻으로〕 마땅찮아서 혼자 내뱉듯이 하는 말. ¶ 이런 젠장칠 놈 또 말썽이군. /젠장칠, 하는 일마다 모두 이 모양이군. 참젠장맞을.

젠체-하다 자여 제가 제일인 체하다. 잘난 체하다. ¶ 꼴사납게 아무 때나 젠체한다.

젤ː Ⅰ명 〈제일〉의 준말.
Ⅱ부 〈제일〉의 준말. ¶ 이것이 젤 낫다.

젤라틴 (gelatin) 명 단순 단백(蛋白)의 한 가지. 동물의 가죽·뼈·뿔 따위를 오랫동안 석회액에 담갔다가 물을 붓고 끓이거나 산(酸)을 넣어 만듦. 지혈제·식용·공업용 따위로 쓰임.

젤라틴^페이퍼 (gelatin paper) 명 무대 따위의 조명에 쓰는 종이. 젤라틴을 정제(精製)하여 알맞은 색소를 넣어 만듦.

젤리 (jelly) 명 ①어육류나 과실의 교질분(膠質分)을 뽑아낸 맑은 즙, 또는 그 즙을 젤라틴으로 굳힌 것. ②과실즙에 설탕을 넣고 끓인 뒤 식혀서 만든 과자.

젬병 명 '형편없는 것'을 속되게 이르는 말. ¶ 재주가 젬병이다.

젯ː-날 (祭-) [젠-] 명 〈제삿날〉의 준말.

젯ː-메 (祭-) [젠-] 명 제사(祭祀)에 쓰려고 짓는 밥. 제찬.

젯ː메-쌀 (祭-) [젠-] 명 젯메를 지을 쌀.

젯ː-밥 (祭-) [제빱/젣빱] 명 〈제삿밥〉의 준말.

젱겅 부하자타 엷은 쇠붙이 따위가 맞부딪치거나 부러질 때 가볍게 울리어 나는 소리. 작쟁강. 센쩽겅. **젱겅-젱겅** 부하자타.

젱겅-거리다 자타 자꾸 젱겅젱겅하다. 젱겅대다. 작쟁강거리다.

젱겅-대다 자타 젱겅거리다.

젱그렁 부하자타 엷은 쇠붙이 따위가 맞부딪치거나 떨어질 때에 울리어 나는 소리. 작쟁그랑. 센쩽그렁. **젱그렁-젱그렁** 부하자타.

젱그렁-거리다 자타 자꾸 젱그렁젱그렁하다. 젱그렁대다. 작쟁그랑거리다.

젱그렁-대다 자타 젱그렁거리다.

져 명 〈옛〉 젓가락. ¶ 져 협:筴(訓蒙中*11*).

-져 어미 〈옛〉 -고자. -려. -으려. ¶ 正月ㅅ 나릿므른 아으 어져 녹져 ᄒᆞ논ᄃᆡ(樂範.動動).

져고마 명 〈옛〉 조금. ¶ 져고맛 듣글도 셔디 아니ᄒᆞᆯ씨니(法華*3:76*). 참죠고마.

져근덛 부 〈옛〉 잠깐. 잠시 동안. ¶ 져근덛 경:頃(類合下*37*).

져근덧 부 〈옛〉 잠깐. 잠시 동안. ¶ 져근덧 가디 마오(鄭澈.關東別曲).

져기 부 〈옛〉 적이. 좀. ¶ 世尊하 願ᄒᆞᆫᄃᆞᆫ 져기 사겨 니르쇼셔(月釋*18:23*).

져김 명 〈옛〉 제금. ¶ 져김:鈸(才物*5*).

져므니 명 〈옛〉 젊은이. ¶ 얼운과 져므니 ᄎᆞ례 이시며(小解1:9).

져믈다자 〈옛〉저물다. ¶ 날이 져므러 숫막에 들려ᄒᆞ니(五倫3:32). 참졈글다.
져비명 〈옛〉제비. ¶ 져비:燕(訓解).
져재명 〈옛〉저자. 시장. ¶ 東海ㅅ ᄀᆞᅀᅵ 져재 ᄀᆞᄐᆞ니(龍歌6章).
져주다타 〈옛〉신문(訊問)하다. 힐문(詰問)하다. ¶ 王이 므슴 호려 져주시ᄂᆞ니잇고(釋譜11:28).
젹젹부 〈옛〉작작. 조그만큼. 조금씩. ¶ 슬픈 ᄇᆞᄅᆞ미 져젹 ᄂᆞᄂᆞ디(杜初16:51).
젼ᄎᆞ명 〈옛〉까닭. ¶ 故ᄂᆞᆫ 젼치라(訓諺). /이런 젼ᄎᆞ로(訓諺).
졋ᄀᆞᆫ부 〈옛〉마음껏. 마구. 함부로. ¶ ᄆᆞᅀᆞᄆᆞᆯ 졋ᄀᆞᆫ 펴(楞解10:62).
졋ᄀᆞᆺ부 〈옛〉마음대로. 함부로. ¶ 바볼 졋ᄀᆞᆺ 써먹디 말며(內訓1:3).
졈부 〈옛〉좀. ¶ 내 논 다 ᄆᆡ여든 네 논 졈 ᄆᆡ여주마(古時調).
졈글다자 〈옛〉저물다. ¶ 내 가논ᄃᆡ 졈그롤세라(樂範.井邑詞). 참져믈다.
졈다형 〈옛〉어리다. 젊다. ¶ 나ᄒᆞ나 졈어 잇고 님ᄒᆞ나 날 괴시니(鄭澈.思美人曲).
졉다타 〈옛〉접어주다. 용서하다. ¶ 恕ᄂᆞᆫ 내 모ᄆᆞ로 ᄂᆞᆷ 져버 볼씨라(楞解3:82).
젓어미명 〈옛〉젖어미. ¶ 졋어미 모:姆(訓蒙上33).
졋바디다자 〈옛〉자빠지다. ¶ 沛ᄂᆞᆫ 졋바딜씨오(楞解5:32).
졋명 〈옛〉젖. ¶ 酥ㅣ 져제셔 이ᄂᆞ니(楞解7:17)
조[1]명 볏과의 일년초. 밭에 심는 식용 작물의 한 가지. 줄기 높이 1~1.5 m. 잎은 좁고 길며 톱니가 있음. 가을에 큰 이삭이 나와 잔꽃이 모여 피고, 이삭에 달린 노란 열매는 자잘함. 오곡의 하나임.
조[2]관 '저4'를 얕잡아, 또는 귀엽게 이르는 말. ¶ 조 어린것이 먹으면 얼마나 먹겠소?
조(租)명 왕조 때, 전세(田稅)를 나라에 바치던 공부(貢賦)의 한 가지.
조(粗)명 지난날, 강경과의 성적을 매기던 네 등급 가운데 셋째 등급. 참통(通)·약(略)·불(不).
조(組) Ⅰ명 일정한 목적을 위하여 조직한 소규모의 집단. ¶ 조를 짜다.
Ⅱ의 기계류나 물류 따위가 두 개 이상을 갖추어 한 벌을 이룰 때, 그 한 벌을 세는 단위. ¶ 사진기 한 조.
조ː(詔)명 〈조서(詔書)〉의 준말.
조(調) Ⅰ명 ①〈곡조(曲調)〉의 준말. ②높고 깨끗한 품격(品格)을 지니려는 태도. ¶ 조가 대단하다. ③왕조 때, 특산물을 나라에 바치던 공부(貢賦)의 한 가지.
Ⅱ의 ①시가(詩歌)나 노래에서, 자수(字數)나 가락의 특징을 나타내는 단위. ¶ 삼사 조. /사사 조. /칠오 조. ②말투. 태도. 투(套). 《주로, '-는 조로'의 꼴로 쓰임.》 ¶ 깔보는 조로 말하다. /이미 결판났다는 조로 말하다.
조(操)명 ☞절조(節操).
조(를) 빼다관용 짐짓 몸가짐을 조촐하게 하다.
조(條)의 ①줄거리. 항목. ¶ 제이 조. ②'명목', '조건'을 뜻함. 《주로, '조로'의 꼴로 쓰임.》 ¶ 수고비 조로 준 돈.
조(兆)수관 억(億)의 1만 배, 경(京)의 만분의 일이 되는 수(의). 곧, 10^{12}.
-조(祖)접미 《'대(代)' 뒤에 붙어》 '조상'의 뜻을 나타냄. ¶ 사 대조. /6대조.
조-(助)접두 《직위나 직무를 나타내는 말 앞에 붙어》 '보조적인', '버금가는'의 뜻을 나타냄. ¶ 조감독. /조교수. /조연출.
-조(朝)접미 왕이나 나라 이름 뒤에 붙어, 그 왕조임을 뜻함. ¶ 태종조. /고려조. /조선조.
조ː가(弔歌)명 죽음을 슬퍼하는 노래. 애가(哀歌).
조가(朝家)명 ☞조정(朝廷).
조가비명 조개의 껍데기. 패각.
조각명 ①넓적하거나 얇은 물건에서 떼어 낸 작은 부분, 또는 따로 떨어진 물건. ¶ 유리 조각. /헝겊 조각으로 만든 인형. ②〖의존 명사적 용법〗 베어 내서나 벌어져 나온 부분을 세는 단위. ¶ 케이크 두 조각.
조각(組閣)명하자되자 내각(內閣)을 조직함.
조각(彫刻·雕刻)명하타되자 조형 미술의 한 가지. 나무·돌·흙·쇠붙이 따위에, 그림·글씨·사람·짐승 등을 새기거나 빚는 일, 또는 그렇게 새기거나 빚은 것.
조각-가(彫刻家)[-까]명 (예술로서의) 조각을 전문으로 하는 사람.
조각-구름[-꾸-]명 조각조각 찢어 놓은 듯이 떠 있는 구름. 단운(斷雲). 편운(片雲).
조각-기(彫刻機)[-끼]명 회전 공구를 써서 문자나 도안 따위를 새기는 기계.
조각-나다[-강-]자 ①깨지거나 떨어져 조각이 생기다. ¶ 거울이 조각나다. ②뜻이 맞지 않아 서로 갈라지다. ¶ 모임이 조각나다.
조각-내다[-강-]타 깨거나 갈라서 여러 조각을 만들다. ¶ 거울을 조각내다.
조각-달[-딸]명 음력 초닷새 무렵과 스무닷새 무렵에 뜨는, 반달보다 더 이지러진 달. 편월(片月).
조각-도(彫刻刀)[-또]명 조각하는 데 쓰는 칼. 새김칼.
조각-배[-빼]명 작은 배. 편주(片舟).
조각-보(-褓)[-뽀]명 헝겊 조각을 여럿 대어서 만든 보자기.
조각-사(彫刻師)[-싸]명 조각을 직업으로 하거나 썩 잘하는 사람. 각수(刻手).
조각^석판(彫刻石版)[-썩-]명 석판에 질산 고무를 바르고, 마른 뒤 본그림을 놓고 테두리를 새긴 선에 아마인유를 배어 들게 한 제판.
조각^요판(彫刻凹版)[-강뇨-]명 조각도나 조각기로 새기고 화학적으로 부식(腐蝕)시켜 만든 판. 지도·유가 증권 따위의 인쇄에 쓰임.
조각자-나무(皁角刺-)[-짜-]명 콩과의 낙엽 활엽 교목. 산기슭이나 개울가에 나는데, 키는 15~18 m이고 가시가 많으며 여름에 연두색의 꽃이 핌. 열매·가시는 약재, 재목은 가구재로 씀.
조각-장이(彫刻-)[-짱-]명 '조각사(彫刻師)'를 낮추어 이르는 말.
조각-조각[-쪼-] Ⅰ명 여러 조각. ¶ 조각조각에 날이 서다.
Ⅱ부 여러 조각으로 갈라지거나 깨진 모양. ¶ 조각조각 깨어지다.
조각-편(-片)명 한자 부수의 한 가지. '版'·'牌' 등에서의 '片'의 이름.
조각-품(彫刻品)명 조각한 물품.
조간(刁姦)명하타 여자를 후려내어 간음함.
조ː간(釣竿)명 낚싯대.
조간(朝刊)명 〈조간신문〉의 준말. ↔석간(夕刊).
조간(遭艱)명하자 ☞당고(當故).
조간-신문(朝刊新聞)명 일간 신문 가운데서 아침에 펴내는 신문. 조간지. 준조간. ↔석간신문.
조간-지(朝刊紙)명 ☞조간신문. ↔석간지.
조갈(燥渴)명하형 목이 마름. ¶ 조갈이 나다.

조갈-소(藻褐素) [-쏘]명 엽록소와 함께 갈조식물에 들어 있는 갈색의 색소.
조갈-증(燥渴症) [-쯩]명 한방에서, 목이 몹시 마르는 증세를 이르는 말.
조감(鳥瞰)명하타 높은 곳에서 아래를 비스듬히 내려다봄. 하감(下瞰).
조:감(照鑑)명하타 ①비추어 봄. 맞대어 봄. ②신불(神佛)이 밝게 보살핌.
조감(藻鑑)명 사람의 겉만 보고도 그 됨됨이나 인품을 알아보는 식견.
조감-도(鳥瞰圖)명 위에서 굽어본 모양으로 그린 그림. 부감도(俯瞰圖).
조갑(爪甲)명 손톱과 발톱.
조강(條鋼)명 강재(鋼材)의 한 분류로서, 궤철(軌鐵)·봉강(棒鋼)·형강(形鋼)을 통틀어 이르는 말.
조강(粗鋼)명 압연·단조(鍛造) 따위의 가공이 되지 않은, 제강로(製鋼爐)에서 나온 그대로의 강철.
조강(朝講)명하자 ①이른 아침에 강관(講官)이 임금에게 진강(進講)하던 일. ②아침에 불도(佛徒)들이 모여 앉아 불경을 강론하는 일.
조강(燥強)명하형 땅바닥에 물기가 없어 보송보송함.
조강(糟糠)명 ①지게미와 쌀겨. ②(가난한 사람이 먹는) 보잘것없는 음식.
조강지처(糟糠之妻)명 〔지게미와 쌀겨로 끼니를 이을 때의 아내라는 뜻으로〕 '가난할 때 고생을 함께하며 살아온 본처(本妻)'를 이르는 말. '후한서(後漢書)'의 '송홍전(宋弘傳)'에 나오는 말임.
조개명 판새류(瓣鰓類)에 딸린 연체동물을 통틀어 이르는 말. 민물과 바닷물에 살며 석회질 성분으로 된 단단한 조가비로 몸을 싸고 있는데, 속살은 먹을 수 있음.
조개-관자(-貫子)명 (젖꼭지 모양으로 생기어) 조갯살이 조가비에 붙어 있게 하는 단단한 근육. 패주(貝柱). 폐각근.
조개-구름명 ☞권적운(卷積雲).
조개-껍데기 [-떼-]명 조갯살을 겉에서 싸고 있는 단단한 물질. 조개껍질.
조개-껍질 [-찔]명 조개껍데기.
조개-더미명 고대인이 조개를 까먹고 버린 조가비가 무덤처럼 쌓여 있는 것. 조개무지. 패총(貝塚).
조개모변(朝改暮變)명하자 ☞조변석개.
조개-무지명 ☞조개더미.
조개-밥명 조갯살을 넣고 간장을 쳐서 지은 입쌀밥.
조개-볼명 조가비처럼 가운데가 도드라진 볼.
조개-새우명 갑각류 조개새웃과의 물벼룩의 한 가지. 몸길이 1~1.5 cm. 몸은 두 개의 조가비로 싸여 있고 24쌍의 다리가 있음. 여름에 못이나 무논 같은 곳에서 삶.
조개-젓 [-젇]명 조갯살로 담근 젓. ＊조개젓이[-저시]·조개젓만[-전-]
조개-치레명 조개치렛과의 게. 사람 얼굴 비슷한 등딱지는 길이와 폭이 각각 2 cm가량이고 진흙빛을 띤 것이 많음. 이마에는 두 개의 둔한 돌기가 있고, 조가비 따위를 등에 업고 진흙 속에 숨는 습성이 있음.
조개-탄(-炭)명 조가비 모양으로 만든 연탄.
조개-탕(-湯)명 모시조개를 맹물에 삶아서 국물째 먹는 음식. 조갯국.
조개-패(-貝)명 한자 부수의 한 가지. '財'·'貞' 등에서의 '貝'의 이름.
조개-풀명 볏과의 일년초. 높이 20~50 cm이고, 들이나 논둑에 절로 나는데, 9월에 줄기 끝에서 녹자색 꽃이 핌. 줄기와 잎은 황색 염료로 쓰임.
조:객(弔客)명 조상(弔喪)하는 사람. 조문객(弔問客). 조상객(弔喪客).
조:객-록(弔客錄) [-갱녹]명 조객의 성명을 적는 책. ¶ 조객록에 이름을 쓰다.
조갯-국 [-개꾹/-갣꾹]명 ☞조개탕.
조갯-살 [-개쌀/-갣쌀]명 조개의 살, 또는 그것을 말린 것.
조갯속-게 [-개쏙께/-갣쏙께]명 ①☞속살이. ②'몸이 연약하고 기력이 없는 사람'을 비유하여 이르는 말.
조-거대 〈조것〉의 준말. ¶ 조거 주세요. 큰저거.
조거(漕渠)명 (짐을 싣거나 부리기 위하여) 배를 들여 댈 수 있게 깊이 파서 만든 개울. 조구(漕溝).
조건(條件) [-껀]명 ①어떤 사물이 성립되거나 발생하는 데 갖추어야 하는 요소. ¶ 계약 조건. ②어떤 일을 자기 뜻에 맞도록 하기 위하여 내어 놓는 요구나 견해. ¶ 조건을 붙이다. ③법률 행위의 효력의 발생 또는 소멸을, 앞으로 일어날 불확실한 사실의 성사 여부에 매이게 하는 일.
조건^반:사(條件反射) [-껀-]명 동물이 환경에 적응하기 위하여 후천적으로 얻게 되는 반사. 곧, 반사와 관계없는 어떤 자극을 동시에 되풀이해 줌으로써 그 자극만으로도 반사가 일어나는 현상. ↔무조건 반사.
조건-부(條件附) [-껀-]명 어떤 일에 일정한 조건을 붙임. ¶ 조건부로 타협하다.
조건^자:극(條件刺戟) [-껀-]명 조건 반사를 일으키게 하는 자극.
조:걸위악(助桀爲惡)명하자 ☞조걸위학.
조:걸위학(助桀爲虐)명하자 〔중국 고대 하나라의 폭군 걸(桀)을 부추겨 포학하게 한다는 뜻으로〕 못된 사람을 부추겨 악한 짓을 더 하게 함. 조걸위악.
조-것 [-걷]대 ①'저것'을 얕잡아, 또는 귀엽게 이르는 말. ¶ 너는 조것이 무엇으로 보이니? ②'조 사람'을 얕잡아 이르는 말. ¶ 조것이 무얼 한다고! ③《반어적 표현으로》 '조 아이'를 귀엽게 이르는 말. ¶ 조것이 벌써 다 컸네. 준조거. ②③큰저것. ＊조것이[-거시]·조것만[-건-]
조것명 〈옛〉 조짜. ¶ 조것:僞物(訓蒙下*21*).
조:격(阻隔)명하자되자 막혀서 통하지 못함.
조:경(造景)명하타 경관(景觀)을 아름답게 꾸미는 일. ¶ 조경이 잘된 정원.
조경(調經)명하자 월경(月經)을 고르게 함.
조경(潮境)명 ①서로 다른 성질의 해류가 맞닿은 경계. ②냇물과 바닷물의 경계.
조:계(早計) [-계/-게]명 지레 세운 계획.
조계(租界) [-계/-게]명 19세기 후반에 중국의 개항 도시에 있던 외국인 거주지. 외국의 행정권·경찰권이 행사되었음. 참공동 조계.
조계-종(曹溪宗) [-계-/-게-]명 ①고려 시대에, 신라의 구산 선문(九山禪門)을 합친 종파. 〔천태종(天台宗)에 대하여 이르는 말.〕 ②태고(太古) 국사를 종조(宗祖)로 하는 우리나라 불교의 한 종파.
조고(祖考)명 죽은 할아버지. 왕고(王考).
조고(祖姑)명 조부모의 자매.
조고(凋枯)명하자 (풀 따위가) 시들어 마름.

조ː고(照考)명하타 대조하여 생각함.
조고(潮高)명 조석(潮汐)에 따라 일어나는 수위의 상승량.
조고(遭故)명하자 ☞당고(當故).
조고(操觚)명하자 〔붓을 잡아 글을 쓴다는 뜻으로〕 '문필에 종사함'을 이르는 말.
조고-계(操觚界)[-계/-게]명 문필가들의 사회. 〔주로, 신문이나 잡지 기자들의 사회를 이름.〕
조ː고여생(早孤餘生)명 어려서 어버이를 여의고 자란 사람.
조ː곡(弔哭)명하자 조문 가서 애도의 뜻으로 욺, 또는 그 울음.
조곡(組曲)명 ☞모음곡. ¶ 무반주 첼로 조곡.
조곡(朝哭)명하자 상제가 소상(小祥)까지 이른 아침마다 궤연 앞에서 하는 곡.
조곤-조곤부하형 성질이나 태도가 좀 은근하고 끈덕진 모양. ¶ 조곤조곤 따지다. /조곤조곤 설명하다. /조곤조곤한 말투. **조곤조곤-히**부.
조ː골-세포(造骨細胞)명 골질(骨質)을 분비하여 뼈를 만드는 세포.
조공(彫工)명 조각을 업으로 하는 사람.
조공(朝貢)명하자 왕조 때, 속국이 종주국에게 때마다 예물을 바치던 일.
조ː공(照空)명하자 하늘을 비춤.
조ː공-등(照空燈)명 ☞탐조등(探照燈).
조ː과(早課)명 가톨릭에서, '아침 기도'를 이전에 이르던 말.
조ː과(造菓·造果)명 실과(實果)에 대하여 유밀과(油蜜菓)·과자 따위를 이르는 말.
조ː곽(早藿)명 철보다 일찍 따서 말린 미역.
조관(條款)명 벌여 놓은 조목.
조관(朝官)명 ☞조신(朝臣).
조관(朝冠)명 벼슬아치가 조복할 때에 쓰던 관.
조ː관(照管)명하타되자 맡아서 보관함. 보살핌.
조광(粗鑛)명 캐낸 그대로의 광석.
조광(躁狂)명하자 미쳐 날뜀.
조광-권(租鑛權)[-꿘]명 남의 광구에서 광물을 캐내어 차지할 수 있는 권리.
조ː교(弔橋)명 강이나 좁은 해협의 양쪽에 굵은 줄이나 쇠사슬 등을 건너질러 놓고, 거기에 의지하여 매달아 놓은 다리. 현수교(懸垂橋).
조ː교(助教)명 ①대학에서, 교수의 지시를 받아 연구와 사무를 도와주는 직위, 또는 그 사람. ②군에서, 교관을 도와 교재 관리·시범 훈련·피교육자 인솔 따위를 맡아 하는 사병.
조ː교(照校)명하타 대조하여 검토함.
조교(調教)명하자 승마를 훈련함.
조ː-교수(助教授)명 대학교수 직제의 한 가지. 부교수의 아래.
조ː구(釣鉤)명 낚시.
조구(漕溝)명 ☞조거(漕渠).
조ː구-등(釣鉤藤)명 꼭두서닛과의 목질 만초. 잎의 아귀마다 낚시 비슷한 두 개의 가시가 있어 다른 물건에 붙어 감기며, 여름에 깔때기 모양의 작은 꽃이 핌. 가시는 응달에 말리어 약재로 씀. 준조등(釣藤).
조ː구조^운ː동(造構造運動)명 산지의 주요 구조를 이루는 큰 규모의 지각 변형 작용.
조국(祖國)명 ①조상 때부터 살아온 나라. 자기가 태어난 나라. 부모국(父母國). ②민족이나 국토의 일부가 딴 나라에 합쳐졌을 때에 그 본디의 나라. ③☞모국(母國).
조ː국(肇國)명하자타 ☞건국(建國).
조국-애(祖國愛)명 조국에 대한 사랑.
조군(-軍)명 '교군(轎軍)'의 잘못.
조군(漕軍)명 ☞조졸(漕卒).
조ː궁-장(造弓匠)명 활을 만드는 일을 업으로 삼는 사람.
조ː궁-장이(造弓-)명 '조궁장'을 얕잡아 이르는 말. 궁장이. 궁인(弓人).
조ː귀(早歸)명하자 일찍 돌아가거나 돌아옴.
조규(條規)명 조문(條文)으로 정해 놓은 규정.
조균(朝菌)명 〔아침에 생겼다가 저녁에 스러지는 버섯이란 뜻으로〕 '덧없는 짧은 목숨'을 비유하여 이르는 말.
조그마-하다형여 조금 작거나 적다. 그리 크거나 많지 않다. ¶ 조그마한 탑. /손이 조그마하다. 준조그맣다.
조그만준 '조그마한'이 줄어든 말. ¶ 조그만 돌.
조그만큼부 아주 작거나 적게.
조그맣다[-마타][조그마니·조그매]형ㅎ 〈조그마하다〉의 준말. ¶ 키가 조그맣다. /조그맣게 보이다.
조근(朝槿)명 '무궁화'를 달리 이르는 말.
조근(朝覲)명하자 ☞조현(朝見).
조금 Ⅰ명 ①적은 정도나 분량. ¶ 용돈이 조금밖에 안 남았다. ②짧은 동안. ¶ 그는 성격이 급해 조금도 못 기다린다. /조금 뒤에 휴게실에서 보자. 센조끔·쪼끔.
Ⅱ부 ①정도나 분량이 적게. ¶ 조금 모자라다. ②시간적으로 짧게. ¶ 조금 있다가 만납시다. 준좀[2]. 센조끔·쪼끔.
조금(潮-)명 조수(潮水)가 가장 낮은 때인 '음력 매달 초여드레와 스무사흘'을 이르는 말. ↔한사리.
조금(彫金)명하자 끌을 써서 금속에 그림·글씨·무늬 따위를 새김.
조ː금(造金)명 인공으로 만든 금.
조금-씩부 많지 않게 여러 번 잇대어서. 조금조금. ¶ 병세가 조금씩 회복되고 있다.
조금-조금부 ①여럿이 다 조그마하게. ②조금씩. ¶ 술을 조금조금 마시다. 센조끔조끔.
조금-치(潮-)명하자 조수(潮水)가 가장 낮은 때에 날씨가 궂어짐, 또는 그런 일.
조급(早急) '조급(早急)하다'의 어근.
조급(躁急) '조급(躁急)하다'의 어근.
조급-성(躁急性)[-썽]명 조급히 구는 성질.
조급-증(躁急症)[-쯩]명 조급해하는 버릇이나 마음. ¶ 조급증을 내다.
조ː급-하다(早急-)[-그파-]형여 (서둘러야 할 만큼) 몹시 급하다. 이르고 급하다. **조급-히**부 ¶ 조급히 해결해야 할 문제.
조급-하다(躁急-)[-그파-]형여 (성격이) 참을성이 없이 매우 급하다. 급조하다. **조급-히**부 ¶ 조급히 서두르다.
조기[1]명 참조기·수조기·보구치 따위를 두루 이르는 말. 석수어(石首魚).
조-기[2]대 조 곳. ¶ 조기가 나가는 문이다. /짐은 조기에 두세요. 큰저기.
조ː기(弔旗)명 ①☞반기(半旗). ¶ 조기를 게양하다. ②조의(弔意)를 나타내기 위하여 검은 선(線)으로 일정한 표시를 한 기. 흔히, 행상(行喪)에 들고 감.
조ː기(早起)명하자 아침에 일찍 일어남. 숙기(夙起). ¶ 조기 청소. /조기 산책. /조기 축구회.
조ː기(早期)명 이른 시기. 이른 때. ¶ 조기 교육. /암의 조기 발견.
조기(彫技)명 조각하는 기술.
조ː기(造機)명 기관(機關)이나 기계(機械) 따위를 만드는 일.

조ː기(釣磯)명 낚시터.
조ː기-장(造器匠)명 옹기나 사기그릇 따위의 형태만을 만드는 사람.
조기-젓[-젇]명 조기로 담근 젓. *조기젓이[-저시]·조기젓만[-전-]
조깅(jogging)명하자 몸을 풀거나 건강을 위하여 천천히 달리는 일. 속도는 뛰면서 말을 나눌 수 있을 정도로, 100 m에 55초가 표준임.
조-까지로부 겨우 조만한 정도로. ¶ 조까지로 젠체하고 뽐내다니. 큰저까지로.
조-까짓[-짇]관 겨우 조만한 정도의. ¶ 조까짓 거야 문제없다. 준조깟. 큰저까짓.
조-깜부기명 깜부기가 된 조의 이삭.
조-깟[-깓]관 ‹조까짓›의 준말. 큰저깟.
조끔 Ⅰ명 ‹조금›의 센말.
Ⅱ부 ‹조금›의 센말.
조끔-조끔부 ‹조금조금›의 센말.
조끼(←チョッキ.jacket 일)명 저고리나 적삼·와이셔츠 위에 덧입는, 소매가 없고 주머니가 달린 옷. 동의(胴衣).
조끼(←ジョッキ.jug 일)명 손잡이가 달린 맥주 컵.
조끼-적삼(←チョッキ-.jacket- 일)[-쌈]명 모양은 조끼와 비슷하나 소매가 달린 등거리.
조난(遭難)명하자되자 (항해나 등산 등에서) 재난을 만남. ¶ 조난 사고./조난한 선박.
조난-선(遭難船)명 조난한 배.
조난^신ː호(遭難信號)명 항해 중 조난한 선박 등이 위급을 알리고 구조를 받기 위해 발신하는 신호. ¶ 조난 신호를 보내다.
조난-자(遭難者)명 조난한 사람.
조난^통신(遭難通信)명 항해 중이던 자기의 선박이 조난하거나 조난한 다른 선박이 통신 불능일 때 구조를 청하는 통신.
조-냥부 ①조러한 모양으로. ¶ 조냥 내버려 두시오. ②조대로 줄곧. ¶ 토라져서 조냥 돌아앉아 있다. 큰저냥.
조널이부 ‹옛›감히. 함부로. ¶ ㅂ라와도 조널이 긁디 말며(內訓1:50).
조-년대 '저년'을 얕잡아, 또는 귀엽게 이르는 말.
조ː년(早年)명 젊을 때. 젊은 나이.
조-놈대 '저놈'을 얕잡아, 또는 귀엽게 이르는 말.
조ː닐부 ‹조닐로›의 준말.
조ː닐-로부 남에게 사정사정할 때 제발 빈다는 뜻으로 쓰는 말. 준조닐.
조ː다타 (매통이나 맷돌 따위의 울퉁불퉁한 것을) 정으로 쪼아 고르게 다듬다.
조-다지부 조러하게까지. 조러하도록. ¶ 조다지 귀여울까. 큰저다지.
조ː단(早旦)명 ☞조조(早朝).
조단(操短)명 ‹조업 단축(操業短縮)›의 준말.
조ː달(早達)명 ①하자되자젊은 나이로 높은 지위에 오름. ②하형나이에 비해 올됨.
조달(調達)명 ①하타되자필요한 자금이나 물자 따위를 대어 줌. ¶ 식량 조달./자금을 조달하다. ②하자되자고르게 어울려 서로 통함.
조달-청(調達廳)명 기획 재정부에 딸린 중앙 행정 기관의 하나. 정부 물자의 구매·공급·관리 및 정부 주요 시설의 공사 계약 등에 관한 사무를 맡아봄.
조ː당(阻擋)명하타되자 (나아가거나 다가오는 것을) 막아서 가림.
조당(粗糖)명 정제하지 않은 설탕. 막설탕. ↔정당(精糖).
조당(朝堂)명 ☞조정(朝廷).
조-당수명 좁쌀로 묽게 쑨 당수.
조-당죽(-粥)명 '조당수'의 잘못.
조ː-대명 대나무나 진흙 따위로 담배통을 만든 담뱃대.
조대(措大)명 청렴결백한 선비.
조대(粗大) '조대하다'의 어근.
조ː대(釣臺)명 낚시터.
조대(調帶)명 ☞피대(皮帶).
조-대로부 조것과 같이. 조 모양으로. ¶ 조대로 따라 해라. 큰저대로.
조대-하다(粗大-)형여 거칠고 크다.
조ː도(弔悼)명하타 상주(喪主)를 위로하고 고인(故人)을 애석히 여겨 슬퍼함.
조ː도(早到)명하자 일찍 다다름.
조ː도(早稻)명 올벼.
조도(鳥道)명 나는 새도 넘기 어려울 만큼 험한 산속의 좁은 길.
조ː도(照度)명 일정한 면(面)이 일정한 시간에 받는 빛의 양. 비침도. 조명도(照明度). ¶ 조도를 높이다.
조도(調度)명 ①하타(사물을) 정도에 알맞게 처리함. ②정도에 알맞게 살아가는 꾀.
조ː도-계(照度計)[-계/-게]명 조도를 재는 계기. 조명계(照明計).
조독(爪毒)명 한방에서, 손톱으로 긁힌 자리에 균이 들어가 생긴 염증을 이르는 말.
조독(을) 들이다관용 조독이 들게 하다.
조독(이) 들다관용 ①손톱으로 긁힌 자리에 균이 들어가 곪다. ②(어떤 물건을) 자꾸 주물러서 손톱의 독이 오르게 되다.
조ː동(早冬)명 이른 겨울. ↔만동(晩冬).
조ː동(早動)명하자 (남보다) 일찍이 움직임. 이른 시간에 활동함.
조동(粗銅)명 구리의 원광을 녹여 만든, 중간 생성물을 반사로나 전로(轉爐)에 옮겨 산화·정련한 것. 99.1% 이상의 구리를 포함함.
조동(躁動)명하자 아주 방정맞게 행동함. 경거망동.
조동모서(朝東暮西)명 〔아침에는 동쪽, 저녁에는 서쪽이라는 뜻으로〕 '일정한 터전이 없이 이리저리 옮아 다님'을 이르는 말.
조ː-동사(助動詞)명 ☞보조 동사.
조동아리명 '입'을 속되게 이르는 말. 준조동이. 큰주둥아리.
조동율서(棗東栗西)[-뉼써]명 제물을 차릴 때, 대추는 동쪽에 밤은 서쪽에 놓는다는 말.
조동이명 ‹조동아리›의 준말. 큰주둥이.
조동이(가) 싸다관용 '입이 싸다'를 속되게 이르는 말.
조두(俎豆)명 제사 때, 음식을 담는 제기(祭器)의 한 가지.
조득모실(朝得暮失)[-등-]명하타 〔아침에 얻어 저녁에 잃는다는 뜻으로〕 '얻은 지 얼마 되지 않아서 곧 잃어버림'을 이르는 말.
조ː등(釣藤)명 ‹조구등(釣鉤藤)›의 준말.
조ː등(照謄)명하타되자 글을 베낄 때, 하나하나 맞대어 보면서 베껴 씀.
조라명 ‹조라술›의 준말.
조라(鳥羅)명 새를 잡는 그물.
조라기명 삼 껍질의 부스러진 오라기.
조라-떨다[~떠니·~떨어]자 일을 망치게 방정을 떨다.
조라-술명 산신제(山神祭)나 용왕제(龍王祭) 등을 지낼 때 쓰는 술. 빚어서 제단 옆에 묻었다가 씀. 준조라.

조락(凋落)명하자되자 ①(초목의 잎 따위가) 시들어 떨어짐. ¶ 가을은 조락의 계절이다. ②(세력 따위가) 차차 쇠하여 보잘것없이 됨. 조령(凋零).

조락-노[-랑-]명 조라기로 꼬아 만든 노.

조락-신[-씬]명 조라기로 삼은 신.

조란(鳥卵)명 새의 알.

조란(棗卵)명 세실과(細實果)의 한 가지. 찐 대추를 곱게 다진 뒤 체로 걸러서 꿀에 반죽하고, 찐 밤을 으깨 꿀로 버무려 만든 소를 넣고, 대추 모양으로 빚어 그 거죽에 잣가루를 묻힌 음식.

조:람(照覽)명하타 ①똑똑히 살펴봄. ②신불(神佛)이 굽어 살핌.

조람-소(藻藍素)명 남조식물의 엽록체에 들어 있는 청람색의 색소 단백(蛋白).

조랑(潮浪)명 조수(潮水)의 물결.

조랑-마차(-馬車)명 조랑말이 끄는 마차.

조랑-말명 몸집이 작은 종자의 말. 왜마(矮馬).

조랑-망아지명 조랑말의 새끼.

조랑-조랑부하형 ①작은 열매 따위가 많이 매달려 있는 모양. ¶ 조랑조랑 열려 있는 포도송이. ②한 사람에게 아이들이 많이 딸려 있는 모양. ¶ 아이들이 조랑조랑 매달린 신세. 큰주렁주렁.

조래준 ①'조러하여'가 줄어든 말. ¶ 조래 놓으니 남에게 미움을 사지. ②'조리하여'가 줄어든 말. 《흔히, '가지고'·'가지고도'를 뒤따르게 하여 쓰임.》 ¶ 조래 가지고 합격을 바라다니. 큰저래[1].

조래도준 ①'조러하여도'가 줄어든 말. ¶ 비록 몸집은 조래도 힘은 세다. ②'조리하여도'가 줄어든 말. ¶ 말은 조래도 믿을 수가 없다. 큰저래도.

조래서준 ①'조러하여서'가 줄어든 말. ¶ 매일 먹는 게 조래서 어디 살로 가겠나. ②'조리하여서'가 줄어든 말. ¶ 조래서 내가 걜 못 믿겠다는 거다. 큰저래서.

조략(粗略) '조략하다'의 어근.

조략-하다(粗略-)[-랴카-]형여 ①아주 간략하여 보잘것없다. ¶ 내용이 조략하다. ②함부로 여기어 허투루 하다. ¶ 접대가 조략하다.

조:량(照諒·照亮)명하타 (사정이나 형편 따위를) 살펴서 환히 앎.

조러다자 '조리하다'가 줄어서 된 말. 조렇게 말하거나 행동하거나 생각하다. ¶ 조러다가 다 치겠다. 큰저러다.

조러루-하다형여 대개 조런 것과 같다. ¶ 조러루한 물건이 필요하다. 큰저러루하다.

조러조러-하다형여 ①〔'조러하고 조러하다'가 줄어서 된 말로〕 모두가 다 조러하다. ¶ 아이들이 다 조러조러하다. ②조러루하여 별다른 것이 없다. ¶ 조러조러한 물건밖에 없다. 큰저러저러하다.

조러-하다형여 상태·모양·성질 따위가 조와 같다. ¶ 조러한 일쯤이야 누워서 떡 먹기지. 준조렇다. 큰저러하다.

조런[1] Ⅰ관 상태·모양·성질 따위가 조러한. ¶ 조런 놈이 나라를 망친다. 큰저런[1].
Ⅱ준 '조리한'이 줄어든 말. ¶ 너도 조런 적이 있느냐? 큰저런[1].

조런[2]감 뜻밖의 일을 보거나 듣거나 하여 놀랐을 때 하는 말. ¶ 조런, 조걸 어째. 큰저런[2].

조렇다[-러타][조러니·조래]형ㅎ 〈조러하다〉의 준말. ¶ 하는 일이 모두 조렇다. 큰저렇다.

조:력(助力)명하자타 힘을 써 도와줌, 또는 그 도와주는 힘. 도움. ¶ 남의 조력 없이 혼자 해내다.

조력(潮力)명 조수(潮水)의 힘.

조력^발전(潮力發電)[-빨쩐]명 조수(潮水) 간만(干滿)의 차를 이용하는 수력 발전의 한 방식.

조련(調鍊·調練)명하타 병사를 훈련함, 또는 그 훈련. ¶ 조련 방법. /조련을 시키다.

조:련(操鍊·操練)명하타 ①☞교련(教鍊). ②못되게 굴어 남을 몹시 괴롭힘.

조련-사(調鍊師)명 동물에게 곡예 따위의 재주를 훈련시키는 사람.

조:련-장(操鍊場)명 군사 훈련을 하는 마당.

조:련-질(操鍊-)명하타 못되게 굴어 남을 괴롭힘, 또는 그런 짓.

조령(祖靈)명 선조의 신령(神靈).

조령(凋零)명하자되자 ☞조락(凋落).

조령(條令)명 ☞조례(條例).

조령(朝令)명 조정(朝廷)의 명령.

조령모개(朝令暮改)명 〔아침에 영을 내리고 저녁에 다시 고친다는 뜻으로〕 '법령이나 명령이 자주 뒤바뀜'을 이르는 말. '사기(史記)'의 '평준서(平準書)'에 나오는 말임.

조:례(弔禮)명 조상(弔喪)의 뜻으로 하는 인사.

조례(皁隸)명 지난날, 관아에서 부리던 하인.

조례(條例)명 ①조목조목 적어 놓은 규칙. ②지방 자치 단체가 법령의 범위 안에서 제정하는 규정. 지방 자치 단체의 자주법(自主法)임. ③회사나 조합의 정관. 조령(條令).

조례(朝禮)명하자 주로 학교에서, 담임선생과 학생들이 수업하기 전에 모여서 나누는 아침 인사. 조회(朝會). ↔종례(終禮).

조:례(照例)명하타 (일을 처리할 때) 전례(前例)를 참고함.

조:로(早老)명하자 (나이에 비하여) 빨리 늙음. 겉늙음.

조로(朝露)명 ①아침 이슬. ②〔아침 햇빛에 스러지는 이슬이라는 뜻으로〕 '인생의 덧없음'을 비유하여 이르는 말.

조로아스터-교(Zoroaster教)명 기원전 6세기 무렵, 조로아스터가 처음 베푼 페르시아의 고대 종교. '아베스타'를 경전으로 하며 선악 이원론(善惡二元論)을 가르침. 참배화교.

조로-인생(朝露人生)명 ☞초로인생.

조록부하자 가는 물줄기 따위가 좁고 짧은 데를 빨리 흐르다가 그치는 소리, 또는 그 모양. 큰주룩. 센쪼록.

조록-싸리명 콩과의 낙엽 활엽 관목. 여름에 나비 모양의 꽃이 피고, 열매는 가을에 익음. 산기슭이나 등성이에 나는데, 우리나라 특산임. 잎은 사료, 나무껍질은 섬유용으로 씀.

조록-조록[-쪼-]부하자 ①비가 조족 내리는 소리, 또는 그 모양. ¶ 조록조록 내리는 봄비. ②가는 물줄기 따위가 좁은 구멍이나 면을 짧게 흐르다 그치고 흐르다 그치고 하는 소리, 또는 그 모양. 큰주룩주룩. 센쪼록쪼록.

조롱명 어린아이들이 액막이로 주머니 끈이나 옷끈에 차고 다니는 물건. 나무로 밤톨 크기의 호리병처럼 만듦. 참서캐조롱.

조롱(鳥籠)명 새장.

조롱(嘲弄)명하타 깔보거나 비웃으며 놀림. ¶ 조롱을 당하다. /양반을 조롱하는 내용의 소설.

조롱-나무명 조롱나뭇과의 상록 활엽 교목. 높이 7m가량. 봄에 연분홍 꽃이 피고, 열매는 가을에 익음. 산기슭에 나는데, 관상용으로도 기름. 재목이 단단하여 건축재·가구재 따위로 씀.

조롱-동자(-童子) 명 조롱박 모양으로 꾸민 동자기둥.

조롱-목 명 ①조롱박처럼 생긴 물건의 잘록한 부분. ②조롱박 모양으로 된 길목.

조롱-박 명 ①☞호리병박. ②호리병박으로 만든 바가지.

조롱박-벌[-뻘] 명 구멍벌과의 벌. 암컷의 몸길이는 3 cm가량. 몸빛은 검고 잿빛의 짧은 털이 있음. 땅속에 집을 짓고 여칫과의 곤충을 잡아 유충의 먹이로 함.

조롱-벌 명 ☞애호리병벌.

조롱-복(-福) 명 짧게 타고난 복력(福力).

조롱이 명 수릿과의 새. 날개 길이가 수컷은 16 cm, 암컷은 20 cm가량이며 몸빛은 황갈색. 텃새로 보통 단독 생활을 하며 곤충 따위를 잡아먹음. 암컷은 사냥매로 기름.

조롱-조롱 부 하형 ①작은 열매나 물방울 따위가 많이 매달려 있는 모양. ¶ 풀잎마다 이슬방울이 조롱조롱 맺히다. ②작은 아이들이 많이 딸려 있는 모양. ¶ 아이들이 조롱조롱 딸려서 나들이도 어렵다. 큰주렁주렁.

조ː루(弔樓) 명 지난날, 군진(軍陣)에서 임시로 설치하던 누(樓).

조ː루(早漏) 명 하자 성교할 때 사정(射精)이 병적으로 빠름, 또는 그런 병. 조루증.

조ː루-증(早漏症)[-쯩] 명 ☞조루(早漏).

조류(鳥類) 명 척추동물의 한 강(綱). 파충류에서 진화한 것으로 앞다리는 날개로, 입은 각질의 부리로 변화됨. 온몸이 깃털로 덮인 온혈(溫血)·난생(卵生)임. 새무리.

조류(潮流) 명 ①밀물과 썰물로 말미암아 일어나는 바닷물의 흐름. ②시대 흐름의 경향이나 동향. ¶ 시대의 조류에 민감하다.

조류(藻類) 명 은화식물(隱花植物)에 딸린 수초(水草)를 통틀어 이르는 말. 대부분 물속이나 습지에 나며 엽록소로 동화 작용을 함. 식용·의약·비료 등으로 많이 씀.

조류^독감(鳥類毒感)[-깜] 명 ☞조류 인플루엔자.

조류^인플루엔자(鳥類influenza) 명 야생 조류나 닭·오리 등에 감염되는 급성 바이러스성 전염병. 병원균에 따라 증상이 다양한데, 주로 폐사율이 증가하고 산란율이 감소함. 고병원성(高病原性)의 경우 사람에게 감염되기도 함. 에이아이(AI). 조류 독감.

조ː륙^운ː동(造陸運動) 명 지반이 융기하거나 침강하여 넓은 육지를 만드는 따위의 지각 변동. 참조산 운동(造山運動).

조르개 명 ①물건(物件)을 졸라매는 데 쓰는 가는 줄. ②'조리개'의 잘못.

조르기 명 유도의 굳히기의 한 가지. 상대편의 목을 맨손이나 다리 또는 유도복의 깃 등을 이용하여 조르는 기술.

조르다[조르니·졸라] 타르 ①(동이거나 감은 것을) 단단히 죄다. ¶ 허리띠를 조르다. ②무엇을 차지고 끈덕지게 요구하다. ¶ 함께 가자고 자꾸 조르다.

조르르 부 ①하자 ㉠가는 물줄기 따위가 좁은 구멍이나 면을 잇달아 흐르는 소리, 또는 그 모양. ¶ 샘물이 조르르 흐르다. ㉡작은 물건이 비스듬한 곳을 가볍게 미끄러져 내리는 모양. ㉢종종걸음으로 뒤따르는 모양. ¶ 병아리가 어미닭을 조르르 따라가다. ②하형 크기가 고만고만한 것들이 죽 벌여 있는 모양. ¶ 현관 앞에 신발들이 조르르 놓여 있다. 큰주르르. 센쪼르르.

조르륵 부 하자 ①가는 물줄기 따위가 빠르게 잠깐 흐르다가 멎는 소리, 또는 그 모양. ②작은 물건이 비탈진 데를 빠르게 미끄러지다가 멎는 모양. 큰주르륵. 센쪼르륵. **조르륵-조르륵** 부 하자.

조르륵-거리다[-꺼-] 자 자꾸 조르륵조르륵하다. 조르륵대다. 큰주르륵거리다.

조르륵-대다[-때-] 자 조르륵거리다.

조ː름 명 물고기의 아가미 안에 있는, 숨을 쉬는 기관. 반원형으로 검붉으며 빗살처럼 생겼음. 새소엽(鰓小葉).

조름-나물 명 조름나물과의 다년초. 연못이나 늪에 나는데, 7~8월에 뿌리 사이에서 높이 30~50 cm의 꽃줄기가 나와, 흰빛 또는 엷은 자줏빛 꽃이 핌. 온 포기를 건위제(健胃劑)로 씀.

조리[1] 부 하자 되자 상태·모양·성질 따위가 조러한 모양. 《'조리도'의 꼴로도 쓰임.》 ¶ 어쩌면 조리 예쁠까!/조리도 앙증스럽다니! 큰저리[1].

조리[2] 부 조 곳으로. 조쪽으로. 《'조리로'의 꼴로도 쓰임.》 ¶ 조리 가거라./책상은 조리로 옮기시오. 큰저리[2].

조ː리(笊籬) 명 쌀을 이는 데 쓰는 기구. 가는 대오리·싸리·철사 따위로 결어서 조그만 삼태기 모양으로 만듦.

조리에 옻칠한다 속담 ①쓸데없는 일에 괜히 재물을 써 없앰을 이르는 말. ②격에 맞지 않게 꾸며서 도리어 흉하다는 말.

조리(條理) 명 (어떤 일이나 말·글 등에서) 앞뒤가 들어맞고 체계가 서는 갈피. ¶ 말을 조리 있게 하다.

조리(調理) 명 하타 ①(음식·거처·동작 등을 알맞게 하여) 몸을 보살피고 병을 다스림. 조섭(調攝). 조양(調養). 조치(調治). ¶ 산후(産後) 조리./몸이 다 나을 때까지 조리를 잘해라. ②되자 여러 가지 재료를 잘 맞추어 음식을 만듦. ¶ 시장에서 조리에 필요한 재료를 샀다.

조리-개 명 사진기 따위의 렌즈로 들어가는 빛의 양을 조절하는 장치.

조리다 타 어육이나 채소 따위를 양념하여 간이 스며들도록 바특하게 끓이다. 또는 과일이나 채소 따위를, 설탕·꿀 등을 넣고 당분이 스며들도록 끓이다. ¶ 생선을 조리다./감자를 조리다.

조리-대(調理臺) 명 음식을 조리하는 대.

조리-돌리다 타 죄지은 사람을 벌로 끌고 다니며 망신을 시키다.

조리복소니[-쏘-] 명 본디 큰 물건이 깎이거나 저미어져 볼품없이 된 것을 이르는 말.

조리-사(調理士) 명 단체 급식소나 음식점 등에서 음식을 조리하는 일을 직업으로 하는 사람. 식품 위생법에 의하여 그 자격이 주어짐.

조ː리-자지(笊籬-) 명 오줌을 자주 누는 자지.

조ː리-질(笊籬-) 명 하자 조리로 쌀 따위를 이는 일.

조리차 명 하타 알뜰하게 아껴 쓰는 일.

조리-치기 명 아주 연한 살코기를 가늘게 썰어 양념을 넣고 바싹 볶다가 다시, 썬 파나 깨소금·후춧가루 따위를 뿌려 익힌 반찬.

조리-치다 자 졸릴 때 잠깐 졸고 깨다.

조림 명 조려 만든 음식을 통틀어 이르는 말.

조ː림(造林) 명 하자 되자 나무를 심거나 씨를 뿌려 숲을 만듦. ¶ 조림 사업.

조림(稠林) 명 나무가 빽빽한 삼림.

조ː림(照臨) 명 하타 ①(해나 달이) 위에서 내리비침. ②(신이나 부처가 이 세상을) 굽어봄.

조ː림-학(造林學) 명 삼림의 조성·갱신·육성 등에 관한 기술을 연구하는 임업학(林業學)의 한 분야.

조립(組立)명하타되자 (여러 부품을 하나의 구조물로) 짜 맞춤, 또는 그 짜 맞춘 것. ¶ 자동차 조립 공장.
조립^건:축(組立建築)[-껀-]명 주택의 뼈대가 되는 일정한 규격의 자재를 대량으로 생산하여 이를 현장에서 짜 맞추는 건축 방식.
조립-식(組立式)[-씩]명 조립의 방법으로 꾸미는 방식. ¶ 조립식 주택.
조:릿대[-리때/-릳때]명 볏과의 다년초. 산지의 숲 속 등에 나는데, 키는 1~2m. 땅위줄기는 수 년간 마르지 않음. 잎은 댓잎보다 비교적 크고 넓으며, 한방에서 열기를 다스리는 데 쓰임.
조릿-조릿[-릳쪼릳]부하형 겁이 나거나 걱정이 되어 자꾸 마음을 죄는 모양.
조마(調馬)명하자 ①말을 길들임. ②말을 징발함.
조:마-경(照魔鏡)명 ☞조요경(照妖鏡).
조마-사(調馬師)명 말을 길들이는 사람.
조마-조마부하형 (닥쳐올 일에 대하여) 불안하거나 초조한 느낌이 드는 모양. 소마소마. ¶ 조마조마해서 더는 못 보겠다.
조막명 주먹보다 작은 물건의 덩이를 형용하는 말. ¶ 조막만 한 감자.
조막-손[-쏜]명 손가락이 없거나 오그라져 펴지 못하게 된 손.
조막손-이[-쏘니]명 조막손을 가진 사람.
조막손이 달걀 도둑질한다속담 자기의 능력 이상의 일을 하려고 할 때 이르는 말.
조:만(早晩)명 (시간적으로) 이름과 늦음.
조:만-간(早晩間)부 (이르든지 늦든지 간에) 앞으로 얼마 안 가서. 머지않아. ¶ 조만간 연락이 올 거다.
조만조만-하다형여 ①조만한 정도로 여럿이 다 비슷비슷하다. ¶ 조만조만한 아이들이 놀고 있다. ②(사실이나 내용이) 조렇고 조렇다. ¶ 사정이 조만조만해서 그리되었다. 큰저만저만하다.
조-만큼 Ⅰ명 조만한 정도. 큰저만큼.
Ⅱ부 조만한 정도로. 큰저만큼.
조만-하다형여 ①(정도나 수준이) 조 정도만 하다. ¶ 조만한 물건은 쉽게 들 수 있다. ②정도가 비슷하다. ¶ 몸집은 조만하다. 큰저만하다.
조맘-때명 꼭 조만큼 된 때. ¶ 길들이기는 조맘때가 딱 알맞다. 큰저맘때.
조:망(眺望)명하타 (먼 곳을) 널리 바라봄, 또는 바라다보이는 경치. 관망(觀望). ¶ 조망이 좋다. /경포대의 아름다운 조망.
조망(鳥網)명 새그물.
조망(罩網)명 ☞반두.
조:망-권(眺望權)[-꿘]명 먼 곳을 바라볼 수 있는 권리.
조매(嘲罵)명하타 업신여겨 비웃으며 꾸짖음.
조매-화(鳥媒花)명 새에 의해 꽃가루가 매개(媒介)되는 꽃. 〔동박새에 의한 동백꽃 따위.〕 참충매화·풍매화.
조:면(阻面)명하자 ①☞절교(絶交). ②오래도록 서로 만나 보지 못함.
조면(粗面)명 거친 면(面).
조면(繰綿)명하자 목화의 씨를 앗아 틀어 솜을 만듦, 또는 그렇게 만든 솜.
조면-기(繰綿機)명 목화의 씨를 빼고 솜을 타는 기계.
조면-암(粗面岩)명 마그마가 지표에 뿜어 나와 이루어진 화산암의 한 가지. 주로, 알칼리 장석(長石)으로 되어 있음.
조:명(助命)명하타 목숨을 구해 줌.
조:명(釣名)명하자 거짓을 꾸며 명예를 구함.
조명(朝命)명 조정(朝廷)의 명령.
조:명(詔命)명 ☞조서(詔書).
조:명(照明)명하타되자 ①빛으로 비추어 밝게 함. ¶ 실내 조명. ②무대 효과나 촬영 효과를 높이기 위해 광선을 사용하여 비침, 또는 그 광선. ¶ 조명 장치. ③일정한 관점으로 대상을 비추어 살펴봄. ¶ 우리나라 근대사를 새로운 시각으로 조명하다.
조명(嘲名)명 ①남들이 빈정거리는 뜻으로 지목하여 부르는 이름. ②개인에 대한 좋지 아니한 소문. ¶ 조명이 나다. /조명을 내다.
조:명-계(照明計)[-계/-게]명 ☞조도계(照度計).
조:명-도(照明度)명 ☞조도(照度).
조:명-등(照明燈)명 조명하는 데 쓰는 촉수 높은 전등.
조명시리(朝名市利)명 〔명예는 조정에서, 이익은 저자에서 다투라는 뜻으로〕 무슨 일이든 격에 맞는 곳에서 하라는 말.
조:명-탄(照明彈)명 공중에서 터지면서 강한 빛을 내게 만들어진 탄환.
조모(祖母)명 할머니.
조모(粗毛)명 동물의 몸에 난 털 가운데 거칠고 뻣뻣하며 곧은 털.
조모(朝暮)명 아침과 저녁. 아침때와 저녁때. 조석(朝夕).
조목(條目)명 정해 놓은 법률이나 규정 따위의, 낱낱의 조항이나 항목. 절목(節目). 조항(條項). 항목(項目). ¶ 조목대로 적용하다.
조목(棗木)명 ☞대추나무.
조목-조목(條目條目)[-쪼-]명 각각의 조목. ¶ 조목조목 따지다.
조몰락-거리다[-꺼-]타 자꾸 조몰락조몰락하다. 조몰락대다. ¶ 아이는 찰흙을 조몰락거리더니 예쁜 강아지를 만들어 냈다. 큰주물럭거리다.
조몰락-대다[-때-]타 조몰락거리다.
조몰락-조몰락[-쪼-]부하타 작은 손놀림으로 연한 물건을 자꾸 만지작만지작하는 모양. ¶ 발가락을 조몰락조몰락 만지다. 큰주물럭주물럭.
조묘(祖廟)명 선조의 묘.
조묘(粗描)명하타 (그림 따위의) 줄거리만 대충 묘사함, 또는 그렇게 묘사한 것.
조무(朝霧)명 아침에 끼는 안개.
조무래기명 ①자질구레한 물건. ②'어린아이'를 홀하게 이르는 말.
조-묵명 좁쌀 가루로 쑨 묵.
조:문(弔文)명 죽은 사람의 생전의 공덕을 기리고 명복을 비는 글.
조:문(弔問)명하타 (남의 죽음에 대하여) 슬퍼하는 뜻을 드러내며 상주(喪主)를 위문함. ¶ 조문을 가다.
조문(條文)명 (규정이나 법률 따위를) 조목조목 벌여 적은 글.
조:문(照門)명 ☞가늠구멍.
조:문-객(弔問客)명 조문 온 사람. 조객.
조문-경(粗紋鏡)명 ☞거친무늬 거울.
조문석사(朝聞夕死)[-싸]명 〔아침에 진리를 들어 깨치면 저녁에 죽어도 한이 없다는 뜻으로〕 짧은 인생이라도 값있게 살아야 한다는 말. 〔도(道)를 알아야 함을 강조한 공자의 말로, '논어'의 '이인편(里仁篇)'에 나옴.〕
조물(彫物)명 조각한 물건.
조:물(造物)명 조물주가 만든 물건.
조물-사(彫物師)[-싸]명 물건을 조각하는 사람. 물건의 조각을 업으로 하는 사람.

조:물-주(造物主)[-쭈]명 우주 만물을 만들고 다스린다는 신. 조화(造化). 조화신(造化神). 조화옹(造化翁). 조화주(造化主).
조:미(助味)명하타되자 음식의 맛을 좋게 함.
조:미(造米·糙米)명 ①하타벼를 매통으로 갈아 현미로 만듦. 매갈이. ②☞매조미쌀.
조미(調味)명하타되자 음식의 맛을 알맞게 맞춤.
조미-료(調味料)명 음식의 맛을 내는 데 쓰는 재료. 양념. ¶ 조미료를 넣다. /조미료를 치다.
조:미-상(造米商)명 매갈이를 업으로 하는 사람, 또는 그 영업.
조민(兆民)명 모든 백성. 많은 백성.
조민(躁悶) '조민하다'의 어근.
조민-하다(躁悶-)형여 마음이 조급하여 가슴이 답답하다. **조민-히**부.
조밀(稠密) '조밀하다'의 어근.
조밀-하다(稠密-)형여 (들어선 것이) 촘촘하고 빽빽하다. ¶ 인구가 조밀하다. **조밀-히**부.
조:-밀화(造蜜花)명 인공으로 만든 밀화.
조-바꿈(調-)명하타 (악곡에서, 변화를 주거나 내용을 보다 풍부하게 하기 위하여) 악곡이 진행하는 도중에 다른 조로 바꾸는 일. 전조(轉調).
조바심명하자 ①조의 이삭을 떨어서 좁쌀을 만드는 일. ②〔귀가 질겨서 잘 떨어지지 않는 조를 두드려 떨 때에 잔 알갱이가 흩어지지 않도록 무척이나 애를 쓰며 가슴 졸인다는 데서〕 조마조마하여 마음을 졸임, 또는 그렇게 졸이는 마음. ¶ 조바심이 나서 견딜 수가 없다.
조바심-치다자 몹시 조바심하다.
조바위명 여자가 쓰는 방한모의 한 가지. 아얌과 비슷하나 제물 볼끼가 커서 귀를 가림.
조박(糟粕)명 ①☞재강. ②(학문·서화·음악 등에서) '옛사람이 다 밝혀내어 전혀 새로움이 없는 것'을 비유하여 이르는 말.
조:반(早飯)명 아침 끼니를 들기 전에 간단하게 먹는 음식.
조반(朝飯)명 아침밥.
조:반-기(早飯器)[-끼]명 놋쇠로 만든 식기의 한 가지. 반병두리처럼 생기고 뚜껑이 있음.
조반-병(條斑病)[-뼝]명 식물의 잎이나 잎자루에 세로로 황색 또는 갈색의 긴 병반(病斑)이 생기는 병.
조반-상(朝飯床)[-쌍]명 아침밥을 차린 상.
조반-석죽(朝飯夕粥)[-쭉]명하자 〔아침에는 밥, 저녁에는 죽을 먹는다는 뜻으로〕 '몹시 가난한 살림'을 이르는 말.
조반-하다(朝飯-)자여 ①아침밥을 짓다. ②아침밥을 먹다.
조:발(早發)명하자 ①이른 아침에 길을 떠남. 조행(早行). ②(어떤 꽃이) 다른 꽃보다 일찍 핌. ③(기차나 기선 등이) 정한 시간보다 일찍 떠남.
조발(調髮)명하자 ①머리를 땋음. ②머리를 깎아 다듬음.
조발석지(朝發夕至)[-찌]명하자 아침에 길을 떠나 저녁에 이름.
조:발성^치매(早發性痴呆)[-썽-]명 ☞정신 분열증(精神分裂症).
조-밥명 좁쌀로만 짓거나 입쌀에 좁쌀을 많이 섞어 지은 밥. 속반(粟飯).
조밥에도 큰 덩이 작은 덩이가 있다속담 어디에나 크고 작은 것의 구별이 있다는 말.
조방(粗放) '조방하다'의 어근.
조방(朝房)명 지난날, 조정의 벼슬아치들이 조회(朝會)를 기다리며 머물러 쉬던 방.
조방적 농업(粗放的農業)[-정-] 일정한 면적의 땅에 자본과 노동력을 적게 들이고 자연력이나 자연물에 기대어 짓는 농업. ↔집약적 농업.
조방-하다(粗放-)형여 모양이 꼼꼼하지 않다. 모양이 세밀한 데까지 주의가 미치지 못하다.
조:백(早白)명하자 (늙지도 않은) 마흔 살 안팎에 머리털이 셈.
조백(皁白)명 ①잘잘못. ②검은 것과 흰 것. 흑백(黑白).
조뱅-이명 국화과의 이년초. 줄기 높이 30~50 cm. 여름에 홍자색 꽃이 가지 끝에 하나씩 핌. 들에 절로 나기도 하고 정원에 심기도 함. 줄기와 뿌리는 약재로 쓰고, 어린 잎은 식용함.
조:법(助法)[-뻡]명 '절차법(節次法)'의 구용어.
조:변(早變)명하자 일찍 변함. 빨리 바뀜.
조변(調辨)명하타 ①조사하여 처치함. ②군량(軍糧)을 현지에서 조달함.
조변석개(朝變夕改)[-깨]명하자 〔아침저녁으로 뜯어고친다는 뜻으로〕 '계획이나 결정 따위를 자주 고치는 것'을 이르는 말. 조개모변(朝改暮變). 조석변개.
조:병(造兵)명하자 병기(兵器)를 제조함.
조병(操兵)명하자 군사를 조련(操練)함.
조:병-창(造兵廠)명 ☞병기창(兵器廠).
조보(朝報)명 ☞기별(奇別).
조복(粗服)명 거칠고 값싼 옷.
조복(朝服)명 지난날, 관원이 조하(朝賀) 때 입던 예복. 붉은 비단으로 지었음.
조:복(照覆)명하타 조회(照會)에 답(答)함, 또는 그 회답.
조복(調伏)명하타 〔불교에서〕 ①몸과 마음을 고르게 하여 온갖 악행을 제어함. ②부처의 힘으로 원수나 악마 따위를 굴복시킴. ⓩ항복(降伏).
조복(調服)명하타 어떤 약에 다른 약을 타서 먹음.
조:봉(弔棒)명 장대의 한쪽 끝을 천장에 매달아 놓고, 손으로 더위잡아 오르내리는 운동 기구.
조봉(遭逢)명하자타 ☞조우(遭遇).
조:부(弔賻)명 조문(弔問)과 부의(賻儀)를 아울러 이르는 말.
조부(祖父)명 할아버지.
조:부(釣父)명 낚시질하는 노인. 조수(釣叟).
조부(調府)명 신라 때, 공부(貢賦)에 관한 일을 맡아보던 관아.
조-부모(祖父母)명 할아버지와 할머니. 왕부모.
조분(鳥糞)명 새똥.
조분-석(鳥糞石)명 물새의 똥이 바닷가의 바위에 쌓여 변질된 돌. 구아노(guano).
조:불(造佛)명하자 불상(佛像)을 만듦.
조불려석(朝不慮夕)명하자 〔형세가 급하고 딱하여 아침에 저녁 일을 헤아리지 못한다는 뜻으로〕 '당장을 걱정할 뿐, 앞일을 헤아릴 겨를이 없음'을 이르는 말.
조불식석불식(朝不食夕不食)[-씩썩뿔씩]명하자 〔아침도 굶고 저녁도 굶는다는 뜻으로〕 몹시 가난하여 끼니를 늘 거르는 것을 이르는 말.
조붓-하다[-부타-]형여 조금 좁은 듯하다. ¶ 조붓한 오솔길. /방이 좀 조붓하지만 그런대로 지낼 만하다. **조붓-이**부.
조비(祖妣)명 죽은 할머니.
조-빼다(操-)자 난잡하게 굴지 않고 짐짓 조촐한 체하다.

조뼛[-뼏][부][하자타] ①(물건의 끝이) 차차 가늘어지면서 뾰족하게 솟은 모양. ②놀라거나 으쓱하거나 하여 머리카락이 조뼛하게 일어서는 듯한 느낌. ③선뜻 나서지 못하고 부끄럽거나 어색하여 머뭇거리는 모양. [큰]주뼛. [센]쪼뼛. **조뼛-조뼛**[부][하자타].

조뼛-거리다[-뼏꺼-][자타] 자꾸 조뼛조뼛하다. 조뼛대다. [큰]주뼛거리다.

조뼛-대다[-뼏때-][자타] 조뼛거리다.

조뼛-하다[-뼈타-][형여] (물건의 끝이) 차차 가늘어지면서 뾰족하게 솟아나와 있다. [큰]주뼛하다. [센]쪼뼛하다. **조뼛-이**[부].

조뿔[명] 〈옛〉 좁쌀. ¶ 누른 조뿔(救簡2:59).

조ː사(弔詞·弔辭)[명] 남의 상사(喪事)에 조의(弔意)를 나타내는 글이나 말.

조ː사(早死)[명][하자] ☞요절(夭折).

조ː사(助事)[명] 우리나라 초기의 장로교에서, 목사와 선교사를 돕던 교직(敎職), 또는 그 사람.

조ː사(助詞)[명] 문장에서, 자립 형태소나 조사·어미 등의 뒤에 붙어서 그 말과 다른 말과의 문법적 관계를 나타내거나 뜻을 더하여 주는 단어. 〔격 조사·접속 조사·보조사의 구별이 있음.〕 토씨. 관계사. 관계어.

조ː사(助辭)[명] 〈어조사(語助辭)〉의 준말.

조사(祖師)[명] ①어떤 학파를 처음 세운 사람. ②불교에서, '한 종파를 세우고 그 종지(宗旨)를 열어 주장한 사람'을 높이어 이르는 말.

조사(曹司)[명] ①관직·계급·재능 같은 것의 째마리가 되는 사람을 일컫는 말. ②조선 시대에, 정삼품 문신으로 임명한 오위장(五衛將) 두 사람을 이르던 말.

조사(措辭)[명][하자] 시가(詩歌) 따위를 지을 때 문자를 선택하거나 배열하는 일, 또는 그런 용법.

조ː사(釣師)[명] 낚시꾼.

조ː사(釣絲)[명] 낚싯줄.

조사(朝士)[명] ☞조신(朝臣).

조사(朝仕)[명][하자] 지난날, 벼슬아치가 아침마다 상사를 뵙던 일.

조사(朝使)[명] 조정(朝廷)의 사신.

조ː사(照査)[명][하타] 대조하여 조사함.

조ː사(照射)[명][하자타][되자] 햇빛 따위가 내리쬠, 또는 햇빛이나 방사선 따위를 쬠.

조사(調査)[명][하타][되자] (어떤 사실이나 사물의 내용을) 뚜렷하게 알기 위하여 자세히 살펴보거나 찾아봄. ¶ 인구 조사. /조사 자료. /실태 조사.

조사(繰絲)[명][하자][되자] 고치나 목화 등에서 실을 켜냄, 또는 그런 작업.

조사-단(調査團)[명] 어떤 사건이나 사항 따위를 조사하기 위하여 여러 사람으로 구성한 단체. ¶ 조사단을 파견하다.

조사-당(祖師堂)[명] 각 종(宗)의 절에서, 조사(祖師)의 영정이나 위패를 모신 집.

조-사료(粗飼料)[명] 양분이 적고 섬유가 많은 사료. 거친 먹이.

조사-원(調査員)[명] 어떤 사실을 자세히 살펴 그 내용을 연구하기 위하여 두는 사람, 또는 그 직(職).

조ː산(早産)[명][하타] (아이를) 달이 차기 전에 지레 낳음. ↔만산(晩産).

조ː산(助産)[명][하타] 해산(解産)을 도움.

조산(祖山)[명] 풍수설에서, 혈(穴)에서 가장 멀리 있는 용(龍)의 봉우리를 이르는 말.

조ː산(造山)[명][하자] (뜰이나 공원 등에) 인공으로 산을 쌓아 만듦, 또는 그 산.

조ː산-대(造山帶)[명] 조산 운동이 일어났던 지대. 습곡·단층 등을 이루어 띠 모양으로 길게 이어져 있음.

조ː산-사(助産師)[명] 아이를 낳을 때, 아이를 받고 산모를 도와주는 일을 업(業)으로 하는 여자.

조ː산-아(早産兒)[명] (모체의 질병이나 태아의 이상 따위로 말미암아) 달을 다 채우지 못하고 태어난 아이. 특히, 29~38주에 낳은 아이를 이름. 조생아(早生兒). ↔성숙아(成熟兒).

조ː산^운ː동(造山運動)[명] 지구 상의 어떤 지역에 큰 규모의 습곡이나 단층이 생겨 산맥을 이루는 지각 변동.

조ː-산호(造珊瑚)[명] 인공으로 만든 산호.

조ː삼(造蔘)[명][하자] 수삼(水蔘)을 말리거나 쪄서 백삼이나 홍삼을 만듦.

조삼모사(朝三暮四)[명] ①'눈앞에 보이는 차이만 알고 결과가 같은 것을 모르는 것'을 비유하여 이르는 말. ②'간사한 꾀로 남을 속이고 농락하는 것'을 비유하여 이르는 말. 〔'장자(莊子)'에 나오는 우화로, 송(宋)나라의 저공(狙公)이 자신이 기르는 원숭이에게 상수리를 주되 아침에 세 개 저녁에 네 개씩을 주겠다고 하니 원숭이들이 성을 내므로, 말을 바꾸어 아침에 네 개 저녁에 세 개를 준다고 하니 좋아했다는 데에서 유래함.〕

조삽(燥澁) '조삽하다'의 어근.

조삽-하다(燥澁-)[-사파-][형여] 말라서 파슬파슬하다.

조ː상(弔喪)[명][하타] 남의 죽음에 대하여 애도의 뜻을 표함. 문상(問喪).

조상(爪傷)[명] 손톱이나 발톱에 긁혀서 생긴 생채기.

조ː상(早霜)[명] 철보다 이르게 내리는 서리.

조상(祖上)[명] ①같은 혈통(血統)으로 된, 할아버지 이상의 대대의 어른. 선인(先人). 조선(祖先). ¶ 조상을 섬기다. [참]선조(先祖). ②자기 세대 이전의 모든 세대. ¶ 조상의 얼.

조상(凋傷)[명][하자] 식물의 잎이 시들어 상함.

조상(彫像)[명][하자] 돌이나 나무·금속 따위에 형체를 조각함, 또는 조각한 그 상(像). ¶ 대리석으로 된 조상.

조ː상-객(弔喪客)[명] ☞조객(弔客).

조상-굿(祖上-)[-꾿][명][하자] 조상을 위하는 뜻으로, 무당을 시켜서 하는 굿. * 조상굿이[-꾸시]·조상굿만[-꾼-]

조ː상-기(造像記)[명] 동상이나 목상·석상 따위를 만든 인연이나 내력을 적은 글.

조상-대감(祖上大監)[명] ☞조상신(祖上神).

조ː상-부모(早喪父母)[명][하자] ☞조실부모.

조상-상(祖上床)[-쌍][명] 민속에서, 굿할 때 조상에게 올리는 제물을 차려 놓는 상.

조상^숭배(祖上崇拜)[명] 사령 숭배(死靈崇拜)의 한 가지. 가족이나 씨족, 또는 민족의 조상을 높이 받들어 제사 지내는 풍속이나 신앙. 조선 숭배(祖先崇拜).

조상-신(祖上神)[명] 가신제(家神祭)의 대상의 하나. 사대조(四代祖) 이상이 되는 조상의 신으로 자손을 보호한다고 함. 조상대감(祖上大監).

조상-육(俎上肉)[-뉵][명] 〔도마에 오른 고기라는 뜻으로〕 '어찌할 수 없게 된 막다른 지경'을 비유하여 이르는 말. 궤상육.

조상^청배(祖上請陪)[명] 민속에서, 무당이 굿을 할 때 굿하는 집의 조상이나 그 친척 가운데 죽은이의 영혼을 청해 오는 일. 무당은 그 영혼이 시킨다는 말을 받아 옮김.

조상-치레(祖上-)명하자 ①조상을 자랑하고 위함. ②조상에 대한 치다꺼리.
조새명 굴조개를 따는 데 쓰는 쇠로 된 기구.
조색(皁色)명 곱지 않은 검은 빛깔.
조색(調色)명하자 그림물감이나 인쇄 잉크 따위를 배합하여 필요한 색을 만듦.
조색-족두리(皁色-)[-쪽뚜-]명 족두리의 한 가지. 겉을 흰 헝겊으로 바르고 검은빛을 칠한 족두리. 복인(服人)이 씀.
조색-판(調色板)명 ☞팔레트.
조생모몰(朝生暮沒)명하자 아침에 나타났다가 저녁에 사라짐, 또는 나왔다가 곧 스러짐.
조생모사(朝生暮死)명하자 〔아침에 나서 저녁에 죽는다는 뜻으로〕 '수명이 지극히 짧음'을 이르는 말.
조ː생-아(早生兒)명 ☞조산아(早產兒).
조ː생-종(早生種)명 같은 농작물 가운데서 특별히 일찍 자라고 여무는 품종. 준조종(早種). ↔만생종(晩生種).
조ː서(弔書)명 조문(弔問)의 뜻을 적은 글월.
조서(兆庶)명 ☞만민(萬民).
조ː서(早逝)명하자 ☞요절(夭折).
조ː서(詔書)명 임금의 선지(宣旨)를 일반에게 널리 알릴 목적으로 적은 문서. 조명(詔命). 조칙(詔勅). 준조(詔).
조서(調書)명 조사한 사실을 적은 문서. ¶ 조서를 꾸미다.
조석(朝夕)명 ①아침과 저녁. 조모(朝暮). ¶ 날씨가 조석으로는 제법 서늘해졌다. ②〈조석반(朝夕飯)〉의 준말.
조석(潮汐)명 〈조석수(潮汐水)〉의 준말.
조석-곡(朝夕哭)[-꼭]명 소상(小祥) 전에 조석으로 궤연(几筵) 앞에서 하는 곡.
조석-공양(朝夕供養)[-꽁-]명하타 아침저녁으로 웃어른께 공양함, 또는 그 공양.
조-석반(朝夕飯)[-빤]명 아침밥과 저녁밥. 준조석(朝夕).
조석-변개(朝夕變改)[-뼌-]명하자 ☞조변석개(朝變夕改).
조석-상식(朝夕上食)[-쌍-]명 아침 상식과 저녁 상식. 조석으로 올리는 상식.
조-석수(潮汐水)[-쑤]명 ①밀물과 썰물. 참조수(潮水). ②조수와 석수. 준조석.
조석^예불(朝夕禮佛)[-성녜-]명 불교에서, 아침저녁으로 부처에게 절하는 일.
조-석전(朝夕奠)[-쩐]명 조전과 석전.
조선(祖先)명 ☞조상(祖上).
조선(鳥仙)명 〔새의 신선이란 뜻으로〕 '학(鶴)'을 달리 이르는 말.
조ː선(造船)명하타 배를 건조함.
조ː선(釣船)명 낚싯배.
조선(朝鮮)명 ①상고(上古) 때부터 써 오던 우리나라의 나라 이름. 〔단군 조선·위만 조선·근세 조선 따위.〕 ②이성계(李成桂)가 고려(高麗)를 멸하고 세운 나라. 압록강·두만강 이남의 반도를 영토로 하고 한양에 도읍하여 500여 년을 다스렸으나 일제(日帝)의 침략으로 멸망함. 〔1392~1910〕
조선(漕船)명 물건을 실어 나르는 배.
조선-교(祖先教)명 조상의 사령(死靈) 숭배를 교지(教旨)의 중심으로 하는 종교.
조선^기와(朝鮮-)명 재래식 기와의 한 가지. 암키와·수키와가 있고 기왓골이 깊은 것이 특징임.
조선-낫(朝鮮-)[-낟]명 〔날이 얇은 왜낫에 대하여 이르는 말로〕 날이 두껍고 슴베와 그 윗부분이 비교적 긴 재래식의 낫. *조선낫이[-나시]·조선낫만[-난-]
조ː선-대(造船臺)명 선체를 조립하여 선박을 건조하는 대.
조선-말(朝鮮-)명 ☞조선어(朝鮮語).
조선-무(朝鮮-)명 (왜무에 대하여) 뿌리의 아랫부분이 굵은 재래종 무. 주로, 김장용으로 씀.
조선 문단(朝鮮文壇) 1924년 9월에 방인근(方仁根)·이광수(李光洙) 등이 창간한 민족주의적 경향의 순문예지. 추천제를 두어 많은 신인을 배출했으며, 통권 26호까지 발행.
조선-문전(朝鮮文典)명 1895년경 유길준(兪吉濬)이 지은 국어 문법서. 총론·언어론·문장론의 세 부분으로 되어 있으며, 우리나라 사람이 저술한 최초의 문법서임. 참대한문전.
조ː선-소(造船所)명 배의 건조나 개조·수선 등을 하는 곳. 선창(船廠).
조선^숭배(祖先崇拜)명 ☞조상 숭배.
조선 시단(朝鮮詩壇) 1928년에 황석우(黃錫禹)에 의해 창간된 시 전문지. 통권 6호까지 발행됨.
조선-어(朝鮮語)명 일제 강점기에, '우리말'을 이르던 말. 조선말.
조선어^연구회(朝鮮語研究會)[-회/-훼]명 1921년 12월 3일 휘문 의숙(徽文義塾)에서 조직된, 국어의 연구·계몽·선전을 목적으로 한 학술 단체. 최두선(崔斗善)·장지영(張志暎)·권덕규(權悳奎)·이병기(李秉岐)·이규방(李奎昉)·김윤경(金允經) 등이 창립 회원임. 1927년에 동인지 '한글'을 창간하고, 1931년에 이름을 '조선어 학회'로 고쳤다가 광복 후 다시 '한글 학회'로 고침.
조선어^학회(朝鮮語學會)[-하쾨/-하퀘]명 '조선어 연구회'를 고친 이름.
조선어^학회^사ː건(朝鮮語學會事件)[-하쾨-껀/-하퀘-껀]명 1942년 10월에, 국어 말살을 꾀하던 일제(日帝)가 조선어 학회 회원들을 민족주의자로 몰아서 검거·투옥한 사건. 1945년에 광복과 함께 풀려남.
조선왕조-실록(朝鮮王朝實錄)명 조선 태조 때부터 철종 때까지 25대 472년 동안의 역사를 편년체로 쓴 책. 국보 제151호.
조선-종이(朝鮮-)명 ☞한지(韓紙).
조선-집(朝鮮-)[-찝]명 ☞한옥(韓屋).
조선^총ː독부(朝鮮總督府)[-뿌]명 일제가 1910년부터 1945년까지 우리나라를 강점하여 통치하기 위하여 서울에 두었던 최고 행정 관청.
조선-통보(朝鮮通寶)명 조선 세종 5(1423)년에 쇠로 주조한 엽전.
조ː설(早雪)명 제철보다 이르게 내리는 눈.
조섭(調攝)명하타 ☞조리(調理). ¶ 산후(產後)에 조섭을 잘하는 것이 중요하다.
조ː성(早成)명하자 ①☞조숙(早熟). ②일을 빨리 완수함.
조ː성(助成)명하타 (사업이나 연구 따위를) 도와서 이루게 함. ¶ 연구 조성 기금.
조성(組成)명하타되자 (두 가지 이상의 요소나 성분으로) 짜 맞추어 이룸. ¶ 질소와 수소로 조성된 물질. 참성분비(成分比).
조성(鳥聲)명 새소리.
조ː성(造成)명하타되자 ①(사람이 이용할 수 있도록) 품을 들여 만들어 냄. ¶ 관광단지 조성. /녹지 조성. ②(정세나 분위기 따위를) 만들어 냄. ¶ 면학 분위기를 조성하다.
조ː성(照星)명 ☞가늠쇠.

조성(調聲)명하자 소리를 낼 때 그 높낮이와 장단을 고름.

조성^모:음(調聲母音)명 ☞조음소(調音素).

조성^사회(組成社會)[-회/-훼]명 (정당이나 교회·클럽 따위와 같이) 일정한 목적을 이루기 위하여 인위적으로 조직된 사회 집단.

조:성-품(助成品)명 (생산물의 원료가 아니면서) 생산물을 만드는 데 도움이 되는 물품. 〔비료·약품 따위.〕

조:세(早世)명하자 ☞요절(夭折).

조:세(助勢)명하자 힘을 보탬. 도움.

조세(租稅)명 국가나 지방 자치 단체가 필요한 경비를 마련하기 위하여 국민으로부터 강제로 거두어들이는 돈. 공세(貢稅). 공조. 준세(稅).

조:세(肇歲)명 '연초(年初)' 또는 '음력 정월'을 달리 이르는 말.

조세(潮勢)명 조수의 기세.

조세-범(租稅犯)명 조세법에 위반되는 범죄, 또는 그러한 범죄를 저지른 사람.

조세-법(租稅法)[-뻡]명 ☞세법.

조세^법률주의(租稅法律主義)[-범뉼-의/-범뉼-이]명 조세의 부과 및 징수는 반드시 국회에서 제정하는 법률에 따라야 한다는 주의.

조세^부:담률(租稅負擔率)[-뉼]명 국민 총생산이나 국민 소득에 대한 조세 총액의 비율.

조세-안(租稅案)명 조선 시대에, 결세(結稅)를 적던 장부(帳簿).

조세^전:가(租稅轉嫁)명 조세의 부담이 시장의 유통 과정에서 이루어지는 가격 관계를 통하여 다른 사람에게로 옮아지는 일.

조세^주체(租稅主體)명 조세의 의무를 지닌 자연인이나 법인.

조세^체납^처:분(租稅滯納處分)명 ☞체납 처분.

조세^특면(租稅特免)[-틍-]명 특별히 규정된 특정한 경우에 한하여, 특정인에게 납세 의무를 면제하는 행정 처분.

조세^협정(租稅協定)[-쩡]명 같은 과세 물건에 대한 이중 과세(二重課稅)를 피하고 탈세를 방지하기 위하여 체결하는 국제 협정.

조소(彫塑)명 ①조각과 소상(塑像). ②하타조각의 원형이 되는 소상을 만듦, 또는 그 소상.

조소(嘲笑)명하타 비웃음. ¶ 조소를 당하다. /조소를 퍼붓다.

조속(早速) '조속하다'의 어근.

조속(粗俗)명 천박하고 촌스러운 풍속.

조속(操束)명하타 잡아서 단단히 단속함. 단단히 잡도리함.

조속-기(調速機)[-끼]명 부하(負荷)의 변화에 대응해서, 원동기의 회전 속도를 일정한 범위로 조정하기 위하여 쓰이는 장치.

조속-조속[-쪼-]부 기운 없이 꼬박꼬박 조는 모양. ¶ 불쌍한 나의 모친…, 언덕 밑에 조속조속 조을면서 자진하여 죽거드면…(烈女春香守節歌).

조:속-하다(早速-)[-소카-]형여 이르고도 빠르다. **조속-히**부 ¶ 조속히 해결해야 할 문제.

조손(祖孫)명 할아버지와 손자.

조손-간(祖孫間)명 할아버지와 손자 사이.

조:쇠(早衰)[-쇠/-쉐]명하자 (나이에 비하여) 일찍 쇠약해짐.

조:수(助手)명 주된 작업을 하는 사람에 딸려, 그 일을 보조해 주는 사람. ¶ 운전 조수.

조수(鳥獸)명 새와 짐승. 금수(禽獸).

조:수(釣叟)명 ☞조부(釣父).

조:수(照數)명하타 수를 맞추어 봄.

조수(漕手)명 조정 경기 등에서, 노를 젓는 사람.

조수(潮水)명 ①바닷물, 또는 해와 달의 인력에 의해서 주기적으로 들어왔다 나갔다 하는 바닷물. ②아침에 밀려들었다가 나가는 바닷물. 해조(海潮). ②↔석수(汐水). 참조석수(潮汐水).

조수(操守)명하자 정조나 지조 따위를 지킴.

조수불급(措手不及)명하형 일이 매우 급하여 미처 손을 쓸 겨를이 없음.

조-수입(粗收入)명 든 경비를 빼지 않은 수입. 〔조수입으로부터 경비를 뺀 것이 소득임.〕

조-수족(措手足)명하자 〔손발을 겨우 놀린다는 뜻으로〕 제힘으로 겨우 생활을 꾸려 나감.

조:숙(早熟)명 ①하자되자(곡식이나 과일 따위가) 일찍 익음. ↔만숙(晩熟). ②하형나이에 비하여 정신적·육체적으로 발달이 빠름. 조성(早成). ¶ 어린애가 너무 조숙하다. ②참숙성하다.

조:숙^재:배(早熟栽培)[-째-]명 채소의 재배 방식의 한 가지. 씨를 온상에 뿌려서 늦서리의 위험이 없어진 시기에 본밭에 옮겨 심어 보통 재배보다 일찍 수확하는 방식.

조술(祖述)명하타되자 선인(先人)의 설(說)을 본받아 그 뜻을 펴서 서술함.

조습(調習)명하타되자 정숙하게 배워 익힘.

조습(燥濕)명 바싹 마름과 축축히 젖음, 또는 마른 것과 젖은 것.

조:승(弔繩)명 한쪽 끝만을 잡아매어 드리워 놓고, 손으로 더위잡아 오르내리는 운동을 하는 줄.

조:승(釣繩)명 물건을 거는 데 쓰는 작은 갈고리를 단 줄.

조:시(弔詩)명 죽은 이에 대한 애도의 뜻을 나타낸 시.

조시(朝市)명 ①조정(朝廷)과 시정(市井). ②아침에 서는 시장(市場).

조:시(肇始)명하자타되자 무엇이 비롯되거나 비롯함, 또는 그 시초.

조:식(早食)명 ①하자여느 때보다 아침밥을 일찍 먹음. ②아침밥.

조식(粗食)명하자 검소한 음식을 먹음, 또는 그러한 음식. ¶ 조의(粗衣)조식. 참악식(惡食).

조식(朝食)명 아침밥.

조신(祖神)명 신으로 모시는 선조.

조신(朝臣)명 조정에서 벼슬살이를 하는 모든 신하. 조관(朝官). 조사(朝士).

조신(操身)명 ①하자몸가짐을 조심함. ¶ 과년한 처녀가 매사에 조신할 줄 알아야지. ②하형스형몸가짐이 얌전함. ¶ 그 댁의 큰따님은 매우 조신하다. /조신한 아가씨.

조신(竈神)명 ☞조왕(竈王).

조:실-부모(早失父母)명하자 어려서 부모를 여읨. 조상부모(早喪父母).

조심(彫心)명하타 마음에 깊이 새김. 마음에 새겨질 만큼 몹시 고심함.

조:심(操心)명하자타되자 (잘못이나 실수 따위가 없도록) 마음을 씀. ¶ 산불 조심. /몸가짐을 조심하다. **조심-히**부.

조심-누골(彫心鏤骨)명하자 〔마음에 새겨지고 뼈에 사무친다는 뜻으로〕 '몹시 고심함'을 비유하여 이르는 말.

조:심-성(操心性)[-썽]명 미리 조심하는 성질이나 태도. ¶ 조심성 없는 행동.

조:심성-스럽다(操心性-)[-썽-따][~스러우니·~스러워]형ㅂ 조심성이 있어 보이다. ¶ 조심성스러운 행동. **조심성스레**부 ¶ 조심성스레 말문을 열다.

조ː심-스럽다(操心-)[-따][~스러우니·~스러워]형ㅂ 매우 조심하는 태도가 있다. ¶ 매사에 조심스럽게 행동하다. **조심스레**부 ¶ 조심스레 방문을 열다.

조ː심-조심(操心操心)부하자타 썩 조심스럽게 행동하는 모양. ¶ 낭떠러지를 조심조심 기어 올라가다. **조심조심-히**부.

조ː쌀-스럽다[-따][~스러우니·~스러워]형ㅂ 보기에 조쌀한 데가 있다. **조쌀스레**부.

조ː쌀-하다형여 늙은이의 얼굴이 깨끗하고 조촐하다. ¶ 나이는 먹었지만 얼굴이 조쌀하다.

조ᄉᆞ로이부 〈옛〉종요롭게. ¶ 겨스레 錦니브레 ᄌᆞ오로몰 조ᄉᆞ로이 너기노라(杜初*23:11*).

조ᄉᆞᄅᆞᄫᅵ부 〈옛〉종요롭게. ¶ 조ᄉᆞᄅᆞᄫᅵ ᄡᅮ미 몯ᄒᆞ리라(牧牛*11*).

조ᄉᆞᄅᆞᆸ다형ㅂ 〈옛〉종요롭다. ¶ 節은 조ᄉᆞᄅᆞᆸ디 아니ᄒᆞᆫ 말란 더러 쓸씨라(釋譜序*4*).

조ᅀᆞᆯ명 〈옛〉종요로움. 핵심. ¶ 覺心 조ᄒᆡ올 조ᅀᆞ리라(楞解*2:95*).

조아(爪牙)명 ①'짐승의 발톱과 어금니, 또는 악인의 책략이나 마수(魔手)'를 비유하여 이르는 말. ¶ 악인의 조아에 걸리다. ②주인의 손발이 되어 일하는 부하. ¶ 조아의 신(臣).

조아리다타 (황송하여) 이마가 바닥에 닿을 정도로 머리를 자꾸 숙이다. ¶ 머리를 조아리며 빌다.

조아-팔다[~파니·~팔아]타 (크거나 많은 물건을) 한목에 팔지 않고 헐어서 조금씩 팔다.

조악(粗惡) '조악하다'의 어근.

조악-하다(粗惡-)[-아카-]형여 (제품 따위의 질이) 거칠고 나쁘다. ¶ 조악한 상품.

조안(粗安)명하형 〔편지 따위에서 자기의 안부를 나타내는 말로〕 별 탈이 없음. 별고 없이 편안함.

조ː암^광ː물(造岩鑛物)명 암석을 구성하는 광물. 〔석영·장석·운모·각섬석·감람석 따위.〕

조ː앙(早秧)명하타되자 볏모를 일찍 냄, 또는 일찍 낸 볏모. 조이(早移).

조ː애(助哀)명하자 (남이 슬피 울 때) 곁에서 함께 서럽게 욺.

조애(阻隘) '조애하다'의 어근.

조ː애(阻礙)명하타되자 (무슨 일이나 행동을) 하지 못하게 가로막음. 방해함. ¶ 의사 진행을 조애하다. /문명의 발달을 조애하다.

조애(朝靄)명 아침에 끼는 아지랑이.

조ː애-하다(阻隘-)형여 길이 험하고 좁다.

조야(粗野) '조야하다'의 어근.

조야(朝野)명 ①조정과 재야. ¶ 조야에서 들끓는 여론. ②정부와 민간.

조야-하다(粗野-)형여 (말이나 행동 따위가) 거칠고 천하다. ¶ 태도가 조야하다.

조약(條約)명 (국제상의 권리나 의무에 관한) 문서에 의한 국가 간의 합의. ¶ 수교 통상 조약. /조약을 맺다.

조약(調藥)명하타 ☞조제(調劑).

조약-국(條約國)[-꾹]명 서로 수교 통상 조약을 맺고 있는 나라.

조약-돌[-똘]명 잘고 동글동글한 돌. 석력.

조약-밭[-빧]명 조약돌이 많은 밭이나 그러한 땅. ＊조약밭이[-빠치]·조약밭을[-빠틀]·조약밭만[-빤-]

조ː양(早穰)명 올벼.

조ː양(助陽)명하자 양기(陽氣)를 돋움.

조양(朝陽)명 ①아침 해. 아침 볕. ②새벽에 동하는 남자의 양기(陽氣).

조양(調養)명하타되자 ☞조리(調理).

조ː어(助語)명 ☞어조사(語助辭).

조어(祖語)명 같은 계통에 속하는 여러 언어의 근원이 되는 언어. 〔스페인 어(語)·프랑스 어(語)·이탈리아 어(語)에 대한 라틴 어(語) 따위.〕

조어(鳥語)명 ①새가 지저귀는 소리. ②(무슨 말인지 알아들을 수 없다 하여) '미개인들의 지껄이는 소리'를 이르는 말.

조어(措語)명하자 글자로 말뜻을 엉구어서 만듦.

조ː어(釣魚)명하자 물고기를 낚음.

조ː어(造語)명하타 ①말을 새로 만듦, 또는 이미 있는 말을 엉구어서 새로운 뜻을 지닌 말을 만듦. ②꾸며 낸 말. 날조한 말.

조어(藻魚)명 해조(海藻)가 많은 곳에서 사는 어류(魚類).

조ː어-법(造語法)[-뻡]명 실질 형태소에 형식 형태소가 붙거나 실질 형태소끼리 결합하거나 하여 새로운 단어를 만들어 내는 방법.

조ː언(助言)명하자타 곁에서 말을 거들거나 일깨워 줌, 또는 그 말. 도움말. ¶ 조언을 받다. /조언을 구하다. /조언과 격려를 아끼지 않다. /인사 문제에 대해 사장에게 조언하다.

조ː언(造言)명 (터무니없는 사실을) 꾸미어 하는 말. 지어낸 말.

조업(祖業)명 조상 때부터 내려오는 가업.

조ː업(肇業)명하자 어떤 사업을 처음으로 시작함.

조ː업(操業)명하자 (공장 같은 데서) 기계 따위를 움직여 일을 함. ¶ 조업을 재개하다.

조ː업^단ː축(操業短縮)[-딴-]명 생산 과잉에서 오는 가격의 하락이나 이윤의 감소를 막기 위하여, 생산 설비의 가동 시간 따위를 줄이어 생산을 제한하는 일. 준조단(操短).

조ː업-도(操業度)[-또]명 (기업의 설비나 인적 능력·자재 등) 생산 능력에 대한 이용의 정도.

조여-들다[~드니·~들어]자 죄어들다.

조ː역(助役)명 ①주임자(主任者)를 보좌하는 역, 또는 그 사람. ②철도청에서, 역장(驛長)을 보좌하는 직, 또는 그 사람. ③〈조역꾼〉의 준말.

조ː역-꾼(助役-)명 일을 도와서 거들어 주는 사람. 준조역.

조역-문(兆域門)[-영-]명 능(陵)의 경내(境內)에 세운 문.

조ː연(助演)명하자 연극이나 영화 따위에서, 주역(主役)을 도와서 연기함, 또는 그 사람. ¶ 조연 배우. /조연을 맡다.

조ː-연출(助演出)명 연출가를 보조하거나 대리하는 사람.

조열(朝列)명 ①조정(朝廷)에서의 백관의 차례를 이르던 말. ②조정에 참렬(參列)하던 일. 조신(朝臣)의 반열(班列)에 끼던 일.

조열(潮熱)명 날마다 일정한 시간이 되면 일어나는 신열(身熱).

조열(燥熱) '조열하다'의 어근.

조열-하다(燥熱-)형여 마음이 몹시 답답하고 몸에 열이 나서 덥다. **조열-히**부.

조ː영(造營)명하타 궁궐이나 절 등 큰 건물을 세움, 또는 그 건물. ¶ 대웅전을 조영하다.

조ː영(照影)명 ①빛이 비치는 그림자. ②그림이나 사진 따위에 의한 초상(肖像).

조ː영-제(造影劑)명 내장의 엑스선 사진 촬영에 쓰이는 약품. 엑스선 사진을 뚜렷이 나타내어 진단을 쉽게 함. 〔황산바륨 따위.〕

조:예(造詣) 명 (학문이나 예술·기술 등) 어떤 분야에 대한 깊은 지식이나 이해. ¶ 골동품에 대한 조예가 깊다.

조오롬 명 〈옛〉 좁음. ¶ 조오롬 계위홀쟉시면(痘瘡 *66*). 참 조오롬.

조-옮김(調-) [-옴-] 명 하타 악곡 전체의 형태를 바꾸지 않고 다른 조로 옮겨서 연주하거나 악보로 적거나 함. 가령, 다장조를 한 음 높이서 라장조로 옮기는 따위. 이조(移調).

조왕(竈王) 명 민간에서, 부엌을 맡아보는 신을 이르는 말. 부엌의 모든 길흉을 관장한다고 함. 조신(竈神). 조왕신.

조왕-굿(竈王-) [-굳] 명 민간에서, 부엌 귀신을 위하여 하는 굿. ＊조왕굿이[-구시]·조왕굿만[-군-]

조왕-단(竈王壇) 명 절에서, 조왕을 모셔 두는 단. 절의 부엌 뒷벽에 만듦.

조왕모귀(朝往暮歸) 명 하자 아침에 갔다가 저녁에 돌아옴.

조왕-신(竈王神) 명 ☞조왕(竈王).

조:요(照耀) 명 하형 밝게 비치어 빛남. **조요-히** 부 ¶ 휘황한 등불이 거리를 조요히 비춘다.

조:요-경(照妖鏡) 명 귀신의 본성까지도 비추어 본다는 신통한 거울. 조마경(照魔鏡).

조요ᄅᆞ윈 형 〈옛〉 종요로운. ¶ 사라쇼매 조요ᄅᆞ윈 놀올 버서나라(杜重*11:2*).

조욕(潮浴) 명 하자 ☞해수욕.

조용-조용 부 하형 썩 조용한 모양. **조용조용-히** 부.

조용-품(粗用品) 명 막잡이.

조용-하다(←從容-) 형여 ①아무 소리도 나지 아니하고 잠잠하다. ¶ 쥐 죽은 듯 조용하다. ②(언행이나 성격 따위가) 수선스럽지 아니하고 차분하고 얌전하다. ¶ 조용한 목소리로 이야기하다. /조용한 성품. ③(주위 환경이) 들끓거나 소란스럽지 아니하고 잠잠하고 평온하다. ¶ 조용한 시골 생활. ④(무슨 일이나 말썽이 없이) 평온하고 한가하다. ¶ 그가 와서부터는 조용한 날이 없다. ⑤공공연하지 않고 은밀하다. ¶ 이번 일은 조용하게 처리하시오. **조용-히** 부 ¶ 조용히 앉아서 책을 읽다.

조우(遭遇) 명 하자타 우연히 만나거나 맞닥뜨림. 조봉(遭逢). ¶ 적병과 조우하다.

조우-전(遭遇戰) 명 적대 관계에 있는 양편 부대가 서로 우연히 만나서 벌이는 전투.

조운(漕運) 명 하타 배로 물건을 실어 나르는 일. 전조(轉漕). 비 참운(站運).

조운-배(漕運-) [-빼] 명 물건을 실어 나르는 배. 조운선.

조운-선(漕運船) 명 ☞조운배.

조운-창(漕運倉) 명 ☞조창.

조울-병(躁鬱病) [-뼝] 명 감정 장애를 주로 하는 내인성(內因性) 정신병의 한 가지. 상쾌하고 흥분된 상태와 우울하고 불안한 상태가 주기적으로 번갈아 나타남.

조:웅-전(趙雄傳) 명 지은이와 지은 때를 알 수 없고 국문으로 된, 조선 시대의 대표적 군담 소설.

조:원(造園) 명 하자 정원·공원·유원지 따위를 만듦.

조:위(弔慰) 명 하타 죽은 이를 조상(弔喪)하고 유족을 위문함.

조위(凋萎) 명 하자 풀이나 나무 따위가 물기가 모자라서 시듦.

조:위(造位) 명 신라 때, 17관등의 열일곱째 등급. 참 이벌찬.

조위(潮位) 명 밀물이나 썰물 따위로 변화하는 해면의 높이.

조위(調胃) 명 하자 위병(胃病)을 조절하여 고침.

조:위-금(弔慰金) 명 조위의 뜻으로 내는 돈.

조육(鳥肉) 명 새고기.

조율(棗栗) 명 대추와 밤.

조:율(照律) 명 하타 ☞의율(擬律).

조율(調律) 명 하타 되자 ①악기의 음을 일정한 기준음에 맞추어 고름. 조음(調音). 튜닝. ¶ 바이올린을 조율하다. ②'알맞거나 마땅하도록 조절함'을 비유하여 이르는 말. ¶ 의견을 조율하다.

조율-미음(棗栗米飮) 명 대추·밤·찹쌀 따위를 함께 푹 고아서 만든 미음.

조율-사(調律師) [-싸] 명 악기의 조율을 업으로 하는 사람. ¶ 피아노 조율사.

조율이시(棗栗梨柿) 명 제사에 쓰는 대추·밤·배·감을 아울러 이르는 말.

조으다 타 〈옛〉 쪼다. 새기다. ¶ 조을 명:銘(石千*23*).

조:은(造銀) 명 인공으로 만든 은.

조은(朝恩) 명 조정(朝廷)으로부터 입은 은혜. 임금의 은혜.

조:음(助淫) 명 하자 음욕(淫慾)을 도움.

조음(潮音) 명 바다 물결이 밀려오는 소리. 파도치는 소리. 해조음(海潮音).

조음(調音) 명 하타 되자 ①성대(聲帶)보다 위쪽의 음성 기관이 어떤 음성을 내기 위하여 필요한 위치를 취하고 일정한 운동을 함. 분절(分節). ②☞조율(調律).

조음(噪音) 명 ☞소음(騷音). ↔악음(樂音).

조음^기관(調音器官) 명 언어음을 만들어 내는 발음 기관을 통틀어 이르는 말. 〔입술·이·잇몸·혀·입천장·인두(咽頭) 따위.〕

조음-소(調音素) 명 자음끼리의 충돌을 회피하기 위하여 어간과 어미, 체언과 조사 사이에 삽입하는 모음. 〔'먹으니'의 '으', '찾아서'의 '아', '산으로'의 '으' 따위.〕 고름소리. 매개 모음. 조성 모음.

조:응(照應) 명 하자 되자 (사물이나 문장 따위에서) 두 부분이 서로 대응함. ¶ 발단과 대단원이 잘 조응된 작품.

조응(調應) 명 눈이, 어둡거나 밝은 곳에서 차차 적응하게 되는 기능.

조:의(弔意) [-의/-이] 명 남의 죽음을 슬퍼하는 마음. ¶ 삼가 조의를 표합니다.

조의(粗衣) [-의/-이] 명 허름한 옷. 검소한 옷.

조의(朝衣) [-의/-이] 명 ☞공복(公服).

조의(朝儀) [-의/-이] 명 조정의 의식.

조의(朝議) [-의/-이] 명 조정(朝廷)의 의논. 정의(廷議).

조:의-금(弔意金) [-의-/-이-] 명 남의 죽음을 슬퍼하는 뜻으로 내는 돈.

조의-조식(粗衣粗食) [-의-/-이-] 명 하자 허름한 옷과 변변찮은 음식, 또는 그런 옷을 입고 그런 음식을 먹음.

조:이(早移) 명 하타 ☞조앙(早秧).

조:이(釣餌) 명 낚싯밥.

조이(雕鏤) 명 금·은·동 따위의 금속 제품에 어떤 무늬를 새기는 일.

조이-개 명 장구 부속품의 하나. 가죽으로 깔때기처럼 만들어 장구의 좌우 마구리에 얼기설기 얽은 줄의 두 가닥을 끼워서 한쪽으로 밀면 줄이 팽팽해지고, 다른 한쪽으로 밀면 줄이 늘어지게 되어 장구의 소리를 조절함. 축수(縮綬).

조이다 타 ☞죄다[1].

조익(鳥翼) 명 새의 날개.

조인(鳥人) 명 기술이 뛰어난 비행기의 조종사나 스키의 점프 선수 등을 결말 투로 이르는 말.

조:인(釣人) 명 낚시꾼.

조인(稠人)명 많은 사람. 뭇사람.

조인(調印)명하자되자 조약이나 계약 따위의 문서에 양쪽 대표자가 동의하여 서명 날인함. ¶ 통상 조약에 조인하다.

조인-광좌(稠人廣座)명 많은 사람이 빽빽하게 모인, 넓은 자리. 준조좌.

조인-식(調印式)명 조약이나 계약 따위의 문서에 양쪽 대표자가 동의하여 서명 날인하는 의식.

조인트(joint)명 ①기계나 기재(機材) 따위의 이음매, 또는 그 부품. ②합동. 연합.

조인트(를) 까다관용 '구둣발로 정강이뼈를 걷어차다'를 속되게 이르는 말.

조인트^리사이틀(joint recital)명 두 사람 이상의 독주자나 독창자가 공동으로 개최하는 연주회나 독창회.

조일(朝日)명 아침 해.

조임-줄[-쭐]명 장구의 양쪽 마구리를 마주 걸어 죄어 맨, 무명을 꼬아 만든 줄. 축승(縮繩).

조자리[1]명 지저분한 작은 물건이 어지럽게 매달려 있거나 한데 묶여 있는 것. 큰주저리.

조자리[2]명 대문의 윗장부.

조자인(Sosein 독)명 철학에서, 이러이러하다고 하는 본질적·가능적 존재. ↔다자인.

조ː작(造作)명하타되자 (좋지 못한 목적 아래) 무슨 일을 지어내거나 꾸며 냄. ¶ 사건을 조작하다. /조작된 연극.

조ː작(操作)명하타되자 ①기계나 장치 따위를 다루어 움직이게 함. ¶ 조작이 간편한 제품. /기계를 조작하다. ②사물을 자기에게 유리하도록 공작하여 조종함. ¶ 주가(株價)를 조작하다.

조작-거리다[-꺼-]자 자꾸 조작조작하다. 조작대다. 큰주적거리다.

조ː작-극(造作劇)[-끅]명 (좋지 못한 목적 아래) 무슨 일을 실제로 일어난 것처럼 지어내거나 꾸며 내는 것. ¶ 조작극을 꾸미다. /조작극을 벌이다.

조작-대다[-때-]자 조작거리다.

조작-조작[-쪼-]부하자 ①걸음발타는 어린아이가 귀엽게 아장아장 걷는 모양. ¶ 어린아이가 이쪽으로 조작조작 걸어왔다. ②주책없이 아는 체하며 떠드는 모양. 큰주적주적.

조잔(凋殘) '조잔하다'의 어근.

조잔-거리다타 자꾸 조잔조잔하다. 조잔대다. 큰주전거리다.

조잔-대다타 조잔거리다.

조잔-부리명하자 때 없이 군음식을 점잖지 않게 자꾸 먹는 짓. 큰주전부리.

조잔-조잔부하타 때 없이 군음식을 점잖지 않게 자꾸 먹는 모양. 큰주전주전.

조잔-하다(凋殘-)형여 말라서 시들거나 지치거나 쇠잔하다.

조잘-거리다 Ⅰ자 참새 따위가 쉴 새 없이 자꾸 지저귀다. 조잘대다. ¶ 종달새가 나뭇가지에 날아와 계속 조잘거린다. 큰주절거리다.
Ⅱ자타 낮은 목소리로 수다스럽게 계속 종알거리다. 조잘대다. ¶ 아이들이 시험 문제에 대하여 조잘거리고 있었다. 큰주절거리다.

조잘-대다자타 조잘거리다.

조잘-조잘[1]부 ①하자타낮은 목소리로 좀 수다스럽게 종알거리는 모양. ¶ 조잘조잘 지껄이다. 큰주절주절[1]. ②하자참새 따위가 쉴 새 없이 자꾸 지저귀는 소리, 또는 그 모양.

조잘-조잘[2]부하형 끄나풀 같은 것이 어지럽게 달린 모양. 큰주절주절[2].

조잡명 〈주접〉의 속된 말.

조잡(粗雜) '조잡(粗雜)하다'의 어근.

조잡(稠雜) '조잡(稠雜)하다'의 어근.

조잡-스럽다(粗雜-)[-쓰-따][~스러우니·~스러워]형ㅂ ①(주로 음식에 대하여) 다랍고 얌치없게 욕심을 부리는 태도가 있다. 큰주접스럽다. ②(말·행동·솜씨 따위가) 거칠고 엉성하여 품위가 없는 데가 있다. ¶ 조잡스러운 글. /조잡스럽게 만든 장난감. **조잡스레**부.

조잡-하다(粗雜-)[-자파-]형여 (말·행동·솜씨 따위가) 거칠고 엉성하다. ¶ 계획이 조잡하다. /조잡한 제품.

조잡-하다(稠雜-)[-자파-]형여 빽빽하고 복잡하다.

조ː장(弔狀)명 조상(弔喪)하는 편지.

조ː장(助長)명하타되자 (흔히 의도적으로 어떠한 경향이 더 심하여지도록) 도와서 북돋움. ¶ 소비를 조장하다.

조장(組長)명 조(組)로 편성한 조직체의 통솔자(책임자).

조장(條章)명 ①조목조목 갈라서 쓴 문장. ②조목조목 갈라서 쓴 문장의 큰 구분과 작은 구분. 조(條)와 장(章).

조장(鳥葬)명 시체를 들에 내다 놓고, 새들이 파먹게 하는 장사(葬事). 〔티베트 인이나 배화교도(拜火敎徒)에게 이 풍습이 있음.〕

조장(彫墻)명 ☞화초담.

조ː재(造材)명하타 벌채한 나무를 필요한 길이로 잘라서 재목으로 만듦.

조적(鳥跡·鳥迹)명 ①새의 발자국. ②글자, 특히 한자를 달리 이르는 말. 〔창힐(蒼頡)이 새의 발자국을 보고 글자를 만들었다는 중국의 고사에서 유래함.〕

조ː전(弔電)명 조상(弔喪)의 뜻으로 보내는 전보. ¶ 조전을 치다.

조전(祖奠)명 발인(發靷)하기에 앞서 영결(永訣)을 고하는 제사.

조전(祖餞)명하타 먼 길을 떠나는 사람을 전송함.

조ː전(造錢)명 불교에서, 저승에 가서 빚을 갚는 데 쓰게 한다고 관(棺)에 넣어 주는, 종이로 만든 가짜 돈을 이름. 지전(紙錢).

조전(朝典)명 조정의 제도와 의식.

조전(朝奠)명 장사에 앞서, 이른 아침마다 영전(靈前)에 지내는 제사.

조ː전-원수(助戰元帥)명 고려 말기, 임시 무관직의 한 가지. 도원수·상원수·원수·부원수 등을 돕던 원수.

조절(調節)명하타되자 사물의 상태를 알맞게 조정하거나 균형이 잘 잡혀 어울리도록 함. ¶ 온도 조절. /생산량을 조절하다.

조절-란(調節卵)명 동물의 알에서, 발생 초기에는 각 부분의 운명이 결정되지 않고 발생 과정에서 각각의 조건 아래 조절이 이루어져 완전한 동물이 되는 알. 〔성게나 영원(蠑蚖) 따위의 알.〕

조점(兆占)명하자 점을 침, 또는 그 점괘.

조정(措定)명하타되자 〔철학에서〕 ①어떤 존재를 긍정하고 그 내용을 규정함. ②어떤 명제를 자명한 것 또는 임의의 가정(假定)으로 하여, 추리에 의하지 않고 직접 긍정하여 주장함, 또는 추리의 전제로서 아직 증명되지 않은 명제.

조ː정(釣艇)명 낚싯배.

조정(朝廷)명 임금이 나라의 정치를 집행하던 곳. 왕정. 조가(朝家). 조당(朝堂).

조정엔 막여작(莫如爵)이요, 향당엔 막여치(莫如齒)라 속담 조정에서는 벼슬의 등급을 중히 여기고, 고장에서는 나이의 차례를 중히 여긴다는 말.

조정(漕艇) 명 하자 ①보트를 저음. ②보트를 저어서 그 속도로 승부를 겨루는 경기의 한 가지.

조정(調定) 명 하타 조사하여 확정함.

조정(調停) 명 ①하타 노동 쟁의 조정법에서, 쟁의가 알선으로 해결되지 않았을 때 노동 위원회에서 선출한 조정 위원이 노사(勞使) 쌍방의 의견을 듣고 조정안을 작성·제시하여 쟁의가 해결되도록 노력하는 일. ②민사상 또는 가정 내의 분쟁을 해결하기 위하여 법원 등의 제삼자가 당사자 사이에 들어서 화해시킴.

조정(調整) 명 하타 되자 고르지 못한 것이나 과부족(過不足)이 있는 것 따위를 알맞게 조절하여 정상 상태가 되게 함. ¶ 선거구를 조정하다.

조정-법(調停法) [-뻡] 명 각종 분쟁을 조정하기 위하여 만든 법률을 통틀어 이르는 말.

조정-지(調整池) 명 수력 발전소에서, 발전해야 할 양이 많을 때 쓰기 위하여 적게 발전할 때의 남는 물을 모아 두는 저수지.

조:제(弔祭) 명 하타 죽은 사람의 영혼을 위로하기 위하여 제사함.

조:제(助劑) 명 ☞보제(補劑).

조제(粗製) 명 하타 물건을 조잡하게 만드는 일, 또는 그렇게 만든 물건. 조조(粗造). ↔정제(精製).

조제(調製) 명 하타 되자 주문에 따라 물건을 만듦. 취향에 따라 만듦. ¶ 특별히 조제한 양복.

조제(調劑) 명 하타 되자 여러 가지 약제를 조합하여 약을 만듦. 조약(調藥). ¶ 감기약을 조제하다.

조제-남조(粗製濫造) 명 하타 조제품(粗製品)을 마구 만듦.

조제-사(調劑師) 명 '약사(藥師)'의 잘못.

조제-실(調劑室) 명 (병원이나 약국 등에서) 약사가 약을 조제하는 방.

조제-약(調劑藥) 명 (약사가) 조제한 약.

조제-품(粗製品) 명 막치.

조:젯(Georgette) 명 여름철 여자 옷에 많이 쓰는, 얇고 톡톡한 견 또는 면직물. 〔본디는 상표명임.〕

조:조(早朝) 명 이른 아침. 조단(早旦). 조천(早天).

조조(粗造) 명 하타 ☞조제(粗製).

조:조(肇造) 명 하타 처음으로 만듦.

조조(躁躁) '조조하다'의 어근.

조조-이(條條-) 부 조목조목이.

조조-하다(躁躁-) 형여 성질이 조급하다. ¶ 시간에 쫓겨 마음이 몹시 조조하다. **조조-히** 부.

조:조-할인(早朝割引) 명 하타 극장 등에서, 오전에 입장 요금을 할인하는 일.

조족지혈(鳥足之血) [-찌-] 명 〔새발의 피라는 뜻으로〕 '아주 적은 분량'을 비유하여 이르는 말.

조:졸(早卒) 명 하자 ☞요절(夭折).

조졸(漕卒) 명 고려·조선 시대에, 배로 물건을 실어 나르는 일을 하는 사람을 이르던 말. 수부(水夫). 조군(漕軍).

조:종(弔鐘) 명 ①죽은 이를 애도하는 뜻으로 치는 종. ②'어떤 일의 종말을 알리는 징조'를 비유하여 이르는 말. ¶ 식민주의의 조종이 울리다.

조:종(早種) 명 〈조생종(早生種)〉의 준말.

조종(祖宗) 명 〔임금의 시조와 중흥의 조(祖)라는 뜻에서 온 말로〕 당대 이전의 역대 임금을 통틀어 이르는 말.

조종(朝宗) 명 ①옛날 중국에서, 봄과 여름에 제후가 천자를 뵙던 일. ②'강물이 바다로 흘러들어감'을 비유하여 이르는 말.

조종(操縱) 명 하타 되자 ①(비행기·선박·자동차 따위의 기계를) 마음대로 다루어 부림. ¶ 비행기를 자유자재로 조종하다. ②사람을 자기의 뜻대로 부림. ¶ 그들을 배후에서 조종하다.

조종-간(操縱杆) 명 비행기나 토목 기계 따위를 조종하게 된 막대기 모양의 장치.

조종-기업(祖宗基業) 명 조상 때부터 대대로 이어 온 왕업(王業). 조종세업(祖宗世業).

조종-사(操縱士) 명 항공기를 조종하는 사람.

조종-석(操縱席) 명 조종사가 앉는 자리.

조종-세업(祖宗世業) 명 ☞조종기업.

조좌(朝座) 명 임금이 정사(政事)를 듣고 신하의 알현을 받는 자리, 또는 벼슬아치들이 조정에 모일 때의 정해진 자리.

조좌(稠座) 명 〈조인광좌(稠人廣座)〉의 준말.

조:주(助走) 명 하자 ☞도움닫기.

조:주(助奏) 명 독창이나 독주의 음악적 효과를 높이기 위하여 반주 이외에 어떤 선율을 협주하는 일. 오블리가토.

조주(粗酒) 명 ☞박주(薄酒).

조:주(造主) 명 하자 신주(神主)를 만듦.

조:주(造酒) 명 하자 술을 빚음.

조:주(造珠) 명 인공으로 만든 구슬.

조주(朝酒) 명 아침에 마시는 술. 묘주(卯酒).

조:준(照準) 명 하타 되자 탄환이 목표에 명중하도록 총이나 포 따위를 겨냥함. ¶ 조준 사격. / 목표물을 조준하다.

조:준-기(照準器) 명 총신이나 포신을 움직여 목표를 겨냥하기 위한 장치. 〔가늠쇠 따위.〕

조:준^망:원경(照準望遠鏡) 명 총포 따위에 딸리어 조준하는 데 쓰이는 망원경.

조:준-선(照準線) 명 조준의 표준이 되는 선으로, 사수의 눈에서 가늠구멍의 한가운데와 가늠쇠 위를 지나 조준점에 이르는 직선.

조증(燥症) [-쯩] 명 한방에서, 마음이 답답하여 편치 않은 증세.

조증(躁症) [-쯩] 명 조급하게 구는 성질이나 버릇. ¶ 조증이 나다.

조지(朝紙) 명 ☞기별(奇別).

조지다 타 ①짜임새가 느슨하지 않게 단단히 맞추다. ②단단히 잡도리하다. ¶ 나들이를 삼가도록 조지다. ③호되게 때리다. ¶ 더 이상 반항하지 못하게 조지다. ④(신세 따위를) 망치다. ¶ 신세를 조지다.

조:지-서(造紙署) 명 조선 시대에, 종이 뜨는 일을 맡아보던 관아.

조직(組織) 명 ①하타 되자 (목표를 달성하기 위하여) 일정한 지위와 역할을 지닌 사람이나 물건이 모여서 질서 있는 하나의 집합체를 이룸, 또는 그 집합체. ¶ 판매 조직. / 산악회를 조직하다. ②날실과 씨실을 걸어 천을 짜는 일, 또는 그 짜임새. ¶ 옷감의 조직이 성기다. ③생물체를 구성하는 단위의 하나로, 같은 모양이나 기능을 지닌 세포의 모임. ¶ 신경 조직. / 조직 검사.

조직-계(組織系) [-계/-게] 명 식물에서, 서로 유기적 관계에 있는 여러 조직의 모임.

조직^근로자(組織勤勞者) [-끌-] 명 노동조합에 가입한 근로자.

조직-력(組織力)[-징녁]명 ①짜서 이루는 능력. ②조직으로 뭉쳐진 힘. ¶ 조직력을 강화하다.
조직-망(組織網)[-징-]명 (그물처럼) 널리 치밀하게 펴져 있는 조직체의 체계적인 갈래. ¶ 조직망을 확장하다.
조직^배ː양(組織培養)[-빼-]명 생물체의 조직의 한 조각을 떼내어 적당한 조건에서 배양·증식시키는 일.
조직-법(組織法)[-뻡]명 인간 행위의 바탕이나 수단이 되는 조직에 관하여 정한 법.
조직-적(組織的)[-쩍]관명 (어떤 목적을 위하여) 전체가 일정한 규범과 질서를 가지고 유기적으로 짜여 있는 (것). ¶ 조직적 탐색. /조직적인 활동.
조직-책(組織責)명 (정치적 분야 등에서의) 조직의 책임자.
조직-체(組織體)명 조직적으로 구성된 체제(體制)나 단체(團體).
조직-학(組織學)[-지칵]명 생물 조직의 구성·발생·분화·기능 따위를 연구하는 생물학의 한 분과(分科).
조진(凋盡)명하자 시들어 다함. 말라 없어짐.
조짐의 사방 여섯 자 부피로 쌓은 장작 더미를 세는 말. ¶ 장작 한 조짐. 참평(坪).
조짐(兆朕)명 어떤 일이 일어날 징조. ¶ 물가가 오를 조짐이 보이다.
조짐-머리명 여자의 머리털을 소라딱지 모양으로 틀어 만든 머리.
조-짚[-집]명 조나 피 따위의 낟알을 떨어낸 짚. * 조짚이[-지피]·조짚만[-짐-]
조ː짜(造-)명 진짜처럼 만든 '가짜 물건'을 속되게 이르는 말.
조-쪽대 말하는 이에게 비교적 먼 곳이나 방향을 나타내는 말. ¶ 조쪽에다 두어라.
조-쯤 Ⅰ명 조만한 정도. ¶ 아마, 조쯤이면 충분할거야. 큰저쯤.
Ⅱ부 조만한 정도로. 큰저쯤.
조쯧ᄫᅳ니타 〈옛〉 좇자오니. 좇사오니. 〔'좇다'에 어미 'ᄌᆞᄫᅳ니'가 붙은 말.〕 ¶ 國王이 조쯧ᄫᅳ니 (月釋*21:189*).
조차조 체언에 붙어, 위의 사실이 있는데 그 위에 또 더함을 뜻하는 보조사. 도. 마저. 까지. ¶ 아버지 이름은커녕 제 이름조차 못 쓴다. /점심도 굶었는데 저녁조차 굶게 되었다.
조차(租借)명하타되자 특별한 합의에 따라 어떤 나라가 다른 나라의 영토의 일부를 일정 기간 빌리어 자국의 통치 아래에 두는 일.
조ː차(造次)명 〈조차간(造次間)〉의 준말.
조차(潮差)명 밀물 때와 썰물 때와의 수위(水位)의 차. ¶ 조차가 크다.
조ː차(操車)명하자 차량을 다룸. 특히, 열차나 전동차 따위의 차량 편성과 운전 순서 등을 조정하는 일을 이름.
조ː차-간(造次間)명 ①아주 짧은 시간. 잠시 동안. ②아주 급작스러운 사이. ②창졸간(倉卒間). 준조차(造次).
조ː차-장(操車場)명 철도에서, 객차나 화차를 연결하거나 분리하거나 하며 조절하는 곳.
조차-지(租借地)명 조차한 땅.
조찬(粗餐)명 ①검소하게 차린 식사. ②〔남에게 식사를 대접할 때에 쓰는 겸사의 말로〕 변변치 못한 식사.
조찬(朝餐)명 아침 식사. 특히, 어떤 목적을 가진 모임 따위에서의 아침 식사. ¶ 조찬 기도회. ↔만찬.
조찬-회(朝餐會)[-회/-훼]명 손님을 초청하여 아침 식사를 겸하여 베푸는 모임.
조ː찰(照察)명하타 진상을 똑똑히 꿰뚫어 봄. 잘 헤아려 알아차림.
조ː참(早參)명하자 이르게 참석함. ↔지참(遲參).
조참(朝參)명하자 한 달에 네 번씩 백관이 정전에 나와 임금에게 문안을 드리고 정사를 아뢰던 일.
조창(漕倉)명 고려·조선 시대에, 조운(漕運)할 곡식을 쌓아 두던 곳집. 조운창(漕運倉).
조처(措處)명하자타 어떤 문제나 사태를 해결하기 위하여 필요한 대책을 강구함, 또는 그 대책. 조치(措置). ¶ 법에 따라 단호하게 조처하다.
조ː척(照尺)명 ☞가늠자.
조ː천(早天)명 ①이른 아침. 조조(早朝). ②동틀 무렵의 하늘.
조철(條鐵)명 가늘고 긴 철재(鐵材). 막대 모양으로 된 철재.
조철(銚鐵)명 ☞들쇠.
조첩(稠疊)명 ①하자 연해 거듭됨. ②하형 겹겹이 겹쳐있음.
조ː청(造淸)명 묽게 곤 엿. 물엿.
조체모개(朝遞暮改)명하자 〔아침에 바꾸고 저녁에 간다는 뜻으로〕 '관원의 경질이 매우 잦음'을 이르는 말.
조ː촉(弔燭)명 장례식 따위에서 켜는 초.
조출-하다형여 ①아담하고 깨끗하다. ¶ 조출한 살림. /조출하게 차린 음식상. ②성품이나 행실 따위가 깔끔하고 얌전하다. ¶ 조출한 성품. /조출하고 똑똑한 여인. ③외모가 말쑥하고 아담하다. ¶ 조출한 얼굴. ④호젓하고 단출하다. ¶ 조출한 모임. 준조하다. **조출-히**부 ¶ 아버지의 회갑 잔치는 조출히 치르기로 했다.
조촘-거리다자타 자꾸 조촘조촘하다. 조촘대다. ¶ 선뜻 들어서지 못하고 조촘거리다. 큰주춤거리다.
조촘-대다자타 조촘거리다.
조촘-병(-病)[-뼝]명 무슨 일을 조촘거리며 벼르기만 하고 시원스럽게 해내지 못하는 버릇. 큰주춤병.
조촘-조촘부하자타 ①선뜻 나아가지 못하고 망설이며 조금씩 움직이는 모양. ¶ 조촘조촘 옆으로 다가가다. ②무슨 일을 할까 말까 망설이며 자꾸 머뭇거리는 모양. ¶ 조촘조촘 어렵게 말문을 열다. 큰주춤주춤.
조ː총(弔銃)명 저명인사나 지사, 군인 등의 장례식·위령제·추념식 따위에서, 죽은 이를 추모하고 애도의 뜻을 나타내기 위하여 쏘는 예총(禮銃). ¶ 추모의 조총을 쏘다. 비조포(弔砲).
조총(鳥銃)명 ①새총. ②'화승총(火繩銃)'을 달리 이르는 말.
조추부 얼마 뒤에. 나중에. ¶ 조추 알리겠다.
조ː추(早秋)명 이른 가을.
조ː추(肇秋)명 ①초가을. ②'음력 칠월'을 달리 이르는 말. ②난월(蘭月).
조ː춘(早春)명 이른 봄. 초춘(初春).
조ː춘(肇春)명 ①초봄. ②'음력 정월'을 달리 이르는 말.
조ː출(早出)명하자 ①아침 일찍이 나감. ②정한 시각보다 일찍 나감.
조출(繰出)명하타 고치를 삶아 실을 켜냄.
조출모귀(朝出暮歸)명하자 〔아침에 나갔다가 저녁에 돌아온다는 뜻으로〕 ①'집에 있을 동안이 얼마 되지 않음'을 이르는 말. ②'사물이 쉴 새 없이 늘 바뀌어 감'을 비유하여 이르는 말.

조충(條蟲·絛蟲)명 촌충류의 편형동물. 척추동물의 창자에 기생하는 기생충. 몸길이는 1 cm부터 10 m나 되는 것도 있음. 몸은 여러 마디로 되어 있으며 체벽으로부터 영양을 빨아 먹음. 〔갈고리촌충·민촌충·넓은마디촌충 따위.〕

조충-서(鳥蟲書)명 왕망(王莽)의 한자 글씨체의 한 가지. 새와 벌레의 모양을 본뜬 글씨체로, 흔히 기치(旗幟)나 부신(符信)에 씀.

조충-소기(彫蟲小技)명 〔벌레를 새기는 보잘것없는 솜씨라는 뜻으로〕 서투른 솜씨로 남의 글에서 토막 글귀들을 따다가 뜯어 맞추는 짓을 이르는 말.

조충-전각(彫蟲篆刻)명 글을 지을 때 지나치게 글귀의 수식에만 치우치는 일.

조취(臊臭)명 누린내.

조취모산(朝聚暮散)명하자 〔아침에 모였다가 저녁에 흩어진다는 뜻으로〕 '이합집산(離合集散)이 덧없음'을 이르는 말.

조치명 ①바특하게 끓인 찌개나 찜. ¶ 생선 조치. ②조칫보에 담은 반찬. ③〈조칫보〉의 준말.

조치(措置)명하자타 ☞조처(措處). ¶ 긴급 조치. /조치를 강구하다.

조치(調治)명하타 ☞조리(調理).

조치-개명 어떤 것에 마땅히 딸려 있어야 할 물건. 〔밥에 대한 반찬 따위.〕

조치다자 〈옛〉 좇기다. ¶ 돌ᄒᆞ로 텨든 조치여 ᄃᆞ라 머리 가(釋譜 *19:31*).

조ː칙(詔勅)명 ☞조서(詔書).

조ː침(釣針)명 낚시.

조침(朝寢)명 아침잠.

조ː침-문(弔針文)명 조선 순조 때, 유씨(兪氏) 부인이 지은 수필. 부러뜨린 바늘에 대한 작자의 슬픈 심회를 제문(祭文) 형식으로 쓴 내용. 일명 '제침문(祭針文)'.

조침-젓[-젇]명 여러 가지 물고기를 섞어 담근 젓. ＊조침젓이[-저시]·조침젓만[-전-]

조칫-보[-치뽀/-칟뽀]명 조치를 담는 데 쓰는 그릇. 김치 보시기보다 조금 크고 운두가 낮음. 준조치.

조카명 ①형제자매의 아들. 유자(猶子). 종자(從子). 질아(姪兒). 질자(姪子). ②형제자매의 아들과 딸.

조카-딸명 형제자매의 딸. 유녀(猶女). 여질(女姪). 질녀(姪女).

조카-며느리명 조카의 아내. 질부(姪婦).

조카-사위명 조카딸의 남편. 질서(姪壻).

조카-자식(-子息)명 ①조카와 조카딸을 두루 이르는 말. ②조카와 조카딸을 낮추어 이르는 말.

조ː커(joker)명 트럼프의 으뜸 패, 또는 다른 패 대신으로 쓸 수 있는 패.

조ː크(joke)명 농담. 우스갯소리. 익살.

조ː타(操舵)명하타 배가 나아가게 키를 조종함.

조ː타-기(操舵機)명 배의 키를 조종하는 장치. 타기(舵機).

조ː타-수(操舵手)명 ☞키잡이.

조ː타-실(操舵室)명 선박에서, 조타기나 통신 설비 따위가 장치되어 있는 방.

조탁(彫琢)명하타 ①보석 따위를 새기거나 쫌. ②'시문(詩文) 따위의 자구(字句)를 아름답게 다듬음'을 비유하여 이르는 말.

조탁-성(鳥啄聲)[-썽]명 〔새가 쪼아 먹는 소리라는 뜻으로〕 '근거 없이 지껄이는 소리, 또는 헛소문'을 이르는 말.

조탄(粗炭)명 아주 거칠고 질이 나쁜 석탄.

조탕(潮湯)명 ①바닷물을 데운 목욕물, 또는 그 물을 쓰는 목욕탕. ②염분이 있는 온천.

조ː태(釣太)명 주낙으로 잡은 명태.

조ː퇴(早退)[-퇴/-퉤]명하자 직장이나 학교 같은 데서, 끝나는 시간이 되기 전에 일찍 돌아감. ¶ 몸이 아파 학교에서 조퇴하다.

조퇴(潮退)[-퇴/-퉤]명하자 조수가 밀려 나감.

조ː파(早播)명하타 씨앗을 제철보다 일찍 뿌림.

조파(條播)명하타 ☞줄뿌림.

조ː파(照破)명하타 부처가 지혜의 빛으로 범부(凡夫)의 어두운 마음을 비추어 깨닫게 하는 일.

조판(組版)명하자되자 활판 인쇄에서, 원고에 따라 문선(文選)한 활자로 인쇄판을 짬, 또는 그 판. 제판(製版). 판짜기.

조판(調辦)명하타 조사하여 처리함.

조판(彫版·雕版)명하타 글자나 그림을 판목(版木)에 새김, 또는 그 판목.

조팝-나무[-팜-]명 장미과의 낙엽 관목. 산이나 들에 나는데, 관상용으로 심기도 함. 줄기 높이는 1.5~2 m. 잎은 길둥글며 고약한 냄새가 나고, 봄에 흰 꽃이 핌. 어린잎은 식용하고, 뿌리와 줄기는 한방에서 약재로 씀.

조ː패(造牌)명하타 ☞작패(作牌).

조ː폐(造幣)[-폐/-페]명하자 화폐를 만듦.

조ː폐-권(造幣權)[-폐꿘/-페꿘]명 법률로 정한 바에 따라 화폐의 제조 및 발행을 장악하는 권능. 〔정부가 독점하는 것이 상례임.〕

조ː폐^평가(造幣評價)[-폐-까/-페-까]명 법제상 함유되어야 할 순금량이나 순은량을 기초로 한, 두 나라 사이의 화폐 단위의 교환 비율.

조ː포(弔砲)명 장례식 같은 데서, 죽은 이를 추모하고 애도의 뜻을 나타내기 위하여 쏘는 예포(禮砲). 비조총(弔銃).

조포(租包)명 벼를 담는 멱서리.

조포(粗布)명 거칠게 짠, 질이 좋지 않은 베.

조포(粗暴) '조포하다'의 어근.

조ː포(造布)명 함경북도에서 나는 베의 한 가지. 올이 배고 두꺼우며 나비가 좁음.

조ː포-체(造胞體)명 세대 교번을 하는 식물에서, 포자(胞子)를 만들어 생식을 하는 세대의 식물체.

조포-하다(粗暴-)형여 성질이나 행동 따위가 거칠고 난폭하다. ¶ 조포한 언행. **조포-히**부.

조폭(組暴)명 '조직 폭력배'를 줄여 이르는 말.

조표(調標)명 악곡의 조를 나타내는 기호. 〔음자리표 다음에 표시하는 샤프(#)나 플랫(♭) 따위.〕 조호(調號).

조품(粗品)명 ①만듦새가 변변하지 못한 물품. ②〔남에게 선물 따위를 보낼 때에 쓰는 겸사의 말로〕 변변하지 못한 물품.

조풍(條風)명 팔풍의 하나. 동북풍(東北風).

조풍(潮風)명 바닷바람.

조피명 초피나무의 열매.

조피-나무명 ☞초피나무.

조피-볼락명 양볼락과의 바닷물고기. 몸길이는 30 cm가량이며 겉모양은 볼락과 비슷함. 우리나라와 일본 연안의 얕은 바다에서 삶.

조필(粗筆)명 ①☞졸필(拙筆). ②남에 대하여, 자기의 필적을 낮추어 이르는 말.

조핏-가루[-피까-/-핃까-]명 조피의 씨를 빼고 빻은 가루. 향신료로 쓰임.

조ː하(早夏)명 이른 여름.

조하(朝賀)명하자 정월 초하룻날 같은 때에, 신하가 입궐하여 임금에게 하례하던 일.

조하(朝霞)명 아침노을.
조ː하(肇夏)명 ①초여름. ②'음력 사월'을 달리 이르는 말. ②하반(夏半).
조-하다형여 〈조촐하다〉의 준말.
조-하다(燥-)형여 (촉촉하거나 부드러운 맛이 없이) 깔깔하게 마르다.
조-하다(躁-)형여 성미가 느긋하지 못하고 몹시 급하다.
조하-주(糟下酒)명 ①☞송이술. ②☞용수뒤.
조학(嘲謔)명하타 비웃으며 놀림.
조학(燥涸)명하자 (논밭이나 하천·호수 따위가) 바짝 말라붙음.
조합(組合)명 ①민법상, 두 사람 이상이 출자하여 공동 사업을 하기로 한 계약에 따라 이루어진 단체. 〔소비 조합 따위.〕 ②특별법상, 어떤 공동 목적을 수행하기 위하여 일정한 자격을 가진 사람들이 조직한 사단 법인의 한 형태. 〔공제 조합·협동조합 따위.〕 ③하타되자수학에서, 여러 개 가운데에서 정한 몇 개를 한 쌍으로 하여 뽑아 모음, 또는 그 짝. 콤비네이션. ④하타되자여럿을 모아 한 조가 되게 함.
조ː합(照合)명하타되자 (맞나 틀리나, 또는 같은 것인가 다른 것인가를) 맞추어 봄. 대조함.
조합(調合)명하타되자 두 가지 이상의 것을 한데 섞음. 특히, 약재나 물감 따위를 일정한 분량대로 두루 배합함.
조합^계ː약(組合契約)[-꼐-/-께-]명 조합의 구성원이 출자하여 공동 사업을 경영하기로 약속함으로써 이루어지는 계약.
조합^기업(組合企業)[-끼-]명 공동 기업의 한 가지. 소규모의 생산자와 근로자가 서로 도와서 저마다의 경제적 이익을 꾀하는 기업. 〔농업 협동조합·수산업 협동조합 따위.〕
조합-비(組合費)[-삐]명 ①조합을 운영하는 데 드는 비용. ②조합원이 내는 회비.
조합-원(組合員)명 조합에 가입한 사람.
조합-주의(組合主義)[-쭈의/-쭈이]명 노동조합 운동을 정치에서 분리하여 노동 조건의 개선 등 경제 투쟁에만 한정시키려는 주의.
조항(祖行)명 할아버지뻘이 되는 항렬. 대부항.
조항(條項)명 ☞조목(條目). ¶ 법률 조항.
조해(潮害)명 간석지(干潟地) 따위에 조수가 들어서 입은 피해.
조해(潮解)명하자되자 고체가 대기(大氣) 중의 습기를 빨아들여 액체가 됨.
조해-성(潮解性)[-썽]명 조해하는 성질.
조ː행(早行)명하자 아침 일찍 길을 떠남. 조발(早發).
조행(操行)명 보통 때의 행실. 품행(品行).
조향^장치(操向裝置)명 자동차의 진행 방향을 바꾸기 위하여 앞바퀴의 회전축 방향을 조절하는 장치.
조헌(朝憲)명 조정의 법규. 나라의 법.
조험(阻險) '조험하다'의 어근.
조ː험-하다(阻險-)형여 길이 막히고 험난하다. 조험-히부.
조현(朝見)명하자 신하가 입궐하여 임금을 뵙던 일. 조근(朝覲).
조현-례(朝見禮)[-녜]명 새로 간택된 비(妃)나 빈(嬪)이 가례(嘉禮)를 지낸 뒤에 비로소 부왕(父王)과 모비(母妃)를 뵙던 예식.
조ː혈(造血)명하자 (몸 안에서) 피를 만들어 냄. ¶ 조혈 작용.
조ː혈-기(造血器)명 동물체에서, 혈액의 혈구를 만들어 내는 기관. 조혈 기관.
조ː혈^기관(造血器官)명 ☞조혈기.
조ː혈-제(造血劑)[-쩨]명 혈액 중의 헤모글로빈과 적혈구의 수를 증가시키는 약제. 빈혈의 치료 약제. 보혈제.
조ː혈^조직(造血組織)명 동물체에서, 혈액 중의 혈구, 특히 적혈구를 만드는 조직.
조협(皁莢)명 쥐엄나무 열매의 껍질. 성질이 온하며 맛은 시고 짭짤한데 독이 조금 있음. 한방에서, 중풍이나 편두통 따위의 약재로 쓰임.
조협-자(皁莢子)[-짜]명 쥐엄나무 열매의 씨. 한방에서, 장(腸)을 유화(柔和)시키며 풍열(風熱)을 다스리는 약재로 쓰임.
조협-자(皁莢刺)[-짜]명 쥐엄나무의 가시. 성질이 온하며 한방의 외과(外科)에 많이 쓰임.
조ː형(造形)명하자되자 어떤 형상이나 형태를 만듦.
조ː형(造型)명하타되자 기계 공학에서, 주형(鑄型)을 만듦.
조ː형-물(造形物)명 (조각이나 건축 따위) 조형 예술 작품.
조ː형-미(造形美)명 어떤 모습을 입체감 있게 예술적으로 나타내는 아름다움.
조ː형^미ː술(造形美術)명 ☞조형 예술.
조ː형-성(造形性)[-썽]명 조형 예술 작품이 지니고 있는 특성. ¶ 조형성을 잘 나타낸 작품.
조ː형^예ː술(造形藝術)[-녜-]명 그림이나 조각·건축 등과 같이, 물질적 재료를 가지고 유형적인 미를 나타내어 시각에 호소하는 예술을 통틀어 이르는 말. 공간 예술. 조형 미술.
조ː호(助護)명하타되자 도와서 보살핌.
조호(潮湖)명 조수가 물러간 뒤에도 물이 빠지지 못하고 남아, 호수 모양을 이룬 곳.
조호(調號)명 ☞조표(調標).
조호(調護)명하타되자 ①매만져서 잘 보호함. ②몸을 잘 조섭함.
조ː혼(早婚)명하자 일반적인 결혼 적령기보다 일찍 결혼함, 또는 그 혼인. ¶ 조혼하여 열여섯 살에 큰아들을 낳았다. ↔만혼(晩婚).
조ː혼(助婚)명하자 ①혼인에 드는 비용을 도와줌. ②혼인 때, 신부 집이 가난할 경우 신랑 집에서 돈을 보태어 줌.
조ː혼-전(助婚錢)명 혼인 때 신부 집이 가난할 경우, 신랑 집에서 신부 집에 혼인 비용으로 보태어 주는 돈.
조홀(粗忽) '조홀하다'의 어근.
조홀-하다(粗忽-)형여 언행 따위가 거칠고 차분하지 못하다. 경솔하여 조심성이 없다. 조홀-히부.
조흠형 〈옛〉〔'좋다'의 명사형〕 조촐함. 깨끗함. ¶ 法界 조호몰 어드리니(圓覺序57).
조ː홍(早紅)명 감의 한 가지. 다른 감보다 일찍 익고 빛깔이 매우 붉음. 조홍시.
조홍(朝虹)명 아침에 서쪽에 서는 무지개. 〔큰비가 올 징조라고 함.〕
조홍(潮紅)명 수줍거나 부끄러워서 얼굴이 붉어지는 일.
조ː-홍시(早紅柿)명 ☞조홍(早紅).
조ː홍시-가(早紅柿歌)명 조선 선조 때 박인로(朴仁老)가 지은, 효(孝)를 주제로 한 4수의 시조.
조ː화(弔花)명 조상(弔喪)하는 뜻으로 바치는 꽃.
조화(彫花)명하자 도자기에 꽃무늬를 새김, 또는 그 꽃무늬.
조ː화(造化)명 ①천지자연의 이치. ¶ 조화의 묘(妙). ②천지 만물을 창조하고 주재(主宰)하는 일, 또는 그 신. 조물주. ③사람의 힘으로는 어떻게 된 것인지 알 수 없을 만큼 야릇하거나 신통한 일. ¶ 조화를 부리다. /무슨 조화인지 영문을 모르겠다.

조:화(造花)명 종이나 헝겊 따위로 만든 꽃. 가화(假花). ↔생화(生花).

조화(調和)명하자타되자 대립이나 어긋남이 없이 서로 잘 어울림. 균형이 잘 잡힘. 어울림. 해화(諧和). ¶ 주위와 조화를 이룬 건조물.

조화(遭禍)명하자 화를 당함. 화를 입음.

조화-급수(調和級數)[-쑤]명 각 항(項)의 역수(逆數)가 등차급수를 이루는 급수.

조화-롭다(調和-)[-따][~로우니·~로워]형ㅂ 잘 어울려 어긋나거나 모순됨이 없다. ¶ 음색이 조화롭다. /조화로운 빛깔. **조화로이**부.

조화-미(調和美)명 잘 조화된 아름다움. ¶ 조화미를 잘 살린 작품.

조화-성(調和性)[-썽]명 조화를 이루는 성질.

조화-수열(調和數列)명 각 항(項)의 역수(逆數)가 등차수열을 이루는 수열.

조:화-신(造化神)명 ☞조물주(造物主).

조:화신-공(造化神功)명 조화신의 공력.

조:화-옹(造化翁)명 ☞조물주(造物主).

조:화-주(造化主)명 ☞조물주(造物主).

조화^중항(調和中項)명 세 개의 수가 조화수열을 이룰 때, 그 가운데의 항.

조화^해:석(調和解析)명 일반적으로 어떤 함수를 삼각 함수의 급수로 분해하는 일.

조:환^운:동(弔環運動)명 남자 체조 경기 종목의 한 가지. 땅에서 2.5 m 되는 높이의 대에 50 cm의 간격으로 로프에 매단 2개의 링을 잡고 링이 흔들리지 않게 조절하면서 물구나무서기·매달리기·버티기 따위의 동작을 하는 운동. 링 운동.

조:홧-속(造化-)[-화쏙/-홛쏙]명 어떻게 된 것인지 알 수 없는, 야릇하거나 신통한 일의 속내.

조:황(釣況)명 낚시질이 잘되고 안되는 상황.

조회(朝會)[-회/-훼]명하자 ①☞조례(朝禮). ②왕조 때, 백관(百官)이 정전(正殿) 앞에 모여 임금에게 조현(朝見)하던 일.

조:회(照會)[-회/-훼]명하타되자 자세한 사정이나 명확하지 못한 점 등을 알아봄. 물어서 확인함. ¶ 신원 조회. /성적을 조회해 보다.

조:효(早曉)명 이른 새벽.

조효(粗肴)명 〔남에게 술을 대접할 때에 쓰는 겸사의 말로〕 변변하지 못한 안주.

조효(嘲哮)명하자 짐승이 사납게 울부짖음. 포효(咆哮).

조후(兆候)명 어떤 일이 일어날 징후. 조짐. ¶ 조후를 보이다. /조후가 나타나다.

조후(潮候)명 밀물과 썰물이 드나드는 시각.

조후-차(潮候差)명 달이 자오선을 지난 다음부터 만조가 될 때까지의 평균 시간.

조훈(祖訓)명 조상의 훈계.

조:휼(弔恤)명하타 남의 죽음에 조의를 표하고 함께 슬퍼함.

조흔(爪痕)명 손톱자국.

조흔(條痕)명 ①줄처럼 난 자국. ②애벌 구운 자기를 광물로 문질렀을 때 나는, 줄 모양의 자국. 자국에 나타나는 빛이 광물에 따라 특유하므로 광물의 감정에 쓰임.

조흔-색(條痕色)명 조흔에 나타나는 광물의 빛깔. 광물에 따라 독특한 빛을 냄.

조:흥(助興)명하자 흥취를 돋움.

조희(嘲戱)[-히]명하타되자 빈정거리며 희롱함.

조희(調戱)[-히]명하타되자 희롱하여 놀림. 파롱.

조히부 〈옛〉 깨끗이. ¶ 늣ᄌᆞᆺ기 감프ᄅᆞ며 흰 ᄃᆡ 블근 ᄃᆡ 조히 分明ᄒᆞ시며(月釋2:41).

족부 ①가는 줄이나 선을 곧게 내리긋는 모양. ¶ 빈칸에 선을 족 내리긋다. ②무엇이 한 줄로 고르게 가지런히 늘어선 모양. ¶ 줄이 족 이어지다. /차례대로 족 늘어서다. ③얇은 종이나 천 따위를 거침없이 내리 찢는 모양. ¶ 색종이를 족 찢다. ④글이나 말 따위를 거침없이 내리읽거나 외거나 말하는 모양. ¶ 책을 족 읽어 내려가다. /끝까지 족 말해 버리다. ⑤좁은 범위를 한눈에 훑어보는 모양. ¶ 방 안을 족 훑어보다. ⑥적은 양의 물이나 술 따위를 단숨에 들이마시는 모양. ¶ 물 한 컵을 족 들이마시다. /소주 한 잔을 족 들이켜다. 큰죽2. 센쪽7. 족-족부.

족(足)1명 '소나 돼지 따위의 무릎 아랫부분'을 식용으로 이르는 말. ¶ 족 한 짝.

족(足)2의 ☞켤레2. ¶ 고무신 한 족.

-족(族)접미 《일부 명사 뒤에 붙어》 ①한 조상에서 갈라져 나온 같은 혈통의 겨레임을 뜻함. ¶ 몽고족. /여진족. /게르만 족. ②같은 종류의 행동을 하는 무리임을 뜻함. ¶ 장발족. /히피족. /나체족.

족가(足枷)[-까]명 ☞차꼬.

족건(足巾)[-껀]명 '버선'의 궁중말.

족-관절(足關節)[-꽌-]명 발에 있는 모든 관절을 통틀어 이르는 말.

족구(足球)[-꾸]명 ①배구와 비슷한 규칙 아래, 발로 공을 차서 네트를 넘겨 승부를 겨루는 경기. ②☞발야구.

족근-골(足根骨)[-끈-]명 발목뼈.

족-내혼(族內婚)[종-]명 혈연 집단에서, 그 집단의 성원 상호 간에만 통혼이 인정되는 혼인. 내혼(內婚). ↔족외혼(族外婚).

족당(族黨)[-땅]명 ☞족속(族屬).

족대[-때]명 어구(漁具)의 한 가지. 작은 반두와 비슷하나 가운데 불이 처지게 되어 있음.

족대(足臺)[-때]명 궤나 장·상자 따위를 놓을 때, 그 밑에 건너 대는 널.

족대기다[-때-]타 ①남을 못 견디게 마구 볶아치다. ¶ 일을 빨리 끝내라고 족대기다. ②마구 우겨 대거나 욱대기다. ¶ 계속 자기가 옳다고 족대기다.

족-대부(族大父)[-때-]명 할아버지뻘이 되는 동성(同姓)의 먼 일가붙이.

족두리[-뚜-]명 여자가 예복을 갖출 때 머리에 쓰는 관(冠)의 한 가지. 보통 비단으로 만들고 구슬로 꾸몄음.

족두리-풀[-뚜-]명 쥐방울덩굴과의 다년초. 산지의 그늘진 곳에 나는데, 뿌리줄기는 마디가 있고 살이 많음. 잎은 원줄기 끝에 두 잎씩 나며, 봄에 홍자색 꽃이 핌. 뿌리줄기는 한방에서 '세신(細辛)'이라 하여 약재로 씀.

족두리-하님[-뚜-]명 지난날, 혼행(婚行)에 신부를 따라가던 여자 하인. 당의를 입히고 족두리를 씌워 향꽂이를 들게 하였음.

족류(族類)[종뉴]명 일가붙이.

족멸(族滅)[종-]명하타 일족(一族)을 멸망시킴. 일족을 몰살함.

족반거상(足反居上)[-빤-]명하자 〔발이 위에 있다는 뜻으로〕 '사물이 거꾸로 됨'을 이르는 말.

족-발(足-)[-빨]명 잡아서 각을 뜬 돼지의 족, 또는 그것을 조린 음식.

족벌(族閥)[-뻘]명 큰 세력을 가진 문벌의 일족. ¶ 족벌 기업. /족벌 정치.

족보(族譜)[-뽀]명 한 가문의 대대의 혈통 관계를 기록한 책. 일족의 계보(系譜). 가보(家譜). 가승(家乘). 보첩(譜牒). 씨보(氏譜). ¶ 족보에 오르다.

족부(足部)[-뿌]명 발 부분. 주로, 발에서 발목까지의 부분을 이름.

족부(族父)[-뿌]명 ☞족장(族長).

족부-권(族父權)[-뿌꿘]명 족장이 가진, 그 족속에 대한 지배권.

·**족부족-간**(足不足間)[-뿌-깐]명 자라든지 모자라든지 관계없음. 《주로, '족부족간에'의 꼴로 쓰임.》 ¶ 족부족간에 셈이나 해 보자.

족사(足絲)[-싸]명 쌍각류(雙殼類) 따위가 바위 같은 데에 붙기 위하여 체내에서 분비하는 실 모양의 분비물.

족산(族山)[-싼]명 일가(一家)의 뫼를 한데 쓴 산. 참선산(先山).

족생(簇生)[-쌩]명하자 초목(草木)이 떨기를 지어 더부룩하게 남.

족속(族屬)[-쏙]명 ①같은 종족에 속하는 사람들. ¶ 자주 변경을 어지럽히던 여진(女眞)의 족속. ②〔흔히 얕잡아 이르는 뜻으로 쓰이어〕 같은 패거리에 속하는 사람들. ¶ 염치없는 족속들 같으니. 족당(族黨).

족손(族孫)[-쏜]명 유복친(有服親)이 아닌, 동성(同姓)의 손자뻘이 되는 사람.

족쇄(足鎖)[-쐐]명 지난날, 죄인의 발목에 채우던 쇠사슬. 참차꼬.

족숙(族叔)[-쑥]명 유복친(有服親)이 아닌, 동성(同姓)의 아저씨뻘이 되는 사람.

족-외혼(族外婚)[조괴-/조궤-]명 혈연 집단에서, 그 집단의 성원 상호 간의 혼인을 금하고, 다른 집단 사람과의 통혼만을 인정하는 혼인. 외혼(外婚). ↔족내혼(族內婚).

족인(族人)명 같은 문중이면서 유복친(有服親)이 아닌 일가붙이.

족자(簇子)[-짜]명 ①글씨나 그림 따위를 표구하여 벽에 걸게 만든 축(軸). 떼었을 때는 보통 말아서 보관함. ②지난날, 나라 잔치 때에 쓰던 의장(儀仗)의 한 가지.

족자-걸이(簇子-)[-짜-]명 족자를 걸거나 떼는 데 쓰는 기구. 긴 막대기 끝에 두 갈래로 된 쇠붙이가 달렸음.

족자리[-짜-]명 옹기 따위의 양옆에 달린 손잡이.

족장(足掌)[-짱]명 발바닥.

족장(을) 치다관용 동상례(東床禮)를 받기 위하여 장난삼아 신랑을 거꾸로 매달고 발바닥을 때리다.

족장(族丈)[-짱]명 유복친(有服親)은 아니나 위 항렬이 되는 문중의 어른.

족장(族長)[-짱]명 일족의 우두머리. 족부(族父).

족-장아찌(足-)명 '장족편'의 잘못.

족적(足跡·足迹)[-쩍]명 ①발자국. ②걸어오거나 지내 온 자취. ¶ 현대사에 큰 족적을 남긴 인물. 발자취.

족제(族弟)[-쩨]명 유복친(有服親)이 아닌, 동성(同姓)의 아우뻘이 되는 남자.

족제(族制)[-쩨]명 (가족이나 씨족 따위와 같이) 혈연으로 결합한 집단의 제도.

족제비[-쩨-]명 족제빗과의 짐승. 평지나 야산·물가·인가 근처에 사는데, 몸길이는 16~32 cm로 암컷이 수컷보다 조금 작음. 털빛은 갈색. 쥐나 곤충을 잡아먹으며 토끼나 닭 따위를 해치기도 함.

족제비는 꼬리 보고 잡는다속담 무슨 일이나 다 목적이 있고 노리는 바가 있기 때문에 한다는 말.

족제비도 낯짝이 있다속담 아무 염치도 체면도 없는 사람을 나무라는 말.

족제비-싸리[-쩨-]명 콩과의 낙엽 관목. 북미 원산으로 높이는 3 m가량. 잎은 깃모양 겹잎으로 어긋맞게 나고, 5~6월에 자줏빛 도는 하늘색 꽃이 이삭 모양으로 핌.

족제비-얼레[-쩨-]명 실을 다루는 데 쓰는, 통이 좁고 길쭉하게 생긴 얼레.

족족[-쪽]의 ①《동사 어미 '-는' 뒤에 쓰이어》 '하는 때마다'의 뜻을 나타냄. ¶ 생기는 족족 써 버린다. /보는 족족 잡아라. ②《의존 명사 '데' 뒤에 쓰이어》 '하나하나마다'의 뜻을 나타냄. ¶ 가는 데 족족 환영을 받다.

족족(足足) '족족(足足)하다'의 어근.

족족(簇簇) '족족(簇簇)하다'의 어근.

족족-유여(足足有餘)[-쪼규-]명하형 넉넉하여 남음이 있음. ¶ 족족유여한 살림살이.

족족-하다(足足-)[-쪼카-]형여 썩 넉넉하다.

족족-히부.

족족-하다(簇簇-)[-쪼카-]형여 ①초목 따위가 자라거나 들어선 모양이 빽빽하다. ②덩굴 따위가 늘어진 모양이 주렁주렁하다. **족족-히**부.

족주(族誅)[-쭈]명하타 (한 사람이 지은 죄로) 일족 또는 삼족을 죽임.

족지(足指)[-찌]명 발가락.

족질(族姪)[-찔]명 유복친(有服親)이 아닌, 동성(同姓)의 조카뻘이 되는 남자.

족집게[-찝께]명 ①주로 잔털이나 가시 따위를 뽑는 데 쓰는, 쇠로 만든 자그마한 집게. ¶ 어머니의 흰머리를 족집게로 뽑아 드렸다. ②일의 속내나 비밀을 귀신같이 잘 알아맞히는 능력을 가진 사람. ¶ 족집게 도사. /족집게 과외.

족집게^장:님[-찝께-]명 길흉을 점칠 때 남의 지낸 일을 족집게로 꼭꼭 집어내듯 잘 알아맞히는 장님을 일컫는 말.

족징(族徵)[-찡]명하타 조선 시대에, 지방 이속(吏屬)들이 공금이나 관곡(官穀)을 사사로이 썼거나, 군정(軍丁)이 도망하거나 사망하여 군포세(軍布稅)가 모자랄 경우, 그 일족에게 이를 대신 내게 하던 일.

족채(足債)명 ①심부름 따위로, 먼 곳에 사람을 보낼 때에 주는 품삯. ②☞차사예채(差使例債).

족척(族戚)명 일가와 친척.

족첨(足尖)명 발부리.

족출(簇出)명하자되자 떼 지어서 잇달아 생기거나 나옴. ¶ 새로운 유행어가 족출하다.

족치다타 ①혼쭐이 나게 사정없이 치거나 두들겨 패다. ¶ 몽둥이로 사정없이 족치다. ②견딜 수 없을 정도로 몹시 족대기다. ¶ 모든 죄상을 자백하도록 족치다. ③하던 일이나 신세 따위를 망치다. ¶ 신세를 족치다. /오늘 장사는 족쳐 버렸다. ④큰 것을 깨뜨려 작게 만들거나 짓찧어서 쭈그러뜨리다. ¶ 북어를 족쳐 술안주로 하다. /마구 족쳐 부수다.

족친(族親)명 유복친(有服親)이 아닌, 같은 성을 가진 일가붙이.

족탈불급(足脫不及)명 〔맨발로 뛰어도 미치지 못한다는 뜻으로〕 '능력이나 재질·역량 따위에 뚜렷한 차이가 있음'을 이르는 말.

족탕(足湯)명 소의 족과 사태를 넣어 끓인 국.

족통(足痛)명 발의 아픔. 발이 아픈 증세.

족-편(足-)명 소의 족·가죽·꼬리 따위를 푹 고아 고명을 뿌리고 식혀서 묵처럼 엉기게 만든 음식.

족하(足下)[조카]명 비슷한 연배 사이에서, 상대편을 높이어 일컫는 말. 〔주로 편지 글에서, 상대편의 이름 밑에 씀.〕

족-하다(足-)[조카-]형여 수량이나 능력 따위가 부족함이 없이 충분하다. ¶ 하나로 족하다. /그만한 실력이면 족하다. **족-히**부 ¶ 그만한 일이라면 족히 해낼 수 있다. /그라면 족히 합격할 수 있을 것이다.

족형(族兄)[조켱]명 유복친(有服親)이 아닌, 동성(同姓)의 형뻘이 되는 남자.

족흔(足痕)[조큰]명 주로 수성암 따위에, 화석으로 남아 있는 동물의 발자국.

존가(尊家)명 남을 높이어 그의 '집'을 이르는 말.

존객(尊客)명 존귀한 손님.

존견(尊見)명 ☞존의(尊意).

존경(尊敬)명하타 남의 훌륭한 행위나 인격 따위를 높여 공경함. ¶ 제자들로부터 존경을 받다. /스승을 존경하다.

존경-어(尊敬語)명 듣는 사람이나 제삼자에게 경의를 표하기 위하여 쓰는 말. 경어(敬語).

존공(尊公)명 ①윗사람의 아버지를 높이어 일컫는 말. 존대인(尊大人). ②남을 높이어 일컫는 말.

존귀(尊貴)명하형 지위나 신분 따위가 높고 귀함. ¶ 존귀하신 분.

존념(存念)명하타 늘 잊지 않고 생각하는 일, 또는 그 생각.

존당(尊堂)명 상대편을 높이어 그의 '어머니'를 일컫는 말.

존대(尊大) '존대하다'의 어근.

존대(尊待)명 ①하타 받들어 대접하거나 대함. ¶ 뭇사람의 존대를 받다. /시부모를 존대하다. ②하자타 존경하는 말투로 대함. ↔하대(下待). **존대하고 뺨 맞지 않는다**속담 남에게 공손하면 욕이 돌아오지 않는다는 말.

존대-어(尊待語)명 존대하는 뜻을 나타내는 말. 높임말. ¶ 깍듯이 존대어를 쓰다.

존대-인(尊大人)명 ☞존공(尊公).

존대-하다(尊大-)형여 벼슬이나 학식·인격 따위가 높고도 크다.

존댓-말(尊待-)[-댄-]명 ☞높임말.

존데(Sonde 독)명 ①식도나 위장·요도 따위에 넣어 내부 상태를 조사하는 철사 모양의 기구. ②고층 기상 관측용 기구(氣球).

존득-거리다[-꺼-]자 자꾸 존득존득한 느낌이 나다. 존득대다. ¶ 존득거리게 반죽을 하다. 큰준득거리다. 센쫀득거리다.

존득-대다[-때-]자 존득거리다.

존득-존득[-쫀-]부하형 (음식물 따위가) 차지고 졸깃졸깃한 느낌. ¶ 존득존득한 찰떡. /존득존득하게 반죽하다. 큰준득준득. 센쫀득쫀득.

존:^라인(zone line)명 아이스하키에서, 링크를 세 구역으로 나누는 두 개의 선.

존람(尊覽)[졸-]명하타 상대편을 높이어, '그가 봄'을 이르는 말.

존령(尊靈)[졸-]명 '혼령'을 높이어 이르는 말.

존로(尊老)[졸-]명 '노인'을 높이어 이르는 말.

존류(存留)[졸-]명하자타 남아서 머무름, 또는 남아서 머무르게 함.

존립(存立)[졸-]명하자 ①국가나 단체·제도·학설 따위가 망하거나 없어지지 않고 존재함. ¶ 국가 존립에 관한 문제. /그 서당은 백 년이 지난 지금까지도 그대로 존립하고 있다. ②생존하여 자립함. ¶ 환경 오염이 생물체의 존립을 위협하고 있다.

존망(存亡)명 존속과 멸망. 삶과 죽음. 존멸(存滅). 존몰(存沒).

존망지추(存亡之秋)명 존속하느냐 멸망하느냐의 절박한 때. 사느냐 죽느냐의 고빗사위. ¶ 국가가 존망지추에 놓이다.

존멸(存滅)명하자 존속과 멸망. 존망(存亡).

존명(存命)명하자 ☞생존(生存).

존명(尊名)명 ①존귀한 이름. ②남을 높이어 그의 '이름'을 이르는 말. 존함(尊銜).

존명(尊命)명 상관이나 윗사람을 높이어 그의 '명령'을 이르는 말.

존모(尊慕)명하타 존경하여 그리워함.

존몰(存沒)명 ☞존망(存亡).

존문(存問)명하타 지난날, 고을의 원이 형편을 살피기 위하여 관하(管下)의 백성을 찾아보던 일.

존문(尊門)명 ①남을 높이어 그의 '집'을 이르는 말. ②'남의 가문(家門)'을 높이어 이르는 말.

존문(尊問)명하타 윗사람을 높이어 그의 '물음'을 이르는 말.

존문-장(存問狀)[-짱]명 존문(存問)하는 뜻을 알리는 편지.

존본취리(存本取利)명하자 지난날의 돈놀이 방식의 한 가지. 돈이나 곡식 따위를 꾸어 주고, 해마다 본전은 그대로 남겨 둔 채 이자만 받음.

존봉(尊奉)명하타 존경하여 받듦.

존부(存否)명 존재함과 존재하지 않음.

존비(尊卑)명 (지위·신분 따위의) 높음과 낮음.

존비-귀천(尊卑貴賤)명 (지위나 신분 따위의) 높고 낮음과 귀하고 천함.

존상(尊像)명 존귀한 상(像).

존서(尊書)명 ☞존한(尊翰).

존성(尊姓)명 상대편을 높이어 그의 '성(姓)'을 이르는 말.

존성-대명(尊姓大名)명 '지위가 높은 사람의 성명'을 높이어 이르는 말.

존속(存續)명하자되자 계속 존재함. 그대로 있음. ¶ 존속 기간.

존속(尊屬)명 부모와 그 항렬 이상의 친족. 직계 존속과 방계 존속으로 나뉨. ↔비속(卑屬).

존속^살해(尊屬殺害)[-쌀-]명 자기 또는 배우자의 직계 존속을 살해함으로써 성립하는 범죄.

존속-친(尊屬親)명 부모나 조부모, 또는 백숙부모(伯叔父母) 등, 자기의 앞 세대에 딸린 친족.

존숭(尊崇)명하타 존경하고 숭배함.

존시(尊侍)명 존장(尊長)과 시생(侍生). 나이 많은 웃어른과 나이 적은 아랫사람.

존시-간(尊侍間)명 나이 많은 이와 적은 이의 사이. 보통, 20세 정도의 차가 있을 때 씀.

존심(存心)명하타 마음에 새겨 두고 잊지 않음. 처심(處心). 택심(宅心).

존안(存案)명 없애지 않고 보존하여 두는 문건(文件)이나 안건.

존안(尊顔)명 '남의 얼굴'이나 '남'을 높이어 이르는 말. 대안(臺顔).

존앙(尊仰)명하타 높이 받들어 우러러봄.

존양지의(存羊之義)[-의/-이]명 실속이 없는 구례(舊禮)나 허례(虛禮)를 짐짓 버리지 않고 그냥 두는 일.

존엄(尊嚴)명하형 ①높고 엄숙함. ②(지위나 인품 따위가) 높아서 범할 수 없음. **존엄-히**부.
존엄-성(尊嚴性)[-썽]명 존엄한 성질. ¶ 인간의 존엄성. /법(法)의 존엄성.
존영(尊詠)명 남을 높이어 그의 '시가(詩歌)'를 이르는 말.
존영(尊榮) '존영하다'의 어근.
존영(尊影)명 남을 높이어 그의 '사진이나 화상'을 이르는 말. 존조(尊照).
존영-하다(尊榮-)형여 지위가 높고 영화롭다.
존옹(尊翁)명 '노인'을 높이어 이르는 말.
존위(尊位)명 ①지난날, 한 고장의 어른이 되는 사람을 일컫던 말. ②높은 자리, 곧 임금의 자리.
존의(尊意)[조늬/조니]명 남을 높이어 그의 '의견'을 이르는 말. 존견(尊見).
존이불론(存而不論)명하타 그대로 버려 두고 이러니저러니 더 따지지 않음.
존자(尊者)명 '학문과 덕행이 뛰어난 부처의 제자'를 높이어 이르는 말.
존장(尊長)명 (존대해야 할) '나이가 많은 어른'을 일컫는 말.
존재(存在)명 ①하자실제로 있음, 또는 있는 그 것. ¶ 지구 상에 존재하는 온갖 생물. ②하자철학에서, 의식으로부터 독립하여 외계에 객관적으로 실재함, 또는 그 일. ③어떤 작용을 갖는 능력을 지닌 인간. ¶ 위대한 존재. ④일정한 범주 안에서 두드러지게 보이는 처지, 또는 그 대상. ¶ 그는 회사에서 없어서는 안 될 독보적인 존재다.
존재-론(存在論)명 존재 또는 존재의 가장 근본적이고 보편적인 규정을 밝히는 철학의 한 분야. 본체론. 실체론.
존재^명ː제(存在命題)명 존재 판단을 말로 나타내는 명제.
존재^판단(存在判斷)명 주사(主辭)와 빈사(賓辭)의 결합이 아니라 승인(承認)과 부정으로만 인식되는 판단. 〔'갑이 있다.'에서, '갑'과 '있다'의 단순한 결합이 아니라, '있고 없음'의 판단이라는 논리 따위.〕
존저(尊邸)명 남을 높이어 그의 '집'을 이르는 말.
존전(尊前)명 ①임금이나 높은 벼슬아치의 앞. ②존경하는 사람의 앞.
존ː절(←撙節)명하타 씀씀이를 아낌. 본준절(撙節). **존절-히**부.
존조(尊照)명 ☞존영(尊影).
존ː조리부 잘 타이르는 뜻으로 조리 있고 친절하게. ¶ 하나하나 존조리 설명하다.
존존-하다형여 피륙의 발이 곱고 고르다. ¶ 베를 존존하게 짜다. 센쫀쫀하다. **존존-히**부.
존중(尊重)명 ①하타되자소중하게 여김, 또는 소중하게 여겨 받듦. 숭중(崇重). ¶ 인명(人命)을 존중하다. /여론을 존중하다. ②하형높고 귀함. ②**존중-히**부.
존집(尊執)명 (아버지의 벗이 될 만한 나이 정도의) '어른'을 높이어 이르는 말.
존찰(尊札)명 ☞존한(尊翰).
존체(尊體)명 상대편을 높이어 그의 '몸'을 이르는 말. 보체(寶體).
존총(尊寵)명 높은 사람에게서 받는 총애.
존치(存置)명하타되자 (제도나 설비 따위를) 없애지 않고 그대로 둠.
존칭(尊稱)명하타 존경하여 높이어 부름, 또는 그 일컬음. 비경칭. ↔비칭(卑稱).
존칭-어(尊稱語)명 ☞높임말.
존택(尊宅)명 남을 높이어 그의 '집'을 이르는 말.
존폐(存廢)[-폐/-페]명 남겨 두는 일과 없애는 일. ¶ 회사가 존폐의 기로에 서다.
존필(尊筆)명 상대편을 높이어 그의 '필적'을 이르는 말.
존한(尊翰)명 상대편을 높이어 그의 '편지'를 이르는 말. 존서(尊書). 존찰(尊札). 존함(尊函).
존함(尊函)명 ☞존한(尊翰).
존함(尊銜·尊啣)명 남을 높이어 그의 '이름'을 이르는 말. 존명(尊名). ¶ 존함을 여쭈다.
존항(尊行)명 아저씨뻘 이상의 항렬. ↔비항(卑行).
존현(尊賢)명 ①하자어질고 착한 사람을 존경함. ②하형지체가 높고 학덕이 많고 어짊, 또는 그런 사람.
존현(尊顯) '존현하다'의 어근.
존현-하다(尊顯-)형여 지체가 높고 이름이 드높다.
존형(尊兄)명 같은 또래의 친구 사이에서 상대편을 높이어 부르는 말.
존호(尊號)명 왕이나 왕비의 덕을 높이 기리는 뜻으로 올리던 칭호. ¶ 존호를 추상하다.
존후(尊候)명 〔편지 글 등에서〕 상대편을 높이어 그의 '건강 상태'를 이르는 말.
졸(卒)[1]명 장기에서 '卒·兵' 자로 나타낸 장기짝의 하나. 한 편에 다섯 개씩 딸림. 옆으로나 앞으로 한 칸씩만 움직일 수 있으며, 뒤로 물러날 수는 없음. 졸때기.
졸(卒)[2]명 '죽음'을 완곡하게 이르는 말. 몰(沒).
졸(Sol 독)명 콜로이드가 액체 속에서 흩어져 유동성을 갖는 상태. 콜로이드 용액. ↔겔(Gel).
졸가(拙家)명 남 앞에서 '자기 집'을 겸손하게 이르는 말.
졸가리명 ①잎이 다 진 나뭇가지. ②쓸데없이 덧붙은 것을 다 떼어 낸 사물의 고갱이. 참줄거리.
졸개(卒-)명 남에게 딸리어 잔심부름이나 하는 사람을 얕잡아 이르는 말.
졸경(卒更)명 ①하자지난날, 야경(夜警)을 하기 위하여 순라를 돌던 일. ②밤새껏 괴로움을 당하여 잠을 이루지 못함을 이르는 말.
졸경(을) 치르다〔치다〕관용 ①인정(人定)을 친 뒤에 밤길을 다니다 졸경군에게 잡혀 벌을 받다. ②한동안 남에게 모진 괴로움을 당하다.
졸경-군(卒更軍)[-꾼]명 지난날, 졸경을 돌던 군사. 순라군(巡邏軍).
졸계(拙計)[-계/-게]명 ☞졸책(拙策).
졸고(拙稿)명 남 앞에서 '자기의 원고'를 겸손하게 이르는 말.
졸곡(卒哭)명 삼우제(三虞祭) 뒤에 지내는 제사. 사람이 죽은 지 석 달 만에 오는 첫 정일(丁日)이나 해일(亥日)에 지냄.
졸공(拙工)명 솜씨가 서툰 장색(匠色).
졸-규모(拙規模)명 졸때기.
졸깃-졸깃[-긷쫄긷]부하형 (씹히는 맛이) 매우 졸깃한 모양. 큰줄깃줄깃·질깃질깃. 센쫄깃쫄깃. 참잘깃잘깃.
졸깃-하다[-기타-]형여 조금 질긴 듯하다. 큰줄깃하다·질깃하다. 센쫄깃하다. 참잘깃하다.
졸난-변통(猝難變通)[-란-]명 일이 뜻밖에 일어나 처리할 길이 없음.
졸년(卒年)[-련]명 ☞몰년(沒年).
졸-년월일(卒年月日)[-려눠릴]명 죽은 해와 달과 날. ↔생년월일(生年月日).

졸눌(拙訥) '졸눌하다'의 어근.
졸눌-하다(拙訥-)[-룰-]형여 재주가 무디고 말이 어줍다. 졸눌-히부.
졸:다¹[조니·졸아]자 ①(물기 따위의) 분량이나 부피가 적어지다. ¶ 찌개가 졸아서 짜기만 하다. ②위협적인 대상 앞에서 '겁을 먹거나 기를 펴지 못하는 것'을 속되게 이르는 말. ¶ 상사의 질책에 모두가 다 졸았다.
졸:다²[조니·졸아]자 잠을 자지 않으려고 해도 자꾸 잠드는 상태로 들어가다. ¶ 꾸벅꾸벅 졸다.
조는 집에 자는 며느리 온다속담 게으른 집에는 게으른 사람만 온다는 말.
졸도(卒徒)[-또]명 ①부하 군사. ②변변치 못한 부하.
졸도(卒倒)[-또]명하자 (심한 충격이나 피로, 또는 어질증이나 일사병 따위로) 갑자기 의식을 잃고 쓰러지는 일.
졸-들다[~드니·~들어]자 발육이 잘 되지 않고 주접이 들다.
졸딱-졸딱[-쫄-]부 ①하형(규모나 분량이) 변변치 못하게 잘거나 적은 모양. ②무슨 일을 한꺼번에 하지 못하고 조금씩 여러 차례에 걸쳐 하는 모양.
졸-때기명 ①보잘것없이 규모가 작은 일. ②지위가 변변치 못한 사람. ③☞졸(卒)¹. ①②졸규모(拙規模).
졸라-매다타 느슨하지 않도록 단단하게 동여매다. ¶ 허리띠를 졸라매다.
졸라이슴(zolaïsme 프)명 자연주의 문학의 주된 경향을 가리키는 것으로, 프랑스의 작가 에밀 졸라의 과학적이고 실험적인 창작 방법을 이르는 말.
졸랑-거리다자 자꾸 졸랑졸랑하다. 졸랑대다. ¶ 작은아들이 졸랑거리며 따라나섰다. 센쫄랑거리다. 거촐랑거리다.
졸랑-대다자 졸랑거리다.
졸랑-이다자 가벼운 몸놀림으로 따라오다. 센쫄랑이다.
졸랑-졸랑부하자 가벼운 몸놀림으로 계속 따라오는 모양. ¶ 강아지가 놀이터까지 졸랑졸랑 따라왔다. 센쫄랑쫄랑.
졸래-졸래부하자 경망스럽게 까불거리며 행동하는 모양. ¶ 강아지가 뒤를 졸래졸래 따라오다. 큰줄레줄레. 센쫄래쫄래.
졸렬(拙劣) '졸렬하다'의 어근.
졸렬-하다(拙劣-)형여 서투르고 보잘것없다. 정도가 낮고 나쁘다. ¶ 졸렬한 방법. 졸렬-히부.
졸로(拙老)대 〔하찮은 늙은이라는 뜻으로〕 늙은이가 자기를 겸손하게 일컫는 말.
졸론(拙論)명 ①보잘것없고 서투른 언론. ②'자기의 언론'을 낮추어 이르는 말.
졸루(拙陋) '졸루하다'의 어근.
졸루-하다(拙陋-)형여 못나고 다랍다. 보잘것없고 다랍다.
졸르다타 '조르다'의 잘못.
졸리다¹자타 〖'조르다'의 피동〗 조름을 당하다. 시달림을 당하다. ¶ 목이 졸리다.
졸:리다²자 졸음이 오다. 자고 싶은 느낌이 들다. ¶ 밤을 새웠더니 졸린다.
졸립다자 '졸리다²'의 잘못.
졸막-졸막[-쫄-]부하형 크고 작은 여러 개의 물건이 고르지 않게 여기저기 벌여 있는 모양. 큰줄먹줄먹.
졸망(拙妄) '졸망하다'의 어근.
졸망-졸망부하형 ①거죽이 올통볼통한 모양. ②고만고만하게 자잘한 것들이 사랑스럽게 모여 있는 모양. ¶ 조무래기들이 졸망졸망 모여 있다. 큰줄멍줄멍.
졸망-하다(拙妄-)형여 보잘것없고 실없다. 좀스럽고 방정맞다. 졸망-히부.
졸모(拙謀)명 졸렬한 꾀.
졸문(拙文)명 ①보잘것없고 서투른 글. 잘못 지은 글. ②남에게 '자기의 글'을 겸손하게 이르는 말.
졸-밥명 사냥매에게 꿩고기를 조금 주어 꿩 잡을 생각이 나도록 하는 미끼.
졸병(卒兵)명 지위가 낮은 병사.
졸보(拙甫)명 '재주가 없고 졸망한 사람'을 얕잡아 이르는 말.
졸-보기명 ☞근시(近視). 참멀리보기.
졸-복(-鰒)명 참복과의 바닷물고기. 몸길이 35 cm가량. 몸은 짧고 몽뚝하며 겉면은 거칠거칠함. 몸빛은 황갈색이고 배는 흼. 알집과 간에는 맹독이 있음.
졸부(猝富)명 ☞벼락부자.
졸부(拙夫)대 〔주로 편지 글 등에서〕 남편이 아내에게 '자기'를 낮추어 이르는 말.
졸-부귀(猝富貴)명 갑자기 얻은 부귀.
졸부귀-불상(猝富貴不祥)[-쌍]명 갑자기 얻은 부귀는 오히려 상서롭지 못함.
졸사(猝死)[-싸]명하자 갑자기 죽음.
졸사-간(猝乍間)[-싸-]명 갑작스러운 짧은 동안. 《주로, '졸사간에'의 꼴로 쓰임.》 ¶ 졸사간에 일어난 일이라 정신이 없다.
졸서(卒逝)[-써]명하자 죽음. 세상을 떠남.
졸성(拙誠)[-썽]명 ①변변치 못한 정성. 하찮은 정성. ②'자기의 정성'을 겸손하게 이르는 말.
졸세(卒歲)[-쎄]명하자 한 해를 마침.
졸속(拙速)[-쏙]명하형 〔서투르고 빠르다는 뜻으로〕 '지나치게 서둘러 함으로써 그 결과나 성과가 바람직하지 못함'을 이르는 말. ¶ 졸속 행정. /졸속을 피하다.
졸-수단(拙手段)[-쑤-]명 서투른 수단. 변변치 못한 수단.
졸승(卒乘)[-씅]명 걷는 군사와 말을 탄 군사. 보병과 기병.
졸아-들다[~드니·~들어]자 졸아서 부피가 작게 되거나 양이 적게 되다. ¶ 탕약이 졸아들다.
졸아-붙다[-붇따]자 바싹 졸아들어서 물기가 거의 없게 되다.
졸업(卒業)명하타 ①학교에서, 정해진 교과 과정을 모두 마침. ↔입학. ②어떤 일이나 기술 따위에 통달함. ¶ 그 일은 졸업한 지 오래다.
졸업-기(卒業期)[-끼]명 졸업할 무렵, 또는 그 마지막 학기.
졸업^논문(卒業論文)[-엄-]명 졸업 예정자가 전공한 부문에 관하여 제출하는 논문.
졸업-반(卒業班)[-빤]명 졸업을 앞둔 학년.
졸업-생(卒業生)[-쌩]명 ①졸업한 사람. ②정해진 교과 과정을 모두 마친 사람.
졸업-식(卒業式)[-씩]명 학교에서, 소정의 과정을 마친 사람에게 졸업장을 주는 의식.
졸업-장(卒業狀)[-짱]명 졸업을 증명하는 뜻으로 졸업생에게 주는 증서. ¶ 졸업장을 타다.
졸연(猝然·卒然)부 갑작스럽게.
졸연-하다(猝然-·卒然-)형여 ①(아무 소문도 없이) 갑작스럽다. ¶ 너무 졸연한 일이라 뭐가 뭔지 모르겠다. ②《주로 '졸연치'의 꼴로 '않다'·'못하다' 따위의 부정하는 말과 함께 쓰이어》 쉽게 할 수 있다. ¶ 이번 일은 결코 졸연치 않을 것 같다. **졸연-히**부.
졸오(卒伍)명 병졸들의 대오(隊伍).
졸우(拙愚) '졸우하다'의 어근.
졸우-하다(拙愚-)형여 못나고 어리석다.
졸:음명 (자려고 하지 않는데) 잠이 오거나 자고 싶은 느낌. ¶ 졸음이 쏟아지다. /졸음을 쫓다.
졸음(拙吟)명 ①잘 짓지 못한 시. ②'자기의 시'를 겸손하게 이르는 말.
졸:음-증(-症)[-쯩]명 병적으로 졸음이 오는 증세(症勢).
졸의(拙意)[조릐/조리]명 '자기의 생각이나 뜻'을 겸손하게 이르는 말.
졸-이다타 ①〖'졸다¹'의 사동〗 졸아들게 하다. ¶ 국물을 바특하게 졸이다. ②몹시 조마조마하여 애를 쓰다. ¶ 마음을 졸이다.
졸임명 '조림'의 잘못.
졸자(拙者)[-짜] I명 보잘것없는 사람. II대 '자기'를 겸손하게 일컫는 말.
졸작(拙作)[-짝]명 ①보잘것없는 작품. ↔걸작. ②'자기의 작품'을 겸손하게 이르는 말. 참졸저(拙著).
졸:-잡다[-따]타 대중 삼은 것보다 줄여서 셈하다. 큰줄잡다.
졸-장부(拙丈夫)[-짱-]명 ①도량이 좁고 겁이 많은 사내. ②활달하지 못하고 옹졸한 사내. ↔대장부(大丈夫).
졸저(拙著)[-쩌]명 ①보잘것없는 저서. ②'자기의 저서'를 겸손하게 이르는 말. 참졸작(拙作).
졸전(拙戰)[-쩐]명 보잘것없거나 서투른 전투, 또는 시합. ¶ 졸전을 벌이다. /졸전을 치르다.
졸졸부 ①적은 물이 가는 물줄기를 이루어 끊임없이 흐르는 소리, 또는 그 모양. ¶ 시냇물이 졸졸 흐르다. ②가는 줄 따위가 계속 바닥에 끌리는 모양. ③무엇에 담긴 물건을 잇달아 조금씩 흘리는 모양. ④(어린아이나 작은 짐승이) 줄곧 뒤를 따라다니는 모양. ¶ 거위가 기우뚱거리며 졸졸 따라온다. ⑤글을 거침없이 읽어 나가거나 외거나 하는 모양. 말을 거침없이 계속하는 모양. ¶ 여러 편의 시를 졸졸 외우다. 큰줄줄. 센쫄쫄¹.
졸졸-거리다자 가는 물줄기 따위가 잇달아 졸졸 소리를 내며 흐르다. 졸졸대다. 큰줄줄거리다. 센쫄쫄거리다.
졸졸-대다자 졸졸거리다.
졸졸-요당(猝猝了當)[-료-]명 매우 짧은 동안에 끝마침.
졸중(卒中)[-쭝]명 ☞졸중풍(卒中風).
졸-중풍(卒中風)[-쭝-]명 한방에서, 뇌혈관의 장애로 갑자기 의식을 잃고 까무라치는 병을 이르는 말. 졸중(卒中). 뇌졸중(腦卒中).
졸지(猝地)[-찌]명 갑작스러운 판국. 느닷없이 벌어진 판국. 《주로, '졸지에'의 꼴로 쓰임.》 ¶ 둑이 무너지는 바람에 온 마을이 졸지에 물바다가 되었다.
졸지-풍파(猝地風波)[-찌-]명 ①갑작스럽게 일어나는 풍파. ②뜻밖에 생기는 어려움.
졸직(拙直) '졸직하다'의 어근.
졸직-하다(拙直-)[-찌카-]형여 (성질이) 고지식하여 융통성이 없다. **졸직-이**부.
졸-참나무명 참나뭇과의 낙엽 활엽 교목. 산 중턱이나 기슭에 나는데, 높이는 20m가량. 꽃은 5월에 피고 열매는 가을에 익음. 땔감 및 기구재로 쓰는데, 열매는 먹고 나무껍질은 물감용으로도 씀.
졸책(拙策)명 보잘것없고 서투른 꾀. 졸계(拙計).
졸처(拙妻) I명 남 앞에서 '자기의 아내'를 겸손하게 이르는 말. II대 〔편지 글 등에서〕 아내가 남편에게 '자기'를 낮추어 일컫는 말.
졸편(卒篇)명하타 시문의 전편을 다 짓거나 외거나 함. 종편(終篇).
졸품(拙品)명 보잘것없는 작품이나 물품.
졸필(拙筆)명 ①잘 쓰지 못한 글씨. 서투른 글씨. ②글씨나 글을 잘 쓰지 못하는 사람. ③남 앞에서 '자기의 글씨'를 겸손하게 이르는 말. 조필(粗筆).
졸-하다(卒-)자여 사람이 죽다. ¶ 조부는 병술년에 나시어 갑오년에 졸하셨다.
졸-하다(拙-)형여 ①재주가 없다. ②솜씨가 서투르다. ③활달하지 못하고 고리삭다.
졸한(猝寒)명 갑자기 몰아닥치는 추위.
졸형(拙荊)명 〔편지 글 등에서〕 자기의 아내를 이르는 말.
좀¹명 ① 〈나무좀〉·〈수시렁좀〉의 준말. ②'겉으로 크게 드러나지 않고 어떤 사물에 조금씩 해를 끼치는 사람이나 물건'을 비유하여 이르는 말.
좀이 쑤시다관용 무엇이 하고 싶어 안절부절못하다. 가만히 참고 기다리지 못하다.
좀²부 ①〈조금〉의 준말. ¶ 이게 좀 낫다. ②어떤 일에 대하여 요구나 동의를 구할 때 흔히 쓰는 말. ¶ 그것 좀 주시겠습니까?
좀³부 《의문문이나 반어적 문장에 쓰이어》 그 얼마나. 오죽. ¶ 아직 아침도 못 먹었다니 배가 좀 고플까?
좀-것[-껃]명 '성질이 좀스러운 사람이나 좀스럽게 생긴 물건'을 얕잡아 이르는 말. *좀것이[-꺼시]·좀것만[-껀-]
좀-꾀[-꾀/-꿰]명 좀스러운 꾀.
좀-날개바퀴명 바퀴과의 곤충. 몸길이는 2cm가량이며 몸빛은 밤색. 홑눈은 누른빛으로 크고 촉각이 몸길이보다 긺. 위생상 해충(害蟲)임.
좀-녕명 '됨됨이가 좀스러운 사람'을 얕잡아 이르는 말.
좀-노릇[-륻]명 좀스러운 일. *좀노릇이[-르시]·좀노릇만[-른-]
좀-놈명 '좀스러운 사내'를 욕으로 이르는 말.
좀-도둑[-또-]명 자질구레한 물건을 훔치는 도둑. 서적(鼠賊). 소도(小盜). 소적(小賊). 초적(草賊). 서절구투(鼠竊狗偸).
좀도둑-질[-또-찔]명하자 자질구레한 물건을 훔치는 짓.
좀-되다[-뙤-/-뛔-]형 사람의 됨됨이나 하는 짓이 너무 잘다.
좀-말명 좀스럽게 하는 말.
좀-매미명 좀매밋과의 곤충. 몸길이 1cm가량. 몸과 날개가 모두 누런 갈색임. 멸구와 비슷하며 버드나무의 해충임.
좀-먹다[-따] I자 좀이 슬다. ¶ 좀먹은 헌책. II타 어떤 사물에 겉으로 크게 드러나지 않게 조금씩 해를 입히다. ¶ 나라를 좀먹는 부정부패.
좀-복숭아[-쏭-]명 열매가 잔 복숭아.
좀상좀상-하다형여 여럿이 다 좀스럽다.
좀-생원(-生員)명 도량이 좁고 하는 짓이 아주 잔단 사내. 옹졸한 사람.
좀-생이명 ①'묘성(昴星)'의 딴 이름. ②좀스러운 사람, 또는 자질구레한 물건을 이르는 말.

좀생이-보기[명] 음력 이월 초엿샛날 묘성의 빛깔과 달과의 거리를 보아서 그해 농사의 형편을 미리 판단함.

좀-스럽다[-따][~스러우니·~스러워][형ㅂ] ①도량이 좁고 성질이 잘다. ¶ 하는 짓이 다 좀스럽다. ②사물의 규모가 보잘것없이 작다. **좀스레**[부].

좀-약(-藥)[-냑][명] 좀이 생기지 않게 하기 위하여 쓰는 약. 〔나프탈렌 따위.〕

좀-지네[명] 좀지넷과의 절지동물. 음습한 곳에 사는데, 몸길이 5 mm가량. 몸빛은 희고, 온몸에 잔털이 배게 나 있음.

좀ː-처럼[부] ⟪주로 부정적인 의미의 단어와 함께 쓰이어⟫ 여간하여서는. 쉽사리. 좀체. ¶ 이런 기회는 좀처럼 없다.

좀ː-체[부] 좀처럼.

좀체-로[부] '좀처럼'의 잘못.

좀ː쳇-것[-체껃/-첻껃][명] 여간한 물건. 웬만한 것. ¶ 눈이 높아 좀쳇것은 거들떠보지도 않는다. ＊좀ː쳇것이[-체꺼시/-첻꺼시]·좀ː쳇것만[-체껀-/-첻껀-]

좀-파리[명] 좀파릿과의 곤충. 암컷의 몸길이는 1 cm가량이고 수컷은 그보다 조금 작음. 몸빛은 갈색이며 가슴과 등에 회색을 띤 세 개의 세로띠가 있고, 날개에는 몇 개의 반점이 흩어져 있음.

좀파리-매[명] 좀파리맷과의 곤충. 몸길이는 1 cm가량이며, 몸빛은 검은색인데 수컷은 흰색, 암컷은 황회색 가루로 덮였음. 가는 몸에 극모(棘毛)와 털이 있음.

좀-팽이[명] ①'몸피가 작고 좀스러운 사람'을 낮추어 이르는 말. ②자질구레하여 보잘것없는 물건.

좀-해[부] '좀처럼'의 잘못.

좀-해선[부] '좀처럼'의 잘못.

좁다[-따][형] ①(공간이나 면적이) 넓지 않다. ¶ 좁은 방. ②폭이 짧다. ¶ 길이 좁다. ③(옷이 몸에) 빠듯하다. ¶ 품이 좁다. ④(틈이나 구멍이) 가늘고 작다. ¶ 좁은 대롱. ⑤(규모나 범위가) 작다. ¶ 좁은 의미. /시야(視野)가 좁다. ⑥(도량이나 소견이) 너그럽지 못하고 잘다. ¶ 마음이 좁다. ↔넓다.

좁-다랗다[-따라타][~다라니·~다래][형ㅎ] 너비나 공간이 썩 좁다. ¶ 좁다란 오솔길. ↔널따랗다.

좁디-좁다[-띠-따][형] 몹시 좁다. ¶ 좁디좁은 방에서 다섯 명이 함께 산다.

좁쌀[명] ①조의 열매인 쌀. 소미(小米). ②'몹시 잘고 째째한 사람이나 사물'을 비유하여 이르는 말.

좁쌀 한 섬 두고 흉년 들기를 기다린다[속담] 변변하지 못한 것을 가지고 큰 효과를 노린다는 말.

좁쌀-과녁[명] 〔좁쌀처럼 작은 것을 던져도 잘 맞는다는 뜻으로〕 '얼굴이 넓적한 사람'을 농조로 이르는 말.

좁쌀-눈[-룬][명] '아주 작은 눈, 또는 그런 눈을 가진 사람'을 농조로 이르는 말.

좁쌀-메뚜기[명] 좁쌀메뚜깃과의 곤충. 축축한 곳에 사는데, 몸길이는 5 mm가량이며, 몸빛은 검고 광택이 남. 채소에 해를 끼침.

좁쌀-미음(-米飮)[명] 좁쌀로 쑨 미음. 속미음.

좁쌀-뱅이[명] ①'몸피가 매우 작은 사람'을 홀하게 이르는 말. ②'소견이 좁고 언행이 자잘한 사람'을 홀하게 이르는 말.

좁쌀-여우[-려-][명] '됨됨이가 좀스럽고 요망스러운 변덕을 잘 부리는 아이'를 이르는 말.

좁쌀-영감(-令監)[-령-][명] '좀스럽고 잔말이 많은 늙은이'를 조롱조로 이르는 말.

좁쌀-친구(-親舊)[명] 어린 조무래기 친구.

좁쌀풀-떡[명] 차좁쌀 가루를 되직하게 반죽해서 만든 새알심을 끓는 물에 삶아 내어 고물이나 삶은 청대콩을 묻힌 떡.

좁은 간ː격(-間隔) 제식 훈련에서, 왼손 바닥을 왼쪽 허리띠에 대고 팔꿈치를 몸과 나란히 하여 옆 사람의 팔에 닿을 정도의 간격.

좁-히다1[조피-][타] ⟦'좁다'의 사동⟧ 좁게 만들다. ¶ 거리를 좁히다. /포위망을 좁히다. ↔넓히다.

좁혀 지내다[관용] 남에게 얽매이거나 눌리어 기를 펴지 못하고 지내다.

좁-히다2[타] '족대기다'의 잘못.

좃니다[타] 〈옛〉늘 좇아 다니다. ¶ 도라 보실 니를 적곰 좃니노이다(樂範.動動).

좃다[조ㅅ·조술][타ㅅ] 〈옛〉조아리다. ¶ 머리를 좃ᄉᆞᄫᆞ니(龍歌95章). /니마 조술 계ː稽(訓蒙下26).

종1[명] 마늘의 화경(花莖)이나 파 따위의 줄기 끝에 달리는 망울.

종2[명] 〈종작〉의 준말.

종ː3[명] ①지난날, 남의 집에 얽매여서 대대로 천한 일을 하던 사람. 노비. 예복(隷僕). ②'남의 생각이나 명령에 따라 움직이는 사람'을 비유하여 이르는 말.

종이 종을 부리면 식칼로 형문(刑問)을 친다[속담] 남에게 눌려 지내던 사람이 지난 일을 생각하지 않고 아랫사람에게 더 모질게 군다는 말.

종ː(腫)[명] 〈종기〉의 준말.

종(을) 달다[관용] 종기(腫氣) 옆에 또 종기가 잇대어 나다.

종(種)[명] ①종자. 씨1. ②생물 분류의 기초 단위. 형태적으로 다른 것과 불연속의 관계를 가지면서 상호 정상적인 유성 생식을 할 수 있는 개체군. 〔비슷한 종이 모여 속(屬)을 이룸.〕 종류(種類). ③〈종개념(種槪念)〉의 준말. ④⟦의존 명사적 용법⟧ 종류를 세는 단위. ¶ 서너 종의 꽃으로 화단을 꾸미다.

종(鍾)[명] 옛날에 쓰던 술잔의 한 가지.

종(縱)[명] ☞세로. ↔횡(橫).

종(鐘)[명] ①(시간을 알리거나 신호를 보내기 위하여) 치거나 흔들어서 소리를 내게 하는 쇠붙이로 만든 물건. ②놋쇠로 만든 아악기의 한 가지.

-종(種)[접미] ⟪일부 명사 뒤에 붙어⟫ '종류나 갈래 또는 품종'의 뜻을 나타냄. ¶ 개량종. /재래종. /레그혼종.

종가(宗家)[명] 한 문중에서 맏이로만 이어 온 큰집. 정적(正嫡). 종갓집. 큰집.

종가(終價)[-까][명] 거래소의 입회(立會)에서, 그날의 가장 나중에 형성된 가격.

종-가래[명] (한 손으로도 쓸 수 있도록 되어진) 작은 가래.

종가-세(從價稅)[-까쎄][명] 과세 물건의 값에 따라 매기는 조세. ↔종량세(從量稅).

종가^임ː금법(從價賃金法)[-까-뻡][명] ☞슬라이딩 시스템.

종각(鐘閣)[명] 커다란 종을 매달아 두기 위하여 지은 누각.

종간(終刊)[명][하자타] 마지막으로 간행함. 간행을 끝냄, 또는 끝낸 그것. ↔창간(創刊).

종갓-집(宗家-) [-가찝/-갇찝]명 ☞종가(宗家). ¶ 종갓집 종손.

종강(終講)명하자타 한 학기의 강의가 끝나거나 강의를 끝마침, 또는 그 강의. ↔개강(開講).

종개명 종갯과의 민물고기. 자갈이나 모래가 깔린 하천 상류에 사는데, 몸길이 20 cm가량. 몸빛은 누른 갈색으로 미꾸라지와 비슷함.

종-개념(種概念)명 공통의 특징을 가지는 집합적인 개념에 포함되어 있는 개별적인 개념. 준종(種). 참유개념(類概念).

종격(縱擊)명하타 ①군대를 풀어서 침. ②제 마음대로 마구 침.

종견(種犬)명 품종 개량이나 번식을 위해서 기르는 좋은 품종의 수캐.

종견(種繭)명 ☞씨고치. 참사견(絲繭).

종결(終決)명하자 결정을 내림.

종결(終結)명 ①하타되자일을 끝마침, 또는 끝을 냄. 결료(結了). ¶ 수사 종결. /냉전 시대가 종결되었다. ②논리학의 'A는 B이다.' 꼴의 명제에서, 가설 A의 추론(推論)의 결과인 B를 A에 대하여 이르는 말.

종결^어ː미(終結語尾)명 활용어의 어말 어미의 한 갈래. 한 문장을 끝맺는 꼴로 되게 하는 어말 어미. 〔평서형·감탄형·의문형·명령형·청유형의 구별이 있음.〕 참연결 어미.

종결-짓다(終結-) [-짇따] [~지으니·~지어] 타ㅅ 일을 끝마치다. ¶ 수사를 종결짓다.

종결-형(終結形)명 용언의 활용어가 문장의 서술어가 되어 그 문장을 끝맺는 형식. 참종결 어미.

종경(終境)명 땅의 경계가 끝나는 곳.

종경(鐘磬)명 종과 경쇠.

종경-도(從卿圖)명하자 ☞승경도(陞卿圖).

종경-론(從輕論) [-논]명하타 두 가지의 죄가 한꺼번에 드러났을 때 가벼운 죄를 따라 처벌하는 일. ↔종중론(從重論).

종계(宗契) [-계/-게]명 조상의 제사를 받들 목적으로 모으는 계.

종ː계(種鷄) [-계/-게]명 ☞씨닭.

종고(宗高)명 땅바닥에서부터 지붕마루 끝까지의 높이.

종고(鐘鼓)명 종과 북.

종ː-고모(從姑母)명 아버지의 사촌 누이. 참당고모(堂姑母).

종ː고모-부(從姑母夫)명 종고모의 남편. 참당고모부.

종곡(終曲)명 ①소나타, 또는 소나타 계열의 교향곡이나 사중주곡 따위의 마지막 악장. ②가극의 각 막(幕)을 맺는 곡.

종곡(種穀)명 ☞씨곡.

종곡(種麴)명 ☞누룩.

종곡(縱谷)명 산맥 사이에 끼어 산맥과 나란히 있는 골짜기.

종과득과(種瓜得瓜) [-꽈]명 〔오이를 심으면 오이가 난다는 뜻으로〕 '원인이 있으면 반드시 그에 따르는 결과가 생김'을 비유하여 이르는 말. 비종두득두. 참인과응보(因果應報).

종관(縱貫)명하타되자 세로로 꿰뚫음. ¶ 종관 철도. ↔횡관(橫貫).

종관(縱觀)명하타 ☞종람(縱覽).

종교(宗教)명 신이나 절대자를 인정하여 일정한 양식 아래 그것을 믿고, 숭배하고, 받듦으로써 마음의 평안과 행복을 얻고자 하는 정신 문화의 한 체계. 준교(敎).

종교-가(宗教家)명 어떤 종교를 믿고, 그것의 전도나 포교에 힘쓰는 사람.

종교^개ː혁(宗教改革)명 16세기에, 로마 가톨릭교회의 폐해를 비판하고, 이의 개혁을 주장하여 프로테스탄트 교회를 세운 기독교의 개혁 운동.

종교-극(宗教劇)명 종교 의식의 한 갈래로서 종교 행사와 함께 하는 연극, 또는 종교적 내용을 다룬 연극.

종교^문학(宗教文學)명 종교적 내용을 다룬 문학을 통틀어 이르는 말.

종교^민족학(宗教民族學) [-조칵]명 종교학의 한 분야. 주로 민족학이나 인류학의 자료와 방법 따위를 써서 미개 민족의 종교 현상을 연구하는 학문.

종교-불(宗教弗)명 종교 사업을 위하여 외국에 있는 종교 단체에서 보내온 달러.

종교-사(宗教史)명 종교의 생성과 전개 등에 관한 역사.

종교^사회학(宗教社會學) [-회-/-훼-]명 종교와 여러 사회 제도와의 상호 관계, 또는 종교 집단의 여러 문제를 사회학적 관점에서 연구하는 학문.

종교-성(宗教性) [-썽]명 ①인간이 가지는 종교적인 성질이나 감정. ②종교가 가지는 독특한 성질.

종교-심(宗教心)명 종교를 믿는 마음. 신불이나 초월자에게 순종하고 신앙함으로써 생기는 경건한 마음.

종교^심리학(宗教心理學) [-니-]명 종교를 믿음으로써 나타나는 개인이나 집단 따위의 심리적 현상을 연구하는 학문.

종교^예ː술(宗教藝術)명 종교적 믿음으로 창작되거나 종교적 사실을 제재로 다룬 예술.

종교^음악(宗教音樂)명 ①종교 의식이나 포교상의 필요에 따라 발달한 음악. ②종교적 내용을 다룬 연주회용 음악.

종교-인(宗教人)명 종교를 가진 사람.

종교^재판(宗教裁判)명 12~16세기에, 로마 가톨릭교회를 옹호하기 위하여 설치했던 종교상의 재판. 이단자를 적발하여 처형하였음.

종교-적(宗教的)관명 종교에 딸리거나 종교와 관계가 있는 (것).

종교^전ː쟁(宗教戰爭)명 종교상의 충돌로 말미암은 전쟁.

종교^철학(宗教哲學)명 철학의 한 분야. 종교의 본질·가치·진리 따위를 철학적 처지와 방법으로 연구하는 학문.

종교-학(宗教學)명 여러 종교 현상을 비교 연구하여 종교의 본질·가치·의의 따위를 밝히는 학문.

종교^학교(宗教學校) [-꾜]명 ①종교를 널리 전할 사람을 길러 내는 학교. ②종교 단체(宗教團體)에서 경영하는 학교.

종교-화(宗教畫)명 종교적 사실이나 인물, 또는 전설 따위를 제재로 한 그림. 성화(聖畫).

종구라기명 ①조그마한 바가지. ②〖의존 명사적 용법〗 물이나 술 따위의 액체를 종구라기에 담아 그 분량을 세는 단위. ¶ 막걸리 한 종구라기.

종-구품(從九品)명 고려·조선 시대의 문무관 품계의 열여덟째 등급.

종국(終局)명 끝판. 마지막 판. ¶ 바둑이 종국에 이르다. /일이 잘되다가 종국에 가서 실패하고 말았다.

종국^재판(終局裁判) [-째-]명 당해 사건에 관하여, 당해 법원에서 그 소송 절차의 일부 또는 전부를 종결시키는 재판.

종국-적(終局的) [-쩍] 관명 마지막인 (것). 끝판인 (것). ¶ 종국적 해결. /종국적인 심판.

종국^판결(終局判決) 명 민사 소송법상 한 법원에서 사건의 전부 또는 일부를 완결하는 판결.

종군(從軍) 명하자 ①부대를 따라 싸움터에 감. ¶ 기자로 종군하다. ②싸우러 싸움터에 나감. ¶ 종군을 지원하다.

종군-기(從軍記) 명 종군하여 보고 느낀 것을 적은 기록.

종군^기자(從軍記者) 명 종군하여 전황(戰況)을 보도하는 신문·방송·잡지의 기자.

종군^기장(從軍紀章) 명 전쟁이나 사변 따위에 종군한 군인이나 군속에게 주는 기장.

종군^작가(從軍作家) [-까] 명 종군하여 체험하거나 목격한 전투 따위를 작품으로 창작하는 작가.

종굴-박 명 조그마한 표주박.

종권(從權) 명하타 그때그때의 사정에 따라 알맞게 변통함.

종귀일철(終歸一轍) 명 마침내는 서로 다 같아짐.

종규(宗規) 명 ①같은 겨레끼리 정한 종중(宗中)에 관계되는 규약. ②종교 단체의 내규(內規). 종법(宗法).

종극(終極) 명 일의 맨 끝장.

종근(種根) 명 번식시키기 위하여 씨앗으로 삼는 뿌리.

종금(從今) 부 이제(지금)부터. 종차(從此).

종금-이후(從今以後) 명 지금으로부터 그 뒤.

종기(終期) 명 ①(일이나 기한이) 끝나는 시기. ②법률 행위의 효력이 소멸하게 되는 기한.

종:기(腫氣) 명 살갗의 한 부분이 곪아 고름이 잡히는 병. 부스럼. 종물(腫物). ¶ 종기가 나다. 준종(腫).

종기(鍾氣) 명하자 정기(精氣)가 한데 뭉침, 또는 한데 뭉친 정기.

종:-날 명 지난날, 일 년 농사를 시작하기 전에 하인들을 격려하던, 음력 이월 초하룻날을 이르는 말. 이날 농사 준비를 하기 위하여 집 안의 먼지를 떨고, 송편을 빚어 하인들에게 나이 수대로 나누어 주었음.

종:-남매(從男妹) 명 사촌 오누이.

종내(終乃) 부 ①끝끝내. 종시(終是). ¶ 종내 같은 말만 되풀이하다. ②마지막에. 드디어. 마침내. ¶ 종내 입을 열고 말았다.

종:-내기(種-) 명 《같거나 다름을 나타내는 말과 함께 쓰이어》 '종류·종자·품종'을 이르는 말. 종락(種落).

종:-년 명 지난날, '여자 종'을 천대하여 이르던 말.

종년(終年) 명하자 ☞종세(終歲).

종년-열세(終年閱歲) [-녈쎄] 명하자 해가 묵도록 오랜 시일이 걸림.

종:-놈 명 지난날, '남자 종'을 천대하여 이르던 말.

종-다래끼 명 조그마한 다래끼.

종다리 명 종다릿과의 새. 참새보다 조금 크며, 몸빛은 붉은 갈색 바탕에 검은 갈색의 무늬가 있음. 뒷발가락의 발톱이 몹시 길며 머리에는 둥근 관모(冠毛)가 있음. 봄철에 하늘 높이 날아올라 고운 소리로 울며, 길들이기가 쉬워 집에서도 기름. 우리나라 곳곳에서 번식하는 텃새임. 고천자(告天子). 종달새. 운작(雲雀).

종다리-집기 [-끼] 명 씨름에서 연장걸이의 한 가지. 상대편의 다리를 비꼬아 걸지 않고 다리 관절에다 거는 기술.

종-다수(從多數) 명하자 많은 사람이 지지하는 의견을 좇음.

종다수-결(從多數決) 명하자 〈종다수취결〉의 준말.

종다수-취결(從多數取決) 명하자 많은 사람이 지지하는 의견을 좇아 결정함. 준종다수결.

종단(宗團) 명 같은 종교 안에서, 한 종파를 이루는 단체.

종단(終端) 명 맨 끝. 마지막.

종단(縱斷) 명하타 되자 ①세로로 끊음, 또는 길이로 자름. ②남북의 방향으로 건너가거나 건너옴. ¶ 국토 종단. ↔횡단(橫斷).

종단-면(縱斷面) 명 물체를 세로로 잘라서 생긴 면. ↔횡단면.

종단-주의(縱斷主義) [-의/-이] 명 한 공장의 자본주와 노동자가 공동으로 조합을 조직하려는 주의. ↔횡단주의.

종달-거리다 자타 자꾸 종달종달하다. 종달대다. 큰중덜거리다. 센쫑달거리다.

종달-대다 자타 종달거리다.

종달-새 [-쌔] 명 ☞종다리.

종달-종달 부하자타 못마땅하다는 말투로 자꾸 종알거리는 소리, 또는 그 모양. 큰중덜중덜. 센쫑달쫑달.

종답(宗畓) 명 종중(宗中) 소유의 논. 종중논. 종중답(宗中畓). 참종전(宗田).

종당(從當) 명 일의 마지막. 《주로, '종당에'의 꼴로 쓰임.》 ¶ 종당에 치러야 할 일이라면 미리 준비라도 해 두자.

종-대 [-때] 명 파·마늘·달래 따위의 한가운데서 나오는 줄기.

종대(縱帶) 명 세로띠.

종대(縱隊) 명 세로로 줄을 지어 나란히 선 대형. ¶ 3열 종대. ↔횡대(橫隊).

종-댕기 명 도투락댕기에 다는 가느다란 끈.

종덕(種德) 명하자 은덕이 될 일을 함.

종-덩굴(鐘-) 명 미나리아재빗과의 낙엽 활엽 만목. 산 중턱 이상의 숲 속에 나는데, 줄기와 잎꼭지가 다른 물체에 감김. 7~8월에 잎겨드랑이에서 자줏빛 꽃이 피며, 관상용으로도 가꿈.

종도(宗徒) 명 ①☞교도(教徒). ②☞사도(使徒).

종돈(種豚) 명 ☞씨돼지.

종동(鐘銅) 명 종을 만드는 데 쓰는 청동의 한 가지. 종청동(鐘青銅).

종두(種痘) 명 (천연두 면역을 위하여) 사람 몸에 우두(牛痘)를 접종하는 일. 우두(牛痘).

종두(鐘頭) 명 절에서, 의식(儀式)이나 결제(結制)가 있을 때 심부름하는 일, 또는 그 일을 맡아 하는 사람.

종두득두(種豆得豆) [-뚜] 명 〔콩을 심으면 콩이 난다는 뜻으로〕 원인에 따라 결과가 생김을 이르는 말. 비종과득과. 참인과응보.

종두지미(從頭至尾) 명 ☞자초지종(自初至終).

종:락(種落) [-낙] 명 ☞종내기.

종란(種卵) [-난] 명 ☞씨알.

종람(縱覽) [-남] 명하타 (어떤 시설이나 전시품 따위를) 마음대로 구경함. 종관(縱觀).

종람-소(縱覽所) [-남-] 명 신문·잡지 또는 명부(名簿)나 물품 목록을 비치해 놓고 누구든지 마음대로 열람하게 하는 곳.

종래(從來) [-내] Ⅰ명 (지난 어느 때를 기준하여) 지금까지 내려오는 동안. ¶ 종래의 방식대로 하다.

Ⅱ부 지금까지 내려온 그대로. 이제까지. ¶ 그런 일은 종래 없었다.

종량(宗樑)[-냥]명 ①두 겹으로 얹는 보에서 마룻대가 되는 보. ②마룻대의 밑까지 높이 쌓아 올린 보.
종량(從良)[-냥]명하자 지난날, 종이나 천민의 신분을 면하고 양민(良民)의 적에 오르던 일.
종량-등(從量燈)[-냥-]명 계량기를 달아 전력을 쓰는 만큼 값을 치르게 된 전등. 참정액등.
종량-세(從量稅)[-냥쎄]명 과세 물건의 수량이나 무게 따위를 표준으로 하여 세율을 정하는 조세. ↔종가세(從價稅).
종량-제(從量制)[-냥-]명 (무엇을) 사용하거나 버리는 양에 따라 일정한 값을 치르는 제도. ¶ 쓰레기 종량제.
종려(棕櫚)[-녀]명 ☞종려나무.
종려-나무(棕櫚-)[-녀-]명 야자과의 상록 교목. 일본 원산으로 높이는 10 m에 이름. 줄기 끝에 긴 잎자루가 많이 나와 손바닥 모양으로 깊게 갈라진 잎이 핌. 초여름에 담황색의 잔꽃이 한곳에 많이 피고, 둥근 열매는 늦가을에 까맣게 익음. 관상용으로 재배함. 종려.
종려-모(棕櫚毛)[-녀-]명 종려나무의 껍질이나 잎꼭지에 붙어 있는 갈색의 털. 비나 새끼 따위를 만드는 데 쓰임.
종려-비(棕櫚-)[-녀-]명 종려모로 만든 비.
종려-선(棕櫚扇)[-녀-]명 종려나무의 잎으로 만든 부채.
종려-유(棕櫚油)[-녀-]명 종려나무의 열매에서 짜낸 기름. 비누 따위 유지(油脂) 공업의 원료가 되며, 먹기도 함.
종려-피(棕櫚皮)[-녀-]명 한방에서, '종려나무의 껍질'을 약재로 이르는 말. 〔지혈하는 데 씀.〕
종렬(縱列)[-녈]명하자 세로로 줄을 지음, 또는 그 줄. ↔횡렬(橫列).
종렬(縱裂)[-녈]명하자되자 ①세로로 째어짐. ②식물의 꽃밥이 세로로 터져 꽃가루가 날림.
종례(終禮)[-녜]명하자 주로 학교에서, 그날의 일과를 마치고 담임선생과 학생이 한곳에 모여 나누는 인사. ↔조례(朝禮).
종로(鍾路·鐘路)[-노]명 서울의 종각이 있는 네거리.
종로에서 뺨 맞고 한강에서〔한강에 가서〕 눈 흘긴다속담 욕을 당한 데서는 감히 말을 못하고 엉뚱한 데 가서 화풀이한다는 말.
종로-결장(鍾路決杖)[-노-짱]명 지난날, 종로와 같이 사람이 많이 모이는 곳에서 탐관오리의 볼기를 치던 일.
종로-제기(鍾路-)[-노-]명 두 사람이 마주 서서 서로 받아 차는 제기. 〔지난날, 종로 상인들이 추위를 덜려고 전방 앞에서 하던 놀이.〕
종론(宗論)[-논]명 ①둘 이상의 다른 종교가 서로 낫고 못함을 들어 다투는 언론. 법론(法論). ②종중(宗中)의 여론.
종료(終了)[-뇨]명하자타되자 일을 마침. 끝냄. ¶ 경기가 종료되다.
종루(鐘漏)[-누]명 때를 알리는 종과 물시계, 또는 그 설비가 있는 궁궐 안.
종루(鐘樓)[-누]명 종을 달아 두는 누각.
종ː류(種類)[-뉴]명 어떤 기준에 따라 나눈 갈래. 종(種). ¶ 같은 종류. /종류가 다양하다. 준유(類).
종ː류-별(種類別)[-뉴-]명 종류에 따라 각각 다른 구별. ¶ 서류를 종류별로 보관하다.
종률-세(從率稅)[-뉼쎄]명 일정한 세율에 따라 매기는 조세. 과세의 목적물에 대하여 일정한 세율을 물리는 관세 따위의 간접세.
종리(綜理)[-니]명하타되자 빈틈없이 조리 있게 처리함.
종마(種馬)명 ☞씨말.
종-마루(宗-)명 건물의 지붕 한가운데에 있는 주된 마루.
종막(終幕)명 ①(여러 막으로 된 연극에서) 마지막의 막. ②'일의 끝판이나 사건의 최후'를 비유하여 이르는 말. ¶ 종막을 고하다.
종말(終末)명 (계속되어 온 일이나 현상의) 끝판. 맨 끝. ¶ 사랑의 종말. 비최후.
종말-관(終末觀)명 ☞종말론(終末論).
종말-론(終末論)명 유대교나 기독교에서, 세계와 인류의 종말을 믿고, 그리스도의 재림(再臨), 최후의 심판, 인류의 부활 등을 내세우는 설. 종말관(終末觀).
종말^처ː리장(終末處理場)명 도시에서, 하수(下水)를 최종적으로 모아 정화(淨化) 처리하는 하수 처리 시설.
종ː매(從妹)명 친사촌 누이동생.
종명(鐘銘)명 종에 새긴 글, 또는 글자.
종명-누진(鐘鳴漏盡)명 〔종이 울고 누수(漏水)도 다 되어 밤이 이미 지났다는 뜻으로〕 '벼슬아치의 늙바탕'을 비유하여 이르는 말.
종명-정식(鐘鳴鼎食)명 〔지난날 종을 울려 집안 사람을 모아서, 솥을 벌여 놓고 밥을 먹었다는 데서〕 '부귀한 집'을 비유하여 이르는 말. 준종정.
종-모돈(種牡豚)명 ☞씨수퇘지.
종-모우(種牡牛)명 ☞씨황소.
종ː목(種目)명 종류의 명목. 종류의 항목. ¶ 경기 종목.
종목(種牧)명 식물을 심어 가꾸는 일과 짐승을 기르는 일.
종목(樅木)명 ☞전나무.
종ː목-별(種目別)[-뻘]명 종목에 따라 각각 다른 구별. ¶ 종목별로 나누다.
종묘(宗廟)명 조선 시대에, 역대 임금과 왕비의 위패를 모시던 왕실의 사당. 대묘(大廟). 태묘(太廟). 준묘(廟).
종묘(種苗)명하자 식물의 씨나 싹을 심어 묘목을 가꿈, 또는 그 묘목.
종묘-사직(宗廟社稷)명 왕조 때, 왕실과 나라를 아울러 이르던 말.
종묘-상(種苗商)명 농작물의 씨앗이나 묘목을 파는 가게, 또는 그 장사를 하는 사람.
종묘-장(種苗場)명 묘목을 기르는 곳.
종묘^제ː례악(宗廟祭禮樂)명 종묘 제향 때에 연주하는 음악. 준묘악.
종무(宗務)명 종교상의 사무. 종단이나 종파에 관한 사무.
종무(終務)명하자 관공서나 회사 등에서, 그해의 업무를 마치는 일. ↔시무(始務).
종무-소(宗務所)명 절의 사무를 보는 곳.
종무소식(終無消息)명 끝끝내 아무런 소식이 없음. ¶ 한번 떠나더니 종무소식이다.
종무-식(終務式)명 관공서나 회사 등에서, 그해의 업무를 마치며 행하는 의식. ↔시무식(始務式).
종문(宗門)명 ①종가의 문중. ②☞종파(宗派).
종물(從物)명 어떤 물건의 사용을 계속적으로 돕기 위하여 그에 딸린 물건. 〔칼에 대한 칼집 따위.〕 ↔주물(主物).
종ː물(腫物)명 ☞종기(腫氣).
종반(宗班)명 임금의 본종(本宗)이 되는 겨레붙이. 종성(宗姓).

종반(終盤)명 ①운동 경기나 장기 따위의 승부가 끝나 갈 무렵. ¶ 경기 종반에 점수 차이가 벌어지다. ②어떤 일의 끝판에 가까운 단계. ¶ 90년대도 이제 종반에 접어들었다.
종반(縱斑)명 세로로 죽 이어진 아롱무늬.
종발(鍾鉢)명 중발보다 작고 종지보다 좀 나부죽하게 생긴 그릇.
종-배(終-)[-빼]명 짐승이 마지막으로 새끼를 치거나 까는 일, 또는 그 새끼. ↔첫배.
종배(終杯·終盃)명 ①(술잔을 돌릴 때의) 맨 나중 잔. 납배(納杯). ②술자리의 마지막 잔. ②필배(畢杯).
종:백(從伯)명 남에게 '자기의 사촌 맏형'을 이르는 말. 종백씨(從伯氏).
종:백-씨(從伯氏)명 ☞종백(從伯).
종-벌레(鐘-)명 원생동물의 한 가지. 여름에 웅덩이나 더러운 물 속의 물풀 따위에 붙어삶. 몸은 신축성이 강하고, 앞쪽에 있는 물결털로 물결을 일으켜 먹이를 구함. 분체(分體)나 포자 생식으로 증식함.
종범(從犯)명 다른 사람의 범죄를 도와준 죄, 또는 그 사람. ↔정범(正犯).
종법(宗法)[-뻡]명 ☞종규(宗規).
종법(從法)[-뻡]명 '절차법'의 구용어.
종:별(種別)명하타되자 종류에 따라 나눔, 또는 그 구별. 유별(類別).
종복(從僕)명 사내종.
종부명 '화방(火防)'의 잘못.
종부(宗婦)명 종가(宗家)의 맏며느리.
종부(終傅)명 '병자 성사'의 구용어.
종부-돋움명 ①하타물건을 차곡차곡 쌓아 올림. ②하자발돋움.
종부^성:사(終傅聖事)명 '병자 성사(病者聖事)'의 구용어.
종-부직(從夫職)명하타 왕조 때, 남편의 품계에 따라 아내에게 작위를 내리던 일.
종비(從婢)명 여자 종.
종비(種肥)명 농작물의 발아나 생장을 돕기 위하여 씨앗 둘레에 주는 거름.
종비-나무(樅榧-)명 소나뭇과의 상록 침엽 교목. 깊은 산이나 고원 지대에서 자라는데, 높이는 25m 정도임. 암수한그루로 5월에 단성화가 피고 열매는 솔방울 모양으로 10월에 익음. 재목이나 펄프재로 씀.
종사(宗社)명 종묘와 사직.
종사(宗師)명 ①〔불교에서〕 ㉠수행자의 모범이 되는, 학덕이 뛰어난 중. ㉡각 종파의 조사(祖師). ②대종교에서, 성도(成道)한 사람을 일컫는 말. ③(특히 예술이나 기능 방면에서) 한 계통의 으뜸이 되고 개척자가 되는 사람.
종사(宗嗣)명 종가 계통의 후손.
종사(從死)명하자 죽은 사람을 따라서 죽음.
종사(從祀)명하타되자 ☞배향(配享).
종사(從事)명하자 ①(어떤 일을) 일삼아서 함. ¶ 생업에 종사하다. ②(어떤 사람을) 좇아 섬김. ¶ 일부(一夫)종사.
종사(綜絲)명 ☞잉아.
종사(螽斯)명 ①'메뚜기·베짱이·여치'를 두루 이르는 말. ②〔여치가 한 번에 99개의 알을 깐다는 데서〕 '부부가 화합하고 자손이 번창함'을 비유하여 이르는 말.
종-사품(從四品)명 고려·조선 시대의 문무관 품계의 여덟째 등급.
종삭(終朔)명 한 해의 마지막 달인 '섣달'을 달리 이르는 말.

종산(宗山)명 ①〈종중산(宗中山)〉의 준말. ②〈종주산(宗主山)〉의 준말.
종:-살이명하자 지난날, 남의 집에서 종노릇을 하던 일.
종삼(種蔘)명 씨로 쓰는 삼.
종삼-포(種蔘圃)명 종삼을 심는 밭.
종-삼품(從三品)명 고려·조선 시대의 문무관 품계의 여섯째 등급.
종상(終喪)명하자 ☞해상(解喪).
종:상(種桑)명하자 뽕나무를 심음.
종상(綜詳) '종상하다'의 어근.
종상-하다(綜詳-)형여 치밀하고 상세하다.
종상-화(鐘狀花)명 종상 화관으로 된 꽃.
종상^화관(鐘狀花冠)명 합판 화관(合瓣花冠)의 한 가지. 꽃 모양이 종처럼 생긴 화관.
종상^화:산(鐘狀火山)명 산꼭대기가 종 모양으로 형성되고 산성암(酸性岩)의 마그마로 된 화산. 톨로이데.
종생(終生)명 목숨이 다할 때까지의 동안.
종생^면:역(終生免疫)명 한 번 앓은 병원체에 대하여 평생토록 면역이 되는 일.
종서(縱書)명하타 세로쓰기. ↔횡서(橫書).
종선(從船)명 큰 배에 딸린 작은 배.
종선(縱線)명 세로금. 세로줄. ↔횡선(橫線).
종성(宗姓)명 ①☞종반(宗班). ②왕실의 성.
종성(終聲)명 받침. 종자음(終子音).
종성(鐘聲)명 종소리.
종성^규칙(終聲規則)명 ☞받침 규칙.
종세(終歲)명하자 한 해를 다 보냄. 종년(終年).
종소(終宵)명 ☞종야(終夜).
종-소리(鐘-)[-쏘-]명 종을 칠 때 울리어 나는 소리. 종성(鐘聲).
종-소원(從所願)명하타 소원을 들어줌.
종속(從俗)명하자 〈종시속(從時俗)〉의 준말.
종속(從屬)명하자되자 (주가 되는 것에) 딸리어 붙음. ¶ 경제적 종속. /종속 이론.
종속-국(從屬國)[-꾹]명 법적으로는 독립국이지만, 외교와 내정의 기본 방향은 종주국의 종주권에 구속되어 있는 나라. 예속국(隸屬國). ↔종주국(宗主國).
종속-물(從屬物)[-송-]명 어떤 것에 딸리어 붙어 있는 물건.
종속-범(從屬犯)[-뻠]명 정범(正犯)에 종속하여 성립하는 '교사범과 종범'을 이르는 말.
종속^변:수(從屬變數)[-뼌-]명 수학에서, 독립 변수의 변화에 따라 변하는 변수를 이르는 말. ↔독립 변수(獨立變數).
종속^사:건(從屬事件)[-싸껀]명 수학에서, 사건 A가 일어나고 일어나지 않음에 따라 사건 B의 일어날 확률이 다를 때 B를 A에 대하여 이르는 말. 종속 사상. ↔독립 사건.
종속^사:상(從屬事象)[-싸-]명 ☞종속 사건.
종속^성분(從屬成分)[-썽-]명 ☞부속 성분.
종속-적(從屬的)[-쩍]관명 종속 관계에 있는 (것). ¶ 종속적 신분. /종속적인 지위.
종속적 연결^어:미(從屬的連結語尾)[-쩍년-] 연결 어미의 한 가지. 앞의 문장을 뒤의 문장에 종속적으로 이어 주는 어말 어미. 〔'봄이 오면 꽃이 핀다.'에서의 '-면' 따위.〕 참연결 어미.
종속-절(從屬節)[-쩔]명 두 절이 한 문장을 이룰 때, 뒤 절인 주절(主節)에 대하여 조건이나 원인·전제를 나타내거나 하여 그것을 꾸며 주는 앞 절을 이르는 말. 〔'서리가 내리면 단풍이 든다.'에서 '서리가 내리면' 따위.〕 딸림마디. ↔주절(主節).

종속^회:사(從屬會社) [-소괴-/-소궤-] 명 자본 참가나 계약·정관 등에 따라 어떤 회사의 지배 아래에 있는 회사. 참자회사(子會社).
종속-히(從速-) [-소키] 부 되도록 빠르게.
종손(宗孫) 명 종가의 맏손자, 또는 종가의 대를 이을 자손. ↔지손(支孫).
종:손(從孫) 명 ①형이나 아우의 손자. ②남편의 형이나 아우의 손자.
종:-손녀(從孫女) 명 ①형이나 아우의 손녀. ②남편의 형이나 아우의 손녀.
종:-손부(從孫婦) 명 종손의 아내.
종:-손서(從孫壻) 명 종손녀의 남편.
종:수(從嫂) 명 사촌 형이나 사촌 아우의 아내.
종수(種樹) 명하타 ①곡식의 씨앗과 나무를 심고 가꿈. ②☞식목(植木).
종:수-씨(從嫂氏) 명 사촌 형이나 사촌 아우의 아내를 친근히 일컫는 말.
종수일별(終須一別) 명 '그곳에서 헤어지나 좀 더 가서 헤어지나 헤어지기는 마찬가지'라는 뜻의 말. ¶ 종수일별이니 그만 들어가거라.
종:숙(從叔) 명 아버지의 사촌 형제. 참당숙.
종:-숙모(從叔母) [-숭-] 명 종숙의 아내. 참당숙모(堂叔母).
종시(終始) 명 ☞시종(始終).
종시(終是) 부 나중까지 끝내. 종내(終乃). ¶ 속마음은 종시 알 수가 없었다.
종-시가(從時價) [-까] 명하자 물건을 사거나 팔 때에 시세를 따름. 종시세(從時勢).
종-시세(終時勢) 명하자 ☞종시가(從時價).
종-시속(從時俗) 명하자 세상의 풍속에 따름. 시속(時俗)을 좇음. 준종속.
종시-여일(終始如一) 명하형 ☞시종여일.
종시-일관(終始一貫) 명하자 ☞시종일관.
종식(終熄) 명하자되자 (한때 매우 성하던 것이) 가라앉음. 끝남. ¶ 전쟁 종식.
종신(宗臣) 명 ①왕조 때, 나라에 큰 공을 세운 신하. ②왕족으로 벼슬살이를 하던 사람.
종신(終身) 명하자 ①한평생을 마침. ②살아 있는 동안. 평생. 일생. ③☞임종(臨終).
종신(從臣) 명 (임금을) 늘 따라다니는 신하.
종신-계(終身計) [-계/-게] 명 한평생을 지낼 계획. 종신지계(終身之計).
종신-관(終身官) 명 유죄 선고나 징계 처분으로 물러나게 하거나 스스로 물러나지 않는 한 평생토록 면관(免官)되지 않는 관리. 참종신직(終身職).
종신^보:험(終身保險) 명 보험 기간을 정하지 않고 계약하여, 피보험자가 죽었을 때 보험자가 일정한 금액을 보험금 수취인에게 치르는 생명 보험.
종신^연금(終身年金) [-년-] 명 권리자가 죽을 때까지 해마다 일정한 금액을 받을 수 있는 연금.
종신-자식(終身子息) 명 부모가 운명할 때 임종(臨終)한 자식.
종신지계(終身之計) [-계/-게] 명 ☞종신계.
종신지질(終身之疾) 명 평생 고칠 수 없는 병.
종신-직(終身職) 명 처벌을 받아서 물러나거나 스스로 사직하지 않는 한 평생토록 일할 수 있는 직위. 참종신관(終身官).
종신^징역(終身懲役) 명 '무기 징역(無期懲役)'의 구용어.
종신-토록(終身-) 부 평생토록. ¶ 종신토록 고향을 지키다가 세상을 떠났다.
종신-형(終身刑) 명 ☞무기형(無期刑).
종신-회원(終身會員) [-회-/-훼-] 명 스스로 물러나지 않는 한 평생토록 회원 자격을 갖는 회원.
종실(宗室) 명 ☞종친(宗親).
종심(從心) 명 '일흔 살'을 달리 이르는 말. 〔'논어'의 '위정편(爲政篇)'에 나오는 말로, 공자가 70세가 되어 '종심소욕(從心所欲)이나 불유구(不踰矩)하였다.'고 한 데서 유래함.〕
종심(終審) 명 ①마지막 심리(審理). ②심급(審級) 제도에서 최종 법원의 심리.
종심소욕(從心所欲) 명 마음 내키는 대로 함. 〔'논어'의 '위정편'에 나오는 말임.〕
종씨(宗氏) 명 (같은 성으로) 촌수를 못 따질 정도의 먼 일가 사이에, 서로 상대를 부르거나 일컬을 때 하는 말.
종:씨(從氏) 명 ①남 앞에서 자기의 '사촌 형'을 높이어 일컫는 말. ②남을 높이어 그의 '사촌 형제'를 일컫는 말.
종:아리 명 무릎과 발목 사이의 뒤쪽 근육 부분.
 종아리(를) 맞다 관용 벌로 종아리에 매를 맞다.
 종아리(를) 치다 관용 벌로 종아리를 때리다.
종:아리-뼈 명 종아리의 바깥쪽에 있는 가늘고 긴 뼈. 비골(腓骨).
종:아리-채 명 종아리를 때릴 때 쓰는 회초리.
종알-거리다 자타 자꾸 종알종알하다. 종알대다. 큰중얼거리다. 센쫑알거리다.
종알-대다 자타 종알거리다.
종알-종알 부하자타 ①혼잣말로 자꾸 불평하는 소리, 또는 그 모양. ②(여자나 어린아이가) 자꾸 재깔이는 소리, 또는 그 모양. 큰중얼중얼. 센쫑알쫑알.
종애(鍾愛) 명하타 사랑(정)을 한곳으로 모음. 몹시 사랑함. 종정(鍾情).
종야(終夜) Ⅰ 명 하룻밤 동안. 종소(終宵). Ⅱ 부 밤새도록. ¶ 종야 뒤척이며 잠을 이루지 못하다.
종약(種藥) 명하자 약재로 쓸 식물을 심음.
종:양(腫瘍) 명 세포가 병적으로 불어나 생리적으로 쓸모없는 덩어리를 이루는 병증. 양성과 악성이 있음. 육종(肉腫).
종어(宗魚·鯼魚) 명 동자갯과의 민물고기. 강 하류의 흐린 물에 사는데, 몸길이는 20~40 cm. 몸빛은 등 쪽이 황갈색, 배 쪽은 담색임. 툭 불거진 주둥이는 아래턱이 위턱보다 짧음. 담수어 가운데 가장 맛있는 물고기라는 뜻에서 이 이름이 붙었다고 함. 여메기.
종어(種魚) 명 키워서 번식시킬 때 종자로 삼는 물고기.
종언(終焉) 명하자 ①일생이 끝남. 죽음. ¶ 파란만장한 삶도 종언을 고하였다. ②하던 일이 끝장남.
종업(從業) 명하자 어떠한 일에 종사함.
종업(終業) 명하자타 ①일을 끝마침. ②학교에서 한 학기나 한 학년 따위 일정한 기간의 학업을 다 끝냄. ↔시업(始業).
종업-식(終業式) [-씩] 명 학교에서 한 학기나 한 학년 따위 일정한 기간의 학업을 다 끝내며 하는 의식.
종업-원(從業員) 명 어떤 일에 종사하는 사람.
종-없다 [-업따] 형 〈종작없다〉의 준말. **종없-이** 부.
종연(終演) 명하자타되자 연극 따위의 상연이 끝남, 또는 상연을 끝냄.
종영(終映) 명하자타되자 영화 따위의 상영이 끝남, 또는 상영을 끝냄. ¶ 종영 시간.

종예(種藝)명하타 온갖 식물을 심어 가꾸는 일.
종오소호(從吾所好)명하자 자기가 좋아하는 대로 좇아서 함.
종-오품(從五品)명 고려·조선 시대의 문무관 품계의 열째 등급.
종요-롭다[-따][~로우니·~로워]형ㅂ (없어서는 안 될 만큼) 요긴하다. ¶ 이번 기술 제휴는 우리 회사를 키우는 데 종요로운 일이다. **종요로이**부.
종용(從容) '종용하다1'의 어근.
종용(慫慂)명하자.타 달래어 권함. 꾀어서 하게 함. ¶ 화해를 종용하다.
종용-하다(從容-)1형여 성격이나 태도가 차분하고 침착하다. **종용-히**부.
종용-하다(從容-)2형여 '조용하다'의 잘못.
종우(種牛)명 ☞씨소.
종유(從遊)명하자 학덕이 높은 사람과 어울려서 사귐.
종유-굴(鍾乳-)명 ☞종유동(鍾乳洞).
종유-동(鍾乳洞)명 석회암이 퍼져 있는 지역에 용식(溶蝕) 작용으로 생긴 동굴. 석회동(石灰洞). 종유굴.
종유-석(鍾乳石)명 ☞돌고드름.
종-육품(從六品)[-뉵-]명 고려·조선 시대의 문무관 품계(品階)의 열두째 등급.
종의(宗義)[-의/-이]명 종문(宗門)의 가르침.
종의(宗誼)[-의/-이]명 일가붙이 사이의 친한 정의(情誼).
종ː의(腫醫)[-의/-이]명 지난날, 부스럼을 잘 고치는 한의사(漢醫師)를 이르던 말.
종이명 주로 식물성 섬유로 얇고 판판하게 만든 물건. 서화·인쇄·포장 및 내장재(內裝材) 등에 쓰임.
종이도 네 귀를 들어야 바르다속담 무슨 일이든 의견을 모으고 힘을 합해야 일하기가 쉽다는 말.
종이 한 장(의) 차이관용 사물의 간격이나 틈이 아주 작거나, 수량이나 정도의 차이가 적다는 말.
종이(宗彝)명 ①종묘의 제향에 쓰는 술 그릇. ②구장복(九章服)에 수놓은 범의 그림.
종이^광대명 지난날, 죄인을 잡아가거나 사형을 집행할 때, 죄인의 얼굴을 가리려고 씌우던 종이탈. 눈과 코만 내놓을 수 있게 구멍이 뚫렸음. 참용수.
종이-돈명 ☞지폐.
종이-배명 종이를 접어서 만든 장난감 배.
종이부시(終而復始)명하타 (어떤 일을) 마치고 나서 다시 잇달아 계속함.
종이-비행기(-飛行機)명 종이를 접어서 만든 장난감 비행기.
종이-쪽명 종이의 작은 조각. 종잇조각.
종이-창(-窓)명 종이를 바른 창.
종이-컵(-cup)명 종이로 만든 일회용 컵.
종-이품(從二品)명 고려·조선 시대의 문무관 품계의 넷째 등급.
종이-풍선(-風船)명 종이로 만든 공에 공기를 불어 넣은 장난감의 한 가지.
종이-학(-鶴)명 종이를 접어서 학 모양으로 만든 것.
종이-호랑이(-虎狼-)명 '겉보기에는 힘이 대단할 것 같으나 실속은 아주 약한 것'을 비유하여 이르는 말. ¶ 주전 선수 두 명이 부상이니 그 팀은 이제 종이호랑이나 마찬가지이다.
종인(宗人)명 한 일가붙이 중에서 촌수가 먼 사람.
종인(從因)명 간접적인 원인.
종일(終日)명 아침부터 저녁까지의 사이. 하루의 낮 동안.
종일(縱逸)명하타 버릇없이 제멋대로 함.
종일지역(終日之役)[-찌-]명 아침부터 저녁까지 들인 수고.
종일-토록(終日-)부 아침부터 저녁까지 내내. ¶ 종일토록 쏘다니다.
종-일품(從一品)명 고려·조선 시대의 문무관 품계의 둘째 등급.
종잇-장(-張)[-이짱/-읻짱]명 종이의 낱장.
종잇-조각[-이쪼-/-읻쪼-]명 종이쪽.
종자(宗子)명 종가(宗家)의 맏아들.
종ː자(從子)명 조카.
종ː자(從姊)명 손위의 사촌 누이.
종자(從者)명 따라다니며 시중드는 사람. 데리고 다니는 사람. 종졸(從卒).
종자(種子)명 ☞씨1.
종자(鍾子)명 <종지>의 본딧말.
종자(縱恣)명하자 제멋대로 함.
종ː-자매(從姉妹)명 사촌 사이인 자매.
종자-문(鍾子紋)명 '수복(壽福)' 자(字) 무늬. 주로, 종지에 새기는 무늬임.
종자-식물(種子植物)[-싱-]명 꽃이 피어 암술의 밑씨가 수술의 꽃가루를 받아 종자를 만들어 번식하는 식물. 〔겉씨식물과 속씨식물로 나뉨.〕 꽃식물. 현화식물(顯花植物). ↔포자식물(胞子植物).
종-자음(終子音)명 받침이 되는 자음. 종성(終聲).
종작명 겉가량으로 헤아리는 짐작. ¶ 무슨 마음으로 그랬는지 종작을 못 잡겠다. 준종2.
종작-없다[-자겁따]형 (일의 사정이나 형편 따위를 헤아리는) 요량이 없다. 일정한 주견이 없다. 준종없다. **종작없-이**부 ¶ 종작없이 지껄이는 소리(말).
종잘-거리다자 자꾸 종잘종잘하다. 종잘대다. 큰중절거리다. 센쫑잘거리다.
종잘-대다자 종잘거리다.
종잘-종잘부하자 수다스럽게 종알거리는 모양. 큰중절중절. 센쫑잘쫑잘.
종-잡다[-따]타 겉가량으로 헤아려 잡다. 대중잡아 알다. 《주로, '-을 수 없다'·'-기 어렵다'의 꼴로 쓰임.》 ¶ 도무지 종잡을 수가 없다.
종장(宗匠)명 ①경서(經書)에 아주 밝고 글을 잘 짓는 사람. ②장인(匠人)의 우두머리.
종장(終章)명 ①풍류나 노래 따위의 마지막 장. ②시조의 맨 끝의 장. 참중장·초장.
종장(終場)명 지난날, 이틀 이상 보는 과거에서 마지막 날의 과시(科試) 마당을 이르던 말.
종장(從葬)명하타 지난날, 장사 지낼 때 허수아비를 시신(屍身)과 함께 묻던 일.
종적(蹤跡·蹤迹)명 ①(어떤 일이 일어난) 뒤에 드러난 모양이나 흔적. ②발자취, 또는 행방. ¶ 종적을 감추다. /종적을 모르다.
종-적(縱的)[-쩍]관명 사물의 아래위, 곧 종으로 관계되는 (것). ↔횡적(橫的).
종전(宗田)명 종중(宗中) 소유의 밭. 종중밭. 종중전(宗中田). 참종답(宗畓).
종전(宗典)명 불교에서, 한 종파의 경전(經典)을 이르는 말.
종전(從前)명 이전. 그전. 이제까지. 지금보다 이전. ¶ 이런 일이 종전에는 없었다.
종전(終戰)명하자.타되자 전쟁이 끝남. 전쟁을 끝냄. ↔개전(開戰). 참휴전(休戰).
종전(縱轉)명하자 앞뒤로 돎. 세로로 구름.

종점(終點)[-쩜]명 ①(열차나 버스 따위의 노선에서) 맨 끝이 되는 곳. ¶ 버스 종점. /전차를 종점까지 타고 가다. ②(일정한 기간의) 마지막이 되는 때. ¶ 인생(人生)의 종점. ↔기점(起點).

종접(踵接)명하자 ☞접종(接踵).

종정(宗正)명 ①한 문중(門中)의 가장 높은 어른. ②우리나라 불교의 최고 통할자(統轄者), 또는 각 종단의 통할자.

종정(鍾情)명하타 ☞종애(鍾愛).

종정(鐘鼎)명 ①중국의 옛 동기(銅器)인, 종과 솥. ②〈종명정식(鐘鳴鼎食)〉의 준말.

종정-도(鐘鼎圖)명 종과 솥 따위 옛 그릇붙이를 그린 그림.

종정-문(鐘鼎文)명 종이나 솥 따위 옛 그릇붙이에 새겨져 있는 글자.

종제(終制)명하자 ☞해상(解喪).

종ː제(從弟)명 사촌 아우.

종ː-제수(從弟嫂)명 종제의 아내.

종조(宗祖)명 한 종파(宗派)를 처음 세운 사람. 교조(敎祖).

종ː조(從祖)명 〈종조부(從祖父)〉의 준말.

종조(縱組)명 ☞세로짜기.

종ː-조모(從祖母)명 종조부의 아내.

종ː-조부(從祖父)명 할아버지의 형이나 아우. 준종조(從祖).

종족(宗族)명 성과 본이 같은 겨레붙이.

종족(種族)명 ①같은 종류에 딸린 생물 전체. ¶ 종족 번식. /종족의 분화. ②조상이 같고 언어·풍속·습관 따위도 같은 사회 집단.

종족^보ː존^본능(種族保存本能)[-뽀-]명 종족을 지켜 대를 이어 가려는 생물의 본능.

종족-적(種族的)[-쩍]관명 ①어떤 종족에게만 있는 (것). ②온 종족에 관계되거나 온 종족을 두루 포함하는 (것).

종졸(從卒)명 ①☞종자(從者). ②특정인이나 특정 부서에 딸린 병졸.

종ː종(種種) Ⅰ명 (모양이나 성질이 서로 다른 물건의) 가지가지. 여러 가지.
Ⅱ부 가끔. 때때로. ¶ 친구가 종종 찾아온다.

종종-거리다¹자 발을 재게 떼며 바삐 걷다. 종종대다¹. 센쫑쫑거리다¹. 거총총거리다.

종종-거리다²자 못마땅하여 탓하는 태도로 종알거리다. 종종대다². 큰중중거리다. 센쫑쫑거리다².

종종-걸음명 발을 재게 떼며 바삐 걷는 걸음. 거총총걸음.
종종걸음(을) 치다관용 종종걸음으로 걷다.

종종-대다¹자 ☞종종거리다¹.

종종-대다²자 ☞종종거리다².

종종-머리명 바둑머리가 조금 지난 뒤에, 한쪽에 세 층씩 석 줄로 땋고 그 끝을 모아 댕기를 드린 여자 아이의 머리.

종종-모명 몹시 배게 심은 볏모.

종ː종색색(種種色色)[-쌕]명 가지각색.

종종-이명 ☞줄임표.

종ː종-하다(種種-)형여 어떠한 일이 가끔 있다.

종-좌표(縱座標)명 ☞세로 좌표.

종죄(從罪)[-죄/-줴]명 종범(從犯)에게 과하는 죄.

종주(宗主)명 ①본가(本家)의 적장자. ②종묘(宗廟)의 위패. ③고대 중국에서, 봉건 제후들 가운데 패권을 잡은 맹주(盟主).

종주(縱走)명하타 ①산맥 따위가 세로로, 또는 남북으로 길게 이어짐. ¶ 우리나라를 종주하는 태백산맥. ②등산에서, 능선으로 이어진 많은 산봉우리를 따라 등정함. ¶ 지리산을 종주하다.

종주(縱酒)명하자 몸을 가누지 못할 정도로 술을 흠뻑 마심.

종주-국(宗主國)명 ①(종속국에 대하여) 종주권을 가진 나라. ↔종속국(從屬國). ②(어떤 문화적 현상이나 기술 따위를) 처음 시작한 나라. ¶ 우리나라는 태권도의 종주국이다.

종주-권(宗主權)[-꿘]명 어떤 나라가 다른 나라의 내정이나 외교를 관장하는 특수한 권리. ¶ 청국은 조선에 대하여 종주권을 주장했다.

종ː-주먹명 《주로 '대다'·'들이대다' 따위와 함께 쓰이어》 상대편을 위협하는 뜻으로 쥐어 보이는 주먹. ¶ 종주먹을 들이대며 을러대다.

종주-산(宗主山)명 풍수설에서, '주산(主山) 위에 있는 주산'을 이르는 말. 준종산.

종중(宗中)명 한 겨레붙이의 문중(門中). ¶ 김해 김씨 종중.

종중(從重)명하타 〈종중론(從重論)〉의 준말.

종중(從衆)명하타 여러 사람의 말이나 행동에 따름. ¶ 큰일은 중의(衆議)를 모아 종중하는 게 순리(順理)지.

종중-논(宗中-)명 ☞종답(宗畓).

종중-답(宗中畓)명 ☞종답(宗畓).

종중-론(從重論)[-논]명하자 조선 시대에, 두 가지 이상의 죄가 한꺼번에 드러났을 때, 가장 무거운 죄에 따라 처벌하던 일. 준종중. ↔종경론(從輕論).

종중-밭(宗中-)[-받]명 ☞종전(宗田). *종중밭이[-바치]·종중밭을[-바틀]·종중밭만[-반-]

종중-산(宗中山)명 ①종중의 조상의 무덤이 있는 산. ②종중 소유의 산. 준종산.

종ː-중씨(從仲氏)명 남에게 대하여 자기나 상대편의 '사촌 둘째 형'을 일컫는 말.

종중-전(宗中田)명 ☞종전(宗田).

종중-전답(宗中田畓)명 종중 소유의 논밭.

종중-추고(從重推考)명 조선 시대에, 벼슬아치의 죄과를 엄히 따지어 살피던 일.

종ː-증손(從曾孫)명 ①형제의 증손자. ②남편의 형제의 증손자.

종ː-증손녀(從曾孫女)명 ①형제(兄弟)의 증손녀. ②남편의 형제의 증손녀.

종ː-증손부(從曾孫婦)명 종증손의 아내.

종ː-증조(從曾祖)명 ☞종증조부(從曾祖父).

종ː-증조모(從曾祖母)명 종증조부의 아내.

종ː-증조부(從曾祖父)명 증조부의 형이나 아우. 종증조.

종지(宗支)명 종파(宗派)와 지파(支派).

종지(宗旨)명 ①한 종교나 종파(宗派)의 중심되는 가르침. ②'가장 옳은 것으로 믿고 받드는 주의나 주장 따위'를 비유하여 이르는 말. ¶ 개인주의를 종지로 하다. ③근본이 되는 중요한 뜻.

종지(終止)명 ①하자타되자 끝남, 또는 끝. ②음악에서, 악곡이 끝나는 느낌을 주는 부분, 또는 그러한 형태. 그 부분의 화음의 차이에 따라서, 완전 종지, 불완전 종지, 반종지(半終止) 등의 구별이 있음.

종지(踵至)명하자 곧장 남의 뒤를 따라옴.

종지(←鍾子)명 간장이나 고추장 따위를 담아 상에 놓는 작은 그릇. ¶ 밥상 위에는 꽁보리밥과 간장 종지만 달랑 놓여 있었다. 본종자(鍾子).

종-지기(鍾-)명 종을 치거나 지키는 사람.

종지^기호(終止記號)명 ☞마침표.

종지-부(終止符)명 ☞마침표.
종지부(를) 찍다관용 일의 결말을 짓다. 일을 끝내다. ¶강화 조약 체결로 두 나라의 전쟁도 종지부를 찍었다.
종지-뼈명 ☞슬개골(膝蓋骨).
종진(縱陣)명 군함 따위가 세로로 일직선이 되도록 늘어선 진형(陣形).
종-진동(縱振動)명 긴 물체나 선(線) 모양의 물체가 그 길이의 방향으로 진동하는 탄성 진동.
종ː-질명하자 종노릇을 하는 일.
종ː질(從姪)명 ①종형제의 아들. 참당질(堂姪). ②남편의 종형제의 아들.
종ː-질녀(從姪女)[-려]명 ①종형제의 딸. 참당질녀(堂姪女). ②남편의 종형제의 딸.
종ː-질부(從姪婦)명 종질의 아내. 참당질부.
종ː-질서(從姪壻)[-써]명 종질녀의 남편. 참당질서.
종짓-굽[1][-지꿉/-짇꿉]명 쟁기의 한마루 아래 끝에 턱 모양으로 내민 부분.
종짓-굽[2][-지꿉/-짇꿉]명 종지뼈가 있는 언저리.
종짓굽아 날 살려라관용 있는 힘을 다해서 빨리 도망침을 이름. 걸음아 날 살려라.
종짓굽이 떨어지다관용 젖먹이가 처음으로 걷게 되다.
종차(種差)명 동위 개념(同位槪念) 중의 한 개념이 가지는 특유한 성질로, 다른 동위 개념과 구별되는 표준이 되는 특성. 〔같은 포유류에 딸린 인간을 개·고양이 따위와 비교할 때, 인간의 특성은 '이성적(理性的)'이라는 따위.〕
종차(從此)부 ☞종금(從今).
종차(從次)부 이 다음에. 이 뒤에.
종착(終着)명하자 마지막으로 닿음.
종착-역(終着驛)[-창녁]명 기차나 전차 따위가 마지막으로 닿는 역. ↔시발역(始發驛).
종착-점(終着點)[-쩜]명 마지막으로 닿는 지점. ↔시발점.
종착-지(終着地)[-찌]명 마지막으로 닿는 곳.
종ː창(腫脹)명하자 염증이나 종양 따위로 몸의 어떤 부분이 부어오르는 일.
종ː처(腫處)명 부스럼이 난 자리.
종척(宗戚)명 임금의 친족과 외척.
종천지통(終天之痛)명 세상에서 더할 수 없는 큰 슬픔.
종ː-첩(-妾)명 종으로 부리던 여자를 올려 앉혀서 된 첩.
종-청동(鐘靑銅)명 ☞종동(鐘銅).
종체(宗體)명 불교에서, 교의의 핵심이 되는 근본 정신.
종축(種畜)명 ☞씨짐승.
종축(縱軸)명 ☞세로축.
종축^목장(種畜牧場)[-충-짱]명 가축의 개량을 위하여, 종자가 좋은 씨짐승을 기르는 목장. 종축장(種畜場).
종축-장(種畜場)[-짱]명 ☞종축 목장.
종친(宗親)명 ①임금의 친족(親族). 종실(宗室). ②동성동본으로 유복친(有服親) 안에 들지 않는 일가붙이.
종친-부(宗親府)명 조선 시대에, 왕실의 족친(族親) 관계의 일을 맡아보던 관아. 역대 왕의 계보와 초상화를 보관하고, 왕과 왕비의 의복을 관리하며, 종반(宗班)을 통령(統領)하였음.
종친-회(宗親會)[-회/-훼]명 일가붙이끼리 모이는 모꼬지, 또는 그 일을 맡아 하는 모임.
종-칠품(從七品)명 고려·조선 시대의 문무관 품계의 열넷째 등급.
종-콩명 주로 메주를 쑤는 데 쓰는, 알이 자잘한 흰콩.
종탑(鐘塔)명 주로 교회나 성당 건물에서, 종을 매달아 두기 위해 높이 쌓은 탑.
종토(種兎)명 ☞씨토끼.
종통(宗統)명 종가의 계통.
종-파(種-)명 씨를 받을 파.
종파(宗派)명 ①지파(支派)에 대한 종가의 계통. ②불교에서, 저마다 내세우는 교리를 좇아 세운 갈래를 이르는 말. 종문(宗門). ③☞교파.
종파(種播)명하타 ☞파종.
종파(縱波)명 ①배의 진행 방향과 같은 방향으로 이는 파도. ②물리학에서, 파동의 진행 방향과 매질(媒質)의 진동 방향이 일치하여 있는 파동. 〔음파(音波) 따위.〕 소밀파. ↔횡파.
종-팔품(從八品)명 고려·조선 시대의 문무관 품계의 열여섯째 등급.
종패(種貝)명 ☞씨조개.
종편(終篇)명 ①여러 편으로 된 책의 마지막 편. ②하타☞졸편(卒篇).
종풍(宗風)명 불교에서, 종문(宗門)의 풍습.
종피(種皮)명 ☞씨껍질.
종하-생(宗下生)대 성(姓)과 본(本)이 같은 일가붙이 사이에서, 나이가 적고 벼슬이 낮은 사람이 나이가 많고 벼슬이 높은 사람에게 자기를 낮추어 이르는 말.
종학(從學)명하타 (남의 학문 따위를) 좇아서 배움.
종합(綜合)명하타되자 관련되는 여러 가지 것을 모아 하나의 통일된 것이 되게 함. ¶각종 정보를 종합하다. ↔분석(分析).
종합^개발(綜合開發)[-깨-]명 토지나 자원의 부문별 개발 계획을 국가적 처지에서 하나의 계획으로 모아, 유기적인 연락 아래 종합적으로 추진하는 개발.
종합^고등학교(綜合高等學校)[-꼬-꾜]명 인문 과정과 실업 과정을 아울러 둔 고등학교.
종합^과세(綜合課稅)[-꽈-]명 납세자의 각종 소득을 종합하여 과세하는 방법.
종합^대ː학(綜合大學)[-때-]명 셋 이상의 단과대학(單科大學)과 대학원으로 이루어진 대학.
종합^링크제(綜合link制)명 링크제의 한 가지. 제삼국에 상품을 수출하여 대외 채권을 얻은 사람에 한하여, 수출용 원자재 및 일정한 물자의 수입을 허용하는 제도. ↔개별 링크제.
종합^병ː원(綜合病院)[-뼝-]명 여러 가지의 진료 과목을 설치하고, 그 진료 과목에 관한 의료 인력 및 장비를 갖춘 병원.
종합^비타민제(綜合vitamin劑)명 다섯 가지 이상의 비타민을 혼합한 것으로, 지용성의 A·D를 포함하여 만든 약제.
종합^비ː평(綜合批評)[-삐-]명 문예 작품의 요소 하나하나를 비평의 대상으로 삼지 않고, 전체적인 가치를 논하는 비평. ↔분석 비평.
종합^상사(綜合商社)[-쌍-]명 많은 종류의 상품을 다루어 외국 무역 및 국내 유통을 대규모로 영위하며 금융, 정보, 자원 개발, 해외 투자 등의 기능을 갖는 큰 규모의 상사.
종합^소ː득세(綜合所得稅)[-쏘-쎄]명 납세자가 취득한 각종 소득을 종합하여 매기는 소득세.
종합^예ː술(綜合藝術)[-함녜-]명 건축·무용·문학·음악·회화 등, 분야가 다른 여러 예술의 요소가 한데 합쳐서 이루어지는 예술. 〔연극이나 영화 따위.〕

종합^잡지(綜合雜誌)[-짭찌]명 내용을 어느 특정 분야에 한정하지 않고, 정치·경제·사회·과학·문예·연예 등 문화 활동 전반에 걸친 평론이나 문학 작품 따위를 두루 싣는 잡지.

종합-적(綜合的)[-쩍]관명 종합한 (것). 종합하는 태도인 (것). ¶ 종합적 연구./종합적인 판단.

종합^정보^통신망(綜合情報通信網)[-쩡-]명 모든 통신 회선과 컴퓨터를 결합하여 종합적인 정보 제공을 하도록 한 통신 체제.

종합^판단(綜合判斷)명 칸트의 철학에서, 술어(述語)가 주어에 포함되어 있지 않은 새로운 속성이나 사물을 나타내어 인식을 확장시키는 판단을 이르는 말. 〔예를 들면, '물체는 무게를 갖는다.'와 같은 것으로, '무게를 갖는다'란 술어가 '물체'라는 주어에 본질적으로 포함되지 않는데도 주어와 결합되어 있다고 하는 것과 같은 것.〕

종합^학습(綜合學習)[-하팍씁]명 교과를 따로따로 나누지 않고 종합적으로 학습하는 일.

종항(終航)명 ①배나 항공기의, 그날의 마지막 운항. ②하자되자배나 항공기가, 정해진 항해나 항공을 끝냄.

종ː항-간(從行間)명 사촌 형제 사이.

종-해안(縱海岸)명 산맥의 주축과 나란히 뻗은 해안. ↔횡해안(橫海岸).

종ː핵(種核)명 종자(種子)의 종피(種皮) 이외의 부분. 배(胚) 및 배젖을 가리킴.

종핵(綜核·綜覈)명하타 자세하고 꼼꼼하게 속속들이 밝힘.

종행(縱行)명 세로로 된 글줄.

종헌(終獻)명하타 제사 지낼 때, 삼헌(三獻)의 하나. 세 번째 잔, 곧 마지막 잔을 올림, 또는 그 일. 참초헌(初獻)·아헌(亞獻).

종헌-관(終獻官)명 조선 시대에, 종묘 제향 때에 종헌을 맡던 임시 벼슬. 참초헌관(初獻官)·아헌관(亞獻官).

종ː형(從兄)명 사촌 형.

종형(鐘形)명 종과 같이 생긴 모양.

종ː-형수(從兄嫂)명 사촌 형의 아내.

종ː-형제(從兄弟)명 사촌인 형과 아우. 당형제(堂兄弟).

종환(從宦)명하자 벼슬길에 나아감, 또는 벼슬살이를 함.

종ː환(腫患)명 남을 높이어 그가 앓는 '종기'를 이르는 말.

종회(宗會)[-회/-훼]명 종중의 일을 의논하기 위한, 일가붙이끼리의 모임.

종횡(縱橫)[-횡/-훵]명 ①가로세로. ②자유자재. 행동이 거침없음. 《주로, '종횡으로'의 꼴로 쓰임.》 ¶ 종횡으로 활약하다.

종횡-가(縱橫家)[-횡-/-훵-]명 ①중국 전국 시대에, 독자적인 정책을 가지고 제후 사이를 유세(遊說)하며 다니던 사람. 〔합종설(合縱說)의 소진(蘇秦)과 연횡설(連衡說)의 장의(張儀) 등.〕 ②대립하는 두 사람(편) 사이에서 잔꾀를 부리는 사람.

종횡-무애(縱橫無礙)[-횡-/-훵-]명 행동에 아무런 거치적거림이 없이 자유자재임. ¶ 창공을 종횡무애로 날아다니다.

종횡-무진(縱橫無盡)[-횡-/-훵-]명 행동이 마음 내키는 대로 자유자재임. ¶ 종횡무진으로 활약하다./야생마처럼 종횡무진으로 날뛰다.

종효(終孝)명하자 아버지나 어머니가 운명할 때, 곁에 있으면서 정성을 다함.

종후(從厚)명하타 어떤 일을 박하게 하지 않고 후한 쪽을 좇아 함.

좆[좉]명 어른의 자지. ＊좆이[조지]·좆만[존-]

좆-같다[졷깓따]형 ①'어떤 일이 몹시 언짢게 된 상태'를 상스럽게 이르는 말. ②'사물을 얕잡아 보고 이르거나, 생김새가 못생겼음'을 상스럽게 이르는 말. **좆같-이**부.

좆-심[졷씸]명 '남자의 음경의 발기력'을 상스럽게 이르는 말.

좇다[졷따]타 ①남의 뒤를 따르다. ¶ 시장에 가시는 어머니의 뒤를 좇아 나서다. ②남의 말이나 뜻을 따라 그대로 하다. ¶ 스승의 교훈을 좇다. ③대세(大勢)를 따르다. ¶ 여론을 좇다. ④목표·이상·행복 따위를 추구하다. ¶ 명예를 좇는 청년. ＊좇아·좇는[존-]

좇다타 〈옛〉①좇다. 따르다. ¶ 뉘 아니 좇즙고져 ᄒᆞ리(龍歌78章). ②쫓다. ¶ 衆賊이 좇거늘(龍歌36章).

좇아-가다타 남이 하는 대로 따라가다.

좇아-오다타 남이 내가 하는 대로 따라오다.

좋명 〈옛〉조. ¶ 누른 조히 니그니(杜初7:39).

좋ː다¹[조타]형 ①(마음에) 흐뭇하여 즐겁다. ¶ 기분이 좋다. ②(보기에) 아름답다. ¶ 경치가 좋다. ③훌륭하다. ¶ 가문이 좋다. ④바르고 착하다. ¶ 좋은 친구. ⑤슬기롭고 뛰어나다. ¶ 기억력이 좋다. ⑥(잘 사귀어) 정답다. 친하다. ¶ 금실이 좋다./좋은 사이. ⑦효험이 있다. ¶ 이 약은 감기에 좋다. ⑧알맞다. 적당하다. ¶ 기회가 좋다./좋은 맞수. ⑨(다른 것보다) 낫다. ¶ 이 책이 더 좋다. ⑩이롭다. ¶ 되도록이면 빨리 시작하는 것이 좋다. ⑪상관없다. 괜찮다. ¶ 나는 아무래도 좋다. ⑫마음에 들다. 마땅하다. ¶ 본인이 좋다는 데야 하는 수 없지. ⑬경사스럽다. 기쁘다. ¶ 이와 같이 좋은 날 아니 놀고 어쩌리오. ⑭(말씨나 태도 따위가) 순하고 부드럽다. ¶ 좋은 말로 타이르다. ⑮넉넉하고 푸지다. ¶ 값을 좋게 쳐주다. ⑯상서롭다. 길하다. ¶ 좋은 날을 받다. ⑰밝고 환하다. ¶ 분위기가 참 좋다./얼굴이 좋아 보인다. ⑱(날씨 따위가) 맑다. ¶ 날씨가 썩 좋다. ⑲보기에 나쁘거나 싫은 것을 두고 빈정거릴 때 하는 말. ¶ 꼴 좋다. ⑳《명사형 어미 '-기' 뒤에 쓰이어》 쉽다. 어렵지 않다. ¶ 활자가 굵어서 보기 좋다. ＊좋ː아[조-]·좋ː소[조쏘]

좋은 일에는 남이요, 궂은일에는 일가다속담 좋은 일이 있을 때는 모른 체하다가 궂은일을 당하면 친척을 찾아 다닌다는 말.

좋ː다²[조타]감 ①마음이 흐뭇하여 즐거움을 느낄 때 하는 말. 좋구나. ¶ 참, 좋기도 좋다! ②결심을 하거나 분하게 여기는 느낌을 나타내는 말. 좋아. ¶ 좋다, 이번엔 반드시 이기고 말겠다./좋다, 두고 보자. ③판소리 따위에서, 고수(鼓手)가 창(唱)하는 사람의 흥을 돋우기 위하여 하는 추임새의 한 가지.

좋다형 〈옛〉깨끗하다. 조촐하다. ¶ 몱거든 조티 마나 조커든 몱디 마나(鄭澈.關東別曲).

좋ː아[조-]감 ☞좋다².

좋ː아-지내다[조-]자 남녀가 정분이 나서 친하게 지내다. ¶ 갑순이와 갑돌이가 좋아지낸다는 소문이 돌았다.

좋ː아-하다[조-]타여 ①좋은 느낌을 가지다. ¶ 나는 꽃을 좋아한다. ②즐겨 하거나 즐겨 먹다. ¶ 김치를 좋아하다. ③(남에게) 사랑을 느끼다. ¶ 갑돌이는 을순이를 좋아한다. ④귀엽게 여기다.

좋:-이[조-]부 ①좋게. ¶ 좋이 말할 때 들어라. ②꽤. 넉넉히. 무던히. ¶ 재산을 좋이 모으다. /입장객이 3만은 좋이 되겠다.

좌:(左)명 왼쪽. 왼편. ¶ 좌로 가다. ↔우(右).

좌:(坐)명 풍수설에서, 묏자리나 집터 따위의 등진 방위. ↔향(向).

좌:(座)[1]명 앉을자리. ¶ 좌가 기울다.

좌:(座)[2]의 불상을 세는 단위. ¶ 불상 두 좌.

좌:각(坐脚)명 (오금이 붙거나 힘이 없거나 삐드러져서) 마음대로 쓰지 못하는 다리.

좌:객(坐客)명 앉은뱅이.

좌:객(座客)명 자리에 앉은 손.

좌:견(左牽)명 ☞긴경마.

좌:견천리(坐見千里)[-철-]명 〔앉아서 천 리를 본다는 뜻으로〕 멀리 앞을 내다보거나 먼 곳에서 일어난 일 따위를 잘 헤아림을 이르는 말.

좌:경(左傾)명 (정치사상 등이) 좌익(左翼)의 경향을 띰. ¶ 좌경 사상. /좌경 세력. ↔우경(右傾).

좌:경(坐更)명 조선 시대에, 궁중의 보루각(報漏閣)에서 밤에 징과 북을 쳐서 경점(更點)을 알리던 일.

좌:경-화(左傾化)명하자타되자 좌익적인 사상으로 기울어지게 됨, 또는 그렇게 되게 함. ↔우경화.

좌:계(左契)[-계/-게]명 둘로 나눈 부신(符信)의 왼쪽 짝. ↔우계(右契).

좌:고(左顧)명하자 왼쪽을 돌아봄.

좌:고(坐高)명 앉은키.

좌:고(坐賈)명 ①☞앉은장사. ②조선 시대에, 육주비전같이 관유(官有)의 건물을 빌려서 하던 장사.

좌:고(座鼓)명 북의 한 가지. 나무로 된 나지막한 틀에 매달고, 앉아서 나무 채로 침.

좌:고-우면(左顧右眄)명하자 ☞좌우고면.

좌:골(坐骨)명 골반을 이루는 좌우 한 쌍의 뼈. 궁둥이뼈의 아래쪽을 차지하여 앉으면 바닥에 닿음.

좌:골^신경(坐骨神經)명 다리의 운동과 지각을 맡은, 인체에서 가장 길고 굵은 신경. 허리 부분에서 허벅다리 뒤쪽 한가운데까지 이름.

좌:골^신경통(坐骨神經痛)명 좌골 신경에 외상·감기·중독·류머티즘·요추 카리에스 따위의 원인으로 일어나는 통증. 신경통 가운데서 가장 흔함.

좌:구(坐具)명 ①앉을 때 까는 방석. ②불교에서, 비구(比丘)가 앉거나 누울 때 까는 방석.

좌:국(坐局)명 산이나 집터 따위의, 어느 방위를 등지고 앉은 자리.

좌:군(左軍)명 〈좌익군(左翼軍)〉의 준말.

좌:굴(坐屈)명하타 (몸소 방문해야 할 것을) 방문하지 않고 상대편이 찾아오게 함.

좌:궁(左弓)명 왼손으로 시위를 당기어 쏘는 활. ↔우궁(右弓).

좌:궁-깃(左弓-)[-긷]명 새의 오른쪽 날개 깃으로 꾸민 화살의 깃. ↔우궁깃. *좌:궁깃이[-기시]·좌:궁깃만[-긴-]

좌:규(左揆)명 지난날, '좌의정(左議政)'을 달리 이르던 말. 참우규(右揆).

좌:기(左記)명 세로쓰기로 적은 문서 따위에서, 본문의 왼쪽, 곧 뒤에 적은 내용을 이르는 말. ¶ 제출 서류는 좌기와 같다. ↔우기(右記).

좌:기(坐起)명하자 지난날, 관아의 우두머리가 출근하여 사무를 보던 일.

좌:기(挫氣)명하자타 기세(氣勢)가 꺾임, 또는 기세를 꺾음.

좌:단(左袒)명하자 〔왼쪽 소매를 벗는다는 뜻으로〕 '남을 편들어 동의함'을 이르는 말. 〔'사기'의 '여후본기(呂后本紀)에 나오는 말로, 여후가 반란을 꾀할 때 주발(周勃)이 '여후를 따를 자는 우단하고 왕실을 따를 자는 좌단하라'고 한 데서 유래함.〕 찬성.

좌:담(座談)명 몇 사람이 자리에 앉아서 형식에 얽매이지 않고 자유롭게 이야기를 주고받는 일, 또는 그런 담화. ¶ 지구의 생존을 위협하는 환경 문제에 대해 좌담을 나누다.

좌:담-회(座談會)[-회/-훼]명 (어떤 문제를 중심으로) 좌담을 하는 모임. ¶ 자연보호에 대한 좌담회.

좌:당(左黨)명 '좌익 정당'을 줄이어 이르는 말. ↔우당(右黨). 참좌익.

좌:도(左道)명 ①옳지 않은 방법이나 행위. 〔고대 중국에서, 오른쪽을 옳다고 높이고 왼쪽을 옳지 않은 것이라고 한 데서 유래함.〕 ②조선 시대에, 경기도·충청도·전라도·경상도·황해도의 각 도를 둘로 나누어 그 한쪽을 이르던 말. 경기도의 남부 지역과 충청도·전라도·경상도·황해도의 동쪽 지역을 이름. ②↔우도(右道).

좌:돈(挫頓)명하자되자 ☞좌절(挫折).

좌:두(莝豆)명 (마소의 먹이로 쓰는) 여물과 콩을 섞은 것.

좌:-뜨다[~뜨니·~떠]자 생각이 남보다 뛰어나다. ¶ 좌뜨고 기발한 이론.

좌:랑(佐郞)명 ①고려 시대, 육부(六部)의 정오품 벼슬. ②조선 시대, 육조(六曹)의 정육품 벼슬.

좌르르부 ①큰 물줄기가 세차게 잇달아 쏟아지는 소리, 또는 그 모양. ②흩어지거나 퍼지기 쉬운 작은 물건 여러 개가 한꺼번에 쏟아지는 소리, 또는 그 모양. 센좌르르.

좌:립(坐立)명 앉음과 섬.

좌:마(坐馬)명 ①벼슬아치가 타던 관마(官馬). ②군사가 행군할 때 몰고 가던 대장의 부마(副馬).

좌:면-지(座面紙)명 제상(祭床)에 까는 기름종이.

좌:목(座目)명 자리의 차례를 적은 목록.

좌:방(左方)명 왼쪽. ↔우방(右方).

좌:번(左番)명 번(番)을 좌우 둘로 나누었을 때의 왼쪽 번.

좌:법(坐法)명 부처 또는 중들의 앉는 법식. 〔결가부좌(結跏趺坐)·반가부좌(半跏趺坐) 따위.〕

좌:변(左邊)명 ①왼편짝. ②왼쪽 가장자리. ③등식이나 부등식에서, 등호 또는 부등호의 왼쪽에 있는 수식(數式). ④조선 시대에, '좌포도청'을 달리 이르던 말. ↔우변(右邊).

좌:-변기(坐便器)명 걸터앉아 대소변을 보게 된 수세식 변기. 양변기.

좌:-병영(左兵營)명 조선 시대에, 울산에 두었던 경상 좌병영을 흔히 이르던 말.

좌:보-성(左補星)명 구성(九星) 가운데 여덟째 별.

좌:부-변(左阜邊)명 ☞언덕부.

좌:불안석(坐不安席)명하자 (불안하거나 걱정스러워) 한군데에 오래 앉아 있지 못함을 이름. ¶ 아들 걱정으로 좌불안석일세.

좌:사우고(左思右考)명하타 이리저리 생각하여 곰곰이 헤아려 봄. 좌사우량(左思右量). 좌우사량(左右思量).

좌:사우량(左思右量)명하타 ☞좌사우고.

좌ː산(坐產)명하타 (늘어뜨린 줄 따위를 붙잡고) 엉거주춤하게 앉아서 아이를 낳음.
좌ː상(左相)명 '좌의정(左議政)'을 달리 이르는 말. 참우상(右相).
좌ː상(坐商)명 ☞앉은장사.
좌ː상(坐像)명 앉아 있는 모습을 나타낸 그림이나 조각.
좌ː상(座上)명 ①☞좌중(座中). ②한자리에 모인 여러 사람 가운데서 가장 어른이 되는 사람.
좌ː상(挫傷)명하자 ①기운이 꺾이고 마음이 상함. ②(얻어맞거나 부딪히거나 하여) 피부 표면에는 손상을 받지 않고, 피하 조직이나 근육에 상처를 입는 일. ②좌창(挫創).
좌ː상-육(剉桑育)[-뉵]명 누에가 자람에 따라 뽕잎을 알맞은 크기로 썰어 주는 사육법.
좌ː서(左書)명 ①☞예서(隷書). ②하자 왼손으로 글씨를 씀, 또는 그 글씨.
좌ː석(座席)명 ①(어떤 장소나 탈것 따위에서) 앉을 수 있게 의자를 마련한 자리. ↔입석(立席). ②여러 사람이 모인 자리. ¶ 좌석을 정돈하다. ③깔고 앉는 여러 종류의 자리를 통틀어 이르는 말.
좌ː석-권(座席券)[-꿘]명 좌석 번호가 적혀 있는 입장권이나 차표.
좌ː석미난(座席未煖)[-성-]명 〔앉는 자리가 따뜻해질 겨를이 없다는 뜻으로〕'이사를 자주 다니거나 일이 몹시 바쁜 형편'임을 이르는 말.
좌ː선(左旋)명하자타 왼쪽으로 돎, 또는 왼쪽으로 돌림. ↔우선(右旋).
좌ː선(坐禪)명하자 불교에서, 가부좌(跏趺坐)를 하고 조용히 앉아서 선정(禪定)으로 들어감, 또는 그렇게 하는 수행. 준선(禪).
좌ː선-룡(左旋龍)[-뇽]명 풍수설에서, 주산(主山)에서 왼쪽으로 돌아 내려간 산줄기.
좌ː섬(挫閃)명 한방에서, 얻어맞거나 부딪혀서 뼈마디가 물러앉는 바람에 둘레의 막(膜)이 상하여 붓고 아픈 병을 이르는 말. 참염좌(捻挫).
좌ː섬^요통(挫閃腰痛)[-뇨-]명 한방에서, 접질려 일어나는 허리앓이를 이르는 말.
좌ː수(左手)명 왼손. ↔우수(右手).
좌ː수(坐收)명하타 (노력도 하지 않고) 가만히 앉아서 이익을 거둠.
좌ː수(坐睡)명하자 앉아서 졺.
좌ː수(座首)명 조선 시대에, 향청(鄕廳)의 우두머리를 이르던 말. 아관(亞官). 참향소(鄕所).
좌ː-수사(左水使)명 조선 시대, 좌수영(左水營)의 수사. 참우수사.
좌ː수어인지공(坐收漁人之功)명 '남이 다투는 틈을 타서 제삼자가 힘들이지 않고 공(功)을 거둠'을 이르는 말. 〔'전국책(戰國策)'의 '연책(燕策)'에 나오는 말로, 도요새와 조개가 다투는 사이에, 지나가던 어부가 힘들이지 않고 도요새와 조개를 다 거두어 갔다는 고사에서 유래함.〕 참어부지리(漁父之利).
좌ː-수영(左水營)명 조선 시대, 수군의 군영(軍營). 동래(東萊)에 경상 좌수영, 여수(麗水)에 전라 좌수영이 있었음. 참우수영.
좌ː수우봉(左授右捧)명하타 〔왼손으로 주고 오른손으로 받는다는 뜻으로〕 당장 그 자리에서 주고받음.
좌ː수우응(左酬右應)명하타 (술잔 따위를) 이쪽저쪽으로 부산하게 주고받음.
좌ː-승지(左承旨)명 ①고려 시대에, 왕명의 출납(出納)을 맡아보던 밀직사(密直司)의 정삼품 벼슬. ②조선 시대에, 왕명의 출납을 맡아보던 승정원(承政院)의 정삼품 벼슬.
좌ː시(坐市)명 가게를 벌이고 붙박이로 앉아 물건을 파는 곳.
좌ː시(坐視)명하타 (어떤 일이 일어났는데도) 참견하지 않고 잠자코 보고만 있음. ¶ 도발을 해 오면 좌시하지 않겠다.
좌시다타 〈옛〉자시다. 잡수시다. ¶ 夫人이 좌시고(月釋2:25).
좌ː시-터(坐市-)명 좌시를 낼 만한 터, 또는 좌시를 낸 터.
좌ː식(坐食)명하자 일을 하지 않고 놀고먹음. 와식(臥食).
좌ː식-산공(坐食山空)[-싼-]명 아무리 산더미 같이 많은 재산도 벌지 않고 놀고먹기만 하면 끝내는 다 없어진다는 말.
좌ː-심방(左心房)명 심장 안의 왼쪽 윗부분. 폐정맥에서 오는 피를 좌심실로 보내는 곳.
좌ː-심실(左心室)명 심장 안의 왼쪽 아랫부분. 좌심방에서 오는 피를 깨끗이 하여 대동맥으로 보내는 곳.
좌ː안(左岸)명 (바다나 강의 하류를 향하여) 왼쪽의 기슭. ↔우안(右岸).
좌ː액(左腋)명 왼쪽 겨드랑이.
좌ː약(坐藥)명 항문이나 요도·질 등에 끼워 넣는 고형의 외용약. 체온이나 분비물에 녹으면서 약효가 나타남.
좌ː업(坐業)명 ①앉아서 손으로 하는 일. ②앉아서 일하는 직업.
좌ː연-사(左撚絲)명 왼쪽으로 꼰 실. ↔우연사.
좌ː열(左列)명 왼쪽의 대열. ↔우열(右列).
좌ː와(坐臥)명 〔앉음과 누움이라는 뜻으로〕 기거(起居). 일상생활.
좌ː와-기거(坐臥起居)명 ①'좌와'와 '기거'를 아울러 이르는 말. ②보통 살아가는 일. 일상생활.
좌ː완(左腕)명 왼팔. ¶ 좌완 투수. ↔우완(右腕).
좌ː욕(坐浴)명하자 허리부터 그 아래만을 목욕하는 일.
좌ː욕(坐褥)명 ☞방석(方席).
좌ː우(左右)명 ①왼쪽과 오른쪽. ¶ 좌우 날개. ②곁, 또는 옆. ¶ 좌우를 살피다. ③'존장(尊丈)'을 높이어 일컫는 말. 〔편지의 이름 뒤에 '어르신네'라는 뜻으로 씀.〕 ④하타 되자 〈좌지우지〉의 준말. ¶ 생사를 좌우하다. ⑤〈좌우익〉의 준말. ⑥곁에 가까이 거느리고 있는 사람.
좌ː우(座右)명 〔좌석의 오른쪽이란 뜻으로〕 몸 가까운 곳. 곁. 신변(身邊). ¶ 책을 늘 좌우에 두고 틈나는 대로 읽다.
좌ː우-간(左右間)부 ①이렇든저렇든 간에. 어쨌든 간에. ¶ 좌우간 해 놓고 보자. ②☞양단간(兩端間). ¶ 좌우간 대답이나 해라. 좌우지간.
좌ː우-고면(左右顧眄)명하자 〔이쪽저쪽을 돌아본다는 뜻으로〕 '앞뒤를 재고 망설임'을 이르는 말. 좌고우면.
좌ː우-기거(左右起居)명 일상생활의 온갖 동정.
좌ː우-두동(左右-)명 윷놀이에서, 말 두 개가 따로따로 두 동씩 된 것.
좌ː우-명(座右銘)명 늘 가까이 적어 두고, 일상의 경계로 삼는 말이나 글. ¶ 아버지의 좌우명은 '성실'이었다.
좌ː우^보ː처(左右補處)명 부처를 모시는 좌우의 두 보살, 곧 협사(脇士)를 이르는 말.
좌ː우-사량(左右思量)명하타 ☞좌사우고(左思右考).

좌ː우^상칭(左右相稱)명 좌우가 대칭으로 된 형태나 조직을 갖춘 생물의 모습을 이르는 말.
좌ː-우익(左右翼)명 ①군진(軍陣)의 좌우에 벌여 있는 군대. ②좌익과 우익, 또는 그 사상이나 단체. 준좌우.
좌ː우지(左右之)명하타되자 〈좌지우지〉의 준말.
좌ː우지간(左右之間)부 ☞좌우간.
좌ː우-청촉(左右請囑)명하타 갖은 수단을 다하여 청탁함. 자청우촉.
좌ː우-충돌(左右衝突)명하자 ☞좌충우돌.
좌ː-우편(左右便)명 왼쪽과 오른쪽의 두 편.
좌ː우-협공(左右挾攻)[-꽁]명하타 (적을) 좌우 양쪽에서 죄어 들어가며 침.
좌ː원우응(左援右應)명하타 이쪽저쪽 양쪽을 모두 응원함.
좌ː윤(左尹)명 ①고려 시대, 삼사(三司)의 종삼품 벼슬. ②조선 시대, 한성부(漢城府)의 종이품 벼슬.
좌ː-의정(左議政)[-의-/-이-]명 조선 시대, 의정부(議政府)의 정일품 벼슬. 우의정의 위, 영의정의 아래임. 참좌규(左揆)·좌상(左相)·좌정승(左政丞).
좌ː이대사(坐而待死)명하자 〔앉아서 죽기만을 기다린다는 뜻으로〕'아무 대책도 없이 운수에 맡김'을 이르는 말.
좌ː익(左翼)명 ①왼쪽 날개. ②〈좌익군(左翼軍)〉의 준말. ③사회주의나 공산주의적인 과격한 혁신 사상 또는 그러한 사상에 물들어 있는 사람. ④축구에서, 공격수 중의 맨 왼쪽 선수. 레프트 윙. ⑤야구에서, 외야(外野)의 왼쪽. ⑥〈좌익수〉의 준말. ↔우익(右翼).
좌ː익-군(左翼軍)[-꾼]명 중군(中軍)의 왼쪽에 진을 친 군대. 준좌군(左軍)·좌익(左翼). ↔우익군.
좌ː익^소ː아병(左翼小兒病)[-쏘-뼝]명 공산주의 운동에서, 극단론적·교조주의적 극좌(極左)의 모험주의를 레닌이 비난하여 한 말.
좌ː익-수(左翼手)[-쑤]명 야구에서, 외야의 왼쪽을 맡아 지키는 선수. 준좌익.
좌ː임(左衽)명 '미개한 상태'를 이르는 말. 〔중국 북쪽의 미개한 민족이 옷을 왼섶 위로 여미는 풍속에서 유래함.〕
좌ː작진퇴(坐作進退)[-찐퇴/-찐퉤]명하자 ①군대의 훈련에서, 앉고·서고·나아가고·물러섬을 이르는 말. ②군대가 지휘관의 명령 아래 진법대로 질서 정연하게 움직임.
좌ː장(坐杖)명 늙은이가 앉아서 몸을 기대는 '정(丁)' 자 모양의 짧은 지팡이.
좌ː장(坐贓)명 벼슬아치가 까닭 없이 백성에게서 재물을 거두어들이는 일.
좌ː장(座長)명 여럿이 모인 자리에서 으뜸이 되는 어른. 석장(席長).
좌ː재(坐齋)명하자 제사 전날부터 부정한 일을 삼가고 재계(齋戒)함.
좌ː전(左前)명 야구에서, 좌익수의 앞. ¶ 결승 좌전 안타.
좌ː전(座前)명 ☞좌하(座下).
좌ː절(挫折)명하자되자 ①(뜻이나 기운 따위가) 꺾임. ¶ 좌절을 맛보다. ②(어떤 계획이나 일이) 헛되이 끝남. 좌돈(挫頓). ¶ 효종의 북벌 계획이 좌절된 것은 참으로 애석한 일이었다.
좌ː정(坐定)명하자 '앉음'을 높이어 이르는 말.
좌ː정관천(坐井觀天)명 〔우물 속에 앉아 하늘을 본다는 뜻으로〕'견문(見聞)이 썩 좁음'을 이르는 말. 참우물 안 개구리.
좌ː-정승(左政丞)명 '좌의정(左議政)'을 달리 이르는 말. 참우정승(右政丞).
좌ː족(左族)명 ☞서족(庶族). ↔우족(右族).
좌ː종(坐鐘)명 책상 따위에 앉혀 놓게 만든 자명종(自鳴鐘).
좌ː죄(坐罪)[-죄/-줴]명하자 죄를 받음.
좌ː주(座主)명 ①☞은문(恩門). ②선가(禪家)에서, 불경이나 논(論)을 강설하는 중.
좌ː중(座中)명 여러 사람이 모여 있는 자리. 좌상(座上). ¶ 좌중에서 웃음이 터져 나왔다.
좌ː-중간(左中間)명 야구에서, 좌익수와 중견수 사이. ¶ 좌중간에 안타!
좌ː지(坐地·座地)명 ①(어떤 계급보다) 높은 지위. ②자리 잡고 사는 곳.
좌ː지불천(坐之不遷)명하자 어떤 자리에 눌러앉아 다른 데로 옮기지 않음.
좌ː지우지(左之右之)명하타되자 제 마음대로 다루거나 휘두름. 쥐락펴락함. 준좌우(左右)·좌우지(左右之).
좌ː차(座次)명 앉는 자리의 차례.
좌ː차우란(左遮右攔)명하타 온 힘을 기울여 이리저리 막아 냄.
좌ː-찬성(左贊成)명 조선 시대, 의정부(議政府)의 종일품 벼슬.
좌ː-참찬(左參贊)명 조선 시대, 의정부(議政府)의 정이품 벼슬.
좌ː창(坐唱)명하타 ☞앉은소리.
좌ː창(挫創)명하타 ☞좌상(挫傷).
좌ː처(坐處)명 ①여장을 풀거나 가게를 벌일 자리. ¶ 좌처를 정하다. ②집이 있는 그 자리. 집이 들어선 자리.
좌ː천(左遷)명하자되자 (어떤 사람을) 지금보다 낮은 지위나 직위(職位)로 옮김, 또는 중앙에서 지방으로 옮김. ¶ 한직으로 좌천되다./부장에서 과장으로 좌천되다. ↔영전(榮轉).
좌ː철(座鐵)명 ☞와셔(washer).
좌ː-청룡(左靑龍)[-농]명 풍수설에서, 동쪽을 상징하는 '청룡'이 주산(主山)의 왼쪽에 있다는 뜻으로 이르는 말. ↔우백호(右白虎).
좌ː청우촉(左請右囑)명하자 ☞좌우청촉.
좌ː초(坐礁)명하자되자 ①(배가) 암초에 걸림. ②어려운 처지에 빠짐. 주저앉음.
좌ː-초롱(坐-籠)명 사면에 종이를 바르거나 유리를 끼게 된, 네모반듯하고 운두가 높은 등.
좌ː충우돌(左衝右突)명하자 ①닥치는 대로 마구 치고받고 함. 좌우충돌. ②분별없이 아무에게나 또는 아무 일에나 함부로 맞닥뜨림.
좌ː측(左側)명 왼쪽. ↔우측(右側).
좌ː측-통행(左側通行)명하자 도로 따위를 다닐 때, 사람은 길의 왼쪽으로 다님, 또는 그렇게 다니게 되어 있는 규칙.
좌ː파(左派)명 ①어떤 단체나 정당에서, 급진적인 사상을 가진 사람들의 파, 또는 그런 사람. ②좌익의 당파. ↔우파.
좌ː판(坐板)명 ①땅에 깔아 놓고 앉는 널빤지. ¶ 꽤 큰 좌판. ②물건을 팔기 위하여 늘어놓은 널조각. ¶ 좌판을 벌여 놓고 장사하다.
좌ː편(左便)명 왼쪽. 왼편. ↔우편(右便).
좌ː평(佐平)명 백제 때, 십육품 관계(官階)의 첫째 등급.
좌ː-포도청(左捕盜廳)명 조선 시대, 포도청의 좌청. ↔우포도청. 참좌변(左邊).
좌ː포우혜(左脯右醯)[-혜/-헤]명 제상을 차릴 때, '왼쪽에 포(脯), 오른쪽에 식혜를 차림'을 이름.

좌ː표(座標)명 직선·평면·공간에서의 점의 위치를, 기준이 되는 점 또는 직선과의 거리나 각도 등에 의하여 나타낸 수치.

좌ː표^기하학(座標幾何學)명 ☞해석 기하학.

좌ː표-축(座標軸)명 좌표를 결정할 때의 기준이 되는 직선.

좌ː하(座下)명 〔'앉은 자리의 아래'라는 뜻으로〕 편지에서 상대편을 높이어 그의 이름 아래에 쓰는 말. 좌전(座前).

좌ː해(左海)명 〔지난날 중국에서, 발해의 왼쪽에 있다는 뜻으로〕 '우리나라'를 달리 이르던 말.

좌ː향(坐向)명 묏자리나 집터 따위의 등진 방향과 바라보는 방향. 〔가령, 자좌오향(子坐午向)은 자(子) 곧 북쪽을 등지고, 오(午) 곧 남쪽을 바라본다는 뜻으로, 결국 남향(南向)과 같은 말.〕

좌ː향-좌(左向左) Ⅰ명 바로 서 있는 상태에서 몸을 왼쪽으로 90도 돌아서는 동작. Ⅱ감 '좌향좌' 하라는 구령.

좌ː험(左驗)명 사건 현장에서 그 일을 직접 본 사람, 또는 그 사람의 증언.

좌ː현(左舷)명 (배의 뒤쪽에서 뱃머리 쪽으로 보아) 왼쪽의 뱃전. ↔우현(右舷).

좌ː협(左挾)명 〈좌협무〉의 준말.

좌ː-협무(左挾舞)[-혐-]명 춤출 때, 주연자(主演者)의 왼쪽에서 추는 사람. 준좌협(左挾). ↔우협무.

좌ː-회전(左廻轉)[-회-/-훼-]명하자타 (차 따위가) 왼쪽으로 돎. ¶ 좌회전 신호. ↔우회전.

좌ː흥(座興)명 ①좌중(座中)의 홍취. ②연석(宴席) 따위에서, 흥을 돋우기 위해서 하는 간단한 노래나 놀이.

좍부 ①넓게 흩어지거나 퍼지는 모양. ¶ 소문이 좍 퍼지다. ②눈물 따위가 줄기줄기 흐르는 모양. ¶ 감격에 겨워 눈물이 좍 흐르다. 센쫙.

좍-좍[-쫙]부하자 ①굵은 빗방울이나 물줄기가 세차게 쏟아지는 모양. ¶ 폭우가 좍좍 쏟아지다. ②거침없이 글을 읽거나 외우는 모양. ¶ 원서(原書)를 좍좍 읽어 내려가다. ③여러 갈래로 자꾸 흩어지거나 퍼지는 모양. 센쫙쫙.

좔-좔부하자 썩 많은 액체가 세차게 흐르는 소리, 또는 그 모양. ¶ 수돗물이 좔좔 흘러나오다. 센쫠쫠.

좔좔-거리다자 자꾸 좔좔하다. 좔좔대다.

좔좔-대다자 좔좔거리다.

좨ː기명 나물을 데치거나 가루를 반죽하여 조그마하고 둥글넓적하게 만든 조각.

좨ː-들다[~드니·~들어]자 〈죄어들다〉의 준말.

좨ː주(←祭酒)명 ①고려 시대, 국자감(國子監)의 종삼품 벼슬. ②조선 시대, 성균관(成均館)의 정삼품 벼슬. 학덕이 높은 사람을 시켰는데, 주로 석전(釋奠)의 제례를 맡았음.

좨ː-치다타 〈죄어치다〉의 준말.

쟁ː이명 물고기를 잡는 그물의 한 가지. 원뿔 모양으로 생겼는데, 위쪽에 긴 벼리가 있고 아래쪽에 납 또는 쇠로 된 추가 달렸음. 타망(打網). 투망.

쟁ː이-질명하자 쟁이를 물속에 던져 물고기를 잡는 짓. 투망질.

죄ː[죄/줴]부 〈죄다2〉의 준말.

죄ː(罪)[죄/줴]명 ①도덕이나 종교·법률 등에 어긋나는 행위. 죄범(罪犯). ¶ 죄를 짓다. ②벌을 받을 수 있는 빌미. ¶ 그것도 죄가 되나? ③'좋지 않은 결과에 대한 원인'을 비유하여 이르는 말. ¶ 맏아들로 태어난 죄로 빚만 물려받았다.

죄는 지은 데로 가고 덕은 닦은 데로 간다속담 죄지은 사람은 벌을 받고, 덕을 닦은 사람은 복을 받게 된다는 말.

죄ː고(罪辜)[죄-/줴-]명 ☞죄과(罪過).

죄ː과(罪科)[죄꽈/줴꽈]명 ①죄. 죄악. ②하타 지은 죄에 대하여 과(科)해지는 처벌. ¶ 도박에 대한 죄과로 벌금형에 처하다.

죄ː과(罪過)[죄-/줴-]명 죄가 될 만한 허물. 죄고(罪辜). ¶ 죄과를 시인하다.

죄ː구(罪垢)[죄-/줴-]명 불교에서, '죄악이 몸을 더럽힘'을 이르는 말.

죄ː근(罪根)[죄-/줴-]명 ①죄를 짓게 된 원인. ②불교에서, '무명 번뇌(無明煩惱)인 죄의 뿌리'를 이르는 말.

죄ː다1[죄-/줴-]자타 ①(느슨하거나 헐거운 것을) 바싹 잡아 켕기게 하다. ¶ 나사를 죄다. / 멜빵을 죄다. ②(벌어지거나 넓어진) 사이를 좁히다. ¶ 자리를 죄어 앉다. ③마음을 졸여 가며 간절히 바라고 기다리다. ¶ 가슴을 죄며 발표를 기다리다. ④쪼아서 깎아 내다. 조이다.

죄ː-다2[죄-/줴-]부 모조리 다. 빠짐없이 온통 다. ¶ 죄다 털어놓다. 준죄.

죄ː려(罪戾)[죄-/줴-]명 죄를 저질러 사리에 몹시 어그러짐.

죄ː례(罪例)[죄-/줴-]명 지난날, 죄의 성립 및 그것의 경중을 정하던 표준.

죄ː루(罪累)[죄-/줴-]명 ①죄에 연좌(連坐)되는 일. ②죄를 여러 번 범하는 일.

죄ː만-스럽다(罪萬-)[죄-따/줴-따][~스러우니·~스러워]형ㅂ 매우 죄송하다. ¶ 죄만스러워서 고개도 못 들겠다. **죄만스레**부.

죄ː만-하다(罪萬-)[죄-/줴-]형여 〈죄송만만하다〉의 준말.

죄ː명(罪名)[죄-/줴-]명 (범죄 유형에 붙여지는) 죄의 이름. 〔절도죄·살인죄·독직죄·위증죄 따위.〕

죄ː목(罪目)[죄-/줴-]명 범죄의 종류.

죄민(罪悶) '죄민하다'의 어근.

죄ː민-스럽다(罪悶-)[죄-따/줴-따][~스러우니·~스러워]형ㅂ 죄송하고 민망하다. **죄민스레**부.

죄ː민-하다(罪悶-)[죄-/줴-]형여 죄스럽고 민망하다.

죄ː-밑(罪-)[죄믿/줴믿]명 ①잘못이나 지은 죄로 말미암은 속마음의 불안. ¶ 성적이 떨어진 죄밑으로 용돈 청구도 못한다. ②범죄의 진상.
＊죄ː밑이[죄미치/줴미치]·죄ː밑을[죄미틀/줴미틀]·죄ː밑만[죄민-/줴민-]

죄ː-받다(罪-)[죄-따/줴-따]자 지은 죄에 대한 벌을 받다. ¶ 죄받을 짓을 하다. ↔죄주다.

죄ː벌(罪罰)[죄-/줴-]명 죄에 지우는 형벌. 죄책(罪責).

죄ː범(罪犯)[죄-/줴-]명 ☞죄(罪).

죄ː보(罪報)[죄-/줴-]명 불교에서, 죄업(罪業)에 따른 과보(果報)를 이르는 말.

죄ː상(罪狀)[죄-/줴-]명 죄를 저지른 실제의 사정. 구체적인 죄의 내용. ¶ 죄상을 밝히다. / 죄상이 드러나다.

죄송(罪悚) '죄송하다'의 어근.

죄송만만(罪悚萬萬) '죄송만만하다'의 어근.

죄ː송만만-하다(罪悚萬萬-)[죄-/줴-]형여 더할 수 없이 죄송하다. 준죄만하다.

죄ː송-스럽다(罪悚-)[죄-따/줴-따][~스러우니·~스러워]형ㅂ 죄스럽고 황송한 느낌이 있다. **죄송스레**부.

죄ː송-하다 (罪悚-) [죄-/줴-] 형여 죄스럽고 황송하다. **죄송-히** 부.

죄ː수 (罪囚) [죄-/줴-] 명 죄를 저지르고 옥에 갇힌 사람. 수인(囚人).

죄ː-스럽다 (罪-) [죄-따/줴-따] [~스러우니·~스러워] 형ㅂ 죄를 지은 듯한 느낌이 들 만큼 미안하다. ¶ 자식 된 도리를 다하지 못해 늘 죄스럽다. **죄스레** 부.

죄ː악 (罪惡) [죄-/줴-] 명 ①죄가 될 만한 나쁜 짓. ¶ 죄악을 범하다. ②도덕이나 종교의 가르침을 어기거나 계율 따위를 거스르는 일.

죄악은 전생 것이 더 무섭다 속담 전생에 지은 죄를 이승에서 몇 배 더 심하게 받는다는 말.

죄ː악-감 (罪惡感) [죄-깜/줴-깜] 명 자기가 한 일이나 행위를 죄악이라고 여겨, 그것에 얽매여 있는 감정. 죄장감(罪障感).

죄ː악-상 (罪惡相) [죄-쌍/줴-쌍] 명 죄악의 진상. ¶ 일제(日帝)의 죄악상이 드러나다.

죄ː악-성 (罪惡性) [죄-썽/줴-썽] 명 죄악의 성질. 죄악의 경향.

죄ː악-시 (罪惡視) [죄-씨/줴-씨] 명하타되자 죄악으로 여김. 죄악으로 봄. ¶ 조선 시대에는 남녀 간의 연애를 죄악시했다.

죄ː안 (罪案) [죄-/줴-] 명 범죄 사실을 적은 기록.

죄암-죄암 [죄-죄-/줴-줴-] Ⅰ명 젖먹이가 두 손을 쥐었다 폈다 하는 동작. 준좸좸. 큰쥐엄쥐엄.

Ⅱ감 젖먹이에게 죄암질을 시킬 때 하는 말. 준좸좸. 큰쥐엄쥐엄.

죄암-질 [죄-/줴-] 명하자 젖먹이가 두 손을 쥐었다 폈다 하며 재롱을 부리는 일. 큰쥐엄질.

죄어-들다 [죄어-/줴여-] [~드니·~들어] 자타 ①〔'조이어 들다'가 줄어서 된 말로〕 바싹 죄어서 안으로 오그라들다. ②긴장 같은 것의 정도가 고조되다. ¶ 가슴이 죄어들어 숨이 막혔다. 조여들다. 준좨들다.

죄어-치다 [죄어-/줴여-] 타 ①바싹 죄어서 몰아치다. ②몹시 조르거나 몰아대다. 준좨치다.

죄ː얼 (罪孼) [죄-/줴-] 명 죄악에 대한 재앙.

죄ː업 (罪業) [죄-/줴-] 명 〔불교에서〕 ①'말·동작·생각의 삼업(三業)으로 지은 죄'를 이르는 말. ②'죄의 과보(果報)'를 이르는 말. 업죄.

죄ː업^망ː상 (罪業妄想) [죄엄-/줴엄-] 명 미소망상(微小妄想)의 한 가지. 스스로를 죄 많은 사람이라고 생각하는 것.

죄ː역 (罪逆) [죄-/줴-] 명 떳떳한 도리를 거스르는 큰 죄.

죄ː옥 (罪獄) [죄-/줴-] 명 ☞옥사(獄事).

죄ː원 (罪源) [죄-/줴-] 명 죄의 근원.

죄ː-의식 (罪意識) [죄의-/줴이-] 명 저지른 죄에 대하여 잘못을 느끼고 깨닫는 것. ¶ 죄의식에 사로잡히다.

죄-이다 [죄-/줴-] 자 〖'죄다'의 피동〗 죔을 당하다. ¶ 나사가 꼭 죄이다. /가슴이 죄이다.

죄ː인 (罪人) [죄-/줴-] 명 ①죄를 지은 사람. ¶ 죄인의 말을 어찌 믿으란 말인가. ②유죄(有罪)의 확정 판결을 받은 사람. ③어버이의 상중(喪中)에 있는 사람이 스스로를 일컫는 말.

죄ː인 (罪因) [죄-/줴-] 명 죄를 지은 동기나 까닭.

죄임-성 (-性) [죄-썽/줴-썽] 명 몹시 바라고 기다려서 바싹 다그쳐지는 마음.

죄ː장 (罪障) [죄-/줴-] 명 불교에서, 죄업(罪業)으로 말미암아 불과(佛果)를 얻는 데 생기는 장애를 이르는 말.

죄ː장-감 (罪障感) [죄-/줴-] 명 ☞죄악감.

죄ː적 (罪跡·罪迹) [죄-/줴-] 명 죄를 저지른 증거가 되는 자취.

죄ː적 (罪籍) [죄-/줴-] 명 지난날, 죄인의 죄상 등이 기록되어 있는 도류안(徒流案) 등의 명부를 이르던 말.

죄ː제 (罪弟) [죄-/줴-] 명 부모의 상중(喪中)에 있는 사람이 벗에게 보내는 편지에서 자기를 낮추어 일컫는 말.

죄ː종 (罪宗) [죄-/줴-] 명 가톨릭에서, '모든 죄악의 근원'을 이르는 말. 칠죄종(七罪宗).

죄ː죄 [죄죄/줴줴] 감 〈죄죄반반〉의 준말.

죄ː죄-반반 [죄죄-/줴줴-] 감 무엇을 먹는 개에게 죄다 핥아 먹으라는 뜻으로 하는 말. 준죄죄.

죄ː-주다 (罪-) [죄-/줴-] 자 죄를 지은 사람에게 벌을 주다. ↔죄받다.

죄ː중벌경 (罪重罰輕) [죄-/줴-] 명하형 죄는 크고 무거운데 형벌은 가벼움.

죄ː중우범 (罪中又犯) [죄-/줴-] 명하자 형기(刑期)가 끝나기 전에 또 죄를 짓는 일.

죄ː증 (罪證) [죄-/줴-] 명 범죄의 증거.

죄ː질 (罪質) [죄-/줴-] 명 범죄의 기본적인 성질. ¶ 죄질이 나쁘다.

죄ː-짓다 (罪-) [죄짇따/줴짇따] [~지으니·~지어] 자ㅅ 죄가 될 만한 짓을 하다.

죄지은 놈 옆에 있다가 벼락 맞는다 속담 나쁜 사람과 사귀면 자기도 누명을 쓴다는 말.

죄ː책 (罪責) [죄-/줴-] 명 ①죄를 지은 데 대한 책임. ②☞죄벌(罪罰).

죄ː책-감 (罪責感) [죄-깜/줴-깜] 명 죄를 지은 데 대한 책임을 느끼는 마음.

죄ː칩 (罪蟄) [죄-/줴-] 명하자 〔죄를 지어 숨어 지낸다는 뜻으로〕 부모의 상중(喪中)에 있음을 이르는 말.

죄ː형 (罪刑) [죄-/줴-] 명 범죄와 형벌.

죄ː형^법정주의 (罪刑法定主義) [죄-쩡-의/줴-쩡-이] 명 어떤 행위가 범죄인가 아닌가, 또는 그 범죄에 어떤 형벌을 주느냐 하는 것은 미리 정해진 법률에 따라서만 할 수 있다는 주의.

죄ː화 (罪禍) [죄-/줴-] 명 죄를 지어 받는 재앙.

죔ː-쇠 [죔쇠/줸쉐] 명 나무오리 따위를 죄어 붙이는 데 쓰는, 쇠로 만든 연장.

죔ː죔 [죔죔/줸줸] Ⅰ명 〈죄암죄암〉의 준말.

Ⅱ감 〈죄암죄암〉의 준말.

죔ː-틀 [죔-/줸-] 명 무엇을 사이에 끼워 넣고 죄는 틀을 통틀어 이르는 말.

죗ː-값 (罪-) [죄깝/줻깝] 명 죄의 대가(代價). 지은 죄에 대하여 받는 벌. ＊죗ː값이[죄깝씨/줻깝씨]·죗ː값만[죄깜-/줻깜-]

죠고마 명 〈옛〉 조금. ¶ 죠고맛 드틀도 업게 ᄒᆞ야ᅀᅡ 妙覺애 들리라(月釋2:62). 참져고마.

죠고맛간 관 〈옛〉 작은. 조그마한. ¶ 죠고맛간 삿기 광대 네 마리라 호리라(樂詞.雙花店).

죠롱 명 〈옛〉 조롱박. ¶ 죠롱 호ː瓠(訓蒙上8).

죠희 명 〈옛〉 종이. ¶ 죠희ː紙(訓解).

족접개 명 〈옛〉 족집게. ¶ 족접개 녑ː鑷(訓蒙中14). /그 족접개 가져다가(飜朴上44).

죡지 명 〈옛〉 달래. ¶ 죡지ː野蒜(譯語下12).

죵 명 〈옛〉 종〔僕〕. ¶ 아히 죵이 잣 앉 져제로셔오니(杜初10:15).

주 (主) Ⅰ명 ①주장, 또는 근본이 되는 것. ¶ 다음 글에서 주가 되는 문장을 찾아라. ②기독교에서, 만백성의 주인이라는 뜻으로, 여호와 또는 예수를 일컫는 말.

Ⅱ관 '주요한', '일차적인'의 뜻을 나타내는 말. ¶ 주 고객. /주 임무.

주(朱)명 ①누른빛이 섞인 붉은빛. ②수은과 황을 가성 칼리 및 가성 소다와 함께 가열하여서 만든 붉은빛의 고급 안료(顔料). 주홍(朱紅).

주(州)명 ①신라 때, 지방 행정 구역의 한 가지. ②(미국이나 오스트레일리아 등) 연방(聯邦)을 이룬 나라의 행정 구역. ¶ 아칸소 주.

주(周)[1]명 둘레.

주(周)[2]명 고대 중국의, 은(殷)나라 다음에 일어난 왕조.

주ː(呪)명 〈주문(呪文)〉의 준말.

주(胄)명 고운 비단으로 꾸며 만든 투구. 〔나라 잔치 때에 썼음.〕

주(洲)[1]명 흘러내린 흙이나 모래가 쌓여 물 위로 드러난 땅.

주(洲)[2]명 지구 상의 대륙을 크게 가른 이름. ¶ 아시아 주. /지구는 여섯 개의 주로 나뉜다.

주(株)명 ①〈주식(株式)〉의 준말. ②〈주권(株券)〉의 준말.

주(週) Ⅰ명 일요일부터 토요일까지의 7일 동안. Ⅱ의 이레 동안을 세는 단위. ¶ 두 주 동안의 해외여행.

주ː(註·注)명 ①어려운 말이나 글귀 따위의 이해를 돕기 위하여 써넣는 글. ②〈주석(註釋)〉·〈주해(註解)〉의 준말.

주를 달다관용 글을 쉽게 풀이하다. 문장에 주석을 달다.

주ː(籌)명 산가지를 놓아 셈을 치는 것.

주(株)의 ①주권이나 주식의 수를 세는 말. ②나무의 수를 세는 말. ¶ 감나무 한 주.

주-(駐)접두 흔히 나라 이름 앞에 쓰이어, '그 곳에 머물러 있음'을 뜻함. ¶ 주미(駐美). /주한(駐韓). /주일(駐日).

-주(主)접미 일부 명사 뒤에 붙어, 그것의 주체 또는 주인임을 뜻함. ¶ 경영주. /조물주. /사업주. /소유주.

-주(酒)접미 《일부 명사 뒤에 붙어》 '술'임을 뜻함. ¶ 포도주. /인삼주. /매실주.

주가(主家)명 주인의 집.

주ː가(住家)명 ☞주택(住宅).

주가(株價)[-까]명 주식(株式)의 값. ¶ 주가가 오르다.

주가(酒家)명 술집.

주가(酒價)[-까]명 술값.

주가^지수(株價指數)[-까-]명 주가의 변동을 나타내는 지수.

주각(柱脚)명 기둥뿌리.

주ː각(註脚)명 ☞각주(脚註).

주간(主幹)명 ①하타어떤 일을 주장하여 맡아 처리함, 또는 그 사람. ¶ 논설 주간. ②원줄기.

주간(晝間)명 낮 동안. ¶ 주간 근무. ↔야간(夜間).

주간(週刊)명하타 한 주일마다 한 번씩 펴냄, 또는 그 간행물.

주간(週間) Ⅰ명 ①한 주일 동안. 월요일부터 일요일까지. ¶ 주간 일기 예보. ②어떤 일이나 행사를 하기 위하여 정한 7일 동안. ¶ 불조심 강조 주간.

Ⅱ의 한 주일 동안을 세는 단위. ¶ 2주간에 걸친 고적 답사.

주간^신문(週刊新聞)명 한 주일에 한 번씩 펴내는 신문. 주간지(週刊紙).

주간^잡지(週刊雜誌)[-찌]명 한 주일에 한 번씩 펴내는 잡지. 준주간지(週刊誌).

주간-지(週刊紙)명 ☞주간 신문(週刊新聞).

주간-지(週刊誌)명 〈주간 잡지〉의 준말.

주갈(酒渴)명 한방에서, '술 중독으로 늘 목이 마른 병'을 이르는 말.

주-감이명 해금(奚琴)의 줄 끝을 감아 매는 부분.

주ː강(鑄鋼)명 평로(平爐)나 전기로 따위로 정련(精鍊)하여 거푸집에 넣어 주조한 뒤, 열처리로 재질(材質)을 개량한 강철.

주-개념(主概念)명 ☞주사(主辭). ↔빈개념.

주개물(廚芥物)명 부엌에서 나오는 여러 가지 음식물의 찌꺼기.

주객(主客)명 ①주인과 손. ②주되는 사물과 그에 딸린 사물. ③주체와 객체. 주관과 객관.

주객(酒客)명 ①술꾼. ②술 마신 사람.

주객-일체(主客一體)명 나와 나 이외의 대상이 하나가 됨.

주객-일치(主客一致)명하자 주체와 객체, 또는 주관과 객관이 하나가 됨.

주객-전도(主客顚倒)[-쩐-]명하자 〔주인과 손의 위치가 서로 뒤바뀐다는 뜻으로〕 사물의 경중이나 완급, 또는 중요성에 비춘 앞뒤의 차례가 서로 뒤바뀜. 객반위주(客反爲主).

주객지세(主客之勢)[-찌-]명 종속적인 위치에 있는 사람이 주도적인 위치에 있는 사람을 당해 내지 못하는 형세.

주객지의(主客之誼)[-찌의/-찌이]명 주인과 손 사이의 정의(情誼).

주거(舟車)명 배와 수레.

주ː거(住居)명하자 어떤 곳에 자리 잡고 삶, 또는 그 집. 거주. ¶ 주거 환경.

주ː거(做去)명하타 실행하여 감.

주거래^은행(主去來銀行)명 어떤 기업의 거래 은행 가운데 가장 많은 돈을 융자해 주고 인적·정보적으로도 밀접한 관련이 있는 은행.

주ː거-비(住居費)명 가계 지출 가운데, 주거에 소요되는 경비. 〔집세·수도 요금·화재 보험료 따위.〕

주ː거의 자유(住居-自由)[-의-/-에-] 법률에 따르지 않고는 어떤 사람이라도 주거에 대하여 침입이나 수색 또는 압수를 당하지 않을 권리.

주ː거-지(住居地)명 사람이 살고 있거나 살았던 곳. 참거주지.

주ː거-지(住居址)명 ①주거가 있던 터. ②원시나 고대의 인류가 집단으로 생활하던 주거의 자취. 동굴이나 패총 따위에서 발견됨.

주ː거^침입(住居侵入)명 사람이 거주하고 있는 집이나 방 따위에 주거자의 허락 없이 함부로 들어가는 일.

주ː거^침입죄(住居侵入罪)[-쬐/-쮀]명 남의 주거나 저택·건조물·선박 따위에 침입하거나, 퇴거의 요구를 받고도 물러가지 않음으로써 성립하는 죄.

주걱명 ①〈밥주걱〉의 준말. ②〈구둣주걱〉의 준말.

주걱-뼈명 마소의 어깻죽지의 뼈.

주걱-상(-相)[-쌍]명 넓적하고 우묵하여 주걱처럼 생긴 얼굴.

주걱-턱명 길고 끝이 밖으로 굽어서 주걱처럼 생긴 턱.

주검명 죽은 몸뚱이. 송장. 시체. 사체(死體). 사해(死骸).

주검시-밑(-屍-)[-믿]명 ☞주검시엄. ＊주검시밑이[-미치]·주검시밑을[-미틀]·주검시밑만[-민-]

주검시-엄(一尸广)명 한자 부수의 한 가지. '局'·'展' 등에서의 '尸'의 이름. 주검시밑.
주ː겁(住劫)명 불교의 사겁(四劫)의 하나. '세계가 성립되어 안주(安住)하는 동안'을 가리키는 말.
주격(主格)[-껵]명 문장에서, 체언이 주어 구실을 하게 하는 조사의 성격. 임자자리.
주격^조ː사(主格助詞)[-껵쪼-]명 문장에서, 체언 뒤에 붙어서 그 체언이 문상의 주어가 되게 하는 조사. 〔'이·가·께서' 따위.〕 임자자리토씨.
주견(主見)명 ①주된 의견. ②자주적인 의견.
주경(州境)명 주(州)의 경계.
주경(遒勁)명하형 글씨나 그림 따위의 필력이 힘차고 굳셈.
주경-야독(晝耕夜讀)[-냐-]명하자 〔낮에는 일하고 밤에는 공부한다는 뜻으로〕 '바쁜 틈을 타서 어렵게 공부함'을 이르는 말.
주계(酒戒)[-계/-게]명 술 마실 때 삼가고 지켜야 할 일.
주고(酒庫)명 술을 넣어 두는 곳간.
주고-받다[-따]타 ①서로 주기도 하고 받기도 하다. ¶ 선물을 주고받다. ②서로 번갈아 가며 하다. ¶ 서로 이야기를 주고받다.
주고-야비(晝高夜卑)명 화투나 골패 따위에서, 선(先)을 정할 때 저마다 패를 떼어 낮에는 끗수가 높은 사람이, 밤에는 끗수가 낮은 사람이 선을 하는 일.
주곡(主穀)명 주식(主食)의 재료가 되는 곡물.
주곡-식(主穀式)[-씩]명 주곡의 생산을 목적으로 하는 영농 방식. 곡물식(穀物式).
주공(主公)명 ①임금. ②'주인(主人)'을 높이어 이르는 말. ③〈주인공(主人公)〉의 준말.
주ː공(奏功)명하자 공들인 보람이 나타남.
주ː공(做工)명하자 공부나 일을 힘써 함.
주ː공(做恭)명하자 몸가짐을 공손히 함.
주ː공(鑄工)명 쇠붙이를 주조하는 일에 종사하는 사람.
주-공격(主攻擊)명하타 주력 부대를 투입하여 적의 주력을 공격함.
주과(酒果)명 〔술과 과실이라는 뜻으로〕 매우 간소하게 차린 제물(祭物).
주과포(酒果脯)명 〔술과 과실과 포라는 뜻으로〕 간소하게 차린 제물.
주과포혜(酒果脯醯)[-혜/-헤]명 〔술과 과실과 포와 식혜라는 뜻으로〕 간소하게 차린 제물.
주관(主管)명하타되자 책임지고 맡아봄. 주장하여 관리함. ¶ 주관 단체. /이 계획은 자네가 주관하게.
주관(主觀)명 ①여러 현상을 의식하며 사물을 생각하는 마음의 움직임. ②자기만의 생각, 또는 자기만의 치우친 생각. ¶ 주관이 뚜렷하다. /주관이 없다. ↔객관(客觀).
주관^가치설(主觀價値說)명 재화의 가치를 재화의 효용이나 욕망 충족의 정도에 대한 주관적인 평가에 두는 가치 학설. ↔객관 가치설.
주관-무인(主管無人)명하형 (어떠한 일을) 주관하는 사람이 없음.
주관-성(主觀性)[-썽]명 주관적임, 또는 그러한 성질. ↔객관성.
주관-식(主觀式)명 〈주관식 고사법〉의 준말. ↔객관식.
주관식 고ː사법(主觀式考査法)[-꼬-뻡] 주어진 항목에서 해답을 골라내는 것이 아니라, 서술로 답하는 시험 방법. 준주관식. ↔객관식 고사법.
주관-적(主觀的)관명 주관을 바탕으로 한 (것). ¶ 주관적 견해. /주관적인 평가. ↔객관적.
주관적 가치(主觀的價値)[-까-] (생산에 따른 비용과 노동량 따위는 상관없이) 효용이나 욕망의 정도에 따라 주관적으로 평가되는 재화의 가치. ↔객관적 가치.
주관적 관념론(主觀的觀念論)[-꽌-논] 객관적 사물이란, 의식 내용을 떠나서는 있을 수 없으며, 인간의 인식 작용만이 모든 존재를 있을 수 있게 한다는 이론. ↔객관적 관념론.
주관적 비ː평(主觀的批評)[-삐-] 예술 작품의 비평에 있어, 그 기준을 주관에 두는 비평. 〔인상 비평·감상 비평 따위.〕 ↔객관적 비평.
주-관절(肘關節)명 팔꿈치의 관절.
주관-주의(主觀主義)[-의/-이]명 ①주관을 떠난 객관적 진리나 가치를 일절 인정하지 않는 처지. ②인식이나 실천의 근거를 주관에 두어 지적(知的)·미적(美的)·도덕적 가치의 주관성을 내세우는 주의. ↔객관주의.
주광(酒狂)명 ①술에 몹시 취하여 미친 듯이 부리는 주정, 또는 그 사람. 주란(酒亂). 주망(酒妄). ②술을 광적으로 즐기는 사람.
주광(晝光)명 태양 광선에 의한 낮 동안의 빛. 백색광(白色光).
주광-등(晝光燈)명 주광색을 내는 전등.
주광-색(晝光色)명 ①태양 광선과 비슷한, 인공 광선의 빛깔. ②〈천연주광색〉의 준말.
주ː광-성(走光性)[-썽]명 빛의 자극에 따라 일어나는 주성(走性). 추광성(趨光性).
주ː괴(鑄塊)[-괴/-궤]명 주형(鑄型)에 부어 여러 가지 모양으로 만든 금속이나 합금의 덩이.
주교(主教)명 ①주장으로 삼는 종교. ②가톨릭에서, 교구를 관할하는 교직, 또는 그 직에 있는 사람을 이르는 말.
주교(舟橋)명 ☞배다리. 선교(船橋).
주교-관(主教冠)명 가톨릭에서, 주교가 쓰는 관(冠)을 이르는 말.
주교^미사(主教missa)명 가톨릭에서, 주교와 일정한 고위 성직자가 드리는 미사를 이르는 말.
주구(主構)명 ①주되는 귀틀. ②다리의 구조에서 가장 중요한 귀틀.
주ː구(走狗)명 ①사냥할 때 부리는 개. 응견(鷹犬). ②'남의 앞잡이 노릇을 하는 사람'을 비유하여 이르는 말. 개[3]. ¶ 침략자의 주구.
주ː구(誅求)명하타 관청에서 백성의 재물을 강제로 마구 빼앗아 감. ¶ 가렴(苛斂)주구.
주국(酒國)명 취중(醉中)에 느끼는 딴 세상 같은 황홀경.
주군(主君)명 임금.
주군(舟軍)명 ☞수군(水軍).
주ː군(駐軍)명하자 ☞주병(駐兵).
주굴위다자 〈옛〉쭈그러지다. ¶ 充實은 주굴위디 아니홀씨라(月釋*2:41*).
주궁패궐(珠宮貝闕)명 〔구슬과 조개로 꾸민 궁궐이란 뜻으로〕 호화찬란하게 꾸민 궁궐.
주궁휼빈(賙窮恤貧)명하타 가난한 사람을 구하여 도와줌.
주권(主權)[-꿘]명 ①주되는 권리. ②국가 의사를 최종적으로 결정하는 최고·독립·절대의 권력. 참통치권. ③한 국가가 가지는 독립적 자주권.
주권(株券)[-꿘]명 출자한 사람에게 발행하는 유가 증권. 주식(株式). 준주(株).
주권-국(主權國)[-꿘-]명 ①다른 나라의 간섭을 받지 않고 주권을 행사하는 독립국. ②어떤 사건에 대하여 통치권, 특히 재판권을 갖는 국가.

주권^배ː당(株券配當)[-꿘-]명 ☞주식 배당(株式配當).

주권-자(主權者)[-꿘-]명 국가의 주권을 가진 사람. 〔군주국에서는 군주, 공화국에서는 국민 또는 그 대표 기관인 의회를 말함.〕

주권^재민(主權在民)[-꿘-]명 국가의 주권이 국민에게 있음. 인민 주권(人民主權).

주궤(主饋)명 안살림에서 음식에 관한 일을 맡아보는 여자.

주극-성(週極星·周極星)[-썽]명 극(極)의 둘레를 도는 별. 남극 또는 북극의 하늘에 있어 어디서 보아도 지평선 아래로 떨어지지 않는 별.

주극-풍(周極風)명 ☞극풍(極風).

주근(主根)명 ①원뿌리. ②☞지주근.

주근(主筋)명 철근 콘크리트 건축의 기둥이나 대들보 따위의 길이 방향으로 끼워 넣는 철근.

주근(柱根)명 ☞지주근.

주근-깨명 (주로) 얼굴의 군데군데에 무리 지어 생기는 다갈색 또는 암갈색의 작은 점. 작반(雀斑). 작란반(雀卵斑).

주근-주근부하형 (성질이나 태도가) 은근하고 끈덕진 모양.

주글명 〈옛〉 쭉정이. ¶ 주글 피:秕(訓蒙下6).

주ː금(走禽)명 주금류에 딸린 새를 통틀어 이르는 말. 〔타조 따위.〕

주금(株金)명 주식에 대하여 출자하는 돈.

주금(酒禁)명하자 함부로 술을 빚거나 팔지 못하도록 법으로 금함.

주금에 누룩 장사속담 '소견이 없고 사리에 어두워 소용없는 짓을 하는 사람'을 비유하여 이르는 말.

주ː금(鑄金)명 주물·주조·금공(金工) 기법의 한 가지. 거푸집에 쇠붙이를 녹여 넣어 기물을 만드는 방법.

주ː금-류(走禽類)[-뉴]명 조류의 한 무리. 날개가 퇴화하여 날지 못하고, 땅 위에서 살기 알맞게 튼튼한 다리를 갖고 있음.

주급(週給)명 한 주일마다 치러 주는 급료.

주기(主氣)명 주되는 정기(精氣).

주기(朱記)명하자 (중요한 부분에) 붉은 글씨로 드러나게 기록하거나 표시함. 참주서(朱書).

주기(走技)명 러닝·릴레이·허들 따위의 경주를 통틀어 이르는 말.

주ː기(注記·註記)명 ①사물을 기록하는 일. ②불전(佛典)을 쉽게 풀이한 책.

주기(酒氣)명 술기운.

주기(酒旗)명 지난날, 술집임을 알리려고 술집 문 앞에 세우던 기.

주기(酒器)명 술 마시는 데 쓰는 온갖 그릇.

주기(週期)명 ①회전하는 물체가 한 번 돌아서 본래 위치로 오기까지의 기간. ¶ 자전 주기. ②어떤 현상이 일정한 시간마다 똑같은 변화를 되풀이할 때, 그 일정한 시간을 이르는 말. ¶ 봄 가뭄이 삼 년을 주기로 반복되다.

주기(周忌·週忌)의 죽은 뒤, 해마다 돌아오는 그 죽은 날의 횟수를 나타내는 말. ¶ 고인(故人)의 10주기를 맞이하다.

주기^결산(週期決算)[-싼]명 일정한 회계 기간의 수입과 지출에 대하여 기말에 하는 결산.

주기^곡선(週期曲線)[-썬]명 일정한 주기마다 같은 모양을 되풀이하는 곡선.

주-기도문(主祈禱文)명 예수가 제자들에게 직접 가르쳐 준 모범 기도문. 기도문.

주기-성(走氣性)[-썽]명 산소의 자극에 따라 일어나는 주성(走性). 추기성(趨氣性).

주기-성(週期性)[-썽]명 주기적으로 진행하거나 나타나는 성질.

주기억^장치(主記憶裝置)[-짱-]명 컴퓨터의 중앙 처리 장치가 직접 명령을 꺼내거나 데이터를 읽고 쓰는 기억 장치. 롬(ROM)·램(RAM) 따위의 반도체 집적 회로 메모리를 이르는 말.

주기^운ː동(週期運動)명 일정한 시간마다 똑같은 상태가 되풀이되는 운동. 주기적 운동.

주기-율(週期律)명 〈원소 주기율〉의 준말.

주기율-표(週期律表)명 원소를 주기율에 따라 벌여 놓은 표. 가로의 배열은 주기, 세로의 배열은 족(族)을 나타냄.

주기-적(週期的)관명 같은 성질의 현상이 일정한 시간이나 간격을 두고 되풀이하여 나타나거나 진행하는 (것). ¶ 주기적 운행. /주기적인 반복.

주기적 운ː동(週期的運動) ☞주기 운동.

주꾸미명 문어과의 연체동물. 몸길이는 약 20 cm. 모양이 낙지와 비슷하나 몸이 더 짧고 둥긂.

주낙명 물고기를 잡는 제구의 한 가지. 얼레에 감은 낚싯줄에 여러 개의 낚시를 달아 물속에 넣어 두고 물살에 따라 감았다 풀었다 하여 물고기를 낚음.

주낙-배[-빼]명 주낙을 갖춘 고깃배.

주년(周年·週年)의 한 해를 단위로 하여 돌아오는 그날을 세는 단위. 돌[1]. ¶ 개교 사십 주년.

주ː-놓다(籌-)[-노타]자 산가지를 놓아서 셈을 하다.

주ː눅명 ①(윗사람이나 여러 사람의 앞에서) 기가 죽어 움츠러드는 일. ②《주로 '좋다'와 함께 쓰이어》 기죽지 않고 언죽번죽하는 태도나 성질. ¶ 사람들이 모두 욕했지만 그는 주눅이 좋게 얼렁뚱땅 넘겼다.

주눅(이) 들다〔잡히다〕관용 기를 펴지 못하고 움츠러들다.

주뉴(朱紐)명 옥으로 만든 붉은 단추.

주니명 《주로 '나다'·'내다'와 함께 쓰이어》 몹시 지루하여 느끼는 싫증.

주니(朱泥)명 석질(石質)의 잿물로 안을 발라 만든 적갈색의 도기(陶器).

주니어(junior)명 '청소년'·'중급자'로 순화.

주다[1]타 ①(어떤 것을) 갖거나 누리거나, 또는 하도록 남에게 건네다. ¶ 희망을 주다. /일거리를 주다. 높드리다[1]. ②이익이나 손해를 보게 하다. ¶ 이익을 주다. /피해를 주다. ③(어떤 대상에 힘이나 압력을) 미치게 하다. ¶ 손에 힘을 주다. ④마음이나 정신을 기울이거나 드러내 보이다. ¶ 정을 주다. ⑤눈길을 일정한 쪽으로 보내다. ¶ 시선을 주다. ⑥감았던 줄이나 실 따위를 더 풀려 가게 하다. ¶ 닻을 주다. /연줄을 주다. ⑦주사나 침 따위를 놓다. ¶ 손등에 침을 주다. ⑧못 따위를 박다. ¶ 못을 주다.

주러 와도 미운 놈 있고 받으러 와도 고운 놈 있다속담 사람을 좋아하고 미워하는 감정이란 이치로 따져서는 알 수 없다는 뜻.

주거니 받거니관용 말이나 물건 따위를 서로 주고받는 모양.

주다[2]조동 《주로 보조적 연결 어미 '-아'나 '-어' 뒤에 쓰이어》 남을 위하여 어떤 행동을 함을 나타냄. ¶ 물건을 팔아 주다. /책을 읽어 주다. 높드리다[7].

주단(朱丹)명 곱고 붉은 빛깔, 또는 그 칠.
주단(柱單)명 〈사주단자(四柱單子)〉의 준말.
주단(紬緞)명 명주와 비단 등을 통틀어 이르는 말.
주단(綢緞)명 품질이 썩 좋은 비단.
주단야장(晝短夜長)[-냐-]명 동지(冬至) 무렵에, '낮은 짧고 밤은 길'을 이르는 말. ↔주장야단(晝長夜短).
주:달(奏達)명하타되자 임금에게 아룀. 주문(奏聞). 주어(奏御). 주품(奏稟).
주달(酒疸)명 한방에서, 술 중독으로 오줌이 막히고 열이 나는 따위의 증세가 일어나는 황달을 이르는 말.
주담(酒痰)명 한방에서, 술을 마신 다음 날 입맛이 없고 가래가 끓어 구토가 나는 병을 이르는 말.
주담(酒談)명하자 술김에 객쩍은 말을 지껄임, 또는 그 말.
주당명 민속에서, '뒷간을 지키는 귀신'을 이르는 말.
주당(周堂)명 민속에서, '혼인 때 꺼리는 귀신'을 이르는 말.
 주당(을) 맞다관용 주당으로 말미암아 빌미를 입다.
주당(酒黨)명 술을 즐기고 아주 잘 마시는 무리. 주도(酒徒). ¶ 술집에는 주당들이 모여 시끄럽게 떠들고 있었다.
주당-물림(周堂-)명 민속에서, 주당을 물리친다고 하여 추녀 안에 있는 사람을 추녀 밖으로 잠시 내보내는 일.
주대명 줄과 대, 곧 낚싯줄과 낚싯대.
주대(主隊)명 주력 부대, 또는 주력 함대.
주:대(奏對)명하자 임금에게 답하여 아룀.
주덕(主德)명 어떤 특정한 문화의 바탕을 이루는 가장 근본적인 덕. 〔기독교에서의 믿음·사랑·소망 따위.〕 원덕(元德).
주덕(酒德)명 ①술의 공덕. ②술 취한 뒤에도 주정하지 않고 몸과 마음을 바르게 가지는 버릇.
주도(主都)명 ①주요한 도시. ②위성 도시의 중심이 되는 도시.
주도(主導)명하타 주장(主張)이 되어 이끌거나 지도함. ¶ 총무부에서 이번 행사를 주도했다.
주도(州都)명 (미국 등 일부 국가에서) 주(州)의 정청(政廳)이 있는 도시.
주도(周到)명하형 주의(注意)가 두루 미쳐서 빈틈이 없음.
주도(洲島)명 ☞주서(洲嶼).
주도(酒徒)명 ☞주당(酒黨).
주도(酒道)명 술자리에서 지켜야 할 도리.
주도-권(主導權)[-꿘]명 주장이 되어 어떤 일을 이끌거나 지도하는 권리. ¶ 주도권을 잡다.
주도-력(主導力)명 주장이 되어 남을 이끌어 나가는 힘.
주도면밀(周到綿密) '주도면밀하다'의 어근.
주도면밀-하다(周到綿密-)형여 주의가 두루 미쳐 자세하고 빈틈이 없다. ¶ 김 과장은 매사에 주도면밀하다. **주도면밀-히**부.
주도-적(主導的)관명 주장(主張)이 되어 이끌거나 지도하는 (것). ¶ 주도적인 역할.
주독(主櫝)명 신주(神主)를 모시어 두는 나무 궤. 준독.
주독(走讀)명하타 건성으로 빨리 읽어 나감.
주독(酒毒)명 술 중독으로 얼굴에 붉은 반점이 생기는 증세. 술독. ¶ 주독이 들다. /주독이 오르다.
주독-코(酒毒-)명 주독이 올라 생기는 비사증(鼻齄症), 또는 그 병에 걸린 코.
주동(主動)명 ①하타어떤 일에 주장이 되어 행동함. ¶ 파업을 주동하다. ②〈주동자〉의 준말.
주-동사(主動詞)명 문장의 주어인 주체가 스스로 행동하는 동작을 나타내는 동사. 〔'얼음이 녹는다.'·'영호가 동화책을 읽었다.'에서의 '녹는다·읽었다' 따위.〕 ↔사동사(使動詞).
주동-자(主動者)명 어떤 일에 주장이 되어 행동하는 사람. 준주동.
주동-적(主動的)관명 주동의 역할을 하거나 주동이 되는 자리에 있는 (것). ¶ 주동적인 역할.
주-되다(主-)[-되-/-뒈-]자 기본이나 주장이 되다. 중심이 되다. 《주로, '주된'·'주되는'의 꼴로 쓰임.》 ¶ 성공의 주된 원인.
주두(柱枓·柱頭)명 ☞대접받침.
주두(柱頭)명 ☞암술머리.
주:둔(駐屯)명하자 군대가 어떤 곳에 머무름. ¶ 장기 주둔. /주둔 병력을 철수시키다.
주:둔-군(駐屯軍)명 어떤 지역에 일시적으로 머물러 있는 군대.
주:둔-지(駐屯地)명 (요새 따위와 같이) 군대가 머물러 있는 곳.
주둥아리명 ①〈입〉의 속된 말. ②〈부리〉의 속된 말. 준주둥이. 작조동아리.
주둥이명 〈주둥아리〉의 준말. 작조동이.
주둥치명 주둥칫과의 바닷물고기. 몸은 납작하여 나뭇잎 모양이며 길이는 7 cm가량. 몸빛은 푸른빛을 띤 은백색이고 머리에는 비늘이 없음. 바닷가의 큰 물굽이 안에 사는데 때로는 하천으로 올라오기도 함.
주등(酒燈)명 지난날, 술집임을 알리려고 선술집 문간에 달아 두던 지등롱(紙燈籠).
주라(朱喇·朱螺)명 붉은 칠을 한 소라 껍데기로 만든 대각(大角).
주라-통(朱螺筒)명 소의 목구멍에서부터 밥통에 이르는 길.
주락(珠絡)명 〈주락상모(珠絡象毛)〉의 준말.
주락-상모(珠絡象毛)[-쌍-]명 지난날, 어승마(御乘馬)와 사복시·규장각 등의 벼슬아치가 타던 말에 붉은 줄과 붉은 털로 꾸민 치레. 준주락.
주란(朱欄)명 붉은 칠을 한 난간.
주란(酒亂)명 (습관적으로) 술에 취하여 미쳐 날뛰는 일. 주광(酒狂).
주란-사(-紗)명 주란사실로 짠 피륙의 한 가지.
주란사-실(-紗-)명 무명실의 거죽에 솜털같이 일어난 섬유를 가스 불에 태워서 윤을 낸 실. 가스실.
주란-화각(朱欄畫閣)명 단청을 곱게 하여 꾸민 누각. 주루화각(朱樓畫閣).
주람(周覽)명하타 곳곳을 두루 돌아다니며 자세히 살펴봄.
주랍(朱蠟)명 지난날, 편지 따위의 겉봉을 붙이는 데 쓰던 붉은 밀랍.
주랑(柱廊)명 여러 개의 기둥만 나란히 서 있고 벽이 없는 복도.
주량(柱梁)명 ①기둥과 대들보. ②'한 집안이나 나라의 중요한 인재'를 비유하여 이르는 말.
주량(酒量)명 (마시고 견딜 수 있을 정도의) 술의 분량. 주호(酒戶). ¶ 주량이 세다.
주럽명 피로하여 몸이 느른한 증세.
주렁-주렁부하형 ①열매 따위가 많이 매달려 있는 모양. ¶ 감이 주렁주렁 열린 가지. 비드레드레[1]. ②한 사람에게 여러 사람이 딸려 있는 모양. ¶ 자식이 주렁주렁 달려 있어 개가(改嫁)도 어렵다. 작조랑조랑·조롱조롱.

주레-동명 갱도가 땅속으로 비스듬히 들어간 곳에 세우는 동발.
주레-장명 너무 높아서 위험한 갱도 천장에 따로 방발과 살장을 대고 그 위에 버력을 채워서 만든 천장.
주려(周廬)명 지난날, 궁궐을 지키던 군사가 번들어서 자던 곳.
주력(主力)명 주장되는 힘. 중심이 되는 세력. ¶ 주력 기업./주력 제품.
주력(走力)명 달리는 힘.
주력(周歷)명하자 두루 돌아다님.
주ː력(注力)명하자 힘을 들임.
주ː력(呪力)명 주술의 힘. 곧, 미개 사회에서 주술 및 원시 종교의 기초를 이루는 초자연적이고 비인격적인 힘의 관념.
주력(酒力)명 ①술김에 나는 힘. ②사람을 취하게 하는 술의 힘.
주력^부대(主力部隊)[-뿌-]명 주력을 이루는 부대.
주력-함(主力艦)[-려캄]명 군함 가운데서 공격력과 방어력이 가장 뛰어난 배.
주력^함대(主力艦隊)[-려캄-]명 한 나라의 해군이나 연합 함대 가운데 주력함을 근간으로 하고 중심이 되는 함대.
주련(柱聯)명 기둥이나 바람벽 따위에 장식으로 써 붙이는 글씨. 영련(楹聯).
주련(株連)명하자되자 한 사람이 지은 죄에 여러 사람이 함께 걸림.
주ː련(駐輦)명하자 임금의 거둥 때, 길에서 잠시 연을 머무르게 함.
주련-경(柱聯鏡)명 기둥에 거는 좁고 긴 거울.
주련-판(柱聯板)명 주련에 쓰이는 널빤지.
주렴(珠簾)명 구슬을 꿰어 만든 발. 구슬발.
주령(主令)명 〔주인 영감이란 뜻으로〕 손이 '정삼품 이상의 주인'을 높이어 일컫던 말.
주령(主嶺)명 (잇달아 있는 고개 가운데서) 가장 높은 고개.
주령(酒令)명 여럿이 술을 마실 때, 마시는 방식을 정하는 약속.
주령-배(酒令杯)명 예전에 쓰던 술잔의 한 가지. 속에 오뚝이 같은 인형이 있어 술이 차면 떠올라 뚜껑의 구멍 밖으로 머리를 내미는데, 인형이 향한 쪽에 있는 사람이 술을 마시게 됨.
주례(主禮)명하타 예식을 주장하여 진행함, 또는 그 일을 맡아보는 사람. ¶ 주례를 보다.
주례(를) 서다관용 주례를 맡아서 하다.
주례(周禮)명 중국 경서(經書)의 하나. 주나라의 관제를 분류하여 설명한 내용으로, 중국의 국가 제도를 적은 최고(最古)의 책.
주례(週例)명 주마다 하는 정례(定例). ¶ 주례 보고.
주례-사(主禮辭)명 주례하는 사람이 예식에서 하는 축사.
주-로(主-)부 주장삼아서. 주되게. ¶ 여가에는 주로 바둑을 둔다.
주로(朱鷺)명 ☞따오기.
주로(走路)명 육상 경기에서 경주자가 달리는 일정한 길.
주록(週錄)명 한 주일의 기록.
주론(主論)명하자타 주장하여 논함, 또는 그런 논의.
주뢰(周牢)[-뢰/-뤠]명 〈주리〉의 본딧말.
주룡(主龍)명 풍수설에서, '주산(主山)의 줄기'를 이르는 말.
주루(走壘)명하자 야구에서, 주자(走者)가 어느 누(壘)에서 다음 누로 달리는 일.
주루(酒樓)명 설비를 잘 갖추어 놓고 술 따위를 파는 집.
주루-화각(朱樓畫閣)명 ☞주란화각(朱欄畫閣).
주룩부하자 굵은 물줄기 따위가 좁고 짧은 곳을 빨리 흐르다가 그치는 소리, 또는 그 모양. 작조록. 센쭈룩.
주룩-주룩[-쭈-]부하자 ①비가 죽죽 내리는 소리, 또는 그 모양. ¶ 주룩주룩 장대같이 쏟아지는 비. ②굵은 물줄기 따위가 좁은 구멍이나 면을 짧게 흐르다 그치고 흐르다 그치고 하는 소리, 또는 그 모양. 작조록조록. 센쭈룩쭈룩.
주류(主流)명 ①(강의) 원줄기가 되는 큰 흐름. 간류(幹流). ②(사상 따위의 여러 갈래에서) 으뜸가는 갈래. ③어떤 조직이나 단체에서 영향력이 가장 큰 세력. ¶ 주류와 비주류의 반목이 심하다. ↔비주류.
주류(酒類)명 술의 종류에 드는 것을 통틀어 이르는 말.
주ː류(駐留)명하자 (군대 따위가) 어떤 곳에 한때 머무름.
주ː류-성(走流性)[-썽]명 물의 흐름에 따라 일어나는 주성(走性). 추류성(趨流性).
주류-업(酒類業)명 주류를 양조(釀造)하거나 거래하는 영업.
주류-품(酒類品)명 술 종류에 딸리는 물품을 통틀어 이르는 말.
주ː륙(誅戮)명하타되자 죄를 물어 죽임. 법으로 다스려 죽임.
주륜(主輪)명 수레 같은 것에서 주가 되는 구실을 하는 바퀴.
주르르부 ①하자물줄기 따위가 구멍이나 면을 잇달아 흐르는 소리, 또는 그 모양. ¶ 닭똥 같은 눈물을 주르르 흘리다. ②하자어떤 물건이 비탈진 곳을 거침없이 미끄러져 내리는 모양. ③하자잰 걸음으로 따르는 모양. ④하형크기가 그만그만한 것이 죽 벌여 있는 모양. ¶ 옹기가 주르르 놓여 있다. 작조르르. 센쭈르르.
주르륵부하자 ①물줄기 따위가 빠르게 잠깐 흐르다가 멎는 소리, 또는 그 모양. ②어떤 물건이 비탈진 데를 빠르게 미끄러지다가 멎는 모양. 작조르륵. 센쭈르륵. **주르륵-주르륵**부하자.
주르륵-거리다[-꺼-]자 자꾸 주르륵주르륵하다. 주르륵대다. 작조르륵거리다.
주르륵-대다[-때-]자 주르륵거리다.
주름명 ①살갗이 느즈러져서 생긴 잔금. ¶ 이마에 주름이 가다. ②옷의 폭 따위를 줄이 지게 접은 금. ¶ 바지에 주름을 잡다. ③(종이나 헝겊의) 구김살. ¶ 주름이 가다.
주름-살[-쌀]명 주름이 잡힌 금. ¶ 눈가에 주름살이 잡히다.
주름-상자(-箱子)명 ①사진기에서, 주름이 진 가죽이나 천 따위로 둘레를 막은 어둠상자. 신축이 자유로워서 렌즈와 건판(乾板) 사이를 마음대로 조절함. ②손풍금의 몸통을 이루는, 신축이 자유롭게 된 벽.
주름-위(-胃)명 반추위(反芻胃)의 넷째 위. 많은 주름으로 되어 있으며, 셋째 위에서 오는 것을 화학적으로 소화함. 제사 위. 추위(皺胃).
주름-잡다[-따]타 집단이나 단체 등의 중심인물이 되어 그 조직을 마음대로 움직이다. ¶ 한때 정계(政界)를 주름잡던 사람.
주름-치마명 허리춤에서 세로로 주름을 많이 잡은 치마.

주릅명 흥정을 붙여 주고 구전을 받는 일을 업으로 하는 사람.

주릅-들다[-뜰-][~드니·~들어]자 가운데에 들어 매매 따위를 거간하여 주다.

주리(←周牢)명 지난날, 죄인을 심문할 때 두 다리를 한데 묶고 그 사이에 두 개의 주릿대를 끼워 비틀던 형벌. 본주뢰.

주리(를) 틀다관용 주리로 벌을 주다.

주ː리(膢哩)명 살갗에 생긴 자디잔 결.

주ː리다 Ⅰ타 먹을 만큼 먹지 못해 배를 곯다. ¶ 주린 배를 움켜쥐다.

Ⅱ자 가지고 싶거나 하고 싶은 것을 가지거나 하지 못하여 모자람을 느끼다. ¶ 애정에 주린 고아.

주린 고양이가 쥐를 만났다속담 놓칠 수 없는 좋은 기회가 닥쳤다는 말.

주립(州立)명 주의 예산으로 세워 관리·운영함. ¶ 주립 대학.

주립(朱笠)명 지난날, 융복(戎服)을 입을 때 쓰던 붉은 칠을 한 갓.

주릿-대[-리때/-릳때]명 ①주리를 트는 데 쓰는 두 개의 붉은 막대기. ②'행실이 몹시 불량한 사람'을 비유하여 이르는 말.

주릿대(를) 안기다관용 모진 벌을 주다.

주릿-방망이[-리빵-/-릳빵-]명 '주릿대'를 속되게 이르는 말.

주마(走馬)명하자 말을 타고 달림, 또는 달리는 그 말.

주마(를) 놓다관용 말을 몰아 빨리 가다.

주마가편(走馬加鞭)명하자 〔달리는 말에 채찍질한다는 뜻으로〕 '열심히 하는 사람을 더 부추기거나 몰아침'을 이르는 말.

주마간산(走馬看山)명하자 〔달리는 말 위에서 산천을 구경한다는 뜻으로〕 '이것저것을 천천히 살펴볼 틈이 없이 바삐 서둘러 대강대강 보고 지나침'을 이르는 말.

주마-등(走馬燈)명 ①안팎 두 겹으로 된 틀의 안쪽에 갖가지 그림을 붙여서, 그 틀이 돌아감에 따라 안에 켜 놓은 등화(燈火)로 말미암아, 그림이 종이나 천을 바른 바깥쪽에 비치게 만든 등(燈). ②'사물이 덧없이 빨리 변하여 돌아감'을 비유하여 이르는 말. ¶ 주마등 같은 인생. /어렸을 적 추억이 그의 머릿속을 주마등같이 스쳐 갔다.

주마-창(走馬瘡)명 한방에서, 몸의 구석구석으로 돌아가며 나는 종기를 이르는 말.

주막(酒幕)명 시골의 길목에서 술이나 밥 따위를 팔고 나그네를 치는 집. 주막집.

주막-거리(酒幕-)[-꺼-]명 주막이 있는 길거리.

주막-방(酒幕房)[-빵]명 ☞봉놋방.

주막-쟁이(酒幕-)[-쨍-]명 '주막을 차려 벌이하는 사람'을 홀하게 이르는 말.

주막-집(酒幕-)[-찝]명 ☞주막(酒幕).

주말(週末)명 한 주일의 끝. 〔주로, 토요일부터 일요일까지를 이름.〕 참주초(週初).

주망(酒妄)명 ☞주광(酒狂). ¶ 취중에 주망 나면 나를 올려 칠 것이니…(烈女春香守節歌).

주망(蛛網)명 거미집. 거미줄.

주매(酒媒)명 누룩.

주맥(主脈)명 ①(여러 줄기 가운데서) 으뜸이 되는 줄기. ②잎 한가운데 있는 가장 큰 잎맥. 중륵맥(中肋脈).

주맹(晝盲)명 밝은 데서의 시력(視力)이 좀 어두운 데서의 시력보다 더 나쁜 눈, 또는 그런 눈을 가진 사람.

주머니명 ①돈이나 필요한 물품을 넣기 위해 헝겊이나 가죽 따위로 만들어 끈을 꿰어 허리에 차거나 들게 된 물건. ②염낭·호주머니·조끼주머니 등을 통틀어 이르는 말.

주머니에 들어간 송곳이라속담 선하고 악한 일은 숨겨지지 않고 자연히 드러난다는 말.

주머니(를) 털다관용 ①가지고 있는 돈을 다 내놓다. ②강도질하다.

주머니-떨이명하자 (한자리에 모인 여러 사람이) 주머닛돈을 다 털어서 술이나 과실 따위를 사 먹는 놀이.

주머니-밑천[-믿-]명 주머니에 늘 넣어 두고 좀처럼 쓰지 않는 얼마 안 되는 돈. ¶ 주머니 밑천까지 다 털어서 산 책.

주머니-쥐명 주머니쥣과의 짐승. 삼림에 살며 몸길이는 30~50 cm, 꼬리는 40 cm가량인데 나뭇가지 따위를 감고 매달림. 육아낭(育兒囊)이 발달되어 있고, 봄에 8~18마리의 새끼를 낳음. 밤에 활동하는데 잡식성이며 북미 특산임.

주머니-칼명 접어서 주머니에 넣고 다닐 수 있게 만든 작은 칼. 낭도(囊刀).

주머닛-돈[-니똔/-닏똔]명 주머니 안에 든 돈.

주머닛돈이 쌈짓돈(이라)속담 그 돈이 그 돈으로 결국은 마찬가지라는 말.

주먹 Ⅰ명 ①다섯 손가락을 다 오그려 모아 쥔 손. ¶ 주먹을 불끈 쥐다. 준줌[1]. ②'물리적인 힘이나 폭력, 폭력배'를 비유하여 이르는 말. ¶ 주먹 세계. /주먹을 쓰다.

Ⅱ의 한 손에 쥘 만한 분량을 세는 단위. ¶ 사탕 한 주먹. 준줌[1].

주먹 맞은 감투(라)속담 아주 쭈그러져서 다시는 어찌 할 도리가 없이 된 상황을 두고 이르는 말.

주먹은 가깝고 법은 멀다속담 분한 일이 있을 때, 법에 호소하는 것은 나중 문제요, 당장에 주먹부터 먼저 들이치게 되는 경우를 이르는 말.

주먹이 운다〔울다〕속담 분한 일이 있어 치거나 때리고 싶지만 참는다는 말.

주먹을 불끈 쥐다관용 주먹을 꼭 쥐며 어떤 일에 대한 결의를 나타내다.

주먹이 오고 가다관용 싸움이 벌어져 서로 주먹질을 하다.

주먹-구구(-九九)[-꾸-]명 ①손가락을 하나하나 꼽으면서 하는 셈. ②대충 짐작으로 하는 셈.

주먹구구-식(-九九式)[-꾸-]명 대충 짐작으로 하는 방식. ¶ 주먹구구식 행정.

주먹-다짐[-따-]명하자 ①주먹으로 마구 때리는 짓. ¶ 주먹다짐을 벌이다. ②주먹심으로 윽박지르는 짓.

주먹^도끼[-또-]명 주먹만 한 크기로, 한쪽은 손으로 쥘 수 있고 한쪽은 날카롭게 된 돌 연모. 구석기 시대의 유물임. 악부(握斧).

주먹-동발[-똥-]명 가장 작은 동발.

주먹-떼명 무덤에 떼를 입힐 때, 여기저기 드문드문 심는 뗏장.

주먹-밥[-빱]명 ①주먹만 하게 뭉친 밥덩이. ¶ 주먹밥 한 덩이로 끼니를 때우다. ②(수저를 쓰지 않고) 손으로 집어 먹는 밥.

주먹-뺨명 주먹으로 호되게 때리는 뺨.

주먹-상투[-쌍-]명 머리를 솎지 않고 틀어서, 주먹처럼 크고 모양이 없는 상투.

주먹-심[-씸]명 ①주먹으로 때리거나 쥐는 힘. ②남을 억누르는 힘. 완력(腕力).

주먹-장[-짱]명 봇목에 들어가는 도리 끝이 물러나지 않게, 도리 대강이를 안쪽은 좁고 끝은 좀 넓게 에어 깎은 부분.
주먹-질[-찔]명하자타 주먹을 휘두르며 을러대거나 때리는 짓.
주먹총-질(-銃-)명하자 상대편에게 주먹을 내지르는 짓.
주먹-치기명하자 ①상대편이 내민 주먹을 자기 주먹으로 때리는, 아이들 장난의 한 가지. 헛치면 맞는 편이 됨. ②일을 계획 없이 되는대로 해치우는 짓.
주먹-코명 '볼품없이 뭉툭하게 생긴 큰 코, 또는 그러한 코를 가진 사람'을 조롱조로 이르는 말.
주면(柱面)명 '기둥면'의 구용어.
주ː면(奏免)명하타 임금에게 아뢰어 벼슬을 뗌.
주ː멸(誅滅)명하타되자 (죄인을) 죽여 없앰.
주명(主命)명 ①☞왕명(王命). 칙명(勅命). ②주인의 분부. ③가톨릭에서, '천주(天主)의 명령'을 이르는 말.
주ː명(註明)명하타되자 주(註)를 달아 본문의 뜻을 밝힘.
주ː명-곡(奏鳴曲)명 ☞소나타(sonata).
주모(主母)명 ①집안 살림을 주장(主掌)하여 다스리는 부인. ②지난날, 한국 가톨릭에서 '성모 마리아'를 일컫던 말.
주모(主謀)명하타 (모략이나 음모 따위를) 주장하여 꾸밈.
주모(酒母)명 ①술밑. ②술청에서 술을 파는 여자. ②주부(酒婦).
주모(珠母)명 진주조갯과의 조개. 높이와 길이는 25 cm가량. 겉은 검고 속은 담홍색의 광택이 남. 깊이 50 m가량의 바다 밑에 사는데, 껍데기 안쪽에 진주가 들어 있어 양식에 좋음.
주모-자(主謀者)명 (모략이나 음모 따위를) 주장(主掌)하여 꾸미는 사람.
주목(朱木)명 주목과의 상록 교목. 높은 산에서 자라는데, 높이는 22 m가량. 껍질은 적갈색임. 자웅 이가로 꽃은 봄에 잎겨드랑이에서 피고, 열매는 가을에 익음. 정원수로 심기도 하며, 재목은 건축재·가구재·조각 재료 등으로 쓰임.
주ː목(注目) Ⅰ명하타되자 ①눈길을 한곳에 모아서 봄. ②(어떤 대상이나 일에 대해) 특별히 관심을 가지고 자세히 살핌. ¶ 일의 귀추를 주목하다.
Ⅱ감 주목하라는 구령.
주-목적(主目的)[-쩍]명 주되는 목적.
주몽(晝夢)명 낮에 공상에 잠겨 꿈을 꾸는 것처럼 되는 상태.
주무(主務)명 ①하타《주로 일부 명사 앞에 쓰이어》 사무를 주장(主掌)하여 맡아봄. ¶ 주무 부서. ②〈주무자(主務者)〉의 준말.
주무(綢繆)명하타 미리미리 꼼꼼하게 챙겨 갖춤. ¶ 현재를 주무하기에 급한 오인은 숙석(宿昔)의 징변(懲辨)을 가(暇)치 못하노라.
주무^관청(主務官廳)명 어떤 행정 업무를 주장하여 맡아보는 관청.
주무르다[주무르니·주물러]타르 ①(어떤 물건이나 몸의 한 부분을) 손으로 자꾸 쥐었다 놓았다 하며 만지다. ¶ 어깨를 주무르다. ②(다른 사람이나 일 따위를) 제 마음대로 다루거나 놀리다. ¶ 경제계를 주무르다. /아랫사람을 손안에 넣고 맘껏 주무르다.
주무-부(主務部)명 어떤 사무를 주장하여 맡아보는 부(部).
주무시다타 〈자다〉의 높임말.
주무-자(主務者)명 어떤 사무를 주장하여 맡아보는 사람. 준주무(主務).
주무^장ː관(主務長官)명 어떤 행정 업무를 주장하는 장관. ¶ 국회에서 주무 장관의 출석을 요청하다.
주묵(朱墨)명 붉은 빛깔의 먹.
주문(主文)명 ①〈판결 주문(判決主文)〉의 준말. ②조선 시대에, '대제학(大提學)'을 달리 이르던 말. ③지난날, 시관(試官)의 우두머리인 '상시(上試)'를 달리 이르던 말.
주문(朱門)명 ①붉은 칠을 한 문. ②지위가 높은 벼슬아치의 집.
주ː문(注文)명하타되자 (물건을 만들거나 파는 사람에게) 품종·수량·모양·크기 등을 일러 주고, 그 상품의 생산이나 수송·서비스의 제공을 요구하는 일. ¶ 일용품을 전화로 주문하다.
주ː문(呪文)명 ①음양가(陰陽家)나 술가(術家) 등이 술법을 부릴 때 외는 글귀. ¶ 주문을 걸다. /주문을 외다. ②천도교에서, 심령을 닦고 한울님에게 빌 때 외는 글귀. 진언(眞言). 준주(呪).
주ː문(奏聞)명하타되자 ☞주달(奏達).
주ː문(註文)명 어떤 문장이나 글귀에 주(註)를 붙여 쉽게 풀이한 글.
주ː문-배수(注文拜受)명 삼가 주문을 받음.
주ː문^생산(注文生產)명 소비자의 주문에 따라서 생산하는 일.
주ː문-자(注文者)명 ①주문한 사람. 맞춘 사람. ②도급인(都給人)에게 일의 완성을 청구할 권리와 함께 보수 지급의 의무를 가진 도급 계약의 당사자.
주ː문-품(注文品)명 주문하여 맞춘 물품, 또는 주문을 받은 물품. ↔기성품(既成品).
주물(主物)명 종물(從物)이 딸려 있어 직접적인 효용을 가지는 주된 물건. 〔가구에 대한 집, 시곗줄에 대한 시계 따위.〕 ↔종물(從物).
주ː물(呪物)명 원시 종교에서, 주력(呪力)이나 영검이 있어 이를 가지고 다니면 비호(庇護)를 받는다고 믿어 신성시하는 물건.
주ː물(鑄物)명 쇠붙이를 녹여서 일정한 거푸집에 부어 만든 물건.
주ː물^공장(鑄物工場)명 주물을 만드는 공장. 무쇠 공장.
주물럭-거리다[-꺼-]타 자꾸 주물럭주물럭하다. 주물럭대다. 작조몰락거리다.
주물럭-대다[-때-]타 주물럭거리다.
주물럭-주물럭[-쭈-]부하타 좀 큰 손놀림으로 물건을 자꾸 주무르는 모양. 작조몰락조몰락.
주물-상(晝物床)[-쌍]명 귀한 손님을 대접할 때 간단히 차려 먼저 내오는 다담상(茶啖床).
주ː물^숭배(呪物崇拜)명 주물을 숭배의 대상으로 삼는 신앙. 참물신 숭배.
주ː민(住民)명 〈거주민(居住民)〉의 준말.
주ː민^등록(住民登錄)[-녹]명 주민의 거주 관계 및 인구 동태를 파악하기 위하여 읍·면·동의 주민을 해당 지역의 주민 등록표에 등록하게 하는 제도.
주ː민^등록증(住民登錄證)[-녹쯩]명 주민 등록법에 따라, 일정한 거주지에 사는 주민임을 나타내는 증명서. 〔만 17세 이상인 자에게 발급함.〕
주ː민-세(住民稅)[-쎄]명 지방세의 한 가지. 그 고장에 살며 독립된 생계를 유지하는 개인과 사업소 등을 둔 법인 또는 그들의 소득에 대하여 매김.

주밀(周密) '주밀하다'의 어근.
주밀-하다(周密-)형여 (일을 주선하거나 계획을 세우는 데) 빈틈이 없이 매우 찬찬하다. ¶ 빈틈없이 짜여진 주밀한 계획. ⓑ심밀(深密)하다. 주밀-히부.
주박(酒粕)명 지게미.
주반(柱半)명 기둥 한가운데에 내리그은 먹줄.
주반(酒飯)명 ①술과 밥. 주식(酒食). ②술밥.
주반(酒盤)명 술상으로 쓰는 소반이나 예반.
주발(周鉢)명 놋쇠로 만든 밥그릇. 아래보다 위가 좀 벌어지고 뚜껑이 있음.
주발-대접(周鉢-)명 주발과 대접.
주방(酒榜)명 술집 앞에 내어 거는 방(榜).
주방(廚房)명 ①(음식점 등에서) 음식을 만들거나 차리는 방. ¶ 요즘 그녀는 중국집 주방에서 일을 거들고 있다. ②〈소주방(燒廚房)〉의 준말.
주방-장(廚房長)명 (음식점 등의) 주방의 우두머리.
주배(酒杯)명 술잔.
주ː배(做坯)명 도자기의 몸을 만드는 일.
주버기명 많이 모인 더께. 덕지덕지 붙어 있는 더께.
주번(主番)명하자 공무로 관할 지역을 돌아보며 살핌, 또는 그 사람.
주번(週番)명 한 주일마다 차례로 바꾸어서 하는 근무, 또는 그 근무를 하는 사람.
주번-병(週番兵)명 지난날, 군대에서 주번 근무를 하던 병사.
주번^사ː관(週番士官)명 지난날, 군대에서 주번 사령을 도와 주번 근무병들을 지휘·감독하며 주번 임무를 수행하던 장교.
주번^사령(週番司令)명 지난날, 군대에서 주번 근무를 지휘 감독하던 책임 장교.
주벌(主伐)명하타 다 자라서 쓸 수 있게 된 나무를 벰.
주ː벌(誅伐)명하타되자 (죄인을) 꾸짖어 침. 베어 죽임.
주ː벌(誅罰)명하타되자 (죄인을) 꾸짖어 벌을 줌. 죄를 물어 벌함.
주범(主犯)명 ☞정범(正犯). ¶ 사건의 주범을 수배하다.
주범(主帆)명 돛단배의 가장 큰 돛대에 다는 큰 돛.
주법(主法)명 '실체법(實體法)'을 달리 이르는 말. ↔조법(助法).
주법(走法)[-뻡]명 (육상 경기의 경주나 도약 따위에서) 달리는 방법.
주ː법(呪法)[-뻡]명 ①주문을 읽거나 외우는 법식. ②☞주술(呪術).
주ː법(奏法)[-뻡]명 〈연주법(演奏法)〉의 준말.
주벽(主壁)명 ①방문에서 마주 보이는 쪽의 벽. ②여러 사람이 양쪽으로 벌여 앉은 한가운데의 자리, 또는 거기에 앉은 사람. ③사당에 모신 여러 위패(位牌) 가운데서 으뜸 되는 위패.
주벽(酒癖)명 ①술을 몹시 즐겨 마시는 버릇. ②술 취한 뒤에 드러나는 버릇. ¶ 주벽이 심하다. 주성(酒性).
주ː변명하타 일을 주선하거나 변통함, 또는 그런 재주. ¶ 주변이 좋아 사업을 잘 꾸려 나간다.
주변(周邊)명 ①둘레의 언저리. ¶ 학교 주변. / 책상 주변을 샅샅이 뒤지다. ②전두리.
주ː변-머리명 〈주변〉의 속된 말.
주ː변-성(-性)[-썽]명 두름성.
주변^세ː포(周邊細胞)명 ☞공변 세포.
주변-인(周邊人)명 심리학에서, 둘 이상의 서로 다른 사회나 집단에 딸려 양쪽의 영향을 받으면서 어느 쪽에도 완전히 소속되지 못하고 있는 사람을 이름.
주변^장치(周邊裝置)명 컴퓨터에서, 중앙 처리 장치를 제외한 여러 장치를 통틀어 이르는 말. 〔입력 장치·출력 장치·보조 기억 장치 따위.〕
주병(酒餠)명 술과 떡.
주ː병(駐兵)명하자 어떤 곳에 군대를 머물게 함, 또는 머무는 그 군대. 주군(駐軍).
주ː병-권(駐兵權)[-꿘]명 다른 나라 영토 안에 군대를 머물게 하여 자국민의 생명과 재산 따위를 보호·경비할 수 있는 권리.
주보(酒甫)명 (안 마시고는 못 견딜 만큼) 술에 절은 사람.
주보(酒保)명 '부대(部隊) 안의 매점'을 이전에 이르던 말.
주보(週報)명 ①한 주일에 한 번씩 발행하는 신문이나 잡지. ②한 주일에 한 번씩 작성하여 올리는 보고. 참연보·일보.
주복(主僕)명 주인과 종. 상전과 하인.
주복(珠服)명 구슬과 옥으로 아름답게 꾸민 옷.
주복-야행(晝伏夜行)[-봉냐-]명하자 낮에는 숨어서 지내다가 밤에 길을 감.
주ː본(奏本)명 임금에게 아뢰던 글월.
주봉(主峯)명 ①어떤 산줄기에서 가장 높은 봉우리. 최고봉. ②〈주인봉(主人峯)〉의 준말.
주부(主部)명 ①주되는 부분. ②문장에서 주어와 그 수식어로 된 부분. 〔'부지런한 학생은 열심히 공부한다.'에서 '부지런한 학생은'이 주부임.〕 임자조각. 주어부(主語部). ↔술부(述部).
주부(主婦)명 한 가정의 살림을 맡아 꾸려 가는 안주인. 가정주부.
주부(主簿)명 ①조선 시대에, 내의원·사복시·한성부 등 여러 관아에 딸렸던 종육품의 낭관(郎官) 벼슬. ②'한약방을 차리고 있는 사람'을 이르는 말.
주ː부(注賦)명하타되자 부어 넣어 줌.
주부(酒婦)명 ☞주모(酒母).
주부-코명 비사증(鼻齄症)으로 말미암아 붉은 점이 생기고 부어오른 코.
주불(主佛)명 ①〈주세불(主世佛)〉의 준말. 본존(本尊). ②염주의 아래위에 꿴, 다른 염주 알보다 갑절이나 큰 구슬.
주붕(酒朋)명 술친구. 술벗.
주비명 기장의 한 가지. 3월에 심는데, 열매는 누르고 껍질은 잿빛이며 줄기는 검숭함.
주비(周痹)명 한방에서, 때때로 팔이나 다리에 마비가 일어나는 병을 이르는 말.
주ː비(籌備)명하타 (어떤 일을 하려고) 미리 마련하여 갖춤. ¶ 창당 주비 위원회. ⓑ준비.
주비명 〈옛〉무리. 반열. ¶ 道士이 주비롤 道家ㅣ라 ㅎㄴ니라(月釋2:50).
주ː비-전(注比廛)명 조선 시대에, 서울에 있던 백각전(百各廛) 가운데서 으뜸가던 시전(市廛).
주빈(主賓)명 (여러 손 가운데서) 주되는 손.
주뼛[-뻗]부하자타 ①(물건의 끝이) 차차 가늘어지면서 뾰죽하게 솟은 모양. ②몹시 놀라거나 하여 머리카락이 꼿꼿이 일어서는 듯한 모양. ¶ 머리카락이 주뼛 서다. ③부끄럽거나 어색하여 선뜻 나서지 못하고 머뭇거리는 모양. 작조뼛. 센쭈뼛. 주뼛-주뼛부하자타.
주뼛-거리다[-뻗꺼-]자타 자꾸 주뼛주뼛하다. 주뼛대다. 작조뼛거리다.

주뼛-대다[-뼏때-][자타] 주뼛거리다.
주뼛-하다[-뼈타-][형여] (물건 끝이) 차차 가늘어지면서 뾰죽하게 솟아나와 있다. [작]조뼛하다. [센]쭈뼛하다.
주사(主使)[명] ①[하타] 주장하여 사람을 부림. ②☞정사(正使).
주사(主祀)[명][하자] ☞봉사(奉祀).
주사(主事)[명] ①사무를 책임지고 맡아보는 사람. ②《남자의 성(姓) 뒤에 쓰이어》 상대편을 점잖게 높이어 이르는 말. ¶ 김 주사. ③일반직 6급 공무원의 직급(職級). 사무관의 아래, 주사보의 위.
주사(主辭)[명] 논리학에서, 판단의 대상이 되는 주된 개념을 이름. 〔'사람은 동물이다.'에서 '사람' 따위.〕 주개념(主槪念). 주어(主語). 주체(主體). ↔빈사(賓辭).
주사(朱砂·硃砂)[명] 새빨간 빛이 나는 육방 정계(六方晶系)의 광물. 수은과 황의 화합물로, 정제하여 물감이나 한약의 원료로 쓰임. 단사(丹砂). 단주(丹朱). 진사(辰砂).
주사(舟師)[명] ☞수군(水軍).
주사(走使)[명] ☞급사(急使).
주사(走査)[명][하타] 화면을 화소(畫素)로 낱낱이 나누는 일, 또는 나뉜 화소를 차례로 맞추어 화면을 구성하는 일. 보통, 선상(線狀)으로 이루어지는데, 텔레비전이나 팩시밀리 등에 널리 쓰임.
주ː사(注射)[명][하타] 약물을 주사기에 넣어 생물체의 조직이나 혈관 안으로 들여보내는 일. ¶ 마취 주사. /주사를 맞다.
주ː사(呪辭)[명] 술가(術家)가 술법을 부릴 때 외우는 말.
주ː사(奏事)[명][하자] 공적인 일을 임금에게 아룀.
주사(酒邪)[명] 술에 취하여서 하는 못된 버릇. ¶ 주사가 심하다.
주사(酒肆)[명] 술집.
주사(紬絲)[명] 명주실.
주ː사(做事)[명][하자] 일을 함. 사업을 경영함.
주사(蛛絲)[명] 거미줄.
주ː사-기(注射器)[명] 주사할 때 쓰는 기구. 체내에 꽂는 바늘과 약물을 담는 유리관 및 압력을 주는 피스톤으로 되어 있음.
주사니(紬-)[명] '명주붙이'의 잘못.
주사니-것(紬-)[-건][명] 비단·명주 따위로 지은 옷. * 주사니것이[-거시]·주사니것만[-건-]
주ː사-량(注射量)[명] 주사하는 약물의 양.
주사^방식(走査方式)[명] 텔레비전에서, 주사의 방향과 속도를 결정하는 방식.
주사-보(主事補)[명] 일반직 7급 공무원의 직급(職級). 주사의 아래, 서기의 위.
주사-석(朱砂石)[명] 누런 바탕에 새빨간 점이 박힌 돌. 중국 원산으로 도장 재료로 쓰임.
주사-선(走査線)[명] 텔레비전이나 팩시밀리 따위에서, 화상(畫像)을 이루고 있는 많은 점을 일정한 차례로 이은 낱낱의 선.
주ː사-액(注射液)[명] 주사하는 데 쓰이는 약물. 주사약.
주사야몽(晝思夜夢)[명][하타] 〔낮에도 생각하고 밤에도 꿈에 본다는 뜻으로〕 밤낮으로 생각함. 주사야탁.
주사야탁(晝思夜度)[명][하타] ☞주사야몽.
주ː사-약(注射藥)[명] ☞주사액(注射液).
주사위[명] 옥돌이나 짐승의 뼈, 또는 단단한 나무 따위로 만든 장난감의 한 가지. 조그마한 정육면체로 각면에 하나에서 여섯까지의 점을 새겼는데, 이를 손으로 던져 위쪽에 드러난 점의 수로 승부를 겨룸. 투자(骰子).
주사위는 던져졌다[속담] 일은 이미 시작되었다. 일이 이에 이르렀으니 결행(決行)하는 길밖에 없다. 〔고대 로마의 카이사르가 자신의 정적(政敵)인 폼페이우스를 치기 위하여 로마로 향할 때, 루비콘 강을 건너면서 하였다는 말에서 유래함.〕
주사위-뼈[명] (주사위 하나를 만들 만한) 자디잔 뼈. 투자골(骰子骨).
주사-청루(酒肆青樓)[-누][명] 술집·기생집, 또는 매음굴 따위를 통틀어 이르는 말.
주ː사-침(注射針)[명] 주사기 끝에 물리는 바늘. 대롱 모양으로 된 가는 구멍을 통하여 약물을 몸속에 넣음. 주삿바늘.
주산(主山)[명] 풍수설(風水說)에서, 집터·묏자리·도읍(都邑) 터 등의 뒤쪽에 위치하고, 거기서 좌청룡(左青龍)·우백호(右白虎)가 갈려 나온, 주가 되는 산.
주산(珠算·籌算)[명] '수판셈'의 구용어.
주산-단지(主產團地)[명] 어떤 산물이 집중적으로 많이 나는 지역. ¶ 사과 주산단지.
주-산물(主產物)[명] 어떤 고장의 산물 가운데서 주되는 생산물.
주-산지(主產地)[명] 어떤 산물이 주로 생산되는 지역.
주살[명] 오늬에 줄을 매어 쏘는 화살.
주ː살(誅殺)[명][하타][되자] 죄인을 죽임. ¶ 너 같은 역적은 주살을 면치 못할 것이다.
주살-나다[-라-][형] 〈뻔질나다〉의 속된 말.
주살-익(-弋)[명] 한자 부수의 한 가지. '式'·'弑' 등에서의 '弋'의 이름.
주살-질[명][하자] 주살로 쏘는 짓.
주-삼포(柱三包)[명] 촛가지 세 겹을 기둥머리 위에 짜는 일, 또는 그렇게 지은 포살미 집.
주ː삿-바늘(注射-)[-사빠-/-삳빠-][명] ☞주사침.
주상(主上)[명] 임금.
주상(主喪)[명] 상가(喪家)에서 제전(祭奠)을 주장하여 맡아보는 사람.
주상(柱狀)[명] 기둥 모양.
주ː상(奏上)[명][하타] ☞상주(上奏).
주상(酒商)[명] 술장사, 또는 술장수.
주상(酒傷)[명] 술로 말미암아 생긴 위의 탈.
주ː상(籌商)[명][하타] 헤아려서 꾀함.
주상^변ː압기(柱上變壓器)[-끼][명] 전주(電柱) 위에 설치한 변압기. 변전소에서 보낸 높은 전압을 공장용이나 가정용의 낮은 전압으로 바꾸는 구실을 함.
주상^복합^건ː물(住商複合建物)[-보캅껀-][명] 주택과 상점이 함께 들어 있는 건물.
주색(主色)[명] 빨강·노랑·파랑·초록의 네 가지 빛깔을 이르는 말.
주색(朱色)[명] 누렁이 조금 섞인 붉은 빛깔.
주색(酒色)[명] ①술과 여자. 주음(酒淫). ¶ 주색에 빠지다. /주색을 멀리하다. ②얼굴에 나타난 술기운. ¶ 얼굴에 발갛게 주색이 돌다.
주색-잡기(酒色雜技)[-짭끼][명] 술과 여자와 여러 가지 노름. ¶ 주색잡기에 빠져서 패가망신하다.
주서(朱書)[명][하타] 붉은 먹이나 물감으로 글씨를 씀, 또는 그렇게 쓴 붉은 글씨. 단서(丹書).
주서(周書)[명] ①상서(尙書), 곧 서경(書經) 중에서 '태서(泰誓)로부터 진서(秦誓)까지의 32편'을 이르는 말. ②중국 당나라 태종의 명

(命)으로 영호덕분(令狐德棻)이 지은 북주(北周)의 역사책. 모두 50권임.
주서(洲嶼)명 강 어귀에 흙과 모래가 쌓여 삼각주처럼 된 섬. 주도(洲島).
주ː서(juicer)명 과일이나 푸성귀 따위를 갈아서 즙을 짜는 기구.
주석(主席)명 ①주장되는 자리. ②회의나 연회 등을 주재하는 사람. ③(중국 등 일부 국가에서의) 국가(정부)나 정당의 최고 지위, 또는 그 지위에 있는 사람.
주석(朱錫)명 은백색의 광택이 나는 금속 원소의 한 가지. 주요 광석은 석석(錫石)으로 전성(展性)과 연성(延性)이 크고 녹슬지 않음. 공기 속에서 잘 변하지 않아 도금 및 여러 합금에 이용되며 납지로도 쓰임. 석(錫). 〔Sn/50/118.69〕
주석(柱石)명 ①기둥과 주춧돌. ②(어떤 분야에서) '가장 중요한 구실을 하는 사람'을 비유하여 이르는 말. 영동(楹棟).
주석(酒石)명 포도주를 만들 때, 발효가 진척되어 알코올이 증가함에 따라 밑으로 가라앉는 물질. 주석산(酒石酸) 및 그 화합물의 원료가 됨.
주석(酒席)명 술자리. ¶ 주석을 베풀다.
주ː석(註釋·注釋)명하타되자 (낱말이나 문장의 뜻을) 알기 쉽게 풀이함, 또는 그 글. 주해(註解). ¶ 주석을 달다. ㉨주(註).
주석-땜(朱錫-)명하자타 놋쇠나 주석을 녹여서 땜을 함, 또는 그 땜질.
주석-산(酒石酸)[-싼]명 과실 속에 들어 있는 주상 결정(柱狀結晶)의 이염기성 유기산. 무색투명하며 시원한 신맛이 있어 청량음료·약제·물감 등의 제조에 쓰임.
주석산-칼륨(酒石酸Kalium)[-싼-]명 물에 녹고 신맛이 나는 무색의 결정체. 물감 및 약용으로 쓰임. 주석영(酒石英).
주석-쇠(朱錫-)[-쐬/-쒜]명 목조 건물의 나무와 나무를 잇는 곳이나 장식용으로 쓰는 놋쇠.
주석-영(酒石英)명 ☞주석산칼륨.
주석지신(柱石之臣)[-찌-]명 나라에 없어서는 안 될 가장 중요한 신하. 사직지신(社稷之臣).
주석혼-식(朱錫婚式)[-서콘-]명 ☞석혼식.
주선(周旋)명하타되자 ①(일이 잘되도록) 여러모로 두루 힘씀. ¶ 일자리를 주선해 주다. ②제삼국이 외부에서 분쟁 당사국의 화해를 도와주는 일.
주선(酒仙)명 ①세속의 일을 초월하여 술을 즐기는 사람. ②☞주호(酒豪).
주선-료(周旋料)[-뇨]명 어떤 일을 주선해 주고 그 대가로 받는 요금.
주선-성(周旋性)[-썽]명 주선을 잘하는 성질이나 재간.
주설(酒泄)명 술을 지나치게 마신 탓으로 위장 기능이 약화되어 나는 설사병.
주섬-주섬부하타 여기저기 널린 물건을 하나씩 주워 거두는 모양. ¶ 옷가지를 주섬주섬 챙기다. /밤송이들을 주섬주섬 주워 담았다.
주성(主星)명 연성(連星) 가운데서 가장 밝은 별. ↔반성(伴星).
주ː성(走性)명 외부로부터의 자극에 따라 일어나는 생물의 무의식적인 행동. 자극의 종류에 따라 주광성(走光性)·주기성(走氣性)·주류성(走流性)·주열성(走熱性)·주전성(走電性)·주지성(走地性) 등으로 나뉨. 자극원 쪽으로 이동할 때를 양이라 하고, 반대일 때를 음이라고 함. 추성(趨性).
주성(周星)명 〔별이 하늘을 한 바퀴 도는 동안이라는 뜻으로〕 '열두 해 동안'을 이르는 말.
주성(酒性)명 ☞주벽(酒癖).
주-성분(主成分)명 ①어떤 물질을 이루고 있는 성분 가운데서 주되는 것. ↔부성분(副成分). ②문장을 이루는 데 없어서는 안 될 주된 성분. 〔주어·서술어·목적어·보어 따위.〕 ②으뜸조각. 참부속 성분·독립 성분.
주세(酒洗)명하타되자 한방에서 약재(藥材)를 술에 씻는 일.
주세(酒稅)명 주류(酒類)에 매기는 소비세. 〔세율은 주류·도수(度數) 등에 따라 다름.〕
주세-불(主世佛)명 법당에 모신 부처 가운데서 으뜸가는 부처. ㉨주불(主佛).
주ː소(住所)명 ①〈거주소(居住所)〉의 준말. ¶ 주소를 바꾸다. /주소를 옮기다. ②법률에서, 실질적인 생활의 근거가 되는 곳을 이름.
주ː소(奏疏)명하타 ☞상소(上疏).
주소(晝宵)명 밤낮.
주ː소(註疏·注疏)명하타 경서(經書) 등 고전의 원문 따위를 자세히 풀이함, 또는 그 풀이. ¶ 금강경을 주소하다.
주ː소-록(住所錄)명 (친구나 거래처 등의) 주소를 적어 두는 장부.
주ː소지-법(住所地法)[-뻡]명 당사자의 주소가 있는 곳의 법. 국제 사법상(私法上) 하나의 준거법(準據法)으로 인정되고 있음.
주속(酒贖)명 술을 빚거나 팔지 못하게 된 법령을 어긴 사람에게 물리던 벌금.
주속(紬屬)명 명주붙이.
주손(胄孫)명 맏손자.
주ː송(呪誦)명하자 ☞송주(誦呪).
주수(走獸)명 길짐승.
주수(株守)명하타 주변머리 없이 어리석게 지키기만 함.
주수(酒嗽)명 한방에서, 술을 너무 마신 탓으로 술의 열기가 위 속에 남아 기침과 가래가 몹시 나는 병을 이르는 말.
주수^상반(酒水相半)명 한약을 달일 때 술과 물을 똑같은 분량으로 섞는 일.
주ː수-세례(注水洗禮)명 개신교에서, 물로 머리 위를 적시며 하는 세례.
주순(朱脣)명 ☞단순(丹脣).
주순(酒巡)명하자 ☞순배(巡杯).
주순-호치(朱脣皓齒)명 ☞단순호치(丹脣皓齒).
주ː술(呪術)명 초자연적 존재나 신비적인 힘을 빌려 길흉을 점치고 화복을 비는 일, 또는 그런 술법. 주법(呪法).
주ː술-사(呪術師)[-싸]명 주술로 재앙을 물리치거나 내리게 하는 신묘한 힘을 가졌다는 사람.
주ː스(juice)명 과실이나 채소 등에서 짜낸 즙, 또는 그것으로 가공한 음료. ¶ 딸기 주스.
주승(主僧)명 한 절의 주지로 있는 중.
주시(走時)명 ①파동이 어떤 거리에까지 퍼지는 데 걸리는 시간. ②지진파가 진원(震源)에서 어떤 곳까지 도달하는 데 걸리는 시간.
주ː시(注視)명하타되자 ①눈여겨봄. 쏘아봄. ②(어떤 대상을) 온 정신을 기울여 살핌. ¶ 사태의 추이를 주시하다. ㉥응시(凝視).
주ː시-점(注視點)[-쩜]명 ☞시점(視點).
주시행육(走尸行肉)명 〔달리는 송장 또는 걸어다니는 고깃덩이라는 뜻으로〕 '몸은 살아 있으되 아무 보람 없이 사는 사람'을 경멸하여 이르는 말.

주식(主食)명 〈주식물〉의 준말. ↔부식(副食).

주식(株式)명 ①주식회사의 자본을 이루는 단위. ¶ 주식에 투자하다. ㊟주(株). ②☞주주권(株主權). ③☞주권(株券).

주식(酒食)명 술과 밥. 주반(酒飯).

주식(晝食)명 점심밥.

주식^거:래(株式去來)[-꺼-]명 주식 시세를 이용하여 현물(現物) 없이 주식을 매매하는 일.

주식^금융(株式金融)[-끔늉/-끄뮹]명 ①기업체의 신설이나 확장 등에 필요한 자금을 주식의 발행·인수·매입 등의 수단을 통하여 공급하는 일. ②〈주식 담보 금융〉의 준말.

주:식-기(鑄植機)[-끼]명 활자의 문선과 주조·식자를 겸하는 기계. 〔모노타이프·라이노타이프·인터타이프 따위.〕

주식^담보^금융(株式擔保金融)[-땀-금늉/-땀-그뮹]명 주식을 담보로 하여 이루어지는 자금의 대차(貸借). ㊟주식 금융.

주-식물(主食物)[-싱-]명 평소의 끼니에서 주되는 음식. ¶ 쌀을 주식물로 하는 식생활. ㊟주식. ↔부식물(副食物).

주식^배:당(株式配當)[-빼-]명 주식회사에서 이익 배당의 일부 또는 전부를 현금으로 하지 않고 새로 발행하는 주식으로 하는 일. 주권 배당.

주식-비(主食費)[-삐]명 주식물을 사는 데 드는 비용. ↔부식비(副食費).

주식^시:장(株式市場)[-씨-]명 주식의 매매가 이루어지는 시장.

주식^양:도(株式讓渡)[-싱냥-]명 법률 행위에 따라 주주권(株主權)을 넘겨주는 일.

주식^자본(株式資本)[-짜-]명 주식으로 출자된 자본.

주식-점(酒食店)[-쩜]명 지난날, 술과 밥을 팔던 집. 보통, 길거리에서 장사하고 나그네는 치지 않음.

주식^중매(株式仲買)[-쭝-]명 주식 거래소에서 주식의 매매나 거래를 중매하는 일.

주식^합자^회:사(株式合資會社)[-시캅짜회-/-시캅짜훼-]명 주주(株主)와 무한 책임 사원으로 조직되는 회사.

주식-회사(株式會社)[-시쾨-/-시퀘-]명 주식의 발행을 통해 자금을 조달하며, 주주는 소유 주식에 따르는 권리와 의무를 가질 뿐, 회사의 채권자에 대해서는 책임을 지지 않는 회사.

주신(主神)명 (제단에 모신) 여러 신 가운데 주체가 되는 신.

주신(柱身)명 (주두와 주추를 뺀) 기둥의 몸.

주신(酒神)명 술의 신, 곧 그리스 신화의 디오니소스와 로마 신화의 바커스를 이르는 말.

주실(酒失)명하자 술에 취하여 저지른 실수.

주심(主心)명 줏대가 되는 마음. 굳게 먹은 일정한 마음.

주심(主審)명 ①주장이 되는 심사원이나 심사관. ②운동 경기에서, 여러 명의 심판 가운데 주장이 되어 경기를 진행시키고 심판하는 사람. ②㊟부심(副審).

주심(柱心)명 기둥의 중심.

주심(珠心)명 종자식물의 밑씨에서 주체를 이루는 부분.

주아(主我)명 남의 이해에는 아랑곳없이 자기의 이해만을 따지는 욕심.

주아(主芽)명 여러 싹 가운데서, 자라서 줄기가 되어 꽃을 피우거나 열매를 맺게 되는 싹.

주아(珠芽)명 탈바꿈한 곁눈의 한 가지. 양분을 저장하고 있어 살이 많은데, 모체에서 땅에 떨어져 무성적(無性的)으로 새 식물이 됨. 참나리와 마 따위의 잎겨드랑이에 생김. 살눈.

주아-주의(主我主義)[-의/-이]명 ☞이기주의.

주악명 떡을 괼 때 웃기로 쓰는 음식의 한 가지. 찹쌀가루에 대추를 이겨 끓는 물에 반죽하고, 설탕에 버무린 팥소 따위를 넣어 송편처럼 빚어서, 기름에 지져 꿀에 재운 떡.

주:악(奏樂)명하자되자 음악을 연주함, 또는 그 음악. ¶ 주악에 맞춰 행진하다.

주안(主眼)명 주되는 목표. 중요한 점.

주:안(奏案)명 상주(上奏)하는 글의 초안.

주안(酒案)명 〈주안상〉의 준말.

주안-상(酒案床)[-쌍]명 술상. ㊟주안.

주안-점(主眼點)[-쩜]명 주안을 두어 특별히 보는 점. ¶ 제품의 품질을 높이는 데 주안점을 두다.

주암-옹두리명 주먹처럼 생긴 소의 옹두리뼈.

주:앙(注秧)명하자 (봄에) 볍씨를 모판에 뿌림, 또는 그 일.

주액(肘腋)명 ①팔꿈치와 겨드랑이. ②'사물이 자기 몸 가까이 있음'을 비유하여 이르는 말.

주야(晝夜)명 밤낮. ¶ 주야로 공부하다.

주야-겸행(晝夜兼行)명하타 밤낮을 가리지 않고 계속해서 함. ¶ 작업을 주야겸행해서 끝내다.

주야-골몰(晝夜汨沒)명하자 밤낮을 가리지 않고 열중함.

주야불망(晝夜不忘)명하타 밤낮으로 잊지 않음. 늘 잊지 않음.

주야불식(晝夜不息)[-씩]명하자 밤낮으로 쉬지 않음.

주야-장단(晝夜長短)명 밤과 낮의 길고 짧음.

주야-장천(晝夜長川)부 밤낮으로 쉬지 않고 잇달아서. 언제나. 늘. ¶ 주야장천 그리느니 임의 얼굴뿐이로다. ㊟장천(長川).

주야-풍(晝夜風)명 밤과 낮에 따라 방향을 달리하여 부는 바람.

주약(主藥)명 처방이나 제제(製劑)에서 주성분이 되는 약.

주:약(呪藥)명 미개인 사이에서, 초자연적인 주력(呪力)이 있어 질병 따위를 고칠 수 있다고 믿는 물질.

주어(主語)명 ①문장의 주체가 되는 말. 체언이나 용언의 명사형·명사구·명사절 따위에 주격 조사 '이·가(때로는 보조사)'가 붙어서 이루어짐. 〔'하늘이 높다.', '바라보기가 민망스럽다.', '남북이 통일되기가 이리도 어려운가!' 등에서, '하늘이', '바라보기가', '남북이 통일되기가' 따위.〕 임자말. ↔서술어. ②☞주사(主辭).

주:어(奏御)명하타되자 ☞주달(奏達).

주어-부(主語部)명 문장에서, 주어와 그것에 딸린 말들로 된 부분. 〔'저 하얀 건물이 우리 집이다.', '키가 제일 큰 철수가 우리 농구 팀의 주장이다.'에서 '저 하얀 건물이', '키가 제일 큰 철수가' 따위.〕 주부(主部). ↔서술부.

주어-절(主語節)명 문장에서 주어의 구실을 하는 명사절(名詞節). 임자마디. ㊟명사절.

주어-지다자 (일이나 문제를 짜거나 푸는 데 필요한 요소나 조건 따위가) 갖추어지거나 제시되다. ¶ 힌트가 주어지다. /주어진 시간 내에 문제를 푸시오.

주억부 고개를 앞뒤로 천천히 끄덕이는 모양. 주억-주억부하타.

주억-거리다[-꺼-]타 자꾸 주억주억하다. 주억대다. ¶ 박 군은 알았다는 듯이 고개를 두어 번 주억거렸다.

주억-대다[-때-]타 ☞주억거리다.

주업(主業)명 주장이 되는 업무나 직업. 참본업(本業).
주ː업(做業)명하자 직업에 종사함.
주여미명 〈옛〉지게미. ¶ 糟粕은 술 주여미라(圓覺序68). /슈 주여미(救簡6:65).
주역(主役)명 ①주되는 구실, 또는 주되는 구실을 하는 사람. ¶ 통일의 주역. ②연극이나 영화 따위의 주되는 역할, 또는 주되는 역할을 맡아 하는 배우. ②↔단역(端役).
주역(周易)명 삼경(三經)의 하나. 음양(陰陽)의 원리로 천지 만물의 변화하는 현상을 설명하고 해석한 유교의 경전. 〔중국 주나라 때 대성(大成)되어 '주역'이라고 함.〕 역(易). 역경(易經). 참삼경(三經).
주ː역(註譯)명하타되자 주를 달면서 번역함, 또는 그 번역.
주역-선생(周易先生)[-썬-]명 ①주역의 팔괘(八卦)를 풀어 길흉화복을 판단하여 주는 사람. ②점쟁이.
주역-언해(周易諺解)명 조선 선조(宣祖) 때, 주역을 우리말로 번역한 책.
주연(主演)명 ①하자(연극이나 영화 등에서) 주인공으로 출연함. ②〈주연 배우〉의 준말.
주연(朱硯)명 주묵(朱墨)을 갈 때 쓰는 작은 벼루.
주연(周延)명 형식 논리학에서, 어떤 개념의 판단이 그 개념의 외연(外延) 전체에 미칠 때, 그 개념을 이르는 말. 〔곧, '모든 아버지는 남자이다.'에서 '아버지'와 '남자'는 주연 관계에 있음.〕
주연(周緣)명 둘레의 가.
주연(酒宴)명 술잔치. ¶ 주연을 베풀다.
주연(酒筵)명 술자리.
주연^배우(主演俳優)명 (연극이나 영화 등에서) 주인공 역을 맡아 연기하는 배우. 준주연.
주열-성(走熱性)[-썽]명 생물이 주위의 온도차에 따라 반응하는 성질. 추열성(趨熱性). 추온성(趨溫性). 참주성(走性).
주엽-나무명 '쥐엄나무'의 잘못.
주영(珠纓)명 구슬을 꿰어 만든 갓끈.
주옥(珠玉)명 구슬과 옥.
주옥-같다(珠玉-)[-깓따]형 주옥처럼 매우 아름답거나 귀하다. ¶ 주옥같은 시. 주옥같-이부.
주옥-편(珠玉篇)명 (많은 작품 가운데서) 가장 뛰어난 작품. ¶ 주옥편만 모은 선집(選集).
주요(主要)명하형 주되고 중요함. ¶ 주요 인물. /주요한 시설.
주요-동(主要動)명 지진에서, 초기의 미동(微動) 다음에 오는 비교적 진폭이 큰 진동.
주요-부(主要簿)명 〈주요 장부〉의 준말.
주요^삼화음(主要三和音)명 ☞으뜸 삼화음.
주요-색(主要色)명 주요 빛깔. 흔히, 빨강·노랑·파랑·초록의 네 가지 빛깔을 말함.
주요-성(主要性)[-썽]명 주요한 성질이나 특성.
주요-시(主要視)명하타되자 주요하게 여김.
주-요인(主要因)명 여러 요인 가운데 가장 주된 것.
주요^장부(主要帳簿)명 부기의 모든 계정을 포함하는 장부. 분개장(分介帳)과 원장(元帳)이 있음. 준주요부(主要簿).
주우(酒友)명 술벗. 술친구.
주운(舟運)명 배로 화물 따위를 나르는 일.
주워-대다타 (조리 없이) 이 말 저 말 끌어다 대다. ¶ 질문과는 상관없는 말을 주워대다.
주워-듣다[-따][~들으니·~들어]타ㄷ ①귓결에 한 마디씩 얻어듣다. ¶ 주워들은 소문. ②제대로 배우지 않고 건성으로 들어 알다.
주워-섬기다타 (듣거나 본 것을 옮기려고) 말을 되는대로 죽 늘어놓다. ¶ 시시콜콜한 일까지 주워섬기며 수다를 떨다.
주ː원(呪願)명하타 법회 때, 중이 법어(法語)를 외며 시주(施主)나 죽은 사람의 복을 비는 일.
주-원료(主原料)[-월-]명 주되는 원료.
주-원인(主原因)명 ☞주인(主因).
주위(主位)명 주되는 지위. 으뜸가는 자리.
주위(周圍)명 ①둘레. 사방(四方). 사위(四圍). 울녘. ¶ 집 주위에 꽃을 심다. ②어떤 사람이나 사물을 둘러싸고 있는 환경. ¶ 그 사람의 됨됨이는 주위 사람들을 보면 알 수 있다. ③수학에서, 원의 바깥 둘레.
주위상책(走爲上策)명 〔삼십육계 중 최고라는 뜻으로〕 해를 입지 않으려면 달아나는 것이 제일 좋은 수라는 말.
주위-선(周圍線)명 바깥 둘레의 선.
주위-염(周圍炎)명 어떤 주되는 기관의 둘레에 생기는 염증.
주유(舟遊)명하자 뱃놀이. 선유(船遊).
주유(周遊)명하타 (여러 곳을) 두루 다니며 구경함. 주행(周行).
주유(侏儒)명 ①난쟁이. ②따라지. ③지난날, 궁중에 있던 배우.
주ː유(注油)명하자되자 (기계의 마찰 부분이나 자동차 따위에) 기름을 치거나 넣음.
주ː유-소(注油所)명 시가(市街)나 도로의 요소요소에 특별한 장치를 설비하여 자동차에 기름을 넣어 주는 곳. 급유소(給油所).
주유-천하(周遊天下)명하자 천하를 두루 다니며 구경함.
주육(酒肉)명 술과 고기. 술과 안주.
주은(主恩)명 ①기독교에서, '주의 은혜'를 이르는 말. ②☞군은(君恩). ③주인의 은혜.
주음(主音)명 ☞으뜸음.
주음(酒淫)명 ☞주색(酒色).
주ː음-부호(注音符號)명 중국에서 한자(漢字)의 발음을 나타내기 위하여 쓰이는 부호. 자음 21개, 모음 16개로 됨.
주의(主意)[-의/-이]명 ①주되는 요지. 주지(主旨). ②천주(天主)의 뜻. ③(감정이나 지성보다) 의지를 중시하는 일.
주의(主義)[-의/-이]명 (사상이나 학설, 또는 사물의 처리 방법 따위에서) 굳게 지켜 변하지 않는 일정한 이론이나 태도, 또는 방침이나 주장. ¶ 주의 주장이 강하다.
주의(周衣)[-의/-이]명 두루마기.
주ː의(注意)[-의/-이]명 ①하자마음에 새겨 조심함. ¶ 주의 사항. ②경고나 충고의 뜻으로 일깨워 줌, 또는 그러한 말이나 짓. ¶ 따끔하게 주의를 주다. ③어떤 대상에 마음을 돌리거나 관심을 집중하여 기울임. ¶ 주의가 산만하다. /주의를 환기하다. ④심리학에서, 외부 환경이나 개체 내부의 여러 자극 가운데서 특정한 것을 분명하게 인정하거나, 그것에만 반응하는 마음의 선택적이고 집중적인 작용이나 상태.
주의(柱衣)[-의/-이]명 기둥머리를 꾸미기 위하여 그린 단청.
주의(酒蟻)[-의/-이]명 술구더기.
주의(紬衣)[-의/-이]명 명주옷.
주ː의-력(注意力)[-의-/-이-]명 한 가지 일에 마음을 집중하여 나가는 힘. ¶ 주의력이 떨어지다.

주ː의-보(注意報) [-의-/-이-] 명 (기상대 등에서) 기상으로 말미암아 피해가 예상될 때 내는 예보. ¶ 대설(大雪) 주의보. 참기상 주의보.

주의-설(主意說) [-의-/-이-] 명 ☞주의주의.

주의-자(主義者) [-의-/-이-] 명 어떤 주의를 굳게 믿어 그것을 내세워 주장하는 사람.

주의-주의(主意主義) [-의-의/-이-이] 명 ①일반적으로, 감정이나 지성보다도 의지를 앞세우는 사고방식. ②철학에서, 의지를 존재의 본질이라고 보는 처지. ③심리학에서, 의지를 심적 생활의 근본 기능으로 보는 처지. ④윤리학에서, 의지가 양심이나 이성을 초월하여 모든 윤리적 과제의 중심이라고 하는 주의. ⑤신학에서, 의지를 모든 종교 활동의 근원으로 보고 축복은 의지의 활동이라고 하는 주의. 주의설(主意說).

주이계야(晝而繼夜) [-계-/-게-] 명하자 밤낮으로 쉬지 않고 일함.

주익(主翼) 명 비행기 동체의 중앙부에서 좌우로 뻗은 날개. 비행기를 뜨게 하고 공중에서 기체를 지탱하는 중요 부분임.

주인(主人) 명 ①한 집안이나 단체 등을 꾸려 나가는 주되는 사람. ¶ 나라의 주인이 될 어린이들. ②물건의 임자. ③손을 맞이하는 사람. ↔객. ④고용 관계에서의 고용주. ⑤'남편'을 달리 일컫는 말. 준쥔.

주인 모를〔모르는〕 공사 없다 속담 주장하는 사람이 알지 못하는 일은 되지 않는다는 말.

주인 보탤 나그네 없다 속담 나그네는 아무래도 주인에게 손해를 끼치게 된다는 말.

주인(主因) 명 가장 근본(根本)이 되는 원인. 주원인. ↔부인(副因).

주인-공(主人公) 명 ①사건, 또는 소설·연극·영화 따위의 중심인물. ②어떤 일에서 중심이 되거나 주도적인 역할을 하는 사람. ¶ 화제의 주인공./역사의 주인공. 준주공(主公).

주인-댁(主人宅) [-땍] 명 ①〈주인집〉의 높임말. ②안주인.

주인-봉(主人峯) 명 풍수설에서, '묏자리·집터·도읍터 따위의 가까운 곳에 있는 가장 높은 산봉우리'를 이르는 말. 준주봉(主峯).

주인-옹(主人翁) 명 '늙은 주인(主人)'을 점잖게 일컫는 말.

주인-장(主人丈) 명 '주인(主人)'을 높이어 일컫는 말. 준쥔장.

주인-집(主人-) [-찝] 명 주인(主人)이 사는 집. 높주인댁.

주일(主一) 명하타 마음을 한곳에 모음. 정신을 집중함.

주일(主日) 명 기독교에서, 일요일을 이르는 말. 〔예수가 부활한 날이 일요일이었다는 데서 유래함.〕 성일(聖日).

주일(週日) Ⅰ명 월요일부터 일요일까지의 이레 동안. ¶ 지난 주일의 수요일에 만났다.

Ⅱ의 날수의 '이레'를 한 단위로 나타내는 말. ¶ 한 주일 내내 비가 내렸다./3주일 동안 치료하다.

주일^학교(主日學校) [-꾜] 명 '교회 학교'의 구용어.

주임(主任) 명 ①어떤 임무를 주로 담당하여 관리함, 또는 그 사람. ②어떤 임무를 맡은 여러 사람 가운데서 주장이 되는 사람. ¶ 교무(敎務) 주임.

주ː임-관(奏任官) 명 갑오개혁 이후에 제정된 관계(官階)의 한 가지. 여러 대신이 추천하여 임금이 임명하였음. 일본식 관계(官階)를 본뜬 것임.

주임^교ː수(主任敎授) 명 주로 대학에서, 어떤 전문 학과나 학부의 주임이 되는 교수.

주ː입(注入) 명하타되자 ①액체를 물체 안에 흘려 넣음. ¶ 혈관에 주사액을 주입하다. ②지식을 기계적으로 기억하게 하여 가르침. 〔'계발(啓發)'에 대하여 이르는 말.〕 ③어떤 사상 따위를 남의 의식(意識)에 새겨지도록 가르침. ¶ 사회주의 사상 주입.

주ː입(鑄入) 명하타 ①녹인 쇳물을 거푸집에 부어 넣음. ②조각에서, 조형법의 한 가지. 석고로 된 판에 맨 흙을 이겨서 박는 것.

주ː입^교ː육(注入敎育) [-꾜-] 명 능력 계발이나 이해보다는 지식의 주입에 중점을 두는 교육. ↔개발 교육·계발 교육.

주ː입-식(注入式) [-씩] 명 ①(무엇을) 주입하는 방식. ②주입 교육에 따라 베푸는 교육 방식.

주ː입-주의(注入主義) [-쭈의/-쭈이] 명 아동 교육에서, 주입 교육에 치중하려는 경향, 또는 그런 교육상의 주의. ↔개발주의.

주자(舟子) 명 뱃사공.

주ː자(走者) 명 ①달리는 사람. ¶ 대표 주자./선두 주자./400 m 릴레이의 마지막 주자. ②야구에서, 아웃 되지 않고 누(壘)에 나가 있는 사람. ¶ 3루 주자.

주ː자(奏者) 명 〈연주자(演奏者)〉의 준말.

주자(酒榨) 명 ☞술주자.

주ː자(鑄字) 명하타 쇠붙이를 녹여 부어 활자를 만듦, 또는 그렇게 만든 활자.

주자-석(朱子石) 명 석회암 가운데 황화 제이수은이 들어 있어 주홍빛 무늬를 띤 돌. 도장을 새기는 재료나 장식용으로 쓰임. 계혈석(鷄血石).

주ː자-소(鑄字所) 명 조선(朝鮮) 시대에, 활자를 만들던 직소(職所).

주ː자-쇠(鑄字-) [-쇠/-쉐] 명 ☞활자금(活字金).

주-자재(主資材) 명 직접 제품의 원료가 되어 제품화되는 자재.

주자-학(朱子學) 명 중국 송나라 때의 주희(朱熹)가 대성한 유학. 이기(理氣)와 심성(心性)에 근거하여 실천 도덕과 인격 및 학문의 성취를 역설함. 성리학(性理學). 송학(宋學). 정주학(程朱學).

주작(朱雀) 명 ①사신(四神)의 하나. 남방을 지킨다는 신. 붉은 봉황을 형상화하여 무덤이나 관(棺)의 앞(남쪽)에 그렸음. ②이십팔수 중에서 남쪽에 있는, 정(井)·귀(鬼)·유(柳)·성(星)·장(張)·익(翼)·진(軫)의 일곱 별을 통틀어 이르는 말.

주ː작(做作) 명하타되자 없는 사실을 꾸며 만듦. 주출(做出).

주ː작-부언(做作浮言) [-뿌-] 명하자 터무니없는 말을 지어냄.

주잠(酒箴) 명 절주(節酒)를 깨우치는 말.

주잠(珠簪) 명 구슬로 꾸민 비녀.

주장(主張) 명하타 ①되자 자기의 학설(學說)이나 의견 따위를 굳게 내세움, 또는 그 학설이나 의견. ¶ 남녀 평등을 주장하다. ②되자 ☞주재(主宰). ③민사 소송에서, 당사자가 자기에게 유리한 법률 효과나 사실을 진술함, 또는 그 행위.

주장(主將) 명 ①한 군대의 으뜸가는 장수. ②운동 경기에서, 한 팀을 대표하는 선수. ¶ 대표 팀 주장.

주장(主掌)명하타 책임지고 맡아서 함.
주장(朱杖)명 붉은 칠을 한 몽둥이. 주릿대 따위, 신장(訊杖)이나 무기로 썼음. 주장대.
주장(拄杖)명 몸을 기대는 지팡이.
주장(拄張)명하타 실없이 떠벌림. 허튼소리로 지껄임.
주ː장(注腸)명 (약물이나 자양액 따위를) 항문을 통하여 직장(直腸) 안에 넣는 일.
주장(酒場)명 ①☞술도가. ②술 파는 곳.
주장(譸張)명하타되자 터무니없는 거짓말로 남을 속임.
주ː장(鑄匠)명 ①☞놋갓장이. ②조선 시대에, 주자소에서 주자(鑄字)를 붓던 공장(工匠).
주장-낙토(走獐落兔)명 〔노루를 쫓다가 생각지도 않은 토끼가 걸렸다는 뜻으로〕 '뜻밖의 이익을 얻음'을 이르는 말.
주장-대(朱杖-)명 ☞주장(朱杖).
주장-야단(晝長夜短)[-냐-]명 하지(夏至) 무렵에, '낮은 길고 밤은 짧음'을 이르는 말. ↔주단야장(晝短夜長).
주장-질(朱杖-)명하자 ①주장으로 매질함, 또는 그 매질. ②몹시 나무라거나 때림, 또는 그 짓.
주재(主材)명 ①☞주재료(主材料). ②신주(神主)를 만드는 데 쓰이는 재목.
주재(主宰)명하타되자 책임지고 맡아서 처리함, 또는 그 사람. 주장(主張). ¶ 국무총리 주재로 실업 대책 회의가 열리다.
주ː재(奏裁)명하타되자 임금에게 상주(上奏)하여 재가(裁可)를 받음.
주ː재(駐在)명하자 ①일정한 곳에 머물러 있음. ②직무상 파견된 곳에 머물러 있음. ¶ 파리에 주재하며 취재 활동을 하다.
주ː재-국(駐在國)명 (대사나 공사 등 외교관이) 주재하고 있는 나라.
주-재료(主材料)명 주되는 재료. 주재.
주ː재-소(駐在所)명 ①파견되어 머물러 있는 곳. ②일제 강점기에, 순사(巡査) 등이 맡은 구역 안에 머물러 근무를 하던 곳.
주ː재-원(駐在員)명 (어떤 곳에 파견되어) 머물러 있는 사람.
주저(主著)명 주되는 저서.
주ː저(呪詛)명하타 ☞저주.
주저(躊躇)명하자타되자 머뭇거리거나 나아가지 못하고 망설임. 자저(赼趄).
주저-롭다[-따][~로우니·~로워]형ㅂ 넉넉하지 못하여 퍽 아쉽다. **주저로이**부.
주저리명 (작은 물건이) 많이 매달렸거나 묶이어 있는 것을 이르는 말. ¶ 포도 주저리./배추 주저리. 작조자리[1].
주저리-주저리부 ①(작은 물건이) 어지럽게 많이 매달리거나 벌여 있는 모양. ¶ 탐스러운 보석처럼 주저리주저리 열린 포도송이. ②너저분하게 이것저것 끊임없이 이야기하는 모양. ¶ 평소 말이 없던 그가 술이 들어가니 주저리주저리 중얼거리기 시작했다.
주저-앉다[-안따]자 ①섰던 자리에서 힘없이 바닥에 앉다. ¶ 방바닥에 털썩 주저앉다. ②(쌓이거나 서 있던) 물건의 밑이 뭉그러지거나 움푹하게 빠져 허물어지다. ¶ 장마에 축대가 폭싹 주저앉았다. ③(하기 싫거나 힘에 겨워) 하던 일을 그만두다. ¶ 아무리 힘겹다 해도 예까지 와서 주저앉을 수는 없지. ④일정한 곳에 그대로 자리 잡고 살다. ¶ 친구는 요양하러 시골로 갔다가 아예 그곳에 주저앉았다.
주저앉-히다[-안치-]타 〖'주저앉다'의 사동〗 주저앉게 하다.
주저-주저(躊躇躊躇)부하자타 머뭇머뭇하고 망설망설하는 모양.
주저-탕(-湯)명 쇠족을 잘게 썰어 끓인 국물에 밀가루를 풀고, 무를 얇게 썰어 넣어 죽처럼 끓인 국. 〔흔히, 제사에 씀.〕
주적(酒積)명 한방에서 이르는 적병(積病)의 한 가지. 주체(酒滯)가 원인이 되어 생기며, 가슴이 뭉클하고 얼굴이 검누렇게 됨.
주ː적(籌摘)명하타 대강 어림하여 치는 셈.
주적-거리다[-꺼-]자 자꾸 주적주적하다. 주적대다. 작조작거리다.
주적-대다[-때-]자 주적거리다.
주적-주적[-쭈-]부하자 ①걸음발타는 어린아이가 제멋대로 걷는 모양. ②아는 체하며 마구 떠드는 모양. 작조작조작.
주전(主戰)명하자 ①전쟁하기를 주장함. ↔주화(主和). ②주력이 되어 싸움. ¶ 주전 선수.
주전(周全) '주전하다'의 어근.
주ː전(鑄錢)명하자 쇠를 녹여 돈을 만듦, 또는 그 돈. 주화(鑄貨).
주전-거리다타 자꾸 주전주전하다. 주전대다. 작조잔거리다.
주전-대다타 주전거리다.
주전-론(主戰論)[-논]명 싸우기를 주장하는 의견이나 이론. ↔주화론.
주-전립(朱氈笠)[-절-]명 ☞군뢰복다기.
주전-부리명하자 군음식을 때없이 자꾸 먹는 짓. 군것질. ¶ 주전부리를 많이 해 입맛이 없다. 작조잔부리.
주ː전-성(走電性)[-썽]명 생물이 전류(電流)의 자극에 따라 반응하는 성질. 추전성(趨電性). 참주성(走性).
주전자(酒煎子)명 술이나 물 따위를 데우거나, 그것을 담아 잔에 따르게 된 그릇을 통틀어 이르는 말.
주전-주전부하타 군음식을 때없이 자꾸 먹는 모양. 작조잔조잔.
주전-하다(周全-)형여 빈틈없이 두루 온전하다.
주절(主節)명 두 절이 한 문장을 이룰 때, 앞 절인 종속절에 대하여 주가 되는 뒤의 절을 이르는 말. 〔가령, '소나기가 오니 마음이 후련하다.'에서 '마음이 후련하다' 따위.〕 으뜸마디. ↔종속절.
주절-거리다자타 자꾸 주절주절하다. 주절대다. 작조잘거리다.
주절-대다자타 주절거리다.
주절-주절[1]부하자타 낮은 목소리로 중얼거리는 모양. 작조잘조잘[1].
주절-주절[2]부하형 ①과실 따위가 많이 매달렸거나 어우러져 있는 모양. ¶ 가지가 휘도록 주절주절 달린 사과. ②끄나풀 따위가 너절너절 매달린 모양. ②작조잘조잘[2].
주점(主點)[-쩜]명 주요한 군데. 요점(要點).
주점(朱點)명 붉은 먹이나 잉크로 찍은 점.
주점(酒店)명 술집.
주점^사기(朱點沙器)명 석록(石綠)으로 점을 찍어 만든 사기. 석록에 산화동의 함량이 많아 사기의 표면에 붉은 빛깔로 나타남.
주접명 사람이나 생물이 탈이 생기거나 하여 제대로 잘 자라지 못하는 일. 작조잡.
주접(이) 들다관용 ①잔병이 많아 잘 자라지 못하고 비리비리 시들다. ②살림살이가 쪼들리다. ③몸차림이 추해지다.

주접-떨다[~떠니·~떨어][자] (추하고 염치없게) 상식 밖의 말이나 행동을 하다.
주접-스럽다[-쓰-따][~스러우니·~스러워][형ㅂ] ①(주로 음식에 대하여) 더럽고 염치없게 욕심을 부리는 태도가 있다. ②생김새가 볼품이 없거나 허술하다. [작]조잡스럽다. **주접스레**[부].
주정(主情)[명] (이성이나 지성보다) 감정이나 정서를 주로 함. ↔주지(主知).
주정(舟艇)[명] 몸체가 작은 배. ¶ 상륙용 주정.
주ː정(酒酊)[명][하자] 술에 취하여 정신없이 마구 하는 난잡한 말이나 짓. 술주정. ¶ 주정을 부리다.
주정(酒精)[명] 알코올의 한 가지. 술의 주성분으로서 주로 녹말로 만드는 무색투명한 액체. 방향(芳香)과 쓴맛이 있으며, 홍분·마취시키는 작용을 함. 알코올. 에탄올. 에틸알코올.
주정-계(酒精計)[-계/-게][명] 알코올 수용액 속의 알코올 함유량을 재는 비중계.
주정-꾼(酒酊-)[명] 주정을 잘 부리는 사람.
주정^발효(酒精醱酵)[명] ☞알코올 발효.
주정-배기(酒酊-)[명] 〈주정쟁이〉의 속된 말.
주정-뱅이(酒酊-)[명] 〈주정쟁이〉의 속된 말.
주정-분(酒精分)[명] 알코올의 성분.
주정-설(主情說)[명] ☞주정주의. ↔주지설.
주정-음료(酒精飮料)[-뇨][명] 알코올 성분이 들어 있는 음료.
주정-쟁이(酒酊-)[명] 술에 취하면 주정하는 버릇이 있는 사람.
주정-주의(主情主義)[-의/-이][명] 정신생활에서 이성이나 지성보다 감정이나 정서를 중시하는 처지. 문학이나 기타 예술에서 낭만주의가 이 경향을 대표함. 주정설(主情說).
주ː정-질(酒酊-)[명][하자] 주정을 부리는 짓.
주ː-정차(駐停車)[명] 주차와 정차를 아울러 이르는 말. ¶ 주정차 금지 구역.
주제[명] ①〈주제꼴〉의 준말. ②변변치 못한 처지. 《주로, '주제에'의 꼴로 쓰임.》 ¶ 뭐, 네 주제에 남을 돕겠다고?
주제(主祭)[명][하타] 제사를 주장하여 지냄, 또는 그 사람.
주제(主劑)[명] 조제할 때 주가 되는 약.
주제(主題)[명] ①(연설이나 토론 따위의) 주요한 제목, 또는 중심이 되는 문제. ¶ 토론의 주제. /세미나 주제와 관련이 없는 발언. ↔부제(副題). ②예술 작품에서 작가가 그리려고 하는 중심 제재나 사상, 또는 악상(樂想). ¶ 소설의 주제. /심각한 주제를 해학적으로 표현하다.
주제(酒劑)[명] 약재를 술에 섞어 만든 약.
주제-가(主題歌)[명] 영화나 연극 등에서 부르는, 주제와 관계가 깊은 노래, 또는 주제를 나타내는 노래. ¶ 영화 주제가.
주제-꼴[명] 변변치 못한 몰골. [준]주제.
주제-넘다[-따][형] 말이나 하는 짓이 제 분수에 넘게 건방지다. ¶ 주제넘는 행동을 하다.
주제^소ː설(主題小說)[명] 기분이나 정조(情調)보다 어떤 일관된 사상이나 주의를 주된 내용으로 하여 씌어진 소설. 테마 소설.
주제^음악(主題音樂)[명] ☞테마 뮤직.
주조(主調)[명] 어떤 악곡에서 중심이 되는 가락. 주조음(主調音). 기조(基調).
주조(主潮)[명] (한 시대나 사회의) 중심적인 사상이나 문화의 흐름, 또는 경향.
주조(酒造)[명][하타][되자] 술을 빚어 만듦.
주조(酒槽)[명] ☞술주자.
주조(酒糟)[명] ☞재강.
주ː조(鑄造)[명][하타][되자] 녹인 쇠붙이를 거푸집에 부어 필요한 물건을 만듦. ¶ 동전을 주조하다.
주ː조-기(鑄造機)[명] 활자를 주조하는 기계.
주조-음(主調音)[명] ☞주조(主調).
주조-장(酒造場)[명] ☞술도가.
주졸(走卒)[명] 여기저기 바쁘게 돌아다니며 남의 심부름이나 하는 사람.
주종(主宗)[명] 여러 가지 가운데 주가 되는 것. ¶ 주종 농사물. /남자들은 모이기만 하면 군대 이야기가 화제의 주종을 이룬다.
주종(主從)[명] ①주인과 종자(從者). ¶ 주종 관계. ②주되는 사물과 그에 딸린 사물.
주ː종(鑄鐘)[명][하타] 종을 주조(鑄造)함.
주주(株主)[명] 주식회사에 출자한 사람. 주식을 가지고 직·간접으로 회사 경영에 참여하는 개인 또는 법인.
주주객반(主酒客飯)[-빤][명] 주인은 손에게 술을 권하고, 손은 주인에게 밥을 권하며 다정히 먹고 마심을 이름.
주주-권(株主權)[-꿘][명] 주주가 회사에 대하여 갖는 권리와 의무. 주식(株式).
주주^총ː회(株主總會)[-회/-훼][명] 주식회사의 주주로 구성되어, 회사의 중요 사항을 심의하고 결정하는 최고 의결 기관.
주줄-이[부] 죽 늘어선 모양.
주중-적국(舟中敵國)[-꾹][명] 〔한배를 탄 자기편 속에도 적이 있다는 뜻으로〕 '군주가 덕을 닦지 아니하면 자기 편일지라도 모두 적이 될 수 있음'을 이르는 말.
주즙(舟楫)[명] 〔'배와 삿대'라는 뜻으로〕 배와 이에 딸린 모든 것을 통틀어 이르는 말.
주증(主症)[명] 어떤 병의 주된 증세.
주지(主旨)[명] ①주(主)되는 뜻. 근본(根本)이 되는 취지. 주의(主意). ②가톨릭에서, 천주(天主)의 성지(聖旨).
주지(主知)[명] 감성보다 지성을 주로 하는 것. ↔주정(主情).
주지(主枝)[명] ☞원가지.
주ː지(住持)[명] 〔안주하여 법을 보존한다는 뜻으로〕 한 절을 책임지고 맡아보는 중. [참]방장(方丈).
주지(周知)[명][하타][되자] (여러 사람이) 두루 앎. 널리 앎. ¶ 주지의 사실.
주지(周紙)[명] 두루마리.
주ː지(注紙)[명] 승지(承旨)가 임금 앞에서 왕명을 받아쓰던 종이.
주-지사(州知事)[명] (미국 등 일부 국가에서) 주(州)의 행정 사무를 총괄하는 자치 단체장.
주지-설(主知說)[명] ☞주지주의. ↔주정설.
주ː지-성(走地性)[-썽][명] 생물이 중력에 따라 반응하는 성질. 추지성(趨地性). [참]주성(走性).
주지-시(主知詩)[명] (감정보다는) 지성을 중시하는 예술 의식이나 시작(詩作) 태도로 씌어진 시.
주지-육림(酒池肉林)[-융님][명] 〔술은 못을 이루고 고기는 숲을 이룬다는 뜻으로〕 '호사스러운 술잔치'를 이르는 말. 〔중국 은나라 주왕의 고사에서 유래함.〕
주지-주의(主知主義)[-의/-이][명] ①일반적으로 감정이나 정서보다 이성이나 지성을 중시하는 사고방식. ②철학에서, 인식이나 존재의 근본, 또는 도덕적인 의지 따위는 이성이나 지성에 기초한다는 처지. 주지설(主知說). ③문학에서, 감정이나 정서보다 이지(理知)를 중시하는 경향.

주진(主震)명 소규모의 지진이 있기 전이나 있은 뒤에, 같은 지역에서 일어나는 큰 지진. 참전진(前震).
주징(酒癥)명 한방에서, '만성화된 알코올 중독증'을 이르는 말.
주ː차(駐車)명하타되자 자동차를 세워 둠. ¶ 주차 금지 구역.
주ː차(駐箚)명하자 (관리가) 공무로 다른 나라에 머무름. 찰주(札駐).
주ː사^대ː사(駐箚大使)명 임지에 나가 그 나라에 머물러 있는 대사.
주ː차-장(駐車場)명 자동차를 세워 두도록 마련한 곳. ¶ 임시 주차장. /유료 주차장.
주착(主着)명 '주책'의 잘못.
주찬(酒饌)명 ☞주효(酒肴).
주찬(晝餐)명 ☞오찬(午餐).
주ː찬(誅竄)명하타 형벌로 죽이는 일과 귀양 보내는 일.
주찰(周察)명하타 빠짐없이 두루 살핌.
주창(主唱)명하타되자 앞장서서 부르짖음. 주장이 되어 이끎.
주채(酒債)명 술값으로 진 빚. 술빚.
주책(←主着)명 ①일정한 생각이나 줏대. ②일정한 생각이나 줏대가 없이 되는대로 하는 짓. ¶ 주책을 부리다. /주책을 떨다.
주ː책(誅責)명하타 (허물 따위를) 엄하게 꾸짖고 나무람.
주ː책(籌策·籌筴)명 이리저리 따진 끝에 생각한 꾀.
주책-망나니(←主着-)[-챙-]명 '주책없는 사람'을 욕으로 이르는 말.
주책-바가지(←主着-)[-빠-]명 '주책없는 사람'을 조롱하여 이르는 말.
주책-없다(←主着-)[-채겁따]형 자꾸 이랬다 저랬다 하여 도무지 요량이 없다. **주책없-이**부 ¶ 주책없이 굴다.
주척(主尺)명 '어미자'의 구용어.
주척(周尺)명 한 자가 곱자로 6치 6푼이 되는 자. 주로, 도로나 토지의 측정에 쓰임.
주천(朱天)명 구천(九天)의 하나. 남서쪽 하늘.
주천(周天)명하자 천체가 궤도를 한 바퀴 도는 일.
주ː천(奏薦)명하타되자 (벼슬아치를) 임금에게 천거함.
주ː철(鑄鐵)명 무쇠.
주ː철-관(鑄鐵管)명 무쇠로 만든 관. 수도나 가스 따위의 도관(導管)으로 쓰임.
주ː청(奏請)명하타 임금에게 아뢰어 청함. 계청(啓請).
주ː청-사(奏請使)명 조선 시대에, 동지사(冬至使) 등의 정기적인 사신 이외에 중국에 청할 일이 있어 보내던 사신.
주체명하타 《주로 '못하다'·'없다'와 함께 쓰이어》 짐스럽고 귀찮은 일을 겪어 내거나 처리함, 또는 그러한 물건(일). ¶ 혼자서는 주체할 수 없었다. /주체하지 못할 일.
주체(가) 어지럽다관용 짐스럽고 귀찮아 정신이 어수선하다.
주체(를) 못 하다관용 짐스럽고 귀찮아 감당을 못하다. ¶ 할 일이 너무 많아 주체를 못하겠다.
주체(主體)명 ①사물의 주되는 부분이나 중심이 되는 것, 또는 사물의 작용이나 어떤 행위의 주가 되는 것. ¶ 역사의 주체. ②객관에 대한 주관으로서의 자아, 곧 객체에 대하여 행위나 작용을 끼치는 것. ↔객체(客體). ③☞주사(主辭).
주체(酒滯)명 술을 마셔서 생기는 체증.
주체-궂다[-굳따]형 몹시 주체스럽다.
주체^높임법(主體-法)[-뻡]명 높임법의 한 갈래. 문장의 주체가 되는 대상을 높이는 법. 직접 높임과 간접 높임이 있음. 직접 높임은 용언의 어간에 높임의 선어말 어미 '-시-'가 붙으며, 주체에는 접미사 '-님'이나 '께서'·'께옵서' 등이 붙어 용언과 어울림. 간접 높임은 높일 대상의 몸 부분, 지닌 물건, 주체와 관련된 사물의 말 등에 '-시-'를 붙여 높임. 〔'어머니, 선생님께서 오십니다.', '그분은 아직도 귀가 밝으십니다.' 따위.〕 참상대 높임법.
주체-성(主體性)[-썽]명 자기의 의지나 판단에 바탕을 둔 태도나 성질. ¶ 주체성을 확립하다.
주체-스럽다[-따][~스러우니·~스러워]형ㅂ 처리하기가 어렵거나 힘들어 짐스럽고 귀찮다. **주체스레**부
주체-적(主體的)관명 주체에 관한 (것). 주체의 성질을 가지는 (것).
주쳇-덩어리[-체떵-/-첻떵-]명 '주체하기가 몹시 어려운 사물이나 사람'을 속되게 이르는 말.
주초(柱礎)명 '주추'의 잘못.
주초(酒炒)명하타 한방에서, 약재를 술에 담갔다가 건져 내어 볶는 일을 이르는 말.
주초(酒草)명 술과 담배.
주초(週初)명 한 주일의 첫머리. 참주말.
주ː촉(嗾囑)명하타되자 남을 꾀어 부추겨서 시킴.
주촉-성(走觸性)[-썽]명 정자(精子)나 원생동물 등에서, 다른 물체와의 접촉이 자극이 되어 일어나는 주성(走性).
주최(主催)[-최/-췌]명하타되자 (어떤 행사나 회합 따위를) 주장하여 엶.
주최-자(主催者)[-최-/-췌-]명 주최하는 개인이나 단체.
주추(←柱礎)명 기둥 밑에 괴는 물건.
주축(主軸)명 ①(몇 개의 축을 가진 도형이나 물체에서) 주되는 축. ②원동기에서 직접 동력을 전하는 축. ③전체 가운데서 중심이 되어 영향을 미치는 존재나 세력. ¶ 팀의 주축 선수 두 명이 부상으로 결장하였다.
주축-일반(走逐一般)명 〔달아나는 것이나 뒤쫓아가는 것이나 다 같은 것이라는 뜻으로〕 '다 같이 그른 짓을 한 바에는 나무라는 사람이나 나무람을 받는 사람이나 옳지 않기는 마찬가지'라는 말.
주ː춘-증(注春症)[-쯩]명 한방에서, 봄을 몹시 타는 병증을 이르는 말.
주ː출(做出)명하타되자 ☞주작(做作).
주ː출(鑄出)명하타 주형(鑄型)에 넣어서 만들어 냄.
주춤부하자타 약간 놀라거나 망설이는 몸짓으로, 하던 동작을 갑자기 멈추거나 몸을 움츠리는 모양. ¶ 할아버지의 호통에 주춤했다.
주춤-거리다자타 자꾸 주춤주춤하다. 주춤대다. 작조춤거리다.
주춤-대다자타 주춤거리다.
주춤-병(-病)[-뼝]명 무슨 일을 주춤거리며 벼르기만 하고 잘 해내지 못하는 버릇. 작조춤병.
주춤-주춤부하자타 ①선뜻 나아가지 못하고 망설이며 조금씩 움직이는 모양. ¶ 주춤주춤 앞으로 걸어 나가다. ②무슨 일을 할까 말까 망설이며 자꾸 머뭇거리는 모양. ¶ 잠시 주춤주춤하다가 돈을 꺼내 놓다. 작조춤조춤.

주춧-돌(←柱礎-) [-추똘/-춛똘] 명 주추로 괸 돌. 모퉁잇돌. 초석(礎石). ¶ 주춧돌을 놓다.
주충(酒蟲) 명 〔술 벌레라는 뜻으로〕 '술에 미치다시피 된 사람'을 조롱하여 이르는 말.
주치(主治) 명하타 (한 사람의 의사가) 주로 맡아서 치료함.
주치(酒痔) 명 한방에서, 술을 지나치게 마셔서 생기는 치질을 이르는 말. 항문이 부어오르고 피가 나옴.
주치-의(主治醫) [-의/-이] 명 (어떤 사람의 건강 상태나 병을) 주로 맡아서 상담에 응하거나 치료를 해 주는 의사.
주침(酒浸) 명하타되자 한방에서, 약재를 술에 담가 두는 일.
주침(晝寢) 명하자 낮잠.
주침-야소(晝寢夜梳) [-냐-] 명하자 낮에 자는 일과 밤에 머리를 빗는 일. 〔건강에 해롭다고 함.〕
주ː크박스(jukebox) 명 자동 전축. 동전을 넣고 원하는 곡의 단추를 누르면 자동적으로 그 음악이 나오게 된 장치.
주탕(酒湯) 명 술국.
주ː택(住宅) 명 사람이 들어 살 수 있게 지은 집. 거택(居宅). 주가(住家). ¶ 무허가 주택. / 주택을 마련하다.
주ː택-가(住宅街) [-까] 명 주택이 많이 들어서 있는 지역, 또는 그 길거리.
주ː택-난(住宅難) [-탱-] 명 주택이 모자라서 겪는 어려움. ¶ 대도시의 주택난.
주ː택^단지(住宅團地) [-딴-] 명 (일반 주택이나 아파트 따위) 주택을 집단으로 건설한 지역.
주ː택-지(住宅地) [-찌] 명 ①주택이 많이 들어서 있는 지역. ②(위치·환경 등의 조건이) 주택을 짓기에 알맞은 땅.
주토(朱土) 명 ①붉은 흙. ②☞석간주(石間硃).
주톳-빛(朱土-) [-토삗/-톧삗] 명 (주토의 빛깔과 같이) 붉은 빛깔. ＊주톳빛이[-토삐치/-톧삐치]·주톳빛만[-토삔-/-톧삔-]
주ː트(jute) 명 황마(黃麻)의 줄기에서 얻는 섬유. 포장용의 천이나 마대, 또는 캔버스 따위의 원료로 쓰임.
주-특기(主特技) [-끼] 명 ①주된 특기. ¶ 저 선수는 뒤집기가 주특기다. ②군대의 기본 교육 과정을 마친 군인이 각자의 교육·경험·소양 따위를 바탕으로 한 전문 교육을 받음으로써 얻게 되는 특기.
주파(走破) 명하타 정해진(예정된) 거리를 끝까지 달림. ¶ 전 구간을 두 시간에 주파하다.
주파(周波) 명 같은 모양의 파동이 주기적으로 되풀이될 때의 그 파동의 한 차례.
주파(酒婆) 명 술을 파는 노파.
주파-수(周波數) 명 1초 동안에 되풀이되는 주파의 횟수. 〔단위는 사이클(cycle) 또는 헤르츠(hertz).〕 ¶ 주파수를 맞추다. 참진동수.
주파수^변ː조(周波數變調) 명 전파에 의하여 음성이나 영상의 신호를 보내는 방식의 한 가지. 신호에 따라 반송파(搬送波)의 주파수를 변화시키는 방식으로, 진폭 변조(振幅變調)에 비하여 잡음이 적음. 에프엠(FM). ↔진폭 변조.
주ː판(籌板·珠板) 명 ☞수판(數板).
주판(을) 놓다 관용 ☞수판(을) 놓다.
주ː판(籌辦) 명하타되자 (사정이나 형편 따위를) 헤아려서 처리함.
주판지세(走坂之勢) 명 〔가파른 산비탈을 내리 달리는 형세라는 뜻으로〕 '사람의 힘으로는 어찌할 도리가 없어 되어 가는 대로 맡겨 둘 수밖에 없는 형세'를 비유하여 이르는 말.
주ː판-질(籌板-) 명하자 ☞수판질.
주편(主便) 명하타 저에게 편리한 대로 주장함.
주평(週評) 명 어떤 분야의, 한 주간에 있었던 일에 대한 총괄적인 비평.
주포(主砲) 명 군함이나 전차에 장치한 대포 가운데 구경(口徑)이 가장 큰 대포. ↔부포(副砲).
주표(晝標) 명 주간의 항로 표지. 〔부표 따위.〕
주ː품(奏稟) 명하타되자 ☞주달(奏達).
주피터(Jupiter) 명 로마 신화의 주신(主神). 〔그리스 신화의 제우스에 해당함.〕
주필(主筆) 명 ①신문사나 잡지사 등의 기자 가운데서 수석인 사람. 논설이나 사설 따위의 중요한 기사를 씀. ②지난날, 과장(科場)에서 수석(首席)이던 시관(試官).
주필(朱筆) 명 붉은 먹을 묻혀 쓰는 붓, 또는 그것으로 쓴 글씨.
주필(走筆) 명하타 글씨를 흘려서 빨리 씀, 또는 그 글씨.
주ː필(駐蹕) 명하자 임금이 거둥길에 잠시 머무르거나 묵어 가던 일.
주ː하(奏下) 명하타되자 상주(上奏)한 일에 대하여 재가(裁可)를 내림.
주학(晝學) 명하자 낮에 공부함. 참야학(夜學).
주ː한(駐韓) 명 공무를 띠고 한국에 주재함. ¶ 주한 미군. / 주한 외교 사절단.
주합(酒盒) 명 ①쇠붙이로 만든 술 그릇. 뚜껑을 술잔 대신 씀. ②술 그릇과 술안주를 담아서 들고 다니게 된 찬합.
주항(舟航) 명하자 배로 물을 건넘.
주항(周航) 명하자 여러 곳을 두루 거치며 항해함. ¶ 동남아 일대를 주항하다.
주항(酒缸) 명 술을 담는 항아리.
주-항라(紬亢羅) [-나] 명 명주실로 짠 항라.
주ː해(註解·注解) 명하타되자 본문의 뜻을 알기 쉽게 풀이함, 또는 그 풀이. 주석. ¶ 이 책에는 상세한 주해가 달려 있다. 준주(註).
주행(舟行) 명하자 배를 타고 감.
주행(走行) 명하자 (자동차 따위) 주로 동력으로 움직이는 탈것이 달려감. ¶ 주행 속도.
주행(周行) 명하자 ☞주유(周遊).
주행(晝行) 명하자 (동물이) 낮에 활동(活動)함. ↔야행(夜行).
주행^거ː리(走行距離) 명 차량 따위가 움직여 간 거리, 또는 일정한 속력으로 갈 수 있는 전체 거리.
주행-성(晝行性) [-썽] 명 동물이 밤에는 숨어 있다가, 낮에 먹이를 찾아 활동하는 성질. ↔야행성(夜行性).
주행 차로(走行車路) (고속도로 따위 큰길에서) 추월 차로에 대하여, 평상으로 달리는 차로.
주향(走向) 명 기울어진 지층면이 수평면과 만나서 이루는 직선의 방향. 층향(層向).
주향(酒香) 명 술에서 나는 좋은 냄새.
주ː혈-사상충(住血絲狀蟲) 명 기생충의 한 가지. 암컷은 길이 10 cm가량의 실 모양이며, 수컷은 그 절반가량임. 사람의 림프관에 기생하는데, 유충은 밤에 림프관으로부터 말초 혈관으로 옮아가 모기에 빨려서 퍼짐. 감염되면 상피병(象皮病) 등을 일으킴. 사상충.
주ː혈-흡충(住血吸蟲) 명 주혈흡충과의 기생충. 몸은 가늘고 긴 끈 모양인데, 암컷이 수컷보다 약간 크며 몸길이 12～25 mm임. 암컷은 수컷의 몸 옆으로 길게 난 홈 모양의 관 속에 안겨 있음. 사람이나 가축의 혈관 속, 특히 문맥(門脈) 속에 기생하여 병해를 끼침. 권패류(卷貝類)가 중간 숙주임.
주형(主刑)명 ①다른 형벌에 덧붙이지 않고 독립하여 지울 수 있는 형벌. 〔사형·징역·금고·벌금·구류·과료 따위.〕 ↔부가형(附加刑). ②〔대한 제국 때의〕 형법 대전(刑法大全)에 규정된 사형·유형·금옥·역형·태형 따위.
주형(舟形)명 배처럼 생긴 모양.
주ː형(鑄型)명 ①☞거푸집. ②활자의 몸을 만드는 틀.
주호(酒戶)명 ☞주량(酒量).
주호(酒壺)명 술병.
주호(酒豪)명 술을 잘 마시는 사람. 주량이 센 사람. 주선(酒仙).
주혼(主婚)명하자 혼사를 주관함, 또는 그 사람.
주홍(朱紅)명 ①붉은빛과 누른빛의 중간으로 붉은 쪽에 가까운 빛깔. 주홍빛. 주홍색. ②황과 수은으로 만든 붉은빛의 안료. 주(朱).
주홍-빛(朱紅-)[-삗]명 ☞주홍(朱紅). 주홍색. *주홍빛이[-삐치]·주홍빛만[-삔-]
주홍-색(朱紅色)명 ☞주홍. 주홍빛.
주화(主和)명하자 화의(和議) 또는 평화를 주장함. ↔주전(主戰).
주ː화(鑄貨)명하자 쇠붙이를 녹여 화폐를 만듦, 또는 그 화폐. 주전(鑄錢).
주-화기(主火器)명 전투 부대의 주가 되는 화기. 〔소총 중대에서의 소총 따위.〕
주화-론(主和論)명 화의(和議)를 주장하는 의견이나 이론. ↔주전론(主戰論).
주화-성(走化性)[-썽]명 화학 물질의 농도의 차가 자극이 되어 일어나는 생물의 주성. 추화성(趨化性). 참주성(走性).
주황(朱黃)명 빨강과 노랑의 중간색. 자황색(赭黃色). 주황빛. 주황색.
주황-빛(朱黃-)[-삗]명 ☞주황(朱黃). 주황색. 등적색. *주황빛이[-삐치]·주황빛만[-삔-]
주황-색(朱黃色)명 ☞주황. 주황빛.
주회(周回)[-회/-훼]명 ①(지면 등의) 둘레. ②하타 에워쌈. 빙 돎.
주ː획(籌畫)[-획/-훽]명하타 계획함, 또는 그 계획.
주ː효(奏效)명하자 효력(效力)이 나타남. 보람이 있음. ¶ 속공 작전이 주효하다.
주효(酒肴)명 술과 안주. 주찬(酒饌).
주후(酒後)명 술에 취한 뒤. 취후(醉後).
주훈(主訓)명 가톨릭에서, 천주(天主)의 가르침을 이르는 말.
주훈(週訓)명 학교 같은 곳에서, 그 주간에 특히 강조하려고 내세운, 표어 형식으로 된 교훈. 생활 교육에 관한 내용이 많음.
주휴(週休)명 한 주간에 한 번 또는 두 번, 쉬기로 되어 있는 날. ¶ 주휴 2일제(二日制).
주흔(酒痕)명 ①술에 취한 티. ②술이 묻은 자국.
주흥(酒興)명 ①술 마신 뒤의 홍겨운 기분. ¶ 주흥을 돋우다. ②술자리를 즐겁게 하는 멋거리.
죽¹명 ①옷이나 그릇 따위의 열 벌을 한 단위로 이르는 말. ②〖의존 명사적 용법〗 옷이나 그릇 따위의 열 벌을 묶어 세는 단위. ¶ 버선 한 죽. /접시 두 죽.
죽이 맞다관용 서로 뜻이 통하다. 마음이 맞다.
죽²부 ①줄이나 선을 곧게 내리긋는 모양. ¶ 빗금을 죽 내리긋다. ②무엇이 한 줄로 잇달아 이어지거나 가지런하게 늘어선 모양. ¶ 길이 죽 뻗어 있다. /사람이 죽 늘어서다. ③종이나 천 따위를 단숨에 내리 찢는 모양. ¶ 헝겊을 죽 찢어 버리다. ④글이나 말 따위를 거침없이 내리읽거나 말하는 모양. ¶ 편지를 죽 읽어 내려가다. /죽 이야기하다. ⑤주위를 한눈에 훑어보는 모양. ¶ 장내를 죽 훑어보다. ⑥물이나 술을 단숨에 들이마시는 모양. ¶ 단숨에 죽 들이켜다. ⑦같은 상태로 계속되는 모양. ¶ 한 시간 동안 죽 기다렸다. ⑧곧게 펴거나 벌리는 모양. ¶ 허리를 죽 펴다. 작족. 센쭉.
죽-죽부.
죽(粥)명 곡식을 푹 끓여 흘흘하게 만든 음식.
죽 쑤어 개 바라지한다속담 애써 해 놓은 일이 남에게만 이로운 결과가 되었다는 말.
죽이 끓는지 밥이 끓는지 모른다속담 무엇이 어떻게 되는지 도무지 모른다는 말.
죽 끓듯 하다관용 ①변덕이 심하다. ②(마음속이 부글부글 끓듯) 화가 몹시 나다.
죽도 밥도 안 되다관용 되다 말아서 아무짝에도 쓸모없다는 말.
죽 떠먹은 자리관용 많은 것 가운데서는 조금 떠내도 흔적이 안 난다는 말.
죽을 쑤다관용 어떤 일을 망치거나 실패하다.
죽이 되든 밥이 되든관용 일의 결과가 어떻게 되든. ¶ 죽이 되든 밥이 되든 나는 그 일에 상관치 않겠다.
죽-각(-角)[-깍]명 네 모서리에 둥근 부분이 남아 있는 건축용 각재(角材).
죽간(竹竿)[-깐]명 대나무 장대.
죽간(竹簡)[-깐]명 고대 중국에서, 글자를 적던 대나무 조각, 또는 대나무 조각을 엮어서 만든 책.
죽-갓[-깓]명 ①한 죽의 갓. ②막 만들어 여러 죽씩 헐값으로 내다 파는 갓. *죽갓이[-까시]·죽갓만[-깐-]
죽견(竹筧)[-껸]명 대로 만든 홈통.
죽계-별곡(竹溪別曲)[-꼐-/-께-]명 고려 충숙왕 때 안축(安軸)이 지은 5장으로 된 경기체가. 고향인 풍기(豐基) 땅 죽계(竹溪)의 경치를 읊은 내용.
죽근(竹根)[-끈]명 대의 뿌리.
죽기(竹器)[-끼]명 대그릇.
죽-나무[중-]명 〈참죽나무〉의 준말.
죽는-소리[중-]명하자 엄살 부림, 또는 엄살부리는 말. ¶ 사업이 잘 안 된다고 죽는소리만 한다.
죽는-시늉[중-]명하자 (대단찮은 고통으로) 엄살을 피움, 또는 그러한 몸짓. ¶ 주사를 맞기도 전에 죽는시늉부터 한다.
죽다¹[-따]자 ①목숨이 끊어지다. 숨지다. 사망(死亡)하다. 몰(歿)하다. ¶ 오래 앓다가 죽다. 높돌아가다. ②동식물이 생명을 잃다. ¶ 옮겨 심은 나무가 죽어 버렸다. ③기계, 또는 움직이던 물체가 멈추다. ¶ 시계가 죽다. /팽이가 죽다. ④불이 꺼지다. ¶ 화롯불이 죽다. ⑤야구나 술래잡기 따위의 선수, 또는 바둑이나 장기 따위의 말이 상대편에게 잡히다. ⑥빳빳한 기운이 사그라들다. ¶ 옷의 풀기가 죽다. ⑦생기나 활기가 꺾이다. ¶ 기가 죽다. /풀이 죽다. ⑧(놋쇠·은·식초 따위가) 화학적 변화로 빛이나 맛을 잃다. ⑨(옷 따위의) 빛깔이 산뜻하지 않고 우중충해지다. ¶ 죽은 빛깔. ⑩있는 힘을 다하다. 《주로, '죽도록'·'죽어라(하고)'·'죽자고'의 꼴로 쓰임.》 ¶ 죽어라 도망가다. /죽도록 일하다. ↔살다¹.

죽어 석 잔 술이 살아 한 잔 술만 못하다[속담] 죽은 뒤에 아무리 정성을 들여도 살아 있을 때 조금 생각한 것만 못하다는 말.
죽은 나무에 꽃이 핀다[속담] 보잘것없던 집안에 영화로운 일이 생김을 이르는 말.
죽은 자식 나이 세기[속담] 이미 그릇된 일을 자꾸 생각해 보아야 소용없다는 말.
죽은 정승이 산 개만 못하다[속담] ①한번 죽으면 권력도 금력도 소용없다는 말. ②아무리 어렵게 살더라도 죽는 것보다 낫다는 말.
죽고 못 살다[관용] (한쪽이 죽고서는 못 살 정도로) 서로 몹시 좋아하거나 아끼다.
죽기보다 싫다[관용] 아주 싫다.
죽었다 깨어도〔깨더라도/깨도〕[관용] 《부정하는 말과 함께 쓰이어》 아무리 애를 써도 도저히. ¶ 너는 죽었다 깨도 나를 이길 수 없어.
죽은 목숨[관용] ①살길이 막힌 목숨. ②'억눌려 지내거나 사는 보람이 없는 사람'을 비유하여 이르는 말.
죽을 고생을 하다[관용] 아주 심한 고생을 하다.
죽을 둥 살 둥[관용] 있는 힘을 다하여 마구 덤비는 모양.
죽을 똥을 싸다[관용] '어떤 일에 몹시 힘을 들이다'를 낮추어 이르는 말. ¶ 밀린 업무를 하느라고 밤새 죽을 똥을 쌌다.
죽자 사자〔살자〕 하다[관용] 몸을 돌보지 않고 있는 힘을 다하여 덤비다.

죽다²[-따][자] 으레 두드러져야 할 자리가 꺼져서 뭉툭한 상태가 되다. ¶ 모서리가 죽다. /콧날이 죽다.

죽다³[-따][조형] 《일부 형용사의 '-아(-어·-여)' 활용형 뒤에 쓰이어》 그 감정이 한껏 치밀어 있거나, 어떤 상태의 정도가 심함을 이르는 말. 《'죽겠다'·'죽는다'·'죽지' 등 한정된 활용 형태로만 쓰이며, 앞에 오는 본용언 또한 '분하여'·'서러워'·'좋아'·'우스워' 등 한정된 말만이 옴.》 ¶ 억울해 죽겠다. /우스워 죽겠지. /힘들어 죽겠네. /인영이는 신랑만 보면 좋아 죽는다.

죽-담[-땀][명] 막돌을 흙과 섞어서 쌓은 담.

죽대[-때][명] 백합과의 다년초. 산과 들에 나는데, 줄기는 30~60 cm. 녹색을 띤 하얀 꽃이 5월경에 잎겨드랑이에서 하나씩 핌. 뿌리는 한방에서 약으로 쓰고 어린잎과 줄기는 먹을 수 있음.

죽더기[명] '죽데기'의 잘못.

죽데기[-떼-][명] 통나무의 겉쪽을 쪼개 낸 널쪽. 주로, 땔나무로 쓰임.

죽도(竹刀)[-또][명] ①대로 만든 칼. 대칼. ②검도 연습에 쓰는 제구의 한 가지. 길고 두꺼운 네 개의 대쪽을 동여서 만들었음.

죽도-화(-花)[-또-][명] 죽도화나무의 꽃.

죽도화-나무(-花-)[-또-][명] 장미과의 낙엽 활엽 관목. 높이는 2 m가량으로, 봄에 황금색의 다섯잎꽃이 가지 끝에 하나씩 피며 열매는 없음. 절이나 마을 부근에 관상용으로 심음.

죽두목설(竹頭木屑)[-뚜-썰][명] 〔대나무 조각과 나무 부스러기라는 뜻으로〕 '쓸모가 적은 물건'을 비유하여 이르는 말.

죽-떡(粥-)[명] 찹쌀가루에 청둥호박을 썰어 넣고 찐 시루팥떡의 한 가지.

죽렴(竹簾)[중념][명] 대발.

죽롱(竹籠)[중농][명] 대오리로 엮어 만든 농.

죽리(竹籬)[중니][명] 대울타리.

죽림(竹林)[중님][명] 대숲.

죽림^산수(竹林山水)[중님-][명] 대숲을 주로 하여 그린 산수화.

죽림-칠현(竹林七賢)[중님-][명] 중국 진(晉)나라 초기에 유교의 형식주의를 무시하고, 노장(老莊)의 허무주의를 숭상하여 죽림에 묻혀 청담(淸談)을 일삼았던 일곱 선비. 곧, 유영(劉伶)·완적(阮籍)·혜강(嵇康)·산도(山濤)·상수(向秀)·완함(阮咸)·왕융(王戎).

죽립(竹笠)[중닙][명] 조선 시대에, 중이나 부녀자들이 쓰던, 가는 대오리로 만든 갓.

죽마(竹馬)[중-][명] 대말.

죽마고우(竹馬故友)[중-][명] 〔대말을 타고 함께 놀던 친구란 뜻으로〕 '어릴 때부터 같이 놀며 자란 오랜 벗'을 이름. 죽마구우. [비]총죽지교.

죽마구우(竹馬舊友)[중-][명] ☞죽마고우.

죽마구의(竹馬舊誼)[중-의/중-이][명] 어릴 때부터 같이 놀며 자란 벗 사이의 정의.

죽-머리[중-][명] 활을 잡은 쪽의 어깨.

죽-물(粥-)[중-][명] ①멀겋게 쑨 죽. ②죽의 국물.

죽물(竹物)[중-][명] 대그릇. 대나무 제품.

죽-바디[-빠-][명] 소의 다리 안쪽에 붙은 고기. 달기살.

죽밥-간(粥-間)[-빱깐][부] ☞죽식간(粥食間)에.

죽-방울[-빵-][명] ①나무토막으로 장구 비슷하게 만들어 가는 노끈에 걸고 공중으로 치뜨렸다 받았다 하는 장난감. ②끈목을 치는 데 쓰는 제구. 나무나 흙으로 장구처럼 만들어 실가닥 끝에 달아 이리저리 돌림.
죽방울(을) 받다[관용] ①남을 요리조리 놀려 먹다. ②아이를 들어 올렸다 내렸다 하며 정신 못 차리게 놀리다.

죽백(竹帛)[-빽][명] 〔중국 고대에 종이가 발명되기 전에 대쪽이나 명주에 글을 적던 데서〕 '책', 특히 '사서(史書)'를 이르는 말. ¶ 이름을 죽백에 남기다.

죽백지공(竹帛之功)[-빽찌-][명] 역사에 기록되어 전해질 만한 공적.

죽-부인(竹夫人)[-뿌-][명] 대오리로 만든, 길고 둥근 제구. 더위를 식히기 위하여 여름밤에 이것을 끼고 잠.

죽부인-전(竹夫人傳)[-뿌-][명] 고려 공민왕 때의 문인 이곡(李穀)이 지은 가전체(假傳體) 작품. 대나무를 의인화하여 굳은 절개를 말한 내용. 〔'동문선(東文選)'에 실려 전함.〕

죽비(竹扉)[-삐][명] 대를 엮어 만든 사립문.

죽비(竹篦)[-삐][명] ①대빗. ②두 개의 대쪽을 합하여 만든 불구(佛具). 이것으로 손바닥 위를 쳐서 소리를 내어 불사(佛事)의 시작과 끝을 알리는 데 씀.

죽사(竹絲)[-싸][명] 실처럼 가늘게 쪼갠 대오리. 갓이나 패랭이 따위를 만드는 데 쓰임.

죽사리[명] 〈옛〉 죽살이. ¶ 죽사릿 受苦롤 아니ᄒᆞ거시니와(月釋*1:12*).

죽-사립(竹絲笠)[-싸-][명] 거죽을 명주실로 역고 그 위에 옻칠을 한 갓. 〔귀인이나 양반이 썼음.〕

죽-사발(粥沙鉢)[-싸-][명] ①죽을 담은 사발. ②'매우 얻어맞거나 심하게 욕을 들은 상태'를 속되게 이르는 말. ¶ 죽사발이 되다.

죽-살[명] '죽살이'의 잘못.

죽살다[자] 〈옛〉 죽고 살다. ¶ 그듸 이제 죽살 싸해 가ᄂᆞ니(杜初*8:67*).

죽살-이[-싸리][명] 죽음과 삶. 죽고 사는 일을 다투는 고생(苦生). ¶ 죽살이가 심하다.

죽살이-치다[-싸리-][자] (어떤 일에) 죽을힘을 다해 애쓰다.

죽상(-相) [-쌍][명] 〈죽을상〉의 준말.
죽-상자(竹箱子) [-쌍-][명] 대오리로 결어 만든 상자.
죽석(竹石) [-썩][명] 돌 난간의 기둥 사이에, 동자석을 받쳐서 가로 건너지른 돌.
죽석(竹席) [-썩][명] 대자리.
죽-세공(竹細工) [-쎄-][명] 대를 재료로 하는 세공, 또는 그 제품.
죽소(竹梳) [-쏘][명] 대빗.
죽순(竹筍) [-쑨][명] 대의 땅속줄기에서 돋아나는 어리고 연한 싹. 비늘 모양의 껍질에 싸여 밖으로 돋아 나옴. 주로, 요리 재료로 쓰임. 대순.
죽순-대(竹筍-) [-쑨-][명] 볏과의 상록 아교목(亞喬木). 높이 12 m가량. 꽃은 7~10월에 원추 화서로 피고 열매는 11월에 익음. 커다란 죽순은 먹을 수 있음. 맹종죽(孟宗竹).
죽순-밥(竹筍-) [-쑨-][명] 삶은 죽순을 잘게 썰어 넣은 밥.
죽순-방석(竹筍方席) [-쑨-][명] ☞죽피방석.
죽-술(粥-)[1] [-쑬][명] 고두밥 대신 죽을 쑤어 누룩과 섞어서 술밑을 만들어 빚은 술. 맛은 조금 덜하나 빨리 익음.
죽-술(粥-)[2] [-쑬][명] 〔몇 숟가락의 죽이라는 뜻으로〕 '얼마 안 되는 죽'을 이르는 말. ¶ 죽술이나마 굶지는 않는다.
죽술-연명(粥-延命) [-쑬련-][명][하자] 죽술로 끼니를 때우며 겨우 목숨을 이어 감.
죽식간-에(粥食間-) [-씩깐네][부] ①죽이든지 밥이든지 아무것이나. ②죽이 되든지 밥이 되든지, 일이 어떻게 되든지 간에. 죽밥간.
죽-신 [-씬][명] ①한 죽의 미투리나 짚신. ②아무렇게나 대량으로 만들어 여러 죽씩 헐값으로 내다 파는 가죽신.
죽실(竹實) [-씰][명] 한방에서, 대나무 열매의 씨를 약재로 이르는 말. 강장제로 쓰임.
죽실-반(竹實飯) [-씰-][명] 대나무 열매를 까서 멥쌀과 섞어 지은 밥.
죽어-나다[자] 일 따위가 매우 힘들고 고달프다. ¶ 치솟는 물가에 죽어나는 건 서민들이다.
죽어-지내다[자] ①남에게 눌려 기를 못 펴고 지내다. ¶ '찍' 소리도 못하고 죽어지내다. ②너무 가난하여 심한 고생을 하며 살아가다.
죽어-지만(-遲晩)[명] (지은 죄를 자복할 때) '죽기가 늦었음'을 한탄하여 이르는 말. ¶ 지은 죄 죽어지만이로소이다.
죽여(竹茹)[명] 한방에서, 청대의 얇은 속껍질을 약재로 이르는 말. 열로 일어나는 기침이나 담 따위에 쓰임.
죽여-주다 [I][자] '몹시 만족스럽거나 흡족하다'를 속되게 이르는 말. ¶ 국물 맛이 죽여준다.
[II][타] '몹시 고통을 당하여 못 견디게 하다'를 속되게 이르는 말. ¶ 사람을 죽여주게 괴롭히는군.
죽염(竹塩)[명] 한쪽이 막힌 대나무 통 속에 천일염을 다져 넣고 황토로 봉한 후, 높은 열에 아홉 번 거듭 구워 내어 얻은 가루. 피를 맑게 하는 약재로, 간염 등에 효험이 있다고 함.
죽엽(竹葉)[명] 대나무의 잎. 해열제로 쓰임.
죽엽-주(竹葉酒) [-쭈][명] 댓잎 삶은 물에 담근 술. 풍증이나 열병 치료에 쓰임.
죽엽-죽(竹葉粥) [-쭉][명] 댓잎과 석고를 물에 달여서 그 웃물을 따라 멥쌀을 넣고 끓인 죽. 지갈(止渴)이나 해열제로 쓰임.
죽영(竹纓)[명] 대갓끈.
죽원(竹院)[명] 둘레에 대를 많이 심은 집.
죽원(竹園)[명] 대나무 동산.
죽을-병(-病) [-뼝][명] 살아날 가망이 없을 만큼 깊은 병. ¶ 죽을병에 걸리다.
죽을사-변(-死邊)[명] 한자 부수의 한 가지. '死'·'殃' 등에서의 '歹(歺)'의 이름.
죽을-상(-相) [-쌍][명] 거의 죽게 된 얼굴, 또는 그러한 표정. ¶ 새해 첫날부터 왜 그렇게 죽을상을 하고 있니? [준]죽상.
죽을-죄(-罪) [-쬐/-쮀][명] 죽어 마땅한 큰 죄. ¶ 죽을죄를 짓다.
죽을-힘[명] 죽기를 각오하고 쓰는 힘. 사력(死力). ¶ 죽을힘을 다하여 덤비다.
죽음[명] 죽는 일. 절명(絕命). 명목(瞑目). ¶ 죽음을 각오하고 싸우다. [높]서세(逝世). ↔삶.
죽-이다[1][타] 〖'죽다[1]'의 사동〗 ①목숨을 빼앗다. ¶ 산짐승을 쏘아 죽이다. ②(기계, 또는 움직이는 물체를) 멈추게 하다. ③(불을) 꺼지게 하다. ¶ 연탄불을 죽이다. ④(운동 경기, 편을 갈라 다투는 놀이, 장기, 바둑 따위에서 상대편의 선수나 말을) 잡다. ⑤(기세나 속력 따위를) 꺾거나 줄게 하다. ¶ 기를 죽이다. /속력을 죽이다. ⑥(옷 따위의 풀기를) 없애다. ⑦(화학적 변화로 놋쇠·은 따위의 빛이나 식초 따위의 맛을) 잃게 하다.
죽-이다[2][타] ①소리를 낮추거나 멈추다. ¶ 발소리를 죽이며 걷다. ②제 치수나 수량에서 조금씩 모자라게 하다. ¶ 되를 죽이다. ③〖'죽다[2]'의 사동〗 (두드러진 자리나 불거진 모서리를) 깎아 내다. ¶ 모서리를 죽이다.
죽인(竹印)[명] 대의 뿌리로 만든 도장.
죽장(竹杖) [-짱][명] 대지팡이.
죽-장구(竹-) [-짱-][명] 굵은 대통의 속마디를 뚫어 만든 악기. 세워 놓고 막대기로 쳐서 소리 냄.
죽-장기(-將棋) [-짱-][명] 서투른 장기.
죽장-망혜(竹杖芒鞋) [-짱-혜/-짱-헤][명] 〔대지팡이와 짚신이라는 뜻으로〕 '먼 길을 떠날 때의 아주 간편한 차림'을 이르는 말.
죽-장창(竹長槍) [-짱-][명] 〔조선 시대에〕 ①무예를 익힐 때 쓰던, 대로 만든 긴 창. ②십팔기, 또는 무예 이십사반의 하나. 보졸(步卒)이 죽장창으로 익히던 무예. [준]죽창.
죽저(竹-) [-쩌][명] 대로 만든 젓가락.
죽전(竹田) [-쩐][명] 대밭.
죽절(竹節) [-쩔][명] 대의 마디.
죽절-갓끈(竹節-) [-쩔간-][명] 금패(錦貝)·대모(玳瑁) 따위로 만든 가늘고 짧은 대롱과, 같은 재료로 된 구슬을 번갈아 꿰어서 만든 갓끈.
죽절-과(竹節果) [-쩔-][명] 대의 마디 모양으로 만든 과줄.
죽절-비녀(竹節-) [-쩔-][명] 대로 만든 값싼 비녀.
죽-젓개(粥-) [-쩓깨][명] ☞죽젓광이.
죽-젓광이(粥-) [-쩓꽝-][명] (죽을 쑬 때) 죽이 고르게 끓도록 휘젓는 나무 방망이. 죽젓개.
죽정(竹亭) [-쩡][명] ①대로 지은 자그마한 정자. ②뜰에 대를 심어 놓은 정자.
죽정(竹釘) [-쩡][명] 대못.
죽지 [-찌][명] ①팔과 어깨가 이어진 관절 부분. ②새의 날개가 몸에 붙은 부분.
죽지(를) 떼다[관용] ①활을 쏠 때, 화살을 쏘고 어깨를 내리다. ②하인들이 주인의 힘을 믿고 거들먹거리다.

죽지(竹紙)[-찌]명 지난날, 중국에서 만든 얇은 종이의 한 가지. 어린 대의 섬유(纖維)를 원료로 하여 만들었음.
죽지-뼈[-찌-]명 ☞어깨뼈.
죽지-사(竹枝詞)[-찌-]명 조선 시대, 12가사 중의 하나. 작자·연대 미상. 중국 악부(樂府)의 '죽지사'에 준하여, 우리나라의 경치·인정·풍속을 읊은 내용.
죽창(竹窓)명 대로 살을 만든 창문.
죽창(竹槍)명 ①대로 만든 창. ②〈죽장창(竹長槍)〉의 준말.
죽책(竹冊)명 조선 시대에, 세자비(世子妃)의 책봉문(冊封文)을 새긴 간책(簡策). 평평하게 깎은 여러 개의 대쪽을 한데 꿰매어 썼음.
죽책(竹柵)명 대로 둘러막은 울타리.
죽책(竹策)명 대로 만든 채찍.
죽척(竹尺)명 대자.
죽첨(竹籤)명 얇고 반반하게 깎은 댓조각.
죽청-지(竹青紙)명 썩 얇으나 단단하고 질긴 종이의 한 가지.
죽총(竹叢)명 작은 대숲.
죽-치명 날림으로 만들어 여러 죽씩 내다 파는 물건. 〔죽갓이나 죽신 따위.〕
죽-치기명 (물건을) 낱개로 팔지 않고 여러 죽씩 한꺼번에 넘기는 일.
죽-치다자 활동하지 않고 한곳에 오랫동안 붙박이다. 《주로, '죽치고'의 꼴로 쓰임.》 ¶ 하는 일 없이 매일 집에서만 죽치고 있다.
죽침(竹枕)명 대로 만든 베개.
죽침(竹針)명 대바늘.
죽침(竹鍼)명 대로 만든 침. 주로, 종기 따위를 따는 데 쓰임.
죽통(竹筒)명 굵은 대로 만든 긴 통. 술·간장·기름 따위를 담아 둠.
죽파(竹杷)명 흙을 고르는 데 쓰는 농기구의 한 가지. 넓적한 나무토막에 댓조각으로 이를 만들어서 박고 긴 자루를 박아 만듦.
죽패(竹牌)명 지난날, (적의) 화살을 막기 위하여 대를 묶어 만든 방패.
죽피(竹皮)명 죽순을 싸고 있는 껍질. 음식을 싸기도 하고 짚신·방석을 만들기도 함.
죽피-방석(竹皮方席)명 죽피로 짚을 싸서 결은 방석. 죽순방석(竹筍方席).
준ː(準)명하타 ☞교정(校正). ¶ 준을 보다.
준(尊·樽·罇)명 ①제사 때 술을 담는, 긴 항아리 모양의 구리 그릇. ②질그릇으로 된 옛날 술잔.
준-(準)접두 《일부 명사 앞에 붙어》 어떤 본보기에 비길 만한 구실이나 자격을 가짐을 뜻함. ¶ 준교사. /준급행. /준결승.
준ː가(準價)[-까]명 ①제 값어치에 꽉 찬 값. ②하자 가격에 준함. 가격대로 함.
준ː-강도(準強盜)명 도둑이 재물의 탈환에 항거하거나 체포를 면하거나 죄의 흔적을 인멸할 목적으로 폭행 또는 협박을 가하는 범죄.
준ː거(峻拒)명하타되자 준열(峻烈)히 거절함. 딱 잘라 물리침.
준ː거(準據)명하자타되자 어떤 일을 기준이나 근거로 하여 거기에 따름. ¶ 사실(史實)에 준거하다.
준ː거(遵據)명하자타되자 (전례나 명령 따위에) 의거(依據)함.
준ː거-법(準據法)[-뻡]명 국제 사법(國際私法)에 의하여 어떤 법률 관계에 적용되도록 지정되어 있는 법.
준ː걸(俊傑)명하형 재주와 슬기가 매우 뛰어남, 또는 그런 사람. 준사(俊士). 준언(俊彦). 준예(俊乂).
준ː-결승(準決勝)[-씅]명 ☞준결승전.
준ː결승-전(準決勝戰)[-씅-]명 운동 경기 등에서, 결승전 바로 전에 치러 결승에 나아갈 자격을 결정하는 경기. 준결승.
준ː골(俊骨)명 준수하게 생긴 골격, 또는 그러한 골격을 가진 사람.
준ː공(竣工)명하타되자 공사를 마침. 낙성(落成). 완공(完工). 준역(竣役). ↔기공(起工)·착공.
준ː공^검ː사(竣工檢査)명 공사를 마친 후에 설계에 따라 만들었는지를 검사하는 일.
준ː공-식(竣工式)명 준공을 알리고 축하하는 의식. ¶ 새로 지은 도서관 준공식에 참석하다.
준ː-교사(準教師)명 정교사에 준하는 자격을 인정받은 교사.
준ː규(準規)명 ☞준칙(準則).
준ː-금치산(準禁治產)명 '한정 치산(限定治產)'의 구용어.
준급(峻急) '준급하다'의 어근.
준ː급(準急)명 〈준급행열차〉의 준말.
준ː급-하다(峻急-)[-그파-]형여 높고 험하며 몹시 가파르다. **준급-히**부.
준ː-급행(準急行)[-그팽]명 〈준급행열차〉의 준말.
준ː급행-열차(準急行列車)[-그팽녈-]명 급행열차에 준하는 열차. 보통 열차보다 정차역이 적고 소요 시간이 짧음. 준준급·준급행.
준ː기소^절차(準起訴節次)명 고소나 고발이 있었음에도 검사가 불기소 처분을 하였을 때, 고소인이나 고발인이 그 처분에 불복(不服)하여 법원의 심판을 요구하는 절차.
준ː납(準納)명하타되자 (돈이나 물건 등을) 일정한 기준에 따라 바침.
준ː-농림지(準農林地)[-님-]명 농지나 산림으로 되어 있으나, 전용 허가를 거치면 다른 용도로 사용할 수 있는 땅.
준ː-대로(遵大路)명하자 ①(길을 오갈 때) 큰 길을 좇아 감. ②(어떤 일을 할 때) 정당한 절차와 방법에 따라서 함.
준-돈명 돈치기할 때 맞히도록 지정한 돈.
준동(準同) '준동하다'의 어근.
준ː동(蠢動)명하자 〔벌레 따위가 꿈적거린다는 뜻으로〕 하찮은 무리 또는 불순한 세력 따위가 소란을 피움. ¶ 게릴라가 준동하다.
준ː동-하다(準同-)형여 어떤 표준과 같다.
준ː두(準頭)명 코의 끝.
준득-거리다[-꺼-]자 자꾸 준득준득한 느낌이 나다. 준득대다. 작존득거리다. 센쭌득거리다.
준득-대다[-때-]자 준득거리다.
준득-준득[-쭌-]부하형 (음식물 따위가) 차지고 질깃질깃한 느낌. 작존득존득. 센쭌득쭌득.
준ː령(峻嶺)[줄-]명 높고 험한 고개. ¶ 소백산 준령.
준ː례(準例)[줄-]명 ①본보기가 될 만한 전례(前例). ②하타 전례로 삼음.
준ː로(峻路)[줄-]명 험한 길.
준ː론(峻論)[줄-]명 의젓하면서도 격렬한 언론. ¶ 고담(高談)준론.
준ː마(駿馬)명 썩 잘 달리는 좋은 말. 준족(駿足). 철제(鐵蹄). 비준총.
준ː-말명 ①둘 이상의 음절로 된 말이 줄어 간단하게 된 말. 〔'조금'이 '좀', '매스커뮤니케이션'이 '매스컴'으로 되는 따위.〕 ②☞약칭.

준:매(俊邁)명하형 재주가 썩 뛰어남, 또는 그런 사람.
준:맹(準盲)명 안경을 쓰고도 시력이 0.3에 이르지 못할 정도의 시력 장애.
준:명(峻命)명 ①준엄한 명령. ②☞왕명(王命).
준:-문서(準文書)명 문서처럼 의사를 나타낸 것은 아니나, 사실을 증명할 증거가 되는 물건. 〔경계표(境界標)·도면·사진 따위.〕
준:물(俊物)명 뛰어난 인물.
준민(俊敏) '준민하다'의 어근.
준:민-고택(浚民膏澤)명하자 재물 따위를 마구 착취하여 백성을 괴롭힘.
준:민-하다(俊敏-)형여 슬기롭고 날쌔다.
준:발(俊拔)명하형 준수하고 빼어남.
준:범(遵範)명하자 사회 규범을 잘 지킴.
준:법(峻法)명 엄격한 법률.
준:법(遵法)[-뻡]명하자 법령을 지킴. 법을 따름.
준:법-정신(遵法精神)[-뻡쩡-]명 법을 올바로 지키는 정신.
준:법^투쟁(遵法鬪爭)[-뻡-]명 법규를 규정대로 지키면서 사용자에게 손해를 주는 노동 쟁의 방법. 〔단체 휴가, 정시 퇴근, 안전 운전을 핑계로 한 지나친 서행 운전 따위가 있음.〕
준:별(峻別)명하타 몹시 엄하게 구별함, 또는 엄중한 구별.
준:-보다(準-)타 준을 보다. 교정보다.
준:봉(峻峯)명 높고 험한 산봉우리.
준:봉(遵奉)명하타되자 관례(慣例)나 명령 따위를 좇아서 받듦.
준:비(準備)명하타되자 (필요한 것을) 미리 마련하여 갖춤. ¶ 월동 준비. /식사를 준비하다. 비주비(籌備).
준:비^교:육(準備敎育)명 상급 학교로 진학할 준비를 위한 교육.
준:비-금(準備金)명 ①어떤 목적에 충당하기 위해, 또는 장래의 필요에 대비하기 위해 준비하는 돈. ②기업이 장래의 필요에 대비하여 적립해 두는 이익금의 일부.
준:비^서면(準備書面)명 민사 소송에서, 당사자가 구두 변론에서 진술하려는 내용을 미리 적어서 법원에 내는 서면.
준:비-성(準備性)[-썽]명 준비를 제대로 잘하는 성질이나 태도. ¶ 철저한 준비성. /준비성이 있다.
준:비^운:동(準備運動)명 본격적인 운동이나 경기를 하기 전에, 몸을 풀기 위하여 하는 가벼운 운동. 준비 체조.
준:비^체조(準備體操)명 ☞준비 운동.
준:사(俊士)명 ☞준걸(俊傑).
준:사(竣事)명하자되자 어떤 일을 끝마침.
준:-사관(准士官)명 ☞준위(准尉).
준:산(峻山)명 높고 험한 산.
준상(樽床)[-쌍]명 제사 때, 술 그릇을 올려놓는 상.
준석(樽石)명 무덤 앞에 있는, 술 그릇을 올려놓는 돌.
준:설(浚渫)명하타 하천이나 해안의 바닥에 쌓인 흙이나 암석 따위를 쳐내어 바닥을 깊게 하는 일. ¶ 한강 준설 공사.
준:설-기(浚渫機)명 하천이나 해안의 바닥에 쌓인 흙이나 암석 따위를 쳐내는 기계.
준:설-선(浚渫船)[-썬]명 하천이나 해안의 바닥에 쌓인 흙이나 암석을 쳐내기 위한 기계를 갖춘 배.
준:성(準星)명 아주 먼 곳에 있어 언뜻 보기에 별처럼 보이나, 매우 강력한 전파와 에너지를 내뿜는 항성(恒星) 모양의 천체. 〔태양의 1조 배에 이르는 밝기를 가졌다고 함.〕
준수(俊秀) '준수하다'의 어근.
준:수(準數)명하타 ☞의수(依數).
준:수(遵守)명하타되자 (규칙이나 명령 따위를) 그대로 좇아서 지킴. ¶ 안전 수칙 준수. /법을 준수하다.
준:수-하다(俊秀-)형여 ①재주와 슬기가 남달리 뛰어나다. ②풍채가 썩 빼어나다.
준순(逡巡)명하자 ①(나아가지 못하고) 뒤로 문치적거림. ②(어떤 일을) 딱 잘라 하지 못하고 우물쭈물함.
준순(逡巡)수관 모호(模糊)의 10분의 1, 수유(須臾)의 10배가 되는 수(의). 곧, 10^{-14}.
준:승(準繩)명 〔수준기와 먹줄이라는 뜻으로〕 일정한 법식.
준:시(遵施)명하타되자 그대로 좇아서 시행함.
준시(蹲柹)명 껍질을 깎아 꼬챙이에 꿰지 않고 납작하게 말린 감. 곶감.
준:신(準信)명하타되자 준거하여 믿음.
준:언(俊彦)명 ☞준걸(俊傑).
준엄(峻嚴) '준엄하다'의 어근.
준:엄-하다(峻嚴-)형여 매우 엄하다. ¶ 역사의 준엄한 심판을 받다. 준엄-히부.
준:역(竣役)명하타되자 ☞준공(竣工).
준연(蠢然) '준연하다'의 어근.
준:연-하다(蠢然-)형여 꿈지럭거리는 모양이 굼뜨다. 준연-히부.
준열(峻烈) '준열하다'의 어근.
준:열-하다(峻烈-)형여 매우 엄하고 격렬하다. ¶ 준열한 비판. 준열-히부 ¶ 준열히 꾸짖다.
준:영(俊英)명하형 뛰어나고 빼어남, 또는 그런 사람. 영준.
준:예(俊乂)명 ☞준걸(俊傑).
준:-예산(準豫算)[-네-]명 국가의 예산안이 회계 연도 개시 30일 전까지 국회에서 의결되지 못한 경우, 정부가 예산안이 의결될 때까지 전년도에 준하여 집행하는 잠정 예산.
준:용(準用)명하타되자 (규정 따위를) 준거하여 적용함.
준:용(遵用)명하타 그대로 좇아서 씀.
준:우(峻宇)명 크고 높다랗게 지은 집.
준우(蠢愚) '준우하다'의 어근.
준:-우승(準優勝)명하자 운동 경기에서, 우승에 다음가는 성적.
준:우-하다(蠢愚-)형여 굼뜨고 어리석다.
준:위(准尉)명 국군의 계급의 하나. 소위의 아래, 원사(元士)의 위. 준사관(准士官).
준:일(俊逸)명하형 재능이 썩 뛰어남, 또는 그런 사람.
준:장(准將)명 국군의 장관(將官) 계급의 하나. 소장의 아래, 대령의 위.
준:장(準張)[-짱]명 ☞교정지(校正紙).
준:재(俊才)명 아주 뛰어난 재주, 또는 그런 재주를 가진 사람.
준:적(準的)명하자 활쏘기에서, 표적을 겨냥함.
준절(峻截) '준절하다'의 어근.
준절(撙節)명 〈존절(撙節)〉의 본딧말.
준:절-하다(峻截-)형여 ①산이 깎아지른 듯하다. ②매우 위엄 있고 정중하다. 준절-히부 ¶ 준절히 꾸짖다.
준:-점유(準占有)명 진정한 권리자는 아니지만 권리자의 조건을 갖추어 재산권을 사실상 행

사하는 일. 〔예금 통장과 도장을 가진 사람을 예금 채권의 준점유자로 보는 따위.〕

준ː정 (浚井) 명 하자 우물을 깨끗이 쳐냄.

준조 (樽俎) 명 ①제향 때 술을 담는 술통〔樽〕과 고기를 담는 그릇〔俎〕. ②온갖 예절을 갖춘 공식 잔치.

준ː-조세 (準租稅) 명 조세는 아니지만 조세와 같은 성격을 띠는 공과금이나 기부금.

준ː족 (駿足) 명 ①☞준마(駿馬). ②걸음이 빠르고 잘 달림, 또는 그런 사람.

준좌 (蹲坐) 명 ①하자 주저앉음. ②하타 (어떤 일을 하다가) 도중에 그만둠.

준ː-준결승 (準準決勝) [-씅] 명 ☞준준결승전.

준ː준결승-전 (準準決勝戰) [-씅-] 명 준결승전에 참여할 자격을 겨루는 경기. 준준결승.

준중 (樽中) 명 술독 안. ¶ 준중이 뷔엿거든 날드려 알외여라(丁克仁.賞春曲).

준ː지 (準紙) 명 ☞교정지(校正紙).

준ː책 (峻責) 명 하타 준절히 꾸짖음.

준ː척 (準尺) 명 낚시에서, 낚은 물고기의 길이가 한 자에 가까움, 또는 그 물고기.

준ː천 (濬川) 명 하자 개천 바닥을 파서 쳐냄.

준초 (峻峭) '준초하다'의 어근.

준ː초-하다 (峻峭-) 형여 산(山)이 높고 깎아지른 듯하다.

준ː총 (駿驄) 명 걸음이 몹시 빠른 말. 비 준마.

준축 (蹲縮) 명 하자 땅이 꺼져서 우므러짐.

준ː치 명 준칫과의 바닷물고기. 몸길이 50 cm가량. 몸은 옆으로 납작하여 밴댕이와 비슷하나 그보다 더 큼. 등은 어두운 청색, 배는 은백색임. 6~7월경에 큰 강의 하류나 하구 부근에 알을 낳음. 우리나라 연해와 동중국해·인도양 등에 분포함. 전어(箭魚).

준ː칙 (準則) 명 준거할 기준이 되는 규칙. 격률(格率). 준규(準規). ¶ 가정의례 준칙.

준ː칙-주의 (準則主義) [-쭈의/-쭈이] 명 법률에 정하여진 일정한 조건만 갖추면 관청의 허가 없이 법인을 설립할 수 있게 하는 주의.

준ː-평원 (準平原) 명 오랫동안 계속된 침식으로 산이 깎이어 지역 전체가 낮고 평평하게 된 평지. 침식 윤회(侵蝕輪廻)의 노년기 지형임. 파상 평원(波狀平原).

준ː-하다 (準-) 자여 어떤 본보기에 비추어 그대로 좇다. ¶ 기타는 이에 준함.

준ː-하다 (峻-) 형여 ①(맛이) 진하거나 독하다. ②(산세가) 가파르다.

준ː-하제 (峻下劑) 명 적은 양으로 강한 작용을 일으키는 식물성 하제.

준ː행 (準行) 명 하타 되자 (어떤 본보기를) 준거하여 따라 함.

준ː행 (遵行) 명 하타 되자 (관례나 명령 따위를) 좇아서 함. ¶ 명령에 준행하여 일을 처리하다.

준ː허 (準許) 명 하타 되자 ☞의시(依施).

준험 (峻險) '준험하다'의 어근.

준ː험-하다 (峻險-) 형여 (산이나 고개 따위가) 높고 험하다.

준ː-혈족 (準血族) [-쪽] 명 ☞법정 혈족.

준ː형 (峻刑) 명 매우 호된 형벌.

준ː호 (俊豪) 명 하형 도량이 크고 호협함, 또는 그런 사람.

준혹 (峻酷) '준혹하다'의 어근.

준ː혹-하다 (峻酷-) [-호카-] 형여 (인정이 없이) 몹시 혹독하다. **준혹-히** 부.

줄[1] 명 ①무엇을 동이거나 양쪽에 건너질러 매거나 하는 데 쓰는 긴 물건을 통틀어 이르는 말. ¶ 나뭇가지에 줄을 매다. ②가로나 세로로 그은 선. ¶ 연필로 줄을 긋다. ③벌여 선 행렬. ¶ 키 큰 차례로 줄을 서다. ④사회생활에서의 사람 사이의 관계. ¶ 줄이 닿다. /줄을 놓다. ⑤〖의존 명사적 용법〗 사람이나 물건의 늘어선 열을 세는 말. ¶ 두 줄로 쌓다. ⑥〖의존 명사적 용법〗 가로나 세로로 벌인 글을 세는 단위. ¶ 위에서 두 번째 줄부터 읽어 보아라.

줄(을) 대다 관용 ①끊이지 않고 죽 잇대다. ②중간에 사람을 놓아 모르는 사람과 친분을 맺다.

줄(을) 타다 관용 ①줄 위를 걸어다니며 재주를 부리다. 줄타기하다. ¶ 광대가 줄을 타다. ②공중에 내려 드리운 밧줄을 타고 건너가거나 오르내리다. ③힘이 될 만한 사람과 관계를 맺어 그 힘을 이용하다.

줄(이) 풀리다 관용 (파 내려감에 따라) 광맥이 점점 나아지다.

줄ː[2] 명 쇠붙이 따위를 쓸거나 깎는 연장.

줄ː[3] 명 볏과의 다년초. 연못이나 냇가에 절로 나는데, 높이는 1~2 m. 잎은 무더기로 나고 8~9월에 꽃이 핌. 줄기는 돗자리를 만드는 데 쓰임.

줄[4] 의 ①푸성귀 따위를 엮어서 묶은 두름을 세는 말. ¶ 담뱃잎 한 줄. ②《일정한 수준이나 정도를 나타내는 명사 뒤에 쓰이어》 그 정도나 범위. ¶ 내 나이 이미 40줄에 들었다. /그의 인품은 장관 줄에 오르고도 남는다.

줄[5] 의 《용언의 어미 '-ㄴ'이나 '-ㄹ' 뒤에 쓰이어》 어떤 방법이나 셈속 등의 뜻을 나타내는 말. ¶ 그런 줄 몰랐다. /올 줄 알았다. /거짓말 할 줄은 모른다.

줄 명 〈옛〉 것. ¶ 초옥 조븐 줄이 긔 더욱 내 분이라(古時調).

줄ː (joule) 의 에너지와 일의 엠케이에스(MKS) 단위. 1뉴턴의 힘으로 물체를 1미터 움직이는 동안에 하는 일을 1줄이라고 함. 〔기호는 J〕

줄- 접두 《일부 명사 앞에 붙어》 '계속 이어진'의 뜻을 나타냄. ¶ 줄담배. /줄초상.

줄-가리 명 벼를 말리기 위하여, 이삭을 위로 하여 서로 맞대고 줄지어 세우는 가리.

줄가리(를) 치다 관용 줄가리를 지어 벼를 말리다.

줄거리 명 ①잎이 다 떨어진 가지. ②사물의 기본 골자. ¶ 소설의 줄거리. ③잎자루·잎줄기·잎맥을 통틀어 이르는 말. ①②참 졸가리.

줄-걷기 [-끼] 명 줄타기에서, 광대가 줄 위를 걸어가는 재주.

줄곧 부 끊어지거나 그치지 않고 잇달아. 내처. ¶ 사흘째 줄곧 내리는 비.

줄-글 명 글 토막끼리 짝을 맞추거나, 글자 수를 맞추거나, 행을 바꾸거나 하지 않고 죽 잇달아 내리 적은 글. 장문(長文). ↔귀글.

줄기 명 ①식물의 뼈대가 되는 긴 부분. ¶ 고구마 줄기. ②(산이나 물 따위의) 길게 뻗어 나가는 갈래. ¶ 산맥의 줄기. /강물의 줄기. ③(소나기의) 한 차례. ¶ 한 줄기 퍼부었으면 좋겠다. ④〖의존 명사적 용법〗 잇대어 뻗어 나가는 것을 세는 단위. ¶ 여러 줄기로 나뉘는 산맥. /두 줄기 눈물.

줄기-줄기 부 여러 줄기로. 줄기마다.

줄ː-기직 명 줄의 잎으로 거칠게 짠 기직. 주로, 염습(殮襲)할 때 씀.

줄기-차다 형 억세고 힘찬 기세가 꾸준하다. ¶ 줄기차게 퍼붓는 비.

줄기-채소 (-菜蔬) 명 ☞경채(莖菜).

줄깃-줄깃[-긴쭐긷][부][하형] (씹히는 맛이) 차지고도 검질긴 모양. [작]졸깃졸깃. [센]쭐깃쭐깃.
줄깃-하다[-기타-][형][여] (씹히는 맛이) 차지고도 검질기다. [작]졸깃하다. [센]쭐깃하다.
줄-꾼[명] ①가래질할 때 줄을 잡아당기는 사람. [참]장부꾼. ②줄모를 심을 때 못줄을 대 주는 사람. 줄잡이.
줄ː-나다[-라-][자] (어떤 생산물이) 표준 수량보다 덜 나다. ¶ 쌀이 예년보다 줄났다.
줄-남생이[-람-][명] 양지바른 물가에 죽 늘어앉은 남생이들.
줄-넘기[-럼끼][명] ①두 손에 줄 따위를 잡고 발 아래에서 머리 위로 돌려 넘기면서 뛰는 운동. ②[하자]두 사람이 긴 줄의 양 끝을 쥐고 휘두르면 나머지 사람들이 그 줄을 뛰어넘는 아이들의 놀이.
줄-눈[-룬][명] 벽돌을 쌓거나 타일을 붙일 때 생기는 이음매. [참]사춤.
줄ː다[주니·줄어][자] 부피나 수효 또는 규모 따위가 본디보다 작아지거나 적어지다. ¶ 속력이 줄다. /영어 실력이 줄다. /체중이 줄다. /손님이 눈에 띄게 줄었다. ↔늘다.
줄-다리기[명][하자] 여러 사람이 편을 갈라, 굵은 밧줄을 자기편 쪽으로 마주 잡아당겨 승부를 가리는 놀이.
줄-달다[~다니·~달아] [I][자] 끊이지 않고 줄지어 잇닿다. ¶ 비가 사흘 동안 줄달아 내리다. [II][타] 끊어지지 않게 줄지어 잇대다. ¶ 담배를 줄달아 피우다.
줄-달음[명][하자] 〈줄달음질〉의 준말.
줄달음-질[명][하자] 단숨에 내처 달리는 달음박질. ¶ 줄달음질을 놓다. [준]줄달음.
줄달음-치다[자] 단숨에 내처 달리다.
줄-담배[명] ①새끼 따위로 길게 엮어 놓은 잎담배. ②잇따라 계속 피우는 담배.
줄-도망(-逃亡)[명][하자] (여럿이) 줄지어 달아남.
줄-드리다[자] ①줄을 늘어뜨리다. ②여러 가닥을 모아 줄을 꼬다.
줄-때[명] (땀이 밴 옷 따위에) 줄줄이 낀 때.
줄-띄기[-띠-][명] 대지(垈地)에 줄을 띄워 건물의 배치 따위를 알기 쉽게 나타내는 일.
줄-띄우다[-띠-][자] 줄을 늘여서 다림이나 높낮이, 또는 방향 따위를 살피다.
줄-띠[명] 〈목줄띠〉의 준말.
줄레-줄레[부][하자] 경망스럽게 거불거리며 행동하는 모양. ¶ 눈치 없이 줄레줄레 따라오다. [작]졸래졸래. [센]쭐레쭐레.
줄룩-줄룩[-쭐-][부][하형] 기다란 물건이 드문드문 우묵하게 패어 들어간 모양. [센]쭐룩쭐룩.
줄-마노(-瑪瑙)[명] 겹겹으로 여러 빛깔의 줄이 진 마노.
줄먹-줄먹[-쭐-][부][하형] 크고 작은 여러 개의 물건이 고르지 않게 여기저기 마구 벌여 있는 모양. [작]졸막졸막.
줄멍-줄멍[부][하형] 그만그만하게 굵직한 것들이 한데 어울려 있는 모양. [작]졸망졸망.
줄-모[명] 못줄을 대고 반듯하게 심은 모. 정조식. ↔허튼모.
줄-목[명] ①줄다리기에서, 두 줄을 잇는 부분. ②일에 관계되는 긴한 목.
줄-무늬[-니][명] 줄로 된 무늬. 선문(線紋).
줄-무더기[명] ①빛깔이 다른 여러 물건이 모여서 된 한 벌. ②토막으로 된 여러 가지 실을 이어 만든 연줄.
줄무더기-형제(-兄弟)[명] 이복형제.
줄-무지[명] 기생이나 장난꾼의 행상(行喪). 친구끼리 상여를 메고 풍악을 치고 춤추며 멋거리 있게 놀면서 나감.
줄밑-걷다[-믿껃따][타] 어떤 일의 단서나 말의 출처를 더듬어 찾다.
줄-바둑[명] 돌을 한 줄로 죽 늘어놓으며 두는 서투른 바둑.
줄-밥¹[명] 갓 잡은 매를 길들일 때 줄 한 끝에 매어 주는 밥.
줄밥에 매로구나[속담] '재물을 탐하다가 남에게 이용됨'을 비유하여 이르는 말.
줄ː-밥²[-빱][명] 줄질할 때 줄에 쓸리어 떨어지는 부스러기.
줄ː-방석(-方席)[명] 줄로 엮어 만든 방석.
줄-버들[명] 줄지어 심거나 늘어선 버드나무.
줄-버력[명] 광맥과 나란하게 뻗어 마치 광맥처럼 된 암석.
줄-변자(-邊子)[명] 남자용 마른신의 전에 가늘게 두른 천, 또는 그렇게 꾸민 마른신.
줄-불[명] 화약·염초·참숯 가루 따위를 섞어 종이에 싸서 줄에다 죽 달아 놓은 불놀이 제구. 한쪽 끝에 불을 붙이면 불이 잇달아 번지게 됨.
줄-뿌림[명][하타] 논밭에 골을 타서 씨앗을 줄이 지게 뿌리는 일. 조파(條播).
줄-사다리[명] 〈줄사닥다리〉의 준말.
줄-사닥다리[-따-][명] 두 가닥의 못줄 따위에 세장을 가로질러 만든 사닥다리. 가닥마다 머리 끝에 쇠갈고리를 달았음. [준]줄사다리.
줄어-들다[~드니·~들어][자] (크거나 많던 것이 줄어서) 점점 작아지거나 적어지다. ¶ 수입이 줄어들다. ↔늘어나다.
줄어-지다[자] 점점 줄어들다.
줄ː^열(joule熱)[명] 전기가 도체 안에 흐를 때, 전기의 저항으로 그 도체 안에 생기는 열.
줄-이다[타] 〖'줄다'의 사동〗 줄어들게 하다. ¶ 종업원 수를 줄이다. /옷을 줄이다.
줄인-자[명] ☞축척(縮尺).
줄임-표(-標)[명] ①말을 줄일 때 쓰이는 부호 '……'의 이름. 말없음표. 말줄임표. 무언표. 생략표(省略標). 종종이. ②악보를 적을 때, 중복됨을 피하여 간단히 적는 여러 가지 표.
줄-자[명] 말 수 있는 가늘고 얇은 천이나 쇠 따위에 눈금을 새겨 만든 띠 모양의 긴 자. 권척(卷尺).
줄ː-잡다[-따][자] 실제로 대중 삼은 것보다 줄여서 헤아려 보다. 《주로, '줄잡아'의 꼴로 쓰임.》 ¶ 줄잡아 백 섬은 된다. [작]졸잡다.
줄-잡이[명] ☞줄꾼.
줄ː장(茁長)[-짱][명][하자] ①(나무나 풀이) 눈터서 자람. ②(짐승이) 커서 살찜.
줄-정간(-井間)[명] 정간지(井間紙)의 세로줄만을 맞추어 내리그은 줄.
줄줄[부] ①많은 물이 굵은 물줄기를 이루어 끊임없이 흐르는 소리, 또는 그 모양. ¶ 땀이 줄줄 흘러내리다. ②굵은 줄 따위가 계속 바닥에 끌리는 모양. ¶ 밧줄을 줄줄 끌고 간다. ③무엇에 담긴 물건을 잇달아 흘리는 모양. ¶ 자루에 담긴 쌀을 줄줄 흘리며 간다. ④남의 뒤를 줄곧 따라다니는 모양. ¶ 아이들이 광대 뒤를 줄줄 따라다닌다. ⑤글을 거침없이 읽어 나가거나 외거나 하는 모양. 말을 거침없이 계속하는 모양. ¶ 어려운 한문책을 줄줄 읽다. ⑤[비]드르르¹. [작]졸졸. [센]쭐쭐.
줄줄-거리다[자] 많은 물이 줄줄 소리를 내며 흐르다. 줄줄대다. [작]졸졸거리다. [센]쭐쭐거리다.

줄줄-대다[자] 줄줄거리다.
줄줄-이[부] ①줄마다 모두. ¶ 줄줄이 읽어 가다. ②여러 줄로. ¶ 줄줄이 늘어서다.
줄-지다[자] ①물건 위에 금이나 줄이 생기다. ②오라지다.
줄:-질[명][하자] 줄로 쇠붙이를 깎거나 쓰는 일.
줄-짓다[-짇따][~지으니·~지어][자ㅅ] 줄을 이루다. 《주로, '줄지어'의 꼴로 쓰임.》 ¶ 줄지어 서서 기다리다.
줄-차(-車)[명] 장기에서, 한 줄에 둘이 놓인 차.
줄-초상(-初喪)[명] ☞연상(連喪). ¶ 줄초상이 나다.
줄-타기[명][하자] 공중에 친 줄 위를 걷거나 건너 다니며 재주를 부림, 또는 그런 곡예. 승희(繩戲).
줄-통[명] 모암(母岩)과 구별되는 광맥 전체의 부분.
줄통-뽑다[-따][자] 객기를 부리거나 싸울 때, 기세가 등등하여 앞 옷깃을 헤치다.
줄:-판(-板)[명] 철필로 등사 원지를 긁을 때 밑에 받치는 철판. 강판(鋼板). 철필판.
줄-팔매[명] 끈을 둘로 접어 두 끝을 손에 쥐고, 고에 돌멩이를 끼워 휘두르다가 줄 한 끝을 놓으면서 돌멩이만 멀리 던지는 팔매.
줄팔매-질[명][하자] 줄팔매를 던지는 짓.
줄-팽팽이[명] (늘거나 줄지 않고) 늘 켕겨 있는 상태(狀態).
줄-포(-包)[명] 장기에서, 한 줄에 둘이 놓인 포, 또는 한 줄에 포가 둘이 놓인 형세.
줄-폭탄(-爆彈)[명] 줄지어 떨어지는 폭탄.
줄-표(-標)[명] 말한 내용을 부연하거나 보충할 때, 또는 앞의 말을 정정하거나 변명할 때 쓰는 이음표 '—'의 이름. 대시. 말바꿈표. 환언표(換言標).
줄-풍류(-風流)[-뉴][명] 거문고·가야금 따위의 현악기를 중심으로 구성하여 연주하는 풍류. [참]대풍류.
줄-행랑(-行廊)[-낭][명] ①대문 좌우에 죽 벌여 있는 행랑. 장랑(長廊). ②〈도망(逃亡)〉의 속된 말.
줄행랑(을) 놓다〔부르다〕[관용] 낌새를 채고 피하여 달아나다. 줄행랑치다.
줄행랑-치다(-行廊-)[-낭-][자] ①쫓겨 달아나다. ②(낌새를 알아채고) 그 자리를 피해 달아나다.
줄흠[명] 광석과 맥석이 섞여서 된 광맥의 변변치 못한 부분.
줌:[1] [I][명] ①〈주먹〉의 준말. ②〈줌통〉의 준말. [II][의] 〈주먹〉의 준말. ¶ 한 줌의 흙.
줌:[2][의] 지난날, 조세를 셈하기 위한 토지 면적의 단위. 열 줌을 한 뭇, 열 뭇을 한 짐, 열 짐을 한 총, 열 총을 한 목이라고 하였음. 파(把).
줌:-뒤[명] 활을 쏠 때, 줌통을 쥔 주먹의 겉쪽. ↔줌앞.
줌:^렌즈(zoom lens)[명] 카메라에 장치한 채 연속적으로 초점 거리를 변화시킬 수 있는 렌즈. 움직일 때에도 초점의 위치나 조리개 값이 변하지 않으며, 영화나 텔레비전 등의 촬영에 쓰임.
줌:-머리[명] 활의 줌통의 위쪽 부분.
줌:-몸[명] 활의 줌통의 전체.
줌:-벌다[~버니·~벌어][형] ①한 줌으로 쥐기에는 너무 벅차다. ②세력권 안에 넣고 거느리기에는 벅차다.
줌:-손[-쏜][명] 활의 줌통을 쥔 손.
줌:-앞[주맙][명] 활을 쏠 때, 줌통을 쥔 주먹의 안쪽. ↔줌뒤. ＊줌:앞이[주마피]·줌:앞만[주맘-]
줌:앞-줌뒤[주맙쭘-][명] 〔쏜 화살이 좌우로 빗나간다는 뜻으로〕 예측에 어긋나 맞지 아니함.
줌:-통[명] 활 한가운데의, 손으로 쥐는 부분. 활줌통. [준]줌[1].
줌:-피(-皮)[명] 활의 줌통을 싼 물건.
줍:다[-따][주우니·주워][타ㅂ] ①떨어지거나 흩어져 있는 것을 집다. ¶ 이삭을 줍다. ②버려진 아이를 키우려고 데려오다. ¶ 주워 온 아이. ③《주로 '주워'의 꼴로 다른 동사와 함께 쓰이어》 이것저것 되는대로 가져오거나 취하다. ¶ 주워 들은 지식. /이것저것 잔뜩 주워 먹었더니 밥맛이 없다.
줏구리다[타] 〈옛〉 쭈그리다. ¶ 줏구릴 거:踞(訓蒙下27).
줏다[주서·주스니][타ㅅ] 〈옛〉 줍다. ¶ 金바놀 줏도다(金三4:18). /쎠롤 주서(釋譜11:38).
줏대[주때/줃때][명] 수레바퀴 끝의 휘갑쇠.
줏-대(主-)[주때/줃때][명] 마음의 중심이 되는 생각이나 태도. 대[3]. 중심(中心). ¶ 줏대가 있다.
줏대^신경(主-神經)[주때-/줃때-][명] ☞신경중추.
줏대-잡이(主-)[주때-/줃때-][명] 중심(中心)이 되는 사람.
중:[명] 절에서 살면서 불법을 닦고 실천하며 포교에 힘쓰는 사람. 본디는 삼보(三寶)의 하나로 그러한 단체를 이르던 말임. 법신(法身). 불자(佛者). 사문(沙門). 승(僧). 승가(僧伽). 승려. [높]선사·스님.
중 도망은 절에(나) 가 찾지[속담] 행방이 감감하여 찾기 어려울 때에 쓰는 말.
중의 상투[속담] 얻기가 매우 어려운 것을 이르는 말.
중이 고기 맛을 알면 절에 빈대가 안 남는다[속담] 무슨 좋은 일에 한번 혹하면 정신을 못 차리고 마구 덤빈다는 말.
중(이) 절 보기 싫으면 떠나야지[속담] 어떤 곳이나 대상이 싫으면 싫은 그 사람이 떠나야 한다는 말.
중이 제 머리를 못 깎는다[속담] 아무리 긴한 일이라도 남의 손을 빌려야만 이루어지는 일을 가리키는 말.
중(中) [I][명] (규모나 등급 따위를 '대·중·소' 또는 '상·중·하'로 나눌 때) 가운데 규모나 등급. ¶ 성적이 학급에서 중이다.
[II][의] ①(어떤 일이 진행되고 있는) 동안. 그 사이. ¶ 회의 중에는 들어오지 마시오. ②가운데. 속. ¶ 내가 찾는 물건이 이 중에 있다. ③어떤 시간의 한계를 넘지 않는 동안. 《주로, '중으로'의 꼴로 쓰임.》 ¶ 오늘 중으로 연락이 오겠지.
중-(重)[접두] 《일부 명사 앞에 붙어》 '크고 무거운', '심한', '중대한'의 뜻을 나타냄. ¶ 중노동. /중공업. /중장비. /중환자.
중:가(重價)[-까][명] ☞중값.
중:각(重刻)[명][하타][되자] ☞중간(重刊).
중간(中間)[명] ①두 사물이나 현상의 사이. ¶ 양쪽의 중간에 들어 일을 성사시키다. ②사물이 아직 끝나지 않은 때나 상황. ¶ 중간 평가. ③한가운데. 중앙. 반중간(半中間). ¶ 교실 중간에 선풍기를 달다.
중:간(重刊)[명][하타][되자] 이미 펴낸 책을 거듭 박아 냄. 중각(重刻).

중간^계급(中間階級) [-계-/-게-] 명 어떤 사회의 지배 계급과 피지배 계급 사이, 또는 자본가 계급과 노동자 계급의 중간에 위치하는 사회적 계층. 〔공무원·상인, 기타 관리직 봉급 생활자 따위.〕 중간층. 참 중산 계급.

중간-고사(中間考査) 명 한 학기의 중간 무렵에 실시하는 학력 고사.

중간-노선(中間路線) 명 (주의·주장 등에서) 극단이 아닌 중간에 위치하는 경우나 처지. ¶ 중간노선을 취하다.

중간-따기(中間-) 명 자기 차례나 몫이 아닌데도 앞질러 차지하는 일. 참 새치기.

중간-발표(中間發表) 명 최종 결과가 나오기 전에 그때그때의 상황을 발표하는 일.

중ː간-본(重刊本) 명 중간한 책.

중간^상인(中間商人) 명 생산자와 도매상의 중간, 또는 도매상과 소매상의 중간에서 상품 매매업을 하는 상인.

중간^생산물(中間生產物) 명 생산물 가운데서 다른 생산물의 생산 과정에 원재료로 소비되는 것. 참 생산재(生產財).

중간^세ː포(中間細胞) 명 ☞간세포(間細胞).

중간^소ː설(中間小說) 명 순문학의 예술성을 유지하면서 대중 문학의 오락성을 곁들인 중간 형태의 소설.

중간^숙주(中間宿主) [-쭈] 명 기생충이 최종 숙주에 붙기 전에 한때 기생하여 발육·변태의 일부를 거치게 되는 숙주.

중간-자(中間子) 명 소립자(素粒子) 가운데서 전자(電子)보다 무겁고 양자(陽子)보다 가벼운 입자. 메소트론. 메손.

중간^잡종(中間雜種) [-쫑] 명 어버이 형질의 중간을 나타내는 잡종. 〔빨간 꽃과 흰 꽃의 잡종으로 분홍 꽃이 되는 따위.〕

중간-층(中間層) 명 ①지구의 시마층(sima層)과 중심층 사이에 있는 층. ②☞중간 계급(中間階級).

중간-치(中間-) 명 크기나 품질 따위가 다른 여럿 가운데서 중간이 되는 물건. 중치.

중-갈이(中-) 명 하타 철을 가리지 않고 그때그때 씨를 뿌려 가꾸어 먹는 푸성귀. ¶ 중갈이 김치. 참 얼갈이.

중-갑판(中甲板) 명 함선의 갑판 중에서 가장 크고 으뜸가는 갑판.

중ː-값(重-) [-깝] 명 비싼 값. 중가(重價). *중ː값이[-깝씨]·중ː값만[-깜-]

중강(中腔) 명 국악 형식에서 세 마디로 나눌 때, 중간 가락의 마디. 참 전강(前腔)·후강(後腔).

중ː개(仲介) 명 하타 제삼자의 처지로, 둘 이상의 당사자 사이에 들어 어떤 일을 주선함. ¶ 중개 상인. /부동산 중개 수수료.

중-개념(中概念) 명 삼단 논법의 대전제와 소전제에 공통으로 포함되어 대개념과 소개념을 매개하여 결론을 성립시키는 개념. 매개념(媒概念). 중명사(中名辭). 참 삼단 논법.

중ː개^무ː역(仲介貿易) 명 제삼국의 무역업자가 거래의 주체가 되어, 물자를 외국에서 외국으로 이동하는 무역 형태. 참 중계 무역(中繼貿易).

중ː개-업(仲介業) 명 상행위의 대리, 또는 상품 매매의 중개를 전문으로 하는 직업.

중ː개-인(仲介人) 명 상품 매매를 중간에서 중개하는 사람.

중-거리(中鋸-) 명 길이가 큰 톱과 작은 톱의 중간쯤 되는 톱.

중-거리(中距離) 명 ①짧지도 길지도 않은 중간 정도의 거리. ¶ 중거리 슛. ②〈중거리 달리기〉의 준말.

중거리^경ː주(中距離競走) 명 중거리 달리기.

중거리^달리기(中距離-) 명 트랙 경기의 한 가지. 남자 800 m·1500 m 달리기와 여자 400 m·800 m 달리기 따위를 통틀어 이르는 말. 중거리 경주. 준 중거리. 참 장거리 달리기.

중ː건(重建) 명 하타 되사 (절이나 궁궐 따위의 건물을) 손질하여 고쳐 세움.

중견(中堅) 명 ①어떤 단체나 사회에서 중심이 되어 활동하거나 중요한 구실을 하는 사람. ¶ 중견 간부. ②주장(主將)의 직접 지휘 아래에 둔 정예(精銳)로 편성한 중군(中軍). ③야구에서, 2루의 뒤쪽, 곧 외야의 중앙부.

중견(中繭) 명 품질이 중길쯤 되는 고치.

중견-수(中堅手) 명 야구에서, 외야의 중앙부를 맡아 지키는 선수.

중견^작가(中堅作家) [-까] 명 작품의 질과 양, 또는 문단 경력에 있어 중견이 되는 작가.

중ː-견책(重譴責) 명 하타 되자 잘못을 매우 호되게 꾸짖는 일.

중경(中京) 명 고려 시대의 사경(四京)의 하나. 서울이던 '개성(開城)'을 달리 이르던 말.

중경(中耕) 명 하타 사이갈이.

중ː-경상(重輕傷) 명 중상과 경상.

중계(中棨) [-계/-게] 명 중깃.

중계(中階) [-계/-게] 명 집을 지을 때 기초가 되도록 한 층을 높게 쌓아 올린 단.

중계(中繼) [-계/-게] 명 하타 되자 ①중간에서 이어 줌. ②〈중계방송(中繼放送)〉의 준말. ¶ 위성 중계.

중계^무ː역(中繼貿易) [-계-/-게-] 명 외국에서 수입한 물자를 그대로, 또는 약간 가공하여 재수출하는 형태의 무역. 통과 무역. 참 중개 무역.

중계-방송(中繼放送) [-계-/-게-] 명 어떤 방송국의 프로그램을 다른 방송국에서 중계하는 일, 또는 방송국의 스튜디오 이외의 곳에서 보내는 방송. 준 중계.

중계-소(中繼所) [-계-/-게-] 명 중계하는 곳.

중계-항(中繼港) [-계-/-게-] 명 중계 무역을 하는 항구.

중고(中古) 명 ①역사상의 시대 구분의 한 가지. 상고(上古)와 근고(近古) 사이의 고대(古代). ②〈중고품(中古品)〉의 준말.

중ː고(重苦) 명 참기 힘든 고통.

중ː-고기 명 잉엇과의 민물고기. 몸길이 10~16 cm. 몸이 가늘고 길어 대구와 비슷하나 옆으로 납작함. 몸빛은 등이 녹갈색이고 배는 은백색임. 우리나라 서해와 남해로 흐르는 하천에 분포하고 중국에도 분포함.

중고-제(中高制) 명 판소리 유파의 한 가지. 서편제와 동편제의 중간적 성격을 띠는 창법(唱法)으로, 첫소리를 평평하게 시작하여 중간을 높였다가 끝을 다시 낮추어 끊는 것이 특색임. 경기·충청 지역에서 전승되어 옴. 참 동편제·서편제.

중고-차(中古車) 명 이미 사용하여 새것이 아닌 자동차.

중고-품(中古品) 명 (꽤 오래 써서) 좀 낡은 물건. 준 중고.

중곤(中棍) 명 조선 시대에, 죄인의 볼기를 치던 곤장의 한 가지. 대곤보다 작고 소곤보다 조금 큰 곤장. 참 대곤.

중:곤(重棍)명 조선 시대에, 죽을죄를 지은 죄인의 볼기를 치던 곤장의 한 가지. 치도곤보다 작고 대곤보다 조금 큰 곤장. 참치도곤(治盜棍).

중공(中空)명 ①☞중천(中天). ②속이 빔.

중:-공업(重工業)명 제철·기계·조선·차량 따위와 같이 용적에 비하여 무게가 큰 물건을 만드는 공업. ↔경공업(輕工業).

중공^인견사(中空人絹絲)명 섬유의 속이 비게 만든 특수한 인조 견사. 광택이 부드럽고 보온성이 큼. 마카로니 인견사.

중:과(重科)명 ①(죄에 비하여) 무거운 형벌. ②☞중죄(重罪).

중:과(重過)명 〈중과실(重過失)〉의 준말.

중:과(重課)명하타되자 부담이 많이 가게 매김. ¶ 세금이 중과되다.

중:과(衆寡)명 수효의 많음과 적음.

중:과부적(衆寡不敵)명하자 적은 수효로 많은 수효를 맞겨루지 못함. 과부적중.

중:-과실(重過失)명 법률에서, '관리 책임을 진 사람이 주의나 의무를 게을리 했다고 크게 비난받을 만한 상태나 행위'를 이르는 말. 준중과. ↔경과실(輕過失).

중-과피(中果皮)명 열매의 내과피와 외과피 사이에 있는 속껍질. 복숭아 따위의 겉껍질을 벗긴 다음의 먹을 수 있는 육질(肉質). 참내과피·외과피.

중관(中官)명 ☞내시(內侍).

중관(中觀)명 제법실상과 중도의 이치를 바르게 규명하는 일.

중-괄식(中括式)명 글의 중간 부분에 중심 내용이 오는 산문 구성 방식. 참두괄식·미괄식·양괄식.

중-괄호(中括弧)명 문장 부호 중 묶음표의 한 가지인 '{ }'의 이름. 여러 단위를 동등하게 묶어서 보일 때에 쓰임. 활짱묶음.

중-괴탄(中塊炭)[-괴-/-궤-]명 덩이가 자질구레한 석탄.

중교-점(中交點)[-쩜]명 ☞강교점(降交點).

중:구(重九)명 ☞중양(重陽).

중:구(衆口)명 뭇입.

중:구-난방(衆口難防)명 〔뭇사람의 말을 막기가 어렵다는 뜻으로〕 '뭇사람의 여러 가지 의견(意見)을 하나하나 받아넘기기 어려움'을 이르는 말. ¶ 중구난방으로 떠들어 대다.

중구미명 활을 잡은 팔의 팔꿈치.

중:구-삭금(衆口鑠金)[-끔]명 〔뭇사람의 입에 오르면 쇠도 녹는다는 뜻으로〕 '여러 사람의 말은 큰 힘이 있음'을 이르는 말.

중국-어(中國語)명 중국인이 쓰는 말.

중:-국적(重國籍)[-쩍]명 한 사람이 두 나라 이상의 국적을 가지는 일.

중국-전(中-殿)[-쩐]명 〈중궁전(中宮殿)〉의 변한말.

중국-집(中國-)[-찝]명 중화요리를 파는 식당.

중군(中軍)명 ①지난날, 전군의 한가운데에 있던 부대. 대개, 장수가 직접 통솔함. ②조선 시대에, 각 군영의 대장이나 절도사·방어사·통제사 등에 버금가던 장군.

중궁(中宮)명 〈중궁전(中宮殿)〉의 준말.

중궁-전(中宮殿)명 ①왕비가 거처하던 궁전. ②〈왕비(王妃)〉의 높임말. ②곤전(坤殿). 준중전·②중궁. 변중국전.

중권(中卷)명 (상·중·하 세 권으로 된 책의) 가운데 권.

중:권(重圈)[-꿘]명 밀도가 큰 물질로 이루어져 지구 질량의 대부분을 차지하고 있는 지구의 중심부. 지심(地心). 지핵(地核).

중-귀틀(中-)명 동(棟)귀틀 사이를 막아 낀 귀틀.

중-근동(中近東)명 중동과 근동 지역. 곧, 리비아에서 아프가니스탄까지의 북아프리카와 서아시아를 포함한 지역.

중금(中笒)명 저〔笛〕의 한 가지. 대금보다 약간 작음. 본중함(中笒).

중:-금속(重金屬)명 비중이 4 이상인 금속 원소를 통틀어 이르는 말. 〔금·은·동·납·수은·아연·카드뮴·코발트 따위.〕 ↔경금속.

중:금-주의(重金主義)[-의/-이]명 화폐나 금의 증가만이 국부(國富)의 유일한 방법이라고 하였던 경제학상의 주의.

중:금-학파(重金學派)명 중금주의를 내세웠던 경제학의 한 파.

중급(中級)명 중간치의 등급. ¶ 중급 과정. /중급 제품.

중기(中氣)명 ①사람의 속 기운. ②이십사절기 가운데 양력으로 매달 중순 이후에 드는 절기. 〔우수·춘분·곡우 따위.〕 ③☞기색(氣塞). ④☞중풍(中風).

중기(中期)명 (일정한 기간의) 중간인 시기. ¶ 구석기 중기. /조선 중기.

중:기(重器)명 ①귀중한 기구. ②중요한 인물.

중:기(重機)명 ①〈중기관총(重機關銃)〉의 준말. ②중공업에 쓰는 기계. ③건설 공사 따위에 쓰이는 일정한 무게 이상의 기계.

중:-기관총(重機關銃)명 비교적 무겁고 구경(口徑)이 큰 기관총을 통틀어 이르는 말. 준중기. ↔경기관총.

중기-중기부 크기가 비슷한 물건들이 여기저기 모여 있는 모양.

중-길(中-)[-낄]명 같은 종류의 여럿 가운데서 품질이 중간쯤 되는 등급. 중질(中秩).

중-깃(中-)[-긷]명 벽 사이에 욋가지를 대고 엮기 위하여 듬성듬성 세우는 가는 기둥. 중계(中棨). * 중깃이[-기시]·중깃만[-긴-]

중-나리명 백합과의 다년초. 산지에 나는데, 줄기 높이는 1m가량. 여름에 황적색의 꽃이 줄기와 가지 끝에 핌. 넓은 달걀 모양인 비늘줄기와 어린잎은 식용함.

중난(重難) '중난하다'의 어근.

중:난-하다(重難-)형여 ①중대하고도 어렵다. 난중하다. ②매우 소중하다. **중난-히**부.

중-남미(中南美)명 ☞라틴 아메리카.

중:녀(衆女)명 많은 여자. 뭇 여자.

중년(中年)명 마흔 살 안팎의 나이. ¶ 중년 남자.

중:-노동(重勞動)명 육체적으로 몹시 힘이 드는 고된 노동. 중노역. ↔경노동(輕勞動).

중:-노릇[-른]명하자 중 행세를 함, 또는 그 행세. * 중:노릇이[-르시]·중:노릇만[-른-]

중노미명 음식점이나 여관 같은 데서 허드렛일을 하는 남자.

중:-노역(重勞役)명 ☞중노동(重勞動).

중-노인(中老人)명 중늙은이.

중농(中農)명 중간 정도의 농토를 가지고 비교적 여유 있는 생활을 하는 농가나 농민. 참대농(大農)·소농(小農).

중:농-주의(重農主義)[-의/-이]명 18세기 중엽에 프랑스 경제학자들이 중상(重商)주의에 대항하여 국부(國富)의 바탕은 농업에 있다고 주장한 경제 사상. 상농주의(尙農主義).

중ː농-학파(重農學派)명 중농주의(重農主義)를 내세우는 학파.

중뇌(中腦)[-뇌/-눼]명 뇌의 일부로, 대뇌 아래에 좁게 자리한 부분. 대뇌와 다른 부분을 연락하며 안구(眼球) 운동, 동공(瞳孔) 조절, 체위 반사 등을 맡아보는 신경 중추가 있음. 가운데골.

중-늙은이(中-)명 초로(初老)는 지났으나 아주 늙지는 않은 사람. 준노인. 중로

중ː다(衆多) '중다하다'의 어근.

중다리명 올벼의 한 가지. 한식(寒食) 뒤에 바로 씨를 뿌리며 누른빛의 까라기가 있음.

중-다버지명 길게 자라서 더펄더펄한 머리, 또는 그런 머리를 가진 아이.

중ː다-하다(衆多-)형여 수효가 많다.

중단(中段)명 ①한 편(篇)의 글에서 가운데 단락. ②한가운데의 층.

중단(中單)명 남자의 상복(喪服) 속에 받쳐 입는 소매가 넓은 두루마기.

중단(中斷)명하타 되자 중도에서 끊어짐, 또는 중도에서 끊음. 중절(中絕). ¶ 중단 없는 전진. /공사를 중단하다.

중-단전(中丹田)명 도가(道家)에서, 삼단전(三丹田)의 하나인 심장을 이르는 말.

중-단파(中短波)명 파장(波長) 50~200 m의 전파. 해상 업무 따위의 먼 거리에 쓰임.

중-닭(中-)[-딱]명 중간 정도 크기의 닭. * 중닭이[-딸기]·중닭만[-땅-]

중답(中畓)명 땅과 물의 형편이 중길쯤 되는 논. 참상답·하답.

중-답주(中畓主)[-쭈]명 지주의 땅을 빌려서 다시 남에게 빌려 주고 중도조(中賭租)를 받아먹는 사람. 중도주(中賭主).

중당(中堂)명 ①중국 당나라 때, 재상이 정무(政務)를 보던 곳. ②지난날, '재상(宰相)'을 달리 일컫던 말. ③천태종(天台宗)의 본존을 안치하는 본당.

중대(中隊)명 ①(육군과 해병대의) 부대 편제의 한 단위. 보통, 4개 소대로 편성되며 대위(大尉)가 지휘함. ②지난날, 행군할 때 다섯 오(伍)로 편성된 25명의 군사를 이르던 말.

중ː대(重大)명하형 가볍게 여길 수 없을 만큼 아주 중요함. ¶ 중대 발표. /중대한 책임. **중대-히**부.

중ː-대가리명 '중처럼 빡빡 깎은 머리, 또는 그렇게 깎은 사람'을 속되게 이르는 말.

중-대님(中-)[-때-]명 무릎의 바로 밑에 매는 대님.

중-대문(中大門)[-때-]명 '중문(中門)'을 흔히 이르는 말.

중-대방(中帶枋)명 판벽(板壁) 한가운데에 댄 띳방.

중ː대-사(重大事)명 크고 중요한 일.

중ː대-시(重大視)명하타 (어떤 사물을) 중대하게 여김, 또는 중대하게 봄. 준중시.

중대-장(中隊長)명 군대에서, 중대를 지휘 통솔하는 지휘관. 〔보통, 대위(大尉)로써 임명함.〕

중덕(中德)명 조선 시대에, 승과(僧科)에 합격하여 2년 이상 선(禪)이나 교(教)를 닦은 사람에게 주던 승려의 법계(法階).

중덜-거리다자 자꾸 중덜중덜하다. 중덜대다. 작종달거리다. 센쭝덜거리다.

중덜-대다자 중덜거리다.

중덜-중덜부하자 못마땅하다는 말투로 중얼중얼하는 모양. 작종달종달. 센쭝덜쭝덜.

중도명 〈중도위〉의 준말.

중도(中途)명 ①일이 되어 가는 동안. 하던 일의 중간. 도중(途中). ¶ 중도 탈락. /학업을 중도에 그만두다. ②☞중로(中路).

중도(中道)명 ①어느 쪽으로도 치우치지 않는 일. ¶ 중도 노선. /중도를 걷다. ②☞중로(中路). ③불교에서 이르는, 유(有)나 공(空)의 어느 한쪽에 치우치지 않는 진실한 도리, 또는 고락의 양편을 떠난 올바른 행법.

중ː도(重盜)명하자 ☞더블 스틸(double steal).

중ː도(衆徒)명 한 절에 있는, 주지(住持) 이외의 다른 중들을 이르는 말.

중도-개로(中途改路)명하자 일을 진행하는 중간에 방침을 바꿈.

중도-금(中渡金)명 부동산 따위의 거래에서, 계약금과 잔금 사이에 내입금(內入金)으로 치르는 돈.

중-도리(中-)명 서까래를 받치기 위하여 동자기둥 중간에 가로 얹는 도리.

중도위명 장판으로 돌아다니며 과실이나 나무 따위를 거간하는 사람. 장쾌(駔儈). 준중도.

중도이폐(中途而廢)[-폐/-페]명하타 일을 하다가 중도에서 그만둠. 반도이폐(半途而廢).

중-도조(中賭租)[-또-]명 중답주가 소작인에게 원래의 도조 외에 얼마간을 더 받아서 차지하는 도조.

중-도주(中賭主)[-또-]명 ☞중답주(中畓主).

중독(中毒)명되자 ①생체가 음식이나 약물의 독성에 의하여 기능 장애를 일으키는 일. ¶ 연탄가스 중독. ②술·마약 따위를 계속적으로 지나치게 먹거나 하여, 그것 없이는 견디지 못하는 병적인 상태가 되는 일. ¶ 마약 중독.

중독-량(中毒量)[-동냥]명 어떤 약물이 중독 현상을 일으키게 되는 가장 적은 분량.

중독-성(中毒性)[-썽]명 중독을 일으키는 성질. ¶ 마약은 중독성이 강하다.

중독^약시(中毒弱視)[-동냑씨]명 중독으로 말미암아 시력이 약해지는 일.

중독-자(中毒者)[-짜]명 마약이나 알코올 따위에 중독되어 신체에 기능 장애를 일으킨 사람.

중독-진(中毒疹)[-찐]명 중독으로 말미암아 몸 안팎에 생기는 발진.

중동(中-)명 사물의 중간이 되는 부분. 가운데 토막. ¶ 중동이 꺾어지다.

중동(中東)명 (유럽을 기준으로 한) 극동과 근동의 중간 지역. 곧, 지중해 연안의 서남아시아 및 이집트를 포함한 지역.

중ː동(仲冬)명 ①한겨울. ②'동짓달'의 다른 이름. 참계동(季冬)·맹동(孟冬).

중동-끈(中-)명 여자의 치마 위에 눌러 띠는 좁고 긴 끈. 진일을 할 때 치마가 거치적거리지 않게 하려고 띰.

중동-무이(中-)명하타 되자 (하던 일이나 말을) 끝마치지 못하고 중간에서 흐지부지 그만둠.

중동-바지(中-)명 위는 홑으로 아래는 겹으로 지은 여자의 바지.

중동-치레(中-)명하자 주머니·허리띠·쌈지 따위로 허리 부분을 치장하는 일.

중동-풀다(中-)[~푸니·~풀어]자 중동치레를 잘하다.

중두(中頭)명 과거 때 짓는 시문의 한 종류인 책문(策問)의 문체. 중간에서 논지(論旨)를 한 번 바꾸어 다른 말로 서술하는 방식임.

중두리(中-)명 독보다 조금 작고 배가 불룩한 오지그릇.

중ː둥-밥 (重-) 명 ①팥을 달인 물에 입쌀을 안쳐 지은 밥. ②찬밥에 물을 조금 치고 다시 물린 밥.

중등 (中等) 명 《일부 명사 앞에 쓰이어》 가운데 등급. 상등과 하등, 초등과 고등의 사이. ¶ 중등 영어 회화.

중등^교ː육 (中等教育) 명 초등 교육을 받은 사람에게 베푸는 중등 정도의 교육, 곧 중학교 및 고등학교에서 실시하는 교육.

중등-맞다 (中等-) [-맏따] 자 조선 시대에, 벼슬아치가 도목정사(都目政事)에 중등의 성적을 맞다. 〔이 등급을 맞으면 벼슬자리를 내놓아야 함.〕 참하등(下等)맞다.

중등-학교 (中等學校) [-꾜] 명 초등 교육을 마친 사람에게 중등 교육(中等教育)을 베푸는 학교. 곧, 중학교와 고등학교.

중-띠 (中-) 명 두 층으로 된 나무 그릇의 층 사이에 가로 꾸미는 나무오리.

중랑-장 (中郞將) [-낭-] 명 고려 시대, 무관의 정오품 벼슬. 장군의 아래, 낭장(郞將)의 위.

중ː래 (重來) [-내] 명하자 ①한번 지낸 벼슬을 거듭 맡게 됨. ②갔다가 다시 옴.

중략 (中略) [-냑] 명하타되자 (말이나 글의) 중간을 줄임. 참전략(前略)·후략(後略).

중량 (中涼) [-냥] 명 세량(細涼)보다 좀 굵게 만든 갓양태. 참세량.

중ː량 (重量) [-냥] 명 ①무게. ②무거운 무게. ↔경량(輕量). ③지구 상의 물체에 작용하는 중력(重力)의 크기.

중ː량-감 (重量感) [-냥-] 명 사물의 무게에서 오는 묵직한 느낌. ¶ 중량감을 느끼다. /주인공의 중량감이 떨어진다.

중량-급 (中量級) [-냥끕] 명 체급에 따라 하는 운동 경기에서, 중량급(重量級)보다 가볍고 경량급(輕量級)보다 무거운 체급.

중ː량-급 (重量級) [-냥끕] 명 체급에 따라 하는 운동 경기에서, 무거운 체급. 주로, 헤비급을 이름. 참경량급(輕量級)·중량급(中量級).

중ː량^분석 (重量分析) [-냥-] 명 정량(定量) 분석의 한 가지. 어떤 물질을 구성하고 있는 여러 성분 가운데 하나의 성분을 분리하여 중량을 재서 그 성분의 양을 구하는 분석법.

중ː량-톤 (重量ton) [-냥-] 의 배에 실을 수 있는 짐의 최대 중량.

중ː량-품 (重量品) [-냥-] 명 ①무게가 무거운 물품. ②하물 수송에서, 부피에 비하여 무게가 무거워서, 그 무게에 따라 운임이 계산되는 물품. ↔경량품(輕量品).

중ː려 (衆慮) [-녀] 명 많은 사람의 염려.

중력 (中力) [-녁] 명 ☞중힘.

중력 (中曆) [-녁] 명 겉장을 잘 꾸미지 않은 책력. 책장을 접어서 풀로만 붙임.

중ː력 (重力) [-녁] 명 지표(地表) 부근의 물체를 지구의 중심 방향으로 끌어당기는 힘.

중ː력 (衆力) [-녁] 명 뭇사람의 힘.

중ː력^가속도 (重力加速度) [-녁까-또] 명 물체가 운동할 때 중력의 작용으로 말미암아 생기는 가속도.

중ː력^단위계 (重力單位系) [-녁따뉘계/-녁따뉘게] 명 기본 단위로 길이·시간·중량을 채택하여, 다른 여러 단위를 이로부터 이끌어 내는 단위계.

중ː력^댐 (重力dam) [-녁-] 명 콘크리트로 된 둑 자체의 무게로 물의 수압(水壓)을 견디어 낼 수 있게 만든 댐.

중력-분 (中力粉) [-녁뿐] 명 글루텐의 함량에 따라 나눈 밀가루 종류의 한 가지. 강력분보다 찰기가 덜한 밀가루로, 주로 국수를 만드는 데 알맞음. 참강력분·박력분.

중ː력-수 (重力水) [-녁쑤] 명 중력에 따라 차차 땅속 깊이 스며들어 가는 지하수의 한 가지. 참모관수(毛管水)·흡착수(吸着水).

중ː력-파 (重力波) [-녁-] 명 ①액체 표면에 생기는 물결 가운데 중력의 작용에 따라 일어나는 파동. ②(아인슈타인의 일반 상대성 이론의 결과로 알려진) 만유인력의 파동.

중령 (中領) [-녕] 명 국군의 영관(領官) 계급의 하나. 소령의 위, 대령의 아래.

중로 (中老) [-노] 명 중늙은이.

중로 (中路) [-노] 명 ①오가는 길의 중간. 《주로, '중로에'·'중로에서'의 꼴로 쓰임.》 중도(中道). 중도(中途). ②중인(中人)의 계급.

중로-배 (中路輩) [-노-] 명 '중인(中人) 계급의 사람'을 낮추어 이르는 말.

중ː록 (重祿) [-녹] 명 많고도 후한 녹봉(祿俸).

중ː론 (衆論) [-논] 명 여러 사람의 의론. 중의(衆議). ¶ 중론이 일치하다.

중ː론불일 (衆論不一) [-논-] 명하형 여러 사람의 의론이 한결같지 않음.

중롱 (中籠) [-농] 명 너무 크지도 작지도 않은 중간 정도의 장롱.

중류 (中流) [-뉴] 명 ①강이나 내의 중간 부분. ②기류(氣流)의 중간쯤. ③높지도 낮지도 않은 중간 정도의 계층. 중층(中層). ¶ 중류 가정.

중류^계급 (中流階級) [-뉴계-/-뉴게-] 명 생활이나 문화 수준 등이 중류쯤 되는 계급.

중류^사회 (中流社會) [-뉴-회/-뉴-훼] 명 중류 계급으로 이루어진 사회.

중류-층 (中流層) [-뉴-] 명 중류 생활을 하고 있는 사회 계층.

중륵-맥 (中肋脈) [-능-] 명 잎의 한가운데에 있는 굵은 잎맥. 주맥(主脈).

중ː리 (重利) [-니] 명 ①큰 이익. ②☞복리(複利).

중ː리-법 (重利法) [-니뻡] 명 ☞복리법(複利法).

중림 (中林) [-님] 명 교목(喬木)과 관목(灌木)이 뒤섞여 이루어진 숲.

중립 (中立) [-닙] 명 ①하자어느 쪽에도 치우치지 않고 중간에 섬. ¶ 중립 노선. /중립을 지키다. ②전쟁에 참가하지 않은 국가가 교전국 쌍방에 대하여 가지는 국제법상의 지위.

중립-국 (中立國) [-닙꾹] 명 중립주의를 외교 방침으로 하는 나라. 〔국외(局外) 중립국과 영세(永世) 중립국을 아울러 이름.〕

중립^내ː각 (中立內閣) [-님-] 명 ☞거국 내각.

중립-좌 (中立座) [-닙쫘] 명 물체의 위치가 변해도 중심(重心)의 높이는 변하지 않고 변한 위치 그대로 언제나 정지되는 일. 〔구형(球形)이나 원뿔체 따위.〕

중립-주의 (中立主義) [-닙쭈의/-닙쭈이] 명 전시나 평시를 막론하고 대립하는 어느 쪽에도 가담하지 않는 정책을 지키려는 외교상의 처지.

중립^지대 (中立地帶) [-닙찌-] 명 평시에 요새의 건조나 군대의 주둔이 금지된 지역, 또는 전시에 교전국 군대의 중간에 지정하여 서로 병력을 투입하지 않기로 협정한 지역. 비무장 지대.

중-마냥 (中-) 명 중모보다는 늦고 늦모보다는 이르게 심는 모. 중만앙(中晩秧).

중-마름 (中-) 명 지난날, 마름에게 도조(賭租)를 주기로 하고 얼마의 땅을 전차(轉借)하여, 소작인에게 혹독한 소작료를 받아먹던 마름.

중ː만(衆巒)명 많은 산봉우리.
중-만앙(中晩秧)명 ☞중마냥.
중ː망(重望)명 썩 두터운 명망.
중ː망(衆望)명 많은 사람으로부터 받고 있는 신망. ¶ 중망에 보답하다.
중ː망소귀(衆望所歸)명 많은 사람의 기대가 한 사람에게 쏠림.
중매(仲媒)명하타 남녀 사이에 들어 혼인을 어울리게 함, 또는 그 일이나 사람. 매자(媒子). 매작(媒妁). 중신.
중매는 잘하면 술이 석 잔이고 못하면 뺨이 세 대라속담 중매는 억지로나 함부로 권할 것이 아니라는 말.
중매(를) 들다관용 중매하기 위하여 남자와 여자 사이에 들어 주선하다.
중매(를) 서다관용 중매하기 위하여 남자와 여자 사이에 나서서 주선하다. 중신(을) 서다.
중매(仲買)명하타 물품이나 권리 등의 사고파는 일을 매개해 주고 영리를 얻는 일.
중매-결혼(仲媒結婚)명 중매를 통하여 이루어진 결혼. 참연애결혼.
중매-상(仲買商)명 중매(仲買)를 업으로 하는 상인. 중개인.
중매-인(仲媒人)명 혼인을 중매하는 사람.
중매-인(仲買人)명 ①전매(轉賣)도 하고 거간도 하는 상인. 중상(中商). ②거간꾼.
중매-쟁이(仲媒-)명 '중매인(仲媒人)'을 낮잡아 이르는 말.
중ː맹(重盟)명하타 거듭 맹세함, 또는 그러한 맹세.
중ː명(重名)명 ①세상에 널리 떨친 명성. ②하자명예를 소중히 여김.
중-명사(中名辭)명 '중개념(中概念)'을 언어로 나타냈을 때 이르는 말. 매명사(媒名辭).
중-모(中-)명 모내기 철에 이르지도 늦지도 않게 낸 모.
중모리-장단명 판소리 및 산조 장단의 한 가지. 진양조장단보다 조금 빠르고 중중모리장단보다 조금 느린 장단.
중-모음(中母音)명 단모음(單母音)의 한 갈래. 입을 중간 정도로 벌려서 발음하는 모음. 〔'ㅔ·ㅚ·ㅓ·ㅗ' 따위.〕
중ː-모음(重母音)명 ☞이중 모음(二重母音).
중목(中木)명 중길쯤 되는 무명.
중ː목(衆目)명 뭇사람의 눈. ¶ 중목이 두려워서라도 그 짓은 못하겠다.
중목-방매(中目放賣)[-빵-]명하타 남의 물건을 훔쳐다 팖.
중ː목소시(衆目所視)[-쏘-]명 뭇사람이 다 같이 보고 있는 터. 중인소시(衆人所視).
중ː-무기(重武器)명 혼자 들거나 메어 나를 수 없는 무겁고 큰 무기.
중무소주(中無所主)명하형 마음에 일정한 줏대가 없음.
중ː-무장(重武裝)명하자 중무기로 무장함, 또는 그런 무장.
중문(中門)명 대문 안에 또 세운 문. 중문(重門). 중대문(中大門).
중ː문(重文)명 둘 이상의 절(節)이 대등하게 이어진 문장. 〔'범은 가죽을 남기고, 사람은 이름을 남긴다.' 따위.〕 거듭월. 대등문(對等文). 참단문.
중ː문(重門)명 ☞중문(中門).
중-물(中-)명 만물과 끝물의 중간에 나오는 푸성귀나 해산물 따위.
중미(中米)명 깨끗하게 쓿지 못한, 품질이 중길쯤 되는 쌀. 참상미(上米)·하미(下米).
중미(中美)명 ☞중앙아메리카.
중ː민(衆民)명 뭇 백성.
중-바닥(中-)[-빠-]명 '중촌(中村)'을 낮추어 이르는 말.
중ː-바랑명 〈바랑〉의 본딧말.
중반(中飯)명 점심.
중반(中盤)명 ①바둑이나 장기 또는 운동 경기 등에서, 초반이 끝나고 점점 본격적인 대전(對戰)으로 들어가는 국면. ¶ 경기가 중반에 접어들다. ②어떤 사물의 진행이 중간쯤 되는 단계.
중반-전(中盤戰)명 바둑·장기·운동 경기 등에서, 초반을 지나 한창 치열해진 싸움.
중발(中鉢)명 놋쇠로 만든 자그마한 밥그릇.
중방(中枋)명 ①〈중인방(中引枋)〉의 준말. ②툇양과 탕개줄 사이에 양쪽 마구리를 버티어 지른 기둥 막대기.
중방(中房)명 지난날, 지방 수령(守令)을 따라다니며 시중을 들던 사람.
중방-구멍(中枋-)[-꾸-]명 중인방을 끼게 한 구멍.
중방-목(中枋木)명 중인방으로 쓰는 재목.
중방-벽(中枋壁)[-뼉]명 중인방 위쪽의 벽.
중-배(中-)[-빼]명 ①길쭉한 물건의 불룩하게 나온 가운데 부분. 중복(中腹). ②짐승의 맏배 다음에 낳은 새끼.
중-배끼명 유밀과의 한 가지. 밀가루를 꿀 또는 조청과 기름으로 반죽하여 긴 네모꼴로 썰어 기름에 지져 만듦.
중-배엽(中胚葉)명 난분할(卵分割)에 의하여 내배엽(內胚葉)과 외배엽(外胚葉) 사이에 생기는 세포층. 나중에, 여기서 골격·근육·내장 기관 등이 형성됨.
중-백의(中白衣)[-배긔/-배기]명 가톨릭에서, 무릎까지 내려오는 짧은 흰 옷. 성직자가 성사를 집행할 때 입음.
중ː벌(重罰)명 중한 형벌. 무거운 징벌. ¶ 중벌로 다스리다. /중벌을 내리다. ↔경벌(輕罰).
중ː범(重犯)명 ①크고 중한 범죄. ②하자죄를 거듭 저지름, 또는 그 사람.
중ː변(重邊)명 비싼 이자.
중병(中病)[-뼝]명 일의 중도에서 뜻밖에 생기는 사고나 탈. ¶ 중병이 나다.
중ː병(重病)명 (목숨이 위태로울 만큼) 크게 앓는 병. 중태에 빠진 병. 대병(大病). 중환(重患). ¶ 중병을 앓다. /중병을 얻다. /중병에 걸리다.
중-병아리(中-)[-뼝-]명 크지도 작지도 않은 중치쯤 되는 병아리.
중ː병지여(重病之餘)명 중병을 앓고 난 뒤.
중보(仲保·中保)명 ①둘 사이에 들어 일을 주선하는 사람. ②개신교에서, 사람과 하나님 사이에서의 예수의 역할. 곧, 그리스도가 인간의 죄를 대신해서 피를 흘리고 죽음으로 하나님과의 관계를 회복시키고 유지하도록 한 일.
중ː보(重寶)명 아주 귀중한 보배.
중보-자(仲保者)명 개신교에서, 중보의 역할을 하는 사람, 곧 그리스도를 이르는 말.
중복(中伏)명 삼복(三伏)의 두 번째 복날. 초복(初伏) 다음으로, 하지(夏至) 뒤의 넷째 경일(庚日). 참초복(初伏)·말복(末伏).
중복(中腹)명 ①☞중배. ②산의 중턱.
중ː복(重卜)명하타 지난날, '의정(議政) 벼슬에 중임(重任)됨'을 이르던 말.

중ː복(重服)명 상례 복제에서, 대공친(大功親)이 입는 상복. ↔경복(輕服).
중ː복(重複)명하타되자 거듭함. 겹침. ¶ 일의 중복을 피하다.
중복-허리(中伏-)[-보커-]명 중복 무렵, 곧 한여름의 가장 더운 때.
중본(中本)명 (같은 종류 가운데서) 대본과 소본의 중간이 되는 본새.
중-봉(中峯)명 ①가운데 봉우리. ②봉우리의 중턱.
중부(中孚)명 〈중부괘(中孚卦)〉의 준말.
중부(中部)명 ①어떤 지역의 가운데 부분. ¶ 중부 지방. ②조선 시대에, 서울 안을 다섯으로 나눈 구역의 하나, 또는 그를 맡아 다스리던 관아.
중ː부(仲父)명 아버지의 형제 가운데, 백부(伯父) 이외의 아버지의 형을 이르는 말.
중부-괘(中孚卦)명 육십사괘의 하나. 손괘(巽卦)와 태괘(兌卦)를 위아래로 놓은 괘. 못 위에 바람이 있음을 상징함. 준중부(中孚).
중부중(中不中)명 맞힘과 못 맞힘. 들어맞음과 들어맞지 않음.
중분(中分)명 ①하타되자가운데를 갈라 반으로 나눔. ②중년(中年), 또는 중년의 분복(分福)이나 운수. 참말분(末分)·초분(初分).
중비(中批)명하타 조선 시대에, 전형을 거치지 않고 임금의 특지로 벼슬아치를 임명하던 일.
중ː빈(衆賓)명 많은 손.
중뿔-나다(中-)[-라-]형 《주로 '중뿔나게'의 꼴로 쓰이어》 ①아무 관계가 없는 사람이 당치 않은 일에 참견하여 주제넘다. ¶ 남의 일에 중뿔나게 무슨 간섭인가? ②하는 일이나 모양이 엉뚱하고 유별나다. ¶ 모두 좋다는데 혼자서 중뿔나게 싫다는 까닭이 뭐냐?
중사(中士)명 국군의 부사관 계급의 하나. 하사의 위, 상사의 아래.
중사(中使)명 궁중에서 왕명(王命)을 전하던 내시(內侍).
중사(中祀)명 고려·조선 시대에, 나라에서 지내던 제향의 한 등급. 대사(大祀)보다 의식이 간단한데, 선농단(先農壇) 제사나 춘추 중월의 역대 시조에 대한 제사 등이 이에 딸렸음.
중ː사(重事)명 중대한 일. 큰일.
중ː삭(仲朔)명 그 계절의 가운데 달, 곧 음력 이월·오월·팔월·십일월 등을 이르는 말. 중월(仲月).
중ː삭(重削)명하자 〔불교에서〕 ①☞되깎이. ②처음 머리를 깎아 준 스님과 인연을 끊고 다른 스님에게 귀의하는 일.
중산^계급(中產階級)[-계-/-게-]명 (재산을 가진 정도가) 유산 계급과 무산 계급의 중간에 놓이는 사회층. 제삼 계급. 중산층. 참중간 계급.
중산-모(中山帽)명 〈중산모자〉의 준말.
중산-모자(中山帽子)명 예장 때 남자가 쓰는, 꼭대기가 둥글고 높은 서양 모자. 준중산모.
중산-층(中產層)명 ☞중산 계급.
중ː살(重殺)명하타 ☞더블 플레이.
중ː삼(重三)명 삼짇날.
중상(中商)명 물건을 사서 되넘겨 팔기도 하고 거간도 하는 상인. 중매인(仲買人).
중상(中傷)명하타 터무니없는 말로 남을 헐뜯어 명예를 손상시킴.
중상(中殤)명하자 삼상(三殤)의 하나. 12세부터 15세 사이에 죽음, 또는 그 사람. 참상상·하상.
중ː상(仲商)명 ☞중추(仲秋).
중ː상(重喪)명하자 탈상(脫喪)하기 전에 친상(親喪)을 거듭 당함.
중ː상(重傷)명하자 몹시 다침, 또는 몹시 다친 상처. ¶ 교통사고로 중상을 입다. ↔경상(輕傷).
중ː상(重賞)명하타 상을 후하게 줌, 또는 그렇게 후한 상.
중상-모략(中傷謀略)명 중상과 모략을 아울러 이르는 말. ¶ 중상모략을 일삼다. /여야가 상호 비방과 중상모략으로 시간을 보내고 있다.
중ː상-주의(重商主義)[-의/-이]명 한 나라의 부(富)는 그 나라 안에 있는 화폐나 금은의 많고 적음에 따른다고 하여, 대내적으로는 상공업을 중요시하고 대외적으로는 국가의 보호 아래 국산품의 수출을 장려하여 국부(國富)의 증대를 꾀하려는 주의.
중ː상-학파(重商學派)명 중상주의를 내세우는 경제학파.
중-새끼(中-)[-쌔-]명 거의 어미만큼 자란 새끼.
중ː생(重生)명하자 개신교에서, '영적(靈的)으로 새사람이 됨'을 이르는 말. 거듭남.
중ː생(衆生)명 ①많은 사람. ②불교에서, 부처의 구제 대상이 되는 이 세상의 모든 생물을 통틀어 이르는 말. 불자(佛子). 제유(諸有).
중ː생-계(衆生界)[-계/-게]명 불교에서 이르는, 중생이 사는 세계. 미계(迷界). 인간 세계.
중생-대(中生代)명 지질 시대의 한 구분. 고생대의 다음, 신생대의 앞 시대. 동물은 공룡 따위와 같이 거대한 파충류가 번성하였고 조류와 포유류 등이 나타났으며, 식물은 활엽수·소철·양치류 따위가 번식하였음.
중생대-층(中生代層)명 중생대(中生代)에 생긴 지층. 역암·사암·혈암·석회암·점판암 따위로 이루어짐.
중생^식물(中生植物)[-싱-]명 수생(水生) 식물과 건생(乾生) 식물의 중간적인 식물. 수분이 남거나 모자람이 없는 산야에서 나는 가장 대표적인 식물임.
중ː생-은(衆生恩)명 불교에서 이르는 사은(四恩)의 하나. 일체 중생으로부터 받는 은혜.
중ː생^제ː도(衆生濟度)명 부처가 중생을 구제하여 불과(佛果)를 얻게 하는 일. 제도 중생.
중ː생-탁(衆生濁)명 불교에서 이르는 오탁(五濁)의 하나. 중생이 죄악이 많아서 의리를 알지 못하는 일.
중서(中庶)명 중인(中人)과 서얼(庶孼)을 아울러 이르는 말.
중서(中暑)명 한방에서, 더위를 먹어서 생기는 병을 이르는 말. 머리가 아프고, 열이 오르고, 맥박이 약해지며 까무라치기도 함.
중ː서(衆庶)명 뭇사람.
중서-문하성(中書門下省)명 고려 시대에, 국가의 행정을 총괄하던 관아.
중ː석(重石)명 ☞텅스텐(tungsten).
중석기^시대(中石器時代)[-끼-]명 구석기 시대와 신석기 시대의 중간 시대. 사람들은 수렵·어로·채취 등의 경제 활동으로 비교적 정착 생활을 했으며, 세석기(細石器)를 만들어 썼음.
중선(中線)명 삼각형의 한 꼭짓점과 그 대변(對邊)의 중점을 이은 선분.
중ː선(重船)명 큰 고기잡이배.
중ː선(重選)명하타되자 거듭 뽑음.
중-선거구(中選擧區)명 대선거구와 소선거구의 중간에 해당하는 선거구. 대개, 도 단위로 2~5명의 의원을 뽑음.

중ː설(重說) 명 하타 거듭해서 말함, 또는 그 말. 중언(重言).

중ː설(衆說) 명 많은 사람의 의견.

중설^모ː음(中舌母音) 명 단모음의 한 갈래. 혀의 중간과 입천장의 중간 부분에서 조음되는 모음. 〔'ㅡ·ㅓ·ㅏ'가 이에 딸림.〕 참전설 모음·후설 모음.

중성(中性)[1] 명 ①대립되는 두 성질의 어느 쪽도 아닌 중간의 성질. ②산성과 염기성의 중간에 있다고 생각되는 물질의 성질. ③남성의 특성이나 여성의 특성이 뚜렷하지 못한 성질, 또는 그러한 사람. ④☞간성(間性).

중성(中性)[2] 명 인도·유럽 어족이나 셈 어족의 문법에서, 단어를 성(性)에 따라 구별한 종류의 한 가지. 〔중성 명사·중성 대명사 따위.〕

중성(中星) 명 이십팔수 가운데 해가 질 때와 돋을 때 하늘 정남쪽에 보이는 별.

중성(中聲) 명 ☞가운뎃소리.

중ː성(重星) 명 육안으로는 하나로 보이나 망원경으로 보면 두 개 이상으로 갈라져 보이는 별. 다중성(多重星). 참연성(連星).

중ː성(衆星) 명 뭇별.

중성^모ː음(中性母音) 명 한글의 모음 가운데 'ㅣ' 모음을 이르는 말. 모음조화에서 양성·음성 어느 모음과도 잘 어울림.

중성-미자(中性微子) 명 중성자가 양성자와 전자로 붕괴될 때에 생기는 소립자(素粒子). 전하를 가지고 있지 않고 질량이 극히 작음. 뉴트리노.

중성^반ː응(中性反應) 명 산성도 염기성도 나타내지 않는 반응.

중성^비ː료(中性肥料) 명 ①화학적으로 중성인 비료. 물에 녹였을 때 수용액이 중성을 나타냄. 〔황산암모니아·칠레 초석 따위.〕 ②생리적으로 중성인 비료. 흙 속에서 중성 반응을 나타냄. 〔질산암모니아·인산암모니아·과인산석회 따위.〕

중성^세ː제(中性洗劑) 명 합성 세제의 한 가지. 주로, 고급 알코올이나 알킬벤젠을 원료로 하여 만듦. 물에 녹아서 중성을 나타내기 때문에 섬유를 상하게 하지 않고 센물이나 산(酸)에서도 때를 씻어 내는 성질이 있음.

중성-자(中性子) 명 원자핵을 구성하는 소립자의 한 가지. 양자와 거의 같은 질량을 가지며 전하(電荷)는 없고 물질 속을 뚫고 나가는 성질이 강함. 뉴트론.

중성자-탄(中性子彈) 명 핵분열이나 핵융합 때 원자의 핵에서 방출되는 중성자와 감마(γ)선을 이용하여 만든 원자 폭탄. 시설물에는 거의 피해를 주지 않으나 인명을 대량으로 살상함.

중성^토양(中性土壤) 명 토양 반응이 산성도 알칼리성도 아닌 토양.

중성-화(中性化) 명 하자타 되자 (남성이나 여성의 특성을 잃어버려) 중성적(中性的)으로 됨, 또는 그리 되게 함.

중성-화(中性花) 명 (한 꽃 안에) 수술과 암술이 모두 퇴화하여 없는 꽃. 〔메꽃이나 수국 따위.〕

중세(中世) 명 역사의 시대 구분의 한 가지. 고대(古代)와 근대의 중간 시대. 국사에서는 고려 시대가 이에 해당됨. 중세기.

중ː세(重稅) 명 부담이 큰 조세(租稅). ¶ 중세를 부과하다.

중세^국어(中世國語) 명 (국어의 역사에서) 고려 건국 이후부터 16세기 말까지의 국어. 훈민정음 창제로 15세기 중엽부터 문헌이 풍부해졌음. 참고대 국어·근대 국어.

중세-기(中世紀) 명 ☞중세(中世).

중세-사(中世史) 명 중세기의 역사.

중세^철학(中世哲學) 명 5세기 말에서 15~16세기의 서양 철학. 교부(敎父) 철학과 스콜라 철학이 대표적임.

중-소(中-) [-쏘] 명 크기가 중치쯤 되는 소.

중소(中小) 명 《일부 명사 앞에 쓰이어》 규모나 수준 따위가 중간 정도인 것과 그 이하인 것. ¶ 중소 국가. /중소 상인.

중소(中宵) 명 한밤중. 중야(中夜).

중소(中霄) 명 ☞중천(中天).

중ː소-공지(衆所共知) 명 뭇사람이 다 아는 바.

중소-기업(中小企業) 명 자본금이나 종업원 수 또는 그 밖의 시설 등이 중소 규모인 기업.

중소기업-청(中小企業廳) 명 지식 경제부에 딸린 중앙 행정 기관의 하나. 중소기업에 대한 재정·금융·세제 지원, 기술 개발 지원 등에 관한 사무를 맡아봄.

중-소형(中小型) 명 중형과 소형을 아울러 이르는 말. ¶ 중소형 아파트. /중소형 승용차.

중ː속환-이(-俗還-) [-소콰니] 명 중 생활을 그만두고 다시 속인(俗人)이 된 사람. 준속환이.

중ː손(衆孫) 명 맏손자 이외의 여러 손자.

중ː-손녀(衆孫女) 명 맏손녀 이외의 여러 손녀.

중-송아지(中-) [-쏭-] 명 거의 다 큰 송아지.

중-솥(中-) [-솓] 명 크기가 중치인 솥. *중솥이[-소치]·중솥을[-소틀]·중솥만[-손-]

중ː쇄(重刷) 명 하타 ☞증쇄(增刷).

중쇠(中-)[1] [-쇠/-쉐] 명 〈맷돌중쇠〉의 준말.

중쇠(中-)[2] [-쇠/-쉐] 명 걸립패(乞粒牌)에서, 상쇠 다음으로 놀이를 이끄는 사람.

중쇠-받이(中-) [-쇠바지/-쉐바지] 명 맷돌 수쇠를 받는 맷돌 암쇠.

중수(中水) 명 세수나 목욕 등에 쓰인, 비교적 깨끗한 물을 간단한 정수 처리 후 다시 사용하는 물. 수세식 화장실·냉각수·세차·도로 청소 따위로 쓰임. 참상수(上水)·하수(下水).

중수(中壽) 명 장수한 것을 상·중·하로 나눌 때 중간에 해당하는 나이. 곧, 80세 또는 100세를 이름. 참상수(上壽)·하수(下壽).

중수(中數) [-쑤] 명 ①☞평균수(平均數). ②☞비례 중항(比例中項).

중ː수(重水) 명 중수소와 산소로 된, 보통의 물보다 분자량이 큰 물. 원자로의 감속재(減速材) 및 수소 폭탄 등의 원료로 쓰임.

중ː수(重囚) 명 큰 죄를 지은 죄수. 죄가 무거운 죄수. ↔경수(輕囚).

중ː수(重修) 명 하타 되자 낡고 헌 것을 다시 손대어 고침. ¶ 누각을 중수하다.

중ː수(重數) [-쑤] 명 무게의 단위로 헤아려 나타낸 수효.

중ː수-로(重水爐) 명 중수(重水)를 감속재와 냉각재로 사용하는 원자로. 참경수로.

중ː-수소(重水素) 명 수소의 동위 원소로서 질량수가 2 및 3인 수소. 〔일반적으로 질량수가 2인 동위체 ^{2}H를 이름.〕

중ː-수필(重隨筆) 명 흔히, 공적(公的)인 문제를 논리적·객관적으로 서술하는, 논설에 가까운 비개성적(非個性的)인 수필. 참경수필(輕隨筆).

중순(中旬) 명 그달의 11일부터 20일까지의 열흘 동안. 중완(中浣). 중한(中澣). 참상순(上旬)·하순(下旬).

중ː시(重視)명하타되자 ①〈중대시(重大視)〉의 준말. ②〈중요시〉의 준말. ↔경시(輕視).
중ː시(重試)명 고려·조선 시대에, 이미 과거에 급제한 사람에게 거듭 보이던 시험. 이 시험에 합격하면 성적에 따라 관직의 품계를 특진시켜 당상관까지 올려 주었음.
중-시조(中始祖)명 쇠퇴한 가문을 다시 일으켜 세운 조상.
중-시조(中時調)명 ☞엇시조(旕時調).
중ː-시하(重侍下)명 부모와 조부모를 다 모시는 처지.
중식(中食)명 점심.
중신(中-)명하타 ☞중매(仲媒).
중신(을) 서다관용 ☞중매(를) 서다.
중ː신(重臣)명 ①지난날, '정이품 이상의 벼슬아치'를 이르던 말. ②중요한 직무를 맡고 있는 신하(臣下).
중ː신(重新)명하타 거듭 새롭게 함.
중ː신(衆臣)명 여러 신하.
중신-세(中新世)명 ☞마이오세.
중신-아비(中-)명 혼인을 중매하는 남자를 낮잡아 이르는 말.
중신-어미(中-)명 혼인을 중매하는 여자를 낮잡아 이르는 말.
중신-종(中神宗)명 불교의 한 종파. 조선 세종 때, 시흥종(始興宗)·자은종(慈恩宗)·화엄종(華嚴宗)과 함께 교종(教宗)에 통합되었음.
중실(中室)명 나비 따위의 날개 밑동 부분의 굵은 맥(脈)으로 둘러 막힌 부분.
중심(中心)명 ①한가운데. 한복판. ¶ 몸의 중심. /시내의 중심을 흐르는 강. ②가장 중요한 역할을 하는 곳, 또는 그러한 위치에 있는 것. ¶ 문화의 중심. ③줏대. ¶ 중심을 잡다. /중심이 있는 사람. ④원(圓)이나 구(球)에서 가장자리의 각 점으로부터 같은 거리에 있는 점.
중ː심(重心)명 ☞무게 중심. ¶ 몸의 중심을 잡다. /중심을 잃고 쓰러지다.
중ː심(衆心)명 뭇사람의 마음.
중심-가(中心街)명 시내의 중심이 되는 거리.
중심-각(中心角)명 원에서, 두 개의 반지름이 만드는 각.
중심^기압(中心氣壓)명 고기압이나 저기압의 중심부의 기압의 값. 〔단위는 헥토파스칼.〕 중심 시도(中心示度).
중심^도법(中心圖法)[-뻡]명 지도 투영법의 한 가지. 시점(視點)을 지구 중심에 두었을 때의 투시 도법.
중심-력(中心力)[-녁]명 질점(質點)에 작용하는 힘의 방향이 늘 한 정점(定點)을 향하거나 늘 그 반대가 되거나 할 때의 힘.
중심-부(中心部)명 중심이 되는 부분. ¶ 시내의 중심부에 자리 잡고 있는 빌딩.
중심-선(中心線)명 원의 중심을 지나는 직선, 또는 주어진 두 원이나 구(球)의 중심을 잇는 선분.
중ː심성성(衆心成城)명 뭇사람의 마음이 모이면 성(城)처럼 단단해진다는 말.
중심^시ː도(中心示度)명 ☞중심 기압.
중심-식(中心蝕)명 달의 중심이 태양의 중심 방향에 있을 때의 일식(日蝕).
중심^운ː동(中心運動)명 한 정점으로 향하는 힘만이 작용하는 경우의 물체의 평면 운동.
중심-인물(中心人物)명 어떤 사건의 중심이 되는 인물. 또는, 어떤 단체나 사회에서 핵심적인 역할을 하는 인물.
중심-주(中心柱)명 고등 식물의 조직계의 한 가지. 내피에 싸인 기본 조직과 관다발로 이루어져 있는데, 수분과 양분의 통로가 됨.
중심-지(中心地)명 어떤 일이나 활동의 중심이 되는 곳. ¶ 교육의 중심지.
중심-체(中心體)명 동물 및 균류·조류·이끼류와 같은 하등 식물의 세포질 안에서 핵 가까이 있는 작은 기관.
중쑬쑬-하다(中-)형여 크지도 작지도 않고 쑬쑬하다.
중ː씨(仲氏)명 ①남의 '둘째 형'을 높이어 이르는 말. ②☞중형(仲兄).
중씰-하다(中-)형여 중년(中年)이 넘어 보이다. ¶ 중씰한 신사.
중ː압(重壓)명 ①하타무겁게 내리누름, 또는 그런 압력. ②견디기 힘들게 강요하거나 강제하는 힘.
중ː압-감(重壓感)[-깜]명 강요되거나 강제되는 것에 대한 부담감. ¶ 중압감에 시달리다.
중앙(中央)명 ①사방의 한가운데. 중간(中間). ¶ 시내의 중앙에 있는 공원. ②(어떤 사물의) 중심이 되는 중요한 곳. ¶ 중앙 관청. ③(지방에 대하여) 수도(首都)를 이르는 말. ¶ 지방에서 중앙으로 진출하다. ③↔지방(地方).
중앙-값(中央-)[-깝]명 ☞메디안. 중앙치. * 중앙값이[-깝씨]·중앙값만[-깜-]
중앙^관제(中央官制)명 중앙 관청의 설치·명칭·조직·기능 따위에 관한 제도.
중앙^금고(中央金庫)명 ☞국고(國庫).
중앙-난방(中央煖房)명 중심이 되는 한곳에서 건물 각 부분으로 증기나 더운물을 보내는 방식의 난방. 집중난방.
중앙-당(中央黨)명 정당의 중앙 조직. ↔지구당.
중앙^분리대(中央分離帶)[-불-]명 고속도로 따위 큰길에서, 차도의 상행선·하행선을 구별·분리하기 위하여 도로 한복판에 시설한 띠 모양의 구조물.
중앙-선(中央線)명 ①한가운데를 지나는 선. ②☞하프 라인. ③큰길에서, 좌측·우측의 중간에 그어, 차선(車線)을 구분한 선.
중앙-아메리카(中央America)명 아메리카 대륙의 중앙부 지역. 중미(中美).
중앙-은행(中央銀行)명 한 나라의 통화 제도 및 은행 제도의 중심이 되는 은행. 은행권을 발행하고 통화의 공급 및 금융의 조정 따위를 주요 업무로 함.
중앙^정부(中央政府)명 (지방 자치제가 실시되고 있는 행정 제도에서) 전국을 통괄하는 행정 기관.
중앙^집권(中央集權)[-꿘]명 정치상의 권력이 중앙 정부에 집중되어 있는 일. ↔지방 분권.
중앙^처ː리^장치(中央處理裝置)명 컴퓨터에서, 두뇌(頭腦)에 해당하는 작용을 하는 부분. 기억 장치·제어 장치·연산 장치 따위로 이루어짐. 시피유(CPU).
중앙-치(中央値)명 ☞메디안. 중앙값.
중앙^표준시(中央標準時)명 (그리니치 표준시를 기준으로 하여) 한 나라 또는 한 지방에서 표준으로 삼는 시간.
중앙^화ː구구(中央火口丘)명 화산의 분화구 안에 새로이 작은 분화가 일어나 생긴 작은 화산.
중ː애(重愛)명하타 소중히 여겨 사랑함.
중ː액(重液)명 고체의 비중을 재거나 혼합물의 각 성분을 분리하는 데 쓰이는, 비중이 큰 액체. 〔사염화탄소 따위.〕

중야(中夜)명 한밤중. 중소(中宵).
중:양(仲陽)명 '음력 이월'을 달리 이르는 말. 중춘(仲春).
중:양(重陽)명 ①'음력 구월 구일'을 명절로 이르는 말. 구일(九日). 중구(重九). ②'음력 구월'을 달리 이르는 말. ②현월(玄月).
중:-양자(重陽子)명 중수소의 원자핵. 양자 한 개와 중성자 한 개로 이루어짐.
중:양-절(重陽節)명 옛 명절(名節)의 한 가지. 음력 구월 구일.
중:언(重言)명하타 ☞중설(重說).
중:언-부언(重言復言)명하자타 이미 한 말을 자꾸 되풀이함.
중얼-거리다자타 자꾸 중얼중얼하다. 중얼대다. ¶ 김 과장은 기분이 상했는지 돌아서며 뭐라고 중얼거렸다. 작종알거리다. 센쭝얼거리다.
중얼-대다자타 중얼거리다.
중얼-중얼부하자타 ①(못마땅하여) 남이 알아듣기 어려울 정도의 혼잣말로 자꾸 불평하는 모양, 또는 그 소리. ②진중한 데가 없이 지껄이는 모양, 또는 그 소리. 작종알종알. 센쭝얼쭝얼.
중:역(重役)명 ①회사 따위에서 중요한 소임을 맡은 임원. 〔이사나 감사 따위.〕 ②책임이 무거운 역할.
중:역(重疫)명 썩 위중한 병.
중:역(重譯)명하타되자 한 번 번역한 글을 원문으로 삼아 다시 다른 나라 말로 번역하는 일. 〔영어로 된 '삼국지(三國志)'를 다시 우리말로 옮기는 일 따위.〕 반역(反譯).
중연(中椽)명 별로 굵지 않은 서까래.
중:연(重緣)명 이미 혼인 관계를 맺은 집안 사이에 거듭 혼인이 이루어지는 일.
중엽(中葉)명 (시대나 세기 따위의) 중간(中間) 무렵. ¶ 조선 시대 중엽. /20세기 중엽. 참초엽(初葉)·말엽(末葉).
중-영산(中靈山)[-녕-]명 영산회상(靈山會相)의 둘째 곡조. 다섯 장(章)으로 되어 있으며 상영산보다 빠르고 잔영산보다 느림. 참상영산·잔영산.
중:오-절(重午節)명 ☞단오절(端午節).
중완(中浣)명 ☞중순(中旬).
중완(中脘)명 한방에서, 침을 놓는 혈의 한 가지. 위(胃)가 있는 자리.
중외(中外)[-외/-웨]명 ①안과 밖. ②국내와 국외. ③조정과 민간. ④서울과 시골.
중외-비(中外比)[-외-/-웨-]명 ☞황금비(黃金比).
중요(中夭)명하자 ①중년에 죽음. ②뜻밖의 재난을 당함, 또는 그 재난.
중:요(重要)명하형 소중하고 종요로움. ¶ 중요 사항. /중요 문서. /이 자료는 사업상 매우 중요하다. 중요-히부.
중:요-성(重要性)[-썽]명 사물의 중요한 요소나 성질. ¶ 교육의 중요성에 대하여 논하다.
중:요-시(重要視)명하타되자 중요하게 보거나 여김. ¶ 학벌보다 능력이 중요시되는 사회. 준중시(重視).
중용(中庸)¹명 ①어느 쪽으로나 치우침이 없이 온당한 일, 또는 지나치거나 모자람이 없이 알맞은 일. ¶ 중용의 도(道)를 지키다. ②재능 따위가 보통인 것.
중용(中庸)²명 사서(四書)의 하나. 중용의 덕과 도를 인간 행위의 최고 기준으로 삼은 유교(儒敎)의 경전.
중:용(重用)명하타되자 중요한 자리에 임명하여 부림. 소중히 씀. 대용(大用). ¶ 지방 출신자를 중용하다.
중:우(衆愚)명 많은 어리석은 사람들.
중:우^정치(衆愚政治)명 〔어리석은 사람들의 정치, 또는 민중을 어리석게 만드는 정치라는 뜻으로〕 '민주 정치'를 비꼬아 이르는 말.
중원(中元)명 삼원(三元)의 하나. 음력 칠월 보름날. 백중날. 참상원(上元)·하원(下元).
중원(中原)명 ①넓은 들의 가운데. ②중국 문화의 발원지인 황허(黃河) 강 중류의 남북 양안(兩岸)의 지역. ③(변경에 대하여) 천하의 중앙을 이르는 말. ④(정권 따위를) 다투고 겨루는 곳.
중:원(衆怨)명 뭇사람의 원망.
중원-축록(中原逐鹿)[-충녹]명 ①군웅(群雄)이 제왕의 자리를 차지하려고 다투는 일. ②뭇사람이 지위나 정권을 차지하려고 다투는 일.
중:월(仲月)명 ☞중삭(仲朔).
중위(中位)명 중간 정도의 자리나 순위.
중위(中尉)명 국군의 위관(尉官) 계급의 하나. 소위의 위, 대위의 아래.
중:위(重位)명 중요한 직위. 책임이 무거운 자리. 중직(重職).
중:위(重圍)명하타되자 여러 겹으로 에워쌈.
중-위도(中緯度)명 저위도(低緯度)와 고위도(高緯度)의 중간 지대.
중위-수(中位數)[-쑤]명 ☞메디안(median).
중유(中有)명 불교에서 이르는 사유(四有)의 하나. 사람이 죽어서 다음 생을 받을 때까지의 중간 존재. 중음(中陰).
중유(中油)명 콜타르를 분류(分溜)할 때 170~230℃에서 얻어지는 기름. 나프탈렌의 제조(製造) 원료가 됨.
중:유(重油)명 원유에서 휘발유·경유·등유 따위를 뽑아낸 흑갈색의 걸쭉한 찌끼 기름. 파라핀 제조나 공업 연료 따위로 쓰임.
중:유^기관(重油機關)명 ☞디젤 기관.
중:은(重恩)명 크고 두터운 은혜.
중음(中音)명 ①높지도 낮지도 않은 목소리. ②음악에서, 여성의 소프라노 다음의 높은 음.
중음(中陰)명 ☞중유(中有).
중의(中衣)[-의/-이]명 ☞고의.
중:의(衆意)[-의/-이]명 뭇사람의 의견. ¶ 중의에 따르다.
중:의(衆議)[-의/-이]명 ☞중론(衆論).
중의(中意) '중의하다'의 어근.
중의-하다(中意-)[-의-/-이-]형여 ☞적의(適意)하다.
중이(中耳)명 귀의 한 부분. 외이(外耳)와 내이(內耳)의 중간쯤으로 고막이 있는 부분임. 가운데귀.
중이-염(中耳炎)명 병원균의 감염으로 중이에 생기는 염증.
중-이층(中二層)명 ①이층과 일층의 중간에 있는 층. ②보통의 이층보다는 조금 낮고 단층보다는 조금 높게 지은 이층.
중인(中人)명 조선 시대에, 양반과 상인의 중간 계급을 이르던 말. 주로, 의관(醫官)·역관(譯官)·향리(鄕吏) 따위의 세습적인 기술직이나 사무직에 종사하던 사람이 이에 딸렸음.
중:인(重因)명 중요한 원인.
중:인(衆人)명 뭇사람.
중-인방(中引枋)명 벽 한가운데에 가로지르는 인방. 준중방(中枋). 참상인방·하인방.

중ː인-소시(衆人所視)명 ☞중목소시(衆目所視).
중ː인-환시(衆人環視)명하타 뭇사람이 에워싸고 봄.
중일-연(中日宴)명 조선 시대에, 과거에 급제한 사람이 처음 벼슬자리에 오를 때 선배 벼슬아치들을 대접하던 잔치.
중ː임(重任)명 ①하타되자먼저 일하던 자리에 거듭 임용함. ②중대한 임무. 무거운 소임. ¶ 중임을 맡다. ②비대임(大任).
중ː-입자(重粒子)[-짜]명 핵자(核子) 및 그보다 질량이 무거운 소립자를 통틀어 이르는 말.
중ː자(衆子)명 맏아들 이외의 모든 아들. 서자(庶子).
중ː-자부(衆子婦)명 맏며느리 이외의 여러 며느리.
중ː-자음(重子音)명 ☞복자음(複子音).
중작(中斫)명 굵지도 잘지도 않은 중간 정도의 장작.
중장(中章)명 ①문장이나 시구(詩句)를 셋으로 나누었을 때의 가운데 장. ②시조(時調)의 가운데 장. ③풍류나 노래의 가운데 장. 참초장·종장.
중장(中將)명 국군의 장관(將官) 계급의 하나. 소장의 위, 대장의 아래.
중장(中場)명 사흘에 걸쳐 보던 과거의 둘째 날의 시험장.
중장(中腸)명 무척추동물의 가운데 창자. 주로, 식물(食物)을 빨아들임.
중ː장(重杖)명 몹시 치는 장형(杖刑).
중ː-장비(重裝備)명 토목(土木)이나 건설 공사 등에 쓰이는 무겁고 큰 기계나 차 따위를 통틀어 이르는 말.
중재(仲裁)명하타 ①서로 다투는 사이에 들어 화해를 붙임. ¶ 중재를 맡다. /중재에 나서다. ②제삼자나 제삼국이 분쟁을 일으킨 당사자나 당사국 사이에 들어 화해를 붙임. ③노동 쟁의 조정법에서, 노사(勞使) 쌍방의 신청이나 행정 관청의 요구 등이 있을 때 노동 위원회에서 중재재정(仲裁裁定)을 내려 쟁의를 해결하는 일.
중재^계ː약(仲裁契約)[-계-/-게-]명 ①분쟁 당사자가 그 분쟁을 제삼자의 중재에 따라 해결하기로 약정하는 계약. ②국제 분쟁을 국제 재판에 부칠 것을 약속하는 국가 간의 합의.
중재-인(仲裁人)명 중재하는 사람.
중재^재정(仲裁裁定)명 노동 쟁의 조정법에 따라 노동 위원회가 노동 쟁의를 해결하기 위해 재결(裁決)하는 일.
중재^재판(仲裁裁判)명 국제 분쟁이 있을 때, 분쟁 당사국 쌍방이 선정하거나 조직한 재판관에 의해 행하여지는 재판.
중ː적(衆敵)명 많은 적.
중전(中前)명 야구에서, 중견수의 앞. ¶ 중전안타.
중전(中殿)명 〈중궁전(中宮殿)〉의 준말.
중ː전(重箭)명 무거운 화살.
중ː-전기(重電機)명 무게가 무거운 전기 기구를 통틀어 이르는 말. 주로, 발전기·전동기·변압기 따위를 이르며, 넓게는 발전용 보일러와 터빈도 포함함. ↔경전기(輕電機).
중전-마마(中殿媽媽)명 '중전'을 높이어 마마의 경칭을 덧붙인 말.
중-전차(中戰車)명 크기와 무게가 중간 정도인 중형의 전차.
중ː-전차(重戰車)명 무게가 무겁고, 구경이 큰 화포를 장비한 대형의 전차.
중절(中絶)명하타되자 중도에서 끊거나 그만둠. 〔흔히, 임신 중절의 뜻으로 씀.〕 중단. ¶ 중절수술.
중절-거리다자 자꾸 중절중절하다. 중절대다. 작종잘거리다. 센쭝절거리다.
중절-대다자 중절거리다.
중절-모(中折帽)명 〈중절모자〉의 준말.
중절-모자(中折帽子)명 꼭대기의 가운데가 접히고 챙이 둥글게 달린 신사용의 모자. 준중절모.
중절-중절부하자 수다스럽게 중얼거리는 모양. 작종잘종잘. 센쭝절쭝절.
중점(中點)[-쩜]명 ①☞가운뎃점. ②선분이나 유한 곡선 따위를 이등분하는 점.
중ː점(重點)[-쩜]명 ①가장 중요한 점. 중요하게 여겨야 할 점. ¶ 독해력에 중점을 두고 영어 공부를 하다. ②지렛대를 써서 물체를 움직이려고 할 때, 그 물체의 무게가 걸리는 점.
중ː점-적(重點的)[-쩜-]관명 중요한 것에 힘을 기울이거나 집중을 하는 (것). ¶ 중점적 과제. /중소기업을 중점적으로 지원하다.
중정(中丁)명 음력 중순에 드는 정일(丁日). 보통, 담제(禫祭)나 연제(練祭) 따위는 이날을 가리어 지냄.
중정(中正)명하형 어느 쪽에도 치우침이 없이 곧고 바름. 또는 지나치거나 모자람이 없이 알맞음. ¶ 중정을 유지하다.
중정(中庭)명 ①마당의 한가운데. ②집 안의 안채와 바깥채 사이에 있는 뜰.
중정(中情)명 가슴속에 깊이 품은 감정이나 생각. ¶ 중정을 헤아리다.
중ː정(重訂)명하타 (책 따위의) 내용을 거듭해서 고침.
중ː정(衆情)명 뭇사람의 감정. 대중의 의견.
중ː-정석(重晶石)명 중금속의 광상에서 맥석으로 산출되는 황산바륨의 광석. 가루로 정제하여 백색 안료·도료 원료·제지(製紙)·인조 상아 따위의 첨가제로 씀.
중ː정-울불(衆情鬱怫)명하자 뭇사람의 감정이 터져서 들끓음.
중제(中諦)명 불교에서 이르는 삼제(三諦)의 하나. 일체의 제법이 불공(不空)·불유(不有)의 중정 절대(中正絶對)라는 진리.
중ː제(重劑)명 한방에서, '진정시키는 성질을 가진 약제'를 이르는 말. 흔히, 금석지제(金石之劑)를 이름.
중ː조(重祚)명하자 ☞재조(再祚).
중ː조(重曹)명 ☞탄산수소나트륨.
중졸(中卒)명 '중학교 졸업'을 줄여 이르는 말.
중종-보(中宗-)[-뽀]명 대들보 위에 이중으로 놓은 보.
중ː죄(重罪)[-죄/-줴]명 무거운 죄. 큰 죄. 대죄(大罪). 중과. 참경죄(輕罪).
중ː주(重奏)명하타 합주의 한 형식. 각 악기가 각각 다른 성부를 맡아 동시에 연주함. 또는 그 연주. 참독주·합주.
중준(中蹲)명 장준(長蹲)보다 작고 고추감보다 큰 뾰주리감.
중ː중(衆中)명 뭇사람 가운데.
중중-거리다자 못마땅하여 탓하는 태도로 중얼거리다. 중중대다. 작종종거리다². 센쭝쭝거리다.
중중-대다자 중중거리다.
중중모리-장단명 판소리 및 산조(散調) 장단의 한 가지. 중모리장단보다 조금 빠르고 자진모리장단보다 느린 장단.

중ː중첩첩(重重疊疊)[부][하형] 겹겹이 겹쳐 있는 모양.
중ː증(重症)[-쯩][명] 몹시 위중한 병세. ¶ 중증 환자. ↔경증(輕症).
중ː증(衆證)[명] 뭇사람의 증거. 많은 증인.
중지(中止)[명][하타][되자] 일을 중도에서 그만둠. 중도에서 멈춤. ¶ 사격 중지. /공사를 중지하다.
중지(中指)[명] 가운뎃손가락. 장지(長指).
중지(中智)[명] 보통의 슬기.
중ː지(重地)[명] 매우 중요한 곳.
중ː지(衆志)[명] 뭇사람의 뜻이나 생각.
중ː지(衆智)[명] 뭇사람의 지혜. ¶ 중지를 모으다.
중지-부(中止符)[명] '쌍점(雙點)'의 잘못.
중지상(中之上)[명] 중길 중의 상등(上等). [참]중지중·중지하.
중지중(中之中)[명] 중길 중의 중등(中等). [참]중지상·중지하.
중지하(中之下)[명] 중길 중의 하등(下等). [참]중지상·중지중.
중ː직(重職)[명] 중요한 직위. 책임이 무거운 자리. 중위(重位).
중진(中震)[명] 진도(震度) 4의 지진. 집이 심하게 흔들리고 세워 둔 병이 넘어지며, 그릇 안의 물이 넘칠 정도의 지진.
중ː진(重鎭)[명] ①지난날, 병권(兵權)을 쥐고 요충지를 지키던 사람. ②어떤 분야에서 중요한 자리에 있거나 지도적 영향력을 가진 사람. ¶ 문단(文壇)의 중진.
중진-걸음[명] 우리나라의 민속 무용의 기본 동작인 걸음새의 한 가지. 두 박자에 한 걸음 앞으로 걷거나 뒤로 걷는 걸음새.
중진-국(中進國)[명] 경제 개발이 선진국과 개발도상국의 중간 정도의 수준에 있는 나라.
중ː-질[명][하자] '중노릇'을 얕잡아 이르는 말.
중질(中秩)[-찔][명] ☞중길.
중질(中質)[명] 좋지도 않고 나쁘지도 않은 중등 정도의 질.
중질-유(中質油)[명] 비중 측정 단위가 33~31도인 원유.
중ː질-유(重質油)[명] 비중 측정 단위가 30도 이하인 원유.
중ː징(重徵)[명][하자] 조세를 지나치게 거둠.
중ː-징계(重懲戒)[-계/-게][명] 조직이나 단체에서 부정을 저지르거나 부당한 행위를 한 사람에게 내리는 무거운 처벌. 〔파면이나 강등 따위.〕 ¶ 중징계를 내리다. /중징계를 받다.
중차대(重且大) '중차대하다'의 어근.
중ː차대-하다(重且大-)[형][여] 〔'중대함'을 강조하여 이르는 말로〕 무겁고도 크다. 매우 중요하다. ¶ 중차대한 때에 그런 큰 실수를 하다니.
중-참(中-)[명] 일을 하다가 중간에 잠깐 쉬는 참. 보통, 간단한 음식이나 술을 먹음. [참]새참.
중-창(中-)[명] 가죽신 따위의 창을 튼튼하게 하려고 겉창 안에 한 겹 더 붙여 댄 가죽.
중ː창(重創·重刱)[명][하타][되자] (낡은 건물을) 헐기도 하고 고치기도 하여 새롭게 이룩함.
중ː창(重唱)[명] 각 성부(聲部)를 한 사람이 하나씩 맡아 동시에 노래함, 또는 그 노래. [참]독창·제창·합창.
중-채(中-)[명] 안채와 사랑채 사이에 있는 가운데 집채.
중ː책(重責)[명] ①중대한 책임. ¶ 중책을 맡다. [비]대임(大任). ②[하타]엄중하게 책망함.
중천(中天)[명] 하늘의 한복판. 반천. 중공(中空). 중소(中霄). 하늘. ¶ 해가 중천에 떴다.
중ː-천금(重千金)[명] 〔무게가 천금과 같다는 뜻으로〕 가치가 매우 귀함. ¶ 장부 일언(丈夫一言) 중천금.
중-천세계(中千世界)[-계/-게][명] 불교에서 이르는 상상의 세계. 소천세계의 천 배가 되는 세계를 이르는 말. [참]소천세계.
중ː첩(重疊)[명][하자][되자] 거듭 겹쳐지거나 겹침. ¶ 갑자기 어지럽고 물체들이 중첩되어 보인다.
중ː청(重聽)[명] 한방에서, 귀가 어두워 잘 듣지 못하는 증세.
중-초(中-)[명] 크기가 크지도 작지도 않은 중간 정도의 초.
중초(中草)[명] 품질이 중길쯤 되는 담배.
중초(中焦)[명] 한방에서 이르는 삼초(三焦)의 하나. 염통과 배꼽의 중간에 위치하여 음식의 소화 작용을 맡음.
중초-열(中焦熱)[명] 한방에서, 중초에 열이 나서 변비가 생기고 식욕이 떨어지는 병.
중촌(中村)[명] 지난날, 중인(中人)들이 살던 서울 성(城) 안의 구역을 이르던 말.
중추(中樞)[명] ①사물의 중심이 되는 중요한 부분이나 자리. 심수(心髓). ¶ 중추 기관. /사회의 중추를 이루다. ②한가운데. ③〈신경 중추〉의 준말.
중추(仲秋)[1][명] 한가위.
중추(仲秋)[2][명] ①가을이 한창인 때. ②'음력 팔월'의 딴 이름. 중상(仲商). [참]계추(季秋)·맹추(孟秋).
중추-부(中樞府)[명] 조선 시대에, 중추원(中樞院)을 고쳐 부르던 이름.
중추^신경(中樞神經)[명] ☞신경 중추.
중추^신경계(中樞神經系)[-계/-게][명] 동물의 신경계에서 신경 섬유와 신경 세포가 모여 뚜렷한 중심부를 이루고 있는 부분.
중추-원(中樞院)[명] ①고려·조선 시대에, 왕명의 출납(出納)·궁중의 숙위(宿衛)·군기(軍機) 등을 맡아보던 관아. ②대한 제국 때, 의정부(議政府)에 딸렸던 내각 자문 기관. ③일제 강점기의 조선 총독부의 자문 기관.
중추-월(仲秋月)[명] 중추의 맑고 밝은 달.
중추-적(中樞的)[관][명] 중심이 되는 중요한 부분이나 자리가 되는 (것). ¶ 중추적 역할. /중추적인 위치.
중추-절(仲秋節)[명] 한가위.
중축(中軸)[명] ①물건의 한가운데를 가로지르는 축. ②사물의 가장 중심이 되는 곳, 또는 그러한 사람. ¶ 중축이 되는 인물.
중축척-도(中縮尺圖)[-또][명] 1:10,000에서 1:100,000 미만의 축척을 가진 지도. 군사적으로는 연대 이상의 상급 부대에서 전술적 기동 작전 등에 사용함.
중춘(仲春)[명] ①봄이 한창인 때. ②'음력 이월'의 딴 이름. 중양(仲陽). [참]계춘(季春)·맹춘(孟春).
중ː출(重出)[명][하자] ☞첩출(疊出).
중층(中層)[명] ①(여러 층 가운데) 중간에 있는 층. ②☞중류(中流).
중층-운(中層雲)[명] 높이에 따른 구름 분류의 한 가지. 중위도 지방의 경우 대개 2~7 km 높이에 나타나는 구름으로, 고적운·고층운·난층운을 이름. [참]상층운(上層雲)·하층운(下層雲).
중-치(中-)[명] 크기나 품질 따위가 중간쯤 되는 물건. 중간치.
중ː치(重治)[명][하타] ☞엄치(嚴治).
중치막[명] 지난날, 벼슬하지 아니한 선비가 입던 웃옷의 한 가지. 소매가 넓고 길며, 앞은 두

자락, 뒤는 한 자락이고, 옆구리에는 무가 없이 터졌음.

중치막-짜리명 '중치막을 입은 사람'을 홀하게 이르던 말.

중침(中針)명 그다지 굵지도 가늘지도 않은 중치의 바늘.

중칭(中秤)명 일곱 근부터 서른 근까지를 다는 중간치의 저울.

중칭^대:명사(中稱代名詞)명 그리 멀지 않은 곳에 있는 사람이나 사물을 가리키는 대명사. 〔그·그이·그분·그것 따위.〕

중:크롬산-나트륨(重Chrom酸Natrium)명 크롬과 나트륨의 화합물로, 조해성(潮解性)이 있는 적황색의 결정. 산화제·시약·매염제 따위에 쓰임.

중:크롬산-칼륨(重Chrom酸Kalium)명 크롬과 칼륨의 화합물로, 물에 잘 녹는 주황색의 결정. 산화제·매염제·폭발물 등의 제조와 도금·염료·인쇄 따위에 쓰임.

중-키(中-)명 크지도 않고 작지도 않은 보통 정도의 키.

중:-타:르(重tar)명 목재를 건류(乾溜)할 때 흘러나오는 액체. 목초산을 만들 때 그 밑에 굄.

중탁(重濁) '중탁하다'의 어근.

중:탁-하다(重濁-)[-타카-]형여 (탕약이나 국물 있는 음식 같은 것이) 걸쭉하고 뻑뻑하다.

중:탄산-나트륨(重炭酸Natrium)명 ☞탄산수소나트륨.

중:탄산-소:다(重炭酸soda)명 ☞탄산수소나트륨.

중탕(中湯)명 물의 온도가 상탕과 하탕의 중간쯤 되는 온천의 탕. 참상탕·하탕.

중:탕(重湯)명하타 끓는 물 속에 음식 담은 그릇을 넣어, 그 음식을 익히거나 데움.

중:태(重態)명 병이 위중한 상태. ¶ 중태에 빠지다.

중-턱(中-)명 (산이나 고개, 또는 입체로 된 물건의) 허리쯤 되는 곳. ¶ 산의 중턱. /고개 중턱.

중턱^대:문(中-大門)[-때-]명 솟을대문의 문짝을 지붕의 마룻보와 나란히 단 대문.

중토(中土)명 농사짓기에 썩 좋지도 않고 나쁘지도 않은 땅.

중:토(重土)명 ①☞산화바륨(酸化barium). ②너무 차져서 농사짓기에 알맞지 않은 흙.

중:토-수(重土水)명 산화바륨을 물에 녹인 액체. 알칼리의 표준 용액이나 탄산가스의 흡수제로 쓰임.

중-톱(中-)명 크기가 대톱과 소톱의 중간쯤 되는 톱.

중통(中桶)명 ①크지도 않고 작지도 않은 중간쯤 되는 통. ②소금을 중간쯤 담은 섬.

중통(中筒)명 크지도 않고 작지도 않은 중간쯤 되는 대통.

중:통(重痛)명하자 몹시 앓음. 몹시 아픔.

중퇴(中退)[-퇴/-퉤]명하타 (학업 따위를) 끝내지 못하고 중도에서 그만둠. ¶ 그녀는 가정 형편이 어려워져 대학을 중퇴하였다.

중파(中波)명 주파수 300~3000 kHz, 파장 100~1000 m의 전파. 라디오 방송 따위에 씀. 참단파·장파.

중파(中破)명하자타되자 다시 고쳐 쓸 수 있을 정도로 깨지거나 깨뜨림.

중판(中版)명 종이나 사진 따위의 크기가 중간쯤 되는 판.

중:판(重版)명하타되자 (한번 낸 책을) 거듭 펴냄, 또는 그 책. 재판(再版). 참초판.

중:판(重瓣)명 수술이 꽃잎으로 변하여, 여러 겹으로 된 꽃잎. 겹꽃잎. ↔단판(單瓣).

중:판-본(重版本)명 중판한 책.

중:판-위(重瓣胃)명 ☞겹주름위.

중:판-화(重瓣花)명 ☞겹꽃. ↔단판화.

중편(中篇)명 ①셋으로 나눈 책(冊)이나 글의 가운데 편. 참상편·하편. ②〈중편 소설〉의 준말. 참단편·장편.

중편^소:설(中篇小說)명 단편 소설보다 길며, 장편 소설보다 짧은, 소설의 한 형태. 준중편. 참단편 소설·장편 소설.

중폄(中窆)명하타 ☞권폄(權窆).

중:평(衆評)명 뭇사람의 비평. ¶ 중평이 매우 좋다.

중포(中布)명 보통보다 좀 큰 과녁.

중포(中包)명 장기에서, 궁밭의 좌우 가운데 줄에 앉힌 포.

중포(中砲)명 경포(輕砲)와 중포(重砲)의 중간쯤 되는 포. 흔히, 구경이 105 mm에서 155 mm까지의 포를 이름.

중포(中脯)명 나라의 제향(祭享) 때 쓰던 어육(魚肉)의 포.

중:포(重砲)명 구경(口徑)이 큰 대포. 구경 8인치 이상으로 사정 거리가 길고 포탄의 위력이 큼. ↔경포(輕砲).

중:-포화(重砲火)명 ①중포의 화력. ②몹시 심한 포격.

중폭(中幅)명 크기가 중치쯤 되는 피륙의 나비, 또는 옷의 폭(幅).

중-폭격기(中爆擊機)[-껵끼]명 기체가 경폭격기보다 크며 행동반경이 1000~2500마일인 폭격기. 주로, 전략 폭격에 사용됨.

중:-폭격기(重爆擊機)[-껵끼]명 기체가 매우 크고 행동반경이 2500마일 이상인 폭격기. 주로, 전략 폭격에 사용됨.

중표-형제(中表兄弟)명 내외종(內外從) 간인 형제.

중품(中品)명 ①품질이 중질인 물건. 중간치. 중치. ②극락정토의 아홉 계층 중에서 중간 자리의 셋을 이르는 말. 참상품·하품.

중풍(中風)명 한방에서, 전신이나 반신, 또는 팔다리 따위 몸의 일부가 마비되는 병을 이르는 말. 〔일반적으로 뇌일혈로 말미암아 생김.〕 중기(中氣). 중풍증(中風症). 풍독(風毒).

중풍-증(中風症)[-쯩]명 ①☞중풍(中風). ②중풍으로 말미암아 생기는 여러 가지 증세.

중풍-질(中風質)명 중풍에 걸리기 쉬운 체질, 또는 혈압이 매우 높은 사람.

중하(中蝦)명 보리새웃과의 절지동물. 몸길이 20 cm가량으로 중간 크기의 새우. 몸은 옆으로 납작하고 군데군데 가늘고 짧은 털이 빽빽함. 몸빛은 누런빛이 나는 녹색인데 온몸에 희읍스름한 작은 점무늬가 많음.

중하(仲夏)명 ①한여름. ②'음력 오월'의 딴 이름. 참계하(季夏)·맹하(孟夏).

중:하(重荷)명 (책임져야 할) 무거운 짐.

중:-하다(重-)형여 ①(죄나 병세 따위가) 크거나 대단하다. ¶ 중한 죄. /중한 병. ②소중하다. ¶ 중한 물건. ③(책임이나 임무 따위가) 무겁다. ①③↔경하다. **중-히**부 ¶ 친구 간의 의리를 중히 여기다.

중-하순(中下旬)명 ①중순과 하순. ②하순의 중간 무렵.

중학(中學)명 ①〈중학교〉의 준말. ②조선 시대에, 서울 중부에 둔 사학(四學)의 하나.

중-학교(中學校)[-꾜]명 초등학교 교육을 마친 학생에게 중등 보통 교육을 베푸는 학교. 준중학.

중학-생(中學生)[-쌩]명 중학교에 재학하는 학생.

중한(中寒)명 한방에서, 추위로 팔다리가 뻣뻣해지거나 심장이 쑤시고 아프거나 인사불성에 빠지는 병을 이르는 말. 중한증.

중한(中澣)명 ☞중순(中旬).

중한-증(中寒症)[-쯩]명 ☞중한(中寒).

중함(中쏨)명 〈중금〉의 본딧말.

중:합(重合)명하타되자 ①포개어 합침. ②같은 화합물의 분자 두 개 이상이 결합하여 분자량이 큰 다른 화합물이 되는 일.

중:합^가솔린(重合gasoline)명 에틸렌계(系) 탄화수소를 중합하여 만드는 합성 가솔린. 석유 화학 공업의 원료로 쓰임.

중:합-도(重合度)[-또]명 중합체를 구성하고 있는 단량체의 수.

중:합-지옥(衆合地獄)[-찌-]명 불교에서 이르는 팔열(八熱) 지옥의 하나. 살생·투도(偸盜)·사음(邪淫)의 죄를 지은 자가 가게 된다는 지옥으로, 쇠로 된 큰 구유 속에서 눌려 짬을 당한다고 함.

중:합-체(重合體)명 분자가 중합하여 생기는 화합물. 〔염화 비닐 따위.〕 폴리머. 참단량체.

중항(中項)명 수열이나 급수에서, 서로 이웃하는 세 항의 가운데 항. 〔…, a, b, c, …에서 b를 a와 c의 중항이라 함.〕

중핵(中核)명 사물의 중심. 중요한 부분. ¶ 모임에서 중핵을 이루다.

중행(中行)명 중용(中庸)을 지키는 바른 행실.

중-허리(中-)명 풍류 곡조의 한 가지. 평시조로 시작하여 중간 부분의 곡조를 잠깐 변조(變調)시켜 높은 소리로 부르는 형식임.

중:-혀(重-)명 한방에서, 혓줄기 옆에 청백색의 물집이 이는 종기를 이름. 설종(舌腫).

중형(中型)명 크지도 작지도 않은 중간쯤 되는 형. 중치의 형. ¶ 중형 항공기.

중:형(仲兄)명 자기의 둘째 형. 중씨(仲氏). 차형(次兄).

중:형(重刑)명 크고 무거운 형벌. ¶ 중형에 처하다.

중형^자동차(中型自動車)명 자동차 관리법에서 크기에 따라 분류한 자동차 종류의 하나. 승용차는 배기량 1500 cc 이상 2000 cc 미만, 승합차는 승차 정원 16인승 이상 35인승 이하, 화물 자동차는 적재량 1톤 초과 5톤 미만의 것을 이름. 준중형차. 참대형 자동차·소형 자동차.

중형-차(中型車)명 〈중형 자동차〉의 준말.

중:혼(重婚)명하자 배우자가 있는 사람이 이중으로 혼인함, 또는 그러한 혼인.

중화(中火)명하자 길을 가다가 중도에서 점심을 먹음, 또는 그 점심.

중화(中和)[1]명 (성격이나 감정이) 치우침이 없이 올바른 상태.

중화(中和)[2]명하타되자 ①서로 다른 성질의 물질이 융합하여 각각의 성질을 잃거나 그 중간의 성질을 띰. ②당량(當量)의 산과 염기가 반응하여 물과 소금이 생김. ③양전기와 음전기가 하나가 되어 전하(電荷)를 잃음.

중화(中華)명 ①〔중(中)은 중앙, 화(華)는 문화라는 뜻에서〕 지난날, 한민족(漢民族)이 주변의 민족에 대하여 자기네 민족을 자랑삼아 이르던 말. ②중국(中國).

중:-화기(重火器)명 보병의 화기 가운데서 비교적 화력이 센 화기. 〔중기관총·무반동총·박격포 따위.〕 ↔경화기(輕火器).

중:-화상(重火傷)명 심하게 입은 화상.

중화-열(中和熱)명 산과 염기가 각각 1g당량(當量)씩 중화할 때 나는 열량.

중화-요리(中華料理)명 중국 고유의 요리. 〔베이징 요리·광둥 요리·쓰촨 요리 등으로 나뉨.〕

중화지기(中和之氣)명 덕성이 빼어나서 남거나 모자람이 없는 화평한 기상(氣像).

중화-참(中火-)명 길을 가다가 중도에서 점심을 먹거나 잠깐 쉬는 일, 또는 그곳.

중:화학^공업(重化學工業)[-꽁-]명 '중공업'과 '화학 공업'을 아울러 이르는 말.

중환(中丸)명하자되자 탄환에 맞음.

중:환(重患)명 위중한 질환. 중병(重病). 대병(大病). ↔경환(輕患).

중:-환자(重患者)명 중병에 걸린 사람. ↔경환자.

중환-치사(中丸致死)명하자 탄알에 맞아 죽음.

중:회(衆會)[-회/-훼]명 뭇사람의 모임.

중후(重厚) '중후하다'의 어근.

중:후-하다(重厚-)형여 ①몸가짐이 정중하고 견실하다. ¶ 중후한 인품. ②작품이나 분위기가 엄숙하고 무게가 있다. ¶ 중후한 작품.

중흥(中興)명하자타 (집안이나 나라 따위의) 쇠하던 것이 중간에서 다시 일어남, 또는 다시 일어나게 함. ¶ 민족 중흥의 새로운 전기를 맞다.

중흥지주(中興之主)명 쇠퇴하던 나라를 중흥시킨 임금.

중-힘(中-)명 (활의 세기에서) 실중힘보다는 무르고 연상(軟上)보다는 센 등급의 각궁. 중력.

쥐:-뜯다[-따]타 〈쥐어뜯다〉의 준말.

쥐:-바르다[~바르니·~발라]타르 〈쥐어바르다〉의 준말.

쥐:-박다[-따]타 〈쥐어박다〉의 준말. ¶ 머리를 쥐박다.

쥐:-살다[~사니·~살아]자 〈쥐여살다〉의 준말.

쥐:-지내다자 〈쥐여지내다〉의 준말.

쥐:-지르다[~지르니·~질러]타르 〈쥐어지르다〉의 준말. ¶ 가슴을 쥐지르다.

쥐:-흔들다[~흔드니·~흔들어]타 〈쥐어흔들다〉의 준말.

쥐[1]명 몸의 어느 한 부분이 경련을 일으켜 갑자기 오그라들거나 굳어서 기능을 한때 잃는 현상. ¶ 다리에 쥐가 나다.

쥐[2]명 쥐 아목(亞目)에 딸린 짐승을 통틀어 이르는 말. 털빛은 보통 잿빛이며 꼬리는 가늘고 긺. 이빨이 계속 자라나서 주위의 나무나 딱딱한 물건을 갉아 댐. 인체에 페스트균을 가진 벼룩을 퍼뜨림. 〔비단털쥣과·대나무쥣과·날쥣과 따위.〕

쥐 소금 나르듯〔녹이듯〕속담 조금씩 조금씩 줄어서 없어진다는 말.

쥐도 새도 모르게관용 아무도 모르게 감쪽같이. ¶ 쥐도 새도 모르게 잡아들이다.

쥐 숨듯관용 ①남에게 눌리어 기를 펴지 못하고 숨어 버리는 모양. ②교묘하게 자취를 살짝 감추는 모양.

쥐 잡듯이관용 꼼짝달싹 못하게 하고 샅샅이 뒤져 모조리 잡아내는 모양. ¶ 쥐 잡듯이 모조리 잡아들이다.

쥐 죽은 듯이관용 매우 조용한 상태를 비유적으로 이르는 말.

쥐-가오리명 매가오릿과의 바닷물고기. 몸길이 250 cm, 몸무게 500 kg 이상. 매가오리와 비슷한데 몸의 폭이 길이보다 긺. 머리에는 귀처럼 생긴 머리지느러미가 양쪽으로 나와 있고 톱니를 가진 꼬리는 아주 긺. 태생어(胎生魚)로 난해성(暖海性)임.

쥐-구멍명 ①쥐가 드나드는 구멍. ②'몸을 숨길 만한 최소한의 자리'를 비유하여 이르는 말. ¶ 어젯밤 일로 창피하여 쥐구멍이라도 있으면 들어가고 싶은 심정이다.

쥐구멍에도 볕 들 날 있다속담 몹시 고생하는 사람도 좋은 때를 만나 운(運)이 트일 날이 있다는 말.

쥐구멍에 홍살문 세우겠다속담 가당찮은 일을 주책없이 한다는 말.

쥐구멍(을) 찾다관용 몹시 부끄럽거나 떳떳하지 못하여 몸을 숨기려고 애쓰다.

쥐-꼬리명 '분량이 매우 적은 것'을 비유하여 이르는 말. ¶ 쥐꼬리만 한 월급.

쥐꼬리-톱명 쥐꼬리처럼 생긴 가늘고 얇은 톱. 나무를 곱게 켜는 데 씀.

쥐-날명 ☞자일(子日).

쥐-노래미명 쥐노래밋과의 바닷물고기. 몸길이 30 cm가량. 몸빛은 갖가지이나 대체로 흑갈색이 많음. 몸 양쪽에 다섯 쌍의 옆줄이 있음. 우리나라와 일본 홋카이도 이남의 연안에 분포함. 석반어(石斑魚).

쥐눈이-콩명 콩과의 다년생 만초(蔓草). 줄기와 잎은 갈색이며, 여름에 노란 꽃이 핌. 콩나물용으로 재배함. 서목태(鼠目太).

쥐ː다타 ①손가락을 오그려 모아 주먹을 짓다. ¶ 주먹을 불끈 쥐다. ②주먹 안에 움켜잡다. ¶ 손목을 쥐다. ③(마음대로 할 수 있도록) 손아귀에 넣다. 차지하다. ¶ 정권을 쥐다. ④(재물이나 증거 따위를) 얻다. 가지다. ¶ 한밑천 쥐다.

쥐고 펼 줄을 모른다속담 ①돈을 모으기만 하고 쓸 줄을 모른다는 말. ②옹졸하여 풀쳐서 생각할 줄을 모른다는 말.

쥐면 꺼질까 불면 날까속담 매우 소중하게 여긴다는 뜻.

쥐고 흔들다관용 ☞쥐었다 폈다 하다.

쥐었다 폈다 하다관용 ①무슨 일을 자기 마음대로 휘두르며 다루다. ②어떤 사람을 자기 마음대로 부리다. 쥐고 흔들다.

쥐-다래나무명 다래나뭇과의 낙엽 활엽 만목(蔓木). 덩굴의 길이는 5 m에 이름. 깊은 산의 음지에서 자람. 잎은 달걀 모양 또는 타원형이며 잎자루가 긺. 암수딴그루이며, 5월에 희고 향기 있는 작은 다섯잎꽃이 잎겨드랑이에서 핌. 9~10월에 길이 2~2.5 cm의 긴 타원형의 열매가 황색으로 익으며, 먹을 수 있음.

쥐ː대기명 솜씨가 서투른 장인(匠人).

쥐-덫[-덛]명 쥐를 잡는 데 쓰는 덫. ¶ 쥐덫을 놓다. *쥐덫이[-더치]·쥐덫만[-던-]

쥐독명 머리의 숫구멍 자리. 참정수리.

쥐똥-나무명 물푸레나뭇과의 낙엽 활엽 관목. 산이나 들에 나는데 높이는 2 m가량. 잎은 길둥글며 마주남. 초여름에 흰 꽃이 피고, 열매는 가을에 쥐똥처럼 까맣게 익음. 우리나라·일본·대만 등지에 분포함. 백랍나무.

쥐-띠명 ☞자생(子生).

쥐라-계(Jura系)[-계/-게]명 쥐라기에 만들어진 지층. 유럽 중앙부에서 잉글랜드 남부에 걸쳐 발달하여 있음.

쥐라-기(Jura紀)명 지질 시대의 중생대(中生代)를 이루는 세 기(紀) 중의 둘째 기. 약 1억 8000만 년 전에서 1억 3500만 년 전까지의 4500만 년간의 시기. 양치류·파충류·공룡 따위가 번성하였음.

쥐ː락-펴락부하타 자기 손아귀에 넣고 마음대로 휘두르는 모양. ¶ 단체의 모든 일을 혼자 쥐락펴락한다.

쥐머리명 걸랑에 붙은 쇠고기. 주로, 편육을 만드는 데 씀.

쥐-며느리명 쥐며느릿과의 절지동물. 몸길이 1 cm가량으로 길쭉하고 넓적한 모양임. 평지의 낙엽이나 돌 밑, 집 주위의 쓰레기 더미 등 습한 곳에 무리 지어 삶. 서고(鼠姑).

쥐-목(-目)명 포유류의 한 목(目). 대체로 몸이 작은데, 송곳니가 없고 앞니가 발달해 물건을 잘 갉아 대며 꼬리가 긺. 초식성이며 번식력이 강함. 대개 산이나 초원·냇가에서 삶. 〔다람쥐·쥐 따위.〕

쥐-방울명 쥐방울덩굴과의 다년생 만초. 산이나 들에 나는데 길이는 1~5 m. 잎은 심장 모양이며 잎자루가 길고 어긋맞게 남. 여름에 녹자색의 꽃이 핌.

쥐방울만-하다형여 《주로 사람에게 쓰이어》 '작고 앙증스럽다'를 속되게 이르는 말. ¶ 쥐방울만한 게 못하는 소리가 없다.

쥐-벼룩명 가시벼룩과의 곤충. 쥐·고양이·사람 등에 기생하며 흑사병을 옮김.

쥐-볶이명 민속에서, 음력 정월의 첫 쥐날에 쥐를 볶아 죽인다는 뜻으로 콩을 볶는 일.

쥐-부스럼명 머리 위에 툭툭 불거지는 부스럼의 한 가지.

쥐-불명 농가에서, 음력 정월의 첫 쥐날에 쥐를 쫓는다는 뜻으로 논둑이나 밭둑의 마른풀에 놓는 불.

쥐불-놀이[-로리]명하자 ☞쥐불놓이.

쥐불-놓이[-로-]명하자 쥐불을 놓는 일. 쥐불놀이.

쥐-빚다[-빋따]타 (술 따위를) 손으로 주물러서 빚다.

쥐-뿔명 하찮고 보잘것없음.

쥐뿔도 모르다관용 아무것도 모르다. ¶ 쥐뿔도 모르면서 참견이다.

쥐뿔도 없다관용 가진 것이라고는 아무것도 없다. ¶ 쥐뿔도 없는 주제에 큰소리만 친다.

쥐뿔-같다[-갇따]형 아무것도 보잘것이 없다. 아주 변변치 못하다. **쥐뿔같-이**부.

쥐-살명 소의 앞다리에 붙은 고기.

쥐-새끼명 '몹시 능갈맞고 잔일에 약게 구는 사람'을 욕으로 이르는 말.

쥐-색(-色)명 푸르스름한 담흑색. 쥣빛.

쥐-서(-鼠)명 한자 부수의 한 가지. '鼢'·'鼪' 등에서의 '鼠'의 이름.

쥐손이-풀명 쥐손이풀과의 다년초. 산이나 들에 절로 나는데, 줄기 높이는 30~80 cm. 잎은 잎자루가 길고 손바닥 모양으로 깊이 갈라짐. 여름에 분홍색 꽃이 핌.

쥐악-상추[-쌍-]명 잎이 덜 자란 상추.

쥐알-봉수명 '잔꾀가 많고 약은 사람'을 조롱하여 이르는 말.

쥐-약(-藥)명 쥐를 잡는 데 쓰는 약. 살서제(殺鼠劑).

쥐어-뜯다[-어-따/-여-따]타 ①단단히 쥐고 뜯어내다. ¶ 풀잎을 쥐어뜯다. ②뜯다시피 함부로 꼬집거나 잡아당기다. ¶ 머리를 쥐어뜯다.

③몹시 괴롭거나 답답하여 가슴 따위를 뜯다시피 갈기다. ㉾쥐뜯다.

쥐어-바르다[-어-/-여-][~바르니·~발라] 타르 손으로 함부로 펴 바르거나 비비다. ¶ 그 아이는 콧물을 온 얼굴에 쥐어바르고 있다.

쥐어-박다[-어-따/-여-따] 타 주먹으로 지르듯이 때리다. ¶ 머리를 한 대 쥐어박다. ㉾줴박다.

쥐어-뿌리다[-어-/-여-] 타 ①아무 데나 흘리거나 뿌리다. ②(비유적으로) 일 따위를 되는 대로 팽개치다.

쥐어-지르다[-어-/-여-][~지르니·~질러] 타르 주먹으로 냅다 지르다. ㉾줴지르다.

쥐어-짜다[-어-/-여-] 타 ①꼭 쥐고서 비틀거나 눌러 물기 따위를 짜내다. ¶ 행주를 쥐어짜다. ②떼를 쓰며 조르다. ¶ 돈을 더 내놓으라고 쥐어짜다. ③이리저리 따져서 골똘히 생각하다. ¶ 머리를 쥐어짜다. ④눈물을 찔금찔금 흘리다. ¶ 동생은 아무 변명도 하지 못하고 눈물만 쥐어짜고 있다. ⑤억지로 받아 내다. ¶ 고혈을 쥐어짜다.

쥐어-치다[-어-/-여-] 타 쓸데없는 말을 함부로 자꾸 지껄이다.

쥐어-틀다[-어-/-여-][~트니·~틀어] 타 단단히 잡고 비틀다. ¶ 도둑의 손목을 쥐어틀었다.

쥐어-흔들다[-어-/-여-][~흔드니·~흔들어] 타 ①손으로 쥐고서 흔들다. ②손아귀에 넣고 마음대로 휘두르다. ¶ 남편을 쥐어흔들다. ㉾줴흔들다.

쥐엄-나무 명 콩과의 낙엽 활엽 교목. 산골짜기나 냇가에 흔히 나는데, 높이는 20 m가량. 6월경에 연둣빛 꽃이 피고, 10월경에 꼬투리가 익음. 한방에서, 열매의 껍데기는 '조협', 그 씨는 '조협자'라 하여 가시와 함께 약재로 쓰임.

쥐엄-떡 명 팥소를 넣고 송편 모양으로 빚은 인절미에 콩가루를 묻힌 떡.

쥐엄-발이 명 발끝이 오그라져서 디디어도 잘 펴지지 않는 발, 또는 그러한 사람.

쥐엄-쥐엄 Ⅰ 명 젖먹이가 두 손을 쥐었다 폈다 하는 동작. ㉶죄암죄암.
Ⅱ 감 젖먹이에게 쥐엄질을 시킬 때 하는 말. ㉶죄암죄암.

쥐엄-질 명하자 ①젖먹이가 두 손을 쥐었다 폈다 하며 재롱을 부리는 일. ㉶죄암질. ②'훔치개질'의 변말.

쥐여미 명 〈옛〉지게미. ¶ 쥐여미 조:糟. 쥐여미 박:粕(訓蒙中22).

쥐여-살다[~사니·~살아] 자 다른 사람에게 억눌려 기를 펴지 못하고 살다. ¶ 그는 아내에게 쥐여산다.

쥐여-지내다 자 남에게 눌리어 기를 펴지 못하고 지내다. ¶ 남편에게 쥐여지내다. ㉾줴지내다.

쥐-이다[1] 자 〖'쥐다'의 피동〗 쥠을 당하다.

쥐-이다[2] 타 〖'쥐다'의 사동〗 쥐게 하다. ¶ 어머니는 우는 아이에게 사탕을 쥐여 주었다.

쥐-정신(-精神) 명 무슨 일을 금방 잘 잊는 정신, 또는 그러한 사람.

쥐-젖[-젇] 명 사람의 살가죽에 젖꼭지 모양으로 갸름하게 생기는 작은 사마귀. ＊쥐젖이[-저지]·쥐젖만[-전-]

쥐치 명 쥐칫과의 바닷물고기. 몸길이 30 cm가량. 몸은 마름모꼴에 가깝고 옆으로 납작함. 몸빛은 회청색 또는 연한 분홍색이며 옆구리에 암갈색 반점이 많음. 등지느러미가 가시처럼 눈 위에 솟아 있음. 서남해 등지에 분포함.

쥐코-밥상(-床)[-쌍] 명 (밥 한 그릇과 반찬 두어 가지로) 간단하게 차린 밥상.

쥐코-조리 명 '도량이 좁은 사람'을 조롱하여 이르는 말.

쥐통 명 ☞콜레라.

쥐-포(-脯) 명 쥐치를 말려서 납작하게 누른 어포(魚脯).

쥐-포수(-捕手) 명 '적은 것을 얻으려고 애쓰는 사람'을 이르는 말.

쥐포육-장수(-脯肉-)[-짱-] 명 '부끄러운 줄을 모르고 아주 나답세 좀팽이짓을 하는 사람'을 조롱하여 이르는 말.

쥐-해 명 ☞자년(子年).

쥔: 명 〈주인(主人)〉의 준말.

쥔:-장(-丈) 명 〈주인장(主人丈)〉의 준말.

쥘:-대[-때] 명 누비질할 때 쓰는 가늘고 짤막한 둥근 막대.

쥘:-부채[-뿌-] 명 접었다 폈다 하게 된 부채. 접선(摺扇).

쥘:-손[-쏜] 명 어떤 물건을 들 때 손으로 쥐도록 되어진 부분.

쥘:-쌈지 명 옷소매나 호주머니에 넣게 된 담배쌈지. ¶ 할아버지께서 쥘쌈지를 꺼내 담배 한 대를 말아 피우셨다.

쥣-빛[쥐삗/쥗삗] 명 ☞쥐색. ＊쥣빛이[쥐삐치/쥗삐치]·쥣빛만[쥐삔-/쥗삔-]

쥬련 명 〈옛〉여자가 허리에 차는 수건. ¶ 쥬련:帨(訓解).

쥬리올 명 〈옛〉후릿고삐. 말고삐. ¶ 쥬리올:繮繩(四解下40).

쥬리울 명 〈옛〉후릿고삐. 말고삐. ¶ 쥬리울 뎍:靮(訓蒙中27).

쥬복 명 〈옛〉여드름. ¶ 쥬복 포:皰(訓蒙上30).

쥬복고 명 〈옛〉주부코. ¶ 쥬복고 차:皻(訓蒙上30).

쥬복코 명 〈옛〉주부코. ¶ 쥬복코:槽鼻子(譯語上29). ㉺쥬복고.

쥭[1] 명 〈옛〉주걱. ¶ 쥭:飯桌(訓解).

쥭[2] 명 〈옛〉죽. ¶ 쥭 쥭:粥(訓蒙中20).

즁싱 명 〈옛〉짐승. ¶ 뒤헤는 모딘 즁싱(龍歌30章). ㉺즘싱·즘승.

즈런-즈런 부하형 살림살이가 넉넉한 모양.

즈르다[즐어] 타 〈옛〉지르다. 가깝게 질러서 가다. ¶ 甚히 즈르고 빠혀나(南明下38).

즈름 명 〈옛〉주릅. 거간(居間). ¶ 즈름 회:儈(訓蒙中3). /즈름이 닐오되(老解下9).

즈름쐴 명 〈옛〉지름길. ¶ 즈름쐴:抄路(訓蒙上6).

즈릆길 명 〈옛〉지름길. ¶ 經은 즈릆길히니(月釋2:66).

즈믄 명 〈옛〉천(千). ¶ ᄃᆞ리 즈믄 ᄀᆞᄅᆞ매 비취요미 ᄀᆞᇀᄒᆞ니라(月釋1:1).

즈봉(←jupon 프) 명 '양복바지'의 잘못.

즈슴 명 〈옛〉즈음. 사이. ¶ 孟季ㅅ 즈스메 겨실씨(永嘉下46).

즈싀 명 〈옛〉찌꺼기. ¶ 즈싀 지:滓(訓蒙下11). ㉺즛의.

즈음 의 일이 어찌 될 어름이나 그러한 무렵. ¶ 떠날 즈음에 그런 일이 생길 줄 누가 알았나. ㉾즘.

즈음 명 〈옛〉사이. ¶ 德重ᄒᆞ신 江山 즈으매 萬歲를 누리쇼셔(鄭道傳.新都歌). ㉺즈슴.

즈음-하다 자타여 어떤 때를 당하거나 맞다. 《주로, 때를 나타내는 말 뒤에 '즈음한'·'즈음하여'의 꼴로 쓰임.》 ¶ 비상 시국에 즈음하여.

즈츼다 자 〈옛〉지치다. 설사하다. ¶ 즈츼 사:瀉(訓蒙中32). /즈츼 리:痢(訓蒙中34).

즈크(doek 네) 명 실이나 무명실로 두껍게 짠 직물(織物). 보통 평직(平織)인데, 신·천막·캔버스 따위에 쓰임.
즉(卽) 부 다름이 아니라 곧. 바로. 다시 말해서. ¶ 절망이 즉 죽음에 이르는 병이다.
즉각(卽刻) [-깍] 부 당장에 곧. 당각(當刻). ¶ 명령을 즉각 이행하다.
즉각-적(卽刻的) [-깍쩍] 관명 당장에 곧 하는 (것). ¶ 즉각적인 조치.
즉결(卽決) [-껼] 명하타되자 그 자리에서 결정하거나 해결함. 직결(直決).
즉결^심:판(卽決審判) [-껼-] 명 가벼운 범죄 사건에 대하여 정식 형사 소송 절차를 밟지 아니하고 경찰서장의 청구를 받아들여 순회 판사가 하는 약식 재판. 준즉심(卽審).
즉금(卽今) [-끔] 부 ①이제. ②이제 곧. 지금 당장에.
즉낙(卽諾) [증-] 명하타 그 자리에서 곧 승낙함.
즉납(卽納) [증-] 명하타 (돈이나 물건을) 그 자리에서 곧 냄.
즉단(卽斷) [-딴] 명하타 즉시 단정함.
즉답(卽答) [-땁] 명하자 그 자리에서 곧 대답함, 또는 그런 대답. 직답. ¶ 즉답을 피하다.
즉매(卽賣) [증-] 명하타되자 전시회 등에서, 물건을 그 자리에서 파는 일.
즉멸(卽滅) [증-] 명하자 당장 멸망함.
즉물-적(卽物的) [증-쩍] 관명 ①대상을 있는 그대로 포착하는 (것). ②물질적인 것을 으뜸으로 하여 생각하는 (것).
즉발(卽發) [-빨] 명하자 ①곧 출발함. ②즉시 폭발함. ¶ 일촉(一觸)즉발.
즉발^중성자(卽發中性子) [-빨-] 명 핵분열 순간에 방출되는 고속의 중성자.
즉변(卽便) [-뼌] 부 ☞곧[1].
즉사(卽死) [-싸] 명하자 그 자리에서 곧 죽음. 즉시 죽음. 직사(直死).
즉살(卽殺) [-쌀] 명하타되자 그 자리에서 죽임.
즉석(卽席) [-썩] 명 ①(일이 진행되는) 바로 그 자리. 앉은자리. 즉좌(卽座). 직석(直席). ②그 자리에서 곧 무슨 일을 하거나 무엇을 만드는 일. ¶ 즉석 떡볶이. /즉석 복권.
즉석-식품(卽席食品) [-썩씩-] 명 저장이나 휴대가 편리하고 손쉽게 조리해 먹을 수 있도록 만들어진 가공 식품. 인스턴트 식품.
즉석-연설(卽席演說) [-썽년-] 명하자 미리 준비하지 않고 즉석에서 연설함, 또는 그런 연설.
즉석-요리(卽席料理) [-썽뇨-] 명하타 음식을 그 자리에서 바로 만듦, 또는 그 요리.
즉성(卽成) [-썽] 명하자·타되자 그 자리에서 곧 이루어지거나 이룸.
즉세(卽世) [-쎄] 명하자 세상을 떠남. 사람이 죽음.
즉속(卽速) [-쏙] 부 곧. 어서. 빨리. 즉시로.
즉송(卽送) [-쏭] 명하타 즉시 보냄.
즉시(卽時) [-씨] Ⅰ 명 바로 그때. ¶ 그 즉시에는 제정신이 아니었다.
Ⅱ 부 곧. 바로. 당장에. ¶ 즉시 떠나다.
즉시-급(卽時給) [-씨-] 명 지급 청구가 있을 때 곧 현금으로 치러 주는 일.
즉시-범(卽時犯) [-씨-] 명 범죄가 기수(旣遂)의 상태에 이르는 즉시 범죄가 완성되고 종료(終了)되는 것. 〔절도죄·방화죄·살인죄 등 형법상의 많은 범죄가 여기에 딸림.〕
즉시-즉시(卽時卽時) [-씨-씨] 부 그때그때마다 곧. ¶ 모르는 문제가 있으면 즉시즉시 물어라.
즉시^항:고(卽時抗告) [-씨-] 명 소송법상 일정한 불변(不變) 기간 내에 제기해야 하는 항고.
즉신-성불(卽身成佛) [-씬-] 명 불교에서, 현재의 몸이 그대로 곧 부처가 되는 일.
즉심(卽審) [-씸] 명 〈즉결 심판〉의 준말. ¶ 즉심에 회부하다.
즉심시불(卽心是佛) [-씸-] 명 불교에서, 사람의 본성은 불성(佛性)을 지니고 있는 것이므로, 중생의 마음이 곧 부처라는 뜻.
즉야(卽夜) 명 그날 밤. 당야(當夜).
즉위(卽位) 명하자 임금의 자리에 오름. 등극. 어극(御極). 즉조(卽祚). ↔퇴위(退位).
즉응(卽應) 명하자 (그때그때의 경우에 따라) 곧 따름. 그대로 곧 적응함. ¶ 정세의 변화에 즉응하여 적절한 조처를 취하다.
즉일(卽日) 명 (일이 생긴) 바로 그날. 당일.
즉일^방:방(卽日放榜) 명 지난날, 과거를 보인 바로 그날에 급제자(及第者)를 발표하여 홍패(紅牌)나 백패(白牌)를 내려 주던 일.
즉일^시:행(卽日施行) 명 법령 따위를 공포한 그날부터 시행함.
즉자(卽自) [-짜] 명 철학에서 이르는, 다른 것과 관계를 갖지 않고 그 자체로서 존재하고 있는 것, 또는 그런 존재. 논리 전개의 가장 낮은 단계로, 대립이 미발전(未發展)인 채 잠재해 있는 것. ↔대자(對自).
즉자히 부 〈옛〉즉시. 곧. ¶ 즉자히 神通力으로 樓우희 ᄂᆞ라올아(釋譜6:2).
즉재 부 〈옛〉즉시. 곧. ¶ 즉재 宿命을 아ᄅᆞ샤(月釋21:7). 참즉자히.
즉전(卽前) [-쩐] 명 ☞직전(直前).
즉전(卽傳) [-쩐] 명하타되자 곧 전하여 보냄.
즉제 부 〈옛〉즉시. 곧. ¶ 니러 즉제 가쟈(老解上22). 참즉자히.
즉제(卽製) [-쩨] 명하타되자 당장 그 자리에서 만듦.
즉제(卽題) [-쩨] 명 그 자리에서 곧 짓도록 내놓은 시나 글의 제목.
즉조(卽祚) [-쪼] 명하자 ☞즉위(卽位).
즉좌(卽座) [-쫘] 명 ☞즉석(卽席).
즉-출급(卽出給) 명하타되자 (돈이나 물건을) 지체하지 않고 바로 지급함.
즉-치다(卽-) 타 서슴지 않고 냅다 치다. 대번에 치다.
즉행(卽行) [즈캥] 명 ①하자곧 감. ②하타곧 실행함.
즉효(卽效) [즈쿄] 명 즉시 나타나는 효험. ¶ 그 약(藥)을 먹고 즉효를 보았다.
즉후(卽後) [즈쿠] 명 ☞직후(直後).
즉흥(卽興) [즈킁] 명 즉석에서 일어나는 흥취.
즉흥-곡(卽興曲) [즈킁-] 명 즉흥적인 악상을 소품 형식으로 지은 악곡.
즉흥-극(卽興劇) [즈킁-] 명 (아무런 준비 없이) 그 자리의 흥에 따라 연출하는 극.
즉흥-시(卽興詩) [즈킁-] 명 그 자리에서의 느낌을 그대로 읊은 시.
즉흥-적(卽興的) [즈킁-] 관명 ①그때그때의 느낌을 곧바로 표현하는 (것). ¶ 즉흥적 작품. ②(깊이 생각하지 않고) 생각나는 대로 무슨 일을 하는 (것). ¶ 즉흥적 발상. /즉흥적인 사업 계획.
즌퍼리 명 〈옛〉진펄. ¶ 즌퍼리 져:沮(訓蒙上5).
즏볿다 타ㅂ 〈옛〉짓밟다. ¶ 즏볼올 채:跐(訓蒙下27).
즐겁다 [-따] [즐거우니·즐거워] 형ㅂ (어떤 일이나 상황·활동 등이) 만족스러워 흐뭇하고 기쁘다. ¶ 즐겁게 노래를 부르다. **즐거-이** 부.

즐기다[타] ①무엇을 좋아하여 거기에 마음을 쏟다. ¶ 바둑을 즐기다. /등산을 즐기다. ②행복스러운 마음을 가져 즐거워하다. ¶ 인생을 즐기다.
즐다[형] 〈옛〉 질다. ¶ 부텨 가시논 짜히 즐어늘(月釋*1:16*).
즐린(櫛鱗)[명] 한쪽 가장자리가 빗살같이 된 물고기의 비늘.
즐문-토기(櫛文土器)[명] ☞빗살무늬 토기.
즐비(櫛比) '즐비하다'의 어근.
즐비-하다(櫛比―)[형][여] 빗살처럼 가지런하고 빽빽이 늘어서 있다. ¶ 거리 양쪽에는 가게들이 즐비하다.
즐어[부] 〈옛〉〔'즈르다'의 활용형〕 지레. 일찍. ¶ 몯아ᄃᆞ리 즐어 업스니(月釋序*14*).
즐치(櫛齒)[명] ☞빗살.
즐판(櫛板)[명] ☞빗판.
즐풍-목우(櫛風沐雨)[명] 〔바람으로 머리 빗고, 비로 목욕한다는 뜻으로〕'긴 세월을 객지로 떠돌며 갖은 고생을 다 함'을 비유하여 이르는 말.
즘[명] 〈즈음〉의 준말.
즘게[명] 〈옛〉 큰 나무. 수목(樹木). ¶ 즘겟 가재 연ᄌᆞ니(龍歌7章). /樹는 즘게라(月釋*2:30*).
즘숭[명] 〈옛〉 짐승. ¶ 즘숭 슈:獸(石千*19*).
즘승[명] 〈옛〉 짐승. ¶ 즘싱 슈:獸(訓蒙下*3*).
즙(汁)[명] (과실 따위의) 물체에서 배어 나오거나 짜낸 액체. 액즙(液汁). 즙액(汁液).
  즙(이) 나다[관용] (무르익은 과실에서 즙이 나오듯) 일 솜씨가 아주 원숙해지다.
즙-내기(汁―)[즘―][명][하자타] 과실·채소 따위를 짜서 즙이 나오게 함.
즙-물(汁―)[즘―][명] 도자기에 바르는 잿물. 즙유(汁釉).
즙액(汁液)[명] ☞즙.
즙유(汁釉)[명] ☞즙물.
즙장(汁醬)[―짱][명] ☞집장.
즙재(汁滓)[―째][명] 즙을 짜내고 난 찌끼.
즙청(汁淸)[명][하타] 과줄이나 주악 따위에 꿀을 바르고 계핏가루를 뿌려 재워 두는 일.
즙포(緝捕)[명][하타] 〈집포〉의 본딧말.
즛[즈ᅀᅵ·즈ᅀᅳᆯ][명] 〈옛〉 모습. 짓. ¶ 그 즈ᅀᅵ 一萬 가지라(月釋*21:24*).
즛다[자] 〈옛〉 짖다. ¶ 나라해 즛는 가히 하도다(杜初*9:22*). [참]즞다.
즛의[명] 〈옛〉 찌꺼기. ¶ 汁과 즛의왜 宛然히 서르 ᄆᆞ잿도다(杜初*16:64*). [참]즜의.
즜[명] 〈옛〉 ☞즛.
즜의[명] 〈옛〉 찌꺼기. ¶ 즜의 흐린 거시 ᄒᆞ마 다ᄋᆞ면(法華*4:19*). [참]즛의·즈싀.
증[명] 도자기 굽 밑에 붙은 모래알이나 진흙덩이.
증(症)[명] '화증(火症)' 또는 '싫증'이나 '짜증'의 뜻을 나타냄. 《주로, '증 나다'·'증 내다'의 꼴로 쓰임.》 ¶ 남편은 아내의 타박에 증난 말투로 대꾸했다.
증(證)[명] 〈증명서〉의 준말. ¶ 증을 떼어 오너라.
증(贈)[명] '드립니다'의 뜻으로, 흔히 선물을 싼 겉봉 따위에 쓰는 말.
-증(症)[접미] 《한자어로 된 일부 명사 또는 어근 뒤에 붙어》 '증세(症勢)'의 뜻을 나타냄. ¶ 가려움증. /궁금증. /빈혈증. /합병증.
-증(證)[접미] 《한자어로 된 일부 명사 뒤에 붙어》 '증명서'의 뜻을 나타냄. ¶ 신분증. /출입증. /주민 등록증. /학생증.
증가(增加)[명][하자타][되자] 수나 양이 많아짐, 또는 많아지게 함. ¶ 인구 증가. /차량 통행이 증가하다. ↔감소.
증가(增價)[―까][명][하자타] 값이 오름, 또는 값을 올림.
증간(增刊)[명][하타][되자] 잡지 등의 정기 간행물에서, 정해진 시기 외에 임시로 간행하는 일, 또는 그 간행물.
증감(增減)[명][하자타][되자] 늚과 줆. 늘림과 줄임. 증손(增損). ¶ 인구의 증감.
증감(增感)[명][하자타][되자] 사진 감광 재료의 감광도가 높아짐, 또는 감광도를 높임.
증강(增強)[명][하타][되자] (인원이나 설비·능력 따위를) 더 늘려 강화함. ¶ 병력을 증강하다.
증개(增改)[명][하타][되자] (문장 따위를) 보태거나 고치거나 함.
증-개축(增改築)[명] 증축과 개축을 아울러 이르는 말.
증거(證據)[명] ①어떤 사실을 증명할 수 있는 근거. ②법원이 법률 적용의 대상이 되는 사실의 유무를 확정하는 재료. ¶ 증거를 보전하다.
증거-금(證據金)[명] 계약의 이행을 확실히 하기 위하여 당사자의 한쪽이 상대편에게 담보로 건네주는 돈.
증거^능력(證據能力)[―녁][명] 소송 절차에서, 증거가 증명의 자료로 쓰이기 위하여 필요한 자격. 형사 소송법에서는 자백이나 전문 증거(傳聞證據) 등에 대하여 일정한 제한이 있으나, 민사 소송법에서는 원칙적으로 제한이 없음.
증거-력(證據力)[명] 증거가 가지는 신빙성의 정도.
증거-물(證據物)[명] 어떤 사실의 증거가 되는 물품. 증거품.
증거^방법(證據方法)[명] 법관이 사실의 존부(存否)를 판단하기 위하여 조사할 수 있는 사람 또는 물건, 곧 재판의 기초가 될 사실의 인정 자료로 소용되는 것. 인적 증거와 물적 증거가 있음.
증거^보:전(證據保全)[명] 민사 소송에서, 증거 조사 때까지 기다리다가는 그 증거 방법의 사용이 불가능해지거나 어렵게 될 경우, 본안(本案)의 절차와는 별도로 미리 증거 조사를 하는 절차. 〔형사 소송에도 같은 절차가 있음.〕
증거^원인(證據原因)[명] 법관의 심증(心證)을 확신으로 이끄는 원인. 믿을 수 있는 증인의 증언이나 진정(眞正)한 문서의 내용 등이 이에 해당함.
증거-인(證據人)[명] ☞증인(證人).
증거^인멸죄(證據湮滅罪)[―쬐/―쮀][명] 다른 사람의 형사 사건이나 징계 사건에 관한 증거를 인멸·은닉·위조·변조하거나, 이러한 사건에 관한 증인을 은닉·도피시킴으로써 성립하는 범죄.
증거^재판주의(證據裁判主義)[―의/―이][명] 범죄 사실의 인정은 증거에 따라야 한다는 주의. 특히, 적법(適法)한 증거 조사의 절차를 거친, 증거 능력이 있는 증거에 따라 재판해야 한다는 주의.
증거^조사(證據調査)[명] 법원이 증인의 신문(訊問), 감정인(鑑定人) 의견의 청취, 문서의 열람, 검증물(檢證物)의 검사 따위를 하는 절차.
증거^증권(證據證券)[―꿘][명] 재산법상의 권리와 의무가 기재되어 일정한 법률관계의 증명에 쓰이는 증서. 〔차용 증서·매매 계약서·영수증 따위가 이에 딸림.〕
증거-품(證據品)[명] ☞증거물.

증거^항:변(證據抗辯)명 민사 소송에서, 당사자의 한쪽이 상대편의 증거에 대하여 하는 이의(異議)의 진술.
증결(增結)명하타되자 일정하게 편성된 열차에 차량을 임시로 늘려서 연결하는 일.
증과(證果)명 불교에서, 수행(修行)하여 얻는 깨달음의 결과를 이르는 말.
증광(增廣)명 ☞증광시(增廣試).
증광-시(增廣試)명 조선 시대에, 나라에 경사가 있을 때, 기념으로 보이던 과거. 증광.
증군(增軍)명하타 군사력을 더 증가시킴. ↔감군(減軍).
증권(證券)[-꿘]명 ①재산에 관한 권리나 의무를 나타내는 문서. 유가 증권(有價證券)과 증거 증권(證據證券)이 있음. ②주식·공채·사채 등의 유가 증권.
증권^거:래소(證券去來所)[-꿘-]명 증권의 매매를 위하여 열리는 상설 시장.
증권-사(證券社)[-꿘-]명 〈증권 회사〉의 준말.
증권^시:장(證券市場)[-꿘-]명 증권을 사고파는 시장. 크게 발행 시장과 유통 시장으로 나누는데, 좁은 뜻으로는 증권 거래소를 말함. 준증시(證市).
증권-업(證券業)[-꿔넙]명 유가 증권의 매매·인수(引受)·매출(賣出)·모집 또는 매출의 주선 등을 하는 영업.
증권^저:축(證券貯蓄)[-꿘-]명 증권 회사 등에 매월 일정한 금액을 맡겨 유가 증권을 사들이는 데에 쓰는 저축.
증권^투자(證券投資)[-꿘-]명 이익을 얻을 목적으로 주식(株式)이나 공사채(公社債) 등의 유가 증권을 사는 일.
증권^회:사(證券會社)[-꿘회-/-꿘훼-]명 증권업을 하는 주식회사. 준증권사.
증급(增給)명하타되자 급여를 올려 줌. ¶ 이번 임금 협상에서는 10%를 증급하였다.
증기(蒸氣)명 ①액체나 고체가 증발 또는 승화하여 생긴 기체. ②〈수증기〉의 준말.
증기^기관(蒸氣機關)명 수증기의 압력을 이용하여 피스톤의 왕복 운동을 일으켜 동력을 얻는 열기관. 기기(汽機).
증기^기관차(蒸氣機關車)명 증기 기관을 동력으로 해서 달리는 기관차.
증기^소독법(蒸氣消毒法)[-뻡]명 (끓이기 어려운 물품이나 기구 따위를) 섭씨 100도 이상의 증기로 쪄서 살균하는 소독 방법.
증기-압(蒸氣壓)명 증기가 고체 또는 액체와 평형 상태에 있을 때의 포화 증기압.
증기-탕(蒸氣湯)명 터키 등 이슬람 세계에서 전래된 목욕탕으로, 밀폐된 방에 열기를 가득 채워 땀을 내고 나서 목욕을 함.
증기^터:빈(蒸氣turbine)명 보일러에서 만들어진 고온·고압의 증기를 빠른 속도로 날개차에 내뿜어 축을 회전시켜서 동력을 얻는 원동기.
증념(憎念)명하타 미워함, 또는 그런 마음.
증답(贈答)명하타 선물을 서로 주고받는 일.
증대(增大)명하자·타되자 (수량이나 정도 따위가) 늘어서 커짐, 또는 늘려서 크게 함. ¶ 소득 증대.
증-대고모(曾大姑母)명 증조부의 누이.
증-대부(曾大父)명 촌수가 먼, 증조 항렬의 남자.
증량(增量)[-냥]명하자타 수량이나 중량이 늚, 또는 수량이나 중량을 늘림. ↔감량(減量).
증력(增力)[-녁]명하자.타 힘이 늘어남, 또는 힘을 늘림.
증례(證例)[-녜]명 증거가 되는 예(例).
증뢰(贈賂)[-뇌/-눼]명하자 뇌물을 줌. 증회(贈賄). ↔수뢰(收賂).
증류(蒸溜)[-뉴]명하타되자 액체를 가열하여 증기로 만들고, 그것을 식혀서 다시 액체로 만드는 일. 액체 속의 성분을 분리하거나 정제(精製)하는 데 쓰이는 방법임.
증류-수(蒸溜水)[-뉴-]명 천연수를 증류하여 정제한, 거의 순수한 물. 정밀 공업이나 화학 실험, 의약품 따위에 쓰임.
증류-주(蒸溜酒)[-뉴-]명 발효시켜 만든 술을 다시 증류하여 알코올 함유의 비율을 높인 술. 〔소주·위스키·브랜디 따위.〕
증립(證立)[-닙]명하타되자 이유나 근거를 찾아 내세움.
증면(增面)명하타되자 (신문이나 잡지 따위의) 발행 면수를 늘림.
증명(證明)명하타되자 ①어떤 사항이나 판단 따위가 참인지 아닌지를 밝히는 일. ¶ 이 학교 학생임을 증명함. ②수학이나 논리학에서, 어떤 명제의 진위(眞僞)를 근본 원리로부터 이끌어 내는 일. ③재판(裁判)의 기초가 되는 사실을 확인하는 일. 표증.
증명-사진(證明寫眞)명 증명서 따위에 붙이는, 규격이 작은 얼굴 사진.
증명-서(證明書)명 어떤 사실을 증명하는 문서(文書). ¶ 신분 증명서. 준증(證).
증모(增募)명하타되자 (정원보다) 더 늘려 뽑음. ¶ 신입 사원 증모.
증문(證文)명 ☞증서(證書).
증미(拯米)명 물에서 건져 낸 젖은 쌀.
증민(蒸民·烝民)명 모든 백성. 만민(萬民).
증발(蒸發)명하자되자 ①액체 상태의 물질이 기체 상태로 변하는 일. 참승화. ②'사람이나 물건이 갑자기 사라져 행방불명이 됨'을 속되게 이르는 말.
증발(增發)명하타되자 ①버스·전차·열차·항공기 따위의 운행 횟수를 늘림. ¶ 추석 귀성객을 위하여 열차를 증발하다. ②화폐 따위의 발행을 늘림.
증발-계(蒸發計)[-계/-게]명 물의 증발량을 재는 기상 관측 기구. 대야 모양의 그릇에 넣은 물의 줄어드는 분량에 의하여 재는 경우가 많음.
증발-량(蒸發量)명 일정한 시간 동안에 증발하는 분량.
증발-열(蒸發熱)[-렬]명 ☞기화열.
증발-접시(蒸發-)[-씨]명 시험체(試驗體)가 액체에 녹아 있을 때, 액체를 증발시키고 고체의 시험체를 얻는 데 쓰는 접시 모양의 그릇. 〔유리나 자기(瓷器) 따위의 것이 많음.〕
증배(增配)명하타되자 배당(配當)이나 배급(配給) 따위를 늘림. ↔감배(減配).
증별(贈別)명하타 (떠나는 사람에게) 정표(情表)로 시(詩) 따위를 지어 주고 보냄.
증병(蒸餠)명 ☞증편.
증병(增兵)명하타 군사의 수효를 늘림.
증병(甑餠)명 ☞시루떡.
증보(增補)명하타되자 (책이나 글의 내용을) 더 보태고 다듬어서 채움. ¶ 개정 증보.
증본(證本)명 증거가 되는 책.
증봉(增俸)명하타되자 봉급을 늘림, 또는 늘려 줌. ↔감봉(減俸).
증봉(增捧)명하타 액수를 늘려 거둠.
증비(增備)명하타 설비를 늘림.

증빙(證憑)명하타되자 증거로 삼음, 또는 증거로 삼는 근거.
증빙^서류(證憑書類)명 증거가 되는 서류. 문빙(文憑). ¶ 법정에 증빙 서류를 제출하다.
증삭(增削)명하타되자 ☞증산(增刪).
증산(蒸散)명하자되자 ①증발하여 흩어짐. ②식물체 안의 물이 기공(氣孔)을 통하여 수증기가 되어 밖으로 배출되는 현상.
증산(增刪)명하타되자 시문(詩文) 같은 것을 다듬기 위하여 더 보태거나 깎아 냄. 증삭(增削). 첨삭(添削).
증산(增産)명하자.타되자 (계획이나 기준보다) 생산량이 늚, 또는 늘림. ¶ 퇴비 증산. ↔감산.
증산-교(甑山敎)명 증산(甑山) 강일순(姜一淳)을 교조로 하는 '훔치교(吽哆敎)'와 '태을교(太乙敎)'를 아울러 이르는 말.
증산^작용(蒸散作用)명 식물체 안의 수분이 수증기가 되어 밖으로 배출되는 현상. 김내기. 발산 작용(發散作用).
증상(症狀)명 ☞증세(症勢).
증상-맞다(憎狀-)[-맏따]형 모양이나 몸가짐이 징그러울 만큼 보기에 언짢다.
증상-스럽다(憎狀-)[-따][~스러우니·~스러워]형ㅂ 보기에 증상맞다. 증상스레부.
증서(證書)명 어떤 사실을 증명하는 문서. 증거가 되는 서류. 명문(明文). 증문(證文).
증서^대ː부(證書貸付)명 은행 등의 대주(貸主)가 차주(借主)에게 차용 증서를 내게 하여 이루어지는 대부.
증설(增設)명하타되자 (시설이나 설비 등을) 늘려 설치함. ¶ 공장을 증설하다.
증세(症勢)명 병이나 상처 때문에 나타나는 현상이나 상태. 증상(症狀). 증정(症情). 증후(症候). ¶ 증세가 호전되다.
증세(增稅)명하자 세금(稅金)의 액수를 늘림. ↔감세(減稅).
증속(增速)명하자.타 속도가 빨라짐. 속도를 늘림. ↔감속(減速).
증손(曾孫)명 아들의 손자. 손자의 아들. 증손자.
증손(增損)명하자.타되자 ☞증감(增減).
증-손녀(曾孫女)명 아들의 손녀.
증-손부(曾孫婦)명 증손의 아내.
증-손서(曾孫壻)명 증손녀의 남편.
증-손자(曾孫子)명 ☞증손.
증쇄(增刷)명하타 (일정한 부수를 인쇄한 다음에) 다시 추가하여 인쇄함. 중쇄(重刷).
증수(增水)명하자 물이 불어서 늚, 또는 그 물. ↔감수(減水).
증수(增收)명하자.타되자 (계획·기준보다) 수입이나 수확이 늚, 또는 늘려서 거둠. ↔감수(減收).
증수(增修)명하타되자 ①(책 따위를) 더 늘려서 다듬거나 고침. ②(건물 따위를) 더 늘려서 짓거나 고침.
증-수회(贈收賄)[-회/-훼]명하자 뇌물을 주고받음.
증습(蒸濕) '증습하다'의 어근.
증습-하다(蒸濕-)[-스파-]형여 찌는 듯이 무덥고 눅눅하다. ¶ 증습한 기후.
증시(證市)명 <증권 시장(證券市場)>의 준말.
증시(贈諡)명하타 임금이 시호(諡號)를 내림.
증식(增殖)명하자.타되자 ①불어서 더 늚, 또는 불려서 더 늘림. ¶ 재산 증식. ②생물, 또는 그 조직이나 세포 따위의 수가 생식이나 분열에 따라 늘어남. ③원자로(原子爐)에서 중성자의 흡수에 따라, 소비되는 핵연료의 원자수보다 생성되는 핵연료의 원자수가 많아지는 일.
증식-로(增殖爐)[-싱노]명 노(爐) 안에서 소비되는 핵연료가 연쇄 반응에 의하여 처음 소비된 것 이상으로 증가하는 원자로.
증애(憎愛)명 ☞애증(愛憎).
증액(增額)명하타되자 액수를 늘림, 또는 그 액수. ↔감액(減額).
증언(證言)명하자.타 ①말로 어떤 사실을 증명함, 또는 그 말. ②증인으로서 사실을 말함, 또는 그 말. ¶ 무죄를 증언하다.
증언-대(證言臺)명 증언하는 사람이 증언하도록 시설해 놓은 자리.
증여(贈與)명하타되자 ①남에게 금품을 줌. 기증(寄贈). 증유(贈遺). ②자기 재산을 무상으로 상대편에게 줄 의사를 나타내고, 상대편이 이를 받아들이는 일, 또는 그 계약.
증여-세(贈與稅)[-쎄]명 증여받은 재산을 대상으로 하여 매기는 조세.
증열(蒸熱)명 ①하타증기로 열을 가하여 쪄 냄. ②무더위.
증염(蒸炎)명 무더위.
증오(憎惡)명하타 몹시 미워함. ¶ 증오의 눈길.
증오(證悟)명하자 불도를 닦아 진리를 깨달음.
증오-심(憎惡心)명 몹시 미워하는 마음. ¶ 증오심이 불타다.
증왕(曾往)명 일찍이 지나간 때. 재전(在前). 증전(曾前).
증운(增韻)명 운서(韻書)의 운통(韻統)에 더 보태어 넣은 운자(韻字).
증울(蒸鬱) '증울하다'의 어근.
증울-하다(蒸鬱-)형여 찌는 듯한 더위로 가슴이 몹시 답답하다.
증원(憎怨)명하타 미워하고 원망함.
증원(增員)명하타되자 사람을 늘림. ¶ 공무원을 증원하다. ↔감원(減員).
증원(增援)명하타되자 인원을 늘려서 도움. ¶ 증원 부대를 파견하다.
증유(贈遺)명하타되자 ☞증여(贈與).
증-음정(增音程)명 완전 음정이나 장음정(長音程)을 반음 넓힌 음정. 증1도에서 증7도까지 있음.
증익(增益)명하자.타되자 (수익 따위가) 더 늚, 또는 더 늘림.
증인(證人)명 ①어떤 사실을 증명하는 사람. 증거인. ②☞보증인. ¶ 증인을 세우고 돈을 빌려 쓰다. ③어떤 사건에 대하여, 법정에서 증언을 하는 사람. ¶ 피고 측 증인을 소환하다. /증인에 대한 신문.
증인(證印)명 증명하기 위하여 찍는 도장.
증인-석(證人席)명 법정에서, 증인이 앉아 증언을 하도록 마련된 자리.
증인^신ː문(證人訊問)명 법정에서, 증인의 증언을 듣는 증거 조사의 절차를 이름.
증자(增資)명하타되자 자본금을 늘림, 또는 그 자본. ↔감자(減資).
증장(增長)명하자되자 ①늘고 더함. ②(좋지 못한 성질이나 경향 따위가) 점점 심하여짐.
증장천-왕(增長天王)명 자타(自他)의 덕행을 증장시킨다는 데서 이르는 사천왕(四天王)의 하나. 수미산 제4층에 살며 남방을 지킨다고 함.
증적(證跡·證迹)명 증거가 되는 자취. 사실이나 진실임을 증명하는 흔적.
증전(曾前)명 ☞증왕(曾往).
증정(症情)명 ☞증세(症勢).

증정(增訂)명하타되자 책 따위의 잘못된 데를 고치고 모자라는 것을 보탬.
증정(贈呈)명하타되자 남에게 선물이나 기념품 따위를 드림. ¶ 화환 증정. /기념품을 증정하다.
증조(曾祖)명 ①조부(祖父)의 부모, 곧 '삼대(三代) 위의 조상'을 가리키는 말. ②〈증조부(曾祖父)〉의 준말.
증-조고(曾祖考)명 세상을 떠난 증조부.
증-조모(曾祖母)명 증조할머니.
증-조부(曾祖父)명 증조할아버지. 준증조.
증-조비(曾祖妣)명 세상을 떠난 증조모.
증조-할머니(曾祖-)명 할아버지의 어머니. 아버지의 할머니. 증조모.
증조-할아버지(曾祖-)명 할아버지의 아버지. 아버지의 할아버지. 증조부.
증좌(證左)명 어떤 사실을 증명하는 데 바탕이 되는 증거. 증참(證參).
증주(增株)명 증자(增資)를 위하여 주식회사가 모집한 주식.
증주(增註·增注)명하타되자 이전의 주석(註釋)에 새로운 주석을 보탬, 또는 그 주석.
증증(蒸蒸) '증증하다'의 어근.
증증-하다(蒸蒸-)형여 ①김 따위가 무럭무럭 피어오르는 모양이 자욱하다. ②(효성 따위가) 극진하다.
증지(證紙)명 일정한 사항을 증명하기 위하여 행정 기관 같은 데서 발행하는 종잇조각. 〔주세(酒稅) 증지·납세필 증지 따위.〕
증진(增進)명하타되자 (기운이나 세력 따위가) 점점 더하여 가거나 나아감. ¶ 사회 복지의 증진. /체력을 증진하다. /식욕이 증진되다. ↔감퇴(減退).
증징(增徵)명하타되자 조세(租稅) 따위를 전보다 더 늘려서 징수함.
증차(增車)명하타되자 운행하는 차량 대수를 더 늘림. ¶ 출퇴근 때에는 증차를 한다.
증참(證參)명 ☞증좌(證左).
증축(增築)명하타되자 지금 있는 건물에 덧붙여 더 늘려서 지음. ¶ 사옥을 증축하다.
증탄(增炭)명하자 석탄의 생산량을 늘림, 또는 그 늘린 석탄의 양.
증투-막(增透膜)명 투명한 물질 표면에 붙여서 반사광을 줄이고 투과력을 늘리는 얇은 막. 보통 사진 렌즈에 붙임.
증파(增派)명하타되자 이미 나가 있는 곳에, 인원을 더 늘려서 파견함. ¶ 구조대를 증파하다.
증편(蒸-)명 막걸리를 조금 탄 뜨거운 물로 멥쌀가루를 걸쭉하게 반죽하여 부풀린 다음, 증편틀에 붓고 위에 고명을 얹어 찐 떡. 증병(蒸餠).
증편(增便)명하타되자 열차나 배·항공기·버스 따위의 정기편의 횟수를 늘림. ¶ 증편 운행. ↔감편(減便).
증편-틀(蒸-)명 증편을 찌는 기구. 운두가 낮은 쳇바퀴 따위에 대오리로 너스레를 놓아 김이 올라오게 만듦.
증폭(增幅)명하자타되자 ①사물의 범위가 넓어짐, 또는 그렇게 함. ¶ 갈등의 증폭. ②빛이나 음향·전기 신호 따위의 진폭을 늘림. ¶ 증폭 마이크.
증폭-기(增幅器)[-끼]명 진공관이나 트랜지스터 따위를 이용하여 증폭 작용을 하게 하는 장치. 앰플리파이어.
증폭^작용(增幅作用)[-짜굥]명 ①진동의 진폭을 늘리는 작용. ②진동 전파의 전류나 전압의 진폭을 늘리는 작용.
증표(證票)명 증거로 주는 표. 증거가 될 만한 표. ¶ 사랑의 증표.
증-하다(憎-)형여 (모양이 너무 크거나 이상하여) 보기에 징그럽다.
증험(證驗)명하타 ①시험해 본 효험. ¶ 신약의 증험이 뛰어나다. ②실지로 사실을 경험함, 또는 증거로 삼을 만한 경험. ¶ 전쟁의 참사를 증험하다.
증회(贈賄)[-회/-훼]명하자 ☞증뢰(贈賂). ↔수회(收賄).
증회-죄(贈賄罪)[-회쬐/-훼쮀]명 공무원에게 뇌물을 줌으로써 성립되는 죄.
증후(症候)명 ☞증세(症勢). ¶ 장티푸스의 증후.
증후-군(症候群)명 몇 가지 증세가 늘 함께 인정되나, 그 원인이 분명하지 않거나 단일하지 않을 때에 병명(病名)에 따라 붙이는 명칭. 신드롬.
즞다명 〈옛〉 짖다. ¶ 즈즐 폐:吠(訓蒙下8).
즹경이명 〈옛〉 징경이. ¶ 즹경이 져:鵙(訓蒙上16).
지[1]명 '김치'의 방언.
지[2]명 '요강'의 궁중말.
지[3]의 《받침 'ㄴ' 뒤에 쓰이어》 어떤 동작이 있었던 '그때로부터'의 뜻을 나타내는 말. ¶ 그곳을 떠난 지 10년이 지났다. /그가 죽은 지 이미 오래다.
지[4]조 모음으로 끝난 체언에 붙는 서술격 조사. ①서로 다른 두 가지 사실을 견주되, 앞에 나온 사실을 시인하는 뜻을 나타내는 연결형 서술격 조사. ¶ 수박이 채소지 과일이냐. ②㉠어떤 사실을 약간의 느낌을 담아 베풀어 말하는 뜻을 나타내는 종결형 서술격 조사. ¶ 겨울밤에 먹는 동치미 맛은 참 별미지. ㉡묻는 뜻을 나타내는 종결형 서술격 조사. ¶ 아까 전화한 사람이 누구지? 참이지.
지(篪)명 관악기에 딸린 저의 한 가지. 오래 묵은 대통에 다섯 구멍을 뚫어서 만듦.
지(識)명 글을 쓰고 나서 아무개가 '적음'의 뜻을 나타내는 말. ¶ 저자(著者) 지.
-지(地)접미 《일부 명사 뒤에 붙어》 ①그러한 '곳'임을 나타냄. ¶ 본적지. /소재지. /목적지. ②그 옷의 '감'임을 나타냄. ¶ 양복지. /코트지.
-지(紙)접미 《일부 명사 뒤에 붙어》 ①'종이'의 뜻을 나타냄. ¶ 원고지. /포장지. /창호지. /편지지. ②'신문'의 뜻을 나타냄. ¶ 일간지. /주간지.
-지(誌)접미 《일부 명사 뒤에 붙어》 ①'정기 간행물'임을 나타냄. ¶ 기관지. /월간지. ②그러한 내용의 '기록물'임을 나타냄. ¶ 박물지. /향토지.
-지어미 ①용언 어간 뒤에 붙는 연결 어미. ㉠《주로 '아니하다'·'못하다'·'말다' 등과 어울려》 앞의 내용을 부정하는 뜻을 나타냄. ¶ 좋지 않다. /먹지 못하다. ㉡서로 다른 두 가지 사실을 견주되, 앞말을 시인하는 뜻을 나타냄. 《시제의 '-았(었)-'·'-겠-' 뒤에서도 쓰임.》 ¶ 바람만 불지 비는 안 온다. /그만하면 됐지 뭘 더 바라나. ②용언 어간에 붙는 하게체의 종결 어미. ㉠앞의 내용을 강조하는 뜻을 나타냄. 《시제의 '-았(었)-'·'-겠-' 뒤에서도 쓰임.》 ¶ 하늘을 보아야 별을 따지. /보면 알겠지. ㉡그렇게 하기를 권하거나 시키는 뜻을 나타냄. ¶ 이제 일어나지. /자네도 같이 먹지. 높-지요. ㉢묻는 뜻을 나타냄. ¶ 언제 가지?/밖은 춥지?
지가(地價)[-까]명 땅값. 토지의 매매 가격. ¶ 지가의 변동. /지가가 오르다.

지가(知家·止街) 명 지난날, 높은 벼슬아치가 지나가는 길을 침범한 사람을 붙잡아서 얼마 동안 길가의 집에 맡겨 두던 일.
지가(紙價) [-까] 명 종이의 값.
지가-서(地家書) 명 지술(地術)에 관한 책.
지ː^가스(G gas) 명 무색·무미·무취의 액상(液狀) 독가스. 몸에 한 방울만 떨어져도 즉사하게 되는 맹독을 지님.
지각(地角) 명 〔땅의 한 모퉁이라는 뜻으로〕 땅의 맨 끝.
지각(地殼) 명 지구의 표층(表層)을 이루고 있는 단단한 부분. 지반(地盤).
지각(知覺) 명 ① 하타 되자 ㉠느끼어 앎. 깨달음. ㉡감각 기관을 통하여 외부의 사물을 인식함. 또는 그 작용에 의해서 머릿속에 떠오른 것. ¶ 지각이 마비되다. ②사물의 이치를 분별하는 능력. 철[2]. ¶ 지각이 들다. /지각이 부족하다.
지각이 나자 망령 속담 〔지각이 나자마자 망령이 들었다는 뜻으로〕 이제 겨우 철이 들었나 보다 하던 터에, 다시 엉뚱한 짓을 하였을 때에 이르는 말.
지각(枳殼) 명 한방에서, 탱자를 썰어 말린 것을 약재로 이르는 말. 기각(枳殼).
지각(遲刻) 명 하자 정해진 시각보다 늦음. 지참(遲參). ¶ 회사에 지각하다.
지각^마비(知覺痲痹) [-강-] 명 신경 계통이나 정신 작용 따위의 장애로 지각이 마비되는 일.
지각-망나니(知覺-) [-강-] 명 '철이 덜 든 사람'을 조롱조로 이르는 말.
지각-머리(知覺-) [-강-] 명 〈지각(知覺)〉의 속된 말. ¶ 사람이 지각머리가 있어야지.
지각^변ː동(地殼變動) [-뻔-] 명 지구 내부의 원인 때문에 지각(地殼)에 일어나는 여러 가지 운동. 〔지층의 습곡·단층, 토지의 융기·침강 따위.〕 지각 운동.
지각^신경(知覺神經) [-씬-] 명 ☞감각 신경.
지각-없다(知覺-) [-가겁따] 형 하는 짓이 어리고 철이 없다. 분별력이 없다. ¶ 지각없는 행동. **지각없-이** 부
지각^운ː동(地殼運動) 명 ☞지각 변동.
지간(枝幹) 명 ①가지와 줄기. ②☞지간(肢幹).
지간(肢幹) 명 팔다리와 몸. 지간(枝幹).
지갈(止渴) 명 하자 되자 갈증이 멎음, 또는 갈증을 멎게 함.
지갑(紙匣) 명 ①종이로 만든 작은 상자. ②가죽이나 헝겊 따위로 자그마하게 만든 주머니와 같은 물건. 돈이나 증명서 등을 넣어 가지고 다니는 데 씀.
지강(至剛) '지강하다'의 어근.
지강-하다(至剛-) 형여 사람됨이 지극히 강직하여 사악(邪惡)에 굴하지 않다.
지개(志槪) 명 ☞지기(志氣).
지객(知客) 명 절에서 오고 가는 손님을 안내하는 일, 또는 그 일을 맡은 중.
지검(地檢) 명 〈지방 검찰청〉의 준말.
지검(智劍) 명 〈지혜검(智慧劍)〉의 준말.
지게[1] 명 ①짐을 지기 위해 나무로 만든 운반 기구의 한 가지. ¶ 지게를 지다. ②〖의존 명사적 용법〗 짐을 지기 위해 나무로 만든 운반 기구에 실어 그 분량을 세는 단위. ¶ 장작 한 지게. /물 두 지게.
지게[2] 명 〈지게문〉의 준말.
지게-꼬리 명 지게에 짐을 얹고 잡아매는 줄.
지게-꾼 명 지게로 짐을 져 나르는 일을 업으로 삼는 사람.
지게-문(-門) 명 마루나 부엌 같은 데서 방으로 드나드는 외짝문. 준지게[2].
지게미 명 ①술을 거르고 난 찌끼. 술지게미. 주박(酒粕). ②눈가에 끼는 눈곱.
지게-차(-車) 명 차의 앞부분의 포크처럼 생긴 장치를 아래위로 움직여 짐을 쌓거나 내리거나 나르는 차. 포크리프트.
지게-호(-戶) 명 한자 부수의 한 가지. '所'·'扁' 등에서의 '戶'의 이름.
지겟-가지 [-게까-/-겓까-] 명 지게의 몸통에서 뒤쪽으로 뻗어 나간 두 개의 가지. 그 위에 짐을 얹음.
지겟-다리 [-게따-/-겓따-] 명 지게의 다리.
지겟-등태 [-게뜽-/-겓뜽-] 명 지게에 붙인 등태.
지겟-작대기 [-게짝때-/-겓짝때-] 명 지게를 버티어 세울 때에 쓰는 작대기.
지격(至隔) '지격하다'의 어근.
지격(志格) 명 고상한 뜻과 인격.
지격-하다(至隔-) [-겨카-] 형여 정한 날짜가 바짝 닥쳐 가깝다. ¶ 혼일(婚日)이 지격하다.
지견(知見) 명 지식과 견식. 식견(識見).
지견(智見) 명 지혜와 식견(識見).
지결(至潔) '지결하다'의 어근.
지결-하다(至潔-) 형여 더없이 맑고 깨끗하다.
지겹다 [-따] [지겨우니·지겨워] 형ㅂ 진저리가 날 정도로 지루하고 싫다. ¶ 이젠 그 소리만 들어도 지겹다. /지겹게도 내리는 비.
지경(地莖) 명 〈지하경(地下莖)〉의 준말.
지경(地境) Ⅰ 명 땅과 땅의 경계. 지계(地界). ¶ 지경을 넓히다.
Ⅱ 의 《주로 관형사나 어미 '-은(는)'·'-을' 뒤에 쓰이어》 어떤 처지나 형편. ¶ 기가 막혀 말도 못할 지경이다. /죽을 지경에 이르다.
지경(枝莖) 명 식물의 가지와 줄기.
지경-풍(至輕風) 명 ☞실바람.
지계(地契) [-계/-게] 명 대한 제국 때, 논밭 등의 소유권을 증명하던 문서.
지계(地界) [-계/-게] 명 ①☞지경(地境). ②삼계(三界)의 하나.
지계(地階) [-계/-게] 명 ①고층 건물에서 지하에 있는 층. 참지하실·지하층. ②고층 건물에서의 첫째 층.
지계(持戒) [-계/-게] 명 하자 불교에서, 계행(戒行)을 굳게 지키는 일.
지고 조형 〈옛〉〔'지다[7]'의 활용형〕 -었으면. ¶ 高堂素壁에 거러 두고 보고 지고. /어허 내 사랑 삼고 지고(古時調).
지고(至高) 명 하형 〔더없이 높다는 뜻으로〕 더없이 뛰어남, 또는 더없이 훌륭함. ¶ 지고한 조화미. /지고하신 존재. /지고한 가치.
지고(地高) 명 땅의 높이.
지고-선(至高善) 명 ☞최고선(最高善).
지고-지순(至高至順) 명 하형 더없이 높고 순수함. ¶ 지고지순한 사랑.
지곡(止哭) 명 하자 하던 곡(哭)을 그침.
지골(肢骨) 명 팔다리의 뼈.
지골(指骨) 명 손가락뼈.
지골(趾骨) 명 발가락뼈.
지골-피(地骨皮) 명 한방에서, '구기자나무의 뿌리껍질'을 약재로 이르는 말. 해열제 따위로 쓰임.
지공(至公) 명 하형 〈지공무사〉의 준말.
지공(至恭) '지공하다'의 어근.
지공(遲攻) 명 하타 농구나 축구 따위에서, 공격 속도를 늦춤. ¶ 지공 작전으로 나오다. ↔속공.

지공무사(至公無私)명하형 더없이 공평(公平)하고 사사로움이 없음. ¶ 지공무사한 처사. 준지공(至公).
지공-지평(至公至平)명하형 더없이 공평함.
지공-하다(至恭-)형여 더없이 공손하다.
지과(指窠)명하타 벼슬하려는 사람이 빈 벼슬자리 중에서 희망하는 자리를 고르던 일.
지곽(地廓)명 〔땅의 둘레라는 뜻으로〕 눈의 위아래 시울을 비유하여 이르는 말.
지관(支管·枝管)명 수도관이나 가스관 따위의, 본관에서 갈라져 나온 관.
지관(止觀)명 ①천태종에서, 잡념을 버리고 마음을 하나의 대상에 집중시켜 바른 지혜로 대상을 비추어 보는 일. ②'천태종'을 달리 이르는 말.
지관(地官)명 풍수설에 따라 집터나 묏자리 따위를 가려잡는 사람. 지사(地師). 풍수(風水).
지광-인희(地廣人稀)[-히]명하형 땅은 넓고 사람은 드묾. 인희지광. 토광인희(土廣人稀).
지괴(地塊)[-괴/-궤]명 ①땅덩어리. 흙덩어리. ②지각(地殼) 가운데, 주위가 단층(斷層)을 이루고 있는 지역.
지괴(志怪)[-괴/-궤]명 귀신이나 짐승 따위에 관한 내용의 이야기를 적은 것. 참지괴 소설.
지괴^산맥(地塊山脈)[-괴-/-궤-]명 지괴 운동에 의하여 생겨난, 주위가 단층을 이루고 있는 산맥.
지괴^산지(地塊山地)[-괴-/-궤-]명 주위가 단층을 이루고 있는 산지.
지괴^소ː설(志怪小說)[-괴-/-궤-]명 귀신·선술(仙術)·괴담·이문(異聞) 등의 내용으로 이루어진 소설. 중국 육조(六朝) 시대에 가장 성하였는데, 뒷날 당대(唐代)의 전기(傳奇)를 거쳐 소설로 그 맥이 이어짐.
지괴^운ː동(地塊運動)[-괴-/-궤-]명 지각 운동의 한 가지. 지괴가 단층면(斷層面)을 따라 밀려 움직이는 현상.
지교(至交)명 매우 두터운 교분.
지교(至巧) '지교(至巧)하다'의 어근.
지교(智巧) '지교(智巧)하다'의 어근.
지교-하다(至巧-)형여 더없이 정교하다. ¶ 지교한 솜씨.
지교-하다(智巧-)형여 슬기롭고 교묘하다.
지구(地球)명 인류가 살고 있는 천체. 태양계에 딸린 행성의 하나로 지각·맨틀·핵의 세 부분으로 이루어졌으며, 지표는 대기층으로 싸여 있음. 자전(自轉)하면서 태양의 세 번째 궤도를 공전함.
지구(地區)명 ①어떤 일정한 구역. 일정하게 구획되어진 구역. ¶ 동부 지구. ②일정한 목적에 의하여 특별히 지정된 지역. ¶ 택지 개발 지구.
지구(地溝)명 거의 평행을 이룬 단층 사이에, 지반이 꺼져서 생긴 낮고 기름한 골짜기.
지구(知舊)명 오래전부터 사귀어 온 친한 벗. 오랜 친구.
지구(持久)명하타 어떤 상태를 오래 버티어 견딤. 오래도록 유지함.
지구^과학(地球科學)명 지구와 이를 형성하는 물질 및 지구가 속하고 있는 우주를 연구하는 학문을 통틀어 이르는 말. 준지학(地學).
지구-광(地球光)명 음력 초하루 전후에 지구에서 반사된 태양빛이 달의 어두운 면을 희미하게 비치는 현상.
지구-당(地區黨)명 중앙당에 대하여, 각 지구에 설치된 당의 지역 조직. ¶ 지구당을 결성하다.
지구-대(地溝帶)명 일대가 지구(地溝)로 이루어진 띠 모양의 낮은 땅.
지구-력(持久力)명 오래 버티어 내는 힘. 오래 끄는 힘. ¶ 지구력이 강한 선수. /지구력을 기르다.
지구-본(地球本)명 ☞지구의(地球儀).
지구^위성(地球衛星)명 항상 지구의 둘레를 도는, 지구에 딸려 있는 별(천체).
지구-의(地球儀)[-의/-이]명 지구를 본떠 만든 작은 모형. 지구본.
지구^자ː기(地球磁氣)명 지구가 가지고 있는 자기, 또는 그로 말미암아 생기는 자장(磁場). 지구의 자침이 거의 남북을 가리키는 원인이 됨. 지자기(地磁氣).
지구-전(持久戰)명 ①군에서, 적을 지치게 하거나 아군의 구원병이 도착하기를 기다리기 위하여 빨리 결판을 내지 않고 오래 끌고 가는 싸움. ¶ 싸움은 지구전으로 들어갔다. ②'오래도록 상대편의 동향을 살펴 가며 기다리는 일'을 비유하여 이르는 말. 장기전(長期戰).
지구지계(持久之計)[-계/-게]명 싸움 따위에서, 얼른 결판을 내지 않고 오래 끌고 가려는 계략.
지구-촌(地球村)명 (교통·통신의 발달로 모든 나라가 서로 깊은 관계를 맺고 살아가게 된 데서) 지구를 하나의 마을로 비유하여 이르는 말.
지구형 행성(地球型行星) 태양계의 행성 가운데, 반지름과 질량이 작고 밀도가 높은 행성. 수성·금성·지구·화성을 이름.
지국(支局)명 본사나 본국의 관리하에 각 지방에 설치되어 그 지역의 업무를 맡아보는 곳. ¶ 신문사 지국.
지국천-왕(持國天王)명 사천왕(四天王)의 하나. 불법(佛法)의 수호신으로 수미산 제4층에 살며 동방을 지킨다고 함.
지국총부 〈옛〉배를 저을 때 내는 소리. 노 젓고 닻 감는 소리. 한자를 빌려 '至匊悤'으로 적기도 함. ¶ 밤중만 지국총 소래에 이긋는 듯ᄒᆞ여라(古時調).
지국총지국총^어사와부 〈옛〉'지국총지국총'은 잇따라 노를 젓고 닻을 감는 소리, '어사와'는 흥을 돋우는 소리로서 '어부사시사'의 후렴구. 한자를 빌려 '至匊悤至匊悤於思臥'로 적기도 함.
지궁(至窮) '지궁하다'의 어근.
지궁차궁(至窮且窮) '지궁차궁하다'의 어근.
지궁차궁-하다(至窮且窮-)형여 그 이상은 더할 수 없이 곤궁하다.
지궁-하다(至窮-)형여 더할 수 없이 곤궁하다. 지궁-히부.
지-권연(紙卷煙)명 〈지궐련〉의 본딧말.
지-궐련(←紙卷煙)명 담배의 잎을 잘게 썰어 얇은 종이로 만 담배. 본지권연. 참엽궐련.
지귀(至貴) '지귀하다'의 어근.
지귀-하다(至貴-)형여 더없이 귀하다.
지그(jig)명 기계 공작에서, 부품의 가공 위치를 정하고 절삭 공구를 정확히 대는 데 쓰이는 도구. 같은 물건을 여러 개 가공할 때 사용함.
지그럭-거리다[-꺼-]자 자꾸 지그럭지그럭하다. 지그럭대다. ¶ 고부간에 사이가 너무 좋아 집안에 지그럭거리는 소리가 없다. 작자그락거리다. 센찌그럭거리다.
지그럭-대다[-때-]자 지그럭거리다.

지그럭-지그럭[-찌-][부][하자] ①하찮은 일로 옥신각신하는 모양. [작]자그락자그락. ②남이 듣기 싫도록 자꾸 불평을 늘어놓는 모양. [센]찌그럭찌그럭.

지그르르[부][하자] 거의 잦아진 물이나 기름 따위가 버쩍 끓어오르거나 졸아드는 소리, 또는 그 모양. ¶ 찌개가 지그르르 끓다. [작]자그르르. [센]찌그르르.

지그시[부] ①(무엇을 누르거나 밀거나 할 때) 힘을 스르르 은근히 들이는 모양. ¶ 손가락으로 지그시 누르다. /눈을 지그시 감다. ②참을성 있게 견디는 모양. ¶ 울분을 지그시 참다. [작]자그시.

지그재그(zigzag)[명] 직선이 번갈아 좌우로 꺾인 모양, 또는 그러한 상태. 갈지자형. ¶ 지그재그로 난 길.

지극(至極) '지극하다'의 어근.

지극-스럽다(至極-)[-쓰-따][~스러우니·~스러워][형][ㅂ] 보기에 더할 수 없이 지극한 데가 있다. ¶ 지극스럽게 간호하다.

지극-하다(至極-)[-그카-][형][여] 어떠한 정도나 상태 따위가 극도에 이르러 더할 나위 없다. ¶ 효성이 지극하다. /지극한 대접을 받다. **지극-히**[부] ¶ 지극히 사랑하다. /지극히 유감스러운 일.

지근(支根)[명] 원뿌리에서 갈라져 나간 잔뿌리. 받침뿌리.

지근(至近) '지근하다'의 어근.

지근-거리다[자][타] 자꾸 지근지근하다. 지근대다. [작]자근거리다. [센]찌근거리다. [거]치근거리다.

지근-대다[자][타] 지근거리다.

지근덕-거리다[-꺼-][자][타] 자꾸 지근덕지근덕하다. 지근덕대다. [작]자근덕거리다. [센]찌근덕거리다. [거]치근덕거리다.

지근덕-대다[-때-][자][타] 지근덕거리다.

지근덕-지근덕[-찌-][부][하자][타] 몹시 끈덕지게 지근지근하는 모양. [작]자근덕자근덕. [센]찌근덕찌근덕. [거]치근덕치근덕.

지근-지근[부][하자][타] ①(남을) 은근히 못 견디게 괴롭히거나 조르는 모양. [거]치근치근. ②머리가 조금 쑤시듯 아픈 모양. ③가볍게 지긋지긋 누르거나 씹거나 하는 모양. ¶ 나무뿌리를 지근지근 씹다. [작]자근자근. [센]찌근찌근.

지근지지(至近之地)[명] 아주 가까운 곳. 지근지처(至近之處).

지근지처(至近之處)[명] ☞지근지지(至近之地).

지근-하다(至近-)[형][여] (거리나 정의 등이) 아주 가깝다. ¶ 지근한 거리. **지근-이**[부].

지글-거리다[자] 자꾸 지글지글하다. 지글대다. [작]자글거리다. [센]찌글거리다.

지글-대다[자] 지글거리다.

지글-지글[부][하자] ①끓고 있는 액체가 걸쭉하게 잦아들 때 나는 소리, 또는 그 모양. ¶ 찌개 국물이 지글지글 잦아들다. ②몸에 열이 몹시 나는 상태를 빗대어 나타내는 말. ¶ 고열로 몸이 지글지글 끓고 있다. ③걱정스럽거나 하여 마음을 몹시 졸이는 모양. ¶ 속이 지글지글 타다. [작]자글자글[1]. [센]찌글찌글.

지금(只今) [I][명] ①(과거와 미래의 경계가 되는) 바로 이 시간. 현재. 시방. ¶ 바로 지금. /지금은 정각 두 시다. /지금은 필요가 없다. ②(옛날에 대하여) 현재를 포함한 오늘날. ¶ 지금의 젊은 세대. /지금은 시골도 살기가 좋다. [II][부] 이제 막. 이제 곧. ¶ 지금 거리에서 보고 온 길이다. /지금 바로 알리겠다.

지금(地金)[명] ①제품으로 만들거나 세공(細工)하지 않은 황금. ②도금한 바탕의 금속.

지금(至今)[부] 〈지우금(至于今)〉의 준말.

지금-거리다[자] 자꾸 지금지금하다. 지금대다. ¶ 입 안에서 모래가 자꾸 지금거린다. [작]자금거리다. [센]지끔거리다.

지금-껏(只今-)[-껃][부] 바로 지금에 이르기까지. 여태까지. 여태껏. ¶ 지금껏 뭘 하다 오느냐?/이러한 음식은 지금껏 먹어 본 적이 없다.

지금-대다[자] 지금거리다.

지금-지금[부][하자] 음식에 섞인 모래 같은 것이 자꾸 씹히는 모양. ¶ 모래가 지금지금 씹히다. [작]자금자금. [센]지끔지끔.

지급(支給)[명][하타][되자] 어떤 특정한 조건을 갖춘 사람에게, 돈이나 물품 따위를 내줌. ¶ 상여금(賞與金)을 지급하다.

지급(至急)[명][하형] 매우 급함. ¶ 지급 전보. /지급으로 부치다. /지급한 용무. **지급-히**[부].

지급^거:절(支給拒絕)[-꺼-][명] 지급 제시 기간 안에, 어음·수표의 소지인이 인수인·지급인 또는 지급 담당자에 대하여 지급 제시를 하고 지급을 청구했는데도, 어음 금액·수표 금액 등의 전부 또는 일부의 지급이 거절된 경우를 이르는 말.

지급^명:령(支給命令)[-금-녕][명] 금전이나 그 밖의 대체물 또는 유가 증권 따위의 일정한 수량의 지급을 목적으로 하는 청구에서, 채권자에게 정당한 이유가 있다고 인정했을 경우 변론을 거치지 않고 채무자에게 그 지급을 명하는 재판.

지급^보증(支給保證)[-뽀-][명] 수표의 지급인이, 스스로 그 금액의 지급을 보증하는 일. [준]지보.

지급^불능(支給不能)[-뿔릉][명] 채무자가 돈을 가지고 있지 않거나 가까운 장래에 조달할 가망이 없는 상태. 전형적인 파산 원인임.

지급-액(支給額)[명] 내준 돈의 액수.

지급^어음(支給-)[명] 부기상, 자기 쪽에서 치러야 할 의무가 있는 어음. ↔받을어음.

지급^유예(支給猶豫)[-금뉴-][명] 전쟁이나 경제 공황 등으로 한 나라 전체나 어느 특정 지역에 경제적 긴급 사태가 발생한 경우에, 국가 권력의 발동에 의하여 일정 기간 금전 채무의 이행을 연장시키는 일. 모라토리엄.

지급^정지(支給停止)[-쩡-][명] 채무자가 채무 변상(辨償)을 할 수 없다는 사실을 스스로 표시하는 일.

지급^준:비금(支給準備金)[-쭌-][명] 일반 은행이 예금 지급을 위하여, 예금의 일정 비율을 중앙은행에 예탁함으로써 준비해 두는 자금. 은행 준비금.

지급^준:비율(支給準備率)[-쭌-][명] 예금액에 대한 지급 준비금의 일정한 비율.

지급^증권(支給證券)[-쯩꿘][명] 금전의 지급 수단으로 쓰이는 유가 증권. 〔수표 따위.〕

지긋-지긋[1][-귿찌귿][부] ①지그시 자꾸 누르는 모양. ¶ 허리가 쑤셔서 지긋지긋 눌렀더니 아주 시원하다. ②괴로움을 가까스로 참으면서 견디어 내는 모양. [작]자긋자긋[1].

지긋-지긋[2][-귿찌귿][부][하형] ①진저리가 나도록 몹시 싫고 괴로운 모양. ¶ 그 일이라면 이제 지긋지긋하다. ②진저리가 나도록 몹시 검질기고 끈덕진 모양. ¶ 돈을 내놓으라고 지긋지긋하게 조르다. ③보기에 소름이 끼치도록 하는 짓이 몹시 잔인한 모양. ①③[작]자긋자긋[2]. **지긋지긋-이**[부].

지긋-하다[-그타-]형여 ①나이가 비교적 많고 듬직하다. ¶ 나이가 지긋한 사람. ②참을성 있게 끈지다. ¶ 좀 지긋하게 앉아 있어라. **지긋-이**부.

지기(地祇)명 ①☞지신(地神). ②지난날, 제사 지내는 의식에서 '사직(社稷)'을 이르던 말.

지기(地氣)명 ①대지의 정기(精氣). 토기(土氣). ②땅의 눅눅한 기운. 음(陰)의 기운.

지기(至氣)명 천도교에서, 우주의 근본적 실재인 한울님의 원기(元氣)를 이르는 말.

지기(志氣)명 어떤 일을 이루려고 하는, 뜻과 기개. 지개(志槪).

지기(知己)명 〈지기지우(知己之友)〉의 준말.

지기(知機)명하자 미리 낌새를 알아차림.

지기(紙器)명 종이로 만든 용기. 〔종이컵·종이 접시·마분지 상자 따위.〕

-지기[1]접미 ①'되·말·섬' 따위에 붙어, 그만한 양의 곡식을 심을 수 있는 논밭의 넓이를 나타냄. ¶ 석 섬지기. /두 섬지기. ②《일부 명사 뒤에 붙어》 '논'이라는 뜻을 나타냄. ¶ 천둥지기.

-지기[2]접미 일부 명사 뒤에 붙어, 그것을 '지키는 사람'이라는 뜻을 나타냄. ¶ 산지기. /문지기. /등대지기.

지기-상합(志氣相合)명하자 두 사람 사이의 뜻과 기개가 서로 잘 맞음.

지기지우(知己之友)명 자기를 잘 알아주는 친구. 자기를 잘 이해해 주는 참다운 친구. 지음(知音). 준지기(知己).

지긴지요(至緊至要)명하형 더할 수 없이 긴요함. ¶ 지긴지요한 일.

지꺼분-하다형여 ①주위가 어수선하고 지저분하다. ¶ 아무리 쓸고 치워도 골목이 늘 지꺼분하다. ②눈이 맑지 못하고 흐릿하다.

지껄-거리다자 자꾸 지껄지껄하다. 지껄대다. 작재깔거리다.

지껄-대다자 지껄거리다.

지껄-이다자 ①좀 큰 소리로 떠들썩하게 이야기하다. ②'말하다'를 낮추어 이르는 말. ¶ 저마다 의견을 한마디씩 지껄이다. 작재깔이다.

지껄-지껄부하자 좀 큰 소리로 떠들썩하게 자꾸 이야기하는 모양, 또는 그 소리. 작재깔재깔.

지껄-하다 Ⅰ자여 좀 큰 소리로 떠들썩하게 이야기하다.

Ⅱ형여 여러 사람이 지껄이는 소리로 시끄럽다. ¶ 청중들로 장내가 지껄하다.

지끈부 크고 단단한 물건이 갑자기 부러지거나 깨지는 소리, 또는 그 모양. ¶ 나뭇가지가 지끈 부러지다. 작자끈. **지끈-지끈**부하자.

지끈-거리다[1]자 여러 개의 크고 단단한 물건이 한꺼번에 잇달아 부러지거나 깨지다. 지끈대다[1]. 작자끈거리다[1].

지끈-거리다[2]자 자꾸 지끈지끈하다. 지끈대다[2]. ¶ 온몸이 지끈거리고 오한이 난다. 작자끈거리다[2].

지끈-대다[1]자 ☞지끈거리다[1].

지끈-대다[2]자 ☞지끈거리다[2].

지끈둥부 '지끈'의 힘줌말. 작자끈둥.

지끈-지끈부하자 머리나 몸이 몹시 쑤시듯이 아픈 모양. ¶ 머리가 지끈지끈 아파서 잠을 못 이루다. 작자끈자끈.

지끔-거리다자 〈지금거리다〉의 센말. 지끔대다. 작자끔거리다.

지끔-대다자 지끔거리다.

지끔-지끔부하자 〈지금지금〉의 센말. ¶ 밥이 설고 게다가 지끔지끔하여 먹을 수 없다. 작자끔자끔.

지나(支那)명 〔'진(秦)'이 와전된 것으로〕 '중국(中國)'을 달리 이르는 말.

지나-가다 Ⅰ자 ①어떤 일을 위한 때가 넘어가버리거나 끝나다. ¶ 기한이 지나가다. ②시간이 흘러가다. ¶ 수많은 세월이 지나가다. /꿈처럼 지나간 세월. ③(어떤 일이나 현상이) 발생하거나 나타났다가 사라지다. ¶ 태풍이 지나간 자리. ④말 따위를 별 의미 없이 하다. 《주로, '지나가는'의 꼴로 쓰임.》 ¶ 지나가는 말투로 묻다.

Ⅱ자타 ①어떤 곳을 거쳐서 가다. ¶ 도청 앞을 지나가다. /버스가 마을 앞을 지나간다. /지나가던 길에 잠시 들르다. ②어떤 곳에 들르거나 머무르지 않고 바로 가다. ¶ 집을 코앞에 두고 그냥 지나가다. /차가 멎지 않고 지나가다. ③어떤 생각이 머릿속에 떠올랐다가 사라지다. ¶ 그에 대한 생각이 퍼뜩 머릿속을 지나갔다.

지나다[1] Ⅰ자 ①일정한 시간이 흘러 과거가 되다. ¶ 겨울이 지나다. /눈 깜짝할 사이에 한 주일이 지나다. /지난 일을 후회하다. ②어떤 일을 위한 때가 넘어가거나 끝나다. ¶ 제철이 지나다. /마감 날짜가 이미 지났다. ③어떤 일을 주의하지 않고 무심히 넘겨 보내다. ¶ 예사로이 지나다. /무심히 지나 버릴 수 없는 일.

Ⅱ타 어떤 곳에 거쳐서 가거나 오거나 하다. ¶ 학교 앞을 지나서 둘째 골목일세.

지나지 아니하다〔못하다〕관용 바로 그것밖에 달리 되지 아니하다. ¶ 그가 한 말은 변명에 지나지 아니한다.

지나-다니다자타 지나서 가거나 오거나 하다. ¶ 늘 지나다니는 길.

지나-새나부 〔해가 지나 날이 새나의 뜻으로〕 밤낮없이. 언제나. 늘. ¶ 지나새나 고향 생각뿐이다.

지나-오다타 ①어떤 곳을 거쳐서 오다. ¶ 시청 앞 광장을 지나오다. ②어떤 곳에 들르거나 머무르지 않고 바로 오다. ¶ 바빠서 찾아보지 못하고 그냥 지나오다. ③무슨 일을 겪어 오다. ¶ 지나온 발자취.

지나치다 Ⅰ타 ①어떤 곳을 지나서 가거나 오거나 하다. ¶ 거리를 지나치며 자주 만나는 사람. ②어떤 일이나 사태 따위를 그냥 넘겨 버리다. ¶ 주의를 하지 않고 무심히 지나쳐 버리다.

Ⅱ형 기준이나 한도를 훨씬 넘어 정도가 심하다. ¶ 욕심이 지나치다. /지나친 말은 삼가는 것이 좋다.

지난(至難) '지난하다'의 어근.

지난(持難)명하타 일을 얼른얼른 처리하지 않고 어물어물 미루기만 함.

지난-가을명 바로 전에 지나간 가을. 객추. 거추. 작추.

지난-겨울명 바로 전에 지나간 겨울. 객동. 거동. 작동.

지난-날명 ①이미 지나간 날. 과거. ¶ 지난날의 아름다운 추억. ②지나온 생활. ¶ 지난날을 캐묻다.

지난-달명 이달의 바로 전달. 객월(客月). 거월(去月). ¶ 지난달에 결혼했다.

지난-밤명 오늘 아침 날이 새기 전까지의 밤. 간밤. 거야(去夜). 전야(前夜).

지난-번(-番)명 요전의 그때. 먼젓번. 전번. 접때. 거반(去般). ¶ 지난번에 부탁한 거 잊지 마.

지난-봄명 바로 전에 지나간 봄. 객춘. 거춘. 작춘(昨春).

지난-여름[-녀-]명 바로 전에 지나간 여름. 객하. 거하. 작하.

지난-적명 '지난번'의 잘못.

지난적-끝남[-끈-]명 ☞과거 완료.

지난적-나아가기[-정-]명 ☞과거 진행.

지난-주(-週)명 이 주의 바로 앞의 주. 거주(去週). 작주(昨週). 전주(前週).

지난-하다(至難-)형여 더할 수 없이 어렵다. 심난(甚難)하다. ¶ 지난한 작업.

지난-해명 올해의 바로 앞의 해. 객년(客年). 거년(去年). 작년(昨年). 전년(前年).

지날-결[-껼]명 지나는 길. 지나가는 순간. 과차(過次). ¶ 지날결에 잠시 들르다. /지날결에 슬쩍 보다.

지남(指南)명 ①하자 남쪽을 가리킴. ②하타 사람을 지도하여 가르침.

지남-석(指南石)명 ☞자석(磁石).

지남-음(-音)명 화음에 딸린 화성음에서 다음의 화성음을 향해 온음계적 혹은 반음계적으로 순차 진행을 할 때의 화음 밖의 음. 주로, 여린박에 나타남. 경과음(經過音).

지남-차(指南車)명 ①고대 중국에서 쓰던 수레의 한 가지. 방향을 가리키는 데 쓰인 수레로, 수레 위의 목상(木像)의 손가락이 항시 남쪽을 가리켰음. ②'어떤 일을 하는 데 본보기가 되는 것'을 비유하여 이르는 말.

지남-철(指南鐵)명 ①☞자석. ②☞지남침.

지남-침(指南針)명 ☞자침(磁針).

지낭(智囊)명 〔지혜 주머니란 뜻으로〕 '지혜가 많은 사람'을 이르는 말.

지ː내다 Ⅰ자 ①살아가다. 생활하다. ¶ 부족함이 없이 넉넉하게 지내다. /그동안 어떻게 지내셨습니까? ②서로 사귀어 살아오다. ¶ 모두들 정답게 지내다. ③어떤 경우를 적절히 치러 넘기다. ¶ 대수롭지 않은 일은 다 웃고 지내다.
Ⅱ타 ①(혼인이나 제사 따위) 큰일을 치르다. ¶ 장례를 지내다. ②과거에 어떤 일이나 직책을 맡아 일하다. ¶ 장관을 지내다. ③일정한 시간이나 기간을 보내다. ¶ 여관에서 이틀을 지냈다. /고향에서 휴가를 지내다.

지ː내-듣다[-따][~들으니·~들어]타ㄷ 살펴듣지 않고 예사로 흘려듣다. 넘겨듣다. ¶ 귓결에 지내듣다.

지-내력(地耐力)명 토지가 어떤 구조물의 압력에 견디어 내는 힘.

지ː내-보다 Ⅰ자 어떤 일을 실제로 겪어 보다. ¶ 그와 지내보니 어떻던가?
Ⅱ타 ①어떤 일을 눈여겨보지 않고 예사로 흘려 보다. ¶ 관심 밖의 일이라서 무심히 지내보다. ②서로 사귀어 겪어 보다. ¶ 앞으로 지내보면 자연히 속을 알게 될 것이다.

지네명 지넷과의 절지동물을 통틀어 이르는 말. 몸길이는 1~14 cm, 몸빛은 검은빛. 여러 개의 마디로 된 몸통에는 각 마디마다 한 쌍의 다리가 있고, 맨 앞 마디에 달린 다리 끝에는 독선(毒腺)이 있음. 수풀의 낙엽이나 흙 속, 썩은 나무나 나무껍질 아래에 삶. 오공(蜈蚣). 토충(土蟲).

지네-철(-鐵)명 재목의 이음매에 건너 치는, 지네 모양의 쇳조각. 오공철(蜈蚣鐵).

지-노(紙-)명 종이로 꼰 노끈. 연지(撚紙). 지승(紙繩).

지노귀(-鬼)명 〈지노귀새남〉의 준말.

지노귀-새남(-鬼-)명 죽은 사람의 넋이 극락으로 가도록 베푸는 굿. 시왕가름. 씻김굿. 준지노귀·새남.

지느러미명 어류나 물에 사는 포유류의 운동 기관. 등·배·가슴·꼬리 등에 있는 납작한 막(膜) 모양의 기관으로, 이것을 놀려서 움직이거나 몸의 균형을 유지함.

지능(知能)명 머리의 기능. 지식을 쌓거나 사물을 바르게 판단하거나 하는 지적인 능력. ¶ 지능이 높다. /지능이 발달하다.

지능^검ː사(知能檢査)명 개인의 선천적인 지능 수준이나 지능적 발달 정도를 판단하는 검사.

지능-권(知能權)[-꿘]명 ☞지적 소유권.

지능-범(知能犯)명 지능적인 수단을 이용하여 범하는 죄, 또는 그런 범인. 〔사기·위조·횡령 따위.〕

지능^연령(知能年齡)[-열-]명 ☞정신 연령.

지능-적(知能的)관명 ①지능의 작용에 의한 (것). ②지능을 써서 계획적으로 하는 (것). ¶ 지능적인 수법.

지능^지수(知能指數)명 지능 검사의 결과로 얻은 정신 연령을 생활 연령으로 나눈 다음 100을 곱한 수. 지능의 발달 정도를 나타내는 데 쓰임. 참감성 지수.

지니다타 ①(물건을) 몸에 간직해 가지다. ¶ 많은 돈을 지니다. /부적을 몸에 지니고 다니다. ②(어떤 상태나 현상을) 몸에 갖추어 가지다. ¶ 덕을 지니다. /뛰어난 기술을 지니다. ③(본디의 모양을) 그대로 간직하다. ¶ 원형을 지닌 문화재. ④기억하여 잊지 아니하다. ¶ 남모를 사연을 지니다.

지닐-성(-性)[-썽]명 (얻어서 알거나 가진 것을) 오래 지니는 성질.

지닐-재주(←-才操)[-째-]명 (보거나 들은 것을) 잊지 않고 오래 지니는 재주. 참윌재주·지닐총.

지닐-총(-聰)명 (보거나 들은 것을) 잊지 않고 오래 지니는 총기. 참윌총·지닐재주.

지다[1]자 ①(꽃이나 잎 따위가) 시들어서 떨어지다. ¶ 낙엽이 지다. ②(해나 달이) 서쪽으로 넘어가다. 별이 스러지다. ¶ 해가 지다. /별들이 지다. ↔뜨다[1]. ③배었던 아이나 새끼가 태내에서 죽다. ¶ 아이가 지다. ④(어떤 상태나 현상이) 이루어지거나 나타나다. ¶ 그늘이 지다. /얼룩이 지다. /장마가 지다. ⑤어떤 특징이 두드러지게 드러나다. ¶ 모가 지다. ⑥(좋지 못한 관계가) 되다. ¶ 척이 지다. /원수가 지다. ⑦(묻거나 붙거나 밴 것이) 닦이거나 씻기어 없어지다. ¶ 때가 지다. /얼룩이 지다.

지다[2]자 젖이 불어 저절로 나오다. ¶ 애가 하도 보채서 젖이 질 새가 없다.

지다[3]자 ①(경기·내기·싸움·소송 등에서) 상대편을 이기지 못하고 꺾이다. 패(敗)하다. ¶ 시합(試合)에 지다. /재판에 지다. ↔이기다[1]. ②(어쩔 수 없는 형편이 되어) 양보하다. ¶ 좋아, 그렇다면 내가 진 걸로 하지.

지다[4]타 ①〈등지다〉의 준말. ¶ 기둥을 지고 서다. ②(물건을) 등에 얹다. ¶ 지게를 지다. /짐을 지다. ③빚을 얻거나 은혜 따위를 입다. ¶ 빚을 지다. /신세를 지다. ④(어떤 의무나 책임을) 맡다. ¶ 책임을 지고 물러나다.

지다[5]조동 용언 어미 '-아(어)' 뒤에 쓰이어, 사물의 상태나 동작이 그렇게 되어 가거나, 그러한 가능성이 있음을 나타냄. 《본용언과 어울리어 관용어로서 붙여 씀.》 ¶ 나누어지다. /올려지다. /가늘어지다. /미워지다.

지다⁶ ㉧형 《보조적 연결 어미 '-고' 뒤에서, 주로 '지라'·'지고'의 꼴로 쓰이어》 '싶다'와 같이, 그렇게 되기를 간절히 바라는 뜻을 나타내는 말. ¶ 가고 지고. /보고 지고. /살고 지라.

지다⁷ [지고·지라·지이다] ㉧형 〈옛〉-었으면 싶다. ¶ 내 수랑 삼고 지고(古時調). /그딋 가서 드외아 지라(月釋*111*).

-지다 접미 일부 명사 뒤에 붙어, 그렇게 되어 있는 상태임을 나타내는 뜻의 형용사를 만듦. ¶ 값지다. /기름지다. /멋지다. /건방지다. /훌지다.

지:다위 명 하타 ①남에게 등을 대어 기대거나 떼를 씀, 또는 그런 짓. ②제 허물을 남에게 덮어씌움, 또는 그런 짓.

지단 (地段) 명 넓은 땅을 몇 단으로 나누어 가른 때의 한 구역.

지단 (肢端) 명 손발의 맨 끝.

지단 (←鷄蛋 중) 명 ☞알반대기.

지단^비:대증 (肢端肥大症) [-쯩] 명 뇌하수체의 기능 이상으로 손발이나 아래턱·코 등이 비정상적으로 커지는 병.

지당 (地堂) 명 가톨릭에서, 인류의 시조가 타락하기 전에 살았다는 만복소(萬福所)를 이르는 말. 복지(福地).

지당 (池塘) 명 못의 둑.

지당 (至當) '지당하다'의 어근.

지당-하다 (至當-) 형여 이치에 꼭 맞다. 더없이 마땅하다. ¶ 지당하신 분부. **지당-히** 부

지대 명 중이 행장을 넣고 다니는 자루.

지대 (支待) 명 하타 지난날, 공사(公事)로 시골로 나가는 높은 벼슬아치의 먹을 것과 쓸 물건을 그 시골의 관아에서 이바지하던 일.

지대 (支隊) 명 본대(本隊)의 지휘 아래에 있으나, 본대에서 갈라져 나가 독립적인 행동을 하는 작은 부대.

지대 (至大) '지대하다'의 어근.

지대 (地代) 명 남의 토지를 빌린 사람이 빌려 준 사람에게 무는 세(貰).

지대 (地帶) 명 ①(자연적 또는 인위적으로) 한정된 일정한 구역. ¶ 평야 지대. /중립 지대. /공업 지대. /완충 지대. ②자연 조건이 띠 모양을 이룬 지역. ¶ 고산(高山) 지대.

지대 (址臺) 명 건물의 밑바닥과 둘레를 돌로 쌓은 부분.

지-대공 (地對空) 명 땅에서 공중을 향함. ¶ 지대공 유도탄. ↔공대지(空對地).

지대공^미사일 (地對空missile) 명 지상 또는 함상(艦上)에서, 적(敵)의 비행 물체를 공격하는 미사일. ↔공대지 미사일.

지대기 명 행각승(行脚僧)의 옷 따위.

지대-방 (-房) 명 절의 큰방 머리에 있는 작은방. 이부자리·옷·행탁 따위를 둠.

지대-석 (址臺石) 명 ☞지댓돌.

지-대지 (地對地) 명 땅에서 땅을 향함.

지대지^미사일 (地對地missile) 명 지상 또는 함상(艦上)에서, 지상에 있는 적을 공격하는 미사일.

지대-하다 (至大-) 형여 더없이 크다. ¶ 지대한 공로. ↔지소(至小)하다.

지댓-돌 (址臺-) [-대똘/-댇똘] 명 지대를 쌓은 돌. 지대석(址臺石).

지-더리다 형 (성품이나 행실이) 몹시 야비하고 더럽다.

지덕 (至德) 명 더없이 큰 덕. 썩 높은 덕.

지덕 (地德) 명 ①운이 틔고 복이 오게 하는 집터의 기운. ¶ 지덕을 입다. ②'땅이 지닌 덕, 또는 땅의 혜택'을 이르는 말. ¶ 올 농사의 수확은 지덕이 절반일세.

지덕(이) 사납다 관용 땅이 걸어 다니기에 험하다.

지덕 (知德) 명 지식과 덕성(德性). ¶ 지덕을 겸비한 인재.

지덕 (智德) 명 ①불교에서 이르는 삼덕(三德)의 하나. 평등한 지혜로 일체를 비추는 석가여래의 덕. ②가톨릭에서 이르는 사추덕(四樞德)의 하나. 어떤 행위가 옳고 그른지 올바르게 판단하는 덕.

지덕체 (智德體) 명 '지육(智育)·덕육(德育)·체육(體育)'을 아울러 이르는 말.

지도 (地道) 명 ☞갱도(坑道).

지도 (地圖) 명 지구 표면의 일부나 전부를 일정한 축척(縮尺)에 따라 평면 위에 나타낸 그림. 여러 가지 일정한 기호·문자·색 따위를 써서 바다·산천·육지 등을 나타냄. ¶ 작전 지도. /지도를 보고 목적지를 찾아가다.

지도 (指導) 명 하타 되자 ①어떤 목적이나 방향에 따라 가르치어 이끎. 가르침. ¶ 학생 지도. /지도 편달을 바랍니다. ②〈학습 지도〉의 준말.

지도-급 (指導級) [-끕] 명 지도를 할 만한 수준이나 계급. ¶ 사회 지도급 인사(人士).

지도-력 (指導力) 명 남을 가르쳐 이끌 수 있는 능력. ¶ 지도력을 발휘하다.

지도리 명 '돌쩌귀'나 '문장부' 따위를 통틀어 이르는 말.

지도-부 (指導部) 명 (어떤 조직이나 단체 따위를) 이끌어 가는 부서, 또는 그 구성원. ¶ 당의 지도부. /지도부를 개편하다.

지도-자 (指導者) 명 남을 가르쳐 이끌어 가는 사람.

지도-층 (指導層) 명 지도하는 자리에 있는 계층.

지도^투영법 (地圖投影法) [-뻡] 명 지구 표면의 각 지점의 위치를 지도로써 평면 위에 펼치어 그리는 방법. 〔원통 도법·원추 도법·투사 도법 등으로 크게 나눔.〕

지도^표지 (指導標識) 명 도로 표지의 한 가지. 차량의 속도 제한과 해제, 무게와 높이의 제한, 일방통행과 굴절 방향 따위를 나타냄. 참 지시 표지(指示標識).

지-독 (紙-) 명 종이를 삶아 짓찧어서 만든 독.

지독 (至毒) '지독하다'의 어근.

지독-스럽다 (至毒-) [-쓰-따] [~스러우니·~스러워] 형ㅂ 더할 나위 없이 독한 데가 있다. 매우 심하거나 모진 데가 있다. ¶ 지독스러운 냄새. /오늘은 날씨가 지독스럽게 춥다. **지독스레** 부

지독지애 (舐犢之愛) [-찌-] 명 ☞지독지정(舐犢之情).

지독지정 (舐犢之情) [-찌-] 명 〔어미 소가 송아지를 핥아 주며 귀여워한다는 뜻으로〕 '어버이가 자식을 사랑하는 지극한 정'을 비유하여 이르는 말. 지독지애(舐犢之愛).

지독-하다 (至毒-) [-도카-] 형여 더할 나위 없이 독하다. 매우 심하거나 모질다. ¶ 지독한 감기. /지독하게 퍼붓는 비. **지독-히** 부 ¶ 지독히 춥다. /감기가 지독히 걸렸다.

지-돌이 명 험한 산길에서, 바위 따위에 등을 대고 가까스로 돌아가게 된 곳. ↔안돌이.

지동 (地動) 명 ①☞지진(地震). 변 지둥. ②지구가 돌아 움직이는 일, 곧 '지구의 자전과 공전'을 이르는 말.

지동-설(地動說)명 태양은 우주의 중심에 정지해 있고, 지구는 그 둘레를 자전하면서 공전하고 있다는 학설. 참천동설(天動說).
지동-의(地動儀)[-의/-이]명 지난날, 중국에서 쓰던 지구의(地球儀).
지동지서(之東之西)명하자 〔동쪽으로도 가고 서쪽으로도 간다는 뜻으로〕 '줏대 없이 갈팡질팡함'을 이르는 말.
지동지서(指東指西)명하자 〔동쪽을 가리키기도 하고 서쪽을 가리키기도 한다는 뜻으로〕 '근본에는 손을 못 대고 엉뚱한 것을 가지고 이러쿵저러쿵함'을 이르는 말.
지두(池頭)명 못가.
지두(枝頭)명 나뭇가지의 끝.
지두(指頭)명 손가락의 끝.
지두-문(指頭紋)명 도자기에 잿물을 바른 뒤 손가락 끝으로 아무렇게나 그린 무늬.
지두-서(指頭書)명 손가락 끝으로 쓴 글씨.
지두-화(指頭畫)명 손가락 끝으로 그린 그림.
지둔(至鈍) '지둔(至鈍)하다'의 어근.
지둔(遲鈍) '지둔(遲鈍)하다'의 어근.
지둔-하다(至鈍-)형여 더없이 무디고 멍청하다.
지둔-하다(遲鈍-)형여 굼뜨고 미련하다.
지둥(地-)명 〈지동(地動)〉의 변한말.
지둥 치듯관용 지진이 일어난 것처럼 요란스럽게 들리는 포성이나 세게 부는 바람 소리 따위를 강조할 때 쓰는 말.
지드럭-거리다[-꺼-]자타 자꾸 지드럭지드럭하다. 지드럭대다. 작자드락거리다. 센찌드럭거리다.
지드럭-대다[-때-]자타 지드럭거리다.
지드럭-지드럭[-찌-]부하자타 남이 귀찮아하도록 끈지게 지분거리는 모양. 작자드락자드락. 센찌드럭찌드럭.
지득(知得)명하타 알게 됨.
지등(紙燈)명 종이로 둘러 바른 등.
지-등롱(紙燈籠)[-농]명 기름에 결은 종이로 집을 만든 등롱. 준지롱(紙籠).
지ː디ː피ː(GDP)명 국내 총생산. [Gross Domestic Product]
지딱-거리다[-꺼-]타 자꾸 지딱지딱하다. 지딱대다.
지딱-대다[-때-]타 지딱거리다.
지딱-이다타 마구 들부수어 못 쓰게 만들다.
지딱-지딱[-찌-]부하타 ①서둘러서 되는대로 설거지하는 모양. ②함부로 자꾸 들부수어 못 쓰게 만드는 모양.
지라명 ☞비장(脾臟).
지라조형 〈옛〉〔'지다7'의 활용형〕 -였으면 좋겠다. ¶ 다솟 줄기롤 사아 지라(月釋*1:10*).
지락(至樂)명 더없이 큰 즐거움.
지란(芝蘭)명 ①지초(芝草)와 난초(蘭草)를 아울러 이르는 말. 〔둘 다 향초(香草)임.〕 ②'높고 맑은 재질'을 이르는 말.
지란지교(芝蘭之交)명 〔지초(芝草)와 난초 같은 향기로운 사귐이라는 뜻으로〕 '벗 사이의 맑고도 높은 사귐'을 이르는 말.
지랄명 ①하자 '함부로 법석을 떨거나 분별없이 막 하는 짓'을 욕으로 이르는 말. ¶ 지랄을 떨다. 작재랄. ②〈지랄병〉의 준말.
지랄-버릇[-릳]명 말짱하다가 갑자기 변덕스럽게 구는 버릇. *지랄버릇이[-르시]·지랄버릇만[-른-]
지랄-병(-病)[-뼝]명 갑자기 몸을 뒤틀거나 까무라치는 따위의 증상을 일으키는 질환. 간증(癎症). 간질. 전간(癲癎). 준지랄. 참간기(癎氣).
지랄-쟁이명 ①'지랄병에 걸린 사람'을 홀하게 이르는 말. ②지랄버릇이 있는 사람. ③'하는 짓이나 말 따위가 온전하지 못한 사람'을 욕으로 이르는 말.
지랭(至冷) '지랭하다'의 어근.
지랭-하다(至冷-)형여 몹시 차다. 매우 춥다.
지략(智略)명 슬기로운 계략. ¶ 지략이 뛰어난 장수. 비지모(智謀).
지략(誌略)명 간단히 적은 기록.
지러-지다자 잘 자라지 못하고 시들시들하여 쇠해지다.
지런-지런부하형 ①물 따위가 그릇에 그득하게 차올라 넘칠락 말락 하는 모양. ②물체의 한끝이 다른 물체에 가볍게 스치거나 닿을락 말락 하는 모양. 작자란자란. 거치런치런.
지ː렁이명 빈모강에 딸린 환형동물을 통틀어 이르는 말. 몸은 여러 개의 체절로 이루어진 원통형으로, 길이는 보통 10 cm가량. 몸빛은 암적갈색. 부식토를 먹어 그 속의 식물질을 양분으로 섭취함. 낚시 미끼와 한방의 약재로 쓰임. 지룡. 지룡자. 토룡(土龍).
지렁이도 밟으면〔다치면/디디면〕 꿈틀한다속담 아무리 보잘것없고 약한 사람이라도 너무 업신여김을 당하면 반항한다는 말.
지ː렁이-고무(←-gomme)명 지렁이 모양으로 마디 금이 있게 만든 가는 고무관.
지ː렁이-나무명 ☞딱총나무.
지레[1]명 무거운 물건을 쳐들어 움직이는 데 쓰는 막대기. 지렛대.
지레[2]부 무슨 일이 채 되기 전이나 어떤 기회·시기가 이르기 전에 미리. ¶ 지레 겁을 먹고 도망치다.
지레 채다관용 지레짐작으로 알아채다.
지레-김치명 김장을 담그기 전에 미리 얼마 동안 담가 먹는 김치.
지레-뜸명하타 뜸 들기 전에 밥을 품, 또는 그 밥.
지레-목명 산줄기가 끊어진 곳.
지레-질명하타 지레로 물건을 움직여 옮기는 일.
지레-짐작(←-斟酌)명하자타 미리 넘겨짚어 어림으로 헤아림.
지레짐작 매꾸러기속담 깊이 생각하지 않고 짐작이 가는 대로 무슨 일을 하다가는 낭패를 보기가 일쑤라는 말.
지렛-대[-레때/-렏때]명 ☞지레[1].
지렛-목[-렌-]명 지레를 괸 고정된 점(點). 지점(支點).
지려(智慮)명 슬기로운 생각. 깊이 생각하는 능력.
지력(地力)명 (식물을 자라게 하는) 땅의 힘. 토력(土力). ¶ 지력을 높이다.
지력(地歷)명 '지리(地理)'와 '역사(歷史)'를 아울러 이르는 말.
지력(知力)명 지식의 힘.
지력(智力)명 슬기의 힘. 사물을 헤아리는 능력.
지력-선(指力線)[-썬]명 자장(磁場) 또는 전장(電場)의 모양, 곧 자기 작용이나 전기 작용의 방향 및 세기를 나타내는 곡선군(曲線群). 자력선(磁力線).
지력^체감(地力遞減)명 거름을 주지 않고 해마다 같은 땅에 곡물을 재배할 때, 그 땅의 양분이 점점 작물로 흡수되어 지력이 약해지는 일.
지령(地靈)명 토지의 정령(精靈).

지령(指令)명하자타 ①원서(願書)나 품의(稟議) 따위에 대하여, 관청에서 내리는 통지나 명령. ②단체 따위의 상부에서 하부나 구성원에게 내리는 활동 방침에 관한 지시 명령. ¶ 지령이 떨어지다. /지령을 받다.

지령(紙齡)명 신문의 나이. 곧, 신문을 낸 호수(號數). ¶ 지령 1만 호를 돌파하다.

지령(誌齡)명 잡지의 나이. 곧, 잡지를 낸 호수(號數). ¶ 지령 100호 기념호.

지례(地禮)명 땅에 제사 지내는 예(禮).

지로(支路)명 큰길에서 갈라져 나간 작은 길.

지로(指路)명하타 길을 가리켜 이끎.

지로(giro)명 돈을 보내는 사람이 받는 사람이나 단체 등의 은행 예금 계좌에 입금시키는 결제 방법. ¶ 은행 지로 창구.

지로-꾼(指路-)명 길잡이. 지로승(指路僧).

지로-승(指路僧)명 ①산속에서 길을 가리켜 인도해 주는 중. ②☞지로꾼.

지록위마(指鹿爲馬)명 ①'윗사람을 농락하여 권세를 마음대로 휘두르는 짓'을 이르는 말. 〔옛날 중국 진(秦)나라 때 조고(趙高)라는 간신이 있어, 황제 호해(胡亥)에게 사슴을 바치며 말이라고 강변했다는 고사에서 유래함.〕 ②모순된 것을 우겨서 다른 사람을 속이려는 짓.

지론(至論)명 지극히 당연한 언론.

지론(持論)명 늘 주장하는 의견이나 이론(理論). 지설(持說). ¶ 지론을 펴다.

지롱(紙籠)명 〈지등롱(紙燈籠)〉의 준말.

지뢰(地雷)[-뢰/-뤠]명 땅속에 묻어, 사람이나 전차 등이 밟거나 그 위를 지나면 터지도록 장치한 폭약. ¶ 지뢰가 터지다.

지뢰(地籟)[-뢰/-뤠]명 땅이 울리는 갖가지의 소리. 참천뢰(天籟).

지뢰-밭(地雷-)[-뢰받/-뤠받]명 여러 개의 지뢰를 묻어 놓은 지역. *지뢰밭이[-뢰바치/-뤠바치]·지뢰밭을[-뢰바틀/-뤠바틀]·지뢰밭만[-뢰반-/-뤠반-]

지료(地料)명 민법(民法)에서 '지대(地代)'를 이르는 말.

지료(紙料)명 종이를 만드는 원료. 〔펄프나 닥나무 따위.〕

지룡(地龍)명 ☞지렁이.

지룡-자(地龍子)명 ☞지렁이.

지루(←支離) '지루하다'의 어근.

지루(地壘)명 양쪽 지반이 내려앉아 높게 남은 땅.

지루^산맥(地壘山脈)명 단층 운동으로 생긴 좁고 긴 산맥.

지루-하다(←支離-)형여 같은 상태가 너무 오래 계속되어 넌더리가 나고 따분하다. ¶ 지루한 영화. /나는 기다리는 것이 지루하여 옆에 있는 잡지를 뒤적거리기 시작했다.

지류(支流)명 ①원줄기로 흘러 들어가는 물줄기. 원줄기에서 갈라져 나간 물줄기. ↔본류(本流). 참여류(餘流). ②☞분파(分派).

지류(紙類)명 종이 종류. 종이 등속.

지류(遲留)명하자 오래 머무름.

지르다[1][지르니·질러]타르 ①팔다리나 막대기 따위를 내뻗치어 대상물을 치거나 그 안에 꽂아 넣다. ¶ 주먹으로 상대편의 옆구리를 질렀다. ②양쪽 사이 또는 위와 아래 사이에 막대나 줄을 건너 막거나 내리꽂다. ¶ 빗장을 지르다. /비녀를 지르다. ③공 따위를 똑바로 나가게 힘껏 걷어차다. ④지름길로 가깝게 가다. ¶ 사잇길로 해서 길을 질러 가다. ⑤불이나 분한 마음을 일어나게 하다. ¶ 불을 지르다. /분을 지르다. ⑥냄새가 갑자기 후각을 자극하다. ¶ 향기가 코를 지르다. 센찌르다. ⑦(잘 가꾸려고) 곁순 따위를 자르다. ¶ 순을 지르다. ⑧힘찬 기운을 꺾다. ¶ 예기(銳氣)를 지르다. ⑨내기에서, 돈이나 물건을 걸다. ¶ 만 원을 지르다. ⑩술이나 약 따위에 다른 약을 타다. ¶ 술에 약을 지르다. ⑪말이나 행동을 미리 잘라서 막다. ⑫짙은 빛으로 옅은 빛의 옆을 칠하여 옅은 빛이 더 두드러지게 하다.

지르다[2][지르니·질러]타르 목청을 높이어 소리를 크게 내다. ¶ 고함을 지르다.

지르-되다[-되-/-뒈-]자 제때를 지나 더디게 자라거나 익다. 늦되다.

지르르부하형 ①물기·윤기·기름기 따위가 번드럽게 흐르는 모양. ¶ 개기름이 지르르 흐르는 얼굴. ②뼈마디 등에 저린 느낌이 일어나는 모양. ¶ 무릎이 지르르하다. 작자르르. 센찌르르.

지르박(←jitterbug)명 스윙(swing)에 맞추어 추는 사교춤의 한 가지. 4분의 4박자의 템포가 빠른 경쾌한 춤.

지르-밟다[-밥따]타 위에서 내리눌러 밟다.

지르-신다[-따]타 신이나 버선 따위를 뒤축이 눌려 밟히게 신다.

지르-잡다[-따]타 옷 따위의 한 부분만이 더러워졌을 때, 그 부분만을 걷어쥐고 빨다.

지르코늄(zirconium)명 은백색의 단단한 금속 원소의 한 가지. 지르콘광(鑛)에서 산출되며, 원자력 공업의 중요 재료임. 〔Zr/40/91.22〕

지르콘(zircon)명 정방 정계의 광물. 다이아몬드 광택이 나는 무색·황색·황갈색 따위의 투명 또는 반투명체로 지르코늄의 가장 중요한 원료가 되는 광물임. 사광(沙鑛)에서 채취함.

지르퉁-하다형여 잔뜩 성이 나서 말없이 있다. **지르퉁-히**부.

지름명 원이나 구(球) 따위의 중심을 지나 그 둘레 위의 두 점을 직선으로 이은 선분(線分).

지름-길[-낄]명 ①가깝게 질러서 가는 길. 거리가 가까운 길. ②빨리 하는 방법. 첩경(捷徑). ¶ 발전의 지름길.

지름-시조(-時調)명 시조 창법(唱法)의 한 가지. 초장 첫머리를 높여서 부르고, 중장과 종장은 평시조 곡조로 부름.

지릅뜨-기명 눈을 지릅뜨는 버릇이 있는 사람, 또는 그런 눈.

지릅-뜨다[~뜨니·~떠]타 고개를 숙이고 눈을 치올려서 뜨다.

지리(地利)명 ①땅의 생긴 모양에서 얻는 편리함이나 이로움. 〔지세(地勢)가 험하거나 성터가 단단한 것 따위.〕 ②땅의 산물로부터 얻는 이익. 〔산림·경작·목축 따위.〕 ③땅에서 얻는 이익. 〔지대(地代) 따위.〕

지리(地理)명 ①어떤 곳의 지형이나 길 따위의 형편. ¶ 지리에 밝다. ②지구 상의 수륙·기후·생물·인구·도시·교통·산업·정치 따위의 상태. ③〈지리학〉의 준말. ④〈풍수지리〉의 준말.

지리-구(地理區)명 지리적 특색에 따라 나눈 지역 구분. 지리적 특색의 실제적인 구분은 매우 어려워 대개는 관용(慣用)에 따른 것을 쓰고 있음. 〔영남·영동 따위.〕

지리다[1]타 똥이나 오줌을 참지 못하여 조금 싸다.

지린 것은 똥 아닌가속담 어떤 일을 조금 했다고 해서 하지 않았다고 발을 뺄 수는 없다는 말.

지리다²[형] 오줌 냄새와 같다, 또는 그런 맛이 있다. ¶ 지린 냄새. /무 맛이 왜 이리 지리냐.
지리-멸렬(支離滅裂)[명][하자][되자] 갈가리 흩어지고 찢기어 갈피를 잡을 수 없이 됨.
지리-산(←智異山)[명] 백제 때, 구례(求禮)에 사는 한 여인의 굳건한 지조를 읊은 가요. 〔가사는 전하지 아니하고, '고려사'의 '악지'에 그 설화 내용만이 실려 전함.〕
지리산-가(←智異山歌)[명] '지리산'을 달리 이르는 말.
지리-적(地理的)[관][명] 지리에 관한 (것). 지리상의 문제에 관계되는 (것). ¶ 지리적 환경. /지리적으로 가까운 지방.
지리^초석(智利硝石)[명] ☞칠레 초석.
지리-하다(支離-)[형][여] '지루하다'의 잘못.
지리-학(地理學)[명] 지구 표면의 여러 현상을 인간과 자연의 상호 작용을 통하여 지역적으로 연구하는 학문. [준]지리.
지린-내[명] 오줌 냄새와 같은 냄새.
지마(芝麻·脂麻)[명] ☞호마(胡麻).
지마는[조] 모음으로 끝난 체언에 붙어, 앞의 사실을 인정하되 그것이 뒤의 사실과는 상관이 없음을 나타내는 연결형 서술격 조사. ¶ 부자지마는 너무 인색하다. [준]지만. [참]이지마는.
-지마는[어미] 용언 어간 또는 높임의 '-시-'나 시제의 '-았(었)-'·'-겠-' 등에 붙어, 앞말을 인정하되 뒷말이 그에 매이지 아니함을 나타내는, 종속적 연결 어미. ¶ 배운 건 없지마는 사람의 도리는 안다. /아아, 임은 갔지마는 나는 임을 보내지 아니하였습니다. [준]-지만.
지마-죽(芝麻粥)[명] 참깨죽.
지만[조] 〈이지마는〉·〈지마는〉의 준말. ¶ 어린아이지만 생각은 퍽 깊다.
-지만[어미] 〈-지마는〉의 준말. ¶ 얼굴은 밉지만 마음은 곱다.
지만(遲慢) '지만하다'의 어근.
지만-하다(遲慢-)[형][여] ☞지완(遲緩)하다.
지망(志望)[명][하자타] 뜻하여 바람, 또는 그 뜻. ¶ 정치가를 지망하다. [비]지원(志願).
지망-년(至亡年)[명] 운수가 몹시 나빠서 아주 결딴나는 해.
지망-생(志望生)[명] 어떤 일에 뜻을 두고 그 일을 배우려고 하는 사람. ¶ 작가 지망생.
지망-지망[부][하형] ①(성질이나 언행이) 조심성이 없고 가볍게 나부대는 모양. ②어리석고 둔하여 무슨 일에나 소홀한 모양. **지망지망-히**[부].
지매[명][하자] 그림의 여백에 엷은 연두·노랑·보랏빛을 칠하는 일, 또는 그런 칠. ¶ 붉은 작약도에 연둣빛 지매.
지-매(紙-)[명] 소렴(小殮) 때, 시체에 옷을 입히고 그 위를 매는, 길게 접은 종이. [참]매³.
지매(地莓)[명] ☞뱀딸기.
지맥(支脈)[명] ①(산맥 따위의) 원줄기에서 갈라져 나간 줄기. ②주맥(主脈)에서 좌우로 뻗어 나간 잎맥. ↔본맥(本脈).
지맥(地脈)[명] ①지층이 죽 이어진 맥락. 토맥(土脈). ②풍수설에서, 정기가 순환한다는 땅속의 줄을 이르는 말. 맥(脈). ¶ 지맥을 끊다.
지맥(遲脈)[명] 보통 사람보다 느리게 뛰는 맥. 서맥(徐脈). ↔속맥(速脈).
지며리[부] ①차분하고 꾸준히. ¶ 공부는 지며리 해야 한다. ②차분하고 탐탁스레.
지면(地面)[명] 땅의 표면. 땅바닥.
지면(知面)[명][하자] ①처음 만나서 서로 앎. ②척 보아서 알 만한 얼굴, 또는 그런 사이.
지면(紙面)[명] ①종이의 겉면. ②글이나 기사가 실린 종이의 면. 지상(紙上). ¶ 지면을 통해 알게 된 사이.
지면(誌面)[명] 잡지의 내용이 실린 종이의 면. 지상(誌上). ¶ 지면을 늘리다.
지멸-있다[-머릳따][형] 꾸준하고 성실하다. 직심스럽고 참을성이 있다.
지명(地名)[명] 땅의 이름. 지방·지역 등의 이름.
지명(地鳴)[명] 땅울림.
지명(知名)[명][하형] 이름이 세상에 널리 알려져 있음. ¶ 지명한 학사.
지명(知命)[명] ①[하자]천명(天命)을 앎. ②〔'논어(論語)' 위정편(爲政篇)의 '오십이지천명(五十而知天命)'에서 나온 말로〕 나이 '쉰 살'을 뜻하는 말. 지천명(知天命).
지명(指名)[명][하타][되자] (여러 사람 가운데서 누구의) 이름을 지정하여 가리킴. ¶ 후계자를 지명하다.
지명(指命)[명][하자타] 지정하여 명령함.
지명^경:쟁^계:약(指名競爭契約)[-계-/-게-][명] 계약의 상대가 될 사람을 미리 몇몇 정해 놓고, 그 가운데서 가장 좋은 조건을 내거는 사람과 계약을 맺는 방법.
지명-도(知名度)[명] 세상에 이름이 알려진 정도. ¶ 지명도가 높다(낮다).
지명^수배(指名手配)[명] 범죄인을 지명하여 수색하는 일. ¶ 지명 수배가 내려진 인물.
지명-인사(知名人士)[명] 이름이 세상에 널리 알려진 사람.
지명^입찰(指名入札)[명] 지명한 사람에게만 입찰을 허가함, 또는 그 입찰.
지명-전(指名戰)[명] 선거 등에서, 정당의 지명을 얻기 위한 경쟁.
지명^타:자(指名打者)[명] 야구에서, 투수를 대신하는 타자. 수비에는 나서지 않고 타격만 함.
지명^투표(指名投票)[명] (대통령·부통령·국무총리 등의 선거에서) 우선 후보자를 결정하기 위하여 하는 투표.
지모(地貌)[명] 땅 표면의 고저·기복·사면(斜面) 따위의 상태.
지모(知母)[명] 백합과의 다년초. 산이나 들에 절로 나는데, 높이 1m가량. 굵은 뿌리줄기는 가로 벋고 가늘고 긴 잎은 무더기로 나며, 초여름에 담자색 꽃이 이삭 모양으로 핌. 뿌리줄기는 한방에서 해소·담·갈증 따위에 약재로 쓰임.
지모(智謀)[명] 슬기로운 꾀(계책). ¶ 지모가 남다른 데가 있다. [비]지략(智略).
지-모끼[명] 재목의 면과 나란한 금을 긋고 짜개기도 하고 따 내기도 하는 연장. 쐐기나 나사로 넓히고 좁힐 수 있게 되었음.
지모-웅략(智謀雄略)[-냑][명] 슬기로운 계책과 웅대한 계략.
지목(地目)[명] 토지의 주된 사용 목적이나 성질 등에 따라 토지의 종류를 표시하는 명칭. 〔전(田)·답(畓)·과수원·임야·묘지·잡종지 따위.〕
지목(指目)[명][하타][되자] (여러 사람이나 사물 가운데서 일정한 것에 대하여) 어떠하다고 가리키어 정함. ¶ 그를 범인으로 지목하다.
지목^변:경(地目變更)[-뻔-][명] 토지의 종류 명칭을 바꾸는 일.
지묘(至妙) '지묘하다'의 어근.
지묘-하다(至妙-)[형][여] 더없이 묘하다. 극묘(極妙)하다.
지묵(紙墨)[명] 종이와 먹.

지문(至文) [명] 가장 빼어난 글. 아주 뛰어난 글.
지문(地文)¹ [명] ①산천·구릉(丘陵)·지택(池澤) 따위 대지의 온갖 상태. ②〈지문학〉의 준말.
지문(地文)² [명] ①희곡 따위에서, 해설·대사 이외의 글, 곧 등장인물의 동작·표정·말투 등을 지시한 글. 지시문(指示文). ②주어진 내용의 글. ¶ 다음 지문을 읽고 물음에 답하시오.
지문(指紋) [명] 손가락 끝마디의 안쪽에 이루어진 살갗의 무늬, 또는 그것이 어떤 물건에 남긴 흔적. 사람마다 그 모양이 다르며 평생 변하지 않음. ¶ 지문 채취.
지문(誌文) [명] 죽은 사람의 이름, 태어나고 죽은 날, 살아서 한 일, 무덤이 있는 곳과 좌향 따위를 적은 글.
지문-법(指紋法) [-뻡] [명] 지문의 특성으로 사람을 식별하는 방법. 주로, 범인 식별에 이용됨.
지문-학(地文學) [명] ☞자연 지리학(自然地理學). [준]지문(地文).
지물(地物) [명] ①천연으로나 인공으로 이루어진, 땅 위에 존재하는 모든 물체. 〔집·도로·나무·하천 따위.〕 ②적의 포화나 시야로부터 몸을 숨길 수 있는 물체.
지물(紙物) [명] '종이붙이'를 통틀어 이르는 말. 지속(紙屬).
지물-상(紙物商) [-쌍] [명] 종이붙이를 전문으로 취급하는 상점이나 상인.
지물-포(紙物鋪) [명] 종이붙이를 파는 가게. 지전(紙廛).
지미(地味) [명] ☞토리(土理).
지미(至美) '지미(至美)하다'의 어근.
지미(至微) '지미(至微)하다'의 어근.
지미-하다(至美-) [형][여] 더할 나위 없이 아름답다. ¶ 자연은 오묘한 신비와 지미한 경관을 갖추고 있다.
지미-하다(至微-) [형][여] 더없이 가늘고 작다.
지밀(至密) [명] ①〔지극히 은밀하고 비밀스럽다는 뜻으로〕 왕과 왕비가 늘 거처하던 곳. ②각 궁방(宮房)의 침실.
지밀-나인(←至密內人) [-라-] [명] 궁중 지밀에서 왕과 왕비를 늘 모시며 시중들던 궁녀.
지밀-하다(至密-) [형][여] 아주 은밀하거나 비밀스럽다.
지반(池畔) [명] 못가. 지변(池邊).
지반(地盤) [명] ①땅의 표면. 지각(地殼). ②구조물 따위를 설치하는 데 기초가 되는 땅. ¶ 지반을 다지다. ③(어떤 일을 하기 위한) 근거나 기초가 될 만한 바탕. ¶ 선거의 지반을 닦다.
지-반자(紙-) [명] 반자틀을 치고 종이를 바른 반자.
지발(遲發) [명][하자][되자] ①(규정 시간보다) 늦게 출발함. ②(보통보다) 늦게 발생함.
지발^중성자(遲發中性子) [명] 원자핵 분열 후 수 초 내지 수 분 뒤에 생기는 중성자. 원자로의 연쇄 반응 제어에 알맞음.
지방 [명] 일각 대문의 심방 끝에 세우는 나무.
지방(地方) [명] ①어느 한 방면의 땅. ¶ 온대 지방. /중부 지방. ②한 나라의 수도(首都)나 대도시 이외의 고장. ¶ 지방 도시. /지방에 있는 학교. ②↔중앙.
지방(地枋) [명] ☞하인방(下引枋).
지방(脂肪) [명] 유지가 상온(常溫)에서 고체를 이룬 것. 동물이나 식물에 포함되어 있는데 물에 녹지 않고 휘발하지 않으며 불에 타는 성질이 있음. 생물체의 중요한 에너지 공급원임. 굳기름. 기름.
지방(紙榜) [명] 종이로 만든 신주(神主).
지방-간(脂肪肝) [명] 간에 중성 지방이 비정상적으로 축적된 상태, 또는 그 간. 〔알코올성 지방간, 과영양성 지방간, 당뇨병성 지방간 따위가 있음.〕
지방^검:찰청(地方檢察廳) [명] 각 지방의 지방 법원에 대응하여 설치된 하급 검찰청. [준]지검(地檢).
지방^공공^단체(地方公共團體) [명] 국가 통치권 밑에서, 국가 영토의 일부를 단위 구역으로 하여 그 구역 안의 주민을 법률이 정한 범위에서 지배할 수 있는 권한을 가진 단체. 지방 자치 단체.
지방^공무원(地方公務員) [명] 지방 공공 단체의 공무에 종사하는 사람. [참]국가 공무원.
지방-관(地方官) [명] ①지난날, 주(州)·부(府)·군(郡)·현(縣)의 으뜸 벼슬을 이르던 말. 〔감사·목사·부사·현감 등.〕 태수(太守). ②지방의 행정 사무를 맡아보는 고급 공무원.
지방-도(地方道) [명] 도지사의 관할 아래에 있는 도로. ↔국도(國道).
지방-민(地方民) [명] 지방에 사는 국민. 시골 주민.
지방^법원(地方法院) [명] 법원 조직법에 따라 설치되어 민사 및 형사 소송을 처리하는 제1심의 법원. [준]지법(地法).
지방-병(地方病) [-뼝] [명] ☞풍토병(風土病).
지방^분권(地方分權) [-꿘] [명] 통치의 권능을 중앙 정부에 집중시키지 않고 지방 공공 단체의 자치권을 어느 정도 인정하는 일. ↔중앙 집권.
지방^분권주의(地方分權主義) [-꿘-의/-꿘-이] [명] 권력을 지방으로 분산시키는 주의. [준]분권주의.
지방-비(地方費) [명] 지방 공공 단체의 경비.
지방-산(脂肪酸) [명] 지방을 가수 분해 할 때 생기는 사슬 모양의 일염기산. 〔의산(蟻酸)이나 초산(醋酸) 따위.〕
지방-색(地方色) [명] 어떤 지방의 자연·인정·풍속 등에서 풍기는 고유한 특색. 향토색(鄕土色). ¶ 지방색이 강하다. /지방색을 살린 작품.
지방-선(脂肪腺) [명] 살갗 아래에 있는, 지방을 분비하는 선(腺). 지선(脂腺). 피지선(皮脂腺).
지방^선:거(地方選擧) [명] 지방 자치법에 따라 지방 의회 의원 및 지방 자치 단체장을 선출하는 선거.
지방-성(地方性) [-썽] [명] 그 지방에만 있거나, 그 지방 사람에게만 공통으로 나타나는 특유의 성질.
지방-세(地方稅) [-쎄] [명] 지방 공공 단체가 재정상의 필요에 따라 그 지방의 주민에게 물리는 조세. ↔국세(國稅).
지방^세:포(脂肪細胞) [명] 지방 조직(脂肪組織)을 이루는 세포.
지방-시(地方時) [명] 어떤 지방에서, 그 지방의 특정 지점을 지나는 자오선(子午線)을 기준으로 하여 정한 시간.
지방-열(地方熱) [-녈] [명] 자기 지방을 특히 아끼고 사랑하는 열성.
지방-유(脂肪油) [-뉴] [명] 유지가 상온(常溫)에서 액체로 된 것. 〔콩기름·고래기름·아마인유 따위.〕 지유(脂油).
지방^은행(地方銀行) [명] '시중 은행'에 대하여, 서울 이외의 일정한 지역을 영업 대상의 범위로 한정한 일반 은행. [참]시중 은행.
지방^의회(地方議會) [-회/-훼] [명] 지방 공공 단체의 의회. 예산, 조례(條例)의 제정이나 개폐 등에 관한 사항을 의결하는 기관. 〔도의회·시의회 따위.〕

지방^자치^단체(地方自治團體)명 ☞지방 공공 단체(地方公共團體). 준지자체.
지방^자치^제ː도(地方自治制度)명 일정한 지역에서 지역 주민의 의사를 기초로 하여, 그 지역 지방 공공 단체가 자주적으로 행정을 펴는 제도. 자치제. 자치 제도. 준지자제.
지방^장ː관(地方長官)명 지방 관청의 장(長). 특별시장·광역시장·도지사 등을 이름.
지방^조직(脂肪組織)명 결합 조직의 한 가지. 많은 수의 지방 세포가 모여서 이루어진 조직.
지방-종(脂肪腫)명 지방 세포로 이루어진 양성(良性) 종양의 한 가지. 피부 밑이나 근육 사이 등에 많이 생김.
지방-종자(脂肪種子)명 저장 물질로서 많은 양의 지방이 들어 있는 종자. 〔콩·깨·아주까리 따위.〕
지방-질(脂肪質)명 ①지방 성분으로 된 물질. ②지방이 너무 많은 체질.
지방-채(地方債)명 지방 자치 단체가 재정상의 필요에 따라 발행하는 공채(公債).
지방-청(地方廳)명 지방의 행정 관청.
지방-층(脂肪層)명 동물의 살갗 밑에 있는, 지방으로 된 층.
지방-판(地方版)명 중앙에서 내는 신문으로, 어떤 지방의 독자를 위하여 그 지방에 관한 기사를 따로 실은 지면, 또는 그런 신문.
지방-풍(地方風)명 지형이나 기온 따위의 영향으로 어떤 지방에서만 일어나는 바람.
지방^행정(地方行政)명 ①지방 자치 단체에서 하는 행정. ②국가의 지방 행정 기관에서 하는 행정.
지방-형(地方型)명 같은 종류의 생물인데도 산지(產地)에 따라 각각 조금씩 다른 특징을 갖추고 있는 것.
지배(支配)명하타되자 ①거느려 부림. 다스림. 통치함. ¶ 지배를 당하다. ②외부 요인이 사람의 생각이나 행동에 적극적으로 영향을 미침. ¶ 환경의 지배를 받다. ③아랫사람을 다잡아 일을 처리함. ↔피지배.
지배(紙背)명 ①종이의 뒤쪽. ②문장의 속내에 포함된 뜻. ¶ 안광(眼光)이 지배를 철(徹)하다.
지배(遲配)명하자 배급·배달·지급 따위가 늦음.
지배^계급(支配階級)[-계-/-게-]명 지배 수단을 전유(專有)하여 정치·경제·사회적으로 어떤 국가나 사회를 지배하는 계급.
지배-권(支配權)[-꿘]명 권리의 객체를 직접 지배하여 다른 사람의 개입을 필요로 하지 않고 그 이익을 받아 누릴 수 있는 권리. 〔물권이나 무체 재산권(無體財產權) 따위가 이에 딸림.〕
지배-인(支配人)명 주인을 대신하여 영업에 관한 일체의 지시 및 감독을 할 수 있는 대리권을 가진 사람.
지배-자(支配者)명 거느려 부리거나 다스리는 사람.
지배-층(支配層)명 지배 계급에 속하는 계층.
지벅-거리다[-꺼-]자 자꾸 지벅지벅하다. 지벅대다. 센지뻑거리다·찌뻑거리다.
지벅-대다[-때-]자 지벅거리다.
지벅-지벅[-찌-]부하자 (길이 험하거나, 어두워서 잘 보이지 않거나, 또는 발에 힘이 없어서) 발씨가 서투르게 휘청거리며 걷는 모양. 센지뻑지뻑·찌뻑찌뻑.
지번(支煩) '지번하다'의 어근.
지번(地番)명 땅의 일정한 구획을 나타내어 매겨 놓은 번호.
지번-하다(支煩-)형여 지루하고 번거롭다.
지벌(-罰)명 민속에서, '신불(神佛)에게 거슬리는 일을 저질러 당하는 벌'을 이르는 말.
지벌(을) 입다관용 신불에게 지벌을 당하다.
지벌(地閥)명 지위와 문벌.
지범-거리다타 자꾸 지범지범하다. 지범대다.
지범-대다타 지범거리다.
지범-지범부하타 (음식물 따위를) 채신없이 자꾸 이것저것 집어 거두거나 먹는 모양.
지법(地法)명 〈지방 법원〉의 준말.
지베렐린(gibberellin)명 식물 호르몬의 하나. 고등 식물의 생장과 발아를 촉진하며, 농작물의 증수(增收)나 품질 개량에 이용함.
지벽(地僻) '지벽하다'의 어근.
지벽(紙壁)명 종이로 만든 벽.
지벽-하다(地僻-)[-벼카-]형여 (마을 따위의) 위치가 궁벽(窮僻)하다.
지변(支辨)명하타 빚을 갚기 위하여 돈이나 물건 따위를 내어 줌.
지변(池邊)명 못가. 지반(池畔).
지변(地變)명 ①땅의 변동. ②지각의 운동. ③☞지이(地異).
지병(持病)명 오랫동안 잘 낫지 않는 병. 고질(痼疾). 예증(例症). ¶ 지병을 앓다.
지보(支保)명 ①하타되자 오랫동안 지탱하여 간직함. ②〈지급 보증〉의 준말.
지보(地步)명 자기의 지위. 처지. ¶ 스스로의 지보를 다지다.
지보(至寶)명 더없이 귀한 보배.
지보-공(支保工)명 굴이나 땅을 깊이 팔 때, 둘레의 흙이 무너지지 않게 하기 위하여 임시로 나무 따위를 짜서 버티는 공사.
지본(紙本)명 서화에 쓰려고 마련한 종이, 또는 종이에 쓰거나 그린 서화. 참견본(絹本).
지봉-유설(芝峯類說)[-뉴-]명 조선 선조 때의 학자 지봉 이수광이 지은 책. 천문·지리·시령(時令)·금충(禽蟲)·관직 따위 25개 부문 3,435항목을 고전에서 인용하여 풀이한 내용으로, 우리나라 최초의 백과사전적인 저술임. 20권 10책.
지부(支部)명 본부의 관리 아래에 있으면서, 본부에서 갈라져 나가 그 지역의 업무를 맡아보는 곳.
지부럭-거리다[-꺼-]자타 자꾸 지부럭지부럭하다. 지부럭대다. 작자부락거리다.
지부럭-대다[-때-]자타 지부럭거리다.
지부럭-지부럭[-찌-]부하자타 실없는 말이나 행동으로 남을 자꾸 귀찮게 하는 모양. 작자부락자부락.
지부-자(地膚子)명 한방에서, '댑싸리의 씨'를 약재로 이르는 말. 오줌을 순하게 하는 데 쓰임.
지분(支分)명하타 잘게 나눔.
지분(知分)명하자 자기의 본분(本分)을 앎. 제 분수를 앎.
지분(持分)명 공유 재산(共有財產)이나 권리 따위에서, 공유자(共有者) 각자가 가지는 몫, 또는 행사하는 비율. ¶ 회사 지분의 51%를 보유하다.
지분(脂粉)명 연지와 백분. 분지(粉脂).
지분(을) 다스리다관용 (여자가) 화장을 하다.
지분-거리다자타 자꾸 지분지분하다. 지분대다. 작자분거리다.
지분-권(持分權)[-꿘]명 공유물(共有物)에 대하여 공유자 각자가 가지는 권리.
지분-대다자타 지분거리다.
지분-지분부 ①하자타 짓궂은 행동이나 말로 남을 자꾸 성가시게 하는 모양. ②하자 음식에 섞인 흙모래 따위가 자꾸 씹히는 모양. 작자분자분[1].

지분혜탄(芝焚蕙歎) [-혜-/-헤-] 명 〔지초(芝草)가 불에 타면 혜초(蕙草)가 한탄한다는 뜻으로〕 '같은 무리가 입은 화(禍)를 가슴 아프게 여김'을 이르는 말.

지불(支拂) 명 하타 되자 돈을 내어 줌, 또는 값을 치름. ¶ 지불 능력. /배상금을 지불하다.

지붕 명 ①(비·눈·바람·추위·햇빛 따위를 막기 위하여) 집 꼭대기 부분에 씌우는 덮개. 옥개. ¶ 기와 지붕. ②모든 물건의 위를 덮는 물건.

지붕-마루 명 ☞용마루.

지붕^물매 명 지붕의 경사진 면(面), 또는 그 경사의 정도.

지빗 명 〈옛〉 집에 있는. ¶ 지빗 眷屬이 ᄒᆞᆫ 사ᄅᆞ미나(月釋*21:136*). 참잇.

지빈(至貧) 명 하형 몹시 가난함.

지빈-무의(至貧無依) [-의/-이] 명 하형 몹시 가난하면서 의지할 곳조차 없음.

지빠귀 명 ①지빠귓과에 딸린 새를 통틀어 이르는 말. ②〈개똥지빠귀〉의 준말. 백설조(百舌鳥). 티티새.

지뻑-거리다 [-꺼-] 자 〈지벅거리다〉의 센말. 지뻑대다. 센찌뻑거리다.

지뻑-대다 [-때-] 자 지뻑거리다.

지뻑-지뻑 [-찌-] 부 하자 〈지벅지벅〉의 센말. 센찌뻑찌뻑.

지사(支社) 명 본사의 관리 아래에 있으면서, 본사에서 갈라져 나가 일정 지역의 업무를 맡아보는 사업체. ↔본사(本社).

지사(地史) 명 지구의 생성·발달·변천에 관한 역사.

지사(地師) 명 ☞지관(地官).

지사(志士) 명 크고 높은 뜻을 가진 사람. 국가·민족·사회를 위하여 자기 몸을 바쳐 일하려는 포부를 가진 사람. ¶ 우국 지사.

지사(知事) 명 〈도지사(道知事)〉의 준말.

지사(指使) 명 하타 시키어 부림.

지사(指事) 명 ①하자 사물을 가리켜 보임. ②한자의 육서(六書)의 하나. 수량이나 위치 따위의 추상적인 개념을 상징적으로 형상화한 자형(字形). 〔一·二·上·下 따위.〕

지사불굴(至死不屈) 명 하자 죽기로써 대항하여 굽히지 아니함.

지사위한(至死爲限) 명 하자 죽기로써 자기의 의견을 주장해 나아감.

지사-제(止瀉劑) 명 설사를 그치게 하는 약. 설사약.

지상(地上) 명 ①땅의 위. 지면. 지표. ¶ 지상 10층의 빌딩. ②이 세상. 현세(現世).

지상(地床) 명 지면보다 얕은 묘상(苗床). 보온(保溫)에 편리함.

지상(地相) 명 ①집터 따위를 잡을 때 땅의 형세를 살펴 길흉(吉凶)을 감정하는 일. ②땅의 모양. 지형(地形).

지상(地象) 명 지진·화산·산사태 등 땅 위나 땅속에서 일어나는 여러 현상. ↔천상(天象).

지상(至上) 명 더없이 높은 위. 최상(最上). ¶ 지상 목표. /지상 과제. /지상 사명.

지상(至想) 명 더없이 뛰어난 생각.

지상(志尙) 명 하형 마음이나 뜻이 고상함.

지상(紙上) 명 ☞지면(紙面). ¶ 지상 토론.

지상(誌上) 명 ☞지면(誌面).

지상-경(地上莖) 명 ☞땅위줄기. ↔지하경.

지상-공문(紙上空文) 명 실행하지 않거나 할 수 없는 헛된 조문(條文). 공문(空文).

지상-군(地上軍) 명 지상에서 전투하는 군대. 주로, 육군을 말함.

지상-권(地上權) [-꿘] 명 물권(物權)의 한 가지. 남의 땅에서 공작물(工作物)이나 수목 따위를 소유하기 위하여 그 땅을 사용하는 권리.

지상^낙원(地上樂園) 명 ☞지상 천국.

지상^마ː력(地上馬力) 명 항공 발동기가 땅 위에서 낼 수 있는 마력.

지상^명ː령(至上命令) [-녕] 명 ①절대로 복종해야 할 명령. ②☞정언적 명령(定言的命令).

지상-선(地上仙) 명 〈지상신선〉의 준말.

지상^식물(地上植物) [-싱-] 명 지면으로부터 30 cm 이상의 높이에 눈이 나는 식물. 정공식물(挺空植物).

지상-신(至上神) 명 영원 무한의 신령(神靈), 또는 여러 신 가운데 가장 높은 존재. 〔그리스 신화의 제우스, 기독교의 여호와 등.〕 최고신.

지상-신선(地上神仙) 명 ①이 세상에 산다고 하는 신선. ②'팔자가 썩 좋은 사람'을 비유하여 이르는 말. ③천도교에서, 천도를 믿어 법열을 얻으면 정신적으로 차생(此生) 극락을 얻고 영적으로 장생을 얻게 되는 일을 땅 위의 신선이라고 하여 이르는 말. 준지상선(地上仙).

지상-자(至上者) 명 원시인들의 신앙에서 전승되어 온, 만물의 창조주인 영적 존재.

지상-전(地上戰) 명 육지에서 하는 전투. 육전(陸戰). 참공중전·해전.

지상^천국(地上天國) 명 ①이 세상에서 이룩되는, 다시없이 자유롭고 풍족하며 행복한 사회. ②천도교 등에서, 극락세계를 천상에서 구하지 않고 사람이 사는 이 땅 위에 세워야 한다는 영육 쌍전(靈肉雙全)의 이상적 세계를 이르는 말. 지상 낙원.

지상-파(地上波) 명 지표를 따라 퍼지는 전파.

지상파^방ː송(地上波放送) 명 일반 사람들이 쉽게 시청하거나 청취할 수 있도록 전파를 대기 중에 쏘아 내보내는 방송. 공중파 방송.

지상^표지(地上標識) 명 비행하면서 비행 지점을 쉽게 알아볼 수 있도록 그 항공로를 따라 땅 위에 설치한 여러 가지 표지.

지새 명 〈옛〉 기와. ¶ 지새 녜다: 盖瓦(譯補*13*). 참디새.

지-새다[1] 자 (달이 지며) 밤이 새다.

지-새다[2] 타 '지새우다'의 잘못.

지-새우다 타 《'밤' 따위와 함께 쓰이어》 고스란히 밤을 새우다. ¶ 몇 날 며칠 밤을 뜬눈으로 지새우다.

지서(支庶) 명 '지자(支子)'와 '서자(庶子)'를 아울러 이르는 말.

지서(支署) 명 본서의 관리 아래에 있으면서, 본서에서 갈라져 나가 그 지역의 업무를 맡아보는 곳. 비분서(分署).

지석(支石) 명 ①☞굄돌. ②☞받침돌.

지석(砥石) 명 숫돌.

지석(誌石) 명 지문(誌文)을 적어 무덤 앞에 묻는 돌이나 도판(陶板).

지석-묘(支石墓) [-성-] 명 ☞고인돌.

지-석판(紙石板) 명 마분지에 금강사(金剛沙)·부석분(浮石粉)·수탄(獸炭) 따위로 반죽한 것을 발라서 만든 석판의 대용품.

지선(支線) 명 ①(철로·수로·통신 선로 따위의) 본선이나 간선에서 갈라져 나간 선. ↔본선(本線)·간선(幹線). ②전주(電柱) 따위가 넘어가지 않도록 땅 위로 비스듬히 버티어 친 줄.

지선(至善) 명 ①하형 더없이 착함. ¶ 지고(至高) 지선. ②〈지어지선(止於至善)〉의 준말.

지선(脂腺) 명 ☞지방선(脂肪腺).

지설(持說)명 ☞지론(持論).
지성(至性)명 더없이 착한 성질.
지성(至聖)명 지덕(智德)을 아울러 갖추어 더없이 뛰어난 성인.
지성(至誠)명스형 ①지극한 정성. ¶ 지성이면 감천(感天)이라. ②하형더없이 성실함. **지성스레**부.
지성(知性)명 ①사물을 알고 생각하고 판단하는 능력. ¶ 지성을 갖추다. ②감정과 의지에 대하여, 모든 지적 작용에 관한 능력을 이르는 말.
지성-껏(至誠-)[-껃]부 지성을 다하여. 온갖 정성을 다 기울여. ¶ 부모님을 지성껏 모시다.
지성-소(至聖所)명 구약 시대에, 신전이나 막안의 하나님이 임재해 있는 가장 신성한 곳. 결약(結約)의 궤(櫃)가 안치되어 있음.
지성-인(知性人)명 ①지성을 갖춘 사람. ②☞호모 사피엔스.
지성-적(知性的)관명 지성과 관련되거나 지성을 지닌 (것). ¶ 지성적인 행동.
지세(地貰)명 땅을 빌려 쓴 값으로 내는 세.
지세(地稅)명 땅에 대한 조세.
지세(地勢)명 (깊고 얕고 넓고 좁고 울퉁불퉁한) 땅의 생긴 모양이나 형세. 지위(地位). 지형(地形). ¶ 지세가 험하다.
지세(至細) '지세하다'의 어근.
지세-하다(至細-)형여 더없이 잘고 가늘다. **지세-히**부.
지소(支所)명 본소의 관리 아래에 있으면서, 본소에서 갈라져 나가 그 지역의 업무를 맡아보는 곳.
지소(池沼)명 못과 늪. 소택(沼澤).
지소(至少) '지소하다'의 어근.
지소(指笑)명하타 손가락질하며 비웃음.
지소(紙所)명 ①종이를 만드는 재래식 공장. ②지난날, 천민인 지장(紙匠)이 집단으로 살며 나라에 공물로 바칠 종이를 만들던 곳.
지소-사(指小辭)명 어떤 말에 덧붙어 그 말이 나타내는 뜻이 작거나, 어리거나, 귀여움을 나타내게 하는 접사. 〔송아지·망아지에서의 '-아지', 꼬랑이·가장이에서의 '-앙이' 따위.〕
지소-하다(至小-)형여 더없이 작다. ↔지대하다.
지속(持續)명하타되자 어떤 상태가 오래 계속됨, 또는 어떤 상태를 오래 계속함. ¶ 약효가 지속되다.
지속(紙屬)명 ☞지물(紙物).
지속(遲速)명 더딤과 빠름.
지속-성(持續性)[-썽]명 어떤 상태가 오래 계속되는 성질.
지속-음(持續音)명 같은 상태를 오래 낼 수 있는 비음(鼻音)이나 마찰음 따위의 소리. 준속음(續音).
지속-적(持續的)[-쩍]관명 어떤 상태가 오래 계속되는 (것). ¶ 지속적 성장. /지속적인 발전.
지속-침(遲速針)명 시계의 더디고 빠름을 바로잡는 바늘. 교정침(校正針).
지손(支孫)명 지파(支派)의 자손. ↔종손(宗孫).
지송(祗送)명하타 백관(百官)이 임금의 거가(車駕)를 공경하여 보냄. ↔지영(祗迎).
지쇠(地衰)[-쇠/-쉐]명하자 지덕(地德)이 다하고 쇠함.
지수(止水)명 흐르지 않고 괴어 있는 물. ¶ 명경(明鏡)지수.
지수(地水)명 땅속의 물. 지하수.
지수(指數)명 ①어떤 수나 문자의 오른쪽 위에 덧붙여 그 거듭제곱을 나타내는 숫자나 문자. 멱지수(冪指數). ②물가나 임금 따위의 변동을 알기 쉽게 나타내기 위하여 일정한 때를 100으로 기준하여 비교하는 숫자.
지수(祗受)명하타 임금이 내리는 물건을 공경하여 받음.
지수^방정식(指數方程式)명 어떤 항의 지수에 미지수가 들어 있는 방정식. 〔$a^x=b$ 따위.〕
지수^법칙(指數法則)명 같은 수나 문자의 거듭제곱의 곱셈과 나눗셈을 지수의 덧셈과 뺄셈으로 계산할 수 있는 법칙.
지숙(止宿)명하자 어떤 곳에서 머물러 잠. 묵음. 헐박(歇泊). 헐숙(歇宿).
지순(至純) '지순하다'의 어근.
지순(至順)명하형 더없이 순함. 매우 고분고분함. **지순-히**부.
지순-하다(至純-)형여 더없이 순결하다. ¶ 지순한 사랑. **지순-히**부.
지술(地術)명 풍수설에 따라 지리를 살펴서 묏자리나 집터 따위의 좋고 나쁨을 점치는 술법.
지스러기명 고르고 남은 부스러기나 찌꺼기. 마름질하거나 에어 내고 난 나머지.
지승(紙繩)명 ☞지노.
지시(指示)명하타되자 ①가리켜 보임. ¶ 목표 지시. ②(무엇을 하라고) 일러서 시킴. ¶ 지시 사항을 이행하다. ③증권상의 기재에 따라 어떤 사람을 권리자로 지정하는 일.
지시^가격(指示價格)[-까-]명 원료나 제품의 공급자가 제품업자나 판매업자에게 지시하는 제품의 판매 가격.
지시^관형사(指示冠形詞)명 관형사의 한 갈래. 말하는 이가 주관적으로 사물의 성질이나 상태 등을 가리키는 말. 〔'그 운동은 마침내 국민들의 호응을 받게 되었다.'에서의 '그' 따위.〕
지시^대:명사(指示代名詞)명 대명사의 한 갈래. 사람 이외의 사물이나 처소를 가리키는 데 쓰이는 대명사. 〔이것·그것·여기·저기 따위.〕 사물 대명사. 참인칭 대명사.
지시-문(指示文)명 ☞지문(地文)2.
지시^부:사(指示副詞)명 성분 부사의 한 갈래. 처소나 시간 및 문장 안에서의 사실 등을 가리키어 한정하는 부사. 〔'이리 와서 자세히 말해다오.'에서의 '이리' 따위.〕
지시-약(指示藥)명 용량 분석에서, 반응 종결점의 판정이나 수소 이온 농도의 판정 따위에 쓰이는 시약(試藥)을 통틀어 이르는 말.
지:시:엠(GCM)명 최대 공약수. [greatest common measure]
지시적 요법(指示的療法)[-정뇨뻡] 치료자가 올바르다고 믿는 방향으로 피치료자를 이끌어 가는 치료자 중심의 심리 요법.
지시^증권(指示證券)[-꿘]명 증권상에 지정하여 놓은 특정인, 또는 그 사람이 지정한 제3자를 권리자로 하는 유가 증권. 〔수표, 어음, 선화 증권 따위.〕
지시^채:권(指示債券)[-꿘]명 증권상에 지정하여 놓은 특정인, 또는 그 사람이 지정한 제3자를 권리자로 하는 채권.
지시^표지(指示標識)명 교통 안전 표지의 한 가지. 횡단보도·주차장·정지선·공사 중·방향 지시 따위를 나타내어 보이는 도로 표지. 참지도 표지.
지시^형용사(指示形容詞)명 사물의 성질·모양·상태 등을 가리키는 단어. 〔'내 생각에도 역시 그렇다'에서의 '그렇다' 따위.〕
지식(止息)명하자되자 ①머물러 쉼. ②(하던 일이나 앓던 병 따위가) 잠시 그침.

지식 (知識) 명 ①사물에 관한 명료한 인식과 그것에 대한 판단. ¶ 지식을 쌓다. ②(배우거나 연구하여) 알고 있는 내용, 또는 범위. ③철학에서, '인식으로 얻어져 객관적으로 확증된 성과'를 이르는 말.

지식 (智識) 명 ①안다는 의식(意識)의 작용. ②☞선지식(善知識).

지식^계급 (知識階級) [-께-/-께-] 명 ☞인텔리겐치아.

지식^공학 (知識工學) [-꽁-] 명 인간의 지적 기능을 공학적으로 연구하고, 그 기능을 컴퓨터 따위의 인공 지능이 대신할 수 있도록 응용하는 학문.

지식^분자 (知識分子) [-뿐-] 명 지식층에 속하는 사람.

지식^산ː업 (知識産業) [-싸넙] 명 지식의 개발·처리·제공과 관련된 모든 산업. 〔신문·방송·출판·영화 등의 산업 따위.〕

지식-수준 (知識水準) [-쑤-] 명 (배우거나 연구하여) 알고 있는 내용의 정도.

지식-인 (知識人) 명 지식 계급에 속하는 사람.

지식-층 (知識層) 명 지식인(知識人)들로 이루어진 사회 계층.

지신 (地神) 명 땅을 맡아 다스린다는 신령(神靈). 지기(地祇).

지신에 붙이고 성주에 붙인다 속담 가뜩이나 적은 것을 이리저리 벼르고 뜯기고 나면 남는 것이 없다는 말.

지신 (至神) '지신하다'의 어근.

지신 (智臣) 명 육정(六正)의 하나. 슬기로운 신하를 이름.

지신-밟기 (地神-) [-밥끼] 명 영남 각 지방에서 음력 정월 보름께에 벌이는 민속놀이의 한 가지. 마을 사람들이 농악대를 앞세우고 집집을 돌며 지신을 위로하여 연중 무사하기를 빌며, 집주인은 음식이나 곡식·돈 등으로 이들을 대접함. 마당밟이. 참매귀(埋鬼).

지-신심 (至信心) 명 지극한 신심.

지신-하다 (至神-) 형여 더없이 신통하다.

지실 명 재앙이나 해가 미치는 일. ¶ 금년 벼농사는 지실이 많아 소출이 줄었다. /아기가 크느라고 그런지 지실이 자주 든다.

지실 (地室) 명 ☞광중(壙中).

지실 (知悉) 명하타 (모든 형편이나 사정을) 자세히 앎. 죄다 앎.

지실 (枳實) 명 한방에서, '어린 탱자를 썰어 말린 것'을 약재로 이르는 말. 성질은 좀 찬데 변통에 효능이 있음.

지심 (至心) 명 더없이 성실한 마음.

지심 (地心) 명 지구의 중심. 중권(重圈).

지심 (知心) 명하자 마음이 서로 통하여 잘 앎.

지심^천정 (地心天頂) 명 관측점과 지구의 중심을 잇는 직선이 천구(天球)와 교차하는 점. 준천정(天頂).

지싯-거리다 [-싣꺼-] 자 자꾸 지싯지싯하다. 지싯대다.

지싯-대다 [-싣때-] 자 지싯거리다.

지싯-지싯 [-싣찌싣] 부하자 남이 싫어하건 말건 자꾸 짓궂게 구는 모양.

지슬 타 〈옛〉 〖'짓다[作]'의 활용형.〗 지을. ¶ 製는 글 지슬 씨니(訓諺).

지아비 명 ①웃어른 앞에서 '자기 남편'을 낮추어 일컫는 말. ②'아내 있는 남자'를 예스럽게 일컫는 말. ③지난날, 여자 하인의 남편을 일컫던 말.

지ː아이 (GI) 명 미국에서, 특별한 일에 쓰려고 불러 모은 병사. 또는 일반적으로 병사를 속되게 이르는 말. [Government Issue]

지악 (至惡) '지악하다'의 어근.

지악-스럽다 (至惡-) [-쓰-따] [~스러우니·~스러워] 형ㅂ 지악한 데가 있다. ¶ 지악스럽게 굴다.

지악-하다 (至惡-) [-아카-] 형여 ①더없이 모질고 악하다. ②(어떤 일을) 하는 것이 악착스럽다.

지압 (地壓) 명 땅속의 물체가 상호 간 또는 그에 닿는 다른 물체에 미치는 압력.

지압 (指壓) 명 ①하타 건강 증진이나 병을 다스리기 위해서 손바닥이나 손가락으로 환부를 누르거나 주무르거나 하는 일. ②☞지압 요법.

지압-법 (指壓法) [-뻡] 명 혈관을 손가락으로 세게 누르는 구급 지혈법.

지압^요법 (指壓療法) [-암뇨뻡] 명 건강의 이상이나 병을 지압으로 다스리는 방법. 지압.

지애 (至愛) 명 지극한 사랑.

지약 (持藥) 명 몸에 지니고 다니며 늘 먹는 약.

지양 (止揚) 명하타 되자 ①더 높은 단계로 오르기 위하여 어떠한 것을 하지 아니함. ¶ 권위주의적인 의사 결정 방식을 지양하다. ②어떤 사물에 관한 모순이나 대립을 부정하면서 도리어 한층 더 높은 단계에서 이것을 긍정하여 살려 가는 일. 〔변증법의 중요 개념임.〕 양기(揚棄).

지어-내다 [-어-/-여-] 타 ①일부러 만들거나 꾸며 내다. ¶ 거짓말을 지어내다. /지어낸 이야기. ②거짓으로 감정이나 표정을 꾸며서 내다.

지어-농조 (池魚籠鳥) 명 〔못 속의 고기와 새장 속의 새라는 뜻으로〕 '자유롭지 못함'을 비유하여 이르는 말.

지어-땡 명 '짓고땡'의 잘못.

지어-먹다 [-어-따/-여-따] 타 마음을 다잡아 가지다.

지어먹은 마음이 사흘을 못 간다 속담 '한때의 어떠한 충격으로 일어난 마음은 오래가지 못함'을 이르는 말. 참작심삼일.

지어미 명 ①웃어른 앞에서 '자기의 아내'를 낮추어 일컫는 말. ②'남편이 있는 여자'를 예스럽게 일컫는 말.

지어-붓다 [-어붇따/-여붇따] [~부으니·~부어] 타ㅅ 쇠를 녹이어 붓다.

지어지선 (止於至善) 명 지극히 선한 경지에 이르러 움직이지 않음. 〔'대학(大學)'에서 말한 삼강령(三綱領)의 하나.〕 준지선(至善).

지어지앙 (池魚之殃) 명 〔못의 물로 불을 끄니 물이 줄어서 고기가 죽는다는 뜻으로〕 '엉뚱한 사람이 재앙을 입음'을 비유하여 이르는 말.

지어지처 (止於止處) 명하자 ①일정하게 머무르는 곳이 없고 정처 없이 어디든지 이르는 곳에서 머물러 잠. ②일이나 행동을 마땅히 그쳐야 할 데서 알맞게 그침.

지언 (至言) 명 지극히 마땅한 말.

지언 (知言) 명 사리가 통하는 말. 도리에 맞는 말.

지엄 (至嚴) '지엄하다'의 어근.

지엄-하다 (至嚴-) 형여 지극히 엄하다. 엄절(嚴切)하다. 절엄(切嚴)하다. ¶ 지엄하신 분부를 거역하다니…. **지엄-히** 부.

지업 (紙業) 명 종이붙이를 만들거나 취급하는 영업.

지에 명 〈지에밥〉의 준말.

지에-밥 명 찹쌀이나 멥쌀 따위를 물에 불려서 시루에 찐 밥. 인절미를 만들거나 술밑으로 씀. 준지에.

지ː엔피ː (GNP) 명 국민 총생산. [gross national product]

지ː엠티ː(GMT)명 그리니치 표준시(標準時). [Greenwich mean time]

지여다타 〈옛〉기대다. 의지하다. ¶ 모몰 서르 지여며(楞解7:54). 참지이다·지혀다.

지역(地役)명 ①자기 땅의 편익(便益)을 위하여 남의 땅을 사용하는 일. ②〈지역권〉의 준말.

지역(地域)명 일정한 땅의 구역이나 땅의 경계, 또는 그 안의 땅.

지역-감정(地域感情)[-깜-]명 일정한 지역에 살고 있는 사람들 또는 그 지역 출신의 사람들에게 가지는 좋지 않은 생각이나 편견.

지역^개발(地域開發)[-깨-]명 국민의 생산 활동 및 생활 활동의 향상을 도모하기 위하여, 특정의 지역 사회를 대상으로 하는 종합적인 개발.

지역-구(地域區)[-꾸]명 시·군·구 따위의 일정한 지역을 한 단위로 하여 설정한 선거구(選擧區). 참전국구(全國區).

지역-권(地役權)[-꿘]명 용익 물권(用益物權)의 한 가지. 자기 땅의 이용 가치를 늘리기 위하여 다른 사람의 땅을 설정 계약에 따라 지배·이용하는 권리. 준지역.

지역-난방(地域煖房)[-영-]명 중앙난방 기관에서 일정한 지역 내의 건물들에 온수 따위를 보내는 방식의 난방.

지역^대ː표제(地域代表制)[-때-]명 선거구를 지역별로 정하고, 그 안에서 대표자를 뽑아 의회에 보내는 제도. ↔직능 대표제(職能代表制).

지역^방어(地域防禦)[-빵-]명 농구나 축구 따위에서, 수비하는 편의 각 선수가 일정한 지역을 맡아 나누어 수비하는 일. 참대인 방어.

지역^사회(地域社會)[-싸회/-싸훼]명 한 지역의 일정한 범위 안에서 지연(地緣)에 따라 저절로 이루어진 생활 공동체.

지역-상(地域相)[-쌍]명 일정 지역의 자연 지리적인 요소를 통틀어서 본 모양.

지역^수당(地域手當)[-쑤-]명 일하는 지역에 따라 생기는 생활비의 차이 등을 근거로 하여 지급되는 수당.

지-역청(地瀝靑)명 ☞아스팔트.

지연(地緣)명 태어나거나 살고 있는 지역을 근거로 하는 사회적인 연고 관계. 참학연·혈연.

지연(紙鳶)명 ☞연(鳶).

지연(遲延)명하타되자 (어떤 일이 예정보다) 오래 걸려 늦추어짐, 또는 오래 끎. ¶ 열차가 지연되다. /회의를 지연시키다.

지연^이ː자(遲延利子)[-니-]명 ☞연체 이자.

지연-작전(遲延作戰)[-쩐]명 일을 지연시켜 자기편에 이롭게 하려는 작전.

지열(止熱)명하자타 병으로 말미암아 생긴 열이 내림, 또는 내리게 함.

지열(地熱)명 ①땅속에 본디부터 있는 열. 〔일정한 깊이까지, 평균 33 m 단위로 내려갈수록 1℃씩 높아짐.〕 ②햇볕을 받아 땅 표면에서 나는 열.

지열(至熱) '지열(至熱)하다'의 어근.

지열(枝劣) '지열(枝劣)하다'의 어근.

지열^발전(地熱發電)[-쩐]명 땅속에서 뿜어 나오는 증기의 열에너지를 이용하는 발전.

지열-하다(至熱-)형여 (음식이나 약 따위가) 몹시 뜨겁다.

지열-하다(枝劣-)형여 〔가지가 줄기보다 못하다는 뜻으로〕 '조상보다 자손이 못하다'를 비유하여 이르는 말.

지엽(枝葉)명 ①가지와 잎. ¶ 지엽이 무성하다. ②본체에서 갈라져 나간 중요하지 않은 부분. ¶ 지엽 말절(末節).

지엽-적(枝葉的)[-쩍]관명 본체에서 갈라져 나간 중요하지 않은 (것). ¶ 지엽적인 문제.

지영(祗迎)명하타 백관(百官)이 임금의 환궁(還宮)을 공경하여 맞음. ↔지송(祗送).

지오(枝吾·支梧)명하타 ①서로 어긋남. ②맞서서 겨우 버티어 감.

지오코ː소(giocoso 이)명 악보의 나타냄말. '익살스럽고 즐겁게'의 뜻.

지옥(地獄)명 ①불교에서, 이승에서 악업을 지은 사람이 죽어서 간다고 하는, 온갖 고통으로 가득 찬 세계. 나락(那落). ↔극락(極樂). ②기독교에서, 큰 죄를 지은 사람의 혼이 신의 구원을 받지 못하고 악마와 함께 영원히 벌을 받는다는 곳. ↔천국·천당. ③'못 견딜 만큼 괴롭고 참담한 형편이나 환경'을 비유하여 이르는 말. ¶ 교통 지옥. /입시 지옥.

지옥-계(地獄界)[-꼐/-께]명 불교에서 이르는 십계(十界)의 하나. 지옥의 세계.

지옥-도(地獄道)[-또]명 불교에서 이르는 삼악도(三惡道)의 하나. 죄를 지은 중생이 죽어서 간다는 지옥의 세계.

지온(地溫)명 땅 표면 또는 땅속의 온도.

지완(遲緩) '지완하다'의 어근.

지완-하다(遲緩-)형여 더디고 느즈러지다. 지만(遲慢)하다.

지-요(地-)명 관(棺) 안에 까는 요.

-지요어미 〈-지〉의 높임말. ¶ 들어오시지요. /같이 가시지요. /함께 드시지요.

지요(至要) '지요하다'의 어근.

지요-하다(至要-)형여 지극히 중요하다. **지요-히**부.

지용(智勇)명 슬기와 용기. ¶ 지용을 겸비하다.

지용-성(脂溶性)[-썽]명 (어떤 물질이) 기름에 용해되는 성질.

지용성^비타민(脂溶性vitamin)[-썽-]명 지방에 들어 있는 비타민으로, 비타민 A·D·E·F·K·U가 이에 딸림.

지우(至愚) '지우하다'의 어근.

지우(知友)명 서로 마음이 통하는 친한 벗.

지우(知遇)명하타 자기의 인격이나 학식을 남이 알고 아주 후하게 대우함, 또는 그 대우. ¶ 지우를 입다.

지우(智愚)명 슬기로움과 어리석음.

지우-개명 ①쓴 글씨나 그림을 지우는 데 쓰는 물건. ¶ 칠판 지우개. ②고무지우개.

지-우금(至于今)부 예로부터 지금에 이르기까지. 이제까지. 준지금(至今).

지우다1타 ①(있던 것을) 없애다. ¶ 글씨를 지우다. /화장을 지우다. ②(생각·느낌·표정 등을) 사라지게 하다. ¶ 웃음을 지우다. ③일부를 덜다. ¶ 밥을 지우고 말아 먹다. /물을 조금 지우고 마시다.

지-우다2타 액체(液體)를 조금 떨어지게 하다. ¶ 눈물을 지우다.

지우다3타 활시위를 벗기다.

지-우다4타 『'지다1'의 사동』 태아를 배 속에서 죽게 하다. ¶ 아이를 지우다.

지-우다5타 『'지다3'의 사동』 지게 하다. ¶ 상대를 1:0으로 지우고 우승하다.

지-우다6타 ①『'지다4'의 사동』 지게 하다. ¶ 책임을 지우다. /짐을 지우다. ②팔을 뒤로 틀어서 묶다. ¶ 오라를 지우다.

지-우산(紙雨傘)명 대오리로 만든 살에 기름 먹인 종이를 바른 우산.
지우이신(至愚而神)명 〔지극히 어리석은 사람에게도 신령한 마음이 있을 수 있다는 뜻에서〕 '백성의 마음'을 비유하여 이르는 말.
지우지감(知遇之感)명 자기의 인격(人格)이나 학식(學識)을 알아주고 후히 대우해 주는 데 대한 고마운 마음.
지우-하다(至愚-)형여 지극히 어리석다.
지운(地運)명 땅의 운수(運數).
지원(支院)명 지방 법원이나 가정 법원 등에 따로 분설(分設)된 하부 기관. 참분원(分院).
지원(支援)명하타 되자 뒷받침하거나 편들어서 도움. 원조함. ¶ 지원 대책. /중소 기업에 운영 자금을 지원하다.
지원(至冤)명하형 〈지원극통(至冤極痛)〉의 준말.
지원(至願)명하타 지극히 바람, 또는 그러한 소원(所願).
지원(志願)명하타 뜻하여 바람. 바라서 원함. ¶ 지원 입대. /국어 국문학과를 지원하다. 비지망(志望).
지원-극통(至冤極痛)명하형 더없이 억울하고 원통함. 준지원(至冤).
지원-서(志願書)명 학교나 기관 등에 지원할 때 내는 서류. ¶ 입사 지원서를 제출하다.
지월(至月)명 '동짓달'을 달리 이르는 말. 창월(暢月).
지위[1]명 〈목수(木手)〉의 높임말.
지위[2]명 질병이나 재앙으로 화를 입는 고비.
　지위(가) 지다관용 ①병으로 몸이 쇠약해지다. ②씀씀이가 지나쳐 살림이 기울어지다.
지위(地位)명 ①있는 자리. 위치. 처지. ②사회적 신분에 따라 개인이 차지하는 자리나 계급. ¶ 지위가 높은 사람. ③☞지세(地勢).
지위(知委)명하타 (말이나 글로) 명령(命令)을 내려서 알림.
　지위(를) 주다관용 명령을 내려 그대로 따라하게 하다.
지유(地油)명 '석유(石油)'를 달리 이르는 말.
지유(脂油)명 ☞지방유(脂肪油).
지-유삼(紙油衫)명 기름을 먹인 종이로 만든 비옷.
지육(枝肉)명 소나 돼지 따위를 잡아 머리·내장·족을 잘라 내고 아직 각을 뜨지 않은 고기. 참정육(精肉).
지육(脂肉)명 기름기와 살코기.
지육(智育)명 교육의 세 분야 중의 하나. 지능의 계발과 지식의 함양을 목적으로 하는 교육. 참덕육(德育)·체육(體育).
지은(至恩)명 지극한 은혜.
지은(地銀)명 90% 정도의 순분(純分)이 들어 있는 은. 참천은(天銀).
지은(知恩)명하자 ①은혜를 앎. ②불교에서, 삼보(三寶)의 은덕을 아는 일.
지은-보은(知恩報恩)명하자 남의 은혜를 알고 그 은혜를 갚음.
지은-이명 ☞저작자(著作者).
지음(知音)명 ①하자 ㉠음악의 곡조를 잘 앎. ㉡새나 짐승의 소리를 가리어 알아들음. ②마음이 서로 통하는 친한 벗. 〔'열자(列子)'의 '탕문편(湯問篇)'에 나오는 말로, 중국 춘추 전국 시대에 거문고의 명수인 백아(伯牙)의 거문고 소리를 잘 알아들은 사람은 오직 그 친구 종자기(鍾子期)뿐이었다는 고사에서 유래함.〕 ⓑ지기지우(知己之友).
지음-객(知音客)명 음악의 곡조를 잘 알아듣는 사람. 풍류를 아는 사람.
지음-증(支飮症)[-쯩]명 한방에서, 해소와 호흡 곤란으로 모로 눕기가 어려운 병증을 이르는 말.
지읒[-읃]명 한글 자모(字母)의 자음 'ㅈ'의 이름. ＊지읒이[-으시]·지읒만[-읃-]
지의(地衣)[1][-의/-이]명 지의류(地衣類)에 딸린 식물을 통틀어 이르는 말. 석화(石花).
지의(地衣)[2][-의/-이]명 (제사 같은 때에 쓰려고) 헝겊으로 가를 두르고 여럿을 이어 붙여서 만든 큰 돗자리.
지의(旨義)[-의/-이]명 깊고도 주장이 되는 뜻.
지의(紙衣)[-의/-이]명 ①솜 대신 종이를 두어서 만든 겨울 옷. 지난날, 북방에서 수자리 살던 군사가 입었음. ②불교에서, 영혼의 천도(薦度)를 위하여 재(齋)를 지낼 때, 관욕(灌浴)하려고 종이로 만든 영가(靈駕)의 옷.
지의-류(地衣類)[-의-/-이-]명 포자식물의 한 종류. 엽록소가 없는 균류(菌類)와 엽록소가 있는 조류(藻類)의 공생체로 나무껍질이나 바위에 붙어서 삶.
지이(地異)명 땅 위에서 일어나는 여러 가지 이변. 〔지진·홍수·해일 따위.〕 지변(地變).
지이다조형 〔용언 어미 '-아'·'-어' 뒤에 쓰이어〕 무엇이 어떻게 되기를 바라는 뜻을 나타냄. ¶ 소망이 이루어 지이다.
지이다타 〈옛〉기대다. 의지하다. ¶ 님긊 金華省애 지이니라(杜初24:41). 참지여다·지혀다.
지이부지(知而不知)명하타 알면서도 모르는 체함.
지인(至人)명 덕이 썩 높은 사람.
지인(知人)명 ①아는 사람. ¶ 지인의 소개로 이 회사에 들어오게 되었다. ②하자사람의 됨됨이를 알아봄.
지인용(智仁勇)명 '슬기와 인자와 용기'를 아울러 이르는 말. ¶ 지인용을 겸비하다.
지인지감(知人之鑑)명 사람을 잘 알아봄, 또는 그러한 능력.
지인-지자(至仁至慈)명하형 더없이 인자함. 더없이 어짊.
지일(至日)명 동지(冬至) 또는 하지(夏至).
지일가기(指日可期)명 훗날에 일이 이루어질 것을 꼭 믿음.
지자(支子)명 맏아들 외의 아들.
지자(至慈)명 '지자하다'의 어근.
지자(知者)명 아는 것이 많고 사물의 이치에 밝은 사람.
지자(智者)명 슬기로운 사람. 지혜가 많은 사람.
지-자기(地磁氣)명 ☞지구 자기(地球磁氣).
지자기^적도(地磁氣赤道)[-또]명 지구의 중심을 지나면서 지자기의 자오선과 직각을 이루는 평면.
지자-요수(智者樂水)명 〔슬기로운 사람은 물을 좋아한다는 뜻으로〕 '슬기로운 사람은 흐르는 물처럼 사리(事理)에 막힘이 없음'을 이르는 말. '논어'의 '옹야편(雍也篇)'에 나오는 말임. 참인자요산(仁者樂山).
지자-제(地自制)명 〈지방 자치 제도〉의 준말.
지자체(地自體)명 〈지방 자치 단체〉의 준말.
지자-하다(至慈-)형여 더없이 자비롭다.
지잠(地蠶)명 ☞굼벵이.
지장(支障)명 일을 하는 데 거치적거리는 장애. ¶ 지장을 초래하다. /지하철 공사가 교통에 큰 지장을 주고 있다.

지장(地漿)명 한방에서, 석 자쯤 판 황토 속에서 나오는 물을 휘저어 가라앉힌 맑은 물을 이르는 말. 해독제로 쓰임. 황토수(黃土水).
지장(地藏)명 〈지장보살(地藏菩薩)〉의 준말.
지장(指章)명 ☞손도장.
지장(指掌)명하자 〔손바닥을 손가락으로 가리킨다는 뜻으로〕 '아주 손쉬움', '썩 뚜렷함'을 이르는 말.
지장(紙匠)명 종이를 만드는 공장(工匠).
지장(紙帳)명 종이로 만든 방장(房帳).
지장(紙欌)명 겉을 종이로 바른 장(欌).
지장(智將)명 지략이 뛰어난 장수.
지장-보살(地藏菩薩)명 석가의 부탁으로, 석가가 입멸(入滅)한 뒤부터 미륵불이 출세할 때까지 부처 없는 세계에 머물면서 육도(六道)의 중생을 제도(濟度)한다는 보살. 준지장(地藏).
지재(持齋)명하자 불교에서, 오후에는 식사하지 않는다는 계법을 지키는 일을 이르는 말.
지재지삼(至再至三)부 두 번 세 번, 곧 여러 차례. ¶ 지재지삼 다짐을 두다.
지저(地底)명 땅속. 땅의 밑바닥.
지저-거리다자 자꾸 지저지저하다. 지저대다. 작재자거리다.
지저귀명하자 남의 일을 방해함, 또는 그런 짓.
지저귀다자 ①(새, 특히 작은 새가) 자꾸 소리 내어 울다. ¶ 참새가 지저귀다. /제비들 지저귀는 소리에 봄은 성큼 다가오고…. ②조리 없는 말로 자꾸 지껄이다.
지저-깨비명 나무를 깎거나 다듬을 때 생기는 잔 조각. 목찰(木札).
지저-대다자 지저거리다.
지저분-하다형여 ①거칠고 깨끗하지 못하다. ¶ 지저분한 옷차림. ②(하는 짓이나 말이) 추잡하고 더럽다. ¶ 행실이 지저분하다. /너는 무슨 쓸데없는 말을 그렇게 지저분하게 늘어놓니. **지저분-히**부.
지저-지저부하자 끊임없이 지저귀는 소리, 또는 그 모양. 작재자재자.
지적(地積)명 땅의 넓이. 땅의 평수.
지적(地籍)명 땅에 관한 여러 가지 사항을 적어 놓은 기록.
지적(指摘)명하타되자 ①(어떤 사물을) 꼭 집어서 가리킴. ¶ 선생님의 지적을 받은 학생. ②(허물 따위를) 들추어 가려냄. ¶ 지적 사항을 시정하다.
지-적(知的) [-쩍]관명 지식이 있는, 또는 지식에 관한 (것). ¶ 지적 수준. /지적인 분위기.
지적^대장(地籍臺帳) [-때-]명 ☞토지 대장(土地臺帳).
지적-도(地籍圖) [-또]명 토지(土地)의 소재·지번·지목·경계 따위를 밝히기 위하여 국가에서 만든 토지의 평면도.
지적 소:유권(知的所有權) [-쩍쏘-꿘] 독창적인 기술이나 지식 등 지적 재산의 소유권을 인정하여, 남이 함부로 사용하지 못하게 할 수 있는 권리. 지적 창작에 관한 권리로서 특허권·의장권 등의 공업 소유권과 저작권이 있고, 영업 표지에 관한 권리로는 상표권·상호권 등의 산업 재산권이 있음. 지능권. 지적 재산권.
지적 재산권(知的財産權) [-쩍째-꿘] ☞지적 소유권.
지적-지적[1] [-찌-]부하형 액체가 점점 잦아들어 매우 적은 모양. 작자작자작[2].
지적-지적[2] [-찌-]부하형 물기가 있어서 좀 축축한 모양.
지적 직관(知的直觀) [-쩍찍꽌] 철학에서, 사물의 본질을 직접적으로 파악하는 '정신적·초감성적인 작용'을 이르는 말.
지적 판단(知的判斷) [-쩍-] 논리적으로 진위(眞僞)를 밝혀서 내리는 판단.
지전(紙錢)명 ①☞조전(造錢). ②무당이 비손할 때 쓰는, 긴 종이 오리를 둥글둥글하게 잇대어 동전 모양으로 만든 물건. ③☞지폐(紙幣).
지전(紙廛)명 ①종이 가게. 지물포. ②조선 시대에, 종이를 팔던 육주비전의 하나.
지-전류(地電流) [-절-]명 ①지표(地表) 가까이에 흐르는 미약한 전류. ②지구를 회로(回路)의 일부로 하는 전신기 따위에서, 전선 속으로 흘러 통신에 장애를 끼치는 전류.
지:^전:지(G電池)명 삼극(三極) 진공관의 격자(格子)에 전압을 주는 전지.
지절(至切) '지절하다'의 어근.
지절(志節)명 굳은 의지와 절개.
지절(枝節)명 ①가지와 마디. ②'곡절이 많은 사단(事端)'을 비유하여 이르는 말.
지절(이) 나다관용 곡절이 많은 사단(事端)이 벌어지다.
지절(肢節)명 팔다리의 마디뼈.
지절-거리다자 자꾸 지절지절하다. 지절대다. 작재잘거리다.
지절-대다자 지절거리다.
지절-지절부하자 ①(여러 사람이) 낮은 음성으로 자꾸 지껄이는 소리, 또는 그 모양. ②(참새 따위가) 지저귀는 소리. 작재잘재잘.
지절-통(肢節痛)명 (감기나 몸살 따위로) 팔다리의 뼈마디가 쑤시는 증세.
지절-하다(至切-)형여 더없이 간절하다. 꼭 필요하다. **지절-히**부.
지점(支店)명 ①본점에서 갈라져 나온 가게. ②본점에 딸리어 그 지휘 명령을 받으면서 일정한 지역의 업무를 맡아보는 영업소. ↔본점(本店).
지점(支點)명 ①☞지렛목. ↔역점(力點). ②구조물을 받치고 있는 부분. ②받침점.
지점(至點)명 '하지점'과 '동지점'을 아울러 이르는 말.
지점(地點)명 땅 위의 일정한 점. 일정한 지역 안에서의 어디라고 지정한 곳. ¶ 결승 지점.
지점(指點)명하타 (어느 한 곳을) 손가락으로 가리켜 보임.
지점(趾點)명 수선(垂線)·사선(斜線)의 밑점.
지접(止接)명하자 한때 몸을 의지하여 삶. 참거접(居接).
지정(至正) '지정(至正)하다'의 어근.
지정(至情)명 ①썩 가까운 정분. ②썩 가까운 겨레붙이. ③더없이 지극한 충정(衷情).
지정(至精) '지정(至精)하다'의 어근.
지정(地釘)명 집터 따위를 다질 때 주추 대신 땅속에 박는 통나무나 콘크리트 기둥.
지정(知情)명하자 남의 정상(情狀)을 앎.
지정(指定)명하타되자 ①(무엇을 어떻게 하라고) 가리켜 정함. ¶ 시험 날짜를 지정하다. ②(여럿 가운데서 하나만을) 가려내어 정함. ¶ 지정 좌석. ③개인이나 단체가 어떤 것에 특정한 자격을 줌. ¶ 국보로 지정되다.
지정가^주:문(指定價注文) [-까-]명 유가 증권의 매매를 증권업자에게 위탁할 때, 최고 판매 가격과 최저 매입 가격을 지정하는 주문 방법. ↔역지정가 주문.
지정-거리다자 자꾸 지정지정하다. 지정대다.

지정-다지다(地釘—)[자] 지정을 박아 터를 다지다. [준]지정닺다.
지정-닺다(地釘—)[—닫따][자] 〈지정다지다〉의 준말.
지정-대다[자] 지정거리다.
지정-머리[명] 좋지 못한 짓거리.
지정불고(知情不告)[명][하타] 남의 죄상(罪狀)을 알고도 고발하지 아니함.
지정-사(指定詞)[명] '이다'·'아니다'를 한 품사로 볼 때의 품사명. 잡음씨.
지정-석(指定席)[명] (번호 따위가 붙어) 정하여진 좌석.
지정의(知情意)[—의/—이][명] 인간의 정신 활동의 근본 기능인 '지성(知性)·감정(感情)·의지(意志)'를 아울러 이르는 말.
지정지미(至精至微)[명][하형] 더없이 정밀(精密)하고 자세함.
지정지밀(至精至密)[명][하형] 더없이 정밀함.
지정-지정[부][하자] 곧장 가지 않고 자꾸 지체하는 모양.
지정-하다(至正—)[형][여] 더없이 바르다.
지정-하다(至精—)[형][여] ①더없이 깨끗하다. ②지극히 정밀하다. **지정-히**[부].
지정-학(地政學)[명] 지리 조건과 정치 현상과의 관계를 연구하는 학문.
지제(地祭)[명] 지신(地神)에게 지내는 제사.
지제(紙製)[명] 종이로 만듦, 또는 그 물건.
지조(地租)[명] 토지의 수익(收益)에 대하여 매기는 조세.
지조(志操)[명] 곧은 뜻과 절조(節操). ¶ 지조를 지키다. /지조 높은 선비.
지조(知照)[명][하타] 알려 주기 위하여 조회함.
지조(指爪)[명] 손톱.
지족(知足)[명][하자] 분수를 지켜 족한 줄을 앎.
지족불욕(知足不辱)[—뿔룍][명] 분수를 지켜 족한 줄을 알면 욕되지 않음.
지존(至尊)[1][명] ①'임금'을 높이어 이르는 말. ②'어떤 분야의 최고'를 비유하여 이르는 말.
지존(至尊)[2][명] '지존하다'의 어근.
지존-하다(至尊—)[형][여] 더없이 존귀하다.
지종(地種)[1][명][하타] (화초 따위를 화분에 심지 않고) 땅에 심음.
지종(地種)[2][명] 주로 소유자에 따라 가른 토지의 종목. 〔국유지·사유지 따위.〕
지죄(知罪)[—죄/—줴][명][하자] 자기가 지은 죄를 앎.
지주(支柱)[명] ①버팀대. 받침대. ②'의지할 대상'을 비유하여 이르는 말. ¶ 집안의 지주를 잃다. /정신적 지주로 삼다.
지주(地主)[명] ①땅의 임자. 토주(土主). ②자기 땅을 남에게 빌려 주고 지대(地代)를 받는 사람. ③그 땅에 사는 사람.
지주(指嗾)[명][하타] 달래고 꾀어서 부림. [비]사주(使嗾).
지주(蜘蛛)[명] ☞거미.
지주^계급(地主階級)[—계—/—게—][명] 지주들로 이루어지는 사회적 계층.
지주-근(支柱根)[명] 땅위줄기에서 나온 부정근(不定根)의 한 가지. 땅속으로 뻗어 들어가 원줄기를 버팀. 주근(主根). 주근(柱根).
지주-망(蜘蛛網)[명] 거미줄.
지주^회:사(持株會社)[—회—/—훼—][명] 다른 회사의 주식을 많이 소유하여 그 회사의 사업 활동을 지배하는 회사. 통제 회사. 투자 회사(投資會社).
지중(地中)[명] ①땅속. ②☞광내(壙內).
지중(至重) '지중하다'의 어근.
지중(持重)[명][하자] (몸가짐을) 진중히 함.
지중-선(地中線)[명] ☞지하선(地下線).
지중^식물(地中植物)[—싱—][명] 땅속줄기나 덩이뿌리와 같이 땅속에서 겨울을 나는 눈을 가진 식물. 〔고구마나 토란 따위.〕 지하 식물.
지중-하다(至重—)[형][여] 더없이 귀중하다. ¶ 지중한 도자기. **지중-히**[부].
지중해성^기후(地中海性氣候)[—썽—][명] ☞온대 하계 건조 기후.
지즈로[부] 〈옛〉 인(因)하여. 드디어. ¶ 머므러 브터슈메 지즈로 버믈 시름ᄒᆞ야(杜初7:*10*).
지즐앉다[타] 〈옛〉 지질러 앉다. 깔고 앉다. ¶ 시름 오매 프를 지즐안자셔 훤히 놀애 블로니(杜初6:*1*).
지즐우다[타] 〈옛〉 지지르다. ¶ 지즐울 압:壓(訓蒙下*11*).
지즐ᄐᆞ다[타] 〈옛〉 지질러 타다. 눌러 타다. ¶ 발로 박차 언치 노하 지즐ᄐᆞ고(古時調).
지즶[명] 〈옛〉 기직. 왕골자리. ¶ 지즶 인:茵. 지즶 쳔:薦(訓蒙中*11*).
지지[명] 젖먹이에게 '더럽다'고 일러주는 말. ¶ 그건 지지니까 만지지 마.
지지(支持)[명][하타] ①버티거나 굄. ②(어떤 개인이나 단체 따위의 의견·주의·정책 따위에) 찬동하여 원조함, 또는 그 원조. ¶ 지지 세력. /지지를 호소하다.
지지(地支)[명] 육십갑자의 아래 단위를 이루는 요소. 십이지(十二支). [참]천간(天干).
지지(地誌)[명] 어떤 지역의 지리적 현상을 조사하고 연구하여 그 특색을 적은 책.
지지(知止)[명][하자] 자기 분수에 지나치지 않게 그칠 줄을 앎.
지지(枝指)[명] '기지(枝指)'의 잘못.
지지(遲遲) '지지하다'의 어근.
지지괴다[자] 〈옛〉 지저귀다. ¶ 弓王 大闕 터희 烏鵲이 지지괴니(鄭澈.關東別曲).
지-지난[관] 지난번의 바로 그 전. ¶ 지지난 주말.
지지난-달[명] 지난달의 전달. 거거월(去去月). 전전달. 전전월.
지지난-밤[명] 그저께의 밤.
지지난-번(—番)[명] 지난번의 바로 전번. 거거번(去去番). 전전번.
지지난-해[명] 그러께.
지지다[타] ①국물을 조금 붓고 끓여 익히다. ¶ 생선을 지지다. ②지짐질로 익히다. ¶ 빈대떡을 지지다. ③불에 달군 물건을 다른 물체에 대어 뜨겁게 하거나 타게 하다. ¶ 인두로 지져 무늬를 내다. ④열을 내는 것에 몸을 대어 찜질을 하다. ¶ 뜨거운 방바닥에 몸을 지지다.
지지고 볶다[관용] ①사람을 들볶아서 몹시 부대끼게 하다. ②법석을 떨다. ③머리털을 곱슬곱슬하게 만들다.
지지랑-물[명] 비가 온 뒤 지붕이 썩은 초가집 처마에서 떨어지는 검붉은 낙수(落水).
지지러-뜨리다[타] 지지러지게 하다. 지지러트리다. [작]자지러뜨리다.
지지러-지다[자] ①몹시 놀라서 몸이 움츠러지다. ②생물이 자라는 도중에 병이 생겨 제대로 잘 자라지 못하다. [작]자지러지다[1].
지지러-트리다[타] 지지러뜨리다. [작]자지러트리다.
지지르다[지지르니·지질러][타][르] ①(의견이나 기세를) 꺾어 누르다. ②무거운 물건으로 내리누르다.

지지름-돌[-똘]명 물건을 지지르는 돌.
지지리부 《주로 부정적인 뜻을 나타내는 말과 함께 쓰이어》 몹시 심하게. 지긋지긋하게. ¶ 지지리 못생기다. /지지리 고생하다. ㉶자지리.
지지-배배부 제비의 우는 소리.
지지부진(遲遲不進)명하자 몹시 더디어서 잘 나아가지 않음. ¶ 사옥 신축 공사가 지지부진하다.
지지^조직(支持組織)명 동식물체의 내부에서 기계적으로 몸을 지탱하여 보호하는 조직. 〔동물체에서는 척삭 조직·연골 조직·골조직 따위가 있고, 식물체에서는 통도 조직·동화 조직·저장 조직 따위가 있음.〕
지지-하다형여 ①(무슨 일이) 질질 끌기만 하고 보잘것없다. ②시시하고 지질하다.
지지-하다(遲遲-)형여 몹시 더디다.
지직-하다[-지카-]형여 (반죽이) 되직하지 아니하고 좀 진 듯하다.
지진(地震)명 지각(地殼) 내부의 급격한 변화로 말미암아 지면이 일정 기간 동안 진동하는 현상. 지동(地動). ¶ 지진이 일어나다.
지진(指診)명 손가락으로 만져 진찰하는 일.
지진-계(地震計)[-계/-게]명 지면의 진동을 탐지하여 기록하는 장치. 검진기(檢震器).
지진^단ː층(地震斷層)명 대규모의 지진으로 말미암아 생긴 단층.
지진-대(地震帶)명 지진이 잘 일어나거나 일어나기 쉬운 띠 모양의 지역.
지진-동(地震動)명 지진파가 지표(地表)에 이르렀을 때의 진동.
지진-아(遲進兒)명 정신 발육이 떨어져 사회 적응이 어려운 어린이. ㊟정신박약아.
지진-제(地鎭祭)명 토목 공사를 할 때, 그 공사의 안전을 비는 뜻으로 지신(地神)에게 지내는 제사.
지진-파(地震波)명 지진으로 말미암아 진원(震源)이나 진앙에서부터 사방으로 퍼지는 파동.
지진^해ː일(地震海溢)명 해저(海底)에서, 지진 같은 급격한 지각 변동이 생겨서 일어나는 해일. 파고(波高)가 급격히 높아짐. 쓰나미.
지질(地質)명 지각을 이루고 있는 암석이나 지층의 성질 및 상태.
지질(脂質)명 지방과 밀랍(蜜蠟) 및 이와 비슷한 물질을 통틀어 이르는 말.
지질(紙質)명 종이의 품질.
지질-도(地質圖)[-또]명 어떤 지역의 표면에 드러난 암석의 분포나 지질 구조를 색채·모양·기호 등으로 나타낸 지도.
지질리다자 〖'지지르다'의 피동〗 지지름을 당하다. ¶ 바윗돌에 지질리다.
지질-맞다[-맏따]형 (하는 짓이나 말 따위가) 몹시 지질하다.
지질-버력명 질이 가장 낮은 버력.
지질^시대(地質時代)명 지구 표면에 지각이 생긴 이후부터 오늘날까지의 시대.
지질-영력(地質營力)[-령녁]명 ☞영력(營力).
지질^조사(地質調査)명 어떤 지역의 암석의 분포나 지층의 상태 따위 지질의 구조를 조사하는 일.
지질-지질부하형 ①물기가 많아서 좀 진 듯한 모양. ②훤칠하지 못하고 몹시 지질한 모양.
지질-컹이명 ①무엇에 지질려 기를 못 펴는 사람. ②무엇에 눌려 제대로 모양을 갖추지 못한 물건.
지질펀펀-하다형여 ①높낮이가 없이 펀펀하다. ②질척질척하고 펀펀하다.
지질-하다형여 ①보잘것없고 변변하지 못하다. ②싫증이 날 만큼 지루하다. **지질-히**부.
지질-학(地質學)명 지각(地殼)의 성립·구조·변동·연혁 등 지질(地質)에 관한 여러 가지 사항을 연구하는 학문.
지짐-거리다자 계속 지짐지짐하다. 지짐대다. ¶ 궂은비가 지짐거리는 늦가을 오후.
지짐-대다자 지짐거리다.
지짐-이명 ①국물을 적게 붓고 짭짤하게 끓인 음식. ②부침개.
지짐-지짐부하자 조금씩 오는 비가 자꾸 내렸다 그쳤다 하는 모양.
지짐-질명하자 (저냐·전병·누름적 따위를) 기름을 친 번철에 놓고 지져서 익히는 일. 부침개질. 부침질.
지징무처(指徵無處)명하형 (세금을 낼 사람이나 빚을 진 사람이 죽거나 달아나거나 하여) 돈을 받을 길이 없음.
지차(之次)명 ①버금. 다음. ②맏이 이외의 자식들.
지참(持參)명하타 (돈이나 물건을) 가지고 참석함. ¶ 도시락을 지참하다.
지참(遲參)명하자 (정한 시각보다) 늦게 참석함. 지각(遲刻). ↔조참(早參).
지참-금(持參金)명 ①당장에 가지고 있는 돈. ②신부가 시집갈 때 친정에서 가지고 가는 돈.
지창(紙窓)명 종이로 바른 창문.
지채(芝菜)명 지채과의 다년초. 바닷물이 닿는 곳에 나는데 높이는 30 cm가량. 가늘고 긴 잎이 뿌리에서 무더기로 남. 여름에 녹자색 꽃이 피는데 연한 잎은 나물로 먹음.
지척(咫尺)명 썩 가까운 거리. ¶ 지척도 분간 못하다. /지척에 살다.
지척이 천 리라속담 썩 가까운 곳에 살면서 오래 만나지 못하여 멀리 떨어져 사는 것과 같다는 뜻.
지척(指斥)명하타 (웃어른의 언행을) 들추어내어서 탓함.
지척-거리다[-꺼-]자타 자꾸 지척지척하다. 지척대다. ¶ 지척거리면서도 십 리나 걸어왔다.
지척-대다[-때-]자타 지척거리다.
지척불변(咫尺不辨)[-뿔-]명 (몹시 어둡거나, 눈·비·안개 따위가 심하거나 하여) 한 치 앞을 분별할 수 없음.
지척지지(咫尺之地)[-찌-]명 썩 가까운 곳.
지척-지척[-찌-]부하자타 지친 걸음으로 힘없이 걷는 모양.
지천명 '지청구'의 방언.
지천(至賤)명하형 ①(신분 따위가) 더없이 천함. ②매우 흔함. 《주로, '지천으로'의 꼴로 쓰임.》 ¶ 봄이면 진달래가 온 산에 지천으로 핀다.
지천명(知天命)명 ☞지명(知命).
지천위서(指天爲誓)명하자 하늘에 맹세함.
지첨(指尖)명 손가락의 끝.
지청(支廳)명 본청의 관할 아래에 있으면서 본청에서 갈라져 나와 일정한 지역의 업무를 맡아보는 관청.
지청구명 ①☞꾸지람. ②하타아무 까닭 없이 남을 탓하고 원망함.
지체명 대대로 이어 내려오는 사회적 신분이나 지위. 세벌(世閥). ¶ 지체가 높은 집안.
지체(肢體)명 팔다리와 몸. ¶ 지체 부자유자.
지체(遲滯)명하타되자 ①때를 늦추거나 질질 끎. ¶ 지체 없이 보고하다. ②정당한 이유 없이 의무 이행을 늦추는 일.
지초(芝草)명 ①☞지치. ②☞영지(靈芝).

지초(紙草)명 종이와 담배. (‘장사에 쓸, 종이나 담배를 살 돈’이라는 뜻으로, 흔히 부의(賻儀)를 낼 때 겉봉에 쓰는 말.)

지촉(紙燭)명 종이와 초. (‘장사에 쓸, 종이와 초를 살 돈’이라는 뜻으로, 흔히 부의(賻儀)를 낼 때 겉봉에 쓰는 말.)

지촉-대전(紙燭代錢)[-때-]명 종이나 초 대신 부의(賻儀)로 보내는 돈.

지총(紙銃)명 딱총.

지축(地軸)명 ①지구 자전의 회전축, 곧 남극과 북극을 잇는 축. ②대지의 중심. ¶ 지축을 뒤흔드는 굉음.

지출(支出)명하타되자 ①어떤 목적을 위하여 돈이나 물건을 치러 줌. ¶ 지출을 줄이다. ②국가나 지방 자치 단체가 직무 수행을 위하여 치르는 경비. ↔수입(收入).

지출-관(支出官)명 예산 정액(定額)의 사용을 결정하고 국고금의 지출을 명령하는 권한을 가진 관리. 지출 명령관.

지출^명ː령관(支出命令官)[-녕-]명 ☞지출관.

지출^예ː산(支出豫算)[-례-]명 국가나 공공 단체가 한 회계 연도에 지출할 총경비의 예산.

지충(至忠) ‘지충하다’의 어근.

지충-하다(至忠-)형여 더없이 충성스럽다.

지취(旨趣)명 ①어떤 일에 대한 깊은 맛, 또는 오묘한 뜻. ②☞취지(趣旨).

지취(地嘴)명 곶.

지취(志趣)명 ☞의취(意趣).

지층(地層)명 자갈·모래·진흙·생물체 따위가 물 밑이나 지표에 퇴적하여 이룬 층.

지치명 지칫과의 다년초. 산이나 들의 풀밭에 절로 나는데, 뿌리는 자줏빛이며 굵음. 높이는 30~35 cm. 우리나라 각지와 일본 및 중국 동북부에 분포하며, 초여름에 흰 꽃이 핌. 한방에서 뿌리를 ‘자근(紫根)’이라 하여 화상·동상·습진 등의 약재로 씀. 자지(紫芝). 자초(紫草). 지초(芝草).

지치(至治)명 세상이 매우 잘 다스려짐. 또는, 매우 잘 다스리는 정치.

지치(智齒)명 사랑니.

지ː치다[1]자 ①힘을 몹시 쓰거나 괴로움이나 병 따위에 시달리어 기운이 빠지다. ¶ 훈련에 지쳐서 쓰러지다. ②(결과가 만족스럽지 않아) 더 이상 그 상태를 지속하고 싶지 아니하다. ¶ 기다리다 지쳤는지 빚쟁이가 돌아갔다.

지ː치다[2]자 (소나 말 따위가 기운이 빠져) 묽은 똥을 싸다.

지ː치다[3]타 얼음 위를 미끄러져 달리다. ¶ 썰매를 지치다.

지ː치다[4]타 문을 잠그지 않고 닫아만 두다.

지칙(指飭)명하타 지적하여 단단히 타이름.

지친(至親)명 ①하형 더없이 친함. ②(아주 가까운 친족이란 뜻으로) ‘부자간’ 또는 ‘형제간’을 이르는 말. **지친-히**부.

지ː친-것[-걷]의 《어떤 직업이나 직업에 준하는 낱말 뒤에 쓰이어》 ‘그 일을 오래 하다가 물러난 사람’을 얕잡아 이르는 말. 퇴물. ¶ 선생 지친것. /기생 지친것. * 지ː친것이[-거시]·지ː친것만[-건-]

지침(指針)명 ①지시(指示) 장치에 붙어 있는 바늘. (시곗바늘이나 계량기의 바늘 따위.) ②생활이나 행동의 방법·방향 따위를 가리키는 길잡이. ¶ 행동 지침.

지침-서(指針書)명 지침이 될 만한 내용이 담긴 글이나 책.

지칫-거리다[-칟꺼-]자타 자꾸 지칫지칫하다. 지칫대다. 작자칫거리다.

지칫-대다[-칟때-]자타 지칫거리다.

지칫-지칫[-칟찌칟]부 ①하자 홀쩍 떠나지 못하고 머뭇거리는 모양. ②하타 서투른 걸음으로 느릿느릿 걷는 모양.

지칭(指稱)명하타되자 가리켜 일컬음.

지칭개명 국화과의 이년초. 높이 60~80 cm로 가지가 갈라지며 5~7월에 홍자색의 두화(頭花)가 가지 끝에 핌. 우리나라와 동북아시아의 산과 들에 널리 분포하며, 어린순은 나물로 먹음.

지칭-어(指稱語)명 어떤 대상을 가리켜 일컫는 말. 참호칭어.

지켜-보다타 관심이나 주의를 기울여 살펴보다. ¶ 감독은 선수들이 연습하는 것을 말없이 지켜보았다. /약속대로 하는지 앞으로 지켜보겠다.

지키다타 ①(물건 따위를) 잃지 않도록 살피다. ¶ 집을 지키다. ②보살펴 보호하다. ¶ 환자 곁을 밤새 지키다. ③(어떤 상태를) 그대로 유지하다. ¶ 침묵을 지키다. ④눈여겨 감시하다. ¶ 길목을 지키다. ⑤(정조나 지조 따위를) 굳게 지니다. ¶ 절개를 지키다. ⑥(법이나 약속·예의 따위를) 어기지 않고 그대로 하다. ¶ 질서를 지키다.

지키는 사람 열이 도둑 하나를 못 당한다속담 아무리 힘써 감시해도 남몰래 벌어지는 일은 막아 내기 어렵다는 말.

지킴명 민속에서, ‘한 집안이나 어떤 장소를 지키고 있다는 영물(靈物)’을 이르는 말.

지-타구(-唾具)명 ‘요강’과 ‘타구’를 아울러 이르던 궁중말.

지탄(枝炭)명 나뭇가지로 구운 숯.

지탄(指彈)명하타 (잘못을) 꼬집어 나무람. 지목하여 비방함. ¶ 지탄을 받을 행위.

지태(遲怠) ‘지태하다’의 어근.

지태-하다(遲怠-)형여 굼뜨고 게으르다.

지탱(支撐)명하타되자 오래 버티거나 배겨 냄. ¶ 사방(四方) 네 개의 기둥이 가옥의 무게를 지탱하고 있다.

지탱할-지(支撐-支)명 한자 부수의 한 가지. ‘支’·‘攲’ 등에서의 ‘支’의 이름.

지토-선(地土船)명 그 지방 토민(土民)들이 소유하는 배.

지통(止痛)명하자되자 아픔이 그침.

지통(至痛)명하형 ☞극통(極痛).

지통(紙筩)명 한지(韓紙)를 뜰 때, 그 감을 물에 풀어 담는 큰 나무통.

지ː티ː-관(GT管)명 유리로 엄지손가락만 하게 만든 소형의 진공관. [GT:glass tube]

지파(支派)명 종파(宗派)에서 갈라져 나온 파. 지손(支孫)의 파.

지판(地板)명 ①관(棺)의 밑널. ②전류 회로에서, 접지할 때 땅속에 묻는 금속판.

지팡-막대[-때]명 지팡이 삼아 짚는 막대기.

지팡이명 걸음을 도우려고 짚는 막대기.

지퍼(zipper)명 서로 이가 맞도록 엇물리는 금속 따위의 조각을 헝겊 테이프에서 이빨처럼 양쪽으로 나란히 두 줄로 박아 쇠고리를 밀고 당겨 여닫게 만든 물건. 파스너. ¶ 지퍼를 내리다. /지퍼를 열다.

지편(紙片)명 종잇조각.

지평(地平)명 ①대지의 평면. ②〈지평선(地平線)〉의 준말. ③‘사물의 전망이나 가능성’ 따위를 비유하여 이르는 말. ¶ 전통 문화의 새 지평을 열다.

지평(地坪)명 땅의 평수.
지평^거:리(地平距離)명 지구 표면의 어떤 높이에서 내다볼 수 있는 가장 먼 거리.
지평-면(地平面)명 지구 위의 어떤 지점에서 연직선(鉛直線)에 수직인 평면.
지평^부:각(地平俯角)명 실지로 보이는 지평선과 천문학적인 지평선이 이루는 각.
지평-선(地平線)명 ①땅의 끝과 하늘이 맞닿아 보이는 경계선. ②관측 지점 위에서 지구에 닿는 평면이 천구(天球)와 교차하여 이루어지는 선. ㊣지평(地平)
지평^시:차(地平視差)명 천체(天體)에서 지구의 반경을 보는 각. 해나 달의 거리를 측정하는 데 이용함.
지폐(紙幣)[-폐/-페]명 종이에 돈의 값과 내용을 박아 만든 화폐. 종이돈. 지전(紙錢). 지화(紙貨).
지폐^본위(紙幣本位)[-폐-/-페-]명 지폐를 화폐의 본위로 삼는 일. ¶ 지폐 본위 제도.
지포-나무명 철쭉과의 낙엽 활엽 관목. 잎은 긴 달걀꼴로 뒷면이 희고 톱니가 날카로움. 초여름에 꽃이 피고 가을에 둥근 장과(漿果)가 익음. 계룡산(鷄龍山)과 완도(莞島) 등지에 분포하며, 과실은 먹을 수 있음.
지폭(紙幅)명 종이의 너비.
지표(地表)명 지구의 표면. 땅의 겉면. 지상. 지표면. ¶ 마그마가 지표를 뚫고 솟아오르다.
지표(指標)명 ①방향을 가리켜 보이는 표지, 또는 사물의 가늠이 되는 표지. ¶ 교육의 지표를 제시하다. ②어떤 수의 상용로그 값의 정수(整數) 부분.
지표(紙票)명 종이로 만든 딱지. 카드.
지표-면(地表面)명 ☞지표(地表).
지표-수(地表水)명 지구의 표면에 있는 물. 〔하천이나 호소(湖沼) 등의 물.〕 ↔지하수(地下水).
지표^식물(地表植物)[-싱-]명 식물체의 겨울눈이 지표와 지상 30 cm 사이에 있는 식물.
지표^식물(指標植物)[-싱-]명 토질의 영양 상태, 산성도, 습도, 기후 등 식물 성장에 필요한 환경 조건을 판단하는 데 도움이 되는 식물 또는 식물의 군락.
지푸라기명 짚의 오라기나 부스러기. 초개(草芥). ¶ 물에 빠지면 지푸라기라도 잡는다. /지푸라기라도 잡고 싶은 심정이다.
지풍-초(知風草)명 ☞암크령.
지:프(jeep)명 사륜 구동(驅動)의 소형 자동차. 사막, 거친 땅, 높은 비탈길 따위에서도 달릴 수 있음. 〔본디는 미국에서 군용으로 개발된 차의 상표명임.〕
지피(地被)명 땅의 겉면을 덮고 있는 잡초나 선태류(蘚苔類).
지피다[1]자 사람에게 신의 영(靈)이 내려 모든 것을 알게 되다. ¶ 신이 지핀 처녀.
지피다[2]타 (아궁이나 화덕 따위에 땔나무를 넣고) 불을 붙여 타게 하다. ¶ 군불을 지피다. /난로에 불을 지피다.
지피-물(地被物)명 땅을 덮고 있는 온갖 물건.
지피지기(知彼知己)명하자 적의 형편과 나의 힘을 자세히 앎. 〔'손자'의 '모공편(謀攻篇)'에 나오는 말임.〕 ¶ 지피지기면 백전불태(百戰不殆)이니라.
지필(紙筆)명 종이와 붓.
지필(遲筆)명 ☞둔필(鈍筆).
지필묵(紙筆墨)명 '종이'와 '붓'과 '먹'을 아울러 이르는 말.
지필연묵(紙筆硯墨)[-련-]명 '종이·붓·벼루·먹'의 네 가지를 아울러 이르는 말. 문방사우(文房四友).
지하(地下)명 ①땅속. ¶ 고층 빌딩의 지하 이층. ②(사회 운동이나 정치 운동 따위의) '비합법적인 면(영역)'을 비유하여 이르는 말. ¶ 지하 단체. ③'저승'을 비유하여 이르는 말.
지하^결실(地下結實)[-씰]명 땅 위에서 핀 꽃이 수정(受精) 후에 땅속으로 들어가 열매를 맺는 일. 〔땅콩 따위.〕
지하-경(地下莖)명 ☞땅속줄기. ↔지상경(地上莖). ㊣지경(地莖).
지하^경제(地下經濟)명 세무 관서에서 그 실태를 포착할 수 없는 경제 활동의 분야. 〔사채 시장에서의 돈의 움직임이나 암거래 따위.〕
지하-공작(地下工作)명 (어떤 목적을 위하여) 비합법적으로, 숨어서 하는 계획적인 활동. ¶ 공산당의 지하공작.
지하-근(地下根)명 ☞땅속뿌리.
지하-도(地下道)명 땅 밑으로 낸 길.
지하:드(jihād 아)명 '성전(聖戰)'이라는 뜻으로, 이슬람교의 신앙을 전파하거나 방어하기 위하여 벌이는 이교도와의 투쟁을 이르는 말.
지하^문학(地下文學)명 정치적 탄압 때문에 공공연하게 활동하지 못하고, 숨어서 하는 문학 활동, 또는 그 문학.
지하-보도(地下步道)명 걸어서 길을 건널 수 있게 지하로 낸 길.
지하-상가(地下商街)명 (대도시의) 지하도 공간이나 지하철역 따위에 만들어진 상점 거리.
지하-선(地下線)명 ①땅속에 묻은 전선. 지중선(地中線). ②지하철의 선로(線路).
지하-수(地下水)명 땅속의 토사나 암석 따위의 사이를 채우고 있는 물. 음료수·관개(灌漑)·공업용수 따위에 쓰임. 지수(地水). ↔지표수.
지하^식물(地下植物)[-싱-]명 ☞지중 식물.
지하-신문(地下新聞)명 정부의 승인 없이 비합법적으로 숨어서 내는 신문.
지하-실(地下室)명 ①(건물에서) 지면보다 낮은 곳에 만들어 놓은 방. ㊟지계(地階). ②땅광.
지하^운:동(地下運動)명 비합법적으로 숨어서 하는 사회 운동이나 정치 운동. 잠행 운동(潛行運動). 지하 활동.
지하-자원(地下資源)명 땅속에 묻혀 있는 광물 따위로, 채굴하여 인간 생활에 유용하게 쓸 수 있는 것. 〔석탄·석유·철광 따위.〕
지하^조직(地下組織)명 비합법적인 정치 활동을 하는 비밀 조직.
지하-철(地下鐵)명 〈지하 철도〉의 준말.
지하^철도(地下鐵道)[-또]명 (노선의 전부 또는 대부분을) 땅속에 굴을 파서 부설한 철도. ㊣지하철.
지하철-역(地下鐵驛)[-력]명 지하 철도 노선의 역.
지하-층(地下層)명 건물에서, 지면보다 낮은 곳에 있는 층. ㊟지계(地階).
지하^케이블(地下cable)명 땅속에 묻어 놓은 송전선(送電線) 따위의 케이블.
지하^활동(地下活動)[-똥]명 ☞지하 운동.
지학(地學)명 〈지구 과학(地球科學)〉의 준말.
지학(志學)명 ①하자 학문에 뜻을 둠. ②나이 '열다섯 살'을 뜻하는 말. 〔논어(論語) 위정편(爲政篇)의 '오십유오이지우학(吾十有五而志于學)'에서 유래함.〕
지한(至恨)명 더없이 큰 원한.

지한(脂汗)명 지방분이 많이 섞인 땀.
지한-제(止汗劑)명 땀이 많이 나지 않도록 하는 약제. 〔아트로핀·장뇌산 따위.〕 제한제(制汗劑).
지함(地陷)명하자 땅이 움푹하게 가라앉음.
지함(紙函)명 판지(板紙) 따위로 만든 상자. 상품 따위를 담는 데 씀.
지해(支解·肢解)명 ①옛날 중국에 있었던 악형(惡刑)의 한 가지. 팔다리를 떼어 내는 형벌. ②하타지해의 형벌을 가함.
지핵(地核)명 ☞중권(重圈).
지행(至行)명 더없이 착한 행실.
지행(至幸)명 '지행하다'의 어근.
지행(志行)명 지조(志操)와 행실.
지행(知行)명 아는 것과 실행하는 것. ¶ 지행일치.
지행-하다(至幸-)형여 더없이 다행하다. 만행(萬幸)하다.
지행합일-설(知行合一說)명 중국 명나라 때의 왕양명(王陽明)의 학설. 주자(朱子)의 선지후행설(先知後行說)에 대하여 참지식은 반드시 실행이 따라야 한다는 설. ↔선지후행설. 참양명학.
지향(志向)명하타 ①생각이나 마음이 어떤 목적을 향함. ¶ 출세 지향. /행복을 지향하다. ②논리학에서, 동기(動機)인 목적의 관념에 대하여, 그것을 실현하는 데 필요한 수단 및 예상되는 결과의 관념을 이름.
지향(指向)명하타 일정한 목표를 정하여 나아감, 또는 나아가는 그 방향. ¶ 정상을 지향하다.
지-향사(地向斜)명 대륙의 가장자리 부분에 있는 얕은 바다 지역의 지층이 퇴적의 진행과 함께 차차 침강하여 두꺼운 지층을 이루고 있는 부분.
지향-성(志向性)[-썽]명 의식(意識)은 늘 어떤 것에 쏠리고 있다는, 의식의 본질적인 성질. 현상학(現象學)의 중요한 개념임.
지향-성(指向性)[-썽]명 ①어떤 일정한 방향으로만 나아가는 성질. ②빛·전파·음파 등이 공중으로 나갈 경우, 방향에 따라 그 세기가 변하는 성질. 또는, 장치에 들어갈 경우 그 방향에 따라 감도(感度)가 바뀌는 성질. 파장이 짧을수록 뚜렷하게 나타냄.
지향성^안테나(指向性antenna)[-썽-]명 전파의 송수신(送受信)에서, 어떤 일정한 방향에 대해서 특히 감도(感度)가 좋은 안테나. 〔파라볼라 안테나 따위.〕
지헐(至歇) '지헐하다'의 어근.
지헐-하다(至歇-)형여 (값이) 더할 수 없이 싸다.
지혀다타 〈옛〉기대다. 의지하다. ¶ 松根을 지혀시니(鄭澈.關東別曲). 참지여다.
지현(至賢) '지현하다'의 어근.
지현-하다(至賢-)형여 더없이 현명하다.
지혈(止血)명하자타되자 피가 흘러나오다 멎음, 또는 흘러나오는 피를 멎게 함.
지혈-면(止血綿)명 흘러나오는 피를 멎게 하는 데 쓰이는 솜. 탈지면에 약품을 바르고 눌러서 말림.
지혈-법(止血法)[-뻡]명 창상(創傷) 따위의 출혈을 멎게 하는 방법. 응급 조처로 하는 지압법·압박법 등의 일시적 지혈법과 수술 때 하는 영구적 지혈법이 있음.
지혈-제(止血劑)[-쩨]명 출혈을 그치게 할 목적으로 쓰는 약제. 〔아드레날린·젤라틴·칼슘·식염수 따위.〕
지협(地峽)명 두 육지를 잇는 다리 모양의 좁고 잘록한 땅. ¶ 파나마 지협. /수에즈 지협.
지형(紙型)명 활판 인쇄의 연판(鉛版)을 만들기 위한 본. 특수한 판지를 눅여서 식자판(植字版)의 판면(版面)에 대고 눌러 본을 뜬 것. 여기에 납을 녹여 부어 연판을 만듦.
지형(地形)명 땅의 생긴 모양. 지표의 형태. 지세(地勢).
지형-도(地形圖)명 지표면의 형태, 수계(水系)나 토지의 이용, 취락 및 도로의 배치 따위를 자세하고 정확하게 나타낸 지도.
지형^윤회(地形輪廻)[-눈회/-눈훼]명 ☞침식윤회(浸蝕輪廻).
지형^측량(地形測量)[-층냥]명 지형도를 만들기 위하여 지표의 각 지점의 위치 및 높낮이 따위를 재는 일.
지형-학(地形學)명 지형과 그 생성사(生成史)를 연구하는 과학.
지혜(智慧·知慧)[-혜/-헤]명 ①사물의 도리나 선악 따위를 잘 분별하는 마음의 작용. 슬기. ¶ 삶의 지혜. /지혜를 모으다. ②불교에서, 미혹(迷惑)을 끊고 부처의 진정한 깨달음을 얻는 힘을 이르는 말.
지혜-검(智慧劍)[-혜-/-헤-]명 불교에서, 번뇌(煩惱)를 끊어 버리는 맑은 지혜의 힘을 칼에 비유하여 이르는 말. 준지검(智劍).
지혜-롭다(智慧-)[-혜-따/-헤-따][~로우니·~로워]형ㅂ 지혜가 많다. 슬기롭다. ¶ 지혜로운 판결. /지혜로운 어머니. **지혜로이**부.
지혜^문학(智慧文學)[-혜-/-헤-]명 기독교에서, 구약 성서 중의 '잠언'·'전도서'·'욥기' 및 '시편'의 일부를 두루 이르는 말.
지혜-화(智慧火)[-혜-/-헤-]명 불교에서, 지혜가 번뇌를 태워 없앰을 불에 비유하여 이르는 말.
지호(指呼)명하타 손짓하여 부름.
지호-간(指呼間)명 〈지호지간〉의 준말.
지호지간(指呼之間)명 손짓으로 부를 만한 가까운 거리. 준지호간.
지혼-식(紙婚式)명 결혼 기념식의 한 가지. 서양 풍속으로, 결혼 1주년을 맞아 부부가 종이로 된 선물을 주고받으며 기념함. 참목혼식.
지화(指話)명 ☞수화(手話).
지화(紙貨)명 ☞지폐(紙幣).
지화-법(指話法)[-뻡]명 ☞수화법(手話法).
지화자 Ⅰ명 나라가 태평하고 국민이 평안한 시대에 부르는 노래, 또는 그 노랫소리.
Ⅱ감 ①노래하거나 춤을 출 때 흥을 돋우기 위하여 곡조에 맞추어 곁들이는 말. ②윷놀이에서 모를 내었거나 활쏘기에서 과녁을 맞혔을 때 잘한다는 뜻으로 하는 말.
지환(指環)명 가락지.
지황(地皇)명 중국 고대의 전설상의 임금. 천황씨(天皇氏)를 계승한 임금.
지황(地黃)명 현삼과(玄蔘科)의 다년초. 중국 원산이며, 우리나라에서는 오랜 옛날부터 약초로서 재배되어 왔음. 줄기 높이 30 cm가량이고, 전체에 짧은 털이 있으며, 뿌리는 굵고 가로로 뻗음. 초여름에 잎 사이에서 벋은 꽃줄기 끝에 홍자색의 꽃이 핌. 뿌리는 한방에서 보혈강장제(補血強壯劑) 따위로 쓰임.
지회(遲徊)[-회/-훼]명하자 ①☞배회(徘徊). ②맺고 끊지를 못하고 머뭇거림.
지효(至孝)명 더할 나위 없는 효성.
지효(知曉)명하타 환히 알아서 깨달음.

지효(遲效)명 더디게 나타나는 효험(效驗). ↔속효(速效).
지효-성(遲效性)[-썽]명 효력이 더디게 나타나는 성질.
지효성^비ː료(遲效性肥料)[-썽-]명 골분(骨粉)·두엄·깻묵 따위와 같이 효력이 더디게 나타나는 비료.
지후(至厚) '지후하다'의 어근.
지후-하다(至厚-)형여 ①두께가 매우 두껍다. ②(인정 따위가) 더할 나위 없이 두텁다.
지휘(指揮)명하타 ①(전체 행동이 통일을 위하여) 명령하여 사람들을 움직임. ¶ 부대를 지휘하다. ②(합창·합주·관현악 등의 연주 효과를 높이기 위하여) 전체를 지시하고 통일하는 몸짓이나 손짓. ¶ 교향악단을 지휘하다.
지휘-관(指揮官)명 군대에서, 중대나 포대 규모 이상의 단위 부대를 지휘하는 장교를 이르는 말.
지휘-권(指揮權)[-꿘]명 하부 기관을 지휘할 수 있는 권리.
지휘-대(指揮臺)명 연주회 따위에서, 지휘자가 올라서서 지휘할 수 있게 마련한 대.
지휘-도(指揮刀)명 군대에서, 훈련이나 연습 때 지휘를 위하여 군도(軍刀) 대신에 사용하는 큰 칼.
지휘-명령(指揮命令)[-녕]명 상급 관청이 하급 관청에 대하여 내리는 직무에 관한 명령.
지휘-봉(指揮棒)명 지휘관이나 지휘자가 손에 가지는 짧고 가는 막대기.
지휘-자(指揮者)명 ①지휘하는 사람. ②음악에서, 합창이나 합주를 지휘하는 사람.
지흉(至凶) '지흉하다'의 어근.
지흉-하다(至凶-)형여 ☞극흉(極凶)하다.
직[1]명 ①학질 따위의 병이 발작하는 차례. ②〖의존 명사적 용법〗 학질 따위의 병이 발작하는 차례를 나타내는 단위. ¶ 학질을 세 직째 앓다.
직[2]부 사람이나 새 따위가 물똥이나 오줌을 한 차례 내깔기는 소리, 또는 그 모양. 센찍[1]. 직-직부.
직[3]부 ①글자의 획이나 선 같은 것을 한 번 긋는 소리, 또는 그 모양. ②종이나 헝겊 따위를 단번에 찢는 소리, 또는 그 모양. 작작. 센찍[2]. 직-직부하타.
직(職)명 〈관직〉·〈직무〉·〈직업〉·〈직위〉·〈직책〉의 준말.
직각(直角)[-깍]명 서로 수직인 두 직선이 이루는 각. 90도의 각.
직각(直覺)[-깍]명하타 추리나 경험·사고(思考) 따위에 의하지 않고, 보거나 듣는 즉시 그것이 무엇인지를 앎. 직관(直觀). ¶ 그의 표정을 보았을 때, 일이 실패로 끝났음을 직각할 수 있었다.
직-각기둥(直角-)[-깍끼-]명 옆모서리가 밑면에 수직인 각기둥. ↔빗각기둥.
직각^삼각형(直角三角形)[-깍쌈가켱]명 한 각이 직각인 삼각형. 준직삼각형.
직각-설(直覺說)[-깍썰]명 ☞직관주의(直觀主義).
직각-적(直覺的)[-깍쩍]관명 한눈에 곧 알아차리는 (것). 사물에 대하여 직접 깨닫는 (것). ¶ 직각적 반응. /그의 속셈을 직각적으로 감지하였다.
직-각주(直角柱)[-깍쭈]명 '직각기둥'의 구용어.
직각-주의(直覺主義)[-깍쭈의/-깍쭈이]명 ☞직관주의.
직각^프리즘(直角prism)[-깍-]명 ☞전반사 프리즘.
직간(直諫)[-깐]명하타 (윗사람이나 권력자 등에 대하여) 거리낌없이 그의 잘못을 지적하여 충고하는 일. ¶ 임금에게 직간하다.
직감(直感)[-깜]명하자타되자 사물의 진상(眞相)을 순간적으로 감지(感知)함. ¶ 위험을 직감하다.
직감-적(直感的)[-깜-]관명 사물의 진상(眞相)을 순간적으로 감지하는 (것). ¶ 직감적 판단. /직감적으로 알아차리다.
직-거래(直去來)[-꺼-]명하타되자 중개인을 거치지 않고, 살 사람과 팔 사람이 직접 거래함. ¶ 농산물을 직거래함으로써 농민의 순이익이 높아졌다.
직격-탄(直擊彈)[-껵-]명 ①(직사하여) 목표물에 명중하거나 큰 타격을 입힌 포탄이나 폭탄. ②(직접적으로) '치명적인 피해를 주거나 타격을 가하는 것'을 비유하여 이르는 말. ¶ 직격탄을 날리다.
직결(直決)[-껼]명하타되자 ☞즉결(卽決).
직결(直結)[-껼]명하자되자 직접 연결하거나 연관됨. ¶ 생활에 직결되는 문제.
직경(直徑)[-껑]명 지름.
직계(直系)[-꼐/-께]명 ①친족 사이의 핏줄이 할아버지·아버지·아들·손자 등으로 곧게 이어지는 계통. ¶ 직계 자손. 참방계(傍系). ②사제(師弟) 따위의 관계에서, 그 계통을 직접 이어받는 일, 또는 그 사람. ¶ 율곡(栗谷)의 직계 제자.
직계(直啓)[-꼐/-께]명하타되자 직접 아룀.
직계(職階)[-꼐/-께]명 직무상의 계급.
직계^가족(直系家族)[-꼐-/-께-]명 직계에 딸리는 가족. 〔부모와 자녀 등.〕
직계^비ː속(直系卑屬)[-꼐-/-께-]명 자기로부터 아래로 이어 내려가는 혈족. 〔자녀·손자·증손 등.〕 ↔직계 존속(直系尊屬).
직계^인척(直系姻戚)[-꼐-/-께-]명 배우자의 직계 혈족, 또는 직계 혈족의 배우자.
직계-제(職階制)[-꼐-/-께-]명 직계(職階)에 따라 정한 인사 관리 제도. 직무의 내용에 따른 직종(職種)과 업무의 난이(難易)에 따른 직급(職級)을 바탕으로 하여, 인사·급여 등의 사무를 조직적·합리적으로 하려는 제도.
직계^존속(直系尊屬)[-꼐-/-께-]명 조상으로부터 자기에 이르기까지 직계로 이어 내려온 혈족. 〔부모·조부모·증조부모 등.〕 ↔직계 비속(直系卑屬).
직계-친(直系親)[-꼐-/-께-]명 직계 혈족 및 직계 인척인 관계, 또는 그런 관계에 있는 사람.
직계^친족(直系親族)[-꼐-/-께-]명 팔촌 이내의 직계 혈족과 사촌 이내의 직계 인척.
직계^혈족(直系血族)[-꼐-쪽/-께-쪽]명 '직계 존속'과 '직계 비속'을 통틀어 이르는 말.
직고(直告)[-꼬]명하자타 사실대로 알림.
직공(職工)[-꽁]명 ①자기 기술로 물건 만드는 일을 업으로 하는 사람. ②공장에서 일하는 근로자. 공원(工員). ¶ 인쇄소 직공.
직공(織工)[-꽁]명 직물(織物)을 짜는 직공(職工). 직장(織匠).
직관(直觀)[-꽌]명하타 판단·추리·경험 따위의 간접 수단에 따르지 않고 대상을 직접 파악하는 일, 또는 그 작용. 직각(直覺).
직관(職官)[-꽌]명 직위와 관등(官等).

직관^교:수(直觀敎授) [-꽌-] 명 학생의 직관을 중시하는 수업 형태. 추상적인 언어에 의한 교수에 대하여 그림·사진·모형·실물 등 구체적인 사물을 감각을 통해서 교수하는 방법. 실물 교수(實物敎授).
직관-력(直觀力) [-꽌녁] 명 추리나 판단 따위의 사고(思考) 작용을 거치지 않고, 감각적 또는 직접적으로 사물을 파악할 수 있는 능력.
직관-상(直觀像) [-꽌-] 명 전에 본 사물이 나중에 실제로 보고 있는 것처럼 또렷이 머리에 떠오를 때의 상. 〔10~13세쯤의 어린이에게 많이 나타나는 현상.〕
직관-설(直觀說) [-꽌-] 명 ☞직관주의.
직관-적(直觀的) [-꽌-] 관명 추리나 판단 따위의 사고(思考) 작용을 거치지 않고, 감각적 또는 직접적으로 사물을 파악하는 (것). ¶ 직관적 판단. /직관적인 인식.
직관-주의(直觀主義) [-꽌-의/-꽌-이] 명 ①철학에서, 진리나 실재(實在)는 사고(思考)에 의하지 않고 지적(知的) 직관에 의해서만 파악할 수 있다는 설. ②윤리학에서, 선악(善惡)의 구별은 직관적으로 파악할 수 있다는 설. 직각설(直覺說). 직각주의. 직관설(直觀說).
직교(直交) [-꾜] 명하자되자 ①두 직선 또는 두 평면이 직각을 이루며 만나는 일. ②교점(交點)에서의 두 선이 직각을 이룰 때의 두 곡선의 교차.
직구(直球) [-꾸] 명 야구에서, 투수가 공을 던질 때 변화를 주지 않고 똑바로 던지는 공. 스트레이트.
직군(職群) [-꾼] 명 비슷한 직렬(職列)을 한데 뭉뚱그린 구분. 〔경찰직·소방직·교정직(矯正職) 등을 공안직(公安職)으로 묶는 따위.〕
직권(職權) [-꿘] 명 (공무원 등이) 그 직무를 수행(遂行)하기 위하여 가지고 있는 권한(權限). 직무상의 권한. ¶ 위원장의 직권으로 회의를 소집하다.
직권^남:용(職權濫用) [-꿘-] 명 (공무원이) 그 범위를 넘어서 직권을 행사하거나, 직권을 악용하거나 하는 일.
직권^명:령(職權命令) [-꿘-녕] 명 법률(法律)에 의하여 부여된 명령 제정권에 따라 행정 기관이 제정하는 명령.
직권-주의(職權主義) [-꿘-의/-꿘-이] 명 ①형사 소송법상 법원(法院)에 권한을 집중시키는 주의. ②민사 소송법상 소송에 관하여 법원이 자발적으로 행동할 수 있는 권능을 가지는 주의.
직권^진:행주의(職權進行主義) [-꿘-의/-꿘-이] 명 법원이 소송 절차의 진행을 당사자의 신청에 의하지 않고 법원의 직권으로 하는 주의.
직권^처:분(職權處分) [-꿘-] 명 직권의 범위 안에서 마음대로 처분함, 또는 그러한 처분.
직근(直根) [-끈] 명 ☞곧은뿌리.
직금(織金) [-끔] 명 비단 바탕에 금실로 봉황이나 꽃 등의 무늬를 화려하게 짜 넣은 직물. 스란치마의 아랫자락 따위에 쓰임.
직급(職級) [-끕] 명 직무와 책임에 따라 분류한, 직무의 등급. ¶ 직급이 오르다.
직급(職給) [-끕] 명 직무에 대한 급료.
직기(織機) [-끼] 명 피륙을 짜는 기계.
직-날 [징-] 명 학질의 증세가 발작하는 날.
직납(直納) [징-] 명하타 (돈이나 물건 따위를) 직접 바치는 일.
직녀(織女) [징-] 명 ①☞직부(織婦). ②〈직녀성(織女星)〉의 준말.
직녀-성(織女星) [징-] 명 거문고자리의 가장 밝은 별인 '베가성(Vega星)'의 딴 이름. 칠석날 밤에 은하수 건너에 있는 견우성(牽牛星)과 만난다는 전설의 별임. 천녀(天女). 준직녀(織女). 참천녀손(天女孫).
직능(職能) [징-] 명 ①직무를 수행하는 능력. ②직업에 따라 다른 고유한 기능. ③사회를 구성하는 분야별 단위로서의 직업 집단.
직능^국가(職能國家) [징-까] 명 자본주의의 발달에 따라 국가의 행정 기능이 확대되어 국민에 대한 봉사에 중점을 두게 된 국가.
직능^대:표제(職能代表制) [징-] 명 직능별 단체에서 대표를 뽑아 의회에 보내는 대의 제도. ↔지역 대표제.
직단-면(直斷面) [-딴-] 명 ☞수직 단면.
직달(直達) [-딸] 명하타 (남의 손을 거치지 않고) 직접 전달함.
직-담판(直談判) [-땀-] 명하타 (남에게 부탁하지 않고) 직접 당사자와 담판함.
직답(直答) [-땁] 명하자 ①그 자리에서 바로 대답함, 또는 그런 대답. 즉답(卽答). ¶ 직답을 피하다. ②(다른 사람을 거치지 않고) 직접 대답함.
직도(直道) [-또] 명 ①곧은길. 직로(直路). ②사람이 가야 할 바른 길.
직력(職歷) [징녁] 명 이제까지 겪어 온 직업에 관한 경력.
직렬(直列) [징녈] 명 전기 회로에서, 전지(電池)나 저항기 따위를 차례차례 한 줄로 연결하는 일. ¶ 직렬 회로. ↔병렬(竝列).
직렬(職列) [징녈] 명 비슷한 직무의 종류를 책임과 곤란성의 정도에 따라 분류한 구분. 〔공무원의 경우, 행정·기계·토목 따위.〕
직령(直領) [징녕] 명 조선 시대에, 무관이 입던 겉옷의 한 가지. 깃이 곧게 되어 있음.
직로(直路) [징노] 명 ☞직도(直道).
직류(直流) [징뉴] 명 ①곧게 흐르는 줄기. ②☞직류 전류. ↔교류(交流).
직류^발전기(直流發電機) [징뉴-쩐-] 명 직류 전류를 발생하는 발전기.
직류^전:동기(直流電動機) [징뉴-] 명 직류 전류로 회전하는 전동기.
직류^전:류(直流電流) [징뉴절-] 명 회로 안을 늘 일정한 방향과 크기로 흐르는 전류. 전지 따위에서 발생하는 전류. 직류(直流). ↔교류 전류.
직립(直立) [징닙] 명 ①하자(사람이나 물건 등이) 똑바로 섬. 꼿꼿이 섬. ②하자(산 등이) 높이 솟음. ③☞수직(垂直).
직립-경(直立莖) [징닙꼉] 명 곧은줄기.
직립-면(直立面) [징님-] 명 ☞입화면.
직립^보:행(直立步行) [징닙뽀-] 명 윗몸을 꼿꼿이 세우고 두 다리로 걷는 걸음.
직립^원인(直立猿人) [징니붜닌] 명 ☞자바 원인.
직-말사(直末寺) [징-싸] 명 본사(本寺)의 관할 아래에 있는 말사(末寺).
직매(直賣) [징-] 명하타되자 상품의 생산자가 중간 상인을 거치지 않고 소비자에게 상품을 직접 파는 일. ¶ 직매 코너.
직매-장(直賣場) [징-] 명 (중간 상인을 거치지 않고) 생산자에게서 직접 물건을 사다가 파는 곳. 또는, 생산자가 소비자에게 직접 파는 곳.
직맥(直脈) [징-] 명 나란히맥의 한 가지. 잎의 줄기가 세로로 나란히 된 잎맥. 〔댓잎이나 보리 잎 따위.〕

직면(直面)[징-]명하자타 어떠한 사태에 직접 부닥침. ¶ 어려움에 직면하다.
직명(職名)[징-]명 직무나 직업의 이름.
직무(職務)[징-]명 (직업으로서) 맡아서 하는 일. ¶ 직무 수행. /직무를 대행하다. 준직(職).
직무^대:리(職務代理)[징-]명 어떤 기관의 직무를 대신 맡아서 하는 일, 또는 그 사람.
직무^명:령(職務命令)[징-녕]명 상관이 부하 공무원에 대하여 직무(職務)를 지휘하기 위해서 내리는 명령.
직무^범:죄(職務犯罪)[징-죄/징-줴]명 공무원이 그 직권을 남용함으로써 저지르게 되는 범죄. 〔직권 남용죄(職權濫用罪)·수뢰죄(收賂罪) 따위.〕
직무^유기죄(職務遺棄罪)[징-쬐/징-쮀]명 공무원이 정당한 이유 없이 직무 수행을 거부하거나 게을리 함으로써 성립하는 범죄.
직무^질문(職務質問)[징-]명 ☞불심 검문.
직물(織物)[징-]명 '온갖 피륙' 및 그와 비슷하게 '섬유로 짠 물건'을 통틀어 이르는 말.
직박구리[-빡꾸-]명 직박구릿과의 새. 몸길이 20 cm가량. 몸빛은 갈색으로 온몸에 회갈색 반점이 있음. 봄에는 산에, 가을부터는 민가나 들에서 삶. 중부 이남 지역에 분포하는 텃새임.
직방(直放)[-빵]명 결과나 효과가 금방 나타나는 일. ¶ 배탈에는 이 약이 직방이지.
직방-체(直方體)[-빵-]명 ☞직육면체.
직배(直配)[-빼]명하타되자 물품의 생산자가 소비자에게 직접 물품을 배급하거나 배달하는 일. ¶ 외국 직배 영화.
직복(職服)[-뽁]명 직무에 따라 독특하게 입는 제복.
직-복근(直腹筋)[-뽁끈]명 앞쪽 복벽(腹壁) 양쪽에 세로로 길게 뻗은 큰 근육.
직봉(職俸)[-뽕]명 ①직분에 따르는 봉록(俸祿). ②직무와 봉급.
직부(織婦)[-뿌]명 피륙을 짜는 여자. 베를 짜는 여자. 직녀(織女).
직분(職分)[-뿐]명 ①직무상의 본분. ②(자기가) 마땅히 해야 할 본분.
직불-카:드(直拂card)[-뿔-]명 현금 인출 서비스를 이용하거나 대금을 결제한 그 즉시 돈이 예금 계좌에서 자동적으로 인출되도록 연계되어 있는 카드.
직사(直死)[-싸]명하자 ☞즉사(卽死).
직사(直射)[-싸]명되자 ①하자(빛살이) 곧게 바로 비침. ②하타바로 대고 내쏨. ③하타탄도(彈道)를 낮추고 직선에 가깝게 탄알을 쏘는 일.
직사(直寫)[-싸]명하타 있는 그대로 베끼거나 그려 냄.
직사(職司)[-싸]명 직무로서 관장하는 사무.
직사(職事)[-싸]명 직무에 관계되는 일.
직-사각(直四角)[-싸-]명 네 각이 모두 직각(直角)으로 된 사각.
직-사각형(直四角形)[-싸가켱]명 내각(內角)이 모두 직각인 사각형. 주로, 정사각형이 아닌 것을 이름. 장방형(長方形).
직사-광선(直射光線)[-싸-]명 곧게 바로 비치는 광선.
직사^도법(直射圖法)[-싸-뻡]명 지도 작성에 쓰이는 도법의 한 가지. 시점(視點)을 무한대의 거리에 두고, 지구의 중심을 지나는 평면에 지구의 한쪽을 투영(投影)하는 방법. 반구(半球) 전체를 그리는 데 알맞음.
직사-포(直射砲)[-싸-]명 목표물을 직접 조준하여 탄도(彈道)를 낮추고 직선에 가깝게 쏘는 대포. 참곡사포(曲射砲).
직삼(直蔘)[-쌈]명 구부려 접지 않고 곧게 말린 백삼. 참곡삼(曲蔘).
직-삼각형(直三角形)[-쌈가켱]명 〈직각 삼각형〉의 준말.
직상(直上)[-쌍]명 ①바로 그 위. ②하자곧게 오름. ¶ 공중으로 직상하는 회오리바람.
직서(直敍)[-써]명하타 말을 꾸미거나 감상(感想) 따위를 섞지 않고, 있는 그대로 서술함.
직석(直席)[-썩]명 ☞즉석(卽席).
직선(直線)[-썬]명 ①곧은 선. ¶ 직선 도로. ↔곡선. ②두 점 사이를 가장 짧은 거리로 이은 채 양쪽으로 곧게 사뭇 연장한 선. ②곧은금.
직선(直選)[-썬]명 〈직접 선거〉의 준말. ↔간선(間選).
직선-거리(直線距離)[-썬-]명 두 점을 잇는 직선의 거리. 기하학상의 최단 거리임.
직선-미(直線美)[-썬-]명 그림·조각·건축 따위에서, 직선이 나타내는 소박하고 힘찬 아름다움.
직선-적(直線的)[-썬-]관명 ①직선인 (것). ②꾸미거나 숨기거나 하지 않고 솔직한 (것). ¶ 직선적 성격. /직선적으로 말하다.
직선-제(直選制)[-썬-]명 〈직접 선거 제도〉의 준말. ¶ 대통령 직선제. ↔간선제(間選制).
직선-형(直線形)[-썬-]명 셋 이상의 직선으로 에워싸인 평면 도형. 〔삼각형·사각형 따위.〕
직설(直說)[-썰]명하타 (에두르지 아니하고) 곧이곧대로 말함, 또는 그러한 말.
직설-법(直說法)[-썰뻡]명 영문법 등에서 동사의 법(法)의 한 가지. 부정·긍정·의문의 구별 없이 사실을 사실 그대로 말하며, 말하는 이의 주관을 곁들이지 않는 형식.
직설-적(直說的)[-썰-]관명 (에두르지 아니하고) 곧이곧대로 말하는 (것). ¶ 직설적 표현. /직설적으로 비판하다.
직-섬석(直閃石)[-썸-]명 각섬석(角閃石)의 한 가지. 성분은 철·마그네슘·규소 등이며, 빛깔은 대개 녹색이나 갈색을 띠며 윤이 남. 변성암(變成岩)에 박혀 있음.
직성(直星)[-썽]명 ①음양도(陰陽道)에서, 사람의 나이에 따라 그의 운명을 맡아본다는 아홉 별을 이르는 말. 〔제웅직성이나 목직성 따위.〕 ②타고난 성질이나 성미.
직성(이) 풀리다관용 소원이나 욕망 따위가 뜻대로 이루어져 마음이 흐뭇해지다. ¶ 너는 무엇이든지 그렇게 끝을 보아야 직성이 풀리니?
직세(直稅)[-쎄]명 〈직접세〉의 준말.
직소(直所)[-쏘]명 번(番)을 드는 곳. 숙직하는 곳.
직소(直訴)[-쏘]명하타 일정한 절차를 밟지 않고 윗사람이나 상급 관청에 직접 호소함.
직소(職所)[-쏘]명 직무를 맡아보는 곳.
직속(直屬)[-쏙]명하자되자 직접 딸림.
직속^부대(直屬部隊)[-쏙뿌-]명 사령부나 고위 부대에 직접 딸리어 그 지휘를 받는 독립 부대. 직할 부대.
직속-상관(直屬上官)[-쏙쌍-]명 자기가 직접 딸리어 있는 부서 또는 부대의 상관.
직손(直孫)[-쏜]명 직계(直系)의 자손.
직송(直送)[-쏭]명하타되자 곧바로 보냄. 직접 부침. ¶ 농산물을 생산지에서 소비자에게 직송하다.

직수(直守) [-쑤]명하타 맡아서 지킴.
직수(職守) [-쑤]명하자타 직무(職務)를 제대로 수행함.
직수굿-하다 [-쑤구타-]형여 풀기가 꺾여 대들지 않고 다소곳이 있다. 기를 못 펴고 하라는 대로 할 상태에 있다. **직수굿-이**부.
직-수입(直輸入) [-쑤-]명하타되자 다른 나라의 상품을 중개상의 손을 거치지 않고 직접 수입함.
직-수출(直輸出) [-쑤-]명하타되자 상품의 생산자가 중개상의 손을 거치지 않고 직접 수출함.
직시(直視) [-씨]명하타 ①똑바로 쏘아봄. ¶ 전방(前方)을 직시하다. ②사물의 진실한 모습을 바로 봄. ¶ 현실을 직시해야만 한다. ③병이 깊어 눈알을 굴리지 못하고 앞만 봄.
직신(直臣) [-씬]명 육정(六正)의 하나. 강직한 신하.
직신(稷神) [-씬]명 '곡식을 맡아 보살핀다는 신령'을 이르는 말.
직신-거리다 [-씬-]자타 자꾸 직신직신하다. 직신대다. 작작신거리다.
직신-대다 [-씬-]자타 직신거리다.
직신-직신 [-씬-씬]부하자타 ①검질기게 남을 몹시 귀찮게 하는 모양. ②지그시 힘을 주어 자꾸 누르는 모양. 작작신작신.
직실(直實) '직실하다'의 어근.
직실-하다(直實-) [-씰-]형여 정직하고 착실하다. **직실-히**부.
직심(直心) [-씸]명 ①곧은 마음. ②한결같은 마음. ③불교에서, 진여(眞如)를 바로 헤아려 생각하는 마음을 이름.
직심-스럽다(直心-) [-씸-따] [~스러우니·~스러워]형ㅂ 보기에 한결같이 곧은 마음이 있다. **직심스레**부.
직언(直言)명하자 (옳고 그름에 대하여) 자기 생각을 거리낌 없이 그대로 말함. ¶ 직언을 서슴지 않다.
직업(職業)명 생계를 위하여 일상적으로 하는 일. ¶ 직업 소개. 준업(業)·직(職).
직업^교ː육(職業敎育) [-꾜-]명 일정한 직업에 종사하는 데 필요한 지식과 기능을 가르치는 교육.
직업^군인(職業軍人) [-꾸닌]명 병역 의무로서가 아니라 직업으로서 군무에 복무하는 사람.
직업^단체(職業團體) [-딴-]명 직업의 종별(種別)에 따라 조직된 단체. 〔의사회·변호사회 따위.〕
직업-병(職業病) [-뼝]명 그 직업의 특수한 환경이나 작업 상태가 원인이 되어 일어나는 병. 〔탄광부의 규폐(硅肺)나 인쇄공의 연독(鉛毒) 따위.〕
직업^보ː도(職業輔導) [-뽀-]명 ①전직하려는 사람이나 취업하려는 사람에게, 직업상 필요한 기능을 익히게 하는 일. ②취업한 사람에게 직업상 필요한 보호 지도를 하는 일.
직업^선ː수(職業選手) [-썬-]명 운동 경기에서 선수로 활동하는 것을 직업으로 삼는 선수.
직업-소개소(職業紹介所) [-쏘-]명 직업 소개를 영업으로 하는 업소.
직업-여성(職業女性) [지검녀-]명 ①일정한 직업에 종사하는 여성. ②주로, '유흥업에 종사하는 여성'을 이르는 말.
직업-윤리(職業倫理) [지검뉼-]명 특정의 직업에 종사하는 사람들이 지켜야 하는 행동 규범.
직업-의식(職業意識) [지거븨-/지거비-]명 자기 직업에 대한 생각이나 자각, 또는 그 직업에 종사하는 사람의 특유한 의식이나 감각. ¶ 직업의식이 강하다.
직업-인(職業人)명 어떤 직업에 종사하는 사람.
직업-적(職業的) [-쩍]관명 직업에 관계되는 (것). 직업으로 삼는 (것). ¶ 직업적 태도. /직업적인 웃음.
직업^적성^검ː사(職業適性檢査) [-쩍썽-]명 개인이 어떤 직에 알맞은 소질이나 능력을 지니고 있는지를 조사하는 검사.
직업^전ː선(職業戰線) [-쩐-]명 '격심한 경쟁이 벌어지고 있는 직업 사회'를 전쟁터에 비유하여 이르는 말. ¶ 어린 나이에 직업 전선에 뛰어들다.
직업^지도(職業指導) [-찌-]명 개성에 알맞은 직업이나 진로를 고르도록 지도하기 위한 여러 가지 활동.
직업-학교(職業學校) [지거파꾜]명 직업인의 양성을 목적으로 직업에 관한 특수한 지식과 기술 등을 가르치는 학교.
직역(直譯)명하타되자 다른 나라의 글을 그 자구나 어법에 따라 충실하게 번역함. ¶ 이 문장은 직역만 해서는 안 된다. 비축어역. ↔의역.
직역(職域)명 어떠한 직업이나 직무의 영역, 또는 그 범위.
직영(直營)명하타 (특정한 기관 따위에서) 직접 경영함. ¶ 직영 공장. /직영 매점. /본사에서 직영하다.
직오(織烏)명 '태양'을 달리 이르는 말.
직왕(直往)명하자 서슴없이 곧장 감.
직왕-매진(直往邁進)명하자 망설이거나 겁내지 않고 곧장 힘차게 나아감.
직원(職員)명 직장에서 일정한 직무를 맡아보는 사람. ¶ 편집 직원.
직-원기둥(直圓-)명 축과 밑면이 수직인 원기둥, 또는 직사각형이 그 한 변을 중심으로 하여 한 바퀴 돌 때 생기는 입체.
직-원뿔(直圓-)명 축과 밑면이 수직인 원뿔, 또는 직각 삼각형이 그 직각의 변을 중심으로 하여 한 바퀴 돌 때 생기는 입체.
직원^조합(職員組合)명 직원의 권익을 위하여, 직원에 의해 만들어진 조합.
직-원주(直圓柱)명 '직원기둥'의 구용어.
직-원추(直圓錐)명 '직원뿔'의 구용어.
직위(職位)명 직무상의 지위. ¶ 직위가 높다. /직위를 해제하다. 준직(職).
직유(直喩)명 〈직유법(直喩法)〉의 준말.
직유-법(直喩法) [-뻡]명 수사법상 비유법의 한 가지. 원관념과 보조 관념을 직접 드러내어 빗대는 표현 방법. 보조 관념에 '처럼'·'같이'·'듯이'·'양' 등의 말을 붙여서 나타냄. 〔'내 누님같이 생긴 꽃이여' 하는 따위.〕 준직유(直喩).
직-육면체(直六面體) [징늉-]명 여섯 개의 직사각형으로 둘러싸이고 마주보는 세 쌍의 면이 나란한 육면체. 장방체(長方體). 직방체(直方體).
직인(職人)명 손재주로 물건을 만드는 것을 업으로 하는 사람.
직인(職印)명 직무상 사용하는 도장. 공무원이나 회사원 등의 직위 명칭에 '인(印)' 자를 붙임. ¶ 직인을 찍다.
직일(直日)명 당직(當直)하는 날.
직임(職任)명 직무상 맡은 책임.

직장(直腸)[-짱]명 장의 끝 부분. 위는 'S' 자 모양의 결장(結腸)에 이어지고, 아래는 항문을 통해 밖으로 열리는 곧은 부분. 곧은창자.
직장(織匠)[-짱]명 피륙을 짜는 공장(工匠). 직공(織工).
직장(職長)[-짱]명 작업 현장에서 노동자를 직접 지휘 감독하는 직위, 또는 그 사람.
직장(職掌)[-짱]명 담당하고 있는 역할이나 직무. 갈라서 나누어 맡은 직무.
직장(職場)[-짱]명 공장·관청·회사 따위, 그 사람이 근무하며 맡은 일을 하는 일터. ¶ 직장 생활. /직장을 그만두다.
직장-암(直腸癌)[-짱-]명 직장(直腸)에 생기는 암.
직장-인(職場人)[-짱-]명 직장에 적을 두고 일하는 사람.
직장^폐ː쇄(職場閉鎖)[-짱폐-/-짱페-]명 노동 쟁의가 발생하였을 때, 노조의 파업 따위에 맞서 사용자가 일정 기간 공장이나 사업장의 문을 닫는 일.
직재(直裁)[-째]명하타 ①직접 결재함. ②지체 없이 곧 재결(裁決)함.
직전(直田)[-쩐]명 길고 네모반듯하게 생긴 밭.
직전(直前)[-쩐]명 바로 앞. 일이 생기기 바로 전. 즉전(卽前). 《주로, '직전에'의 꼴로 쓰임.》 ¶ 버스에 오르기 직전에 멀미 약을 먹었다. ↔직후(直後).
직전(直錢)[-쩐]명 맞돈.
직전(職田)[-쩐]명 조선 시대에, 벼슬아치에게 벼슬하는 동안 나누어 주던 땅.
직전-법(職田法)[-쩐뻡]명 조선 세조 12(1466)년에, 현직 관리들에게 토지를 지급하기 위하여 제정한 제도.
직절(直截)[-쩔]명 ①하타직각적으로 분별하여 앎. ②하형거추장스럽지 아니하고 간략함.
직절(直節)[-쩔]명 곧은 절개.
직절-구(直截口)[-쩔-]명 ☞수직 단면.
직절-면(直截面)[-쩔-]명 ☞수직 단면.
직접(直接)[-쩝] Ⅰ명 중간에 제삼자나 매개물 따위를 두지 않고 바로 접촉되는 관계. ¶ 직접 거래. ↔간접(間接).
Ⅱ부 중간에 매개 따위가 없이 바로. ¶ 직접 듣다.
직접^경험(直接經驗)[-쩝꼉-]명 직접 일을 하거나 사물에 접촉하여 얻는 경험. ↔간접 경험.
직접^국세(直接國稅)[-쩝꾹쎄]명 국가가 징수하는 직접세. 〔국세·법인세·상속세·소득세·등록세 따위.〕 ↔간접 국세. 참직접세.
직접^군주제(直接君主制)[-쩝꾼-]명 군주(君主)가 그 권능을 직접 행사하는 정치 체제. ↔간접 군주제.
직접^기관(直接機關)[-쩝끼-]명 헌법으로 직접 지위와 권한이 부여된 국가 기관. 〔대통령·정부·국회·법원 따위.〕 ↔간접 기관.
직접^높임말(直接-)[-쩝-]명 높임말의 한 갈래. 말하는 이가 말을 듣는 이를 높이어 이를 때, 그 인물을 직접 높이는 특수한 단어. 〔'아버님·선생님·계시다·주무시다' 따위.〕 참간접 높임말.
직접^민주제(直接民主制)[-쩝-]명 국가 의사의 결정과 집행에 국민이 직접 참가하는 제도. ↔간접 민주제.
직접^발생(直接發生)[-쩝빨쌩]명 알에서 깬 유체(幼體)가 대체로 어미와 같은 모양을 하고 있으며, 성체(成體)가 될 때까지 뚜렷한 변태(變態)가 없는 발생 형태. ↔간접 발생.
직접^발행(直接發行)[-쩝빨-]명 주식이나 사채(社債) 따위 유가 증권을 발행함에 있어, 발행자 자신의 모집 절차를 취하는 방식. ↔간접 발행.
직접^보ː상(直接補償)[-쩝뽀-]명 손해에 대한 직접적인 보상. ↔간접 보상.
직접^분열(直接分裂)[-쩝뿌녈]명 ☞무사 분열(無絲分裂).
직접-비(直接費)[-쩝삐]명 제조 또는 판매를 위하여 직접 소비되는 것으로 인식되는 원가. 〔제조 직접비와 판매 직접비가 있음.〕 ↔간접비.
직접^비ː료(直接肥料)[-쩝삐-]명 식물에 직접 흡수되어 양분이 되는 비료. 인분이나 황산암모늄 따위로, 질소·인산·칼륨 성분이 들어 있음. ↔간접 비료.
직접^사ː인(直接死因)[-쩝싸-]명 생명의 유지를 직접적으로 불가능하게 하는 원인. 〔뇌나 심장의 기능 정지 또는 질식 따위.〕 ↔간접 사인.
직접^선ː거(直接選擧)[-쩝썬-]명 선거인이 직접 피선거인을 뽑는 일. 준직선(直選). ↔간접 선거.
직접^선ː거^제도(直接選擧制度)[-쩝썬-]명 직접 선거의 방식으로 피선거인을 뽑는 제도. 준직선제. ↔간접 선거 제도.
직접-세(直接稅)[-쩝쎄]명 납세 의무자와 실제의 조세 부담자가 일치하여 조세 부담이 전가되지 않는 조세. 〔직접 국세와 직접 지방세가 있음.〕 준직세(直稅). ↔간접세.
직접^심리주의(直接審理主義)[-쩝씸니-의/-쩝씸니-이]명 변론의 청취 및 증거 조사를 수소 법원(受訴法院)이 직접 행하는 주의. ↔간접 심리주의.
직접 인용(直接引用)[-쩌비뇽] 문장에서 남의 글이나 말을 그대로 인용하는 일. 인용된 글이나 말 앞뒤에 따옴표가 들어가고, '라고' 또는 '하고' 따위가 붙음. 〔'어떤 청년이 "이 근처에 혹시 우체국이 있습니까?"라고 물었다.' 따위.〕 참간접 인용.
직접-적(直接的)[-쩝쩍]관명 중간에 매개를 두지 않고 바로 연결하거나 그렇게 되는 (것). ¶ 직접적 피해. /직접적인 접촉은 없었다. ↔간접적.
직접^점유(直接占有)[-쩝쩌뮤]명 ☞자기 점유(自己占有). ↔간접 점유.
직접^정ː범(直接正犯)[-쩝쩡-]명 본인 자신의 의사 결정에 따라 본인이 실행한 범죄, 또는 그 범인. ↔간접 정범.
직접^조ː명(直接照明)[-쩝쪼-]명 광원(光源)에서 직접 빛을 비추는 조명 방법. ↔간접 조명.
직접^지방세(直接地方稅)[-쩝찌-쎄]명 지방 자치 단체가 징수하는 직접세. 〔주민세·취득세·자동차세·공동 시설세·농지세·도시 계획세 따위.〕
직접^추리(直接推理)[-쩝-]명 하나의 명제에서 직접 다른 명제를 추리하는 일.
직접^침략(直接侵略)[-쩝-냑]명 무력으로 직접 남의 영토를 침략하는 일. ↔간접 침략.
직접^화법(直接話法)[-쩌퐈뻡]명 언어 표현에서, 남의 말을 옮길 경우 그 사람의 말을 그대로 되풀이하는 화법. 참간접 화법.
직접^효ː용(直接效用)[-쩌표-]명 사람의 욕망을 직접 충족시키는 재화(財貨)의 효용. ↔간접 효용.
직정(直情)[-쩡]명 거짓이나 꾸밈이 없는, 있는 그대로의 감정.

직정-경행(直情徑行) [-쩡-] 명하자 꾸밈이 없이 내키는 대로 행동함. 경정직행(徑情直行).
직제(職制) [-쩨] 명 ①직무나 직위에 관한 제도. ¶ 직제 개편. ②☞관제(官制).
직-제자(直弟子) [-쩨-] 명 직접 가르침을 받는 제자.
직-제학(直提學) [-쩨-] 명 ①고려 시대에, 예문관(藝文館)·보문각(寶文閣) 등의 정사품 벼슬. ②조선 시대에, 집현전의 종삼품, 예문관(藝文館)과 홍문관(弘文館)의 정삼품, 규장각의 종이품이나 정삼품 당상관(堂上官)의 벼슬.
직조(織造) [-쪼] 명하타 기계로 피륙 따위를 짜는 일.
직종(職種) [-쫑] 명 직업이나 직무의 종류. ¶ 전문 직종.
직주(直走) [-쭈] 명하자 곧장 달려감.
직주(直奏) [-쭈] 명하타 직접 임금에게 아뢺.
직-주로(直走路) [-쭈-] 명 직선으로 된 육상 경주로.
직-주체(直柱體) [-쭈-] 명 '직각기둥'의 구용어.
직증(直證) [-쯩] 명 추리에 의하지 않고 판단의 진리성을 직관적으로 인지하는 일. 명증(明證).
직지-심경(直指心經) [-찌-] 명 ☞직지심체요절.
직지심체-요절(直指心體要節) [-찌-] 명 고려 우왕 3(1377)년에 간행된 불경. 현존하는 세계 최고(最古)의 금속 활자 인쇄본임. 직지심경.
직지-인심(直指人心) [-찌-] 명 불교에서, 교리를 궁구(窮究)하거나 계행(戒行)을 닦지 않고 직접 사람의 마음을 지도하여 불과(佛果)를 얻게 하는 일을 이르는 말.
직-직 [-찍] 부하타 ①신발 따위를 함부로 끌며 걷는 소리, 또는 그 모양. ②글씨의 획을 잇달아 함부로 긋거나 종이 따위를 마구 찢는 소리, 또는 그 모양. ¶ 신문지를 직직 찢어발기다. 작작작2. 센찍찍1.
직직-거리다 [-찍꺼-] 타 자꾸 직직 소리를 내다. 직직대다. 작작작거리다.
직직-대다 [-찍때-] 타 직직거리다.
직진(直進) [-찐] 명하자 똑바로 나아감. 머뭇거림이 없이 곧장 나아감.
직차(職次) 명 직책의 차례.
직책(職責) 명 직무(職務)상의 책임. ¶ 직책 수당을 받다. /중요한 직책을 맡다. 준직(職).
직척(直斥) 명하타 당사자를 마주한 자리에서 꾸짖어 물리침.
직척(直戚) 명 내종(內從)과 외종(外從) 자손 사이의 척분(戚分).
직첩(職牒) 명 지난날, 조정에서 벼슬아치에게 내리던 임명 사령서.
직초(直招) 명하타 지은 죄를 사실대로 바로 말함. 곧은불림.
직출(直出) 명하자 곧게 나아감.
직토(直吐) 명하자타 (실정을) 바른대로 말함.
직통(直通) 명하자 ①(두 지점 사이에) 막힘이 없이 바로 통함. ¶ 직통 전화. ②(열차나 버스 따위가) 다른 곳에 들르지 않고 곧장 감. ¶ 직통 버스. ③(어떤 사실이나 행동 또는 약 따위의) 효과나 보람이 이내 나타남. ④스치거나 비껴가지 않고 곧바로 직접. 《주로, '직통으로'의 꼴로 쓰임.》 ¶ 날아오는 돌멩이에 직통으로 맞다.
직파(直派) 명 직계(直系)로 이어 내려온 갈래.
직파(直播) 명하타 ☞곧뿌림.
직판(直販) 명하타되자 유통 기구를 거치지 않고 생산자가 소비자에게 직접 팖.
직판-장(直販場) 명 유통 기구를 거치지 않고 생산자가 소비자에게 직접 파는 곳. ¶ 농산물 직판장.
직품(職品) 명 지난날, 벼슬의 품계. 작품(爵品). 준품(品).
직필(直筆) 명 ①하타(무엇에 얽매이지 않고) 어떤 사실을 있는 그대로 적음, 또는 그렇게 적은 글. ②붓을 꼿꼿이 잡고 글씨를 쓰는 필법.
직핍(直逼) 명하자 바싹 다가옴. 바짝 닥침.
직하(直下) [지카] 명 ①바로 그 아래. 곧장 그 밑. ②하자곧바로 내려감. ¶ 급전(急轉)직하. ③한방에서, '이질의 중증(重症)'을 이르는 말.
직-하다(直-) [지카-] 형여 ①도리가 바르다. ②(성질이나 언행 따위가) 두름성이 없이 외곬으로 곧다. 고지식하다.
직-하다 [지카-] 조형 동사나 '있다·없다'의 명사형 어미 '-ㅁ' 뒤에 쓰이어, '할 것 같다, 할 만하다, 해도 좋다' 따위의 뜻을 나타냄. ¶ 웬만하면 믿음 직한데 속지 않는다. /백 년은 족히 됨 직한 고목. 참-ㅁ직하다·-음직하다.
-직하다 [지카-] 접미 일부 형용사 어간에 붙어, '그러한 상태·성질에 가까움'을 뜻함. ¶ 굵직하다. /묵직하다. /되직하다.
직할(直轄) [지칼] 명하타 ①직접 맡아서 다스림. ②주무(主務) 관청이 직접 관할함. ¶ 직할 공사.
직할^부대(直轄部隊) [지칼-] 명 ☞직속 부대.
직할-시(直轄市) [지칼-] 명 '광역시'의 이전 일컬음.
직할^학교(直轄學校) [지칼-꾜] 명 주무 관청(主務官廳)이 직접 관할하는 학교.
직함(職銜) [지캄] 명 ①벼슬의 이름. 관함(官銜). ②직책이나 직무의 이름.
직항(直航) [지캉] 명하자 비행기나 배가 항행 중에 다른 곳에 들르지 않고 목적지로 바로 감. ¶ 직항 노선.
직항-로(直航路) [지캉노] 명 비행기나 배가 항행 중에 다른 곳에 들르지 않고 목적지로 바로 갈 수 있는 길.
직해(直解) [지캐] 명하타 문구(文句)대로 풀이함.
직행(直行) [지캥] 명하자 ①도중에 머물거나 다른 곳에 들르지 않고 곧장 감. ¶ 직행 버스. /직행 열차. /직행 항로. ②마음대로 꾸밈 없이 해냄. ③올바른 행동.
직-활강(直滑降) [지퐐-] 명하자 스키에서, 비탈진 곳을 똑바로 미끄러져 내림.
직후(直後) [지쿠] 명 바로 그 뒤. 즉후(卽後). ¶ 해방 직후에 사망하다. ↔직전.
진(辰) 명 ①십이지의 다섯째. ②〈진방(辰方)〉의 준말. ③〈진시(辰時)〉의 준말.
진ː(津) 명 ①풀이나 나무의 껍질 따위에서 분비되는 점액. ¶ 소나무의 진. ②담배에서 나와 담뱃대에 끼는 점액. ¶ 담배의 진. ③김이나 연기 또는 눅눅한 기운이 서려서 생기는 끈끈한 물.
　진(이) 빠지다〔떨어지다〕 관용 실망을 하거나 기운이 빠져 무엇을 할 의욕이 없어지다.
진(疹) 명 보거나 만지거나 하여 알 수 있는 피부병. 색택(色澤)과 융기(隆起)의 상태에 따라 반진(斑疹)·구진(丘疹)·수포진(水疱疹) 따위가 있음.
진(陣) 명 (전투를 하거나 야영을 할 때) 군사가 머물러 둔(屯)을 치는 곳. 진영(陣營).
　진(을) 치다 관용 ①진(陣)을 벌이다. ②어떤 장소를 차지하다.
진ː(晉) 명 〈진괘(晉卦)〉의 준말.

진ː(軫)명 〈진성(軫星)〉의 준말.
진(瞋·嗔)명 〈진에(瞋恚)〉의 준말.
진(震)명 ①〈진괘(震卦)〉의 준말. ②〈진방(震方)〉의 준말.
진ː(鎭)명 ①지난날, 한 지역을 지키는 군대, 또는 그 군대의 우두머리를 이르던 말. ②〈진영(鎭營)〉의 준말.
진(gin)명 증류주의 한 가지. 옥수수·보리·밀을 원료로 하고 노간주나무 열매로 향미를 낸 양주.
진ː(jean)명 올이 가늘고 질긴 능직(綾織) 무명, 또는 그것으로 만든 옷.
진(塵)수관 사(沙)의 10분의 1, 애(埃)의 10배가 되는 수(의). 곧, 10^{-9}.
진-(津)접두 《일부 음식이나 색깔을 나타내는 명사 앞에 붙어》 '빛깔이 썩 짙음'을 뜻함. ¶ 진보라. /진분홍. /진국.
진-(眞)접두 《일부 명사 앞에 붙어》 '참됨, 거짓이 아님'의 뜻을 나타냄. ¶ 진범인. /진면목.
-진(陣)접미 《일부 명사 뒤에 붙어》 '무리'·'집단'의 뜻을 나타냄. ¶ 취재진. /경영진.
진가(眞假)명 진짜와 가짜. 참과 거짓. ¶ 진가를 가리다.
진가(眞價)[-까]명 참된 값어치. 참 가치. ¶ 진가를 발휘하다. /전통 예술의 진가를 보여 주다.
진-간장(-醬)명 오래 묵어서 진하게 된 간장. 농장(濃醬). 준진장.
진-갈이명하타 비가 올 때 잡아 놓은 물이 아직 괴어 있을 동안에 논밭을 가는 일. ↔마른갈이. 참물갈이[1].
진ː감(震撼)명하자타 울려서 흔들림. 울리게 흔듦.
진ː갑(進甲)명 환갑의 이듬해, 또는 그해의 생일. ¶ 환갑 진갑 다 지난 노인.
진ː강(進講)명하타 임금 앞에서 글을 강론함.
진개(塵芥)명 먼지와 쓰레기.
진개-장(塵芥場)명 쓰레기를 버리는 곳.
진객(珍客)명 귀한 손님.
진ː거(進去)명하자 앞으로 나아감.
진겁(塵劫)명 과거와 미래의 티끌처럼 많은 시간. 무한한 시간.
진ː격(進擊)명하자타 앞으로 나아가 적을 침. 진공(進攻). ¶ 진격 나팔. /진격 명령. /적진을 향하여 진격하다. ↔퇴수(退守).
진ː견(進見)명 '진현(進見)'의 잘못.
진결(陳結)명 지난날, 묵은 논밭에서 거두던 결세(結稅).
진경(珍景)명 보기 드문 경치나 구경거리.
진경(眞景)명 ①☞실경(實景). ②실제의 경치를 그대로 그린 그림. ¶ 진경 산수화(山水畫).
진경(眞境)명 ①본바탕을 가장 잘 나타낸 참다운 지경. ¶ 가을산의 진경은 단풍에 있다. ②실제 그대로의 경계.
진ː경(進境)명 더욱 발전하여 나아간 경지. ¶ 애쓴 보람이 있어 놀라운 진경에 이르렀다.
진경(塵境)명 ☞티끌세상.
진ː경(鎭痙)명하자 경련을 가라앉힘.
진ː계(陳啓)[-계/-게]명하타 임금에게 사리(事理)를 가려 아룀.
진계(塵界)[-계/-게]명 ☞티끌세상. 진세(塵世).
진ː고(晉鼓)명 아악기의 한 가지. 틀에 받쳐 놓고 치는 가장 큰 북.
진고(陳告)명하타 사실을 털어놓고 알림. 죽 이야기하여 알림.
진곡(陳穀)명 묵은 곡식. 구곡(舊穀).

진골(眞骨)명 신라 때, 골품(骨品)의 한 가지. 부모 양계(兩系) 중 어느 한쪽이 왕족인 혈통, 또는 그 사람. 참성골(聖骨).
진공(眞空)명 ①공기 따위의 물질이 전혀 없는 공간. 실제로는 보통 수은주 10^{-3} mm 이하의 저압 상태의 공간을 말함. ②'작용이나 활동 따위가 멈추어 텅 빈 상태'를 비유하여 이르는 말. ¶ 진공 상태. ③불교에서, 열반 또는 일체의 색상(色相)을 초월한 상태를 이르는 말.
진ː공(陳供)명하타 죄를 지은 사람이 그 죄상을 사실대로 밀힘.
진ː공(進攻)명하자타 ☞진격(進擊).
진ː공(進供)명하타 ☞공상(供上).
진ː공(進貢)명하타 공물(貢物)을 가져다 바침.
진ː공(震恐)명하자 무서워서 떪.
진공-계(眞空計)[-계/-게]명 용기 안의 희박한 기체의 압력을 재어서 진공의 정도를 알아내는 장치. 참저압계(低壓計).
진공-관(眞空管)명 유리나 금속 따위의 용기 안을 진공으로 하여 전극(電極)을 넣고 막은 관. 검파(檢波)·증폭·발전 또는 유선이나 무선 통신 따위에 쓰임.
진공관^정ː류기(眞空管整流器)[-뉴-]명 진공관을 써서 교류 전류를 직류 전류로 바꾸는 장치.
진공관^증폭기(眞空管增幅器)[-끼]명 진공관을 써서 전압·전력·전류를 증폭하는 장치.
진공^방ː전(眞空放電)명 희박한 기체 속에 있는 두 개의 전극(電極) 사이에 일정한 전압을 가할 때 일어나는 방전.
진공^상태(眞空狀態)명 ①진공인 상태. ②아무것도 없는 상태. 있어야 할 것이 없이 텅 비어 있는 상태.
진공^증류(眞空蒸溜)[-뉴]명 대기압(大氣壓) 이하의 낮은 압력에서 하는 증류. 감압 증류. ↔상압 증류(常壓蒸溜).
진공-청소기(眞空淸掃器)명 저압부(低壓部)의 흡수력을 이용하여 먼지 따위를 빨아들이게 된 청소 기구. 전기소제기.
진공^펌프(眞空pump)명 용기 안의 기체를 뽑아내는 데 쓰는 펌프.
진과(珍果)명 귀한 과실.
진과(珍菓)명 (구하기 힘든) 귀한 과자.
진과(眞果)명 ☞참열매.
진-과자(-菓子)명 물기가 좀 있어 무름한 과자. 생과자. ↔마른과자.
진ː괘(晉卦)명 육십사괘의 하나. 이괘(離卦)와 곤괘(坤卦)를 위아래로 놓은 괘. 광명이 지상에 나옴을 상징함. 준진(晉).
진ː괘(震卦)명 ①팔괘의 하나. 상형은 '☳'로 우레를 상징함. ②육십사괘의 하나. 진괘 '☳'를 위아래로 겹쳐 놓은 괘. 우레가 거듭됨을 상징함. 준진(震).
진괴(珍怪) '진괴하다'의 어근.
진괴-하다(珍怪-)[-괴-/-궤-]형여 희귀하고 괴이하다.
진교(眞教)명 가톨릭에서, '자기의 종교(宗教)'를 이르는 말.
진구(珍句)명 ①드물게 보는 귀한 문구. ②진묘한 문구. 기이한 구(句).
진구(陳久) '진구하다'의 어근.
진ː구(進口)명하자 배가 항구로 들어가거나 들어옴.
진ː구(賑救)명하타 ☞진휼(賑恤).
진구(塵垢)명 먼지와 때.

진-구덥명 자질구레하고 지저분한 뒷바라지 일.

진-구렁명 질퍽거리는 진흙의 구렁.

진구리명 허구리의 잘록하게 들어간 부분.

진구-하다(陳久-) 형여 묵어서 오래되다.

진-국(津-)명 뼈나 고기를 푹 고아서 진하게 된 국물.

진-국(眞-)명 ①거짓이 없이 참되고 훌륭함, 또는 그러한 사람. ②☞전국.

진ː국(震國)명 고구려의 유장(遺將) 대조영(大祚榮)이 세운 나라. 발해(渤海)의 처음 이름.

진ː군(進軍)명하자 군대가 전진함. 진병(進兵). ↔퇴군(退軍).

진ː군-나팔(進軍喇叭)명 진군하라는 신호로 부는 나팔.

진군-죽(眞君粥)명 쌀에 씨를 뺀 살구를 넣고 쑨 흰죽.

진ː권(進勸)명하타 소개하여 추천함.

진귀(珍貴) '진귀하다'의 어근.

진귀-하다(珍貴-)형여 보배롭고 귀중하다. ¶ 진귀한 선물.

진균-류(眞菌類)[-뉴]명 ☞진균 식물.

진균^식물(眞菌植物)[-싱-]명 격막이 있는 균사로 이루어진 단세포성 또는 다세포성 균사체. 엽록소가 없으며 기생 생활을 함. 〔누룩곰팡이·버섯·깜부기 따위.〕 진균류.

진ː급(進級)명하자 되자 등급(等級)·계급·학년 따위가 올라감. ¶ 진급 심사. /진급이 빠르다.

진기(珍技)명 매우 보기 드문 기술. 묘한 재주.

진기(珍奇) '진기하다'의 어근.

진기(珍器)명 보기 드문 그릇.

진ː기(津氣)[-끼]명 ①진액의 끈끈한 기운. ②우러나오는 속 기운. 든든한 기운.

진ː기(振氣)명하자 기운을 떨쳐 냄.

진ː기(振起)명하자타 ☞진작(振作).

진기-하다(珍奇-)형여 썩 드물고 기이하다. ¶ 진기한 풍경.

진-날명 (땅이 질퍽거리게) 비나 눈이 오는 날. ↔마른날.

진날 개 사귄 이 같다속담 ①'귀찮고 더러운 일을 당함'을 비유하여 이르는 말. ②'달갑지 않은 사람이 자꾸 따라다님'을 이르는 말.

진날 나막신 찾듯속담 '평소에는 돌아보지도 않다가 아쉬운 일이 생기면 찾는 경우'를 비유하여 이르는 말.

진ː납(進納)명하타 ①나아가 바침. ②받들어 모심.

진년(辰年)명 태세(太歲)의 지지(地支)가 진(辰)으로 된 해. 〔무진년·임진년 따위.〕 용해.

진ː념(軫念)명하타 ①임금이 마음을 써서 걱정함. ②윗사람이 아랫사람의 사정(事情)을 걱정하여 헤아려 줌.

진념(塵念)명 속세의 명리(名利)를 생각하는 마음.

진노(瞋怒·嗔怒)명하자 성을 내어 노여워함. ¶ 진노를 풀다.

진ː노(震怒)명하자 (존엄하게 여기는 대상이) 몹시 노함. ¶ 상감의 진노를 사다.

진-눈[1]명 (눈병을 앓거나 하여) 눈 가장자리가 짓무른 눈.

진-눈[2]명 '진눈깨비'의 방언.

진눈깨비명 비가 섞여 오는 눈. ↔마른눈.

진-늑골(眞肋骨)[-꼴]명 좌우 열두 쌍의 갈비뼈 가운데 위쪽의 명치뼈에 붙은 일곱 쌍의 늑골을 이르는 말. ↔가늑골(假肋骨).

진ː단(診斷)명하타되자 (의사가 환자를) 진찰하여 병의 상태를 판단함. ¶ 건강 진단을 받다.

진ː단(震檀)명 '우리나라'를 예스럽게 이르는 말. 〔'震'은 중국의 동쪽, '檀'은 단군을 뜻함.〕

진ː단-서(診斷書)명 의사가 환자를 진단한 결과를 적은 증명서. ¶ 진단서를 떼다.

진ː달(進達)명하타 되자 ①말이나 편지를 받아서 올림. ②(중간 관청에서) 관하(管下)의 공문 서류 따위를 상급 관청으로 올려 보냄.

진달래명 ①철쭉과의 낙엽 활엽 관목. 산이나 들에 나는데, 높이는 2~3 m. 잎은 길둥글며 어긋맞게 나고, 봄에 잎보다 먼저 연분홍 꽃이 깔때기 모양으로 핌. 산척촉. 참두견(杜鵑). ②진달래의 꽃. ②참참꽃.

진담(珍談)명 신기하고 이상한 이야기. 아주 색다른 이야기.

진담(眞談)명 참된 말. 진실한 이야기. 참말. ↔농담(弄談).

진담-누설(陳談陋說)명 진부한 소리와 구저분한 말. 쓸데없이 길게 늘어놓는 말.

진답(珍答)명 듣기 어려운 색다른 대답(對答). 엉뚱한 대답.

진답(陳畓)명 오래 묵어 거칠어진 논.

진대명 《주로 '붙다'·'붙이다'와 함께 쓰이어》 남에게 기대어 떼를 쓰듯 괴롭히는 짓. ¶ 한 달 동안이나 친구에게 진대 붙어 지내다.

진ː대(賑貸)명하타 고구려 때, 빈민 구제책으로 관곡을 꾸어 주던 일. 진대법. 참의창(義倉)·환곡(還穀).

진ː대-법(賑貸法)[-뻡]명 ☞진대(賑貸).

진도(津渡)명 나루.

진ː도(進度)명 일이 진행되는 속도, 또는 그 정도. ¶ 수업 진도. /진도를 맞추다.

진ː도(軫悼)명하자 임금이 몹시 애도함.

진ː도(震度)명 지진이 일어났을 때 지면의 진동의 세기. 몸에 느껴지는 감도나 건물이 받는 영향 따위의 정도에 따라 8등급으로 나눔.

진돗-개(珍島-)[-도깨/-돋깨]명 개의 품종의 하나. 진도 특산. 몸빛은 황갈색 또는 백색. 귀는 쫑긋하며 꼬리는 왼쪽으로 감기고 네 다리는 튼튼함. 감각이 극히 예민하고 용맹스러워 사냥용·경비용·애완용으로 두루 기름. 〔천연기념물 제53호.〕

진동명 (저고리의) 어깨선에서부터 겨드랑이까지의 폭. ¶ 진동이 넓다.

진ː동(振動)명하자 ①(같은 모양으로 반복하여) 흔들려 움직임. ¶ 이 화물차는 진동이 너무 심하다. ②하나의 물리적인 양(量), 곧 물체의 위치, 전류의 세기, 기체의 밀도 따위가 일정한 시간마다 되풀이하여 변화함, 또는 그와 같은 현상. ③냄새 따위가 아주 심하게 나는 상태. ¶ 생선 비린내가 진동하다.

진ː동(震動)명하자타되자 (큰 물체가) 몹시 울려서 흔들리거나 떨림. ¶ 진동이 심하다. /우렛소리가 천지를 진동한다.

진ː동-수(振動數)[-쑤]명 1초 동안의 진동의 횟수. 〔단위는 헤르츠(Hz)임.〕

진ː동-음(振動音)명 유음(流音)의 한 가지. 혀끝을 윗잇몸에 닿게 하고 그 안에 공기가 세게 통하게 할 때 혀끝이 진동하여 나는 소리. 〔'ㄹ'이 종성이나 자음 위에서 발음될 때 나는 소리.〕 설전음(舌顫音).

진ː동^전ː류(振動電流)[-절-]명 진동 회로에 의하여 생기는, 주파수가 큰 교류 전류.

진ː동-판(振動板)명 전신 장치의 송화기에 딸린, 음파를 진동시키는 부분, 또는 수화기에서 보내 온 전파를 음파로 재생하는 얇은 철판.

진동-한동 부 하자 급하거나 바빠서 몹시 하동거리는 모양. 겨를 없이 지내는 모양. ¶ 요즈음은 진동한동 지내느라고 날 가는 줄도 모른다. 큰진둥한둥.

진동-항아리 (-缸-) 명 〔민속에서〕 ①무당이 제 집에 모셔 놓은 신위의 한 가지. ②집안의 평안을 위하여, 정한 곳에 모셔 두고 돈과 쌀을 담아 두는 항아리.

진:동^회로 (振動回路) [-회-/-훼-] 명 자기 감응 계수와 용량(容量)을 가진 회로.

진두 (津頭) 명 나루.

진두 (陣頭) 명 진열(陣列)의 선두. 일의 맨 앞.

진두-지휘 (陣頭指揮) 명 하타 직접 진두에 나서서 지휘함.

진둥-한둥 부 하자 급하거나 바빠서 몹시 허둥거리는 모양. 겨를 없이 지내는 모양. 작진동한동.

진뒤 명 〈옛〉 진드기. ¶ 진뒤 비:蜱(訓蒙上23).

진드근-하다 형여 매우 진득하다. 작잔드근하다. **진드근-히** 부.

진드기 명 ①진드깃과의 곤충을 통틀어 이르는 말. ②진드깃과의 곤충. 몸길이는 암컷이 7 mm, 수컷이 2.5 mm가량. 몸은 주머니 모양. 개·말·소 따위에 기생하여 피를 빪. 우슬(牛蝨).

진득-거리다 [-꺼-] 자 자꾸 진득진득하다. 진득대다. 작잔득거리다. 센찐득거리다.

진득-대다 [-때-] 자 진득거리다.

진득-진득 [-찐-] 부 ①하자검질기게 쩍쩍 들러붙는 모양. ②하자끊으려고 해도 검질겨서 잘 끊어지지 않는 모양. ③하형성질이나 행동이 매우 검질기게 끈기가 있는 모양. 작잔득잔득. 센찐득찐득.

진득-하다 [-드카-] 형여 ①몸가짐이 의젓하고 참을성이 있다. ¶ 하루 종일 진득하게 앉아 있다. ②눅진하고 차지다. ¶ 진득한 반죽. 작잔득하다. **진득-이** 부 ¶ 자리에서 진득이 기다려라.

진디 명 〈진딧물〉의 준말.

진디-등에 명 진디등엣과의 곤충을 통틀어 이르는 말. 모기와 비슷하나 훨씬 작음. 몸은 길둥근꼴. 주로 나무 그늘에서 사는데, 떼를 지어 동물이나 사람에 붙어 피를 빨아 먹음. 부진자(浮塵子).

진딧 부 〈옛〉 참. 진짜. ¶ 眞金은 진딧 金이라(月釋7:29).

진딧-물 [-딘-] 명 진딧물과의 곤충을 통틀어 이르는 말. 몸길이 2~4 mm이며 몸빛은 여러 가지임. 농작물의 해충으로, 식물의 줄기·새싹·잎에 모여서 진을 빨아 먹음. 〔복숭아혹진딧물·목화진딧물 따위.〕 준진디.

진딧물-내리다 [-딘-래-] 자 푸성귀 따위에 진딧물이 잔뜩 끼어 붙다.

진돌위 명 〈옛〉 진달래. ¶ 진돌위:山躑躅(訓蒙上7).

진:-땀 (津-) 명 ①몹시 애를 쓸 때 흐르는 땀. ②몹시 괴로워할 때 나는 땀. ¶ 진땀이 나다.
진땀(을) 빼다〔뽑다/흘리다〕 관용 어려운 일이나 난처한 일을 당해서 몹시 애를 쓰거나 긴장하다.

진-똥 명 물기가 많은 묽은 똥. ↔된똥.

진:략 (進略) [질-] 명 하타 쳐들어가서 영토 따위를 빼앗음.

진:려 (振旅) [질-] 명 하자 군사를 거두어 돌아옴.

진:력 (進力) [질-] 명 불교에서 이르는 오력(五力)의 하나. 악(惡)을 좇고 선(善)을 닦는 일.

진:력 (盡力) [질-] 명 하자 있는 힘을 다함. 사력(死力). ¶ 입시 공부에 진력하다.

진:력-나다 (盡力-) [질령-] 자 힘이 다 빠지고 싫증이 나다. ¶ 자취 생활에 진력나다.

진:력-내다 (盡力-) [질령-] 자 (어떤 일에) 싫증을 내다.

진:로 (進路) [질-] 명 ①앞으로 나아가는 길, 또는 나아갈 길. ¶ 태풍의 진로. ↔퇴로(退路). ②장래의 삶의 방식이나 방향. ¶ 진로 선택.

진:로^지도 (進路指導) [질-] 명 졸업 후에 사회에 나아가거나 상급 학교에 진학하는 문제 등에 대한 지도. 〔진학을 위한 학습 지도 및 취직 알선·적성 지도·직업 훈련 등.〕

진:료 (診療) [질-] 명 하타 진찰하고 치료함. ¶ 농어촌 진료 사업.

진:료-소 (診療所) [질-] 명 진료 시설을 갖춘 곳. 일반적으로 보건소를 이름.

진루 (陣壘) [질-] 명 진(陣)을 친 곳.

진:루 (進壘) [질-] 명 하자 야구에서, 주자(走者)가 다음 베이스로 나아감.

진루 (塵累) [질-] 명 ☞속루(俗累).

진리 (眞理) [질-] 명 ①참된 도리. 바른 이치. ¶ 진리를 깨닫다. ②어떤 명제가 사실과 일치하거나 논리의 법칙에 맞는 것. ③언제나, 또는 누구에게나 타당하다고 인정되는 인식의 내용. 참[1].

진말 (辰末) 명 십이시의 진시(辰時)의 끝. 상오 9시에 가까운 무렵.

진말 (眞末) 명 밀가루.

진망 (陣亡) 명 하자 되자 ☞진몰(陣歿).

진:망-궂다 [-굳따] 형 경망스럽고 버릇이 없다.

진:맥 (診脈) 명 하타 손목의 맥을 짚어 보아 진찰함. 검맥(檢脈). 맥진. 안맥(按脈).

진-면모 (眞面貌) 명 본디부터 지니고 있는 그대로의 모습. ¶ 진면모를 숨기다.

진-면목 (眞面目) 명 본디부터 지니고 있는 그대로의 상태나 참모습. ¶ 진면목을 발휘하다.

진멸 (殄滅) 명 하타 되자 무찔러 죄다 없앰.

진:멸 (盡滅) 명 하자타 되자 죄다 멸망함, 또는 죄다 멸망시킴.

진:명 (盡命) 명 하자 목숨을 바침. 목숨을 다함.

진명지주 (眞命之主) 명 하늘의 뜻을 받아 어지러운 세상을 평정·통일한 어진 임금.

진목 (眞木) 명 '참나무'를 재목으로 이르는 말.

진몰 (陣歿·陣沒) 명 하자 되자 싸움터에서 전사하거나 병사(病死)함. 진망(陣亡).

진묘 (珍妙) '진묘하다'의 어근.

진묘-하다 (珍妙-) 형여 ①신기하고 절묘하다. ②유별나게 기묘하다.

진무 (塵務) 명 ☞진사(塵事).

진무 (塵霧) 명 먼지와 안개. 짙은 연무(煙霧).

진:무 (鎭撫) 명 하타 되자 난리를 일으킨 백성들을 진정시키고 어루만져 달램.

진-무르다 자 '짓무르다'의 잘못.

진:무-사 (鎭撫使) 명 조선 시대에, 강화(江華) 유수가 겸임하던 진무영(鎭撫營)의 으뜸 벼슬.

진:무-영 (鎭撫營) 명 조선 시대에, 강화도에서 해방(海防) 사무를 맡았던 군영.

진묵 (眞墨) 명 참먹.

진문 (珍問) 명 색다른 질문. 엉뚱한 물음.

진문 (珍聞) 명 희한한 소문. 이상한 이야기.

진문 (眞文) 명 부처나 보살이 설법한 문구.

진문 (陣門) 명 진(陣)으로 드나드는 문.

진-문장 (眞文章) 명 참다운 문장.

진:-물 (津-) 명 부스럼이나 상처 따위에서 흐르는 물.

진물 (珍物) 명 썩 진귀한 물건. 진품(珍品).

진물(眞物)명 진짜. 가짜가 아닌 물건. 진품.

진물-진물부하형 눈가나 살가죽이 짓무른 모양. 작잔물잔물.

진미(珍味)명 음식의 썩 좋은 맛, 또는 그런 음식물. 가미(佳味). ¶ 진미를 맛보다.

진미(眞味)명 ①(음식의) 참맛. 제 맛. ¶ 향토 음식의 진미. ②그것이 지니고 있는 참된 맛.

진미(陳米)명 묵은쌀. 참신미(新米).

진-반찬(-飯饌)명 바싹 마르지도 아니하고 국물도 없는, 좀 진 듯한 반찬. 〔저냐나 지짐이 따위.〕 ↔마른반찬.

진-발명 진 땅을 밟아 더러워진 발.

진ː발(振拔)명하타 (가난한 사람을) 도와줌.

진ː발(進發)명하자 있던 자리를 떠나서 나아감. 싸움터 따위를 향하여 나아감.

진발(鬒髮)명 빛깔이 검고 윤이 나며 숱이 많은, 아름다운 머리털.

진-밥명 질게 지은 밥. ↔된밥.

진방(辰方)명 이십사방위의 하나. 동남동에서 남쪽으로 15도까지의 방위. 을방(乙方)과 손방(巽方)의 사이. 준진(辰). ↔술방(戌方).

진ː방(震方)명 팔방(八方)의 하나. 정동(正東)을 중심으로 한 45도 범위 이내의 방위. 준진(震). ↔태방(兌方).

진ː배(進拜)명하자 (윗사람에게) 나아가서 절하고 뵘.

진ː배(進排)명하타 (나라나 윗사람에게) 물품(物品)을 바침.

진배-없다[-업따]형 못할 것이 없다. 다를 것이 없다. ¶ 진품과 진배없는 모조품. /이 사람아, 자네 말만 들어도 받은 거나 진배없네. **진배없-이**부.

진-버짐명 피부병의 한 가지. 흔히 얼굴에 벌레가 기어간 자국 모양으로 생기는데, 긁거나 터뜨리면 진물이 흐르는 버짐. 습선(濕癬). ↔마른버짐.

진범(眞犯)명 〈진범인(眞犯人)〉의 준말.

진ː범(蓁芃)명 한방에서, '쥐꼬리망초의 뿌리'를 약재로 이르는 말. 습증(濕症)·황달·지절통(肢節痛) 따위에 쓰임.

진-범인(眞犯人)명 실제로 죄를 저지른 바로 그 사람. 준진범(眞犯).

진법(眞法)명 불교에서, 진여(眞如)의 정법(正法)을 이르는 말.

진법(陣法)[-뻡]명 군사를 부리어 진(陣)을 치는 법. 〔학익진·어린진·장사진 따위.〕

진ː변(陳辯)명하타 까닭을 말하여 변명함.

진ː병(進兵)명하자 군사를 전진하게 함. 진군(進軍).

진보(珍寶)명 아주 진귀한 보물.

진ː보(進步)명하자되자 사물의 내용이나 정도가 차츰차츰 나아지거나 나아가는 일. ¶ 과학 기술의 진보. 비향상(向上). ↔퇴보.

진-보라(津-)명 짙은 보랏빛.

진ː보-적(進步的)관명 ①진보하는 (것). ②진보주의의 처지에 서 있는 (것). ¶ 진보적 사상. / 진보적인 인물. ②↔보수적(保守的).

진ː보-주의(進步主義)[-의/-이]명 사회적 모순을 변혁하고자 꾀하는 전진적(前進的)인 사상. ↔보수주의(保守主義).

진복(眞福)명 가톨릭에서, '진실한 행복'을 이르는 말. ¶ 구원으로 얻는 평화만이 진복이다.

진ː복(進伏)명하자 편전(便殿)에서 임금을 모실 때 탑전(榻前)에 엎드림.

진ː복(震服)명하자 무서워 떨면서 복종함.

진복-팔단(眞福八端)[-딴]명 가톨릭에서, 그리스도의 산상수훈(山上垂訓) 가운데에 있는 여덟 가지 행복을 이르는 말.

진본(珍本)명 ☞진서(珍書).

진본(眞本)명 옛 책이나 글씨·그림 등에서, 저자나 화가가 직접 썼거나 그린 것, 또는 처음 박아 낸 것. ¶ 그동안 공개되지 않던 진본이 일반에 공개되었다. ↔가본·안본(贋本)·위본(僞本).

진ː봉(進封)명하타되자 ①물건을 싸서 진상함. ②세자(世子)·세손(世孫)·후(后)·비(妃)·빈(嬪)의 봉작을 더함.

진부(眞否)명 참됨과 참되지 못함. 진위(眞僞).

진부(陳腐) '진부하다'의 어근.

진-부정(-不淨)명 사람이 죽어서 생긴다고 하는 부정.

진부정(을) 치다관용 초상집에서 무당이 굿을 할 때 첫거리로 부정을 없애다.

진부정-가심(-不淨-)명하자 초상집에서 부정을 없애기 위하여 무당을 불러들여 굿을 하는 일.

진ː부-하다(陳腐-)형여 케케묵고 낡다. ¶ 진부한 이론. ↔참신(斬新)하다.

진북(眞北)명 지구 북극의 방향. 참도북(圖北)·자북(磁北).

진-분수(眞分數)[-쑤]명 분자가 분모보다 작은 분수. ↔가분수(假分數).

진-분홍(津粉紅)명 짙은 분홍빛.

진사명 '애꾸눈이'를 조롱하여 이르는 말.

진사(辰砂)명 육방 정계(六方晶系)에 딸린 진홍색의 광석. 수은과 황의 화합물로 수은의 원료 및 적색 채료(彩料)와 약재 등에 쓰임. 단사(丹砂). 단주(丹朱). 주사(朱砂).

진사(珍事)명 〈진사건(珍事件)〉의 준말.

진사(眞絲)명 명주실.

진ː사(陳謝)명하자타 까닭을 밝히며 사과(謝過)의 말을 함.

진ː사(進士)명 조선 시대에, 소과(小科)와 진사과(進士科)에 급제한 사람을 일컫던 말.

진사(塵事)명 속세의 어지러운 일. 세상의 잡일. 진무(塵務).

진ː사(震死)명하자되자 벼락을 맞아 죽음.

진-사건(珍事件)[-껀]명 보기 드문 사건. 이상야릇한 사건. 준진사(珍事).

진사-립(眞絲笠)명 명주실로 등사(縢絲)를 놓아 만든 갓.

진사-치(辰巳-)명 ①일진에 진(辰)이나 사(巳)가 든 날은 흔히 날씨가 궂다고 하여 이날에 내리는 비나 눈을 이르는 말. ②하자진일(辰日)이나 사일(巳日)에 비나 눈이 내림.

진ː산(晉山)명 중이 새로 한 절의 주지가 되는 일.

진ː산(鎭山)명 지난날, 도읍이나 성시(城市) 등의 뒤쪽에 있는 큰 산을 이르던 말. 그곳을 진호(鎭護)하는 주산으로 삼아 제사를 지냈음.

진ː산-식(晉山式)명 진산 때 올리는 의식(儀式).

진상(眞相)명 사물이나 현상의 참된 모습이나 내용. ¶ 사건의 진상을 규명하다.

진ː상(進上)명하타 (지방의 토산물 따위를) 임금이나 높은 벼슬아치에게 바침. 참공상(供上).

진상 가는 꿀 병〔**봉물짐**〕 **얽듯**속담 '물건을 매우 단단히 동여맴'을 이르는 말.

진상 가는 송아지 배때기를 찼다속담 '쓸데없는 짓을 하여 봉변을 당함'을 비유하여 이르는 말.

진ː상-치(進上-)명 '허름한 물건'을 속되게 이르는 말.

진생(辰生)명 진년(辰年)에 태어난 사람. 〔무진생·경진생 따위.〕 용띠.

진서(珍書)명 아주 귀한 책. 보배로운 책. 진본(珍本). 진적(珍籍).

진서(眞書)명 ①지난날, 언문에 대하여 '한자 또는 한문'을 이르던 말. ②'해서(楷書)'를 속되게 이르는 말.

진ː서(振舒)명하타 (기상이나 명성 따위를) 떨쳐서 폄.

진선(津船)명 나룻배.

진선미(眞善美)명 인간이 이상(理想)으로 삼는 '참다움·착함·아름다움'을 아울러 이르는 말.

진ː선진ː미(盡善盡美)명하형 더할 수 없이 착하고 아름다움.

진설(珍說)명 이상야릇하고 재미있는 이야기.

진ː설(陳設)명하타되자 ①☞배설(排設). ②잔치나 제사 때, 법식에 따라서 상 위에 음식을 벌여 차림.

진섬(殄殲)명하자타 모두 망함. 또는 무찔러 싹 없애 버림.

진성(辰星)명 ☞수성(水星).

진성(眞性)명 ①본디 그대로의 성질. 타고난 성질. ②순진한 성질. ③☞진여(眞如). ④의사성(擬似性)이나 유사성(類似性)이 아닌, 참된 증세의 병. ¶ 진성 뇌염. ④↔가성(假性).

진성(眞誠)명 참된 정성.

진ː성(軫星)명 이십팔수의 하나. 남쪽의 일곱째 별자리. 준진(軫).

진ː성(鎭星·塡星)명 ☞토성(土星).

진ː성(盡誠)명하자 정성을 다함.

진-성대(眞聲帶)명 '목청'을 가성대(假聲帶)에 상대하여 이르는 말.

진세(陣勢)명 ①군진(軍陣)의 세력. ②진(陣)을 친 형세(形勢).

진세(塵世)명 ☞티끌세상. 속세. 진계(塵界).

진소(眞梳)명 참빗.

진ː소(陳疏)명하타 ☞상소(上疏).

진-소위(眞所謂)부 그야말로. 참말로.

진속(眞俗)명 〔불교에서〕 ①참된 것과 속된 것. ②출세간(出世間)과 세간(世間). ③진제(眞諦) 평등의 이치와 속제(俗諦) 차별의 이치. ④부처의 가르침과 세속의 가르침. ⑤중과 속인.

진속(塵俗)명 티끌 많은 속세.

진ː솔명 ①지어서 한 번도 빨지 않은 새 옷. ②〈진솔옷〉의 준말.

진솔(眞率) '진솔하다'의 어근.

진ː솔-옷[-소롣]명 봄과 가을에 다듬어 지어 입는 모시옷. 준진솔. *진ː솔옷이[-소로시]·진ː솔옷만[-소론-]

진ː솔-집[-찝]명 '새로 지은 옷을 첫물에 못 쓰게 만드는 사람'을 조롱하여 이르는 말.

진솔-하다(眞率-)형여 진실하고 솔직하다. ¶ 진솔한 대화를 나누다. /그녀는 늘 사람을 진솔하게 대한다. 진솔-히부 ¶ 서민의 삶을 진솔히 담은 소설.

진수(珍秀) '진수하다'의 어근.

진수(珍羞)명 보기 드물게 잘 차린 음식. 맛이 썩 좋은 음식. 진찬(珍饌).

진수(眞數)명 ①어떤 물건들의 올바른 개수. ②로그 함수에서, 어떤 수의 로그 수에 대하여 그 어떤 수를 이르는 말. ②역대수(逆對數).

진수(眞髓)명 (사물·현상의) 가장 중요하고 본질적인 부분. ¶ 민족 문화의 진수.

진ː수(進水)명하타되자 새로 만든 배를 처음으로 물에 띄움. ¶ 거북선을 진수하다.

진ː수(鎭守)명하타 군사상 아주 긴요한 곳에 군대를 주둔시켜 든든히 지킴.

진ː수(鎭戍)명하타 변경을 지킴.

진ː수-대(進水臺)명 새로 만든 배를 조선대(造船臺)에서 미끄러뜨려 물에 띄우는 장치.

진수-성찬(珍羞盛饌)명 푸짐하게 잘 차린 맛이 좋은 음식.

진ː수-식(進水式)명 새로 만든 배를 처음으로 물에 띄울 때 하는 의식.

진수-하다(珍秀-)형여 진귀하고도 빼어나다.

진ː숙(振肅)명하타 ①두렵고 무서워 떨며 조심함. ②쇠한 것을 북돋우고 느슨해진 것을 바짝 단속함.

진술(眞術)명 참된 술법.

진ː술(陳述)명하타되자 ①자세히 벌여 말함, 또는 그 말. ¶ 의견을 진술하다. ②소송 당사자나 관계인이 법원에 대하여 사건에 관한 사실이나 법률상의 의견을 말함, 또는 그 내용. 공술(供述).

진ː술-서(陳述書)[-써]명 진술을 적은 서류.

진승(眞僧)명 안으로는 마음을 닦고 겉으로는 계행(戒行)을 잘 지키는 참된 중.

진시(辰時)명 ①십이시의 다섯째 시. 상오 7시부터 상오 9시까지의 동안. ②이십사시의 아홉째 시. 상오 7시 30분부터 상오 8시 30분까지의 동안. 준진(辰).

진시(眞是)부 참으로. 진실로. 진정으로.

진시(趁時)부 '진작'의 잘못.

진ː식(進食)명하자 병을 치른 뒤, 입맛이 당겨 식욕이 점점 더해짐.

진-신명 지난날, 진 땅에서 신던 신. 기름에 결은 가죽으로 만듦. 유혜(油鞋). 이혜(泥鞋). ↔마른신.

진신(眞身)명 ①부처의 보신(報身) 또는 법신(法身). ②부처에 버금가는 성인. 보살.

진ː신(搢紳·縉紳)명 ①'벼슬아치'를 통틀어 이르는 말. ②지위가 높고 행동이 점잖은 사람. ¶ 진신의 체통.

진-신발명 진창을 밟아 젖거나 더러워진 신.

진ː신-장보(搢紳章甫)명 '모든 벼슬아치와 유생(儒生)'을 이르는 말.

진실(眞實)명하형 거짓이 없이 바르고 참됨. 참¹. ¶ 진실한 사람. 진실-히부.

진실-감(眞實感)명 참된 맛을 주는 느낌.

진실-로(眞實-)부 참으로. 정말로. 거짓 없이. ¶ 삶이란 진실로 아름다운 것.

진실-무위(眞實無僞)명하형 조금도 거짓이 없이 참됨.

진실-성(眞實性)[-썽]명 참된 성질이나 품성. ¶ 진실성이 결여된 발언.

진실-승(眞實僧)명 계율을 꼭 지키는 참된 중.

진심(眞心)명 참된 마음. 참마음. ¶ 진심으로 환영합니다.

진심(塵心)명 속세의 일에 더럽혀진 마음. 명리(名利)를 탐내는 마음.

진ː심(盡心)명하자 ①마음을 다 씀. 정성을 다 기울임. ②정성을 다하여 본연의 고유한 덕성을 드러냄.

진심(嗔心)명 왈칵 성내는 마음.

진ː심-갈력(盡心竭力)명하자 마음과 힘을 다함. 준진심력(盡心力).

진ː심-력(盡心力)[-녁]명하자 〈진심갈력〉의 준말.

진안(眞贋)명 진짜와 가짜. 진위(眞僞).
진안막변(眞贋莫辨)[-뻔]명 진짜와 가짜를 분별할 수 없음.
진-안주(-按酒)명 찌개·찜·전골류와 같이 물기가 있게 만든 안주. ↔마른안주.
진ː알(進謁)명하타 높은 사람에게 나아가 뵘.
진ː압(鎭壓)명하타되자 (다른 사람의 행동을 강제로) 억눌러서 가라앉힘. ¶ 시위를 무력으로 진압하다.
진ː앙(震央)명 지진이 일어난 진원(震源)의 바로 위에 해당하는 지표의 지점.
진애(塵埃)명 ①티끌. 먼지. ②'세상의 속된 것'을 비유하여 이르는 말.
진애^감ː염(塵埃感染)명 공기 속에 떠 있는 먼지에 묻은 병원체를 들이마시거나 그것이 살갗에 묻어서 생기는 감염. 결핵·두창(痘瘡)·탄저(炭疽)·성홍열 등이 이 방법으로 전염됨.
진액(津液)명 생물체 안에서 생겨나는 액체. 〔수액이나 체액 따위.〕
진양조-장단(-調-)[-쪼-]명 판소리 및 산조(散調)장단의 한 가지. 24박 1장단의 가장 느린 속도로, 6박자 넷으로 또는 12박자 둘로 나눌 수도 있음.
진ː어(進御)명 ①하타 '임금이 입고 먹는 일'을 높이어 이르던 말. ②임금의 거둥.
진언(眞言)명 ①부처의 깨달음이나 서원(誓願)을 나타내는 말. ②☞주문(呪文).
진언(眞諺)명 진서(眞書)와 언문(諺文).
진언(陳言)명 ①진부한 말. 케케묵은 말. ②하자 일정한 사실에 대하여 말을 함.
진ː언(進言)명하자타 윗사람에게 자기의 의견을 말함, 또는 그런 말.
진언(嗔言)명 성내어 꾸짖는 말.
진언-종(眞言宗)명 대승 불교의 한 파. 밀교(密敎)라고도 함.
진에(瞋恚)명 ①노여움. 분노. ②불교에서 이르는, 삼독(三毒)의 하나. 자기 뜻에 어긋남에 대하여 성내는 일. 준진(瞋).
진여(眞如)명 〔진실함이 언제나 같다는 뜻으로〕 대승 불교의 이상 개념의 한 가지. 우주 만유의 실체로서, 현실적이며 평등 무차별한 절대의 진리. 진성(眞性). 참실성(實性).
진ː역(震域)[1]명 〔동쪽에 있는 나라라는 뜻으로〕 '우리나라'를 달리 이르는 말.
진ː역(震域)[2]명 지진이 일어났을 때, 일정한 진도(震度)를 가지는 지역. 〔강진(強震) 진역·유감(有感) 진역 따위.〕
진ː연(進宴)명 나라에 경사가 있을 때 궁중에서 베풀던 잔치.
진연(塵煙)명 연기처럼 일어나는 티끌.
진연(塵緣)명 〔티끌 세상의 인연이란 뜻으로〕 이 세상의 번거로운 인연을 이르는 말.
진ː열(陳列)명하타되자 (여러 사람에게 보이려고) 물건을 죽 벌여 놓음. 나열(羅列). ¶ 상품을 진열해 놓다.
진ː열-대(陳列臺)[-때]명 여러 사람이 볼 수 있게 상품 따위를 죽 벌여 놓는 대.
진ː열-장(陳列欌)[-짱]명 상점 등에서, 여러 사람이 볼 수 있게 상품을 죽 벌여 놓는 장.
진ː열-창(陳列窓)명 상품의 견본 따위를 죽 벌여 놓고 지나가는 사람들이 볼 수 있게 만든 유리창. 쇼윈도. 상품진열창.
진영(眞影)명 얼굴을 주로 나타낸 그림, 또는 사진. ¶ 위패 대신에 진영을 모시다.
진영(陣營)명 ①군사가 진을 치고 있는 일정한 구역. 진(陣). 군영(軍營). ②서로 대립하는 각각의 세력. ¶ 자유 진영.
진ː영(鎭營)명 조선 초기부터 수영(水營)이나 병영(兵營) 밑에 두었던 군대의 직소(職所). 토포영(討捕營). 준진(鎭).
진ː영-장(鎭營將)명 조선 시대에, 각 진영의 으뜸 장수. 준영장(營將).
진ː예(進詣)명하자 궁중에 나아가 임금을 뵘.
진예(塵穢)명 먼지와 더러움. 진오(塵汚).
진오(陣伍)명 군대의 대오(隊伍).
진오(塵汚)명 ☞진예(塵穢).
진옥(眞玉)명 참 옥(玉). 진짜 구슬.
진-옴명 옴에 급성 습진이 함께 나는 피부병. 습개(濕疥). ↔마른옴.
진완(珍玩)명 ①아주 귀하고 보기 좋은 노리개. ②하타 진기하게 여겨서 가지고 놂.
진-외가(陳外家)[지뇌-/지눼-]명 아버지의 외가(外家).
진-외조모(陳外祖母)[지뇌-/지눼-]명 아버지의 외조모.
진-외조부(陳外祖父)[지뇌-/지눼-]명 아버지의 외조부.
진용(眞勇)명 참된 용기.
진용(陣容)명 ①진세(陣勢)의 형편이나 상태. ¶ 적의 공격에 대비하여 진용을 가다듬다. ②어떤 단체의 구성원들의 짜임새. ¶ 편집 진용.
진운(陣雲)명 ①진을 친 모양의 구름. ②싸움터에 뜬 구름.
진ː운(進運)명 나아갈 기운(機運). 향상할 운수.
진ː운(盡運)명하자 운이 다함.
진원(眞元)명 몸의 원기.
진ː원(震源)명 땅속에서 지진이 처음 일어난 곳. 지진의 기점. 진원지(震源地).
진ː원-지(震源地)명 ①☞진원(震源). ②'사건이나 현상이 일어난 근원이 되는 곳'을 비유하여 이르는 말. ¶ 소문의 진원지.
진월(辰月)명 〔월건(月建)에 십이지의 진(辰)이 드는 달로〕 '음력 삼월'의 딴 이름. 참계춘(季春).
진위(眞僞)명 참과 거짓. 진부(眞否). 진안(眞贋). ¶ 진위를 밝히다.
진위-법(眞僞法)[-뻡]명 간단한 지식의 유무(有無)나 정부(正否)를 객관적으로 확인하기 위하여 두 가지의 선택할 갈래를 주어 그 진위를 판단케 하는 방법.
진유(眞油)명 참기름.
진유(眞儒)명 유학(儒學)에 조예가 깊은 선비.
진육(殄肉)명 궂은고기. 죽은 짐승의 고기.
진ː율(震慄·振慄)명하자 두려워서 몸을 떪.
진의(眞意)[지늬/지니]명 참뜻. 거짓이 없는 본마음. ¶ 그의 진의가 무엇인지를 모르겠다.
진의(眞義)[지늬/지니]명 참된 의의. 참된 의미.
진이(珍異)명하형 유별나게 이상함.
진인(津人)명 나루의 뱃사공. 나루치.
진인(眞人)명 참된 도(道)를 깨달은 사람. 진리를 체득한 사람.
진인(眞因)명 참된 원인.
진-일[-닐]명하자 ①물을 써서 하는 집안일. 〔밥 짓고 빨래하는 일 따위.〕 ↔마른일. ②궂은일.
진일(辰日)명 일진(日辰)의 지지(地支)가 진(辰)으로 된 날. 〔무진일(戊辰日)·임진일(壬辰日) 따위.〕 용날.
진ː일(盡日)명 <진종일(盡終日)>의 준말.

진ː-일보(進一步)명하자 〔한 걸음 더 나아간다는 뜻으로〕 한 단계 더 발전해 나아감을 이르는 말. ¶ 기술 수준이 진일보하다.

진ː일지력(盡日之力)[-찌-]명 하루 종일 맡은 일에 부지런히 쓰는 힘.

진임(眞荏)명 ☞참깨.

진ː입(進入)명하자 내처 들어감. 향하여 들어감. ¶ 선진국으로 진입하다.

진ː입-로(進入路)[지님노]명 (어떤 곳으로) 들어가는 도로. ¶ 고속도로 진입로.

진-잎[-닙]명 날것이나 절인 푸성귀의 잎. *진잎이[-니피]·진잎만[-님-]

진잎-죽(-粥)[-닙쭉]명 진잎을 넣고 쑨 죽.

진잎죽 먹고 잣죽 트림 한다속담 실상은 보잘것없으면서 아주 훌륭한 체하는 경우를 비유하여 이르는 말.

진자(侲子)명 ☞아이 초라니.

진ː자(振子)명 한 정점(定點)이나 정축(定軸)의 둘레를 일정한 주기로 진동하는 물체. 〔단진자·복진자 따위가 있음.〕 흔들이.

진자(榛子)명 ☞개암2.

진-자리명 ①아이를 갓 낳은 그 자리. ②아이들이 오줌이나 똥을 싸서 축축하게 된 자리. ↔마른자리. ③사람이 갓 죽은 자리. ④바로 그 자리. 당장. ¶ 진자리에서 해치우다.

진ː작부 ①바로 그때에. ②(원망이나 뉘우침 따위 부정적인 의미로) 좀 더 일찍이. 진즉(趁卽). ¶ 진작 가 볼걸.

진작(眞勺)명 고려 시대에, 속가(俗歌)의 가장 빠른 곡조를 이르던 말.

진ː작(振作)명하자타 떨쳐 일으킴. 떨쳐 일어남. 북돋움. 진기(振起). ¶ 사기(士氣) 진작. /민족정신을 진작하다.

진ː작(進爵)명하자 ①진연(進宴) 때 임금에게 술잔을 올리던 일. ②☞헌작(獻爵). ③무당이 굿을 할 때 술잔을 올리는 일.

진장(珍藏)명하타 보배롭게 여겨 깊이 간직함.

진ː장(振張)명하타 기세를 떨쳐 일을 일으킴. 일을 번성하게 함.

진장(陳藏)명하자 김장.

진장(陳醬)명 ①절메주로 담가 빛이 까맣게 된 간장. ②〈진간장〉의 준말.

진재(陳材)명 한방에서, 묵어서 오래된 한약재를 이르는 말.

진ː재(震災)명 지진으로 말미암은 재앙.

진저(ginger)명 생강, 또는 그것을 말린 가루.

진저리명 ①오줌을 누고 난 뒤나 찬 것이 갑자기 살갗에 닿을 때 자기도 모르게 몸이 떨리는 짓. ¶ 진저리를 치다. ②몹시 귀찮거나 지긋지긋하여 으스스 몸을 떠는 짓. ¶ 진저리를 내다. /이제는 그 사람 얘기만 들어도 진저리가 난다.

진저-에일(ginger ale)명 생강에 주석영산(酒石英酸)·자당액(蔗糖液)·효모·물 따위를 섞어 만든 청량음료. 사이다 비슷함.

진적(珍籍)명 ☞진서(珍書).

진적(眞的) '진적하다'의 어근.

진적(眞迹·眞蹟)명 ①실제의 유적. ②☞친필.

진적(陳迹)명 지난날의 자취.

진적-하다(眞的-)[-저카-]형여 사실 그대로이다. 틀림이 없다. **진적-히**부.

진ː전(振顫)명 머리·몸·손 등에 무의식적으로 일어나는 근육의 불규칙한 운동. 알코올 중독·신경 쇠약·히스테리 따위가 원인이 됨.

진전(陳田)명 묵은 밭.

진ː전(進展)명하자되자 진행되어 나아감. ¶ 사옥 신축 공사가 진전이 없다. /남북 평화 협상이 급속도로 진전되다.

진절-머리명 〈진저리〉의 속된 말. ¶ 진절머리를 내다. /진절머리를 치다.

진ː점(鎭占)명하타되자 (일정 지역을) 진압하여 차지함.

진정(辰正)명 십이시의 진시(辰時)의 한가운데. 〔상오 8시.〕

진정(眞情)명 ①거짓이 없는 참된 정이나 애틋한 마음. ¶ 진정을 나 마시나. ②진실한 사정. 실정(實情). ¶ 진정을 털어놓다.

진ː정(陳情)명하자타 실정을 털어놓고 말함.

진ː정(進呈)명하타 (물건을) 자진하여 드림.

진ː정(鎭定)명하타되자 (반대 세력이나 기세 따위를) 억눌러서 평정함.

진ː정(鎭靜)명하타되자 ①(흥분이나 아픔 따위를) 가라앉힘. ②(시끄럽고 요란한 것을) 가라앉힘. ¶ 사태가 진정되다.

진정(眞正)부 참으로. 바로. 정말. ¶ 진정 감사합니다.

진ː정-서(陳情書)명 관청이나 윗사람에게 내려고 사정을 밝혀 적은 서면. ¶ 진정서를 내다.

진ː정-제(鎭靜劑)명 신경 작용을 진정시키는 데 쓰이는 약제.

진정-하다(眞正-)형여 거짓이 없이 참되다. 《주로, '진정한'의 꼴로 쓰임.》 ¶ 어려울 때 돕는 친구가 진정한 친구다.

진제(眞諦)명 〔불교에서〕 ①평등하고 차별이 없는 진리. ②깨달음에 관한 진리. ③최상의 진리. 구극(究極)의 진리. ↔속제(俗諦).

진ː졸(鎭卒)명 지난날, 각 진영(鎭營)에 딸려 있던 병졸.

진종(珍種)명 희귀한 품종.

진ː-종일(盡終日)명 온종일. 하루 종일. ¶ 정리만 하는 데에도 진종일이 걸리다. /진종일 비가 내리다. 준진일(盡日).

진좌(辰坐)명 (집터나 묏자리 따위가) 진방(辰方)을 등진 좌향, 또는 그런 자리.

진ː좌(鎭座)명하자 ①신령이 그 자리에 임함. ②자리를 잡아 앉음.

진좌-술향(辰坐戌向)명 (집터나 묏자리 따위가) 진방(辰方)을 등지고 술방(戌方)을 향한 좌향.

진주(眞珠·珍珠)명 조개류, 특히 판새류 조개의 체내에서 형성되는 구슬 모양의 분비물 덩어리. 주로, 탄산칼슘으로 이루어지는데, 약간의 유기물이 함유되며 반투명한 은 빛깔의 광택이 남. 방주(蚌珠). 빈주(蠙珠).

진주(陳奏)명하타 윗사람에게 사정을 밝혀 아룀.

진ː주(進走)명하자 앞으로 뛰어 나아감.

진ː주(進駐)명하자 (남의 나라 영토에) 진군(進軍)하여 머무름.

진주-선(眞珠扇)명 전통 혼례 때 신부의 얼굴을 가리는 데 쓰는, 진주로 꾸민 둥근 부채.

진주-암(眞珠岩)명 화산암의 한 가지. 석영 조면암이 유리 모양으로 된 것으로, 빛깔은 담회색·암녹색·적갈색 등이며 진주 비슷한 광택이 남.

진주-조개(眞珠-)명 진주조갯과의 조개. 껍데기의 길이와 높이는 7~10 cm, 빛깔은 암자녹색. 운모 모양의 비늘이 겹쳐서 쌓였고 안쪽은 진주광택이 남. 깊이 5~20 m의 잔잔한 바다 밑의 바위에 사는데, 몸 안에서 진주를 만듦. 양식 진주의 모패(母貝)로 사용되며, 껍데기는 세공(細工)에 쓰임.

진주혼-식(眞珠婚式)명 결혼 기념식의 한 가지. 서양 풍속으로, 결혼 30주년을 맞아 부부가 진주로 된 선물을 주고받으며 기념함. 상아혼식(象牙婚式)이라고도 함. 참산호혼식(珊瑚婚式).

진-주홍(津朱紅)명 짙은 주홍빛.

진죽-버력(-粥-)[-뻐-]명 모암(母岩)이 풍화되어 생긴 사토(沙土)가 물과 뒤섞여 곤죽처럼 된 버력.

진중(珍重) '진중(珍重)하다'의 어근.

진중(陣中)명 군대나 부대의 안. ¶ 엄격한 진중의 규율.

진중(鎭重) '진중(鎭重)하다'의 어근.

진중-하다(珍重-) Ⅰ타여 (무엇을) 아주 소중히 여기다. 보중(保重)하다. ¶ 옥체를 진중하소서.
Ⅱ형여 ☞귀중(貴重)하다. **진중-히**부 ¶ 진중히 보관하다.

진ː중-하다(鎭重-)형여 점잖고 무게가 있다. 드레지다. ¶ 진중한 사람. **진중-히**부.

진ː즉(趁卽)부 진작.

진ː지명 어른을 높이어 그의 '밥'을 이르는 말. ¶ 진지 잡수세요.

진지(眞知)명 참된 지식.

진지(眞智)명 불교에서 이르는 삼지(三智)의 하나. 진리를 깨달은 지혜.

진지(眞摯) '진지하다'의 어근.

진지(陣地)명 전투 부대의 공격이나 방어를 위한 준비로 구축해 놓은 지역. ¶ 진지를 사수하다.

진지러-뜨리다타 몹시 지지러뜨리다. 진지러트리다. 작잔지러뜨리다.

진지러-지다자 몹시 지지러지다. 작잔지러지다.

진지러-트리다타 진지러뜨리다. 작잔지러트리다.

진지적견(眞知的見)[-껸]명 확실히 아는 견문.

진지-전(陣地戰)명 튼튼한 진지를 구축해 놓고 하는 전투.

진지-하다(眞摯-)형여 (말이나 태도가) 참답고 착실하다. ¶ 진지한 토의.

진진(津津) '진진하다'의 어근.

진진-구채(陳陳舊債)명 아주 오래된 빚.

진진-하다(津津-)형여 ①솟아나듯 푸짐하거나 매우 재미스럽다. ¶ 재미가 진진한 구경거리. ②입에 착 달라붙을 만큼 맛이 좋다.

진ː질(晉秩)명하자 벼슬아치의 품계(品階)가 오름.

진ː집명 ①물건의 가느다랗게 벌어진 틈. ②너무 긁어서 살갗이 벗어진 상처.

진집(珍什)명 아주 보기 드문 집물(什物).

진ː짓-상(-床)[-지쌍/-짇쌍]명 진지를 차린 상. ¶ 진짓상을 올리다.

진짜(眞-) Ⅰ명 거짓이 아닌 참된 것. 위조하지 않은 참된 물건. 진품(眞品). ¶ 진짜 진주./누구의 말이 진짜인지 알 수가 없다. ↔가짜.
Ⅱ부 꾸밈이나 거짓이 없이 참으로. ¶ 영화가 진짜 지루하다.

진짬(眞-)명 잡것이 섞이지 않은 순수한 것.

진찬(珍饌)명 ☞진수(珍羞).

진ː찬(進饌)명 진연(進宴)보다 규모가 작고 의식이 간단한 궁중의 잔치.

진-찬합(-饌盒)명 진반찬이나 술안주 따위를 담는 찬합. ↔마른찬합.

진ː찰(晉察)명 조선 말기에, 13도 23부의 행정 구역 실시로 새로 생긴 '경상남도 관찰사'를 달리 이르던 말. 〔처소가 진주에 있었던 데서 유래함.〕

진ː찰(診察)명하타 의사가 여러 수단을 써서 병의 유무나 증세 따위를 살피는 일. 진후(診候). ¶ 진찰을 받다.

진ː찰-권(診察券)[-꿘]명 환자가 그 병원에서 진찰을 받을 수 있음을 증명하는 표.

진ː참(進參)명하자 (제사나 잔치 따위에) 나아가 참례함.

진-창명 땅이 질어서 곤죽이 된 곳. 이녕(泥濘).

진창-길[-낄]명 땅이 곤죽처럼 질퍽한 길.

진채(珍菜)명 아주 귀하고 맛이 좋은 채소.

진채(眞彩)명 단청(丹靑)에 쓰는, 썩 짙고 불투명한 채색, 또는 그것으로 그린 그림.

진채-식(陳菜食)명 정월 대보름날에 먹는 나물. 호박고지·가지고지·무시래기·버섯·고사리 등을 물에 불린 뒤 삶아 무쳐 먹음.

진책(嗔責)명하타 성을 내어 꾸짖음.

진ː척(進陟)명되자 ①일이 진행되어 나아감. ¶ 유적 발굴 작업이 빠른 진척을 보이다. ②벼슬이 올라감.

진ː천(振天)명하자 ①소리가 하늘까지 떨쳐 울림. ②'무명(武名)을 천하에 떨침'을 비유하여 이르는 말.

진ː천(震天)명하자 ①소리가 하늘을 뒤흔들듯이 울림. ②'기세(氣勢)를 크게 떨침'을 비유하여 이르는 말.

진ː천-동지(震天動地)명하자 ①천지를 뒤흔듦. ②'위엄이 천하에 떨침'을 비유하여 이르는 말.

진ː천-뢰(震天雷)[-철뢰/-철뤠]명 ☞비격진천뢰.

진ː첩(震疊)명하자 (존귀한 사람이) 몹시 성을 내어 그치지 아니함.

진ː청(陳請)명하타 사정을 말하며 간청함.

진ː체(晉體)명 중국 진(晉)나라 때의 명필 왕희지(王羲之)의 글씨체.

진초(辰初)명 십이시의 진시(辰時)의 처음. 〔상오 7시가 막 지난 무렵.〕

진초(陳草)명 해묵은 담배.

진ː출(進出)명하자 ①앞으로 나아감. ②(활동 무대나 세력 등을 넓히려고) 어떤 방면으로 나섬. ¶ 정계 진출./해외로 진출하다.

진ː충(盡忠)명하자 충성을 다함.

진ː충-보국(盡忠報國)명하자 충성을 다하여 나라의 은혜를 갚음. 갈충보국(竭忠報國).

진ː췌(盡悴·盡瘁)명하자 지쳐서 쓰러질 때까지 마음과 힘을 다함. ¶ 직무에 진췌하다.

진ː취(進取)명하타 (관습에 사로잡힘이 없이) 스스로 나아가서 새로운 일을 함. 적극적으로 나서서 일을 이룸. ¶ 진취의 기상이 믿음직스럽다. ↔퇴영(退嬰).

진ː취(進就)명하자 차차 진보하여 감.

진ː취(盡醉)명하자 ☞만취(滿醉).

진ː취-력(進取力)명 적극적으로 나서서 일을 이룩하는 힘이나 능력. ¶ 그는 진취력이 강하다.

진ː취-성(進取性)[-썽]명 적극적으로 나서서 일을 이룩하는 성질. ¶ 그는 진취성이 강해서 어떤 일이나 잘해 낼 것이다.

진ː취-성(進就性)[-썽]명 일을 차차 이루어 나갈 만한 요소나 성질.

진ː취-적(進取的)관명 진취(進取)의 기상이 있는 (것). ¶ 진취적 사고./진취적인 기상.

진-타작(-打作)명하자 ☞물타작.

진탁(眞-)명하자 ☞친탁.

진ː탕(震盪·振盪)명하자 몹시 흔들려 울림.

진탕(-宕)부 썩 만족스럽고 흐뭇하게. 싫증이 날 만큼 넉넉하게. ¶ 술을 진탕 마시다.

진탕-만탕(-宕-宕)부 더없이 만족스럽고 흐뭇하게. 양에 다 차도록 흠씬. ¶ 술을 진탕만탕 퍼마시다.
진-태양(眞太陽)명 가상(假想)의 평균 태양(平均太陽)에 대하여 '실제의 태양'을 이르는 말. ↔평균 태양.
진태양-시(眞太陽時)명 진태양의 시각(時角)에 따라 정한 시각(時刻)이나 시법(時法).
진태양-일(眞太陽日)명 진태양이 자오선을 지난 때로부터 다시 그것을 지날 때까지의 시간.
진토(塵土)명 먼지와 흙.
진통(陣痛)명 ①하자 해산(解産)할 때 주기적으로 되풀이되는 복통을 겪음, 또는 그 복통. 산통(産痛). ②사물이 이루어질 무렵에 겪는 '어려움'을 비유하여 이르는 말. ¶ 민주화의 진통.
진ː통(鎭痛)명 아픔을 가라앉혀 멎게 함.
진ː통-제(鎭痛劑)명 중추 신경에 작용하여 아픔을 멎게 하는 약제. 〔모르핀·안티피린·판토폰 따위.〕
진ː퇴(進退)[-퇴/-퉤]명 ①하자 나아감과 물러섬. ②어떤 직무나 직위 등에 머무를 것인가 떠날 것인가에 관한 자기의 처지. 거취(去就). ¶ 진퇴를 분명히 하다.
진ː퇴-양난(進退兩難)[-퇴-/-퉤-]명 '이러기도 어렵고 저러기도 어려운 매우 난처한 처지에 놓여 있음'을 이르는 말. 진퇴유곡. ¶ 진퇴양난에 처하다.
진ː퇴-유곡(進退維谷)[-퇴-/-퉤-]명 '나아갈 수도 물러설 수도 없이 궁지에 몰려 있음'을 이르는 말. 진퇴양난. ¶ 진퇴유곡에 빠지다.
진투(陳套)명 시대에 뒤떨어진 낡은 투.
진ː티명 (어떤) 일의 실마리가 된 원인. 일이 잘못될 빌미.
진-펄명 진창으로 된 넓은 들.
진-편포(-片脯)명 쇠고기를 곱게 다져 기름과 간장 혹은 소금으로 간을 맞춘 다음, 말리지 않고 날것으로 먹거나 구워 먹는 편포.
진폐(塵肺)[-폐/-페]명 먼지가 폐로 들어가 호흡 기능에 장애를 일으키는 병. 진폐증.
진폐-증(塵肺症)[-폐쯩/-페쯩]명 ☞진폐.
진ː폭(振幅)명 진동(振動)하는 물체의 정지 위치로부터 진동의 좌우 극점(極點)에 이르기까지의 변위(變位)의 최댓값. 길이 또는 각도로 나타냄.
진ː폭(震幅)명 지진계에 나타나는 진동의 폭.
진ː폭^변ː조(振幅變調)[-뻔-]명 반송파(搬送波)의 진폭을 신호파의 진폭에 따라 변화시키는 변조 방식. 라디오 방송이나 장거리 전화 회선 등에 쓰임. ↔주파수 변조.
진-풀명 홑옷을 빨아서 마르기 전에 먹이는 풀.
진품(珍品)명 보배로운 물품. ¶ 천하의 진품.
진품(眞品)명 진짜 물건. ¶ 진품과 구별하기 힘들 정도로 잘 만든 모조품.
진풍(陣風)명 갑자기 불다가 이내 그치는 센 바람. 흔히, 눈이나 비가 오기 전에 붊.
진풍(塵風)명 먼지가 섞인 바람.
진-풍경(珍風景)명 보기 드문 구경거리. ¶ 진풍경이 벌어지다.
진ː피명 검질긴 성미로 끈질기게 달라붙는 짓, 또는 그런 사람.
진피(眞皮)명 안팎 두 겹으로 된 살가죽의 안쪽. 사람의 경우 탄력 섬유가 풍부한 결체(結締) 조직으로 되어 있음.
진피(陳皮)명 오래 묵은 귤껍질. 맛은 쓰고 매우며, 건위(健胃)·발한(發汗) 등에 쓰임.
진ː피-아들명 지지리 못난 사람.
진-피즈(gin fizz)명 칵테일의 한 가지. 진에 설탕이나 얼음·레몬 따위를 넣고, 탄산수를 부어 만든 음료수.
진필(眞筆)명 ☞친필(親筆).
진ː하(進賀)명하자 나라에 경사가 있을 때 백관(百官)이 임금에게 나아가 축하하던 일.
진ː-하다(盡-)자여 다하여 없어지다. 끝이 나다. ¶ 기운이 진하다.
진-하다(津-)형여 ①액체가 묽지 않고 되직하다. ¶ 진하게 끓인 고깃국. ②빛깔이나 화장 따위가 짙다. ¶ 진한 회색. /화장이 진하다. ③감정의 정도가 보통보다 더 깊다. ¶ 진한 감동을 느끼다. ②↔연하다.
진ː-하련(震下連)명 팔괘 중, 진괘(震卦)는 아래의 막대만 이어졌다는 뜻으로 '☳'의 모양을 이르는 말. ↔손하절(巽下絕).
진ː학(進學)명하자 ①학문의 길에 나아가 배움. ②(더 배우기 위해) 상급 학교에 감. ¶ 대학교에 진학하다.
진-학질모기(眞瘧疾-)[-찔-]명 모깃과의 한 가지. 몸길이 5.5 mm가량. 몸과 촉각은 암갈색. 습지에서 생겨나는데, 밤에 활동하면서 사람의 피를 빨아 학질을 옮김.
진한(辰韓)명 삼한(三韓)의 하나. 한반도의 동쪽에 위치한 10여의 군장(君長) 국가로 이루어졌던 나라로, 뒤에 신라에 병합됨.
진합-태산(塵合泰山)명 '작은(적은) 것도 많이 모이면 큰 것이 됨'을 비유하여 이르는 말. 티끌 모아 태산.
진ː항(進航)명하자 배가 항해하여 나아감.
진ː해(震駭·振駭)명하자 벌벌 떨며 놀람. 놀라 새파랗게 질림.
진ː해(鎭咳)명하자되자 기침을 멎게 함.
진ː해-제(鎭咳劑)명 기침을 내는 신경 중추에 작용하여 기침을 멎게 하는 약제. 〔모르핀·인산 코테인 따위.〕
진ː행(進行)명되자 ①하자 앞으로 나아감. ②하타 일을 치러 감. ¶ 예식을 진행하다.
진ː행-계(進行係)[-계/-게]명 회의나 행사 따위의 진행을 담당하는 역할, 또는 그 사람.
진ː행-상(進行相)명 동작상(動作相)의 한 가지. 동작의 진행을 나타냄. 〔'-고 있다'·'-고 있었다'·'-고 있겠다' 등으로 표현됨.〕
진ː행-성(進行性)[-썽]명 (병이) 정지 상태에 있지 않고 악화되어 가는 성질. ¶ 진행성 결핵.
진-행주명 물을 적셔 쓰는 행주. ↔마른행주.
진ː행-파(進行波)명 공간 안을 일정한 방향으로 진행하는 파동. 매질(媒質)에 따라 진행 속도가 결정됨. ↔정상파.
진ː행-형(進行形)명 영문법에서, 동사의 정형(定形)에 '-ing'를 붙인 형태. 그 동사의 동작 개념이 진행 중인 상태를 나타냄.
진ː향(進向)명하자 향하여 나아감.
진-허리명 잔허리의 곱꺾이는 부분.
진ː헌(進獻)명하타 임금에게 예물을 바침.
진ː현(進見)명하자 임금에게 나아가 뵘.
진형(陣形)명 진지의 형태. 전투의 대형.
진ː호(鎭護)명하타 난리를 진압하거나, 난리가 나지 못하게 지킴.
진ː혼(鎭魂)명하타 망혼(亡魂)을 진정시킴.
진ː혼-곡(鎭魂曲)명 ①죽은 이의 넋을 달래기 위한 음악. ②가톨릭에서, 위령 미사 때 드리는 음악. 레퀴엠. 위령곡(慰靈曲).
진ː혼-제(鎭魂祭)명 ☞위령제(慰靈祭).

진홍(眞紅)명 ☞진홍색.
진-홍두깨명 다듬이를 눅눅하게 하여 홍두깨에 올리는 일. ↔마른홍두깨.
진홍-빛(眞紅-)[-삗]명 ☞진홍색. ＊진홍빛이[-삐치]·진홍빛만[-삔-]
진홍-색(眞紅色)명 짙은 붉은빛. 진홍. 진홍빛. 다홍색.
진화(珍貨)명 보기 드문 물품. 색다른 물품.
진ː화(進化)명하자되자 ①생물이 조금씩 변화하여 보다 복잡하고 우수한 종류의 것으로 발전하는 일. ②사물이 보다 좋고 보다 고도(高度)의 것으로 발전하는 일. ↔퇴화(退化).
진ː화(鎭火)명하타되자 ①일어난 불을 끔. ②말썽·소동 따위를 해결함. ¶ 소요 진화에 나서다.
진ː화-론(進化論)명 모든 생물은 원시적인 종류의 생물로부터 진화해 왔다는 다윈의 학설. 다위니즘(Darwinism).
진ː화-설(進化說)명 ☞진화주의.
진ː화-주의(進化主義)[-의/-이]명 사물의 변화 발전을 진화론에 따라 설명하는 이론. 진화설.
진황(眞況)명 참된 상황.
진황-지(陳荒地)명 돌보지 않고 버려 두어 거칠어진 땅.
진효(珍肴)명 흔하지 않은, 맛있는 안주.
진ː후(診候)명하타 ☞진찰(診察).
진ː휼(賑恤)명하타 지난날, 관(官)에서 흉년에 곤궁한 백성을 구원하여 도와주던 일. 진구(賑救).
진-흙[-흑]명 ①빛깔이 붉고 차진 흙. ②질퍽질퍽하게 된 흙. 이토(泥土). ＊진흙이[-흘기]·진흙만[-흥-]
진흙-탕[-흑-]명 곤죽처럼 질퍽질퍽하게 된 흙(곳). ¶ 진흙탕에 빠지다.
진ː흥(振興)명하자타 (학술이나 산업 따위가) 떨쳐 일어남, 또는 떨쳐 일으킴. ¶ 전통 문화의 진흥. /산업을 진흥하다.
진흥왕^순수비(眞興王巡狩碑)명 신라 24대 진흥왕이 나라 안을 순행하여 영토의 경계를 정하고 그 내력을 새겨 세운 비석. 북한산·창녕·황초령·마운령의 네 곳에 있음.
진ː흥-책(振興策)명 진흥시키기 위한 방책. ¶ 수출 진흥책.
진희(珍稀) '진희하다'의 어근.
진희-하다(珍稀-)[-히-]형여 진기하고 드물다.
질명 질그릇을 만드는 원료인 흙. 참질흙.
질(帙) Ⅰ명 여러 권으로 된 책의 한 벌. ¶ 문학 전집을 질로 사다.
Ⅱ의 여러 권으로 된 책의 한 벌을 세는 단위. ¶ 백과사전 두 질. 변길[4].
질(秩)명 관직이나 녹봉 따위의 등급.
질(質)명 ①사물의 근본이 되는 성질. ¶ 양(量)보다는 질이 우선이다. ②됨됨이의 바탕. ¶ 질이 좋은 사람.
질(膣)명 포유류 암컷의 생식기의 한 부분. 사람의 경우, 위쪽은 자궁에 이어지고 아래쪽은 외음부(外陰部)에 맞닿은, 관(管) 모양의 부분.
-질준 '-지를'이 줄어든 말. ¶ 잠시도 놀질 않는다.
-질접미 《일부 명사 뒤에 붙어》 ①'그 도구를 가지고 하는 일'의 뜻을 나타냄. ¶ 삽질. /걸레질. ②일정한 직업이나 노릇을 나타냄. ¶ 선생질. /바느질. /목수질. ③(옳지 않은) 어떤 짓임을 나타냄. ¶ 강도질. /서방질. ④신체를 이용한 어떤 행위를 나타냄. ¶ 곁눈질. /손가락질.
질감(質感)명 재질(材質)에 따라 달리 느껴지는 독특한 느낌. 마티에르. ¶ 부드러운 질감의 벽지. /나무의 질감을 살린 조각.
질겁-하다[-거파-]자여 뜻밖의 일을 당하여 숨이 막히듯 깜짝 놀라다. ¶ 뱀을 보자 질겁하여 도망치다. 작잘겁하다.
질-것[-걷]명 질흙으로 구워 만든 물건을 통틀어 이르는 말. ＊질것이[-거시]·질것만[-건-]
질겅-거리다타 자꾸 질겅질겅하다. 질겅대다. 작잘강거리다.
질겅-대다타 질겅거리다.
질겅-이다타 질긴 물건을 거칠게 씹다.
질겅-질겅부하타 질긴 물건을 거칠게 잇달아 씹는 모양. 작잘강잘강.
질경이명 질경잇과의 다년초. 들이나 길가에 흔히 나는데, 잎은 달걀 모양으로 뿌리에서 무더기로 남. 여름에 흰 꽃이 이삭 모양으로 핌. 잎은 나물로 먹고, 씨는 한방에서 '차전자(車前子)'라 하여 약재로 쓰임.
질고(疾苦)명 ☞병고(病苦).
질고(疾故)명 ☞병고(病故).
질고(秩高) '질고(秩高)하다'의 어근.
질고(質古) '질고(質古)하다'의 어근.
질고-하다(秩高-)형여 관직이나 녹봉(祿俸) 따위가 높다.
질고-하다(質古-)형여 질박하고 예스럽다.
질곡(桎梏)명 〔차꼬와 수갑이라는 뜻으로〕 자유를 가질 수 없게 몹시 속박하는 일. ¶ 질곡의 세월. /질곡에서 벗어나 자유를 찾다.
질권(質權)[-꿘]명 담보 물권(擔保物權)의 한 가지. 목적물을 맡아 두었다가 갚지 않을 때 그 목적물로 우선 변제(優先辨濟)를 받을 수 있는 권리.
질권^설정자(質權設定者)[-꿘-쩡-]명 질권을 설정하기 위하여 질물(質物)을 질권자에게 제공하는 사람.
질-그릇[-른]명 질흙으로 빚어서 잿물을 입히지 않고 구운 그릇. 겉면이 윤기가 없음. 참옹기. ＊질그릇이[-르시]·질그릇만[-른-]
질근-질근부 ①하타질깃한 것을 가볍게 자꾸 씹는 모양. ¶ 그는 손톱을 질근질근 씹는 버릇이 있다. 작잘근잘근. ②새끼나 노끈 따위를 느럿느럿하게 꼬는 모양. ¶ 뒤채에서는 한창 질근질근 새끼를 꼬고 있다.
질금부하자타 액체(液體)가 조금 새어 흐르거나 쏟아지다가 그치는 모양. 작잘금. 센찔끔[1]. 질금-질금부하자타.
질금-거리다자타 자꾸 질금질금하다. 질금대다. 작잘금거리다.
질금-대다자타 질금거리다.
질급(窒急)명하자 갑자기 몹시 놀라거나 겁이 나서 숨이 막힘.
질긋-질긋[-귿찔귿]부 ①끈질기게 참고 견디는 모양. ②잇달아 누르거나 당기는 모양.
질기(窒氣)명하자 ☞질색(窒塞).
질기다형 ①쉽게 닳거나 끊어지거나 부서지지 않고 견디는 힘이 많다. ¶ 고기가 질기다. ②목숨이 끊어지지 않고 끈덕지게 붙어 있다. ¶ 목숨이 질기다. ③끈덕지다. ¶ 질기게 쫓아다니다.
질기-둥이명 ①바탕이 질깃질깃한 물건. ②성질이 검질긴 사람.
질-기와명 잿물을 입혀 구운 기와. 도와(陶瓦).
질깃-질깃[-긷찔긷]부하형 (씹히는 맛이) 매우 질깃한 모양. 작잘깃잘깃·졸깃졸깃. 센찔깃찔깃.

질깃-하다[-기타-]형여 ①조금 질긴 듯하다. 작잘깃하다·졸깃하다. ②성미가 꽤 끈덕지다. 센찔깃하다.

질끈부 바싹 동이거나 단단히 졸라매는 모양. ¶ 허리띠를 질끈 동여매다. 작잘끈.

질-나발(←-喇叭)[-라-]명 질흙으로 구워 만든 나발.

질녀(姪女)[-려]명 ☞조카딸.

질다[지니·질어]형 ①(밥이나 반죽 따위가) 물기가 많다. ↔되다4. ②땅이 질퍽질퍽하다. ¶ 땅이 질어서 발이 푹푹 빠지다.

질내(迭代)[-때]명하타되자 ☞체대(替代).

질-돌명 ☞장석(長石).

질-동이명 질흙으로 구워 만든 동이.

질둔(質鈍) '질둔하다'의 어근.

질둔-하다(質鈍-)[-뚠-]형여 ①투미하고 둔탁하다. ②몸이 뚱뚱하여 동작이 굼뜨다.

질-뚝배기[-빼-]명 질흙으로 구워 만든 뚝배기.

질뚝-질뚝[-찔-]부하형 군데군데가 질뚝한 모양. 작잘똑잘똑2. 센찔뚝찔뚝.

질뚝-하다[-뚜카-]형여 길쭉한 물건의 한 부분이 깊이 패어 움푹하다. 작잘똑하다. 센찔뚝하다. **질뚝-이**부 ¶ 질뚝이 생긴 절굿공이.

질량(質量)명 물체가 갖는 물질의 양. 물체의 관성(慣性) 및 무게의 본질이 되는 것.

질량-수(質量數)[-쑤]명 원자핵을 이루는 핵자(核子)의 수, 곧 양성자와 중성자를 합한 수.

질량^스펙트럼(質量spectrum)명 각종 이온을 그 질량과 전하(電荷)의 비(比)에 따라 분류하여 늘어놓은 것.

질러-가다자타 지름길로 가다. ¶ 골목으로 질러가다. ↔질러오다.

질러-먹다[-따]타 (음식을) 덜 익은 채 미리 먹다.

질러-오다자타 지름길로 오다. ↔질러가다.

질레(gilet 프)명 여자의 양장에서 블라우스를 받쳐 입은 것처럼 보이도록 웃옷 밑에 장식용으로 입는, 소매가 없이 된 옷.

질려(蒺藜)명 ☞남가새.

질력-나다자 '진력나다'의 잘못.

질뢰(疾雷)[-뢰/-뤠]명 몹시 심하게 울리는 우레.

질료(質料)명 형식 또는 형태를 갖춤으로써 비로소 일정한 것으로 되는 소재(素材). 〔건축물의 경우 구조는 형태, 재목은 질료에 해당함.〕 ¶ 질료는 형식을 규정한다.

질룩-질룩[-찔-]부하형 군데군데가 질룩한 모양. 작잘록잘록2. 센찔룩찔룩.

질룩-하다[-루카-]형여 ①긴 물체의 한 부분이 홀쭉하다. ¶ 유난히 큰 키에 질룩한 허리. ②길게 두두룩한 것의 한 부분이 움푹 꺼져 있다. ¶ 큰물로 둑의 일부가 질룩하게 패었다. 작잘록하다. 센찔룩하다. **질룩-이**부.

질름-거리다자타 자꾸 질름질름하다. 질름대다. 작잘름거리다1. 센찔름거리다.

질름-대다자타 질름거리다.

질름-질름부 ①하자그득 찬 액체가 흔들려서 그릇 밖으로 질금질금 넘치는 모양. ②하타동안이 뜨게 여러 차례에 걸쳐서 조금씩 주는 모양. 작잘름잘름1. 센찔름찔름.

질리다1자 ①진력나서 귀찮은 느낌이 들다. ¶ 술 먹는 것도 이제는 질렸다. ②갑작스럽게 놀라거나 두려워 몹시 짓눌리다. 어이가 없거나 기가 막혀서 핏기가 가시거나 핏발이 서다. ¶ 기가 질리다./새파랗게 질리다. ③(채색이나 염색을 할 때) 짙은 빛깔이 한데 몰려 퍼지지 못하다. ④값이 얼마씩 치이다.

질리다2자 〖'지르다1'의 피동〗 내지르거나 걷어참을 당하다.

질매(叱罵)명하타 몹시 꾸짖어 나무람.

질문(質問)명하자타 모르는 것이나 알고 싶은 것 따위를 물음. ¶ 질문 사항./질문을 받다. 준문(問).

질문지-법(質問紙法)[-뻡]명 연구나 조사 따위의 일정한 목적을 위하여 미리 만들어 놓은 질문지를 여러 사람에게 나누어 주고, 그 회답을 집계하고 분석하는 방법.

질물(質物)명 질권(質權)의 목적으로 되어 있는 물품. 채무의 담보로 제공된 물품.

질박(質樸·質朴) '질박하다'의 어근.

질박-하다(質樸-·質朴-)[-바카-]형여 꾸밈이 없이 수수하다. 실박(實樸)하다. ¶ 질박한 모양의 조선 백자.

질-방구리명 질흙으로 구워 만든 방구리.

질벅-거리다[-꺼-]자 자꾸 질벅질벅하다. 질벅대다.

질벅-대다[-때-]자 질벅거리다.

질벅-질벅[-찔-]부하자 물기 많은 흙이나 반죽 따위가 끈기 있게 잘 이겨지는 모양.

질벅질벅-하다[-찔버카-]형여 물기 많은 흙이나 반죽 따위가 매우 부드럽게 질다.

질번질번-하다형여 물자나 돈이 여유가 있고 살림살이가 넉넉하다. **질번질번-히**부.

질변(質辨)명하타 마주 앉아서 변명을 함.

질-병(-甁)명 질흙으로 만든 병.

질병에도 감홍로속담 겉모양은 보잘것없으나 속은 좋고 아름다운 것도 있다는 말.

질병(疾病)명 몸과 마음의 온갖 기능 장애로 말미암은 병. 건강하지 않은 상태. 질환(疾患). ¶ 질병에 걸리다./질병을 앓다.

질보(疾步)명 몹시 빠른 걸음.

질부(姪婦)명 ☞조카며느리.

질비(秩卑) '질비하다'의 어근.

질비-하다(秩卑-)형여 관직이나 녹봉(祿俸) 따위가 낮다.

질빵명 짐을 지는 데 쓰는 줄. 참멜빵.

질사(窒死)[-싸]명하자 숨이 막혀 죽음. 질식사(窒息死).

질산(窒酸)[-싼]명 강산(強酸)의 한 가지. 흡습성이 강하고 연기를 내며 냄새가 심한 무색의 액체. 물과 임의로 혼합하는 강한 산화제로, 각종 화합물 및 폭탄·질산염·셀룰로이드 제조 따위에 쓰임. 〔분자식은 HNO_3〕 초산(硝酸).

질산-균(窒酸菌)[-싼-]명 토양 속의 아질산을 산화시켜 질산염을 생성하는 과정에서 화학적으로 얻어지는 에너지로 탄소 동화를 하는 세균.

질산-나트륨(窒酸Natrium)[-싼-]명 나트륨의 질산염. 칠레 초석을 물에 녹여 재결정시키거나 질산에 나트륨을 가하여 만드는 무색 결정. 비료나 초석의 제조 원료, 의약품 따위에 사용됨. 질산소다.

질산-섬유소(窒酸纖維素)[-싼-]명 ☞니트로셀룰로오스.

질산-소ː다(窒酸soda)[-싼-]명 ☞질산나트륨.

질산-암모늄(窒酸ammonium)[-싼-]명 질산을 암모니아로 중화하여 얻는 무색무취의 백색 결정. 비료·폭약·냉각제 따위로 사용됨. 초산암모늄.

질산-염(窒酸塩)[-싼념]명 금속, 또는 그 산화물이나 탄산염 따위를 질산에 녹여 만든 화합물을 통틀어 이르는 말. 산화제나 비료·화약 따위에 사용됨. 초산염.

질산-은 (窒酸銀) [-싸는] 명 질산에 은을 녹여 얻는 무색무취의 투명한 판상(板狀) 결정. 은도금·부식제·분석용 시약 따위로 쓰이며, 치사량 10g의 극약임. 초산은.

질산-칼륨 (窒酸Kalium) [-싼-] 명 칼륨의 질산염. 무색의 유리 광택이 있는 투명 또는 반투명의 결정체. 화약·성냥·유리·비료 따위의 원료로 사용됨. 노르웨이 초석. 은초(銀硝). 초석(硝石).

질산-칼슘 (窒酸calcium) [-싼-] 명 칼슘의 질산염. 무색의 단사 정계(單斜晶系)로 흡습성(吸濕性)이 강한 결정. 질산염의 제조나 속효성 비료로 사용됨.

질-삿반 (-盤) [-산빤] 명 지게에 얹어 놓고 물건을 담아 지는 삿반.

질색 (窒塞) [-쌕] 명하자 ①몹시 놀라거나 싫어서 기막힐 지경에 이름. ¶ 추운 것은 딱 질색이다. ②숨이 통하지 못하여 기운이 막힘. ②질기(窒氣).

질서 (姪壻) [-써] 명 ☞조카사위.

질서 (秩序) [-써] 명 사물 또는 사회가 올바른 상태를 유지하기 위해서 지켜야 할 일정한 차례나 규칙. ¶ 질서를 바로잡다.

질서-벌 (秩序罰) [-써-] 명 ☞행정벌(行政罰).

질소 (窒素) [-쏘] 명 비금속 원소의 한 가지. 공기 부피의 5분의 4를 차지하는 무색·무미·무취의 기체. 다른 원소와 어울려 초석·질산 따위를 만들어 내며, 생물계의 동식물체를 이루는 단백질에 없어서는 안 될 중요 성분임. 질소 화합물의 제조 및 야금(冶金) 따위에 이용됨. 〔N/7/14.0067〕

질소 (質素) '질소하다'의 어근.

질소^고정 (窒素固定) [-쏘-] 명 공기 속의 질소를 화합물로 만드는 일.

질소^공업 (窒素工業) [-쏘-] 명 공기 속의 질소를 화합물로 고정시키는 공업.

질소^동화^작용 (窒素同化作用) [-쏘-] 명 식물이 공기 속의 유리(遊離) 질소, 또는 땅이나 물속의 무기 질소 화합물을 얻어 각종 유기 질소 화합물로 만드는 작용.

질소^비ː료 (窒素肥料) [-쏘-] 명 질소가 많이 들어 있거나 질소만 들어 있는 비료. 〔질산염·요소·깻묵 따위.〕

질소족^원소 (窒素族元素) [-쏘-] 명 질소·비소·안티몬·인·비스무트의 다섯 원소를 통틀어 이르는 말.

질소^폭탄 (窒素爆彈) [-쏘-] 명 핵폭탄의 한 가지. 수소 폭탄을 질소로 싼 폭탄.

질소-하다 (質素-) [-쏘-] 형여 꾸밈이 없이 소박하다. 질박하고 검소하다.

질-솥 [-솓] 명 질흙으로 구워서 만든 솥. 토정(土鼎). * 질솥이[-소치]·질솥을[-소틀]·질솥만[-손-]

질시 (疾視) [-씨] 명하타 밉게 봄.

질시 (嫉視) [-씨] 명하타 시기하여 봄. 시새워서 봄. 투시(妬視).

질식 (窒息) [-씩] 명하자 되자 숨이 막힘, 또는 그로 말미암아 생기는 장애나 상태. ¶ 유독 가스에 질식되다.

질식-사 (窒息死) [-씩싸] 명하자 질식으로 죽음. 질사(窒死).

질식성^가스 (窒息性gas) [-씩썽-] 명 호흡을 어렵게 하는 '독가스'를 통틀어 이르는 말.

질실 (質實) '질실하다'의 어근.

질실-하다 (質實-) [-씰-] 형여 질박(質朴)하고 성실하다. **질실-히** 부.

질쑥-질쑥 [-찔-] 부하형 여러 군데가 질쑥한 모양. 작잘쏙잘쏙². 센찔쑥찔쑥.

질쑥-하다 [-쑤카-] 형여 긴 물체의 한 부분이 가늘게 질룩하다. 작잘쏙하다. 센찔쑥하다. **질쑥-이** 부.

질아 (姪兒) 명 ☞조카.

질언 (疾言) 명하자 ①빠른 말투로 말함, 또는 빠른 말투. ②빠른 말투로 거칠게 말함.

질언 (質言) 명 ①하타 꾸밈이 없이 말함, 또는 그런 말. 질박(質朴)한 말. ②☞언질(言質).

질역 (疾疫) 명 유행하는 병. 유행병.

질염 (膣炎) [-렴] 명 질에 생기는 염증.

질오 (嫉惡) 명하타 시새워 몹시 미워함.

질욕 (叱辱) 명하타 꾸짖으며 욕함.

질우 (疾雨) 명 세차게 내리는 비.

질원 (疾怨) 명하타 미워하고 원망함.

질의 (質疑) [지릐/지리] 명하자타 의심나는 점을 물어서 밝힘. ¶ 질의에 응답하다.

질의 (質議) [지릐/지리] 명하타 사리의 옳고 그름을 따지며 의논함.

질의-응답 (質疑應答) [지릐-/지리-] 명 한편에서 의심나는 점을 질문하면 다른 한편에서 이에 대하여 답하는 일.

질자 (姪子) [-짜] 명 ☞조카.

질-장구 명 '부(缶)'를 속되게 이르는 말.

질-적 (質的) [-쩍] 관명 내용이나 본질에 관계되는 (것). ¶ 상품의 질적 향상을 꾀하다. ↔양적(量的).

질점 (質點) [-쩜] 명 역학적으로, 크기가 없고 질량(質量)만 있다고 가상(假想)하는 점. 물체의 질량이 모두 집결하였다고 간주하는 점인데, 물체의 운동을 설명할 때 쓰이는 개념임.

질점-계 (質點系) [-쩜계/-쩜게] 명 몇 개의 질점으로 이루어지는 역학적 체계.

질정 (叱正) [-쩡] 명하타 꾸짖어 바로잡음.

질정 (質正) [-쩡] 명하타되자 옳고 그름을 묻거나 따지거나 하여 밝힘.

질정 (質定) [-쩡] 명하타되자 갈피를 잡고 헤아려 작정함. ¶ 아직 마음을 질정하지 못한 터라 선뜻 나서기가 두렵습니다.

질족 (疾足) [-쪽] 명 빠른 걸음. ↔완보(緩步).

질주 (疾走) [-쭈] 명하자타 빨리 달림. ¶ 고속도로로 수많은 차가 질주하고 있다.

질증 (疾憎) [-쯩] 명하타 몹시 미워함.

질직 (質直) '질직하다'의 어근.

질직-하다 (質直-) [-찌카-] 형여 질박(質朴)하고 정직하다. **질직-히** 부.

질질¹ 부 액체 따위가 그치지 않고 흐르는 소리, 또는 그 모양. ¶ 침을 질질 흘리다. 작잘잘¹·잴잴. 센찔찔¹.

질질² 부 ①윤기가 번드르르하게 흐르는 모양. ②바닥에 닿아 홍하게 끌리는 모양. ¶ 치맛자락을 질질 끌다. ③가진 물건을 허술하게도 빠뜨리거나 흘리는 모양. ¶ 쌀을 질질 흘리다. ④한번 정한 기한을 자꾸 미루는 모양. ¶ 약속한 날을 어기고 질질 끌다. ①②작잘잘².

질질³ 부 주책없이 이리저리 바쁘게 싸다니는 모양. ¶ 해야 할 일을 미루어 두고 질질 쏘다니기만 하다. 작잘잘³·절절². 센찔찔².

질질-거리다 자 주책없이 이리저리 자꾸 싸다니다. 질질대다. 작잘잘거리다·절절거리다.

질질-대다 자 질질거리다.

질-차관 (-茶罐) 명 질흙으로 구워 만든 차관.

질책(叱責)명하타 꾸짖어 나무람. ¶ 질책을 당하다.
질책(帙冊)명 여러 권으로 된 한 벌의 책. 변 길책.
질책(質責)명하타 ①잘못을 따져 꾸짖음. ②잘잘못을 끝까지 따져서 밝힘.
질척-거리다[-꺼-]자 자꾸 질척질척하다. 질척대다. 작잘착거리다.
질척-대다[-때-]자 질척거리다.
질척-이다자 진흙이나 반죽 따위가 물기가 많아 차지고 진 느낌이 들다.
질척-질척[-찔-]부하자 질척한 진흙땅을 자꾸 밟을 때 매우 차지게 나는 소리. 작잘착잘착.
질척질척-하다[-찔처카-]형여 여러 군데가 고루 질척하다. 작잘착잘착하다.
질척-하다[-처카-]형여 진흙 따위가 차지게 질다. 작잘착하다.
질축(嫉逐)명하타 샘내어 내쫓음. 시새워 물리침.
질커덕-거리다[-꺼-]자 진흙이나 묽은 반죽 같은 것이 물기가 많아 진 느낌이 자꾸 들다. 질커덕대다. 준질컥거리다.
질커덕-대다[-때-]자 질커덕거리다.
질커덕-질커덕[-찔-]부하형 진흙이나 묽은 반죽 같은 것이 매우 진 모양. 준질컥질컥.
질커덕-하다[-더카-]형여 진흙이나 묽은 반죽 같은 것이 물기가 많아서 몹시 질다. 준질컥하다. 작잘카닥하다.
질컥-거리다[-꺼-]자 〈질커덕거리다〉의 준말.
질컥-대다[-때-]자 질컥거리다.
질컥-질컥[-찔-]부하형 〈질커덕질커덕〉의 준말.
질컥-하다[-커카-]형여 〈질커덕하다〉의 준말. 작잘칵하다.
질크러-지다자 질쑥하게 쑥 들어가다. 작잘크라지다.
질타(叱咤)명하타 성을 내어 큰 소리로 꾸짖음. ¶ 여론의 질타를 받다.
질탕(跌宕·佚蕩)명하형 한껏 흐드러져 방탕에 가깝도록 흥겨움, 또는 그렇게 노는 짓. ¶ 질탕하게 마시고 놀다. **질탕-히**부.
질-탕관(-湯罐)명 질흙으로 구워 만든 탕관.
질-통(-桶)명 ①물통. ②광석·버력·흙·모래 따위를 져 낼 때 쓰는 통. 삼태기나 나무통 따위에 멜빵을 달아서 씀.
질통(疾痛)명 병으로 말미암은 아픔.
질통-꾼(-桶-)명 질통으로 광석이나 흙·모래 따위를 져 나르는 일꾼.
질투(嫉妬·嫉妒)명하타 ①강샘. ¶ 질투가 나다. ②(저보다 나은 사람을) 시기하여 미워함.
질투-심(嫉妬心)명 ☞투심.
질퍼덕부하자타 질퍽한 바닥을 밟을 때 나는 소리. 준질퍽. 작잘파닥. **질퍼덕-질퍼덕**부하자타.
질퍼덕-거리다[-꺼-]자타 자꾸 질퍼덕질퍼덕하다. 질퍼덕대다. 준질퍽거리다. 작잘파닥거리다.
질퍼덕-대다[-때-]자타 질퍼덕거리다.
질퍼덕질퍼덕-하다[-찔-더카-]형여 매우 질퍼덕하다. 준질퍽질퍽하다. 작잘파닥잘파닥하다.
질퍼덕-하다[-더카-]형여 바닥이 몹시 무르게 질다. 준질퍽하다. 작잘파닥하다.
질퍽부하자타 〈질퍼덕〉의 준말. 작잘팍. **질퍽-질퍽**부하자타.
질퍽-거리다[-꺼-]자 〈질퍼덕거리다〉의 준말. 질퍽대다. 작잘팍거리다.
질퍽-대다[-때-]자 질퍽거리다.
질퍽질퍽-하다[-찔퍼카-]형여 〈질퍼덕질퍼덕하다〉의 준말. 작잘팍잘팍하다.
질퍽-하다[-퍼카-]형여 〈질퍼덕하다〉의 준말. 작잘팍하다. **질퍽-히**부.
질펀-하다형여 ①넓게 열린 땅이 평평하다. ②주저앉아 하는 일 없이 늘어져 있다. ¶ 질펀하게 앉아 있다. ③물건 따위가 즐비하게 널려 있다. ④질거나 젖어 있다. ¶ 눈이 녹아 땅이 질펀하다. **질펀-히**부.
질품(質稟)명하타 (자기가 할 일에 대하여) 상관에게 여쭈어 봄.
질풍(疾風)명 ①몹시 빠르고 세게 부는 바람. ¶ 질풍같이 내달리는 군사들. ②☞흔들바람.
질풍-경초(疾風勁草)명 〔질풍에도 꺾이지 않는 억센 풀이라는 뜻으로〕 '아무리 어려운 일을 당해도 뜻이 흔들리지 않는 사람'을 비유하여 이르는 말.
질풍-노도(疾風怒濤)명 몹시 빠르게 부는 바람과 무섭게 소용돌이치는 물결. ¶ 적군이 질풍노도처럼 밀어닥치다.
질-풍류(-風流)[-뉴]명 '질흙으로 구워 만든 악기'를 통틀어 이르는 말.
질풍-신뢰(疾風迅雷)[-실뢰/-실뤠]명 〔빠르고 세찬 바람과 무섭게 울리는 천둥이라는 뜻으로〕 '몹시 빠르고 세찬 기세'를 비유하여 이르는 말. ¶ 질풍신뢰와 같은 기세로 적진을 공략하였다.
질항(姪行)명 조카뻘.
질-항아리(-缸-)명 질흙으로 구워 만든 항아리.
질행(疾行)명하자 빨리 감. 줄달음침.
질호(疾呼)명하타 급히 부름. 소리를 질러 부름.
질화-강(窒化鋼)명 특수강의 한 가지. 겉에 질화물의 굳은 층을 만들어 경도를 높인 강철. 내연 기관의 부품이나 고압관(高壓罐) 따위에 쓰임.
질-화로(-火爐)명 질흙으로 구워 만든 화로.
질화-물(窒化物)명 질소와 다른 원소와의 화합물.
질환(疾患)명 ☞질병(疾病). ¶ 신경성 질환.
질-흙[-흑]명 찰흙의 한 가지. 질그릇의 원료로 쓰임. 참질. * 질흙이[-흘기]·질흙만[-흥-]
짊다[짐따]타 (지게·수레·길마 따위에) 짐을 가든그려서 얹다. * 짊어·짊고[짐꼬]·짊는[짐-]
짊어-지다타 ①짐 따위를 뭉뚱그려서 지다. ¶ 보따리를 짊어지다. ②빚을 지다. ③(책임이나 부담 따위를) 맡아 지다. ¶ 조국의 운명을 두 어깨에 짊어지다. 걸머지다.
짊어지-우다타 〖'짊어지다'의 사동〗 짊어지게 하다. ¶ 동생에게 쌀 한 말을 짊어지우다. /장남에게 가족의 생계를 짊어지우다.
짐[1]명 ①다른 곳으로 옮기려고 챙기거나 꾸려 놓은 물건. 하물. ②맡겨진 부담이나 책임. ¶ 장남이라 짐이 무겁겠소. ③수고롭고 귀찮은 일이나 물건. ¶ 여행할 때 이런 물건은 짐만 된다. ④〖의존 명사적 용법〗 한 번에 져 나를 만한 분량을 세는 단위. ¶ 나무 한 짐.
짐을 벗다관용 고통·슬픔·걱정·책임 따위에서 벗어나다.
짐을 싸다관용 ①다니던 회사를 그만두다. ②다른 곳으로 이사하다.
짐을 풀다관용 거처를 정하고 생활을 시작하다.
짐[2]의 지난날, 조세(租稅)를 셈하기 위한 토지 면적의 단위. 한 짐은 열 뭇, 곧 백 줌. 부(負).
짐:(朕)대 임금이 '나'라는 뜻으로 '자기'를 일컫던 말. ¶ 짐이 곧 국가다. 참과인(寡人).

짐-꾼명 짐을 나르는 사람.
짐-대[-때]명 불교에서, 당(幢)을 달아 세우는 대를 이르는 말. 돌이나 쇠로 만듦. 당간(幢竿).
짐-바[-빠]명 짐을 묶거나 동이는 데에 쓰는 줄.
짐-바리[-빠-]명 마소로 실어 나르는 짐.
짐-받이[-바지]명 자전거 따위의 뒤에 짐을 싣는, 시렁 같은 물건.
짐-방[-빵]명 곡식을 도매로 파는 큰 싸전 따위에서 곡식 짐의 운반을 업으로 삼는 사람.
짐-배[-빼]명 짐을 실어 나르는 배. 하선(荷船). 화물선(貨物船).
짐벙-지다형 신이 나서 멋들어지고 푸지다.
짐-삯[-싹]명 짐을 나른 값으로 치르는 품삯. 운임(運賃). *짐삯이[-싹씨]·짐삯만[-쌍-]
짐ː-새(鴆-)명 중국 남방에서 산다는 독조(毒鳥). 뱀을 잡아먹기 때문에 온몸에 강한 독기가 있어, 사람이 이 새의 깃이 잠긴 술을 마시면 즉사한다고 함.
짐-수레명 짐을 싣는 수레.
짐-스럽다[-따][~스러우니·~스러워]형ㅂ 책임이 느껴져 마음이 편치 않다. **짐스레**부.
짐승명 ①날짐승과 길짐승을 두루 이르는 말. ②몸에 털이 나고 네 발을 가진 동물. ③바다 속에 사는 동물 가운데서 어류가 아닌 포유동물. 〔고래나 물개 따위.〕 ④'잔인하거나 야만적인 사람'을 비유하여 이르는 말.
짐승발자국-유(-禸)[-짜궁뉴]명 한자 부수의 한 가지. '禹'·'禽' 등에서의 '禸'의 이름.
짐작(←斟酌)명하자타되자 (까닭이나 형편 따위를) 어림잡아 헤아림. 겉가량으로 생각함. 침량(斟量). ¶ 대강 짐작은 간다.
짐즛부 〈옛〉짐짓. 일부러. ¶ 짐즛 업게 ᄒᆞ시니(龍歌64章).
짐짐-하다형여 ①음식이 아무 맛도 없이 찝찔하기만 하다. ②마음에 조금 꺼림하다. ¶ 기분이 짐짐하다.
짐짓[-짇]부 마음은 그렇지 않으나 일부러 그렇게. 고의로. ¶ 짐짓 못 본 체하다.
짐즛부 〈옛〉짐짓. 일부러. ¶ 짐즛 이 글월을 셰워 쓰게 ᄒᆞ엿ᄂᆞ니(朴解上54). 참짐즛.
짐-짝명 묶어 놓은 짐의 덩이. ¶ 사람을 짐짝처럼 싣고 달리는 만원 버스.
짐-칸명 짐을 넣어 두거나 싣는 칸.
집[1]명 ①사람이 살기 위하여 지은 건물. 가족이 생활하는 터전. ②동물이 보금자리를 친 곳. ¶ 까치가 미루나무에 집을 짓다. ③가정(家庭). ¶ 한 지붕 밑에 세 집이 산다. ④칼·벼루·안경 따위를 끼거나 담아 두는 제구. ¶ 안경을 집에 넣다. ⑤바둑에서, 돌로 에워싸여 상대편이 들어올 수 없거나, 두고 나서 자기 차지가 된 바둑판의 빈 자리. ⑥〖의존 명사적 용법〗 ㉠가구(家口)의 수를 세는 단위. ¶ 이 주택에는 열 집이 산다. ㉡바둑에서, 완전히 자기 차지가 된 바둑판의 빈 자리를 세는 단위. ¶ 두 집 이기다. ⑥참호(戶).
집도 절도 없다속담 몸을 붙이거나 기댈 데가 아무 데도 없다는 말.
집(을) 나다관용 집에서 멀리 떠나다.
집(이) 나다관용 ①팔고 살 집이 생기다. ②바둑에서, 집이 생기다.
집[2]명 자기의 '아내'나 '남편'을 점잖게 이르는 말. 《주로, '집에서'의 꼴로 쓰임.》 ¶ 집에서 좋다고 하면 함께 가지요.
집(輯)의 시가·문장 따위를 엮은 책이나 음악 앨범 따위를 낼 때 그 발행 차례를 나타내는 단위. ¶ 이번에 동인지 제2집을 발간하였다.
-집[1]접미 《일부 명사 뒤에 붙어》 ①자기 집안에서 출가한 손아래 여자를, 그 남편의 성 뒤에 붙여 그 집 사람임을 나타냄. ¶ 김집./이집. ②남의 작은집이나 기생첩을 말할 때, 그 사람이 전에 머물러 있던 지명 뒤에 붙여 쓰는 말. ¶ 평양집./진주집.
-집[2]접미 《일부 명사 뒤에 붙어》 ①크기나 부피의 뜻. ¶ 몸집./살집. ②그것이 생긴 자리나 그 흔적. ¶ 물집./흠집.
-집(集)접미 《일부 명사 뒤에 붙어》 시가·문장·그림 따위를 모은 책임을 나타냄. ¶ 논문집./단편집./시집./수필집.
집가게-거미[-까-]명 가게거밋과의 거미. 몸길이 10~14 mm. 몸빛은 회백색이며 검푸른색의 줄무늬가 있음. 주로, 집의 구석진 곳에 깔때기 모양의 집을 짓고 삶.
집-가시다[-까-]자 〔초상집에서 발인한 뒤에 집 안을 깨끗하게 한다는 뜻으로〕 무당을 불러 악귀를 물리치는 굿을 하다.
집가심[-까-]명하자 집가시는 일.
집-가축[-까-]명하자 집을 매만져서 잘 거두는 일.
집-값[-깝]명 집을 팔고 사는 값. *집값이[-깝씨]·집값만[-깜-]
집강-소(執綱所)[-깡-]명 조선 말기에, 동학 농민군이 전라도 지방에 설치한 자치적 개혁 기구.
집-갯지렁이[-깨찌-/-깯찌-]명 갯지렁잇과의 한 가지. 몸길이 40 cm가량이며 몸빛은 갈색임. 바닷가 모래땅에서 해조·모래알·조가비·나뭇잎 따위로 집을 짓고 삶. 낚시 미끼로 쓰임.
집-게[-께]명 물건을 집는 데 쓰는, 끝이 두 가닥으로 갈라진 연장.
집게-발[-께-]명 게나 가재 따위의 끝이 집게처럼 생긴 큰 발.
집게-벌레[-께-]명 ①집게벌렛과의 곤충류를 통틀어 이르는 말. ②집게벌렛과의 곤충. 몸길이 22~24 mm. 몸은 대체로 길고 편평하며 배 끝에 집게 모양의 기관을 가졌음. 들에서는 벌레를 잡아먹는 익충(益蟲)이지만 양잠하는 곳에서는 누에를 잡아먹는 해충임.
집게-뼘[-께-]명 엄지손가락과 집게손가락을 벌린 길이. 준집뼘.
집게-손가락[-께-까-]명 엄지손가락 다음의 손가락. 검지. 두지(頭指). 식지. 인지(人指).
집결(集結)[-껼]명하자타되자 한곳으로 모임, 또는 모음. ¶ 집결 장소./사병들이 연병장에 집결하다.
집계(集計)[-꼐/-께]명하타되자 모아서 합계함, 또는 그 합계. ¶ 투표용지를 집계하다.
집고[-꼬]부 어떤 일을 미루어 생각할 때, 꼭 그러하리라는 뜻을 나타내는 말. ¶ 이번에는 집고 이길 것이다.
집광(集光)[-꽝]명하자 (렌즈나 반사경으로) 빛을 한곳으로 모음.
집광-경(集光鏡)[-꽝-]명 평행 광선을 한 점으로 모으거나, 각 방면으로 방사(放射)한 빛을 한곳으로 모으는 오목 거울.
집광-기(集光器)[-꽝-]명 광학 기계에서, 빛을 한곳으로 모으는 장치. 현미경이나 영사기 등에 쓰이는데, 렌즈를 쓰는 것을 집광 렌즈, 반사경을 쓰는 것을 집광경이라 함.
집광^렌즈(集光lens)[-꽝-]명 빛을 한곳으로 모으기 위한 렌즈.
집-괭이[-꽹-]명 집에서 기르는 고양이.
집괴(集塊)[-꾀/-꿰]명 덩어리. 뭉치.

집구(集句)[-꾸]명하자 옛사람이 지은 글귀를 모아 새로이 한 구의 시를 만듦, 또는 그렇게 해서 만든 시(詩).

집-구석[-꾸-]명 ①〈집〉의 속된 말. ¶ 집구석에만 틀어박혀 있다. ②〈가정〉의 속된 말.

집권(執權)[-꿘]명하자 정권을 잡음. 권세를 가짐. ¶ 집권 말기.

집권(集權)[-꿘]명하자 권력을 한군데로 모음. ¶ 비민주적 중앙 집권. ↔분권(分權).

집권-당(執權黨)[-꿘-]명 정권을 잡은 정당이나 무리. 참여당(與黨).

집권-자(執權者)[-꿘-]명 정권을 잡은 사람. 권세를 가진 사람.

집금(集金)[-끔]명하자되자 회비·대금·요금 등을 모으는 일, 또는 모은 그 돈. 수금(收金).

집금-원(集金員)[-끄뭔]명 (돌아다니며) 집금하는 일을 업무로 삼는 사람. 수금원.

집기(什器)[-끼]명 ☞집물.

집기(執記)[-끼]명 지난날, 논밭의 자호(字號)·결수(結數)·두락(斗落)·작인(作人) 따위를 적어 두던 장부. 참양안(量案).

집기-병(集氣甁)[-끼-]명 화학 실험용 기구의 한 가지. 기체를 모으는, 유리로 된 병.

집념(執念)[짐-]명 ①마음에 깊이 새겨 뗄 수 없는 생각. ¶ 집념의 사나이. /집념이 강하다. ②하자한 가지 일에만 달라붙어 정신을 쏟음. ¶ 연구에 집념하다.

집-누에[짐-]명 집에서 치는 누에. 가잠(家蠶).

집다[-따]타 ①손으로 물건을 잡다. ¶ 연필을 집다. ②집게 따위로 무엇을 끼워서 들다. ¶ 젓가락으로 김치를 집어서 먹다. ③떨어진 것을 줍다. ¶ 바닥에 떨어진 동전을 집다. ④지적하다. ¶ 핵심만 집어서 물어라.

집단(集團)[-딴]명 많은 사람이나 동물, 또는 물건이 모여서 무리를 이룬 상태. ¶ 집단의 이익을 위해 궐기하다. 비단체.

집단^검:진(集團檢診)[-딴-]명 많은 사람에게 한꺼번에 실시하는 건강 진단. 주로, 학교·회사·공장 등에서 질병의 조기 발견을 목표로 함.

집단^농장(集團農場)[-딴-]명 여러 사람이 농지의 소유권을 공유하여 함께 경영하는 농장.

집단^방위(集團防衛)[-딴-]명 여러 나라가 힘을 합쳐 방위 조직을 만들어 서로의 안전을 보장하는 일. 〔나토(NATO) 따위.〕

집단^본능(集團本能)[-딴-]명 고립을 싫어하고 집단생활을 하려고 하는 본능.

집단-생활(集團生活)[-딴-]명 공통되는 의식이나 목표를 가지고 여럿이 집단을 이루어 일정 기간 함께 지내는 생활.

집-단속(-團束)[-딴-]명 집 안에 있는 것을 잘 간수하기 위하여 보살피는 것.

집단^심리학(集團心理學)[-딴-니-]명 집단 심리를 연구하는 학문. 집단이 갖는 정신, 곧 사회의식이 인간의 행동을 어떻게 변화시키는가를 연구함.

집단^안전^보:장(集團安全保障)[-따난-]명 국가의 안전을 스스로의 군비 확장이나 다른 나라와의 군사 동맹에 의하지 않고, 여러 나라가 협력하여 특정 국가의 무력 행사를 막을 체제를 만듦으로써 보장하려는 것. 국제 연합은 이런 생각에 바탕을 두고 있음.

집단-어(集團語)[-따너]명 ①국가가 없거나 국가를 잃은 민족의 언어. ②국가를 배경으로 하는 국어에 대하여, 일정한 지방이나 사회에서 쓰이는 언어.

집단^요법(集團療法)[-딴뇨뻡]명 심리적 부적응 상태에 있는 사람들을 집단 안에 수용하여, 집단 활동을 하게 함으로써 치료를 하는 정신 요법.

집단^지도(集團指導)[-딴-]명 ①여럿이 협동하여 학습을 하는 상태 안에서 이루어지는 지도. ②정당 등에서, 중요한 방침 따위를 간부의 집단적 합의로 결정해 나가는 방식.

집단^표상(集團表象)[-딴-]명 ☞집합 표상. ↔개인 표상.

집단-행동(集團行動)[-딴-]명 한 집단이 같은 의식과 목표를 가지고 행하는 행동.

집단-혼(集團婚)[-딴-]명 ☞군혼(群婚).

집단^히스테리(集團Hysterie)[-딴-]명 자극적인 보도 같은 것으로 인하여 생긴 불안이나 공상, 또는 현실에서 벗어나고 싶다는 무의식적 욕구 따위가 바탕이 되어 히스테리 증상이 집단 내에 번지는 현상.

집달-관(執達官)[-딸-]명 '집행관'의 이전 일컬음.

집달-리(執達吏)[-딸-]명 '집달관'의 이전 일컬음.

집-대성(集大成)[-때-]명하타되자 (낱낱으로 된) 여럿을 모아 하나의 정리된 것으로 완성함, 또는 그 완성한 것. ¶ 현대 문학의 집대성. /향가를 집대성하다.

집도(執刀)[-또]명하자 ①칼을 잡음. ②수술이나 해부 따위를 하기 위하여 메스를 잡음.

집-돼지[-뙈-]명 (멧돼지에 대하여) '집에서 기르는 돼지'를 이르는 말.

집-뒤짐[-뛰-]명하자 사람이나 잃어버린 물건 따위를 찾기 위하여 남의 집을 뒤짐.

집-들이[-뜨리]명하자 ①새로운 집으로 이사하여 듦. ②이사한 뒤, 집 구경과 인사를 겸해서 이웃과 친구들을 초대하여 대접하는 일. ¶ 친구들을 불러 집들이하다.

집례(執禮)[짐녜]명 ①지난날, 제향 때 홀기(笏記)를 읽는 일을 맡아보던 임시 벼슬. ②하타예식을 집행함.

집록(輯錄·集錄)[짐녹]명하타되자 (여러 책에서) 모아 기록함, 또는 그 기록.

집류(執留)[짐뉴]명하타 공금을 사사로이 쓴 사람의 재산을 압류함.

집-모기[짐-]명 모깃과의 곤충. 집 안에서 흔히 볼 수 있는데, 주혈 사상충의 중간 숙주로서 밤에 피를 빨며 뇌염 따위 질병을 전염시킴.

집무(執務)[짐-]명하자 사무를 봄. ¶ 집무 시간.

집무-실(執務室)[짐-]명 주로 높은 지위에 있는 사람이 사무를 보는 방. ¶ 대통령 집무실.

집무-편람(執務便覽)[짐-펼-]명 일을 보는 데 필요한 여러 가지 규정이나 지식 따위를, 보고 쉽게 알 수 있도록 모아서 간단히 정리한 책.

집-문서(-文書)[짐-]명 집의 소유권을 증명하는 문서. 가권(家券). 참가계(家契).

집물(什物)[짐-]명 살림살이에 쓰이는 온갖 기구. 가구(家具). 집기.

집-박쥐[-빡쮜]명 애기박쥣과의 짐승. 인가 부근에 살며 날개 길이는 3.4 cm가량. 몸빛은 환경에 따라 바뀌나 대체로 암갈색임. 나비나 나방 따위를 잡아먹음.

집배(執杯)[-빼]명하자 술잔을 듦. 술을 마심.

집배(集配)[-빼]명하타 (우편물이나 화물 따위를) 한군데로 모으거나 배달함.

집배-원(集配員)[-빼-]명 〈우편집배원(郵便集配員)〉의 준말.

집백(執白)[-빽]명 바둑에서, 백(白)을 잡고 둠. ¶ 집백으로 다섯 집 이기다. ↔집흑(執黑).
집법(執法)[-뻡]명하자 법령을 굳게 지킴.
집복(執卜)[-뽁]명하타 지난날, 벼슬아치가 농사 작황(作況)을 답사하여 구실을 매기던 일.
집복(集福)[-뽁]명하자 복덕을 불러 모음.
집부(集部)[-뿌]명 중국 고전을 경(經)·사(史)·자(子)·집(集)의 사부로 분류한 것 중에서 '집'에 딸린 부류. 모든 시집과 문집이 이에 딸림.
집비두리명 〈옛〉집비둘기. ¶ 집비두리 합:鴿(訓蒙上*16*).
집-비둘기[-삐-]명 집에서 기르는 비둘기. 백합(白鴿). ↔들비둘기.
집-뼘명 〈집게뼘〉의 준말.
집사(執事)[1][-싸]명 ①주인집에 고용되어 그 집 일을 맡아보는 사람. ②개신교에서, 봉사 직분의 하나, 또는 그 직에 있는 사람. 유사(有司). ③높은 사람에게 보내는 편지 겉봉의 택호(宅號) 뒤에 '시하인(侍下人)'의 뜻으로 쓰는 말. ④절에서, 여러 잡무를 처리하는 직분. 선종의 지사에 해당함.
집사(執事)[2][-싸] Ⅰ명 '귀인(貴人)'을 높이어 이르는 말.
Ⅱ대 '노형(老兄)은 지나고 존장(尊長)은 채 못 되는 사람'을 높이어 부르는 말.
집사-관(執事官)[-싸-]명 지난날, 나라의 모든 의식을 진행하던 관원.
집-사람[-싸-]명 남에게 대하여, 자기 '아내'를 겸손하게 이르는 말.
집사-부(執事部)[-싸-]명 신라 때, 국가의 기밀(機密)과 서정(庶政)을 맡아보던 최고의 행정 기관. 흥덕왕 4(829)년에 집사성으로 고쳤음.
집사-성(執事省)[-싸-]명 신라 때, 국가의 기밀(機密)과 서정(庶政)을 맡아보던 최고의 행정 기관. 흥덕왕 4(829)년에 집사부를 고친 이름임.
집사-자(執事者)[-싸-]명 어떤 일을 실제로 주관하여 처리하는 사람.
집산(集散)[-싼]명하자타 모여듦과 흩어짐. 모음과 흩음.
집산-주의(集産主義)[-싼-의/-싼-이]명 토지·공장·광산·철도 따위 중요한 생산 수단을 국유화하여, 정부의 관리 아래 두고 집중 통제하는 주의.
집산-지(集散地)[-싼-]명 생산품이 여러 곳에서 모여들었다가 다시 다른 여러 지역으로 흩어져 나가는 곳. ¶ 사과의 집산지.
집상(執喪)[-쌍]명하자 부모의 거상(居喪) 때, 예절에 따라 상제 노릇을 함.
집성(集成)[-썽]명하타되자 (종류가 같은) 많은 것을 모아서 하나의 정리된 것으로 만듦. ¶ 한국 민요를 집성한 책.
집성-촌(集姓村)[-썽-]명 성(姓)이 같은 사람들이 모여 사는 촌락.
집-세(-貰)[-쎄]명 남의 집을 빌린 삯으로 내는 돈. 가임. 가세(家貰). ¶ 집세를 물다.
집소-성대(集小成大)[-쏘-]명하자 작은 것들을 모아서 큰 것을 이룸.
집속(執束)[-쏙]명하자 타작하기 전에, 곡식의 묶음 수를 세어서 적음.
집수(執手)[-쑤]명하타 (상대편의) 손을 잡음.
집시(Gypsy)명 ①코카서스 인종에 딸린 유랑 민족. 유럽 각지에서 방랑 생활을 함. 대부분 쾌활한 성격으로 음악에 뛰어난 재능을 지니고 있음. ②'방랑 생활을 하는 일, 또는 그런 사람'을 비유하여 이르는 말. ②참보헤미안.
집심(執心)[-씸]명하자 단단하게 한쪽으로 먹은 마음.
집-안명 가족이나 가까운 일가. ¶ 집안 어른.
집안 귀신이 사람 잡아간다속담 가까운 사람으로부터 해를 입었을 때 하는 말.
집안이 망하려면 맏며느리가 수염이 난다속담 일이 안 되려니까 별별 탈이 다 생긴다는 말.
집안이 망하면 집터 잡은 사람만 탓한다속담 잘못된 일은 남의 탓으로만 돌린다는 말.
집안-닦달[-닥딸]명하자 집 안을 깨끗이 치워내는 일. ¶ 말끔하게 집안닦달을 하다.
집안-사람[-싸-]명 ①한가족, 또는 가까운 일가. ¶ 집안사람끼리 어울리다. ②남 앞에서, '자기 아내'를 이르는 말.
집안-싸움명 ①한가족, 또는 가까운 일가끼리 하는 싸움. ②같은 편끼리 하는 싸움. 내분.
집안-일[-닐]명 ①집 안에서 하는 일. ¶ 집안일에 무관심한 남편. ②가까운 일가 사이의 일. ¶ 종손은 크고 작은 집안일을 주관한다.
집-알이명하자 남의 이사 간 집을 구경할 겸 인사로 찾아보는 일.
집약(集約)명하타되자 (많은 것을) 한데 모아 요약함. ¶ 그의 작품은 이 한 편에 집약되어 있다. /분분한 의견을 하나로 집약하다.
집약^경영(集約經營)[-꼉-]명 많은 자본과 노동력을 집중 투입하여 효율적으로 하는 경영.
집약-적(集約的)[-쩍]관명 많은 것을 한데 모아서 요약하는 (것), 또는 그런 성질을 띤 (것). ¶ 집약적 영농 방식. /각계(各界)에서 제출한 의견들을 정리하여 집약적으로 설명하다.
집약적 농업(集約的農業)[-쩡-] 일정한 경작 면적에서 보다 많은 작물을 생산하기 위하여, 많은 자본과 노동력을 투입하는 농업 경영 방법. ↔조방적 농업(粗放的農業).
집어-내다 Ⅰ타 집어서 밖으로 내놓다. ¶ 화로에서 구운 고구마를 집어내다.
Ⅱ자타 지적하여 밝혀 내다. ¶ 춤사위에 잘못이 많다고 집어내다. /논문에서 문제점을 집어내다.
집어-넣다[-너타]타 어떤 공간이나 단체 따위에 들어가게 하다. ¶ 감방에 집어넣다.
집어-던지다타 일이나 행동을 그만두다. ¶ 대학 교수직을 집어던지고 저술에만 힘쓰다.
집어-등(集魚燈)명 밤에 불빛을 보고 모여드는 어족(魚族)을 잡기 위하여 켜는 등불.
집어-먹다[-따]타 ①남의 것을 가로채어 차지하다. ¶ 남에게 전할 돈을 집어먹다. ②겁·두려움 따위를 가지게 되다. ¶ 겁을 집어먹다.
집어-삼키다타 ①입 안에 집어넣고 삼키다. ¶ 단숨에 집어삼키다. ②남의 것을 가로채어 가지다. ¶ 남의 재산을 집어삼키다.
집어-세다타 ①주책없이 마구 먹다. ②여지없이 마구 닦달하다. ¶ 호되게 집어세다. ③남의 것을 마음대로 가지다. ¶ 남의 물건을 제멋대로 집어세다.
집어-쓰다[~쓰니·~써]타 돈 따위를 닥치는 대로 쓰다. ¶ 그는 사업을 한답시고 부모의 유산을 다 집어썼다.
집어-치우다타 하던 일이나 하려던 일을 그만두다. ¶ 하던 공부를 집어치우다. /학자가 되겠다는 생각을 집어치우다.
집어-타다타 〈잡아타다〉의 속된 말. ¶ 택시를 집어타다.
집역(執役)명하자 백성이 공역(公役)을 치름.
집영(集英)명하자 (뛰어난) 인재를 모음, 또는 모인 인재.

집-오리명 집에서 기르는 오릿과의 새. 물오리보다 크고 날개는 약함. 고기나 알 따위를 취하기 위하여 기름. 가압(家鴨).
집요(執拗) '집요하다'의 어근.
집요(輯要)명하타 요점만을 모음.
집요-하다(執拗-)형여 고집이 세고 끈질김. ¶ 집요한 생각. /집요하게 묻고 늘어지다.
집음-기(集音機)명 녹음이나 방송을 할 때, 넓은 공간에 퍼진 소리를 모아서 똑똑하고 크게 하는 장치.
집의(執意)[지븨/지비]명하자 자기 의견을 고집함.
집의(執義)[지븨/지비]명하자 정의를 굳게 지킴.
집-임자[짐님-]명 그 집을 소유한 사람. 집주인.
집-장(-醬)[-짱]명 메주를 띄워 말린 뒤 곱게 빻아서 고춧가루와 함께 찰밥에 버무린 다음, 가지·무·풋고추 따위를 소금에 절여 넣고 띄운, 고추장 비슷한 음식. 즙장.
집장-사령(執杖使令)[-짱-]명 지난날, 장형(杖刑)을 집행하던 사령.
집재(輯載)[-째]명하타 (글을) 편집하여 실음.
집적(集積)[-쩍]명하타되자 모여서 쌓임. 모아 쌓음. ¶ 집적된 병폐. /자본과 기술이 집적되어 있는 제품을 생산해 내다.
집적-거리다[-쩍꺼-]자타 자꾸 집적집적하다. 집적대다. ¶ 공연히 귀찮게 집적거리다.
집적-대다[-쩍때-]자타 집적거리다. ¶ 이 일 저 일에 집적대다.
집적-집적[-쩍찝쩍]부하자타 ①아무 일에나 함부로 손을 대어 하다 말다 하는 모양. ¶ 할 줄도 모르면서 공연히 집적집적해 보다. ②남의 일에 끼어들어 함부로 참견하는 모양. ③남을 공연히 건드려 성가시게 하는 모양. ¶ 괜히 남을 집적집적해서 화나게 만들다.
집적^회로(集積回路)[-쩌쾨-/-쩌퀘-]명 많은 회로 소자(回路素子)나 내부 배선을 특수한 방법으로 결합한 초소형의 전자 회로. 아이시(IC).
집전(執典)[-쩐]명하타 (의식이나 전례 따위를) 맡아서 집행함.
집정(執政)[-쩡]명 ①하자 나라의 정무를 맡아봄, 또는 그 관직이나 사람. ②프랑스 제1공화정 시대의 최고 통치자.
집정-관(執政官)[-쩡-]명 ①나라의 정무를 맡아보는 관원. ②로마 공화정 시대의 최고 정무관.
집제(集諦)[-쩨]명 불교에서 이르는 사제(四諦)의 하나. 고(苦)의 원인은 끝없는 애집(愛執)이라는 진리.
집조(執租)[-쪼]명 ☞잡을도조.
집조(執照)[-쪼]명 지난날, 외국인이 여행할 때 편의를 위하여 내주던 증명서.
집주(集注)[-쭈]명하자타 (마음이나 힘 따위를) 한군데로 모으거나 한 가지 일에 쏟음.
집주(集註·集注)[-쭈]명 (어떤 책에 대한) 여러 사람의 주석을 한데 모음, 또는 그런 책. ¶ 논어(論語) 집주.
집-주릅[-쭈-]명 집 흥정 붙이는 일을 업으로 삼는 사람. 가쾌(家儈).
집-주인(-主人)[-쭈-]명 ①한 집안의 주장이 되는 사람. 호주(戶主). ②☞집임자.
집준(執樽)[-쭌]명 지난날, 제향 때 술 그릇을 맡아보던 제관.
집중(執中)[-쭝]명하자 어느 쪽에도 치우치지 않은 채 중간을 취하고 지킴. 치우침이 없고 온당한 도리를 취함.
집중(集中)[-쭝]명하자타되자 한군데로 모이거나 한군데로 모음. ¶ 정신을 집중하여 강의를 듣다. /시선(視線)이 집중되다.
집중-난방(集中煖房)[-쭝-]명 ☞중앙난방.
집중-력(集中力)[-쭝녁]명 어떤 사물에 대하여, 정신을 집중시키는 힘이나 집중시킬 수 있는 힘. ¶ 집중력이 모자라다.
집중^사격(集中射擊)[-쭝-]명 하나의 목표물이나 특정한 지역에 모든 화력을 집중하여 사격하는 일.
집중^신경계(集中神經系)[-쭝-계/-쭝-게]명 동물체에서, 신경 세포의 분포가 신경 중추와 말초 신경으로 분화된 신경계. ↔산만 신경계.
집중-적(集中的)[-쭝-]관명 어느 한군데로 모이거나 모은 (것). ¶ 집중적 공격. /영어 과목만을 집중적으로 공부하다.
집중^호우(集中豪雨)[-쭝-]명 (짧은 시간에) 어느 한 지역에 집중적으로 내리는 큰비.
집-쥐[-쮜]명 (들쥐에 대하여) '인가(人家)에 사는 쥐'를 이르는 말.
집증(執症·執證)[-쯩]명하자 한방에서, 병의 증세를 진찰하여 알아냄.
집지(執贄·執質)[-찌]명하자 제자가 스승을 처음으로 대할 때, 예폐(禮幣)를 가지고 가서 경의를 나타내는 일.
집지ᅀᅵ명 〈옛〉 집짓기. ¶ 집지ᅀᅵ를 처ᅀᅥᆷ ᄒᆞ니(月釋 *1:44*).
집진(集塵)[-찐]명하자 먼지나 쓰레기 따위를 한군데에 모음.
집-짐승[-찜-]명 ☞가축(家畜).
집-집[-찝]명 각 집. 모든 집. 가가(家家). ¶ 집집마다 신문을 돌리다. /집집을 둘러보다.
집집-이[-찌비]부 집집마다.
집착(執捉)명하타되자 죄인을 붙잡음.
집착(執着)명하자되자 어떤 일에만 마음이 쏠려 잊지 못하고 매달림. ¶ 집착을 버리지 못하다. /출세에 너무 집착한다.
집찰(集札)명하타 차표나 입장권 따위를 출구에서 거두어 모음. 비집표.
집-채명 한 채 한 채의 집, 또는 집의 전체. ¶ 집채 같은 파도.
집철(輯綴·集綴)명하타 (책 따위를) 모아서 엮음.
집촌(集村)명 많은 집이 밀집되어 있는 마을. ↔산촌(散村).
집총(執銃)명하자 총을 듦. ¶ 집총 훈련.
집-치레명하자 집을 보기 좋게 잘 꾸밈. 집치장. ¶ 집치레를 잘하고 살다.
집-치장(-治粧)명하자 집치레.
집-칸명 ①집을 이루고 있는 칸살. 또는, 집의 하나하나의 칸. ¶ 집칸을 늘리다. ②얼마 안 되는 작은 칸수의 집. 또는, 한두 칸의 칸살로 된 변변치 못한 집. ¶ 집칸을 장만하다.
집탈(執頉)명하타 남의 잘못을 들추어서 트집을 잡음.
집-터명 ①집이 앉은 자리, 또는 집이 있던 자리. ②집을 지을 땅. 택지(宅地).
집-터서리명 집의 바깥 언저리.
집-토기(-土器)명 삼국 시대나 통일 신라 시대에, 집이나 곳집 모양으로 빚어서 구워 만든 토기. 가형토기(家形土器).
집-토끼명 집에서 기르는 토끼. 야생 토끼를 가축으로 길들인 변종임. 가토(家兔).
집-파리명 집파릿과의 곤충. 몸길이 8 mm가량. 몸빛은 광택이 나는 흑색이며 날개는 투명함. 각종 전염병을 옮김.
집포(緝捕)명하타 죄인을 잡음. 본즙포.

집표(集票)명하자 표를 거두어 모으는 일. 비집찰(集札).

집필(執筆)명 ①하타〔붓을 잡는다는 뜻으로〕 글이나 글씨를 씀. ¶ 집필 원고. /자서전을 집필하다. ②땅이나 집 따위의 문권(文券)을 쓴 사람.

집픠다자 〈옛〉 지피다. ¶ 祥雲이 집픠는 동(鄭澈. 關東別曲).

집하(集荷)〔지파〕명하자 (농산물이나 수산물 따위) 하물이 각지에서 한군데로 모임, 또는 그런 하물을 한군데로 모음. ¶ 농산물이 집하하는 장소.

집합(集合)〔지팝〕명 ①하자되자 한군데로 모임, 또는 한군데로 모음. ¶ 학교로 집합하다. ②수학에서, 범위가 확정된 것의 모임을 이름. ¶ 자연수의 집합.

집합(緝合)〔지팝〕명하타 주워 모아서 합함.

집합^개ː념(集合概念)〔지팝깨-〕명 같은 종류의 많은 개체로 이루어진 그 전체를 뜻하는 개념. 〔조합·군대·학급·팀 따위.〕 ↔개별 개념.

집합-과(集合果)〔지팝꽈〕명 두 개 이상의 심피(心皮)에서 생긴 과실이 모여서 한 개의 과실처럼 보이는 것. 〔오디·무화과 따위.〕

집합-론(集合論)〔지팜논〕명 집합의 성질을 연구하는 수학의 한 분과.

집합^명사(集合名詞)〔지팜-〕명 같은 종류의 사물이 모인 전체를 나타내는 명사. 〔가족·군대·학급 따위.〕 모임이름씨.

집합-체(集合體)〔지팝-〕명 많은 것이 모여서 이룬 덩어리. ↔개체(個體).

집합^표상(集合表象)〔지팝-〕명 개인 표상의 융합으로 이루어지는 집단의 의식. 집단 표상. ↔개인 표상.

집해(集解)〔지패〕명 여러 가지 해석을 모은 책.

집행(執行)〔지팽〕명하타되자 ①(정해진 일을) 실제로 시행함. ②법률·명령·재판·처분 따위의 내용을 실행함. ¶ 형(刑)을 집행하다. /법률을 집행하다. ③〈강제 집행〉의 준말.

집행-관(執行官)〔지팽-〕명 지방 법원 같은 데에 배치되어, 재판 결과의 집행과 서류의 송달 및 기타 법령에 따른 사무 따위를 맡아보는 공무원.

집행-권(執行權)〔지팽꿘〕명 법률을 집행하는 국가 통치권의 권능(權能). 〔넓은 의미로는 행정권과 같은 뜻으로 쓰임.〕

집행^기관(執行機關)〔지팽-〕명 ①법인에서 결정된 의사를 실행으로 옮기는 기관. ↔의결 기관. ②공법상, 행정 기관의 명을 받아 실력으로 강제 집행을 하는 기관. 〔경찰관·집행관·세무 공무원 따위.〕 ③민사 소송법상, 채권자의 신청에 따라 강제 집행을 실시하는 국가 기관.

집행-력(執行力)〔지팽녁〕명 판결에 따라서 강제 집행을 할 수 있는 효력.

집행^명ː령(執行命令)〔지팽-녕〕명 법률을 집행하는 데 필요한 규정을 정한 명령. 〔대통령령이나 부령(部令) 따위.〕

집행-벌(執行罰)〔지팽-〕명 행정상 집행의 한 방법으로 부작위 의무나 작위 의무의 이행을 강제할 목적으로 과하는 벌. 강제벌.

집행-부(執行部)〔지팽-〕명 정당이나 조합 따위의 단체에서, 의결 기관의 결의 사항을 집행하는 부서.

집행^유예(執行猶豫)〔지팽뉴-〕명 유죄 판결을 받은 사람에 대하여, 정상을 참작하여 일정 기간 형의 집행을 유예하고, 그 기간을 무사히 지내면 형의 언도는 효력을 상실하는 것으로 하여 실형을 과하지 않는 제도. ¶ 집행 유예로 판결되어 옥살이를 면하다.

집행^처ː분(執行處分)〔지팽-〕명 강제 집행 중에 행하여지는 개별적인 행정 행위. 강제 처분.

집현-전(集賢殿)〔지편-〕명 조선 전기에, 궁중에 두었던 학문 연구 기관. 경연(經筵)과 서연(書筵)을 맡아보면서 학문을 연구하였음.

집형(執刑)〔지평〕명하자 형(刑)을 집행함.

집홀(執笏)〔지폴〕명하자 의식 때, 홀(笏)을 들고 가슴 앞에 댐.

집화(集貨)〔지퐈〕명하자타 화물(貨物)이나 상품이 모임. 화물이나 상품을 모음, 또는 그 화물이나 상품.

집회(集會)〔지푀/지풰〕명하자 (공동 목적을 위하여) 많은 사람이 일정한 때에 일정한 자리에 모임, 또는 그 모임. 회합(會合). ¶ 군중 집회. /집회의 자유. /인권 수호를 위한 집회.

집흑(執黑)〔지픅〕명 바둑에서, 흑(黑)을 잡고 둠, 곧 먼저 둠. ¶ 집흑으로 두 집을 이기다. ↔집백(執白).

집-히다〔지피-〕자 〖'집다'의 피동〗 집음을 당하다. ¶ 손에 물컹한 것이 집혔다.

짓ː〔짇〕명 ①흔히, 버릇처럼 하는 어떤 동작이나 행동. ¶ 짓을 부리다. ②몸이나 몸의 일부를 놀려 움직이는 동작, 또는 좋지 못한 행위나 행동. ¶ 얼굴을 만지는 짓. /지나친 짓. /못된 짓만 골라서 하다. /많은 어른들 앞에서 이게 무슨 짓인가? ＊짓ː이〔지시〕·짓ː만〔진-〕

짓(을) 내다관용 ①어떤 버릇 따위를 행동으로 드러내다. ②흥겨워서 마음껏 멋을 내다.

짓(이) 나다관용 ①어떤 버릇 따위가 행동으로 드러나다. ②흥겨워서 하는 짓에 절로 멋이 나다. ¶ 콧노래에 짓이 나서 어깨춤을 덩실덩실 추다.

짓명 〈옛〉 깃〔羽〕. ¶ 짓 우:羽(訓蒙下3). 참깃.

짓-〔짇〕접두 《일부 용언 앞에 붙어》 '함부로·흠씬·마구' 따위의 뜻을 나타냄. ¶ 짓밟다. /짓누르다. /짓이기다.

짓-개다〔짇깨-〕타 짓이기다시피 마구 개다. ¶ 밀가루 반죽을 짓개다.

짓ː-거리〔짇꺼-〕명하자 ①흥겨워서 멋으로 하는 짓. ②〈짓〉의 속된 말. ¶ 저 하는 짓거리를 보게.

짓ː고-땡〔짇꼬-〕명 ①화투 따위에서, 다섯 장의 패 중 석 장으로 열이나 스물을 만들어 짓고 나머지 두 장의 끗수로 겨루는 노름. ②'하는 일이 뜻대로 잘되어 감'을 속되게 이르는 말.

짓-궂기다〔짇꾿끼-〕자 상사(喪事) 따위의 불행한 일을 거듭 당하다.

짓ː-궂다〔짇꾿따〕형 일부러 남을 귀찮게 하여 곰살갑지 않다. 성미가 심술궂은 데가 있다. ¶ 짓궂은 장난. /짓궂게 굴다. **짓궂-이**부.

짓글히다자 〈옛〉 지껄이다. ¶ 짓글힐 훙:閧(訓蒙下15).

짓-까불다〔짇-〕〔~까부니·~까불어〕자 함부로 까불다. ¶ 버릇없이 짓까불다.

짓-널다〔진-〕〔~너니·~널어〕타 함부로 흩어서 널다.

짓-누르다〔진-〕〔~누르니·~눌러〕타르 ①마구 누르다. 함부로 누르다. ¶ 위에서 가슴을 짓누르는데 당할 수가 있어야지. ②심리적으로 심하게 억압하다.

짓눌리다〔진-〕자 〖'짓누르다'의 피동〗 짓누름을 당하다. ¶ 가난에 짓눌리다. /공포에 짓눌려 말이 나오지 않는다.

짓ː다1 [짇따] [지으니·지어] 타ㅅ '지우다2'의 예스러운 말.

짓ː다2 [짇따] [지으니·지어] 타ㅅ ①재료를 들여서 만들다. ¶ 밥을 짓다. /집을 짓다. ②낱말을 나열하여 글을 만들다. ¶ 글을 짓다. /시를 짓다. /노래를 짓다. ③표정이나 자세 따위를 드러내다. ¶ 미소를 짓다. /난처한 얼굴빛을 짓다. ④눈물을 흘리거나 한숨을 쉬다. ¶ 눈물을 짓다. /한숨을 지으며 하소연하다. ⑤농사를 하다. ¶ 쌀농사를 짓다. ⑥나쁜 짓을 저지르다. ¶ 죄를 짓다. ⑦떼나 줄 따위를 이루다. ¶ 줄을 짓다. /무리를 지어 다니다. ⑧꾸며서 만들다. ¶ 말을 지어 하다. ⑨어떤 일을 마무르거나 결과를 내다. ¶ 결론을 짓다. /매듭을 짓다. ⑩이름을 만들어 붙이다. ¶ 이름을 짓다.

짓-두들기다 [짇뚜-] 타 마구 두들기다.

짓ː-둥이 [짇뚱-] 명 '몸을 놀리는 모양새'를 속되게 이르는 말.

짓-마다 [진-] 타 ①짓이기다시피 잘게 부스러뜨리다. ②흠씬 두들기다.

짓-먹다 [진-따] 타 지나치게 많이 먹다.

짓-무르다 [진-] [~무르니·~물러] 자르 ①살이 상하여 문드러지다. ②채소나 과일 따위가 너무 썩거나 무르거나 하여 물크러지다. ③눈자위가 상하여서 핏발이 서고 눈물에 젖다.

짓-무찌르다 [진-] [~무찌르니·~무찔러] 타르 짓이기다시피 함부로 마구 무찌르다.

짓-물다 자 '짓무르다'의 잘못.

짓-뭉개다 [진-] 타 마구 뭉개다. ¶ 꽃밭을 짓뭉개다.

짓-밟다 [짇빱따] 타 ①짓이기다시피 마구 밟다. ¶ 잔디를 짓밟다. ②함부로 마구 억누르거나 유린하다. ¶ 남의 자유를 짓밟다.

짓밟-히다 [짇빨피-] 자 〖'짓밟다'의 피동〗 짓밟음을 당하다. ¶ 발길에 짓밟히다. /강대국에게 짓밟힌 약소 민족.

짓-소리 [짇쏘-] 명 절에서 재(齋)를 올릴 때, 불법·게송(偈頌)을 길고 굴곡이 많게 읊는 소리.

짓ː-시늉 [짇씨-] 명하자 움직이는 짓이나 모양을 흉내 내는 일. 의태(擬態). 참소리시늉.

짓-씹다 [짇-따] 타 ①짓이기다시피 아주 잘게 씹다. ¶ 고기를 질겅질겅 짓씹다. ②몹시 언짢은 감정을 참고 견디다. ¶ 분노를 짓씹다.

짓-옷 [지돋] 명 ☞깃옷. ＊짓옷이[지도시]·짓옷만[지돈-]

짓-이기다 [진니-] 타 함부로 마구 이기다. ¶ 흙을 짓이겨서 벽을 바르다.

짓-적다 형 '짓쩍다'의 잘못.

짓ː-쩍다 [짇-따] 형 부끄럽고 열없어 쑥스럽다. ¶ 그런 말을 하기가 짓쩍다. /짓쩍은 웃음.

짓-찧다 [짇찌타] 타 아주 세게 찧다. 함부로 마구 찧다. ¶ 무를 짓찧어 즙을 내다. /이마를 벽에 짓찧다.

짓-쳐들어오다 [짇처-] 자타 세게 몰아쳐 들어오다. ¶ 적군이 짓쳐들어오다. /신라와 당나라 연합군이 백제를 짓쳐들어오다.

짓-치다 [짇-] 타 함부로 마구 들이치다.

징1 명 놋쇠로 전이 없는 대야같이 만든 국악기의 한 가지. 끈을 꿰어 달아 매거나 들고 채로 쳐서 소리를 냄. 대금(大金)2. 동라(銅鑼). 정(鉦). ¶ 징을 치다.

징2 명 신의 가죽 창 밑에 박는 쇠로 된 못. 참대갈.

징거-매다 타 옷이 해어지지 않게 딴 천을 대고 대충대충 꿰매다. ¶ 바늘로 징거매다.

징거미-새우 명 징거미새웃과의 새우. 몸길이 6~10 cm. 몸빛은 푸른빛을 띤 갈색임. 주로, 민물이 천천히 흐르는 진흙 바닥에서 삶.

징건-하다 형여 먹은 것이 잘 삭지 않아 속이 그들먹하고 개운치 않다. 더부룩하다. ¶ 과식을 했더니 배 속이 징건하다.

징-걸이 명 신창에 징이나 못 따위를 박을 때, 신을 엎어 씌워 받쳐 놓고 두드리는 쇠로 만든 받침대.

징검-다리 명 ①개울 같은 데에 돌덩이나 흙더미 따위를 드문드문 놓아 그것을 디디고 건널 수 있게 만든 다리. ②'중간에서 양쪽의 관계를 연결하는 매개체'를 비유하여 이르는 말. ¶ 징검다리 역할을 하다.

징검-돌 [-똘] 명 ①징검다리로 놓은 돌. ¶ 흐르는 시냇물에 예쁘게 놓인 징검돌. ②땅바닥에 띄엄띄엄 깔아 놓아 디디고 다니게 한 돌.

징검-징검 부 ①드문드문 징거매는 모양. 센찡검찡검. ②발을 멀찍멀찍 떼어 놓으며 걷는 모양. ¶ 징검징검 돌을 골라 디디며 정원을 가로질러 가다.

징경이 명 ☞물수리.

징계(懲戒) [-계/-게] 명하타 허물을 뉘우치도록 주의를 주고 나무람, 또는 부정이나 부당한 행위를 되풀이하지 못하도록 제재를 가함. ¶ 징계를 내리다. /징계를 받다.

징계^사ː범(懲戒事犯) [-계-/-게-] 명 징계를 받아야 할 범행, 또는 그러한 범인.

징계^처ː분(懲戒處分) [-계-/-게-] 명 국가 및 지방 공무원의 의무 위반에 대하여, 징계로서 과하는 행정 처분. 〔일반적으로 면직·정직·감봉·견책 따위가 있음.〕

징고이즘 (jingoism) 명 호전적이고 편협한 애국주의.

징구(徵求) 명하타 돈이나 곡식 따위를 내놓으라고 요구함. 책징(責徵).

징그다 타 ①(옷의 해어지기 쉬운 부분에) 다른 천을 대고 듬성듬성 꿰매다. ¶ 옷옷 팔꿈치를 한 겹 더 징그다. ②(큰 옷을 줄이려고) 군데군데를 접어 넣고 호다. ¶ 치맛단을 징그다.

징그럽다 [-따] [징그러우니·징그러워] 형ㅂ ①(만지거나 보기에) 소름이 끼칠 정도로 끔찍하거나 흉하다. ¶ 보기만 해도 징그럽다. /징그러운 뱀. 작쟁그랍다. ②하는 행동이 유들유들하여 역겹다. ¶ 징그럽게 왜 그러니? **징그러이** 부.

징글-맞다 [-맏따] 형 몹시 징글징글하다. ¶ 곁에서 징글맞게 굴다.

징글-징글 부하형 몹시 징그러운 모양. 생각만 하여도 징그러울 만큼 흉한 모양. ¶ 말만 들어도 징글징글하다. 작쟁글쟁글.

징납(徵納) 명하타 지난날, 고을 원이 세금 따위를 거두어 나라에 바치던 일.

징니-연(澄泥硯) 명 수비(水飛)하여 곱게 된 흙으로 구워서 만든 벼루.

징두리 명 집채 안팎 둘레의 밑동, 곧 바닥에서 벽의 3분의 1 높이까지의 부분.

징모(徵募) 명하타되자 (장정이나 군인들을) 불러 모음. 징집. ¶ 지원병을 징모하다.

징발(徵發) 명하타되자 ①남의 물건을 강제적으로 거두어들임, 특히 군이 민간으로부터 군수물자나 토지·시설 따위를 거두어들임. ¶ 토지를 징발하다. ②어떤 일을 시키기 위하여 강제적으로 사람을 불러냄, 특히 군인으로 쓰기 위하여 강제적으로 불러냄. ¶ 만주 사변 때에 징발되어 이제야 고국에 돌아왔다.

징벌(懲罰)명하타 앞날을 경계하는 뜻으로 벌을 줌, 또는 부정이나 부당한 행위에 대하여 응징하는 뜻으로 주는 벌. ¶ 징벌을 내리다.
징벽(徵辟)명하타 초야(草野)에 있는 사람을 불러서 벼슬을 시킴.
징변(懲辨)명하자 죄(罪)를 징계하고, 잘못을 따져 밝힘.
징병(徵兵)명하자 국가가 법률에 따라 일정한 나이에 이른 국민을 징집하여 일정 기간 강제적으로 병역에 복무시킴.
징병^검ː사(徵兵檢査)명 징병 적령에 이른 국민을 불러 모아 복무 자격의 유무를 신체 및 신상에 걸쳐 검사하는 일.
징병^기피죄(徵兵忌避罪)[-죄/-쮀]명 징집의 병역 의무를 벗어날 목적으로 도망·잠닉·신체 훼손, 그 밖에 거짓된 행위를 함으로써 성립되는 죄.
징병^적령(徵兵適齡)[-정녕]명 병역법에 따라 징병 검사를 받아야 할 나이.
징병-제(徵兵制)명 ☞징병 제도.
징병^제ː도(徵兵制度)명 일정 연령에 달한 국민에게 병역 임무를 지우고 강제적으로 장정을 모집하여 군에 편입시키는 제도. 징병제.
징봉(徵捧)명하타되자 ☞징수(徵收).
징빙(徵聘)명하타되자 예를 갖춰 초대함. 초빙.
징빙(徵憑)명 ①증명하는 재료. 징증(徵證). ②범죄 등에 관한 사실을 간접적으로 증명하는 자료가 되는 사실. ¶ 징빙 서류.
징상(徵狀)명 징후와 상태.
징서(徵瑞)명 상서로운 징조.
징세(徵稅)명하자 세금을 거두어들임.
징-수(-手)명 지난날, 군중(軍中)에서 징을 치던 군사.
징수(澄水)명 맑은 물.
징수(徵收)명하타되자 (법규의 규약 등에 따라) 세금이나 수수료 따위를 거두어들임. 징봉(徵捧). ¶ 세금 징수. /회비를 징수하다.
징습(懲習)명하타 못된 버릇을 징계함.
징악(懲惡)명하자 악을 징계함. 옳지 못한 마음이나 행실 따위를 징계함. ¶ 권선(勸善)징악.
징얼-거리다자 자꾸 징얼징얼하다. 징얼대다. ¶ 아이가 몹시 징얼거리며 보채다. 센찡얼거리다. 거칭얼거리다.
징얼-대다자 징얼거리다.
징얼-징얼부하자 ①(못마땅한 일로) 두고두고 불평하는 말을 늘어놓는 모양, 또는 그 소리. ②(어린애가 몸이 불편하거나 못마땅하거나 하여) 자꾸 보채는 모양. 센찡얼찡얼. 거칭얼칭얼.
징역(懲役)명 자유형(自由刑)의 한 가지. 기결수(旣決囚)를 교도소 안에 구치하여 일정 기간 노역을 치르게 하는 일. 〔무기와 유기가 있음.〕 ¶ 징역 2년을 구형하다.
징역-꾼(懲役-)명 징역살이하는 죄수. 징정.
징역-살이(懲役-)[-싸리]명하자 징역의 형을 받고 감옥살이를 하는 일.
징역-장(懲役場)[-짱]명 죄인을 구금하여 두고 일정한 노역에 종사시키는 곳.
징용(徵用)명하타되자 전시 등에, 국가가 그 권력으로 국민을 강제적으로 불러내어 일정한 업무에 종사시킴.
징용-권(徵用權)[-꿘]명 국제법에서, 교전국(交戰國)이 군대·병기·식량 따위를 운송할 목적으로 자기 나라의 항만 안에 있는 중립 선박을 압수하여 운임을 미리 치르고 선박과 선원을 강제로 사용하는 권리.
징일-여백(懲一勵百)[-려-]명하자 한 사람을 징계함으로써 여러 사람을 격려함.
징입(徵入)명하타 사람을 불러들임.
징-장구명 징과 장구.
징-재비명 두레패 같은 데서 징을 치는 사람.
징정(懲丁)명 징역살이를 하는 사람. 징역꾼.
징조(徵兆)명 어떤 일이 일어나려고 하는 조짐. 어떤 일이 생겨날 것을 예상하게 하는 조짐. 전조(前兆). ¶ 불길한 징조가 보이다.
징증(徵證)명 ☞징빙(徵憑).
징지(懲止)명하타 징계하여 그치게 함.
징집(徵集)명하타되자 ①(국가나 기관이) 강제적으로 물건을 거두어 모음. ②국가가 병역 의무자를 현역병(現役兵)으로서 강제적으로 소집함. 징모(徵募). ¶ 징집 대상자.
징집^면ː제(徵集免除)[-짐-]명 징병 검사 결과, 실역(實役)에 적합하지 않거나 그 밖의 사정으로 징집이 면제되는 일.
징집^연도(徵集年度)[-짐년-]명 징병 적령(適齡)에 이른 연도.
징집-영장(徵集令狀)[-짐녕짱]명 국가가 법률에 따라 징집 적령자를 징집하는 통지서.
징징-거리다자 (마음에 못마땅하여) 자꾸 짜증을 부리며 징얼거리다. 징징대다. ¶ 징징거리지만 말고 말을 해 보아라. 센찡찡거리다.
징징-대다자 징징거리다.
징철(澄澈) '징철하다'의 어근.
징철-하다(澄澈-)형여 (속이 들여다보이도록) 아주 맑다. 맑디맑다.
징청(澄淸) '징청하다'의 어근.
징청-하다(澄淸-)형여 (물 같은 것이) 아주 맑다. 맑고 깨끗하다. 청징(淸澄)하다.
징출(徵出)명하타 지난날, 금전상의 의무를 이행하지 않았을 때, 그 겨레붙이나 관계자에게 물어내게 하던 일.
징치(懲治)명하타 (사람을) 징계하여 다스림. 제재를 가하여 선도함.
징크스(jinx)명 ①불길한 일. 재수 없는 일. ¶ 징크스를 깨다. ②(흔히 경기 따위에서) 으레 그렇게 되리라고 일반적으로 믿고 있는 악운. ¶ 징크스를 가지다.
징크-판(zinc版)명 ☞아연판(亞鉛版).
징표(徵表)명 어떤 사물을 다른 사물과 구별하여 그것이 무엇인가를 나타내 보이는 지표가 되는 것. 어떤 사물을 특징지우는 성질. 속성(屬性)·양식(樣式)·성격·빈사(賓辭)·기호 따위의 뜻으로도 쓰임.
징표(徵標)명 ☞표징(標徵).
징험(徵驗)명하타 어떤 징조나 징후를 겪어 봄.
징회(徵會)[-회/-훼]명하타 불러서 모음.
징후(徵候)명 어떤 일이 일어날 조짐. 겉으로 드러나는 낌새. ¶ 간염의 징후. /발작의 징후. /불길한 징후가 보이다.
짖다[짇따] Ⅰ자 ①개가 크게 소리를 내다. ②까막까치가 시끄럽게 지저귀다. *짖어·짖는[진-]
Ⅱ자타 '지껄이다'를 욕으로 이르는 말. *짖어·짖는[진-]
짖는 개는 물지 않는다속담 겉으로 떠드는 사람은 도리어 실속이 없다.
짖는 개는 여위고 먹는 개는 살찐다속담 사람도 늘 징징거리고 울상을 하고 지내거나 불평이 많아 앙앙하면 살이 내리고 이로울 게 없다는 말.
짗명 〈옛〉깃〔羽〕. ¶ 다복다복ᄒᆞ야 프른 지치 빗나고(杜初7:37). 참깃.

짙다1[짇따]자 (재물 따위가) 넉넉하게 남다. ＊짙어·짙는[진-]

짙다2[짇따]형 ①(빛깔이나 냄새 따위가) 진하다. ¶ 어둠이 짙게 깔린 밤. /짙은 향기. ②(안개나 연기 따위가) 자욱하다. ¶ 짙은 안개로 운전하기가 힘들다. ③(액체의 농도가) 높다. ¶ 짙은 황산. ④(풀이나 나무·눈썹 따위가) 빽빽하다. ¶ 신록이 짙어 가다. /짙은 눈썹. ⑤(가능성 따위가) 많다. ¶ 패색이 짙다. ①~③↔옅다. ＊짙어·짙고[짇꼬]

짙은-천량[-철-]명 조상 대대로 전해 내려오는 많은 재물.

짙-푸르다[짇-][~푸르니·~푸르러]형러 빛깔이 짙게 푸르다. ¶ 짙푸른 바다.

짚[집]명 ①벼·밀·조·보리 따위의 이삭을 떨어낸 줄기. ②〈볏짚〉의 준말. ¶ 짚으로 새끼를 꼬다. ＊짚이[지피]·짚만[짐-]

짚-가리[집까-]명 짚뭇을 쌓은 더미.

짚-나라미[짐-]명 새끼 같은 데서 떨어지는 너저분한 지푸라기.

짚다[집따]타 ①지팡이나 손을 바닥에 대고 버티어 몸을 기대다. ¶ 일장검(一長劍) 짚고 서서. ②손을 대고 가볍게 누르다. ¶ 맥(脈)을 짚다. ③지목하거나 지적하다. ¶ 누구라고 딱 짚어 말할 수는 없다. ④요량해서 짐작하다. ¶ 범인을 잘못 짚다. ＊짚어·짚는[짐-]

짚고 넘어가다관용 뚜렷이 밝혀 둘 일은 밝히고 넘어가다. 따질 일은 따지고 넘어가다. ¶ 이번 인사 비리만큼은 반드시 짚고 넘어가야 한다.

짚-단[집딴]명 짚뭇.

짚-대[집때]명 짚의 줄기.

짚-둥우리[집뚱-]명 볏짚으로 만든 둥우리.

짚둥우리(를) 타다관용 지난날, 탐학(貪虐)한 고을 원이 백성에게 짚둥우리에 실려 지경 밖으로 쫓겨나다.

짚둥우리(를) 태우다관용 지난날, 백성들이 탐학(貪虐)한 고을 원을 짚둥우리에 태워 지경 밖으로 쫓아내다.

짚-뭇[짐묻]명 볏짚의 묶음. 짚단. ＊짚뭇이[짐무시]·짚뭇만[짐문-]

짚-방석(-方席)[집빵-]명 짚으로 엮어 만든 방석.

짚-북더기명 '짚북데기'의 잘못.

짚-북데기[집뻑떼-]명 얼크러진 볏짚의 북데기.

짚-북세기명 '짚북데기'의 잘못.

짚-불[집뿔]명 짚을 태운 불.

짚불 꺼지듯 하다속담 ①잡았던 권세, 누렸던 호강이 아주 갑자기 몰락된다는 뜻. ②아주 곱게 조용히 운명함을 이름.

짚불도 쬐다 나면 섭섭하다속담 하찮아서 쓸모가 없을 듯한 물건도 없어지면 서운하다는 말.

짚불에 무쇠가 녹는다속담 약한 것이라도 큰일을 해낼 수 있다는 말.

짚-세기명 '짚신'의 잘못.

짚-수세미[집쑤-]명 짚으로 만든 수세미.

짚-신[집씬]명 볏짚으로 삼은 신. 가는 새끼를 꼬아 날을 삼고, 총과 돌기총으로 울을 삼아서 만듦. 초혜(草鞋). ¶ 짚신 한 죽. /짚신을 삼다.

짚신도 제날이 좋다속담 자기와 같은 정도의 사람끼리 짝을 맺음이 좋다는 말.

짚신도 제짝이 있다속담 보잘것없는 사람도 배필은 있다는 말.

짚신을 거꾸로 끌다속담 반가운 사람을 맞으려고 허둥지둥 정신없이 뛰어나가다.

짚신을 뒤집어 신는다속담 '몹시 인색함'을 비유하여 이르는 말.

짚신-감발[집씬-]명하자 짚신을 신고 감발을 함.

짚신-골[집씬꼴]명 짚신을 삼은 뒤 모양을 다듬기 위하여 쓰는 여러 개의 나무 골.

짚신-나물[집씬-]명 장미과의 다년초. 들이나 길가에 흔히 나는데, 줄기는 1 m가량. 잎은 깃 모양의 겹잎이며, 여름에 노란 꽃이 핌. 어린잎은 먹을 수 있고, 뿌리는 한방에서 '아자(牙子)'라 하여 약재로 쓰임. 낭아초.

짚신-벌레[집씬-]명 짚신벌렛과의 원생동물. 몸길이 0.3 mm가량. 몸은 길둥근꼴인데 무색(無色), 또는 남살색임. 온몸에 무수한 잔털이 있어 이것으로 헤엄침. 못·도랑·늪·논 같은 곳에 흔히 사는 대표적인 동물성 플랑크톤임.

짚신-장이[집씬-]명 짚신을 만드는 일을 업으로 하는 사람.

짚신장이 헌 신 신는다속담 무엇이나 마땅히 있어야 할 곳에 그 물건이 없다는 말.

짚신-짝[집씬-]명 ①짚신의 낱짝. ②'짚신'을 홀하게 이르는 말.

짚신-할아범[집씬-]명 짚신을 삼는 남자 늙은이.

짚신-할아비[집씬-]명 '견우성(牽牛星)'을 속되게 이르는 말.

짚-여물[짐녀-]명 ①볏짚으로 된 마소의 여물. ②초벽을 할 진흙을 이길 때 넣는 짤막짤막하게 썬 짚의 도막.

짚이다자 마음에 요량되어 짐작이 가다. 《주로, '짚이는'의 꼴로 쓰임.》 ¶ 한 군데 짚이는 데가 있다.

짚-자리[집짜-]명 ①짚으로 엮어 만든 자리. ¶ 바닥에 짚자리를 깔고 누웠다. ②짚을 깔아 놓아 앉도록 만든 자리.

짚-재[집째]명 볏짚이 타고 남은 재. 잿물을 받거나 비료로 씀.

짚-주저리[집쭈-]명 ①볏짚으로 우산처럼 만들어 그릇 따위를 덮는 데 쓰는 물건. ②터주나 업의항 등을 가리어 덮는 볏짚으로 만든 물건.

짛다자 〈옛〉이름을 짓다. ¶ 엇뎨 法身이라 일훔지ᄒᆞᄂᆞ뇨(月釋序5).

ᄌᆞ갸대 〈옛〉자기. 당신. ¶ ᄌᆞ갸ᄋᆡ 黃袍 니피ᅀᆞᄫᆞ니(龍歌25章).

ᄌᆞ녹ᄌᆞᄂᆞ기부 〈옛〉자늑자늑히. 조용히. ¶ ᄌᆞ녹ᄌᆞᄂᆞ기 거러 모든 ᄃᆡ 니거늘(釋譜6:30).

ᄌᆞ녹ᄌᆞ녹ᄒᆞ다형 〈옛〉자늑자늑하다. 조용하다. ¶ 君子의 모양은 ᄌᆞ녹ᄌᆞ녹ᄒᆞ니(小解3:11).

ᄌᆞ디명 〈옛〉자줏빛. ¶ 거믄 닉와 ᄌᆞ디 브리 ᄃᆞ외ᄂᆞ니라(楞解5:57).

ᄌᆞ라다자 〈옛〉자라다. ¶ 子孫이 ᄌᆞ라거다(杜初25:17).

ᄌᆞ로부 〈옛〉자주. ¶ 부톄 ᄌᆞ로 니ᄅᆞ샤도 從ᄒᆞᅀᆞᆸ디 아니ᄒᆞ더니(釋譜6:10).

ᄌᆞᄅᆞ[졸ᄋᆡ·졸올]명 〈옛〉자루. ¶ 쇠마치 ᄌᆞᄅᆞ 들굼기 업스면 ᄫᅮᆯ딕 업스니(金三2:12).

ᄌᆞ모부 〈옛〉자못. ¶ 모미 尊ᄒᆞ고 道理 ᄌᆞ모 놉고(杜初3:56).

ᄌᆞᄆᆞ다1[좀가]자타 〈옛〉잠기다. 잠그다2. ¶ 밀므리 사ᄋᆞ리로ᄃᆡ 나거ᅀᅡ ᄌᆞᄆᆞ니이다(龍歌67章).

ᄌᆞᄆᆞ다2[좀가]타 〈옛〉잠그다1. ¶ 門ᄋᆞᆯ 다 ᄌᆞᄆᆞ고(釋譜6:2).

ᄌᆞᄆᆞ디르다타 〈옛〉담그다. ¶ ᄌᆞᄆᆞ디를 잠:蘸(訓蒙下23).

ᄌᆞ몯부 〈옛〉자못. ¶ 盜賊ㅣ ᄌᆞ몯 滅티 아니ᄒᆞ얏도다(杜重1:17).

-ᄌᆞᄫᅡ어미 〈옛〉-자와. ¶ 부텨를 맛ᄌᆞᄫᅡ 저ᅀᆞᆸ고(月釋1:13). /얻ᄌᆞᄫᅡ ᄀᆞ초ᅀᆞᄫᅡ(龍歌27章).

-ᄌᆞᆸ-[선미] 〈옛〉-자오-. ¶ 내 듣ᄌᆞᄫᆞ니(阿彌2). /어느 듣ᄌᆞᄫᆞ리잇고(釋譜6:11).
-ᄌᆞᄫᆞ-[선미] 〈옛〉-자오-. ¶ 夫妻願으로 고졸 받ᄌᆞᄫᆞ시니(月釋1:3).
-ᄌᆞᄫᆞ니[어미] 〈옛〉-자오니. ¶ 禮士溫言ᄒᆞ샤 人心이 굳ᄌᆞᄫᆞ니(龍歌66章).
ᄌᆞᅀᆞ[명] 〈옛〉자위〔核〕. ¶ ᄌᆞᅀᆞ 잇ᄂᆞᆫ 果實(月釋23:94). /눈ᄌᆞᅀᆞ 청:睛(訓蒙上25).
ᄌᆞ애[명] 〈옛〉무자위. ¶ 믈 기를 ᄌᆞ애 잇ᄂᆞ냐 업스냐(老解上28).
ᄌᆞ역[명] 〈옛〉조약돌. ¶ 草木과 디샛 ᄌᆞ역 ᄀᆞᆮ다ᄒᆞ시니(圓覺上二之二24). [참]지벽.
ᄌᆞ오롬[명] 〈옛〉졸음. ¶ ᄌᆞ오로ᄆᆞᆯ ᄇᆞ리게 ᄒᆞ시고(月釋10:97). [참]조오롬.
ᄌᆞ올다[자] 〈옛〉졸다. ¶ 더욱 시드러 ᄌᆞ오다가 울어 셜버(月釋21:91).
ᄌᆞ올아ᄫᅵ[부] 〈옛〉친하게. ¶ 나라해 도라오샤도 ᄌᆞ올아ᄫᅵ 아니ᄒᆞ샤(釋譜6:4).
ᄌᆞ올아이[부] 〈옛〉친하게. ¶ ᄌᆞ올아이 아ᄂᆞᆫ 사ᄅᆞᄆᆡ ᄂᆞᄎᆞᆯ 보미 드므도다(杜初10:46).
ᄌᆞ의[명] 〈옛〉자위. 복판. 중심. ¶ 흰ᄌᆞ의:蛋清(同文下35). [참]ᄌᆞᅀᆞ.
ᄌᆞ자시니[자] 〈옛〉잦아 있으니. 〔'ᄌᆞᆽ다'의 활용형 'ᄌᆞ자'에 '이시니'(있으니)의 축약형 '시니'가 붙음.〕 ¶ 섯돌며 ᄲᅮᆷᄂᆞᆫ 소리 十里에 ᄌᆞ자시니(鄭澈.關東別曲).
ᄌᆞ조[부] 〈옛〉자주. ¶ 星辰이 ᄌᆞ조 모다 ᄢᅵ리놋다(杜初10:10).
ᄌᆞ최욤[명] 〈옛〉재채기. ¶ ᄌᆞ최욤 분:噴. /ᄌᆞ최욤 톄:嚏(訓蒙上29).
ᄌᆞ최옴[명] 〈옛〉재채기. ¶ 또 ᄌᆞ최옴 ᄒᆞ더니(老解下4).
ᄌᆞᆫ자리[명] 〈옛〉잠자리. ¶ 數 업슨 ᄌᆞᆫ자리ᄂᆞᆫ ᄆᆞᄌᆞ기 오ᄅᆞᄂᆞ리거ᄂᆞᆯ(杜初7:2).
ᄌᆞᆯ픠[명] 〈옛〉창포(菖蒲). ¶ 프른 ᄆᆞ더ᄂᆞᆫ 치위예 난ᄂᆞᆫ ᄌᆞᆯ픠로다(杜重2:19).
ᄌᆞᆷ[명] 〈옛〉잠. ¶ ᄌᆞᆷ 잘 자시거늘(南明上25).
ᄌᆞᆷᄭᅩ다[자] 〈옛〉잠기다². ¶ ᄌᆞᆷᄭᅩᆯ 즘:潛(訓蒙下3).
ᄌᆞᆷ다[자] 〈옛〉잠기다². ¶ 沈香ᄋᆞᆫ 므레 ᄌᆞᆷᄂᆞᆫ 香이라(月釋2:29). /나거사 ᄌᆞᄆᆞ니이다(龍歌67章).
ᄌᆞᆷᄌᆞᆷᄒᆞ다[형] 〈옛〉잠잠하다. ¶ 菩薩이 便安히 ᄌᆞᆷᄌᆞᆷᄒᆞ야 잇거든(釋譜13:21).
-ᄌᆞᆸ-[선미] 〈옛〉-잡-. ¶ 부텻 功德을 듣ᄌᆞᆸ고(釋譜6:40). /三賊이 좇ᄌᆞᆸ거늘(龍歌36章). [참]-ᄉᆞᆸ-.
ᄌᆞᆺ다[타][ㅅ] 〈옛〉잣다. ¶ ᄌᆞᅀᆞᆯ 방:紡(訓蒙下19).
ᄌᆞᆽ다¹[자] 〈옛〉잦다. ¶ 섯돌며 ᄲᅮᆷᄂᆞᆫ 소리 十里에 ᄌᆞ자시니(鄭澈.關東別曲).
ᄌᆞᆽ다²[형] 〈옛〉잦다〔頻〕. ¶ 病이 ᄌᆞᄌᆞ며 苦惱ㅣ ᄌᆞ자(楞解7:4).
ᄌᆡ[명] 〈옛〉재〔灰〕. ¶ 道士의 經은 다 ᄉᆞ라 ᄌᆡ ᄃᆞ외오(月釋2:75).
ᄌᆡ벽[명] 〈옛〉자갈. 깨진 조각. ¶ ᄒᆞᆫ 디샛 ᄌᆡ벽을 가져(楞解5:72).
ᄌᆡ역[명] 〈옛〉자갈. 깨진 조각. ¶ 盜賊이 金寶 ᄇᆞ리고 디샛 ᄌᆡ역을 메며(六祖上46). [참]지벽.
ᄌᆡᆫ나ᄇᆡ[명] 〈옛〉원숭이. ¶ ᄒᆞᄆᆞᆯ며 무덤우희 ᄌᆡᆫ나ᄇᆡ ᄑᆞ람 불제 뉘우ᄎᆞᆫ돌 엇디리(鄭澈.將進酒辭). [참]납.
ㅉ[쌍지읒][자모] 쌍지읒. 'ㅈ'의 된소리. 숨길을 닫고 혓바닥을 입천장에 단단히 붙였다가 입김을 밀면서 터뜨릴 때 나는 소리. * ㅉ이[쌍지으시]·ㅉ만[쌍지읃-]
짜개¹[명] (콩·팥 따위의) 둘로 쪼갠 것의 한쪽.
짜개²[명] 잉어 낚시에서, 들깻묵을 실로 묶어 사용하는 미끼.
짜개-김치[명] 오이를 알맞게 썰어 소를 박지 않고 담근 김치.
짜개다[타] 나무 따위 단단한 물체를 연장으로 베거나 찍어서 둘 이상으로 갈라지게 하다. ¶ 널빤지를 짜개다. /박을 짜개다. /장작을 도끼로 짜개다. [큰]쪼개다. [참]쪼개다.
짜개-반(-半)[명] 하나를 둘로 나눈 것의 그 반. 곧, 하나의 4분의 1.
짜개-버선[명] 엄지발가락과 나머지 발가락들이 따로 끼이게 된 버선.
짜개-지다[자] (단단한 물체가) 벌어져서 둘로 갈라지다.
짜개-황밤(-黃-)[명] 밤톨이 말라서 여러 쪽으로 짜개진 밤.
짜그라-뜨리다[타] 눌러서 몹시 짜그라지게 하다. 짜그라트리다. ¶ 빈 깡통을 짜그라뜨리다. [큰]찌그러뜨리다.
짜그라-지다[자] ①눌려서 오그라지다. ②몹시 말라서 쪼글쪼글하게 주름이 잡히고 작아지다. [큰]찌그러지다.
짜그라-트리다[타] 짜그라뜨리다. [큰]찌그러트리다.
짜그락-거리다[-꺼-][자] 〈자그락거리다〉의 센말. 짜그락대다. [큰]찌그럭거리다.
짜그락-대다[-때-][자] 짜그락거리다.
짜그락-짜그락[부][하자] 〈자그락자그락〉의 센말. [큰]찌그럭찌그럭.
짜그르르[부][하자] 〈자그르르〉의 센말. [큰]찌그르르.
짜그리다[타] ①눌러서 짜그라지게 하다. ¶ 신 뒤축을 짜그리다. ②(근육의 일부나 눈살 등을) 짜긋하게 찌푸리다. [큰]찌그리다.
짜근-거리다[자타] 〈자근거리다〉의 센말. 짜근대다. [큰]찌근거리다. [참]차근거리다.
짜근-대다[자타] 짜근거리다.
짜근덕-거리다[-꺼-][자타] 〈자근덕거리다〉의 센말. 짜근덕대다. [큰]찌근덕거리다. [참]차근덕거리다.
짜근덕-대다[-때-][자타] 짜근덕거리다.
짜근덕-짜근덕[부][하자타] 〈자근덕자근덕〉의 센말. [큰]찌근덕찌근덕. [참]차근덕차근덕.
짜근-짜근[부][하자타] 〈자근자근〉의 센말. [큰]찌근찌근.
짜글-거리다[자] 〈자글거리다〉의 센말. 짜글대다. [큰]찌글거리다.
짜글-대다[자] 짜글거리다.
짜글-짜글[부][하자] 〈자글자글¹〉의 센말. [큰]찌글찌글.
짜금-거리다[타] 자꾸 짜금짜금하다. 짜금대다. [큰]쩌금거리다.
짜금-대다[타] 짜금거리다.
짜금-짜금[부][하타] 입맛을 짝짝 다시며 맛있게 먹는 소리, 또는 그 모양. [큰]쩌금쩌금.
짜긋[-귿][부][하타] ①(남에게 눈치 채게 하려고) 눈을 한 번 약간 짜그리는 모양. ②(어떤 뜻을 알아채게 하려고) 남의 옷자락 따위를 살짝 한 번 잡아당기는 모양. [큰]찌긋. 짜긋-짜긋[부][하타].
짜긋-거리다[-귿꺼-][타] 자꾸 짜긋짜긋하다. 짜긋대다. [큰]찌긋거리다.
짜긋-대다[-귿때-][타] 짜긋거리다.
짜긋-하다[-그타-][형][여] (눈을) 좀 짜그린 듯하다. [큰]찌긋하다. 짜긋-이[부].
짜깁-기[-끼][명][하타] 짜깁는 일. ¶ 양복을 짜깁기하기 위하여 세탁소에 맡기다.
짜-깁다[-따][~기우니·~기워][타][ㅂ] 모직물의 찢어진 데를, 그와 같은 감의 올로 본디대로 짜서 표나지 않게 깁다.

짜-내다타 ①짜서 나오게 하다. ¶ 콩기름을 짜내다. ②(머리를) 굴려서 어떤 생각이 나오게 하다. ¶ 새 방안을 짜내다. /좋은 생각을 짜내다. ③(어떤 상태를) 억지로 만들어 내다. ¶ 시간을 짜내서라도 네 결혼식에 참석할게. ④(재물이나 세금 따위를) 억지로 내게 하다. ¶ 국민들에게 세금을 짜내다.

짜다[1] Ⅰ자 내통하다. ¶ 저희끼리 서로 짜고 나를 속이다.
Ⅱ타 ①사개를 맞추어 기구를 만들다. ¶ 농을 짜다. ②씨와 날을 얽어 피륙 따위를 만들다. 직조(織造)하다. ¶ 가마니를 짜다. /베를 짜다. ③(한 동아리나 단체·모임 따위를) 조직하다. ¶ 편을 짜다. /편집진을 짜다. ④계획하다. 구상하다. ¶ 계획을 짜다. /안(案)을 짜다. ⑤비틀거나 눌러서 기름·물 따위를 내다. ¶ 참기름을 짜다. /빨래의 물기를 짜다. ⑥없는 궁리·생각·시간 따위를 억지로 내다. ¶ 아이디어를 짜다. /계획을 짜다. ⑦착취하다. ¶ 백성의 고혈을 짜다. ⑧'(눈물을) 흘리다'·'울다'를 속되게 이르는 말. ¶ 눈물을 질질 짜다. ⑨머리털을 한데 묶어 상투를 만들다. ¶ 상투를 짜다.

짜다[2]형 ①소금 맛과 같다. 소금 맛이 지나치다. ¶ 국이 너무 짜다. /막내는 음식을 짜게 먹는다. ↔싱겁다. ②후하지 않고 박하다. 인색하다. ¶ 사람이 좀 짜다. /점수가 짜다.
짜지 않은 놈 짜게 먹고 맵지 않은 놈 맵게 먹는다속담 야무지지 못한 이가 짜게 먹고 싱거운 이가 맵게 먹는다 하여 아이들이 너무 짜고 맵게 먹는 것을 말리는 말.

짜드라-오다자 많은 수량이 한꺼번에 쏟아져 오다.

짜드라-웃다[-욷따]자 여럿이 한꺼번에 야단스럽게 웃다.

짜드락-거리다[-꺼-]자타 〈자드락거리다〉의 센말. 짜드락대다. 큰찌드럭거리다.

짜드락-나다[-랑-]자 〈자드락나다〉의 센말.

짜드락-대다[-때-]자타 짜드락거리다.

짜드락-짜드락부하자타 〈자드락자드락〉의 센말. 큰찌드럭찌드럭.

짜득-짜득부하형 (차진 물건이) 좀처럼 베어지거나 떨어지지 않을 만큼 검질긴 모양. 큰찌득찌득.

짜들다[짜드니·짜들어]자 ①(물건이) 낡거나 오래되거나 때 따위에 겯거나 하여 다랍게 되다. ②(사람이) 온갖 고생스러운 일을 겪으며 지치다. ¶ 병고에 짜들다. 큰찌들다.

짜뜰름-거리다타 자꾸 짜뜰름짜뜰름하다. 짤끔거리다. 짜뜰름대다. 큰찌뜰름거리다.

짜뜰름-대다타 짜뜰름거리다.

짜뜰름-짜뜰름부하타 한목에 다 주지 않고 여러 차례에 걸쳐 조금씩 나누어 주거나 주다 말다 하는 모양. 큰찌뜰름찌뜰름.

짜랑부하자타 〈자랑2〉의 센말. 큰쩌렁. 참차랑.

짜랑짜랑-하다형여 목소리가 세고 야무져 울림이 크다. ¶ 덩치는 작지만 목소리가 짜랑짜랑하다. 큰쩌렁쩌렁하다.

짜르랑부하자타 〈자르랑〉의 센말. 큰쩌르렁. 참차르랑.

짜르르부하형 〈자르르〉의 센말. 큰찌르르.

짜르륵부하자타 가는 대롱 따위로 액체를 간신히 빨아올릴 때에 나는 소리. 큰찌르륵. **짜르륵-짜르륵**부하자타.

짜르륵-거리다[-꺼-]자타 자꾸 짜르륵짜르륵하다. 짜르륵대다. 큰찌르륵거리다.

짜르륵-대다[-때-]자타 짜르륵거리다.

짜른-대명 ☞곰방대.

짜른-작명 '짧은작'의 잘못.

짜름-하다형여 좀 짧은 듯하다. **짜름-히**부.

-짜리[1]접미 《양이나 수를 나타내는 명사 뒤에 붙어》 ①얼마의 값에 해당하는 물건, 또는 화폐임을 나타냄. ¶ 만 원짜리 지폐. ②얼마의 분량으로 된 물건임을 나타냄. ¶ 열 권짜리 전집물. ③나이 뒤에 붙어, '그 나이의 사람임'을 낮추어 이르는 말. ¶ 네 살짜리 꼬마.

-짜리[2]접미 《의관(衣冠)을 나타내는 명사 뒤에 붙어》 '그러한 차림을 한 사람'이란 뜻으로 홀하게 이르는 말. ¶ 중치막짜리. /창의짜리.

짜릿-짜릿[-릳-릳]부하형 〈자릿자릿〉의 센말. ¶ 짜릿짜릿한 쾌감. 큰쩌릿쩌릿·찌릿찌릿.

짜릿-하다[-리타-]형여 〈자릿하다〉의 센말. 큰쩌릿하다·찌릿하다.

짜발량이명 짜그라져서 못 쓰게 된 물건.

짜부라-뜨리다타 힘주어 짜부라지게 하다. 짜부라트리다. 큰찌부러뜨리다.

짜부라-지다자 ①물체가 오목하게 짜그라지다. ¶ 충돌한 두 차가 모두 짜부라지다. /축구공이 짜부라지다. ②(세력 따위가) 아주 망하다시피 되다. ¶ 가세(家勢)가 짜부라지고 말았다. ③아주 생기가 없어지다. ¶ 몹시 앓더니 하룻밤 사이에 짜부라지고 말았다. 큰찌부러지다.

짜부라-트리다타 짜부라뜨리다. ¶ 빈 깡통을 짜부라트리다. 큰찌부러트리다.

짜-이다자 ①〘'짜다1'의 피동〙 짬을 당하다. ¶ 문짝이 짜이다. /예산이 짜이다. ②규모가 어울리거나 규격에 맞다. ¶ 잘 짜인 구성. 준째다[3].

짜임명 조직. 구성. ¶ 글의 짜임.

짜임-새명 ①(가구나 피륙 따위의) 짜이어 있는 모양새. ¶ 짜임새가 고운 옷감. /짜임새 있게 만든 가구를 고르다. ②(글의) 벌임이나 얼개. ¶ 짜임새가 좋은 글. 준짬새.

짜장부 참. 과연. 틀림없이 정말로. ¶ 짜장, 그렇긴 하군.

짜장-면(←炸醬麵 중)명 ☞자장면.

짜증명 마음에 맞지 않아 역정을 내는 짓, 또는 그러한 성미. ¶ 짜증을 부리다. /짜증을 내다. /계속되는 장마에 짜증이 난다. 큰찌증.

짜증-스럽다[-따][~스러우니·~스러워]형ㅂ 짜증이 나는 데가 있다. **짜증스레**부.

짜ː-하다형여 (소문 따위가 퍼져) 왁자하다. ¶ 그 마을에 신동이 났다는 소문이 짜하다.

짝[1]명 ①둘이 서로 어울려 한 벌이나 한 쌍을 이루는 것, 또는 그중의 하나. ¶ 짝을 잃다. /짝을 짓다. /김 양의 짝이 될 청년. ②〘의존 명사적 용법〙 한 벌이나 쌍을 이루는 물건의 각각을 세는 단위. ¶ 양말 한 짝. ③대구(對句)를 이루는 서로의 글귀. ¶ 짝을 맞추어 지은 표어. ④비할 데 없이 대단함을 나타내는 말. 《주로, '-기 짝이 없다'의 꼴로 쓰임.》 ¶ 죄송하기 짝이 없다.
짝 잃은 기러기속담 홀아비 홀어미의 외로움을 이름.
짝(을) 맞추다관용 '혼인을 시켜 부부가 되게 함'을 이르는 말.
짝이 기울다〔지다〕관용 양쪽의 형편이 서로 어울리지 않고 어느 한쪽이 다른 쪽보다 뒤떨어지다.

짝[2]의 ①(소나 돼지의) 여러 대로 이루어진 한쪽 갈비 전체를 하나로 하여 세는 단위. ¶ 갈비 한 짝. ②(과실을 담은) 상자나 짐짝의 덩어리를 단위로 세는 단위. ¶ 사과 두 짝. ③마소의 한 바리 짐의 한쪽 편의 짐.

짝[3] 의 ①《주로 '아무'·'무슨'·'그' 따위의 말 뒤에 쓰이어》 '곳·꼴'의 뜻을 나타냄. ¶ 이게 무슨 짝인가. /아무 짝에도 못 쓰겠다. ②'쪽[6]'의 잘못.

짝[4] 부 ①단단한 물체가 짜개지거나 틈이 벌어지는 모양, 또는 그 소리. ¶ 사과를 두 쪽으로 짝 가르다. /논바닥이 짝 갈라져 있다. /나무토막이 짝 하고 쪼개지다. ②입맛을 맛있게 다시는 소리. ③단단한 물체의 바닥에 끈기 있게 달라붙는 모양, 또는 그 소리. ¶ 끈끈이가 짝 달라붙다. 큰쩍[2]. **짝-짝** 부.

짝[5] 부 〈작〉의 센말. 큰찍[2].

짝- 접두 《쌍을 이루는 일부 명사 앞에 붙어》 '짝짝이'의 뜻을 나타냄. ¶ 짝눈. /짝귀. /짝버선. /짝신.

-짝 접미 《일부 명사 뒤에 붙어》 얕잡아 이르는 뜻을 나타냄. ¶ 낯짝. /볼기짝.

짝-갈이[-까리] 명 하타 논을 갈 때, 처음 갈이와 나중 갈이가 서로 다른 갈이. 〔처음에 물갈이, 나중에 마른갈이를 하거나, 그 반대로 하는 것 따위.〕

짝-귀[-뀌] 명 '짝짝이로 생긴 귀, 또는 그러한 귀를 가진 사람'을 농조로 이르는 말.

짝-꿍 명 단짝인 짝을 재미있게 이르는 말. ¶ 어제 길에서 우연히 초등학교 때 짝꿍을 만났다.

짝-눈[짱-] 명 짝짝이로 생긴 눈. 자웅눈.

짝눈-이[짱-] 명 '짝눈을 가진 사람'을 농조로 이르는 말.

짝-돈[-똔] 명 백 냥쯤 되는 돈. 짐짝으로 한 짝이 될 만한 엽전.

짝-버선[-뻐-] 명 제짝이 아닌 짝짝이 버선.

짝-사랑[-싸-] 명 하타 이성(異性) 사이에서, 어느 한편에서만 혼자 하는 사랑. 척애(隻愛). ¶ 짝사랑으로 가슴앓이를 하다. /그가 그녀를 남몰래 짝사랑한 지도 벌써 일 년이 넘었다.

짝사랑에 외기러기 속담 혼자서만 사랑하여서는 아무 소용이 없다는 말.

짝-사위[-싸-] 명 윷놀이에서, 걸을 칠 자리에서 도를, 개를 칠 자리에서 걸을 치는 일.

짝-수(-數)[-쑤] 명 2로 나누어 나머지가 0이 되는 자연수. 〔2·4·6·8 따위.〕 ↔홀수.

짝-신[-씬] 명 짝짝이로 된 신.

짝자그르[-짜-] 부 하형 ①(소문 따위가) 널리 퍼져서 떠들썩한 모양. ¶ 소문이 짝자그르 나다. ②여럿이 모여 되바라지고 떠들썩하게 웃거나 떠드는 소리, 또는 그 모양. ¶ 여름밤의 개구리 울음소리는 멀리까지 짝자그르 들린다.

짝자래-나무[-짜-] 명 물푸레나뭇과의 낙엽 관목. 우리나라 특산 수종. 높이 5 m가량. 잎은 14 cm가량의 달걀 모양인데 마주남. 6~7월에 1 cm 정도의 자줏빛 종 모양의 꽃이 새 가지 끝에 조롱조롱 가득 매달려 핌. 대추 모양의 삭과가 9~10월에 익음. 강원도 이북 지역의 산지 구릉에 절로 자라는데, 관상용으로도 가꿈.

짝진-각(-角)[-찐-] 명 ☞대응각.

짝진-변(-邊)[-찐-] 명 ☞대응변.

짝진-점(-點)[-찐-] 명 ☞대응점.

짝-짓기[-짇끼] 명 하자 동물의 암수가 교미를 하기 위하여 한 짝을 이루는 일.

짝짜꿍 명 하자 ①(젖먹이가) 손뼉을 치며 재롱을 부리는 일. ¶ 엄마 앞에서 짝짜꿍, 아빠 앞에서 짝짜꿍. ②말이나 행동에서 서로 짝이 잘 맞는 일. ¶ 두 사람은 짝짜꿍이 잘 맞는다.

짝짜꿍-이 명 하자 ①남몰래 짜고 꾸미는 일(계획). ¶ 무슨 짝짜꿍이를 놓는 거냐? ②의견이 맞지 않아 옥신각신 다투는 일.

짝짜꿍이(가) 벌어지다 관용 ①여러 사람이 시끄럽게 떠들다. ②서로 다투어 왁자지껄하여지다.

짝짜꿍-짝짜꿍 Ⅰ 명 젖먹이가 두 손바닥을 마주 치는 동작.

Ⅱ 감 젖먹이에게 짝짜꿍을 시킬 때 하는 소리.

짝-짝[1] 부 하타 〈작작[2]〉의 센말. 큰찍찍[1].

짝-짝[2] 부 하타 자꾸 손뼉을 치는 소리.

짝짝-거리다[1][-꺼-] 타 입맛을 잇따라 맛있게 다시다. 짝짝대다[1].

짝짝-거리다[2][-꺼-] 타 ①신을 잇따라 짝짝 끌다. ②가는 줄이나 글씨의 획을 잇따라 세게 긋거나 종이 따위를 연해 찢다. 짝짝대다[2].

짝짝-대다[1][-때-] 타 ☞짝짝거리다[1].

짝짝-대다[2][-때-] 타 ☞짝짝거리다[2].

짝짝-이 명 짝이 다른 것끼리 이루어진 한 벌. ¶ 신발을 짝짝이로 신었다.

짝-패(-牌) 명 한 짝을 이룬 패. 단짝.

짝-필(-疋) 명 한자 부수의 한 가지. '疑'·'疎' 등에서의 '疋'·'⺪'의 이름.

짝-하다[짜카-] 자타여 어떤 사람과 한편이 되다, 또는 어떤 사람을 자기와 짝이 되게 하다. ¶ 우리 둘이 짝하면 최강 팀이 될 것이다.

짝-힘[짜킴] 명 물리학에서, 한 물체에 작용하는, 크기가 같고 방향이 반대인 두 평행한 힘을 이르는 말. 우력(偶力).

짠-돌이 명 '구두쇠처럼 매우 인색한 사람'을 비유하여 이르는 말.

짠득-거리다[-꺼-] 자 〈잔득거리다〉의 센말. 짠득대다. 큰찐득거리다.

짠득-대다[-때-] 자 짠득거리다.

짠득-짠득 부 하자 〈잔득잔득〉의 센말. 큰찐득찐득.

짠땅-로(-鹵)[-노] 명 ☞소금밭로.

짠-맛[-맏] 명 소금의 맛과 같은 맛. 함미(鹹味). ＊짠맛이[-마시]·짠맛만[-만-]

짠-물 명 ①바닷물. ↔민물. ②짠맛이 나는 물. ②↔단물.

짠물-고기[-꼬-] 명 바닷물고기. 함수어(鹹水魚). 해어(海魚). ↔민물고기.

짠-지 명 무나 오이 따위를 소금에 짜게 절여서 담근 김치.

짠지-패(-牌) 명 지난날, 대여섯 또는 예닐곱 사람이 떼를 지어서 소고를 두드리고 춤을 추며, 노래를 부르고 질탕하게 뛰노는 것을 업으로 삼던 패거리.

짠ː-하다 형여 지난 일이 뉘우쳐져 못내 마음이 언짢고 아프다. 큰찐하다.

짤가닥 부 하자타 〈잘가닥〉의 센말. 큰찔거덕. 센짤까닥.

짤가당 부 하자타 〈잘가당〉의 센말. 큰찔거덩. 센짤까당.

짤각 부 하자타 〈잘각〉의 센말. 큰찔걱. 센짤깍.

짤그락 부 하자타 〈잘그락〉의 센말. 큰찔그럭.

짤그랑 부 하자타 〈잘그랑〉의 센말. 큰찔그렁. 참찰그랑.

짤깃-짤깃[-긷-긷] 부 하형 〈잘깃잘깃〉의 센말. 큰찔깃찔깃. 참쫄깃쫄깃.

짤깃-하다[-기타-] 형여 〈잘깃하다〉의 센말. 큰찔깃하다. 참쫄깃하다.

짤까닥 부 하자타 ①차진 물체가 세차게 달라붙는 소리, 또는 그 모양. ②쇠붙이 따위가 세차게 부딪칠 때 나는 소리, 또는 그 모양. [큰]쩔꺼덕. [여]잘가닥·잘까닥·짤가닥. [참]찰카닥. **짤까닥-짤까닥**[부][하자타].

짤까당[부][하자타] 큰 쇠붙이 따위가 부딪칠 때 세차게 울리어 나는 소리, 또는 그 모양. [큰]쩔꺼덩. [여]잘가당·잘까당·짤가당 [참]찰카당. **짤까당-짤까당**[부][하자타].

짤깍[부][하자타] 큰 쇠붙이 따위가 맞부딪치거나 걸릴 때 세차게 울리어 나는 소리, 또는 그 모양. [큰]쩔꺽. [여]잘각·잘깍·짤각. [참]찰칵. **짤깍-짤깍**[부][하자타].

짤깍-눈[-깡-][명] 항상 눈가가 짓무른 눈.

짤깍눈-이[-깡-][명] '눈이 노상 짓무른 사람'을 농조로 이르는 말.

짤끔[부][하자타] 〈잘금〉의 센말. [큰]찔끔1.

짤끔-거리다[자타] ①액체가 조금씩 흘렀다 그쳤다 하다. [큰]찔끔거리다. ②☞짜뜰름거리다. 짤끔대다.

짤끔-대다[자타] 짤끔거리다.

짤끔-짤끔[부][하타] 적은 분량의 물건을 여러 번에 걸쳐 조금씩 주는 모양. [큰]찔끔찔끔.

짤-따랗다[-라타][~따라니·~따래][형][ㅎ] (길이가) 깡똥하거나 매우 짧다. ¶ 짤따란 막대기.

짤똑-거리다[-꺼-][타] 〈잘똑거리다〉의 센말. 짤똑대다. [큰]쩔뚝거리다.

짤똑-대다[-때-][타] 짤똑거리다.

짤똑-짤똑1[부][하타] 〈잘똑잘똑1〉의 센말. [큰]쩔뚝쩔뚝.

짤똑-짤똑2[부][하형] 〈잘똑잘똑2〉의 센말. [큰]찔뚝찔뚝.

짤똑-하다[-또카-][형][여] 〈잘똑하다〉의 센말. [큰]찔뚝하다.

짤라-뱅이[명] '짤막하게 생긴 물건'을 속되게 이르는 말.

짤랑[부][하자타] 〈잘랑〉의 센말. [큰]쩔렁. [참]찰랑.

짤래-짤래[부][하타] 〈잘래잘래〉의 센말. [준]짤짤1. [큰]쩔레쩔레.

짤록-거리다[-꺼-][타] 〈잘록거리다〉의 센말. 짤록대다. [큰]쩔룩거리다.

짤록-대다[-때-][타] 짤록거리다.

짤록-짤록1[부][하타] 〈잘록잘록1〉의 센말. [큰]쩔룩쩔룩.

짤록-짤록2[부][하형] 〈잘록잘록2〉의 센말. [큰]찔룩찔룩.

짤록-하다[-로카-][형][여] 〈잘록하다〉의 센말. [큰]찔룩하다.

짤름-거리다1[자타] 〈잘름거리다1〉의 센말. 짤름대다1. [큰]찔름거리다.

짤름-거리다2[타] 〈잘름거리다2〉의 센말. 짤름대다2. [큰]쩔름거리다.

짤름-대다1[자타] ☞짤름거리다1.

짤름-대다2[타] ☞짤름거리다2.

짤름발-이[명] 〈잘름발이〉의 센말. [큰]쩔름발이.

짤름-짤름1[부][하자타] 〈잘름잘름1〉의 센말. ¶ 동이의 물이 짤름짤름 넘치다. [큰]찔름찔름.

짤름-짤름2[부][하타] 〈잘름잘름2〉의 센말. [큰]쩔름쩔름.

짤막-짤막[부][하형] 여러 개가 다 짤막한 모양.

짤막-하다[-마카-][형][여] (길이가) 조금 짧다. ¶ 치마 길이가 짤막하다.

짤쏙-거리다[-꺼-][타] 〈잘쏙거리다〉의 센말. 짤쏙대다. [큰]쩔쑥거리다.

짤쏙-대다[-때-][타] 짤쏙거리다.

짤쏙-짤쏙1[부][하타] 〈잘쏙잘쏙1〉의 센말. [큰]쩔쑥쩔쑥.

짤쏙-짤쏙2[부][하형] 〈잘쏙잘쏙2〉의 센말. [큰]찔쑥찔쑥.

짤쏙-하다[-쏘카-][형][여] 〈잘쏙하다〉의 센말. ¶ 허리가 짤쏙하게 생긴 병. [큰]찔쑥하다.

짤짤1[부] 〈짤래짤래〉의 준말. ¶ 말도 꺼내기 전에 고개부터 짤짤 흔들더라. [큰]쩔쩔1.

짤짤2[부] 〈잘잘1·3〉의 센말. [큰]쩔쩔2·찔찔1·2. [작]쨀쨀.

짤짤-이[명] '이리저리 채신없이 바삐 쏘다니는 사람'을 농조로 이르는 말.

짤카닥[부][하자타] 〈잘카닥〉의 센말. [준]짤칵. [큰]쩔커덕.

짤카당[부][하자타] 〈잘카당〉의 센말. [큰]쩔커덩.

짤칵[부][하자타] 〈짤카닥〉의 준말. [큰]쩔컥.

짧다[짤따][형] ①(공간·길이·높이 따위에서) 한 끝에서 다른 끝까지의 사이가 가깝다. ¶ 짧은 끈./짧은 거리./짧은 다리. ②(동안이나 시간이) 길지 않다. ¶ 아주 짧은 순간에 일어난 일./휴식 시간이 너무 짧다./인생은 짧고 예술은 길다. ③말이나 글 따위의 길이가 얼마 안 되다. ¶ 짧은 연설. ④소리·한숨 따위가 아주 잠깐 지속되거나 간단하다. ¶ 짧게 한숨을 내쉬다. ⑤(학식·생각 따위가) 모자라다. 부족하다. ¶ 글이 짧다./짧은 지식. ⑥(밑천·자본 따위가) 적거나 모자라다. ¶ 밑천이 짧다. ⑦가리는 음식이 많다. ¶ 입이 짧다. ①~④↔길다. *짧아·짧고[짤꼬]

짧아-지다[자] 짧게 되다. ¶ 추분이 지나고 나서 낮의 길이가 눈에 띄게 짧아졌다. ↔길어지다.

짧은-반지름(-半-)[명] 짧은지름의 절반 되는 선분(線分). 단반경(短半徑). ↔긴반지름. [참]짧은지름.

짧은-소리[명] ☞단음(短音). ↔긴소리.

짧은-작[명] 길이가 짧은 화살. 왜전(矮箭). ↔긴작.

짧은-지름[명] 타원의 중심을 지나서 둘레에 닿는 가장 짧은 선분(線分). 타원의 두 초점을 잇는 선분을 수직 이등분하는 선분임. 단축(短軸). ↔긴지름.

짬1[명] ①(두 물체가) 서로 맞붙은 틈. ¶ 책상 서랍의 짬. ②(어떤 일의) 겨를. ¶ 짬을 내다./짬이 나다./너무 바빠서 잠시의 짬도 없다. ③(종이 따위를 도련칠 때) 칼이나 붓 끝으로 찍은 작은 표적.

짬2[명][하타] 〈짬질〉의 준말.

짬-밥[-빱][명] ①'군대에서 먹는 밥'을 속되게 이르는 말. ②군대에서, 복무 기간의 길고 짧음을 속되게 이르는 말.

짬뽕(ちゃんぽん 일)[명] ①[하자]서로 다른 것을 뒤섞거나 종류가 다른 술을 섞어 마심, 또는 그 일. ¶ 친구는 소주고 막걸리고 가리지 않고 짬뽕해서 마시고 있었다. ②중국 국수의 한 가지. 국수에 여러 가지 해산물과 채소를 섞어서 볶아, 돼지 뼈나 쇠뼈·닭 뼈를 삶아 낸 국물을 부어 만듦.

짬-질[명][하타] 꽉 짜서 물기를 빼는 일. ¶ 젖은 속내의를 짬질해서 그냥 입다. [준]짬2.

짬짜미[명][하자] 남몰래 자기들끼리 짜고 하는 약속. 밀약(密約).

짬짬-이[부] 짬이 날 때마다. 틈이 나는 대로 그때그때. 틈틈이. ¶ 시간이 나는 대로 짬짬이 책을 읽는 습관을 기르다.

짭조름-하다[-쪼-][형][여] 짭짤한 맛이 있다. ¶ 간간하고 짭조름한 미역.

짭질찮다[형] '짭짤찮다'의 잘못.

짭짤찮다[-찬타] 형 점잖지 못하고 추하다. ＊짭짤찮아[-차나]·짭짤찮소[-찬쏘]

짭짤-하다 형여 ①감칠맛 있게 조금 짜다. ¶ 짭짤하게 끓인 된장국은 입맛을 돋운다. 큰찝찔하다. ②(물건이) 실속 있고 값지다. ¶ 가게가 이래도 짭짤한 물건이 많다. ③(일이 뜻대로 잘되어) 잇속이 있다. ¶ 사업이 짭짤하게 잘된다더군. **짭짤-히** 부.

짭짭 부 (못마땅하거나 감칠맛이 있어서) 입맛을 다시는 소리. 큰쩝쩝.

짭짭-거리다[-꺼-] 타 자꾸 짭짭하다. 짭짭대다. ¶ 아이들은 과자를 짭짭거리면서 맛있게 먹었다. 큰쩝쩝거리다.

짭짭-대다[-때-] 타 짭짭거리다.

짭짭-하다[-짜파-] 형여 (입맛이 당기어) 무엇을 먹고 싶은 느낌이 있다.

짯짯-하다[짣짜타-] 형여 ①성미가 깔깔하고 딱딱하다. ②나뭇결이나 피륙의 바탕 따위가 깔깔하고 단단하다. ③빛깔이 맑고 깨끗하다. 큰쩟쩟하다. **짯짯-이** 부 ¶ 짯짯이 조사하다.

짱 부하자 얼음장이나 굳은 물건 따위가 갑자기 갈라질 때 나는 소리. ¶ 뜨거운 냄비를 식탁 위에 놓는 순간 식탁 유리가 짱하고 깨어졌다. 큰쩡.

짱구 명 이마나 뒤통수가 툭 튀어나온 머리, 또는 그런 사람.

짱당-그리다 타 (못마땅하여) 얼굴을 찡그리다. 큰찡등그리다.

짱뚱-어(-魚) 명 망둑엇과의 바닷물고기. 몸길이 15~18 cm. 머리가 몸보다 폭이 넓고, 눈이 툭 불거졌으며, 청람색 몸에 흰 반점이 여기저기 있음. 황해 및 남해의 개펄에 서식하는 반염수성(半塩水性) 물고기로 가슴지느러미로 뛰듯이 기기도 함.

짱아 명 '잠자리'의 어린이 말.

짱알-거리다 자 자꾸 짱알짱알하다. 짱알대다. 큰찡얼거리다. 참창알거리다.

짱알-대다 자 짱알거리다.

짱알-짱알 부하자 (못마땅한 일로) 강짜를 부리듯이 자꾸 불평의 말을 늘어놓는 모양, 또는 그 소리. 참창알창알.

짱짱-하다 형여 (생김새와 동작이) 옹골차고 굳세며 날래다. ¶ 할아버지는 젊은 사람 못지않게 짱짱한 체력을 갖고 계신다.

-째 접미 ①《날수와 관련 있는 일부 명사 뒤에 붙어》 '계속된 그동안'을 나타냄. ¶ 일주일째. /보름째. /나흘째. ②《일부 명사 뒤에 붙어》 '그대로'·'전부'의 뜻을 나타냄. ¶ 통째. /병째. /그릇째. ③《일부 관형사나 수사 뒤에 붙어》 '차례'·'등급'·'그 수효만큼'의 뜻을 나타냄. ¶ 첫째. /네 개째.

째깍[1] 부하자타 〈재깍1〉의 센말. 큰쩨꺽1.

째깍[2] 부 〈재깍2〉의 센말. 큰쩨꺽2.

째ː다[1] 자 (옷이나 신발 따위가 몸이나 발보다 작아서) 바짝 죄게 되다. ¶ 신이 째서 발이 부르트다. /작년에 입었던 옷이 째다.

째ː다[2] 자 ①일손이 모자라서 일에 쫓기다. ¶ 일손이 째다. ②(돈이나 물건 따위가 모자라서) 공급이 달리다. ¶ 돈이 째다.

째ː다[3] 자 〈짜이다〉의 준말.

째ː다[4] 타 (얇은 물건이나 살갗 따위를) 베어 가르거나 찢다. ¶ 살을 째는 아픔. /피륙을 째다.

째ː다[5] 타 윷놀이에서, 말을 쨀밭에 놓다.

째ː려-보다 타 '못마땅하여 무서운 눈초리로 흘겨보다'를 속되게 이르는 말.

째ː리다 타 '못마땅하여 무서운 눈초리로 흘기다'를 속되게 이르는 말.

째ː마리 명 ①(여러 사람 가운데서) 가장 처지는 사람. ②(골라내거나 쓰고 남은) 가장 못한 찌꺼기.

째-못[-몯] 명 (박힌 나무못이 빠지지 않게 하기 위하여) 촉끝을 째고 박는 쐐기. ＊째못이[-모시]·째못만[-몬-]

째ː-보 명 ①'언청이'를 얕잡아 이르는 말. ②'잔망스러운 사람'을 조롱조로 이르는 말.

째어-지다 자 ①터져서 갈라지다. 쪼개져 벌어지다. 찢어지다. ¶ 입이 귀밑까지 째어지다. ②《주로 '째어지게'의 꼴로 쓰이어》 '정도가 아주 심함'을 비유하여 이르는 말. ¶ 째어지게 가난한 집. 준째지다.

째ː-지다 자 〈째어지다〉의 준말.

째푸리다 Ⅰ 자 날씨가 몹시 흐리다. ¶ 째푸린 하늘. 큰찌푸리다.
Ⅱ 타 (불쾌하거나 고통스럽거나 하여) 얼굴을 찡그리다. ¶ 이맛살을 째푸리다. 큰찌푸리다.

짹-소리[-쏘-] 명 《뒤에 '없다'·'못하다'·'말다' 따위의 부정·금지를 나타내는 말과 함께 쓰이어》 '아무 소리'·'꼼짝'·'반항'의 뜻으로 쓰이는 말. ¶ 고양이 앞의 쥐처럼 짹소리 못한다. /저 사람에게는 짹소리도 못하면서 나한테만 큰소리야. 큰찍소리. 참잭소리.

짹-짹 부하자 참새 따위가 우는 소리. 큰찍찍2.

짹짹-거리다[-꺼-] 자 참새 따위가 자꾸 우는 소리를 내다. 짹짹대다. 큰찍찍거리다.

짹짹-대다[-때-] 자 짹짹거리다.

쨀-밭[-빧] 명 윷판의 맨 처음부터 둘레를 따라 열다섯째 자리. 〔앞밭과 대각선으로 마주 보는 모퉁이 자리임.〕 ＊쨀밭이[-빠치]·쨀밭을[-빠틀]·쨀밭만[-빤-]

쨀쨀 부 〈잴잴〉의 센말. 큰짤짤2·찔찔1.

쨈ː-빛[-삗] 명 ①진채(眞彩) 그림에서, 묽거나 엷은 빛깔 위에 더 칠하는 짙은 빛깔. ②두 빛깔을 조화시키려고 더 칠하는 빛깔. ＊쨈ː빛이[-삐치]·쨈ː빛만[-삔-]

쨈ː-새 명 〈짜임새〉의 준말.

쨍[1] 부하자 쇠붙이 따위가 세게 맞부딪치거나 갈라져 터질 때에 되바라지게 울리는 소리. **쨍-쨍** 부하자.

쨍[2] 부하자 (충격으로 귀가 먹먹할 때) 귓속에서 울리듯이 나는 소리. **쨍-쨍** 부하자.

쨍[3] 부하형 햇볕이 매우 따갑게 내리쬐는 모양. ¶ 햇볕이 쨍하게 내리쬐다. **쨍-쨍** 부하형.

쨍강 부하자타 〈쟁강〉의 센말. 큰쩽겅.

쨍그랑 부하자타 〈쟁그랑〉의 센말. 큰쩽그렁.

쨍그리다 타 이마나 눈살을 일그러뜨려 주름지게 하다. ¶ 얼굴을 쨍그리다. 큰찡그리다.

쨍쨍-거리다 자 (마음에 못마땅하여) 자꾸 짜증을 부리며 짱알거리다. 쨍쨍대다. 큰찡찡거리다.

쨍쨍-대다 자 쨍쨍거리다.

쩌개다 타 (나무 따위 단단한 물체를) 연장으로 베거나 찍어서 둘 이상으로 쩍 갈라지게 하다. ¶ 통나무를 세로로 쩌개다. 작짜개다.

쩌금-거리다 타 자꾸 쩌금쩌금하다. 쩌금대다. 작짜금거리다.

쩌금-대다 타 쩌금거리다.

쩌금-쩌금 부하타 입맛을 쩍쩍 다시며 맛있게 먹는 소리, 또는 그 모양. 작짜금짜금.

쩌렁 부하자타 〈저렁〉의 센말. 작짜랑. 참처렁.

쩌렁쩌렁-하다 형여 목소리가 세고 여무져 울림이 몹시 크다. 작짜랑짜랑하다.

쩌르렁[부][하자타] 〈저르렁〉의 센말. [작]짜르랑. [참]처르렁.
쩌릿-쩌릿[-릳-릳][부][하형] 〈저릿저릿〉의 센말. ¶ 신경통으로 무릎이 쩌릿쩌릿하다. [작]짜릿짜릿.
쩌릿-하다[-리타-][형][여] 〈저릿하다〉의 센말. ¶ 가슴을 쩌릿하게 하는 광경. [작]짜릿하다.
쩌쩌1[부] 자꾸 혀를 차는 소리.
쩌쩌2[감] 소를 왼쪽으로 몰 때 하는 소리.
쩍1[명] 여섯 장 중 같은 자 셋이 두 벌 되는 것으로 다투는, 투전 노름의 한 가지.
쩍2[부] ①단단한 물체가 크게 쪼개지거나 틈이 벌어지는 모양, 또는 그 소리. ¶ 장작이 쩍 하고 쪼개지다. /벽이 쩍 갈라지다. ②입맛을 맛있게 다시는 소리. ③단단한 물체의 바닥에 끈기 있게 달라붙는 모양, 또는 그 소리. ¶ 엿이 방바닥에 쩍 달라붙는다. [작]짝4. **쩍-쩍**[부].
-쩍다[-따][접미] 일부 명사 뒤에 붙어, 그러한 느낌이 있다는 뜻의 형용사를 만드는 말. ¶ 겸연쩍다. /수상쩍다.
쩍말-없다[쩡마럽따][형] 더 말할 나위 없이 썩 잘되다. **쩍말없-이**[부].
쩍쩌기[명] 골패·투전 따위의 노름의 한 가지.
쩍쩍-거리다[-꺼-][타] 자꾸 입맛을 크게 다시다. 쩍쩍대다.
쩍쩍-대다[-때-][타] 쩍쩍거리다.
쩔거덕[부][하자타] 〈절거덕〉의 센말. [작]짤가닥. [센]쩔꺼덕·쩔커덕.
쩔거덩[부][하자타] 〈절거덩〉의 센말. [작]짤가당. [센]쩔꺼덩·쩔커덩.
쩔걱[부][하자타] 〈절걱〉의 센말. [작]짤각. [센]쩔꺽·쩔컥.
쩔그럭[부][하자타] 〈절그럭〉의 센말. [작]짤그락.
쩔그렁[부][하자타] 〈절그렁〉의 센말. [작]짤그랑. [참]철그렁.
쩔꺼덕[부][하자타] ①차진 물체가 세차게 들러붙는 소리, 또는 그 모양. ②쇠붙이 따위가 세차게 맞부딪칠 때 나는 소리, 또는 그 모양. [작]짤까닥. [여]절거덕·절꺼덕·쩔거덕. [참]철커덕. **쩔꺼덕-쩔꺼덕**[부][하자타].
쩔꺼덩[부][하자타] 쇠붙이 따위가 세차게 맞부딪칠 때 묵직하게 울리어 나는 소리, 또는 그 모양. [작]짤까당. [여]절거덩·절꺼덩·쩔거덩. [참]철커덩. **쩔꺼덩-쩔꺼덩**[부][하자타].
쩔꺽[부][하자타] 쇠붙이 따위가 세차게 맞부딪치거나 걸릴 때 나는 소리, 또는 그 모양. ¶ 자물쇠를 쩔꺽 채우다. [작]짤깍. [여]절걱·절꺽·쩔걱. [참]철컥. **쩔꺽-쩔꺽**[부][하자타].
쩔뚝-거리다[-꺼-][타] 〈절뚝거리다〉의 센말. 쩔뚝대다. [작]짤똑거리다.
쩔뚝-대다[-때-][타] 쩔뚝거리다.
쩔뚝발-이[-빠리][명] 〈절뚝발이〉의 센말.
쩔뚝-쩔뚝[부][하타] 〈절뚝절뚝〉의 센말. [작]짤똑짤똑1.
쩔렁[부][하자타] 〈절렁〉의 센말. [작]짤랑. [참]철렁.
쩔레-쩔레[부][하타] 〈절레절레〉의 센말. [준]쩔쩔1. [작]짤래짤래.
쩔룩-거리다[-꺼-][타] 〈절룩거리다〉의 센말. 쩔룩대다. [작]짤록거리다.
쩔룩-대다[-때-][타] 쩔룩거리다.
쩔룩-쩔룩[부][하타] 〈절룩절룩〉의 센말. [작]짤록짤록1.
쩔름-거리다[타] 〈절름거리다〉의 센말. 쩔름대다. [작]짤름거리다2.
쩔름-대다[타] 쩔름거리다.
쩔름발-이[명] 〈절름발이〉의 센말. [작]짤름발이.
쩔름-쩔름[부][하타] 〈절름절름〉의 센말. [작]짤름짤름2.
쩔쑥-거리다[-꺼-][타] 〈절쑥거리다〉의 센말. 쩔쑥대다. [작]짤쏙거리다.
쩔쑥-대다[-때-][타] 쩔쑥거리다.
쩔쑥-쩔쑥[부][하타] 〈절쑥절쑥〉의 센말. [작]짤쏙짤쏙1.
쩔쩔1[부][하타] 〈쩔레쩔레〉의 준말. [작]짤짤1. [여]절절1.
쩔쩔2[부] 〈절절1·2〉의 센말. [큰]찔찔1·2. [거]펄펄.
쩔쩔-매다[자] ①(다급한 일이나 해내기 어려운 일에 부닥치어) 어찌할 바를 모르고 갈팡질팡하다. ¶ 밀린 업무를 처리하느라 혼자서 쩔쩔매고 있더라. ②위엄이나 두려움 따위를 느껴 기를 펴지 못하거나 몸둘 바를 모르고 송구스러워하다. ¶ 고참 앞에서 쩔쩔매다. [여]절절매다.
쩔커덕[부][하자타] 〈절커덕〉의 센말. [작]짤카닥. [여]쩔거덕.
쩔커덩[부][하자타] 〈절커덩〉의 센말. [작]짤카당. [여]쩔거덩.
쩔컥[부][하자타] 〈절컥〉의 센말. [작]짤칵. [여]쩔걱.
쩝쩝[부][하타] ①(어떤 대상이나 일이 못마땅해서) 씁쓸하게 입맛을 다시는 소리, 또는 그 모양. ¶ 일이 뜻하던 대로 되지 않아 입만 쩝쩝 다시다. ②음식의 맛을 보거나 감칠맛이 있을 때 크게 입맛을 다시는 소리. ¶ 그는 보글보글 끓고 있는 매운탕을 보며 쩝쩝 입맛을 다셨다. ③음식을 마구 먹을 때 나는 소리. ¶ 밥 먹을 때마다 그의 쩝쩝 소리가 너무 귀에 거슬린다. [작]짭짭.
쩝쩝-거리다[-꺼-][타] 자꾸 쩝쩝하다. 쩝쩝대다. [작]짭짭거리다.
쩝쩝-대다[-때-][타] 쩝쩝거리다.
쩟[쩓][부] (마음에 못마땅하여) 혀를 차는 소리. **쩟-쩟**[부].
쩟쩟-하다[쩓쩌타-][형][여] ①성질이 껄껄하고 뚝뚝하다. ¶ 나에게는 쩟쩟하기만 한 사람이 다른 사람들에게는 믿어지지 않을 정도로 상냥하다. ②나뭇결이나 피륙의 바탕 따위가 껄껄하고 거세다. ③빛깔이 맑고 깨끗하다. [작]짯짯하다. **쩟쩟-이**[부].
쩡-쩡1[부][하자] 세도를 대단하게 휘두르는 모양.
쩡-쩡2[부][하자] ①용수철이나 팽팽한 줄 따위를 세게 퉁길 때 나는 소리. ②얼음 따위의 굳은 물질이 갈라져 울리는 소리.
쩡쩡-거리다[자] 자꾸 쩡쩡하다. 쩡쩡대다.
쩡쩡-대다[자] 쩡쩡거리다.
쩨꺽1[부][하자타] 〈제꺽1〉의 센말. [작]째깍1.
쩨꺽2[부] 〈제꺽2〉의 센말. [작]째깍2.
쩨쩨-하다[형][여] ①(너무 적거나 하찮아서) 시시하고 신통찮다. ②잘고 인색하다. ¶ 쩨쩨하게 굴다.
쩽겅[부][하자타] 〈젱겅〉의 센말. [작]쨍강.
쩽그렁[부][하자타] 〈젱그렁〉의 센말. [작]쨍그랑.
쪄-내다[쩌-][타] 간격이 촘촘하게 자란 나뭇가지나 풀숲을 베어 내다. ¶ 감나무 가지를 쪄내다.
쪼가리[명] 작은 조각. ¶ 헝겊 쪼가리.
쪼개다[타] ①하나로 된 물건을 둘 이상으로 나누다. 조각이 나게 부수거나 가르다. ¶ 장작을 쪼개다. [참]짜개다. ②시간이나 돈 따위를 아끼다. ¶ 시간을 쪼개 쓰다. /월급을 쪼개서 적금을 들다.
쪼개-접(-椄)[명] 가지접의 한 방법. 접본을 쪼갠 다음, 접가지의 아랫부분을 쐐기 모양으로 벗깎아 끼워 접붙이는 방법. 할접(割椄).

쪼구미명 ☞동자기둥.

쪼그라-들다[~드니·~들어]자 ①쪼그라져 작아지다. ②살이 빠져서 주름이 쪼글쪼글 잡히다. ¶ 그는 어느새 늙고 쪼그라든 몰골이었다. ③일의 범위나 규모가 조금 줄어들다. ¶ 사업 실패 후 살림이 쪼그라들기 시작하였다. 큰쭈그러들다. 거쪼크라들다.

쪼그라-뜨리다타 쪼그라지게 하다. 쪼그라트리다. ¶ 빈 깡통을 발로 밟아 쪼그라뜨렸다. 큰쭈그러뜨리다. 거쪼크라뜨리다.

쪼그라-지다자 ①물체가 눌리거나 우그러져서 부피가 작아지다. ¶ 공기가 빠져 풍선이 쪼그라졌다. ②살가죽이 쪼글쪼글해지다. ¶ 살이 빠지더니 얼굴만 쪼그라졌다. 큰쭈그러지다.

쪼그라-트리다타 쪼그라뜨리다. 큰쭈그러트리다. 거쪼크라트리다.

쪼그랑-박명 덜 쇠어 쪼그라진 박.

쪼그랑-할멈명 '얼굴이 쪼그라진 늙은 여자'를 조롱조로 이르는 말.

쪼그리다타 ①누르거나 옥여서 부피를 작게 하다. ②팔다리를 오그려 몸을 작게 옴츠리다. ¶ 다리를 쪼그리고 앉다. 큰쭈그리다. 거쪼크리다.

쪼글-쪼글부하형 물체가 쪼그라져서 잔주름이 고르지 않게 많이 잡힌 모양. ¶ 쪼글쪼글한 할머니 얼굴. 큰쭈글쭈글.

쪼끔 Ⅰ명 〈조금〉의 센말. ¶ 생활비가 쪼끔밖에 안 남았다.

Ⅱ부 〈조금〉의 센말. ¶ 밥을 쪼끔 먹다.

쪼다명 '덜떨어져서 제구실을 못하는 사람'을 낮추보아 이르는 말. ¶ 이런 쪼다 같은 녀석을 보았나.

쪼:다타 뾰족한 끝으로 찍다. ¶ 부리로 모이를 쪼다. /정으로 돌을 쪼다.

쪼들리다자 ①(가난이나 돈 따위에) 부대껴 몹시 어렵게 지내다. ¶ 가난에 쪼들리다. /빚에 여태까지 쪼들리며 지낸다. ②남에게 몰리어 시달림을 받다. ¶ 빚쟁이에게 쪼들리다.

쪼록부하자 〈조록〉의 센말. 큰쭈룩.

쪼록-쪼록부하자 〈조록조록〉의 센말. 큰쭈룩쭈룩.

쪼르르부하자하형 〈조르르〉의 센말. 큰쭈르르.

쪼르륵부하자 ①〈조르륵〉의 센말. 큰쭈르륵. ②몹시 배가 고플 때 배 속에서 나는 소리.

쪼뼛[-뼏]부하자타 〈조뼛〉의 센말. 큰쭈뼛.

쪼뼛-하다[-뼈타-]형여 〈조뼛하다〉의 센말. 큰쭈뼛하다.

쪼이다[1] Ⅰ자 ☞쬐다.

Ⅱ타 ☞쬐다.

쪼-이다[2]자타 〚'쪼다'의 피동〛 쫌을 당하다.

쪼크라-들다[~드니·~들어]자 ①쪼그라져 작아지다. ②살이 빠져서 주름이 쪼글쪼글 잡히다. ③일의 범위나 규모가 조금 줄어들다. 큰쭈크러들다. 여쪼그라들다.

쪼크라-뜨리다타 세게 누르거나 옥여서 몹시 쪼그라지게 하다. 쪼크라트리다. 큰쭈크러뜨리다. 여쪼그라뜨리다.

쪼크라-트리다타 쪼크라뜨리다. 큰쭈크러트리다. 여쪼그라트리다.

쪼크리다타 ①세게 누르거나 옥여서 부피를 작게 만들다. ¶ 깡통을 쪼크리다. ②팔다리를 오그려 몸을 작게 옴츠리다. ¶ 몸을 쪼크리고 앉다. 큰쭈크리다. 여쪼그리다.

쪽[1]명 시집간 여자가 뒤통수에 땋아 틀어 올려서 비녀를 꽂은 머리털. 낭자. ¶ 쪽을 찌다.

쪽[2]명 여뀟과의 일년초. 중국 원산으로 줄기는 50~60 cm. 잎은 길둥글거나 달걀 모양이며, 8~9월에 붉은 꽃이 이삭 모양으로 핌. 잎은 남빛을 물들이는 물감의 원료로 쓰임. 남(藍).

쪽[3]명 ①책이나 장부 따위의 한 면. ¶ 쪽마다 삽화가 들어 있다. ②〚의존 명사적 용법〛 책이나 장부 따위의 면을 세는 단위. ¶ 이 책은 모두 300쪽이다.

쪽[4] Ⅰ명 어떤 물건을 쪼갰을 때의 한 부분. ¶ 쪽을 내다.

Ⅱ의 쪼개진 물건의 부분을 세는 단위. ¶ 콩 한 쪽도 나누어 먹다.

쪽[5]명 《주로 '못 쓰다'와 함께 쓰이어》 '기(氣)'나 '맥'을 뜻하는 말.

쪽을 못 쓰다관용 ①어떤 일이나 사람에게 기가 눌리어 꼼짝 못하다. ¶ 상사 앞에 나서면 쪽을 못 쓴다. ②무엇에 혹하거나 반하여 맥을 못 추다. ¶ 만화라면 쪽을 못 쓴다.

쪽[6]의 ①(나아가거나 가리키거나 향해 있는) 방향. ¶ 바라보는 쪽. /해가 지는 쪽. /바람이 부는 쪽으로 고개를 돌리다. ②(여러 사람이 몇 개의 편으로 나뉘었을 때의) 편. ¶ 지는 쪽에서 한턱낸다. ③여러 개로 갈린 것 중의 한 부문(부분). ¶ 그 쪽에 대해서도 주의를 기울여야지.

쪽[7]부 〈족〉의 센말. 큰쭉.

쪽-접두 《일부 명사 앞에 붙어》 '조그마한'·'조각으로 되어 있는'의 뜻을 나타냄. ¶ 쪽김치. /쪽대문. /쪽지게.

쪽-가위[-까-]명 실 따위를 자르는 데 쓰는, 족집게 모양의 작은 가위.

쪽-걸상(-床)[-껄쌍]명 널쪽으로 만든 조그마한 걸상. 흔히, 등받이가 없음.

쪽-김치[-낌-]명 조각조각 썰어서 담근 김치.

쪽-꼭지[-찌]명 연 머리의 꼭지를 빛깔이 다른 종이로 반반씩 붙인 연.

쪽-다리[-따-]명 기다란 널조각 하나로 좁다랗게 걸쳐 놓은 다리.

쪽-대문(-大門)[-때-]명 바깥채나 사랑채에서 안으로 들어가는, 한 쪽으로 된 작은 대문.

쪽-댕기[-땡-]명 부인네가 쪽을 찔 때 드리는 댕기. 보통, 빨간색이며, 나이 많은 사람은 자줏빛, 과부는 검정, 상중인 여자는 흰 댕기를 맴.

쪽-마루[쫑-]명 한두 조각의 널로써 좁게 짠 툇마루.

쪽매[쫑-]명 얇은 나무쪽을 모아서 여러 가지 모양으로 만든 물건. 목기 등을 꾸미는 데 씀.

쪽매-붙임[쫑-부침]명하타 여러 조각으로 된 쪽매를 바탕이 되는 널에 붙임, 또는 그 일.

쪽매-질[쫑-]명 ①하자 쪽매를 만드는 일. ②하타잔 조각의 나무를 모아 나무 그릇을 만드는 일.

쪽-모이[쫑-]명하타 여러 조각을 모아서 더 큰 조각을 만드는 일, 또는 그 물건.

쪽-문(-門)[쫑-]명 사람이 드나들 수 있도록, 대문짝 가운데나 한쪽에 작게 따로 낸 문.

쪽-박[-빡]명 작은 바가지.

쪽박 쓰고 벼락을 피해〔피하랴〕속담 어림도 없는 방법으로 눈앞에 닥친 위험을 피하려 한다는 말.

쪽박(을) 차다관용 살림이 결딴나서 거지 신세가 되다. 바가지(를) 차다. ¶ 그렇게 게을러서는 이다음에 쪽박 차기 십상이다.

쪽-반달(-半-)[-빤-]명 두 가지 빛깔의 종이로 반달 모양의 꼭지를 붙인 연.

쪽-발이[-빠리]명 ①한쪽 발만 달린 물건. ②발통이 두 조각으로 된 물건. ③지난날, '일본 사람'을 욕으로 이르던 말.
쪽-밤명 '쌍동밤'의 잘못.
쪽-방(-房)[-빵]명 ①건물의 어느 한쪽에 조그마하게 만든 방. ②주로 극빈자들이 거주하는 허름하고 비좁은 방.
쪽-배[-빼]명 통나무를 쪼개어 속을 파서 만든 작은 배.
쪽-봉투(-封套)[-뽕-]명 한 겹으로 된 봉투.
쪽-빛[-삗]명 ☞남색(藍色). *쪽빛이[-삐치], 쪽빛만[-삔-]
쪽-소로(-小櫨)[-쏘-]명 장여의 바깥쪽에만 붙이는 접시받침.
쪽-수(-數)[-쑤]명 (책장 따위의) 쪽의 수. 면수.
쪽-술1[-쑬]명 쪽박 모양으로 생긴 숟가락.
쪽-술2[-쑬]명 쟁기의 술이 비스듬하게 내려가다가 휘어져 곧게 뻗은 부분.
쪽-자(-字)[-짜]명 서로 다른 둘 이상의 활자에서 필요한 부분만을 따서 한 글자로 만들어 쓰는 활자. ↔통자.
쪽잘-거리다[-짤-]타 자꾸 쪽잘쪽잘하다. 쪽잘대다. ¶ 반찬을 쪽잘거리지 말고 많이 집어서 맛있게 먹어라.
쪽잘-대다[-짤-]타 쪽잘거리다.
쪽잘-쪽잘[-짤-짤]부하타 음식을 시원스럽게 먹지 못하고 자꾸 께지럭거리는 모양. ¶ 음식을 쪽잘쪽잘 먹으면 오던 복도 달아난단다.
쪽-지(-紙)[-찌]명 ①작은 종잇조각. ②작은 종잇조각에 적은 편지나 메모. ¶ 쪽지를 써 놓고 자리를 뜨다.
쪽-지게[-찌-]명 젓갈 장수나 등짐장수들이 쓰는, 다리가 짧고 자그마한 지게.
쪽쪽-이부 여러 쪽으로. ¶ 쪽쪽이 금이 가다. /마늘을 쪽쪽이 쪼개다.
쪽-창(-窓)명 좁고 기름하게 한 짝만 짜서 단 창. 척창(隻窓).
쪽-파명 파의 한 가지. 높이는 30 cm가량. 잎은 좁고 꽃은 거의 피지 않음. 특이한 향기와 맛이 있어 음식의 맛을 더하는 데 쓰임.
쪽-팔리다자 '낯이 깎이다'를 속되게 이르는 말. ¶ 쪽팔리게도 많은 사람들 앞에서 넘어졌다.
쫀득-거리다[-꺼-]자 〈존득거리다〉의 센말. 쫀득대다. 큰쭌득거리다.
쫀득-대다[-때-]자 쫀득거리다.
쫀득-쫀득부하형 〈존득존득〉의 센말. ¶ 젤리가 쫀득쫀득하다. 큰쭌득쭌득.
쫀쫀-하다형여 ①〈존존하다〉의 센말. ②속이 좁고, 인색하며 치사하다. ¶ 쫀쫀한 사람.
쫄깃-쫄깃[-긷-긷]부하형 〈졸깃졸깃〉의 센말. ¶ 가래떡이 쫄깃쫄깃해서 맛있다. 큰쭐깃쭐깃·찔깃찔깃. 참짤깃짤깃.
쫄깃-하다[-기타-]형여 〈졸깃하다〉의 센말. ¶ 호박엿이 쫄깃하다. 큰쭐깃하다·찔깃하다.
쫄딱부 더할 나위 없이 모두. 남김없이 통틀어. ¶ 비를 쫄딱 맞다. /쫄딱 망하다.
쫄랑-거리다자 〈졸랑거리다〉의 센말. 쫄랑대다. 참촐랑거리다.
쫄랑-대다자 쫄랑거리다.
쫄랑-이다자 〈졸랑이다〉의 센말.
쫄랑-쫄랑부하자 〈졸랑졸랑〉의 센말.
쫄래-쫄래부하자 〈졸래졸래〉의 센말. 큰쭐레쭐레.
쫄쫄1부 〈졸졸〉의 센말. 큰쭐쭐.
쫄쫄2부 '끼니를 굶어 아무것도 먹지 못한 상태'를 이르는 말. ¶ 온종일 쫄쫄 굶다.
쫄쫄-거리다자 〈졸졸거리다〉의 센말. 쫄쫄대다. 큰쭐쭐거리다.
쫄쫄-대다자 쫄쫄거리다.
쫄쫄-이1명 채신없이 까불기만 하고 소견이 몹시 좁은 사람. 키가 작고 옹졸한 사람.
쫄쫄-이2명 입으면 늘어나서 몸에 꼭 맞고 벗으면 쪼글쪼글하게 오그라드는 속옷.
쫍치다타 ①기가 꺾여 움츠러들게 만들다. ¶ 그 일로 나를 저렇게 쫍치면 다음에 내가 무슨 일굴로 그 사람을 대하니? ②깨뜨려 부수다. ¶ 창문이 열리지 않는다고 창문을 쫍쳐서는 안 된다.
쫑그리다타 (귀나 입술을) 빳빳하게 치켜세우거나 뾰족이 내밀다. ¶ 토끼가 커다란 귀를 쫑그리다. 큰쭝그리다.
쫑긋[-귿]부하타 ①짐승이 귀를 한 번 쫑그리는 모양. ②말을 하려고 입술을 한 번 달싹이는 모양. 큰쭝긋. **쫑긋-쫑긋**부하타.
쫑긋-거리다[-귿꺼-]타 자꾸 쫑긋쫑긋하다. 쫑긋대다. 큰쭝긋거리다.
쫑긋-대다[-귿때-]타 쫑긋거리다.
쫑긋-하다[-그타-]형여 (짐승의 귀가) 빳빳하게 서 있다. 큰쭝긋하다. **쫑긋-이**부.
쫑달-거리다자 〈종달거리다〉의 센말. 쫑달대다. 큰쭝덜거리다.
쫑달-대다자 쫑달거리다.
쫑달-쫑달부하자 〈종달종달〉의 센말. 큰쭝덜쭝덜.
쫑알-거리다자타 〈종알거리다〉의 센말. 쫑알대다. 큰쭝얼거리다.
쫑알-대다자타 쫑알거리다.
쫑알-쫑알부하자.타 〈종알종알〉의 센말. 큰쭝얼쭝얼.
쫑잘-거리다자 〈종잘거리다〉의 센말. 쫑잘대다. 큰쭝절거리다.
쫑잘-대다자 쫑잘거리다.
쫑잘-쫑잘부하자 〈종잘종잘〉의 센말. 큰쭝절쭝절.
쫑쫑-거리다1자 〈종종거리다1〉의 센말. 쫑쫑대다1.
쫑쫑-거리다2자 〈종종거리다2〉의 센말. 쫑쫑대다2. 큰쭝쭝거리다.
쫑쫑-대다1자 ☞쫑쫑거리다1.
쫑쫑-대다2자 ☞쫑쫑거리다2.
쫒다[쫃따]타 상투나 낭자 따위를 틀어서 죄어매다. ¶ 상투를 쫒다. *쫒아·쫒는[쫀-]
쫓겨-나다[쫃껴-]자 내침을 당하다. 쫓기어 나오다.
쫓-기다[쫃끼-]자 ①〖'쫓다'의 피동〗 쫓음을 당하다. ¶ 쫓기는 사람처럼 급하게 굴다. ②시간적인 여유가 없어 다급하다. ¶ 시간에 쫓기다.
쫓다[쫃따]타 ①있는 자리에서 떠나도록 억지로 몰아내다. ¶ 참새 떼를 쫓다. /푸닥거리를 하여 악귀를 쫓다. ②(달아나는 것을) 잡기 위해 급하게 뒤를 따르다. ¶ 흉악범을 쫓다. /고양이가 쥐를 쫓다. ③(졸음이나 잡음 따위를) 더 생기지 않게 물리치다. ¶ 졸음을 쫓으려고 찬물로 세수를 하였다. *쫓아·쫓는[쫀-]
쫓아-가다 Ⅰ자 앞선 것을 급히 따라가다. Ⅱ타 뒤에 바짝 붙어 따라가다.
쫓아-내다타 ①쫓아서 밖으로 내보내다. ¶ 방안의 강아지를 쫓아내다. ②직장이나 학교 따위를 그만두게 하다. ¶ 무능한 직원을 회사에서 쫓아내다.

쫓아-다니다타 ①뒤에 바짝 붙어 따라다니다. ②여기저기를 바삐 뛰어다니다. ¶ 그는 선거철만 되면 유세장을 쫓아다닌다. ③사귀거나 가까이하려는 의도로 접근하다. ¶ 여자 꽁무니를 쫓아다니다.

쫓아-오다 Ⅰ타 ①뒤에서 바짝 붙어 따라오다. ②달음박질하여 급히 따라오다. ¶ 어미 닭을 병아리 떼가 쫓아오다.

Ⅱ자 어떤 대상을 잡거나 만나기 위해 급히 따라오다. ¶ 빚쟁이들이 매일 쫓아와서 돈을 내놓으라 성화다.

쫘르르부하자 〈좌르르〉의 센말.

쫙부 〈좍〉의 센말.

쫙-쫙부하자 〈좍좍〉의 센말.

쫠-쫠부하자 〈좔좔〉의 센말.

쬐:다[쬐-/쮀-] Ⅰ자 햇볕이 내리비치다. 쪼이다[1]. ¶ 햇볕이 잘 쬐는 양달.

Ⅱ타 햇볕이나 불기운 등을 몸에 받다. 쪼이다[1]. ¶ 불을 쬐다.

쭈그러-들다[~드니·~들어]자 ①쭈그러져 작아지다. ¶ 그릇이 쭈그러들다. ②살이 빠져서 주름이 쭈글쭈글 잡히다. ③일의 범위나 규모가 줄어들다. ¶ 살림이 많이 쭈그러들다. 작쪼그라들다. 거쭈크러들다.

쭈그러-뜨리다타 (힘주어) 쭈그러지게 하다. 쭈그러트리다. 작쪼그라뜨리다. 거쭈크러뜨리다.

쭈그러-지다자 ①물체가 눌리거나 우그러져서 부피가 몹시 작아지다. ②살가죽이 쭈글쭈글해지다. 작쪼그라지다.

쭈그러-트리다타 쭈그러뜨리다. 작쪼그라트리다. 거쭈크러트리다.

쭈그렁-밤명 밤톨이 제대로 들지 않아 껍질이 쭈글쭈글한 밤.

쭈그렁-밤송이명 밤톨이 제대로 들지 않은 밤송이.

쭈그렁밤송이 삼 년 간다속담 몹시 약해 보이는 사람이 얼마 못 살 듯싶으면서도 목숨을 오래 이어 간다는 말.

쭈그렁-이명 ①쭈그러진 물건. ②'살이 빠져 쭈글쭈글한 노인'을 홀하게 이르는 말. ③제대로 여물지 않은 낟알.

쭈그리다타 ①누르거나 욱여서 부피를 작게 하다. ②팔다리를 우그려 몸을 작게 움츠리다. ¶ 쭈그려 앉다. 작쪼그리다. 거쭈크리다.

쭈글-쭈글부하형 물체가 쭈그러져서 잔주름이 고르지 않게 많이 잡힌 모양. 작쪼글쪼글.

쭈룩부하자 〈주룩〉의 센말. 작쪼록.

쭈룩-쭈룩부하자 〈주룩주룩〉의 센말. 작쪼록쪼록.

쭈르르부하자하형 〈주르르〉의 센말. 작쪼르르.

쭈르륵부하자 〈주르륵〉의 센말. 작쪼르륵.

쭈뼛[-뼏]부하자타 〈주뼛〉의 센말. 작쪼뼛.

쭈뼛-하다[-뼈타-]형여 〈주뼛하다〉의 센말. ¶ 끝이 쭈뼛하다. 작쪼뼛하다.

쭈쭈 Ⅰ명 아기의 사타구니를 손으로 쓸어 주어 아이가 다리를 곧추 뻗는 동작.

Ⅱ감 아기의 사타구니를 손으로 쓸어 주면서 하는 소리.

쭈크러-들다[~드니·~들어]자 ①쭈그러져 작아지다. ②살이 빠져서 주름이 쭈글쭈글 잡히다. ③일의 범위나 규모가 줄어들다. 작쪼크라들다. 여쭈그러들다.

쭈크러-뜨리다타 세게 누르거나 욱여서 몹시 쭈그러지게 하다. 쭈크러트리다. 작쪼크라뜨리다. 여쭈그러뜨리다.

쭈크러-트리다타 쭈크러뜨리다. 작쪼크라트리다. 여쭈그러트리다.

쭈크리다타 ①세게 누르거나 욱여서 부피를 작게 하다. ②팔다리를 우그려 몸을 작게 움츠리다. 작쪼크리다. 여쭈그리다.

쭉부 〈죽2〉의 센말. ¶ 달력을 쭉 찢다. /줄을 쭉 내리긋다. /냉수를 쭉 들이켜다. 작쪽7.

쭉-신[-씬]명 쭈그러지고 해진 헌 신.

쭉정-밤[-쩡-]명 알맹이가 없이 쭉정이로 된 밤.

쭉정-이[-쩡-]명 껍질만 있고 알맹이가 들지 않은, 곡식이나 과실의 열매.

쭌득-거리다[-꺼-]자 〈준득거리다〉의 센말. 쭌득대다. 작쫀득거리다.

쭌득-대다[-때-]자 쭌득거리다.

쭌득-쭌득부하형 〈준득준득〉의 센말. 작쫀득쫀득.

쭐깃-쭐깃[-긷-긷]부하형 〈줄깃줄깃〉의 센말. 작쫄깃쫄깃.

쭐깃-하다[-기타-]형여 〈줄깃하다〉의 센말. 작쫄깃하다.

쭐레-쭐레부하자 〈줄레줄레〉의 센말. 작쫄래쫄래.

쭐룩-쭐룩부하형 〈줄룩줄룩〉의 센말.

쭐쭐부 〈줄줄〉의 센말. 작쫄쫄1.

쭐쭐-거리다자 〈줄줄거리다〉의 센말. 쭐쭐대다. 작쫄쫄거리다.

쭐쭐-대다자 쭐쭐거리다.

-쭝(←重)접미 《양수사(量數詞) 냥·돈·푼 따위의 뒤에 붙어》 '무게'임을 뜻함. ¶ 금 한 돈쭝.

쭝그리다타 (귀나 입술을) 빳빳하게 치켜세우거나 뾰족이 내밀다. 작쫑그리다.

쭝긋[-귿]부하타 ①짐승이 귀를 한 번 쭝그리는 모양. ¶ 사슴이 귀를 쭝긋 세우다. ②말을 하려고 입술을 한 번 들썩이는 모양. 작쫑긋. **쭝긋-쭝긋**부하타.

쭝긋-거리다[-귿꺼-]타 자꾸 쭝긋쭝긋하다. 쭝긋대다. 작쫑긋거리다.

쭝긋-대다[-귿때-]타 쭝긋거리다.

쭝긋-하다[-그타-]형여 (짐승의 귀가) 빳빳하게 서 있다. 작쫑긋하다. **쭝긋-이**부.

쭝덜-거리다자 〈중덜거리다〉의 센말. 쭝덜대다. 작쫑달거리다.

쭝덜-대다자 쭝덜거리다.

쭝덜-쭝덜부하자 〈중덜중덜〉의 센말. 작쫑달쫑달.

쭝얼-거리다자타 〈중얼거리다〉의 센말. 쭝얼대다. 작쫑알거리다.

쭝얼-대다자타 쭝얼거리다.

쭝얼-쭝얼부하자타 〈중얼중얼〉의 센말. ¶ 혼자 입속말로 쭝얼쭝얼하다. 작쫑알쫑알.

쭝절-거리다자타 〈중절거리다〉의 센말. 쭝절대다. 작쫑잘거리다.

쭝절-대다자타 쭝절거리다.

쭝절-쭝절부하자타 〈중절중절〉의 센말. 작쫑잘쫑잘.

쭝쭝-거리다자 〈중중거리다〉의 센말. 쭝쭝대다. 작쫑쫑거리다2.

쭝쭝-대다자 쭝쭝거리다.

-쯤접미 《일부 명사나 명사구 뒤에 붙어》 '어떤 정도'를 나타내는 말. ¶ 어디쯤. /오늘쯤. 참가량.

쯧-쯧[쯛쯛]부 가엾거나 못마땅하여 가볍게 혀를 차는 소리. ¶ 쯧쯧, 불쌍도 해라. /쯧쯧, 이것도 그림이라고 그렸느냐?

찌1명 특히 기억할 것을 표해 두기 위하여 그대로 글로 써서 붙이는 좁고 기름한 종이쪽.

찌²명 〈낚시찌〉의 준말.
찌³명 '똥'의 젖먹이 말.
찌개¹명 국물을 바특하게 잡아 고기나 두부·채소 따위를 넣고 양념과 간을 맞추어 끓인 반찬.
찌-개²명 윷판의 둘레를 따라 처음부터 열두째 자리, 곧 찌도와 찌걸의 사이.
찌걱부 느슨한 나무틀이나 엉성하게 묶인 짐짝 같은 것이 쓸릴 때 나는 소리. ¶ 오래된 나무 의자가 낡은 탓인지 앉기만 하면 소리가 찌걱 난다. 센찌꺽. **찌걱-찌걱**부하자타.
찌걱-거리다[-꺼-]자타 자꾸 찌걱찌걱하다. 찌걱대다.
찌걱-대다[-때-]자타 찌걱거리다.
찌-걸명 윷판의 둘레를 따라 처음부터 열셋째 자리, 곧 찌개와 찌윷의 사이.
찌그러-뜨리다타 눌러서 몹시 찌그러지게 하다. 찌그러트리다. ¶ 빈 깡통을 찌그러뜨려 쓰레기통에 버렸다. 작짜그라뜨리다.
찌그러-지다자 ①눌려서 모양이 고르지 않게 우그러지다. ¶ 찌그러진 주전자. /다 찌그러져 가는 오두막집. ②몹시 말라서 쭈글쭈글하게 주름이 잡히고 작아지다. ¶ 다 찌그러진 얼굴. 작짜그라지다.
찌그러-트리다타 찌그러뜨리다. 작짜그라트리다.
찌그럭-거리다[-꺼-]자 〈지그럭거리다〉의 센말. 찌그럭대다. 작짜그락거리다.
찌그럭-대다[-때-]자 찌그럭거리다.
찌그럭-찌그럭부하자 〈지그럭지그럭〉의 센말. 작짜그락짜그락.
찌그렁-이명 ①남에게 무리하게 떼를 쓰는 짓. ¶ 찌그렁이를 부리다. ②덜 여물어 찌그러진 열매.
찌그렁이(를) 붙다관용 남에게 무리하게 떼를 쓰다.
찌그르르부하자 〈지그르르〉의 센말. 작짜그르르.
찌그리다타 ①눌러서 찌그러지게 하다. ¶ 운동화를 찌그려 신다. ②(근육의 일부나 눈살 등을) 찌긋하게 찌푸리다. 작짜그리다.
찌근-거리다자타 〈지근거리다〉의 센말. 찌근대다. 작짜근거리다. 참치근거리다.
찌근-대다자타 찌근거리다.
찌근덕-거리다[-꺼-]자타 〈지근덕거리다〉의 센말. 찌근덕대다. 작짜근덕거리다. 참치근덕거리다.
찌근덕-대다[-때-]자타 찌근덕거리다.
찌근덕-찌근덕부하자타 〈지근덕지근덕〉의 센말. 작짜근덕짜근덕. 참치근덕치근덕.
찌근-찌근부하자타 〈지근지근〉의 센말. 작짜근짜근. 참치근치근.
찌글-거리다자 〈지글거리다〉의 센말. 찌글대다. 작짜글거리다.
찌글-대다자 찌글거리다.
찌글-찌글부하자 〈지글지글〉의 센말. 작짜글짜글.
찌긋[-귿]부하타 ①(남에게 눈치를 채게 하려고) 눈을 한 번 약간 찌그리는 모양. ¶ 조용히 하라고 눈을 한 번 찌긋해 보였지만 소용이 없었다. ②(어떤 뜻을 알아채게 하려고) 남의 옷자락 따위를 슬쩍 한 번 잡아당기는 모양. ¶ 나는 그런 이야기는 하지 말라고 그의 옷을 찌긋 잡아당겼다. 작짜긋. **찌긋-찌긋**부하타.
찌긋-거리다[-귿꺼-]타 자꾸 찌긋찌긋하다. 찌긋대다. 작짜긋거리다.
찌긋-대다[-귿때-]타 찌긋거리다.
찌긋-하다[-그타-]형여 (눈을) 약간 찌그린 듯하다. ¶ 찌긋한 눈. 작짜긋하다. **찌긋-이**부.

찌꺼기명 ①액체가 다 빠진 뒤에 바닥에 남은 물질. ¶ 국물 찌꺼기. ②좋은 것이나 쓸 만한 것을 골라낸 다음의 나머지 쓸모없는 것들. ¶ 음식물 찌꺼기. 준찌끼.
찌꺽부 〈찌걱〉의 센말.
찌끼명 〈찌꺼기〉의 준말.
찌다¹자 《주로 살을 주어로 하여》 살이 올라서 뚱뚱해지다. ¶ 많이 먹는다고 살이 찌는 것은 아니다.
찌:다²자 흙탕물이 논밭에 넘칠 만큼 괴다.
찌다³자 뜨거운 김을 쐬는 것처럼 몹시 더워지다. ¶ 한여름이 되니 밤에 잠을 못 이룰 정도로 푹푹 찌는 날씨가 계속되었다.
찌다⁴타 ①나무 따위가 촘촘하게 난 것을 성기게 되도록 베어 내다. ¶ 숲에서 나무를 찌다. ②모판에서 모를 모숨모숨 뽑아내다. ¶ 모를 찌다.
찌다⁵타 뜨거운 김으로 익히거나 데우다. ¶ 찬밥을 찌다. /떡을 찌다.
찌다⁶타 부녀자가 머리털을 목뒤로 틀어 뭉치어 비녀를 꽂다. ¶ 쪽을 찌다.
찌-도명 윷판의 둘레를 따라 처음부터 열한째 자리. 뒷밭에서 쨀밭 쪽으로 첫째 자리.
찌드럭-거리다[-꺼-]자타 〈지드럭거리다〉의 센말. 찌드럭대다. 작짜드락거리다.
찌드럭-대다[-때-]자타 찌드럭거리다.
찌드럭-찌드럭부하자타 〈지드럭지드럭〉의 센말. 작짜드락짜드락.
찌득-찌득부하형 (차진 물건이) 여간해서는 베어지거나 떨어지지 않을 만큼 몹시 검질긴 모양. 작짜득짜득.
찌들다[찌드니·찌들어]자 ①(물건이) 몹시 낡거나 오래되거나 때 따위에 겯거나 하여 더럽게 되다. ¶ 땀에 찌든 옷. ②(사람이) 온갖 고생스러운 일을 겪어 몹시 지치다. ¶ 생활에 찌든 모습. 작짜들다.
찌뜰름-거리다타 자꾸 찌뜰름찌뜰름하다. 찌뜰름대다. 작짜뜰름거리다.
찌뜰름-대다타 찌뜰름거리다.
찌뜰름-찌뜰름부하타 한목에 다 주지 않고 여러 차례에 걸쳐 조금씩 나누어 주거나 주다 말다 하는 모양. 작짜뜰름짜뜰름.
찌러기명 성질이 몹시 사나운 황소.
찌르다[찌르니·찔러] Ⅰ자타르 남의 비밀 따위를 일부러 알려 주다. ¶ 그 사람의 비위 사실을 수사 기관에 찌르다.
Ⅱ타르 ①끝이 뾰족하거나 날카로운 것으로 세게 들이밀다. ¶ 수지침으로 손바닥을 여기저기 찔러 보다. ②어떤 틈이나 사이를 헤집고 무엇을 집어넣다. ¶ 두 손을 고의춤에 찌르다. ③어떤 일에 밑천을 들이다. ¶ 경험도 별로 없는 일에 밑천을 찌르다. ④감정을 날카롭게 건드리다. ¶ 그의 말 한마디가 나의 정곡을 찔렀다. ⑤〈지르다¹〉의 센말. ⑥후각을 세게 자극하다. ¶ 역한 냄새가 코를 찌른다.
찔러도 피 한 방울 안 나겠다속담 ①빈틈이 없이 야무지다. ②몹시 인색하거나 모질다.
찔러 피를 내다관용 공연히 덧들여서 새삼스러운 일을 저지르다.
찌르레기명 찌르레깃과의 새. 날개 길이 13 cm 가량. 몸빛은 암회색, 이마와 복부 등에는 흰 털이 듬성듬성 나 있음. 인가 근처의 숲 속이나 돌 틈에 집을 짓고 사는데, 해충(害蟲)을 잡아먹는 익조(益鳥)임.
찌르르부하형 〈지르르〉의 센말. 작짜르르.

찌르륵부 ①하자타 가는 대롱 따위로 액체를 거칠게 빨아올릴 때에 나는 소리. 작짜르륵. ②찌르레기가 우는 소리. **찌르륵-찌르륵**부하자타.
찌르륵-거리다[-꺼-]자타 자꾸 찌르륵찌르륵하다. 찌르륵대다. 작짜르륵거리다.
찌르륵-대다[-때-]자타 찌르륵거리다.
찌르릉부 벨이 울리는 소리. ¶ 전화벨이 찌르릉 울렸다. **찌르릉-찌르릉**부하자타.
찌르릉-거리다자타 자꾸 찌르릉찌르릉하다. 찌르릉대다.
찌르릉-대다자타 찌르릉거리다.
찌릿-찌릿[-릳-릳]부하형 자꾸 찌릿한 모양. ¶ 손가락 끝이 찌릿찌릿하다. 작짜릿짜릿.
찌릿-하다[-리타-]형여 ①살이나 뼈마디에 갑자기 세게 저린 느낌이 있다. ¶ 오래 앉아 있었더니 다리가 찌릿하다. ②(감전된 것처럼) 순간적으로 떨리게 하는 느낌이 있다. ¶ 그녀와 눈이 마주치자 온몸이 찌릿했다. 작짜릿하다.
찌무룩-하다[-루카-]형여 못마땅하게 여기는 빛이 얼굴에 드러나 있다. **찌무룩-이**부.
찌부러-뜨리다타 힘주어 찌부러지게 하다. 찌부러트리다. 작짜부라뜨리다.
찌부러-지다자 ①물체가 우묵하게 찌그러지다. ¶ 지붕이 찌부러지다. ②(세력 따위가) 아주 망하다시피 되다. ¶ 살림이 찌부러지다. ③아주 생기가 없어지다. ¶ 앓고 나더니 폭삭 찌부러졌구나. 작짜부라지다.
찌부러-트리다타 찌부러뜨리다. 작짜부라트리다.
찌뻑-거리다[-꺼-]자 〈지벅거리다〉·〈지뻑거리다〉의 센말. 찌뻑대다.
찌뻑-대다[-때-]자 찌뻑거리다.
찌뻑-찌뻑부하자 〈지벅지벅〉·〈지뻑지뻑〉의 센말.
찌뿌둥-하다형여 찌뿌듯하다.
찌뿌드드-하다형여 (몸살이나 감기 따위를 앓을 때처럼) 몸이 무겁고 나른하며 아주 거북하다. ¶ 감기 몸살에 걸리려는지 온몸이 찌뿌드드하다. 준뿌드드하다.
찌뿌듯-하다[-드타-]형여 ①(몸살·감기 따위로) 몸이 조금 무겁고 거북하다. ②표정이나 기분이 밝지 못하고 언짢다. ③비나 눈이 올 것같이 날씨가 조금 흐리다. 찌뿌둥하다.
찌-우다타 〖'찌다1'의 사동〗 찌게 하다. ¶ 얼굴의 살을 찌우다.
찌-윷[-윧]명 윷판의 둘레를 따라 처음부터 열넷째 자리. 찌걸과 찔밭의 사이. *찌윷이[-유치]·찌윷만[-윤-]
찌증명 마음에 꼭 맞지 않아 역정을 내는 짓, 또는 그러한 성미. ¶ 찌증이 나다. 작짜증.
찌-지(-紙)명 무엇을 표하거나 적어서 붙이는 작은 종이 쪽지. 부표(附票).
찌푸리다 Ⅰ자 날씨가 몹시 흐리다. ¶ 잔뜩 찌푸린 하늘. 작째푸리다.
Ⅱ타 (불쾌하거나 고통스럽거나 하여) 얼굴을 몹시 찡그리다. ¶ 눈살을 찌푸리다. 작째푸리다.
찍1부 〈직2〉의 센말.
찍2부 〈직3〉의 센말. 작짝5.
찍다1[-따]타 ①가루나 액체 따위를 묻히다. ¶ 꿀을 찍어 먹다. /삶은 달걀을 소금에 찍어 먹다. ②연지나 곤지 따위를 얼굴에 바르다. ③바닥에 대고 눌러서 자국을 내다. ¶ 지장을 찍다. ④인쇄물이나 사진 따위를 박다. ¶ 안내장을 찍다. /신문을 찍다. /영화를 찍다. /사진을 찍다. ⑤일정한 틀 따위로 규격이 같은 물건을 만들어 내다. ¶ 벽돌을 찍다. ⑥무엇에 점을 칠하거나 무엇을 지목하여 눈여겨 두다. ¶ 점을 찍다. /그를 신랑감으로 찍다.
찍다2[-따]타 ①(무엇을 베려고) 날이 선 연장을 내리치다. ¶ 도끼로 나무를 찍다. ②끝이 뾰족한 것으로 내리치거나 찌르다. ¶ 곡괭이로 언 땅을 찍다. ③(표 같은 것에) 구멍을 뚫다. ¶ 기차표를 찍다.
찍-소리[-쏘-]명 《뒤에 '없다'·'못하다'·'말다' 따위의 부정·금지를 나타내는 말과 함께 쓰이어》 '아무 소리'·'꼼짝'·'반항'의 뜻으로 쓰이는 말. ¶ 찍소리도 못하다. 작짹소리.
찍어-매다타 실이나 노끈 따위로 대충 꿰매다.
찍-찍1부하타 〈직직〉의 센말. 작짝짝1.
찍-찍2부하자 새나 쥐 따위가 내는 소리. 작짹짹.
찍찍-거리다[-꺼-]자 새나 쥐 따위가 자꾸 찍찍 소리를 내다. 찍찍대다. 작짹짹거리다.
찍찍-대다[-때-]자 찍찍거리다.
-찍하다[찌카-]접미 《'ㄹ' 또는 'ㄼ'으로 끝나는 형용사 어간에 붙어》 '조금' 또는 '꽤 그러함'을 나타냄. ¶ 멀찍하다. /널찍하다. /얄찍하다.
찍-히다[찌키-]자 〖'찍다1·2'의 피동〗 찍음을 당하다.
찐덥다[-따][찐더우니·찐더워]형ㅂ ①마음에 반갑고 흐뭇하다. ¶ 네가 오는 것을 찐덥지 않게 여길 사람은 아무도 없다. ②마음에 거리낌이 없이 떳떳하다.
찐득-거리다[-꺼-]자 〈진득거리다〉의 센말. 찐득대다. 작짠득거리다.
찐득-대다[-때-]자 찐득거리다.
찐득-찐득부하자 〈진득진득〉의 센말. ¶ 찐득찐득한 액체. 작짠득짠득.
찐-쌀명 덜 여문 벼를 쪄서 말린 뒤에 찧은 쌀.
찐-조명 덜 여문 조를 쪄서 말린 뒤에 찧은 좁쌀.
찐:-하다형여 지난 일이 뉘우쳐져 못내 마음이 언짢고 아프다. 작짠하다.
찔깃-찔깃[-긷-긷]부하형 〈질깃질깃〉의 센말. 작짤깃짤깃·쫄깃쫄깃.
찔깃-하다[-기타-]형여 〈질깃하다〉의 센말. 작짤깃하다·쫄깃하다.
찔꺽-거리다[-꺼-]자 자꾸 찔꺽찔꺽하다. 찔꺽대다.
찔꺽-눈[-껑-]명 눈가가 늘 진물진물한 눈.
찔꺽눈-이[-껑-]명 찔꺽눈을 가진 사람.
찔꺽-대다[-때-]자 찔꺽거리다.
찔꺽-찔꺽부하자 진흙이나 풀 따위를 짓이길 때와 같이 몹시 끈진 모양, 또는 그 소리. ¶ 진흙투성이가 된 골목길을 찔꺽찔꺽 소리를 내며 걸었다.
찔끔1부하자타 〈질금〉의 센말. 작짤끔.
찔끔2부하자 갑자기 놀라거나 겁이 나서 몸을 뒤로 물리듯이 움츠리는 모양.
찔끔-거리다자타 액체가 잇따라 조금씩 새어 흐르거나 쏟아지다가 그치다. 찔끔대다. ¶ 동생은 길거리에서 불쌍한 사람을 보면 눈물을 찔끔거린다. 작짤끔거리다.
찔끔-대다자타 찔끔거리다.
찔끔-찔끔부하타 물건을 여러 번에 걸쳐 나누어 조금씩 주는 모양. ¶ 찔끔찔끔 받는 용돈을 차곡차곡 모아서 책상을 장만했다. 작짤끔짤끔.
찔뚝-찔뚝부하형 〈질뚝질뚝〉의 센말. 작짤똑짤똑2.
찔뚝-하다[-뚜카-]형여 〈질뚝하다〉의 센말. 작짤똑하다.
찔러-보다타 어떤 자극을 주어 속내를 알아보다.

찔러-주다타 ①남에게 암시하거나 귀띔하다. ②남의 환심을 사기 위해 몰래 가져다주다. ¶ 잘 봐 달라고 돈을 찔러주다.

찔레명 ☞찔레나무.

찔레-꽃[-꼳]명 찔레나무의 꽃. *찔레꽃이[-꼬치]·찔레꽃만[-꼰-]

찔레-나무명 장미과의 낙엽 관목. 산이나 들에 흔히 나는데 높이는 2m가량. 가지에 가시가 있음. 봄에 흰빛이나 분홍빛 꽃이 피고, 가을에 둥근 열매가 붉게 익음. 찔레. 들장미.

찔룩-찔룩부하형 〈질룩질룩〉의 센말. ㉧짤록짤록2.

찔룩-하다[-루카-]형여 〈질룩하다〉의 센말. ㉧짤록하다.

찔름-거리다자타 〈질름거리다〉의 센말. 찔름대다. ㉧짤름거리다1.

찔름-대다자타 찔름거리다.

찔름-찔름부하자타 〈질름질름〉의 센말. ㉧짤름짤름1.

찔리다 Ⅰ자타 〖'찌르다'의 피동〗 찌름을 당하다. ¶ 바늘에 손가락이 찔리다.
Ⅱ자 양심의 가책을 받다. ¶ 식구들을 두고 나 혼자 여행을 떠나는 것이 마음에 찔린다.

찔쑥-찔쑥부하형 〈질쑥질쑥〉의 센말. ㉧짤쏙짤쏙2.

찔쑥-하다[-쑤카-]형여 〈질쑥하다〉의 센말. ㉧짤쏙하다.

찔찔1부 〈질질1〉의 센말. ㉧짤짤2·찔찔·쩔쩔2.

찔찔2부 〈질질3〉의 센말. ㉧짤짤2·쩔쩔2.

찜명 ①고기나 채소에 갖은 양념을 하여 국물이 바특하게 흠씬 삶거나 쪄서 만든 음식. ②〈찜질〉의 준말.
찜 쪄 먹다관용 꾀·재주·수단 따위가 다른 것에 견주어 비교가 안 될 만큼 뛰어나다. 《주로, '찜 쪄 먹게'·'찜 쪄 먹을'의 꼴로 쓰임.》 ¶ 그는 귀신 찜 쪄 먹게 뛰어난 재주를 가졌다.

찜부럭명하자 (몸이나 마음이 괴로울 때) 걸핏하면 짜증을 내는 짓. ¶ 찜부럭을 내다. /아이가 선잠을 깨더니 잠투정으로 찜부럭을 부린다.

찜-없다[찌멉따]형 ①맞붙은 틈에 흔적이 전혀 없다. ¶ 널빤지들을 찜없게 이어 붙이다. ②일이 잘 어울려서 틈이 생기지 않다. ¶ 수련회에 가서 할 일을 찜없게 짜 보아라. **찜없-이**부 ¶ 모든 일이 찜없이 다 잘 끝났다.

찜-질명하타 ①약물이나 더운물에 적신 헝겊이나 얼음을 넣은 주머니 따위를 아픈 자리에 대어 병을 고치는 일. ②온천 또는 뜨거운 모래나 물 따위에 몸을 담가 땀을 흘려 병을 고치는 일. ③'몹시 매를 때리는 일'을 속되게 이르는 말. ¶ 몽둥이 찜질. ㉠찜.

찜찜-하다형여 마음에 꺼림칙한 느낌이 있다. ¶ 일을 하다 말았더니 기분이 왠지 찜찜하다.

찜-통(-桶)명 찜을 할 때 쓰는 조리 기구.

찜통-더위(-桶-)명 찌는 듯한 더위.

찜-하다타여 '어떤 물건이나 사람을 미리 자기의 것이라고 마음속으로 정하다'를 속되게 이르는 말.

찝쩍-거리다[-꺼-]자타 〈집적거리다〉의 센말. 찝쩍대다.

찝쩍-대다[-때-]자타 찝쩍거리다.

찝쩍-찝쩍부하자타 〈집적집적〉의 센말.

찝찔-하다형여 ①감칠맛이 없이 좀 짜다. ¶ 국물이 찝찔하다. ㉧짭짤하다. ②일이 뜻대로 되지 않아 못마땅하다. ¶ 실수한 것이 찝찔하다. /뒷맛이 찝찔하다.

찝찝-하다[-찌파-]형여 (어떤 일이) 꺼림하여 마음에 걸리다.

찡부하자 얼음장이나 굳은 물건 따위가 갑자기 갈라질 때 울리는 소리. ㉧짱.

찡검-찡검부 〈징검징검〉의 센말.

찡그리다타 이마나 눈살을 일그러뜨려 주름지게 하다. ¶ 얼굴을 찡그리다. ㉧쨍그리다.

찡긋[-귿]부하타 눈을 한 번 찡그리는 모양. ¶ 눈을 찡긋 감았다 뜨다. **찡긋-찡긋**부하타.

찡긋-거리다[-귿꺼-]타 자꾸 찡긋찡긋하다. 찡긋대다.

찡긋-대다[-귿때-]타 찡긋거리다.

찡기다자 팽팽하게 켕기지 못하고 구겨져서 쭈글쭈글하게 되다.

찡등-그리다타 못마땅하여 얼굴을 몹시 찡그리다. ㉧짱당그리다.

찡얼-거리다자 〈징얼거리다〉의 센말. 찡얼대다. ㉧짱알거리다. ㉟칭얼거리다.

찡얼-대다자 찡얼거리다.

찡얼-찡얼부하자 〈징얼징얼〉의 센말. ㉟칭얼칭얼.

찡찡-거리다자 〈징징거리다〉의 센말. 찡찡대다. ㉧쨍쨍거리다.

찡찡-대다자 찡찡거리다.

찡찡-이명 〈코찡찡이〉의 준말.

찡찡-하다형여 ①마음에 걸리는 일이 있어 겸연쩍다. ②코가 막혀서 답답하다.

찡-하다형 눈물이 나올 만큼 강한 감정이나 느낌이 있다. ¶ 마음에 찡한 감동을 받았다.

찢-기다[찓끼-]자 〖'찢다'의 피동〗 찢음을 당하다.

찢다[찓따]타 잡아당겨서 갈라지게 하다. 여러 조각으로 가르다. *찢어·찢는[찐-]

찢-뜨리다[찓-]타 (종이나 헝겊 따위를) 무심결에 찢어지게 하다. 찢트리다. ¶ 종이를 계속 찢뜨리면서 이야기하다.

찢어-발기다타 갈기갈기 찢다.

찢어-지다자 찢겨서 갈라지다. 미다1.

찢-트리다[찓-]타 찢뜨리다.

찧다[찌타]타 ①(곡식 따위를 쓿거나 빻으려고) 절구에 넣고 공이로 내려치다. ¶ 방아를 찧다. /떡쌀을 찧다. ②(땅 같은 것을 다지려고) 무거운 물체를 들었다가 내리치다. ③마주 부딪다. ¶ 얼음판에 미끄러져서 엉덩방아를 찧다. /문설주에 이마를 찧다. *찧어[찌-]·찧는[찐-]·찧소[찌쏘]
찧고 까불다관용 되지 않은 소리로 이랬다저랬다 하며 경솔하게 굴다.

ㅊ[치읃] 자모 치읓. ①한글 자모의 열째. ②자음의 하나. 혀의 가운데 바닥을 입천장에 붙이고 목젖으로 콧길을 막았다가 숨을 불어 내면서 혓바닥을 뗄 때 나는 무성 파찰음. 받침의 경우에는 대표음 'ㄷ'과 같으며, 입천장에서 혀끝을 떼지 않음. * ㅊ이[치으시]·ㅊ만[치은-]

차 자 〈옛〉〔'ᄎᆞ다'의 활용형〕 차게〔滿〕. 가득하게. ¶ 世尊이 즉자히 眉間 金色光올 펴샤 十方無量世界를 차 비취시니(月釋8:5).

차(車)¹ 명 ①수레 종류의 대부분을 통틀어 이르는 말. 〔자동차·전차·지게차·영구차·유모차 따위.〕 ¶ 차를 몰다. /차를 타다. ②자동차나 기차를 흔히 이르는 말. ¶ 출퇴근 시간에는 차가 붐빈다. ③〖의존 명사적 용법〗 화물을 차에 실어 그 분량을 세는 단위. ¶ 모래 세 차.

차(車)² 명 장기에서 '車' 자로 나타낸 장기짝의 한 가지. 한편이 둘씩으로 모두 네 개가 있음. 일직선으로만 가되 가로세로 어느 방향이든지 몇 밭이라도 갈 수 있음.

차(車) 치고 포(包) 친다 속담 ①'일을 계획적으로 치밀하게 처리함'을 이르는 말. ②'분수에 넘치게 제멋대로 이리저리 휘두름'을 이르는 말.

차(茶) 명 ①〈차나무〉의 준말. ②차나무의 어린 잎을 따서 만든 음료의 재료, 또는 그것을 달인 물. 〔녹차·홍차 따위.〕 ③식물의 잎이나 줄기·뿌리·열매 따위를 달이거나 우려서 만든 음료. 〔보리차·생강차·인삼차·커피 따위.〕

차(差) 명 ①서로 다른 정도. ¶ 품질의 차. /견해의 차. ②수학에서, 어떤 큰 수효에서 다른 작은 수효를 뺀 나머지. ¶ 3과 2의 차는 1이다.

차(次) 의 ①《주로 한자어 수(數) 뒤에 쓰이어》 '번'·'차례'의 뜻을 나타내는 말. ¶ 수십 차. ②어떤 일을 하거나 하려는 '기회'나 '계제'를 뜻하는 말. ¶ 고향에 내려갔던 차에 모교에도 들렀다. 비참².

차(此) 대 이. 이것. ¶ 차(此)로써 세계 만방에 고하야 인류 평등의 대의(大義)를 극명하며….

차- 접두 《'ㅈ'으로 시작되는 일부 명사 앞에 붙어》 '찰기가 있음'을 뜻함. ¶ 차좁쌀. ↔메-. 참찰-.

-차(次) 접미 일부 명사 뒤에 붙어, '그 일을 목적함'을 나타냄. ¶ 산업 시찰차 지방에 다녀오다. /공연차 전국을 순회하다.

차:가(借家) 명하자 세를 주고 빌려서 듦, 또는 그 집. 참대가(貸家).

차-가다 타 무엇을 날쌔게 빼앗거나 움켜 가지고 가다. ¶ 소매치기가 지갑을 차가다.

차간(車間) 명 '찻간(車間)'의 잘못.

차감(差減) 명하타되자 견주어서 덜어 냄, 또는 견주어 보아 줄어든 차이. ¶ 차감 계정.

차갑다[-따] [차가우니·차가워] 형ㅂ ①(살에 닿은 느낌이) 싸늘하게 차다. ¶ 손이 시리도록 차갑다. ②(마음씨나 태도가) 쌀쌀하다. 냉정하다. 매정스럽다. ¶ 차가운 눈초리.

차:거(借居) 명하자 남의 집을 빌려서 삶.

차견(差遣) 명하타되자 (공적인 일로) 사람을 보냄. 차송(差送). 파견(派遣).

차:견(借見) 명하타 (남이 가지고 있는 책이나 그림 따위를) 빌려서 봄. 차람(借覽).

차고(車庫) 명 자동차·기차·전차 따위의 차량을 넣어 두는 곳.

차고-앉다[-안따] 타 (어떤 일을) 맡아서 자리를 차지하고 앉다. ¶ 사장의 아들이 회사를 차고앉아 운영하다.

차-고음(次高音) 명 '메조소프라노'의 한자어.

차곡-차곡 부 물건을 가지런하게 자꾸 포개거나 쌓는 모양. ¶ 소금에 절인 배추를 소쿠리에 차곡차곡 담다. **차곡차곡-히** 부.

차골(次骨) 명 ①(형벌이 가혹하여 그 독이) 뼈에 사무침. ②(원한이) 골수에 사무침.

차관(次官) 명 행정부에서, 장관을 보좌하고 장관의 직무를 대행할 수 있는 공무원.

차관(茶罐) 명 찻물을 달이는 그릇. 다관(茶罐).

차:관(借款) 명하타 국제간에, 일정한 협정에 따라 자금을 빌려 주고 빌려 씀. 〔정부 차관·민간 차관·정치 차관·경제 차관 따위가 있음.〕 ¶ 차관 도입. /차관을 제공하다.

차관-보(次官補) 명 행정부에서, 장관과 차관을 보좌하는 기관, 또는 그 직위에 있는 공무원.

차:광(遮光) 명하자되자 빛을 가리어 막음.

차:광-기(遮光器) 명 (야간 전투에서 화기를 발사할 때) 불빛을 가리기 위해 포구(砲口)에 붙이는 장치.

차:광^재:배(遮光栽培) 명 촉성 재배 방법의 한 가지. 단일성(短日性) 식물의 개화기(開花期)를 앞당기기 위하여 햇빛을 받는 시간을 제한하여 재배하는 방법. 국화나 콩·벼 따위의 재배에 쓰임. 차폐 재배(遮蔽栽培).

차군(此君) 명 '대나무'를 사군자(四君子)의 하나라 하여 예스럽게 이르는 말. 〔중국 진(晉)나라의 왕휘지가 대나무를 가리켜 '어찌 하루도 이 임 없이 살 수 있겠는가.'라고 한 데서 유래함.〕

차근-거리다 자타 (남이 싫어할 만큼) 자꾸 끈질기게 조르거나 괴롭히다. 차근대다. ¶ 장난감을 사 달라고 진종일 차근거리다. 큰치근거리다. 여자근거리다. 참짜근거리다.

차근-대다 자타 차근거리다.

차근덕-거리다[-꺼-] 자타 자꾸 차근덕차근덕하다. 차근덕대다. ¶ 곁에 눌러앉아 계속 귀찮게 차근덕거리다. 큰치근덕거리다. 여자근덕거리다. 참짜근덕거리다.

차근덕-대다[-때-] 자타 차근덕거리다.

차근덕-차근덕 부하자타 몹시 끈덕지게 차근거리는 모양. 큰치근덕치근덕. 여자근덕자근덕. 참짜근덕짜근덕.

차근-차근 부하형 (말이나 행동이) 조리 있고 자세하며 서두르지 않는 모양. ¶ 차근차근 따지다. **차근차근-히** 부.

차근-하다 형여 (말이나 행동이) 조리 있고 자세하며 찬찬하다. ¶ 차근하게 일을 처리해 나가다.

차근-히 부 ¶ 자초지종을 차근히 설명해 주다.

차금(差金) 명 ☞차액(差額).

차:금(借金) 명하자 돈을 빌림, 또는 그 돈. 빚.

차금^거:래(差金去來) 명 ☞차금 매매.

차금^매:매(差金賣買) 명 사고팔 물건의 값이 변동될 것을 내다보고, 그 차액을 이득으로 하기 위하여 하는 매매 방법. 〔차금만 주고받으며 실제 물건은 주고받지 아니함.〕 차금 거래. 참현물 매매.

차ː급(借給)명하타되자 (물건을) 빌려서 줌. 차여(借與). ↔대급.

차기(次期)명 다음 시기. ¶ 차기 대통령.

차기(此期)명 이 시기. 이 기간.

차기(茶器)명 ①☞차제구(茶諸具). ②가루로 된 차를 담는 사기그릇.

차기(箚記)명 글을 읽고 느낀 바나 요긴한 구절을 적어 놓음, 또는 그 기록이나 책.

차ː길(借吉)명하자 상제가 길례(吉禮) 때에 임시로 길복(吉服)을 입음.

차깔-하다타여 (문을) 굳게 닫아 걸다. 큰치깔하다.

차꼬명 지난날, 중죄인(重罪人)을 가두어 둘 때 쓰던 형구(刑具)의 한 가지. 두 개의 긴 나무 토막으로 두 발목을 고정시켜 자물쇠로 채우게 되어 있음. 족가(足枷). 참족쇄.

차꼬-막이명 〔재래식 한옥의〕 ①기와집 용마루의 양쪽으로 끼우는 수키왓장. ②박공머리에 물리는 네모진 서까래와 기와, 또는 그 기와를 받게 된 부분.

차끈차끈-하다형여 잇따라 차끈한 느낌이 있다.

차끈-하다형여 매우 차가운 느낌이 있다. ¶ 차끈한 얼음덩이.

차-나무(茶-)명 차나뭇과의 상록 관목. 재배 식물의 한 가지. 잎은 끝이 뾰족한 길둥근 모양이고 두꺼우며 둔한 톱니가 있음. 가을에 향기 있는 흰 꽃이 핌. 어린잎은 녹차와 홍차를 만드는 데 쓰임. 준차(茶).

차남(次男)명 둘째 아들. 차아(次兒). 차자(次子).

차내(車內)명 (기차나 자동차 따위의) 차의 안. 차중(車中). ¶ 차내 방송.

차녀(次女)명 둘째 딸.

차년(此年)명 올해. 금년.

차다[1]자 ①가득하게 되다. ¶ 저수지에 물이 차다./쌀독에 쌀이 차다./하나님의 은총이 온 누리에 가득 차다./기쁨에 찬 눈으로 우러러보다. ②정한 수요에 이르다. ¶ 정원이 차다./계획량이 다 차다. ③일정한 한도에 이르다. ¶ 냇물이 무릎까지 차다. ④작정한 기한에 이르다. ¶ 약속한 날수가 차다./정한 기한이 다 차다. ⑤(이지러졌던 것이) 온전하여지다. ¶ 달이 차다. ⑥보거나 느끼기에 흐뭇하다. ¶ 눈에 차다./마음에 차지 않다.

차면 넘친다〔기운다〕관용 무엇이든 한번 성하면 반드시 쇠하거나 망한다는 말.

차다[2]타 ①발로 내지르다. 발로 세게 건드리다. ¶ 공을 차다./엉덩이를 차다. ②(발로 제기를) 다루다. ¶ 제기를 차다. ③(잠자리를) 벗어나다. ¶ 자리를 차고 일어나다. ④매정하게 관계를 끊다. ¶ 오랜 동업자를 차 버리다. ⑤날렵하게 채뜨리다. ¶ 새매가 병아리를 차다. ⑥(혀끝을) 입천장에 댔다 뗐다 하여 소리를 내다. ¶ 혀를 끌끌 차다.

차다[3]타 ①몸의 어디엔가 끼우거나 걸거나 늘어뜨려 지니다. ¶ 시계를 차다./권총을 차다./술병을 허리에 차다. ②(수갑·차꼬 따위를) 팔목이나 발목에 끼우거나 잠그다. ¶ 쇠고랑을 차다. ③자기 주변에 거느리다. ¶ 깡패 두목이 부하들을 차고 나타났다.

차다[4]형 ①몸에 느끼는 온도가 낮다. ¶ 날씨가 차다./개울물이 차다./방바닥이 차다. ↔덥다·뜨겁다. ②냉정하다. 매정스럽다. ¶ 마음씨가 차다. ↔따뜻하다.

차닥-거리다[-꺼-]타 자꾸 차닥차닥하다. 차닥대다. 큰처덕거리다.

차닥-대다[-때-]타 차닥거리다.

차닥-차닥부하타 ①물기가 많거나 차지거나 질긴 것을 작은 동작으로 자꾸 두드리는 소리, 또는 그 모양. ¶ 개울가에서 아낙네들이 빨래를 차닥차닥 두드리는 소리가 들려온다. ②작은 종이 같은 것을 아무렇게나 닥지닥지 붙이는 모양. ¶ 게시판에 조그만 광고지를 차닥차닥 붙여 놓았다. 큰처덕처덕.

차ː단(遮斷)명하타되자 서로 통하지 못하게 가로막거나 끊음. ¶ 보급로 차단./교통을 차단하다.

차ː단-기(遮斷機)명 (철도의 건널목 따위에 설치하여) 잠시 내왕을 못하도록 막는 장치.

차ː단-기(遮斷器)명 전기 회로를 개폐하는 장치.

차ː단^사격(遮斷射擊)명 적이 일정한 지역이나 지점을 이용하는 것을 막기 위하여 하는 사격.

차담(茶啖)명 ☞다담(茶啖).

차담-상(茶啖床)[-쌍]명 ☞다담상(茶啖床).

차당(次堂)명 왕조 때, 각 관아의 당상(堂上) 다음의 벼슬자리.

차대(次代)명 ①다음 대(代). ②다음 시대.

차대(次對)명하자 매달 여섯 차례씩 의정(議政)·대간(臺諫)·옥당(玉堂) 들이 임금을 뵙고 중요한 나랏일을 아뢰던 일.

차대(車臺)명 (기차 따위의) 차체(車體)를 받치며 바퀴에 연결되어 있는 부분.

차대(差代)명하타 갈려간 빈 자리에 후임자를 뽑아서 채움.

차ː대(借貸)명하타 빌려 오고 빌려 줌, 또는 그 일. 대차.

차도(車道)명 주로 차가 다니게 마련한 길. 차로(車路). 찻길. 참인도(人道)[1]·보도(步道).

차도(差度·瘥度)명 병이 조금씩 나아 가는 일, 또는 그 정도. ¶ 할머니의 병환은 좀 차도가 있으신지요?

차ː도(遮道)명하자 ☞차로(遮路).

차도르(chador 힌)명 인도·이란·파키스탄 등지의 이슬람교도 여성이 나들이할 때 얼굴을 가리기 위하여 머리에서 어깨로 뒤집어쓰는, 네모진 천.

차ː도-살인(借刀殺人)명 〔남의 칼을 빌려 살인한다는 뜻으로〕 '음험한 수단을 부림'을 이르는 말.

차-돌명 ①☞석영(石英). ②'야무진 사람'을 비유하여 이르는 말.

차돌에 바람 들면 석돌보다 못하다속담 야무진 사람이 한번 타락하면 헤픈 사람보다 더 걷잡을 수 없다는 말.

차돌-모래명 차돌 성분의 모래. 규사(硅砂).

차돌-박이명 쇠고기에서, 양지머리뼈의 복판에 붙은 희고 단단하며 기름진 고기.

차돌-조리개명 차돌박이를 고아서 경단처럼 뭉치어 조린 반찬.

차동^기어^장치(差動gear裝置)명 (둘 이상의 기계 부품이 있을 때) 그들의 운동의 차(差)나 합(合)을 이용하여 한 부분을 움직이게 한 장치. 준차동 장치.

차동^장치(差動裝置)명 〈차동 기어 장치〉의 준말.

차동^톱니바퀴(差動-)[-톱-]명 회전수가 다른 두 개의 축에 똑같은 토크(회전축의 둘레를 돌게 하는 힘)가 전달되도록 한 톱니바퀴.

차ː득(借得)명하타 남의 물건을 빌려서 가짐.

차등(次等)명 버금가는 등급.

차등(此等)대 이것들. 이들.

차등(差等)명 ①차이가 나는 등급, 또는 등급의 차이. ¶ 남녀별로 차등을 두지 말자. ②대비 관계에서 나타나는 차이. ¶ 쌍둥이 형제도 사람에 따라 능력에 차등이 생긴다. 등차.

차ː등(遮燈)명하자 불빛이 밖으로 새어 나가지 않도록 등을 가림. ¶ 차등을 한 어두운 병실.

차디-차다형 매우 찬 느낌이 있다. ¶ 차디찬 겨울 날씨.

차-떼기(車-)명 어떤 상품을, 화물 자동차 한 차에 얼마로 값을 쳐서 모개로 사들이는 일, 또는 그렇게 하기 위한 흥정. ¶ 사과를 차떼기로 사다.

차라리부 (여러 가지 사실을 들어 말할 때) '앞에서 말한 사실보다 뒤에서 말한 사실이 더 나음'을 뜻하는 말. 그럴 바에는 도리어. ¶ 당일치기로 갔다 올 바엔 차라리 안 가는 게 낫겠다.

차란-차란부하형 ①그릇에 가득 담긴 액체가 넘칠 듯 말 듯 한 모양. ¶ 물동이에 차란차란하게 물을 긷다. ②물체의 한 끝이 다른 물체에 닿을락 말락 하는 모양. ¶ 버드나무 가지 끝이 수면에 차란차란 춤을 춘다. 큰치런치런. 여자란자란.

차ː람(借覽)명하타 ☞차견(借見).

차랑부하자타 얇고 단단한 쇠붙이끼리 부딪쳐서 나는 맑은 소리. 큰처렁. 여자랑[2]. 참짜랑. **차랑-차랑**부하자타.

차랑-거리다자타 얇은 쇠붙이 따위가 자꾸 차랑차랑하다. 차랑대다.

차랑-대다자타 차랑거리다.

차랑-차랑[1]부하자 드리운 물건의 아랫자락이 부드럽게 한들거리는 모양. 큰치렁치렁.

차랑-차랑[2]부하형 '차란차란'의 잘못.

차랑-하다형여 조금 길게 드리운 물건이 바닥에 닿을 듯이 부드럽게 늘어져 있다. 큰치렁하다.

차ː래(借來)명하타 빌려 오거나 꾸어 옴.

차량(車輛)명 ①여러 가지 '차 종류'를 통틀어 이르는 말. ②연결된 열차의 한 칸.

차량^한ː계(車輛限界)[-계/-게]명 궤도의 바른 위치에서 철도 차량의 각 부분이 바깥 공간을 침범하지 않도록 규정한 한계.

차려 Ⅰ명 제식 훈련에서 부동자세를 취하라는 구령에 따라 행하는 동작.
Ⅱ감 '부동자세를 하라'는 구령. ¶ 차려, 선생님께 경례.

차려-입다[-따]타 격식에 맞게 갖추어 입다. ¶ 한복을 곱게 차려입다.

차ː력(借力)명하자 〔힘을 빌린다는 뜻으로〕 약이나 신령의 힘을 빌려서 몸과 기운을 굳세게 함, 또는 그리하여 얻는 괴력(怪力).

차ː력-꾼(借力-)명 약이나 신령의 힘을 빌려 몸과 기운이 굳세어진 사람.

차ː력-약(借力藥)[-령냑]명 차력을 하는 데 쓰이는 약.

차렵명 ①(옷이나 이불에) 솜을 얇게 두는 일, 또는 그 방식. ②〈차렵이불〉의 준말.

차렵-것[-껃]명 솜을 얇게 두어 지은 옷. *차렵것이[-꺼시]·차렵것만[-껀-]

차렵-이불[-렴니-]명 솜을 얇게 두어 만든 이불. 준차렵.

차렵-저고리[-쩌-]명 솜을 얇게 두어 지은 저고리. 〔초봄이나 초겨울에 입음.〕

차례(次例←次第)명 ①(둘 이상의 것을) 일정하게 하나씩 벌여 나가는 순서, 또는 그 순서에서 차지하는 위치. 차서(次序). 서차. 순차(順次). 제차(第次). ¶ 차례가 오다. /차례로 벌여 놓다. ②(책 따위의) 목차. ③순서에 따라 차지하게 되는 '자기 몫'. 《주로, '차례에 오다'의 꼴로 쓰임.》 ¶ 그나마도 차례에 오지 않으면 굶는 수밖에 없었다. ④〖의존 명사적 용법〗 일이 일어나는 횟수를 세는 단위. ¶ 소나기가 몇 차례 쏟아졌다. /그 책은 세 차례나 읽었다.

차례(茶禮)명 (음력 초하루·보름이나 명절날, 또는 조상의 생일 등에 지내는) 간단한 낮 제사. 다례(茶禮). 차사(茶祀). ¶ 차례를 지내다.

차례-건(次例件)[-껀]명 차례대로 으레 되어 가는 일.

차례-차례(次例次例)부 차례를 좇아 순서대로 하나씩하나씩. ¶ 문제는 쉬운 것부터 차례차례 풀어 나가도록 하여라.

차례-탑(茶禮塔)명 차례 때, 탑처럼 높이 괴어 올린 제물(祭物).

차롓-걸음(次例-)[-례꺼름/-렏꺼름]명 순서대로 일을 진행함, 또는 그 방식.

차로(叉路)명 두 갈래로 갈라진 길.

차로(車路)명 ☞차도(車道).

차ː로(遮路)명하자 (오가지 못하게) 길을 막음, 또는 그 길. 차도(遮道).

차ː료(借料)명 빌려 쓰는 것에 대한 값.

차륜(車輪)명 수레바퀴.

차르랑부 얇은 쇠붙이 따위가 맞부딪치거나 떨어질 때 맑게 울리어 나는 소리. 큰처르렁. 여자르랑. 참짜르랑. **차르랑-차르랑**부하자타.

차르랑-거리다자타 자꾸 차르랑차르랑하다. 차르랑대다. 큰처르렁거리다.

차르랑-대다자타 차르랑거리다.

차리다타 ①(음식 따위를) 장만하여 갖추다. ¶ 밥상을 차리다. /술상을 차려 내다. ②필요한 것을 갖추어 벌이다. ¶ 구멍가게를 하나 차리다. /새살림을 차리다. /놀이판을 차리다. /신방을 차리다. ③어떤 격식이나 태도를 걸맞게 지니어 드러내다. ¶ 체통을 차리다. /예절을 차리다. /격식을 차리다. ④욕망을 채우거나 채우려 하다. ¶ 실속을 차리다. /제 욕심만 차리다. ⑤(기운·정신 따위를) 가다듬다. ¶ 기운을 차리다. /정신을 차리다. /이 사람, 정신 차려! ⑥(방법·대책 따위를) 세워 취하다. ¶ 대처할 방도를 차리다. ⑦짐작으로 속내를 알다. ¶ 눈치를 차리다. ⑦준채다[3].

차ː리즘(tsarism)명 제정 러시아의 차르, 곧 황제에 의한 전제적(專制的) 정치 체제.

차림명 (옷이나 몸치장을) 차리어 갖추는 일. ¶ 등산복 차림. /신부 차림.

차림-새명 차림을 한 모양새. ¶ 간편한 차림새.

차림-차림명 차림새의 이모저모. ¶ 차림차림이 날렵하다. /촌티가 나는 차림차림.

차림-표(-表)명 ①(음식점 따위에서) 파는 음식 이름과 값을 적은 표. 메뉴. ②(가정이나 병원·구내식당 등에서) 일정한 기간에 먹을 음식의 종류와 순서를 짠 표. 식단. 식단표.

차마부 《부정이나 의문의 말 앞에 쓰이어》 '가엾고 애틋하여 어찌'의 뜻을 나타내는 부사. ¶ 어찌 차마 손찌검을 하랴. /눈 뜨고는 차마 볼 수 없는 광경.

차-멀미(車-)명하자 차를 탔을 때, 메스껍고 어지러워 구역질이 나는 일, 또는 그런 증세.

차ː면(遮面)명하자 ①얼굴을 가림, 또는 그런 물건. ②바깥에서 집 안이 안 보이도록 담장이나 휘장 따위로 가림.

차ː면-담(遮面-)명 (바깥에서 집 안이 보이지 않도록) 앞을 막아 쌓은 담. 가림담.

차ː명(借名)[명][하자] (자기의 이름 대신에) 남의 이름을 빌려 씀. ¶ 차명 계좌.

차모(茶母)[명] 조선 시대에, 서울의 각 관아에 딸려, 주로 차를 끓여 대던 관비(官婢).

차ː문(借文)[명][하타] 남에게 시문(詩文)을 대신 짓게 함, 또는 그 시문.

차ː문(借問)[명][하타] ①남에게 모르는 것을 물음. ②시험 삼아 한번 물어 봄.

차ː문차ː답(且問且答)[명][하자] 한편으로 물으면서 한편으로 대답함.

차ː물(借物)[명] 남에게 빌려 쓰는 물건. 차용물.

차-바퀴(車-)[명] 차의 바퀴.

차반[명] 〈옛〉 음식. 반찬. ¶ 이베 됴ᄒᆞᆫ 차반 먹고져 ᄒᆞ며(月釋*1*:32).

차반(←茶飯)[명] ①맛있게 잘 차린 음식. ②예물로 가져가는 맛있는 음식.

차반(茶盤)[명] 찻그릇을 올려놓는 조그만 쟁반. 다반.

차방(茶房)[명] 찻집. 다방.

차ː벽(遮壁)[명] 외부 자계(磁界)나 전계(電界)로부터 어떤 장치를 고립시키기 위한 금속 격벽(隔壁) 따위를 이르는 말.

차ː변(借邊)[명] 복식 부기의 분개장(分介帳)에서, 계정계좌의 왼쪽을 이르는 말. 〔자산의 증가, 부채·자본의 감소 따위를 적음.〕 ↔대변(貸邊).

차별(差別)[명][하타][되자] 차가 있게 구별함. ¶ 차별 대우. /부당하게 사람을 차별하다.

차별^관세(差別關稅)[명] 어떤 상품이나, 어떤 나라에서 수입되는 상품에 대하여, 일반 세율과는 다른 세율을 부과하는 관세.

차별-화(差別化)[명][하타][되자] 다른 것과 차이를 두어 구별된 상태가 되게 함. ¶ 품질의 차별화.

차부(車夫)[명] (소나 말이 끄는) 수레를 부리는 사람. [비]마부(馬夫).

차부(車部)[명] 자동차의 시발점이나 종착점에 마련된 주차장을 흔히 이르는 말.

차분(差分)[명][하타][되자] 차등을 두어 나눔.

차분-차분[부][하형] 성질이 부드럽고 찬찬한 모양. ¶ 매사에 차분차분 처신하는 착한 며느리. [여]자분자분². **차분차분-히**[부].

차분-하다[형][여] (마음이나 분위기 따위가) 가라앉아 조용하다. ¶ 성격이 차분하다./차분한 분위기. **차분-히**[부] ¶ 차분히 앉아서 일하다.

차붓-소(車夫-)[-부쏘/-붇쏘][명] 달구지를 끄는 큰 소.

차비(車費)[명] 찻삯. ¶ 차비를 내다.

차비(差備)[명] ①〈채비〉의 본딧말. ②[하타][되자] 왕조 때, 특별한 사무를 나누어 맡기기 위하여 임시로 임명하던 일. [변]자비².

차비-관(差備官)[명] 왕조 때, 특별한 사무를 맡기기 위하여 임시로 임명하던 벼슬.

차비-문(差備門)[명] 편전(便殿)의 앞문. [변]자비문.

차사(茶祀)[명] ☞차례(茶禮).

차사(差使)[명] 〔왕조 때〕 ①중요한 임무를 맡겨 파견하던 임시 벼슬. ②원(員)이 죄인을 잡으려고 보내던 관원.

차사-예채(差使例債)[명] 왕조 때, 차사로 파견된 사람에게 죄인이 뇌물로 주던 돈. 족채(足債).

차-산병(-散餠)[명] 찹쌀가루로 만든 산병.

차상(叉狀)[명] 서로 엇걸려 있는 모양.

차상(次上)[명] 지난날, 시문(詩文)을 꼲을 때의 등급의 한 가지. 열두 등급 가운데 열째. 삼하(三下)와 차중(次中)의 중간급임.

차상(嗟賞)[명][하타] ☞차칭(嗟稱).

차상차하(差上差下)[명][하형] 좀 낫기도 하고 좀 못하기도 함.

차생(此生)[명] 이승.

차서(次序)[명] 차례.

차석(次席)[명] ①'수석(首席)'에 해당하는 직위의 다음 직위, 또는 그 사람. ②성적에서, '수석'에 다음가는 성적, 또는 그 사람. [비]차위(次位). ③파출소나 지서에서, 파출소장이나 지서장을 보필하는 직위, 또는 그 사람.

차석(嗟惜)[명][하형] 애달프고 아까움. **차석-히**[부].

차선(次善)[명] 최선(最善)의 다음, 또는 최선에 버금가는 좋은 방도. ¶ 차선을 택하다.

차선(車線)[명] ①포장된 자동차 도로에서 차량의 주행 질서를 위하여 주행 방향으로 그어 놓은 선. 〔자동차가 한 대씩만 통과할 수 있는 폭으로 그었음.〕 ¶ 차선 위반 차량을 단속하다. /차선을 지키자. ②〖의존 명사적 용법〗 도로에 그어진 주행선의 수를 헤아리는 단위. ¶ 2차선 도로. /8차선 도로.

차선차후(差先差後)[명][하형] 조금 앞서기도 하고 뒤서기도 함.

차선-책(次善策)[명] 차선의 방책.

차ː설(且說)[부] (소설 따위에서) 화제를 돌리려 할 때 그 첫머리에서 하는 말. 각설(却說).

차성-중자음(次成重子音)[명] 앞뒤의 차례가 정해져 있어 그 위치를 바꿀 수 없는 복자음(複子音). 〔ㄳ·ㄵ·ㄺ·ㄻ·ㄼ·ㄽ·ㄾ·ㄿ·ㅄ 따위.〕 덧겹닿소리. [참]혼성복자음.

차세(此世)[명] 이 세상. 이승.

차세(此歲)[명] 올해. 금년.

차-세대(次世代)[명] 이다음 세대. ¶ 차세대 통신 수단. /차세대 전투기.

차-소위(此所謂)[부] 이야말로. 이것이 이른바. ¶ 고생 끝에 낙을 보게 되었으니, 차소위 고진감래(苦盡甘來)라.

차손(差損)[명] 매매의 결산 때 생기는 차액의 손실, 또는 그 돈. 차손금. ↔차익(差益).

차손-금(差損金)[명] ☞차손(差損).

차송(差送)[명][하타][되자] ☞차견(差遣).

차ː송(借送)[명][하타] (남의 것을) 빌려서 보냄.

차수(叉手)[명][하자] ①두 손을 어긋매껴 마주 잡음. ②〔팔짱을 낀다는 뜻에서〕 관여하지 않음. [비]공수(拱手).

차수(次數)[명] ①단항식에서, 문자 인수(因數)의 개수. ②다항식에서, 그 속에 포함하고 있는 단항식의 최고 차수.

차수(差數)[명] 차가 생긴 수. 틀리는 수효. ¶ 기록된 수치와 현품을 대조하여 그 차수를 보고하다.

차ː수(借手)[명][하자] 〔손을 빌린다는 뜻으로〕 자기 일을 남의 손을 빌려서 함.

차-숟갈(茶-)[명] '찻숟갈'의 잘못.

차승(叉乘)[명] 산가지를 써서 하는 곱셈 방법.

차승(差勝) '차승하다'의 어근.

차승-하다(差勝-)[형][여] 이전에 비하여 조금 낫다. 치승(差勝)하다.

차시(此時)[명] '이때'로 순화.

차ː신차ː의(且信且疑)[-의/-이][명] ①[하타]한편으로는 믿기도 하고 다른 한편으로는 의심하기도 함. ¶ 나는 동생의 말을 차신차의로 들었다. ②[하형]그런 듯하기도 하고 아닌 듯하기도 함. [비]반신반의(半信半疑).

차실(茶室)[명] ☞다방(茶房). 다실(茶室).

차아(次兒)[명] 둘째 아들. 차남(次男).

차아(嵯峨) '차아하다'의 어근.

차아-인산(次亞燐酸)명 산소산(酸素酸)의 한 가지. 빛깔이 없는 나뭇잎 모양의 결정. 이것의 수용액을 공기 속에 두면 산소를 흡수하여 인산이 됨.
차아-하다(嵯峨—)형여 산이 높고 험하다.
차아-황산나트륨(次亞黃酸Natrium)명 ☞티오황산나트륨.
차안(此岸)명 〔이 언덕이란 뜻으로〕 ①이 세상. ②생사(生死)의 세계. ↔피안(彼岸).
차압(差押)명하타되자 '압류(押留)'로 순화.
차액(差額)명 차가 나는 액수. 덜어 내고 남는 돈. 차금(差金).
차ː액(借額)명 빌린 돈의 액수.
차액(遮額)명 ☞가리마[1].
차야(此夜)명 이 밤. 오늘 밤. ¶ 차야에 촛불을 밝히고 주역을 잠심(潛心)하다가…(許筠.洪吉童傳).
차양(遮陽)명 ①(볕을 가리거나 비를 막기 위하여) 처마 끝에 덧대는 조붓한 지붕. ②(학생모나 군모 따위에서) 모자의 앞에 대어 이마를 가리거나 손잡이 구실을 하는 조각. 준챙.
차-양자(次養子)명하타 후손 없이 죽은 맏아들의 양자가 될 만한 사람이 없을 때, 그와 항렬이 같은 남자가 아들을 낳아 죽은 맏아들의 양자로 입적하기까지 그 남자를 양자로 삼는 일, 또는 그 남자. 〔지난날, 이는 변칙적인 것으로 인정되었음.〕
차ː여(借與)명하타되자 빌려 줌. 차급(借給).
차역(差役)명하타 ①노역(勞役)을 시킴. ②중국 송나라 때의 노역을 매기는 법.
차역(此亦)부 〈차역시(此亦是)〉의 준말.
차-역시(此亦是)[-씨]부 〔문어 투의 말〕 이것 역시. 이것도 또한. 준차역.
차^오르기명 기계 체조에서, 양발을 가지런히 합쳐 공중을 차면서 상반신을 철봉 위에 올리는 일이나 그 기술.
차-올리다타 발로 차서 위로 올리다.
차완(差緩) '차완하다'의 어근.
차완-하다(差緩—)형여 (다른 것에 비하여) 조금 느슨하거나 늦다.
차외(此外)[-외/-웨]명 〔문어 투의 말〕 이 밖. 이 이외.
차ː용(借用)명하타되자 돈이나 물건을 빌려서 씀. 대용(貸用). ¶ 친구에게서 돈을 차용하다.
차ː용-금(借用金)명 빌려 쓴 돈.
차ː용-물(借用物)명 ①☞차물(借物). ②사용 대차(使用貸借) 계약의 목적물로서 차주(借主)가 사용하여 이익을 얻는 물건.
차ː용-어(借用語)명 국어로 동화된 외국어. 외래어.
차ː용-인(借用人)명 돈이나 물건을 빌려 쓴 사람.
차ː용-증(借用證)[-쯩]명 〈차용 증서〉의 준말. ¶ 차용증 없이 돈을 빌려 쓰다.
차ː용^증서(借用證書)명 금전이나 물건을 빌려 쓰는 증거로 작성하는 문서. 준차용증.
차운(次韻)명하자 한시에서, 남이 지은 시의 운자(韻字)를 따서 시를 지음, 또는 그 방법.
차운-시(次韻詩)명 한시에서, 남이 지은 시의 운자를 따서 지은 시.
차원(次元)명 ①수학에서, 일반적인 공간의 넓이의 정도를 나타내는 수. 보통, 직선은 1차원, 평면은 2차원, 입체는 3차원이지만, 4차원이나 무한 차원도 생각할 수 있음. ②어떤 일을 하거나 생각하거나 할 때의 처지, 또는 그 정도나 수준. ¶ 차원 높은 수준. /차원이 다른 문제.
차ː월(且月)명 '음력 유월'을 달리 이르는 말. 모하(暮夏).
차ː월(借越)명하타 '대월(貸越)'을 예금자 쪽에서 이르는 말.
차월-피월(此月彼月)부하자 〔이달이다, 저달이다 하는 식으로〕 기일을 자꾸 미루적거림, 또는 그러한 모양. ¶ 벌써 1년째 차월피월 공사를 미루어 오다. 비차일피일.
차위(次位)명 버금가는 순위, 또는 그 사람. 비차석(次席).
차ː위(借威)명하자 남의 위력을 빌림.
차유(—油)명 밀랍을 섞어 끓인 들기름. 〔장지나 창문에 바른 종이에 칠하여 투명하고 질기게 함.〕
차유(茶油)명 차나무의 씨로 짠 기름.
차유-하다(—油—)자여 차유를 칠하다.
차ː음(借音)명 (특히, 중국을 비롯한 한자 문화권에서) 다른 나라 말의 음을 적을 때, 의미에 개의하지 않고 한자의 음을 따서 적는 방법. 〔'워싱턴'을 '華盛頓'으로 적는 따위.〕 참취음(取音)·차자(借字).
차음(遮音)명하자 시끄러운 소리를 막음. 방음(防音). ¶ 차음 장치.
차ː음-자(借音字)[-짜]명 차음으로 표기된 글자. 〔英蘭(잉글랜드)·拿破崙(나폴레옹) 따위.〕 참차자(借字).
차이(差異)명 서로 차가 짐. 서로 다름. ¶ 성격 차이. /의견(意見)의 차이. /큰 차이가 나다.
차이나타운(Chinatown)명 중국인의 거리, 곧 화교들이 외국 도시의 일부분을 차지하여 중국식의 시가지를 만든 곳.
차-이다자 〖'차다[2]'의 피동〗 ①(발길로) 참을 당하다. ¶ 말의 뒷발에 차이다. ②(구애함에 대하여) 거절당하다. ¶ 애인에게 차이다. ③가로챔을 당하다. 빼앗기다. 준채다[2].
차이-법(差異法)[-뻡]명 논리학에서, 어떤 현상이 일어나는 때와 그렇지 않은 때를 들어, 그 사이의 차이를 조사하여 인과(因果)를 알아내는 방법.
차이^심리학(差異心理學)[-니-]명 심리학의 한 가지. 각 개인의 개성적인 차이를 연구 대상으로 하고, 개성의 유형을 기술하여 그 구조와 특성을 밝히는 심리학. 개성 심리학.
차이-점(差異點)[-쩜]명 차이가 나는 점. ↔공통점.
차익(差益)명 ①비용을 빼고 남은 이익. ②가격의 개정 따위로 생기는 이익. ↔차손(差損).
차인(此人)명 이 사람.
차인(差人)명 〈차인꾼〉의 준말.
차인-꾼(差人—)명 ①남의 가게에서 장사 일에 시중을 드는 사람. ②임시 사환으로 쓰는 하인. 준차인.
차일(遮日)명 햇볕을 가리기 위해 치는 포장. 천포(天布). ¶ 차일을 치다. 비천막(天幕).
차일-석(遮日石)[-썩]명 차일을 칠 때에 고정시키기 위해 줄에 매다는 돌.
차일시-피일시(此一時彼一時)[-씨-씨]명 〔이도 한때요, 저도 한때라는 뜻으로〕 '이때 한 일과 저때 한 일이 사정이 각각 다름'을 이르는 말. '맹자' '공손추(公孫丑)'에 나오는 말임.
차일-피일(此日彼日)부하자 〔이날이다, 저날이다 하는 식으로〕 약속이나 기한 따위를 미적미적 미루는 모양. ¶ 약속 이행을 차일피일 미루고 있다. 비차월피월.
차임(車賃)명 찻삯.

차임(差任)명하타 왕조 때, 하리(下吏)를 임명하던 일.

차임(chime)명 ①선율 타악기의 한 가지. 반음계로 조율된 18개의 금속관을 아래로 드리워 매달아 놓고 해머로 쳐서 연주함. 〔교회의 종소리를 모방했으므로 벨이라고도 함.〕 차임벨. ②시각을 알리거나 호출 신호 등으로 쓰는 종의 한 가지.

차임-벨(chime bell)명 ☞차임(chime).

차입(差入)명하타 되자 유치·구류된 사람에게 바깥 사람이 옷이나 음식·돈 따위를 들여보냄. ¶ 면회 가는 길에 사식을 차입했다.

차ː입(借入)명하타 돈이나 물건을 빌림. ¶ 차입이 많아 회사 경영이 악화되다. ↔대출(貸出).

차ː입-금(借入金)[-끔]명 꾸어 들인 돈.

차자(次子)명 둘째 아들. 차남(次男).

차ː자(借字)명하타 (글자의 뜻과는 관계없이) 한자의 음이나 훈을 빌려 우리말의 음을 나타낸 글자. 〔향찰, 이두, 또는 범어의 표기 방식을 보인 글자 따위.〕

차자(箚子)명 지난날, 간단한 서식으로 하는 상소문을 이르던 말.

차ː작(借作)명하타 ①글을 대신 지음, 또는 그 글. ②남의 손을 빌려 물건을 만듦, 또는 그러한 물건.

차-잔(茶盞)명 '찻잔'의 잘못.

차장(次長)명 ①(일부 관공서에서) 장(長)의 버금가는 직위, 또는 그 사람. ¶ 차장 검사. ②(회사나 단체에서) 부장(部長) 다음의 직위로서 부장을 보좌하는 직위, 또는 그 사람. ¶ 경리부 차장.

차장(車掌)명 기차나 버스 따위에서, 발차 신호나 승객의 안내 등 차 안의 일을 맡아보는 승무원.

차-저음(次低音)명 '바리톤'의 한자어.

차전-놀이(車戰-)명 음력 정월 대보름에 노는 민속놀이의 한 가지. 영남·영동·경기 지방에 전해 온 민중 놀이로, 안동 차전놀이가 대표적인데, 동서(東西) 두 패로 나뉜 동채를 먼저 땅에 닿게 한 편이 이김. 춘천·가평 지방에서는 외바퀴 수레를 서로 부딪쳐 먼저 떨어지는 편이 이기게 되어 있음. 〔중요 무형 문화재 제24호.〕

차-전병(-煎餠)명 ①찹쌀가루로 만든 전병. ②☞찰부꾸미.

차전-자(車前子)명 한방에서, '질경이의 씨'를 약재로 이르는 말. 〔이뇨(利尿)·눈병·설사 등의 약재로 쓰임.〕 참차전초.

차ː전차ː주(且戰且走)명하자 한편으로 싸우면서, 한편으로 달아남.

차전-초(車前草)명 한방에서, '질경이'를 약재로 이르는 말. 참차전자.

차점(次點)[-쩜]명 (채점하거나 표결한 결과로 나타난) 최고점에 버금가는 점수나 표수.

차접(←差帖)명 조선 시대에, 하급 관원에게 내리던 임명장. 본차첩.

차제(此際)명 이즈음. 이 기회. 《주로, '차제에'의 꼴로 쓰임.》 ¶ 말이 났으니 차제에 분명히 밝혀 두겠다.

차-제구(茶諸具)명 차를 달이어 마시는 데 쓰이는 여러 가지 기구. 〔차관(茶罐)·찻종·찻숟가락 따위.〕 다구(茶具). 차기(茶器).

차-조명 ①조의 한 가지. 다른 조보다 찰기가 있음. 열매는 메조보다 잘고 빛깔은 훨씬 누르면서 약간 파르스름함. 나속. ↔메조. ②〈차좁쌀〉의 준말.

차조기명 꿀풀과의 일년초. 중국 원산의 재배 식물. 들깨와 비슷하나 잎이 자줏빛이고 향기가 있음. 줄기는 네모지고, 높이는 30~100 cm. 여름에 담자색 꽃이 핌. 한방에서, 잎은 '소엽(蘇葉)', 씨는 '소자(蘇子)'라 하여 약재로 씀.

차조기-죽(-粥)명 볶은 차조기 씨와 볶은 참깨를 반반씩 섞어 빻은 것에 멥쌀가루를 섞어서 쑨 죽. 소자죽(蘇子粥).

차조-밥명 ①차좁쌀로 지은 밥. ②차좁쌀을 섞어서 지은 밥. 나속반.

차-좁쌀명 차조의 열매를 찧은 좁쌀. 황나(黃糯). 준차조.

차종(次宗)명 대종가(大宗家) 계통에서 갈려 나온 종파.

차종(車種)명 자동차나 철도 차량 따위의 종류.

차종(茶鍾)명 '찻종'의 잘못.

차-종가(次宗家)명 대종가(大宗家)에서 갈려 나온 종가.

차-종손(次宗孫)명 차종가의 종손.

차주(次週)명 다음 주.

차주(車主)명 차의 주인.

차ː주(借主)명 (돈이나 물건 등을) 빌려서 쓴 사람. ↔채주(債主).

차중(次中)명 지난날, 시문(詩文)을 꼲을 때의 등급의 한 가지. 열두 등급 가운데 열한째. 차상과 차하의 중간급임.

차중(車中)명 차의 안. 차내(車內).

차-중음(次中音)명 '테너'의 한자어.

차즘-차즘부 급작스럽지 않게 점점 나아가는 모양. ¶ 성적이 차즘차즘 나아지다. 거차츰차츰.

차즙(茶汁)명 차나무의 잎을 끓여 낸 즙.

차지명하타 ①소유하거나 점유함, 또는 그 사물이나 공간. ¶ 그 나머지는 내 차지다. /적산 가옥을 차지하다. ②(어떤 비율을) 이루다. ¶ 여학생이 반 이상을 차지하다. ③(어떤 위치나 영예를) 획득하거나 누리다. ¶ 수석을 차지하다.

차지(次知)명 〔지난날〕 ①왕족이나 높은 벼슬아치의 집 일을 맡아보던 사람. 참집사(執事)1. ②대가를 받고 남을 대신하여 형벌을 받던 사람.

차ː지(借地)명하자 남의 땅을 빌림, 또는 그 빌린 땅. ↔대지(貸地).

차ː지(charge)명 ☞차징(charging).

차ː지-권(借地權)[-꿘]명 (자기의 건물을 세울 목적으로) 남의 토지를 빌려 사용하는 지상권(地上權) 및 임차권(賃借權).

차-지다형 ①(퍼석퍼석하지 않고) 끈기가 많다. ¶ 밥이 차지다. ②(성질이나 사람됨이) 깜찍하고 알뜰하며 빈틈이 없다. ¶ 저렇게 차진 성격이니 살림은 빈틈없이 하겠네. ↔메지다.

차ː지-료(借地料)명 빌려 쓴 토지에 대하여 내는 돈.

차직(次職)명 버금이 되는 직위.

차질(蹉跌·蹉躓)명 〔발을 헛디뎌 넘어진다는 뜻으로〕 하던 일이 틀어짐. ¶ 계획에 차질이 생기다.

차-질다[~지니·~질어]형 차지게 질다.

차ː집명 지난날, 남의 집에서 음식 만드는 따위의 잡일을 맡아 하던 여자. 〔보통의 여자 하인보다 격이 높음.〕 비찬모(饌母).

차ː징(charging)명 ①축구에서, 공을 몰고 가는 상대 선수를 어깨로 부딪치거나 밀어내는 행위. 규칙상 허용되는 신체 접촉의 경기 동작임. ②축구 이외의 구기 경기에서, 수비 선수가 상대 선수와 신체를 직접 부딪치는 행위나 동작. 대개, 수비자의 반칙으로 인정됨. 차지(charge).

차차(次次)부 ①(어떤 상태나 정도가) 계속 조금씩 진행하는 모양. 차츰. 점점. ¶ 날이 새면서 방 안이 차차 밝아졌다. ②서두르지 않고 천천히. ¶ 급한 대로 우선 이 돈을 쓰고 차차 갚아라. 차차로.

차차-로(次次-)부 차차(次次). ¶ 차차로 풀려 갈 테니 조급해하지 말게.

차차웅(次次雄)명 신라 때, '임금'을 일컫던 칭호. 〔제2대 남해왕 때에 쓰였음.〕

차차차(cha-cha-cha)명 대중 음악의 리듬의 한 가지. 쿠바의 민속춤인 '단손'의 리듬을 대중적으로 변화시킨 것으로, 1950년대에 세계적으로 유행하였음.

차차-차차(次次次次)부 '차차'의 힘줌말.

차착(差錯)명 순서가 틀리고 앞뒤가 서로 맞지 않음.

차창(車窓)명 차에 달린 창문.

차처(此處)대 이곳. 여기.

차천-금(釵釧金)명 육십갑자의 경술(庚戌)과 신해(辛亥)에 붙이는 납음(納音). 참상자목(桑柘木).

차첩(差帖)명 〈차접〉의 본딧말.

차청(次淸)명 훈민정음 초성 체계 중 'ㅋ·ㅌ·ㅍ·ㅊ·ㅎ' 등에 공통되는 음성적 특질, 곧 현대 음성학의 유기 무성 자음(격음)을 이름.

차ː청입실(借廳入室)[-씰]명 〔마루를 빌려 살다가 방으로 들어간다는 뜻으로〕 '남에게 의지하고 있던 사람이 나중에는 주인의 권리까지를 침범함'을 이르는 말. 차청차규.

차ː청차ː규(借廳借閨)명 ☞차청입실.

차체(車體)명 차량의 몸체로, 승객이나 화물을 싣는 부분.

차축(車軸)명 차바퀴의 굴대.

차출(差出)명하타되자 ①(어떤 일을 시키려고) 사람을 뽑아냄. ¶ 봉사 대원을 차출하다./각 부대에서 차출된 병력. ②지난날, 관원(官員)을 임명하기 위하여 사람을 뽑던 일.

차츰부 ☞차차(次次).

차츰-차츰부 급작스럽지 않게 점점 더 나아가는 모양. ¶ 몸이 차츰차츰 나아가다. 여차즘차즘.

차ː치(且置)명하타 ①내버려 두고 문제 삼지 않음. 《주로, '차치하고'의 꼴로 쓰임.》 ¶ 그 문제는 차치하고라도 이 일은 어떻게 할 것인가. ②〈차치물론〉의 준말.

차ː치-물론(且置勿論)명하타 내버려 두고 문제 삼지 않음. 준차치.

차칭(嗟稱)명하타 깊이 감동하고 칭찬함. 차상.

차타(蹉跎)명하자 ①미끄러져 넘어짐. ②때를 놓침. ③해 놓은 일 없이 나이만 먹음.

차탁(茶托)명 찻종을 받치는 쟁반.

차탁(茶卓)명 찻그릇을 놓는 작은 응접용 탁자.

차탄(嗟歎)명하타 탄식하고 한탄함. 몹시 한탄함. ¶ 차탄해 마지아니하다.

차탈피탈(此頉彼頉)명하자 이리저리 핑계를 댐.

차ː트(chart)명 ①(지도나 해도 따위의) 도면. ②내용을 알기 쉽게 정리한 일람표.

차편(車便)명 차가 오가는 편, 또는 그 기회. ¶ 차편을 이용하여 쉽게 왔다.

차편(此便)대 이쪽 편. 이편. ¶ 차편의 승리로 끝을 맺었다.

차ː폐(遮蔽)[-폐/-페]명하타되자 ①(눈에 띄지 않게) 막고 가림. 특히, 적의 관측이나 사격의 목표가 되지 않게 막고 가림. ②(일정한 공간을) 전기(電氣)나 자기(磁氣)로부터 보호하기 위하여 차단함.

차ː폐-물(遮蔽物)[-폐-/-페-]명 ①막고 가리는 물건. ②적의 관측이나 사격으로부터 몸을 보호하기 위하여 이용하는 바위나 웅덩이·제방 따위의 장애물.

차ː폐^재ː배(遮蔽栽培)[-폐-/-페-]명 ☞차광재배.

차표(車票)명 (찻삯을 내고 사는) 차를 탈 수 있는 표. 승차권.

차ː필(借筆)명하자 글씨를 남에게 대신 쓰게 함, 또는 그 글씨.

차하(次下)명 지난날, 시문(詩文)을 끊을 때의 등급의 한 가지. 열두 등급 가운데 맨 끝. 차중(次中)보다 아랫길임.

차하(差下)명하타 벼슬을 내림.

차ː-하다형여 표준에 비하여 좀 모자라거나 못하다. ¶ 상품(上品)은 다 골라 가고 차한 것만 남았다.

차하-지다(差下-)자 견주어 보아 한쪽이 다른 쪽보다 못하다.

차한(此限)명 이 한정. 이 한계.

차ː함(借銜·借啣)명하자 지난날, 실제로는 근무하지 않고 벼슬의 이름만 가지던 일, 또는 그런 벼슬. ↔실직(實職)·실함(實銜).

차형(次兄)명 둘째 형. 중형(仲兄).

차호(嗟乎)감 아, 슬프도다. 차홉다.

차홉다(嗟-)[-따]감 차호(嗟乎).

차환(叉鬟)명 지난날, 머리를 얹은 젊은 여자 종을 이르던 말.

차환(差換)명하타 ☞체환(替換).

차ː환(借換)명하타 ①새로 빌려서 먼저 빌렸던 것을 갚음. ②새로 증권을 발행한 돈으로 이미 발행한 증권을 상환함.

차회(此回)[-회/-훼]명 이번. 금번.

차회(次回)[-회/-훼]명 다음번. 하회(下回).

차후(此後)명 이다음. 이 뒤. ¶ 차후(此後) 다시 이런 일이 있으면 안전(眼前)에 용납지 못하리라(許筠.洪吉童傳)./현지에는 차후에 가 보자.

-차히접미 〈옛〉-째〔次〕. ¶ 둘차힌 명바깃 뎌고리 구드시며 세차힌 니마히 넙고(月釋2:56).

착[1]부 ①물체가 단단히 잘 달라붙거나 달라붙어 있는 모양. ¶ 셔츠가 비에 젖어 몸에 착 달라붙다. ②물체가 서로 바싹 가까이 닿거나 맞닿은 모양. ¶ 땅바닥에 착 엎드리다./엄마 품에 착 안기다. ③망설임이 없이 선선히. 서슴없이 선뜻. ¶ 미련 없이 착 돌아서서 가 버리다. 큰척[2].

착[2]부 ①몸가짐이나 목소리 등이 태연스럽고 잔잔한 모양. ¶ 조그만 녀석이 착 버티고 앉아서 노려본다./착 가라앉은 목소리. ②물체가 휘움하게 휘어 있거나 늘어진 모양. ¶ 수면에 닿을 듯이 착 늘어진 버들가지. ③맥이 없이 지쳐 있는 모양. ¶ 몸이 착 까부라져 걸어갈 기운도 없다. 큰척[3].

착가(着枷)[-까]명하자타 지난날, 죄인의 목에 칼을 씌우던 일.

착가-엄수(着枷嚴囚)[-까-]명 지난날, 죄인에게 칼을 씌워 단단히 가두던 일.

착각(錯角)[-깍]명 '엇각'의 구용어.

착각(錯覺)[-깍]명하자타되자 ①외계의 사물을 실제와는 다르게 보거나 느낌. ②실제와는 다른데도 실제처럼 깨닫거나 생각함. ¶ 착각을 일으키다./착각에 빠지다./이 마네킹은 사람으로 착각될 만큼 잘 만들어졌다.

착각^방위(錯覺防衛)[-깍빵-]명 ☞오상 방위(誤想防衛).

착각-범(錯覺犯) [-깍뻠] 명 ☞환각범(幻覺犯).

착각^피:난(錯覺避難) [-깍-] 명 ☞오상 피난(誤想避難).

착간(錯簡) [-깐] 명 차례가 뒤바뀐 책장, 또는 편(篇)이나 장(章).

착거(捉去) [-꺼] 명하타 (사람을) 붙잡아 감.

착건-속대(着巾束帶) [-껀-때] 명하자 〔건을 쓰고 띠를 두른다는 뜻으로〕 왕조 때, '관복을 갖추어 입음'을 이르던 말.

착검(着劍) [-껌] 명하자 ①큰 칼을 참. 패검(佩劍)2. ②대검(帶劍)을 수총 끝에 꽂음.

착공(着工) [-꽁] 명하타되자 공사를 시작함. ¶ 착공이 예정대로 진행되다. 비기공(起工). ↔완공·준공.

착공(鑿孔) [-꽁] 명하자 구멍을 뚫음. 비천공(穿孔).

착공(鑿空) [-꽁] 명하자 ①새로이 길을 뚫어 냄. ②〔'허공을 뚫다'의 뜻으로〕 쓸데없이 헛된 의론만 함.

착과(着果) [-꽈] 명하자 과일나무에 열매가 열림.

착관(着冠) [-꽌] 명하자 갓이나 관을 머리에 씀.

착굴(鑿掘) [-꿀] 명하타 구멍을 뚫거나 굴을 팜.

착근(着近) [-끈] 명하자 친근하게 굶. 친근하게 착 달라붙음.

착근(着根) [-끈] 명하자되자 ①(옮겨 심은 식물이) 뿌리를 내림. ②(사는 곳을 딴 데로 옮겨) 제대로 자리 잡게 됨.

착급(着急) '착급하다'의 어근.

착급-하다(着急-) [-끄파-] 형여 몹시 급하다.

착념(着念) [창-] 명하자타 (무엇에) 생각을 둠. ¶ 오로지 진리 탐구에만 착념하다.

착란(錯亂) [창난] 명하형 (감정이나 사고 따위가) 뒤얼크러져 어지러움. ¶ 착란 증세를 보이다.

착래(捉來) [창내] 명하타 (사람을) 붙잡아 옴.

착력(着力) [창녁] 명하자 (어떤 일에) 힘을 들임.

착류(錯謬) [창뉴] 명하타 ☞착오(錯誤).

착륙(着陸) [창뉵] 명하자되자 (비행기 따위가) 땅 위에 내림. 착지(着地). ↔이륙(離陸).

착모(着帽) [창-] 명하자 모자를 씀. ↔탈모(脫帽).

착목(着目) [창-] 명하자 ☞착안(着眼).

착미(着味) [창-] 명하자 맛을 붙임. 취미를 붙임. ¶ 서책(書冊)에 착미하다.

착발(着發) [-빨] 명하자 '도착'과 '출발'을 아울러 이르는 말. 발착. ¶ 여객기의 착발 시간표.

착복(着服) [-뽁] 명하타 ①옷을 입음. 착의(着衣). ↔탈의(脫衣). ②남의 돈이나 물건을 몰래 자기가 차지함. ¶ 맡아 있던 공금을 착복하다. ②비횡령.

착빙(着氷) [-삥] 명하자 (항행하고 있는 항공기나 배 따위에) 얼음이 붙음, 또는 들러붙은 얼음.

착살-맞다 [-쌀맏따] 형 (하는 짓이) 얄밉도록 착살하다. 큰칙살맞다.

착살-부리다 [-쌀-] 자 착살맞은 짓을 하다. 큰칙살부리다.

착살-스럽다 [-쌀-따] [~스러우니·~스러워] 형ㅂ 보기에 착살한 데가 있다. 큰칙살스럽다. **착살스레**부.

착살-하다 [-쌀-] 형여 (하는 짓이) 좀스럽고 다랍다. ¶ 덩칫값이라도 해야지, 그렇게 착살해서야, 원. 큰칙살하다.

착상(着床) [-쌍] 명하자 수정(受精)한 난자가 자궁 점막에 붙어 모체의 영양을 흡수할 수 있는 상태가 됨.

착상(着想) [-쌍] 명하타되자 (어떤 일이나 계획 등에 대한) 새로운 생각이나 구상 따위를 잡는 일, 또는 그 생각이나 구상. ¶ 기발한 착상. 비착의(着意).

착색(着色) [-쌕] 명하타되자 (색을 칠하거나 하여) 빛깔이 나게 함, 또는 그 빛깔.

착색-유리(着色琉璃) [-쌩뉴-] 명 ☞색유리.

착색-제(着色劑) [-쌕쩨] 명 ①식욕을 돋우기 위하여 첨가하는 식용 색소. ②생물체 조직을 현미경으로 조사할 때, 조직 양상을 쉽게 분변(分辨)하기 위하여 소식 속에 투입하여 물들이는 유기 화합물을 통틀어 이르는 말.

착생(着生) [-쌩] 명하자 (어떤 생물이) 다른 생물에 붙어서 살거나 자람.

착생^식물(着生植物) [-쌩싱-] 명 다른 식물이나 바위에 붙어서 사는 식물. 난초과의 식물의 경우는 기근(氣根)으로 대기 가운데의 물기를 빨아들여 삶. 〔석곡(石斛)·풍란(風蘭) 따위.〕

착석(着席) [-썩] 명하자 자리에 앉음. 착좌(着座). ¶ 모두 착석하시오.

착선(着船) [-썬] 명하자 배가 와서 항구나 나루터에 닿음. ↔발선(發船).

착설(着雪) [-썰] 명하자 (전선 따위에) 눈이 붙음.

착소(窄小) '착소하다'의 어근.

착소-하다(窄小-) [-쏘-] 형여 ☞협소(狹小)하다.

착송(捉送) [-쏭] 명하타 (사람을) 잡아서 보냄.

착수(捉囚) [-쑤] 명하타 죄인을 잡아 가둠.

착수(着水) [-쑤] 명하자 ①수면에 닿음. ②(비행정이나 물새 따위가) 수면에 내림.

착수(着手) [-쑤] 명하자타되자 (어떤 일을 하기 위해) 손을 댐. 하수(下手)2. ¶ 기초 공사에 착수하다.

착수-금(着手金) [-쑤-] 명 어떤 일을 시작할 때 치러야 할 돈의 일부를 미리 주는 돈. 비선금.

착수^미:수(着手未遂) [-쑤-] 명 범죄의 실행에는 착수하였으나 그 행위를 끝내지 못한 경우.

착시(錯視) [-씨] 명하타 착각으로 잘못 봄.

착신(着信) [-씬] 명하자되자 통신이 닿음, 또는 그 통신. 비착전(着電). ↔발신(發信).

착실(着實) '착실하다'의 어근.

착실-하다(着實-) [-씰-] 형여 (일을 처리하는 태도가) 차분하고 실답다. ¶ 착실한 학생. /살림을 착실하게 꾸리어 나가다. **착실-히**부.

착심(着心) [-씸] 명하자되자 (어떠한 일에) 마음을 붙임.

착안(着岸) 명하자 (배가 바다나 강 따위의) 기슭에 닿음.

착안(着眼) 명하자되자 (어떤 일을 할 대상으로서) 어느 점에 눈을 돌림, 또는 눈을 돌린 점. 착목(着目). ¶ 색다른 점에 착안하다.

착안-점(着眼點) [-쩜] 명 눈을 돌린(돌릴) 곳. 주의를 기울인(기울일) 점. ¶ 착안점이 남다르다.

착암(鑿岩) 명하자 바위에 구멍을 뚫음.

착암-기(鑿岩機) 명 바위에 구멍을 뚫는 기계.

착압(著押) 명하자 수결(手決)을 둠.

착역(着驛) 명하자 역에 도착함, 또는 그 역.

착오(錯誤) 명하타 ①착각으로 말미암은 잘못. 착류(錯謬). 오착. ¶ 착오가 생기다. ②사실과 생각하고 있는 바가 일치하지 않는 일.

착용(着用) 명하타 ①(옷을) 입음. ¶ 제복을 착용한 소년단원. ②물건을 몸에 붙이거나 닮. ¶ 완장을 착용하다.

착유(搾乳) 명하자 (가축의) 젖을 짬.

착유(搾油) 명하자 기름을 짬.

착의(着衣) [차긔/차기] 명하타 옷을 입음, 또는 입고 있는 옷. 착복(着服). ↔탈의(脫衣).
착의(着意) [차긔/차기] 명하자타 ①주의를 기울임. 마음에 둠. 비유의(留意). ②(어떤 일이) 생각에 떠오름. 비착상(着想).
착인(鑿印) 명 전각(篆刻)에서, 쇠나 구리의 인재(印材)를 정으로 쪼아서 새긴 것.
착임(着任) 명하자 새 임지(任地)에 도착함. 비도임(到任)·부임(赴任). ↔이임(離任).
착잡(錯雜) '착잡하다'의 어근.
착잡-하다(錯雜―) [-짜파-] 형여 갈피를 잡기 어렵게 뒤섞이어 어수선하다. 잡착하다. ¶ 착잡한 심정. **착잡-히**부.
착전(着電) [-쩐] 명하자 전신이나 전보가 도착함, 또는 도착한 전신이나 전보. 비착신(着信).
착절(錯節) [-쩔] 명 ①얼크러진 나무의 마디. ②'복잡하게 뒤얽힌 문제'를 비유하여 이르는 말.
착정(鑿井) [-쩡] 명하자 우물을 팜.
착제-어(着題語) [-쩨-] 명 이야기의 내용에 알맞은, 조리 있는 말.
착족(着足) [-쪽] 명하자 발을 붙임.
착종(錯綜) [-쫑] 명하자되자 (여러 가지 현상이) 복잡하게 뒤얽힘(뒤섞임).
착좌(着座) [-쫘] 명하자 ☞착석(着席).
착좌-식(着座式) [-쫘-] 명 가톨릭에서, 주교가 교구장에 취임하는 의식을 이르는 말.
착즙(搾汁) [-쯥] 명하자 즙을 짬. 즙을 냄.
착지(着地) [-찌] 명하자 ①(비행기 따위가) 땅 위에 내림, 또는 내리는 곳. 착륙(着陸). ②멀리뛰기 경기 따위에서, 뛴 다음에 발이 땅에 닿는 일. ③체조 경기에서, 선수가 체조 동작을 마치고 마루에 내려서는 일. ¶ 착지 동작이 좋아 높은 점수를 따다.
착지(錯紙) [-찌] 명 ①책을 잘못 매어 차례가 바뀐 책장. ②종이 묶음 속에 섞인 찢어진 종이.
착착[1]부 물건이 차지게 자꾸 달라붙는 모양. ¶ 발걸음을 옮길 때마다 진흙이 착착 달라붙는다. 큰척척[1].
착착[2]부 가지런히 여러 번 개키거나 접는 모양. ¶ 옷가지를 착착 개키다.
착착(着着) 부 ①(행진을 할 때) 발걸음이 잘 맞는 모양. ¶ 발을 착착 맞추어 행진하다. ②일이 조리 있게 또는 차례대로 잘 처리되어 나가는 모양. ¶ 일이 착착 진행되다. /맡은 일을 빈틈없이 착착 해내다. /매사가 마음먹은 대로 착착 이루어지다. 큰척척[2].
착착(鑿鑿) '착착하다'의 어근.
착착-하다(鑿鑿―) [-차카-] 형여 (말이나 글이) 분명하고 조리에 맞다.
착처(着處) 명 가서 이르는 곳.
착취(搾取) 명하타되자 ①(즙 따위를) 짜냄. ②자본가나 지주가 근로자나 농민에 대하여 노동에 비해 싼 임금을 지급하고 그 이익의 대부분을 차지하는 일.
착탄(着彈) 명하자 쏜 탄환이 날아가서 어떤 지점에 이름, 또는 그 탄환.
착탄^거:리(着彈距離) 명 쏜 탄환이 날아가서 이른 거리. 탄착 거리.
착하(着荷) [차카] 명하자 하물(荷物)이 도착함, 또는 도착한 하물.
착-하다 [차카-] 형여 ①(마음씨나 행동이) 바르고 어질다. 선(善)하다. ¶ 착한 행동. ②마음씨가 몹시 곱다. **착-히**부.
착항(着港) [차캉] 명하자 배가 항구에 도착함, 또는 도착한 항구. ↔출항(出港)·발항(發港).
착화(着火) [차콰] 명하자 ☞점화(點火).
착화-점(着火點) [차콰쩜] 명 ☞발화점(發火點).
착-화합물(錯化合物) [차콰함-] 명 착물(錯物)을 포함하는 화합물. 착물이 분자이면 착분자, 이온이나 기(基)이면 착이온, 또는 착기(錯基)라고 하며, 그 염을 착염(錯塩)이라 함. 배위(配位) 화합물.
찬:(撰) 명하타 ①책을 저술함. ②시가나 문장의 잘된 것을 고름, 또는 골라내어 책을 엮음.
찬:(饌) 명 〈반찬〉의 준말.
찬:(讚·贊) 명 ①한문 문체의 한 가지. 남의 훌륭한 행적을 기리는 글. ②남의 글이나 그림을 기리는 글.
찬:가(讚歌) 명 훌륭함을 기리는 뜻을 나타내는 노래. ¶ 조국 찬가.
찬:간(饌間) [-깐] 명 ☞반빗간.
찬-간자 명 털빛이 푸르고, 얼굴과 이마만 흰 말. 참흰말·총이말.
찬:-거리(饌―) [-꺼-] 명 〈반찬거리〉의 준말.
찬:결(贊決) 명하타 도와서 결정함.
찬:고(饌庫) [-꼬] 명 ☞찬광.
찬:-광(饌―) [-꽝] 명 반찬거리를 넣어 두는 곳간. 찬고(饌庫).
찬-국 명 ①식힌 맑은장국. ②찬물에 간장과 초를 탄 국. 냉국.
찬:-그릇(饌―) [-끄른] 명 반찬 담는 그릇. *찬:그릇이 [-끄르시]·찬:그릇만 [-끄른-]
찬-기(―氣) 명 찬 기운. 냉기(冷氣).
찬:기파랑-가(讚耆婆郞歌) 명 신라 경덕왕 때 충담사가 지은 10구체 향가. 화랑인 기파랑을 추모한 내용. '삼국유사'에 실려 전함.
찬:동(贊同) 명하자타 찬성하여 뜻을 같이함. ¶ 모임의 취지에 모두 찬동하다. 비찬성.
찬-땀 명 '식은땀'의 잘못.
찬란(燦爛·粲爛) '찬란하다'의 어근.
찬:란-하다(燦爛―·粲爛―) [찰-] 형여 ①빛이 눈부시게 아름답다. ¶ 푸른 하늘과 찬란한 태양. ②훌륭하고 빛나다. ¶ 찬란한 문화유산. **찬란-히**부.
찬:록(撰錄) [찰-] 명하타 ①글로써 기록함. ②가려 모아 기록함.
찬:류(竄流) [찰-] 명 가톨릭에서, 천당 본향으로 들어가기 전의 '이 현세(現世)의 삶'을 이르는 말.
찬:립(簒立) [찰-] 명하자 신하가 왕위를 빼앗아 스스로 그 자리에 오름. 비찬위(簒位).
찬:-마루(饌―) 명 부엌간에 있는, 밥상 등을 차리는 마루.
찬:모(饌母) 명 남의 집에서 반찬 만드는 일을 맡아 하는 여자. 반빗. 비차집.
찬-무대 명 ☞한류(寒流). ↔더운무대. 참무대.
찬:문(撰文) 명하자 글을 지음, 또는 그 글.
찬-물 명 온도가 낮은 물. 데우거나 끓이지 않은 맹물. 냉수(冷水). ↔더운물.
찬물도 위아래가 있다 속담 하찮은 것이라도 어른부터 차례로 대접하라는 말.
찬물에 기름 돌듯 속담 서로 화합하지 않고 따로 도는 사람을 비유하여 이르는 말.
찬물을 끼얹다 관용 모처럼 잘되어 가는 일에 공연히 헤살을 놓다.
찬:물(饌物) 명 반찬거리. 반찬의 종류. 찬수(饌需). 찬용(饌用).
찬물-때 명 밀물이 가득 찬 때. 만조. ↔간물때.

찬ː미(讚美)명하타 아름다운 덕을 기림. 기리어 칭송함. ¶ 인생을 찬미하다.

찬ː미-가(讚美歌)명 ☞찬송가.

찬-바람명 '냉랭하고 싸늘한 기운이나 느낌'을 비유하여 이르는 말.

찬바람이 일다관용 ①분위기가 으스스해지다. ②붙임성이 없이 쌀쌀하다.

찬바람-머리명 가을에 써늘한 바람이 불기 시작할 때. ¶ 찬바람머리에 감기 조심해라.

찬ː반(贊反)명 찬성과 반대. 찬부(贊否). ¶ 찬반 양론으로 갈리다.

찬-밥명 ①지은 지 오래되어 차게 식은 밥. ↔더운밥. ②먹고 남은 밥. ③'중요하지 않은 인물이나 사물'을 비유하여 이르는 말. ¶ 찬밥 신세.

찬밥 더운밥 가리다관용 좋고 나쁜 대우를 가리고 따지다. ¶ 얻어먹는 처지에 찬밥 더운밥 가리게 됐니?

찬ː방(饌房)[-빵]명 반찬을 만들거나 반찬거리를 두는 방. 비찻방(茶房).

찬ː부(贊否)명 찬성과 불찬성. 찬반(贊反). ¶ 찬부를 묻다. /찬부 양론이 맞서다.

찬ː불(讚佛)명하자 부처의 공덕을 찬미함, 또는 그런 일.

찬ː불-가(讚佛歌)명 ☞불가(佛歌).

찬-비명 차가운 비. 냉우(冷雨). 한우(寒雨). ¶ 초겨울에 내리는 찬비.

찬ː비(饌婢)명 ☞반빗아치.

찬ː사(讚辭)명 (업적 따위를) 칭찬하는 말이나 글. ¶ 찬사를 보내다(받다).

찬ː상(讚賞)명하타 훌륭한 점을 기림. 아름답게 여기어 칭찬함. 상찬.

찬ː석(鑽石)명 ☞금강석(金剛石). 다이아몬드.

찬ː선(饌膳)명 음식물.

찬ː성(贊成)[1]명하자타 (다른 사람의 의견이나 제안 등을) 좋다고 인정하여 지지함. ¶ 과반수의 찬성을 얻다. 비동의·찬동(贊同). ↔반대.

찬ː성(贊成)[2]명 조선 시대에, 의정부의 종일품 벼슬인 좌찬성과 우찬성을 아울러 이르는 말.

찬ː성-투표(贊成投票)명 표결 때, 어떤 의견이나 입후보자에 대하여 찬성하는 투표.

찬ː성-표(贊成票)명 표결 때, 찬성의 뜻을 적어 낸 표. 가표(可票). 준찬표. ↔반대표.

찬ː송(贊頌)명하타 찬성하여 칭찬함.

찬ː송(讚頌)명하타 훌륭한 덕을 기림. ¶ 선대의 왕업을 찬송하다.

찬ː송-가(讚頌歌)명 개신교에서, 하나님의 사랑과 은혜를 기리어 부르는 노래. 찬미가. 참성가(聖歌).

찬ː수(纂修)명하타되자 문서를 모아 정리하여 책으로 엮음. 찬집(纂集).

찬ː수(饌需)명 ①반찬. ②반찬거리. 찬물(饌物). 찬용(饌用). 찬품(饌品).

찬-술명 데우지 않은 차가운 술. 냉주.

찬ː술(撰述)명하타되자 책을 지음, 또는 지은 책. 저술(著述). ¶ 한국 고대사를 찬술하다.

찬ː술(纂述)명하타되자 ①글을 지음. ②책을 지음.

찬ː스(chance)명 기회. 호기(好機). 운(運). ¶ 득점할 찬스가 왔다. /찬스를 잡다.

찬ː시(簒弑)명하타 임금을 죽이고 그 자리를 빼앗음. 찬학(簒虐).

찬ː안(饌案)명 진연(進宴)에서 임금에게 올리던 음식상.

찬ː양(讚揚)명하타되자 훌륭함을 기리어 드러냄. ¶ 공덕을 찬양하다.

찬ː양-대(讚揚隊)명 개신교에서, 찬송가를 부르기 위해 남녀 신자들로 조직한 합창대. 성가대(聖歌隊).

찬ː역(簒逆)명하자 왕위를 빼앗으려고 음모를 꾸미는 반역.

찬연(粲然) '찬연(粲然)하다'의 어근.

찬연(燦然) '찬연(燦然)하다'의 어근.

찬ː연(鑽研)명하타 ☞연찬(研鑽).

찬ː연-스럽다(燦然-)[-따][~스러우니·~스러워]형ㅂ 보기에 찬연한 느낌이 있다. ¶ 찬연스럽게 떠오르는 아침 해. **찬연스레**부.

찬ː연-하다(粲然-)형여 조촐하고 산뜻하다. ¶ 찬연한 옷차림. **찬연-히**부.

찬ː연-하다(燦然-)형여 눈부시게 빛나고 있다. 난연(爛然)하다. ¶ 찬연한 업적. **찬연-히**부.

찬ː용(饌用)명 ①반찬거리. 찬물(饌物). 찬수(饌需). ②반찬거리를 마련하는 데 드는 돈.

찬ː위(簒位)명하자 임금의 자리를 빼앗음. 찬탈(簒奪). 비찬립(簒立).

찬ː유(贊釉)명하타 도자기를 잿물에 담가 잿물을 올리는 일. 잠유(蘸釉).

찬ː육(饌肉)명 반찬거리로 쓰는 쇠고기.

찬ː의(贊意)[차늬/차니]명 찬성의 뜻. ¶ 찬의를 표하다. 비동의(同意).

찬ː익(贊翼)명하타 곁에서 도와줌.

찬ː입(竄入)명하자 ①도망쳐 들어감. ②잘못되어 뒤섞여 들어감.

찬ː자(撰者)명 ①책이나 글 따위의 지은이. ②작품을 가려 모아 책으로 엮은 이.

찬ː자(贊者)명 지난날, 제향 때 홀기(笏記)를 맡아보던 임시직, 또는 그 일을 맡은 사람.

찬ː장(饌欌)[-짱]명 식기나 음식물을 넣어 두는 가구.

찬ː정(撰定)명하타되자 시문(詩文)을 지어서 골라 정함.

찬ː조(贊助)명하타 뜻을 같이하여 도움. 찬좌(贊佐). ¶ 찬조 연설. /찬조 출연.

찬ː조-금(贊助金)명 찬조의 뜻으로 내는 돈. ¶ 경로회에 찬조금을 내다.

찬ː좌(贊佐)명하타 ☞찬조(贊助).

찬즙(纂輯)명 '찬집(纂輯)'의 잘못.

찬ː진(撰進)명하타 임금에게 글을 지어 바침.

찬ː집(撰集)명 ①시문 따위를 가려서 엮은 책. ②하타시문 따위를 가려 모음.

찬ː집(纂集)명하타 여러 가지 글을 모아 책으로 엮음. 찬수(纂修). 찬집(纂輯).

찬ː집(纂輯)명하타 ①편찬(編纂)과 편집(編輯). ②☞찬집(纂集).

찬-찜질명하타 ☞냉엄법(冷罨法). ↔더운찜질.

찬찬부 (실이나 노끈 따위로) 단단하게 여러 번 감거나 동여매는 모양. ¶ 노끈으로 찬찬 감아 놓은 두루마리. 큰친친.

찬찬(燦燦) '찬찬(燦燦)하다'의 어근.

찬ː찬-옥식(粲粲玉食)[-씩]명 잘 쓿은 쌀로 지은 하얀 쌀밥.

찬ː찬-하다[1]형여 (성질이) 자상하고 차분하다. ¶ 찬찬한 사람. **찬찬-히**부 ¶ 요모 조모 찬찬히 살펴보다.

찬ː찬-하다[2]형여 (몸놀림이) 조용하며 느리다. 큰천천하다. **찬찬-히**부 ¶ 찬찬히 걷는 걸음.

찬ː찬-하다(燦燦-)형여 (햇빛 따위가) 밝게 빛나다. **찬찬-히**부.

찬ː철(鑽鐵)명 ☞금강사(金剛砂).

찬ː축(竄逐)명하타되자 죄인을 먼 곳으로 쫓아 보냄.

찬ː출(竄黜)명하타되자 벼슬을 빼앗고 먼 곳으로 쫓아 보냄.
찬ː-칼(饌-)명 반찬을 만드는 데 쓰는 작은 칼.
찬ː탁(贊託)명하자 신탁 통치를 찬성함. ↔반탁.
찬ː탄(讚歎·讚嘆)명하자타 깊이 감동하여 찬양함. ¶ 찬탄의 말이 이구동성으로 새어 나오다.
찬ː탈(簒奪)명하타 임금의 자리나 국가 주권 따위를 빼앗음. 찬위(簒位). ¶ 왕위 찬탈을 둘러싼 암투극.
찬ː평(讚評·贊評)명하타 칭찬하여 평함, 또는 그 비평.
찬ː포(饌庖)명 ①쇠고기 가게. 푸주. ②지난날, 지방의 세도가(勢道家)에 쇠고기를 대던 푸줏간.
찬ː표(贊票)명 〈찬성표〉의 준말. ↔부표(否票).
찬ː품(饌品)명 ☞찬수(饌需).
찬-피명 ☞냉혈(冷血). ↔더운피.
찬피^동ː물(-動物)명 ☞냉혈 동물.
찬ː-하다(讚-)타여 찬양하다.
찬ː학(簒虐)명하타 임금을 죽이고 왕위를 빼앗음. 찬시(簒弑).
찬ː합(饌盒)명 반찬이나 술안주 따위를 담는 여러 층으로 된 그릇, 또는 그 그릇에 담은 반찬이나 술안주. 참마른찬합·진찬합.
찬ː합-집(饌盒-)[-찝]명 (규모가 크지는 않으나) 구조가 쓸모 있고 아담하게 지은 살림집.
찰-접두 《'ㅈ'으로 시작되지 않는 일부 명사 앞에 붙어》 ①끈기 있거나 차지다는 뜻을 나타냄. ¶ 찰떡. /찰옥수수. ↔메-. ②《부정적인 뜻을 가진 명사 앞에 붙어》 아주 심하다는 뜻을 나타냄. ¶ 찰가난. /찰깍쟁이. ③《긍정적인 뜻을 가진 명사 앞에 붙어》 제대로 되거나 충실하다는 뜻을 나타냄. ¶ 찰개화. /찰교인. ④《먹을 수 있는 동물이나 열매를 나타내는 몇몇 명사 앞에 붙어》 품질이 좋다는 뜻을 나타냄. ¶ 찰가자미. /찰복숭아.
찰-가난명 아주 심한 가난.
찰가닥부하자타 ①차진 물체가 세게 달라붙는 소리, 또는 그 모양. ¶ 자석이 철판에 찰가닥 붙다. ②쇠붙이 따위가 맞부딪칠 때 나는 소리, 또는 그 모양. ¶ 자물쇠가 찰가닥 잠기다. 큰철거덕. 센찰까닥. 거찰카닥. 여잘가닥. **찰가닥-찰가닥**부하자타.
찰가닥-거리다[-꺼-]자타 자꾸 찰가닥찰가닥하다. 찰가닥대다. 큰철거덕거리다.
찰가닥-대다[-때-]자타 찰가닥거리다.
찰가당부하자타 작은 쇠붙이 따위가 세게 부딪칠 때 날카롭게 울리어 나는 소리, 또는 그 모양. 큰철거덩. 센찰까당. 거찰카당. 여잘가당. **찰가당-찰가당**부하자타.
찰가당-거리다자타 자꾸 찰가당찰가당하다. 찰가당대다. 큰철거덩거리다.
찰가당-대다자타 찰가당거리다.
찰각부하자타 작은 쇠붙이 따위가 세게 맞부딪치거나 걸릴 때 나는 소리, 또는 그 모양. 큰철걱. 센찰깍. 거찰칵. 여잘각. **찰각-찰각**부하자타.
찰각-거리다[-꺼-]자타 자꾸 찰각찰각하다. 찰각대다. 큰철걱거리다.
찰각-대다[-때-]자타 찰각거리다.
찰간(刹竿)명 (덕이 높은 중이 있음을 여러 사람에게 널리 알리기 위하여) 절 앞에 세우는 깃대와 비슷한 물건.
찰-거머리명 ①몸이 비교적 작고 빨판이 발달된 거머리. 몸에 붙으면 잘 떨어지지 않음. ②'남에게 악착같이 들러붙어서 괴롭히는 사람'을 비유하여 이르는 말.
찰-것[-걷]명 차진 곡식으로 만든 음식을 두루 이르는 말. *찰것이[-거시]·찰것만[-건-]
찰-곡식(-穀食)[-씩]명 찰기가 있는 곡식. 〔찰벼·차조·찰수수 따위.〕
찰과-상(擦過傷)명 ☞찰상(擦傷).
찰-교인(-敎人)명 '종교를 착실히 믿는 사람'을 달리 이르는 말.
찰그랑부하자타 얇은 쇠붙이 따위가 바닥에 떨어지거나 서로 세게 부딪칠 때 울리어 나는 소리, 또는 그 모양. 큰철그렁. 여잘그랑. 참짤그랑. **찰그랑-찰그랑**부하자타.
찰그랑-거리다자타 자꾸 찰그랑찰그랑하다. 찰그랑대다. 큰철그렁거리다.
찰그랑-대다자타 찰그랑거리다.
찰-기(-氣)명 차진 기운. ¶ 찰기가 있는 햅쌀밥.
찰-기장명 찰기가 있는 기장. 나서(糯黍). ↔메기장.
찰까닥부하자타 〈찰가닥〉의 센말. 큰철꺼덕. 여잘까닥.
찰까당부하자타 〈찰가당〉의 센말. 큰철꺼덩. 여잘까당.
찰깍부하자타 〈찰각〉의 센말. 큰철꺽. 여잘깍.
찰-깍쟁이[-쨍-]명 '몹시 약고 인색한 사람'을 욕으로 이르는 말.
찰나[1](刹那←kṣaṇa 범)[-라]명 매우 짧은 동안. 순간(瞬間). ↔겁(劫).
찰나[2](刹那←kṣaṇa 범)[-라]수관 탄지(彈指)의 10분의 1, 육덕(六德)의 10배가 되는 수(의). 곧, 10^{-18}.
찰나-주의(刹那主義)[-라-의/-라-이]명 과거나 미래를 생각하지 않고 오직 현재의 순간적 쾌락만을 구하는 생활 태도.
찰딱부하자 차지거나 젖은 물체가 세게 달라붙는 모양, 또는 그 소리. ¶ 벽에 찰딱 달라붙은 진흙덩이. 큰철떡. **찰딱-찰딱**부하자.
찰딱-거리다[-꺼-]자 자꾸 찰딱찰딱하다. 찰딱대다.
찰딱-대다[-때-]자 찰딱거리다.
찰-떡명 ①찹쌀로 만든 떡. ②차진 곡식으로 만든 떡을 두루 이르는 말. ↔메떡.
찰떡-같다[-깓따]형 서로 떨어질 수 없을 만큼 정이 두텁고 관계가 깊다. ¶ 저 부부는 금실이 찰떡같다. **찰떡같-이**부.
찰떡-궁합(-宮合)[-꿍-]명 ①'아주 잘 맞는 궁합'을 비유하여 이르는 말. ②'서로 마음이 맞아 아주 친하게 지내는 관계'를 속되게 이르는 말.
찰떡-근원(-根源)[-끄눤]명 '잠시도 떨어질 줄 모르는 아주 좋은 금실'을 비유하여 이르는 말.
찰락-거리다[-꺼-]자타 자꾸 찰락찰락하다. 찰락대다. 큰철럭거리다.
찰락-대다[-때-]자타 찰락거리다.
찰락-이다자타 ①작은 그릇에 담긴 물이나 넓은 곳에 갇힌 물에 물결이 일어 가장자리로 가볍게 부딪치는 소리가 나다. ②작은 쇠붙이 등이 서로 부딪치는 소리가 나다. 큰철럭이다.
찰락-찰락부하자타 ①작은 그릇에 담긴 물이나 넓은 곳에 갇힌 물에 물결이 일어 가장자리로 가볍게 자꾸 부딪치며 나는 소리, 또는 그 모양. ¶ 강물이 찰락찰락 뱃전에 부딪치다. ②작은 쇠붙이 등이 서로 자꾸 부딪치는 소리, 또는 그 모양. 큰철럭철럭.
찰람-거리다자 자꾸 찰람찰람하다. 찰람대다. 큰칠렁거리다.
찰람-대다자 찰람거리다.

찰람-찰람부하자 그릇에 담긴 물 따위가 일렁일 때마다 자꾸 넘치는 모양. 큰칠럼칠럼.

찰랑부 ①하자그릇에 가득 담긴 물 따위가 작게 흔들리는 소리, 또는 그 모양. ②하자타작은 쇠붙이끼리 부딪쳐서 울려 나는 소리. ③하자타물체 따위가 물결치는 것처럼 부드럽게 한 번 흔들리는 모양. ¶ 찰랑 흔들리는 단발머리. 큰철렁. 여잘랑. 참짤랑. **찰랑-찰랑**부하자타.

찰랑-거리다자타 자꾸 찰랑찰랑하다. 찰랑대다. 큰철렁거리다.

찰랑-대다자타 찰랑거리다.

찰랑-찰랑부하형 작은 그릇에 가득 담긴 물 따위가 넘칠 듯 넘칠 듯한 모양. 큰철렁철렁·칠렁칠렁.

찰랑-하다형여 작은 그릇에 담긴 물 따위가 넘칠 듯이 가득하다. ¶ 물잔에 물을 찰랑하게 따르다. 큰철렁하다·칠렁하다.

찰바닥부하자타 얕은 물이나 진창을 거세게 밟거나 칠 때 나는 소리. 큰철버덕. 여잘바닥. **찰바닥-찰바닥**부하자타.

찰바닥-거리다[-꺼-]자타 자꾸 찰바닥찰바닥하다. 찰바닥대다. 큰철버덕거리다.

찰바닥-대다[-때-]자타 찰바닥거리다.

찰바당부하자타 조금 묵직한 물체가 물에 세게 떨어질 때 울리어 나는 소리. 큰철버덩. 여잘바당. **찰바당-찰바당**부하자타.

찰바당-거리다자타 자꾸 찰바당찰바당하다. 찰바당대다. 큰철버덩거리다.

찰바당-대다자타 찰바당거리다.

찰박부하자타 얕은 물이나 진창을 세게 밟거나 칠 때 나는 소리. 큰철벅. 여잘박. **찰박-찰박**부하자타.

찰박-거리다[-꺼-]자타 자꾸 찰박찰박하다. 찰박대다. 큰철벅거리다.

찰박-대다[-때-]자타 찰박거리다.

찰-밥명 ①찹쌀로 지은 밥. ②찹쌀에 붉은팥이나 밤·대추 또는 검은콩을 두어서 지은 밥. ↔메밥.

찰방부하자타 작은 물체가 깊은 물에 세게 떨어질 때 나는 소리. ¶ 자갈이 찰방 냇물에 떨어졌다. 큰철벙. 여잘방. **찰방-찰방**부하자타.

찰방(察訪)명 조선 시대에, 각 도의 역참(驛站)에 관한 일을 맡아보던 종육품의 벼슬, 또는 그 벼슬아치.

찰방-거리다자타 자꾸 찰방찰방하다. 찰방대다. 큰철벙거리다.

찰방-대다자타 찰방거리다.

찰-벼명 볏과의 일년초. 줄기는 50~100 cm, 잎은 30 cm가량. 열매 껍질은 검은 보랏빛이고 쌀은 찰기가 많음. 나도(糯稻). ↔메벼.

찰-복숭아[-쑹-]명 복숭아의 한 품종. 과실의 살이 씨에 꼭 붙어 있고 껍질에 털이 없음.

찰-부꾸미명 찹쌀가루로 만든 부꾸미. 차전병.

찰상(擦傷)[-쌍]명 무엇에 쓸리거나 긁혀서 생긴 상처. 찰과상(擦過傷).

찰색(察色)[-쌕]명하자 ①얼굴빛을 살펴봄. ②한방에서, 환자의 혈색을 보고 진찰하는 일.

찰-쇠[-쐬/-쒜]명 대문짝이 대접쇠에 쓰적거려 닳지 않도록 대접쇠가 닿는 곳에 댄 쇳조각. 패검[1]. 패철(佩鐵).

찰-수수명 찰기가 있는 수수의 한 가지.

찰-시루떡명 찹쌀가루로 찐 시루떡.

찰싸닥부하자타 액체의 면이 납작한 물체와 세게 부딪칠 때 크게 울리어 나는 소리, 또는 그 모양. ¶ 파도가 뱃전에 찰싸닥 부딪히다. 큰철써덕. 여잘싸닥. **찰싸닥-찰싸닥**부하자타.

찰싸닥-거리다[-꺼-]자타 자꾸 찰싸닥찰싸닥하다. 찰싸닥대다. 큰철써덕거리다.

찰싸닥-대다[-때-]자타 찰싸닥거리다.

찰싹부하자타 ①액체의 면이 단단한 물체와 세게 부딪칠 때 차지게 나는 소리, 또는 그 모양. ¶ 바닷물이 바위를 찰싹 때린다. ②차진 물건을 물체에 던지거나 손바닥 따위로 때릴 때 나는 소리, 또는 그 모양. ¶ 찹쌀떡이 접시에 찰싹 달라붙다. 큰철썩. 여잘싹. **찰싹-찰싹**부하자타.

찰싹-거리다[-꺼-]자타 자꾸 찰싹찰싹하다. 찰싹대다. 큰철썩거리다.

찰싹-대다[-때-]자타 찰싹거리다.

찰-쌈지명 허리띠에 차게 만든 주머니 모양의 담배쌈지.

찰제(擦劑)[-쩨]명 ☞도찰제(塗擦劑).

찰제리(刹帝利←Kshatriya 범)[-쩨-]명 ☞크샤트리아.

찰조(察照)[-쪼]명하타 (문서나 편지 따위를) 자세히 살펴봄.

찰주(札駐)[-쭈]명하자 ☞주차(駐箚).

찰중(察衆)[-쭝]명하자 불교에서, 대중을 규찰(糾察)하는 일, 또는 그러한 일을 맡은 사람.

찰지(察知)[-찌]명하타 살펴서 앎. 양지(諒知).

찰지다형 '차지다'의 원말.

찰-짜명 (수더분한 맛이 없고) 성질이 몹시 깐깐한 사람.

찰찰부 물 따위가 조금씩 넘치는 모양. ¶ 찰찰 넘치는 술잔. 큰철철.

찰찰(察察)명하형 지나치게 꼼꼼하고 자세함. **찰찰-히**부.

찰찰이 불찰이다관용 지나치게 살핌은 살피지 않음보다 못하다.

찰카닥부하자타 ①차진 물체가 매우 세차게 달라붙는 소리, 또는 그 모양. ②쇠붙이 따위가 세차게 맞부딪칠 때 나는 소리, 또는 그 모양. ¶ 수갑을 찰카닥 채우다. 큰철커덕. 여잘가닥·잘카닥·찰가닥. 참짤까닥. **찰카닥-찰카닥**부하자타.

찰카닥-거리다[-꺼-]자타 자꾸 찰카닥찰카닥하다. 찰카닥대다. 큰철커덕거리다.

찰카닥-대다[-때-]자타 찰카닥거리다.

찰카당부하자타 작은 쇠붙이 따위가 세게 부딪칠 때 날카롭게 울리어 나는 소리. 큰철커덩. 여잘가당·잘카당·찰가당. 참짤까당. **찰카당-찰카당**부하자타.

찰카당-거리다자타 자꾸 찰카당찰카당하다. 찰카당대다. 큰철커덩거리다.

찰카당-대다자타 찰카당거리다.

찰칵부하자타 작은 쇠붙이 따위가 세차게 맞부딪치거나 걸릴 때 나는 소리, 또는 그 모양. ¶ 찰칵 자물쇠 잠그는 소리가 나다. 큰철컥. 여잘각·잘칵·찰각. 참짤깍. **찰칵-찰칵**부하자타.

찰칵-거리다[-꺼-]자타 자꾸 찰칵찰칵하다. 찰칵대다. 큰철컥거리다.

찰칵-대다[-때-]자타 찰칵거리다.

찰통명 '악성 매독'을 속되게 이르는 말.

찰필(擦筆)명 압지(押紙)나 엷은 가죽을 감아 붓 모양으로 만든 것. 그림을 그리는 데 쓰임.

찰한(札翰)명 편지.

찰현(擦絃)명하자 활로 현을 켬.

찰현-악기(擦絃樂器)[-끼]명 활로 현을 켜서 소리를 내는 현악기. 바이올린·첼로 따위.

찰-흙[-흑]명 차진 기운이 있는 흙. 점토. ＊찰흙이[-흘기]·찰흙만[-흥-]

참[1] Ⅰ명 ①거짓이 아님. 올바름. 진실. ¶ 참과 거짓. ②바른 답. 정답. 맞음. ¶ 어느 것이 참인지 고르시오. ↔거짓.
Ⅱ부 정말로. 진실로. 아주. 과연. ¶ 경치가 참 좋다.
Ⅲ감 ①잊었던 일이 문득 생각나거나, 비로소 깨닫게 되었을 때, '참말로'의 뜻으로 덧붙여 쓰는 말. ¶ 참, 이거 갖고 가거라. /참, 너 올해 몇 살이지? ②딱하다는 감정을 나타낼 때, '참으로'의 뜻으로 덧붙여 쓰는 말. ¶ 아이 참, 왜 이러세요! /나 원 참, 기가 막혀서….

참ː[2] Ⅰ명 ①일을 하다가 쉬는 짬. 한자를 빌려 '站'으로 적기도 함. ②일하다가 일정하게 쉬는 짬에 먹는 음식. ¶ 모내기 참.
Ⅱ의 ①《어미 '-ㄴ(은)·-던' 뒤에 쓰이어》 '때·계제'의 뜻을 나타냄. ¶ 지금 막 가려던 참인데 잘 만났소. 비차(次). ②《어미 '-ㄴ(은)·-ㄹ(을)' 뒤에 쓰이어》 무엇을 할 '예정'이나 '셈'의 뜻을 나타냄. ¶ 내일 떠날 참이다.

참ː(站)명 조선 시대에, 역로(驛路)에 마련되어 있던 숙박 시설. 군사 통신 관리나 공용 출장자들의 숙박 처소로 이용하였음. 비발소(撥所).

참ː(斬)명 ①하타 〈참수(斬首)〉·〈참두(斬頭)〉의 준말. ②〈참형(斬刑)〉의 준말.

참(懺)명하타 〈참회(懺悔)〉의 준말.

참-접두 ①《일부 명사 앞에 붙어》 ㉠'진짜'·'진실'의 뜻을 나타냄. ¶ 참뜻. /참말. ㉡품질 따위가 '썩 좋음'의 뜻을 나타냄. ¶ 참먹. /참숯. ②《주로 동식물 이름 앞에 붙어》 '개-·돌-' 따위에 상대됨을 나타냄. ¶ 참나리. /참개구리. /참깨.

참가(參加)명하자 ①(어떤 모임이나 [illegible]) 관여하여 참석하거나 가입[illegible] 참가. ②어떤 법률 [illegible] 제삼자가 가입함, 또는 그 일. ¶ 소[illegible]참가. ↔불참(不參).

참-가사리명 바닷말의 한 가지. 홍조식물로 풀가사리와 비슷함. 높이는 5~15 cm에 이르는 원기둥 모양이고 규칙적으로 가지를 벋으며 암자색임. 풀가사리와 함께 풀이나 직물·공예품의 원료로 쓰이며, 식용함. 세모(細毛).

참가-인(參加人)명 ①참가한 사람. ②민사 소송 법상, 타인 간에 계속(繫屬)된 소송에 참가하는 제삼자. ③어음법상, 참가 인수와 참가 지급을 하는 사람.

참가^인수(參加引受)명 환어음이 만기되기 전에 소구(遡求) 원인이 발생하였을 때, 소구권의 행사를 막기 위하여 지급인 이외의 사람이 소구 의무자의 어느 사람을 위해 의무를 부담하는 일.

참-가자미명 가자밋과의 바닷물고기. 몸길이 40 cm가량. 길둥근 알처럼 옆으로 납작한 몸의 오른쪽 머리 앞 끝에 두 눈이 모여 있음. 눈 있는 쪽의 몸빛은 회갈색, 그 반대쪽은 흰빛임. 우리나라 연해와 일본·중국·사할린 연해에 분포함.

참가^지급(參加支給)명 환어음과 약속 어음에서, 인수·지급의 거절 등 만기의 전후를 묻지 않고 소구(遡求) 원인이 발생하였을 때, 소구를 막기 위하여 본래의 지급인 이외의 사람이 소구 의무자 가운데 어떤 사람을 위하여 하는 지급.

참개(慙慨)명하타 몹시 부끄러워서 개탄함.

참-개구리명 개구릿과의 양서류. 몸길이 8 cm가량. 수컷의 등은 흰 바탕에 검은 무늬, 암컷은 대개 황갈색에 무늬가 없음. 무논에서 살며 4~6월에 알을 낳음. 청와(青蛙).

참-게명 바위겟과의 게. 등딱지의 길이는 5 cm, 너비는 6.1 cm가량. 강어귀나 그 유역의 민물에서 살며, 이마에 네 개의 이가 있음. 폐디스토마의 중간 숙주임.

참견(參見)명하자타 ①(남의 일에) 끼어들어 아는 체하거나 간섭함. 참섭(參涉). ¶ 쓸데없이 참견하다. ②☞참관(參觀).

참경(慘景)명 끔찍하고 비참한 광경이나 정상. 비참상(慘狀).

참고(參考)명하타되자 ①살펴서 생각함. ②살펴서 도움이 될 만한 자료로 삼음, 또는 그러한 자료. ¶ 참고 문헌. /여러 사람의 의견을 참고하다. 비참조(參照).

참고(慘苦)명 참혹한 고통.

참고-삼다(參考-)[-따] Ⅰ타 살펴서 도움이 될 만한 자료가 되게 하다, 또는 그렇게 여기다. ¶ 시험 공부에 참고삼을 만한 책.
Ⅱ자 도움이 될 만한 것을 덧붙이다. 《주로, '참고삼아'의 꼴로 쓰임.》 ¶ 이것은 어디까지나 참고삼아 말씀드리는 것입니다.

참고-서(參考書)명 ①참고로 삼는 책. ②참고가 되는 내용을 모아 엮은 책. ¶ 학습 참고서.

참고-인(參考人)명 범죄 수사의 과정에서, 수사 기관의 취조에 대하여 과거에 실제로 경험하여 안 사실을 진술하도록 명령을 받은 피의자 이외의 제삼자. '증인'과는 구별됨. ¶ 참고인 진술.

참관(參觀)명하자타 (어떤 모임이[illegible]) 참가하여 지켜봄. 참[illegible] 대회를 참관하다.

참관-기(參觀[illegible])명 참관한 일의 내용이나 느낌을 적[illegible].

참관-인(參觀人)명 ①(어떤 모임이나 행사에) 참가하여 지켜보는 사람. ②선거 때, 투표와 개표 상황 따위가 법대로 진행되는지를 지켜보는 사람. 투표 참관인, 개표 참관인 등이 있음.

참괴(慙愧)[-괴/-궤]명하타 부끄럽게 여김.

참교(參校)명 ①조선 시대에, 승문원(承文院)의 종삼품 벼슬. ②대한 제국 때, 무관 계급의 한 가지. 하사관(下士官)의 최하급으로 부교(副校)의 아래임.

참구(參究)명하타 ①(무엇을) 참고하며 연구함. 비고구(考究). ②참선(參禪)을 하여 진리를 연구함.

참구(讒口)명 참소하는 입. 비참설(讒舌).

참구(讒搆)명하타 남을 참소하여 난처한 처지로 얽어 넣으려 꾀함.

참극(慘劇)명 ①비참한 내용을 줄거리로 한 연극. ②참혹하고 끔찍하게 벌어진 일이나 사건. ¶ 동족상잔의 참극.

참ː급(斬級)명 ①적의 목을 베던 일. ②지난날, 전쟁에서 사람의 목을 쳐서 엮던 두름.

참-기름명 참깨에서 짜낸 기름. 진유(眞油).

참-깨명 ①참깻과의 일년초 재배 식물. 네모진 줄기의 다 자란 높이는 1 m가량. 여름에, 윗부분의 잎겨드랑이에 백색 또는 담홍색에 짙은 자색의 반점이 있는 꽃이 핌. 2~3 cm의 짧은 원주형의 열매는 4개의 씨방이 있음. 잎은 갸름하거나 긴 타원형임. 씨는 볶아서 기름을 짜거나 양념으로 씀. 백유마(白油麻). 백지마(白脂麻). 백호마. 진임(眞荏). ②참깨의 씨.

참깨가 기니 짧으니 한다속담 변변하지 못하기로는 마찬가지면서 그래도 서로 따지거나 비교하는 못난 사람들의 짓을 탓하는 말.

참깨 들깨 노는데 아주까리 못 놀까속담 '어중이떠중이들이 다 활동하거나 참여하는 일에 어엿한 내가 어찌 못 끼겠는가'의 뜻으로 이르는 말.

참깨-죽(-粥)명 껍질을 벗기어 간 참깨와 무리로 쑨 죽. 깨죽. 지마죽(芝麻粥).

참-꽃[-꼳]명 〔먹는 꽃이라는 뜻으로〕 '진달래꽃'을 이르는 말. ＊참꽃이[-꼬치]·참꽃만[-꼰-]

참-나리명 백합과의 다년초. 줄기 높이는 1~2 m. 댓잎처럼 생긴 잎은 어긋나기로 다닥다닥 달리며, 잎겨드랑이에 짙은 갈색 주아(珠芽)가 달렸음. 지름 5~8 cm 되는 비늘줄기가 있으며, 주홍색 바탕에 검은 반점이 흩어져 있는 꽃은 여름에 핌. 6개의 수술과 1개의 암술은 길게 꽃 밖으로 뻗었고, 꼬투리로 된 열매를 맺음. 꽃 향내가 좋아 관상용으로 심음. 비늘줄기는 민간에서 진해제·강장제로 먹음. 준나리1.

참-나무명 ①참나뭇과에 딸린 나무를 통틀어 이르는 말. 〔상수리나무·떡갈나무·굴참나무 따위.〕 ②☞상수리나무.

참나무에 곁낫 걸이속담 제 능력은 생각지도 않고 엄청나게 큰 세력에 부질없이 덤빔을 비유하여 이르는 말.

참-나물명 산형과의 다년초. 숲 속에 나는데, 줄기는 1.5 cm가량임. 잎은 세 쪽씩 붙은 겹잎이며 그 쪽잎은 끝이 뾰족하고 톱니가 있는 달걀 모양임. 여름에 잘고 흰 꽃이 핌. 어린잎은 나물로 먹음.

참나[illegible]하자 ☞예궐(詣闕).

참녕(讒佞)명하타 [illegible]어 남을 참소함.

참녜(←參與)[-녜/-네]명하자 [illegible]〉의 변한말.

참-느릅나무[-름-]명 느릅나뭇과의 [illegible] 낙엽 활엽 교목. 중부 이남의 냇가에 흔히 나는데, 높[illegible]는 5 m가량. 잎은 길둥글며 끝이 좁고 잔 톱니가 있음. 9월경에 황갈색 꽃이 피고, 10월경에 길둥근 열매가 붉게 익음.

참ː다[-따]타 ①어려운 고비를 잘 견디어 내다. ¶ 고통을 참다. ②억지로 안 하다. ¶ 웃음을 참느라고 혼났다. ③(기회를) 기다리다. ¶ 한 시간만 더 참고 기다려 봅시다.

참는 자에게 복이 있다속담 억울하고 분한 일이 있어도 꾹 참고 견디는 것이 상책이라는 말.

참을 인(忍) **자 셋이면 살인도 피한다**속담 어떤 어려운 일이 있어도 꾹 참는 것이 가장 좋은 방법이라는 말.

참-다랑어(-魚)명 고등엇과의 바닷물고기. 몸길이 3 m, 몸무게 380 kg가량으로, 부푼 방추형으로 생겼음. 등빛은 감색(紺色), 배는 흰빛임. 몸 옆구리에 가는 노란 줄이 가로 그어져 있음. 외양성(外洋性) 어류로서, 연안에서 1000마일 해역을 회유함. 우리나라·쿠릴 열도·일본·중국 근해를 거쳐 하와이·남양 군도까지 분포함. 참치. 다랑어.

참ː다-못하다[-따모타-]타 더는 참을 수가 없다. 《주로, '참다못한'·'참다못해'의 꼴로 쓰임.》 ¶ 슬픔을 참다못해 통곡을 하다.

참담(慘憺·慘澹)명하형 ①가슴이 아플 정도로 비참함. ¶ 참담한 패배. ②참혹하고 암담함. ¶ 적 치하의 90일은 참으로 참담했다. ③속을 썩이도록 괴로움. ¶ 고심(苦心)참담하다. ④우울하고 쓸쓸함. **참담-히**부.

참-답다[-따][~다우니·~다워]형ㅂ 거짓이 없고 바르다. 《주로, '참다운'·'참답게'의 꼴로 쓰임.》 ¶ 참다운 생활. /참답게 사는 비결.

참ː-당나귀(-唐-)[-땅-]명 '일하다가 자주 꾀를 피워 속썩이는 당나귀'를 이르는 말.

참-대명 ☞왕대.

참덕(慙德)명 (특히 임금이) 부덕함을 부끄러워함.

참독(慘毒) '참독하다'의 어근.

참독-하다(慘毒-)[-도카-]형여 참혹하기 이를 데 없다. 참학(慘虐)하다. 비참렬(慘烈)하다.

참독-히부.

참ː-돈[-똔]명 행상(行喪) 때, 상여꾼이 쉴 때마다 주는 술값.

참-돔명 도밋과의 바닷물고기. 몸길이 90 cm가량. 감성돔과 비슷하나 몸빛이 일반적으로 적색에 녹색 광택을 띠고, 등 쪽에 청록색의 작은 반점이 퍼져 있음. 우리나라·일본·동남 중국해·하와이 연해에 분포함.

참-되다[-뙤-/-뛔-]형 (마음이나 행동이) 거짓이 없고 진실되다. 참답다. ¶ 참된 애국자. /참된 인간. ↔거짓되다. **참되-이**부 ¶ 참되이 살아라.

참ː두(斬頭)명하타 ☞참수(斬首). 준참(斬).

참-따랗다[-라타]형 (딴생각 없이) 아주 진실되고 올바르다. 《주로, '참따랗게'의 꼴로 쓰임.》 ¶ 온종일 참따랗게 바느질만 하고 있다. 준참땋다.

참-땋다[-따타]형 〈참따랗다〉의 준말.

참-뜻[-뜯]명 ①거짓 없이 올바르고 참된 뜻. ¶ 참뜻을 떳떳하게 밝히다. ②(말이나 글에서 겉으로 드러난 뜻이 아닌) 알맹이가 지닌 본디의 뜻. 속뜻. ¶ 그의 말의 참뜻을 헤아리기 어렵다. 진의(眞意). ＊참뜻이[-뜨시]·참뜻만[-뜬-]

참락(慘落)[-낙]명하자 물건 값이 끔찍하게 떨어짐. 비폭락(暴落).

참람(僭濫) '참람하다'의 어근.

[illegible]-하다(僭濫-)[-남-]형여 분수에 맞지 않게 지나[illegible] 있다. 참월하다. **참람-히**부.

참량(參量)[-냥]명하타 [illegible]하자(參酌).

참렬(參列)[-녈]명하자 ①☞참[illegible](參班). ②대열이나 행렬에 끼임. ¶ 열병식[illegible]하다.

참렬(慘烈) '참렬하다'의 어근.

참렬-하다(慘烈-)[-녈-]형여 대단히 끔찍하다. ¶ 참렬한 분신자살. 비참독(慘毒)하다·참절(慘絕)하다. **참렬-히**부.

참령(參領)[-녕]명 대한 제국 때, 무관(武官) 계급의 하나. 영관(領官)의 맨 아랫자리로, 지금의 소령에 해당함.

참례(參禮)[-녜]명하자 예식에 참여함. ¶ 혼례식에 참례하다.

참ː로(站路)[-노]명 역참(驛站)으로 통하는 길. 비역로(驛路).

참ː륙(斬戮)[-뉵]명하타 (칼로) 목을 베어 죽임. 참살(斬殺).

참-마명 맛과의 덩굴성 다년초. 산야에 흔히 나며 심기도 하는데, 뿌리는 원주형이고 살이 많음. 잎은 끝이 뾰족한 길둥근 모양이며 마주나고, 여름에 흰 꽃이 핌. 뿌리는 먹거나 한방에서 강장제·설사약으로 씀.

참-마음명 (거짓이 없는) 진실한 마음. 진심(眞心). 진정(眞情). ¶ 친구를 사귀되 참마음으로 사귀어라. 준참맘.

참-마자명 잉엇과의 민물고기. 몸길이 10~20 cm가량. 누치와 비슷하나 주둥이가 길고 비늘이 굵음. 몸빛은 흰 바탕에 등 쪽이 암갈색임. 특히 새끼 고기의 눈알이 까만 점이 특색임. 우리나라·중국 동북 지방·일본 등지에 분포함.

참-말 Ⅰ명 사실에 조금도 틀림이 없는 올바른 말. 정말. 진담. ¶ 참말인지 거짓말인지 잘 모르겠다. /그게 참말이니? ↔거짓말.

Ⅱ부 참말로. 정말로.

참-맘명 〈참마음〉의 준말.

참망(僭妄) '참망하다'의 어근.

참ː망-하다(僭妄-) 형여 참람하고 망령되다. 분수를 모르고 건방지다.

참-매 명 ①수릿과의 새. 몸길이 48~61 cm. 등면은 회갈색인데, 흰 눈썹선이 있으며, 윗목은 흰색으로 얼룩짐. 토끼나 꿩 따위를 잡아먹는 텃새로, 우리나라에서는 예부터 꿩 사냥에 쓰였음. ②보라매·송골매 따위를 '새매'에 상대하여 이르는 말.

참-매미 명 매밋과의 곤충. 몸길이 3.6 cm, 날개 길이 6 cm가량. 몸빛은 검고 머리와 가슴에 적록색의 얼룩무늬가 있음. 등 쪽에 회백색의 'X' 자 모양의 돌기가 있음. 7월 들면서 나타나 울기 시작함.

참-먹 명 품질이 좋은 먹. 진묵(眞墨). ↔개먹.

참모(參謀) 명 ①하자 모의에 참여함, 또는 그 사람. ¶ 선거 대책 참모. ②군대에서, 각급 고급 지휘관의 지휘권 행사를 보좌하기 위하여 특별히 임명되거나 파견된 장교. 인사·정보·작전·군수 참모 따위. 참 막료.

참모-부(參謀部) 명 ①대한 제국 때, 원수부(元帥部)에 딸려 있던 부서. 〔주로, 국방과 용병에 관한 사무를 맡아보았음.〕 ②군대에서, '참모가 그의 막료와 함께 참모에 관한 사무를 보는 곳'을 두루 이르는 말.

참-모습 명 (꾸미거나 거짓되거나 과장되지 않은) 생긴 대로의 본디 모습.

참모-장(參謀長) 명 사단급 이상의 부대에서, 각 참모의 업무를 통합 조정하고 지휘관을 보좌하는 선임 참모.

참모^장ː교(參謀將校) 명 참모직에 있는 장교.

참모^총ː장(參謀總長) 명 육군·해군·공군의 최고 지휘관. 〔국방부 장관의 추천에 따라 국무회의의 심의를 거쳐 대통령이 임명함.〕

참묘(參墓) 명하자 ☞성묘(省墓).

참무(讒誣) 명하타 참소(讒訴)와 무고(誣告).

참문(慘聞) 명 끔찍한 소문.

참문(讖文) 명 미래를 예언하는 글. 미래기.

참ː-물 명 만조(滿潮) 때의 바닷물.

참-밀 명 ☞밀1.

참-바 명 볏짚이나 삼 따위로, 세 가닥을 지어 굵다랗게 드린 줄. 마소를 매거나 짐을 동이는 데 쓰임. 준 바1.

참-바리 명 농엇과의 바닷물고기. 몸길이 40 cm 가량. 살아 있을 때는 자갈색 바탕에 주홍색의 작은 반점이 있음. 열대성 어류로서 우리나라와 일본, 동남아시아와 인도 연안에 분포함.

참반(參班) 명하자 반열에 참여함. 참렬(參列).

참-반디 명 산형과의 다년초. 줄기 높이는 15~100 cm. 여름철에 긴 꽃줄기가 나와 끝이 갈라지고, 7월에 희고 가느다란 꽃이 핌. 산속의 나무 그늘에 나는데, 뿌리는 이뇨제·해열제로 쓰임.

참ː-밥[-빱] 명 일을 하다가 참에 먹는 밥.

참방(參榜) 명하자 과거에 급제하여 방목에 이름이 오름. ¶ 참방하여 가문을 빛내다.

참-배 명 먹을 수 있는 보통의 배를 돌배나 문배와 구별하여 이르는 말.

참배(參拜) 명 ①하자 신이나 부처에게 절하고 빎. 참예(參詣). ②하자타 무덤이나 기념탑 등의 앞에서 절하고 기림. ¶ 순국선열 묘지 참배.

참-배나무 명 장미과의 낙엽 교목. 과실나무의 한 가지. 어린 가지는 흑갈색이고, 잎은 끝이 뾰족한 넓은 달걀 모양이며 잔 톱니가 있음. 열매는 둥글고 노랗게 익음.

참-벌 명 ☞꿀벌.

참ː벌(斬伐) 명하타 ①☞작벌(斫伐). ②죄인을 참형에 처함.

참변(慘變) 명 끔찍한 변고. ¶ 참변을 당하다. 비 참사(慘事).

참봉(參奉) 명 조선 시대에, 능(陵)이나 원(園) 또는 종친부·돈령부 등에 딸렸던 종구품의 벼슬.

참불가언(慘不可言) 명 너무나 끔찍하여 차마 말할 수 없음.

참불인견(慘不忍見) 명 너무나 끔찍하여 차마 바라볼 수 없음.

참-붕어 명 잉엇과의 민물고기. 몸길이 6~9 cm. 몸빛은 암컷이 담황색 바탕에 은빛을 띠고, 수컷은 온몸이 회청색임. 잉어와 비슷한 모양이나, 입은 윗입술을 위로 열어 빠끔거리고 수염이 없음. 잘 흐르는 맑은 개울이나 도랑 같은 곳에 삶.

참-비름 명 '비름'을 '쇠비름'에 상대하여 이르는 말.

참-빗[-빋] 명 빗살이 아주 가늘고 촘촘한 대빗. 진소(眞梳). 참 얼레빗. *참빗이[-비시]·참빗만[-빈-]

참빗으로 훑듯 속담 남김없이 샅샅이 뒤져내는 모양을 비유하여 이르는 말. 참 이 잡듯이.

참-빗살나무[-빋쌀라-] 명 노박덩굴과의 낙엽 활엽 소교목. 높이 8 m가량. 꽃은 6월에 피는데, 연한 녹색이고, 열매는 붉게 익으면 터져 빨간 속살이 나타남. 산기슭 아래의 냇가 근처에 자람. 관상용으로 심고 목재는 그릇을 만드는 데 쓰임.

참사(參祀) 명하자 제사에 참례함.

참사(參事) 명 ①하자 어떤 일에 참여함. ②일부 금융 기관이나 기업체 등에서의 직위의 한 가지.

참사(慘史) 명 비참한 역사.

참사(慘死) 명하자 끔찍하게 죽음.

참사(慘事) 명 끔찍한 사건. ¶ 불의의 참사를 당하다. 비 참변(慘變).

참사(慙死) 명하자 치욕을 견디기 어려워서 죽으려 하거나, 죽을 지경에 이름.

참사-관(參事官) 명 대사 또는 공사의 지휘 감독을 받아 외교 교섭 및 기타의 임무를 보조하는 관직, 또는 그 직에 있는 외무 공무원. 공사의 아래, 1등 서기관의 위.

참-사랑 명 진실한 사랑. 순수한 사랑.

참-살 명 포동포동하게 찐 살.

참ː살(斬殺) 명하타되자 (칼로 목 따위를) 베어 죽임. 참륙(斬戮).

참살(慘殺) 명하타되자 끔찍하게 죽임.

참상(參上) 명 조선 시대에, 종육품 이상 종삼품 이하의 관직을 이르던 말. 조회에 참석하고 목민관(牧民官)이 될 수 있었음. ↔참하(參下).

참상(慘狀) 명 끔찍한 모양이나 상태. ¶ 전쟁이 빚은 참상. 비 참경(慘景).

참상(慘喪) 명 젊어서 죽은 이의 상사(喪事). ¶ 참상을 당한 부모. ↔호상(好喪).

참-새 명 참샛과의 새. 인가(人家) 부근과 가을의 논에서 가장 흔하게 볼 수 있는 대표적 텃새의 한 가지. 몸빛은 다갈색, 부리는 검으며 배는 회백색의 작은 새. 몸길이는 14 cm가량이고, 짹짹거리며 욺. 가을에는 곡물에 해를 끼치나 여름에는 해충을 잡아먹는 이로운 새임. 황작(黃雀).

참새가 방앗간〔올조 밭〕을 그저 지나랴 속담 ①욕심 많은 이가 잇속 있는 일을 보고 지나쳐 버리지 못한다는 말. ②자기가 즐기는 것을 보고 그냥 지나칠 수 없다는 말.

참새가 작아도 알만 잘 깐다〔낳는다〕[속담] 비록 몸집은 작아도 제 할 일을 감당한다는 말.
참새가 죽어도 짹 한다[속담] 아무리 약한 사람이라도 괴롭힘을 당하면 반항하게 된다는 말.
참새-구이[명] 참새의 털을 뽑고 내장 따위를 제거하고 난 고기를 간을 해서 구운 음식.
참새-목(-目)[명] 조류의 한 목(目). 대개, 몸이 작고 날기를 잘하며 보금자리를 잘 지음. 전 세계에 5500여 종이 분포하며 까마귀과·꾀꼬리과·참샛과·제빗과 등 20여 과가 있음.
참색(慙色)[명] 부끄러워하는 기색. 괴색(愧色).
참서(參恕)[명][하타] 정상을 참작하여 용서함.
참서(讖書)[명] 참언(讖言)을 모아 놓은 책.
참-서대[명] 참서댓과의 바닷물고기. 혀 모양으로 몸길이는 30 cm가량. 아주 작은 두 눈은 몸의 왼쪽에 몰려 있음. 지느러미는 등·배·꼬리 따위로 전혀 구분되지 않고 머리 뒤에서부터 죽 이어져 등·배·꼬리를 둘러싸듯이 하고 있음. 눈이 있는 쪽의 몸빛은 적갈색, 지느러미는 흑색이며 반대쪽은 온통 흼. 남서부 연해에 분포함.
참석(參席)[명][하자] 어떤 자리나 모임에 참여함. ¶ 학술 연구 회의에 참석하다. [비]출석(出席). ↔불참.
참선(參禪)[명][하자] 좌선(坐禪)하여 불도(佛道)를 닦는 일. ¶ 참선을 위해 입산(入山)하다.
참설(讒舌)[명] 참소하는 말. [비]참구(讒口).
참설(讒說)[명] ☞참언(讒言).
참섭(參涉)[명][하자타] ☞참견(參見).
참세(懺洗)[명][하타] 죄를 깨닫고 고쳐서 마음을 깨끗이 함.
참소(讒訴·譖訴)[명][하타][되자] 남을 헐뜯어서 없는 죄를 있는 듯이 꾸며 고해 바치는 일. ¶ 참소를 일삼는 간신(奸臣)의 무리.
참:-수(-數)[-쑤][명] 쉬는 횟수.
참:수(斬首)[명][하타][되자] 목을 자름. 괵수(馘首). 참두(斬頭). ¶ 대역 죄인을 참수하라는 임금의 어명이 떨어졌다. [준]참(斬).
참-수리[명] 수릿과의 새. 몸길이 89~102 cm. 큰 부리를 가지고 있는 매우 큰 수리임. 우리나라에서는 아직 번식처가 확인되지 않고 있는데, 겨울에만 볼 수 있음.
참-숯[-숟][명] ①참나무로 구운 숯. [참]백탄(白炭). ②질이 좋은 숯. * 참숯이[-수치]·참숯만[-순-]
참:시(斬屍)[명][하타] 〈부관참시(剖棺斬屍)〉의 준말.
참신(參神)[명][하자] 신주(神主)에 참배함.
참신(斬新·嶄新) '참신하다'의 어근.
참:신-하다(斬新-·嶄新-)[형][여] (면모가 바뀌거나 처음으로 이루어져) 전혀 새롭다. ¶ 참신한 기획. /참신한 디자인. ↔진부(陳腐)하다.
참신(讒臣)[명] 육사(六邪)의 하나. 참소를 잘하는 신하.
참심-원(參審員)[명] (참심제에 있어서) 법관과 함께 재판의 합의를 하는 사람. [비]배심원(陪審員).
참심-제(參審制)[명] 국민 가운데에서 선거나 추첨으로 뽑힌 참심원이 직업적 법관과 같이 합의체를 구성하여 재판하는 제도. 〔독일과 프랑스에서 채택하고 있는 제도임.〕
참-싸리[명] 콩과의 낙엽 활엽 관목. 산이나 들에 나는데 높이는 2 m가량. 싸리와 비슷하나 줄기가 굵음. 잎은 한 잎자루에 세 개의 작은 잎이 달리며, 여름에 홍자색 꽃이 핌. 줄기는 세공재(細工材), 잎은 사료로 쓰임.
참-쑥[명] 국화과의 다년초. 우리나라 북부 지방에 나는데, 땅속뿌리는 가로 벋고 줄기 높이는 15~20 cm. 잎은 어긋맞게 나며 뒷면에 흰 솜털이 있음. 어린순은 먹고, 다 자란 것은 한방에서 산후의 약재로 쓰임.
참악(慘愕)[명][하자] 끔찍한 모습에 놀람.
참악(慘惡) '참악하다'의 어근.
참악-하다(慘惡-)[차마카-][형][여] 무자비하고 흉악하다. ¶ 오랑캐들의 참악함에 아연실색할 뿐이다.
참알(參謁)[명][하다] 〔조선 시대에〕 ①해마다 유월과 섣달에 벼슬아치의 성적을 상고하여 평정할 때, 각 관아의 벼슬아치들이 자기의 책임 장관을 뵙던 일. ②새로 임명된 당하관이나 출사자(出仕者)가 그 직에 임명된 지 열흘 안에 감독 관아를 돌아다니며 인사하던 일.
참어(讖語)[명] ☞참언(讖言).
참-억새[-쌔][명] ☞억새.
참언(讖言)[명] 앞일에 대하여 길흉을 예언하는 말. 참어(讖語).
참언(讒言)[명][하타] 거짓으로 꾸며서 남을 헐뜯는 말. 참설(讒說).
참여(參與)[명][하자] 참가하여 관계함. 참예(參預). ¶ 법률 개정 작업에 참여하다. [변]참녜.
참여-론(參與論)[명] 문학(예술)의 현실 참여에 대한 의의·가치·방법 등에 대한 논의, 또는 그러한 내용의 글.
참여-시(參與詩)[명] 정치 문제나 사회 문제에 관심을 가지고 비판적인 의식으로 정치·사회의 변혁을 촉구하는 내용을 담은 목적시.
참:역(站役)[명] 도자기를 만들 때, 흙으로 된 그릇이 마르기 전에 고루 매만지는 사람.
참연(慘然) '참연(慘然)하다'의 어근.
참연(嶄然) '참연(嶄然)하다'의 어근.
참연-하다(慘然-)[형][여] 슬프고 참혹하다. ¶ 태풍이 할퀴고 간 마을의 황량하고 참연한 정경. 참연-히[부].
참연-하다(嶄然-)[형][여] 높이 뛰어나 우뚝하다. 참연-히[부].
참-열매[-녈-][명] 수정(受精) 뒤, 씨〔種子〕의 발육에 따라 씨방 부분이 발달하여 생긴 과실. 진과. 〔매화·야자·복숭아 열매 따위.〕
참예(參預)[명][하자] ☞참여(參與).
참예(參詣)[명][하자] ☞참배(參拜).
참-오동나무(-梧桐-)[명] 현삼과의 낙엽 활엽 교목. 울릉도 원산으로 높이는 15 m가량. 넓은 잎이 마주남. 5~6월에 연한 자줏빛 꽃이 피고 10월경에 둥근 열매가 익음.
참-외[차뫼/차뭬][명] 박과의 일년생 재배 식물. 가시털이 있는 줄기가 땅 위로 덩굴손으로 내벋으며 잎은 심장 모양을 이루고 가에는 잔 톱니가 있음. 6~7월에 노란 꽃이 피고, 열매는 타원형으로 녹·황·백색으로 익으며, 단맛이 있음. 감과(甘瓜).
참외를 버리고 호박을 먹는다[속담] ①좋은 것을 버리고 나쁜 것을 가진다는 말. ②착한 아내를 버리고 우둔한 첩을 좋아한다는 말.
참요(讖謠)[명] 민요의 한 가지. 주로 예언이나 은어(隱語)의 형식으로 나타낸 노래로, 흔히 정치적 변동을 암시함. 〔후백제의 내분을 암시한 '완산요(完山謠)', 이성계의 등극을 암시한 '목자요(木子謠)' 따위.〕
참:운(站運)[명] 조선 시대에, 조세로 거둔 쌀·베 따위를 수참(水站)의 배로 실어 나르던 일. [비]조운(漕運).

참월(僭越) '참월하다'의 어근.
참월-하다(僭越-) 형여 ☞참람(僭濫)하다.
참위(參尉) 명 대한 제국 때, 위관(尉官)급 무관의 맨 아래 계급. 〔지금의 '소위'에 해당됨.〕 참부위(副尉).
참ː위(僭位) 명하자 분에 넘치는 왕위(王位)에 앉는 일, 또는 그 자리.
참위(讖緯) 명 ①음양오행설에 따라 길흉화복을 점치거나 예언함, 또는 그 책. ②도참(圖讖)과 위서(緯書)를 아울러 이르는 말.
참위-설(讖緯說) 명 중국 진(秦)나라 때에 비롯되어 후한(後漢) 때에 성행하였던 예언설. 천변지이(天變地異)를 중요한 조짐으로 삼고, 음양오행설로 해석하여 불안한 사회 현상에 대하여 길흉화복을 예언하였음. 참위학.
참위-학(讖緯學) 명 ☞참위설.
참-으로 부 진실로. 정말로. ¶ 참으로 어진 사람이다./참으로 놀라운 일이다.
참을-성(-性) [-썽] 명 잘 참고 견디는 성질. ¶ 참을성이 부족하다.
참의(參議) [차믜/차미] 명 ①조선 시대에, 육조(六曹)에 딸린 정삼품 벼슬. ②갑오개혁 이후, 의정부에 딸린 각 아문의 한 벼슬.
참-의원(參議院) [차믜-/차미-] 명 (5·16 군사 정변 이전의 구헌법에서 규정한) 양원제 국회 중의 하나. 참상원(上院)·민의원(民議院).
참작(參酌) 명하타되자 참고하여 알맞게 헤아림. 참량(參量). ¶ 정상을 참작하다.
참장(參將) 명 대한 제국 때, 장관(將官)급 무관 계급의 맨 아래 계급. 참부장(副將).
참적(慘迹) 명 참혹한 자취.
참전(參戰) 명하자 전쟁에 참가함. ¶ 참전 용사.
참전-국(參戰國) 명 전쟁에 참가한 나라. ¶ 한국 전쟁 참전국.
참절(慘絕) '참절하다'의 어근.
참절-비절(慘絕悲絕) 명하형 ☞비절참절.
참절-하다(慘絕-) 형여 끔찍하기가 이를 데 없다. ¶ 사고 현장의 참절한 광경. 비참렬(慘烈)하다.
참정(參政) 명 ①하자정치에 참여함. ②〈참정대신〉의 준말.
참정-권(參政權) [-꿘] 명 국민이 국정에 직접 간접으로 참여하는 권리. 〔선거권, 피선거권, 공무원이 되는 권리 따위.〕
참정-대신(參政大臣) 명 대한 제국 때, 의정(議政)대신 다음가던 벼슬. 준참정.
참ː정절철(斬釘截鐵) 명하자 〔못을 끊고 쇠를 자른다는 뜻으로〕 '의연한 태도로, 또는 결단성 있게 일을 처리함'을 비유하여 이르는 말.
참ː-젖 [-젇] 명 ①일정한 시간에 먹이는 젖. ②(말아서 기르지는 아니하고 젖만 먹여 주는) 젖어미가 하루에 몇 번 참참이 먹여 주는 젖. *참ː젖이[-쩌지]·참ː젖만[-쩐-]
참조(參照) 명하타 참고로 대조하여 봄. ¶ 문헌을 참조하다. 비참고.
참-조기 명 민어과의 바닷물고기. 몸길이 30 cm 가량. 몸 전체가 기름한 유선형으로 옆이 납작함. 꼬리 자루가 가늘고, 몸빛은 회색을 띤 황금빛이며, 머리에 마름모꼴 무늬가 있음. 말려서 굴비를 만듦. 황석어.
참ː죄(斬罪) [-쬐/-쮀] 명 참형을 당할 죄. 단죄(斷罪).
참ː주(僭主) 명 스스로 왕이라고 참칭하는 군주(君主).
참죽 명 참죽나무와 참죽순.
참죽-나무 [-중-] 명 멀구슬나뭇과의 낙엽 활엽 교목. 마을에 심으며 높이는 20 m까지 자람. 6월에 종 모양의 흰 꽃이 피는데 향기가 짙음. 9월에 다갈색의 타원형 열매가 익음. 어린싹은 나물로 먹고, 줄기와 뿌리는 수렴제, 목재는 가구재로 쓰임. 준죽나무.
참죽-나물 [-중-] 명 참죽순을 데쳐서 소금과 기름에 무친 나물.
참죽-순(-筍) [-쑨] 명 참죽나무의 어린잎. 〔물에 우린 다음, 나물·자반·튀김 따위를 만들어 먹음.〕
참죽-자반 [-짜-] 명 참죽순을 두서너 개씩 묶어서 소금으로 간을 한 찹쌀풀을 발라 말린 것을 기름으로 튀긴 반찬.
참-줄 명 〔참 쇳줄이라는 뜻으로〕 여러 광맥 가운데서 채산(採算)이 맞을 만한 광맥.
참-중고기 명 잉엇과의 민물고기. 몸길이 10~20 cm. 몸빛은 등 쪽이 암녹색이고 배 쪽은 은백색임. 맑은 하천의 수초 속에 살며 4~6월 하순에 알을 낳음. 낙동강과 섬진강에 분포함.
참증(參證) 명 참고가 될 만한 증거.
참지(參知) 명 조선 시대에, 병조의 정삼품 벼슬.
참집(參集) 명하자 많은 사람이 참가하기 위하여 모여듦. ¶ 광장에 참집한 군중.
참차(參差) 명하형 '참치(參差)'의 잘못.
참착(參錯) '참착하다'의 어근.
참착-하다(參錯-) [-차카-] 형여 〔문어 투의 말〕 뒤섞이어 엇걸리다. 고르지 못하다.
참찬(參贊) 명 조선 시대에, '좌참찬'과 '우참찬'을 아울러 이르던 말.
참찬(參纂) 명하타 참고하여 편찬함.
참ː참 명 (일정한 동안을 두고) 이따금 쉬는 시간. ¶ 참참으로 젖을 먹이다.
참척 명하자 한 가지 일에만 정신을 골똘하게 씀. 본잠착(潛着).
참척(慘慽) 명 자손이 부모나 조부모에 앞서 죽음, 또는 그 일.
참척(을) 보다 관용 참척을 당하다.
참척-하다 [-처카-] 형여 한 가지 일에만 정신을 골똘하게 쏟아 다른 생각이 없다. **참척-히** 부.
참천(參天) 명하자 하늘을 찌를 듯 높이 솟아 늘어섬. ¶ 도심에 참천한 마천루.
참청(參聽) 명하타 참석하여 들음.
참최(斬衰) [-최/-췌] 명 외간(外艱)을 당하여 삼 년 동안 입는 오복(五服) 중 가장 무거운 상복. 〔거친 베로 짓고 아랫단을 꿰매지 않음.〕
참최-친(斬衰親) [-최-/-췌-] 명 상(喪)을 당하면 참최를 입어야 할 가까운 혈족(血族). 〔고인(故人)의, 아들과 미혼의 딸, 아내·며느리, 대를 이을 손자·증손자·고손자와 그의 아내, 고인이 장가간 맏아들일 경우는 그의 아버지.〕
참취 명 국화과의 다년초. 줄기의 높이는 1.5 m 이고, 잎은 어긋맞게 남. 산과 들에 나며, 가을에 흰 꽃이 핌. 어린잎은 나물로 먹음. 마제초(馬蹄草). 향소(香蔬).
참측(慘惻) 명하형 몹시 슬퍼함, 또는 그런 모양.
참치 명 ☞참다랑어.
참치(參差) 명하형 〈참치부제〉의 준말.
참치-방어(-魴魚) 명 전갱잇과의 바닷물고기. 방추형의 몸길이는 30 cm~1 m임. 몸빛은 등 쪽이 남청색, 배 쪽이 회백색임. 양쪽 옆구리에 머리에서 꼬리 쪽으로 폭넓은 황록색 세로띠가 길게 뚜렷하며, 배 쪽으로 엷은 노란 띠가 한 줄 더 있음. 우리나라 남해 등 전 세계 아열대의 대양에 분포함.

참치부제(參差不齊)명하형 길고 짧거나 들쭉날쭉하여 가지런하지 않음. 준참치.
참:칭(僭稱)명하타 제멋대로 스스로 임금이라고 일컬음, 또는 그 칭호.
참:-파토(斬破土)명하자 무덤을 마련하려고 풀을 베고 땅을 파는 일. 준파토.
참판(參判)명 조선 시대에, 육조(六曹)의 종이품 벼슬. 아당(亞堂).
참패(慘敗)명하자 참혹한 패배. 비대패(大敗). ↔쾌승(快勝).
참하(參下)명 조선 시대에, 칠품 이하의 벼슬을 통틀어 이르던 말. ↔참상(參上).
참:-하다형여 ①(생김새가) 조촐하고 말쑥하다. ¶ 참한 처녀. ②(성격 따위가) 얌전하다. 찬찬하다. ¶ 마음씨가 참하다.
참:-하다(斬-)타여 ①목을 치다. ②참형(斬刑)하다. 참참(斬).
참학(慘虐) '참학하다'의 어근.
참학-하다(慘虐-)[-하카-]형여 ☞참독하다.
참한(-限)명하타 기한까지 참음.
참한(慙汗)명 몹시 부끄러워서 흘리는 땀.
참함(讒陷)명하타 남을 헐뜯어 죄에 빠뜨림. 비모함(謀陷).
참해(慘害)명 ①끔찍한 손해. ②하타 참혹하게 해침. ¶ 식솔이 다 참해를 입다.
참:형(斬刑)명하타되자 지난날, 죄인의 목을 쳐서 죽이던 형벌. 단죄(斷罪). 준참(斬).
참형(慘刑)명 끔찍한 형벌. 비악형(惡刑).
참호(塹壕·塹濠)명 ①지난날, 성 둘레에 파 놓았던 구덩이. ②현대전에서, 적의 공격을 막기 위해 파 놓은 구덩이. ¶ 참호를 파다. 준호(壕). 비산병호.
참호-전(塹壕戰)명 참호를 의지하고 공방전을 벌이는 전투 형태.
참혹(慘酷)명하형 끔찍하고 비참함. 혹독하고 잔인함. ¶ 학살의 현장에는 참혹하게 죽은 시체들이 널려 있었다. **참혹-히**부.
참화(慘火)명 끔찍한 화재.
참화(慘禍)명 끔찍한 재화(災禍)나 불행. ¶ 전쟁의 참화를 입다.
참-황새명 '황새'를 '먹황새'에 상대하여 이르는 말.
참회(參會)[-회/-훼]명하자 모임에 참여함.
참회(慙悔)[-회/-훼]명하타 부끄럽게 여겨 뉘우침.
참회(懺悔)[-회/-훼]명하타 ①뉘우쳐 마음을 고쳐먹음. ¶ 참회의 눈물을 흘리다. 준참(懺). ②불교에서, 과거의 죄악을 깨달아 뉘우침, 또는 죄악을 뉘우쳐 부처에게 고백함. ③개신교에서, 죄를 뉘우쳐 하나님에게 고백함. 비회개.
참회-록(懺悔錄)[-회-/-훼-]명 자기 생활을 뉘우쳐 고백한 기록.
참회-멸죄(懺悔滅罪)[-회-쬐/-훼-쮀]명 불교에서, 참회의 공덕으로써 모든 죄업을 없애는 일을 이름.
참회-문(懺悔文)[-회-/-훼-]명 ①참회한 내용을 적은 글. ②불교에서, 부처나 보살에게 예불할 때나 참회할 때 읽는 글. 〔특히, 화엄경의 참회게(懺悔偈)를 이름.〕
참회-사(懺悔師)[-회-/-훼-]명 ☞참회 스님.
참회^스님(懺悔-)[-회-/-훼-]명 불교에서, 참회를 받고 선법을 주는 중을 이름. 참회사.
참획(參劃·參畫)[-획/-훽]명하자 (어떤 사업이나 정책의) 계획에 참여함. ¶ 개발 계획에 참획하다.
참훼(讒毁)명하타 거짓으로 꾸며서 남을 헐뜯음.
참흉(慘凶)명 참혹한 흉년.
참-흙[-흑]명 모래와 찰흙이 적절히 섞여 농사에 알맞은 흙. *참흙이[-흘기]·참흙만[-흥-]
찹쌀명 찰벼를 찧은 쌀. 점미(粘米). ↔멥쌀.
찹쌀-고추장(-醬)명 찰밥이나 찹쌀가루를 반대기 지어 삶은 떡으로 담근 고추장.
찹쌀-떡명 찹쌀로 만든 떡.
찹쌀-밥명 찹쌀로 지은 밥. 나미반. 찰밥.
찹찹-하다[-차파-]형여 ①(포갠 물건이) 차곡차곡 가지런하게 가라앉아 있다. ¶ 찹찹하게 넣어 둔 옷가지. ②(마음이) 가라앉아 조용하다. ¶ 찹찹해진 마음. **찹찹-히**부.
찻-간(車間)[차깐/찯깐]명 사람이 타거나 짐을 싣게 된 차의 구획진 칸.
찻-감(茶-)[차깜/찯깜]명 차를 만드는 재료, 또는 차를 만들 만한 재료.
찻-길(車-)[차낄/찯낄]명 ①자동차 따위가 다니는 길. 차도(車道). ②차도나 기찻길·전찻길 따위를 두루 이르는 말.
찻-물(茶-)[찬-]명 차를 달인 물.
찻-방(茶房)[차빵/찯빵]명 ①지난날, 한옥(韓屋)에서 일상생활에 쓰는 식료품을 넣어 두는, 안방 옆에 딸린 작은 방. 비찬방(饌房). ②찻집. 다방.
찻-삯(車-)[차싹/찯싹]명 기차나 자동차를 타는 데 내는 돈을 통틀어 이르는 말. 차비. 차임(車賃). *찻삯이[차싹씨/찯싹씨]·찻삯만[차쌍-/찯쌍-]
찻-숟가락(茶-)[차쑫까-/찯쑫까-]명 차를 마실 때 쓰는 작은 숟가락. 준찻숟갈.
찻-숟갈(茶-)[차쑫깔/찯쑫깔]명 〈찻숟가락〉의 준말.
찻-잎(茶-)[찬닙]명 차나무의 잎. *찻잎이[찬니피]·찻잎만[찬님-]
찻-잔(茶盞)[차짠/찯짠]명 차를 따라 마시는 잔. 찻종.
찻-장(茶欌)[차짱/찯짱]명 찻그릇이나 과일·과자 따위를 넣어 두는 자그마한 장.
찻-종(茶鍾)[차쫑/찯쫑]명 차를 따라 마시는 종지. 찻잔. 다종(茶鍾).
찻-집(茶-)[차찝/찯찝]명 ☞다방(茶房).
창[1]명 ①신의 밑바닥 부분, 또는 거기에 덧대는 가죽 따위. ②〈구두창〉의 준말.
창[2]명 (피륙 따위로 된 물건의) 해져서 생긴 구멍. ¶ 구두에 창이 나다.
창(倉)명 ①곳집. ②지난날, '서울 남대문 시장'을 흔히 이르던 말.
창(窓)명 〈창문〉의 준말.
창:(唱)[1]명 〈영창(詠唱)〉의 준말.
창:(唱)[2]명하자 국악에서, 판소리나 잡가 따위를 가락에 맞추어 높은 소리로 노래를 부름, 또는 그 노랫소리. 〔판소리의 경우, '발림'과 '아니리'와 함께 3요소의 하나임.〕
창(槍)명 ①옛날 무기의 한 가지. 긴 나무 자루 끝에 날이 선 뾰족한 쇠가 달려 있어서 찌르거나 던지게 되어 있음. ②투창 경기에 쓰이는 운동 기구.
창(瘡)명 〈창병(瘡病)〉의 준말.
창(艙)명 〈선창(船艙)〉의 준말.
-창(廠)접미 《일부 명사 뒤에 붙어》 공장, 창고, 군부대의 뜻을 나타냄. ¶ 병기창. /피복창.
창-가(窓-)[-까]명 ①창문의 가장자리. ②창문에 가까운 곳. 창변(窓邊).
창가(娼家)명 창기(娼妓)의 집.

창ː가(唱歌)[명] ①개화기에 잠시 유행하였던 문학 장르의 한 가지. 대개 7·5조 등의 정형에, 애국·독립 정신 등을 담아, 서양식 곡을 붙여 노래하던 것. 〔독립가·동심가·세계 일주가 따위.〕 ②'학교에서 배운 신식 노래'를 이전에 이르던 말. ③[하자]곡조에 맞추어 노래 부름, 또는 그 노래. ③영가.

창가-병(瘡痂病)[-뻥][명] 귤나무나 차나무에 생기는 '탄저병'을 이르는 말.

창ː간(創刊)[명][하타][되자] (신문·잡지 따위) 정기 간행물의 첫 호를 간행함. ↔종간(終刊).

창ː간-호(創刊號)[명] 정기 간행물의 첫 호, 또는 그 간행물.

창-갈이[명][하타] 신창을 새것으로 갈아 대는 일. ¶ 창갈이한 지 얼마나 되었다고 또 가느냐?

창ː건(創建)[명][하타][되자] (건물 따위를) 처음으로 세움. 처음으로 건설함. ¶ 경복궁 창건.

창건(蒼健) '창건하다'의 어근.

창ː건-주(創建主)[명] 절을 창건한 시주(施主).

창건-하다(蒼健-)[형][여] 문체(文體)의 품격이 예스럽고 강건하다.

창검(槍劍)[명] ①창과 검. ②'무기나 무력'을 비유하여 이르는 말. ¶ 그는 창검 앞에서도 붓을 꺾지 않았다.

창ː견(創見)[명] 독창적인 의견.

창경(窓鏡)[명] (유리문이 아닌) 창문이나 창문짝에 단 유리. ¶ 창경으로 들여다보다.

창고(倉庫)[명] ①곳집. ②창고업자가 남의 화물을 보관하기 위하여 사용하는 설비.

창고(蒼古)[1][명] 아주 먼 옛 시대.

창고(蒼古)[2] '창고하다'의 어근.

창-고기(槍-)[명] 두색류의 원삭동물. 길이는 5 cm가량. 뱅어 모양인데, 반투명이며 머리·눈·뼈·비늘이 없음. 맑은 바닷물의 모랫바닥에 삶. 등뼈동물의 원형으로 학술상 중요함.

창-고달(槍-)[-꼬-][명] 창의 물미.

창고-업(倉庫業)[명] 보관료를 받고 남이 맡긴 화물을 자기의 창고에 보관하는 영업.

창고^증권(倉庫證券)[-꿘][명] 창고업자가 화물을 맡긴 사람의 청구에 따라 발행하는 유가 증권. 창하 증권.

창고-하다(蒼古-)[형][여] ①낡고 오래되어 예스럽다. ②시대의 흐름에 맞지 아니하게 낡다.

창곡(倉穀)[명] 곳집에 쌓아 둔 곡식.

창ː곡(唱曲)[명] ①노래를 부르기 위한 곡조. ②[하자]곡조에 따라 노래를 부름.

창공(蒼空)[명] 푸른 하늘. 창천(蒼天).

창공에 뜬 백구(白鷗)[관용] '실속 없고 소용이 없음'을 비유하여 이르는 말.

창-과(槍戈)[명] 한자 부수의 한 가지. '戊'·'成' 등에서의 '戈'의 이름.

창광(猖狂)[명][하자] 미친 듯이 사납게 날뜀.

창구(窓口)[명] ①조그마하게 낸 창. ¶ 매표 창구 앞에 많은 사람이 늘어서 있다. ②손님을 응대하거나, 문서·물품·금전의 출납 따위를 담당하는 부서. ¶ 납입금 수납 창구. ③외부와의 절충이나 교섭을 담당하는 곳. ¶ 상대국과의 대화 창구를 일원화하다.

창구(創口)[명] 칼날 같은 것에 벤 상처의 구멍.

창구(瘡口)[명] 종기가 터져서 생긴 구멍.

창구(艙口)[명] 화물을 들이거나 부리기 위해 선박 화물 창고의 상갑판에 낸 구멍. 해치.

창-구멍[-꾸-][명] 대님·버선·겹옷 따위를 지을 때, 안팎을 뒤집어 빼내기 위하여 일부분을 꿰매지 아니한 곳.

창-구멍(窓-)[-꾸-][명] 창을 설치하기 위하여 낸 구멍.

창ː군(創軍)[명][하자] 군대를 창설함. 건군(建軍). ¶ 창군 50주년 기념식.

창군(槍軍)[명] 지난날, 창을 주로 쓰던 군사. 창병(槍兵). 창수(槍手).

창궁(蒼穹)[명] ☞창천(蒼天).

창궐(猖獗)[명][하자] (몹쓸 병이나 세력이) 자꾸 일어나서 걷잡을 수 없이 퍼짐. ¶ 도둑 떼가 창궐하다. /콜레라가 창궐하다.

창ː극(唱劇)[명] 우리나라 구극(舊劇)의 한 가지. 판소리와 창을 중심으로 극적인 대화로 이루어지는 전통 연극. 국극(國劇). 창조가극(唱調歌劇).

창ː극-조(唱劇調)[-쪼][명] ①'판소리'를 달리 이르는 말. ②창극에서 부르는 노랫소리와 같은 성조(聲調).

창기(娼妓)[명] 지난날, 몸을 팔던 천한 기생.

창ː기(脹氣)[명] ☞창증(脹症).

창기(瘡氣)[명] 한방에서, '매독(梅毒) 증세'를 이르는 말.

창-꼬치[명] 꼬치고깃과의 바닷물고기. 몸길이 50 cm가량. 몸빛은 등 쪽이 녹갈색이고 배 쪽은 담갈색임. 우리나라를 비롯하여 동남아시아 및 인도양 등에 널리 분포함.

창-꾼(槍-)[명] 창으로 사냥하는 사람.

창-나무[명] (배에 달린) 키의 자루.

창난[명] 명태의 창자.

창난-젓[-젇][명] 명태의 창자에 소금과 고춧가루를 버무려 담근 젓. * 창난젓이[-저시]·창난젓만[-전-]

창녀(娼女)[명] 몸을 파는 일을 업으로 삼는 여자. 창부(娼婦).

창ː단(創團)[명][하자타] '단(團)'이라는 이름이 붙는 단체를 새로 만듦.

창ː달(暢達)[명] ①[하자타]구김살 없이 펴거나 자람. ¶ 민족 문화의 창달. ②[하타]의견이나 주장 따위를 막힘이 없이 표현하고 전달함. 통달(通達). ¶ 언론(言論)의 창달.

창ː당(創黨)[명][하자타] 정당을 새로 만듦.

창-대(槍-)[-때][명] 창의 자루. ¶ 창대 같은 수염. /창대를 휘두르다.

창대(昌大) '창대하다'의 어근.

창대-하다(昌大-)[형][여] 세력이 아주 성대하다. ¶ 네 처음은 비록 작으나 네 나중은 창대하리라. **창대-히**[부].

창ː덕(彰德)[명][하타] 남의 덕행을 밝혀 드러냄, 또는 그 덕행.

창-던지기(槍-)[명][하자] 투척 경기의 한 가지. 창을 잡고 도움닫기하여 여섯 번 던지어 그 거리를 겨루는 경기. 투창(投槍).

창ː도(唱導)[명][하타][되자] ①(주장을 내세워 외치면서) 앞장서 이끎. ②교법을 베풀어 불도(佛道)로 인도함.

창독(瘡毒)[명] 종기의 독기.

창락(暢樂) '창락하다'의 어근.

창ː락-하다(暢樂-)[-나카-][형][여] 마음이 온화하고 맑아서 즐겁다.

창랑(滄浪)[-낭][명] ☞창파(滄波).

창랑자취(滄浪自取)[-낭-][명] 〔물이 맑고 흐린 데 맞추어 처신한다는 뜻으로〕 좋은 말을 듣거나 나쁜 말을 듣거나 다 제 할 탓이라는 말.

창룡(蒼龍)[-뇽][명] ☞청룡(青龍).

창루(娼樓)[-누][명] ☞청루(青樓).

창름(倉廩)[-늠][명] ☞곳집.

창:립(創立)[-닙]명하타되자 (학교나 회사, 기관 따위를) 처음으로 세움. ¶ 회사 창립 기념일. 비창설(創設).
창-막이(艙-)명 (거룻배나 돛배 따위의 나무배에) 칸막이로 가로막은 나무.
창:만(脹滿)명하자되자 복강(腹腔)에 물이 괴어 배가 팽창하는 상태, 또는 그러한 증세.
창:만(漲滿)명하자 ☞창일(漲溢).
창망(悵惘) '창망(悵惘)하다'의 어근.
창:망(悵望)명하타 ①시름없이 바라봄. ②한스럽게 바라봄.
창망(滄茫·蒼茫) '창망(滄茫)하다'의 어근.
창:망-하다(悵惘-)형여 ①슬픔과 걱정으로 다른 생각을 할 마음의 여유가 없다. ②슬픔에 잠겨 아무 생각이 없다. **창망-히**부.
창망-하다(滄茫-·蒼茫-)형여 넓고 멀어서 아득하다. ¶ 창망한 바다. **창망-히**부.
창맹(蒼氓)명 ☞창생(蒼生).
창-머리(窓-)명 창문 옆. ¶ 창머리에 있는 화분.
창-면(-麵)명 넓은 쟁반에 녹말을 묽게 푼 것을 얇게 부어 깔고, 그릇째로 뜨거운 물에 넣어 익힌 다음 국수처럼 채를 썰어, 꿀을 탄 오미자 국물에 넣어 먹는 음식.
창명(滄溟)명 ☞창해(滄海).
창:명(彰明)명 ①하타드러내어 밝힘. ②하형빛이 환하게 밝음. ②**창명-히**부.
창-모(槍矛)명 한자 부수의 한 가지. '矜'·'矟' 등에서의 '矛'의 이름.
창무(暢茂) '창무하다'의 어근.
창:무-하다(暢茂-)형여 (풀과 나무가) 무성하게 자라서 아주 짙게 우거지다.
창문(窓門)명 채광이나 통풍을 위하여 벽에 낸 작은 문. 준창(窓).
창문-짝(窓門-)명 창문의 문짝.
창-밑(槍-)[-믿]명 활의 도고지 밑. *창밑이[-미치]·창밑을[-미틀]·창밑만[-민-]
창-밖(窓-)[-박]명 창문의 밖. ¶ 창밖을 내다보다. *창밖이[-바끼]·창밖만[-방-]
창받-이[-바지]명 ①창을 받은 미투리. ②하타 창을 대는 일. ¶ 구두에 창받이하다.
창방명 (오량집에 모양을 내기 위하여) 대청 위 장여 밑에 대는 넓적한 도리. 한자를 빌려 '昌枋·昌防'으로 적기도 함.
창:방(唱榜)명하자 방목(榜目)에 적힌 과거 급제자의 이름을 부름.
창백(蒼白) '창백하다'의 어근.
창-백출(蒼白朮)명 창출(蒼朮)과 백출(白朮)을 아울러 이르는 말.
창백-하다(蒼白-)[-배카-]형여 (얼굴빛이) 해쓱하다. ¶ 창백한 얼굴. **창백-히**부.
창:법(唱法)[-뻡]명 ①노래나 소리를 하는 방법. ②시조를 부르는 법식.
창법(槍法)[-뻡]명 창을 쓰는 방법.
창변(窓邊)명 창가.
창병(槍兵)명 ☞창군(槍軍).
창병(瘡病)[-뼝]명 한방에서, '매독'을 이르는 말. 담². 당창(唐瘡). 창질(瘡疾). 준창.
창부(倉部)명 ①신라 때, 재정에 관한 일을 맡아보던 중앙 관아. ②고려 초기의 향리(鄕吏)의 한 직소(職所).
창:부(倡夫)명 ①사내 광대. ②무당굿 열두 거리의 한 가지.
창부(娼婦)명 ☞창녀(娼女).
창:부^타:령(倡夫-)명 경기 민요의 한 가지. 무당이 굿거리에 부르던 노래가 대중화한 것임.
창:사(創社)명하자 회사를 처음으로 세워서 엶, 또는 그 일. ¶ 창사 20주년 기념.
창:사(唱詞)명 정재(呈才) 때에 부르던 가사.
창-살(窓-)[-쌀]명 ①창문짝에 가로세로 댄 문살. ②(비각·종각 등의) 벽이나 사롱 따위에 세로로 내리 지른 나무오리. ¶ 홍살문의 창살.
창상(創傷)명 (칼·창·총검 따위) 날이 있는 물건에 다친 상처.
창상(滄桑)명 〈창해상전(滄海桑田)〉의 준말.
창상-세계(滄桑世界)[-계/-게]명 변화가 많은 세상.
창상지변(滄桑之變)명 ☞상전벽해(桑田碧海).
창생(蒼生)명 세상의 모든 백성. 창맹(蒼氓).
창:서(暢敍)명하타 (마음이나 회포를) 따뜻하고 부드럽게 풀어 놓음. ¶ 만단정회를 창서하다.
창:선(彰善)명하자 남의 착한 행실을 드러냄. ↔창악(彰惡).
창:선-징악(彰善懲惡)명 착한 일을 드러내 주고, 악한 일은 징벌함. 비권선징악.
창:설(創設)명하타되자 처음으로 설치하거나 설립함. 비창립(創立).
창성(昌盛)명하자 (일이나 세력 따위가) 번성하여 잘되어 감. ¶ 사업이 날로 창성해 가다.
창:성(創成)명하자타되자 처음으로 이루거나 이루어짐.
창:세(創世)명하자 세상을 맨 처음으로 만듦, 또는 세상의 비롯됨. ¶ 창세 신화.
창:세-기(創世記)명 구약 성서 중 '모세 오경'의 하나. 세상과 인류의 창조, 죄의 기원, 최초의 하나님 말씀 등이 기록되어 있음.
창속(倉屬)명 조선 시대에, 군자감(軍資監)이나 광흥창(廣興倉) 등에 딸렸던 아전들.
창송(蒼松)명 푸른 솔. 청송.
창송-취죽(蒼松翠竹)명 푸른 소나무와 푸른 대나무.
창:수(唱酬)명하타 시가나 문장을 지어서 서로 주고받음.
창수(槍手)명 ☞창군(槍軍).
창:수(漲水)명 강물이 불어서 넘치는 물. 비홍수(洪水).
창술(槍術)명 창을 쓰는 기술.
창:시(創始)명하타되자 처음 시작하거나 제창함. ¶ 최제우는 동학을 창시하였다.
창:시-자(創始者)명 어떤 사상이나 종교·학설 따위를 처음으로 시작하거나 제창한 사람.
창:씨-개명(創氏改名)명 '일본식 성명 강요'의 구용어.
창씨고씨(倉氏庫氏)명 '어떤 사물이 오래도록 변함이 없음'을 비유하여 이르는 말. 〔고대 중국에서, 창씨와 고씨가 대대로 곳집을 맡아보았다는 데서 유래함.〕
창:악(彰惡)명하자 남의 악한 행실을 드러냄. ↔창선(彰善).
창:안(創案)명하타되자 (전에 없었던 것을) 처음으로 생각해 냄, 또는 그 고안(考案).
창안(蒼顔)명 늙어서 창백해진 얼굴, 곧 노인의 얼굴.
창안-백발(蒼顔白髮)[-빨]명 (노인의) 창백한 얼굴과 센 머리털.
창알-거리다자 자꾸 창알창알하다. 창알대다. 큰칭얼거리다. 참짱알거리다.
창알-대다자 창알거리다.
창알-창알부하자 (어린아이가 몸이 아프거나 못마땅하여) 자꾸 보채는 소리, 또는 그 모양. 큰칭얼칭얼. 참짱알짱알.

창애 명 짐승을 꾀어서 잡는 덫의 한 가지.
창애에 치인 쥐 눈 속담 '툭 불거져서 보기에 흉한 눈'을 비유하여 이르는 말.
창약(瘡藥) 명 종기에 바르는 한방약.
창언(昌言) 명 ①이치에 맞는 말. ②도움이 되는 좋은 말. 가언(嘉言).
창언-정론(昌言正論) [-논] 명 적절하고 정대(正大)한 언론.
창ː업(創業·刱業) 명하타 ①나라를 처음으로 세움. 건국. ¶ 조선 왕조의 창업. ②사업을 처음 일으킴, 또는 그 기초를 닦음. 기업(起業). ¶ 창업보다는 수성이 더 어렵다.
창ː업^이ː득(創業利得) [-엄니-] 명 주식회사의 설립이나 신주(新株) 발행에 있어, 회사 설립자에게 돌아가는 이익.
창ː업지주(創業之主) [-찌-] 명 왕조를 처음 세운 임금, 곧 개국 시조.
창역-가(倉役價) [-까] 명 조선 말기에, 세미(稅米)를 창고에 넣는 수고비로 더 얹어 받던 세(稅).
창연(悵然) '창연(悵然)하다'의 어근.
창연(蒼然) '창연(蒼然)하다'의 어근.
창연(蒼鉛) 명 ☞비스무트.
창연-제(蒼鉛劑) 명 상처를 아물게 하고 썩지 않게 하는,창연으로 만든 약제. 상처와 점막에 대하여 분비를 제한시키는데, 장(腸) 질환과 매독 따위에 쓰임.
창ː연-하다(悵然-) 형여 (기대가 어긋나서) 섭섭하고 서운하다. **창연-히** 부.
창연-하다(蒼然-) 형여 ①(빛깔이) 썩 푸르다. ¶ 창연한 바다. ②(날이 저물어) 어둑어둑하다. ¶ 창연한 저녁 빛. ③(물건이 오래되어) 예스러운 빛이 드러나 있다. ¶ 고색이 창연한 산사. **창연-히** 부.
창-옷(氅-) [-옫] 명 〈소창옷〉의 준말. *창옷이[-오시]·창옷만[-온-]
창옷-짜리(氅-) [-옫-] 명 '소창옷을 입은 사람'을 홀하게 이르는 말.
창ː우(倡優) 명 ☞광대².
창운(昌運) 명 앞날이 탁 트인 좋은 운수.
창원(蒼遠) '창원하다'의 어근.
창원-하다(蒼遠-) 형여 아득하게 멀거나 오래다.
창ː월(暢月) 명 '동짓달'을 달리 이르는 말. 지월(至月).
창ː의(倡義) [-의/-이] 명하자 국란(國亂)을 당하여 의병을 일으킴.
창ː의(唱衣) [-의/-이] 명 불교에서, 죽은 사람 앞에 그의 옷을 가져다 놓고 생전의 집착심을 떼어 버리는 일.
창ː의(創意) [-의/-이] 명하자 새로운 착상이나 의견을 생각하여 냄, 또는 그 의견.
창ː의(氅衣) [-의/-이] 명 지난날, 벼슬아치가 평상시에 입던 옷. 소매가 넓고 뒤 솔기를 텄음. 참학창의.
창ː의-력(創意力) [-의-/-이-] 명 새로운 착상이나 의견을 생각해 내는 능력.
창ː의-사(倡義使) [-의-/-이-] 명 조선 시대에, 국란을 당하여 의병을 일으킨 사람에게 임시로 내리던 벼슬.
창ː의-성(創意性) [-의썽/-이썽] 명 새로운 착상이나 의견을 생각해 내는 특성.
창ː의-적(創意的) [-의-/-이-] 관명 창의성을 띠거나 가진 (것). ¶ 창의적 사고.
창ː의-짜리(氅衣-) [-의-/-이-] 명 '창의를 입은 사람'을 홀하게 이르는 말.
창ː이(創痍·瘡痍) 명 무기에 다친 상처.
창이(蒼耳) 명 ☞도꼬마리.
창이-자(蒼耳子) 명 한방에서, '도꼬마리의 열매'를 약재로 이르는 말. 〔피부병·치통에 쓰임.〕
창ː일(漲溢) 명하자 ①물이 불어서 넘침. 창만(漲滿). ②(의기나 의욕이) 왕성하게 일어남.
창자 명 '소장(小腸)'과 '대장(大腸)'을 아울러 이르는 말. 장관(腸管). 비장(腸).
창자가 끊어지다 관용 참을 수 없을 만큼 슬프거나 분한 느낌이 일어나다.
창자-샘 명 ☞장샘.
창ː작(創作) 명하타 되자 ①(방안·물건 따위를) 처음으로 만들어 냄, 또는 그 방안이나 물건. ②예술 작품을 독창적으로 만들거나 표현하는 일, 또는 그 작품. ¶ 창작 예술. ↔모작(模作).
창ː작-극(創作劇) [-끅] 명 작가가 독창적으로 지어 낸 작품으로 꾸민 연극.
창ː작-물(創作物) [-장-] 명 ①창작을 한 문예 작품. ②인간의 정신적 노력에 의한 산물을 통틀어 이르는 말. 〔저작물과 발명·실용 신안 및 의장·상표 따위.〕
창ː작-집(創作集) [-찝] 명 〔창작한 문예 작품을 모은 문집이라는 뜻으로〕 주로 '단편 소설집'을 이르는 말.
창ː작-품(創作品) 명 창작한 예술 작품.
창ː저(彰著) 명하타 되자 (어떤 일을) 밝혀 드러냄.
창전(昌廛) 명 지난날, 말리지 않은 쇠가죽을 팔던 가게.
창ː정(創定) 명하타 되자 (법이나 제도 따위를) 처음으로 정함. ¶ 새 시대에 맞는 질서를 창정하다.
창ː제(創製·創制) 명하타 되자 (전에 없던 것을) 처음 만들거나 제정함. ¶ 훈민정음을 창제하다.
창ː조(創造)¹ 명하타 되자 ①어떤 목적으로 문화적·물질적 가치를 이룩함. ¶ 창조 정신. ↔모방. ②(조물주가 우주를) 처음 만듦. ¶ 천지 창조.
창ː조(創造)² 명 1919년에 김동인(金東仁)·주요한(朱耀翰) 등에 의해 창간된 최초의 순수 문예 동인지. 사실주의 문학 경향의 시도 등 현대 문학으로의 전환에 크게 이바지함. 통권 9호까지 발행됨.
창ː조-가극(唱調歌劇) 명 ☞창극.
창ː조-물(創造物) 명 창조한 것.
창ː조적 진ː화(創造的進化) [-찐-] 우주의 만물은 생명의 충동 때문에 끊임없이 유전(流轉)하면서, 무엇인가를 창조하며 진화(進化)한다는 설. 〔20세기 초, 프랑스의 철학자 베르그송이 발표한 개념.〕
창ː졸(倉卒) 명하형 미처 어찌할 겨를이 없이 갑작스러움. **창졸-히** 부 ¶ 창졸히 그 자리를 떠나다.
창ː졸-간(倉卒間) 명 미처 어찌할 수도 없는 사이. 《주로, '창졸간에'의 꼴로 쓰임.》 조차간(造次間). ¶ 창졸간에 당한 일.
창종(瘡腫) 명 온갖 부스럼.
창ː준(唱準) 명 ①하타 원고를 소리 내어 읽어 가면서 교정을 봄, 또는 그렇게 보는 교정(校正). ②조선 말기에, 교서관(校書館)에서 교정을 돕느라고 원고를 읽던 잡직.
창ː증(脹症) [-쯩] 명 한방에서, 창만(脹滿)을 일으키는 증세를 이르는 말. 숨이 가쁘고, 입맛은 당기나 대소변이 고르지 못하고, 배 속에 물기가 많아서 배가 부어오름. 창기(脹氣). 참창만.

창질(瘡疾)명 ☞창병(瘡病).
창-집(倉-)[-찝]명 지난날, 나라의 곡식을 쌓아 두던 곳집.
창-짝(窓-)명 창호(窓戶)의 한 짝. 창척(窓隻).
창창(倀倀) '창창(倀倀)하다'의 어근.
창창(蒼蒼) '창창(蒼蒼)하다'의 어근.
창창-소년(蒼蒼少年)명 앞길이 창창한 젊은이. 장래성이 많은 소년.
창창울울(蒼蒼鬱鬱) '창창울울하다'의 어근.
창창울울-하다(蒼蒼鬱鬱-)형여 ☞울울창창하다.
창창-하다(倀倀-)형여 갈 길을 잃어 갈팡질팡하고 마음이 아득하다. **창창-히**부.
창창-하다(蒼蒼-)형여 ①초목이 무성하거나, 하늘·바다·호수 따위가 파랗다. ¶ 창창한 가을 하늘. ②앞길이 멀고 멀어서 아득하다. ¶ 앞길이 창창한 젊은이. ③저문 저녁의 빛이 으슴푸레 어둑하다. ¶ 창창한 달밤. **창창-히**부.
창척(窓隻)명 ☞창짝.
창척(愴慽)명하자타 슬픔. 슬퍼함.
창천(蒼天)명 ①맑게 갠 새파란 하늘. 궁창(穹蒼). 창공. 창궁. ②'사천(四天)'의 하나로 봄철의 하늘. ③'구천(九天)'의 하나로 동북쪽 하늘.
창ː초(創初)명 ①사물이 비롯된 맨 처음. ②☞태초(太初).
창ː출(創出)명하자타되자 ①처음으로 이루어져 생겨남. ②처음으로 만들거나 지어냄. ¶ 권력의 창출 과정.
창출(蒼朮)명 한방에서, '삽주의 덩이 지지 않은 뿌리'를 약재로 이르는 말. 〔소화기를 범한 외감을 푸는 데 쓰임.〕 산정(山精). 참백출(白朮).
창취(蒼翠) '창취하다'의 어근.
창취-하다(蒼翠-)형여 나무가 우거져 싱싱하게 푸르다. ¶ 신록의 오월, 창취한 유월.
창-칼명 ①'작은 칼'을 두루 이르는 말. ②'찬칼'의 잘못.
창쾌(暢快) '창쾌하다'의 어근.
창ː쾌-하다(暢快-)형여 마음에 거리낌이 없어 시원하다. 아주 유쾌하다.
창ː탄(唱彈)명하자 노래를 하면서 가야금 따위 악기를 탐.
창탈(搶奪)명하타되자 ☞약탈(掠奪).
창태(蒼苔)명 푸른 이끼. 청태.
창-턱(窓-)명 창문의 문지방에 있는 턱.
창-틀(窓-)명 창문을 달거나 여닫기 위하여 마련한 틀.
창파(滄波)명 넓은 바다의 맑고 푸른 물결. 창랑(滄浪). ¶ 만경창파.
창평(昌平) '창평하다'의 어근.
창평-하다(昌平-)형여 나라가 창성(昌盛)하고 세상이 태평하다.
창포(菖蒲)명 ①천남성과의 다년초. 못가나 습한 땅에서 자람. 특이한 향기가 있고 긴 칼 모양의 잎은 뿌리줄기에서 무더기로 나며, 잎맥은 길게 평행을 이룸. 초여름에 황록색의 꽃이 핌. ②한방에서, '창포의 뿌리'만을 특히 이르는 말. 〔건망증·번민증을 다스리는 데 씀.〕 장포.
창포-물(菖蒲-)명 창포의 잎과 뿌리를 우려낸 물. 〔단오에 머리를 감고 몸을 씻음.〕
창피(猖披)명하형스형 ①체면 깎일 일을 당하여 부끄러움. ¶ 아랫사람에게 창피를 당하다. ②모양새가 사나움. ¶ 점잖은 자리에 창피스러운 옷차림. **창피스레**부.
창하^증권(倉荷證券)[-꿘]명 ☞창고 증권.
창해(滄海)명 넓고 푸른 바다. 창명(滄溟).
창해-상전(滄海桑田)명 ☞상전벽해(桑田碧海). 준창상.
창해-일속(滄海一粟)[-쏙]명 〔큰 바다에 던져진 한 알의 좁쌀이란 뜻으로〕 '매우 작음' 또는 '보잘것없는 존재(사람)'를 비유하여 이르는 말. 중국 북송의 문인 소식의 '전적벽부(前赤壁賦)'에 나오는 말임. 대해일적(大海一滴).
창ː현(彰顯)명하타 두루 알도록 널리 알려 드러냄. 현창. ¶ 공적을 창현하다.
창호(窓戶)명 창과 문을 아울러 이르는 말.
창호-지(窓戶紙)명 한지(韓紙)의 한 가지로, 문에 바르는 종이.
창ː혼(唱魂)명하자 죽은 사람의 넋을 부름. 〔주로, 무당굿에서 함.〕
창ː화(唱和)명하자타 ①(시나 노래를) 한쪽에서 부르고 다른 쪽에서 화답함. ¶ 시조를 창화하다. ②(악기의 곡에 맞추어) 노래로 화답함. ¶ 거문고에 창화하다.
창황(蒼黃·蒼皇)명하형 어찌할 겨를 없이 매우 급함. ¶ 너무 창황하여 인사도 못 드리고 떠나왔다. **창황-히**부.
창황-망조(蒼黃罔措)명하형 너무 급하여 어찌할 바를 모름.
창ː회(暢懷)[-회/-훼]명하자 맺혔던 가슴속을 헤쳐서 시원하게 회포를 풀어 놓음.
찾다[찯따]타 ①(숨었거나 어디 있는지 모르는 것을) 뒤지거나 두루 살펴서 발견해 내다. ¶ 범인을 찾다. /사전에서 단어를 찾다. ②(모르는 사실·지식 따위를) 알아내거나 밝혀 내다. ¶ 글의 핵심을 찾다. /동기를 찾다. ③(잃거나 없어진 것을) 도로 챙기게 되거나 가지게 되다. ¶ 잃었던 책을 찾다. ④(빼앗기거나 빌려 주거나 맡겼던 것을) 도로 얻어 내다. ¶ 은행에 예금한 돈을 찾다. /빼앗겼던 땅을 다시 찾다. ⑤방문하다. 가서 만나다. ¶ 금강산을 찾다. /집주인을 찾아 사정을 이야기하다. ⑥요구하다. 청구하다. ¶ 술을 찾다. * 찾아·찾는[찬-]
찾아-가다 Ⅰ자타 남을 만나러 가다. ¶ 처음 찾아가는 사람이라서….
Ⅱ타 (맡겼거나 빌려 준 것을) 도로 가져가다. ¶ 물품 보관소에서 짐을 찾아가다.
찾아-내다타 찾아서 드러내다. ¶ 동굴을 찾아내다. /숨은 범인을 찾아내다.
찾아-다니다타 ①어떤 사람을 만나거나 어떤 곳을 보러 여기저기로 옮겨 움직이다. ¶ 그는 집집마다 찾아다니며 주민들을 설득했다. ②무엇을 얻기 위하여 여기저기로 옮겨 움직이다. ¶ 그는 양식을 구하기 위해 아는 사람들을 찾아다녔다.
찾아-들다[~드니·~들어] Ⅰ자 (어떠한 상태나 감정·현상 따위가) 생겨나거나 나타나다. ¶ 해가 지고 어둠이 찾아들다. /마음에 평화가 찾아들다.
Ⅱ자타 어떠한 곳으로 가다. ¶ 물새들이 찾아든 바닷가. /잠자리에 찾아들다.
찾아보-기명 ☞색인(索引).
찾아-보다타 ①찾으려고 애쓰다. ②가서 만나 보다. ¶ 친척들을 추석에 찾아보다. ③확인하여 알아보다. ¶ 사전을 찾아보다.
찾아-오다 Ⅰ자타 남이 나를 만나러 오다. ¶ 선생님, 밖에 누가 찾아왔는데요?
Ⅱ타 (맡겼거나 받아야 할 것을) 도로 받아 오다. ¶ 예금을 찾아오다.
찾을-모명 (소용이 되어서) 남이 찾아 쓸 만한 점. ¶ 찾을모가 있는 물건을 따로 챙겨 두다.

채¹명 ①〈채찍〉의 준말. ②☞회초리. ③북·장구 따위의 타악기를 치거나 현악기를 타서 소리를 내게 하는 기구. ¶ 북채. /장구채. /채를 잡아 북을 다루는 솜씨가 보통 아니다.

채²명 가늘고 길게 생긴 물건의 길이를 가리키는 말. ¶ 채가 긴 수염.

채³명 껍질을 벗긴 싸리나 버드나무 따위의 가는 나무오리. 바구니·광주리 따위를 결어 만드는 데 씀.

채⁴명 ①발구나 달구지 따위의 앞쪽으로 양옆에 길게 댄 나무. ②목도나 가마 따위의 앞뒤로 길게 뻗쳐 메게 된 나무.

채⁵명 물감이 고르게 들지 않아 얼룩얼룩하게 된 빛깔. ¶ 채가 진 무색옷.

채:⁶명 (무·오이 따위) 채소를 가늘고 잘게 썬 것, 또는 그것으로 만든 반찬.

채(를) 치다관용 가늘고 길게 썰다.

채⁷의 ①집채를 세는 단위. 동(棟). ¶ 오막살이 한 채. ②가마를 세는 단위. ③이불을 세는 단위. ¶ 이불 두 채. ④가공하지 않은 인삼 100근(斤)을 단위로 하여 이르는 말. ¶ 수삼 한 채를 시장에서 샀다.

채⁸의 '이미 있는 상태 그대로'의 뜻을 나타내는 말. 《주로, '-은(-는) 채로'의 꼴로 쓰임.》 ¶ 산 채로 잡다. /눈을 뜬 채로 밤을 새다.

채⁹부 일정한 정도에 아직 이르지 못한 모양. 미처. 제대로. ¶ 채 익지 않은 사과.

채:(菜)명 ①채소나 오이·호박·가지 따위를 양념하여 만든 반찬. ②야채나 산나물로 만든 '나물'을 통틀어 이르는 말.

-채접미 건물에 관한 낱말 뒤에 붙어, 집의 '동(棟)'이나 '덩이'를 뜻함. ¶ 집채. /안채. /사랑채.

채:결(採決)명하타되자 의안(議案) 채택을 위한 결의(決議). ¶ 이로써 본건(本件)이 의안으로 채결되었습니다.

채:-고추명 채를 친 고추. 참실고추.

채:광(採光)명하자되자 햇빛 등을 받아들여 실내를 밝게 함. ¶ 천창을 내어 채광한 방.

채:광(採鑛)명하자되자 광석을 캐냄.

채-광주리명 채로 결은 광주리.

채:광-창(採光窓)명 햇빛을 받아들이기 위해 낸 창문.

채:구(彩球)명 일식 때 코로나의 아래층에 분홍빛으로 보이는 층. 채층(彩層).

채:구(彩毬)명 ①☞용의 알. ②☞구(毬).

채:굴(採掘)명하타되자 땅을 파서 광물 따위를 파냄. ¶ 석탄을 채굴하다.

채:굴-권(採掘權)[-꿘]명 (일정한 구역에서) 광물을 캐내어 가질 수 있는 광업권.

채:권(債券)[-꿘]명 국가나 지방 자치 단체, 또는 은행·회사 등이 필요한 자금을 빌릴 경우에 발행하는 공채나 사채 따위의 유가 증권.

채:권(債權)[-꿘]명 재산권의 한 가지. 일정한 당사자 사이에서, 한쪽이 다른 한쪽에게 재산상의 급부(給付)를 요구할 수 있는 권리. ↔채무(債務).

채:권^시:장(債券市場)[-꿘-]명 채권을 발행하고 유통하는 시장을 통틀어 이르는 말. 〔보통, 채권의 유통 시장을 이름.〕

채:권^양:도(債權讓渡)[-꿘냥-]명 채권의 내용을 변경하지 않고 제삼자에게 이전함을 목적으로 하는 신·구 채권자 사이의 계약.

채:권-자(債權者)[-꿘-]명 채권을 가진 사람, 곧 채무자에게 재산상의 급부(給付)를 청구할 권리가 있는 사람. ↔채무자.

채:권자^대:위권(債權者代位權)[-꿘-꿘]명 채권자가 자기의 채권을 보전하기 위하여 채무자의 권리를 대신 행사할 수 있는 권리. 간접 소권. 대위 소권(代位訴權).

채:권^증권(債權證券)[-꿘-꿘]명 채권의 존재를 나타내는 유가 증권. 〔물품 증권과 금전 증권이 있음.〕 참물권 증권.

채:권-질(債權質)[-꿘-]명 권리질(權利質)의 한 가지. 채권을 목적으로 하는 질권.

채:권^침:해(債權侵害)[-꿘-]명 채권의 실현을 방해하는 행위.

채:권^행위(債權行爲)[-꿘-]명 행위자 사이에 채권·채무 관계를 발생시키는 것을 내용으로 하는 법률 행위. 〔매매·임대차·고용·위임·증여·손해 배상 따위.〕

채:귀(債鬼)명 '몹시 조르는 빚쟁이'를 악귀(惡鬼)에 비유하여 이르는 말.

채-그릇[-륻]명 채를 결어서 만든 그릇. *채그릇이[-르시]·채그릇만[-른-]

채-그물명 나무나 철사 따위로 테를 만들고, 자루 모양의 그물을 달아 물을 푸듯 떠서 물고기를 잡는 제구.

채:근(採根)명 ①하자 식물의 뿌리를 캐냄. ②하타 일의 근원을 캐어 밝힘. ③하자타 (어떤 일을) 따지어 독촉함. ¶ 그는 인부에게 일을 빨리 할 것을 채근했다. /집에 빨리 가자고 채근하다.

채:금(採金)명하자되자 금을 캠.

채:금(債金)명 빌려 쓴 돈. 채전(債錢).

채:급(債給)명하타 빚으로 꾸어 줌.

채:기(彩旗)명 채색을 한 깃발.

채:기(彩器)명 그림을 그릴 때, 물감을 개는 그릇.

채:-깍두기[-뚜-]명 무를 채 쳐서 깍두기처럼 담근 김치.

채-꾼명 소몰이하는 아이.

채끝[-끋]명 소의 볼기 쪽의 등심살. 등심의 끝 부분임. 채받이. 참등심머리·방아살. *채끝이[-끄치]·채끝을[-끄틀]·채끝만[-끈-]

채:납(採納)명하타되자 (의견·요구·제의 따위를) 가려서 받아들임.

채널(channel)명 ①텔레비전 방송국에 할당된 전파의 주파수. ¶ 채널을 돌리다. ②☞튜너. ③'통로'·'경로'의 뜻으로 쓰이는 말. ¶ 비공식 채널을 통해서 얻은 정보.

채:농(菜農)명 채소를 가꾸는 농사.

채:니-기(採泥器)명 바다나 강 따위의 바닥에서 진흙이나 모래, 또는 침전물을 긁어 내는 장치. 〔자원 조사, 지질 연구용임.〕

채:다¹자 (물건 값이) 좀 오르다. ¶ 장마로 말미암아 채소 값이 채다.

채:다²자 〈차이다〉의 준말. ¶ 구둣발에 채다.

챈 발에〔발이〕 곱챈다속담 '어려움에 빠진 사람이 더욱 어렵게 됨'을 이르는 말.

채:다³타 〈차리다〉의 준말. ¶ 눈치를 채다.

채:다⁴타 ①갑자기 힘주어 잡아당기다. ¶ 낚싯대를 힘껏 채다. ②날쌔게 빼앗아 가다. ¶ 솔개가 병아리를 채다.

채다⁵타 '채우다'의 잘못.

채:단(采緞)명 혼인 때, 신랑 집에서 신부 집으로 미리 보내는 청색·홍색의 두 가지 비단. 치마·저고릿감으로 쓰임.

채:단(綵緞)명 '비단'을 통틀어 이르는 말.

채:달(菜疸)명 채독으로 말미암은 황달.

채:담(彩毯)명 여러 가지 빛깔의 털로 무늬를 놓아 짠 담요.

채:도(菜刀)명 ☞채칼.

채ː도(彩度)명 빛깔의 세 가지 속성의 하나. 빛깔의 선명한 정도. 참색상·명도.
채ː도(彩陶)명 채문(彩紋)을 한 도자기. 〔특히, 중국의 채문 도기를 이름.〕
채-독명 채그릇의 한 가지. 싸릿개비 따위로 독처럼 만든 그릇. 〔안팎을 종이로 바름.〕
채ː독(菜毒)명 한방에서, 채소를 날것으로 먹어서 생기는 중독증을 이르는 말.
채ː-동지(蔡同知)명 '언행이 허무맹랑한 사람'을 조롱하여 이르는 말.
채-둥우리명 채그릇의 한 가지. 싸리채나 버들채로 결어서 만든 둥우리.
채ː득(採得)명하타 수탐(搜探)하여 사실을 찾아냄.
채-뜨리다타 '채다4'의 힘줌말. 채트리다.
채ː란(採卵)명하자 ①가금(家禽)의 알을 거두는 일. ②물고기의 알을 인공적으로 받는 일.
채련명 부드럽게 다룬 당나귀 가죽.
채ː련(採鍊)명하타 광물(鑛物)을 캐내어 정련하는 일.
채ː록(採錄)명하타되자 채집하여 기록함, 또는 채집한 기록. ¶ 민담을 채록하다.
채ː록-자(採錄者)[-짜]명 채록한 사람.
채-롱(-籠)명 껍질을 벗긴 싸릿개비로 함처럼 결어 만든 채그릇의 한 가지.
채롱-부채(-籠-)명 채를 결어 만든 부채.
채롱-부처(-籠-)명 채를 결어서 만든 부처. 농불(籠佛).
채ː료(彩料)명 그림을 그리는 데 쓰이는 물감. 그림물감.
채ː마(菜麻)명 ☞남새.
채ː마-밭(菜麻-)[-받]명 집에서 가꾸어 먹을 정도의 몇 가지의 남새를 심은 밭. 남새밭. 채소밭. 채마전. 포전(圃田). *채ː마밭이[-바치]·채ː마밭을[-바틀]·채ː마밭만[-반-]
채ː마-전(菜麻田)명 ☞채마밭.
채ː무(債務)명 재산상의 처리에 관련하여 일정한 당사자의 요구에 응하여 급부(給付)를 해야 하는 의무. ↔채권.
채ː무^명의(債務名義)[-의/-이]명 법률에 의하여 급부(給付)에 관한 집행력 행사가 주어진 공증 문서. 참급부.
채ː무^불이행(債務不履行)[-리-]명 채무자가 채무의 내용대로 실천하지 않는 일. 〔이행 지체·이행 불능·불완전 이행이 있음.〕
채ː무^이ː행(債務履行)명 채무자가 자기의 채무를 실천하는 일.
채ː무-자(債務者)명 채무를 진 사람, 곧 채권자에게 어떤 급부(給付)의 의무가 있는 사람. ↔채권자.
채ː묵(彩墨)명 ①채색을 뭉쳐 만든 조각. 〔그림을 그릴 때 먹처럼 갈아서 씀.〕 ②채색화와 묵화를 아울러 이르는 말.
채ː문(彩紋)명 ①채색의 무늬. ②물결무늬나 원형 따위를 써서 그린 기하학적 무늬. 증권이나 지폐의 도안에 쓰임.
채ː문^토기(彩紋土器)명 ①☞칠무늬 토기. ②☞가지무늬 토기.
채ː미(採薇)명하자 고비나 고사리를 캠. ¶ 주려 죽을진들 채미도 하난 것가(古時調).
채ː밀(採蜜)명하타되자 (꿀벌의) 꿀을 뜸.
채-반(-盤)명 ①싸리나무의 채로 넓적하게 울이 없이 결어 만든 채그릇. ②진미(珍味) 음식. 〔흔히, 근친(覲親) 때 마련해 감.〕
채반이 용수가 되게 우긴다속담 '가당치도 않은 제 의견만 고집함'을 이르는 말.

채반-상(-盤相)명 '둥글넓적한 얼굴, 또는 그런 사람'을 농조로 이르는 말.
채-받이[-바지]명 ①☞채끝. ②소가 늘 채찍을 맞는 신체 부위, 또는 그 살.
채-발명 볼이 좁고 길이가 알맞아 맵시 있게 생긴 사람의 발. 참마당발.
채ː방(採訪)명하타 모르는 곳을 물어 가며 찾음. 채탐(採探).
채ː벌(採伐)명하타 ☞벌채.
채ː벽(採壁)명 채석장에서 석재를 뜨고 난 바위의 단면.
채ː변명하자 (남이 무엇을 줄 때) 사양하는 일. ¶ 너무 채변하지 말고 어서 받게.
채ː변(採便)명하자 (검사용으로) 변을 받음, 또는 그 똥.
채ː병(彩屛)명 채색을 써서 그린 병풍.
채ː보(採譜)명하타되자 곡조를 듣고 그것을 악보로 적음.
채ː부(採否)명 채용의 여부, 또는 채택의 여부.
채비(←差備)명하타 준비를 갖춤, 또는 그 일. ¶ 겨울 채비. /출근 채비. /떠날 채비를 서두르세요. 본차비.
채비 사흘에 용천관(龍川關) 다 지나가겠다속담 준비만 하다가 정작 할 일을 못함을 비유하여 이르는 말.
채ː빙(採氷)명하자 얼음을 떠냄.
채ː산(採山)명하자 산나물을 뜯음. ¶ 아춤에 채산ᄒᆞ고, 나조ᄒᆡ 조수(釣水)ᄒᆞ새(丁克仁.賞春曲).
채ː산(採算)명하타 ①경영상, 수지나 손익을 따지거나 셈함. ¶ 채산이 맞는 사업. ②이해득실을 따지거나 챙기는 짓. 타산(打算). ¶ 일마다 채산을 해 보는 깍쟁이.
채ː산-성(採算性)[-썽]명 경영상, 수지나 손익을 따지거나 셈하여 이익이 나는 정도. ¶ 채산성이 좋다. /채산성이 낮다. /채산성이 떨어지다.
채ː삼(採蔘)명하자 인삼을 캠.
채ː삼-꾼(採蔘-)명 ①인삼을 캐는 사람. ②☞심마니.
채ː상(彩箱)명 ☞채협(彩篋).
채ː색(采色)명 풍채(風采)와 안색(顔色)을 아울러 이르는 말.
채ː색(彩色)명 ①여러 가지 고운 빛깔. 단청(丹靑). ②〈채색감〉의 준말. ③하타되자그림이나 장식에 색을 칠함.
채ː색(菜色)명 ①푸성귀의 빛깔. ②부황(浮黃)이 나서 누르스름한 얼굴빛.
채ː색-감(彩色-)[-깜]명 채색에 쓰이는 물감의 재료. 준채색.
채ː색-화(彩色畫)[-새꽈]명 채색으로 그린 그림. 채화(彩畫).
채ː석(採石)명하자되자 채석장에서 석재를 떠냄. 부석(浮石)2.
채ː석-장(採石場)[-짱]명 석재를 떠내는 곳.
채ː선(彩船)명 왕조 때, 정재(呈才)의 선유락(船遊樂)에 쓰던 배. 화선(畫船).
채ː소(菜蔬)명 밭에 가꾸어 먹는 온갖 푸성귀. 남새. 소채.
채ː소-밭(菜蔬-)[-받]명 남새밭. 채마밭. *채ː소밭이[-바치]·채ː소밭을[-바틀]·채ː소밭만[-반-]
채ː송-화(菜松花)명 쇠비름과의 일년초. 남아메리카 원산의 관상용 화초. 붉은 빛깔을 띤 줄기는 가지를 많이 치며 가로 퍼짐. 길이는 10~20cm. 솔잎 모양의 잎은 살이 많음. 여름부터 가을에 걸쳐 빨강·노랑·하양 등의 꽃이 핌.

채-수염(-鬚髥)명 숱은 많지 않으나 길이가 긴 수염.
채:식(菜食)명하자 주로 채소·과일·해초 따위의 식물성 음식만 먹음. 비초식(草食). ↔육식.
채:식-주의(菜食主義)[-쭈의/-쭈이]명 반찬 따위를 식물성 식품으로 해 먹는 주의.
채:신명 《주로 부정하는 말과 함께 쓰이어》 '처신'을 낮추어 이르는 말. ¶ 채신이 말이 아니군.
채:신-머리명 〈채신〉의 속된 말.
채:신머리-사납다[-따][~사나우니·~사나워]형ㅂ 〈채신사납다〉의 속된 말.
채:신머리-없다[-업따]형 〈채신없다〉의 속된 말. **채신머리없-이**부.
채:신-사납다[-따][~사나우니·~사나워]형ㅂ (남 앞에서의) 몸가짐이 경망스러워 볼꼴이 사납다.
채:신-없다[-시넙따]형 (남 앞에서의) 몸가짐이 경망스러워 위신이 없다. **채신없-이**부 ¶ 어른 앞에서 채신없이 굴지 마라.
채:신지우(採薪之憂)명 〔병이 들어서 땔나무를 할 수 없다는 뜻으로〕 '자기의 병'을 겸손하게 이르는 말. '맹자(孟子)'의 '공손추(公孫丑)' 편에 나오는 말임. 부신지우(負薪之憂).
채:약(採藥)명하자 약초나 약재를 캐어 거둠.
채:여(彩轝·彩輿)명 왕실에 의식이 있을 때, 귀중품을 실어 옮기는 데 쓰던 교자 모양의 기구. 꽃무늬가 그려져 있고, 채가 달려 앞뒤로 메게 되었음.
채:연(彩輦)명 왕실의 의식 때, 귀중품을 실어 옮기던 꽃무늬를 놓은 가마.
채:용(採用)명하타되자 ①사람을 뽑아 씀. ¶ 신입 사원을 채용하다. ②무엇을 가려 쓰거나 받아들임. 채택(採擇). ¶ 새로운 방식을 채용하다.
채우다타 ①〖'차다[1]'의 사동〗 차게 하다. ¶ 독에 물을 가득 채우다. ②〖'차다[3]'의 사동〗 차게 하다. ¶ 수갑을 채우다. ③(단추·자물쇠 따위를) 끼우거나 잠그다. ¶ 단추를 채우다. /방문을 채우다. ④(음식물 따위를, 식히거나 상하지 않게) 찬물이나 얼음 속에 담그다. ¶ 수박을 얼음에 채우다.
채:운(彩雲)명 여러 가지 고운 빛깔이나 무늬를 띤 구름. 꽃구름.
채:원(菜園)명 규모가 큰 남새밭. 채포(菜圃).
채:유(採油)명하자 유전에서 기름을 채굴함.
채:유(菜油)명 채소의 씨로 짜낸 기름. 특히, 배추 씨로 짜낸 기름. 채종유.
채:의(彩衣)[-의/-이]명 울긋불긋한 빛깔이나 무늬가 있는 옷.
채-이다자 '차이다'의 잘못.
채:자(採字)명하자 ☞문선(文選).
채:자-공(採字工)명 ☞문선공(文選工).
채:장(債帳)명 빚진 돈의 액수를 적은 장부.
채:전(菜田)명 ☞남새밭.
채:전(債錢)명 빚진 돈. 채금(債金).
채:전-에(-前-)부 (어떻게 되기) 훨씬 이전에. ¶ 내가 태어나기 채전에 있었던 일.
채:점(採點)[-쩜]명하타되자 ①시험 답안의 맞고 틀림을 가려 점수를 매김. ¶ 답안지를 채점하다. ②점수에 맞추어 성적의 우열을 결정함. ¶ 등급 채점.
채:종(採種)명하타 씨앗을 골라서 받음. 비취종(取種).
채:종(菜種)명 푸성귀의 씨앗.
채:종-답(採種畓)명 씨앗을 받으려고 따로 마련한 논.
채:종-밭(採種-)[-받]명 씨앗을 받으려고 따로 마련한 밭. 채종전. * 채:종밭이[-바치]·채:종밭을[-바틀]·채:종밭만[-반-]
채:종-유(菜種油)[-뉴]명 ☞채유(菜油).
채:종-전(採種田)명 ☞채종밭.
채:주(債主)명 빚을 준 사람. ↔차주(借主).
채-질명하자 ☞채찍질.
채:집(採集)명하타되자 무엇을 캐거나 찾아서 모음.
채찍명 마소를 모는 데 쓰는 제구. 짧은 막대 끝에 노끈이나 가죽 오리를 닮. 준채[1].
채찍-질[-찔]명하자타 ①채찍으로 때리는 짓. 채질. ②'몹시 재촉하거나 격려하는 일'을 비유하여 이르는 말. ②편달(鞭撻).
채:청-사(採青使)명 〔'청(青)'은 '청녀(青女)', 곧 시집가지 않은 여자라는 뜻으로〕 조선 연산군 때, 미혼 처녀를 뽑기 위해 지방으로 파견한 벼슬아치. 참채홍준사.
채:초(採草)명하자 가축에게 먹일 풀을 벰.
채:초(採樵)명하자 땔나무를 해 오는 일.
채:초^방:목지(採草放牧地)[-찌]명 채초와 방목을 위한 토지.
채:취(採取)명하타되자 ①자연물을 베거나 캐거나 뜯거나 줍거나 따서 거두어들임. ¶ 양식 조개의 채취 시기. ②(연구나 조사 등을 위하여 표본이나 자료가 될 것을) 찾거나 골라서 거두어 챙김. ¶ 지문 채취. /표본용 식물 채취.
채:취(彩翠)명 ①고운 갈맷빛. ②비취옥(翡翠玉)의 고운 빛깔.
채:취-권(採取權)[-꿘]명 사광(沙鑛)을 캐어 가지거나 암석을 석재로 쪼개어 소유할 수 있는 권리.
채:층(彩層)명 ☞채구(彩球).
채-치다[1]타 '채다[4]'의 힘줌말. ¶ 말고삐를 힘껏 채쳐 달리다.
채-치다[2]타 〔'채찍질하다'의 뜻으로〕 몹시 재촉하다. ¶ 경위를 채쳐 묻다.
채:-칼명 채를 치는 데 쓰는 기구. 채도(菜刀).
채:탄(採炭)명하자 석탄을 캐냄. ¶ 채탄장(場).
채:탐(採探)명하타 ☞채방(採訪).
채:택(採擇)명하타되자 골라서 씀. 채용(採用). ¶ 교재를 채택하다. /안건이 채택되다.
채-트리다타 채뜨리다.
채팅(chatting)명 전자 게시판이나 통신망에서, 여러 사용자가 다양한 주제를 가지고 실시간으로 모니터를 통하여 대화를 나누는 일.
채:판(彩板)명 단청을 할 때, 여러 가지 채색을 고루 섞어 화공들에게 공급하는 판.
채-편(-便)명 장구의 채로 치는 쪽, 곧 오른쪽. ↔북편.
채:포(採捕)명하타 (해산물 등을) 따거나 잡음.
채:포(菜圃)명 ☞채원(菜園).
채플(chapel)명 (학교·병원 등의) 부속 예배당, 또는 거기에서 하는 예배.
채:필(彩筆)명 채색하는 데 쓰는 붓.
채:혈(採血)명하자 (병을 진단하거나 수혈을 하기 위하여) 피를 뽑음. 참수혈(輸血).
채:협(彩篋)명 가늘게 쪼갠 대나무에 채색 무늬를 놓아 만든 상자. 안방용 고리나 상자로 사용됨. 채상(彩箱).
채:홍(彩虹)명 무지개.
채:홍준-사(採紅駿使)명 〔'홍(紅)'은 여자, '준(駿)'은 말의 뜻으로〕 조선 연산군 때, 미녀를 뽑고 준마(駿馬)를 구하기 위해 지방으로 파견한 벼슬아치. 참채청사.

채ː화(採火) 명 하자타 되자 태양열 따위에서 불을 얻음. 〔흔히, 볼록 렌즈나 오목 거울을 이용함.〕 ¶ 올림픽 성화를 채화하다.
채ː화(彩畫) 명 ☞채색화.
채ː화(菜花) 명 채소의 꽃.
채ː화(綵華) 명 비단 헝겊으로 만든 조화(造花).
채ː화-기(彩畫器) 명 채색으로 무늬나 그림을 그려 놓은 사기그릇. 색채 토기.
채ː화-석(彩畫席) 명 채색으로 무늬를 놓아서 짠 돗자리.
책(冊) 명 ①사상·감정·지식 따위를 글이나 그림으로 표현한 종이를 엮은 물건을 통틀어 이르는 말. 도서. 서적. 서전(書典). 서지(書誌). 전적(典籍)[1]. 책자. ¶ 책을 읽다. /책을 쓰다. ②종이를 여러 장 겹쳐 맨 물건. ¶ 모조지를 책으로 매어 연습장을 만든다. ③〖의존 명사적 용법〗 (옛 서적의) 책으로 맨 것을 세는 단위. ¶ 전 102책으로 된 중종실록.
책(柵) 명 ①나무나 대로 만든 우리나 울타리. 울짱. 목책. ②사방용(沙防用)으로, 둑 앞에 말뚝을 박고 대쪽으로 얽어 놓은 장치.
책(責) 명 ①하타 〈책망〉의 준말. ②〈책임〉의 준말. ③〈책무〉의 준말.
책(策) 명 〈책문(策問)〉의 준말.
-책(責) 접미 《일부 명사 뒤에 붙어》 '그 책임자'임을 뜻함. ¶ 조직책. /선전책.
-책(策) 접미 《일부 명사 뒤에 붙어》 '그것에 대한 방책'을 뜻함. ¶ 수습책. /해결책.
책가(冊價) [-까] 명 책값.
책-가방(冊-) [-까-] 명 책이나 학용품 따위를 넣어서 들거나 메고 다니는 가방.
책-가위(冊-) [-까-] 명 하타 책이 상하지 않게 덧입히는 일, 또는 그 물건. 종이나 헝겊·비닐 따위로 만듦. 가의(加衣). 책가의. 책갑(冊甲). 책싸개. 책의.
책-가의(冊加衣) [-까의/-까이] 명 하타 ☞책가위.
책-갈피(冊-) [-깔-] 명 책장과 책장의 사이.
책갑(冊甲) [-깝] 명 ☞책가위.
책갑(冊匣) [-깝] 명 책을 넣어 두는 갑이나 집.
책-값(冊-) [-깝] 명 ①책을 파는 값. 책가(冊價). ②책을 사는 데 드는 돈. *책값이[-깝씨]·책값만[-깜-]
책-거리(冊-) [-꺼-] 명 ①서책 또는 문방 제구를 그린 그림. ②하자 ☞책씻이.
책-걸상(冊-床) [-껄쌍] 명 책상과 걸상을 아울러 이르는 말.
책고(冊庫) [-꼬] 명 ☞서고(書庫).
책궁(責躬) [-꿍] 명 하타 자기 자신을 나무람.
책권(冊卷) [-꿘] 명 ①서책의 권과 질. ②《주로 '읽다'와 함께 쓰이어》 얼마쯤의 책. ¶ 책권이나 읽었다고 뽐내다.
책궤(冊櫃) [-꿰] 명 책을 넣어 두는 궤짝.
책-글씨(冊-) [-끌-] 명 책으로 매기 위하여 종이에 정하게 쓴 글씨. 책서(冊書).
책-꽂이(冊-) 명 책을 세워 꽂아 두는 물건.
책동(策動) [-똥] 명 하타 ①은밀히 책략을 꾸미거나 행동하는 짓. ¶ 방해 책동. ②은밀히 남을 부추기어 움직이게 하는 짓.
책-뚜껑(冊-) 명 '책의 앞 표지'를 달리 이르는 말. ¶ 책뚜껑을 덮다.
책략(策略) [챙냑] 명 일을 처리하는 꾀와 방법. 책모(策謀).
책려(策勵) [챙녀] 명 하타 채찍질하듯 독려함. 책면(策勉). ¶ 자기를 책려하기에 급한 오인(吾人)은 타(他)의 원우(怨尤)를 가(暇)치 못하노라.
책력(冊曆) [챙녁] 명 천체를 측정하여 해와 달의 움직임과 절기(節氣)를 적어 놓은 책. 역서(曆書). 참달력.
책력 보아 가며 밥 먹는다 속담 〔길일(吉日)을 골라 밥 먹는다는 뜻으로〕 '너무 가난하여 끼니를 자주 거름'을 이르는 말.
책례(冊禮) [챙녜] 명 하자 ☞책씻이.
책롱(冊籠) [챙농] 명 책을 넣어 두는 농짝.
책립(冊立) [챙닙] 명 하타 되자 ①☞책봉(冊封). ②조칙(詔勅)으로 황태자나 황후를 봉하여 세우던 일.
책망(責望) [챙-] 명 하타 잘못을 들어 꾸짖음, 또는 그 일. ¶ 어른에게 책망을 듣다. 준책(責).
책면(策勉) [챙-] 명 하타 ☞책려(策勵).
책명(冊名) [챙-] 명 책의 이름.
책명(策命) [챙-] 명 왕이 신하에게 내려 명령하는 글발. 책문(策文).
책모(策謀) [챙-] 명 ☞책략(策略).
책무(責務) [챙-] 명 책임과 임무. ¶ 너의 맡은 바 책무를 소홀히 하지 마라. 준책(責).
책문(責問) [챙-] 명 하자타 나무라듯 따져 물음. 힐문(詰問). ¶ 담당자에게 사고의 경위를 책문하다.
책문(策文) [챙-] 명 ①책문(策問)에 답하는 글. ②☞책명(策命).
책문(策問) [챙-] 명 과거 시험 과목의 한 가지. 정치에 관한 계책을 물어서 서술하게 하던 시험. 준책(策).
책문-권(責問權) [챙-꿘] 명 민사 소송에서, 당사자가 상대편, 또는 법원의 소송 절차상의 위반 행위에 대하여 이의를 제기하고 그 효력을 다툴 권리.
책-받침(冊-) [-빧-] 명 글씨를 쓸 때, 책장이나 종이 밑에 받치는 물건.
책-받침(←辵-) [-빧-] 명 한자 부수의 한 가지. '갖은책받침(辵)'이 '近'·'迫' 등에서 '辶'로 쓰일 때의 이름.
책방(冊房) [-빵] 명 ①☞서점(書店). ②☞책실(冊室).
책벌(責罰) [-뻘] 명 하타 잘못을 나무라고 벌함.
책-벌레(冊-) [-뻘-] 명 '지나치게 책을 좋아하거나 공부에 열중하는 사람'을 빗대어 이르는 말.
책보(冊褓) [-뽀] 명 책을 싸는 보자기.
책보(冊寶) [-뽀] 명 옥책(玉冊)과 금보(金寶)를 아울러 이르는 말.
책봉(冊封) [-뽕] 명 하타 되자 왕세자나 왕세손 및 후(后)·비빈(妃嬪) 등을 봉작함. 책립(冊立).
책봉-사(冊封使) [-뽕-] 명 중국에서, 천자의 조칙(詔勅)을 받들어 제후의 나라에 가서 봉작(封爵)을 전하던 사신.
책비(責備) [-삐] 명 하타 남에게 모든 일을 다 잘 해 주도록 요구함.
책사(冊肆) [-싸] 명 ☞서점(書店).
책사(策士) [-싸] 명 계책을 세우는 사람, 또는 계책에 능한 사람. 모사(謀士).
책살(磔殺) [-쌀] 명 하타 기둥에 묶어 세워서 창으로 찔러 죽임. 참책형(磔刑).
책상(冊床) [-쌍] 명 책을 읽거나 글씨를 쓰는 데 쓰는 상. 궤안(几案). 서궤(書几).
책상(柵狀) [-쌍] 명 울타리와 같은 모양.
책상-다리(冊床-) [-쌍-] 명 ①한쪽 다리를 다른 다리 위에 포개고 앉는 자세. ②〈가부좌〉의 속된 말.
책상다리-하다(冊床-) [-쌍-] 자여 책상다리로 앉다.

책상-머리(冊床-) [-쌍-] 명 책상의 한쪽 가.
책상^못자리(柵狀-) [-쌍모짜-/-쌍몯짜-] 명 직사각형으로 된 못자리.
책상-물림(冊床-) [-쌍-] 명 글공부만 하다 갓 사회에 나와서 산지식이 없어 '세상 물정에 어두운 사람'을 홀하게 이르는 말. 책상퇴물.
책상-반(冊床盤) [-쌍-] 명 책상 모양으로 만든 소반.
책상-보(冊床褓) [-쌍뽀] 명 책상을 덮는 보.
책상-양반(冊床兩班) [-쌍냥-] 명 지난날, 학문과 덕행으로써 양반이 된 상사람을 이르던 말.
책상^조직(柵狀組織) [-쌍-] 명 ☞울타리 조직.
책상-퇴물(冊床退物) [-쌍퇴-/-쌍퉤-] 명 ☞책상물림.
책서(冊書) [-써] 명 ①☞책글씨. ②하타 책을 베껴 씀.
책선(責善) [-썬] 명하타 친구끼리 착한 일을 서로 권함. ¶ 서로 충고하고 책선하다.
책성(責成) [-썽] 명하타 ①책임을 지워서 부담시킴. ②남에게 맡긴 일이 잘되도록 다짐을 받음.
책세(冊貰) [-쎄] 명 지난날, 책을 빌려 보는 값으로 내던 돈.
책-술(冊-) [-쑬] 명 책의 두께.
책-실(冊-) [-씰] 명 책을 매는 데 쓰는 실.
책실(冊室) [-씰] 명 조선 시대에, 고을 원의 비서 구실을 하던 사람. 책방.
책-싸개(冊-) 명 ☞책가위.
책-씻이(冊-) 명하자 지난날 서당에서, 학동이 책 한 권을 떼거나 다 베끼면 훈장과 동료에게 한턱내던 일. 세책례(洗冊禮). 책거리. 책례.
책언(責言) 명 나무라는 말.
책원(策源) 명 ①지난날, 전선(戰線)이나 작전 지역에 물자를 공급하던 후방의 기지. ②어떤 일의 계책이 비롯된 곳. ¶ 사태의 책원부터 밝혀야 한다. 책원지(策源地).
책원-지(策源地) 명 ☞책원(策源).
책응(策應) 명하자 ①계책에 따라 호응함. ②지난날, 대군을 출동시킨 뒤 병참 부대를 뒤따르게 하거나 우군이 서로 호응하여 작전하던 일.
책의(冊衣) [채긔/채기] 명 ①책의 앞뒤를 싸고 있는 겉장. 〔흔히, 책의 표제가 표시되어 있음.〕 표지(表紙). ②☞책가위.
책인(責人) 명하자 남의 잘못을 나무람.
책인즉명(責人則明) [-증-] 명 〔남을 나무라는 데는 밝다는 뜻으로〕 자기 잘못은 덮어 두고 남만 나무람을 이르는 말.
책임(責任) 명 ①맡아서 해야 할 임무나 의무. ¶ 책임 완수. 준책(責). ②법률에서, 행위의 결과에 따른 손실이나 제재를 떠맡는 일. 〔민사 책임과 형사 책임이 있음.〕
책임-감(責任感) 명 책임을 중히 여기는 마음.
책임^내ː각(責任內閣) 명 의회의 신임 여부에 따라 진퇴를 결정하는 내각.
책임^능력(責任能力) [-녁] 명 법률상의 책임을 질 수 있는 능력. 민법상으로는 구체적 경우에 따라 개별적으로 판단하나, 형법상으로는 만 14세 이상으로 규정함.
책임^보ː험(責任保險) 명 손해 배상 책임을 피보험자(被保險者)가 질 때, 그 손해 보전을 목적으로 하는 보험.
책임^연령(責任年齡) [-녈-] 명 형법상의 책임 능력을 인정하는 나이(만 14세).
책임-자(責任者) 명 어떤 일을 책임지고 도맡아 하거나 주장(主掌)하는 사람.
책임^조건(責任條件) [-껀] 명 형사 책임의 조건인 '고의'나 '과실'.
책임^준ː비금(責任準備金) 명 (보험 회사가 예상되는 위험에 대비하여) 지급 책임을 다하기 위하여 미리 준비해 두는 돈.
책임-지다(責任-) 타 책임을 안아맡다.
책자(冊子) [-짜] 명 ①얇거나 작은 책. ②☞책.
책-잡다(責-) [-짭따] 타 남의 잘못을 탈 잡아 말하다. ¶ 아무 잘못도 없는 사람을 공연히 책잡지 마라.
책잡-히다(責-) [-짜피-] 자 〖'책잡다'의 피동〗 책잡음을 당하다. ¶ 책잡힐 짓만 하다.
책장(冊張) [-짱] 명 책의 낱장. ¶ 책장을 넘기다.
책장(冊欌) [-짱] 명 책을 넣어 두는 장.
책점(冊店) [-쩜] 명 ☞서점(書店).
책정(策定) [-쩡] 명하타되자 (정책이나 계획 따위를) 의논하여 결정함. ¶ 예산 책정.
책징(責徵) [-찡] 명하타 ☞징구(徵求).
책-치레(冊-) 명하자 ①책을 곱게 꾸미는 일. 장정. ②방 안에 책을 많이 갖추어 꾸미는 일.
책-탁자(冊卓子) [-짜] 명 책을 쌓아 두는 탁자. 사방탁자와 비슷한데, 아래층에는 문갑처럼 두 개의 문짝이 달려 있음.
책판(冊板) 명 글을 새겨 책을 박아 내는, 나무로 된 판.
책형(磔刑) [채켱] 명 고대 중국이나 로마 제국의 극형의 한 가지. 기둥에 묶어 세워 놓고 창으로 찔러 죽이던 형벌.
챔피언(champion) 명 우승자. 선수권 보유자.
챗ː-국 [채꾹/챋꾹] 명 무나 오이의 채로 만든 국이나 찬국.
챗-날 [챈-] 명 〈기름챗날〉의 준말.
챗-돌 [채똘/챋똘] 명 (지난날, 타작할 때) 개상 위에 얹어 놓고 벼를 태질하던 돌.
챗-열 [챈녈] 명 채찍 따위의 끝에 늘어뜨린 끈. 편수(鞭穗). 준열[2].
챙ː 명 〈차양(遮陽)〉의 준말. ¶ 챙이 긴 작업모.
챙기다 타 ①(물건의 있고 없음을) 따져 보살피거나 건사하다. ¶ 빠뜨린 것이 없는지 다시 챙겨 보다. ②소용될 물건을 찾아 한데 모으다. ¶ 낚시 도구를 챙기다. ③음식물을 갖추어 차리다. ¶ 반찬을 챙겨 차려 주다.
처(妻) 명 아내.
처ː(處) 명 ①중앙 행정 기관의 한 가지. 〔법제처·국가 보훈처 따위.〕 ②육군에서의 사단급 이상 사령부의 참모 부서의 이름. 〔군수처 따위.〕 ③(대학이나 그 밖의 조직에서) 일정 사무를 맡아보는 부서의 이름. 〔교무처 따위.〕
처- 접두 《일부 동사 앞에 붙어》 '마구'·'많이'·'천격스럽게' 등의 뜻을 나타냄. ¶ 처먹다. /처박다.
-처(處) 접미 《일부 명사 뒤에 붙어》 '그것을 담당하는 곳'임을 나타냄. ¶ 접수처. /구입처.
처가(妻家) 명 아내의 친정. 처갓집.
처가-댁(妻家宅) [-땍] 명 남의 '처가'를 대접하여 이르는 말.
처가-살이(妻家-) 명하자 처가를 거처로 하여 생활하는 일. 처갓집살이. 췌거(贅居).
처가살이 십 년이면 아이들도 외탁한다 속담 처가살이를 오래 하면 아이들도 처가의 풍습을 닮게 된다는 말.
처가-속(妻家屬) 명 처가의 집안 식구.
처갓-집(妻家-) [-가찝/-갇찝] 명 ☞처가.
처갓집 말뚝에도 절하겠네 속담 '지나친 애처가'를 빈정대어 이르는 말.

처갓집-살이(妻家-)[-가찝싸리/-갇찝싸리]명하자 ☞처가살이.

처:결(處決)명하타되자 결정하여 처리하거나 조처함. 결처. ¶ 상급 부서의 처결을 기다리다.

처-고모(妻姑母)명 아내의 고모.

처깔-하다타여 (문을) 굳게 닫아 걸다. 작차깔하다.

처남(妻男·妻娚)명 아내의 남자 형제.

처남-댁(妻男宅)[-땍]명 처남의 아내. 아내의 올케.

처-내다자 아궁이로, 연기나 불길이 도로 나오다.

처-넣다[-너타]타 한곳으로 마구 몰거나 집어서 넣다. ¶ 자루에 쓰레기를 마구 처넣다.

처:네명 ①어린아이를 업을 때 두르는 작은 포대기. ②덧덮는, 얇고 작은 이불의 한 가지. ③지난날, 시골 여자가 나들이할 때 장옷처럼 머리에 쓰던 물건. ③머리처네.

처:녀(處女)명 ①아직 결혼하지 아니한 성년 여자. 처자(處子). ↔총각. 참낭자(娘子). ②아직 이성(異性)과 성교(性交)를 한 적이 없는 여자. 숫처녀. ③일이나 행동을 처음으로 함. 《일부 한자어와 어울려 복합어를 이룸.》 ¶ 처녀 출전. /처녀 출판.

처녀가 애를 낳아도 할 말이 있다속담 잘못이나 실수에도 변명의 말이 꼭 있게 마련이라는 말.

처:녀-궁(處女宮)명 ☞처녀자리.

처:녀-림(處女林)명 사람이 들어가거나 나무를 베어 내거나 한 적이 없는 자연 그대로의 숲. 원시림.

처:녀-막(處女膜)명 처녀의 질(膣)의 앞부분에 있는 얇은 막.

처:녀-비행(處女飛行)명 비행사나 비행기가 처음으로 하늘을 나는 일.

처:녀^생식(處女生殖)명 ☞단위 생식.

처:녀-성(處女性)[-썽]명 처녀로서 갖추고 있는 특성. 특히, 성적(性的) 순결을 이름.

처:녀-수(處女水)명 땅속 깊은 곳에 있는 마그마에서 나와 바위틈을 따라 땅거죽에 솟아오른 물.

처:녀-왕(處女王)명 교미하기 전의 여왕벌.

처:녀-이끼(處女-)명 처녀이낏과의 상록 다년초. 산지의 그늘진 곳의 바위나 고목에 붙어 남. 뿌리줄기는 매우 가늘며 수염뿌리가 있음. 잎은 깃 모양의 겹잎이며 녹갈색을 띰.

처:녀-자리(處女-)명 황도 십이궁의 하나. 사자자리와 천칭자리 사이에 있는 별자리. 봄에 남쪽 하늘에 보이며, 6월 초순 저녁에 자오선을 통과함. 쌍녀궁(雙女宮). 처녀궁. 처녀좌.

처:녀-작(處女作)명 처음 지었거나 처음 발표한 예술 작품.

처:녀-장가(處女-)명 재혼하는 남자가 처녀를 아내로 맞이하는 일.

처:녀-좌(處女座)명 ☞처녀자리.

처:녀-지(處女地)명 ①사람이 이용하고 있지 않은 자연 그대로의 땅. ②(주로 과학이나 예술 따위에서) 아직 개척되거나 밝혀지지 않은 채로 있는 분야. ¶ 처녀지와 같은 한국 고대사.

처:녀-티(處女-)명 겉으로 드러나는 처녀다운 기색이나 태도. ¶ 처녀티가 물씬 풍기다.

처:녀-항해(處女航海)명 새로 만든 배나 훈련을 받은 항해사가 처음으로 하는 항해.

처녑명 소나 양 등 반추류에 딸린 동물의 되새김질하는 위의 한 부분. 백엽(百葉). 본천엽(千葉).

처녑-집[-찝]명 집의 짜임새가 알뜰하고 쓸모 있게 된 집.

처:단(處斷)명하타되자 결단하여 처리함, 또는 그러한 처분. ¶ 죄인을 법에 따라 처단하다.

처-담다[-따]타 마구 잔뜩 담다. ¶ 양동이에 모래를 처담다.

처당(妻黨)명 ☞처족(妻族).

처-대다¹타 (무엇을) 계속하여 마구 대 주다.

처-대다²타 (무엇을) 불에 대어 살라 버리다. 처지르다.

처덕(妻德)명 ①아내의 덕행. ②아내로 말미암아 남달리 입는 은덕. ¶ 처덕이 많은 남자.

처덕-거리다[-꺼-]타 자꾸 처덕처덕하나. 처덕대다. 작차닥거리다.

처덕-대다[-때-]타 처덕거리다.

처덕-처덕부하타 ①물기가 많거나 차지거나 질긴 것을 자꾸 두드리는 소리, 또는 그 모양. ¶ 빨래를 처덕처덕 두드리다. ②큼직한 종이 같은 것을 아무렇게나 덕지덕지 붙이는 모양. ¶ 흙벽에 신문지를 처덕처덕 바르다. 작차닥차닥.

처-때다타 (불을) 요량 없이 마구 때다.

처:-뜨리다타 처지게 하다.

처란(←鐵丸)명 ①잘게 만든 탄알. 〔엽총 따위에 재어 씀.〕 철탄. 탄자(彈子). 본철환(鐵丸). ②쇠붙이로 된, '잔 탄알같이 생긴 물건'을 통틀어 이르는 말.

처란-알(←鐵丸-)명 처란의 낱개.

처량(凄涼) '처량하다'의 어근.

처량-하다(凄涼-)형여 ①(보기에) 거칠고 쓸쓸하다. ¶ 처량한 가을바람. ②(마음이나 신세가) 초라하고 구슬프다. ¶ 처량한 신세. **처량-히**부.

처럼조 《체언에 붙어》 '…과 같이'·'… 모양으로'를 뜻하는 비교격 조사. ¶ 아이처럼 좋아하다. /눈처럼 흰 배꽃.

처렁부하자타 얇고 단단한 쇠붙이끼리 세게 부딪쳐서 나는 소리. 작차랑. 여저렁. 참쩌렁. **처렁-처렁**부하자타.

처렁-거리다자타 자꾸 처렁처렁하다. 처렁대다.

처렁-대다자타 처렁거리다.

처르렁부하자타 얇은 쇠붙이 따위가 세차게 맞부딪치거나 떨어질 때 울리는 소리. 작차르랑. 여저르렁. 참쩌르렁. **처르렁-처르렁**부하자타.

처르렁-거리다자타 자꾸 처르렁처르렁하다. 처르렁대다. 작차르랑거리다.

처르렁-대다자타 처르렁거리다.

처:리(處理)명하타되자 ①(사무나 사건을) 정리하여 치우거나 마무리를 지음. ¶ 사건을 처리하다. ②(어떤 결과를 얻으려고) 화학적·물리적 작용을 일으킴. ¶ 폐수 처리 시설.

처마명 지붕이 도리 밖으로 내민 부분.

처마-널명 난간이나 처마 테두리에 돌려 붙인 판자.

처-마시다타 ①욕심 사납게 마구 많이 마시다. ¶ 술을 진탕 처마시고 술주정을 해 대다. ②〈마시다〉의 속된 말. ¶ 밥을 처먹든지 술을 처마시든지 당신 맘대로 하시오.

처맛-기슭[-마끼슥/-맏끼슥]명 지붕의 가장자리, 곧 처마 끝의 언저리. *처맛기슭이[-마끼슬기/-맏끼슬기]·처맛기슭만[-마끼승-/-맏끼승-]

처-매다타 (붕대 따위로) 단단히 둘러매다. ¶ 상처를 붕대로 처매다.

처-먹다[-따]타 ①'음식을 함부로 많이 먹다'를 속되게 이르는 말. ②〈먹다²〉의 속된 말.

처먹-이다타 〖'처먹다'의 사동〗 '마구 많이 먹게 하다'를 속되게 이르는 말.

처모(妻母)명 ☞장모(丈母).

처ː무(處務)명하자 사무를 처리함, 또는 처리해야 할 사무. ¶ 처무 규정.
처-박다[-따]타 ①몹시 세게, 또는 함부로 박다. ¶ 말뚝을 처박다. ②마구 쑤셔 넣거나 밀어 넣다. ¶ 방구석에 옷을 처박다. ③한곳에서 나가지 못하게 하다. ¶ 유치장에 처박다. ④일정한 곳에만 있게 하고 다른 데로 나가지 못하게 하다. ¶ 나를 언제까지 이런 촌구석에 처박아 둘 셈이오?
처박-히다[-바키-]자 〖'처박다'의 피동〗 처박음을 당하다. ¶ 철지난 옷이 옷장 구석에 처박혀 있다. /논바닥에 거꾸로 처박히다.
처ː방(處方)명 ①증세에 따라 약을 짓는 방법. ②〈처방전〉의 준말. ③일을 처리하는 방법. ④'결함이나 잘못을 바로잡기 위한 대책'을 비유하여 이르는 말. ¶ 청소년 문제에 대한 적절한 처방.
처ː방-전(處方箋)명 의사가 환자에게 줄 약의 이름과 분량, 조제 방법 등을 적은 문서. 약전(藥箋). 준처방.
처-백모(妻伯母)[-뱅-]명 아내의 백모(큰어머니).
처-백부(妻伯父)[-뿌]명 아내의 백부(큰아버지).
처ː벌(處罰)명하타되자 책벌이나 형벌에 처함. 처형. ¶ 처벌 규정. /책임자를 처벌하다.
처변(妻邊)명 ☞처족(妻族).
처ː변(處變)명하자 ①실정에 따라 융통성 있게 처리함. ②갑작스러운 변을 당하여 잘 수습함.
처복(妻福)명 좋은 아내를 맞이하는 복.
처-부모(妻父母)명 아내의 부모, 곧 장인과 장모.
처ː분(處分)명하타 ①처리하여 치움. ¶ 재산을 처분하다. ②명령을 받거나 내려 일을 처리함. ¶ 아버님의 처분만 바라겠습니다. ③행정·사법 관청이 특정한 사건에 대하여 법규를 적용하는 행위. 〔행정 처분·불기소 처분 따위.〕 ④이미 있는 권리나 권리의 객체에 변동을 일으키는 일. 〔가옥 매각 처분 따위.〕
처ː분권-주의(處分權主義)[-꿘-의/-꿘-이]명 ①민사 소송법상, 당사자가 소송의 해결을 꾀하고 소송을 처분할 수 있는 주의. 〔소(訴)의 취하, 청구의 포기, 재판상의 화해 따위.〕 ②형사 소송법상, 소송 관계가 성립한 뒤에도 당사자로 하여금 임의로 소송 상태를 지배하게 하는 주의. ②↔불변경주의. 준처분주의.
처ː분^명ː령(處分命令)[-녕]명 국가가 국민이나 공공 기관에 대하여 일정한 행위를 할 것을 명하거나 금지하는 명령.
처ː분-주의(處分主義)[-의/-이]명 〈처분권주의〉의 준말.
처ː사(處士)명 ①세상 밖에 나서지 않고 조용히 묻혀 사는 선비. ②☞거사(居士). ③절에서 임시로 지내는 도사(道士).
처ː사(處事)명하자 일을 처리함, 또는 그 처리. ¶ 부당한 처사. /처사가 고약하다.
처ː사-가(處士歌)명 조선 시대의 12가사 중의 하나. 작자·연대 미상. '청구영언'·'남훈태평가'에 실려 전함.
처산(妻山)명 ①아내의 무덤. ②아내의 무덤이 있는 곳. 처장(妻葬).
처-삼촌(妻三寸)명 ☞처숙(妻叔). 처숙부.
처삼촌 뫼에 벌초하듯속담 '일을 정성 들여 하지 않고 건성건성 함'을 이르는 말.
처상(妻喪)명 아내의 상사(喪事).
처ː서(處暑)명 이십사절기의 하나. 입추(立秋)와 백로(白露) 사이로, 8월 23일경. 이 무렵부터 여름 더위가 가시기 시작한다고 함.
처서에 비가 오면 독의 곡식도 준다속담 처서날에 비가 오면 흉년이 든다는 뜻.
처성-자옥(妻城子獄)명 〔아내는 성이요, 자녀는 감옥이란 뜻으로〕 '처자를 거느리고 있는 사람은 집안일에 매이어 자유로이 활동할 수 없음'을 이르는 말.
처ː세(處世)명하자 남들과 사귀면서 살아가는 일. ¶ 처세에 능하다. /처세를 잘하다.
처ː세-술(處世術)명 처세하는 방법과 수단. ¶ 김 과장은 처세술이 뛰어나 승진도 동기들 중에서 제일 빨랐다.
처ː세-훈(處世訓)명 처세하는 데 도움이 되는 교훈.
처ː소(處所)명 ①사람이 거처하는 곳. ¶ 처소를 옮기다. ②곳 또는 자리. 일이 벌어진 곳이나 물건이 있는 자리. 장소(場所).
처숙(妻叔)명 아내의 숙부. 처삼촌. 처숙부.
처-숙모(妻叔母)[-숭-]명 아내의 숙모.
처-숙부(妻叔父)[-뿌]명 아내의 숙부. 처숙. 처삼촌.
처-시하(妻侍下)명 '아내에게 눌려 지내는 사람'을 놀림조로 이르는 말. 공처가. 참엄처시하·판관사령.
처ː신(處身)명하자 (남 앞에서의) 몸가짐이나 행동. 행신(行身).
처ː신-사납다(處身-)[-따][~사나우니·~사나워]형ㅂ (남 앞에서의) 몸가짐이 경망스러워 볼꼴이 사납다. '채신사납다'를 점잖게 이르는 말. ¶ 처신사납게 굴다.
처ː신-없다(處身-)[-시넙따]형 (남 앞에서의) 몸가짐이 경망스러워 위신이 없다. '채신없다'를 점잖게 이르는 말. **처신없-이**부.
처-싣다[-따][~실으니·~실어]타ㄷ (짐차 따위에) 짐을 마구 싣다.
처실(妻室)명 아내.
처ː심(處心)명하타 ☞존심(存心).
처섬[1]명 〈옛〉처음. ¶ 始는 처서미라(月釋序2).
처섬[2]부 〈옛〉처음. ¶ 初發聲은 처섬 펴아나는 소리라(訓解). /赤心으로 처섬 보샤(龍歌78章).
처엄[1]명 〈옛〉처음. ¶ 처어믜 이 山中에 와(杜重 *1:25*). 참처섬[1].
처엄[2]부 〈옛〉처음. ¶ 네 처엄 보던 빨 스랑호니(杜重*8:6*). 참처섬[2].
처ː역(處役)명하타되자 징역에 처함.
처연(凄然) '처연(凄然)하다'의 어근.
처연(悽然) '처연(悽然)하다'의 어근.
처ː연-하다(凄然-)형여 기운이 냉랭하고 쓸쓸하다. ¶ 처연한 가을바람. **처연-히**부.
처ː연-하다(悽然-)형여 쓸쓸하다. 구슬프다. **처연-히**부 ¶ 처연히 들려오는 피리 소리.
처-외가(妻外家)[-외-/-웨-]명 아내의 외가. 장모의 친정.
처-외편(妻外便)[-외-/-웨-]명 아내의 외가 쪽 일가.
처ː용-가(處容歌)명 ①신라 헌강왕 때, 처용이 지은 8구체의 향가. 처용이 아내를 범한 역신(疫神)을 물리치기 위해 지은 노래. 〔'삼국유사'에 실려 전함.〕 ②고려 가요의 하나. 향가인 '처용가'를 고쳐 지은 노래.
처ː용-무(處容舞)명 조선 시대에, 나라의 잔치나 나례(儺禮) 뒤에 추던 궁중무의 한 가지. 처용의 탈을 쓰고 처용가를 부르며 잡귀(雜鬼)를 물리치는 뜻으로 추던 춤. 무형 문화재 제39호. 처용희(處容戲).
처ː용-희(處容戲)[-히]명 ☞처용무(處容舞).

처우(凄雨)명 쓸쓸하게 내리는 비.
처ː우(處遇)명하타 (사람을 평가해서) 거기에 맞추어 대우함, 또는 그 대우. ¶ 종업원의 처우를 개선하다.
처음명 맨 첫 번. 맨 앞. ¶ 처음부터 끝까지. /처음과 나중이 다르다. 준첨.
처ː의(處義)[-의/-이]명하자 의리를 지킴.
처자(妻子)명 아내와 자식. 처자식(妻子息).
처ː자(處子)명 ☞처녀(處女).
처-자식(妻子息)명 ☞처자(妻子).
처장(妻葬)명 ①아내의 장사. ②☞처산(妻山).
처재(妻財)명 ①아내가 친정에서 가지고 온 재물. ②민속에서 이르는 육친(六親)의 하나. 아내와 재물에 관한 명수(命數)를 맡았다고 함.
처-쟁이다타 (어떤 물건을) 잔뜩 눌러서 많이 쌓다. ¶ 두엄을 두엄간에 처쟁이다.
처절(凄切)명하형 몹시 처량함. 처절-히부.
처절(悽絕)명하형 더할 나위 없이 애처로움. ¶ 처절한 울부짖음. 처절-히부.
처제(妻弟)명 아내의 여동생.
처-조모(妻祖母)명 아내의 친정 할머니. 장조모(丈祖母).
처-조부(妻祖父)명 아내의 친정 할아버지. 장조(丈祖). 장조부(丈祖父).
처-조카(妻-)명 아내의 친정 조카. 처질(妻姪).
처족(妻族)명 아내의 겨레붙이. 처당(妻黨). 처변(妻邊). 처편(妻便).
처ː지(處地)명 ①처하여 있는 형편이나 사정. ¶ 처지가 딱하다. ②서로 사귀어 지내는 관계. ¶ 서로 농하는 처지다. ③지위나 신분.
처ː-지다자 ①바닥으로 잠기어 가라앉다. ¶ 키질하는 대로 처지는 잔돌. ②(위에서 아래로) 축 늘어지다. ¶ 땅에 닿을 듯이 처진 버들가지. ③맥없이 느른하게 되다. ¶ 어깨가 축 처진 채 돌아오다. /축 처진 목소리. ④한동아리에서 뒤떨어져 남거나, 다른 것보다 못하다. ¶ 앞서 달리다가 점점 처지다. /이것은 저것보다 처진다. ⑤장기에서, 궁이 면줄로 내려가다.
처-지르다[~지르니·~질러]타르 ①아궁이 따위에 나무를 한꺼번에 많이 몰아넣어 불을 때다. ②☞처대다².
처질(妻姪)명 아내의 친정 조카. 처조카.
처참(悽慘) '처참하다'의 어근.
처ː참(處斬)명하타 목을 베어 죽이는 형벌에 처함. ¶ 대역죄인을 처참하다.
처ː참-하다(悽慘)형여 슬프고 참혹하다. ¶ 대형 교통사고가 빚은 처참한 광경. 처참-히부.
처창(悽愴·悽悵) '처창하다'의 어근.
처ː창-하다(悽愴-·悽悵-)형여 몹시 구슬프고 애달프다. ¶ 오늘따라 뻐꾹새 소리가 유난히 처창하다. 처창-히부.
처처(凄凄) '처처(凄凄)하다'의 어근.
처처(悽悽) '처처(悽悽)하다'의 어근.
처ː처(處處)명 곳곳. ¶ 처처에 살구꽃이 피다.
처처(萋萋) '처처(萋萋)하다'의 어근.
처처-하다(凄凄-)형여 음산하게 찬 기운이 있고 쓸쓸하다. 처처-히부.
처처-하다(悽悽-)형여 (마음이) 몹시 구슬프다. ¶ 비가 내리니 까닭 없이 마음이 처처하다. 처처-히부.
처처-하다(萋萋-)형여 초목이 우거지다. 처처-히부.
처첩(妻妾)명 아내와 첩. 적첩(嫡妾).
처ː치(處置)명하타되자 ①일을 처리하거나 물건을 다루어서 치움. ②병원에서, 환자에게 어떤 조처를 하는 일. ¶ 응급 처치. ③죽여 없앰. ¶ 적군을 처치하다.
처ː판(處辦)명하타 일을 분간하여 처리함.
처편(妻便)명 ☞처족(妻族).
처풍(凄風)명 쓸쓸하게 부는 바람.
처ː-하다(處-)자여 ①어떤 처지에 놓이다. ¶ 곤경에 처하다. /멸종 위기에 처한 동물. ②책벌(責罰)이나 형벌(刑罰)에 부치다. ¶ 엄벌에 처하다.
처형(妻兄)명 아내의 언니.
처ː형(處刑)명하타되자 ①형벌에 처함. 처벌(處罰). ②극형(極刑)에 처함. ¶ 죄수를 처형하다.
척¹의 ☞체².
척²부 ①물체가 빈틈없이 잘 달라붙거나 붙은 모양. ¶ 광고지를 광고판에 척 붙이다. ②물체가 서로 가까이 닿거나 맞닿은 모양. ¶ 군대식 경례를 척 올려붙이다. /백사장에 척 엎드려 일광욕을 하다. ③망설임이 없이 선선히. 서슴없이 선뜻. ¶ 어른스럽게 척 일어서서 당당히 말하였다. ④남을 한번 훑어보는 모양. ¶ 척 보기에 사람이 성실할 것 같더군. ①~③작착¹.
척³부 ①목소리나 몸가짐 등이 태연스럽고 점잖은 모양. ¶ 한복을 척 차려입고 나서다. /책상다리를 하고 척 앉아 있는 모습. ②물체가 휘움하게 휘어 있거나 늘어진 모양. ¶ 나뭇가지가 한여름 더위에 지친 듯이 척 늘어져 있다. ③맥이 없이 지쳐 있는 모양. ¶ 힘없이 의자에 척 걸터앉아 있다. 작착².
척(隻)명 조선 시대에, '소송 사건의 피고'를 이르던 말.
척(戚)명 성(姓)이 다르면서 겨레붙이가 되는 관계. 곧, 고종(姑從)·외종(外從)·이종(姨從) 등의 관계. ¶ 척이 있다.
척(尺)의 ☞자¹. ¶ 육 척 장신(長身).
척(隻)의 배의 수효를 세는 단위. ¶ 세 척의 어선.
척각(尺角)[-깍]명 굵기가 사방 한 자가 되는 재목.
척감(脊疳)[-깜]명 한방에서, 등골뼈가 톱날처럼 두드러져 드러나는, 어린이의 감병(疳病)의 한 가지를 이르는 말.
척강(陟降)[-깡]명하자 오르락내리락함, 또는 그 오르내림.
척강(脊強)[-깡]명 한방에서, 등골뼈가 뻣뻣하고 곧아서 몸을 뒤로 돌리지 못하는 병을 이름.
척거(斥拒)[-꺼]명하타 물리쳐 받아들이지 않음.
척거(擲去)[-꺼]명하타 던져서 내버림.
척결(剔抉)[-껼]명하타 ①〔뼈와 살을 발라내고 긁어낸다는 뜻으로〕 무엇을 깨끗이 후벼 파내거나 도려냄. ②부정(不正)·모순·결함 등이 있는 현상이나 근원을 송두리째 파헤쳐 깨끗이 없앰. ¶ 부정행위를 척결하다.
척골(尺骨)[-꼴]명 ☞자뼈.
척골(脊骨)[-꼴]명 ☞등골뼈. 척량(脊梁).
척골(瘠骨)[-꼴]명 〈훼척골립〉의 준말.
척골(蹠骨)[-꼴]명 다섯 개의 작은 뼈로 된 발바닥뼈. 발목뼈와 발가락뼈 사이에 있음. 부전골(跗前骨).
척관-법(尺貫法)[-꽌뻡]명 지난날의 도량형법. 길이는 척, 양은 승(升), 무게는 관 등의 단위로 함. 참미터법.
척당(戚黨)[-땅]명 ☞척속(戚屬).
척당불기(倜儻不羈)[-땅-]명하자 뜻이 크고 기개가 굳세어, 남에게 매인 데가 없음.
척도(尺度)[-또]명 ①자로 재는 길이의 표준. ②무엇을 평가하거나 판단할 때의 기준. ¶ 가치의 척도.

척독(尺牘)[-똑]명 '편지'를 달리 이르는 말. 〔옛날, 길이가 한 자가량인 널빤지에 글을 적은 데서 유래함.〕 척소(尺素).

척동(尺童)[-똥]명 열 살 안팎의 어린아이. 소동(小童).

척락(拓落)[청낙]명하자 ☞낙척(落拓).

척량(尺量)[청냥]명하타 물건을 자로 잼.

척량(脊梁)[청냥]명 ☞등골뼈. 척주(脊柱). 척골(脊骨).

척량-골(脊梁骨)[청냥-]명 ☞등골뼈.

척력(斥力)[청녁]명 (같은 종류의 전기나 자기를 지닌 물체 사이에서 작용하는) 두 물체의 서로 밀어내는 힘. ↔인력(引力).

척릉(脊稜)[청능]명 산등성이.

척리(戚里)[청니]명 임금의 내척과 외척을 이르는 말.

척말(戚末)[청-]대 성이 다른 친척 사이에서 '자기'를 낮추어 이르는 말. 척하(戚下).

척매(斥賣)[청-]명하타되자 물건을 헐값으로 마구 팖. 방매(放賣). 투매(投賣).

척박(瘠薄) '척박하다'의 어근.

척박-하다(瘠薄-)[-빠카-]형여 (땅이) 기름지지 못하고 몹시 메마르다. ¶ 척박한 땅. /토양이 척박하여 풀이 잘 나지 않는다.

척보(隻步)[-뽀]명 반걸음.

척분(戚分)[-뿐]명 친족이 아닌 겨레붙이로서의 관계. 성(姓)이 다른 겨레붙이로서의 관계. 척의(戚誼).

척불(斥佛)[-뿔]명하자 불교를 배척함. ¶ 척불 숭유(崇儒) 정책.

척사(斥邪)[-싸]명하자 ①요사스러운 것을 물리침. ②사교(邪敎)를 물리침.

척사(擲柶)[-싸]명하자 윷놀이. ¶ 척사 대회.

척사-위정(斥邪衛正)[-싸-]명 〔요사스러운 것을 배척하고, 정의를 지킨다는 뜻으로〕 조선 말기, 기독교와 외세를 배척·탄압하던 시기에 내세운 구호. 위정척사.

척삭(脊索)[-싹]명 척삭동물의 척추의 기초가 되는, 연골(물렁뼈)로 된 밧줄 모양의 물질.

척삭-동물(脊索動物)[-싹똥-]명 '척추동물'과 '원삭동물'을 아울러 이르는 말.

척산척수(尺山尺水)[-싼-쑤]명 ☞척산촌수(尺山寸水).

척산촌수(尺山寸水)[-싼-]명 높은 데서 멀리 바라볼 때, '조그맣게 보이는 산과 강'을 이르는 말. 척산척수.

척살(刺殺)[-쌀]명하타되자 칼 따위로 찔러 죽임. 자살(刺殺).

척살(擲殺)[-쌀]명하타되자 메어쳐서 죽임.

척서(滌暑)[-써]명하자 (더운 철에) 더운 기운을 씻어 버림.

척설(尺雪)[-썰]명 ☞잣눈2.

척소(尺素)[-쏘]명 ☞척독(尺牘).

척속(戚屬)[-쏙]명 친족이 아닌 겨레붙이. 성(姓)이 다른 겨레붙이. 척당(戚黨).

척수(尺數)[-쑤]명 자로 잰 수치.

척수(隻手)[-쑤]명 ①한쪽 손. ②'매우 외로움'을 비유하여 이르는 말.

척수(脊髓)[-쑤]명 척추의 관 속에 들어 있는 신경 중추. 뇌와 말초 신경 사이의 자극 전달과 반사 기능을 맡음. 등골1.

척수-고진(隻手孤陣)[-쑤-]명 도움을 받을 데가 없는 외로운 군대.

척수-막(脊髓膜)[-쑤-]명 척수를 싸고 있는 섬유질의 막.

척수^신경(脊髓神經)[-쑤-]명 척수에서 갈라져 몸통과 팔다리의 곳곳에 퍼져 있는 운동 및 지각 신경.

척수-염(脊髓炎)[-쑤-]명 척수에 생기는, 경련과 마비가 따르는 염증.

척숙(戚叔)[-쑥]명 척분이 있는 겨레붙이 가운데에서 아저씨뻘이 되는 사람.

척식(拓殖·拓植)[-씩]명하타 〔개척과 식민(植民)의 뜻으로〕 미개한 땅을 개척하여 사람이 살거나 살게 함, 또는 그 일. ¶ 척식 회사.

척신(隻身)[-씬]명 홀몸.

척신(戚臣)[-씬]명 임금과 척분이 있는 신하.

척안(隻眼)명 ①애꾸눈이. 외눈박이. ②남다른 식견(識見).

척애(隻愛)명하타 짝사랑.

척언(斥言)명 남을 배척하는 말.

척연(惕然) '척연(惕然)하다'의 어근.

척연(戚然) '척연(戚然)하다'의 어근.

척연-하다(惕然-)형여 근심스럽고 두렵다. 척연-히부.

척연-하다(戚然-)형여 걱정스럽다. ¶ 입시를 앞두고 초조해하는 것을 보니 정말 척연하다. 척연-히부.

척영(隻影)명 ①외로운 그림자. ②'오직 한 사람'을 뜻하는 말.

척의(戚誼)[처긔/처기]명 ①척속 간의 정의. ¶ 척의가 도탑다. ②☞척분(戚分).

척일(隻日)명 ①홀수(기수)인 날. 기일(奇日). ②☞강일(剛日).

척전(擲錢)[-쩐]명하자 동전을 던져서 드러나는 앞뒤쪽을 보고 길흉을 점치는 일.

척제(戚弟)[-쩨]명 아우뻘이 되는 성(姓)이 다른 겨레붙이.

척제(滌除)[-쩨]명하타 씻어 없앰.

척종(戚從)[-쫑]대 〔주로 편지 글에서〕 나이나 항렬이 낮은 인척에게 '자기'를 이르는 말.

척주(脊柱)[-쭈]명 ☞등골뼈. 척량(脊梁). 참등심대.

척지(尺地)[-찌]명 ①아주 가까운 곳. ②(얼마 안 되는) 작은 땅. 척토(尺土). 촌지(寸地).

척지(尺紙)[-찌]명 ①작은 종이. ②짧게 쓴 편지.

척지(拓地)[-찌]명하자 ①땅을 개척함, 또는 개척한 그 땅. 척토(拓土). ②영토의 경계를 넓힘.

척-지다(隻-)[-찌-]자 서로 원한을 품게 되다.

척질(戚姪)[-찔]명 조카뻘 되는 인척의 겨레붙이.

척-짓다(隻-)[-찓따][~지으니·~지어]자ㅅ 서로 원한을 품을 만한 일을 만들다. ¶ 이웃끼리 척지을 짓은 하지 마라.

척창(隻窓)명 ☞쪽창.

척척1부 물건이 차지게 자꾸 들러붙는 모양. ¶ 벽지를 척척 발라 나가다. 작착착1. 참쩍2.

척척2부 ①행진 대열에서 발걸음이 잘 맞는 모양. ¶ 발을 척척 맞추며 씩씩하게 행진하다. ②일이 조리 있게, 또는 차례대로 잘 처리되어 나가는 모양. ¶ 맡은 일을 척척 해내다. /일이 순조롭게 척척 진행되다. 작착착(着着).

척척-박사(-博士)[-빡싸]명 ①무슨 질문이든지 막힘이 없이 잘 대답해 내는 사람. ②무슨 일이든지 맡기는 대로 잘 해내는 사람.

척척-하다[-처카-]형여 (젖은 물건이 살에 닿아) 축축하고 찬 느낌이 있다. ¶ 입은 옷이 척척하다.

척촉(躑躅)명 ☞철쭉.

척촉-화(躑躅花)[-초콰]명 ☞철쭉꽃.

척촌(尺寸)명 ①자와 치. 촌척. ②(얼마 안 되는) '작은 것'을 이르는 말. ¶ 척촌의 공(功).
척촌지공(尺寸之功)명 약간의 공.
척추(脊椎)명 ☞등골뼈.
척추-골(脊椎骨)명 ☞등골뼈. 준추골.
척추-동물(脊椎動物)명 동물계의 한 문(門). 등골뼈를 가진 동물을 통틀어 이르는 말. 등뼈동물. 유척동물.
척추-염(脊椎炎)명 ☞척추 카리에스.
척추^카리에스(脊椎caries)명 척추의 결핵. 척추 운동의 제한, 농양 등이 나타나며, 치료 뒤에 곱사등이가 됨. 척추염(脊椎炎).
척축(斥逐)명하타되자 몰아냄.
척출(斥黜)명하타되자 벼슬을 떼어 내쫓음.
척출(剔出)명하타 도려내거나 후벼 냄.
척탄(擲彈)명하자 (적에게) 폭탄을 던짐, 또는 그 던지는 폭탄.
척탄-병(擲彈兵)명 척탄통을 가지고 척탄 발사를 맡은 병사.
척탄-통(擲彈筒)명 척탄이나 신호탄·조명탄 등을 발사하는 데 쓰는 병기의 한 가지.
척토(尺土)명 ☞척지(尺地).
척토(拓土)명하자 ☞척지(拓地).
척토(瘠土)명 (몹시) 메마른 땅.
척퇴(斥退)[-퇴/-퉤]명하타 물리침.
척푼(←隻分)명 〈척푼척리〉의 준말.
척푼-척리(←隻分隻厘)[-청니]명 몇 푼 안 되는 적은 돈. 준척푼.
척하(戚下)[처카]대 ☞척말(戚末).
척-하다[1][처카-]자여 자기를 과장하여 나타내 보이는 태도를 취하다. ¶ 쥐뿔도 없으면서 척한다.
척-하다[2][처카-]조동여 체하다. ¶ 못 본 척하다. /잘난 척하다. /아는 척하다.
척행(隻行)[처캥]명하자 먼 길을 혼자서 떠남.
척형(戚兄)[처켱]명 형뻘이 되는 인척(姻戚)의 겨레붙이.
척화(斥和)[처콰]명하자 화의(和議)를 배척(排斥)함.
척화-비(斥和碑)[처콰-]명 조선 고종 8(1871)년에 흥선 대원군이 양이(洋夷)를 배척한다는 뜻을 새기어 서울과 지방 각처에 세운 비석.
척화-파(斥和派)[처콰-]명 화의(和議)를 반대하는 강경파. 병자호란 때, 청나라와의 화의를 반대했던 삼학사(三學士)의 일파를 일컫던 말.
척후(斥候)[처쿠]명 ①적의 형편이나 지형 등을 살핌. ②〈척후병〉의 준말.
척후-병(斥候兵)[처쿠-]명 척후 임무를 맡은 병사. 준척후.
척후-전(斥候戰)[처쿠-]명 ①두 편의 척후병끼리 맞싸우는 전투. ②서로 척후를 벌이는 활동.
천:명 (옷이나 이불·차일 따위의 감이 되는) 피륙. ¶ 줄무늬 천. /구김이 잘 가는 천. /천 세필을 끊다.
천(天)명 ①하늘. ②불교에서 이르는, 육계(六界)의 하나. 천왕과 천인, 또는 그들이 살고 있다는 세계.
천:(薦)명하타되자 ☞추천. 천거.
천(千)수관 백(百)의 열 곱절(의).
  천 길 물속은 알아도 한 길 사람의 속은 모른다속담 사람의 속마음을 알기는 어렵다는 말.
  천 냥 빚도 말로 갚는다속담 〔비록 큰 잘못이 있다 하더라도 순리로 말을 잘 하면 풀릴 수 있다는 뜻으로〕 '처세하는 데는 언변이 좋아야 함'을 이르는 말.
  천 갈래 만 갈래관용 아주 많은 여러 갈래. ¶ 어미의 마음은 천 갈래 만 갈래 찢어지는 듯하구나.
-천(川)접미 《지명을 나타내는 일부 명사 뒤에 붙어》 '내'를 뜻함. ¶ 청계천. /중랑천.
천:가(賤價)[-까]명 아주 싼 값.
천가-시(千家詩)명 〔천 사람의 시라는 뜻으로〕 '수많은 사람의 시'를 이르는 말.
천간(天干)명 육십갑자의 윗부분을 이루는 요소. 십간(十干). 참지지(地支).
천갈-궁(天蠍宮)명 ☞전갈자리.
천개(天蓋)명 ①관(棺)의 뚜껑. 천판(天板). ②대궐의 용상 위나 법당의 불상 위에 만들어 놓은 집 모양의 장식. 닫집.
천:객(遷客)명 귀양살이하는 사람. 천인(遷人).
천객-만래(千客萬來)[-갱말-]명하자 〔천 명의 손님이 만 번씩 온다는 뜻으로〕 '많은 손이 번갈아 찾아옴'을 이르는 말.
천거(川渠)명 물의 근원에서 멀지 않은 내.
천:거(薦擧)명하타되자 인재를 어떤 자리에 쓰도록 추천함. 거천. 천. ¶ 적임자를 천거하다.
천겁(千劫)명 매우 오랜 세월. 영겁.
천:격(賤格)[-껵]명 ①☞천골(賤骨). ②낮고 천한 품격. ↔귀격(貴格).
천:격-스럽다(賤格-)[-껵쓰-따][~스러우니·~스러워]형ㅂ 품격이 낮고 천한 느낌이 있다. **천격스레**부.
천:견(淺見)명 ①얕은 견문. 천문(淺聞). ②천박한 소견. ③'자기의 소견'을 겸손하게 이르는 말. 단견(短見).
천:견-박식(淺見薄識)[-씩]명 얕은 견문과 좁은 지식.
천경-지위(天經地緯)명 〔하늘이 정하고 땅이 받드는 길이라는 뜻으로〕 '온 세상에 영원히 두루 통하는 법도와 이치'를 이르는 말.
천계(天戒)[-계/-게]명 하늘이 내리는 경계나 가르침.
천계(天界)[-계/-게]명 ①삼계(三界)의 하나. 하늘의 세계. ②〈천상계(天上界)〉의 준말.
천계(天啓)[-계/-게]명 천지신명의 계시.
천고(千古)명 ①아득한 옛날. ¶ 천고로부터 전승된 풍속. ②오랜 세월 동안. 《주로, '천고에'의 꼴로 쓰임.》 ¶ 천고에 빛날 공적. ③일찍이 유례가 없음. 《주로, '천고의'의 꼴로 쓰임.》 ¶ 천고의 명작. /천고의 역적.
천고(天鼓)명 〔하늘의 북이란 뜻으로〕 ①천둥. ②부처의 설법.
천고마비(天高馬肥)명 〔하늘이 높고 말이 살찐다는 뜻으로〕 '가을'을 말할 때 수식하는 뜻으로 이르는 말. ¶ 가을은 천고마비의 계절이다.
천고만난(千苦萬難)명 ☞천신만고(千辛萬苦).
천고-불후(千古不朽)명하자 영원히 썩지(없어지지) 않음. ¶ 천고불후의 명작.
천고-절(千古節)명 영원히 변하지 않을 굳은 절개.
천곡(天穀)명 대종교에서, 신자들이 끼니마다 먹는 쌀을 이르는 말.
천:골(賤骨)명 ①비천하게 될 골상. 천격(賤格). ②비천하게 생긴 사람. ↔귀골(貴骨).
천:골(薦骨)명 ☞엉치등뼈.
천공(天工)명 ①하늘의 조화(造化)로 이루어진 묘한 재주. 화공(化工). ②하늘이 백성을 다스리는 조화.
천공(天公)명 하느님. 천제(天帝).
천공(天功)명 자연의 조화.
천공(天空)명 한없이 넓은 하늘.

천ː공(穿孔)명하자타되자 ①구멍을 뚫음. 비착공. ②위벽(胃壁)이나 복막 따위가 상하여 구멍이 생김, 또는 그 구멍.
천ː공(賤工)명 지난날, '천한 일을 하는 장인(匠人)'을 두루 이르던 말.
천ː공-기(穿孔機)명 ①공작물 따위에 구멍을 뚫는 기계. ②컴퓨터의 카드나 테이프 따위에 구멍을 뚫는 장치.
천ː공^카ː드(穿孔card)명 ☞펀치 카드.
천ː공-판(穿孔板)명 극피동물의 등 쪽에 있는 석회질의 작은 기관. 작은 구멍이 있어서 그 곳으로 물을 들이고 내고 함.
천공-해활(天空海闊)명 〔하늘과 바다가 한없이 넓다는 뜻으로〕 도량이 크고 넓음을 이르는 말.
천곽(天廓)명 눈의 흰자위.
천관(天官)명 지난날, 육조(六曹) 가운데 으뜸이라는 뜻으로, '이조(吏曹)' 또는 '이조 판서'를 달리 이르던 말.
천관-아문(天官衙門)명 지난날, '이조(吏曹)'를 달리 이르던 말.
천광(天光)명 맑게 갠 하늘의 빛.
천구(天狗)명 ①〈천구성〉의 준말. ②불교에서 이르는, 악귀의 한 가지.
천구(天球)명 천문학에서, 지구 상의 관측자를 중심으로 '천공(天空)'을 공 모양으로 여기고 이르는 말.
천ː구(賤軀)명 〔천한 몸뚱이라는 뜻으로〕 '자기의 몸'을 낮추어 이르는 말.
천구-성(天狗星)명 옛날 중국에서, '유성(流星)'이나 '혜성'을 이르던 말. 준천구.
천구-의(天球儀)[-의/-이]명 천구 위에 보이는 별자리나 황도 따위를 지구본처럼 기록하여 놓은 기구.
천구^좌ː표(天球座標)명 천구 위에 있는 천체의 위치를 결정하는 좌표. 천체 좌표.
천국(天國)명 ①천상에 있다는 이상적인 세계. ②기독교에서, 하나님이 직접 다스린다는 나라. 천당. ③어떤 제약도 받지 아니하는 자유롭고 편안한 곳. 또는, 그런 상황. ¶ 아이들의 천국. ①②하늘나라. ↔지옥.
천군(天君)명 ①삼한 때, 소도(蘇塗)라는 지역을 지배하던 제주(祭主)의 칭호. ②사람의 마음.
천군-만마(千軍萬馬)명 〔천 명의 군사와 만 마리의 군마라는 뜻으로〕 썩 많은 군사와 말을 이르는 말. 천병만마(千兵萬馬).
천궁(川芎)명 ①산형과의 다년초. 중국 원산의 약용 식물. 줄기 높이는 30~60 cm. 뿌리줄기는 살이 많으며 향기가 있음. 8월경에 흰 꽃이 핌. ②한방에서, '천궁과 궁궁이의 뿌리'를 약재로 이르는 말. 〔피를 맑게 하는 데나 부인병 등에 쓰임.〕
천궁(天弓)명 '무지개'를 달리 이르는 말. 제궁(帝弓).
천권(天權)명 북두칠성의 하나. 국자 모양의 뒤쪽 위의 별. 3등성. 참옥형(玉衡).
천ː권(擅權)[-꿘]명하자 권력을 제멋대로 부림.
천극(天極)명 ①지축의 연장선과 천구(天球)가 교차하는 점. 〔그곳에 북극성이 위치하고 있음.〕 ②'북극성'을 달리 이르는 말.
천극(栫棘)명 ①하자〔가시 울타리를 친다는 뜻으로〕 가난한 사람이 옷이 없어 밖에 나가지 못함을 이름. ②☞가극(加棘).
천ː극(踐極)명하자 ☞천조(踐祚).
천근(天根)명 하늘의 맨 끝.
천ː근(茜根)명 한방에서, '꼭두서니의 뿌리'를 약재로 이르는 말. 〔열로 말미암은 혈증(血症)에 쓰임.〕
천근(淺近) '천근하다'의 어근.
천근-만근(千斤萬斤)명 〔무게가 천 근이나 만 근이 된다는 뜻으로〕 '아주 무거움'을 뜻하는 말. ¶ 며칠 무리했더니 피로가 쌓이어 몸이 천근만근이다.
천근-역사(千斤力士)[-녁싸]명 〔천 근을 드는 역사란 뜻으로〕 '힘이 매우 센 사람'을 이르는 말.
천ː근-하다(淺近-)형여 (지식이나 생각이) 천박하고 얕다.
천금(千金)명 〔엽전 천 냥이라는 뜻으로〕 ①'많은 돈'을 비유하여 이르는 말. ¶ 천금을 준다 해도 그 일만은 못한다. ②'매우 귀중한 가치'를 비유하여 이르는 말. ¶ 천금같이 귀한 몸. /한 시각이 천금 같다.
천금(天衾)명 송장을 관에 넣고 천개(天蓋) 안으로 덮는 이불.
천금연낙(千金然諾)명 천금처럼 귀중한 허락.
천ː급(喘急)명 한방에서, 심한 천식을 이르는 말.
천기(天氣)명 ①천문에서 나타나는 징조(徵兆). 건상(乾象). 천후(天候). ②대기의 기상 상태. 일기(日氣).
천기(天機)명 ①천지조화의 기밀. 하늘의 비밀. ②임금의 밀지(密旨). ③중대한 기밀. ④타고난 성질이나 기지(機智).
천기(天璣)명 북두칠성의 하나. 국자 모양의 뒤쪽 아래의 별. 참천권(天權).
천ː기(賤技)명 천한 재주.
천ː기(賤妓)명 천한 기생.
천기-누설(天機漏泄)명하자 중대한 기밀이 새어 나가게 함. ¶ 이놈, 만일 천기누설하여서는 성명(性命)을 보전하지 못하리라(烈女春香守節歌).
천난-만고(千難萬苦)명 ☞천신만고(千辛萬苦).
천남성(天南星)명 ①천남성과의 다년초. 산지의 그늘진 곳에 나는데 줄기 높이는 30~60 cm. 구경(球莖)은 살이 많고 수염뿌리가 남. 5~7월에 녹색 꽃이 피고, 열매는 옥수수 알처럼 열리며 붉게 익음. ②한방에서, '천남성의 구경'을 약재로 이르는 말. 〔담이나 풍치를 다스리는 데 쓰임.〕
천녀(天女)명 ①☞직녀성. ②불교에서, 천상계에 산다고 하는 여자. 용모가 아름답고 노래와 춤을 잘 추며 자유로이 날아다닌다고 함. 비천(飛天). 천인(天人). ③'매우 아름답고 상냥한 여성'을 비유하여 이르는 말.
천ː녀(賤女)명 신분이 낮은 여자.
천녀-손(天女孫)명 '직녀성'을 달리 이르는 말.
천년(千年)명 '어느 세월에'라는 뜻으로 나타내는 말. 《주로, '어느 천년에'의 꼴로 쓰임.》 ¶ 어느 천년에 그 빚을 다 갚느냐.
천년(天年)명 ☞천명(天命).
천년-만년(千年萬年)명 〔천만 년, 또는 천 년과 만 년의 뜻으로〕 '아주 오랜 세월'을 이르는 말. ¶ 천년만년 살고지고.
천년^왕국(千年王國)명 예수가 재림하여 천 년 동안 다스릴 것이라는 이상(理想)의 왕국.
천년-일청(千年一淸)명 〔황하(黃河)의 흐린 물이 천 년 만에 한 번 맑다는 뜻으로〕 '좀처럼 있을 수 없는 일을 헛되이 바라거나 기다림'을 비유하여 이르는 말. 참백년하청(百年河淸).
천념(千念)명 1800개의 구슬을 꿴 긴 염주.
천ː노(賤奴)명 비천한 종.

천ː-녹색(淺綠色) [-쌕] 명 엷은 녹색.
천단(淺短) '천단하다'의 어근.
천ː단(擅斷) 명 하타 제 생각대로 마구 처단하거나 처리함.
천ː단-하다(淺短-) 형여 (생각이나 지식이) 얕고 짧다.
천ː답(踐踏) 명 하타 발로 짓밟음.
천당(天堂) 명 ①천상에 있다는 신의 전당. ②☞천국(天國). ③불교에서 이르는, 극락세계인 정토(淨土). ①②하늘·하늘나라. ↔지옥.
천대(千代) 명 〔천의 대(연대·세대)라는 뜻으로〕 '영원'을 이르는 말. ¶ 천대에 빛날 위업.
천ː대(遷代) 명 하자 대(代)가 바뀜.
천ː대(賤待) 명 하타 되자 ①업신여겨 푸대접함. ¶ 천대를 받다. ②(물건을) 함부로 다룸. ¶ 고물차라고 천대하다.
천ː더-기(賤-) 명 천대만 받는 사람이나 물건.
천덕(天德) 명 ①하늘의 덕. ②민속에서, 길일(吉日)과 길방(吉方)을 이르는 말.
천ː덕-구니(賤-) [-꾸-] 명 〈천더기〉의 속된 말.
천ː덕-꾸러기(賤-) 명 〈천더기〉의 속된 말.
천덕-사은(天德師恩) [-싸-] 명 하늘의 덕과 스승의 은혜.
천ː덕-스럽다(賤-) [-쓰-따] [~스러우니·~스러워] 형ㅂ 보기에 품격이 낮고 야비하다. ¶ 천덕스럽기 짝이 없다. **천덕스레** 부.
천덕-왕도(天德王道) 명 하늘의 덕과 왕자의 도.
천덩-거리다 자 자꾸 천덩천덩하다. 천덩대다.
천덩-대다 자 천덩거리다.
천덩-천덩 부 하자 끈적한 액체가 길게 처져 내리다가 뚝뚝 떨어지는 모양.
천도(天桃) 명 선가(仙家)에서, 천상에 있다고 하는 복숭아.
천도(天道) 명 ①천지 자연의 도나 도리. ¶ 천도를 알아라. ②불교에서, '욕계·색계·무색계'를 통틀어 이르는 말. ③천체가 운행하는 길.
천ː도(遷都) 명 하자 도읍을 옮김. ¶ 한양 천도.
천ː도(薦度) 명 하타 죽은 사람의 넋을 극락으로 인도하는 일.
천도-교(天道教) 명 수운(水雲) 최제우(崔濟愚)를 교조로 하는 종교. 인내천(人乃天)을 종지로 함. 동학(東學). 동학교. 제우교.
천도-무심(天道無心) 명 하형 하늘이 무심함.
천ː도-재(薦度齋) 명 죽은 사람의 넋을 극락으로 인도하기 위하여 치르는 재.
천동(天動) 명 〈천둥〉의 본딧말.
천동(天童) 명 〔불교에서〕 ①호위하는 신. ②천인(天人)이 인간의 형상을 하고 세상에 나타난 동자.
천ː동(遷動) 명 하타 되자 자리를 옮김. 천사(遷徙).
천동-대신(天動大神) 명 무속에서 이르는, 두려운 귀신의 한 가지.
천동-설(天動說) 명 모든 천체는 우주의 중심인 지구 둘레를 돈다는 설. 〔16세기경까지 믿어 온 우주설임.〕 참 지동설(地動說).
천둥(←天動) 명 하자 벼락이나 번개가 칠 때에 하늘이 요란하게 울리는 일, 또는 그때 일어나는 소리. 우레[1]. 천고(天鼓). 뇌정.
　천둥에 개 뛰어들듯 속담 '놀라서 어찌할 바를 모름'을 이르는 말.
　천둥인지 지둥인지 모르겠다 속담 '뭐가 뭔지 도무지 분간할 수 없음'을 비유하여 이르는 말.
천둥-벌거숭이(←天動-) 명 '철없이 함부로 덤벙거리는 사람'을 낮추어 이르는 말.
천둥-소리 명 천둥이 칠 때 나는 소리. 뇌성(雷聲). 우렛소리.
천둥-지기(←天動-) 명 ☞천수답(天水畓).
천라-지망(天羅地網) [철-] 명 〔하늘과 땅에 쳐진 그물이란 뜻으로〕 '피할 수 없는 경계망이나 재액'을 이르는 말. ¶ 그대 재주 비록 출중하다 하나 천라지망을 어찌 벗어나리요.
천락-수(天落水) [철-쑤] 명 〔하늘에서 떨어진 물이라는 뜻으로〕 '빗물'을 이르는 말.
천람(天覽) [철-] 명 하타 ☞어람(御覽).
천랑-성(天狼星) [철-] 명 큰개자리의 알파성(星). 하늘에서 가장 밝은 별.
천래(天來) [철-] 명 〔하늘로부터 왔다는 뜻으로〕 재주가 선천적임을 이르는 말. ¶ 천래의 대문장. 비 천부(天賦).
천ː량(←錢糧) [철-] 명 ①살림살이에 드는 돈과 양식. ②재물. 재산. ¶ 천량을 모으다.
천려(千慮) [철-] 명 여러모로 생각하거나 마음을 쓰는 일, 또는 그 생각이나 마음.
천려(天慮) [철-] 명 천자의 염려.
천ː려(淺慮) [철-] 명 하형 생각이 얕음, 또는 얕은 생각. 단려(短慮).
천려-일득(千慮一得) [철-뜩] 명 (아무리 어리석은 사람일지라도) 많은 생각을 하다 보면 한 가지쯤은 좋은 생각을 얻는다는 말. ↔천려일실.
천려-일실(千慮一失) [철-씰] 명 (아무리 슬기로운 사람일지라도) 많은 생각 가운데는 한 가지쯤은 실책이 있게 마련이라는 말. ↔천려일득.
천렵(川獵) [철-] 명 하자 (놀이로) 냇물에서 고기를 잡는 일.
천ː령(薦靈) [철-] 명 하타 불교에서, 죽은 이의 영혼을 구제하기 위하여, 재(齋)나 불공을 올리는 일.
천례(天禮) [철-] 명 하늘에 제사 지내는 예.
천로(天路) [철-] 명 가톨릭에서 이르는, 천당으로 가는 길, 곧 선을 행하고 공을 세우는 일.
천록(天祿) [철-] 명 하늘이 주는 복록.
천뢰(天籟) [철뢰/철뤠] 명 ①하늘의 자연스러운 소리. 〔바람 소리나 빗소리 따위.〕 참 지뢰. ②자연의 가락에 맞는 뛰어난 시문(詩文).
천루(賤陋) '천루하다'의 어근.
천ː루-하다(賤陋-) [철-] 형여 됨됨이가 천박하고 언행이 비루하다.
천륜(天倫) [철-] 명 부자(父子)·형제 사이에 마땅히 지켜야 할 도리. ¶ 천륜을 어기다.
천ː릉(遷陵) [철-] 명 하자 능을 다른 곳으로 옮김. 천산릉(遷山陵).
천리(天理) [철-] 명 천지 자연의 이치. 만물에 통하는 자연의 도리.
천ː리(踐履) [철-] 명 하타 몸소 실천함.
천리-건곤(千里乾坤) [철-] 명 멀고 멀리 뻗쳐 아주 너른 하늘과 땅.
천리-경(千里鏡) [철-] 명 ☞망원경.
천리-구(千里駒) [철-] 명 ①☞천리마(千里馬). ②자손들 가운데서 뛰어나게 잘난 자손을 칭찬하여 이르는 말.
천리-다(千里茶) [철-] 명 지난날, 먼 길을 갈 때 갈증을 달래기 위하여 먹던 약. 백복령·하수오·갈근·오매육·박하·감초 등의 가루를 꿀에 반죽하여 만듦.
천리-동풍(千里同風) [철-] 명 〔천 리까지 같은 바람이 분다는 뜻으로〕 '태평한 세상'을 비유하여 이르는 말.
천리-마(千里馬) [철-] 명 〔하루에 천 리를 달릴 수 있는 말이라는 뜻으로〕 아주 뛰어난 말을 이름. 천리구(千里駒).
　천리마 꼬리에 쉬파리 따라가듯 속담 자기는 하는 일 없이 남에게 기대어 살거나 싸다님을 이르는 말.

천리-만리(千里萬里)[철-말-][명] '썩 먼 거리'를 이르는 말. [준]천만리.
천리-비린(千里比隣)[철-][명] 〔천 리나 되는 먼 곳을 이웃에 비긴다는 뜻으로〕 '먼 곳을 가깝게 느낌'을 이르는 말.
천리-수(千里水)[철-][명] ☞장류수(長流水).
천리-안(千里眼)[철-][명] 〔천 리 밖을 보는 눈이란 뜻으로〕 ①먼 데서 일어난 일을 직감적으로 알아맞히는 능력을 이름. ②사물의 이면을 꿰뚫어 보는 능력을 이름.
천리-포(千里脯)[철-][명] 고기붙이를 술·초·소금에 주물러 하루쯤 두었다가 삶아서 말린 반찬.
천리-행룡(千里行龍)[철-농][명] ①풍수설에서, 산맥이 높았다 낮았다 하며 힘차게 멀리 뻗은 형세를 이르는 말. ②어떤 일을 직접 말하지 않고, 그 유래를 말하여 차차 그 일에 미침.
천마(天馬)[명] ①하늘을 달린다는 상제(上帝)의 말. ②아라비아에서 나는 좋은 말.
천마(天麻)[명] 난초과의 다년초. 계곡의 숲 속에서 자라며, 줄기 높이는 1m가량. 땅속으로 감자 같은 덩이줄기가 뻗음. 엽록소가 없는 잎이 비늘 모양으로 군데군데 붙었으며 초여름에 황갈색의 꽃이 핌. 한방에서 약재로 씀.
천마(天魔)[명] 불교에서 이르는 사마(四魔)의 하나. 욕계(欲界) 제6천에 사는 마왕과 그 동아리. 파순(波旬).
천막(天幕)[명] 비바람 따위를 막기 위하여 치는 서양식 장막. 텐트. [비]차일.
천만(千萬)[명] 《일부 명사 뒤에 쓰이어》 '이를 데 없음', '짝이 없음'을 뜻함. ¶ 위험 천만이다./유감 천만일세.
천:만(喘滿)[명][하자] 숨이 차서 가슴이 몹시 벌떡거림.
천만(千萬) [I][수][관] 만의 천 배가 되는 수(의). ¶ 남북 칠천만 동포.
[II][부] 〔'천만 가지의 경우에도'의 뜻으로〕 전혀. 아주. 매우. 어떤 경우에도. ¶ 천만 모를 소리./그런 일은 다시 천만 없도록 하게. [참]천만에.
천만의 말〔**말씀**〕[관용] (남이 한 말에 대하여) '공연한 말', '당치도 않은 말'의 뜻으로 힘주어 부정하거나 겸손해하는 말. ¶ 고맙다니요, 천만의 말입니다.
천만-고(千萬古)[명] (천만 년이나 되는) 퍽 오랜 옛날.
천만-금(千萬金)[명] 썩 많은 돈이나 값어치. ¶ 천만금을 준다 해도 싫다.
천만-년(千萬年)[명] 〔천 년과 만 년의 뜻으로〕 '아주 오랜 세월'을 이르는 말. 천만세(千萬歲). 천추만세.
천만-다행(千萬多幸)[명][하형] 매우 다행함. 만만다행(萬萬多幸). ¶ 사고를 미연에 방지했으니 그나마도 천만다행이다.
천만-대(千萬代)[명] ☞천만세(千萬世).
천만-뜻밖(千萬-)[-뜯빡][명] 전혀 생각하지 아니한 상태. 천만몽외. 천만의외. *천만뜻밖이[-뜯빠끼]·천만뜻밖만[-뜯빵-]
천만-리(千萬里)[-말-][명] 〈천리만리〉의 준말. ¶ 천만리 머나먼 길을 마다 않고 오다.
천만-몽외(千萬夢外)[-외/-웨][명] 전혀 생각지도 않음. 《주로, '천만몽외로'·'천만몽외에' 등의 꼴로 쓰임.》 천만뜻밖.
천만-번(千萬番)[명] 아주 많은 번수. ¶ 천만번 빌고 빌다.
천만부당(千萬不當)[명][하형] ☞천부당만부당.
천만불가(千萬不可)[명][하형] 전혀 경위에 당치 않음. 전연 옳지 않음. 만만불가(萬萬不可). ¶ 스승을 욕뵈다니, 천만불가한 일이로세.
천만-사(千萬事)[명] 퍽 많은 여러 가지 일. 온갖 일. 만사(萬事).
천만-세(千萬世)[명] 썩 멀고 오랜 세대. 천만대.
천만-세(千萬歲)[명] ☞천만년.
천만-에(千萬-)[감] (남이 한 말에 대하여) '공연한 말', '당치도 않은 말'의 뜻으로 힘주어 부정하는 말. ¶ 노래 솜씨가 대단하다던데요? 천만에, 나 같은 음치도 다시 없을걸.
천만-의외(千萬意外)[-마늬외/-마니웨][명] 천만뜻밖.
천만-층(千萬層)[명] 〈천층만층〉의 준말.
천만-파(千萬波)[명] 〈천파만파〉의 준말.
천:망(薦望)[명][하타] 왕조 때, 임금에게 벼슬아치를 천거하여 올리던 일. [준]망(望)[1].
천매-암(千枚岩)[명] 변성암의 한 가지. 녹색이나 회갈색으로, 나뭇잎처럼 얇은 층이 켜켜이 쌓여 잘 떨어짐. 〔주성분은 석영·운모·녹니석(綠泥石) 등임.〕
천맥(阡陌)[명] ①밭 사이의 길. ②산기슭이나 밭두둑.
천맥(泉脈)[명] 땅속에 있는 샘 줄기.
천명(天命)[명] ①타고난 수명. 천년(天年). 천수(天數). 천수(天壽). ¶ 천명이 다하다. ↔비명(非命). ②타고난 운명. ③하늘의 명령. ④천자의 명령. ③대명(大命).
천명(天明)[명] 동틀 무렵.
천:명(賤名)[명] ①〔'천한 이름'이란 뜻으로〕 자기 이름을 겸손하게 이르는 말. ②민속에서, 명이 길고 복을 받으라고 어린아이에게 따로 지어 주는 천한 이름. 〔개똥이·돼지 따위.〕
천:명(擅名)[명][하자] 이름을 드날림.
천:명(闡明)[명][하타][되자] (사실·내막 또는 의사 따위를) 분명하게 드러내거나 나타냄. ¶ 대통령 입후보 사퇴 사유를 기자 회견에서 천명하였다.
천:목(薦目)[명] 벼슬아치를 천거하는 데 필요한 조건. 〔문학·재능·효렴(孝廉) 따위.〕
천:묘(遷墓)[명][하자] 무덤을 다른 곳으로 옮김. 천장(遷葬).
천무음우(天無淫雨)[명] 〔하늘에서 궂은비가 내리지 않는다는 뜻으로〕 '태평한 나라와 시대'를 이르는 말.
천무이일(天無二日)[명] 〔하늘에 해가 둘이 있을 수 없듯이〕 나라에는 임금이 하나뿐임을 비유하여 이르는 말. ¶ 천무이일이요, 불사이군이라 했거늘 내 어찌 그를 따로 섬기리.
천문(天文)[명] ①천체와 기상(氣象)의 현상. ②〈천문학〉의 준말. ③천체의 운행에 따라 역법(曆法)을 연구하거나, 길흉을 예언하는 일.
천문(天門)[명] ①천제(天帝)의 전각에 있는 문, 또는 하늘로 들어가는 문. ②'대궐 문'을 높이어 이르는 말. ③'콧구멍'이나, '양미간'을 달리 이르는 말.
천:문(淺聞)[명] ☞천견(淺見).
천문-대(天文臺)[명] 천체 현상을 조직적으로 관측하고 연구하는 시설.
천문동(天門冬)[명] 백합과의 다년초. 주로 바닷가 근처에 나는데 뿌리줄기는 짧고 수많은 방추형의 뿌리가 사방으로 퍼짐. 원줄기는 길이 1~2m로 덩굴성이며, 꽃은 5~6월에 핌. 뿌리는 진해(鎭咳)·이뇨 및 강장제로 쓰며, 어린순은 나물로 먹음.

천문-만호(千門萬戶)명 ①대궐에 문이 많음을 이르는 말. ②많은 백성의 집.
천문-시(天文時)명 태양이 남중하는 정오를 출발점으로 재는 시간.
천문-조(天文潮)명 해나 달의 인력에 의하여 일어나는 일반적인 조석(潮汐) 현상. 천체조.
천문^지리학(天文地理學)명 ☞수리 지리학.
천문-천정(天文天頂)명 관측하는 사람의 눈을 지나는 수직선의 맨 꼭대기 점. 천정. 천정점.
천문-학(天文學)명 천체에 관한 온갖 사항을 연구하는 학문. 준천문.
천문학-적(天文學的)[-쩍]관명 ①천문학에서 다루는 (것). ②(천문학에서나 다루어지는 숫자와 같이) 엄청난 숫자의 (것). ¶ 천문학적인 비용.
천문^항ː법(天文航法)[-뻡]명 천체의 수평선상의 위치를 관측하여 배나 비행기 따위의 위치를 재는 방법. 측천법(測天法).
천ː민(賤民)명 신분이 천한 사람(백성).
천ː박(舛駁)명하형 마구 뒤섞여서 순수하지 않음.
천ː박(淺薄)명하형 지식이나 생각 따위가 얕음. ¶ 천박한 식견.
천ː발(薦拔)명하자 인재를 뽑아 추천함.
천방(千方)명 ☞백방(百方).
천방-백계(千方百計)[-꼐/-께]명 온갖 계책이나 꾀.
천방-지방(天方地方)부 ☞천방지축.
천방-지축(天方地軸) Ⅰ명 어리석은 사람이 종작없이 덤벙대는 일. ¶ 그는 매사에 천방지축이라서 일을 맡길 수 없다.
Ⅱ부 너무 급해서 정신없이 허둥지둥 날뛰는 모양. 천방지방(天方地方). ¶ 천방지축 달려오다.
천벌(天伐)명 벼락에 맞아서 죽는 일을 이름.
천벌(天罰)명 하늘이 주는 벌. 천주(天誅). 천형(天刑). ¶ 천벌을 받아 마땅하다.
천변(川邊)명 냇가.
천변(天邊)명 하늘의 가.
천변(天變)명 (일식이나 월식·폭풍 따위) 하늘에서 일어나는 큰 변고.
천변-만화(千變萬化)명하자 변화가 무궁함, 또는 천만 가지 변화.
천변-지이(天變地異)명 하늘과 땅, 곧 자연계에서 일어나는 큰 변고.
천변-집(川邊-)[-찝]명 개천가에 있는 집, 또는 개천가로 대문이 난 집.
천병(天兵)명 고대 중국의 제후국에서, '황제의 군사'를 이르던 말.
천병-만마(千兵萬馬)명 ☞천군만마.
천ː-보(賤-)[-뽀]명 비천하고 비루한 본새나 버릇, 또는 그런 본새나 버릇을 가진 사람.
천보(天步)명 나라의 운명.
천보-대(千步-)명 조선 영조 때, 윤필은(尹弼殷)이 발명한 총. 〔총알이 천 걸음이나 나갔다 함.〕 천보총.
천보-총(千步銃)명 ☞천보대.
천복(天福)명 하늘에서 내려 준 복록. ¶ 천복을 누리다.
천부(天父)명 기독교에서, '하나님 아버지'라는 뜻으로, '하나님'을 일컫는 말.
천부(天府)명 ①천연의 요새지(要塞地). ②〈천부지토(天府之土)〉의 준말.
천부(天賦)명하타 〔하늘이 주었다는 뜻으로〕 선천적으로 타고남. 《주로, '천부의'의 꼴로 쓰임.》 ¶ 천부의 능력. 비천래(天來).
천ː부(賤夫)명 신분이 낮은 남자.
천ː부(賤婦)명 신분이 낮은 여자.
천부-경(天符經)명 대종교의 기본 경전. 환웅이 천부인을 가지고 세상에 와서 사람들을 교화할 때, 우주 창조의 이치를 풀이하였다는 경전임.
천부당-만부당(千不當萬不當)명하형 〔'천 번 만 번 부당하다'는 뜻으로〕 '아주 부당함'을 이르는 말. 만만부당. 만부당천부당. 천만부당. ¶ 천부당만부당한 말씀. /천부당만부당한 처사. 준만부당.
천부-설(天賦說)명 ☞선천설(先天說).
천부-인(天府印)명 천자의 위(位)의 표지로서 하늘이 준 세 개의 인(印). 〔'삼국유사' 단군(檀君) 기록에 보임.〕
천부^인권(天賦人權)[-꿘]명 (하늘이) 선천적으로 평등하게 부여한 권리. 자연권(自然權).
천부^인권설(天賦人權說)[-꿘-]명 인간은 나면서부터 자유와 평등을 누릴 천부의 권리가 있다는 학설. 18세기의 계몽 사상가들에 의해 제창되었음.
천부-자연(天賦自然)명 사람의 힘으로는 어찌할 수 없는 천부의 것, 곧 사람의 마음.
천부-적(天賦的)관명 선천적으로 타고난 (것). ¶ 천부적 재질. /천부적인 소질.
천부지토(天府之土)명 〔하늘의 곳간과 같은 땅이란 뜻에서〕 '생산물이 풍요한 땅'을 이르는 말. 준천부.
천분(天分)명 타고난 재질이나 분복(分福). ¶ 천분의 문학성. /천분의 재물.
천분-비(千分比)명 ☞천분율.
천분-율(千分率)[-뉼]명 전체를 1000으로 할 때, 비교되는 양의 비율. 〔기호는 ‰(퍼밀)〕 천분비. ¶ 20원의 50원에 대한 천분율은 400‰이다.
천불(千佛)명 1천의 부처. 〔곧 과거·현재·미래의 삼겁(三劫)에 각각 나타난다는 1천의 부처. 특히 현재의 1천 부처.〕
천붕-지괴(天崩地壞)[-괴/-궤]명 하늘이 무너지고 땅이 꺼짐.
천붕-지탁(天崩地坼)명하자 〔하늘이 무너지고 땅이 갈라진다는 뜻으로〕 '대변동·대사변', 또는 '매우 큰 소리'를 이르는 말. 천붕지탑.
천붕-지탑(天崩地塌)명하자 ☞천붕지탁.
천붕지통(天崩之痛)명 〔하늘이 무너지는 듯한 슬픔이란 뜻으로〕 '임금이나 아버지의 상사(喪事)를 당한 슬픔'을 이르는 말.
천ː비(賤婢)명 신분이 천한 여자 종.
천사(天使)명 ①'천자의 사신'을 제후국에서 일컫던 말. ②기독교에서, 하나님의 사자(使者)로서 하나님과 인간의 중개 역할을 하는 존재를 이르는 말. ③'마음씨 곱고 어진 사람'을 비유하여 이르는 말. ¶ 백의(白衣)의 천사. ②③↔악마.
천ː사(遷徙)명하타 ☞천동(遷動).
천사만고(千思萬考)명하타 여러 가지로 생각함, 또는 그 생각. ¶ 천사만고로 심란하다.
천사만량(千思萬量)[-말-]명하타 여러 가지로 생각하여 헤아림.
천사만려(千思萬慮)[-말-]명하타 여러 가지 생각과 걱정. ¶ 조국을 떠나는 그의 심중에는 천사만려가 꼬리를 물었다.
천사만루(千絲萬縷)[-말-]명 (피륙을 짜는 데 드는) 수많은 외올실.
천사-문답(天師問答)명 천도교에서, 교조인 최제우(崔濟愚)가 한울님과 직접 문답한 사실을 이르는 말.
천-사슬(天-)명 속임수를 쓰지 않고 자연대로 내맡기는 일.
천사-옥대(天賜玉帶)[-때]명 신라 삼보(三寶)의 하나. 하늘로부터 받은 띠. 성대(聖帶).

천산(天山)명 대종교에서, '백두산(白頭山)'을 달리 이르는 말.
천산(天産)명 ①천연으로 남. ②〈천산물〉의 준말.
천ː산갑(穿山甲)명 천산갑과의 동물. 개미핥기와 비슷한데 몸길이 63 cm, 꼬리 길이 35 cm 가량. 온몸이 딱딱한 기와 모양의 암갈색 비늘로 덮였음. 아프리카·남아시아에 분포.
천ː-산릉(遷山陵)[-살-]명하자 ☞천릉(遷陵).
천산-만락(千山萬落)[-말-]명 수없이 많은 산과 부락.
천산-만수(千山萬水)명 수없이 많은 산과 내. ¶ 천산만수를 넘고 건너 찾아가다.
천산-만학(千山萬壑)명 겹겹이 싸인 산과 골짜기. ¶ 천산만학에 단풍이 가득하다.
천산-물(天産物)명 천연으로 생긴 물건. 준천산. 비천연자원.
천산-지산(天山地山)부하자 ①(이런 말 저런 말로) 핑계를 대는 모양. ¶ 천산지산하며 구실을 대다. ②(엇갈리고 뒤섞여) 갈피를 잡을 수 없는 모양.
천살(天煞)명 무속에서,'불길한 별'을 이르는 말.
천ː살(擅殺)명하타 함부로 죽임.
천상(天上)명 ①하늘의 위. ¶ 천상의 소리. ②〈천상계(天上界)〉의 준말.
천상(天常)명 하늘이 정한 떳떳한 도리. 오상(五常)의 도.
천상(天象)명 ①☞건상(乾象). ②하늘의 현상. 날씨. ↔지상(地象).
천상-계(天上界)[-계/-게]명 불교에서 이르는 십계(十界)의 하나. 하늘 위의 세계. 준상계·천계·천상. ↔하계.
천상-만태(千狀萬態)명 온갖 모양이나 상태. 천태만상.
천상-바라기(天上-)명 '늘 얼굴을 쳐들고 있는 사람'을 농으로 이르는 말.
천상-수(天上水)명 빗물. 준천수.
천상-천하(天上天下)명 〔하늘 위, 하늘 아래란 뜻으로〕 온 세상. 온 우주.
천상천하^유아독존(天上天下唯我獨尊)[-쫀]명 '우주 가운데 나보다 존귀한 것은 없다'는 뜻으로 생사 간에 독립하는 인생의 존귀함을 설파한 석가의 말. 〔석가가 태어났을 때, 일곱 걸음을 걸은 뒤 오른손은 하늘을, 왼손은 땅을 가리키면서 이 말을 했다고 함.〕 준유아독존(唯我獨尊).
천상-화(天上火)명 육십갑자의 무오(戊午)와 기미(己未)에 붙이는 납음(納音). 참석류목.
천색(天色)명 하늘의 빛깔.
천생(天生) Ⅰ명 하늘로부터 타고남, 또는 그 바탕. ¶ 천생의 재능.
Ⅱ부 ①날 때부터. 애당초. ¶ 천생 고생할 팔자. ②아주 흡사히. ¶ 웃는 품이 천생 제 아버지야. ③부득이. ¶ 형편이 그러하니 천생 집을 팔 수밖에.
천생 버릇은 임을 봐도 못 고친다속담 타고난 버릇은 고치기 어렵다는 말.
천생 팔자가 눌은밥이라속담 〔고작 좋아한다는 것이 누룽지라는 뜻으로〕 가난을 면하지 못한다는 말.
천ː생(賤生) Ⅰ명 ☞천출(賤出).
Ⅱ대 주로 남자가 '자기'를 낮추어 일컫는 말.
천생-배필(天生配匹)명 하늘이 맺어 준 배필. 천정배필.
천생-연분(天生緣分)[-년-]명 하늘이 미리 마련하여 준 연분. 천생인연. 천정연분.
천생연분에 보리 개떡속담 보리 개떡을 먹을망정 부부가 의좋게 삶을 이르는 말.
천생-인연(天生因緣)명 ☞천생연분.
천생-재주(天生-)명 하늘로부터 타고난 뛰어난 재주.
천서(天瑞)명 하늘이 내리는 상서로운 징조.
천서-만단(千緖萬端)명 수없이 많은 일의 갈피. ¶ 천서만단에도 헝클어짐이 없다.
천석(泉石)명 ☞수석(水石).
천석-고황(泉石膏肓)[-꼬-]명 '산수(山水)를 사랑함이 지극하여, 마치 불치의 깊은 병에 걸린 것같이 되었음'을 이르는 말. 연하고질.
천석-꾼(千石-)명 벼 천 섬가량이 수확될 만한 논밭을 가진 부자.
천선(天仙)명 하늘에서 산다고 하는 신선.
천선(天璇·天璿)명 북두칠성의 하나. 국자 모양의 앞쪽 아래의 별. 하괴성(河魁星). 참천기.
천ː선(遷善)명하자 나쁜 성정을 고쳐 착하게 됨.
천선-자(天仙子)명 ☞낭탕자(莨菪子).
천선-지전(天旋地轉)명 〔천지가 팽팽 돈다는 뜻으로〕 ①세상일이 크게 변함. ②정신이 어지러움.
천성(天性)명 선천적으로 타고난 성질. 본성(本性). 자성(資性). 천질(天質). ¶ 천성이 착한 사람.
천세(千世)명 천 대(代). 아주 먼 옛날, 또는 아주 먼 장래.
천세(千歲)명 ①천 년이나 되는 세월이나 나이. 천재(千載). ②〈천추만세(千秋萬歲)〉의 준말.
천세-나다(千歲-)자 (어떤 물건이) 사용되는 데가 많아서 퍽 귀하여지다. 참세나다[2].
천세-력(千歲曆)명 백중력(百中曆)과 만세력(萬歲曆)을 두루 이르는 말.
천세-후(千歲後)명 〈천추만세후〉의 준말.
천ː속(賤俗)명 ①비천한 풍속(風俗). ②하형 천하고 속됨.
천손(天孫)명 '직녀성'을 달리 이르는 말.
천ː솔(賤率)명 ①남에게 '자기 가족'을 겸손하게 이르는 말. ②남 앞에서 '자기의 첩'을 겸손하게 일컫는 말.
천수(千手)명 〈천수관음〉·〈천수경〉의 준말.
천수(를) 치다관용 병 없이 오래 살 것을 빌기 위하여 천수경(千手經)을 읽다.
천수(天水)명 〈천상수(天上水)〉의 준말.
천수(天授)명하타 하늘에서 내려 줌. 천여(天與).
천수(天壽)명 ☞천명(天命).
천수(天數)명 ①☞천명(天命). ②☞천운(天運).
천수(泉水)명 샘물.
천수-경(千手經)명 불경의 한 가지. 천수관음의 유래와 발원(發願) 및 공덕 등을 말한 진언(眞言). 준천수. 참천수다라니.
천수-관음(千手觀音)명 관음보살이 과거세(過去世)에 모든 중생을 구제하기 위해 천 개의 눈과 손을 얻으려고 빌어서 이룬 몸. 준천수.
천수-국(千壽菊)명 국화과의 일년초. 멕시코 원산의 관상용 식물. 잎은 깃 모양의 겹잎이며 여름에 황색·적황색·담황색 등의 꽃이 핌. 열매는 가늘고 길며 가시 같은 털이 있음.
천수-농경(天水農耕)명 오로지 빗물에만 의존하여 농작물을 재배하는 농사.
천수-다라니(千手陀羅尼)명 ①천수경에 있는 다라니. 〔이 주문을 외면 천수관음의 공덕으로 구제를 받는다 함.〕 ②'천수경'을 달리 이르는 말.
천수-답(天水畓)명 물의 근원이나 물줄기가 없어서 비가 와야만 모를 내고 기를 수 있는 논. 봉답. 봉천답(奉天畓). 천둥지기.

천수-통(千手桶)명 절에서 중이 밥을 먹은 뒤 바리를 씻은 물을 거두는 동이.
천승지국(千乘之國)명 〔천 대의 병거(兵車)를 거느리는 나라라는 뜻으로〕 '큰 제후의 나라'를 이르던 말.
천시(天時)명 ①때에 따라 변하는 자연의 현상. 〔밤과 낮, 더위와 추위 따위.〕 ②하늘의 도움을 받는 시기.
천ː시(賤視)명하타되자 천하게 여김. ¶ 천시를 받다.
천ː식(淺識)명 얕은 지식이나 견식.
천ː식(喘息)명 주기적으로 일어나는 호흡 곤란. 기관지에 경련이 일어나는 병으로, 기관지성·심장성·뇌성·요독성 천식으로 구별됨. 폐창(肺脹).
천ː식(賤息)명 〔'천한 자식'이란 뜻으로〕 남 앞에서 자기의 자식을 낮추어 이르는 말.
천신(天神)명 ①하늘의 신령. ②풍운 뇌우(風雲雷雨)와 산천 성황(山川城隍)을 아울러 이르는 말. 〔중춘(仲春)과 중추(仲秋)에 날을 받아 제향을 지냄.〕 ③'천사'의 구용어.
천ː신(賤臣)대 신하가 임금에게 '자기'를 낮추어 일컫던 말.
천ː신(薦新)명하타 ①그해에 새로 난 과일이나 농산물을 신에게 먼저 올리는 일. ②민속에서, 봄과 가을에 신에게 올리는 굿.
천신-만고(千辛萬苦)명하자 〔천 가지 매운 것과 만 가지 쓴 것이라는 뜻으로〕 온갖 어려운 고비를 다 겪으며 심하게 고생함을 이르는 말. 천고만난(千苦萬難). 천난만고(千難萬苦). ¶ 천신만고 끝에 뜻을 이루다.
천신-지기(天神地祇)명 하늘의 신령과 땅의 신령. 준신기.
천심(千尋)명 매우 깊거나 높음을 이르는 말. 〔'尋'은 길이의 단위로 8척(尺).〕
천심(天心)명 ①☞천의(天意). ¶ 민심은 곧 천심이다. ②(쳐다보이는) 하늘의 한가운데.
천ː심(淺深)명 얕음과 깊음.
천아(天鵝)명 ☞고니.
천악(天樂)명 ☞한풍류.
천안(天眼)명 ①임금을 높이어 그의 눈을 이르던 말. ②불교에서 이르는 오안(五眼)의 하나. 미세한 사물까지도 멀리, 널리 볼 수 있고, 중생의 미래와 생사까지도 볼 수 있다는 마음의 눈.
천안(天顔)명 ☞용안(龍顔).
천암만학(千岩萬壑)명 〔수많은 바위와 골짜기란 뜻으로〕 '깊은 산속의 경치'를 이르는 말.
천앙(天殃)명 하늘이 벌로 내리는 앙화.
천애(天涯)명 ①하늘의 끝. ②〈천애지각〉의 준말. ③'이승에 부모나 살아 있는 겨레붙이가 없음'을 이르는 말. ¶ 천애의 고아.
천애-지각(天涯地角)명 〔하늘의 끝이 닿는 땅의 한 귀퉁이란 뜻으로〕 아득하게 멀리 떨어져 있는 곳을 이르는 말. 준천애.
천야만야(千耶萬耶)부하형 〔천 길인가 만 길인가의 뜻으로〕 썩 높거나 깊은 모양. ¶ 천야만야한 벼랑.
천ː약(踐約)명하자 약속을 지켜 실천함.
천양(天壤)명 하늘과 땅. 천지(天地).
천ː양(闡揚)명하타되자 (생각이나 주장을) 드러내어 밝혀서 널리 퍼뜨림.
천양-무궁(天壤無窮)명하형 하늘과 땅처럼 무궁함.
천양지간(天壤之間)명 ☞천지간(天地間).
천양지차(天壤之差)명 ☞천양지판(天壤之判). 운니지차(雲泥之差).
천양지판(天壤之判)명 〔하늘과 땅처럼 큰 차이란 뜻으로〕 사물이 서로 엄청나게 다름을 이르는 말. 소양지판(霄壤之判). 천양지차.
천어(川魚)명 냇물에 사는 고기. 민물고기.
천어(天語)명 '임금의 말'을 높이어 이르던 말.
천ː언(踐言)명하자 말한 대로 실천함.
천언만어(千言萬語)명 수없이 많이 하는 말. ¶ 천언만어보다 값진 한마디의 금언.
천ː업(賤業)명 천한 직업이나 영업.
천여(天與)명하타 하늘이 줌. 천수(天授). ¶ 천여의 권세(權勢).
천ː역(賤役)명하자 천한 일.
천연(天然) Ⅰ명 사람이 손대거나 달리 만들지 아니한, 자연 그대로의 상태. ¶ 천연의 아름다운 경관. /천연의 보루. ↔인위(人爲).
Ⅱ부 매우 비슷하게. ¶ 웃는 눈매, 보조개까지 천연 제 어머니 모습이야.
천ː연(遷延)명하타되자 (일을) 지체하거나 미룸. ¶ 장마로 공사가 천연되다.
천연-가스(天然gas)명 땅에서 솟아나는 자연적인 가스. 〔메탄 가스·에탄 가스 따위.〕 자연가스.
천연-견사(天然絹絲)명 인조 견사에 상대하여 '명주실'을 이르는 말.
천연-경신(天然更新)명 씨가 저절로 떨어져서 돋아난 어린나무나 그루터기에서 돋아난 싹을 길러서 조림하는 방법.
천연-고무(←天然gomme)명 ☞생고무.
천연^과ː실(天然果實)명 물건의 경제적 용도에 따라 직접 거두거나 얻어지는 자연적 산출물. 〔벼·사과·우유·광물 따위.〕 ↔법정 과실(法定果實).
천연-기념물(天然記念物)명 법률로 보호하고 보존하기로 정한 천연물을 통틀어 이르는 말. 〔귀하거나 학술적 가치가 높은 동식물·광물·지질 따위.〕
천연덕-스럽다(天然-) [-쓰-따] [~스러우니·~스러워]형여 천연한 태도가 있다. 천연스럽다. ¶ 어쩌면 저렇게 천연덕스럽고 숫기가 좋을까. **천연덕스레**부.
천연-두(天然痘)명 열이 나고 두통이 나며 온몸에 발진(發疹)이 생겨서 자칫하면 얼굴이 얽게 되는 전염병. 두병. 두역(痘疫). 두창(痘瘡). 역신(疫神). 천포창(天疱瘡). 호역(戶疫). 참마마[1].
천연-림(天然林) [-님]명 ☞자연림(自然林).
천연-물(天然物)명 인공을 가하지 않은 자연 그대로의 물건.
천연-미(天然美)명 ☞자연미(自然美).
천연-백색(天然白色) [-쌕]명 ☞천연주광색(天然晝光色).
천연-빙(天然氷)명 저절로 얼어서 된 얼음. ↔식빙(食氷).
천연-색(天然色)명 ①물체가 가지고 있는 자연 그대로의 빛깔. ②자연의 빛을 본뜬 빛깔. 원색(原色).
천연색^사진(天然色寫眞) [-싸-]명 실물(實物)과 같거나 그것에 가까운 색채를 나타내는 사진. ↔흑백 사진.
천연색^영화(天然色映畫) [-생녕-]명 장면이 천연색 그대로 나타나는 영화. 색채 영화. ↔흑백 영화.
천연색^필름(天然色film)명 ☞컬러 필름.

천연-석(天然石)명 ☞자연석(自然石).
천연^섬유(天然纖維)명 천연으로 얻을 수 있는 섬유. 〔솜·명주실·양털 따위.〕 ↔인조 섬유.
천연-세월(遷延歲月)명하자 일을 제때 하지 않고 시일만 끎.
천연-수지(天然樹脂)명 소나무·전나무 따위의 침엽수에서 흘러나오는 진. 도료·의약품 따위에 쓰임. ↔합성수지.
천연^숭배(天然崇拜)명 ☞자연 숭배.
천연-스럽다(天然-)[-따][~스러우니·~스러워]형ㅂ 보기에 천연한 데가 있다. 천연덕스럽다. ¶ 아무 일도 없었던 듯이 천연스럽게 대하다. **천연스레**부.
천연-영양(天然營養)[-녕-]명 천연물을 그대로 섭취하는 영양. 〔젖먹이에 대한 모유 따위.〕
천연-육(天然育)[-뉵]명하타 누에를 인공이 아닌 자연의 기후에 맡겨 기르는 일.
천연^자:석(天然磁石)명 전자석(電磁石)에 대하여 '자철광 자석'을 이르는 말.
천연-자원(天然資源)명 천연으로 존재하는, 인간 생활에 쓸모 있는 자원. 〔토지, 물, 광물, 숲, 수산물 및 관광 자원으로서의 경치 따위.〕 비천산물(天產物).
천연^조:림(天然造林)명 천연적으로 자란 어린 나무를 보호·육성하여 산림을 만드는 방법. ↔인공 조림.
천연-주광색(天然晝光色)명 천연의 실제 주광색과 거의 같은 조명 빛깔. 실제 주광색보다 붉은 기운을 띰. 천연백색. 준주광색.
천연-하다(天然-)형여 ①타고난 그대로 조금도 꾸밈이 없다. 보기에 꾸밈새가 없다. ¶ 옥골 같은 모습에 천연한 몸가짐이 마음에 꼭 들다. ②감쪽같이 시치미를 떼어 아무렇지 않은 듯하다. ¶ 천연하게 속마음을 드러내지 아니하다. **천연-히**부.
천연^향료(天然香料)[-뇨]명 (장미·오렌지·사향노루 따위) 동식물의 정유(精油)에서 뽑아 만든 향료. ↔합성 향료.
천열(賤劣) '천열하다'의 어근.
천:열-하다(賤劣-)형여 됨됨이가 천박하고 용렬하다. **천열-히**부.
천엽(千葉)명 ①여러 겹으로 된 꽃잎. 복엽. ②〈처녑〉의 본딧말.
천:오(舛誤)명하자타 〔문어 투의 말〕 어그러져서 그릇됨. ¶ 천학비재로 천오함을 해량하소서.
천-오두(川烏頭)명 한방에서, 중국 쓰촨 성(四川省)에서 나는 '바곳의 덩이뿌리'를 약재로 이르는 말. 준오두.
천옥(天獄)명 사방이 산으로 둘러막힌 험악한 지대.
천:와(舛訛)명하자되자 (말이나 글의) 그릇됨.
천:와(遷訛)명하자 변천하여 본디 모양이나 뜻을 잃음.
천왕(天王)명 ①불교에서, 욕계(欲界)와 색계(色界)에 있다는 하늘의 왕을 통틀어 이르는 말. ②상고(上古) 시대에, 수호신을 이르던 말. ③☞환웅(桓雄).
천왕의 지팡이라속담 〔사천왕의 지팡이라는 뜻으로〕 '키가 썩 큰 사람'을 놀림조로 이르는 말.
천왕-문(天王門)명 (절 어귀의) 사천왕(四天王)을 모신 문.
천왕-성(天王星)명 태양계의 일곱째 행성.
천외(天外)[처뇌/처눼]명 〔하늘의 바깥이란 뜻으로〕 매우 높고 먼 곳.
천요만악(千妖萬惡)명 온갖 요망하고 간악한 짓.
천우(天牛)명 ☞하늘소.
천우(天宇)명 하늘의 전체.
천우-신조(天佑神助)명하자 하늘과 신령이 도움, 또는 그런 일. ¶ 사경(死境)에서 천우신조로 살아나다.
천운(天運)명 ①하늘이 정한 운수. 천수(天數). ¶ 천운이 다하다. ②(탈이나 해로움에서 벗어날 수 있는) 매우 다행한 운수. ¶ 천운으로 목숨을 건졌다.
천원(天元)명 ☞배꼽점.
천원(泉源)명 샘물의 근원.
천원-점(天元點)[-쩜]명 ☞배꼽점.
천원-지방(天圓地方)명 (옛날 중국 사람들의 우주관으로) '하늘은 둥글고 땅은 모남'을 이르는 말. 〔중국 진(秦)나라 때의 '여씨춘추(呂氏春秋)'에 나오는 말임.〕
천위(天位)명 ①천자의 자리. ②하늘이 준 자리, 즉 그 사람에게 가장 알맞은 직위.
천위(天威)명 ①상제(上帝)의 위력. ②천자(天子)의 위광(威光).
천위(天爲)명 하늘이 하는 바, 곧 자연의 작용. ↔인위(人爲).
천:유(擅有)명하타 제멋대로 제 것으로 삼음.
천은(天恩)명 ①하늘의 은혜. ②임금의 은덕. ¶ 천은을 입다.
천은(天銀)명 품질이 좋은 은, 곧 순분(純分) 100%의 은. 참지은(地銀).
천은-망극(天恩罔極)명하형 임금의 은혜가 더할 나위 없이 두터움.
천읍(天泣)명 〔하늘이 운다는 뜻으로〕 구름 한 점 없는 맑은 날에 비나 눈이 내리는 일.
천읍-지애(天泣地哀)[-찌-]명 〔하늘이 울고 땅이 슬퍼한다는 뜻으로〕 '온 세상이 다 슬퍼함'을 비유하여 이르는 말.
천의(天衣)[처늬/처니]명 ①천자(天子)의 옷. ②선인(仙人)의 옷. ③불교에서, 천인(天人) 곧 비천(飛天)이 입는 옷.
천의(天意)[처늬/처니]명 ①하늘의 뜻. 하느님의 뜻. ②임금의 뜻. 천심(天心).
천의-무봉(天衣無縫)[처늬-/처니-]명하형 〔천인이 입는 옷은 솔기가 없다는 뜻으로〕 ①시가나 문장 따위가 '꾸밈이 없이 퍽 자연스러움'을 이르는 말. 〔'태평광기'의 곽한(郭翰)의 이야기에 나오는 말임.〕 ②사물이 '완전무결함'을 이르는 말.
천:이(賤易)명하타 천하게 보고 업신여김.
천:이(遷移)명하자되자 ①옮겨 바뀜. ②생태학에서, 생물의 한 떼가 시간의 경과에 따라 변천해 가는 현상. ③양자 역학에서, 어떤 계(系)가 정상 상태에서 다른 정상 상태로 어떤 확률을 가지고 옮기는 일.
천인(千仞)명 〔천 길이란 뜻으로〕 '아주 높거나 깊음'을 이르는 말.
천인(天人)명 ①하늘과 사람. ②천의(天意)와 인사(人事), 또는 천리(天理)와 인욕(人慾). ③☞비천(飛天). 천녀(天女). ④'재주나 용모가 썩 뛰어난 사람'이나 '썩 아름다운 여자'를 이르는 말.
천:인(賤人)명 ①사회적 신분이 아주 낮은 사람. 천한 사람. ②지난날, 사회에서 천한 일을 생업으로 삼아 지내던 사람. 〔백정·노비 따위.〕 ↔귀인(貴人)[1].
천:인(遷人)명 ☞천객(遷客).
천:인(薦引)명하타 ☞천진(薦進).

천인-공노(天人共怒)명하자 〔하늘과 사람이 함께 노한다는 뜻으로〕 누구나 분노를 참을 수 없을 만큼 증오스럽거나 도저히 용납될 수 없음을 이르는 말. 신인공노(神人共怒). ¶ 천인공노할 만행을 저지르다.

천인-국(天人菊)명 국화과의 일년초. 북미 원산의 관상용 식물. 온몸에 부드럽고 짧은 털이 있음. 줄기는 아랫부분에서 가지를 많이 치고, 줄기 끝에 노란 꽃이 핌.

천인-단애(千仞斷崖)명 천 길이나 될 듯한 높은 낭떠러지.

천일(天日)명 ①하늘과 해. ②하늘에 떠 있는 해, 또는 그 햇볕. ③천도교에서, '창건 기념일'을 이르는 말.

천일-기도(千日祈禱)명하자 천 일 동안 기도하고 수행하는 일.

천일-염(天日塩)[-렴]명 염전에서, 바닷물을 대어 햇볕과 바람으로 수분을 증발시켜 만든 소금.

천일-조림(天日照臨)명하자 〔하늘과 해가 내려다본다는 뜻으로〕 '속일 수 없음'을 비유하여 이르는 말.

천일-주(千日酒)[-쭈]명 빚어 넣은 지 천 일 만에 먹는 술.

천일^행자(千日行者)명 불교에서, 천 일 동안을 한정하고 도를 닦는 사람.

천일-홍(千日紅)명 비름과의 일년초. 열대 아메리카 원산의 관상용 식물로 키는 80 cm. 전체에 거친 털이 있고, 잎은 길둥글며 마주남. 7~8월에 꽃잎이 없는 빨강·분홍·하양 등의 작은 꽃이 핌.

천:임(遷任)명하자되자 ☞전임(轉任).

천자(千字)명 〈천자문〉의 준말.

천자(天子)명 〔천제(天帝)의 아들이란 뜻으로〕 천명을 받아 천하를 다스리는 사람, 곧 중국에서 '황제'를 일컫던 말. 만승지군(萬乘之君). 상주(常主). 태상(太上).

천자(天資)명 타고난 자질. 천품(天稟).

천:자(穿刺)명 진찰하기 위하여, 몸의 일부에 주사침을 찔러 넣어 체내의 액체를 뽑아냄. ¶ 척추 천자.

천:자(淺紫)명 엷은 보랏빛.

천자(擅恣) '천자하다'의 어근.

천자-뒤풀이(千字-)명 타령의 한 가지. 천자문에 있는 각 글자의 뜻을 풀어 노래 조로 운율에 맞추어 꾸민 타령.

천자-만태(千姿萬態)명 여러 가지 맵시와 모양, 곧 온갖 자태.

천자만홍(千紫萬紅)명 〔여러 가지 울긋불긋한 빛깔이란 뜻으로〕 여러 가지 빛깔의 꽃이 만발함을 이르는 말. 만자천홍.

천자-문(千字文)명 한문을 처음 배우는 사람을 위한 책. 중국 후량(後梁)의 주흥사(周興嗣)가 기초 한자 1천 자로 4언 고시 250구를 지어 꾸몄음. 준천자. 참백수문(白首文).

천자문도 못 읽고 인(印) 위조한다속담 어리석고 무식한 주제에 남을 속이려 함을 이르는 말.

천:자-하다(擅恣-)형여 제 마음대로 하여 거리낌이 없다.

천작(天作)명 자연히 이루어짐, 또는 그 사물. ¶ 제주도에 있는 용두암은 천작의 조각품이다. ↔인작(人作).

천작(天爵)명 〔하늘이 준 작위란 뜻으로〕 남에게 존경을 받을 만한 타고난 덕행이나 미덕을 이르는 말. ↔인작(人爵).

천:작(淺酌)명하자 조용히 가볍게 술을 마심.

천잠-사(天蠶絲)명 ☞야잠사(野蠶絲).

천잡(舛雜) '천잡하다'의 어근.

천:잡-하다(舛雜-)[-자파-]형여 뒤섞여서 고르지 못하거나 어수선하여 바르지 못하다.

천장(天障)명 ①☞보꾹. ②방의 보온과 미관을 위해 보꾹 아래를 널이나 종이로 가린 것, 곧 반자의 겉면.

천:장(遷葬)명하자 ☞천묘(遷墓).

천장-널(天障-)명 천장에 대는 널빤지, 곧 반자에 붙이는 널.

천-장부(賤丈夫)명 행실이 천박한 남자.

천장지구(天長地久)명하형 ①하늘과 땅은 영원함. ②〔흔히 장수하기를 빌 때 하는 말로〕 (하늘과 땅처럼) 오래고 변함이 없음.

천장-지비(天藏地祕)명하자 〔하늘이 감추고 땅이 숨겨 둔다는 뜻으로〕 '세상에 묻혀 드러나지 아니함'을 이르는 말. ¶ 천장지비의 명작이 드디어 세상에 알려졌다.

천장-틀(天障-)명 천장널을 끼우는 '井' 자 모양의 틀.

천장-화(天障畫)명 천장에 그린 그림.

천재(千載)명 오랜 세월. 천세(千歲).

천재(天才)명 태어날 때부터 갖춘 뛰어난 재주, 또는 그런 재주를 가진 사람. ¶ 천재 화가.

천재(天災)명 자연현상으로 일어나는 재난. 〔지진·홍수 따위.〕 ¶ 천재를 입다. 비자연재해.

천:재(淺才)명 ①얕은 재주나 꾀. ②자기의 재능을 겸양하여 이르는 말. ¶ 천재로 어찌 큰일을 감당하겠습니까?

천재^교:육(天才教育)명 천재아가 지닌 재능을 조장하고 발달시키기 위하여 베푸는 특수 교육.

천재-말(天才-)명 훈련을 받지 않고도 잘 달리는 말.

천재-일시(千載一時)[-씨]명 〔천 년 만에 한 번 오는 때라는 뜻으로〕 '좀처럼 만나기 어려운 기회'를 이르는 말. 천재일우.

천재-일우(千載一遇)명 〔천 년에 한 번 만난다는 뜻으로〕 '좀처럼 얻기 어려운 좋은 기회'를 이르는 말. 천재일시.

천재-지변(天災地變)명 자연현상으로 일어나는 재앙이나 괴변.

천저(天底)명 지구 위의 관측점에서 연직선을 아래쪽으로 연장할 때, 천구와 만나는 가상의 점. ↔천정(天頂).

천저-점(天底點)[-쩜]명 천문학에서, '천저'를 기하학적인 점으로 여기고 이르는 말. ↔천정점(天頂點).

천적(天敵)명 〔천연의 적이란 뜻으로〕 어떤 생물에 대하여 해로운 적이 되는 생물. 〔개구리에 대한 뱀, 쥐에 대한 고양이 따위.〕

천:전(遷轉)명하타 벼슬자리를 옮김.

천정(天井)명 '천장(天障)'의 잘못.

천정(天定)명 하늘이 미리 정함. ¶ 천정의 연분.

천정(天庭)명 ①별 이름. ②천제(天帝)의 궁전. ③관상에서, '양미간과 그 부근의 이마'를 이르는 말. ③참천중(天中).

천정(天頂)명 ①맨 꼭대기. 정상(頂上). ②천문학에서, 관측자의 위치에서 연직선을 하늘 위로 연장할 때 천구와 만나게 되는 가상의 점을 이름. 천문천정(天文天頂). ↔천저(天底). ③〈지심 천정(地心天頂)〉의 준말.

천정^거:리(天頂距離)명 천정에서 일정한 천체까지의 각거리(角距離).

천정-배필(天定配匹)명 ☞천생배필.
천정부지(天井不知)명 〔천장을 모른다는 뜻으로〕 물건 값 따위가 자꾸 오르기만 함을 이르는 말. 《주로, '천정부지로'의 꼴로 쓰임.》 ¶ 천정부지로 치솟는 물가.
천정-연분(天定緣分)[-년-]명 ☞천생연분.
천정-의(天頂儀)[-의/-이]명 관측 지점의 위도를 구하기 위하여, 천정의 남북에 있는 기준 항성의 천정 거리를 재는 데 쓰이는 망원경 장치.
천정-점(天頂點)[-쩜]명 천문학에서, '천정'을 기하학적인 점으로 여기고 이르는 말. 천문천정. ↔천저점(天底點).
천정-천(天井川)명 흙이나 모래의 퇴적으로 강바닥이 둑 좌우의 평지면보다 높아진 강.
천제(天帝)명 ①하늘을 다스리는 신. 하느님. 상제(上帝). 천공(天公). ②불교에서, '제석천'을 달리 이르는 말.
천제(天祭)명 천신에게 지내는 제사.
천제(天際)명 하늘의 가장자리.
천조(天助)명하자 하늘의 도움.
천조(天造)명 〔하늘의 조화란 뜻으로〕 '사물이 저절로 잘되어 있음'을 이르는 말.
천조(天朝)명 지난날, 제후의 나라에서 '천자의 조정'을 높이어 이르던 말.
천ː조(踐祚·踐阼)명하자 왕위를 이음. 천극(踐極).
천조-경풍(天弔驚風)명 한방에서 이르는, 어린이 경풍의 한 가지. 고개를 젖히고 눈을 멀거니 뜨고 위를 쳐다보는 병증.
천존-고(天尊庫)명 신라 때, 나라의 보물을 간직해 두던 곳집.
천존지비(天尊地卑)명 〔하늘을 존중하고 땅을 천시한다는 뜻으로〕 윗사람은 받들고, 아랫사람은 천하게 여긴다는 말.
천종(天縱)명 〔하늘이 허락하여 무엇이든 마음대로 하게 한다는 뜻으로〕 '하늘이 준 덕(德)을 갖춤'을 이르는 말. ¶ 임금의 천종을 따르다.
천종-만물(千種萬物)명 온갖 종류의 사물(물건). ¶ 천종만물을 두루 갖춘 백화점.
천종지성(天縱之聖)명 〔하늘이 낸 거룩한 사람이란 뜻으로〕 ①'공자의 도덕'을 이르는 말. ②'제왕(帝王)의 성덕'을 이르는 말.
천주(天主)명 ①가톨릭에서, 하느님을 일컫는 말. ②〔불교에서〕 ㉠'대자재천(大自在天)'의 딴 이름. ㉡제천(諸天)의 왕.
천주(天柱)명 ①하늘을 괴고 있다는 기둥. ②'세상을 이끌어 나가는 도의'를 비유하여 이르는 말.
천주(天誅)명 ☞천벌(天罰).
천ː주(薦主)명 남을 천거하여 준 사람.
천주-경(天主經)명 '주(主)의 기도'의 구용어.
천주-교(天主教)명 ☞로마 가톨릭교.
천주교-도(天主教徒)명 가톨릭의 신자.
천주교-회(天主教會)[-회/-훼]명 ①가톨릭의 교단(教團). ②성당을 중심으로 한 건물.
천주-당(天主堂)명 지난날, 가톨릭의 '성당'을 이르던 말.
천주-학(天主學)명 지난날, '가톨릭'을 달리 이르던 말.
천주-활적(天誅猾賊)[-쩍]명 하늘이 교활한 도적을 벌줌.
천중(天中)명 ①(관측자를 중심으로 한) 하늘의 한가운데. ②관상에서, '이마의 위쪽'을 이르는 말. ②참천정(天庭).
천중-가절(天中佳節)명 '천중절'을 좋은 명절이란 뜻으로 이르는 말.
천중^부적(天中符籍)명 ☞단오 부적.
천중-절(天中節)명 ☞단오(端午).
천지(天地)명 ①하늘과 땅. 감여(堪輿). 건곤(乾坤). 소양(霄壤). 천양(天壤). ¶ 온 천지에 눈이 내린다. ②세상. 우주. 상천하지(上天下地). ¶ 자유 천지. ③'무척 많음'을 뜻하는 말. 《주로, '천지이다'의 꼴로 쓰임.》 ¶ 먹을 것 천지이다. ②참혼원.
천지가 진동(震動)하다관용 (천지가 울리는 듯) 소리가 매우 크다.
천지-각(天地角)명 (주로 소에서) 두 개가 각각 위아래로 향하여 난 뿔.
천지-간(天地間)명 〔하늘과 땅 사이란 뜻으로〕 이 세상, 곧 지구 상. 천양지간(天壤之間). ¶ 천지간에 이런 일이 있을 수 있다니.
천지-개벽(天地開闢)명하자 ①하늘과 땅이 처음으로 생겨남. ②자연계나 사회의 '큰 변동'을 비유하여 이르는 말.
천지만엽(千枝萬葉)명 〔천의 가지와 만의 잎이란 뜻으로〕 ①무성한 나무의 가지와 잎. ②'일이 복잡하게 얽혀 어수선함'을 비유하여 이르는 말.
천지망아(天之亡我)명 〔하늘이 나를 망하게 한다는 뜻으로〕 '아무런 허물이 없는데도 저절로 망함'을 탄식하여 이르는 말.
천지-신명(天地神明)명 ①천지의 여러 신. ②우주를 주관하는 신령.
천지-에(天地-)감 뜻밖의 일이나 억울한 일을 당했을 때, 한탄하는 뜻으로 하는 말. 세상에. ¶ 천지에, 그런 변이 있나.
천지인(天地人)명 우주(宇宙)를 주장하는 삼원(三元)인 '하늘·땅·사람'을 아울러 이르는 말. 삼재(三才).
천지-판(天地板)명 관(棺)의 뚜껑과 바닥에 대는 널조각.
천직(天職)명 ①마땅히 해야 할 직분. ¶ 아버지는 평생 교직을 천직으로 여기며 사셨다. ②그 사람의 천성에 알맞은 직업.
천ː직(賤職)명 천한 직업.
천ː직(遷職)명하자 직업을 옮김. 비전직(轉職).
천진(天眞)명 ①하형스형순진하고 참됨. 자연 그대로 조금도 꾸밈이 없음. ¶ 천진한 어린이. ②불교에서, 불생불멸의 참된 마음을 이르는 말. ①**천진스레**부.
천ː진(薦進)명하타 사람을 천거하여 어떤 자리에 쓰게 함. 천인(薦引).
천진-난만(天眞爛漫)명하형 말이나 행동이 천진함. 조금도 꾸밈이 없이 아주 순진하고 참됨.
천진-무구(天眞無垢)명하형 아무 흠이 없이 천진함. ¶ 천진무구한 아이들의 표정.
천진-전(天眞殿)명 대종교에서, 단군의 영정(影幀)을 모신 사당의 이름.
천진-협사(天眞挾詐)[-싸]명하자 어리석은 가운데 거짓이 섞임, 또는 그런 행동을 함.
천질(天疾)명 선천적으로 타고난 병.
천질(天質)명 타고난 성질. 천성(天性).
천ː질(賤質)명 남에게 '자기의 자질'을 낮추어 이르는 말. 천품(賤品).
천ː-집사(賤執事)[-싸]명 아주 천하고 더러운 일, 또는 그러한 일을 맡아서 하는 짓.
천차만별(千差萬別)명하형 (여러 가지 사물에) 차이와 구별이 아주 많음. ¶ 가게마다 물건 값이 천차만별이다.

천착(舛錯) '천착하다'의 어근.

천ː착(穿鑿)명하타 ①구멍을 뚫음. ②(어떤 내용이나 원인 따위를) 파고들어 알려고 하거나 연구함. ¶ 존재의 의미를 천착하다. ③꼬치꼬치 캐묻거나 억지로 이치에 맞지 않는 말을 함.

천ː착-스럽다(舛錯-)[-쓰-따][~스러우니·~스러워]형ㅂ 천착한 태도가 있다. **천착스레**부.

천ː착-증(穿鑿症)[-쯩]명 강박성 신경 증세의 한 가지. 사소한 일이나 해결 불가능한 일에도 의문이 생기어 그것을 천착하여 해결하지 않으면 안심할 수 없는 병증.

천ː착-하다(舛錯-)[-차카-]형여 ①마음이 비꼬이고 난잡하다. ¶ 속이 좁아 천착한 사람. ②(생김새나 하는 짓이) 상스럽고 더럽다.

천참(天塹)명 천연적으로 이루어진 요충지.

천참만륙(千斬萬戮)[-말-]명 수없이 동강 내어 끔찍하게 죽임.

천창(天窓)명 (채광이나 환기를 위하여) 지붕에 낸 창.

천ː천-하다형여 (몸놀림이나 일의 진행 따위가) 느리면서 조용하다. ¶ 천천한 걸음걸이. 작찬찬하다[2]. **천천-히**부 ¶ 천천히 걷다.

천ː천히걸을쇠-발(-夊-)[-쇠-/-쉐-]명 한자 부수의 한 가지. '夔'·'夏' 등에서의 '夊'의 이름.

천ː첩(賤妾) Ⅰ명 기생이나 종으로서 남의 첩이 된 여자.
Ⅱ대 지난날, 부녀자가 '자기'를 낮추어 이르던 말.

천첩-옥산(千疊玉山)[-싼]명 수없이 겹쳐 보이는 아름다운 산들.

천청(天聽)명 상제(上帝) 또는 하느님이 들음. ¶ 천청을 어찌 속이리오.

천청만촉(千請萬囑)명 수없이 거듭하여 청을 넣고 부탁함.

천ː-청색(淺靑色)명 연한 청색.

천체(天體)명 우주 공간에 떠 있는 온갖 물체를 통틀어 이르는 말. 〔성운(星雲)·항성·행성·위성·혜성 및 우주 먼지 따위.〕

천ː체(遷替)명하타 옮겨 바꿈.

천체-력(天體曆)명 천체의 위치나 운동·크기·광도(光度) 따위 여러 현상을 예보하고 있는 역서(曆書). 천체 관측이나 항해(航海)에 사용됨. 천체 일표.

천체^일표(天體日表)명 ☞천체력(天體曆).

천체-조(天體潮)명 ☞천문조(天文潮).

천체^좌ː표(天體座標)명 ☞천구 좌표.

천초(川椒)명 ①☞초피나무. ②한방에서, '초피나무 열매의 껍질'을 약재로 이르는 말. ②파초(芭椒).

천ː초(茜草)명 ☞꼭두서니.

천ː촉(喘促)명 ①하자숨을 가쁘게 쉬면서 헐떡거림. ②한방에서, 숨이 차서 헐떡이며 힘없이 기침을 연달아 하는 병증을 이름.

천촌만락(千村萬落)[-말-]명 수없이 많은 촌락.

천총(天寵)명 '임금의 총애'를 높이어 이르던 말. ¶ 천총을 입다.

천추(千秋)명 오래고 긴 세월, 또는 먼 장래. ¶ 천추의 한(恨).

천추(天樞)명 북두칠성의 하나. 국자 모양의 앞쪽 위의 별. 2등성. 참천선(天璇).

천ː추(遷推)명하타되자 미적미적 끌어 가거나 미룸.

천추-만세(千秋萬歲)명 ①☞천만년. ②장수(長壽)를 축수하는 말. ¶ 천추만세를 빌고 또 빕니다. 준천세.

천추만세-후(千秋萬歲後)명 '어른이 죽은 뒤'를 높이어 이르는 말. 준천세후.

천추-사(千秋使)명 조선 시대에, 명(明)나라 황태자의 생일을 축하하기 위하여 보내던 사신(使臣).

천추-유한(千秋遺恨)명 오래도록 길이 잊지 못할 원한(怨恨).

천축(天竺)명 지난날 중국에서, '인도(印度)'를 이르던 말.

천축-계(天竺桂)[-꼐/-께]명 코카(coca).

천ː출(賤出)명 천첩의 소생. 천생(賤生).

천측(天測)명하자 경위도(經緯度)를 알기 위해 천체를 관측함. ¶ 천측 기계.

천층만층(千層萬層)명 ①수없이 많이 포개진 켜. ②(사물의) 매우 많은 층등(層等), 또는 층진 모양. ¶ 상품의 등급도 천층만층이다. 준천만층(千萬層).

천치(天痴)명 ☞백치(白痴).

천칙(天則)명 우주 대자연의 법칙. ¶ 사람이 죽고 삶은 천칙에 달렸다. 비섭리(攝理).

천칭(天秤)명 〈천평칭(天平秤)〉의 준말.

천ː칭(賤稱)명하타 천하게 일컬음, 또는 천한 칭호.

천칭-궁(天秤宮)명 ☞천칭자리.

천칭-자리(天秤-)명 황도 십이궁의 하나. 처녀자리와 전갈자리 사이에 있는 별자리. 별의 밝기가 낮아 7월 초순 저녁에 남쪽 하늘에 겨우 보이며, 7월 초순 저녁 8시경에 자오선을 통과함. 저울자리. 천칭궁. 천칭좌.

천칭-좌(天秤座)명 ☞천칭자리.

천ː탄(淺灘)명 여울.

천탈기백(天奪其魄)명하자 〔하늘이 넋을 빼앗는다는 뜻으로〕 본성을 잃음. 넋을 잃음.

천태만상(千態萬象)명 천차만별의 상태, 곧 모든 사물이 제각기 다른 모습을 하고 있음을 이르는 말. 천상만태.

천태-종(天台宗)명 법화경(法華經)을 기본 경전으로 하는 대승 불교의 한 파. 〔고려 시대에 성하였음.〕

천택(川澤)명 내와 연못.

천ː토(賤土)명 ☞천향(賤鄕).

천통(天統)명 ①천도(天道)의 강기(綱紀). ②천자의 혈통. ¶ 천통을 잇다.

천-트다[~트니·~터]자 ①(남의) 추천을 받다. ¶ 천트지 못해 벼슬길을 놓쳤다. 참천(薦). ②(경험이 없는 일에) 처음으로 손을 대다.

천파만파(千波萬波)명 ①수없이 많은 물결. ②'(어떤 일이) 크게 물의를 일으키거나 갖가지 사태를 잇달아 유발시키는 현상'을 비유하여 이르는 말. ¶ 무심히 던진 말 한마디가 천파만파의 논란을 불러 왔다. 준천만파.

천판(天板)명 ①관을 덮는 뚜껑. 천개(天蓋). ②광산에서, '광 구덩이의 천장'을 이름.

천편-일률(千篇一律)명 〔시문의 격조가 비슷비슷하다는 뜻으로〕 사물이 모두 판에 박은 듯함을 이르는 말. 《흔히, '-적(的)'의 꼴로 쓰임.》 ¶ 천편일률적인 사고방식.

천평-칭(天平秤)명 저울의 한 가지. 가운데에 세운 줏대의 가로장 양 끝에 저울판이 달려 있음. 준천칭.

천폐(天陛)[-폐/-페]명 임금이 사는 궁전의 섬돌.

천포(天布)명 ☞차일(遮日).

천포-창(天疱瘡)명 ☞천연두(天然痘).

천품(天稟)명 선천적으로 타고난 기품. 성품(性稟). 천자(天資).

천ː품(賤品) 명 ☞천질(賤質).
천풍(天風) 명 하늘 높이 부는 바람.
천필염지(天必厭之) [-렴-] 명하타 하늘이 몹쓸 사람을 미워하여 반드시 벌함.
천하(天下) 명 ①온 세상. 하늘 밑. 보천. 환내(寰內). ¶ 천하를 다스리다. ②한 나라, 또는 정권. ¶ 천하를 얻다. ③〖관형사적 용법〗 세상에 드묾, 또는 세상에 다시 없음. ¶ 천하 명창.
천하를 얻은 듯 관용 매우 기쁘고 흡족함을 이르는 말.
천하(天河) 명 '은하(銀河)'를 달리 이르는 말.
천하(泉下) 명 〔황천(黃泉)의 아래라는 뜻으로〕 '저승'을 이르는 말.
천ː-하다(賤-) 형여 ①(지체나 지위 따위가) 매우 낮다. ¶ 신분이 천하다. ②(생김새나 하는 짓이) 고상하지 않고 더럽거나 상스럽다. ¶ 행동거지가 천하다. ③(물건 따위가 많아서) 귀하지 않고 너무 흔하다. ¶ 길거리에서 파는 천해 빠진 시계. ↔귀(貴)하다. **천-히** 부.
천하-대세(天下大勢) 명 세상이 돌아가는 큰 형세, 곧 국내외의 정세.
천하-만사(天下萬事) 명 세상의 온갖 일. ¶ 천하만사가 귀찮다. 준천하사.
천하-무적(天下無敵) 명 세상에 대적할 만한 상대가 없음을 이르는 말. ¶ 천하무적 함대.
천하-사(天下士) 명 ①세상에 이름난 큰 인물. ②세상의 여러 명사(名士).
천하-사(天下事) 명 ①〈천하만사〉의 준말. ②제왕이 되려고 하는 큰일. ¶ 천하사를 도모하다.
천하-수(天河水) 명 육십갑자의 병오(丙午)와 정미(丁未)에 붙이는 납음(納音). 참대역토.
천하-없어도(天下-) [-업써-] 부 어떤 경우에 이를지라도 꼭. 세상없어도. ¶ 천하없어도 그 일을 해내고야 말겠다.
천하-에(天下-) 감 〔세상에 그런 일도 있나의 뜻으로〕 뜻밖의 일이 '몹시 심함'을 한탄할 때 쓰는 말. 세상에. ¶ 천하에, 몹쓸 사람!
천하-일색(天下一色) [-쌕] 명 세상에 다시 없을 뛰어난 미인. ¶ 천하일색 양귀비.
천하-일품(天下一品) 명 세상에 오직 하나밖에 없거나 그 어떤 것과도 견줄 만한 것이 없을 정도로 매우 뛰어남, 또는 그런 물품. ¶ 어머니의 음식 솜씨는 천하일품이다.
천하-잡년(天下雜-) [-잠-] 명 세상에 다시 없을, 못되고 잡스러운 여자를 욕하여 이르는 말.
천하-잡놈(天下雜-) [-잠-] 명 세상에 다시 없을, 못되고 잡스러운 사내를 욕하여 이르는 말.
천하-장사(天下壯士) 명 세상에서 보기 드문 매우 힘센 장사.
천하-제일(天下第一) 명 세상에 견줄 만한 것이 없이 최고임.
천하-태평(天下太平) 명 ①온 세상이 태평함. ②(근심 걱정이 없거나 성질이 누긋하여) 세상 근심을 모르고 편안함, 또는 그러한 사람. 만사태평.
천ː학(淺學) 명하형 학식이 부족함, 또는 그런 사람. 비박학(薄學). ↔박학(博學).
천ː학-비재(淺學菲才) [-삐-] 명 〔배운 바가 얕고 재주가 없다는 뜻으로〕 '자기의 학식'을 겸손하게 이르는 말.
천한(天旱) 명 가뭄.
천한(天寒) '천한(天寒)하다'의 어근.
천한(天漢) 명 ☞은하(銀河).
천한(賤寒) '천한(賤寒)하다'의 어근.
천ː한(賤漢) 명 신분이 천한 사나이.
천한-백옥(天寒白屋) 명 〔추운 날에 허술한 초가라는 뜻으로〕 '가난한 생활'을 이르는 말.
천한-하다(天寒-) 형여 날씨가 춥다.
천ː한-하다(賤寒-) 형여 지체가 낮고 살림이 가난하다. ¶ 천한한 집안.
천ː해(淺海) 명 얕은 바다. ↔심해(深海).
천ː해ˆ어업(淺海漁業) 명 육지에 가까운 얕은 바다에서 하는 어업. 조개·새우·김·파래 따위를 채취하거나 양식함.
천행(天幸) 명 하늘이 준 은혜나 다행. ¶ 천행으로 구조되다. /그야말로 천행이 아닐 수 없다.
천ː행(踐行) 명하타 실지로 행함.
천ː행(擅行) 명하타 ☞전행(專行).
천ː향(賤鄕) 명 풍속이 비루한 시골. 천토(賤土). ¶ 천향일망정 내게는 둘도 없는 고향일세.
천향-국색(天香國色) [-쌕] 명 ①〔천하제일의 향기와 자색이라는 뜻으로〕 '모란꽃'을 이르는 말. ②'절세미인'을 비유하여 이르는 말.
천ː허(擅許) 명하타 제 마음대로 허가함.
천험(天險) 명하형 (땅 모양이) 천연적으로 험함. ¶ 천험의 요새.
천험지지(天險之地) 명 천연적으로 험하여 요새가 될 만한 땅.
천현지친(天顯之親) 명 (부자·형제간 등) 천륜(天倫)의 지친(至親).
천협(淺狹) '천협하다'의 어근.
천ː협-하다(淺狹-) [-혀파-] 형여 ①얕고 좁다. ②도량이 작고 옹졸하다.
천형(天刑) 명 ☞천벌(天罰).
천혜(天惠) [-혜/-헤] 명 하늘이 베풀어 준 은혜, 곧 자연의 은혜. ¶ 천혜의 보고(寶庫).
천호-만환(千呼萬喚) 명하타 수없이 여러 번 부름.
천ː혼-문(薦魂文) 명 불교에서, 죽은 사람의 영혼이 극락세계로 가도록 축원하는 글.
천ː-홍색(淺紅色) 명 ☞담홍색.
천화(天火) 명 저절로 일어난 화재.
천화(天禍) 명 하늘에서 내리는 재화(災禍).
천화(泉華) 명 온천에서 생기는 석회나 규산질 따위의 앙금.
천ː화(遷化) 명하자 ①변하여 바뀜. ②〔이승의 교화(敎化)가 끝나서 다른 세상에 교화하러 간다는 뜻으로〕 '고승(高僧)의 죽음'을 이르는 말. ②귀적(歸寂).
천화-면(天花麪) 명 천화분으로 만든 국수.
천화-분(天花粉) 명 한방에서, '하늘타리의 뿌리로 만든 가루'를 약재로 이르는 말.
천화-판(天花板) 명 ☞소란 반자.
천환(天宦) 명 태어날 때부터의 고자.
천황(天皇) 명 ①☞옥황상제. ②일본에서, 자국의 '임금'을 일컫는 말.
천ː-황색(淺黃色) 명 ☞담황색.
천황-씨(天皇氏) 명 삼황(三皇)의 으뜸인 중국 고대의 전설적인 임금.
천회(天灰) [-회/-훼] 명 광중(壙中)에 관을 넣어 그 가장자리를 메우고 관의 위에 다지는 석회.
천ː횡(擅橫) [-횡/-휑] 명하타 아무 거리낌 없이 제 마음대로 함.
천후(天候) 명 ①날씨. 일기. ②기후. 천기.
철[1] 명 ①(자연현상에 따라) 한 해를 네 시기로 나눈 중의 한 시기. 계절. 시절. ¶ 철 이른 푸른 버들. ②한 해 가운데서 무엇을 하기에 알맞거나, 많이 하는 때(시기). ¶ 모내기 철. ③〈제철〉의 준말. ¶ 철을 만나다. /철 지난 옷.
철 그른 동남풍 속담 '얼토당토않은 흰소리를 함'을 이르는 말.

철[2]명 사리를 가릴 줄 아는 힘. 지각(知覺). ¶ 철이 들 나이. /철이 나다.

철(鐵)명 ①금속 원소의 한 가지. 순수한 것은 은백색의 광택을 띠고, 연성과 전성이 풍부하며 자성(磁性)이 강하므로, 금속 가운데 가장 용도가 많음. 쇠. 〔Fe/26/55.847〕 ②'견고함, 강함, 굳셈'을 비유하여 이르는 말. ¶ 철의 여인.

-철(綴)접미 《일부 명사 뒤에 붙어》 '여러 장의 문서나 서류 따위를 한데 꿰매어 놓은 물건임'을 뜻함. ¶ 서류철. /신문철.

철가(撤家)명하자 온 가족을 데리고 다른 곳으로 옮기려고 살림살이를 뭉뚱그림, 또는 뭉뚱그려 떠남.

철가-도주(撤家逃走)명하자 온 가족과 함께 살림살이를 뭉뚱그려 달아남.

철각(凸角)명 180° 보다 작은 각. ↔요각(凹角).

철각(鐵脚)명 ①(교량·탑 따위의 밑을 받치는) 쇠로 만든 다리. ②무쇠처럼 튼튼한 다리.

철갑(鐵甲)명 ①쇠로 만든 갑옷. 철의(鐵衣). ②어떤 물건의 겉에 다른 물질을 흠뻑 칠하여 이룬 겉더께. 칠갑(漆甲).

철갑-둥어(鐵甲-)[-뚱-]명 철갑둥엇과의 바닷물고기. 몸길이 15 cm가량. 온몸이 광택 있는 황색의 딱딱한 비늘로 덮여 있어 솔방울 같음. 몸은 길둥근데 옆으로 납작함. 아래턱에는 발광관(發光管)이 있고 발광 박테리아가 기생하여 밤에 청백색의 센 빛을 냄. 식용함. 한국·필리핀·남아프리카 연해 등지에 분포함.

철갑-상어(鐵甲-)[-쌍-]명 철갑상엇과의 바닷물고기. 몸길이 1.5 m 가량. 몸빛은 등이 회청색, 배는 흼. 몸은 긴 원통형인데 주둥이가 길고 뾰족하여 칼상어와 비슷함. 우리나라 연해에 분포함.

철갑-선(鐵甲船)[-썬]명 쇠로 겉을 싸서 만든 병선(兵船). ¶ 거북선은 세계 최초의 철갑선이다.

철갑-탄(徹甲彈)명 적의 장갑(裝甲)이나 견고한 목표물 따위를 뚫거나 파괴하기 위하여 사용하는 탄환. 파갑탄(破甲彈).

철강(鐵鋼)명 ①선철과 강철을 아울러 이르는 말. ②☞강철. ¶ 철강 공업.

철강-업(鐵鋼業)명 철광석을 원료로 하여 여러 가지 강재를 생산하는 산업.

철갱(鐵坑)명 철광석을 파내는 광산의 굴.

철거(撤去)명하타되자 〔거두어 가지고 가거나 없앤다는 뜻으로〕 건물이나 시설 따위를 걷어치워 버림. ¶ 철거 작업. /무허가 건물을 철거하다.

철거덕부하자타 ①차진 큰 물체가 세게 들러붙는 소리, 또는 그 모양. ②쇠붙이 따위가 세게 맞부딪칠 때 나는 소리, 또는 그 모양. ¶ 쇠빗장을 철거덕하고 걷다. 작찰가닥. 센철꺼덕. 거철커덕. 여절거덕. **철거덕-철거덕**부하자타.

철거덕-거리다[-꺼-]자타 자꾸 철거덕철거덕하다. 철거덕대다. 작찰가닥거리다.

철거덕-대다[-때-]자타 철거덕거리다.

철거덩부하자타 쇠붙이 따위가 세게 부딪칠 때에 묵직하게 울리어 나는 소리. ¶ 철문을 철거덩 닫다. 작찰가당. 센철꺼덩. 거철커덩. 여절거덩. **철거덩-철거덩**부하자타.

철거덩-거리다자타 자꾸 철거덩철거덩하다. 철거덩대다. 작찰가당거리다.

철거덩-대다자타 철거덩거리다.

철걱부하자타 쇠붙이 따위가 세게 맞부딪치거나 걸릴 때 나는 소리, 또는 그 모양. 작찰각. 센철꺽. 거철컥. 여절걱. **철걱-철걱**부하자타.

철걱-거리다[-꺼-]자타 자꾸 철걱철걱하다. 철걱대다. 작찰각거리다.

철걱-대다[-때-]자타 철걱거리다.

철-겹다[-따][~겨우니·~겨워]형ㅂ 제철에 뒤져서 맞지 않다. ¶ 철겹게 오는 비.

철-경고(鐵硬膏)명 쇳가루를 섞어 만든 고약.

철골(徹骨)[1]명 '몸이 야위어 뼈만 앙상한 모양'을 이르는 말. ¶ 병을 앓고 철골이 되다.

철골(徹骨)[2]명하자 뼈에 사무침.

철골(鐵骨)명 ①(교량·철탑·공장·고층 건물 따위) 큰 건축의 뼈대가 되는 철재(鐵材). ②(쇠처럼) 굳세게 생긴 골격. ¶ 철골의 사나이.

철골^구조(鐵骨構造)명 건축물의 주요 구조를 철강재로 한 구조.

철골^철근^콘크리ː트^구조(鐵骨鐵筋concrete構造)명 철골을 중심으로 하고, 철근으로 에워싸서 콘크리트를 박아 단일체로 만든 복합 구조.

철골-태(鐵骨胎)명 쇳가루가 섞인 유약을 올려 구운 도자기의 몸. 단단하며 거망빛임.

철공(鐵工)명 쇠를 다루어 제품을 만드는 일, 또는 그 일을 하는 직공.

철공-소(鐵工所)명 쇠로 갖가지 제품을 만드는 소규모의 공장.

철-공장(鐵工場)명 쇠로 갖가지 제품을 만드는 공장.

철관(鐵冠)명 쇠로 살을 댄 관. ¶ 철관풍채는 심산 맹호 같은지라(烈女春香守節歌).

철관(鐵棺)명 쇠로 만든 관(棺).

철관(鐵管)명 쇠로 만든 관(管).

철광(鐵鑛)명 ①〈철광석〉의 준말. ②철광석이 나는 광산.

철-광석(鐵鑛石)명 철을 포함하고 있는 광석. 〔자철석·적철석·갈철석 따위.〕 준철광.

철교(鐵橋)명 ①〈철도교〉의 준말. ②철골(鐵骨) 구조로 된 교량.

철군(撤軍)명하자 주둔하던 곳에서 군대를 철수함. 철병(撤兵).

철궁(鐵弓)명 쇠로 만든 전투용 활.

철권(鐵拳)명 〔쇠뭉치 같은 주먹이란 뜻으로〕 '굳센 주먹'을 이르는 말. ¶ 천하무적의 철권.

철궤(鐵軌)명 철로의 레일.

철궤(鐵櫃)명 철판으로 만든 궤.

철-궤연(撤几筵)명하자 (삼년상을 마친 뒤) 신주(神主)를 사당에 모시고 빈소를 거두어 치움, 또는 그 일.

철귀(撤歸)명하자 ☞철환(撤還).

철그렁부하자타 좀 큰 쇠붙이 따위가 떨어지거나 서로 세차게 부딪칠 때 울리어 나는 소리. 작찰그랑. 여절그렁. 참쩔그렁. **철그렁-철그렁**부하자타.

철그렁-거리다자타 자꾸 철그렁철그렁하다. 철그렁대다. 작찰그랑거리다.

철그렁-대다자타 철그렁거리다.

철근(鐵筋)명 (건물이나 구조물을 지을 때) 콘크리트 속에 박아 뼈대로 삼는 가는 쇠막대.

철근^콘크리ː트(鐵筋concrete)명 건축물의 구조재로서, 철근을 뼈대로 삼은 콘크리트.

철금(鐵琴)명 건반 타악기의 한 가지. 작은 쇳조각을 음계에 맞게 늘어놓아 두들겨서 소리를 냄. 글로켄슈필.

철기(鐵器)명 '쇠로 만든 그릇이나 연모'를 두루 이르는 말. ¶ 철기 문화.

철기(鐵騎)명 ①옛날에, 철갑으로 무장하고 말을 타던 군사. ②용맹한 기병.

철기^시대(鐵器時代)명 고고학에서, 연모의 재료에 따라 구분한 인류 발전의 한 단계. 석기·청동기 시대의 다음 단계로서 철을 이용하여 여러 가지 연모를 만들어 쓰던 시대.
철-길(鐵-)[-낄]명 레일을 깔아 기차나 전차 등이 다닐 수 있게 땅 위에 길게 깔아 만든 궤도의 길. 철로.
철꺼덕부하자타 〈철거덕〉의 센말. 작찰까닥. 여절꺼덕.
철꺼덩부하자타 〈철거덩〉의 센말. 작찰까당. 여절꺼덩.
철꺽부하자타 〈철걱〉의 센말. 작찰깍. 여절꺽.
철-끈(綴-)명 문서 따위를 철할 때 쓰는 끈.
철-나다[-라-]자 (아이가 자라면서) 사리를 가릴 줄 아는 힘이 생기다. 철들다. ¶ 나이 열 살이면 철날 나이라네.
철농(撤農)[-롱]명하자 농사를 걷어치움.
철-다각형(凸多角形)[-가켱]명 '볼록 다각형'의 구용어.
철단(鐵丹)[-딴]명 (금속제의 그릇이나 기계 등에) 녹이 슬지 않게 바르는 붉은 도료. 주성분은 산화 제이철. 변병(辨柄).
철대[-때]명 〈갓철대〉의 준말.
철도(鐵道)[-또]명 ①철길. 철로. ②열차의 운행을 위한 갖가지 시설과 교통수단을 통틀어 이르는 말. ¶ 철도를 이용한 귀성객.
철도-교(鐵道橋)[-또-]명 열차가 다니도록 레일을 깔아 놓은 교량. 준철교.
철도-망(鐵道網)[-또-]명 철도가 이리저리 그물처럼 벋어 있는 교통 조직.
철도-청(鐵道廳)[-또-]명 건설 교통부에 딸리어 철도에 관한 사무를 맡아보던 중앙 행정 기관의 하나.
철도-편(鐵道便)[-또-]명 철도를 이용하는 교통편. ¶ 짐을 철도편으로 보내라.
철독(鐵毒)[-똑]명 쇳독.
철두-철미(徹頭徹尾)[-뚜-]부하형 처음부터 끝까지 철저하게. 철상철하. ¶ 철두철미한 사람.
철-둑(鐵-)[-뚝]명 〈철롯둑〉의 준말.
철-들다[~드니·~들어]자 철나다. ¶ 철들 나이.
철-따구니명 〈철2〉의 속된 말.
철-딱서니[-써-]명 〈철2〉의 속된 말.
철-딱지[-찌]명 〈철2〉의 속된 말.
철떡부하자 차지거나 젖은 물체가 세게 들러붙는 모양, 또는 그 소리. ¶ 진흙이 철떡 들러붙어 떨어지지 아니하다. 작찰딱. 철떡-철떡부하자.
철떡-거리다[-꺼-]자 자꾸 철떡철떡하다. 철떡대다.
철떡-대다[-때-]자 철떡거리다.
철럭-거리다[-꺼-]자타 자꾸 철럭철럭하다. 철럭대다. 철럭이다. 작찰락거리다.
철럭-대다[-때-]자타 철럭거리다.
철럭-이다자타 철럭거리다. 작찰락이다.
철럭-철럭부하자타 ①큰 그릇에 담긴 물이나 넓은 곳에 갇힌 물이 물결이 일어 가장자리에 자꾸 부딪치며 나는 소리, 또는 그 모양. ②큰 쇠붙이들이 서로 자꾸 부딪치는 소리, 또는 그 모양. 작찰락찰락.
철렁부 ①하자(넓고 깊은 곳에) 괸 물이 물결을 이루며 한 번 움직이는 모양, 또는 그 소리. ②하자타엷은 쇠붙이 따위가 한 번 부딪쳐서 울려 나는 소리. 여절렁. 참쩔렁. ③하자마음에 크게 충격을 받아 흔들리는 모양. ¶ 가슴이 철렁 내려앉다. ③비덜렁4. ①②작찰랑. 철렁-철렁부하자타.
철렁-거리다자타 자꾸 철렁철렁하다. 철렁대다. 작찰랑거리다.
철렁-대다자타 철렁거리다.
철렁-철렁부하형 작은 그릇에 가득 담긴 물 따위가 넘칠 듯 넘칠 듯한 모양. ¶ 대접에 철렁철렁하도록 막걸리를 따르다. 작찰랑찰랑. 큰칠렁칠렁.
철렁-하다형여 작은 그릇에 담긴 물 따위가 넘칠 듯이 그득하다. 작찰랑하다. 큰칠렁하다.
철렴(撤簾)명하자 〔발을 거둔다는 뜻으로〕 수렴청정(垂簾聽政)을 거둠.
철로(鐵路)명 ☞철길. 철도.
철로-바탕(鐵路-)명 철도의 레일이 깔린 자리.
철록-어미명 '담배를 쉬지 않고 계속하여 피우는 사람'을 조롱하여 이르는 말.
철롯-둑(鐵路-)[-로뚝/-롣뚝]명 철로가 설치되어 있는 높은 둑. 준철둑.
철롱(鐵籠)명 쇠로 만든 농이나 바구니·둥우리를 두루 이르는 말.
철륜(鐵輪)명 ①쇠로 만든 바퀴. ②'기차'를 달리 이르는 말.
철륜-대감(鐵輪大監)명 민속에서, 대추나무에 있다는 귀신으로, 매우 영험이 있다고 함.
철리(哲理)명 ①매우 깊고 오묘한 이치. ②철학상의 이치나 원리.
철릭명 무관이 입던 공복의 한 가지. 직령(直領)으로서 허리에 주름이 잡히고, 넓은 소매가 달렸음.
철마(鐵馬)명 〔쇠로 된 말이라는 뜻으로〕 '기차'를 달리 이르는 말.
철망(鐵網)명 ①철사를 얽어서 만든 그물. ②〈철조망〉의 준말.
철망간-중석(鐵Mangan重石)명 ☞볼프람철광.
철매명 ①연기 속에 섞여 나오는 검은 가루. 연매(煙煤). ②구들장 밑이나 굴뚝 안에 끈끈하게 엉겨 붙은 그을음.
철면(凸面)명 가운데가 볼록해진 면. ↔요면(凹面).
철면(鐵面)명 ①검붉은 얼굴. ②쇠로 된 탈.
철면-경(凸面鏡)명 ☞볼록 거울.
철-면피(鐵面皮)명 〔무쇠처럼 두꺼운 낯가죽이라는 뜻으로〕 '뻔뻔스럽고 염치없는 사람'을 이르는 말. 면장우피(面張牛皮). 후안(厚顔). 참파렴치한.
철면피-한(鐵面皮漢)명 철면피의 사나이. 후안무치의 사나이.
철모(鐵帽)명 (전투할 때 군인이 쓰는) 강철로 만든 둥근 모자.
철-모르다[~모르니·~몰라]자르 아직 어려서 사리를 분별할 줄 모르다. ¶ 철모르는 어린것을 탓하다.
철목(綴目)명하자타 여러 가지 조목이나 종목을 벌여 적음, 또는 그렇게 적은 조목이나 종목. ¶ 행사의 순서들을 철목하다.
철문(鐵門)명 쇠로 만든 문. 쇠문.
철물(鐵物)명 쇠로 만든 여러 가지 물건. ¶ 철물 가게.
철물-전(鐵物廛)명 철물로 된 상품을 전문으로 다루는 가게. 철물점.
철물-점(鐵物店)명 ☞철물전.
철반(鐵盤)명 쇠로 만든 쟁반.
철-반자(鐵-)명 철사를 '井' 자 모양으로 켕겨 매고 종이를 바른 반자.
철-방향(鐵方響)명 국악 연주용 악기의 한 가지. 쇠로 만든 방향.

철배(撤排)명하타 (의식이 끝나) 식장에 배설(排設)했던 물건을 치움.
철버덕부하자타 옅은 물이나 진창을 거세게 밟거나 칠 때 나는 소리, 또는 그 모양. ¶ 진창에 철버덕 넘어지다. 작찰바닥. 여절버덕. **철버덕-철버덕**부하자타.
철버덕-거리다[-꺼-]자타 자꾸 철버덕철버덕하다. 철버덕대다. 작찰바닥거리다.
철버덕-대다[-때-]자타 철버덕거리다.
철버덩부하자타 묵직한 물체가 물에 세게 떨어질 때 울리어 나는 소리, 또는 그 모양. ¶ 청은 강물 속으로 철버덩 뛰어들었다. 작찰바당. 여절버덩. **철버덩-철버덩**부하자타.
철버덩-거리다자타 자꾸 철버덩철버덩하다. 철버덩대다. 작찰바당거리다.
철버덩-대다자타 철버덩거리다.
철벅부하자타 옅은 물이나 진창을 세게 밟거나 칠 때 나는 소리, 또는 그 모양. 작찰박. 여절벅. **철벅-철벅**부하자타.
철벅-거리다[-꺼-]자타 자꾸 철벅철벅하다. 철벅대다. 작찰박거리다.
철벅-대다[-때-]자타 철벅거리다.
철-벌레명 한 철에만 나타났다 없어지는 벌레.
철벙부하자타 크고 묵직한 물체가 깊은 물에 세게 떨어질 때 나는 소리, 또는 그 모양. ¶ 강물에 철벙 뛰어들다. 작찰방. 여절벙. **철벙-철벙**부하자타.
철벙-거리다자타 자꾸 철벙철벙하다. 철벙대다. 작찰방거리다.
철벙-대다자타 철벙거리다.
철벽(鐵壁)명 〔쇠로 만든 벽이라는 뜻으로〕 '아주 튼튼한 장벽이나 방비'를 이르는 말. ¶ 금성(金城) 철벽. /철벽 수비.
철벽-같다(鐵壁-)[-깓따]형 방비가 매우 철저하다. ¶ 철벽같은 방어. **철벽같-이**부.
철병(撤兵)명하자 주둔지에서 군사를 철수시킴. 철군(撤軍).
철-복(-服)명 제철에 맞는 옷.
철봉(鐵棒)명 ①쇠몽둥이. ②'쇠로 된 막대기 모양의 물건'을 두루 이르는 말. ③체조 용구의 한 가지. 좌우 두 개의 기둥에 쇠막대기를 걸쳐 고정시켰음.
철봉^운:동(鐵棒運動)명 체조 경기의 한 가지. 철봉에 매달려 앞뒤로 흔들거나 도는 동작이 중심이 되어 여러 가지 기술을 연기함.
철-부지(-不知)명 ①철이 없는 아이. ¶ 철부지 소년. ②철이 없는 어리석은 사람.
철분(鐵分)명 (어떤 물질 속에 들어 있는) 철(鐵)의 성분. ¶ 철분이 많은 시금치.
철분(鐵粉)명 ①쇠의 가루. ②한방에서, 철화분(鐵華粉)을 정제한 약재. 진경제(鎭痙劑)·강장제로, 그리고 수종·황달 등에 쓰임.
철비(鐵扉)명 쇠로 만든 문짝.
철빈(鐵貧)명하형 더할 수 없이 가난함. 적빈(赤貧).
철사(撤祀)[-싸]명하자 제사를 마침.
철사(鐵砂)[-싸]명 ☞사철(沙鐵).
철사(鐵絲)[-싸]명 쇠로 만든 가는 줄. 철선.
철사-유(鐵砂釉)[-싸-]명 철분이 많은 흙을 원료로 하여 만든 잿물.
철삭(鐵索)[-싹]명 여러 가닥의 철사를 꼬아 만든 줄.
철상(撤床)[-쌍]명하자 음식상이나 제사상 위에 차린 음식을 거두어 치움.
철상(鐵像)[-쌍]명 쇠로 만든, 사람이나 동물 따위의 형상. ¶ 이순신 장군의 철상.
철상철하(徹上徹下)[-쌍-]부하형 ①☞철두철미. ②위에서 아래까지 꿰뚫듯 훤함. ¶ 주역(周易)에는 철상철하하여 견줄 이가 없을 정도이다.
철-새[-쌔]명 철을 따라서 살 곳을 바꾸어 사는 새. 기후조. 표조(漂鳥). 후조(候鳥). ↔텃새.
철색(鐵色)[-쌕]명 검푸르고 희읍스레한 빛깔.
철색(鐵索)명 '철삭'의 잘못.
철석(鐵石)[-썩]명 〔쇠와 돌이라는 뜻으로〕 '굳고 단단함'을 비유하여 이르는 말. ¶ 철석의 맹세.
철석-간장(鐵石肝腸)[-썩깐-]명 쇠나 돌같이 굳고 단단한 마음. 석장. 철심석장(鐵心石腸). ¶ 철석간장이라도 녹일 듯한 애처로운 울음소리.
철석-같다(鐵石-)[-썩깓따]형 (의지나 약속이) 쇠나 돌같이 굳고 단단하다. ¶ 철석같은 약속. **철석같-이**부 ¶ 철석같이 믿다.
철-석영(鐵石英)[-써경]명 산화철을 많이 함유하여 붉은빛을 띤 석영.
철선(鐵船)[-썬]명 쇠로 만든 배.
철선(鐵線)[-썬]명 ☞철사(鐵絲).
철설(鐵屑)[-썰]명 ①쇠의 부스러기나 가루. ②☞쇠똥1.
철쇄(鐵鎖)[-쐐]명 ①쇠로 만든 자물쇠. ②쇠사슬.
철수(撤收)[-쑤]명하자타되자 ①거두어들이거나 걷어치움. ¶ 장비를 철수하다. ②진출하였던 곳에서 시설이나 장비를 거두고 물러남. 철퇴. ¶ 철수 작전.
철수(鐵銹·鐵鏽)[-쑤]명 쇠에 스는 녹. 철의.
철습(掇拾)[-씁]명하타 주워 모음.
철시(撤市)[-씨]명하자되자 (어떤 사정으로) 시장이나 상가의 문을 닫고 장사를 하지 아니함. 철전(撤廛). ¶ 명절날이면 대부분의 상가는 철시한다.
철심(鐵心)[-씸]명 ①쇠처럼 단단한 마음. 철장(鐵腸). ②쇠로 속을 박은 물건의 심.
철심-석장(鐵心石腸)[-씸-짱]명 ☞철석간장(鐵石肝腸).
철써기명 여칫과의 곤충. 몸길이 5~7 cm. 몸빛깔은 녹색 또는 갈색. 여치 비슷하나 날개가 더 크고 넓음. 몸보다 긴 실 모양의 촉각이 있으며 뒷다리는 특히 길고 뭉툭함.
철써덕부하자타 액체의 면이 넓적한 물체와 세게 부딪칠 때 크게 울리어 나는 소리, 또는 그 모양. 작찰싸닥. 여절써덕. **철써덕-철써덕**부하자타.
철써덕-거리다[-꺼-]자타 자꾸 철써덕철써덕하다. 철써덕대다. 작찰싸닥거리다.
철써덕-대다[-때-]자타 철써덕거리다.
철썩부하자타 ①액체의 면이 넓적한 물체와 세게 부딪칠 때 차지게 나는 소리, 또는 그 모양. ¶ 파도가 밀려와 철썩 부딪치는 소리. ②차진 물건을 물체에 던지거나 손바닥 따위로 세게 때릴 때 나는 소리, 또는 그 모양. ¶ 궁둥이를 철썩 때리다. 작찰싹. 여절썩. **철썩-철썩**부하자타.
철썩-거리다[-꺼-]자타 자꾸 철썩철썩하다. 철썩대다. 작찰싹거리다.
철썩-대다[-때-]자타 철썩거리다.
철안(鐵案)명 좀처럼 변경할 수 없는 단안, 또는 확고한 의견. ¶ 철안을 내리다.
철-압인(鐵壓印)명 쇠로 만든 압인. 준철인.
철액(鐵液)명 한방에서, 대장간에서 나는 쇠똥을 물에 오래 담가서 우린 물을 약재로 이르는 말.

철액-수(鐵液水)[-쑤]명 ☞철장(鐵漿).
철야(徹夜)명하자 자지 않고 밤을 새움. 밤새움. 망야(罔夜). 통소(通宵). ¶ 철야 작업.
철-어렁이(鐵-)명 철사를 엮어 만든 삼태기. 광석이나 버력 따위를 담아 붓는 데 쓰임.
철-없다[처럽따]형 사리를 분별할 만한 지각이 없다. ¶ 철없는 아이. **철없-이**부 ¶ 철없이 굴지 마라.
철엽(鐵葉)명 대문짝에 붙여 박는 장식의 한 가지. 쇠로 물고기 비늘 모양으로 만듦.
철오(徹悟)명하타 사물의 깊은 이치를 꿰뚫어 깨달음.
철옥(鐵獄)명 견고한 감옥. 규율이 엄한 감옥.
철옹-산성(鐵甕山城)명 〈철옹성(鐵甕城)〉의 본딧말. 준옹성.
철옹-성(鐵甕城)명 〔무쇠로 만든 독처럼 튼튼히 쌓은 산성이라는 뜻으로〕'매우 튼튼히 둘러싼 것이나 그러한 상태'를 비유하여 이르는 말. ¶ 철옹성 같은 경비 태세. 본철옹산성.
철완(鐵腕)명 (무쇠처럼) 억세고 야무진 팔. ¶ 철완의 투수.
철요(凸凹)명하형 ☞요철(凹凸).
철-운모(鐵雲母)명 (여섯 모진 판이나 비늘 조각 모양의) 철분을 많이 함유하고 있는 검은빛의 운모.
철음(綴音)명 자음과 모음이 어울려서 이루어진 음절의 음.
철의(鐵衣)[처릐/처리]명 ①☞철갑(鐵甲). ②☞철수(鐵銹).
철의 장막(鐵-帳幕)[처릐-/처레-] 지난날, 공산권의 '정치적 비밀주의'·'폐쇄성'을 비유하여 이르던 말.
철인(哲人)명 사리에 밝고 인격이 뛰어난 사람. ¶ 철인 소크라테스. 비철학자.
철인(鐵人)명 몸이나 힘이 쇠처럼 강한 사람.
철인(鐵印)명 ①〈철압인〉의 준말. ¶ 철인을 누르다. ②인쇄에서, 강철이나 놋쇠로 만들어 두꺼운 양장 표지에 금자(金字)를 찍는 데 쓰는 무늬 조각판.
철-자(鐵-)명 쇠붙이로 만든 자. 철척(鐵尺).
철자(綴字)[-짜]명하자 말의 소리를 소리글자로써 맞추어 나타냄, 또는 그렇게 짜 맞춘 글자. 〔'ㅊ+ㅓ+ㄹ→철' 따위.〕
철자-법(綴字法)[-짜뻡]명 ☞맞춤법.
철장(鐵杖)[-짱]명 쇠로 만든 지팡이.
철장(鐵場)[-짱]명 철점(鐵店)에서 쇠를 불리는 곳.
철장(鐵腸)[-짱]명 ☞철심(鐵心).
철장(鐵漿)[-짱]명 한방에서, '무쇠를 물에 우려낸 물'을 약재로 이르는 말. 〔수렴제로 쓰임.〕 철액수(鐵液水).
철재(鐵材)[-째]명 공업이나 건축에 쓰이는 쇠붙이 재료.
철저(徹底)[-쩌]명하형 (어떤 일을) 속속들이 꿰뚫어 미치어 빈틈이나 부족함이 없이 밑바닥까지 투철함. ¶ 철저한 연구 태도. **철저-히**부.
철적(轍迹)[-쩍]명 〔수레바퀴의 자국이라는 뜻으로〕 사물의 '지나간 흔적'을 비유하여 이르는 말.
철적(鐵笛)[-쩍]명 ①☞태평소. ②쇠붙이로 만든 저.
철전(撤廛)[-쩐]명하자 ☞철시(撤市).
철전(鐵箭)[-쩐]명 '쇠로 만든 화살'을 통틀어 이르는 말. 〔육량전·아량전·장전 따위.〕
철전(鐵錢)[-쩐]명 쇠를 녹여 만든 돈.
철점(鐵店)[-쩜]명 지난날, 광석을 캐어서 쇠를 불리던 곳.
철정(鐵釘)[-쩡]명 쇠못.
철제(鐵製)[-쩨]명 쇠붙이를 재료로 하여 만듦, 또는 그 물건. ¶ 철제 상자.
철제(鐵劑)[-쩨]명 철 결핍성 빈혈에 쓰이는, 철분을 주성분으로 한 약제. 〔강장·보혈제로 쓰이는 유산철·황산철 따위.〕
철제(鐵蹄)[-쩨]명 ①☞편자. ②'힘차고, 잘 걷는 말'을 이르는 말. ②준마(駿馬).
철조(凸彫)[-쪼]명 ☞돋을새김. ↔요조(凹彫).
철조(輟朝)[-쪼]명하자 임금이 조회를 폐함. 폐조.
철조(鐵條)[-쪼]명 굵은 철사.
철조(鐵彫)[-쪼]명하자 쇠붙이에 조각함, 또는 조각한 것.
철조-망(鐵條網)[-쪼-]명 가시철로 된 철조를 늘여 얼기설기 쳐 놓은 울타리. 여러 모양이 있으며, 전류를 흐르게 한 것도 있음. ¶ 철조망을 치다. 준철망.
철주(掣肘)[-쭈]명하타 남에게 간섭하여 '마음대로 하지 못하게 말림'을 비유하여 이르는 말. 〔'여씨춘추'의 '구비편'에 나오는 말로, 공자의 제자 복자천(宓子賤)에 얽힌 고사에서 유래함.〕
철주(鐵舟)[-쭈]명 쇠로 만든 작은 배.
철주(鐵朱)[-쭈]명 ☞대자석(代赭石).
철주(鐵柱)[-쭈]명 쇠로 만든 기둥이나 말뚝.
철-주자(鐵鑄字)[-쭈-]명 쇠를 부어 만든 주자.
철-중석(鐵重石)명 철과 텅스텐이 주성분인 광석의 한 가지.
철중-쟁쟁(鐵中錚錚)[-쭝-]명하형 '같은 또래 중에서 뛰어남'을 이르는 말.
철-질(鐵-)명하자 번철에다 부침개를 부치는 일.
철쭉명 철쭉과의 낙엽 활엽 관목. 산지에 흔히 나는데, 관상용으로 심기도 함. 잎은 어긋맞게 나지만 가지 끝에서는 많이 모여나고 5월경에 진달래꽃 비슷한 분홍과 연분홍 꽃이 핌. 개꽃. 철쭉나무. 산객(山客). 척촉(躑躅).
철쭉-꽃[-꼳]명 철쭉의 꽃. 척촉화. *철쭉꽃이[-꼬치]·철쭉꽃만[-꼰-]
철쭉-나무[-쭝-]명 ☞철쭉.
철창(鐵窓)명 ①쇠로 창살을 만든 창문. ②'감옥(교도소)'을 비유하여 이르는 말.
철창 없는 감옥관용 '감옥이나 다름없이 꼼짝할 수 없게 통제와 감시를 받는 곳'을 비유하여 이르는 말.
철창-신세(鐵窓身世)명 감옥에 갇히는 신세. ¶ 철창신세를 지다.
철책(鐵柵)명 쇠살로 만든 우리나 울타리.
철척(鐵尺)명 쇠로 만든 자. 철자.
철천(徹天)명 〔하늘에 사무친다는 뜻으로〕 두고두고 잊을 수 없도록 뼈에 사무침을 이르는 말. 《주로, '철천의'의 꼴로 쓰임.》 ¶ 철천의 원한.
철천(鐵泉)명 탄산철·황산철을 함유하는 온천. 다갈색을 띠며, 류머티즘·부인병에 좋음.
철천지원(徹天之冤)명 하늘에 사무치는 원한. 철천지한(徹天之恨). ¶ 철천지원을 가슴에 품고 복수의 날을 기다리다.
철천지원수(徹天之怨讐)명 원한이 하늘에 사무칠 만큼 크나큰 원수.
철천지한(徹天之恨)명 ☞철천지원.
철철부 물 따위가 많이 넘치는 모양. ¶ 장마로 철철 넘치는 도랑물. 작찰찰.
철철-이부 (한 해의) 철마다. ¶ 철철이 입는 옷.

철-청총이(鐵靑驄-)명 푸른빛의 털에 흰 털이 조금 섞인 말.

철-체(鐵-)명 철사로 쳇불을 메운 체.

철-총이(鐵驄-)명 몸에 검푸른 무늬가 있는 말.

철추(鐵椎)명 ☞철퇴(鐵槌).

철칙(鐵則)명 변경하거나 어길 수 없는 규칙. ¶ 금욕(禁慾)의 철칙을 깨다.

철커덕부하자타 ①차진 물체가 매우 세차게 들러붙는 소리, 또는 그 모양. ②쇠붙이 따위가 세차게 맞부딪칠 때 나는 소리, 또는 그 모양. ¶ 셔터를 철커덕 내리다 작찰카닥. 여절거덕·절커덕·철거덕. 참쩔꺼덕. **철커덕-철커덕**부하자타.

철커덕-거리다[-꺼-]자타 자꾸 철커덕철커덕하다. 철커덕대다. 작찰카닥거리다.

철커덕-대다[-때-]자타 철커덕거리다.

철커덩부하자타 쇠붙이 따위가 세게 부딪칠 때 거칠게 울리어 나는 소리, 또는 그 모양. 작찰카당. 여절거덩·절커덩·철거덩. 참쩔꺼덩. **철커덩-철커덩**부하자타.

철커덩-거리다자타 자꾸 철커덩철커덩하다. 철커덩대다. 작찰카당거리다.

철커덩-대다자타 철커덩거리다.

철컥부하자타 쇠붙이 따위가 세차게 맞부딪치거나 걸릴 때 나는 소리, 또는 그 모양. ¶ 대문이 철컥 닫히다. 작찰칵. 여절걱·절컥·철걱. 참쩔꺽. **철컥-철컥**부하자타.

철컥-거리다[-꺼-]자타 자꾸 철컥철컥하다. 철컥대다. 작찰칵거리다.

철컥-대다[-때-]자타 철컥거리다.

철탄(鐵彈)명 ☞처란.

철탑(鐵塔)명 ①철근이나 철골을 써서 만든 탑. ②(송전선 따위의) 전선(電線)을 지탱하기 위해 세운 쇠기둥.

철태(鐵胎)명 철사유를 입혀 구운 검붉은 도자기의 몸.

철태-궁(鐵胎弓)명 지난날에 쓰던 활의 한 가지. 각궁(角弓)과 비슷하나 몸을 쇠로 만들었음.

철통(鐵通)명 담뱃대의 마디를 뚫는 데 쓰는 쇠꼬챙이.

철통(鐵桶)명 쇠로 만든 통. 쇠통.

철통-같다(鐵桶-)[-갇따]형 조금도 빈틈이 없이 튼튼하다. ¶ 철통같은 수비. /감시가 철통같다. **철통같-이**부.

철퇴(撤退)[-퇴/-퉤]명하자 (자리 잡은 데서) 거두어 물러감. 철수(撤收). ¶ 점령지에서 철퇴하다.

철퇴(鐵槌)[-퇴/-퉤]명 ①쇠몽둥이. ②옛날 병장기의 한 가지. 끝이 둥그렇고 울퉁불퉁한, 길이가 1.8 m쯤 되는 쇠몽둥이. 철추(鐵椎).

철퇴를 가하다〔내리다〕관용 호되게 처벌하거나 큰 타격을 주다. ¶ 마약 사범들에게 철퇴를 가하다.

철파(撤罷)명하타되자 ☞철폐(撤廢).

철판(凸版)명 ☞볼록판.

철판(鐵板)명 쇠를 얄팍하게 늘여 만든 판.

철판을 깔다관용 체면이나 염치를 돌보지 아니하다. ¶ 얼굴에 철판을 깔다.

철편(鐵片)명 쇠붙이의 조각.

철편(鐵鞭)명 ①옛날 병장기의 한 가지. 쇠로 된 채찍. ②〈고들개철편〉의 준말.

철폐(撤廢)[-폐/-페]명하타되자 (어떤 제도나 규정 따위를) 폐지함. 철파(撤罷). ¶ 남녀 차별 제도의 철폐.

철폐(鐵肺)[-폐/-페]명 ①철분이 들어가 쌓인 폐. 호흡기 질환 증상이 있고, 철공에게 흔함. ②진행성 소아마비로 호흡근이 마비된 환자에게 쓰이는 인공호흡 기계.

철필(鐵筆)명 ①☞펜. ②(등사판에 쓰이는) 끝이 뾰족한 쇠붓. ③도장을 새기는 새김칼.

철필-대(鐵筆-)[-때]명 철필의 자루 부분, 곧 철필촉을 꽂아 쓰게 된 자루. 펜대.

철필-촉(鐵筆鏃)명 철필대에 꽂아 쓰는 쇠촉. 펜촉.

철필-판(鐵筆板)명 ☞줄판.

철필-화(鐵筆畫)명 철필로 그린 그림.

철-하다(綴-)타여 (문서나 신문 따위의) 여러 장으로 된 물건을 한데 모아 꿰매다. ¶ 신문을 철하다.

철학(哲學)명 ①인간과 세계에 관한 근본 원리를 연구하는 학문. ②'세계관이나 인생관'을 비유하여 이르는 말. ¶ 누구나 살아가는 철학이 있게 마련이다.

철학-가(哲學家)[-까]명 ①철학에 조예가 깊은 사람. ②☞철학자.

철학-과(哲學科)[-꽈]명 대학에서, 철학을 연구하는 학과.

철학-사(哲學史)[-싸]명 철학 사상의 연원과 변천·추이·발전의 모습을 체계적으로 쓴 역사.

철학-자(哲學者)[-짜]명 철학을 전문으로 연구하는 사람. 철학가. 비철인(哲人).

철한(鐵限)명 변경하거나 어길 수 없는 기한이나 한정.

철한(鐵漢)명 강직하고 굽힘이 없는 사나이.

철혈(鐵血)명 〔쇠와 피, 곧 무기와 군대라는 뜻으로〕《일부 명사 앞에 쓰이어》 '군비(軍備)'와 '병력(兵力)'을 아울러 이르는 말.

철혈^재상(鐵血宰相)명 군사력을 배경으로 정책을 강력하게 밀고 나가는 재상. 〔흔히, 프러시아의 '비스마르크'를 가리킴.〕

철혈^정략(鐵血政略)[-냑]명 군사력을 강화함으로써 국권을 신장시키려는 정략.

철형(凸形)명 가운데가 도도록한 모양.

철화(鐵火)명 ①빨갛게 단 쇠. ②☞총화(銃火). ③'칼과 총'을 달리 이르는 말.

철화-분(鐵華粉)명 한방에서, '강철을 소금물에 담가서 생긴 녹'을 약재로 이르는 말. 〔강장제나 치질약으로 쓰임.〕

철-확(鐵-)명 쇠로 만든 절구. 고추·깨 따위를 찧는 데 쓰임.

철환(撤還)명하자 거두어 가지고 돌아감. 철귀(撤歸).

철환(鐵丸)명 〈처란〉의 본딧말.

철환-제(鐵丸劑)명 철제(鐵劑)로 만든 환약. 허약 체질에 쓰임.

철환-천하(轍環天下)명하자 〔수레를 타고 천하를 돌아다닌다는 뜻으로〕 '세계 각지를 여행함'을 이르는 말. 공자(孔子)가 여러 나라를 두루 다니며 교화하던 일에서 유래함.

철회(撤回)[-회/-훼]명하타되자 일단 낸 것이나 보낸 것을 도로 거두어들임. ¶ 파업 철회. /자신의 주장을 철회하다.

철획(鐵畫)[-획/-훽]명 썩 힘차게 쓴 글씨의 획.

첨:명 〈처음〉의 준말. ¶ 첨부터 서두르다.

첨가(添加)명하타되자 (이미 있는 데에) 덧붙이거나 보탬. 가첨. ¶ 음식물에 각종 조미료를 첨가해서 맛을 내다.

첨가-물(添加物)명 식품 따위를 만들 때 보태어 넣는 것.

첨가-어(添加語)명 ☞교착어(膠着語).
첨가-형(添加形)명 용언의 연결 어미의 한 갈래. 서술되고 있는 사실이 그것으로 끝나지 아니하고 또 다른 사실이 더 이어짐을 나타냄. 〔'-(으)ㄹ뿐더러'·'-(으)ㄴ데다가' 따위.〕
첨감(添減)명하타되자 더 보태거나 덜어 냄.
첨감(添感)명하자 감기가 더침.
첨계(檐階)[-계/-게]명 댓돌.
첨계-석(檐階石)[-계-/-게-]명 ☞첨곗돌.
첨곗-돌(檐階-)[-계똘/-겓똘]명 댓돌을 이루고 있는 낱낱의 돌. 첨계석.
첨기(添記)명하타 덧붙여 적음. 〔흔히, 문서나 편지의 내용 끝에 씀.〕 추신(追伸).
첨ː녕(諂佞)명하자 〔문어 투의 말〕 매우 아첨함.
첨단(尖端)명 ①물건의 뾰족한 끝. ②(시대의 흐름·유행 따위의) 맨 앞장. ¶ 첨단 과학./유행의 첨단을 걷다.
첨단(檐端)명 처마의 끝.
첨단^거ː대증(尖端巨大症)[-쯩]명 뼈끝이나 손가락 끝, 아래턱·코·입술 따위가 크게 되는 병.
첨단^방ː전(尖端放電)명 도체의 뾰족한 끝에 전자가 다른 부분보다 많이 모여 일어나는 방전 현상. 〔피뢰침에서 일어나는 현상 따위.〕
첨-대(籤-)[-때]명 ①(책장 사이나 포갠 물건의 사이에) 표를 하기 위해 끼우는 얇은 댓조각. ②'점대'의 잘못.
첨례(瞻禮)[-녜]명하자 가톨릭에서, 축일(祝日)에 미사를 올림, 또는 그 예식.
첨리(尖利) '첨리하다'의 어근.
첨리-하다(尖利-)[-니-]형여 ☞첨예하다.
첨망(瞻望)명하타 아득히 바라보거나 높은 데를 바라봄. ¶ 고향 하늘을 아득히 첨망하다.
첨모-직(添毛織)명 날실이나 씨실 어느 한쪽을 털이나 고리 모양으로 짜서, 직물의 한 면 또는 양면이 털 모양이나 고리 모양으로 되어있는 직물, 또는 그러한 직조 방식. 〔비로드나 타월 따위.〕 파일(pile).
첨미(尖尾)명 뾰족한 물건의 맨 끝이나 꽁지.
첨ː미(諂媚)명하자 아첨하여 아양을 떪.
첨밀(甛蜜)명 ①단 꿀. 꿀같이 단 것. ②달콤한 말. ②감언(甘言).
첨배(添杯)명하타 따라 놓은 술잔에 술을 더 따름. 첨잔(添盞).
첨배(瞻拜)명하자타 선현(先賢)의 묘소나 사당에 우러러 절함. ¶ 현충사를 첨배하다.
첨벙부하자타 갑자기 물속에 잠길 때 나는 소리, 또는 그 모양. ¶ 아이들은 더워서 냇물에 첨벙 뛰어들었다. 여점벙. **첨벙-첨벙**부하자타.
첨벙-거리다자타 자꾸 첨벙첨벙하다. 첨벙대다. ¶ 목욕탕에서 첨벙거리는 꼬마들.
첨벙-대다자타 첨벙거리다.
첨병(尖兵)명 (적 가까이 행군할 때) 행군 본대의 앞에서 적의 움직임을 살피고 경계하는 소부대, 또는 그 부대의 군사.
첨병(添病)명하자 앓고 있는 병에 또 다른 병이 겹침. 첨증(添症).
첨보(添補)명하타되자 더하여 보충함.
첨봉(尖峯)명 매우 뾰족한 산봉우리.
첨부(添附)명하타되자 (주로 문서나 안건 따위에) 더 보태거나 덧붙임. ¶ 제출 서류에 주민등록 등본 한 통을 첨부하다.
첨사(僉使)명 〈첨절제사〉의 준말.
첨사(籤辭)명 민속에서, 점대에 새겨진 길흉에 관한 점사(占辭).
첨삭(添削)명하타되자 (시문이나 답안 따위를) 보충하거나 삭제하여 고침. 증산(增刪). ¶ 한 자도 첨삭하지 않은 초고.
첨산(添算)명하타되자 더 보태어 계산함.
첨서(添書)명하타되자 ①(원본에) 글을 더 써넣음. ②(편지 따위에서) 다른 사연을 보태어 씀.
첨서^낙점(添書落點)[-쩜]명 왕조 때, 벼슬아치의 임명에서 삼망(三望)에 든 사람이 모두 합당하지 않을 때, 그 밖의 사람을 더 써넣어 점을 찍어 결정하던 일.
첨선(忝先)명하자 〔문어 투의 말〕 조상이 물려준 업을 지키지 못하고 더럽힘.
첨설(添設)명하타되자 더하여 베풂.
첨ː소(諂笑)명하자 아첨하여 웃는 일, 또는 그 웃음.
첨수(尖袖)명 예전에 여자가 입던 옷의 통이 좁은 소매. ↔광수(廣袖).
첨습(沾濕)명하자 물기에 젖음.
첨시(瞻視)명하타 이리저리 둘러봄.
첨앙(瞻仰)명하타 우러러봄. 우러러 사모함.
첨예(尖銳) '첨예하다'의 어근.
첨예-하다(尖銳-)형여 ①끝이 뾰족하고 서슬이 날카롭다. 첨리(尖利)하다. ¶ 첨예한 칼끝. ②(상황이나 사태 따위가) 날카롭고 격하다. ¶ 이해관계가 첨예하게 대립되다. ③(사상이나 행동이) 급진적이고 과격함. ¶ 첨예한 사상 경향.
첨예-화(尖銳化)명하자타되자 (어떤 사태나 행동 따위가) 날카로워지거나 급진적으로 됨. ¶ 첨예화되고 있는 국제 정세.
첨원(尖圓)명하형 끝이 뾰족하면서 둥긂.
첨위(僉位)대 〔문어 투의 말〕 여러분. 제위(諸位). 높첨존(僉尊).
첨ː유(諂諛)명하자 아첨하여 알랑거림. ¶ 첨유를 일삼는 간신배.
첨의(僉意)[처믜/처미]명 여러 사람의 의견.
첨의(僉議)[처믜/처미]명 여러 사람의 의논.
첨입(添入)명하타되자 더 보태어 넣음.
첨자(添字)[-짜]명 ①컴퓨터에서, 배열된 각각의 원소에 정해진 배열 이름, 또는 어떤 수의 진수(進數)를 나타낼 때 오른쪽 아래 덧붙여 쓴 숫자. 〔'A_1, A_2, A_3…' 등에서의 '1, 2, 3…'이나, '$(1011)_2$, $(4321)_5$…' 등에서의 '2, 5…' 따위.〕 ②소리의 차이나 변수를 나타내기 위하여 덧붙이는 소문자. 〔'x_i'·'x^h'에 쓰인 i, h 따위〕
첨자(籤子)명 ①☞점대. ②장도가 칼집에서 쉽게 빠지지 못하게 하는 젓가락 모양의 쇠.
첨작(添酌)명하자 제사 때, 종헌(終獻)으로 올린 술잔에 제주(祭主)가 잔이 넘치게 다시 술을 따르는 일.
첨잔(添盞)명하타 ☞첨배(添杯).
첨장(添狀)명 ☞첨한(添翰).
첨전-고후(瞻前顧後)명하자 ☞전첨후고.
첨-절제사(僉節制使)[-쩨-]명 조선 시대에, 절도사(節度使)의 지휘 아래 있던 종삼품의 군직. 준첨사.
첨족(尖足)명 (관절에 탈이 생겨) 발뒤꿈치가 땅에 닿지 않는 병적인 발.
첨존(僉尊)명 〈첨위(僉位)〉의 높임말.
첨좌(僉座)명 〔주로 편지 글에 쓰이어〕 '여러분 앞'을 뜻하는 말.
첨죄(添罪)[-죄/-췌]명하자 (죄 있는 자가) 거듭하여 죄를 저지름.
첨증(添症)명하자 ☞첨병(添病).

첨증(添增)명하자타 더하여 늘림, 또는 더 늚.
첨지(僉知)명 ①〈첨지중추부사〉의 준말. ②《성(姓) 뒤에 붙어》 '나이 많은 이'를 낮추어 가볍게 부르던 말. ¶ 김 첨지.
첨지(籤紙)[-찌]명 (책 같은 데에) 무엇을 표하느라고 붙이는 쪽지.
첨-지중추부사(僉知中樞府事)명 조선 시대에, 중추부의 정삼품 당상관의 관직. 정원은 8명인데 그 중 3명은 한직(閑職)이었음. 준첨지(僉知).
첨차(檐遮)명 삼포 이상의 집에 있는 꾸밈새. 초제공·이제공 따위의 가운데에 어긋나게 맞추어 짬.
첨찬(添竄)명하타 시문(詩文)을 자꾸 첨삭하여 고침.
첨채(甜菜)명 ☞사탕무.
첨채-당(甜菜糖)명 사탕무로 만든 설탕.
첨첨(添添)부 조금씩 잇달아 더하거나 겹치는 모양. ¶ 솔가리를 첨첨 그러모아 쌓다.
첨치(添齒)명하자 나이를 한 살 더 먹음.
첨탑(尖塔)명 지붕 꼭대기가 뾰족한 탑, 또는 그런 탑이 있는 높은 건물. ¶ 성당의 첨탑.
첨통(籤筒)명 첨사가 적힌 점대를 담는 통.
첨하(檐下)명 처마의 아래.
첨한(添翰)명 (무엇을 보낼 때) 첨부하는 편지. 첨장(添狀).
첨형(尖形)명 끝이 뾰족하게 생긴 모양.
첩(妾) Ⅰ명 본처 외에, 혼인을 하지 않고 데리고 사는 여자. 작은마누라. 별방(別房). 소실. 측실(側室).
Ⅱ대 지난날, 결혼한 여자가 남자에게 '자기'를 낮추어 일컫던 말.
첩(貼)의 한방에서, 약의 봉지 수를 세는 말. ¶ 사물탕 한 첩.
-첩(帖)접미 《일부 명사 뒤에 붙어》 사진이나 그림 따위를 붙이거나 모아서 맨 책임을 나타냄. ¶ 사진첩. /서화첩.
첩경(捷徑)[-꼉] Ⅰ명 ①지름길. 첩로(捷路). ¶ 성공에 이르는 첩경. ②어떤 일을 함에 있어서 흔히 그렇게 되기가 쉬움을 이르는 말. ¶ 그렇게 독단적으로 처리하다가는 욕먹기가 첩경이다.
Ⅱ부 흔히 그렇게 되기가 쉽게. 아마 틀림없이. ¶ 첩경 그렇게 될 것 같다.
첩-데기(妾-)명 '첩'의 방언.
첩로(捷路)[첨노]명 지름길. 첩경.
첩리(捷利)[첨니]명하형 열쌔고 민첩함.
첩-며느리(妾-)[첨-]명 아들의 첩.
첩모(睫毛)[첨-]명 속눈썹.
첩보(捷報)[-뽀]명하자 싸움에 이겼다는 보고나 소식.
첩보(牒報)[-뽀]명하자타 조선 시대에, 서면으로 상관에게 보고하던 일, 또는 그 보고.
첩보(諜報)[-뽀]명하타 적의 형편을 정탐하여 알려 줌, 또는 그 보고. ¶ 첩보 수집. /첩보 활동.
첩보-망(諜報網)[-뽀-]명 첩보 활동을 위한 조직 체계.
첩부(貼付)[-뿌]명하타 착 달라붙게 함. ¶ 광고판에 첩부한 광고지.
첩-살이(妾-)[-싸리]명하자 남의 첩이 되어 사는 생활. ¶ 첩살이로 눈물이 하루도 마를 날이 없다.
첩서(捷書)[-써]명 왕조 때, 싸움에 이겼음을 보고하던 글.
첩서(疊書)[-써]명하타 글을 쓸 때, 잘못하여 같은 글자나 글귀를 거듭 쓰는 일.
첩섭(呫囁)[-썹]명하타 귀에 입을 대고 속삭임.
첩속(捷速) '첩속하다'의 어근.
첩속-하다(捷速-)[-쏘카-]형여 민첩하고 빠르다.
첩-수로(捷水路)[-쑤-]명 내나 강의 물줄기를 바로잡기 위해 굽은 곳을 곧게 뚫은 물길.
첩실(妾室)[-씰]명 ①'첩'을 점잖게 이르는 말. ②지난날, 여자가 윗사람에게 '자기 방'을 이르던 말.
첩약(貼藥)[첨냑]명 여러 가지 약제를 섞어 지어서 약봉지로 싼 약.
첩어(疊語)명 같은 소리나 비슷한 소리를 가진 단어가 겹쳐서 이루어진 합성어. 사람사람·집집·구불구불·울긋불긋 따위 복합 합성어와 의성·의태 부사로 이루어짐.
첩운(疊雲)명 첩첩이 쌓인 구름.
첩운(疊韻)명 ①한시에서, 같은 운자(韻字)를 거듭 쓰는 일, 또는 그렇게 쓴 운자. ②(한자의 숙어 구성에서) 같은 운의 두 글자를 겹쳐 쓰는 일, 또는 그렇게 쓴 운자. 〔동몽(童蒙)·요조(窈窕) 따위.〕
첩음-법(疊音法)[-뻡]명 (시나 노래에서) 같은 구절을 두 번씩 거듭 읊는 형식.
첩자(妾子)[-짜]명 첩의 자식. 서자(庶子).
첩자(諜者)[-짜]명 ☞간첩. 간자(間者)[2].
첩장(帖裝)[-짱]명 책의 장정(裝幀)의 한 가지. 길게 이은 종이를 옆으로 적당한 폭으로 접고, 그 앞과 뒤에 따로 표지를 붙인, 오늘날의 법첩(法帖)과 같은 모양의 장정.
첩-장가(妾-)[-짱-]명 예를 갖추어 첩을 맞아들이는 일.
첩-장모(妾丈母)[-짱-]명 첩의 친정어머니.
첩-장인(妾丈人)[-짱-]명 첩의 친정아버지.
첩종(疊鐘)[-쫑]명 조선 시대에, 열무(閱武)할 때 군대를 모으기 위해 대궐 안에서 치던 큰 종.
첩지[-찌]명 조선 시대에, 부녀자가 예장할 때 머리 위에 꾸미던 장식품.
첩지(帖紙)[-찌]명 ☞체지(帖紙).
첩지(牒紙)[-찌]명 대한 제국 때, 최하급의 관리인 판임관에게 내리던 임명장. ¶ 첩지를 내리다.
첩지-머리[-찌-]명 ①첩지를 쓴 머리. ②지난날, 여자 아이의 귀밑머리를 땋은 아래 가닥으로 귀를 덮어서 빗던 머리.
첩첩(疊疊)명하형 ①여러 겹으로 겹쳐 있음. ¶ 첩첩으로 쌓여 있는 포목점의 필목들. ②(걱정이나 시름이) 쌓이고 쌓여 깊음. **첩첩-이**부.
첩첩(喋喋)부하형 말을 수다스럽도록 거침없이 썩 잘하는 모양.
첩첩-산중(疊疊山中)[-싼-]명 산이 첩첩이 둘러싸인 깊은 산속.
첩첩-수심(疊疊愁心)[-쑤-]명 깊이 겹겹으로 쌓인 근심.
첩첩-이구(喋喋利口)[-첨니-]명 거침없이 말을 잘하는 입.
첩출(妾出)명 첩의 소생. 서출(庶出).
첩출(疊出)명하자 같은 사물이 거듭 나오거나 생김. 중출(重出). ¶ 우환이 첩출하다.
첩-치가(妾置家)명하자 첩을 얻어 딴살림을 벌임. 준치가.
첩화(貼花)[처퐈]명 (도자기를 구울 때) 같은 감으로 여러 가지 모양을 만들어 덧붙인 무늬.
첫[첟]관 처음의. ¶ 첫 공연. /첫 시도.
첫-가물[첟까-]명 가물철이 시작되는 첫머리.
첫-가을[첟까-]명 초가을.

첫-개[철깨]명 윷놀이에서, 그 판에서 처음 나온 개.

첫-걸[철껄]명 윷놀이에서, 그 판에서 처음 나온 걸.

첫-걸음[철꺼름]명 ①맨 처음 내딛는 발걸음. 제일보. ¶ 천 리 길도 첫걸음부터. ②어떤 일의 첫 시작이나 단계. 초보(初步). ¶ 성공의 첫걸음. ③낯선 길을 처음으로 가는 걸음. ¶ 서울은 첫걸음이어서 방향을 종잡을 수가 없다.

첫-겨울[철껴-]명 초겨울.

첫-고등[철꼬-]명 맨 처음의 기회.

첫-국[철꾹]명 빚어 담근 술이 익었을 때, 박아 놓은 용수에서 첫 번으로 떠내는 맑은 술.

첫-국밥[철꾹빱]명 해산을 한 뒤 산모가 처음으로 먹는 미역국과 흰밥.

첫-기제(-忌祭)[철끼-]명 (삼년상을 마친 뒤에) 처음으로 지내는 기제. 첫제사. 초기(初忌).

첫-길[철낄]명 ①처음으로 가 보는 길. 초행(初行). ②시집이나 장가들러 가는 길.

첫-나들이[천-]명하자 ①갓난아이가 처음으로 바깥에 나다니는 일. ②시집온 새색시가 처음으로 바깥에 나가는 일.

첫나들이(를) 하다속담 '얼굴이 검정 따위로 더러워진 사람'을 조롱할 때 이르는 말. 〔지난날, 갓난아이가 첫나들이 할 때 잡귀를 물리치는 뜻으로 코끝에 숯칠을 한 풍속에서 유래함.〕

첫-날[천-]명 어떤 일이 시작되는 첫째 날. 초일. ¶ 대회 첫날부터 신기록이 쏟아졌다.

첫날-밤[천-빰]명 혼인 날, 신랑 신부가 처음으로 함께 자는 밤. 초야(初夜). 혼야(婚夜).

첫-낯[천낟]명 처음으로 대하는 얼굴. *첫낯이[천나치]·첫낯만[천난-]

첫-눈¹[천-]명 사물을 처음 대하여 보았을 때의 느낌이나 인상. 《주로, '첫눈에'의 꼴로 쓰임.》 ¶ 첫눈에 반하다.

첫눈에 들다관용 처음 보는 즉시 마음에 들다.

첫-눈²[천-]명 그해 겨울에 처음 오는 눈. 초설(初雪).

첫-닭[철딱]명 새벽에 맨 처음 우는 닭. *첫닭이[철딸기]·첫닭만[철땅-]

첫대[철때]부 첫째로. ¶ 남에게 큰소리를 치려면 첫대 자기 앞부터 가려 놓고 해야 한다.

첫-대목[철때-]명 시작되는 처음의 부분이나 대목. ¶ 소설의 첫대목.

첫대-바기[철때-]명 맞닥뜨린 맨 처음. ¶ 새벽 첫대바기부터 야단들이다.

첫-더위[철떠-]명 그해에 처음으로 닥친 더위. ↔첫추위.

첫-도[철또]명 윷놀이에서, 그 판에서 처음 나온 도.

첫도가 세간 밑천이다속담 첫도 친 것을 섭섭히 여기지 말라고 위로하는 말.

첫도-왕(-王)[철또-]명 윷놀이에서, 첫도를 치면 왕이 되어 이긴다는 말.

첫도-유복(-有福)[철또-]명 윷놀이에서, 첫도를 치면 복이 있어 이긴다는 말.

첫-돌[철똘]명 첫 번째의 돌. 태어나서 처음 돌아오는 생일. 준돌¹.

첫-딱지[천-찌]명 《'떼다'·'열다'의 목적어로 쓰이어》 첫 시작을 이르는 말. ¶ 장사꾼으로서의 첫딱지를 떼다.

첫-딸[천-]명 초산으로 낳은 딸.

첫딸은 세간〔살림〕 밑천이다속담 '첫딸은 집안의 모든 일에 도움이 된다'는 뜻.

첫-마디[천-]명 맨 처음에 하는 한마디의 말.

첫-말[천-]명 첫마디로 내는 말.

첫-맛[천맏]명 ①음식을 먹을 때 첫입에 느끼는 맛. ¶ 첫맛은 달지만 갈수록 쓰다. ②어떤 일을 처음 시작할 때나 어떤 상황에 처음 처했을 때 느끼는 기분.

첫-머리[천-]명 (어떤 사물이) 처음 시작되는 머리나 맨 앞부분. 선두(先頭). ¶ 행렬의 첫머리. /이야기의 첫머리. ↔끝머리.

첫-모[천-]명 윷놀이에서, 그 판에서 맨 처음 나온 모. ¶ 첫모를 치다.

첫모 방정에 새 까먹는다속담 〔윷판에서 맨 처음 모가 나오면 실속이 없다는 뜻으로〕 ①'상대편의 첫모쯤은 별것이 아니다.'고 농조(弄調)로 이르는 말. ②일이 처음에 너무 잘되면 끝이 좋지 않다는 뜻.

첫-물¹[천-]명 그해에 처음으로 나는 홍수.

첫-물²[천-]명 ①옷을 새로 지어 입고 빨 때까지의 동안. ②'맏물'의 잘못.

첫물-가다[천-]자 첫물지다.

첫물-지다[천-]자 그해 들어 첫 홍수가 나다. 첫물가다.

첫-밗[철빡]명 맨 처음 벌어진 일이나 국면(局面). ¶ 첫밗에 요절내다. /첫밗부터 일이 꼬이다. *첫밗이[철빡씨]·첫밗만[철빵-]

첫-발[철빨]명 ①처음으로 내디디는 발(발걸음). ②어떤 일이나 사업의 시작을 이르는 말. ¶ 무슨 일이든지 첫발을 잘 디디는 것이 중요하다. 첫발자국.

첫발을 내디디다관용 새로이 무엇을 시작하다. 처음으로 어떤 범위 안에 들어서다. ¶ 사회에 첫발을 내디디다.

첫-발자국[철빨짜-]명 첫발.

첫-밥[철빱]명 누에에게 처음으로 뽕잎을 썰어서 주는 먹이.

첫-배[철빼]명 ①☞만배. ②그해에 처음으로 새끼를 치는 일, 또는 그 새끼. ↔종배.

첫-봄[철뽐]명 초봄. 이른 봄.

첫-사랑[철싸-]명 처음으로 느끼거나 맺은 사랑. ¶ 첫사랑을 소중하게 간직하다.

첫-사리[철싸-]명 초사리.

첫-새벽[철쌔-]명 새벽의 첫머리, 곧 이른 새벽. 꼭두새벽.

첫-서리[철써-]명 그해의 가을에 처음으로 내린 서리. ¶ 첫서리 내릴 무렵에야 김장을 하다.

첫-선[철썬]명 처음 세상에 내놓음.

첫-소리[철쏘-]명 한 음절에서 맨 처음에 나는 자음. 〔'첫'의 'ㅊ' 소리 따위.〕 초성(初聲). 초발성(初發聲).

첫-손[철쏜]명 《첫째 손가락의 뜻으로, '꼽다' 따위의 일부 동사와 어울려 쓰이어》 첫째(으뜸). 제일. 첫손가락. ¶ 첫손 꼽는 부자.

첫-손가락[철쏜까-]명 ①'엄지손가락'을 첫째 손가락이라는 뜻으로 쓰는 말. ②첫손.

첫-솜씨[철쏨-]명 (어떤 일을) 처음으로 착수하는 것, 또는 그 솜씨. 초수(初手). ¶ 첫솜씨로서는 아주 훌륭했다.

첫-수(-手)[철쑤]명 장기나 바둑에서, 맨 처음에 두는 수.

첫-술[철쑬]명 맨 처음에 떠먹는 밥술. ↔막술.

첫술에 배 부르랴속담 무슨 일이든지 처음부터 단번에 만족할 수는 없다는 말.

첫-아기[처다-]명 초산으로 낳은 아기.

첫아기에 단산(斷産)속담 '처음이자 마지막이 됨'을 이르는 말.

첫-아들[처다-] 명 초산으로 낳은 아들.

첫-아이[처다-] 명 초산으로 낳은 아이. ㊟첫애.

첫-애[처대] 명 〈첫아이〉의 준말.

첫-얼음[처더름] 명 그해 처음으로 언 얼음.

첫-여름[천녀-] 명 초여름.

첫-울음[처두름] 명 갓난아이가 나서 처음으로 우는 울음.

첫-윷[천뉻] 명 윷놀이에서, 그 판에서 처음 나온 윷. * 첫윷이[천뉴치]·첫윷만[천뉸-]

첫-이레[천니-] 명 아기가 태어난 날부터 이레째 되는 날. 초칠일(初七日). ㊟한이레

첫-인사(-人事)[처딘-] 명 ①처음 교제를 트는 인사. 초인사. ②어떤 자리에 끼어 처음 자기를 알리는 인사. ③(의식·행사·발표회 따위에서) 주최자가 참석자에게 맨 첫 순서로 하는 인사. ¶ 회장의 첫인사가 있겠습니다.

첫-인상(-印象)[처딘-] 명 (사람이나 사물에 대한) 첫눈에 느끼는 인상. 제일 인상. ¶ 첫인상이 좋다. /첫인상이 합격 여부를 좌우한다.

첫-입[천닙] 명 음식을 첫술로 먹거나 첫 번으로 베어 물어 먹는 일.

첫-자리[천짜-] 명 첫째가는 자리나 등급.

첫-잠[천짬] 명 ①(누운 지 얼마 안 되어) 처음으로 곤하게 든 잠. ②누에가 뽕을 먹기 시작하여 처음으로 자는 잠.

첫-정(-情)[천쩡] 명 처음으로 느끼거나 든 정, 또는 그 상대자. ¶ 첫정을 못 잊다.

첫-젖[천쩓] 명 ☞초유(初乳).

첫-제사(-祭祀)[천쩨-] 명 ☞첫기제.

첫-째[천-] Ⅰ 수관 맨 처음의 차례(의). ¶ 첫째, 둘째, 셋째, 그리고 끝. /시리즈물의 첫째 권. Ⅱ 명 ①무엇보다 앞서는 것. 《주로, '첫째로'의 꼴로 쓰임.》 ¶ 수험생이 첫째로 고려할 일은 건강 대책이다. ②맏이. ¶ 이 아이가 우리 집 첫째입니다.

첫째-가다[천-] 자 (솜씨·재주 따위가) 여럿 중에서 가장 낫다. 으뜸가다. ¶ 첫째가는 요리사.

첫-차(-車)[천-] 명 (그날에) 맨 처음 떠나거나 들어오는 차. ↔막차.

첫-추위[천-] 명 그해에 처음으로 닥친 추위. ↔첫더위.

첫-출발(-出發)[천-] 명 어떤 일의 맨 처음 시작. ¶ 첫출발이 좋다. /직장 생활의 첫출발.

첫-출사(-出仕)[천-싸] 명하자 처음으로 벼슬길에 나섬.

첫-코[천-] 명 뜨개질에서, 처음으로 빼낸 코.

첫-판[천-] 명 어떤 일이 벌어지는 첫머리의 판. ¶ 첫판에 승리를 거두다.

첫-해[처태] 명 (어떤 일이 시작되는) 첫 번째의 해. 처음 해. ¶ 살림 나던 첫해.

첫해 권농(勸農) 속담 '처음으로 하는 일은 서툴게 마련'이란 뜻. 〔시골 사람이 갑자기 권농(勸農)이 되어 사무 처리가 서툴렀다는 고사에서 유래함.〕

첫-행보(-行步)[처탱-] 명 ①처음으로 길을 다녀오는 일. ②행상으로, 첫 번에 하는 장사. ¶ 오늘 그 동네가 첫행보일세.

첫-혼인(-婚姻)[처토닌] 명하자 (재혼에 대하여) 처음 한 혼인. 초혼. ¶ 첫혼인에 실패하다.

청 명 ①목청. ¶ 높은 청. /청이 좋다. ②(어떤 물건에서) 얇은 막으로 된 부분.

청(青) 명 〈청색〉의 준말.

청(淸) 명 중국 최후의 왕조 이름. 만주족인 누르하치가 17세기 초에 명(明)을 멸하고 세운 나라. 청국(淸國).

청(晴) 명 〈청천(晴天)〉의 준말.

청(請) 명하자타 〈청촉〉·〈청탁〉의 준말.

청(을) 넣다[들다] 관용 직접 또는 간접으로 사람을 넣어 특별히 부탁을 하다.

청(廳) 명 ①〈대청〉의 준말. ②('철도청'·'병무청'과 같이) '청(廳)'으로 끝나는 관청을 줄여 이르는 말. ¶ 청에서 감사가 나오다.

-청(廳) 접미 《일부 명사 뒤에 붙어》 '관청'·'청사'를 뜻함. ¶ 포도청. /국세청. /구청.

청가(請暇) 명하자 말미를 청함. 청유(請由).

청가(青角) 명 〈청가채〉의 준말.

청각(聽覺) 명 오감(五感)의 하나. 귀가 공기나 물 등을 통해 받은 음향의 자극을 뇌에 전달하여 일으키는 감각. 청감(聽感).

청각^교:육(聽覺教育)[-꾜-] 명 (책이나 추상적 이론에 의하지 않고) 직접 귀로 들을 수 있는 음악이나 방송 따위를 이용하는 교육.

청각-기(聽覺器)[-끼] 명 소리를 느끼는 감각 기관. 청관(聽官). 청기. ㊟귀.

청각-채(青角菜) 명 청각과의 바닷말. 얕은 바다 속 바위에 붙어살며, 몸은 너더댓 번 가랑이져서 사슴의 뿔과 비슷함. 김장 때 고명으로 쓰임. ㊟청각.

청간(淸澗) 명 ☞청계(淸溪).

청간(請簡) 명 ①☞청편지. ②☞청첩장.

청감(聽感) 명 ☞청각(聽覺).

청강(淸江) 명 맑게 흐르는 강. ¶ 청강에 떠 있는 낚싯배.

청강(聽講) 명하타 강의를 들음.

청강사자현부-전(淸江使者玄夫傳) 명 고려 고종 때의 문인 이규보(李奎報)가 지은 가전체(假傳體) 작품. 거북을 의인화하여, 어진 사람의 행적을 기린 내용. 〔'동문선(東文選)'에 실려 전함.〕

청강-생(聽講生) 명 ①청강하는 사람. ②지난날 대학에서, 정규 학생은 아니나, 청강만을 허락받은 학생.

청강-석(青剛石) 명 단단하고 푸른 옥돌. 〔본 바탕보다 짙푸른 무늬가 나뭇결처럼 있음.〕

청강-수(青剛水) 명 '염산'을 흔히 이르는 말.

청-개구리(青-) 명 ①청개구릿과의 동물. 몸길이 2.5~4 cm. 등빛은 환경에 따라 잘 바뀌나 대체로 녹색 또는 회백색에 검은 무늬가 흩어져 있음. 풀이나 나무 위에 잘 달라붙어 있고, 비가 오려고 할 때 수컷이 심하게 욺. 청와(青蛙). ②'모든 일에 엇나가는 짓을 하는 사람'을 비유하여 이르는 말.

청개구리^타:령(青-) 명 경기 민요의 한 가지. 흔히, 자진방아 타령에 뒤이어 부름.

청객(請客) 명하자 손님을 청함, 또는 청한 손님. 청빈(請賓).

청거(請去) 명하타 (사람을) 청하여 함께 감.

청검(淸儉) '청검하다'의 어근.

청검-하다(淸儉-) 형여 청렴하고 검소하다. ¶ 청검한 생활을 하다.

청견(請見) 명하타 만나 보기를 청함.

청결(淸潔) 명하형 (지저분한 것을 없애어) 맑고 깨끗함. ¶ 청결한 복장. /방 안을 청결하게 하다. ↔불결. **청결-히** 부.

청경우독(晴耕雨讀) 명하자 〔맑은 날은 논밭을 갈고, 비오는 날은 책을 읽는다는 뜻으로〕 '부지런히 일하며, 여가를 헛되이 보내지 않고 공부함'을 이르는 말.

청계[-계/-게] 명 민속에서, 사람에게 씌워서 몹시 앓게 한다는 잡귀의 한 가지.

청계(清溪)[-계/-게]명 맑은 시내. 청간(淸澗).
청계-수(清溪水)[-계-/-게-]명 맑은 시냇물.
청고(清高) '청고하다'의 어근.
청-고초(青苦椒)명 풋고추.
청고-하다(清高-)형여 사람됨이 맑고 고상하다. ¶ 청고한 인격.
청곡(清曲)명 청아한 노래 곡조.
청골(聽骨)명 중이(中耳) 안에 있는 작은 뼈. 고막의 진동을 내이(內耳)에 전달하는데, 등자뼈·망치뼈·모루뼈로 되어 있음. 청소골.
청공(青空)명 푸른 하늘.
청공(晴空)명 맑게 갠 하늘. 청천(晴天).
청-공간(聽空間)명 청각에 의하여 지각할 수 있는 영역.
청과(青果)명 ①신선한 과실과 채소를 통틀어 이르는 말. ¶ 청과 시장. ②☞감람(橄欖).
청과-물(青果物)명 청과를 하나의 상품으로 칠 때 이르는 말. ¶ 청과물 시장.
청관(清官)명 조선 시대에, 문명(文名)과 청망(清望)이 있는 청백리란 뜻으로, '홍문관의 벼슬아치'를 이르던 말.
청관(聽官)명 ☞청각기(聽覺器).
청광(清狂)명 마음이 깨끗하여 청아한 맛이 있으면서도 하는 짓이 상식에 벗어남, 또는 그런 사람.
청-교도(清教徒)명 기독교에서, 16세기 후반에 영국에서 일어난 신교의 종단(宗團), 또는 그 교도. 참퓨리터니즘.
청구(青丘·青邱)명 지난날, 중국에서 '우리나라'를 달리 이르던 말.
청구(請求)명하타 (무엇을 공식적으로) 내놓거나 주기를 요구함. ¶ 물품을 청구하다.
청구-권(請求權)[-꿘]명 남에게 대하여 일정한 행위를 요구할 수 있는 권리. 〔기초가 되는 권리로서는 채권·손해 배상권 따위가 있음.〕
청-구멍(請-)[-꾸-]명 청탁을 할 만한 자리나 길. ¶ 청구멍을 뚫다.
청구-서(請求書)명 (무엇을 공식적으로) 청구하는 내용이 적힌 문서나 쪽지. ¶ 대금 청구서.
청구-영언(青丘永言)명 조선 영조 4(1728)년에 김천택(金天澤)이 엮은 시조집. 현존하는 시조집 중 가장 오래된 것으로, '해동가요'·'가곡원류'와 함께 3대 가집으로 일컬어지고 있음. 고려 말기부터 편찬 당시까지의 시조 998수와 가사 17수를 곡조별로 분류 정리한 것.
청국(清國)명 ☞청(清).
청국-장(清麴醬)[-짱]명 푹 삶은 콩을 띄워서 만든 된장의 한 가지. 주로 찌개를 끓여 먹음.
청군(青軍)명 운동 경기 따위에서, 여러 편으로 갈라 겨룰 때, 푸른 빛깔의 상징물을 사용하는 쪽의 편. 〔흔히, 두 편으로 가를 때는 청·백으로 나눔.〕 참백군.
청규(清閨)명 부녀가 거처하는 깨끗하고 조촐한 방.
청규(廳規)명 관청의 내규(內規).
청귤(青橘)명 익지 않은 푸른 귤.
청금(青衿)명 '유생'을 달리 이르던 말. 〔'시경(詩經)'의 '청청자금(青青子衿)'에서 온 말.〕
청기(青氣)명 푸른 기운.
청기(青旗)명 푸른 빛깔의 기.
청기(請期)명 육례(六禮)의 하나. 혼인할 때, 납폐한 뒤에 신랑 집에서 택일(擇日)을 하여 그 가부(可否)를 묻는 글을 신부의 집으로 보내는 일. 참육례.
청기(聽器)명 ☞청각기(聽覺器).
청-기와(青-)명 푸른 빛깔의 단단한 기와. 청와.
청기와 장수속담 기술 같은 것을 자기만 알고 남에게 알리지 않아 그 이익을 독차지하려는 사람을 이르는 말.
청-꼭지(青-)[-찌]명 푸른 빛깔의 둥근 종이를 머리에 붙인 연.
청-꾼(請-)명 남의 청을 받아 대신 청질을 하는 사람.
청납(清納)명하타 조세를 남김없이 바침.
청납(聽納)명하타 (의견이나 권고 따위를) 잘 들어서 받아들임. ¶ 원컨대, 소인의 소청을 청납하소서.
청-낭자(青娘子)명 '잠자리[2]'를 달리 이르는 말.
청-널(廳-)명 '마루청'을 달리 이르는 말. 당판(堂板). 청판(廳板).
청녀(青女)명 ①'서리[1]'의 딴 이름. ②민속에서, '서리를 맡은 여신'을 이르는 말.
청녀(清女)명 청나라 여자, 곧 중국 여자.
청년(青年)명 젊은 사람. 〔흔히, 젊은 남자를 가리킴.〕 젊은이.
청년-기(青年期)명 인간 발달 단계의 한 시기. 청년에 해당하는 시기. 청춘기(青春期).
청년-단(青年團)명 (수양이나 사회 공헌을 목적으로) 청년들로 조직된 단체.
청년-회(青年會)[-회/-훼]명 (수양이나 사회 공헌을 위하여 조직된) 청년들의 모임.
청-노새(青-)명 푸른빛을 띤 노새.
청-녹두(青綠豆)[-뚜]명 꼬투리는 검고 열매는 푸른 팥의 한 가지.
청단(青短)명 화투 놀이에서, 모란·국화·단풍의 푸른 띠 석 장을 갖추어 이룬 단. 참초단·홍단.
청단(聽斷)명하타 송사(訟事)를 듣고 판단함.
청담(清淡) '청담하다'의 어근.
청담(清談)명 ①속되지 않은, 청아한 이야기. ②'남의 이야기'를 높이어 이르는 말.
청담(晴曇)명 날씨의 맑음과 흐림.
청담-하다(清淡-)형여 ①(빛깔이나 맛이) 맑고 깨끗하거나 엷다. ¶ 청담한 산수 그림. /청담한 녹차. ②(마음이) 깨끗하고 담박하다. ¶ 선골풍의 청담한 인품. **청담-히**부.
청답(青踏)명하자 ☞답청(踏青).
청-대명 대의 한 가지. 마디가 참대보다 짧고 줄기에 하얀 가루가 있음.
청-대(青-)명 베어 낸 뒤에 마르지 않아서 아직 푸른빛이 있는 대. 청죽(青竹).
청대(青黛)명 ①한방에서, '쪽'을 가공하여 만든 약재를 이르는 말. 〔경간(驚癎)에 쓰임.〕 ②쪽으로 만든 푸른 먹.
청대(請待)명하타 손님을 청하여 대접함. 영빙.
청대(請對)명하자 신하가 급한 일이 있을 때, 임금께 뵙기를 청함, 또는 그 일.
청대-콩(青-)명 채 익지 않아 물기가 있는 콩. 청태(青太).
청덕(清德)명 청렴하고 고결한 덕행.
청도(青陶)명 ☞청자(青瓷).
청도(清道)명하자 〔길을 깨끗이 한다는 뜻으로〕 임금이 거둥할 때, 미리 길을 치우는 일.
청-돔(青-)명 도밋과의 바닷물고기. 몸길이 40 cm가량. 몸은 길둥글고 빛깔은 회청색인데 옆면에 회색을 띠는 황색 반점이 있음. 우리나라 연해에도 분포함.
청동(青桐)명 '벽오동'을 달리 이르는 말.
청동(青銅)명 구리와 주석의 합금. 주조나 압연 등의 재료로 쓰임. 갈동(褐銅).

청동-기(靑銅器)명 청동으로 만든 기구를 두루 이르는 말.

청동기^시대(靑銅器時代)명 고고학에서, 연모의 재료에 따라 구분한 인류 발전의 한 단계. 석기와 철기 시대의 중간 단계로, 청동을 이용하여 여러 가지 연모를 만들어 쓰던 시대.

청동-화(靑銅貨)명 청동으로 만든 돈.

청동-화로(靑銅火爐)명 청동으로 만든 화로. 전이 넓고, 발이 셋 달렸음.

청둥-오리명 오릿과의 새. 몸길이 58 cm가량. 수컷이 머리와 목은 광택 있는 녹색, 가슴은 진한 자갈색, 꽁지깃은 백색, 부리는 황색으로 아름다우나, 암컷은 갈색 얼룩 빛깔로 수수함. 남쪽에서 월동하며 'V' 자 모양으로 무리를 지어 낢. 우리나라에서는 흔한 겨울새임. 물오리.

청둥-호박명 늙어서 겉이 단단하고 속의 씨가 잘 여문 호박.

청득(請得)명하타 (어떤 일을) 청탁(請託)하여 허락을 얻음.

청등(靑燈)명 푸른빛을 내는 등불이나 전등.

청-등롱(靑燈籠)[-농]명 〈청사등롱〉의 준말.

청등-홍가(靑燈紅街)명 ①'화류계(花柳界)'를 달리 이르는 말. ②술집과 유곽이 늘어서서 홍청거리는 거리. ②홍등가.

청-딱따구리(靑-)명 딱따구릿과의 새. 몸길이 25 cm가량. 몸빛은 등이 녹색, 배는 회색임. 꽁지에 'V' 자 모양의 무늬가 있음. 숲 속에서 홀로 살며, 파도 모양을 그리면서 낢. 삼림의 해충을 잡아먹는 익조이며, 우리나라에서는 흔한 텃새임. 산탁목(山啄木).

청람(靑嵐)[-남]명 푸른 산의 이내.

청람(靑藍)[-남]명 쪽의 잎에 들어 있는 천연 색소. 물과 알칼리에 녹아들지 않는 푸른 가루로, 남색 물감으로 쓰임. 인디고.

청람(晴嵐)[-남]명 화창한 날에 아른거리는 아지랑이.

청랑(晴朗) '청랑하다'의 어근.

청랑-하다(晴朗-)[-낭-]형여 날씨가 맑고 화창하다. ¶ 청랑하여 멀리까지 잘 보인다.

청래(請來)[-내]명하타 (손님을) 청하여 맞아 옴.

청량(淸亮) '청량(淸亮)하다'의 어근.

청량(淸涼) '청량(淸涼)하다'의 어근.

청량-미(靑粱米)[-냥-]명 ☞생동쌀.

청량-사육(淸涼飼育)[-냥-]명 잠실(蠶室)에 불을 때지 않고 자연의 온도로 누에를 기르는 일.

청량-음료(淸涼飮料)[-냥-뇨]명 (탄산가스가 들어 있어서) 맛이 산뜻하면서 시원한 음료수. 〔사이다·콜라 따위.〕

청량-제(淸涼劑)[-냥-]명 ①먹으면 기분이 상쾌해지는 약제. ¶ 청량제라도 마시고 기분을 풀어라. ②(답답한 마음이나 세상사를) '시원히 풀어 주는 구실을 함'을 비유하여 이르는 말. ¶ 그 갸륵한 미담은 이 혼탁한 사회에 청량제 구실을 한다.

청량-하다(淸亮-)[-냥-]형여 (소리가) 맑고 깨끗하다. ¶ 옥을 굴리는 듯한 청량한 목소리. **청량-히**부.

청량-하다(淸涼-)[-냥-]형여 맑고 서늘하다. ¶ 청량한 가을바람. **청량-히**부.

청려(淸麗) '청려하다'의 어근.

청려-장(靑藜杖)[-녀-]명 명아줏대로 만든 지팡이.

청려-하다(淸麗-)[-녀-]형여 청아하고 수려하다. ¶ 그린 듯 앉아 있는 청려한 미인.

청력(聽力)[-녁]명 귀로 소리를 듣는 능력.

청력-계(聽力計)[-녁꼐/-녁께]명 사람의 청력을 재는 장치. 오디오미터.

청련(淸漣) '청련하다'의 어근.

청련-하다(淸漣-)[-년-]형여 물이 맑고 잔잔하다. ¶ 청련한 호수의 물결.

청렬(淸冽) '청렬하다'의 어근.

청렬-하다(淸冽-)[-녈-]형여 ①(물이) 맑고 차다. ¶ 청렬한 계곡의 물. ②(물맛이) 시원하고 산뜻하다. ¶ 청렬하고 향기로운 백로주.

청렴(淸廉)[-념]명하형 마음이 고결하고 재물 욕심이 없음. ¶ 청렴한 사람. 삼청백.

청렴-결백(淸廉潔白)[-념-]명하형 마음이 맑고 깨끗하며 재물 욕심이 없음. ¶ 청렴결백한 선비.

청령(蜻蛉)[-녕]명 ☞잠자리[2].

청령(聽令)[-녕]명하자 명령을 주의 깊게 들음.

청록(靑鹿)[-녹]명 사슴과의 짐승. 어깨의 높이는 1.2 m, 뿔의 길이는 1 m 가량. 몸은 여름에는 푸른빛을 띤 회색이고 겨울에는 회갈색이며, 꽁무니에 누른 백색의 둥근 무늬가 있음. 뿔은 녹용이라 하여 한약재로 쓰며, 우리나라 특산종으로 백두산 근처의 숲 속에 분포함.

청록(靑綠)[-녹]명 녹색과 파랑의 중간색. 갈매. 청록색.

청록^산수(靑綠山水)[-녹싼-]명 동양화에서, 삼청(三靑)과 석록(石綠)의 빛깔만으로 그린 산수. 참금벽산수.

청록-색(靑綠色)[-녹쌕]명 ☞청록.

청록-파(靑鹿派)[-녹-]명 1946년에 공동 시집 '청록집'을 낸 조지훈·박목월·박두진의 세 시인을 이르는 말.

청룡(靑龍)[-뇽]명 ①푸른빛을 띤 용. ②민속에서, 동쪽 방위의 목(木) 기운을 맡은 태세신(太歲神)을 상징한 짐승을 이르는 말. 〔용의 형상을 하고, 예로부터 무덤과 관 속의 왼쪽에 그렸음.〕 창룡(蒼龍). 참백호·주작·현무. ③풍수설에서, '주산(主山)에서 뻗어 나간 왼쪽 산줄기'를 이르는 말. 좌청룡(左靑龍). 참백호·우백호. ④이십팔수 가운데에서 동쪽에 있는, 각(角)·항(亢)·저(氐)·방(房)·심(心)·미(尾)·기(箕)의 일곱 별을 통틀어 이르는 말.

청룡-날(靑龍-)[-뇽-]명 풍수설에서, 산의 '청룡 줄기'를 이르는 말.

청룡-도(靑龍刀)[-뇽-]명 〈청룡 언월도〉의 준말.

청룡^언:월도(靑龍偃月刀)[-뇽-또]명 옛날 중국 무기의 한 가지인, 청룡이 그려진 언월도. 칼날이 초승달 모양이고, 칼등의 중간에 딴 갈래가 있음. 준청룡도·언월도.

청루(靑樓)[-누]명 창기(娼妓)의 집. 기루(妓樓). 창루(娼樓).

청류(淸流)[-뉴]명 ①맑게 흐르는 물. ②'절의(節義)를 지키는 사람'을 비유하여 이르는 말.

청리(靑梨)[-니]명 ☞청술레.

청리(淸吏)[-니]명 청렴한 관리. ↔오리(汚吏).

청마(靑馬)명 장기나 쌍륙에서 쓰는, 푸른빛을 칠한 말. ↔홍마(紅馬).

청망(淸望)명 청렴하다는 명망. 청명(淸名).

청매(靑梅)명 (채 익지 않은) 푸른 매실.

청매(請賣)명하타 물건을 받아다 팖.

청맹(靑盲)명 〈청맹과니〉의 준말.

청맹-과니(靑盲-)명 ①녹내장(綠內障)으로 겉보기에는 멀쩡하면서도 앞을 못 보는 눈, 또는 그런 사람. 당달봉사. ②'사리에 어두워 눈을 뜨고도 사물을 제대로 분간하지 못하는 사람'을 비유하여 이르는 말. 준청맹.

청-머루(青-)명 푸른 빛깔의 머루.
청명(淸名)명 청렴결백하다는 명망. 청망(淸望).
청명(淸明)[1]명 이십사절기의 하나. 춘분(春分)과 곡우(穀雨) 사이로 양력 4월 5, 6일경. 이 무렵에 맑고 밝은 봄날씨가 시작된다고 함.
청명(淸明)[2] '청명하다'의 어근.
청명-절(淸明節)명 (이십사절기의 하나인) '청명'을 달리 이르는 말.
청명-주(淸明酒)명 청명이 든 때에 담근 술.
청명-하다(淸明-)형여 날씨가 맑고 깨끗하다. ¶ 청명한 가을 날씨.
청모-죽(青麰粥)명 쪄서 말린 풋보리를 물에 담갔다가 찧어 멥쌀가루를 섞어 쑨 죽.
청문(請文)명 불교에서, 불보살을 청하거나, 죽은 사람의 영혼을 부르는 글. 청사(請詞).
청문(聽聞)명하타 ①퍼져 돌아다니는 소문. ②설교나 연설 따위를 들음. ③남의 이목(耳目).
청문-회(聽聞會)[-회/-훼]명 행정 및 입법 기관이 법안의 심의, 행정 처분, 소청의 재결 등을 위해 필요한 증언을 수집하는 절차의 한 가지. 준사법적인 절차인데, 비공개로 진행되는 청문회와 공개로 진행되는 청문회로 구분됨.
청미(青米)명 ☞청치.
청미(淸美) '청미하다'의 어근.
청미-하다(淸美-)형여 맑고 아름답다. ¶ 풍경 소리가 청미하다.
청밀(淸蜜)명 꿀.
청-바지(青-)명 청색의 바지. 〔특히, 청색 진 바지를 이름.〕
청반(青礬)명 ☞녹반(綠礬).
청-반달(青半-)명 머리에 반달 모양의 푸른 종이를 붙여 만든 연의 한 가지.
청백(淸白)명하형 청렴결백함. ¶ 청백한 선비. / 청백한 관리. 참청렴. **청백-히**부.
청백-리(淸白吏)[-뱅니]명 ①청백한 관리. ②조선 시대에, 각 관아에서 천거하여 뽑힌 결백한 관리를 이르던 말. 〔의정부·육조 및 경조의 이품 이상의 당상관과, 사헌부·사간원의 우두머리가 천거하여 의정부에서 뽑았음.〕
청백리 똥구멍은 송곳 부리 같다속담 청백한 까닭으로 재물을 모으지 못하고 지극히 가난하다는 뜻.
청백-미(淸白米)[-뱅-]명 희고 깨끗이 쓿은 쌀.
청백-색(青白色)[-쌕]명 푸른빛이 도는 흰 빛깔.
청백-자(青白瓷)[-짜]명 청자와 백자의 중간이 되는 자기. 몸은 백자, 잿물은 청자로 되어 있음. 백청자(白青瓷). 백태 청기(白胎青器).
청벽(青甓)명 푸른빛의 벽돌.
청병(請兵)명하자 원병(援兵)을 청하거나 출병하기를 요청함.
청보(青褓)명 푸른 빛깔의 보자기.
청보에 개똥속담 '겉보기에는 그럴싸하나 속내는 매우 흉함'을 이르는 말.
청복(淸福)명 (정신적으로) 청한(淸閑)한 복. ¶ 늙어서 청복을 누리다.
청부(請負)명하타 ☞도급(都給).
청부(廳夫)명 관청에 딸린 인부.
청부^계:약(請負契約)[-계-/-게-]명 ☞도급 계약(都給契約).
청부-금(請負金)명 ☞도급금(都給金).
청-부루(青-)명 푸른 털과 흰 털이 섞인 말.
청부-업(請負業)명 ☞도급업(都給業).
청부-인(請負人)명 ☞도급인(都給人).
청비(廳費)명 관청에서 쓰는 비용.
청빈(淸貧)명하형 성정이 청렴하여 살림이 구차함. ¶ 청빈한 선비. /청빈한 생활. **청빈-히**부.
청빈(請賓)명하자 (잔치 따위에) 손님을 청함. 청객.
청사(青史)명 《주로 '청사에'의 꼴로 쓰이어》 '역사'·'기록'을 뜻하는 말. 〔옛날 푸른빛과 기름을 뺀 대껍질에 사실(史實)을 적은 데서 유래함.〕 ¶ 청사에 길이 남을 이름.
청사(青絲)명 ☞청실.
청사(請詞)명 ☞청문(請文).
청사(廳事)명 ☞마루[1].
청사(廳舍)명 '관청의 건물'을 두루 이르는 말. ¶ 정부 종합 청사.
청사-등롱(青紗燈籠)[-농]명 조선 시대에, 궁중에서 또는 정승 벼슬아치들의 밤 나들이 때 쓰던 푸른 사(紗)로 꾸민 등롱. 궁중의 것은 붉은 천으로 동을 달아 드리웠음. 청사초롱. 준청등롱·청사롱(青紗籠).
청사-롱(青紗籠)명 〈청사등롱〉의 준말.
청-사진(青寫眞)명 ①〈청색 사진〉의 준말. ②미래에 대한 희망적인 계획이나 구상을 상징하여 이르는 말. ¶ 2000년대의 청사진.
청사-초롱(青紗-籠)명 ☞청사등롱.
청산(青山)명 ①(초목이 우거진) 푸른 산. 벽산(碧山). ¶ 청산에 살어리랏다. /나비야 청산 가자. ②(절의 큰방 아랫목 벽에 써 붙여서) '주인의 자리'임을 나타내는 문자.
청산(青酸)명 ☞시안화수소. 시안화수소산.
청산(淸算)명하타되자 ①서로 채권·채무 관계를 셈하여 깨끗이 해결함. ¶ 빚 청산. ②회사나 조합 등이 해산한 경우에 그 재산을 정리·처분하는 일. ③과거의 부정적인 요소를 깨끗이 정리함. ¶ 소매치기 생활을 청산하고 새 삶을 시작하다.
청산-가리(青酸加里)명 ☞시안화칼륨.
청산^거:래(淸算去來)명 매매를 약정하고 나서, 얼마 동안이 지난 후에 물건과 대금을 주고받는 거래 제도. 〔기한 전에 전매(轉賣)하거나 하여 대금의 차액도 주고받을 수 있음.〕
청산^계:정(淸算計定)[-계-/-게-]명 ①상거래를 할 때마다 현금을 주고받지 않고, 일정 기간의 거래를 모아 그 대차(貸借)를 청산하는 방법. ②청산 협정이 맺어진 나라의 중앙은행에 설치되어 있는 상대국 중앙은행 명의의 특별 계정.
청산-별곡(青山別曲)명 지은이와 지은 때를 알 수 없는 고려 가요. 현실 도피의 비애를 노래한 것으로, 모두 8연으로 되어 있음. '악장가사(樂章歌詞)'에 전문(全文)이, '시용향악보(時用鄕樂譜)'에 그 일부가 실려 전함.
청산-염(青酸塩)[-념]명 시안화수소산의 염.
청산-유수(青山流水)[-뉴-]명 '말을 거침없이 잘하는 모양이나 그렇게 하는 말'을 비유하여 이르는 말. ¶ 그의 웅변은 청산유수다.
청산-인(淸算人)명 해산한 법인의 청산 사무를 집행하는 사람.
청삼(青衫)명 〔지난날〕 ①나라 제향 때 입던 웃옷. ②조복(朝服) 안에 받쳐 입던 옷. ③전악(典樂)이 입던 공복(公服).
청-삽사리(青-)[-싸-]명 빛깔이 검고 긴 털이 곱슬곱슬한 개.
청상(青裳)명 ①푸른 치마. ②푸른 치마를 입은 여자, 특히 기생을 이름.
청상(青孀)명 〈청상과부〉의 준말. ¶ 전염병으로 남편을 잃고 스물둘의 젊은 나이에 청상이 되었다.
청상(淸爽) '청상하다'의 어근.

청상(淸霜)[명] 맑고 깨끗한 서리. ¶ 청상이 엷게 치니 절벽이 금수(錦繡)로다(古時調).
청상-과부(靑孀寡婦)[명] 남편을 여읜 젊은 과부. 청상과수. ¶ 청상과부로 수절하다. [준]상부·청상.
청상-과수(靑孀寡守)[명] ☞청상과부.
청상-배(廳上拜)[명] 대청 위에 올라가 하는 절. 〔하정배(下庭拜)에 상대하여 쓰는 말.〕
청상-하다(淸爽-)[형][여] 맑고 시원하다. ¶ 가을을 알리는 청상한 풀벌레 소리.
청색(靑色)[명] 푸른빛. [준]청(靑).
청색(淸色)[명] 유채색 가운데서 명도와 채도가 높은 색.
청색-병(靑色病)[-뼝][명] 선천성 심장 질환 가운데 얼굴이나 그 밖의 곳이 파랗게 보이는 중증(重症)의 병을 통틀어 이르는 말. 청색증.
청색^사진(靑色寫眞)[-싸-][명] 설계도 따위를 복사하는 데 쓰이는 사진의 한 가지. 푸른 바탕에 도면의 선이나 글자가 희게 나타남. [준]청사진.
청색-증(靑色症)[-쯩][명] ☞청색병.
청서(靑書)[명] 영국 의회의 보고서. 블루 북.
청서(靑鼠)[명] 다람쥣과의 동물. 몸빛은 잿빛 갈색이며 네 다리와 귀의 긴 털은 검은색임. 과실·나뭇잎 따위를 먹고 가을에는 땅속에 먹이를 저장함. 청설모.
청서(淸書)[명][하타][되자] ☞정서(淨書).
청석(靑石)[명] '푸른 빛깔의 돌'을 두루 이르는 말.
청설(淸雪)[명][하타] 깨끗이 분풀이하거나 치욕을 씻음.
청설-모(←靑鼠毛)[명] ①☞청서(靑鼠). ②날다람쥐의 털. 붓을 매는 데 쓰임.
청소(靑素)[명] ☞시안(cyaan).
청소(淸宵)[명] ☞청야(淸夜).
청소(淸掃)[명][하타][되자] 깨끗이 쓸고 닦음, 또는 더러운 것을 없애어 깨끗이 함. ¶ 청소 도구.
청-소골(聽小骨)[명] ☞청골(聽骨).
청-소년(靑少年)[명] ①청년과 소년. ②소년기에서 청년기로 접어드는 미성년의 젊은이. 흔히, 10대 후반의 젊은이를 일컬음. [참]사춘기.
청소-부(淸掃夫)[명] (건물이나 도로 등을) 청소하는 일에 종사하는 남자.
청소-부(淸掃婦)[명] (건물이나 도로 등을) 청소하는 일에 종사하는 여자.
청소-차(淸掃車)[명] 쓰레기나 분뇨 따위를 치워 가는 차.
청-솔가지(靑-)[-까-][명] (베어 놓은) 푸른 잎이 아직 마르지 않은 솔가지.
청송(靑松)[명] 푸른 솔. 창송(蒼松). 취송(翠松).
청송(請誦)[명] 민속에서, '판수가 경을 읽으러 가는 데 딸려 가는 판수'를 이르는 말.
청송(聽訟)[명][하자] (사실을 심리하기 위해) 송사를 들음.
청수(淸水)[명] ①맑고 깨끗한 물. ↔탁수(濁水). ②천도교에서, 모든 의식에 쓰는 맑은 물.
청수(淸秀) '청수하다'의 어근.
청수-하다(淸秀-)[형][여] ①(얼굴 모양이) 깨끗하고 빼어나다. ¶ 청수하게 생긴 젊은이. ②속되지 않고 뛰어나다. ¶ 청수한 자질.
청순(淸純)[명][하형] 깨끗하고 순수함. ¶ 청순한 사랑. /청순한 마음씨.
청-술레(靑-)[명] 일찍 익는 배의 한 품종. 껍질이 푸르고 물기가 많음. 청리(靑梨).
청승[명] 궁상스럽고 처량하여 보기에 언짢은 태도나 행동. ¶ 청승을 떨다.
청승-궂다[-굳따][형] 청승스러워서 하는 짓이 격에 맞지 않고 언짢아 보인다. ¶ 돈이 많으면서도 청승궂게 사는 구두쇠 영감.
청승-꾸러기[명] '몹시 청승스럽게 구는 사람'을 낮추어 이르는 말.
청승-맞다[-맏따][형] ①얄밉게 청승궂다. ¶ 청승맞게 사는 젊은 아낙. ②매우 애틋하다. ¶ 청승맞게 우는 어린아이.
청승-살[-쌀][명] (팔자 사나운 늙은이의) '청승스럽게 찐 살'을 빗대어 이르는 말.
청승-스럽다[-따][~스러우니·~스러워][형][ㅂ] 청승맞은 태도가 있다. **청승스레**[부]
청시(淸諡)[명] 지난날, 청렴결백하고 마음이 곧은 사람에게 내리던 시호(諡號).
청시(聽視)[명][하타] 듣고 봄. 시청.
청신(淸晨)[명] 맑은 첫새벽.
청신(淸新) '청신하다'의 어근.
청-신경(聽神經)[명] 청각과 평형 감각을 뇌에 전하는 감각 신경.
청신-남(淸信男)[명] ☞우바새(優婆塞).
청신-녀(淸信女)[명] ☞우바니(優婆尼).
청-신사(淸信士)[명] ☞우바새(優婆塞).
청신-하다(淸新-)[형][여] ①맑고 새롭다. ¶ 청신한 기풍을 떨쳐 일으키다. ②깨끗하고 산뜻하다. ¶ 청신한 공기.
청-신호(靑信號)[명] ①교통 신호의 한 가지. 교차로 따위에 푸른 등이나 기를 달아 '통행해도 좋음'을 나타내는 신호. ②'앞일이 잘될 것 같은 조짐'을 비유하여 이르는 말. ¶ 순조로운 출발은 목표 달성의 청신호다. ↔적신호.
청-실(靑-)[명] 푸른 빛깔의 실. 청사(靑絲). [참]홍실.
청실-홍실(靑-紅-)[명] 납폐할 때 쓰는 남빛과 붉은빛의 명주 실테. 청·홍의 두 끝을 각기 따로 접고 그 허리에 색을 엇바꾸어서 낌.
청심(淸心)[명] ①[하자]마음을 깨끗이 함, 또는 깨끗이 한 마음. ¶ 잡념을 씻은 청심. ②한방에서, '심경(心經)의 열을 풀어 버림'을 이르는 말.
청심^강:화(淸心降火)[명] 한방에서, '심경(心經)의 열을 풀어서 화기(火氣)를 내리게 함'을 이르는 말.
청심-과욕(淸心寡慾)[명][하자] 마음을 깨끗이 하고 욕심을 적게 함.
청심-제(淸心劑)[명] 심경(心經)의 열을 내리게 하는 한방의 약제.
청심-환(淸心丸)[명] 심경(心經)의 열을 푸는 데 쓰는 환약(丸藥).
청아(靑蛾)[명] ①푸르고 아름다운 눈썹. ②'미인'을 비유하여 이르는 말.
청아(淸雅) '청아하다'의 어근.
청아-하다(淸雅-)[형][여] (속된 티가 없이) 맑고 아담하다. ¶ 청아한 피리 소리. /청아한 풍취.
청안(靑眼)[명] '반가운 마음으로 대하는 눈'을 이르는 말. ↔백안(白眼).
청안-시(靑眼視)[명][하타] (남을) 반가운 마음으로 대하여 봄. ↔백안시(白眼視).
청알(請謁)[명][하타] 만나 뵙기를 청함.
청야(淸夜)[명] 맑게 갠 밤. 청소(淸宵).
청야(聽野)[명] 귀에 소리가 들리는 범위. [참]시야(視野).
청약(請約)[명][하타] (유가 증권의 공모나 매출에 응모하여) 인수 계약을 신청하는 일. ¶ 청약 예금. /아파트 청약. /국민주를 청약하다.
청약-립(靑篛笠)[-양닙][명] 푸른 갈대로 만든 갓.
청약불문(聽若不聞)[-뿔-][명][하타] 듣고도 못 들은 체함. 청이불문.
청양(靑陽)[명] 한방에서, '참깨의 잎'을 약재로 이르는 말. 〔강장제로 쓰임.〕

청양(清陽)명 〔기운이 맑고 볕이 따뜻하다는 뜻으로〕 '봄'을 달리 이르는 말.

청어(青魚)명 청어과의 바닷물고기. 몸길이 35 cm가량. 몸빛은 푸른빛을 띤 담흑색이고 배는 은백색. 정어리와 비슷하나 옆구리에 검은 점이 없음. 가을에서 봄에 걸쳐 잡히며 생선은 '비웃', 말린 것은 '관목'이라 함.

청어(鯖魚)명 ☞고등어.

청연(青鉛)명 구리와 아연이 섞인 황산염의 광물.

청염(青塩)명 염소와 암모니아의 화합물.

청염(清塩)명 ☞호렴(胡塩).

청영(清影)명 〔맑은 그림자라는 뜻으로〕 '소나무·대 따위의 그림자'를 운치 있게 이르는 말.

청옥(青玉)명 ①푸른빛이 나는 돌의 한 가지. 옥처럼 투명하지는 않으나 유리 광택이 있고 단단하여 그릇을 만드는 데 쓰임. ②☞사파이어.

청올치명 칡덩굴의 속껍질, 또는 그 속껍질로 꼰 노.

청와(青瓦)명 ☞청기와.

청와(青蛙)명 ①☞청개구리. ②☞참개구리.

청요(請邀)명하타 남을 청하여 맞음. 연청(延請). 참청래(請來).

청-요리(清料理)[-뇨-]명 〔청나라의 요리란 뜻으로〕 '중화요리'를 달리 이르는 말.

청우(晴雨)명 날이 갬과 비가 내림. 우청. ¶ 청우를 가리지 않고 출발하겠습니다.

청우-계(晴雨計)[-계/-게]명 기압계(氣壓計). 풍우계(風雨計). 바로미터.

청우-법(請雨法)[-뻡]명 밀교(密敎)에서, 가뭄이 심할 때 비가 오기를 비는 일.

청운(青雲)명 ①푸른빛을 띤 구름. ②'높은 명예나 벼슬'을 비유하여 이르는 말. ¶ 청운에 뜻을 두고 공부하다.

청운의 꿈관용 입신출세하려는 희망.

청운의 뜻관용 입신출세하려는 의지. ¶ 청운의 뜻을 품고 상경(上京)하다.

청운-객(青雲客)명 ①청운의 뜻을 품은 사람. ②높은 벼슬에 오른 사람.

청운지사(青雲之士)명 ①학덕이 높은 어진 사람. ②높은 벼슬에 오른 사람.

청원(請援)명하자 도와주기를 청함.

청원(請願)명하자타 ①바라는 바를 말하고 이루어지게 해 달라고 청함. ¶ 청원을 받아들이다. ②(국가 기관이나 지방 자치 단체에 대하여) 국민이 문서로써 희망 사항을 진술함. ¶ 구청에 청원하다.

청원^경:찰(請願警察)명 어떤 시설이나 기관의 장이 그 비용을 부담하고 경찰의 배치를 청원하는 제도, 또는 그 경찰.

청원-권(請願權)[-꿘]명 청구권적 기본권의 한 가지. 국민이 국가 기관에 대하여 법령의 제정·개정·폐지, 또는 비위 공무원의 징계 요구나 기타 공공 기관의 권한에 딸린 사항을 문서로써 청원할 수 있는 권리.

청원-서(請願書)명 청원하는 내용을 적은 문서. ¶ 청원서를 제출하다.

청유(清遊)명하자 속되지 않고 풍치 있게 놂, 또는 그런 놀이. ¶ 속진(俗塵)을 떠나 명산에서 청유하는 나그네.

청유(請由)명하자 ☞청가(請暇).

청유-문(請誘文)명 서술어에 따른 문장 갈래의 한 가지. 말하는 이가 말을 듣는 이에게 함께 행동할 것을 청하는 내용의 문장. 용언의 청유형 종결 어미로 끝맺는 형식임. 〔'빨리 가자.', '나도 한마디 하자.' 따위.〕

청유-법(請誘法)[-뻡]명 문장에서 종결 어미에 나타나는 서법의 하나. 청유형 종결 어미를 써서, 말하는 이가 말을 듣는 이에게 함께 행동할 것을 청하는 뜻을 나타내는 표현 방법. 〔'자, 우리도 얼른 가세.' 하는 따위.〕

청유-형(請誘形)명 용언의 종결 어미의 한 갈래. 말하는 이가 말을 듣는 이에게 행동을 같이하자고 권하는 형식. 〔'-자·-세·-아·-어·-지·-ㅂ시다·-시지요' 따위.〕

청음(清音)명 ①맑은 목소리. ②☞안울림소리. ↔탁음(濁音).

청음(清陰)명 〔시원한 그늘이라는 뜻으로〕 '소나무나 대나무 따위의 그늘'을 운치 있게 이르는 말.

청음(晴陰)명 ☞음청(陰晴).

청음-기(聽音機)명 (항공기·잠수함 따위에서 내는) 음향을 들어 그 위치나 방향 등을 탐지(探知)하는 기계를 통틀어 이르는 말. 〔공중 및 수중 청음기가 있음.〕

청의(青衣)[-의/-이]명 ①푸른 빛깔의 옷. ②지난날, 천한 사람이 푸른 옷을 입은 데서, '천한 사람'을 가리키던 말.

청의(清議)[-의/-이]명 고결한 언론.

청의(請議)[-의/-이]명하자 여러 사람의 의견으로 의결하기를 요청함.

청이불문(聽而不聞)명하타 ☞청약불문.

청인(清人)명 청나라 사람, 곧 중국인.

청일(清逸) '청일하다'의 어근.

청-일점(青一點)[-쩜]명 많은 여자 속에 '하나뿐인 남자'를 이르는 말. ↔홍일점.

청일-하다(清逸-)형여 맑고도 속되지 않다. ¶ 청일한 기품.

청자(青瓷·青磁)명 '철분을 함유한 청록색 유약을 입힌 자기'를 두루 이르는 말. 청자기. 청도(青陶).

청자(聽者)명 (이야기 따위를) 듣는 사람. ↔화자(話者).

청자-와(青瓷瓦)명 고려 시대에 만든 청기와의 한 가지. 청자와 같은 흙으로 만들었음.

청작(青雀)명 ☞고지새.

청작(清酌)명 ①깨끗한 술. ②'제사에 쓰는 술'을 이르는 말.

청잠(聽箴)명 사물잠(四勿箴)의 하나. '예(禮)가 아니면 듣지 말라'는 말. 참사물(四勿).

청장(清帳)명하타 지난날, 조세나 빚 따위를 다 치러 셈을 밝히던 일.

청장(清醬)명 진하지 않은 간장.

청장(請狀)[-짱]명 ①〈청첩장〉의 준말. ②불교에서, 신도에게 오라고 청하는 글.

청장(廳長)명 (조달청·국세청 등과 같이) '청(廳)'으로 된, 중앙 행정 기관의 기관장.

청-장년(青壯年)명 '청년'과 '장년'을 아울러 이르는 말.

청재(清齋)명하타 몸을 깨끗이 재계(齋戒)함.

청전(青田)명 벼가 푸릇푸릇한 논.

청전(青氈)명 푸른 빛깔의 전.

청전(請錢)명 어떤 일을 부탁할 때 뇌물로 쓰는 돈.

청-전교(請傳教)명하자 왕명을 받듦.

청전-구물(青氈舊物)명 대대로 전하여 오는 오래된 물건(세간).

청절(清節)명 깨끗한 절개나 절조.

청절(清絕) '청절하다'의 어근.

청절-하다(清絕-)형여 더할 수 없이 깨끗하거나 맑다. ¶ 청절한 피리 소리.

청정(淸淨)명 ①하형맑고 깨끗함. ¶ 청정 해역. /청정한 마음. /시냇물이 청정하다. ②하타깨끗하고 맑게 함. ③하형불교에서, 죄가 없이 깨끗함을 이름. ①**청정-히**부.
청정(淸淨)수관 허공(虛空)의 10분의 1이 되는 수(의). 곧 10^{-21}.
청정-무구(淸淨無垢)명하형 맑고 깨끗하고 때묻지 않음. ¶ 청정무구한 어린아이의 웃음.
청정-무사(蜻蜓武砂)명 ☞잠자리무사.
청정-미(靑精米)명 ☞생동쌀.
청정-수(淸淨水)명 다기(茶器)에 담아 불전(佛前)에 올리는 물.
청정^수역(淸淨水域)명 연안의 수자원을 오염으로부터 보호하기 위해 설정한 오염 제한 구역. 수자원 보전 지역. 블루 벨트.
청정-심(淸淨心)명 망념을 버린 깨끗한 마음.
청정-에너지(淸淨energy)명 오염 물질이 거의 발생하지 않는, 맑고 깨끗한 에너지. 〔전력(電力)·태양열·수력·조력(潮力)·액화 천연가스·수소 에너지 따위.〕
청정^재ː배(淸淨栽培)명 주식용(主食用) 채소 재배에 있어, 사람의 분뇨나 퇴비를 사용하지 않는 재배법. 〔화학 비료 사용법과 수경(水耕)·사경(沙耕) 등의 방법.〕
청정^채ː소(淸淨菜蔬)명 (날로 먹을 수 있도록) 인분이나 퇴비를 사용하지 않고 재배한 채소.
청제(靑帝)명 민속에서, '봄을 맡은 동쪽의 신'을 이르는 말. 동군(東君). 청황(靑皇).
청조(靑鳥)명 ①☞고지새. ②푸른 빛깔의 새. 파랑새. ③반가운 사자(使者), 또는 편지를 뜻하는 말.
청조(淸朝)명 ①중국 청나라의 조정, 또는 그 왕조(1616~1912년). ②〈청조 활자〉·〈청조체〉의 준말.
청조(淸操)명 깨끗한 정조나 지조.
청조(請助)명하타 도와주기를 청함.
청조-체(淸朝體)명 활자체의 한 가지. 중국 청나라 때의 서체로, 명조체보다 쓰기가 쉽고 붓으로 쓰기에 알맞은 해서체. 준청조. 참명조체·송조체.
청조^활자(淸朝活字)[-짜]명 청조체의 활자. 〔흔히, 명함이나 초청장을 박을 때 많이 사용함.〕 준청조.
청족(淸族)명 여러 대에 걸쳐 절의(節義)를 숭상하여 온 집안.
청종(聽從)명하타 (이르는 대로) 잘 듣고 따름. ¶ 부모의 말씀을 청종하다.
청좌(請坐)명하타 ①혼인 때, 신부 편에서 신랑에게 사람을 보내어 초례청에 나와 행례(行禮)하기를 청하던 일. ②조선 시대에, 이속(吏屬)을 보내어 으뜸 벼슬아치의 출석을 청하던 일.
청죄(請罪)[-죄/-줴]명하자 죄 주기를 스스로 청함, 또는 자기의 죄를 자수함.
청주(淸酒)명 ①☞맑은술. ②농익은 탁주에 용수를 박아 떠낸 웃국. ③일본식 양조법으로 빚은 맑은술. ③참정종(正宗)[2].
청죽(靑竹)명 ①푸른 대. 취죽(翠竹). ②베어서 아직 마르지 않은 대. 청대.
청중(聽衆)명 강연이나 설교 등을 들으려고 모인 사람.
청중-석(聽衆席)명 청중이 앉는 자리, 또는 청중이 앉아 있는 자리나 그쪽.
청-지기(廳-)명 지난날, 양반집의 수청방에 있으면서 여러 가지 잡일을 맡아보던 사람. 수청(守廳).
청직(淸直) '청직하다'의 어근.
청직-하다(淸直-)[-지카-]형여 품행이 청렴하고 곧다. ¶ 청직한 선비.
청진(聽診)명하타 (의사가) 환자의 몸 안에서 들리는 소리를 듣고 병증을 진단하는 일.
청진-기(聽診器)명 환자를 청진할 때 사용하는 의료 기구의 한 가지.
청-질(請-)명하타 (정당한 길을 밟지 않고) 세력 있는 사람에게 청(請)을 넣어, 그 힘을 빌리는 짓.
청징(淸澄) '청징하다'의 어근.
청징-하다(淸澄-)형여 맑고 깨끗하다. 징청하다. ¶ 청징한 날씨.
청-쫍다(請-)[-따][~쪼우니·~쪼워]타ㅂ ①(극히 높은 사람에게) 청을 드리다. ②(극히 높은 사람을) 청하거나 초대하다.
청찰(請札)명 ①☞청첩장. ②청하는 편지. ②청편지.
청-참외(靑-)[-차뫼/-차뭬]명 빛깔이 푸른 참외.
청채(靑菜)명 ①통배추의 푸르고 연한 잎을 데쳐서 간장·초·겨자를 쳐서 무친 나물. ②푸나물.
청채(淸債)명하자 빚을 다 갚음.
청처짐-하다형여 아래로 처지거나 좀 느슨하다. ¶ 윗도리의 어깨가 좀 청처짐하다. /동작이 죄어치지 못하고 청처짐하다.
청천(靑天)명 푸른 하늘. 청공(靑空).
청천에 구름 모이듯속담 '여기저기에서 한곳으로 많이 모여 옴'을 이르는 말.
청천 하늘에 날벼락속담 느닷없이 당하는 모질고 사나운 일.
청천(淸泉)명 맑고 깨끗한 샘.
청천(晴天)명 ①맑게 갠 하늘. 청공(晴空). 청허(晴虛). ②맑은 날씨. 준청. ↔담천(曇天).
청천-백일(靑天白日)명 ①환하게 밝은 대낮. ②'밝은 세상'을 뜻함. 〔흔히, '청천백일하에'로 쓰임.〕 ¶ 청천백일하에 모든 것이 드러나다. ③'죄의 혐의가 풀림'을 뜻함. ¶ 비로소 청천백일을 보다.
청천백일은 소경이라도 밝게 안다속담 분명한 사실은 누구라도 알 수 있다는 말.
청천-벽력(靑天霹靂)[-병녁]명 〔맑게 갠 하늘에서 치는 벼락이란 뜻으로〕 '뜻밖의 큰 변'을 비유하여 이르는 말. ¶ 청천벽력 같은 소식. /청천벽력도 유분수지. 멀쩡하던 내 딸이 죽다니!
청철(靑鐵)명 놋쇠와 비슷하나 품질이 좀 낮은 쇠. 〔주로, 땜하는 데 씀.〕
청철-땜(靑鐵-)명하타 (깨진 놋그릇 따위를) 청철로 땜하는 일.
청첩(請牒)명 〈청첩장〉의 준말.
청첩-인(請牒人)명 청첩장을 보내는 사람.
청첩-장(請牒狀)[-짱]명 남을 청하는 글발. 청간(請簡). 청찰(請札). 준청장·청첩.
청청(靑靑) '청청(靑靑)하다'의 어근.
청청(淸淸) '청청(淸淸)하다'의 어근.
청청백백(淸淸白白) '청청백백하다'의 어근.
청청백백-하다(淸淸白白-)[-빼카-]형여 매우 청백하다. ¶ 억울하게 누명을 쓴 청청백백한 선비.
청청-하다(靑靑-)형여 싱싱하게 푸르다. ¶ 청청한 솔밭. **청청-히**부.
청청-하다(淸淸-)형여 (소리가) 맑고도 깨끗하다. ¶ 옥구슬처럼 청청한 목소리. **청청-히**부.
청초(靑草)명 ①푸른 풀. ¶ 청초 우거진 골에 자난다 누웠난다(古時調). ②풋담배.
청초(淸楚) '청초하다'의 어근.

청초-절(青草節)명 목장에서, 사료로 쓰기에 좋은 푸른 풀이 자라는 시기를 이르는 말. 음력 오월에서 구월까지의 다섯 달 동안을 이름. ↔황초절.

청초-체(淸楚體)명 말쑥하고 온화하며 겸허하여 아취(雅趣)가 나는 글씨체.

청초-하다(淸楚–)형여 말쑥하고 조촐하다. ¶ 청초하고 고아(高雅)한 자태. **청초-히**부.

청촉(請囑)명하자타 청을 들어주기를 부탁함. ¶ 청촉이 들어오다. /청촉을 받다. /연구비 지원을 청촉하다. 비청탁. 준청(請).

청총(青蔥)명 ☞청파.

청총-마(青驄馬)명 ☞총이말.

청추(淸秋)명 ①하늘이 맑고 시원한 가을. ②'음력 팔월'을 달리 이르는 말. ②참계월(桂月).

청춘(青春)명 〔만물이 푸른 봄이라는 뜻으로〕 '스무 살 안팎의 젊은 나이'를 비유하여 이르는 말. ¶ 청춘 남녀.

청춘-가(青春歌)명 청춘을 노래한 경기 민요의 한 가지.

청춘-기(青春期)명 소년기와 장년기의 사이, 곧 십대 후반에서 이십 대까지의 시기. 청년기.

청출어람(青出於藍)명 〔쪽에서 뽑아낸 푸른 물감이 쪽보다 더 푸르다는 뜻으로〕 '제자나 후진이 스승이나 선배보다 더 뛰어남'을 이르는 말. 준출람(出藍).

청취(聽取)명하타 (방송이나 진술 따위를) 자세히 들음. ¶ 라디오 청취.

청취-료(聽取料)명 지난날, 라디오 방송을 듣고 그 값으로 내던 돈.

청취-서(聽取書)명 '조서(調書)'의 구용어.

청취-율(聽取率)명 라디오 방송을 청취하는 비율. 여러 방송국의 방송 청취를 비교해 보는 경우와, 한 방송국의 여러 방송 프로의 청취를 비교하는 경우 등이 있음. ¶ 청취율이 높다.

청-치(青–)명 ①현미에 섞인, 푸른빛의 덜 익은 쌀. 청미(青米). ②털빛이 푸르고 얼룩얼룩한 소.

청-치마(青–)명 연의 한 가지. 위로 반은 희고 아래로 반은 푸른 연.

청칠(青漆)명 빛깔이 푸른 칠.

청탁(淸濁)명 ①맑음과 흐림. ②'청음'과 '탁음'을 아울러 이르는 말. ③사리의 '옳음과 그름', '착함과 악함'을 비유하여 이르는 말. ¶ 그 행위에 대한 청탁을 가리다. ④'청주'와 '탁주'를 아울러 이르는 말. ¶ 주객은 청탁을 가리지 않는다.

청탁(請託)명하자타 (무엇을 해 달라고) 청하며 부탁함, 또는 그 부탁. ¶ 청탁 편지. /수필 원고를 써 달라는 청탁을 받다. 비청촉. 준청(請).

청탑-파(青鞜派)명 〔푸른 양말을 신은 무리라는 뜻으로〕 18세기 영국에서 참정권을 주장하던 진보적 여성들을 이르던 말.

청태(青太)명 ①☞청대콩. ②☞푸르대콩.

청태(青苔)명 ①푸른 이끼. 녹태(綠苔). 창태(蒼苔). ②녹조식물 파랫과의 해조(海藻). 물결이 잔잔한 바닷가에서 나는데, 김과 비슷하나 더 푸른빛을 띰. 갈파래. ③☞김[3].

청태-장(青太醬)명 청대콩으로 쑨 메주로 담근 간장.

청-파(青–)명 가을에 난 것을 겨우내 덮어 두었다가 이른 봄에 캔 파. 청총(青蔥).

청파(聽罷)명 듣기를 다 마침, 또는 그런 때. 《주로, '청파에'의 꼴로 쓰임.》 ¶ 공(公)이 청파에 비록 길동이 측은하나…(洪吉童傳).

청판(廳板)명 ☞청널.

청판-돌(廳板–)명 돌다리 바닥에 깐 넓은 돌.

청-편지(請便紙)명 청을 넣는 편지. 청간(請簡). 청찰(請札).

청평(淸平) '청평하다'의 어근.

청평-세계(淸平世界)[–계/–게]명 맑고 평화로운 세계, 곧 화평한 사회.

청평-하다(淸平–)형여 ①(세상이) 고요하고 평화롭게 다스려져 태평하다. ¶ 청평한 해내(海內). ②청렴하고 공평하다. ¶ 청평한 인사.

청포(青布)명 빛깔이 푸른 베.

청포(青袍)명 조선 시대에, 사품에서 육품까지의 벼슬아치가 입던 '푸른 도포'.

청포(淸泡)명 ☞녹말묵.

청-포도(青葡萄)명 다 익어도 빛깔이 푸른 포도 종류를 통틀어 이르는 말.

청포-탕(淸泡湯)명 반듯하게 썬 녹말묵을, 다져서 달걀을 씌운 쇠고기나 닭고기와 함께 끓인 장국.

청풍(淸風)명 맑은 바람.

청풍-명월(淸風明月)명 ①〔'맑은 바람과 밝은 달'이라는 뜻으로〕 '결백하고 온건한 성격'을 평하여 이르는 말. ②하자 '풍자와 해학으로 세상사를 비판함'을 비유하여 이르는 말. ¶ 술자리에서 청풍명월하는 사람.

청피(青皮)명 푸른 귤의 껍질.

청하(廳下)명 마루의 아래.

청-하다(請–)타여 ①무엇을 달라거나, 해 줄 것을 부탁하다. ¶ 냉수를 청하다. /악수를 청하다. ②남을 불러 모시다. ¶ 잔치에 손님을 청하다. ③(잠이 들도록) 애쓰다. ¶ 잠을 청하다.

청하지 않은 잔치에 묻지 않은 대답속담 상관없는 일에 끼어들거나, 아무 말에나 아는 체하고 나서는 사람을 두고 이르는 말.

청학(青鶴)명 날개가 여덟이고, 다리가 하나이며, 얼굴이 사람같이 생겼다는 상상의 길조(吉鳥). 이 새가 울면 천하가 태평해진다고 함.

청학(淸學)명 지난날, '청나라의 학문'이나 '만주어에 관한 학문'을 이르던 말.

청한(淸閑·淸閒) '청한하다'의 어근.

청한-하다(淸閑–·淸閒–)형여 청아하고 한가하다. ¶ 청한한 산중 살림. /청한한 생각.

청향(淸香)명 맑은 향기. ¶ 청향은 잔에 지고 낙홍(落紅)은 옷새 진다(丁克仁.賞春曲).

청허(淸虛) '청허하다'의 어근.

청허(晴虛)명 ☞청천(晴天).

청허(聽許)명하타 사정을 듣고 허락함.

청허-하다(淸虛–)형여 마음이 맑아서 잡생각이 없이 깨끗하다. ¶ 청허한 심성.

청혈(淸血)명 맑은 피. 산 피.

청혈-제(淸血劑)[–쩨]명 피를 맑게 하는 약제.

청혼(請婚)명하자 혼인하기를 청함. 구혼(求婚). ¶ 청혼이 들어오다. /청혼을 받다.

청혼(請魂)명하자 불교에서, 죽은 이의 넋을 청하는 일. 거량.

청홍(青紅)명 〈청홍색〉의 준말.

청-홍마(青紅馬)명 쌍륙이나 장기 따위에서, 푸른 말과 붉은 말.

청-홍사(青紅絲)명 청실홍실.

청-홍색(青紅色)명 푸른색과 붉은색. 준청홍.

청화(青化)명 ①복대기를 삭히는 일. ②시안(cyaan)과 화합함.

청화(青華·青花)명 중국에서 나던, 푸른 물감의 한 가지. 연분홍 물감을 섞으면 선명한 녹색이 되므로 풀잎이나 나뭇잎 같은 것을 그리는 데 썼음.

청화(晴和) '청화하다'의 어근.

청화-가리(青化加里)명 ☞시안화칼륨.
청화^공장(青化工場)명 광산에서, '복대깃간'을 달리 이르는 말.
청화-금(青化金)명 광산에서, '복대기금'을 달리 이르는 말.
청화^백자(青華白瓷)[-짜]명 ☞청화 자기.
청화-법(青化法)[-뻡]명 금·은을 제련하는 방법의 한 가지. 시안화칼륨의 용액에 광석을 용해하여 금·은을 뽑아냄. 청화 제련법.
청화-액(青化液)명 금·은 제련에 쓰이는 시안화칼륨의 용액.
청화-은(青化銀)명 ☞시안화은.
청화^자기(青華瓷器)명 흰 바탕에 청화로 그림을 그린 자기. 청화 백자. 백자 청화.
청화^제ː련법(青化製鍊法)[-뻡]명 ☞청화법.
청화-하다(晴和-)형여 하늘이 개고 날씨가 화창하다.
청화-홍(青化汞)명 ☞시안화수은.
청환(淸宦)명 조선 시대에, 학식이나 문벌(門閥)이 높은 사람에게 시키던 규장각·홍문관·선전 관청 등의 벼슬.
청황(青皇)명 ☞청제(青帝).
청황^색맹(青黃色盲)[-생-]명 청색과 황색에 대한 감각이 나빠서 회색으로 느끼며, 청록에서 자주색까지를 한 빛깔로 보는 후천적 색맹.
청훈(請訓)명하자 (외국에 주재한 대사·공사·사절 등이) 정부에 훈령(訓令)을 청함, 또는 그 일.
청휘(淸暉·淸輝)명 맑은 날의 햇빛.
청흥(淸興)명 고상하고 풍류적인 흥과 운치.
체[1]명 가루를 곱게 치거나 액체를 밭는 데 쓰는 기구. ¶ 체로 가루를 치다.
체[2]의 《어미 '-ㄴ'·'-은(는)' 뒤에 쓰이어》 '그럴듯하게 꾸미는 거짓 태도'를 뜻하는 말. 척[1]. ¶ 잘난 체 마시오. /아는 체.
체[3]감 못마땅하여 아니꼽거나, 원통하여 탄식할 때 내는 소리. 쳇. 치[5]. ¶ 체, 제가 뭔데. /체, 모두가 헛수고군.
체(滯)명 ①〈체증〉의 준말. ¶ 오랜 체로 먹기만 하면 속이 답답하다. ②하자먹은 것이 잘 삭지 않고 위 속에 답답하게 처져 있음. ¶ 급히 먹은 음식이 체한다.
체(體)[1]명 ①〈서체(書體)〉의 준말. ②일정한 격식이나 모양새. ¶ 체가 곱다. ③(글이나 그림 따위의) 표현 방식·격식. ¶ 체를 따르다. /체가 어울린다.
체 보고 옷 짓고 꼴 보고 이름 짓는다속담 모든 것은 제각기 격에 맞아야 한다는 말.
체(體)[2]명 추상 대수학에서, 0으로 나누는 나눗셈을 제외한 사칙 연산(四則演算)을 자유로이 할 수 있는 원소의 집합.
-체(體)접미 《일부 명사 뒤에 붙어》 ①입체임을 뜻함. ¶ 사면체. /정육면체. ②'몸'의 뜻을 더함. ¶ 건강체. /허약체. ③그러한 조직·체재·기관임을 뜻함. ¶ 기업체. /조직체. ④그러한 문체임을 뜻함. ¶ 서간체. /만연체. /화려체. ⑤'글씨' 따위의 일정한 방식이나 격식. ¶ 명조체. /고딕체.
체가(遞加)명하자되자 등수를 따라 차례로 더하여 감. ↔체감.
체간(體幹)명 척추동물에서, 몸의 중추를 이루는 부분. 두부·경부·흉부·복부·미부로 나뉨.
체감(遞減)명하자되자 등수를 따라 차례로 덜어 냄. ↔체가·체증(遞增).
체감(體感)명하타되자 몸에 어떤 감각을 느낌.
체감^온도(體感溫度)명 사람의 몸으로 느껴지는 외계의 온도. 온도·습도·풍속·일사량이나 복장·기분 따위에 영향을 받음. 감각 온도. ¶ 바람이 심하게 불어 체감 온도가 낮다.
체감-증(體感症)[-쯩]명 체감의 이상을 주요 징후로 하는 정신병. 발이 비틀린다든지 심장이 거꾸로 되었다는 등 환각과 망상에 사로잡힘.
체강(體腔)명 동물의 몸 속의 빈 곳. 〔흉강·복강 따위.〕
체격(體格)명 ①몸의 골격. ②(근육·골격·영양 상태로 나타나는) 몸의 겉 생김새. ¶ 우람한 체격. /체격이 좋다.
체결(締結)명하타되자 〔얽어서 맨다는 뜻으로〕 계약이나 조약을 맺음. ¶ 조약 체결. /군사 동맹을 체결하다.
체경(滯京)명하자 서울에 머무름. ¶ 일이 마무리될 때까지 체경하겠다.
체경(體鏡)명 온몸을 비출 수 있는 큰 거울. 몸거울.
체계(逮繫)[-계/-게]명하타 체포하여 옥(獄)에 가둠.
체계(遞計)[-계/-게]명 〈장체계〉의 준말.
체계(體系)[-계/-게]명 ①낱낱이 다른 것을 계통을 세워 통일한 전체. ¶ 체계를 세우다. /연락 체계. /체계적인 조직망. ②일정한 원리에 따라 조직한 지식의 통일된 전체. ¶ 체계를 세운 이론.
체곗-돈(遞計-)[-계똔/-겓똔]명 장체계(場遞計)로 쓰는 돈.
체곗돈 내서 장가들여 놓으니 동네 머슴 좋은 일 시킨다속담 애써 한 일이 결국엔 남에게만 좋은 일이 되었다는 뜻.
체곗-집(遞計-)[-계찝/-겓찝]명 돈놀이를 하는 집.
체고(體高)명 ☞키[1].
체공(滯空)명하자되자 (비행기 따위가) 공중에서 머물러 있음. ¶ 체공 기록. /체공 시간.
체공^비행(滯空飛行)명 (항공기의 성능을 시험하기 위하여) 항공기가 착륙하지 않은 상태로 장시간 비행하는 일.
체-관(-管)명 속씨식물의 체관부를 이루는 주요 조직. 관상(管狀)의 세포가 원기둥 모양으로 세로로 연결되어 있음. 세포가 서로 이어지는 경계마다 작은 구멍이 체와 같은 모양을 이루고 있음. 사관(篩管). 참체관부.
체관(諦觀)명하타 ①(정신 들여서) 샅샅이 살펴봄. 체시(諦視). ②단념함.
체관-부(-管部)명 체관과 인피 섬유 따위로 관다발을 이룬 속씨식물의 조직체. 사부(篩部). 인피(靭皮). 인피부.
체구(體軀)명 몸뚱이. 몸집. ¶ 당당한 체구.
체국(體局)명 풍수설에서, '형국(形局)'을 달리 이르는 말.
체급(體級)명 권투나 레슬링 따위에서, 경기자의 몸무게에 따라 매긴 등급. 〔웰터급·헤비급 따위.〕
체기명 활을 쏠 때 허리에 차는 기구.
체기(滯氣)명 한방에서, '체증의 기미'를 이르는 말, 곧 가벼운 체수(滯祟).
체기(遞騎)명 지난날, 먼 곳에 명령·보고 등을 전달하던 기병.
체기(體技)명 ☞투기(鬪技).
체납(滯納)명하타되자 (세금이나 공과금 등을) 정한 기한에 내지 않음. ¶ 체납한 액수.

체납^처ː분(滯納處分)명 체납자에 대하여 그 재산을 압류하고 공매에 부쳐 체납된 세금 등을 강제로 징수하는 행정 처분. 조세 체납 처분.
체내(體內)명 몸의 안. ¶ 체내 기생충. ↔체외.
체내^수정(體內受精)명 모체(母體) 안에서 이루어지는 수정. 흔히, 교미에 의해서 이루어짐. ↔체외 수정.
체념(諦念)명하타 (곤경 따위에서 벗어날 길이 없어) 희망을 버리고 아주 단념함. ¶ 체념 상태. /체념에 빠지다.
체념(體念)명하타 깊이깊이 생각함.
체능(體能)명 (어떤 일을 감당할 만한) 신체의 능력.
체능^검ː사(體能檢査)명 정상적인 활동에 필요한 육체의 기초적 능력과 기능적 장애를 확인하는 검사.
체당(替當)명하타 ①남의 일을 대신 맡아서 함. ②법률에서, 뒤에 돌려받기로 하고 금전이나 재물을 대신 지급하는 일.
체대(替代)명하자타되자 ☞교체(交替).
체대(替代·遞代)명하타되자 서로 번갈아 대신함. 교대(交代). 질대(迭代).
체대(體大)명하형 몸이 큼. ¶ 체대한 씨름 선수.
체대-식(遞代式)명 체대전(遞代田)의 조직에 의하여 경영하는 원시적 농업 방식의 한 가지.
체대-전(遞代田)명 조림(造林)과 밭농사를 번갈아 하는 밭.
체도(剃刀)명 ①머리털을 깎는 칼. ②☞면도칼.
체도(體度)명 ☞체후(體候).
체도(體道)명하자 ①몸소 도를 실천함, 또는 몸에 익힘. ②도의를 본뜸.
체두(剃頭)명하자 머리카락을 바싹 깎음.
체득(體得)명하타되자 ①체험하여 진리를 터득함. ¶ 불교의 교리를 체득하다. ②몸소 경험하여 알아냄. ¶ 컴퓨터 다루는 법을 체득하다. ③(뜻을) 본떠 이어받음.
체량(體量)명 ☞체중(體重)[1].
체량(體諒)명하타 (그 사람의) 처지를 이해하고 헤아림. ¶ 아무쪼록 굽어 체량하소서.
체력(體力)명 몸의 힘이나 작업 능력. ¶ 강인한 체력. /체력은 국력.
체력-장(體力章)[-짱]명 중·고등학교에서, 학생들의 종목별 기초 체력을 향상하고자 종합적인 체력 검사를 하는 일.
체련(體鍊)명하자 신체를 단련함.
체례(體禮)명 벼슬아치 사이에 지키는 예절.
체로(替勞)명하자 남을 대신하여 수고함.
체루(涕淚)명 슬피 울어서 흘리는 눈물.
체류(滯留)명하자 (딴 곳에 가서) 오래 머물러 있음. 두류(逗留). 체재(滯在). ¶ 장기 체류. /해외 체류 기간. 비재류.
체리(滯痢)명 한방에서, '체증으로 생기는 이질'을 이르는 말.
체리(cherry)명 ☞버찌.
체맹(締盟)명하자 동맹을 맺음. 결맹(結盟).
체맹-국(締盟國)명 국제 조약을 체결한 나라.
체-머리명 병적으로 저절로 흔들리는 머리.
  체머리(를) 흔들다관용 어떤 일에 머리가 흔들리도록 싫증이 나다.
체메(體-)명 체면을 모르는 사람.
체면(體面)명 남을 대하기에 번듯한 면목. 남볼썽. 낯. 면(面). 면목. 체모(體貌). ¶ 체면이 서다. /체면이 깎이다. /체면을 차리다.
  체면에 몰리다관용 체면 때문에 변변하지 못한 사람에게 딱한 꼴을 당하다.
  체면(이) 사납다관용 체면이 서지 않아 부끄럽고 분하다.
체면-치레(體面-)명하자 체면이 서도록 꾸미는 일. ¶ 체면치레로 하는 말.
체모(體毛)명 (머리털 외의) 사람 몸에 난 털.
체모(體貌)명 ☞체면.
체목(體木)명 ①가지와 뿌리를 베어 낸 등걸. ②집 짓는 데 중요한 기둥과 도리 같은 재목을 이르는 말.
체문(帖文)명 왕조 때, 고을 수령이 향교 유생에게 유시(諭示)하던 서면.
체물(滯物)명 체한 음식물.
체발(剃髮)명하자 머리털을 바싹 깎음. 낙발(落髮). 삭발(削髮). 축발(祝髮). ↔축발(蓄髮).
체백(體魄)명 죽은 지 오래된 송장, 또는 땅속에 묻은 송장.
체번(替番)명하자 순번이나 당번의 차례를 갈마듦. 교번(交番). 체직(替直).
체벌(體罰)명하타 신체에 직접 고통을 주는 벌. 비체형(體刑).
체법(體法)명 글씨의 체와 붓을 놀리는 법, 곧 서체와 필법.
체벽(體壁)명 체강의 안쪽 벽.
체병(滯病)[-뼝]명 ☞체증(滯症).
체부(遞夫)명 〈체전부(遞傳夫)〉의 준말.
체불(滯拂)명하타되자 마땅히 지급해야 할 것을 지급하지 못하고 미룸. ¶ 임금을 체불하다.
체비-지(替費地)명 구획 정리 지역에서, 정리 사업 결과 정부나 지방 자치 단체에 환수되는 잉여 토지. 환지 계획에서 유보된 땅으로, 필요 경비로 충당됨.
체사(涕泗)명 울면서 흘리는 눈물이나 콧물.
체색(體色)명 (동물의) 몸에 나타나는 빛깔.
체설(滯泄)명 식체(食滯)로 일어나는 설사.
체세(體勢)명 몸을 움직이거나 거두는 자세.
체-세포(體細胞)명 생식 세포를 제외한, 생물체를 이루고 있는 모든 세포.
체소(體小) '체소하다'의 어근.
체소(體素)명 점유(占有)나 주소(住所) 따위에 관한 법률 사실을 구성하는 외형적이고 구체적인 요소. 곧, 거주의 사실이나 소유의 사실 따위를 이름. ↔심소(心素).
체소-하다(體小-)형여 몸이 작다.
체송(替送)명하타 ☞대송(代送).
체송(遞送)명하타되자 ☞체전(遞傳).
체송-비(遞送費)명 우편물이나 화물 따위의 송료(送料).
체수(體-)명 몸의 크기. ¶ 체수에 맞지 않는 옷을 입어 불편하다.
  체수 보아 옷 짓는다속담 무엇이든 그 격에 맞도록 일을 계획하고 처리한다는 뜻.
체수(滯水)명 괴어 있는 물.
체수(滯囚)명 죄가 결정되지 않아 오래 갇혀 있는 사람, 또는 그렇게 가두는 일.
체수(滯祟)명 한방에서, '먹은 음식이 잘 삭지 않아 생기는 병의 빌미'를 이르는 말.
체-수면(體睡眠)명 잠이 깊이 든 상태. ↔뇌수면(腦睡眠).
체수-본(遞修本)명 여러 시대를 걸쳐서 여러 번 보수(補修)하여 낸 책.
체-순환(體循環)명 ☞대순환.
체스(chess)명 두 사람이 반(盤) 위의 말을 한 수씩 번갈아 움직여 상대편의 왕을 먼저 잡는 것으로 승부를 가리는 놀이. 서양장기.
체스보ː드(chessboard)명 체스를 하는 판.

체습(體習)명하타 남의 행동을 본떠 배움.
체시(諦視)명하타 ☞체관(諦觀).
체식(體式)명 일정한 형태와 방식.
체신(遞信)명 차례로 여러 곳에 편지 따위를 전하는 일.
체액(體液)명 체내(體內)에서 유동(流動)할 수 있는 액체를 통틀어 이르는 말. 〔혈액·림프액·뇌척수액 따위.〕
체약(締約)명하타되자 조약·계약 따위를 맺음.
체약-국(締約國)[-꾹]명 서로 문서로 조약을 맺은 나라.
체양(體樣)명 (생물의) 몸의 생김새. 체용(體容). 체형(體形).
체어-리프트(chair lift)명 로프웨이의 한 가지. 로프에 의자가 여러 개 매달려 있는 것으로, 흔히 스키장 같은 데서 볼 수 있음.
체언(體言)명 조사의 도움을 받아 문장에서 주체의 구실을 하는 단어. 쓰임에 따라 주체·서술·수식의 구실을 함. 명사·대명사·수사가 이에 딸림. 임자씨.
체언-절(體言節)명 문장에서 체언 구실을 하는 절.
체옥(滯獄)명하자 옥에 오랫동안 갇힘.
체온(體溫)명 생물체가 가지고 있는 온도. 흔히, 동물의 몸 온도를 이름. ¶ 체온이 높다.
체온-계(體溫計)[-계/-게]명 체온을 재는 데 쓰이는 온도계. 검온기(檢溫器).
체외(體外)[-외/-웨]명 몸의 밖. ↔체내(體內).
체외^수정(體外受精)[-외-/-웨-]명 모체 밖에서 이루어지는 수정. 수생(水生) 동물에 흔히 있음. ↔체내 수정.
체요(體要)명 사물의 중요한 부분.
체용(體用)명 사물의 본체와 그 작용.
체용(體容)명 ☞체양(體樣).
체우(滯雨)명하자 비 때문에 어쩔 수 없이 그대로 머묾.
체위(體位)명 ①체격이나 건강의 정도, 또는 그 수준. ¶ 청소년의 체위가 향상되다. ②몸의 자세. ¶ 체위를 바로잡다.
체위^반ː사(體位反射)명 정지 상태에서, 자세를 바르게 유지하려는 동물의 반사 작용. ¶ 체위 반사는 평형 감각으로 유지된다.
체육(體育)명 ①건강한 몸과 온전한 운동 능력을 기르는 일, 또는 그것을 목적으로 하는 교육. ②학교 교육에서, 운동 경기의 이론이나 실기를 가르치며, 체력의 향상을 꾀하는 학과. 참덕육(德育)·지육(智育).
체육-관(體育館)[-꽌]명 실내에서 운동 경기나 체육 활동을 할 수 있도록 여러 시설을 갖춘 건물.
체육-복(體育服)[-뽁]명 운동을 할 때 입는 옷. 운동복.
체육-부(體育部)[-뿌]명 학교나 기관·단체 등에서 체육 활동을 위해서 또는 체육에 관련된 일을 하기 위해서 조직된 부서.
체육-상(體育賞)[-쌍]명 운동 경기를 뛰어나게 잘하거나, 체육에 공로가 있다 하여 주는 상.
체육-회(體育會)[-유쾨/-유퀘]명 ①'운동회'를 달리 이르는 말. ②체육의 발전과 향상을 위하여 조직된 단체, 또는 그 모임.
체육^훈장(體育勳章)[-유쿤-]명 체육 발전에 공을 세워 국민 체위 향상과 국가 발전에 이바지한 공적이 뚜렷한 사람에게 수여하는 훈장. 〔청룡장·맹호장·거상장·백마장·기린장의 다섯 등급이 있음.〕
체읍(涕泣)명하자 눈물을 흘리며 슬피 욺.
체이-증(滯頤症)[-쯩]명 어린아이가 침을 많이 흘리는 병.
체인(體認)명하타 몸소 겪어 마음으로 깊이 인정함. 충분히 납득함.
체인(chain) Ⅰ명 ①쇠사슬. ②자전거의 '양냥이줄'을 흔히 이르는 말. ③'같은 계열의 상점·극장' 또는 '그 계열이나 흥행망(興行網)'임을 이르는 말. ¶ 체인 사업. /체인 본부.
Ⅱ의 야드파운드법에 의한 길이의 단위. 1 체인은 1 링크의 100 배로, 약 20.1168 m에 해당함. 〔기호는 ch〕
체인^블록(chain block)명 (도르래나 톱니바퀴 따위를 이용하여) 무거운 물건을 달아 올리거나 잡아당기는 데 쓰이는 기구.
체인-점(chain店)명 ☞연쇄점.
체인지업(change-up)명 야구에서, 투수가 타자의 타이밍을 교란하기 위해 투구의 속도나 방법 등을 여러 가지로 변화시키는 일. 체인지 오브 페이스.
체인지오ː버(changeover)명하타 환(換)의 매매 계약이 만기가 되었을 때, 실제의 인도를 하지 않고 다시 선물(先物)의 매매 계약으로 변경하는 일.
체인지 오브 페이스(change of pace) ☞체인지업.
체임(遞任)명하타되자 벼슬을 갈아 냄. 체직(遞職).
체임(滯賃)명 노임(勞賃) 따위를 지급하지 않고 뒤로 미룸, 또는 뒤로 미룬 그 노임. ¶ 체임 액수가 날로 불어나다.
체장(體長)명 동물 따위의 몸의 길이. 몸길이.
체재(滯在)명하자 ☞체류(滯留).
체재(體裁)명 ①사물을 겉에서 본 본새나 됨됨이. ¶ 책의 체재. ②시문(詩文)의 형식. 체제.
체-쟁이(滯-)명 지난날, 체를 내리게 하는 일을 업으로 하는 사람을 일컫던 말. 〔쥙대 따위로 목구멍을 쑤셔 내리거나 손으로 배를 문질러 내리게 하였음.〕
체적(滯積)명 ☞식적(食積).
체적(體積)명 부피.
체적^팽창(體積膨脹)명 물체의 부피가 온도의 변화에 따라 늘어나는 현상. 부피 팽창. 체팽창.
체적^팽창^계ː수(體積膨脹係數)[-계-/-게-]명 온도가 섭씨 1도 올라갔을 때의 물체의 늘어난 부피와 본디 부피와의 비율. 부피 팽창 계수. 체팽창 계수. 부피 팽창률. 체팽창률.
체전(遞傳)명하타되자 (소식이나 편지 따위를) 차례로 여러 곳을 거쳐서 전해 보냄. 체송(遞送).
체전(體典)명 전국 체육 대회.
체전-부(遞傳夫)명 ☞우편집배원. 준체부.
체절(體節)[1]명 ☞체후(體候).
체절(體節)[2]명 환형동물 등의 몸뚱이를 이루고 있는 낱낱의 마디.
체제(體制)명 ①☞체재(體裁). ②생물체를 이루는 각 부분이 통일적으로 전체를 이루는 관계의 양상(樣相). ③사회적인 제도와 조직의 양식. ¶ 정치 체제. /공산주의 체제. /반체제 운동.
체조(體操)명하자 ①신체의 이상적 발달을 꾀하고 신체의 결함을 교정 또는 보충시켜 주기 위해서 행하는 조직화된 운동. ¶ 미용 체조. /체조로 하루 일과를 시작하다. ②〈체조 경기〉의 준말.
체조^경ː기(體操競技)명 맨손 또는 도구를 이용하여 도약·회전·지지 따위 기량을 겨루는 경기. 준체조.

체중(體重)[1]명 몸무게. 체량(體量). ¶ 체중 조절.
체중(體重)[2] '체중하다'의 어근.
체중-하다(體重-)형여 지위가 높고 점잖다.
체증(滯症)명 ①체하여 소화가 잘 안 되는 증세. 체병(滯病). 준체(滯). ②(교통 따위의) '소통이 막힘'을 비유하여 이르는 말. ¶ 교통 체증.
체증(遞增)명하자 되자 (수량이) 차례로 더해 감. ↔체감(遞減).
체지(帖紙)명 ①관아에서 이속과 노비를 고용하던 서면, 곧 사령(辭令). 첩지. ②지난날, 돈을 받은 표, 곧 영수증.
체지(體肢)명 ①(사람의) 몸통과 팔다리. ②척추동물의 체간(體幹)에서 뻗어 나온 두 쌍의 가지 부분. 곧, 전지(前肢)와 후지(後肢), 또는 상지(上肢)와 하지(下肢).
체-지방(體脂肪)명 분해되지 않고 몸 안에 그대로 쌓인 지방.
체직(替直)명하자 ☞체번(替番).
체직(遞職)명하자되자 ☞체임(遞任).
체진(滯陣)명하자 ①진중에 머무름. ②한곳에 진을 치고 오래도록 머무름.
체-질명하자 체로 가루 따위를 치는 일.
체질(體質)명 ①몸의 생긴 바탕. 몸바탕. ¶ 허약 체질. ②단체나 조직의 성질. ¶ 당의 체질을 개선하다.
체차(遞差)명하타 되자 왕조 때, 관리(官吏)를 갈아 내어 바꿈.
체천(遞遷)명하타 봉사손(奉祀孫)의 대가 끊긴 신주를 최장방(最長房)의 집으로 옮기는 일. 〔최장방이 죽었을 때는 또 그 다음의 최장방에게로 옮기고, 모두 대가 끊긴 뒤에는 매안(埋安)하는 것이 보통임.〕
체첩(體帖)명 글씨의 본보기가 될 만한 서첩.
체청(諦聽)명하타 주의하여 똑똑히 들음.
체취(體臭)명 ①몸에서 나는 냄새. 살내. ②개인이나 작품에서 풍겨 나오는 특유의 느낌. ¶ 작가의 체취가 물씬 풍기는 소설.
체크(check)명 ①물표(物票). ②바둑판 모양의 옷감 무늬, 또는 그 옷감. ¶ 감색의 체크 치마. ③하타되자검사하거나 대조함, 또는 그 표적으로 찍는 표(∨). ¶ 출입자를 하나하나 체크하다.
체크^리스트(check list)명 대조표(對照表).
체크아웃(check-out)명 호텔 등의 프런트에서 숙박료를 치르고 그곳을 떠나는 일. ↔체크인.
체크인(check-in)명 ①호텔 등의 프런트에서 숙박 절차를 밟는 일. ↔체크아웃. ②공항의 접수 창구에서 항공기의 탑승 절차를 밟는 일.
체통(體統)명 〔지체나 신분에 알맞은 체면이란 뜻으로〕 '점잖은 체면'을 이르는 말. ¶ 체통을 지키다. /체통 없이 굴다. /체통을 잃다.
체-팽창(體膨脹)명 ☞체적 팽창.
체팽창^계ː수(體膨脹係數)[-계-/-게-]명 ☞체적 팽창 계수.
체팽창-률(體膨脹率)[-뉼]명 ☞체적 팽창 계수.
체포(逮捕)명하타되자 ①죄인을 쫓아가서 잡음. ②형법에서, 검사나 사법 경찰관 등이 법관이 발부하는 영장에 의하여 피의자를 구속하여 연행하는 강제 수단.
체포^감금죄(逮捕監禁罪)[-쬐/-쮀]명 남을 불법으로 체포하고 감금함으로써 성립되는 죄.
체표(體表)명 몸의 표면.
체표^면ː적(體表面積)명 몸의 겉넓이.
체하(帖下)명하타 조선 시대에, 관아에서 일꾼이나 상인들에게 금품을 줄 때에, 서면으로 내주던 일.
체-하다조동여 《어미 '-ㄴ·-은(는)' 아래 쓰이어》 앞말이 뜻하는 것처럼 그럴듯하게 거짓으로 꾸미는 태도가 있다. 양하다. 척하다[2]. ¶ 잘난 체하다. /못 본 체하다.
체해(體解)명하타 왕조 때의 형벌의 한 가지. 죽인 뒤에 팔다리를 찢던 극형.
체향(滯鄕)명하자 고향에 머무름.
체험(體驗)명 ①하타몸소 경험함, 또는 그 경험. ¶ 체험 수기(手記). /돈을 주고도 못 살 귀중한 체험을 하다. ②심리학에서, 특정한 인격이 직접 경험한 일체의 심적 과정을 이르는 말.
체험-담(體驗談)명 자기가 몸소 경험한 것에 대한 이야기. ¶ 오지 탐험의 체험담.
체현(涕泫)명하자 눈물이 줄줄 흐름.
체현(體現)명하타되자 (정신적인 것을) 구체적으로 실현함. ¶ 구국 정신을 체현한 충무공.
체형(體刑)명 ①하타(태형 따위와 같이) 직접 사람의 몸에 형벌을 가함. 비체벌(體罰). ②(징역·금고와 같이) 신체의 자유를 속박하는 형벌. ↔벌금형·재산형. 참자유형.
체형(體形)명 ☞체양(體樣).
체형(體型)명 체격을 겉모양의 특징으로 분류한 형. 〔비만형(肥滿型)·세장형(細長型) 따위.〕
체화(滯貨)명하자되자 ①(수송이 잘못되어) 밀려 쌓여 있음, 또는 그런 물건. ②(상품이 팔리지 않아) 창고 따위에 쌓여 있음, 또는 그런 화물.
체화(體化)명하자·타되자 ①몸으로 변하거나 변하여 몸의 일부가 되게 함. ②(가치·지식 따위를) 완전히 몸에 익히거나 배게 하여 자기 것으로 만듦.
체-화석(體化石)명 동물체의 전부나 일부를 지니고 있는 화석.
체환(替換)명하타 되자 대신하여 갈아서 바꿈. 차환(差換). 대체(代替).
체후(體候)명 〔주로 편지 글에서〕 상대편의 안부를 물을 때, 그를 높이어 그의 '기거(起居)'를 이르는 말. 체도(體度). 체절(體節)[1].
첼레스타(celesta 이)명 겉모양이 소형의 피아노와 같은 건반 악기. 피아노처럼 건반마다 해머를 연결하여 강철판을 치도록 되어 있는데, 맑고 가벼운 음색을 냄.
첼로(cello 이)명 현악기의 한 가지. 줄이 네 개이며 활로 문질러서 소리를 냄. 음역이 넓고 음색이 풍부함. 독주·관현악 등에 널리 쓰임. 비올론첼로.
첼리스트(cellist)명 첼로 연주자.
쳇[첻]감 ☞체[3]. ¶ 쳇, 좀 배웠다고 잘난 척하는 꼴이라니.
쳇-다리[체따-/첻따-]명 (물건을 거를 때) 체를 올려놓게 된 기구.
쳇-바퀴[체빠-/첻빠-]명 얇은 널빤지를 둥글게 오려서 쳇불을 메우게 된 테, 곧 체의 몸 부분.
쳇-발[체빨/첻빨]명 ☞최활.
쳇-불[체뿔/첻뿔]명 쳇바퀴에 팽팽하게 메워 액체나 가루 따위를 거르는 그물. 말총·명주실·철사 등으로 짬.
쳇불-관(-冠)[체뿔-/첻뿔-]명 선비가 쓰던 관의 한 가지. 말총으로 쳇불처럼 거칠게 얽어 짠 조각으로 만들었음.
쳇-줄(體-)[체쭐/첻쭐]명 '습자(習字)의 본보기가 되는 한 줄의 글씨'를 이르는 말. 〔습자지 등의 왼쪽 가에 스승이나 선배가 써 줌.〕
쳐명 〈옛〉수결(手決). ¶ 스승이 우희 쳐 두느니라(飜老上4). /쳐 셔:署(訓蒙中7).

쳐-내다[처-][타] (더러운 것들을) 쓸어 모아서 한곳으로 옮기다. ¶ 거름을 쳐내다.
쳐ː다-보다[처-][타] 얼굴을 들고 올려다보다. ¶ 우두커니 서서 먼 하늘을 쳐다보다. [본]치어다보다.
쳐ː-들다[처-][~드니·~들어][타] ①위로 들어 올리다. ¶ 고개를 쳐들다. ②초들다. ¶ 약점만 쳐들고 꼬집다.
쳐ː들-리다[처-][자] 《'쳐들다'의 피동》 쳐듦을 당하다. ¶ 높이 쳐들린 지붕 위로 햇빛이 비치다.
쳐-들어가다[처-][자타] 무찔러 들어가다.
쳐-들어오다[처-][자타] 무찔러 들어오다.
쳐로[조] 〈옛〉처럼. ¶ 우리님 ᄉᆞ랑 긋쳐 갈제 뎌 모시쳐로 니으리라(古時調). [참]텨로·톄로.
쳐-부수다[처-][타] ①(적을) 무찔러 부수다. ¶ 적군을 쳐부수다. ②(물건 따위를) 세차게 쳐서 부수다. ¶ 망치로 조각상을 쳐부수다.
쳐-올리다[처-][타] 위로 세게 들어 올리다.
쳐-주다[처-][타] ①셈을 맞추어 주다. ¶ 값을 50원으로 쳐주다. ②인정하여 주다. ¶ 이긴 걸로 쳐주다.
쳔[명] 〈옛〉돈. 재물. ¶ 내 쳔을 앗기디 아니ᄒᆞ며(永嘉下*139*).
쳔량[명] 〈옛〉천량. 재물. ¶ 반ᄃᆞ기 쳔량과 옷 바볼 만히 어드리라(佛頂中*8*).
청[명] 〈옛〉버선. ¶ 보드라온 털로 미론 청 신어쇼더(老解下*47*).
초[명] 불을 밝히는 데 쓰는 물건. 밀·백랍·쇠기름 따위를 끓여서 둥근 막대기 모양으로 굳혀 만드는데, 가운데에 실 따위로 심지를 박음.
초(抄)[명][하타] 〈초록(抄錄)〉의 준말.
초(炒)[명][하타] 불에 볶음, 또는 볶는 일. 〔주로, 한방에서 약재에 대하여 이름.〕
초(秒)[명] ①1분을 60등분한 시간. ②매우 짧은 시간. ¶ 초를 다투는 절박한 상황.
초(草)[1][명] ①(시문 따위의) 대강 얽이, 곧 초고나 초안. ¶ 초를 잡다. ②[하타]〈기초(起草)〉의 준말. ¶ 건의안의 초를 잡다. /법안을 초하다.
초(草)[2][명] ①풀. 초본(草本)[2]. ②〈건초(乾草)〉·〈갈초〉의 준말.
초(草)[3][명] 〈초서(草書)〉의 준말.
초(哨)[명] 옛날 군대 편제의 한 가지. 〔1초는 약 100명이었음.〕
초(楚)[명] 장기에서, '楚' 자로 나타낸 장(將)의 한 짝. 〔주로, 푸른 빛깔로 나타냄.〕 ↔한(漢)[1]. [참]장(將).
초(綃)[명] '생사(生絲)로 짠 얇은 비단'을 통틀어 이르는 말.
초(醋)[명] 조미료의 한 가지. 3~6%의 초산을 함유한, 시고 약간 단 맛이 있는 액체. 식초.
　초(를) 치다[관용] 미리 무슨 말을 하여 상대편의 기가 누그러지게 하다.
초(初)[의] 《일부 명사 뒤에 쓰이어》 '처음'의 뜻을 나타냄. ¶ 사건 발생 초부터. ↔말(末).
초(秒)[의] ①시간 단위의 한 가지. 1분의 60분의 1. ②각도나 경위도(經緯度)의 단위의 한 가지. 1분의 60분의 1.
초-(超)[접두] 《일부 명사 앞에 붙어》 '정도가 대단한'·'일정 범위를 벗어난'·'초월한' 등의 뜻을 나타냄. ¶ 초당파. /초만원. /초음속. /초현실.
초가(草家)[명] 볏짚·밀짚·갈대 따위로 이엉을 엮어 지붕을 인 집. 초가집. 초려(草廬). 초옥(草屋).
초가(樵歌)[명] 나무꾼이 부르는 노래.
초-가량(初假量)[명][하타] 처음으로 그 대강만을 얼추 셈쳐 잡음, 또는 그 가량. ¶ 얼마나 되는지 초가량해 보다.
초가-삼간(草家三間)[명] 〔'세 칸으로 된 초가'라는 뜻으로〕 '썩 작은 초가'를 이르는 말. 삼간초가.
　초가삼간 다 타도 빈대 죽는 것만 시원하다 [속담] 비록 큰 손해를 보더라도 미운 놈만 없어진다면 속시원하다는 뜻. 초당 삼간이 다 타도 빈대 죽는 것만 시원하다.
초-가을(初-)[명] 가을철이 시작되는 첫 무렵. 첫가을. 맹추(孟秋). 초추(初秋).
초가-지붕(草家-)[명] 짚이나 억새·갈대 따위를 엮어서 이은 지붕. ¶ 초가지붕에 열린 박.
초가-집(草家-)[명] ☞초가(草家).
초각(初刻)[명] 〔'맨 처음의 각(刻)'이란 뜻으로〕 한 시간의 처음 시각. 〔1각은 15분간임.〕
초각(峭刻)[1][명][하자] ☞돋을새김.
초각(峭刻)[2] '초각하다'의 어근.
초각-본(初刻本)[-뽄][명] ①☞초간본(初刊本). ②초간본 중 특히 목판(木板)으로 박아 낸 책. 원각본(原刻本).
초각-하다(峭刻-)[-가카-][형][여] 성질이 까다로워서 너그러운 데가 없다.
초간(初刊)[명] 중간(重刊)에 대하여, 맨 처음으로 하는 간행. 원간(原刊).
초간(超間) '초간(超間)하다'의 어근.
초간(稍間) '초간(稍間)하다'의 어근.
초간-본(初刊本)[명] 맨 처음, 또는 첫 번째로 간행한 책. 원각본(原刻本). 원간본(原刊本). 초각본.
초-간장(醋-醬)[명] 초를 친 간장.
초-간택(初揀擇)[명][하타] 맨 첫 번의 간택.
초간-하다(超間-)[형][여] 사이가 뚝 뜨다. ¶ 한집에 있어도 처소(處所)가 초간하여 매양 연연하더니(許筠.洪吉童傳). **초간-히**[부].
초간-하다(稍間-)[형][여] ①시간적으로 조금 사이가 뜨다. ②거리가 좀 멀다. ¶ 말사(末寺)까지는 초간한 거리였다. **초간-히**[부].
초갑(草匣)[명] ①담배쌈지. ②궐련갑.
초강초강-하다[형][여] (얼굴 생김이) 갸름하고 살지지 아니하다. ¶ 초강초강한 젊은 아낙.
초개(草芥)[명] 지푸라기, 곧 '하찮은 것'을 비유하여 이르는 말. ¶ 목숨을 초개같이 여기다.
초거(招去)[명][하타] 불러서 데려감.
초-거성(超巨星)[명] 반지름이 태양의 수백 배에 이르는, 진화 후기 단계의 커다란 항성. 〔북극성 따위.〕
초건(草件)[-껀][명] 시문(詩文)의 초고를 잡은 원고. 초본(草本)[1].
초-겨울(初-)[명] 겨울철이 시작되는 첫 무렵. 첫겨울. 맹동(孟冬). 초동(初冬).
초견(初見)[명][하타] 처음으로 봄.
초경(初更)[명] 하루의 밤을 다섯으로 나눈 첫째 시각. 하오 일곱 시부터 아홉 시까지의 사이. 갑야(甲夜).
초경(初耕)[명][하타] ☞애벌갈이.
초경(初經)[명] 첫 월경. 초조(初潮).
초경(草徑)[명] 풀이 우거진 좁은 길.
초경(樵逕·樵徑)[명] 나무하러 다니는 길. 나뭇길. 초로(樵路).
초-경합금(超硬合金)[-끔][명] 탄화텅스텐에 코발트·니켈 따위의 금속 가루를 섞어 만든 소결(燒結) 합금. 높은 열에서 강도가 매우 높아, 주철·철강 제품의 절단 공구를 만드는 재료로 쓰임.
초계(哨戒)[-계/-게][명][하타] 적의 습격에 대비하여 엄중히 감시하고 경계함. ¶ 초계 임무.

초계-정(哨戒艇) [-계-/-게-] 명 초계용의 작은 배. 초정(哨艇).
초고(草稿) 명 시문(詩文)의 초벌 원고.
초고(礎稿) 명 퇴고(推敲)의 바탕이 된 원고.
초고리 명 작은 매.
초-고속도(超高速度) [-또] 명 고속도보다 더 빠른 속도. ¶ 초고속도 촬영기.
초-고압(超高壓) 명 (지하 200 km 깊이의 압력 상태와 같은) 4만~5만 기압 정도의 매우 높은 압력.
초-고온(超高溫) 명 (원자핵 융합 반응이 일어날 때와 같은) 고온 이상의 높은 온도.
초-고추장(醋-醬) 명 초를 쳐서 갠 고추장.
초-고층(超高層) 명 ①'매우 높은 층수의 건물'을 이르는 말. ¶ 초고층 아파트. ②구름이 생기는 대류권의 밖. 〔적도 부근 약 18 km, 극지 부근 약 8~450 km를 말함.〕
초고-하다(超高-) 형여 뛰어나게 고상하다. ¶ 초고하고 견개(狷介)한 매화.
초공(梢工) 명 뱃사공.
초과(草果) 명 생강과의 다년생 초본. 중국 남부에 자생함. 신맛이 나는 열매는 크기가 가지만 하고 두꺼운 껍질은 검으며, 씨는 굵음.
초과(超過) 명 하자타 되자 일정한 수나 한도를 넘음. ¶ 예산을 초과하다. /목표를 초과 달성하다.
초교(初校) 명 인쇄물의 첫 교정, 또는 그 교정지. 초준(初準).
초교(草轎) 명 ☞삿갓가마.
초교-탕(-湯) 명 여름 음식의 한 가지. 삶은 닭고기를 뜯어 넣은 깻국에다가 전복·해삼과 오이·표고 등을 넣고 실백을 띄워 만듦. 보통 여기에 밀국수를 말아 먹음.
초구(貂裘) 명 담비 모피로 만든 갖옷.
초군(超群) 명 하형 뭇 사람 가운데에서 뛰어남. ¶ 초군한 인재.
초군(樵軍) 명 나무꾼.
초군-초군 부 하형 (하는 짓이) 아주 꼼꼼하고 느릿느릿한 모양. ¶ 보기에 답답하리만큼 초군초군한 동작.
초균형^예ː산(超均衡豫算) [-네-] 명 세입이 세출을 초과하여 흑자가 나는 예산.
초극(超克) 명 하타 어려움을 이겨 냄. ¶ 초극 정신. /초극 의지.
초근(草根) 명 풀의 뿌리.
초근-거리다 자 '차근거리다'의 잘못.
초근-대다 자 '차근대다'의 잘못.
초근-목피(草根木皮) 명 〔풀 뿌리와 나무껍질이란 뜻으로〕 ①곡식이 없어 산나물 따위로 만든 '험한 음식'을 이르는 말. ¶ 흉년이 들어 초근목피로 연명(延命)을 하다. ②한약의 재료가 되는 물건을 이르는 말.
초근-초근 부 하형 귀찮도록 검질기게 달라붙어서 조르는 모양. ¶ 옛날이야기를 해 달라고 초근초근 조르는 어린이. 큰추근추근.
초금(草琴) 명 풀잎으로 만든 피리. 초적(草笛).
초-금령(草金鈴) [-녕] 명 ☞견우자(牽牛子).
초급(初級) 명 (초·중·고로 나누었을 때) 가장 낮은 등급이나 단계. ¶ 초급 과정. /초급 영어. 참중급·고급.
초급(初給) 명 ☞초봉(初俸).
초급(樵汲) 명 땔나무하는 일과 물 긷는 일.
초급(峭急) '초급하다'의 어근.
초급-하다(峭急-) [-그파-] 형여 성미가 날카롭고 몹시 급하다. ¶ 성미가 초급한 위인. **초급-히** 부.
초기(抄記) 명 하타 ☞초록(抄錄).
초기(初忌) 명 ①사람이 죽은 지 1년이 되는 날. ②☞첫기제.
초기(初期) 명 맨 처음으로 비롯되는 시기, 또는 그동안. 초년(初年). ¶ 그의 초기 작품들은 별로 빛을 보지 못했다. /병은 초기에 다스려야 한다. 참말기·중기.
초기(峭氣) [-끼] 명 〈촉기〉의 본딧말.
초기(礎器) 명 도자기를 구울 때, 그 그릇을 올려 받치는 굽 높은 기구.
초-기일(初期日) 명 맨 첫 번의 기한 날짜.
초길(初吉) 명 음력으로 매달 '초하루'를 달리 이르는 말.
초-김치(醋-) 명 초를 쳐서 담근 얼갈이김치나 풋김치.
 초김치가 되다 관용 풀이 죽다.
초꼬지 명 말린 작은 전복.
초-나물(醋-) 명 봄에 먹는 나물의 한 가지. 숙주·미나리·물쑥 따위를 살짝 데쳐 양념을 하고 초를 쳐서 무친 나물.
초-나흗날(初-) [-흔-] 명 그달의 넷째 날. 곧, 4일 날. 초사일. 준나흗날·나흘·초나흘.
초-나흘(初-) 명 〈초나흗날〉의 준말. 준나흘.
초-남태(初男胎) 명 ①처음에 낳은 사내아이의 태. ②'아주 어리석은 사람'을 조롱하여 이르는 말. ¶ 초남태 같은 사람.
초년(初年) 명 ①일생의 초기. 중년이 되기 전까지의 시기. ②(여러 해 걸리는 어떤 과정의) 첫해 또는 처음의 시기.
초년-고생(初年苦生) [-꼬-] 명 어리거나 젊어서 하는 고생.
 초년고생은 사서라도 한다 속담 젊어서 고생을 하면 늙어서 낙이 올 것이니 참고 달게 여겨야 한다는 말.
초년-병(初年兵) 명 입대한 지 얼마 아니 된 사병. 비신병(新兵).
초년-생(初年生) 명 (무엇을) 시작한 지 얼마 안 된 사람. ¶ 사회 초년생. /창업 초년생.
초념(初念) 명 처음에 먹은 마음이나 생각.
초노(樵奴) 명 땔나무를 마련하는 종.
초-눈 명 초파리의 애벌레.
초-능력(超能力) [-녁] 명 현대의 과학적 지식으로는 설명하기 어려운, 기묘한 현상을 나타내는 능력을 뜻하는 말.
초-다짐(初-) 명 하타 (정식으로 식사하기 전에) 우선 시장기를 면하려고 간단히 먹는 일. 초요기(初療飢).
초단(初段) 명 〔첫째 계단이란 뜻으로〕 유도나 바둑 따위의 기술이나 수(手)에 대한 등급의 한 가지. 곧, 단의 첫 등급.
초단(草短) 명 화투 놀이에서, 홍싸리·흑싸리·난초의 붉은 띠 석 장을 갖추어 이룬 단. 참청단·홍단.
초단(礎段) 명 건축에서, 건조물의 무게를 지반이 골고루 받게 하기 위해 벽이나 기둥 따위의 아래쪽을 특별히 넓게 한 부분.
초-단파(超短波) 명 파장이 아주 짧은 전자파. 파장 1~10 m, 주파수 30~300MHz로서 텔레비전 방송이나 전파 탐지기 따위에 쓰임.
초단파^방ː송(超短波放送) 명 초단파를 이용하는 텔레비전 및 에프엠 라디오 방송.
초달(楚撻) 명 하타 ☞달초(撻楚).
초-닷새(初-) [-닫쌔] 명 〈초닷샛날〉의 준말. 준닷새.
초-닷샛날(初-) [-닫쌘-] 명 그달의 다섯째 날. 곧, 5일 날. 준초닷새·닷샛날·닷새.

초당(草堂)명 (원채에서 따로 떨어진 곳에) 짚이나 억새로 지붕을 이은 조그마한 집채.

초당 삼간이 다 타도 빈대 죽는 것만 시원하다 속담 ☞초가삼간 다 타도 빈대 죽는 것만 시원하다. 참초가삼간.

초당(超黨)명 〈초당파〉의 준말.

초-당파(超黨派)명 일당 일파(一黨一派)의 이해타산을 초월하여 관계자 전원이 일치하여 주어진 일에 임하는 일. ¶ 초당파 거국 내각. 준초당.

초대(初-)명 '그 일에 경험이 없이 처음으로 나선 사람'을 이르는 말. ¶ 그는 초대라서 견습공이나 다름없다.

초대(初代)명 《주로 직위를 나타내는 명사 앞에 쓰이어》 어떤 계통의 첫 번째 사람, 또는 그 사람의 시대. ¶ 초대 대통령. /초대 회장.

초대(初對)명 ①'처음 부닥쳐 일이 서투름'을 이르는 말. ②하타〈초대면〉의 준말.

초대(招待)명하타되자 ①남을 청하여 대접함. 청(請). ¶ 손을 초대하다. /초대를 받다. ②임금의 명으로 불러서 오게 함.

초대^교:회(初代教會)[-회/-훼]명 예수의 사후(死後) 100년간에 걸쳐 주로 소아시아 지방에 세워진 교회를 통틀어 이르는 말.

초대-권(招待券)[-꿘]명 (공연장과 같은 특정한 곳에) 오도록 초대하는 표.

초-대면(初對面)명하타 처음으로 마주 대함. ¶ 초대면 인사. 준초대.

초대-연(招待宴)명 남을 초대하여서 베푸는 잔치. ¶ 경축 초대연.

초대^외:교(招待外交)[-외-/-웨-]명 외국의 요인(要人)을 초대하여 국내를 살펴보게 함으로써 깊은 이해와 협조를 꾀하는 외교. 초청외교.

초대-장(招待狀)[-짱]명 초대하고자 한다는 뜻을 적어 보내는 편지. ¶ 시사회 초대장.

초대-전(招待展)명 (흔히, 미술·공예 계통의) 유명한 작가를 초대하는 형식으로 그들의 작품들을 모아 베푸는 전시회. ¶ 재외 사진 작가 초대전. /원로 도예가 초대전.

초-대형(超大型)명 극히 대형의 것. 아주 큰 것. ¶ 초대형 선박.

초도(初度)명 ①첫 번. ②〈초도일(初度日)〉의 준말.

초-도서(初圖書)명 쇠붙이나 돌 따위에 새기는 글자의 초본(初本).

초도-순시(初度巡視)명하타 (어떤 기관의 책임자나 감독관 등이) 부임하여서 처음으로 자기의 관할 지역이나 기관을 돌아보는 일. 준초순. 참초도.

초도^습의(初度習儀)[-스븨/-스비]명 왕조 때, 나라의 의식(儀式)을 위한 몇 차례의 예행연습 중 첫 번째로 하는 연습을 이르던 말.

초도-식(初渡式)명 ☞시도식(始渡式).

초도-일(初度日)명 '환갑날'을 예스럽게 이르는 말. 준초도.

초동(初冬)명 초겨울. 〔음력 시월경.〕

초동(初動)명 ①최초의 동작이나 행동. ¶ 초동 수사(搜査). ②진원(震源)에서 최초에 도착한 지진파에 의한 땅의 흔들림.

초동(樵童)명 땔나무를 하는 아이.

초동-급부(樵童汲婦)[-뿌]명 〔나무하는 아이와 물 긷는 여인이라는 뜻으로〕 평범하게 살아가는 '일반 백성'을 이르는 말. ¶ 산골 마을의 초동급부라 할지라도 글은 깨쳐야 합니다.

초동-목수(樵童牧豎)[-쑤]명 〔나무하는 아이와 소 먹이는 총각이라는 뜻으로〕 '배우지 못한 천한 사람'을 이르는 말. 준초목.

초동^수사(初動搜査)명 (범죄 사건이 일어났을 때) 최초로 하는, 현장을 중심으로 한 수사 활동.

초두(初頭)명 ①(일이나 일정한 기간의) 첫머리. ¶ 신년(新年) 초두. ②애초.

초두(梢頭)명 나무의 잔가지 끝.

초두(鐎斗)명 다리가 셋 달리고 자루가 있는 쟁개비.

초두-난액(焦頭爛額)명하자 〔불에 머리를 태우고 이마를 그슬려 가며 불을 끈다는 뜻으로〕 '몹시 속 태우며 애씀'을 이르는 말.

초두-머리(草頭-)명 한자 부수의 한 가지. '풀 초(艸)'가 '花'·'草' 등에서 '艹(艸)'로 쓰일 때의 이름.

초-들다[~드니·~들어]타 (특히) 어떤 사물만을 입에 올려 말하다. 쳐들다. ¶ 하필 그 자리에서 그 일을 초들 게 뭐람.

초등(初等)명 (차례로 올라가는 데 있어) 맨 처음의 등급.

초등^교:육(初等教育)명 가장 낮은 단계의 교육, 곧 초보적인 보통 교육을 내용으로 하는 초등학교 교육.

초등-학교(初等學校)[-꾜]명 공부할 나이에 이른 아동에게 생활에 필요한 기초 지식을 가르치는 교육 기관. 현재 의무 교육으로 규정되어 있으며 수업 연한은 6년.

초등-학생(初等學生)[-쌩]명 초등학교에 다니는 학생.

초라니명 하회 별신굿 탈놀이 따위에 나오는, 언행이 가볍고 방정맞은 인물. 양반의 하인으로 대개 여복(女服)을 하고 나옴. 소매(小梅).

초라니 대상 물리듯속담 언젠가 치러야 할 일을 자꾸 미루는 모양을 비꼬아 이르는 말.

초라-떼다자 격에 맞지 않는 짓이나 차림새로 말미암아 창피를 당하다. ¶ 후배들 앞에서 초라떼지 말고 점잖게 굴어라.

초라-하다형여 ①(옷차림이나 겉모양이) 허술하여 보잘것없고 궁상스럽다. ¶ 행색이 초라한 선비. /초라한 밥상. ②보잘것없고 변변하지 못하다. ¶ 나이만 먹은 자신이 한없이 초라하게 느껴졌다. 큰추레하다. **초라-히**부.

초래(招來)명하타되자 어떤 결과를 가져옴. 재래(齎來). ¶ 불행을 초래하다.

초략(抄略)[1]명하타 노략질로 빼앗음.

초략(抄略)[2]명하타 (글의 내용을) 간추리고 생략함. 참발췌(拔萃).

초략(草略) '초략하다'의 어근.

초략-하다(草略-)[-랴카-]형여 매우 거칠고 간략하다.

초량(初涼)명 ①초가을의 서늘한 기운. ②첫가을.

초려(草廬)명 ①☞초가(草家). ¶ 삼고(三顧)초려. ②'자기의 집'을 낮추어 이르는 말.

초려(焦慮)명하타 ☞초사(焦思).

초련명 일찍 여무는 곡식이나 풋바심으로 추수 때까지 대어 먹는 일.

초련(初鍊)명하타 ①재목으로 쓸 나무를 대강 다듬는 일. 껍질을 벗기고 옹이를 따거나 대패로 대강 밂. ②어떤 일을 초벌로 대강 매만짐.

초련(初戀)명 첫사랑.

초련-질(初鍊-)명하타 재목으로 쓸 나무의 겉면을 대패로 대강 미는 일.

초례(醮禮)명하자 전통 결혼 예식. ¶ 초례를 치르다.

초례-청(醮禮廳)명 초례를 치르는 대청이나 장소. 전안청(奠雁廳).
초로(初老)명 ☞초로기(初老期). ¶ 초로의 신사.
초로(草露)명 〔풀에 맺힌 이슬이란 뜻으로〕 '사물의 덧없음'을 이르는 말. ¶ 초로 인생.
초로(와) 같다관용 덧없다. 허무하다.
초로(樵路)명 나무하러 다니는 작은 길. 나뭇길. 초경(樵逕).
초로-기(初老期)명 노년기의 초기. 〔늙기 시작하는 45~50세의 시기.〕 초로.
초로-인생(草露人生)명 (풀에 맺힌 이슬처럼) 덧없는 인생. 조로인생(朝露人生).
초록(抄錄)명하타되자 필요한 대목만을 가려 뽑아 적음, 또는 그 기록. 초기(抄記). 준초(抄).
초록(草綠)명 푸른 빛깔과 누른 빛깔의 중간색. 초록빛. 초록색.
초록은 동색(同色)속담 〔'풀빛과 녹색은 같다'는 뜻에서〕 ①이름은 달라도 성질이나 내용은 같다는 뜻. ②어울려 같이 지내는 것들은 모두 같은 성격의 무리라는 뜻.
초록-빛(草綠-)[-삗]명 초록. ＊초록빛이[-삐치]·초록빛만[-삔-]
초록-색(草綠色)[-쌕]명 초록.
초롱명 ①석유나 물 따위를 담는 양철통. ②〖의존 명사적 용법〗 석유나 물 따위를 초롱에 담아 그 분량을 세는 단위. ¶ 석유 두 초롱.
초롱(-籠)명 '등롱(燈籠)'을 달리 이르는 말. ¶ 초롱 같은 눈.
초롱-꽃(-籠-)[-꼳]명 초롱꽃과의 다년초. 산지의 풀밭에 나는데, 줄기 높이는 40~100 cm. 뿌리에서 나온 잎은 잎자루가 길고 심장 모양이며, 줄기에 난 잎은 달걀 모양에 톱니가 있음. 여름에 종 모양의 꽃이 핌. ＊초롱꽃이[-꼬치]·초롱꽃만[-꼰-]
초롱-불(-籠-)[-뿔]명 초롱에 켜 놓은 불.
초롱초롱-하다형여 맑고 영롱하게 빛나다. ¶ 초롱초롱한 눈동자. **초롱초롱-히**부.
초륜(超倫) '초륜하다'의 어근.
초륜-하다(超倫-)형여 ☞초범(超凡)하다.
초름-하다형여 ①넉넉하거나 충분하지 못하다. ②(어떤 표준보다) 조금 모자라다. **초름-히**부.
초리명 〈옛〉꼬리. ¶ 銀ᄀ튼 무지게 玉ᄀ튼 龍의 초리(鄭澈.關東別曲).
초리(草履)명 짚신.
초림(初臨)명 기독교에서, '하나님의 아들 예수가 사람의 몸으로 이 세상에 태어났던 일'을 장차 있을 재림(再臨)에 대하여 이르는 말. 참재림.
초림(椒林)명 ☞서얼(庶孼).
초립(草笠)명 지난날, 관례(冠禮)한 어린 남자나 별감·서리·광대 등이 썼던, 매우 가는 풀줄기로 결은 누른 갓.
초립-동이(草笠-)[-똥-]명 '초립을 쓴 나이 어린 남자'를 이르는 말. ¶ 초립동이 신랑.
초막(草幕)명 ①풀이나 짚으로 지붕을 이은 조그만 막집. ¶ 어디 깊은 산속에 초막이라도 짓고 살자. ②절 가까이 있는, 중의 집.
초-막이(初-)명 재래식 건축에서, 서까래에 걸친 평고대.
초-만원(超滿員)명 정원(定員)을 훨씬 초과한 인원이나 상태. ¶ 초만원을 이룬 버스.
초맛-살[-만쌀]명 쇠고기의 대접에 붙은 살코기.
초망(草莽)명 ①풀의 떨기, 또는 풀숲. ②'초야(草野)'를 달리 이르는 말. ③하형촌스럽고 뒤떨어져서 세상일에 어두움.
초망지신(草莽之臣)명 벼슬을 하지 않고 초야에 묻혀 사는 사람.
초망착호(草網着虎)[-차코]명 〔썩은 새끼로 범을 잡으려 한다는 뜻으로〕 '엉터리없는 짓을 꾀함'을 비유하여 이르는 말.
초매(草昧)명 ①천지개벽하던 처음, 곧 '거칠고 어두운 세상'을 이르는 말. ②'사물이 정돈되어 있지 않은 상태'를 비유하여 이르는 말.
초매(超邁) '초매하다'의 어근.
초매-하다(超邁-)형여 (보통보다) 훨씬 뛰어나다.
초면(初面)명 처음으로 대하는 얼굴이나 처지. ¶ 초면 인사. ↔구면(舊面).
초면(炒麵)명 기름에 볶은 밀국수.
초면(草綿)명 ☞목화(木花).
초면-강산(初面江山)명 처음으로 보는 타향.
초면부지(初面不知)명 처음으로 대하는 얼굴이라 아는 바가 없음. ¶ 초면부지의 손님.
초멸(剿滅)명하타되자 (도적 떼를) 무찔러 없앰. ¶ 산적을 초멸하다.
초모(招募)명하타되자 〔불러서 모은다는 뜻으로〕 의병이나 지원병 등을 모집함. 소모(召募).
초모(草茅)명 ☞잔디.
초모필(貂毛筆)명 담비의 털로 맨 붓.
초목(草木)명 ①풀과 나무. ¶ 초목이 무성한 산야. ②'식물'을 달리 이르는 말.
초목(樵牧)명 ①〈초동목수(樵童牧豎)〉의 준말. ②땔나무를 하고 짐승을 치는 일.
초목-구후(草木俱朽)[-꾸-]명하자 ☞초목동부(草木同腐).
초목-군생(草木群生)[-꾼-]명 식물을 비롯한, 살아 있는 모든 것들. ¶ 춘삼월 호시절(好時節)에 초목군생들이 제마다 즐기는데(鼈主簿傳).
초목-동부(草木同腐)[-똥-]명하자 〔초목과 함께 썩어 없어진다는 뜻으로〕 해야 할 일을 못 하거나 이름을 남기지 못하고 죽음을 이름. 초목구후.
초목-회(草木灰)[-모쾨/-모퀘]명 초목을 태운 재. 칼리와 인산이 많아 거름으로 쓰임.
초무(招撫)명하타 가까이 불러다가 어루만져서 위로함.
초-무침(醋-)명 (나물 따위를) 초로 무치는 일, 또는 초에 무친 음식.
초문(初聞)명 처음으로 들음, 또는 처음 들은 말이나 소문. ↔구문(舊聞).
초-문자(草文字)[-짜]명 초체(草體)의 문자. 초자.
초-물(初-)명 염전 등에서, '처음으로 모래를 걸러 낸 물'을 이르는 말. 〔졸이면 소금이 됨.〕
초물-전(草物廛)명 지난날, 풀줄기나 대·나무 따위로 만든 잡살뱅이를 팔던 가게. 돗자리·초방석·광주리·나막신·빨랫방망이 따위를 팔았음.
초미(初味)명 첫입에 느끼는 맛. 첫맛.
초미에 가오리탕속담 '애초부터 못마땅하거나 부족한 사물'에 대하여 이르는 말.
초미(焦眉)명 〔눈썹에 불이 붙었다는 뜻으로〕 '매우 위급함'을 비유하여 이르는 말. 《주로, '초미의'의 꼴로 쓰임.》 ¶ 초미의 문제. /초미의 급선무.
초-미립자(超微粒子)[-짜]명 (금속·세라믹·플라스틱 따위의) 입자의 지름이 1백만분의 1mm에서 1만분의 1mm 정도로 매우 작은 것. 단위 무게당의 표면적이 크고 녹는점이 낮으며, 자성(磁性)이 매우 큰 특성이 있음.
초민(焦悶)명하자 ①몹시 민망하게 여김. ②속이 타도록 몹시 고민함, 또는 그런 일.

초반(初盤)명 (바둑이나 운동 경기 따위에서) 승부의 첫 판국, 또는 첫 단계. ¶ 초반에 결판을 내다. 참중반·종반.
초반(礎盤)명 주춧돌.
초반-전(初盤戰)명 시작한 지 얼마 안 된 무렵의 싸움. 참중반전.
초발-성(初發聲)[-썽]명 ☞첫소리.
초발-심(初發心)[-씸]명 〔불교에서〕 ①처음으로 불도를 깨닫고자 발원하는 마음, 또는 그 사람. ②'수행은 하되 아직 진리를 깨닫지 못한 사람'을 일컫는 말.
초-밥(醋-)명 일본의 대표적인 요리의 한 가지. 식초나 설탕·소금 따위로 조미한 밥에 생선을 얇게 저민 것이나 달걀·채소·김 따위를 섞거나 얹거나 말거나 하는 요리. 〔생선초밥·유부초밥·김초밥 따위.〕
초방(初枋)명 건축에서, 기둥을 세우고 처음으로 끼우는 중방.
초-방목(草榜目)명 초서로 흘려 쓴 방목.
초-방석(草方席)명 풀로 결어 만든 방석.
초배(初配)명 ☞전배(前配).
초배(初褙)명하타 초벌로 하는 도배. 〔정배하기 전에 허름한 종이로 바름.〕 ¶ 신문지로 초배하다. 참정배(正褙).
초배(超拜)명하타되자 정해진 등급을 건너뛰어서 벼슬을 시킴.
초배-지(初褙紙)명 초배하는 데 쓰이는 종이.
초백-주(椒柏酒)[-쭈]명 후추 일곱 개와 동쪽으로 향한 측백나무의 잎 일곱 개를 넣고 우린 술. 〔제석(除夕)에 담가서 정초(正初)에 마시면 괴질(怪疾)을 물리친다고 함.〕
초-벌(初-)명 ☞애벌. ¶ 초벌 다짐.
초벌-구이(初-)명 ☞설구이.
초범(初犯)명 처음으로 저지른 범죄, 또는 그 범인. 참재범(再犯).
초범(超凡) '초범하다'의 어근.
초범-하다(超凡-)형여 범상한 것보다 훨씬 뛰어나다. 초륜(超倫)하다.
초벽(初壁)명하자 (벽 따위에 흙이나 종이를) 애벌로 바르는 일, 또는 그런 벽.
초벽(峭壁)명 몹시 가파른 낭떠러지.
초병(哨兵)명 파수를 보거나 경계 구역을 순초하는 병사. 보초.
초병(醋甁)[-뼝]명 초를 담는 병.
초병-마개(醋甁-)[-뼝-]명 〔초병을 막는 마개라는 뜻으로〕 '몹시 시큰둥한 체하는 사람'을 비유하여 이르는 말.
초보(初步)명 ①보행의 첫 걸음. ②(학문이나 기술 따위의) 가장 낮고 쉬운 정도의 단계. 첫걸음. ¶ 초보 운전.
초복(初伏)명 삼복(三伏)의 첫 번째 복날. 하지(夏至) 뒤의 셋째 경일(庚日). 참말복·중복.
초본(抄本)명 원본에서 일부 내용만을 뽑아서 베낀 문서.
초본(草本)[1]명 ☞초건(草件).
초본(草本)[2]명 땅 위의 줄기가 나무와 같은 목질(木質)로 되지 못한 풀 종류의 식물을 통틀어 이르는 말. 초(草)[2]. ↔목본(木本).
초본-대(草本帶)명 식물의 수직 분포대의 한 가지. 산꼭대기 부근으로 관목대의 바로 위.
초-봄(初-)명 봄철이 시작되는 첫 무렵. 첫봄. 맹춘(孟春). 초춘(初春).
초봉(初俸)명 첫 봉급. 초급(初給).
초부(樵夫)명 나무꾼.
초부(樵婦)명 나무하는 아낙네.
초분(初分)명 초년의 분복(分福)이나 운수. 참말분·중분.
초비(草肥)명 ☞녹비(綠肥).
초-비상(超非常)명 (어떤 상태나 일 따위가) '매우 긴박함'을 뜻하는 말. ¶ 초비상 사태.
초빈(招賓)명하자 빈객을 부름.
초빈(草殯)명하타 (어떤 사정으로 장례를 속히 치르지 못하게 되어, 시체를 방 안에 오래 둘 수가 없을 때) 임시로 한데나 의지간에 관을 놓고 이엉 따위로 덮어 두는 일, 또는 덮어 둔 그것.
초빙(初氷)명 첫얼음.
초빙(招聘)명하타되자 예를 갖추어 남을 모셔 들임. 연빙(延聘). 징빙(徵聘). ¶ 초빙 연사. / 강사를 초빙하다. 비초청(招請).
초빙^교:수(招聘敎授)명 초빙하여 온 교수. 객원 교수(客員敎授).
초-빛(初-)[-빋]명 단청에서, 초벌로 바르는 불그레한 채색. *초빛이[-비치]·초빛만[-빈-]
초사(初仕)명하자 지난날, '처음으로 벼슬길에 오름'을 이르던 말. 초입사(初入仕).
초사(招辭)명 ☞공사(供辭).
초사(哨舍)명 초병(哨兵)의 막사.
초사(焦思)명하타 애를 태우며 하는 생각. 초려(焦慮). ¶ 노심초사.
초-사리(初-)명 그해에 '처음으로 잡혀 시장에 들어오는 첫 조기'를 이르는 말. 첫사리.
초-사일(初四日)명 초나흗날.
초-사흗날(初-)[-흔-]명 그달의 셋째 날. 곧, 3일 날. 초삼일. 준사흗날·초사흘·사흘.
초-사흘(初-)명 〈초사흗날〉의 준말. 준사흘.
초사흘 달은 잰 며느리가〔며느리라야〕 본다 속담 〔웬만큼 재빠른 사람이 아니면 초저녁에 나왔다가 금세 지는 초승달을 볼 수 없다는 뜻으로〕 미세(微細)한 사물의 변화는 혜민(慧敏)한 사람만 살필 수 있다는 말.
초산(初産)명하자 처음으로 아이를 낳음. 첫 해산. 참경산.
초산(硝酸)명 ☞질산(窒酸).
초산(醋酸)명 ☞아세트산.
초산^견사(醋酸絹絲)명 ☞아세테이트 인견.
초산-균(醋酸菌)명 ☞아세트산균.
초산-납(醋酸-)명 ☞아세트산납. 연당(鉛糖). 초산연(醋酸鉛).
초산-동(醋酸銅)명 ☞아세트산구리.
초산^발효(醋酸醱酵)명 ☞아세트산 발효.
초산-부(初産婦)명 아이를 처음 낳은 여자. 참경산부(經產婦).
초산^비닐(醋酸vinyl)명 ☞아세트산 비닐.
초산-석회(醋酸石灰)[-서쾨/-서퀘]명 '아세트산칼슘'을 흔히 이르는 말.
초산^섬유소(醋酸纖維素)명 ☞아세틸셀룰로오스.
초산-암모늄(硝酸ammonium)명 ☞질산암모늄.
초산-에스테르(醋酸ester)명 ☞아세트산에스테르.
초산-연(醋酸鉛)명 ☞아세트산납.
초산-염(硝酸塩)[-념]명 ☞질산염.
초산-은(硝酸銀)명 ☞질산은.
초산-칼슘(醋酸calcium)명 ☞아세트산칼슘.
초-삼일(初三日)명 초사흗날.
초상(初喪)명 ①사람이 죽어서 장사 지내기까지의 일. ¶ 간소하게 초상을 치르다. ②사람이 죽은 일. ¶ 초상이 나다. 참소상(小祥)·대상(大祥).

초상(肖像)명 (그림이나 사진 따위에 나타난) 어떤 사람의 얼굴이나 모습.
초상(初霜)명 첫서리.
초상(草床)명 아쟁(牙箏)을 받쳐 놓는, 나무로 만든 물건.
초상(鞘狀)명 칼집처럼 생긴 형상.
초상-계(初喪契)[-꼐/-께]명 계원 가운데서 초상을 당한 경우 돈이나 곡식을 태워 주는 계. 상포계(喪布契).
초상-권(肖像權)[-꿘]명 초상에 대하여, 초상의 본인이 가지는 권리. 인격권으로서의 초상권과 재산권으로서의 초상권을 이름.
초상-나다(初喪-)자 상사(喪事)가 생기다.
 초상난 데 춤추기속담 '때와 장소를 분별하지 못하고 경망하게 행동함'을 빗대어 이르는 말.
초상-록(初喪錄)[-녹]명 초상을 치른 여러 가지 내용을 적어 둔 기록. 초종록(初終錄).
초상-상제(初喪喪制)명 초상 중에 있는 상제.
초상-집(初喪-)[-찝]명 초상이 난 집. 상가.
 초상집 개 같다속담 '의지할 데가 없이 굶주리며 이리저리 헤매어 다님'을 비유하여 이르는 말.
초상-화(肖像畫)명 사람의 얼굴이나 모습을 그린 그림.
초색(草色)명 ①풀의 빛깔. ②곡식을 먹지 못하고 '풀만을 먹어서 누렇게 뜬 얼굴빛'을 이르는 말.
초생(初生)명 갓 생겨나거나 태어남.
초생-달(初生-)명 '초승달'의 잘못.
초생-아(初生兒)명 배꼽이 미처 떨어지지 않은 갓난아이.
초생-지(草生地)명 물가의 풀이 난 땅.
초서(招壻)명 ①하자사위를 얻음. ②데릴사위.
초서(草書)명 한자의 여섯 서체(書體)의 하나. 전자(篆字)와 예서(隸書)를 간략하게 한 서체로, 흔히 행서(行書)를 풀어서 점과 획을 줄여 흘려 쓴 글씨. 흘림[1]. 준초(草)[3].
초석(草席)명 짚자리.
초석(硝石)명 ☞질산칼륨. 은초.
초석(礁石)명 ☞암초(暗礁).
초석(礎石)명 ①주춧돌. 머릿돌. 모퉁잇돌. ②'사물의 기초'를 비유하여 이르는 말. ¶ 나라의 초석이 되다. /의회 민주주의의 초석을 쌓다.
초선(初選)명하자·타 처음으로 뽑음, 또는 처음으로 뽑힘. ¶ 초선 의원.
초선(哨船)명 초계의 임무를 띤 작은 배.
초설(初雪)명 (그해 겨울에) 처음으로 내리는 눈. 첫눈[2]. ¶ 올해는 초설이 늦은 편이다.
초성(初聲)명 ☞첫소리.
초성(草聖)명 초서를 잘 쓰기로 이름난 사람.
초세(超世)명하자 ①세속적인 것에 초연함. 초속(超俗). 비초탈. ②한세상에서 뛰어남.
초소(哨所)명 보초가 서 있는 곳이나 경계하는 이가 근무하는 시설. ¶ 방범 초소.
초속(初速)명 〈초속도〉의 준말.
초속(秒速)명 1초 동안에 나아가는 속도. ¶ 초속 15 m의 바람. 참시속(時速).
초속(超俗)명하자 ☞초세(超世). 비초탈(超脫).
초-속도(初速度)[-또]명 (물체가 운동할 때의) 최초의 속도. 준초속.
초속도^윤전기(超速度輪轉機)[-또-]명 일반 고속 윤전기보다 훨씬 빠른 속도로 인쇄하는 윤전기. 시간당 30만 장 이상 박아 냄.
초쇄-본(初刷本)명 ☞초인본(初印本).
초수(初手)명 첫솜씨.
초순(初旬)명 ☞상순(上旬).
초순(初巡)명 ①활을 쏠 때의 첫 번째 순. ②〈초도순시〉의 준말.
초순(焦脣)명하자 〔입술을 태운다는 뜻으로〕 '몹시 애태움'을 비유하여 이르는 말.
초-스피:드(超speed)명 매우 빠른 속력.
초습(剿襲)명하타 ①(남의 것을) 슬그머니 제 것으로 함. ②☞표절.
초승(←初生)명 음력 매월 초의 며칠 동안. ¶ 시월 초승께. 참그믐.
초승(稍勝) '초승하다'의 어근.
초승-달(←初生-)[-딸]명 초승에 돋는, 눈썹처럼 가는 조각달. 신월(新月). 초월(初月). 현월(弦月). 비아미월.
 초승달은 잰 며느리가 본다속담 초사흘 달은 잰 며느리가 본다. 참초사흘.
초승-하다(稍勝-)형여 (수준이나 역량 따위가) 조금 낫다.
초시(初試)명 ①조선 시대에, 복시(覆試)에 응할 자가 식년(式年)의 전해에 경향(京鄕)에서 치르던 과거, 또는 그 과거에 급제한 사람. 참향시. ②'한문을 좀 아는 유식한 양반'을 높여 이르던 말.
초식(草食)명하자 푸성귀나 풀만 먹음, 또는 푸성귀뿐인 음식. 비채식(菜食). ↔육식.
초식^동:물(草食動物)[-똥-]명 풀을 주식으로 하는 동물을 통틀어 이르는 말. 〔소·말·기린·사슴 따위.〕
초식-장(草食場)[-짱]명 지난날, 시장 안에 '푸성귀 장수들이 벌여 있는 곳'을 이르던 말.
초-신성(超新星)명 보통 신성의 1만 배 이상의 빛을 내는, 특별히 큰 신성.
초실(初室)명 ①'새 재목으로 갓 지은 집'을 이르는 말. ②☞초취(初娶).
초실(稍實) '초실하다'의 어근.
초실-하다(稍實-)형여 ①(살림이) 약간 넉넉하다. ②(열매가) 약간 여물다.
초심(初心)명 ①처음에 먹은 마음. ¶ 초심으로 돌아가다. ②처음 배우는 사람. ②초심자. ②비초학(初學).
초심(初審)명 ①(소송 사건에서) 첫 번의 심리. 제일심(第一審). ②하타애벌로 심의함, 또는 그런 일. 참재심(再審).
초심(焦心)명하자·타 마음을 졸여 태움, 또는 초조한 마음.
초심-고려(焦心苦慮)명하자 마음을 태우며 괴롭게 염려함. 비노심초사.
초심-자(初心者)명 ①처음 배우는 사람. 초심. ②어떤 일에 아직 익숙하지 아니한 사람. 비초학자.
초싹-거리다[1][-꺼-]타 ①무엇을 가볍게 잇달아 추스르거나 추켜올리다. ②남을 들쑤셔서 자꾸 부추기다. 초싹대다[1]. 큰추썩거리다.
초싹-거리다[2]자타 '촐싹거리다'의 잘못.
초싹-대다[1][-때-]타 초싹거리다[1].
초싹-대다[2]자타 '촐싹대다'의 잘못.
초싹-이다타 ①무엇을 가볍게 추스르거나 추켜올리다. ②남을 들쑤셔서 부추기다. 큰추썩이다.
초싹-초싹부하자타 ①경망스레 까불며 돌아다니는 모양. ②남을 들쑤셔서 자꾸 부추기는 모양. 촐싹촐싹. 큰추썩추썩.
초아(草芽)명 풀의 싹.
초-아흐레(初-)명 〈초아흐렛날〉의 준말. 준아흐레.
초-아흐렛날(初-)[-렌-]명 그달의 아홉째 날. 곧, 9일 날. 준초아흐레·아흐레·아흐렛날.

초안(草案)명하타 ①초를 잡음, 또는 그 글발. ¶ 초안을 잡다. ②기초(起草)한 안건을 잡음. ¶ 법률 초안.

초암(草庵)명 풀로 지붕을 인 암자.

초야(初夜)명 ①첫날밤. ¶ 신혼 초야. ②초저녁. 초경(初更) 무렵.

초야(草野)명 궁벽한 시골. ¶ 초야에 묻혀 사는 선비.

초약(草約)명 화투 놀이에서, 난초 넉 장을 갖추어 이룬 약.

초약(草藥)명 ☞초재(草材).

초-약장(炒藥欌) [-짱]명 약장의 한 가지. 법제(法製)한 약재만을 넣어 두는 장.

초어(梢魚·鮹魚)명 ☞낙지.

초어(樵漁)명 나무하는 일과 고기잡이하는 일.

초-여드레(初-)명 〈초여드렛날〉의 준말. ㊈여드레.

초-여드렛날(初-) [-렌-]명 그달의 여덟째 날. 곧, 8일 날. ㊈초여드레·여드레·여드렛날.

초-여름(初-)명 여름철이 시작되는 첫 무렵. 첫여름. 맹하(孟夏). 초하(初夏).

초역(抄譯)명하타되자 원문 중에서 필요한 부분만을 뽑아서 번역함, 또는 그런 번역. ¶ 논어(論語)의 초역. ㊟완역(完譯)·전역(全譯).

초연(初演)명하타 (음악·연극 따위의) 첫 번째 상연.

초연(炒硏)명하타 약재를 불에 볶아서 약연(藥碾)에 넣고 가는 일.

초연(招宴)명하타 연회에 초대함, 또는 초대받은 연회.

초연(悄然) '초연(悄然)하다'의 어근.

초연(硝煙)명 화약의 연기. ¶ 초연이 자옥하다.

초연(超然) '초연(超然)하다'의 어근.

초연-내각(超然內閣)명 ☞거국 내각.

초연-주의(超然主義) [-의/-이]명 어떤 일에 직접 관계하지 아니하고, 자기 생각이나 처지에서 독자적으로 하는 주의.

초연-탄우(硝煙彈雨)명 〔초연이 자옥하고 탄환이 빗발치듯 한다는 뜻으로〕 '격렬한 사격'을 이르는 말. ¶ 초연탄우 속을 뚫고 나가다.

초연-하다(悄然-)형여 (의기가 떨어져) 초라하고 쓸쓸하다. **초연-히**부.

초연-하다(超然-)형여 ①〔속세나 명리(名利) 따위에〕 관계하려는 태도가 없다. ¶ 시끄러운 시국에 초연하다. ②(보통 수준보다) 아주 뛰어나다. ¶ 초연한 덕성(德性). **초연-히**부.

초열(焦熱)명 ①타는 듯한 더위. ②〈초열지옥〉의 준말.

초열-지옥(焦熱地獄)명 불교에서 이르는, 팔열지옥의 하나. 살생·투도(偸盜)·음행(淫行)·음주(飮酒)·망어(妄語)의 죄를 지은 자가 가게 된다는 지옥으로, 불에 달군 철판 위에 눕혀 놓고 벌겋게 단 쇠몽둥이나 쇠꼬챙이로 치거나 지지는 고통을 받는다고 함. ㊈초열.

초-열흘(初-)명 〈초열흘날〉의 준말. ㊈열흘.

초-열흘날(初-) [-랄]명 그달의 열째 날. 곧, 10일 날. ㊈초열흘·열흘·열흘날.

초엽(初葉)명 (한 시대를 셋으로 갈랐을 때) 맨 처음의 기간. ¶ 고려 초엽. ㊟중엽·말엽.

초엽(草葉)명 풀잎.

초엽(蕉葉·草葉)명 기둥이나 벽에 단여(短欐)나 선반을 달 때, 받침으로 박는 길쭉한 삼각형의 널조각. 〔흔히, 운각(雲刻)을 베풂.〕

초-엿새(初-) [-엳쌔]명 〈초엿샛날〉의 준말. ㊈엿새.

초-엿샛날(初-) [-엳쌘-]명 그달의 여섯째 날. 곧, 6일 날. ㊈초엿새·엿새·엿샛날.

초오(草烏)명 〈초오두〉의 준말.

초-오두(草烏頭)명 한방에서, 중국 쓰촨 성(四川省) 이외의 지방에서 나는 '바곳의 뿌리'를 약재로 이르는 말. ㊈오두·초오.

초옥(招獄)명하자 죄상을 밝히려고 옥사(獄事)를 문초함.

초옥(草屋)명 갈대나 짚 따위로 지붕을 이은 집. 초가(草家).

초-요기(初療飢)명하자 끼니 밥을 먹기 전에 우선 간단하게 먹는 요기. 소나짐. ¶ 우선 초요기나 하러 가세.

초요-기(招搖旗)명 조선 시대의 군기의 한 가지. 싸움터에서 대장이 부하 장수를 모으거나 지휘하고 호령할 때 쓰던 기.

초우(初虞)명 장사 지낸 뒤 처음으로 지내는 제사. 혼령을 위하는 제사로, 장사 당일에 지냄. ㊟재우·삼우.

초우라늄^원소(超uranium元素)명 우라늄보다 원자 번호가 큰 인공 방사성 원소. 플루토늄·아메리슘·퀴륨 따위. 초우란 원소.

초우란^원소(超Uran元素)명 ☞초우라늄 원소.

초-우인(草偶人)명 ☞제웅.

초웅-피(貂熊皮)명 ☞잘[1].

초원(草垣)명 풀로 엮어 만든 담.

초원(草原)명 풀이 난 들판. ¶ 끝없이 펼쳐진 초원. ㊥풀벌.

초원(稍遠) '초원하다'의 어근.

초원-하다(稍遠-)형여 (거리가) 약간 멀다.

초월(初月)명 초승달.

초월(超越)명하타 ①어떤 한계나 표준을 뛰어넘음. 초일(超逸). ¶ 상상을 초월하다. /시공을 초월하다. ②(능력이나 지혜 따위가) 초인간적으로 탁월함. ③세상의 명리(名利)에서 초탈(超脫)함. ④'인간으로서는 절대 경험할 수 없는 영역'을 이르는 말. ¶ 초월 개념. ②④초절(超絕).

초월(楚越)명 〔초나라와 월나라란 뜻으로〕 ①서로 원수처럼 여기는 사이. ②'서로 떨어져 상관이 없는 사이'를 이르는 말.

초월-론(超越論)명 선험적 관념론에 영향을 받은 초월주의자의 이론.

초월론-적(超越論的)관명 ☞선험적(先驗的).

초월-수(超越數) [-쑤]명 대수적(代數的) 무리수가 아닌 무리수. 원주율(圓周率)이나 자연로그의 밑 따위.

초월-주의(超越主義) [-의/-이]명 19세기, 미국에서 일어난 관념론의 철학 운동. 현실 세계의 유한성(有限性)을 부정하고 그 배후(背後)에 감각으로는 파악할 수 없는 초월 세계가 존재한다고 믿고, 현실 세계의 무한성을 찬미하며 사회 개조 운동을 전개했음. 초절주의(超絕主義). ㊟선험주의(先驗主義).

초월^함:수(超越函數) [-쑤]명 대수(代數) 함수 이외의 실함수(實函數). 지수 함수·로그 함수·삼각 함수·역삼각 함수 따위. ㊟대수 함수.

초위(招慰)명하타 ①불러서 위로함. ㊟초무(招撫). ②달래어 귀순시킴.

초유(初有)명하형 처음으로 있음. 《주로, '초유의'의 꼴로 쓰임.》 ¶ 초유의 사건.

초유(初乳)명 해산 후에 분비되는, 물같이 말간 모유. 단백질·칼슘·나트륨이 풍부함. 첫젖.

초유(招誘)명하타 불러서 권유함.

초유(招諭)명하타 불러서 타이름.

초유-사(招諭使)[명] 왕조 때, 난리가 나면 백성을 초유하는 일을 맡았던 임시 벼슬.
초은(樵隱)[명] 산속 깊이 숨어 사는 은사(隱士).
초-음속(超音速)[명] 소리의 전파 속도를 능가하는 속도. ¶ 초음속 항공기.
초음속-기(超音速機)[-끼][명] '초음속 항공기'를 줄이어 이르는 말. 〔최고의 속력을 냈을 때, 초음속으로 날 수 있는 항공기임.〕
초-음파(超音波)[명] 진동수가 너무 많아서 사람의 귀로 들을 수 없는 음파. 대개, 진동수 2만 헤르츠 이상임.
초음파^검ː사(超音波檢査)[명] 초음파를 신체의 어떤 부위에 쏘아서 그 반사상(反射像)을 브라운관에 비추어 조직의 이상 유무를 조사하는 검사. 태아의 진단 따위에 쓰임.
초-이레(初-)[명] 〈초이렛날〉의 준말. [준]이레.
초-이렛날(初-)[-렌-][명] 그달의 일곱째 날. 곧, 7일 날. [준]초이레·이레·이렛날.
초-이튿날(初-)[-튼-][명] 그달의 둘째 날. 곧, 2일 날. [준]초이틀·이틀·이튿날.
초-이틀(初-)[명] 〈초이튿날〉의 준말. [준]이틀.
초인(招引)[명][하타] ①사건의 관계인을 부름. ②죄인이 남을 끌어들임.
초인(超人)[명] ①보통 인간의 능력을 초월한 사람. ②'인간의 한계를 극복한 이상적인 인간'을 이르는 말. 〔니체의 초인설에 따른 견해임.〕 초인간.
초-인간(超人間)[명] ☞초인(超人).
초인간-적(超人間的)[관][명] ☞초인적.
초-인격(超人格)[-껵][명] 인간성을 초월한 절대자의 성격. ¶ 초인격적 존재.
초인-본(初印本)[명] 조판하여 찍어 낸 것 중 처음의 것. 초쇄본. ¶ 이 책은 중간(重刊) 때의 초인본이다. ↔후인본.
초-인사(初人事)[명] 처음으로 교제를 트는 인사. 첫인사.
초인-적(超人的)[관][명] 보통 사람보다는 훨씬 뛰어난 (것). 초인간적. ¶ 초인적 힘. /초인적인 의지.
초인-종(招人鐘)[명] 사람을 부르는 데 쓰이는 작은 종이나 전령(電鈴). ¶ 초인종을 누르다.
초인-주의(超人主義)[-의/-이][명] '인간은 신(神)을 대신하여 모든 가치의 창조자로서 풍부하고 강력한 생(生)을 실현해야 한다'는 니체의 철학 사상.
초일(初日)[명] ①첫날. ②갓 떠오르는 해.
초일(超逸)[명][하자타] ☞초월(超越).
초-읽기(秒-)[-일끼][명] ①바둑에서, 제한 시간이 지나고 나서, 정해진 시각까지의 시간의 흐름을 초(秒) 단위로 세어 가는 일. ¶ 마지막 초읽기에 들어갔다. ②'어떤 일이 시간적으로 매우 절박한 상태임'을 뜻하는 말.
초임(初任)[명][하자] 어떤 직책에 처음으로 임명되거나 취임함. ¶ 초임지(地). /초임 발령.
초임(初賃)[명] ☞초임급.
초임-급(初任給)[명] 초임(初任)으로 받는 급료. 초임(初賃).
초입(初入)[명] ①[하자]처음 들어감. ②(골목 따위의) 들어가는 어귀. ③어떤 일이나 시기가 시작되는 첫머리. ¶ 아직 가을 초입이라 단풍이 붉지 않다.
초-입경(初入京)[-꼉][명][하자] 시골 사람이 처음으로 서울에 옴.
초-입사(初入仕)[-싸][명][하자] ☞초사(初仕).
초자(草字)[명] 초체(草體)의 글자. 초문자.
초자(硝子)[명] ☞유리(琉璃).
초자(樵子)[명] 나무꾼.
초자-막(硝子膜)[명] ☞유리막(琉璃膜).
초-자아(超自我)[명] 정신 분석학에서, 이드(id)·자아(自我)와 함께 정신을 구성하는 한 요소. 본능이나 자아를 도덕·양심 등으로 억제하는 높은 정신 현상. 슈퍼에고(superego).
초-자연(超自然)[명] 자연의 법칙을 초월한 신비적인 존재나 힘.
초자연-적(超自然的)[관][명] 자연을 초월한 신비한 존재나 힘에 의한 (것). ¶ 초자연적 현상. /초자연적인 힘.
초자-체(硝子體)[명] ☞유리체.
초잠식지(稍蠶食之)[-찌][명][하타] 조금씩 침노하여 먹어 들어감. [준]잠식.
초장(初章)[명] 삼장(三章)으로 짜인 시가(詩歌) 따위의, 첫째 장. ¶ 시조는 초장·중장·종장으로 되어 있다. [참]중장·종장.
초장(初場)[명] ①과거에서, 첫날의 시험장. ②장이 서기 시작한 무렵. ¶ 초장과 파장(罷場). ③일의 첫머리 판. 초저녁. ¶ 초장부터 일이 꼬이기 시작하다.
초장(炒醬)[명] ☞볶은장.
초장(醋醬)[명] 초를 타고 양념을 한 간장.
초재(草材)[명] ①'우리나라의 약재'를 당재(唐材)에 상대하여 이르는 말. 초약(草藥). ②금석지재(金石之材)에 상대하여 '풀 종류로 된 약재'를 이르는 말. [참]당재.
초재(礎材)[명] 건물의 기초가 되는 재료.
초재진용(楚材晉用)[명] 〔초나라의 인재를 진나라에서 쓴다는 뜻으로〕 '자기 나라의 인재를 알아주지 못해 다른 나라에서 이용함'을 이르는 말.
초-저녁(初-)[명] ①이른 저녁. 갑야(甲夜). ②☞초장(初場). ¶ 초저녁부터 싹이 노랗다.
초저녁 구들이 따뜻해야 새벽 구들이 따뜻하다 [속담] 먼저 된 일이 잘되어야 나중 일도 잘 이루어진다는 말.
초저녁-잠(初-)[-짬][명] 초저녁에 일찍 드는 잠.
초적(草笛)[명] 풀잎피리. 초금(草琴).
초적(草賊)[명] ①좀도둑. ②남의 곡식 단을 훔치는 도둑.
초적(樵笛)[명] 나무꾼이 부는 피리.
초-전기(焦電氣)[명] 전기석 같은 결정체의 일부를 가열할 때 그 물체의 양 끝에 나타나는 전기.
초-전도(超電導)[명] 금속이나 합금을 냉각할 때, 매우 낮은 온도에서 전기 저항이 사라져 전류가 장애 없이 흐르는 현상.
초절(峭絕) '초절하다'의 어근.
초절(超絕)[명][하자타] ☞초월(超越).
초-절임(醋-)[명][하타] 식초에 채소 따위 식품을 담가 미생물의 생육을 억제시키는 방법.
초절-주의(超絕主義)[-의/-이][명] ☞초월주의.
초절-하다(峭絕-)[형][여] 산이 깎아지른 듯이 높다.
초점(焦點)[-쩜][명] ①반사경이나 렌즈에 평행으로 들어와 반사·굴절한 광선이 모이는 점. ¶ 사진기의 초점을 맞추다. ②타원·쌍곡선·포물선을 만드는 기본이 되는 점. ③사람들의 관심이나 시선이 집중되는 사물의 중심이나 문제점. ¶ 관심의 초점. /논의의 초점.
초점^거ː리(焦點距離)[-쩜-][명] 렌즈나 구면경 따위의 중심에서 초점까지의 거리.
초-젓국(醋-)[-젇꾹][명] 새우젓국에 초를 치고 고춧가루를 뿌려 만든 젓국.
초정(哨艇)[명] ☞초계정(哨戒艇).
초정(草亭)[명] 풀·갈대 따위로 지붕을 인 정자.
초제(招提)[명] 임금이 사액(賜額)한 절.
초제(醮祭)[명] 성신(星辰)에게 지내는 제사.

초-제공(初提栱)명 주삼포(柱三包) 집에는 기둥 위에 초방(初枋)과 교차하여 짜고, 삼포 이상의 집에는 기둥머리 위에 장화반(長花盤)과 교차하여 짜는 물건.

초조(初潮)명 처음으로 월경이 나옴, 또는 그 월경. 초경(初經).

초조(焦燥)명하형 불안하거나 애태우며 마음을 졸임. ¶ 초조한 마음. **초조-히**부 ¶ 수술 결과를 초조히 기다리다.

초-조반(初早飯)명 '조반(早飯)'의 궁중말.

초종(初終)명 〈초종장사(初終葬事)〉이 준말.

초종-록(初終錄)[-녹]명 ☞초상록(初喪錄).

초종-범절(初終凡節)명 초상(初喪)에 관한 모든 의식 절차.

초종-장사(初終葬事)명 '초상난 때부터 졸곡(卒哭)까지'를 이르는 말. 준초종.

초-주검(初-)명 두들겨 맞거나 피곤하여 거의 죽게 된 상태. ¶ 초주검이 되다.

초준(初準)명 ☞초교(初校).

초중종(初中終)명 ①'초장·중장·종장'을 아울러 이르는 말. ¶ 시조는 초중종 삼장으로 된 정형 시가다. ②'초성·중성·종성'을 아울러 이르는 말. ¶ 한글은 초중종 삼성(三聲)이 어울려 음절을 만든다.

초지(初志)명 처음에 품은 뜻이나 의지. ¶ 초지를 관철하다.

초지(草地)명 ①방목하기 좋은 넓은 풀밭. ②목초를 가꾸어 놓은 땅.

초지(草紙)명 초 잡는 데 쓰는 종이.

초-지니(初-)명 두 살 된 매나 새매. 초진(初陳). 참삼지니.

초-지대(草地帶)명 (여름에 비가 적은 온대 지방에서) 키가 낮은 풀이 우거진 지대.

초지-일관(初志一貫)명하자 처음에 세운 뜻을 이루려고 끝까지 밀고 나감.

초직(峭直) '초직하다'의 어근.

초직-하다(峭直-)[-지카-]형여 성격이 엄하고 곧다.

초진(初陳)명 ☞초지니.

초진(初診)명하타 처음으로 진찰함, 또는 그 진찰.

초-진자(秒振子)명 한 번 갔다 오는 주기가 2초인 진자.

초질-근(草質根)명 무나 보리의 뿌리와 같이 목질(木質)이 조금 들어 있어서 몸이 연한 뿌리.

초집(抄集·抄輯)명하타 ①글에서 필요한 부분만 뽑아 베껴 모음, 또는 그 글. ②필요한 내용을 간략하게 간추려 엮음, 또는 그 책.

초집(招集)명하타 불러서 모음.

초집(草集)명 시문 따위의 초고를 모아 엮은 책.

초짜(初-)명 (무엇을) 처음 배우거나 시작하거나 하는 단계에 있어 능숙하지 못한 사람을 얕잡아 이르는 말. ¶ 초짜 가수.

초창(怊悵) '초창(怊悵)하다'의 어근.

초창(悄愴) '초창(悄愴)하다'의 어근.

초창(草創)명하타 (어떤 사업을) 처음 시작함, 또는 그 시초. ¶ 사업을 초창할 즈음.

초창-기(草創期)명 (어떤 사업을 일으켜) 처음 시작하는 시기. ¶ 건국 초창기.

초창-하다(怊悵-)형여 마음에 섭섭하다.

초창-하다(悄愴-)형여 근심스럽고 슬프다. ¶ 초창한 마음. **초창-히**부.

초책(抄冊)명 초집(抄集)한 책.

초책(草冊)명 초벌로 거칠게 기록한 책. 초고를 엮어 놓은 책.

초책(誚責)명하타 꾸짖어 나무람.

초천(超遷)명하자 지난날, '벼슬의 등급을 건너뛰어 올라감'을 이르던 말.

초청(招請)명하타되자 (남을) 청하여 부름. ¶ 손님을 초청하다. 비초빙(招聘). 준청(請).

초청^외:교(招請外交)[-외-/-웨-]명 ☞초대 외교.

초체(草體)명 ①흘림의 글씨체. 초서체. ②수묵화 기법의 삼체(三體)의 하나. 대상을 단순화하여 묘사함. ②참해체(楷體)·행체(行體).

초초(悄悄) '초초(悄悄)하다'의 어근.

초초(草草) '초초(草草)하다'의 어근.

초초(醋炒)명하타 한방에서, 약재의 성질과 맛을 연화(軟化)시키기 위해 약재를 초에 담갔다가 불에 볶는 일.

초초(稍稍)부 점점.

초초-하다(悄悄-)형여 근심으로 시름겹다. **초초-히**부.

초초-하다(草草-)형여 ①매우 간략하다. ¶ 초초한 편지 글. ②서둘러서 거칠다. **초초-히**부.

초추(初秋)명 ①초가을. ②'음력 칠월'을 달리 이르는 말. 신추(新秋).

초춘(初春)명 초봄. 조춘(早春).

초출(初出)명하자 처음으로 나옴.

초출(抄出)명하타 가려서 뽑아냄.

초출(超出) '초출하다'의 어근.

초-출사(初出仕)[-싸]명하자 ①벼슬을 한 뒤에 처음으로 출사하는 일. ②'일을 처음 손댐'을 비유하여 이르는 말.

초출-하다(超出-)형여 매우 뛰어나다.

초충(草蟲)명 ①'풀에서 사는 벌레'를 두루 이르는 말. ②풀과 벌레를 그린 동양화.

초췌(憔悴·顦顇) '초췌하다'의 어근.

초췌-하다(憔悴-·顦顇-)형여 (고생하거나 병으로) 파리하고 해쓱하다. ¶ 초췌한 얼굴. /몰골이 초췌하다. **초췌-히**부.

초취(初娶)명 ①하자처음 장가감. ②첫 번 혼인으로 맞아들인 아내. 초실(初室). 참재취.

초치(招致)명하타 불러서 오도록 함. 소치(召致).

초친-놈(醋-)명 초를 쳐서 싱싱한 기운이 없듯이 '난봉깨나 피워서 사람될 가망이 없는 사람'을 비유하여 이르는 말.

초-칠일(初七日)명 ①초이렛날. ②첫이레.

초침(秒針)명 초를 가리키는 시곗바늘.

초콜릿(chocolate)명 코코아 가루를 주된 재료로 하여 만든 서양 과자의 한 가지.

초:크(chalk)명 ①양복을 재단·재봉할 때, 표를 하는 분필. ②당구에서, 큐 끝에 문질러서 미끄럼을 방지하는 분말.

초탈(超脫)명하자타 (세속이나 어떤 한계 따위를) 뛰어넘어 벗어남. ¶ 세속을 초탈하다. 비초세(超世)·초속(超俗).

초토(草土)명 〔거적자리와 흙베개란 뜻으로〕 '거상(居喪) 중임'을 이르는 말.

초토(焦土)명 ①불에 타서 까맣게 그을린 흙이나 땅. ¶ 산불로 온 산이 초토가 되었다. ②불타 없어진 자리나 남은 재.

초토(剿討)명하타 도둑의 무리를 토벌함.

초토^작전(焦土作戰)[-쩐]명 ☞초토 전술.

초토^전:술(焦土戰術)명 점령 지역에서 물러날 때, 적이 이용하지 못하게 주요 시설이나 농작물 등 온갖 물자를 불살라 버리는 전술. 초토 작전.

초토-화(焦土化)명하자타되자 초토로 변하거나 초토로 만듦. ¶ 적의 공격으로 도시가 초토화되었다.

초-특급(超特急) [-끕]명 ①〈초특급 열차〉의 준말. ②특급보다 더 빠름, 또는 그런 속도.

초-특급(超特級) [-끕]명 특급보다 더 높은 등급. ¶ 초특급 호텔.

초특급^열차(超特急列車) [-끔녈-]명 특급 열차보다 더 빠르고 고급화된 열차. ㊀초특급.

초-파리명 초파릿과의 곤충. 몸길이 4 mm가량. 몸빛은 흑색 또는 황색으로 파리보다 작음. 발효된 음식물에 잘 모여듦. 돌연변이 개체가 많아 유전학 연구의 실험 재료로 많이 이용됨.

초-파일(←初八日)명 ☞석가 탄신일.

초판(初-)명 처음의 시기나 국면(局面). 첫판. ¶ 기마전은 초판부터 열이 올랐다.

초판(初版)명 어떤 서적의 간본 중에 최초로 인쇄하여 발행한 판. 원판(原版). 참재판·중판.

초평(草平)명 초가집의 평고대(平高臺). 〔너비가 한 치가량 되는 네모진 나무오리임.〕

초평(草坪)명 풀이 무성한 넓은 벌판.

초표(礁標)명 (뱃길의 안전을 위해) 암초가 있는 곳임을 나타내는 표지.

초피(貂皮)명 ☞돈피(獤皮).

초피-나무명 운향과의 낙엽 관목. 우리나라 중부 이남에 나는데 높이는 3 m가량. 잎자루 밑에 가시가 한 쌍씩 있음. 늦봄에 황록색 꽃이 피고, 열매는 가을에 붉게 익음. 어린잎은 먹을 수 있고, 열매는 향미료 또는 한방의 약재로 쓰임. 조피나무. 천초(川椒).

초필(抄筆)명 잔글씨를 쓰는 가느다란 붓.

초하(初夏)명 초여름.

초-하다(抄-)타여 ①글씨를 베껴 기록하다. ②초록하다.

초-하다(炒-)타여 불에 볶다.

초-하루(初-)명 〈초하룻날〉의 준말. ㊀하루.

초-하룻날(初-) [-룬-]명 그달의 첫째 날. 곧, 1일 날. ㊀초하루·하루·하룻날.

초학(初學)명 ①하자 (학문을) 처음으로 배움. 비초심(初心). ②미숙한 학문.

초학-자(初學者) [-짜]명 ①(학문을) 처음으로 배우기 시작한 사람. 비초심자(初心者). ②학문이 얕은 사람.

초한(初寒)명 첫추위.

초한(峭寒)명 살을 찌르는 듯한 강추위.

초합(草盒)명 담배를 넣는 서랍.

초-합금(超合金) [-끔]명 700℃ 이상의 고온에서도 그 형태가 변하지 않는 내열성이 강한 합금. 철·니켈·코발트 등이 주성분으로, 항공기 엔진이나 가스 터빈 등에 쓰임.

초항(初項)명 ①첫 조항이나 항목. ②수열(數列)이나 급수(級數)의 맨 첫째 항.

초항(招降)명하타 적을 타일러서 항복하도록 함.

초해(稍解)명하타 겨우 얼마쯤 앎.

초해-문자(稍解文字) [-짜]명하자 글자를 겨우 볼 정도로 판무식을 면함.

초행(初行)명하자 (어떤 곳에) 처음으로 감, 또는 그 길. 첫길.

초행-길(初行-) [-낄]명 처음으로 가는 길. ¶ 초행길이라 한참 찾았습니다.

초행-노숙(草行露宿)명 산이나 들에서 자며 여행함.

초헌(初獻)명하타 제사 지낼 때, 처음 잔을 올리는 일, 또는 그 잔. 참아헌(亞獻)·종헌(終獻).

초헌(軺軒)명 조선 시대에, 종이품(從二品) 이상의 벼슬아치가 타던 외바퀴 수레.

초헌에 채찍질속담 격에 맞지 않아 우습다는 뜻으로 이르는 말.

초헌-관(初獻官)명 조선 시대에, 종묘 제향 때에 초헌을 맡던 임시 벼슬. 참아헌관·종헌관.

초현(初弦)명 ☞상현(上弦).

초-현대적(超現代的)관명 현대보다 한 걸음 더 진보적인 (것). ¶ 초현대적 사고방식. /저 도시는 초현대적으로 건설되었다.

초-현실적(超現實的) [-쩍]관명 현실을 넘어서는 (것). 초현실주의의 속성을 띤 (것).

초-현실주의(超現實主義) [-의/-이]명 현실을 초월한 세계를 탐구하고 표현함을 목적으로 하는 주의. 1920년대 다다이즘에 이어 프랑스의 시단과 화단에서 일어난 새로운 예술 경향임. 쉬르레알리슴.

초-현실파(超現實派)명 서양화 화파(畫派)의 하나. 현실이 아닌 몽환(夢幻)의 세계를 상상으로 표현하는 화파.

초혜(草鞋) [-혜/-헤]명 ☞짚신.

초호(初號)명 ①'창간호'를 달리 이르는 말. 제1호. ②〈초호 활자〉의 준말.

초호^활자(初號活字) [-짜]명 호수(號數) 활자 중 가장 큰 활자. 42포인트 또는 60급의 활자와 비슷한 크기로, 2호 활자의 2배임. ㊀초호.

초혼(初昏)명 해가 지고 어두워지기 시작할 무렵. 어스름이 내릴 때.

초혼(初婚)명하자 ①첫혼인. ↔재혼(再婚). ②☞개혼(開婚).

초혼(招魂)명하자 ①혼을 불러들임. ②발상(發喪)하기 전에 죽은 이의 혼을 부르는 일. 죽은 이가 생시에 입던 저고리를 왼손에 들고 오른손은 허리에 대고 지붕이나 마당에서 북쪽을 향해 '아무 동네 아무개 복(復)' 하고 세 번 부름.

초혼-제(招魂祭)명 전사하거나 순직한 사람의 혼령을 위로하는 제사.

초화(招禍)명하자 화를 불러들임.

초화(草花)명 ①풀에 핀 꽃, 또는 풀 종류의 꽃. ②☞화초.

초환(招還)명하타 불러서 돌아오게 함.

초황(炒黃)명하타 한약재를 볶아서 누렇게 만듦, 또는 그 한약재.

초회(初回) [-회/-훼]명 첫 번. 첫 회. ¶ 초회 공연(公演).

초휴(初虧)명 일식이나 월식 때, 해와 달이 이지러지기 시작하는 일.

초흑(炒黑)명하타 한약재를 볶아서 꺼멓게 만듦, 또는 그 한약재.

촉¹부 작은 물체가 아래로 늘어지거나 처진 모양. ㊁축³.

촉(鏃)명 '긴 물건의 끝에 박힌 뾰족한 물건'을 통틀어 이르는 말. ¶ 만년필의 촉.

촉(燭)의 〈촉광〉의 준말. ¶ 30촉짜리 전구.

촉가(燭架) [-까]명 ☞촛대.

촉각(觸角) [-깍]명 (거미 이외의) 절지동물의 머리에 있는 감각 기관. 냄새를 맡고, 온도나 아픔 따위를 느끼며, 먹이를 찾거나 적을 막는 데도 씀. 더듬이².

촉각을 곤두세우다관용 무엇에 정신을 집중시켜 즉각 대응할 태세를 갖추다.

촉각(觸覺) [-깍]명 오감(五感)의 하나. 온도나 아픔 따위를 분간하는 피부의 감각. 촉감(觸感). ¶ 촉각이 예민하다.

촉각-기(觸覺器) [-깍끼]명 촉각을 느끼는 감각 기관. 〔동물의 피부·촉모(觸毛), 곤충의 더듬이 따위.〕

촉각-선(觸角腺) [-깍썬]명 갑각류의 제이 촉각의 기부(基部)에 있는 배설기의 한 가지.

촉감(觸感)[-깜]명 ①하타되자무엇에 닿는 느낌. 감촉. ¶ 부드러운 촉감. /촉감이 좋다. ②☞촉각. ③하타되자한방에서, '촉상(觸傷)'을 달리 이르는 말.

촉경(觸境)[-꼉]명 육경(六境)의 하나. '몸으로 느낄 수 있는 대상'을 이르는 말.

촉고(數罟)[-꼬]명 눈을 촘촘하게 떠서 만든 그물.

촉관(觸官)[-꽌]명 동물의 촉각을 맡은 기관. 〔사람의 피부나 곤충의 더듬이 따위.〕

촉광(燭光)[-꽝] Ⅰ명 촛불의 빛. 촉력.
Ⅱ의 빛의 세기를 나타내는 단위. 촉력. 준촉(燭). 참광도·조도.

촉구(促求)[-꾸]명하타 (무엇을 하기를) 재촉하여 요구함. ¶ 각성을 촉구하다.

촉규(蜀葵)[-뀨]명 ☞접시꽃.

촉금(觸禁)[-끔]명하자 금하는 일에 저촉됨.

촉급(促急)[-끕]명하형 촉박하여 몹시 급함. ¶ 촉급한 사태. 비촉박. **촉급-히**부.

촉기[-끼]명 생기 있고 재기(才氣) 있는 기상(氣象). ¶ 촉기가 빠르다. 본초기(峭氣).

촉-꽂이(鏃-)명 구멍에 꽂게 된 뾰족한 장부.

촉-끝(鏃-)[-끋]명 활의 먼오금의 다음 부분.
* 촉끝이[-끄치]·촉끝을[-끄틀]·촉끝만[-끈-]

촉노(觸怒)[총-]명하타 웃어른의 심사를 거슬려서 노엽게 함.

촉농(燭膿)[총-]명 ☞촛농.

촉대(燭臺)[-때]명 ☞촛대.

촉-더데(鏃-)[-떠-]명 화살촉의 마디. 〔촉의 아래쪽의 끝과 화살 속에 박히는 위쪽 부분 사이에 두두룩하게 된 부분.〕

촉-돌이(鏃-)[-또리]명 살촉을 뽑았다 박았다 하는 데 쓰는 기구.

촉랭(觸冷)[총냉]명하자 찬 기운이 몸에 닿음.

촉력(燭力)[총녁] Ⅰ명 ☞촉광.
Ⅱ의 ☞촉광.

촉루(燭淚)[총누]명 〔초의 눈물이란 뜻으로〕 '촛농'을 이르는 말.

촉루(髑髏)[총누]명 ☞해골(骸骨).

촉륜(觸輪)[총뉸]명 ☞트롤리(trolley).

촉망(屬望·囑望)[총-]명하자타되자 잘되기를 바라고 기대함, 또는 그런 대상. ¶ 장래가 촉망되는 청년.

촉매(觸媒)[총-]명 화학 반응에서, 자신은 결과적으로 아무런 반응이 일어나지 않으나 다른 물질의 반응을 촉진하거나 지연시키게 하는 물질, 또는 그렇게 하는 역할. ¶ 촉매 작용.

촉모(觸毛)[총-]명 ①(고양이나 쥐의 수염 같은) 대부분의 포유동물이 가지고 있는 감각모(感覺毛). 신경이 분포하여 촉각을 느끼는 구실을 함. ②대부분의 절지동물의 촉각을 맡은 감각모.

촉목(囑目)[총-]명하자 눈여겨봄. 주목하여 봄.

촉목-상심(觸目傷心)[총-쌍-]명하자 눈에 띄는 것마다 마음을 아프게 함.

촉박(促迫)[-빡]명하형 어떤 기한이나 시간이 바짝 다가와서 급함. ¶ 촉박한 날짜. 비촉급.

촉발(觸發)[-빨]명하자타되자 ①어떤 일을 당하여 감정이나 충동 따위가 일어남. ¶ 강압적인 태도에 반감이 촉발하다. ②무엇에 닿아 폭발함, 또는 폭발시킴. ¶ 기뢰가 촉발하다.

촉비(觸鼻)[-삐]명하자 냄새가 코를 자극함.

촉-빠르다[~빠르니·~빨라]형르 촉기가 빠르다.

촉산(促產)[-싼]명하타되자 한방에서, 날짜가 차기 전의 해산(解產)을 이르는 말.

촉상(觸傷)[-쌍]명하자 한방에서, 추운 기운이 몸에 닿아 병이 생김을 이르는 말. 촉감(觸感).

촉-새[-쌔]명 되샛과의 새. 몸길이 14 cm가량. 등은 갈색을 띤 녹색, 배는 황색, 부리는 길고 누런색임. 야산의 숲에서 곤충과 잡초의 씨를 먹고 삶.

촉새-부리[-쌔-]명 '끝이 뾰족한 물건'을 비유하여 이르는 말.

촉서(蜀黍)[-써]명 ☞수수.

촉선(觸線)[-썬]명 ☞접선(接線).

촉성(促成)[-썽]명하타되사 재촉하여 빨리 이루어지게 함.

촉성^재:배(促成栽培)[-썽-]명 원예 작물의 재배 방식의 한 가지. 씨를 뿌리는 시기부터 수확기까지 보온된 시설에서 가꾸어 자연 상태로 자라는 것보다 빨리 자라게 하는 방식. 참조숙재배.

촉수(促壽)[-쑤]명하자 죽기를 재촉하다시피 하여 수명이 짧아짐.

촉수(燭數)[-쑤]명 (전등의) 촉광의 정도를 나타내는 수. ¶ 촉수가 높은 전구.

촉수(觸手)[-쑤]명 ①(무척추동물의 입 언저리에 있는) 촉각을 맡고 먹이를 잡는 역할을 하는 기관. ②하타(사물에) 손을 댐. ¶ 촉수엄금.

촉수를 뻗치다관용 대상물을 향하여 야심을 품고 위협적인 행동을 하다.

촉수(觸鬚)[-쑤]명 ①하등 동물의 촉각을 맡은 수염 같은 기관. 털이 변한 것으로, 거미는 발처럼 생겨 생식(生殖)의 구실을 하기도 함. ②(잉어·메기·미꾸라지 따위의 일부 어류의 입 언저리에 있어) 촉각이나 화학적 자극을 느끼는 작용을 하는 수염. ③(털이 많은 환형동물의 입 마디에 있는) 길쭉한 돌기물.

촉수-동물(觸手動物)[-쑤-]명 ☞전항동물.

촉슬(促膝)[-쓸]명하자 무릎을 마주 대고 앉음.

촉심(燭心)[-씸]명 초의 심지. 준심(心).

촉언(囑言)명하자 ①청을 들어주기를 부탁하는 말. ②뒷일을 부탁하여 두는 말.

촉의(屬意)[초긔/초기]명하자 (어떤 사물에) 마음을 둠. 희망을 걺.

촉진(促進)[-찐]명하타되자 재촉하여 빨리 진행하도록 함. ¶ 증산 촉진 대회. /수출 촉진 정책.

촉진(觸診)[-찐]명하타 한방에서, 환자의 몸을 문지르거나 눌러 보고 그 반응으로 병증을 헤아리는 진찰법.

촉처(觸處)명 '가서 부닥치는 곳'의 뜻.

촉처-봉패(觸處逢敗)명하자 가는 곳마다 낭패를 당함.

촉촉-하다[-초카-]형여 물기가 있어서 조금 젖은 듯하다. ¶ 채 마르지 않은 촉촉한 옷가지. 큰축축하다. **촉촉-이**부.

촉탁(囑託)명 ①(공공 기관이나 단체에서) 임시로 어떤 일을 맡아보는 직원. ②하타되자어떤 일을 부탁하거나 맡김, 또는 그 맡은 사람. ¶ 전문가에게 촉탁하다.

촉하(燭下)[초카]명 촛불 밑.

촉한(觸寒)[초칸]명하자 추운 기운이 몸에 닿음.

촉혼(蜀魂)[초콘]명 '소쩍새'를 이르는 말. 〔촉(蜀)나라 망제(望帝)의 죽은 넋이 소쩍새가 되었다는 전설에서 유래함.〕

촉화(燭火)[초콰]명 촛불.

촉휘(觸諱)[초퀴]명하자되자 공경해야 할 웃어른이나 조상의 이름을 함부로 부름.

촌:(村)[명] 도시에서 떨어져 있는 작은 고장. ¶ 대전에 비하면 우리 동네는 촌이지. /도시에 산다고 으스댈 것 없고, 촌에 산다고 기죽을 것 없다. (참)시골.

촌:(寸)[의] ①☞치[3]. ②친척의 멀고 가까운 관계를 나타내는 말. ¶ 그와는 몇 촌인가?

촌:가(寸暇)[명] ☞촌극(寸隙).

촌:가(村家)[명] 시골 마을에 있는 집. 시골집.

촌:각(寸刻)[명] 썩 짧은 시간. 촌음(寸陰). 일촌광음. ¶ 촌각을 다투다. (비)촌시(寸時).

촌:간(村間)[명] ①시골 마을 집들의 사이. ②마을과 마을의 사이, 곧 시골 사회. ¶ 촌간의 후한 인심.

촌:거(村居)[명][하자] 시골에서 삶.

촌:공(寸功)[명] 아주 작은 공로. ¶ 촌공을 내세울 바 못 되오나….

촌:-구석(村-)[-꾸-][명] '벽촌(僻村)' 또는 '촌(村)'을 얕잡아 이르는 말. ¶ 촌구석에 파묻혀 지내다.

촌:극(寸隙)[명] 얼마 안 되는 아주 짧은 겨를. 촌가(寸暇). ¶ 촌극을 다투는 긴급한 상황.

촌:극(寸劇)[명] ①아주 짧은 극. 토막극. ②'잠시 동안의 우스꽝스러운 일이나 사건'을 이르는 말. ¶ 촌극이 벌어지다.

촌:-길(村-)[-낄][명] 시골 마을로 통하는 작은 길. 시골 길.

촌:내(寸內)[명] 십 촌 이내의 겨레붙이. ↔촌외.

촌:-놈(村-)[명] 〈촌사람〉의 속된 말. ¶ 촌놈이 출세했다고 뒤에서 수군거리다.

촌:단(寸斷)[명][하자타][되자] 짤막짤막하게 여러 도막으로 끊어짐, 또는 끊음.

촌:-닭(村-)[-딱][명] '촌스럽고 어릿어릿하는 사람'을 놀림조로 이르는 말. *촌:닭이[-딸기]·촌:닭만[-땅-]

촌닭 관청에 간 것 같다[속담] '경험이 없는 일을 당하여 어리둥절해하는 사람'을 비유하여 이르는 말.

촌:동(村童)[명] 시골에 사는 사내아이.

촌:-뜨기(村-)[명] 시골뜨기.

촌:락(村落)[촐-][명] 시골의 취락. 마을[1]. 부락(部落). ↔도시(都市).

촌:락^공:동체(村落共同體)[촐-꽁-][명] 토지 공유제에 기준한 자급자족의 공동체.

촌:려(村閭)[촐-][명] 시골 마을.

촌:로(村老)[촐-][명] 마을의 늙은이. 또는, 시골에 사는 늙은이. 촌옹(村翁).

촌:록(寸祿)[촐-][명] 아주 적은 녹봉.

촌:리(村里)[촐-][명] ☞마을[1].

촌:맹(村氓)[명] 시골에 사는 백성. 촌맹이. 촌민(村民). 촌백성. 향맹(鄕氓). 향민(鄕民).

촌:맹-이(村氓-)[명] ☞촌맹(村氓).

촌:목(寸-)[명] 소목(小木) 연장의 한 가지. 장부를 만들거나 나무에 구멍을 팔 때 금을 긋는 연장. 치수에 따라 바늘이 박혀 있음.

촌:민(村民)[명] ☞촌맹(村氓).

촌:-백성(村百姓)[-썽][명] 시골에서 사는 백성. 촌맹(村氓).

촌:백-충(寸白蟲)[명] '조충'의 구용어.

촌:벽(寸碧)[명] 〔푸른빛 조각이라는 뜻으로〕 구름 사이로 보이는 푸른 하늘.

촌:보(寸步)[명] 몇 발자국의 걸음. ¶ 지칠 대로 지쳐서 촌보도 옮길 수가 없다.

촌:부(村夫)[명] 시골에 사는 남자.

촌:부(村婦)[명] 시골에 사는 부녀.

촌:-부자(村夫子)[명] ☞촌학구(村學究).

촌:-사람(村-)[-싸-][명] ①시골 사람. ②촌티 나는 어수룩한 사람. ¶ 촌사람 때를 벗다.

촌:-색시(村-)[-쌕씨][명] ①시골에 사는 색시. ②촌티가 나는 색시.

촌:-샌님(村-)[-쌘-][명] 〔벼슬을 못한 채 시골에서 늙어 가는 선비를 일컫던 말로〕 '촌스럽고 변통이 없는 늙은이'를 비유하여 이르는 말. 촌생원.

촌:-생원(村生員)[명] ☞촌샌님.

촌:성(寸誠)[명] 조그만 성의. 촌충(寸衷). ¶ 촌성이나마 삼가 거두어 주소서.

촌:속(村俗)[명] 시골의 풍속.

촌:수(寸數)[-쑤][명] 친족 간의 멀고 가까운 관계를 나타내는 수. ¶ 촌수가 가깝다.

촌:-스럽다(村-)[-쓰-따][~스러우니·~스러워][형][ㅂ] (태도나 취향이) 시골 사람같이 세련되지 못하다. ¶ 잘 차려입었지만 어딘가 촌스러운 데가 있다. **촌스레**[부].

촌:시(寸時)[명] 짧은 시간. 잠시. (비)촌음·촌각.

촌:시(村市)[명] 시골의 시장.

촌:심(寸心)[명] 속으로 품은 작은 마음. 촌지(寸志). 촌충(寸衷).

촌:야(村野)[명] 시골의 마을과 들.

촌:양(寸壤)[명] 얼마 안 되는 땅. 촌토(寸土).

촌:열(寸裂)[명][하자타][되자] 갈가리 찢거나 찢어짐.

촌:옹(村翁)[명] 촌에 사는 노인. 촌로(村老).

촌:외(寸外)[초뇌/초눼][명] 촌수를 따지지 않는 먼 일가. ↔촌내(寸內).

촌:유(村儒)[명] 시골에 사는 선비.

촌:음(寸陰)[명] 매우 짧은 시간. 촌각(寸刻). ¶ 촌음을 아끼다. (비)촌시(寸時).

촌:인(村人)[명] 촌사람.

촌:장(寸長)[명] ①대수롭지 않은 기능. ②(언행이나 성품의) 작은 장점.

촌:장(村庄)[명] 살림집 외에 시골에 따로 장만해 두는 집.

촌:장(村長)[명] 지난날, 마을 일을 두루 맡아보던 마을의 어른.

촌:장(村莊)[명] 시골에 있는 별장.

촌:저(寸楮)[명] ①썩 짧은 편지. ②'자기의 편지'를 겸손하게 이르는 말. 촌지(寸紙).

촌:전(寸田)[명] ①작은 전지(田地). ②두 눈썹 사이. 미간(眉間).

촌:전척토(寸田尺土)[명] 얼마 안 되는 논밭.

촌:주(村酒)[명] 시골 민가에서 담근 술. 토주(土酒). (비)촌탁(村濁).

촌:중(村中)[명] ①마을 안, 또는 마을 가운데. ②온 마을. ¶ 촌중이 잔치 분위기에 들뜨다.

촌:지(寸地)[명] ☞척지(尺地).

촌:지(寸志)[명] ①〔얼마 되지 않는 적은 선물이란 뜻으로〕 '자기의 선물'을 겸손하게 이르는 말. ②☞촌심(寸心). ③정성을 드러내기 위하여 주는 돈. 주로, 선생이나 기자에게 주는 돈을 이름. (참)박지(薄志).

촌:지(寸紙)[명] ☞촌저(寸楮).

촌:진척퇴(寸進尺退)[-퇴/-퉤][명][하자] ①조금 나아가고 많이 물러남. ②'얻는 것은 적고 잃는 것이 많음'을 비유하여 이르는 말.

촌:척(寸尺)[명] ①☞척촌. ②얼마 되지 않는 것.

촌:철(寸鐵)[명] ①'작고 날카로운 쇠붙이나 무기'를 이르는 말. ②'경계하는 말이나 글귀'를 비유하여 이르는 말.

촌:철-살인(寸鐵殺人)[명] 〔촌철로도 사람을 죽인다는 뜻으로〕 '짧은 경구(警句)로 사람의 마음을 찔러 감동시킴'을 이르는 말.

촌:초(寸秒)명 매우 짧은 시간. ¶ 100미터 달리기는 촌초를 다투는 경기이다.
촌:촌-걸식(村村乞食)[-씩]명하자 마을마다 다니며 밥을 빌어먹음.
촌:촌-이(寸寸-)부 마디마디. 갈기갈기.
촌:촌-이(村村-)부 마을마다.
촌:충(寸衷)명 ①☞촌성(寸誠). ②☞촌심(寸心).
촌:충(寸蟲)명 '조충'의 구용어.
촌:탁(忖度)명하타 남의 마음을 미루어서 헤아림. 요탁(料度).
촌:탁(村濁)명 시골에서 만든 막걸리. 비촌주.
촌:토(寸土)명 얼마 안 되는 땅. 척지(尺地). 촌양(寸壤).
촌:-티(村-)명 촌스러운 태도나 기색. 시골티. ¶ 촌티를 못 벗은 젊은이. /촌티가 나다.
촌:평(寸評)명하자타 아주 짧게 비평함, 또는 그런 비평.
촌:-학구(村學究)[-꾸]명 ①지난날, '시골의 훈장'을 이르던 말. 촌부자(村夫子). ②'학식이 좁고 고루한 사람'을 빗대어 이르는 말.
촌:항(村巷)명 시골의 궁벽한 길거리.
촐랑-거리다자 자꾸 촐랑촐랑하다. 촐랑대다. 큰출렁거리다. 여졸랑거리다. 참쫄랑거리다.
촐랑-대다자 촐랑거리다.
촐랑-이명 '채신없이 촐랑거리는 사람'을 놓으로 이르는 말. 비새줄랑이.
촐랑이 수염 같다관용 매우 수선스럽게 까불고 수다스럽게 행동함을 이르는 말.
촐랑-이다자 ①물 따위가 잔물결을 이루며 자꾸 흔들리다. 큰출렁이다. ②경망스럽게 채신없이 자꾸 행동하다.
촐랑-촐랑부하자 ①물 따위가 잔물결을 이루며 자꾸 흔들리는 소리, 또는 그 모양. 큰출렁출렁. ②경망스레 채신없이 행동하는 모양.
촐싹-거리다[-꺼-]자타 자꾸 촐싹촐싹하다. 초싹거리다. 촐싹대다. 큰출썩거리다.
촐싹-대다[-때-]자타 촐싹거리다.
촐싹-촐싹부 ①하자주책없이 수선을 떨며 돌아다니는 모양. ¶ 어디를 그렇게 촐싹촐싹 쏘다니느냐? ②하타남의 마음을 들쑤셔서 달막이게 하는 모양. 초싹초싹. ¶ 우리 영희를 촐싹촐싹 꾄 녀석이 바로 너구나? 큰출썩출썩.
촐촐부하자 물 따위가 조금씩 넘치는 모양. 큰출출.
촐촐-하다형여 시장기가 조금 있다. ¶ 배 속이 촐촐하다. 큰출출하다. **촐촐-히**부.
촘촘-하다형여 (틈이나 구멍의) 사이가 썩 배다. ¶ 촘촘한 그물눈. **촘촘-히**부.
촙(chop)명 ①테니스·탁구에서, 공을 깎아 치는 일. ②프로 레슬링에서, 상대를 베듯이 세게 갈겨 치는 일.
촛-가지[초까-/촏까-]명 한옥에서, '초제공(初提供)·이제공에 쑥쑥 내민 쇠서'를 이르는 말. 포(包)2.
촛-국(醋-)[초꾹/촏꾹]명 '몹시 신 음식 맛'을 이르는 말. ¶ 촛국 같은 김치.
촛-농(-膿)[촌-]명 초가 탈 때, 흘러내려 엉긴 것. 촉농(燭膿). 촉루(燭淚).
촛-대(-臺)[초때/촏때]명 초를 꽂아 놓는 기구. 촉가(燭架). 촉대(燭臺).
촛-밑(醋-)[촌믿]명 지에밥에 누룩가루를 섞어서 삭힌, 식초의 밑바탕이 되는 것. *촛밑이[촌미치]·촛밑을[촌미틀]·촛밑만[촌민-]
촛-불[초뿔/촏뿔]명 초에 켠 불.
촛불-놀이[초뿔로리/촏뿔로리]명 밤에 음식과 기악을 갖추고 사랑방에서 노는 일.

총1명 말의 갈기와 꼬리의 긴 털. 말총. ¶ 총으로 짠 체.
총2명 (짚신이나 미투리 따위의) 앞쪽의 두 편짝으로 둘러 박은 낱낱의 신울.
총(銃)명 화약의 힘으로 발사하는 비교적 작은 총포(銃砲)를 통틀어 이르는 말. 〔주로, 개인용의 권총·소총·엽총 따위.〕 총포.
총:(寵)명하타 〈총애〉의 준말. ¶ 상감의 총을 한 몸에 입다.
총(總)1의 조선 시대에, 토지의 구실을 매기던 단위의 한 가지. 〔열 김이 한 총, 열 총이 한 목임.〕
총:(總)2관 '모두'·'모두를 합하여(한)'의 뜻을 나타내는 말. ¶ 총 20권의 사상 전집.
총-(總)접두 일부 한자어 앞에 붙어, '온통'·'통틀어'의 뜻을 나타냄. ¶ 총공격. /총선거. /총생산량. /총결산.
총가(銃架)명 총을 기대 놓는 받침.
총:각(總角)명〔상투를 틀지 않은 남자란 뜻으로〕'결혼하지 않은 성년 남자'를 이르는 말. ¶ 더벅머리 총각. ↔처녀.
총:각-김치(總角-)[-낌-]명 총각무로 담근 김치의 한 가지.
총:각-무(總角-)[-강-]명 무청이 달린 채로 김치를 담그는, 뿌리 밑동이 윗부분보다 굵은 잔무.
총각-미역(總角-)명 '꼭지미역'의 잘못.
총-감기명 〈총갱기〉의 본딧말.
총:-감독(總監督)명하타 총괄적으로 감독함, 또는 그런 일이나 그런 일을 하는 사람.
총-감투명 말총으로 짜서 만든 감투.
총강(總綱)명하타 총괄한 전체의 대강(大綱). ¶ 헌법의 총강.
총-개머리(銃-)명 '개머리'를 분명히 이르는 말.
총-갱기명 짚신이나 미투리 총의 고가 움직이지 않도록 돌아가며 감은 끄나풀. 본총감기. ↔뒷갱기.
총-걸다(銃-)[~거니·~걸어]자 총을 삼각가(三角架)의 모양으로 걸어 세우다.
총검(銃劍)명 ①총과 검. 총칼. ②☞대검(帶劍). ③대검을 꽂은 소총. 총창(銃槍). ④'무기'·'무력'을 비유하여 이르는 말. 총칼. ¶ 총검을 앞세워 침략하다.
총검-술(銃劍術)명 백병전에서, 총검으로 적을 치거나 막거나 하는 기술.
총격(銃擊)명하타 총기(銃器)로 사격함. ¶ 총격을 가하다.
총격-전(銃擊戰)[-쩐]명 서로 총으로 사격하는 싸움. ¶ 총격전을 벌이다. /총격전이 벌어지다.
총-겯다(銃-)자 '총걸다'의 잘못.
총:결(總結)명하타되자 어떤 일을 총괄하여 매듭을 지음.
총:-결산(總決算)[-싼]명하타 ①모든 수입과 지출에 대해 결산을 함, 또는 그 결산. ②행사 따위의 일의 끝매듭을 짓는 일.
총:경(總警)명 경찰 공무원 계급의 하나. 경무관의 아래, 경정의 위.
총:계(總計)[-계/-게]명하타되자 소계(小計)를 모두 합하여 계산함, 또는 전체의 합계. 준계. 비총화(總和)·합계. ↔소계. 참누계(累計).
총:-계정(總計定)[-계-/-게-]명 총체적인 계정. 전체 계정. ¶ 총계정 원장(元帳).
총계-탕(蔥鷄湯)[-계-/-게-]명 파를 넣고 끓인 닭국.
총:-공격(總攻擊)명하자타 전군(全軍) 또는 전원이 총동원하여 전면적으로 적을 공격함, 또는 그 공격. ¶ 드디어 총공격 명령이 떨어졌다.

총ː관(摠管)명 ①신라 때, 각 고을의 군대를 통솔하던 벼슬. 뒤에 도독(都督)으로 고침. 군주(軍主). ②조선 시대, 오위 도총부(五衛都摠府)의 도총관과 부총관. ③대한 제국 때, 경위원(警衛院)·승녕부(承寧府) 등의 우두머리 벼슬.

총ː관(總管)명하타 여러 가지 업무와 인원을 통틀어 관리함. ¶ 작업 일정의 총관 부서.

총ː관(總觀)명하타 전체를 대충 살펴봄.

총ː괄(總括)명하타되자 ①개별적인 것을 하나로 묶거나 종합함. 총람(總攬). ¶ 각자의 의견을 총괄하다. ②논리학에서, 여러 개의 개념을 모아 묶어서 외연(外延)이 큰 하나의 개념으로 포괄함.

총ː괄-적(總括的)[-쩍]관명 여러 개의 개별적인 것을 크게 하나로 묶은 (것). ¶ 총괄적 평가. /각자의 의견을 총괄적으로 정리하다.

총ː광(寵光)명 은총이나 총애를 받는 영광. ¶ 총광을 입다.

총구(銃口)명 ☞총부리.

총ː국(總局)명 어떤 구역 내의 지국(支局)들을 통할하여 본사와 연락을 하는 조직체.

총극(悤劇) '총극하다'의 어근.

총극-하다(悤劇-)[-그카-]형여 ☞총망하다.

총급(悤急) '총급하다'의 어근.

총급-하다(悤急-)[-그파-]형여 매우 급하다. ¶ 갈 길이 총급해졌다. **총급-히**부.

총기(銃器)명 소총이나 권총 따위 무기를 통틀어 이르는 말. ¶ 총기를 소지한 군인.

총기(聰氣)명 총명한 기질. 지닐총. ¶ 눈에 총기가 있는 소년.

총ː기(總記)명 전체에 관련되는 것을 정리하는 기술(記述).

총기(叢記)명하타 여러 가지를 모아서 기록함, 또는 그런 서적.

총냥이명 얼굴이 빼빼 말라서 여우나 이리처럼 '눈이 툭 불거지고 입이 뾰족한 사람'을 비유하여 이르는 말.

총달(聰達) '총달하다'의 어근.

총달-하다(聰達-)형여 슬기롭고 명달(明達)하다.

총-담요(-毯-)[-뇨]명 말털로 두껍게 짜서 만든 담요.

총-대(銃-)[-때]명 소총 따위의 몸통, 곧 총열을 장치한 전체의 나무. 총상(銃床).

총대(를) 메다속담 (위험 부담이 따르는 일에) 앞장을 서다.

총대(銃隊)명 총으로 무장한 군사들로 조직·편성된 군대.

총ː대(總代)명 전체를 대표하는 사람.

총-대우명 말총이나 쇠꼬리의 털로 짜서 옻칠을 한 검정 갓.

총ː-대장(總大將)명 전군을 지휘하는 우두머리 장수. 총수(總帥).

총ː독(總督)명 (식민지·자치령 따위에서) 정치·군사 등 모든 통치권을 감독하고 관할하는 관직, 또는 그 관직에 있는 사람.

총ː독-부(總督府)[-뿌]명 총독이 정무(政務)를 보는 관청.

총ː동맹^파ː업(總同盟罷業)명 (통일된 지도나 지령 밑에서) 어떤 산업 전반 또는 전국적으로 실행되는 대규모의 파업. 총파업.

총ː-동원(總動員)명하타되자 사람·물자 따위의 모든 역량을 동원함. ¶ 시민을 총동원하다.

총ː람(總覽)[-남]명 ①하타되자전체를 두루 살펴봄. ¶ 조선 시대의 복식(服飾)을 총람할 수 있는 전시회. ②어떤 사물에 관한 것을 종합적으로 살펴볼 수 있도록 엮은 책. ¶ 문화재 총람.

총ː람(總攬)[-남]명하타 ①(권력 따위를) 한 손에 잡고 다스림. 총집(總執). ②모든 사무를 통할하여 관할함. 총괄. 총할(總轄).

총ː량(總量)[-냥]명 모든 양(量). 전체 분량.

총ː력(總力)[-녁]명 (어떤 단체나 집단 따위가 가지는) 모든 힘. 전체의 힘. ¶ 경제난 타개를 위해 총력을 기울이다. 참전력(全力).

총ː력-전(總力戰)[-녁쩐]명 전체의 모든 힘을 기울여서 하는 전쟁, 또는 그런 경쟁.

총렵(銃獵)[-녑]명하자 ☞총사냥.

총ː령(總領)[-녕]명하타 모든 것을 죄다 거느림.

총ː록(總錄)[-녹]명 전체를 모아서 적은 기록.

총ː론(總論)[-논]명 〔전체를 총괄하는 이론이란 뜻으로〕 ①논문이나 저서의 첫머리에 그 대강을 적은 글. ↔각론(各論). ②어떤 분야에 대한 일반 이론을 전반적으로 서술한 저작. ¶ 형법 총론. 참개론.

총론(叢論)[-논]명 모아 놓은 여러 논문이나 논설, 또는 그것을 모은 책. 참논총(論叢).

총ː류(總類)[-뉴]명 도서의 십진 분류에 의한 분류 항목의 하나. 특정한 성격을 갖지 않고 여러 학문 분야에 두루 걸친 도서의 종류. 〔사전·도감·연감·총서 따위.〕

총ː리(總理)[-니]명 ①〈국무총리〉의 준말. ②하타전체를 모두 관리함.

총ː리-대신(總理大臣)[-니-]명 ①조선 정조 때, 화성(華城)의 축성(築城)을 총관(總管)하던 대신. ②조선 말기, 통리기무아문의 장관직. ③대한 제국 때, 영의정을 고친 이름.

총림(叢林)[-님]명 ①잡목이 우거진 숲. ②강원(講院)·선원(禪院)·율원(律院)의 3개 교육 기관을 모두 갖춘 사찰.

총망(悤忙) '총망하다'의 어근.

총ː-망라(總網羅)[-나]명하타되자 빠뜨림이 없이 전체를 골고루 망라함. ¶ 현대 소설을 총망라한 도서 목록.

총망-하다(悤忙-)형여 매우 급하고 바쁘다. 총극(悤劇)하다. **총망-히**부.

총명(聰明)명하형 ①보고 들은 것에 대한 기억력이 좋음. ②영리하고 재주가 있음.

총명이 둔필(鈍筆)만 못하다속담 무엇이든 틀림없이 하려면 낱낱이 적어 두어야 한다는 말.

총ː명(總名)명 전체를 몰아서 부르는 이름. 비총칭.

총ː명(寵命)명 임금이 총애하여 내리는 명령.

총명-기(聰明記)명 〔지난날〕 ①'비망록(備忘錄)'을 이르던 말. ②남에게 물건을 보낼 때 적던 발기.

총명-예지(聰明叡智)[-네-]명하형 〔총명하고 지혜롭다는 뜻으로〕 '임금의 슬기'를 칭송하여 이르던 말. 준총예.

총명-호학(聰明好學)명하자 재질이 총명하고 학문을 좋아함.

총ː목(總目)명 서적 전체의 목록.

총묘(塚墓)명 무덤.

총ː무(總務)명 ①(어떤 기관이나 단체에서) 전체적이며 일반적인 사무, 또는 그 사무를 맡은 사람. ②〈원내(院內) 총무〉의 준말.

총민(聰敏) '총민하다'의 어근.

총민-하다(聰敏-)형여 총명하고 민첩하다. 비명민(明敏)하다.

총-받이[-바지]명 짚신이나 미투리의, 총을 박은 데까지의 앞바닥.

총-받이(銃-)[-바지]명 ①소총이나 기관총을 받쳐 놓고 쏠 수 있도록 된 받침. 총상(銃床). ②☞총알받이.

총백(葱白)명 한방에서, '파의 밑동'을 약재(藥材)로 이르는 말. 〔성질이 온하며 상한(傷寒)에 쓰임.〕

총ː보(總譜)명 ①합창·합주 따위에서, 각 성부(聲部)의 악보를 한눈으로 볼 수 있게 하나로 종합한 악보. 〔주로, 지휘자용임.〕 ②바둑에서, 한 판의 승부를 첫 수부터 끝 수까지 한눈에 알 수 있도록 표시한 기보(棋譜).

총ː-본부(總本部)명 전체를 통할하는 본부.

총ː-본사(總本司)명 대종교에서, 모든 기관을 총람하는 최고 기관.

총ː-본산(總本山)명 ①일제 강점기에, 우리나라 전국 31개 본·말사(本末寺)를 총괄하던 최고 종정(宗政) 기관. 〔지금의 조계사에 두었음.〕 ②'사물의 근원' 또는 '통할하는 곳'을 비유하여 이르는 말. ¶ 예술의 총본산.

총ː-본영(總本營)명 여러 기관을 거느려 사무를 총람하는 곳.

총-부리(銃-) [-뿌-]명 총열의 주둥이 부분. 총구(銃口). ¶ 총부리를 겨누다.

총ː사(冢祀)명 종묘(宗廟)나 가묘(家廟)에서 지내는 제사.

총사(叢祠)명 잡신(雜神)을 모신 사당.

총-사냥(銃-)명하자 총으로 하는 사냥. 총렵.

총ː-사령관(總司令官)명 전군(全軍)을 통할하고 지휘하는 최고 사령관.

총ː-사령부(總司令部)명 총사령관과 그의 참모로써 이루어진 기관.

총ː-사직(總辭職)명하자·타 구성원 전원이 한꺼번에 사직함, 또는 그러한 사직. ¶ 외환 사태에 책임을 지고 내각이 총사직을 했다.

총살(銃殺)명 ①하타되자 총으로 쏘아 죽임. ②〈총살형〉의 준말.

총살-형(銃殺刑)명 총으로 쏘아 죽이는 형벌. ¶ 총살형에 처하다. /총살형이 집행되다. 준총살·총형.

총상(銃床)명 ①☞총대. ②총을 받치고 사격할 수 있도록 쌓아 놓은 것. ②총받이.

총상(銃傷)명 총에 맞아 다친 상처, 또는 그 부상. ¶ 총상을 입다.

총ː상(總狀)명 〈총상 화서〉의 준말.

총ː상^꽃차례(總狀-次例) [-꼳-]명 ☞총상 화서.

총ː상-화(總狀花)명 총상 화서로 핀 꽃.

총ː상^화서(總狀花序)명 무한 화서(無限花序)의 한 가지. 긴 꽃대에 꽃자루가 있는 여러 개의 꽃이 어긋나게 붙어서, 밑에서부터 피기 시작하여 끝까지 미치어 피는 화서. 〔싸리나무·투구꽃·꼬리풀·냉초 등의 꽃 따위.〕 총상 꽃차례. 준총상.

총생(叢生)명하자 (풀이나 나무 따위가) 더부룩하게 무더기로 남.

총서(叢書)명 ①같은 제목이나 형식·체재로 통일하여 편집·간행한 여러 권의 서적. ¶ 국학 총서. /경영학 총서. ②갖가지의 책을 한데 모아 놓은 서적.

총ː선(總選)명 〈총선거〉의 준말.

총ː-선거(總選擧)명하타 국회의원 전체를 한꺼번에 뽑는 선거. 준총선.

총ː설(總說)명 전체의 요지를 요약하여 논술하는 일, 또는 그 글.

총설(叢說)명 모아 놓은 여러 학설이나 논설.

총성(銃聲)명 총소리. ¶ 총성이 울리다.

총ː-소득(總所得)명 소요 경비를 공제하지 않은, 소득의 총액. 총수입.

총-소리(銃-) [-쏘-]명 총을 쏠 때 화약이 터지면서 나는 소리. 총성.

총수(銃手)명 총을 쏘는 사람. 참사수(射手)·소총수.

총ː수(總帥)명 ①전군(全軍)을 지휘하는 사람. 총대장. ②(대기업 따위) '큰 조직이나 집단의 우두머리'를 비유하여 이르는 말.

총ː수(總數)명 전체의 수효.

총ː-수량(總數量)명 전체의 수량이나 분량.

총ː-수입(總收入)명 전체의 수입. 총소득(總所得). ↔총지출(總支出).

총신(銃身)명 ☞총열.

총ː신(寵臣)명 총애를 받는 신하. 행신(幸臣).

총ː아(寵兒)명 〔총애받는 아이란 뜻으로〕 ①인기가 좋은 사람. ¶ 영화계의 총아. ②시운(時運)을 타고 출세한 사람. ¶ 세기(世紀)의 총아.

총안(銃眼)명 몸을 숨긴 채로 총을 내쏠 수 있도록 뚫어 놓은 구멍.

총-알(銃-)명 '처란'·'탄알' 따위를 통틀어 이르는 말. 총탄. 총환. 탄환.

총알-받이(銃-) [-바지]명 교전(交戰) 지역에서, 제일선에 나선 병사나 부대를 속되게 이르는 말. 총받이. ¶ 어린 소년들을 총알받이로 내세우다.

총ː애(寵愛)명 ①하타남달리 귀여워하고 사랑함. 굄[1]. ¶ 윗사람의 총애를 한몸에 받다. 준총(寵). ②가톨릭에서, '천주(天主)의 사랑'을 이르는 말.

총ː액(總額)명 모두를 합한 액수. ¶ 소득 총액의 10%를 과세(課稅)하다. 비전액(全額).

총약(銃藥) [-냑]명 총에 재어서 발사하는 화약.

총ː-역량(總力量) [-녕냥]명 어떤 일을 해낼 수 있는 모든 힘. ¶ 총역량을 동원하다.

총-열(銃-) [-녈]명 탄환이 발사될 때 통과하는, 소화기(小火器)의 원통 모양으로 된 강철 부분. 〔약실에서 총구까지의 부분.〕 총신(銃身). 준열[2].

총ː-영사(總領事) [-녕-]명 국교가 있는 나라에 머물면서 자국민을 보호 감독하고 통상 등에 관한 일을 맡아보는 최상급의 영사.

총예(聰叡)명하형 〈총명예지〉의 준말.

총ː-예산(總豫算) [-네-]명 한 회계 연도의 모든 세출과 세입을 포함하는 전체 예산.

총오(聰悟)명하형 이해가 빠르고 총명함.

총요(忽擾) '총요하다'의 어근.

총요-하다(忽擾-)형여 바쁘고 부산하다.

총ː욕(寵辱)명 총애(寵愛)와 모욕을 아울러 이르는 말.

총ː우(寵遇)명하타 총애하여 대우함. ¶ 총우하는 신하.

총ː원(總員)명 전체의 인원. ¶ 총원의 6할밖에 참석하지 않았다.

총ː원(總願)명 불교에서, 모든 불보살에 공통으로 있는 네 가지 서원. 〔중생을 제도함, 번뇌를 끊음, 가르침을 배움, 불도를 깨달음 등.〕 ↔별원(別願).

총ː유(總有)명 하나의 물건을 여럿이 공동으로 소유하는 공동 소유의 한 형태. 재산의 관리·처분의 권능은 공동체에 속하고, 그 사용·수익 권능은 각 구성원에 속하는 소유 형태를 이름.

총-유탄(銃榴彈) [-뉴-]명 유탄의 한 가지. 수류탄보다 멀리 날아가도록 소총으로 내쏘게 되어 있음.

총ː융-청(摠戎廳)명 조선 인조 때 설치한, 경기 지역의 군무를 맡아보던 군영. 참오군영.

총ː의(總意) [-의/-이]명 전체의 공통된 의사. ¶ 회원들의 총의로 회장에 추대하다.

총이-말(驄—)명 흰 바탕에 푸른 빛깔이 섞인 말. 청총마(靑驄馬). 참흰말·찬간자.
총이-주(聰耳酒)명 ☞귀밝이술.
총ː일(總一)명 ①전체 중에 으뜸가는 것. ②모두 뭉쳐 하나가 됨.
총ː자(冢子)명 '태자·세자' 또는 '적장자(嫡長子)'를 일컫던 말.
총-잡이(銃—)명 서부 활극 따위에서, '권총을 잘 쏘는 사람'을 이르는 말.
총ː장(總長)명 ①특수 업무를 통괄하는 으뜸 관직. ¶ 검찰 총장. ②종합 대학의 책임자. ¶ 대학 총장.
총ː재(總裁)명 〔사무를 총괄하여 재결한다는 뜻으로〕 당파나 단체 따위의 최고 직위에 있는 사람을 일컫는 말. ¶ 한국은행 총재. /적십자사 총재.
총적(葱笛)명 ☞파피리.
총ː-적량(總積量)[-정냥]명 (배·자동차·기차 따위의) 짐을 실을 수 있는 용적의 총합.
총ː점(總點)[-쩜]명 전체의 점수, 또는 득점의 총계.
총좌(銃座)명 (사격할 때) 총을 얹어 놓는 대.
총주(塚主)명 무덤의 임자.
총죽(叢竹)명 무더기로 난 참대.
총죽지교(葱竹之交)[-찌-]명 〔파피리를 불며 죽마(竹馬)를 타고 함께 놀던 사이란 뜻으로〕 어렸을 때부터 같이 놀며 자란 교분. 비죽마고우(竹馬故友).
총준(聰俊)명하형 총명하고 준수함, 또는 그런 사람. ¶ 총준한 자제.
총중(叢中)명 〔떨기 가운데란 뜻으로〕 많은 사람 가운데. ¶ 총중에서 뛰어나다. /만록(萬綠) 총중 홍일점(紅一點).
총중고골(塚中枯骨)명 〔무덤 속의 마른 뼈란 뜻으로〕 '핏기 없이 몹시 여윈 사람'을 이르는 말.
총ː지(摠持)명 〔불교에서, 진언(眞言)을 외워 모든 법을 가진다는 뜻으로〕 '다라니'를 번역한 말.
총ː-지출(總支出)명 전체의 지출. 지출의 총액. ↔총수입.
총ː-지휘(總指揮)명하타 전체를 총괄하여 지휘함, 또는 그 지휘.
총-질(銃—)명하자 총을 쏘는 짓. ¶ 겨레끼리 총질하는 비극은 없어야 한다.
총-집(銃—)[-찝]명 총을 넣어 두고 보관하기 위한 주머니나 곽.
총ː집(總執)명하타 ☞총람(總攬).
총ː집(總集)명 중국에서, 몇 사람의 시문(詩文)을 모은 시문집. 〔문선(文選)·문원(文苑) 따위.〕 ↔별집(別集).
총집(叢集)명하자 떼를 지어 모임.
총ː찰(總察)명하타 총괄하여 살피거나 보살핌. ¶ 집안의 대소사를 총찰하시는 어른.
총창(銃槍)명 끝에 칼을 꽂은 총(銃). 총검(銃劍). ¶ 총창을 휘두르며 백병전을 벌이다.
총-채명 말총 따위로 만든 먼지떨이.
총채-질명하자 총채로 먼지를 떨어내는 일.
총ː책(總責)명 〈총책임자〉의 준말.
총ː-책임자(總責任者)명 총괄적인 책임을 지는 사람. 준총책.
총ː-천연색(總天然色)명 '천연색'의 힘줌말.
총ː첩(寵妾)명 총애를 받는 첩.
총ː체(總體)명 (어떤 사물의) 모든 것. ¶ 총체를 파악하다. 비전체.
총ː체-적(總體的)관명 관련된 모든 분야를 유기적으로 통합한 (것). ¶ 총체적 파악. /총체적인 관리.
총총[1]부하형 촘촘히 뜬 별의 빛 따위가 맑고 또렷한 모양. ¶ 총총한 별빛. **총총-히**부.
총총[2]부 (매우 바빠서) 발을 자주 떼며 구르듯이 걷는 모양. 큰충충. 여종종.
총총(悤悤)부 ①하형몹시 급하고 바쁜 모양. ¶ 총총 사라지다. ②〔흔히 편지 글의 말미(末尾)에 쓰이어〕 '급히 마무리함', '급히 썼음'의 뜻을 나타냄. ¶ 이만 총총. **총총-히**부 ¶ 길에서 잠깐 만나 총총히 헤어진 후로는 소식을 모른다.
총총(葱葱) '총총(葱葱)하다'의 어근.
총총(叢叢) '총총(叢叢)하다'의 어근.
총총-거리다자 (매우 바빠서) 발을 자주 떼며 구르듯이 걷다. 총총대다. 큰충충거리다. 여종종거리다[1].
총총-걸음명 총총거리며 걷는 걸음. ¶ 총총걸음을 치다. 여종종걸음.
총총 난필(悤悤亂筆) 바삐 써서 거칠게 된 글씨. 〔흔히, 편지 끝에 써서 자신의 글씨를 겸손하게 이르는 말.〕 ¶ 총총 난필을 용서하십시오.
총총-대다자 총총거리다.
총총-들이(葱葱—)부 (들어선 모양이) 촘촘하고 매우 배게. ¶ 총총들이 우거진 소나무 숲.
총총-하다(葱葱—)형여 나무 따위가 배게 들어서서 무성하다. **총총-히**부.
총총-하다(叢叢—)형여 들어선 모양이 빽빽하다. **총총-히**부.
총ː-출동(總出動)[-똥]명하자 전 인원이 모두 출동함, 또는 그 출동.
총ː칙(總則)명 전체를 통괄하는 규칙. ↔각칙(各則).
총ː칭(總稱)명하타 통틀어 일컬음, 또는 그 명칭. 비총명(總名).
총-칼(銃—)명 ☞총검.
총탄(銃彈)명 총알. 총환.
총통(銃筒)명 조선 시대에, 화기를 통틀어 이르던 말. 〔화전·화통·화포 따위.〕
총ː통(總統)명 ①하타총괄하여 다스림. ②대만 국민 정부의 최고 관직. ③지난날, 나치스 등 독재 정부의 최고 관직.
총-통화(總通貨)명 현금 통화에 은행의 총예금을 합한 것.
총ː-파업(總罷業)명하자 ☞총동맹 파업.
총ː판(總販)명하타 〈총판매〉의 준말.
총ː-판매(總販賣)명하타 어떤 상품을 도거리로 도맡아 팖. 준총판.
총ː평(總評)명 총체적인 평가나 평정(評定). ¶ 심사 위원장의 총평을 듣겠습니다.
총포(銃砲)명 ①☞총. ②총의 종류와 포(砲)의 종류를 통틀어 이르는 말. 포총.
총ː할(總轄)명하타 ☞총람(總攬).
총ː합(總合)명하타 전부를 합함, 또는 합한 전부.
총ː행(寵幸)명하타 특별히 총애함, 또는 그런 총애. ¶ 총행을 입다.
총형(銃刑)명 〈총살형〉의 준말.
총혜(聰慧)[-혜/-헤]명하형 총명하고 슬기로움.
총화(銃火)명 총을 쏠 때 총구에서 번쩍이는 불빛. 철화(鐵火).
총ː화(總和)명 ①전체를 합한 수. 비총계. ②전체의 화합. ¶ 총화 단결. /국민의 총화.
총화(叢話)명 (갖가지 이야깃거리나 설화 따위를) 모은 것, 또는 그 책.

총환(銃丸)명 총알. 총탄(銃彈).
총ː회(總會)[-회/-훼]명 ①(그 기관이나 단체의) 전원의 모임. ¶ 학급 총회. /총회를 열다. ②사단 법인에서, 구성원 전원으로 조직되고 사단 법인의 의사를 결정하는 기관. ¶ 주주(株主) 총회. ↔부회(部會).
총ː회-꾼(總會-)[-회-/-훼-]명 적은 수의 주식을 가지고 주주 총회에 참석하여, 특정인을 위해 의사 진행을 방해하거나 협력해 주고 그들로부터 금품을 받는 일을 일삼는 사람.
총ː획(總畫)[-획/-휔]명 한자(漢字) 낱자의 전체 획수.
총ː희(寵姬)[-히]명 총애를 받는 여자.
총ː-히(總-)부 모두. 온통 합하여.
촬상-관(撮像管)[-쌍-]명 피사체의 광학상을 전기 신호로 바꾸는 특수 전자관(電子管). 방송용·공업용의 텔레비전 카메라나 엑스선 진단용으로 이용됨.
촬영(撮影)명하타 되자 어떤 형상을 사진이나 영화로 찍음. ¶ 영화 촬영.
촬영-기(撮影機)명 (사진·영화·텔레비전·비디오 따위를) 촬영하는 기계를 통틀어 이르는 말.
촬영^대본(撮影臺本)명 ☞콘티뉴이티.
촬영-소(撮影所)명 세트 따위 설비를 갖추어, 영화를 촬영하고 제작하는 곳.
촬토(撮土)명 한 줌의 흙.
최[최/췌]명 베틀의 최활 끝에 박는, 끝이 뾰족하게 생긴 쇠 촉.
최-(最)[최/췌]접두 《일부 명사 앞에 붙어》'가장'·'제일'의 뜻을 나타냄. ¶ 최고령. /최고급. /최신식. /최연소.
최ː강(最強)[최-/췌-]명 가장 강함. ¶ 최강의 팀.
최ː고(最古)[최-/췌-]명 가장 오래됨. ¶ 최고의 문헌. ↔최신(最新).
최ː고(最高)[최-/췌-]명 ①가장 높음. ↔최저(最低). ②가장 나음. ¶ 네가 최고다.
최고(催告)[최-/췌-]명하타 법률상 일정한 결과를 일으키기 위하여 상대편의 행위 또는 불행위를 재촉하는 일. ¶ 공시 최고.
최ː고-가(最高價)[최-까/췌-까]명 가장 비싼 값. ¶ 최고가로 그림을 사들이다. ↔최저가.
최ː고-권(最高權)[최-꿘/췌-꿘]명 가장 높은 권리. 〔주권·통치권 따위.〕
최ː-고급(最高級)[최-/췌-]명 가장 높은 등급, 또는 으뜸가는 고급. ¶ 최고급 시계.
최ː-고도(最高度)[최-/췌-]명 가장 높은 도수나 정도. ¶ 최고도의 기술.
최ː고-봉(最高峯)[최-/췌-]명 ①가장 높은 봉우리. 주봉(主峯). ②어떤 방면에서 '가장 뛰어남'을 비유하여 이르는 말.
최ː고-선(最高善)[최-/췌-]명 윤리학에서, 인간 행위의 가장 높은 도덕적 이상을 이르는 말. 지고선(至高善).
최ː고-신(最高神)[최-/췌-]명 여러 신 가운데에서 가장 높은 신. 지상신(至上神). ¶ 제우스신은 그리스 신화에 등장하는 신들 중에서 최고신이다.
최ː고^온도계(最高溫度計)[최-계/췌-게]명 일정 시간 내의 가장 높은 온도를 재는 온도계.
최ː고-점(最高點)[최-쩜/췌-쩜]명 ①가장 높은 점수. ②가장 높은 지점.
최ː-고조(最高潮)[최-/췌-]명 (분위기나 감정 따위가) 가장 높은 정도에 이른 상태. 절정(絕頂). ¶ 관객의 긴장 상태가 최고조에 이르다.
최ː고-품(最高品)[최-/췌-]명 ☞극상품.
최ː고^학부(最高學府)[최-뿌/췌-뿌]명 〔가장 정도가 높은 학교란 뜻으로〕 '대학'이나 '대학원'을 이르는 말.
최ː고-형(最高刑)[최-/췌-]명 가장 중한 형벌. ¶ 법정 최고형을 선고하다.
최구(最久) '최구하다'의 어근.
최ː구-하다(最久-)[최-/췌-]형여 가장 오래다.
최귀(最貴) '최귀하다'의 어근.
최ː귀-하다(最貴-)[최-/췌-]형여 가장 귀하다.
최ː근(最近)[최-/췌-]명 ①얼마 안 되는 지나간 날. 요즘. ¶ 최근에 일어난 일. /최근의 국제 정세. ②(거리 따위가) 가장 가까움. ¶ 최근 거리.
최ː-근세(最近世)[최-/췌-]명 역사상의 시대 구분의 한 가지. 근세와 현대의 중간 시대.
최ː-급무(最急務)[최금-/췌금-]명 가장 급한 일. ¶ 당장 먹고사는 일이 최급무다.
최ː긴(最緊)[최-/췌-]명하형 가장 요긴함.
최ː다(最多)[최-/췌-]명하형 《일부 명사 앞에 쓰이어》 가장 많음. ¶ 최다 득점. ↔최소(最少).
최ː단(最短)[최-/췌-]명하형 《일부 명사 앞에 쓰이어》 가장 짧음. ¶ 최단 거리. ↔최장(最長).
최ː대(最大)[최-/췌-]명하형 (수·양·정도 따위가) 가장 큼. ¶ 최대 속도. /최대 분량. ↔최소(最小). **최대-히**부.
최ː대^공약수(最大公約數)[최-쑤/췌-쑤]명 공약수 가운데 가장 큰 수. 지시엠(GCM).
최ː대^사ː거리(最大射距離)[최-/췌-]명 특정한 화기를 발사했을 때, 그 화기의 탄환이 미칠 수 있는 최대의 거리. 최대 사정(最大射程).
최ː대^사정(最大射程)[최-/췌-]명 ☞최대 사거리.
최ː대^압력(最大壓力)[최-암녁/췌-암녁]명 ①어떤 사물이 일정한 조건 아래 나타낼 수 있는 가장 큰 압력. ②물리학에서, 포화 증기압.
최ː대-치(最大値)[최-/췌-]명 ①가장 큰 값. ¶ 최대치는 얼마인가? ②☞최댓값. ↔최소치.
최ː대-한(最大限)[최-/췌-]명 〈최대한도〉의 준말. ¶ 최대한의 능력을 발휘하다. ↔최소한.
최ː대-한도(最大限度)[최-/췌-]명 그 이상 더 늘릴 수 없는 가장 큰 한도. ¶ 최대한도의 보상. ↔최소한도. 준최대한.
최ː댓-값(最大-)[최대깝/췌댇깝]명 연속 함수에서, 일정한 구간의 정의 구역에 속한 모든 실수에 대응하는 치역의 가장 큰 실수. 최대치. ↔최솟값. *최ː댓값이[최대깝씨/췌댇깝씨]·최ː댓값만[최대깜-/췌댇깜-]
최ː량(最良)[최-/췌-]명하형 가장 좋음.
최루(催淚)[최-/췌-]명하타 눈물이 나오게 함.
최루^가스(催淚gas)[최-/췌-]명 눈물샘을 자극하여 눈물이 나오게 하는 독가스의 한 가지.
최루-탄(催淚彈)[최-/췌-]명 최루 가스를 넣은 탄환.
최마(衰麻)[최-/췌-]명 삼베로 지은 최복, 또는 최복을 지을 삼베.
최ː만(最晚)[최-/췌-]명하형 《일부 명사 앞에 쓰이어》 가장 늦음.
최ː말(最末)[최-/췌-]명 맨 끝. 최미(最尾).
최면(催眠)[최-/췌-]명 ①잠이 오게 함. ②의도적·인위적으로 그리되게 한, 일종의 수면과 같은 상태.
최면-술(催眠術)[최-/췌-]명 최면 상태로 이끄는 술법.
최면^요법(催眠療法)[최-뇨뻡/췌-뇨뻡]명 최면으로 환자의 병을 다스리는 일종의 정신 요법.

최면-제 (催眠劑) [최-/췌-] 명 중추 신경에 작용하여 잠이 오게 하는 약제. 수면제.

최ː미 (最尾) [최-/췌-] 명 ☞최말(最末).

최복 (衰服) [최-/췌-] 명 참최(斬衰)나 재최(齊衰)의 상복.

최ː빈-수 (最頻數) [최-쑤/췌-쑤] 명 ☞모드(mode)1.

최산 (催産) [최-/췌-] 명하자 (약물 따위를 써서) 임부(姙婦)의 해산을 쉽고 빠르게 함, 또는 그 일.

최산-제 (催産劑) [최-/췌-] 명 최산하는 데 쓰는 약제.

최ː상 (最上) [최-/췌-] 명 ①맨 위. 정상(頂上). 지상(至上). ②가장 우수함. ¶ 최상의 컨디션. /최상의 방책. ③〈최상급〉의 준말. ↔최하.

최ː-상급 (最上級) [최-끕/췌-끕] 명 ①가장 위의 계급, 또는 가장 위의 등급. 극상등(極上等). ¶ 최상급의 요리로 대접받다. 준최상. ↔최하급. ②서구 문법에서 형용사의 세 단계 어형 변화의 하나. 가장 센 정도를 나타냄. ②참비교급.

최ː상-선 (最上善) [최-/췌-] 명 철학에서, '의무감 때문에 도덕이나 법에 따르려는 마음가짐'을 이르는 말.

최ː상-지 (最上地) [최-/췌-] 명 ①가장 상등(上等)의 땅. ②불교에서 이르는, 가장 높은 지위.

최ː-상층 (最上層) [최-/췌-] 명 ①(여러 층으로 된 건물에서) 맨 위층. ¶ 이 아파트의 최상층은 15층이다. ②맨 위에 속하는 사회적 계층. ↔최하층.

최ː-상품 (最上品) [최-/췌-] 명 가장 좋은 물품. 상상품(上上品). ↔최하품.

최ː선 (最先) [최-/췌-] 명 〈최선등〉의 준말.

최ː선 (最善) [최-/췌-] 명 ①가장 좋거나 훌륭함, 또는 그런 것. ¶ 최선의 길. /정직만이 이 시대가 요구하는 최선이다. ↔최악. ②☞전력(全力). ¶ 최선을 다하다.

최ː-선두 (最先頭) [최-/췌-] 명 맨 선두.

최ː-선등 (最先等) [최-/췌-] 명하자 남보다 맨 먼저임. ¶ 그는 언제나 최선등이다. 준최선.

최ː-선봉 (最先鋒) [최-/췌-] 명 맨 앞의 자리, 또는 그 자리에 선 사람. ¶ 최선봉에 서다.

최ː선-책 (最善策) [최-/췌-] 명 최선의 방책. 더할 나위 없는 대책.

최ː성 (最盛) [최-/췌-] 명 가장 성함. 가장 한창임. ¶ 불교 문화 최성의 시기.

최ː성-기 (最盛期) [최-/췌-] 명 (어떤 사물이) 가장 성한 시기. 한창때. ¶ 최성기에 접어들다.

최ː소 (最小) [최-/췌-] 명하형 (수나 정도 따위가) 가장 작음. ¶ 최소 단위. /최소 크기. ↔최대.

최ː소 (最少) [최-/췌-] 명하형 ①(양 따위가) 가장 적음. ¶ 최소의 인원을 차출하다. ↔최다(最多). ②가장 젊음.

최ː소^공배수 (最小公倍數) [최-/췌-] 명 공배수 중 가장 작은 정수(整數). 엘시엠(LCM).

최ː소^공분모 (最小公分母) [최-/췌-] 명 수학에서, 공분모 중 가장 작은 분모.

최ː소-치 (最少値) [최-/췌-] 명 ①가장 작은 값. ②최솟값. ↔최대치.

최ː소-한 (最小限) [최-/췌-] 명 〈최소한도〉의 준말. ¶ 최소한의 협조를 바라다. /거기까지 가는 데는 최소한 나흘은 걸릴 것이다. ↔최대한.

최ː소-한도 (最小限度) [최-/췌-] 명 그 이상 더 줄일 수 없는 가장 작은 한도. ¶ 피해를 최소한도로 줄이다. /최소한도의 보상. ↔최대한도. 준최소한.

최ː솟-값 (最少-) [최소깝/췌솓깝] 명 연속 함수에서, 일정한 구간의 정의 구역에 속한 모든 실수에 대응하는 치역의 가장 작은 실수. 최소치. ↔최댓값. *최ː솟값이[최소깝씨/췌솓깝씨]·최ː솟값만[최소깜-/췌솓깜-]

최ː승 (最勝) [최-/췌-] 명하형 《일부 명사 앞에 쓰이어》 가장 나음. 가장 뛰어남.

최ː신 (最新) [최-/췌-] 명 가장 새로움. ¶ 최신의 유행. /최신 기술. /최신 자료. ↔최고(最古).

최ː신-식 (最新式) [최-/췌-] 명 가장 새로운 방식이나 형식, 또는 그러한 방식이나 형식의 것. ¶ 최신식 인쇄기를 설치하다.

최ː신-형 (最新型) [최-/췌-] 명 가장 새로운 모양, 또는 가장 새로운 모양의 것. ¶ 최신형 자동차.

최ː심 (最甚) [최-/췌-] 명하형 《일부 명사 앞에 쓰이어》 가장 심함. 아주 심함.

최ː심 (最深) [최-/췌-] 명하형 《일부 명사 앞에 쓰이어》 가장 깊음.

최ː악 (最惡) [최-/췌-] 명 (조건이나 상태 따위가) 가장 나쁨. ¶ 최악의 상태에 대비하다. ↔최선(最善).

최ː-우선 (最優先) [최-/췌-] 명 (어떤 일이나 대상을) 다른 것에 비하여 가장 먼저 다루거나 문제 삼음. ¶ 최우선 과제. /장애인 복지 향상에 최우선을 두는 정책.

최ː-우수 (最優秀) [최-/췌-] 명하형 가장 뛰어남. 가장 우수함. ¶ 최우수 선수.

최유-제 (催乳劑) [최-/췌-] 명 젖이 잘 나오게 하는 약제.

최음-제 (催淫劑) [최-/췌-] 명 성욕(性慾)을 촉진시키는 약제를 통틀어 이르는 말.

최ː장 (最長) [최-/췌-] 명하형 가장 긺. ↔최단.

최ː-장방 (最長房) [최-/췌-] 명 4대 이내의 자손들 중 항렬이 가장 높은 사람.

최ː저 (最低) [최-/췌-] 명 가장 낮음. ¶ 최저 생활. /최저 온도. /최저 기온. ↔최고(最高).

최ː저-가 (最低價) [최-까/췌-까] 명 가장 싼 값. ¶ 냉장고를 최저가로 사들이다. ↔최고가.

최ː저^생계비 (最低生計費) [최-계-/췌-게-] 명 임금 산출의 기초로서 이론적으로 계산해 낸 생활에 필요한 최소 비용.

최ː저^생활비 (最低生活費) [최-/췌-] 명 사람이 일상생활을 해 나가는 데 필요한 최저한도의 비용.

최ː저^생활선 (最低生活線) [최-썬/췌-썬] 명 최저 생활을 유지할 수 있는 한계선.

최ː저^온도계 (最低溫度計) [최-계/췌-게] 명 일정 시간 내의 가장 낮은 온도를 재는 데 쓰이는 온도계.

최ː저^임ː금제 (最低賃金制) [최-/췌-] 명 (임금이 낮은 근로자를 보호하기 위하여) 국가가 임금의 최저액을 법으로 정하여 근로자의 생활을 보장하는 제도.

최ː저-한도 (最低限度) [최-/췌-] 명 가장 낮은 한도. ¶ 최저한도의 생활비.

최ː적 (最適) [최-/췌-] 명하형 가장 알맞음. ¶ 최적 온도. /최적 인물. /최적의 수준.

최ː적^밀도 (最適密度) [최정-또/췌정-또] 명 생물이 살아가는 데 가장 적당한 밀도.

최ː-전방 (最前方) [최-/췌-] 명 적과 가장 가까운 전방. ¶ 최전방 부대. 비최전선.

최ː-전선 (最前線) [최-/췌-] 명 적과 맞서고 있는 맨 앞의 전선(戰線). 제일선. ¶ 최전선에 배치되다. 비최전방.

최ː종(最終) [최-/췌-]명 맨 나중. 마지막. ¶ 최종 검사. /최종 수단. 비최후. ↔최초(最初).

최ː종^생산물(最終生產物) [최-/췌-]명 (국민 소득 계산의 대상으로서) 경제 순환 과정에서, 생산재로 다시 쓰이거나 다음 연도로 이월되지 않고 국내 시장에서 소비되는 생산물. 생활 필수품·정부의 소비재·수출품 따위. 참중간 생산물.

최ː종-재(最終財) [최-/췌-]명 재화의 생산 단계의 최후에 얻어지는 완성품.

최ː종-적(最終的) [최-/췌-]관명 맨 나중에 하는 (것). ¶ 최종적 결론. /최종적인 수단.

최ː중(最重) [최-/췌-]명하형 《일부 명사 앞에 쓰이어》 가장 중요함.

최ː-첨단(最尖端) [최-/췌-]명 (유행이나 시대 사조·기술 수준 따위의) 맨 앞. 가장 선진적인 것. ¶ 최첨단 과학 기술. /유행의 최첨단을 걷다.

최청(催靑) [최-/췌-]명하자 누에알의 충실한 발육과 부화(孵化)를 위하여, 온도나 습도 따위를 알맞게 조절하는 일.

최ː초(最初) [최-/췌-]명 맨 처음. ¶ 최초에 있었던 일. /최초의 대륙 횡단. ↔최종·최후.

최촉(催促) [최-/췌-]명하타 ☞재촉.

최촉-장(催促狀) [최-짱/췌-짱]명 재촉하는 서장(書狀).

최친(最親) '최친하다'의 어근.

최ː친-하다(最親-) [최-/췌-]형여 가장 친하여 가깝다.

최-판관(崔判官) [최-/췌-]명 죽은 사람의 생전의 선악을 판단한다는 저승의 벼슬아치.

최ː하(最下) [최-/췌-]명 맨 아래. 가장 아래. ¶ 최하 점수를 받다. ↔최상.

최ː-하급(最下級) [최-/췌-]명 가장 아래의 등급이나 계급, 또는 가장 못한 등급. ↔최상급.

최ː-하층(最下層) [최-/췌-]명 ①맨 아래층. ②맨 아래에 속하는 사회적 계층. ↔최상층.

최ː-하품(最下品) [최-/췌-]명 품질이 가장 낮은 물품. ↔최상품.

최ː혜-국(最惠國) [최혜-/췌혜-]명 통상·항해 조약을 체결한 나라 중 가장 유리한 취급을 받는 나라.

최ː혜국^대우(最惠國待遇) [최혜-때-/췌혜-때-]명 통상·항해 조약을 체결한 나라가 다른 나라에 부여하고 있는 가장 유리한 대우를 상대국에도 부여하는 일.

최ː혜국^조관(最惠國條款) [최혜-쪼-/췌혜-쪼-]명 ☞최혜국 조항.

최ː혜국^조항(最惠國條項) [최혜-쪼-/췌혜-쪼-]명 통상·항해 조약에서, 상대국에 최혜국 대우를 하겠다는 약속을 규정한 조항. 최혜국 조관.

최ː호(最好) [최-/췌-]명 ①하타가장 좋아함. ②하형가장 좋음.

최활 [최-/췌-]명 베를 짤 때, 그 폭이 좁아지지 않게 버티는 가는 나무오리. 활처럼 등이 휘고 두 끝에 최를 박았음. 쳇발.

최ː후(最後) [최-/췌-]명 ①맨 끝. 맨 마지막. ¶ 최후 수단. /최후의 순간까지 싸우다. 비최종·종말. ↔최초. ②목숨이 다할 때. 임종(臨終). ¶ 장렬한 최후를 맞다.

최ː후^진ː술(最後陳述) [최-/췌-]명 형사 소송법상 인정된 권리에 따라, 증거 조사 및 검사의 법률 적용에 관한 의견을 들은 다음 피고인이나 그 변호인이 마지막으로 하는 진술.

최ː후-통첩(最後通牒) [최-/췌-]명 ①외교 교섭에서, 자국(自國)의 마지막 요구를 상대국에 알리고 그것이 인정되지 않을 경우에는 자유 행동이나 실력 행사를 하겠다는 뜻을 밝힌 외교 문서. ②'교섭 중인 상대편에게 밝힌 마지막 요구나 통고'를 비유하여 이르는 말. ¶ 최후통첩을 보내다.

쵸명 〈옛〉초. ¶ 쵸애 블혀 멀쯔기셔 뻐랴(救簡 *6:80*).

추(錘)명 ①〈저울추〉의 준말. ②〈시계추〉의 준말. ③(저울추처럼) '끈에 달려 늘어져서 흔들리게 된 물건'을 통틀어 이르는 말.

추(醜)명 더럽거나 보기 흉함. ¶ 미(美)와 추를 구별하다. ↔미(美). 참선(善).

-추-접미 일부 동사나 형용사의 어근에 붙어서 사동사를 만드는 접미사. ¶ 갖추다. /맞추다.

추가(追加)명하타되자 나중에 더하여 보탬. ¶ 추가 모집. /별도 항목을 추가하다.

추가^경정^예ː산(追加更正豫算) [-녜-]명 예산 작성 후에 생긴 사유로 해서 기정 예산 경비에 부족이 생겼을 경우, 이에 추가하여 작성된 예산. 준추경 예산.

추가-점(追加點) [-쩜]명 (운동 경기 따위에서) 추가하여 올리는 점수. ¶ 추가점을 올리다.

추가^판결(追加判決)명 민사 소송에서, 법원이 당사자의 신청에 따라 재판에 빠진 것을 보충하기 위하여 하는 판결. 보충 판결.

추간^연ː골(椎間軟骨) [-년-]명 ☞추간판.

추간^원판(椎間圓板)명 ☞추간판.

추간-판(椎間板)명 척추골 사이에 있는 연골을 중심으로 한 섬유성의 원판(圓板). 척추 사이의 완충기 역할을 함. 추간 연골. 추간 원판.

추간판^헤르니아(椎間板hernia)명 추간판의 일부가 뒤로 퉁겨져서 척수 신경을 압박하는 병. 참디스크.

추거(推去)명하타되자 찾아서 가져감.

추거(推擧)명하타 ①되자☞추천(推薦). ¶ 그를 심사 위원으로 추거하다. ②☞추상(推上).

추격(追擊)명하타되자 (도망하는 적을) 뒤쫓아 가면서 공격함. 격추. ¶ 적기를 추격하다.

추격(을) 붙이다관용 이간시켜 서로 싸우게 하다.

추격(椎擊)명하타 들이닥치면서 침. 세게 내리침.

추경(秋耕)명하타 가을갈이.

추경(秋景)명 가을의 경치. ¶ 내장산의 추경.

추경^예ː산(追更豫算) [-녜-]명 〈추가 경정 예산〉의 준말.

추경-치다(秋耕-)타 가을에 논갈이를 하다.

추계(秋季) [-계/-게]명 가을철. 추기. 추절.

추계(追啓) [-계/-게]명하타 ☞추신(追伸).

추계(推計) [-계/-게]명하타 추정하여 계산함.

추계-학(推計學) [-계-/-게-]명 어떤 모집단(母集團)에서 표본을 가려 뽑아, 그 표본의 성질에서 모집단의 성질을 추정하는 수학적 방법을 연구하는 학문.

추고(追考)명하타 뒤에 가서 다시 한 번 생각함. 지난 일을 돌이켜 생각함.

추고(追告)명하타 〔주로 편지나 보고하는 글 따위에서〕 '덧붙여 알립니다'의 뜻으로, 덧붙이는 글 앞에 적는 말.

추고(推考)명하타 ①(어떤 일을 근거로 하여) 다른 일을 미루어 생각함. ②지난날, 벼슬아치의 허물을 추문(推問)하여 고찰하던 일.

추고(推故)명하타 거짓으로 핑계함. 다른 일을 핑계 삼아 거절함.

추고(推敲)명하타 '퇴고(推敲)'의 잘못.

추곡(秋穀)명 가을에 거두는 곡식. ¶ 추곡 수매(收買). 참하곡(夏穀).
추곡-가(秋穀價)[-까]명 (정부나 농업 협동조합 등의 공공 기관에서) 곡물 가격을 조정하기 위해 추곡을 사들일 때의 공시(公示) 가격.
추골(椎骨)명 〈척추골(脊椎骨)〉의 준말.
추골(槌骨)명 ☞망치뼈.
추공(秋空)명 가을 하늘. 추천(秋天).
추광(秋光)명 ☞추색(秋色).
추광-성(趨光性)[-썽]명 ☞주광성(走光性).
추괴(醜怪) '추괴하다'의 어근.
추괴-하다(醜怪-)[-괴-/-궤-]형여 용모가 추하고 괴이하다.
추교(醜交)명 남녀 간의 추잡한 교제.
추구(追求)명하타 목적한 바를 이루고자, 끝까지 좇아 구함. ¶ 이상을 추구하다.
추구(追究)명하타 확실하지 않은 것을 밝히려고 끝까지 캐어 들어감. ¶ 본질의 추구.
추구(追咎)명하타 일이 지난 뒤에 그 잘못을 나무람.
추구(推究)명하타 (사물의) 이치를 미루어 생각하여 밝혀 냄. ¶ 사물의 도리를 추구하다.
추국(秋菊)명 가을 국화.
추국(推鞠·推鞫)명하타 조선 시대에, 의금부에서 중죄인을 잡아다가 국문(鞠問)하던 일.
추궁(追窮)명하자.타되자 (잘못이나 책임 따위를) 끝까지 캐어 따짐. ¶ 책임을 추궁하다.
추근-거리다자 조금 성가실 정도로 은근히 자꾸 귀찮게 굴다. 치근거리다. 추근대다.
추근-대다자 추근거리다.
추근-추근부하형 (성질이나 하는 짓 따위가) 검질기고 끈덕진 모양. ¶ 추근추근 따지고 들다. 작초근초근. **추근추근-히**부.
추근추근-하다형여 매우 축축하다. ¶ 옷이 비에 젖어 추근추근하다. **추근추근-히**부.
추금(秋錦)명 ☞과꽃.
추급(追及)명하타 (앞서 가는 사람을) 뒤쫓아 따라붙음.
추급(追給)명하타 (급여 따위를) 추가로 더 지급함.
추급(推及)명하타 미루어 생각하여서 미침.
추급(推給)명하타 찾아서 내어 줌. 추심(推尋)하여 줌.
추기명 〈추깃물〉의 준말.
추기(秋氣)명 가을 기운.
추기(秋期)명 가을철. 추계(秋季). 추절(秋節).
추기(追記)명하타 본문(本文)에 추가하여 적어 넣음, 또는 그 기록.
추기(樞機)명 ①사물의 가장 중요한 부분. ②정치적으로 가장 중요한 일.
추기-경(樞機卿)명 가톨릭 교회의 고위 성직자. 교황의 최고 고문으로, 교황을 선거하고 보좌함.
추기다타 (가만히 있는 사람을) 꾀어서 무엇을 하도록 끌어내다. 부추기다. ¶ 달콤한 말로 추기다.
추기-성(趨氣性)[-썽]명 ☞주기성(走氣性).
추길(諏吉)명하타 길일(吉日)을 택함.
추깃-물[-긴-]명 송장이 썩어서 흐르는 물. 시수(屍水). 시즙(屍汁). 준추기.
추남(醜男)명 보기 흉하게 생긴 남자. 못생긴 남자. 추부(醜夫). ↔미남(美男).
추납(追納)명하타 모자라는 것을 나중에 더 냄.
추납(推納)명하타 찾아서 바침. 추심하여 바침.
추녀명 한식 기와집에서, 처마 네 귀의 기둥 위에 끝이 위로 들린 큰 서까래, 또는 그 부분의 처마. **추녀 물은 항상 제자리에 떨어진다**속담 〔추녀 물이 항상 제자리에 떨어지듯이〕 모든 일은 결국 법칙대로 되어 간다는 말.
추녀(醜女)명 얼굴이 흉하게 생긴 여자. 못생긴 여자. 추부(醜婦). ↔미녀(美女).
추녀-마루명 한식 기와집에서, 팔각지붕의 당마루에서 추녀에 이르는 용마루. 활개장마루.
추녀-허리명 한식 기와집에서, 번쩍 들린 추녀의 위로 휘어진 부분.
추념(追念)명하타 ①옛일을 생각함. ②죽은 이를 생각함. 비추도(追悼).
추다[1]타 (남을) 일부러 칭찬하다. ¶ 앞에서는 추어 놓고 뒤에서는 비웃는다.
추다[2]타 ①(물건 따위를) 찾아내려고 뒤지다. 들추다. ¶ 책상 서랍을 모조리 추었으나 허탕이다. ②한쪽을 채어 올리다. 추스르다. ¶ 어깨를 으쓱 추다. ③'추리다'의 잘못.
추다[3]타 춤 동작을 나타내다. ¶ 춤을 추다.
추단(推斷)명하타되자 ①(어떤 일을 근거로 하여) 다른 일을 미루어 판단함, 또는 그 판단. ②죄상을 심문하여 처단함.
추담(推談)명 핑계로 하는 말.
추담(醜談)명 추잡하고 음란한 말. 추설(醜說). 참음담패설.
추대(推貸)명하타 ☞취대(取貸).
추대(推戴)명하타되자 윗사람으로 떠받듦. ¶ 총재로 추대하다.
추도(追悼)명하타 죽은 이를 생각하며 슬퍼함. ¶ 추도 모임. 비추념(追念).
추돌(追突)명하자.타 (기차나 자동차 따위가 다른 기차나 자동차 따위를) 뒤에서 달려와 들이받음. ¶ 삼중 추돌 사고.
추등(秋等)명 〔지난날〕 ①사물의 등급을 춘(春)·추(秋)의 둘로 나눈 것의 둘째 등급, 또는 춘·하·추·동의 넷으로 나눈 것의 셋째 등급. ②봄과 가을에 나누어 내게 된 세금에서, '가을에 내는 세금'을 이르던 말.
추라치명 크고 굵은 송사리.
추락(墜落)명하자되자 ①높은 곳에서 떨어짐. ¶ 추락 사고. /비행기가 추락하다. ②위신이나 신망 따위가 떨어짐. ¶ 추락된 위신. ③할아버지와 아버지의 공덕에 미치지 못하고 떨어짐.
추락-사(墜落死)[-싸]명하자 (높은 곳에서) 떨어져 죽음.
추랭(秋冷)명 가을의 찬 기운.
추량(秋涼)명 가을철의 서늘하고 맑은 기운.
추량(推量)명하타되자 ☞추측(推測).
추레-하다형여 ①(옷차림이나 겉모양이) 허술하여 보잘것없고 궁상스럽다. ¶ 옷차림이 추레해 보이다. ②생생한 기운이 없다. 작초라하다.
추력(推力)명 (물체를 그 운동 방향으로) 미는 힘. 밀고 나아가는 힘.
추렴(←出斂)명하타 (모임이나 놀이 등의 비용으로) 여러 사람이 돈이나 물건 따위를 얼마씩 나누어 냄. ¶ 추렴을 거두다.
추렴-새(←出斂-)명 추렴하는 일, 또는 그 돈이나 물건.
추로(秋露)명 가을 이슬.
추로(鄒魯)명 〔공자는 노(魯)나라 사람이고 맹자는 추(鄒)나라 사람이라는 데서〕 '공자와 맹자'를 가리켜 이르는 말.
추로-수(秋露水)명 한방에서, 가을 이슬을 받은 물을 약재로 이르는 말.
추로지향(鄒魯之鄕)명 〔공자와 맹자의 고향이란 뜻으로〕 '예절이 바르고 학문이 왕성한 고장'을 이르는 말.

추로-학(鄒魯學)명 〔공자와 맹자의 학문이란 뜻으로〕 '유학(儒學)'을 달리 이르는 말.
추록(追錄)명하타되자 뒤에 추가하여 기록함, 또는 그 기록.
추론(追論)명하타 추구하여 논의함.
추론(推論)명하타 ①☞추리. ②이치를 좇아 어떤 일을 미루어 생각하고 논급(論及)함, 또는 그 논급. ¶ 사건의 경위를 추론하다.
추루(醜陋) '추루하다'의 어근.
추루-하다(醜陋-)형여 ①용모가 추하고 천하다. ¶ 몰골이 추루하다. ②마음씨나 하는 짓 따위가 추하고 비루하다. ¶ 추루한 근성을 드러내다.
추류-성(趨流性)[-썽]명 ☞주류성(走流性).
추리명 양지머리의 배꼽 아래에 붙은 쇠고기.
추리(抽利)명하타 이익을 계산함, 또는 그 일.
추리(推理)명하타되자 ①(밝혀진 사실을 근거로 하여) 아직 밝혀지지 않은 일을 미루어 헤아림. ¶ 사건을 추리하다. ②몇 가지 전제에서 결론을 끌어냄. 추론(推論).
추리닝(←training)명 '운동복'·'연습복'으로 순화.
추리다타 ①(섞여 있는 많은 물건 가운데에서) 여럿을 가려내거나 뽑아내다. ¶ 새끼를 꼬려고 짚을 추리다. ②내용 가운데서 필요한 것만 따다. ¶ 요점을 추리다. ㉥간추리다.
추리^소:설(推理小說)명 범죄 수사를 주된 제재로 삼아 추리에 의한 사건 해결 과정에 흥미의 초점을 맞춘 소설.
추림(秋霖)명 가을철의 장마.
추마(騅馬)명 흰 바탕에 검은색, 짙은 갈색, 짙은 적색 따위의 털이 섞여 난 말.
추맥(秋麥)명 가을보리.
추면(皺面)명 주름잡힌 얼굴.
추면(錐面)명 '뿔면'의 구용어.
추명(醜名)명 추잡한 행실로 더럽혀진 이름.
추모(追慕)명하타 죽은 이를 생각하고 그리워함. 죽은 이를 사모함. ¶ 추모 행렬. /추모의 정(情). /민주 열사를 추모하는 행사.
추모(醜貌)명 보기 흉한 용모.
추-모란(*秋牡丹)명 ☞과꽃.
추문(推問)명하타 엄하게 캐물음, 특히 죄상을 문초함. ¶ 추문 공세.
추문(皺紋)명 주름살 같은 무늬.
추문(醜聞)명 좋지 못한 소문. 지저분하고 잡스러운 소문. ¶ 추문이 퍼지다. ㉥추성(醜聲).
추물(醜物)명 〔못생기고 더러운 물건이란 뜻으로〕 '행실이 잡스럽고 지저분한 사람'을 얕잡아 이르는 말.
추미(追尾)명하타 뒤를 따라감. 뒤를 쫓아감. ㉥추적.
추밀(樞密)명 중대한 기밀, 특히 정치상의 비밀을 요하는 중대한 기밀.
추밀다자타 〈옛〉 치밀다. ¶ 하놀의 추미러 므스 일을 소로리라(鄭澈.關東別曲).
추밀-원(樞密院)명 고려 시대에, 왕명의 출납과 군기(軍機) 등의 일을 맡아보던 관아.
추방(追放)명하타되자 ①(해가 되는 것을) 그 사회에서 몰아냄. ¶ 국외 추방. /악서를 추방하다. /핵무기는 이 지구상에서 영원히 추방되어야 한다. ②부적격자를 그 직장이나 직위에서 쫓아내거나 몰아냄. ¶ 공직에서 추방하다.
추백(追白)명하타 ☞추신(追伸).
추병(追兵)명 적군을 추격하는 군사.
추보(推步)명하타 지난날, 천체의 운행을 관측하는 일을 이르던 말.
추복(追服)명하타 상고를 당하였을 때, 사정이 있어 상복을 입지 못한 사람이 나중에 상복을 입고 복상(服喪)함, 또는 그 일.
추복(追復)명하타 〈추복위〉의 준말.
추-복위(追復位)명하타 왕조 때, 빼앗은 위호(位號)를 그 사람이 죽은 뒤 회복시켜 주던 일. ㊟추복(追復).
추본(推本)명하자 근본을 캐어 연구함.
추봉(秋捧)명하타 지난날, 가을에 결세(結稅)와 잡세를 징수하던 일.
추봉(推捧)명하타 지난날, 돈이나 곡식을 징수하던 일.
추부(醜夫)명 ☞추남(醜男).
추부(醜婦)명 ☞추녀(醜女).
추부(趨附)명하타 (남을) 붙좇아 따름.
추부-의뢰(趨附依賴)[-의뢰/-이뤠]명하타 (세력 있는 사람을) 붙좇아 의지하여 지냄.
추분(秋分)명 이십사절기의 하나. 백로(白露)와 한로(寒露) 사이로, 9월 23일경. 일년 중 낮과 밤의 길이가 꼭 같음.
추분-점(秋分點)[-쩜]명 황도와 적도와의 두 교점 가운데서, 태양이 북쪽에서 남쪽으로 향하여 적도를 지나가는 점. 태양이 이 점을 지날 때가 추분임. ㊔춘분점.
추비(追肥)명하자 '웃거름'으로 순화.
추사(秋思)명 가을철에 느끼게 되는 갖가지 쓸쓸한 생각.
추사(醜事)명 추하고 보기 흉한 일. 더러운 일.
추사-체(秋史體)명 조선 말기의 명필인 추사 김정희(金正喜)의 글씨체.
추삭(追削)명하타되자 왕조 때, 죽은 뒤에 그 사람의 생전의 벼슬을 삭탈하던 일.
추산(秋山)명 가을철의 산.
추산(推算)명하자타되자 (수나 비용 따위를) 어림잡아 셈함, 또는 그 셈. ¶ 약 1개 중대로 추산되는 병력.
추산-서(推算書)명 추산한 것을 적은 서류.
추-삼삭(秋三朔)명 〔가을의 석 달이란 뜻으로〕 '음력 칠월·팔월·구월'을 아울러 이르는 말.
추상(抽象)명하타 개별적인 사물이나 구체적인 개념으로부터 공통적인 요소를 뽑아 일반적인 개념으로 파악함, 또는 그렇게 하는 정신 작용. ↔구상(具象)·구체(具體).
추상(秋霜)명 가을의 찬 서리.
추상(追想)명하타되자 지나간 일을 생각하고 그리워함. 추억. 회상(回想).
추상(追償)명하타 지정된 기일에 일부를 갚고, 나머지를 나중에 갚음.
추상(推上)명하타 본디 역도 경기 종목의 한 가지. 바벨을 어깨까지 올린 다음 반동을 이용하지 않고 천천히 머리 위로 들어 올림. 〔1973년부터 경기 종목에서 제외됨.〕 추거(推擧). ㊔용상(聳上)·인상(引上).
추상(推想)명하타되자 앞으로 올 일 등을 미루어 생각함, 또는 그 생각.
추상(醜相)명 추한 상(相). 추한 모습.
추상-같다(秋霜-)[-갇따]형 (호령 따위가) 위엄이 있고 서슬이 퍼렇다. **추상같-이**부.
추상^개:념(抽象概念)명 ☞추상적 개념.
추상-론(抽象論)[-논]명 현실이나 실제에 근거하지 않아, 구체성이 없는 논의. 내용이 불분명하고 흐리멍덩한 생각.
추상^명사(抽象名詞)명 보통 명사의 한 갈래. 추상적 개념을 나타내는 명사. 〔곧 기쁨·슬픔·정의·평화 따위.〕 ↔구체 명사·물질 명사.

추상-미(抽象美)명 추상적으로 유별(類別)하여, 그 종류에 따라 공통되는 특유한 미.
추상^미ː술(抽象美術)명 ☞추상 예술.
추상-성(抽象性)[-썽]명 실제로나 구체적으로 경험할 수 없는 성질, 또는 그런 경향. ↔구상성.
추상-열일(秋霜烈日)[-녀릴]명 〔가을의 찬 서리와 여름의 뜨거운 태양이란 뜻으로〕 '형벌이나 권위 따위가 몹시 엄함'을 비유하여 이르는 말.
추상^예ː술(抽象藝術)[-녜-]명 1910년경부터 일어난 미술 사조의 한 가지. 구체적인 대상의 재현에 의하지 아니하고, 추상적인 순수한 선이나 빛깔·면 따위로 작품을 구성하려고 한 미술. 추상 미술. ↔구상 예술.
추상-적(抽象的)관명 ①직접 지각하거나 경험할 수 없는 (것). ¶ 추상적 이론. /추상적인 방안. ②(말이나 생각 따위가) 현실과 동떨어져 막연한 (것). ¶ 추상적 언급. /추상적인 표현. ↔구체적.
추상적 개ː념(抽象的概念)[-깨-] ①사물의 성질이나 상태·관계 따위를 나타내는 개념. ②전체와의 관계에서 떼어 내어 파악한 사물이나 성질의 개념. ③직접 지각하거나 경험하거나 할 수 없는 사물의 개념. 추상 개념. ↔구체적 개념.
추상-존호(追上尊號)명 선왕(先王)이나 선비(先妃)의 존호를 추후에 지어 올리던 일.
추상-화(抽象畫)명 사물을 사실대로 재현하지 않고, 순수한 점이나 선·면·빛깔 따위에 의한 표현을 지향한 회화. ↔구상화.
추상^화ː산(錐狀火山)명 화산 형태의 한 가지. 특정한 화구에서 나온 용암이나 화산 분출물이 퇴적하여 된 원추형의 화산.
추색(秋色)명 가을빛 또는 가을 경치. 추광(秋光). ¶ 추색이 짙다. /추색이 완연하다. 참춘색.
추서(追敍)명하타되자 죽은 뒤에 관작을 내리거나 품계를 높여 줌.
추서다자 (병 따위로 쇠약해진) 몸이 회복되다. ¶ 웬만큼 추서면 일을 시작하겠다.
추석(秋夕)명 한가위.
추석(甃石)명 돌을 거의 정육면체에 가깝게 깎아 다듬은 벽돌. 〔우물 벽이나 바닥, 대궐이나 절 따위의 복도나 뜰의 바닥에 깔았음.〕
추선(秋扇)명 〈추풍선〉의 준말.
추선(追善)명하타 ①죽은 이의 명복을 빌기 위하여 착한 일을 함. ②죽은 이의 명복을 빌고 기일(忌日) 같은 때에 불사(佛事)를 함.
추선(推選)명하타되자 추천에 의하여 선발함. 추천하여 지위에 앉힘.
추설(追設)명하타 경사가 지나간 다음에 그 잔치를 베풂.
추설(醜說)명 ☞추담(醜談).
추성(箒星)명 '혜성'의 딴 이름.
추성(秋聲)명 가을을 느끼게 하는 소리. 〔가을철의 바람 소리나 벌레 소리 따위.〕
추성(趨性)명 ☞주성(走性).
추성(醜聲)명 (남녀 사이의) 추잡한 소문. 비추문.
추세(抽稅)명하자 세액(稅額)을 산출함.
추세(趨勢)명 ①(그때의) 대세의 흐름이나 경향. 대세가 향하는 바나 그 형편. ¶ 세계적인 추세. /땅값이 하락 추세를 보이다. ②하자어떤 세력을 붙좇아 따름. 권세에 아부함.
추소(秋宵)명 가을밤. 추야(秋夜).
추소(追訴)명하타 본소송에 추가하여 소를 제기함, 또는 그 소.
추소(追溯)명하타 사물의 근본으로 거슬러 올라가 살핌.
추속(醜俗)명 난잡하고 더러운 풍속. 추풍(醜風). 참누풍(陋風).
추송(追送)명하타 ①(물건 따위를) 뒤에 보냄, 또는 뒤쫓아서 보냄. ②떠나는 사람을 배웅함.
추송(追頌)명하타 죽은 뒤에 그의 공적이나 선행을 칭송함.
추쇄(推刷)명하타 ①빚을 죄다 받아들임. ②지난날, 부역이나 병역을 기피한 사람이나 도망친 노비 등을 모조리 찾아내어 본고장으로 돌려보내던 일.
추수(秋水)명 ①가을철의 맑은 물. ②'시퍼렇게 날이 선 칼'을 비유하여 이르는 말. ③'신색(神色)이 맑고 깨끗함'을 비유하여 이르는 말. ④'거울'을 비유하여 이르는 말. ⑤'맑은 눈매'를 비유하여 이르는 말.
추수(秋收)명하타되자 가을에 익은 곡식을 거두어들임. 가을걷이. 추확(秋穫). ¶ 벼를 추수하다.
추수(追水)명 모내기를 끝내고 논에 대는 물.
추수(追隨)명하타 남을 붙좇아 따름. 남이 한 뒤를 따름. 추축(追逐).
추수(推數)명하자 앞으로 닥쳐올 운수를 미리 헤아려 앎.
추수^감ː사절(秋收感謝節)명 기독교에서, 신자들이 1년에 한 번씩 추수한 뒤에 하나님께 감사하는 예배를 드리는 날. 우리나라는 교파에 따라 11월의 둘째 또는 셋째 주일(主日)에 지냄. 감사일. 준감사절.
추수^식물(抽水植物)[-싱-]명 뿌리나 줄기의 밑 부분이 물 밑에 있는 수생 식물.
추수-주의(追隨主義)[-의/-이]명 아무런 비판도 없이 맹목적으로 남이 하는 대로 따르는 주의.
추숙(追熟)명하타 (수확기에 과실 따위가 너무 익어서 버리게 되는 것을 막기 위하여) 제때보다 일찍 거두어들여 뒤에 익히는 일.
추숭(追崇)명하타 왕위에 오르지 못하고 죽은 이에게 왕의 칭호를 올림. 추존(追尊).
추스르다[추스르니·추슬러]타르 ①물건을 가볍게 들썩이며 흔들다. ¶ 조리를 추슬러서 쌀을 일다. ②물건을 위로 추켜 올리다. ¶ 바지춤을 추슬러 입다. ③몸을 가누어 움직이다. ¶ 제 몸 하나 제대로 추스르지 못할 만큼 쇠약해지다. ④일을 잘 수습하여 처리하다. ¶ 김 과장이 이번 사태를 추슬러 잘 마무리하시오.
추습(醜習)명 더럽고 지저분한 버릇.
추시(追諡)명 죽은 뒤에 시호(諡號)를 추증(追贈)함.
추시(趨時)명하자 시속(時俗)을 따름.
추신(抽身)명하타 (어떤 자리에서) 몸을 빼어 떠남. 바쁜 중에 몸을 빼어 떠남. ¶ 다망 중에 몸을 추신하여 한유(閑遊)를 즐기다.
추신(追伸·追申)명하타 주로 편지 글에서, 사연을 다 쓰고 덧붙이는 말을 쓸 때 '추가하여 말한다'는 뜻으로 덧붙이는 글의 머리에 쓰는 말. 재계(再啓). 추계(追啓). 추백(追白). 첨기(添記).
추심(推尋)명하타 ①챙겨서 찾아 가지거나 받아 냄. ¶ 묵은 빚을 추심하다. ②은행이 소지인의 의뢰를 받아 수표나 어음을 지급인에게 제시하여 지급하게 함, 또는 그 일.
추심^어음(推尋-)명 채권을 추심하기 위하여 발행하는 어음, 곧 은행이 다른 은행이나 거래자로부터 추심의 의뢰를 받은 어음.
추썩-거리다[-꺼-]타 자꾸 추썩추썩하다. 추썩대다. 작초싹거리다.

추썩-대다[-때-][타] 추썩거리다.
추썩-이다[타] ①무엇을 좀 큰 동작으로 한 번 추스르거나 추켜올리다. ②남을 들쑤셔서 부추기다. [작]초싹이다.
추썩-추썩[부][하타] ①좀 큰 동작으로 경망스레 까불며 돌아다니는 모양. ②남을 들쑤셔서 자꾸 부추기는 모양. [작]초싹초싹.
추악(醜惡) '추악(醜惡)하다'의 어근.
추악(麤惡) '추악(麤惡)하다'의 어근.
추악-하다(醜惡-)[-아카-][형][여] (마음씨·용모·행실 따위가) 보기 흉하고 추하다. ¶ 추악한 얼굴. /추악한 권력 다툼을 벌이다. **추악-히**[부].
추악-하다(麤惡-)[-아카-][형][여] 품질이 거칠고 나쁘다.
추앙(推仰)[명][하타] 높이 받들어 우러름. ¶ 국부(國父)로서 추앙하다.
추야(秋夜)[명] 가을밤. 추소(秋宵).
추야-장(秋夜長)[명] 기나긴 가을밤.
추양(秋陽)[명] 가을볕.
추양(推讓)[명][하타] 남을 추천하고 자기는 사양함.
추어(鰍魚)[명] ☞미꾸라지.
추어-내다[타] 〈들추어내다〉의 준말.
추어-올리다[타] ①위로 끌어 올리다. ¶ 바지를 추어올리다. ②정도 이상으로 칭찬하여 주다. 추어주다. ¶ 머리가 좋다고 추어올리다.
추어-주다[타] 정도 이상으로 칭찬하여 주다. 추어올리다. ¶ 풀이 죽어 있는 그를 추어주어 용기를 북돋우다.
추어-탕(鰍魚湯)[명] 미꾸라지를 넣고 여러 가지 국거리 양념과 함께 끓인 국. [준]추탕.
추억(追憶)[명][하자타][되자] 지나간 일을 돌이켜 생각함, 또는 그 생각. 추상(追想). ¶ 옛 추억에 잠기다. [비]추회(追懷).
추언(醜言)[명] 추한 말.
추업(醜業)[명] 추잡하고 천한 생업. 〔매음(賣淫) 따위.〕
추열(推閱)[명][하타] 범인을 심문함.
추열-성(趨熱性)[-썽][명] ☞주열성(走熱性).
추예(醜穢) '추예하다'의 어근.
추예-하다(醜穢-)[형][여] 추접스럽고 더럽다.
추옥(醜屋)[명] 작고 누추한 집.
추온-성(趨溫性)[-썽][명] ☞주열성(走熱性).
추완(追完)[명] 필요한 요건을 갖추지 못하여 효력을 발생하지 못한 법률상의 행위가 뒤에 그것을 보완함으로써 유효하게 되는 일. [참]보완.
추요(樞要) '추요하다'의 어근.
추요-하다(樞要-)[형][여] (어떤 조직 같은 데서) 가장 중요하다.
추욕(醜辱)[명] 더럽고 잡된 욕설.
추우(秋雨)[명] 가을비.
추운(秋雲)[명] 가을 하늘의 구름.
추워-하다[자][여] 추위를 느끼다. 추위를 타다. ¶ 두툼한 옷을 입고도 추워하다. ↔더워하다.
추원(追遠)[명][하타] ①옛일을 그리워함. ②조상의 덕을 추모함. 조상의 제사에 정성을 다함.
추원-보본(追遠報本)[명][하자] 조상의 덕을 추모하여 제사를 지내며, 자기의 태어난 근본을 잊지 않고 은혜를 갚음.
추월(追越)[명][하타] 뒤따라가서 앞지름. ¶ 추월 금지 구역. /앞차를 추월하다.
추월(陬月)[명] '음력 정월'을 달리 이르는 말.
추위[명] 추운 기운. 한기(寒氣). ¶ 한겨울의 추위. /추위가 풀리기 시작하다. ↔더위.
추위(推委·推諉)[명][하타] 자기의 책임을 남에게 미룸.
추위(皺胃)[명] ☞주름위.
추의(秋意)[-의/-이][명] 가을다운 기분. 가을의 정취.
추이(推移)[명][하자] 시간이 흐름에 따라, 일이나 형편이 변하여 가는 일. 이행(移行). ¶ 시대적 추이. /사태의 추이를 살피다.
추이(追而)[명] 〔주로 편지 글에서〕 사연을 다 쓰고 덧붙이는 말을 쓸 때, '더 보태어 말하건대'의 뜻으로 그 글머리에 쓰는 말.
추인(追認)[명] ①[하타]과거로 소급하여 그 사실을 인정함. ¶ 총리 임명을 추인받다. ②법률 행위의 결함을 뒤에 가서 보완하여 완전한 것으로 함.
추일(秋日)[명] 가을날. ¶ 추일 서정.
추일사가지(推一事可知)[-싸-][명] 한 가지 일로 미루어 다른 모든 일을 알 수 있음을 이르는 말. 추차가지(推此可知).
추임-새[명] 판소리에서, 창의 사이사이에 고수(鼓手)가 흥을 돋우기 위하여 넣는 소리. 〔'얼씨구'·'좋고'·'으이' 따위.〕
추자(楸子)[명] '호두'의 방언.
추자(錐子)[명] ☞용수.
추잠(秋蠶)[명] 가을에 치는 누에. 가을누에. [참]춘잠(春蠶)·하잠(夏蠶).
추잡(醜雜) '추잡(醜雜)하다'의 어근.
추잡(麤雜) '추잡(麤雜)하다'의 어근.
추잡-스럽다(醜雜-)[-쓰-따][~스러우니·~스러워][형][ㅂ] (말이나 행실 따위에) 추잡한 데가 있다. ¶ 추잡스러운 짓. **추잡스레**[부].
추잡-스럽다(麤雜-)[-쓰-따][~스러우니·~스러워][형][ㅂ] (품위가 없이) 거칠고 막된 데가 있다. **추잡스레**[부].
추잡-하다(醜雜-)[-자파-][형][여] (말이나 행실 따위가) 지저분하고 잡스럽다. ¶ 추잡한 행실. /추잡한 장면. **추잡-히**[부].
추잡-하다(麤雜-)[-자파-][형][여] (품위가 없이) 거칠고 막되다.
추장(酋長)[명] 원시 사회의 부족이나 부락의 우두머리.
추장(推奬)[명][하타] (어떤 사람이나 물건 따위의) 뛰어난 점을 말하고 추천함. ¶ 추장할 만한 인물.
추재(秋材)[명] 늦여름부터 늦가을까지 형성되는 목질 부분. 춘재(春材)보다 재질이 치밀함. [참]춘재(春材).
추저분-하다(醜-)[형][여] 더럽고 지저분하다. 추접하다. ¶ 추저분한 얼굴. /추저분한 짓. **추저분-히**[부].
추적(追跡)[명][하타] ①도망하는 자의 뒤를 밟아 쫓음. ¶ 범인을 추적하다. [비]추미(追尾). ②지금까지 있었던 일이나 사건 따위의 자취를 더듬음. ¶ 추적 조사.
추적-추적[부][하자] 비나 진눈깨비가 을씨년스럽고 척척하게 내리는 모양. ¶ 가랑비가 추적추적 내리다.
추전-성(趨電性)[-썽][명] ☞주전성(走電性).
추절(秋節)[명] 가을철. 추계. 추기.
추접-스럽다(醜-)[-쓰-따][~스러우니·~스러워][형][ㅂ] 추저분한 태도가 있다. ¶ 생각하는 것이 추접스럽다. **추접스레**[부].
추접지근-하다(醜-)[-찌-][형][여] 깨끗하지 못하고 너더분한 듯하다. **추접지근-히**[부].
추접-하다(醜-)[-저파-][형][여] ☞추저분하다.
추-젓(秋-)[-젇][명] 음력 7월에 담근 새우젓. * 추젓이[-저시]·추젓만[-전-]

추정(推定)명 ①하자·타되자미루어 헤아려서 판정함. ¶ 이 공사는 약 한 달은 걸릴 것으로 추정된다. ②하타법률에서, 어떤 사실에 대하여 반대 증거가 없을 때 그것이 정당하다고 가정(假定)하는 일.
추존(追尊)명하타 ☞추숭(追崇).
추존(推尊)명하타 높이어 우러르며 공경함.
추졸(醜拙) '추졸하다'의 어근.
추졸-하다(醜拙-)형여 다랍고 째째하다. ¶ 추졸한 짓.
추종(追從)명 ①하타남의 뒤를 따라 좇음. ¶ 타(他)의 추종을 불허(不許)하다. ②하자·타남에게 빌붙어 따름. ¶ 추종 세력.
추종(錘鐘)명 추가 달린 괘종(掛鐘).
추종(騶從)명 높은 벼슬아치나 상전을 뒤따라 다니는 하인.
추주(趨走)명하자 윗사람 앞을 지나갈 때 공경하는 뜻으로 허리를 굽히고 빨리 걸음.
추중(推重)명하타되자 추앙하여 중히 여김. ¶ 제자로부터 추중되는 스승.
추증(追贈)명하타 ①종이품 이상 벼슬아치의 죽은 아버지·조부·증조부에게 관위(官位)를 내리던 일. 이증(貤贈). ②공이 많은 벼슬아치가 죽은 뒤에 나라에서 그의 관위를 높여 주던 일.
추지(推知)명하타 미루어 헤아려서 알아냄. ¶ 사건의 내용을 추지하다.
추지다형 물기가 배어서 몹시 눅눅하다. ¶ 추진 걸레를 볕에 널다.
추지-성(趨地性)[-썽]명 ☞주지성(走地性).
추진(推進)명하타되자 ①앞으로 밀고 감. ¶ 추진 장치. ②일이 잘 되도록 힘씀. ¶ 신규 사업을 적극적으로 추진하다.
추진-기(推進機)명 ☞프로펠러.
추진-력(推進力)[-녁]명 추진하는 힘. ¶ 추진력이 강한 프로펠러.
추징(追徵)명하타되자 ①(세금 등을) 나중에 추가로 물리어 거둠. ②형법에서, 몰수하여야 할 물건을 몰수할 수 없게 되었을 때, 그 몰수할 수 없는 부분의 가액(價額)을 물리어 거두는 일.
추차-가지(推此可知)명 이 일로 미루어서 다른 일을 알 수 있음. 추일사가지(推一事可知).
추착(推捉)명하타 죄인을 수색하여 붙잡아 옴.
추찰(推察)명하타되자 미루어 헤아리거나 살핌. ¶ 여러 가지 일을 추찰하여 해결책을 강구하다.
추천(秋天)명 가을 하늘. 추공(秋空).
추천(追薦)명하타 불교에서, 죽은 사람의 명복을 비는 일.
추천(推薦)명하타되자 ①좋거나 알맞다고 생각되는 물건을 남에게 권함. ¶ 선생님이 추천하신 사전. ②알맞은 사람을 천거함. 추거(推擧). 천. ¶ 위원으로 추천하다.
추천(鞦韆)명 ☞그네[1].
추천-서(推薦書)명 추천의 말을 적은 서류. 추천장. ¶ 학교장 추천서.
추천-장(推薦狀)[-짱]명 ☞추천서(推薦書).
추천-절(鞦韆節)명 〔그네 뛰는 명절이란 뜻으로〕'단오절(端午節)'을 달리 이르는 말.
추첨(抽籤)명하타 제비를 뽑음. ¶ 아파트 입주자를 추첨으로 결정하다.
추청(秋晴)명 맑게 갠 가을 날씨.
추체(椎體)명 등골뼈의 주요 부분. 원기둥 모양이며, 상하 양면은 연골과 맞닿아 있음.
추체(錐體)명 '뿔체'의 구용어.
추-체험(追體驗)명하타 다른 사람의 체험을 마치 스스로가 체험한 듯이 느끼는 일. 〔흔히, 문학 작품의 주인공이나 수기(手記)를 쓴 사람의 체험을 자기의 체험인 듯이 느끼는 따위.〕
추초(秋草)명 가을철의 풀. 시드는 풀.
추초(箠楚)명 죄인의 볼기를 치던 형구(刑具)의 한 가지.
추축(追逐)명되자 ①하타☞추수(追隨). ②하자 서로 경쟁함. 각축(角逐).
추축(樞軸)명 ①운동이나 활동의 중심 부분. ②권력이나 정치의 중심.
추축-국(樞軸國)[-꾹]명 제2차 세계 대전 때, 일본·독일·이탈리아의 세 동맹국이 스스로를 이르던 말. ↔연합국.
추출(抽出)명하타되자 ①빼내거나 뽑아냄. ②화학에서, 용매를 써서 고체나 액체로부터 어떤 물질을 뽑아냄. ③통계학에서, 모집단으로부터 표본을 뽑아내는 일. ¶ 표본을 무작위로 추출하다.
추측(推測)명하자·타되자 미루어 헤아림. 추량(推量). ¶ 그의 추측은 어긋나지 않았다.
추칭(追稱)명하타되자 죽은 뒤에 공덕을 칭송함.
추켜-들다[~드니·~들어]타 치올려 들다. ¶ 방망이를 추켜들어 개를 쫓다.
추켜-세우다타 ①추켜올려서 세우다. ②'치켜세우다'의 잘못.
추켜-올리다타 위로 솟구어 올리다. ¶ 바짓자락을 추켜올리다.
추켜-잡다[-따]타 치올려서 잡다. ¶ 멱살을 추켜잡다.
추키다타 ①위로 가뜬하게 올리다. ¶ 허리춤을 추키다. ②(값을) 썩 올려 매기다. ③부추기다. ¶ 잘한 일이라고 추켜 주다.
추탁(推託)명하타되자 ①다른 일을 핑계 삼아 거절함. ②일을 맡도록 추천함.
추탕(鰍湯)명 〈추어탕〉의 준말.
추태(醜態)명 추저분하고 창피스러운 태도나 짓거리. ¶ 추태를 부리다.
추택(推擇)명하타되자 여러 사람 가운데서 빼어나고 알맞은 사람을 쓰기 위하여 가려 뽑음.
추토(追討)명하타 뒤쫓아 가서 무찌름.
추파(秋波)명 ①가을철의 잔잔하고 맑은 물결. ②은근한 정을 나타내는 여자의 아름다운 눈짓. ③이성의 관심을 끌기 위하여 은근히 보내는 눈길. ¶ 추파를 던지다.
추파(秋播)명하타 가을에 씨를 뿌리는 일. ¶ 추파 작물. 참춘파(春播).
추판(楸板)명 가래나무로 켠 널빤지.
추포(追捕)명하타되자 뒤쫓아 가서 잡음.
추포(麤布)명 발이 굵고 거칠게 짠 베.
추포-탕(-湯)명 깻국이나 콩국에 곰거리와 절인 오이를 썰어 넣고 고명을 친 국. 〔삼복 중에 먹음.〕
추풍(秋風)명 가을바람.
추풍(醜風)명 ☞추속(醜俗).
추풍-낙엽(秋風落葉)명 ①가을바람에 떨어지는 잎. ②'세력이나 형세가 갑자기 기울거나 시듦'을 비유하여 이르는 말.
추풍-선(秋風扇)명 〔가을철에 부치는 부채란 뜻으로〕'철이 지나 쓸모없게 된 물건'이나 '이성의 사랑을 잃은 사람'을 비유하여 이르는 말. 준추선(秋扇).
추피(楸皮)명 한방에서, '가래나무의 껍질'을 약재로 이르는 말. 〔흔히, 구충제로 쓰임.〕
추하(楸下)명 조상의 무덤이 있는 곳.

추하(墜下)명하자 높은 데에서 떨어져 내림.

추-하다(醜-)형여 ①(외모가) 못생기거나 흉하다. ¶ 추한 옷차림. ②(언행이) 치사하고 흉하다. ¶ 추한 행동.

추한(追恨)명하타 일이 지나간 뒤 뉘우치며 한탄함.

추한(醜漢)명 ①'추남'을 달리 이르는 말. ②추잡한 짓을 서슴없이 하는 사내.

추행(追行)명하타 뒤를 쫓아감.

추행(楸行)명하자 조상의 산소에 성묘하러 감.

추행(醜行)명하타 도의에 벗어나 추잡하게 행동함. 음란한 짓. 난행(亂行). ¶ 추행을 당하다.

추향(楸鄕)명 ☞구묘지향(丘墓之鄕).

추향(趨向)명 ①하자대세(大勢)를 따름. ②대세가 나아가는 방향.

추향-대제(秋享大祭)명 초가을에 지내는 종묘와 사직의 큰 제사. 참춘향대제(春享大祭).

추혀들다타 〈옛〉 추켜들다. ¶ 兩腋을 추혀드니(鄭澈.關東別曲).

추형(追刑)명 추방하는 형벌.

추호(秋毫)명 〔가을철에 가늘어진 짐승의 털이란 뜻으로〕'조금'·'매우 적음'을 뜻하는 말. 《주로, '의·도·라도' 따위와 어울려 부정의 뜻을 나타내는 문장에 쓰임.》 ¶ 그럴 생각은 추호도 없다./내 말에는 추호의 거짓도 없습니다.

추호불범(秋毫不犯)명하타 (몹시 청렴하여) 남의 것을 조금도 범하지 않음.

추화(秋花)명 가을꽃.

추화(錐花)명 도자기의 몸에 송곳으로 파서 새긴 무늬.

추화-성(趨化性)[-썽]명 ☞주화성(走化性).

추확(秋穫)명하타 가을철에 수확을 하는 일. 추수(秋收).

추환(追喚)명하타 보낸 뒤에 다시 불러옴.

추환(追還)명하타 다음에 돌려보냄.

추회(追悔)[-회/-훼]명하타되자 지나간 잘못을 뉘우침.

추회(追懷)[-회/-훼]명하타되자 지나간 일을 생각하여 그리워함. 비추억(追憶).

추회-막급(追悔莫及)[-회-끕/-훼-끕]명 지난 일을 뉘우쳐도 소용이 없음. 후회막급.

추후(追後)명 일이 지나간 얼마 뒤. 이다음. ¶ 합격자 명단은 추후에 발표함. 준후.

추후-하다(追後-)자여 일이 지나간 뒤 얼마간의 시간이 되다. 《주로, '추후하여'의 꼴로 쓰임.》 ¶ 자세한 내용은 추후하여 발표하겠습니다.

추흥(秋興)명 가을의 흥취. ¶ 추흥에 겨워 시를 읊다.

축[1]의 《명사, 일부 관형사, 어미 '-은'·'-는'·'-던' 뒤에 쓰이어》 ①같은 무리나 또래로 구분한 '사람들의 동아리'를 속되게 이르는 말. ¶ 젊은 축에 끼다. ②어떤 특성으로 구분되는 부류. ¶ 타조는 날짐승 축에 든다.

축[2]의 말린 오징어 스무 마리를 한 단위로 세는 말. 급(級). ¶ 오징어 두 축.

축[3]부 물체가 길게 아래로 늘어지거나 처진 모양. ¶ 축 늘어진 전선(電線). 작촉.

축(丑)명 ①십이지(十二支)의 둘째. ②〈축방(丑方)〉의 준말. ③〈축시(丑時)〉의 준말.

축(柷)명 국악기의 한 가지. 나무로 된 네모진 타악기로, 한가운데에 방망이를 넣어 좌우 양편을 침. 문묘와 종묘의 제례에 쓰임.

축(祝)명 ①〈축문(祝文)〉의 준말. ②〈축제문(祝祭文)〉의 준말.

축(逐)명 바둑에서, 상대편의 돌을 계속 단수로 몰아 잡을 수 있게 된 모양, 또는 그 수. ¶ 축에 걸리다./축으로 몰다.

축(軸)명 ①☞굴대. ¶ 바퀴의 축. ②☞심대. ¶ 팽이의 축. ③종이 따위를 감아 둘 때 한가운데에 넣는 막대, 또는 족자의 막대. ④수학에서, '대칭 도형이나 좌표의 기준이 되는 선'을 이름. ¶ x축과 y축.

축(縮)명 ①〈흠축(欠縮)〉의 준말. ②근심이나 병으로 몸이 야윔. ¶ 몸살로 며칠을 앓더니 얼굴에 축이 갔다.

축(軸)의 ①책력 스무 권을 한 단위로 세는 말. ②종이를 세는 단위의 한 가지. 한지(韓紙)는 열 권, 두루마리는 하나임. ③지난날, 과거(科擧)의 답안지(글장)를 열 장씩 묶은 것을 한 단위로 세던 말.

축가(祝歌)[-까]명 축하하는 뜻으로 부르는 노래. ¶ 결혼 축가.

축-가다(縮-)[-까-]자 ☞축나다.

축감(縮減)[-깜]명되자 ①하자축이 나서 줄어듦. ②하타☞감축.

축객(祝客)[-깩]명 축하하는 손. 하객(賀客).

축객(逐客)[-깩]명 ①하자손을 쫓음. ¶ 문전(門前) 축객하다. ②☞축신(逐臣).

축거(軸距)[-꺼]명 자동차의 앞 차축(車軸)과 뒤 차축 사이의 거리.

축견(畜犬)[-꼔]명 가축으로 기르는 개.

축경(竺經)[-꼉]명 〔천축(天竺)의 경(經)이란 뜻으로〕'불경(佛經)'을 달리 이르는 말.

축관(祝官)[-꽌]명 ①제사 때 축문을 읽는 사람. ②왕조 때, 종묘·사직 및 문묘의 제사 때 축문을 읽던 임시 벼슬.

축구(蹴球)[-꾸]명 ①구기(球技)의 한 가지. 두 편이 정해진 시간 안에 발 또는 머리를 이용하여 공을 상대편의 골 속에 넣음으로써 승부를 겨루는 경기. ②축구나 럭비풋볼, 미식축구를 통틀어 이르는 말. 풋볼.

축국(蹴鞠·蹴毬)[-꾹]명 〔지난날〕 ①장정들이 발로 차던, 꿩의 깃이 꽂힌 공. ②공을 땅에 떨어뜨리지 않고 차던 놀이의 한 가지.

축귀(逐鬼)[-뀌]명하자 잡귀를 쫓음.

축기(蓄氣)[-끼]명 호흡할 때 최대한도로 내쉴 수 있는 공기의 양. 〔보통 1000~1500 cc〕

축기(縮氣)[-끼]명하자 무섭거나 두려워서 기운이 움츠러짐. 저기(沮氣).

축-나다(縮-)[충-]자 ①일정한 양이나 수에서 모자람이 생기다. 축가다. ¶ 살림이 축나다./쌀독의 쌀이 축나다. ②☞축지다. ¶ 앓고 나더니 몸이 많이 축났구나.

축-내다(縮-)[충-]타 ①일정한 수나 양에서 모자람이 생기게 하다. ¶ 하는 일도 없이 밥을 축내다. ②몸이 약해져서 살이 빠지다. ¶ 밤을 새워 공부하느라 몸을 축내다.

축년(丑年)[충-]명 태세(太歲)의 지지(地支)가 축(丑)으로 된 해. 〔을축년(乙丑年)·정축년(丁丑年) 따위.〕 소해.

축년(逐年)[충-]명 매년(每年).

축농-증(蓄膿症)[충-쯩]명 ①(늑막강·부비강·관절 따위) 체강(體腔) 안에 고름이 괴는 병을 두루 이르는 말. ②(일반적으로는) 부비강에 고름이 괴는 '부비강염'을 흔히 이름. 코가 막히고 두통이 나며, 건망증이 생기고 때로는 악취가 나는 분비물이 흐르기도 함.

축다[-따]자 (물기가 번져) 축축하여지다.

축답(築畓)[-땁]명 ☞둑[2].

축대(築臺)[-때]명 높이 쌓아 올린 대나 터.
축도(祝禱)[-또]명 〈축복 기도〉의 준말.
축도(縮圖)[-또]명 ①하타(그림이나 대상의) 본디 모양을 줄여서 그림, 또는 그 그림이나 도면. 줄인그림. 축소도. ②'어떤 사물의 양상을 단적으로 나타낸 것'을 비유하여 이르는 말. ¶ 인생의 축도.
축도-기(縮圖器)[-또-]명 도면 등을 줄여 그리는 데 쓰이는 기구.
축동(築垌)[-똥]명하자 물을 막기 위하여 둑을 크게 쌓음, 또는 그 둑.
축동(縮瞳)[-똥]명 (밝은 빛을 받을 때) 눈동자가 작아지는 현상. ↔산동(散瞳).
축두(軸頭)[-뚜]명 시축(詩軸)이나 횡축(橫軸) 따위의 첫머리에 쓰는 시·글씨·그림을 두루 이르는 말.
축두(縮頭)[-뚜]명하자 ☞축수(縮首).
축력(畜力)[충녁]명 가축의 노동력.
축로(舳艫)[충노]명 배의 이물과 고물.
축록(逐鹿)[충녹]명 〔'사기'의 '회음후전(淮陰侯傳)'에 나오는 말로, 사냥꾼이 사슴을 쫓음에 빗대어〕 (사람들이) 제위(帝位) 또는 정권이나 지위 등을 얻으려고 서로 다투는 일을 이르는 말. 참각축(角逐).
축류(畜類)[충뉴]명 가축의 종류.
축말(丑末)[충-]명 십이시의 축시(丑時)의 끝. 〔상오 3시에 가까운 무렵.〕
축망(祝望)[충-]명하타 소망대로 되기를 빌고 바람.
축모(縮毛)[충-]명 ①지지어 오그라든 머리털. ②면양(緬羊)의 털.
축목(畜牧)[충-]명하자 가축을 들에서 기름.
축문(祝文)[충-]명 제사 때, 신명(神明)에게 읽어 고(告)하는 글. 축제문(祝祭文). 준축(祝).
축문-판(祝文板)[충-]명 축문을 얹어 놓는 널빤지. 준축판(祝板).
축미(縮米)[충-]명 (일정한 수량에서) 축이 난 쌀의 분량.
축-받이(軸-)[-빠지]명 회전 운동이나 왕복 운동을 하는 축을 받치어, 그 운동과 하중을 감당하는 부품.
축발(祝髮)[-빨]명하자 ☞체발(剃髮).
축발(蓄髮)[-빨]명하자 바싹 깎았던 머리털을 다시 기름. ↔체발(剃髮).
축방(丑方)[-빵]명 이십사방위의 하나. 북북동에서 동쪽으로 15도까지의 방위. 계방(癸方)과 간방(艮方)의 사이. 준축(丑). ↔미방(未方).
축배(祝杯)[-빼]명 축하하는 뜻으로 마시는 술, 또는 그 술잔. ¶ 축배를 들다.
축복(祝福)[-뽁]명 ①하타(남을 위하여) 행복하기를 빎, 또는 비는 일. ¶ 앞날의 대성(大成)을 축복하다. ②(남의 복된 일을) 기뻐하여 축하함. ¶ 백년가약을 축복하다. /축복받은 생일. ③복. 행복. ¶ 축복을 누리다. 참기복(祈福).
축복^기도(祝福祈禱)[-뽁끼-]명 개신교에서, 예배를 마칠 때 목사가 하나님의 은혜가 신도들에게 내리기를 비는 기도. 준축도.
축본(縮本)[-뽄]명 (책이나 그림·글씨 따위의) 원형을 줄여서 만든 본새, 또는 그런 책.
축사(畜舍)[-싸]명 가축을 기르는 건물.
축사(祝辭)[-싸]명하자 축하하는 뜻을 나타내는 말을 하거나 글을 씀, 또는 그 말이나 글. 하사(賀詞).
축사(逐邪)[-싸]명하자 사악(邪惡)한 귀신이나 기운을 물리침.
축사(縮寫)[-싸]명하타 ①원형보다 작게 줄여 베낌. ②사진을 줄여서 다시 찍음.
축사-밀(縮砂蔤)[-싸-]명 생강과의 다년초. 높이 1m가량. 잎이 가늘고, 꽃은 봄·여름에 이삭 모양으로 피며, 쭈글쭈글한 열매 속에 들어 있는 수십 개의 씨는 '사인(砂仁)'이라고 하여 한방에서 약재로 씀.
축삭(逐朔)[-싹] Ⅰ명 한 달도 거르지 않음. 축월(逐月).
Ⅱ부 한 달도 거르지 않고 달마다.
축삭^돌기(軸索突起)[-싹똘-]명 신경 세포의 두 가지 돌기 가운데, 흥분을 원심적(遠心的)으로 전달하는 구실을 하는 것. 참신경 섬유.
축산(畜産)[-싼]명 가축을 기르고 쳐서 생활에 유용한 물질을 생산하는 일.
축산-물(畜産物)[-싼-]명 가축을 기르고 번식시켜서 얻는 생산물.
축산-업(畜産業)[-싸넙]명 가축을 기르고, 그 생산물을 가공하는 산업.
축산-학(畜産學)[-싼-]명 축산에 대한 이론과 실제를 연구하는 학문.
축생(丑生)[-쌩]명 태세(太歲)의 지지(地支)가 축(丑)으로 된 해에 태어난 사람을 두루 이르는 말. 〔정축생·기축생 따위.〕 소띠.
축생(畜生)[-쌩]명 ①온갖 가축. ②불가에서, 온갖 짐승이나 그런 짐승 같은 중생을 비유하여 이르는 말.
축생-계(畜生界)[-쌩계/-쌩게]명 불교에서 이르는 십계(十界)의 하나. 악업의 응보에 따라 이끌려 온 동물의 세계.
축생-고(畜生苦)[-쌩-]명 불교에서 이르는 오고(五苦)의 하나. 축생도에 태어나서 받는 고통.
축생-도(畜生道)[-쌩-]명 불교에서 이르는 삼악도(三惡道)의 하나. 죄업으로 죽은 뒤 짐승이 되어 괴로움을 받는다는 축생의 세계, 또는 그런 세계에 태어날 원인이 될 행위.
축성(祝聖)[-썽]명하타되자 가톨릭의 준성사(準聖事)의 한 가지. 성직자가 성례(聖禮)에 쓰이는 물건과 건물 등을 정해진 의식을 통하여 성스럽게 하는 일.
축성(築城)[-썽]명 ①하자되자성을 쌓음. ②군사상 방어 목적으로 요지(要地)에 설치하는 구조물을 통틀어 이르는 말.
축성-식(祝聖式)[-썽-]명 예식과 기도를 통하여 사람이나 물건을 축성하는 교회의 의식.
축소(縮小)[-쏘]명하타되자 줄여서 작게 함. ¶ 군비 축소. ↔확대·확장.
축소^균형(縮小均衡)[-쏘-]명 경제의 규모를 줄여서 수지(收支)의 균형을 잡는 일.
축소-도(縮小圖)[-쏘-]명 일정한 비율로 줄여서 그린 그림. 줄인 그림. 축도.
축소-비(縮小比)[-쏘-]명 닮은꼴의 두 도형에서, 작은 쪽의 큰 쪽에 대한 닮음비. 〔비례식으로 나타냄.〕 ↔확대비(擴大比).
축소-율(縮小率)[-쏘-]명 축소비를 비율로 나타낸 것. 〔분수·소수 또는 % 따위로 나타냄.〕
축소^재:생산(縮小再生産)[-쏘-]명 먼저보다 작은 규모로 같은 물품을 재생산하는 일. 참단순 재생산·확대 재생산.
축소-판(縮小版)[-쏘-]명 ①☞축쇄판. ②'무엇을 축소한 것과 같은 사물'을 비유하여 이르는 말.
축소^해:석(縮小解釋)[-쏘-]명 법규의 문자나 문장을 엄격히 제약하고 법문(法文)의 일상적 의미를 넘지 않도록 좁혀서 해석하는 방법. ↔확대 해석.

축송(逐送)[-쏭]명하타 쫓아 보냄.
축쇄(縮刷)[-쐐]명하타 인쇄에서, 글이나 그림 따위의 원형을 줄여서 박는 일. 책의 판형을 줄여서 박는 일.
축쇄-판(縮刷版)[-쐐-]명 축쇄한 판본이나 출판물. 축소판. 준축판.
축수(祝手)[-쑤]명하자타 두 손을 모아 빎.
축수(祝壽)[-쑤]명하자 장수하기를 빎. ¶ 축수를 드리다.
축수(縮首)[-쑤]명하자 (두렵고 겁이 나서) 고개를 움츠림. 축두(縮頭).
축수(縮綬)[-쑤]명 ☞조이개.
축승(祝勝)[-씅]명하자 승리를 축하함, 또는 그 축하. 축첩(祝捷).
축승(縮繩)[-씅]명 ☞조임줄.
축시(丑時)[-씨]명 ①십이시의 둘째 시. 상오 1시부터 3시까지의 동안. ②이십사시의 셋째 시. 상오 1시 30분부터 2시 30분까지의 동안. 준축(丑).
축시(祝詩)[-씨]명 축하의 뜻을 담은 시. ¶ 축시 낭독.
축신(逐臣)[-씬]명 내몰려 귀양 간 신하. 축객.
축야(逐夜) Ⅰ명 하룻밤도 거르지 않음.
Ⅱ부 하룻밤도 거르지 않고 밤마다. ¶ 머리를 맞대고 축야 숙의하다.
축약(縮約)명하타되자 ①줄여서 간략하게 함. ②두 형태소가 이어질 때 앞뒤 형태소의 두 음소나 음절이 하나의 음소나 음절로 되는 음운 현상. 〔좋고→조코, 되어→돼 따위.〕
축양(畜養)명하타 가축을 기름.
축어-역(逐語譯)명하타 외국어로 된 원문을 낱말이나 구절 그대로 충실히 번역함, 또는 그런 번역. 축자역(逐字譯). 비직역(直譯).
축연(祝宴)명 〈축하연〉의 준말.
축연(祝筵)명 축하하는 자리.
축우(畜牛)명 집에서 기르는 소.
축원(祝願)명 ①하타 신이나 부처에게 자기의 소원이 이루어지게 해 주기를 빎. ②〈축원문〉의 준말.
축원-경(縮遠鏡)명 ☞망원경.
축원-문(祝願文)명 불교에서, 부처에게 축원하는 뜻을 적은 글. 준축원.
축원-방(祝願旁)명 불교에서, 축원문을 한데 모아 만든 책을 이름.
축월(丑月)명 〔월건(月建)에 십이지의 축(丑)이 드는 달로〕 '섣달'의 딴 이름. 참계동(季冬).
축월(祝月)명 불교에서, '음력 정월·오월·구월'을 달리 이르는 말.
축월(逐月)명 ☞축삭(逐朔).
축융(祝融)명 ①불을 맡은 신. ②여름을 맡은 신. ③남쪽 바다를 맡은 신.
축음-기(蓄音機)명 음파를 기록한 음반을 회전시켜 음성을 재생하는 장치.
축의(祝意)[추긔/추기]명 축하하는 뜻. 하의.
축의(祝儀)[추긔/추기]명 축하하는 의례나 의식.
축의-금(祝儀金)[추긔-/추기-]명 축하하는 뜻으로 내는 돈.
축이다타 (물을 뿌리거나 먹여서) 축축하게 하다. ¶ 목을 축이다. /빨래를 축이다.
축일(丑日)명 일진(日辰)의 지지(地支)가 축(丑)으로 된 날. 〔을축일·정축일·기축일 따위.〕 소날.
축일(祝日)명 ①(경사를) 축하하는 날. ②가톨릭에서, 하느님과 구세주·성인에게 특별한 공경을 드리기 위해 교회에서 정한 날. ③불교에서, 기도하는 날.
축일(逐一) Ⅰ명 하나하나 쫓음. ¶ 일의 내용을 축일로 구명하다.
Ⅱ부 하나씩 하나씩 차례대로.
축일(逐日) Ⅰ명하자 하루하루를 쫓음.
Ⅱ부 하루도 거르지 않고 날마다. ¶ 축일 회동하여 가가호호(家家戶戶) 방문하다.
축일-상종(逐日相從)명하자 날마다 서로 사귐. 날마다 서로 친하게 지냄.
축일-학(逐日瘧)명 ☞며느리고금.
축자-역(逐字譯)[-짜-]명하타 ☞축어역.
축장(蓄藏)[-짱]명하타되자 모아서 갈무리해 둠. 거두어 둠.
축장(築墻)[-짱]명하자 담을 쌓음.
축재(蓄財)[-째]명하자 재물을 모음, 또는 모은 재산. ¶ 부정(不正) 축재.
축적(蓄積)[-쩍]명하타되자 ①많이 모이어 쌓임. ¶ 피로가 축적되다. ②많이 모아서 쌓음. ¶ 경험의 축적. /에너지를 축적하다.
축전(祝典)[-쩐]명 축하하는 의식이나 식전.
축전(祝電)[-쩐]명 축하의 뜻을 나타낸 전보.
축전(蓄電)[-쩐]명하자되자 전기를 모아 둠.
축전(蓄錢)[-쩐]명하자 금전을 저축함, 또는 그 돈.
축전(縮錢)[-쩐]명 일정한 액수에서 축이 난 돈.
축전-기(蓄電器)[-쩐-]명 전기의 도체에 많은 양의 전기를 모아 두는 장치. 〔라이덴병이나 바리콘 따위.〕 콘덴서.
축전-지(蓄電池)[-쩐-]명 전기 에너지를 화학 에너지로 바꾸어서 모아 두고, 필요할 때 전기 에너지로 쓰는 장치. 〔납축전지가 대표적인 것임.〕 가역 전지. 이차 전지. 배터리.
축절(祝節)[-쩔]명 (기독교의 성탄절·부활절과 같이) 즐거운 일을 기념하여 축하하는 날.
축정(丑正)[-쩡]명 십이시의 축시(丑時)의 한가운데. 상오 2시.
축정(築庭)[-쩡]명하자 정원을 꾸밈.
축제(祝祭)[-쩨]명 ①축하하여 제사를 지냄. ②경축하여 벌이는 큰 잔치나 행사를 이르는 말. ¶ 마을이 온통 축제 분위기다.
축제(築堤)[-쩨]명하자 둑을 쌓음, 또는 그 일.
축-제문(祝祭文)[-쩨-]명 ①축문과 제문. ②☞축문(祝文). 준축(祝).
축-제일(祝祭日)[-쩨-]명 ①축일과 제일. ②축일과 제일이 겹친 날. ③축제를 벌이는 날.
축조(逐條)[-쪼]명하타 한 조목씩 차례대로 좇음.
축조(築造)[-쪼]명하타되자 제방이나 담을 쌓아 만듦. ¶ 제방을 축조하다.
축조-발명(逐條發明)[-쪼-]명하타 죄가 없음을 낱낱이 변명함.
축조-본(縮照本)[-쪼-]명 (비석의 글 따위를) 사진으로 찍어서 원형보다 작게 제판한 것.
축좌(丑坐)[-쫘]명 (집터나 묏자리 따위가) 축방(丑方)을 등진 좌향, 또는 그런 자리.
축좌-미향(丑坐未向)[-쫘-]명 (집터나 묏자리 따위가) 축방(丑方)을 등지고 미방(未方)을 향한 좌향.
축주(祝酒)[-쭈]명 〈축하주〉의 준말.
축주(縮酒)[-쭈]명하자 제사 때, 처음으로 신위에 올리는 잔의 술을 모사(茅沙)에 조금 따르는 일, 또는 그 술.
축지(縮地)[-찌]명하자 도술(道術)로 지맥(地脈)을 축소하여 먼 거리를 가깝게 하는 일.
축-지다(縮-)[-찌-]자 ①사람의 가치가 떨어지다. ②(병 따위로) 몸이 약해지거나 살이 빠지다. 축나다. ¶ 병으로 몸이 축지다.

축지-법(縮地法) [-찌뻡] 명 축지를 하는 술법. ¶ 축지법을 쓰다.
축차(逐次) Ⅰ명 차례를 따라서 함. ¶ 축차로 간행하다.
Ⅱ부 차례차례로. ¶ 축차 해설하다.
축차-적(逐次的) 관명 차례대로 좇아 하는 (것). ¶ 축차적 설명. /축차적으로 시행하다.
축척(逐斥) 명하타 쫓아서 물리침.
축척(縮尺) 명 ①지도나 설계도 따위를 실물보다 축소하여 그릴 때, 그 축소한 비. 줄인자. ↔현척(現尺). ②피륙 따위가 정한 자수에서 부족함.
축천(祝天) 명하타 하늘을 향하여 빎.
축첩(祝捷) 명하자 ☞축승(祝勝).
축첩(蓄妾) 명하자 첩을 둠.
축초(丑初) 명 십이시의 축시(丑時)의 처음. 〔상오 1시가 막 지난 무렵.〕
축-축 부 크거나 길쭉한 물건 여럿이 늘어지거나 처진 모양. ¶ 축축 늘어진 버들가지.
축축-하다 [-추카-] 형여 물기가 있어 조금 젖은 듯하다. ¶ 이슬에 젖어 옷이 축축하다. 작촉촉하다. **축축-이** 부 ¶ 땀으로 등이 축축이 젖었다.
축출(逐出) 명하타되자 쫓아냄. 몰아냄.
축태(縮胎) 명하자 한방에서, '해산달에 약을 먹어서 태반이 작아지게 하여 순산하게 함'을 이르는 말.
축토(築土) 명하자 (집터나 둑 따위를 만들려고) 흙을 쌓아 올림.
축판(祝板) 명 〈축문판(祝文板)〉의 준말.
축판(築板) 명 ☞담틀.
축판(縮版) 명 〈축쇄판〉의 준말.
축포(祝砲) 명 행사에서 축하의 뜻으로 쏘는 총이나 대포의 공포(空砲).
축하(祝賀) [추카] 명하타 기쁘고 즐겁다는 뜻으로 인사함, 또는 그 인사. ¶ 축하 인사.
축-하다(縮-) [추카-] 형여 ①생생한 기운이 없다. ¶ 앓고 나더니 몹시 축해졌다. ②(생선 따위가) 조금 상하여 신선하지 않다. ¶ 축한 오징어.
축하-연(祝賀宴) [추카-] 명 축하하기 위하여 베푸는 연회(잔치). ¶ 결혼식 축하연. 준축연.
축하-주(祝賀酒) [추카-] 명 축하하기 위하여 보내거나 마시는 술. 준축주.
축합(縮合) [추캅] 명하자 두 가지 이상의 물질이 공유 결합에 의하여 이루어지는 화합(化合).
축항(逐項) [추캉] 명하타 항목을 차례로 좇음.
축항(築港) [추캉] 명하자 항구(港口)를 구축함, 또는 그 항구.
축호(逐戶) [추코] 명 한 집도 거르지 않음. ¶ 축호 방문.
축혼(祝婚) [추콘] 명 결혼을 축하하는 일.
축화(祝花) [추콰] 명 축하의 뜻을 나타내는 꽃.
축회(築灰) [추쾨/추퀘] 명하자 장사 지낼 때, 관(棺)을 묻기 전에 광(壙)의 주위를 석회로 다지는 일.
춘경(春耕) 명하타 봄갈이.
춘경(春景) 명 봄철의 경치.
춘계(春季) [-계/-게] 명 봄철. 춘기(春期). 춘절(春節). ¶ 춘계 소풍.
춘곤(春困) 명 봄철에 느끼는 노곤한 기운.
춘광(春光) 명 ①봄볕. 춘양(春陽). ②봄의 경치.
춘교(春郊) 명 봄 경치가 좋은 들이나 교외.
춘궁(春宮) 명 ①'세자궁(世子宮)'이나 '태자궁(太子宮)'을 달리 이르던 말. ②'왕세자(王世子)'나 '황태자(皇太子)'를 달리 이르던 말.
춘궁(春窮) 명 ①보릿고개에 '식량 사정이 어려움'을 이르던 말. ②〈춘궁기〉의 준말.
춘궁-기(春窮期) 명 봄철의, 농민이 몹시 살기 어려운 때. 보릿고개. 궁절(窮節). ¶ 한 끼 얻어 먹기도 힘든 춘궁기에 어디를 가느냐? 준춘궁.
춘기(春氣) 명 봄날의 화창한 기운.
춘기(春期) 명 봄철. 춘계(春季). 춘절(春節).
춘기(春機) 명 ①이성(異性)이 그리워지는 마음. 남녀 간의 정욕. 춘심. 춘정. ②☞춘의(春意).
춘기^발동기(春機發動期) [-똥-] 명 이성(異性)이 그리워지기 시작하는 시기. 사춘기.
춘난(春暖) 명 봄철의 따뜻한 기운.
춘당(椿堂·春堂) 명 ☞춘부장(椿府丈).
춘등(春等) 명 〔지난날〕 ①사물의 등급을 춘(春)·추(秋)의 둘로 나눈 것의 첫째 등급, 또는 춘·하·추·동의 넷으로 나눈 것의 첫째 등급. ②봄과 가을에 나누어 내게 되어 있던 세금에서 '봄에 내는 세금'을 이르던 말. 참추등(秋等).
춘란(春蘭) [출-] 명 난초의 한 가지인 '보춘화(報春花)'의 다른 이름. 잎이 가늘고 길며, 봄에 푸른 빛깔을 띤 흰 꽃이 핌.
춘뢰(春雷) [출뢰/출뤠] 명 봄날의 우레.
춘림(春霖) [출-] 명 봄의 장마.
춘만(春滿) '춘만하다'의 어근.
춘만-하다(春滿-) 형여 ①봄기운이 가득하다. ②매우 평화스럽다.
춘매(春梅) 명 봄에 꽃이 피는 매화나무.
춘맥(春麥) 명 봄보리.
춘면(春眠) 명 봄날의 노곤한 졸음.
춘면-곡(春眠曲) 명 조선 시대의 십이 가사(十二歌詞) 중의 하나. 작가·연대 미상. 〔'청구영언'·'고금가곡'에 실려 전함.〕
춘몽(春夢) 명 〔봄날에 낮잠을 자며 꾸는 꿈이란 뜻으로〕 '헛된 꿈, 덧없는 인생'을 비유하여 이르는 말. 봄꿈. ¶ 일장(一場)춘몽.
춘복(春服) 명 봄철에 입는 옷. 춘의(春衣).
춘부(椿府·春府) 명 〈춘부장〉의 준말.
춘부-대인(椿府大人) 명 ☞춘부장.
춘부-장(椿府丈) 명 '남의 아버지'를 높이어 일컫는 말. 영존(令尊). 춘당(椿堂). 춘부대인. 춘정(椿庭). 준춘부·춘장.
춘분(春分) 명 이십사절기의 하나. 경칩(驚蟄)과 청명(淸明) 사이로, 3월 21일경. 일 년 중 낮과 밤의 길이가 꼭 같다고 함.
춘분-점(春分點) [-쩜] 명 황도와 적도와의 두 교점 가운데에서 태양이 남쪽에서 북쪽으로 향하여 적도를 지나가는 점. 태양이 이 점을 지날 때가 춘분임. 참추분점.
춘사(春思) 명 ①봄을 느끼는 싱숭생숭한 마음. ②'색정(色情)'을 달리 이르는 말.
춘사(椿事) 명 뜻밖에 일어나는 불행한 일.
춘산(春山) 명 봄철의 산.
춘삼(春衫) 명 봄에 입는 홑옷.
춘-삼삭(春三朔) 명 〔봄의 석 달이란 뜻으로〕 '음력 정월·이월·삼월'을 아울러 이르는 말.
춘-삼월(春三月) 명 (봄 경치가 가장 좋은) '음력 삼월'을 달리 이르는 말. ¶ 춘삼월 호시절.
춘색(春色) 명 봄빛. 봄기운, 또는 봄의 경치. 춘광(春光). 참추색(秋色).
춘설(春雪) 명 봄에 내리는 눈. 봄눈.
춘소(春宵) 명 봄밤. 춘야(春夜).
춘소(春蔬) 명 봄 채소.
춘수(春水) 명 봄철에 흐르는 물.
춘수(春愁) 명 봄철에 공연히 일어나는 뒤숭숭한 마음.
춘수-모운(春樹暮雲) 명 〔봄철의 나무와 저물 무렵의 구름이란 뜻으로〕 '멀리 있는 벗을 그리워함'을 비유하여 이르는 말.

춘신(春信)명 ①봄소식. ②'이른 봄에 꽃이 피고 새가 울기 시작함'을 이르는 말.
춘심(春心)명 ①봄철에 느끼는 심회. ¶ 일지(一枝) 춘심. ②☞춘기(春機).
춘앵-무(春鶯舞)명 ☞춘앵전.
춘앵-전(春鶯囀)명 조선 순조 때의 궁중 무용의 한 가지. 한 사람의 무희가 화문석을 깔고 그 위에서 음악에 맞추어 추는 춤. 〔효명 세자가 꾀꼬리 소리에 도취되어, 그것을 무용화한 것임.〕 춘앵무.
춘야(春夜)명 봄밤. 춘소(春宵).
춘약(春藥)명 성욕이 일어나게 하는 약. ㉥미약(媚藥).
춘양(春陽)명 봄볕. 춘광(春光).
춘우(春雨)명 봄비.
춘우-수(春雨水)명 정월에 처음 내린 빗물.
춘운(春雲)명 봄 하늘의 구름.
춘월(春月)명 봄밤에 돋는 달.
춘유(春遊)명하자 봄철의 정취를 즐기며 놂, 또는 그 놀이.
춘음(春陰)명 (안개나 이내 따위로) 흐린 봄 날씨. ↔춘청(春晴).
춘의(春衣)[추늬/추니]명 봄옷. 춘복(春服).
춘의(春意)[추늬/추니]명 이른 봄에 '만물이 피어나려 하는 기운'을 이르는 말. 춘기(春機).
춘의-도(春意圖)[추늬-/추니-]명 ☞춘화도.
춘일(春日)명 봄날.
춘잠(春蠶)명 봄에 치는 누에. ㉿추잠·하잠.
춘장(椿丈·春丈)명 〈춘부장〉의 준말.
춘재(春材)명 봄철에서 여름철까지 자라서 이루어진 목질(木質) 부분. 〔추재보다 재질이 거칢.〕 ㉿추재(秋材).
춘절(春節)명 봄철. 춘계. 춘기.
춘정(春情)명 ①봄의 정취. ②남녀 간의 정욕. ¶ 춘정이 발동하다. 춘기(春機).
춘정(椿庭·春庭)명 ☞춘부장(椿府丈).
춘-첩자(春帖子)[-짜]명 입춘 날에 대궐 안에 써 붙이던 주련(柱聯).
춘청(春晴)명 맑게 갠 봄 날씨. ↔춘음(春陰).
춘초(春初)명 봄의 초기.
춘초(春草)명 ①봄철에 새로 돋는 부드러운 풀. ②'백미꽃'을 달리 이르는 말.
춘추(春秋)¹명 ①봄과 가을. ②〈나이〉의 높임말. 연세. ¶ 올해 춘추가 어떻게 되십니까? ③'해〔年〕'를 문어적으로 이르는 말. ¶ 여러 춘추 동안 오지(奧地)를 탐험하다.
춘추(春秋)²명 ①오경(五經)의 하나. 중국의 노나라 사관(史官)이 편년체로 기록한 노나라 역사를 공자가 비판 수정한 책. ②〈춘추 시대〉의 준말.
춘추-관(春秋館)명 고려·조선 시대에, 시정(時政)의 기록을 맡아보던 관아.
춘추-복(春秋服)명 봄·가을에 입는 옷.
춘추-삼전(春秋三傳)명 사서(史書) '춘추(春秋)'를 강술한 세 가지 주석서. '좌씨전(左氏傳)·곡량전(穀梁傳)·공양전(公羊傳)'을 이름.
춘추^시대(春秋時代)명 중국 주나라의 후반기인 약 300년간(기원전 8~5세기)을 이르는 말. 〔주나라는 명맥(命脈)만 유지한 반면 강성해진 제후(諸侯)가 독립하여 서로 싸우던 시대.〕 ㊟춘추(春秋)².
춘추^전ː국^시대(春秋戰國時代)[-씨-]명 중국의 춘추 시대와 전국 시대를 아울러 이르는 말.
춘추-정성(春秋鼎盛)명 임금의 나이가 바야흐로 한창 젊음.
춘추-필법(春秋筆法)[-뻡]명 (공자의 역사 비판이 나타나 있는 '춘추'와 같이) 대의명분을 밝혀 세우는 사필(史筆)의 논법.
춘치-자명(春雉自鳴)명하자 〔봄철에 꿩이 스스로 운다는 뜻으로〕 '시키거나 요구하지 않아도 때가 되면 제 스스로 함'을 이르는 말.
춘태(春太)명 봄에 잡은 명태.
춘파(春播)명하타 봄에 씨를 뿌림, 또는 그 일. ㉿추파(秋播).
춘풍(春風)명 봄바람.
춘풍-추우(春風秋雨)명 〔봄바람과 가을비라는 뜻으로〕 '지나간 세월'을 이르는 말.
춘풍-화기(春風和氣)명 봄날의 화창한 기운.
춘하(春霞)명 봄철의 아지랑이.
춘하추동(春夏秋冬)명 '봄·여름·가을·겨울'의 네 철을 아울러 이르는 말.
춘한(春旱)명 봄철의 가뭄.
춘한(春恨)명 봄날의 경치에 끌려 일어나는 정한(情恨).
춘한(春寒)명 봄의 추위.
춘한-노건(春寒老健)명 〔봄추위와 늙은이의 건강이란 뜻으로〕 '사물이 오래가지 못함'을 이르는 말.
춘향-가(春香歌)명 판소리 열두 마당의 하나. '춘향전'을 판소리로 엮은 것.
춘향-대제(春享大祭)명 초봄에 지내는, 종묘와 사직의 큰 제사. ㉿추향대제(秋享大祭).
춘향-전(春香傳)명 작자·연대 미상의 조선 시대의 고대 소설. 이몽룡(李夢龍)과 춘향의 연애 사건을 중심으로 하여 춘향의 정절을 기리고 계급 타파의 서민 의식을 고양한 내용. 열녀춘향수절가(烈女春香守節歌).
춘화(春花)명 봄철에 피는 꽃.
춘화(春華)명 봄 경치의 빛나고 아름다운 모양이나 볼품.
춘화(春畫)명 〈춘화도〉의 준말.
춘화-도(春畫圖)명 남녀 간의 성희 장면을 나타낸 그림이나 사진. 춘의도(春意圖). 비희도(祕戲圖). ㊟춘화.
춘화^처ː리(春化處理)명 식물이 자라는 데 거쳐야 할 환경 조건을 인위적으로 만들어 줌으로써 정상적인 꽃눈의 형성이나 개화의 촉진을 꾀하는 일.
춘화-추월(春花秋月)명 〔봄꽃과 가을 달이란 뜻으로〕 '자연계의 아름다움'을 이르는 말.
춘훤(椿萱·春萱)명 〔춘당(椿堂)과 훤당(萱堂)의 뜻으로〕 '남의 부모'를 높여 이르는 말.
춘흥(春興)명 봄철에 일어나는 흥치(興致). ¶ 나그네도 춘흥에 겨워 시를 읊다.
출가(出家)명하자 〔집을 나간다는 뜻으로〕 ①불교에서, 세속의 집을 떠나 불문(佛門)에 듦. 사신(捨身). ②가톨릭에서, 세간을 떠나 수도원으로 들어감. ↔재가(在家)·재속(在俗).
출가(出嫁)명하자 처녀가 시집을 감. ¶ 출가한 딸.
출가(出稼)명하자 얼마 동안 객지에 품을 팔러 나감.
출가-계(出家戒)[-계/-게]명 불교에서 이르는 삼계(三戒)의 하나. 출가한 중이 지켜야 하는 계. ㉿도속공수계·재가계.
출가-구계(出家具戒)[-계/-게]명 불교에서, 중이 되어 계행(戒行)의 공덕을 두루 갖춤.
출가-득도(出家得度)[-또]명 불교에서, 출가하여 도첩을 받고 중이 됨, 곧 승적에 오름.
출가-외인(出嫁外人)[-외-/-웨-]명 출가한 딸은 남이나 마찬가지라는 말.

출가-위승(出家爲僧)명하자 세속(世俗)의 집을 떠나 중이 됨.
출각(出脚)명하자 벼슬자리에서 물러났다가 다시 벼슬길에 나아감.
출간(出刊)명하타되자 ☞출판(出版).
출감(出監)명하자되자 ☞출옥(出獄).
출강(出講)명하자 강의에 나아감. ¶ 대학에 출강하다.
출강(出疆)명하자 (사신이 되어) 나라를 떠남.
출거(出去)명하자 (딴 데로) 나가거나 떠나감.
출격(出擊)명하자타 (주로 항공기가) 적을 공격하러 나감, 또는 나가서 공격함. ¶ 출격 명령.
출결(出缺)명 출석과 결석, 또는 출근과 결근을 아울러 이르는 말.
출경(出京)명하자 ①시골로 가기 위해 서울을 떠남. ↔입경(入京). ②☞상경(上京).
출경(出境)명하자 그곳의 지경(地境)을 넘어감.
출경을 당하다관용 악정을 한 관원이 백성에게 쫓겨 다른 지방으로 내침을 당하다.
출계(出系)[-계/-게]명하자 양자로 들어가서 그 집의 대를 이음.
출고(出庫)명하타되자 ①물품을 창고에서 꺼내거나 내어 줌. ↔입고(入庫). ②생산자가 생산품을 시장에 냄. ¶ 출고 가격.
출고-량(出庫量)명 ①창고에서 물품을 꺼낸 양. ②생산 공장에서 제품을 시장 따위에 내놓은 양.
출관(出棺)명하자 출상하기 위하여 관을 집 밖으로 내감. 출구(出柩).
출교(黜敎)명하타되자 기독교에서, 잘못을 저지른 교인을 교적에서 삭제하여 내쫓음.
출구(出口)명 ①나가는 어귀. ¶ 비상 출구. ↔입구. ②하타지난날, 상품을 항구 밖으로 내가던 일.
출구(出柩)명하자 ①☞출관(出棺). ②이장(移葬)할 때, 무덤에서 관을 꺼냄.
출국(出國)명하자 (다른 나라로 가기 위하여) 국경 밖으로 나감. ¶ 출국 금지. /출국 신고. /출국 수속. ↔입국(入國).
출국^사증(出國査證)[-싸쯩]명 국가에서, 국경 밖으로 나가는 것을 인정하는 증명서.
출군(出群) '출군하다'의 어근.
출군-하다(出群-)형여 ☞출중(出衆)하다. ¶ 그는 모든 면에서 출군하다.
출궁(出宮)명하자 임금이 대궐 밖으로 나감.
출근(出勤)명하자 일터로 근무하러 나가거나 나옴. ¶ 출근 시간. /아침 일찍 출근하다. ↔결근·퇴근.
출근-길(出勤-)[-낄]명 출근하는 길, 또는 도중. ↔퇴근길.
출근-부(出勤簿)명 출근 상황을 적는 장부.
출금(出金)명하타 돈을 내어 쓰거나 내어 줌, 또는 그 돈. ¶ 출금 장부. /출금 업무. ↔입금.
출급(出給)명하타되자 (물건을) 내어 줌.
출납(出納)[-랍]명하타 금전이나 물품을 내어 주거나 받아들임, 특히 금전을 내어 주거나 받아들임.
출납^검ː사(出納檢査)[-랍껌-]명 회계 검사 기관, 특히 감사원이 하는 회계 검사.
출납-부(出納簿)[-랍뿌]명 출납을 기록하는 장부.
출당(黜黨)[-땅]명하타되자 정당 같은 데서 자격을 박탈하고 내쫓음.
출동(出動)[-똥]명하자되자 (부대 따위가) 활동하기 위하여 목적지로 떠남. ¶ 출동 명령. /현장으로 출동하다.
출두(出痘)[-뚜]명하자 두창(痘瘡)의 반점이 내돋음.
출두(出頭)[-뚜]명하자 ①(관청 같은 곳에) 몸소 나감. ¶ 법정 출두 명령. ②〈출또〉의 본딧말.
출또(←出頭)명하자 ☞어사출또.
출람(出藍)명 〈청출어람(靑出於藍)〉의 준말.
출렁-거리다자 자꾸 출렁출렁하다. 출렁대다. ¶ 바닷물이 출렁거리다. 작촐랑거리다.
출렁-대다자 출렁거리다.
출렁-이다자 물 따위가 큰 물결을 이루며 흔들리다. 작촐랑이다.
출렁-출렁부하자 물 따위가 큰 물결을 이루며 자꾸 흔들리는 소리, 또는 그 모양. 작촐랑촐랑.
출력(出力)명 ①하타일정한 입력이 기계적으로 처리되어 정보로서 나타나는 일, 또는 그 정보. ↔입력. ②원동기나 송신기 따위가 1초 동안에 내는 유효 에너지. ¶ 출력 30만 kW의 발전소. ③하타돈을 내어 사업을 돕는 일.
출력^장치(出力裝置)[-짱-]명 컴퓨터의 중앙 처리 장치로부터 결과를 뽑아내는 장치. ↔입력 장치.
출렴(出斂)명하타 〈추렴(出斂)〉의 본딧말.
출렵(出獵)명하자 사냥하러 나감.
출령(出令)명하자 명령을 내림.
출로(出路)명 빠져나가거나 탈출할 길. ¶ 출로가 막히다.
출루(出壘)명하자 야구에서, 안타나 사구(四球) 등으로 타자가 일루에 진출함. ¶ 포볼로 출루하다.
출류(出類)명하형 같은 무리 가운데에서 특별히 뛰어남.
출류-발췌(出類拔萃)명하형 평범한 부류 가운데에서 두드러지게 뛰어남. 준출췌.
출마(出馬)명하자 ①말을 타고 나감. ②(선거 따위에서) 입후보자로 나섬. ¶ 총선거에 무소속으로 출마하다.
출마-표(出馬標)명 지난날, 격구를 할 때 경기자가 말을 타고 출발하던 곳.
출막(出幕)명하자 전염병에 걸린 사람을 따로 격리하기 위하여 다른 곳으로 막을 치고 옮김.
출말(出末)명하자 일이 끝남. 출초(出梢).
출말-나다(出末-)[-라-]자 일이 끝나다.
출면명 《'못하다'와 함께 쓰이어》 (너무 쇠약해지거나 앓고 난 끝이거나 하여) 몸을 가눌 기운이 없음.
출모(出母·黜母)명 아버지로부터 내침을 받아 집을 떠난 어머니.
출몰(出沒)명하자 (괴상한 것이) 나타났다 숨었다 함. ¶ 출몰이 무쌍하다.
출몰-귀관(出沒鬼關)명하자 〔저승 문을 드나든다는 뜻으로〕 ①죽었다 살았다 함. ②죽을 지경을 당함.
출몰-무쌍(出沒無雙)명하형 나타났다 사라졌다 하는 것이 비길 데 없이 심함.
출무성-하다형여 ①위아래가 굵지도 가늘지도 않고 비스름하다. ②(물건의 대가리들이) 가지런하다. ¶ 출무성하게 담긴 성냥개비.
출문(出文)명 장부상으로 지급이 된 돈.
출문(出門)명하자 ①문밖으로 나감. ②집을 떠남.
출물(出物)명 ①어떤 일에 필요한 돈이나 물건을 내는 일, 또는 그 재물. ¶ 회원의 출물로 꾸민 아담한 휴게실. ②강제로 당한 물적 손해.
출물-꾼(出物-)명 회비나 잡비 따위를 혼자서 부담하는 사람.
출반(出班)명하자 〈출반주〉의 준말.

출반-주(出班奏)명하자 ①여러 신하 가운데서 혼자 임금에게 나아가 아뢰던 일. ②여럿이 모인 자리에서 맨 먼저 말을 꺼냄. 준출반.

출발(出發)명하자타되자 ①길을 떠남. ¶ 출발 신호. /마을을 출발하다. 비발정(發程). ↔도착. ②일을 시작함, 또는 일의 시작. ¶ 사회인으로서의 새 출발.

출발-점(出發點)[-쩜]명 ①출발하는 곳. ②어떤 일을 시작하는 기점(基點).

출번(出番)명 ①(교대하는 일직이나 당직 따위) 당번이 되어 나가는 차례. ②하자당직 따위의 근무를 마치고 나옴.

출범(出帆)명하자되자 ①(돛을 달고) 배가 항구를 떠나감. 개범(開帆). 비출항(出港). ↔귀범. ②'조직이나 단체를 이루어 일을 시작함'을 비유하여 이르는 말. ¶ 새 정부의 출범.

출병(出兵)명하자 군사를 싸움터로 내보냄. 출사(出師). ¶ 출병 명령을 받다.

출분(出奔)명하자 도망쳐서 행방을 감춤.

출비(出費)명하자 비용을 냄, 또는 그 비용.

출빈(出殯)명하자 장례를 지내기 전에 시신을 집 밖의 빈소에 옮겨 모심.

출사(出仕)[-싸]명하자 벼슬하여 관아에 나감.

출사(出使)[-싸]명하자 〔조선 시대에〕 ①벼슬아치가 지방 출장을 하던 일. ②포교(捕校)가 도둑 잡으라는 명령을 받고 멀리 출장을 가던 일.

출사(出師)[-싸]명하자 ☞출병(出兵).

출사(出寫)[-싸]명하자 사진사가 사진관 밖으로 출장하여 사진을 찍음, 또는 그 일.

출사-표(出師表)[-싸-]명 ①출병에 임하여 그 뜻을 임금에게 올리던 글. ②중국 삼국 시대에, 촉나라 제갈량이 출진에 앞서 임금에게 바친 상주문(上奏文).

출사표를 던지다관용 큰 경기나 경쟁에 앞서 비장한 각오를 가지고 도전하다, 또는 그런 각오를 세상에 알리다. ¶ 대표 팀 감독은 월드컵 우승을 목표로 출사표를 던졌다.

출산(出山)[-싼]명하자 산이나 절에서 나옴. ↔입산.

출산(出産)[-싼]명하타되자 아기를 낳음. 생산.

출산^휴가(出産休暇)[-싼-]명 근로 여성이 출산을 할 때 주어지는 법정 휴가. 분만 휴가.

출상(出喪)[-쌍]명하자 상가(喪家)에서 상여가 떠나감.

출상(出象)[-쌍]명 금성이나 수성에 가렸던 태양이 다시 나타나는 일.

출생(出生)[-쌩]명하자되자 태아가 모체에서 태어남. ¶ 서울 출생.

출생-률(出生率)[-쌩뉼]명 일정 기간에 태어난 사람의 수가 전체 인구에 대하여 차지하는 비율. 〔보통 인구 1000명에 대한 1년간의 출생아 수의 비율로 나타냄.〕

출생^신고(出生申告)[-쌩-]명 출생한 사실을 관청에 알리는 일.

출생-증명서(出生證明書)[-쌩-]명 사람의 출생을 증명하는 문서.

출생-지(出生地)[-쌩-]명 출생한 땅.

출생지-주의(出生地主義)[-쌩-의/-쌩-이]명 ☞생지주의.

출석(出席)[-썩]명하자 수업이나 회합·집회 따위에 나감. 비참석(參席). ↔결석.

출석^명:령(出席命令)[-썽-녕]명 〔형사 소송법에서〕 ①법원이 필요할 때, 피고인에 대하여 지정 장소에 출석을 명하는 일. ②검사나 사법 경찰관이 수사상 참고인의 출석을 요구하는 일.

출석-부(出席簿)[-썩뿌]명 출석 상황을 적는 장부.

출선(出船)[-썬]명하자 배가 항구를 떠남.

출성(出城)[-썽]명하자 성 밖으로 나감. ↔입성.

출세(出世)[-쎄]명하자 ①사회적으로 높이 되거나 유명해짐. ¶ 출세가 빠르다. 비성공. ②숨어 살던 사람이 세상에 나옴. ③〔불교에서〕 ㉠번뇌를 떠나 불도로 들어감. ㉡부처나 보살이 중생을 제도하기 위하여 사바세계로 옴.

출세(出稅)[-쎄]명하자 세금을 냄.

출-세간(出世間)[-쎄-]명 〔불교에서〕 ①속세와 관계를 끊는 일. ②속세의 생사 번뇌에서 해탈하여 깨달음의 세계에 이르는 일.

출세간-도(出世間道)[-쎄-]명 불교에서, 속계를 떠난 보리(菩提)의 세계를 이름.

출세-욕(出世慾)[-쎄-]명 출세하려는 욕망. ¶ 출세욕에 불타다. /출세욕에 사로잡히다.

출세-작(出世作)[-쎄-]명 예술적으로 인정받거나 명성을 얻게 한 작품.

출셋-길(出世-)[-쎄낄/-쎋낄]명 사회적으로 높은 지위에 오르거나 유명하게 되는 방면. ¶ 출셋길이 열리다.

출소(出所)[-쏘]명하자되자 ☞출옥(出獄).

출소(出訴)[-쏘]명하자되자 소송을 제기함.

출송(出送)[-쏭]명하타되자 밖으로 내보냄.

출수(出穗)[-쑤]명하자 이삭이 팸. 발수(發穗).

출시(出市)[-씨]명하타되자 상품을 시장에 내보냄, 또는 상품이 시장에 나옴. ¶ 신제품이 출시되다.

출신(出身)[-씬]명 ①출생 당시의 가정이나 지역적 신분 관계. ¶ 황해도 출신. ②(학교나 직업 따위의) 사회적 신분 관계. ¶ 학사 출신. /군인 출신. ③문무과(文武科)나 잡과(雜科)에 급제하고 아직 벼슬길에 오르지 못한 사람을 이르던 말. 〔특히, 무과 합격자를 이름.〕

출썩-거리다[-꺼-]자타 자꾸 출썩출썩하다. 출썩대다. 작촐싹거리다.

출썩-대다[-때-]자타 출썩거리다.

출썩-출썩부 ①하자주책없이 수선을 떨며 돌아다니는 모양. ②하타남의 마음을 들쑤셔서 들먹이게 하는 모양. 작촐싹촐싹.

출아(出芽)명 ①싹이 터 나옴, 또는 그 싹. ②출아법으로 번식시킴.

출아-법(出芽法)[-뻡]명 무성 생식의 한 가지. 모체 위에 생긴 작은 싹이나 돌기가 점점 커져서 모체에서 떨어져 새로운 개체를 이루는 생식법. 〔효모균이나 원생동물·해면동물 따위에서 흔히 볼 수 있음.〕 발아법. 아생법. 아생 생식. 참영양 생식.

출-애굽(←出埃及)명 이스라엘 민족이 모세의 지도 아래, 노예 생활을 하던 이집트에서 떠나온 일.

출애굽-기(←出埃及記)[-끼]명 구약 성서 중 '모세 오경'의 하나. 모세가 이스라엘 민족을 이집트의 박해로부터 약속의 땅 가나안으로 인도해 가는 내용이 기록되어 있음.

출어(出御)명하자 임금이 내전(內殿)에서 외전(外殿)으로 나오거나 대궐 밖으로 나옴.

출어(出漁)명하자 바다로 고기를 잡으러 나감. ¶ 출어 일수.

출연(出捐)명하타 금품을 내어 원조함.

출연(出演)명하자 무대나 영화·방송 따위에 나와 연기함. ¶ 방송극에 출연하다.

출연^재산(出捐財産)명 ①출연 행위로 제공된 재산. ②민법에서, 재단 법인의 설립을 목적으로 제공된 재산. 기부 재산.

출영(出迎)명하타 마중 나감. 또는, 나가서 맞음. ¶ 출영 행렬.

출옥(出獄)명하자되자 형기가 끝나거나 무죄가 되어 감옥을 나옴. 출감. 출소. ↔입옥(入獄).

출원(出願)명하타되자 원서나 신청서를 제출함. ¶ 특허 출원 중인 신상품.

출유(出遊)명하자 다른 곳에 나가서 놂.

출입(出入)명 ①하자·타드나듦. ¶ 극장 출입. /출입이 잦다. ②하자나들이. ¶ 어머니는 출입하시고 집에 안 계십니다.

출입-구(出入口)[-꾸]명 드나드는 어귀나 문.

출입국^관리(出入國管理)[-꾹꽐-]명 국내외인의 출국과 입국에 관하여 관리하는 일.

출자(出資)[-짜]명하타되자 (어떤 사업을 위하여) 자금을 냄, 또는 그 자금. 투자(投資). ¶ 벤처 기업에 거액을 출자하다.

출장(出張)[-짱]명하자 용무로 어떤 곳에 가거나 임시로 파견됨. ¶ 출장 명령.

출장(出場)[-짱]명하자 ①어떤 곳에 나감. ②운동 경기에 나감. ¶ 자동차 경주에 출장하다.

출장-소(出張所)[-짱-]명 공공 기관이나 회사 등에서 일정 지역의 업무를 처리하기 위하여 따로 차린 작은 규모의 사무소.

출장입상(出將入相)[-짱-쌍]명하자 〔나가서는 장수요, 들어와서는 재상이란 뜻으로〕 '문무 겸전하여 장상의 벼슬을 두루 지냄'을 이르는 말.

출전(出典)[-쩐]명 (고사·성어나 인용문 따위의) 출처가 되는 책. ¶ 출전을 밝히다.

출전(出戰)[-쩐]명하자 ①운동 경기에 나감. ¶ 출전 선수. /대회에 출전하다. ②싸우러 나감. 나가서 싸움. ¶ 출전 태세를 갖추다.

출전-피(出箭皮)[-쩐-]명 활등 한가운데의 측면에 화살이 닿는 자리에 붙이는 가죽 조각.

출정(出廷)[-쩡]명하자 법정에 나감. ¶ 증인으로 출정하다. ↔퇴정(退廷).

출정(出征)[-쩡]명 ①하자(군에 들어가) 싸움터로 나감. ¶ 출정 군인. ②하타군사를 보내어 정벌함.

출정(出定)[-쩡]명하자 중이 선정(禪定)을 마치고 나옴. ↔입정(入定).

출제(出題)[-쩨]명하타되자 ①시가(詩歌)의 제목을 냄. ②시험 문제를 냄. ¶ 중간고사 문제를 출제하다.

출주(出主)[-쭈]명하자 제사 때, 신주(神主)를 사당에서 모셔 냄.

출주(出走)[-쭈]명하자 있던 곳을 떠나 달아남. 도주함.

출주(出駐)[-쭈]명하자 군대가 일정한 곳에 나가 주둔함.

출주-축(出主祝)[-쭈-]명 출주할 때 읽는 축문.

출중(出衆) '출중하다'의 어근.

출중-나다(出衆-)[-쭝-]형 출중하여 유별나다. ¶ 출중난 생각을 가지다.

출중-하다(出衆-)[-쭝-]형여 뭇사람 가운데에서 뛰어나다. 출군(出群)하다. ¶ 재능이 출중한 인물. **출중-히**부.

출진(出陣)[-찐]명하자 싸움터를 향해 나감.

출진(出塵)[-찐]명하자 번뇌의 진구(塵垢)를 벗어남. 중이 됨.

출차(出差)명 달이 태양의 영향으로 궤도 운행의 속도가 주기적으로 달라지는 일.

출창(出窓)명 (양옥에 흔히 있는) 벽보다 쑥 내민 창.

출채(出債)명하자 빚을 냄.

출처(出妻·黜妻)명 ①헤어진 아내. ②하자아내를 내쫓음.

출처(出處)명 ①사물이 나온 근거. ¶ 출처를 캐다. /출처를 밝히다. ②'세상에 나서는 일과 집 안에 들어앉는 일'을 아울러 이르는 말. ¶ 출처를 분명히 하다.

출척(黜陟)명하타 못된 사람을 내쫓고 착한 사람을 올려 씀.

출천지효(出天之孝)명 〔하늘이 낸 효자란 뜻으로〕 '지극한 효성'을 이르는 말.

출초(出草)명하타 ①재래식 건축에서, 화반이나 촛가지에 망새 같은 것을 그리는 일. ②☞기초(起草).

출초(出梢)명하자 ☞출말(出末).

출초(出超)명하자 〈수출 초과〉의 준말. ↔입초.

출출부하자 물 따위가 많이 넘치는 모양. ¶ 탱크의 물이 출출 넘쳐흐르다. 작촐촐.

출출-하다형여 시장기가 조금 있다. ¶ 출출하던 김에 밥을 먹으니, 밥맛이 꿀맛 같다. 작촐촐하다. **출출-히**부.

출췌(出萃)명하형 〈출류발췌〉의 준말.

출타(出他)명하자 ☞외출(外出).

출토(出土)명하자·타되자 땅속에 묻힌 것이 저절로 나오거나 파서 나옴. ¶ 구석기 시대 유물이 출토되다.

출토-품(出土品)명 고분(古墳) 따위에서 출토된 유물.

출통(出筒)명하자 산통계(算筒契)를 흔들어 계알을 뽑아냄.

출-퇴근(出退勤)[-퇴-/-퉤-]명하자 출근과 퇴근을 아울러 이르는 말.

출판(出判)명하자 재산을 탕진하여 끝장남.

출판(出版)명하타되자 저작물을 책으로 꾸며 세상에 내놓음. 출간(出刊). 간행(刊行). ¶ 언론과 출판의 자유. /교지(校誌)를 출판하다.

출판-권(出版權)[-꿘]명 〔저작권법에서〕 ①저작자가 자기의 저작물을 복제하여 발행할 수 있는 권리. ②출판자가 저작권자로부터 설정을 받아 저작물을 일정 기간 복제하여 발행할 수 있는 권리. 〔설정 출판권임.〕 판권.

출판-사(出版社)명 출판을 업으로 하는 회사.

출포(出捕)명하타 지난날, 죄인을 자기의 관할 구역 밖에까지 나가서 잡던 일.

출포(出浦)명하타 (배편으로 실어 나르려고) 곡식 따위를 포구로 실어 냄.

출품(出品)명하타되자 (전람회나 전시회 같은 곳에) 물건이나 작품을 내놓음, 또는 그 물품. ¶ 새로 그린 작품을 전시회에 출품하다.

출하(出荷)명하타되자 ①하물(荷物)을 실어 냄. ②생산품을 시장으로 실어 냄. 적출(積出). ¶ 출하 가격. /사과를 농수산물 도매 시장에 출하하다. ↔입하(入荷).

출학(黜學)명하타되자 (교칙을 어긴 학생을) 학교에서 내쫓음. 방교(放校). 퇴학.

출한(出汗)명하자 땀이 남.

출항(出航)명하자 선박이나 항공기가 출발함. ¶ 태풍으로 항공기가 출항하지 못했다.

출항(出港)명하타 배가 항구를 떠남. 발항(發港). ¶ 우리 배는 제주도를 향해 출항했다. 비출범(出帆). ↔입항·착항.

출행(出行)명하자 먼 길을 떠남. ¶ 출행 날을 잡다.

출향(出鄕)명하자 고향을 떠남.

출현(出現)명하자되자 ①(없던 것이나 숨겨져 있던 것이) 나타남. ¶ 적기(敵機) 출현. /새로운 무기가 출현하다. ②(천체 따위가) 가려졌다가 다시 드러남.

출혈(出血)명하자되자 ①피가 혈관 밖으로 나옴. ¶ 출혈이 멎지 않는다. ②(금전이나 인명의) '손해·희생' 따위를 비유하여 이르는 말. ¶ 출혈 판매. /출혈을 감수하다.

출혈^보:상^링크제(出血補償link制)명 수출입 링크제의 한 가지. 손해가 따르는 상품의 수출자에 대하여 손해를 메우게 하려고 특수 물자의 수입권을 주는 제도.

출화(出火)명하자 불이 남.

출화(出貨)명하타 화물을 실어 냄.

출회(出廻)[-회/-훼]명하자 물건이 시장에 나와 돎.

출회(黜會)[-회/-훼]명하타되자 모임이나 단체에서 내쫓음.

춤[1]명 (가락에 맞추거나 절로 흥겨워서) 팔다리나 몸을 율동적으로 움직여 어떤 감정을 나타내는 동작. 무용(舞踊).

춤[2]명 물건의 운두나 높이. ¶ 춤이 높은 항아리. /춤이 낮은 망건.

춤[3]명 〈허리춤〉의 준말.

춤[4] Ⅰ명 (여러 오리로 된 긴 물건을) 한 손으로 쥘 만한 분량. ¶ 춤이 크다.

Ⅱ의 (여러 오리로 된 긴 물건을) 한 손으로 쥐어 세는 단위. ¶ 모 한 춤. /짚 세 춤.

춤명 〈옛〉침. ¶ 내 衰老ᄒᆞ야 눉믈와 춤괘 煩多호라(杜初8:6).

춤-곡(-曲)명 춤을 위하여 작곡된 악곡을 통틀어 이르는 말. 무곡(舞曲). 무도곡(舞蹈曲).

춤-사위명 민속 무용에서, 춤 동작의 기본이 되는 낱낱의 일정한 움직임.

춤-추다자 ①춤의 동작을 하다. 무용하다. ¶ 노래 부르고 춤추다. ②기뻐 날뛰다. ¶ 승리의 소식에 좋아라고 춤추다. ③남의 말에 따라 줏대 없이 앞에 나서서 날뛰다. ¶ 남의 장단에 춤추다.

춤츠다자 〈옛〉춤추다. ¶ 春風ㅅ 그테 춤츠ᄂᆞ다(金三4:8). /우스며 춤처셔(杜初15:53).

춤-판명 춤을 추는 판. ¶ 춤판이 벌어지다.

춥다[-따][추우니·추워]형ㅂ ①날씨가 차다. ¶ 으스스 춥다. /추운 겨울 날씨. ②찬 기운이 느껴지다. ¶ 갑자기 오싹 추워 오는데, 감기 기운인가? ↔덥다.

춥기는 삼청 냉돌(三廳冷突)**이라**속담 〔지난날 대궐 안의 금군 삼청에서는 불을 잘 때지 아니하여 항상 매우 추웠다는 데서〕 방이 매우 차고 춥다는 말.

충명 〈충항아리〉의 준말.

충(衝)명 천문학에서, 행성이 돌다가 지구에 대하여 태양과 정반대의 위치에 오는 시각이나 상태를 이르는 말.

충(蟲)명 ①벌레. ②〈회충〉의 준말.

충간(忠肝)명 충성스러운 마음.

충간(忠諫)명하자타 충성으로 간함, 또는 그 말.

충간(衷懇)명하타 진정으로 간청함.

충간-의담(忠肝義膽)[-가늬-/-가니-]명 충성스러운 마음과 의로운 담기.

충격(衝激)명하자 서로 세차게 부딪침.

충격(衝擊)명 ①갑자기 부딪쳤을 때의 심한 타격. ¶ 충돌에 의한 강한 충격. ②심한 마음의 동요. 심한 자극. ¶ 사업 실패로 큰 충격을 받다. ③물리학에서, 물체에 대하여 급격히 가해지는 힘.

충격-량(衝擊量)[-경냥]명 물리학에서, 힘의 크기와 그 힘이 작용한 시간과의 곱을 이르는 말.

충격-력(衝擊力)[-경녁]명 물리학에서, 타격을 받거나 충돌을 했을 때 물체 간에 생기는 접촉력을 이르는 말.

충격^요법(衝擊療法)[-경뇨뻡]명 인체에 적당한 자극을 주어서 병을 치료하는 방법. 〔정신병의 전기 요법 따위.〕 쇼크 요법.

충격-적(衝擊的)[-쩍]관명 정신적으로 충격을 받거나 느낄 만한 (것). ¶ 충격적 사태. /충격적인 뉴스.

충격-파(衝擊波)명 물리학에서, 유체(流體)에 급격한 압력이 가해졌을 때, 음속 이상의 속도로 전달되는 유체의 강력한 압력 변화를 이르는 말.

충견(忠犬)명 ①주인에게 충직한 개. ②'상전에게 충실한 앞잡이 노릇을 하는 사람'을 비유하여 이르는 말.

충경(忠敬)명하타 충성스럽게 받들어 섬김.

충고(忠告)명하자타 (남의 허물이나 결점 따위를) 고치도록 타이름, 또는 그 말. 충언(忠言). ¶ 선생님의 충고에 따르다. /과음을 삼가도록 충고하다.

충곡(衷曲)명 간절하고 애틋한 마음. 심곡(心曲).

충과(忠果)명 '감람(橄欖)'을 달리 이르는 말.

충군(忠君)명하자 임금에게 충성을 다함.

충군-애국(忠君愛國)명 임금에게 충성하고 나라를 사랑함. 준충애.

충근(忠勤) '충근하다'의 어근.

충근-하다(忠勤-)형여 충성스럽고 근실하다.

충년(沖年)명 열 살 안팎의 어린 나이.

충노(忠奴)명 ☞충복(忠僕).

충담(忠膽)명 임금이나 윗사람을 섬기는 참된 마음.

충당(充當)명하타되자 (모자라는 것을) 알맞게 채워서 메움. ¶ 번 돈을 학비에 충당하다.

충당-금(充當金)명 특정의 손비(損費)를 준비하기 위해 설정하는 계정.

충돌(衝突)명하자되자 ①서로 맞부딪침. ¶ 기차와 자동차가 충돌하다. ②(의견이나 이해관계의 대립으로) 서로 맞서서 싸움. ¶ 의견 충돌.

충동(衝動)명 ①하타 마음을 들쑤셔서 흔들어 놓음. ¶ 그를 충동하여 앞장서게 하다. ②심리학에서, 뚜렷한 목적이나 의사 없이 본능적·반사적으로 어떤 일을 하려고 하는 마음의 작용을 이르는 말. ¶ 충동을 억제하다.

충동-거리다(衝動-)타 자꾸 충동질을 하다. 충동대다.

충동-구매(衝動購買)명 구매할 의사나 필요가 없었으나, 물건을 구경하거나 광고를 보다가 충동을 받아 하는 구매.

충동-대다(衝動-)타 충동거리다.

충동-이다(衝動-)타 ①충동질하다. 그렇게 하도록 자극을 주다. ②꼬드기다. 유혹하다. ¶ 그 아이를 충동인 것은 바로 너였지?

충동-질(衝動-)명하타 마음을 들쑤셔서 흔들어 놓는 짓. ¶ 남의 충동질에 빠지다.

충량(忠良) '충량하다'의 어근.

충량-하다(忠良-)[-냥-]형여 충성스럽고 선량하다.

충렬(忠烈) '충렬하다'의 어근.

충렬-사(忠烈祠)[-녈싸]명 충신이나 열사의 혼백을 모신 사당.

충렬-하다(忠烈-)[-녈-]형여 충성스럽고 절의가 있다.

충령(忠靈)[-녕]명 충의(忠義)를 위하여 목숨을 바친 영령.

충류(蟲類)[-뉴]명 벌레의 종류.
충만(充滿)명되자하형 (어떤 한정된 곳에) 가득하게 참. ¶ 가정에 행복이 충만하기를 빕니다. **충만-히**부.
충매-화(蟲媒花)명 곤충의 매개로 다른 꽃의 꽃가루를 받아서 생식 작용을 하는 꽃. 〔백합·벚꽃·장미 따위.〕 참풍매화·수매화.
충맥(衝脈)명 한방에서 이르는 기경팔맥(奇經八脈)의 하나.
충모(忠謀)명 충성스러운 꾀.
충모(衝冒)명하타 어려움을 무릅쓰고 달려듦.
충목지장(衝目之杖)[-찌-]명 〔눈을 찌르는 막대기란 뜻으로〕 '남을 해치려 하는 악한 마음'을 이르는 말.
충복(充腹)명하자 (음식을 가리지 않고) 고픈 배를 채움.
충복(忠僕)명 ①상전을 정성껏 섬기는 사내종. 충노(忠奴). ②'어떤 사람을 충직하게 받들어 모시는 사람'을 비유하여 이르는 말. ¶ 박 부장은 사장이 죽으라고 하면 죽는 시늉을 할 만큼 충복이다.
충-복통(蟲腹痛)명 ☞거위배.
충분(充分) '충분하다'의 어근.
충분(忠憤)명 임금에 대한 충의로 말미암아 생기는 분한 마음.
충분(忠奮)명하자 충의를 위하여 떨쳐 일어남.
충분-조건(充分條件)[-껀]명 'p라면 q이다'라는 가언(假言) 명제에서 p가 참이고 q도 참일 때, q에 대한 p를 이르는 말. 〔'김 군이 사람이라면, 김 군은 동물이다.'에서 '김 군은 사람이다.'가 '김 군은 동물이다.'의 충분조건임.〕 참필요충분조건·필요조건.
충분-하다(充分-)형여 (분량이나 요구 조건이) 모자람이 없이 차거나 넉넉하다. ¶ 충분한 식량. /충분한 시간. **충분-히**부 ¶ 시안을 충분히 검토하다.
충비(充備)명하타 ☞풍비(豊備).
충비(忠婢)명 상전을 정성껏 섬기는 계집종.
충-빠지다자 화살이 떨며 나가다.
충사(忠邪)명 충직함과 간사함.
충색(充塞)명하자타 가득 차서 막힘, 또는 가득 채워서 막음.
충서(忠恕)명 스스로 정성을 다하며 남의 사정을 헤아릴 줄 앎. 〔'논어(論語)'의 '이인편(里仁篇)'에 나오는 말임.〕
충서(蟲書)명 한자의 팔체서(八體書)의 하나. 중국 진(秦)나라 때 벌레 모양을 본뜬 글씨체임.
충성(忠誠)명하자 ①참마음에서 우러나는 정성. ②나라 또는 임금에게 바치는 곧고 지극한 마음. ¶ 효도는 백행의 근원이요, 충성은 삼강의 으뜸이라. 성충(誠忠).
충성-스럽다(忠誠-)[-따][~스러우니·~스러워]형ㅂ 충성을 다하는 마음과 태도로 가득 차 있다. ¶ 충성스러운 신하. **충성스레**부.
충수(充數)명하타되자 정해 놓은 수효를 채움.
충수(蟲垂)명 맹장의 아래 끝에 붙어 있는 굽은 소돌기(小突起). 작은 구멍으로 맹장과 연락함. 충양돌기(蟲様突起).
충수-꾼(充數-)명 수효를 채우는 구실밖에 못 하는 '쓸모없는 사람'을 이르는 말.
충수-염(蟲垂炎)명 충수에 일어나는 염증. 흔히, '맹장염'이라고 이름. 충양돌기염.
충순(忠純) '충순(忠純)하다'의 어근.
충순(忠順) '충순(忠順)하다'의 어근.
충순-하다(忠純-)형여 마음이 충성스럽고 참되다. ¶ 충순한 신하. **충순-히**부.
충순-하다(忠順-)형여 충직하고 양순하다. ¶ 사람됨이 충순하다. **충순-히**부.
충신(忠臣)명 충성을 다하는 신하. 충성스러운 신하. ↔역신(逆臣).
충신(忠信)명 ①충성과 신의. ②성심을 다함에 거짓이 없는 일.
충실(充實)명하형 ①(내용 따위가) 잘 갖추어지고 알참. ¶ 충실을 기하다. /내용이 충실한 참고서. ②(아이들의) 몸이 실하고 튼튼함. ¶ 신체 충실 지수. /어린아이가 충실하게 자라다. **충실-히**부 ¶ 회의 내용을 충실히 기록하다.
충실(忠實)명하형 충직하고 성실함. ¶ 충실하게 임무를 수행하다. **충실-히**부.
충실(蟲室)명 촉수동물의 개체를 보호하는 집 모양의 기관.
충심(忠心)명 충성스러운 마음. 단심(丹心). 비충정(忠情).
충심(衷心)명 속에서 우러나온 참된 마음. 《주로, '충심으로'의 꼴로 쓰임.》 ¶ 충심으로 성공을 빕니다. 비충정(衷情).
충애(忠愛)명 ①충성과 사랑. ②하자 〈충군애국〉의 준말. ③하타정성을 다하여 사랑함.
충액(充額)명하타 정한 액수를 채움. ¶ 모자라는 액수를 충액하다.
충양-돌기(蟲様突起)명 ☞충수(蟲垂).
충양돌기-염(蟲様突起炎)명 ☞충수염.
충어(蟲魚)명 벌레와 물고기.
충언(忠言)명하자타 ①충직한 말. ¶ 어진 신하의 충언. ②바르게 타이르는 말. 충고(忠告). ¶ 친구의 충언을 귀담아듣다.
충언-역이(忠言逆耳)[-녀기]명 〔충고의 말은 귀에 거슬린다는 뜻으로〕 바르게 타이르는 말일수록 듣기 싫어함을 이름. '사기'의 '회남왕전(淮南王傳)'에 나오는 말임.
충역(忠逆)명 충의와 반역.
충연(衝然) '충연하다'의 어근.
충연-하다(衝然-)형여 (높이 솟은 모양이) 찌를 듯하다. **충연-히**부.
충영(蟲癭)명 초목의 잎이나 가지 따위에 곤충이 기생하여 혹처럼 된 것. 〔북나무에 진딧물이 기생하여 생긴 오배자 따위.〕 벌레혹.
충욕(充慾)명하자 욕심을 채움.
충용(充用)명하타되자 보충하여 씀.
충용(忠勇)명 충성과 용맹.
충용-하다(忠勇-)형여 충성스럽고 용맹하다.
충원(充員)명하타 모자란 인원을 채움.
충원^소집(充員召集)명 병역법에 의한 병역 대상자 소집의 한 가지. 전시나 사변 등에 부대를 편성하기 위하여 재향 군인을 군에 소집하는 일. 참소집.
충의(忠義)[-의/-이]명 (임금과 나라에 대한) 충성과 절의.
충이(充耳)명하자 염습할 때, 시신의 귀에 솜을 메움, 또는 그 일.
충이다타 (섬이나 자루 따위에 무엇을 담을 때 보다 많이 담기게 하기 위하여) 좌우로 흔들거나 아래위로 들었다 놓았다 하다. ¶ 볏섬을 충이다.
충일(充溢)명하자되자 가득 차서 넘침. ¶ 샘솟는 용기와 충일한 정열.
충장(充壯) '충장하다'의 어근.
충장-하다(充壯-)형여 기세가 충만하고 씩씩하다.
충적(充積)명하타되자 가득하게 쌓음.

충적(沖積)㈜㉻ⓧ 흙이나 모래가 흐르는 물에 실려 와 쌓임.
충적(蟲積)명 한방에서, 음식이 위 속에서 잘 삭지 않아 마치 회충(蛔蟲)이 뭉친 것같이 느껴지는 병을 이르는 말.
충적^광:상(沖積鑛床)[-꽝-]명 바스러진 광석 가운데 유용한 광물이 충적으로 말미암아 강이나 호수·바다의 모래 속에 쌓이어 이루어진 광상.
충적-기(沖積期)[-끼]명 ☞충적세.
충적-물(沖積物)[-정-]명 흐르는 물에 실려 내려와 쌓인 진흙·모래·조약돌 따위의 퇴적물.
충적-세(沖積世)[-쎄]명 지질 시대의 시대 구분의 한 가지. 신생대의 제4기를 둘로 나눌 때의 그 후반기. 빙하 시대의 후기로서, 신석기 시대 이후 현대까지를 이름. 충적기(沖積期).
충적-층(沖積層)명 충적세에 이루어진 지층. 지질학상 가장 새로운 지층으로 바닷가나 강가의 흙·모래·자갈 따위가 가라앉아서 이루어진 것임.
충적-토(沖積土)명 흙이나 모래가, 흐르는 물에 실려 내려와 쌓인 충적층의 흙. 참풍적토(風積土).
충적^평야(沖積平野)명 흐르는 물에 흙·모래·자갈 따위가 실려 내려와 쌓여서 이루어진 평야. 참퇴적 평야(堆積平野).
충전(充電)명되자 ①하타축전기나 축전지 따위에 전기 에너지를 축적함. ¶ 다 쓴 건전지를 충전하다. ↔방전(放電). ②하자'휴식을 하면서 활력을 되찾거나 실력을 기르는 일'을 비유하여 이르는 말.
충전(充塡)명하타되자 빈 곳이나 공간 따위를 채움, 또는 채워서 메움. ¶ 가스 충전.
충전^가:상(充塡假像)명 광물이 있던 공간에 다른 광물이 충전되어 생긴 가상(假像).
충전^광:상(充塡鑛床)명 암석 속의 빈 곳을 채워서 이루어진 광상.
충전-기(充電器)명 축전지의 충전에 쓰는 장치.
충전-물(充塡物)명 채워 메우는 데 쓰이는 물질.
충전^전:류(充電電流)[-절-]명 ①축전지에 충전할 때 외부 전원으로부터 들어가는 전류. ②축전기에 직류 전압을 걸어서 같은 전압이 될 때까지 흐르는 전류.
충절(忠節)명 충성스러운 절개. ¶ 충절을 기리다.
충정(忠貞) '충정하다'의 어근.
충정(忠情)명 충성스러운 정. ¶ 나라 사랑하는 충정. 비충심(忠心).
충정(衷情)명 속에서 우러나오는 참된 정. ¶ 충정 어린 충고를 하다. 비충심(衷心).
충정-하다(忠貞-)형여 충성스럽고 지조가 곧다.
충족(充足)명 ①하타되자넉넉하게 채움. ¶ 요구 조건을 충족하다. ②하형넉넉하여 모자람이 없음. ¶ 충족한 생활. ②**충족-히**부.
충족-률(充足律)[-종뉼]명 ☞충족 이유율.
충족^이:유율(充足理由律)명 사유 법칙의 한 가지. 모든 사물의 존재 또는 진리에는 그것이 존재하거나 진리여야 할 충분한 이유가 있어야 한다는 원리. 〔라이프니츠가 제창함.〕 충족률. 이유율.
충지(忠志)명 충성스러운 뜻.
충직(忠直)명하형 충성스럽고 정직함. ¶ 충직한 신하. **충직-히**부.
충천(衝天)명하자 ①높이 솟아 하늘을 찌름. 탱천(撑天). ②기세 따위가 북받쳐 오름. ¶ 분기(憤氣)가 충천하다.
충충부 땅을 구르듯이 걸음을 급하게 걷는 모양. 작총총2.
충충-거리다자 땅을 구르듯이 걸음을 급하게 걷다. 충충대다. 작총총거리다.
충충-대다자 충충거리다.
충충-하다형여 (물이나 빛깔이) 흐리고 추하다. ¶ 웅덩이의 충충한 물. **충충-히**부.
충치(蟲齒)명 이의 단단한 조직이 미생물에 침식되어 상한 이. 벌레 먹어 상한 이. 삭은니. 우치(齲齒).
충택(充澤) '충택하다'의 어근.
충택-하다(充澤-)[-태카-]형여 몸집이 크고 살결이 윤기가 있다.
충-항아리(-缸-)명 긴 타원형으로 만든 큰 사기 병. 흔히, 청룡을 그려 넣음. 준충.
충해(蟲害)명 해충으로 입은 농작물의 피해.
충혈(充血)명되자 혈액 순환의 장애로 몸의 어느 한 부위에 피가 지나치게 많아짐, 또는 그러한 상태. ¶ 잠을 자지 못하여 눈이 충혈되다.
충혼(忠魂)명 ①충의를 위하여 죽은 사람의 넋. ②〈충혼의백〉의 준말.
충혼-비(忠魂碑)명 충혼을 기리는 기념비.
충혼-의백(忠魂義魄)[-호늬-/-호니-]명 충의(忠義)의 정신. 준충혼.
충혼-탑(忠魂塔)명 충의를 위하여 죽은 사람의 넋을 기리기 위하여 세운 탑.
충화(衝火)명하자 고의로 불을 지름.
충회(衷懷)[-회/-훼]명 마음속에서 우러나는 회포.
충효(忠孝)명 '충성'과 '효도'를 아울러 이르는 말. ¶ 충효 사상.
충효열(忠孝烈)명 '충신'과 '효자'와 '열녀'를 아울러 이르는 말.
충후(忠厚) '충후하다'의 어근.
충후-하다(忠厚-)형여 충직하고 순후하다. ¶ 충후한 인품과 준수한 골격.
충훈(忠勳)명 충의를 다하여 세운 훈공.
췌:(萃)명 〈췌괘〉의 준말.
췌:객(贅客)명 '사위'를 그의 처가에 대한 관계로 이르는 말.
췌:거(贅居)명하자 ☞처가살이.
췌:관(膵管)명 ☞이자관.
췌:괘(萃卦)명 육십사괘의 하나. 태괘(兌卦)와 곤괘(坤卦)가 겹쳐진 것. 못이 땅 위에 있음을 상징함. 준췌(萃).
췌:담(贅談)명하자 ☞췌언(贅言).
췌:론(贅論)명 쓸데없는 너저분한 이론.
췌:사(贅辭)명하자 쓸데없는 군더더기 말. 췌언.
췌:서(贅壻)명 예전에, 중국에서 신부의 친정에 재물(財物)을 주는 대신에 노역(勞役)을 하던 데릴사위.
췌:암(膵癌)명 췌장에 생기는 악성 종양. 노인에게 많으며, 췌장의 오른쪽에 잘 생김. 췌장암.
췌:액(膵液)명 ☞이자액.
췌:언(贅言)명하자 쓸데없는 군더더기 말. 췌담. 췌사.
췌:육(贅肉)명 군살.
췌:장(膵臟)명 위(胃) 아래에 있는 가늘고 긴 삼각주 모양의 장기. 탄수화물·단백질·지방 따위를 소화시키는 효소를 냄. 이자(胰子).
췌:장-암(膵臟癌)명 ☞췌암.
췌:장-염(膵臟炎)[-념]명 췌장에 생기는 염증. 〔급성과 만성으로 나뉨.〕
취명 (곰취·단풍취·참취 따위) '취'가 붙는 산나물을 통틀어 이르는 말.

취ː(嘴)명 생황(笙簧) 따위의 악기를 불 때에 쓰는, 대나무로 된 부리.
취ː가(娶嫁)명하자 ☞가취(嫁娶).
취ː객(醉客)명 술에 취한 사람. 취인(醉人).
취ː거(取去)명하타 가지고 떠남.
취ː결(就結)명하타 운송 중인 하물을 담보로 하여 은행으로부터 금융을 받으려고, 어음을 발행하여 은행에서 할인하여 받는 일. 짐을 부치는 사람이, 그 은행을 수취인으로 하고 짐을 받는 사람을 지급인으로 하는 어음을 발행함.
취ː골(聚骨)명하자 한 가족의 무덤을 한군데의 산에 장사 지내는 일.
취ː관(吹管)명 ①취관 분석에 쓰이는, 쇠붙이로 만든 대롱. ②가스 용접 따위에서, 가스를 뿜어내어 높은 온도의 불꽃을 만드는 데 쓰이는 대롱.
취ː관^분석(吹管分析)명 광물의 성분을 간단히 검출하는 정성(定性) 분석의 한 가지. 숯 속에 광물의 시료(試料)를 넣어 취관으로 산화염이나 환원염을 뿜어 그 변화로 화학적 성분을 추정함.
취ː광(醉狂)명 술에 취해 광기를 부림, 또는 그런 사람.
취ː구(吹口)명 피리·취관(吹管) 따위의 입김을 불어 넣는 구멍.
취ː국(翠菊)명 ☞과꽃.
취ː군(聚軍)명하자 군졸(軍卒)이나 인부(人夫)들을 불러 모음.
취ː급(取扱)명하타되자 ①물건을 다룸. ¶ 화약을 취급하다. ②사무나 사건 따위를 다루어 처리함. ¶ 강력 사건을 취급하다. ③사람을 어떤 품으로 대함. ¶ 바보 취급. /어린애 취급하다.
취ː기(臭氣)명 (가스에서 나는 불쾌한 냄새 따위) 좋지 않은 냄새.
취ː기(醉氣)명 술에 취해 얼근해진 기운. ¶ 취기가 돌다.
취-나물명 삶은 참취에 쇠고기를 다져 넣고 양념하여 볶은 나물.
취ː담(醉談)명하자 취중에 이야기함, 또는 그 이야기. 취언(醉言).
취ː대(取貸)명하타 돈을 꾸어 쓰기도 하고 꾸어 주기도 함. 추대(推貸).
취ː대(翠黛)명 ①눈썹을 그리는 데 쓰는 푸른 먹. ②'멀리 아지랑이가 어른거리는 푸른 산의 빛'을 비유하여 이르는 말.
취ː득(取得)명하타 자기의 것으로 함. 손안에 넣어 가짐. ¶ 장물을 취득하다.
취ː득-세(取得稅)[-쎄]명 부동산이나 차량·중기(重機)·입목(立木)·선박·광업권·어업권 따위를 취득한 자에게 물리는 지방세.
취ː락(聚落)명 인가가 모여 있는 곳, 또는 인간이 집단으로 생활을 이어 가는 곳. 〔크게는 촌락과 도시로 나뉨.〕
취ː람(翠嵐)명 먼 산에 끼어 푸르스름하게 보이는 이내.
취ː랑(吹浪)명하자 (물고기가 물 위에 떠서) 숨을 쉬느라고 입을 벌렸다 오므렸다 함.
취ː량(驟涼)명 가을철에 갑자기 일어나는 서늘한 기운.
취ː렴(翠簾)명 푸른 대오리로 엮어 만든 발.
취ː로(取露)명하타 (액체를 증발시켜) 김이 서려 맺힌 이슬을 받음.
취ː로(就勞)명하자 ①노동을 함. ②일에 착수하거나 종사함. ¶ 취로 인원.
취ː로^사ː업(就勞事業)명 실업자나 영세민의 생계를 돕기 위하여 정부에서 실시하는 여러 가지 공공사업.
취ː리(取利)명하자 (돈이나 곡식 따위를) 꾸어 주고 그 변리를 받음, 또는 그 일.
취ː립(聚立)명하자 여러 사람이 한데 모여 섬.
취ː매(醉罵)명하타 술에 취하여 남을 욕하고 꾸짖음.
취ː면(就眠)명하자 ①잠을 자기 시작함. ②잠을 잠. 비취침.
취ː면(醉眠)명하자 술에 취하여 잠.
취ː면^운ː동(就眠運動)명 식물이 빛의 자극이나 온도의 변화에 따라 일으키는 운동. 〔강낭콩이나 땅콩 따위의 잎이 낮에는 피고 밤에는 오므라드는 일 따위.〕 수면 운동.
취ː명(吹鳴)명하타 (사이렌 등을) 불어 울림.
취ː목(取木)명 ☞휘묻이.
취ː몽(醉夢)명 취중에 꾸는 꿈.
취ː무(醉舞)명하자 술에 취해서 춤을 춤, 또는 그 춤.
취ː묵(醉墨)명 취중에 쓴 글씨.
취ː미(翠微)명 ①산꼭대기에 조금 못 미치는 곳. ②산에 아렴풋이 끼어 있는 이내. ③엷은 남색.
취ː미(趣味)명 ①마음에 느껴 일어나는 멋이나 정취. ¶ 탈춤에 취미를 느끼다. ②아름다움이나 멋을 이해하고 감상하는 능력. ¶ 미술에 대한 고상한 취미. ③(전문이나 본업은 아니나) 재미로 좋아하는 일(것). ¶ 다양한 취미 생활.
취ː바리명 산대놀음에 쓰는 탈의 한 가지. 노총각 역(役)이 쓰는 것으로, 얼굴은 붉고 검은 눈썹에 눈은 구멍이 뚫렸으며 입이 큼.
취ː반(炊飯)명하자 밥을 지음.
취ː백(就白)명 ☞취복백(就伏白).
취ː병(翠屛)명 꽃나무의 가지를 틀어서 문이나 병풍처럼 만든 물건.
 취병(을) 틀다관용 취병을 만들다.
취ː보(醉步)명 술에 취하여 비틀거리는 걸음걸이.
취ː-복백(就伏白)[-빽]명 〔웃어른께 보내는 한문투의 편지 글에서〕 안부를 물은 다음 '나아가 엎드려 아뢰는 말씀'이라는 뜻으로, 여쭙고자 하는 말 앞에 쓰는 말. 취백(就白).
취ː사(炊事)명하자 음식을 만드는 일. ¶ 취사 당번.
취ː사(取捨)명하타 쓸 것은 쓰고 버릴 것은 버림. ¶ 안건의 취사를 위원회에 일임하다.
취ː사-도구(炊事道具)명 음식을 만드는 데에 쓰는 기구를 통틀어 이르는 말.
취ː사-선택(取捨選擇)명하타 쓸 것과 버릴 것을 가림.
취ː산(聚散)명하자 한데 모임과 따로 흩어짐. 모였다 흩어짐.
취ː산^꽃차례(聚繖-次例)[-꼳-]명 ☞취산 화서(聚繖花序).
취ː산^화서(聚繖花序)명 유한 화서의 한 가지. 산방 화서와 거의 같으나, 갈라져서 각 꽃대마다 꼭대기나 한가운데의 꽃으로부터 피기 시작함. 〔수국이나 미나리아재비 따위.〕 취산 꽃차례.
취ː색(取色)명하타 (낡은 세간 따위를) 닦고 매만져서 윤을 냄.
취ː색(翠色)명 남색과 파랑의 중간색.
취ː생-몽사(醉生夢死)명하자 〔취몽 속에서 살고 죽는다는 뜻으로〕 '아무 뜻 없이 한세상을 흐리멍덩히 보냄'을 이르는 말.
취ː선(醉仙)명 〔술에 취한 신선이라는 뜻으로〕 '술에 취하여 세상사에 구애됨이 없는 사람'을 멋스럽게 이르는 말.

취ː소(取消)명 ①하타 되자 (적거나 말한 것을) 지우거나 물러서 없앰. ¶ 약속을 취소하다. ②법률에서, 하자(瑕疵)가 있는 의사 표시나 법률 행위의 효력을 소급하여 소멸시키는 일.
취ː소(取笑)명하자 남의 웃음거리가 됨.
취ː소(臭素)명 ☞브롬.
취ː소(就巢)명하자 새의 암컷이 알을 까기 위해 보금자리에 들어 알을 품는 일.
취ː소-수(臭素水)명 ☞브롬수.
취ː소-지(臭素紙)명 ☞브롬지.
취ː송(翠松)명 푸른 소나무. 청송(青松).
취ː수(取水)명하자 (강이나 저수지에서) 물을 끌어 들임. ¶ 취수 사업.
취ː수-탑(取水塔)명 (강이나 저수지에서) 물을 끌어 들이기 위한 관(管)이나 수문의 설비가 되어있는 탑 모양의 구조물.
취ː식(取食)명하자 ①밥을 먹음. ¶ 취식 시간. ②남의 밥을 염치없이 먹음, 또는 그 일.
취ː식(取息)명하자 변리(邊利)를 늘려 받음.
취ː식지계(取食之計)[-찌계/-찌게]명 겨우 밥이나 얻어먹고 살아가려는 꾀.
취ː안(醉眼)명 술에 취해 개개풀어진 눈.
취ː안(醉顔)명 술에 취한 얼굴.
취ː약(脆弱)명하형 무르고 약함. ¶ 취약 과목. /안보 취약 지대. /산업 기반이 취약하다.
취ː약-성(脆弱性)[-썽]명 ①무르고 약한 성질. ②군사 용어로, 보복 전략 무기 따위가 적의 제일격(第一擊)으로 파괴되기 쉬운 상태를 이름. 〔지상에 노출된 항공 기지나 미사일 기지 따위.〕
취ː약-점(脆弱點)[-쩜]명 무르고 약한 점. ¶ 취약점이 드러나다. /취약점을 보완하다.
취ː언(醉言)명하자 ☞취담(醉談).
취ː업(就業)명하자 ①직장에 나아가 일함, 또는 일을 보기 시작함. ¶ 취업 전선에 뛰어들다. ②☞취직(就職).
취ː역(就役)명하자 역무(役務)에 종사함.
취ː연(炊煙)명 밥 짓는 연기.
취ː연(翠煙)명 ①푸른 연기. ②멀리 보이는 푸른 숲에 낀 안개.
취옥(翠玉)명 ☞에메랄드.
취ː옹(醉翁)명 술에 취한 남자 노인.
취ː와(醉臥)명하자 술에 취하여 누워 있음.
취ː와(鷲瓦)명 ☞망새.
취ː용-취대(取用取貸)명하타 금품을 서로 융통하여 씀.
취ː우(翠雨)명 푸른 나뭇잎에 듣는 빗방울.
취ː우(驟雨)명 소나기.
취ː음(取音)명하타 (한자어가 아닌 단어를) 말뜻과는 관계없이 음만 비슷한 한자로 적는 일. 〔'생각'을 '生覺'으로 적는 따위.〕
취ː음(翠陰)명 ☞녹음(綠陰).
취ː음(醉吟)명하자 술에 취하여 시가를 읊음.
취ː의(趣意)[-의/-이]명 ☞취지(趣旨).
취ː인(取人)명하자 인재를 골라 씀.
취ː인(醉人)명 ☞취객(醉客).
취ː임(就任)명하자 맡은 자리에 처음으로 일하러 나아감. ¶ 대통령 취임./사장으로 취임하다. ↔이임(離任).
취ː입(吹入)명하타 되자 ①공기를 불어 넣음. ②음반이나 녹음테이프 따위에 소리나 목소리를 녹음함. ¶ 신곡을 취입하다.
취ː자-거(取子車)명 ☞물레[1].
취ː재(取才)명하타 재주를 시험하여 뽑아 씀. 〔특히, 조선 시대의 하급 관리 등용 제도.〕

취ː재(取材)명하타 되자 (기사 따위의) 재료나 제재(題材)를 찾아서 얻음, 또는 그 일. ¶ 취재 활동. /취재에 응하다. /농촌의 실상을 취재하다.
취ː재-원(取材源)명 취재한 기사의 출처.
취ː적(就籍)명하자 ①호적에 빠진 사람이 신고하여 호적에 오름. ②토지 대장에 빠진 토지가 토지 대장에 오름.
취ː정회신(聚精會神)[-회-/-훼-]명하자 정신을 가다듬어 한군데에 모음.
취ː조(取調)명하타 되자 범죄 사실을 알아내기 위하여 속속들이 주사함, 또는 그 일. ¶ 취조를 받다.
취ː종(取種)명하타 생물의 씨를 받음. 비채종.
취ː주(吹奏)명하타 (피리나 나팔 따위의 관악기를) 입으로 불어 연주함.
취ː주-악(吹奏樂)명 취주 악기를 주체로 하고 타악기를 곁들인 합주 음악.
취ː주^악기(吹奏樂器)[-끼]명 ☞관악기.
취ː주^악대(吹奏樂隊)[-때]명 ☞관악대.
취ː죽(翠竹)명 푸른 대나무. 청죽(青竹).
취ː중(醉中)명 술에 취하여 있는 동안. ¶ 취중에 저지른 실수이니 용서해 주십시오. ↔생중(生中).
취중에 진담이 나온다속담 술에 취하여 함부로 하는 말 속에 본심이나 진심이 포함되어 있음을 이르는 말.
취ː중(就中)부 그 가운데서도 특히. 《주로, '취중에'·'취중에도'의 꼴로 쓰임.》 ¶ 취중에 특별한 하자(瑕疵)가 있는 것은 반드시 제외할 사(事).
취ː지(趣旨)명 ①(어떤 일의) 근본 목적이나 의도. ¶ 계획의 취지를 말하다. ②(이야기나 문장의) 근본 뜻. 취의(趣意). 지취.
취ː직(就職)명하자 되자 직업을 얻음. 취업(就業). ¶ 취직 시험.
취ː직-난(就職難)[-징-]명 일자리는 적고 일자리를 구하는 사람은 많아서 생기는 어려움.
취ː집(聚集)명하타 한데 모아들임.
취ː착(就捉)명하자 죄를 짓고 잡힘.
취ː처(娶妻)명하자 아내를 얻음. 장가를 듦.
취ː체(取締)명하타 되자 규칙·법령·명령 따위를 지키도록 통제함.
취ː체-역(取締役)명 (주식회사의) '이사(理事)'의 구용어.
취ː침(就寢)명하자 잠자리에 듦. ¶ 취침 시간. 비취면(就眠). ↔기침(起寢).
취ː타(吹打)명하자 지난날 군대에서, 나발·나각·대각 등을 불고 북과 바라를 치던 일, 또는 그 군악.
취ː타-수(吹打手)명 지난날, 군대에서 취타를 맡았던 군사.
취ː태(醉態)명 술에 취한 모양이나 태도.
취ː택(取擇)명하타 되자 많은 중에서 골라 뽑음. ¶ 가장 좋은 방법을 취택하다.
취ː토(取土)명하자 장사 지낼 때, 광중(壙中)의 네 귀에 길방(吉方)에서 떠 온 흙을 놓는 일, 또는 그 흙.
취ː토(聚土)명하자 (흙일을 할 때) 흩어진 흙을 거두어 모음.
취ː파(取播)명하타 씨앗을 받아 곧 파종함.
취ː패(臭敗)명하자 되자 냄새가 나도록 썩음.
취ː필(取筆)명하자 ①잘 쓴 글씨를 뽑음. ②글씨를 잘 쓰는 사람을 뽑음.
취ː하(取下)명하타 되자 신청하거나 제출하였던 것을 도로 거두어들임. ¶ 소송을 취하하다.

취:-하다(醉-)[자여] ①술이나 약 기운 따위가 온몸에 돌아 정신이 흐릿해지다. ¶ 술에 취하다. ②무엇에 열중하여 황홀해지다. 도취되다. ¶ 꽃에 취하다. /신비로운 춤사위에 취하다.

취:-하다(取-)[타여] ①버리지 않고 가지거나 골라잡다. ¶ 여럿 중에서 하나를 취하다. ②어떤 태도를 가지거나 행동을 하다. ¶ 방어 태세를 취하다. ③어떤 대책을 쓰다. ¶ 응급조치를 취하다. ④(돈 같은 것을) 꾸어 오다. ¶ 돈을 취해 오다.

취:-하다(娶-)[타여] (아내를) 맞아들이다.

취:학(就學)[명][하자] 학교에 입학하여 공부함.

취:학-률(就學率)[-항뉼][명] 학령(學齡) 아동 총수에 대한 취학 아동 수의 비율.

취:학^아동(就學兒童)[명] 초등학교에 취학하는 아동.

취:학^연령(就學年齡)[-항녈-][명] ☞학령.

취:한(取汗)[명][하자] (한방에서, 병을 다스리기 위하여) 땀을 내는 일. 발한(發汗).

취:한(醉漢)[명] '술에 잔뜩 취한 사내'를 낮추어 이르는 말.

취:한-제(取汗劑)[명] 한방에서, 땀을 내게 하는 약제를 이르는 말. 발한제(發汗劑).

취:합(聚合)[명] ①[하타]모아서 하나로 합침. ②분자나 원자가 모여 갖가지 상태를 나타내는 일. ③여러 가지 결정성 물질이 결합하여 덩어리를 이루는 일.

취:항(就航)[명][하자·타] (배나 비행기가) 항로에 오름, 또는 다님. ¶ 선박 취항.

취:향(趣向)[명] 하고 싶은 마음이 쏠리는 방향. ¶ 고객의 취향을 고려하여 상품을 진열하다.

취:향(醉鄕)[명] 취중에 느끼는 즐거운 경지.

취:허(吹噓)[명][하타] 남의 잘한 일을 허풍을 쳐서 칭찬하며 천거함.

취:화-물(臭化物)[명] ☞브롬화물.

취:화-은(臭化銀)[명] ☞브롬화은.

취:화지본(取禍之本)[명] 재앙을 가져오는 근본.

취:화-칼륨(臭化Kalium)[명] ☞브롬화칼륨.

취:후(醉後)[명] 술에 취한 뒤. 주후(酒後).

취:흥(醉興)[명] 술에 취해 일어나는 흥취. ¶ 취흥이 도도하다.

츄마[명] 〈옛〉치마. ¶ 츄마 상:裳(訓蒙中*22*).

츠기너기다[타] 〈옛〉섭섭히 여기다. 원망스럽게 생각하다. ¶ 믈러가 갈맷는 雨師롤 츠기너기고(杜初*10:25*).

츠다[1][타] 〈옛〉(춤을) 추다. ¶ 춤을 츠며(月釋*21:190*).

츠다[2][타] 〈옛〉치다. 치우다. ¶ 똥올 츠더니(月釋*13:21*).

측(側)[의] (대립되어 있는 사물의) 어느 한쪽. ¶ 여당(與黨) 측. /젊은 측. /우리 측의 의견.

측각-기(測角器)[-깍끼][명] '각도계'로 순화.

측간(廁間)[-깐][명] 뒷간. 변소.

측거-기(測距器)[-꺼-][명] ☞측원기(測遠機).

측거-의(測距儀)[-꺼의/-꺼이][명] ☞측원기.

측경-기(測徑器)[-경-][명] ☞캘리퍼스.

측광(測光)[-꽝][명][하타] 빛의 강도를 잼.

측귀(廁鬼)[-뀌][명] 뒷간에 있다는 귀신.

측근(側近)[-끈][명] ①곁의 가까운 곳. ¶ 왕을 측근에서 모시다. ②〈측근자〉의 준말. ¶ 박 부장은 사장의 측근이다.

측근(側根)[-끈][명] ☞곁뿌리.

측근-자(側近者)[-끈-][명] ①어떤 사람을 곁에서 모시는 사람. ②어떤 사람과 가까운 관계에 있는 사람. [준]측근.

측달(惻怛)[-딸][명][하타] 가엾게 여기어 슬퍼함.

측도(測度)[-또][명] ①[하타]도수·길이·양 따위를 잼. ②어떤 단위로 어떤 양을 잰 수치. ③길이·넓이·부피 등의 개념을 일반의 집합으로까지 확장한 개념.

측량(測量)[층냥][명][하타][되자] ①생각하여 헤아림. ¶ 그의 속마음을 측량할 길이 없다. ②기기(器機)를 써서, 물건의 높이·크기·위치·거리·방향 따위를 잼. ③땅 위의 어떤 위치·각도·거리·방향 따위를 재어 그림으로 나타냄, 또는 그 작업. ¶ 토지 측량 작업. ②③[비]측정(測定).

측량-기(測量器)[층냥-][명] 측량에 쓰이는 기계.

측량^기술자(測量技術者)[층냥-짜][명] 측량법에 따라 면허를 받은, 측량에 관한 전문 기사. 측량사.

측량-대(測量-)[층냥때][명] 토지를 측량할 때 쓰는 긴 막대기.

측량-도(測量圖)[층냥-][명] 측량하여 만든 지도.

측량-사(測量士)[층냥-][명] ☞측량 기술자.

측량-선(測量船)[층냥-][명] 해도를 만들기 위해 해양이나 항만 따위의 수심·조류·해저·해안선의 지형 따위를 측량하는 배.

측량-술(測量術)[층냥-][명] 측량하는 기술.

측릉(側稜)[층능][명] '옆모서리'의 구용어.

측면(側面)[층-][명] ①옆면. ②정면이 아닌 방면. ¶ 적을 측면에서 공격하다. ③사물이나 현상의 한쪽 면, 또는 한 부분. ¶ 긍정적 측면. /실용적인 측면.

측면-관(側面觀)[층-][명] 측면으로 하는 관찰.

측면-도(側面圖)[층-][명] (구조물이나 기계의 설계도를 그릴 때) 측면에서 바라본 상태를 평면적으로 나타낸 그림.

측면^묘:사(側面描寫)[층-][명] 사물을 측면으로 묘사하는 문학 표현 양식.

측목(側目)[층-][명][하타] ①곁눈질을 함. ②무서워서 바로 보지 못함.

측문(仄聞)[층-][명][하타] 풍문(風聞)으로 언뜻 얻어들음. ¶ 내가 측문한 바로는 사실이 아닌 것 같더라.

측문(側門)[층-][명] 옆문. ↔정문(正門).

측문(側聞)[층-][명][하타] 옆에서 얻어들음.

측미-계(測微計)[층-계/층-게][명] ☞마이크로미터.

측방(側方)[-빵][명] 옆쪽.

측방^침:식(側方浸蝕)[-빵-][명] 하천이 골짜기의 벽을 깎아 그 바닥을 넓히는 작용.

측백(側柏)[-빽][명] ☞측백나무.

측백-나무(側柏-)[-뺑-][명] 측백나뭇과의 상록 침엽 교목. 중국 원산의 관상 식물. 가지가 많으며, 잎은 작은 비늘 모양으로 다닥다닥 붙음. 꽃은 4월경에 피고, 가을에 달걀 모양의 열매가 익음. 잎과 열매는 한방에서 약재로 쓰임. 측백.

측백-엽(側柏葉)[-빼겹][명] 한방에서, '측백나무 잎'을 약재로 이르는 말. 보혈제나 지혈제·수렴제로 씀.

측백-자(側柏子)[-빽짜][명] ☞백자인(柏子仁).

측벽(側壁)[-뼉][명] 측면에 있는 벽이나 담.

측보-기(測步器)[-뽀-][명] ☞보수계(步數計).

측사(側射)[-싸][명][하타] 측면에서 사격함.

측사-기(測斜器)[-싸-][명] ☞클리노미터.

측산(測算)[-싼][명][하타][되자] 헤아려서 셈함.

측서(廁鼠)[-써][명] 〔뒷간의 쥐라는 뜻으로〕'지위를 얻지 못한 사람'을 조롱하여 이르는 말.

측선(側線)[-썬][명] ①철도 선로에서, 본선(本線) 이외의 선로. ②옆줄. ③☞터치라인.

측성(仄聲)[-썽]명 한자의 사성(四聲) 가운데 상성·거성·입성을 아울러 이르는 말. 참평성(平聲).
측쇄(測鎖)[-쐐]명 거리를 재는 데 쓰는, 자처럼 생긴 쇠사슬.
측수(測水)[-쑤]명하타 물의 깊이를 잼.
측시(側視)[-씨]명하타 옆으로 봄. 모로 봄.
측신(廁神)[-씬]명 뒷간을 지킨다는 귀신.
측실(側室)[-씰]명 ☞첩(妾).
측실(廁室)[-씰]명 뒷간.
측심(測深)[-씸]명하타 깊이를 잼.
측심-연(測深鉛)[-씨면]명 ☞측연(測鉛).
측심-의(測深儀)[-씨믜/-씨미]명 강이나 바다의 깊이를 재는 기계.
측아(側芽)명 ☞곁눈[2].
측압-기(測壓器)[-끼]명 그릇 안의 유체의 압력을 재는 기계를 통틀어 이르는 말.
측언(側言)명 치우친 말. 공평하지 못한 말.
측연(測鉛)명 물의 깊이를 재는 데 쓰이는, 굵은 줄 끝에 매단 납덩이. 측심연(測深鉛).
측연(惻然) '측연하다'의 어근.
측연-하다(惻然-)형여 보기에 딱하고 가엾다. 측은하다. ¶ 측연한 생각. **측연-히**부.
측와(側臥)명하자 ①모로 누움. ②곁에 누움.
측우-기(測雨器)명 조선 세종 23(1441)년에, 전국에 설치되었던 세계 최초의 우량계(雨量計).
측운(仄韻)명 한자(漢字)의 사성(四聲) 가운데 상성·거성·입성의 운. 참평운(平韻).
측운-기(測雲器)명 구름의 속도나 방향을 재는 기구.
측원-기(測遠機)명 먼 물체까지의 거리를 재는 데 쓰이는 광학 기계의 한 가지. 측거기(測距器). 측거의(測距儀).
측은(惻隱)명하형 (형편이) 딱하고 가엾음. ¶ 측은의 정. **측은-히**부.
측은지심(惻隱之心)명 사단(四端)의 하나. 불쌍히 여기는 마음.
측이(側耳)명하자 (자세히 듣기 위하여) 귀를 기울임.
측일(仄日)명 ☞사양(斜陽).
측자(仄字)[-짜]명 한자의 측운에 딸린 글자. 〔시나 부(賦)를 지을 때, 염(簾)을 보는 데 씀.〕 참평자(平字).
측점(測點)[-쩜]명 측량하는 데 기준이 되는 점을 통틀어 이르는 말. 〔삼각점·수준점·다각점 따위.〕 기준점.
측정(測定)[-쩡]명하타되자 ①헤아려서 정함. ②(어떤 단위를 기준으로 하여) 어떤 양(量)의 크기를 기계나 장치로 잼. ¶ 수질 측정. 비측량(測量).
측정-기(測程器)[-쩡-]명 배의 속력이나 항해 거리를 재는 기계.
측지(測地)[-찌]명하자 토지를 측량함. 양지(量地). 탁지(度地).
측지-선(測地線)[-찌-]명 수학에서, 곡면 위의 임의의 두 점을 잇는 최단 거리의 곡선.
측지-학(測地學)[-찌-]명 지구 물리학의 한 분야. 지구의 면적·형태·중력장 등을 측정하는 데 필요한 여러 사항을 연구하는 학문.
측차(側車)명 (사람을 태우거나 짐을 싣기 위하여) 자전거나 오토바이 옆에 단 수레.
측천(測天)명하자 천체를 관측함.
측천-법(測天法)[-뻡]명 ☞천문 항법.
측청(廁廳)명 크게 꾸민 뒷간.
측출(側出)명 ☞서출(庶出).
측판(測板)명 측량기에 딸린 널조각. 조준의(照準儀)를 올려놓거나 도면을 붙이는 데 쓰임. 평판(平板).
측편(側偏)명하형 (물고기나 곤충 따위의 몸이) 옆으로 납작한 모양.
측행(仄行·側行)[츠캥]명하자 비뚜로 걸음. 모로 걸음.
측-화면(側畫面)[츠콰-]명 정투영(正投影)에서 평화면·입화면과 직각을 이루며 만나는 화면.
측-화산(側火山)[츠콰-]명 ☞기생 화산.
측후(測候)[츠쿠]명하자 기상(氣象)을 관측함.
측후-소(測候所)[츠쿠-]명 '기상대'의 이전 일컬음.
측ᄒᆞ다형 〈옛〉측은하다. 섭섭하다. ¶ 舍利弗이 측흔 ᄆᆞ고지 잇거늘(釋譜6:36).
츩명 〈옛〉칡. ¶ 츩 갈:葛(類合上8. 訓蒙上9).
츱츱-하다[-츠파-]형여 (하는 짓이) 다랍고 염치가 없다. ¶ 돈에 너무 츱츱하여 볼꼴 사납다.
츳듣다자타ㄷ 〈옛〉물점이 똑똑 떨어지다. ¶ 그 피롤 츳듣게 ᄒᆞ며(楞解8:93). /츳드르니마다 다 이 經을 브터 나ᄂᆞ니라(金三2:49).
층(層)명 ①〈층등(層等)〉의 준말. ②〈계층(階層)〉의 준말. ③사물의 켜나 겨지. ¶ 두꺼운 공기의 층. /석탄의 층. ④여러 겹으로 높이 지은 집에서 같은 높이를 이루고 있는 부분. ¶ 맨 위의 층이 10층이다. ⑤〘의존 명사적 용법〙 여러 겹으로 포개져 있는 것의 켜를 세는 말. ¶ 건물 둘째 층에 회사가 있다.
-층(層)접미 ①《일부 명사 뒤에 붙어》 '어떤 능력이나 수준이 비슷한 무리'의 뜻을 나타냄. ¶ 고객층. /노년층. /지식층. ②《퇴적물을 나타내는 일부 명사 뒤에 붙어》 '지층'의 뜻을 나타냄. ¶ 퇴적층. /석탄층. ③《일부 명사 뒤에 붙어》 여러 겹으로 쌓인 상태, 또는 그중 한겹의 뜻을 나타냄. ¶ 오존층. /대기층.
층격(層隔)명하자되자 겹겹이 가리어 막힘.
층계(層階)[-계/-게]명 층층으로 된 데를 오르내릴 수 있도록 여러 턱으로 만들어 놓은 설비. 계단. ¶ 층계에서 발을 헛디뎌 넘어지다.
층계-참(層階站)[-계-/-게-]명 긴 층계의 중간쯤에 있는 조금 넓은 공간. 계단참.
층-구름(層-)명 ☞층운(層雲).
층-권운(層卷雲)명 ☞고층운(高層雲).
층-나다(層-)자 층등이 생기다. 층지다.
층-널(層-)명 목기(木器)의 서랍 밑에 대는 널조각.
층대(層臺)명 〈층층대〉의 준말.
층-돌(層-)[-똘]명 〈층샛돌〉의 준말.
층뒤-판(層-板)명 널판으로 된 층계에서, 층디딤판의 뒤를 막아 낀 널판.
층등(層等)명 서로 같지 않은 등급. 준층(層).
층디딤-판(層-板)명 널판으로 짜 맞춘 층계에서, 오르내릴 때 디디는 널.
층란(層欄)[-난]명 여러 층으로 된 난간.
층루(層樓)[-누]명 두 층 이상으로 높게 지은 누각(樓閣).
층류(層流)[-뉴]명 층을 이루어 흐르는 각기 다른 유체(流體)가 서로 섞이지 않고 흐르는 일, 또는 그 흐름. ↔난류(亂流).
층리(層理)[-니]명 퇴적암(堆積岩)을 이루는 퇴적물의 겹쳐진 상태.
층만(層巒)명 여러 층이 진 멧부리.
층면(層面)명 ①겹겹이 쌓인 물건의 겉. ②지층의 서로 포개진 면.
층상(層狀)명 층지거나 겹쳐진 모양.
층상^화:산(層狀火山)명 ☞성층 화산.

층-새(層-)명 ①황금의 품질, 또는 함유 성분. ②황금을 층샛돌에 문질러서 그 색수(色數)를 헤아리는 데 표준을 삼는 기구.

층샛-돌(層-)[-새똘/-샏똘]명 층새와 황금을 나란히 문질러서 황금의 색을 분별하는 데 쓰이는 검은 돌. 층석(層石). 준층돌.

층생-첩출(層生疊出)명하자 일이 겹쳐 자꾸 생겨남.

층석(層石)명 ☞층샛돌.

층수(層數)[-쑤]명 층의 수효.

층쌘-구름(層-)명 ☞층적운(層積雲).

층암(層岩)명 층을 이룬 바위.

층암-절벽(層岩絶壁)명 높고 험한 바위가 겹겹이 쌓인 낭떠러지.

층애(層崖)명 바위가 겹겹이 쌓인 언덕.

층애^지형(層崖地形)명 굳은 지층은 대칭이 아닌 구릉이 되어 남고, 무른 지층은 낮게 되어 나란히 발달한 지형.

층옥(層屋)명 ☞층집.

층운(層雲)명 하층운(下層雲)의 한 가지. 안개처럼 땅에 가장 가까이 퍼져 떠 있는 구름. 산간 지역에 비가 내릴 때 흔히 나타남. 층구름. 참안개구름.

층적-운(層積雲)명 하층운(下層雲)의 한 가지. 어두운 회색의 커다란 구름 덩어리. 흔히, 언덕 모양을 이루며 구름 사이로 푸른 하늘이 간간이 보이는데 비가 내릴 전조로 나타남. 층쌘구름.

층절(層節)명 일의 여러 가지 곡절. ¶ 층절이 많았던 지난날이 새삼 생각나다.

층제(層梯)명 여러 층으로 된 사닥다리.

층중(層重)명하자타 ☞층첩(層疊).

층-지다(層-)자 층이 생기다. 층나다. ¶ 층진 머리. /형제간인데도 살림이 너무 층진다.

층-집(層-)[-찝]명 여러 층으로 지은 집. 층옥.

층첩(層疊)명하자타 여러 층으로 포개거나 포개짐. 층중(層重).

층층(層層)명 ①거듭된 여러 층. ②낱낱의 층.

층층-나무(層層-)명 층층나뭇과의 낙엽 교목. 산지의 계곡에 흔히 나는데 높이는 20 m가량. 잎은 넓은 달걀 모양에 끝이 뾰족하며 어긋맞게 남. 늦봄에 흰 꽃이 피고, 둥근 열매는 가을에 자흑색으로 익음.

층층-다리(層層-)명 높은 곳에 층층이 딛고 오르내릴 수 있도록 만든 시설. 층층대.

층층-대(層層臺)명 층층다리. 준층대.

층층-시하(層層侍下)명 ①부모와 조부모를 다 모시고 있는 처지. ¶ 층층시하의 고된 시집살이. ②'받들어야 할 윗사람이 층층으로 있는 형편'을 비유하여 이르는 말.

층층-이(層層-)부 ①층마다. ¶ 층층이 화분이 놓여 있다. ②여러 층으로 겹겹이. ¶ 층층이 개켜 놓은 이부자리.

층하(層下)명하타 (다른 사람보다) 낮잡아 홀대함, 또는 그런 차별. ¶ 층하를 두다.

층향(層向)명 ☞주향(走向).

칙다자 〈옛〉치우치다. ¶ 語默에 칙디 아니호몰(永嘉上52).

칙돌다타 〈옛〉치우쳐 돌다. 비켜서 돌다. ¶ 소나희 녜논 길흘 계집이 칙도드시(古時調).

칙돋다자ㄷ 〈옛〉치우치다. ¶ 칙드롤 벽:僻(類合下54). /칙드롤 편:偏(類合下60).

칙칙ㅎ다자 〈옛〉빽빽하다. ¶ 니피 칙칙ㅎ니 우는 미야미 하도다(杜初22:4). 참칙칙ㅎ다.

치[1]명 '상투'의 궁중말.

치[2]명 '신발'의 궁중말.

치[3]의 길이의 단위. 한 자〔尺〕의 10분의 1. 〔약 3.33 cm에 해당함.〕 촌(寸). ¶ 두 자 세 치. /한 치 두 푼.

치[4]의 ①〈이4〉의 속된 말. ¶ 그 치. /젊은 치. ②어느 곳이나 어느 때의 것임을 나타냄. ¶ 울릉도 치 오징어. /어제 치 신문. /3월 치 봉급. ③'몫'이나 '질'·'양'의 뜻을 나타냄. ¶ 석 달 치 이자. /두 사람 치 불고기.

치[5]감 ①(절구질·달구질·도끼질 따위의) 힘든 동작을 되풀이할 때 내는 소리. ②☞체3.

치명 〈옛〉키3. ¶ 치 타:舵(訓蒙中25).

치(値)명 재거나 구하여 얻은 수. 값.

치(齒)명 ☞이2.

치(가) 떨리다관용 몹시 분하거나 지긋지긋하여 이가 떨리다.

치(를) 떨다관용 ①아주 인색하여 내놓기를 꺼리다. ②몹시 분하거나 지긋지긋하여 이를 떨다.

치(徵)명 동양 음악의 오음(五音) 음계의 넷째 음. 참궁상각치우.

치-접두 《일부 동사 앞에 붙어》 '위로'의 뜻을 나타냄. ¶ 치닫다. /치뜨다. /치솟다.

-치-접미 《일부 동사 어간 뒤에 붙어》 힘줌을 나타냄. ¶ 놓치다. /돋치다. /넘치다. /밀치다.

-치접미 《일부 명사 또는 명사형 뒤에 붙어》 '물건'의 뜻을 더함. ¶ 중간치. /날림치.

-치(値)접미 《일부 명사 뒤에 붙어》 '값'의 뜻을 더함. ¶ 기대치. /평균치. /최저치.

치가(治家)명하자 집안일을 보살피어 다스림. 치산(治產).

치ː가(致家)명하자 가업(家業)을 이룸.

치ː가(置家)명하자 〈첩치가(妾置家)〉의 준말.

치감(齒疳)명 한방에서, 치주염과 치은염을 통틀어 이르는 말.

치-감다[-따]타 위로 치켜서 감다.

치감고 내리감다관용 〔위아래 옷을 비단으로 입어서 온몸을 감다시피 한다는 뜻으로〕 '부녀자의 지나친 옷치장이나 사치함'을 비유하여 이르는 말.

치강(齒腔)명 이 속에 있는 빈 구멍 부분. 치근의 끝에 구멍이 뚫리고 속에 치수(齒髓)가 차 있음.

치건(侈件)[-껀]명 사치스러운 물건.

치경(齒莖)명 잇몸. 치은(齒齦).

치고조 《명사에 붙어》 ①'예외 없이 모두'의 뜻을 나타내는 보조사. 《대개, 부정의 말이 뒤따름.》 ¶ 한국인치고 김치를 모르는 이는 없을 것이오. ②'예외적으로'의 뜻을 나타내는 보조사. ¶ 외국인치고 우리말을 잘하는 편이다.

치고-는조 《'치고'의 힘줌말로》 예외적으로. ¶ 농구 선수치고는 키가 작다.

치고-받다[-따]자 서로 말로 다투거나, 주먹이나 발 등으로 때리고 맞고 하다. ¶ 두 사내아이가 놀이터에서 치고받고 싸운다.

치고-서조 《'치고'의 힘줌말로》 예외 없이 모두. ¶ 요새 사람치고서 그 유행가를 모르는 사람은 없을 것이다.

치골(恥骨)명 궁둥이뼈의 앞쪽 아래 부위에 있는 뼈. 불두덩뼈.

치골(痴骨)명 (남이 비웃는 것도 모르고) '망령된 말을 하는, 요량 없고 어리석은 사람'을 낮추어 이르는 말.

치골(齒骨)명 ☞치조골(齒槽骨).

치과(齒科)[-꽈]명 이를 전문으로 치료하고 연구하는 의학의 한 분과.

치과-의(齒科醫)[-꽈의/-꽈이]명 이를 전문적으로 치료하고 연구하는 의사.

치관(治棺)명하자 관을 짬.
치관(齒冠)명 이의 법랑질 부분.〔잇몸 밖으로 드러난 이의 부분.〕참치근(齒根).
치교(緻巧) '치교하다'의 어근.
치교-하다(緻巧-)형여 치밀하고 교묘하다. ¶ 치교한 솜씨.
치국(治國)명하자 나라를 다스림. 이국(理國).
치국-안민(治國安民)명하자 나라를 다스리고 백성을 편안하게 함.
치국-평천하(治國平天下)명하자 나라를 잘 다스리고 온 세상을 편안하게 함.
치근(齒根)명 ☞이촉. 참치관(齒冠).
치근-거리다자타 자꾸 치근치근하다. 치근대다. 작차근거리다. 여지근거리다. 참찌근거리다.
치근-대다자타 치근거리다.
치근덕-거리다[-꺼-]자타 자꾸 치근덕치근덕하다. 치근덕대다. 작차근덕거리다. 여지근덕거리다. 참찌근덕거리다.
치근덕-대다[-때-]자타 치근덕거리다.
치근덕-치근덕부하자타 몹시 끈덕지게 치근거리는 모양. 작차근덕차근덕. 여지근덕지근덕. 참찌근덕찌근덕.
치근-치근부하자타 (남이 싫어할 만큼) 끈질기게 조르거나 괴롭히는 모양. ¶ 치근치근 조르다. 여지근지근. 참찌근찌근.
치근치근-하다형여 끈기 있게 맞닿거나 다가와서 불쾌한 느낌이 드는 듯하다. ¶ 치근치근하게 달라붙는 사람. **치근치근-히**부.
치-긋다[-귿따][~그으니·~그어]타ㅅ 위쪽으로 향하여 올려 긋다. ↔내리긋다.
치기(稚氣)명 (어린애 같은) 유치하고 철없는 감정이나 기분. ¶ 치기 어린 행동.
치기-배(-輩)명 (날치기나 들치기 따위) 날쌘 좀도둑의 패거리를 두루 이르는 말.
치-꽂다[-꼳따]타 아래에서 위로 향하여 꽂다.
치뉵(齒衄)명 한방에서, '잇몸에서 피가 나는 병'을 이르는 말.
치다[1]자 ①비·눈·번개·물결·바람 따위가 세차게 뿌리거나 움직이다. ¶ 파도가 치다. /벼락이 치다. /눈보라가 치다. ②된서리가 몹시 많이 내리다.
치다[2]자 '치이다[2]'의 잘못.
치다[3]자타 《'-(는)다고'·'-라고'·'-다손'·'-라손' 등의 어미나 조사 '(으)로'와 함께 어울려》 인정하다, 또는 가정하다. ¶ 네가 이긴 것으로 치자. /그 사람은 무엇보다도 명예를 최고로 치며 산다. /아무리 화가 났다손 치더라도 싸움을 하다니….
치다[4]타 ①연장이나 주먹 따위로 때리거나 두드리거나 하다. ¶ 주먹으로 치다. ②때리거나 두드려서 소리를 내다. ¶ 피아노를 치다. /종을 치다. ③떡 반죽이나 진흙 따위를 두드려 짓이기다. ¶ 떡을 치다. ④공을 두드려 하는 운동을 하다. ¶ 탁구(당구)를 치다. ⑤두드려서 박다. ¶ 벽에 못을 치다. ⑥전신·전보를 보내다. ¶ 전보를 치다. ⑦적(상대편)을 공격하다. ¶ 적군을 치다. ⑧욕하다. 비난하다. 논박(論駁)하다. ¶ 날카로운 논리로 상대편을 치다. ⑨끊다. 자르다. 베다. ¶ 가지를 치다. /죄인의 목을 치다. ⑩칼날을 뉘어, 거죽을 얇게 저미어 깎다. ¶ 날밤을 치다. /배코를 치다. ⑪가늘고(잘고) 길게 썰다. 채를 만들다. ¶ 무채를 치다. ⑫동작을 하다. 크게 몸짓을 하다. ¶ 활개를 치다. /장난을 치다. /헤엄을 치다. /도망을 치다. /진저리를 치다. ⑬딱지·화투·투전 따위로 놀이를 하다. ¶ 화투를 치다. /딱지를 치다. ⑭쇠붙이를 달구어 두드려서 연장을 만들다. ¶ 대장장이가 연장을 치다. ⑮(차나 수레 따위가 사람이나 동물 따위를) 강한 힘으로 부딪고 지나가다. ¶ 승용차가 사람을 치고 달아났다.
치다[5]타 ①(어떤 표를 내기 위하여) 찍다. 쓰다. ¶ 동그라미를 치다. ②선이나 그림을 그리다. ¶ 밑줄을 치다. /묵화를 치다. ③줄을 가로로 늘이거나 매다. ¶ 금줄을 치다.
치다[6]타 ①(여러 가닥을 하나로 꼬아) 끈 따위를 엮다. ¶ 주머니 끈을 치다. ②가마니·멱서리 따위를 짜서 만들다. ¶ 가마니를 치다. /돗자리를 치다. ③신갱기·대님 따위를 삼아 매나, 휘갑을 마무르다. ¶ 감발을 치다. /휘갑을 치다.
치다[7]타 ①뿌리거나 끼얹거나 붓다. ¶ 간장을 치다. /소독약을 치다. ②체에 담아 흔들어, 가루나 액체를 받아 내다. ¶ 체로 가루를 치다. ③술을 잔에 따르다. ¶ 한 잔 가득 쳐서 올리다.
치다[8]타 ①값을 매기다. 셈하다. ¶ 하나에 만 원씩 값을 치다. ②어림으로 셈하다. 셈에 넣다. ¶ 대강 쳐서 만 원은 되겠소. /이것도 함께 쳐서 셈하시오. ③점괘(占卦)를 보다. ¶ 점을 치다.
치다[9]타 ①치르다. 겪다. 해내다. ¶ 시험을 치다. ②소리를 크게 내다. ¶ 소리를 치다. ③헛기세를 뽐내다. ¶ 공갈을 치다. /허풍을 치다.
치다[10]타 ①발 같은 것을 위에서 아래로 늘어뜨리다. ¶ 발을 치다. ②고기를 잡으려고, 그물 같은 것을 펴 놓다. ¶ 그물을 치다. ③병풍·가리개·장막·밧줄 따위로 둘레를 둘러막다. ¶ 거미줄을 치다. /울타리를 치다. /인줄을 치다.
치다[11]타 ①더러운 것을 그러내다. 청소하다. ¶ 변소를 치다. /외양간을 치다. ②도랑이나 홈의 바닥을 긁어 파내다. ¶ 도랑을 치다.
치다[12]타 ①동물이 새끼를 낳아 퍼뜨리다. ¶ 제비가 새끼를 치다. ②가축 따위를 기르다. ¶ 돼지를 치다. ③나무가 자라 가지를 벋다. ④(꿀벌이) 꿀을 빚다. ¶ 벌이 꿀을 치다. ⑤(영업을 목적으로) 남을 머물러 묵게 하다. ¶ 하숙생을 치다. /손님을 치다.
치다[13]조동 '치우다[1]'의 잘못.
치다꺼리명하타 ①일을 치러 냄, 또는 그 일. ¶ 손님 치다꺼리. ②남을 도와서 바라지를 함, 또는 그 일. ¶ 남의 치다꺼리만 맡아 하다.
치-닫다[-따][~달으니·~달아]자ㄷ ①위로 향해 달리거나 달려 올라가다. ¶ 이 길로 줄곧 치달아 올라가면 정상이 나온다. ②힘차고 빠르게 나아가다. ¶ 결승점을 향해 치닫다. ③(생각이나 감정 따위가) 치밀어 오르다. ¶ 분노가 머리 끝까지 치닫다.
치담(治痰)명하자 한방에서, 담으로 생긴 병을 다스리는 일.
치대다[1]타 (빨래나 반죽 따위를) 자꾸 눌러 문지르다. ¶ 송편 반죽을 치대다.
치-대다[2]타 밑에서 위쪽으로 올려 가며 대다.
치덕(齒德)명 '나이와 덕행'을 아울러 이르는 말. ¶ 치덕이 있는 분을 윗자리에 모시다.
치도(治道)명 ①하자도로를 새로 내거나 관리함. ②다스리는 도리.
치도하여 놓으니까 거지가 먼저 지나간다속담 '정성껏 애써 해 놓은 일을 달갑지 않은 사람이 먼저 즐겨서 속상함'을 이르는 말.
치도(馳到)명하자 달음질하여 당도함.
치도-곤(治盜棍)명 ①조선 시대에, 도범(盜犯)의 볼기를 치던 곤장의 한 가지. 곤장 가운데 가장 큰 것으로, 길이는 5자 7치. 참소곤. ②몹시 혼남, 또는 호된 매. ¶ 치도곤을 당하다.

치도곤을 안기다〔먹이다〕관용 호된 벌을 주다. 매를 호되게 때리다.
치독(治毒)명하타 ①독기를 다스려 없앰. ②중독이 된 것을 치료함.
치ː독(置毒)명하자 독약을 음식에 넣음.
치둔(痴鈍) '치둔하다'의 어근.
치둔-하다(痴鈍―)형여 어리석고 둔하다.
치떠-보다타 '칩떠보다'의 잘못.
치-뜨다[~뜨니·~떠]타 (눈을) 위로 뜨다. ↔내리뜨다.
치-뜨리다타 위쪽으로 던져 올리다. 치치다.
치뜰다[치뜨니·치뜰어]형 하는 짓이나 성질이 나쁘고 더럽다. ¶ 행실이 치뜰고 고약하다.
치란(治亂)명 ①'치세'와 '난세'를 아울러 이르는 말. ②하자 혼란에 빠진 세상을 다스림.
치람(侈濫) '치람하다'의 어근.
치람-하다(侈濫―)형여 지나치게 사치하여 분수에 넘치다.
치량명 〈칠량(七樑)〉의 변한말.
치량-보[-뽀]명 〈칠량보〉의 변한말.
치량-집[-찝]명 〈칠량집〉의 변한말.
치량-쪼구미명 〈칠량쪼구미〉의 변한말.
치런-치런부하형 ①그릇에 그득 담긴 액체가 전에서 넘칠 듯 말 듯 한 모양. ②물체의 한끝이 다른 물체에 닿을락 말락 하는 모양. ¶ 땅에 치런치런 드리운 치맛자락. 작차란차란. 여지런지런.
치렁-치렁부하자 길게 드리워진 것의 아랫자락이 부드럽게 흔들거리는 모양. ¶ 치렁치렁한 머리채. /치렁치렁한 치마. 작차랑차랑[1].
치렁-하다형여 기다랗게 드리워진 것이 바닥에 닿을 듯이 부드럽게 늘어져 있다. 작차랑하다.
치레명하타 ①잘 손질하여 모양을 냄. ¶ 치레할 것 없이 있는 그대로만 보여라. ②(어떤 일을) 실속보다도 더 낫게 꾸며 보임. ¶ 치레로 하는 인사.
-치레접미 《일부 명사 뒤에 붙어》 ①'모양을 내는 감'을 뜻함. ¶ 설치레. /옷치레. ②'실속보다 낫게 꾸밈, 또는 그러한 일'을 뜻함. ¶ 말치레. /겉치레. ③'치르거나 겪어 냄'을 뜻함. ¶ 병치레. /손님치레.
치련(治鍊)명하타 (쇠나 돌·나무 따위를) 다듬고 불림.
치렵(馳獵)명하자 말을 달리면서 사냥함.
치롱(痴聾)명 몹시 어리석고 귀먹은 사람.
치롱-주(治聾酒)명 ☞귀밝이술.
치료(治療)명하타되자 병이나 상처를 다스려서 낫게 함. ¶ 부상자를 치료하다.
치료^감호(治療監護)명 사회 보호법 시행의 한 가지. 심신 장애로 말미암은 형사 책임 무능력자나 한정 책임 능력자가 죄를 범하여 재범의 위험이 있다고 인정되는 경우, 법이 정한 시설에 수용·보호하며 치료하게 하는 법적 조처. 준감호.
치루(痔漏·痔瘻)명 한방에서 이르는 치질의 한 가지. 항문 주위에 작은 구멍이 생겨 고름이나 똥물이 흐르는 병. 누치(漏痔).
치루다타 '치르다'의 잘못.
치룽명 싸리로 채롱 비슷하게 결어 만든 그릇의 한 가지. 뚜껑이 없음.
치룽-구니명 '어리석어서 쓸모가 적은 사람'을 조롱하여 이르는 말.
치룽-장수명 물건을 치룽에 넣어 가지고 팔러 다니는 장수.
치륜(齒輪)명 톱니바퀴.
치르다[치르니·치러]타 ①주어야 할 돈이나 값을 내주다. ¶ 품삯을 치르다. ②(큰일이나 중요한 일을) 겪어 내거나 끝내다. ¶ 초상을 치르다. /시험을 잘 치르다. ③(끼니를 나타내는 말과 어울려서) 먹다. ¶ 조반을 치르다.
치리명 잉엇과의 민물고기. 몸길이 15~25 cm로 길고 한쪽으로 납작한 모양임. 몸빛은 은백색이며, 등 쪽은 푸른빛을 띤 갈색임. 한강이나 금강, 또는 그 부근의 호수에 삶.
치립(峙立)명하자 우뚝하게 높이 솟음.
치마명 ①여자의 아랫도리에 입는 겉옷. ②왕조 때, 조복(朝服)이나 제복(祭服)의 아래에 덧두르던 옷. ③연에서, 위쪽 절반은 흰 종이로, 아래쪽 절반은 색종이로 만든 것의 아래쪽을 가리키는 말.
치마(馳馬)명하자 말을 타고 달림.
치마-끈명 치마의 말기에 달아 가슴에 둘러매는 끈.
치마-널명 난간(欄干) 밑 테두리에 돌려 붙인 판목(板木).
치마-머리명 (지난날, 머리털이 적은 사람이 상투를 짤 때) 본머리에 덧둘러서 감던 딴머리. 참밑머리.
치마-분(齒磨粉)명 이를 닦을 때 칫솔에 묻혀 쓰는 가루 치약. 준치분.
치마-상투명 치마머리를 넣어서 짠 상투.
치마-양반(―兩班)명 지체 낮은 집에서 지체 높은 집과 혼인함으로써 행세를 하게 된 양반.
치마-연(―鳶)명 연의 한 가지. 허릿달의 윗부분은 흰색, 아랫부분은 다른 색을 칠한 연.
치마-폭(―幅)명 피륙을 잇대어 만든 치마의 폭.
치마폭이 스물네 폭이다속담 '아무 상관도 없는 남의 일에 지나치게 참견함'을 비꼬아서 하는 말.
치마폭이 넓다관용 '남의 일에 쓸데없이 간섭하고 참견함'을 비꼬아 이르는 말.
치마-허리명 여자 한복에서, 치마 맨 위쪽에 다른 천으로 빙 둘러서 댄 부분. 치맛말기.
치맛-단[-마딴/-맏딴]명 치맛자락 끝의 가장자리를 안으로 접어 붙이거나 감친 부분. ¶ 치맛단을 늘이다.
치맛-말기[-만-]명 ☞치마허리.
치맛-바람[-마빠-/-맏빠-]명 ①〔치맛자락이 움직이는 서슬이란 뜻으로〕 '여인의 설치는 서슬'을 이르는 말. ¶ 학부형들의 치맛바람이 세다. ②'새색시'를 농조로 이르는 말.
치맛-자락[-마짜-/-맏짜-]명 치마폭의 늘어진 부분.
치매(痴呆)명하형 정상적인 정신 상태를 잃어버린 상태.
치-매기다타 (번호나 번지 따위를) 아래에서 위로 차례를 따라 매기다. ↔내리매기다.
치매-증(痴呆症)[-쯩]명 한방에서, '치매한 증세'를 이르는 말.
치-먹다[-따]자 ①(순서나 번호가) 아래로부터 위로 치올라 가면서 정해지다. ¶ 번지가 치먹다. ②시골 물건이 서울에서 팔리다. ¶ 짚신은 치먹고 나막신은 내리먹는다. ↔내리먹다.
치먹-이다타 〖'치먹다'의 사동〗 시골 물건을 서울에서 팔다.
치먹-히다[-머키-]자 〖'치먹다'의 피동〗 치먹음을 당하다. ¶ 서울에서 치먹히는 금삼(錦蔘).
치면-하다형여 그릇 속에 물건이 거의 다 차 있다.
치명(治命)명 (죽을 무렵에) 맑은 정신으로 하는 유언. ↔난명(亂命).
치ː명(致命)명하자 ①죽을 지경에 이름. ②가톨릭에서, '순교(殉敎)'를 이전에 이르던 말.
치ː명-상(致命傷)명 ①목숨이 위험할 정도로 입은 상처. ¶ 치명상을 입다. ②회복할 수 없을 정도의 결정적인 타격이나 상태. ¶ 그 폭로 기사는 그의 명예에 치명상이 되었다.

치ː명-적(致命的)관명 치명상으로 될 만한 (것). ¶ 치명적 병. /치명적인 타격.
치ː명-타(致命打)명 (생사나 흥망에 관계될 만큼) 치명적인 타격. ¶ 치명타를 입다.
치목(治木)명하타 목재를 다듬음.
치목(稚木)명 어린나무.
치목(齒木)명 절에서, 이를 닦을 때 쓰는 버드나무로 만든 물건.
치문(緇門)명 ①모든 학자의 명구(銘句)와 권선문(勸善文)을 모은 불경의 이름. ②검은 옷을 입은 종문(宗門).
치미(侈靡)명하자 너무 지나치게 치레함.
치미(鴟尾)명 ☞망새.
치민(治民)명하자 백성을 다스림.
치밀(緻密) '치밀하다'의 어근.
치-밀다[~미니·~밀어] Ⅰ자 ①위로 힘차게 솟아오르다. ¶ 뜨거운 열기가 치밀다. ②(불길이나 연기가) 세차게 솟구치다. 치솟다. ¶ 밤하늘에 치밀어 오르는 화염. ③(어떤 감정이) 세게 일어나다. ¶ 욕심이 치밀다. /울화가 치밀다. ④(체증으로 욕지기 따위가) 위로 밀려 올라오다. ¶ 구역질이 치밀다.
Ⅱ자타 위로 힘차게 밀어 올리다. ¶ 무거운 짐을 두 팔로 치밀어 올리다. ↔내리밀다.
치밀-하다(緻密-)형여 ①(성격이나 계획 따위가) 세밀하고 꼼꼼하다. ¶ 치밀한 계획. 비면밀(綿密)하다. ②(피륙 같은 것이) 곱고 촘촘하다. ¶ 올이 가늘고 치밀한 천. **치밀-히**부.
치-받다[1][-따]자 욕심·분노 따위의 감정이 세차게 북받쳐 오르다. ¶ 화가 치받다.
치-받다[2][-따]타 ①위로 떠받아 오르다. ¶ 새싹이 겉흙을 치받으며 돋아나다. ②위를 향하여 받다. ¶ 송아지가 머리를 치받으며 젖을 빨다. /하늘을 치받듯이 높이 솟은 봉우리. ③세차게 받다. ¶ 차가 벽을 치받고서야 멈추어 섰다. ①②↔내리받다.
치-받다[3][-따]타 썩 올려서 받다. ¶ 우산을 높이 치받고 종종걸음으로 사라지다.
치받-이[-바지]명 ①비탈진 언덕의, 오르게 된 방향. ↔내리받이. ②하자건축에서, 천장·산자 따위의 안쪽으로 흙을 바름, 또는 그 일. 앙토(仰土).
치받-치다[1]자 ①(밀어 올리듯) 힘껏 솟아오르다. ¶ 열기가 훅훅 치받치는 아스팔트 길. ②(감정이) 문득 세차게 치밀다. 북받치다. ¶ 설움이 치받치다. /부아가 치받치다. ③세게 떠받아 오르다. ¶ 숨이 턱까지 치받치다.
치받-치다[2]타 ①위로 치받아 힘껏 버티다. ¶ 기둥을 치받친 주추. ②위로 힘껏 치받아 올리다. ¶ 쌀가마니를 치받쳐 들다. ③밀어붙이듯이 위로 치받아 오르다. ¶ 목구멍을 치받치는 기침.
치발부장(齒髮不長)명 〔배냇니는 다 갈지 못하고 머리는 다박머리란 뜻으로〕 '아직 나이가 어림'을 이르는 말.
치-벋다[-따]자 위쪽으로 향하여 벋다. ¶ 줄기는 하늘로 치벋고, 뿌리는 땅속으로 내리벋는다. ↔내리벋다.
치병(治兵)명하자 군대를 훈련함.
치병(治病)명하자되자 병을 다스림.
치보(馳報)명하타 급히 달려가서 알림.
치본(治本)명하타 병의 근원을 없앰, 또는 근본적인 치료.
치부(恥部)명 ①(남에게 알리고 싶지 않은) 부끄러운 부분. ¶ 민족성의 치부를 백일하에 드러내다. ②☞음부(陰部).
치ː부(致富)명하자 재물을 모아 부자가 됨. ¶ 부동산으로 치부한 졸부.
치ː부(置簿)명 ①하타되자금전이나 물품의 출납을 적어 넣음, 또는 그 장부. ②하자.타되자(마음속에) 잊지 않고 새겨 두거나 그렇다고 여김. ¶ 그는 사람들이 정신 나간 사람으로 치부할 만큼 괴팍하다.
치ː부-꾼(致富-)명 〔부자가 될 만한 사람이란 뜻으로〕 매우 근검하고 알뜰한 사람.
치ː부-책(置簿冊)명 금품을 출납한 내용을 적는 책.
치분(齒粉)명 〈치마분(齒磨粉)〉의 순말.
치-불다[~부니·~불어]자 바람이 아래에서 위를 향하여 약간 세게 불다.
치-붙다[-붇따]자 위로 치켜 올라가 붙다. ¶ 너무 치붙은 광고물. ↔내리붙다.
치빙(馳騁)명하자 ①말을 타고 돌아다님. ②부산하게 돌아다님.
치벼형 〈옛〉〔'칩다'의 활용형〕 추워. ¶ 치벼 므리 어렛다가(月釋9:23).
치뵴명 〈옛〉〔'칩다'의 명사형〕 추움〔寒〕. ¶ 치뵴과 더뵴과 브룸과 비와(月釋7:53).
치-빠다자 '냅다 달아나다'를 속되게 이르는 말.
치사(恥事) '치사하다'의 어근.
치ː사(致仕)명하자 (나이가 많아) 벼슬을 사양하고 물러남.
치ː사(致死)명하자.타 죽음에 이르게 함. 치폐(致斃). ¶ 업무상 과실 치사.
치ː사(致詞·致辭)명 ①경사가 있을 때, 왕에게 올리던 송덕의 글. 치어(致語). ②경사가 있을 때, 악인(樂人)이 풍류에 맞추어 올리던 찬양의 말. ③하타다른 사람을 칭찬함, 또는 그런 말.
치ː사(致謝)명하자 고맙다는 뜻을 나타냄.
치-사랑명하자 손윗사람에 대한 사랑. ¶ 치사랑이 내리사랑을 못 당한다. ↔내리사랑.
치ː사-량(致死量)명 생체를 죽음에 이르게 할 정도로 많은 약물의 양.
치사-스럽다(恥事-)[-따][~스러우니·~스러워]형ㅂ 치사한 데가 있다. **치사스레**부.
치ː사-율(致死率)명 어떤 병에 걸린 환자에 대한 그 병으로 죽는 환자의 비율. 백분율로 나타냄.
치ː사-죄(致死罪)[-쬐/-쮀]명 어떤 행위의 결과로 사람을 죽게 함으로써 성립하는 범죄.
치사찬란(恥事燦爛) '치사찬란하다'의 어근.
치사찬란-하다(恥事燦爛-)[-찰-]형여 쩨쩨하고 남부끄럽기 그지없다.
치사-하다(恥事-)형여 ①격에 떨어져 남부끄럽다. ¶ 치사한 말. ②(하는 짓이나 말이) 얄밉도록 아니꼽거나 잘고도 더럽다. ¶ 돈 몇 푼 가지고 너무 치사하게 굴지 마라.
치산(治山)명하자 ①산소를 매만져서 다듬음. ②산을 가꾸고 보호함.
치산(治産)명하자 ①집안 살림살이를 잘 다스림. 치가(治家). ②재산을 관리하고 처리함.
치산-치수(治山治水)명하자 산과 내를 잘 관리하고 돌봐 홍수나 가뭄 따위의 재해를 입지 않도록 예방함.
치-살리다타 지나치게 추어 주다.
치상(治喪)명하자 초상을 치름.
치생(治生)명하자 살아갈 방도를 차림.
치서(齒序)명 나이의 차례. 치차(齒次).
치석(治石)명하자 돌을 반들반들하게 다듬음.
치석(齒石)명 이에 누렇게 엉기어 붙은 단단한 물질. 음식에 섞였거나 침에서 분비된 석회분이 붙어서 굳어진 것임. 이똥.

치ː선(置先)명하자 ①바둑에서, 흑을 잡고 먼저 두는 일. ②〈치중선수(置中先手)〉의 준말.
치ː성(致誠)명하자 ①있는 정성을 다함. ¶ 병든 어머니를 치성으로 간호하다. ②신이나 부처에게 정성을 드림. ¶ 치성을 드리다. /치성을 올리다.
치성(熾盛)명하자 (불길처럼) 몹시 성함.
치세(治世)명 ①(잘 다스려서) 태평한 세상. ↔난세(亂世). ②(주로 어떤 임금이) 다스리는 때나 세상. ¶ 선조 대왕의 치세에 일어난 임진왜란. ③하자 세상을 다스림.
치소(嗤笑)명하타 빈정거리며 웃음. ¶ 남에게 치소를 당하다.
치소(痴笑)명 바보 같은 웃음.
치손(稚孫)명 어린 손자.
치-솟다[-솓따]자 ①위로 힘차게 솟다. ¶ 치솟는 연기. ②(감정이나 생각 따위가) 세차게 북받쳐 오르다. ¶ 울분이 치솟다.
치송(治送)명하타 행장을 차려 보냄.
치송(稚松)명 잔솔.
치수(-數)명 (길이를 잴 때의) 몇 자 몇 치의 셈. ¶ 양복의 치수.
치수 맞춰 옷 마른다〔**짓는다**〕속담 무엇이든 격에 맞게 해야 한다는 말.
치수(를) **내다**관용 길이의 치수를 정하다.
치수(를) **대다**관용 치수를 재어서 정하다.
치수(治水)명하자 (홍수나 가뭄의 피해를 막기 위해) 수리 시설을 하여 물길을 바로잡음.
치수(齒髓)명 치강(齒腔) 속을 채우고 있는 연한 조직. 혈관과 신경이 퍼져 있어 감각이 예민함. 이골[1].
치수(錙銖)명 썩 가벼운 무게. 〔치는 여덟 냥(兩), 수는 기장 알 100개의 무게를 이름.〕
치수-금(-數-)명 치수를 재어 그은 금.
치수-염(齒髓炎)명 치수에 생기는 염증. 몹시 쑤시고 아픈데, 화농성과 비화농성으로 나뉨.
치술(治術)명 나라를 다스리는 술책. 정치하는 기술.
치술령-곡(鵄述嶺曲)명 우리나라의 고대 가요. 왕자 미사흔(未斯欣)을 구하러 왜국에 간 박제상을 그의 아내가 치술령에 올라가 기다리며 지었다는, 망부석의 슬픈 사연을 읊은 노래. 〔가사는 전하지 아니하고, 그 설화 내용만이 '증보문헌비고'에 실려 전함.〕 참 망부석.
치-쉬다타 숨을 크게 들이마시다. ↔내리쉬다.
치습(治濕)명하자 한방에서, 병의 근원인 습기를 다스림을 이르는 말.
치승(差勝) '치승하다'의 어근.
치승-하다(差勝-)형여 (다른 것에 견주어) 조금 낫다. ¶ 약효가 치승하다.
치ː신명 ①《주로 부정하는 말과 함께 쓰이어》 (남 앞에서의) '몸가짐이나 행동'을 얕잡아 이르는 말. ¶ 치신이 말이 아니다. ②남을 대하는 태도에 나타나는 위신. ¶ 제발 치신을 좀 세우시오.
치ː신(置身)명하자 (어디에) 몸을 둠. ¶ 황송해서 치신할 바를 모르다.
치ː신-머리명 〈치신〉의 속된 말.
치ː신머리-사납다[-따][~사나우니·~사나워] 형ㅂ 〈치신사납다〉의 속된 말.
치ː신머리-없다[-업따]형 〈치신없다〉의 속된 말. **치신머리없-이**부.
치신무지(置身無地) '치신무지하다'의 어근.
치ː신무지-하다(置身無地-)형여 (두렵거나 부끄러워서) 몸둘 바를 모르다. 몸둘 곳이 없다.
치ː신-사납다[-따][~사나우니·~사나워]형ㅂ (남 앞에서의) 몸가짐이 경망스러워 볼꼴이 사납다. 〔'처신사납다'를 얕잡아 이르는 말.〕
치ː신-없다[-시넙따]형 (남 앞에서의) 몸가짐이 경망스러워 위신이 없다. 〔'처신없다'를 얕잡아 이르는 말.〕 **치신없-이**부 ¶ 치신없이 행동하다.
치심(侈心)명 사치를 좋아하는 성미.
치심(稚心)명 ①어릴 적의 마음. ②어린아이 같은 마음.
치심-상존(稚心尙存)명 어릴 적의 마음이 아직까지 남아 있음.
치-쏘다타 (활·총 따위를) 아래에서 위로 보고 쏘다. ↔내리쏘다.
치-쓸다[~쓰니·~쓸어]타 아래에서 위로 향해 쓸다.
치아(稚兒)명 ☞치자(稚子).
치아(齒牙)명 사람의 '이'를 높이어 이르는 말. ¶ 영감님, 치아가 아주 좋습니다.
치아-탑(齒牙塔)명 불교에서, 도학(道學)이 높은 중의 이를 넣고 쌓은 탑을 이르는 말.
치아-통(齒牙筒)명 지난날, 이쑤시개와 귀이개를 넣어서 차던 작은 통.
치안(治安)명하타 ①나라를 잘 다스려 편안하게 함. ②국가와 사회의 안녕 질서를 보전하고 지켜 감. ¶ 치안 유지.
치안-감(治安監)명 경찰 공무원 계급의 하나. 치안정감의 아래, 경무관의 위임.
치안^경ː찰(治安警察)명 ☞보안 경찰.
치안^본부(治安本部)명 '경찰청'의 이전 기관.
치안^재판(治安裁判)명 '즉결 재판'을 흔히 이르는 말.
치안-정감(治安正監)명 경찰 공무원 계급의 하나. 치안총감의 아래, 치안감의 위임.
치안-총감(治安總監)명 경찰 공무원 계급의 하나. 치안정감의 위로서, 경찰 공무원의 최고 계급.
치약(齒藥)명 이를 닦는 데 쓰이는 약품.
치ː어(致語)명 ☞치사(致詞).
치어(稚魚)명 알에서 깬 지 얼마 안 되는 물고기. 새끼 고기. ↔성어(成魚).
치어-걸ː(cheer+girl)명 운동 경기장에서 흥겨운 음악에 맞추어 춤을 추면서 관중의 흥을 돋우는 여자 응원단원.
치어다-보다[-어-/-여-]타 〈쳐다보다〉의 본딧말.
치어-리ː더(cheer leader)명 운동 경기장에서 흥겨운 음악에 맞추어 춤을 추면서 관중의 흥을 돋우는 응원단원.
치언(痴言)명 바보 같은 말. 어리석은 말.
치역(値域)명 어느 함수에서, 독립 변수가 변역 내의 모든 값을 취할 때에, 함수가 취할 수 있는 모든 값의 집합.
치열(治熱)명하자 병의 열기(熱氣)를 다스림, 또는 그 일. ¶ 이열(以熱)치열.
치열(齒列)명 ☞잇바디. ¶ 치열이 고르다.
치열(熾烈)명하형 세력이 불길같이 맹렬함. ¶ 치열한 생존 경쟁. **치열-히**부.
치-오르다[~오르니·~올라] Ⅰ자르 아래에서 위로 향하여 오르다. ¶ 불길이 치오르다.
Ⅱ타르 경사진 길이나 산 따위를 오르거나 북쪽 지방으로 올라가다. ¶ 험한 산길을 단숨에 치올라 갔다.
치올리다타 〖'치오르다'의 사동〗 위로 밀어 올리다. ¶ 안경을 치올리다.
치옹(齒癰)명 ☞치조 농루.
치와와(chihuahua)명 개의 한 품종. 멕시코 원산. 몸빛은 흑색 또는 갈색 등 여러 가지인데 털이 짧아 매끈매끈함. 귀가 크고 쫑긋하며, 눈은 크고 볼록 튀어나왔음. 애완용으로 기름.

치외^법권(治外法權)[-외-꿘/-웨-꿘]명 국제법에서, 외국에 있으면서 그 나라의 법률 적용을 받지 않고 자기 나라의 주권을 행사할 수 있는 권리. 국가 원수, 외교 사절, 군함이나 공적인 군대 등에 인정되는 특권임.

치욕(恥辱)명 수치와 모욕. ¶ 한 나라의 왕으로서 그런 치욕을 당하다니. 준욕.

치우(痴愚)명 정신박약의 한 유형. 지능 지수가 20 또는 25~50 임.

치우다[1]타 ①(물건을 다른 곳으로) 옮기어 간수하거나 버리다. ¶ 이자를 치우다. ②청소하여 정돈하거나 자리를 비우다. ¶ 방을 치우다./건넌방을 치우고 세를 놓았다. ③하던 일을 그만두거나 대충 끝내다. ¶ 하던 바느질을 치우고 바삐 다녀오다. ④〈시집보내다〉의 속된 말. ¶ 딸을 치우다.

치우다[2]조동 《동사의 '-아(어)' 활용형 뒤에 쓰이어》 그 행동(동작)의 종결(완료)을 뜻함. ¶ 밥한 그릇을 뚝딱 먹어 치우다./해 치우다.

치우치다자 균형을 잃고 한쪽으로 쏠리다. ¶ 감정에 치우치다.

치우-하다(痴愚-)형여 못생기고 어리석다.

치위명〈옛〉추위. ¶ 더위 가고 치위 오매(南明上59).

치ː위(致慰)명하타 상중(喪中)이나 복중(服中)에 있는 사람을 위로함.

치유(治癒)명하타되자 치료하여 병을 낫게 함.

치은(齒齦)명 잇몸. 치경(齒莖).

치은^궤ː양(齒齦潰瘍)명 잇몸이 허는 병.

치은^농양(齒齦膿瘍)명 잇몸이 헐어서 고름이 생기는 병.

치은-염(齒齦炎)[-념]명 잇몸에 생기는 염증.

치은-종(齒齦腫)명 잇몸에 생기는 종양.

치음(齒音)명 혀끝과 이 사이에서 조절되어 나오는 소리인 자음(子音). 〔훈민정음에서 'ㅅ·ㅆ·ㅈ·ㅊ'을 가리킴.〕 잇소리.

치읓[-읃]명 한글의 자음 글자 'ㅊ'의 이름. *치읓이[-으시]·치읓만[-은-]

치ː의(致意)[-의/-이]명하자 자기의 뜻을 남에게 알림.

치ː의(致疑)[-의/-이]명하자타 의심을 함.

치의(緇衣)[-의/-이]명 ①중이 입는, 빛깔이 검은 옷. ②중〔僧〕.

치이다[1]자 ①피륙의 올이 이리저리 쏠리다. ②(옷이나 이불에 둔) 솜이 한쪽으로 말려서 뭉치다.

치-이다[2]자 ①무거운 물체나 수레 밑에 눌리거나 깔리다. ¶ 사람이 자동차에 치이다. ②덫 따위에 걸리다. ¶ 덫에 치인 여우. ③다른 힘에 억눌리거나 이아침을 당하다. ¶ 잡무에 치여서 창작 활동을 하기 어렵다.

치-이다[3]자 〖'치다[8]'의 피동〗 값이 얼마씩 먹히다. 돈이 얼마씩 들다. ¶ 한 개당 천 원씩 치이다.

치-이다[4]타 ①〖'치다[11]'의 사동〗 더러운 것을 그러내게 하다. 파서(떠서) 바닥을 긁어내게 하다. ¶ 쓰레기 더미를 치이다. ②〖'치우다[1]'의 사동〗 치우게 하다.

치-이다[5]타 〖'치다[4]'의 사동〗 쇠붙이 연장을 만들게 하다. ¶ 대장장이에게 낫을 치이다.

치인(治人)명 ☞치자(治者).

치인(痴人)명 어리석고 못난 사람. 치자(痴者). 치한(痴漢).

치인-설몽(痴人說夢)명 〔치인이 꿈 이야기를 한다는 뜻으로〕 '종작없이 허황한 말을 지껄임'을 이르는 말.

치자(治者)명 ①한 나라를 다스리는 사람. 치인(治人). ②권력을 지닌 사람.

치ː자(梔子)명 한방에서, '치자나무의 열매'를 약재로 이르는 말. 성질이 차며, 이뇨·눈병·황달 따위의 해열제로 쓰임.

치자(稚子)명 ①여남은 살의 어린이. 치아(稚兒). ②어린 아들.

치자(痴者)명 ☞치인(痴人).

치ː자-나무(梔子-)명 꼭두서닛과의 상록 관목. 우리나라 남부 지방에서 재배하는데, 높이는 2m가량. 잎은 길둥글며 마주나고, 여름에 향기 좋은 흰 꽃이 핌. 열매는 가을에 황홍색으로 익는데, 염료로 쓰거나 한방에서 '치자'라 하여 약재로 씀.

치자-다소(痴者多笑)명 〔어리석고 못난 사람이 잘 웃는다는 뜻으로〕 '실없이 잘 웃는 사람'을 놀림조로 이르는 말.

치ː자-색(梔子色)명 치자로 물들인 빛깔. 짙은 누른빛에 약간 붉은빛을 띰.

치-잡다[-따]타 치켜 잡다.

치장(治粧)명하타되자 매만져서 잘 꾸미거나 모양을 냄. ¶ 얼굴을 치장하다./새롭게 치장한 집.

치장 차리다가 신주(神主) 개 물려 보낸다속담 무슨 일을 잘하려고 늑장을 부리다가 뜻밖의 낭패를 본다는 뜻.

치장(治裝)명하자 행장을 차림. 치행(治行).

치ː재(致齋)명하자 제관(祭官)이 된 사람이 제사 전 사흘 동안 재계함, 또는 그 일.

치적(治績)명 (나라나 고을을) 잘 다스린 공적.

치ː전(致奠)명하자 사람이 죽었을 때, 겨레붙이나 친구들이 슬픈 뜻을 표하는 제식(祭式).

치정(治定)명하타 나라를 다스려 안정시킴.

치정(痴情)명 이성을 잃은 남녀 간의 애정. ¶ 치정에 얽힌 살인 사건.

치ː제(致祭)명하자 임금이 제물과 제문을 내려 죽은 공신(功臣)을 제사 지냄, 또는 그 일.

치조(齒槽)명 치근(齒根)이 박혀 있는 상하 턱뼈의 구멍. 잇집.

치조-골(齒槽骨)명 치조의 벽을 이루는 부위의 뼈. 〔턱뼈의 일부임.〕 치골.

치조골-염(齒槽骨炎)[-렴]명 (충치를 내버려 두었을 때) 치근을 싸고 있는 턱뼈 부분에 생기는 염증.

치조^농루(齒槽膿漏)[-누]명 이가 흔들리고 잇몸의 가장자리가 검붉어지며 치조에서 고름이 나는 병. 치옹.

치조^농양(齒槽膿瘍)명 세균이 들어가 치조에 고름이 생기는 염증.

치조-염(齒槽炎)명 치조에 생기는 염증.

치조-음(齒槽音)명 ☞잇몸소리.

치졸(稚拙)명하형 유치하고 졸렬함.

치죄(治罪)[-죄/-줴]명하타 죄를 다스림.

치주(馳走)명하자 달려감.

치ː주(置酒)명하자 술자리를 베풂.

치주-염(齒周炎)명 이촉의 막이나 잇몸·잇집 따위에 생기는 염증을 통틀어 이르는 말. 〔치은염·치근막염·치조골염·치조 농루 따위가 있음.〕

치ː중(置中)명하자 〔바둑에서, 가운데에 둔다는 뜻으로〕 ①어복점에 두는 일. ②상대의 말이 에워싼 곳에 두 집이 못 나도록 급소에 놓아 파호(破戶)하는 일.

치ː중(置重)명하자되자 무엇에 중점을 둠. ¶ 주요 과목에 치중하여 공부하다.

치중(輜重)명 ①말에 실은 짐. ②군대의 여러 가지 군수품.

치ː중-선수(置中先手)명하자 바둑에서, 치중할 때에는 반드시 선수해야 함을 이르는 말. 준치선.
치ː중-수(置中手)[-쑤]명 바둑에서, 치중점에 놓는 수. 치중한 수.
치ː중-점(置中點)[-쩜]명 바둑에서, 사활(死活)이 결정될 급소의 한 점. 치중해야 할 중요한 자리.
치ː즈(cheese)명 동물의 젖에 들어 있는 단백질을 응고·발효시킨 식품.
치지(差池) '치지하다'의 어근.
치ː지(致知)명하자 (사물의 도리를) 깨달아서 알게 됨. ¶ 격물(格物)치지.
치ː지도외(置之度外)[-외/-웨]명하타 내버려 두고 문제로 삼지 않음. 도외시하여 내버려 둠.
치지-하다(差池-)형여 들쑥날쑥해서 고르지 않다. 가지런하지 않다.
치진(馳進)명하자 ①어른 앞으로 빨리 달려감. ②지난날, 고을 원이 감영(監營)으로 급히 달려가던 일.
치질(痔疾)명 항문의 안팎에 생기는 병을 통틀어 이르는 말.
치질명 〈옛〉 자수(刺繡). ¶ 슈질 치지렛 셩녕 잘 ᄒᆞ고(飜朴上45).
치차(齒次)명 ☞치서(齒序). ¶ 치차에 따라 자리를 정하다.
치차(齒車)명 톱니바퀴.
치ː총(置塚)명 치표(置標)로 만든 무덤.
치-치다타 ①(획을) 위로 올려 삐치다. ②치뜨리다.
치커리(chicory)명 국화과의 다년생초. 높이는 60~100cm이며, 여름에 청색을 띤 자주색, 연한 붉은색, 흰색 따위의 두상화(頭狀花)가 핌. 연하고 흰 싹은 샐러드로, 뿌리는 커피의 혼합물로 씀. 지중해 연안 지방이 원산지임.
치켜-들다[~드니·~들어]타 위로 올려 들다. ¶ 깃발을 치켜들다. /손을 번쩍 치켜들었다.
치켜-뜨다[~뜨니·~떠]타 눈을 아래에서 위로 올려 뜨다. ¶ 눈을 치켜뜨고 덤비다.
치켜-세우다타 ①옷깃이나 눈썹 따위를 위쪽으로 올리다. ¶ 눈초리를 치켜세우다. ②정도 이상으로 칭찬하여 주다. ¶ 별것도 아닌 일을 가지고 입에 침이 마르게 치켜세운다.
치키다타 위로 끌어올리다. ¶ 흘러내린 바지를 치키다. ↔내리키다.
치킨(chicken)명 〈프라이드치킨〉의 준말.
치킨-라이스(chicken+rice)명 밥에 닭고기와 채소 등을 넣고 볶아 만든 서양 요리의 한 가지.
치ː타ː(cheetah)명 고양잇과의 포유동물. 몸길이 1.5 m, 꼬리 길이 1 m가량. 몸빛은 황색 또는 갈색 바탕에 검은빛의 얼룩무늬가 빽빽함. 몸이 가늘고 길며 다리도 깊. 포유류 중 가장 빠른 속도로 달림. 아프리카, 인도의 사막 지대에 분포함.
치탈(褫奪)명하타 벗겨서 빼앗음.
치탈-도첩(褫奪度牒)명 중이 삼보(三寶)에 대하여 불경죄를 지었을 때 그의 도첩을 빼앗는 일.
치태(痴態)명 바보 같은 모양새나 꼬락서니. ¶ 치태를 부리다.
치태(齒苔)명 이에 끼는 젤라틴 모양의 퇴적(堆積). 세균·침·점액물 따위로 이루어짐. 플라크.
치토(埴土)명 토양 분류에 따른 흙의 한 가지. 60% 안팎의 찰흙과 40% 안팎의 모래로 된 흙. 〔농사에는 알맞지 않음.〕
치통(齒痛)명 이의 아픔. 이가 아픈 증세. ¶ 치통이 심해서 진통제를 먹었다.
치패(稚貝)명 새끼 조개.
치ː패(致敗)명하자 살림이 아주 결딴이 남. ¶ 치패를 보다.
치평(治平) '치평하다'의 어근.
치평-하다(治平-)형여 세상이 잘 다스려져 평안하다. 참태평(太平).
치ː폐(致斃)[-폐/-페]명하자타 ☞치사(致死).
치포(治圃)명하자 채전을 가꿈.
치포-관(緇布冠)명 지난날, 유생(儒生)이 평상시에 쓰던 검은 관.
치표(治表)명 한방에서, 병의 겉으로 나타난 증세만을 그때그때 다스리는 것을 이르는 말.
치ː표(置標)명하자 〔표하여 둔다는 뜻으로〕 묏자리를 미리 잡아 표적을 묻어서 무덤처럼 만들어 두는 일.
치풍(侈風)명 사치스러운 풍습.
치풍(治風)명하자 한방에서, 풍기(風氣)를 다스리는 일.
치풍-주(治風酒)명 한방에서, 풍을 다스리는 술을 이름. 〔찹쌀지에와 꿀과 물을 끓여서 식힌 것에 누룩을 버무려서 담금.〕
치하(治下)명 ①지배하거나 통치하는 아래. ¶ 일제(日帝) 치하. ②통치·관할하는 구역.
치ː하(致賀)명하타 칭찬하거나 축하하는 뜻을 나타냄. 〔윗사람이 아랫사람에게, 또는 평교간에 쓰는 말.〕 ¶ 우수 선수를 치하하다.
치한(痴漢)명 ①☞치인(痴人). ②여자를 희롱하는 사내. ②색한(色漢).
치핵(痔核)명 한방에서, 직장(直腸)의 정맥이 늘어져서 항문 둘레에 혹같이 된 종기의 한 가지를 이르는 말.
치행(治行)명하자 ☞치장(治裝).
치행(痴行)명 아주 못난 짓.
치혈(治血)명하자 한방에서, 피가 잘못되어 생긴 병을 다스리는 일.
치혈(痔血)명 한방에서, '치질로 나오는 피'를 이르는 말.
치화(治化)명하타 어진 정치로 백성을 교화함.
치화(痴話)명 ①치정을 내용으로 하는 이야기. ②☞정사(情事).
치ː환(置換)명하타 ①되자바꿔 놓음. ②수학에서, n개의 숫자를 다른 순열로 바꾸어 펼치는 일. ③화학에서, 화합물의 어떤 원자나 원자단을 다른 원자나 원자단으로 바꾸어 놓는 일.
치효(鴟梟)명 ①☞올빼미. ②'간악하고 흉포한 사람'을 비유하여 이르는 말.
치-훑다[-훌따]타 위로 향하여 훑다. ↔내리훑다.
치희(稚戲)[-히]명 ①아이들의 놀이. ②유치한 짓.
치혀다타 〈옛〉 치키다. ¶ ᄃᆞ리예 뻐딜 ᄆᆞ롤 너즈시 치혀시니(龍歌87章).
칙교(勅敎)[-꾜]명하타 ☞칙유(勅諭).
칙단(勅斷)[-딴]명하타 ☞칙재(勅裁).
칙령(勅令)[칭녕]명 ☞칙명(勅命).
칙명(勅命)[칭-]명 임금의 명령. 대명(大命). 주명(主命). 칙령(勅令). 칙지(勅旨).
칙사(勅使)[-싸]명 칙명을 받든 사신.
칙사 대접(待接)관용 (칙사에게 베푸는 것처럼) 극진하고 융숭한 대접.
칙살-맞다[-쌀맏따]형 얄밉도록 칙살하다. ¶ 먹을 것 가지고 칙살맞게 굴지 마라. 작착살맞다.
칙살-부리다[-쌀-]자 칙살맞은 짓을 하다. 작착살부리다.
칙살-스럽다[-쌀-따][~스러우니·~스러워]형ㅂ 보기에 칙살한 데가 있다. 작착살스럽다. **칙살스레**부.

칙살-하다[-쌀-]형여 (하는 짓이나 말이) 아니꼽게 잘고도 더럽다. 작착살하다.
칙서(勅書)[-써]명 (어떤 사람에게) 임금이 훈계하거나 알릴 일을 적은 글.
칙선(勅選)[-썬]명하타되자 칙명으로 뽑음.
칙액(勅額)명 임금이 손수 쓴 편액(扁額).
칙어(勅語)명하타 ☞칙유(勅諭).
칙유(勅諭)명하타 임금이 몸소 타이른 말, 또는 그것을 널리 공포하는 일. 칙교(勅教). 칙어(勅語).
칙임(勅任)명 ①하타칙명으로 벼슬을 시킴, 또는 그 벼슬. ②〈칙임관〉의 준말.
칙임-관(勅任官)명 대한 제국 때, 대신의 청으로 임금이 임명하던 벼슬. 준칙임.
칙재(勅裁)[-째]명하타 임금의 옳고 그름을 가림. 칙단(勅斷).
칙지(勅旨)[-찌]명 ☞칙명(勅命).
칙칙-폭폭부 증기 기관차가 연기를 뿜으며 달리는 소리.
칙칙-하다[-치카-]형여 ①(빛깔이) 짙기만 하고 산뜻하지 않다. ¶ 칙칙한 빛깔. ②(숲이나 머리털 따위가) 배어서 짙다.
칙필(勅筆)명 임금의 친필(親筆).
칙행(勅行)[치캥]명 칙사의 행차.
칙허(勅許)[치커]명하타 임금이 허락함, 또는 그런 허락.
친-(親)접두 ①《겨레붙이를 나타내는 말 앞에 붙어》 '직계' 또는 '가까운 친족임'을 뜻함. ¶ 친할머니. /친부모. /친동생. /친조카. ②《일부 명사 앞에 붙어》 '친근함'을 뜻함. ¶ 친여 세력. /친일파.
친가(親家)명 ①☞실가(實家). ②중이 '자기의 부모가 있는 집'을 이르는 말.
친감(親監)명하타 임금이 친히 감시함.
친감(親鑑)명하타 임금이 친히 봄.
친견(親見)명하타 친히 봄. 비친람(親覽).
친고(親告)명하타 ①몸소 고함. ②피해자가 직접 하는 고소.
친고(親故)명 ①친척과 고구(故舊)를 아울러 이르는 말. ②☞친구(親舊).
친고-죄(親告罪)[-쬐/-쮀]명 피해자 및 그 밖의 법률이 정한 사람의 고소나 청구가 있어야 검사가 공소를 제기할 수 있는 범죄. 〔강간죄·명예 훼손죄 따위.〕
친-공신(親功臣)명 (조상으로부터 물려받은 것이 아니라) 자기 자신의 공(功)으로 녹훈(錄勳)된 공신.
친교(親交)명 친밀한 교분. ¶ 친교를 맺다.
친교(親教)명 부모의 가르침.
친구(親口)명하자 가톨릭에서, 거룩한 대상에게 경의를 나타내기 위하여, 또는 평화와 사랑을 나누기 위하여 입맞추는 일.
친구(親舊)명 ①친하게 사귀는 벗. 붕우. 친우. 친고(親故). ②(비슷한 또래나 별로 달갑지 않은) 상대편을 무간하게 또는 낮추어 이르는 말. ¶ 저 사람 참 재미있는 친구로군!
친구는 옛 친구가 좋고, 옷은 새 옷이 좋다속담 물건은 새것이 좋지만 친구는 오래 사귄 친구일수록 정의가 두텁다는 말.
친국(親鞫·親鞠)명하자타 임금이 중죄인을 친히 국문함, 또는 그 일.
친군-영(親軍營)명 조선 고종 때, 서양식 군제(軍制)를 본떠서 서울과 지방에 두었던 여러 군영을 통할하던 관청.
친권(親眷)명 퍽 가까운 권속(眷屬).
친권(親權)[-꿘]명 부모가 미성년인 자식에 대하여 가지는 신분·재산상의 여러 권리와 의무를 통틀어 이르는 말.
친권-자(親權者)[-꿘-]명 친권 행사가 인정된 사람, 또는 친권을 행사하는 사람.
친근(親近) '친근하다'의 어근.
친근-감(親近感)명 친근한 느낌. ¶ 오늘 처음 만난 사람인데도 친근감이 든다.
친근-하다(親近-)형여 사귀어 지내는 사이가 매우 가깝다. ¶ 이웃과 친근하게 지내다. **친근-히**부.
친기(親忌)명 부모의 제사.
친-남매(親男妹)명 한 부모에게서 난 남매.
친-누이(親-)명 한 부모에게서 난 누이.
친-딸(親-)명 자기가 낳은 딸.
친람(親覽)[칠-]명하타 ①왕이나 귀인이 친히 봄. ②몸소 관람함. ②비친견(親見).
친림(親臨)[칠-]명하자 (임금이) 친히 나옴.
친막(親幕)명 지난날, '장수에게 직접 딸린 막료'를 이르던 말.
친막친(親莫親) '친막친하다'의 어근.
친막친-하다(親莫親-)형여 더할 수 없이 친하다.
친명(親命)명 부모의 명령.
친모(親母)명 친어머니. 실모(實母).
친목(親睦)명하형 서로 친하여 화목함.
친목-계(親睦契)[-꼐/-께]명 친목을 도모하기 위한 계.
친목-회(親睦會)[-모쾨/-모퀘]명 친목을 도모하기 위한 모임. 간친회.
친문(親聞)명하타 몸소 들음.
친밀(親密)명하형 지내는 사이가 아주 친하고 가까움. ¶ 회사 동료들과 친밀하게 지내다. **친밀-히**부.
친밀-감(親密感)명 친밀한 느낌.
친밀-도(親密度)[-또]명 친밀한 정도.
친병(親兵)명 임금이 친히 거느리는 군사.
친봉(親捧)명하타 몸소 거두어들임.
친부(親父)명 친아버지. 실부(實父).
친-부모(親父母)명 친아버지와 친어머니. 실부모(實父母).
친분(親分)명 친밀한 정분. 계분(契分). ¶ 친분을 맺다. /친분이 두텁다. 비친의(親誼).
친불친(親不親)명 친함과 친하지 않음.
친사-간(親査間)명 친사돈끼리의 사이.
친-사돈(親查頓)명 남편의 부모와 아내의 부모와의 사이(관계)를 서로 이르는 말. 참곁사돈.
친-사촌(親四寸)명 친삼촌의 아들딸. 참외사촌.
친산(親山)명 부모의 산소.
친-삼촌(親三寸)명 친아버지의 형제. 참외삼촌.
친상(親喪)명 부모의 상사. 대우(大憂). 부모상.
친생-자(親生子)명 민법에서, 부모와 혈연관계가 있는 자(子)를 이르는 말.
친서(親書)명 ①하타몸소 글씨를 씀. ②몸소 써 보낸 편지. 친찰(親札).
친서(親署)명하자 (왕이나 귀인이) 몸소 서명함, 또는 그 서명.
친선(親善)명하형 친밀하고 사이가 좋음. ¶ 친선 경기. /친선을 도모하다.
친소(親疏)명 친함과 버성김. ¶ 친소를 가리다.
친소-간(親疏間)명 친하든지 친하지 않든지 상관없이. 《주로, '친소간에'의 꼴로 쓰임.》 ¶ 친소간에 셈은 분명히 해야 한다.
친속(親屬)명 ☞친족(親族).
친-손녀(親孫女)명 직계의 손녀.
친-손자(親孫子)명 직계의 손자.

친솔(親率)명 ①한 집안의 권솔. ②하타몸소 인솔함.

친수-성(親水性)[-썽]명 물에 대한 친화력(親和力)이 있는 성질. ↔소수성(疏水性).

친수^콜로이드(親水colloid)명 용액인 물과 콜로이드 입자와의 친화력이 강한 콜로이드. ↔소수 콜로이드.

친숙(親熟)명하형 친밀하고 흉허물이 없음. ¶ 친숙한 사이. **친숙-히**부.

친시(親試)명하타 지난날, 과거에서 임금이 친히 시험을 보이던 일.

친신(親臣)명 임금을 아주 가까이 모시는 신하. 근신(近臣).

친신(親信)명하타 가깝게 여기어 믿음.

친심(親審)명하타 몸소 심사함.

친-아들(親-)명 자기가 낳은 아들. 친자.

친-아버지(親-)명 자기를 낳은 아버지. 생부(生父). 친부(親父). 생아버지.

친-아우(親-)명 한 부모에게서 난 아우. 친제.

친압(親狎) '친압하다'의 어근.

친압-하다(親狎-)[치나파-]형여 흉허물이 없이 너무 지나치게 친하다.

친애(親愛)명하타 친근하게 사랑함. ¶ 친애하는 국민 여러분.

친-어머니(親-)명 자기를 낳은 어머니. 생모(生母). 친모(親母). 생어머니.

친-언니(親-)명 한 부모에게서 난 언니.

친연(親緣)명 친척의 인연.

친영(親迎)명 ①하타친히 나아가 맞음. ②신랑이 신부를 맞아 데려오는 육례(六禮)의 마지막 예식.

친왕(親王)명 황제의 아들이나 형제의 칭호.

친왕(親往)명하자 몸소 감.

친우(親友)명 친한 벗. 친구.

친위(親衛)명 임금이나 국가 원수에 대한 경호.

친위-대(親衛隊)명 ①임금이나 국가 원수 등의 신변을 경호하는 군대. ②대한 제국 때, 서울의 수비를 맡은 군대.

친의(親誼)[치늬/치니]명 썩 가까운 정의. 비친분.

친일-파(親日派)명 일본과 친하게 지내는 무리.

친임-관(親任官)명 대한 제국 때, 임금이 직접 임명하던 벼슬.

친자(親子)명 ①친아들. ②친자식. ③법률상의 자식. 혈연관계에 의한 친생자와, 법률상 친생자에 준하는 법정 친자(法定親子)가 있음.

친자(親炙)명하자 스승에게 가까이하여 친히 가르침을 받음. ¶ 친자를 받다.

친자 소송(親子訴訟) 부모 되는 이나 자식 되는 이가 법률상 친자 관계임을 주장하여 내는 민사 소송.

친-자식(親子息)명 자기가 낳은 자식. 친자.

친잠(親蠶)명하자 (양잠을 장려하기 위하여) 왕후가 친히 누에를 침.

친재(親裁)명하타 임금이 친히 재결함.

친전(親展)명 ①하타(편지 따위를) 손수 펴 봄. ②받는 이가 손수 펴 보기를 바란다는 뜻에서, 편지의 겉봉에 쓰는 말.

친전(親傳)명하타 몸소 전하여 줌.

친절(親切)명하형스형 (남을 대하는 태도가) 정성스럽고 정다움, 또는 그러한 태도. ¶ 외국인에게 친절을 베풀다. **친절-히**부. **친절스레**부.

친정(親征)명하타 임금이 친히 나가 정벌함.

친정(親政)명하자 임금이 친히 정사를 봄.

친정(親庭)명 시집간 여자의 본집. 본가(本家). 높친정댁.

친정 일가 같다속담 남이지만 흉허물이 없이 가깝게 지낸다는 말.

친정-댁(親庭宅)[-땍]명 〈친정〉의 높임말. 본가댁.

친정-살이(親庭-)명하자 친정에 몸을 부치고 삶, 또는 그러한 생활.

친제(親弟)명 친아우.

친제(親祭)명하자 임금이 친히 제사를 지냄. 친향(親享).

친족(親族)명 ①촌수가 가까운 겨레붙이. 친속(親屬). ②법률에서, 배우자·혈족·인척 등을 통틀어 이르는 말. 〔배우자, 8촌 이내의 부계 혈족, 4촌 이내의 모계 혈족, 남편의 8촌 이내의 부계 혈족, 남편의 4촌 이내의 모계 혈족, 처의 부모 등을 이름.〕

친족^결혼(親族結婚)[-결-]명 친족끼리의 결혼.

친족-권(親族權)[-꿘]명 친족상의 신분 관계에 따라 발생하는 사권(私權)의 한 가지. 〔친권(親權)과 후견(後見)에 관한 권리 따위.〕

친족-법(親族法)[-뻡]명 부부, 부모와 자녀, 후견(後見), 친족회, 그 밖의 일반 친족 관계를 규정한 사법.

친족-회(親族會)[-조쾨/-조퀘]명 특정한 사람이나 집안의 중요 사항을 의결하는 친족적 합의 기관. 본인·호주·후견인·친족·검사·이해관계인 따위의 청구에 따라 법원이 소집함.

친지(親知)명 친근하게 서로 잘 알고 지내는 사람.

친진(親盡)명하자 ☞대진(代盡).

친집(親執)명하타 (남에게 시키지 않고) 몸소 행함.

친찬(親撰)명하타 임금이 친히 시문(詩文)을 지음, 또는 그 시문.

친찰(親札)명 ☞친서(親書).

친척(親戚)명 ①친족과 외척. ②성이 다른 가까운 척분(戚分). 〔고종·이종 따위.〕

친친부 (실이나 노끈 따위로) 단단하게 여러 번 감거나 동여매는 모양. 칭칭. ¶ 다친 다리를 붕대로 친친 감다. 작찬찬.

친친(親親)명하자 (가까이 지내야 할 사람과) 아주 친함. ¶ 이웃 간에 친친하다.

친친-하다형여 축축하고도 끈끈하여 불쾌한 느낌이 있다. ¶ 속옷에 땀이 친친하게 배었다.

친-탁(親-)명하자 (생김새·성질 따위가) 아버지 쪽을 닮음. 진탁. ↔외탁.

친피(親避)명하자 지난날 과거를 보일 때, 응시자와 시험관이 근친(近親)이 되는 것을 피하던 일, 또는 그 제도.

친필(親筆)명 손수 쓴 글씨. 육필(肉筆). 진적(眞迹). 진필(眞筆). ¶ 친필 편지. /친필 사인.

친-하다(親-)형여 매우 가깝게 사귀어 정이 두텁다. ¶ 친한 친구.

친-할머니(親-)명 아버지의 친어머니.

친-할아버지(親-)명 아버지의 친아버지.

친행(親行)명하타 일을 몸소 함. 궁행(躬行).

친향(親享)명하자 ☞친제(親祭).

친형(親兄)명 한 부모에게서 난 형. 실형(實兄).

친-형제(親兄弟)명 한 부모에게서 난 형제.

친화(親和)명하자되자 ①서로 친하여 화합함. ②화학에서, 종류가 다른 물질이 화합하는 일.

친화-력(親和力)명 ①남과 친하게 잘 어울리는 힘. ②화학에서 원소가 결합할 때, 특히 어떤 원소와 선택적으로 결합하는 경향이나 힘을 이르는 말.

친환(親患)명 부모의 병환.

친후(親厚) '친후하다'의 어근.

친후-하다(親厚-)형여 서로 친하여 정의가 두텁다.
친-히(親-)부 몸소. 손수. ¶ 선생님께서 친히 쓰신 답장 편지.
칠(漆)명하타 ①〈옻칠〉의 준말. ②(칠감이나 물감 따위를) 겉에 발라 빛깔이나 광택을 냄, 또는 그 일. ¶ 페인트로 벽을 칠하다. /니스를 칠한 장판지. ③칠감 이외의 물질을 묻히거나 바르는 일. ¶ 온몸에 비누를 칠하다.
칠(七) Ⅰ수 일곱.
Ⅱ관 《일부 단위를 나타내는 명사 앞에 쓰이어》 ①그 수량이 일곱임을 나타내는 말. ¶ 칠 개월. /칠 할. ②그 순서가 일곱 번째임을 나타내는 말. ¶ 교과서 칠 장을 펴라.
칠각-형(七角形) [-가켱]명 일곱 개의 직선으로 둘러싸인 평면 도형.
칠-감(漆-) [-깜]명 물건의 겉에 발라 보기 좋게 꾸미거나 썩지 않게 하는 데 쓰는 물질. 〔니스·페인트 따위.〕
칠갑명하타 ☞철갑(鐵甲). 한자를 빌려 '漆甲'으로 적기도 함.
칠거지악(七去之惡)명 (지난날, 유교적 관념에서 이르던) 아내를 버릴 수 있는 이유가 되는 일곱 가지 경우. '시부모에게 불순한 경우, 자식을 낳지 못하는 경우, 음탕한 경우, 질투하는 경우, 나쁜 병이 있는 경우, 말이 많은 경우, 도둑질한 경우'를 이름. 참삼불거(三不去).
칠경(七經)명 일곱 가지의 경서. 곧, 시경(詩經)·서경(書經)·예기(禮記)·악기(樂記)·역경(易經)·논어(論語)·춘추(春秋). 참오경·사서삼경.
칠공(漆工)명 ☞칠장이.
칠교-도(七巧圖)명 장난감의 한 가지. 정사각형의 평면을 몇 가지 도형으로 일곱 조각을 내어 여러 가지 형상을 꾸며 보게 되어 있음. 칠교판.
칠교-판(七巧板)명 ☞칠교도.
칠궁(七窮)명 (지난날 농촌에서, 묵은 곡식은 이미 떨어지고 햇곡식은 아직 나지 않은 때인) '음력 칠월의 궁핍'을 이르던 말. 참핍월(乏月).
칠규(七竅)명 (사람의 얼굴에 있는) 눈·귀·코·입의 일곱 구멍을 이르는 말.
칠-그릇(漆-) [-릇]명 ☞칠기(漆器). ＊칠그릇이[-르시]·칠그릇만[-른-]
칠기(七氣)명 사람의 일곱 가지 심기(心氣). 곧, 기쁨〔喜〕·노여움〔怒〕·슬픔〔悲〕·은혜〔恩〕·사랑〔愛〕·놀람〔驚〕·두려움〔恐〕.
칠기(漆器)명 ①〈칠목기〉의 준말. ②옻칠과 같이 검은 잿물을 입힌 도자기. 칠그릇.
칠난(七難) [-란]명 불교에서 이르는, 일곱 가지의 재난. 곧, 수(水)·화(火)·나찰(羅刹)·왕(王)·귀(鬼)·가쇄(枷鎖)·원적(怨賊).
칠난-팔고(七難八苦) [-란-]명 '칠난'과 '팔고', 곧 온갖 고난.
칠년-대한(七年大旱) [-련-]명 7년 동안이나 계속되는 큰 가뭄. 〔'구년지수(九年之水)'와 짝을 이루어 쓰이는 말로, 중국 은나라 탕왕 때에 있었던 큰 가뭄에서 유래함.〕
칠당(七堂) [-땅]명 절에 있는 온갖 전당과 집을 아울러 이르는 말.
칠대(七大) [-때]명 불교에서 이르는, 만유 생성의 일곱 요소. 곧, 지대(地大)·수대(水大)·화대(火大)·풍대(風大)·공대(空大)·견대(見大)·식대(識大).
칠-대양(七大洋) [-때-]명 일곱 군데의 큰 바다. 곧, 북태평양·남태평양·북대서양·남대서양·인도양·남극해·북극해.
칠독(漆毒) [-똑]명 옻의 독기.
칠떡-거리다 [-꺼-]자 자꾸 칠떡칠떡하다. 칠떡대다. ¶ 바짓자락을 칠떡거리며 다니다.
칠떡-대다 [-때-]자 칠떡거리다.
칠떡-칠떡부하자 (물건이 너무 늘어져서) 바닥에 닿았다 들렸다 하며 끌리는 모양. ¶ 치마를 칠떡칠떡 끌며 걸어 나오다.
칠-뜨기(七-)명 〈칠삭둥이〉의 속된 말.
칠-띠(七-)명 화투에서, 청단이나 홍단이 섞인 '다섯 끗짜리 일곱 장'을 이르는 말.
칠락팔락(七落八落)명 ☞칠령팔락(七零八落).
칠량(七樑)명 크고 너른 집을 지을 때, 지붕 상연의 경사를 더 급하게 하기 위해 오량보다 도리를 두 개 늘인 지붕틀의 꾸밈새. 변치량.
칠량-각(七樑閣)명 ☞칠량집.
칠량-보(七樑-)명 칠량집의 한가운데 줄의 들보. 변치량보.
칠량-집(七樑-) [-찝]명 칠량으로 지은 집. 칠량각. 변치량집.
칠량-쪼구미(七樑-)명 칠량보를 받치고 있는 동자기둥. 변치량쪼구미.
칠럼-거리다자 자꾸 칠럼칠럼하다. 칠럼대다. 작찰람거리다.
칠럼-대다자 칠럼거리다.
칠럼-칠럼부하자 큰 그릇에 담긴 물 따위가 일렁일 때마다 자꾸 넘쳐흐르는 모양. 작찰람찰람.
칠렁-칠렁부하형 큰 그릇에 담긴 물 따위가 넘칠 듯 넘칠 듯 한 모양. 작찰랑찰랑·철렁철렁.
칠렁-하다형여 큰 그릇에 담긴 물 따위가 넘칠 듯이 그득하다. 작찰랑하다·철렁하다.
칠레^초석(Chile硝石)명 (칠레에서 생산되는) 질산나트륨으로 된 광석. 무색투명한 알 모양의 결정체. 물에 잘 녹으며 조해성이 있음. 질소 비료나 화약의 원료로 쓰임. 소다 초석. 지리 초석. 질산소다.
칠령팔락(七零八落)명 ①하형 뿔뿔이 흩어져 갈피를 잡을 수 없음. ②하자 (계속 실패하거나 잇달은 불운으로) 아주 영락(零落)함. 칠락팔락.
칠률(七律)명 〈칠언 율시〉의 준말.
칠립(漆笠)명 옻칠을 한 갓.
칠망(七望)명 음력 열이렛날에 이루어지는 만월(滿月).
칠면-조(七面鳥)명 ①칠면조과의 새. 북아메리카와 멕시코 원산. 날개 길이 50 cm가량. 머리와 목은 털이 없어 붉은 살이 드러나 있는데 파란색으로 바뀌기도 함. 수컷은 발정기가 되면 꽁지를 부채 모양으로 폄. ②'변덕스러운 사람'을 비유하여 이르는 말.
칠목(漆木)명 ☞옻나무.
칠-목기(漆木器) [-끼]명 옻칠을 한 나무 그릇. 준칠기.
칠무늬^토기(漆-土器) [-니-]명 겉면에 기하학적인 무늬를 채색한 고대(古代) 토기의 한 가지. 채문 토기.
칠물(漆物)명 옻칠을 한 기물(器物)을 통틀어 이르는 말.
칠-박(漆-)명 옻칠을 한 함지박.
칠반-천역(七般賤役)명 조선 시대에, 관아에 매였던 일곱 가지 천한 구실. 곧, 조례(皁隷)·나장(羅將)·일수(日守)·조군(漕軍)·수군(水軍)·봉군(烽軍)·역졸(驛卒).
칠보(七寶)명 ①불교에서 이르는 일곱 가지 보배. ㉠'무량수경(無量壽經)'의 금·은·유리·파리(玻璃)·마노(瑪瑙)·거거(硨磲)·산호. ㉡'법화경(法華經)'의 금·은·마노·유리·거거·진주·매괴(玫瑰). ㉢전륜성왕(轉輪聖王)이 가지고 있다는, 윤보(輪寶)·상보(象寶)·마보(馬寶)·여의주보(如意珠寶)·여보(女寶)·장보(將寶)·주장신보(主藏臣寶). ②금은이나 구리의 바탕에 유리질의 유약을 발라 구워서 여러 가지 무늬를 나타낸 세공(細工).

칠보-단장(七寶丹粧)명하자 여러 가지 패물로 몸을 꾸밈.

칠보-재(七步才)명 '썩 뛰어난 글재주'를 이르는 말. 〔중국 위나라 때 조식(曹植)이 일곱 걸음을 걷는 동안에 시를 지었다는 고사에서 유래함.〕

칠보-족두리(七寶-)[-뚜-]명 새색시가 쓰는 족두리. 금박을 박고, 여러 가지 패물로 꽃 모양을 만들어 꾸밈.

칠복(七福)명 칠난(七難)을 벗어난 행복.

칠분-도(七分搗)명 현미를 찧어 겉껍질의 7할만 벗겨 내는 일.

칠분도-미(七分搗米)명 칠분도로 찧은 쌀. 백미보다 비타민 B의 함량이 많음.

칠불(七佛)명 석가모니불 이전의 여섯 부처와 석가모니불을 아울러 이르는 말. 곧, 비바시불(毗婆尸佛)·시기불(尸棄佛)·비사부불(毗舍浮佛)·구류손불(拘留孫佛)·구나함모니불(俱那含牟尼佛)·가섭불(迦葉佛)·석가모니불(釋迦牟尼佛).

칠-붓(漆-)[-붇]명 칠을 할 때 쓰는 붓. *칠붓이[-부시]·칠붓만[-분-]

칠삭-둥이(七朔-)[-싹뚱-]명 ①밴 지 일곱 달 만에 태어난 아이. ②'아주 어리석은 사람'을 조롱조로 이르는 말.

칠색(七色)[-쌕]명 일곱 가지의 빛깔. 곧, 빨강·파랑·노랑·보라·초록·남·주황.

칠색 팔색을 하다관용 얼굴빛이 변할 만큼 매우 질색을 하다.

칠색(漆色)[-쌕]명 발라 놓은 옻칠의 광택.

칠생(七生)[-쌩]명 불교에서, 이승에 일곱 번 다시 태어나는 일. 이승에 다시 태어날 수 있는 가장 많은 번수.

칠서(七書)[-써]명 ①사서삼경(四書三經)을 아울러 이르는 말. ②고대 중국의 일곱 병서(兵書). 곧, 손자(孫子)·오자(吳子)·사마법(司馬法)·울요자(尉繚子)·육도(六韜)·삼략(三略)·이위공문대(李衛公問對).

칠서(漆書)[-써]명 (종이가 없던 옛날에) 대쪽에 글자를 새기고 그 위에 옻칠을 한 글자.

칠석(七夕)[-썩]명 ①'음력 칠월 초이렛날의 밤'을 명일로 이르는 말. 〔이날 밤에 견우와 직녀가 1년 만에 오작교에서 만난다는 전설이 있음.〕 ②〈칠석날〉의 준말.

칠석-날(七夕-)[-썽-]명 음력 칠월 초이렛날. 준칠석.

칠석-물(七夕-)[-썽-]명 칠석날 내리는 비.

칠석물(이) 지다관용 칠석날에 비가 와서 큰물이 지다.

칠선(漆扇)[-썬]명 종이에 옻칠을 한 부채.

칠성(七成)[-썽]명 황금의 품질을 10등분할 때의 넷째 등급. 참팔성.

칠성(七星)[-썽]명 ①〈북두칠성〉의 준말. ②〈칠원성군〉의 준말. ③〈칠성판〉의 준말.

칠성-각(七星閣)[-썽-]명 칠원성군을 모신 집. 칠성전.

칠성-님(七星-)[-썽-]명 '칠원성군'을 높여 이르는 말.

칠성-단(七星壇)[-썽-]명 칠원성군을 모시는 제단.

칠성-당(七星堂)[-썽-]명 칠원성군을 주신(主神)으로 모신 사당.

칠-성사(七聖事)[-썽-]명 가톨릭에서 이르는, 예수가 정한 일곱 가지 성사. 곧, 성세(聖洗)·견진(堅振)·고백(告白)·성체(聖體)·병자(病者)·신품(神品)·혼인(婚姻).

칠성-상어(七星-)[-썽-]명 신락상엇과의 바닷물고기. 몸길이 2.5 m가량. 몸은 길고 가로로 납작하며 머리가 넓음. 몸빛은 청색을 띤 회색으로 갈색 반점이 흩어져 있고 배는 흼. 우리나라의 황해와 남해, 인도양·지중해 등지에 분포함.

칠성-은(七成銀)[-썽-]명 ☞정은(丁銀).

칠성-장어(七星長魚)[-썽-]명 칠성장어과의 물고기. 몸길이 63 cm가량으로 뱀장어와 비슷함. 몸빛은 등이 갈색을 띤 담청색이고 배는 흼. 아가미 구멍이 몸의 양옆에 7개씩 있음. 우리나라의 동남해로 흐르는 각 하천과 일본 등지에 분포함.

칠성-전(七星殿)[-썽-]명 ☞칠성각(七星閣).

칠성-판(七星板)[-썽-]명 관(棺) 속의 시체 밑에 까는 널빤지. 북두칠성을 본떠서 일곱 구멍을 뚫음. 준칠성.

칠-소반(漆小盤)[-쏘-]명 옻칠을 한 소반.

칠순(七旬)[-쑨]명 ①일흔 날. ②일흔 살. 칠질(七耋). ¶ 칠순 잔치.

칠실(漆室)[-씰]명 매우 어두운 방.

칠실지우(漆室之憂)[-씰찌-]명 제 분수에 맞지 않는 근심. 〔옛날 중국 노나라의 천한 여자가 캄캄한 방에서 나랏일을 근심했다는 고사에서 유래함.〕

칠십(七十)[-씹] Ⅰ수 일흔.

Ⅱ관《일부 단위를 나타내는 명사 앞에 쓰이어》 ①그 수량이 일흔임을 나타내는 말. ¶ 칠십 명./칠십 세. ②그 순서가 일흔 번째임을 나타내는 말. ¶ 칠십 등.

칠십이-후(七十二候)[-씨비-]명 음력에서, 1년을 72기후로 나눈 것. 〔닷새가 1후임.〕

칠야(漆夜)명 아주 캄캄한 밤. 흑야(黑夜).

칠언(七言)명 한 구(句)가 일곱 자로 된 한시(漢詩), 또는 그 형식. 칠언시(七言詩).

칠언^고ː시(七言古詩)명 한시의 한 갈래. 한 구가 칠언으로 된 고시. 구수(句數)에 제한이 없음.

칠언^배율(七言排律)명 한시(漢詩)의 한 갈래. 칠언으로 된 배율.

칠언-시(七言詩)명 한 구가 일곱 자씩으로 된 한시(漢詩). 칠언(七言).

칠언^율시(七言律詩)[-뉼씨]명 율시의 한 가지. 칠언 팔구로 된 한시. 준칠률.

칠언^절구(七言絕句)명 칠언 사구로 된 한시(漢詩). 준칠절.

칠엽-수(七葉樹)[-쑤]명 칠엽수과의 낙엽 교목. 일본 원산의 관상 식물로 높이는 30 m가량. 나무껍질은 회갈색. 6월경에 흰 바탕에 분홍 반점이 있는 꽃이 핌. 열매는 둥글고, 익으면 세 쪽으로 갈라짐. 씨는 적갈색이며, 녹말이 많음.

칠오-조(七五調)[-쪼]명 음수율의 한 가지. 일곱 자와 다섯 자를 섞바꾸어 음조를 맞추는 율조.

칠요(七曜)명 〈칠요일〉의 준말.

칠-요일(七曜日)명 일주일을 일곱으로 나눈 요일을 이르는 말. 곧, 일(日)·월(月)·화(火)·수(水)·목(木)·금(金)·토(土)의 일곱 요일. 칠치(七値). 준칠요.

칠원-성군(七元星君)명 불교에서, 북두(北斗)의 일곱 성군을 이르는 말. 곧, 탐랑(貪狼)·거문(巨文)·녹존(祿存)·문곡(文曲)·염정(廉貞)·무곡(武曲)·파군(破軍). 준칠성. 참칠성님.

칠월(七月)명 한 해의 일곱째 달. 참신월·맹추·난월.

칠월 더부살이가 주인 마누라 속곳 걱정한다속담 아무 관계 없는 일에 주제넘게 걱정한다는 말.

칠월 장마는 꾸어서 해도 한다속담 칠월에는 으레 장마가 있게 마련이라는 말.

칠음(七音)명 ①동양의 악률(樂律) 체계에서, 기본을 이루는 일곱 음. 곧, 궁(宮)·상(商)·각(角)·치(徵)·우(羽)·변궁(變宮)·변치(變徵). ②음운학에서, 아음(牙音)·설음(舌音)·순음(脣音)·치음(齒音)·후음(喉音)·반설음(半舌音)·반치음(半齒音)의 일곱 가지 소리.

칠-일(漆-)[-릴]명하자 칠하는 일.

칠일(七日)명 ①이레. ②이렛날.

칠일-장(七日葬)[-짱]명 초상난 지 이레 만에 지내는 장사.

칠일-주(七日酒)[-쭈]명 담근 뒤 이레 만에 마시는 술.

칠장(漆欌)명 ①옻칠을 한 옷장. ②갓방에서, 옻칠을 한 물건을 넣어 굳히는 장.

칠-장이(漆-)명 칠일을 업으로 하는 사람. 칠공.

칠재(七齋)[-째]명 〈칠칠재〉의 준말.

칠적(七赤)[-쩍]명 음양설에서 이르는 구성(九星)의 하나, 곧 금성(金星)을 이름.

칠전(漆田)[-쩐]명 옻나무를 심은 밭.

칠전팔기(七顚八起)[-쩐-]명하자 〔일곱 번 넘어지고 여덟 번 일어난다는 뜻으로〕 '여러 번의 실패에도 굽히지 않고 분투함'을 이르는 말.

칠전팔도(七顚八倒)[-쩐-또]명하자 〔일곱 번 넘어지고 여덟 번 거꾸러진다는 뜻으로〕 '어려운 고비를 많이 겪음'을 이르는 말.

칠절(七絕)[-쩔]명 〈칠언 절구〉의 준말.

칠정(七井)[-쩡]명 상여를, 한쪽에 일곱 사람씩 모두 열네 명이 메도록 꾸미는 방식.

칠정(七情)[-쩡]명 ①사람의 일곱 가지 감정. ㉠희(喜)·노(怒)·애(哀)·낙(樂)·애(愛)·오(惡)·욕(欲). ㉡희·노·우(憂)·사(思)·비(悲)·경(驚)·공(恐). ②불교에서 이르는, 희·노·우·구(懼)·애·증(憎)·욕의 일곱 감정.

칠정-겹줄(七井-)[-쩡-쭐]명 칠정에 세로줄 하나씩을 더한 상여의 줄. 〔한 칸에 두 사람씩 모두 스물여덟 명이 메게 된 것.〕

칠정-력(七政曆)[-쩡녁]명 조선 세종 때 반포한 책력의 한 가지.

칠-조각(漆彫刻)명 옻칠을 두껍게 바른 위에다 하는 조각.

칠-조약(七條約)[-쪼-]명 ☞한일 신협약.

칠종(七宗)[-쫑]명 한국 불교의 일곱 종파. 곧, 조계종·천태종·총남종·화엄종·자은종·중신종·시흥종. 〔고려 말기에서 조선 초기까지의 종파로서, 세종 때 앞의 세 종은 선종으로, 뒤의 네 종은 교종으로 통합됨.〕

칠종성-법(七終聲法)[-쫑-뻡]명 17세기부터, 받침(종성)에는 'ㄱ·ㄴ·ㄹ·ㅁ·ㅂ·ㅅ·ㅇ'의 일곱 자만을 쓴 표기법. 〔그 이전까지는 'ㄱ·ㄴ·ㄷ·ㄹ·ㅁ·ㅂ·ㅅ·ㅇ'의 8종성을 썼는데, 'ㄷ'을 'ㅅ'으로 통일하여 적었기 때문에 7종성이 됨.〕

칠종칠금(七縱七擒)[-쫑-]명 '무슨 일을 제 마음대로 함'을 이르는 말. 〔옛날 촉한(蜀漢)의 제갈량(諸葛亮)이 맹획(孟獲)을 일곱 번 사로잡았다가 일곱 번 놓아준 고사에서 유래함.〕

칠-죄종(七罪宗)[-쬐-/-쮀-]명 가톨릭에서, 본죄(本罪)의 일곱 가지 근원을 이르는 말. 곧, 교오(驕傲)·간린(慳吝)·미색(迷色)·분노·탐도(貪饕)·질투·해태(懈怠). 죄종.

칠중(七衆)[-쭝]명 불교에서, 불제자의 일곱 종별을 이르는 말. 곧, 비구·비구니·식차마나(式叉摩那)·사미·사미니·우바새·우바이.

칠-중주(七重奏)[-쭝-]명 음악에서, 일곱 사람이 각기 다른 악기로 연주하는 실내악 중주. 흔히, 현악과 관악으로 합주함.

칠즙(漆汁)명 액체 그대로인 옻.

칠지(漆紙)[-찌]명 옻칠을 한 종이.

칠지-단장(漆紙丹粧)[-찌-]명 활의 양냥고자 밑에 칠을 바른 종이로 가로 꾸민 단장.

칠진-만보(七珍萬寶)[-찐-]명 모든 진귀한 보물.

칠질(七袠)[-찔]명 ☞칠순(七旬).

칠창(漆瘡)명 한방에서, 옻이 올라 생긴 피부병을 이르는 말.

칠첩-반상(七-飯床)[-빤-]명 반찬 수에 따른 상 차리기의 한 가지. 밥·탕·김치·간장(초간장·초고추장)·조치(찌개 1, 찜 1)는 기본이고, 거기에 숙채·생채·구이·조림·전·마른반찬·회의 일곱 가지 반찬을 갖추어 차리는 상차림. 참오첩반상·구첩반상.

칠첩-반상기(七-飯床器)[-빤-]명 칠첩반상을 차리는 데 필요한 반상기. 곧, 밥그릇·국그릇·김치보시기·간장 종지·찌개 그릇 등 기본 그릇 외에, 반찬 접시 일곱 개를 더한 한 벌.

칠촌(七寸)명 ①일곱 치. ②아버지의 재종형제 또는 재종형제의 아들, 곧 재종숙이나 재종질과의 촌수.

칠치(七値)명 ☞칠요일.

칠칠(七七)명 ①일곱이레. 칠칠일(七七日). ②'칠월 칠석'을 달리 이르는 말. ¶ 칠칠에 견우와 직녀가 오작교에서 만난다는 전설.

칠칠-맞다[-맏따]형 《주로 '못하다'·'않다'와 함께 쓰이어》 ①'성질이나 일 처리가 반듯하고 야무지다'를 속되게 이르는 말. ¶ 칠칠맞지 못한 솜씨. ②'주접이 들지 않고 깨끗하다'를 속되게 이르는 말. ¶ 하고 다니는 꼴이 칠칠맞지 못하다.

칠칠-일(七七日)명 ①☞칠칠. ②☞사십구일.

칠칠-재(七七齋)[-째]명 ☞사십구일재. 준칠재.

칠칠-하다형여 ①푸성귀나 머리털 따위가 잘 자라서 알차고 길다. ¶ 칠칠하게 자란 배추. ②성질이나 일 처리가 반듯하고 야무지다. ¶ 솜씨가 칠칠하다. ③주접이 들지 않고 깨끗하다. ¶ 칠칠치 못한 사람. **칠칠-히**부.

칠판(漆板)명 (분필로 글씨를 쓰게 된) 흑색이나 진녹색의 판. 흑판.

칠팔(七八)관 단위를 나타내는 일부 명사 앞에 쓰이어, 그 수량이 일곱이나 여덟임을 나타내는 말. ¶ 칠팔 명. /칠팔 세가량 되는 여자 아이.

칠팔-월(七八月)명 칠월과 팔월.

칠팔월 수숫잎속담 마음이 약하여 번복하기를 잘하는 사람을 이르는 말.

칠포(漆布)명 ①칠을 한 베. ②관 위에 붙이는 헝겊. 옻칠을 하여 관을 싸고, 그 위에 옻을 덧바름.

칠품(七品)명 가톨릭에서, 성사를 집행할 수 있는 성직에 오르기 위하여 서품되어야 할 일곱 가지 품(品)을 이르는 말. 곧, 수문품(守門品)·강경품(講經品)·구마품(驅魔品)·시종품(侍從品)·차부제품(次副祭品)·부제품(副祭品)·사제품(司祭品).

칠피(漆皮)명 에나멜을 칠한 가죽. ¶ 칠피 구두.

칠함(漆函)명 옻칠을 한 함.

칠현-금(七絃琴)명 '금(琴)'의 딴 이름. 일곱 줄로 된 악기라는 데서 이르는 이름.

칠-호병(漆胡瓶)명 병 모양으로 된 서양식 칠기. 술을 담는 데 씀.
칠화(漆畫)명 옻칠로 그린 그림.
칠흑(漆黑)명 칠처럼 검고 광택이 있음, 또는 그런 빛깔. ¶ 칠흑의 머리. /칠흑 같은 어둠.
칡[칙]명 콩과의 낙엽 활엽 만초. 산이나 들에 흔히 나는데, 잎은 세 잎씩 붙은 겹잎이며 어긋맞게 남. 8월경에 홍자색 꽃이 핌. 뿌리는 한방에서 갈근(葛根)이라 하여 약재로 씀. 덩굴의 속껍질은 청올치라 하여 갈포의 원료가 되며 잎은 사료로 쓰임. *칡이[칠기]·칡만[칭-]
칡-넝쿨[칭-]명 ☞칡덩굴.
칡-덤불[칙떰-]명 칡덩굴에 다른 풀이나 가시나무 따위가 엉클어져 우거진 덤불.
칡-덩굴[칙떵-]명 칡의 벋은 덩굴. 칡넝쿨.
칡-범[칙뻠]명 몸에 칡덩굴 같은 줄무늬가 있는 범.
칡-소[칙쏘]명 온몸에 칡덩굴 같은 무늬가 있는 황소.
침명 입 안에 괴는 끈끈한 액체. 침샘에서 분비되는 소화액의 한 가지임. 구액(口液). 타액. ¶ 침을 튀기다.
　침 먹은 지네속담 ①'할 말을 못하고 있는 사람'을 비유하여 이르는 말. ②'기운을 못 쓰고 기가 죽은 사람'을 비유하여 이르는 말.
　침 발린 말속담 듣기 좋게 꾸며서 하는 말.
　침 뱉은 우물 다시 먹는다속담 다시는 안 볼 듯이 하여도 곧 아쉬워 찾게 됨을 이르는 말.
　침(을) 뱉다관용 아주 치사스럽게 생각하거나 더럽게 여기어 멸시하다.
　침(을) 삼키다〔흘리다〕관용 ①몹시 먹고 싶어하다. ②몹시 탐내다.
　침이 마르다관용 어떤 사물이나 사람에 대하여 거듭해서 말하다. ¶ 자식 자랑에 침이 마르다.
침(針)명 ①바늘. ②시곗바늘. ③☞가시[1].
침(鍼)명 한방에서, 사람이나 마소 등의 혈(穴)을 찔러 병을 다스리는 데 쓰는 바늘. ¶ 침을 놓다.
침-감(沈-)명 소금물에 담가 떫은맛을 우린 감. 침시(沈柹).
침강(沈降)명하자되자 ①가라앉아 내림. ②지각의 일부가 상대적으로 아래쪽으로 움직이거나 내려앉음.
침강^해:안(沈降海岸)명 지각 변동으로 해면보다 땅의 높이가 낮아져 생긴 해안. 리아스식 해안이 대표적임. 침수 해안.
침:격(侵擊)명하타 침범하여 공격함.
침:경(侵耕)명하자 국유지나 남의 땅을 불법으로 개간하거나 경작함.
침:경(侵境)명하자 국경을 침범함.
침:골(枕骨)명 두개(頭蓋)의 뒤쪽 하부(下部)를 이루는 뼈.
침:골(砧骨)명 ☞모루뼈.
침:공(侵攻)명하자타 (남의 나라를) 침범하여 쳐들어감. ¶ 적의 침공에 대비하다.
침:공(針工)명 ①바느질, 또는 그 기술. ②바느질삯.
침:공(針孔)명 ①바늘귀. ②바늘이 드나드는 구멍.
침공(鍼孔)명 침을 맞은 구멍.
침:구(侵寇)명하타 침범하여 노략질함.
침:구(寢具)명 잠자는 데 쓰는 기구. 이부자리나 베개 따위. 금침(衾枕).
침구(鍼灸)명 한방에서, '침'과 '뜸'을 아울러 이르는 말.
침구-술(鍼灸術)명 침과 뜸으로 병을 다스리는 한방 의술.
침:낭(寢囊)명 솜·깃털 따위를 넣어 자루 모양으로 만든 야영용 침구. 슬리핑백.
침:노(侵擄)명하타 ①(남의 나라를) 불법적으로 쳐들어감. ②개개어서 먹어 듦.
침-놓다(鍼-)[-노타]자 ①경혈(經穴)에 침을 찌르다. 침주다. ②따끔한 말을 하여 상대편에게 자극을 주다.
침니(chimney)명 등산에서, 굴뚝처럼 세로로 깊이 갈라진 암벽의 틈을 이르는 말.
침닉(沈溺)명하자되자 ①☞침몰. ②주색이나 노름 따위에 빠짐.
침:담(寢啖)명 〈침식(寢食)〉의 높임말.
침-담그다(沈-)[~담그니·~담가]타 (떫은맛을 빼려고) 감을 소금물에 담그다.
침:대(寢臺)명 서양식의 침상. 비침상(寢牀).
침독(鍼毒)[-똑]명 침을 잘못 맞아 생기는 독기.
침:두(枕頭)명 베갯머리.
침:략(侵掠)[-냑]명하타 ①쳐들어가 노략질함. ②☞침략(侵略).
침:략(侵略)[-냑]명하타 남의 나라를 침범하여 영토를 빼앗음. 침략(侵掠).
침:략-주의(侵略主義)[-냑쭈의/-냑쭈이]명 남의 나라를 침략하여 제 나라의 영토를 넓히는 것을 주요 정책으로 삼는 주의.
침량(斟量)[-냥]명하타되자 짐작.
침:례(浸禮)[-녜]명 개신교의 일부 교파에서, '세례'를 달리 이르는 말. 〔침례교를 비롯한 일부 교파에서 온몸을 물에 담가 세례 의식을 치르는 데서 이르는 말.〕 참세례.
침:례-교(浸禮敎)[-녜-]명 개신교의 한 교파. 유아 세례를 인정하지 않고 자각적 신앙 고백에 기초한 침례를 중요시함. 침례교회.
침:례교-회(浸禮敎會)[-녜-회/-녜-훼]명 ☞침례교.
침:로(針路)[-노]명 〔나침반의 바늘이 가리키는 길이란 뜻으로〕 배나 비행기가 나아가는 길.
침륜(沈淪)[-뉸]명하자되자 ①☞침몰. ②재산이나 권세 따위가 없어져 보잘것없이 됨.
침맥(沈脈)명 한방에서, 손끝으로 눌러 보아야만 뛰는 것을 알 수 있는 맥을 이르는 말. ↔부맥(浮脈).
침면(沈眠)명하자 피곤하여 깊이 잠듦.
침면(沈湎·沈酾)명하자 (정신적 고민으로) 술에 빠져서 헤어나지 못함.
침:모(針母)명 (남의 집에 딸려서) 바느질품을 파는 여자. 참든침모·난침모.
침:목(枕木)명 ①길고 큰 물건 밑을 괴는 나무토막. ②선로 밑에 까는 목재나 콘크리트재(材).
침몰(沈沒)명하자되자 물에 빠져 가라앉음. 침륜(沈淪). 침닉(沈溺). ¶ 유람선이 거센 파도에 침몰되었다.
침몰-선(沈沒船)[-썬]명 물속에 가라앉은 배.
침묵(沈默)명하자 아무 말 없이 잠잠히 있음. ¶ 침묵이 흐르다. /침묵을 지키다. /침묵을 깨뜨리다.
침묵-시위(沈默示威)[-씨-]명 침묵으로 자신의 의사를 강하게 표시하는 방법. ¶ 침묵시위를 벌이다.
침반(針盤)명 〈나침반〉의 준말.
침:방(針房)명 궁중에서 바느질하던 곳.
침:방(寢房)명 ☞침실.
침:벌(侵伐)명하타 (남의 나라를) 침략하여 침.

침범(侵犯)[명][하타] (남의 권리나 영토 따위를) 침노하여 범함. ¶ 관할 구역 침범. /영공을 침범하다.
침ː변(枕邊)[명] 베갯머리.
침ː병(枕屛)[명] 머릿병풍.
침복(沈伏)[명][하자] 〔밑으로 내려앉아 엎드린다는 뜻으로〕 뜻을 이루지 못하고 조용히 묻혀 지냄을 이르는 말.
침봉(針峰)[명] 꽃꽂이에서, 쇠로 된 받침에 바늘이 촘촘히 박힌 도구. 꽃줄기나 꽃가지를 꽂아 고정함.
침ː불안(寢不安)[명][하자] ☞침불안석(寢不安席).
침ː불안석(寢不安席)[명][하자] 근심 걱정으로 편히 자지 못함. 침불안(寢不安).
침ː불안-식불감(寢不安食不甘)[-뿔-][명] 〔잠자리도 편하지 않고 음식도 달지 않다는 뜻으로〕 자나깨나 걱정이라는 말.
침ː불안-식불안(寢不安食不安)[-뿌란][명] 〔잠자리도 편하지 않고, 음식 먹는 것도 편하지 않다는 뜻으로〕 자나깨나 걱정이라는 말. [준]침식불안.
침사(沈思)[명][하타] (깊이 궁구하느라고) 정신을 모아 조용히 생각함.
침ː사(鍼砂)[명] 한방에서, 침을 만드는 쇠를 갈 때에 나오는 고운 쇳가루를 이르는 말. 독(毒)을 없애어 보약제로 씀.
침사-지(沈沙池·沈砂池)[명] 사방 공사를 할 때, 물길로 흘러내리는 모래와 흙을 가라앉히기 위하여 요소에 만들어 놓은 못.
침ː삭(侵削)[명][하타] 침노하여 개먹어 들어감.
침ː상(枕上)[명] ①베개 위. ②자거나 누워 있을 때.
침ː상(針狀)[명] 바늘처럼 가늘고 뾰족한 모양.
침ː상(寢牀)[명] 누워 잘 수 있게 만든 평상. 와상(臥牀). ¶ 침상에 눕다. /침상에 올라가다. [비]침대.
침상-엽(針狀葉)[명] ☞침엽.
침-샘[명] 침을 내보내는 샘. 타액선.
침ː석(枕席)[명] ①베개와 자리. ②자는 자리.
침ː석(砧石)[명] 다듬잇돌.
침ː석(寢席)[명] ①잠자리. ②잠자리에 까는 돗자리.
침ː선(針線)[명] ①바늘과 실. ②[하자]바느질. ¶ 신부의 침선 솜씨가 곱기도 하지.
침ː성(砧聲)[명] 다듬이질하는 소리.
침ː소(寢所)[명] 사람이 자는 곳. ¶ 침소에 들다.
침ː소봉대(針小棒大)[명][하타] 〔바늘만 한 것을 몽둥이만 하다고 한다는 뜻으로〕 '심하게 과장하여 말함'을 비유하여 이르는 말.
침ː손(侵損)[명][하타] ☞침해(侵害).
침수(沈水)[명][하자][되자] 물속에 잠김.
침ː수(浸水)[명][하자][되자] 물에 젖거나 잠김. ¶ 침수 가옥. /홍수로 논밭이 침수되다.
침ː수(寢睡)[명][하자] 〈수면(睡眠)〉의 높임말.
침수^식물(沈水植物)[-싱-][명] 몸 전체가 물속에 잠겨 있는 수생 식물의 한 가지. 〔붕어마름·통발 따위.〕
침ː수-지(浸水地)[명] 홍수나 해일 등으로 한동안 물에 잠긴 땅.
침수^해ː안(沈水海岸)[명] ☞침강 해안.
침술(鍼術)[명] 침으로 병을 다스리는 의술.
침ː습(浸濕)[명][하자] 물이 스며들어 젖음.
침시(沈柹)[명] ☞침감.
침ː식(侵蝕)[명][하타][되자] 외부의 영향으로 세력이나 범위 따위가 차츰 줄어듦. ¶ 일본 자본에 침식된 민족 자본.
침ː식(浸蝕)[명][하타][되자] 빗물이나 냇물·바람·빙하 따위가 땅이나 암석 같은 것을 조금씩 개먹어 들어감, 또는 그와 같은 작용. ¶ 침식 지형. /침식 작용.
침ː식(寢食)[명][하자] 잠자는 일과 먹는 일. 숙식(宿食). ¶ 침식을 잊다. [높]침담(寢啖).
침ː식(寢息)[명][하자][되자] 떠들썩하던 일이 가라앉아 그침. ¶ 사납던 풍파가 어느덧 침식하다.
침ː식-곡(浸蝕谷)[-꼭][명] 침식 작용에 따라 생긴 골짜기. ↔구조곡(構造谷).
침ː식^분지(浸蝕盆地)[-뿐-][명] 단단한 암석 사이에 있는 약한 암석층이 침식되어 이루어진 분지.
침ː식불안(寢食不安)[-뿌란][명] 〈침불안식불안(寢不安食不安)〉의 준말.
침ː식-산(浸蝕山)[-싼][명] 주위의 지반이 침식 작용으로 낮아졌을 때, 침식되지 않고 남아 상대적으로 솟아 있는 땅.
침ː식^윤회(浸蝕輪廻)[-싱뉸회/-싱뉸훼][명] 평원이나 그에 가까웠던 원지형(原地形)이 침식 작용으로 계곡과 산지를 발달시켰다가 계속되는 침식 작용으로 마침내 다시 준평원(準平原)에 이르게 되는 지형 변화의 과정. 지형 윤회(地形輪廻).
침ː식^평야(浸蝕平野)[명] 오랜 세월 동안의 침식 작용으로 높은 곳이 거의 평평하게 된 평야.
침ː실(寢室)[명] 잠을 잘 수 있게 마련된 방. 침방(寢房). 동방(洞房). 와방(臥房).
침심(沈深) '침심하다'의 어근.
침심-하다(沈深-)[형][여] 생각이 깊다. 어떤 생각에 골똘하다.
침ː염(浸染)[명][하자] ①차차 같은 빛깔로 물듦, 또는 그 일. ②점점 감화(感化)됨.
침엽(針葉)[명] 식물에서, 바늘 모양으로 가늘고 끝이 뾰족한 잎을 이르는 말. 침상엽.
침엽-수(針葉樹)[-쑤][명] 잎이 바늘같이 생긴 나무를 통틀어 이르는 말. 〔소나무·잣나무 따위.〕 ↔활엽수.
침ː완(枕腕)[명] 붓글씨를 쓸 때, 왼손을 오른팔 밑에 받치고 쓰는 일.
침ː-요(寢-)[-뇨][명] 잠잘 때 까는 요.
침ː요(侵擾)[명][하타] 침노하여 소요를 일으킴.
침용(沈勇) '침용하다'의 어근.
침용-하다(沈勇-)[형][여] 침착하고 용기 있다.
침우(沈憂)[명] 마음에 쌓여 있는 깊은 근심.
침울(沈鬱) '침울하다'의 어근.
침울-하다(沈鬱-)[형][여] ①(마음이) 근심 걱정으로 맑지 못하고 우울하다. ¶ 침울한 표정. ②(날씨나 분위기가) 어둡고 답답하다. ¶ 침울한 분위기. **침울-히**[부].
침ː월(侵越)[명][하타] 경계를 넘어 침입함.
침ː윤(浸潤)[명][하자타][되자] ①(물기가) 차차 젖어 듦. ¶ 천장에 빗물이 침윤하다. ②(사상이나 병균 따위가) 차차 번져 나감. ¶ 폐에 침윤한 결핵균.
침음(沈吟)[명][하자타] ①근심에 잠겨 신음함, 또는 그런 소리. ②깊이 생각함. 생각에 잠김.
침ː음(浸淫)[명][하자] ①(어떤 사상이나 풍속 따위에) 점점 젖어 들어감. ②홍수에 잠겨 황폐해짐. ③비가 지루하게 내림.
침ː음-창(浸淫瘡)[명] 한방에서, 급성 피부염이나 급성 습진을 이르는 말.
침ː의(寢衣)[치믜/치미][명] 자리옷. 잠옷.
침의(鍼醫)[치믜/치미][명] 침술로 병을 다스리는 의원.

침ː입(侵入)명하자·타 (남의 나라나 집 따위에) 침범하여 들어오거나 들어감. ¶ 불법 침입./세균의 침입을 막다./도둑이 빈집에 침입해 귀중품을 훔쳐 갔다.
침입(闖入)명 '틈입(闖入)'의 잘못.
침ː자(針子)명 바늘. ¶ 미망인(未亡人) 모씨(某氏)는 두어 자(字) 글로써 침자(針子)에게 고(告)하노니(兪氏夫人.弔針文).
침작(斟酌)명 〈짐작〉의 본딧말.
침잠(沈潛)명하자 ①마음을 가라앉혀 깊이 생각함. ②겉으로 드러나지 않게 물속 깊숙이 가라앉거나 숨음. ③분위기 따위가 가라앉아 무거움.
침장(沈藏)명 김장.
침재(沈滓)명하자되자 ☞침전(沈澱).
침ː재(針才)명 바느질하는 재주나 솜씨.
침-쟁이(鍼-)명 ①'침의(鍼醫)'를 홀하게 이르는 말. ②아편 중독자.
침ː저(砧杵)명 ☞다듬잇방망이.
침적(沈積)명하자되자 (흙이나 모래 따위가) 물밑에 가라앉아 쌓임.
침적-암(沈積岩)명 ☞수성암(水成岩).
침전(沈澱)명하자되자 ①액체 속에 섞인 작은 고체가 밑바닥에 가라앉음, 또는 그 앙금. ②용액 속에서 일어난 화학 반응으로 말미암아 용액 안에 불용성의 물질이 생김, 또는 그 생성물. 침재(沈滓).
침ː전(寢殿)명 ①☞정자각(丁字閣). ②임금의 침방(寢房)이 있는 집.
침전^광ː물(沈澱鑛物)명 천연수 속에 용해되어 있는 물질이 가라앉아 생긴 광물을 통틀어 이르는 말. 〔방해석·형석·석고 따위.〕
침전-물(沈澱物)명 가라앉은 물건. 앙금. 전물.
침전-암(沈澱岩)명 ☞수성암.
침전-제(沈澱劑)명 액체 속에 섞여 있는 불순물을 침전시키는 데 쓰이는 약품.
침전-지(沈澱池)명 물속에 섞인 흙과 모래를 가라앉혀 물을 맑게 하기 위하여 만든 못. 침징지(沈澄池).
침-점(-占)명 방향 따위를 정할 때 하는 점의 한 가지. 침을 손바닥에 뱉어 놓고 손가락으로 쳐서 많이 튀어 가는 쪽을 잡음.
침ː점(侵占)명하타 침탈하여 점령함.
침정(沈正) '침정하다'의 어근.
침정(沈靜)명하형되자 마음이 가라앉아 차분함. ¶ 집 안의 침정을 깨뜨리는 구둣발 소리가 요란하게 들려왔다. **침정-히**부.
침정-하다(沈正-)형여 (사람 됨됨이가) 침착하고 바르다. **침정-히**부.
침ː제(浸劑)명 잘게 썬 약물(藥物)에, 끓인 물을 붓고 저어서 약용 성분을 우려낸 약제.
침ː종(浸種)명하자 (싹이 빨리 트게 하려고) 씨앗을 물에 담가 불림, 또는 그 일.
침-주다(鍼-)자 침놓다.
침중(沈重) '침중하다'의 어근.
침중-하다(沈重-)형여 ①(성질이) 침착하고 무게가 있다. ¶ 침중한 성품. ②(병세가) 매우 중하고 깊다. ¶ 노환이 점점 침중해지다.
침ː지(浸漬·沈漬)명하타 물속에 담가 적심.
침-질(鍼-)명하자 병을 다스리기 위하여 침을 놓는 일.
침징-지(沈澄池)명 ☞침전지.
침착(沈着)명하형 행동이 들뜨지 않고 찬찬함. ¶ 침착한 태도. **침착-히**부.
침착-성(沈着性)[-썽]명 침착한 성질.
침ː책(侵責)명하타 (간접적으로 관계된 사람에게) 책임을 캐어 따짐, 또는 그 일.
침ː척(針尺)명 ☞바느질자.
침청(沈青)명 ☞영청(影青).
침체(沈滯)명하자되자 ①오래도록 벼슬이 오르지 않음. ②(일이) 나아가지 못하고 그 자리에 머묾. ¶ 경기 침체.
침체-성(沈滯性)[-썽]명 일이 침체해 있는 경향이나 성질.
침출-수(浸出水)[-쑤]명 우묵하게 팼거나 낮은 지대에 메워 둔 쓰레기가 썩으면서 생기는 더러운 물. ¶ 침출수로 인한 악취가 심하다.
침취(沈醉)명하자되자 술에 흠뻑 취함.
침-칠(-漆)명하자 침을 적시거나 바름, 또는 그 일.
침침(沈沈) '침침(沈沈)하다'의 어근.
침ː침(浸沈)명하자 스며 들어감.
침침(駸駸) '침침(駸駸)하다'의 어근.
침침-하다(沈沈-)형여 ①(빛 따위가 약하여) 어둡거나 흐리다. ¶ 날씨가 침침하다. ②눈이 어두워 잘 보이지 않고 흐릿하다. ¶ 눈이 침침하다. **침침-히**부.
침침-하다(駸駸-)형여 속력이 매우 빠르다. **침침-히**부.
침ː탈(侵奪)명하타 침범하여 빼앗음.
침통(沈痛)명하형 (근심이나 슬픔이 깊어) 마음이 몹시 괴로움. ¶ 침통한 표정. **침통-히**부.
침통(鍼筒)명 침을 넣어 두는 작은 통.
침ː투(浸透)명하자되자 ①(액체가) 속으로 스며 젖어듦. ②세균이나 병균 따위가 몸속에 들어옴. ③(어떤 현상이나 사상 따위가) 깊이 스며들어 퍼짐. ④어떤 곳에 몰래 숨어 들어감. ¶ 간첩 침투.
침ː투-압(浸透壓)명 ☞삼투압.
침파(鍼破)명하타 한방에서, 침으로 종기를 째는 일.
침팬지ː(chimpanzee)명 유인원과의 동물. 키는 1.5 m가량. 온몸에 흑갈색 털이 났음. 귀는 크고 코는 작으며 꼬리는 없음. 사람 다음으로 뇌가 발달되어 있고 서서 걸음. 열대 지방의 삼림에서 나무 열매를 먹고 삶.
침ː포(侵暴)명하타 ☞침학(侵虐).
침ː핍(侵逼)명하타 침범하여 핍박함.
침하(沈下)명하자 가라앉음. 내려앉음. ¶ 지반(地盤)이 침하하다.
침ː학(侵虐)명하타 침범하여 포학스럽게 행동함. 침포(侵暴).
침ː해(侵害)명하타 침범하여 해를 끼침. 침손. ¶ 인권 침해.
침향(沈香)명 ①팥꽃나뭇과의 상록 교목. 높이 20 m나 되는 열대 지방 원산의 큰 나무. 재목은 향료로 쓰임. ②침향나무에서 채취한 천연 향료. 침향나무를 땅속에 묻어 썩혀서 만듦.
침혹(沈惑)명하자되자 (어떤 일이나 물건을) 몹시 좋아하여 정신을 잃을 정도로 빠짐.
침후(沈厚) '침후하다'의 어근.
침후-하다(沈厚-)형여 (행동거지가) 침착하고 중후하다. ¶ 침후한 태도.
침-흘리개명 '침을 늘 흘리는 버릇이 있는 아이'를 이르는 말.
칩(chip)명 ①전자 공학에서, '집적 회로를 붙이는 반도체의 작은 조각'을 이르는 말. ②잘게 썰어서 기름에 튀긴 요리. ③목재를 가늘고 길게 자른 펄프의 원료. ④룰렛이나 포커 따위의 노름판에서 돈 대신에 쓰는 물건.

칩거(蟄居) [-꺼] 명하자 ①벌레 따위가 땅속에 죽치고 있음. 동면을 함. ②나가지 않고 거처에 틀어박혀 있음. ¶ 칩거 생활을 하다. 칩복(蟄伏).

칩다 [치버·치보니] 형ㅂ 〈옛〉 춥다. ¶ 칩거든 곧 칩다 니르고(金三2:39). /치버 므리 어렛다가(月釋9:23).

칩떠-보다 타 눈을 치뜨고 노려보다. ¶ 칩떠보며 고함을 치다. /그 남자는 상기된 얼굴로 나를 칩떠봤다. ↔내립떠보다.

칩떠-오르다 [~오르니·~올라] 자르 아래에서 위로 힘 있게 오르다.

칩떠-치다 타 아래에서 위로 힘 있게 치다.

칩뜨다 [칩뜨니·칩떠] 자 (몸을) 힘 있게 솟구어 높이 떠오르다.

칩룡(蟄龍) [칩뇽] 명 〔숨어 있는 용이란 뜻으로〕 아직 때를 얻지 못하여 '숨어 있는 영웅'을 비유하여 이르는 말. 비복룡(伏龍).

칩복(蟄伏) [-뽁] 명하자 ☞칩거(蟄居).

칩수(蟄獸) [-쑤] 명 겨울철에 칩복하고 있는 짐승. 참칩충.

칩충(蟄蟲) 명 겨울철에 칩복하고 있는 벌레. 참칩수.

칫-솔(齒-) [치쏠/친쏠] 명 이를 닦는 데 쓰는 솔.

칫솔-질(齒-) [치쏠-/친쏠-] 명하자 칫솔로 이를 닦는 일. 비양치질.

칭(秤) 의 '무게 백 근'을 이르는 말.

칭경(稱慶) 명하자 경사를 치름.

칭념(稱念) 명하타 잘 유념해 달라고 부탁함.

칭당(稱當) '칭당하다'의 어근.

칭당-하다(稱當-) 형여 꼭 알맞다.

칭대(稱貸) 명하타 돈이나 물건을 꾸어 줌.

칭덕(稱德) 명하자 덕을 칭송하거나 기림.

칭도(稱道) 명하타 칭찬하여 말함.

칭량(秤量·稱量) [-냥] 명하타 ①저울로 닮. ②사정이나 형편을 헤아림.

칭량^화ː폐(稱量貨幣) [-냥-페/-냥-페] 명 무게를 달아서 그 교환 가치를 산출하여 사용하는 화폐. ↔계수 화폐.

칭명(稱名) 명하자 이름을 속여서 댐.

칭병(稱病) 명하타 병이 있다고 핑계함. 칭질. ¶ 칭병하고 입궐하지 않아 화를 면했다.

칭사(稱辭) 명하타 칭찬하는 말.

칭상(稱觴) 명하자 ☞헌수(獻壽).

칭선(稱善) 명하자 착함을 칭찬함.

칭송(稱頌) 명하타되자 공덕을 칭찬하여 기림, 또는 그러한 말. ¶ 칭송이 자자하다.

칭수(稱首) 명하타 〔그 이름을 첫째로 일컫는다는 뜻으로〕 그 동아리 안에서 '가장 뛰어난 사람'을 이르는 말. ¶ 화단(畫壇)의 칭수.

칭술(稱述) 명하타 ①의견을 진술함. ②칭찬하여 말함.

칭얼-거리다 자 자꾸 칭얼칭얼하다. 칭얼대다. ¶ 딸아이가 배가 고프다고 칭얼거린다. 작창알거리다. 여징얼거리다.

칭얼-대다 자 칭얼거리다. ¶ 아이가 칭얼대는 소리에 잠을 깼다.

칭얼-칭얼 부하자 (어린아이가 몸이 아프거나 못마땅하여) 자꾸 보채는 모양. ¶ 아기가 배가 고픈지 칭얼칭얼 운다. 작창알창알. 여징얼징얼. 참찡얼찡얼.

칭원(稱冤) 명하타 원통함을 들어 말함. ¶ 칭원을 받다. 비호원.

칭자-장(稱子匠) 명 조선 시대에, 저울을 만들던 공장(工匠).

칭정(稱情) 명하자 뜻에 맞음.

칭질(稱疾) 명하자 ☞칭병(稱病).

칭찬(稱讚) 명하타 잘 한다고 추어주거나 좋은 점을 들어 기림. ¶ 칭찬을 듣다. /칭찬을 받다. /칭찬이 자자하다.

칭추(秤錘) 명 ☞저울추.

칭칭 부 ☞친친. ¶ 다친 발목에 붕대를 칭칭 감다.

칭탁(稱託) 명하타 핑계를 댐. ¶ 병을 칭탁하다.

칭탄(稱歎) 명하타 칭찬하고 감탄함.

칭탈(稱頉) 명하타 무엇 때문이라고 핑계함.

칭퉁이 명 '큰 벌'을 통틀어 이르는 말.

칭판(秤板) 명 ☞저울판.

칭-하다(稱-) 타여 일컫다. 부르다. ¶ 태조 왕건은 국호를 고려라고 칭하였다.

칭호(稱號) 명 (명예나 지위 따위를 나타내는) 사회적으로 일컫는 이름.

ᄎᆞ다[1] 타 〈옛〉 차다[1]. 가득차다. ¶ 닐웨 ᄎᆞ디 몯ᄒᆞ야(月印180章). /ᄎᆞᆯ 만:滿(石千17).

ᄎᆞ다[2] 타 〈옛〉 차다[2]. 발로 내지르다. ¶ ᄎᆞᆯ 뎨:踶(訓蒙下8).

ᄎᆞ다[3] 타 〈옛〉 차다[3]. 띠다. ¶ 弓劒 ᄎᆞᅀᆞᆸ고(龍歌55章).

ᄎᆞ다[4] 형 〈옛〉 차다[4]. 온도가 낮다. ¶ ᄎᆞᆫ ᄇᆞᄅᆞᆷ 불어늘(月印102章). /ᄎᆞᆯ 한:寒(訓蒙上1).

ᄎᆞ례 명 〈옛〉 차례. ¶ 얼운과 져므니 ᄎᆞ례 이시며(小解1:9).

ᄎᆞ리다 타 〈옛〉 차리다. 정신 차리다. ¶ 쉬ᅀᅴ 몯 ᄎᆞ리거든(救簡6:39).

ᄎᆞ마 부 〈옛〉 차마. ¶ 罪苦ㅅ 이른 ᄎᆞ마 몯 니ᄅᆞ리로다(月釋21:56).

ᄎᆞᄡᆞᆯ 명 〈옛〉 찹쌀. ¶ ᄎᆞᄡᆞᆯ 나:糯(訓蒙上12).

ᄎᆞ조ᄡᆞᆯ 명 〈옛〉 차좁쌀.

ᄎᆞᆫᄎᆞ니 부 〈옛〉 찬찬히. ¶ 이 관원이 ᄀᆞ장 ᄎᆞᆫᄎᆞ니 ᄉᆞ랑ᄒᆞ며 계교 크다(翻朴上24).

ᄎᆞᆫᄎᆞᆫᄒᆞ다 형 〈옛〉 찬찬하다. 자상하다. ¶ 네 너므 ᄎᆞᆫᄎᆞᆫᄒᆞ다(翻朴上33).

ᄎᆞᆯ 부 〈옛〉 차라리. ¶ ᄎᆞᆯ 아니 이심만 몯ᄒᆞ여 ᄒᆞ노라(仁宣王后 諺簡). 참ᄎᆞᆯ하리·ᄎᆞᆯ히.

ᄎᆞᆯ벼 명 〈옛〉 찰벼. ¶ ᄎᆞᆯ벼:黏稻(物名3:1).

ᄎᆞᆯ썩 명 〈옛〉 찰떡. ¶ 胡餠ᄋᆞᆫ ᄎᆞᆯ썩이오(金三3:51).

ᄎᆞᆯ하리 부 〈옛〉 차라리. ¶ ᄎᆞᆯ하리 싀여디여 落月이나 되야 이셔(鄭澈.續美人曲).

ᄎᆞᆯ히 부 〈옛〉 차라리. ¶ 惡道애 뻐러디리니 ᄎᆞᆯ히 說法 마오(釋譜13:58). 참ᄎᆞᆯ·ᄎᆞᆯ하리.

ᄎᆞᆯ히다 타 〈옛〉 차리다. ¶ 茶禮ᄂᆞᆫ 明日 ᄒᆞ오니 미리 ᄎᆞᆯ혀 겨시다가(新語1:27).

ᄎᆞᆰ 명 〈옛〉 근원(根源). ¶ 므른 數百 ᄎᆞᆰ해셔 모도 흐르놋다(杜初6:49).

ᄎᆞᆷ 명 〈옛〉 참. ¶ ᄎᆞᆷ 진:眞(類合下18).

ᄎᆞᆷ기름 명 〈옛〉 참기름. ¶ ᄎᆞᆷ기름:香油(訓蒙中21).

ᄎᆞᆷ다 타 〈옛〉 참다. ¶ ᄎᆞ몰 잉:忍(類合下11).

ᄎᆞᆷ외 명 〈옛〉 참외. ¶ ᄎᆞᆷ외:甜瓜(老解下34).

ᄎᆞᆽ다 타 〈옛〉 찾다. ¶ 三日浦ᄅᆞᆯ ᄎᆞ자가니(鄭澈.關東別曲).

ᄎᆡ오다 타 〈옛〉 채우다. ¶ 三年을 ᄎᆡ오시니 無上道애 갓갑더시니(月釋8:79).

ᄎᆡᆨ 명 〈옛〉 책. ¶ ᄎᆡᆨ ᄎᆡᆨ:冊(訓蒙上34).

ᄎᆡᆨᄎᆡᆨᄒᆞ다 형 〈옛〉 빽빽하다. 다붓다붓하다. ¶ ᄀᆞ족고 조코 ᄎᆡᆨᄎᆡᆨᄒᆞ시며(月釋2:41). 참ᄎᆡᆨᄎᆡᆨᄒᆞ다.

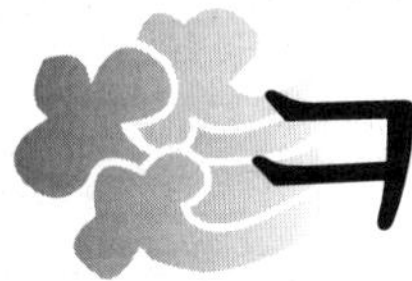

ㅋ[키윽]자모 키읔. ①한글 자모의 열한째. ②자음의 하나. 목젖으로 콧길을 막고, 혀뿌리를 높여 연구개 뒤쪽에 붙여 입길을 막았다가 떼면서 거세게 내는 안울림소리. 'ㄱ'의 거센소리이며, 받침의 경우에는 혀뿌리를 연구개 뒤쪽에 붙인 채 떼지 않음. * ㅋ이[키으기]·ㅋ만[키응-]

카ː I부 곤히 잠잘 때 내쉬는 숨소리. 큰커. II감 맛이나 냄새가 맵거나 독할 때 내는 소리. 큰커.

카나리아(canaria)명 되샛과의 새. 카나리아 섬 원산의 자그마한 애완용 새. 털빛은 노란 빛깔의 것이 흔하며 다양한 품종이 있음. 수컷은 울음소리가 아름다움.

카나마이신(kanamycin)명 항생 물질의 한 가지. 결핵·폐렴·화농성 질환 등에 쓰임.

카나페(canapé 프)명 서양 요리의 한 가지. 얇게 썬 빵이나 크래커 위에 채소·고기·생선·달걀 따위를 보기 좋게 얹어서 내는 전채(前菜).

카ː네이션(carnation)명 석죽과의 다년초. 남부 유럽과 서아시아 원산의 관상용 화초. 줄기 높이는 60~90 cm. 잎은 좁고 길며 백록색임. 여름에 향기 있는 빨강·노랑·하양의 겹꽃이 핌.

카ː노타이트(carnotite)명 단사 정계에 딸린 광물. 우라늄의 원광으로 사암(沙岩)에 섞여 있는데 빛깔이 레몬 빛깔과 비슷함.

카논(canon)명 ①기독교에서, '신앙이나 행위에 관한 규칙', 또는 '성서'를 이르는 말. ②서양 음악에서, 둘 이상의 성부(聲部)가 같은 선율을 일정한 간격을 두고 충실하게 모방하면서 좇아가는 형식. ③미술에서의, 인체의 각 부분의 치수의 비례 기준.

카농-포(canon砲)명 ☞캐넌포.

카누ː(canoe)명 ①짐승의 가죽이나 통나무로 만든 작은 배. 이물과 고물이 뾰족하고 긺. ②<카누 경기>의 준말.

카누ː^경ː기(canoe競技)명 수상 경기의 한 가지. 일정한 물길을 경기용 카누를 타고 빨리 저어 가기를 겨루는 경기. 준카누.

카ː니발(carnival)명 사육제(謝肉祭).

카ː-덤퍼(car dumper)명 트럭이나 화차에 실은 짐을 기울여 부리는 장치.

카덴차(cadenza 이)명 서양 음악에서, 악곡이 끝나기 직전에 독주자의 기교를 과시하기 위해 삽입한 화려하고 장식적인 부분.

카ː드(card)명 ①놀이, 특히 카드놀이에 쓰는 딱지. ②남에게 알리거나 보내기 위해 일정한 크기로 잘라 글자나 그림을 박은 종이. 〔엽서·연하장 따위.〕 ③어떤 내용을 증명하는 데 쓰는 표. 〔신용 카드·비자 카드 따위.〕 ④어떤 사항을 적어 자료로 쓰는 종이. 〔도서 목록 카드·신상 기록 카드 따위.〕 ⑤어려운 처지에서 벗어나거나 판세를 바꾸기 위한, 새롭거나 결정적인 방법. ¶ 비장의 카드. /회심의 카드. ⑥컴퓨터 정보 매체로 사용하는 일정한 규격의 종이. 〔천공 카드 따위.〕

카드뮴(cadmium)명 푸른빛을 띤 은백색의 부드러운 금속 원소. 아연 원광에 섞이어 산출되는데, 연성(延性)과 전성(展性)이 커서 도금이나 합금 재료 등으로 쓰임. 〔Cd/48/112.41〕

카드뮴^옐로ː(cadmium yellow)명 황화카드뮴을 주성분으로 하는 황색 안료. 그림물감·도자기·고무 따위의 착색제로 쓰임.

카ː드^섹션(card section)명 여러 사람이 갖가지 빛깔의 카드를 일정한 방식으로 나열하여 글자나 형상·장면 따위를 나타내 보이는 일.

카ː드-시스템(card system)명 자료(정보) 등을 카드에 기록하여 정리하는 방법.

카ː디건(cardigan)명 칼라 없이 앞자락을 터 단추로 여미게 만든, 털실로 짠 스웨터. ¶ 카디건을 걸친 차림.

카라반(caravane 프)명 대상(隊商).

카라비ː너(Karabiner 독)명 등산 용구의 한 가지. 암벽을 오를 때, 바위틈에 박은 쇠못(하켄)과 자일을 연결하는 강철 고리.

카랑-카랑부하형 목소리가 높고 맑은 모양. ¶ 대쪽 같은 성미에 카랑카랑하게 야무진 음성.

카레(←curry)명 ①인도 요리에 쓰이는 향신료의 한 가지. 강황·후추·생강·마늘 등을 섞어 만든 노란 가루로, 자극성이 매우 강함. ②<카레라이스>의 준말.

카레-라이스(←curried rice)명 인도 요리의 한 가지. 고기와 채소 따위를 볶다가 물에 푼 카레를 섞어서 바특하게 끓여 쌀밥에 끼얹어 먹음. 준카레.

카로틴(carotin)명 당근·호박·달걀노른자 따위에 들어 있는 적황색의 결정. 동물의 체내에서 비타민 에이(A)로 바뀜.

카ː르(Kar 독)명 빙하의 침식으로 생긴 'U' 자 모양의 골짜기. 권곡(圈谷).

카르노^사이클(Carnot cycle)명 단열 변화와 등온 변화에서 성립되는 이상적인 열기관의 순환 과정. 카르노 순환.

카르노^순환(Carnot循環)명 ☞카르노 사이클.

카르보닐-기(carbonyl基)명 유기 화합물의 원자단의 한 가지. 탄소나 산소에 대해 불포화 결합하는 성질이 있어서 여러 가지 시약에 대하여 반응성이 풍부함.

카르스트(Karst 독)명 석회암 대지가 빗물이나 지하수의 침식을 받아 이루어진 특수한 지형. 사발 모양의 구덩이, 종유동 등이 있음.

카르텔(Kartell 독)명 같은 분야의 기업들이 경쟁의 제한 또는 완화를 목적으로 각각 그 경제적 독립성을 유지하면서 상품의 생산량·가격 등에 대한 여러 가지 협약을 맺는 일. 기업 연합. 참트러스트.

카르토그람(cartogramme 프)명 여러 지역의 통계 자료를 지도에 나타내어, 그 분포상을 한눈에 바라볼 수 있도록 꾸민 지도.

카ː르-호(Kar湖)명 카르에 형성된 호수. 〔알프스 지방에 많음.〕 권곡호(圈谷湖).

카리스마(charisma)명 ①예언이나 기적을 나타낼 수 있는 초능력. ②많은 사람을 휘어잡는 능력이나 자질. ¶ 카리스마 기질.

카리스마-적(charisma的)관명 대중을 심복시켜 따르게 하는 뛰어난 능력이나 자질이 있는 (것).

카리에스(caries 라)명 (결핵균 등으로 말미암아) 뼈나 관절이 만성의 염증으로 썩어서 파괴되는 질환. 골저(骨疽).

카리용(carillon 프)명 타악기의 한 가지. 음계에 따라 각각 크기와 모양을 달리 한 여러 개의 종을 쳐서 연주함.
카메라(camera)명 ①사진기. ②촬영기.
카메라맨(cameraman)명 ①사진사. ②(신문사나 잡지사 등의) 사진 기자. ③(보도 기관 등의) 촬영 기사.
카메라^앵글(camera angle)명 영화나 텔레비전·사진에서의, 피사체에 대한 카메라의 위치나 렌즈의 각도. 사각(寫角). 준앵글.
카메라^워ː크(camera work)명 (영화나 텔레비전 등에서의) 촬영 기술. 촬영 조작.
카메오(cameo 라)명 ①마노·조가비 따위에, 무늬를 돋을새김으로 새겨 만든 장신구. ②저명 인사나 인기 배우가 예기치 않은 순간에 극중에 등장하여, 아주 짧은 동안만 하는 연기나 역할.
카멜레온(chameleon)명 카멜레온과에 딸린 파충류를 통틀어 이르는 말. 몸길이는 30~60 cm, 네 다리는 길고, 꼬리 길이는 몸길이의 절반가량에 이름. 주변의 빛깔에 따라 몸빛을 바꿀 수 있으며, 양 눈을 따로따로 움직일 수 있음. 긴 혀를 재빨리 움직여서 곤충을 잡아먹음.
카무플라주(camouflage 프)명하타 남의 눈을 속이는 일. 본디 모습이나 속마음을 알아차리지 못하게 거짓 꾸미는 일.
카ː민(carmine)명 연지벌레의 암컷에서 뽑아 정제한 붉은 빛깔의 색소. 식품·화장품·그림물감·분석 시약 등에 쓰임. 양홍(洋紅).
카밀레(kamille 네)명 국화과의 일년초 또는 이년초. 줄기 높이는 30~60 cm. 밑동에서 가지가 많이 갈라짐. 여름에 가장자리는 희고 가운데가 누런 꽃이 핌. 한방에서 꽃을 말려 발한제나 강장제로 씀.
카바(cover)명 '커버'의 잘못.
카바레(cabaret 프)명 무대나 무도장을 갖춘 서양식의 술집. 악단이 연주하는 음악이나 쇼를 즐기면서 술을 마실 수 있음.
카ː바이드(carbide)명 ①탄화물(炭化物). ②'탄화칼슘'을 달리 이르는 말.
카바티나(cavatina 이)명 ①오페라나 오라토리오에서 불리는 단순한 선율의 독창곡. ②속도가 느린 짧은 기악곡.
카ː보나이트(carbonite)명 화성암 주변부의 열이나 지열 등에 의하여 이루어진 석탄.
카ː보이(carboy)명 (극약이나 염산 따위의) 부식성(腐蝕性) 액체를 운반하는 데 쓰이는, 상자나 채롱에 든 큰 유리병.
카ː본(carbon)명 〔'숯'이라는 뜻에서〕 전등 속의 발광체로 쓰이는 탄소봉 또는 탄소선.
카ː본^블랙(carbon black)명 검은색의 매우 잔 탄소 가루. 천연가스나 타르를 불완전 연소시켰을 때 생긴 그을음으로 만듦. 인쇄용 잉크 원료나 흑색 안료로 쓰임.
카ː본-지(carbon紙)명 탄산지(炭酸紙).
카ː뷰레터(carburetor)명 기화기(氣化器).
카비네-판(cabinet判)명 사진 감광 재료의 크기의 한 가지. 인화지의 경우 가로 119 mm, 세로 164 mm.
카ː빈-총(carbine銃)명 미국 육군에서 개발한 자동 소총의 한 가지. 보병용 총보다 작고 가벼우며 사정거리가 짧음.
카세인(casein)명 동물의 젖의 주성분인 단백질. 모든 필수 아미노산이 들어 있어 영양가가 높으며, 영양제·주사제·접착제·인조 섬유·수성 페인트 등의 원료로 쓰임. 건락소(乾酪素).
카세인^각질물(casein角質物)[-찔-]명 카세인과 포름알데히드를 섞어 만든 플라스틱. 단추, 양산의 손잡이, 산호나 진주의 모조품 따위를 만드는 데 쓰임.
카세트(cassette)명 ①(녹음할 수 있는, 또는 녹음된) 자기(磁氣) 테이프를 감아 담은 작은 갑. ②〈카세트테이프〉의 준말. ③〈카세트테이프리코더〉의 준말.
카세트-테이프(cassette tape)명 카세트에 감아 놓은 녹음용 자기 테이프, 또는 녹음된 자기 테이프. 준카세트.
카세트테이프-리코ː더(cassette tape recorder)명 카세트테이프에 녹음을 하거나 녹음된 것을 재생하는 장치. 준카세트.
카ː-센터(car+center)명 자동차를 수리하거나 정비하는 업소.
카ː-스테레오(car+stereo)명 자동차 안에 달아 놓은 입체 음향 재생 장치.
카스텔라(castella 포)명 거품을 낸 달걀에 밀가루·설탕 따위를 버무리어 구운 양과자.
카ː스트(caste)명 인도 특유의 세습적인 신분 제도. 바라문〔브라만〕·찰제리〔크샤트리아〕·폐사〔바이샤〕·수다라〔수드라〕의 네 계급으로 나뉘어 혼인·직업·관습 등이 엄격히 제한되었음. 사성(四姓). 사종성.
카시오페이아-자리(Cassiopeia-)명 가을에 북쪽 하늘에 보이는 별자리의 하나. 다섯 개의 별이 'W' 자 모양을 이루며, 북극성을 중심으로 북두칠성과 대칭적 위치에 있음. 참닻별.
카약(kayak)명 ①에스키모가 사용하는, 바다표범 따위의 가죽을 입힌 작은 배. ②수상 경기의 한 가지. 일정한 물길을 경기용 카약을 타고 빨리 저어 가기를 겨루는 경기.
카오스(chaos 그)명 〔그리스 철학에서 이르는〕 우주 발생 이전의 원초적인 상태. 혼돈(混沌). ↔코스모스[2].
카올린(kaolin)명 고령토(高嶺土).
카우보이(cowboy)명 〔주로, 미국 서부의 평원이나 목장에서〕 말을 타고 가축의 사육·수송에 종사하는 남자.
카운슬러(counselor)명 상담 활동을 전문으로 하는 사람. 상담원.
카운슬링(counseling)명 상담(相談). 상담 활동. 〔직장이나 학교 등에서, 생활이나 학업·직업·처지 등에 관한 문제로 고민하는 사람을 만나서 이야기를 듣고 도움이 될 만한 말을 해 주는 일.〕
카운터(counter)명 ①식당이나 상점에서 값을 계산하는 대. ¶ 계산은 카운터에서 하시기 바랍니다. ②상점 등에서, 계산하는 일을 맡아보는 사람. ¶ 그녀는 슈퍼마켓에서 카운터로 일한다.
카운터블로(counterblow)명 권투에서, 상대편의 공격을 피하는 동시에 맞받아치는 일, 또는 그 주먹. 카운터펀치.
카운터^샤ː프트(countershaft)명 주축으로부터 받은 동력을 기계로 전달하는 중간에 있는 축.
카운터펀치(counterpunch)명 ☞카운터블로.
카운터포인트(counterpoint)명 대위법.
카운트(count)명하타 ①되자운동 경기에서, 득점을 계산하는 일. ②권투에서, 주심이 선수가 녹다운된 동안의 초를 세는 일.
카운트다운(countdown)명 ①(우주선이나 로켓을 쏘아 올리기 직전부터 발사 순간까지의) 수를 거꾸로 헤아리는 초읽기. ②마지막 점검.

카운트아웃 (count-out) 명 권투에서, 선수가 녹다운된 다음 주심이 십 초를 셀 때까지 일어나지 못하여 지게 되는 일.
카이모그래프 (kymograph) 명 생물의 호흡 운동이나 근육 운동, 심장의 박동 등을 기록하는 실험 장치.
카이저-수염 (Kaiser鬚髥) 명 양 끝을 위로 치켜 올린 콧수염. 〔독일 황제였던 카이저의 수염 모양에서 붙여진 말.〕
카인 (Cain 라) 명 구약 성서 '창세기'에 나오는 아담과 이브가 낳은 맏아들의 이름. 〔여호와가 동생 아벨의 제물은 받고, 자기 제물은 거절함을 분히 여겨 동생을 죽이었으므로 내쫓김.〕
카지노 (casino 이) 명 음악·댄스·쇼 등 여러 가지 오락 시설을 갖춘 실내 도박장.
카카오 (cacao 스) 명 ①카카오나무의 열매. 오이와 비슷한 길둥근 모양이며 길이는 10 cm가량인데 속에 40~60개의 씨가 들어 있음. 씨는 코코아나 초콜릿 따위를 만드는 데 쓰임. ②〈카카오나무〉의 준말.
카카오-나무 (cacao-) 명 벽오동과의 상록 교목. 중남미 원산의 재배 식물로 높이는 5 m가량. 길둥근 잎은 어긋맞게 남. 열매는 카카오라 하는데 살이 많으며 등황색이나 적갈색으로 익음. 준카카오.
카ː키-색 (khaki色) 명 누른빛에 담갈색이 섞인 빛깔. 마른풀과 비슷한 빛깔로 군복 따위에 많이 쓰임. ¶ 요즈음 젊은이들 사이에 카키색 옷이 유행이다.
카타르 (catarrh) 명 (조직의 손상을 일으키지 않는) 점막의 삼출성(滲出性) 염증. 카타르성염.
카타르성-염 (catarrh性炎) [-념] 명 ☞카타르.
카타르시스 (catharsis 그) 명 ①비극(悲劇)을 봄으로써 마음속에 쌓인 우울함·불안감 따위가 해소되고 마음이 정화되는 일. ②정신 분석에서, 마음속에 억압된 감정의 응어리를 행동이나 말을 통하여 발산함으로써 정신의 균형이나 안정을 회복하는 일.
카타스트로프 (catastrophe 프) 명 ①비극적인 결말. 파국(破局). ②연극에서, 최고조에서의 극적 긴장을 지나, 비극을 결말로 이끄는 결정적인 사건.
카타콤ː (←catacomb) 명 초기 기독교 시대의 비밀 지하 묘지. 로마 황제의 박해를 피하여 죽은 사람을 그곳에 매장하고 예배를 보기도 하였는데, 소아시아·북아프리카·남부 이탈리아 등지에 널리 있지만 로마 교외의 것이 대표적임.
카탈로그 (catalog) 명 작은 책자로 된, 상품 목록이나 영업 안내.
카턴 (carton) 명 ①판지(板紙). ②밑그림. ③(은행이나 상점 등에서) 돈을 담아 고객에게 건네주는 데 쓰이는 접시.
카테고리 (Kategorie 독) 명 범주(範疇).
카톨릭 (Catholic) 명 '가톨릭'의 잘못.
카톨릭-교 (Catholic教) 명 '가톨릭교'의 잘못.
카투사 (KATUSA) 명 한국에 주둔하는 미국 육군에 배속된 한국 군인. [Korean Augmentation Troops to United States Army]
카툰 (cartoon) 명 (주로, 정치적·사회적 문제를 다루는 한 컷짜리) 시사 풍자 만화.
카페 (café 프) 명 커피나 술, 또는 가벼운 음식 따위를 파는 음식점.
카ː페리 (car ferry) 명 승객과 함께 화물이나 자동차 등을 실어 가까운 거리를 오가는 연락선.
카페오레 (café au lait 프) 명 진한 커피와 따뜻한 우유를 비슷한 양으로 섞어 만든 차.
카페인 (caffeine) 명 커피나 차 따위에 들어 있는 알칼로이드의 한 가지. 흥분제·이뇨제 등으로 쓰임. 다소(茶素). 다정(茶精).
카페테리아 (cafeteria 스) 명 고객이 스스로 좋아하는 음식을 날라다 차려 먹는 서양식의 간이식당.
카ː펫 (carpet) 명 양탄자.
카ː-폰 (car phone) 명 자동차에 설치한 이동 통신용 전화.
카ː-풀 (car pool) 명 목적지가 동일하거나 같은 방향인 운전자들이 한 대의 승용차에 동승하여 통행하는 일.
카프 (KAPF) 명 1925~1935년에 있었던 조선 프롤레타리아 예술가 동맹. 〔에스페란토의 'Korea Artista Proleta Federatio'에서 온 말.〕
카프리치오 (capriccio 이) 명 광상곡.
카프리치오소 (capriccioso 이) 명 악보의 나타냄말. '기분이 들뜨게·환상적으로'의 뜻.
카피 (copy) 명 ①하타 (문서 따위의) 복사(複寫). ②(미술품 따위의) 복제(複製). ③광고의 문안.
카피라이터 (copywriter) 명 광고 따위의 문안(文案)을 쓰는 사람.
칵 부 목구멍에 무엇이 걸렸을 때 뱉어 내려고 목구멍에 힘을 주어 내는 소리. **칵-칵** 부 하자.
칵칵-거리다 [-꺼-] 자 자꾸 칵칵 소리를 내다. 칵칵대다.
칵칵-대다 [-때-] 자 칵칵거리다.
칵테일 (cocktail) 명 몇 가지 종류의 양주를 알맞게 섞은 음료. 〔탄산수나 과즙 등을 타기도 함.〕
칵테일-파ː티 (cocktail party) 명 간단한 안주와 음식을 차려 놓고, 서서 칵테일 등을 마시면서 환담하는 서양식 잔치.
칸 (←間) 명 ①건축물 등에서, 일정한 규격으로 나누어 둘러막은 하나하나의 공간. 칸살. ②일정하게 사이를 띄워 놓은 빈자리. ¶ 비어 있는 칸에 글자를 적어 넣다. ③〖의존 명사적 용법〗 건물의 칸살을 세는 단위. ¶ 방 한 칸.
칸 (Khan) 명 ①중세에, 몽고·터키·타타르·위구르 종족의 원수(元首)의 칭호. 참한(汗). ②지난날, 페르시아·아프가니스탄 등의 고관의 칭호.
칸나 (canna) 명 칸나과의 다년초. 관상용 꽃의 한 가지. 높이는 80~150 cm, 줄기는 넓적하고 잎은 파초와 비슷함. 여름과 가을에 빨강·노랑 등의 꽃이 피는데, 수술이 잎 모양으로 크고 붉은빛을 띰.
칸델라 (candela) 의 광도(光度)의 단위. 1.0067 칸델라가 1촉임. 〔기호는 cd〕
칸디다-증 (candida症) 명 진균류인 칸디다가 정도 이상으로 번식하여 일어나는 병을 통틀어 이르는 말. 여성의 질(膣)에 일어나는 경우가 많으며, 외음부가 가려운 증상을 나타냄. 모닐리아증.
-칸마른 어미 〈옛〉-하건마는. ¶ 내 외로왼 무더믈 가 울오져 수랑칸마른(杜初24:17).
칸-막이 명 하타 (방 따위의 공간을) 가로질러 사이를 막음, 또는 그 막은 물건. ¶ 방 하나를 칸막이하여 두 방처럼 쓰다.
칸-살 명 ①건축물에서, 일정한 규격으로 나누어 둘러막은 하나하나의 공간. 칸. ②사이를 띄운 거리.
칸살-잡기 [-끼] 명 건축물의 칸살을 일정하게 정하는 일.
칸-수 (-數) [-쑤] 명 집의 칸살의 수효.

칸초네 (canzone 이)명 이탈리아의 대중적인 가곡.
칸초네타 (canzonetta 이)명 〔'작은 칸초네'라는 뜻으로〕 소가곡(小歌曲)이나 기악곡을 이르는 말.
칸칸-이부 각각의 칸살마다.
칸타빌레 (cantabile 이)명 악보의 나타냄말. '노래하듯이'의 뜻.
칸타타 (cantata 이)명 하나의 줄거리를 가진 내용을 몇 개의 악장으로 나누어 구성한 큰 규모의 성악곡. 교성곡(交聲曲).
칼[1]명 물건을 베거나 깎거나 써는 데 쓰이는 날이 선 연장. ¶ 칼은 벼리기 나름이다.
칼로 물 베기속담 '(두 사람이) 곧잘 다투다가도 조금만 지나면 다시 풀리어 사이좋게 됨'을 이르는 말. 〔흔히, 부부 사이의 다툼을 두고 이름.〕
칼(을) 맞다관용 (상대편으로부터) 칼로 습격을 당하다.
칼(을) 먹이다관용 투전짝을 골고루 섞기 위해 반쯤을 갈라 부챗살같이 펴서 그 펴든 각각의 짝을 사이에 서로 끼어들게 밀어 넣다.
칼(을) 품다관용 살의를 품다.
칼[2]명 지난날, 중죄인에게 씌우던 형틀의 한 가지. 한 발가량의 두꺼운 널빤지의 한끝에 구멍을 내어 죄인의 목을 끼워 비녀장을 지르게 되어 있음.
칼을 쓰다관용 (죄인이) 칼의 구멍에 목을 넣다.
칼-가래질명하자 가래를 모로 세워 흙을 깎아 내는 일.
칼-갈이명 ①칼을 갈아 날을 세우는 일. ②칼을 가는 일을 업으로 하는 사람.
칼-감[-깜]명 '성질이 사납고 독살스러운 사람'을 얕잡아 이르는 말.
칼-국수[-쑤]명 반죽을 한 밀가루를 밀방망이로 얇게 민 다음, 칼로 가늘게 썰어서 만든 국수. 참틀국수.
칼-금[-끔]명 칼날이 스치어 생긴, 가는 금.
칼-깃[-긷]명 새의 날개를 이루고 있는 빳빳하고 긴 깃. *칼깃이[-기시]·칼깃만[-긴-]
칼-끝[-끋]명 칼날의 맨 끝. *칼끝이[-끄치]·칼끝을[-끄틀]·칼끝만[-끈-]
칼-나물[-라-]명 절에서, '생선'의 변말.
칼-날[-랄]명 칼의 얇고 날카로운 부분으로, 물건을 베는 쪽. 도인(刀刃). ↔칼등.
칼날 위에 서다관용 매우 위태로운 처지에 놓였음을 이르는 말.
칼데라 (caldera 스)명 화산의 중심부에 생긴, 분화구 모양으로 크게 움푹 팬 곳.
칼데라 호 (caldera湖) 칼데라 안에 물이 괴어서 된 호수.
칼-도 (-刀)명 한자 부수의 한 가지. '分'·'初'·'刑' 등에서의 '刀'와 '刂'의 이름. 〔특히, '刂'를 '선칼도방'이라 이름.〕
칼-등[-뜽]명 (날이 하나인 칼의) 칼날 반대쪽의 두꺼운 부분. ↔칼날.
칼라 (collar)명 양복의 저고리나 와이셔츠·블라우스의 깃, 또는 깃의 안쪽에 덧대는 깃.
칼락부하자 (앓는 사람이) 힘겹게 내는 작은 기침 소리. 큰컬럭. **칼락-칼락**부하자.
칼락-거리다[-꺼-]자 자꾸 칼락 소리를 내다. 칼락대다. 큰컬럭거리다.
칼락-대다[-때-]자 칼락거리다.
칼란도 (calando 이)명 악보의 나타냄말. '점점 느리고 약하게'의 뜻.
칼럼 (column)명 신문·잡지 등에서, 시사·사회·풍속 등을 짧게 평하는 기사, 또는 그 난(欄).
칼럼니스트 (columnist)명 신문·잡지 등의 칼럼을 쓰는 사람.
칼로리 (calorie) I의 ①물리학에서의 열량의 단위. 물 1g의 온도를 1℃ 높이는 데 필요한 열량. 〔기호는 cal〕 ②'킬로칼로리'를 줄여서 이르는 말. 〔기호는 Cal 또는 kcal〕
II명 식품을 소화했을 때 체내에서 생기는 열량(에너지). ¶ 칼로리가 높은 음식.
칼로리미ː터 (calorimeter)명 열량계(熱量計).
칼로멜^전ː극 (Kalomel電極)명 ☞감홍 전극.
칼륨 (Kalium 독)명 은백색의 부드러운 금속 원소의 한 가지. 천연으로는 규산염으로, 또는 바닷물이나 암염 안에 칼리염으로 들어 있으며, 인공적으로는 염화칼륨을 융해하여 만듦. 물과 작용하여 수소를 발생시키며 공기 속에서는 쉽게 산화하므로 석유에 넣어 보관함. 원자로의 냉각재로 사용되는 합금과 고온 온도계 따위를 만드는 데 쓰임. 포타슘. 칼리. 〔K/19/39.0983〕
칼륨-명반 (Kalium明礬)명 복염(複塩)의 한 가지. 무색투명한 팔면체의 결정. 황산알루미늄 용액에 황산칼륨을 섞어 가열한 것을 냉각시켜 만듦. 무두질 약품 또는 매염제 등으로 쓰임.
칼륨-비ː료 (Kalium肥料)명 칼륨이 많이 들어 있는 비료. 염화칼륨·황산칼륨 등의 화학 비료와 초목의 재나 두엄·녹비 등이 있음. 칼리 비료.
칼륨-염 (Kalium塩)명 여러 가지 산기(酸基)와 칼륨의 화합물로서의 염을 통틀어 이르는 말. 비료로 쓰임. 〔탄산칼륨·질산칼륨 따위.〕
칼륨^유리 (Kalium琉璃)명 탄산칼륨을 원료로 하여 만든 유리. 화학 실험 기구나 장식용으로 쓰임.
칼리 (kali 라)명 ①☞칼륨. ②칼륨염류를 통틀어 이르는 말. 가리(加里).
칼리^비누 (kali-)명 수산화칼륨으로 만든 특수 비누의 한 가지. 약용·화장용·가정용·공업용 등으로 쓰임.
칼리^비ː료 (kali肥料)명 ☞칼륨 비료.
칼리포르늄 (californium)명 인공 방사성 원소의 한 가지. 천연으로는 존재하지 않고, 퀴륨이나 우라늄에 알파 입자를 충격시키는 방법 등으로 만듦. 〔Cf/98/251〕
칼리프 (caliph)명 예언자의 후계자. 〔정치 권력과 종교상의 권력을 아울러 가진 이슬람 세계의 지배자에 대한 칭호.〕
칼립소 (Calypso)명 서인도 제도의 트리니다드 섬에서 비롯된, 4분의2 박자의 민속악(民俗樂), 또는 경쾌한 그 리듬.
칼막이-끌명 날이 창과 같이 뾰족하고 쇠테를 자루의 목에 메운 끌.
칼모틴 (Calmotin)명 진정·최면제의 한 가지. 〔상품명〕
칼-바람명 ①몹시 차고 매서운 바람. ②'아주 혹독한 박해'를 비유하여 이르는 말.
칼뱅-교 (Calvin教)명 칼뱅주의를 받드는 기독교의 한 교파.
칼뱅-주의 (Calvin主義)[-의/-이]명 프랑스의 신학자 칼뱅의 종교 개혁 운동에 바탕을 둔 기독교 교의. 엄격한 성서주의, 신의 절대적 권위, 예정설, 깨끗한 신앙생활 등을 그 내용으로 함.
칼-부림명하자 칼을 함부로 내저어 남을 해치려는 짓. ¶ 칼부림이 나다.
칼-상어명 철갑상엇과에 딸린 바닷물고기. 겉모양은 철갑상어와 비슷한데 몸길이는 1m가량. 입과 꼬리는 길고 뾰족함. 서남해에 분포함.

칼-새[명] 칼샛과의 새. 제비와 비슷한 새로, 날개 길이 18 cm가량. 네 발가락이 모두 앞쪽을 향한 것이 특징이며, 날개가 길고 뾰족하며 칼 모양임. 해안이나 높은 산에 삶. 명매기.

칼슘(calcium)[명] 알칼리 토금속 원소의 한 가지. 은백색의 연한 금속. 석회석·백악(白堊)·인회석(燐灰石) 등의 성분으로 들어 있으며, 동물의 뼈 조직 속에도 있음. 〔Ca/20/40.078〕

칼슘^비누(calcium-)[명] 석회 염류와 보통 비누의 화합으로 생기는, 백색 불용성의 가루나 결정. 안료(顔料)의 침전 방지제, 방수제 등으로 쓰임.

칼-싸움[명][하자] 칼을 가지고 하는 싸움. [준]칼쌈.

칼-싹두기[-뚜-][명] 메밀가루를 익반죽하여 밀방망이로 밀어 큼직큼직하게 썰어 쇠고기장국에 넣어 끓인 음식. 도면(刀麵).

칼-쌈[명][하자] 〈칼싸움〉의 준말.

칼-자[-짜][명] 왕조 때, 지방 관아에서 음식 만드는 일을 맡아 하던 하인.

칼-자국[-짜-][명] 칼에 찔리거나 베이거나 하여 생긴 자국.

칼-자루[-짜-][명] 칼에 달린 손잡이. 검파(劍把).
칼자루(를) 잡다〔쥐다〕[관용] 상대편보다 유리한 입장에 있다. 결정권이 있다.

칼-잠[명] 좁은 곳에서 여럿이 잘 때, 바로 눕지 못하고 몸의 옆 부분을 바닥에 댄 채로 불편하게 자는 잠.

칼-잡이[명] ①지난날, 소나 돼지 따위를 잡는 일을 업으로 하는 사람을 얕잡아 이르던 말. [참]백장. ②칼을 잘 쓰는 사람을 얕잡아 이르는 말.

칼-장단[-짱-][명] 도마질을 할 때 율동적으로 내는 칼질 소리.

칼-제비[명] '칼싹두기'나 '칼국수'를 수제비에 상대하여 이르는 말.

칼-질[명] ①[하자타]칼로 물건을 베거나 깎거나 써는 일. ②[하자타]'글이나 영화 따위를 편집하거나 다듬을 때 일부 내용을 삭제하는 일'을 비유하여 이르는 말. ③'칼부림'의 잘못.

칼-집1[-찝][명] 칼날을 보호하기 위하여 칼의 몸을 꽂아 두는 물건.

칼-집2[-찝][명] (생선 따위) 요리 재료에 칼로 베어서 만든 진집. ¶ 도미에 칼집을 내어 굽다.

칼-첨자(-籤子)[명] 장도(粧刀) 집에 끼우는, 쇠붙이로 된 젓가락 비슷한 물건. 〔칼날이 쉬 빠지지 않게 누르는 구실을 함.〕

칼-춤[명] ①칼을 들고 추는 민속춤. 검무(劍舞). ②지난날, 정재(呈才) 때 추던 춤의 한 가지. 기녀 넷이 검기(劍器)를 양손에 하나씩 들고 춤. ②검기무.

칼치[명] '갈치'의 방언.

칼-침(-鍼)[명] 남의 칼에 찔리거나, 칼로 남을 찌르는 짓. ¶ 칼침을 놓다. /칼침을 맞다.

칼칼-하다[형][여] ①목이 말라서 시원한 물이나 음료수 등을 마시고 싶은 생각이 간절하다. ¶ 목이 칼칼해서 냉수를 벌컥벌컥 들이켰다. ②목소리가 조금 쉰 듯하면서 거친 느낌이 있다. ③맵거나 텁텁하게 자극하는 맛이 조금 있다. ¶ 칼칼한 막걸리 한 사발. /매운탕이 제법 칼칼하다. [큰]컬컬하다.

칼-코등이[명] 칼자루의 슴베를 박은 쪽의, 목에 감은 쇠테. 검비(劍鼻). 검환(劍環). [준]코등이.

칼크(calc)[명] ①석회. ②'클로르칼크'를 흔히 이르는 말.

칼-판(-板)[명] 칼로 물건을 썰거나 할 때에, 받침으로 놓는 널조각.

캄브리아-기(Cambria紀)[명] 지질 시대의 고생대(古生代) 중 맨 처음의 시대. 〔약 5억 7000만 년 전에서 5억 년 전.〕

캄캄-절벽(-絕壁)[명] (어떤 사물에 대해서) '아무것도 모르고 있음'을 비유하여 이르는 말.

캄캄-하다[형][여] ①(새까만 느낌이 들도록) 매우 어둡다. [큰]컴컴하다. ②앞일에 희망이 없이 막막하다. ¶ 해결 방안이 캄캄하다. ③도무지 아는 것이 없다. ¶ 세상 물정에 캄캄하다. ④어떤 일의 되어 가는 형편을 헤아릴 길이 없다. ¶ 소식이 캄캄하다.

캄파(←kampaniya 러)[명] 정치·노동 운동 따위를 돕기 위하여 널리 대중으로부터 모금하는 일, 또는 그 돈.

캄파니아(Kampania 러)[명] ☞캠페인.

캄플라주(←camouflage 프)[명] '카무플라주'의 잘못.

캉캉[부][하자] 몸집이 작은 개가 짖는 소리. [큰]컹컹.

캉캉(cancan 프)[명] 긴 주름치마를 입고 다리를 높이 들어 올리면서 추는, 박자가 빠른 프랑스 춤.

캉캉-거리다[자] 자꾸 캉캉 소리를 내어 짖다. 캉캉대다. [큰]컹컹거리다.

캉캉-대다[자] 캉캉거리다.

캐ː-내다[타] ①(땅속 등에) 묻힌 것을 파서 꺼내다. ¶ 밭에서 감자를 캐내다. ②(알고자 하는 일을) 따져 알아내다. ¶ 비밀을 캐내다.

캐넌(cannon)[명] 당구에서, 한 번 친 공이 다른 두 공과 잇달아 맞는 일.

캐넌-포(cannon砲)[명] 구경(口徑)에 비하여 포신(砲身)이 매우 긴 포. 원거리 사격에 쓰임. 카농포.

캐ː다[타] ①(땅속 등에) 묻힌 것을 파내다. ¶ 광석을 캐다. ②감추어 드러나지 아니한 사실을 밝히려고 따지다. ¶ 비밀을 캐다.

캐드(CAD)[명] 컴퓨터 보조 설계. 곧, 컴퓨터를 이용하여 설계하는 디자인 시스템. [computer-aided design]

캐드캠(CAD·CAM)[명] 컴퓨터를 이용하여 제품을 설계하거나 제조하는 것. [CAD: computer-aided design, CAM: computer-aided manufacturing]

캐디(caddie)[명] 골프장에서, 경기자를 따라다니며 클럽을 나르거나 공을 줍거나 하는 일을 직업으로 삼는 사람.

캐러멜(caramel)[명] 서양식 사탕 과자의 한 가지. 설탕·우유 따위를 섞어 고아서 만듦.

캐럴(carol)[명] 성탄을 축하하는 민요풍의 가곡.

캐럿(carat)[의] ①보석의 무게를 나타내는 단위. 1캐럿은 200 mg. 〔기호는 car, ct〕 ②합금 속에 들어 있는 순금의 비율을 나타내는 단위. 순금은 24캐럿임. 〔기호는 K, Kt〕

캐리어(career)[명] '커리어'의 잘못.

캐리커처(caricature)[명] ①인물의 표정을 소재로 한 희화(戲畫). ②만화(漫畫).

캐릭터(character)[명] ①소설이나 연극 따위에 등장하는 인물. 또는, 작품 내용에 의하여 독특한 개성과 이미지가 부여된 존재. ②소설·만화·극 따위에 등장하는 독특한 인물이나 동물의 모습을 디자인에 도입한 것. 장난감이나 문구·아동용 의류 따위에 많이 씀.

캐ː-묻다[-따][~물으니·~물어][타][ㄷ] 어떤 일을 밝히려고, 자꾸 다짐하여 묻다. 자세히 파고들어 묻다. ¶ 약속을 어긴 이유를 캐묻다. [본]캐어묻다.

캐미솔ː(camisole)명 여성용의 윗속옷의 한 가지. 보통 가슴 선이 수평으로 재단되고, 길이는 엉덩이를 가릴 정도이며 어깨는 끈으로 걸치게 되어 있음.
캐비닛(cabinet)명 ①응접실이나 식당·침실 등에 두는, 자그마한 장. ②사무용 서류나 물품을 넣어 두는 철제 장.
캐소ː드(cathode)명 음전극(陰電極).
캐슈ː(cashew)명 옻나뭇과의 상록 교목. 남아메리카 원산으로, 주로 열대 지방에서 재배됨. 높이는 10 m가량 자라며, 작고 흰 꽃이 진 다음 꽃줄기가 사과처럼 굵어지고 그 끝에 캐슈너트라는 열매가 열림. 열매는 먹을 수 있고, 줄기에서 나오는 수지(樹脂)는 도료나 고무로 쓰임.
캐슈ː-너트(cashew nut)명 캐슈의 열매.
캐스터(caster)명 텔레비전에서, 보도 프로그램의 진행을 맡은 사람. ¶ 기상 캐스터.
캐스터네츠(castanets)명 타악기의 한 가지. 나무나 상아 또는 플라스틱으로 만든 두 짝의 조가비 모양의 악기. 손에 끼워 두 짝을 맞부딪쳐 소리를 냄. 스페인 춤에서 많이 쓰임.
캐스트(cast)명 '배역'으로 순화.
캐스팅(casting)명 ①활자를 주조하는 기계. ②하타 되자 배역을 정하는 일.
캐스팅^보ː트(casting vote)명 ①의안의 채택 여부를 두고 가부가 동수일 때, 의장이 가지는 의결권. ②의회 등에서, 세력이 강한 두 파가 맞섰을 때, 제3의 소수파의 움직임에 따라 결정이 좌우될 처지일 때 제3의 소수파가 가진 의결권을 이름. 결정투표.
캐시미어(cashmere)명 인도의 북부 카슈미르 지방에서 나는 양털을 써서 평직이나 능직으로 짠 천. 보온성이 좋아 담요나 외투감 따위로 쓰임.
캐시밀론(Cashmilon)명 촉감이 부드럽고 가벼우며, 보온이 잘되는 합성 섬유의 한 가지. 〔일본 상표명에서 유래함.〕
캐시토미ː터(cathetometer)명 두 점 사이의 높이의 차이를 재는 장치.
캐어-묻다[-따][~물으니·~물어]타ㄷ 〈캐묻다〉의 본딧말.
캐주얼(casual)명하형 옷차림이 간편함, 또는 그렇게 차려입은 옷.
캐주얼-슈ː즈(casual shoes)명 신기에 편한, 간편한 구두.
캐주얼-웨어(casual wear)명 간편한 평상복.
캐처(catcher)명 (야구에서의) 포수(捕手). ↔피처(pitcher).
캐처스^라인(catcher's line)명 야구에서, 포수의 자리를 나타내는 네 개의 선.
캐치-볼ː(catch+ball)명 야구에서 공을 던지고 받고 하는 일.
캐치-프레이즈(catch-phrase)명 간결한 표현으로 사람들의 주의를 끄는 인상적인 광고 문구.
캐터펄트(catapult)명 ①군함의 갑판 등에서, 압축 공기나 화약 등의 힘으로 비행기를 쏘아 내보내는 장치. 비행기 사출기(飛行機射出機). 사출기. ②성(城)을 공격할 때 쓰던, 고대 그리스·로마 시대의 투석기(投石機).
캐터필러(caterpillar)명 무한궤도.
캐터필러^트랙터(caterpillar tractor)명 무한궤도를 장치한 트랙터.
캑부 목구멍에 걸린 것을 뱉어 내려고 목구멍에 힘을 주어 내는 소리. 캑-캑부하자.
캑캑-거리다[-꺼-]자 자꾸 캑캑 소리를 내다. 캑캑대다.
캑캑-대다[-때-]자 캑캑거리다.
캔(can)명 (양철 따위로 만든) 통 모양으로 된 작은 용기.
캔디(candy)명 서양식 사탕 과자. 당과(糖菓).
캔버스(canvas)명 유화(油畫)를 그릴 때 쓰는 천. 무명·삼베 따위의 천에 카세인이나 아교를 바르고 그 위에 아마유와 아연화 따위를 덧칠하여 만듦. 화포(畫布).
캔터(canter)명 승마술에서, 갤럽(gallop)과 트롯(trot)의 중간 속도로 달리는 말이 달음박질.
캘리코(calico)명 올이 촘촘한, 흰 무명베. 옷이나 시트 따위를 만드는 데 쓰임.
캘리퍼스(callipers)명 기계 부품의 지름이나 두께 따위를 재는 기구. 용수철로 연결된 구붓한 두 다리를 벌려서 양 끝을 대상물에 댄 다음 그 간격을 자로 잼. 측경기(測徑器).
캘린더(calendar)명 ①달력. ②'일력(日曆)'이나 '월력'을 두루 이르는 말.
캠(cam)명 특수한 모양으로 된 공작 기계에서, 회전 운동을 왕복 운동 등으로 바꾸는 기계의 부분(장치).
캠(CAM)명 컴퓨터 보조 생산. 곧, 컴퓨터를 이용하여 물품 제조 과정의 자동화를 꾀하는 일. [computer-aided manufacturing]
캠-코더(camcorder)명 녹화 재생 기능을 갖춘 비디오 카메라. 〔'camera'와 'recorder'의 합성어〕
캠퍼(camphor)명 의약품으로 쓰이는, 정제한 장뇌(樟腦).
캠퍼스(campus)명 ①대학교의 교정(校庭), 또는 구내(構內). ②대학.
캠퍼^주ː사(camphor注射)명 캠퍼액의 주사. 심장 쇠약·가사(假死)·호흡 곤란 등에 응급 처치로 쓰임.
캠페인(campaign)명 어떤 문제에 대하여 대중을 상대로 조직적·지속적으로 펼치는 운동. 캄파니아.
캠프(camp)명 ①산이나 들에 지은 임시 막사(幕舍), 또는 거기서 지내는 생활. 야영(野營)하는 일. ②군대가 야영하는 곳. 주둔지의 막사.
캠프-장(camp場)명 많은 사람이 야영(野營)할 수 있도록 설비해 놓은 곳.
캠프-촌(camp村)명 캠프장을 마을에 비유하여 이르는 말.
캠프파이어(campfire)명 야영지에서, 밤에 야영하는 사람이 모여 피우는 화톳불.
캠핑(camping)명하자 캠프에서 지내는 생활. 야영.
캠핑-카ː(camping car)명 장기간의 여행을 하면서 조리와 숙박이 가능하도록 만든 자동차. 미국에서 개발된 것으로 캠프용이나 임시 노동자의 숙소용으로 씀.
캡(cap)명 ①둘레에 전이 없고 차양이 달린 모자. ②연필이나 만년필 따위의 뚜껑. ③(전등 따위에 씌우는) 갓.
캡-램프(cap lamp)명 (광산 등에서) 헬멧에 달아 앞을 비추는 작은 전등.
캡션(caption)명 ①(책에서의) 장(章)·절(節)·항(項) 등의 제목. 표제(標題). ②책 속의 그림이나 사진 등에 달아 놓은 설명의 글.
캡슐ː(capsule)명 ①교갑(膠匣). ②인공위성에서, 사람이 들어가 지내는 선실(船室)이나 기재 등을 실은 칸을 둘러싼 겉 부분.

캡스턴(capstan)명 돛이나 무거운 짐 따위를 끌어 올리거나 당기는 장치. 원통처럼 생긴 것의 구멍에 지렛대를 끼워 줄을 감게 되어 있음.
캡틴^볼ː(captain ball)명 공으로 하는 놀이의 한 가지. 여러 사람이 두 편으로 나뉘어 일정한 위치에 있는 자기편 주장에게 공을 던지어 공을 많이 받기를 겨루는 놀이.
캥부 여우의 울음소리. 참캉. **캥-캥**부하자.
캥거루ː(kangaroo)명 캥거루과의 포유류를 통틀어 이르는 말. 초식성 동물로 종류와 크기가 다양한데, 큰 것의 몸길이는 2 m가량. 몸빛은 담회색이며, 앞다리는 짧고 뒷다리가 길어 잘 뜀. 새끼를 낳으면 암컷의 배에 있는 육아낭에 넣어 젖을 먹여 기름.
캥캥-거리다자 자꾸 캥캥 소리를 내다. 캥캥대다.
캥캥-대다자 캥캥거리다.
캬라멜(caramel)명 '캐러멜'의 잘못.
캭부 목구멍에 걸린 것을 뱉으려고 목구멍에 힘을 주어 내는 소리. **캭-캭**부하자.
캭캭-거리다[-꺼-]자 자꾸 캭캭 소리를 내다. 캭캭대다.
캭캭-대다[-때-]자 캭캭거리다.
캉부 여우가 우는 소리. 참캥. **캉-캉**부하자.
캉캉-거리다자 자꾸 캉캉 소리를 내다. 캉캉대다.
캉캉-대다자 캉캉거리다.
캉캉-하다형여 얼굴이 몹시 여위어 파리하다.
커ː Ⅰ부 아주 곤하게 잠잘 때 내쉬는 소리. 작카.
Ⅱ감 맛이나 냄새가 몹시 맵거나 독할 때 내는 소리. 작카.
커녕조《체언이나 용언의 '-기 명사형' 뒤에 붙어》'그것은 고사하고 도리어'의 뜻을 나타내는 보조사. 《흔히, '…도'와 함께 부정하는 말이 뒤따르며, 특히 힘주어 말할 때에는 조사 '은(는)'을 앞세움.》¶ 짐승커녕 새도 못 잡겠다. /반기기(는)커녕 눈인사도 않는다. /우승(은)커녕 3위 입상도 어렵겠다. 참은커녕·는커녕.
커니와조 '커녕'보다 좀 예스러운 말. 《주로, 조사 '은'이나 '는'을 앞세워 쓰임.》¶ 우승은 커니와 예선에 들지도 못했다.
커닝(cunning)명하타 (시험 중에 수험자의) 부정행위, 또는 부정행위를 함. ¶ 커닝을 하다가 선생님께 들켰다.
커ː-다랗다[-라타][~다라니·~다래]형ㅎ 매우 크다. ¶ 커다란 눈. 준커닿다. ↔작다랗다.
커ː-닿다[-다타][~다니·~대]형ㅎ 〈커다랗다〉의 준말.
커리어(career)명 (숙련되고 능란함을 필요로 하는 기술이나 기능 따위의) 경력.
커리큘럼(curriculum)명 교육 과정.
커뮤ː니케이션(communication)명 사람끼리 말이나 글자·음성·몸짓 등으로 사상·감정을 전달하는 일.
커뮤ː니티(community)명 ①지역 사회(地域社會). ②공동체.
커미셔너(commissioner)명 프로 야구나 프로 권투 등에서, 품위와 질서 유지 등을 위하여 전권을 위탁받은 최고 책임자.
커미션(commission)명 (상거래에서 중개인이 받게 되는) 구문(口文). 구전(口錢). 수수료. ¶ 커미션을 받다. /커미션을 요구하다.
커밍-아웃(coming out)명하자 자신이 동성애자라는 사실을 세상에 공개적으로 밝히는 일.
커버(cover)명하타 ①무엇을 가리거나 덮거나 싸는 물건. ¶ 의자 커버. ②권투 따위의 운동 경기에서, 상대 선수의 공격을 막는 일. ③두루 미치는 것. ¶ 전국을 커버하는 통신망.
커버^글라스(cover glass)명 덮개 유리.
커버링(covering)명 권투에서, 상대편의 공격에 대해 손이나 팔로써 자기의 얼굴이나 배를 가리어 막는 기술. ¶ 커버링이 뛰어난 선수.
커버-스토ː리(cover story)명 (잡지 따위의) 표지 그림이나 사진과 관련된 기사.
커ː브(curve)명 ①선·길·궤도 등의 굽은 부분. ②야구에서, 투수가 타자에게 던진 공이 타자의 몸 가까이에서 굽어 날아오는 일.
커ː서(cursor)명 컴퓨터의 표시 화면에, 입력 위치를 나타내는 특수 기호.
-커시니어미 〈옛〉-하시니. ¶ 王事롤 爲커시니 行陣올 조초샤(龍歌*112*章).
커시놀조동 〈옛〉하시거늘. ¶ 네 가사ᄒᆞ리라 커시놀(龍歌*94*章).
-커시놀어미 〈옛〉-하시거늘. ¶ 京都애 도ᄌᆞ기 드러 님그미 避커시놀(龍歌*33*章).
-커신마론어미 〈옛〉-하시건마는. ¶ 님그미 賢커신마론 太子롤 몯어드실씨(龍歌*84*章).
커-지다자 크게 되다. ¶ 공사 규모가 커지다. /일이 커지다.
커터(cutter)명 물건을 자르거나 깎거나 하는 데 쓰이는 도구.
커텐(curtain)명 '커튼'의 잘못.
커트(cut)명하타 ①(전체 중에서 일부를) 자르는 일. 깎아 내는 일. ②머리카락을 자르는 일, 또는 그 머리 모양. ③테니스·탁구 등에서, 공을 비스듬히 아래로 깎듯이 침, 또는 그러한 기법.
커트-라인(cut+line)명 합격권의 최저선.
커ː튼(curtain)명 문이나 창 등에 치는 휘장.
커ː튼-콜ː(curtain call)명 연극이나 음악회 등에서, 공연이 끝나고 막이 내린 뒤 관객이 박수를 치거나 환성을 보내거나 하여 출연자를 무대 앞으로 다시 불러내는 일.
커틀릿(cutlet)명 서양 요리의 한 가지. 얇게 썬 쇠고기나 돼지고기 따위에 밀가루·달걀·빵가루를 묻혀 기름에 튀긴 음식.
커프스(cuffs)명 소매의 손목 부분. 소맷부리.
커프스-단추(cuffs-)명 와이셔츠의 소맷부리를 여미는 장식용 단추.
커플(couple)명 ①한 쌍. ②남녀의 한 쌍. 〔특히, 부부나 연인 사이를 일컬음.〕
커ː피(coffee)명 ①커피나무 열매의 씨를 볶아 갈아서 만든 가루. 독특한 향기가 나며, 카페인이 들어 있음. ②〈커피차〉의 준말. ¶ 커피를 타다.
커ː피-나무(coffee-)명 꼭두서닛과의 상록 교목. 아프리카 원산의 열대 작물로 키는 6~8 m. 꽃은 희고, 홍자색의 열매에 두 개의 씨가 들어 있는데 커피의 원료로 쓰임.
커ː피-숍(coffee shop)명 주로 여러 종류의 커피를 파는 가게.
커ː피-차(coffee茶)명 커피와 설탕·우유·크림 따위를 끓는 물에 타서 만든 차. 준커피.
커ː피-콩(coffee-)명 커피나무의 열매의 씨. 커피의 원료임.
커ː피포트(coffeepot)명 커피를 끓이는 데 쓰이는 주전자.
-컨대어미 '-하건대'가 줄어서 된 말. ¶ 요컨대.
컨디션(condition)명 ①건강이나 정신 등의 상태. ¶ 컨디션이 좋다. ②물건 따위의 조건이나 상태. ¶ 그라운드 컨디션.
컨버ː터블(convertible)명 덮개 부분을 접었다 폈다 할 수 있는 자동차.

컨버ː트(convert)명 ①럭비에서, 트라이한 다음에 골킥을 했을 때, 공이 크로스바를 넘고 골포스트 사이를 지남으로써 득점이 되는 일. ②야구에서, 수비 위치를 바꾸는 일.

컨베이어(conveyor)명 (제품 공장 등에서) 재료나 제품 등을 자동적·연속적으로 운반하는 기계 장치. 반송대(搬送帶).

컨베이어^시스템(conveyor system)명 공장 안에서의 모든 공정을 컨베이어로 연결하여, 재료나 부품을 잇달아 돌려보내 분담된 공정대로 생산해 내는 방식.

컨설턴트(consultant)명 기업의 창설·경영·관리 등에 관해서 조언·진단·상담하는 전문가.

컨설팅(consulting)명 전문 지식을 가진 사람이 상담·자문에 응하는 일.

컨셉(concept)명 '콘셉트'의 잘못.

컨셉트(concept)명 '콘셉트'의 잘못.

컨소시엄(consortium)명 ①은행이나 기업이 참가하여 형성하는 국제 차관단 또는 융자단. 대규모 개발 사업의 추진이나 대량의 자금 수요에 대응하기 위해 구성함. ②주로 대규모 사업을 추진하거나 할 때, 여러 업체가 공동으로 참여하는 방식, 또는 그 연합체.

컨테이너(container)명 화물을 능률적·경제적으로 실어 나르기 위하여 일정한 규격으로 만든 상자 모양의 큰 용기.

컨트롤ː(control)명하타 ①통제하고 조절하는 일. ②제구(制球).

컨트리^음악(country音樂)명 미국 농촌에서 살던 백인들의 대중음악. 동부의 민요에서 발생하였음.

컨트리-클럽(country club)명 도시의 교외에 골프나 테니스 등 스포츠를 즐길 수 있는 설비를 갖춘 오락 휴양 시설.

컬ː(curl)명하타 머리털을 곱슬곱슬하게 함, 또는 그런 머리털.

컬러(color)명 ①색. 색채. 빛깔. ②개성이나 분위기. 또는, 특유한 느낌이나 맛. ¶ 팀 컬러.

컬러리스트(colorist)명 화가로서, 색채 효과를 중히 여기는 사람, 또는 그러한 일파.

컬러^사진(color寫眞)명 천연색 사진.

컬러-텔레비전(color television)명 화면의 영상이 천연색으로 나타나는 텔레비전.

컬러^필름(color film)명 자연 그대로의 빛깔을 나타내는 사진 필름. 천연색 필름.

컬럭부하자 (앓는 사람이) 힘겹게 내는 기침 소리. 작칼락. **컬럭-컬럭**부하자.

컬럭-거리다[-꺼-]자 자꾸 컬럭 소리를 내다. 컬럭대다. ¶ 기침을 컬럭거리다. 작칼락거리다.

컬럭-대다[-때-]자 컬럭거리다.

컬렉션(collection)명 ①미술품이나 골동품·우표 등 자기가 좋아하는 물건을 취미 삼아 모으는 일, 또는 그 수집품. ②관련된 작품·상품 따위를 모아 전시하는 일, 또는 그 발표회. ¶ 현대 미술 컬렉션.

컬컬-하다형여 ①목이 몹시 말라 시원한 물이나 음료수 따위를 마시고 싶은 생각이 간절하다. ②목소리가 쉰 듯하면서 거친 느낌이 있다. ③맵거나 텁텁하게 자극하는 맛이 있다. ¶ 컬컬한 막걸리. /김치찌개가 제법 컬컬하다. 작칼칼하다.

컴백(comeback)명하자 (본디의 신분이나 지위로) 되돌아옴. 복귀(復歸).

컴컴-하다형여 ①(시꺼먼 느낌이 들도록) 매우 어둡다. ¶ 방 안이 컴컴하다. 작캄캄하다. ②속이 의뭉스럽고 욕심이 많다. ¶ 너의 그 컴컴한 속을 내가 모를 줄 알고!

컴파일러(compiler)명 고급 언어로 작성된 원시 프로그램을, 기계어로 된 목적 프로그램으로 번역하는 언어 처리 프로그램.

컴퍼스(compass)명 ①원을 그리는 데 쓰이는 제도 기구. ②방위를 알아보는 데 쓰이는 계기. 나침반. ③(걸음을 걸을 때) 두 다리를 벌린 폭. ③보폭(步幅).

컴퓨ː터(computer)명 전자 회로를 이용하여 고속·자동으로 계산이나 자료를 처리하는 기계. 수치 계산, 자동 제어, 사무 관리, 데이터 처리, 언어·화상(畫像)의 정보 처리 등 광범위하게 이용됨. 전자계산기.

컴퓨ː터^그래픽스(computer graphics)명 컴퓨터를 이용한 화상(畫像) 처리.

컴퓨ː터^단ː층^촬영(computer斷層撮影)명 시티 스캐너를 이용한 컴퓨터 단층 촬영법. 엑스선이나 초음파를 여러 각도에서 인체에 투영하고, 이를 컴퓨터로 재구성한 화상(畫像)으로 단층상(斷層像)을 그림. 인체 내부의 미세한 구조를 알 수 있어 질병의 진단법으로 널리 이용됨. 시티 촬영.

컴퓨ː터^바이러스(computer virus)명 통신 회선 등을 통해 컴퓨터에 침입하여 소프트웨어나 기억 데이터를 파괴하는 프로그램. 컴퓨터에 잠복해 있다가 여건이 갖추어지면 다른 프로그램으로 감염됨.

컴프레서(compressor)명 압축기(壓縮機).

컴프리(comfrey)명 지칫과의 다년초. 유럽 원산의 재배 식물로 줄기 높이는 60～90 cm. 잎은 달걀 모양이며, 밑 부분에는 잎자루가 있으나 윗부분에는 없음. 초여름에 홍자색 또는 황백색 꽃이 핌.

컵(cup)명 ①사기나 유리 따위로 만든 원통형의 그릇(잔). ②상배(賞盃).

컷(cut) Ⅰ명 ①(출판물에서) 작은 삽화나 사진. ②(영화에서) 필요에 따라 필름을 잘라 내는 일, 또는 그 필름. ③(영화에서) 한 번의 연속 촬영으로 찍은 장면을 이르는 말.

Ⅱ감 영화 촬영에서, 촬영을 멈추거나 멈추라는 뜻으로 하는 말.

컷백(cut back)명 화면 구성 기교의 한 가지. 둘 이상의 다른 장면을 연속적으로 엇바꾸어 같은 시간에 여러 곳에서 일어나는 일을 보여 주는 기법.

컷오프(cutoff)명 방송 중인 음악이나 이야기를 갑자기 중단함. 시청자의 관심을 집중시키고 변화에 대한 기대감을 높이기 위한 기교로 사용함.

컷워ː크(cutwork)명 서양 자수 기법의 한 가지. 천에 그려 놓은 도안의 윤곽을 따라 수를 놓은 다음, 그 주위를 알맞게 잘라 내어 무늬를 만듦.

컷인(cut-in)명 영화나 텔레비전에서, 긴 한 장면 사이에 다른 짤막한 장면을 끼워 넣는 방법.

컹컹부하자 몸집이 큰 개가 짖는 소리. 작캉캉.

컹컹-거리다자 자꾸 컹컹 소리를 내어 짖다. 컹컹대다. 작캉캉거리다.

컹컹-대다자 컹컹거리다.

-케준 '-하게'가 줄어든 말. 〔순탄케(순탄하게)·태평케(태평하게) 따위.〕

케라틴(keratin)명 손톱·발톱·머리털 및 뿔 따위의 성분이 되는 경단백질(硬蛋白質). 각소(角素).

케미컬-슈ː즈 (chemical shoes) 명 합성 피혁으로 만든 신.
케이블 (cable) 명 ①섬유나 철사를 꼬아 만든 굵은 밧줄. ②닻줄로 쓰이는 쇠사슬. ③전기 절연물로 싼 여러 개의 전선을 단을 지어 다시 겉을 포장한 것. ④〈케이블카〉의 준말.
케이블-카ː (cable car) 명 공중에 부설한 레일에 차량을 매달아 사람이나 짐을 나르는 장치. 강삭 철도. 준케이블.
케이블^티ː브이 (cable TV) 명 공동 수상 안테나를 설치하고 동축(同軸) 케이블로 각 가정에 연결하는 유선 텔레비전. 시에이 티브이.
케이스 (case)[1] 명 상자. 갑(匣). ¶ 화장품 케이스.
케이스 (case)[2] 명 경우. 사례. ¶ 시범 케이스.
케이슨 (caisson) 명 잠함(潛函).
케이슨-병 (caisson病) 명 잠수병(潛水病).
케이에스 (KS) 명 '한국 산업 규격'의 약호. [Korean Industrial Standards]
케이에스^마ː크 (KS mark) 명 한국 표준 협회가 산업 표준 규격으로 인정된 제품에 표시하게 하는 'Ⓚ'의 표.
케이오ː (KO) 명하자 ☞녹아웃.
케이오ː^승 (KO勝) 명 권투에서, 상대편을 녹아웃시켜 이김, 또는 그 승리.
케이-오ː-시ː (KOC) 명 한국 올림픽 위원회. [Korean Olympic Committee]
케이지 (cage) 명 ①새장처럼 생긴 닭장. 좁은 장소에 많은 닭을 먹여, 산란 효과만 높이게 고안된 것임. ②엘리베이터의, 사람이나 짐을 싣는 칸.
케이크 (cake) 명 ①서양식 과자를 통틀어 이르는 말. ②우유·밀가루·달걀 따위를 섞어서 구운 빵. ¶ 생일 케이크.
케이폭 (kapok) 명 열대 지방에서 나는 케이폭수 열매의 껍질 안쪽에 난 솜털. 비중이 낮고 물에 젖지 않으며 보온성이 있고 부력(浮力)이 커서, 구명대나 구명 방석, 전기 절연체나 방음 장치의 주요 재료로 쓰이며 침낭 따위에 넣기도 함. 판야.
케이폭-수 (kapok樹) 명 판야과의 낙엽 교목. 열대 지방의 재배 작물로, 높이는 17～30 m. 가지는 가로 퍼지고 날카로운 가시가 있음. 길둥근 열매가 열리는데, 열매 껍질의 솜털은 구명대 따위를 만드는 데 쓰이고 씨로는 기름을 짬.
케이프 (cape) 명 소매가 없이 어깨·등·팔만 가리게 만든 외투.
케일 (kale) 명 양배추의 원종(原種).
케첩 (ketchup) 명 소스의 한 가지. 토마토·양송이·호두 따위를 갈아서 거른 다음, 설탕·소금·식초·향신료를 섞어 졸여서 만듦.
케케-묵다 [-따] 형 ①(일이나 물건이) 매우 오래되어서 낡다. ¶ 케케묵은 기계. ②(생각이나 습관 따위가) 새로운 데가 없이 낡다. ¶ 케케묵은 사고방식.
케플러^망ː원경 (Kepler望遠鏡) 명 대물렌즈나 접안렌즈가 모두 볼록 렌즈로 되어 있는 천체 망원경.
켄트-지 (Kent紙) 명 새하얗고 치밀한 제도용 용지.
켈로이드 (keloid) 명 피부의 결합 조직이 병적으로 불어 단단하게 돋아 오르면서 불그스름하게 되는 양성 종양.
켈트^인 (Kelt人) 명 유럽 인종의 하나. 스위스·스코틀랜드·아일랜드 등지에 사는 인종으로, 키가 크고 머리털은 금발 또는 밤색임. 골(Gaul) 인·브리튼(Britain) 인 등의 족속도 이에 딸림.
켈프 (kelp) 명 다시마 따위 갈조류를 쪄서 태운 재. 요오드의 원료로 쓰임.
켕기다 Ⅰ자 ①팽팽하게 되다. ¶ 줄이 팽팽하게 켕기다. ②자기가 저지른 일에 대하여 슬그머니 겁이 나거나 거리끼는 것이 있다. ¶ 우선 둘러대기는 했어도 속으로는 사뭇 켕긴다.
Ⅱ타 맞잡아 당기어 팽팽하게 하다. ¶ 줄을 팽팽하게 켕기다.
켜 Ⅰ명 ①포개어 놓은 물건의 하나하나의 층. ¶ 시루떡의 켜를 두껍게 안치다. ②〖의존 명사적 용법〗 포개어 놓은 물건의 하나하나의 층을 세는 단위. ¶ 세 켜로 쌓다.
Ⅱ의 노름하는 횟수를 세는 단위. ¶ 화투 한 켜.
켜-내다 타 누에고치에서 실을 뽑아내다.
켜다[1] 타 ①(등잔이나 양초 따위에) 불을 붙여 밝게 하다. ¶ 어두운 방에 등불을 켜다. ②(성냥 따위로) 불을 일으키다. ¶ 라이터를 켜다. ③(전등이나 라디오 따위의) 스위치를 돌려 전기를 흐르게 하다. ¶ 라디오를 켜다. ↔끄다.
켜다[2] 타 ①(톱으로 나무를) 베거나 자르다. ¶ 나무를 켜다. ②활로 현악기의 현을 문질러서 소리를 내다. 타다[8]. ¶ 바이올린을 켜다. ③누에고치에서 실을 뽑다. ¶ 고치를 켜다. ④엿을 다루어서 희게 만들다. ¶ 엿을 켜서 가래엿을 뽑다.
켜다[3] 타 ①물이나 술 따위를 단숨에 들이마시다. ¶ 술집에서 소주를 세 잔이나 켰다. ②갈증이 나서 물을 자꾸 마시다.
켜다[4] 타 기지개를 하다. ¶ 이부자리에서 힘차게 기지개를 켜다.
켜다[5] 타 ①동물의 수컷이 암컷을 부르는 소리를 내다. ②(동물을 부르려고) 사람이 동물 소리를 내다. ¶ 우레를 켜다.
켜다 타 〈옛〉 끌다. ¶ 여러 모시뵈 살 나그내 켜오라(老解下53). 참혀다[1].
켜-이다 자 〖'켜다[3]'의 피동〗 켜고 싶어지다. ¶ 저녁을 짜게 먹었더니 물이 자꾸 켜인다. 준키다[1].
켜켜-이 부 여러 켜마다. ¶ 켜켜이 팥고물을 두어 떡을 안치다.
켤레[1] 명 수학에서, 두 개의 점이나 선 또는 수가 서로 특수한 관계에 있어, 서로 전환하여도 그 성질에 변화가 없을 때의 그 둘의 관계를 이르는 말. 공액.
켤레[2] 의 (신이나 버선·양말 따위의) 두 짝을 한 벌로 하여 세는 단위. 족(足)[2]. ¶ 양말 두 켤레.
켤레-각 (-角) 명 꼭짓점과 두 변을 공통으로 가지면서 마주 보아 그 합이 360°가 되는 두 각에서 한 각을 다른 한 각에 상대하여 이르는 말. 공액각.
켤레^초점 (-焦點) [-쩜] 명 빛을 구면경에 반사하거나 렌즈에 통하게 할 때, 광원(光源)과 상(像)과의 관계를 이루는 두 점. 준켤렛점.
켤렛-점 (-點) [-레쩜/-렏쩜] 명 ①한 원뿔곡선에서 두 점이 각각 다른 점의 극선 위에 있을 때, 그 한 점을 다른 점에 상대하여 이르는 말. 공액 초점. ②〈켤레 초점〉의 준말.
켯-속 [켜쏙/켣쏙] 명 일의 갈피. ¶ 그 일의 켯속은 도무지 알 수가 없다.
켸켸-묵다 형 '케케묵다'의 잘못.
코[1] 명 ①척추동물의 오관(五官)의 하나. 호흡기로 통하는 기도(氣道)가 몸 밖으로 열려 있는 부분. 숨을 쉬고 냄새를 맡는 구실을 하며, 발성(發聲)에도 관계됨. ②코의 점막에서 분비되는 진득진득한 액체. 콧물. ¶ 누런 코를 훌쩍거리다. ③고무신이나 버선 등의 앞쪽 끝에 오뚝하게 내민 부분. ¶ 버선의 코. /고무신의 코.

코에서 단내가 난다〔속담〕 '일에 시달려 몸과 마음이 몹시 고달픔'을 이르는 말.

코가 납작해지다〔관용〕 무안을 당하거나 하여 위신이 크게 떨어져 기가 꺾이다.

코가 높다〔관용〕 (남 앞에서 뽐낼 만한 일이 있어서) 젠체하는 기세가 있다.

코가 땅에 닿다〔관용〕 (존경의 뜻을 나타내는 몸짓으로) 머리를 깊이 숙이다.

코가 비뚤어지게〔비뚤어지도록〕〔관용〕 잔뜩 취할 정도로 술을 많이 마시는 모양을 이르는 말.

코(가) 빠지다〔관용〕 근심에 싸여 기가 죽고 맥이 빠지다.

코(가) 세다〔관용〕 남의 말을 잘 받아들이려 하지 않고 자기 생각대로만 하려는 고집이 있다.

코가 솟다〔관용〕 남에게 자랑할 일이 있어 우쭐해지다.

코가 우뚝하다〔관용〕 잘난 체하며 거만하게 굴다.

코를 떼다〔관용〕 무안을 당하거나 핀잔을 맞다.

코를 맞대다〔관용〕 (한자리에서) 서로 가까이 하다. ¶ 코를 맞대고 의논하다.

코를 박듯〔관용〕 '머리를 깊이 숙임'을 이르는 말.

코를 싸쥐다〔관용〕 심한 핀잔을 받아 무안하여 얼굴을 제대로 못 들다.

코 먹은 소리〔관용〕 코가 메어서 나거나, 또는 짐짓 코가 멘 듯이 부자연스레 내는 소리.

코 묻은 돈〔관용〕 코흘리개들이 가진, 얼마 안 되는 돈.

코에 걸다〔관용〕 무엇을 자랑삼아 내세우다.

코 큰 소리〔관용〕 잘난 체하는 소리. ¶ 공부 좀 잘한다고 코 큰 소리 하지 마라.

코[2]〔명〕 그물이나 뜨개질한 물건에서 지어진 하나하나의 매듭. ¶ 그물의 터진 코를 깁다.

코[3]〔의〕 '쾌'의 방언.

코〔조〕 〈옛〉 인고. 〔명사의 말음 'ㅎ'과 의문의 조사 '고'의 결합.〕 ¶ 오ᄂᆞᆳ 나조ᄒᆞᆫ 또 엇던 나조코(杜初19:42). /어듸라 더디던 돌코(樂詞.青山別曲).

-코〔접미〕 일부 한자어의 어근이나 명사 뒤에 붙어, 그 말을 부사로 만듦. ¶ 기어코. /결단코. /단연코. /맹세코. /한사코.

코-감기(-感氣)〔명〕 코의 점막이 감기 바이러스의 침범을 받아 코가 메고 콧물이 나오는 감기.

코-걸이〔명〕 코에 다는 장식품.

코-끝[-끋]〔명〕 콧등의 끝. ¶ 코끝에 맺힌 땀방울. ＊코끝이[-끄치]·코끝을[-끄틀]·코끝만[-끈-]

코끝도 볼 수 없다〔관용〕 도무지 나타나지 아니하여 전혀 볼 수 없다. 코빼기도 볼 수 없다.

코끼리〔명〕 코끼릿과의 포유동물. 육지에 사는 동물 가운데서 가장 큰 동물로서 어깨 높이 3.5 m가량이고 몸무게는 5~7 t에 이름. 피부는 회흑색으로 매우 두꺼우며 원통형의 코가 길게 늘어져 있음. 상아(象牙)는 윗잇몸에서 돋아난 앞니인데 일생 동안 자람. 초식 동물로 삼림이나 초원에서 무리를 지어 살아감.

코-납작이[-짜기]〔명〕 ①'코가 납작한 사람'을 조롱조로 이르는 말. ②'핀잔이나 무안을 당해 기가 꺾인 사람'을 비유하여 이르는 말.

코냑(←cognac 프)〔명〕 (프랑스의 코냐크 지방의 특산으로) 백포도주를 원료로 하여 증류(蒸溜) 정제(精製)한 고급 브랜디. 알코올 성분 40% 안팎.

코ː너(corner)〔명〕 ①구석. 모퉁이. ②육상 경기장 등의 경주로의 굽이진 부분. ③백화점 등에서 특별한 상품을 팔기 위해 마련한 상품 판매장. ¶ 스포츠 용품 코너. ④'쉽게 벗어나기 어려운 곤란한 처지나 상태'를 비유하여 이르는 말. ¶ 자금난으로 코너에 몰리다.

코ː너링(cornering)〔명〕 스케이트 경기나 자동차 경주 등에서, 코너를 도는 일, 또는 그 기술.

코ː너^아웃(corner out)〔명〕 축구에서, 자기편이 찬 공 또는 자기편의 몸에 닿은 공이 자기편 골라인 뒤로 나간 경우. 〔상대편에게 코너킥이 허용됨.〕

코ː너-킥(corner kick)〔명〕 축구에서, 공이 수비 선수의 몸에 닿은 다음 골라인 밖으로 나갔을 경우에 상대편이 공을 코너에 놓고 차는 킥.

코ː너^플래그(corner flag)〔명〕 축구나 럭비·하키 등의 경기장 네 귀퉁이에 세우는 깃발.

코ː넷(cornet)〔명〕 금관 악기의 한 가지. 트럼펫과 비슷하나 관이 트럼펫보다 짧고, 경쾌하게 다룰 수 있는 특징이 있음.

코ː다(coda 이)〔명〕 악곡(樂曲)의 끝 부분. 곡의 마무리를 효과적으로 처리하기 위한 부분.

코-담배〔명〕 담배의 향기만을 맡고 즐기게 만든 가루담배.

코-대답(-對答)〔명〕〔하자〕 마음에 만족스럽지 않거나 대수롭지 않게 여기어 말 대신 콧소리로 '응' 하는 대답. 콧소리로 건성으로 하는 대답.

코데인(codeine)〔명〕 아편 속에 들어 있는 알칼로이드의 한 가지. 진통제·진해제 등으로 쓰임.

코ː도반(cordovan)〔명〕 말 궁둥이의 가죽. 치밀하고 탄력성이 있어 구두나 혁대 제조용으로 쓰임.

코ː드(chord)〔명〕 ①현악기의 현(絃). ②화음(和音). ③기타 따위의 연주에서, 손가락으로 짚는 화음.

코ː드(code)〔명〕 ①전신 부호. ②컴퓨터 등에 기억시키기 위한 부호, 또는 그 부호 체계.

코ː드(cord)〔명〕 전등이나 작은 전기 기구에 쓰이는 전선.

코등이〔명〕 〈칼코등이〉의 준말.

코ː디(←coordination)〔명〕〔하타〕 〈코디네이션〉의 준말.

코ː디네이션(coordination)〔명〕 의상·장신구 따위가 잘 조화될 수 있도록 꾸미는 일. 준코디.

코ː디네이터(coordinator)〔명〕 〔'조정자'의 뜻으로〕 의상·장신구 따위가 잘 조화될 수 있도록 조언하고 조정하는 사람을 흔히 이르는 말.

코-딱지[-찌]〔명〕 ①콧구멍에 코의 점액과 먼지가 섞이어 말라붙은 딱지. ②'아주 작고 보잘것없는 것'을 비유하여 이르는 말. ¶ 코딱지만 한 방에서 다섯 식구나 산다.

코-뚜레〔명〕 〈쇠코뚜레〉의 준말.

코란(Koran)〔명〕 이슬람교의 경전(經典). 마호메트가 알라신에게서 받은 계시를 전한 기록으로, 마호메트가 죽은 뒤에 이루어진 것임. 모두 114장 6342 구절로 되어 있음.

코랑-코랑〔부〕〔하형〕 자루·봉지 따위가 물건으로 가득 차지 않고 조금 비어 있는 모양. 큰쿠렁쿠렁.

코ː러스(chorus)〔명〕 ①합창(合唱). ②합창곡. ③합창단.

코로나(corona)〔명〕 ①태양의 채층 바깥쪽에 있는, 높이 수백만 km에 이르는 가스층. 개기 일식 때 눈으로 볼 수 있음. 백광. ②광환(光環). 광관(光冠).

코르덴 (←corded velveteen) 명 무명실로 골이 지게 첨모직(添毛織)으로 짠 직물.

코르셋 (corset) 명 ①여성용 속옷의 한 가지. 가슴 부분에서 허리 부분에 걸쳐 몸매를 아름답게 만들기 위하여 입음. ②의료 기구의 한 가지. 정형외과에서 척추나 골반 따위를 고정시키는 데 쓰임.

코ː르위ː붕겐 (Chorübungen 독) 명 음악 학교의 합창 교수를 위한 교본(教本).

코르크 (cork) 명 코르크나무의 겉껍질의 안쪽에 있는 조직. 여러 켜로 이루어져 있는데, 액체나 공기가 통하지 않으며 탄력이 있음. 가공하여 보온·흡음(吸音)·밀폐 장치 등에 씀. 목전(木栓).

코르크-나무 (cork-) 명 참나뭇과의 상록 교목. 높이 20 m가량. 수령이 100~500년에 이르는 나무로, 껍질에 두꺼운 해면질의 코르크층이 있음. 코르크층은 수령이 20년 정도에 이르면 벗기어 쓸 수 있으며, 벗긴 자리에는 다시 껍질이 생겨남.

코리다 형 깨끗하지 못한 발 따위에서 톡 쏘듯이 풍기는 고린 냄새와 같다.

코린-내 명 코린 냄새.

코린트-식 (Corinth式) 명 고대 그리스의 건축·공예의 한 양식. 도리아·이오니아 두 양식에 이어 발전한, 화려하고 섬세한 양식임. 건축의 경우, 기둥머리를 아칸서스의 잎 무늬로 꾸미는 것이 특색임. 참 도리스식·이오니아식.

코-맹녕이 명 '코맹맹이'의 잘못.

코-맹맹이 명 '코가 막히어 부자연스러운 소리를 내는 사람'을 조롱조로 이르는 말.

코머 (comma) 명 '콤마'의 잘못.

코-머거리 명 '코가 막히는 증세가 있는 사람'을 얕잡아 이르는 말.

코-머리 명 지난날, 지방 관아에 딸린 '기생의 우두머리'를 이르던 말. 현수(絃首).

코멘-소리 명 코가 막힌 사람이 하는 말소리.

코뮈니케 (communiqué 프) 명 (국제회의나 국가 간의 회담의 경과에 대한) 외교상의 정부의 공식 성명서.

코미디 (comedy) 명 희극(喜劇). 희극적인 장면. ↔트래지디(tragedy).

코미디언 (comedian) 명 희극 배우.

코믹 (comic) 명 하형 희극적(喜劇的). 익살스러움. ¶ 코믹 연기.

코믹^오페라 (comic opera) 명 희가극.

코-밑 [-믿] 명 〔코의 아랫부분이라는 뜻으로〕 '매우 가까운 곳이나 시기'를 비유하여 이르는 말. 코앞. ¶ 코밑에서 벌어진 일을 모르다니. ∗코밑이[-미치]·코밑을[-미틀]·코밑만[-민-]

코밑-수염 (-鬚髥) [-믿쑤-] 명 콧수염.

코-바늘 명 뜨개바늘의 한 가지. 한쪽 또는 양쪽 끝에 미늘 모양의 갈고리가 달려 있는 것으로 그 굵기와 크기가 여러 가지임.

코발트 (cobalt) 명 금속 원소의 한 가지. 철과 비슷한 광택이 나며, 자성이 강하고 잘 부식하지 않음. 도금에 쓰이며, 화합물은 유리나 도자기의 청색 안료 따위에 씀. 〔Co/27/58.9332〕

코발트-색 (cobalt色) 명 하늘빛과 같은 맑은 남빛. 엷은 군청색.

코발트^유리 (cobalt琉璃) 명 산화코발트로 착색한 청색 유리. 사진 필터나 고온 작업용의 보안경 등으로 이용됨.

코발트^폭탄 (cobalt爆彈) 명 원자 무기(原子武器)의 한 가지. 수소 폭탄의 겉을 코발트로 싸서 강한 방사능을 발산하게 하는 폭탄.

코-방아 명 엎어지거나 하여 코를 바닥에 부딪치는 일. ¶ 코방아를 찧다.

코-배기 명 '코가 유난히 큰 사람'을 농조로 이르는 말.

코-보 명 '코주부'의 잘못.

코ː볼 (COBOL) 명 컴퓨터의 프로그램용 언어의 한 가지. 영어의 회화 언어를 사용한 고급 언어로, 주로 일반 사무 처리에 알맞음. [Common Business Oriented Language]

코브라 (cobra) 명 코브라과의 뱀을 통틀어 이르는 말. 위협할 때 몸의 앞부분을 세워 목 부분을 국자 모양으로 만드는 유(類)의 뱀으로, 가장 큰 종류의 몸길이는 5.5 m에 이르며 매우 센 독을 가지고 있음. 인도·대만 등지에 분포함.

코-비 (-鼻) 명 한자 부수의 한 가지. '鼾'·'齅' 등에서의 '鼻'의 이름.

코-빼기 명 〈코쭝배기〉의 준말.

코빼기도 볼 수 없다 관용 ☞코끝도 볼 수 없다. ¶ 결혼 준비로 바빠서 코빼기도 볼 수 없다.

코-뼈 명 코를 이룬 뼈. 비골(鼻骨).

코뿔-소 [-쏘] 명 ☞무소.

코사인 (cosine) 명 삼각비의 하나. 직각 삼각형의 한 예각을 낀 변의 빗변에 대한 비를 그 각에 대하여 이르는 말. 〔약호는 cos〕

코-쇠 [-쇠/-쉐] 명 산기슭의 끝에 있는 사금층.

코-숭이 명 ①산줄기의 끝. ②물체의 뾰족하게 내민 앞의 끝 부분. ¶ 버선 코숭이.

코ː스 (course) 명 ①진로. 방향. 방침. ②과정. ¶ 정규 코스. ③순서. ¶ 양식(洋食)의 정식 코스. ④(경주·경영·경조 따위에서) 선수가 나아가는 길. 경주로. ⑤여러 개의 지점을 연결하여 순서대로 따라가게 정한 길. ¶ 여행 코스. ⑥(교통 기관의) 노선. ¶ 비행 코스.

코스닥 (KOSDAQ) 명 우리나라의 장외 주식 거래 시장. 컴퓨터와 통신망을 이용하여 주식을 매매하며, 증권 거래소 시장에 비하여 등록이 쉽기 때문에 주로 벤처 기업이나 중소기업이 중심이 됨. [Korea Securities Dealers Automated Quotation]

코ː스^라인 (course line) 명 수영장에서, 경영자(競泳者)의 진로를 구분하기 위하여 바닥과 벽에 그어 놓은 선.

코ː스^로ː프 (course+rope) 명 수영장에서, 경영자(競泳者)의 진로를 구분하기 위하여 수면에 친 밧줄.

코스모스 (cosmos)[1] 명 국화과의 일년초. 멕시코 원산으로 줄기는 가지를 많이 치고, 높이는 1~2 m. 잎은 마주나고 깃 모양으로 갈라져 있으며, 꽃은 6~10월에 하양·분홍·진분홍 등 여러 빛깔로 핌. 관상용으로 심음.

코스모스 (cosmos 그)[2] 명 ①우주(宇宙). ②질서와 조화를 지닌 세계. ↔카오스.

코스튬 (costume) 명 ①옷을 입은 인물화. ②어느 민족·시대·지방·계층 등의 독특한 옷차림. ③무대 의상.

코스트^인플레이션 (cost inflation) 명 근로자의 임금이나 원자재 가격 등의 상승으로 인하여 일어나는 물가 상승.

코ː시컨트 (cosecant) 명 삼각비의 하나. 직각 삼각형에서 한 예각의 대변에 대한 빗변의 비를 그 각에 대하여 이르는 말. 사인의 역수임. 〔약호는 cosec〕

코-안경 (-眼鏡) 명 안경다리가 없이 콧대에 걸쳐 쓰는 안경.

코알라 (koala) 명 쿠스쿠스과의 동물. 몸길이 60~80 cm. 머리는 곰과 비슷한 모양이며 암컷의 배에는 새끼를 넣어 기르는 육아낭이 있음. 오스트레일리아 특산으로 유칼리 나무 위에서 지내며 그 잎만 먹고 삶.

코-앞 [-압] 명 ①'매우 가까운 곳'을 비유하여 이르는 말. 코밑. ¶ 코앞에 두고 어디서 찾고 있니? ②'어떤 일을 해내야 할 시간이 바싹 다가왔음'을 비유하여 이르는 말. ¶ 대학 입시가 코앞에 닥쳤다. * 코앞이[-아피]·코앞만[-암-]

코요테 (coyote) 명 갯과의 동물. 이리와 비슷하나 좀 작고 귀가 크며 주둥이가 길. 몸빛은 황갈색 또는 회갈색임. 알래스카·중앙아메리카 등지의 초원 지대에 분포함.

코-웃음 명 (비웃는 뜻으로) 콧소리로 '흥' 하며 가볍게 웃는 웃음. 비소(鼻笑).
코웃음(을) 치다 관용 ①코웃음을 웃다. ②남을 하찮게 여기며 비웃다.

코일 (coil) 명 구리나 알루미늄 따위를 절연성 재료로 싸서 나사 모양으로 여러 번 감은 도선(導線). 라디오의 전기 회로 따위에 쓰임. 권선(捲線).

코-쟁이 명 〔코가 크다고 하여〕 '서구(西歐) 사람'을 속되게 이르는 말.

코-주부 명 '코가 큰 사람'을 농조로 이르는 말.

코즈모폴리터니즘 (cosmopolitanism) 명 세계주의(世界主義).

코즈모폴리턴 (cosmopolitan) 명 세계주의자.

코-쭝배기 명 〈코[1]〉의 낮춤말. 준코빼기.

코-찡찡이 명 코가 막히어 버릇처럼 '찡찡' 하는 사람을 조롱조로 이르는 말. 준찡찡이.

코-청 명 두 콧구멍 사이를 막은 얇은 막.

코ː치 (coach) 명하자타 운동의 기술 등을 지도하는 일, 또는 그 사람. ¶ 수영 코치.

코-침 명 콧구멍에 심지 모양의 물건을 집어넣어 그것으로 코를 간질이는 것.
코침(을) 주다 관용 ①콧구멍에 심지 따위를 넣어 자극하다. ②남을 화나게 만들다.

코ː칭-스태프 (coaching staff) 명 감독을 비롯한 코치의 진용(陣容).

코카 (coca) 명 코카과의 상록 관목. 높이는 2 m 가량. 잎은 길둥근 모양에 끝이 뾰족함. 초여름에 황록색 꽃이 피며, 꽃이 진 다음 붉은 열매를 맺음. 페루·볼리비아 원산으로, 잎에서 코카인을 얻음. 천축계(天竺桂).

코카인 (cocaine) 명 코카 또는 같은 속(屬)의 식물의 잎에 들어 있는 알칼로이드의 한 가지. 무색무취의 결정으로 독성이 강함. 국소 마취제로 쓰임.

코-카타르 (-catarrh) 명 코의 점막에 생기는 염증. 비염(鼻炎). 비카타르.

코코넛 (coconut) 명 야자나무의 열매.

코코아 (cocoa) 명 ①카카오의 씨를 볶아 껍질을 벗겨 내고, 지방분을 제거하여 가루로 만든 것. 음료나 제과용으로 이용됨. ②코코아를 끓는 물에 탄 음료.

코ː크스 (cokes) 명 점결성탄(粘結性炭) 따위를 고온에서 건류한 다공질(多孔質)의 고체 연료. 제철용·주물용·도시가스 및 화학 공업용 연료로 쓰임. 골탄(骨炭). 해탄(骸炭).

코키유 (coquille 프) 명 서양 요리의 한 가지. 새우·게·생선·채소 따위를 소스로 맛을 내어 조가비 모양의 접시에 담아 구운 음식.

코탄젠트 (cotangent) 명 삼각비의 하나. 직각 삼각형에서 한 예각의 대변에 대한 밑변의 비를 그 각에 대하여 이르는 말. 탄젠트의 역수임. 〔약호는 cot〕

코터 (cotter) 명 가로쐐기. 〔기계의 축과 축을 잇는 것으로 축의 길이 방향에 대하여 직각으로 끼우는 장치.〕

코-털 명 콧구멍 속에 난 털. 비모(鼻毛).

코ː트 (coat) 명 ①외투. ②양복의 겉옷.

코ː트 (court) 명 (테니스·농구·배구 따위의) 경기장.

코트라 (KOTRA) 명 대한 무역 진흥 공사. [Korea Trade Promotion Corporation]

코튼 (cotton) 명 ①면화. 목면(木棉). ②면포. 무명. ③면사.

코튼-지 (cotton紙) 명 인쇄용 양지(洋紙)의 한 가지. 목면 섬유로 만들어서 두껍고 부드러움.

코ː팅 (coating) 명하타되자 물체의 겉면을 수지(樹脂) 따위의 엷은 막으로 씌우는 일.

코ː펄 (copal) 명 천연수지의 한 가지. 주로 열대 지방의 수목에서 뽑아낸 나무의 진으로, 인쇄 잉크나 니스 따위의 원료로 쓰임.

코펠 (←Kocher 독) 명 등산 등을 할 때 쓰는, 휴대용 냄비·공기 따위 그릇.

코-푸렁이 명 ①풀어 놓은 코나 묽은 풀처럼 흐늑흐늑한 것. ②'나약하고 줏대 없이 흐리멍덩한 사람'을 조롱조로 이르는 말.

코프라 (copra) 명 야자나무 열매의 배젖을 말린 것. 비누·양초·마가린 따위의 원료로 쓰임.

코-피 명 코에서 나오는 피.

코ː-하다 자여 '자다(잠자다)'의 어린이 말.

코-허리 명 콧등의 잘록한 부분. 낮콧잔등이.
코허리가 시다 관용 슬프거나 감격스러운 경우를 당하였을 때, 금방 눈물이 흐를 듯한 느낌이 듦을 이르는 말.

코-흘리개 명 ①'콧물을 늘 흘리는 아이'를 농조로 이르는 말. ②'어린아이'를 달리 이르는 말.

콕 부 날카롭고 단단한 물건으로 야무지게 찌르거나 찍거나 박는 모양. ¶ 새가 나무를 날카로운 부리로 콕 쪼다. /살갗을 바늘로 콕 찌르다. 큰쿡. **콕-콕** 부하타.

콕 (cock) 명 유동체(流動體)의 통로를 막거나 흐름을 바꾸거나 하는 마개의 한 가지.

콘 (con 이) 명 악보에서, 빠르기말이나 나타냄말에 덧붙여 쓰이는 말. '…를 가지고'의 뜻. 〔콘 에스프레시보(con espressivo: 표정을 가지고) 따위.〕

콘ː (cone) 명 ①확성기의 진동판으로 쓰이는, 원뿔 모양의 두꺼운 종이. ②아이스크림을 담는 데 쓰이는, 원뿔 모양의 속이 빈 과자.

-콘 접미 〈옛〉-하거든. -하니. ¶ 莊子도 오히려 그러콘 ᄒᆞ물며(永嘉下122).

콘덴서 (condenser) 명 ①축전기. ②증기의 응축기(凝縮機). ③집광기(集光器).

콘도 (condo) 명 〈콘도미니엄〉의 준말.

콘도르 (condor 스) 명 매목(目) 콘도르과의 큰 새. 편 날개 길이는 3 m가량. 몸과 다리는 흑색인데, 날개에는 흰 줄이 있고, 머리와 목에는 털이 없음. 보통, 죽은 짐승의 고기를 먹음. 안데스 산맥 등지에 분포함.

콘도미니엄 (condominium) 명 객실 단위로 분양하는 형식의 공동 주택. 분양받은 사람이 자기가 이용하지 않는 동안은 그 관리 회사에 관리·운영을 맡김. 준콘도.

콘돔 (condom) 명 얇은 고무 따위로 만든 남성용 피임 및 성병 예방 용구.

콘ː드-비ː프(corned beef)명 얼간한 쇠고기를 쪄서 통조림으로 만든 것. 콘비프.

콘^브리오(con brio 이)명 악보에서, 빠르기말이나 나타냄말에 덧붙여 쓰는 말. '생기 있게'의 뜻. 〔알레그로 콘 브리오(allegro con brio: 빠르고 생기 있게) 따위.〕

콘ː-비ː프(corn beef)명 ☞콘드비프.

콘사이스(concise)명 〔'간결'·'간명'의 뜻으로〕 휴대용 '소사전'을 흔히 이르는 말.

콘서ː트(concert)명 연주회. 음악회.

콘서ː트-마스터(concertmaster)명 관현악단의 제일 바이올린의 수석 연주자. 단원의 대표로서 악단 전체의 지도적 역할을 함.

콘서ː트-홀ː(concert hall)명 연주회장. 음악당.

콘센트(←concentic plug)명 전기 배선과 코드 접속에 쓰이는 기구. 플러그를 끼워 전기가 통하게 함.

콘셉트(concept)명 광고나 디자인 등에서, 그 속에 담아내고자 하는 핵심 내용 또는 기본적인 생각.

콘솔ː(console)명 ①라디오나 텔레비전 수상기 등의 겉 상자. ②〔항공 관제탑이나 공장의 자동화 종합 통제실, 기관의 종합 상황실 따위에서, 갖가지 컴퓨터 조작 단추와 계기를 모아 배열한〕 제어 탁자.

콘ː스타ː치(cornstarch)명 옥수수에 들어 있는 녹말.

콘체르토(concerto 이)명 협주곡(協奏曲).

콘체른(Konzern 독)명 기업 제휴. 〔카르텔·트러스트 등의 발전을 전제로 하여 생겨난, 보다 높은 차원의 기업 결합 형태.〕 재벌(財閥).

콘크리ː트(concrete)명 건축 용재의 한 가지. 모래와 자갈을 섞은 시멘트를 물로 반죽한 것, 또는 그것을 굳힌 것.

콘크리ː트^믹서(concrete mixer)명 시멘트·모래·자갈 따위에 물을 부어 충분히 섞는 기계. 참트럭믹서.

콘크리ː트^포장(concrete鋪裝)명 콘크리트로 도로의 겉면을 굳힌 포장.

콘클라베(Conclave 라)명 가톨릭에서, 교황을 선출하는 전 세계 추기경들의 모임 또는 회의. 교황이 사망하면 16~19일 사이에 교황청의 시스티나 성당에 모여 새 교황을 뽑음.

콘택트-렌즈(contact lens)명 눈의 각막의 겉면에 붙여 안경과 같은 구실을 하게 하는 작은 렌즈. 투명한 수지로 만듦. 렌즈. 접촉렌즈.

콘테스트(contest)명 ①경쟁. 경연(競演). ②선발 대회. ¶ 미인 콘테스트.

콘텐츠(contents)명 인터넷이나 컴퓨터 통신 등을 통하여 제공되는 각종 정보, 또는 그 내용물.

콘트라베이스(contrabass)명 현악기의 한 가지. 줄이 네 개이며 활로 문질러서 소리를 냄. 현악기 중에서 가장 음이 낮으며 음색은 중후하고 웅대함. 더블 베이스. 준베이스(bass).

콘트라스트(contrast)명 대조. 대비(對比). 배합.

콘트라파고토(contrafagotto 이)명 목관 악기의 한 가지. 모양은 파곳 가운데서 가장 큰데, 가장 낮은 음역을 맡음. 더블 바순.

콘트라-프로펠러(contra-propeller)명 하나의 축을 공통으로 하면서 서로 반대 방향으로 도는 한 쌍의 프로펠러.

콘트랄토(contralto 이)명 ①☞알토(alto). ②대형 비올라.

콘티(←continuity)명 〈콘티뉴이티〉의 준말.

콘티뉴이티(continuity)명 영화나 텔레비전 등에서의 촬영이나 연출의 대본. 〔각본을 바탕으로 하여 화면 구성, 인물의 동작, 카메라의 위치 등 연출상의 지정을 적은 내용.〕 촬영 대본. 준콘티.

콘ː-플레이크(cornflakes)명 옥수수를 기계로 볶아 납작하게 눌러서 만든 가공 식품. 우유를 부어 아침 식사나 간식·유아식 등으로 먹음.

콜ː(call)명 ①전화에서 상대편을 불러내는 일. ②〈콜머니〉의 준말. ③〈콜론〉의 준말.

콜ː-걸ː(call girl)명 (전화 호출에 응하여) 매춘 행위를 하는 여자.

콜ː^금리(call金利)[-니]명 단자 시장에서 거래되는 단기 자금의 금리. 콜 레이트.

콜ː드^게임(called game)명 야구에서, 경기가 5회 이상 진행된 뒤, 해가 지거나 비가 내릴 때, 또는 아마추어 야구에서 약정된 점수 차 이상으로 어느 한쪽이 앞서고 있을 때, 그때까지의 득점으로 승패를 가리는 경기.

콜ː드-크림ː(cold cream)명 기초 화장품의 한 가지. 동·식물성 지방유에 향료 등을 넣어 만든 것으로 얼굴을 닦거나 마사지하는 데에 쓰임.

콜라(cola)명 ①벽오동과의 상록 교목. 서부 아프리카 원산의 재배 식물로, 높이는 6~9 m. 잎은 길둥글며 꽃은 황색임. 열매는 15 cm가량의 길둥근 모양으로 속에 4~10개의 씨가 들어 있음. 씨에는 카페인과 콜라닌이 들어 있어 콜라 음료의 원료로 쓰임. ②콜라의 열매를 원료로 한 청량음료를 통틀어 이르는 말.

콜라겐(collagen)명 동물의 뼈·연골·건(腱)·피부·비늘 등을 구성하는 경단백질의 한 가지. 섬유 모양의 고체로서 끓이면 젤라틴이 됨.

콜라ː주(collage 프)명 화면(畫面)에 종이·철사·나뭇잎 따위를 붙이는 근대 미술 기법의 한 가지.

콜랑부하자 ①작은 병이나 그릇에 액체가 찰락말락 하게 들어 있어 좀 세차게 흔들릴 때 나는 소리. ②하형평평한 것이 완전히 달라붙지 않고 좀 들떠서 부풀거나 부풀어 있는 모양. 큰쿨렁. 참꼴랑. **콜랑-콜랑**부하자하형.

콜랑-거리다자 ①작은 병이나 그릇에 찰락 말락 하게 들어 있는 액체가 좀 세차게 흔들려 자꾸 콜랑 소리를 내다. ②평평한 것이 완전히 달라붙지 않고 좀 들떠서 달싹달싹하다. 콜랑대다. 큰쿨렁거리다.

콜랑-대다자 콜랑거리다.

콜레라(cholera)명 법정 전염병의 한 가지. 콜레라균으로 말미암아 일어나는 소화기 계통의 급성 전염병. 열이 몹시 나며, 구토와 설사가 심함. 쥐통. 호역(虎疫).

콜레라-균(cholera菌)명 콜레라의 병원균.

콜레스테롤(cholesterol)명 고등 동물 세포의 주요 성분으로, 뇌·신경 조직·장기(臟器)·혈액 따위에 들어 있는 스테로이드의 한 가지. 혈액 속에 이것의 양이 지나치게 늘면 동맥 경화증을 일으킴. 콜레스테린.

콜레스테린(Cholesterin 독)명 ☞콜레스테롤.

콜ː^레이트(call rate)명 ☞콜 금리(call金利).

콜로니(colony)명 ①일정한 목적 아래 모인 생활 공동체. ②(생물의) 군서(群棲). 군체(群體). 군락(群落).

콜로세움(Colosseum 라)명 고대 로마 시대의 유물로, 로마에 있는 노천 원형 극장.

콜로이드(colloid)명 기체·액체·고체 가운데 흩어진 상태로 있는 미립자, 또는 그 미립자가 흩어져 있는 상태. 교질(膠質).

콜로이드^용액(colloid溶液)명 ☞졸(sol).

콜로이드^화ː학(colloid化學)명 콜로이드 상태에 있는 물질의 물리적·화학적 성질을 연구하는 물리 화학의 한 분야. 교질 화학(膠質化學).

콜로타이프(collotype)명 평판 인쇄의 한 가지. 젤라틴을 바른 유리판을 판면으로 쓰는 제판 인쇄로서, 원화(原畫)의 정밀한 인쇄가 특징임.

콜록부하타 오랜 기침병으로 쇠약해진 사람이 입을 오므리고 힘겹게 내는 기침 소리. 큰쿨룩. **콜록-콜록**부하타.

콜록-거리다[-꺼-]타 자꾸 콜록 소리를 내다. 콜록대다. 큰쿨룩거리다.

콜록-대다[-때-]타 콜록거리다.

콜록-쟁이[-쨍-]명 '오랜 기침병으로 자꾸 콜록거리는 사람'을 홀하게 이르는 말.

콜ː-론ː(call loan)명 '콜 자금'을 대출자 편에서 이르는 말. 준콜.

콜론(colon)명 쌍점(雙點).

콜롬보(colombo)명 방기과의 다년생 만초. 동아프리카 원산의 재배 식물로, 잎은 손바닥 모양으로 갈라지고 꽃은 작으며 담녹색임. 뿌리는 설사약의 원료로 쓰임.

콜리(collie)명 영국 원산의 개의 한 품종. 몸높이는 60 cm가량. 얼굴이 길고, 주둥이는 뾰족하며 귀는 서 있음. 옛날에는 목양견(牧羊犬)으로 많이 이용되었음.

콜ː-머니(call money)명 '콜 자금'을 차입자 편에서 이르는 말. 준콜. 참단자(短資).

콜ː^사인(call sign)명 (방송국이나 무선국의) 전파 호출 부호. 〔알파벳으로 나타내는데, HLKA(한국 방송 공사의 제일 라디오) 등.〕 호출 부호.

콜ː^시ː장(call市場)명 단자 시장(短資市場).

콜ː^자금(call資金)명 단자 회사를 매개로 하여 금융 기관 상호 간에 거래의 필요에 따라 회수(또는 반환)되는 거액의 단기 자금.

콜콜[1]부하자 액체가 좁은 구멍으로 잇달아 세차게 쏟아지는 소리. 큰쿨쿨[1].

콜콜[2]부하자 곤하게 자면서 숨을 쉬거나 코를 고는 소리, 또는 그 모양. 큰쿨쿨[2].

콜콜-거리다[1]자 액체가 좁은 구멍으로 잇달아 세차게 쏟아지며 콜콜 소리를 내다. 콜콜대다[1]. 큰쿨쿨거리다[1].

콜콜-거리다[2]자 곤하게 자면서 콜콜 소리를 내다. 콜콜대다[2]. 큰쿨쿨거리다[2].

콜콜-대다[1]자 ☞콜콜거리다[1].

콜콜-대다[2]자 ☞콜콜거리다[2].

콜ː타르(coal-tar)명 석탄을 높은 온도에서 건류할 때 생기는 기름 모양의 검은 액체. 부식을 막는 도료로 쓰이며, 염료·의약품·폭약 등 유기 화학 공업의 원료가 됨. 참타마유.

콜ː-택시(call taxi)명 전화로 호출하여 이용하는 택시.

콜호ː스(kolkhoz 러)명 소련의 농업 생산 협동체로서의 집단 농장.

콜히친(Colchicine)명 알칼로이드의 한 가지. 담황색의 바늘 모양의 결정인데, 백합과의 콜키쿰의 씨와 땅속줄기에서 뽑아냄. 통풍(痛風)의 특효약이며 식물의 품종 개량 등에 쓰임.

-곰접미 〈옛〉-씩. ¶ 모맷 光明이 各各 열자콤 ᄒᆞ시며(月釋2:59).

콤마(comma)명 문장 부호의 한 가지. 가로쓰기 글에서 쉼표로 쓰는 반점(,)을 이름.

콤바인(combine)명 다 자란 벼·보리 따위를 베는 일과 탈곡하는 일을 동시에 하는 농업 기계.

콤비(←combination)명 ①무슨 일을 하는 데 있어서의 단짝. ②위아래가 다른 천으로 된 양복 한 벌, 또는 그 윗옷.

콤비나ː트(kombinat 러)명 서로 관련이 있는 몇 개의 기업을 결합하여 하나의 공업 지대를 이루어 생산 능률을 높이는 합리적인 기업 결합.

콤비네이션(combination)명 수학에서, 조합(組合).

콤팩트(compact)명 분·분첩·입술연지 따위를 넣는, 거울이 달린 휴대용 화장 도구.

콤팩트-디스크(compact disk)명 레이저 광선의 특성을 이용하여 원음에 가까운 음을 재생하는 소형 금속 음반. 시디(CD).

콤플렉스(complex)명 ①억압된 의식 아래 잠재해 있는 관념. ②열등감.

콧-구멍[코꾸-/콛꾸-]명 ①코에 뚫린 두 구멍. 비공(鼻孔). ¶ 콧구멍을 후비다. ②'공간 따위가 아주 좁은 것'을 비유하여 이르는 말. ¶ 콧구멍만 한 방이라 지내기가 불편하겠구나.

콧-기름[코끼-/콛끼-]명 콧등에서 나오는 기름기.

콧-김[코낌/콛낌]명 ①콧구멍에서 나오는 더운 김. ②'누군가에게 끼치는 영향력'을 비유하여 이르는 말.

콧김이 세다관용 남에게 끼치는 영향력이 크다. ¶ 우리 팀에서는 그가 콧김이 센 편이다.

콧-날[콘-]명 콧마루의 날을 이룬 부분. ¶ 콧날이 날카롭다./콧날이 서다.

콧-노래[콘-]명 (입은 벌리지 않고) 코로 소리를 내어 가락만으로 부르는 노래. ¶ 그는 무엇이 그리 즐거운지 연방 콧노래를 부른다.

콧-대[코때/콛때]명 ①콧등의 우뚝한 줄기. ②'우쭐하고 거만한 태도'를 비유하여 이르는 말. ¶ 콧대를 깔아뭉개다.

콧대(가) 높다관용 '코가 높다'의 힘줌말.

콧대(가) 세다관용 '코가 세다'의 힘줌말.

콧대를 꺾다관용 잘난 체하는 상대편의 기를 죽이다.

콧대를 세우다관용 우쭐해서 거만하게 굴다.

콧-등[코뜽/콛뜽]명 코의 등성이. ¶ 콧등이 시큰하다.

콧-마루[콘-]명 콧등의 마루 부분. 비량(鼻梁).

콧-물[콘-]명 코 안의 점막에서 분비되는 맑은 액체. 코. ¶ 콧물이 줄줄 흐른다.

콧-바람[코빠-/콛빠-]명 코로 내보내는 바람 기운, 또는 그 소리.

콧-방귀[코빵-/콛빵-]명 코로 '흥' 하고 불어 내는 소리.

콧방귀를 뀌다관용 남의 말을 같잖게 여기어 들은 체 만 체하며 말대꾸를 아니하다. ¶ 처음엔 콧방귀를 뀌더니 이젠 귀가 솔깃한가 보지?

콧-방울[코빵-/콛빵-]명 코끝 양쪽으로 방울처럼 내민 부분. ¶ 콧방울이 크고 두둑해야 복이 있다고 한다.

콧벽-쟁이(-壁-)[코뼉쨍-/콛뼉쨍-]명 '콧구멍이 보기에도 답답할 만큼 매우 좁은 사람'을 조롱하여 이르는 말.

콧-병(-病)[코뼝/콛뼝]명 코에 생기는 병을 두루 이르는 말.

콧-부리[코뿌-/콛뿌-]명 콧날 위에 약간 두드러진 부분. ¶ 콧부리에 안경을 걸치다.

콧-살[코쌀/콛쌀]명 코를 찡그릴 때 생기는 주름.

콧-소리[코쏘-/콛쏘-]명 ①콧구멍으로 내는 소리. ②코가 멘 상태로 내는 소리. ③☞비음(鼻音).

콧-속[코쏙/콛쏙]명 콧구멍의 안. 비강(鼻腔).
콧-수염(-鬚髥)[코쑤-/콛쑤-]명 코 아래에 난 수염. 코밑수염.
콧-숨[코쑴/콛쑴]명 코로 쉬는 숨. 비식(鼻息).
콧-잔등[코짠-/콛짠-]명 〈콧잔등이〉의 준말. ¶ 콧잔등에 땀방울이 송송 맺히다.
콧-잔등이[코짠-/콛짠-]명 〈코허리〉의 낮춤말. 준콧잔등.
콩1명 ①콩과의 일년초. 중국 원산으로 세계 각지에서 재배하며 키는 60~100 cm. 여름에 희거나 불그레한 나비 모양의 꽃이 피고, 가는 털이 있는 꼬투리를 맺음. 씨는 단백질과 지방이 많아 장·두부·기름 따위의 재료로 쓰임. ②콩의 열매(씨). 대두(大豆).
콩 심은 데 콩 나고 팥 심은 데 팥 난다속담 모든 일은 원인에 따라 결과가 생긴다는 말.
콩으로 메주를 쑨다 하여도 곧이듣지 않는다속담 ①남의 말을 그대로 믿지 않음을 이르는 말. ②거짓말을 잘하는 사람의 말은 다 거짓말 같아서 믿기가 어렵다는 말.
콩 볶듯관용 '총소리가 몹시 요란한 모양'을 비유하여 이르는 말. 콩 튀듯.
콩을 심다관용 〔콩을 심을 때, 한 발로 절룩거리며 흙을 다지는 데서〕 '한쪽 다리를 절룩거리며 걷는 것'을 비유하여 이르는 말.
콩 튀듯관용 ①'몹시 화가 나서 펄펄 뛰는 모양'을 비유하여 이르는 말. ②☞콩 볶듯.
콩 튀듯 팥 튀듯관용 '콩 튀듯'의 힘줌말.
콩2부 단단한 바닥에 작고 무거운 물건이 떨어지거나 부딪쳐 울리는 소리. 큰쿵. **콩-콩**부하자타.
콩가(conga 스)명 ①쿠바에서 발달한 타악기의 한 가지. 굵다란 나무줄기를 통 모양으로 도려내어 한쪽에 가죽을 붙여 만든 북. 손이나 막대기로 두드려 소리를 냄. ②쿠바에서, 카니발 때 행진하면서 추는 춤, 또는 그 춤곡.
콩-가루[-까-]명 콩을 빻아서 만든 가루.
콩가루(가) 되다관용 '어떤 물건이 산산조각으로 부서진 상태'를 비유하여 이르는 말.
콩가루 집안관용 '가족들이 모두 제멋대로 행동하거나, 분란이 일어나 엉망진창이 된 집안'을 비유하여 이르는 말.
콩-강정명 ①볶은 콩을 조청으로 버무려 만든 강정. ②콩가루를 묻힌 강정.
콩고^레드(Congo red)명 붉은색 계통의 직접 염료. 무명을 선홍색으로 물들이는 데 쓰이며 지시약으로도 쓰임.
콩-고물[-꼬-]명 콩가루로 만든 고물.
콩-국[-꾹]명 흰콩을 살짝 삶아서 맷돌 따위에 곱게 갈아 체로 밭아 낸 물. 〔여름철에 국수 같은 것을 말아 먹음.〕
콩-국수[-쑤]명 콩국에 밀국수를 말아 소금으로 간을 한 여름철 음식.
콩-기[-끼]명 ①말이 콩을 많이 먹어서 세차게 된 기운. ②'사람이 재빠르고 세참'을 비유하여 이르는 말.
콩-기름명 콩에서 짜낸 기름. 대두유. 두유.
콩-깍지[-찌]명 콩을 떨어낸 껍데기.
콩-깻묵[-깬-]명 콩에서 기름을 짜고 남은 찌꺼기. 거름이나 사료로 쓰임. 대두박. 두박.
콩-꼬투리명 콩알이 들어 있는 꼬투리.
콩-나물명 콩을 시루 따위에 담아 물을 주어 싹을 틔워 뿌리가 내리게 한 것, 또는 그것을 삶아 무친 나물.
콩나물-밥명 콩나물을 솥 바닥에 깔고 쌀을 안쳐 지은 밥.
콩나물-시루명 ①콩나물을 키우는 둥근 질그릇. ②'사람이 몹시 많아서 빽빽함'을 비유하여 이르는 말. ¶ 콩나물시루 같은 만원 버스.
콩나물-죽(-粥)명 콩나물 맑은장국에 불린 쌀을 넣어 쑨 죽.
콩-노굿[-굳]명 콩의 꽃. *콩노굿이[-구시]·콩노굿만[-군-]
콩-다식(-茶食)명 다식의 한 가지. 콩가루를 꿀이나 조청으로 버무려 다식판에 박아 냄.
콩다콩부 좀 무거운 물건이 규칙적으로 떨어져 울리는 소리, 또는 그 모양. 큰쿵더쿵. **콩다콩-콩다콩**부하자타.
콩다콩-거리다자타 자꾸 콩다콩콩다콩하다. 콩다콩대다. 큰쿵더쿵거리다.
콩다콩-대다자타 콩다콩거리다.
콩닥부 ①하자타좀 무거운 물건 또는 방앗공이 따위가 떨어져서 울리는 소리. 큰쿵덕. ②하자 심리적인 충격을 받거나 긴장하거나 하여 가슴이 세차게 뛰는 모양. **콩닥-콩닥**부하자타.
콩닥-거리다[-꺼-]자타 자꾸 콩닥콩닥하다. 콩닥대다. 큰쿵덕거리다.
콩닥닥[-딱]부 작은 북 따위를 장단을 맞추어 치는 소리. 큰쿵덕덕. **콩닥닥-콩닥닥**부하자타.
콩닥닥-거리다[-딱꺼-]자타 자꾸 콩닥닥콩닥닥하다. 콩닥닥대다. 큰쿵덕덕거리다.
콩닥닥-대다[-딱때-]자타 콩닥닥거리다.
콩닥-대다[-때-]자타 콩닥거리다.
콩-대[-때]명 콩을 떨어낸 대.
콩-대우명 콩을 심은 대우.
콩-댐명하타 물에 불린 콩을 갈아 자루에 넣어서 장판을 문지르는 일.
콩-두(-豆)명 한자 부수의 한 가지. '豈'·'豐' 등에서의 '豆'의 이름.
콩-떡명 쌀가루에 콩을 섞어 찐 떡.
콩-멍석명 ①콩을 널어놓은 멍석. ②'몹시 매를 맞거나 물것에 물려 살가죽이 부르터 두툴두툴한 것'을 비유하여 이르는 말. ¶ 콩멍석 같다.
콩-몽둥이명 둥글게 비비어서 길쭉하게 만든 콩엿을 이르는 말.
콩-무리명 〈콩버무리〉의 준말.
콩-밥명 ①쌀에 콩을 두어 지은 밥. ②〔지난날, 죄수에게 콩으로 지은 밥을 먹인 데서〕 '죄수의 끼니 밥'을 흔히 이르는 말.
콩밥(을) 먹다관용 '감옥살이하다'를 속되게 이르는 말.
콩-밭[-받]명 콩을 심은 밭. *콩밭이[-바치]·콩밭을[-바틀]·콩밭만[-반-]
콩밭에 가서 두부 찾는다속담 지나치게 성급하게 행동함을 이르는 말.
콩-배나무명 장미과의 낙엽 활엽 관목. 높이는 3 m가량. 잎은 둥글거나 달걀 모양이며 끝이 뾰족하고 잔톱니가 있음. 봄에 흰 꽃이 피며, 열매는 가을에 익음. 똘배나무.
콩-버무리명 멥쌀가루에 콩을 섞어 찐 떡. 준콩무리.
콩-볶은이명 볶은 콩.
콩-비지명 (콩을 갈아) 두부를 빼지 아니한 채 만든 비지.
콩-설기명 쌀가루에 콩을 불려서 섞고 켜를 지어 시루에 찐 떡.
콩-소명 콩이나 콩가루로 만든 소.
콩소메(consommé 프)명 (주로 닭고기와 쇠고기를 삶은) 맑은 고깃국물로 된 수프.
콩-알명 ①콩의 낱알. ②'매우 작음'을 비유하여 이르는 말. ¶ 간이 콩알만 해지다.

콩-엿[-녇]명 볶은 콩을 섞어 만든 엿. *콩엿이[-녀시]·콩엿만[-년-]
콩-잎[-닙]명 콩의 잎. *콩잎이[-니피]·콩잎만[-님-]
콩잎-장(-醬)[-닙짱]명 콩잎으로 장아찌를 박아 담근 장.
콩-자반명 콩을 간장에 끓여서 설탕을 넣고 바싹 조린 반찬. 참콩장.
콩-장(-醬)명 볶은 콩을 장에 넣고 참기름·깨소금·고춧가루·파 다진 것을 넣어서 버무린 반찬. 참콩자반.
콩-죽(-粥)명 불린 콩을 찧거나 갈아서 쌀과 함께 끓인 죽.
콩-짜개명 두 쪽으로 갈라진 콩의 한 쪽.
콩-찰떡명 찹쌀가루를 검은콩으로 켜를 지어 찐 떡.
콩케-팥케[-케판케/-케팓케]명 '뒤섞이어 뒤죽박죽으로 된 사물'을 이르는 말.
콩콩-거리다자타 자꾸 콩콩 소리가 나다, 또는 그런 소리를 내다. 콩콩대다. ¶ 아이들이 복도를 콩콩거리며 뛰어다닌다. 큰쿵쿵거리다.
콩콩-대다자타 콩콩거리다.
콩쿠:르(concours 프)명 (음악·미술·영화 등을 장려하기 위하여 여는) 경연회(競演會).
콩쿨(←concours)명 '콩쿠르'의 잘못.
콩-탕(-湯)명 고운 날콩 가루를 찬물에 풀어서 솥에 붓고 순두부처럼 엉길 때까지 끓이다가 진잎을 잘게 썰어 넣고 다시 끓여 양념한 국.
콩테(conté 프)명 사생·데생용 크레용의 한 가지.
콩트(conte 프)명 ①인생의 한 단면을 짧고 재치 있게 표현한 단편 소설. 장편 소설(掌篇小說). ②유머·풍자·기지가 넘치는 촌극을 흔히 이르는 말.
콩팔-칠팔부하자 종잡을 수 없는 말로 이러쿵저러쿵 지껄이는 모양. ¶ 콩팔칠팔 늘어놓다.
콩-팥[1][-팓]명 콩과 팥. *콩팥이[-파치]·콩팥을[-파틀]·콩팥만[-판-]
콩팥[2][-팓]명 ☞신장(腎臟). *콩팥이[-파치]·콩팥을[-파틀]·콩팥만[-판-]
콩-풀명 종이나 헝겊 따위를 풀칠하여 붙일 때에, 공기가 들어가서 콩알처럼 사이가 뜬 자리. 거푸집.
콰조 〈옛〉과. 와. 〔명사의 말음 'ㅎ'과 조사 '과'의 결합.〕 ¶ 天人은 하늘콰 사룸콰라(月釋*1:17*).
-콰뎌어미 〈옛〉-하고자. ¶ 호가지로 證콰뎌 호실씨(法華*3:189*).
콰르르부하자 많은 양의 액체가 좁은 구멍으로 급하고 세차게 쏟아지는 소리, 또는 그 모양. 참꽈르르.
콰르릉부하자 천둥이 치거나 폭약 따위가 터지면서 요란하게 울리어 나는 소리. 참꽈르릉. **콰르릉-콰르릉**부하자.
콰르릉-거리다자 자꾸 콰르릉콰르릉하다. 콰르릉대다.
콰르릉-대다자 콰르릉거리다.
콰이어(choir)명 교회의 성가대, 또는 성가대 자리.
콱부 ①힘껏 박거나 찌르거나 부딪치는 모양. ¶ 문에 이마를 콱 부딪치다. ②갑자기 숨이 막히는 모양. ¶ 더위로 숨이 콱 막히다. ③(구멍 따위가) 단단히 막히는 모양. **콱-콱**부하자.
콸콸부 많은 양의 액체가 작은 구멍으로 잇달아 쏟아져 흐르는 소리, 또는 그 모양. 큰퀄퀄. 참꽐꽐.
콸콸-거리다자 자꾸 콸콸 소리를 내며 흐르다. 콸콸대다. 큰퀄퀄거리다.
콸콸-대다자 콸콸거리다.
쾅부 ①무겁고 단단한 물건이 단단한 바닥에 떨어지거나 부딪쳤을 때 크게 울리어 나는 소리. ¶ 대문을 쾅 하고 닫다. ②폭약 따위가 터지면서 세차게 울리어 나는 소리. ¶ 포탄이 쾅 하고 터지다. 큰쿵. 참꽝[2]. **쾅-쾅**부.
쾅쾅-거리다자타 자꾸 쾅쾅 소리가 나다, 또는 그런 소리를 내다. 쾅쾅대다. 큰쿵쿵거리다.
쾅쾅-대다자타 쾅쾅거리다.
쾌의 ①북어 스무 마리를 한 단위로 세는 말. ¶ 북어 두 쾌. ②지난날, 엽전 열 꾸러미, 곧 열 냥을 한 단위로 세던 말. 관(貫).
쾌조 〈옛〉과가. 〔ㅎ말음 명사에 붙음.〕 ¶ 갓과 술쾌(月釋*2:40*).
쾌(夬)명 〈쾌괘(夬卦)〉의 준말.
쾌(快)명 〈쾌감(快感)〉의 준말.
쾌감(快感)명 (정신적·육체적으로) 상쾌하고 좋은 느낌. 준쾌(快).
쾌거(快擧)명 가슴이 후련할 만큼 장한 일(행위). 통쾌한 행동. ¶ 올림픽 마라톤을 제패한 황 선수의 쾌거에 갈채를 보냈다.
쾌과(快果)명 〔시원한 과실이란 뜻으로〕 '배[3]'를 달리 이르는 말.
쾌괘(夬卦)명 육십사괘의 하나. 태괘(兌卦)와 건괘(乾卦)를 위아래로 놓은 괘. 못이 하늘 위에 있음을 상징함. 준쾌(夬).
쾌기(快氣)명 ①유쾌하고 상쾌한 기분. ②하자 ☞쾌차(快差).
쾌남(快男)명 〈쾌남아(快男兒)〉의 준말.
쾌-남아(快男兒)명 기상이 시원스럽고 쾌활한 사나이. 쾌남자(快男子). 준쾌남.
쾌-남자(快男子)명 ☞쾌남아(快男兒).
쾌담(快談)명하타 유쾌하게 하는 이야기. 시원스럽고 즐겁게 하는 이야기.
쾌도(快刀)명 잘 드는 칼.
쾌도-난마(快刀亂麻)명 〔잘 드는 칼로 마구 헝클어진 삼 가닥을 자른다는 뜻으로〕 '어지럽게 뒤얽힌 사물이나 말썽거리를 단번에 시원스럽게 처리함'을 비유하여 이르는 말.
쾌락(快樂)명 ①하형 기분이 좋고 즐거움. ②욕망을 만족시키는 즐거움. ¶ 육체의 쾌락만을 추구하는 타락한 생활.
쾌락(*快諾)명하타 선선히 승낙함, 또는 그러한 승낙.
쾌락-설(快樂說)[-썰]명 인생의 목표는 쾌락을 추구하는 데 있으며, 도덕은 그것을 실현하기 위한 수단이라는 설. 쾌락주의.
쾌락-주의(快樂主義)[-쭈의/-쭈이]명 ☞쾌락설(快樂說). ↔금욕주의.
쾌로(快路)명 가는 곳마다 즐거운 일이 생기는 유쾌한 여행길.
쾌론(快論)명하타 거리낌 없이 시원스레 하는 논의나 이야기.
쾌마(快馬)명 시원스럽게 잘 달리는 말.
쾌면(快眠)명하자 기분이 좋게 잘 잠, 또는 그렇게 자는 잠.
쾌몽(快夢)명 기분이 상쾌한 꿈.
쾌문(快聞)명 유쾌하고 시원스러운 내용의 소문.
쾌미(快味)명 상쾌한 맛. 기분이 좋은 느낌.
쾌미(快美)명하형 (마음이) 시원스럽게 아름다움.
쾌변(快辯)명 거침없이 시원스럽게 하는 말, 또는 그러한 변론.

쾌보(快報)명 (뜻밖에 듣게 되는) 매우 기쁘고 유쾌한 소식.
쾌복(快復)명하자되자 건강이 완전히 회복됨. 비쾌차.
쾌분(快奔)명하자 재빨리 달아남.
쾌사(快事)명 매우 유쾌한 일. 매우 기쁜 일. ¶ 근래에 드문 쾌사.
쾌삭-강(快削鋼)[-깡]명 황·망간·납 따위를 섞어 가공하기 좋게 만든 특수한 강재(鋼材).
쾌상(-箱)명 문방구를 넣어 두는 작은 가구의 한 가지. 네모반듯한 모양에 위 뚜껑은 좌우 두 짝이고 서랍이 하나임.
쾌설(快雪)명하타 (욕되고 부끄러운 일을) 시원스럽게 씻어 버림. 비설욕(雪辱).
쾌소(快笑)명하자 시원스럽고 유쾌하게 웃음, 또는 그런 웃음.
쾌속(快速)명하형 (자동차나 선박 등의) 속도가 매우 빠름.
쾌속-선(快速船)[-썬]명 속도가 매우 빠른 배.
쾌속-정(快速艇)[-쩡]명 속도가 매우 빠른 소형의 배. 준쾌정.
쾌승(快勝)명하자 통쾌하게 이김, 또는 그런 승리. ↔참패.
쾌식(快食)명하타 즐겁고 맛있게 음식을 먹음.
쾌심(快心)명하형 (뜻대로 되어) 마음에 만족스러움.
쾌심-사(快心事)명 마음에 만족스러운 일.
쾌심-작(快心作)명 자기의 마음에 썩 들게 지은 작품. 회심작(會心作). ¶ 등단 십 년 만에 쾌심작을 내놓고 득의만면하다.
쾌연(快然) '쾌연하다'의 어근.
쾌연-하다(快然-)형여 마음이 상쾌하다. **쾌연-히**부.
쾌우(快雨)명 (더운 여름에) 시원스레 내리는 비. 세차게 내리는 비.
쾌유(快遊)명하자 유쾌하게 노닒.
쾌유(快癒)명하자되자 병이 개운하게 다 나음. 쾌차(快差). ¶ 속히 쾌유하시길 빕니다.
쾌음(快飮)명하자 술을 유쾌하게 마심.
쾌의(快意)[-의/-이]명 시원스럽고 유쾌한 기분. 통쾌한 마음.
쾌인(快人)명 시원시원한 사람.
쾌인-쾌사(快人快事)명 시원시원한 사람의 시원스러운 행동.
쾌자(快子)명 조선 시대에, 벼슬아치가 입던 관복 또는 군복의 한 가지. 조끼 모양이며 뒷솔기가 단에서 허리께까지 틔었고 길이가 두루마기처럼 긺. 답호(褡褸). 전복(戰服).
쾌작(快作)명 시원스러운 작품. 훌륭한 작품. 쾌저.
쾌재(快哉)명 통쾌한 일, 또는 '통쾌하다'고 하는 말. ¶ 쾌재로다. /쾌재를 부르다.
쾌저(快著)명 썩 잘 지은 저서. 훌륭한 작품. 쾌작.
쾌적(快適) '쾌적하다'의 어근.
쾌적-하다(快適-)[-저카-]형여 몸과 마음에 알맞아 기분이 썩 좋다. ¶ 쾌적한 날씨. /시원한 바람이 이마에 쾌적하게 닿아 온다.
쾌전(快戰)명 통쾌하게 승리한 싸움.
쾌정(快艇)명 〈쾌속정〉의 준말.
쾌조(快調)명 ①상태가 매우 좋음. ②마음먹은 대로 일이 잘되어 감.
쾌주(快走)명하타 시원스럽게 빨리 달림.
쾌차(快差)명하자되자 (병이) 개운하게 다 나음. 쾌기(快氣). 쾌유(快癒). 비쾌복(快復).
쾌척(快擲)명하타 (금품을 마땅히 쓸 자리에) 시원스럽게 내어 놓음. ¶ 수재 의연금으로 1억 원을 쾌척하다.
쾌첩(快捷) '쾌첩하다'의 어근.
쾌첩-하다(快捷-)[-처파-]형여 동작이 매우 민첩하다.
쾌청(快晴) '쾌청하다'의 어근.
쾌청-하다(快晴-)형여 하늘이 활짝 개어 맑다. 참호청(好晴).
쾌쾌(快快) '쾌쾌하다'의 어근.
쾌쾌-하다(快快-)형여 (성격이나 행동이) 씩씩하고 시원스럽다. **쾌쾌-히**부.
쾌투(快投)명하자 야구에서, 투수가 타자를 제압하면서 공을 잘 던지는 일.
쾌-하다(快-)형여 ①상쾌하고 기분이 좋다. 마음이 유쾌하다. ②병이 나아 몸이 가뿐하다. ③하는 짓이 시원스럽다. ④빠르다. **쾌-히**부 ¶ 쾌히 승낙하다.
쾌한(快漢)명 씩씩하고 시원시원한 사나이.
쾌활(快活) '쾌활(快活)하다'의 어근.
쾌활(快闊) '쾌활(快闊)하다'의 어근.
쾌활-하다(快活-)형여 (성격이) 명랑하고 활발하다. **쾌활-히**부.
쾌활-하다(快闊-)형여 (마음이) 시원하게 탁 트이어 넓다. **쾌활-히**부.
쾟-돈[쾌똔/쾓똔]명 ☞관돈.
쾨쾨-하다[쾨쾨-/퀘퀘-]형여 냄새가 비위에 거슬릴 정도로 고리다. ¶ 쾨쾨한 곰팡이 냄새. 큰퀴퀴하다.
쿠데타(coup d'État 프)명 (지배 계급 내의 비주류파 등이) 무력 등 비합법적인 수단으로 정권을 빼앗으려 하는 기습적인 정치 행동.
쿠렁-쿠렁부하형 자루나 봉지 따위가 물건으로 그득 차지 않고 많이 비어 있는 모양. 작코랑코랑.
쿠리다형 ①썩은 달걀 등에서 톡 쏘듯 풍기는 구린 냄새와 같다. ②말이나 하는 짓이 몹시 인색하다.
쿠린-내명 쿠린 냄새.
쿠미스(kumys 러)명 (몽골·시베리아 등지에서) 말이나 낙타의 젖으로 만든 발효유의 한 가지. 조금 신맛이 있고, 알코올 성분이 2.3%임.
쿠션(cushion)명 ①단단한 물체끼리 직접 닿지 않도록 그 사이에 두는 탄력성이 있는 물건. ②솜이나 스펀지 등을 넣어 폭신하게 만든 등받침. ③당구대 안쪽 가장자리의 공이 부딪치는 면.
쿠키(cookie)명 밀가루를 주재료로 하여 구운, 비스킷 비슷한 양과자.
쿠:폰(coupon)명 〔한 장씩 떼어서 쓸 수 있게 만든〕 ①회수권(回數券). ②경품권. ③상품 구입권.
쿡부 날카롭고 단단한 물건으로 여무지게 찌르거나 찍거나 박는 모양. 작콕. **쿡-쿡**부하타.
쿨렁부하자 ①큰 병이나 그릇에 액체가 찰랑 말랑 하게 들어 있어 세차게 흔들릴 때 나는 소리. ②하형평평한 것이 완전히 달라붙지 않고 들떠서 부풀거나 부풀어 있는 모양. 작콜랑. 참꿀렁. **쿨렁-쿨렁**부하자하형.
쿨렁-거리다자 ①큰 병이나 그릇에 찰랑 말랑하게 들어 있는 액체가 세차게 흔들려 자꾸 쿨렁 소리를 내다. ②평평한 것이 완전히 달라붙지 않고 들떠서 들썩들썩하다. 쿨렁대다. 작콜랑거리다.
쿨렁-대다자 쿨렁거리다.

쿨렁-이다자 ①큰 병이나 그릇에 든 액체가 세차게 흔들리는 소리가 나다. ②평평한 것이 완전히 달라붙지 않고 부풀어 들썩이다.

쿨롬(coulomb)의 전기량의 실용 단위. 1암페어의 전류가 1초 동안 운반하는 전기량. 〔기호는 C〕

쿨룩부하타 오랜 기침병으로 쇠약해진 사람이 입을 우므리고 가슴이 울릴 만큼 힘겹게 내는 기침 소리. 작콜록. **쿨룩-쿨룩**부하타.

쿨룩-거리다[-꺼-]타 자꾸 쿨룩 소리를 내다. 쿨룩대다. 작콜록거리다.

쿨룩-대다[-때-]타 쿨룩거리다.

쿨:리(coolie)명 (중국이나 인도의) 하층 육체 노동자. 막일꾼.

쿨쿨[1]부하자 액체가 큰 구멍으로 잇달아 세차게 쏟아지는 소리. 작콜콜[1].

쿨쿨[2]부하자 곤하게 자면서 크게 숨을 쉬거나 코를 고는 소리, 또는 그 모양. 작콜콜[2].

쿨쿨-거리다[1]자 액체가 큰 구멍으로 잇달아 세차게 쏟아지며 쿨쿨 소리를 내다. 쿨쿨대다[1]. 작콜콜거리다[1].

쿨쿨-거리다[2]자 곤하게 자면서 쿨쿨 소리를 내다. 쿨쿨대다[2]. 작콜콜거리다[2].

쿨쿨-대다[1]자 ☞쿨쿨거리다[1].

쿨쿨-대다[2]자 ☞쿨쿨거리다[2].

쿵부 ①단단한 바닥에 크고 무거운 물건이 떨어지거나 부딪쳐 울리는 소리. 작콩[2]. ②북이나 대포 따위의 소리가 크게 울리는 소리. 참꿍. **쿵-쿵**부하자타.

쿵더쿵부 ①무거운 물건이 규칙적으로 떨어져 울리는 소리. 작콩다콩. ②춤을 출 때 북을 좀 느리게 장단에 맞추어 치는 소리. **쿵더쿵-쿵더쿵**부하자타.

쿵더쿵-거리다자타 자꾸 쿵더쿵쿵더쿵하다. 쿵더쿵대다. 작콩다콩거리다.

쿵더쿵-대다자타 쿵더쿵거리다.

쿵덕부하자타 꽤 무거운 물건 또는 방앗공이 따위가 떨어져서 크게 울리는 소리. 작콩닥. **쿵덕-쿵덕**부하자타.

쿵덕-거리다[-꺼-]자타 자꾸 쿵덕쿵덕하다. 쿵덕대다. 작콩닥거리다.

쿵덕-대다[-때-]자타 쿵덕거리다.

쿵덕덕[-떡]부 큰 북 따위를 장단에 맞추어 치는 소리. 작콩닥닥. **쿵덕덕-쿵덕덕**부하자타.

쿵덕덕-거리다[-떡꺼-]자타 자꾸 쿵덕덕쿵덕덕하다. 쿵덕덕대다. 작콩닥닥거리다.

쿵덕덕-대다[-떡때-]자타 쿵덕덕거리다.

쿵쾅부 ①북소리나 폭발물 따위가 크고 작게 요란히 울리는 소리. ②마룻바닥 따위를 여럿이 구를 때 매우 요란하게 나는 소리. 참꿍꽝. **쿵쾅-쿵쾅**부하자타.

쿵쾅-거리다자타 자꾸 쿵쾅쿵쾅하다. 쿵쾅대다.

쿵쾅-대다자타 쿵쾅거리다.

쿵쿵-거리다자타 자꾸 쿵쿵 소리가 나다, 또는 그런 소리를 내다. 쿵쿵대다. 작콩콩거리다.

쿵쿵-대다자타 쿵쿵거리다.

쿵푸(功夫 중)명 '쿵후'의 잘못.

쿵후(功夫 중)명 중국 특유의 권법(拳法).

쿼:크(quark)명 양성자, 중성자와 같은 소립자를 구성하고 있다고 생각되는 기본적인 입자. 3분의 1이나 3분의 2의 전하를 갖는다고 하나 그 자체는 아직 발견되지 않았음.

쿼:터(quarter)명 농구 등에서, 한 경기의 시간을 네 등분 하였을 때 그 한 부분을 세는 단위.

쿼터(quota)명 일정한 배당량이나 한도량을 정해 주는 것.

쿼:터백(quarterback)명 미식축구에서, 전위(前衛)와 하프백 사이의 자리, 또는 그 자리를 지키는 선수.

쿼:트(quart)의 야드파운드법에서, 양(量)의 단위. 1갤런의 4분의 1 또는 2파인트.

퀀셋(Quonset)명 길쭉한 반원형의 간이 건물. 〔상품명에서 유래함.〕

퀄퀄부하자 많은 양의 액체가 큰 구멍으로 잇달아 세차게 쏟아져 나오는 소리, 또는 그 모양. 작콸콸. 참펄펄.

퀄퀄-거리다자 자꾸 퀄퀄 소리를 내다. 퀄퀄대다. 작콸콸거리다.

퀄퀄-대다자 퀄퀄거리다.

퀑부 ①무겁고 단단한 물건이 바닥에 떨어지거나 부딪쳤을 때, 크게 울리어 나는 소리. ②폭약 따위가 터지면서 크게 울리어 나는 소리. 작쾅. **퀑-퀑**부.

퀑퀑-거리다자타 자꾸 퀑퀑 소리가 나다, 또는 그런 소리를 내다. 퀑퀑대다. 작쾅쾅거리다.

퀑퀑-대다자타 퀑퀑거리다.

퀘이커-파(Quaker派)명 17세기경 영국에서 일어난 개신교의 한 교파.

퀭-하다형여 눈이 움푹 들어가고 정기가 없이 크다. ¶ 퀭한 눈.

퀴놀린(quinoline)명 콜타르에 들어 있는 특유한 냄새가 나는 액체. 염료의 합성 원료나 방부제 등으로 쓰임.

퀴닌(quinine)명 ☞키니네.

퀴륨(curium)명 초우라늄 원소의 한 가지. 은백색의 금속으로, 플루토늄에서 처음으로 만들어짐. 〔Cm/96/247〕

퀴리(curie 프)의 방사성 물질의 양을 나타내는 단위. 1초에 3.7×10^{10}개의 원자 붕괴를 하는 물질의 양을 1퀴리라 함. 〔기호는 Ci〕

퀴즈(quiz)명 어떤 질문에 대한 답을 알아맞히는 놀이, 또는 그 질문.

퀴퀴-하다형여 냄새가 비위에 거슬릴 정도로 구리다. 작쾨쾨하다.

퀵-서:비스(quick+service)명 오토바이 등을 이용하여, 짐이나 서류 따위를 지정된 곳에 빠르게 전달하는 서비스.

퀸틀(quintal)의 (주로 곡물을 다는) 무게의 한 단위. 미국에서는 100파운드, 영국에서는 112파운드, 미터법에서는 100 kg을 1퀸틀이라 함.

퀼로트(culotte 프)명 ①짧은 바지처럼 생긴 스커트. ②승마 때에 입는 반바지.

퀼팅(quilting)명 서양 수예 기법의 한 가지. 천과 천 사이에 솜 같은 것을 두어 누비질로 무늬를 도드라지게 한 것. 이불·쿠션 등에 쓰임.

큐:(cue)명 ①당구에서, 공을 치는 막대기. 당구봉(撞球棒). 당봉. ②라디오나 텔레비전 따위에서, 대사나 동작·음악 따위의 시작을 알리는 신호.

큐:^가치(Q價値)명 핵반응 과정에서 방출 또는 흡수된 에너지.

큐레이터(curator)명 주로 박물관이나 미술관 등에서, 전문적인 지식을 갖추고 자료의 수집·연구·보존·전시 및 작품의 설명이나 안내 등에 관한 일을 맡아보는 사람.

큐:-볼(cue ball)명 당구에서, 자기의 공을 이르는 말.

큐:비즘(cubism)명 입체파. 입체주의.

큐티쿨라(cuticula)명 ①동물의 상피 세포나 식물의 표피 세포면을 덮는 굳은 막. 세포가 분비한 키틴질 등으로 이루어짐. ②각피(角皮).

큐ː틴 (cutin) 명 식물의 큐티쿨라를 이루는 물질. 식물의 표피 세포의 세포막 바깥쪽에 층을 이루고 있음.
큐ː피드 (Cupid) 명 로마 신화에 나오는 사랑의 신. 비너스의 아들로, 가슴에 맞으면 사랑의 열병을 앓게 된다는 화살과 활을 가지고 있음. 아모르. 참에로스[1].
크-기 명 (부피나 넓이·양 따위의) 큰 정도.
크나-크다 [~크니·~커] 형 대단히 크다. ¶ 크나큰 은혜를 입다.
크낙-새 [-쌔] 명 딱따구릿과의 새. 몸길이 46 cm가량. 몸빛은 흑색인데 아랫배와 허리는 백색이고 수컷의 머리 꼭대기는 진홍색임. 우는 소리가 크고 주둥이로 나무를 쪼는 소리가 요란함. 우리나라 특산종으로 천연기념물 제197호로 지정되어 있음. 골락새.
크놉-액 (Knop液) 명 식물 배양액의 한 가지. 증류수에 아세트산칼슘·황산마그네슘·염화칼슘 등 여러 가지 성분을 섞어 만듦.
크다[1] [크니·커] 자 자라다. 커지다. ¶ 한 해 사이에 제법 큰 듯하다.
크다[2] [크니·커] 형 ①(부피·길이·넓이·키 따위가) 보통 정도를 넘다. ¶ 큰 방. /몸집이 크다. /키가 꽤 크다. ②수(數) 또는 수량이 많다. ¶ 9는 8보다 크다. ③(소리 따위가) 세다. ¶ 큰 소리로 떠들다. ④(옷·신·모자 따위의 치수가) 알맞은 치수 이상으로 되어 있다. ¶ 옷이 너무 크다. ⑤(규모·범위·도량·정도 따위가) 대단하다. ¶ 통이 크다. /시설의 규모가 매우 크다. ⑥(금액이나 수치의) 단위가 높다. ¶ 돈의 액수가 크다. ⑦(책임이나 일 따위가) 무겁고 중요하다. ¶ 책임이 크다. ⑧(죄나 허물 따위가) 무겁고 심하다. ¶ 잘못이 크다. ⑨(한 달의 날수가) 양력은 31일, 음력은 30일로 되어 있다. ↔작다.
큰 고기는 깊은 물속에 있다 속담 훌륭한 인물은 잘 드러나지 않는다는 말.
큰 방죽도 개미구멍으로 무너진다 속담 사소한 일이라고 얕보다가는 큰 화를 입게 된다는 말.
크-다랗다 형ㅎ '커다랗다'의 잘못.
크디-크다 [~크니·~커] 형 몹시 크다. 매우 크다. 크고도 크다. ↔작디작다.
크라우칭^스타ː트 (crouching start) 명 단거리 경주의 출발에서, 양손을 어깨 너비로 벌려 땅을 짚고 몸을 구부린 자세에서 달려 나가는 출발법. 참스탠딩 스타트.
크라운 (crown) 명 〔'왕관'의 뜻으로〕 치과에서, 이를 덮는 금속관(金屬冠)을 이르는 말.
크라운^기어 (crown gear) 명 직각으로 동력을 전달할 때에 쓰는 톱니바퀴.
크라운^유리 (crown琉璃) 명 ☞소다 유리.
크라프트-지 (kraft紙) 명 표백되지 않은 크라프트 펄프를 주원료로 하여 만든 갈색의 포장용 종이.
크래커 (cracker) 명 얇고 딱딱하게 구운 짭짤한 비스킷.
크래킹 (cracking) 명 등유·중유·경유를 높은 온도와 압력에서 분해하여 비점(沸點)이 낮은 휘발유 따위를 만드는 석유 분해법. 분해 증류법.
크랭크 (crank) 명 ①왕복 운동을 회전 운동으로 바꾸거나,그 반대의 일을 하는 장치. ②영화 촬영기의 핸들, 또는 그것을 돌려 영화를 촬영하는 일.
크랭크샤프트 (crankshaft) 명 ☞크랭크축.
크랭크^업 (crank up) 명하자 영화의 촬영을 끝냄. 촬영 완료.
크랭크^인 (crank in) 명하자타되자 영화의 촬영을 시작함. 촬영 개시.
크랭크-축 (crank軸) 명 크랭크와 이어져 있는 회전축. 크랭크샤프트.
크러셔 (crusher) 명 쇄석기. 분쇄기(粉碎機).
크러스트 (crust) 명 태양열·기온·바람의 작용 등으로 만들어진, 쌓인 눈의 딱딱한 겉면.
크러치 (crutch) 명 보트의 노를 거는 두 갈래로 갈라진 쇠붙이.
크렁-크렁 부하형 ①액체가 그릇에 넘칠 듯이 가득 차 있는 모양. ②눈에 눈물이 그득 괸 모양. ¶ 눈가에 눈물이 크렁크렁 맺히다. ③(국 따위가) 건더기가 적고 국물이 많은 모양. ④(물 따위를 많이 마셔서) 배 속이 매우 더부룩한 모양. 여그렁그렁[2].
크레디트^카ː드 (credit card) 명 ☞신용 카드.
크레바스 (crevasse) 명 눈에 묻힌 계곡이나 빙하(氷河)의 갈라진 틈.
크레셴도 (crescendo 이) 명 악보에서, 셈여림을 나타내는 말. '점점 세게'의 뜻. 〔줄여서 'cresc.'로 쓰고, 나타냄표는 '<'임.〕 ↔데크레셴도.
크레오소ː트 (creosote) 명 너도밤나무의 목타르를 증류하여 만든 무색 또는 담황색의 액체. 진통제나 방부제·살균제 따위로 쓰임.
크레용 (crayon 프) 명 안료에 파라핀이나 목랍(木蠟)을 섞어서 만든, 막대 모양의 채색 재료.
크레인 (crane) 명 ①기중기(起重機). ②영화 따위의 이동 촬영에 쓰이는 기구.
크레졸 (cresol) 명 석탄 타르나 목타르에서 석탄산과 함께 발생되는 물질. 소독약·방부제로 쓰임.
크레졸^비눗물 (cresol-) [-눈-] 명 크레졸에 칼리 비누를 섞어 만든 황갈색의 액체. 묽게 하여 소독액이나 살균액으로 씀.
크레졸-수 (cresol水) 명 크레졸 비눗물 3%와 물 97%를 섞은 소독용 액체.
크레파스 (Craypas←crayon+pastel) 명 크레용과 파스텔의 특색을 따서 만든, 막대기 모양의 채색 재료. 〔일본 상표명에서 유래함.〕
크로노그래프 (chronograph) 명 ①매우 짧은 시간을 정밀하게 재거나 기록하는 장치. ②휴대용 시계에 스톱워치를 장치한 것.
크로노스 (Cronos) 명 그리스 신화에 나오는 계절과 농경의 신. 제우스의 아버지.
크로마뇽-인 (Cro-Magnon人) 명 후기 구석기 시대의 화석 인류. 두개골의 특징으로 보아 유럽인의 조상일 것으로 추정됨.
크로매틱 (chromatic) 명 반음적(半音的). 반음계적.
크로스 (cross) 명 〈크로스레이트〉의 준말.
크로스레이트 (cross-rate) 명 '두 나라 사이의 환시세'를 제삼국에서 보고 이르는 말. 준크로스.
크로스바ː (crossbar) 명 ①축구 따위에서, 골포스트 위를 가로지른 막대. 골바(goal bar). ②높이뛰기에서의 뛰어넘는 가로대.
크로스-스티치 (cross-stitch) 명 십자수(十字繡).
크로스-컨트리 (cross-country) 명 근대 오종 경기의 하나. 넓은 벌판이나 황무지를 낀 4000 m의 코스를 달리는 경기. 단교 경주(斷郊競走).
크로스^킥 (cross kick) 명 럭비 따위에서, 공을 옆으로 비스듬히 차는 일.
크로스헤드 (crosshead) 명 왕복 기관에서, 피스톤 막대와 커넥팅 로드(connecting rod)를 잇는 장치. 피스톤 막대의 운동을 실린더의 중심선에 일치시키는 구실을 함.

크로켓(croquette 프)명 서양식 요리의 한 가지. 고기를 다져 기름에 볶은 것을, 쪄서 으깬 감자와 섞어 둥글게 빚어 달걀·빵가루를 묻혀서 기름에 튀긴 음식.
크로키(croquis 프)명 미술에서, 초안(草案)·스케치·밑그림, 또는 빨리 그린 그림 따위를 뜻하는 말.
크롤ː(crawl)명 수영법의 한 가지. 몸을 편 채 물속에 엎드려 발장구를 치고 양팔을 엇바꾸어 물을 끌어당기며 헤엄쳐 나아감. 자유형. 크롤스트로크.
크롤ː^스트로ː크(crawl stroke)명 ☞크롤.
크롬(Chrom 독)명 은백색의 광택이 나는, 단단하면서도 잘 부서지는 금속 원소. 자성이 강하고, 공기와 물속에서 녹이 슬지 않아 도금이나 합금으로 널리 쓰임. 〔Cr/24/51.996〕
크롬-강(Chrom鋼)명 강철에 크롬을 더하여 내열성이나 강도 따위를 높이고 녹슬지 않게 한 합금강.
크롬망간-강(Chrom Mangan鋼)명 니켈크롬강의 대용품. 니켈크롬강보다 충격에 강하여, 차량의 용수철 따위에 쓰임.
크롬^명반(Chrom明礬)명 황산칼륨과 황산 제이크롬과의 복염(複塩). 암자색의 정팔면체 결정으로, 매염제(媒染劑)나 현상액 따위로 쓰이며, 가죽의 무두질에도 쓰임.
크롬산-납(Chrom酸-)명 중크롬산칼륨 용액에 질산납을 작용시켜 만드는 황색의 결정. 황색 안료·염료·페인트 등을 만드는 데 쓰임. 크롬산연. 황연.
크롬산-연(Chrom酸鉛)[-년]명 ☞크롬산납.
크롬^옐로ː(Chrom yellow)명 크롬산납을 주성분으로 하는 황색 염료.
크롬철-광(Chrom鐵鑛)명 '크롬철석'의 구용어.
크롬철-석(Chrom鐵石)[-썩]명 크롬의 광석. 흑갈색이며 녹색을 띤 금속광택이 남. 불에 잘 견디는 벽돌이나 시멘트의 원료로 쓰임.
크루ː즈^미사일(cruise missile)명 순항 미사일.
크루ː프(croup)명 후두 점막에 섬유소성(纖維素性) 위막(僞膜)이 생겨 목소리가 쉬고 호흡 곤란을 일으키는 급성 염증.
크루ː프성^폐ː렴(←croup性肺炎)[-폐-/-페-]명 주로 폐렴 쌍구균(雙球菌)으로 말미암아 일어나는 폐렴. 오한·구토·경련으로 시작되며 고열·흉통·호흡 곤란·기침이 따름.
크리슈나(Kṛṣṇa)명 고대 인도의 최고 신(神).
크리스마스(Christmas)명 예수의 탄생을 기념하는 날(12월 25일). 강탄제. 성탄절(聖誕節).
크리스마스-실ː(Christmas seal)명 결핵 퇴치 기금을 모으기 위하여 크리스마스 전후에 발행되는 증표.
크리스마스-이ː브(Christmas Eve)명 크리스마스 전날 밤(12월 24일 밤). 성야(聖夜).
크리스마스-카ː드(Christmas card)명 크리스마스를 축하하는 뜻을 적어 친한 사람끼리 주고받는 카드.
크리스마스^캐럴(Christmas carol)명 크리스마스를 축복하는 찬송가.
크리스마스-트리ː(Christmas tree)명 크리스마스 때 장식으로 세우는 나무. 소나무·잣나무 등 상록수에 전구·종·촛불·별 등을 달아 아름답게 꾸며서 세움. 성탄목(聖誕木).
크리스천(Christian)명 기독교 신자.
크리스털(crystal)명 ①수정(水晶). ②크리스털 유리.
크리스털^검ː파기(crystal檢波器)명 광석(鑛石) 검파기.
크리스털^글라스(crystal glass)명 크리스털 유리.
크리스털^유리(crystal琉璃)명 납유리의 한 가지. 투명도가 좋고 아름다운 광택을 지니고 있으며, 두드리면 쇳소리가 남. 고급 식기나 공예품에 쓰임. 수정 유리. 크리스털. 크리스털 글라스.
크리스트-교(Christ敎)명 기독교.
크리켓(cricket)명 영국의 국기(國技). 열한 사람으로 이루어진 두 편이 공격과 수비를 번갈아 하면서 득점을 겨루는 경기. 투수가 던진 나무 공을 타자가 방망이로 쳐서 위켓을 쓰러뜨리면 득점하게 됨.
크림ː(cream)명 ①우유에서 뽑아낸 노르무레한 지방질. 버터·아이스크림의 원료나 요리 등에 쓰임. 유지(乳脂). ②여성의 기초화장에 쓰이는 화장품.
크림ː-소ː다(cream soda)명 아이스크림소다.
크림ː-수ː프(cream soup)명 크림을 넣어 걸쭉하게 만든 수프.
크립톤(krypton)명 희가스(稀gas) 원소의 한 가지. 공기 중에 약간 존재하는, 냄새와 빛깔이 없는 기체. 〔Kr/36/83.80〕
크샤트리아(kshatriya 범)명 고대 인도의 카스트의 둘째 계급. 왕족·무사 계급을 이름. 찰제리(刹帝利). 참브라만·바이샤·수드라.
크세논(Xenon 독)명 희가스(稀gas) 원소의 한 가지. 공기 중에 매우 적은 양이 있는, 냄새와 빛깔이 없는 기체. 딴 원소와 화합하지 않음. 〔Xe/54/131.29〕
큰-접투 《친족 관계를 나타내는 명사 앞에 붙어》 '맏이'의 뜻을 나타냄. ¶ 큰아버지. /큰이모. ↔작은-.
큰-가래명 가래 중에서 큰 것. 세 사람이나 네 사람이 두 줄을 당기어 흙을 파내는 데에 씀.
큰개-자리명 겨울철에 남쪽 하늘에 보이는 별자리의 하나. 오리온자리의 동쪽에 있으며 주성(主星)은 시리우스(천광성)임.
큰-계집[-계-/-게-]명 지난날, 첩(妾)에 상대하여 '본처(本妻)'를 속되게 이르던 말.
큰-골명 ☞대뇌(大腦).
큰-곰명 곰과의 동물. 몸길이 2~2.8 m, 몸무게 250~750 kg. 흑곰보다 큰데 몸빛은 갈색 또는 흑갈색이며 성질이 사나움. 북아메리카·아시아·유럽 등지의 깊은 숲에서 단독 생활을 하며 삶.
큰곰-자리명 북두칠성을 포함하는 큰 별자리. 북두칠성은 이 별자리의 꼬리와 허리에 해당함. 대웅좌(大熊座).
큰-굿[-굳]명 크게 벌인 굿. * 큰굿이[-구시]·큰굿만[-군-]
큰-기침명하자 인기척을 내거나, 위세를 부리거나, 또는 마음을 가다듬느라고 좀 크게 하는 기침. ↔잔기침.
큰-길명 넓은 길. 대로(大路).
큰길-가[-까]명 큰길의 양쪽 옆.
큰-꾸리명 쇠고기 꾸리의 한 가지. 앞다리 바깥쪽에 붙은 살덩이. ↔작은꾸리.
큰-놈명 남 앞에서, '자기의 큰아들'을 겸손하게 이르는 말.
큰-누나명 '큰누이'의 어린이 말.
큰-누이명 맏누이.
큰-눈명 많이 내리는 눈. 대설(大雪). ¶ 밤새 큰 눈이 내렸다.

큰-단나(-檀那)명 절에 보시(布施)를 많이 한 큰 시주(施主). 대단나(大檀那).
큰-달명 한 달의 날수가 많은 달. 양력으로는 31일(1·3·5·7·8·10·12월), 음력으로는 30일이 되는 달. ↔작은달.
큰-대(-大)명 한자 부수의 한 가지. '天'·'夫' 등에서의 '大'의 이름.
큰-댁(-宅)명 〈큰집〉의 높임말.
큰-독명 높이가 대여섯 자쯤 되는 큰 오지독.
큰-돈명 액수가 많은 돈. 거금(巨金).
큰-동서(-同壻)명 남편의 형의 아내.
큰-따님명 남을 높이어, 그의 '큰딸'을 이르는 말.
큰-따옴표(-標)명 따옴표의 한 가지. 글 가운데서 남의 말을 인용하거나 직접 대화를 표시할 때, 단어나 글 앞뒤에 쓰이는 부호 " "의 이름. 게발톱표. 게발톱점. 참작은따옴표.
큰-딸명 '맨 위의 딸'을 작은딸에 상대하여 이르는 말. 맏딸. 장녀.
큰-마누라명 작은마누라에 상대하여, '본마누라'를 이르는 말. 정실(正室).
큰-마음명 크게 마음먹거나 또는 크게 쓰는 마음씨. 준큰맘.
큰-만두(-饅頭)명 만두의 한 가지. 잘게 빚은 여러 개의 만두를 큰 껍질로 싸서 사발덩이만 하게 빚어 만듦. 지난날, 중국에서 온 사신을 대접할 때 썼음. 왕만두.
큰-말명 어감이 큰 말. 음성 모음끼리 어우러진 말로서, 나타내는 느낌과 듣는 느낌이 큼. 〔'찰랑찰랑'에 대한 '철렁철렁', '자글자글'에 대한 '지글지글', '가득하다'에 대한 '그득하다' 따위.〕
큰-맘명 〈큰마음〉의 준말.
큰-매부(-妹夫)명 큰누이의 남편.
큰-머리명 지난날, 궁중의 의식 때에 대례복에 맞추어 차린 부녀의 머리 모양. 어여머리 위에 떠구지를 얹고 비녀와 매개댕기로 고정시켰음. 왕비나 공주·옹주, 당상관의 부인, 지밀상궁만이 이 머리 모양으로 꾸몄음.
큰머리-하다자여 의식 때에 여자의 어여머리 위에 가발을 얹어 장식하다.
큰-며느리명 맏며느리.
큰-문(-門)명 지난날, 대궐이나 관아의 삼문(三門) 중의 가운데 문을 이르던 말.
큰문(을) 잡다관용 (지위가 높거나 존귀한 사람이 드나들 때에) 큰문을 열다.
큰-물명 비가 많이 와서 내나 강에 크게 불은 물. 홍수.
큰물이 가다관용 큰물이 농토를 온통 휩쓸고 지나가다.
큰물(이) 지다관용 큰물이 흐르다. 홍수가 나다.
큰몰명 〈옛〉 대변. ¶ 큰몰:大便(譯語上36).
큰-바늘명 〔'시침'에 비하여 길이가 길다는 데서〕 '분침'을 달리 이르는 말.
큰-바람명 풍력 계급의 여덟째 바람. 초속은 17.2~20.7 m. 나무의 잔가지가 꺾이고 걷기가 힘들며, 해상에는 풍랑이 높아지고 물보라가 일어남.
큰-방(-房)명 집안의 가장 어른 되는 부인이 거처하는 방.
큰-북명 ①목제의 양면에 가죽을 씌우고 북채로 치는 타악기. 땅에 놓거나 달아 두고 침. 대고(大鼓). ②☞베이스 드럼.
큰-불명 ①크게 일어난 불. 규모가 큰 화재. 대화(大火). ②지난날, 큰 짐승을 잡으려고 쏘는 총알을 이르던 말.
큰-비명 여러 날을 계속하여 많이 내리는 비. 대우(大雨).
큰-비녀명 큰머리를 얹거나 낭자할 때에 꽂는, 크고 긴 비녀.
큰-사람명 위대하고 이름난 사람. 큰일을 하거나 할 수 있는 사람.
큰-사랑(-舍廊)명 웃어른이 거처하는 사랑. 참작은사랑.
큰-사위[1]명 작은사위에 상대하여 '맏사위'를 이르는 말.
큰-사위[2]명 윷놀이에서, 모나 윷처럼 단번에 얻는 많은 끗수를 이름. 준사위[3].
큰-사폭(-邪幅)명 한복 바지의 왼쪽 마루폭에 대는, 큰 폭. 참작은사폭.
큰-산소(-山所)명 한 산에 여러 무덤이 있는 경우, 그중에서 가장 어른 되는 이의 무덤을 이르는 말.
큰-살림명 규모를 크게 차리고 잘사는 집의 살림살이.
큰-상(-床)명 잔치 때에 음식을 많이 차려서 주인공을 대접하는 상.
큰상(을) 받다관용 잔치 때 특별히 크게 차린 음식상을 받다.
큰상-물림(-床-)명 혼인 잔치 때, 큰상을 받았다가 물린 뒤에 상을 받았던 사람의 본집으로 그 음식을 싸서 보내는 일, 또는 그러한 음식. 퇴물림. 퇴상(退床). 준상물림.
큰-선비명 학식과 덕행이 뛰어난 선비.
큰-센바람명 풍력 계급의 아홉째 바람. 초속 20.8~24.4 m. 굴뚝 뚜껑과 슬레이트가 날아가는 등 약간의 건물 피해가 일어나며, 해상에는 풍랑이 높아지고 물보라가 소용돌이침. 대강풍.
큰-소리명하자 ①(목청을 돋우어 가며) 야단치는 소리. ②(일의 성패는 헤아리지도 않고) 뱃심 좋게 장담하는 말. 고언(高言). 호언(豪言). ③무엇을 혼자만 아는 것처럼 사실 이상으로 과장하여 하는 말. ④남 앞에서 당당하게 하는 말.
큰소리-치다자 ①(목청을 돋우어 가며) 야단치다. ②희떱게 장담하다. 크게 뽐내다. ③남 앞에서 당당하게 말하다.
큰-소매명 (도포 따위의 소매처럼) 볼이 축 처지게 만든 넓은 소매.
큰-손[1]명 ①증권 시장에서, '시세에 큰 영향을 미칠 정도로 많은 거래를 하는 사람이나 기관'을 비유하여 이르는 말. ②지하 경제 사회에서의 규모가 큰 사채꾼.
큰-손[2]명 후하게 대접해야 할 귀한 손. 빈객(賓客). 상객(上客). 높큰손님.
큰-손녀(-孫女)명 작은손녀에 상대하여 '맏손녀'를 이르는 말.
큰-손님명 ①〈큰손[2]〉의 높임말. ②많은 손님.
큰-손자(-孫子)명 작은손자에 상대하여 '맏손자'를 이르는 말.
큰-솔나리[-라-]명 백합과의 다년초. 줄기는 60 cm가량이고, 비늘줄기는 길둥근 모양임. 잎은 좁고 길며 다닥다닥 달리고, 초여름에 짙은 홍색 바탕에 자줏빛 반점이 있는 꽃이 핌. 비늘줄기는 먹을 수 있음.
큰-솥[-솓]명 재래식 가옥에서, 부뚜막에 걸어 놓고 쓰는 솥 중에서 가장 큰 솥. * 큰솥이[-소치]·큰솥을[-소틀]·큰솥만[-손-]
큰-수파련(-水波蓮)명 전통적인 혼례의 잔칫상에 쓰이는 상화(床花)의 한 가지. 장식 종이로 만든 연꽃으로, 세 층으로 만듦.
큰-스님명 '덕이 높은 중'을 높이어 이르는 말.

큰-아가씨명 ①올케가 아직 시집가지 않은 '손아래 큰시누이'를 이르는 말. ②지난날, 시집간 맏딸이나 맏며느리를 하인들이 이르던 말. ②큰아씨.

큰-아기명 ①다 자란 계집아이. 처녀. ②맏딸이나 맏며느리를 정답게 이르는 말.

큰-아들명 작은아들에 상대하여 '맏아들'을 이르는 말.

큰-아버지명 ①아버지의 맏형. 백부(伯父). ②아버지의 형. 여럿이 있을 때에는 첫째 큰아버지, 둘째 큰아버지, 셋째 큰아버지 등으로 구별함.

큰-아씨명 큰아가씨.

큰-아이명 큰아들이나 큰딸을 다정하게 이르는 말. 맏자식. 준큰애.

큰-악절(-樂節) [-쩔]명 음악에서, 두 개의 작은악절이 합쳐진 악절. 보통 여덟 마디나 열두 마디로 이루어짐. 대악절(大樂節). 참작은악절.

큰-애명 〈큰아이〉의 준말.

큰-어머니명 ①아버지 맏형의 아내. 백모(伯母). ②아버지 형의 아내. 여럿이 있을 때에는 첫째 큰어머니, 둘째 큰어머니, 셋째 큰어머니 등으로 구별함. ③서자가 '아버지의 본처'를 이르는 말. ③적모(嫡母).

큰-어미명 윗사람이 아랫사람의 '큰어머니'를 낮잡아 이르는 말.

큰-언니명 가장 손위 되는 언니.

큰-오빠명 가장 손위 되는 오빠.

큰-옷[크놑]명 예식 때에 입는 웃옷. *큰옷이[크노시]·큰옷만[크논-]

큰-이명 ①남의 형제 가운데 맏이 되는 사람을 이르는 말. ②남의 '본부인'을 그의 첩에 상대하여 이르는 말.

큰-일[1]명 다루는 데 힘이 많이 들고 범위가 넓은 일, 또는 중대한 일. ↔잔일.

큰일(이) 나다관용 감당하기 어려운 일이나 큰 탈이 생기다.

큰-일[2][-닐]명 예식이나 잔치 등을 치르는 일. 대사(大事). ¶ 큰일을 치르다.

큰입구-몸(-口-) [-닙꾸-]명 한자 부수의 한 가지. '四'·'固' 등에서의 '口'의 이름. 에운담. 엔담.

큰-자귀명 두 손으로 들고 서서 재목을 깎는 연장. 모양은 자귀와 같으나, 규모가 크고 긴 자루가 달림.

큰-절[1]명하자 (초례 때나 시부모를 대할 때 등) 여자가 가장 존경하는 예를 갖출 때 하는 절. 두 손을 이마에 겹쳐 대고 앉아서 허리를 굽혀 함.

큰-절[2]명 불교에서, 딸린 절에 상대하여 '주장되는 절'을 이르는 말.

큰-제사(-祭祀)명 고조·고조모의 제사를 그 아랫대의 제사에 상대하여 이르는 말.

큰-조카명 큰형의 맏아들. 장질(長姪).

큰-집명 ①아우나 그 자손이 '맏형이나 그 자손의 집'을 이르는 말. ②분가하여 나간 집에서, 그 원집을 이르는 말. 종가. ③작은마누라나 그 자손이 큰마누라나 그 자손의 집을 이르는 말. ④죄수들의 은어로, '교도소'를 이르는 말. ①~③높큰댁. ↔작은집.

큰집 드나들듯관용 (자기 큰집이라도 드나들듯이) 매우 익숙하게 드나드는 모양.

큰-창자명 ☞대장(大腸). ↔작은창자.

큰-처남(-妻男)명 처가에서 맏이인 처남.

큰-춤명 옷을 잘 차려입고 제대로 추는 춤.

큰춤(을) 보다관용 자기를 위하여 큰춤을 베풀어 주는 의식의 영광을 입다.

큰-치마명 발등을 덮어 땅에 끌리도록 길게 만든, 혼례 때 입는 치마.

큰-칼명 지난날, 중죄인의 목에 씌우던 길이 135 cm가량의 형틀. 참작은칼·칼[2].

큰코-다치다자 크게 봉변을 당하다.

큰키-나무명 ☞교목(喬木).

큰-톱명 두 사람이 마주 잡고 당기어 켜는 큰 내릴톱. 대톱.

큰톱-장이[-짱-]명 지난날, 큰톱으로 큰 재목을 켜 내는 일을 업으로 삼던 사람.

큰-판명 크게 벌어진 판.

큰-할미니명 큰할아버지의 아내.

큰-할아버지명 할아버지의 맏형.

큰-형(-兄)명 작은형에 상대하여 '맏형'을 이르는 말. 장형(長兄).

큰-형수(-兄嫂)명 큰형의 아내. 맏형수.

큰-활명 조선 시대의 활의 한 가지. 각궁(角弓)과 비슷하며 쇠로 만든 큰 화살인 정량대를 메어 쏘았음.

클라ː드니^도형(Chladni圖形)명 유리 또는 금속판 위에 뿌려진 모래나 가루가 판의 진동으로 말미암아 이루는 도형.

클라리넷(clarinet)명 목관 악기의 한 가지. 세로로 잡고서 부는데, 높은 음은 맑고 낮은 음은 깊이가 있음. 관현악이나 취주악에 많이 쓰임.

클라리온(clarion)명 금관 악기의 한 가지. 길쭉한 나팔의 일종으로 명쾌하게 울려 퍼지는 음색을 지님.

클라비코ː드(clavichord)명 건반 악기의 한 가지. 피아노의 전신으로 16세기 초에 만들어졌는데, 건반을 두드리면 금속편(金屬片)이 현을 쳐서 소리를 냄.

클라이맥스(climax)명 최고조(最高潮). 절정(絕頂). ¶ 클라이맥스에 이르다.

클라이밍(climbing)명 〈록클라이밍〉의 준말.

클라이스트론(klystron)명 극초단파의 발진이나 증폭 등에 쓰이는 진공관의 한 가지.

클라이언트(client)명 네트워크로 연결된 서버에 주된 작업이나 정보를 요청하고 그 결과를 제공받는 컴퓨터 시스템.

클래식(classic)명 고전 음악.

클랙슨(klaxon)명 자동차나 오토바이의 경적(警笛). 〔제조 회사의 이름에서 온 말임.〕 ¶ 클랙슨을 울리다.

클램프(clamp)명 ①공작물을 공작 기계의 탁자 위에 고정시키는 장치. ②바이스의 한 가지. 끝손질 때에 작은 공작물을 고정시키는 데 쓰임.

클러치(clutch)명 ①일직선 상에 있는 두 축 사이의 동력을 자유로이 접속하거나 차단하는 장치. 연축기(連軸器). ②☞클러치 페달.

클러치^페달(clutch pedal)명 자동차에서 클러치의 작동을 멈추게 하는 발판. 클러치.

클럽(club)명 ①친목·취미·오락 등 공통된 목적으로 모인 모임, 또는 그것을 위한 곳. ②골프공을 치는 막대기. 골프채. ③트럼프에서, 클로버 잎이 그려져 있는 카드.

클레이^사격(clay射擊)명 사격 경기의 한 가지. 클레이 피전을 공중에 던져 산탄(散彈)으로 쏘아 맞히는 경기.

클레이^피전(clay pigeon)명 클레이 사격에서 쓰이는, 석회와 피치를 섞어 만든 원반 모양의 표적.

클레임(claim)명 무역이나 상거래 등에서, 계약을 위반했을 때 손해 배상을 청구하거나 이의를 제기하는 일.

클렌징-크림ː(cleansing cream)명 세안용 크림.
클로ː람페니콜ː(chloramphenicol)명 항생 물질의 한 가지. 토양에서 발견된 방선균을 배양하여 만듦. 흰빛의 바늘 모양의 결정인데, 장티푸스·파라티푸스·세균 감염증 따위의 특효약으로 쓰임.
클로렐라(chlorella)명 민물에서 사는 단세포 녹조류. 광합성 작용이 활발하고 번식력이 매우 강하며 단백질이나 비타민이 풍부함.
클로로포름(chloroform)명 메탄(CH_4)의 수소 네 개 중 세 개를 염소로 치환하여 만든 화합물. 무색의 휘발성 액체로 특유한 냄새가 남. 주로, 유기 화합물의 용제(溶劑)로 쓰임.
클로로프렌(chloroprene)명 아세틸렌에 염화수소를 섞어 만든 무색의 휘발성 액체. 중합하기 쉬워 여러 가지 중합체를 만듦. 합성 고무의 원료로 쓰임.
클로로필(chlorophyll)명 엽록소(葉綠素).
클로ː르칼크(Chlorkalk 독)명 표백분(漂白粉). 참칼크.
클로ː버(clover)명 토끼풀.
클로ː스(cloth)명 제본에서, 책의 장정에 쓰이는 헝겊.
클로ː즈업(close-up)명하타되자 ①영화나 사진에서, 피사체의 주요 부분을 특히 크게 찍거나 하여 두드러지게 강조하는 일. 대사(大寫). ¶ 배경보다 인물을 클로즈업해서 찍은 사진. ②(어떤 사실을) 일반의 주의를 끌도록 문제로 삼아서 크게 다루는 일.
클리노미터(clinometer)명 지층의 경사를 재는 기구. 경사계(傾斜計). 경사의(傾斜儀). 측사기.
클리닉(clinic)명 '진료소'·'진료실'로 순화. ¶ 비만 클리닉. /불임 클리닉.
클리ː닝(cleaning)명하타 세탁소에서 하는 세탁. 드라이클리닝.
클리ː크(cleek)명 공을 때리는 면이 쇠로 되어 있는 긴 골프채. 공을 멀리 보낼 때 씀.
클리토리스(clitoris)명 음핵(陰核).
클릭(click)명하타 컴퓨터에서, 마우스의 단추를 누름, 또는 그런 행위.
클린ː업(cleanup)명하타 야구에서, 타자가 강타를 쳐서 주자를 모두 본루에 생환(득점)하게 하는 일.
클린ː업^트리오(cleanup trio)명 야구에서, 3·4·5번의 강타자(強打者).
클린치(clinch)명하자 권투에서, 상대편의 공격을 막기 위하여 상대편을 껴안는 일.
클린ː^히트(clean hit)명 야구에서, 야수(野手) 사이를 뚫는 보기 좋은 안타. 깨끗한 안타.
클립(clip)명 ①(종이나 서류 따위를) 집어서 끼워 두도록 만들어진 사무용품을 두루 이르는 말. ②(만년필의 뚜껑 따위에 달려) 양복 주머니에 끼우는 쇠. ③머리털을 곱슬곱슬하게 만들기 위해 머리털에 감는 기구.
클립보ː드(clipboard)명 ①하나의 파일에서 다른 파일로 옮길 자료를 저장하기 위한 주기억 장치의 부분. ②윈도 방식의 사용자 인터페이스에서, 한 윈도에 있는 자료를 복사하여 다른 윈도로 옮길 때에 그 내용을 임시로 기억하는 윈도.
큼지막-하다[-마카-]형여 꽤 큼직하다. ¶ 큼지막한 돌. **큼지막-이**부.
큼직-큼직부하형 여럿이 다 큼직한 모양.
큼직-하다[-지카-]형여 꽤 크다. ¶ 거실이 큼직하다. **큼직-이**부.
킁킁부하타 병이나 버릇으로 숨을 콧구멍으로 내쉬는 소리.
킁킁-거리다타 자꾸 킁킁하다. 킁킁대다.
킁킁-대다타 킁킁거리다.
킁킁-이명 '킁킁하는 소리를 섞어서 말을 하는 사람'을 조롱조로 이르는 말.
킈명 〈옛〉①크기. ¶ 모샛 蓮花ㅣ 킈 술윗띠 곤호더(阿彌8). ②키. ¶ 長者ㅣ 킈 석 자히러니(釋譜6:44).
키[1]명 ①(사람이나 다리가 있는 동물의) 선 몸의 높이. 신장. 체고(體高). ②물건이나 식물의 높이.
키 크고 싱겁지 않은 사람 없다속담 키가 큰 사람은 행동이 야무지지 못하고 싱겁다는 말.
키[2]명 곡식 따위를 까부르는 기구.
키[3]명 배의 방향을 조정하는 장치. 타(舵).
키ː(key)명 ①열쇠. ②어떤 문제나 사건을 해결할 수 있는 중요한 실마리. ③피아노나 풍금 따위의 건(鍵). ④글쇠. ⑤전화나 전신에서, 한 회선을 다른 회선과 잇거나 다시 제자리로 돌리는 장치. ⑤참전건(電鍵).
키부 〈옛〉크게. ¶ 大集은 키 모돌 씨니(釋譜6:46)
키-꺽다리[-따-]명 키다리. 준꺽다리.
키-꼴명 '키가 큰 체격'을 속되게 이르는 말. ¶ 키꼴치고는 몸놀림이 날렵하다.
키-내림명하타 곡식에 섞인 티끌·쭉정이·검부러기 따위를 바람에 날려 보내려고, 곡식을 키에 담아 높이 들고 천천히 흔들며 기울여 쏟는 일.
키ː노드라마(kino+drama)명 연극과 영화를 결합시킨 연쇄극(連鎖劇).
키니네(kinine 네)명 킨키나나무의 껍질에서 뽑아낸 알칼로이드의 한 가지. 흰빛의 바늘 모양의 결정으로 쓴맛이 있음. 해열제·진통제·강장제 따위로 쓰이며, 말라리아의 특효약임. 퀴닌.
키니크-학파(Cynique學派)명 안티스테네스가 창시한 그리스 철학의 한 파. 무욕(無慾)과 정신의 독립을 이상으로 함. 견유학파(犬儒學派).
키ː다[1]자 〈켜이다〉의 준말. ¶ 짠 것을 먹었더니 물이 자꾸 킨다.
키다[2]타 '키우다'의 잘못.
키-다리명 '키 큰 사람'을 홀하게 이르는 말. ↔난쟁이·작다리.
키득부 참지 못하여 새어 나오는 웃음소리. **키득-키득**부하자.
키득-거리다[-꺼-]자 자꾸 키득키득하다. 키득대다. ¶ 키득거리며 웃다.
키득-대다[-때-]자 키득거리다.
키들-거리다자 자꾸 키들키들하다. 키들대다.
키들-대다자 키들거리다.
키들-키들부하자 억누르지 못하여 입속으로 자꾸 웃는 소리.
키마이라(Chimaera)명 그리스 신화에 나오는, 불을 토하는 괴수(怪獸). 머리는 사자, 몸통은 양, 꼬리는 용 또는 뱀 모양임.
키ː보ː드(keyboard)명 ①건반. ②호텔 같은 데서, 객실의 열쇠를 걸어 두는 자리. ③글자판.
키부츠(kibbutz)명 이스라엘의 공동 집단 농장.
키-순(-順)명 키에 따른 차례. 어깨차례. ¶ 키순으로 줄을 서라.
키스(kiss)명하자 ①서로 입을 맞추는 일. 입맞춤. 접문(接吻). ②(사랑하거나 존경한다는 뜻으로) 뺨이나 손등에 입을 맞추는 일.
키^스테이션(key station)명 몇몇 방송국에 프로그램을 내보내는 중심이 되는 방송국.
키우다타 〖'크다'의 사동〗 크게 하다. ¶ 송아지를 키우다. /꿈을 키우다.

키ː^워ː드 (key word) 명 ①문제 해결이나 글의 뜻풀이에 열쇠가 되는 말. ②암호를 푸는 데 실마리가 되는 말.
키위 (kiwi) [1]명 키위과의 새. 몸길이 84 cm가량의 원시적인 새. 날개와 꼬리가 없고 몸이 둥글며 털 같은 깃털이 온몸에 나 있음. 눈은 작고 부리가 길. 뉴질랜드의 삼림에서 삶.
키위 (kiwi) [2]명 과일의 한 가지. 중국 원산이며 뉴질랜드에서 개량된 덩굴 식물의 열매. 거죽에 잔털이 나 있음.
키읔 [-읔] 명 한글 자모의 자음 'ㅋ'의 이름. *키읔이[-으기]·키읔만[-응-]
키-잡이 명 배의 키를 다루는 일을 맡은 사람. 조타수(操舵手). 타수(舵手).
키-장다리 명 '키다리'의 잘못.
키-질 명 하타 키로 곡식 따위를 까부르는 일.
키킹 (kicking) 명 축구에서, 일부러 상대편을 차려고 하거나 차는 일. 반칙으로 상대편에게 프리 킥을 주게 됨.
키틴 (chitin) 명 갑각소(甲殼素).
키틴-질 (chitin質) 명 곤충류나 갑각류의 외골격(外骨格)을 이루고 있는 물질.
키ː퍼 (keeper) 명 〈골키퍼〉의 준말.
키ː-펀치 (keypunch) 명 컴퓨터의 천공기.
키ː-포인트 (key+point) 명 주안점. 사물의 요점.
키ː핑 (keeping) 명 럭비에서, 게임의 상황에 따라 공을 스크럼 속에 머물러 두는 일.
키ː-홀ː더 (key holder) 명 열쇠고리.
킥 부 웃음을 참으려다가 참지 못하고 한 번 웃는 소리, 또는 그 모양. ¶ 언니는 웃음을 참지 못하고 킥 하고 웃는다. **킥-킥** 부 하자.
킥 (kick) 명 하타 축구에서, 발로 공을 차는 일.
킥-보ː드 (kickboard) 명 길고 좁은 발판에 두 개의 작은 바퀴와 'T' 자형의 손잡이가 달려 있는 탈것. 두 손으로 손잡이를 잡고, 한쪽 발은 발판 위에 올리고 다른 쪽 발로 땅을 차며 앞으로 나아감.
킥복싱 (kickboxing) 명 발로 차기도 하고, 팔꿈치나 무릎을 쓰기도 하는 태국 특유의 격투기.
킥아웃 (kickout) 명 하자 미식축구에서, 경기를 다시 시작할 때 25야드 선에서 상대편 골을 향하여 공을 차 내는 일.
킥^앤드^러시 (kick and rush) 명 럭비·축구의 공격법의 한 가지. 상대편 배후에 공을 세게 차서 띄우고 동시에 여럿이 돌진하는 일.
킥오프 (kickoff) 명 하자 축구 따위에서, 전후반 경기가 시작될 때나 어느 한 팀의 득점이 있은 뒤에 경기를 다시 시작할 때 공을 중앙선의 한 가운데에 놓고 차는 일.
킥킥-거리다 [-꺼-] 자 자꾸 킥킥 소리를 내다. 킥킥대다.
킥킥-대다 [-때-] 자 킥킥거리다.
킥^턴ː (kick turn) 명 스키에서, 한쪽 발을 들어 올리면서 방향을 바꾸는 일.
킨키나-나무 (quinquina-) 명 ☞기나나무.
킬 (kill) 명 하자 ①테니스에서, 상대편이 받아넘길 수 없도록 공을 세게 내리치는 일. ②배구에서, 공을 상대편의 코트에 세게 내리치는 일.
킬러 (killer) 명 ①배구에서, 스파이크를 하는 사람. ②야구에서, 특정한 팀에 대하여 승률이 높은 투수.
킬로 (kilo) 의 '킬로미터·킬로그램' 등을 줄이어 이르는 말.
킬로그램 (kilogram) 의 미터법에 따른 질량의 기본 단위. 1그램의 1000배. 〔기호는 kg〕
킬로그램미ː터 (kilogrammeter) 의 일의 단위. 질량 1 kg의 물체를 높이 1 m로 들어 올리는 데 필요한 일의 분량. 〔기호는 kg·m〕
킬로그램-원기 (kilogram原器) 명 미터 조약에 따라서, 질량의 단위인 킬로그램의 기준으로 만들어 놓은 1 kg의 분동(分銅).
킬로그램칼로리 (kilogramcalorie) 의 열량의 단위의 한 가지. 1칼로리의 1000배. 킬로칼로리. 〔기호는 kcal〕
킬로리터 (kiloliter) 의 미터법에 따른 용량이나 유체(流體)의 분량을 재는 단위의 한 가지. 주로 액체나 기체·알곡 따위를 헤아리는 데 쓰임. 1리터의 1000배. 〔기호는 kl〕
킬로미ː터 (kilometer) 의 미터법의 길이 단위의 한 가지. 1미터의 1000배. 〔기호는 km〕
킬로바이트 (kilobyte) 의 컴퓨터에서, 데이터의 양을 나타내는 단위의 한 가지. 1바이트의 약 1000배. 곧, 1024바이트. 〔기호는 KB〕
킬로볼트 (kilovolt) 의 전위차(電位差)의 단위의 한 가지. 1볼트의 1000배. 〔기호는 kV〕
킬로사이클 (kilocycle) 의 주파수의 단위의 한 가지. 1사이클의 1000배. 〔기호는 kc〕
킬로암페어 (kiloampere) 의 전류의 단위의 한 가지. 1암페어의 1000배. 〔기호는 kA〕
킬로암페어-시 (kiloampere時) 의 전기량의 단위의 한 가지. 1킬로암페어시는 1 kA의 전류가 한 시간 흘렀을 때의 전기량. 〔기호는 kAh〕
킬로와트 (kilowatt) 의 전력의 단위의 한 가지. 1와트의 1000배. 〔기호는 kW〕
킬로와트-시 (kilowatt時) 의 일률과 전력량의 실용 단위. 1와트시의 1000배. 〔기호는 kWh〕
킬로-전ː자볼트 (kilo電子volt) 의 에너지의 단위의 한 가지. 1전자볼트의 1000배. 〔기호는 keV〕
킬로칼로리 (kilocalorie) 의 ☞킬로그램칼로리.
킬로퀴리 (kilocurie) 의 방사능 단위의 한 가지. 1퀴리의 1000배. 〔기호는 kCi〕
킬로톤 (kiloton) 의 ①질량의 단위의 한 가지. 1톤의 1000배. 〔기호는 kt〕 ②에너지의 단위. 원자 폭탄이나 수소 폭탄 따위의 티엔티(T.N.T.) 1000톤에 해당하는 폭파력.
킬킬 부 억지로 참으려다가 참지 못하고 웃는 소리. 참 낄낄.
킬킬-거리다 자 자꾸 킬킬 소리를 내다. 킬킬대다. ¶ 교실 뒤쪽에 있던 아이들이 밖을 내다보며 킬킬거리고 있었다.
킬킬-대다 자 킬킬거리다.
킷-값 [키깝/킨깝] 명 손아랫사람에게나 홀대할 만한 사이에, '자란 키만큼 철이 든 행동'을 홀하게 이르는 말. 《흔히, 뒤에 '하다(못하다)'가 딸리어 쓰임.》 ¶ 킷값도 못한다. *킷값이[키깝씨/킨깝씨]·킷값만[키깜-/킨깜-]
킹-사이즈 (king-size) 명 물건의 치수가 표준보다 큰 것. 특대(特大).
킹-킹 부 하자 어린아이가 울음 섞인 소리로 자꾸 조르거나 보채는 소리.
킹킹-거리다 자 자꾸 킹킹 소리를 내다. 킹킹대다.
킹킹-대다 자 킹킹거리다.
ᄏᆞ니와 조 〈옛〉 커녕. ¶ 각시님 돌이야 ᄏᆞ니와 구존비나 되쇼셔(鄭澈.續美人曲).
ᄏᆡ다 타 〈옛〉 캐다. ¶ ᄏᆡᆯ 치:採(類合下*46*).

ㅌ [티읃]자모 티읕. ①한글 자모의 열두째. ②자음의 하나. 목젖으로 콧길을 막고 혀끝을 윗잇몸에 대어 숨을 불어 내면서 혀끝을 거세게 터뜨릴 때 나는 안울림소리. 'ㄷ'의 거센소리임. 받침의 경우에는 혀끝을 떼지 않아 'ㄷ'과 같게 됨. * ㅌ이[티으시]·ㅌ을[티으슬]·ㅌ만[티은-]

타 (他)관명 다른 (사람). 딴 (것). ¶ 타 지역. / 이 학생은 타의 모범이 되므로 이 상장을 수여합니다.

타 (舵)명 ☞키3.

타 (打)의 ①'다스'의 한자 표기. ¶ 연필 다섯 타. /양말 한 타. ②골프에서, 타수(打數)의 단위. ¶ 한 타 차로 우승하다.

-타가준 '-하다가'가 줄어든 말. 〔분전타가(분전하다가), 고전타가(고전하다가) 따위.〕

타가 (他家)명 남의 집. 다른 집. ↔자가(自家).

타가^수분 (他家受粉)명 꽃가루가 다른 꽃의 암술머리에 붙는 일. 딴꽃 가루받이. 타화 수분(他花受粉). ↔자가 수분(自家受粉).

타가^수정 (他家受精)명 ①식물에서, 다른 그루에 있는 암술과 수술 사이에 수정이 일어나는 일. 딴꽃 정받이. 타화 수정. ②동물에서, 다른 개체 간에 수정이 일어나는 일. ↔자가 수정.

타:각-부 (打角夫)[-뿌]명 조선 시대에, 중국에 보내는 사신 일행의 모든 행장(行裝)을 챙기고 간수하던 사람.

타:개 (打開)명하타되자 (어떤 일이나 형편이) 얽히거나 막히어 있는 것을 헤치거나 뚫어 냄. ¶ 난국을 타개하는 지도력.

타:개-책 (打開策)명 타개할 만한 방책. ¶ 타개책을 강구하다.

타:거 (拖去)명하타 ☞타과(拖過).

타겟 (target)명 '타깃(target)'의 잘못.

타:격 (打擊)명하타 ①세게 때려 침. ¶ 그 권투 선수는 상대편의 안면에 강한 타격을 가했다. ②손해·손실을 봄. ¶ 이번 홍수로 말미암아 농가의 타격이 크다. ③(어떤 영향 때문에) 기세나 의기가 꺾이는 일. ¶ 시험에 떨어져서 심적 타격을 입다. ④야구에서, 투수가 던지는 공을 타자가 배트로 치는 일. 배팅. 타봉. ¶ 타격이 날카롭다.

타:격-률 (打擊率)[-경뉼]명 ☞타율(打率).

타:격-수 (打擊數)[-쑤]명 ☞타수(打數).

타:격-순 (打擊順)[-쑨]명 ☞타순(打順).

타견 (他見)명 남의 의견이나 견해.

타:결 (妥結)명하타되자 대립하던 여러 편이 타협하여 좋도록 일을 마무름, 또는 그 일. ¶ 타결을 보다. /임금 협상이 타결되다.

타:경 (打驚)명 〔쳐서 놀라게 한다는 뜻으로〕 정신이 번쩍 들도록 일깨움.

타계 (他系)[-계/-게]명 다른 계통.

타계 (他界)[-계/-게]명 ①다른 세계. 저승. ②하자어른이나 귀인(貴人)의 죽음. ¶ 선생이 타계하신 지 꼭 백 년이 되었다. ③불교의 십계(十界) 가운데, 인간계 이외의 세계를 이르는 말. 〔천상계(天上界)·지옥계·아귀계 따위.〕

타계-관 (他界觀)[-계-/-게-]명 인격적 영혼이나 정령(精靈), 또는 신과 같은 존재가 다른 세계에 살고 있다고 보는 관념.

타:고 (打鼓)명하자 북을 두드림(침).

타고-나다타 (복이나 재주·마음 따위를) 본디부터 지니고 태어나다. ¶ 먹을 복을 타고나다.

타-고을 (他-)명 (제 고장이 아닌) 다른 고을. 타관(他官). 타군(他郡).

타-고장 (他-)명 다른 고장. 타곳.

타:곡 (打穀)명하타 ☞탈곡(脫穀).

타-곳 (他-)[-곧]명 ☞타고장. * 타곳이[-고시]·타곳만[-곤-]

타:과 (拖過)명하타 (기한 따위를) 이 핑계 저 핑계로 끌어 나감. 타거(拖去).

타관 (他官)명 ☞타향. 타고을.

타관(을) 타다관용 (타관에서) 쉽게 적응이 안 되어 기를 펴지 못하거나 설움을 느끼다.

타교 (他校)명 다른 학교. 남의 학교. ↔본교.

타:구 (打球)명하자 야구 등에서, 배트로 공을 치는 일, 또는 그 공.

타:구 (打毬)명 지난날의 공치기 운동의 한 가지. 두 패로 갈라서 각각 말을 타고 내달아 구장(毬場)의 한복판에 놓인 홍(紅)·백(白)의 두 공 가운데 자기편의 공을 구장(毬杖)으로 떠서 자기편 구문(毬門)에 집어 넘기는 것으로 승부를 겨루던 운동. 격구.

타:구 (唾具·唾口)명 가래나 침을 뱉도록 마련한 그릇. 타담호(唾痰壺). 타호(唾壺).

타:구 (楕球)명 타원형으로 생긴 공.

타국 (他國)명 (제 나라가 아닌) 다른 나라. 외국. 외방(外邦). 이경(異境). 이방(異邦). 비수방(殊邦).

타국-인 (他國人)명 남의 나라 사람. 외국인.

타군 (他郡)명 ①☞타고을. ②다른 군(郡).

타:기 (舵機)명 ①배의 키. ②☞조타기(操舵機).

타:기 (唾棄)명하타되자 (업신여기거나 더럽게 생각하여) 침을 뱉듯이 버리고 돌아보지 않음. ¶ 타기를 당하다.

타:기 (惰氣)명 게으른 마음이나 기분. 게으름. ¶ 타기가 나다.

타:기-술중 (墮其術中)[-쭝]명하자 남의 간악한 꾀에 빠짐.

타:깃 (target)명 ①(사격·궁도 등의) 과녁. 표적. ②(어떤 일이나 공격·비난 등의) 대상이나 목표. ③물리학에서, 전자류나 이온류 따위를 쬐는 전극을 이름. ④컴퓨터에서, 장치를 보조·수정하기 위하여 사용되는 지표(指標) 카드나 테스트용 인자(印字) 기록을 이름.

타끈-스럽다 [-따][~스러우니·~스러워]형ㅂ 타끈한 태도가 있다. ¶ 그 타끈스러운 친구가 의연금이라니 웬일이지? **타끈스레**부.

타끈-하다형여 아니꼽게 인색하고 욕심이 많다. **타끈-히**부.

타날빈 (Tannalbin 독)명 지사제(止瀉劑)의 한 가지. 단백(蛋白)과 타닌산을 결합시킨 황색의 가루약.

타념 (他念)명 (어떤 생각과) 다른 생각.

타:농 (惰農)명 게으른 농부. ↔정농(精農).

타닌 (tannin)명 ☞타닌산.

타닌-산 (tannin酸)명 나무껍질이나 가지·뿌리·열매 같은 데 들어 있는 떫은 성분을 뽑아내어 얻는 물질. 잉크나 염료 따위의 원료가 되며, 가죽의 무두질 따위에 쓰임. 타닌.

타닌산-키니네(tannin酸kinine)명 맛이 쓰고 떫은 황백색의 가루약. 해열제나 머릿기름 따위를 만드는 데 쓰임.

타다[1]자 ①불이 붙어 벌겋게 되거나 불길이 오르다. ¶ 장작이 타다. /초가 타다. ②몹시 눋다. ¶ 장판이 타다. ③살갗이 햇볕에 그을다. ¶ 일광욕으로 온몸이 고루 탔다. ④물기가 없어 바싹 마르다. ¶ 입술이 타다. /가뭄으로 논바닥이 타다. ⑤몹시 애가 쓰이거나 걱정이 되어 조바심이 나고 답답하다. ¶ 속이 타다.

타는 불에 부채질한다속담 화가 나 있는 사람에게 더욱 부아를 돋우는 말이나 행동을 할 때, 또는 남의 재난에 돕기는커녕 오히려 해코지할 때 이르는 말.

타다[2] Ⅰ자타 (탈것에 몸을) 싣다. ¶ 비행기에 타다. /버스를 타고 통학하다.

Ⅱ타 ①(발붙이기 어려운 곳을) 오르거나 지나가다. ¶ 나무를 타다. ②(산등성이를) 밟아 지나가거나 오르내리다. ¶ 주말마다 산을 타다. ③(썰매나 스케이트로) 미끄러져 달리다. ¶ 썰매를 타다. ④(그네나 올라앉아 놀게 된 놀이 시설 따위에) 올라, 앞뒤로 흔들거나 돌거나 오르내리며 놀다. ¶ 그네를 타다. /시소를 타다. ⑤(바람·연기·소리 따위에) 실리어 퍼지다. ¶ 바람을 타고 들려오는 피리 소리.

타다[3] Ⅰ자타 먼지나 때 따위가 쉽게 달라붙는 성질을 가지다. ¶ 때가 타다. /이 옷은 때를 잘 탄다.

Ⅱ타 ①(어떤 기운이나 자극 따위의 영향을) 별나게 잘 받거나 느끼다. ¶ 옻을 타다. /부끄러움을 타다. ②(시절이나 기후·부정 따위의) 독특한 기운이나 영향을 받아 상태가 나빠지거나 해를 받다. ¶ 봄을 타다. /더위(추위)를 타다. /부정을 타다.

타다[4]타 (많은 양의 액체에다 적은 양의 액체나 가루 따위를) 섞다. ¶ 커피에 설탕을 타다.

타다[5]타 ①(예산·재산·용돈·배급·봉급 또는 상이나 상금 따위로, 어떤 몫으로 정하여 주는 돈이나 물건을) 받다. ¶ 상여금을 타다. /어머니한테서 용돈을 타다. ②타고나다. ¶ 복을 탄 사람.

타다[6]타 ①(어떤 조건이나 때·틈 따위를) 잘 살피어 얻거나 이용하다. ¶ 야음(夜陰)을 타서 기습하다. /틈을 타서 찾아가다. ②(운명적으로 알맞은 때를) 만나다. ¶ 시운(時運)을 탄 영웅.

타다[7]타 ①줄이나 골이 지게 양쪽으로 갈라 붙이다. ¶ 가르마를 타다. /고랑을 타다. ②두 쪽이 나도록 쪼개거나 가르다. ¶ 박을 타다. ③(콩이나 팥 따위를 맷돌에 갈아) 잘게 부스러뜨리거나 쪼개다. ¶ 맷돌에 팥을 타다.

타다[8]타 ①(가야금·거문고 따위의 줄을) 튀기어 소리를 내다. 켜다[2]. ¶ 가야금을 타다. ②(솜 따위를) 활줄로 튀기어 퍼지게 하다. ¶ 솜을 타다.

타닥-거리다[-꺼-]자타 자꾸 타닥타닥하다. 타닥대다. ¶ 마른 솔가리가 타닥거리며 세차게 타다. 큰터덕거리다.

타닥-대다[-때-]자타 타닥거리다.

타닥-타닥부 ①하자좀 지치거나 나른하여 힘없이 발을 떼어 놓는 모양, 또는 그 소리. ¶ 타닥타닥 고갯길을 오르다. ②하타가볍게 두드리는 모양, 또는 그 소리. ¶ 옷의 먼지를 타닥타닥 털어 내다. /온종일 컴퓨터 자판만 타닥타닥 두드리다. 큰터덕터덕.

타달-거리다자타 자꾸 타달타달하다. 타달대다. ¶ 신발 뒤축이 떨어져 타달거린다. 큰터덜거리다.

타달-대다자타 타달거리다. ¶ 타달대는 신발을 끌며 마을로 들어섰다.

타달-타달부 ①하자좀 지친 몸을 이끌고 날짱거리며 걷는 모양, 또는 그 소리. ②하자빈 수레 따위가 울퉁불퉁한 길 위를 지나가는 모양, 또는 그 소리. ③하자타깨어진 질그릇 따위를 끌어당기거나 두드릴 때 잇달아 가볍게 나는 소리. 큰터덜터덜.

타ː담-호(唾痰壺)명 ☞타구(唾具).

타당(妥當) '타당하다'의 어근.

타ː당-성(妥當性)[-썽]명 ①타당한 성질. ¶ 타당성을 검토하다. ②철학에서, 인식상 합당한 판단의 가치.

타ː당-하다(妥當-)형여 사리에 마땅하고 온당하다.

타도(他道)명 (당사자가 살고 있지 않거나 관계가 없는 행정 구역상의) 다른 도. 딴 도. ¶ 타도에서 전입한 주민.

타ː도(打倒)명하타되자 (어떤 대상이나 세력을) ①때리어 거꾸러뜨림. ②쳐서 부수어 버림. ¶ 독재 정권을 타도하다.

타도-타관(他道他官)명 다른 도와 다른 고을.

타동(他洞)명 딴 동네.

타동(他動)명 〈타동사〉의 준말. ↔자동.

타동^면ː역(他動免疫)명 다른 생물체 속에서 만들어진 기성(旣成)의 항체를 제 몸에 받아들여 얻는 면역 형태. 수동 면역. ↔자동 면역(自動免疫).

타-동사(他動詞)명 동사의 한 갈래. 그 자체만으로는 움직임을 나타낼 수 없고, 움직임의 대상인 목적어가 있어야 뜻을 이루는 단어. 〔'눈물을 흘리다.', '달빛이 얼굴을 비추다.'에서 '흘리다', '비추다' 따위.〕 남움직씨. 준타동. ↔자동사.

타드랑부하자타 쇠붙이나 사기로 된 목직한 그릇 따위가 바닥에 떨어질 때 울리어 나는 소리. 큰터드렁. **타드랑-타드랑**부하자타.

타드랑-거리다자타 자꾸 타드랑타드랑하다. 타드랑대다. 큰터드렁거리다.

타드랑-대다자타 타드랑거리다.

타ː락(駝酪·酡酪)명 우유.

타ː락(墮落)명하자 ①올바른 길에서 벗어나 잘못된 길로 빠짐. ②기독교에서, 죄를 범하여 불신의 생활에 빠짐을 이름. ③불교에서, 수도자가 속심(俗心)으로 떨어짐을 이름.

타ː락-병(駝酪餠)[-뼝]명 떡의 한 가지. 우유·꿀·밀가루 등을 반죽하여 얇고 동글납작한 조각을 만들고, 떡살로 무늬를 찍어 화로 위에 얹어 익힌 떡.

타락-줄[-쭐]명 사람의 머리털로 꼬아 만든 줄. 몹시 질기고 오래 견딤. 본터럭줄.

타란텔라(tarantella 이)명 3박자나 6박자 계통의 빠른 이탈리아 춤곡, 또는 그 곡에 맞추어 추는 춤.

타랑부하자타 깨어진 쇠 그릇 따위가 무엇에 가볍게 부딪칠 때 울리어 나는 소리. 큰터렁. **타랑-타랑**부하자타.

타랑-거리다자타 자꾸 타랑타랑하다. 타랑대다. ¶ 가방 속의 도시락을 타랑거리면서 아이가 뛰어 들어왔다. 큰터렁거리다.

타랑-대다자타 타랑거리다.

타래명 ①실이나 끈 따위를 사려 놓은 뭉치. ②〖의존 명사적 용법〗 실이나 끈 따위를 사려 놓은 뭉치를 세는 단위. ¶ 실 여섯 타래를 열 토리로 나누어 감다. 비테[2].

타래-과(-菓·-果)명 유밀과의 한 가지. 밀가루를 반죽하여 얇게 밀어 긴 네모꼴로 썬 다음, 가운데에 세로로 칼집을 내고 한 끝을 넣어 뒤집어서 끓는 기름에 띄워 지진 다음 꿀이나 조청을 바르고 잣가루를 얹음.

타래-난초(-蘭草)명 난초과의 다년초. 줄기 높이 10~40 cm가량. 잎은 좁고 길며 옅은 녹색임. 뿌리는 방추형으로 3~4개이며, 6~8월에 줄기 끝에 수상 화서로 분홍색 꽃이 핌. 우리나라와 일본에 분포함.

타래-박명 물을 푸는 기구의 한 가지. 나무와 대로 긴 자루를 만들고 그 한쪽 끝에 큰 바가지를 달아 맴. ㊥두레박.

타래-버선명 (돌 전후의 어린아이가 신는) 양볼에 수를 놓고 코에 색실로 예쁜 술을 단 누비 버선.

타래-송곳[-곧]명 ①용수철 모양으로 생긴 송곳. 병의 마개뽑이로 쓰임. ②중심 기둥이 배배 틀리고 끝이 날카로운 송곳. 둥근 구멍을 뚫는 데 쓰임. *타래송곳이[-고시]·타래송곳만[-곤-]

타래-쇠[-쇠/-쉐]명 (작은 문고리 따위를 벗겨지지 않게 꿰어 거는) 태엽같이 둥글게 서린 가는 쇠고리.

타래-실명 타래로 된 실 뭉치.

타래-엿[-엳]명 타래처럼 꼬아 놓은 엿. *타래엿이[-여시]·타래엿만[-연-]

타래-타래부하형 (노끈이나 실 따위가) 여러 타래로 동글게 뱅뱅 틀어진 모양. ¶ 타래타래 사려 놓은 털실. ㊕트레트레.

타려(他慮)명 다른 염려.

타력(他力)명 ①다른 힘. 남의 힘. ¶ 타력에 의존하다. ↔자력(自力). ②불교에서, 자기의 힘이 아닌 부처나 보살의 힘, 특히 아미타불의 본원(本願)의 힘을 이르는 말.

타ː력(打力)명 야구에서, 타자가 투수의 공을 때리는 힘이나 능력. ¶ 타력을 보강하다. /타력이 우세하다.

타ː력(惰力)명 ①타성의 힘. ②습관의 힘. ③물리학에서, 관성(慣性)을 일으키는 힘.

타력-교(他力敎)[-꾜]명 불교에서, 아미타불의 타력에 의하여 극락왕생을 구하는 교문(敎門)을 이르는 말. 〔정토교 따위.〕 타력종. 참자력교(自力敎).

타력-종(他力宗)[-쫑]명 ☞타력교. 참자력종(自力宗).

타ː령명 ①조선 시대 음악 곡조의 한 가지, 또는 그 곡조로 된 악곡. ②광대의 판소리나 잡가를 통틀어 이르는 말. ③하자(어떤 사물이나 욕구에 관하여) 자꾸 이야기하거나 뇌까리는 일. ¶ 옷 타령. /모이기만 하면 먹는 타령이다. 〔한자를 빌려 '打令'으로 적기도 함.〕

타령(他領)명 남의 영토. 다른 영역.

타ː루(墮淚)명하자되자 ☞낙루(落淚).

타류(他流)명 ①다른 방식. ②(무예나 예술 따위에서) 다른 유파(流派).

타륜(舵輪)명 배의 키를 조종하는 손잡이가 달린 바퀴 모양의 장치.

타르(tar)명 목재나 석탄 따위를 건류(乾溜)하여 얻는 갈색 내지 흑색의 짙은 점액. 목(木)타르·콜타르 등이 있으며, 콜타르는 주로 도로 포장에 쓰임.

타르^머캐덤^도로(tar macadam道路)명 잘게 부순 돌을 깔고 그 위에 타르를 뿌리거나 흘린 다음 롤러로 굳게 다진 포장도로.

타르타로스(Tartaros)명 〔그리스 신화에 나오는 신의 이름에서〕 땅 밑에 있다는 암흑계, 또는 지옥을 의미함.

타르^페이스트(tar paste)명 타르의 환원성(還元性)을 이용하여 만든 고약. 옴·버짐·습진 따위의 피부병에 효력이 있음.

타마-유(-油)명 '콜타르'를 달리 이르는 말.

타ː말-성(唾沫星)명 (잿물에 잔 물거품이 있어) 구슬이 부스러진 것과 같은 무늬가 있는 자기(瓷器).

타ː망(打網)명 ☞챙이.

타ː매(唾罵)명하타 〔침을 뱉으며 꾸짖는다는 뜻으로〕 아주 더럽게 여기며 욕함.

타ː맥(打麥)명하자 보리타작.

타ː면(打綿)명하자 ☞탄면(彈綿).

타ː면(唾面)명하자 (언행이 더럽다고) 얼굴에 침을 뱉고 모욕을 줌.

타ː면(惰眠)명하자 ①게으름을 피움. ②게으름을 피우며 잠만 잠.

타ː면-기(打綿機)명 솜틀.

타ː목명 쉬고 째지고 탁한 목소리. ¶ 타목으로 애타게 외쳐 대는 후보자들의 연설.

타문(他門)명 남의 집안이나 문중.

타문(他聞)명하자 남이 들음. 남의 귀에 들어감.

타-물권(他物權)[-꿘]명 남의 물건 위에 성립하는 물권. 〔지상권·지역권·질권(質權) 따위.〕

타-민족(他民族)명 다른 민족.

타ː박명하타 (잘못이나 결함 따위를) 나무라거나 탓함. ¶ 타박을 받다. /타박을 주다. /하는 일마다 타박이다.

타ː박(打撲)명하타 (사람이나 동물 따위를) 패거나 때림.

타박-거리다[-꺼-]자 자꾸 타박타박하다. 타박대다. ㊕터벅거리다.

타박-대다[-때-]자 타박거리다.

타ː박-상(打撲傷)[-쌍]명 둔기나 주먹 따위로 맞거나 충돌·추락 등으로 부딪쳐서 난 상처. ¶ 머리에 심한 타박상을 입다.

타박-타박부하자 지친 다리로 힘없는 발걸음을 천천히 떼어 놓는 모양. ¶ 소년은 지친 걸음으로 타박타박 걸어갔다. ㊕터벅터벅.

타박타박-하다[-바카-]형여 (가루음식 따위가) 진기나 물기가 없어 씹기에 좀 빡빡하다. ¶ 찐 감자가 타박타박하다. ㊕터벅터벅하다.

타방(他方)명 ①〈타방면〉의 준말. ②〈타지방〉의 준말. ¶ 타방 사람.

타-방면(他方面)명 다른 방면. ㊟타방(他方).

타ː배(駝背)명 ①낙타의 등. ②☞곱사등이.

타ː백(拖白)명하타 ☞예백(曳白).

타ː법(打法)[-뻡]명 일정한 도구나 손을 사용하여 다른 물체를 치는 방법.

타ː보(打報)명하타 ☞타전(打電).

타ː봉(打棒)명 야구에서, 배트로 공을 치는 일, 또는 그 배트. 타격.

타분-하다형여 음식의 냄새나 맛이 신선하지 못하다. ¶ 찌개 맛이 좀 타분하다. ㊕터분하다.

타불라^라사(tabula rasa 라)명 〔'백지(白紙)'란 뜻으로〕 '일체의 경험이 없는 인간 본래의 정신 상태'를 일컬음. 〔라이프니츠가 존 로크의 경험론을 비판하면서 사용한 말.〕

타블로이드(tabloid)명 〈타블로이드판〉의 준말.

타블로이드-판(tabloid版)명 (신문·잡지 따위의 규격에서) 보통 신문지의 2분의 1 크기의 판. ㊟타블로이드.

타빈(惰貧) '타빈하다'의 어근.

타ː빈-하다(惰貧-)형여 게을러서 가난하다.
타사(他事)명 다른 일. 또는, 남의 일.
타사(他社)명 다른 회사. 또는, 남의 회사. 반자사(自社).
타산(他山)명 다른 산. 또는, 남의 산.
타ː산(打算)명하타 이해관계를 따져 셈쳐 봄, 또는 그 셈속. ¶ 수지 타산을 맞추다.
타ː산-적(打算的)관명 이해관계를 따져 셈쳐 보는 (것). ¶ 타산적 성격. /그는 지나치게 타산적이다.
타산지석(他山之石)명 〔다른 산의 돌이라도 자기의 옥(玉)을 가는 데 도움이 된다는 뜻으로〕 다른 사람의 하찮은 언행도 자기의 지덕(智德)을 닦는 데 도움이 된다는 말. '시경(詩經)'의 '소아(小雅)'에 나오는 말임.
타살(他殺)명하타되자 남이 죽임, 또는 그 죽음. ↔자살.
타ː살(打殺)명하타되자 (주로 사람을) 때려서 죽임. 구살(毆殺). 박살(撲殺).
타ː상(妥商)명하타 ☞타의(妥議).
타상하설(他尙何說)명 〔다른 것은 말하여 무엇하랴의 뜻으로〕 한 가지 일을 보면 다른 일은 보지 않아도 헤아릴 수 있다는 말.
타색(他色)명 ①다른 빛. 다른 색. ②조선 시대에, 사색당파 중 '자파(自派) 이외의 다른 색목'을 이르던 말.
타생(他生)명 〔불교에서〕 ①하자자체의 원인이 아니라 다른 원인으로 생기어 남. ②금생(今生)이 아닌 전세와 후세의 삶.
타ː석(打席)명 〔야구에서〕 ①타자가 투수의 공을 치기 위하여 서는 장소. ②〈타석수(打席數)〉의 준말.
타ː석(唾石)명 침샘 또는 그 타액관 속에 생긴 결석(結石). 침의 움직임을 방해하며 침샘에 염증을 일으키기도 함.
타ː-석기(打石器)[-끼]명 〈타제 석기〉의 준말. 참마석기(磨石器).
타ː석-수(打席數)[-쑤]명 야구에서, 타자가 타석에 선 횟수. 준타석(打席).
타ː선(打線)명 야구에서, 타력의 면에서 본 타자의 진용. ¶ 막강한 타선.
타ː선(唾腺)명 〈타액선〉의 준말.
타성(他姓)명 다른 성씨. 이성(異姓).
타ː성(惰性)명 ①(어떤 동작이나 경험으로) 굳어진 버릇. ¶ 타성에 젖다. ②☞관성(慣性).
타성-바지(他姓-)명 자기와 성이 다른 사람. 참각성바지.
타ː성-적(惰性的)관명 타성처럼 되는 (것). ¶ 타성적 태도. /타성적이고 무비판적인 세계관.
타세(他世)명 불교에서 이르는 '내세(來世)'.
타ː쇄(打碎)명하타 때려서 부수거나 깨뜨림.
타ː수(打手)명 ☞타자(打者).
타ː수(打數)명 ①야구에서, 실제로 타자로 나선 횟수에서 사구(四球)·사구(死球)·희생타 및 타격 방해 등에 의한 출루(出壘)의 횟수를 뺀 수. 타격수. ②골프에서, 공을 정해진 홀에 넣기까지 골프채로 친 수.
타수(舵手)명 선박에서, 키 잡는 일을 맡아보는 선원. 키잡이.
타ː수(唾手)명하자 〔손에 침을 뱉는다는 뜻으로〕 '힘을 내어 일을 시작함'을 비유하여 이르는 말. ¶ 타수 분발하다.
타ː수-가득(唾手可得)명 쉽사리 일이 이루어질 것을 기약할 수 있음. ¶ 그 일만 해결되면 나머지는 타수가득이지.
타ː순(打順)명 야구에서, 타격하는 타자의 순서. 타격순. ¶ 타순을 정하다.
타시(他時)명 다른 때.
타심(他心)명 (정하거나 약속한 대로 하지 않으려는) 음험한 마음. 딴마음. ¶ 타심을 품다.
타아(他我)명 개인 의식의 통일체로서의 자아(自我)에 대하여, 사람마다 가지고 있는 타인의 아(我). ↔자아(自我).
타ː-악기(打樂器)[-끼]명 (음은 없고, 주로 장단이나 리듬을 맞추거나 즐기기 위해) 손이나 채로 두드리거나 서로 부딪쳐서 소리 내는 악기를 통틀어 이르는 말. 〔북·징·탬버린 따위〕
타안(妥安) '타안하다'의 어근.
타ː안-하다(妥安-)형여 평안하다. 안온하다.
타애(他愛)명 ①하자남을 사랑함. 애타. ②자기를 희생하여 남의 이익과 행복을 꾀하는 일. ②이타(利他).
타애-주의(他愛主義)[-의/-이]명 ☞애타주의.
타ː액(唾液)명 침.
타ː액-선(唾液腺)[-썬]명 ☞침샘. 준타선.
타ː약(惰弱)명하형 ☞나약.
타어(鮀魚)명 ☞모래무지.
타언(他言)명하타 ①(쓸데없는) 딴소리. ②남에게 하는 말.
타-오르다[~오르니·~올라]자르 ①불이 붙어 타기 시작하다. ¶ 불길이 타오르다. ②마음이 달아오르다. ¶ 타오르는 정염(情炎).
타ː옥(墮獄)명하자 불교에서, 금생(今生)의 악업으로 말미암아 죽어서 지옥으로 떨어짐.
타용(他用)명하타 다른 용도에 씀.
타울-거리다자 자꾸 타울타울하다. 타울대다. 큰터울거리다.
타울-대다자 타울거리다.
타울-타울부하자 목적한 바를 이루려고 바득바득 애를 쓰는 모양. ¶ 그토록 타울타울하더니 기어코 해냈구나. 큰터울터울.
타워(tower)명 탑처럼 높게 세운 건축물.
타ː원(楕圓)명 ①길쭉하게 둥근 원. ②수학에서, 평면 위의 두 정점으로부터의 거리의 합이 일정한 점을 이루는 자취.
타ː원-구(楕圓球)명 그 중심을 지나는 평면에 의하여 잘린 평면이 타원이 되는 입체.
타ː원-면(楕圓面)명 타원체를 이루는 곡면(曲面). 타원체면.
타ː원^운ː동(楕圓運動)명 (천체 따위가) 타원형의 궤도를 따라 움직이는 운동.
타ː원-율(楕圓率)[-뉼]명 타원의 이심률(離心率). 준타율(楕率).
타ː원-체(楕圓體)명 타원면으로 둘러싸인 입체.
타ː원체-면(楕圓體面)명 ☞타원면.
타ː원-형(楕圓形)명 타원으로 된 도형. 길둥근 모양.
타월(towel)명 ①피륙 바닥에 무늬·줄 따위를 넣어 보풀보풀하게 짠 수건. ②수건. 참털수건.
타월을 던지다관용 권투에서 선수가 경기를 계속하기 힘들 때 그 선수의 매니저가 티케이오를 신청하다.
타율(他律)명 ①다른 규율. ②(자기의 의지가 아닌) 남의 명령이나 구속에 따라 행동하는 일. ②↔자율.
타ː율(打率)명 야구에서, 타수에 대한 안타수의 비율. 타격률. ¶ 3할 2푼의 타율.
타ː율(楕率)명 〈타원율(楕圓率)〉의 준말.
타율-적(他律的)[-쩍]관명 남의 명령이나 구속에 따라 행동하는 (것). ¶ 타율적인 회원 가입.

타의(他意)[-의/-이]명 ①다른 생각. 딴마음. 별의(別意). ¶ 타의는 없다. ②다른 사람의 뜻. ¶ 타의에 의해서 물러나다. ②↔자의(自意).

타ː의(妥議)[-의/-이]명하타되자 서로 타협적으로 의논함. 타상(妥商).

타이(tie)명 ①〈넥타이〉의 준말. ②운동 경기에서, '동점·동률'을 이르는 말. ¶ 5:5로 타이를 이루다. ③붙임줄.

타이가(taiga 러)명 (북부 유럽, 시베리아 중부, 캐나다 등지의 아한대 지역에 분포하는) 침엽수로 이루어진 삼림 지대.

타이곤(tigon)명 호랑이의 수컷과 사자의 암컷과의 교배 잡종. 호랑이와 비슷한 무늬가 있고, 수컷은 사자와 같은 갈기가 있음. 〔'tiger'와 'lion'을 합쳐서 줄인 말.〕 참라이거(liger).

타이-기록(tie記錄)명 운동 경기에서, 이제까지의 기록과 동등한 기록. ¶ 올림픽 타이기록. 참타이스코어.

타이드^론ː(tied loan)명 차관(借款)을 주는 쪽에서 미리 그 용도를 지정하고 그 운용을 감독하는 형태의 융자.

타-이르다[~이르니·~일러]타르 ①깨닫도록 사리를 밝혀 말해 주다. ¶ 잘 달래고 타일러서 오해를 풀고 화해를 하도록 하여라. ②잘하도록 가르치다. ¶ 좀 더 성실하게 살 수 있도록 그를 타이르다.

타이머(timer)명 ①(운동 경기에서) 시간을 재는 사람, 또는 그런 기계. ②☞타임 스위치.

타이밍(timing)명 효과적인 결과를 얻기 위하여 하는 시간적인 선택. ¶ 타이밍을 맞추다. /타이밍이 잘 맞아야 홈런이 된다.

타이^브레이크(tie break)명 테니스에서, 듀스가 이어져 경기가 너무 길어지는 것을 막기 위해, 게임 스코어가 6대 6(또는 8대 8) 동점이 될 때 먼저 7점(또는 9점)을 따 내는 쪽이 승자가 되는 규칙.

타이-스코어(tie score)명 운동 경기에서, 득점이 같은 일. 동점. 참타이기록.

타이어(tire)명 ①(자전거나 자동차·비행기 따위의) 차바퀴 바깥 둘레에 끼우는 고무로 만든 테. 충격을 덜기 위해 공기를 넣음. ②철도 차량의 바퀴에 끼우는 강철로 만든 테.

타이츠(tights)명 허리 부분에서 다리까지 착 달라붙는 스타킹 모양의 긴 바지. 서커스·발레·체조 등을 할 때 입으며, 웃옷과 이어진 것도 있음.

타이탄(Titan)명 그리스 신화에 나오는 거인족.

타이트-스커ː트(tight skirt)명 스커트의 한 가지. 주름이 없고 몸의 모양에 맞추어 꼭 끼이게 만든 스커트.

타이트-하다(tight-)형여 ①몸에 꼭 끼어 딱 맞다. ¶ 바지가 너무 타이트하다. ②여유가 없이 지나치게 빠듯하다. ¶ 타이트한 일정.

타이틀(title)명 ①'제목'·'표제'로 순화. ②직함. ③선수권. ④영화나 텔레비전 드라마 따위에서, 제목이나 스태프를 소개하는 자막.

타이틀^매치(title match)명 스포츠의 개인 경기에서, 선수권을 걸고 벌이는 경기. 타이틀전. ¶ 미들급 타이틀 매치. ↔논타이틀 매치.

타이틀^뮤직(title music)명 (영화나 텔레비전에서) 타이틀백과 함께 나오는 음악.

타이틀-백(title+back)명 (영화나 텔레비전에서) 제목·배역·스태프 등 자막의 배경이 되는 화면.

타이틀-전(title戰)명 타이틀 매치.

타이포그래피(typography)명 ①활판으로 하는 인쇄술. ②편집 디자인에서, 활자의 글씨체나 글자 배치 따위를 구성하고 표현하는 일.

타이프(type)명 ①활자(活字). ②〈타이프라이터〉의 준말.

타이프라이터(typewriter)명 타자기. 준타이프.

타이피스트(typist)명 타자수(打字手).

타이핑(typing)명하타 타자기나 문서 작성 도구로 글자를 침. ¶ 기사를 타이핑하다.

타익^신ː탁(他益信託)[-씬-]명 위탁자 자신이 수익자(受益者)가 아니고 제삼자를 수익자로 설정한 신탁. ↔자익 신탁.

타인(他人)명 다른 사람. 남. ¶ 타인의 명의(名義)로 된 재산.

타ː인(打印)명하자 ☞답인(踏印).

타인-소시(他人所視)명 남이 보고 있어서 숨길 수 없음.

타인^자본(他人資本)명 기업이 출자자(出資者) 이외의 제삼자로부터 끌어들인 자본. 〔차입금·사채(社債) 따위.〕 ↔자기 자본.

타일(他日)명 다른 날. 이일(異日).

타일(tile)명 벽이나 바닥 따위에 붙이는, 점토(粘土)를 구워 만든 작고 얇은 판.

타임(time)명 〔'시간'이라는 뜻에서〕 ①(운동 경기의) 소요 시간. ②야구 경기 따위에서, 심판원에 의하여 경기 도중 일시 경기를 중단하는 일. ③〈타임아웃〉의 준말. ¶ 타임을 걸다. /작전 타임을 요구하다. ④〈타임업〉의 준말. ¶ 주심이 타임을 알리는 휘슬을 불다. ⑤음악에서, 박자나 속도·음표의 장단.

타임-리코ː더(time recorder)명 시간기록계. 기시기(記時器).

타임-머신ː(time machine)명 과거와 미래로 시간 여행을 하게 한다는 공상적 기계. 〔영국의 소설가 웰스(H.G.Wells)가 지은 동명(同名)의 공상 과학 소설에서 온 이름임.〕

타임-스위치(time switch)명 (라디오·텔레비전 따위의 전기 기구에서) 원하는 시각에 스위치가 자동적으로 켜졌다 꺼졌다 하게 된 장치. 타이머.

타임-스탬프(time stamp)명 문서나 전표 따위에 자동으로 시간을 찍는 기록 장치. 출퇴근 카드 또는 공정 관리나 문서·물품의 발송과 접수 및 텔레타이프의 송신 시간 기록 등에 쓰임.

타임아웃(time-out)명 농구 등과 같이 경기 시간이 제한되어 있는 경기에서, 경기 도중 선수의 교체·휴식·협의를 위하여 심판 또는 경기 중인 어느 한편이 요구하는, 경기 시간 외의 짧은 시간. 준타임(time).

타임업(←time's up)명 운동 경기의 규정 경기 시간이 끝남. 준타임(time).

타임-캡슐(time capsule)명 한 시대의 인간 존재의 증거를 남기기 위하여, 그 시대의 갖가지 기록과 산물(產物)을 넣어 땅속에 묻는 용기(容器).

타입(type)명 ①틀〔型〕. 양식. 유형. ②전형(典型). 대표적인 것. ¶ 학자 타입.

타ː자(打字)명하자타되자 타자기·컴퓨터 따위의 글쇠를 눌러 글자를 찍음, 또는 그 일.

타ː자(打者)명 야구에서, 상대편 투수의 공을 치는 공격진의 선수. 타수.

타ː자-기(打字機)명 자모(字母)와 부호·숫자 따위의 활자가 딸린 글쇠를 눌러서 종이 위에 글자를 찍는 기계. 타이프라이터. 참인자기(印字機).

타:자-수(打字手)명 타자하는 일을 직업으로 하는 사람. 타이피스트.
타:작(打作)명 ①하타 곡식의 이삭을 떨어서 그 알을 거두는 일. 마당질. 바심[2]. ②지주와 소작인이, 거둔 곡식을 어떤 비율로 나누어 가지는 소작 제도(小作制度).
타:작-꾼(打作-)명 타작하는 일꾼.
타:작-마당(打作-)[-장-]명 타작하는 마당.
타:전(打電)명하자타되자 무전이나 전보를 침. 타보(打報). ¶ 현지 상황을 본사에 타전하다. ↔입전(入電).
타:점(打點)[1]명 ①하자타(붓이나 펜 따위로) 점을 찍음. ②하타 마음속으로 지정함.
타:점(打點)[2][-쩜]명 야구에서, 타자가 안타 등으로 자기편에 득점하게 한 점수. ¶ 타점을 올리다.
타:정(妥定)명하타 온당한 작정, 또는 온당하게 작정함.
타:제(打製)명하타 두드려 쳐서 만듦, 또는 그렇게 만든 물건.
타:제^석기(打製石器)[-끼]명 ☞뗀석기. 준타석기.
타:조(駝鳥)명 타조과의 새. 키는 2~2.5 m, 몸무게 136 kg가량으로 현생(現生) 조류 가운데 가장 큼. 머리는 작고 눈이 크며, 다리와 목이 길고 발가락은 두 개임. 날개는 퇴화하여 날지 못하지만, 시속 90 km로 달릴 수 있음. 수컷은 흑색, 암컷은 회갈색임. 사막이나 황무지에 살며, 모래 속에 알을 낳아 뜨거운 모래의 온도로 부화함.
타:조-법(打租法)[-뻡]명 조선 시대에, 지주와 소작인이 수확량을 일정 비율로 나누던 소작 제도. 주로 반씩 나누었음.
타:졸(惰卒)명 게으른 병졸.
타종(他宗)명 불교에서, 다른 종파나 종지(宗旨)를 이르는 말.
타종(他種)명 다른 종류.
타:종(打鐘)명하자 종을 침.
타:종-신호(打鐘信號)명 종을 쳐서 하는 신호.
타:죄(墮罪)[-죄/-줴]명하자 죄에 빠짐. 죄인이 됨.
타주^점유(他主占有)명 소유할 의사 없이 특정한 관계에서 물건을 점유하는 일. 〔지상권자(地上權者)·저당권자·대차인·운송인 등의 점유 따위.〕 ↔자주 점유.
타지(他地)명 ①☞타향. ②〈타지방〉의 준말. ¶ 타지에서 온 사람.
타지(他紙)명 다른 신문.
타지(他誌)명 ①다른 잡지. ②다른 사기(史記).
타지다자 (옷 따위의 꿰맨 자리가) 갈라지다. ¶ 옷의 솔기가 타지다. 큰터지다[1].
타-지방(他地方)명 다른 지방. 딴 곳. ¶ 타지방 사람. 준타방(他方)·타지(他地).
타:진(打診)명하타되자 ①타진기나 손가락 끝으로 가슴·등·관절 등을 두드려서, 그 소리로 진찰함. ②(남의 의사를 알기 위하여) 미리 떠봄. ¶ 그의 심중을 타진하다.
타:진(打盡)명하타되자 모조리 잡음. ¶ 범죄 조직을 모조리 타진하다.
타:진-기(打診器)명 타진하는 데 쓰는 의료 기구. 〔타진판·타진추 따위.〕
타:진-추(打診槌)명 타진하는 데 쓰는, 쇠붙이로 된 작은 마치. 끝에 경질(硬質)의 고무를 달았음.
타:진-판(打診板)명 타진하는 데 쓰는, 쇠붙이나 상아(象牙)로 만든 작고 납작한 판.
타:짜명 〈타짜꾼〉의 준말.
타:짜-꾼명 노름판에서 속임수를 잘 부리는 사람. 준타짜.
타책(他策)명 다른 계책이나 수단.
타처(他處)명 다른 곳. 딴 곳.
타:척(打擲)명하타 후려침.
타천(他薦)명하타 (자기를) 남이 천거(薦擧)함. ↔자천(自薦).
타:첩(妥帖·妥貼)명하타되자 별 탈 없이 일을 순조롭게 끝냄.
타:출(打出)명하타 (철판을 모형에 대고) 두드려서 모형과 같은 물형(物形)이 나타나도록 함, 또는 그렇게 만드는 일.
타태(惰怠) '타태하다'의 어근.
타:태(墮胎)명하타 ☞낙태. 유산(流產).
타:태-하다(惰怠-)형여 게으르고 느리다.
타토(他土)명 ①다른 토지. 딴 흙. ②불교에서, 이 세상 이외의 다른 땅이나 다른 세상을 이르는 말.
타:파(打破)명하타되자 (비합리적인 규율이나 관습 따위를) 깨뜨려 버림. ¶ 미신 타파. /악습을 타파하다.
타:판(妥辦)명하타 사리에 맞게 판별하여 밝힘, 또는 그 판별.
타:포-기(打布機)명 (무명이나 삼베 따위의) 옷감의 바탕을 부드럽게 하고 눈을 고르게 하여 광택을 내는, 끝손질에 쓰이는 직물(織物) 기계.
타:합(打合)명하타되자 ☞타협(妥協).
타향(他鄕)명 (자기 고향이 아닌) 다른 고장. 객향(客鄕). 타관. 타지. 비객지.
타향-살이(他鄕-)명하자 타향에서 사는 일. ¶ 타향살이 몇 해인지 손꼽아 헤어 본다.
타:혈(唾血)명하자 ①피를 뱉음, 또는 침에 섞여 나오는 피. ②☞토혈.
타:협(妥協)명하자타 두 편이 서로 좋도록 절충하여 협의함, 또는 그 협의. 타합. ¶ 타협이 이루어지다. /타협을 보다.
타:협-안(妥協案)명 (서로 다른 이해관계나 견해의 차이를 조정하여) 타협이 이루어지도록 생각해 낸 방안.
타:협-적(妥協的)[-쩍]관명 타협하려는 태도가 있는 (것). ¶ 타협적 태도. /타협적인 자세를 취하다.
타:협-점(妥協點)[-쩜]명 (서로 다른 이해관계나 견해의 차이를 조정하여) 타협할 수 있는 점. ¶ 타협점을 찾다.
타:협^정치(妥協政治)[-쩡-]명 (정당의 뒷받침이 없거나 힘이 약한) 행정부가 유력한 어느 정당과 조건부로 타협하여 행하는 정치.
타:호(唾壺)명 ☞타구(唾具).
타:홍-증(唾紅症)[-쯩]명 침에 피가 섞여 나오는 병증.
타화(他化)명하타 불교에서, 남을 교화하여 지도하는 일.
타화^수분(他花受粉)명 ☞타가 수분(他家受粉). ↔자화 수분(自花受粉).
타화^수정(他花受精)명 ☞타가 수정. ↔자화 수정(自花受精).
타화-자재천(他化自在天)명 욕계 육천(欲界六天) 가운데 여섯째 하늘. 맨 위의 하늘로서, 이곳에 태어난 이는 남의 즐거움을 자기의 즐거움으로 바꿀 수 있다고 함. 또, 이 하늘에 마왕이 산다고도 함.
타:훼(打毁)명하타 때려 부숨.
탁[1]부 앞이 시원스럽게 트인 모양. ¶ 탁 트인 벌판. /시야(視野)가 탁 트이다.

탁2[부] ①무엇이 갑자기 끊어지거나 터지거나 하는 모양, 또는 그 소리. ¶ 밧줄이 탁 끊어지다. /풍선이 탁 터지다. ②무엇을 세게 치거나 무엇이 세게 부딪치거나 하는 모양, 또는 그 소리. ¶ 어깨를 탁 치다. ③(마음이나 분위기 따위의) 죄던 것이 갑자기 풀리거나 느슨해지는 모양. ¶ 맥이 탁 풀리다. ④쥐거나 잡고 있던 것을 갑자기 놓는 모양. ¶ 잡아당기고 있던 고무줄을 탁 놓다. ⑤갑자기 세게 쓰러지거나 넘어지는 모양. ¶ 마룻바닥에 탁 쓰러지다. ⑥입에 있던 것을 입 밖으로 세게 뱉는 모양. ¶ 길바닥에 가래를 탁 뱉다. [큰]턱5.

탁갑(坼甲)[-깝][명][하자] (싹이 트느라) 씨의 껍질이 터짐.

탁강(濁江)[-깡][명] 물이 맑지 아니한 강.

탁객(濁客)[-깩][명] ☞탁보(濁甫).

탁견(卓見)[-껸][명] 뛰어난 의견이나 견해. 고견(高見). 탁식(卓識). ¶ 그는 경제 문제에 대해 탁견을 가지고 있다.

탁견[명] 〈옛〉태껸. ¶ 씨름 탁견 遊山ᄒᆞ기(古時調).

탁고(託孤)[-꼬][명][하자][타] (믿을 만한 사람에게) 고아(孤兒)의 장래를 부탁함.

탁고(託故)[-꼬][명][하타] (어떤 일을) 내세워 핑계함.

탁구(卓球)[-꾸][명] 구기의 한 가지. 탁구대의 가운데에 가로로 세운 네트를 사이에 두고 경기자가 마주 서서 셀룰로이드로 만든 공을 라켓으로 받아 치며 득점을 겨루는 경기. 핑퐁.

탁구-대(卓球臺)[-꾸-][명] 탁구 경기에 쓰이는 직사각형의 탁자.

탁근-스럽다[형][ㅂ] '타끈스럽다'의 잘못.

탁기(琢器)[-끼][명] 틀에 박아 낸 뒤 다시 쪼아 다듬은 그릇.

탁덕양력(度德量力)[-떵냥녁][명][하자] 자신의 덕망과 능력을 헤아려 살핌.

탁-동[-똥][명] 광맥(鑛脈)에서 직각으로 장벽을 향할 때 그 모암(母岩)을 이르는 말.

탁락(卓犖) '탁락하다'의 어근.

탁락-하다(卓犖-)[탕나카-][형][여] ☞탁월하다. ¶ 탁락한 민족 심리(心理)를 무시하다.

탁란(濁亂) '탁란하다'의 어근.

탁란-하다(濁亂-)[탕난-][형][여] (정치나 사회가) 흐리고 어지럽다. **탁란-히**[부].

탁랑(濁浪)[탕낭][명] 흐린 물결.

탁렬(坼裂)[탕녈][명][하자][되자] 터져 갈라짐.

탁론(卓論)[탕논][명] 탁월한 이론(理論)이나 논지(論旨).

탁류(濁流)[탕뉴][명] (흘러가는) 흐린 물줄기.

탁립(卓立)[탕닙][명] ①[하자](여럿 가운데서) 우뚝하게 섬. ②특별히 빼어난 것.

탁마(琢磨)[탕-][명][하타][되자] ①옥석(玉石)을 쪼고 갊. ②'학문이나 덕행을 갈고 닦음'을 비유하여 이르는 말. ¶ 성공은 부단한 탁마의 결과이다.

탁맥(馲駱)[탕-][명] ☞튀기.

탁명(坼名)[탕-][명][하타] 지난날, 과거에 급제한 사람의 봉미(封彌)를 임금 앞에서 뜯던 일.

탁목(啄木)[탕-][명] 〈탁목조(啄木鳥)〉의 준말.

탁목-조(啄木鳥)[탕-쪼][명] ☞딱따구리. [준]탁목(啄木).

탁반(托盤)[-빤][명] ☞잔대(盞臺).

탁발(托鉢)[-빨][명][하자] ①중이 경문을 외면서 집집마다 다니며 보시를 받는 일. ②절에서, 식사 때 중들이 바리때를 들고 식당으로 가는 일.

탁발(卓拔) '탁발하다'의 어근.

탁발(擢拔)[-빨][명][하타][되자] ☞발탁(拔擢).

탁발-승(托鉢僧)[-빨-][명] 동냥하러 다니는 중. [참]운수승(雲水僧).

탁발-하다(卓拔-)[-빨-][형][여] ☞탁월하다.

탁방(坼榜)[-빵][명][하타] ①지난날, 과거(科擧)에 급제한 사람의 성명을 내걸던 일. ②일의 결말을 냄. ¶ 탁방을 짓다.

탁방-나다(坼榜-)[-빵-][자] ①과거에 급제한 사람의 명단이 내걸리다. ②일의 결말이 나다. 방나다. ¶ 좌우간에 오늘 저녁에는 탁방날 것이다.

탁보(濁甫)[-뽀][명] ①'성격이 흐리터분한 사람'이나 '분수를 전혀 모르는 사람'을 농조로 이르는 말. ②'막걸리를 몹시 좋아하는 사람'을 농조로 이르는 말. ②탁객(濁客)·탁춘추(濁春秋).

탁본(拓本)[-뽄][명][하타] ☞탑본(搨本). ¶ 탁본을 뜨다.

탁봉(坼封)[-뽕][명][하타] 편지 따위의 봉한 것을 뜯음. 개봉. 개탁(開坼).

탁사(託辭)[-싸][명] 핑계로 꾸며 대는 말.

탁상(卓上)[-쌍][명] 책상이나 식탁 따위 탁자의 위. ¶ 탁상에 화분을 놓다.

탁상(擢賞)[-쌍][명][하타] 많은 사람 가운데서 뛰어난 사람을 뽑아내어 칭찬함.

탁상-공론(卓上空論)[-쌍-논][명] 실현성이 없는 헛된 이론이나 논의. 궤상공론. ¶ 현실을 외면한 탁상공론. /토의가 탁상공론으로 끝나다.

탁상-시계(卓上時計)[-쌍-계/-쌍-게][명] 책상 따위의 위에 올려놓고 보는 시계.

탁상-연설(卓上演說)[-쌍년-][명] 연회석상 따위에서, 식사하는 도중에 각자의 자리에서 자유롭게 하는 간단한 연설.

탁상-일기(卓上日記)[-쌍-][명] 책상 위에 놓아두고 그날그날의 일을 간단히 기록하는 일기.

탁색(濁色)[-쌕][명] 순색(純色)에 회색을 섞은 색으로 명도와 채도가 낮은 색. 파색(破色).

탁생(托生·託生)[-쌩][명] ①[하자]다른 것에 몸을 붙이고 살아감. ②불교에서, '영혼이 다른 것의 몸에 깃들어 이 세상에 다시 태어나는 일'을 이르는 말.

탁선(託宣)[-썬][명] 신이 사람에게 내리거나 꿈에 나타나서 그 뜻을 알리는 일, 또는 그 계시. 선탁(宣託). 신탁(神託).

탁설(卓說)[-썰][명] 뛰어난 의견. 탁월한 논설.

탁성(濁聲)[-썽][명] 흐리거나 쉰 목소리.

탁세(濁世)[-쎄][명] ①어지러운 세상. 도덕이나 사회 질서 따위가 문란한 세상. ②불교에서, 이 세상을 이르는 말. ②사바.

탁송(託送)[-쏭][명][하타][되자] 운송업자 등에게 위탁하여 물건을 보냄. ¶ 수하물을 탁송하다.

탁송^전ː보(託送電報)[-쏭-][명] 전화 가입자가 전화를 이용하여 치는 전보. 전보 탁송.

탁수(濁水)[-쑤][명] 흐린 물. ↔청수.

탁수(擢秀)[-쑤][명][하형] 많은 사람 가운데서 인품이 특히 뛰어남, 또는 그 사람.

탁식(卓識)[-씩][명] ☞탁견(卓見).

탁신(託身)[-씬][명][하자] 남에게 몸을 의탁함.

탁아-소(託兒所)[명] 부모가 일하러 나간 사이에, 그 어린아이들을 맡아 돌보는 사회적 시설.

탁어(魠魚)[명] ☞자가사리.

탁언(託言)[명] ①핑계 대는 말. 구실. ②남에게 부탁하여 전하는 말. ②[비]전언(傳言).

탁연(卓然) '탁연하다'의 어근.

탁연-하다(卓然-)[형][여] 유달리 눈에 뜨이다. 특히 뛰어나다. ¶ 탁연한 자질. **탁연-히**[부].

탁엽(托葉)명 '턱잎'으로 순화.
탁예(濁穢) '탁예하다'의 어근.
탁예-하다(濁穢-)형여 흐리고 더럽다.
탁오(濁汚)명하형 ☞오탁(汚濁).
탁용(擢用)명하타되자 많은 사람 가운데서 뽑아 씀.
탁원(逴遠) '탁원하다'의 어근.
탁원-하다(逴遠-)형여 아득히 멀다.
탁월(卓越) '탁월하다'의 어근.
탁월-성(卓越性)[-썽]명 남보다 훨씬 뛰어난 성질.
탁월-풍(卓越風)명 ☞항풍(恒風).
탁월-하다(卓越-)형여 남보다 훨씬 뛰어나다. 탁락(卓犖)하다. 탁발(卓拔)하다. 탁출(卓出)하다. ¶ 탁월한 재능의 소유자.
탁음(濁音)명 ☞울림소리. ↔청음.
탁의(託意)[타긔/타기]명하자 자기의 뜻을 바로 말하지 아니하고 다른 것에 비기어 상징적으로 나타냄.
탁의(濁意)[타긔/타기]명 더러운 마음. 깨끗하지 못한 뜻.
탁이(卓異) '탁이하다'의 어근.
탁이-하다(卓異-)형여 남보다 뛰어나게 다르다. 걸출하여 이채롭다. ¶ 탁이한 재능.
탁자(卓子)[-짜]명 ①서랍이 없이 책상 모양으로 만든, 물건을 올려놓게 된 세간을 통틀어 이르는 말. 〔식탁·원탁 따위.〕 ②부처 앞에 붙박이로 만들어 두고 제물이나 다기(茶器) 따위를 올려놓는 상.
탁자(託子)[-짜]명하자 자식을 남에게 맡김.
탁자-장(卓子欌)[-짜-]명 위아래 층은 터지고, 가운데 층만 사면을 막아 문짝을 단 찬장.
탁잣-밥(卓子-)[-짜빱/-짣빱]명 부처 앞의 탁자에 차려 놓은 밥.
탁잣-손(卓子-)[-짜쏜/-짣쏜]명 탁자나 선반을 걸쳐 올려놓게 만든 까치발.
탁재(卓才)[-째]명 뛰어난 재주, 또는 뛰어난 재주를 지닌 사람.
탁절(卓絕) '탁절하다'의 어근.
탁절-하다(卓絕-)[-쩔-]형여 남보다 훨씬 뛰어나다. 탁월하다. ¶ 탁절한 재목을 헤아리지 못하시고 내치시다니.
탁족(濯足)[-쪽]명 ①하자〔발을 씻는다는 뜻으로〕 세속을 벗어남. 세족(洗足). ②〈탁족회〉의 준말.
탁족-회(濯足會)[-쪼쾨/-쪼퀘]명 지난날, 여름철에 산수가 좋은 곳을 찾아다니며 발을 씻고 노닐던 모임. 준탁족.
탁주(濁酒)[-쭈]명 막걸리.
탁지(度支)[-찌]명 〈탁지부(度支部)〉의 준말.
탁지(度地)[-찌]명하타 토지를 측량함. 측지(測地).
탁지-대신(度支大臣)[-찌-]명 대한 제국 때, 탁지부의 으뜸 벼슬, 또는 그 사람.
탁지-부(度支部)[-찌-]명 대한 제국 때, '탁지아문(度支衙門)'을 고쳐 이르던 이름. 정부의 재무를 총할(總轄)하였음. 준탁지.
탁지-아문(度支衙門)[-찌-]명 조선 말기에, 호조(戶曹)를 없애고 대신 두었던 관아. 뒤에 '탁지부'로 고침.
탁지-우(濯枝雨)[-찌-]명 매년 음력 유월경에 오는 큰비.
탁-춘추(濁春秋)명 ☞탁보(濁甫).
탁출(卓出) '탁출하다'의 어근.
탁출-하다(卓出-)형여 ☞탁월(卓越)하다.

탁-탁부 ①일을 결단성 있게 잘 처리하는 모양. ¶ 맡은 일을 탁탁 해치우다. ②숨이 자꾸 막히는 모양. ¶ 숨이 탁탁 막힌다. ③무엇이 잇달아 쓰러지는 모양. ¶ 후려치는 낫 끝에 잡목이 탁탁 드러눕는다. ④침이나 가래를 잇달아 뱉는 모양. ¶ 가래침을 탁탁 내뱉다. ⑤하자타무엇을 잇달아 치거나 무엇이 잇달아 부딪치는 모양, 또는 그 소리. ¶ 돗자리를 탁탁 떨다. ⑥하자타무엇이 잇달아 튀거나 터지는 모양, 또는 그 소리. ¶ 아이들이 장난감 폭약을 탁탁 터뜨리며 논다. ①~⑤큰턱턱.
탁탁-거리다[-꺼-]자타 사꾸 탁탁 소리가 나다, 또는 그런 소리를 내다. 탁탁대다. 큰턱턱거리다.
탁탁-대다[-때-]자타 탁탁거리다.
탁탁-하다[-타카-]형여 ①피륙 따위의 바탕이 촘촘하고 두껍다. ¶ 색상이 좋고 바닥이 탁탁한 양복지. /광목을 탁탁하게 짜다. 큰특특하다. ②살림 따위가 넉넉하고 윤택하다. 알차고 오붓하다. ¶ 겉보기와는 다르게 살림이 탁탁하다. ③실속 있고 오붓하다.
탁필(卓筆)명 뛰어난 필적이나 문장(文章).
탁-하다(濁-)[타카-]형여 ①액체나 공기 따위가 맑지 못하고 흐리다. ¶ 방 안 공기가 탁하다. ②얼굴이 훤히 트이지 못하고 어둡다. ③마음이 흐리터분하고 바르지 못하다. ¶ 마음이 탁하니까 셈도 흐리다. ④목소리가 굵고 거칠다. ¶ 탁한 음성.
탁행(卓行)[타캥]명 뛰어나게 훌륭한 행실.
탁행(逴行)[타캥]명하자 아주 먼 곳에 감. 원행(遠行).
탁-향로(卓香爐)[타컁노]명 장식으로 책상 같은 데에 놓는 향로.
탁효(卓效)[타쿄]명 뛰어난 효험. ¶ 탁효가 있는 약.
탄ː(炭)명 ①〈석탄〉의 준말. ¶ 탄을 캐다. ②〈연탄〉의 준말. ¶ 탄을 갈다.
탄ː가(炭價)[-까]명 탄값.
탄ː-가루(炭-)[-까-]명 석탄이나 연탄의 가루.
탄ː갈(殫竭)명하타 마음이나 힘을 남김없이 다 쏟음. 탄진(殫盡). ¶ 기력을 탄갈하다.
탄ː갈-심력(殫竭心力)[-녁]명하자 있는 정성과 힘을 다함.
탄ː-값(炭-)[-깝]명 석탄이나 연탄의 값. 탄가(炭價). ¶ 탄값을 올리다. * 탄ː값이[-깝씨]·탄ː값만[-깜-]
탄ː강(誕降)명하자 〔하늘에서 세상에 내린다는 뜻으로〕 제왕이나 성인이 탄생함. 강탄.
탄ː갱(炭坑)명 석탄을 파내는 굴. 석탄갱.
탄ː-결(炭-)[-껼]명 탄층을 이루는 석탄의 결.
탄ː계(炭契)[-계/-게]명 지난날, 숯을 공물로 바치던 계를 이르던 말.
탄ː고(炭庫)명 석탄 등을 저장하여 두는 창고.
탄ː곡(歎哭·嘆哭)명하자 탄식하여 욺.
탄ː광(炭鑛)명 석탄을 캐내는 광산. 석탄광. 탄산(炭山).
탄ː광-촌(炭鑛村)명 탄광에서 일하는 노동자들이 모여 사는 마을.
탄ː금(彈琴)명하자 거문고나 가야금을 탐.
탄-내명 무엇이 탈 때 나는 냄새. ¶ 주방에서 매캐한 탄내가 난다.
탄ː-내(炭-)명 숯이나 연탄 따위가 탈 때에 나는 독한 냄새. ¶ 탄내를 맡다.
탄ː대(彈帶)명 ☞탄띠.
탄ː도(坦途·坦道)명 평탄한 길.

탄ː도(彈道)명 발사된 탄환이 공중을 날아가 목적물에 이르기까지의 길, 또는 그것이 그리는 곡선. ¶ 탄도를 그리며 날아가는 포탄.
탄ː도^미사일(彈道missile)명 로켓 엔진으로 추진되어 대포의 탄도 곡선과 비슷한 탄도를 그리며 나는 미사일. 탄도탄. 탄도 유도탄. ¶ 대륙간 탄도 미사일.
탄ː도^유도탄(彈道誘導彈)명 ☞탄도 미사일.
탄ː도-탄(彈道彈)명 ☞탄도 미사일.
탄ː도-학(彈道學)명 탄도와 그에 관련된 물리적·화학적 이론에 대하여 연구하는 학문.
탄ː두(彈頭)명 포탄 앞쪽 끝의 폭약을 장착한 부분.
탄ː-띠(彈-)명 ①탄알을 끼워서 간편하게 두르고 다닐 수 있게 만든 띠. 탄대. ②기관총의 탄알을 길게 달아 끼운 띠.
탄ː력(彈力)[탈-]명 ①탄성체가 외부로부터 가해진 힘에 저항하여 본디의 상태로 돌아가려고 하는 힘. 팽팽하게 버티는 힘. ¶ 탄력이 강한 타이어. /그녀의 피부는 곱고 탄력이 있다. ②'반응이 빠르고 힘이 넘치는 것'을 비유하여 이르는 말. ¶ 상황 변화에 탄력 있게 대처하다.
탄ː력^섬유(彈力纖維)[탈-써뮤]명 척추동물의 피부나 기관(氣管)·혈관 등에 들어 있는, 탄력이 풍부한 섬유질의 물질.
탄ː력-성(彈力性)[탈-썽]명 ①물체의, 탄력이 있는 성질. ②고지식하지 않고 상황에 따라 변화 있게 대처할 수 있는 융통성. 변통성. ¶ 탄력성 있는 유연한 태도.
탄ː력-적(彈力的)[탈-쩍]관명 ①물체의, 탄력이 있는 (것). ②고지식하지 않고 상황에 따라 변화 있게 대처하는 (것). ¶ 탄력적인 태도.
탄ː력^조직(彈力組織)[탈-쪼-]명 생물체의 결체 조직(結締組織) 가운데, 특히 탄력 섬유가 많은 조직.
탄ː로(坦路)[탈-]명 〈탄탄대로〉의 준말.
탄ː로(綻露)[탈-]명하타되자 비밀 따위가 드러남, 또는 비밀 따위를 드러냄. ¶ 사기 행위가 탄로 나다. /비밀이 탄로되다.
탄ː막(彈幕)명 (어떤 지점에) '탄알이 막을 치듯이 잇달아 많이 날아오는 상태'를 이르는 말. ¶ 탄막을 치다. /탄막을 누비며 내닫다.
탄ː말(炭末)명 숯의 부스러진 가루.
탄망(誕妄) '탄망하다'의 어근.
탄ː망-하다(誕妄-)형여 언행 따위가 거짓되고 망령되다.
탄ː맥(炭脈)명 석탄의 광맥.
탄ː면(彈綿)명하자 솜을 탐. 타면(打綿).
탄ː명-스럽다[-따][~스러우니·~스러워]형ㅂ 똑똑하지 못하고 흐리멍덩하다. **탄명스레**부.
탄ː미(歎美·嘆美)명하타 감탄하여 크게 칭찬함.
탄ː박(彈駁)명하타되자 죄상을 들어 논하고 책망하거나 규탄함.
탄ː백(坦白)명하타 사실대로 솔직히 말함.
탄ː복(歎服·嘆服)명하자타되자 깊이 감탄하여 마음으로 따름. ¶ 해박한 지식에 탄복하다.
탄ː-불(炭-)[-뿔]명 탄으로 피우는 불, 또는 탄이 탈 때에 이는 불. 탄화. ¶ 탄불을 갈다.
탄ː사(彈射)명하자 총탄을 발사함.
탄ː사(歎辭)명 ①매우 감탄하여 하는 말. ②탄식하여 하는 말.
탄ː산(炭山)명 ☞탄광.
탄ː산(炭酸)명 이산화탄소가 물에 녹아서 생기는 약한 산. 청량음료에 쓰임.
탄ː산-가스(炭酸gas)명 ☞이산화탄소.
탄ː산가스^중독(炭酸gas中毒)명 이산화탄소를 마심으로써 일어나는 중독.
탄ː산-공(炭酸孔)명 자연적으로 이산화탄소를 뿜어내는 분기공(噴氣孔). 흔히, 화산 지대 같은 데서 볼 수 있음.
탄ː산-나트륨(炭酸Natrium)명 나트륨의 탄산염. 하얀 분말로 물에 잘 녹으며, 수용액은 알칼리성을 나타냄. 비누나 유리 따위의 원료 이외에 의약품으로도 쓰임. 소다. 탄산소다.
탄ː산^동화^작용(炭酸同化作用)명 ☞탄소 동화 작용.
탄ː산-마그네슘(炭酸magnesium)명 마그네슘의 탄산염. 마그네슘을 녹인 물에 탄산나트륨를 넣어서 만드는, 부서지기 쉬운 무색의 결정. 내화물의 원료나 이산화탄소의 발생 원료 등으로 쓰임.
탄ː산^무수물(炭酸無水物)명 ☞이산화탄소.
탄ː산-석회(炭酸石灰)[-서쾨/-서퀘]명 ☞탄산칼슘.
탄ː산-소ː다(炭酸soda)명 ☞탄산나트륨.
탄ː산-수(炭酸水)명 이산화탄소의 수용액. 청량음료나 의약품 따위에 쓰임. 소다수.
탄ː산수소-나트륨(炭酸水素Natrium)명 무색의 단사 정계의 결정 물질. 물에 잘 풀리지 않으나 저어서 녹인 다음 끓이면 이산화탄소가 발생함. 청량음료나 소화기(消火器)·의약품 등에 쓰임. 중조(重曹). 중탄산나트륨. 중탄산소다.
탄ː산-암모늄(炭酸ammonium)명 탄산칼슘과 황산암모늄의 혼합물을 가열하여 얻는 무색의 결정. 분석용 시약이나 의약품·염료 따위를 만드는 데 쓰임.
탄ː산-염(炭酸塩)[-념]명 탄산의 수소 원자가 금속 원자로 치환되어 생긴 화합물. 〔탄산칼슘·탄산아연·탄산마그네슘 따위.〕
탄ː산-음료(炭酸飮料)[-뇨]명 이산화탄소를 물에 녹여 만든, 맛이 산뜻하면서 시원한 음료.
탄산-증(呑酸症)[-쯩]명 한방에서, 위 안에 열이 생겨 신트림이 나고 소화가 잘 되지 않는 증세를 이르는 말.
탄ː산-지(炭酸紙)명 얇은 종이에 기름이나 안료 따위의 혼합물을 먹인 복사용 용지. 먹지. 복사지. 탄소지. 카본지.
탄ː산-천(炭酸泉)명 이산화탄소를 함유한 물이 솟아나는 광천.
탄ː산-칼륨(炭酸Kalium)명 칼륨의 탄산염. 백색의 분말로 물에 잘 녹으며 수용액은 알칼리성임. 비누나 경질 유리·의약품 따위의 원료로 쓰임. 탄산칼리.
탄ː산-칼리(炭酸Kali)명 ☞탄산칼륨.
탄ː산-칼슘(炭酸calcium)명 칼슘의 탄산염. 대리석이나 석회석·조개껍데기 따위의 주성분으로, 물에 잘 녹지 않는 무색의 결정체. 안료·치약 등의 원료로 쓰임. 탄산석회.
탄ː상(炭床)명 ☞석탄층.
탄ː상(歎傷)명하자 (억울한 일이나 뉘우침 따위로) 마음이 몹시 상함. 몹시 가슴 아파함.
탄ː상(歎賞·嘆賞)명하타 ①탄복하여 크게 칭찬함. 탄칭(歎稱). ②크게 감탄함.
탄ː생(誕生)명되자 ①하자타사람이 태어남. 특히, 귀한 사람이 '태어남'을 높이어 이르는 말. ¶ 부처께서 탄생한 날. ②하자'어떤 기관이나 조직·제도 따위가 새로 생겨남'을 비유하여 이르는 말. 생탄. ¶ 새로이 탄생한 내각.
탄ː생-석(誕生石)명 그달에 태어난 사람이 행복의 상징으로 삼는, 열두 달과 관련 있는 보

석. 〔1월의 석류석, 4월의 다이아몬드, 5월의 에메랄드, 9월의 사파이어 따위.〕
탄ː생-일(誕生日)명 탄생한 날. 탄신. 준탄일.
탄ː성(彈性)명 외부로부터 힘을 받아 모양이 달라진 물체가, 그 힘이 없어지면 다시 본디의 모양으로 되돌아가려 하는 성질.
탄ː성(歎聲·嘆聲)명 ①탄식하는 소리. ②감탄하는 소리. ¶ 탄성을 지르다.
탄ː성(殫誠)명하자 정성을 다하는 일.
탄ː성(灘聲)명 여울물이 흐르는 소리.
탄ː성^고무(←彈性gomme)명 생고무에 황산을 넣어 탄성을 보강한 고무. 라텍스.
탄ː성-률(彈性率)[-뉼]명 탄성 한도 안에서 물체에 힘을 주어 변형시켰을 때, 그 응력(應力)의 변형에 대한 비(比).
탄ː성^진ː동(彈性振動)명 탄성체의 탄력 때문에 생기는 진동.
탄ː성-체(彈性體)명 탄성을 지닌 물체.
탄ː성-파(彈性波)명 탄성체 내부로 퍼져 나가는 진동파. 〔음파나 지진파 따위.〕
탄ː성^한ː계(彈性限界)[-계/-게]명 어떤 물체가 탄성을 잃지 않는 힘의 한계. 이 한계를 넘으면 그 물체는 변형된 대로 남음.
탄ː소(炭素)명 비금속 원소의 한 가지. 빛깔과 냄새가 없음. 독자적으로는 금강석·석탄·아연 따위로 존재하며, 화합물에서는 이산화탄소·탄산염·탄수화물 등으로 자연계에 널리 존재함. 산화물의 환원 및 금속의 정련 따위에 쓰임. 〔C/6/12.011〕
탄ː소(歎訴·嘆訴)명하타 한탄하며 호소함.
탄ː소-강(炭素鋼)명 탄소 함유량이 2% 이하인 강철. 탄소 함유량에 따라 그 성질이 다름.
탄ː소^동화^작용(炭素同化作用)명 녹색 식물이나 어떤 세균류가 이산화탄소와 물로 탄수화물을 만드는 작용. 탄산 동화 작용. 준동화 작용.
탄ː소-립(炭素粒)명 탄소의 가루.
탄ː소^막대(炭素-)[-때]명 ☞탄소봉.
탄ː소-묵(炭素墨)명 탄소 가루로 만든 먹.
탄ː소-봉(炭素棒)명 숯이나 흑연 따위의 탄소로 굳혀 만든 막대. 아크등(燈) 따위에 사용함. 탄소 막대.
탄ː소-선(炭素線)명 순수한 무명실이나 대나무의 껍질을 밀폐된 용기 속에 넣고 태워서 만든 가느다란 선. 〔지난날, 전구 속의 필라멘트로 쓰였음.〕
탄ː소^섬유(炭素纖維)명 유기질 섬유를 태워서 만든, 주로 탄소로 이루어진 섬유.
탄ː소^전ː구(炭素電球)명 탄소를 필라멘트로 사용한 전구.
탄ː소-지(炭素紙)명 ☞탄산지.
탄ː소-판(炭素板)명 탄소 가루를 압착하여 만든 널조각.
탄ː소^피ː뢰기(炭素避雷器)[-뢰-/-뤠-]명 전신이나 전화기 따위에 쓰이는 피뢰침의 한 가지. 두 개의 탄소판 사이에 얇은 운모판(雲母板)을 끼워 만듦.
탄솔(坦率) '탄솔하다'의 어근.
탄ː솔-하다(坦率-)형여 성품이 너그럽고 대범하다.
탄ː수-차(炭水車)명 증기 기관차의 뒤쪽에 연결된, 석탄과 물을 싣는 차량.
탄ː수화-물(炭水化物)명 탄소·수소·산소의 삼원소로 이루어진 화합물. 주로 식물체 안에서 만들어지며, 동물의 주요한 영양소의 하나임. 함수 탄소(含水炭素).
탄ː식(歎息·嘆息)명하자타 한탄하며 한숨을 쉼, 또는 그 한숨. ¶ 탄식을 자아내다. /하늘을 우러러 탄식하다.
탄ː신(誕辰)명 임금이나 성인이 태어난 날. 탄생일. ¶ 세종 대왕의 탄신을 기념하다.
탄ː-알(彈-)명 탄환의 탄피 끝에 박힌 뾰족한 쇳덩이. 또는, 유산탄(榴散彈) 등의 안에 잰 작은 알. 알탄. ¶ 탄알 천여 발. /소총에 탄알을 장전하다.
탄ː압(彈壓)명하타되자 어떤 행위나 사회적 활동을 권력이나 무력 따위로 억눌러 꼼짝 못하게 함. ¶ 인권 탄압. /언론을 탄압하다.
탄ː약(彈藥)명 탄알과, 탄알을 쏘는 데 쓰이는 화약을 아울러 이르는 말. ¶ 탄약 상자.
탄ː약-고(彈藥庫)[-꼬]명 탄약이나 폭발물 따위를 저장하여 두는 창고.
탄ː약-통(彈藥筒)명 포에 쓰는 탄알이나 장약·점화제 따위를 완전히 갖추어 넣은 통.
탄ː언(誕言)명 허황하여 믿음성이 없는 말.
탄연(坦然) '탄연하다'의 어근.
탄ː연-하다(坦然-)형여 마음이 안정되어 아무 걱정 없이 평온하다.
탄ː우(彈雨)명 빗발처럼 쏟아지는 탄알.
탄ː우지기(呑牛之氣)명 소를 삼킬 만한 장대한 기상(氣像).
탄ː원(歎願·嘆願)명하자타 사정을 말하고 도와주기를 간절히 바람. ¶ 탄원을 올리다. 비애원(哀願).
탄ː원-서(歎願書)명 탄원하는 글이나 문서. ¶ 탄원서를 제출하다.
탄ː일(誕日)명 〈탄생일(誕生日)〉의 준말.
탄ː자(彈子)명 ①☞처란. ②☞탄환.
탄ː장(彈章)명 어떤 사람을 탄핵하는 글.
탄ː-재(炭-)[-째]명 탄이 타고 남은 재.
탄ː저(炭疽)명 ☞탄저병.
탄ː저-균(炭疽菌)명 탄저의 병원체. 간균(杆菌)의 일종으로, 주로 초식을 하는 가축에 감염하여 탄저병을 일으킴.
탄ː저-병(炭疽病)[-뼝]명 ①자낭균(子囊菌)의 기생으로 발생하는 식물의 병해. 잎이나 줄기·과일 따위에 암갈색의 반점이 생기며 그 부위로부터 마르거나 썩기 시작함. ②초식을 하는 가축에 많은 전염병의 한 가지. 탄저균에 의해서 발생하며, 기도나 피부를 통하여 사람에게 감염되기도 함. 탄저.
탄ː저-옹(炭疽癰)명 탄저병에 걸린 가축의 피부에 생기는 큰 종기.
탄ː전(炭田)명 석탄이 많이 매장되어 있는 지역. 매전(煤田).
탄젠트(tangent)명 삼각비(三角比)의 하나. 직각 삼각형에서 한 예각을 낀 밑변에 대한, 그 각의 대변의 비를 그 각에 대하여 이르는 말. 〔약호는 tan.〕
탄ː좌(炭座)명 석탄의 합리적인 생산을 위하여, 어떤 일정 지역 내에 있는 여러 광구(鑛區)를 한데 묶은 것, 또는 그 구역.
탄ː주(炭柱)명 탄갱에서, 지면이나 천장이 가라앉거나 무너져 내리는 것을 막기 위하여 채굴하지 않고 남겨 둔 기둥 모양의 석탄층.
탄ː주(彈奏)명하타 ①(가야금이나 바이올린 따위의) 현악기를 탐. ②남의 죄상을 밝혀 상소(上訴)함.
탄ː주^악기(彈奏樂器)[-끼]명 ☞현악기.
탄지명 담뱃대에 덜 타고 남아 있는 담배.
탄ː지(彈指)[1]명하자 손가락으로 튕김.

탄ː지(彈指)²[수][관] 순식(瞬息)의 10분의 1, 찰나의 10배가 되는 수(의). 곧, 10^{-17}.

탄ː지지간(彈指之間)[명] 〔손가락으로 튕길 사이라는 뜻으로〕 '아주 짧은 동안' 또는 '세월이 아주 빠름'을 이르는 말.

탄ː진(炭塵)[명] 탄갱이나 저탄장 같은 데서, 공기 속에 떠다니는 아주 작은 석탄 가루.

탄ː진(殫盡)[명][하타] ☞탄갈(殫竭).

탄ː질(炭質)[명] 숯이나 석탄·무연탄 따위의 품질. ¶ 좋은 탄질의 석탄.

탄ː차(炭車)[명] 탄을 실어 나르는 차.

탄ː착^거ː리(彈着距離)[-꺼-][명] ①탄알의 발사 지점에서 도달한 지점까지의 거리. ②발사한 탄알이 도달할 수 있는 최대 거리.

탄ː착-점(彈着點)[-쩜][명] 발사한 탄알이 날아가 떨어지는 지점.

탄ː창(彈倉)[명] 자동 소총이나 자동 권총 따위의 연발총에서, 보충용의 탄알을 재어 두는 통.

탄ː층(炭層)[명] 땅속의 석탄층.

탄ː칭(歎稱)[명][하타] ☞탄상(歎賞).

탄탄(坦坦) '탄탄(坦坦)하다'의 어근.

탄ː탄(癱瘓)[명] 한방에서, 졸중(卒中)이나 중풍(中風) 따위로 몸의 일부에 마비가 생기는 병증을 이르는 말.

탄ː탄-대로(坦坦大路)[명] ①높낮이가 없이 넓고 평평하게 죽 뻗친 큰길. ②'앞이 훤히 트이어 순탄하게 앞으로 나아갈 수 있는 상황'을 비유하여 이르는 말. [준]탄로(坦路).

탄탄-하다[형][여] ①생김새나 물품의 만듦새가 단단하고 실하다. ¶ 신발이 탄탄하게 만들어졌다. ②몸이 다부지고 건강하다. ¶ 강철같이 탄탄한 몸. ③구조나 기반 따위가 잘 짜여 있어 허술하지 않다. ¶ 수비력이 탄탄하다. /재무 구조가 탄탄한 회사. [큰]튼튼하다. **탄탄-히**[부] ¶ 기초를 탄탄히 다지다.

탄ː탄-하다(坦坦-)[형][여] 땅이나 도로 따위가 험하거나 가파른 데 없이 평평하고 넓다. **탄탄-히**[부].

탄탈(Tantal 독)[명] 금속 원소의 한 가지. 백금과 비슷한 빛이 나며 잘 늘어나는 성질이 있음. 화학 공업용의 내산재(耐酸材)로, 또는 의료 기구나 진공관의 재료로 쓰임. 탄탈룸. 〔Ta/73/180.9479〕

탄탈룸(tantalum 라)[명] ☞탄탈.

탄ː토(呑吐)[명][하타] 삼키거나 뱉음.

탄ː통(歎痛·嘆痛)[명][하타] ☞통탄(痛歎).

탄평(坦平) '탄평하다'의 어근.

탄ː평-하다(坦平-)[형][여] ①땅이 넓고 편평하다. ②근심이 없이 마음이 편하다. [참]평탄(平坦). **탄평-히**[부].

탄ː폐(炭肺)[-폐/-페][명] 진폐(塵肺)의 한 가지. 탄소 가루를 많이 마심으로써 발생하는 만성 호흡기 질환. 탄광에서 일하는 사람에게 많음.

탄ː피(彈皮)[명] 탄환이나 포탄의 껍데기.

탄ː-하다[타][여] ①남의 일에 참견하다. ②남의 말을 맞잡아 따지고 나서다.

탄ː핵(彈劾)[명] ①[하타]죄상을 들추어 논란하여 꾸짖음. ②[하타]공직에 있는 사람의 부정이나 비행 따위를 조사하여 그 책임을 추궁함, 또는 그 절차. ¶ 대통령을 탄핵하다. ③조선 시대에, 사헌부나 사간원 관원들이 시정(時政)의 잘못이나 벼슬아치의 비행 따위를 들어 논박하던 일. ③[참]대론(臺論).

탄ː핵-권(彈劾權)[-꿘][명] ☞탄핵 소추권(彈劾訴追權).

탄ː핵^소추권(彈劾訴追權)[-쏘-꿘][명] 특정 공무원의 위법이나 비행 따위를 탄핵 소추할 수 있는 국회의 권리. 탄핵권.

탄ː핵-주의(彈劾主義)[-쭈의/-쭈이][명] 형사소송법상, 검찰관이나 피해자 등 법원 이외의 제삼자가 제소를 함으로써 소송을 개시하는 주의. ↔규문주의(糾問主義).

탄ː혈(彈穴)[명] 포탄이나 폭탄 따위의 폭발로 생긴 구덩이.

탄ː화(炭火)[명] ①숯불. ②탄불.

탄ː화(炭化)[명][하자][되자] 유기물이 열분해 또는 다른 화학적 변화로 말미암아 탄소로 되는 일. 〔목재의 목탄화, 석탄의 코크스화 따위.〕

탄ː화(彈火)[명] 발사한 탄환에서 일어나는 불.

탄ː화(彈花)[명] 활로 탄 솜.

탄ː화-규소(炭化硅素)[명] 탄소와 규소의 화합물. 보통은 검푸르나 순도가 높은 것은 무색투명함. 경도(硬度)가 높아 연마재·내화재로 널리 쓰임.

탄ː화-도(炭化度)[명] 석탄에서 수분과 회분(灰分)을 뺀 나머지 성분 가운데 탄소가 차지하는 비율을 중량 백분율로 나타낸 것.

탄ː화-모(炭化毛)[명] 양털과 면으로 짠 직물의 넝마 따위에서 탄화법에 의하여 회수한 재생모.

탄ː화-물(炭化物)[명] 탄소와 알칼리 금속·알칼리 토류 금속·할로겐 따위 양성 원소와의 화합물. 카바이드.

탄ː화-법(炭化法)[-뻡][명] 방모사의 제조 공정에서, 원료인 양털에 섞여 있는 식물성 섬유를 제거하는 법.

탄ː화-석회(炭化石灰)[-서쾨/-서퀘][명] ☞탄화칼슘.

탄ː화-수소(炭化水素)[명] 유기 화합물의 모체를 이루는 탄소와 수소의 화합물. 탄소와 수소만으로 이루어진 화합물.

탄ː화-양모(炭化羊毛)[명] 탄화법으로 식물성 섬유 따위의 불순물을 없앤 양모.

탄ː화-철(炭化鐵)[명] 탄소와 철의 화합물.

탄ː화-칼슘(炭化calcium)[명] 생석회와 탄소를 전기로에 넣고 가열하여 만든 회색의 고체. 물과 작용하면 아세틸렌 가스를 발생함. 탄화석회. [참]카바이드.

탄ː환(彈丸)[명] 총포에 재어서 쏘면 폭발하여 그 힘으로 탄알이 튀어 나가게 된 물건. 〔총탄이나 포탄 따위.〕 총알. 탄자(彈子).

탄ː환지지(彈丸之地)[명] (적에게 포위되어 공격의 대상이 되는) 매우 좁은 땅이나 지역.

탄ː회(坦懷)[-회/-훼][명] 거리낌이 없는 마음.

탄ː흔(彈痕)[명] 탄환을 맞은 자국. ¶ 벌집 같은 탄흔이 당시의 격전을 대변해 준다.

탈[명] ①종이나 나무·흙 따위로, 여러 가지 얼굴 모양을 본떠 만든 물건. 마스크. ¶ 귀신의 탈. ②'속뜻을 감추고 겉으로 진실인 것처럼 꾸미는 의뭉스러운 얼굴, 또는 그런 태도나 모습'을 비유하여 이르는 말. 가면.

탈(을) 벗다[관용] 거짓 꾸몄던 것을 벗고 본래의 정체를 드러내다.

탈(을) 쓰다[관용] ①거짓에 찬 행동을 하다. ¶ 사람의 탈을 쓴 악마. ②생김새나 하는 짓이 썩 닮다. ¶ 제 아비의 탈을 쓴 아이.

탈ː(頉)[명] ①뜻밖에 일어난 궂은 일. 사고. ¶ 아무런 탈 없이 일을 마치다. [비]변고. ②몸에 생긴 병. ¶ 몸에 탈이 나서 일을 못하다. ③핑계나 트집. ¶ 탈을 잡고 나서다. ④결함이나 허물. ¶ 형은 다 좋은데 너무 고지식해서 탈이야.

탈-(脫)접두 《일부 명사 앞에 붙어》 '벗어남'·'없앰'을 뜻함. ¶ 탈불황. /탈공해. /탈냉전.
탈각(脫却)명하자타 ①(그릇된 생각이나 좋지 못한 상태에서) 벗어남. ¶ 경제적 위기에서 탈각하다. ②(무엇을) 벗어 버림. 비탈거(脫去).
탈각(脫殼)명하자 ① 짐승이나 벌레 따위가 껍질을 벗음. ②날알 따위가 꼬투리나 껍질에서 나옴.
탈감(脫監)명하자 ☞탈옥.
탈거(脫去)명하자타 ①벗어남. 비탈각(脫却). ②달아남. 탈출.
탈건(脫巾)명하자 두건(頭巾)을 벗음.
탈겁(脫劫)명하자 언짢고 침침한 기운이 없어짐. 겁기가 없어짐.
탈-것[-껃]명 사람이 타고 다니는 물건을 통틀어 이르는 말. 〔말이나 가마·배·자동차·비행기 따위.〕 * 탈것이[-꺼시]·탈것만[-껀-]
탈고(脫稿)명하타되자 원고의 집필을 마침. ¶ 예정대로 월말에 탈고하다.
탈-고신(奪告身)명하타 지난날, 죄를 지은 벼슬아치의 직첩(職帖)을 빼앗아 들이던 일.
탈곡(脫穀)명하타 ①곡식의 낟알을 이삭에서 떨어냄. 타곡(打穀). ②곡식의 낟알에서 겉겨를 벗겨 냄. ¶ 콤바인으로 벼를 탈곡하다.
탈곡-기(脫穀機)[-끼]명 탈곡하는 데 쓰는 농기구.
탈골(脫骨)명하자되자 ☞탈구(脫臼).
탈공(脫空)명하자 (자기에 대한) 뜬소문이나 억울한 죄명에서 벗어남.
탈-공해(脫公害)명 공해에서 벗어나는 일.
탈관(脫冠)명하자 머리에 쓴 관이나 갓을 벗음.
탈교(脫敎)명하자 종교를 버리는 일. 신앙을 버리고 떠나는 일.
탈구(脫句)[-꾸]명 시문에서, 빠진 글귀.
탈구(脫臼)명하자되자 뼈마디가 어긋남. 삠. 탈골(脫骨). ¶ 고관절 탈구.
탈ː급(頉給)명하자 특별히 사정을 보아서 탈면(頉免)을 허락하여 줌.
탈기(奪氣)명하자되자 ①놀라거나 겁에 질려 기운이 빠짐. ②몹시 지쳐 맥이 빠짐. ②탈진(脫盡).
탈ː-놀음[-로름]명하자 꼭두각시놀음이나 산대놀음 따위와 같이, 탈을 쓰고 하는 연극. 가면극. 탈놀이.
탈ː-놀이[-로리]명하자 ☞탈놀음.
탈당(脫黨)[-땅]명하자타 소속하고 있던 정당에서 탈퇴함. ↔입당(入黨).
탈락(脫落)명하자되자 ①어떤 데에 끼지 못하고 떨어져 나가거나 빠짐. ¶ 예선에서 탈락하다. /후보자 명단에서 탈락되다. ②둘 이상의 음절이 이어질 때, 한쪽의 모음이나 자음 또는 음절이 없어지는 일. 〔'쓰+어라'가 '써라'로, '울+는'이 '우는'으로 되는 따위.〕
탈락-거리다[-꺼-]자 자꾸 탈락탈락하다. 탈락대다. ¶ 교복 단추가 곧 떨어질 듯이 매달려 탈락거렸다. 큰털럭거리다.
탈락-대다[-때-]자 탈락거리다.
탈락-탈락부하자 짧게 매달리거나 드리워진 물건이 자꾸 흔들리면서 무엇에 닿을 때마다 가볍게 나는 소리. 큰털럭털럭.
탈래-탈래부하자 힘없이 간들거리며 걷거나 행동하는 모양. ¶ 어린 오누이가 오솔길을 탈래탈래 걸어간다. 큰털레털레. 여달래달래.
탈략(奪掠)명하타 (폭력 따위로 남의 것을) 함부로 빼앗음. 약탈(掠奪).
탈력(脫力)명하자 몸의 힘이 빠짐.
탈로(脫路)명 빠져나가거나 도망하는 길. ¶ 탈로가 막히다.
탈루(脫漏)명하자 〔밖으로 새어 나간다는 뜻으로〕 있어야 할 것이 빠짐. 누락됨. 누탈. ¶ 세금 탈루. /명단에서 탈루된 이름. 비유루(遺漏).
탈류(脫硫)명하자 '탈황(脫黃)'의 구용어.
탈륨(Thallium 독)명 희유 금속(稀有金屬) 원소의 한 가지. 납과 비슷한 무른 청백색의 금속으로 독이 있음. 인공 보석을 만드는 데 많이 쓰임. 〔Tl/81/204.37〕
탈리(脫離)명하자타되자 ①(무엇에서) 벗어남. 떨어져 나감. 이탈. ②번뇌를 떨쳐 버리고 참된 깨달음에로 나아감.
탈립-기(脫粒機)[-끼]명 옥수수의 낟알을 그 속대로부터 떨어내는 기계.
탈립-성(脫粒性)[-썽]명 이삭에서 벼의 낟알이 떨어지는 성질.
탈망(脫網)명하자 ①☞탈망건(脫網巾). ②그물에서 빠져나감.
탈-망건(脫網巾)명하자 머리에 쓴 망건을 벗음. 탈망(脫網).
탈ː면(頉免)명하타 특별한 사정이나 사고가 생겨 책임을 면제받음.
탈모(脫毛)명하자 털이 빠짐, 또는 그 털.
탈모(脫帽)명하자 모자를 벗음. ↔착모(着帽).
탈모-제(脫毛劑)명 필요 없는 털을 없애기 위하여 바르는 약.
탈모-증(脫毛症)[-쯩]명 주로, 머리카락이 빠지는 병증. 참독두병(禿頭病).
탈무ː드(Talmud 히)명 〔'교훈'·'교의(敎義)'의 뜻으로〕 유대 인 율법학자들이 사회의 모든 사상(事象)에 대하여 구전한 것을 해설하여 집대성한 책.
탈ː-바가지명 ①바가지로 만든 탈. ¶ 탈바가지를 쓰다. ②〈탈〉의 속된 말. ③〈철모〉의 속된 말.
탈ː-바꿈명하자타 ①알에서 부화한 동물이 성체(成體)가 될 때까지 여러 가지 형태로 변하는 일. 변태. ②모양이나 태도 따위가 달라지는 것. ¶ 재개발 사업으로 판자촌이 아파트 단지로 탈바꿈하였다.
탈바닥부하자타 ①납작한 물건으로 얕은 물을 가볍게 칠 때 나는 소리. ②아무렇게나 탈싹 주저앉는 모양, 또는 그 소리. ¶ 아들 녀석이 눈치도 없이 어른들 앞에 탈바닥 주저앉았다. 큰털버덕. **탈바닥-탈바닥**부하자타.
탈바닥-거리다[-꺼-]자타 자꾸 탈바닥탈바닥하다. 탈바닥대다. ¶ 아이들이 개울에서 손바닥으로 물을 탈바닥거리며 놀고 있다. 큰털버덕거리다.
탈바닥-대다[-때-]자타 탈바닥거리다.
탈박부하자타 납작한 물건으로 얕은 물을 가볍게 칠 때 나는 소리. 큰털벅. **탈박-탈박**부하자타.
탈박-거리다[-꺼-]자타 자꾸 탈박탈박하다. 탈박대다. 큰털벅거리다.
탈박-대다[-때-]자타 탈박거리다.
탈박-이다자타 납작한 물건으로 얕은 물을 가볍게 치는 소리가 나다, 또는 그런 소리를 내다. 큰털벅이다.
탈발(脫髮)명하자 머리털이 빠짐.
탈방부하자타 작은 물건이 얕은 물에 떨어질 때 나는 소리. 큰털벙. **탈방-탈방**부하자타.
탈방-거리다자타 자꾸 탈방탈방하다. 탈방대다. ¶ 꼬마들이 헤엄치느라고 다리를 야단스레 탈방거리며 물장구를 친다. 큰털벙거리다.
탈방-대다자타 탈방거리다.

탈방-이다 자타 작은 물건이 얕은 물에 떨어져 울리는 소리가 나다, 또는 그런 소리를 내다. 큰털벙이다.
탈법(脫法)[-뻡]명하자 법의 규정을 교묘히 피함. 교묘하게 법망을 벗어남. ¶ 탈법 행위.
탈:보(頉報)명하자 상사에게 특별한 사정이 있음을 말하여 탈면(頉免)을 청함.
탈복(脫服)명하자 ☞제복(除服).
탈산(脫酸)[-싼]명하자 ①금속의 제련에서, 금속 속에 들어 있는 과잉 산소를 제거하는 일. ②유지(油脂)의 정제에서, 원유 속에 들어 있는 유리 지방산을 제거하는 일.
탈삽(脫澁)[-쌉]명하자.타 감의 떫은맛이 빠짐, 또는 떫은맛을 뺌.
탈상(脫喪)[-쌍]명하자 ☞해상(解喪).
탈색(脫色)[-쌕]명하타되자 ①섬유나 액체 따위에 들어 있는 물색을 뺌. ¶ 청바지를 탈색해서 입다. ↔염색. ②빛이 바램.
탈색(奪色)[-쌕]명하자 〔빛을 빼앗는다는 뜻으로〕 같은 것 가운데서 특히 뛰어나 다른 것들을 압도함을 이르는 말.
탈색-제(脫色劑)[-쌕쩨]명 물들인 물감 따위를 빼는 데 쓰는 약제. 〔수산화나트륨·표백분·수탄 따위.〕
탈선(脫船)[-썬]명하자 선원이 선장의 허가 없이 배에서 이탈함.
탈선(脫線)[-썬]명하자되자 ①기차나 전차 따위의 바퀴가 궤도를 벗어남. ¶ 탈선 사고. ②'이야기 따위가 본 줄거리에서 벗어남'을 비유하여 이르는 말. ¶ 말을 할 때는 핵심에서 탈선하지 않도록 각별히 유의해야 한다. ③'언행이 상규(常規)를 벗어나거나 나쁜 방향으로 빗나감'을 비유하여 이르는 말. ¶ 연말(年末) 청소년 탈선 방지 대책을 세우다.
탈선-행위(脫線行爲)[-썬-]명 ①상규(常規)를 벗어난 행위. ¶ 청소년의 탈선행위. ②본디의 목적에서 벗어난 행위.
탈세(脫稅)[-쎄]명하타 납세 의무자가 부정한 방법으로 납세액의 일부 또는 전부를 납세하지 않는 일. ¶ 탈세 혐의를 받다.
탈세-자(脫稅者)[-쎄-]명 내야 할 납세액의 전부 또는 일부를 내지 않은 사람.
탈속(脫俗)[-쏙]명하자되자 ①속태(俗態)를 벗음. ¶ 고고한 탈속의 기풍. ②속세의 번뇌에서 벗어남. ¶ 출가 탈속하여 부처에 귀의하다. 탈진(脫塵).
탈쇄(脫灑) '탈쇄하다'의 어근.
탈쇄-하다(脫灑-)[-쐐-]형여 속기(俗氣)를 벗어나서 깨끗하다.
탈수(脫水)[-쑤]명하타되자 ①어떤 물질 속에 들어 있는 수분을 제거함. ②화합물 중의 수소와 산소를 화학 반응에 의해 수분의 형태로 제거함.
탈수-기(脫水機)[-쑤-]명 세탁이나 염직(染織)·제약(製藥) 등에서 수분을 제거하는 데 쓰는 기계. ¶ 탈수기가 부착된 세탁기.
탈수-제(脫水劑)[-쑤-]명 물질 속의 수분을 없애거나 화합물을 분해하여 그 속의 산소와 수소를 제거하는 작용을 하는 약제. 〔황산·금속 나트륨·염화아연 따위.〕
탈수-증(脫水症)[-쑤쯩]명 땀을 몹시 흘리거나 소변을 자주 보아 체내의 수분 부족으로 일어나는 증세. 심한 갈증과 정신 장애·경련 등이 일어남. 탈수 증상.
탈수^증:상(脫水症狀)[-쑤-]명 ☞탈수증.
탈습(脫習)[-씁]명하자 ☞탈투(脫套).
탈신(脫身)[-씬]명하자 ①위험에서 벗어남. ②(관계하던 일에서) 몸을 뺌. ¶ 서클 활동에서 탈신하다.
탈신-도주(脫身逃走)[-씬-]명하자 (관계하던 일에서) 몸을 빼쳐 달아남. ¶ 공금을 횡령하고 탈신도주하다. 준탈주.
탈싹부하자 ①사람이 갑자기 주저앉는 소리, 또는 그 모양. ¶ 땅바닥에 탈싹 주저앉다. ②작고 도톰한 물건이 갑자기 바닥에 내려앉는 소리, 또는 그 모양. ¶ 선반이 탈싹 내려앉다. 큰털썩. **탈싹-탈싹**부하자.
탈싹-거리다[-꺼-]자 자꾸 탈싹탈싹하다. 탈싹대다. 큰털썩거리다.
탈싹-대다[-때-]자 탈싹거리다.
탈양-증(脫陽症)[-쯩]명 한방에서, 원기가 쇠약하여 사지가 차고 땀이 많이 나서 실신하게 되는 병증을 이르는 말.
탈어(脫語)명 (글이나 말 따위에서) 빠진 말.
탈염(脫塩)명하자되자 ①절인 고기 따위에서 소금기를 빼내는 일. ②바닷물에서 여러 가지 염류를 제거하여 담수로 만드는 일. ③원유(原油)를 탈수할 때 원유에 함유된 염분(塩分)을 함께 없애는 일.
탈영(脫營)명하자.타 군인이 병영을 빠져나와 달아남.
탈영-병(脫營兵)명 탈영한 병사.
탈오(脫誤)명 빠진 글자와 틀린 글자. 탈자(脫字)와 오자(誤字). 오탈(誤脫).
탈옥(脫獄)명하자.타 죄수가 교도소를 빠져나와 도망함. 탈감(脫監).
탈옥-수(脫獄囚)[-쑤]명 교도소에서 빠져나와 도망한 죄수.
탈위(脫危)명하자 ①위험한 지경에서 벗어남. ②위독한 고비를 벗어남.
탈음(脫陰)명 한방에서, '자궁탈(子宮脫)'을 이르는 말.
탈의(脫衣)[타릐/타리]명하타 옷을 벗음. ↔착의·착복.
탈의-실(脫衣室)[타릐-/타리-]명 옷을 벗거나 갈아입도록 마련한 방.
탈의-장(脫衣場)[타릐-/타리-]명 (해수욕장이나 운동장 따위에) 옷을 벗거나 갈아입도록 설치해 놓은 곳.
탈의-파(奪衣婆·脫衣婆)[타릐-/타리-]명 중국의 위경(僞經) '시왕경(十王經)'에 나오는 늙은 귀녀(鬼女). 삼도(三途) 냇가에 있는 의령수(衣領樹) 밑에 앉았다가 강을 건너오는 사자(死者)의 옷을 벗겨 현의옹(懸衣翁)과 함께 생전의 죄를 묻는다고 함.
탈자(脫字)[-짜]명 (글이나 인쇄물 따위에서) 빠뜨린 글자, 또는 빠져 없어진 글자. 낙자(落字).
탈장(脫腸)[-짱]명하자되자 복벽(腹壁)의 찢어진 틈을 통하여, 소장이나 대장 또는 다른 내장이 복막(腹膜)에 싸인 채 복강(腹腔) 밖으로 나옴, 또는 그러한 병증. 헤르니아(hernia).
탈장-대(脫腸帶)[-짱-]명 탈장된 부분을 제자리에 넣고 외부에서 압력을 가하여 탈장을 일정 기간 막아서 자연 치유를 촉진시키는 띠 모양의 의료 기구.
탈저(脫疽)[-쩌]명 〈탈저정〉의 준말.
탈저-정(脫疽疔)[-쩌-]명 한방에서, 신체 조직의 한 부분이 사멸하여 영양 공급이나 혈액 순환이 두절되기 때문에 그 부분이 썩어 문드러지는 병을 이르는 말. 준탈저.

탈적(脫籍)[-쩍]명하자되자 학적이나 병적·당적 따위의 적(籍)에서 빠지거나 빼냄.

탈적(奪嫡)[-쩍]명하자 세력 있는 지손(支孫)이 미약한 종손(宗孫)을 누르고 종손 행세를 하는 일. 탈종(奪宗).

탈정(奪情)[-쩡]명하자 ①〔복(服)을 입는 효심을 빼앗는다는 뜻으로〕 왕조 때, 부모의 상중에 출사(出仕)를 명하던 일. ②남의 정을 빼앗음.

탈정-종공(奪情從公)[-쩡-]명하자 ☞기복출사(起復出仕).

탈종(奪宗)[-쫑]명하자 ☞탈적(奪嫡).

탈죄(脫罪)[-쬐/-쮀]명하자 죄에서 벗어남.

탈주(脫走)[-쭈]명하자 〈탈신도주〉의 준말. ¶ 탈주를 감행하다.

탈지(脫脂)[-찌]명하타되자 기름기를 빼어 냄. ¶ 탈지 식품.

탈지(奪志)[-찌]명하타 정절을 지키는 과부를 개가(改嫁)시킴.

탈지-면(脫脂綿)[-찌-]명 (지방분과 불순물을 뺀) 소독한 솜. 외과적 치료에 쓰임. 소독면. 약솜. 정제면.

탈지-분유(脫脂粉乳)[-찌-]명 탈지유를 건조하여 만든 가루 우유.

탈지^요법(脫脂療法)[-찌-뻡]명 지방 과다증(脂肪過多症) 환자의 몸에서 지방을 빼기 위하여 행하는 치료법. 〔갑상선 제제(甲狀腺製劑)의 복용, 식이 요법 따위.〕

탈지-유(脫脂乳)[-찌-]명 지방분(크림)을 뺀 우유. 주로, 유산 음료 및 탈지 연유와 분유를 만드는 데 쓰임. ↔전유(全乳).

탈진(脫盡)[-찐]명하자되자 기운이 다 빠져 없어짐. 탈기(奪氣). ¶ 탈진 상태. /탈진으로 쓰러지다.

탈진(脫塵)[-찐]명하자 ☞탈속(脫俗).

탈질^작용(脫窒作用)[-찔-]명 혐기성균(嫌氣性菌) 따위의 미생물의 작용으로 황산염이 유리질소 또는 아산화질소가 되는 현상.

탈채(脫債)명하자 빚을 다 갚아 빚에서 벗어남.

탈ː처(頉處)명 탈이 난 곳. 탈이 난 원인.

탈출(脫出)명하자타 (일정한 환경이나 구속에서) 빠져나감. 탈거(脫去). ¶ 포로 수용소를 탈출하다.

탈출^속도(脫出速度)[-또]명 로켓이나 인공위성이 지구 등 천체의 인력에서 벗어나서 우주 공간으로 날아오르는 데 필요한 한계 속도.

탈ː-춤명 탈을 쓰고 추는 춤. 우리나라 고유의 것으로는 봉산 탈춤·양주 별산대놀이·오광대 따위가 전함. 가면무. 가장무도.

탈취(脫臭)명하자 냄새를 뺌.

탈취(奪取)명하타되자 (남의 것을) 억지로 빼앗아 가짐. ¶ 총기 탈취. /금품을 탈취하다.

탈취-제(脫臭劑)명 냄새를 빼는 데 쓰는 약제. 염화칼슘·포르말린 따위와 같이 자체 방산(自體放散)을 이용한 약제와 활성탄(活性炭) 따위와 같이 흡착 작용을 이용한 약제가 있음.

탈타리명 〈빈탈타리〉의 준말. 큰털터리.

탈탈부 ①하자타잇달아 가볍게 떨리듯이 울리는 탁한 소리. ¶ 탈탈 소리를 내며 달리는 고물 자동차. ②하자지쳐서 나른한 발걸음을 옮겨 놓는 모양. ¶ 한낮의 시골 길을 혼자서 탈탈 걸어가고 있다. ③물건에 앉은 먼지 따위를 재게 자꾸 터는 모양, 또는 그 소리. ¶ 옷에 묻은 흙먼지를 탈탈 털어 내다. ④아무것도 남지 않도록 몽땅 털어 내는 모양. ¶ 주머니를 탈탈 털다. 큰털털.

탈탈-거리다자타 자꾸 탈탈 소리가 나다, 또는 그런 소리를 내다. 탈탈대다. 큰털털거리다.

탈탈-대다자타 탈탈거리다.

탈탈-이명 '몹시 낡아서 구르는 대로 탈탈거리는 자동차나 수레' 따위를 이르는 말. 큰털털이.

탈태(脫胎)명 질이 매우 얇아서 마치 잿물만 가지고 만든 것처럼 보이는 투명한 자기(瓷器)의 몸. 〔반탈태(半脫胎)와 진탈태(眞脫胎)가 있음.〕

탈태(脫態)명하타 형식이나 형태를 바꿈.

탈태(奪胎)명하자 〈환골탈태〉의 준말.

탈토(脫兎)명 〔우리를 빠져 달아나는 토끼라는 뜻으로〕 '동작이 매우 재빠름'을 비유하여 이르는 말.

탈토지세(脫兎之勢)명 〔우리를 빠져 달아나는 토끼의 기세라는 뜻으로〕 '매우 재빠른 기세'를 비유하여 이르는 말.

탈퇴(脫退)[-퇴/-퉤]명하자타 (정당이나 단체 따위에서) 관계를 끊고 물러 나옴. ¶ 회원 탈퇴. ↔가입.

탈투(脫套)명하자 구투(舊套)에서 벗어남. 탈습.

탈ː품(頉稟)명하타 (벼슬아치가) 사고로 말미암아 맡은 직책을 다하기 어려움을 상사(上司)에게 아뢰는 일.

탈피(脫皮)명되자 ①하자(파충류·곤충류 따위가) 성장함에 따라 낡은 허물을 벗는 일. ②하자타'낡은 사고방식에서 벗어나 새로워짐'을 비유하여 이르는 말. ¶ 구습에서 탈피하다. /봉건적인 사고방식을 탈피하다.

탈ː-하다(頉-)자여 탈이 있어 일자리나 갈 곳에 나가지 못하는 까닭을 말하다.

탈함(脫艦)명하자 (함상에서 근무하는 병사가) 아무 까닭 없이 군함을 이탈함.

탈함-병(脫艦兵)명 탈함한 병사.

탈항(脫肛)명되자 치질의 한 가지. 직장이나 항문의 일부 또는 대부분이 항문 밖으로 빠져서 처지는 상태. 장치(腸痔).

탈항-증(脫肛症)[-쯩]명 탈항이 되는 병증.

탈혈(脫血)명하자 ☞실혈(失血).

탈화(脫化)명하자되자 ①(곤충 따위가) 허물을 벗고 모양을 바꿈. ¶ 누에가 나방으로 탈화하다. ②구풍(舊風)의 특성을 살리면서 새로운 형식으로 바꿈.

탈화(脫靴)명하자 신을 벗음.

탈환(奪還)명하타되자 (빼앗겼던 것을) 도로 빼앗아 찾음. 탈회(奪回). ¶ 고지를 탈환하다. /수도 서울을 탈환한 날은 달도 밝은 추석날이었다.

탈황(脫黃)명하자 (석유나 천연가스 또는 금속 제련 따위의 생산 공정에서) 황(黃) 성분을 제거하는 일.

탈회(脫會)[-회/-훼]명하자타 어떤 모임에서 관계를 끊고 물러남. 퇴회. ↔입회.

탈회(奪回)[-회/-훼]명하타되자 ☞탈환(奪還).

탐(貪)명 〈탐욕〉의 준말. ¶ 탐이 많다. /남의 재산에 탐을 내다.

탐관(貪官)명 (백성의 재물을) 탐(貪)하는 벼슬아치. 비탐리(貪吏).

탐관-오리(貪官汚吏)명 탐관과 오리. 탐욕이 많고 행실이 깨끗하지 못한 벼슬아치.

탐광(探鑛)명하자 광상이나 탄전·유전 등을 개발하기 위하여 광산을 찾음, 또는 그 작업.

탐구(探求)명하타되자 (소용되는 것을) 더듬어 찾아 구함. ¶ 물자의 탐구.

탐구(探究)명하타되자 (진리나 법칙 따위를) 더듬어 깊이 연구함. ¶ 진리를 탐구하다./자연의 법칙을 탐구하다.
탐구(貪求)명하타 (뇌물 따위를) 탐욕스럽게 구함.
탐구-심(探究心)명 (진리나 법칙 따위를) 깊이 찾아 연구하려는 마음. ¶ 탐구심이 강한 학생.
탐구-욕(探究慾)명 (진리나 법칙 따위를) 깊이 찾아 연구하려는 욕망.
탐구-자(探究者)명 (진리나 법칙 따위를) 깊이 찾아 연구하는 사람. ¶ 진리의 탐구자.
탐권-낙세(貪權樂勢)[-꿘-쎄]명하자 권세를 탐내고 세도 부리기를 즐김.
탐기(貪嗜)명하타 탐내어 즐김.
탐-나다(貪-)자 (어떤 대상이) 마음에 들어서 그것을 제 것으로 만들었으면 하는 욕심이 나다. ¶ 볼수록 탐나는 도자기.
탐낭-취물(探囊取物)명하자 ☞낭중취물(囊中取物).
탐-내다(貪-)타 (어떤 대상이) 마음에 들어 그것을 제 것으로 만들었으면 하는 욕심을 내다. ¶ 남의 재산을 탐내다./남의 물건을 탐내지 마라.
탐닉(耽溺)명하자 어떤 일을 지나치게 즐겨 거기에 빠짐. ¶ 열락(悅樂)에 탐닉하다./주색잡기(酒色雜技)에 탐닉하다.
탐다-무득(貪多務得)명하타 많은 것을 탐내어 얻으려 애씀.
탐도(貪饕)명하타 ①음식이나 재물을 탐냄. 탐람(貪婪). ②가톨릭에서 이르는, 칠죄종(七罪宗)의 하나. 너무 지나치게 먹고 마시며, 재물을 탐내는 일.
탐독(耽讀)명하타 ①(다른 일을 잊어버릴 정도로) 글 읽기에 빠짐. ②(어떤 글이나 책을) 유달리 즐겨 읽음. ¶ 추리 소설을 탐독하다.
탐라(耽羅)[-나]명 '제주도'의 옛 이름.
탐락(耽樂)[-낙]명하타 (주색이나 오락 따위에) 빠져 마음껏 즐김.
탐람(貪婪)[-남]명하타 ☞탐도(貪饕).
탐랑-성(貪狼星)[-낭-]명 구성(九星) 가운데 첫째 별.
탐련(耽戀)[-년]명하타 ①깊이 그리워함. ②연애에 온 정신이 팔리어 몹시 생각하거나 그리워함.
탐렴(貪廉)[-념]명 탐욕과 청렴.
탐리(貪吏)[-니]명 (백성의 재물을) 탐(貪)하는 이속(吏屬). 비탐관(貪官).
탐리(貪利)[-니]명하자 지나치게 이익을 탐냄.
탐리(探吏)[-니]명 지난날, 봉명 사신(奉命使臣)의 가는 길을 탐문하던 아전.
탐린(貪吝) '탐린하다'의 어근.
탐린-하다(貪吝-)[-닌-]형여 욕심이 많고 인색하다.
탐망(探望)명하타 ①살펴 바라봄. ②(그리 되기를) 넌지시 바람.
탐매(探梅)명하자 매화(梅花)가 핀 경치를 찾아가 구경함.
탐묵(貪墨)명하형 욕심이 많고 마음이 검음.
탐문(探問)명하타 (아직 알려지지 않은 사실이나 소식을) 더듬어 찾아가 물음. ¶ 탐문 수사./범인의 행방을 탐문하다.
탐문(探聞)명하타 (아직 알려지지 않은 사실이나 소식을) 수소문하여 들음.
탐미(耽味)명하타 깊이 맛보거나 음미함.
탐미(耽美)명하타 아름다움에 깊이 빠져 즐김.
탐미-적(耽美的)관명 아름다움에 깊이 빠져서 도취되는 경향이 있는 (것). ¶ 탐미적 표현./탐미적인 경향.
탐미-주의(耽美主義)[-의/-이]명 19세기 후반 유럽에서 일어났던 문예 사조의 한 가지. 미(美)를 최고의 가치로서 추구하는 주의. 유미주의(唯美主義).
탐미-파(耽美派)명 탐미주의를 신봉하는 예술상의 한 파. 유미파.
탐방부하자타 좀 묵직한 물건이 깊은 물에 떨어질 때 나는 소리. 큰텀벙. 여담방. **탐방-탐방**부하자타.
탐방(探訪)명하타 (어떤 사건의 진상을 알아보거나 자료를 얻기 위하여) 어떤 사람이나 장소를 탐문하여 찾아봄. ¶ 탐방 기사./명사 탐방./불국사를 탐방하다.
탐방-거리다자타 자꾸 탐방탐방하다. 탐방대다. 큰텀벙거리다.
탐방-기(探訪記)명 탐방한 내용을 적은 기사.
탐방-대다자타 탐방거리다.
탐보(探報)명하타 (진상을) 더듬어 찾아서 알아내어 알림, 또는 그 보도나 보고.
탐부(貪夫)명 욕심이 많은 사나이.
탐사(探査)명하타되자 더듬어 살펴 조사함. ¶ 석유 탐사를 위한 시추선.
탐상(探賞)명하타 경치 좋은 곳을 찾아 구경하고 즐김.
탐색(貪色·耽色)명하자 여색을 탐하거나 즐김. 탐음. 호색(好色).
탐색(探索)명하타 ①(감추어진 사물을) 이리저리 더듬어 찾음. ②(범죄 사건에 관계된 사람이나 물건 따위를) 더듬어 샅샅이 찾음.
탐색-전(探索戰)[-쩐]명 상대의 기밀 따위를 탐색하려는 싸움. ¶ 탐색전을 벌이다.
탐석(探石)명하자 수석(壽石)을 더듬어 찾음.
탐-스럽다(貪-)[-따][~스러우니·~스러워]형ㅂ 마음이 몹시 끌리도록 보기에 아주 좋다. ¶ 가을 햇살에 온갖 과일이 탐스럽게 익어 간다. **탐스레**부.
탐승(探勝)명하타 경치 좋은 곳을 찾아다님. ¶ 죽장망혜(竹杖芒鞋)로 탐승에 나서다.
탐승-객(探勝客)명 경치 좋은 곳을 찾아 구경다니는 사람.
탐식(貪食)명하타 음식을 탐냄, 또는 탐내어 먹음. ¶ 게걸스럽게 탐식하다.
탐식-증(貪食症)[-쯩]명 ☞다식증(多食症).
탐심(貪心)명 ①탐내는 마음. ②부당한 욕심.
탐악(貪惡)명하형 욕심이 많고 마음이 악함.
탐애(貪愛)명 ①하타남의 물건은 탐내고 제 것은 몹시 아낌. ②하자불교에서, 색(色)·성(聲)·향(香)·미(味)·촉(觸)의 오진(五塵)을 탐하여 집착함.
탐오(貪汚)명하형 욕심이 많고 하는 짓이 더러움. ¶ 구역질이 나도록 탐오한 짓.
탐욕(貪慾)명 ①탐내는 욕심. ¶ 탐욕을 채우다. 준탐(貪). ②불교에서 이르는 삼독(三毒)의 하나. 자기 뜻에 맞는 사물에 애착하여 만족할 줄 모르는 일.
탐욕-스럽다(貪慾-)[-쓰-따][~스러우니·~스러워]형ㅂ 탐욕이 있어 보이다. ¶ 탐욕스러운 눈으로 쳐다보다. **탐욕스레**부.
탐욕-적(貪慾的)[-쩍]관명 탐하는 욕심이 있는 (것). ¶ 탐욕적 마음./탐욕적인 눈길.
탐음(貪淫)명하자 지나치게 여색을 탐함. 비호색(好色).

탐장(貪贓)명하자 관리가 부정한 방법으로 재물을 탐함, 또는 그렇게 하여 얻은 재물. 범장(犯贓).
탐장-질(貪贓-)명하자 관리가 탐장하는 짓.
탐재(貪財)명하자 재물을 탐냄.
탐정(貪政)명하자 탐욕을 부리는 포악한 정치를 함, 또는 그런 정치.
탐정(探偵)명하타 남의 비밀한 일을 은밀히 알아내거나, 범죄 사건을 추적하여 알아내는 일, 또는 그 일에 종사하는 사람. 정탐.
탐정(探情)명하타 남의 의향을 넌지시 살핌.
탐정^소:설(探偵小說)명 주로 범죄 사건을 제재로 하여 그 사건의 전말을 흥미 있게 추리하여 풀어 나가는 데 중점을 둔 소설. 참추리 소설.
탐조(探照)명하타 (무엇을 더듬어 찾기 위하여) 광선을 멀리 비춤.
탐조-등(探照燈)명 밤에 무엇을 찾거나 비추기 위하여 멀리까지 비추게 된 조명 장치. 아크등을 광원(光源)으로 하여 반사경을 이용함. 〔조공등(照空燈)·탐해등 따위.〕 서치라이트.
탐지(探知)명하타되자 (드러나지 않은 물건이나 사실을) 더듬어 찾아내거나 알아냄. ¶ 지뢰 탐지. /미아(迷兒)의 행방을 탐지하다.
탐지-기(探知機)명 어떤 사물의 소재나 진부(眞否)를 탐지하는 데 쓰이는 기계를 통틀어 이르는 말. 〔지뢰 탐지기·전파 탐지기 따위.〕
탐지-꾼(探知-)명 탐지하는 사람.
탐착(貪着)명하자 불교에서, 만족할 줄 모르고 더욱 사물에 집착함을 이르는 말.
탐찰(探察)명하타 샅샅이 두루 살핌.
탐춘(探春)명하자 봄의 경치를 찾아 구경함.
탐춘-객(探春客)명 봄의 경치를 찾아 구경 다니는 사람.
탐측(探測)명하타 적정(敵情)이나 기상 따위를 탐색하여 헤아림.
탐탁-스럽다[-쓰-따][~스러우니·~스러워]형ㅂ 탐탁하게 보이다. **탐탁스레**부.
탐탁-하다[-타카-]형여 마음에 들게 흐뭇하다. ¶ 그는 값비싼 선물을 받으면서도 별로 탐탁해하지 않았다. **탐탁-히**부.
탐탐(tam-tam)명 관현악에 쓰이는 징의 한 가지로, 대형으로 만든 공(gong). 유럽에서 중국의 동라(銅鑼)를 본떠 만든 것임.
탐탐(眈眈)부하형 눈을 부릅뜨고 노려보는 모양.
탐탐(耽耽) '탐탐하다'의 어근.
탐탐-하다(耽耽-)형여 마음에 들어 매우 즐겁다. **탐탐-히**부 ¶ 낚시에 탐탐히 빠지다.
탐폰(Tampon 독)명 소독한 솜이나 거즈 따위에 약을 묻힌 것. 국소(局所)에 끼워 넣어 피를 멈추게 하거나 분비액을 흡수하는 데 쓰임.
탐-하다(貪-)타여 지나치게 욕심을 부려 제 것으로 만들고 싶어 하다.
탐학(貪虐)명하형 탐욕이 많고 포학함. ¶ 탐학한 관리.
탐해-등(探海燈)명 (군함이나 요새 따위에서) 해상의 경계(警戒)에 쓰이는 탐조등.
탐험(探險)명하타 위험을 무릅쓰고 미지의 세계를 찾아다니며 살핌. ¶ 남극 탐험.
탐험-가(探險家)명 전문적으로 탐험에 종사하는 사람.
탐험-대(探險隊)명 탐험을 목적으로 여러 사람으로 조직된 무리.
탐험^소:설(探險小說)명 탐험을 내용으로 하는 소설.
탐호(貪好)명하타 몹시 탐하고 좋아함.
탐혹(耽惑)명하자되자 (어떤 사물에) 마음이 쏠려 미혹(迷惑)됨.
탐화(探花)명 ①☞탐화랑(探花郞). ②하자 꽃을 찾아다님.
탐화-랑(探花郞)명 조선 시대에, 갑과(甲科)에 셋째로 급제한 사람을 이르던 말. 정칠품의 품계를 주었음. 탐화.
탐화-봉접(探花蜂蝶)명 〔꽃을 찾아다니는 벌과 나비라는 뜻으로〕 '여색을 좋아하며 노니는 사람'을 비유하여 이르는 말.
탐횡(貪橫)[-횡/-휑]명하형 탐욕이 많고 행동이 횡포(橫暴)함.
탐후(探候)명하자 남의 안부를 물음. ¶ 탐후한 지 오래되어 궁금하오이다.
탑(塔)명 ①부처의 유골이나 유품 등을 안치하고 공양·기념하기 위하여 좁고 높게 세운 사찰의 부속 건축물. 본탑파(塔婆). ②여러 층으로, 높고 뾰족하게 세운 건축물을 통틀어 이르는 말.
탑(榻)명 ①좁고 기다란 평상. 상탑(牀榻). ②임금이 앉는 의자. ②어탑(御榻).
탑골-치(塔-)[-꼴-]명 〔지난날, 동대문 밖 탑골에서 삼은 미투리라는 뜻으로〕 튼튼하게 잘 삼은 미투리.
탑교(榻敎)[-꾜]명 지난날, 임금이 의정(議政)을 불러 친히 내리던 명.
탑-기단(塔基壇)[-끼-]명 탑신(塔身)을 받치는 기단.
탑-돌이(塔-)[-또리]명 민간에서, 초파일에 절에 모여 밤새도록 탑을 돌며 부처의 공덕을 기리고 저마다의 소원을 비는 행사.
탑^망원경(塔望遠鏡)[탑-]명 태양을 관측하는 데에 쓰이는 탑 모양의 망원경.
탑문(搨文)[탐-]명 탑본해 낸 글, 또는 그 글자. ¶ 광개토 대왕의 비문(碑文)을 탑문으로 검토하였다.
탑본(搨本)[-뽄]명하타되자 금석에 새긴 글씨나 그림 따위를 그대로 박아 냄, 또는 박아 낸 그 종이. 탁본(拓本). ¶ 탑본을 뜨다.
탑비(塔碑)[-삐]명 탑과 비석.
탑삭[-싹]부 갑자기 덮쳐 쥐거나 잡는 모양. ¶ 솔개가 병아리를 탑삭 채 가다. 큰텁석. 탑삭-탑삭부하타.
탑삭-거리다[-싹꺼-]타 자꾸 탑삭탑삭하다. 탑삭대다. 큰텁석거리다.
탑삭-나룻[-쌍-룯]명 짧고 다보록하게 많이 난 수염. 큰텁석나룻. *탑삭나룻이[-쌍-루시]·탑삭나룻만[-쌍-룬-]
탑삭-대다[-싹때-]타 탑삭거리다.
탑삭-부리[-싹뿌-]명 탑삭나룻이 난 사람. ¶ 탑삭부리 총각. 큰텁석부리.
탑삭-이다[-싸기-]타 갑자기 덮쳐 쥐거나 잡다. 큰텁석이다.
탑상(榻牀)[-쌍]명 교의(交椅)나 와상(臥牀) 따위를 통틀어 이르는 말.
탑상-운(塔狀雲)[-쌍-]명 탑 모양으로 머리 부분이 아주 높이 올라간 적운. 뇌우가 일어나기 쉬움.
탑새기-주다[-쌔-]자타 (남의 일을) 방해하여 망쳐 놓다. ¶ 나를 안 끼워 주면 탑새기줄 테다.
탑선(搭船)[-썬]명하자 배를 탐. 승선(乘船).
탑소록-하다[-쏘로카-]형여 (많이 난 수염이나 머리털 따위가) 다보록하게 뒤덮여 있다. 큰텁수룩하다. **탑소록-이**부.
탑-손[-쏜]명 보습을 쥐는 손잡이.

탑승(搭乘)[-씅]명하자 (항공기·선박·기차 따위의 탈것에) 올라탐.
탑승-객(搭乘客)[-씅-]명 탑승한 손님.
탑승-구(搭乘口)[-씅-]명 탑승할 수 있도록 만들어 놓은 출입문.
탑승-원(搭乘員)[-씅-]명 탑승하여 일정한 일에 종사하는 사람. 참승무원.
탑시-종(搭顒腫)[-씨-]명 ☞볼거리[2].
탑신(塔身)[-씬]명 탑기단(塔基壇)과 상륜(相輪) 사이의 탑의 몸체.
탑신-석(塔身石)[-씬-]명 석탑의 탑신을 이루는 돌.
탑연(嗒然)부하형 (아무 생각 없이) 멍하니 있는 모양. **탑연-히**부.
탑영(塔影)명 탑의 그림자.
탑영(搨影)명하타 (본디의 형상을) 본떠서 그림, 또는 그 그림.
탑인(搨印)명하타 본떠서 박음.
탑재(搭載)[-째]명하타되자 (배나 항공기 따위에) 물건을 실음. ¶ 핵무기를 탑재한 잠수함.
탑재-량(搭載量)[-째-]명 (배·항공기·자동차 따위에) 실을 수 있는 짐의 분량.
탑전(榻前)[-쩐]명 임금의 자리 앞. ¶ 탑전에 부복(俯伏)하여 아뢰다.
탑전-정탈(榻前定奪)[-쩐-]명하타 (신하가 아뢴 일을) 임금이 즉석에서 결정함.
탑전-하교(榻前下敎)[-쩐-]명하자 임금이 즉석에서 명령을 내림.
탑첨(塔尖)명 탑의 맨 꼭대기의 뾰족한 부분.
탑파(塔婆←stupa.thupa 범)명 〈탑〉의 본딧말.
탓[탇]명 ①일이 그릇된 원인. 잘못된 까닭. ¶ 이번 일의 실패는 모두 내 탓이다. ②하타잘못된 것을 원망하거나, 핑계나 구실로 삼음. ¶ 제 잘못은 생각지 않고 남을 탓한다. /탓한다고 될 일이냐? *탓이[타시]·탓만[탄-]
탕[1]의 일을 하는 횟수를 나타내는 단위. ¶ 형은 아르바이트를 하루에 두 탕이나 뛴다.
탕[2]부 속이 비어서 아무것도 없는 모양. 큰텅[1]. **탕-탕**부.
탕[3]부 ①단단한 물건이 좀 세게 부딪칠 때 울려 나는 소리. ¶ 방문을 탕 닫다. /주먹으로 책상을 탕 치다. ②폭약 등이 터지면서 울리어 나는 소리. ¶ 공기총을 탕 쏘다. /폭죽이 탕 터지다. 큰텅[2]. 참땅[2]. **탕-탕**부하자타.
탕ː(湯)[1]명 ①'국'을 달리 이르는 말. 탕국. ②제사에 쓰는 찬(饌)의 한 가지. 건더기가 많고 국물이 적은 국. 〔소탕(素湯)·어탕(魚湯)·육탕(肉湯) 따위가 있음.〕
탕ː(湯)[2]명 (목욕간이나 온천 따위에서) 목욕하는 곳. ¶ 탕에 들어가다.
-탕(湯)접미 《일부 명사 뒤에 붙어》 ①'탕약(湯藥)'을 뜻함. ¶ 쌍화탕. /육미탕. ②'국'을 뜻함. ¶ 갈비탕. /설렁탕.
탕ː갈(蕩竭)명하자타 재물(財物)이 모두 없어짐, 또는 다 없앰. 비탕진(蕩盡).
탕ː감(蕩減)명하타되자 (사사로이 쓴 나랏돈이나 빚 따위를) 모두 삭쳐 줌. ¶ 조세 탕감. /부채를 탕감해 주다. /소작료를 탕감하다.
탕개명 물건의 동인 줄을 죄는 제구. 동인 줄의 중간에 비녀장을 질러 비비 틀면 줄이 죄어들게 됨.
　탕개(를) 틀다관용 탕갯줄을 틀어 동인 물건을 죄다. ¶ 단단히 탕개를 틀어 동인 봉물의 짐바리.
탕개-목(-木)명 탕갯줄이 풀리지 않도록 질러 놓는 나무.
탕개-붙임[-부침]명 탕갯줄을 틀어서 나뭇조각을 붙이는 일.
탕ː객(蕩客)명 방탕한 사람.
탕갯-줄[-개쭐/-갠쭐]명 탕개목을 지른 줄.
탕ː-거리(湯-)[-꺼-]명 탕을 끓일 재료.
탕ː건(宕巾)명 지난날, 관원이 갓 아래에 받쳐 쓰던 관(冠)의 한 가지. 말총으로 뜨는데, 앞이 낮고 뒤가 높아 턱이 졌음.
탕ː건-집(宕巾-)[-찝]명 탕건을 넣어 두는 상자.
탕ː관(湯灌)명하타 불교 장례에서, 납관(納棺)하기 전에 시체를 목욕시키는 일.
탕ː관(湯罐)명 국을 끓이거나 약을 달이는 그릇. 보통 오지로 되었으며, 손잡이가 있음.
탕ː-국(湯-)[-꾹]명 ☞탕(湯)[1].
탕ː-국물(湯-)[-꿍-]명 탕의 국물.
탕ː기(湯器)[-끼]명 ①국이나 찌개 따위를 떠 놓는 자그마한 그릇. ②〖의존 명사적 용법〗 국이나 찌개를 떠 놓는 그릇을 세는 단위. ¶ 국 한 탕기. /미음 한 탕기를 비우다.
탕ː론(蕩論)[-논]명 〈탕평론〉의 준말.
탕ː-메(湯-)명 제사에 쓰는 국과 밥.
탕ː면(湯麵)명 국에 만 국수.
탕ː반(湯飯)명 장국밥.
탕ː-방(-房)명 장대석으로 방고래를 이루고, 넓고 큰 구들장을 놓아 만든 방.
탕ː부(蕩婦)명 방탕한 여자.
탕ː산(蕩產)명하자 〈탕진가산〉의 준말.
탕ː산(蕩散)명하자 망하여 뿔뿔이 흩어짐. 탕석.
탕ː상(湯傷)명 끓는 물에 덴 상처.
탕ː석(蕩析)명하자 ☞탕산(蕩散).
탕ː-솥(湯-)[-솓]명 탕을 끓이는 솥. *탕ː솥이[-소치]·탕ː솥을[-소틀]·탕ː솥만[-손-]
탕ː수(湯水)명 끓는 물.
탕ː수-색(湯水色)명 조선 시대에, 대궐 안의 각 전(殿)에 있던 액정서(掖庭署)의 사역(使役).
탕수-육(*糖水肉)명 중화요리의 한 가지. 쇠고기나 돼지고기에 녹말가루를 묻혀 튀긴 것에, 초·간장·설탕·야채 따위를 넣어 새콤달콤하게 끓인 녹말 국물을 끼얹어 만듦.
탕ː심(蕩心)명 방탕한 마음. ¶ 탕심이 나다.
탕ː아(蕩兒)명 ☞탕자(蕩子).
탕ː액(湯液)명 한약을 달이어 짠 물.
탕ː약(湯藥)명 달여서 먹는 한약. 탕제. 참산약(散藥)·환약.
　탕약에 감초(甘草) **빠질까**속담 어떤 일에나 빠짐없이 끼어드는 사람을 두고 빗대는 말.
탕양(蕩漾) '탕양하다'의 어근.
탕ː양-하다(蕩漾-)형여 큰 물결이 일렁거리다. **탕양-히**부.
탕ː요(蕩搖)명하자타 흔듦, 또는 흔들림.
탕ː-원미(湯元味)명 지난날, 초상집에 쑤어 보내던 죽. 물에 씻어 반쯤 찧은 멥쌀에 잘게 다진 쇠고기를 양념하여 넣고 묽게 끓임.
탕일(蕩逸) '탕일하다'의 어근.
탕ː일-하다(蕩逸-)형여 방탕하여 절제함이 없다.
탕ː자(蕩子)명 방탕한 사나이. 탕아(蕩兒). ¶ 뉘우치고 돌아온 탕자를 아버지가 기뻐하며 맞았다.
탕ː장(帑藏)명 내탕고(內帑庫)에 보관되어 있던 재물.
탕ː전(帑錢)명 ☞내탕금(內帑金).
탕ː정(湯井)명 더운물이 솟는 우물. 온천(溫泉). 탕천(湯泉).
탕ː정(蕩情)명 방탕한 마음.
탕ː제(湯劑)명 ☞탕약.

탕:지(蕩志)명 ①호탕한 웅지(雄志). 크고 넓은 뜻. ②방탕한 마음.

탕:-지기(湯-)명 대궐 안에서 국을 맡아 끓이던 종.

탕:진(蕩盡)명하타되자 (재물 따위를) 다 써서 없앰. 판탕(板蕩). ¶ 노름으로 가산을 탕진하다. 비탕갈(蕩竭).

탕:진-가산(蕩盡家產)명하자 집안의 재산을 다 써서 없앰. 탕패가산. ¶ 노름으로 탕진가산하다. 준탕산(蕩產).

탕:창(宕氅)명 '탕건(宕巾)'과 '창의(氅衣)'를 아울러 이르는 말.

탕:창-짜리(宕氅-)명 '탕건을 쓰고 창의를 입은 사람'을 홀하게 이르는 말.

탕:창-하다(宕氅-)자여 당하(堂下)의 벼슬을 하다.

탕:척(蕩滌)명하타 죄명(罪名)이나 전과(前過) 따위를 깨끗이 씻어 줌.

탕:척-서용(蕩滌敍用)[-써-]명 죄명을 씻어 주고 다시 등용함.

탕:천(湯泉)명 ☞탕정(湯井).

탕:치(湯治)명하타 ①온천에서 목욕하여 병을 고침. ②약탕(藥湯)에 몸을 담가 치료함, 또는 그 일.

탕:-치다(蕩-)타 ①(재산을) 다 없애다. ②(빚을) 탕감하다.

탕탕부하자타 실속 없이 헛된 장담으로 큰소리만 치는 모양. ¶ 아무것도 없으면서 늘 흰소리만 탕탕 친다. 큰텅텅. 참땅땅.

탕탕(蕩蕩) '탕탕하다'의 어근.

탕탕-거리다자타 자꾸 탕탕하다. 탕탕대다. 큰텅텅거리다.

탕탕-대다자타 탕탕거리다.

탕:탕평평(蕩蕩平平)명하형 (싸움이나 시비·논쟁 따위에서) 어느 쪽에도 치우침이 없이 공평함. 준탕평(蕩平).

탕:탕-하다(蕩蕩-)형여 ①썩 넓고 크다. ¶ 탕탕한 바다. ②다가올 일 따위가 순조롭다. ③마음이 유연하고 사사로움이 없다. ④수세(水勢)가 힘차다. **탕탕-히**부.

탕:파(湯婆)명 (잠자리를 따뜻하게 하기 위하여) 더운물을 채워 자리 밑에 넣어 두는, 사기나 쇠로 만든 그릇. 주로, 노인이나 환자·젖먹이를 위해 사용함. 각파(脚婆).

탕:패(蕩敗)명하타 (재물을) 다 없애어 결딴냄.

탕:패-가산(蕩敗家產)명하자 ☞탕진가산(蕩盡家產).

탕:평(蕩平)명 ①하타소탕하여 평정(平定)함. ¶ 탕평 천하(天下). ②하형〈탕탕평평〉의 준말. ③〈탕평책〉의 준말. ②**탕평-히**부.

탕:평-론(蕩平論)[-논]명 조선 영조 때의 탕평책(蕩平策)의 정론(政論). 준탕론(蕩論).

탕:평-채(蕩平菜)명 초나물에 녹두묵을 썰어 넣고 무친 음식. 〔조선 영조 때, 탕평책(蕩平策)을 논하는 자리의 음식상에 처음 올랐다는 데서 유래함.〕 묵청포.

탕:평-책(蕩平策)명 조선 시대에, 영조(英祖)가 당쟁의 시정책을 내리고 인재를 노론(老論)과 소론(少論)에서 같이 등용함으로써 당쟁을 없애려던 정책. 준탕평.

탕:폐(湯斃)[-폐/-페]명 중국 송나라 때, 어전(御前)에서 차를 달일 때에 쓰던 찻잔.

탕:포(蕩逋)명하타 지난날, 범포(犯逋)한 사람의 변상(辨償)을 탕감하던 일.

탕:화(湯火)명 끓는 물과 뜨거운 불.

탕:화(湯花)명 온천 밑바닥에 가라앉아 생긴, 황의 김이 식어서 엉긴 가루.

탕:화-창(湯火瘡)명 한방에서, 끓는 물이나 불에 데어서 생긴 상처를 이르는 말.

태[1]명 농작물에 해를 끼치는 새를 쫓는 기구. 짚이나 삼·실 따위로 머리는 굵고 꼬리는 가늘게 꼬아, 머리를 잡고, 꼬리를 휘휘 두르다가 거꾸로 잡아채면 '딱' 소리가 나서 새를 쫓게 됨.

태[2]명 질그릇이나 놋그릇의 깨진 금.

태(를) 먹다관용 그릇이 깨져 금이 생기다.

태(兌)명 ①〈태괘(兌卦)〉의 준말. ②〈태방(兌方)〉의 준말.

태(胎)명 ①모체(母體) 안에서 새 생명체를 싸고 있는 난막(卵膜)·태반(胎盤)·탯줄을 통틀어 이르는 말. 삼[1]. ②〈태지(胎紙)〉의 준말.

태를 길렀다[길렀나]속담 '사람이 어리석고 못났음'을 이를 때 하는 말.

태(泰)명 〈태괘(泰卦)〉의 준말.

태:(態)명 ①겉에 나타난 생김새. ¶ 말없는 청산이요, 태 없는 유수(流水)로다(古時調). ②맵시. ¶ 태 고운 아미(蛾眉).

태가(駄價)[-까]명 짐을 날라 주거나 져다 준 삯. ¶ 태가를 치르다.

태-가다자 질그릇이나 놋그릇에 깨진 금이 생기다.

태갈(苔碣)명 이끼가 낀 작은 빗돌.

태감(台監)명 지난날, 편지 글 등에서 '대감(大監)'이라는 말 대신 쓰던 말.

태감(台鑑)명 (종이품 이상의 벼슬아치에게 내는 편지나 보고서 따위의 겉봉에) '살펴보소서'라는 뜻으로 쓰던 말. 태람(台覽).

태강(太康)명하형 ☞태평(太平).

태강즉절(太剛則折)[-쩔]명하형 너무 세거나 빳빳하면 꺾어지기 쉽다는 말.

태거(汰去)명하타 지난날, 죄과(罪過)가 있는 하급 벼슬아치나 구실아치를 파면하던 일.

태경(苔徑)명 이끼가 낀 좁은 길.

태경-간풍(胎驚癇風)명 한방에서, 임신 중에 받은 심한 충격 때문에, 낳은 아이에게 일어나는 경간(驚癇)을 이르는 말.

태계(苔階)[-계/-게]명 이끼가 낀 섬돌.

태고(太古)명 아주 오랜 옛날. 반고(盤古). 수고(邃古). 숭석(崇昔). ¶ 태고의 신비.

태고(太高)명하형 매우 높음.

태고-사(太古史)명 태곳적의 역사.

태고-순민(太古順民)명 아주 오랜 옛날의 순하고 선량한 백성.

태고연(太古然) '태고연하다'의 어근.

태고연-하다(太古然-)형여 아주 오랜 옛적의 모습 그대로이다. **태고연-히**부.

태고지민(太古之民)명 아주 오랜 옛적의 어질고 순박한 백성.

태곳-적(太古-)[-고쩍/-곧쩍]명 아득히 먼 옛날.

태공(太公)명 〈국태공(國太公)〉의 준말.

태공(太空)명 아득히 높고 먼 하늘.

태공-망(太公望)명 '낚시질을 좋아하는 사람'을 이르는 말. 〔중국 주나라의 재상인 태공망이 낚시질을 즐겼다는 데서 유래함.〕

태과(太過)명하형 매우 지나침. 아주 심함. **태과-히**부.

태관(兌管)명 ☞색대.

태괘(兌卦)명 ①팔괘(八卦)의 하나. 상형은 '☱'로 못을 상징함. ②육십사괘의 하나. 팔괘의 태괘(兌卦:☱)를 위아래로 놓은 괘. 못 아래 못이 거듭됨을 상징함. 준태(兌).

태괘(泰卦)명 육십사괘의 하나. 팔괘의 곤괘(坤卦:☷)와 건괘(乾卦:☰)를 위아래로 놓은 괘. 하늘과 땅이 사귐을 상징함. 준태(泰).

태교(胎敎)명 임신 중에 태아에게 좋은 감화를 주기 위하여 임부(姙婦)가 마음을 바르게 하고 언행을 삼가는 일, 또는 그 가르침.

태국(泰國)명 '타이'의 한자음 표기.

태권(跆拳)[-꿘]명 우리나라 고유 무술의 한 가지. 맨손과 맨주먹으로 찌르기·치기, 발로 차기 따위로 공격·방어함. 참태껸.

태권-도(跆拳道)[-꿘-]명 무도(武道)로서의 태권을 이르는 말. 우리나라의 국기(國技)로서 겨루기·품세·단련 등으로 기술을 닦으며, 손기술과 발기술 등으로 상대편과 겨룸.

태그(tag)명 ①야구에서, 야수가 손이나 글러브로 공을 잡은 다음 몸을 누(壘)에 대는 일, 또는 공이나 글러브를 주자에게 대는 일. ②프로 레슬링에서, 두 사람이 한 조가 된 선수를 이름.

태그^매치(tag match)명 프로 레슬링에서, 두 사람 또는 세 사람이 한 조가 되어 벌이는 경기.

태극(太極)명 ①동양 철학에서, 온 세상의 만물이 생겨나는 근원을 이름. ②역학(易學)에서, 음양(陰陽)의 두 원기(元氣)가 나누어지기 전의 근본을 이름. ③만물의 근원을 그림으로 나타낸 상징. 우주를 뜻하는 하나의 원(圓)을 양과 음으로 2등분하여 양은 붉은빛으로, 음은 남빛으로 된 고리 모양의 무늬가 머리 부분을 서로 엇물고 돌아가듯이 그린 것. ¶ 태극 무늬.

태극-기(太極旗)[-끼]명 우리나라의 국기. 흰 바탕의 한가운데에 태극(太極)을, 네 귀에 태극을 향하여 검은색으로 건(乾)·곤(坤)·감(坎)·이(離)의 괘를 그렸음.

태극-나방(太極-)[-긍-]명 밤나방과의 곤충. 편 날개 길이 7cm가량. 몸과 날개가 모두 잿빛의 암갈색인데, 앞날개에 뚜렷한 태극 무늬가 있음. 5~8월에 두 번 출현하는데, 우리나라와 동아시아 각지에 분포함.

태극-선(太極扇)[-썬]명 태극 모양을 그린 둥근 부채. 까치선.

태금(汰金)명하자 감흙에 섞여 있는 황금을 물에 읾, 또는 일어 내는 일.

태급(太急)명하형 매우 급함. **태급-히**부.

태기(胎氣)명 아이를 밴 기미. ¶ 태기를 느끼다./태기가 보이다.

태ː-깔(態-)명 ①맵시와 빛깔. ¶ 태깔이 곱다. ②교만한 태도.

태깔(이) 나다관용 맵시 있는 태도가 있다.

태ː깔-스럽다(態-)[-따][~스러우니·~스러워]형ㅂ 교만한 태도가 있다. **태깔스레**부.

태껸명 우리나라 전통 무술의 한 가지. 섬세하고 부드럽게 움직이다가 튀기듯이 순간적으로 손질·발질을 하여 상대편을 물리치는 무술. 〔중요 무형문화재 제76호임.〕 참태권(跆拳).

태ː-나다자 〈태어나다〉의 준말.

태납(怠納)명하타 (세금이나 회비 따위를) 정해진 기간이 지나도록 내지 않음.

태낭(胎囊)명 포유동물의 태아를 싸고 있는 주머니 모양의 것. 또는, 조류나 파충류의 알껍데기 안에 있는 배(胚)의 거죽.

태내(胎內)명 태(胎)의 안.

태농(怠農)명하자 농사일을 게을리 함, 또는 그런 농민. 비나농(懶農).

태-다타 '태우다[1~3]'의 잘못.

태다(太多)명하형 썩 많음.

태다-수(太多數)명 썩 많은 수효.

태단(胎丹)명 한방에서, 태아에게 생긴 단독(丹毒)을 이르는 말.

태-대각간(太大角干)[-깐]명 신라 때의 관계(官階) 가운데 최고의 위계(位階). 대각간(大角干)의 위. 〔나라에 큰 공로가 있는 사람을 예우(禮遇)하기 위한 것인데, 일찍이 김유신(金庾信)에게 준 일이 있음.〕

태-대사자(太大使者)명 고구려 때의 관직. 국가의 기밀, 법의 개정, 징발, 관작의 수여 등 중요한 일을 맡아보던 벼슬.

태-대형(太大兄)명 고구려 후기 직제의 한 가지. 대대로(大對盧)의 다음으로, 국가의 기밀, 개법(改法), 징발, 관작 수여 따위를 맡아보던 벼슬.

태ː도(態度)명 ①몸을 가지는 모양이나 맵시. ②어떤 사물에 대한 감정이나 생각 따위가 겉으로 나타난 모습. ③어떤 상황이나 사물에 대한 준비 태세로서의 마음가짐. ¶ 꼭 하고야 말겠다는 백절불굴의 태도.

태독(胎毒)명 젖먹이의 머리나 얼굴에 생기는 여러 가지 피부병.

태동(胎動)명하자 ①모태 안에서 태아가 움직임. ②어떤 일이 일어날 기운이 싹틈. ¶ 개혁(改革) 세력이 태동하다. ③☞동태.

태두(太豆)명 '소의 콩팥'을 식용(食用)으로 이르는 군두목.

태두(泰斗)명 ①〈태산북두(泰山北斗)〉의 준말. ②(어떤 전문 분야에서) '첫손을 꼽을 만큼 권위가 있는 사람'을 비유하여 이르는 말. ¶ 퇴계 선생은 조선 성리학(性理學)의 태두이시다.

태란(胎卵)명 '태생(胎生)'과 '난생(卵生)'을 아울러 이르는 말.

태람(太濫)명하형 너무 한도가 지나침.

태람(台覽)명 지난날, 종이품 이상의 관원이나 그에 준하는 높은 사람에게 글이나 그림 따위를 보낼 때, '살펴보소서' 하는 뜻으로 겉봉에 쓰던 말. 태감(台鑑).

태령(太嶺·泰嶺)명 험하고 높은 고개.

태뢰(太牢)[-뢰/-뤠]명 ☞대뢰(大牢).

태루(胎漏)명 한방에서, 유산의 징후로 보이는 임신 중의 자궁 출혈을 이르는 말.

태류(苔類)명 선태식물의 한 가지. 뜰이나 우물 근처의 축축한 곳에 나는데, 우산이끼가 이에 딸림.

태림(台臨)명하자 지체가 높은 어른의 '출타(出他)'를 높이어 이르는 말.

태-마노(苔瑪瑙)명 이끼와 같은 무늬가 있는 마노.

태막(胎膜)명 태아를 싸서 보호하고 호흡·영양 작용을 맡은 태반을 이루는, 양막(羊膜)·장막(漿膜)·요막(尿膜) 따위를 통틀어 이르는 말. 태아 기관.

태만(怠慢)명하형 게으르고 느림. 과태(過怠). ¶ 직무 태만./업무 자세가 태만하다. **태만-히**부.

태맥(胎脈)명 아이를 밴 여자의 맥.

태명(台命)명 삼정승이나 지체가 높은 사람의 명령.

태모(胎母)명 ☞잉부(孕婦).

태몽(胎夢)명 아기를 밸 징조로 꾸는 꿈.

태묘(太廟)명 ☞종묘(宗廟).

태무(殆無)명하형 거의 없음.
태-무심(殆無心)명하형 거의 마음을 쓰지 않음.
태문(苔紋)명 이끼 모양으로 된 무늬.
태반(太半)명 〔절반은 훨씬 넘긴 수량이란 뜻으로〕 거의 3분의 2를 넘음을 이르는 말. 대반(大半). ¶ 버스 사고로 승객의 태반이 크게 다쳤다.
태반(殆半)명 거의 절반. ¶ 그 넓은 밭을 어느 결에 태반이나 갈았다.
태반(胎盤)명 포유동물에서 볼 수 있는 배(胚)의 양육 기관. 임신하면 자궁 내벽과 태아의 사이에서 영양 공급·호흡·배출 따위의 기능을 맡은, 혈관이 풍부한 해면상(海綿狀)의 조직.
태발(胎髮)명 ☞배냇머리. 산모(産毛).
태방(兌方)명 팔방(八方)의 하나. 정서(正西)를 중심으로 45도 범위 이내의 방위. 준태(兌). ↔진방(震方).
태배(鮐背)명 〔늙은이의 살가죽이 복어의 무늬와 같다는 뜻으로〕 '늙은이'를 비유하여 이르는 말.
태백-성(太白星)[-썽]명 저녁때 서쪽 하늘에 빛나는 '금성(金星)'을 이르는 말. 장경성.
태벌(笞罰)명하타 지난날, 태장(笞杖)으로 볼기를 치던 형벌.
태변(胎便)명 ☞배내똥.
태병(苔餠)명 떠서 말린 파래.
태보(太保·大保)명 고려 시대에, 정일품의 명예직인 삼사(三師)의 하나. 태사(太師)·태부(太傅)의 다음임.
태보(胎褓)명 ☞삼[1].
태복-감(太卜監·大卜監)[-깜]명 고려 시대에, 천문을 맡아보던 관아. 현종 14(1023)년에 사천대(司天臺)로 고쳤음.
태복-사(太僕司)[-싸]명 조선 시대에, 임금의 거마(車馬)와 조마(調馬) 따위를 맡아보던 관아로, 고종(高宗) 때에 사복시(司僕寺)를 폐하고 설치하였음.
태복-시(太僕寺·大僕寺)[-씨]명 고려·조선 시대에, 궁중의 승여(乘輿)·마필(馬匹)·목장(牧場)을 맡아보던 관아.
태봉(胎封)명하자 왕실의 태(胎)를 묻던 일, 또는 그 묻은 곳.
태봉(泰封)명 후삼국의 하나. 통일 신라 효공왕(孝恭王) 때 신라의 왕족 궁예(弓裔)가 송악(松嶽)에 세운 나라로, 뒤에 송악의 토호 왕건(王建)에게 패망함. 〔901~918〕
태부(太傅·大傅)명 ①고려 시대에, 정일품의 명예직인 삼사(三師)의 하나. 태사(太師)의 아래, 태보(太保)의 위. ②고려 시대에, 동궁에 속하여 왕세자의 교육을 맡아보던 종일품 벼슬.
태-부족(太不足)명하형 아주 많이 모자람. ¶ 그 양으로 이 많은 사람을 감당하기에는 태부족일세.
태비(苔碑)명 이끼가 낀 비석.
태사(太社·大社)명 지난날, 나라에서 토지의 신과 오곡(五穀)의 신에게 제사 지내던 곳.
태사(太師·大師)명 고려 시대에, 정일품의 명예직인 삼사(三師)의 으뜸 벼슬.
태사(汰沙)명하타되자 물에 일어서 좋고 나쁜 것을 갈라 놓음.
태사-국(太史局)명 고려 시대에, 천문·역수(曆數)·측후(測候)·각루(刻漏) 따위의 일을 맡아보던 관아. 나중에 사천감(司天監)을 합하여 서운관(書雲觀)으로 함.
태사-령(太史令)명 고려 시대에, 태사국(太史局)의 종오품 벼슬.
태사-신(太史-)명 남자의 마른신의 한 가지. 울을 비단이나 가죽으로 하고 코와 뒤축 부분에 흰 줄무늬를 넣었음. 태사혜(太史鞋).
태사-혜(太史鞋)[-혜/-헤]명 ☞태사신.
태산(泰山)명 ①썩 높고 큰 산. ¶ 태산이 높다 하되 하늘 아래 뫼이로다(古時調). ②'크고 많음'을 비유하여 이르는 말. ¶ 걱정이 태산 같다. /어버이 은혜는 태산보다 높다.
태산 명동(鳴動)에 서일필(鼠一匹)이라속담 〔태산을 울리고 요동하게 하더니 겨우 쥐 한 마리를 잡았다는 뜻으로〕 크게 떠벌리기만 하고 결과는 보잘것없음을 이르는 말.
태산을 넘으면 평지를 본다속담 고생 끝에 낙이 온다는 말.
태산-교악(泰山喬嶽)명 〔'높고 큰 산'이라는 뜻으로〕 '지조가 곧고 꿋꿋한 성격'을 이르는 말.
태산-북두(泰山北斗)[-뚜]명 ①태산과 북두칠성을 아울러 이르는 말. ②'세상 사람들로부터 가장 존경을 받는 사람'을 비유하여 이르는 말. ②준산두·태두.
태산-압란(泰山壓卵)[-사남난]명 〔큰 산이 알을 누른다는 뜻으로〕 '큰 위엄으로 여지없이 누름'을 비유하여 이르는 말.
태산-준령(泰山峻嶺)[-줄-]명 큰 산과 험한 고개.
태상(太上)명 ①가장 뛰어난 것. 극상(極上). ②☞천자(天子).
태상(胎上)명 ☞태중(胎中).
태상-경(太常卿)명 고려 시대에, 태상부(太常府)의 으뜸 벼슬을 이르던 말.
태상-부(太常府·大常府)명 고려 시대에, 제사·증시(贈諡)를 맡아보던 관아. 25대 충렬왕 때 봉상시(奉常寺)로 고침.
태-상왕(太上王)명 왕의 자리를 물려준, 생존하는 전 임금을 높이어 이르던 말. 태왕. 준상왕(上王).
태-상절(兌上絕)명 팔괘 중, 태괘(兌卦)는 위의 막대가 끊어졌다는 뜻으로, '☱'의 모양을 이르는 말. ↔간상련(艮上連).
태-상황(太上皇)명 황제의 자리를 물려준, 생존하는 전 황제를 높이어 이르던 말. 태황제. 준상황.
태생(胎生)명 ①어미의 배 속에서 개체로서의 생활이 가능할 때까지 발육한 다음 태어나는 일. 대부분의 포유동물과 물고기의 일부가 이에 딸림. ↔난생. ②(사람이 어떤 곳에) 태어나는 일. ¶ 서울 태생. /그는 가난한 집 태생이다.
태생^과:실(胎生果實)명 배(胚)가 발육하여 뿌리를 드리운 후에 모체에서 떨어지는 열매.
태생^동:물(胎生動物)명 알이 수정한 뒤 모체 안에서 자라 성체(成體)로서 태어나는 동물의 종류를 통틀어 이르는 말. ¶ 고래는 태생 동물이다. ↔난생 동물.
태생-지(胎生地)명 태어난 곳. ¶ 실례지만 태생지가 어딥니까?/우리 집안의 고향은 진주라지만 나의 태생지는 부산이다.
태생-학(胎生學)명 '발생학(發生學)'을 의학에서 이르는 말.
태서(泰西)명 '서양(西洋)'을 예스럽게 이르는 말.
태서문예-신보(泰西文藝新報)명 우리나라 최초의 문예 주간지. 1918년 9월 장두철(張斗徹)의 주재로 일본 도쿄에서 창간되었으며, 현재 16호까지가 전해짐. 처음에는 종합지의 성격을 띠고 출발하였으나 뒤에 문예지로서의 성격을 굳힘.

태석(苔石)명 이끼가 낀 돌.
태선(苔蘚)명 ☞이끼1.
태선(苔癬)명 좁쌀만 한 크기에서부터 삼씨만 한 크기의 구진(丘疹)이 생기는 만성 피부병. 물이 괴거나 곪지는 않음.
태성명 이마가 흰 말.
태세(太歲)명 ①그해의 간지(干支). ②'목성(木星)'의 딴 이름.
태세(胎勢)명 자궁 안에서의 태아의 자세. 정상 태세와 반굴(反屈) 태세가 있음.
태ː세(態勢)명 (어떤 일을 앞두고) 정신적·육체적으로 갖추어진 태도와 자세. ¶ 물샐틈없는 경계(警戒) 태세. /방위 태세.
태속(笞贖)명 지난날, 볼기를 맞는 형벌 대신으로 관아에 바치던 돈.
태손(太孫)명 〈황태손〉의 준말.
태수(太守)명 ①신라 때, 군(郡)의 으뜸 벼슬. 위계(位階)는 중아찬(重阿飡)에서 사지(舍知)까지임. ②☞지방관(地方官).
태시(太始)명 ①천지가 비롯된 때. 태초. ②만물의 밑뿌리. 근본.
태시(胎屎)명 ☞배내똥.
태식(太息)명 한숨.
태식(胎息)명하자 〈태식법〉의 준말.
태식-법(胎息法)[-뻡]명하자 도가(道家)에서 행하는 호흡법의 한 가지. 잡념을 없애고 가만가만 편안히 숨을 쉬어, 기운이 배꼽 아래에 미치게 하는 호흡법. 준태식(胎息).
태실(胎室)명 왕실에서 태를 묻던 석실.
태심(太甚)명하형 아주 심함. 참극심하다.
태아(胎兒)명 태(胎) 안에서 자라고 있는 아기.
태아(胎芽)명 ①식물에서, 양분을 저장하였다가 저절로 떨어져 나가 하나의 개체가 되는 싹. 〔마·백합 등의 육아(肉芽) 따위.〕 ②척추동물의 임신 후 2개월까지의 수정란.
태아^기관(胎兒器官)명 ☞태막(胎膜).
태안(泰安)명하형 태평하고 안녕함. ¶ 댁내 두루 태안하시기를 기원합니다. **태안-히**부.
태안-젓(太眼-)[-젇]명 명태의 눈으로만 담근 젓. *태안젓이[-저시]·태안젓만[-전-]
태양(太陽)명 ①태양계의 중심을 이루는 항성. 거대한 고온의 가스 덩어리임. 염정(炎精). 염제(炎帝). 해1. ②'길이 자랑스럽고 희망을 주는 존재'를 상징하여 이르는 말. ¶ 민족의 태양. ③사상(四象)의 하나. 양기만 있고 음기는 조금도 없는 상태. ③↔태음.
태ː양(態樣)명 모양. 상태.
태양-경(太陽鏡)명 태양을 관측할 때, 망원경에 부착시켜 눈에 들어가는 태양 광선을 조절하는 접안렌즈.
태양-계(太陽系)[-계/-게]명 태양을 인력의 중심으로 하여 운행하고 있는 천체의 집단. 수성·금성·지구·화성·목성·토성·천왕성·해왕성의 여덟 행성과 이에 딸린 50개 이상의 위성 및 소행성·혜성·유성을 통틀어 이르는 말.
태양-년(太陽年)명 태양이 황도(黃道) 위의 춘분점을 지나 다시 춘분점에 돌아올 때까지의 시간. 〔평균 태양일로 365.242195일임.〕 회귀년(回歸年).
태양-등(太陽燈)명 태양 광선과 비슷한 자외선을 비교적 많이 포함한, 빛을 내는 전등. 의료용이나 살균용으로 쓰임.
태양-력(太陽曆)[-녁]명 지구가 태양의 둘레를 한 바퀴 도는 데 걸리는 시간을 1년으로 삼는 달력. 준양력. 참태음력.
태양^상수(太陽常數)명 대기(大氣)의 흡수가 없다고 가정하고, 태양 광선에 수직인 지표면(地表面) 1 cm^2가 1분 동안에 받는 태양 에너지. 약 1.946 cal.
태양^숭배(太陽崇拜)명 자연 숭배의 한 가지. 미개 사회나 고대 사회의 종교에서, 태양을 최고의 신으로 받드는 신앙.
태양-시(太陽時)명 태양의 일주 운동(日週運動)을 기본으로 하여 정한 시법(時法). 1태양일을 24시간으로 하고, 자오선으로부터 태양의 중심까지의 각도에 의하여 시각을 나타냄. 〔진태양시, 평균 태양시 따위가 있음.〕
태양-신(太陽神)명 (바빌로니아·이집트 등의) 고대 민족들이 신앙의 대상으로 신격화한 태양.
태양-열(太陽熱)[-녈]명 지구가 태양으로부터 받는 열에너지.
태양열^발전(太陽熱發電)[-녈-쩐]명 태양열(太陽熱)을 전력으로 변경시키거나, 태양열을 이용하여 하는 발전.
태양열^주ː택(太陽熱住宅)[-녈-]명 태양열(太陽熱)을 이용하여 난방을 하거나 온수를 공급하도록 되어 있는 주택.
태양-인(太陽人)명 사상 의학에서 넷으로 나눈 사람의 체질 가운데 하나. 폐가 크고 간이 작으며, 활달하고 적극적인 반면 조급하고 독선적이며 노여움을 잘 타는 체질임. 상체가 튼튼하고 하체가 약함. 참소음인·소양인·태음인.
태양-일(太陽日)명 태양이 한 자오선을 지나서 다시 그 자오선을 지날 때까지의 시간. 〔진태양일(眞太陽日), 평균 태양일 따위가 있음.〕
태양^전ː지(太陽電池)명 태양 에너지를 직접 전기 에너지로 바꾸는 광전지의 한 가지. 반도체를 이용하며 인공위성 따위에 쓰임.
태양^전ː파(太陽電波)명 태양으로부터 나오는 전파. 코로나에서는 장파(長波), 채층(彩層)에서는 단파(短波)가 나옴. 무선 전신에 장애가 됨.
태양-증(太陽症·太陽證)[-쯩]명 ☞상한양증(傷寒陽症).
태양-초(太陽草)명 햇볕에 말린 고추.
태양-충(太陽蟲)명 원생동물 태양충류를 통틀어 이르는 말. 몸길이 0.05 mm가량. 몸은 둥글고, 핵을 중심으로 많은 위족(僞足)이 햇살 모양으로 뻗쳐 나왔으므로 이 이름이 붙음. 못이나 호소(湖沼)에 떠다니며, 세균이나 편모충을 잡아먹음.
태양-풍(太陽風)명 태양으로부터 방출되는, 자기장이 딸린 플라스마의 흐름.
태양^향ː점(太陽向點)[-쩜]명 태양계가 항성 사이를 향하여 운동하고 있는 방향. 매초 19.5 km의 속도로 운행함.
태양-혈(太陽穴)명 한방에서, 침을 놓는 자리의 한 가지. 귀의 위, 눈의 옆쪽으로, 음식을 씹으면 움직이는 곳.
태양^흑점(太陽黑點)[-쩜]명 태양면에 보이는 검은 반점. 광구면(光球面)보다 약간 온도가 낮기 때문에 검게 보이는데, 지구 상의 기온과 천기(天氣)에도 갖가지 영향을 미침. 준흑점.
태어-나다자 (사람이나 동물이) 어미의 태(胎)로부터 세상에 나오다. ¶ 가난한 농부의 아들로 태어나다. 준태나다.
태업(怠業)명하자 ①맡은 일을 게을리 함. ②노동 쟁의 수단의 한 가지. 노동조합의 통제하에 일을 하면서도 집단으로 노동 능률을 떨어뜨려 사용자에게 손해를 주는 방법. ②사보타주.

태:-없다(態-)[-업따]형 ①뽐낼 만한 지위에 있으면서도 조금도 뽐내는 빛이 없다. ②볼 만한 태가 없다. 맵시가 없다. ¶ 태없는 옷차림. 태없-이부.
태연(泰然)명하형스형 (태도나 기색이) 아무렇지 않고 예사로움. ¶ 보통 사람이라면 몹시 화를 낼 터인데도 그는 태연하기 짝이 없다. 태연-히부. 태연스레부 ¶ 아주 태연스레 거짓말을 하다.
태연-자약(泰然自若)명하형 (마음에 무슨 충동을 받을 만한 일이 있어도) 태연하고 천연스러움. ¶ 심한 타격에도 태연자약하다.
태열(胎熱)명 한방에서, 태중(胎中)의 열로 말미암아 갓난아이에게 나타나는 병증을 이르는 말. 얼굴이 붉어지고 눈을 감으며, 변비가 따르고 젖을 잘 먹지 않음.
태엽(胎葉)명 시계나 장난감 따위의 기계에서, 탄력을 이용하여 동력으로 쓰는 부속품. 얇고 긴 강철 띠를 돌돌 말아 넣었음. ¶ 태엽을 감다. 태엽이 풀리다관용 '긴장 따위가 풀려 몸과 마음이 느슨해지다'를 속되게 이르는 말.
태오(怠傲) '태오하다'의 어근.
태오-하다(怠傲-)형여 거만하고 버릇이 없다.
태완(太緩) '태완하다'의 어근.
태완-하다(太緩-)형여 몹시 느리거나 느슨하다.
태왕(太王)명 ☞태상왕(太上王).
태우다¹타 〚'타다¹'의 사동〛 ①불을 붙여 타게 하다. ¶ 쥐불을 놓아 논둑을 태우다. ②(탈 만큼 타서) 몹시 눋게 하다. ¶ 밥을 태우다. ③살갗이 햇볕에 그을게 하다. ¶ 일광욕으로 피부를 태우다. ④몹시 애달게 하거나 걱정이 되게 하다. ¶ 부모(父母)의 애간장을 태우다. ⑤바짝 마르게 하다. ¶ 논밭을 태우다.
태우다²타 〚'타다²'의 사동〛 (수레나 배 따위) 탈것에 몸을 싣게 하다. ¶ 동생을 차에 태우다. /아기를 그네에 태우다.
태우다³타 ①〚'타다⁵'의 사동〛 몫으로 주는 돈이나 물건을 받게 하다. ¶ 곗돈을 태우다. ②노름이나 내기 따위에서, 돈이나 물건을 걸다. ¶ 한 패에 가진 돈을 몽땅 태웠다.
태우다⁴타 〚'타다³'의 사동〛 간지럼을 타게 하다.
태운(泰運)명 걱정이 없고 평안한 운수.
태위(太尉·大尉)명 고려 시대의 삼공(三公)의 하나.
태위(台位)명 삼공(三公)의 자리, 곧 재상(宰相)을 이르던 말. 태좌(台座).
태위(胎位)명 태아의 위치.
태유(太油)명 콩기름.
태을(太乙)명 ①☞태일(太一). ②〈태을성(太乙星)〉의 준말.
태을-성(太乙星)[-썽]명 ①음양가가 이르는 신령한 별의 이름. 하늘 북쪽에 있어 병란(兵亂)·재화(災禍)·생사를 맡아 다스린다고 함. ②도교에서, 천제(天帝)가 살고 있다는 별. 태일성(太一星). 준태을.
태을-점(太乙占)[-쩜]명 태을성의 이동하는 위치에 따라 길흉을 점치는 일, 또는 그 점. 태일점(太一占).
태음(太陰)명 ①(태양에 대하여) '달'을 이르는 말. ②사상(四象)의 하나. 음기(陰氣)만 있고 양기(陽氣)가 조금도 없는 상태. ②↔태양.
태음-년(太陰年)명 태음력에 따른 1년. 태음월을 평년에는 열두 번, 윤달이 있을 때는 열세 번 거듭하는 시간으로, 354일 또는 355일에 해당함.
태음-력(太陰曆)[-녁]명 달의 만월에서 만월까지의 29.53059일을 기초로 하여 만든 역법(曆法). 1년을 12월로 하고 작은 달을 29일, 큰 달을 30일로 함. 주로 고대 이슬람권에서 사용되었음. 준음력.
태음-월(太陰月)명 달이 신월(新月)에서 다음 신월이 될 때까지의 동안. 삭망월(朔望月).
태음-인(太陰人)명 사상 의학에서 넷으로 나눈 사람의 체질 가운데 하나. 폐가 작고 간이 크며, 꾸준하고 참을성이 있는 반면 욕심이 많은 체질임. 상체가 약하고 하체가 튼튼하며 체격이 큰 편임. 참소음인·소양인·태양인.
태음-일(太陰日)명 달이 자오선(子午線)을 지나 다시 그 자오선에 돌아오는 때까지의 동안. 약 24시간 50분 28초.
태음-증(太陰症·太陰證)[-쯩]명 ☞상한음증.
태음^태양력(太陰太陽曆)[-녁]명 태음력과 태양력을 절충한 역법. 곧, 달의 운행에 기준을 두면서 계절에도 맞춘 책력으로 19년에 일곱 번 윤달을 두었음. 우리나라의 음력이나 중국력·그리스력(曆) 등이 이에 딸림. 준음력(陰曆).
태의(胎衣)[-의/-이]명 태(胎)의 껍질.
태의-감(太醫監)[-의-/-이-]명 고려 시대에, 의약·치료에 관한 일을 맡아보던 관아. 충렬왕 34(1308)년에 사의서(司醫署)로 고쳤음.
태일(太一·泰一)명 ①중국 철학에서, 천지 만물의 출현과 성립의 근원을 이르는 말. 우주의 본체. 태을(太乙). ②〈태일성〉의 준말.
태일-성(太一星)[-썽]명 ☞태을성. 준태일.
태일-점(太一占)[-쩜]명 ☞태을점(太乙占).
태잉(胎孕)명하자.타 ☞잉태(孕胎).
태자(太子)명 〈황태자(皇太子)〉의 준말. ¶ 태자 자리에 오르다.
태자-궁(太子宮)명 ①〈황태자〉의 높임말. 참춘궁(春宮). ②황태자가 거처하는 궁궐. 동궁(東宮).
태자-비(太子妃)명 황태자의 아내. 비(妃).
태작(駄作)명 보잘것없는 작품. 졸렬한 작품.
태장(笞杖)명 '태형(笞刑)'과 '장형(杖刑)'을 아울러 이르는 말.
태장-계(胎藏界)[-계/-게]명 밀교(密敎)의 이대 법문(二大法門)의 하나. 대일여래(大日如來)를 자비(慈悲) 면에서 나타낸 말. 부처의 보리심(菩提心)을 어머니의 태내(胎內)에 비유한 것. 참금강계(金剛界).
태장계^만다라(胎藏界曼陀羅)[-계-/-게-]명 대일경(大日經)에 바탕을 둔 태장계의 모습을 나타낸 그림. 부처의 보리심이 어머니의 태내(胎內)에 비유되는 자비(慈悲)에 의하여 일체 중생을 구제하는 것을 상징한 그림.
태전(苔田)명 '김의 양식장(養殖場)'을 논밭에 비유하여 이르는 말.
태점(胎占)명 배 속의 아이가 아들인지 딸인지를 알려고 치는 점.
태정(台鼎)명 지난날, '삼정승'을 달리 이르던 말.
태정(苔井)명 이끼가 낀 우물.
태조(太祖)명 (중국이나 우리나라에서) 개국(開國)한 임금에게 올린 묘호(廟號).
태종(太宗)명 태조(太祖)에 이어 업적이나 덕행이 뛰어났던 임금에게 올린 묘호(廟號).
태좌(台座)명 ☞태위(台位).
태좌(胎座)명 암술꽃의 한 부분. 씨방 안에 밑씨가 붙는 자리.
태죄(笞罪)[-죄/-줴]명 태형(笞刑)에 해당하는 죄.

태주명 마마를 앓다가 죽은 어린 계집아이의 귀신. 명도(明圖).
태주(太蔟·太簇)명 ①동양 음악에서 십이율(十二律)의 셋째 음. ②'음력 정월(正月)'을 달리 이르는 말.
태주-할미명 태주를 부리는 여자.
태중(胎中)명 아이를 배고 있는 동안. 태상(胎上). ¶ 태중에는 몸조심해야 한다.
태지(胎紙)명 ①족자나 병풍 따위를 만들 때, 서화의 가장자리에 덧대는 종이. ㊁태(胎). ②편지 속에 따로 적어 끼워 넣는 종이. ②협지(夾紙).
태직(太稷)명 임금이 백성을 위하여 후직(后稷)에게 제사 지내던 곳.
태-질명 ①하타 세차게 메어치거나 내던지는 짓. ②하자 개상에다 곡식단을 메어쳐 곡식 알을 떠는 일.
태질-치다타 세게 메어치거나 내던지다. ¶ 가방을 길바닥에 태질치다. ㊁태치다.
태-짐(駄-)명 먼 곳으로 지거나 실어서 나르는 짐.
태짐-꾼(駄-)명 먼 곳으로 태짐을 져 나르는 일꾼.
태차(胎借)명하자 임신한 여자가 약을 먹어 배 속의 아이에게 차력(借力)이 되게 하는 일.
태천(苔泉)명 이끼가 덮인 샘.
태초(太初)명 천지가 처음 열린 때. 천지가 창조된 때. 창초(創初). 태시(太始).
태촉(太促)명하타 몹시 급하게 재촉함.
태촉-하다(太促-)[-초카-]형여 매우 촉박하다.
태-치다타 〈태질치다〉의 준말.
태코미터(tachometer)명 ☞회전 속도계.
태클(tackle)명하타 ①레슬링의 공격 기술의 한 가지. 양팔로 상대편의 아랫도리나 허리를 잡아 밀어서 넘기는 기술. 〔한다리 태클·허리 태클 따위.〕 ②럭비에서, 공을 쥐고 뛰는 상대편의 아랫도리를 잡아 못 가게 하여 넘어뜨리거나 공을 빼앗는 일. ③축구에서, 공을 몰고 나아가는 상대편 선수에 대하여 그 발 앞의 공을 몸을 날리거나 하여 기습적으로 빼앗는 일.
태타(怠惰)명하형 게으름. 해태(懈怠).
태탕(駘蕩) '태탕하다'의 어근.
태탕-하다(駘蕩-)형여 ①넓고 크다. ②봄날의 날씨 따위가 매우 화창하다.
태토(胎土)명 질그릇의 밑감으로 쓰는 흙.
태평(太平·泰平)명하형스형 ①세상이 안정되고 풍년이 들어 아무 걱정이 없고 평안함. ¶ 태평을 누리다. /나라의 태평을 기원하다. /태평한 세월. ②성격이 느긋하여 근심 걱정 없이 태연함. ¶ 끼닛거리가 없어도 태평이다. ③몸이나 마음이나 집안이 평안함. 태강(太康). **태평-히**부. **태평스레**부.
태평-가(太平歌)명 ①세상의 태평함을 기뻐하여 부르는 노래. ②국악의 가곡인 '만년장환지곡(萬年長歡之曲)'의 맨 끝 곡.
태평-과(太平科)명 조선 시대에, 시절이 태평하거나 나라에 경사가 있을 때 임시로 보이던 과거의 한 가지. ¶ 국가에 경사 있어 태평과를 보이실새(烈女春香守節歌).
태평-관(太平館)명 조선 시대에, 명나라 사신이 머무르던 객사(客舍).
태평-꾼(太平-)명 (세상일에 관심이 없거나 물정에 어두워) '아무 걱정이 없이 마음이 항상 평안한 사람'을 이르는 말.
태평-사(太平詞)명 조선 선조 때, 박인로(朴仁老)가 지은 가사. 임진왜란 때 다시 돌아오게 될 태평성대를 마음속에 그리며 읊은 사사조(四四調) 가사체의 장가(長歌).
태평-성대(太平聖代)명 어진 임금이 다스리는 태평한 세상, 또는 그 시대. ¶ 태평성대를 누리다.
태평-성사(太平盛事)명 태평한 시대의 크고 훌륭한 일.
태평-세계(太平世界)[-계/-게]명 평화스러운 세상(世上).
태평-세월(太平歲月)명 근심이나 걱정이 없는 평안한 시절.
태평-소(太平簫)명 단단한 나무의 속을 파서 만든 국악기의 한 가지. 갈대로 된 서가 있고 아래쪽에 지름 13 cm가량의 동팔랑(銅八郞)이 달렸음. 관에는 앞쪽에 일곱 구멍, 뒤쪽에 한 개의 구멍이 있음. 처음에는 군악에 쓰였으나 뒤에 종묘 제향악, 농악 등에도 두루 쓰이게 됨. 대평소. 쇄납. 철적(鐵笛).
태평-송(太平頌)명 신라 28대 진덕 여왕(眞德女王)이 당나라 고종에게 보낸 송시(頌詩). 당나라의 홍업(洪業)을 크게 칭송한 내용임.
태평양^전:쟁(太平洋戰爭)명 제2차 세계 대전의 일부로, 1941년 12월 8일부터 1945년 8월 15일까지 일본과 미국·영국·네덜란드 등의 연합국 사이에 벌어진 전쟁.
태평-연월(太平烟月)[-녀뉠]명 태평하고 안락한 세월. ¶ 어즈버, 태평연월이 꿈이런가 하노라.
태평-천하(太平天下)명 태평스럽고 편안한 세상.
태풍(颱風)명 ①북태평양 남서부에서 발생하여 동북아시아 내륙으로 불어 닥치는 폭풍우. 열대성 저기압 중, 최대 풍속 매초 17 m 이상 되는 것을 이름. ②☞싹쓸바람.
태풍의 눈(颱風-)[-의-/-에-] ①태풍의 중심 부근에 생기는, 바람이 약하고 구름이 적은 둥근 구역. 보통, 직경 수십 킬로미터에 이름. ②'예상되는 위기나 대단한 변화의 핵심적인 빌미'를 비유하여 이르는 말. ¶ 김 군의 등판은 이 경기에서 태풍의 눈으로 평가되었다.
태피스트리(tapestry)명 명주실·무명실·털실 따위의 색실로 무늬나 그림 따위를 나타낸 직물. 가리개나 벽걸이 등 장식용으로 쓰임.
태학(太學)명 ①조선 시대에, 성균관(成均館)을 달리 이르던 말. ②고려 시대의 국자감(國子監)의 한 분과. ③고구려 때의 국립 교육 기관.
태학-사(太學士)[-싸]명 ①조선 시대에, 홍문관 대제학(弘文館大提學)을 달리 이르던 말. ②갑오개혁 이후의 홍문관의 으뜸 벼슬.
태학-생(太學生)[-쌩]명 조선 시대에, 성균관에서 기거하며 공부하던 유생, 곧 생원(生員)·진사(進士) 등을 통틀어 이르던 말.
태항(胎缸)명 왕실에서 태를 담아서 묻는 데 쓰던 항아리.
태허(太虛)명 ①하늘. ②동양 철학에서, 기(氣)의 본체를 이르는 말.
태형(笞刑)명 오형(五刑)의 하나. 매로 볼기를 치던 형벌.
태형-하다(笞刑-)타여 태형으로 다스리다.
태홀(怠忽)명하형 게으르고 느림. **태홀-히**부.
태화(胎化)명하자 생물이 모태(母胎) 안에서 자라 태어남.
태화-탕(太和湯)명 ①끓는 물. ②'언제나 마음이 태평하고 매사에 매조지가 없는 사람'을 얕잡아 이르는 말. ¶ 그런 태화탕을 대표로 뽑다니!
태환(兌換)명하타 ①바꿈. ②지폐를 금화(金貨) 따위의 정화(正貨)와 서로 바꿈.
태환-권(兌換券)[-꿘]명 ☞태환 지폐.
태환^은행(兌換銀行)명 태환권을 발행하는 권한이 있는 은행.
태환^제ː도(兌換制度)명 태환 지폐를 발행하여 그 지폐와 정화(正貨)를 교환할 수 있도록 한 제도.
태환^지폐(兌換紙幣)[-폐/-페]명 정화(正貨)와의 교환이 보증되어 있는 지폐. 태환권. ↔불환 지폐(不換紙幣).
태황(太皇)명 〈태황제〉의 준말.
태-황제(太皇帝)명 ☞태상황(太上皇). 준태황.
태-황태후(太皇太后)명 황제의 생존해 있는 할머니, 곧 전전 황제의 부인.
태후(太后)명 〈황태후(皇太后)〉의 준말.
택거(宅居)[-꺼]명하자 집에 거처함.
택견[-껸]명 ☞태껸.
택곽(澤廓)[-꽉]명 아래 눈꺼풀의 코에 가까운 곳.
택교(擇交)[-꾜]명하타 벗을 가리어서 사귐. 또는, 사귈 벗을 고름.
택급-만세(澤及萬世)[-끔-]명하자 혜택(惠澤)이 영원히 미침.
택길(擇吉)[-낄]명하타 ☞택일(擇日).
택내(宅內)명 '댁내(宅內)'의 잘못.
택란(澤蘭)[탱난]명 ①☞쉽싸리. ②한방에서, '쉽싸리의 잎'을 약재로 이르는 말. 성질이 조금 온(溫)하여, 외과나 산부인과에서 피를 다스리는 약으로 씀.
택량(擇良)[탱냥]명하자 보다 좋은 것을 선택함.
택량(澤梁)[탱냥]명 어량(魚梁)을 쳐 놓은 못.
택료(宅療)[탱뇨]명하자 (환자가) 자기 집에서 요양함, 또는 그 요양.
택반(澤畔)[-빤]명 못가.
택발(擇拔)[-빨]명하타 여럿 가운데서 뽑아냄.
택배(宅配)[-빼]명 개인이나 기업으로부터 짐·서류 따위의 운송을 의뢰받아 지정된 장소까지 직접 배달하는 일.
택벌(擇伐)[-뻘]명하타 나무를 가려서 벌채함.
택사(宅舍)[-싸]명 사람이 사는 집.
택사(澤瀉)[-싸]명 ①택사과의 다년초. 높이 40~130cm. 무논·못·습지에 절로 나는데, 잎은 뿌리에서 무더기로 나고 7월경에 흰 꽃이 핌. 우리나라 각지에 분포함. ②한방에서, '택사의 뿌리'를 약재로 이르는 말. 성질이 찬데, 임질(淋疾)·습증(濕症)·부종(浮腫) 등에 쓰임.
택상(宅相)[-쌍]명 장래에 훌륭하게 될 외손(外孫)을 이르는 말.
택서(擇壻)[-써]명하자 사윗감을 고름.
택선(擇善)[-썬]명하자 선(善)을 택함.
택시(taxi)명 손님을 태워 주고 거리와 시간에 따라 요금을 받는 영업용 자동차. ¶ 택시 요금.
택시미ː터(taximeter)명 택시에 장치하여, 주행거리와 시간에 따라 요금이 자동적으로 계산되어 표시되는 계기(計器). 미터기.
택심(宅心)[-씸]명하타 마음에 새겨 두고 잊지 않음. 존심(存心).
택언(擇言)명하자 (도리에 맞는) 말을 가려 씀, 또는 그 말.
택용(擇用)명하타 (마음에 드는 것으로) 골라서 씀.
택우(澤雨)명 만물(萬物)을 적셔 주는 좋은 비. 자우(滋雨).
택우(擇偶)명하자 배우자를 고름. 참택혼(擇婚).
택인(擇人)명하자 쓸 만한 인재를 고름.
택일(擇一)명하자 여럿 중에서 하나만 고름. ¶ 둘 중에서 택일하다.
택일(擇日)명하타 (혼인이나 이사, 길을 떠날 때 등에) 좋은 날을 가려 정함, 또는 그 일. 연길(涓吉). 택길.
택정(擇定)[-쩡]명하타되자 (여럿 중에서) 골라 정함. 선정(選定).
택조(宅兆)[-쪼]명 ①무덤의 광중(壙中). ②☞묘지.
택지(宅地)[-찌]명 주택을 짓기 위한 땅. 집터. ¶ 못을 매립하여 택지로 조성하다.
택지(擇地)[-찌]명하자 좋은 땅을 고름.
택진(宅診)[-찐]명하타 의사가 자기 집에서 환자를 진찰함. ↔왕진(往診).
택차(擇差)명하타 쓸 만한 인재를 골라서 벼슬을 시킴.
택처(擇處)명하자 살 곳이나 있을 곳을 고름.
택출(擇出)명하타되자 골라냄. 뽑음.
택품(擇品)명하타 좋은 물품을 고름.
택피창생(澤被蒼生)명하자 은택이 모든 백성에게 미침.
택-하다(擇-)[태카-]타여 고르다. 선택하다. ¶ 이 중에서 하나만 택하세요./여러 집 가운데 기와집을 택하다.
택현(擇賢)[태켠]명하자 어진 사람을 고름.
택호(宅號)[태코]명 주인의 벼슬 이름이나 주부의 친정 고장의 이름 따위를 붙여서 그 사람의 집을 부르는 이름. 〔판서댁·진사댁·부산댁·안성댁 따위.〕
택혼(擇婚)[태콘]명하자 혼인할 상대자를 고름.
탠덤(tandem)명 ①(좌석이 앞뒤로 된) 2인용 자전거. ②두 필의 말이 앞뒤로 늘어서서 끄는 마차. ③직렬식(直列式) 기관차.
탤런트(talent)명 〔재능, 특히 예술적인 재능의 뜻으로〕 연예인이나 텔레비전 드라마에 출연하는 연기자.
탤컴(talcum)명 활석(滑石).
탤컴-파우더(talcum powder)명 활석의 가루에 붕산·향료 등을 섞은 가루. 여름에 땀을 멎게 하는 작용이 있어서 땀띠약 등으로 쓰임.
탤크(talc)명 활석(滑石).
탬버린(tambourine)명 금속 또는 나무로 만든 둥근 테의 한쪽에 가죽을 입히고 둘레에 작은 방울을 단 타악기. 손에 들고 흔들거나 가죽을 치거나 하여 방울을 울림.
탭^댄스(tap dance)명 댄스의 한 가지. 밑바닥에 쇠붙이를 댄 구두를 신고 앞 끝과 뒤축으로 마룻바닥을 치며 추는 춤. 〔본래, 미국 남부의 흑인 춤이었다고 함.〕
탯ː-거리(態-)[태꺼-/탠꺼-]명 〈태(態)〉·〈맵시〉의 속된 말.
탯-덩이(胎-)[태떵-/탠떵-]명 '아주 못생긴 사람'을 얕잡아 이르는 말.
탯-돌[태똘/탠똘]명 타작할 때, 태질에 쓰는 돌.
탯-자리개[태짜-/탠짜-]명 태질할 때, 볏단이나 보릿단 따위를 묶는 자리개.
탯-줄(胎-)[태쭐/탠쭐]명 태아의 배꼽과 태반(胎盤)을 잇고 있는 줄. 동맥과 정맥이 있으며 태아에게 영양을 공급함. 제대(臍帶). 제서(臍緖).
탯줄 잡듯 한다관용 무엇을 잔뜩 붙잡는다는 말.
탱(←幀)명 〈탱화(幀畫)〉의 준말.

탱고(tango)명 아르헨티나에서 일어나 세계 각지로 퍼진 4분의2 박자의 춤곡, 또는 그에 맞추어서 추는 춤. 감미로운 율동감과 정열적인 느낌의 멜로디가 특징임.
탱글-탱글부하형 탱탱하고 둥글둥글한 모양. ¶ 포도가 탱글탱글 익어 간다./탱글탱글한 얼굴.
탱알명 국화과의 다년초. 줄기의 높이는 1.5~2 m이고 잎은 긴 타원형임. 7~10월쯤 둘레는 자줏빛, 가운데는 노란빛의 두상화(頭狀花)가 핌. 산에 나는데 우리나라 및 일본에 분포함. 관상용(觀賞用)이나, 뿌리는 약용이고 어린잎은 식용함. 자완(紫菀).
탱자명 탱자나무의 열매. 향기가 좋으며, 약으로도 쓰임.
탱자-나무명 운향과의 낙엽 활엽 교목. 중국 원산으로 높이는 3 m가량. 껍질은 녹색이며 가시가 많음. 5월경에 잎보다 먼저 꽃이 피고, 가을에 열매인 탱자가 노랗게 익음. 열매는 향기가 있으며 한약재로 쓰임.
탱주(撑柱)명 넘어지지 않게 버티는 기둥.
탱중(撑中) '탱중하다'의 어근.
탱중-하다(撑中-)형여 화나 욕심 따위가 가슴 속에 가득 차 있다.
탱천(撑天)명하자 ☞충천(衝天).
탱커(tanker)명 석유나 액화 석유 가스 등 액체로 된 화물을 대량으로 수송하기 위하여, 선체 자체가 커다란 유조(油槽)로 되어 있는 화물선. 유조선(油槽船).
탱크(tank)명 ①물이나 가스·기름 따위를 넣어 두는 큰 통. ②전차(戰車).
탱크-로ː리(tank lorry)명 석유나 액화 석유 가스·화학 약품 따위 액체나 기체를 운반하는, 탱크를 갖춘 화물 자동차.
탱크-차(tank車)명 석유나 황산·암모니아 따위 액체나 기체를 실어 나르는, 탱크를 갖춘 화차(貨車).
탱탱부하형 속이 옹골차게 차서 매우 볼록한 모양. ¶ 공기가 탱탱하게 차 있는 축구공. 큰팅팅. 참땡땡1.
탱화(←幀畫)명 불교에서, 부처나 보살의 초상 또는 경전의 내용을 그려서 벽에 거는 그림. 준탱.
탱화^불사(←幀畫佛事)[-싸]명 불상(佛像)을 그리는 일.
터1명 ①집이나 건물이 있었던 자리, 또는 집이나 건물을 지을 자리. ¶ 옛 학교 터에 빌딩이 들어섰다./집 지을 터를 잡다. ②(집이나 건물 따위가 없는) 빈 땅. ¶ 터가 넓다. ③일이 이루어지는 밑바탕. 활동의 토대. ¶ 정치 발전의 터를 닦다. ④《일부 명사 뒤에 붙어》 '자리'·'장소'의 뜻을 나타냄. ¶ 놀이터./일터.
터를 닦아야 집을 짓는다〔짓지〕속담 무슨 일이고 기초 작업부터 해 놓아야 한다는 말.
터(가) 세다관용 (집터가 좋지 않기 때문에) 그 터나 집에서 좋지 않은 일이 잇달아서 일어나다.
터2의 ①《어미 '-ㄹ'·'-을'이나 조사 '-일' 뒤에 쓰이어》 '예정'·'추측' 등의 뜻을 나타냄. ¶ 기어이 해낼 터이다./성공해야 할 터인데(텐데). ②《어미 '-은(는)'·'-던' 뒤에 쓰이어》 '처지'·'형편' 등의 뜻을 나타냄. 터수. ¶ 자기 앞도 못 가리는 터에 남의 일에 참견은 잘한다.
터거리명 《턱1》의 속된 말.
터-과녁명 국궁에서, 120보(步)의 거리를 두고 활을 쏠 때 쓰는 소포(小布)나 과녁.
터널(tunnel)명 ①산(山)·바다 밑·강 밑·땅속 따위를 뚫어 만든 통로. 철도·도로·수로(水路) 따위로 쓰임. 수도(隧道). ②야구에서, 수비하던 야수(野手)가 공을 잡지 못하고 두 다리 사이로 공을 놓치는 일.
터-놓다[-노타]타 ①막은 물건을 치워 놓다. ¶ 방의 칸막이를 터놓다. ②금지의 명령을 풀다. ¶ 금수령(禁輸令)을 터놓다. ③(벗할 만한 자리에) 말을 트고 무간(無間)하게 지내다. ¶ 그와는 터놓고 지내는 사이야. ④마음에 숨기는 것이 없이 드러내다. ¶ 흉금을 터놓다./서로 속을 터놓고 이야기하다.
터ː닝-숏ː(turning shoot)명 구기에서, 몸을 돌려서 공을 던져 넣거나 차 넣는 일.
터-다지다자 무거운 물건으로 쳐서 터를 단단하게 하다.
터덕-거리다[-꺼-]자타 잇달아 터덕터덕하다. 터덕대다. 작타닥거리다.
터덕-대다[-때-]자타 터덕거리다.
터덕-터덕부 ①하자몹시 지쳐서 겨우 몸을 가누며 맥없이 발을 떼어 놓는 모양, 또는 그 소리. ¶ 혼자 일행에서 낙오되어 터덕터덕 걸어오다. ②하타가볍게 두드리는 모양, 또는 그 소리. 작타닥타닥.
터덜-거리다자타 자꾸 터덜터덜하다. 터덜대다. 작타달거리다.
터덜-대다자타 터덜거리다.
터덜-터덜부 ①하자몹시 지친 몸을 이끌고 늘쩡거리며 걷는 모양, 또는 그 소리. ②하자빈 수레 따위가 울퉁불퉁한 길 위를 요란스레 지나가는 모양, 또는 그 소리. ¶ 자갈길을 터덜터덜 지나가고 있는 낡은 화물 자동차. ③하자.타깨어진 질그릇 따위를 끌어당기거나 두드릴 때 잇달아 무겁게 나는 흐린 소리. 작타달타달.
터드렁부하자.타 쇠붙이나 사기로 된 묵직한 그릇 따위가 바닥에 떨어질 때 나는 소리. 작타드랑. **터드렁-터드렁**부하자.타.
터드렁-거리다자타 자꾸 터드렁터드렁하다. 터드렁대다. 작타드랑거리다.
터드렁-대다자타 터드렁거리다.
터ː득(攄得)명하타 (연구하거나 생각하여) 사물의 이치를 깨달아 앎. ¶ 몇 차례의 실패 끝에 비로소 요령을 터득하였다.
터ː-뜨리다타 터지게 하다. 터트리다. ¶ 폭소를 터뜨리다./폭탄을 터뜨리다.
터럭명 사람이나 짐승의 몸에 난 길고 굵은 털.
터럭-모(-毛)[-렁-]명 한자 부수의 한 가지. '毬'·'毫' 등에서의 '毛'의 이름.
터럭-발(-髮)[-빨]명 한자 부수의 한 가지. '髮'·'髯' 등에서의 '髟'의 이름.
터럭-삼(-彡)[-쌈]명 ☞삐친석삼.
터럭-손[-쏜]명 터럭이 많이 난 손.
터럭-줄[-쭐]명 〈타락줄〉의 본딧말.
터렁부하자.타 깨어진 쇠 그릇 따위가 무엇에 부딪힐 때 무겁게 울리어 나는 소리. 작타랑. **터렁-터렁**부하자.타.
터렁-거리다자타 자꾸 터렁터렁하다. 터렁대다. 작타랑거리다.
터렁-대다자타 터렁거리다.
터리명 〈옛〉털. ¶ 귀 미틧 터리는 본디 절로 셰오(杜初*10:10*).
터릿^선반(turret旋盤)명 많은 공구(工具)를 부착시킨 공구대(工具臺)를 갖추고, 이 공구들을 차례로 사용함으로써 능률적인 가공을 할 수 있게 되어 있는 선반.

터무니명 ①근거(根據). ②터를 잡은 자취.

터무니-없다[-업따]형 〔근거가 없다는 뜻으로〕 이치나 도리나 조리에 맞지 않다. ¶ 터무니없는 거짓말./터무니없는 억지를 부리다. **터무니없-이**부 ¶ 터무니없이 비싼 값.

터ː미널(terminal)명 ①기차나 버스 등 많은 교통 노선이 집중되어 있는 종착점이나 시발점. ②단자(端子). ③단말기(端末機).

터벅-거리다[-꺼-]자 자꾸 터벅터벅하다. 터벅대다. 작타박거리다.

터벅-대다[-때-]자 터벅거리다.

터벅-터벅부하자 지친 다리로 무거운 발걸음을 천천히 떼어 놓는 모양. ¶ 고갯길을 터벅터벅 걸어 넘어가다. 작타박타박.

터벅터벅-하다[-버카-]형여 (가루음식 따위가) 진기나 물기가 없어 씹기에 뻑뻑하다. ¶ 터벅터벅한 과자. 작타박타박하다.

터ː번(turban)명 인도인이나 이슬람교도의 남자가 머리에 둘둘 감는 천.

터보건(toboggan)명 나무로 만든, 바닥이 평평하고 양옆에 손잡이가 달린 썰매. 눈 위나 얼음 위에서 운반용·경기용 등으로 씀.

터ː보제트(turbojet)명 항공기용 제트 엔진의 한 가지. 앞쪽으로부터 빨아들여 압축한 공기에 연료를 뿜어 넣고 고온·고압의 가스를 만들어, 그 에너지로 압축기에 직결된 터빈을 돌리는 한편, 뒤로 배기를 분출하여 추진력을 얻음.

터ː보프롭(turboprop)명 터보제트의 터빈으로 프로펠러를 돌려, 프로펠러의 추진력과 제트의 추진력을 함께 이용하는 항공기용 엔진. 터보제트에 비하여 속도가 느리지만, 저속(低速) 때의 효율이 좋음.

터부ː(taboo)명 ①폴리네시아의 미개 사회에서, 신성한 것으로 여겨 함부로 손대거나 사용하는 것이 금지된 사물이나 행위·언어 따위, 또는 그것에 대한 종교적 금기(禁忌). ②(일반적으로) 금기.

터부룩-하다[-루카-]형여 머리털이나 풀·나무 따위가 우거져서 매우 수북하다. ¶ 터부룩한 머리. 여더부룩하다. **터부룩-이**부.

터분-하다형여 음식이 상하여 냄새나 맛이 산뜻하지 아니하고 텁텁하다. ¶ 터분한 맛. 작타분하다.

터ː빈(turbine)명 수력이나 증기의 힘으로, 물레방아처럼 둘레에 많은 깃이 달린 바퀴를 돌리는 원동기(原動機). 〔증기 터빈·수력 터빈·가스 터빈 따위.〕

터수 Ⅰ명 ①집안 살림의 형편이나 정도. 가력(家力). 가세(家勢). ¶ 허세 부리지 말고 터수에 맞게 살자. ②서로 사귀는 사이나 분수. ¶ 피차 터놓고 지내는 터수에 못할 말이 무엇 있나?
Ⅱ의 ☞터².

터-앝[-안]명 집의 울안에 있는, 꽃이나 채소 따위를 심을 만한 작은 밭. ＊터앝이[-아치]·터앝을[-아틀]·터앝만[-안-]

터울명 한 어머니가 낳은 자녀의 나이의 간격. ¶ 터울이 지다./우리 집 세 남매는 모두 네 살 터울이다.

터울-거리다자 자꾸 터울터울하다. 터울대다. 작타울거리다.

터울-대다자 터울거리다.

터울-터울부하자 목적한 바를 이루려고 부득부득 애쓰는 모양. ¶ 그렇게 터울터울 애쓰더니 결국 성공했군. 작타울타울.

터전명 ①집터가 되는 땅. ¶ 학교를 세우기 위하여 널찍한 터전을 마련하다. ②생활의 근거지가 되는 곳. ¶ 생활의 터전./터전을 마련하다. ③일의 토대. ¶ 민주주의의 터전을 다지다.

터-주(-主)명 민속에서, 집터를 지킨다는 지신(地神), 또는 그 자리. 오쟁이 안에 베 석 자와 짚신 따위를 넣어서 달아 두고 위함. 기주(基主). ¶ 터주를 모시다.

터주에 놓고 조왕에 놓고 나면 아무것도 없다속담 넉넉지 못한 것을 여기저기 주고 나면 남는 것이 없다는 말.

터주에 붙이고 조왕에 붙인다속담 여기저기에 갈라 붙임을 이르는 말.

터주-항아리(-主缸-)명 민속에서, 터주에게 바치는 곡식을 담은 항아리를 이르는 말.

터줏-고기(-主-)[-주꼬-/-줃꼬-]명 일정한 곳에서만 깃들어 사는 물고기.

터줏-대감(-主大監)[-주때-/-줃때-]명 한 동네나 한 지역의 구성원 중에서 가장 오래되어 대표 격이 된 사람을 '터주' 같은 사람이라 하여 농조로 이르는 말.

터줏-상(-主床)[-주쌍/-줃쌍]명 굿을 할 때 터주에게 차려 놓는 상을 이르는 말.

터줏-자리(-主-)[-주짜-/-줃짜-]명 터주를 모신 신단(神壇)을 이르는 말.

터ː지다¹자 ①(전쟁이나 사건 따위가) 갑자기 일어나거나 벌어지다. ¶ 대형 사고가 터지다. ②(거죽이나 피부 따위가) 갈라지다. ¶ 추위에 손발이 터지다. ③(둘러싸거나 막고 있던 것 따위가) 갈라져서 무너지거나 뚫어지거나 찢어지다. ¶ 둑이 터지다./쌀자루가 터지다./풍선이 터지다. ④(쌓였던 감정이) 갑자기 쏟아져 나오다. ¶ 분통이 터지다./한번 터진 울음이 그칠 줄을 모른다. ⑤(코피·봇물 따위가) 갑자기 쏟아져 나오다. ¶ 코피가 터지다. ⑥(노래나 소리 따위가) 갑자기 울려 나오다. ¶ 함성이 터져 나오다. ⑦(옷 따위의 꿰맨 자리가) 뜯어져 갈라지다. ¶ 바짓가랑이가 터지다. 작타지다. ⑧(감추었던 사실이) 갑자기 드러나다. ¶ 비밀은 터지게 마련이다. ⑨(화약이나 폭탄 따위가) 불붙어 세차게 튀다. ¶ 폭죽이 터지다. ⑩(운수·복 따위가) 한꺼번에 생기다. ¶ 자손복이 터지다./일복이 터지다. ⑪'얻어맞거나 매를 맞다'를 속되게 이르는 말. ¶ 까불더니 결국 터지고 말았군.

터진 꽈리 보듯 한다속담 (쓰던 물건이나 사람을) 쓸데없게 된 것처럼 취급하여 안중에 두지 않음을 이르는 말.

터진 방앗공이에 보리알 끼듯 하였다속담 ①'버리자니 아깝고 파내자니 품이 들어 할 수 없이 내버려 둘 수밖에 없음'을 비유하여 이르는 말. ②공교롭게도 방해물이 끼어들었음을 이르는 말.

터ː지다²조형 일부 형용사의 어미 '-아'·'-어' 뒤에 쓰이어, 그 정도가 심하거나 못 쓰게 됨을 나타냄. ¶ 게을러 터지다./불어 터진 국수.

터ː진-에운담명 ☞감출혜몸.

터ː짐-소리명 ☞파열음.

터치(touch)명하자타 ①(무엇에) 손을 대거나 건드림, 또는 그 촉감이나 촉각. ②(피아노나 타자기 따위의) 건반이나 글쇠를 누르거나 두드림. ③관여하거나 언급함. ¶ 그 문제에 대해선 더 이상 터치하고 싶지 않다. ④(그림이나 문장 따위의) 필치, 또는 그 느낌. ¶ 박진감 있는 터치./시원스러운 터치. ⑤그림이나 사진 따위의 가벼운 수정(修整), 또는 가필(加筆). ⑥당구에서, 공과 공이 맞닿는 일. ⑦럭비에서, 골라인에 닿거나 골라인을 가로질러 골 안에 공을 대는 일. ⑧배구에서, 전위(前衛)가 상대편 코트를 향하여 공을 재빨리 쳐 넣는 공격법. ⑨야구에서, 공을 주자에게 갖다 대는 일.

터치다운(touchdown)명 ①럭비에서, 수비 측의 선수가 자기편의 인골 안에서 지면에 있는 공에 손을 대는 일. ②미식 축구에서, 공을 가진 선수가 적의 골라인을 넘어서는 일. 이 경우 6점을 얻음.

터치라인(touchline)명 축구나 럭비 등에서, 양쪽 골라인에 대하여 직각인 코트의 경계선. 측선.

터치아웃(touch+out)명 ①배구에서, 공격한 공이 수비 측의 손이나 신체의 일부를 맞고 코트 밖으로 나가는 일. ②야구에서, 수비 측의 선수가 주자의 몸에 공을 대어 아웃시키는 일.

터:키-탕(Turkey湯)명 '증기탕'으로 순화.

터:-트리다타 터뜨리다.

터:틀-넥(turtle neck)명 목 부분이 자라목처럼 된 셔츠나 스웨터.

터:파(攄破)명하타 자기의 속마음을 털어놓고 이야기함으로써 남의 의혹을 풀어 줌.

터-편사(一便射)명하자 국궁에서, 한 사정(射亭)에서 15명씩 뽑아 다른 사정과 실력을 겨루던 일. 사정편사(射亭便射).

터:포(攄抱)명하자 ☞터회(攄懷).

터프-가이(tough+guy)명 억세고 지칠 줄 모르는 사나이.

터:회(攄懷)[-회/-훼]명하자 마음속에 품은 생각을 터놓고 이야기함, 또는 그 생각. 터포.

턱[1]명 ①(사람이나 동물의) 입의 위아래에 있어서, 발성(發聲)이나 씹는 일을 하는 기관. 아래턱과 위턱이 있음. ¶ 턱이 빠지다. ②아래턱의 바깥 부분. ¶ 턱을 괴고 앉아 사색에 잠기다.

턱을 까불다관용 (사람이 죽을 때 숨을 모으느라고) 턱을 떨다.

턱(을) 대다관용 어떤 사람을 믿고 의지로 삼다.

턱[2]명 평평한 곳에서 갑자기 조금 높아진 자리. ¶ 길에 턱이 져서 차 몰기가 불편하다.

턱[3]명 좋은 일이 있을 때 남에게 베푸는 음식 대접. ¶ 승진 턱을 내다.

턱[4]의 ①《주로, 어미 '-ㄹ'·'-을' 뒤에서 '없다'·'있다'와 함께 쓰이어》 그렇게 되어야 할 까닭. ¶ 그 사람이 간섭할 턱이 없다. /그런 짓을 할 턱이 없다. ②그만한 정도나 처지. ¶ 아무리 깨우쳐 주어도 언제나 그 턱이다. ③☞템.

턱[5]부 ①갑자기 맥없이 쓰러지는 모양. ¶ 길바닥에 턱 쓰러지다. ②갑자기 꼭 붙잡거나 짚거나 하는 모양. ¶ 손을 턱 잡다. /어깨를 턱 짚다. ③긴장했던 마음이 아주 풀리는 모양. ¶ 마음을 턱 놓다. ④숨 따위가 몹시 막히는 모양. ¶ 숨이 턱 막히다. ⑤움직이고 있던 것이 갑자기 멎거나 무엇에 걸리거나 하는 모양. ¶ 발동기가 턱 멎었다. ⑥의젓하거나 자연스러운 태도를 드러내는 모양. ¶ 문 앞에 턱 버티고 서다. 작탁[2].

턱(tuck)명 여성복이나 아동복에서, 옷감을 박아서 접은 주름. 쓰는 곳에 따라 다트와 같은 구실을 하기도 함.

턱-거리[-꺼-]명 ①〈언턱거리〉의 준말. ②풍열(風熱)로 턱 아래에 나는 종기.

턱-걸이[-꺼리]명 ①철봉 따위를 잡고 몸을 달아 올려 턱이 철봉 위까지 올라가게 하는 운동. ¶ 턱걸이를 하다. ②하자 '남에게 의지하여 지내는 일'을 비유하여 이르는 말. ¶ 세진이는 남의 집에서 턱걸이하며 지낸 탓에 눈치가 빠르다. ③하자 (시험 따위에) 겨우 합격함을 속되게 이르는 말. ¶ 졸업 고사에 간신히 턱걸이하다.

턱-밑이[텅-]명하자 씨름에서, 배지기로 들리었을 때나 안걸이가 걸렸을 때에 이를 막아 내기 위해 상대편의 턱을 손으로 밂, 또는 그 기술.

턱-밑[텅믿]명 '아주 가까운 곳'을 비유하여 이르는 말. ¶ 천생연분이 턱밑에 있을 줄이야! ＊턱밑이[텅미치]·턱밑을[텅미틀]·턱밑만[텅민-]

턱-받기명 '턱받이'의 잘못.

턱-받이[-빠지]명 어린아이의 턱 아래에 대어 음식물이나 침 따위가 옷에 묻지 않게 하는, 헝겊으로 된 물건.

턱-받침[-빧-]명 손으로 턱을 괴는 행동.

턱-뼈명 동물의 턱을 이루는 뼈. 사람의 턱뼈는, 한 쌍의 상악골과 한 개의 하악골로 되어 있음. 악골(顎骨).

턱-살[-쌀]명 ①아래턱에 붙은 살. ②〈턱[1]〉의 속된 말.

턱살-밑[-쌀믿]명 〈턱밑〉의 속된 말. ＊턱살밑이[-쌀미치]·턱살밑을[-쌀미틀]·턱살밑만[-쌀민-]

턱-솔[-쏠]명 두 개의 석재나 목재를 이을 때, 이을 자리를 각각 두께의 반씩 깎아 내고 맞붙인 자리.

턱-수염(一鬚髥)[-쑤-]명 아래턱에 난 수염.

턱시:도(tuxedo)명 남자의 야회용(夜會用) 약식 예복. 검은 나비넥타이를 매며, 연미복의 대용으로 약식의 파티 등에서 입음.

턱-없다[터겁따]형 ①이치에 닿지 아니하다. ¶ 턱없는 거짓말을 하다. ②수준이나 분수에 맞지 아니하다. ¶ 턱없는 생활. /우승을 하기에는 턱없는 실력이다. **턱없-이**부 ¶ 물건 값이 턱없이 비싸다.

턱인-블라우스(tuck-in blouse)명 자락을 스커트 속으로 집어넣어 입는 블라우스. 참언더블라우스.

턱-잎[텅닙]명 잎자루의 밑동에 나는 한 쌍의 작은 잎. 완두 따위 쌍떡잎식물에서 흔히 볼 수 있음. 엽탁(葉托). 탁엽(托葉). ＊턱잎이[텅니피]·턱잎만[텅님-]

턱-장부촉(一鏃)[-짱-]명 장부촉의 턱이 이단(二段)으로 된 것.

턱-주가리[-쭈-]명 〈턱[1]〉의 속된 말.

턱-지다[1][-찌-]자 평평한 곳에 약간 두두룩한 자리가 생기다. 언덕이 생기다.

턱-지다[2][-찌-]자 한턱 내야 할 부담이 있다.

턱-짓[-찓]명하자 턱을 움직여 자기의 의사를 나타냄, 또는 그러한 행동. ¶ 턱짓으로 시키다. ＊턱짓이[-찌시]·턱짓만[-찐-]

턱-찌끼명 먹다 남은 음식.

턱-촌목명 재목(材木)의 한 변에 평행한 선을 긋는 연장.

턱-턱부 ①일을 결단성 있게 척척 처리하는 모양. ¶ 일을 턱턱 해치우다. ②숨 따위가 자꾸 막히는 모양. ¶ 숨이 턱턱 막히는 무더위. ③무엇이 잇달아 쓰러지는 모양. ¶ 콜레라가 창궐하여 아까운 목숨들이 잇달아 턱턱 쓰러졌다.

④침을 잇달아 세게 뱉는 모양. ¶ 아무 데서나 가래침을 텍텍 뱉는다. ⑤하자타 무엇을 잇달아 치거나 무엇이 잇달아 부딪치는 모양, 또는 그 소리. ¶ 이부자리를 텍텍 털다. 작탁탁.

텍텍-거리다[-꺼-] 자타 자꾸 텍텍 소리가 나다, 또는 그런 소리를 내다. 텍텍대다. 작탁탁거리다.

텍텍-대다[-때-] 자타 텍텍거리다.

텍-하다[터카-] 자여 일턱을 내다.

턴ː(turn) 명 하자 〔'회전(回轉)'·'선회(旋回)'의 뜻으로〕 ①방향 전환. ②수영에서, 풀(pool) 끝에서 되돌아오기 위하여 방향을 바꿈.

턴ː버클(turnbuckle) 명 줄을 당겨 죄는 기구. 양편에 서로 반대 방향의 수나사가 있어서, 회전 방향에 따라 줄을 죄었다 늦추었다 할 수 있음.

턴ː키^방식(turnkey方式) 명 〔열쇠만 돌리면 모든 설비가 가동되는 상태라는 뜻으로〕 건설 공사·플랜트 수출 등에서, 조사·설계에서부터 시설을 완성하여 점검을 끝낸 상태로 인도하는 계약 방식. ¶ 턴키 방식으로 수출하다.

턴ː테이블(turntable) 명 ①레코드플레이어에서 레코드를 올려놓아 회전하는 부분. ②주차장 따위에서, 차를 싣고 방향을 바꾸기 위하여 회전시키는 장치.

털 명 ①동물의 피부나 식물의 표면에 나는 실 모양의 것, 또는 그와 비슷한 것. ¶ 털을 갈다. /털을 깎다. /털이 나다. ②새의 깃털. ③물건의 거죽 같은 데에 부풀어서 가늘게 일어난 섬유. ④〈털실〉의 준말.

털도 아니 난 것이 날기부터 하려 한다 속담 어리석은 사람이 제 분수에 맞지 않는 짓을 하려 한다는 말.

털도 안 뜯고 먹겠다 한다 속담 ①너무 성급히 행동함을 이르는 말. ②남의 것을 통으로 먹으려 함을 이르는 말.

털-가죽 명 털이 붙은 채 벗긴 짐승의 가죽. 모피(毛皮).

털-갈이 명 하자 (날짐승이나 길짐승이) 털을 갊, 또는 그 일.

털-격판담치(-淡-) 명 홍합과의 바닷조개. 홍합과 비슷한데 껍데기 길이 10 cm가량, 몸에서 실 같은 것을 내어 딴 물건에 달라붙음. 동·서해안에 흔한데, 식용으로 양식함. 담채(淡菜). 섭조개.

털-곰팡이 명 ☞자낭균류(子囊菌類).

털-구름 명 ☞권운(卷雲).

털-구멍[-꾸-] 명 피부 표면에 있는, 털이 나는 작은 구멍. 모공(毛孔).

털-끝[-끋] 명 ①털의 뾰족한 끝. ②'아주 작거나 적은 것'을 비유하여 이르는 말. ¶ 그런 생각은 털끝만큼도 없다. /내게는 털끝만 한 잘못도 없다. *털끝이[-끄치]·털끝을[-끄틀]·털끝만[-끈-]

털끝도 못 건드리게 한다 관용 조금도 손을 대지 못하게 한다.

털-내의(-內衣)[-래의/-래이] 명 털실로 짠 내의.

털-너널[-러-] 명 털가죽 따위로 크게 만든 버선. 추울 때나 먼 길 갈 때 덧신음. 털버선.

털-누에[-루-] 명 ☞개미누에.

털ː다[터니·털어] 타 ①치거나 흔들어 붙은 물건이 떨어지게 하다. ¶ 먼지를 털다. ②(재물 따위를) 있는 대로 다 내어 놓거나 내어 쓰다. ¶ 전 재산을 털어 학교를 세우다. ③남의 재물을 모조리 가져가거나 훔쳐 내다. ¶ 빈 집을 털다. ④(일이나 감정·병 따위를) 말끔히 정리하거나 완전히 극복하다. ¶ 자리를 털고 일어나다. /지난 일을 훌훌 털어 버리다.

털럭-거리다[-꺼-] 자 자꾸 털럭털럭하다. 털럭대다. 작탈락거리다.

털럭-대다[-때-] 자 털럭거리다.

털럭-털럭 부 하자 길게 매달리거나 드리워진 물건이 자꾸 흔들리며 무엇에 닿을 때마다 둔하게 나는 소리, 또는 그 모양. 작탈락탈락.

털레-털레 부 하자 힘없이 건들거리며 걷거나 행동하는 모양. ¶ 장터까지 십 리 길을 털레털레 걸어오다. 작탈래탈래. 여덜레덜레.

털-리다[1] 자타 〖'털다'의 피동〗 ①털어지다. 텖을 당하다. ¶ 옷에 묻은 먼지가 다 털렸다. ②노름판에서 지녔던 돈을 모조리 잃다. ¶ 노름판에서 장사 밑천을 털리다. ③도둑이나 소매치기 등에게 가지고 있던 것을 모조리 앗기다. ¶ 봉급을 몽땅 털리다.

털-리다[2] 타 〖'털다'의 사동〗 털게 하다. ¶ 동생에게 등에 묻은 먼지를 털리다.

털-메기 명 모숨을 굵게 하여 되는대로 아주 거칠게 삼은 짚신.

털-모자(-帽子) 명 털가죽이나 털실로 만든 모자.

털-목(-木) 명 (질이 낮은 재료로) 굵고 거칠게 짠 무명.

털-목도리[-또-] 명 털가죽이나 털실로 만든 목도리.

털-바늘 명 계류(溪流) 낚시 등에서 쓰이는, 작은 벌레 모양의 미끼를 달아 놓은 속임 바늘.

털-방석(-方席) 명 거죽을 털로 만들었거나 속에 깃이나 털 따위를 넣어 만든 방석.

털-배자(-褙子) 명 안에 털을 댄 배자.

털버덕 부 하자타 ①넓적한 물건으로 얕은 물을 거칠게 칠 때 나는 소리. ②아무렇게나 털썩 주저앉는 모양, 또는 그 소리. ¶ 털버덕 주저앉아 일어나지 않는다. 작탈바닥. **털버덕-털버덕** 부 하자타.

털버덕-거리다[-꺼-] 자타 자꾸 털버덕털버덕하다. 털버덕대다. 작탈바닥거리다.

털버덕-대다[-때-] 자타 털버덕거리다.

털-버선 명 ☞털너널.

털벅 부 하자타 넓적한 물건으로 얕은 물을 거칠게 칠 때 나는 소리. 작탈박. **털벅-털벅** 부 하자타.

털벅-거리다[-꺼-] 자타 자꾸 털벅털벅하다. 털벅대다. 작탈박거리다.

털벅-대다[-때-] 자타 털벅거리다.

털벅-이다 자타 넓적한 물건으로 얕은 물을 거칠게 치는 소리가 나다, 또는 그런 소리를 내다. 작탈박이다.

털벙 부 하자타 묵직한 물건이 얕은 물에 떨어질 때 나는 소리. 작탈방. **털벙-털벙** 부 하자타.

털벙-거리다 자타 자꾸 털벙털벙하다. 털벙대다. 작탈방거리다.

털벙-대다 자타 털벙거리다.

털벙-이다 자타 묵직한 물건이 얕은 물에 떨어져 울리는 소리가 나다, 또는 그런 소리를 내다. 작탈방이다.

털-보 명 수염이 매우 많이 났거나, 몸에 털이 유달리 많은 사람을 별명으로 이르는 말.

털-복사[-싸] 명 〈털복숭아〉의 준말.

털-복숭아[-쑹-] 명 〔껍질에 털이 많은 복숭아란 뜻으로〕 '유월도(六月桃)'를 달리 이르는 말. 준털복사.

털-북숭이[-쑹-]명 몸에 털이 많이 난 사람, 또는 털이 많은 물건. 준북숭이.

털-붓[-붇]명 (연필이나 철필에 대하여) 털로 만들었다 하여 '붓'을 이르는 말. 모영(毛穎). 모추(毛錐). 모필(毛筆). *털붓이[-부시]·털붓만[-분-]

털-붙이[-부치]명 ①털이 붙어 있는 짐승의 가죽. 모피(毛皮). ②짐승의 털로 만든 물건.

털-빛[-빋]명 (짐승 따위의) 털의 빛깔. 모색(毛色). *털빛이[-삐치]·털빛만[-삔-]

털-뿌리명 털이 털구멍에 박혀 있는 부분. 모근(毛根).

털-수건(-手巾)명 '타월'을 흔히 이르는 말.

털-수세명 (털이 많이 나서) 보기에 험상궂은 수염을 이르는 말.

털-신명 털이나 모피 따위를 써서 만든 방한용 신.

털-실명 짐승의 털로 만든 실. 모사(毛絲). 준털.

털-쌘구름명 ☞권적운(卷積雲).

털썩부하자 ①사람이 갑자기 주저앉는 소리, 또는 그 모양. ¶ 집에 돌아오자마자 소파에 털썩 주저앉았다. ②크고 두툼한 물건이 갑자기 바닥에 내려앉는 소리, 또는 그 모양. ¶ 장마로 토담 한 귀퉁이가 털썩 내려앉았다. 작탈싹. **털썩-털썩**부하자.

털썩-거리다[-꺼-]자 자꾸 털썩털썩하다. 털썩대다. 작탈싹거리다.

털썩-대다[-때-]자 털썩거리다.

털썩이-잡다[-따]자 일을 망치다.

털어-놓다[-노타]자타 ①속에 든 물건을 모두 내놓다. ¶ 지갑을 털어놓다. ②(마음속에 품은 비밀이나 고민 따위의 생각을) 숨김없이 모두 이야기하다. ¶ 혼자 끙끙 앓지 말고 털어놓고 이야기해 봐요.

털어-먹다[-따]타 (재산이나 돈을) 다 써서 없애다. ¶ 가산(家産)을 털어먹다. /장사 밑천을 털어먹다.

털-여뀌[-려-]명 여뀟과의 일년초. 온몸에 긴 털이 덮이고 줄기는 굵고 세며 높이는 2 m가량. 7~8월에 엷은 홍자색의 꽃이 피며 우리나라 각지에 분포함.

털-올실명 짐승의 털로 만든 올실.

털-옷[터롣]명 털이나 털가죽으로 만든 옷. *털옷이[터로시]·털옷만[터론-]

털-옷감[터롣깜]명 털로 짠 피륙.

털-요[-료]명 털실로 짠 천으로 만든 요.

털-이슬[-리-]명 바늘꽃과의 다년초. 줄기 높이는 40~60 cm이고, 잎은 마주나며 넓은 버들잎 모양인데 끝이 뾰족함. 8월에 흰 꽃이 총상(總狀) 꽃차례로 줄기 끝과 가지 끝에 핌. 산이나 들의 음지에 나는데, 우리나라 각지에 분포함.

털-장갑(-掌匣)명 ①털실로 짠 장갑. ②털을 넣어 만든 장갑.

털-조장나무(-釣樟-)명 녹나뭇과의 낙엽 관목. 잎은 길둥근 모양인데, 잎 뒤에 털이 나 있음. 4월에 노란 꽃이 피고, 둥근 열매는 10월에 까맣게 익음. 우리나라의 전남 지방과 일본 등지에 분포함.

털-주머니명 털뿌리의 끝에 달려서 영양을 저장하는 주머니 모양의 것. 모낭(毛囊).

털-중나리명 백합과의 다년초(多年草). 산골짜기에 저절로 나는데, 높이는 1~1.5 m이고 잎은 끝이 뾰족한 버들잎 모양이며 촘촘히 어긋맞게 남. 여름에 노란빛을 띤 붉은 꽃이 핌.

털-진드기명 털진드깃과의 진드기. 몸길이 1 mm가량. 몸통이 표주박 모양이며 온몸에 짧은 털이 많음. 들쥐에게 붙어살며 간혹 사람에게도 붙음. 모낭충(毛囊蟲).

털-질경이명 질경잇과의 다년초. 개질경이와 비슷하나 약간 가늘고 길며 거센 털이 나 있고 꽃 부분이 작음. 들이나 길가에 나며 어린 잎은 먹음.

털-찝명 〔털어먹을 수 있는 집이라는 뜻에서〕 '주책없이 돈을 함부로 쓰는 방탕한 사람'을, 그 돈을 우려먹는 쪽에서 이르는 변말.

털-총이(-驄-)명 푸르고 검은 무늬가 장기판처럼 줄지어 있는 말.

털-층구름(-層-)명 ☞권층운(卷層雲).

털터리명 〈빈털터리〉의 준말. 작탈타리.

털털부 ①하자타잇달아 떨리듯이 울리는 탁한 소리. ¶ 온종일 털털 소리 내며 돌아가는 경운기의 모터. ②하자지쳐서 느른한 발걸음을 옮겨 놓는 모양. ¶ 헛걸음으로 털털 맥없이 돌아오다. ③물건에 앉은 먼지 따위를 천천히 자꾸 터는 모양, 또는 그 소리. ¶ 주머니 속의 먼지를 털털 털다. /누나는 옥상에서 담요를 털털 털어 널었다. 작탈탈.

털털-거리다자타 자꾸 털털 소리가 나다, 또는 그런 소리를 내다. 털털대다. ¶ 낡은 오토바이가 털털거리며 언덕길을 내려간다. 작탈탈거리다.

털털-대다자타 털털거리다.

털털-이[1]명 '몹시 낡아서 구르는 대로 털털거리는 자동차나 수레' 따위를 이르는 말. 작탈탈이.

털털-이[2]명 (차림이나 행동 따위가) 깍듯하지 못하고 털털한 사람.

털털-하다형여 ①(사람의 성질이) 까다롭지 않고 소탈하다. ¶ 건장한 몸매와 털털한 성격이 그의 매력이다. ②품질이 수수하다. **털털-히**부.

털-토시명 털을 안에 대고 만든 토시.

텀벙부하자타 묵직하고 큰 물건이 깊은 물에 떨어질 때 나는 소리. ¶ 큼직한 돌이 낭떠러지를 굴러 강물에 텀벙 빠졌다. 작탐방. 여덤벙. **텀벙-텀벙**부하자타.

텀벙-거리다자타 자꾸 텀벙텀벙하다. 텀벙대다. 작탐방거리다.

텀벙-대다자타 텀벙거리다.

텀블러(tumbler)명 (밑이 판판한) 큰 잔.

텀블러-스위치(tumbler switch)명 아래위로 젖히게 되어 있는 스위치.

텀블링(tumbling)명 ①공중제비. ②하자마루나 매트 위에서, 여러 사람이 손을 맞잡거나 혹은 어깨에 올라타 앉는 것과 같은 동작으로 여러 가지 모양을 만듦, 또는 그 체조.

텁석[-썩]부 갑자기 왈칵 덮쳐 쥐거나 잡는 모양. ¶ 버선발로 뛰어나와 손목을 텁석 쥐었다. 작탑삭. **텁석-텁석**부하타.

텁석-거리다[-썩꺼-]타 자꾸 텁석텁석하다. 텁석대다. 작탑삭거리다.

텁석-나룻[-썽-룯]명 짧고 더부룩하게 많이 난 수염. 작탑삭나룻. *텁석나룻이[-썽-루시]·텁석나룻만[-썽-룬-]

텁석-대다[-썩때-]타 텁석거리다.

텁석-부리[-썩뿌-]명 텁석나룻이 난 사람. 작탑삭부리.

텁석부리 사람 된 데 없다속담 〔텁석부리는 사람다운 데가 없다는 뜻으로〕 수염이 많이 난 사람을 조롱하여 이르는 말.

텁석-이다[-써기-]타 갑자기 왈칵 덮쳐 쥐거나 잡다. 작탑삭이다.

텁수룩-하다[-쑤루카-]형여 (촘촘히 난 수염이나 머리털 따위가) 더부룩하게 뒤덮여 있다. 작탑소록하다. **텁수룩-이**부 ¶ 수염을 텁수룩이 기르다.

텁지근-하다[-찌-]형여 (입맛이나 음식 맛 따위가) 텁텁하고 개운치 못하다. ¶ 텁지근한 국.

텁텁-이명 '성격이 소탈하여 까다롭지 않은 사람'을 별명으로 이르는 말.

텁텁-하다[-터파-]형여 ①(입맛이나 음식 맛 따위가) 신선하거나 깨끗하지 못하다. ¶ 입 안이 텁텁하다. ②눈이 개운하지 못하다. ¶ 자다 깨어 눈이 텁텁하다. ③성미가 까다롭지 않고 소탈하다. ④(날씨 따위가) 몹시 후터분하다. ¶ 텁텁한 공기.

텃-고사(-告祀)[터꼬-/턷꼬-]명 터주에게 지내는 고사.

텃-구렁이명 '업구렁이'의 잘못.

텃-구실[터꾸-/턷꾸-]명 집터를 쓰는 사람이 내는 온갖 세금.

텃-논[턴-]명 집터에 딸려 있는 논, 또는 마을 가까이 있는 논.

텃-도지(-賭地)[터또-/턷또-]명 집터를 빌린 값으로 내는 도지.

텃-마당[턴-]명 (타작할 때) 공동으로 쓰기 위해 닦아 놓은 마당.

텃-물[턴-]명 집의 울안에서 흘러나오는 온갖 배수(排水).

텃-밭[터빧/턷빧]명 집터에 딸리거나 집 가까이 있는 밭. 대전(垈田). ＊텃밭이[터빠치/턷빠치]·텃밭을[터빠틀/턷빠틀]·텃밭만[터빤-/턷빤-]

텃-새[터쌔/턷쌔]명 철을 따라 옮겨 다니지 않고 한 지방에서만 사는 새. 〔참새·까마귀·까치·꿩 따위.〕 유조(留鳥). ↔철새.

텃-세(-貰)[터쎄/턷쎄]명 터를 빌려 쓰고 내는 세(貰).

텃-세(-勢)[터쎄/턷쎄]명하자 먼저 자리를 잡은 사람이 뒤에 들어오는 사람을 업신여기는 짓. ¶ 텃세를 부리다. /한 달 먼저 왔다고 텃세가 심하다.

텃세-권(-勢圈)[터쎄꿘/턷쎄꿘]명 어떤 동물의 개체나 무리가 일정한 생활 공간을 차지한 다음, 다른 개체나 무리가 접근하거나 침입하지 못하도록 특이한 행동을 보이어 스스로를 지키는 생활권. 세력권(勢力圈).

텅[1]부 속이 비어서 아무것도 없는 모양. ¶ 텅 빈 집. 작탕[2]. **텅-텅**부 ¶ 마을이 텅텅 비었다.

텅[2]부 ①쇠붙이로 된 속이 빈 큰 통을 세게 두드릴 때 울리어 나는 소리. ¶ 드럼통을 텅 하고 두드리다. ②폭약 등이 터지면서 세게 울리어 나는 소리. ¶ 텅 하고 총포를 쏘다. 작탕[3]. 참떵. **텅-텅**부하자타.

텅스텐(tungsten)명 굳고 질기며 단단한 금속 원소의 한 가지. 철망간중석·회중석(灰重石) 따위의 광석에 들어 있음. 텅스텐강·고속도강 따위의 합금 제조, 백열 전구나 엑스선관의 진공관의 필라멘트 등 용도가 매우 많음. 볼프람. 중석(重石). 〔W/74/183.85〕

텅스텐-강(tungsten鋼)명 텅스텐이 들어 있는 합금강. 칼이나 총신·자석 및 절삭 공구의 재료로 쓰임.

텅스텐^전:구(tungsten電球)명 텅스텐을 필라멘트로 사용하는 진공 백열전구.

텅텅부하자타 실속 없이 헛된 장담으로 큰소리만 치는 모양. ¶ 흰소리를 텅텅 치다. 작탕탕. 참떵떵.

텅텅-거리다자타 자꾸 텅텅 소리가 나다, 또는 그런 소리를 내다. 텅텅대다. 작탕탕거리다.

텅텅-대다자타 텅텅거리다.

테[1]명 ①〈테두리〉의 준말. ②깨지거나 어그러지지 못하게 그릇 따위의 몸을 둘러맨 줄. ¶ 철사로 옹기의 테를 두르다. ③죽 둘린 언저리. ¶ 테가 둥근 모자. /테가 굵은 안경.

테[2]의 서려 놓은 실의 묶음을 세는 말. ¶ 털실의 한 테를 둘로 나누어 꾸리로 감다. 비타래.

테너(tenor)명 ①노래를 부를 때 남자의 가장 높은 목소리, 또는 그 음역(音域)의 남자 가수. ②테너의 음역에 해당하는 악기. 〔테너 트롬본·테너 색소폰 따위.〕 참베이스.

테너^바리톤(tenor baritone)명 테너에 가까운 음색의 바리톤, 또는 그 가수.

테누토(tenuto 이)명 악보의 나타냄말. '음표가 나타내는 길이를 충분히 지속하여 연주하라'는 뜻. 〔기호는 'ten.'이며 악보 위에 짧은 가로줄을 긋기도 함.〕

테니스(tennis)명 구기의 한 가지. 두 사람 또는 두 사람씩 팀을 이룬 네 사람의 경기자가 한가운데 네트를 쳐 놓은 코트의 양쪽에 마주 서서 라켓으로 공을 쳐서 상대편 코트에 넣는 경기.

테니스-장(tennis場)명 테니스 연습을 하거나 경기를 할 수 있는 시설을 마련해 놓은 운동장.

테두리명 ①둘레의 줄, 또는 죽 둘린 줄. 윤곽. 준테[1]. ②둘레의 가장자리. ③일정한 한계나 범위. ¶ 법의 테두리를 벗어난 행위는 응분의 제재를 받는다.

테라마이신(Terramycin)명 항생 물질의 한 가지. 방선균의 일종에서 산출되는, 냄새가 없고 쓴맛이 있는 황색 결정성 가루. 폐렴·백일해·티푸스 따위의 세균 감염증에 유효함. 〔옥시테트라사이클린의 상표명임.〕

테라스(terrace)명 서양식 건물에서, 건물의 바닥과 같은 높이로 하여 정원이나 가로로 내민 부분. 거실이나 식당 등에서 직접 나갈 수도 있고, 의자 같은 것을 내다 놓고 실내 생활을 옥외로 연장하는 단란한 처소로 이용되기도 함.

테라^코타(terra cotta 이)명 〔본디는 '구운 점토(粘土)'를 뜻하는 말로〕 미술적 조각 작품의 소재, 곧 양질의 점토로 구워 만든 상(像)이나 토기(土器).

테러(terror)명 ①온갖 폭력을 써서 남을 위협하거나 공포에 빠뜨리게 하는 행위. ¶ 테러를 당하다. /테러를 가하다. ②〈테러리스트〉의 준말. ③〈테러리즘〉의 준말.

테러리스트(terrorist)명 테러리즘을 신봉하는 사람. 폭력주의자. 준테러.

테러리즘(terrorism)명 어떤 정치적 목적을 달성하기 위하여 암살이나 폭행·숙청 따위 직접적인 공포 수단을 이용하는 주의나 정책. 특히, 프랑스 혁명 당시의 과격파인 자코뱅당의 정책을 가리킴. 폭력주의. 준테러.

테레비(←television)명 '텔레비전'의 잘못.

테레빈-유(terebene油)명 송진을 수증기로 증류하여 얻는 정유(精油). 특이한 향기를 내는 무색, 또는 담황색의 끈끈한 액체. 여러 가지 용제(溶劑) 및 바니시·페인트 제조에 쓰임. 송지유(松脂油).

테르밋(thermit)명 산화철과 알루미늄의 가루를 같은 양으로 섞은 혼합물. 불을 붙이면 알루미늄이 산화되어 높은 열을 냄. 철·강(鋼)의 용접제이며 소이탄에도 쓰임.

테르밋^용접(thermit鎔接)명 테르밋 반응을 이용하는 용접법. 용접부가 비교적 큰 경우에 쓰임.

테르븀(terbium)명 희토류(稀土類) 원소의 한 가지. 〔Tb/65/158.9254〕

테르펜(terpene)명 정유(精油)에 들어 있는, '$(C_5H_8)_n$'의 식을 가진 한 무리의 탄화수소.

테르펜-류(terpene類)명 탄화수소의 여러 가지 이성질체(異性質體)를 통틀어 이르는 말. 〔알코올·알데히드·케톤·장뇌 따위.〕

테르펜틴(Terpentin 독)명 송백과(松柏科) 식물의 줄기에서 흘러나오는 끈끈한 수지(樹脂). 〔송진 따위.〕

테리어(terrier)명 개의 한 품종. 영국 원산의 민첩하고 영리한 사냥개. 애완용으로도 기름.

테릴렌(Terylene)명 폴리에스테르계 합성 섬유의 상품명.

테ː마(Thema 독)명 〔'제목'·'논제'의 뜻으로〕 ①예술 작품의 주제. ②논의 등의 주제나 중심 과제.

테ː마^공원(Theme公園)명 동화 나라·야생 동물·해양 생물 등의 주제를 정해 놓고 그에 걸맞은 여러 시설을 설치해 놓은 위락(慰樂) 단지. 〔디즈니랜드 따위.〕 테마 파크.

테ː마^뮤ː직(Thema+music)명 (영화나 방송 프로그램, 그 밖의 행사에서) 첫머리에 단시간 연주되는 상징 음악. 주제 음악.

테ː마^소ː설(Thema小說)명 ☞주제 소설.

테ː마^파ː크(Thema+park)명 테마 공원.

테-메다타 '테메우다'의 잘못.

테-메우다타 (깨진 질그릇·나무 그릇 따위의) 벌어진 둘레에, 짜갠 대오리나 쇳조각·철사 따위를 둘러 감거나 끼우다.

테-밀이명하타 문살의 등을 둥글게 하거나 모서리에 조금 테가 있게 만드는 일, 또는 그런 문살.

테-받다[-따]타 그 모양을 이루다.

테석-테석부하형 (거죽이나 면이) 거칠게 일어나서 반지랍지 못한 모양. ¶ 비단은 보드랍고 무명은 테석테석하다.

테스터(tester)명 하나의 지시침(指示針)으로 저항치(抵抗値)·직류 전류·직류 전압·교류 전압 등을 전환시켜 측정할 수 있도록 한 장치.

테스토스테론(testosterone)명 남성 호르몬의 한 가지. 남성의 생식선(生殖腺)에 딸린 기관의 발육을 촉진하고 제2차 성징을 나타내는 작용을 함.

테스트(test)명하타 ①시험. 고사. ②검사. ③심리학에서, 정신적 능력이나 성질의 검사를 이름.

테스트^케이스(test case)명 선례(先例)로 남을 만한 판례(判例).

테-실명 테를 지은 실.

테이블(table)명 서양식의 탁자나 식탁을 두루 이르는 말.

테이블-센터(table center)명 테이블의 한가운데에 놓는 장식용 헝겊이나 편물.

테이블스푼(table-spoon)명 양식(洋食)에서, 수프를 떠먹는 데 쓰는 큰 숟가락.

테이프(tape)명 ①헝겊이나 종이 따위로 만든 가늘고 긴 오라기. ②전선에 감아서 절연하는 데 쓰는, 좁고 긴 종이나 헝겊. ③육상 경기의 결승점에 치는 끈. ④〈자기 테이프〉의 준말.

테이프^리코ː더(tape recorder)명 자기 테이프에 소리를 기록하는 장치.

테ː제(These 독)명 ①정립(定立). ↔안티테제. ②정치적·사회적 운동에서 그 기본 방침을 규정한 강령(綱領).

테크네튬(technetium)명 인공 방사능 금속 원소의 한 가지. 화학적 성질은 레늄과 비슷하며, 원자로에서 다량으로 추출됨. 〔Tc/43/97〕

테크노사운드(technosound)명 ☞전자음.

테크노크라시(technocracy)명 〔'기술에 의한 지배'의 뜻으로〕 ①전문 기술자에게 한 나라의 산업·자원의 지배와 통제를 맡기자는 정치 사상. 1932년에 미국에서 제창됨. ②기술자가 관리하는 사회 경제 체제.

테크놀로지(technology)명 ①과학 기술. ②공예학(工藝學). 응용과학.

테크니컬러(technicolor)명 천연색 영화의 한 방식. 피사체의 빛을 삼원색으로 분해하여 감광(感光)시킨 세 개의 네거 필름을 하나의 프린트로 만듦. 〔1932년에 미국의 테크니컬러사(社)가 완성.〕

테크니컬^파울(technical foul)명 농구에서, 퍼스널 파울 이외의 파울. 고의로 경기를 지연하거나 심판의 허가 없이 선수를 바꾸거나 할 때 선언됨.

테크닉(technic)명 수법. 기교(技巧). 전문 기술. ¶ 고도의 테크닉. /테크닉이 좋다.

테타니(tetany)명 부갑상선의 기능 저하로 인한 팔다리 근육의 강직성(強直性) 경련증.

테트로도톡신(tetrodotoxin)명 복어의 난소나 간장에 많이 들어 있는 맹독소(猛毒素). 말초 신경과 중추 신경(中樞神經)에 작용하며 생명에 위험함.

텍사스^히트(Texas hit)명 야구에서, 타자가 친 공이 빗맞아 내야수와 외야수 사이에 떨어져 안타가 되는 타구(打球).

텍스(←texture)명 섬유판(纖維板).

텍스트(text)명 ①(삽화나 도해 따위에 대한) 인쇄된 글귀. ②(주석이나 서문·부록에 대한) 본문 또는 원문. ③문장이 모여서 이루어진 한 덩어리의 글.

텍타이트(tektite)명 오스트레일리아·인도네시아·체코 등에서 발견되는 흑요석(黑曜石) 비슷한 작은 돌. 오랜 옛날에 우주에서 날아온 것이라는 설이 있음.

텐더로인(tenderloin)명 (고급 스테이크용으로 쓰는) 소·돼지의 허리 부분의 연한 살코기.

텐스(tense)명 구미어(歐美語)에서 현재·과거·미래 따위의 때를 나타내는 문법적 분류. 시제(時制).

텐트(tent)명 천막.

텔레마ː케팅(telemarketing)명 전화를 이용하여 상품의 소개 및 판매, 시장 조사, 고객 관리 등을 행하는 마케팅 기법.

텔레미ː터(telemeter)명 멀리 떨어진 곳의 상태를 자동적으로 측정하여, 그 정보를 전기 신호로 바꾸어 송신하는 전기 계기(計器)와 송수신기를 통틀어 이르는 말.

텔레뱅킹(telebanking)명 ☞폰뱅킹.

텔레비(←televison)명 '텔레비전'의 잘못.

텔레비전(television)명 전송 사진의 방법을 방송 전파에 응용하여 실경(實景)을 전파로 보내어 수신 장치에 재현시키는 장치. ㊟티브이.

텔레타이프(teletype)명 ①〈텔레타이프라이터〉의 준말. ②텔레타이프라이터의 통신.

텔레타이프라이터(teletypewriter)명 통신문을 부호 전류로 송신하면 수신기에서 자동으로 문자·숫자·기호로 바꾸어 인쇄되는 장치. 텔레프린터. 준텔레타이프.

텔레텍스(teletex)명 워드 프로세서로 작성한 문서를 전화선 등을 통해 다른 곳으로 전송하는 장치. 가입 전신(텔렉스)의 특징과 워드 프로세서의 기능을 결합한 것.

텔레텍스트(teletext)명 문자 다중 방송.

텔레파시(telepathy)명 어느 한 사람의 마음이나 생각이 말과 몸짓 등을 통하지 않고 다른 사람에게 전달되는 것. 정신 감응. ¶ 텔레파시가 통하다.

텔레팩스(telefax)명 모사 전송(模寫電送).

텔레포ː트(teleport)명 통신 위성을 이용하여 방대한 양의 정보를 수집·가공·전파하는, 고도의 정보 통신 처리 기지.

텔레프린터(teleprinter)명 ☞텔레타이프라이터.

텔렉스(telex)명 다이얼로써 상대편을 불러서 텔레타이프로 통신하는 장치. 신문사나 무역 회사에서 해외와의 통신에 이용함. 가입 전신.

텔롭(telop)명 텔레비전 방송에 사용되고 있는 자막 카드의 투사용 장치, 또는 그 자막.

텔루르(Tellur 독)명 〔라틴 어 'tellus(지구)'에서 온 말로〕 비금속 원소의 한 가지. 은백색의 금속광택이 나는, 아연과 비슷한 결정으로 반도체의 특성을 나타냄. 화학적 성질은 황·셀렌과 비슷함. 〔Te/52/127.60〕

템의 《대개 수량을 나타내는 명사 뒤에서, 조사 '이나'와 함께 쓰이어》 생각보다 많은 정도를 나타내는 말. 턱[4]. ¶ 일주일이면 끝낼 줄 알았던 일이 한 달 템이나 걸렸다.

템페라(tempera 이)명 아교나 달걀의 노른자 따위로 안료를 녹인 불투명한 그림물감, 또는 그것으로 그린 그림. 고대 서양화의 대표적인 기법의 한 가지.

템포(tempo 이)명 ①사물의 진행 속도나 진도. ②음악에서, 악곡을 연주하는 빠르기(속도), 또는 박자. ③문학 작품의 줄거리나 내용의 진전 속도.

템포^루바토(tempo rubato 이)명 악보에서, 변화를 주도록 지시하는 말. '음의 길이를 조금 바꾸어 자유롭게 느리거나 빠르게, 그러나 전체 연주 시간은 같게'의 뜻.

템포슈붕(Temposchwung 독)명 스키에서, 제동을 가하지 않고 빠른 속도로 회전하는 기술.

템포^주스토(tempo giusto 이)명 악보에서, 변화를 주도록 지시하는 말. '정확한 템포로'의 뜻.

템포^코모도(tempo comodo 이)명 악보에서, 변화를 주도록 지시하는 말. '템포를 마음대로' 또는 '적당한 박자로'의 뜻.

템포^프리모(tempo primo 이)명 악보에서, 변화를 주도록 지시하는 말. '처음의 빠르기로'의 뜻.

텡-쇠[-쇠/-쉐]명 '겉으로는 튼튼한 듯이 보이나 실상은 허약한 사람'을 이르는 말. ¶ 알고 보니 그 사람 아주 텡쇠더군.

텨로조 〈옛〉 처럼. ¶ 안가 텨로 니ᄅ시고(新語 *4:12*). 참뎨로.

텰릭명 〈옛〉 철릭. ¶ 므쇠로 텰릭을 몰아(樂詞, 鄭石歌*45*).

뎨로조 〈옛〉《명사 '뎨(體)'에 조사 '로'가 붙은 꼴》 처럼. ¶ 안즘을 키 뎨로 말며(小解*3:9*).

뎨ᄒ다조동 〈옛〉 체하다. ¶ 붓그림으란 모로는 뎨ᄒ고(新語*9:15*).

토[1]명 윷놀이에서, '도'를 다른 말 뒤에 붙여서 쓸 때에 이르는 말. ¶ 모 아니면 토가 나야 이길 수 있다.

토[2]명 ①간장을 졸일 때 윗면에 떠오르는 찌끼. ②간장을 담은 그릇의 밑바닥에 가라앉는 된장 부스러기.

토[3]명 ①한문을 읽을 때 구절 끝에 붙여서 문법적 관계를 나타내는 우리말 부분. 〔예컨대, '天地之間萬物之中에 唯人이 最貴하니 所貴乎人者는 以其有五倫也라'라는 문장에 붙인 우리말 '에·이·하니·는·라' 따위.〕 ②〈토씨〉의 준말.
토(를) 달다관용 어떤 말 끝에 그 말에 대하여 덧붙이는 짤막한 말을 붙이다. ¶ 사사건건 토를 달고 나서다.

토(土)명 ①〈토요일〉의 준말. ②오행(五行)의 하나. 방위로는 중앙, 계절로는 사계삭(四季朔)에 18일씩 나뉘어 있고, 빛깔은 누런빛에 해당됨.

토-(土)접두 《특정한 단어 앞에 붙어》 '흙으로 된'의 뜻을 나타냄. ¶ 토담. /토마루. /토바닥. /토반자.

토가(土價)[-까]명 땅값.

토ː가(討價)[-까]명하타 (물건의) 값을 부르거나 요구함.

토가(toga 라)명 고대 로마 인이 입었던 겉옷. 긴 천을 왼쪽 어깨에서 오른쪽 겨드랑이 아래로 감아 두르게 되어 있음.

토각-귀모(兎角龜毛)[-뀌-]명 〔토끼의 뿔과 거북의 털이란 뜻으로〕 '세상에 없는 것'을 비유하여 이르는 말. ¶ 그런 무리한 부탁을 하느니 차라리 토각귀모를 구해 오라시지요.

토감(土坎)명 ①흙구덩이. ②하자묏자리를 정할 때까지 시체를 임시로 묻어 둠.

토건(土建)명 〈토목건축〉의 준말.

토고(土鼓)명 중국 주(周)나라 때의 타악기의 한 가지. 흙을 구워 만든 틀에 가죽을 메워, 풀을 묶어 만든 북채로 쳐서 소리를 냄. 〔부(缶)·훈(壎) 따위.〕

토ː고-납신(吐故納新)[-씬]명하자 도가(道家)의 수련법의 한 가지. 몸 안의 낡은 공기를 토해 내고 신선한 공기를 받아들이는 수련법으로, 곧 심호흡을 이름. 준토납(吐納).

토공(土工)명 ①(흙을 쌓거나 파는 따위) 흙을 다루는 공사, 또는 그 일에 종사하는 사람. ②도기(陶器) 따위를 만드는 일을 직업으로 하는 사람.

토공(土公)명 〈토공신(土公神)〉의 준말.

토공-신(土公神)명 음양가(陰陽家)가 이르는 땅의 신. 봄에는 부엌에, 여름에는 문에, 가을에는 우물에, 겨울에는 마당에 있다고 하는데, 그 계절에 그 자리를 움직이면 재앙이 따른다고 함. 토신(土神). 준토공.

토관(土官)명 〈토관직(土官職)〉의 준말.

토관(土管)명 질흙으로 구워 만든 둥근 관. 굴뚝이나 배수관 따위로 쓰임.

토관-직(土官職)명 고려·조선 시대에, 평안도와 함경도의 변진(邊鎭)에 두었던 관직. 평안도·함경도의 부(府)·목(牧)·도호부(都護府)에 따로 둔 벼슬로서, 그 지방의 관찰사나 절도사가 그 지방의 토착민에게만 임명했음. 준토관.

토-광(土-)명 널빤지 따위를 깔지 않고 흙바닥 그대로 된 광.

토광(土鑛)명 흑광(黑鑛)의 산화대(酸化帶)가 흙 같은 엷은 빛의 광석으로 변하여 금분(金粉)과 은분이 풍부한 광석.

토광-묘(土壙墓)명 ☞널무덤.
토광-인희(土廣人稀)[-히]명하형 땅은 넓고 사람은 드묾. 지광인희(地廣人稀).
토괴(土塊)[-괴/-궤]명 ☞흙덩이.
토교(土橋)명 ☞흙다리.
토구(土寇)명 시골에서 일어난 도둑의 떼. 토비(土匪). 토적(土賊).
토ː구(吐具)명 ☞토기(吐器).
토ː구(討究)명하타 서로 의견을 말하면서 사물의 이치를 따지어 연구함.
토-굴(土-)명 ①흙땅에서 나는 굴조개를 통틀어 이르는 말. ②굴과의 조개. 껍데기는 길이 15 cm가량으로, 둥글거나 네모꼴임. 암초 따위에 붙어삶.
토굴(土窟)명 ①흙을 파낸 큰 구덩이. ②땅속으로 뚫린 큰 굴. 땅굴.
토극수(土克水)[-쑤]명 오행설에서 이르는 상극(相剋)의 하나. '흙은 물을 이긴다'는 뜻.
토ː근(吐根)명 ①꼭두서닛과의 상록 관목. 높이 30~40 cm, 흰 꽃이 10~12개씩 덩어리로 피고 완두만 한 장과(漿果)가 열림. ②한방에서, '말린 토근 뿌리'를 약재로 이르는 말. 〔가래를 없애거나 토하게 하는 데에 씀.〕
토ː근-정(吐根錠)명 토근의 뿌리에 젖당〔乳糖〕을 섞어서 만든 정제. 가래를 없애는 데 씀.
토금(土金)명 ①금빛이 나는 흙. ②흙이나 모래 속에 섞여 있는 금.
토-금속(土金屬)명 ☞토류 금속(土類金屬).
토기(土氣)명 ①☞지기(地氣). ②한방에서, 위(胃)의 작용을 이르는 말.
토기(土器)명 ①질흙으로 빚어서 700~800° C에서 구워 만든 그릇의 한 가지. 잿물을 쓰지 않으며, 다공질(多孔質)임. ②고대에 쓰이던, 흙으로 만든 그릇. ②와기(瓦器).
토ː기(吐氣)명 위 속에 든 것이 도로 입으로 나오려는 기운. 구기(嘔氣). 욕지기.
토ː기(吐器)명 (음식을 먹을 때) 씹어 삼키지 못할 것을 뱉어 놓는 그릇. 토구(吐具).
토기-장(土器匠)명 ☞토기장이.
토기-장이(土器-)명 토기를 만드는 일을 직업으로 하는 사람. 토기장.
토기-점(土器店)명 ①토기를 구워 만드는 곳. ②옹기점.
토-끝[-끋]명 ①피륙의 끄트머리. ②피륙의 필(疋) 끝에 글씨나 그림이 박힌 부분. 화도끝. ＊토끝이[-끄치]·토끝을[-끄틀]·토끝만[-끈-]
토끼명 토낏과의 짐승을 통틀어 이르는 말. 귀는 길고 크며 윗입술은 갈라져 있고 긴 수염이 있음. 뒷다리는 앞다리보다 훨씬 발달되어서 잘 뛰어다님. 번식력이 강하고 종류가 많음.
　토끼가 제 방귀에 놀란다속담 ☞노루가 제 방귀에 놀란다. 참노루.
　토끼 둘을 잡으려다가 하나도 못 잡는다속담 여러 가지를 욕심내다가는 한 가지도 이루지 못한다는 말.
　토끼를 다 잡으면 사냥개 잡는다속담 필요할 때는 잘 부려먹다가도 쓸모가 없게 되면 쌓은 공도 무시하고 내치어 버린다는 말. 참토사구팽(兔死狗烹).
　토끼 입에 콩가루 먹은 것 같다속담 무엇을 먹은 흔적을 입가에 남기고 있다는 말.
토끼-날명 ①☞묘일(卯日). ②음력 정월 첫 묘일(卯日). 이날은 여성이 남의 집에 출입하는 것을 꺼림.
토끼-뜀명하자 쪼그리고 앉은 자세로 양손으로 각각의 귀를 잡고 토끼처럼 뛰어가거나 제자리에서 뜀, 또는 그런 동작.
토끼-띠명 ☞묘생(卯生).
토끼-잠명 토끼처럼, 깊이 들지 못하고 아무 데서나 잠깐 자는 잠.
토끼-장(-欌)명 토끼를 가두어 기르는 우리. 토사(兔舍). 토끼집.
토끼-전(-傳)명 작자와 연대를 알 수 없는 판소리 계통의 고대 소설. 국문본도 있고 한문본도 있는데, '삼국사기'에 전하는 토끼와 거북의 우화를 소설화한 것임. 별주부전. 토생원전.
토끼-집명 토끼를 가두어 두고 기르는 우리. 토사(兔舍). 토끼장.
토끼^타령명 '수궁가(水宮歌)'의 딴 이름.
토끼-털명 토끼의 털. 토모(兔毛).
토끼-풀명 콩과의 다년초. 유럽 원산으로, 들에 절로 나거나 목초로 재배하기도 함. 잎은 긴 자루 끝에 세 잎씩 나며 심장 모양임. 여름에 흰 꽃이 피고, 시든 다음에도 떨어지지 않고 열매를 둘러쌈. 클로버(clover).
토끼-해명 ☞묘년(卯年).
토ː납(吐納)명하자 〈토고납신〉의 준말.
토ː너(toner)명 복사기나 레이저 프린터에서 잉크 대신 사용하는 검은색 탄소 가루.
토ː너먼트(tournament)명 운동 경기 따위에서, 시합 때마다 패자는 떨어져 나가고 마지막에 남은 두 사람(팀)으로 하여금 우승을 겨루게 하는 방식. ¶ 토너먼트로 경기를 치르다.
토ː네이도(tornado)명 미국 중남부 지역에서 일어나는 맹렬한 회오리바람. 봄·여름에 많으며, 집이나 나무를 쓰러뜨리기도 함.
토노미ː터(tonometer)명 음의 진동수, 곧 높낮이를 정확히 재는 계기(計器).
토농(土農)명 ☞토농이.
토농-이(土農-)명 한곳에 붙박이로 살며 농사를 짓는 사람. 토농.
토닉(tonic)명 진(jin) 따위의 양주에 섞어 마시는 탄산음료.
토닥-거리다[-꺼-]타 자꾸 토닥토닥하다. 토닥대다. 큰투덕거리다. 참또닥거리다.
토닥-대다[-때-]타 토닥거리다.
토닥-이다타 잘 울리지 않는 톡톡한 물건을 가볍게 두드리는 소리를 내다.
토닥-토닥부하타 잘 울리지 않는 톡톡한 물건을 가볍게 두드리는 소리, 또는 그 모양. ¶ 아기 등을 토닥토닥 두드리다. 큰투덕투덕[1]. 참또닥또닥.
토단(土壇)명 흙으로 쌓아 만든 단.
토-담(土-)명 흙으로 쌓아 친 담. 토원(土垣). 토장(土牆).
토담-장이(土-)명 토담을 쌓는 일을 직업으로 하는 사람. 준담장이.
토담-집(土-)[-찝]명 (재목은 거의 쓰지 않고) 토담을 쌓아서 그 위에 지붕을 덮어 지은 집. 담집. 토실(土室). 토옥(土屋).
토담-틀(土-)명 토담을 쌓는 데 쓰는, 널빤지로 만든 틀. 틀 안에 흙을 넣고 단단하게 다지어 흙이 완전히 굳은 다음에 틀을 뗌. 담틀.
토-당귀(土當歸)명 ①☞땃두릅나물. ②한방에서, '멧두릅 뿌리'를 약재로 이르는 말. ②독활(獨活).
토대(土臺)명 ①흙으로 쌓아 올린 높은 대. 흙바탕. ②목조 건축물에 있어 맨 밑바닥에서 윗부분을 떠받치는 가로로 댄 나무. ③모든 건조물의 밑바탕. ④'사물이나 사업의 바탕이 되는 기초나 밑천'을 비유하여 이르는 말. ¶ 토대 없이 시작한 사업이라 어려움이 많다.

토ː^댄스(toe dance)명 발레 등에서, 발끝으로 서서 추는 춤.

토도사(土桃蛇)명 ☞굿뱀.

토둔(土屯)명 그리 높지 않은 자그마한 언덕.

토라(土螺)명 ☞우렁이.

토라지다자 ①먹은 음식이 제대로 소화되지 않고 신트림이 나면서 체하다. ②사이나 감정이 좋지 않게 되다. ¶ 딸아이는 장난감을 안 사 준다고 단단히 토라져 있다.

토란(土卵)명 ①천남성과의 다년초. 높이 80~120 cm. 땅속에 감자 모양의 알줄기가 있는데 잎꼭지와 함께 요리에 쓰임. 열대 아시아 원산으로 4월에 심어 7~9월에 수확함. 우자(芋子). 토련(土蓮). ②토란의 구경.

토란-국(土卵-)[-꾹]명 맑은장국이나 토장국에 토란을 넣고 끓인 국.

토란-대(土卵-)명 ☞고운대.

토레아도ː르(toreador 스)명 ①여성용 승마 바지. ②투우사의 바지.

토력(土力)명 ☞지력(地力).

토련(土蓮)명 ☞토란.

토ː렴명하타 건진 국수나 식은 밥 따위에 뜨거운 국물을 부었다 따랐다 하여 그 국수나 밥을 데우는 일. ¶ 더운 국물에 국수를 토렴하여 주다. 본퇴염(退染).

토ː로(吐露)명하타 속마음을 다 드러내어 말함. 토파(吐破). ¶ 불만을 토로하다. /아내에게 흉금을 토로하다. 비토정(吐情).

토록[1]명 광산에서, 광맥의 원줄기와 떨어져 다른 잡석과 섞여 있는 광석을 이르는 말.

토록[2]조 《일부 체언에 붙어》 '어느 정도나 얼마의 수량에 미치기까지'의 뜻을 나타내는 말. ¶ 그는 종일토록 일하였다. /어려움이 이토록 많을 줄은 몰랐다.

토ː론(討論)명하타되자 어떤 문제를 두고, 여러 사람이 의견을 말하여 옳고 그름을 따져 논의함. ¶ 찬반 토론. /열띤 토론을 벌이다. 비토의.

토롱(土壟)명 임시로 흙을 쌓아서 만든 무덤. 토분(土墳).

토룡(土龍)명 지렁이.

토류(土罍)명 중국 당우(唐虞) 때에 흙으로 만들었다고 하는 밥그릇의 한 가지.

토류(土類)명 물과 불에 잘 녹지 않고 환원하기도 어려운 금속 산화물. 〔반토(礬土) 및 알루미늄 따위 희유(稀有) 금속의 산화물.〕

토류^금속(土類金屬)명 원소 주기율표 가운데 제3족(第三族)에 딸리는 금속 원소. 〔알루미늄·칼륨·인듐·탈륨 따위.〕 토금속. 토류 금속 원소.

토류^금속^원소(土類金屬元素)명 ☞토류 금속.

토륨(thorium)명 방사성 금속 원소의 한 가지. 잿빛의 무거운 결정이며, 우라늄에 버금가는 원자력 원료임. 〔Th/90/232.0381〕

토르소(torso 이)명 〔'몸통'을 뜻하는 조각 용어〕 팔·다리·머리 부분이 없이 몸통만으로 된 조상(彫像).

토리[1]명 ①실을 둥글게 감은 뭉치. ②〖의존 명사적 용법〗 감아 놓은 실 뭉치를 세는 단위. ¶ 색실 두 토리.

토리[2]명 화살대의 끝에 씌운 쇠고리.

토리(土理)명 흙의 메마르고 기름진 성질, 또는 어떤 식물에 맞고 안 맞는 성질. 지미(地味). ¶ 토리가 좋아서 어떤 작물을 심어도 잘 된다.

토리-실명 테가 지게 감지 않고 둥글게 감은 실.

토-마루(土-)명 (지난날, 시골집에서 볼 수 있었던 것으로) 흙을 편평하게 쌓아서 마루 대신으로 이용하던 곳. 참토방(土房).

토마스-주의(Thomas主義)[-의/-이]명 ☞토미즘(Thomism).

토마토(tomato)명 가짓과의 일년초. 남아메리카 원산의 재배 식물로 줄기 높이는 1 m가량. 여름에 노란 꽃이 피고, 열매는 둥글넓적하며 붉게 익음. 열매에는 비타민 A와 C가 많음. 참일년감.

토마토-케첩(tomato ketchup)명 토마토를 갈아 으깨어 향료·식초 따위로 맛을 낸 소스의 한 가지.

토막명 ①크고 덩어리가 진 도막. ¶ 생선 토막. /토막을 내다. /토막을 치다. ②(말이나 글·노래 따위의) 짤막한 한 부분. ¶ 춘향전의 한 토막. /한 토막의 이야기. ③〖의존 명사적 용법〗 토막 낸 물건 따위를 세는 단위. ¶ 나무 한 토막. /옛날이야기 한 토막.

토막(土幕)명 움막. 움집.

토막-고기[-꼬-]명 토막을 낸 고기.

토막-극(-劇)[-끅]명 ☞촌극(寸劇).

토막-나무[-망-]명 짤막하게 토막을 낸 나무.
토막나무 끈 자국과 같다속담 토막나무를 끌고 간 자리와 같이 사물의 형상과 자취가 뚜렷하여 숨길 수 없다는 말.

토막-말[-망-]명 아주 짤막한 말. 도막도막 끊어지게 하는 말. 한마디 한마디씩 동안을 두어 가면서 하는 말.

토막-민(土幕民)[-망-]명 움집에서 사는 사람.

토막-반찬(-飯饌)[-빤-]명 (생선이나 자반 따위를) 토막 쳐서 조리한 반찬.

토막-토막 I명 토막마다 모두. 또는, 여러 개의 토막. ¶ 생선 토막토막에 양념을 고루 얹다. II부 여러 토막으로 잘린(자르는) 모양. ¶ 생선을 토막토막 자르다.

토매(土-)명 벼를 갈아서 현미(玄米)를 만드는 기구. 흙을 굳혀서 매통 비슷하게 아래위 두 짝으로 만든 것으로 위짝에는 자루가 달려 있음.

토매(土昧) '토매하다'의 어근.

토매-인(土昧人)명 미개하고 무지한 사람. 미개인. 야만인.

토매인-우(土昧人遇)명 토매인에게 하는 대우. 야만인으로 취급하는 대우.

토매-하다(土昧-)형여 미개하고 무지하다.

토맥(土脈)명 ☞지맥(地脈).

토-머름(土-)명 널조각 대신에 흙으로 막은 머름.

토멸(討滅)명하타되자 공격하여 멸망시킴.

토모(兔毛)명 토끼털.

토목(土木)명 〈토목 공사〉의 준말.

토목-건축(土木建築)[-껀-]명 토목과 건축을 아울러 이르는 말. 준토건.

토목^공사(土木工事)[-꽁-]명 목재나 철재·토석(土石) 따위를 사용하여 도로나 둑·교량·항만·철도·상하수도 따위를 건설하거나 그것을 유지하기 위한 공사 등을 통틀어 이르는 말. 준토목.

토목-공이(土木-)[-꽁-]명 '미련하고 무지한 사람'을 조롱조로 이르는 말.

토목^공학(土木工學)[-꽁-]명 (도로·하천·도시 계획 따위) 토목 공사에 관한 이론과 실제를 연구하는 공학의 한 부문.

토:미즘(Thomism)명 스콜라 철학을 대표하는 토마스 아퀴나스의 사상에 토대를 둔 철학·신학의 사상 체계, 또는 그 사조(思潮). 가톨릭 교회의 공인 철학으로서, 중용(中庸)·조화·명석·지성(知性)의 우위를 주장하며 관념론이나 유물론에 반대함. 토마스주의.

토민(土民)명 일정한 곳에서 여러 대(代)에 걸쳐 살아가는 사람들. 토착민(土着民).

토-바닥(土-)명 사금(沙金)을 캐내는 곳의, 흙과 모래로 된 밑바닥.

토박(土薄) '토박하다'의 어근.

토-박이(土-)명 〈본토박이〉의 준말. ¶ 서울 토박이.

토박이-말(土-)명 고유어.

토박-하다(土薄-)[-바카-]형여 땅이 기름지지 못하고 메마르다. 참토옥(土沃)하다.

토반(土班)명 여러 대(代)를 두고 그 고장에서 살고 있는 양반.

토반-유(兔斑釉)명 짚이나 겨를 태운 재를 장석(長石)·토회(土灰)와 섞어 만든, 빛깔이 부연 잿물.

토-반자(土-)명 천장에 반자틀을 들인 뒤에 반자지를 바르지 않고 욋가지를 엮고 흙을 바른 반자.

토방(土房)명 (마루를 놓을 수 있게 된) 처마 밑의 땅. 참토마루.

토번(土蕃)명 오랜 옛날부터 그 땅에 살고 있는 미개한 주민. 미개한 토착민.

토번(吐蕃)명 중국 당송(唐宋) 시대에, '티베트족'을 이르던 말.

토벌(討伐)명하타되자 반란자 등 적이 되어 맞서는 무리를 병력으로 공격하여 없앰. ¶ 토벌 작전. /공비(共匪)를 토벌하다.

토벽(土壁)명 흙벽.

토병(土兵)명 토민(土民) 중에서 뽑은 군사.

토봉(土蜂)명 땅벌.

토분(土粉)명 ①쌀을 쓿을 때에 섞는, 희고 보드라운 흙가루. 분토(粉土). ②진흙의 보드라운 앙금을 말린 흙가루. 재목에 칠을 할 때 틈을 메우는 애벌칠감으로 쓰임.

토분(土墳)명 흙을 모아 임시로 간단하게 만든 무덤. 토롱(土壟).

토분(兔糞)명 한방에서, '토끼 똥'을 약재로 이르는 말. 해열제로 씀.

토불(土佛)명 흙으로 만든 불상. 흙부처.

토붕(土崩)명하자 〔흙이 무너진다는 뜻으로〕 '어떤 조직(組織)이나 모임이 점점 무너짐'을 이르는 말.

토붕-와해(土崩瓦解)명하자 〔흙이 무너지고 기와가 깨지듯이〕 '사물이 여지없이 무너져 수습할 수 없이 됨'을 이르는 말.

토브랄코(tobralco)명 무늬를 찍은 무명. 어린이용·여성용 옷감으로 쓰임.

토비(土匪)명 ☞토구(土寇).

토비(討匪)명하자 비적(匪賊)의 무리를 침.

토빈(土殯)명하타 정식으로 장사를 지내기 전에 임시로 관(棺)을 묻음.

토사(土沙)명 흙과 모래. ¶ 토사 유출.

토:사(吐絲)명하자 (누에가 고치를 만들기 위하여) 입에서 실을 토해 냄.

토:사(吐瀉)명하자 〈상토하사〉의 준말.

토사(兔舍)명 토끼장. 토끼집.

토사(兔絲·菟絲)명 ☞새삼.

토:사-곽란(吐瀉癨亂)[-광난]명 한방에서, 위로는 토하고 아래로는 설사하면서 배가 뒤틀리듯이 몹시 아픈 병증을 이르는 말.

토사구팽(兔死狗烹)명 〔토끼를 다 잡으면 사냥개를 삶는다는 뜻으로〕 '요긴한 때는 소중히 여기다가도 쓸모가 없게 되면 천대하고 쉽게 버림'을 비유하여 이르는 말. 〔'사기(史記)'의 '회음후전(淮陰侯傳)'에 나오는 말임.〕 참토끼.

토사-도(土沙道)명 (포장재로 포장하지 아니하고) 흙과 모래로만 다진 길.

토사-문(兔絲紋)명 ☞토호화(兔毫花).

토사-자(兔絲子)명 한방에서, '새삼의 씨'를 약재로 이르는 말. 강장제 따위로 쓰임.

토사호비(兔死狐悲)명 ☞호사토읍(狐死兔泣).

토산(土山)명 (돌이나 바위가 별로 없이) 흙으로만 이루어진 산. 흙메. ↔암산(岩山).

토산(土産)명 〈토산물〉의 준말.

토산-마(土産馬)명 그 지방에서만 나는 독특한 품종의 말.

토산-물(土産物)명 그 지방에서 특유하게 나는 물건. 준토산.

토산-불알(←癀疝-)명 한방에서, 산증(疝症)으로 말미암아 한쪽이 커진 불알을 이르는 말.

토산불-이(←癀疝-)명 '토산불알을 가진 사람'을 홀하게 이르는 말.

토산-종(土産種)명 그 지방에서 특유하게 나는 종자, 또는 종류. 토종(土種).

토산-품(土産品)명 그 지방에서 특유하게 나는 물품.

토색(土色)명 흙빛.

토색(討索)명하타 돈이나 물품 따위를 억지로 달라고 함.

토색-질(討索-)[-찔]명하타 토색하는 짓. ¶ 탐관오리(貪官汚吏)의 토색질.

토-생금(土生金)명 오행설에서 이르는 상생(相生)의 하나. 흙〔土〕에서 쇠〔金〕가 생긴다는 뜻.

토생원-전(兔生員傳)명 ☞토끼전.

토석(土石)명 흙과 돌.

토석-류(土石流)[-성뉴]명 산사태로 흙과 돌이 탁류(濁流)에 휩쓸려 흘러내리는 물, 또는 그런 흐름.

토선(土船)명 흙을 실어 나르는 배.

토:설(吐說)명하타 (숨겼던 사실을) 처음으로 밝히어 말함. 설토(說吐).

토성(土性)명 흙의 성질. 토질(土質).

토성(土姓)명 오행(五行)의 '토'에 딸린 성(姓).

토성(土星)명 태양계의 안쪽에서 여섯 번째의 행성. 목성(木星) 다음으로 큰 별로서 주위에 여러 개의 고리가 둘러싸고 있으며, 10개 이상의 위성(衛星)을 가졌음. 오황(五黃). 진성(鎭星).

토성(土城)명 ①흙으로 쌓아 올린 성. ②〈사성(莎城)〉의 속된 말. ③개자리 뒤에 흙을 쌓아 화살을 막던 둑.

토-세공(土細工)명 흙을 재료로 하는 세공.

토속(土俗)명 그 지방 특유의 습관이나 풍속. ¶ 토속 신앙. /토속 음식.

토속-적(土俗的)[-쩍]관명 그 지방에만 특유한 습관·풍속의 (것). ¶ 토속적 정취. /토속적인 음식.

토속-주(土俗酒)[-쭈]명 그 지방의 독특한 양조법으로 빚은 전통적인 술. 준토주.

토속-학(土俗學)[-소칵]명 여러 곳의 풍속·습관 따위를 대상으로 연구하는 학문. 〔민속학과 민족학으로 분화되기 이전에 이르던 말.〕

토수(吐手)명 '토시'의 잘못.

토:수(吐首)명 기와의 한 가지. 전각(殿閣)의 네 귀의 추녀 끝에 끼우는 것으로, 용두(龍頭) 모양이나 귀두(鬼頭) 모양으로 만듦.

토수-화(土鏽花)명 미술에서, 도자기가 흙 속에 오래 묻혀 있어 본디의 곁은 유약이 변화하여 생긴 얼룩무늬를 이르는 말.
토순(兎脣)명 윗입술이 토끼의 입술처럼 세로로 갈라져 있는 언청이의 입술.
토ː슈ː즈(toeshoes)명 발레에서, 토 댄스를 출 때 신는 신. 끝이 두껍고 단단하며 뒤축이 없음. 보통 분홍빛의 공단(貢緞)으로 만듦.
토스(toss)명하타 ①(공 따위를) 가볍게 위로 던지는 일. ②배구에서, 자기편 선수가 내리치기 쉽도록 공을 높이 올려 주는 일. ③야구나 농구에서, 바로 옆의 자기편에게 공을 밑으로부터 가볍게 던지는 일. ④〈토스 배팅〉의 준말.
토스^배팅(toss batting)명 야구에서, 가까이에서 던져 올려 주는 공을 치는 가벼운 타격 연습. 준토스.
토ː스터(toaster)명 토스트를 굽는 기계.
토ː스트(toast)명 얇게 잘라 살짝 구운 식빵. 버터나 잼 따위를 바르기도 함.
토시명 ①한복을 입을 때 팔뚝에 끼워 추위나 더위를 막는 제구. 한 끝은 좁고 한 끝은 넓게 생겼는데, 겨울용은 비단·무명 따위로 만들고 여름용은 대나무·등나무 따위로 만듦. ②옷소매가 해지거나 더러워지지 않도록 소매 위에 덧끼는 물건. 본투수(套袖).
토시-살명 소의 만화에 붙은 고기.
토식(討食)명하타 음식을 억지로 달라고 하여 먹음.
토신(土神)명 ☞토공신(土公神).
토실(土室)명 토담집. 토옥(土屋).
토ː실(吐實)명하타 일의 실상을 토설함. ¶ 초달을 받고서야 아버지 앞에 전말을 토실했다.
토실-토실부하형 살이 보기 좋을 정도로 통통하게 찐 모양. ¶ 토실토실 살이 오른 아기. 큰투실투실.
토심(土深)명 흙의 깊이.
토ː심(吐心)명 남이 불쾌한 낯빛이나 말씨로 대할 때 느끼는 불쾌한 마음.
토ː심-스럽다(吐心-)[-따][~스러우니·~스러워]형ㅂ 남이 불쾌한 낯빛이나 말씨로 대하여 불쾌하고 아니꼬운 느낌이 있다. ¶ 남들이 토심스러워할까 봐 불쾌한 감정을 감추려고 애를 썼다. **토심스레**부.
토-씨명 ☞조사(助詞). 준토[3].
토ː악-질(吐-)[-찔]명하타 ①먹은 것을 게워 냄, 또는 그런 일. ②'남의 재물을 부당하게 빼앗거나 받았다가 도로 내어 놓음'을 비유하여 이르는 말.
토압(土壓)명 돌담이나 옹벽에 접촉한 흙이 접촉면에 미치는 압력. ¶ 옹벽이 토압을 견디지 못하여 무너졌다.
토양(土壤)명 ①흙. ②식물, 특히 농작물을 자라게 하는 흙. ¶ 비옥한 토양.
토양^미생물(土壤微生物)명 토양 속에 살면서 유기물(有機物)을 분해하는 미생물. 〔세균·방선균·자낭균 따위.〕
토양^반ː응(土壤反應)명 흙이 산성·중성·염기성 중 어느 것에 해당하는지를 나타내는 반응. 중성일 때가 식물의 생장에 가장 알맞음.
토양^침식(土壤浸蝕)명 논밭의 표토(表土)가 비바람에 의하여 유실(流失)되는 현상.
토양-학(土壤學)명 토양의 생긴 원인과 성질·변화·분류·분포 따위를 연구하는 학문.
토어(土語)명 ①한 지방의 본토박이가 전통적으로 쓰는 말. ②어느 지방에 특유한 방언(方言). 사투리.
토-언제(土堰堤)명 흙을 쌓아 올려서 만든 둑.
토역(土役)명하자 흙일. ¶ 토역 인부.
토ː역(吐逆)명하자 ☞구토(嘔吐).
토역(討逆)명하자 역적(逆賊)이나 반도(叛徒)를 공격하여 없앰.
토역-꾼(土役-)명 흙일을 하는 사람. 토역장이.
토역-일(土役-)[-영닐]명하자 흙일.
토역-장이(土役-)[-짱-]명 ☞토역꾼.
토-역청(土瀝青)명 ☞아스팔트.
토영삼굴(兎營三窟)명 〔토끼가 위급한 때를 번하기 위해 세 개의 굴을 파 놓는다는 뜻으로〕 '자신의 안전을 위하여 미리 몇 가지 대책을 마련해 둠'을 이르는 말.
토옥(土沃) '토옥하다'의 어근.
토옥(土屋)명 토담집. 토실(土室).
토옥-하다(土沃-)[-오카-]형여 땅이 걸고 기름지다. ¶ 땅이 토옥하여 소출이 많다. 참토박(土薄)하다·토척(土瘠)하다.
토왕(土旺·土王)명 ①토기(土氣)가 왕성한 일. ②〈토왕지절(土旺之節)〉의 준말.
토왕-용사(土旺用事)[-뇽-]명 토왕지절(土旺之節)의 첫째 되는 날. 〔이날은 흙일을 금한다 함.〕 준토용(土用).
토왕지절(土旺之節)명 오행(五行)에서 이르는, 토기(土氣)가 왕성한 절기. 춘·하·추·동 각 계절 끝에 해당하며, 1년에 네 번 있는데 18일 동안임. 준토왕.
토요(土曜)명 〈토요일〉의 준말. ¶ 토요 격주 휴무제.
토-요일(土曜日)명 칠요일(七曜日)의 하나로, 일요일의 전날. 준토(土)·토요.
토욕(土浴)명하자 ①닭이나 새가 흙을 파헤치고 들어앉아 버르적거리는 일. ②말이나 소가 땅바닥에 뒹굴면서 몸을 비비는 일.
토욕-질(土浴-)[-찔]명하자 토욕을 하는 짓.
토용(土用)명 〈토왕용사(土旺用事)〉의 준말.
토용(土俑)명 지난날, 찰흙으로 빚어서 구워 만든 허수아비의 한 가지. 순장(殉葬)해야 할 사람 대신으로 무덤에 묻었음.
토우(土芋)명 ☞새박뿌리.
토우(土雨)명 흙비.
토우(土偶)명 흙으로 빚어 만든 사람이나 짐승의 형상. 토우인(土偶人).
토우-인(土偶人)명 ☞토우(土偶).
토운-선(土運船)명 토목 공사장에서, 흙을 운반하는 배.
토운-차(土運車)명 토목 공사장에서, 흙을 운반하는 차량.
토원(土垣)명 ☞토담.
토원후불평(兎怨猴不平)명 원진살의 한 가지. 궁합(宮合)에서, 토끼띠는 원숭이띠를 꺼린다는 말.
토월-회(土月會)[-회/-훼]명 1922년 말에서 1923년 2월 사이에 박승희(朴勝喜)를 비롯한 일곱 명의 동경 유학생들이 창립하여, 1923년 7월, 조선 극장에서 초연하였고, 얼마 후 광무대에서 직영하는 전문 극단으로 개편되었으며 1932년 '태양 극장'으로 개칭할 때까지 87회나 공연한 신극 단체.
토ː유(吐乳)명하자 젖먹이가 먹은 젖을 토함.
토ː유-병(吐乳病)[-뼝]명 한방에서, 젖먹이가 젖을 토하는 병을 이르는 말.
토육(兎肉)명 토끼 고기.

토음(土音)명 ①그 지방의 발음, 또는 그 지방 사람의 음색(音色). ②오행에서 토(土)에 해당하는 음, 곧 궁(宮).
토의(土宜)[-의/-이]명 ①토질이 사람 사는 데나 식물 가꾸기에 알맞음. ②그 땅에 알맞은 농작물, 또는 그 땅의 산물.
토ː의(討議)[-의/-이]명하타되자 (어떤 문제에 대하여) 각자의 의견을 내놓고 검토하고 의논함. ¶ 오랜 시간 토의한 끝에 결론에 도달했다. 비토론.
토이(討夷)명하자 오랑캐를 토벌함.
토이기(土耳其)명 '터키'의 한자음 표기.
토인명 ☞통인(通引).
토인(土人)명 ①'미개한 지역에 정착하여 원시적인 생활을 하고 있는 종족'을 얕잡아 이르는 말. ②어떤 지방에 대대로 붙박이로 사는 사람.
토장(土葬)명하타 송장을 땅속에 파묻는 일, 또는 그런 장사 방법. 참수장(水葬)·풍장(風葬)·화장(火葬).
토장(土墻)명 ☞토담.
토장(土醬)명 된장.
토장-국(土醬-)[-꾹]명 된장국.
토장-묘(土葬墓)명 ☞구덩무덤.
토재-관(土在官)명 지난날, 자기 소유의 토지가 있는 곳의 관아(官衙)를 이르던 말.
토적(土賊)명 ☞토구(土寇).
토적(討賊)명하자 도둑 또는 역적을 토벌함.
토점(土店)명 사금(沙金)이나 토금(土金)이 나는 광산.
토정(土鼎)명 ☞질솥.
토ː정(吐情)명하자 사정이나 심정을 솔직히 털어놓음. 비토로(吐露).
토ː정(吐精)명하자 정액을 쏟아 냄. 사정(射精).
토정-비결(土亭祕訣)명 조선 명종(明宗) 때, 토정(土亭) 이지함(李之菡)이 지었다는 책. 태세(太歲)·월건(月建)·일진(日辰)을 숫자로 풀어 셈하여 그해의 신수(身數)를 보는 데 씀.
토제(土製)명하타 흙으로 만듦, 또는 그런 물건.
토ː제(吐劑)명 (먹은 것을) 토하여 내게 하는 약.
토족(土族)명 토반(土班)의 겨레.
토종(土種)명 본디 그 땅에서 나는 종자. 본토종(本土種). 재래종. 토산종(土產種).
토종-벌(土種-)명 서양종 꿀벌에 대하여, '재래종 꿀벌'을 이르는 말.
토죄(討罪)[-죄/-줴]명하타 지은 죄를 낱낱이 들추어 다부지게 나무람.
토주(土主)명 ①땅 주인. 지주(地主). ②〈토주관(土主官)〉의 준말.
토주(土朱)명 ①☞석간주(石間硃). ②☞대자석(代赭石).
토주(土柱)명 빗물의 침식이 오랫동안 계속되어 생긴 흙 기둥. 흔히, 꼭대기에 바윗돌을 이고 있음.
토주(土酒)명 ①〈토속주(土俗酒)〉의 준말. ②☞촌주(村酒).
토ː주(吐紬)명 바탕이 두껍고 빛깔이 누르스름한 명주.
토주(討酒)명하자 술을 억지로 달라고 하여 마심.
토주-관(土主官)명 지난날, 백성이 자기 고을의 수령을 일컫던 말. 준토주(土主).
토ː주-석(吐酒石)명 산성 주석산칼륨과 산화안티몬의 화합물. 무색투명한 가루, 또는 자디잔 결정인데, 토제(吐劑)나 살충제·매염제(媒染劑) 따위로 쓰임.
토-주자(土鑄字)명 흙으로 만든 활자.
토지(土地)명 ①땅. 흙. ②(사람이 논밭이나 집터 따위로 이용할 수 있는) 지면(地面). ③토양. 토질. ¶ 비옥한 토지. ④☞영토.
토지^개ː량(土地改良)명 토지의 불합리한 자연조건을 극복하고 그 이용 가치를 향상시키는 일. 개간(開墾)·배수(排水)·관개(灌漑)·농지 정리 등이 이에 딸림.
토지^개ː혁(土地改革)명 토지의 소유 형태에 관한 개혁.
토지^공개념(土地公概念)명 토지는 확대 재생산이 불가능한 한정된 자산이므로 소유와 처분은 공공의 이익을 위하여 적절히 제한할 수 있다는 개념.
토지^공영제(土地公營制)명 새 개발 지역의 지가 상승과 토지의 투기(投機)를 막기 위하여 정부나 그 대행 기관이 개발 대상 지역을 사들여 개발한 다음 일정한 값으로 실수요자에게 파는 제도.
토지^구획^정ː리^사ː업(土地區劃整理事業)[-획찡니-/-휃찡니-]명 도시 계획을 시행할 때, 공공시설의 정비 개선이나 택지(宅地)의 이용률을 높이기 위한 토지의 구획이나 형질(形質)의 변경, 공공시설의 신설이나 변경 등에 관한 사업.
토지^대장(土地臺帳)명 토지의 상황을 명확하게 하기 위한 지적 공부(地籍公簿)의 한 가지. 토지의 소재지·지번(地番)·지목(地目)·지적(地積) 및 소유자의 주소·성명 따위를 적어 시·군 등에 비치해 두는 장부. 지적 대장(地籍臺帳).
토지-법(土地法)[-뻡]명 토지의 소유·이용·개량 등에 관해 규정한 법률을 통틀어 이르는 말. 일반적으로 헌법·민법에서 규정함.
토지^사ː용권(土地使用權)[-꿘]명 토지 수용법에 따라 공공사업의 기업자가 그 사업에 필요한 남의 토지 사용을 인정받는 공법상의 권리.
토지^소ː유권(土地所有權)[-꿘]명 토지를 자유로이 사용하고 처분할 수 있는 권리. 자본의 가장 기본적인 법적 형태임.
토지^수용(土地收用)명 국가가 특정의 공공사업을 위하여 법률이 정하는 바에 따라 토지의 소유권 및 사용권을 소유자로부터 강제적으로 취득하는 일. 본디의 소유자에게는 그에 상당하는 보상이 지급됨.
토지^수용법(土地收用法)[-뻡]명 토지 수용에 관한 사항을 규정한 법률.
토지^조사(土地調査)명 근대적인 토지 소유권을 확립하기 위하여 토지에 대한 필요한 사항을 조사하는 일.
토-직성(土直星)[-썽]명 아홉 직성(直星)의 하나. 길하지도 흉하지도 않은 직성으로 아홉 해에 한 번씩 돌아오는데, 남자는 열한 살, 여자는 열두 살에 처음 든다고 함.
토ː진-간담(吐盡肝膽)명 〔간담을 다 토해 낸다는 뜻으로〕 실정(實情)을 숨김없이 다 털어놓음을 이르는 말.
토질(土疾)명 어떤 지방의 수질(水質)이나 토질(土質)에 맞지 않아 생기는 병을 통틀어 이르는 말. 〔디스토마가 대표적임.〕 풍토병(風土病).
토질(土質)명 토지의 성질. 흙바탕. 토성(土性). ¶ 토질이 기름지다.
토-찌끼명 간장 속에 가라앉은 된장 찌끼.
토착(土着)명하자 ①대(代)를 이어 그 땅에서 삶. ②생물(生物)이 어떤 곳에 침입하여 거기에 눌러 사는 일.

토착-민(土着民)[-창-]명 대대로 그 지방에서 살고 있는 백성. 토민(土民). 참본토박이.

토착-어(土着語)명 ☞고유어.

토착-화(土着化)[-차콰]명하자타되자 (어떤 제도나 풍습 따위가) 완전히 뿌리를 내려 그곳에 맞게 동화됨, 또는 동화되게 함. ¶ 민주주의의 토착화.

토척(土瘠) '토척하다'의 어근.

토척-하다(土瘠-)[-처카-]형여 토질이 거칠고 메마르다. 참토옥(土沃)하다.

토청(土靑)명 청화 자기에 바르는, 우리나라에서 나는 푸른 물감. 산화 코발트광(鑛)의 한 가지임.

토체(土體)명 골상학(骨相學)에서, 사람의 체격을 오행(五行)으로 나눌 때 토(土)에 해당하는 체격을 이르는 말.

토초(土炒)명하타 한방에서, 약재를 황토물에 적시어 불에 볶는 일을 이르는 말.

토총(土塚·土冢)명 봉토(封土) 속에 석실이 있는 무덤.

토ː출(吐出)명하타 ①먹은 것을 토해 냄. ②속에 품은 뜻을 털어놓음.

토충(土蟲)명 ☞지네.

토ː치카(tochka 러)명 ①진지의 중요한 부분을 방어하기 위해 콘크리트 따위로 견고히 구축하고 강력한 화기(火器) 등을 갖춘 방어 진지. ②'사날이 좋은 사람'을 비유하여 이르는 말.

토카타(toccata 이)명 피아노·오르간 등의 건반 악기를 위하여 씌어진, 화려하고 빠른 연주를 주조(主調)로 하는 전주곡.

토코페롤(tocopherol)명 ☞비타민 이.

토크(toque)명 테 없는 여성용 모자.

토ː크^쇼ː(talk show)명 라디오나 텔레비전 등에서, 연예인이나 유명인을 초대하여 대화를 나누는 프로그램.

토ː큰(token)명 (버스나 자동판매기 따위에서 쓰려고) 동전 모양으로 주조한 차표나 돈표.

토ː키(talkie)명 발성 영화.

토ː^킥(toe kick)명 축구에서, 발끝으로 공을 차는 일.

토탄(土炭)명 땅속에 매몰된 기간이 오래지 않아 탄화 작용이 제대로 이루어지지 않은 석탄. 발열량(發熱量)이 적으며, 비료나 연탄의 원료로 쓰임. 이탄(泥炭).

토테미즘(totemism)명 토템 신앙에 의해 형성되는 사회 체제 및 종교 형태.

토ː템(totem)명 미개 사회에서, 씨족·부족 또는 씨족적 집단의 성원(成員)과 특별한 혈연관계를 가진다고 생각하여 신성시하는 특정의 동식물 또는 자연물.

토ː템^폴ː(totem pole)명 토템의 모습을 그리거나 새긴 푯대.

토ː파(吐破)명하타되자 ☞토로(吐露).

토파(討破)명하타되자 (남의 말이나 글을) 논박하여 깨뜨림.

토파즈(topaz)명 황옥(黃玉).

토판(土版)명 흙으로 만든 책판(冊板).

토-판장(土板墻)명 나무로 짜서 집에 붙여 세운 담.

토퍼(topper)명 헐렁한 여자용 반코트.

토평(討平)명하타되자 (무력으로) 쳐서 평정함.

토포(討捕)명하타되자 토벌하여 잡음.

토포-사(討捕使)명 지난날, 각 진영(鎭營)의 도둑을 잡는 일을 맡아보던 벼슬. 진영장(鎭營將)이 겸직했음.

토포-영(討捕營)명 ☞진영(鎭營).

토폴로지^수ː학(topology數學)명 위상 수학.

토폴로지^심리학(topology心理學)[-니-]명 위상 심리학(位相心理學).

토표(土豹)명 ☞스라소니.

토품(土品)명 논밭의 토질.

토풍(土風)명 그 지방의 풍속이나 습관.

토피(土皮)명 (나무나 풀 따위로 덮인) 땅의 거죽.

토피(兎皮)명 토끼 가죽.

토피카(topica 라)명 〔장소를 뜻하는 'topos'에서 온 말로〕 논점(論點). 관점(觀點).

토픽(topic)명 사람들의 흥미를 끄는 새로운 화제(話題), 또는 그것을 다룬 신문이나 방송의 기사. ¶ 해외(海外) 토픽.

토필(土筆)명 뱀밥.

토하(土蝦)명 ☞생이.

토ː-하다(吐-)타여 ①게우다. ¶ 먹은 음식물을 모두 토하다. ②(구멍을 통하여) 밖으로 내쏘거나 내뿜다. ¶ 불을 토하는 기관총. /공장 굴뚝은 검은 연기를 토해 냈다. ③(느낌이나 생각 따위를) 힘 있게 말하거나 드러내다. ¶ 열변(熱辯)을 토하다. /한숨을 토해 내다.

토하-젓(土蝦-)[-젇]명 민물 새우를 소금으로 간하여 삭힌 젓. *토하젓이[-저시]·토하젓만[-전-]

토-현삼(土玄蔘)명 현삼과의 다년초. 줄기 높이 1~2 m. 7월에 병 모양의 남자색 꽃이 핌. 산지에 나는데, 뿌리는 약재로 쓰임.

토ː혈(吐血)명하자 위(胃)·식도(食道) 등의 질환으로 피를 토하는 일. 상혈(上血). 타혈(唾血).

토형(土型)명 흙으로 만든 주형(鑄型).

토호(土豪)명 ①그 지방의 토착민으로서 양반을 떠세할 세력과 재산을 가진 사람. ②☞호족.

토호-질(土豪-)명하자 지난날, 시골에서 양반이 세력을 믿고 죄 없는 백성의 재물을 강제로 빼앗거나 가혹한 행동을 자행하던 짓.

토호-화(兎毫花)명 도자기 잿물의 토끼털 같은 무늬. 토사문(兎絲紋).

토화(土花)명 ①습기로 말미암아 생기는 곰팡이. ②☞미네굴. ③☞가리맛.

토화-색(土花色)명 토화(土花)의 빛깔, 곧 누르무레한 흙빛.

토황소-격문(討黃巢檄文)[-경-]명 신라 사람 최치원(崔致遠)이 당(唐)나라에서 벼슬을 할 때, 난을 일으킨 황소(黃巢)를 치기 위하여 지은 격문. 〔'계원필경(桂苑筆耕)'에 실려 전함.〕

토후(土侯)명 지난날, 영국의 보호 아래 토후국을 지배하던 세습제(世襲制)의 전제 군주.

토후-국(土侯國)명 ①지난날, 영국의 보호 아래 인도 제국을 형성하던, 인도 내의 작은 전제 왕국. ②아시아, 특히 아랍 여러 나라에서 중앙 집권적 국가 행정으로부터 독립하여 부족의 수장(首長)이나 실력자가 다스리는 봉건적 국가.

톡[1]명 ☞호패(胡牌).

톡[2]부 ①작은 물건이 바닥에 떨어질 때 나는 소리, 또는 그 모양. ¶ 볼펜이 마룻바닥에 톡 떨어졌다. ②단단하지 않은 긴 물건이 끊어지거나 부러지는 소리, 또는 그 모양. ¶ 실이 톡 끊어지다. ③단단하지 않은 물체를 한 번 가볍게 두드리는 소리, 또는 그 모양. ¶ 등을 톡 치다. ④작은 것이 갑자기 가볍게 터지는 소리, 또는 그 모양. ¶ 비눗방울이 톡 하고 터지다. ⑤작고 탄력성 있는 것이 튀어 오르는 소리, 또는 그 모양. ¶ 고무공이 톡 튀어 오르다. [큰]툭1. ①~③[참]똑2. 톡-톡[부].

톡3[부] ①물건의 어느 한쪽이 볼가져 나온 모양. ¶ 눈이 톡 볼가져 나온 잠자리. ②(말을) 다부지게 쏘아붙이는 모양. ¶ 한마디 톡 쏘아 주다. [큰]툭2. 톡-톡[부].

톡-배다[-빼-][형] (피륙 따위의 짜임새가) 톡톡하고 배다.

톡탁[부][하자타] ①작고 탄탄한 물건이 가볍게 맞부딪칠 때 나는 소리. ②서로 가볍게 치는 소리, 또는 그 모양. [큰]툭탁. [참]똑딱. 톡탁-톡탁[부][하자타].

톡탁-거리다[-꺼-][자타] 자꾸 톡탁톡탁하다. 톡탁대다. ¶ 아이들이 톡탁거리며 다툰다. [큰]툭탁거리다.

톡탁-대다[-때-][자타] 톡탁거리다.

톡탁-이다[자타] ①작고 단단한 물건이 가볍게 맞부딪치는 소리가 나다, 또는 그런 소리를 내다. ②서로 가볍게 치다. [큰]툭탁이다.

톡탁-치다[타] 옳고 그름을 가릴 것 없이 다 없애 버리다. [큰]툭탁치다.

톡토기[명] 톡토기목(目)에 딸린 원시적인 하등 곤충을 통틀어 이르는 말. 해안이나 습지에 사는데, 몸은 납작한 원통형이고 몸빛은 황갈색임. 날개가 없는 대신 잘 뜀.

톡톡-하다[-토카-][형][여] ①(피륙이) 고르고 단단한 올로 촘촘하게 짜여 바탕이 도톰하다. ¶ 톡톡한 천을 끊어 옷을 짓다. ②국물이 바특하여 묽지 않다. ¶ 톡톡하게 끓인 찌개. ③(살림살이나 재산이) 실속 있고 넉넉하다. ④(비판·꾸중·망신 따위의 정도가) 매우 심하다. ①②[큰]툭툭하다. ③④톡톡-히[부] ¶ 이익을 톡톡히 보다. /꾸지람을 톡톡히 듣다.

톤ː(tone)[명] ①소리. 음조(音調). 음색(音色). ②일정한 높이의 악음(樂音). ③색조(色調). ④어조(語調). 억양(抑揚).

톤(ton)[의] ①무게의 단위. 〔미터법에서 1톤은 1000 kg, 기호는 t〕 ¶ 8톤 트럭. ②용적의 단위. 〔배의 1톤은 100입방 피트, 화물의 1톤은 40입방 피트.〕 돈(噸).

톤-세(ton稅)[명] 외국 무역선이 입항했을 때 그 톤수를 표준으로 하여 매기는 국세(國稅).

톤-수(ton數)[명] 배의 용량. 〔군함은 배수량(排水量), 상선(商船)은 적재량으로 잼.〕

톨[의] 밤·도토리 같은 것의 열매를 세는 단위. ¶ 밤 한 톨.

톨ː게이트(tollgate)[명] 고속도로나 유료 도로에서, 통행료를 받는 곳.

톨로이데(Tholoide 독)[명] ☞종상 화산.

톨루엔(toluene)[명] 방향족 화합물의 한 가지. 벤젠의 수소 원소 하나를 메틸기와 바꾼 무색의 휘발성 액체. 향료·염료 및 폭약 제조에 쓰임.

톨루이딘(toluidine)[명] 벤젠의 수소를 각각 하나씩 메틸기(基) 및 아미노기(基)로 바꾼 화합물. 아조(azo) 물감의 제조와 분석 시약 따위에 쓰임.

톰방[부][하자타] 작고 갭직한 물건이 물에 떨어져 잠길 때 나는 소리, 또는 그 모양. ¶ 돌멩이가 연못에 톰방 떨어졌다. [큰]툼벙. 톰방-톰방[부][하자타].

톰방-거리다[자타] 자꾸 톰방톰방하다. 톰방대다. [큰]툼벙거리다.

톰방-대다[자타] 톰방거리다.

톰백(tombac)[명] 구리와 아연의 합금(合金). 금의 모조품이나 금박 대용품을 만드는 데 쓰임.

톱1[명] 나무나 쇠붙이 따위를 자르거나 켜는 데 쓰는 연장. 강철로 된 얇은 톱양에 날카로운 이가 여럿 있음.

톱2[명] 모시나 삼을 삼을 때에 그 끝을 긁어 훑는 데 쓰는 도구.

톱[명] 〈옛〉손톱. 발톱. ¶ 토비 赤銅葉 ᄀᆞᄐᆞ시며 (月釋*2:57*).

톱(top)[명] ①꼭대기. 우두머리. 첫째. 맨 앞. ②수위(首位). 수석(首席). ③신문이나 잡지 지면에서 가장 눈에 잘 띄는 자리.

톱-기사(top記事)[명] 신문 지면의 첫머리, 또는 잡지의 권두에 실리는 가장 중요한 기사. 머리기사.

톱-날[톰-][명] ①이가 줄지어 서 있는 톱양의 부분. ②톱니의 날.

톱-뉴ː스(top+news)[명] 신문 지면의 맨 윗부분에 실리는 가장 중요한 보도(報道), 또는 뉴스 방송에서 가장 중요하게 다루는 보도.

톱-니[톰-][명] ①톱의 날을 이룬 뾰족뾰족한 이. 거치(鋸齒). ②잎의 가장자리가 톱날처럼 들쭉날쭉한 부분.

톱니-바퀴[톰-][명] 둘레에 톱니를 낸 바퀴. 기계 장치의 한 가지로, 이와 이가 맞물려 돌아감으로써 한 축에서 다른 축으로 동력을 전달함. 아륜(牙輪).

톱^라이트(top light)[명] ①기함(旗艦)의 돛대 뒤에 달린 신호등. ②무대 천장에서 내리비치는 조명.

톱^매니지먼트(top management)[명] ①기업체의 최고 경영진. 〔사장·중역 등.〕 ②기업의 최고 경영진에 의한 경영 관리.

톱-밥[-빱][명] 톱질할 때 쓸려 나오는 가루.

톱-상어[-쌍-][명] 톱상엇과의 바닷물고기. 몸길이 1.5 m가량으로 가늘고 긺. 길쭉하게 내민 주둥이 양쪽에 뾰족한 이를 한 줄씩 갖추어 톱 모양을 이룸. 바다 밑을 헤엄쳐 다니며 개펄 속에 사는 작은 동물을 주둥이로 파내어 잡아먹음.

톱-손[-쏜][명] 틀톱의 양쪽 가에 있는 손잡이 나무.

톱-스타(top+star)[명] 가장 인기 있는 연예인.

톱-양[톱냥][명] 톱의 이가 서 있는 얇고 긴 쇳조각.

톱-자루[-짜-][명] 톱의 손잡이.

톱-장이[-짱-][명] 톱질하는 일을 직업으로 하는 사람.

톱-질[-찔][명][하타] 톱으로 나무나 쇠붙이 따위를 켜거나 자르거나 오리는 일.

톱-칼[명] ☞거도(鋸刀).

톱코ː트(topcoat)[명] 봄·가을에 입는 얇은 외투.

톱톱-하다[-토파-][형][여] 국물이 묽지 않고 바특하다. [큰]틉틉하다. 톱톱-히[부].

톳[톧][의] 김의 묶음을 세는 단위. 한 톳은 김 100장을 이름. ¶ 김 두 톳. ＊톳이[토시]·톳만[톤-]

톳기[명] 〈옛〉토끼. ¶ 긴 살로 간곡ᄒᆞᆫ 톳기ᄅᆞᆯ 뽀초니(杜初*10:26*).

톳-나무[톤-][명] 큰 나무.

톳날-구기(兔-拘忌)[톤-][명] 음력 정월 첫째 토끼날에 남의 여자가 자기 집에 와서 오줌을 누면 언짢다 하여, 여자가 드나드는 것을 꺼리는 일.

톳-실(兔-)[토씰/톧씰][명] 지난날, 토끼날에 만든 실. 이 실을 주머니 끈 같은 것에 차면 그해의 재액(災厄)이 물러나고 경사가 난다고 함.

통1명 ①(소매나 바짓가랑이 따위의) 속의 넓이. ¶ 통이 좁은 바지. ②(허리나 다리 등의) 굵기나 둘레. ¶ 통이 굵은 다리. ③광맥(鑛脈)의 넓이. ④'도량'을 비유하여 이르는 말. ¶ 몸집은 작아도 통은 크다.

통2명 노름할 때에 패장(牌張) 석 장의 끗수가 열 또는 스물이 되는 수효.

통3명 ①(속이 차서 자란) 배추·수박·호박 같은 것의 몸피. ¶ 통이 실하다. ②〖의존 명사적 용법〗 ㉠속이 찬 배추·수박·호박 따위를 세는 단위. ¶ 수박 열두 통. ㉡일정한 자수로 끊어 놓은 광목·옥양목 따위를 헤아리는 단위. 〔필(疋)과 같은 뜻으로 쓰임.〕 ¶ 당목(唐木) 두 통.

통4명 (여럿이) 한속이 되어 이룬 무리나 모임. 참통속.

통5의 《명사나 어미 '-은(-는)' 뒤에서 주로 '통에'의 꼴로 쓰이어》 ①어떤 일로 복잡한 주변, 또는 그 안이나 사이. ¶ 여럿이 먹는 통에 아주 맛있게 먹었다. ②무슨 일로 정신을 차릴 수 없을 정도의 기세. 〔주로, 원인이나 근거의 뜻을 나타냄.〕 ¶ 하도 떠드는 통에 한잠도 못 잤다.

통6부 ①〈온통〉의 준말. ②《주로, '않다'·'없다'·'못하다' 따위 부정적인 말과 어울려 쓰이어》 전혀. 도무지. ¶ 그놈의 꿍꿍이속을 통 알 수가 없다.

통7부 속이 텅 빈 나무통이나 작은 북 따위를 칠 때 나는 소리. 큰퉁3. 여동6. **통-통**부하자타 ¶ 물통을 통통 두드리다.

통(桶)명 ①나무나 쇠붙이 따위로 만들어 물 같은 것을 담는 데 쓰는 그릇을 통틀어 이르는 말. ②〖의존 명사적 용법〗 통(桶)에 담긴 것을 세는 단위. ¶ 술 한 통을 마시다.

통(通)명 지난날, 강경과(講經科)의 성적을 매기던 네 등급 가운데의 첫째. 참약(略)·조(粗)·불(不).

통(筒)명 둥글고 긴 동강으로 속이 빈 물건을 통틀어 이르는 말.

통ː(統)명 ①조선 시대에, 민호 편제(民戶編制)의 한 단위. 〔다섯 집을 한 통, 다섯 통을 한 리(里)로 하였음.〕 ②시(市) 행정 구역의 한 가지. 동(洞)의 아래, 반(班)의 위.

통(通)의 편지·문서·증서 따위를 셀 때 쓰는 단위. ¶ 엽서 한 통. /주민 등록 등본 두 통.

통-접두 ①《일부 명사 앞에 붙어》 '통째'의 뜻을 나타냄. ¶ 통가죽. /통마늘. /통닭. ②《일부 명사나 동사 앞에 붙어》 '온통'·'평균'의 뜻을 나타냄. ¶ 통거리. /통밀다.

-통(通)접미 ①일부 명사 뒤에 붙어, 그 방면에 대하여 아주 자세히 안다는 뜻을 나타냄. ¶ 소식통. /경제통. /미국통. ②《일부 명사 뒤에 붙어》 '거리'의 뜻을 나타냄. ¶ 종로통.

통가(通家)명 통내외(通內外)하는 집. 대대로 서로 친하게 사귀어 오는 집.

통가리명 광석을 캐내는 도중에 갑자기 광맥이 끊어진 모암(母岩).

통-가리(桶-)명 쑥대나 싸리·뜸 따위를 새끼로 엮어 땅 위에 둥글게 둘러 치고 그 안에 곡식을 채워 쌓은 더미.

통-가죽명 (조각내지 않고) 통짜로 벗겨 낸 짐승의 가죽.

통가지의(通家之誼)[-의/-이]명 친구 사이에 통내외(通內外)하고 지내는 정의(情誼).

통ː각(洞角)명 (소·물소 등의 뿔처럼) 가지가 없고 속이 빈 뿔.

통ː각(痛覺)명 ①피부 및 몸 안에 아픔을 느끼는 감각. ②생리적으로 생기는 아픔을 느끼는 감각.

통ː각(統覺)명 ①새로 생긴 표상(表象)을 이미 존재하는 표상에 유화(類化)·융합하는 작용. ②어떤 사물에 대해 알고자 할 때 의식의 중심부에 그 대상을 뚜렷이 포착하는 의지 작용. ③온갖 경험의 인식·사유하는 통일 과정을 통틀어 이르는 말.

통간(通姦)명하자 ☞간통(姦通).

통ː간(痛諫)명하타 통렬히 간(諫)함, 또는 매섭게 충고함.

통ː감(痛感)명하타 마음에 사무치게 느낌. 절실히 느낌. ¶ 책임을 통감하다. 비절감(切感).

통ː감(統監)명하타 정치나 군사를 통할하여 감독함, 또는 그 사람.

통ː감-부(統監府)명 조선 고종 광무(光武) 9(1905)년 을사조약이 체결된 다음 달부터 순종 융희(隆熙) 4(1910)년 일제(日帝) 강점 때까지, 일제가 한국 침략을 목적으로 서울에 두었던 기관.

통-감자명 쪼개지 않은 통째 그대로의 감자.

통ː개(洞開)명하타 (문짝 따위를) 활짝 열어젖뜨림.

통ː개-옥문(洞開獄門)[-옹-]명하자 죄의 경중(輕重)을 묻지 않고 옥문을 활짝 열어 죄인을 모두 놓아줌.

통ː개-중문(洞開重門)명하자 〔겹겹이 닫힌 문을 활짝 연다는 뜻으로〕 '출입이 금지된 곳을 개방함'을 이르는 말.

통-거리명 (어떤 사물을 가르지 않고) 모두. 온통. ¶ 통거리로 다 사다. 참도거리.

통-것[-껏]명 통으로 된 것. 통째 그대로의 것. *통것이[-꺼시]·통것만[-껀-]

통겨-주다자타 (남이 모르는 것이나 비밀을) 가만히 알려 주다.

통겨-지다자 ①숨었던 일이나 물건이 뜻하지 않게 쑥 비어져 나오다. ②짜인 물건이 어긋나서 틀어지다. ③노리던 기회가 뜻밖에 어그러지다. 큰퉁겨지다.

통ː격(痛擊)명하타 (상대편을) 맹렬히 공격함. 세차게 공격하여 심한 타격을 입힘.

통ː견(洞見)명하타 앞일을 환히 내다봄. 속까지 꿰뚫어 봄.

통견(通絹)명 썩 설피고 얇은 비단.

통경(通經)명하자 ①처음으로 월경이 시작됨. ②막힌 월경을 통하게 함.

통경-제(通經劑)명 월경이 나오게 하는 약제.

통계(通計)[-계/-게]명하타 ☞통산(通算).

통계(筒契)[-꼐/-께]명 〈산통계〉의 준말.

통ː계(統計)[-계/-게]명 ①한데 몰아서 셈함. ②일정한 집단에서의 개개의 요소가 갖는 수치의 분포나 그 분포의 특징을 나타내는 수치의 총체. ¶ 통계 자료. /통계를 내다.

통ː계^도표(統計圖表)[-계-/-게-]명 통계 숫자의 내용을 이해하기 쉽도록 그림으로 나타낸 표.

통ː계^역학(統計力學)[-계여칵/-게여칵]명 물질을 구성하는 원자나 분자 따위의 미립자의 운동 법칙을 기초로 하여 물질의 거시적 성질이나 현상을 통계적·확률적으로 설명하는 물리학의 한 분야.

통ː계-연감(統計年鑑)[-계-/-게-]명 해마다 나라의 정치·경제·문화 등 제반(諸般) 통계 중에서 중요한 것을 뽑아 실어 그 나라의 국세(國勢)를 숫자상으로 자세히 밝힌 통계서.

통ː계-적(統計的) [-계-/-게-] 관명 ①통계에 따른 (것). ②통계를 내어야 비로소 알 수 있는 (것).

통계-전사(通計前仕) [-계-/-게-] 명하자 지난날, 벼슬아치의 근무한 햇수를 셈할 때 전직(前職)의 햇수도 더하여 셈하던 일.

통ː계^집단(統計集團) [-계-딴/-게-딴] 명 통계학상 일정한 성질을 공통으로 가지고 있는 같은 종류의 개체의 집단.

통ː계-청(統計廳) [-계-/-게-] 명 기획 재정부에 딸린 중앙 행정 기관의 하나. 통계의 기준 설정과 인구 조사 및 각종 통계에 관한 사무 등을 맡아봄.

통ː계-표(統計表) [-계-/-게-] 명 여러 가지 사물의 종별(種別)·대소(大小)·다과(多寡)를 비교하거나 한 가지 사물의 시간적으로 일어나는 숫자적 변동을 비교해 볼 수 있도록 나타낸 표.

통ː계-학(統計學) [-계-/-게-] 명 수량적 비교를 통하여 많은 사실을 통계적으로 관찰하고 처리하는 방법을 연구하는 학문.

통고(通告) 명하자타 (서면이나 말로) 통지하여 알림. ¶ 법원으로부터 출두 통고를 받다. /결정 사항을 통고하다.

통ː고(痛苦) 명 ☞고통(苦痛).

통-고금(通古今) 명하자 ①예나 이제나 모두 통함. ②과거와 현재를 통하여 환히 앎.

통고^처ː분(通告處分) 명 조세(租稅)·관세(關稅)·전매(專賣) 등에 관한 범법자에 대하여 세무 관청이 벌금·과료(科料) 등을 부과하고, 납부할 것을 통고하는 행정 처분.

통-고추 명 썰지 않은 통째 그대로의 고추.

통ː곡(痛哭·慟哭) 명하자 목놓아 큰 소리로 욺.

통-곬[-골] 명 여러 갈래의 물이 한 곬으로 모이는 곳. *통곬이[-골씨]·통곬만[-골-]

통공(通功) 명하자 힘드는 일을 서로 거들어서 함. 분업으로 어떤 일을 이룸.

통과(通過) 명 ①하타 (일정한 때나 장소를) 통하여 지나감. ¶ 국경을 통과하다. ②하자타 되자 관청에 낸 신청서나 원서 따위가 접수되거나 허가됨. ③하타 되자 의회(議會) 등에 제출한 의안(議案)이 가결됨. ¶ 총리 인준안이 국회를 통과했다. ④하자타 되자 검사(檢査)나 시험 따위를 무사히 치르고 합격됨. ¶ 검열을 통과하다.

통과^무ː역(通過貿易) 명 ☞중계 무역.

통과-보(通過報) 명 선박 통보의 한 가지. 특별히 지정된 등대에서 그 연안을 지나가는 배의 이름과 통과 시간을 적어서 청구자에게 알리는 전보.

통과-세(通過稅) [-쎄] 명 통과 화물에 대하여 매기던 조세.

통과^의례(通過儀禮) 명 인간의 일생 동안 탄생·성장·사망의 중요한 고비에 겪어야 하는 관습적(慣習的) 의식.

통과^화ː물(通過貨物) 명 수입되는 것이 아니고, 다만 그 나라의 관세 지역(關稅地域)을 거쳐 다른 나라로 나가는 화물.

통ː관(洞觀) 명하타 ①꿰뚫어 봄. ②추리(推理)나 사고(思考)에 의하지 않고 곧바로 진리를 깨닫는 일.

통관(通貫) 명하타 되자 꿰뚫음. 관통(貫通).

통관(通款) 명하타 자기편의 형편을 적이나 상대편에게 몰래 알려 줌. 참내통(內通).

통관(通關) 명하타 세관을 통과하는 일. 관세법의 규정에 따라 화물 수출입의 허가를 받아야 함. ¶ 통관 절차를 밟다.

통관(通觀) 명하타 전체를 통하여 전반적으로 내다봄. 전체에 걸쳐서 한 번 쭉 훑어봄.

통ː관(統管) 명하타 여러 부문을 하나로 싸잡아서 관할함.

통관-업(通關業) 명 물품의 세관(稅關) 통과 업무를 보조·중개하거나 대행하는 영업.

통ː괄(統括) 명하타 되자 낱낱의 일을 한데 뭉뚱그려서 잡음. ¶ 사무를 통괄하다.

통교(通交) 명하자 국가 또는 개인 상호 간에 우호적인 관계를 맺음.

통교^조약(通交條約) 명 국가 또는 국적을 달리하는 국민 사이에 우호적인 관계를 목적으로 맺는 조약. 〔경제·통상 조약 따위.〕

통구(通衢) 명 ①통행하는 길. ②사람의 왕래가 잦은 도로. 사방으로 통하여 교통이 편리한 거리.

통-구이 명 돼지나 닭 등을 통째로 불에 굽는 일, 또는 그렇게 구운 것.

통권(通卷) 명 잡지 따위의 발간 첫 호부터 차례로 매겨 나가는 일련 번호. ¶ 통권 제23호.

통규(通規) 명 일반에게 공통적으로 적용되는 규칙. 통칙(通則).

통-그물(桶-) 명 한쪽만 터놓고 다 막은 통 모양의 그물.

통극(痛劇) '통극하다'의 어근.

통ː극-하다(痛劇-) [-그카-] 형여 몹시 극렬하다. 매우 지독하다. **통극-히** 부.

통근(通勤) 명하자 집에서 직장에 일하러 다님. ¶ 통근 시간이 한 시간이나 걸린다.

통근-차(通勤車) 명 통근하는 사람의 편의를 위하여 운행하는 자동차나 기차 따위.

통-금[-끔] 명 ①이것저것 한데 몰아친 값. ②물건을 통거리로 넘겨 파는 값.

통금(通禁) 명 〈통행금지〉의 준말. ¶ 통금 시간. /통금이 해제되다.

통기(通氣) 명하자 ☞통풍(通風).

통기(通寄·通奇) 명하자타 ☞통지(通知).

통기다 타 ①잘 짜인 물건이나 버티어 놓은 물건을 틀어지거나 쏙 빠지게 건드리다. ②일의 기회를 어그러지게 하다. 큰퉁기다.

통-기둥 명 이음매 없이 한 재목으로 된 기둥.

통기-성(通氣性) [-썽] 명 공기가 통할 수 있는 성질이나 정도. ¶ 통기성이 좋은 옷감.

통-기타ː(筒guitar) 명 공명통(共鳴筒)이 있는 보통의 기타를 흔히 이르는 말.

통-김치 명 통째로 담근 배추김치.

통-깨 명 볶아서 빻지 아니한 통째로의 깨.

통-꼭지(桶-) [-찌] 명 ☞통젖.

통-꽃[-꼳] 명 꽃잎이 서로 붙어서 통꽃부리를 이룬 꽃. 〔진달래·도라지꽃 따위.〕 합판화(合瓣花). ↔갈래꽃. *통꽃이[-꼬치]·통꽃만[-꼰-]

통-꽃받침[-꼳빧-] 명 서로 붙어 있는 꽃받침. 〔진달래나 나팔꽃 따위의 꽃받침이 이에 딸림.〕 합판화악(合瓣花萼). ↔갈래꽃받침.

통-꽃부리[-꼳뿌-] 명 꽃잎의 일부나 전부가 서로 붙어 있는 꽃부리. 〔나팔꽃 따위가 이에 딸림.〕 합판화관(合瓣花冠). ↔갈래꽃부리.

통-끼움(筒-) 명 목재의 옆면에 다른 목재의 머리가 통하도록 구멍을 파서 끼우는 일.

통-나무 명 켜거나 짜개지 않은 통째의 나무.

통-내외(通內外) [-외/-웨] 명하자 두 집 사이에 남녀가 내외하지 않고 지냄.

통념(通念) 명 ①일반에 널리 통하는 개념. 일반적인 생각. ¶ 사회적 통념을 깨다. ②하타 늘 생각함.

통뇨(通尿)명하자 소변이 잘 통하여 나오게 함.
통-단명 크게 묶은 곡식의 단.
통달(通達)명하자타 ①(어떤 일이나 지식 따위에) 막힘이 없이 통하여 환히 앎. 창달(暢達). ¶ 사서삼경에 통달하다. ②도(道)에 깊이 통함. ③고하여 알림. ③통지(通知).
통-닭[-닥]명 ①(잡아서 토막을 치거나 하지 않은) 통째로의 닭. ②통째로 익힌 닭. ＊통닭이[-달기]·통닭만[-당-]
통닭-구이[-닥꾸-]명 통닭을 굽는 일, 또는 구운 통닭.
통닭-집[-닥찝]명 통닭을 전문으로 파는 가게.
통-대구(-大口)명 내장을 빼고 통째로 말린 대구.
통-대자(通帶子)명 전대 모양으로 속이 비게 겹으로 짠 띠.
통도(通道)명 ①☞통로(通路). ②사람이 마땅히 이행해야 할 도의.
통도(痛悼) '통도하다'의 어근.
통ː도-하다(痛悼-)자여 마음이 몹시 아프도록 슬퍼하다. 참상도(傷悼).
통독(通讀)명하타 ①(책이나 문장 따위를) 처음부터 끝까지 내리읽음. ②조선 시대에, 성균관의 대사성(大司成)이 해마다 서울과 지방의 유생(儒生)에게 제술(製述)과 강서(講書)를 시험하던 일.
통ː독(統督)명하타 통할(統轄)하여 감독함.
통-돌다[~도니·~돌아]자 여러 사람의 뜻이 맞아 그렇게 하는 것으로 알려지다.
통동(通洞)명 광산에서의 중요한 갱도(坑道).
통동(通同)부 사물 전체의 수효나 양을 모두 한목 쳐서. 참온통.
통람(通覽)[-남]명하타 (책이나 글을) 처음부터 끝까지 죄다 훑어봄.
통랑(通朗) '통랑하다'의 어근.
통랑-하다(通朗-)[-낭-]형여 속까지 비치어 환하다.
통래(通來)[-내]명하자타 ☞왕래(往來).
통ː량(統涼)[-냥]명 경상남도 통영(統營)에서 만든 갓양태.
통력(通力)[-녁]명 불교에서, 온갖 일에 다 통하여 마음대로 작용할 수 있는 신묘한 힘. 신통력.
통렬(痛烈) '통렬하다'의 어근.
통ː렬-하다(痛烈-)[-녈-]형여 (비판·공박 따위가) 몹시 매섭고 가차 없다. 맹렬하다. **통렬-히**부 ¶ 이번 사태에 대하여 언론마다 통렬히 비판하였다.
통령(通靈)[-녕]명하자 정신이 신령(神靈)과 서로 통함. 통신(通神).
통ː령(統領)[-녕]명하타 일체를 통할하여 거느림, 또는 그런 사람. 통리(統理). 통수(統帥).
통례(通例)[-녜]명 일반에게 공통적으로 쓰이는 전례. 상례(常例). ¶ 아직은 장남이 부모를 모시는 것이 통례로 되어 있다.
통례(通禮)[-녜]명 조선 시대에, 통례원(通禮院)의 정삼품 벼슬.
통례-원(通禮院)[-녜-]명 조선 시대에, 조하(朝賀)·제사 등에 관한 의식을 맡아보던 관아.
통로(通路)[-노]명 통해서 다닐 수 있게 트인 길. 통도(通道). ¶ 통로가 좁다(넓다).
통론(通論)[-논]명 ①사리에 통달한 이론. ②(어떤 학과 내용의) 전반에 걸친 일반적이고 공통된 이론. ¶ 법학 통론. ③세상에 널리 통하는 이론.
통ː론(痛論)[-논]명하타 (비판적인 처지에서) 통렬히 의견을 말함, 또는 그 의견.
통리(通理)[-니]명 ①하형사리에 밝음. ②하자 사물의 이치에 통달함. ③일반에 공통되는 도리. 투리(透理).
통ː리(統理)[-니]명하타 ①☞통령(統領). ②☞통치(統治).
통ː리교섭통상사무-아문(統理交涉通商事務衙門)[-니-]명 조선 고종 19(1882)년에 '통리아문'을 고친 이름.
통ː리군국사무-아문(統理軍國事務衙門)[-니-싸-]명 조선 고종 19(1882)년에 '통리내무아문'을 고친 이름.
통리-군자(通理君子)[-니-]명 사리(事理)에 밝은 학자.
통ː리기무-아문(統理機務衙門)[-니-]명 조선 고종 17(1880)년에 청나라 제도를 본떠 베풀어서 군국 기무(軍國機務)를 총괄하던 관아.
통ː리내무-아문(統理內務衙門)[-니-]명 조선 고종 19(1882)년에 '통리기무아문'을 폐하고 베푼 관아. 내무에 관한 일을 맡아보았음.
통ː리-아문(統理衙門)[-니-]명 조선 고종 19(1882)년에 '통리기무아문'을 폐하고 베푼 관아. 외교 사무를 맡아보았음.
통리-제(通利劑)[-니-]명 막힌 대소변을 잘 통하게 하는 약제.
통-마늘명 ①쪼개지 않은 통째로의 마늘. ②(여러 쪽이 아닌) 한 쪽으로된 큰 마늘.
통-마루명 툇마루를 제외한, 안방과 건넌방 사이에 놓인 큰 마루.
통-말(桶-)명 둥근 통 모양으로 만든 말〔斗〕. 소두(小斗)와 대두(大斗)의 구별이 있음.
통ː매(痛罵)명하타 통렬히 꾸짖음, 또는 그런 꾸지람.
통-머름명 여러 조각으로 짜지 않고 두꺼운 널을 통째로 댄 머름. 합중방(合中枋).
통-메다(桶-)자 '통메우다'의 잘못.
통-메우다(桶-)자 ①통조각을 맞추어 테를 끼우다. ②좁은 자리에 많은 사람이 빽빽하게 들어참을 이르는 말.
통메-장이(桶-)명 통(桶)을 메우거나 고치는 일을 직업으로 하는 사람.
통명(通名)명 (널리 알려져) 일반(一般)에 통하는 이름.
통명(通明) '통명하다'의 어근.
통명-하다(通明-)형여 모든 것에 통달하여 막히는 데 없이 환히 밝다.
통모(通謀)명하자 ①남몰래 서로 통하여 공모(共謀)함. ②민법상 상대편과 짜고 허위의 의사 표시를 하는 일.
통-모자(-帽子)명 운두와 위 뚜껑을 따로 만들어 붙인 것이 아니라, 애초에 같은 살로 만든 갓모자의 한 가지.
통문(通文)명 여러 사람의 이름을 적어 차례로 돌려 보는 통지문. ¶ 통문을 돌리다.
통문-관(通文館)명 고려 시대에, 통역·번역의 교육과 사무를 맡아보던 관아.
통-밀다[~미니·~밀어]타 이것저것 가릴 것 없이 모두 평균하여 치다.
통-밀어부 이것저것 가릴 것 없이 모두 평균으로 쳐서. ¶ 통밀어 얼마씩에 파시겠소?
통-바지명 통이 넓은 바지.
통ː박(痛駁)명하타되자 통렬하게 공박(攻駁)함.
통-반석(-盤石)명 한 덩어리로 된, 넓고 평평한 바위.
통ː-반장(統班長)명 통장과 반장을 아울러 이르는 말.

통발명 통발과의 다년초. 연못이나 무논 같은 곳에 떠서 사는데, 줄기가 가늘고 길며 가로 뻗음. 8~9월에 노란 꽃이 꽃줄기 끝에서 피고, 잎의 일부가 포충낭으로 변하여 벌레를 잡아먹음.

통-발(筒-)명 물고기를 잡는 데 쓰는 도구의 한 가지. 가는 댓조각이나 싸리 따위로 엮어서 통처럼 만듦.

통발-류(通發流)명 식물의 뿌리로 빨아올리는 물이 끊임없이 줄기와 가지를 지나 잎에 이르는 현상.

통방(通房)[1]명하자 (교도소나 유치장 같은 곳에서) 이웃 감방의 수감자끼리 암호로 의사를 통하는 일.

통방(通房)[2]명 지난날, 지방 관아의 통인(通引)이 있던 방.

통방이명 줘덫의 한 가지.

통-배추명 자르거나 썰지 않은 통째 그대로의 배추.

통법(通法)[1][-뻡]명 일반에 공통되는 법칙. 통칙(通則).

통법(通法)[2][-뻡]명 여러 가지로 나타낸 단위(單位)를 고쳐서 한 단위로 만드는 일. 〔몇 리(里), 몇 정(町) 등의 단위로 된 거리를 척(尺)으로 고치는 따위.〕

통변(通辯)명하자·타 ☞통역(通譯).

통보(通報)명하자·타되자 (어떤 자료나 소식 따위를) 통지하여 보고함, 또는 그 보고. ¶ 대입 합격 통보. /건물 붕괴 사고가 발생했다는 통보를 받다.

통보(通寶)명 지난날, 엽전 등 화폐에 새겨 '통화(通貨)'라는 뜻을 나타내던 말.

통-보리명 누르거나 타지 않은 통째 그대로의 보리쌀.

통:봉(痛棒)명 좌선(坐禪)할 때 마음의 안정을 잡지 못하는 사람을 징벌하는 데 쓰는 방망이.

통부(通訃)명하자·타 사람의 죽음을 알림. 고부(告訃). 부고(訃告).

통부(通符)명 의금부·병조·형조·한성부의 입직관(入直官)이나 포도청의 종사관(從事官)과 군관(軍官)이 범인을 잡는 증표로 차던 부찰(符札).

통분(通分)명하타되자 분모가 다른 둘 이상의 분수를, 값을 바꾸지 않고 분모가 같은 분수로 만드는 일.

통:분(痛忿)명하형 원통하고 분함. ¶ 이 어찌 통분할 일이 아니겠는가? **통분-히**부.

통:비(痛痹)명 한방에서, 사지의 뼈마디가 저리고 쑤시는 병을 이르는 말.

통비-음(通鼻音)명 ☞비음(鼻音).

통-뼈명 ①두 가닥으로 이루어져 있지 않고, 붙어서 한 가닥처럼 되어 있는 아래팔뼈를 이르는 말. ②흔히, '힘이나 대가 센 사람'을 속되게 이르는 말.

통사(通士)명 사리에 정통한 사람. 통인(通人).

통사(通史)명 역사 기술의 한 양식. 한 시대나 지역에 관한 특수한 역사에 대하여 전 시대나 지역에 걸쳐 개괄적으로 서술한 역사.

통사(通事)명 지난날, 외국어의 번역을 맡았던 벼슬아치를 이르던 말.

통-사정(通事情)명하자 ①자기의 딱한 사정을 남에게 털어놓고 말함. 통인정(通人情). ¶ 도와 달라고 통사정을 하다. ②남의 사정을 잘 알아보거나 알아줌. ¶ 통사정하고 보니 참 딱하더라. 준통정(通情).

통산(通算)명하타 전부를 통틀어서 셈함. 통계(通計). ¶ 통산 전적(戰績).

통상(通常) Ⅰ명 특별하지 않고 보통임. 늘 있는 일. ¶ 통상의 업무.

Ⅱ부 보통으로. 예사로. ¶ 통상 겪는 일. /우리 식구는 통상 저녁 열 시에 잠자리에 든다.

통상(通商)명하자 나라 사이에 서로 교통(交通)하며 상업을 함.

통:상(痛傷)명하타 몹시 슬퍼함.

통상^대:표부(通商代表部)명 재외 공관(在外公館)의 한 가지. 국교(國交)를 맺지 않은 나라에 상주(常駐)하여 통상에 관한 외교 업무를 맡아봄.

통상-복(通常服)명 보통 때 입는 옷. 평복(平服). 평상복.

통상^엽서(通常葉書)[-넙써]명 (봉함엽서·그림엽서·왕복 엽서 따위와 같이) 특수한 형식이나 규격을 갖지 않는 일반 우편엽서.

통상-예복(通常禮服)[-녜-]명 보통으로 입는 예복, 곧 '연미복(燕尾服)'을 이르는 말.

통상^우편(通常郵便)명 소포(小包) 따위 특수 우편에 대하여 보통의 우편을 이르는 말.

통상^의회(通常議會)[-회/-훼]명 ☞정기 국회.

통상^전:보(通常電報)명 특수하게 취급하지 않는 보통의 전보.

통상^조약(通商條約)명 두 나라 사이에 통상에 관한 권리와 의무를 규정한 조약.

통상-주(通常株)명 우선주(優先株)에 대하여 특별한 권리 내용이 없는 보통의 주식을 이르는 말. 보통주(普通株).

통상^주주(通常株主)명 통상주(通常株)를 가진 일반적인 주주.

통상^협정(通商協定)[-쩡]명 통상 조약 가운데서 규정 사항이 특수하거나 잠정적인 것.

통상-화(筒狀花)명 꽃잎 전체 또는 그 밑 부분이 붙어서 대롱 모양으로 되어 끝만 겨우 째진 꽃부리. 〔백일홍이나 쑥갓 따위의 꽃.〕 관상화(管狀花).

통상-환(通常換)명 환증서(換證書)를 우편으로 보내어 지정된 지급 우체국에서 환금(換金)하게 하는 보통의 우편환.

통상-회(通常會)[-회/-훼]명 ☞정기회.

통색(通塞)명 ①통함과 막힘. ②운수가 잘 풀려 트임과 트이지 않음.

통:서(統緖)명 한 갈래로 이어 온 계통.

통석(痛惜) '통석하다'의 어근.

통:석-하다(痛惜-)[-서카-]형여 몹시 애석하고 아깝다.

통선(通船)명 강이나 바다를 오가는 배.

통:설(洞泄)명하자 물똥을 좍좍 쌈, 또는 그런 설사.

통설(通說)명 ①(어떤 사물이나 도리에) 능통한 논설. ②일반에 널리 알려지거나 인정되어 있는 학설. ③하타전반에 걸쳐 해설함, 또는 그런 해설.

통섭(通涉)명하자 ①사물에 널리 통함. ②사귀어 서로 오감.

통성(通性)명 〈통유성(通有性)〉의 준말. ¶ 인류의 보편적 통성에 기초를 둔 작품.

통성(通姓)명하자 〈통성명(通姓名)〉의 준말.

통:성(痛聲)명 ①병으로 앓는 소리. ②아픔을 참지 못해 지르는 소리.

통-성명(通姓名)명하자 처음 인사할 때 서로 성과 이름을 일러 줌. ¶ 서로 통성명이나 하고 지냅시다. 준통성(通姓).

통ː세(痛勢)명 (병이나 상처의) 아픈 형세.
통-세계(通世界)[-계/-게]명 ①온 세계. ②하자 세계에 널리 통함.
통ː소(洞簫)명 〈퉁소〉의 본딧말.
통소(通宵)명하자 밤을 새움. 철야(徹夜).
통-소로(通小櫨)명 재래식 한옥에서, 첨차(檐遮)와 첨차 사이에 끼우는 접시받침.
통-속[-쏙]명 ①비밀리에 서로 통하는 사람들의 무리. 참통4. ②비밀리에 서로 통하는 뜻이나 속내. ¶ 무슨 통속인지 알 수가 없다.
통속(通俗)명 ①세상에 널리 통하는 일반적인 풍속. ②전문적이 아니고 일반 대중이 쉽게 알 수 있는 일.
통속-극(通俗劇)[-끅]명 통속적인 내용의 연극.
통속^문학(通俗文學)[-송-]명 ☞대중 문학.
통속^소ː설(通俗小說)[-쏘-]명 ☞대중 소설.
통속-적(通俗的)[-쩍]관명 대중의 세속적이고 천박한 취향에 붙좇아 고상한 예술성이 부족한(것). ¶ 통속적 의미. /통속적인 소설.
통-솔명 바느질 방법의 한 가지. 두 겹을 겹쳐 먼저 겉쪽에서 얕게 박은 다음 뒤집어 안쪽에서 다시 박음.
통ː솔(統率)명하타되자 (어떤 조직체를) 온통 몰아서 거느림.
통ː솔-력(統率力)명 통솔하는 힘.
통-송곳[-곧]명 반달 모양의 날이 있고 긴 자루가 박혀 있어 송곳과 칼의 두 가지 구실을 하는 송곳. 참도래송곳. *통송곳이[-고시]·통송곳만[-곤-]
통수(通水)명하자타되자 (수도관이나 수로 따위에) 물이 통하여 흐름, 또는 그리 되게 함.
통ː수(統首)명 조선 시대의 민호(民戶) 편제(編制)에서 통의 우두머리.
통ː수(統帥)명하타 ☞통령(統領).
통ː수-권(統帥權)[-꿘]명 한 나라의 군대를 지휘·통솔하는 권력. 병마지권.
통-수수명 쓿지 않은 그대로의 수수.
통-술(桶-)명 통에 넣어 빚은 술, 또는 한 통이 되는 술.
통ː시(洞視)명하타 꿰뚫어 봄. 통찰(洞察).
통시^언어학(通時言語學)명 시간적으로 하나의 상태에서 다음 상태로 옮겨 가는 언어의 양상을 연구하는 언어학. ↔공시 언어학.
통식(通式)명 일반에 널리 통하는 방식.
통신(通信)명하자 ①소식을 전함. ②(우편이나 전신·전화 따위로) 서로 소식이나 정보를 교환·연락하는 일.
통신(通神)명하자 ☞통령(通靈).
통신^교ː육(通信敎育)명 통학하면서 교육을 받을 수 없는 사람에게 우편·방송 등을 이용하여 일정한 교육 과정을 이수시키는 교육 활동.
통신-기(通信機)명 ☞통신 기기.
통신^기기(通信機器)명 통신에 관한 일을 처리하는 기계. 〔전화기·무선 전화기 따위.〕 통신기.
통신-대(通信隊)명 군대에서, 통신에 관한 임무를 수행하는 특수 부대.
통신-망(通信網)명 언론사 등에서, 내외 각지에 통신원을 파견하여 쳐 놓은 연락 조직.
통신-병(通信兵)명 통신에 관한 임무를 맡아보는 병사.
통신-부(通信簿)명 '생활 통지표(生活通知表)'를 이전에 이르던 말.
통신-사(通信士)명 통신 기관이나 선박·항공기 따위에서 통신에 관한 일을 맡아보는 기술 요원.
통신-사(通信社)명 신문사·잡지사·방송사 등에 뉴스를 제공하는 보도 기관의 한 가지.
통신-사(通信使)명 조선 시대에, 일본으로 보내던 사신. 참수신사(修信使).
통신^사ː업(通信事業)명 ①신문사·잡지사·방송사 등에 뉴스를 공급해 주는 사업. ②신문사·잡지사·방송사 등이 지면 또는 전파로 온갖 일을 널리 보도하는 사업. ③의사 전달의 매체를 목적으로 하는 사업. 곧, 전신·전화·우편 등에 관한 사업.
통신-소(通信所)명 통신기 등 시설을 갖추고 통신을 하는 곳.
통신-원(通信員)명 보도 기관 등에 딸려, 지방 또는 외국에 파견되거나 현지에 있는 사람으로서 그곳의 뉴스를 취재하여 본사에 통신하는 사람.
통신^위성(通信衛星)명 원거리 사이의 전파 통신의 중계에 이용되는 인공위성.
통신의 자유(通信-自由)[-시늬-/-시네-] 통신의 비밀을 보장받는 자유. 헌법에 의하여 보장됨.
통신^판매(通信販賣)명 소비자의 통신 주문에 따라 상품을 소포 따위로 보내는 판매 방법. 준통판.
통ː심(痛心)명하자 몹시 마음이 상함.
통-심정(通心情)명하자 서로 정의(情誼)를 주고받음. 준통정.
통약(通約)명하타되자 ☞약분(約分).
통ː양(痛癢)명 ①아프고 가려움. 양통. ②'자신에게 직접 미치는 영향이나 이해관계'를 비유하여 이르는 말.
통ː양-상관(痛癢相關)명 (서로 이해가 일치하는) 썩 가까운 사이.
통어(通語)명 ①하자타 ☞통역(通譯). ②하자 (외국 사람과) 말이 서로 통함. ③일반에서 널리 사용되고 있는 말.
통ː어(統御)명하타 거느려서 제어(制御)함.
통ː어-사(統禦使)명 ①〈삼도 통어사〉의 준말. ②〈삼도 육군통어사〉의 준말.
통ː언(痛言)명하타 ①몹시 심하게 말함. ②호되게 직언(直言)함.
통ː업(統業)명 나라를 통치하는 사업.
통역(通譯)명하자타 (서로 통하지 않는 양쪽의 말을) 번역하여 그 뜻을 전함, 또는 그 사람. 통변(通辯). 통어(通語). ¶ 통역을 맡다. /통역으로 근무하다.
통역-관(通譯官)[-꽌]명 통역하는 일을 맡은 관리.
통연(洞然) '통연하다'의 어근.
통ː연-하다(洞然-)형여 (막히지 않고 트이어) 밝고 환하다. 통연-히부.
통ː영(統營)명 ①하타 통제하고 경영함. ②〈통제영(統制營)〉의 준말.
통용(通用)명하자타되자 ①세상에 두루 쓰임. 유통(流通). ¶ 통용 화폐. ②서로 넘나들어 두루 쓰임.
통용-문(通用門)명 대문 이외에 따로 언제나 자유롭게 드나들도록 만들어 놓은 문.
통용-어(通用語)명 일반에게 널리 쓰이는 말.
통운(通運)1명하타 물건을 실어서 나름.
통운(通運)2명하자 운수가 트임, 또는 그 운수.
통운(通韻)명 ①하자 운(韻)이 서로 통함. ②한시(漢詩)에서, 발음이 비슷한 여러 운을 서로 통하여 쓸 수 있는 일. 〔동(東)·동(冬)·강(江)이 서로 통하는 따위.〕

통운^회ː사(通運會社)[-회-/-훼-]명 화물을 실어 나르고 수수료를 받는 회사.
통원(通院)명하자 (입원하지 않고) 병원에 치료를 받으러 다님. ¶ 통원 환자./통원 치료.
통ː위-사(統衛使)명 조선 고종 때, 통위영의 으뜸 장수.
통ː위-영(統衛營)명 조선 고종 25(1888)년에 후영(後營)·우영(右營)·해방영(海防營)을 합쳐 설치하였던 군영(軍營).
통유(通有)명하형 일반적으로 다 같이 갖추고 있음. ↔특유(特有).
통유(通儒)명 세상일에 두루 통하고, 실행력이 있는 유학자.
통-유리(-琉璃)[-뉴-]명 (잇거나 자르지 않은) 통째로 된 유리.
통유-성(通有性)[-썽]명 일반적으로 다 같이 지니고 있는 성질. 여럿에 공통되는 성질. 준통성(通性). ↔특유성(特有性).
통융(通融)명하타되자 ☞융통(融通).
통-으로부 있는 것을 통째로. ¶ 물뱀이 청개구리 한 마리를 통으로 삼켜 버렸다.
통ː음(痛飮)명하타 (술을) 매우 많이 마심.
통ː읍(慟泣)명하자 슬피 욺.
통의(通義)[-의/-이]명 널리 일반에 지켜져야 할 도의.
통의(通儀)[-의/-이]명 널리 통하는 의식.
통ː이계지(統而計之)[-계-/-게-]명하타 모두 한데 합쳐서 셈함.
통-이불(筒-)[-니-]명 자루처럼 만든 이불.
통인(通人)명 사물에 통달한 사람. 통사(通士).
통인(通引)명 ①고려 시대에, 중추원(中樞院)에 딸렸던 이속(吏屬). ②조선 시대에, 지방의 관장(官長) 밑에서 잔심부름을 하던 사람. ②토인.
통-인정(通人情)명하자 ☞통사정(通事情).
통ː일(統一)명하타되자 ①나누어진 것들을 합쳐서 하나의 완전한 것으로 만듦. ¶ 조국 통일./신라의 삼국(三國) 통일. ②서로 다른 것들을 똑같이 되게 함. ¶ 행동 통일./의견 통일./복장을 통일하다. ③다양한 여러 요소를 서로 관련지어 떨어질 수 없게 함. ¶ 말과 실천의 통일을 강조하다.
통ː일-미(統一美)명 건축물 등에서, 전체의 구성이 잘 통일되어 이루어진 예술적인 미.
통ː일-벼(統一-)명 벼의 품종의 한 가지. 1971년에 우리나라에서 개량한 것으로, 단위당 수확량이 많음.
통ː일-부(統一部)명 중앙 행정 기관의 하나. 통일 및 남북 대화·교류·협력에 관한 정책의 수립, 통일 교육 등에 관한 사무를 맡아봄.
통ː일-안(統一案)명 여럿을 하나로 만든 안(案)이나 의안(議案). ¶ 맞춤법 통일안.
통ː일^전ː선(統一戰線)명 어떤 공동 목표에 대하여 여러 당파·단체가 협동하여 공동 행동을 취하는 투쟁 형태.
통ː일-체(統一體)명 통일된 단체나 형체(形體).
통-자(-字)[-짜]명 글자가 한 덩이에 다 새겨진 완전한 활자. ↔쪽자.
통-잣[-잗]명 (송이에서 낟알을 빼지 않은) 통짜 그대로의 잣. *통잣이[-자시]·통잣만[-잔-]
통장(通帳)명 ①금융 기관에서, 예금·융자금 따위의 출납 상태를 기록하여 주는 장부. ②거래에 필요한 사항을 기록하는 장부.
통ː장(統長)명 통(統)에 관한 사무를 맡아보는 책임자.
통-장수(桶-)명 ①통을 파는 사람. ②젓갈을 통에 넣어 가지고 다니며 파는 사람.
통-장이(桶-)명 통을 메우는 장인(匠人).
통-장작(-長斫)명 패지 아니한 통째의 장작.
통장-질(通帳-)명하자 통장으로 하는 거래나 외상질.
통재(通才)명 온갖 사물에 능통한 재주, 또는 그런 재주를 가진 사람.
통전(通典)명 일반적으로 적용되는 규칙. 어떤 경우에도 통하는 법전.
통전(通電)명 ①하자전류(電流)를 통함. ②각지에 널리 알리는 전보.
통절(痛切) '통절하다'의 어근.
통ː절-하다(痛切-)형여 ①몹시 절실하다. ②몹시 고통스럽다. **통절-히**부.
통ː점(痛點)[-쩜]명 피부에 분포하여 자극을 받으면 아픔을 느끼게 하는 감각점.
통정(通情)명 ①사회 전반의 공통적 사정이나 인정. ②하자남녀가 정을 통함. ③하자〈통사정〉의 준말. ④하자〈통심정〉의 준말.
통정(通睛)명 한방에서, 어린아이가 경풍(驚風) 따위로 경련을 일으켜 눈을 치뜨는 병을 이르는 말.
통정-대부(通政大夫)명 조선 시대에 둔, 문관의 정삼품 당상관(堂上官)의 품계.
통-젖(桶-)[-젇]명 통 바깥쪽에 달린 손잡이. 통꼭지. *통젖이[-저지]·통젖만[-전-]
통ː제(統制)명하타되자 일정한 방침에 따라 제한하거나 제약함. ¶ 교통 통제./출입을 통제하다.
통ː제^가격(統制價格)[-까-]명 국가 또는 지방 공공 단체가 특정 상품의 가격을 규제하여 결정한 최고 가격, 또는 최저 가격.
통ː제^경제(統制經濟)명 국가가 어떤 목적을 수행하기 위하여, 경제 활동의 자유를 제한하여 계획화하는 경제 형태. ↔자유 경제. 참계획 경제.
통ː제-사(統制使)명 〈삼도 수군통제사(三道水軍統制使)〉의 준말.
통ː제-영(統制營)명 삼도 수군통제사의 군영(軍營). 준통영(統營).
통ː제-품(統制品)명 생산·배급·소비 등에서 국가의 통제를 받는 물품.
통ː제^회ː사(統制會社)[-회-/-훼-]명 ☞지주회사.
통-조각명 (여러 조각을 한데 잇지 않고) 하나로 이루어진 조각.
통-조림(桶-)명 고기·과일 따위를 가열 또는 살균하여 양철통에 넣은 저장용 식품.
통조림-통(桶-桶)명 통조림한 식품이 든 양철통(洋鐵桶).
통-줄명 연을 날릴 때, 얼레 머리를 연 쪽으로 내밀어 갑자기 많이 풀려 나가게 한 줄.
통줄(을) 주다관용 얼레 머리를 내밀어 통줄이 나가게 하다.
통-줄(筒-)명 둥글게 생긴 줄. 둥근 구멍의 안쪽을 쓸어 내는 데 쓰임.
통ː증(痛症)[-쯩]명 아픈 증세. ¶ 통증이 가시다./통증을 느끼다.
통지(通知)명하자.타되자 기별하여 알림. 통기(通寄). 통달(通達). ¶ 선생의 위독한 사실을 사방에 통지하다.
통-지기명 서방질을 잘하는 계집종.
통지기-년명 ①〈통지기〉의 속된 말. ②'음탕한 여자'를 욕으로 이르는 말.

통지-서(通知書)[명] 어떤 일을 알리는 문서. ¶ 합격 통지서.
통지^예:금(通知預金)[명] 거치(据置) 기간이 지나 예금을 인출할 때, 일정 기간 전에 미리 은행에 통지를 해야 하는 은행 예금.
통지-표(通知表)[명] 〈생활 통지표(生活通知表)〉의 준말.
통:징(痛懲)[명][하타] ☞엄징(嚴懲).
통짜[명] (잇대거나 이어 붙이지 않고) 하나의 덩어리로 된 물건. 《주로, '통짜로'의 꼴로 쓰임》 ¶ 나무를 통짜로 깎아 만든 바릿대. /불국사 석교의 석재(石材)는 통짜다.
통-짜다 [I][자] 여럿이 한동아리가 되기를 서로 약속하다.
[II][타] 어떤 물건의 각 부분을 모아 하나가 되도록 맞추다.
통-째[명] 나누지 않은 덩어리 전부. 《주로, '통째로'의 꼴로 쓰임.》 ¶ 통째로 삼키다. /닭을 통째로 굽다.
통-차지[명][하타] 통째로 다 차지함.
통:찰(洞察)[명][하타] (사물을) 환히 내다봄. 꿰뚫어 봄. 통시(洞視).
통:찰-력(洞察力)[명] (사물을) 환히 꿰뚫어 보는 능력. ¶ 예리한 통찰력.
통창(通暢) '통창하다'의 어근.
통창-하다(通暢─)[형][여] 조리가 밝아 환하다.
통-채[명] '통째'의 잘못.
통:책(痛責)[명][하타] ☞엄책(嚴責).
통:처(痛處)[명] (상처나 병으로) 아픈 곳.
통천-건(通天巾)[명] 성복(成服)하기 전에 상제가 쓰는, 위가 터진 건.
통천-관(通天冠)[명] 황제가 조칙(詔勅)을 내릴 때나 정사를 볼 때 쓰던 관.
통천지수(通天之數)[명] 〔하늘에 통하는 운수라는 뜻으로〕 '매우 좋은 운수'를 이르는 말.
통-천하(通天下)[명][하자] 천하에 두루 통함.
통:철(洞徹)[명][하타] 깊이 살펴서 환하게 깨달음.
통철(通徹)[명][하자] 막힘이 없이 통함.
통첩(通牒)[명] ①[하타]서면으로 통지함, 또는 그 문서. ¶ 최후 통첩. ②국제법상 국가의 일방적 의사 표시를 내용으로 하는 문서.
통청(通淸)[명][하자] 조선 시대에, 청환(淸宦)이 될 자격을 얻던 일.
통초(痛楚) '통초하다'의 어근.
통:초-하다(痛楚─)[형][여] 몹시 아프고 괴롭다.
통:촉(洞燭)[명][하타] 〔웃어른의 행동에 관하여 쓰는 말로〕 (사정이나 형편을) 헤아려 살핌.
통치(通治)[명][하타] 한 가지 약으로 여러 가지 병을 다 고침.
통:치(痛治)[명][하타] ☞엄치(嚴治).
통:치(統治)[명][하타][되자] ①도맡아 다스림. ②원수(元首) 또는 지배자가 주권을 행사하여 국토 및 국민을 다스림. 통리(統理).
통:치-권(統治權)[─꿘][명] 국토·국민을 지배하는 국가의 절대적 권리.
통-치다[타] '한통치다'의 잘못.
통-치마[명] 양쪽 선단이 없이 통으로 지은 치마. 월남치마. ↔풀치마.
통칙(通則)[명] ☞통규(通規). 통법(通法)1.
통칭(通稱)[명][하타] ①공통으로 널리 쓰임, 또는 그런 이름. ②널리 일컬음, 또는 그 말이나 명칭.
통:칭(統稱)[명][하타] 통틀어 가리킴, 또는 그런 이름. ¶ 전라북도와 전라남도를 전라도라고 통칭한다.
통:쾌(痛快)[명][하형] ①썩 유쾌함. ②마음이 매우 시원함. ¶ 통쾌한 승리. **통쾌-히**[부].
통:타(痛打)[명][하타] 맹렬히 공격함.
통:탄(痛歎)[명][하타] 몹시 탄식함, 또는 그런 탄식. 탄통(歎痛). ¶ 통탄해 마지않다. /자신의 억울한 누명을 통탄하다.
통-탕[부] (마룻바닥과 같이) 공간 위에 놓인 널빤지를 세게 두드리거나 구를 때 나는 소리. [큰]퉁탕. **통탕-통탕**[부][하자타].
통탕-거리다[자타] 자꾸 통탕통탕하다. 통탕대다. ¶ 막내가 계단을 통탕거리며 이 층 서재로 뛰어 올라왔다. [큰]퉁탕거리다.
통탕-대다[자타] 통탕거리다.
통-터지다[자] 여럿이 한꺼번에 쏟아져 나오다.
통-통1[부] ①[하자]작은 발동기 따위가 울리는 소리. ②[하자타]발로 탄탄한 곳을 자꾸 구르는 소리. [큰]퉁퉁1.
통통2[부][하형] 작은 몸피가 볼록하게 붓거나 살진 모양. ¶ 발목이 통통 부었다. [큰]퉁퉁2. **통통-히**[부].
통통-거리다 [I][자] 작은 발동기 따위가 울리는 소리가 자꾸 나다. 통통대다. [큰]퉁퉁거리다.
[II][자타] 발로 탄탄한 곳을 구르는 소리가 자꾸 나다, 또는 그런 소리를 내다. 통통대다. [큰]퉁퉁거리다.
통통-걸음[명] 발을 통통 구르며 빨리 걷는 걸음. [큰]퉁퉁걸음.
통통-대다[자타] 통통거리다.
통통-배[명] 발동기를 돌려 통통거리며 가는 작은 배. 똑딱선.
통투(通透)[명][하형] 뚫어지게 깨달아 환함. **통투-히**[부].
통-틀다[~트니·~틀어][타] 있는 대로 모두 한데 묶다. ¶ 가진 돈을 통틀면 백만 원쯤 된다.
통판(通判)[명] ①[하타]온갖 일을 판정함. ②고려 시대, 대도호부(大都護府)의 판관(判官).
통판(通販)[명] 〈통신 판매〉의 준말.
통-팔도(通八道)[─또][명][하자] 〔조선 시대에, 전국의 행정 구역이 팔도(八道)였던 데서〕 우리나라 곳곳에 널리 통함. 통팔로(通八路).
통-팔로(通八路)[명][하자] ☞통팔도(通八道).
통-팥[─팓][명] 맷돌에 갈지 않은 통째의 팥. [참]간팥. * 통팥이[─파치]·통팥을[─파틀]·통팥만[─판─]
통폐(通弊)[─폐/─페][명] 일반에 두루 있는 폐단.
통:-폐합(統廢合)[─폐─/─페─][명][하타][되자] (여러 기관·단체나 기구 따위를) 합치거나 폐하여 버림. ¶ 언론을 통폐합하다.
통표(通票)[명] 통과를 허락하는 표.
통풍(通風)[명][하자][되자] 바람을 잘 통하게 함. 통기(通氣). ¶ 통풍 장치.
통:풍(痛風)[명] 한방에서, 요산 대사(尿酸代謝)의 이상으로 생기는 관절염을 이르는 말.
통풍-구(通風口)[명] 바람이나 공기가 통하도록 낸 구멍. 공기 구멍.
통풍-기(通風機)[명] 바람이 잘 통하도록 하기 위하여 장치한 기계.
통풍-창(通風窓)[명] 환기가 잘되도록 하기 위하여 낸 작은 창.
통-하다(通─)[자타][여] ①막힘이 없이 들고 나다. 피가 통하다. /바람이 잘 통하다. ②막힘이 없이 트이다. ¶ 길이 사방으로 통하다. ③(특정한 교통수단을 이용하는) 길이 열리다. ¶ 전철이 통하다. ④(어느 곳으로 가는 길이) 열리거나 이어지다. ¶ 로마로 통하는 길. ⑤(서로 사귀어 말이나 의사 교환이) 순조롭다. ¶ 저 친구와는 잘 통하는 사이다. /아무리 사정해도 통하지 않는다. ⑥(말이나 문장 따위가) 막힘이 없다. ¶ 문맥이 잘 통하다. ⑦(어느 분야에 능하여) 환히 알다. ¶ 금석학(金石學)에 통하다. ⑧비밀히 연락하거나 관계를 맺다. ⑨전체에 걸치다. ¶ 사해(四海)를 통하여…. ⑩(사람·조직·기구 따위를) 거치다. ¶ 텔레비전을 통하여 실황을 알리다. ⑪(대변·소변 따위가) 몸 밖으로 배설되다.

통-하정(通下情)명하자 아랫사람의 사정을 잘 알아줌.

통학(通學)명하자 기숙사가 아닌 자기 집이나 유숙하는 집에서 학교까지 다님. ¶ 통학 거리가 멀다. /자전거로 통학하다.

통학^구역(通學區域)[-꾸-]명 (멀리서 통학하는 것을 막고 취학 학생 수의 균형을 위하여 구역을 제한할 때의) 통학을 허용하여 주는 구역. 참학구(學區).

통학-생(通學生)[-쌩]명 (기숙생에 대하여) 자기 집이나 유숙하는 집에서 학교에 다니는 학생. ¶ 열차 통학생. 참기숙생.

통ː한(痛恨)명하타 가슴 아프게 몹시 한탄함. ¶ 남북 이산가족들이 보낸 통한의 오십 년 세월.

통ː한-사(痛恨事)명 몹시 원통한 일.

통ː할(統轄)명하타 모두 거느려서 관할함.

통ː합(統合)명하타되자 모두 합쳐 하나로 만듦. ¶ 야당 통합. /여러 기관에서 각각 운영하고 있는 환경 관계 조직을 하나로 통합하다.

통ː합-군(統合軍)[-꾼]명 여러 나라의 군대를 하나의 사령부 아래 통합한 군대. 참연합군.

통항(通航)명하타 배가 다님.

통항-권(通航權)[-꿘]명 외국의 영해나 운하 따위를 통항하는 권리.

통해(通解)명하타 (책이나 문장 따위의) 전체를 통하여 해석함, 또는 그 책.

통행(通行)명 ①하자타(일정한 공간을) 지나서 다님. ¶ 좌측 통행. ②하자(물건이나 화폐 따위가) 사회 일반에 유통함.

통행-금지(通行禁止)명 (특정 지역이나 시간에) 사람 및 차량의 통행을 금함. 준통금(通禁).

통행-료(通行料)[-뇨]명 차량이 유료 도로(有料道路)를 통행할 때 내는 요금.

통행-세(通行稅)[-쎄]명 ①교통 기관의 승객에게 부과하던 세금. 〔1977년에 폐지됨.〕 ②특정 지역을 통행하는 사람으로부터 받는 세금.

통행-인(通行人)명 통행하는 사람.

통-행전(筒行纏)명 아래에 귀가 없고 통이 넓은 보통 행전.

통행-증(通行證)[-쯩]명 (어떤 지역이나 특정 시간에) 통행을 허가하는 증서.

통헌-대부(通憲大夫)명 조선 시대에, 정이품 의빈(儀賓)의 품계.

통현(通玄)명하타 사물의 깊고 미묘한 이치를 깨달음.

통혈(通穴)명하자 ①(공기가 통하도록) 구멍을 뚫음, 또는 뚫은 그 구멍. ②갱도(坑道)와 갱도가 서로 통하도록 구멍을 뚫음, 또는 뚫은 그 구멍.

통호(通好)명하자 (서로 사귀어) 교의(交誼)를 맺음. 우정을 통함.

통ː호(統戶)명 통(統)과 호(戶).

통혼(通婚)명하자 ①혼인할 뜻을 표시하거나 전함. ¶ 통혼을 넣다. ②두 집안 사이에 서로 혼인 관계를 맺음.

통화(通化)명하타 부처의 가르침을 널리 펴서 중생을 교화하는 일.

통화(通貨)명 한 나라 안에서 통용되고 있는 화폐를 통틀어 이르는 말.

통화(通話)명 ①하자되자 전화로 말을 주고받음. ②〖의존 명사적 용법〗 전화 통화에서 통화한 횟수를 세는 단위. ¶ 한 통화.

통화^개ː혁(通貨改革)명 ☞화폐 개혁.

통화-고(通貨高)명 〈통화 발행고〉의 준말.

통화^관리(通貨管理)[-괄-]명 지폐 발행을 금준비(金準備)의 제약으로부터 해방하여 그 발행액을 인위적으로 관리·조절하는 일.

통화-량(通貨量)명 한 나라 안에서 실제로 유통되고 있는 통화의 양. ¶ 통화량을 조절하다.

통화^발행고(通貨發行高)명 통화의 발행 액수. 준통화고(通貨高).

통화^수축(通貨收縮)명 통화 발행고가 줄어서 화폐 가치가 오르고 물가가 폭락하는 현상. 디플레이션. ↔통화 팽창.

통화^정책(通貨政策)명 통화의 양을 적당히 늘리거나 줄임으로써 한 나라의 금융·경기(景氣)·물가·생산 따위를 적절히 통제·조절하는 정책.

통화^조절(通貨調節)명 통화의 양을 적절히 증감하여 물가를 적당한 선에 머무르게 하는 일.

통화-주의(通貨主義)[-의/-이]명 중앙은행의 태환권(兌換券) 발행액을 그 정화(正貨) 준비에 일치시키면 물가 수준이 안정된다는 설.

통화^통ː제(通貨統制)명 통화의 가치를 유지·안정시키기 위해 국가가 통화를 관리·통제하는 일.

통화^팽창(通貨膨脹)명 통화 발행고가 늘어서 화폐 가치가 떨어지고 물가가 폭등하는 현상. 인플레이션. ↔통화 수축.

통환(通患)명 여러 사람이 두루 가지고 있는 근심이나 병통.

통ː회(痛悔)[-회/-훼]명하타 ①깊이 뉘우침. ②가톨릭에서 이르는, 고백 성사의 하나. 지은 죄를 진심으로 뉘우치는 일.

통효(通曉)명하자 환히 깨달아서 앎. 효달(曉達). 효통.

통-후추명 빻지 않은, 알 그대로의 후추.

통훈-대부(通訓大夫)명 조선 시대에, 문관의 정삼품 당하관(堂下官)의 품계.

톺다[1][톱따]타 ①(주로 가파른 곳을) 올라가거나 내려가려고 조심스럽게 발자국을 떼며 힘들여 더듬다. ②샅샅이 뒤지면서 찾다. ¶ 며칠을 두고 톺아도 오리무중이다. * 톺아·톺는[톰-]

톺다[2][톱따]타 삼을 삼을 때, 짼 삼의 끝을 톱으로 눌러 훑다. * 톺아·톺는[톰-]

톺아-보다타 샅샅이 톺아 나가면서 살피다.

퇴ː(退)[1][퇴/퉤]명 ①퇴짜. ②싫증이 나거나 물리는 느낌.

　퇴(를) 놓다관용 ☞퇴짜(를) 놓다.

퇴ː(退)[2][퇴/퉤]명 ①☞물림[2]. ②〈툇간(退間)〉의 준말. ③〈툇마루〉의 준말.

퇴(堆)[퇴/퉤]명 대륙붕 중에서 특히 얕은 부분. 고기 떼가 많이 서식함.

퇴ː각(退却)[퇴-/퉤-]명 ①하자(주로 전투 따위에 져서) 뒤로 물러감. ¶ 퇴각 명령. /적들은 허둥지둥 계곡으로 퇴각하였다. ②하타(물품 따위를 받지 않고) 물리침.

퇴간(退間)명 '툇간'의 잘못.

퇴ː거(退去)[퇴-/퉤-]명하자 ①물러감. ②거주를 옮김. ¶ 퇴거 신고.

퇴ː거^불응죄(退去不應罪) [퇴-쬐/퉤-쮀] 명 남의 집에 들어간 사람이 퇴거의 요구에 응하지 않음으로써 성립하는 죄. 불퇴거죄(不退去罪).
퇴격(槌擊) [퇴-/퉤-] 명하타 방망이·쇠뭉치 따위로 침.
퇴ː경(退京) [퇴-/퉤-] 명하자 서울에서 머물다가 시골로 내려감. ↔입경(入京).
퇴ː경(退耕) [퇴-/퉤-] 명하자 벼슬을 그만두고 시골에 가서 농사를 지음.
퇴ː경(退境) [퇴-/퉤-] 명하자 경계 밖으로 물러남.
퇴고(推敲) [퇴-/퉤-] 명하타 시문을 지을 때, 자구(字句)를 여러 번 생각하여 고침, 또는 그런 일. 〔당나라의 시인 가도(賈島)가 시구를 지을 때 '僧推月下門'의 '推'를 '敲'로 바꿀까 말까 망설이다가 대문장가 한유(韓愈)의 조언으로 '敲'로 결정하였다는 데서 유래함.〕
퇴ː골(腿骨) [퇴-/퉤-] 명 다리뼈.
퇴ː공(退供) [퇴-/퉤-] 명하자 부처 앞에 공양드렸던 물건을 물림.
퇴ː관(退官) [퇴-/퉤-] 명하자 벼슬을 그만두고 물러남.
퇴ː관(退棺) [퇴-/퉤-] 명하자 나장(裸葬)하기 위하여 하관(下棺)할 때 관을 벗겨 물려 냄.
퇴ː교(退校) [퇴-/퉤-] 명하타 ☞퇴학(退學).
퇴ː군(退軍) [퇴-/퉤-] 명하자 싸움터에서, 군사를 뒤로 물림. ↔진군(進軍).
퇴ː궐(退闕) [퇴-/퉤-] 명하자 대궐에서 물러나옴. ↔입궐.
퇴ː근(退勤) [퇴-/퉤-] 명하자 직장에서 근무를 마치고 나옴. ↔출근(出勤).
퇴ː근-길(退勤-) [퇴-낄/퉤-낄] 명 퇴근하여 집으로 가는 길, 또는 도중. ↔출근길.
퇴ː기(退妓) [퇴-/퉤-] 명 기안(妓案)에서 물러난 기생. 기생퇴물. ¶ 춘향(春香)은 퇴기 월매(月梅)의 딸이다.
퇴ː기(退期) [퇴-/퉤-] 명하자 ☞연기(延期).
퇴기다 [퇴-/퉤-] 타 ①힘을 모았다가 갑자기 탁 놓아 튀거나 내뻗치게 하다. ②건드려서 갑자기 튀어 달아나게 하다. ¶ 퇴기는 산토끼를 향해 재빨리 총을 겨냥하다. 큰튀기다[1].
퇴김 [퇴-/퉤-] 명하타 연을 날릴 때, 통줄을 주어서 연의 머리를 그루박는 짓. 큰튀김[2].
　퇴김(을) 주다 관용 연을 날릴 때, 퇴김하는 재간을 부리다.
퇴ː-내다(退-) [퇴-/퉤-] 타 ①실컷 먹거나 가지거나 누리거나 하여 물리게 되다. ②일을 지나치게 하여 싫증이 나게 되다.
퇴ː단(退團) [퇴-/퉤-] 명하자 소속 단체에서 물러남. ↔입단.
퇴ː대(退待) [퇴-/퉤-] 명하자 물러가서 기다림.
퇴ː-도지(退賭地) [퇴-/퉤-] 명 조선 말기에, 10년 기한부로 소작권을 팔아넘기던 도지.
퇴락(頹落) [퇴-/퉤-] 명하자되자 ①(건물 따위가) 낡아서 무너지고 떨어짐. ②(지위나 수준 따위가) 뒤떨어짐.
퇴ː량(退樑) [퇴-/퉤-] 명 ☞툇보.
퇴령(頹齡) [퇴-/퉤-] 명 노쇠한 연령(年齡). 고령(高齡).
퇴ː로(退老) [퇴-/퉤-] 명하자 늙어서 벼슬에서 물러남, 또는 그 사람.
퇴ː로(退路) [퇴-/퉤-] 명 물러날 길. 후퇴할 길. ¶ 적의 퇴로를 차단하다. ↔진로(進路).
퇴ː리(退吏) [퇴-/퉤-] 명 관직에서 물러난 관리.
퇴-마냥 [퇴-/퉤-] 명 아주 늦게 심은 모.
퇴ː마-사(退魔師) [퇴-/퉤-] 명 마귀나 악령 따위를 퇴치하는 일을 전문으로 하는 사람.
퇴-맞다(退-) 자 '퇴박맞다'의 잘못.
퇴-머리 [퇴-/퉤-] 명 우리나라의 민속 무용에서 기본 동작인 팔 동작의 한 가지. 한 손 또는 양손을 머리 위에서 털어 내리듯이 돌려 내리거나 위로 돌려 뿌리는 사위.
퇴ː물(退物) [퇴-/퉤-] 명 ①윗사람이 쓰던 것을 물려받은 물건. ②퇴박맞은 물건. 퇴물림. ③'어떤 직업에 종사하다가 물러앉은 사람'을 얕잡아 이르는 말. ③지친것.
퇴ː-물림(退-) [퇴-/퉤-] 명 ①☞큰상물림. ②☞퇴물.
퇴ː박(退-) [퇴-/퉤-] 명하타 (어떤 일이나 물건이) 마음에 들지 않아 물리침.
퇴ː박-맞다(退-) [퇴방맏따/퉤방맏따] 자 마음에 들지 않아 물리침을 당하다. 퇴짜(를) 맞다.
퇴ː보(退步) [퇴-/퉤-] 명하자 ①뒤로 물러섬. 뒷걸음. ②(지략·기능 따위가) 이제까지의 상태보다 뒤떨어지거나 못하게 됨. 각보(却步). ↔진보.
퇴ː분(退盆) [퇴-/퉤-] 명하타 (화초 따위를) 분(盆)에서 뽑음. ↔등분(登盆).
퇴비(堆肥) [퇴-/퉤-] 명 짚·풀 따위를 썩혀서 만든 거름. 두엄. ¶ 밭에 퇴비를 주다. 참금비(金肥).
퇴비(頹圮) [퇴-/퉤-] 명하자 ☞퇴패(頹敗).
퇴ː사(退仕) [퇴-/퉤-] 명하자 ①벼슬이나 구실을 내놓고 물러남. ②☞사퇴(仕退).
퇴ː사(退社) [퇴-/퉤-] 명 ①하자·타 회사를 그만두고 물러남. ↔입사(入社). ②하자 (사원이) 회사에서 퇴근함.
퇴ː사(退思) [퇴-/퉤-] 명하타 물러나서 생각함.
퇴ː산(退散) [퇴-/퉤-] 명하자 ①(모였던 것이) 흩어져 감. ②흩어져 도망함.
퇴산(癀疝·癩疝) [퇴-/퉤-] 명 한방에서, 불알이 붓는 병을 통틀어 이르는 말.
퇴ː상(退床) [퇴-/퉤-] 명 ①하자 음식상을 물림. ②☞큰상물림.
퇴ː상(退霜) [퇴-/퉤-] 명하자 첫서리가 제철이 지나 늦게 내림, 또는 그 첫서리. 상강(霜降)이 지나 내린 첫서리를 이름.
퇴ː색(退色·褪色) [퇴-/퉤-] 명하자되자 ①빛이 바램. 투색(渝色). ¶ 퇴색한 옛 사진. ②'무엇이 희미해지거나 볼품없이 됨'을 비유하여 이르는 말. ¶ 퇴색한 이념.
퇴ː서(退暑) [퇴-/퉤-] 명 〔물러가는 더위라는 뜻으로〕 '점점 누그러지는 더위'를 비유하여 이르는 말.
퇴ː석(退席) [퇴-/퉤-] 명하자 ①앉았던 자리에서 물러남. 퇴좌(退座). ②모임 따위가 끝나기 전에 먼저 자리를 떠 물러남.
퇴석(堆石) [퇴-/퉤-] 명 ①☞빙퇴석(氷堆石). ②하자 돌을 높이 쌓음, 또는 그 쌓인 돌.
퇴석-층(堆石層) [퇴-/퉤-] 명 빙퇴석(氷堆石)이 모여 이루어진 지층(地層).
퇴ː선(退膳) [퇴-/퉤-] 명 ①<제퇴선(祭退膳)>의 준말. ②임금의 수라상에서 물린 음식.
퇴ː섭(退懾) [퇴-/퉤-] 명하자 두려워서 뒤로 물러남.
퇴세(頹勢) [퇴-/퉤-] 명 기울어져 가는 형세.
퇴ː속(退俗) [퇴-/퉤-] 명하자 중이 다시 속인(俗人)이 됨. 환속(還俗).
퇴속(頹俗) [퇴-/퉤-] 명 문란해진 풍속. 퇴풍(頹風).

퇴:송(退送)[퇴-/퉤-]명하타되자 (물품을) 물리쳐 도로 보냄.
퇴:송(退訟)[퇴-/퉤-]명하타되자 소송을 받지 않고 물리침.
퇴:수(退守)[퇴-/퉤-]명하타 후퇴하여 지킴. ↔진격.
퇴:식(退食)[퇴-/퉤-]명하자 ①관청에서 퇴청하여 집에서 식사함. ②'공직(公職)에서 물러남'을 비유하여 이르는 말.
퇴:식(退息)[퇴-/퉤-]명하자 (일에서) 물러나서 쉼.
퇴:식-밥(退食-)[퇴-빱/퉤-빱]명 부처 앞에 바쳤다가 물린 밥. 불공밥.
퇴:신(退身)[퇴-/퉤-]명하자 관여하던 일에서 물러남.
퇴:실(退室)[퇴-/퉤-]명하자 방에서 나감. ¶ 퇴실 시간.
퇴:암(退闇)[퇴-/퉤-]명하타 사리에 어두운 사람을 물리침.
퇴:양(退讓)[퇴-/퉤-]명하타 사양하고 물러남.
퇴:역(退役)[퇴-/퉤-]명하자 현역에서 물러남. ¶ 퇴역 장군.
퇴:열(退熱)[퇴-/퉤-]명하자 (신병의) 열(熱)이 내림.
퇴:염(退染)[퇴-/퉤-]명하타 ①염색된 물건의 빛깔을 빼어 냄. ②〈토렴〉의 본딧말.
퇴:영(退嬰)[퇴-/퉤-]명하자 ①뒤로 물러가 틀어박힘. ②기상이 퇴보적임. ↔진취.
퇴옥(頹屋)[퇴-/퉤-]명 낡아서 허물어진 가옥.
퇴운(頹運)[퇴-/퉤-]명 쇠퇴한 기운.
퇴:원(退院)[퇴-/퉤-]명하자.타 (입원했던 환자가) 병원에서 나옴. ¶ 퇴원 수속을 밟다. ↔입원(入院).
퇴:위(退位)[퇴-/퉤-]명하자 (군주의) 자리에서 물러남. ↔즉위(卽位).
퇴:은(退隱)[퇴-/퉤-]명하자 ☞은퇴(隱退).
퇴:-일보(退一步)[퇴-/퉤-]명하자 한 걸음 물러남.
퇴:임(退任)[퇴-/퉤-]명하자 임무에서 물러남. ¶ 정년 퇴임.
퇴:잠(退潛)[퇴-/퉤-]명하자 물러나 잠잠하게 있음.
퇴:장(退場)[퇴-/퉤-]명하자 ①장내(場內)·무대 따위에서 물러남. ②회의장 같은 데서 회의를 다 마치기 전에 물러남. ③경기 도중 반칙 따위로 경기장에서 물러남. ¶ 비신사적인 행동을 한 선수에게 퇴장 명령을 내리다. ↔입장.
퇴:장(退藏)[퇴-/퉤-]명 ①하자 물러나서 자취를 감춤. ②하타 (물건·화폐 따위를 쓰지 않고) 남몰래 감추어 놓고 지님.
퇴적(堆積)[퇴-/퉤-]명하자.타되자 많이 덮쳐 쌓임, 또는 많이 덮쳐 쌓음.
퇴적-도(堆積島)[퇴-또/퉤-또]명 화산의 분출물이나 생물의 유해 따위가 퇴적하여 이루어진 섬.
퇴적-물(堆積物)[퇴정-/퉤정-]명 ①많이 겹쳐 쌓인 물건. ②물·빙하·바람 따위의 작용으로 지표에 쌓인 물건.
퇴적-암(堆積岩)[퇴-/퉤-]명 부스러진 암석의 작은 덩이나 생물의 유해 따위가 물속이나 육상에 침전·퇴적하여 만들어진 암석. 〔사암(沙岩)·이판암(泥板岩) 따위.〕 수성암.
퇴적-열(堆積熱)[퇴정녈/퉤정녈]명 쌓인 물건 사이에서 생기는 열. 〔말똥이나 퇴비 더미 속에서 생기는 열 따위.〕
퇴적^작용(堆積作用)[퇴-짜공/퉤-짜공]명 암석의 부스러기나 생물의 유해 따위가 물·빙하·바람의 작용으로 운반되어 어떤 곳에 쌓이는 일. 참침적(沈積).
퇴적-층(堆積層)[퇴-/퉤-]명 퇴적 작용에 의하여 이루어진 지층.
퇴적^평야(堆積平野)[퇴-/퉤-]명 퇴적 작용에 의하여 이루어진 평야. 참충적 평야.
퇴:전(退轉)[퇴-/퉤-]명하자 ①불교에서, 수행하고 있는 도중에 좌절하여 마음을 딴 데로 옮기는 일. ②파산(破產)하여 거처를 옮김. 재산이 딴 사람에게 넘어가 망함.
퇴:절(腿節)[퇴-/퉤-]명 곤충의 허벅다리 부분의 마디.
퇴:정(退廷)[퇴-/퉤-]명하자 법정(法廷)에서 나옴. ↔입정(入廷)·출정(出廷).
퇴:정(退定)[퇴-/퉤-]명하타 (기한을) 뒤로 미루어서 정함.
퇴:조(退朝)[퇴-/퉤-]명하자 조정(朝廷)이나 조회에서 물러남. ↔입조(入朝).
퇴:조(退潮)[퇴-/퉤-]명 ①썰물. ②하자되자 (기세 따위가) 쇠퇴하여짐.
퇴:좌(退座)[퇴-/퉤-]명하자 ☞퇴석(退席).
퇴:주(退柱)[퇴-/퉤-]명 ☞툇기둥.
퇴:주(退酒)[퇴-/퉤-]명하자 제사 때, 올린 술을 물림, 또는 물린 그 술.
퇴주(堆朱)[퇴-/퉤-]명 겉에 붉은 옻칠을 두껍게 칠하고 그 위에 산수(山水)·화조(花鳥) 따위를 새긴 공예품.
퇴:주-잔(退酒盞)[퇴-짠/퉤-짠]명 ①제사 때, 올린 술을 물린 술잔. ②권하거나 드리다가 퇴박맞은 술잔.
퇴:줏-그릇(退酒-)[퇴주끄른/퉤줃끄른]명 퇴주를 붓는 그릇. * 퇴:줏그릇이[퇴주끄르시/퉤줃끄르시]·퇴:줏그릇만[퇴주끄른-/퉤줃끄른-]
퇴:직(退職)[퇴-/퉤-]명하자.타 현직(現職)에서 물러남. 직장을 그만둠. ¶ 선생님은 학교를 퇴직하신 후에도 창작 활동을 하셨다.
퇴:직-금(退職金)[퇴-끔/퉤-끔]명 퇴직하는 사람에게 근무처 등에서 일시불로 주는 돈.
퇴:직^수당(退職手當)[퇴-쑤-/퉤-쑤-]명 퇴직하는 사람에게 그 근무 연수에 비례하여 지급하는 수당.
퇴:진(退陣)[퇴-/퉤-]명하자 ①군대의 진지를 뒤로 물림. ②관여하던 직장이나 직무에서 물러남.
퇴:짜(←退字)[퇴-/퉤-]명 ①지난날, 상납하는 포목의 품질이 낮아 '退'라는 도장을 찍어 도로 물리치던 일, 또는 그 물건. ②(바치는 물품 따위를) 받아들이지 않고 물리치는 일, 또는 그 물품. ②퇴(退)1.
퇴짜(를) 놓다관용 (바치는 물품 따위를) 물리치다. 거부(거절)하다. 퇴(를) 놓다.
퇴짜(를) 맞다관용 (바치는 물품 따위가) 물리침을 당하다. 퇴박맞다. 거절당하다.
퇴창(推窓)[퇴-/퉤-]명하자 창문을 밀어서 엶, 또는 그렇게 여는 창문.
퇴:척(退斥)[퇴-/퉤-]명하타되자 (주는 것이나 요구를) 물리침.
퇴첩(堆疊)[퇴-/퉤-]명하타되자 우뚝하게 겹쳐 쌓음.
퇴:청(退廳)[퇴-/퉤-]명하자 관청에서 일을 마치고 나옴. ↔등청(登廳).
퇴:촉(退鏃)[퇴-/퉤-]명하자 화살이 과녁에 닿았다가 튀어서 뒤로 물러남, 또는 그 화살.

퇴ː촌(退村)[퇴-/퉤-]명하자 지난날, 시골 아전이 읍내에서 촌으로 물러가 살던 일.
퇴ː축(退逐)[퇴-/퉤-]명하타되자 (보낸 물건이나 사람 따위를) 받지 않고 쫓거나 돌려보냄.
퇴ː축(退縮)[퇴-/퉤-]명하자되자 움츠리고 물러남.
퇴ː출(退出)[퇴-/퉤-]명하자되자 ①물러나서 나감. ②특히, 기업이 경쟁력을 잃고 시장에서 물러남을 이르는 말. ¶ 부실 은행이 퇴출되다.
퇴ː치(退治)[퇴-/퉤-]명하타되자 물리쳐서 없애 버림. ¶ 문맹(文盲) 퇴치. /해충을 퇴치하다.
퇴ː침(退枕)[퇴-/퉤-]명 서랍이 있는 목침.
퇴토(堆土)[퇴-/퉤-]명 쌓거나 쌓인 흙.
퇴ː-판(退-)[퇴-/퉤-]명 물리도록 흡족하여 음식상을 물리는 판.
퇴ː패(退敗)[퇴-/퉤-]명하자 싸움에서 패하여 물러남. 패퇴(敗退). ¶ 왜구를 퇴패시키다.
퇴패(頹敗)[퇴-/퉤-]명하자 (풍속·도덕·문화 따위가) 쇠퇴하여 문란함. 퇴비(頹圮). 참퇴폐(頹廢).
퇴폐(頹廢)[퇴폐/퉤페]명하자 ①(세력 따위가) 쇠약해짐. ②(도덕이나 건전한 기풍 따위가) 문란해짐. 참퇴패(頹敗).
퇴폐^문학(頹廢文學)[퇴폐-/퉤페-]명 19세기 말 유럽을 휩쓴 회의 사상에서 비롯된 문학. 예술의 목적은, 일시적이며 육체적인 향락을 추구하는 데 있다고 본 타락한 사조의 산물. 데카당 문학.
퇴폐-적(頹廢的)[퇴폐-/퉤페-]관명 도덕·기풍 등이 썩거나 어지러워져 건전하지 못한 (것). ¶ 퇴폐적 사상. /퇴폐적인 분위기.
퇴폐-주의(頹廢主義)[퇴폐-의/퉤페-이]명 ① 사회나 문화의 말기적 현상으로 일어나는 병적인 경향. ②19세기 말의 세기말적 문예 사조. ③1919년 삼일 운동의 실패 이후 우리나라 문단에 대두된 비관주의적 문학 경향.
퇴폐-파(頹廢派)[퇴폐-/퉤페-]명 ☞데카당스.
퇴풍(頹風)[퇴-/퉤-]명 퇴폐한 풍속(風俗). 퇴속(頹俗).
퇴ː피(退避)[퇴-/퉤-]명하타 ①(벼슬이나 직책 따위에서) 물러남. ②(위험을 피하기 위하여) 그 자리에서 물러남.
퇴ː필(退筆)[퇴-/퉤-]명 (끝이 닳아서) 못 쓰게 된 붓.
퇴ː학(退學)[퇴-/퉤-]명하타되자 ①(졸업 전에) 학생이 다니던 학교를 그만둠. 퇴교(退校). ¶ 가정 형편상 퇴학할 수밖에 없었다. ②(교칙을 어긴 학생에게) 다니던 학교를 그만두게 함. 출학(黜學). ¶ 성행이 불량하여 퇴학을 당하다.
퇴ː한(退限)[퇴-/퉤-]명하자 ☞연기(延期).
퇴ː행(退行)[퇴-/퉤-]명 ①하자(어떤 자리에서) 뒤로 물러감. ②하자☞퇴화(退化). ③하자 정신적인 장애로 말미암아 현재의 발달 단계보다 이전의 미숙한 행동을 보이는 일. ④하자혹성이 천구(天球) 위를 서쪽으로 운행함. ⑤하타(일을) 다른 날로 미루어 행함.
퇴ː행-기(退行期)[퇴-/퉤-]명 병세가 차츰 회복되어 가는 시기. ¶ 투병(鬪病)은 퇴행기에 더욱 조심해야 한다.
퇴호(推戶)[퇴-/퉤-]명하자 지게문이나 사립문을 밀어서 엶.
퇴ː혼(退婚)[퇴-/퉤-]명하자 정한 혼인(婚姻)을 어느 한쪽에서 물림.
퇴ː화(退化)[퇴-/퉤-]명하자되자 ①(진보하던 것이) 진보 이전의 상태로 되돌아감. 퇴행. ②생물체의 어떤 기관이, 오래 쓰이지 않음으로써 점차 작아지거나 기능을 잃게 되어 쇠퇴해 감. ↔진화(進化).
퇴ː화^기관(退化器官)[퇴-/퉤-]명 ☞흔적 기관(痕跡器官).
퇴ː환(退換)[퇴-/퉤-]명하타 환표(換標) 지급을 거부하는 일.
퇴ː회(退會)[퇴회/퉤훼]명하자 (회원이) 그 회에서 탈퇴함. ↔입회(入會).
퇴ː휴(退休)[퇴-/퉤-]명하자 관직을 내놓고 물러나서 쉼. 퇴직하고 쉼.
툇ː-간(退間)[퇴깐/�깐]명 집채의 원칸살 밖에 붙여, 딴 기둥을 세워 만든 칸살. 준퇴(退)[2].
툇ː-기둥(退-)[퇴끼-/�끼-]명 툇간에 딸린 기둥. 퇴주(退柱).
툇ː-돌[퇴똘/퉷똘]명 ☞댓돌.
툇ː-마루(退-)[퇸-/퉨-]명 본디 칸살 밖에 좁게 달아 낸 마루. 준퇴(退)[2].
툇ː-보(退-)[퇴뽀/퉷뽀]명 툇기둥과 안기둥에 얹힌 짧은 보. 퇴량(退樑).
투(套)의 ①(관례처럼 된) 일정한 틀. ¶ 편지 쓰는 투로 쓰다. ②무엇을 말하는 본새. ¶ 비꼬는 투로 말하다. /말하는 투가 건방지다. ③무슨 일을 하는 품이나 솜씨. ¶ 그런 투로 일을 해서는 될 일도 안 된다.
투각(透刻)명하타 조각의 한 가지. 나무 따위의 재료를, 앞면에서 뒷면까지 완전히 파서 모양을 나타냄.
투겁명 〈두겁〉의 변한말.
투견(鬪犬)명 ①하자개끼리 싸움을 붙임, 또는 그 일. 개싸움. ¶ 투견 대회. ②싸움을 붙이기 위해 기르는 개. 투구(鬪狗).
투계(鬪鷄)[-계/-게]명 ①하자닭싸움을 붙이는 일. ②싸움닭.
투고(投稿)명하타되자 (신문사·잡지사 따위에) 원고를 보냄. ¶ 문예지에 시를 투고하다.
투고-란(投稿欄)명 (신문이나 잡지에서) 투고한 글을 싣는 난. ¶ 독자 투고란.
투과(透過)명하타되자 ①(빛이나 방사선·액체 따위가) 물체를 꿰뚫고 지나감. ¶ 빛이 유리를 투과하다. ②투명하게 비쳐 보임.
투과-성(透過性)[-썽]명 막(膜)이 기체나 액체·용질·이온 따위를 투과시키는 성질.
투관(套管)명 고전압(高電壓)의 도체가 건축물이나 전기 기기(器機)의 벽을 뚫고 지나가는 곳에, 절연을 위해 사용하는 유리 또는 사기로 만든 관.
투관-침(套管針)명 복막염이나 늑막염 따위의 병질(病質)에서, 복막강·늑막강에 괸 액체를 뽑아내는 데 쓰는 의료기.
투광(投光)명하타 (반사경이나 렌즈로) 빛을 모아 비춤. ¶ 투광 조명.
투광-기(投光器)명 (렌즈나 반사경으로) 빛을 모아 비추는 장치. 〔헤드라이트나 스포트라이트 따위.〕
투구명 예전에, 군인이 전투할 때에 머리를 보호하기 위하여 쓰던 쇠 모자.
투구(投球)명하자 야구에서, 투수가 공을 던짐, 또는 던진 그 공. ¶ 투구 자세.
투구(鬪狗)명하자 ☞투견(鬪犬).
투구(鬪毆)명하타 서로 다투거나 싸우며 때림.
투구-벌레명 ☞장수풍뎅이.
투구-풍뎅이명 ☞장수풍뎅이.
투그리다자 (짐승끼리) 싸우려고 서로 으르대며 잔뜩 노리다.

투기(投寄)명하타 (물건·편지 따위를) 남에게 부침.
투기(投棄)명하타 (불필요한 것이라 하여) 내던져 버림.
투기(投機)명하자 ①확신도 없이 큰 이익을 노리고 무슨 짓을 함, 또는 그러한 행위. ②시가(時價) 변동에 따른 차익(差益)을 노려서 하는 매매 거래. ¶ 부동산 투기.
투기(妬忌)명하자 강샘, 또는 강샘을 함. ¶ 아낙의 투기는 칠거지악(七去之惡)의 하나였다.
투기(鬪技)명 ①하자(우열을 가리기 위하여) 재주나 힘 따위를 겨루는 일. ②운동 경기 분류의 한 가지. 특별한 용구를 사용하지 않고 넘어뜨리기·들기·당기기·치기 등의 기술을 겨루는 일대일(一對一)의 대인(對人) 경기. 〔씨름·태권도·유도·레슬링·복싱 따위의 격투 경기를 이름.〕 ②체기(體技).
투기^구매(投機購買)명 (동산·유가 증권 따위를) 뒷날에 비싸게 팔기 위하여 미리 싼값으로 사 두는 행위.
투기-꾼(投機-)명 투기를 일삼는 사람.
투기^매매(投機賣買)명 투기를 목적으로 사고파는 행위.
투기-사업(投機事業)명 투기의 성격을 띤 사업. 불확실한 이익을 꿈꾸는 모험적인 사업.
투기-상(投機商)명 ☞들보기장사.
투기-성(投機性)[-썽]명 투기의 성질이 있는 것. ¶ 투기성 자금.
투기^시ː장(投機市場)명 투기 거래가 이루어지는 시장.
투기-심(投機心)명 투기를 하려는 마음. ¶ 투기심을 조장하다.
투기-심(妬忌心)명 강샘하는 마음.
투기업-자(投機業者)[-짜]명 투기사업을 하는 사람.
투깔-스럽다[-따][~스러우니·~스러워]형ㅂ (일이나 물건 따위의) 모양새가 투박스럽고 거칠다. ¶ 투깔스러운 도자기. **투깔스레**부.
투덕-거리다[-꺼-]타 자꾸 투덕투덕 두드리다. 투덕대다. ¶ 재우려고 아기를 업고 엉덩이를 투덕거리다. 작토닥거리다. 참뚜덕거리다.
투덕-대다[-때-]타 투덕거리다.
투덕-투덕[1]부하타 잘 울리지 않는 툭툭한 물건을 힘주어 두드리는 소리, 또는 그 모양. ¶ 이불을 널어 놓고 방망이로 투덕투덕 두드려 먼지를 털다. 작토닥토닥. 참뚜덕뚜덕.
투덕-투덕[2]부하형 (얼굴이) 두툼하고 복스러운 모양. ¶ 투덕투덕 살진 얼굴.
투덜-거리다자 자꾸 투덜투덜하다. 투덜대다. ¶ 못마땅한 듯 자꾸 투덜거린다. 여두덜거리다.
투덜-대다자 투덜거리다.
투덜-투덜부하자 혼자서 자꾸 중얼거리며 불평하는 모양. 여두덜두덜.
투도(偸盜)명하타 (남의 물건을) 몰래 훔침, 또는 그 사람. 투절(偸竊).
투득(透得)명하타 막힘이 없이 환하게 깨달음.
투레-질명하자 젖먹이가 두 입술을 떨며 '투루루' 소리를 내는 짓.
투료(投了)명하자되자 바둑이나 장기 따위에서, 한쪽이 진 것을 인정하고 쥐었던 돌이나 말을 내려놓음으로써 대국을 끝내는 일.
투루루부 젖먹이가 투레질하는 소리.
투리(透理)명하자 ☞통리(通理).
투망(投網)명 ①하자(물고기를 잡기 위해) 그물을 던지는 일. ②☞쟁이.
투망-질(投網-)명하자 ☞쟁이질.
투매(投賣)명하타되자 (상품을) 손해를 무릅쓰고 마구 싸게 팔아 버림.
투매(偸賣)명하타 ☞도매(盜賣).
투명(投命)명하자 목숨을 버림.
투명(透明)명하형 ①조금도 흐린 데가 없이 속까지 환히 트여 맑음. ¶ 투명한 가을 하늘. /투명한 눈동자. ②빛이 잘 통하여 속까지 환히 비쳐 보임. ¶ 투명 유리. ③(태도나 일 처리 따위가) 깨끗하고 분명함. ¶ 투명한 수사를 촉구하다.
투명-도(透明度)명 ①호수나 바닷물 따위의 투명한 정도. ②(광물의) 빛이 통하는 정도를 비율로 나타낸 값.
투명^수지(透明樹脂)명 '요소 수지'의 딴 이름.
투명-체(透明體)명 빛이 잘 통하는 물체. 〔유리·공기·물 따위.〕
투묘(投錨)명하자 〔닻을 내린다는 뜻으로〕 배를 정박시킴. ↔발묘(拔錨).
투문(透紋)명 비치어 보이도록 종이에 가공한 그림이나 무늬. ¶ 만 원권의 투문.
투미-하다형여 어리석고 둔하다. 둔팍하다. ¶ 투미한 짓만 하다. /투미하게 생겼다.
투-밀이명하타 (창살의 등을) 둥글게 만드는 일.
투박-스럽다[-쓰-따][~스러우니·~스러워]형ㅂ 보기에 투박한 데가 있다. ¶ 투박스럽게 생긴 질그릇. /말씨가 투박스럽다. **투박스레**부.
투박-하다[-바카-]형여 ①(생김생김이) 맵시가 없이 선이 굵고 거칠다. ¶ 투박한 외투. ②(말이나 행동 따위가) 다소곳하지 못하고 거칠다. ¶ 투박한 말씨.
투ː베로ː즈(tuberose)명 수선화과의 다년초. 멕시코 원산의 관상용 식물로 줄기 높이 1 m가량. 덩이줄기가 있으며 잎은 가늘고 길. 여름밤에 대롱 모양의 하얀 꽃이 피는데 향기가 짙음.
투베르쿨린(tuberculin)명 결핵균을 배양하여 가열 살균한 갈색 투명의 주사액. 초기 결핵의 진단에 쓰임.
투베르쿨린^반ː응(tuberculin反應)명 투베르쿨린 주사로 결핵균 감염 여부를 알아보는 검사법. 참망투 반응.
투병(鬪病)명하자 병을 고치려는 의지를 가지고 꾸준히 요양에 힘씀.
투병-식과(投兵息戈)[-꽈]명하자 〔병기를 던지고 창을 멈춘다는 뜻으로〕 전쟁이 그침을 이르는 말.
투부(妬婦)명 강샘이 심한 여자.
투비(投畀)명하타 왕명(王命)으로, 죄인을 지정한 곳으로 귀양 보내던 일.
투사(投射)명하타되자 ①창이나 포탄 따위를 던지거나 쏨. ②빛이나 그림자를 스크린 따위에 비추어 나타냄. ③빛이나 파동 따위가 어떤 매질(媒質)을 지나 다른 매질과의 경계면에 이름. 입사(入射). ④심리학에서, 자기의 의식이나 생각을 객관화하여 자기가 바라볼 수 있는 대상으로 삼는 일.
투사(投梭)명하자 음탕한 마음을 내는 남자를 여자가 거절함. 〔옛날 진(晉)나라 사곤(謝鯤)이라는 사람이 이웃의 미인 고 씨(高氏)에게 음심(淫心)을 품고 덤볐다가, 여자가 베 짜는 북을 내던져 앞니 두 개가 부러졌다는 고사에서 유래함.〕
투사(透寫)명하타 (글씨나 그림 따위를) 다른 얇은 종이 밑에 받쳐 놓고 그대로 베낌.

투사(鬪士)명 ①싸움터에 나가 싸우는 사람. ¶ 용감한 투사. ②주의·주장을 위해 투쟁하거나 활동하는 사람. ¶ 노동계의 투사. ③투지에 불타는 사람.
투사-각(投射角)명 ☞입사각(入射角).
투사^광선(投射光線)명 ☞입사 광선.
투사-선(投射線)명 ☞입사 광선.
투사-율(投射率)명 농구에서, 슈팅한 횟수와 성공한 횟수와의 비율.
투사-점(投射點)[-쩜]명 ☞입사점(入射點).
투사-지(透寫紙)명 (도면 따위를) 투사하는 데 쓰는 얇은 반투명의 종이. 복도지(複圖紙). 트레이싱 페이퍼.
투사-형(鬪士型)명 ①기골이 장대하고 체격이 건장하며 투쟁적인 사람. ②투지가 강하고 사회 운동 따위에 적극성을 띤 사람.
투상-스럽다[-따][~스러우니·~스러워]형ㅂ 〈툽상스럽다〉의 준말. ¶ 말본새 한번 투상스럽다. **투상스레**부.
투색(渝色)명하자 ☞퇴색(退色).
투생(偸生)명하자 (마땅히 죽어야 할 때 죽지 못하고) 욕되게 살기를 탐냄.
투서명 도장(圖章). 한자를 빌려 '套署'·'套書'로 적기도 함.
투서(投書)명하타 어떤 사실의 내막이나 남의 비행 따위를 적어서 몰래 관계자나 관계 기관 같은 데에 보냄, 또는 그 글.
투서-함(投書函)명 투서를 넣는 함.
투석(投石)명하자 돌을 던짐, 또는 그 돌.
투석(透析)명하타 반투막(半透膜)을 사용하여 콜로이드나 고분자(高分子) 용액을 정제(精製)하는 일, 또는 그 방법.
-투성이접미 《좋지 못한 것을 나타내는 일부 명사 뒤에 붙어》 ①몹시 더러워진 상태임을 나타냄. ¶ 진흙투성이. /낙서투성이. ②그것이 썩 많은 상태임을 나타냄. ¶ 오자투성이. /실수투성이.
투수(投手)명 야구에서, 내야의 중앙에 위치하여 포수를 향해 공을 던지는 선수. ↔포수(捕手).
투수(套袖)명 〈토시〉의 본딧말.
투수(透水)명하자 물이 스며듦.
투수-층(透水層)명 모래나 자갈 따위로 이루어져 물이 잘 스며드는 지층.
투수-판(投手板)명 ☞마운드.
투숙(投宿)명하자 (여관 따위에) 들어서 유숙함. 투지(投止). ¶ 여관에 투숙하다.
투:스텝(two-step)명 오른발과 왼발을 교대해서 반박과 한 박 반의 전진 스텝을 되풀이하는 두 박자의 사교춤, 또는 그 춤곡.
투습(套習)명하타 본을 떠서 함.
투시(妬視)명하타 ☞질시(嫉視).
투시(透視)명 ①하타되자속의 것을 환히 꿰뚫어 봄. ②하타되자심령 현상의 한 가지. 감각적·지각적으로는 알 수 없는 먼 거리의 사물을 초감각적으로 파악하는 일. ③엑스선으로 형광판 위에 투영된 인체 내부를 검사하는 방법. ¶ 투시 촬영.
투시-도(透視圖)명 어떤 시점(視點)에서 본 물체의 형태를 눈에 비치는 그대로 평면 위에 나타낸 그림. 투시화(透視畫).
투시^도법(透視圖法)[-뻡]명 ①미술에서, 물체를 원근법에 따라 눈에 비친 그대로 그리는 방법. 배경 화법. 원경법(遠景法). 투시법. 투시화법. ↔투영 도법. ②지도 투영법의 한 가지. 무한대의 거리나 지구상의 한 점, 또는 지구 중심에 시점(視點)을 두고 시선과 수직을 이룬 평면 위에 지표를 투영한 것으로 가상하여 그리는 방법.
투시-법(透視法)[-뻡]명 ☞투시 도법.
투시-화(透視畫)명 ☞투시도. 디오라마.
투시^화:법(透視畫法)[-뻡]명 ☞투시 도법.
투식(套式)명 틀에 박힌 법식이나 양식.
투식(偸食)명하타 (공금이나 공물 따위를) 도둑질하여 먹음.
투신(投身)명하자 ①(어떤 일에) 몸을 던짐. 전력을 다함. ¶ 평생 동안 자선 사업에 투신하다. 비투족(投足). ②(목숨을 끊기 위해) 높은 곳에서 아래로 몸을 던짐. ¶ 왜장과 함께 남강에 투신한 의기(義妓) 논개.
투신(投信)명 〈투자 신탁〉의 준말.
투신-자살(投身自殺)명하자 높은 곳에서 아래로 또는 물속으로 몸을 던져 스스로 죽음.
투실-투실부하형 보기 좋을 정도로 퉁퉁하게 살진 모양. ¶ 투실투실한 얼굴. 작토실토실.
투심(妬心)명 미워하고 강샘하는 마음. 질투심. ¶ 투심이 심한 아내.
투심(偸心)명 도둑질하려는 마음.
투아(偸兒)명 도둑. 좀도둑.
투안(偸安)명하자 눈앞의 안일(安逸)을 탐함. 한때의 안락을 즐김.
투약(投藥)명하타되자 (의사가) 병에 알맞은 약을 지어 주거나 사용함. ¶ 환자에게 약간의 항생제를 투약하다.
투약-구(投藥口)[-꾸]명 병원 따위에서, 약을 조제하여 내어 주는 작은 창구.
투어(套語)명 (신통하거나 생동감이 없는) 틀에 박힌 말. 상투적인 말. 상투어.
투여(投與)명하타 (의사가 환자에게 약을) 줌. ¶ 환자에게 진통제를 투여하다.
투영(投影)명하타되자 ①(지면이나 수면 따위에) 어떤 물체의 그림자를 비춤, 또는 그 비친 그림자. ②어떤 물체에 평행 광선을 비추어 그 그림자가 평면 위에 비치게 함, 또는 그 그림자의 그림. ③'어떤 요소나 내용을 다른 대상에 반영하여 나타냄'을 비유하여 이르는 말. ¶ 작가의 역사 의식이 투영된 작품.
투영(透映)명하타 속까지 환히 비치어 보임.
투영-도(投影圖)명 투영 도법에 의해 평면 위에 그린 그림. 투영화(投影畫).
투영^도법(投影圖法)[-뻡]명 공간에 있는 물체의 위치와 형상을 일정한 시점(視點)에서 보아 한 평면 위에 나타내는 도법. 투영법. 투영화법(投影畫法). ↔투시 도법.
투영^렌즈(投影lens)명 확대한 영상(影像)을 또렷하게 하기 위하여 사용하는 렌즈.
투영-면(投影面)명 물체를 한 평면 위에 투영할 때의 그 면.
투영-법(投影法)[-뻡]명 ☞투영 도법.
투영-선(投影線)명 투영 도법에서, 직선을 투영했을 때에 생기는 직선.
투영-화(投影畫)명 ☞투영도(投影圖).
투영^화법(投影畫法)[-뻡]명 ☞투영 도법.
투옥(投獄)명하타되자 감옥에 가둠. 하옥(下獄). ¶ 절도 혐의로 투옥되다.
투우(鬪牛)명하자 ①소싸움을 붙이는 경기, 또는 그 경기에 나오는 소. ②투우사가 사나운 소와 겨루는 결사적인 투기, 또는 그 투기에 나오는 소. ③☞소싸움.
투우-사(鬪牛士)명 투우 경기에 출전하여 소와 싸우는 사람.

투우-장(鬪牛場)명 투우를 하는 경기장.
투-원반(投圓盤)명 ☞원반던지기.
투-융자(投融資)명 투자와 융자.
투입(投入)명하타되자 ①던져 넣음. 집어넣음. ¶ 자동판매기에 동전을 투입하다. ②(자본이나 인력 따위를) 들여 넣음. ¶ 자본 투입. /지원 병력을 투입하다.
투입-구(投入口)[-꾸]명 물건 따위를 넣는 구멍.
투자(投資)명하타되자 ①(이익을 얻을 목적으로) 사업 등에 자금을 댐. 출자. ¶ 설비 투자. /부동산에 투자하다. ②(이윤을 생각하여) 주식이나 채권 따위의 구입에 돈을 돌림.
투자(骰子)명 ☞주사위.
투자^경기(投資景氣)명 공장 확장·설비 확장 따위의 투자로 인하여 이루어지는 경기.
투자-골(骰子骨)명 ☞주사위뼈.
투자^승수(投資乘數)[-쑤]명 투자의 증가분(增加分)에 대한 소득의 증가 비율.
투자^시ː장(投資市場)명 (투자자 쪽에서) 자본 시장을 이르는 말. 투자가 이루어지고 있는 범위.
투자^신ː탁(投資信託)명 증권 회사가 일반 투자가로부터 자금을 모아 광범위한 증권 투자를 하고, 이에 따른 이자·배당금·매매 차익 등을 투자가에게 나누어 주는 제도. 준투신(投信).
투자-율(透磁率)명 자기장 안의 물질이 자화(磁化)하는 정도를 나타내는 상수(常數).
투자^은행(投資銀行)명 증권 투자를 전문으로 하는 은행.
투자^자산(投資資産)명 투자의 목적으로 보유하는 자산과 주식·사채(社債) 따위를 통틀어 이르는 말. 장기간 보유하여야 현금화할 수 있는 자산임.
투자^회ː사(投資會社)[-회-/-훼-]명 투자를 목적으로, 다른 회사의 주식을 취득하고 보유하기 위한 회사. 지주 회사(持株會社).
투작(偸斫)명하타 ☞도벌(盜伐).
투장(偸葬)명하타 ☞암장(暗葬).
투쟁(鬪爭)명하자 ①상대편을 이기려고 다툼(싸움). ¶ 법정 투쟁으로 잘잘못을 가리다. ②(사회 운동이나 노동 운동 등에서) 목적을 이루기 위해서 다투는 일. ¶ 업체마다 임금 인상 투쟁이 치열하다.
투쟁^문학(鬪爭文學)명 사회주의적 계급 투쟁을 다룬 문학.
투전(投錢)명하자 ☞돈치기.
투전(鬪牋)명하자 두꺼운 종이로 폭은 손가락 넓이만 하고 길이는 다섯 치쯤 되게 만들어, 그 위에 여러 가지 그림·문자·시구(詩句) 등을 넣어 끗수를 표시한 노름 도구의 한 가지, 또는 그것을 가지고 하는 노름. ¶ 투전을 벌이다.
투전-꾼(鬪牋-)명 투전을 일삼는 사람.
투전-판(鬪牋-)명 투전을 하는 자리. ¶ 투전판을 벌이다.
투절(偸竊)명하타 ☞투도(偸盜).
투정명하자타 (특히 어린아이가) 무엇이 마땅치 않거나 불만이 있을 때 떼를 쓰며 조르는 일. ¶ 반찬 투정. /투정을 부리다. /밥이 적다고 투정하다.
투조(透彫)명하타 조각법의 한 가지. 판금(板金)이나 목재·석재 등을 앞면에서 뒷면까지 도려내어 모양을 나타냄. 누공(漏空).
투족(投足)명하자 (어느 사회나 직장에) 발을 들여놓음. 비투신(投身).
투-중추(投重錘)명 ☞해머던지기.
투지(投止)명하자 ①걸음을 멈춤. ②(여관 같은 데) 묵음. ②투숙(投宿).
투지(鬪志)명 싸우고자 하는 굳센 의지. ¶ 투지가 만만하다. /투지를 불태우다.
투찰(透察)명하타 (사물의 속까지를) 꿰뚫어 봄.
투창(投槍)명하자 ①창을 던짐. ②☞창던지기.
투채(鬪彩)명 도자기 위에 그린 무늬의 흐드러진 색채.
투처(妬妻)명 강샘이 심한 아내.
투척(投擲)명하타 던짐. ¶ 수류탄 투척 훈련.
투척^경ː기(投擲競技)[-껑-]명 ☞던지기 경기.
투철(透徹) '투철하다'의 어근.
투-철퇴(投鐵槌)[-퇴/-퉤]명 ☞해머던지기.
투철-하다(透徹-)형여 ①속까지 환히 비춰 볼 수 있게 투명하다. ②사리가 분명하고 뚜렷하거나 사리에 어긋남이 없이 철저하다. ¶ 논지가 투철하다. /투철한 군인 정신. **투철-히**부.
투초(鬪草)명하자 ☞풀싸움.
투취(偸取)명하타 ☞절취(竊取).
투타(投打)명 야구에서, 투구력과 타격력을 아울러 이르는 말.
투탁(投託)명하자 ①(남의 세력에) 의지함. ②조상이 분명하지 않은 사람이 이름 있는 남의 조상을 자기 조상이라 일컬음.
투탄(投炭)명하자 기관(汽罐) 속 같은 데에 석탄을 넣음.
투탄(投彈)명하자되자 수류탄·폭탄 따위를 던지거나 투하함.
투-포환(投砲丸)명 ☞포환던지기.
투표(投票)명하자되자 선거 또는 어떤 일을 의결할 때, 투표용지에 자기가 뽑고 싶은 사람의 이름이나 찬반의 의견 따위를 기입하여 지정된 함 따위에 넣음, 또는 그 일.
투표-구(投票區)명 투표를 위하여 편의상 나눈, 단위가 되는 구역. 한 선거구에 여러 투표구를 둠.
투표-권(投票權)[-꿘]명 투표를 할 수 있는 권리. ¶ 투표권을 행사하다.
투표-소(投票所)명 투표를 하는 일정한 장소.
투표-용지(投票用紙)명 투표에 사용하는 일정한 양식의 종이. 준투표지.
투표-율(投票率)명 유권자 전체에 대한 실제로 투표를 한 사람 수의 비율.
투표-자(投票者)명 투표하는 사람.
투표-지(投票紙)명 〈투표용지〉의 준말.
투표^참관인(投票參觀人)명 투표하는 데에 입회하여 감시하는 사람.
투표-함(投票函)명 (투표자가) 기입한 투표용지를 넣는 상자.
투ː피ː스(two-piece)명 윗도리와 스커트의 둘로 한 벌이 되는 여성복.
투ː피크(tupik)명 에스키모의 여름 집. 바다표범의 가죽으로 지은 천막임.
투필(投筆)명하자 ①붓을 놓음. 붓을 던짐. ②문필 생활을 그만두고 다른 일에 종사함. 참절필(絶筆).
투필-성자(投筆成字)명하자 글씨에 능한 사람은 정성을 들이지 않고 붓을 아무렇게나 던져도 글씨가 잘됨을 이르는 말.
투하(投下)명하타되자 ①높은 곳에서 아래로 떨어뜨림. ¶ 폭탄을 투하하다. ②(물자나 자금 따위를) 들임. ¶ 막대한 자본을 투하하다.
투하(投荷)명하타 배가 조난했을 때, 선체·인명 등을 구하려고 짐을 바다에 버림, 또는 그 짐. 제하(除荷).

투하-탄(投下彈)명 (발사하지 아니하고) 비행기에서 지상 목표물에 떨어뜨리는 폭탄.
투한(妬悍) '투한하다'의 어근.
투한(偸閑·偸閒)명하자 바쁜 가운데서 겨를을 찾음.
투한-하다(妬悍-)형여 질투가 심하고 사납다.
투함(投函)명하타 (편지·투서·투표지 따위를 우체통·투서함·투표함 따위의) 함에 넣음.
투합(投合)명하자되자 (뜻이나 성격 등이) 서로 잘 맞음. 서로 일치함. ¶ 의기가 투합하다.
투항(投降)명하자 적에게 항복함. ¶ 투항을 권고하다.
투-해머(投hammer)명 ☞해머던지기.
투향(投鄕)명하자 시골 선비가 고을 향청의 좌수나 별감 따위의 관원이 되는 일.
투헌(投獻)명하타 (물건 따위를) 바침.
투현-질능(妬賢嫉能)[-릉]명하자 어질고 능력 있는 사람을 시기하여 미워함.
투호(投壺)명하자 지난날, 화살같이 만든 청·홍의 긴 막대기를 일정한 거리의 저편에 놓은 병 속에 던져 넣어 그 수효의 많고 적음에 따라 승부를 겨루던 놀이.
투호-살(投壺-)명 투호에 쓰는 화살.
투혼(鬪魂)명 끝까지 투쟁하려는 기백. ¶ 투혼을 불태우다.
투화(透化)명하타 결정성(結晶性)의 물질을 녹여, 결정이 석출(析出)되지 않도록 과냉각(過冷却) 상태로 만드는 일. 유리·에나멜 제조에 이용됨.
투휘(投揮)명하타 (물건을) 휘두름.
툭[1]부 ①단단하지 않은 물건이 바닥에 떨어질 때 나는 소리, 또는 그 모양. ¶ 보따리를 바닥에 툭 떨어뜨리다. ②그리 단단하지 않은 긴 물건이 끊어지거나 부러지는 소리, 또는 그 모양. ¶ 끈이 툭 끊어지다. ③단단하지 않은 물체를 한 번 두드림, 또는 그 소리. ¶ 어깨를 툭 치다. ④물건이 가볍게 터지는 소리, 또는 그 모양. ¶ 고무풍선이 툭 터지다. ⑤탄력성 있는 것이 튀어 오르는 소리, 또는 그 모양. ¶ 공이 툭 튀어 오르다. 작톡[2]. ①~③참뚝[1]. **툭-툭**부.
툭[2]부 ①물건의 어느 한쪽이 불거져 나온 모양. ¶ 이마가 툭 불거지다. ②(말을) 퉁명스레 내뱉는 모양. ¶ 한마디 툭 던지고 나가다. 작톡[3]. **툭-툭**부 ¶ 어른들끼리 말씀 나누시는데 버릇없이 왜 툭툭 끼어드느냐?
툭박-지다[-빡찌-]형 툭툭하고 질박하다. ¶ 툭박진 질그릇.
툭-탁부하자타 탄탄한 물건이 세게 맞부딪칠 때에 나는 소리. ¶ 작대기로 나무 의자를 툭탁 치다. 작톡탁. 참뚝딱[1]. **툭탁-툭탁**부하자타.
툭탁-거리다[-꺼-]자타 자꾸 툭탁툭탁하다. 툭탁대다. 작톡탁거리다.
툭탁-대다[-때-]자타 툭탁거리다.
툭탁-이다자타 탄탄한 물건이 가볍게 맞부딪치는 소리가 나다, 또는 그런 소리를 내다. 작톡탁이다.
툭탁-치다타 옳고 그름을 가릴 것 없이 다 없애 버리다. 작톡탁치다.
툭툭-하다[-투카-]형여 ①(피륙이) 고르고 단단한 올로 촘촘하게 짜여 바탕이 두툼하다. ¶ 툭툭한 천. ②국물이 바특하여 묽지 않다. ¶ 툭툭하게 끓인 된장찌개. 작톡톡하다. **툭툭-히**부.
툭-하다[투카-]형여 ①끝이 좀 뭉툭하다. ¶ 툭한 펜 끝. ②좀 거칠고 투박하다. ¶ 툭한 겨울옷. ③말소리 따위가 좀 굵다. ¶ 툭한 목소리. ④성질이 상냥하지 못하고 꽤 무뚝뚝하다. ¶ 툭한 성미.
툭-하면[투카-]부 무슨 일이 있을라치면 버릇처럼 곧. 걸핏하면. ¶ 툭하면 오라 가라 한다./툭하면 화를 낸다.
툰드라(tundra)명 사철 거의 얼음으로 뒤덮인 북극해 연안의 벌판. 여름철에 겨우 지표의 일부만이 녹아 지의류나 선태류가 자랄 뿐임. 동야(凍野). 동원(凍原). 동토대.
툰드라^기후(tundra氣候)명 한대 기후형의 한 가지. 냉랑한 여름에 비나 진눈깨비가 내리고, 겨울에는 때때로 눈보라가 치기도 하지만 적설량은 적음. 여름에는 동토층의 표면이 녹아 지의류나 선태류가 자람. 유라시아·아메리카·그린란드의 북극해 연안과 남극 일부에 분포함.
툴륨(thulium)명 희토류 원소의 한 가지. 가돌린석이나 모자나이트 등에 들어 있는데, 희토류(稀土類) 중에서 가장 적게 산출되는 원소임. 〔Tm/69/168.9342〕
툴툴부 ①하자마음에 못마땅하여 투덜거리는 모양. ¶ 툴툴 불평을 하다. ②무엇을 힘 있게 터는 모양. ¶ 담요를 툴툴 털다. ③마음에 품은 생각 따위를 떨쳐 버리는 모양. ¶ 불행했던 기억을 툴툴 털어 버리다.
툴툴-거리다자 마음에 못마땅하여 투덜거리다. 툴툴대다. ¶ 동생은 무엇이 못마땅한지 계속 툴툴거린다.
툴툴-대다자 툴툴거리다.
툼벙부하자타 좀 크고 묵직한 물건이 물에 떨어질 때 나는 소리, 또는 그 모양. 작톰방. **툼벙-툼벙**부하자타.
툼벙-거리다자타 자꾸 툼벙툼벙하다. 툼벙대다. 작톰방거리다.
툼벙-대다자타 툼벙거리다.
툽상-스럽다[-쌍-따][~스러우니·~스러워]형ㅂ 투박하고 상스럽다. 튼튼하기만 하고 멋이 없다. ¶ 툽상스러운 말씨./툽상스럽게 생긴 뚝배기. 준투상스럽다. **툽상스레**부.
툽툽-하다[-투파-]형여 국물이 묽지 않고 진하다. ¶ 곰국을 툽툽하게 끓이다. 작톱톱하다. **툽툽-히**부.
퉁[1]명 퉁명스러운 핀잔. 퉁바리. ¶ 퉁을 놓다.
퉁[2]명 ①《주로 합성어로 쓰이어》 품질이 낮은 놋쇠. ②품질이 낮은 놋쇠로 만든 엽전. ③'돈'의 딴 이름.
퉁[3]부 속이 텅 빈 나무통이나 큰 북 따위를 칠 때 나는 소리. 작통[7]. 여둥[3]. **퉁-퉁**부하자타.
퉁가리명 퉁가릿과의 민물고기. 몸길이 5~13 cm. 자가사리 비슷하나 머리가 메기처럼 납작하고, 입가에 네 쌍의 수염이 있음. 몸빛은 황적갈색이며 맑은 시냇물의 자갈 밑에 여러 마리가 모여 삶. 우리나라 특산종이며 중부 지방에 분포함.
퉁겨-지다자 ①숨겼던 일이나 물건이 뜻하지 않게 쑥 비어져 나오다. ②짜인 물건이 어긋나서 틀어지다. ③노리던 기회가 뜻밖에 어그러지다. ④뼈의 관절이 어긋나다. 작통겨지다.
퉁구스^족(Tungus族)명 동부 시베리아·중국 등지에 분포하는 몽골계의 한 종족. 광대뼈가 나오고 코가 솟고 눈이 검으며, 모발은 흑색임. 언어는 알타이 어족이며 황색 인종에 속함.
퉁기다자타 ①잘 짜인 물건이나 버티어 놓은 물건을 틀어지거나 쑥 빠지게 건드리다. ②일의 기회를 어그러지게 하다. ③뼈의 관절을 어긋나게 하다. ④기타·가야금 따위의 현을 당겼다 놓아 소리가 나게 하다. ⓐ튕기다. 작 통기다. 참 뚱기다.

퉁-노구 명 퉁으로 만든 작은 솥. 바닥이 평평하고 위아래가 엇비슷함.

퉁-딴 명 '절도죄로 복역하고 출옥한 뒤 포도청의 딴꾼이 된 사람'을 이르던 말.

퉁-때 명 엽전에 묻은 때.

퉁-맞다[-맏따] 자 〈퉁바리맞다〉의 준말.

퉁명 명 하형 스형 (말씨나 행동 따위가) 공손하지 못하고 불쾌해하는 빛이 있음. ¶ 퉁명을 떨다. /퉁명스럽게 쏘아붙이다. **퉁명스레** 부.

퉁-바리 명 ☞퉁[1].

퉁바리-맞다[-맏따] 자 (무슨 말을 하다가) 심한 무안을 당하다. ¶ 그렇게 퉁바리맞고도 부끄러워할 줄을 모른다. 준 퉁맞다.

퉁-방울 명 퉁으로 만든 방울.

퉁방울-눈[-룬] 명 퉁방울처럼 불거진 눈.

퉁방울-이 명 눈이 퉁방울처럼 불거진 사람.

퉁-부처 명 퉁으로 만든 부처.

퉁소(←洞簫) 명 부는 악기의 한 가지. 굵고 오래 묵은 대나무로 만들며, 입김을 불어 넣는 아귀가 있어 세로로 내리 붊. 앞에 구멍이 다섯 개, 뒤에 하나가 있음.

퉁어리-적다[-따] 형 옳은지 그른지도 모르고 아무 생각 없이 행동하는 데가 있다. ¶ 너의 그 퉁어리적은 습성 때문에 당최 맘 놓고 일을 맡길 수가 없다.

-퉁이 접미 ①《사람의 신체 부위를 나타내는 일부 명사 뒤에 붙어》'비하'의 뜻을 나타냄. ¶ 눈퉁이. /젖퉁이. ②사람의 태도·성질 따위를 나타내는 일부 명사 뒤에 붙어, '그런 태도나 성질을 가진 사람'의 뜻을 나타냄. ¶ 미련퉁이. /심술퉁이.

퉁-주발(-周鉢) 명 퉁으로 만든 주발.

퉁-탕 부 (마룻바닥과 같이) 공간 위에 놓인 두꺼운 널빤지 따위를 세게 두드리거나 구를 때 나는 소리. 작 퉁탕. **퉁탕-퉁탕** 부 하자타.

퉁탕-거리다 자타 자꾸 퉁탕퉁탕하다. 퉁탕대다. ¶ 아이들이 복도 위를 퉁탕거리며 뛰어다닌다. 작 퉁탕거리다.

퉁탕-대다 자타 퉁탕거리다.

퉁-퉁[1] 부 ①하자 큰 발동기 따위가 울리는 소리. ②하자타 발로 탄탄한 곳을 세게 자꾸 구르는 소리. 작 통통[1].

퉁퉁[2] 부 하형 큰 몸피가 불룩하게 붓거나 살진 모양. ¶ 울어서 눈이 퉁퉁 부었다. /손발이 퉁퉁하게 부어오르다. 작 통통[2]. **퉁퉁-히** 부.

퉁퉁-거리다 Ⅰ 자 큰 발동기 따위가 울리는 소리가 자꾸 나다. 퉁퉁대다. 작 통통거리다.
Ⅱ 자타 발로 탄탄한 곳을 세게 구르는 소리가 자꾸 나다, 또는 그런 소리를 내다. 퉁퉁대다. 작 통통거리다.

퉁퉁-걸음 명 발을 퉁퉁 구르며 걷는 걸음. ¶ 다 큰 처녀가 얌전하게 걷지 못하고 마냥 퉁퉁걸음이냐? 작 통통걸음.

퉁퉁-대다 자타 퉁퉁거리다.

퉁퉁-증(-症)[-쯩] 명 ①일이 뜻대로 되지 않을 때에 답답해하며 골을 내는 증세. ②분하고 원통한 생각을 속으로만 되씹고 겉으로는 나타내지 않는 증세.

퉤 부 하타 입 안에 든 것을 함부로 내뱉는 소리, 또는 그 모양. ¶ 아니꼽다는 듯이 그쪽을 돌아보며 침을 퉤 내뱉었다. **퉤-퉤** 부 하타. ¶ 식사 중에 돌이 씹혀서 휴지에 퉤퉤 뱉어 놓았다.

튀 명 하타 (새·짐승 따위를) 털을 뽑기 위해 끓는 물에 잠깐 넣었다가 꺼내는 일. ¶ 닭을 튀하다.

튀각 명 다시마 따위를 잘게 잘라 기름에 튀긴 반찬의 한 가지.

튀각-산자(-饊子)[-싼-] 명 다시마를 넓게 잘라 편 뒤, 한쪽에 찹쌀가루를 얇게 발라 말린 후 기름에 튀긴 반찬. 다시마산자.

튀ː기 명 ①인종이 다른 두 사람 사이에서 태어난 아이. 혼혈아. ②종(種)이 다른 두 동물 사이에서 난 새끼. 잡종. ③수탕나귀와 암소 사이에서 난 새끼. 탁맥(馲駱).

튀-기다[1] 타 ①힘을 모았다가 갑자기 탁 놓아 튀거나 내뻗치게 하다. ¶ 고무줄을 탁 튀기다. ②건드리거나 소리를 질러 뛰어 달아나게 하다. ¶ 도둑을 튀기다. /토끼를 튀기다. ③〖'튀다'의 사동〗 튀게 하다. ¶ 흙탕물을 튀기다. /침을 튀기며 열변을 토하다. /공을 튀기며 달려가다. ④주판알을 손가락 끝으로 올렸다 내렸다 하다. 튕기다. ¶ 주판을 튀기다. ①②작 퇴기다.

튀기다[2] 타 ①끓는 기름에 넣어서 부풀어 오르게 하다. ¶ 통닭을 튀기다. ②(마른 낟알 따위를) 열을 가해서 부풀어 터지게 하다. ¶ 옥수수를 튀기다.

튀김[1] 명 (고기·생선 따위에) 물에 푼 밀가루 따위를 묻히어 기름에 튀긴 음식.

튀김[2] 명 하타 연을 날릴 때, 통줄을 주어서 연 머리를 그루박는 일. 작 퇴김.
튀김을 주다 관용 연을 날릴 때에 튀김하는 기술을 부리다.

튀김-옷[-기몯] 명 튀김거리의 거죽에 입히거나 묻히는 것. 〔밀가루나 녹말의 반죽, 밀가루·빵가루 따위.〕 * 튀김옷이[-기모시]·튀김옷만[-기몬-]

튀다 자 ①갑자기 터져서 흩어져 퍼지다. ¶ 화로에서 군밤이 튀다. /불똥이 튀다. ②(공 따위가) 부딪혀서 세게 뛰다. ¶ 배구공이 튀다. ③(물방울 따위가) 어떤 힘을 받아 흩어져 퍼지다. ¶ 흙탕물이 튀다. ④물체의 일부가 갈라지거나 터지다. ¶ 활을 만들려고 휘던 대나무가 튀다. ⑤〈달아나다〉의 속된 말. ¶ 도둑이 튀다. ⑥(차림새나 행동 따위가 남과 달리 특별하여) 남의 눈에 잘 뜨이다. ¶ 빨간 옷은 너무 튄다.

튀-밥 명 ①찹쌀을 볶아 튀긴 것. 주로, 유과에 붙임. ②쌀을 튀긴 것.

튀어-나오다[-어-/-여-] 자 ①(어디로부터) 튀어서 나오다. ¶ 아이가 골목길에서 튀어나오다. ②불거지다. ¶ 튀어나온 광대뼈. ③말이 불쑥 나오다. ¶ 욕이 튀어나오려는 것을 꾹 참았다.

튀튀(tutu 프) 명 흰 천에 주름을 많이 잡아 펄렁펄렁 나부끼게 만든 발레용 스커트.

튕기다 자 ①무엇에 부딪혀 튀어 오르거나 튀어 나오다. ¶ 튕긴 공을 잡다. ②튀기다. ¶ 수판알을 튕기며 계산하다. ③퉁기다. ¶ 가야금 줄을 튕기다. ④엄지손가락의 안쪽에 다른 손가락의 끝을 굽혀 대었다가 힘주어 세게 펴다. ¶ 손가락으로 구슬을 튕기다. ⑤(다른 사람의 요구나 부탁을) 거절하다. ¶ 배짱을 튕기다.

튜ː너(tuner) 명 텔레비전 수상기나 라디오 수신기 따위에서, 특정한 주파수의 전파를 선택하기 위한 장치. 동조기(同調器). 채널.

튜ː니클(tunicle) 명 가톨릭에서, 부제(副祭)나 차부제(次副祭)가 입는 제복. 주교의 제복 밑에 받쳐 입는 가벼운 명주옷을 이르기도 함.

튜ː닉(tunic)명 오버블라우스나 재킷의 도련이 엉덩이, 또는 그보다 아래까지 내려오는 상의.

튜ː닝(tuning)명 ①라디오·텔레비전 방송 따위에서 수신기나 수상기의 다이얼을 돌려 주파수를 조절하여 특정한 방송국을 선택하는 일. ②조율(調律). ③(성능을 높이거나 겉모양을 꾸미기 위해) 자동차 따위의 일부분을 개조하는 일.

튜ː바(tuba)명 ①로마 시대에 쓰이던, 크고 소리가 낮은 나팔의 한 가지. ②금관 악기의 한 가지. 장중한 저음을 내는 대형의 나팔로서 관현악·취주악에 쓰임.

튜ː브(tube)명 ①관(管). 통(筒). ②연고나 치약·물감 따위를 넣고 짜내어 쓰도록 된 용기. ③자동차나 자전거 따위의 타이어 속에 있는, 공기를 넣는 고무관.

튜ː턴^인(Teuton人)명 게르만 민족의 한 갈래. 엘베 강 북쪽에 살던 민족. 지금은 독일인·네덜란드 인·스칸디나비아 인 등 북유럽에 사는 사람을 이름.

튤ː립(tulip)명 백합과의 다년초. 관상용 화초의 한 가지로, 줄기 높이는 40 cm가량. 비늘줄기는 달걀 모양이며, 잎은 청록색 바탕에 흰빛이 돎. 4~5월에 노랑·빨강·하양 등의 꽃이 종 모양으로 핌. 울금향.

트기명 '튀기'의 잘못.

트다[1][트니·터]자 ①(풀·나무 따위의 싹이나 눈·꽃봉오리 따위가) 돋아나거나 벌어지다. ¶ 새싹이 트다. ②(날이 새려고) 동녘이 환해지다. ¶ 먼동이 트다. ③틈이 나서 사이가 갈라지다. ¶ 가물이 심하여 논바닥이 트다. ④(추위 따위로) 피부가 갈라지다. ¶ 찬 바람에 얼굴이 트다. ⑤더 기대할 것이 없는 상태가 되다. ¶ 저 녀석 하는 꼴을 보니 일이 잘되기는 튼 것 같다.

트다[2][트니·터]타 ①(막혔던 것을) 통하게 하다. ¶ 산을 깎아 길을 트다. ②서로 스스럼없는 관계를 맺다. ¶ 김 교수와는 마음을 트고 지내는 사이다. ③서로 거래하는 관계를 맺다. ¶ 대기업과 거래를 트다.

트라이(try)명하자 럭비에서, 공격 측이 상대편의 인골 안에 공을 찍는 일. 4점 득점과 동시에 플레이스킥을 얻게 됨.

트라이아스-기(Trias紀)명 지질 시대의 중생대(中生代) 중 맨 앞의 시대. 파충류·암모나이트·겉씨식물이 번성하고 포유동물이 나타났음. 삼첩기(三疊紀).

트라이앵글(triangle)명 타악기의 한 가지. 강철 막대를 정삼각형으로 구부려 한쪽 끝을 줄로 매달고, 같은 재질의 막대로 두드려서 소리를 냄. 삼각철.

트라코마(trachoma)명 눈병의 한 가지. 전염성이 있는 만성 결막염. 참개씨바리.

트란퀼로(tranquillo 이)명 악보에서, 셈여림을 나타내는 말. '조용히, 침착하게'의 뜻.

트랄리움(Tralium 독)명 (독일의) 전기 악기의 한 가지. 피아노와 비슷한데, 음계가 자유로이 연주되고 음색은 퉁소와 비슷함.

트래버스(traverse)명 등산 따위에서, 암벽이나 빙벽 또는 눈에 덮인 비탈을 'Z' 자 모양으로 오르는 일.

트래버스^측량(traverse測量)[-층냥]명 다각측량(多角測量).

트래킹(tracking)명 ①인공위성 따위의 비행체를 추적하여 그 궤도나 위치를 정하는 일. ②촬영할 때, 줌 렌즈를 조정하지 않고 카메라 자체가 레일(트랙) 위를 이동하면서 피사체(被寫體)를 찍는 것.

트래핑(trapping)명 축구에서, 패스되어 온 볼을 효과적으로 멈추는 일.

트랙(track)명 육상 경기장·경마장의 경주로.

트랙^경ː기(track競技)명 육상 경기의 한 가지. 육상 경기장의 경주로에서 하는 달리기 경기 종목을 통틀어 이르는 말.

트랙^백(track back)명 카메라를 대상물로부터 점점 멀리하면서 찍는 이동 촬영법. ↔트랙 업.

트랙^업(track up)명 카메라를 대상물에 점점 접근시키면서 찍는 이동 촬영법. ↔트랙 백.

트랙터(tractor)명 강력한 원동기를 갖춘 작업용 자동차. 화물을 실은 트레일러를 끌며, 기계화 농업이나 토목 건설에도 사용됨.

트랜스(←transformer)명 <트랜스포머>의 준말.

트랜스미션(transmission)명 ①동력 전도 장치(動力傳導裝置). ②자동차의 톱니바퀴식 변속 장치.

트랜스미터(transmitter)명 (송신기·송화기 따위) 전파나 음파를 방출하는 기기를 통틀어 이르는 말.

트랜스시ː버(transceiver)명 송수신 장치를 한데 갖춘 휴대용의 무선 통신기.

트랜스젠더(transgender)명 성(性)을 전환한 사람.

트랜스포ː머(transformer)명 변압기. 준트랜스.

트랜싯(transit)명 토목·광산 측량 따위에서, 수평각과 높이를 재는 데 쓰이는 측량 기계. 전경의(轉鏡儀).

트랜지스터(transistor)명 ①게르마늄이나 실리콘 따위 반도체의 특성을 이용하여 3극 진공관과 같은 작용을 하게 만든 소형 증폭관. 라디오·전자계산기 따위에 쓰임. 결정 삼극관. ②<트랜지스터라디오>의 준말.

트랜지스터-라디오(transistor radio)명 진공관 대신에 트랜지스터를 사용한 라디오 수신기. 준트랜지스터.

트램펄린(trampoline)명 기계 체조의 한 가지, 또는 그 운동에 쓰이는 기구. 탄력이 있는 매트를 네모난 틀에 고정시키고 그 위에서 뛰어오르거나 회전 운동 등을 할 수 있게 되어 있음.

트랩(trap)[1]명 선박이나 비행기를 오르내리는 데 쓰는 사닥다리. ¶ 트랩을 오르다(내려오다).

트랩(trap)[2]명 ①일정량의 물을 괴게 해서, 하수구 따위에서 부패 가스가 역류하는 것을 방지하는 장치. ②증기의 배출을 막았다가 압력이 높아지면 물을 뿜게 만든 장치.

트러블(trouble)명 '말썽'·'충돌'·'고장'·'문제점'·'불화'로 순화. ¶ 상사와 트러블을 빚다.

트러스(truss)명 부재(部材)에 휨이 생기지 않게 접합점을 핀으로 삼각형·오각형 모양으로 연결한 골조 구조. 철골로 된 교량 따위에 많이 이용됨.

트러스트(trust)명 같은 종류의 생산에 종사하는 기업이 자유 경쟁을 피하고, 시장 및 이윤의 독점을 목적으로 합동하는 일. 카르텔보다 강력한 결합이며 가입 기업체의 독립성은 거의 없음. 기업 합동(企業合同). 참카르텔.

트럭(truck)명 ①화물 자동차. ②토목 공사장이나 광산 같은 곳에서 쓰는 짐수레의 한 가지. 궤도 위를 달리게 하여 자갈·석탄 따위를 운반함.

트럭-믹서(truck mixer)명 운반용 트럭에 장치된 콘크리트 혼합기. 콘크리트를 굳지 않게 개면서 필요한 곳으로 날라다 줌. 레미콘.

트럼펫(trumpet)명 금관 악기의 한 가지. 나팔의 일종으로, 음색은 높고 날카로우면서도 화려함. 재즈 음악에 많이 쓰임.
트럼프(trump)명 그림 딱지로 된 서양식 놀이 제구의 한 가지. 각각 13장씩으로 된 네 종류의 카드와 조커 한 장 등 모두 53장임.
트렁크(trunk)명 ①여행용의 큰 가방. ②자동차 뒤쪽의 짐 넣는 곳.
트렁크스(trunks)명 남자용 운동 팬츠. 권투 경기 등을 할 때 착용함.
트레-머리명하자 가르마를 타지 않고 뒤통수의 한복판에다 틀어 붙인 여자의 머리.
트레몰로(tremolo 이)명 음악에서, 같은 음이 빠르게 반복되어 떨리듯이 들리는 음, 또는 그러한 소리를 내는 연주법.
트레-바리명 까닭 없이 남의 말에 반대하기를 좋아하는 성미, 또는 그러한 성미를 가진 사람.
트레-방석(-方席)명 나선(螺旋) 모양으로 틀어서 만든 방석. 주로, 볏짚으로 만들며 김칫독 따위를 덮는 데 씀.
트레이너(trainer)명 ①각종 운동에서, 선수의 체력을 조정하는 사람. ②말·개 따위의 조련사.
트레이닝(training)명 (주로 체력을 높이기 위한) 훈련. 연습. 단련.
트레이드(trade)명하자 프로 스포츠에서, 팀 사이의 선수 교환(交換)이나 이적(移籍).
트레이싱^페이퍼(tracing paper)명 투사지(透寫紙). 복도지(複圖紙).
트레일러(trailer)명 견인차가 끄는 차량. 원동기가 없으며, 화물용과 여객용 등이 있음.
트레일러-트럭(trailer truck)명 트레일러를 끄는 자동차.
트레-트레부하형 빙빙 틀어진 모양. ¶ 트레트레 꼬아서 만든 엿가래. 작타래타래.
트렌치-코ː트(trench coat)명 길이가 짧고 방수가 되는 외투의 한 가지. 옷깃을 젖힌 곳에 단춧구멍을 내어 앞을 가릴 수 있게 되어 있음.
트로이카(troika 러)명 ①세 필의 말이 끄는 러시아 특유의 썰매. 눈이 없을 때는 바퀴를 달아 마차로도 씀. ②삼두제(三頭制). 한 기관에 세 사람의 우두머리를 두어 서로 견제하게 하려는 제도.
트로피(trophy)명 입상을 기념하기 위하여 수여하는 상배(賞盃) 따위.
트로피컬(tropical)명 얇은 바탕의 여름 양복지. 화학 섬유와 모사(毛絲)를 섞어 짠 것이 많음.
트롤(trawl)명 〈트롤망〉의 준말.
트롤리(trolley)명 ①전차의 트롤리폴 꼭대기에 달린 작은 쇠 바퀴. 가공선(架空線)에 닿아 전기를 통하게 함. 촉륜(觸輪). ②〈트롤리버스〉의 준말.
트롤리-버스(trolley bus)명 무궤도 전차. 준트롤리.
트롤리-선(trolley線)명 전차나 전기 기관차의 전동기(電動機)에 전력을 공급하는 전선. 카드뮴 선·규동선이 쓰임.
트롤리-폴ː(trolley pole)명 전차 따위의 지붕 위에 장치하여 전기를 통하게 하는 쇠막대기.
트롤-망(trawl網)명 저인망(底引網)의 한 가지. 원양 어업에서, 심해(深海)의 고기를 잡는 데 쓰임. 준트롤.
트롤-선(trawl船)명 바다 밑으로 트롤망을 끌며 고기를 잡는 원양 어선. 저인망 어선.
트롤^어업(trawl漁業)명 트롤망으로 고기를 잡는 원양 어업의 한 가지.
트롬본(trombone)명 금관 악기의 한 가지. 'U' 자 모양의 슬라이드 부분이 있어 그것을 다루어 관을 신축시키면서 음정을 조정함. 음정은 트럼펫보다 한 옥타브 낮고, 음색은 날카로우면서도 무거움. 관현악이나 취주악에 쓰임. 포자우네.
트롬빈(thrombin)명 혈액이 엉기는 데 관계하는 단백질 분해 효소.
트롯(trot)명 ①마술(馬術)에서, 말의 '속보(速步)'를 이르는 말. 참갤럽. ②〈폭스트롯(fox trot)〉의 준말.
트리니트로톨루엔(trinitrotoluene)명 ①톨루엔의 수소 3개를 니트로기로 치환한 화합물을 통틀어 이르는 말. ②☞티엔티(TNT).
-트리다접미 ☞-뜨리다.
트리밍(trimming)명 사진의 원판을 인화지에 밀착·확대할 때 구도(構圖)를 조정하기 위하여 불필요한 부분을 잘라 내는 일.
트리비얼리즘(trivialism)명 문학 창작에서, 사물이나 현상의 본질은 탐구하지 않고 사소한 문제를 상세하게 설명하려는 태도. 일반적으로 자연주의적 예술에서 필요 이상의 묘사가 많은 경우에 이를 경멸하여 이르는 말.
트리엔날레(triennale 이)명 3년마다 열리는 국제적 미술 전람회. 특히, 밀라노에서 3년마다 열리는 미술 공예전을 이름. 참비엔날레.
트리오(trio)명 ①삼중주. ¶ 피아노 트리오. ②삼중창. ③(무곡·행진곡 따위의) 중간 악절. ④삼인조(三人組). ¶ 트리오로 활약하다.
트리오^소나타(trio sonata)명 삼중주(三重奏)에 의한 소나타.
트리코(tricot 프)명 털실이나 레이온으로 손뜨개질한 편물, 또는 그것을 본뜬 기계 편물.
트리코마이신(trichomycin)명 흙 속의 방사상균에서 발견된 항생 물질. 곰팡이 등에 대한 억제력이 강하여 무좀·백선(白癬)을 치료하는 데 쓰임. 〔본디는 상품명임.〕
트리톤(triton)명 트리튬의 원자핵. 양성자 한 개, 중성자 두 개로 되어 있음.
트리튬(tritium)명 수소의 동위 원소로 중수소의 한 가지. 질량수가 셋인 인공 방사성 원소로 수소 폭탄 등에 이용됨. 삼중 수소(三重水素).
트리파노소마(trypanosoma)명 트리파노소마과의 편모충류를 통틀어 이르는 말. 몸은 방추형이고 한 개의 편모가 있음. 척추동물의 혈액 속에 기생하며 아프리카의 수면병, 기타 악성 질환의 병원(病原)이 되는 것이 많음.
트리플-더블(triple double)명 농구에서, 한 선수가 한 경기에서 득점·리바운드·블록슛·어시스트 가운데 세 가지의 분야에서 두 자릿수 기록을 올리는 일.
트리플렛(triplet)명 ☞셋잇단음표.
트리플^플레이(triple play)명 야구에서, 한꺼번에 세 명의 타자·주자를 아웃시키는 일. 삼중살.
트리핑(tripping)명 축구·농구·아이스하키 따위에서, 상대편의 다리를 걸어 넘어뜨리거나 넘어뜨리려는 반칙.
트릴(trill)명 악곡 연주에서의 꾸밈음의 한 가지. 지정한 음과 그 위 2도음을 떨듯이 빠르게 교체 반복하며 연주하는 일. 떤음. 전음(顫音).
트림명하자 음식이 잘 소화되지 않고 괴어서 생긴 기체가 입으로 복받쳐 오르는 일, 또는 그 기체. ¶ 트림이 나다.

트립신(trypsin)명 췌장에서 분비되는 소화 효소의 한 가지. 장내에서 단백질을 가수 분해하여 아미노산을 만듦.

트릿-하다[-리타-]형여 ①먹은 음식이 잘 삭지 않아서 가슴이 거북하다. ②맺고 끊는 데가 없이 흐리멍하다. ¶ 하는 짓이 트릿한 사람.

트위스트(twist)명 허리를 중심으로 상체와 하체를 좌우로 비틀면서 추는 춤, 또는 그 리듬. 4분의4 박자의 리듬이 뚜렷하고 빠른 음악에 맞추어 춤.

트-이다자 ①『'트다²'의 피동』 막혔던 것이 뚫리거나 통하다. ¶ 고속도로가 트이다. ②(어둠·구름·안개 따위가) 걷히어 환해지다. ¶ 짙은 안개가 걷히니 시계(視界)가 탁 트였다. ③잘 안 되는 일이 잘되어 가다. ¶ 만사가 뜻대로 트이다. ④생각이 환히 열리다. ¶ 선생님의 설명에 생각이 트이다. 준틔다.

트적지근-하다[-찌-]형여 속이 조금 트릿하여 불쾌하다. ¶ 구미가 당기지 않는 음식을 먹었더니 속이 트적지근하다.

트집명 ①마땅히 붙어서 한 덩이가 되어야 할 물건이나 일의 벌어진 틈. ¶ 피리에 트집이 생기다. ②하자 괜히 남의 조그만 흠절을 들추어서 괴롭게 굶. ¶ 트집을 부리다.

트집(을) 잡다관용 남의 조그만 흠절을 꼬집어 공연히 귀찮게 굴다.

트집-쟁이[-쨍-]명 트집 잡기를 좋아하는 사람.

특가(特價)[-까]명 특별히 싸게 매긴 값. ¶ 연말연시 보급 특가로 대량 판매를 기획하다.

특감(特減)[-깜]명하타되자 특별히 감함.

특강(特講)[-깡]명하자 (학교나 학원 등에서) 특별히 베푸는 강의. ¶ 컴퓨터 특강.

특경(特磬)[-경]명 국악에서 쓰이는 타악기의 한 가지. 경석(磬石)으로 만드는데, 편경(編磬)보다 큼. 한 가자(架子)에 하나만 달며 풍류를 그칠 때에 침.

특경-대(特警隊)[-꼉-]명 특별한 경비·경호 따위의 임무를 맡은 경비 부대.

특공(特功)[-꽁]명 특별히 뛰어난 공로.

특공-대(特攻隊)[-꽁-]명 특수 임무나 기습 공격을 하기 위하여 특별히 훈련된 부대. 비별동대(別動隊).

특과(特科)[-꽈]명 군대에서, 전투 병과 이외의 병과를 흔히 이르는 말. 부관·경리·병기·의무·법무 등의 병과. 참전투 병과.

특교(特敎)[-꾜]명 ☞특지(特旨).

특권(特權)[-꿘]명 특정한 개인이나 집단에 대하여 인정하는 특별한 권리나 이익, 또는 의무의 면제. ¶ 특권 의식. /특권을 누리다.

특권^계급(特權階級)[-꿘계-/-꿘게-]명 (일반 또는 특정 사회에서) 우월권이나 지배권을 가지는 사람들, 또는 그 신분이나 계급. 〔중세 유럽의 귀족이나 승려 등.〕 특권층.

특권-층(特權層)[-꿘-]명 ☞특권 계급.

특근(特勤)[-끈]명하자 근무 시간 외에 특별히 더 하는 근무.

특근^수당(特勤手當)[-끈-]명 특근에 대한 보수로 주는 수당.

특급(特急)[-끕]명 〈특별 급행열차〉의 준말.

특급(特級)[-끕]명 특별한 등급이나 계급. 〔흔히, 1급보다도 한 등급 위를 이름.〕 ¶ 특급 호텔.

특급(特給)[-끕]명하타 특별히 줌.

특급^열차(特急列車)[-끔녈-]명 〈특별 급행열차〉의 준말.

특기(特技)[-끼]명 특별한 기능이나 기술. 장기. ¶ 특기를 살리다.

특기(特記)[-끼]명하자되자 특별히 기록함, 또는 그 기록. ¶ 특기할 만한 업적을 남기다.

특기-병(特技兵)[-끼-]명 ①특기가 있는 사병. ②(민간인으로 있을 때 습득한) 특별한 기능을 가지고 군에 입대한 사병.

특념(特念)[틍-]명하타 특별히 염려하거나 생각함.

특단(特段)[-딴]명 ☞특별(特別). 《'특단의'의 꼴로 쓰임.》 ¶ 특단의 조치를 취하다.

특달(特達) '특달하다'의 어근.

특달-하다(特達-)[-딸-]형여 (여럿 가운데서) 특별히 재주가 뛰어나다.

특대(特大)[-때]명 특별히 큼, 또는 그 물건.

특대(特待)[-때]명하타 특별히 대우함, 또는 그 대우. 특우(特遇).

특대-생(特待生)[-때-]명 학교에서, 학업 성적이 뛰어나고 품행이 단정하여 수업료 면제 등의 특전을 받는 학생.

특동-대(特動隊)[-똥-]명 특별한 경우에 동원하기 위하여 편성된 부대.

특등(特等)[-뜽]명 (보통의 등급을 뛰어넘은) 특별히 뛰어난 등급. ¶ 특등 사수.

특등-실(特等室)[-뜽-]명 (병원이나 기차·여객선·호텔 따위에서) 특별히 마련된 가장 좋은 방. 특실(特室).

특례(特例)[틍녜]명 ①특수한 예. ②특별한 예규(例規).

특례-법(特例法)[틍녜뻡]명 ☞특별법(特別法). ↔일반법.

특립(特立)[틍닙]명하자 ①남에게 의지하지 않고 자립하는 일. ②특별히 뛰어남.

특립-독행(特立獨行)[틍닙또캥]명하자 남에게 굽히거나 세속(世俗)을 따르지 않고 소신대로 행동함.

특매(特賣)[틍-]명하타되자 ①특가(特價)로 싸게 팖. 바겐세일. ¶ 특매 가격. ②수의 계약에 의하여 일정한 사람에게 지정하여 팖. ③평소에는 팔지 않는 물건을 특별히 팖.

특매-장(特賣場)[틍-]명 상점을 따로 정하거나 매장을 지정하여 특가로 물건을 파는 곳.

특면(特免)[틍-]명하타되자 (저지른 죄나 어떤 부담 따위를) 특별히 용서하거나 면하여 줌.

특명(特命)[틍-]명 ①특별한 명령. ¶ 왕의 특명을 받다. ②하타특별히 임명함, 또는 그 임명. ③☞특지(特旨). ④〈특별 명령〉의 준말. ¶ 제대 특명. /전출 특명을 받다.

특명^전권^공사(特命全權公使)[틍-꿘-]명 제2급 외교 사절. 특명 전권 대사와 같은 직무를 수행함. 국내법으로는 공사관 또는 대표부의 장(長)임. 준전권 공사. 참공사(公使).

특명^전권^대:사(特命全權大使)[틍-꿘-]명 주재국에서 국가를 대표하여 외교 교섭을 하며, 자국민에 대한 보호 감독의 임무를 수행하는 제1급의 외교 사절. 국가 원수로부터 상대국의 국가 원수에게 파견됨. 국내법으로는 대사관 또는 대표부의 장(長)임. 준전권 대사. 참대사(大使).

특무(特務)[틍-]명 특별한 임무.

특무^기관(特務機關)[틍-]명 군인의 신원이나 첩보(諜報)의 일을 맡아보던 군의 특수 기관.

특무-대(特務隊)[틍-]명 군의 정보와 방첩(防諜)에 관한 일 및 그에 따른 범죄 수사를 맡아보던 군의 특수 부대.

특무-정교(特務正校) [틍-] 명 대한 제국 때의 무관(武官) 계급의 하나. 하사관(下士官)의 제일 높은 자리로, 참위(參尉)의 아래, 정교(正校)의 위임.

특무-함(特務艦) [틍-] 명 군함의 활동을 도와 특수 임무를 수행하는 함선. 〔공작함(工作艦)·수송함·쇄빙함(碎氷艦)·표적함(標的艦)·급유함(給油艦)·급탄함(給炭艦) 따위.〕

특발(特發) [-빨] 명 하자 남으로부터 전염을 받지 아니하고 제 스스로 전염병을 발생함.

특발-성(特發性) [-빨썽] 명 병리론적(病理論的)으로 명확한 원인이 없이 병이 발생하는 성질. 혈뇨(血尿)·고혈압 따위에 많음.

특배(特配) [-빼] 명 ①하타 특별히 배급함. ②〈특별 배당〉의 준말.

특별(特別) [-뼐] 명 하형 보통과 아주 다름. 특수(特殊). ¶ 특별 대우. ↔보통·일반(一般). **특별-히** 부.

특별^가중(特別加重) [-뼐-] 명 형법에서, 형벌(刑罰) 가중의 한 가지. 재범(再犯) 가중 이외에 여러 사람이 함께 꾀한 범죄나 부모에게 폭행·협박을 행한 범죄 따위에 대한 가중.

특별^감:경(特別減輕) [-뼐-] 명 형법에서, 특별한 경우에 형벌을 덜어서 가볍게 하는 일. 〔자수 감경·작량 감경(酌量減輕)·미수범 감경·종범(從犯) 감경 이외의 감경.〕

특별^검:사제(特別檢事制) [-뼐-] 명 정치적으로 중립이 요구되는 사건의 수사에서, 독립적인 권한을 갖는 특별 검사를 임명하여 수사 및 공소 유지를 담당하게 하는 제도.

특별^교:서(特別教書) [-뼐-] 명 미국에서, 대통령이 필요에 따라 수시로 의회에 보내는 교서. 참연차(年次) 교서·일반 교서.

특별^규정(特別規定) [-뼐-] 명 어떤 특정한 사항에만 적용하는 법규.

특별^급행(特別急行) [-뼐그팽] 명 ☞특별 급행 열차.

특별^급행열차(特別急行列車) [-뼐그팽녈-] 명 특정의 정거장에서만 정거하고 보통의 급행열차보다 더 빠른 속도로 달리는 열차. 특별 급행. 준특급·특급 열차.

특별^담보(特別擔保) [-뼐-] 명 특정 채권(特定債權)을 위하여 제공되는 담보. 참공동 담보.

특별^대:리인(特別代理人) [-뼐-] 명 ①민사 소송법의 규정에 따라, 소송 무능력자에 대하여 법원에서 선임하는 법률상의 대리인. ②민법상의 대리인과 본인 사이에 이익이 상반되는 경우에 특히 선임되는 다른 대리인.

특별^명:령(特別命令) [-뼐-녕] 명 군대에서, 한 부대의 개인 또는 소집단에 대하여 내리는 명령 형식의 지시. 일반적으로 보직·전속·진급 따위의 인사 사항을 망라함. 준특명(特命).

특별^배:당(特別配當) [-뼐-] 명 ①영리 회사가 일정 기간에 예상한 것 이상으로 이익을 올렸을 때, 잉여 이익금을 일정한 비율로 주주에게 배당하는 일. ②보험 회사가 계약에 따라, 보험금이 일정 기간에 일정 금액이 되었을 때 그 지급 금액의 일부를 되돌려 주는 것. 준특배(特配).

특별^배:임죄(特別背任罪) [-뼐-쬐/-뼐-쮀] 명 상법·보험업법 등의 규정에 의한 배임죄. 형법상의 배임죄보다 형이 무거운데, 발기인(發起人)·이사(理事)·대표자 등이 임무에 배반하여 회사에 재산상의 손해를 끼친 경우 등이 이에 해당함.

특별-법(特別法) [-뼐뻡] 명 특정한 지역이나 사람·사항에 한해서 적용되는 법. 〔민법(일반법)에 대한 차가법(借家法)·차지법(借地法)·노동법(勞動法) 따위.〕 특례법(特例法). ↔보통법·일반법.

특별^법원(特別法院) [-뼐-] 명 일반 법원의 계통에 속하지 않고 특수한 신분, 또는 특수한 사건에 관해서만 다루는 법원. 〔군사 법원·헌법 재판소 따위.〕

특별^변:호인(特別辯護人) [-뼐-] 명 변호사의 자격은 없으나, 대법원 이외의 법원에 의하여 특별히 변호인으로 선임된 사람.

특별^보:좌관(特別補佐官) [-뼐-] 명 전문적인 문제 또는 중요한 사안에 대하여 조언하거나 답변하는 대통령 직속 자문 기관, 또는 그 지위에 있는 사람. 준특보(特補).

특별-비(特別費) [-뼐-] 명 특별한 곳에 쓰기 위해 별도로 계상된 비용.

특별^사:면(特別赦免) [-뼐-] 명 형(刑)의 선고를 받은 특정인에 대하여 형의 집행이 면제되거나 유죄 선고의 효력이 상실되게 하는 사면의 한 가지. 준특사. 참일반 사면.

특별-상(特別賞) [-뼐-] 명 정식으로 지정된 상 외에 특별히 주는 상.

특별-석(特別席) [-뼐-] 명 특별히 따로 마련한 좌석. 특석(特席). ↔일반석.

특별-세(特別稅) [-뼐쎄] 명 특별한 목적을 위하여 매기는 세금. 참일반세.

특별-시(特別市) [-뼐-] 명 지방 자치 단체의 한 가지. 도(道)와 동일한 격(格)을 가진 시로서, 직접 중앙의 감독을 받음. 〔현재, 서울특별시뿐임.〕

특별^예:금(特別預金) [-뼐례-] 명 정기 예금 및 당좌 예금 이외의 특별 계약에 의한 예금.

특별^위원(特別委員) [-뼈뤼-] 명 국회 등에서, 상임 위원회의 소관에 딸리지 않거나 또는 특히 필요하다고 인정되는 안건을 심사하기 위하여 선임된 위원.

특별^은행(特別銀行) [-뼈른-] 명 ☞특수 은행.

특별^형법(特別刑法) [-뼐-뻡] 명 형법(刑法) 이외의 형벌 법규. 〔경범죄 처벌법 따위.〕

특별^활동(特別活動) [-뼐-똥] 명 학교 교육의 정식 교과목 이외의 특별 학습 활동. 준특활.

특별^회:계(特別會計) [-뼐회계/-뼐훼게] 명 국가의 특별한 사정이나 필요에 따라 일반 회계와는 별도로 세입·세출을 경리하는 회계. ↔일반 회계.

특보(特報) [-뽀] 명 하타 특별히 알림, 또는 그 보도. ¶ 뉴스 특보.

특보(特補) [-뽀] 명 〈특별 보좌관〉의 준말.

특사(特使) [-싸] 명 ①특별히 따로 보낸 사자(使者). ②특별한 임무를 띠고 파견하는 외교 사절을 두루 일컫는 말. 전사(專使). ¶ 대통령 특사. ③〈특파 전권 대사〉의 준말.

특사(特赦) [-싸] 명 하타 〈특별 사면〉의 준말. ¶ 광복절 특사.

특사(特賜) [-싸] 명 하타 (임금이 신하에게) 특별히 무엇을 내림.

특산(特產) [-싼] 명 어떤 지방의 특별한 산출(產出), 또는 그 산물. ¶ 특산 작물.

특산-물(特產物) [-싼-] 명 어떤 지방의 특별한 산물.

특상(特上) [-쌍] 명 상등(上等)에서도 특별히 뛰어난 것.

특상(特賞) [-쌍] 명 특별한 상.

특색(特色)[-쌕]명 (다른 것과 견주어) 특히 다른 점, 또는 뛰어난 점. ¶ 특색 있는 문장. /네가 그린 그림은 특색이 없어. ㉥특징.
특석(特席)[-썩]명 ☞특별석(特別席).
특선(特選)[-썬]명 ①하타 되자 특별히 골라 뽑음, 또는 그런 것. ¶ 설날 특선 영화. /겨울 상품 특선. ②(미술 전람회 등에서) 입선된 것 중 특히 우수한 작품.
특설(特設)[-썰]명하타 특별히 설비하거나 설치함. ¶ 특설 무대.
특설^함ː선(特設艦船)[-썰-]명 전시 또는 사변 때 상선이나 어선을 징발하여 군용으로 쓰는 배.
특성(特性)[-썽]명 (일정한 사물에만 있는) 특수한 성질. 특질(特質). 특이성(特異性). ¶ 특성을 살리다.
특세(特勢)[-쎄]명 썩 다른 형세.
특수(特秀) '특수하다'의 어근.
특수(特殊)[-쑤]명하형 보통과 아주 다름. 특별. ¶ 특수 촬영. ㉥특이. ↔보편(普遍).
특수(特需)[-쑤]명 특별한 상황에서 발생하는 수요. ¶ 연말 특수. /월드컵 특수를 누리다.
특수-강(特殊鋼)[-쑤-]명 ☞합금강(合金鋼).
특수^강ː도죄(特殊強盜罪)[-쑤-죄/-쑤-줴]명 밤중에 남의 주거나 건조물·선박 등에 침입하여 강도 행위를 하거나, 흉기를 휴대하고 강도 행위를 하거나, 두 사람 이상이 합동하여 강도 행위를 함으로써 성립하는 죄.
특수^경력직^공무원(特殊經歷職公務員)[-쑤-녁찍꽁-]명 국가 공무원의 구분의 한 가지. 경력직 공무원 이외의 공무원.
특수^교ː육(特殊教育)[-쑤-]명 ①신체 장애인 및 정신상의 이상(異常)이 있는 자나 불량한 경향이 있는 사람들에게 특별히 베푸는 교육. ②특수한 학과나 교과만을 중심으로 하는 교육.
특수^법인(特殊法人)[-쑤-]명 특별법에 의하여 설립된 법인. 〔한국은행·대한 석탄 공사 따위.〕
특수^상대성^이ː론(特殊相對性理論)[-쑤-썽-]명 1905년 아인슈타인이 시간·공간의 절대성을 부정하고 등속도로 운동하는 좌표계의 상대성을 수립한 이론. 참상대성 이론.
특수-성(特殊性)[-쑤썽]명 (사물의) 특별히 다른 성질. 특이성(特異性).
특수-아(特殊兒)[-쑤-]명 심신(心身)의 발달과 행동이 일반 어린이와 다른 특수한 어린이. 특수 교육의 대상이 됨. 참특이 아동.
특수^우편(特殊郵便)[-쑤-]명 ☞특수 취급 우편(特殊取扱郵便).
특수^유전(特殊遺傳)[-쑤-]명 양친 가운데 한쪽이 가진 특히 뛰어난 성질의 유전.
특수^은행(特殊銀行)[-쑤-]명 은행법 이외의 특별 법령에 따라 설립된 은행. 〔한국은행·한국 산업 은행 따위.〕 특별 은행. ↔일반 은행.
특수^조ː사(特殊助詞)[-쑤-]명 ☞보조사.
특수^조약(特殊條約)[-쑤-]명 일반 조약에 대하여, 특정 국가 간에 체결되어 제삼국의 가입을 금지하는 조약. ↔일반 조약.
특수^창ː조설(特殊創造說)[-쑤-]명 우주의 만물을 신이 처음으로 낱낱이 다르게 만들었다는 설. 〔구약의 창세기 등에 나타나 있는 사상.〕
특수^채ː권(特殊債權)[-쑤-꿘]명 특수한 법령에 의하여 설립된 법인(法人)이 발행하는 채권. 〔넓은 뜻으로는 은행 채권과 특수 사채(社債), 좁은 뜻으로는 산업 채권 따위를 이름.〕
특수^취ː급^우편(特殊取扱郵便)[-쑤-]명 특별히 취급하는 우편. 〔등기 및 배달 증명·내용 증명·특별 송달 따위.〕 특수 우편.
특수^특장차(特殊特裝車)[-쑤-짱-]명 특수한 용도로 특수한 장비를 갖춘 자동차. 〔소방차·제설차(除雪車)·탱크로리 따위.〕 준특장차.
특수-하다(特秀-)[-쑤-]형여 특별히 빼어나다. 특히 우수하다.
특수-학교(特殊學校)[-쑤-꾜]명 ①일반 학교와는 다른 교육을 담당하는 학교. 〔맹아(盲啞) 학교 따위.〕 ②특수한 학과나 교과만을 가르치는 학교.
특수-화(特殊化)[-쑤-]명하자타 되자 보편적인 것을 특수한 것으로 되게 함.
특수^회ː사(特殊會社)[-쑤회-/-쑤훼-]명 특정한 목적을 위하여 특별법에 따라 설립된 회사. 〔한국 전력 공사·한국 도로 공사 따위.〕
특실(特室)[-씰]명 ☞특등실(特等室).
특악(慝惡) '특악하다'의 어근.
특악-하다(慝惡-)[트가카-]형여 간사하고 악하다. 참사악(邪惡).
특애(特愛)명하타 특별히 사랑함, 또는 그런 사랑.
특약(特約)명하타 ①특별한 조건을 붙인 약속. ②특별한 편의나 이익이 있는 계약.
특약-점(特約店)[-쩜]명 본점이나 제조 회사 또는 판매 회사와 특별한 편의 계약을 맺고 물건을 거래하는 상점.
특용(特用)명하타 특별히 씀, 또는 그 용도.
특용-림(特用林)[-님]명 수액(樹液)이나 과실·수피(樹皮) 따위를 채취하기 위하여 옻나무·밤나무·잣나무 따위의 특수한 나무 종류를 심어 놓은 삼림(森林).
특용^작물(特用作物)[-장-]명 (담배나 차·목화 따위와 같이) 식용 이외의 특수 용도에 쓰이는 농작물. ↔보통 작물.
특우(特遇)명하타 ☞특대(特待).
특위(特委)명 '특별 위원회'를 줄여 이르는 말.
특유(特有)명하형 특별히 있거나 특별히 가지고 있음, 또는 그 모양. 《주로, '특유의'의 꼴로 쓰임.》 ¶ 그 고장 특유의 민속놀이. ↔통유(通有).
특유-성(特有性)[-썽]명 (일정한 사물만이) 특별히 가지고 있는 성질. ↔통유성(通有性).
특유^재산(特有財產)명 민법에서, 부부의 한편이 혼인하기 이전부터 가진 고유 재산과 혼인 중에 자기 명의로 취득한 재산을 이르는 말.
특융(特融)명하타 (금전 따위를) 특별히 융통하거나 융자함. ¶ 중소기업에 대한 특융 시책.
특은(特恩)명 특별한 은혜. ¶ 특은을 베풀다.
특이(特異)명하형 ①(보통 것에 비하여) 두드러지게 다름. ¶ 그는 체질이 특이하여 섭생(攝生)에 남달리 신경을 쓴다. ㉥특수(特殊). ②보통보다 훨씬 뛰어남. ¶ 그는 특이한 재주가 있다.
특이-성(特異性)[-썽]명 ①사물에 갖추어져 있는 특이한 성질. 특수성. ②☞특성(特性).
특이^아동(特異兒童)명 심리학에서, 정신적·신체적으로 장애가 있는 어린이를 이름. 보통 아동과는 다른 특수한 아동. 심신 장애아, 학업 부진아, 영재아 등이 있음. 참특수아.
특이-점(特異點)[-쩜]명 특별히 다른 점.
특이-질(特異質)명 (어떤 물질이 피부에 접촉하거나 소화기·호흡기 따위에 들어갔을 때) 특이한 반응을 일으키는 체질.
특임(特任)명하타 되자 특별한 관직에 임명함, 또는 그 임무.

특임^공관장(特任公館長)명 외무 공무원의 한 가지. 외교 수행상 필요한 경우에 외교관으로서의 자질과 능력을 갖춘 사람으로서 특별히 임명되는 재외 공관장.
특자(慝者)[-짜]명 간사하고 악한 사람.
특작(特作)[-짝]명 특별히 뛰어난 작품.
특장(特長)[-짱]명 특별히 뛰어난 장점.
특장-차(特裝車)[-짱-]명 〈특수 특장차〉의 준말.
특저[1](特著)[-쩌]명 특별한 저술, 또는 그 책.
특저[2](特著) '특저하다'의 어근.
특저-하다(特著-)[-쩌-]형여 특별히 두드러지다.
특전(特典)[-쩐]명 ①특별한 은전(恩典). ¶ 특전을 입다. ②특별한 규칙. ③특별한 의식.
특전(特電)[-쩐]명 (주로 해외 특파원의 보도에 의한) 신문·통신 따위의 특별한 전보 통신.
특점(特點)[-쩜]명 (다른 것과) 특별히 다른 점.
특정(特定)[-쩡]명되자 특별히 지정함, 또는 그 지정. ¶ 특정 상품. /특정 지역.
특정-물(特定物)[-쩡-]명 (물품 등의 거래에서) 당사자가 구체적으로 지정한 물건. ↔불특정물.
특정^승계(特定承繼)[-쩡-계/-쩡-게]명 다른 사람의 낱낱의 권리·의무를 취득하는 일. 매매 등에 의한 가장 일반적인 승계. ↔포괄 승계.
특정^유증(特定遺贈)[-쩡-]명 (포괄 유증 이외의) 특정한 물건이나 권리, 혹은 일정액의 금전을 주는 유증. ↔포괄 유증.
특정-인(特定人)[-쩡-]명 특별히 지정한 사람. ↔일반인.
특정-직(特定職)[-쩡-]명 경력직 공무원의 한 갈래. 법관·검사·군인·경찰·교육 공무원 등이 이에 딸림.
특정-하다(特定-)[-쩡-]형여 특별히 정하여져 있다. 《주로, '특정한'의 꼴로 쓰임.》 ¶ 특정한 경향.
특정^횡선^수표(特定橫線手票)[-쩡횡-/-쩡휑-]명 횡선 안에 은행명을 기재한 횡선 수표.
특제(特除)[-쩨]명하타되자 임금의 특지로 벼슬을 시킴.
특제(特製)[-쩨]명하타 특별하거나 특수하게 만듦, 또는 그 제품. 별제(別製). ↔병제(竝製).
특종(特種)[-쫑]명 ①특별한 종류. ②〈특종 기사(特種記事)〉의 준말. ¶ 특종을 잡다.
특종(特鐘)[-쫑]명 국악기의 한 가지. 아악(雅樂)을 시작할 때 치는 종. 한 가자(架子)에 종 한 개를 닮. 참특경.
특종^기사(特種記事)[-쫑-]명 신문사나 잡지사 따위에서, 그 사(社)에서만 특별히 취재하여 보도한 중대한 기사. 준특종.
특주(特酒)[-쭈]명 특별한 방법으로 빚은 좋은 술.
특중(特重) '특중하다'의 어근.
특중-하다(特重-)[-쭝-]형여 특별히 중요하거나 중대하다. ¶ 특중한 사안.
특지(特旨)[-찌]명 ①특별히 내리는 임금의 명령. 특교(特敎). 특명. ②임금이 삼품 이상의 문무관을 특별 임명하던 제도. ②자내 제수.
특지(特志)[-찌]명 ①좋은 일을 위한 특별한 뜻. ②〈특지가(特志家)〉의 준말.
특지-가(特志家)[-찌-]명 좋은 일을 하려는 뜻이 있는 사람. 준특지.
특진(特進)[-찐]명 ①하자 뛰어난 공로에 따라 일반 규례를 벗어나 특별히 진급함, 또는 그 진급. ¶ 1계급 특진. ②고려 시대, 정이품 문관의 품계(品階).
특진(特診)[-찐]명하자 종합 병원에서, 환자의 요청에 따라 특정 의사가 진찰·진료를 맡는 일. ¶ 특진을 받다.
특진-관(特進官)[-찐-]명 ①조선 시대에, 경연에 참여하던 이품 이상의 문관·무관·음관을 두루 이르던 말. ②대한 제국 때, 궁내부의 칙임(勅任) 벼슬. 왕실에 관한 일을 자순(諮詢)함.
특질(特質)[-찔]명 특별한 성질이나 기질. 특성(特性). ¶ 동양 문화의 특질.
특집(特輯)[-찝]명 (신문이나 잡지·방송 따위에서) 특정 문제를 특별히 다루어 편집함, 또는 그 편집물. ¶ 특집 기사. /특집 방송.
특징(特徵)[-찡]명 ①(다른 것과 비교하여) 특별히 눈에 띄는 점. ¶ 지프의 특징은 험한 길을 거침없이 달릴 수 있다는 점이다. 비특색. ②하타(임금이 신하에게 벼슬을 내리려고) 특별히 부름.
특징-적(特徵的)[-찡-]관명 특징이 되는 (것). ¶ 한민족의 정서를 특징적으로 보여 주는 시.
특징-짓다(特徵-)[-찡짇따][~지으니·~지어]타ㅅ 특징을 규정짓다.
특차(特次)명 (정상적인 차례를 무시한) 맨 먼저 시행하는 특별한 차례. ¶ 특차 시험.
특차(特差)명하타 임금이 특별히 사신을 보냄.
특채(特採)명하타되자 특별히 채용함.
특천(特薦)명하타 특별히 추천함.
특청(特請)명하타 특별히 청함, 또는 그런 청.
특출(特出) '특출하다'의 어근.
특출-나다(特出-)[-라-]형 여럿 가운데서 특별히 뛰어나다. ¶ 노래 실력이 특출나다.
특출-하다(特出-)형여 특별히 뛰어나다. ¶ 특출한 인물. /음악적 재능이 특출하다.
특칭(特稱)명 ①(전체 중에서) 특히 그것만을 가리켜서 이름, 또는 그 일컬음. ②논리학에서, 주사(主辭)가 나타내는 사물의 한 부분에 대하여 한정을 하는 일. 〔'어떤·그·이·한' 따위의 말이 쓰임.〕 참전칭(全稱).
특칭^긍:정^판단(特稱肯定判斷)명 정언적(定言的) 판단에서, '어떤 A는 B다'라는 형식으로 표시되는 특칭 판단의 한 가지. ↔특칭 부정 판단. 참정언적 판단.
특칭^명:제(特稱命題)명 논리학에서, 주사(主辭)의 일부분에 관한 판단을 표시하는 명제. 특칭 긍정과 특칭 부정의 두 가지로 나뉨.
특칭^부:정^판단(特稱否定判斷)명 정언적(定言的) 판단에서, '어떤 A는 B가 아니다'라는 형식으로 표시되는 특칭 판단의 한 가지. ↔특칭 긍정 판단. 참정언적 판단.
특칭^판단(特稱判斷)명 정언적 판단의 한 가지. 주개념이 가리키는 일부의 것이 주장 내용에 대해서 긍정적·부정적인 관계를 갖는 경우의 판단. 참단칭 판단·전칭 판단.
특특-하다[-트카-]형여 (피륙 따위의 바탕이) 촘촘하고 조금 두껍다. ¶ 특특한 무명 고의적삼. 작탁탁하다.
특특ᄒᆞ다형 〈옛〉칙칙하다. 빽빽하다. ¶ 특특ᄒᆞᆫ 구루미 ᄀᆞᄃᆞ기 펴(法華3:10).
특파(特派)명하타되자 (어떠한 사명을 지워) 특별히 파견함. ¶ 기자를 분쟁 지역에 특파하다.
특파-원(特派員)명 ①특별히 파견된 사람. ②(신문사·잡지사·방송국 등에서) 외국에 특별히 파견되어 보도(報道)에 종사하는 사람.
특파^전권^대:사(特派全權大使)[-꿘-]명 어떤 특정 문제를 교섭하거나 해결하기 위하여 일시적으로 특파되는 대사급의 사절. 전권 위임장(全權委任狀)을 지님. [준]특사(特使).

특판(特販)[명] 상품의 홍보나 보급 등을 위하여 특별히 판매하는 일.

특품(特品)[명] 특별히 좋은 물품.

특필(特筆)[명][하타] (두드러진 일을) 특별히 크게 적음, 또는 그 글.

특필-대서(特筆大書)[명][하타] ☞대서특필.

특허(特許)[트커][명] ①[하타]특별히 허가함. ②특정한 사람에게 특정한 권리를 설정하는 행정 행위. ③특허법에서, 어떤 사람의 공업적 발명품에 대하여 그 사람 또는 승계자에게 독점할 권리를 주는 행정 행위.

특허-권(特許權)[트커꿘][명] 공업 발명품에 대하여 그 권리를 전용(專用)·독점할 수 있는 권리.

특허^기업(特許企業)[트커-][명] 특허를 내어 설립하고 운영하는 공기업(公企業). 〔전기 사업·가스 사업 따위.〕

특허-법(特許法)[트커뻡][명] 발명을 장려·보호·육성함으로써 기술의 진보와 발전을 꾀하고 국가 사업의 발전에 이바지함을 목적으로 제정된 법률.

특허^변:리사(特許辨理士)[트커별-][명] '변리사'를 흔히 이르는 말.

특허^심:판(特許審判)[트커-][명] 특허권에 관한 쟁송(爭訟)에 대하여 특허청에서 행하는 법의 적용 선언. 심판과 그 불복(不服)에 대한 항고(抗告)의 심판, 재심(再審)이 있음.

특허-증(特許證)[트커쯩][명] 특허권 설정의 등록을 마친 특허권자에게 발부해 주는 증명서.

특허-청(特許廳)[트커-][명] 지식 경제부에 딸린 중앙 행정 기관의 하나. 특허·실용신안(實用新案)·의장(意匠) 및 상표에 관한 사무와 이에 대한 심사·심판 및 변리사에 관한 사무를 맡아봄.

특허^출원(特許出願)[트커-][명] 공업적 발명을 한 사람이 국가에 대하여 그 특허를 요구하는 행위.

특허-품(特許品)[트커-][명] 특허를 받은 제품.

특혜(特惠)[트케/트케][명] 특별히 베푸는 혜택. ¶ 특혜를 주다.

특혜^관세(特惠關稅)[트케-/트케-][명] 특별 관계에 있는 상대국에 대하여, 특히 낮은 세율로 부과하는 일종의 할인 관세.

특혜^무:역(特惠貿易)[트케-/트케-][명] 특혜 관세를 적용시켜서 하는 무역.

특화(特化)[트콰][명][하타][되자] ①(국제 분업의 결과로서) 한 나라의 어떤 산업 또는 수출 상품이 상대적으로 큰 비중을 차지하는 상태, 또는 그 부분에서 전문화하는 것. ¶ 특화 산업. ②(어떤 대상을) 기능·내용 따위를 특별하거나 특수하게 하는 것.

특활(特活)[트콸][명] 〈특별 활동〉의 준말.

특효(特效)[트쿄][명] 특별한 효험이나 효과.

특효-약(特效藥)[트쿄-][명] 특정한 병이나 증세에 특별히 효험이 있는 약.

특-히(特-)[트키][부] 특별히. 유달리. ¶ 환절기에는 특히 감기에 조심해야 한다.

튼-가로왈(-曰)[명] 한자 부수의 한 가지. '彗'·'彙' 등에서의 '크(彐·彑)'의 이름.

튼실-하다(-實-)[형여] 튼튼하고 실하다. ¶ 몸집이 튼실하고 믿음직스럽다.

튼-에운담[명] ☞튼입구몸.

튼입구-몸(-口-)[-닙꾸-][명] 한자 부수의 한 가지. '匡'·'匣' 등에서의 '匚'의 이름. 튼에운담.

튼튼-하다[형여] ①(생김새나 물품의 만듦새가) 매우 단단하고 실하다. ¶ 책상이 튼튼하다. ②몸이 건강하다. ¶ 새 나라의 어린이는 몸이 튼튼합니다. ③구조나 기반 따위가 잘 짜여 있어 쉽게 무너지거나 흔들리지 않는 상태에 있다. ¶ 국가 재정이 튼튼하다. [작]탄탄하다. **튼튼-히**[부].

틀[명] ①(물건을 만드는 데 쓰는) 골이나 판이 되는 것. ¶ 메주콩을 쑤어 틀에 넣어 네모지게 만들다. ②(물건을 끼우거나 받치거나 팽팽히 켕기게 하는 데 쓰는) 테두리만으로 된 물건. ¶ 징지문 틀. /사진을 틀에 끼워 벽에 걸다. ③간단한 '기계·기구'를 이르는 말. ④〈재봉틀〉의 준말. ¶ 틀로 누빈 누비이불. ⑤(관례로 된) 본보기. 모범. ¶ 편지의 틀. ⑥틀거지. ¶ 틀이 좋다. ⑦일정한 격식이나 형식. ¶ 틀에 박힌 말.

틀에 맞추다[관용] (융통성이나 여유가 없이) 기계적·형식적으로 격식에만 맞추다.

틀(이) 잡히다[관용] (하는 짓이나 태도가) 기본적인 격식이나 태도에 맞아 가다. ¶ 사장(社長)으로서의 틀이 잡히다.

틀-가락[-까-][명] 무거운 물건을 목도하는 데 쓰는 긴 나무.

틀거지[명] 튼실하고 위엄이 있는 겉모양. 틀.

틀-국수[-쑤][명] 틀에 넣어 눌러서 뺀 국수. [참]칼국수.

틀-누비[-루-][명] 재봉틀로 누빈 누비.

틀-니[-리][명] 잇몸에 끼웠다 떼었다 할 수 있도록 해 박은 이. [비]의치(義齒).

틀다[트니·틀어][타] ①(무엇을) 방향이 꼬이게 돌리다. 또는, 물건의 양 끝을 잡아 서로 반대쪽으로 돌리다. ¶ 탕개를 틀다. /허리를 비비 틀다. ②(무엇을) 한 방향으로 돌리다. ¶ 수도꼭지를 틀다. /나사를 틀다. ③기계나 장치에 손을 대어 그것이 움직이거나 작동하게 하다. ¶ 전축을 틀다. ④일이 어그러지도록 방해하거나 반대하다. ¶ 저쪽에서 트는 바람에 결국 협상이 결렬되었다. ⑤(솜을) 타다. ¶ 솜틀로 묵은 솜을 틀다. ⑥머리털을 일정한 모양으로 뭉쳐 올려붙이다. ¶ 상투를 틀다. ⑦(엮거나 짜서) 둥지나 멍석 따위를 만들다. ¶ 새가 보금자리를 틀다. /암탉이 알 품을 자리를 틀다. /가마니를 틀다. ⑧(움직이는 물체가) 방향을 바꾸다. ¶ 커브를 틀다. /사거리에서 자동차를 오른쪽으로 틀어라. ⑨(뱀 따위가) 제 몸을 똬리 모양으로 둥글게 만들다.

틀리다[1] [I][자타] (계산이나 일 따위가) 어긋나거나 맞지 않다. ¶ 결산이 틀리다. /놀러 가기는 다 틀렸다.

[II][형] '다르다'의 잘못.

틀리다[2][자] ①〖'틀다'의 피동〗 틂을 당하다. ¶ 오래 앉아 있었더니 허리가 비비 틀린다. ②사이가 벌어지다. ¶ 사소한 일로 친구와 틀리게 되다. ③감정이나 심리 상태가 나빠지다. ¶ 심사가 틀리다. /배알이 틀리다.

틀림-없다[-리멉따][형] ①다름이 없다. 꼭 같다. ¶ 자세히 보니 틀림없는 그 사람이었다. ②어긋남이 없다. 확실하다. ¶ 김 과장은 틀림없는 사람이니 믿어도 된다. **틀림없-이**[부].

틀-바느질[명] 재봉틀로 하는 바느질.

틀수-하다[형여] 성질이 너그럽고 깊다.

틀-스럽다[-따][~스러우니·~스러워][형ㅂ] 틀거지가 있어 보이다. **틀스레**[부].

틀어-넣다[-너타][타] 비좁은 자리에 억지로 돌리면서 밀어 넣다.

틀어-막다[-따]타 ①억지로 틀어넣어 못 통하게 하다. ¶ 쥐구멍을 시멘트로 틀어막다. ②말이나 행동 따위를 제멋대로 못하도록 제지하다. ¶ 뇌물로 입을 틀어막다. ③(빚 따위를) 억지로 메우다. ¶ 빚을 내어 빚을 틀어막다.
틀어-박다[-따]타 ①좁은 곳에 억지로 돌리면서 들어가게 하다. ②무엇을 어떤 곳에 함부로 넣어 두다.
틀어박-히다[-바키-]자 ①《'틀어박다'의 피동》 틀어박음을 당하다. ¶ 잔뜩 틀어박힌 대못을 가까스로 빼다. /다락에 틀어박혀 있던 선풍기를 꺼내어 깨끗이 닦았다. ②밖으로 나가지 않고 한곳에만 있다. 죽치고 있다. ¶ 밤낮 집에만 틀어박혀 있다.
틀어-잡다[-따]타 ①단단히 움켜잡다. ¶ 멱살을 틀어잡다. ②자기 뜻대로 움직이도록 손안에 완전히 들게 하다. ¶ 사람들의 마음을 틀어잡다.
틀어-쥐다타 ①(무엇을 놓치지 않으려고) 단단히 죄어 잡아 쥐다. ¶ 소의 고삐를 잔뜩 틀어쥐고 있다. ②통틀어 손아귀에 쥐다. 완전히 자기의 세력권 안에 넣다. ¶ 부사장은 임원들을 틀어쥐고 회사를 좌지우지한다.
틀어-지다자 ①(올바로 나가지 않고) 옆으로 굽어 나가다. ¶ 굴을 잘못 뚫어 한쪽으로 틀어지다. ②(비비 꾀어서) 틀리다. ¶ 가뭄으로 나뭇잎들이 다 틀어졌다. ③사귀는 사이가 서로 벌어지다. ¶ 사소한 다툼으로 사이가 틀어진대서야…. ④계획했던 일이 어그러지다. ¶ 반대 의견이 많아 일이 틀어지다. ⑤마음이 언짢아 토라지다. ¶ 심사가 틀어지다.
틀-지다형 틀거지가 있다. ¶ 틀진 걸음걸이.
틀-톱명 톱에 틀이 붙어 있어 두 사람이 양쪽에서 밀고 당기며 켜게 된 톱.
틈명 ①벌어져 사이가 난 자리. 간격. ¶ 창문 틈. ②겨를. 기회. ¶ 책을 읽을 틈이 없다. /식사 시간에 틈을 얻어 소포를 붙였다. ③서로 벌어진 사귐의 거리. 불화(不和). ¶ 친구 사이에 틈이 생기지 않도록 조심하여라.
틈-나다자 겨를이 생기다. ¶ 틈나는 대로 한번 오너라.
틈-내다자 (어떤 목적을 위해) 겨를을 내다. ¶ 모처럼 틈내어 은사를 찾아뵙다.
틈-바구니명 〈틈〉의 속된 말. ¶ 바위 틈바구니. 준틈바귀.
틈-바귀명 〈틈바구니〉의 준말.
틈발(闖發)명하자 기회를 타서 일어남.
틈사(闖肆)명하타 기회를 타서 마음대로 함.
틈-새명 틈의 사이. ¶ 창문 틈새로 봄바람이 빠끔히 얼굴을 내민다.
틈-새기명 틈의 극히 좁은 부분.
틈새-시장(-市場)명 유사한 기존 상품은 많지만 소비자가 원하는 바로 그 상품이 없어 수요가 틈새처럼 비어 있는 시장.
틈-서리명 틈의 가장자리.
틈입(闖入)명하자타 기회를 타서 함부로 들어감. ¶ 야간에 틈입한 자.
틈-타다타 겨를이나 기회를 얻다. ¶ 야음을 틈타 기습을 감행하다.
틈틈-이부 ①틈이 난 구멍마다. ¶ 가장집물(家藏什物) 틈틈이 낀 먼지를 털다. ②겨를(기회)이 있을 때마다. 짬짬이. ¶ 일을 하는 틈틈이 책을 읽다.
틔명 〈옛〉티. ¶ 귓구무 닷가 틔 업게 ᄒᆞ라(翻朴上*46*).
틔:다[티-]자 〈트이다〉의 준말. ¶ 운수가 틔다.
틔-우다[티-]타 트이게 하다.
틧글명 〈옛〉티끌. ¶ 틧글이 석 자히나 무텻고(朴解中*43*). 참드틀.
티[1]명 ①(온갖 물건의) 잔 부스러기나 찌꺼기. ¶ 눈에 티가 들어가다. ②조그마한 흠집. ¶ 옥에도 티가 있다.
티(를) 뜯다관용 공연히 결점을 찾아내어 시비를 걸다.
티(를) 보다관용 흠 잡을 곳을 찾다. ¶ 다른 사람의 티를 보기 전에 먼저 자신을 살펴라.
티[2]명 ①어떠한 기색이나 태도. 버릇. ¶ 잘난 티를 보이다. /궁색한 티를 내다. ②《일부 명사 뒤에 붙어》 '어떠한 기색이나 태도'의 뜻을 나타내는 말. ¶ 소녀티. /막내티.
티:(tea)명 차(茶), 특히 홍차.
티격-나다[-경-]자 서로 뜻이 맞지 아니하여 사이가 벌어져 말썽이 생기다.
티격-태격부하자 서로 뜻이 맞지 아니하여 시비를 벌이는 모양. ¶ 저 두 사람은 만나기만 하면 티격태격한다.
티:^그라운드(←teeing ground)명 골프에서, 각 홀의 공을 치기 시작하는 구역.
티끌명 ①(공기 속에 섞여 날리거나 물체 위에 쌓이는) 매우 잘고 가벼운 물질. 〔먼지나 티 따위.〕 분진(粉塵). 진애(塵埃). ②《'만큼'·'만하다'와 함께 쓰이어》 '아주 작거나 적음'을 비유하여 이르는 말. ¶ 그렇게 할 생각은 티끌만큼도 없다.
티끌 모아 태산(泰山)속담 아무리 작은 것이라도 쌓이고 쌓이면 큰 덩어리가 된다는 말.
티끌-세상(-世上)명 영계(靈界)에서 볼 때의 '이 세상'을 가정하여 이르는 말, 곧 정신에 고통을 주는 복잡하고 어수선한 세상. 진경(塵境). 진계(塵界). 진세(塵世).
티눈명 손이나 발가락 사이에 병적으로 생기는 굳은살. 육자(肉刺). ¶ 손바닥에 티눈이 박이다. 참계안창(鷄眼瘡).
티다타 〈옛〉치다〔擊〕. ¶ 재 ᄂᆞ려 티샤(龍歌*36*章). /틸 타:打(訓蒙下*30*).
티라노사우루스(tyrannosaurus)명 백악기 후기에 생존하였던 육식 공룡. 지상에 존재하였던 공룡 가운데 가장 강하다고 하며, 몸의 길이는 15 m, 체중은 7톤 정도로 추정됨. 굵은 두 개의 뒷다리로 걸었으며 앞다리는 매우 짧고 발가락이 두 개임. 북아메리카에서 화석이 발견되었음.
티록신(thyroxin)명 갑상선에서 분비되는 호르몬의 한 가지. 요오드를 함유하며 신진대사를 왕성하게 함.
티몰(thymol)명 산들깨의 성분으로 특이한 향기가 있는 흰빛의 결정. 십이지장충·회충·요충의 구충제 및 방부제로 쓰임.
티-밀이명 겉창이나 분합의 창살을 겉쪽이 반원형으로 되도록 밀어 만든 것.
티:-백(tea bag)명 1회분의 차(茶)를 싸서 넣은 주머니. 뜨거운 물에 담그면 차가 우러남.
티:브이(TV)명 〈텔레비전〉의 준말.
티ᄡᅳ다타 〈옛〉치뜨다. ¶ 누늘 티ᄠᅳ고(救簡*1*:*7*).
티샤쓰(T-shirts)명 ☞티셔츠.
티:^샷(tee shot)명 골프에서, 티 그라운드에서 시작하는 제1타.
티석-티석부하형 (거죽이나 바닥 따위가) 환히 트이지 못하거나 반지랍지 못한 모양. ¶ 영양 결핍으로 얼굴이 티석티석하다.

티ː셔ː츠 (T-shirts)명 (목 자리가 둥글게 파인) 'T' 자 모양의 반소매 셔츠. 티샤쓰.

티슈ː (tissue)명 주로 화장용으로 쓰이는, 얇고 부드러운 질 좋은 종이.

티ː스푼ː (teaspoon)명 찻숟가락.

티쓰다자 〈옛〉 치솟아 뜨다. ¶ 天中의 티쓰니(鄭澈.關東別曲).

티아민 (thiamine)명 '비타민 B_1'의 학명.

티ː에스에스 (TSS)명 '시분할(時分割) 시스템'을 줄여서 이르는 말. [time-sharing system]

티ː엔티ː (TNT)명 엷은 황색의 결정으로, 톨루엔을 초산과 황산의 혼산(混酸)으로 니트로화(化)시켜 만든 가장 대표적인 폭약. 트리니트로톨루엔.

티ː오ː (TO)명 (편제상의) 정원. ¶ 티오가 없다. /티오를 늘리다. [table of organization]

티오-황산나트륨 (Thio黃酸Natrium)명 아황산나트륨의 용액에 분말 황을 타고 끓여서 얻은 무색의 결정체. 분석 시약 매염제(媒染劑), 사진 정착제 따위로 쓰임. 차아황산나트륨. 참하이포.

티읕 [-읃]명 한글 자모의 자음(子音) 'ㅌ'의 이름. * 티읕이[-으시]·티읕을[-으슬]·티읕만[-은-]

티ː-자 (T-)명 'T' 자 모양으로 된 제도용 자. 정자(丁字)자. 정자 정규(丁字定規).

티적-거리다 [-꺼-]타 자꾸 티적티적하다. 티적대다. ¶ 티적거리며 싸움을 걸어오다.

티적-대다 [-때-]타 티적거리다.

티적-티적부하타 남의 흠이나 트집을 잡아 역겨운 말로 자꾸 비위를 거스르는 모양.

티ː칭^머신ː (teaching machine)명 프로그램 학습 기계. 교사의 힘을 빌리지 않고 일정한 과목의 학습을 지도하고 시험·채점까지도 자동으로 할 수 있게 고안된 기계.

티커 (ticker)명 증권 거래소에서 수시로 변동하는 시세를 알리는 유선 인자식 전신기. 한 사람의 발신으로 모든 가입자가 동시에 알 수 있음.

티케 (Tyche)명 그리스 신화에 나오는, 운명(運命)의 여신(女神).

티ː케이오ː (TKO)명 프로 권투의 경기 판정의 한 가지. 선수 간의 실력 차가 크거나 부상이 심할 때, 또는 어느 세컨드가 기권을 신청했을 때, 주심이 경기를 중단시키고 승패를 결정하는 일. 참아르에스시(RSC). [technical knockout]

티켓 (ticket)명 ①(차표나 승차권·회수권·입장권 따위) 표찰. ¶ 영화관 티켓을 예약하다. ②〔면장(免狀)이나 자격증의 뜻으로〕 무엇을 할 수 있는 자격 또는 자격증. ¶ 올림픽 출전 티켓.

티ː큐ː시ː (TQC)명 (제품 생산 과정에서) 종합적 품질 관리, 또는 그 방식. [total quality control]

티ː크 (teak)명 마편초과의 낙엽 교목. 높이는 30 m가량이고 수피(樹皮)는 회백색임. 재목은 가볍고 팽창·수축이 적으며, 오래도록 썩지 않아 배나 차량을 만드는 데 쓰임. 미얀마·타이·인도네시아 등지에 분포함.

티타늄 (titanium)명 ☞티탄(Titan).

티ː타임 (teatime)명 차를 마시는 시간. 〔특히 영국에서, 오후에 홍차와 간단한 식사를 즐기는 시간을 이름.〕

티탄 (Titan 독)명 은백색의 굳은 금속 원소. 주요 광석은 금홍석(金紅石)·티탄 철광 따위인데, 거의 모든 암석과 흙 속에 들어 있으며, 가열하면 강한 빛을 내면서 탐. 내식성이 커서 제트기나 로켓의 엔진과 기체(機體)의 재료로 쓰임. 티타늄. 〔Ti/22/47.90〕

티티-새명 ①☞지빠귀. ②☞개똥지빠귀.

티ː티ː시ː (TTC)명 열차 운행 종합 제어 장치. [Total Traffic Control]

티푸스 (typhus)명 티푸스균의 감염으로 발생하는 병을 통틀어 이르는 말. 〔특히, 장티푸스를 이르는 경우가 많음.〕

티푸스-균 (typhus菌)명 티푸스의 병원균. 살모넬라속(屬)의 균으로서 간상(桿狀)이며, 편모(鞭毛)가 있고 운동성임.

티ː형^강 (T型鋼)명 단면이 'T' 자 모양으로 된 형강의 한 가지. 무게가 가볍고 구부러지지 않아 여러 가지 구조물에 씀.

틸트다운 (tilt-down)명 영화 촬영 기법에서, 카메라를 아래로 향하여 수직으로 움직이면서 하는 촬영. ↔틸트업.

틸트업 (tilt-up)명 영화 촬영 기법에서, 카메라를 위로 향하여 수직으로 움직이면서 하는 촬영. ↔틸트다운.

팀ː (team)명 ①같은 일을 하는 한동아리 사람. ②운동 경기 등에서, 둘 또는 그 이상의 몇 동아리로 나누어 승부를 겨룰 때의 한패. ¶ 팀을 이루다. /같은 팀에 속하다.

팀ː워ː크 (teamwork)명 동아리나 단위 조직체의 구성원 사이에 협동하는 능력이나 성향, 또는 그들의 연대(連帶).

팀파눔 (tympanum)명 그리스식 건축에서, 합각머리와 돌림띠 사이, 또는 박공(牔栱) 등의 삼각면.

팀파니 (timpani 이)명 타악기의 한 가지. 구리로 만든 반구형의 몸체 위에 쇠가죽을 댄 북으로 오케스트라의 중요 악기임.

팀ː^파울 (team foul)명 농구에서, 한편의 팀이 전후반 각 경기에서 범한 파울이 각각 7회가 되는 경우를 이름. 8회째부터 상대 팀에게 자유투를 주게 됨.

팁 (tip)명 ①(호텔이나 레스토랑·택시 등에서) 손님이 시중든 사람에게 감사의 뜻으로 요금 외에 따로 주는 돈. 비행하(行下). 참손씻이. ②☞파울 팁.

팃-검불 [티껌-/팃껌-]명 짚이나 풀 따위의 부스러기. ¶ 잔디밭에 앉았더니 옷에 팃검불이 잔뜩 붙었다.

팅크 (←tincture)명 (캠퍼팅크나 요오드팅크 따위와 같이) 어떤 생약이나 약품을 알코올이나 에테르에 담가 녹이거나 우린 액체. 정기(丁幾).

팅팅부하형 속에서 불어나 겉으로 보기에 매우 불룩한 모양. 작탱탱. 참띵띵[1].

ᄐᆞ다[1]자 〈옛〉 타다[1]. ¶ 焦ᄂᆞᆫ 블 ᄐᆞᆯ 씨라(圓覺上一之二*180*).

ᄐᆞ다[2]타 〈옛〉 타다[2]. ¶ 乘은 ᄐᆞᆯ 씨라(月釋序*18*).

ᄐᆞ다[3]타 〈옛〉 타다[5]. 타고나다. ¶ 하ᄂᆞᆯ 쌋 靈ᄒᆞᆫ 긔운을 ᄐᆞ며(內訓序*2*).

ᄐᆞᆨ명 〈옛〉 턱. ¶ ᄐᆞᆨ:頤(訓解).

ᄐᆡ오다타 〈옛〉 태우다. ¶ 시혹 地獄이 이쇼ᄃᆡ 쇠로 새롤 ᄐᆡ오ᄂᆞ니(月釋*21*:*81*)

ᄐᆡᆨ명 〈옛〉 턱. ¶ 쑴의나 님을 보려 ᄐᆡᆨ 밧고 비겨 시니(鄭澈.思美人曲). 참ᄐᆞᆨ.

ᄐᆡᇰᄌᆞ명 〈옛〉 탱자. ¶ ᄐᆡᇰᄌᆞ 기:枳(訓蒙上*10*).

ㅍ[피읍]자모 피읖. ①한글 자모의 열셋째. ②자음의 하나. 목젖으로 콧길을 막고 입술을 다물어 숨길을 막았다가 떼면서 거세게 내는 안울림소리. 받침의 경우에는 입술을 떼지 아니하여 'ㅂ'과 같게 됨. * 프이[피으비]·프만[피음-]

파명 백합과의 다년초. 중국 서부 원산의 재배 식물로, 높이는 60 cm가량. 잎은 속이 빈 대롱 모양이며, 초여름에 원추형의 꽃줄기 끝에 흰 꽃이 핌. 잎에는 독특한 냄새와 맛이 있어 음식의 맛을 더하는 데 쓰임.

파(派)명 ①취미·사조·지역·주장·생활 배경 등을 같이하는 사람들의 인간관계, 또는 그 갈래. ¶ 파가 갈리다. /정치적 처지를 같이하는 사람끼리는 자연히 한 파를 이루게 마련이다. ②한 스승이나 한 조상 또는 한 뿌리에서 갈려 나온 갈래. 파계(派系). ¶ 8대조 때에 와서 파가 갈리게 되다.

파:(破)명 ①깨어지거나 상한 물건. ¶ 제본 과정에서 파가 난 책. ②사람의 병통 또는 결점. ③풍수설(風水說)에서, 혈(穴) 안의 물이 흘러간 곳을 이르는 말.

파(把)의 ☞줌2.

파(fa 이)명 장음계의 넷째 음, 또는 단음계의 여섯째 음의 계이름.

파(par)명 골프에서, 홀(hole)마다 정하여 놓은 기본 타수. 참이글(eagle)·버디(birdie)·보기(bogey).

-파(波)접미 《일부 명사 뒤에 붙어》 '물결같이 전달되는 파동이나 세력'을 뜻함. ¶ 지진파. /전자파. /충격파.

파:가(破家)명하자 ☞파호(破戶).

파:가(罷家)명하자 살림살이를 집어치움.

파:가-저택(破家瀦宅)명 지난날, 인륜에 벗어난 큰 죄를 지은 죄인의 집을 헐어 없애고 그 터에 물을 대어 못을 만들던 형벌.

파:각(破却)명하타 깨뜨림.

파:갑-탄(破甲彈)명 ☞철갑탄(徹甲彈).

파개명 배에서 쓰는 손 두레박.

파:겁(破怯)명하자 익숙해져서 수줍거나 두려움이 없어짐.

파:격(破格)명 관례(慣例)나 격식에서 벗어난 일, 또는 그 관례나 격식. ¶ 입사 3년 만에 과장 발탁이라니 대단한 파격이군.

파:격-적(破格的)[-쩍]관명 관례나 격식에서 벗어난 (것). ¶ 파격적 조건. /파격적인 대우. /가격을 파격적으로 내리다.

파견(派遣)명하타되자 어떤 일이나 임무를 맡겨, 어느 곳에 보냄. 차견(差遣). 파송(派送). ¶ 외교 사절을 파견하다.

파견-군(派遣軍)명 어떤 특수 사명을 띠고 파견된 군대.

파견^부대(派遣部隊)명 전략상 또는 경비상의 필요에 따라 파견된 부대.

파:경(破鏡)명 부부의 금실이 좋지 않아 이별하게 되는 일. 〔'태평광기'에 나오는 말로, 옛날 어떤 부부가 조각낸 거울 한 쪽씩을 정표로 삼아 잠시 헤어져 있었는데, 여자가 변심을 하자 여자의 거울 조각이 까치가 되어 전 남편에게로 날아갔다는 이야기에서 유래함.〕 ¶ 파경을 맞다. /파경에 이르다.

파계(派系)[-계/-게]명 ☞파(派).

파:계(破戒)[-계/-게]명하자 계(戒)를 받은 사람이 계율을 깨뜨리어 지키지 않음. ¶ 중이 파계하여 환속하다.

파:계(破契)[-계/-게]명하자 계(契)를 깨뜨림. ↔설계(設契).

파:계(罷繼)[-계/-게]명하타 ☞파양(罷養).

파:계-승(破戒僧)[-계-/-게-]명 계율을 깨뜨린 중.

파고(波高)명 ①물결의 높이. ②'정세의 긴박함'을 비유하여 이르는 말. ¶ 팔레스타인 지역에 다시 긴장의 파고가 높아지고 있다.

파고-계(波高計)[-계/-게]명 '파도의 높이를 재는 계기'를 통틀어 이르는 말.

파고다(pagoda)명 불탑(佛塔). 탑(塔).

파고-들다[~드니·~들어]자타 ①안으로 헤집고 들어가다. ¶ 군중 속으로 파고들다. ②속으로 깊이 스며들다. ¶ 새벽의 찬 기운이 등골로 파고들었다. /비료 기운이 땅속으로 파고들다. ③(속사정이나 비밀을 알아내기 위하여) 조직이나 사건의 내부로 비집고 들어가다. ¶ 적의 소굴로 파고들다. ④(궁리·연구 따위를) 골똘히 하다. ¶ 수학만 파고들다.

파:고-지(破古紙)명 콩과의 일년초. 높이는 1 m가량. 잎은 심장 모양이며 가장자리에는 톱니가 있고 어긋맞게 남. 여름과 가을에 작은 나비 모양의 자줏빛 꽃이 핌. 씨는 한방에서 요통(腰痛) 치료에 약으로 씀.

파곡(波谷)명 물결과 물결 사이의 골. ↔파구(波丘).

파:골(破骨)명하자 뼈를 으스러뜨리거나 부러뜨림, 또는 그렇게 된 뼈.

파곳(fagott)명 ☞바순(bassoon).

파:공(罷工)명하자 가톨릭에서, 주일과 지정된 큰 축제일에 육체노동을 금함, 또는 그 일.

파:과(破瓜)명 〈파과지년(破瓜之年)〉의 준말.

파:과-기(破瓜期)명 여자가 월경을 처음 시작하게 되는 시기.

파:과지년(破瓜之年)명 〔'瓜' 자를 파자(破字)하면 '八八'이 되는 데서〕 여자의 나이 '열여섯 살', 남자의 나이 '예순네 살'을 이르는 말. 준파과.

파광(波光)명 물결이 번쩍이는 빛.

파:광(破壙)명 ①무덤을 파 옮긴 그 전 자리. ②하자·타무덤을 옮기려고 광중을 파헤침.

파:괴(破壞)[-괴/-궤]명하타되자 건물이나 기물·조직 따위를 부수거나 무너뜨림. ¶ 자연을 파괴하다. /도시를 파괴하다. /질서가 파괴되다. ↔건설(建設).

파:괴^강도(破壞強度)[-괴-/-궤-]명 물체가 외부로부터 힘을 받았을 때, 파괴되지 않고 견딜 수 있는 강도.

파:괴-력(破壞力)[-괴-/-궤-]명 파괴하는 힘. ¶ 핵무기의 가공할 파괴력.

파:괴-적(破壞的)[-괴-/-궤-]관명 파괴하려고 하는 (것), 또는 파괴하려고 하는 성질을 띤 (것). ¶ 파괴적 행동. /원자력은 결코 파괴적으로 사용되어서는 안 된다. ↔건설적.

파ː괴-주의(破壞主義)[-괴-의/-궤-이]명 ①남의 입론(立論)·계획·조직 등을 반대하거나 부인하기를 좋아하는 생각이나 주장. ②진리나 선악의 절대성을 인정하지 않으려는 철학상의 처지.
파구(波丘)명 물결의 마루. 파두(波頭). ↔파곡.
파ː-구분(破舊墳)명하자 개장(改葬)하기 위하여 무덤을 파냄. 파묘(破墓).
파ː국(破局)명하자 일이나 사태가 잘못되어 결딴이 남, 또는 그 판국. ¶ 파국을 맞다. /경제적 파국에 직면하다.
파ː국-적(破局的)[-쩍]명 일이나 사태가 잘못되어 결딴이 나는 성격을 띤 (것). ¶ 파국적 상황. /사태를 파국적으로 몰아가다.
파ː군(罷君)명하자 지난날, 왕가(王家)에서 5대 이후의 종친(宗親)에게 군(君)의 칭호를 내리지 않던 일.
파ː군(罷軍)명하자 진지를 거두고 군사를 풀어 헤침. 파진(罷陣).
파ː군-성(破軍星)명 북두칠성의 일곱째 별. 〔요광성(搖光星)을 달리 이르는 말로, 칼 모양을 하고 있으며, 이 별이 가리키는 방향에서 일을 하면 이롭지 못하다고 함.〕 요광(搖光).
파ː귀(罷歸)명하자 하던 일을 마치고 돌아가거나 돌아옴.
파극-천(巴戟天)명 한방에서, '부조초의 뿌리'를 약재로 이르는 말. 〔정혈(精血)·강장제로 쓰임.〕
파근파근-하다형여 ①음식이 팍팍하고 메지어 타박타박한 느낌이 있다. ¶ 삶은 달걀을 물도 없이 먹으려니 파근파근하다. ②다리의 근육이 지치어 내딛는 것이 무겁다. ¶ 오금이 파근파근하여 이제 더는 못 걷겠다.
파근-하다형여 다리의 근육이 지치어 노작지근하고 무겁다. ¶ 오십 리 길을 쉬지 않고 걸었더니 다리가 파근하다. **파근-히**부.
파급(波及)명하타되자 어떤 일의 영향이나 여파가 차차 전하여 먼 데까지 미침. ¶ 파급 효과. /무궁화 심기 운동이 전국적으로 파급되다.
파기(疤記)명 병정이나 죄인의 몸을 검사하여 그 특징을 기록한 것.
파ː기(破棄)명하타되자 ①깨뜨리거나 찢어서 없애 버림. ¶ 문서를 파기하다. ②(계약·조약·약속 따위를) 취소하여 무효로 함. ¶ 조약 파기. ③소송법상, 사후심(事後審) 법원이 상소(上訴) 이유가 있다고 인정하여 원심 판결을 취소하는 일. ¶ 원심 파기. ③참파기 이송(破棄移送).
파ː기(破器)명 깨어진 그릇.
파ː-기록(破記錄)명하자 (더 나은 기록을 냄으로써) 종전 기록을 깨어 버림.
파ː기-상접(破器相接)명 〔깨어진 그릇 조각을 서로 다시 맞춘다는 뜻으로〕 '이미 그릇된 일을 바로잡으려고 쓸데없이 애씀'을 이르는 말. ¶ 그 짓은 이미 파기상접이다.
파ː기^이송(破棄移送)명 사후심(事後審) 법원이 상소(上訴) 이유가 있다고 인정하여 원심 판결을 파기하고 원심 법원과 동등한 다른 법원에 사건을 이송하는 일.
파ː기^자판(破棄自判)명 사후심(事後審) 법원이 상소(上訴) 이유가 있다고 인정하여 원심 판결을 파기하고 그 사건에 대하여 다시 직접 판결하는 일.
파ː기^환송(破棄還送)명 사후심(事後審) 법원이 종국 판결(終局判決)에서 원심 판결을 파기한 경우에, 다시 심판하게 하기 위하여 원심 법원으로 사건을 환송하는 일.
파-김치명 파로 담근 김치.
파김치(가) 되다관용 '기운이 몹시 지쳐서 매우 노작지근하게 된 상태'를 비유하여 이르는 말. ¶ 연일 계속되는 고된 일로 파김치가 되었다.
파나마(panama)명 〈파나마풀〉의 준말.
파나마-모자(panama帽子)명 파나마풀의 잎을 얇게 쪼개어 만든 여름 모자.
파나마-풀(panama-)명 파나마풀과의 다년초. 중앙아메리카와 남아메리카 원산. 잎은 뿌리에서 모여 나고 손바닥 모양으로 갈라짐. 잎은 파나마모자를 만드는 데 쓰임. 준파나마.
파-나물명 파를 데쳐서 갖은 양념을 넣고 무친 나물.
파-내다타 박히거나 묻힌 것을 파서 꺼내다. ¶ 귀지를 파내다. /석탄을 파내다.
파노라마(panorama)명 ①전체의 경치, 또는 연속적인 광경. ②실지로 사방을 전망하는 것과 같은 느낌을 주도록 만든 사생적(寫生的) 그림 장치. ③영화·소설 따위에서, 변화와 굴곡이 많고 규모가 큰 이야기를 비유하여 이르는 말.
파노라마-대(panorama臺)명 사방의 경치를 멀리까지 잘 볼 수 있는 높은 자리. 전망대.
파노라마^촬영(panorama撮影)명 촬영기를 수평으로 회전시켜 전경(全景)을 차례로 죽 찍는 방법.
파ː니부 하는 일 없이 빈둥거리며 노는 모양. ¶ 농번기에 파니 놀고만 지낸다. /파니 시간만 보내지 말고 공부 좀 해라. 큰퍼니.
파니에(panier 프)명 드레스나 스커트가 크게 부풀어 보이도록 속옷에 받치는 테.
파다타 ①구멍이나 구덩이를 만들다. ¶ 땅을 깊이 파다. /기둥에 구멍을 파다. ②(돌·쇠붙이·나무 따위에) 그림이나 글씨를 새기다. ¶ 도장을 파다. ③옷을 마름질할 때, 일정한 부분을 더욱 깊게 베어 내다. ¶ 목둘레선을 깊이 파다. ④(드러나게 하려고) 헤집거나 뒤집거나 긁어내다. ¶ 금줄을 파다. ⑤알려지지 않은 것을 찾아 드러내다. ¶ 예술의 신비를 파 보려는 노력. ⑥(궁리·연구·독서 따위를) 골똘히 하다. ¶ 책만 파다. ⑦호적 따위의 문서에서 어느 한 부분을 삭제하다. ¶ 호적에서 이름을 파다.
파다(頗多) '파다(頗多)하다'의 어근.
파다(播多) '파다(播多)하다'의 어근.
파다-하다(頗多-)형여 자못 많다. 매우 많다. ¶ 그런 정도의 물품은 남쪽으로 내려가면 파다하다네. **파다-히**부.
파다-하다(播多-)형여 (소문이) 널리 퍼져 있다. ¶ 온 동네에 소문이 파다하다. **파다-히**부.
파닥부 ①하타작은 날짐승이 날개를 가볍고 빠르게 쳐서 내는 소리. ②하타작은 물고기가 꼬리로 물을 치거나 뒤척이면서 내는 소리. ③하자깃발 따위가 센 바람에 날리어 내는 소리. 큰퍼덕·푸덕. 센파딱. **파닥-파닥**부하자타.
파닥-거리다[-꺼-]자타 자꾸 파닥파닥하다. 파닥대다. ¶ 날개를 파닥거리며 날아오르는 새. 큰퍼덕거리다·푸덕거리다. 센파딱거리다.
파닥-대다[-때-]자타 파닥거리다.
파닥-이다 Ⅰ자 깃발 따위가 센바람에 날리다. 큰퍼덕이다·푸덕이다. 센파딱이다.
Ⅱ타 ①작은 날짐승이 날개를 가볍고 빠르게 치다. ②작은 물고기가 가볍고 빠르게 꼬리를 치다. 큰퍼덕이다·푸덕이다. 센파딱이다.
파ː담(破談)명하자되자 ①의논이나 약속 따위가 깨짐. ②진행되던 혼담이 깨짐.

파당(派黨)명 ①(어떤 단체의 내부에서) 이해를 같이하는 사람끼리 어울려서 갈린 여러 파벌(派閥). ¶ 파당을 이루다./세 개의 파당으로 세력이 분열된 노조. ②☞당파(黨派).
파-대가리명 사초과의 다년초. 자줏빛 뿌리줄기가 가로 뻗으며, 높이 30 cm가량. 햇볕이 쬐는 습지에 나며, 여름에 갈색·녹색 꽃이 줄기 끝에 공 모양으로 핌.
파도(波濤)명 바다에 이는 물결. ¶ 파도가 밀려오다./파도가 일다.
파도-치다(波濤-)자 ①바다에 물결이 일어나다. ¶ 파도치는 바다. ②'사회적 운동이나 현상이 일어나다'를 비유하여 이르는 말.
파도-타기(波濤-)명 타원형의 널빤지를 타고 몸의 균형을 잡아 가면서 밀려오는 파도를 타는 놀이, 또는 그 경기. 서핑.
파ː독(破毒)명하자되자 독기를 없앰. 해독.
파동(波動)명 ①공간적으로 전하여 퍼져 가는 진동. 종파(縱波)와 횡파(橫波)가 있음. 〔물결·음파·전자파 따위.〕 ¶ 빛의 파동. ②'사회적으로 새로운 변화를 가져올 만한 변동'을 비유하여 이르는 말. ¶ 정치 파동./석유 파동.
파동-설(波動說)명 ①빛의 본질은 어떤 매질(媒質)에서의 파동이라고 하는 학설. ②언어학에서, 언어의 지리적 변천은 파동적으로 생긴다고 주장하는 학설.
파두(巴豆)명 대극과(大戟科)의 상록 관목. 동부 아시아 열대 지방에서 남. 꽃은 단성화(單性花)로 수꽃은 위에, 암꽃은 아래에 달려 핌. 씨는 독성이 있으며 한약재로 쓰임.
파두(波頭)명 ①☞파구(波丘). ②바다의 위.
파두-상(巴豆霜)명 껍질을 벗기고 기름을 빼낸 파두 씨의 가루. 한방에서 하제(下劑)로 쓰임.
파두-유(巴豆油)명 파두의 씨로 짠 기름. 한방에서 하제(下劑)나 피부 자극제로 쓰임.
파드닥부하타 작은 새나 물고기 따위가 날개나 꼬리를 세차게 치는 소리. 큰퍼드덕. **파드닥-파드닥**부하타 ¶ 낚시 끝에 매달린 붕어가 꼬리를 파드닥파드닥한다.
파드닥-거리다[-꺼-]타 자꾸 파드닥파드닥하다. 파드닥대다. 큰퍼드덕거리다.
파드닥-대다[-때-]타 파드닥거리다.
파드득부하자타 ①단단하고 질기거나 반드러운 물건을 세게 맞비빌 때 나는 소리. ②좀 묽은 유동물(流動物)이 갇힌 상태로 있다가 갑자기 좁은 구멍으로 터져 나올 때 나는 소리. 참포드득. **파드득-파드득**부하자타.
파드득-거리다[-꺼-]자타 자꾸 파드득파드득하다. 파드득대다.
파드득-나물[-등-]명 산형과의 다년초. 줄기 높이 60 cm가량. 여름에 흰 꽃이 피고, 길둥근 열매를 맺음. 향기가 있고, 어린잎은 먹을 수 있음.
파드득-대다[-때-]자타 파드득거리다.
파들-거리다자타 자꾸 파들파들하다. 파들대다. 큰푸들거리다.
파들-대다자타 파들거리다.
파들-파들부하자타 탄력 있게 바들바들 떠는 모양. ¶ 입술이 파들파들 떨린다. 큰푸들푸들.
파딱부하자타 〈파닥〉의 센말. 큰퍼떡·푸떡.
파딱-거리다[-꺼-]자타 〈파닥거리다〉의 센말. 파딱대다. 큰퍼떡거리다·푸떡거리다.
파딱-대다[-때-]자타 파딱거리다.
파딱-이다 Ⅰ자 〈파닥이다〉의 센말. 큰퍼떡이다·푸떡이다.
Ⅱ타 〈파닥이다〉의 센말. 큰퍼떡이다·푸떡이다.
파뜩부하자 얼른. 곧. ¶ 파뜩 떠오른 생각. 큰퍼뜩. **파뜩-파뜩**부하자 ¶ 머리가 파뜩파뜩 돌아간다.
파라고무-나무(Pará-)명 대극과(大戟科)의 고무나무의 한 가지. 브라질 원산으로 높이 30 m가량. 잎은 세 개로 된 복엽이고 여름에 흰 단성화가 핌. 줄기에 진집을 내면 젖 같은 액체가 흐르는데, 이것으로 탄성 고무를 만듦.
파라나-국(波羅奈國←Vārānasi 범)명 고대 인도의 왕국(王國). 갠지스 강 중류의 바라나시(Varanasi)를 중심으로 한 지역. 교외에 녹야원(鹿野苑)이 있었음.
파라다이스(paradise)명 천상 또는 지상의 낙원.
파라디클로로벤젠(paradichlorobenzene)명 철을 촉매로 하여 벤젠을 염소화하여 만드는 판 모양의 무색 결정. 특유한 향기가 있으며, 주로 의류·양모·표본 따위의 방충제로 쓰임.
파라메트론(parametron)명 기억 또는 논리 연산(論理演算)의 기능을 하는 회로 소자(回路素子) 장치. 컴퓨터나 전화 교환기 및 공업용 제어기에 쓰임.
파라볼라^안테나(parabola antenna)명 극초단파 중계용의 안테나. 금속판이나 망으로 된 회전 포물면경의 초점에 주안테나가 있으며, 전파를 포물면경에 반사시켜서 송수신함. 텔레비전 중계나 위성 방송 수신 따위에 쓰임.
파라솔(parasol 프)명 ①해변이나 강변 따위에서, 햇빛을 가릴 수 있도록 쳐 놓는 커다란 양산. ②여자가 햇빛을 가리는 데에 쓰는 양산.
파라-척결(爬羅剔抉)[-껼]명하타 〔손톱으로 긁거나 후비어 파낸다는 뜻으로〕 ①남의 비밀이나 결점을 샅샅이 들추어냄. ②널리 숨어 있는 인재를 찾아냄.
파라티온(Parathion 독)명 유기인(有機燐) 제제(製劑)의 살충용 농약. 독성이 강해 사용이 금지됨.
파라티푸스(Paratyphus 독)명 파라티푸스균으로 말미암아 생기는 급성 소화기 전염병.
파라티푸스-균(Paratyphus菌)명 파라티푸스의 병원균으로, 간상균(桿狀菌)의 한 가지. 티푸스균과 비슷한 A형과 대장균과 비슷한 B형이 있음.
파라핀(paraffin)명 원유를 정제할 때 생기는, 희고 냄새가 없는 반투명의 결정체. 유동 파라핀은 윤활제, 고체 파라핀은 양초·성냥 따위를 만드는 데 쓰임. 석랍(石蠟).
파라핀-유(paraffin油)명 파라핀을 채취하는 재료. 중유를 증류하여 만듦.
파라핀-지(paraffin紙)명 파라핀을 먹인 종이. 방습(防濕) 포장용으로 쓰임. 비납지(蠟紙).
파라호르몬(parahormone)명 (특정한 내분비샘에서 분비되지는 않으나) 혈관 운동 중추나 호흡 중추 따위에 영향을 미치며, 전신의 기능 조절을 맡아 하는, 탄산가스나 젖산과 같은 대사물(代謝物)을 이르는 말.
파라ᄒᆞ다형 〈옛〉 파랗다. ¶ 믌 ᄀᆞᅀᅵ 내왇는 亂石우미 파라ᄒᆞ도다(杜初6:51).
파ː락-호(破落戶)[-라코]명 지난날, '행세하는 집의 자손으로서 허랑방탕한 사람'을 이르던 말. 팔난봉.
파ː란명 ☞법랑(琺瑯).
파란(波瀾)명 ①☞파랑(波浪). ②'어수선한 사건이나 사고', '심한 변화나 기복'을 비유하여 이르는 말. ¶ 파란을 겪다./파란이 일다.
파란(波蘭)명 '폴란드'의 한자음 표기.

파란-곡절(波瀾曲折)[-쩔]명 생활이나 일의 진행에서 일어나는 많은 곤란과 변화. ¶ 파란곡절을 겪다. /파란곡절 많은 인생.
파란-만장(波瀾萬丈)명하형 〔물결이 만 길 높이로 인다는 뜻으로〕 '인생을 살아가는 데 있어서 기복과 변화가 심함'을 이르는 말. ¶ 혁명가의 파란만장한 생애. 비파란중첩.
파란-빛[-빋]명 파란 빛깔. 비파란색. * 파란빛이[-비치]·파란빛만[-빈-]
파란-색(-色)명 파란 색깔. 비파란빛.
파란-중첩(波瀾重疊)명하형 〔물결이 거듭 닥친다는 뜻으로〕 '사람의 생활이나 일의 진행에 여러 가지 곤란이나 시련이 많음'을 이르는 말. 비파란만장.
파랄림픽(Paralympics)명 국제 신체 장애인 경기 대회. 〔Paraplegic+Olympic의 합성 조어.〕
파랑명 삼원색의 하나. 갠 날의 하늘 빛깔과 같은 빛깔, 또는 그런 빛깔의 물감. 큰퍼렁.
파랑(波浪)명 큰 물결과 작은 물결. 파란(波瀾).
파랑-강충이명 '몸빛이 푸른 강충이'를 통틀어 이르는 말.
파랑-돔명 자리돔과의 바닷물고기. 몸빛은 하늘빛인데, 꼬리와 배 쪽은 노란빛이며 가슴지느러미 밑에 검은 띠가 있음. 제주도·일본 중부 근해에 분포함.
파랑-무지기명 끝에 파랑 물을 들인 무지기.
파랑-비늘돔명 파랑비늘돔과의 바닷물고기. 몸길이 90 cm가량. 몸 옆은 청색을 띤 진한 갈색이며 비늘의 가장자리는 폭이 넓고 연한 녹색으로 둘러싸여 있음. 우리나라 남해 및 일본 남부 근해에 분포함.
파랑-새명 ①파랑샛과의 새. 날개 길이 20 cm, 꽁지 10 cm, 부리 2 cm가량. 몸빛은 어두운 녹색에 머리는 녹색을 띤 흑갈색임. ②털빛이 파란 빛깔을 띤 새. 〔흔히, 길조(吉兆)를 상징한다고 여김.〕 ②청조(青鳥).
파랑-쐐기나방명 쐐기나방과의 곤충. 편 날개 길이 4 cm가량이며, 몸과 날개는 녹색임. 애벌레는 누런 녹색으로 등줄기에 푸른 줄이 있으며, 감나무·사과나무·버드나무 등의 잎을 갉아 먹는 해충임. 우리나라·중국·일본 등지에 분포함.
파랑-이명 파란 빛깔의 물건. 큰퍼렁이.
파랑줄-돔명 자리돔과의 바닷물고기. 몸빛은 진한 갈색이며 꼬리지느러미는 황색임. 주둥이에서 눈 위쪽으로 몇 줄의 하늘색 줄이 세로로 그어져 있는 것도 있음. 우리나라 남해 및 일본 중부 이남 연해에 분포함.
파랑-쥐치명 쥐치복과의 바닷물고기. 몸길이 30 cm가량. 몸빛은 흑갈색이며 작은 주둥이는 끝이 노랗고 몸 옆 중앙부에 둥근 백색 반점이 서너 줄 있음. 우리나라 남해, 일본 연해, 인도양 등에 분포함.
파ː랗다[-라타][파라니·파래]형ㅎ ①밝고 선명하게 푸르다. ¶ 파란 하늘. ②겁에 질리거나 춥거나 하여 얼굴이나 입술이 푸르께하다. ¶ 얼굴이 파랗게 질리다. 큰퍼렇다.
파래명 파랫과의 바닷말. 민물이 흘러드는 바다에 많이 나고 푸른빛임. 영양가가 높아 국·튀각 따위를 만들어 먹음.
파래-박명 배 안에 들어온 물을 퍼내는 데 쓰는 바가지.
파ː래-지다자 파랗게 되다. ¶ 비가 그치고 하늘이 파래졌다. /겁을 먹고 얼굴이 파래지다. 큰퍼레지다.
파려(玻瓈)명 ☞파리(玻璃).
파려-괴(玻瓈塊)[-괴/-궤]명 ☞파리모(玻璃母).
파력^발전(波力發電)[-빨쩐]명 파도의 운동 에너지를 이용한 발전 방식.
파ː렴-치(破廉恥)명하형 염치없이 뻔뻔스러움. ¶ 파렴치한 행위. 비몰염치(沒廉恥).
파ː렴치-범(破廉恥犯)명 (강도·사기·공갈·횡령·강간·마약 거래 등과 같은) 비도덕적인 범죄, 또는 그 범인(犯人).
파ː렴치-한(破廉恥漢)명 염치를 모르는 뻔뻔스러운 사람. 참철면피(鐵面皮).
파로틴(parotin)명 침샘 호르몬의 본체. 뼈나 치아의 칼슘 침착을 촉진시키는 작용을 함.
파롤(parole 프)명 특정한 개인에 의하여 특정한 장소에서 실제로 발음되는 언어의 측면. 스위스의 언어학자 소쉬르가 사용한 용어임. 참랑그.
파롱(簸弄)명하타 ☞조희(調戱).
파ː뢰(破牢)[-뢰/-뤠]명하자 (죄수가) 갇혀 있던 감옥을 부수고 달아남. 파옥(破獄).
파ː루(罷漏)명 조선 시대에, 오경삼점(五更三點)에 큰 쇠북을 서른세 번 치던 일. 〔서울에서 인정(人定)으로 야간의 통행을 금했다가 새벽에 북을 쳐서 해제했음.〕 변바라.
파ː륜(破倫)명하자 ☞패륜(悖倫).
파르께-하다형여 짙지도 옅지도 않게 조금 파란 빛이 나다. 큰푸르께하다.
파르나시앵(parnassien 프)명 고답파(高踏派).
파르대대-하다형여 천해 보이게 파르스름하다. 큰푸르데데하다.
파르댕댕-하다형여 산뜻하지 못하고 칙칙하게 파르스름하다. 큰푸르뎅뎅하다.
파르르부하자 ①얇고 가벼운 것의 일부가 작고 탄력 있게 떠는 모양, 또는 그 소리. ¶ 문풍지가 파르르 떤다. ②적은 액체가 갑자기 끓어오르는 모양, 또는 그 소리. ¶ 된장찌개가 넘칠 듯이 파르르 끓어오르다. ③경망스레 발끈 성을 내는 모양. ¶ 갑자기 목에 핏대를 세우면서 파르르 성을 낸다. ④경련을 일으키듯 몸을 떠는 모양. ¶ 참새가 몸을 파르르 떤다. ⑤얇고 가벼운 것이 대번에 타오르는 모양. ¶ 가랑잎에 불이 붙자 금세 파르르 타올랐다. 큰퍼르르. 여바르르.
파르무레-하다형여 엷게 파르스름하다. 큰푸르무레하다.
파르스레-하다형여 파르스름하다. 큰푸르스레하다.
파르스름-하다형여 약간 파랗다. 파르스레하다. 큰푸르스름하다.
파르족족-하다[-쪼카-]형여 빛깔이 고르지 못하고 칙칙하게 파랗다. ¶ 추워서 입술이 파르족족하다. 큰푸르죽죽하다.
파르티잔(←partisan 프)명 정규군이 아닌, 민간인으로 조직된 유격대. 빨치산.
파릇-파릇[-른-른]부하형 군데군데 새뜻하게 파란 모양. ¶ 파릇파릇한 새싹. 큰푸릇푸릇.
파릇-하다[-르타-]형여 빛깔이 조금 파란 듯하다. **파릇-이**부.
파릉-채(菠薐菜)명 ☞시금치.
파ː리명 파리목(目)의 곤충. 한 쌍의 앞날개와 관상(管狀)의 주둥이가 있음. 발육은 완전 변태. 더러운 곳에서 많이 생기며 전염병을 옮겨 해를 끼침.
파리 경주인(京主人)속담 〔지난날, 시골 아전이 서울에 오면 그 고을의 경주인의 집으로 모여들었듯이〕 '짓무른 눈에 파리가 꾀는 것'을 비유하여 이르는 말.

파리(를) 날리다관용 〔한가로이 파리나 쫓고 있다는 뜻으로〕 영업이나 사무가 바쁘지 않고 한가롭다. 장사가 잘되지 아니하다. ¶ 매일 파리 날리는 장사라면 차라리 그만두어라.

파리 목숨관용 '하잘것없이 남에게 쉽사리 죽음을 당하는 목숨'을 비유하여 이르는 말.

파리 발 드리다관용 (파리가 발을 비비듯이) 손을 싹싹 비비면서 애걸하다.

파리(玻璃)명 ①☞유리(琉璃). ②☞수정(水晶). ③불교에서 이르는, 칠보(七寶)의 하나. 수정(水晶)을 이름. ③파려(玻瓈).

파리(笆籬)명 ①울타리. ②〈파리변물(笆籬邊物)〉의 준말.

파ː리똥-새명 광석 속에 파리똥같이 새카맣게 자잘한 금분(金粉)이 끼어 있는 알갱이. 참구새[1]·새[2].

파ː리-매명 파리맷과의 곤충. 몸길이 2.5 cm가량. 몸빛은 검고 가슴과 배의 중앙에 갈색 세로 줄이 두 줄 있음. 다른 벌레를 잘 발달된 발로 움켜 잡아먹음.

파ː리-머리명 〈평정건(平頂巾)〉의 속된 말.

파리-모(玻璃母)명 유리가 녹아서 엉긴 덩어리. 파려괴(玻瓈塊).

파ː리목-동곳[-똥곧]명 꼭지가 둥글고 목이 잘록하게 생긴 동곳. ＊파ː리목동곳이[-똥고시]·파ː리목동곳만[-똥곤-]

파리-변물(笆籬邊物)명 〔울타리 가에 있는 물건이라는 뜻으로〕 쓸모없는 물건을 이르는 말. 준파리.

파ː리지옥-풀(-地獄-)명 끈끈이귀이갯과에 딸린 다년초. 북아메리카 원산. 잎자루에 넓은 날개가 있고 잎에는 가시 모양의 긴 털과 감각모가 있음. 개미·파리 따위가 잎의 감각모에 닿으면 급히 이를 닫아 잡아먹는 식충 식물(食蟲植物)임.

파ː리-채명 파리를 때려잡는 데 쓰는 채.

파ː리-통(-筒)명 지난날, 파리를 잡는 데 쓰던 둥근 유리통.

파ː리-풀명 파리풀과의 다년초. 길둥근 잎은 마주 달리고, 줄기는 50~70 cm. 숲의 그늘진 곳에 나며 여름에 담자색 꽃이 핌. 독이 있는 풀로서, 뿌리의 즙액을 짜서 파리를 잡는 데 씀.

파리-하다형여 몸이 마르고 핏기가 없어 해쓱하다. ¶ 파리한 얼굴.

파ː립(破笠)명 찢어진 헌 갓. 폐립(敝笠). ¶ 파립을 쓴 촌로.

파ː마(←permanent)명하타 전열기나 화학 약품으로 머리털을 곱슬곱슬하게 만드는 일, 또는 그 머리털.

파ː망(破網)명 찢어진 헌 망건. 폐망(敝網).

파-먹다[-따]타 ①흙이나 땅 따위를 파서 얻는 것으로 먹고살다. ¶ 땅 파먹는 재주밖에 가진 게 없다. ②겉에서부터 속으로 움푹하게 먹어 들어가다. ¶ 벌레가 과일을 파먹다. ③벌지 않고 가지고 있는 것만을 써 없애다.

파면(波面)명 ①물결의 겉면. ②파동이 전파될 때, 같은 시각에 같은 위상(位相)을 나타내는 점의 연결로 이루어지는 면.

파ː면(罷免)명하타되자 ①직무나 직업을 그만두게 하는 일. ¶ 주주들은 부실 경영의 책임을 물어 임원들의 파면을 요구했다. ②공무원의 징계 처분의 한 가지. 공무원의 신분을 박탈하는 일. ¶ 그는 뇌물 수뢰 건으로 파면되었다.

파ː-면자(破綿子)명 헌솜.

파ː면-종(破眠鐘)명 ☞경시종(警時鐘).

파ː멸(破滅)명하자되자 (사람의 인격이나 집안·나라 등이) 그 존재의 의미가 없을 정도로 망해 버림, 또는 그러한 상태. ¶ 투기를 일삼다가 끝내 파멸의 길로 떨어지다.

파ː-명당(破明堂)명하자 명당의 무덤을 딴 곳으로 옮김.

파ː묘(破墓)명하자 개장(改葬)하기 위하여 무덤을 파냄. 파구분(破舊墳).

파ː묘-축(破墓祝)명 파묘할 때 읽는 축문(祝文).

파문(波紋)명 ①수면에 이는 물결의 무늬. ¶ 잔잔한 물결이 파문을 그려 나간다. ②물결 모양의 무늬. 파상문(波狀紋). ③어떤 일이나 주위를 동요할 만한 영향. ¶ 파문이 확산되다. /어제 일어난 사건은 사회에 큰 파문을 일으켰다.

파ː문(破門)[1]명하타되자 ①(스승이 어떤 제자에 대하여) 사제(師弟)의 의리를 끊고 그 문하(門下)에서 내쫓음. ②신도(信徒)의 자격을 빼앗고 종문(宗門)에서 내쫓음.

파ː문(破門)[2]명 묏자리에서 파수(破水)의 끝으로 바라보이는 지점.

파-묻다[1][-따]타 ①땅을 파고 그 속에 묻다. ¶ 덩이뿌리를 파묻다. ②남이 모르게 깊이 감추어 버리다. ¶ 부정한 사실을 파묻어 버리다. ③(얼굴이나 몸을 어디에) 깊숙이 대거나 기대다. ¶ 소파에 몸을 파묻다. /어머니 가슴에 얼굴을 파묻고 흐느끼다.

파-묻다[2][-따][~물으니·~물어]타ㄷ (모르는 것을 밝히거나 알아내려고) 자세하게 따지면서 묻다. ¶ 그의 정체를 파묻다.

파묻-히다[-무치-]자 〖'파묻다[1]'의 피동〗 파묻음을 당하다. ¶ 사건은 미궁(迷宮) 속에 파묻히고 말았다.

파ː물(破物)명 깨어지거나 흠이 나서 못 쓰게 된 물건.

파ː민(罷民)명 ①일정한 거처나 직업이 없이 떠도는 사람. ②하자민중을 피폐하게 함.

파반(把盤)명 손잡이가 붙은 목판.

파발(擺撥)명 ①조선 말기에, 공문을 급히 보내기 위하여 설치하였던 역참(驛站). ②☞파발꾼. ¶ 파발을 띄우다.

파발-꾼(擺撥-)명 조선 말기에, 공문(公文)을 각 역참(驛站)으로 나르던 사람. 파발(擺撥).

파발-마(擺撥馬)명 ①조선 말기에, 공무로 급히 다른 지방으로 가는 사람이 타던 말. ②'급히 달아나는 사람'을 조롱조로 이르는 말.

파방(派房)명하타 조선 시대에, 해마다 한 번씩 각 지방 군(郡)에서 육방(六房)의 하급 관리들을 교체하던 일. 환방(換房).

파ː방(罷榜)명하타되자 지난날, 과거에 급제한 사람의 발표를 취소하던 일.

파방(을) 치다관용 이제까지 살아오던 살림을 그만 집어치우다.

파ː방-판(罷榜-)명 일이 다 끝난 판.

파-밭[-받]명 파를 심은 밭. ＊파밭이[-바치]·파밭을[-바틀]·파밭만[-반-]

파밭 밟듯 하다관용 (파밭 속을 걸어가듯이) 조심스럽게 발걸음을 옮겨 걸어가다.

파배(把杯)명 손잡이가 붙은 술잔.

파벌(派閥)명 ①이해관계에 따라 따로따로 갈라진 사람들의 집단. ¶ 파벌 싸움. /정치적 파벌을 형성하다. ②한 파(派)에서 갈린 가벌(家閥)이나 지벌(地閥).

파ː벽(破僻)명하자 벽성(僻姓)이나 무반향(無班鄕)에서 인재가 나와 본디의 미천한 처지에서 벗어나는 일.

파ː벽(破壁)명 무너진 벽.
파ː벽(破甓)명 깨어지거나 헌 벽돌. 파벽돌.
파ː-벽돌(破甓-)[-똘]명 ☞파벽(破甓).
파ː벽-토(破壁土)명 무너진 벽의 흙.
파별(派別)명하타 갈래를 나누어 가름, 또는 그 갈래의 구별.
파병(派兵)명하타되자 군대를 파견함.
파ː병(欛柄)명하자 사람의 목숨을 좌우할 수 있는 권력을 잡음.
파보(派譜)명 같은 종문(宗門)에 딸린 한 파의 보첩(譜牒). 참족보(族譜).
파복(波腹)명 정상파(定常波)에서, 진폭이 최대가 되는 점. ↔파절(波節).
파ː복(罷伏)명하자 조선 시대에, 파루(罷漏)를 친 뒤 순라(巡邏)들이 집으로 돌아가던 일.
파ː본(破本)명 인쇄·제책이 잘못되거나 파손되거나 하여 온전하지 못한 책.
파부-초(婆婦草)명 백부과의 다년초. 줄기 높이 60 cm 이상이고 여름에 잎겨드랑이에서 담녹색의 꽃이 한두 송이 핌. 덩어리 모양의 뿌리는 백부근(百部根)이라 하여 한방에서 약재로 쓰임. 야천문동(野天門冬).
파ː부침선(破釜沈船)명 〔출전(出戰)에 즈음하여 병사들이 솥을 깨뜨리고 병선(兵船)을 가라앉힌다는 뜻으로〕 '죽기를 각오하고 싸움에 임함'을 이르는 말.
파ː빈(破殯)명하자 ☞계빈(啓殯).
파-뿌리명 〔파의 뿌리가 희다는 데서〕 '백발(白髮)'을 비유하여 이르는 말. ¶ 검은 머리가 파뿌리가 되도록 부부가 해로(偕老)하다.
파사(波斯)명 '페르시아'의 한자음 표기.
파ː사(破寺)명 허물어진 절.
파ː사(破事)명 깨어진 일. 실패한 일.
파사(婆娑) '파사하다'의 어근.
파ː사(罷仕)명하자 ①그날의 일을 끝냄. ②지난날, 관원이 그날의 공무(公務)를 마치고 관아에서 퇴근하던 일. 사퇴(仕退).
파ː사(罷祀)명하자 〈파제사(罷祭祀)〉의 준말.
파사-하다(婆娑-)형여 ①춤추는 소매의 나부낌이 가볍다. ②몸이나 형세가 쇠하고 가냘프다. ③초목의 잎사귀가 많이 떨어져 잎이 매우 성기다. ④거문고 따위의 소리가 가냘프고 꺾임이 많다.
파ː사-현정(破邪顯正)명하자 ①부처의 가르침에 어그러지는 사악한 생각을 깨뜨리고 올바른 도리를 뚜렷이 드러냄. ②그릇된 생각을 깨뜨리고 바른 도리를 드러냄.
파삭부하자타 ①잘 마른 가랑잎이나 마른 검불 따위를 가볍게 밟을 때 나는 소리, 또는 그 모양. ②보송보송한 물건이 바스러지거나 깨질 때 나는 소리, 또는 그 모양. ¶ 대나무가 파삭 깨지다. ③단단하고 부스러지기 쉬운 물건을 깨물 때 나는 소리, 또는 그 모양. 큰퍼석. 파삭-파삭부하자타.
파삭-거리다[-꺼-]자타 자꾸 파삭파삭하다. 파삭대다. 큰퍼석거리다.
파삭-대다[-때-]자타 파삭거리다.
파삭-파삭부하형 매우 파삭한 모양. ¶ 오랜 비바람에 삭은 흙벽이라 손을 대는 대로 파삭파삭 부서진다. /파삭파삭한 가루. 큰퍼석퍼석.
파삭-하다[-사카-]형여 연한 물건이 메말라 보송보송하고 부스러지기 쉽다. ¶ 입술이 파삭하게 말라 있다. 큰퍼석하다.
파ː산(破産)명하자되자 ①가산을 모두 날려 버림. 도산(倒産)[1]. ¶ 파산을 당하다. /화재(火災)로 파산하다. ②채무자가 그 채무를 완전히 갚을 수 없는 상태에 놓였을 때 채무자의 모든 재산을 채권자에게 공평하게 나누어 줄 것을 목적으로 하는 재판상의 절차.
파ː산(破算)명하자 주판에 계산된 셈을 헝클어 버림.
파산(罷散) '파산하다'의 어근.
파ː산^법원(破産法院)명 파산 사건을 관할하여 여러 파산 절차의 정당한 진행에 책임을 지는 법원.
파ː산^선고(破産宣告)명 법원이 파산 신고를 인정하여 파산 절차를 실행으로 옮긴다는 뜻을 선고하는 결정. ¶ 파산 선고를 받다.
파ː산-자(破産者)명 파산 선고를 받은 사람.
파ː산^재단(破産財團)명 파산 절차에 의하여 채권자에게 배당(配當)되어야 할 파산자의 총재산.
파-산적(-散炙)명 파와 쇠고기를 섞어 꼬챙이에 꿰어 구운 음식.
파ː산^절차(破産節次)명 파산 재단을 모든 채권자에게 공평하게 배당 변제하는 것을 목적으로 하는 민사 소송상의 절차.
파ː산-하다(罷散-)형여 벼슬을 그만두어 한산하다.
파상(波狀)명 ①물결과 같은 형상. ②일정한 간격을 두고 차례로 되풀이되는 모양.
파ː상(破傷)명하자타 다쳐서 상함, 또는 그 상처. 부상(負傷).
파상^공ː격(波狀攻擊)명 (물결이 밀려왔다가 밀려가듯이) 한 공격 대상에 대하여 단속적(斷續的)으로 하는 공격. ¶ 폭격기의 파상 공격.
파상-문(波狀紋)명 물결무늬. 파문(波紋).
파상-운(波狀雲)명 물결 모양의 구름. 특히, 권적운(卷積雲)·고적운(高積雲)·층적운(層積雲) 등에 잘 나타남.
파상-적(波狀的)관명 물결 모양으로 일정한 간격을 두고 차례로 되풀이되는 (것). ¶ 파상적 공세. /파상적으로 지속되는 폭격.
파상^파ː업(波狀罷業)명 동맹(同盟) 파업 형태의 한 가지. 동일 산업의 여러 조합이나 동일 기업의 지역별 조합 조직이 차례차례 연속적으로 벌이는 파업.
파상^평원(波狀平原)명 ☞준평원(準平原).
파ː상-풍(破傷風)명 파상풍균의 감염으로 일어나는 급성 전염병. 상처를 통하여 감염되며, 파상풍균의 독소가 말초 신경이나 척수 세포를 침범하여 전신의 근육에 강직성 경련을 일으킴.
파ː상풍-균(破傷風菌)명 파상풍을 일으키는 병원균. 혐기성(嫌氣性)의 간균(桿菌)으로 흙속에 삶.
파ː상풍^혈청(破傷風血清)명 파상풍 환자를 치료하거나, 잠복성 환자의 발병을 예방하기 위하여 쓰이는 혈청의 제제(製劑).
파ː색(破色)명 ☞탁색(濁色).
파생(派生)명하자되자 하나의 본체에서 다른 사물이 갈려 나와 생김. ¶ 파생 상품. /한 사건에서 몇 가지 일이 파생되다.
파생-법(派生法)[-뻡]명 실질 형태소에 접사를 붙여 파생어를 만드는 단어 형성법. 〔'덧-+버선→덧버선', '슬기+-롭다→슬기롭다'로 되는 따위.〕 참합성법.
파생^사회(派生社會)[-회/-훼]명 사회의 분화 과정에서, 유사(類似) 또는 이익의 공통이라는 문화적 유대를 통해 기초 사회로부터 파생된 사회. ↔기초 사회(基礎社會).

파생^수요(派生需要)명 어떤 물건을 생산함으로써 생기는 간접적인 수요.
파생-어(派生語)명 복합어의 한 갈래. 실질 형태소와 접사가 어울려 이루어진 단어. 〔부채질·지붕·치밀다 따위.〕 참단일어(單一語)·복합어(複合語)·합성어(合成語).
파생적 소:득(派生的所得)[-쏘-] 생산에 종사하지 않고 얻은 소득. 곧, 본원적 소득에서 갈라져 나오는 소득. 〔연금·공채·이자 따위.〕
파:석(破石)명하자 돌이나 광석(鑛石) 따위를 잘게 깨뜨림.
파선(波線)명 ①물결 모양의 곡선. ②드러냄표의 한 가지. 주의를 끌거나 중요한 부분을 드러내기 위하여, 가로쓰기의 글귀 아래에 긋는 물결 모양의 줄.
파:선(破船)명하자되자 배가 풍파나 암초로 말미암아 부서짐, 또는 부서진 그 배. ¶ 부두에 정박하고 있던 어선들이 태풍으로 파선되었다.
파:선(破線)명 짧은 선을 일정한 간격을 두고 벌려 놓은 선. 제도(製圖)에서, 보이지 않는 부분의 형태를 나타낼 때 사용함. 〔---, -·-·- 따위.〕
파설(播說)명하타되자 말을 퍼뜨림.
파:성-기(破成器)명 파쇠로 만든 그릇.
파:섹(parsec)의 천문학상의 거리의 단위. 연주시차(年周時差) 1초에 상당하는 거리. 1파섹은 약 30조 8400억 km, 또는 3.259광년. 〔기호는 pc〕 [parallax+second]
파속(把束)명 지난날, 논밭에 매기던 조세의 단위인 '줌'과 '뭇'을 아울러 이르던 말.
파:손(破損)명하자타되자 깨어져 못 쓰게 됨, 또는 깨뜨려 못 쓰게 함. ¶ 기물(器物) 파손./폭우로 많은 교량과 도로가 파손되었다.
파송(派送)명하타되자 ☞파견(派遣).
파:쇄(破碎)명하타되자 깨뜨려 부스러뜨림.
파:-쇠(破-)[-쇠/-쉐]명 깨어져 못 쓰게 된 쇠그릇 조각이나 쇠붙이. 파철(破鐵).
파쇼(fascio 이)명 파시즘적인 경향·운동·단체·지배 체제, 또는 그러한 인물 따위를 가리켜 이르는 말.
파쇼나토(passionato 이)명 악보의 나타냄말. '열정적으로'의 뜻.
파수(把守)명하타 경계하여 지킴, 또는 지키는 그 사람. ¶ 파수를 보다.
파수(派收)명 ①닷새마다 팔고 산 물건 값을 치르는 일. ②장날에서 다음 장날까지의 사이.
파:수(破水)명 ①분만 때, 양막이 터지며 양수가 흘러나오는 일, 또는 그 양수. ②풍수설에서, 묏자리나 마을터에서 산 뒤로 보이는 물줄기의 파문(破門)으로 빠져나가는 물.
파수-꾼(把守-)명 파수 보는 사람.
파수-막(把守幕)명 파수를 보려고 마련한 막.
파수-병(把守兵)명 파수 보는 병사. 보초(步哨).
파순(波旬←Pāpīyas 범)명 석가모니와 그의 제자들의 수행(修行)을 방해한 마왕(魔王)의 이름. 천마.
파스(farce)명 프랑스 중세의 짧은 희극(喜劇). 소극(笑劇).
파스(PAS)명 결핵 치료제. 백색의 결정 또는 분말로 되어 있으며 약간 쓴맛이 돎. [para-amino salicylic acid]
파스(←Pasta 독)명 분말 약품을 다량으로 함유한 연고의 한 가지. 피부에 잘 달라붙으며, 피부 또는 점막으로부터 분비물을 잘 흡수하여 상한 피부를 건조시킴. ¶ 파스를 붙이다.
파스너(fastener)명 ①분리되어 있는 것을 잠그는 데 쓰는 기구. ②☞지퍼.
파스칼(PASCAL)[1]명 컴퓨터 프로그래밍 언어의 한 가지. 데이터 처리와 알고리즘을 자연스럽고도 체계적인 구조로 표현하는 데 알맞은 고급 언어임.
파스칼(pascal)[2]의 압력의 단위. 1파스칼은 제곱미터당 1뉴턴(newton)에 해당하는 압력임. 〔기호는 Pa〕
파스텔(pastel)명 안료 가루를 점착제 따위로 굳혀 막대 모양으로 만든 화구(畫具)의 한 가지.
파스텔-화(pastel畫)명 파스텔로 그린 그림.
파스토랄(pastoral 프)명 ①목가(牧歌). 전원시. ②목가적인 기악곡 또는 성악곡.
파스투렐(pastourelle 프)명 프랑스 중세기의 전원시(田園詩).
파스파^문자('Phags-pa文字)[-짜]명 원(元)나라 때, 쿠빌라이 칸이 티베트의 중〔僧〕 파스파에게 명하여 만든 몽골의 문자.
파스피에(passe-pied 프)명 중세 프랑스에서 발생한 8분의3 박자, 또는 8분의6 박자의 경쾌한 춤곡.
파:슬리(parsley)명 산형과의 이년초. 서양 채소의 한 가지. 줄기에는 골이 있으며 높이는 50 cm가량. 잎은 당근 잎과 비슷하며 여러 갈래로 갈라져 있고 향기가 있음.
파슬-파슬부하형 덩어리진 가루 따위가 말라서 쉽게 바스라지는 모양. ¶ 오래된 흙벽이 삭아서 파슬파슬 허물어져 내린다. 큰퍼슬퍼슬. 여바슬바슬.
파시(波市)명 고기가 많이 잡히는 철에, 바다 위에서 열리는 생선 시장.
파시스트(fascist)명 파시즘을 신봉하고 주장하는 사람.
파시즘(fascism)명 독재적인 전체주의. 〔제1차 세계 대전 후 이탈리아의 무솔리니 정권에서 비롯됨.〕
파식(波蝕)명하타 파도가 육지를 침식함.
파식(播植)명하타되자 씨앗을 뿌리어 심음. 비파종(播種).
파식^대지(波蝕臺地)[-때-]명 파식으로 깎인 암석의 파편이 퇴적하여 해안에 가까운 해저에 형성된 넓은 대지 모양의 지형.
파악(把握)명하타되자 〔손에 쥔다는 뜻으로〕 어떤 대상의 내용이나 본질을 잘 이해하여 확실하게 앎. ¶ 인원 파악./사건의 진상을 파악하다./재고 도서를 파악하다.
파:안(破顔)명하자 얼굴에 즐거운 표정을 지어 웃음. 얼굴에 웃음을 띰.
파:안-대소(破顔大笑)명하자 즐거운 표정으로 한바탕 크게 웃음.
파압(波壓)명 (밀려와 부딪치는) 파도의 압력.
파:약(破約)명하타 약속을 깨뜨림. 약속이나 계약을 취소함. 해약(解約).
파:양(罷養)명하타 양친(養親)과 양자의 관계를 끊음. 파계(罷繼).
파:업(罷業)명하자 ①〈동맹 파업〉의 준말. ¶ 파업 농성. ②하던 일을 중지함.
파:업-권(罷業權)[-꿘]명 쟁의권의 한 가지. 노동자가 단결하여 동맹 파업을 할 수 있는 권리.
파:업^기금(罷業基金)[-끼-]명 동맹 파업 때에 쓰기 위하여 근로자가 평소에 미리 준비하여 두는 기금.

파에톤(Phaëthon 그)명 그리스 신화에 나오는, 태양신 헬리오스의 아들.
파:연(罷宴)명하타 연회나 잔치를 마침.
파:연-곡(罷宴曲)명 연회나 잔치를 마칠 때 부르는 노래.
파:열(破裂)명하자되자 (내부의 압력으로 말미암아) 짜개지거나 갈라져 터짐. 열파(裂破). ¶ 지진으로 수도관이 파열되다.
파:열-시(破裂矢)명 고래를 잡을 때 쓰는 작살. 명중되는 순간 끝이 여러 가닥으로 쪼개지게 되어 있음.
파:열-음(破裂音)명 자음의 한 갈래. 허파에서 나오는 날숨을 일단 막았다가 그 막았던 자리를 터뜨리면서 내는 소리. 〔'ㅂ·ㅃ·ㅍ·ㄷ·ㄸ·ㅌ·ㄱ·ㄲ·ㅋ'이 이에 딸림.〕 터짐소리. 폐쇄음. 참파찰음.
파오(包 중)명 몽골 유목민의 천막식 가옥. 뜯어서 이동하기 쉽게 되어 있음.
파:옥(破屋)명 허물어진 집.
파:옥(破獄)명하자 (죄수가 달아나기 위해) 감옥을 부숨. 파뢰(破牢).
파:와(破瓦)명 깨어진 기와.
파우더(powder)명 ①가루. ②화장용 분(粉).
파운데이션(foundation)명〔'기초'·'토대'의 뜻에서〕 ①기초 화장에 쓰는 화장품의 한 가지. ②몸의 선을 고르게 하기 위해 입는 여성용 속옷. 〔브래지어·코르셋·올인원 따위.〕
파운드(pound)의 ①야드파운드법에서, 질량(質量)의 단위. 1파운드는 16온스, 0.4536 kg. 〔기호는 lb〕 ②영국의 화폐 단위. 1파운드는 20실링. 〔기호는 £·L〕 ③이스라엘·이집트·아일랜드 등의 화폐 단위.
파운드^지역(pound地域)명 파운드 화폐를 중심으로 금융적·경제적으로 결속되어 있는 지역. 스털링 지역.
파울(foul)명 ①규칙 위반. 반칙. ¶ 파울을 범하다. ②〈파울 볼〉의 준말.
파울^그라운드(foul ground)명 야구장에서, 파울 라인 바깥 부분의 운동장.
파울^라인(foul line)명 야구장에서, 본루와 일루, 본루와 삼루를 잇는 선과 그 연장선.
파울^볼:(foul ball)명 야구에서, 타구(打球)가 파울 라인 밖으로 나가는 일, 또는 그 공. 준파울.
파울^팁(foul tip)명 야구에서, 투수가 던진 공이 타자의 배트를 스쳐 직접 포수의 미트 속에 들어가는 일, 또는 그 공. 팁.
파울^플라이(foul fly)명 야구에서, 파울 라인 밖으로 높이 쳐올린 공.
파워(power)명〔'할 수 있다'는 뜻에서〕 '힘'·'능력'·'권력'을 뜻하는 말. ¶ 파워가 세다.
파원(派員)명 파견된 사람.
파월(播越)명하자 ☞파천(播遷).
파:의(罷意)[-의/-이]명하타 하려고 마음먹었던 뜻을 버림.
파:의(罷議)[-의/-이]명하자되자 의논하던 것을 그만두거나 합의하였던 것을 도로 물리거나 깨뜨리는 일. ¶ 이번 안건은 파의되었다.
파이(pi 그)명 그리스 자모의 열여섯째 글자. 〔수학에서 Π는 총승 기호(總乘記號)로, π는 원주율(圓周率)을 나타내는 기호로 쓰임.〕
파이(pie)명 서양 과자의 한 가지. 밀가루와 버터를 섞은 반죽을 밀어 그 속에 과일·고기 따위를 넣고 구워서 만듦.
파이널^세트(final set)명 배구·테니스·탁구 등 세트 구분이 있는 경기에서, 승패를 가름하는 마지막 세트. ¶ 경기가 파이널 세트까지 가다.
파-이다자 〚'파다'의 피동〛 팜을 당하다. ¶ 폭우로 웅덩이가 파이다. 준패다[4].
파이버(fiber)명 ①섬유. 섬유질. ②군인이 철모 밑에 받쳐 쓰는 모자. ③〈스테이플 파이버〉의 준말. ④〈벌커나이즈드 파이버〉의 준말.
파이버보:드(fiberboard)명 섬유판(纖維板).
파이트-머니(fight money)명 프로 권투나 프로 레슬링 등의 경기에서, 선수가 받는 보수. 대전료(對戰料).
파이팅(fighting)감 〔'힘내라'·'힘내자' 따위의 뜻으로〕 경기하는 선수를 격려하는 외침, 또는 경기하는 선수들끼리 외치는 구호.
파이프(pipe)명 ①주로, 액체나 기체 따위를 보내는 데 쓰는 관(管). 도관(導管). ¶ 수도 파이프. ②살담배를 피우는 데 쓰는 서양식 곰방대. 또는, 궐련을 피우는 데 쓰는 서양식 물부리. ¶ 그분은 늘 파이프를 물고 계신다.
파이프라인(pipeline)명 석유나 천연가스 등의 유체를 멀리까지 보내기 위하여 설치한 원거리 수송관. 송유관(送油管).
파이프^렌치(pipe wrench)명 관(管)을 부설할 때 관의 나사를 죄는 공구의 한 가지.
파이프^오르간(pipe organ)명 건반 악기의 한 가지. 음계에 따라 배열된, 크고 작은 여러 관에 동력으로 공기를 보내어 소리를 내게 한 오르간.
파인(巴人)명〔중국의 파(巴) 지방 사람이란 뜻으로〕 '촌뜨기' 또는 '시골의 교양 없는 사람'을 빗대어 이르는 말.
파인더:(finder)명 ①카메라에 달려, 사진을 찍을 때에 구도를 정하거나 핀트를 맞추거나 하기 위해 피사체를 들여다보는 부분. ②큰 망원경에 딸려, 찾고자 하는 천체를 찾기 위하여 사용하는 작은 망원경.
파인애플(pineapple)명 파인애플과의 상록 다년초. 중앙아메리카 및 남아메리카 북부 원산으로, 높이는 50~120 cm. 잎은 짧은 줄기 위에 뭉쳐나고, 엷은 자홍색 꽃이 핌. 길둥근 모양의 열매는 등황색에서 황색으로 익는데, 향기와 맛이 좋음. 봉리(鳳梨).
파인트(pint)의 야드파운드법에 따른 액체의 분량 단위. 1파인트는 8분의 1갤런. 〔기호는 pt〕
파인^플레이(fine play)명 ①운동 경기에서, 선수가 보여 주는 멋지고 뛰어난 기술. 미기(美技). ②어떤 경쟁 따위에서, 정정당당한 싸움.
파:일(←八日)명 석가 탄생일인, 음력 사월 초여드렛날. 초파일.
파:일(破日)명 (민속에서, 일을 하면 불길한 날로 치는) 음력 매달 초닷샛날·열나흗날·스무사흗날을 통틀어 이르는 말.
파일(file)명 ①서류철(書類綴). ¶ 파일을 정리하다. ②컴퓨터의 기억 장치에 분류하여 저장된 정보의 묶음. ③데이터베이스에서의, 데이터의 단위인 레코드의 집합.
파일(pile)명 ①첨모직(添毛織). ②토목이나 건축 따위의 기초 공사를 할 때 박는 말뚝.
파:일-등(←八日燈)명 석가 탄생일인 사월 초파일에 다는 등. 참관등(觀燈).
파일럿(pilot)명 ①항공기의 조종사. ②항만이나 강에서, 물길을 안내하는 사람. ②도선사(導船士).
파일럿-램프(pilot lamp)명 기계나 기구·회로 따위의 상태를 나타내는 램프. 표시등.
파일럿^플랜트(pilot plant)명 새로운 생산 공장을 건설하기에 앞서, 생산에 따른 여러 가지 자료를 얻기 위하여 세우는 시험 공장.

파일-북(file book)명 종이나 간단한 서류 따위를 자유로이 끼우고 뺄 수 있게 만든 공책, 또는 그러한 공책의 표지.

파ː임명 한자의 자형의 한 가지. '永' 자 등에서의 '㇏'의 이름.

파ː임-내다타 논의하여 결정된 일을, 뒤에 가서 딴소리하여 그르치게 하다. ¶ 끝에 가서 파임내는 사람은 따로 있다.

파자(笆子·把子)명 ☞바자.

파ː자(破字)명하자 ①한자의 자획을 나누거나 합치거나 하여 맞추는 놀이.〔'是' 자를 풀어서 '日下人'이라 하는 따위.〕 해자(解字). ②☞파자점(破字占).

파자마(pajamas)명 ①약간 낙낙하게 지은, 위아래가 따로 된 잠옷. ②인도·페르시아 사람들이 입는 통 넓은 바지.

파ː자-쟁이(破字-)명 ☞해자쟁이.

파ː자-점(破字占)명하자 점의 한 가지. 임의로 한자(漢字) 하나를 짚게 하고 그 글자를 파자하여 길흉을 점침. 파자(破字).

파ː-잡다[-따]타 결점을 잡다. 결점을 들추어내다.

파장(把掌)명하타 조선 시대에, 결세액(結稅額)과 납세자를 양안(量案)에서 뽑아 부책(簿冊)에 초록(抄錄)하던 일.

파장(波長)명 ①파동에서, 같은 위상(位相)을 가진 서로 이웃한 두 점 사이의 거리. 곧, 전파나 음파 따위의 마루에서 다음 마루까지의, 또는 골에서 다음 골까지의 거리. ②'어떤 일이 끼치는 영향, 또는 그 영향이 미치는 정도나 동안'을 비유하여 이르는 말. ¶ 파장을 몰고 오다. /파장을 불러일으키다.

파ː장(罷場)명하자되자 ①섰던 장이 파함, 또는 그런 때. ¶ 파장 무렵에는 물건 값이 싸다. ②지난날, 과장(科場)이 파한 일을 이르던 말. ③(여럿이 함께 하는) 일이 거의 끝나 가는 판이나 그 무렵. ¶ 파장에야 어슬렁거리며 나타나다.
파장에 수수엿 장수속담 때를 놓치고 볼꼴 사납게 된 사람이나 경우를 이르는 말.

파장-계(波長計)[-계/-게]명 전자파·교류 전류 따위의 파장(波長)이나 주파수를 측정하는 장치.

파장-기(把掌記)[-끼]명 지난날, 결세액과 납세자를 양안(量案)에서 초록하던 부책(簿冊).

파ː장-머리(罷場-)명 일이 끝날 때. 파장이 될 무렵. ¶ 파장머리에 잠시 거들고는 생색낸다.

파ː재(罷齋)명하자 불교에서, '법회나 재회(齋會)를 마침'을 이르는 말.

파ː-재목(破材木)명 헐어서 못 쓰게 된 재목.

파쟁(派爭)명하자 파벌 싸움. ¶ 파쟁을 일으키다.

파ː적(破寂)명하자〔적막을 깨뜨린다는 뜻으로〕 심심풀이. 소한(消閑).

파ː적(破積)명하자〔적병(積病)을 깨뜨린다는 뜻으로〕 오래 묵은 체증(滯症)을 고침.

파-전(-煎)명 반죽한 밀가루에 길쭉길쭉하게 썬 파를 넣어 부친 전. 고기·조갯살·굴 따위를 얹기도 함. ¶ 파전을 부치다.

파전(播傳)명하타되자 ☞전파(傳播).

파ː전(罷戰)명하자 싸움을 그침.

파절(波節)명 정상파(定常波)에서 진동하지 아니하는 부분. ↔파복(波腹).

파ː절(破節)명하자 절개를 깨뜨림.

파ː접(罷接)명하타 ①지난날, 시를 짓고 글을 읽는 모임을 마치고 헤어지던 일. ②모임이 끝나 헤어짐.

파ː접-례(罷接禮)[-점녜]명하자 파접(罷接)할 때 베푸는 잔치.

파ː정(破精)명하자 ☞사정(射精).

파ː제(破堤)명 홍수 따위로 제방이 무너짐.

파ː제(破題)명〔제의(題意)를 설파(說破)한다는 뜻으로〕 ①하자 과거(科擧)에서, 작시(作詩)의 첫머리에 그 글제의 뜻을 쓰던 일. ②'시부(詩賦)의 첫머리'를 이르는 말.

파ː제(罷祭)명하자 〈파제사〉의 준말.

파ː제-만사(破除萬事)명하자 (어떤 일을 이루기 위하여) 모든 일을 다 제쳐 놓음. 제백사(除百事). ¶ 파제만사하고 참석해 주십시오.

파ː-제사(罷祭祀)명하자 제사를 마침. 준파사(罷祀)·파제(罷祭).

파ː젯-날(罷祭-)[-젠-]명 제사를 마친 날.

파족(派族)명 본파에서 갈라져 나온 종족.

파ː종(破腫)명하자 종기를 터뜨리는 일.

파종(播種)명하타 논밭에 곡식의 씨앗을 뿌림. 낙종(落種). 부종(付種). 종파. 비파식(播植).

파-죽음명 몹시 맞거나 지쳐서 녹초가 된 상태를 이르는 말. ¶ 파죽음이 되어 돌아오다.

파ː죽지세(破竹之勢)[-찌-]명〔대가 결 따라 쪼개질 때와 같은 형세라는 뜻으로〕 감히 대적할 수 없을 정도로 막힘없이 무찔러 나아가는 맹렬한 기세를 이르는 말. ¶ 파죽지세로 적을 무찔러 나가다.

파지(把持)명하타 (어떤 물건이나 권력 따위를) 꼭 움켜쥠.

파ː지(破紙)명 ①찢어진 종이. ②인쇄나 제본 과정 등에서, 구겨지거나 찢어지거나 하여 못 쓰게 된 종이.

파ː직(罷職)명하타되자 관직에서 물러나게 함. ¶ 탐관오리를 파직하다.

파ː진(破陣)명하자 적진을 쳐부숨.

파ː진(罷陣)명하자 ☞파군(罷軍).

파진-찬(波珍湌)명 신라 때의 17관등의 넷째 등급을 이르던 말. 참대아찬.

파착(把捉)명하타 ①마음을 단단히 다잡음. ②일의 요점이나 요령을 잘 깨침. ②포착(捕捉).

파ː찰-음(破擦音)명 자음의 한 갈래. 입 안의 날숨을 완전히 막았다가 터뜨릴 때 마찰하는 소리가 뒤따르게 되는 소리.〔'ㅈ·ㅉ·ㅊ'이 이에 딸림.〕

파천(播遷)명하자 임금이 도성을 떠나 난을 피함. 파월(播越).

파ː-천황(破天荒)명〔천지개벽 이전의 혼돈한 상태를 깨뜨린다는 뜻으로〕 '지금껏 아무도 생각하지 못했던 놀랄 만한 일을 하는 경우'를 이르는 말.

파ː철(破鐵)명 ☞파쇠.

파ː체(破砌)명 ①깨진 섬돌. ②파손된 문지방.

파초(芭椒)명 ☞천초(川椒).

파초(芭蕉)명 파초과의 다년초. 중국 원산의 관엽 식물. 뿌리는 굵은 덩어리 모양이며 줄기 높이는 4~5 m. 잎은 길둥글며 길이는 2 m가량으로 자라고, 여름에 황백색 꽃이 이삭 모양으로 핌. 민간에서 잎·잎자루·뿌리 등을 해열·진통제로 씀. 감초(甘蕉).

파초-선(芭蕉扇)명 지난날, 정승이 길을 갈 때 머리 위를 가리던 파초의 잎 모양으로 만든 큰 부채.

파총(把總)명 조선 선조 27(1594)년에 각 군영(軍營)에 둔 종사품 무관 벼슬.

파출(派出)명하타 어떤 일을 위하여 사람을 보냄. ¶ 간호사를 파출하다.

파ː출(罷黜)명하타되자 (직무를) 그만두고 물러나게 함.
파출-부(派出婦)명 일반 가정으로부터 요청을 받고 임시로 나가 가사(家事) 따위를 돌보아 주는 여성.
파출-소(派出所)[-쏘]명 ①파견된 사람이 나가서 사무를 보는 곳. ②〈경찰 파출소〉의 준말.
파충-류(爬蟲類)[-뉴]명 척추동물문의 한 강. 주로, 땅 위에서 살며 피부는 각질의 비늘로 덮여 있음. 폐로 호흡을 하며 대부분이 난생(卵生) 또는 난태생(卵胎生)인. 〔거북·악어·뱀 따위가 이에 딸림.〕
파ː-치(破-)명 깨어지거나 흠이 생겨 못 쓰게 된 물건. ¶ 파치가 많이 나다.
파ː카(parka)명 후드가 달린 방한용 재킷.
파ː커라이징(parkerizing)명 망간이나 철 따위의 인산염 용액으로, 도장(塗裝) 전의 금속 바탕에 녹이 슬지 않도록 처리하는 일.
파ː킨슨-병(Parkinson病)명 뇌질환의 한 가지. 주로, 중추 신경계의 이상으로 발생하며, 손발과 몸이 굳어지고 떨리는 증상이 나타남.
파ː킹-미터(parking meter)명 주차 시간과 주차 요금을 자동적으로 표시하는 기기.
파ː탄(破綻)명하자되자 〔찢어져 터진다는 뜻으로〕 일이 잘 이루어지지 못하고 그릇됨. 일이 돌이킬 수 없는 지경에 이름. ¶ 경제적인 파탄. /가정생활이 파탄에 이르다. /국가 경제가 파탄에 직면했다.
파ː탈(擺脫)명하타 예절(禮節)이나 구속(拘束) 따위로부터 벗어남.
파토명하자타 '파투(破鬪)'의 잘못.
파ː토(破土)명하자 〈참파토(斬破土)〉의 준말.
파토스(pathos 그)명 욕정(欲情)·기쁨·슬픔·노여움 등 일시적인 정념의 작용. ↔에토스.
파ː투(破鬪)명하자타 화투놀이에서, 장수(張數)가 모자라거나 차례가 어긋나거나 하여 그 판이 무효로 되는 일. ¶ 패를 잘못 돌려 파투가 나다.
파ː트(part)명 ①전체를 이루는 한 부분. ¶ 두 파트로 이루어지다. ②어떠한 일에서, 맡은 역할. 직분. ¶ 구매 파트. /중요한 파트를 맡게 되다. ③합창이나 합주 따위에서, 각 성역이나 악기가 맡고 있는 부분. ¶ 알토 파트.
파ː트너(partner)명 ①(춤이나 경기 따위에서) 두 사람이 한 조가 될 경우의 상대. ¶ 아이스 댄싱의 파트너. ②사업 따위를 같이 하는 사람. ¶ 마땅한 파트너가 없다.
파트로ː네(Patrone 독)명 밝은 곳에서도 카메라에 넣을 수 있도록 만든, 롤 필름의 금속 케이스.
파ː트-타임(part time)명 일반 근무 시간보다 짧은, 어떤 일정한 시간만을 근무하는 제도. ¶ 파트타임으로 일하다.
파ː티(party)명 사교나 친목 등을 목적으로 한 모임. ¶ 댄스 파티. /생일 파티에 친구들을 초대하다.
파파(派派)명 동종(同宗)에서 갈려 나온 여러 갈래. 여러 파. 파파-이부.
파파-노인(皤皤老人)명 머리가 허옇게 센 늙은이. 백발노인.
파ː파라ː치(paparazzi 이)명 유명인을 뒤쫓아 다니는 프리랜서 사진사들을 이르는 말.
파파야(papaya)명 파파야과의 열대 상록 교목. 열대 아메리카 원산. 높이 6 m가량. 줄기는 연하고 가지가 벌지 않음. 노란 타원형의 과실에는 많은 씨가 들어 있는데, 향기가 좋으며 먹거나 약으로 씀.
파파인(papain)명 파파야의 과즙에 들어 있는 단백질 분해 효소. 소화제에 쓰임.
파ː편(破片)명 깨어져 부서진 조각. ¶ 유리 파편. /포탄의 파편이 몸에 박히다.
파피루스(papyrus)명 ①사초과의 다년초. 줄기는 2 m가량. 짙은 녹색에 마디가 없음. 10세기경까지 제지용(製紙用)으로 많이 재배되었음. ②고대 이집트에서, 나일 강 유역에 무성하게 자라던 파피루스의 줄기를 재료로 하여 만들어 쓰던 종이의 대용품. ③파피루스로 만든 종이에 적은 옛 문서.
파-피리명 파의 잎으로 장난감 삼아 만들어 부는 피리. 총적(葱笛).
파필(把筆)명하자 (글씨를 쓰기 위하여) 붓대를 잡음. 붓을 잡음.
파ː하(破夏)명하자 비구승(比丘僧)이 하안거(夏安居) 동안의 규칙을 지키지 못하고 중도에 하산(下山)하는 일.
파ː-하다(罷-)자타여 ①어떤 모임이나 하던 일 따위가 끝나서 다 헤어지다. ¶ 학교가 파하다. ②어떤 일을 마치거나 그만두다. ¶ 하루의 일과를 파하고 돌아가는 길.
파ː-하다(破-)타여 적을 쳐부수다. ¶ 수양제의 대군을 파하다.
파ː한(破閑)명하자 심심풀이.
파ː한-집(破閑集)명 고려 명종 때의 문인 이인로(李仁老)의 시문집. 시화(詩話)·문담(文談)·기사(紀事)·시 등을 수록. 3권 1책.
파행(爬行)명하자 벌레나 뱀 따위가 땅 위를 기어다님.
파행(跛行)명하자 ①절뚝거리며 걸음. ②'일이나 계획 따위가 균형이 잘 잡히지 않은 상태로 나아감'을 비유하여 이르는 말. ¶ 파행 국회. /경기의 파행 상태가 계속되다.
파행-적(跛行的)관명 일이나 계획 따위가 순조롭지 못하고 균형이 잘 잡히지 않은 상태로 나아가는 (것). ¶ 국회가 파행적으로 운영되다.
파-헤치다타 ①속에 묻혀 있는 것이 드러나도록 파서 젖히다. ¶ 무덤 속을 파헤치다. ②남의 비밀이나 비행 따위를 들추어 세상에 드러내다. ¶ 숨겨진 비밀을 파헤치다.
파ː혈(破穴)명하자 좋지 아니한 자리에 썼던 무덤을 파헤침.
파ː혈(破血)명하자 한방에서, 어혈 따위 나쁜 피를 약을 써서 없어지게 하는 일.
파ː혈-제(破血劑)[-쩨]명 파혈하는 약제.
파형(波形)명 ①물결의 모양. 물결과 같은 모양. ②전파(電波)나 음파(音波)의 모양.
파ː호(破戶)명하자 바둑에서, 말을 상대편의 집 급소에 놓아 두 집이 나지 못하게 하는 일. 파가(破家).
파ː혹(破惑)명하자 의심쩍은 일을 풀어 버림. 해혹(解惑). ¶ 피차 파혹하고 나니 홀가분하다.
파ː혼(破婚)명하자타되자 약혼을 파기함. ¶ 파혼을 당하다.
파ː회(罷會)[-회/-훼]명하자 불교에서, 법회를 마침.
파ː훼(破毁)명하타되자 ①깨뜨려 헐어 버림. ②소송법상, '파기(破棄)'의 구용어.
파ː흥(破興)명하자타되자 흥이 깨어짐, 또는 흥을 깨뜨림. 패흥(敗興). ¶ 불청객의 등장으로 파흥이 되다.

팍[부] ①야무지게 냅다 내지르는 모양, 또는 그 소리. ¶ 주먹으로 팍 내지르다. ②힘없이 고꾸라지는 모양, 또는 그 소리. ¶ 한 대 맞고 맥없이 팍 고꾸라지다. [큰]퍽². **팍-팍**[부].

팍삭[-싹][부][하자] ①맥없이 주저앉는 모양, 또는 그 소리. ¶ 너무 놀란 나머지 그대로 팍삭 주저앉고 말았다. ②부피가 앙상하고 메마른 물건이 보드랍게 가라앉거나 쉽게 부서지는 모양, 또는 그 소리. ¶ 오래된 초가지붕이 팍삭 내려앉다. [큰]퍽석. **팍삭-팍삭**[부][하자].

팍삭-하다[-싸카-][형][여] 쉽게 가라앉거나 부서질 듯이 엉성하다. [큰]퍽석하다.

팍신-팍신[-씬-씬][부][하형] 매우 팍신한 모양. ¶ 시루떡이 팍신팍신하게 쪄졌다. [큰]퍽신퍽신.

팍신-하다[-씬-][형][여] 엉긴 가루 따위가 보드랍고 팍삭한 느낌이 있다. ¶ 팍신하게 익은 감자. [큰]퍽신하다.

팍팍-하다[-파카-][형][여] 가루 따위가 물기가 없이 몹시 메마르고 보슬보슬하다. ¶ 삶은 달걀을 물 없이 먹자니 너무 팍팍하다. [큰]퍽퍽하다. **팍팍-이**[부].

판 [I][명] 일이 벌어진 자리나 장면. ¶ 판을 깨다. /판이 벌어지다.
[II][의] ①'처지'·'형편'·'판국'의 뜻을 나타내는 말. ¶ 목구멍에 풀칠하기도 어려운 판에 여행이 다 뭐냐. ②승부를 겨루는 일의 수효를 세는 말. ¶ 바둑 한 판. /다섯 판을 내리 지다.

판(板)[명] ①널빤지, 또는 널빤지 모양으로 얇고 반반하게 만든 물건. ¶ 강철로 된 얇은 판. ②☞판(版). ③음반. ¶ 판을 내다. ④〖의존 명사적 용법〗 달걀 서른 개를 오목오목하게 파인 종이나 플라스틱 판에 세워 담은 것을 세는 말. ¶ 달걀 세 판을 실어 보내다.

판(版)[명] ①인쇄를 위한 글씨·그림 따위를 새긴 나뭇조각이나 쇳조각. 판(板). ②활판이나 인쇄판을 두루 이르는 말. ¶ 판을 짜다. ③인쇄하여 책을 만드는 일, 또는 같은 판에 의한 인쇄 횟수. ¶ 4판 5쇄. /판을 거듭하다.
판에 박은 듯하다[관용] 사물의 모양이 같거나, 똑같은 일이 되풀이되다. ¶ 저 아이는 그의 아버지를 판에 박은 듯하게 닮았다.

판(瓣)[명] ①꽃잎. 화판(花瓣). ②☞밸브. ③〈판막〉의 준말.

-판(判·版)[접미] 《인쇄·제본 관계의 일부 명사 뒤에 붙어》 '책의 크기', '인쇄의 종류나 바탕' 등의 뜻을 나타냄. ¶ 사륙판. /색도판. /인쇄판.

판가(販價)[-까][명] 〈판매가〉의 준말.

판-가름[명][하타] 시비나 우열 따위를 판단하여 가름. ¶ 누가 옳은가 시비를 판가름하자.

판각(板刻)[명][하타] 글씨나 그림 등을 판에 새김, 또는 그 새긴 것. 각판(刻板). 등재(登梓). ¶ 고려 시대의 판각으로 전하는 팔만대장경.

판각(板閣·版閣)[명] 〈경판각(經板閣)〉의 준말. 판전각(版殿閣).

판각-본(板刻本)[-뽄][명] ☞목판본. 판본(版本).

판-검사(判檢事)[명] 판사와 검사.

판결(判決)[명][하자·타][되자] ①일의 옳고 그름을 판단하여 결정함. ②어떤 소송 사건에 대하여, 법원이 법률에 따라 판단을 내림, 또는 그 판단. ¶ 법원의 판결을 기다리다. /유죄 판결을 내리다.

판결-례(判決例)[명] 법원에서, 같거나 비슷한 소송 사건을 판결한 전례. [준]판례(判例).

판결-문(判決文)[명] 판결 내용과 그 근거 따위를 적은 문서.

판결-사(判決事)[-싸][명] ①시비나 선악을 판결하는 일. ②조선 시대에, 장례원(掌隸院)의 으뜸 벼슬을 이르던 말. 품계는 정삼품.

판결^주문(判決主文)[명] 판결의 결론 부분. [준]주문(主文).

판겸(判歉)[명][하타] 흉년(凶年)이 들 것으로 미리 판단함.

판공(辦公)[명][하자] 공무(公務)를 처리함.

판-공론(-公論)[-꽁논][명] 여러 사람 사이에 공동으로 떠도는 의논.

판공-비(辦公費)[명] 공무(公務)를 처리하는 데 드는 비용.

판관(判官)[명] ①심판관. 재판관. ②조선 시대에, 종오품 벼슬을 이르던 말. ③조선 시대, 감영(監營)과 유수영(留守營)이 있던 곳의 원. ④구나(驅儺) 때, 초록색 옷을 입고 활과 갓을 쓴 나자(儺者).

판관-사령(判官使令)[명] 〔감영이나 우수영의 판관에 딸린 사령이라는 뜻으로〕 '아내가 시키는 대로 잘 따르는 사람'을 농으로 이르는 말. [참]처시하(妻侍下).

판교(判校)[명] 조선 시대에, 교서관(校書館)과 승문원(承文院)의 정삼품 당하관 벼슬을 이르던 말.

판교(板橋)[명] ☞널다리.

판국(-局)[명] ①일이 벌어져 있는 사태의 형편. ¶ 집안이 망해 가는 판국. /도대체 일이 어떻게 되어 가는 판국인지 알 수가 없다. ②풍수지리에서, 집터나 묏자리 따위의 위치와 형국.

판권(版權)[-꿘][명] ①저작권을 가진 사람과 계약하여, 그 저작물의 복제나 판매 등에 따른 이익을 독점하는 권리. 출판권. ¶ 단, 당선된 원고의 판권은 본사가 가짐. ②☞판권장.

판권-장(版權張)[-꿘짱][명] 책 따위의 출판물에서, 그 출판물의 인쇄 및 발행 일자, 저자나 발행자의 주소 및 성명 같은 것이 박혀 있는 책장. 판권(版權).

판금(板金)[명] 얄팍하고 넓게 조각낸 쇠붙이.

판금(販禁)[명][하자] 어떤 상품의 판매를 법으로 금지하는 일. ¶ 그 책은 너무 선정적이라는 이유로 판금이 되었다.

판-꽂이[명] 나뭇가지를 묘포(苗圃)에 꽂아 모를 길렀다가 다른 곳으로 옮겨 심는 식목법의 한 가지.

판-나다[자] ①결판이 나다. ¶ 씨름이 판나다. ②지닌 돈이나 재산 따위가 모조리 없어지다. ¶ 장사 밑천이 판나다.

판납(辦納)[명][하타] 돈이나 물품을 이리저리 변통해서 바침.

판다(panda)[명] '자이언트 판다'와 '아메리카너구릿과의 레서판다'를 통틀어 이르는 말. 자이언트 판다는 몸길이 1.6 m가량. 털빛은 눈 가장자리·귀·가슴둘레·네 발이 검고, 그 밖의 부분은 흰 빛깔임. 높은 산의 숲 속에 살면서 죽순과 댓잎 등을 먹고 사는데, 중국 북서부, 티베트 등지에 분포함. 레서판다는 몸길이 1 m가량. 털빛은 몸 아랫면과 네 발이 희고, 몸 윗면은 붉은 갈색임. 나뭇잎·과일·쥐 따위를 먹고 사는데, 히말라야에서 중국 북서부에 이르는 높은 산에 분포함.

판-다르다[~다르니·~달라][형][르] 딴판인 것처럼 아주 다르다. 판이하다. ¶ 생각했던 바와는 판다르게 가파른 산길.

판단(判斷)[명][하자·타][되자] 전후 사정을 종합하여 사물에 대한 자기의 생각을 마음속으로 정함, 또는 그렇게 정한 내용. ¶ 판단의 기준. /정확한 판단을 내리다.

판단-력(判斷力) [-녁] 명 사물을 정확히 판단하는 힘. ¶ 냉철한 판단력.

판단^중지(判斷中止) 명 ☞에포케.

판당고(fandango 스) 명 스페인 민속 무곡(舞曲)의 한 가지. 템포가 빠른 3박자나 6박자로 되어 있으며, 두 사람이 한 쌍이 되어 캐스터네츠를 치면서 춤을 춤.

판도(版圖) 명 ①한 나라의 영토. ¶ 요하까지 미친 고구려의 판도. ②어떤 세력이 미치는 영역이나 범위. ¶ 재계의 판도가 크게 달라지다.

판도라(Pandora) 명 그리스 신화에서, 제우스가 인간을 벌하기 위하여 만들었다는 인류 최초의 여성.

판도라의 상자(Pandora-箱子) [-의-/-에-] 제우스가 인간의 모든 죄악과 재앙을 넣어 판도라에게 주었다는 상자. 판도라가 호기심으로 상자를 열자 모든 재앙이 쏟아져 나왔으나 희망만은 그 속에 남아 있었다고 함.

판도-방(判道房) 명 ①〔경상도 일부 지역에서〕 큰스님이 혼자 거처하는 딴 방을 이름. ②〔경기도·강원도 지역에서〕 부목이나 속객들이 함께 쓰는 방을 이름. ③중들이 모여 공부하는 넓고 큰 방.

판독(判讀) 명하타 되자 (어려운 글귀나 마멸된 비문·약호·암호 따위를) 판단해 가며 읽음. ¶ 암호 판독. /판독하기 어려운 옛 비문.

판-돈 [-똔] 명 노름판에 태워 놓은 돈, 또는 노름판에 내어 놓은 모두의 돈. ¶ 판돈을 걸다.
판돈(을) 떼다 관용 노름판을 벌여 놓고 돈을 딴 사람에게서 얼마씩 떼어 가지다.

판둥-거리다 자 자꾸 판둥판둥하다. 판둥대다. 큰펀둥거리다. 여반둥거리다. 참빤둥거리다.

판둥-대다 자 판둥거리다.

판둥-판둥 부하자 보기에 얄밉도록 게으르게 마냥 놀기만 하는 모양. ¶ 날마다 판둥판둥 놀기만 하고 일에는 도무지 뜻이 없다. 큰펀둥펀둥. 여반둥반둥. 참빤둥빤둥.

판득(辦得) 명하타 되자 이리저리 변통하여 얻음.

판들-거리다 자 자꾸 판들판들하다. 판들대다. ¶ 그렇게 판들거리다가 언제 일을 마치겠느냐? 큰펀들거리다. 여반들거리다. 참빤들거리다.

판-들다 [~드니·~들어] 타 가진 재산을 함부로 써서 죄다 없애 버리다.

판들-대다 자 판들거리다.

판들-판들 부하자 보기에 얄밉도록 빤빤하게 게으름만 부리는 모양. 큰펀들펀들. 여반들반들. 참빤들빤들.

판-때기(板-) 명 〈널빤지〉의 속된 말.

판-때리다 타 판단이나 판결을 내리다.

판례(判例) [팔-] 명 〈판결례(判決例)〉의 준말.

판례-법(判例法) [팔-뻡] 명 판례의 누적에 의해 법적인 효력을 가지게 된, 성문화(成文化)되지 않은 법규범(法規範).

판로(販路) [팔-] 명 상품이 팔려 나가는 길이나 방면. ¶ 판로가 막히다. /판로를 개척하다.

판로^협정(販路協定) [팔-쩡] 명 (경쟁을 피하기 위하여) 상품 판매자들끼리 판로를 협의하여 결정하는 일.

판리(辦理) [팔-] 명하타 일 따위를 판별하여 처리함.

판막(瓣膜) 명 심장이나 정맥·림프관 따위의 속에 있어, 혈액이나 림프액의 역류를 막는 막. 날름막. 준판(瓣).

판-막다 [-따] 타 마지막 승리를 얻어 그 판의 끝장을 내다. 판막음하다.

판-막음 명하타 그 판에서의 마지막 승리. 또는, 마지막 승부를 가르는 일. ¶ 배지기로 판막음하다.

판매(販賣) 명하타 되자 상품을 팖. ¶ 신제품 판매 전략. ↔구매(購買).

판매-가(販賣價) [-까] 명 상품을 파는 값. 준판가(販價).

판매-고(販賣高) 명 일정한 기간 동안에 상품을 판매한 금액. ¶ 판매고가 오르다.

판매-량(販賣量) 명 일정한 기간 동안에 판매한 수량.

판매-망(販賣網) 명 (곳곳에 그물처럼 치밀하게 짜 놓은) 판매를 위한 조직 체계. ¶ 판매망을 확장하다.

판매-소(販賣所) 명 ①입장권·승차권 따위를 판매하는 곳. ②상품을 판매하는 곳. 매장(賣場).

판매-액(販賣額) 명 일정한 기간 동안에 판매한 금액, 또는 그 총액.

판매-원(販賣元) 명 상품을 파는 근원이 되는 곳.

판매-원(販賣員) 명 상품의 판매를 맡은 직원.

판매-자(販賣者) 명 물건을 파는 사람 또는 업체. ↔구매자(購買者).

판매-점(販賣店) 명 상품을 판매하는 가게.

판매^조합(販賣組合) 명 조합원의 생산품을 서로 협동하여 유리하게 파는 것을 목적으로 조직한 산업 조합.

판매^카르텔(販賣Kartell) 명 동업자 간의 경쟁에 의한 가격 하락을 막고, 이윤을 높이기 위해 기업가끼리 연합하여 만든 판매상의 협정(協定).

판매^회ː사(販賣會社) [-회-/-훼-] 명 상품 판매의 일을 회사 설립의 주목적으로 하는 회사.

판면(板面) 명 널빤지의 겉면.

판면(版面) 명 인쇄판의 글자나 그림이 있는 면.

판명(判明) 명하타 되자 사실이나 진실 따위를 명백히 밝힘. ¶ 진상을 판명하다. /사건의 전모가 판명되다.

판목(板木) 명 두께가 6 cm 이상, 폭이 두께의 3배 이상 되는 재목.

판목(版木) 명 인쇄하기 위하여 글자나 그림을 새긴 나무.

판-몰이 명하자 노름판의 돈을 한 사람이 전부 따서 몰아 가짐. ¶ 판몰이하고는 슬며시 사라졌다.

판무(判無) '판무하다'의 어근.

판무(辦務) 명하타 맡은 사무를 처리함.

판무-관(辦務官) 명 식민지나 보호국 따위에 파견되어, 정치·외교 등에 관한 사무를 맡아보는 관리.

판-무식(判無識) 명하형 아주 무식함. 일자무식. 전무식(全無識).

판무-하다(判無-) 형여 아주 없다. 전혀 없다. ¶ 부정에 개입한 사실이 판무하다.

판문(板門) 명 널빤지로 만든 문. 널문.

판-박이(版-) 명 ①판으로 박아 낸 책. ②'조금도 새로운 데가 없이 그저 판에 박은 듯한 것'을 이르는 말. ③'아주 비슷하게 닮은 사람'을 이르는 말. ④물에 잘 풀리는 풀을 대지(臺紙)에 칠하여, 그 위에 무늬나 그림을 뒤집어 인쇄한 것. 물에 적시어 판자나 유리에 붙였다가 벗기면 인쇄된 부분만 남게 됨. 금속·유리·도자기 등의 인쇄에 이용되고, 아이들의 장난감으로도 쓰임.

판-밖 [-박] 명 일이 벌어진 테두리의 바깥. ＊판밖이[-바끼]·판밖만[-방-]

판법(判法) [-뻡] 명 판단하는 방법.

판벽(板壁)명 널빤지로 만든 벽.
판별(判別)명하타되자 명확히 구별함. 분명히 분별함. ¶ 판별이 서지 않다. /시비(是非)를 판별하다.
판본(版本·板本)명 목판으로 박은 책. 간본(刊本). 판각본(板刻本).
판부(判付)명하타 지난날, 신하가 주청한 안건을 임금이 허가하던 일.
판불(板佛)명 널빤지나 동판에 새긴 불상.
판비(辦備)명하타되자 마련하여 준비함.
판사(判事)[1]명 법관 관명(官名)의 한 가지. 대법원을 제외한 고등 법원·지방 법원 같은 데서 재판에 관한 일을 맡아봄.
판사(判事)[2]명 ①고려 시대에, 삼품 이상의 벼슬로서 각 관청의 우두머리. ②조선 시대에, 돈령부(敦寧府)·의금부(義禁府) 등의 종일품 벼슬.
판-상(-上)명 그 판에 있는 것 가운데에서 가장 나은 것.
판상(板狀)명 널 모양. 널빤지같이 생긴 모양.
판상(辦償)명하타 ①빚을 갚음. 판제(辦濟). ②남에게 입힌 손해를 돈이나 물건 따위로 물어줌. 변상(辨償). ③지은 죄과를 재물로써 갚음.
판-상놈(-常-)명 판에 박은 상놈이란 뜻으로, 남을 욕하는 말.
판상^절리(板狀節理)명 화성암(火成岩)의 표면에 생긴, 널빤지 모양으로 갈라진 틈.
판서(判書)명 ①고려 말기에, 육사(六司)의 으뜸 벼슬을 이르던 말. 품계는 정삼품. ②조선 시대에, 육조(六曹)의 으뜸 벼슬을 이르던 말. 품계는 정이품.
판서(板書)명하타 (학습 내용의 이해를 돕기 위하여) 칠판에 분필로 글 내용의 요점을 씀.
판-설다[~서니·~설어]형 전체의 사정에 익숙하지 못하고 서투르다. ¶ 처음 해 보는 일이라서 그런지 아무래도 판설다. ↔판수익다.
판-세(-勢)[-쎄]명 어떠한 판의 형세. ¶ 판세가 형편없이 기울다.
판-셈[-쎔]하타 빚진 사람이 빚 준 사람들 앞에 자기의 재산을 내놓고 자기들끼리 셈하여 나누도록 함.
판-소리[-쏘-]명하자 광대 한 사람이 고수(鼓手)의 북장단에 맞추어 서사적인 사설(辭說)을 노래와 말과 몸짓을 섞어 창극조(唱劇調)로 부르는 민속 예술의 한 갈래. 조선 말기 이후 남도를 중심으로 발달함.
판-쇠[-쐬/-쒜]명 어느 한쪽에만 몰려 있지 않고 전면에 걸쳐 널리 분포되어 있는 사금층(沙金層).
판수명 ①점치는 일을 업으로 삼는 소경. ②'소경'을 달리 이르는 말.
판수-익다[-쑤-따]형 전체의 사정에 아주 익숙하다. ↔판설다.
판시(判示)명하자 재판에서, 판결하여 보임.
판-시세(-時勢)[-씨-]명 어떠한 판의 시세나 형세.
판심(版心·板心)명 구식 제본(製本)에서, 책장이 한가운데에서 접힌 곳.
판-쓸이명 ①하타노름판에서, 한 사람이 판돈을 몽땅 다 차지하는 일. ②하자고스톱에서, 한 사람이 바닥에 깔린 패를 다 가져오는 일.
판야(panja 포)명 ☞케이폭.
판연(判然)부하형 아주 명백하게 드러나 있는 모양. ¶ 판연하게 우열을 가릴 수 없는 경기. **판연-히**부.
판열(瓣裂)명하자되자 (꽃가루를 날리기 위해) 꽃밥이 들창문을 여는 것처럼 터짐, 또는 그러한 일.
판옥-선(板屋船)[-썬]명 널빤지로 지붕을 꾸민 배. 〔조선 시대의 군선(軍船)이었음.〕
판-유리(板琉璃)[-뉴-]명 널빤지 모양의, 넓적하고 반듯한 유리. 판초자(板硝子).
판윤(判尹)명 조선 시대에, 한성부(漢城府)의 으뜸 벼슬을 이르던 말. 품계는 정이품.
판이(判異) '판이하다'의 어근.
판이-하다(判異-)형여 아주 다르다. ¶ 판이한 성격. /듣던 바와는 판이하다.
판자명 넓게 만든 밭이랑.
판자(板子)명 ①널빤지. ②☞송판(松板).
판자-때기(板子-)명 〈판자(板子)〉의 속된 말.
판자-촌(板子村)명 판잣집이 모여 있는 동네.
판잣-집(板子-)[-자찝/-잗찝]명 널빤지로 허술하게 지은 집. ¶ 무허가 판잣집.
판장(板墻)명 〈널판장〉의 준말.
판-장원(-壯元)[-짱-]명 그 판에서 재주가 가장 뛰어난 사람. ↔판조사.
판재(板材)명 ①널빤지로 된 재목. ②관(棺)으로 쓸 재목. ②관재(棺材).
판적(版籍)명 ①☞서책(書冊). ②일제 강점기에, 호구(戶口)를 기록하던 책.
판-전각(版殿閣)명 ☞판각(板閣).
판정(判定)명하자·타되자 ①어떤 일을 판별하여 결정함, 또는 그 결정. ¶ 신체검사에서 합격 판정을 받았다. /양성으로 판정하다. ②권투나 레슬링 따위의 경기에서, 심판이 승패를 결정함, 또는 그 결정. ¶ 판정을 내리다. /심판의 판정에 불복하다.
판정-승(判定勝)명하자 판정으로 이김. 〔권투나 레슬링 따위에서, 규정된 시간 내에 승부를 결정짓지 못할 경우 반칙의 유무, 또는 유효 점수의 많고 적음에 따라 결정된 승리.〕
판정-패(判定敗)명하자 권투나 레슬링 따위에서, 판정으로 짐. ¶ 판정패를 당하다.
판제(辦濟)명하타 ☞판상(辦償).
판-조사(-曹司)명 그 판에서 재주가 가장 뒤지는 사람. ↔판장원.
판-주다타 그 판에서 가장 뛰어난 사람으로 인정하여 내세우다.
판-중(-中)명 판을 이루고 있는 여러 사람 가운데. ¶ 판중에서 제일 낫다.
판지(板紙)명 널빤지처럼 단단하고 두껍게 만든 종이. 마분지(馬糞紙). 보드지.
판-짜기(版-)명하타 ☞조판(組版).
판책(版冊)명 판으로 박아 낸 책.
판초(poncho)명 ①천 중앙에 구멍을 뚫고 그곳으로 머리를 내어 입는 옷을 통틀어 이르는 말. ②짐을 진 채 머리서부터 쓸 수 있는 우비.
판-초자(板硝子)명 ☞판유리.
판촉(販促)명 여러 가지 방법으로 소비자에게 자극을 주어, 흥미와 관심을 불러일으킴으로써 효과적으로 수요를 늘려 가는 판매 활동. ¶ 판촉 행사. /판촉 사원. /판촉 활동을 벌이다.
판출(辦出)명하타되자 (돈이나 물건 따위를) 변통하여 마련해 냄. ¶ 사업 자금을 판출하다. /군량미를 판출하다.
판-치다자 ①어떤 일을 그 판에서 제일 잘하다. ¶ 씨름판에서 판치다. ②어떤 분야에서 거리낌없이 세력을 부리다. ¶ 부정과 부패가 판치는 세상은 지났다. ③경향·풍조 따위가 널리 퍼지다. ¶ 돈이 판치는 세상.

판타지(fantasy)명 환상곡(幻想曲).
판타지아(fantasia 이)명 환상곡(幻想曲).
판탈롱(pantalon 프)명 가랑이의 아래가 나팔 모양으로 벌어진 여성용 바지.
판탕(板蕩)명하타 ①나라의 정사가 어지러워짐. ②☞탕진(蕩盡).
판판부 아주. 전혀. ¶ 전과는 판판 다르다.
판판-이부 ①판마다. ¶ 내기에 판판이 지다. ②언제나 항상. ¶ 판판이 놀고먹다.
판판-하다형여 물건의 겉면이 높낮이가 없이 고르고 넓다. ¶ 바닥이 판판한 곳을 골라 자리를 깔다. 큰편편하다. **판판-히**부.
판ː-하다형여 어떤 공간이 끝없이 판판하고 너르다. ¶ 판한 들판. 큰편하다. **판-히**부.
판행(版行)명하타되자 출판하여 발행함.
판형(判型·版型)명 인쇄물의 크기. 〔A5판·B6판 따위.〕
판화(版畫)명 목판·동판·석판 따위에 그림을 새기고 잉크나 물감을 칠하여 찍어 낸 그림.
팔명 사람의 손목과 어깨 사이의 부분.
팔이 들이굽지〔안으로 굽지〕 내굽나〔밖으로 굽나〕속담 가까운 사람에게 인정(人情)이 더 쏠리는 것은 사람의 상정(常情)이라는 말.
팔을 걷고 나서다관용 (어떤 일에) 적극적으로 나서다. 팔을 걷어붙이다. ¶ 시민들은 수해 지역 복구 작업에 팔을 걷고 나섰다.
팔을 걷어붙이다관용 ☞팔을 걷고 나서다.
팔(八) Ⅰ수 여덟.
Ⅱ관《일부 단위를 나타내는 명사 앞에 쓰이어》 ①그 수량이 여덟임을 나타내는 말. ¶ 팔 미터. ②그 순서가 여덟 번째임을 나타내는 말. ¶ 팔 권. /팔 호.
팔-가락지[-찌]명 여자의 팔목에 끼는 고리 모양의 장식품. 팔찌.
팔각(八角)명 ☞팔모.
팔각-기둥(八角-)[-끼-]명 밑면이 팔각형인 각기둥.
팔각-당(八角堂)[-땅]명 팔각형으로 지은 불당.
팔각-도(八角墻)[-또]명 '팔각기둥'의 구용어.
팔각-뿔(八角-)명 밑면이 팔각형인 각뿔.
팔각-시(八角詩)[-씨]명 시회(詩會) 같은 곳에서, 여덟 개의 한자를 골라 그중에서 한 자씩을 머리글자로 하여 사자구(四字句)와 삼자구(三字句)를 지은 뒤에, 각기 지은 것을 맞추어 칠언 절구(七言絕句)를 만드는 놀이. 〔오언 절구(五言絕句)로 할 때는 삼자구(三字句)와 이자구(二字句)를 지음.〕
팔각-정(八角亭)[-쩡]명 ☞팔모정.
팔각-주(八角柱)[-쭈]명 '팔각기둥'의 구용어.
팔각-추(八角錐)명 '팔각뿔'의 구용어.
팔각-형(八角形)[-가켱]명 여덟 개의 연결된 직선으로 둘러싸인 평면 도형.
팔-걸이명 ①의자의, 양팔을 걸치게 된 부분. ②씨름에서, 한 손으로 상대편의 다리를 걸고 고개와 몸으로 밀어 넘어뜨리는 기술. ③수영에서, 발을 놀려 몸을 뜨게 하고 두 팔을 섞바꾸어 가며 물을 헤쳐서 나가는 기법.
팔걸이-의자(-椅子)[-의-/-이-]명 팔걸이가 딸린 의자. ¶ 팔걸이의자에 앉아 있는 여인.
팔결명 팔팔결.
팔경(八景)명 (어떤 지역의) 여덟 가지의 아름다운 경치.
팔계(八戒)[-계/-게]명 우바새(優婆塞)와 우바이(優婆夷)가 육재일(六齋日)에 지키는 여덟 가지 계행(戒行).
팔고(八苦)명 불교에서 이르는, 인생의 여덟 가지 괴로움. 곧, 생로병사(生老病死)의 사고(四苦)에 애별리고(愛別離苦)·원증회고(怨憎會苦)·구부득고(求不得苦)·오음성고(五陰盛苦)를 더한 것.
팔고조-도(八高祖圖)명 사대(四代)까지의 할아버지와 할머니 및 외할아버지와 외할머니의 계열을 그린 도표.
팔곡(八穀)명 여덟 가지 곡식. 곧, 벼·보리·조·밀·콩·팥·기장·깨, 또는 벼·보리·조·피·콩·수수·기장·깨를 이르는 말.
팔관-보(八關寶)명 고려 시대에, 전곡(錢穀)을 빌려 주고 받은 이자를 모아 팔관회의 비용을 마련하던 기관.
팔관-회(八關會)[-회/-훼]명 고려 시대에, 해마다 중경(中京)과 서경(西京)에서 토속신에게 제사 지내던 국가적인 의식.
팔괘(八卦)명 중국 상고 시대에 복희씨(伏羲氏)가 지었다는 여덟 가지 괘. 곧, ☰〔건(乾)〕·☱〔태(兌)〕·☲〔이(離)〕·☳〔진(震)〕·☴〔손(巽)〕·☵〔감(坎)〕·☶〔간(艮)〕·☷〔곤(坤)〕.
팔괘-장(八卦章)명 갑오개혁 이후에 정한 훈장의 한 가지. 일등에서 팔등까지 있었음.
팔굉(八紘)[-굉/-궹]명 팔방(八方)의 멀고 너른 범위. 곧, 온 세상. 팔극(八極). 팔황(八荒).
팔구(八區)명 팔방의 구역. 곧, 온 천하.
팔구-분(八九分)명 ①열로 나눈 것 중에서 여덟이나 아홉가량. ②거의.
팔^굽혀^펴기[-구펴-]명 엎드려뻗친 자세로 팔을 굽혔다 폈다 하는 운동.
팔극(八極)명 ☞팔굉(八紘).
팔기(八旗)명 중국 청나라 태조가 제정한 병제(兵制). 전군을 기의 빛깔에 따라 여덟 기로 나누고, 각 기마다 7500명의 군사를 배속하였음.
팔-꾸머리명 '팔꿈치'의 방언.
팔-꿈치명 팔의 위아래 관절이 이어진 곳의 바깥쪽.
팔난(八難)[-란]명 ①여덟 가지의 재난. 곧, 배고픔·목마름·추위·더위·물·불·병란·칼. ②불교에서 이르는, 부처를 보지 못하고 불법(佛法)을 들을 수 없는 여덟 가지의 곤란.
팔-난봉[-란-]명 난봉을 많이 부리는 사람. 파락호(破落戶).
팔년-병화(八年兵火)[-련-]명 〔중국 초한(楚漢) 시대에 항우(項羽)와 유방(劉邦)의 싸움이 8년이나 계속된 데서〕 '싸움이 오래 계속되고 승부가 속히 결정되지 않음'을 이르는 말.
팔년-풍진(八年風塵)[-련-]명 〔중국 한(漢)나라의 유방(劉邦)이 8년이나 걸려 초(楚)나라의 항우(項羽)를 멸한 데서〕 '여러 해 동안 고생을 겪음'을 이르는 말.
팔다[파니·팔아]타 ①돈을 받고 물건이나 권리를 남에게 주거나 노력 따위를 제공하다. ¶ 품을 팔다. /사과를 아주 싸게 팔다. ↔사다. ②눈이나 정신을 다른 곳으로 돌리다. ¶ 한눈 팔지 마라. ③돈을 주고 곡식을 사다. ¶ 양식 팔러 가다. ④(이름 따위를) 빙자하다. ¶ 친구의 이름을 팔고 돈을 얻어 쓰다. ⑤(부당한 이득을 위해) 속이거나 배반하다. ¶ 양심을 팔다. /나라를 팔다. ⑥(명성을 얻으려고) 이름을 세상에 퍼뜨리다. ¶ 큰 공을 세웠노라고 자기 이름을 팔고 다닌다. ⑦돈을 받고 몸을 허락하다. ¶ 밤거리에서 몸을 팔다.
팔-다리명 팔과 다리.
팔달(八達)[-딸]명 ①하형 길이 팔방으로 통하여 있음. ¶ 사통(四通)팔달. ②하자 모든 일에 정통함.

팔-대가(八大家) [-때-] 명 ①〈당송 팔대가(唐宋八大家)〉의 준말. ②☞수투전(數鬪牋).

팔대^명왕(八大明王) [-때-] 명 불교에서 이르는, 악마를 굴복시키는 여덟 명왕.

팔대-문(八大門) [-때-] 명 서울의 여덟 성문. 곧, 동에 흥인지문(興仁之門), 서에 돈의문(敦義門), 남에 숭례문(崇禮門), 북에 숙정문(肅靖門)의 4대문과, 동북에 혜화문(惠化門), 동남에 광희문(光熙門), 서남에 소의문(昭義門), 서북에 창의문(彰義門)의 4소문(小門)을 이름.

팔대^야:차(八大夜叉) [-때-] 명 불교에서 이르는, 불법을 수호하는 여덟 야차 신장(夜叉神將).

팔대^용왕(八大龍王) [-때-] 명 불교에서 이르는, 불법을 수호하며 물을 다스리는 여덟 용왕.

팔대^지옥(八大地獄) [-때-] 명 불교에서 이르는, 여덟 가지 큰 지옥. 팔열 지옥.

팔대^행성(八大行星) [-때-] 명 태양의 둘레를 주기적으로 돌고 있는 여덟 행성. 곧, 수성·금성·지구·화성·목성·토성·천왕성·해왕성.

팔덕(八德) [-떡] 명 인(仁)·의(義)·예(禮)·지(智)·충(忠)·신(信)·효(孝)·제(悌)의 여덟 가지 덕(德).

팔도(八道) [-또] 명 ①조선 시대에, 국토를 여덟 개의 도로 나눈 행정 구역. 곧, 경기도·충청도·경상도·전라도·강원도·황해도·평안도·함경도. 팔로(八路). ②우리나라의 '전국(全國)'을 달리 이르는 말.

팔도를 무른 메주 밟듯 속담 전국 방방곡곡을 두루 다녔다는 말.

팔도-강산(八道江山) [-또-] 명 우리나라 전국의 산수(山水).

팔두신(八頭身) [-뚜-] 명 ☞팔등신(八等身).

팔두-작미(八斗作米) [-뚜장-] 명 벼 한 섬을 찧어 쌀 여덟 말을 받고 그 나머지는 방앗삯으로 주는 일.

팔-등신(八等身) [-뜽-] 명 신장(身長)과 머리 길이의 비가 8대 1로 되는 몸, 또는 그런 몸을 가진 사람. 〔흔히, 미인의 표준으로 삼음.〕 팔두신(八頭身). ¶ 팔등신의 미녀.

팔딱 부 ①하자 힘을 모아 작고 탄력 있게 뛰는 모양. ¶ 개구리가 팔딱 뛴다. ②하자타 심장이나 맥이 작게 뛰는 모양. 큰 펄떡. **팔딱-팔딱** 부하자타.

팔딱-거리다 [-꺼-] 자타 자꾸 팔딱팔딱하다. 팔딱대다. 큰 펄떡거리다.

팔딱-대다 [-때-] 자타 팔딱거리다.

팔딱-이다 자타 작고 탄력 있게 자꾸 뛰다. 큰 펄떡이다.

팔-때기 명 〈팔〉의 속된 말.

팔뚝 명 팔꿈치로부터 손목까지의 부분. 하박(下膊). ¶ 팔뚝이 굵다.

팔뚝-시계(-時計) 명 '손목시계'의 잘못.

팔라듐(palladium) 명 백금족 원소의 한 가지. 백금광·금광·은광에 합금으로 들어 있고, 은백색으로 질산과 진한 황산에 녹음. 백금보다 값이 싸고 가벼우며 단단하기 때문에 전기 접점(接點), 치과 재료, 장식품 따위로 사용됨. 〔Pd/46/106.4〕

팔락 부하자타 (종잇장이나 작은 깃발 따위가) 바람에 가볍게 한 번 나부끼는 모양, 또는 그 소리. 큰 펄럭. **팔락-팔락** 부하자타.

팔락-거리다 [-꺼-] 자타 자꾸 팔락팔락하다. 팔락대다. ¶ 벽에 걸린 달력이 바람에 팔락거린다. 큰 펄럭거리다.

팔락-대다 [-때-] 자타 팔락거리다.

팔락-이다 자타 바람에 날리어 가볍고 빠르게 나부끼다. ¶ 머플러가 바람에 팔락이다. /깃발을 팔락이며 배가 들어왔다. 큰 펄럭이다.

팔랑 부하자타 (종잇장이나 천 같은 것이) 바람에 날리어 가볍고 부드럽게 나부끼는 모양. 큰 펄렁. **팔랑-팔랑** 부하자타.

팔랑-개비 명 ①어린이 장난감의 한 가지. 종이 따위로 바람을 받아 잘 돌게 만든 것. 바람개비. 풍차(風車). ②한자리에 가만히 있지 못하고 경망하게 자꾸 돌아다니는 사람을 조롱조로 이르는 말.

팔랑-거리다 자타 자꾸 팔랑팔랑하다. 팔랑대다. ¶ 벽에 걸린 달력이 창문을 통해 불어온 바람에 팔랑거렸다. 큰 펄렁거리다.

팔랑-대다 자타 팔랑거리다.

팔레오-세(←Paleocene世) 명 신생대 제3기를 다섯으로 나눈 최초의 지질 시대. 6500만 년 전부터 5600만 년 전까지를 이름.

팔레트(palette 프) 명 그림물감을 짜내어 섞기 위한 판. 조색판(調色板).

팔레트^나이프(palette knife) 명 팔레트의 그림물감을 섞거나 찌꺼기를 긁어내는 데 쓰는 칼.

팔로(八路) 명 ☞팔도(八道)

팔-리다 자 ①〖'팔다'의 피동〗 ㉠물건이나 권리 따위를 다른 사람이 사가게 되다. ¶ 집이 팔리다. ㉡생각이 한쪽으로 쏠리다. ¶ 이야기에 정신이 온통 팔리다. ②얼굴이나 이름이 널리 알려지다. ¶ 연예인이 된 후로는 얼굴이 너무 팔려서 거리에 잘 나가지도 못한다.

팔림-새 명 (상품이) 팔리는 형편.

팔만-나락(八萬奈落) 명 ☞팔만지옥.

팔만-대장경(八萬大藏經) 명 〈팔만사천대장경〉의 준말.

팔만사천-대장경(八萬四千大藏經) 명 〔8만 4천 법문이 수록되어 있는 데서〕 '고려 대장경'을 이르는 말. 준 팔만대장경.

팔만-지옥(八萬地獄) 명 불교에서, 중생이 번뇌 때문에 당하는 수많은 괴로움을 지옥에 비유하여 이르는 말. 팔만나락(八萬奈落).

팔매 명하타 돌 따위 작고 단단한 물건을 힘껏 던짐, 또는 그 물건. ¶ 팔매를 치다.

팔매-질 명하타 돌 따위 작고 단단한 물건을 손에 쥐고 힘껏 멀리 던지는 짓.

팔매-치기 명하자 팔매질로 겨루는 장난.

팔맷-돌 [-매똘/-맫똘] 명 ①팔매질할 때 쓰는 돌. ②사냥에 쓰는 돌. 2~5개의 주먹만 한 돌을 끈 따위로 묶어서 씀.

팔면(八面) 명 ①'모든 방면이나 측면'을 이르는 말. ¶ 팔면으로 수소문하다. ②여덟 개의 평면.

팔면-고(八面鼓) 명 국악(國樂)에서 쓰는, 여덟 면을 가진 북.

팔면부지(八面不知) 명 어느 모로나 전혀 알지 못함, 또는 그런 사람.

팔면-육비(八面六臂) [-뉵삐] 명 〔여덟 개의 얼굴과 여섯 개의 팔이라는 뜻으로〕 '어떤 일을 당해도 능히 처리하는 수완(手腕)과 능력이 있음'을 이르는 말.

팔면-체(八面體) 명 여덟 개의 평면(平面)으로 둘러싸인 입체(立體).

팔-모(八-) 명 여덟모. 팔각(八角).

팔모(八母) 명 지난날, 실모(實母) 이외에 복제(服制)의 구별이 있었던 여덟 어머니. 곧, 적모(嫡母)·계모(繼母)·양모(養母)·자모(慈母)·가모(嫁母)·출모(黜母)·서모(庶母)·유모(乳母).

팔-모가지 명 〈팔목〉의 속된 말.

팔모-귀(八-)명 네모진 것을 여덟모로 만들고 남은, 네 쪽의 삼각형.
팔모-살(八-)명 여덟모가 지게 댄 문살.
팔모-정(八-亭)명 여덟모가 지게 지은 정자. 팔각정(八角亭).
팔-목명 손이 잇닿은 팔의 끝 부분. 손목.
팔목(八目)명 ☞수투전(數鬪牋).
팔문(八門)명 음양가가 구궁(九宮)에 맞추어서 길흉을 점치는 여덟 문. 곧, 휴(休)·생(生)·상(傷)·두(杜)·경(景)·사(死)·경(驚)·개(開).
팔문-둔갑(八門遁甲)명 음양가가 귀신을 부리는 술법(術法).
팔물-탕(八物湯)명 사물탕(四物湯)과 사군자탕(四君子湯)을 합한 탕약. 기혈을 보하는 보약임.
팔-밀이명하자타 ①재래식 혼례에서, 혼인날 신랑이 신부 집에 이르렀을 때, 신부 집 사람이 읍(揖)하며 맞아 행례청(行禮廳)까지 팔을 밀어 인도하는 예(禮). ②마땅히 자기가 해야 할 일을 남에게 미룸. ¶ 이번 일은 팔밀이하지 말고 네가 직접 해라.
팔방(八方)명 ①사방(四方)과 사우(四隅). 곧, 동·서·남·북과 북동·북서·남동·남서의 여덟 방위. ②건(乾)·감(坎)·간(艮)·진(震)·손(巽)·이(離)·곤(坤)·태(兌)의 여덟 방위. ③이곳저곳. 모든 방면. ¶ 팔방으로 수소문하다.
팔-방망이(八-)명 앞뒤로 방망이 여덟을 대고 열여섯 사람이 메도록 된 상여(喪輿).
팔방-미인(八方美人)명 ①어느 모로 보나 아름다운 미인. ②주관이 없이 누구에게나 잘 보이도록 처세하는 사람을 얕잡아 이르는 말. ③'여러 방면에 능통한 사람'을 비유하여 이르는 말. ④'깊이는 없이 여러 방면에 조금씩 손대는 사람'을 조롱하여 이르는 말.
팔방-천(八方天)명 불교에서, 하늘을 여덟 방위로 나누어 이르는 말.
팔-배태명 저고리 소매 밑의 솔기를 따라서 겨드랑이 끝까지 두 편으로 좁게 댄 헝겊.
팔백(八白)명 음양설에서 이르는 구성(九星)의 하나. 곧, 토성(土星)을 이름.
팔-베개명하자 팔을 베개 삼아 베는 일.
팔보-채(八寶菜)명 중화요리의 한 가지. 마른 해삼·새우·닭고기·죽순·목이버섯·느타리버섯·양파·완두콩 등 여덟 가지 재료를 볶아서 육수와 양념을 넣고 끓이다가, 녹말을 푼 물을 부어 걸쭉하게 익혀 만듦.
팔-복전(八福田)[-쩐]명 〔불교에서〕 ①공경·공양하거나 자비를 베풀어 복을 심는 여덟 가지 밭. 곧, 부처·성인(聖人)·스님·화상(和尙)·아사리(阿闍梨)·아버지·어머니·병든 사람. ②복 받을 원인이 되는 여덟 가지의 좋은 일. 곧, 길가에 우물을 파는 일, 물가에 다리를 놓는 일, 험한 길을 닦는 일, 부모에게 효도하는 일, 삼보(三寶)를 공경하는 일, 병자를 구완하는 일, 가난한 사람에게 밥을 주는 일, 누구에게나 공양하고 보시하는 큰 법회를 베푸는 일.
팔부-중(八部衆)명 불법(佛法)을 수호하는 여덟 신장(神將). 곧, 천(天)·용(龍)·야차(夜叉)·건달바(乾闥婆)·아수라(阿修羅)·가루라(迦樓羅)·긴나라(緊那羅)·마후라가(摩睺羅迦).
팔분(八分)명 한자의 여섯 가지 서체의 하나. 예서(隷書)에 장식적인 요소를 더하여 전자(篆字) 팔분(八分)과 예서 이분(二分)의 비율로 섞어 만들었다 함.
팔분-쉼표(八分-標)명 온쉼표의 8분의 1의 길이에 해당하는 쉼표. 〔기호는 𝄾〕
팔분-음표(八分音標)명 온음표의 8분의 1의 길이에 해당하는 음표. 〔기호는 ♪〕
팔분-의(八分儀)[-부늬/-부니]명 ☞옥탄트(octant).
팔-불용(八不用)명 ☞팔불출(八不出).
팔-불출(八不出)명 몹시 어리석은 사람을 이르는 말. 팔불용(八不用). 팔불취(八不取).
팔-불취(八不取)명 ☞팔불출(八不出).
팔사(八絲)[-싸]명 여덟 가닥으로 꼰 노끈.
팔삭(八朔)[-싹]명 음력 팔월 초하룻날. 〔농가에서 이날 처음으로 햇곡식을 벰.〕
팔삭-둥이(八朔-)[-싹뚱-]명 ①제 달을 다 채우지 못하고 밴 지 여덟 달 만에 낳은 아이. ¶ 팔삭둥이를 낳다. ②'똑똑하지 못한 사람'을 조롱하여 이르는 말.
팔상(八相)[-쌍]명 ①사람 얼굴의 여덟 가지 상(相). 곧, 위(威)·후(厚)·청(淸)·고(古)·고(孤)·박(薄)·자(慈)·속(俗). ②불교에서, 석가여래가 중생을 제도하고자 이 세상에서 나타낸 변상(變相) 여덟 가지를 이르는 말. 곧, 하천(下天)·탁태(託胎)·강탄(降誕)·출가(出家)·항마(降魔)·성도(成道)·전법륜(轉法輪)·입열반(入涅槃).
팔상-성도(八相成道)[-쌍-]명 석가여래가 중생을 제도하기 위하여 이 세상에 나타나 여덟 가지의 상으로 이룬 도. 팔상작불(八相作佛).
팔상-작불(八相作佛)[-쌍-뿔]명 ☞팔상성도.
팔색-조(八色鳥)[-쌕쪼]명 팔색조과의 새. 몸길이 18 cm가량이며, 여러 빛깔의 깃털로 덮여 있음. 중국 남부에서 여름에 제주도와 일본 등지로 날아옴.
팔서(八書)[-써]명 〈팔체서(八體書)〉의 준말.
팔선-교자(八仙交子)[-썬-]명 ☞팔선상.
팔선-상(八仙床)[-썬-]명 여덟 사람이 둘러앉을 만하게 만든 네모반듯하고 큰 상. 팔선교자(八仙交子).
팔성(八成)[-썽]명 황금의 품질을 10등분할 때의 셋째 등급. 참구성(九成).
팔-성도(八聖道)[-썽-]명 ☞팔정도(八正道).
팔세-보(八世譜)[-쎄-]명 왕조 때, 문무관과 음관(蔭官)의 문벌을 알기 위해 팔대조(八代祖)까지를 기록한 보첩(譜牒).
팔-소매[-쏘-]명 ☞소매.
팔손이-나무(八-)[-쏘니-]명 두릅나뭇과의 상록 관목. 높이 2~3 m이며 바닷가 숲에서 잘 자람. 짙은 녹색의 잎은 손바닥 모양으로 일곱 내지 아홉 갈래로 갈라지고, 늦가을에 흰 꽃이 피며 관상용으로도 가꿈. 잎은 거담제로 쓰임.
팔순(八旬)[-쑨]명 여든 살. 팔질(八耋). ¶ 팔순의 노인.
팔^시간^노동제(八時間勞動制)[-씨-]명 노동 시간을 하루 8시간(1주일에 48시간)으로 규정한, 국제 표준 노동 시간제. 〔우리나라는 1989년에 1주일 노동 시간을 44시간으로 개정함.〕
팔식(八識)[-씩]명 불교에서, 오관(五官)과 몸을 통하여 외부의 사물을 인식할 수 있는 여덟 가지 심적 작용을 이르는 말.
팔-심[-씸]명 팔뚝의 힘. ¶ 팔심이 세다.
팔십(八十)[-씹] Ⅰ수 여든.
Ⅱ관 《일부 단위를 나타내는 명사 앞에 쓰이어》 그 수량이 여든임을 나타내는 말. ¶ 팔십 명.
팔싹부하자 ①연기나 먼지 따위가 몽치어 일어나는 모양. ¶ 뿌연 흙먼지가 팔싹 일어나다. ②갑자기 맥없이 주저앉는 모양. 큰펄썩. **팔싹-팔싹**부하자.

팔싹-거리다[-꺼-]자 자꾸 팔싹팔싹하다. 팔싹대다. 큰펄썩거리다.

팔싹-대다[-때-]자 팔싹거리다.

팔-씨름명하자 두 사람이 손을 마주 잡고 팔심을 겨루는 내기. ¶ 팔씨름을 벌이다.

팔아-넘기다타 ①값을 받고 어떤 물건의 소유권을 다른 사람에게 넘겨주다. ¶ 시골 농민이 도시 사람에게 전답을 팔아넘겼다. ②주로 여성을 대상으로 하여, 돈을 받고 물건처럼 거래하다. ¶ 그들은 소녀들을 인신매매 조직에 팔아넘겼다. ③어떤 이득을 얻기 위하여 지조·양심 따위를 버리다.

팔아-먹다[-따]타 〈팔다〉의 속된 말.

팔양-경(八陽經)명 여덟 가지 양(陽)을 말하여, 혼인(婚姻)·해산(解産)·장사(葬事) 등에 관한 미신적 행동을 타파한 내용의 불경.

팔열^지옥(八熱地獄)명 불교에서 이르는, 극열(極熱)의 형벌을 받는 여덟 지옥. 곧, 등활(等活)·흑승(黑繩)·중합(衆合)·규환(叫喚)·대규환(大叫喚)·초열(焦熱)·대초열(大焦熱)·무간(無間)의 지옥. 팔대 지옥(八大地獄).

팔-오금명 팔꿈치를 오그린 안쪽. 준오금.

팔월(八月)명 한 해의 여덟째 달. 참계월(桂月)·유월(酉月)·중추(仲秋)2.

팔월-선(八月仙)[-썬]명 팔월에 농사일을 끝낸 농부를 신선 같다는 뜻으로 이르는 말.

팔음(八音)명 아악(雅樂)에 쓰이는 금(金)·석(石)·사(絲)·죽(竹)·포(匏)·토(土)·혁(革)·목(木)의 여덟 악기, 또는 그 소리.

팔인-교(八人轎)명 여덟 사람이 메는 교자.

팔일-무(八佾舞)명 지난날, 나라의 큰 제사 때에, 가로세로 여덟 명씩 모두 64명을 정렬시켜 추게 하던 춤.

팔자(八字)[-짜]명 〔태어난 해·달·날·시의 간지(干支)인 '여덟 글자'라는 뜻으로〕 사람의 평생 운수. ¶ 팔자가 기구하다. /팔자가 좋다. /모두가 팔자 탓이다. 참사주(四柱).

팔자 도망은 못한다속담 제가 타고난 운명에 따라야지, 억지로 되는 것이 아니라는 말.

팔자(가) 늘어지다관용 ①팔자가 매우 좋다는 뜻. ②하는 일 없이 편히 지낼 수 있게 되었다는 뜻.

팔자(를) 고치다관용 ①개가(改嫁)하다. ②별안간 부자가 되거나 지체가 높아져 딴 사람처럼 되다.

팔자에 없다관용 분수나 격에 넘치는 뜻밖의 복록(福祿)이 겹다.

팔자-걸음(八字-)[-짜-]명 발끝을 바깥쪽으로 벌려 걷는 걸음. 여덟팔자걸음.

팔자-땜(八字-)[-짜-]명하자 사나운 팔자를 어떤 어려운 일로 대신 때움. 〔몹시 어려운 일을 겪었을 때 하는 말.〕

팔자-소관(八字所關)[-짜-]명 타고난 운수로 인하여 어쩔 수 없이 당하는 일. ¶ 아무리 살기가 힘들어도 팔자소관이려니 하고 살아라.

팔자-수염(八字鬚髥)[-짜-]명 코 밑에 '八'자 모양으로 난 수염.

팔자-춘산(八字春山)[-짜-]명 미인의 '고운 눈썹'을 비유하여 이르는 말.

팔자-타령(八字-)[-짜-]명 자신의 기박한 신세를 한탄하는 일.

팔작-집(八作-)[-짝찝]명 네 귀에 모두 추녀를 달아 지은 한식(韓式) 집.

팔-장신(八將神)[-짱-]명 음양가(陰陽家)가 이르는, 길흉의 방위를 맡은 여덟 신.

팔재(八災)[-째]명 불교에서, 참선(參禪) 수행에 방해가 되는 여덟 재환(災患). 곧, 희(喜)·우(憂)·고(苦)·낙(樂)·심(尋)·사(伺)·출식(出息)·입식(入息).

팔-재간(-才幹)[-째-]명 씨름에서, 팔을 쓰는 재간. ¶ 팔재간이 좋은 선수.

팔전(八專)[-쩐]명 임자(壬子)에서 계해(癸亥)까지의 열이틀 가운데서 축(丑)·진(辰)·오(午)·술(戌)의 나흘을 뺀 나머지 여드레 동안을 이르는 말. 〔한 해에 여섯 차례가 있는데 이 동안에 비가 많이 온다고 함.〕

팔절(八節)[-쩔]명 입춘(立春)·춘분(春分)·입하(立夏)·하지(夏至)·입추(立秋)·추분(秋分)·입동(立冬)·동지(冬至)의 여덟 절기.

팔절-일(八節日)[-쩌릴]명 팔절(八節)에 해당하는 날.

팔-정도(八正道)[-쩡-]명 불교에서 이르는, 실천 수행하는 여덟 가지 참된 덕목. 곧, 정견(正見)·정어(正語)·정업(正業)·정명(正命)·정념(正念)·정정(正定)·정사유(正思惟)·정정진(正精進). 팔성도(八聖道).

팔조지교(八條之敎)[-쪼-]명 고조선 때에 시행된 여덟 조항으로 된 법금(法禁). 팔조지금법(八條之禁法).

팔조지금법(八條之禁法)[-쪼-뻡]명 ☞팔조지교(八條之敎).

팔족-시(八足詩)[-쪽씨]명 팔각시(八角詩)에서 머리글자로 쓰는 것을 끝 글자로 하여 시를 짓는 놀이.

팔종성-가족용법(八終聲可足用法)[-쫑-종농뻡]명 〔'훈민정음(訓民正音)' 해례(解例)의 종성해(終聲解)에 있는 받침 규정으로〕 'ㄱ·ㄴ·ㄷ·ㄹ·ㅁ·ㅂ·ㅅ·ㆁ'의 여덟 글자만 받침으로 써도 된다는 말. 〔가령, '곶〔花〕→곳', '갗〔毛皮〕→갓', '븥다→븓다', '높다→놉다'로 써도 된다는 말.〕

팔-주비전(八注比廛)[-쭈-]명 조선 말기에, 백각전(百各廛) 중 선전(縇廛)·면포전(綿布廛)·면주전(綿紬廛)·지전(紙廛)·저포전(苧布廛)·포전(布廛)·내어물전(內魚物廛)·외어물전(外魚物廛)의 여덟 시전(市廛)을 이르던 말.

팔-죽지[-쭉찌]명 팔꿈치에서 어깻죽지 사이의 부분. ¶ 팔죽지를 붙잡고 떼를 쓴다.

팔-준마(八駿馬)[-쭌-]명 역사상 이름 있는 여덟 준마. 곧, 적기(赤驥)·도려(盜驪)·백의(白義)·유륜(踰輪)·산자(山子)·거황(渠黃)·화류(驊騮)·녹이(綠耳).

팔중-주(八重奏)[-쭝-]명 여덟 가지의 독주 악기로 구성된 실내악 중주(重奏). 옥텟(octet).

팔진(八鎭)[-찐]명 사방(四方)과 사우(四隅).

팔진-도(八陣圖)[-찐-]명 중군을 가운데 두고 전후좌우, 사우(四隅)에 여덟 진을 치는 진법(陣法)의 그림.

팔질(八耋)[-찔]명 여든 살. 팔순(八旬).

팔-짓[-찓]명하자 팔을 이리저리 놀리는 짓. *팔짓이[-찌시]·팔짓만[-찐-]

팔짝부 ①하자 갑자기 가볍게 날거나 뛰어오르는 모양. ¶ 놀란 개구리가 팔짝 뛰어올랐다. ②하자타 문 따위를 갑자기 열어젖히는 모양. ¶ 창문을 팔짝 열고 밖을 내다보았다. 큰펄쩍.
팔짝-팔짝부하자타.

팔짝-거리다[-꺼-]자타 자꾸 팔짝팔짝하다. 팔짝대다. 큰펄쩍거리다.

팔짝-대다[-때-]자타 팔짝거리다.

팔짱명 ①두 팔을 엇걸쳐 손을 겨드랑이 밑에 넣어 끼거나 양쪽 소매 속에 마주 넣는 일. ②나란히 있는 두 사람이 서로 상대편의 팔에 자기의 팔을 엇걸쳐 끼는 일.

팔짱(을) 끼고 보다관용 수수방관하다.

팔짱(을) 지르다〔꽂다〕관용 두 팔을 엇걸쳐 손을 겨드랑이 밑에 넣어 끼거나 양쪽 소매 속에 마주 꽂다.

팔찌명 ①팔가락지. ¶ 팔찌를 끼다. ②활을 쏠 때, 활을 쥐는 쪽의 팔소매를 걷어 매는 띠.

팔찌-동명 활을 쏠 때, 사대(射臺)에서의 위치와 순(巡), 화살 대수 따위에 관한 예법.

팔척-장신(八尺長身)[-짱-]명 키가 매우 큰 사람의 몸을 과장하여 이르는 말.

팔천(八賤)명 조선 시대에, 사천(私賤)에 속하던 사노비(私奴婢)·중·백정·무당·광대·상여꾼·기생·공장(工匠)의 여덟 천민.

팔체(八體)명 〈팔체서(八體書)〉의 준말.

팔체-서(八體書)명 중국 진(秦)나라 때 쓰인 대전(大篆)·소전(小篆)·각부(刻符)·충서(蟲書)·모인(摹印)·서서(署書)·수서(殳書)·예서(隸書)의 여덟 서체. 준팔서·팔체.

팔초-하다형여 얼굴이 좁고 아래턱이 뾰족하다.

팔촌(八寸)명 삼종(三從) 간의 촌수(寸數). ¶ 그와 나는 팔촌 간이다.

팔팔부 ①적은 물이 몹시 끓는 모양. ¶ 주전자의 물이 팔팔 끓다. ②작은 날짐승이나 물고기 따위가 힘차게 날거나 뛰는 모양. ¶ 팔팔 뛰는 붕어. ③높은 열로 매우 뜨거운 모양. ¶ 감기로 머리가 팔팔 끓다. ④눈이나 먼지 따위가 바람에 세차게 날리는 모양. ¶ 바람에 흙먼지가 팔팔 날린다. 큰펄펄.

팔팔-결명 다른 정도가 엄청남. 팔결. ¶ 그 사람 언행이 전과는 팔팔결이라네.

팔팔-하다형여 ①(성질이) 누긋하지 않고 괄괄하다. ¶ 성격이 몹시 팔팔하다. ②날 듯이 생기가 넘치고 활발하다. ¶ 팔팔한 이십대 청년들. 큰펄펄하다.

팔포-대상(八包大商)명 ①조선 말기에, 중국으로 가는 사신을 따라가 홍삼(紅蔘)을 파는 허가를 얻었던 의주(義州)의 상인. ②'살림살이에 걱정이 없는 사람'을 비유하여 이르는 말.

팔표(八表)명 ①팔방의 끝. ②먼 곳.

팔푼-이(八-)명 '좀 모자라는 사람'을 얕잡아 이르는 말.

팔풍(八風)명 팔방(八方)의 바람. 곧, 동북 염풍(炎風), 동방 조풍(條風), 동남 혜풍(惠風), 남방 거풍(巨風), 서남 양풍(涼風), 서방 유풍(飂風), 서북 여풍(麗風), 북방 한풍(寒風).

팔풍-받이(八風-)[-바지]명 팔방에서 불어오는 바람을 다 받는 곳.

팔한^지옥(八寒地獄)명 불교에서 이르는, 극한(極寒)의 형벌을 받는 여덟 지옥.

팔황(八荒)명 ☞팔굉(八紘).

팔-회목[-회-/-훼-]명 손과 팔이 잇닿은 팔목의 잘록한 부분.

팜ː-유(palm油)명 기름야자의 과육에서 짠 기름. 마가린·비누 등의 원료로 쓰임.

팜플렛(pamphlet)명 '팸플릿'의 잘못.

팝^뮤ː직(pop music)명 (재즈·샹송·영화 음악 따위의) 대중적이며 오락적인 성격을 띤 음악.

팝송(pop song)명 통속적인 가요곡. 영미(英美)의 대중가요를 특별히 이르는 말.

팝콘ː(popcorn)명 옥수수에 소금으로 간을 하여 튀긴 식품.

팟-종[파쫑/팓쫑]명 다 자란 파의 윗머리에 달리는 망울.

팡부 ①갑자기 무엇이 세게 터지거나 튀는 소리. ②작은 구멍이 환히 뚫리는 모양, 또는 그 소리. ¶ 하수구가 팡 뚫리다. ③공 따위를 세게 차는 모양, 또는 그 소리. 큰펑[1]. 참빵. **팡팡**부하자타.

팡개명 네 갈래로 짜개진 한끝으로 흙덩이나 돌멩이를 찍어서 멀리 던져 새를 쫓는 대나무 토막.

팡개-질명하자 팡개로 흙덩이나 돌멩이 따위를 찍어 던지는 일.

팡개-치다타 '팽개치다'의 살못.

팡당부 작고 무거운 물건이 얕은 물에 떨어질 때 나는 소리. 큰펑덩. **팡당-팡당**부하자타.

팡당-거리다자타 자꾸 팡당팡당하다. 팡당대다. 큰펑덩거리다.

팡당-대다자타 팡당거리다.

팡이명 민꽃식물의 한 가지. 엽록소가 없고 기생함. 〔버섯이나 곰팡이 따위.〕

팡파ː르(fanfare 프)명 ①북과 금관 악기를 사용한 화려하고 짧은 악곡. ②집회의 개회나 축하 의식에 쓰이는, 삼화음을 쓰는 트럼펫의 신호. ¶ 팡파르가 울려 퍼지는 가운데 주빈이 입장하였다.

팡파지다형 옆으로 퍼진 모양이 판판하다. ¶ 팡파진 논밭. 큰펑퍼지다.

팡파짐-하다형여 동그스름하고 판판하게 옆으로 퍼져 있다. ¶ 팡파짐한 얼굴. 큰펑퍼짐하다.

팡파짐-히부.

팡-팡부 ①하자액체가 좁은 구멍으로 세차게 솟거나 쏟아지는 소리, 또는 그 모양. ¶ 바위틈에서 샘물이 팡팡 솟고 있다. ②눈이 매우 많이 내리는 모양. ¶ 밤사이에 함박눈이 팡팡 내렸다. ③돈이나 물건 따위를 함부로 쓰는 모양. ¶ 물을 팡팡 쓰다. 큰펑펑.

팡팡-거리다자 액체가 좁은 구멍으로 세차게 자꾸 솟거나 쏟아져 나오다. 팡팡대다. ¶ 팡팡거리며 쏟아지는 물.

팡팡-대다자 팡팡거리다.

팥[팓]명 ①콩과의 일년초. 인도 원산으로 높이는 50~90 cm. 여름에 노란 나비 모양의 꽃이 피고, 가늘고 긴 원통형 꼬투리가 열려, 그 속에 5~10개의 적갈색·흑색·담황색·회백색 등의 씨가 들어 있음. 씨는 유용한 잡곡임. ②팥의 씨. 소두(小豆). 참적두(赤豆). ＊팥이[파치]·팥을[파틀]·팥만[판-]

팥으로 메주를 쑨대도 곧이듣는다속담 지나치게 남의 말을 잘 믿음을 이르는 말.

팥이 풀어져도 솥 안에 있다속담 얼른 보아서는 손해를 본 것 같으나, 사실은 그리 손해는 아니라는 말.

팥-고물[팓꼬-]명 팥을 삶아서 약간 으깨어 만든 고물. 떡에 묻힘.

팥-꼬투리[팓-]명 알맹이가 들어 있는 팥의 열매.

팥-노굿[판-굳]명 팥의 꽃. ＊팥노굿이[판-구시]·팥노굿만[판-군-]

팥노굿 일다관용 팥의 꽃이 피다.

팥-눈[판-]명 팥알에 하얗게 박힌 점. 팥의 배아(胚芽).

팥-떡[팓-]명 팥고물을 묻힌 떡.

팥-매[판-]명 팥을 타는 커다란 맷돌.

팥-물[판-]명 삶은 팥을 짜서 거른 물. 팥죽을 쑤는 데 쓰임.

팥물-밥[판-]명 팥을 삶아 건져 낸 물에 쌀을 안쳐 지은 밥.

팥-밥[팓빱]명 팥을 두어 지은 밥.

팥-배[팓빼]명 팥배나무의 열매. 당리(棠梨).

팥배-나무[팓빼-]명 장미과의 낙엽 활엽 교목. 높이 15 m가량이며, 우리나라와 일본 등지의 산에 분포함. 봄에 흰 꽃이 피고 가을에 팥알 모양의 열매가 익음.

팥-비누[팓삐-]명 팥의 껍질을 벗겨 곱게 갈아 비누로 쓰는 가루.

팥-빵[팓-]명 팥소를 넣어 만든 빵.

팥-소[팓쏘]명 팥으로 만들어 떡이나 빵 따위의 속에 넣는 소.

팥-수라(←-水剌)[팓쑤-]명 지난날, 수라상에 차리던 팥밥을 이르던 말.

팥-장(-醬)[팓짱]명 팥과 밀가루로 메주를 쑤어 만든 장.

팥-죽(-粥)[팓쭉]명 팥을 삶아 으깨어 거른 물에 쌀을 넣고 쑨 죽.

팥죽-동옷(-粥-)[팓쭉똥옫]명 어린아이들의 동지 빔으로 입는 자줏빛 또는 보랏빛의 동옷. *팥죽동옷이[팓쭉똥오시]·팥죽동옷만[팓쭉똥온-]

팥-편[팓-]명 팥물을 가라앉혀 웃물을 따르고 앙금에 밀가루를 섞고 꿀을 쳐서 익힌 음식.

패ː(敗) Ⅰ명하자타 어떤 일을 실패함. 또는, 싸움이나 경기 등에서 짐. ¶ 결승전에서 상대 팀에게 3대 1로 패했다.
Ⅱ의 운동 경기에서, 진 횟수를 세는 단위. ¶ 2승 1패. ↔승(勝).

패(牌)[1]명 ①(이름·신분·특징 따위를 알리기 위해) 그림이나 글씨를 그리거나 쓰거나 새긴, 작은 종이나 나무의 조각. ②화투나 투전의 각 장, 또는 그것이 나타내는 끗수 따위의 내용. ¶ 패를 돌리다./패가 좋다.
패(를) 떼다관용 화투 따위를 가지고 패를 맞추어서 나누다.
패를 잡다관용 노름판에서 물주가 되다.

패(牌)[2]명 몇 사람이 어울린 동아리. ¶ 패를 짜다.

패ː(霸)명 ①남을 교묘하게 속이는 꾀. ②바둑에서, 서로 한 수씩 걸러 가면서 잡고자 하는 한 점.

패ː가(敗家)명하자 가산을 탕진하여 없앰.

패ː가-망신(敗家亡身)명하자 가산(家產)을 다 써서 없애고 몸을 망침.

패ː각(貝殼)명 ☞조가비.

패ː각-충(貝殼蟲)명 ☞깍지벌레.

패ː갑(貝甲)명 조개의 껍데기.

패-거리(牌-)명 '패(牌)[2]'를 낮추어 이르는 말.

패ː검(佩劍)[1]명 ☞찰쇠.

패ː검(佩劍)[2]명하자 칼을 참, 또는 그 칼. 대검(帶劍). 착검(着劍). 패도(佩刀).

패ː관(稗官)명 지난날, 임금이 민간의 풍속이나 정사를 살피기 위하여 가설항담(街說巷談)을 모아 기록하게 하던 벼슬아치.

패ː관^기서(稗官奇書)명 ☞패관 문학.

패ː관^문학(稗官文學)명 패관이 그가 채집한 가설항담에 자기 나름의 창의와 윤색을 하여 새로운 형태로 변화 발달시킨 일종의 설화 문학. 고려 중·후기(中後期)에 성행하였음. 〔이규보의 '백운소설', 이인로의 '파한집', 최자의 '보한집', 이제현의 '역옹패설' 따위.〕 패관기서.

패ː관^소ː설(稗官小說)명 민간의 가설항담을 내용으로 하는 소설. 고려 중·후기(中後期)에 성행하였음. 준패설(稗說).

패ː관-잡기(稗官雜記)[-끼]명 조선 명종(明宗) 때, 어숙권(魚叔權)이 지은 책. 정사·인물·풍속·일화 등 잡다한 내용을 자유롭게 서술한 것으로, '대동야승(大東野乘)'에 수록되어 있음.

패ː국(敗局)명 쇠하여 약해진 정국(政局)이나 국면.

패ː군(敗軍)명 싸움에 진 군대.

패ː군지장(敗軍之將)명 싸움에 진 장수. 준패장.

패ː권(霸權)[-꿘]명 패자(霸者)의 권력. 곧, 우두머리나 승자(勝者)의 권력. ¶ 패권을 쥐다.

패ː권-주의(霸權主義)[-꿘-의/-꿘-이]명 강대한 군사력을 배경으로 세계를 지배하려는 제국주의적 정책을 이르는 말. 참제국주의.

패ː기(霸氣)명 적극적으로 일을 해내려는 기백. ¶ 패기가 넘치다.

패기만만(霸氣滿滿) '패기만만하다'의 어근.

패ː기만만-하다(霸氣滿滿-)형여 패기가 가득하다. ¶ 패기만만한 젊은이.

패ː-나다(霸-)자 바둑에서, 패가 생기다.

패널(panel)명 ①판벽(板壁) 따위의 널빤지. ②콘크리트를 부어 굳히는 형틀 널빤지. ③화포(畫布) 대용의 화판(畫板), 또는 화판에 그린 그림. ④배심원. 배심원의 명부.

패널리스트(panelist)명 공개 토론에 참석한 토론자.

패널^토ː론(panel討論)명 토론 방법의 한 가지. 특정한 문제를 해결하거나 해명하기 위해 이에 대해 관심이나 정보·경험 등을 가진 몇 사람을 선출하여, 청중 앞에서 의견을 발표하고 함께 논의하는 방식.

패다[1]자 곡식의 이삭이 생겨 나오다. ¶ 보리가 패다.

패다[2]타 사정없이 마구 때리다.

패ː다[3]타 도끼로 장작 따위를 찍어 쪼개다. ¶ 장작을 패는 데 이골나다.

패ː다[4] Ⅰ자 〈파이다〉의 준말. ¶ 폭우로 움푹 팬 웅덩이./빗물에 땅이 조금씩 패다.
Ⅱ타 〖'파다'의 사동〗 파게 하다. ¶ 일꾼에게 땅을 패다.

패ː담(悖談)명하자 사리에 어그러진 말. 패설(悖說).

패대기-치다타 거칠고 빠른 동작으로 메어치다. ¶ 순이는 보따리를 패대기치고서 울기 시작했다.

패ː덕(悖德)명 ①하자 도덕과 의리에 어긋남. ②정도(正道)에서 벗어난 행위.

패ː덕(敗德)명하자 도덕과 의리를 그르침.

패ː도(佩刀)명하자 ☞패검(佩劍)[2].

패ː도(悖道)명 정도(正道)에서 벗어남. 도리에 어긋남.

패ː도(霸道)명 〔유가(儒家)에서 이르는〕 인의(仁義)를 무시하고 무력이나 권모술수(權謀術數)로써 다스리는 일. ¶ 패도 정치. ↔왕도.

패ː독-산(敗毒散)[-싼]명 감기와 몸살을 다스리는 한약의 한 가지.

패ː-동개(佩-)명하자 동개를 허리에 참.

패두(牌頭)명 ①인부 열 사람의 우두머리. ②조선 시대에, 죄인의 볼기를 치던 형조(刑曹)의 사령(使令).

패드(pad)명 ①양복의 모양을 조정하기 위하여 어깨 따위에 넣는 심. ②주로 여성용 옷에서, 몸의 곡선미를 돋보이게 하기 위하여 옷에 넣어 신체 일부에 대는 물건. ③흡수성이 강한, 생리 용구. ④침대보 위에 까는 천.

패랭이명 ①댓개비로 엮어 만든 갓의 한 가지. 조선 시대에는 역졸이나 천인(賤人)·상제(喪制) 등이 썼음. 평량립(平涼笠). 평량자. ②☞패랭이꽃.
패랭이에 숟가락 꽂고 산다속담 '떠돌아다니며 얻어먹을 정도로 가난한 살림'을 비유하여 이르는 말.

패랭이-꽃 [-꼳] 명 석죽과의 다년초. 중국 원산으로 산이나 들에 절로 나는데, 높이는 30 cm 가량. 잎은 마주나고, 여름에 희거나 붉은 꽃이 핌. 꽃은 한방에서 '구맥(瞿麥)'이라 하여 약재로 쓰임. 석죽(石竹). 패랭이. 핑크. *패랭이꽃이[-꼬치]·패랭이꽃만[-꼰-]

패러글라이딩 (paragliding) 명 낙하산 강하와 행글라이딩의 비행 원리를 적용, 편리한 점만을 따서 만든 항공 스포츠.

패러다임 (paradigm) 명 어떤 한 시대 사람들의 견해나 사고를 지배하고 있는 이론적 틀이나 개념의 집합체. 〔미국의 쿤(Thomas Kuhn)이 그의 저서 '과학 혁명의 구조'에서 제시한 개념.〕

패러독스 (paradox) 명 ①역설(逆說). ②기론(奇論). ③자가당착(自家撞着)의 말.

패러디 (parody) 명하타 문학 작품의 한 형식. 어떤 저명 작가의 시구나 문체를 모방하여 풍자적으로 꾸민 익살스러운 시문(詩文).

패럴렐리즘 (parallelism) 명 희곡 작품에서, 둘 이상의 줄거리나 인물 등이 서로 조응(照應)·병행하여 전개되어 나가는 수법.

패럴렐^액션 (parallel action) 명 영화 몽타주의 한 가지. 같은 시각에 다른 곳에서 서로 관련되어 일어난 사건을 번갈아 연결하여 보이는 기법.

패럿 (farad) 의 전기(電氣) 용량의 실용 단위. 1쿨롬의 전기량으로 대극(對極) 간에 1볼트의 전위차를 내는 양. 〔기호는 F〕

패려 (悖戾) '패려하다'의 어근.

패려-궂다 (悖戾-) [-굳따] 형 매우 패려하다. ¶ 자식의 패려궂은 행동에 노모는 망연자실하고 말았다.

패ː려-하다 (悖戾-) 형여 말이나 행동이 도리에 어긋나고 사납다.

패ː례 (悖禮) 명하자 예의에 어긋남, 또는 그런 예절.

패ː류 (貝類) 명 연체동물 중 패각(貝殼)을 갖춘 동물을 통틀어 이르는 말.

패ː류 (悖類) 명 패려(悖戾)한 무리.

패ː륜 (悖倫) 명하자 사람으로서 마땅히 지켜야 할 도리에 어긋남. 파륜(破倫).

패ː륜-아 (悖倫兒) 명 사람으로서 마땅히 지켜야 할 도리에 어긋난 짓을 하는(한) 사람.

패ː리 (悖理) 명하자 도리나 이치에 어긋남.

패리티^가격 (parity價格) 명 정부가 관련 물가 변동에 비례하여 산출해 내는 농산물 가격. 패리티 계산으로 결정함.

패리티^계ː산 (parity計算) [-계-/-게-] 명 농산물의 공정 가격을 결정하는 방법. 기준 연도에 대한 비교 연도의 물가 지수를 구하여 이를 기준 농산물 가격에 곱하여 산정(算定)함. 농산물 가격을 안정시키고 일반 물가와의 균형을 유지하려는 목적을 가짐.

패ː만 (悖慢) 명하형 말이나 행동이 도리에 어긋나고 오만함.

패ː망 (敗亡) 명하자 전쟁에 져서 망함. 패상(敗喪). 비패멸(敗滅).

패ː멸 (敗滅) 명하자 전쟁에 져서 멸망함. 비패망(敗亡).

패ː모 (貝母) 명 ①백합과의 다년초. 산에 절로 나는데, 관상용으로 심기도 함. 높이는 30~60 cm이고 잎은 좁고 길며 두세 잎씩 돌려남. 5월경에 자줏빛 꽃이 핌. ②한방에서, '패모의 비늘줄기'를 약재로 이르는 말. 기침과 담을 다스리는 데 쓰임.

패목 (牌木) 명 팻말.

패ː물 (貝物) 명 산호나 호박(琥珀)·수정·대모(玳瑁) 따위로 만든 물건.

패ː물 (佩物) 명 ①사람의 몸에 달거나 차거나 끼는 장식물. 〔가락지·팔찌·귀고리·목걸이 따위.〕 ②노리개.

패ː물-삼건 (佩物三件) [-껀] 명 산호·호박·밀화 따위로 장식한 패물. 패물삼작.

패ː물-삼작 (佩物三作) 명 ☞패물삼건.

패ː배 (敗北) 명하자 ①싸움(전쟁)이나 겨루기에서 짐. ¶ 패배를 당하다. ↔승리. ②전쟁에 져서 달아남. ②패주(敗走).

패ː배-감 (敗北感) 명 경쟁이나 싸움에서 이길 자신이 없이 무력해지는 느낌. 또는, 경쟁이나 싸움에서 진 뒤에 느끼는 절망감이나 치욕감. ¶ 패배감을 맛보다.

패ː배-주의 (敗北主義) [-의/-이] 명 자신감이 없이, 아예 승리나 성공을 스스로 포기하는 사고(思考)나 태도. ¶ 패배주의에 빠지다.

패ː병 (敗兵) 명 전쟁에 진 병정.

패병 (覇柄) 명하자 '파병(覇柄)'의 잘못.

패ː보 (敗報) 명 싸움에서 졌다는 소식. ↔승보.

패ː부 (佩符) 명하자 〔병부(兵符)를 찬다는 뜻으로〕 고을 원(員)의 지위에 있음을 이르던 말.

패-부진 (牌不進) 명하자 임금의 부름을 받고도 병이나 다른 사고로 나아가지 못하던 일.

패ː분 (貝粉) 명 조가비를 바순 가루. 자개의 가루.

패ː사 (敗死) 명하자 싸움에 져서 죽음.

패ː사 (稗史) 명 ①패관(稗官) 또는 사관(史官)이 아닌 사람이 소설과 같은 형식으로 꾸며 쓴 역사 기록. ②민간에서 일어난 대수롭지 않은 일들을 기록한 것.

패ː산 (敗散) 명하자 전쟁에서 지고 뿔뿔이 흩어짐.

패ː상 (敗喪) 명하자되자 ☞패망(敗亡).

패ː색 (敗色) 명 패배할 것 같은 기미. 패배할 것 같은 조짐. ¶ 패색이 짙다.

패ː석 (貝石) 명 ①조개의 화석. ②조가비가 달라붙은 돌.

패ː-석회 (貝石灰) [-서쾨/-서퀘] 명 조가비를 불에 태워서 만든 가루.

패ː설 (悖說) 명하자 ☞패담(悖談).

패ː설 (稗說) 명 ①〈패관 소설〉의 준말. ②민간에 이리저리 전해지는 이야기. 〔가설항담(街說巷談)이나 기담 이문(奇談異聞) 따위.〕

패ː세 (敗勢) 명 싸움(전쟁)이나 겨루기에 질 것 같은 형세. ↔승세(勝勢).

패션 (fashion) 명 주로 옷차림 따위에서, 특정한 시기에 유행하는 양식.

패션-모델 (fashion model) 명 패션쇼 따위에서, 새로 만든 옷을 입고 관객에게 선보이는 것을 업으로 하는 사람. 준모델.

패션-쇼ː (fashion show) 명 (의상 디자이너가) 새로 유행할 의복을 모델들에게 입히어 여러 관객에게 선보이는 발표회.

패ː소 (敗訴) 명하자되자 소송(訴訟)에서 짐. 낙과(落科). ¶ 패소 판결. ↔승소(勝訴).

패ː속 (敗俗) 명 쇠퇴하여 사라진 풍속.

패ː쇠 (敗衰) [-쇠/-쉐] 명하자 패하여 쇠잔해짐.

패ː수 (敗數) 명 ☞패운(敗運).

패ː수-살 (敗數煞) [-쌀] 명 ☞패운살(敗運煞).

패스 (pass) 명 ①☞정기 승차권. ¶ 지하철 패스. ②하자타 합격함. ¶ 입학 시험에 패스하다. ③하자타 ㉠통과함. ¶ 세관을 패스하다. ㉡축구·농구·핸드볼 따위에서, 같은 편끼리 공을 주고받는 일. ¶ 정확한 패스. ④트럼프에서, 자기 차례를 거르고 다음 사람에게 넘기는 일.

패스워ː드 (password) 명 컴퓨터에서, 특정한 시스템에 로그인을 할 때에 사용자의 신원을 확인하기 위하여 입력하는 문자열. 암호.
패스트^볼ː (passed ball) 명 야구에서, 투수가 던진 공을 포수가 잡지 못하고 빠뜨리는 일.
패스트-푸ː드 (fast food) 명 (햄버거·도넛·닭튀김 따위와 같이) '주문하는 대로 곧장 제공되는 음식'을 두루 이르는 말. 참인스턴트식품.
패스포ː트 (passport) 명 ①여권(旅券). ②통행증.
패ː습 (悖習) 명 좋지 못한 풍습이나 버릇.
패시미터 (passimeter) 명 기계 공작에서, 구멍의 안지름을 정밀하게 재는 데 쓰는 기구.
패시지 (passage) 명 독주 기악곡에서, 곡의 중요부 사이에 일종의 중계 구실을 하는 악구(樂句). 선율적 본음의 장식으로, 위아래로 진행하는 같은 꼴의 가락이 되풀이되는 경과적인 부분.
패-싸움 (牌-) 명하자 패끼리 무리를 지어 싸우는 일. 준패쌈.
패ː-싸움 (霸-) 명 바둑에서, 패가 났을 경우 서로 양보하지 않고 끝까지 패를 씀을 이르는 말.
패-쌈 (牌-) 명하자 〈패싸움〉의 준말.
패ː-쓰다 (霸-) [~쓰니·~써] 자 ①바둑에서, 패를 만들어 이용하다. ②교묘한 꾀를 써서 위기를 벗어나다.
패ː악 (悖惡) 명하형 도리에 어긋나고 흉악함.
패암 명 곡식의 이삭이 패어 나옴, 또는 그 이삭. ¶ 벼의 패암이 잘되다.
패ː업 (敗業) 명하자 사업에 실패함.
패ː업 (霸業) 명 남을 정복하여 무력으로 천하를 다스리는 일.
패ː역 (悖逆) 명하형 인륜에 어긋나고 불순함.
패ː역-무도 (悖逆無道) [-영-] 명하형 패악하고 불순하여 사람다운 데가 없음. ¶ 패역무도한 죄인.
패연 (沛然) '패연하다'의 어근.
패ː연-하다 (沛然-) 형여 비가 내리는 기세가 매우 세차다. **패연-히** 부.
패ː영 (貝纓) 명 밀화(蜜花)·산호(珊瑚)·호박(琥珀)·수정 따위로 만든 갓끈.
패ː옥 (佩玉) 명 조선 시대에, 왕과 왕비의 법복이나 벼슬아치의 금관 조복(金冠朝服)의 좌우에 늘이어 차던 옥.
패ː옥 (敗屋) 명 허물어진 집.
패ː왕 (霸王) 명 ①패자(霸者)와 왕자(王者). 또는, 패도(霸道)와 왕도(王道). ②중국 춘추 전국 시대에, 제후를 거느리고 천하를 다스리던 사람. 곧, 제후들의 우두머리. 〔오패(五霸)가 대표적임.〕 패자(霸者).
패ː왕-수 (霸王樹) 명 ☞선인장(仙人掌).
패ː용 (佩用) 명하타 명패나 훈장 또는 리본 따위를 몸에 달거나 참.
패ː운 (敗運) 명 기울어져 가는 운수. 패수(敗數).
패ː운-살 (敗運煞) [-쌀] 명 일신의 운수나 집안의 운이 기울어질 살. 패수살(敗數煞).
패ː은 (佩恩) 명하자 은혜를 입음.
패ː인 (敗因) 명 싸움이나 경기에 진 원인. ¶ 패인을 분석하다. ↔승인(勝因).
패ː자 (悖子) 명 인륜(人倫)을 어긴 자식.
패ː자 (敗者) 명 싸움이나 경기에서 진 사람. ¶ 승자도 패자도 없는 싸움. ↔승자(勝者).
패자 (牌子) 명 ☞패지(牌旨). 변배자.
패ː자 (霸者) 명 ①제후(諸侯)들의 우두머리. 패왕(霸王). ②패도(霸道)로 천하를 다스리는 사람. ③어느 부문에서 제일인자가 된 사람. 주로, 운동 경기의 우승자를 이름.
패ː자-역손 (悖子逆孫) [-쏜] 명 인륜을 어기고 순리를 거역하는 자손.
패ː자-전 (敗者戰) 명 (운동 경기나 바둑 따위에서) 패자끼리 겨루는 시합.
패ː잔 (敗殘) 명하자 전쟁에서 지고 몸만이 살아남음.
패ː잔-병 (敗殘兵) 명 전쟁에 지고 살아남은 군사. 잔병(殘兵).
패ː장 (敗將) 명 〈패군지장(敗軍之將)〉의 준말. ¶ 패장은 말이 없다.
패ː장 (敗醬) 명 ☞마타리.
패장 (牌將) 명 ①지난날, 관아나 일터의 일꾼을 거느리던 사람. ②지난날, 나라 잔치 때에 여령(女伶)을 거느리던 사람.
패장 (牌張) [-짱] 명 화투패나 투전패 따위의 낱장.
패ː적 (敗敵) 명 전쟁에 진 적.
패ː적 (敗績) 명 〔공적을 잃는다는 뜻으로〕 '자기 나라의 패전(敗戰)'을 이르는 말.
패ː전 (敗戰) 명하자 전쟁에 짐. 전패(戰敗). ¶ 패전으로 인한 국고 손실이 엄청나다. ↔승전.
패ː전-국 (敗戰國) 명 전쟁에 진 나라.
패전트 (pageant) 명 ①중세 영국에서 유행하였던 연극 공연. 마차·수레 위나 길거리에서 성극(聖劇)을 공연하였음. ②(역사적인 장면을 무대에 나타낸) 야외극. ③(시대 의상을 입고 하는) 호화로운 행렬.
패ː정 (悖政) 명 (도리에 어긋난) 사납고 혹독한 정치. ¶ 계속된 패정에 민심이 이반하다.
패ː조 (敗兆) 명 싸움이나 전쟁에 질 조짐.
패ː주 (貝柱) 명 ☞조개관자.
패ː주 (敗走) 명하자 전쟁에 져서 달아남. 패배(敗北). ¶ 패주하는 적군.
패지 (牌旨) 명 조선 시대에, 신분이 높은 사람이 비천한 사람에게 권한을 위임하던 공식 문서. 특히, 양반이 노비에게 금전 거래를 대신하게 하던 위임장을 이름. 패자(牌子). 변배지.
패-차다 (牌-) 자 좋지 못한 일로 별명을 얻게 되다. ¶ 주정뱅이라고 패차다.
패ː착 (敗着) 명 바둑에서, 그곳에 돌을 놓음으로 말미암아 결국 지게 된 악수(惡手), 또는 그러한 수를 두는 일. ¶ 패착을 두다.
패찰 (牌札) 명 ①(일반에게 자기 소속을 알리려고) 소속 부서·성명 등을 써서, 가슴에 달거나 목에 거는 조그만 딱지. ②단선 철도 운행에서, 진행을 허가하는 표로 주고받는 증표.
패채우다 (牌-) 타 〖'패차다'의 사동〗 좋지 못한 일로 남에게 별명을 붙이다. ¶ 그를 두고 능구렁이라 패채우다.
패ː철 (佩鐵) 명 ①☞찰쇠. ②하자지관(地官)이 지남철을 몸에 지님, 또는 그 지남철.
패초 (牌招) 명하타되자 조선 시대에, 승지를 시켜 왕명으로 신하를 부르던 일. 승지가 '명(命)' 자를 쓴 나무패에 그 신하의 성명을 써서 하례(下隷)를 시켜 보냈음.
패ː총 (貝塚) 명 ☞조개더미.
패치워ː크 (patchwork) 명 천을 이어 붙이는 수예의 한 가지. 우리나라의 조각보처럼 조각 천을 이어 붙여 한 장의 천을 만듦.
패키지 (package) 명 ①포장 용기. ②묶음으로만 파는 물품. ¶ 낱개로는 팔지 않고 패키지로만 판다. ③☞패키지여행. ④☞패키지 프로그램.
패키지-여행 (package旅行) 명 여행사에서 여정(旅程)이나 교통편·숙식·비용 등을 미리 정해 놓고 관광객을 모집하여 행하는 단체 여행. 패키지.

패키지^프로그램 (package program) 명 컴퓨터에서, 여러 분야의 특정한 업무 수행에 도움을 주기 위해 만들어진 프로그램, 또는 그런 프로그램의 묶음. 패키지.

패킹 (packing) 명 하타 ①짐을 꾸림. 포장(包裝). ②화물이 상하지 않도록 포장 속에 채워 넣는 물건. ③파이프의 이음매나 용기의 접합면 따위에 내용물이 새지 않도록 끼우는 재료.

패ː택 (沛澤) 명 ①☞우택(雨澤). ②'죄수를 대사(大赦)하는 은전'을 비유하여 이르는 말.

패턴 (pattern) 명 〔'모범'·'견본'·'모형' 등의 뜻으로〕 사고·행동·글 따위의 일정한 유형이나 양식. ¶ 소비 패턴.

패ː퇴 (敗退) [-퇴/-퉤] 명 하자 전쟁에 지고 물러남. 퇴패(退敗). ¶ 패퇴하여 달아나는 적들.

패ː퇴 (敗頹) [-퇴/-퉤] 명 하자 되자 (세력이나 풍속 따위가) 점점 쇠퇴하여 힘을 잃거나 몰락함.

패패 (牌牌) 명 여러 패. 여러 무리. ¶ 패패로 몰려오다. **패패-이** 부 여러 패가 각각.

패ː향 (佩香) 명 몸에 지니고 다니는 향.

패ː향 (悖鄕) 명 인륜에 어긋나는 일이 많이 일어나는, 풍기가 문란한 고장.

패ː혈-증 (敗血症) [-쯩] 명 화농균이 혈액이나 림프액 속으로 들어가 심한 중독 현상이나 급성 염증을 일으키는 병.

패호 (牌號) 명 하자 남들이 좋지 않게 지어 부르는 별명이나 별호.

패ː화 (貝貨) 명 원시인들이 사용하던, 조개껍데기로 만든 화폐.

패ː흥 (敗興) 명 하자·타 되자 ☞파흥(破興).

팩[1] 부 ①몸집이 작은 것이 힘없이 쓰러지는 모양. ②삭은 새끼나 끈 따위가 힘없이 끊어지는 모양. 큰픽. **팩-팩** 부.

팩[2] 부 하자 ①갑자기 토라지며 성을 내는 모양. ②갑자기 방향을 홱 돌리는 모양. ¶ 팩 돌아눕다. **팩-팩** 부 하자.

팩 (pack) 명 ①피부 미용법의 한 가지. 달걀의 노른자나 밀가루·벌꿀 등에 여러 가지 약제나 영양제를 반죽해서 얼굴에 바르는 미용법. ②〈디스크 팩〉의 준말. ③종이나 비닐로 만든 작은 그릇이나 용기(容器). ¶ 우유 팩. /비닐 팩.

팩스 (fax) 명 〈팩시밀리〉의 준말. ¶ 팩스를 보내다.

팩시밀리 (facsimile) 명 사진·문자·도면 등을 전기 신호로 바꾸어 전송하면 수신 신호를 본래의 상태로 나타내고 기록하는 통신 방식, 또는 그런 기계 장치. 준팩스.

팩터링 (factoring) 명 기업의 외상 매출 채권을 사서 자기의 위험 부담으로 그 채권의 관리와 대금 회수를 집행하는 업무, 또는 그러한 업무를 하는 기업. ¶ 팩터링 금융.

팩-팩 부 하자 자그마한 몸으로 지지 않으려고 자꾸 대드는 모양.

팬 (fan)[1] 명 송풍기(送風機).

팬 (fan)[2] 명 운동 경기·영화·음악 따위에 대한 열렬한 애호가. 또는, 특정 인물에 대한 열렬한 지지자. ¶ 야구 팬. /팝송 팬.

팬 (pan) 명 ①손잡이가 달린, 운두가 낮은 냄비. ②촬영기를 좌우로 돌려 전경(全景)을 찍는 촬영 기법. 이동 촬영.

팬더 (panda) 명 '판다'의 잘못.

팬둥-거리다 자 계속 팬둥팬둥하다. 팬둥대다. 큰핀둥거리다. 여밴둥거리다. 참뺀둥거리다.

팬둥-대다 자 팬둥거리다.

팬둥-팬둥 부 하자 보기에 얄밉도록 게으르게 마냥 놀기만 하는 모양. ¶ 하라는 공부는 안 하고 팬둥팬둥 놀기만 한다. 큰핀둥핀둥. 여밴둥밴둥. 참뺀둥뺀둥.

팬들-거리다 자 자꾸 팬들팬들하다. 팬들대다. 큰핀들거리다. 여밴들거리다. 참뺀들거리다.

팬들-대다 자 팬들거리다. ¶ 개학이 얼마 남지 않았는데 여전히 팬들댄다.

팬들-팬들 부 하자 보기에 얄밉도록 빤빤하게 게으름만 부리는 모양. 큰핀들핀들. 여밴들밴들. 참뺀들뺀들.

팬-레터 (fan letter) 명 (배우·가수·운동선수 등) 인기인에게 그를 열렬하게 좋아하는 사람이 보내는 편지.

팬시-상품 (fancy商品) 명 실용성보다 장식적인 기능을 중시한 상품. 잡화·문구·장신구 따위에 흔함.

팬시-점 (fancy店) 명 팬시상품을 전문적으로 취급하는 가게.

팬잔-레 (-禮) [-네] 명 하자 첫딸을 낳은 사람이 친구들에게 졸리어 한턱내는 일. 참생남례.

팬지 (pansy) 명 제비꽃과의 일년초 또는 이년초. 줄기 높이 12~25 cm. 유럽 원산으로 추위에 잘 견디는 편임. 잎은 길둥글고 둔한 톱니가 있음. 봄에 자주색·백색·황색의 둥글고 옆으로 퍼진 모양의 꽃이 핌. 관상용으로 화단·화분에 많이 심으며 개량 품종이 많음.

팬츠 (pants) 명 ①아랫도리에 입는 짧은 속옷. ②운동, 특히 육상 경기용의 짧은 바지.

팬케이크 (pancake) 명 밀가루에 우유·달걀·설탕을 넣고 반죽하여 프라이팬이나 번철에 녹실녹실하게 구운 과자.

팬크로매틱^건판 (panchromatic乾板) 명 브롬화은 건판보다 색채가 잘 감광하도록 만든 사진 건판, 또는 그 필름. 범색건판(汎色乾板).

팬-클럽 (fan club) 명 좋아하는 사람, 특히 특정 연예인이나 운동선수를 열렬히 지지하고 후원하기 위하여 결성된 모임.

팬터그래프 (pantagraph) 명 ①전차·전기 기관차 등의 지붕에 달아, 가선(架線)으로부터 전기를 끄는 장치. ②도형을 임의의 크기로 확대하거나 축소하여 그릴 수 있도록 만든 기계. ②축도기(縮圖器).

팬터마임 (pantomime) 명 무언극(無言劇). 마임.

팬티 (←panties) 명 속옷의 한 가지. 다리 부분은 거의 없고 엉덩이에 꼭 붙는 짧은 속바지.

팬티-스타킹 (panty+stocking) 명 여성용 속내의의 한 가지. 팬티와 스타킹이 한데 붙어 있음.

팬-히ː터 (fan heater) 명 송풍 장치가 달린 난방기.

팸플릿 (pamphlet) 명 ①설명이나 광고 따위를 위해 간략하게 엮은 작은 책자. 소책자. ②시사 문제에 대한 소논문.

팻ː-감 (霸-) [패깜/팯깜] 명 바둑에서, 패를 쓸 만한 자리.

팻-돈 (牌-) [패똔/팯똔] 명 노름판에서, 걸어 놓은 돈. ¶ 그만두기에는 팻돈이 너무 크다.

팻-말 (牌-) [팬-] 명 패를 붙였거나 그 자체에 글을 써 놓은 나뭇조각, 또는 말뚝. 패목(牌木). ¶ 출입 금지 팻말. /팻말을 세우다.

팻-술 (牌-) [패쑬/팯쑬] 명 조선 시대에, 벼슬아치가 호패(號牌)를 차던 술 달린 긴 끈. 당상관은 자줏빛, 당하관은 남빛을 썼음.

팽[1] 명 팽나무의 열매. 굵은 팥알만 하며 빨갛게 익으면 맛이 달콤함.

팽²부 ①(작은 것이) 매우 빠르게 한 바퀴 도는 모양. ②갑자기 정신이 아찔해지는 모양. ¶ 머리가 팽 돌며 어지럽다. ③갑자기 눈에 눈물이 어리는 모양. 큰핑. 여뱅. 참뺑. ①②**팽-팽**부하자.
팽³부 코를 힘 있게 푸는 소리, 또는 그 모양.
팽개-치다타 ①집어 던지다. ¶ 보퉁이를 땅에 팽개치다. ②(싫증이 나거나 관심이 없어) 내버려 두다. ¶ 살림은 팽개쳐 두고 나돌기만 한다.
팽그르르부하자 ①(작은 것이) 빠르고 매끄럽게 한 바퀴 도는 모양. ②갑자기 정신이 아찔해지는 모양. ③갑자기 눈에 눈물이 어리는 모양. 큰핑그르르. 여뱅그르르. 참뺑그르르.
팽글-팽글부 (작은 것이) 빠르고 매끄럽게 잇달아 도는 모양. ¶ 팽이가 팽글팽글 돈다. 큰핑글핑글.
팽-나무명 느릅나뭇과의 낙엽 활엽 교목. 산기슭에 나는데 높이는 20 m가량. 껍질은 회색임. 꽃은 5월경에 피고, 둥근 열매는 10월경에 등황색으로 익음. 나무는 단단하여 건축, 기구 재료로 쓰임.
팽다(烹茶)명하자 차를 달임. 전다(煎茶).
팽대(膨大)명하자 세력이나 기운 따위가 부풀어 올라 커짐.
팽두이숙(烹頭耳熟)명 〔머리를 삶으면 귀까지 익는다는 뜻으로〕 '중요한 부분만 처리하면 남은 것은 따라서 저절로 해결됨'을 비유하여 이르는 말.
팽란(烹卵)[-난]명 삶은 달걀. 돌알².
팽만(膨滿) '팽만하다'의 어근.
팽만-하다(膨滿-)형여 ①음식을 많이 먹어 배가 매우 부르다. ②기운·감정 따위가 점점 부풀어 터질 듯하다. ¶ 사무실에 긴장감이 팽만하다.
팽배(澎湃·彭湃)명하자 ①물결이 서로 부딪쳐서 솟구침. ②〔어떤 사조(思潮)나 기운 따위가〕 맹렬한 기세로 일어남. ¶ 만민 평등의 사상이 팽배하다.
팽압(膨壓)명 식물 세포를 그 세포액보다 삼투압이 낮은 용액에 넣었을 때, 세포의 내용인 원형질이 물을 흡수하여 팽창하고 세포벽을 넓히려 하는 힘.
팽윤(膨潤)명하자되자 용매(溶媒) 속에 담근 고분자 화합물이 용매를 흡수하여 차차 부피가 늘어나는 현상.
팽이명 둥근 나무토막의 한쪽 끝을 뾰족하게 깎아, 채로 치거나 끈을 몸체에 감았다가 풀면서 돌리는 어린아이들의 장난감.
팽이-채명 팽이를 쳐서 돌게 하는 채.
팽이-치기명하자 팽이를 채로 쳐서 돌리는 놀이.
팽주(烹主)명 다도(茶道)에서, 모임과 의식(儀式)을 주재하는 사람.
팽창(膨脹)명하자되자 ①질량이 일정하게 유지되면서 물체의 부피가 늘어남. 참열팽창(熱膨脹). ②규모가 커지거나 수량이 늘어남. ¶ 도시의 규모가 점점 팽창하고 있다. /인구가 날로 팽창하다. 참수축.
팽창^계ː수(膨脹係數)[-계-/-게-]명 온도가 섭씨 1도 올라갈 때마다 증가하는 물체의 길이 또는 부피와, 원래의 길이 또는 부피와의 비(比). 팽창률.
팽창-률(膨脹率)[-뉼]명 ☞팽창 계수.
팽-총(-銃)명 팽나무 열매를 탄알로 삼아 쏘는 장난감 총.
팽패-롭다[-따][~로우니·~로워]형ㅂ 성격이 까다롭고 괴상하다. **팽패로이**부.
팽패리명 팽패로운 사람을 놀림조로 이르는 말.
팽-팽부 〈핑핑〉의 작은말.
팽팽(膨膨) '팽팽하다'의 어근.
팽팽-이명 열목어의 어린 새끼.
팽팽-하다형여 ①잔뜩 켕기어 튕기는 힘이 있다. ¶ 빨랫줄을 팽팽하게 달아매다. ②양쪽의 힘이 서로 비슷비슷하다. ¶ 실력이 팽팽해서 금방 승부가 나지 않는다. ③성질이 너그럽지 못하고 까다롭다. ¶ 팽팽한 성미. ①②큰핑핑하다. **팽팽-히**부.
팽팽-하다(膨膨-)형여 한껏 부풀어 땡땡하다. ¶ 주름살 하나 없이 팽팽한 얼굴. **팽팽-히**부.
팽ː-하다형여 지나치거나 모자람이 없이 꼭 알맞다. ¶ 손님 수에 팽하게 음식을 마련하다.
팽-하다(烹-)타여 지난날, 죄인을 끓는 물에 삶아 죽이는 형벌에 처하다.
팽화(膨化)명하자되자 겔(Gel) 상태의 물질이 액체를 흡수하여 용적이 늘어나는 현상.
퍅부 가냘픈 몸이 지쳐서 힘없이 쓰러지는 모양.
퍅성(愎性)[-썽]명 퍅한 성질.
퍅-퍅부 ①가냘픈 몸이 여럿이 잇달아 힘없이 쓰러지는 모양. ②가냘픈 몸집으로 지지 않으려고 자꾸 대드는 모양. ¶ 조그만 것이 어디 어른한테 퍅퍅 대들어?
퍅-하다(愎-)[퍄카-]형여 성질이 까다로워 걸핏하면 성을 내고 뾰로통하다. ¶ 퍅한 성깔.
퍼ː걸러(pergola)명 마당이나 편평한 지붕 위에 나무를 가로와 세로로 얽어 세워서 등나무 따위의 덩굴성 식물을 올리도록 만든 장치.
퍼기명 〈옛〉포기. ¶ 다시 믿 퍼기예 도라 가디 몯ᄒᆞᄂᆞ니라(杜初6:53).
퍼-내다타 깊숙한 데에 담긴 것을 길어 내거나 떠내다. ¶ 독에서 물을 퍼내다.
퍼ː니부 하는 일 없이 빈둥거리며 노는 모양. ¶ 그저 퍼니 놀며 지내다. 작파니.
퍼더-버리다타 아무렇게나 앉아 다리를 편하게 뻗어 버리다. 퍼지르다. ¶ 너무 지쳐서 땅바닥에 퍼더버렸다.
퍼덕부 ①하타 큰 새가 날개를 쳐서 내는 소리. ②하타 큰 물고기가 꼬리로 물을 쳐서 내는 소리. ③하자 얇고 큰 천이 세찬 바람에 날리어 내는 소리. 작파닥. 센퍼떡. 참푸덕. **퍼덕-퍼덕**부하자타.
퍼덕-거리다[-꺼-]자타 자꾸 퍼덕퍼덕하다. 퍼덕대다. 작파닥거리다. 센퍼떡거리다. 참푸덕거리다.
퍼덕-대다[-때-]자타 퍼덕거리다.
퍼덕-이다 Ⅰ자 얇고 큰 천이 세찬 바람에 날리어 소리를 내다. 작파닥이다. 센퍼떡이다. 참푸덕이다.
Ⅱ타 ①큰 새가 잇따라 날개를 쳐서 소리를 내다. ¶ 두루미가 날개를 퍼덕이며 날아가다. ②큰 물고기가 잇따라 꼬리로 물을 쳐서 소리를 내다. ¶ 그물 속의 물고기가 꼬리를 퍼덕인다. 작파닥이다. 센퍼떡이다. 참푸덕이다.
퍼드덕부하타 큰 날짐승이나 물고기 따위가 날개나 꼬리를 요란스럽게 치는 소리. 작파드닥. **퍼드덕-퍼드덕**부하타.
퍼드덕-거리다[-꺼-]타 자꾸 퍼드덕퍼드덕하다. 퍼드덕대다. 작파드닥거리다.
퍼드덕-대다[-때-]타 퍼드덕거리다.
퍼떡부하자타 〈퍼덕〉의 센말. 작파딱. 참푸떡.
퍼떡-거리다[-꺼-]자타 〈퍼덕거리다〉의 센말. 퍼떡대다. 작파딱거리다. 참푸떡거리다.
퍼떡-대다[-때-]자타 퍼떡거리다.

퍼떡-이다 Ⅰ자 〈퍼덕이다〉의 센말. ㉵파딱이다. ㊟푸떡이다.
Ⅱ타 〈퍼덕이다〉의 센말. ㉵파딱이다. ㊟푸떡이다.
퍼ː-뜨리다타 널리 알게 하다. 널리 미치게 하다. 퍼트리다. ¶ 소문을 퍼뜨리다.
퍼뜩부하자 얼른 곧. ¶ 퍼뜩 정신이 들다. ㉵파뜩. **퍼뜩-퍼뜩**부하자.
퍼러ᄒᆞ다형 〈옛〉퍼렇다. ¶ 므렛 荇草ㅣ 퍼러ᄒᆞ도다(杜初8:31).
퍼렁명 ①퍼런 빛깔. ②퍼런 물감. ㉵파랑.
퍼렁-이명 퍼런 빛깔의 물건. ㉵파랑이.
퍼ː렇다[-러타][퍼러니·퍼레]형ㅎ ①짙고 어둡게 푸르다. 매우 푸르다. ¶ 하늘이 푸르다 못해 퍼렇다. ②겁에 질리거나 춥거나 하여 얼굴이나 입술이 아주 푸르께하다. ㉵파랗다.
퍼레이드(parade)명 (축제나 경축 행사 따위로) 화려하게 무리를 지어 거리를 행진하는 일, 또는 그 행렬.
퍼ː레-지다자 퍼렇게 되다. ㉵파래지다.
퍼르르부하자 ①얇고 거벼운 것의 일부가 좀 둔하게 떠는 모양. ¶ 벽에 붙은 광고지가 퍼르르하고 바람에 날리다. ②제법 많은 액체가 갑자기 끓어오르는 모양, 또는 그 소리. ¶ 밥솥의 물이 퍼르르 끓어 넘치다. ③경망스레 뻘끈 성을 내는 모양. ¶ 형은 말을 다 듣지도 않고 퍼르르 성부터 냈다. ④경련을 일으키듯 몸을 떠는 모양. ¶ 분에 못 이기어 몸을 퍼르르 떨다. ⑤얇고 거벼운 것이 대번에 타오르는 모양. ¶ 낙엽 더미에 불이 붙어 금세 퍼르르 타오른다. ㉵파르르. ①②④⑤㊇버르르.
퍼리명 〈옛〉펄. 벌. ¶ 즌퍼리 져:沮. 즌퍼리 셔:洳. 즌퍼리 와:窪(訓蒙上5).
퍼-마시다타 욕심 사납게 마구 마시다. ¶ 술을 진탕 퍼마시다.
퍼머넌트^프레스^가공(permanent press加工) 명 의복 따위의 봉제품에 대한 가공의 한 가지. 천에 수지(樹脂)를 침투시켜 봉제한 후 고온으로 다림질하여 주름이나 형태를 고정시킴. ㉦피피 가공.
퍼-먹다[-따]타 함부로 많이 먹다. ¶ 그렇게 막 퍼먹으면 체한다.
퍼ː멀로이(permalloy)명 니켈과 철의 합금의 상품명. 투자율(透磁率)이 크고 잘 마멸(磨滅)되지 않아 전기·통신 재료로 이용됨.
퍼ː밀(permill)의 1000분의 몇에 해당하는가를 나타내는 말. 1000분의 1이 1퍼밀임. 〔기호는 ‰〕 ㊟천분율.
퍼벌-하다자여 외양을 꾸미지 않다.
퍼-붓다[-붇따][~부으니·~부어] Ⅰ자ㅅ (비나 눈이) 한꺼번에 억세게 쏟아지다. ¶ 비가 한나절 내내 억수같이 퍼부었다.
Ⅱ타ㅅ ①(비난이나 질문을) 마구 해 대다. ¶ 욕을 마구 퍼붓다. /잇달아 질문을 퍼붓다. ②(찬사·애정·열정 따위를) 아낌없이 보내거나 바치다. ¶ 아들에게 애정을 퍼붓다. ③(총·포 따위를) 한곳에 집중적으로 맹렬하게 쏘다. ¶ 적진에 포탄을 퍼붓다.
퍼석부하자타 ①잘 마른 가랑잎이나 마른 검불 따위를 밟을 때 나는 소리, 또는 그 모양. ②부숭부숭한 물건이 바스러지거나 깨질 때 나는 소리, 또는 그 모양. ㉵파삭. **퍼석-퍼석**부하자타.
퍼석-거리다[-꺼-]자타 자꾸 퍼석퍼석하다. 퍼석대다. ¶ 낙엽이 퍼석거리며 바스러졌다. ㉵파삭거리다.
퍼석-대다[-때-]자타 퍼석거리다.
퍼석-퍼석부하형 매우 퍼석한 모양. ¶ 흙덩이가 퍼석퍼석하다. ㉵파삭파삭.
퍼석-하다[-서카-]형여 연한 물건이 메말라 부숭부숭하고 부스러지기 쉽다. ¶ 퍼석한 메떡. ㉵파삭하다.
퍼ː센트(percent)의 100분의 몇에 해당하는가를 나타내는 말. 100분의 1이 1퍼센트임. 〔기호는 %〕 프로. ㊟백분율.
퍼ː센티지(percentage)명 '퍼센트'로 나타낸 비율. 백분비. 백분율.
퍼ː스널^컴퓨ː터(personal computer)명 개인용 컴퓨터. 피시(PC).
퍼ː스널^파울(personal foul)명 농구에서, 상대편 선수의 몸에 일부러 부딪치거나 또는 밀거나 하는 반칙. ㊟테크니컬 파울.
퍼ː스컴(←personal computer)명 '개인용 컴퓨터'로 순화.
퍼ː스트-레이디(first lady)명 사회 각계의 최상급의 여성. 일반적으로 대통령이나 수상의 부인을 일컫는 말.
퍼슬-퍼슬부하형 덩어리진 가루 따위가 말라서 쉽게 부스러지는 모양. ¶ 흙덩이들이 퍼슬퍼슬 부스러지다. ㉵파슬파슬. ㊇버슬버슬.
퍼즐(puzzle)명 어려운 문제, 또는 생각하게 하는 문제. 〔넓은 의미로는 학문적인 것보다 놀이로 풀어 보는 '수수께끼' 전반을 가리킴.〕
퍼ː지다자 ①끝 부분이 넓거나 굵게 벌어지다. ¶ 나팔 모양으로 밑이 퍼진 바지. ②널리 미치다. ¶ 소문이 삽시간에 퍼졌다. /전염병이 온 동네에 퍼지다. ③많이 생겨나서 번성하다. ¶ 자손이 퍼지다. /가지가 퍼지다. ④끓이거나 삶은 낟알 따위가 물에 불어서 커지거나 잘 익다. ¶ 국수가 퍼지다. /밥이 잘 퍼지다. ⑤빨래의 구김살이 잘 펴지다. ⑥고루 미치다. ¶ 술기운이 온몸으로 퍼졌다. ⑦몸이나 몸의 어떤 부분이 살이 쪄서 가로로 벌어지다. ¶ 엉덩이가 퍼지다. ⑧지치거나 힘이 없거나 하여 늘어지다.
퍼-지르다[~지르니·~질러] Ⅰ자르 퍼더버리다. ¶ 땅바닥에 퍼질러 앉다.
Ⅱ타르 ①욕이나 말 따위를 함부로 마구 하다. ②마구 먹어 대다. ¶ 젊은 애가 빈둥거리며 술만 퍼지르면 되겠니? ③(아이나 배설물 따위를) '마구 많이 낳거나 싸다'를 속되게 이르는 말.
퍼지^이ː론(fuzzy理論)명 사물을 흑이나 백, 또는 참과 거짓으로 나누는 것이 아니라 그 중간 존재를 수학적으로 파악하려고 하는 집합 이론. 시스템 제어나 컴퓨터 등 여러 분야에 응용됨.
퍼터(putter)명 골프에서, 그린(green)에 있는 공을 홀(hole)에 넣을 때 사용하는 채.
퍼트(putt)명하타 골프에서, 그린 위에서 홀(hole)을 향하여 공을 침, 또는 그런 동작. 퍼팅.
퍼-트리다타 퍼뜨리다.
퍼티(putty)명 탄산칼슘 분말이나 아연화를 아마인유 같은 건성유로 이긴 연한 물질. 창 유리의 정착, 판자의 도장(塗裝), 철관(鐵管)의 이음매 고정 따위에 사용함.
퍼팅(putting)명하타 ☞퍼트.
퍼ː펙트-게임(perfect game)명 ①야구에서, 한 투수가 상대편에게 한 사람의 진루(進壘)도 허용하지 않고 이긴 시합. ②볼링에서, 전 프레임을 스트라이크로 끝내어 300점을 얻은 경기. 완전 시합.

퍼포ː먼스(performance)명 예술 행위로서, 육체의 행위를 공연(公演)하거나 영상·사진 따위로 표현하는 일.
퍽[1]부 아주. 매우. 몹시. ¶ 퍽 덥다.
퍽[2]부 ①힘 있게 냅다 내지르는 모양, 또는 그 소리. ②힘없이 거꾸러지는 모양, 또는 그 소리. ¶ 총에 맞은 병사가 퍽 거꾸러졌다. ③진흙 같은 데를 밟았을 때 깊숙이 빠지는 모양, 또는 그 소리. ①②작팍. **퍽-퍽**부.
퍽(puck)명 아이스하키에서 공으로 쓰는, 쇠에 고무를 입힌 납작한 원반.
퍽석[-썩]부하자 ①맥없이 주저앉는 모양, 또는 그 소리. ¶ 그 자리에 퍽석 주저앉다. ②부피가 엉성하고 메마른 물건이 부드럽게 가라앉거나 쉽게 부서지는 모양, 또는 그 소리. ¶ 장마로 인하여 토담이 퍽석 내려앉았다. 작팍삭. **퍽석-퍽석**부하자.
퍽석-하다[-써카-]형여 쉽게 가라앉거나 부서질 듯이 엉성하다. 작팍삭하다.
퍽신-퍽신[-씬-씬]부하형 매우 퍽신한 모양. ¶ 퍽신퍽신하게 이겨 놓은 빵 반죽. 작팍신팍신.
퍽신-하다[-씬-]형여 엉긴 가루 따위가 부드럽고 퍽석한 느낌이 있다. 작팍신하다.
퍽퍽-하다[-퍼카-]형여 가루 따위가 물기가 없이 몹시 메마르고 부슬부슬하다. ¶ 맨입에 백설기를 먹으니 매우 퍽퍽하다. 작팍팍하다. **퍽퍽-이**부.
펀더기명 넓따란 들.
펀둥-거리다자 자꾸 펀둥펀둥하다. 펀둥대다. 작판둥거리다. 여번둥거리다. 참뻔둥거리다.
펀둥-대다자 펀둥거리다.
펀둥-펀둥부하자 게으름을 부리며 매우 뻔뻔스럽게 놀기만 하는 모양. 작판둥판둥. 여번둥번둥. 참뻔둥뻔둥.
펀드(fund)명 투자 신탁의 신탁 재산. 또는, 기관 투자가가 관리하는 운용 재산.
펀드^매니저(fund manager)명 투자 고문 회사·투자 신탁 회사·신탁 은행 따위에서 자산을 전문적으로 운용하는 사람.
펀들-거리다자 자꾸 펀들펀들하다. 펀들대다. 작판들거리다. 여번들거리다. 참뻔들거리다.
펀들-대다자 펀들거리다.
펀들-펀들부하자 보기에 미련스럽도록 뻔뻔하게 게으름만 부리는 모양. 작판들판들. 여번들번들. 참뻔들뻔들.
펀뜻부 '언뜻'의 잘못.
펀치(punch)명 ①권투에서, 상대를 주먹으로 치는 일, 또는 그 주먹. ②럭비에서, 발끝으로 공을 튕겨 차는 일. ③차표 따위에 구멍을 뚫는 공구. ④과실즙에 설탕·양주 따위를 섞은 음료.
펀치^카ː드(punch card)명 자료의 자동 처리를 위해 구멍을 뚫어 쓰는, 컴퓨터의 입출력(入出力) 매체가 되는 카드. 천공 카드.
펀칭(punching)명하타 축구에서, 골키퍼가 페널티 에어리어에서 공을 주먹으로 쳐 내는 일.
펀칭^백(punching bag)명 모래 따위를 넣어, 주먹으로 치는 힘을 기르려고 만든 긴 자루.
펀칭^볼ː(punching ball)명 권투에서, 주먹으로 정확하고 빠르게 치는 훈련을 하는 데 쓰는 둥근 가죽 공.
펀트-킥(punt kick)명 럭비에서, 손으로 떨어뜨린 공이 땅에 닿기 전에 차는 일.
펀펀-하다형여 물건의 겉면이 높낮이가 없이 고르고 너르다. ¶ 펀펀한 들판. 작판판하다. **펀펀-히**부.
펀ː-하다형여 어떤 평면 공간이 아득하게 너르다. ¶ 가없이 펀한 벌판. 작판하다. **펀-히**부.
펄명 ①〈개펄〉의 준말. ②〈벌[1]〉의 거센말.
펄-꾼명 외양을 꾸미지 않는, 주제 사나운 사람.
펄떡부 ①하자힘을 모아 크고 탄력 있게 뛰는 모양. ②하자타심장이나 맥이 아주 크게 뛰는 모양. 작팔딱. **펄떡-펄떡**부하자타.
펄떡-거리다[-꺼-]자타 자꾸 펄떡펄떡하다. 펄떡대다. 작팔딱거리다.
펄떡-대다[-때-]자타 펄떡거리다.
펄떡-이다자타 크고 탄력 있게 자꾸 뛰다. 작팔딱이다.
펄럭부하자타 (큰 깃발 따위가) 바람에 힘차게 한 번 나부끼는 모양, 또는 그 소리. 작팔락. **펄럭-펄럭**부하자타.
펄럭-거리다[-꺼-]자타 자꾸 펄럭펄럭하다. 펄럭대다. ¶ 옷자락이 펄럭거리다. 작팔락거리다.
펄럭-대다[-때-]자타 펄럭거리다.
펄럭-이다자타 바람에 날리어 세차고 빠르게 나부끼다. ¶ 태극기가 펄럭이다. 작팔락이다.
펄렁부하자타 (큰 깃발 따위가) 바람에 날리어 느리고 부드럽게 나부끼는 모양. 작팔랑. **펄렁-펄렁**부하자타.
펄렁-거리다자타 자꾸 펄렁펄렁하다. 펄렁대다. 작팔랑거리다.
펄렁-대다자타 펄렁거리다.
펄스(pulse)명 순간적으로 흐르는, 지속 시간(持續時間)이 극히 짧은 전파의 되풀이. 무선 통신·전화 교환기·컴퓨터 따위에 이용됨.
펄썩부하자 ①연기나 먼지 따위가 뭉치어 갑자기 일어나는 모양. ¶ 보퉁이를 내려놓을 때마다 펄썩 흙먼지가 일었다. ②갑자기 맥없이 주저앉는 모양. ¶ 갑작스러운 아버지의 사고 소식에 어머니는 바닥에 펄썩 주저앉으셨다. 작팔싹. **펄썩-펄썩**부하자.
펄썩-거리다[-꺼-]자 자꾸 펄썩펄썩하다. 펄썩대다. 작팔싹거리다.
펄썩-대다[-때-]자 펄썩거리다.
펄쩍부 ①하자갑자기 힘차게 날거나 뛰어오르는 모양. ②하자타문 따위를 갑자기 열어젖히는 모양. ¶ 대문을 펄쩍 열다. 작팔짝. **펄쩍-펄쩍**부하자타.
펄쩍-거리다[-꺼-]자타 자꾸 펄쩍펄쩍하다. 펄쩍대다. 작팔짝거리다.
펄쩍-대다[-때-]자타 펄쩍거리다.
펄펄부 ①많은 물이 용솟음치듯 끓는 모양. ¶ 가마솥의 물이 펄펄 끓다. ②날짐승이나 물고기 따위가 크고 힘차게 날거나 뛰는 모양. ¶ 펄펄 뛰는 잉어. /새가 펄펄 날다. ③높은 열로 매우 뜨거운 모양. ¶ 온몸이 불덩이처럼 펄펄 끓다. ④눈이나 깃발 따위가 바람에 세차게 날리거나 나부끼는 모양. ¶ 흰눈이 펄펄 날린다. /줄지어 게양된 만국기가 펄펄 휘날리다. ①~③작팔팔.
펄펄-하다형여 ①(성질이) 누긋하지 않고 괄괄하다. ②날 듯이 생기가 넘치고 활발하다. 작팔팔하다.
펄프(pulp)명 목재 따위의 식물체를 기계적·화학적으로 처리하여 그 섬유소를 뽑아낸 것. 종이나 인견 등을 만드는 데 쓰임.
펌블(fumble)명하타 야구 따위에서, 잡았던 공을 놓치는 일.
펌프(pump)명 ①(급수 펌프나 진공 펌프 따위에서) 압력 작용으로 액체나 기체를 관을 통하여 자아올리거나 이동시키는 기계를 통틀어 이르는 말. ②양수기(揚水機).

펑¹ 부 ①갑자기 무엇이 세게 터지거나 튀는 소리. ¶ 자동차 바퀴가 펑 하고 터졌다. ②큰 구멍이 훤히 뚫리는 모양, 또는 그 소리. ¶ 담장에 구멍이 펑 뚫렸다. 작팡. 참뻥². **펑-펑** 부 하자타.
펑² 감 마작을 할 때, 패가 맞았다는 뜻으로 쓰는 말.
펑덩 부 크고 무거운 물건이 깊은 물에 떨어질 때 나는 소리. 작팡당. **펑덩-펑덩** 부 하자타.
펑덩-거리다 자타 자꾸 펑덩펑덩하다. 펑덩대다. 작팡당거리다.
펑덩-대다 자타 펑덩거리다.
펑크(←puncture) 명 ①고무 튜브나 공 따위에 구멍이 나는 일. ¶ 펑크를 때우다. ②계획한 일이 도중에 틀어져 잘못되는 일. ¶ 펑크를 내다. ③비밀이 드러나는 일.
펑퍼지다 형 옆으로 퍼진 모양이 둥그스름하고 펀펀하다. ¶ 저기 보이는 펑퍼진 일대가 제일 기름진 땅이지. 작팡파지다.
펑퍼짐-하다 형여 둥그스름하고 펀펀하게 옆으로 퍼져 있다. ¶ 소의 엉덩이가 펑퍼짐하게 살이 올랐다. 작팡파짐하다. **펑퍼짐-히** 부.
펑-펑 부 ①하자 많은 양의 액체가 세차게 솟거나 쏟아져 나오는 소리, 또는 그 모양. ②함박눈이 매우 많이 내리는 모양. ¶ 함박눈이 펑펑 쏟아지는 겨울밤. ③돈이나 물건 따위를 함부로 마구 쓰는 모양. ¶ 돈을 펑펑 쓰다. 작팡팡.
펑펑-거리다 자 액체가 약간 넓은 구멍으로 세차게 자꾸 솟거나 쏟아져 나오다. 펑펑대다.
펑펑-대다 자 펑펑거리다.
페가수스(Pegasus 그) 명 그리스 신화에 나오는, 날개 돋친 천마(天馬).
페가수스-자리(Pegasus−) 명 가을철 북쪽 하늘에 보이는 큰 별자리. 안드로메다자리의 남서쪽, 백조자리의 남동쪽에 있음. 10월 하순에 남중(南中)하며, 가을 별자리를 찾는 지표임.
페그마타이트(pegmatite) 명 마그마(magma)의 분화(分化) 생성물로서 석영·장석·운모 따위의 구성 입자가 거대한 결정을 이루고 있는 광석.
페그마타이트^광ː상(pegmatite鑛床) 명 마그마가 굳은 뒤, 그 잔액(殘液)이 주위의 암석 틈새로 스며들어서 여러 가지 유용한 광물을 지니게 된 광상. 〔우라늄·토륨·탄탈 광상이나 여러 가지 보석 광상 따위.〕
페넌트(pennant) 명 ①좁고 긴 삼각기(三角旗). ②배의 활대 끝이나 아래 돛대 머리에서 밑으로 늘어뜨린 짧은 밧줄.
페넌트^레이스(pennant race) 명 야구 리그전 따위에서, 장기간에 걸쳐 우승을 겨루는 일, 또는 그 공식 경기.
페널티(penalty) 명 〔'형벌'·'벌금' 등의 뜻으로〕 운동 경기 중에 선수가 규칙을 어겼을 때 주는 벌.
페널티^골ː(penalty goal) 명 페널티 킥으로 얻은 득점.
페널티^에어리어(penalty area) 명 축구에서, 페널티 킥이 허용되는 벌칙 구역.
페널티^킥(penalty kick) 명 ①축구에서, 페널티 에어리어 안에서 수비 측이 반칙하였을 때 공격 측에게 주어지는 킥. ②럭비에서, 경기자가 반칙하였을 때 상대편이 그 자리에 공을 놓고 차게 하는 일.
페노바르비탈(phenobarbital) 명 냄새가 없는 흰 가루로 된 약제. 최면제·진정제로 쓰임.
페놀(phenol) 명 ①방향족 알코올의 하나. 특이한 냄새가 나는 무색이나 흰색의 결정으로, 벤젠을 원료로 하는 화학 합성으로 얻음. 방부제·소독 살균제·합성수지·염료 따위를 만드는 데 쓰임. 석탄산. ②☞페놀류.
페놀-류(phenol類) 명 (페놀·크레졸·나프톨 따위) 벤젠핵(核)의 수소 원자를 수산기(水酸基)로 치환한 화합물을 통틀어 이르는 말. 페놀.
페놀프탈레인(phenolphthalein) 명 페놀과 무수프탈산을 가열·축합(縮合)하여 만드는 하얀 가루. 지시약의 일종으로 산성과 중성에는 무색, 염기성에는 붉은색을 나타냄.
페니(penny) 의 영국 화폐 단위의 한 가지. 펜스의 단수임. 〔파운드의 100분의 1.〕
페니실린(penicillin) 명 자낭균류(子囊菌類)나 푸른곰팡이류를 배양하거나 합성하여 얻은 항생 물질의 한 가지. 폐렴·단독(丹毒)·패혈증·매독 등의 치료에 쓰임.
페니실린^쇼크(penicillin shock) 명 페니실린 주사 때 더러 일어나는 격심한 이상(異常) 반응. 발열·발진(發疹)·호흡 곤란 등의 증상이 계속되어 의식을 잃으며 죽기도 함.
페니웨이트(pennyweight) 의 영국의 무게 단위. 〔온스의 20분의 1.〕
페니히(Pfennig 독) 의 독일 화폐 단위의 한 가지. 〔마르크의 100분의 1.〕
페닐알라닌(phenylalanine) 명 필수 아미노산의 한 가지. 물에 잘 녹지 않고 약간 쓴맛이 있음. 각종 단백질 속에 2~5% 들어 있고, 콩과 식물의 종자나 어린눈 속에 흔히 유리(遊離) 상태로 있음.
페달(pedal) 명 발로 밟아 기계 장치를 작동시키는 부품. 〔자전거의 발걸이나 재봉틀·풍금 등의 발판 따위.〕
페더-급(feather級) 명 권투·태권도 따위에서, 중량별 체급의 한 가지. 아마추어 권투는 54 kg 이상 57 kg 미만, 태권도 남자 일반부는 58 kg 초과 64 kg 이하임. 참밴텀급·라이트급.
페디오니테(Pedionite 독) 명 유동성이 큰 용암이 여러 분화구나 지각의 틈에서 비교적 조용히 분출하여, 광대한 면적을 덮어 대지(臺地) 모양을 이룬 화산. 〔인도의 데칸 고원, 우리나라의 개마고원 따위가 그 예임.〕
페디큐어(pedicure) 명 발과 발톱을 곱게 다듬는 화장법. 참매니큐어(manicure).
페레스트로이카(perestroika 러) 명 〔'개혁'·'재건'의 뜻으로〕 1986년에 선언된 소련의 사회주의 개혁 이데올로기.
페로몬(pheromone) 명 동물, 특히 곤충이 동류(同類)에게 서로 어떤 행위를 일으키게 하거나 의사를 전달하는 매체로 보이는 '체외 분비성 물질'을 이르는 말. 〔개미나 벌의 사회 행동의 조절이나 먹이가 있는 것과 위험을 전달하는 따위에서 그 존재를 알 수 있음.〕
페로타이프(ferrotype) 명 사진에서, 주로 크롬을 도금한 철판(鐵板)에 콜로디온(collodion) 막(膜)을 붙여 광택 있는 양화(陽畫)를 만드는 법.
페르뮴(fermium) 명 악티늄 계열의 인공 방사성 원소의 한 가지. 플루토늄을 장시간 중성자 조사(照射)하여 만듦. 〔Fm/100/257〕
페르미-상(Fermi賞) 명 이탈리아의 물리학자 페르미를 기념하여, 원자 과학에 공이 큰 사람에게 주는 상.
페르소나(persona 라) 명 ①〔'사람'·'인체'의 뜻으로〕 미술에서, '인체상(人體像)'을 뜻하는 말. ②철학에서 이르는, 이성적인 본성을 지닌 개별적인 존재자. ③신학에서 이르는, 의지와 이성을 갖추고 있는 독립된 실체. 곧, 삼위일체의 신.

페름-기(←Permian紀)명 고생대(古生代) 최후의 지질 시대. 약 2억 9천만 년 전으로부터 2억 4500만 년 전으로, 큰 산맥들이 형성된 시기임. 이첩기(二疊紀).

페리보ː트(ferryboat)명 (해협이나 섬 사이 등) 비교적 가까운 거리의 수로(水路)를 오가는 연락선.

페미나-상(Fémina賞)명 그해에 발표된 우수 작품에 수여하는 프랑스의 문학상. 〔심사 위원이 모두 여성인 것이 특징임.〕

페미니니티^테스트(femininity test)명 (올림픽이나 세계 선수권 대회 따위에서 하는) 여자 선수에 대한 성(性) 검사.

페미니스트(feminist)명 ①여권 신장, 또는 남녀평등을 주장하는 사람. ②여성 숭배자, 또는 여성에게 친절한 남자.

페미니즘(feminism)명 여성의 사회적·정치적·법률적인 모든 권리의 확장을 주장하는 주의. 여권주의(女權主義).

페미컨(pemmican)명 쇠고기를 말린 후 과실·지방을 섞어 빵처럼 굳게 한 휴대용 식량.

페서리(pessary)명 여성의 임신 조절이나 자궁의 위치 이상을 바로잡는 고무나 플라스틱제의 기구.

페소(peso 스) Ⅰ명 스페인의 옛 금은화. Ⅱ의 ①필리핀·아르헨티나·쿠바·멕시코 등지의 화폐 단위의 한 가지. ②스페인의 옛 화폐 단위.

페스트(pest)명 페스트균에 의한 급성 전염병. 고열·두통·구토 따위의 증세가 있고 피부가 흑자색으로 변함. 순환기가 강하게 침범받아 치사율이 높음. 흑사병(黑死病).

페스티벌(festival)명 ①축제. ②축전(祝典).

페시미즘(pessimism)명 비관론. 염세주의. ↔옵티미즘(optimism).

페어^스케이팅(pair skating)명 남녀가 짝을 지어 하는 피겨 스케이팅.

페어웨이(fairway)명 골프에서, 티 그라운드에서 그린 사이의 잘 다듬어진 잔디 구역.

페어-플레이(fair play)명 경기를 정정당당하게 하는 일. 정정당당한 승부.

페이드아웃(fade-out)명 ①연극이나 영화·텔레비전 따위에서, 무대나 화면이 점차 어두워지는 일, 또는 그 기법. 용암(溶暗). ②방송 따위에서, 음악이나 효과음이 점차 작아지는 일, 또는 그 기법. 에프오(FO). ↔페이드인.

페이드인(fade-in)명 ①연극이나 영화·텔레비전 따위에서, 무대나 화면이 점차 밝아지는 일, 또는 그 기법. 용명(溶明). ②방송 따위에서, 음악이나 효과음이 점차 커지는 일, 또는 그 기법. 에프아이(FI). ↔페이드아웃.

페이스(pace)명 ①야구에서, 투수가 던진 공의 속도. ②운동 경기나 경주 따위에서 하는 힘의 배분. ¶ 제 페이스대로 나가다. /상대편의 페이스에 말려들다. ③'일의 진행도나 일상생활의 리듬'을 비유하여 이르는 말. ¶ 이런 페이스로는 목표를 달성하기 어렵다.

페이지(page)명 ①책이나 장부 따위의 한 면. 쪽3. ¶ 페이지를 넘기다. ②〖의존 명사적 용법〗 책이나 장부 따위의 면을 세는 단위. ¶ 두 페이지. /300페이지에 이르는 책.

페이퍼백(paperback)명 종이 표지로 장정한, 보급판인 작은 판형의 책. 〔문고판(文庫版)이나 신서판(新書版) 따위.〕

페인텍스(paintex)명 유성 안료의 한 가지, 또는 그 안료를 사용하여 천이나 가죽 따위에 무늬를 그리는 수예(手藝).

페인트(feint)명 운동 경기에서, 상대편을 속이기 위하여 쓰는 동작이나 작전. ¶ 페인트 모션에 속아 한 점을 허용하였다.

페인트(paint)명 안료를 용제(融劑)로 풀어서 만든 도료를 통틀어 이르는 말.

페인트-칠(paint漆)명하자타 페인트를 바르는 일. ¶ 낡은 건물에 페인트칠을 하다.

페인팅^나이프(painting knife)명 유화(油畫)를 그릴 때 쓰는 쇠칼. 잘못된 곳을 긁어 내기도 하고 붓 대신 그림을 그리기도 함.

페치카(pechka 러)명 난방 장치의 한 가지. 돌이나 벽돌·진흙 따위로 벽에 붙여 만든 것으로 러시아를 비롯한 추운 지방에 많음. 벽난로.

페트-병(PET甁)명 음료를 담는 일회용 병. 폴리에틸렌을 원료로 하여 만든 것으로, 가볍고 깨지지 않는 특성이 있음. [polyethylene terephthalate]

페티시즘(fetishism)명 ①물신 숭배(物神崇拜). ②성도착증의 한 가지. 이성(異性)의 신체 일부 또는 몸에 입거나 지닌 것 등에 비정상적인 집착을 나타내며, 그것으로 말미암아 성적(性的) 만족을 얻는 일.

페티코ː트(petticoat)명 여자 속옷의 한 가지. 스커트의 모양을 다듬기 위해 허리 아래에 받쳐 입는 속치마.

페팅(petting)명 성교가 따르지 않는 관능적인 애무.

페퍼민트(peppermint)명 ①박하(薄荷). 박하유. ②박하유를 주원료로 하여 소량의 향료를 가미한 리큐어.

페ː하ː(pH 독)명 ☞피에이치.

펙틴(pectin)명 채소나 과실 따위에 포함된 탄수화물의 한 가지. 고등 식물의 세포 사이의 결합 물질로, 특히 겔(Gel)을 만드는 성질이 있음. 잼·젤리 따위의 식품이나 화장품·약품 제조에 쓰임.

펜(pen)명 ①잉크 따위를 찍어서 글씨를 쓰거나 그림을 그리거나 하는 필기구의 한 가지. 펜촉과 펜대로 이루어짐. 철필. ②글을 쓰는 일. 문필 활동. ¶ 펜을 들다. /펜을 꺾다.

펜-글씨(pen—)명 펜으로 쓰는 글씨.

펜-네임(pen name)명 작가 등이 문필 활동을 할 때 쓰는 본명 이외의 이름. 필명(筆名).

펜-대(pen—)명 펜촉을 끼워서 쓰는 자루. 철필대.

펜더(fender)명 자동차나 자전거 바퀴에서 흙탕물이 튀는 것을 막는 흙받이.

펜던트(pendant)명 ①장신구의 한 가지. 줄에 달아 목에서 가슴으로 늘어뜨리게 된 것. 보석이나 금속·유리 따위로 만듦. ②조명 기구의 한 가지. 천장 같은 데에 매달아 늘어뜨리는 장식용 전등.

펜션(pension)명 전원주택·별장 형태로 만든, 유럽풍의 고급 민박 시설.

펜스(fence)명 야구 경기장의 필드를 둘러싼 울타리. ¶ 우측 펜스를 맞추는 3루타성 타구.

펜스(pence)의 영국 화폐 단위의 한 가지. '페니'의 복수(複數).

펜싱(fencing)명 올림픽 경기 종목의 하나. 가늘고 긴 검으로 상대편을 찌르거나 베거나 하여 승부를 겨룸. 에페·사브르·플뢰레의 세 종목이 있음.

펜-촉(pen鏃)명 펜의 뾰족한 끝. 철필촉.

펜치(←pincers)명 철사 따위를 끊거나 잡아 비틀거나 구부리는 데 쓰는 연장.

펜-컴퓨ː터(pen computer)명 (키보드 대신) 펜으로 입력할 수 있는 컴퓨터.

펜-클럽(PEN Club)명 문필 활동을 하는 사람들의 국제적 문화 단체. 국제 펜클럽. [International Association of Poets, Playwrights, Editors, Essayists and Novelists]
펜탄(pentane)명 메탄계 탄화수소의 한 가지. 향기가 나는 무색의 휘발성 액체. 마취제나 저온 온도계 따위에 쓰임.
펜탄^온도계(pentane溫度計)[-계/-게]명 펜탄을 이용한 저온 온도계. -200℃까지 측정할 수 있음.
펜팔(pen pal)명 서신 교환으로 맺어진 교우 관계. 또는, 그로 인해서 생긴 벗. 편지 친구. ¶ 펜팔로 알게 되어 결혼에 이르다.
펜홀더^그립(penholder grip)명 탁구에서, 펜대를 잡듯이 라켓을 쥐는 방식. ↔셰이크핸드 그립.
펜-화(pen畫)명 펜으로 그린 그림.
펠리컨(pelican)명 사다새.
펠턴^수차(Pelton水車)명 수력 터빈의 한 가지. 관(管) 끝에서 고속으로 물을 내뿜게 하여 그 힘으로 수차를 회전시켜서 전력을 얻음. 〔1870년 미국의 펠턴이 발명함.〕
펠트(felt)명 양털이나 그 밖의 짐승 털에 습기와 열을 가하여 눌러 만든 두꺼운 천 모양의 물건. 모자나 양탄자 따위를 만드는 데 쓰임.
펠트-펜(felt pen)명 ☞매직펜.
펠티에^효ː과(Peltier效果)명 다른 종류의 금속 두 개를 접촉시켜 놓고 그 사이에 전류를 흘려보내면, 접촉면에서 열이 발생하거나 흡수되는 현상.
펩신(pepsin)명 척추동물의 위액 속에 들어 있는 단백질의 분해 효소.
펩톤(peptone)명 단백질을 효소·산·알칼리 따위로 부분적으로 가수 분해(加水分解) 한 물질. 물에 녹기 쉽고 가열하여도 굳어지지 않음.
펩티다아제(Peptidase 독)명 단백질의 펩티드 결합을 가수 분해 하는 효소를 통틀어 이르는 말. 〔펩신·트립신 따위.〕
펭귄(penguin)명 펭귄과의 바닷새. 곧게 선 키는 90 cm가량. 날개는 짧고 지느러미 모양인데 전혀 날지 못하고 곧추서서 걸음. 발에는 물갈퀴가 있어 헤엄을 잘 치고 고기·낙지·새우 따위를 잡아먹음. 남극 지방에서 떼 지어 삶.
펴-내다타 ①(서적 따위를) 발행하다. ¶ 고희(古稀) 기념 논문집을 펴내다. ②개킨 것을 넓게 하여 내놓다.
펴낸-이명 발행인.
펴널명 상투를 짤 때 맺는, 맨 아래 돌림.
펴-놓다[-노타]타 속마음을 숨김없이 드러내다. ¶ 흉금을 펴놓고 이야기하다.
펴다타 ①개킨 것을 젖히거나 벌려 놓다. 깔다. ¶ 방에 이불을 펴다. ②굽은 것을 곧게 하다. ¶ 허리를 펴다. /구부러진 철사를 펴다. ③덮였거나 접힌 것을 벌리다. ¶ 책을 펴다. /우산을 펴 들다. ④오므리거나 오므라든 것을 벌리다. ¶ 손가락을 펴다. /어깨를 펴고 걷다. ⑤구김살이나 주름살을 반반하게 하다. ¶ 다리미로 다려서 구김살을 펴다. /이마의 주름살을 펴다. ⑥꾸리거나 싼 것을 풀다. 헤치다. ¶ 선물 꾸러미를 펴 보다. ⑦마음이나 감정 따위를 얽매임 없이 자유롭게 가지거나 드러내다. ¶ 기를 펴다. /뜻을 펴다. ⑧힘이나 세력(勢力) 따위가 미치는 범위를 넓히다. ¶ 세력을 북방으로 펴다. ⑨세상에 널리 알리거나 두루 베풀다. ¶ 법령을 펴다. /선정을 펴다. ⑩어떤 일이나 조직 따위를 벌이거나 늘이다. ¶ 수사망을 펴다.
펴디다자 〈옛〉퍼지다. ¶ 法이 펴디여 가미 믈 흘러 녀미 ᄀᆞᄐᆞᆯᄊᆡ(釋譜9:21). /슬ᄏᆞ장 펴뎌시니(鄭澈.關東別曲).
펴락-쥐락부하타 '쥐락펴락'의 잘못.
펴아나다자 〈옛〉피어나다〔發〕. ¶ 처섬 펴아나ᄂᆞᆫ 소리(訓解).
펴-이다자 ①〖'펴다'의 피동〗 구김살이나 주름살이 펴지게 되다. ¶ 구김살이 펴이다. ②옭혔던 일이 제대로 잘 풀려 가다. ¶ 일이 펴이다. ③옹색하던 것이 넉넉해지다. ¶ 살림이 펴이다. 준폐다.
펴-지다자 ①펴이게 되다. ¶ 주름살이 펴지다. /우산이 잘 펴진다. ②순조롭지 못한 일이 나아지다. ¶ 형편이 펴지다.
편명 '떡'을 점잖게 이르는 말.
편보다 떡이 낫다속담 같은 종류의 물건이지만 이것보다 저것이 낫게 보인다는 말.
편(片)명 ①작은 조각의 물건, 또는 저울에 달아 파는 인삼의 낱개. ¶ 편이 크다. ②〖의존 명사적 용법〗 저울에 달아 파는 인삼의 낱개를 세는 단위. ¶ 인삼 스무 편을 사다.
편(便) Ⅰ명 여럿을 패로 갈랐을 때의 그 하나하나의 쪽. ¶ 편을 갈라서 승부를 겨루다. /지지하는 쪽과 반대하는 쪽으로 편이 갈라졌다. Ⅱ의 ①사물을 여러 경우로 나누어 생각할 때의 한쪽. ¶ 그 일은 미리 처리하는 편이 좋다. ②어디를 오고 가는 데 이용하는 수단. ¶ 기차 편으로 가는 것이 좋겠다.
편(編)명 ①국악(國樂)의 노래 곡조의 한 가지. ②사람이나 단체 이름 뒤에 쓰이어, 그 책을 '엮었음'을 나타내는 말. ¶ 교육 인적 자원부 편.
편(篇)의 ①시문(詩文)의 수효를 세는 단위. ¶ 시 한 편. ②형식이나 내용 따위가 다른 글을 구별하여 이르는 말. ¶ 입문 편. /문법 편. ③책의 내용을 일정한 단락으로 크게 가른 한 부분. ¶ 제1편.
편(便·偏)의 〈편짝〉의 준말. ¶ 우리 편 선수.
편각(片刻)명 짧은 시간. 삽시간(霎時間). ¶ 편각도 지체할 수 없다.
편각(偏角)명 ①자침(磁針)이 가리키는 방향과 지리학적 자오선(子午線) 사이의 각. 편차(偏差). ②일정한 기준에 대하여 기울기나 경사를 나타내는 각. 경각(傾角). ③프리즘 따위에서, 광선이 굴절할 때의 입사 광선과 투과 광선이 이루는 각.
편간(編刊)명하타 책을 편찬하여 발간함.
편갑(片甲)명 〔갑옷 조각이라는 뜻으로〕 전쟁에 패한 군사를 이르는 말.
편강(片薑)명 얇게 저민 새앙을 설탕에 조리어 말린 것.
편-거리(片-)의 인삼을 한 근씩 골라 맞출 때, 그 편 수를 세는 말.
편견(偏見)명 공정하지 못하고 한쪽으로 치우친 생각. ¶ 편견을 버리다. /편견이 심하다. /편견에 사로잡히다.
편경(編磬)명 아악기의 한 가지. 두 층으로 된 걸이에 각 여덟 개씩의 경쇠가 매달려 있어 각퇴(角槌)로 쳐서 소리를 냄. 참경쇠.
편-계피(片桂皮)[-계-/-게-]명 얇은 조각의 계피.
편고(偏孤)명 어버이의 한쪽을 여의고 의지할 데 없는 아이.
편고지역(偏苦之役)명 남보다 괴로움을 더 받으면서 하는 일.

편곡(偏曲) '편곡하다'의 어근.
편곡(編曲)명하타되자 어떤 악곡을 다른 악기로 또는 달리 연주할 수 있도록 써 고침, 또는 그 곡. ¶ 피아노곡으로 편곡하다. /민요를 합창곡으로 편곡하다.
편곡-하다(偏曲-)[-고카-]형여 성격이 편벽되고 곧지 못하다.
편곤(鞭棍)명 ①쇠도리깨와 곤(棍). ②십팔기(十八技) 또는 무예 이십사반의 하나. 보졸(步卒)이 쇠도리깨와 곤(棍)으로 하는 무예.
편관(扁罐)명 배가 불룩한 주전자.
편광(偏光)명 어떤 특정의 방향으로만 진동하는 빛의 파동. ¶ 편광 렌즈.
편광-경(偏光鏡)명 니콜 프리즘을 쓰지 않고 두 개의 평면 유리 거울을 써서 편광(偏光)을 검출하는 장치.
편광-계(偏光計)[-계/-게]명 선광성(旋光性) 물질의 선광도(旋光度)를 니콜 프리즘을 써서 측정하는 기계. 〔검당계(檢糖計) 따위.〕
편광-자(偏光子)명 자연광을 편광으로 바꾸는 장치. 〔전기석(電氣石)이나 니콜 프리즘 따위.〕
편광^프리즘(偏光prism)명 편광을 발생시키거나 검출하는 프리즘.
편광^현:미경(偏光顯微鏡)명 편광을 이용한 특수 현미경. 주로, 광물의 구조를 연구하는 데 쓰임.
편굴(偏屈) '편굴하다'의 어근.
편굴-하다(偏屈-)형여 성격이 비뚤어지고 비굴하다.
편근(便近) '편근하다'의 어근.
편근-하다(便近-)형여 가깝고 편리하다. **편근-히**부.
편급(褊急) '편급하다'의 어근.
편급-하다(褊急-)[-그파-]형여 소견이 좁고 성질이 급하다. **편급-히**부.
편기(偏嗜)명하타 치우치게 즐김, 또는 편벽된 기호(嗜好).
편기(褊忌)명하타 소견이 좁아 남을 시기함. ¶ 그의 단점은 남을 편기하는 것이다.
편년(編年)명하자 〔역사의 기술(記述)에서〕 연대순으로 엮는 일.
편년-사(編年史)명 편년체로 엮은 역사.
편년-체(編年體)명 역사를 연대순으로 기술하는 체제. 참기전체(紀傳體).
편녕(便佞) '편녕하다'의 어근.
편녕-하다(便佞-)형여 말만 그럴싸할 뿐 성의가 없다.
편-놈명 '산대놀음을 하는 사람'을 얕잡아 이르는 말.
편:뇌(片腦)[-뇌/-눼]명 ☞용뇌향(龍腦香).
편단(偏斷)명하타되자 공정하지 못하고 편벽(偏僻)되게 결정함.
편달(鞭撻)명하타 〔채찍으로 때린다는 뜻으로〕 일깨워 주고 격려하여 줌. 채찍질. 편복(鞭扑). ¶ 애정 어린 지도 편달을 부탁드립니다.
편답(遍踏)명하타 ☞편력(遍歷).
편당(偏黨)명하자 한 당파에 치우침, 또는 편파적인 당파. ¶ 편당을 짓다.
편대(編隊)명하자타 ①대오(隊伍)를 갖추는 일, 또는 그 대오. ②비행기 따위가 대형을 갖추는 일, 또는 그 대형.
편대^비행(編隊飛行)명 비행기가 대형을 지어 비행하는 일.
편도(片道)명 오고 가는 길 가운데 어느 한쪽, 또는 그 길. ¶ 편도 승차권. /편도 2차선.
편도(扁桃)명 장미과의 낙엽 교목. 소아시아 원산으로 건조한 곳에서 잘 자람. 높이 6 m가량. 열매는 복숭아 비슷한데 익으면 터져서 속에 든 씨를 먹음. 단맛과 쓴맛이 나는 두 종류가 있으며 각각 식용 또는 약용함. 지중해 연안과 미국 캘리포니아 등지에서 많이 재배함. 아몬드.
편도(便道)명 다니기에 편리한 길. 지름길. 편로.
편도-선(扁桃腺)명 사람의 목구멍 안 양쪽에 발달한 림프 조직의 집합체.
편도선-염(扁桃腺炎)[-념]명 편도선에 생기는 염증. 편도선이 벌겋게 부어 음식을 넘기기 어렵게 되고 고열과 통증이 따름.
편도-유(扁桃油)명 편도의 씨에서 짜낸 담황색의 지방유(脂肪油). 약제나 향유·비누 따위를 만드는 데 쓰임.
편독(偏讀)명하타 한 방면에만 치우쳐 독서함.
편동-풍(偏東風)명 적도를 사이에 둔 남북 저위도(低緯度) 지대를 동쪽에서 서쪽으로 약간 쏠려 부는 바람. 참편서풍.
편두-통(偏頭痛)명 갑자기 일어나는 발작성의 두통. 주로, 한쪽 머리만 심하게 아프며 주기성을 나타냄. 변두통.
편-들다(便-)[~드니·~들어]타 어느 한쪽을 돕거나 두둔하다. ¶ 어머니를 편들다.
편람(便覽)[펼-]명 보기에 편리하도록 간명하게 만든 책. ¶ 학습 편람.
편력(遍歷)[펼-]명하타 ①널리 각지를 돌아다님. 편답(遍踏). ¶ 여러 고장을 편력하다. ②여러 가지 경험을 함. ¶ 여성 편력.
편로(便路)[펼-]명 ☞편도(便道).
편론(偏論)[펼-]명하타 남이나 다른 당파를 논란(論難)함.
편류(偏流)[펼-]명하자 항공기 따위가 기류 때문에 수평으로 밀리어 항로에서 벗어나는 일.
편리(便利)[펼-]명하형 어떤 일을 하는 데 편하고 이용하기 쉬움. ¶ 편리를 보아주다. /교통이 편리하다. ↔불편.
편리^공:생(片利共生)[펼-]명 한편만 이익을 받고, 다른 편은 이익도 해도 없는 공생.
편린(片鱗)[펼-]명 〔한 조각의 비늘이라는 뜻으로〕 사물의 극히 작은 일부분을 이르는 말. ¶ 고매한 인격의 편린을 엿볼 수 있다.
편마-암(片麻岩)명 석영·장석·운모·각섬석 따위로 이루어진 변성암(變成岩). 석영·장석 등이 많은 백색층과, 운모·각섬석 등이 많은 암색층(暗色層)이 줄무늬를 이루고 있음.
편만(遍滿) '편만하다'의 어근.
편만-하다(遍滿-)형여 널리 가득 차다. 구석구석까지 꽉 차다. ¶ 대지에 편만한 봄 기운.
편-먹다(便-)[-따]자 '편을 짜서 한편이 되다'를 속되게 이르는 말.
편면(片面)명 사물의 한쪽 면.
편모(片貌)명 어느 한 면만의 모습.
편모(偏母)명 아버지가 죽고 혼자 있는 어머니. 홀어머니.
편모(鞭毛)명 원생동물이나 동식물의 정자 등에 나 있는 긴 털 모양의 기관. 이것으로 영양을 섭취하고 운동을 함.
편모-슬하(偏母膝下)명 ☞편모시하(偏母侍下).
편모-시하(偏母侍下)명 편모를 모시고 있는 처지. 자시하(慈侍下). 편모슬하(偏母膝下).
편모^운:동(鞭毛運動)명 편모류나 정자 같은 것의 이동, 먹이 섭취, 소화, 배설 따위를 위한 운동.

편모-충(鞭毛蟲)명 편모충류에 속하는 원생동물을 통틀어 이르는 말. 주로, 해수(海水)나 담수에서 편모 운동을 하며 삶.
편모충-류(鞭毛蟲類)[-뉴]명 원생동물의 한 강(綱). 계통적으로는 동물과 식물의 중간에 속하며 편모를 사용하여 움직임. 수중 생활을 하는 것과 다른 동물의 소화기 같은 데 기생하는 것 등이 있음. 〔연두벌레·야광충 따위.〕
편무(片務)명 계약한 당사자 가운데서, 한쪽에서만 지는 의무.
편무^계:약(片務契約)[-게-/-게-]명 당사자의 한쪽만이 채무(債務)를 부담하는 계약. 〔증여(贈與) 따위.〕 ↔쌍무 계약(雙務契約).
편-무역(片貿易)명 외국과의 상거래에서, 수출 또는 수입의 어느 한쪽에 치우친 무역.
편물(編物)명 뜨개질, 또는 뜨개질로 만든 물건. 뜨갯것. ¶ 편물 기계.
편발(編髮·辮髮)명 ①지난날, 관례(冠禮)를 하기 전에 머리를 길게 땋아 늘이던 일, 또는 그 머리. ②☞변발.
편배(編配)명하타 지난날, 귀양 보낼 사람의 이름을 도류안(徒流案)에 적어 넣던 일.
편백(扁柏)명 ☞노송나무.
편법(便法)[-뻡]명 간편하고 손쉬운 방법. ¶ 편법 운영. /편법을 쓰다. /편법을 강구하다.
편법(篇法)[-뻡]명 시문(詩文) 따위를 편을 지어 짓는 방법.
편벽(便辟)명하자 남에게 알랑거리며 그 비위를 잘 맞추는 일, 또는 그런 사람.
편벽(偏僻) '편벽하다'의 어근.
편벽-되다(偏僻-)[-뙤-/-뛔-]형 공정하지 못하고 한쪽으로 치우쳐 있다. **편벽되-이**부.
편벽-하다(偏僻-)[-벼카-]형여 (마음이) 한쪽으로 치우쳐 있다. ¶ 자네, 젊은 사람답지 않게 마음이 왜 그리도 편벽한가?
편복(便服)명 평상시에 입는 옷. 편의(便衣).
편복(蝙蝠)명 ☞박쥐.
편복(鞭扑)명 ①지난날, 장형(杖刑)에 쓰던 곤장(棍杖)의 한 가지. ②하타 ☞편달(鞭撻).
편비내명 방죽이 무너지지 않도록, 대나무나 갈대를 둘러치는 일.
편사(便私)명하자 자기 개인의 편함만을 꾀함.
편사(便射)명하자 지난날, 사원(射員)끼리 편을 갈라 활을 쏘는 재주를 겨루던 일.
편사(編絲)명 수(繡)를 놓거나 여러 가지 무늬를 걷는 실.
편사-국(編史局)명 갑오개혁 이후, 역사의 편수(編修)를 맡아보던 의정부(議政府)의 한 국(局).
편산(偏産)명하자 어린아이가 태어날 때 이마부터 나오는 일.
편산(遍散)명 ①하자되자 곳곳에 널리 흩어짐. ②하형 곳곳에 널리 흩어져 있음.
편서(便書)명 인편에 부치는 편지.
편서-풍(偏西風)명 중위도 지방의 상공을 서쪽에서 동쪽으로 약간 쏠려 부는 바람. 참편동풍.
편성(偏性)명 원만(圓滿)하지 못하고 한쪽으로 치우친 성질.
편성(編成)명하타되자 흩어져 있는 것을 모아서 하나의 체계를 갖춘 것으로 만듦. ¶ 학급을 편성하다. /새로 편성된 예산.
편소(褊小) '편소하다'의 어근.
편소-하다(褊小-)형여 땅이나 장소 따위가 좁고 작다.
편수¹명 공장(工匠)의 우두머리. 한자를 빌려 '編首·邊首'로 적기도 함.
편수²명 전래의 여름 음식의 한 가지. 밀가루 반죽을 얇게 밀어서 네모지게 잘라 쇠고기·표고·숙주 따위로 만든 소를 넣어 귀가 지게 빚은 다음, 쪄서 먹거나 삶아서 차게 식힌 장국에 넣어 먹음. 변씨만두.
편수(篇首)명 한 편의 시문(詩文)이나 책의 첫머리.
편수(編修)명하타되자 여러 가지 자료를 모아 책을 지어냄. ¶ 편수 자료.
편수(鞭穗)명 ☞챗열.
편수-관(編修官)명 ①조선 시대에, 역사를 기록하던 춘추관의 정삼품에서 종사품까지의 벼슬. ②교육 과학 기술부에서 교재 편수를 맡아보는 공무원.
편술(編述)명하타되자 책 따위를 엮어서 지어냄.
편승(便乘)명하자 ①남이 타고 가는 차 따위의 한 자리를 얻어 탐. ¶ 친구의 차에 편승하다. ②'자기에게 유리한 기회를 포착하여 잘 이용함'을 비유하여 이르는 말. ¶ 시대의 흐름에 편승하다.
편시(片時) Ⅰ명 ☞잠시(暫時).
Ⅱ부 ☞잠시(暫時).
편식(偏食)명하타 음식을 가리며 제 식성에 맞는 음식만을 골라 먹음.
편신(偏信)명하타 한편만을 편벽되게 믿음, 또는 그러한 믿음.
편신(遍身)명 온몸. 전신(全身).
편심(片心)명 좁은 마음.
편심(偏心)명 한쪽으로 치우친 마음. 편벽된 마음. 편의(偏意).
편-싸움(便-)명하자 ①편을 갈라 하는 싸움. ¶ 편싸움을 벌이다. 준편쌈. ②지난날, 음력 정월에 편을 갈라 돌과 방망이로 싸우던 놀이.
편-쌈(便-)명하자 〈편싸움〉의 준말.
편안(便安)명하형 ①몸이나 마음이 편하고 좋음. ¶ 편안한 노후 생활. ②아무 일 없이 무사함. **편안-히**부 ¶ 편안히 지내다.
편암(片岩)명 석영·운모 따위가 얇은 층을 이루고 있는 엽편상(葉片狀)의 변성암의 한 가지. 흔히, 연한 회색이나 연한 갈색을 띰.
편애(偏愛)명하타 어느 한 사람이나 한쪽만을 유달리 사랑함. ¶ 편애가 심하다. /막내둥이를 편애하다.
편애(偏隘·褊隘) '편애하다'의 어근.
편애-하다(偏隘-·褊隘-)형여 성질이 편벽하고 좁다. ¶ 편애한 성격 때문에 대인 관계에 어려움이 많다.
편액(扁額)명 방 안이나 문 따위의 위에 거는, 가로로 된 긴 액자. 편제(扁題). 준액(額).
편언(片言)명 ①한마디 말. 간단한 말. ②한쪽 사람의 말.
편언-절옥(片言折獄)명하자 한마디 말로 송사(訟事)의 판결을 내림.
편언-척자(片言隻字)[-짜]명 〔한마디 말과 몇 자의 글이란 뜻으로〕 짧은 말과 글. 참일언반구(一言半句).
편역-들다(便-)타 '역성들다'의 잘못.
편-연지(片臙脂)명 지난날, 중국에서 들여오던 물감의 한 가지. 솜에 붉은 물을 먹여 말린 것으로, 끓는 물에 담갔다가 그 물을 짜서 썼음.
편영(片影)명 ①어떤 모습의 아주 작은 한 부분. ②사람의 성격 따위의 일면(一面).
편운(片雲)명 조각구름.
편월(片月)명 조각달.
편육(片肉)명 얇게 저민 수육.
편의(便衣)[펴늬/펴니]명 ☞편복(便服).

편의(便宜)[펴늬/펴니]명 사용하거나 이용하는 데 편리함. 또는, 형편이나 조건 따위가 편하고 좋음. ¶ 편의 시설. /편의를 봐주다.

편의(偏倚)[펴늬/펴니]명 ①☞편차(偏差). ②하형 한쪽으로 기울어져 있음.

편의(偏意)[펴늬/펴니]명 ☞편심(偏心).

편의-성(便宜性)[펴늬썽/펴니썽]명 사용하거나 이용하는 데 편리한 특성.

편의^재량(便宜裁量)[펴늬-/펴니-]명 법이 충분히 규정할 수 없는 법규에 대해, 가장 적합하다고 판단되는 것을 행할 수 있는 행정 관청의 재량.

편의-적(便宜的)[펴늬-/펴니-]관명 (그때그때의 사정에 따라) 편의상 임시적으로 채택된 (것). ¶ 편의적 태도. /편의적인 발상.

편의-점(便宜店)[펴늬-/펴니-]명 식료품이나 잡화 따위를 사고자 하는 고객의 편의를 위하여 밤낮으로 영업을 하는 가게.

편의-종사(便宜從事)[펴늬-/펴니-]명 임금이 사신을 보낼 때, 어떤 결정적인 지시를 내리지 않고 가서 형편에 따라 하도록 맡기던 일.

편의-주의(便宜主義)[펴늬-의/펴니-이]명 어떠한 일을 하는 데, 근본적인 처리를 하지 않고 그때만을 적당히 넘기려고 하는 주의.

편이(便易) '편이하다'의 어근.

편이-하다(便易-)형여 편리하고 쉽다. ¶ 다루기에 편이한 기계 장치.

편익(便益)명하형 편리하고 유익함. ¶ 시민들의 편익을 도모하다.

편일(片日)명 ①육십갑자(六十甲子)의 십간(十干) 중에서 갑(甲)·병(丙)·무(戊)·경(庚)·임(壬)의 날. ②홀수의 날. 기수(奇數)의 날. ↔쌍일(雙日).

편입(編入)명하자되자 다른 부류나 단체 같은 데에 끼어듦. ¶ 편입 시험. /3학년에 편입하다.

편입-생(編入生)[-쌩]명 첫 학년으로 입학하지 않고 어떤 학년에 끼어 들어가는 학생.

편자명 ①말굽에 대어 붙이는 'U'자 모양의 쇳조각. 말편자. 제철(蹄鐵). 철제. ②〈망건편자〉의 준말.

편자(編者)명 책을 엮는 사람. 엮은이.

편자-고래명 편자 모양으로 만든 방고래.

편장(偏長)명 당파의 어른. 각 편의 우두머리.

편재(偏在)명하자되자 어떤 곳에 치우쳐 있음. 한곳에만 치우쳐 있음. ¶ 부(富)의 편재. ↔편재(遍在).

편재(遍在)명하자 널리 존재함. 두루 퍼져 있음. ↔편재(偏在).

편재(騙財)명하타 남을 속이어 재물을 빼앗음.

편저(編著)명하타 책 따위를 엮어 지음, 또는 그 책. ¶ 편저한 책을 모교에 증정하다.

편-적운(片積雲)명 조각 모양의 작은 뭉게구름.

편전(片箭)명 ①☞아기살. ②총통(銃筒)에 넣어서 쏘는, 하나로 된 화전(火箭).

편전(便殿)명 임금이 평소에 거처하던 궁전.

편제(扁題)명 ☞편액(扁額).

편제(編制)명하타 낱낱의 구성원을 일정한 체계에 맞게 짜서 조직을 이룸, 또는 그러한 체재나 기구. ¶ 조직의 편제. /편제를 정비하다.

편제-표(編制表)명 군 부대나 어떤 기구 따위의 편제를 나타내는 도표.

편조(扁爪)명 포유동물의 손톱·발톱의 한 형태. 바닥만이 발달하고 편평함.

편조-식(偏條植)명 가로나 세로의 어느 한쪽으로만 줄이 서도록 심는 모. 참정조식(正條植).

편종(編鐘)명 아악기의 한 가지. 두 층으로 된 걸이에 12율의 순서로 조율된 구리종을 한 단에 여덟 개씩 두 단으로 매달아 각퇴(角槌)로 두드려서 소리를 냄.

편주(片舟·扁舟)명 작은 배. 조각배. ¶ 일엽(一葉)편주.

편죽(扁竹)명 ☞마디풀.

편중(偏重)명하자타되자 한쪽으로 치우침. 어느 한쪽만을 중히 여김. ¶ 부의 편중. /경제 성장에 편중된 정책.

편증(偏憎)명하타 편벽되게 미워함.

편ː지(便紙·片紙)명 상대편에게 전하고 싶은 일 등을 적어 보내는 글. 서간. 서신. 서찰. 서척. 서한. 서함. 찰한(札翰). ¶ 안부 편지. /편지를 쓰다.

편ː지-지(便紙紙)명 편지를 쓰는 종이. 서한지.

편ː지-질(便紙-)명하자 ①편지를 주고받는 일. ②자꾸 편지를 써서 보내는 짓. ¶ 얼굴은 비치지 않고 편지질만 하다.

편ː지-투(便紙套)명 ①편지에서 쓰는 글투. ¶ 편지투의 글. ②편지틀.

편ː지-틀(便紙-)명 편지의 격식·본보기 따위를 적어 놓은 책. 간독(簡牘). 편지투.

편ː지-하다(便紙-)자여 편지를 보내다.

편직(編織)명 ①실로 뜨개질한 것처럼 짜는 일. ②☞편직물.

편직-물(編織物)[-징-]명 실로 뜨개질한 것처럼 짠 직물. 편직.

편질(篇帙)명 책의 편(篇)과 질(帙).

편집(偏執)명하타 끝까지 어떤 일에 집착함. 편견을 고집하여 남의 의견을 받아들이지 않음. ¶ 편집에 사로잡히다. /편집을 버리다.

편집(編輯)명하타되자 책이나 신문, 영화 필름이나 녹음 테이프 따위를 펴내거나 만들기 위하여 일정한 기획 아래 정보를 수집·정리하고 구성함, 또는 그 작업이나 기술. ¶ 교지(校誌)를 편집하다.

편집-광(偏執狂)[-꽝]명 어떤 일에 집착하여 상식 밖의 짓을 태연히 하는 정신병자.

편집-병(偏執病)[-뼝]명 정신적인 장애는 없으나, 늘 어떠한 망상에 사로잡혀 있는 정신병의 한 가지. 편집증.

편집-인(編輯人)명 ①편집의 책임자. ②편집을 하는 사람.

편집-증(偏執症)[-쯩]명 ☞편집병.

편집^후ː기(編輯後記)[-지푸-]명 편집을 마치고 나서 편집의 과정·감상·계획·비평 따위를 단편적으로 적은 간단한 글.

편-짓다(片-)[-짇따][~지으니·~지어]타ㅅ ①(인삼을 한 근씩 달아 묶을 때) 편(片)을 일정한 수효로 골라 넣다. ②(목재를 그 용도에 따라) 여러 몫으로 나누어 두다.

편-짜다(便-)자 (승부를 겨루기 위하여) 편을 갈라 조직하다.

편-짝(便-)의 상대하는 두 편 가운데 어느 한 편을 가리키는 말. ¶ 이 편짝에 붙다. 준편(便).

편차(便車)명 짐을 운반하는 손수레.

편차(偏差)명 ①표준이 되는 수치나 위치·방향 따위에서 벗어난 정도나 크기. 편의(偏倚). ¶ 편차가 생기다. /편차가 심하다. ②☞편각(偏角). ③정확하게 조준하여 발사한 탄환이 바람 따위의 원인으로 표적에 맞지 않았을 때에 생기는, 목표와 탄착점과의 차이. ¶ 편차 수정.

편차(編次)명하타 차례를 따라 편찬하는 일, 또는 그 차례.

편찬(編纂)명하타 되자 여러 자료를 수집하고 정리하여 책을 만들어 냄. ¶ 사전을 편찬하다.
편찮다(便-)[-찬타]형 〔'편하지 아니하다'가 줄어서 된 말로〕 ①〈아프다〉의 높임말. ¶ 어디가 편찮으십니까? ②편하지 아니하다. ¶ 속이 편찮다. /앉은 자리가 편찮다.
편책(鞭策)명 말채찍.
편철(片鐵)명 ①쇳조각. ②가락지.
편-청(-淸)명 떡을 찍어 먹는 꿀.
편충(鞭蟲)명 선충류 편충과의 선형동물의 한 가지. 몸의 앞쪽은 실같이 가늘고 뒤쪽은 급히 넓어져서 그 속에 생식기가 있음. 구강(口腔)을 통하여 감염되며 사람의 장, 특히 맹장에 기생하여 빈혈·신경증·설사 따위를 일으킴.
편취(騙取)명하타 (남의 물건 따위를) 속여서 빼앗음. ¶ 금품을 편취하다.
편-층운(片層雲)명 층운이 조각조각으로 떨어져 나와 떠 있는 구름.
편친(偏親)명 홀어버이.
편친-시하(偏親侍下)명 편친을 모시고 있는 처지. 엄시하(嚴侍下).
편토(片土)명 한 조각의 땅. 작은 토지.
편-틀명 떡을 괴는, 굽이 높은 나무 그릇.
편파(偏頗)명하형 (생각이나 처사 따위가) 한편으로 치우쳐 공평하지 못함. ¶ 편파 보도.
편파-성(偏頗性)[-썽]명 한편으로 치우쳐 공평하지 못한 성질이나 특성. ¶ 보도의 편파성.
편파-적(偏頗的)관명 공평하지 못하고 편파성을 띤 (것). ¶ 편파적 수사. /편파적인 처사.
편편(便便) '편편(便便)하다'의 어근.
편편(翩翩) '편편(翩翩)하다'의 어근.
편:편-금(片片金)명 〔조각조각이 다 금이라는 뜻으로〕 모든 물건이 다 보배로움을 이르는 말.
편편찮다(便便-)[-찬타]형 편하지 아니하다. 불편하다. 거북살스럽다. ¶ 남의 집이라 그런지 잠자리가 어째 편편찮다.
편편-하다(便便-)형여 아무 일 없이 편안하다. ¶ 편편하게 지내다. **편편-히**부.
편편-하다(翩翩-)형여 ①나는 모양이 가볍고 날쌔다. ②풍채가 멋스럽고 좋다. **편편-히**부.
편평(扁平) '편평하다'의 어근.
편평-족(扁平足)명 발바닥이 오목하게 들어간 데 없이 밋밋한 발. 평발.
편평-체(扁平體)명 ☞전엽체(前葉體).
편평-하다(扁平-)형여 넓고 평평하다. ¶ 가슴이 편평하다. **편평-히**부.
편폐(偏嬖)[-폐/-페]명하타 되자 편벽(偏僻)되게 특별히 사랑함.
편포(片脯)명 난도질하여 반대기를 지어서 말린 고기. ¶ 편포는 술안주 감으로 좋다.
편풍명 〈옛〉병풍. ¶ 편풍 병:屛. 편풍 의:扆(訓蒙中*13*).
편-하다(便-)형여 ①마음이나 몸이 괴롭거나 거북하지 않고 편안하다. ¶ 마음이 편하다. /편하게 앉아 쉬다. ②무슨 일을 하는 데 힘이 들거나 거추장스럽지 않고 쉽고 편리하다. ¶ 사용하기 편하게 만든 제품. ①**편-히**부 ¶ 편히 잠들다.
편향(偏向)명되자 ①하자 어떤 사물이나 생각 따위가 한쪽으로 기울거나 치우침, 또는 그러한 경향. ¶ 편향된 교육. ②하타 진공 속을 주행하는 전자 따위가 전장(電場)이나 자장(磁場)에 의해서 방향을 바꾸는 일.
편협(偏狹·褊狹)명하형 생각이나 도량이 좁고 편벽됨. ¶ 편협한 사고방식.
편형(扁形)명 평평한 모양.
편형-동물(扁形動物)명 동물 분류상의 한 문(門). 몸은 등과 배가 편평하고 환절(環節)이 없음. 소화관의 발달이 불량하고, 대체로 항문이 없음. 일반적으로 암수한몸이며 독립생활을 하거나 기생함. 〔디스토마·촌충 따위.〕
편호(編戶)명하자타 지난날, 호적에서 누락된 백성을 호적에 편입시키던 일, 또는 그 백성.
편혹(偏惑)명하자 되자 편벽되이 마음을 쏟아 정신없이 홀림. 고혹(蠱惑).
펼치다타 ①넓게 펴다. 활짝 펴서 드러나게 하다. ¶ 지도를 펼치다. /책을 펼쳐 보이다. ②어떠한 행위를 하다. ¶ 수사를 펼치다. /육상 경기를 펼치다. ③생각이나 꿈·계획 따위를 실현하다. ¶ 꿈을 펼치다.
폄:(貶)명하타 남을 헐뜯어 말함. 남을 헐뜯고 깎아내림.
폄:강(貶降)명하타 되자 벼슬의 등급(等級)을 깎아 내림.
폄:론(貶論)[-논]명하타되자 남을 헐뜯어 말함.
폄:박(貶薄)명하타되자 남을 헐뜯고 낮잡음.
폄:사(貶辭)명 남을 헐뜯는 말.
폄:적(貶謫)명하타되자 벼슬을 깎아 내리고 멀리 귀양 보냄.
폄:직(貶職)명하타되자 벼슬이 떨어짐. 면직을 당함.
폄:척(貶斥)명하타되자 ①벼슬을 깎아 내리고 물리침. 폄출(貶黜). ②남의 인망을 깎아내리고 배척함.
폄:천(貶遷)명하타되자 벼슬을 깎아 내리고 좌천(左遷)시킴.
폄:출(貶黜)명하타되자 ☞폄척(貶斥).
폄:하(貶下)명하타 되자 ①가치를 깎아내림. ②치적(治績)이 좋지 못한 원(員)을 하등으로 깎아내림.
폄:훼(貶毁)명하타되자 남을 헐뜯고 깎아내림.
평:(評)명하자타 사물의 옳고 그름, 좋고 나쁨, 잘되고 못됨 등을 들어 평가함, 또는 그 평가. ¶ 심사 위원의 평이 좋다.
평(坪)의 ①토지 면적의 단위. 곧, 여섯 자 제곱. 〔약 3.306 m^2〕 ②입체의 단위. 곧, 여섯 자 세제곱. 〔약 6.013 m^3〕 ③천·유리·벽 따위의 한 자 제곱. ④조각(彫刻)·동판 따위의 한 치 제곱.
평가(平家)명 ☞평집.
평가(平價)[-까]명 ①싸지도 비싸지도 않은 보통의 값. 표준 가격. ②두 나라 간의 통화 단위를 두 나라의 본위 화폐에 들어 있는 금의 양에 의하여 비교 표시한 비교 가격. ③유가 증권의 가격이 액면 금액과 같은 것.
평:가(評價)[-까]명하타되자 ①물건의 화폐 가치를 결정함. ¶ 회사의 재산을 평가하다. ②사람·사물의 가치나 수준을 판단함, 또는 그 가치나 수준. ¶ 좋은 평가를 받다.
평-가락지(平-)[-찌]명 밋밋하게 곧은 소반(小盤)의 가락지.
평가^발행(平價發行)[-까-]명 채권이나 주식 따위를 그 액면 금액과 같은 가격으로 하는 발행.
평가^절상(平價切上)[-까-쌍]명 한 나라의 통화의 대외 가치를 올리는 일.
평가^절하(平價切下)[-까-]명 한 나라의 통화의 대외 가치를 내리는 일.
평각(平角)명 한 점에서 나온 두 반직선이 일직선이 될 때, 그 두 반직선이 이루는 각. 2직각, 곧 180° 와 같음.
평강(平康)명하형 ☞평안.
평견(平絹)명 평직(平織)의 견직물.

평ː결(評決)명하자타되자 여럿이 평의하여 결정함, 또는 그 내용. ¶ 법원은 피의자에게 무죄를 평결하였다.
평경(平鏡)명 ☞맞보기.
평ː고(評估)명하타 재판할 때에 장물(贓物)의 값을 평가하여 정함.
평고-대(平高臺)명 재래식 건축에서, 처마 끝에 가로놓은 오리목.
평-골(平-)명 가죽신 신골의 한 가지. 앞이 많이 들리지 않고 창이 평평하게 되었음.
평과(苹果)명 ☞사과(沙果).
평관(平關)명 지난날, 동등한 관아 사이에 조회(照會) 따위로 교환되던 공문(公文).
평교(平交)명 나이가 서로 비슷한 벗.
평교(平郊)명 들 밖. 교외의 널찍한 들판.
평교-간(平交間)명 나이가 서로 비슷한 벗 사이. 같은 연배의 벗 사이.
평교-배(平交輩)명 나이가 비슷한 벗들. 같은 또래의 벗들.
평-교사(平敎師)명 특수한 직무나 직책을 맡고 있지 않은 보통의 교사.
평-교자(平轎子)명 조선 시대에, 종일품 이상의 벼슬아치나 기로소(耆老所)의 당상관이 타던 남여(籃輿). 준교자(轎子).
평균(平均)명 ①(수나 양의) 크고 작음이나 많고 적음의 차이가 나지 않게 한 것, 또는 그러한 차이가 없이 고르게 한 것. 연등(連等). ¶ 평균 성적. /평균을 내다. ②(크고 작은 차이가 난 몇 개의 수의) 중간의 값. ②평균치.
평균-값(平均-)[-깝]명 평균하여 얻어지는 값. 고른값. 평균수(平均數). ＊평균값이[-깝씨]·평균값만[-깜-]
평균-곤(平均棍)명 파리나 모기 따위 쌍시류(雙翅類)에서, 날 때 몸의 평형을 유지하는 역할을 하는, 끝이 주머니 모양으로 불룩하게 변화한 뒷날개.
평균^기온(平均氣溫)명 일정 기간 동안의 기온의 평균값.
평균-대(平均臺)명 체조할 때 쓰는 기구의 한 가지, 또는 그 위에서 하는 운동. 여자 체조 경기의 한 종목임. 평형대.
평균^속력(平均速力)[-송녁]명 이동하는 물체의 이동 거리를, 경과한 시간으로 나눈 값.
평균-수(平均數)명 평균한 수치. 평균값. 중수(中數).
평균^수면(平均水面)명 ☞평균 해면.
평균^수명(平均壽命)명 사람이 태어나서 몇 년을 살 수 있는가를 평균적으로 나타내는 연수. 〔보통 한 지역의 주민이나 한 나라의 국민의 평균적인 수명을 이름.〕
평균-시(平均時)명 〈평균 태양시〉의 준말.
평균^연령(平均年齡)[-녈-]명 그 사회를 구성하고 있는 사람들의 나이의 평균값.
평균-율(平均率)[-뉼]명 평균한 비율.
평균-인(平均人)명 사회의 여러 요소들을 통계학적으로 처리하여, '평균적 능력을 가진 사람'으로 설정한 가상적 인물.
평균^자유^행로(平均自由行路)[-노]명 중성자나 기체 분자 따위가 하나의 충돌로부터 다음 충돌까지 움직이는 거리의 평균값.
평균-적(平均的)관명 (수량이나 정도 따위가) 중간이 되는 (것). ¶ 평균적 신장. /평균적인 성적.
평균-점(平均點)[-쩜]명 각 과목의 점수 총계를 과목 수로 나눈 수치.
평균^정ː오(平均正午)명 평균 태양시의 낮 12시.
평균-치(平均値)명 ☞평균.
평균^태양(平均太陽)명 천구의 적도를 서에서 동으로 1년을 주기로 하여 같은 속도로 돈다고 가상한 태양. 〔지구가 태양의 둘레에 원형 궤도를 그리는 것으로 가상한 것임.〕 ↔진태양(眞太陽).
평균^태양시(平均太陽時)명 평균 태양의 남중(南中) 시각을 기초로 한 시간이나 시법(時法). 준평균시. 참진태양시.
평균^태양일(平均太陽日)명 평균 태양의 남중(南中)에서 다음 남중까지의 시간.
평균^풍속(平均風速)명 10분 동안에 관측한 풍속을 평균으로 나타낸 풍속.
평균-하다(平均-)타여 평균을 내다. ¶ 학급 전체의 성적을 평균하다.
평균^해ː면(平均海面)명 해면의 높이를 어느 일정 기간에 계속 측정하여, 그것을 평균한 해면 높이. 평균 수면.
평길(平吉) '평길하다'의 어근.
평길-하다(平吉-)형여 별다른 화복(禍福)이 없이 편안하다. ¶ 말년이 평길한 운세.
평-나막신(平-)[-씬]명 울이 없고 뒤의 들메로 동여매게 되어 있는, 평바닥의 나막신.
평년(平年)명 ①윤년(閏年)이 아닌 해. ↔윤년. ②농사가 보통 정도로 된 해. ③☞예년(例年).
평년-작(平年作)명 풍작도 흉작도 아닌 보통 수확의 농사. 준평작(平作).
평다리-치다자 꿇어앉지 않고 편하게 앉아 다리를 마음대로 하다.
평ː단(評壇)명 평론가의 사회. 평론계. ¶ 평단의 주목을 받고 있는 참신한 신인 작가.
평담(平淡·平澹) '평담하다'의 어근.
평담-하다(平淡-·平澹-)형여 마음이 고요하고 편안하며 욕심이 없다.
평-대문(平大門)명 행랑채와 높이가 같은 대문. 참솟을대문.
평-두량(平斗量)명 ☞평말.
평등(平等)명하형 치우침이 없이 모두가 한결같음. 차별이 없이 동등함. ¶ 모든 국민은 법 앞에 평등하다.
평등-관(平等觀)명 ①불교에서, 모든 법(法)의 진상(眞相)은 평등하기가 한결같다는 견해. ②일체의 것에 구별이나 차별을 두지 아니하는 견해.
평등-권(平等權)[-꿘]명 ①국제법상, 모든 국가가 차별 없이 평등한 권리·의무를 가지는 일. ②헌법상, 모든 국민이 법 앞에서 평등한 권리. ②비동등권.
평등^선ː거제(平等選擧制)명 선거권의 효과가 평등한 1인 1표의 선거 제도. ↔불평등 선거제.
평등-심(平等心)명 일체의 중생을 차별 없이 사랑하는 부처의 자비심.
평란(平亂)[-난]명하자되자 난리를 평정함.
평량-립(平涼笠)[-냥닙]명 ☞패랭이.
평량-자(平涼子)[-냥-]명 ☞패랭이.
평로(平爐)[-노]명 제강(製鋼)에 쓰이는 반사로(反射爐)의 한 가지. 내화 벽돌로 만들며 주로 가스 연료로 가열함.
평ː론(評論)[-논]명하타되자 사물의 질이나 가치 따위를 비평(批評)하여 논함, 또는 그러한 글. ¶ 음악 평론. /문학 평론.
평ː론-가(評論家)[-논-]명 평론을 전문으로 하는 사람. 비평가(批評家). ¶ 영화 평론가.
평ː론-계(評論界)[-논계/-논게]명 평론가의 사회. 평단(評壇).

평리-원(平理院)[-니-]명 대한 제국 때, 재판을 맡아보던 중앙 관청. 〔광무 3(1899)년에 '고등 재판소'를 고친 이름.〕

평-말(平-)명 곡식을 될 때 평미레로 밀어 된 말. 평두량(平斗量).

평맥(平脈)명 건강할 때의 정상적인 맥박. 〔성인은 1분간에 60~75번이 정상임.〕

평면(平面)명 ①평평한 표면. ②면 위의 어떤 두 점을 잡아도 이를 잇는 직선이 그 면 위에 놓이게 되는 면. ②↔곡면.

평면-각(平面角)명 한 평면 위에 있는 각. 참입체각(立體角).

평면-경(平面鏡)명 ①반사면이 평면을 이룬 거울. ②☞맞보기.

평면^곡선(平面曲線)[-썬]명 한 평면 안에 포함되는 곡선. 〔원(圓)이나 이차 곡선 따위.〕

평면^기하학(平面幾何學)명 평면 위의 도형의 성질을 연구하는 기하학.

평면^대ː칭(平面對稱)명 ☞면대칭.

평면-도(平面圖)명 투영법에 의하여 입체를 수평면 상에 투영하여 그린 도형. 참입면도.

평면^도형(平面圖形)명 한 평면 위에 그려진 도형. 준평면형. 참입체 도형.

평면^묘ː사(平面描寫)명 글 쓰는 이의 주관을 배제하고, 외면적 사상(事象)의 표면만을 눈에 비친 그대로 묘사하는 일.

평면-미(平面美)명 그림의 외형에 나타난 미.

평면^삼각법(平面三角法)[-뻡]명 삼각 함수로 평면 위의 삼각형을 기하학적으로 연구하는, 삼각법의 한 분야. 참구면 삼각법(球面三角法).

평면-적(平面的)관명 ①평면으로 되어 있는 (것). ¶ 평면적 공간. ②겉으로 드러난 표면적이고 일반적인 것만을 논의하거나 표현하는 (것). ¶ 평면적인 묘사.

평면-형(平面形)명 ①평면과 같이 넓고 평평한 형(形). ②〈평면 도형〉의 준말.

평명(平明)¹명 아침에 해가 돋아 밝아 올 무렵.

평명(平明)² '평명하다'의 어근.

평명-하다(平明-)형여 알기 쉽고 분명하다.

평목(平木)명 ☞평미레.

평문(平問)명하타 조선 시대에, 형구(刑具)를 쓰지 않고 그냥 죄인을 심문하던 일.

평-미레(平-)명 곡식을 말이나 되로 될 때, 그 위를 밀어서 고르게 하는 원기둥 모양의 나무 방망이. 평목(平木).

평미레-질(平-)명하타 곡식을 될 때 평미레를 쓰는 일.

평미리-치다(平-)타 고르게 하다. 평등하게 하다.

평민(平民)명 ①벼슬이 없는 보통 사람. 백민(白民). 평인(平人). ②상사람. ¶ 지난날, 평민과 귀족의 혼인은 용납되지 않았다. ↔귀족.

평민-어(平民語)명 주로, 평민 계층에서 쓰이는 말. ↔귀족어.

평민-적(平民的)관명 신분이나 지위에 구애됨이 없이 격식을 차리지 않는 (것). ¶ 평민적 사고. /평민적인 태도. ↔귀족적.

평민-주의(平民主義)[-의/-이]명 모든 사람을 다 평등하게 보고 모든 일을 다 평등하게 처리하며 평민의 권리와 지위를 주장하는 주의.

평-바닥(平-)명하타 광산에서, 갱을 수평으로 파 들어감, 또는 그 바닥.

평반(平盤)명 다리가 달리지 않은 둥근 예반.

평반에 물 담은 듯관용 '무사하고 안온한 상태'를 비유하여 이르는 말.

평-반자(平-)명 가는 오리목을 드문드문 건너지르고 종이로 평평하게 바른 반자.

평-발(平-)명 ☞편평족.

평방(平方)명 ①길이의 단위 뒤에 쓰이어, 그 길이를 한 변으로 하는 정사각형의 넓이를 나타내는 말. ¶ 10 cm 평방. ②하타 '제곱'의 구용어.

평방(平枋)명 기둥 위에 초방(初枋)을 짜고 그 위에 수평으로 올려놓는 나무.

평방-근(平方根)명 '제곱근'의 구용어.

평방근-표(平方根表)명 '제곱근표'의 구용어.

평방-수(平方數)명 '제곱수'의 구용어

평방-형(平方形)명 정사각형.

평범(平凡) '평범하다'의 어근.

평범-하다(平凡-)형여 뛰어나거나 색다른 점이 없이 보통이다. ¶ 평범한 사람. ↔비범(非凡)하다. **평범-히**부 ¶ 평범히 차려입다.

평보(平步)명 보통 걸음. ¶ 평보로 10분쯤 걸리는 거리.

평복(平服)명 ①평상시에 입는 옷. 상복(常服). 평상복(平常服). 통상복(通常服). ②제복이나 관복이 아닌 보통의 옷.

평복(平復)명하자되자 병이 나아 몸이 회복됨. 평유(平癒).

평분(平分)명하타 평균적으로 분배함.

평분-시(平分時)명 진태양(眞太陽)의 남중(南中)을 기준 시각으로 하여 진태양일을 24등분하는 시법(時法).

평사(平沙)명 모래펄.

평사(平射)명하타 ①평면에 투영함. ②포(砲)의 앙각(仰角)을 작게 하여 거의 수평으로 날아가도록 발사함, 또는 그러한 사격.

평사-낙안(平沙落雁)명 〔모래펄에 내려앉는 기러기라는 뜻으로〕 '글씨를 예쁘게 잘 쓰는 것'을 비유하여 이르는 말. ¶ 평사낙안 기러기 격으로 그저 툭툭 찍은 것이 모두 다 '애고'로다 (烈女春香守節歌).

평사^도법(平射圖法)[-뻡]명 지도 투영법의 한 가지. 지구를 투명체로 가정하여 지구 지름의 한 점에 시점(視點)을 두고 그 반대쪽의 반구(半球)를 평면 상에 나타내어 경위선(經緯線)을 투사하는 방법.

평-사량(平四樑)명 보 네 개를 써서 용마루가 그리 높지 않게 지은 집.

평-사원(平社員)명 특별한 직책을 맡지 않은 보통의 사원.

평사-포(平射砲)명 포신이 긴, 평사용(平射用)의 포를 통틀어 이르는 말.

평상(平牀·平床)명 나무로 만든 침상(寢牀)의 한 가지. 〔살평상과 널평상이 있음.〕 ¶ 여름이면 마당에 평상을 내다 놓고 앉는다.

평상(平常)명 〈평상시(平常時)〉의 준말.

평상-복(平常服)명 ☞평복(平服).

평상-시(平常時)명 보통 때. 거상(居常). 평소(平素). ¶ 모두 당황하지 말고 평상시처럼 행동하기를 바람. 준상시·평상·평시. ↔비상시.

평상-심(平常心)명 보통 때와 같은 차분한 마음. ¶ 평상심을 잃다. /흥분을 가라앉히고 평상심을 찾다.

평생(平生)명 일생. ¶ 평생의 소원.

평생^교ː육(平生敎育)명 인간의 교육은 가정 교육·학교 교육·사회 교육의 통합으로서, 한평생에 걸친 교육으로 조직되어야 한다는 교육 이론. 생애 교육.

평생-도(平生圖)명 사람이 한평생 겪는 여러 가지 생활 광경을 죽 이어서 그린 그림.

평생-소원(平生所願)명 일생의 소원.

평생지계(平生之計)[-계/-게]명 일생의 계획.
평생토록(平生-)부 일평생이 다하도록. 일생토록. 종신토록. ¶ 평생토록 자식들 뒷바라지만 하다.
평서(平書)명 ☞평신(平信).
평서-문(平敍文)명 서술어에 따른 문장 갈래의 한 가지. 말하는 이가 어떠한 사실을 평범하게 서술한 문장. 용언의 평서형 종결 어미로 문장을 끝맺는 형식임. 〔'더워서 못 견디겠다.', '어린이가 잠을 잔다.' 따위.〕 참감탄문·명령문·의문문·청유문.
평서-형(平敍形)명 종결 어미의 한 갈래. 말하는 이가 어떤 사실을 평범하게 서술하는 형식. 〔'-다·-라·-네·-오·-ㅂ니다·-ㄴ다·-느니라·-렷다·-리라·-마·-ㄹ새' 따위.〕
평ː석(評釋)명하타되자 시문(詩文)을 비평하고 주석(註釋)을 닮.
평ː설(評說)명 ①하타비평을 하면서 설명함, 또는 그 설명. 평론함. ②세상의 평판.
평성(平聲)명 ①사성(四聲)의 하나. 낮고 순평(順平)한 소리. ②15세기 국어의 사성(四聲)의 하나. 훈민정음 등에서 글자 왼쪽에 점이 없는 것이 평성임. 참방점.
평소(平素)명 ☞평상시.
평수(坪數)[-쑤]명 평(坪)으로 따진 넓이. ¶ 이 건물 평수가 어떻게 되지?
평-수위(平水位)명 평상시의 강물의 높이.
평순(平順) '평순하다'의 어근.
평순^모ː음(平脣母音)명 국어의 단모음 중 원순 모음(ㅗ·ㅜ·ㅚ·ㅟ)이 아닌 모든 단모음을 이름. 〔ㅡ·ㅣ·ㅏ·ㅓ·ㅐ·ㅔ 따위.〕
평순-하다(平順-)형여 ①성질이 온순하다. ②몸에 병이 없다. **평순-히**부.
평시(平時)명 〈평상시〉의 준말. ↔전시.
평시^공법(平時公法)[-뻡]명 ☞평시 국제법.
평시^국제^공법(平時國際公法)[-쩨-뻡]명 ☞평시 국제법.
평시^국제법(平時國際法)[-쩨뻡]명 평화 시에 행하여지는 국제법. 전쟁 중이라도 중립국 상호 간, 또는 중립국과 교전국 사이에서는 행하여짐. 평시 공법. 평시 국제 공법. ↔전시 국제법.
평시^봉쇄(平時封鎖)명 평상시에 한 나라가 보복 등의 수단으로 그 해군력을 이용하여 다른 나라의 해안을 봉쇄하는 행위.
평시-서(平市署)명 조선 시대에, 시전(市廛)에서 쓰는 자·말·저울 따위와 물건 값을 검사하던 관아.
평-시조(平時調)명 ①시조 형식의 한 가지. 3장 6구, 총 자수 45자 내외로 된 가장 기본적이고 대표적인 형식의 시조. 단시조(短時調). 참엇시조·사설시조. ②시조 창법의 한 가지. 시조 전체를 대체로 순평(順平)하게 부름.
평시^징발(平時徵發)명 평상시의 훈련 따위에서 실시하는 징발.
평시^편제(平時編制)명 평상시의 군대 편제. ↔전시 편제.
평신(平身)명하자 (엎드려 절한 뒤에) 몸을 본디대로 폄. ¶ 저두(低頭)평신.
평신(平信)명 (특별한 용무나 사고를 알리는 것이 아닌) 보통의 편지. 평서(平書).
평-신도(平信徒)명 교직(敎職)을 가지지 않은 일반 신자.
평심(平心)명하자 〈평심서기〉의 준말.
평심-서기(平心舒氣)명하자 마음을 평온하고 순화롭게 함, 또는 그런 마음. 준평심.
평안(平安)명하형 무사하여 마음에 걱정이 없음. 평강(平康). ¶ 댁내 두루 평안하십니까? **평안-히**부 ¶ 평안히 주무십시오.
평야(平野)명 넓게 펼쳐진 들. ¶ 드넓게 펼쳐진 평야 지대.
평ː어(評語)명 ①비평하는 말. 평언(評言). ②학과 따위의 성적을 평하여 매기는 말. 〔수(秀)·우(優)·미(美)·양(良)·가(可) 따위.〕
평ː언(評言)명 ☞평어(評語).
평연(平椽)명 ☞들연.
평영(平泳)명 수영법의 한 가지. 엎드린 자세로 두 팔을 수평으로 원을 그리듯이 움직이고, 다리는 개구리처럼 오므렸다 폈다 하며 헤엄침. 개구리헤엄.
평-오량(平五樑)명 도리 다섯 개를 얹어서 지은 집.
평온(平溫)명 ①평상시의 온도. ②평균 온도.
평온(平穩)명하형 고요하고 안온함. ¶ 평온을 되찾은 마을. /마음이 평온하다. 비안온. **평온-히**부.
평요-렌즈(平凹lens)명 한쪽 면은 평평하고 다른 한쪽 면은 오목한 렌즈.
평요-판(平凹版)명 평판을 개량하여 획선(劃線) 부분을 약간 오목하게 한 인쇄판. 정밀도와 내구력이 뛰어남.
평운(平韻)명 한자의 사성(四聲) 중 평성(平聲)에 속하는 상평(上平) 15운(韻), 하평(下平) 15운의 30개의 운(韻). 참측운(仄韻).
평원(平原)명 평평한 넓은 들판.
평원(平遠) '평원하다'의 어근.
평원-하다(平遠-)형여 땅이 멀리까지 평평하여 아득하다.
평유(平癒)명하자되자 병이 다 나음. 평복(平復).
평음(平音)명 ☞예사소리.
평ː의(評議)[-의/-이]명하타되자 (서로 의견을 교환하여) 평가하거나 심의함.
평ː의-원(評議員)[-의-/-이-]명 어떤 일을 평의하는 데 참여하는 사람.
평ː의-회(評議會)[-의회/-이훼]명 어떤 일을 평의하는 모임.
평이(平易) '평이하다'의 어근.
평이-하다(平易-)형여 쉽다. ¶ 평이한 문장. / 문제가 대체로 평이하다.
평인(平人)명 ①평민. ②죄나 탈이 없는 보통 사람. ③상제(喪制)에 대하여 '상제 아닌 사람'을 이르는 말.
평일(平日)명 ①평상시. 평소. ②보통 날. 휴일이나 기념일이 아닌 날. 상일(常日). ¶ 휴일은 복잡하니 평일에 가자.
평자(平字)[-짜]명 사성(四聲) 중의 평성에 딸린 글자. 한시(漢詩)의 염(簾)을 보는 데 쓰임. 참측자(仄字).
평ː자(評者)명 비평하는 사람.
평작(平-)명 길지도 짧지도 않은 보통의 화살.
평작(平作)명 ①〈평년작〉의 준말. ②고랑을 치지 않고 작물을 재배하는 법.
평장(平葬)명하타 〈평토장(平土葬)〉의 준말.
평장-사(平章事)명 고려 시대에, 중서문하성(中書門下省)의 정이품 벼슬.
평저(平底)명 평평한 밑바닥.
평전(平田)명 ①평평하고 넓은 밭. ②높은 곳에 있는 평평한 땅.
평ː전(評傳)명 평론을 곁들인 전기(傳記).
평ː점(評點)[-쩜]명 ①학력(學力)을 평가하여 매기는 점수. ②물건의 가치를 평하여 매긴 점수. ③시문(詩文)의 중요한 곳에 찍는 점.

평정(平正)명하형 공평하고 올바름. **평정-히**부.

평정(平定)명하타되자 (난리를) 평온하게 진정시킴. ¶ 반란을 평정하다.

평정(平靜)명하형 평안하고 고요함. ¶ 마음의 평정을 되찾다.

평ː정(評定)명하타되자 평의하여 결정함. ¶ 판매 효과를 평정하다.

평정-건(平頂巾)명 조선 시대에, 각 사(司)의 서리(書吏)가 쓰던 건.

평ː정^기준(評定基準)명 학습 결과·행동·성격 따위를 평가할 때 사용하는 기준.

평ː정-법(評定法)[-뻡]명 여러 가지 사항을 평정 기준에 따라 평정하는 방법. 평어(評語)·도시적(圖示的) 방법·품등법(品等法) 따위를 씀.

평조(平調)명 국악 음계의 한 가지. 5음으로 되어 있으며 중국의 치조(徵調)나 양악의 장조와 비슷함. 임종 평조(林鐘平調)와 황종 평조(黃鐘平調)의 두 가지가 쓰임. 참계면조(界面調).

평좌(平坐)명하자 (격식을 차리지 않고) 편히 앉음.

평준(平準)명하타되자 ①수준기(水準器)를 써서 수평이 되게 함. ②사물을 균일하도록 조정함.

평준-법(平準法)[-뻡]명 ①수준기(水準器)를 써서 수평으로 만드는 방법. ②한나라 무제(武帝)가 쓴 물가 조정책. 풍년에 물자를 사들여 저장하여 두었다가 흉년에 내어 물가를 조정하고 그 이윤을 세입으로 삼던 일.

평준-화(平準化)명하자·타되자 평준되게 함. ¶ 고등학교 교육의 평준화 정책.

평지명 겨잣과의 이년초. 재배 식물의 한 가지로 줄기 높이는 1 m가량. 봄에 원줄기 끝에 노란 꽃이 피고, 꼬투리는 길이 8 cm가량의 원통형인데 익으면 벌어져서 검은 갈색 씨가 나옴. 주요한 밀원 식물(蜜源植物)이며, 씨로는 기름을 짬. 유채(油菜).

평지(平地)명 바닥이 편편한 땅.

평지-낙상(平地落傷)[-쌍]명하자 〔평지에서 넘어져 다친다는 뜻으로〕 '뜻밖에 불행한 일을 당함'을 비유하여 이르는 말.

평지-돌출(平地突出)명하자 〔평지에 난데없는 산이 우뚝 솟는다는 뜻으로〕 '변변하지 못한 집안에서 뛰어난 인물이 나옴'을 비유하여 이르는 말.

평지-림(平地林)명 평지의 수풀. ↔산악림.

평지-목(平地木)명 육십갑자의 무술(戊戌)과 기해(己亥)에 붙이는 납음(納音). 참벽상토(壁上土).

평-지붕(平-)명 물매가 매우 떠서 거의 평평한 지붕.

평지-풍파(平地風波)명 〔평지에 풍파가 인다는 뜻으로〕 '뜻밖에 분쟁이 일어남'을 비유하여 이르는 말. ¶ 평온한 집안에 공연히 평지풍파 일으키지 말게.

평직(平織)명 직물을 날실과 씨실을 한 가닥씩 서로 섞어 짜는 방법, 또는 그렇게 짠 천. 참능직(綾織)·수자직(繻子織).

평-집(平-)[-찝]명 도리를 셋이나 넷을 얹어서 지은 집. 평가(平家).

평찌(平-)명 평평하고 나지막하게 날아가는 화살.

평천-관(平天冠)명 임금이 쓰던 관(冠)의 한 가지. 위가 판판함.

평-천하(平天下)명하자 천하를 평정함, 또는 온 천하를 편안하게 함. ¶ 수신제가 치국(修身齊家治國) 평천하.

평철-렌즈(平凸lens)명 한쪽 면은 평평하고 다른 한쪽 면은 볼록한 렌즈.

평측(平仄)명 평(平)과 측(仄). 곧, 한시(漢詩)에서 음운의 높낮이.

평측-식(平仄式)[-씩]명 한시(漢詩)의 음운의 높낮이에 관한 법식.

평측-자(平仄字)[-짜]명 한자에서 평성(平聲)에 딸린 글자와 측성(仄聲)에 딸린 글자. 고저자(高低字). 고하자(高下字).

평치(平治)명하타 (나라를) 태평하게 다스림.

평탄(平坦)명하형 ①땅바닥이 평평함. ¶ 평탄한 길. ②마음이 고요하고 편안함. ¶ 마음이 평탄하다. ③일이 거침새가 없이 순조로움. ¶ 우리의 앞날이 평탄하리라고는 생각지 않는다. ①②참탄평하다. **평탄-히**부.

평토(平土)명하자 관(棺)을 묻은 뒤에 흙을 쳐서 평지같이 평평하게 함.

평토-깍두기(平土-)[-뚜-]명 짜게 담가 땅에 묻었다가 이듬해 여름에 꺼내 먹는 깍두기.

평토-장(平土葬)명하타 봉분(封墳)을 만들지 않고 평평하게 매장함, 또는 그러한 매장. 준평장(平葬).

평토-제(平土祭)명 ☞봉분제(封墳祭).

평판(平板)명 ①편편한 널빤지. ②☞측판(測板). ③씨를 뿌릴 때 땅을 고르는 농구. ④시문(詩文)에 변화가 없고 아취(雅趣)가 적음을 이르는 말.

평판(平版)명 인쇄판의 한 양식. 판면에 거의 요철(凹凸)이 없고 잉크(기름)와 물과의 반발성(反撥性)에 의하여 인쇄되는 인쇄판.

평ː판(評判)명 ①하타세상 사람이 비평함, 또는 그 비평. ¶ 평판이 나쁘다. ②세상에 널리 퍼진 소문, 또는 명성. ¶ 평판이 나다. /평판이 높다. /효녀로 평판이 자자하다.

평판^인쇄(平版印刷)명 '평판을 써서 하는 인쇄'를 통틀어 이르는 말. 〔오프셋 인쇄·석판 인쇄 따위.〕

평판^측량(平板測量)[-층냥]명 평판에 붙인 제도지(製圖紙)에 적당한 기준점으로부터의 측량 기준을 축척하여 기입하고, 지형도를 그려 가는 측량법.

평편(平便) '평편하다'의 어근.

평편-하다(平便-)형여 바닥이 고르고 편평하다.

평평(平平) '평평하다'의 어근.

평평-하다(平平-)형여 ①높낮이가 없이 널찍하고 판판하다. ¶ 땅을 평평하게 다지다. ②특별한 것이 없이 예사롭고 평범하다. **평평-히**부.

평포(平鋪)명하타 편평하게 펴 놓음.

평행(平行)명되자 ①하자두 직선이나 평면이 무한하게 연장하여도 만나지 않고 나란히 나감. ¶ 끝없이 평행하는 선로. /두 사람이 평행하게 누워 있다. ②글씨를 쓰는 데, 각 줄의 머리글자를 꼭 같은 높이로 씀.

평행-력(平行力)[-녁]명 힘의 방향이 어떤 직선과 평행인 힘.

평행-맥(平行脈)명 ☞나란히맥.

평행-면(平行面)명 같은 공간에 있는, 둘 또는 그 이상의 서로 평행인 평면. 평행 평면.

평행-봉(平行棒)명 기계 체조 용구의 한 가지. 두 개의 평행 가로대를 적당한 높이로 어깨 넓이만큼 벌려서 버티어 놓은 것. 수평봉.

평행^사ː변형(平行四邊形)명 서로 마주 대하는 두 쌍의 변이 각기 평행인 사변형. 나란히꼴.

평행-선(平行線)명 같은 평면 상에 있는, 둘 또는 그 이상의 서로 평행하는 직선. 평행 직선.

평행^육면체(平行六面體) [-늉-] 명 세 쌍의 맞보는 면이 서로 평행인 육면체.

평행^이동(平行移動) 명 물체 또는 도형의 각 점이 같은 방향으로 같은 거리만큼 나란히 옮겨지는 일.

평행-자(平行-) 명 평행선을 긋는 데 쓰는 자. 두 개의 자가 평행으로 움직이어 많은 평행선을 그을 수 있게 되어 있음.

평행^직선(平行直線) [-썬] 명 ☞평행선.

평행^평면(平行平面) 명 ☞평행면.

평허(平虛) '평허하다'의 어근.

평허-하다(平虛-) 형여 아무런 걱정 없이 편안하다.

평형(平衡) 명하형 ①(물건을 다는 데) 저울대가 똑바름. ②사물이 한쪽으로 기울지 않고 안정됨. ¶ 평형을 유지하다. ③어떤 물체에 상태 변화를 일으킬 두 힘이 동시에 작용하여, 그 효과가 서로 상쇄되어 있는 상태. ¶ 역학적 평형.

평형-감각(平衡感覺) 명 중력(重力)의 방향에 대하여 몸의 평형을 유지하는 평형 기관의 감각.

평형^교부금(平衡交付金) 명 지방 자치 단체의 재정 불균형을 조정하기 위하여 국가가 내어주는 보조금.

평형^기관(平衡器官) 명 중력(重力) 및 동물체의 운동의 방향을 감수(感受)하는 기관.

평형-대(平衡臺) 명 ☞평균대(平均臺).

평형^하천(平衡河川) 명 침식 작용과 퇴적 작용이 평형을 유지하고 있는 하천.

평화(平和) 명하형스형 ①평온하고 화목(和睦)함. ¶ 가정의 평화를 깨뜨리다. ②전쟁이나 분쟁 등이 없이 세상이 평온함, 또는 그런 상태. ¶ 세계의 평화. /인류의 평화를 위하여 애쓰다. **평화스레**부.

평화^공ː세(平和攻勢) 명 냉전 상태에서, 한쪽 진영의 '갑작스러운 평화 정책'을 전술적인 수단이라고 생각하는 관점에서 이르는 말.

평화^공ː존(平和共存) 명 사회 체제를 달리하는 국가 사이에서, 무력을 쓰지 않고 평화적으로 공존하는 상태, 또는 그러한 정책.

평화-롭다(平和-) [-따] [~로우니·~로워] 형ㅂ 평화스러운 느낌이 있다. ¶ 평화로운 마을. **평화로이**부.

평화-리(平和裏) 명 평화로운 가운데. 《주로, '평화리에'의 꼴로 쓰임.》

평-화면(平畫面) 명 정투영(正投影)에서, 직각으로 교차하는 두 화면 중 수평의 위치에 있는 화면. 참입화면·측화면.

평화^산ː업(平和產業) 명 전쟁과 직접 관계없는, 민간에 필요한 상품을 생산하는 산업. 참군수 산업.

평화^조약(平和條約) 명 서로 싸우던 나라끼리 전쟁을 중지하고 평화를 회복하기 위하여 맺는 조약. 강화 조약. 준화약.

평화^통ː일(平和統一) 명 전쟁에 의하지 않고 평화적인 방법으로 이루는 통일.

평-활(平-) 명 연습할 때 쓰는 활.

평활(平滑) '평활(平滑)하다'의 어근.

평활(平闊) '평활(平闊)하다'의 어근.

평활-근(平滑筋) 명 ☞민무늬근.

평활-하다(平滑-) 형여 평평하고 미끄럽다.

평활-하다(平闊-) 형여 평평하고 넓다.

폐ː(肺) [폐/페] 명 〈폐장(肺臟)〉의 준말.

폐ː(弊) [폐/페] 명 ①〈폐단(弊端)〉의 준말. ②남에게 끼치는 신세나 괴로움. ¶ 폐를 끼치다. /그동안 여러 가지로 폐가 많았습니다.

폐ː가(廢家) [폐-/페-] 명 ①버려두어 낡은 집. 폐옥(廢屋). ②하자 호주(戶主)가 죽고 상속인이 없어서 뒤가 끊김, 또는 그러한 집. ③하자 호주가 타가(他家)에 입적하기 위하여 스스로 그 일가를 폐하고 소멸시킴, 또는 그러한 법률 행위.

폐ː가-제(閉架制) [폐-/페-] 명 도서관에서, 서고(書庫)를 공개하지 않고 일정한 절차에 따라 도서를 출납하는 제도. ↔개가제(開架制).

폐ː각(閉殼) [폐-/페-] 명 '파울리(Pauli)의 원리'에 따라서 허용되는 최대한의 개수(個數)의 전자(電子)를 수용했을 때의 원자 내의 전자 배치.

폐ː각-근(閉殼筋) [폐-끈/페-끈] 명 ☞조개관자.

폐ː간(肺肝) [폐-/페-] 명 폐장과 간장.

폐ː간(廢刊) [폐-/페-] 명하타 되자 신문·잡지 따위의 정기 간행물의 간행을 폐지함. ¶ 재정난으로 신문을 폐간하다.

폐ː감(肺疳) [폐-/페-] 명 어린아이의 폐경(肺經)에 일어나는 감병(疳病). 기침이 나고 숨이 막히며, 입과 코가 헒.

폐ː강(閉講) [폐-/페-] 명하타 되자 하던 강의나 강좌 따위를 없앰. ↔개강(開講).

폐ː객(弊客) [폐-/페-] 명 남에게 폐를 끼치는 사람. 폐꾼. ¶ 공연한 폐객이 될까 봐 방문을 삼가다.

폐ː갱(廢坑) [폐-/페-] 명하타 되자 광산이나 탄광을 폐쇄함, 또는 폐쇄한 갱.

폐ː거(閉居) [폐-/페-] 명하자 집 안에 틀어박혀 밖에 나가지 않음.

폐ː건(敝件) [폐껀/페껀] 명 낡고 더러워져 못 쓰게 된 옷이나 그릇 따위의 물건.

폐ː-결핵(肺結核) [폐-/페-] 명 결핵균이 폐에 침입하여 생기는 질병. 폐환(肺患).

폐ː경(肺經) [폐-/페-] 명 폐에 딸린 경락(經絡).

폐ː경(閉經) [폐-/페-] 명 주로 갱년기에 여성의 월경이 없어지는 것.

폐ː경-기(閉經期) [폐-/페-] 명 여성의 월경이 없게 되는 갱년기. 단경기(斷經期). 월경 폐쇄기.

폐ː-곡선(閉曲線) [폐-썬/페-썬] 명 한 곡선 상에서, 한 점이 한 방향으로만 사뭇 움직일 때 출발점으로 돌아오게 되는 곡선. 자폐선(自閉線).

폐ː공(幣貢) [폐-/페-] 명 ☞공물(貢物).

폐ː공(廢工) [폐-/페-] 명하타 하던 공부나 일을 도중에 그만둠.

폐ː공(蔽空) [폐-/페-] 명하자 하늘을 뒤덮음.

폐ː-공동(肺空洞) [폐-/페-] 명 폐에 생긴 결핵성의 결절(結節)이 고름이 되어 배출되고 그 자리에 생긴 구멍.

폐ː과(閉果) [폐-/페-] 명 건조과의 한 가지. 익어도 껍질이 터지지 않는 열매. 〔밤·벼 따위.〕 건조폐과(乾燥閉果). ↔열과(裂果)·개과(蓋果).

폐ː과(廢科) [폐-/페-] 명하자 과거를 보러 다니던 일을 그만둠.

폐ː관(閉管) [폐-/페-] 명 한쪽 끝이 닫힌 관.

폐ː관(閉館) [폐-/페-] 명하타 되자 (시간이 되어) 도서관·박물관 따위의 문을 닫음. ¶ 폐관 시간. ↔개관.

폐ː관(廢館) [폐-/페-] 명하타 되자 (도서관·박물관·영화관 따위) 관(館)을 폐쇄함. ¶ 재정난으로 시립 도서관이 폐관되었다.

폐ː관(閉關·廢關) [폐-/페-] 명하타 외국과의 조약을 폐함.

폐ː광(廢鑛) [폐-/페-] 명하타 되자 광산이나 탄광의 채굴을 폐지함, 또는 그러한 광산이나 탄광.

폐ː교(廢校) [폐-/페-] 명하타 되자 학교의 운영을 폐지함, 또는 그 학교. ↔개교(開校).

폐ː국(弊局)[폐-/페-]명 폐해(弊害)가 많아 일이 결딴나게 된 판국.
폐ː국(弊國·敝國)[폐-/페-]명 말하는 이가 '자기 나라'를 겸손하게 이르는 말. 폐방(弊邦). ↔귀국(貴國).
폐ː군(廢君)[폐-/페-]명하타 임금을 몰아냄, 또는 그 임금. 폐주(廢主).
폐ː군(廢郡)[폐-/페-]명하타되자 군(郡)이나 고을을 폐함, 또는 폐지된 군이나 고을.
폐ː기(廢棄)[폐-/페-]명하타되자 ①못 쓰게 된 것을 내버림. ¶ 오래된 서류를 폐기 처분하다. ②조약·법령·약속 따위를 무효로 함.
폐ː기-량(肺氣量)[폐-/페-]명 ☞폐활량.
폐ː기-물(廢棄物)[폐-/페-]명 못 쓰게 되어 버리는 물건. ¶ 산업 폐기물.
폐ː-기종(肺氣腫)[폐-/페-]명 폐포(肺胞)가 현저하게 커지고 폐가 지속적으로 확장되는 병. 호흡 곤란·기침 따위의 증세를 보임.
폐ː기-판(廢氣瓣)[폐-/페-]명 ☞배기판.
폐ː-꾼(弊-)[폐-/페-]명 ☞폐객(弊客).
폐ː농(廢農)[폐-/페-]명하자 농사를 그만둠.
폐ː다[폐-/페-]자 〈펴이다〉의 준말.
폐ː단(弊端)[폐-/페-]명 (어떤 일이나 행동에서 나타나는) 옳지 못한 경향이나 해로운 현상. ¶ 종래의 폐단을 없애다. 준폐(弊).
폐ː답(廢畓)[폐-/페-]명하자되자 농사를 짓지 않고 논을 버려둠, 또는 그 논.
폐ː동(廢洞)[폐-/페-]명하타 동네를 결딴내어 없앰, 또는 그러한 동네.
폐ː-동맥(肺動脈)[폐-/페-]명 심장에서 폐로 정맥혈(靜脈血)을 보내는 혈관. ↔폐정맥.
폐ː등(廢燈)[폐-/페-]명하자되자 전등을 떼어 없애 버림, 또는 그 전등.
폐ː-디스토마(肺distoma)[폐-/페-]명 폐흡충과(肺吸蟲科)의 디스토마. 몸길이 1 cm, 너비 8 mm가량. 몸은 길둥글고 몸빛은 붉은빛을 띠는 갈색임. 두 개의 빨판을 가지고 소기관지 벽에 기도(氣道)와 통하는 구멍을 만들어 기생함. 폐장디스토마.
폐ː려(弊廬·敝廬)[폐-/페-]명 '자기의 집'을 겸손하게 이르는 말. 비제(鄙第). 폐사(弊舍).
폐ː렴(←肺炎)[폐-/페-]명 폐렴균의 침입으로 일어나는 폐의 염증. 가슴 통증과 오한·고열·기침·호흡 곤란 등이 나타남.
폐ː렴-균(←肺炎菌)[폐-/페-]명 폐렴을 일으키는 병원균을 통틀어 이르는 말.
폐ː로(肺癆)[폐-/페-]명 ☞노점(癆漸).
폐ː론(廢論)[폐-/페-]명하자 논의를 그만둠.
폐ː-롭다(弊-)[폐-따/페-따][~로우니·~로워]형ㅂ 귀찮고 성가시다. ¶ 폐로운 짓을 삼가다. **폐로이**부 ¶ 늦은 시간에 폐로이 전화를 드리게 되어 죄송합니다.
폐ː륜(廢倫)[폐-/페-]명하자 혼인을 하지 않거나 혼인을 못함.
폐ː리(敝履)[폐-/페-]명 헌 신발. ¶ 폐리같이 내버리다.
폐ː립(敝笠)[폐-/페-]명 ☞파립(破笠).
폐ː립(廢立)[폐-/페-]명하타 임금을 폐위시키고 다른 임금을 세움.
폐ː막(閉幕)[폐-/페-]명하자.타되자 ①연극을 다 끝내고 막을 내림. ¶ 연극을 폐막하다. ②어떤 행사가 끝남. ¶ 체전의 폐막. /국제 영화제가 폐막되다. ↔개막(開幕).
폐ː막(弊瘼)[폐-/페-]명 ①없애기 어려운 폐단. ②못된 병통.
폐ː막-식(閉幕式)[폐-씩/페-씩]명 일정 기간 동안 행사를 치르고 난 뒤 그 행사를 끝맺기 위해 베푸는 의식. ¶ 영화제 폐막식. ↔개막식.
폐ː망(敝網)[폐-/페-]명 ☞파망(破網).
폐ː맹(廢盲)[폐-/페-]명하자되자 눈이 멀어 소경이 됨.
폐ː멸(廢滅)[폐-/페-]명하자되자 폐(廢)하여 없어짐.
폐ː-모음(閉母音)[폐-/페-]명 ☞고모음.
폐ː목(廢目)[폐-/페-]명 시력이 불완전한 눈. 폐안(廢眼).
폐ː무(廢務)[폐-/페-]명하자 사무(事務)를 보지 않음.
폐ː문(肺門)[폐-/페-]명 폐의 내부 중앙에 있는 폐의 출입구. 혈관·기관지·신경·림프관 따위가 연결되어 있음.
폐ː문(閉門)[폐-/페-]명하자되자 ①문을 닫음. 엄문(掩門). 폐호(閉戶). ¶ 정문은 오후 여섯 시 정각에 폐문된다. ↔개문(開門)[2]. ②'일을 보지 않음'을 비유하여 이르는 말.
폐ː물(幣物)[폐-/페-]명 선사하는 물건. 선물.
폐ː물(廢物)[폐-/페-]명 못 쓰게 된 물건.
폐ː방(閉房)[폐-/페-]명하자 방사(房事)를 아주 그만둠.
폐ː방(弊邦·敝邦)[폐-/페-]명 ☞폐국(弊國).
폐ː방(廢房)[폐-/페-]명하타 방을 쓰지 않고 버려둠, 또는 그 방.
폐ː백(幣帛)[폐-/페-]명 ①신부가 처음으로 시부모를 뵐 때 큰절을 하고 올리는 대추나 포 따위. ¶ 폐백을 드리다. ②혼인 때, 신랑이 신부에게 보내는 채단(采緞). ③예를 갖추어서 보내거나 가지고 가는 예물.
폐ː병(肺病)[폐뼝/페뼝]명 ①폐의 질병을 통틀어 이르는 말. ②'폐결핵'을 흔히 이르는 말. 허손(虛損)[2].
폐ː병(廢兵)[폐-/페-]명 전쟁에서 다쳐 불구가 된 병사.
폐ː부(肺腑)[폐-/페-]명 ①☞폐장(肺臟). ②마음의 깊은 속. ¶ 폐부에서 우러나오는 말.
폐부를 찌르다관용 ①깊은 감명을 주다. ②급소를 찌르다. ¶ 폐부를 찌르는 말.
폐부에 새기다관용 마음속 깊이 새겨 잊지 않다.
폐ː부지친(肺腑之親)[폐-/페-]명 왕실(王室)의 가까운 친족.
폐ː비(廢妃)[폐-/페-]명하타되자 왕비의 자리를 물러나게 함, 또는 그 왕비.
폐ː빙(幣聘)[폐-/페-]명하타되자 예물을 갖추어 초빙(招聘)함.
폐ː사(吠舍←Vaiśya 범)[폐-/페-]명 ☞바이샤.
폐ː사(弊社·敝社)[폐-/페-]명 남 앞에서, '자기 회사'를 겸손하게 이르는 말.
폐ː사(弊舍·敝舍)[폐-/페-]명 ☞폐려(弊廬).
폐ː사(廢寺)[폐-/페-]명 폐지(廢止)되어 중이 없는 절.
폐ː사(斃死)[폐-/페-]명하자되자 쓰러져 죽음. ¶ 전염병으로 닭들이 폐사하다.
폐ː색(閉塞)[폐-/페-]명하자.타 ①닫아 막음, 또는 닫혀서 막힘. ②운수가 꽉 막힘. ③(겨울에 천지가 얼어붙어) 생기가 막힘.
폐ː색-기(閉塞器)[폐-끼/페-끼]명 철도에서, 일정한 구간에 하나의 열차가 있을 때에는 다른 열차가 그 구간에 들어가지 못하도록 하는 장치.
폐ː색-선(閉塞船)[폐-썬/페-썬]명 (적의 항구를 폐쇄하거나 적의 함대의 침입을 막기 위해) 적이나 아군의 항구 입구에 가라앉히는 배.

폐ː색^전선(閉塞前線) [폐-쩐-/페-쩐-] 명 온대 저기압이 발달하여 한랭 전선이 온난 전선을 뒤따라 따뜻한 기운을 지표로부터 밀어 올렸을 때 이루어지는 전선.

폐ː색-호(閉塞湖) [폐새코/페새코] 명 ☞언색호(堰塞湖).

폐ː석(廢石) [폐-/페-] 명 ①광산에서, 유용 광석을 고르고 남은 불필요한 돌. ②바둑에서, 활용할 가치가 없어진 돌.

폐ː선(廢船) [폐-/페-] 명 ①낡아서 못 쓰게 된 배. ②선적(船籍)에서 없애 버린 배.

폐ː-성심(肺性心) [폐-/페-] 명 폐질환으로 폐동맥의 혈관 저항이 커져 우심실에 부담이 와서 기능 부전이 된 상태.

폐ː쇄(閉鎖) [폐-/페-] 명하타되자 ①출입을 못하도록 입구를 막음. ¶ 출입구를 폐쇄하다. ②학교나 공장 따위의 일정한 기능을 지닌 조직체의 기능을 정지시킴. ¶ 통신망을 폐쇄하다. /공장이 폐쇄되다. ③외부와의 교류를 끊음. ¶ 폐쇄된 사회. ↔개방(開放).

폐ː쇄-기(閉鎖機) [폐-/페-] 명 탄약을 장전하기 위하여, 포신의 약실 뒤쪽을 여닫는 장치.

폐ː쇄-성(閉鎖性) [폐-썽/페-썽] 명 외부와의 교류를 끊고 통하려 하지 않는 성질.

폐ː쇄성^결핵(閉鎖性結核) [폐-썽-/페-썽-] 명 전염할 위험이 없는 결핵. 환자의 가래에 결핵균이 섞여 나오지 않음. ↔개방성 결핵.

폐ː쇄-음(閉鎖音) [폐-/페-] 명 ☞파열음.

폐ː쇄-적(閉鎖的) [폐-/페-] 관명 외부와의 교류를 끊고 통하려 하지 않는 (것). ¶ 폐쇄적 사회. /폐쇄적인 성격.

폐ː쇄^혈관계(閉鎖血管系) [폐-게/페-게] 명 혈관 순환로가 조직으로 열려 있지 않고 심장·동맥·모세 혈관·정맥의 닫혀진 계(系) 속을 순환하는 혈관계. 환형동물·척추동물 따위에서 발달되어 있음. ↔개방 혈관계.

폐ː수(廢水) [폐-/페-] 명 (공장이나 사육장 등에서) 사용하고 내버린 물. ¶ 공장 폐수로 말미암은 수질 오염이 심각하다.

폐ː-수종(肺水腫) [폐-/페-] 명 폐포(肺胞) 속에 물이 고여 붓는 병.

폐ː수^처ː리(廢水處理) [폐-/페-] 명 공장이나 가정에서 내버린 물을 한곳에 모아 약품 따위로 중화시켜 독성을 제거하는 일.

폐ː-순환(肺循環) [폐-/페-] 명 심장에 모인 피가 우심방(右心房)에서 우심실(右心室)로 가, 폐동맥에 의하여 모세 혈관으로 흘러 폐정맥을 통하여 좌심방(左心房)으로 들어가는 혈액 순환. 소순환(小循環).

폐ː-스럽다(弊-) [폐-따/페-따] [~스러우니·~스러워] 형ㅂ 괴로움이나 수고로움을 끼치는 듯하다. **폐스레**부.

폐ː슬(蔽膝) [폐-/페-] 명 조복(朝服)이나 제복(祭服)에 딸려 무릎 앞을 가리던 헝겊.

폐ː습(弊習) [폐-/페-] 명 나쁜 풍습. 폐해가 되는 풍습. 폐풍(弊風). ¶ 폐습을 타파하다.

폐ː시(閉市) [폐-/페-] 명하자 시장의 가게를 닫아, 거래를 끝냄. ↔개시(開市).

폐ː식(閉式) [폐-/페-] 명하자 의식(儀式)이 끝남. ↔개식.

폐ː식(廢食) [폐-/페-] 명하자 음식을 먹지 않음.

폐ː식-사(閉式辭) [폐-싸/페-싸] 명 의식이 끝날 때에 하는 인사말. ↔개식사.

폐ː신(嬖臣) [폐-/페-] 명 아첨하여 임금의 신임을 받는 신하.

폐ː안(廢案) [폐-/페-] 명 토의하지 않고 버려둔 의안(議案)이나 안건.

폐ː안(廢眼) [폐-/페-] 명 ☞폐목(廢目).

폐ː암(肺癌) [폐-/페-] 명 〈폐장암〉의 준말.

폐애(嬖愛) [폐-/페-] 명 ☞폐행(嬖幸).

폐ː어(廢語) [폐-/페-] 명 쓰지 않는 말. 비사어(死語).

폐ː업(閉業) [폐-/페-] 명하자 ①문을 닫고 영업을 쉼. ↔개업(開業). ②☞폐점(閉店).

폐ː업(廢業) [폐-/페-] 명하자타 직업 또는 영업을 그만둠. ¶ 폐업 신고. ↔개업(開業).

폐ː열(肺熱) [폐-/페-] 명 한방에서 이르는 폐의 열기.

폐ː열(廢熱) [폐-/페-] 명 이용되지 못하고 헛되이 버려지는 열. ¶ 발전소의 폐열을 난방에 이용하다.

폐염(肺炎) 명 '폐렴'의 잘못.

폐ː엽(肺葉) [폐-/페-] 명 포유류의 폐를 이루고 있는 각 부분. 〔우폐는 3엽, 좌폐는 2엽으로 나뉨.〕

폐ː옥(弊屋·敝屋) [폐-/페-] 명 ☞비제(鄙第).

폐ː옥(廢屋) [폐-/페-] 명 버려두어 낡은 집. 폐가(廢家).

폐ː왕(廢王) [폐-/페-] 명 폐위(廢位)된 왕.

폐ː원(閉院) [폐-/페-] 명하자타 ①병원·학원 따위의 문을 닫음. ②국회의 회기가 끝나 문을 닫음. ↔개원(開院).

폐ː위(廢位) [폐-/페-] 명하타되자 왕이나 왕비 등의 자리를 폐함.

폐ː유(廢油) [폐-/페-] 명 못 쓰게 된 기름. ¶ 폐유를 재생하다.

폐ː-음절(閉音節) [폐-/페-] 명 자음으로 끝나는 음절. 〔목·젖·책 따위.〕 ↔개음절(開音節).

폐ː읍(弊邑·敝邑) [폐-/페-] 명 ①폐습이 많은 고을. ②다른 고을 사람 앞에서, '자기가 사는 고을'을 겸손하게 이르는 말.

폐ː의-파관(弊衣破冠) [폐의-/페이-] 명 〔해진 옷과 부서진 갓이라는 뜻으로〕 '너절하고 구차한 차림새'를 이르는 말. 폐포파립(弊袍破笠).

폐ː인(廢人) [폐-/페-] 명 ①병이나 못된 버릇 따위로 몸을 망친 사람. ②쓸모없이 된 사람. ②기인(棄人).

폐ː인(嬖人) [폐-/페-] 명 비위를 잘 맞추어 남에게 귀염을 받는 사람.

폐-일언(蔽一言) '폐일언하다'의 어근.

폐ː일언-하다(蔽一言-) [폐-/페-] 자여 이러니저러니 할 것 없이 한마디로 말하다. 《주로, '폐일언하고'의 꼴로 쓰임.》 ¶ 폐일언하고 당장 실행하기로 하자. 참일언이폐지(一言以蔽之).

폐ː장(肺臟) [폐-/페-] 명 육상 동물의 호흡기의 주요 부분. 폐포를 통해 혈액 중의 이산화탄소와 들이마신 산소를 교환함. 사람에게는 흉강의 양쪽, 횡격막 윗부분에 좌우 한 개씩 있음. 부아. 폐부. 허파. 준폐.

폐ː장(閉場) [폐-/페-] 명하자타되자 ①집회나 행사 따위의 회장(會場)을 닫음. ②거래소 따위의 업무를 마감함. ↔개장(開場).

폐ː장(閉藏) [폐-/페-] 명하타되자 ①닫아 감춤. ②(물건 따위를) 드러나지 않게 감추어 둠.

폐ː장(廢庄) [폐-/페-] 명 버려둔 논밭.

폐ː장-디스토마(肺臟distoma) [폐-/페-] 명 ☞폐디스토마.

폐ː장-디스토마병(肺臟distoma病) [폐-/페-] 명 폐장에 폐디스토마가 기생하여 생기는 병. 혈담(血痰)·객혈·기침 따위의 증상이 나타남.

폐ː장-암(肺臟癌)[폐-/페-]명 폐장에 생기는 암종(癌腫). 가슴이 찌르듯이 아프고 혈담(血痰)·기침·호흡 곤란이 일어남. 준폐암.
폐ː적(廢嫡)[폐-/페-]명하타되자 적자(嫡子)로서의 신분·권리 따위를 폐함.
폐ː전(廢典)[폐-/페-]명 ①의식(儀式)을 없앰, 또는 그 의식. ②폐지된 법.
폐ː절(廢絕)[폐-/페-]명하타되자 폐하여 없앰. 폐멸(廢滅).
폐ː절-가(廢絕家)[폐-/페-]명 상속인이 없어 대(代)가 끊어진 집.
폐ː점(閉店)[폐-/페-]명하자.타되자 ①장사를 그만둠. ②장사를 마치고 가게 문을 닫음. 폐업. ¶ 폐점 시간. ↔개점.
폐ː점(弊店·敝店)[폐-/페-]명 남 앞에서, '자기 상점'을 겸손하게 이르는 말.
폐ː정(閉廷)[폐-/페-]명하자되자 〔법정을 닫는다는 뜻으로〕 심리(審理)나 재판 따위를 마침. ↔개정(開廷).
폐ː정(廢井)[폐-/페-]명하타되자 우물을 쓰지 않고 버려둠, 또는 그 우물. ¶ 오염된 마을 우물은 폐정이 되고 말았다.
폐ː정(弊政)[폐-/페-]명 폐단이 많은 정치.
폐ː-정맥(肺靜脈)[폐-/페-]명 폐에서 산소를 받아들이고 이산화탄소를 방출한 동맥혈을 심장으로 보내는 좌우의 두 혈관. ↔폐동맥.
폐ː제(幣制)[폐-/페-]명 화폐에 관한 제도.
폐ː제(廢帝)[폐-/페-]명 폐위된 황제.
폐ː제(廢除)[폐-/페-]명 ①하타되자폐하여 없애 버림. ②일정한 법정(法定) 원인이나 피상속인의 청구로, 상속 순위에 있는 추정 호주 상속인 또는 유산 상속인의 자격을 법원의 판결에 의하여 폐지하는 제도.
폐ː조(幣棗)[폐-/페-]명 폐백에 쓰이는 대추.
폐ː조(廢朝)[폐-/페-]명 ①하자임금이 조회(朝會)를 폐함. 철조(輟朝). ②폐군(廢君)의 시대.
폐ː족(廢族)[폐-/페-]명 왕조 때, 조상이 형(刑)을 받고 죽어서 그 자손이 벼슬을 할 수 없게 된 족속.
폐ː주(廢主)[폐-/페-]명 ☞폐군(廢君).
폐ː지(廢止)[폐-/페-]명하타되자 실시하던 일이나 풍습·제도 따위를 그만두거나 없앰. ¶ 통금 제도를 폐지하다.
폐ː지(廢地)[폐-/페-]명 쓸모없는 토지.
폐ː지(廢址)[폐-/페-]명 집이 헐린 채 버려둔 빈 터.
폐ː지(廢紙)[폐-/페-]명 ①못 쓰게 된 종이. ¶ 폐지를 재활용하다. ②허드레 종이. 휴지(休紙).
폐ː지-안(廢止案)[폐-/페-]명 실시하여 오던 일이나 법규·제도 따위를 그만두거나 없애자는 의안.
폐ː질(廢疾)[폐-/페-]명 고칠 수 없는 병. 비고질(痼疾).
폐ː차(廢車)[폐-/페-]명 ①낡아서 못 쓰게 된 차, 또는 차량 등록이 취소된 차. ②하타되자(차체를 분해하거나 차량 등록을 취소하거나 하여) 못 쓰는 차로 처리함. ¶ 그 차는 폐차 직전이다.
폐ː차(蔽遮)[폐-/페-]명하타되자 보이지 않도록 가려서 막음.
폐ː창(肺脹)[폐-/페-]명 ☞천식(喘息).
폐ː창(廢娼)[폐-/페-]명하자 창녀(娼女)를 없앰. 공창 제도(公娼制度)를 철폐함.
폐ː첨(肺尖)[폐-/페-]명 폐의 위쪽에 동그스름하게 솟아 있는 부분.
폐ː첩(嬖妾)[폐-/페-]명 아양을 부리어 귀염을 받는 첩.
폐ː출(廢黜)[폐-/페-]명하타되자 작위나 관직을 떼고 내쫓음. ¶ 간신을 폐출하다.
폐ː출-수(廢出水)[폐-쑤/페-쑤]명 폐기물에서 나오는 더러운 물.
폐ː-출혈(肺出血)[폐-/페-]명 ①폐 조직의 손상이나 폐충혈(肺充血) 따위의 원인으로 폐혈관에서 출혈하는 증상. ②☞객혈(喀血).
폐ː치(廢置)[폐-/페-]명 ①하타되자폐지한 채 내버려 둠. ②폐지와 설치.
폐ː치^분합(廢置分合)[폐-/페-]명 지방 자치 단체의 폐지 또는 신설에 따르는 구역의 변경, 분할·분립·통합·편입의 네 가지가 있음.
폐ː침-망찬(廢寢忘餐)[폐-/페-]명하자 침식(寢食)을 잊고 일에 몰두함.
폐ː칩(閉蟄)[폐-/페-]명하자 벌레 따위가 땅속으로 들어가 겨울잠을 잠, 또는 그런 때.
폐ː칩(廢蟄)[폐-/페-]명하자 외출하지 않고 집 안에만 들어박혀 있음.
폐ː퇴(廢頹)[폐퇴/페퉤]명하자 (기강이나 도덕 따위가) 황폐하여 무너짐. ¶ 도의의 폐퇴.
폐ː포(肺胞)[폐-/페-]명 폐로 들어가 잘게 갈라진 기관지의 맨 끝에 붙은 포도송이 모양의 주머니. 공기와 혈액 사이의 기체 교환이 일어나는 곳임. 기포(氣胞). 허파 꽈리.
폐ː포-파립(弊袍破笠)[폐-/페-]명 ☞폐의파관.
폐ː품(廢品)[폐-/페-]명 쓸 수 없게 된 물품. ¶ 폐품 수집. /폐품을 재활용하다. /폐품 이용을 생활화하다.
폐ː풍(弊風)[폐-/페-]명 ☞폐습(弊習).
폐ː하(陛下)[폐-/페-]명 '황제'나 '황후'를 높여 일컫던 말.
폐ː-하다(廢-)[폐-/페-]타여 ①있던 제도나 기관·풍습 따위를 버리거나 없애다. ¶ 구습을 폐하다. /남녀 차별법을 폐하다. ②하던 일을 중도에서 그만두다. ¶ 학업을 폐하다. ③쓰지 않고 버려두다. ¶ 방을 폐하다. ④어떤 지위에서 몰아내다. ¶ 왕을 폐하다. ⑤(습관적으로 하던 일 따위를) 멈추거나 끊다. ¶ 식음(食飮)을 폐하다.
폐ː학지경(廢學之境)[폐-찌-/페-찌-]명 학업을 중도에서 그만두어야 할 형편.
폐ː함(廢艦)[폐-/페-]명하타되자 낡아서 못 쓰게 된 군함을 없앰, 또는 그 군함.
폐ː합(廢合)[폐-/페-]명 ①하타되자폐지하여 다른 것에다 합침. ②폐지와 합병(合倂).
폐ː해(弊害)[폐-/페-]명 폐단(弊端)과 손해. 병폐(病弊). ¶ 미신의 폐해.
폐ː행(嬖幸)[폐-/페-]명 남에게 아첨하여 사랑을 받음. 폐애(嬖愛).
폐ː허(廢墟)[1][폐-/페-]명 파괴당하여 황폐하게 된 터. ¶ 전후의 폐허에서 오늘날과 같은 눈부신 발전을 이루었다.
폐ː허(廢墟)[2][폐-/페-]명 1920년에 김억(金億)·염상섭(廉想涉)·황석우(黃錫禹)·나혜석(羅蕙錫)·오상순(吳相淳) 등이 창간한 퇴폐적 낭만주의 경향의 순문예 동인지. 통권 2호까지 발행됨.
폐ː현(陛見)[폐-/페-]명하자 황제나 황후를 알현(謁見)함.
폐ː호(閉戶)[폐-/페-]명하자 ☞폐문(閉門).
폐ː-호흡(肺呼吸)[폐-/페-]명 고등 척추동물이 폐로써 하는 외호흡(外呼吸).
폐ː환(肺患)[폐-/페-]명 ☞폐결핵.
폐ː-활량(肺活量)[폐-/페-]명 숨을 한 번 들이쉬고 내쉼에 따라 폐에 출입하는 최대의 공기량. 폐기량(肺氣量). ¶ 폐활량이 크다.

폐ː활량-계(肺活量計) [폐-계/페-게] 명 폐활량을 재는 기계.
폐ː회(閉會) [폐회/페훼] 명 하자타 되자 집회 또는 회의를 마침. ¶ 폐회를 선언하다. ↔개회(開會).
폐ː회로^텔레비전(閉回路television) [폐회-/페훼-] 명 방송 텔레비전 이외의 분야에서 사용되는 유선 텔레비전. 교육·교통·공장, 그 밖의 각종 산업 분야에 사용됨. 시시티브이(CCTV).
폐ː회-사(閉會辭) [폐회-/페훼-] 명 폐회를 선언하는 인사말. ↔개회사(開會辭).
폐ː회-식(閉會式) [폐회-/페훼-] 명 폐회하는 의식. ↔개회식(開會式).
폐ː후(廢后) [폐-/페-] 명 폐위된 왕후나 황후.
폐ː-흡충(肺吸蟲) [폐-/페-] 명 폐흡충과의 생물을 통틀어 이르는 말. 폐디스토마라고도 함.
포(包)[1] 명 장기에서, '包' 자가 새겨진 장기짝의 하나. 한편에 둘씩 모두 네 개가 있음. 포(包) 이외의 다른 장기짝 하나를 넘어 움직임.
포(包)[2] 명 ☞촛가지.
포(包)[3] 명 ☞접(接).
포(包)[4] 명 ☞포대(包袋).
포(苞) 명 ☞꽃턱잎. 화포(花苞).
포(炮) 명 하타 한방에서, 부자(附子) 따위의 독한 약재를 끓는 물에 담가 독기를 빼는 일.
포(砲) 명 ①〈대포〉의 준말. ②돌멩이를 튀겨 내쏘는 옛 무기의 한 가지.
포(脯) 명 〈포육(脯肉)〉의 준말. ¶ 포를 뜨다.
포가(砲架) 명 포신(砲身)을 얹는 받침.
포ː간(飽看) 명 하타 싫증이 나도록 실컷 봄.
포강(砲腔) 명 포신 속의 빈 부분.
포개다 타 놓인 것 위에다 겹치어 놓다. ¶ 그릇을 포개어 놓다. /발을 포개고 앉다.
포갤-점(-點) [-쩜] 명 ☞쌍점(雙點).
포갬-포갬 부 여러 번 거듭 포개거나 포개져 있는 모양. ¶ 이불을 포갬포갬 개켜 넣다.
포건(布巾) 명 베로 만든 건.
포격(砲擊) 명 하타 대포로 사격함, 또는 대포에 의한 공격. ¶ 적의 진지를 포격하다.
포ː경(包莖) 명 귀두(龜頭)가 표피(表皮)에 덮여 있는 자지, 또는 그러한 상태. 우멍거지.
포경(砲徑) 명 포의 구경(口徑).
포ː경(捕鯨) 명 하자 고래를 잡음. ¶ 포경을 법으로 금지시키다.
포ː경-선(捕鯨船) 명 고래를 잡기 위해 특별한 설비를 갖춘 배. 경선(鯨船).
포ː경^수술(包莖手術) 명 포피(包皮)를 잘라 음경의 귀두부를 드러내는 외과 수술.
포ː계(捕繫) [-계/-게] 명 하타 되자 잡아 묶어 둠. 또는, 묶어서 옥에 가두어 둠.
포계(褒啓) [-계/-게] 명 하타 왕조 때, 각 도의 관찰사 또는 어사가 고을 원의 선정(善政)을 치하하여 임금에게 아뢰던 일.
포ː고(布告·佈告) 명 하타 되자 ①일반에게 널리 알림. ②국가의 결정 의사를 공식적으로 일반에게 발표하는 일.
포ː고-령(布告令) 명 어떤 내용을 포고하는 명령이나 법령.
포ː곡-조(布穀鳥) [-쪼] 명 ☞뻐꾸기.
포공-영(蒲公英) 명 ①☞민들레. ②한방에서, '민들레 뿌리'를 약재로 이르는 말. 유종·결핵 따위의 치료나 발한·강장에 쓰임.
포과(包裹) 명 하타 물건을 꾸리어 쌈.
포과(胞果) 명 삭과(蒴果)의 한 가지. 얇고 마른 껍질 속에 씨가 들어 있는 과실.
포관(布棺) 명 베를 여러 겹 겹쳐 발라 만든 관.
포ː괄(包括) 명 하타 되자 (일정한 사물이나 현상 따위를) 어떤 범위나 한계 안에 모두 끌어 넣음.
포ː괄^수유자(包括受遺者) 명 포괄 유증(包括遺贈)을 받아 상속인(相續人)과 같은 권리·의무를 가지는 사람.
포ː괄^승계(包括承繼) [-계/-게] 명 상속이나 회사의 합병 따위에 의한 권리·의무의 일괄적 승계. ↔특정 승계.
포ː괄^유증(包括遺贈) [-류-] 명 유산의 전체 또는 그 몇 분의 얼마라는 분수적 부분을 주는 유증. ↔특정 유증.
포ː괄-적(包括的) [-쩍] 관명 어떤 범위나 한계 안에 모두 끌어 넣는 (것), 또는 그러한 방식인 (것). ¶ 포괄적 접근 방식. /국민 의사(意思)의 포괄적인 수용.
포ː교(布教) 명 하타 종교를 널리 폄. ¶ 포교 활동. 비 선교(宣教).
포ː교(捕校) 명 조선 시대에, 포도청의 한 벼슬인 '포도부장(捕盜部將)'을 달리 이르던 말.
포ː교-사(布教師) 명 불교의 교리(教理)를 널리 펴는 중이나 신도.
포구(捕球) 명 하자 공을 잡음. ¶ 포수의 포구 동작.
포구(浦口) 명 배가 드나드는 개의 어귀.
포구(砲口) 명 ☞포문(砲門).
포군(砲軍) 명 포를 장비한 군사.
포궁(胞宮) 명 ☞자궁(子宮).
포-권척(布卷尺) 명 너비 2 cm 가량의 헝겊을 길이 50 m 이하로 하여 둥근 가죽 갑 속에 넣어 풀었다 감았다 하며 쓰는 줄자의 한 가지.
포근-포근 부 하형 매우 탄력성이 있고 보드라워서 따스하고 편안한 느낌. ¶ 포근포근한 아기 이불. **포근포근-히** 부.
포근-하다 형여 ①(온도가) 기분이 좋을 정도로 따듯하다. ¶ 포근한 봄 날씨. /포근한 실내 온도. ②(옷이나 이불 따위가) 보드랍고 폭신하여 기분이 좋게 따듯하다. ¶ 포근한 이부자리. ③분위기 따위가 아늑하고 편안하다. ¶ 가정의 포근한 분위기. 참 푸근하다. **포근-히** 부.
포기 명 ①뿌리를 단위로 하는 초목의 낱개. ¶ 배추 포기가 크다. ②〖의존 명사적 용법〗 초목을 세는 단위. ¶ 봉숭아 두 포기. /풀 한 포기. 참 떨기.
포기(泡起) 명 하자 거품과 같이 부풀어 오름.
포ː기(抛棄) 명 하타 되자 ①하던 일을 중도에 그만두어 버림. ¶ 어렵더라도 포기하지 마라. ②자기의 권리나 자격을 내버려 쓰지 않음. ¶ 상속권을 포기하다.
포ː기(暴棄) 명 하자 〈자포자기〉의 준말.
포기-가름 명 하타 ☞포기 나누기.
포기^나누기 명 한 포기의 식물에서, 포기의 일부를 뿌리와 함께 갈라 내어 따로 옮겨 심는 일. 분주(分株). 포기가름.
포ː끽(飽喫) 명 하타 ☞포식(飽食).
포ː난(飽暖·飽煖) 명 하자 〈포식난의(飽食暖衣)〉의 준말.
포ː노스코ː프(phonoscope) 명 소리의 진동을 전기적 진동으로 바꾸어 브라운관에 영상으로 나타나게 하는 기계.
포단(蒲團) 명 ①부들로 둥글게 틀어 만든 방석. ②이불.
포달 명 암상이 나서 함부로 악을 쓰고 욕을 하며 대드는 일. ¶ 포달을 부리다.
포ː달(布達) 명 하타 되자 조선 시대에, 일반에게 널리 펴 알리던 관아(官衙)의 통지.

포달-스럽다[-따][~스러우니·~스러워]형ㅂ 야멸치고 암상스럽다. **포달스레**부.
포달-지다형 악을 쓰고 함부로 욕을 하며 대드는 품이 몹시 사납고 다라지다.
포대(布袋)명 무명이나 삼베 따위로 만든 자루.
포대(布帶)명 베로 만든 띠.
포대(包袋)명 피륙·가죽·종이 따위로 만든 자루. 부대(負袋). 포(包). ¶ 밀가루 포대.
포대(袍帶)명 도포와 띠.
포대(砲隊)명 포병으로 이루어진 부대.
포대(砲臺)명 적탄을 막고 아군의 사격을 편리하게 하기 위해 견고하게 쌓아 만든 화포(火砲) 진지. 포루(砲樓).
포대-경(砲臺鏡)명 적정(敵情)을 정찰하고 감시하는 데 쓰는 군용 광학 기계.
포대기명 어린아이를 업거나 덮어 줄 때 쓰는 작은 이불. 강보(襁褓). ¶ 갓 태어난 아기를 포대기에 싸서 안다.
포:덕(布德)명 천도교에서, 한울님의 덕을 세상에 펴는 일, 곧 '전도(傳道)'를 이르는 말.
포:도(捕盜)명하자 도둑을 잡음.
포:도(逋逃)명하자 죄를 저지르고 달아남.
포도(葡萄)명 포도과의 낙엽 활엽 만목. 과실나무의 한 가지. 덩굴은 길게 벋고 덩굴손으로 다른 물건에 감김. 초여름에 담녹색 꽃이 피고, 늦여름에 잘고 동글동글한 열매가 조롱조롱 송이를 이루어 익음.
포도(鋪道)명 〈포장도로〉의 준말.
포:도-군사(捕盜軍士)명 조선 시대의, 포도청의 군졸. 포졸(捕卒).
포도-당(葡萄糖)명 단당류의 한 가지. 단맛 있는 과실이나 꿀 등 널리 생물계에 분포하며 생명 에너지의 원료가 됨. 알코올 발효·의약품 따위에도 이용됨. 글루코오스.
포:도-대장(捕盜大將)명 조선 시대, 포도청의 우두머리. 품계는 종이품. 준포장(捕將).
포도동부하자 작은 날짐승이 별안간 날 때에 나는 소리. 큰푸두둥. **포도동-포도동**부하자.
포도동-거리다자 자꾸 포도동포도동하다. 포도동대다. 큰푸두둥거리다.
포도동-대다자 포도동거리다.
포:도-부장(捕盜部將)명 조선 시대, 포도청의 한 벼슬. 포교(捕校).
포도상 구균(葡萄狀球菌) 대표적인 화농균의 한 가지. 구형 세포가 다소 불규칙하게 모여 포도송이 모양의 배열을 나타냄.
포도-색(葡萄色)명 포도처럼 붉은빛이 나는 자홍색(紫紅色).
포도-석(葡萄石)명 사방 정계(斜方晶系)에 속하는 광물. 판상(板狀) 또는 주상(柱狀)의 결정이 모여 구상·포도상을 이룸. 백색·회색·담녹색 등으로, 반투명함.
포도-송이(葡萄-)명 한 꼭지에 달린, 포도 알의 덩어리.
포도-원(葡萄園)명 포도를 재배하는 과수원.
포도-주(葡萄酒)명 포도의 즙을 짜내어 발효시켜 만든 술.
포도-즙(葡萄汁)명 포도를 짜서 만든 즙액.
포:도-청(捕盜廳)명 조선 시대에, 도둑이나 그 밖의 범죄자를 잡기 위하여 설치한 관청. 준포청.
포동-포동부하형 살이 통통하게 찌고 매우 보드라운 모양. ¶ 젖살이 올라 포동포동한 아기. 큰푸둥푸둥. 여보동보동.
포두(鋪頭)명 ①과시(科詩)의 넷째 구(句). ②과거(科擧)의 부(賦)의 다섯째 구(句).
포:두서찬(抱頭鼠竄)명하자 〔머리를 싸매고 쥐처럼 숨는다는 뜻으로〕 무서워서 몰골 사납게 얼른 숨음을 이름.
포드닥부하타 ①작은 날짐승이 날개를 가볍게 치는 소리. ②작은 물고기가 꼬리를 가볍게 치는 소리. 큰푸드덕. **포드닥-포드닥**부하타.
포드닥-거리다[-꺼-]타 자꾸 포드닥포드닥하다. 포드닥대다. ¶ 참새들이 날개를 포드닥거리다. 큰푸드덕거리다.
포드닥-대다[-때-]타 포드닥거리다.
포드득부하자타 ①단단하고 질기거나 매끄러운 물건을 세게 맞비빌 때 나는 소리. ②묽은 유동물이 갇힌 상태로 있다가 갑자기 좁은 구멍으로 터져 나올 때 나는 소리. 참파드득. **포드득-포드득**부하자타.
포드득-거리다[-꺼-]자타 자꾸 포드득포드득하다. 포드득대다.
포드득-대다[-때-]자타 포드득거리다.
포라(←poral)명 '포럴'의 잘못.
포락(炮烙)명 ①하타 불에 달구어 지짐. ②〈포락지형(炮烙之刑)〉의 준말.
포락(浦落)명하자 논밭이 강물이나 냇물에 침식되어 무너져 떨어짐.
포락지형(炮烙之刑)[-찌-]명 ①〔은나라 주왕(紂王)이 쓰던 형벌로〕 불에 달군 쇠기둥을 맨발로 건너게 하던 형벌. ②단근질하는 극형을 흔히 이르는 말. 준포락.
포:란(抱卵)명하자 알을 품음.
포:럴(poral)명 바탕에 기공(氣孔)이 많은 소모(梳毛) 직물의 한 가지. 여름 옷감으로 쓰임.
포:럼(forum 라)명 ①로마 시대의 도시에 있던 광장(廣場). 〔이곳에서의 연설·토론 방식에서 '포럼디스커션'이 유래함.〕 ②〈포럼디스커션〉의 준말.
포:럼-디스커션(forum discussion)명 토의 방법의 한 가지. 사회자의 지도 아래 한 사람 또는 여러 사람이 간략한 발표를 한 다음, 청중이 그에 대하여 질문하면서 토론하는 방식. 준포럼.
포렴(布簾)명 (복덕방이나 술집 따위의) 문 앞에 늘인 베 조각.
포:로(捕虜)명 ①전투에서 적에게 사로잡힌 군인. 부로(俘虜). 부수(俘囚). ¶ 포로를 석방하다. ②'어떤 사물이나 사람에게 정신이 팔리거나 매여서 꼼짝 못하는 상태'를 비유하여 이르는 말. ¶ 사랑의 포로.
포로(匏蘆)명 ☞박[1].
포:로-감(哺露疳)명 두개(頭蓋)의 여러 뼈가 서로 잘 아물어 붙지 못하는 어린아이의 병.
포:로-병(捕虜兵)명 포로로 잡힌 적병.
포:로-수용소(捕虜收容所)명 포로를 유치하여 거주시키는 시설.
포:룡-환(抱龍丸)명 한방에서, 열로 말미암은 경풍(驚風)에 쓰는 환약.
포루(砲樓)명 ☞포대(砲臺).
포류지질(蒲柳之質)명 〔갯버들 같은 체질이라는 뜻으로〕 몸이 잔약하여 병에 잘 걸리는 체질을 이르는 말. '세설신어'의 '언어편(言語篇)'에 나오는 말임.
포르노(←pornography)명 〈포르노그래피〉의 준말. ¶ 포르노 영화.
포르노그래피(pornography)명 인간의 성적(性的) 행위의 묘사를 주로 한 도색적인 영화·회화·사진·소설 따위를 통틀어 이르는 말. 준포르노.
포르르부하자 ①춥거나 무섭거나 충격을 받거나 하여 몸 또는 몸의 일부를 작고 가볍게 떠는 모양. ¶ 주먹을 포르르 떨다. ②작은 물이 좁은 그릇에서 갑자기 끓어오르는 모양, 또는 그 소리. ③한데 모은 나뭇잎이나 종이 따위에 불이 붙어 쉽게 타오르는 모양. ¶ 낙엽에 포르르 불이 붙었다. ④작은 새 따위가 갑자기 날아오르는 소리. [큰]푸르르. ①~③[여]보르르.

포르말린(Formalin 독)[명] 포름알데히드를 35~38%로 물에 녹인 액체. 사진·화학용 약품 및 살균제·소독제·방부제로 쓰임. 〔상품명〕

포르타멘토(portamento 이)[명] 악곡 연주나 성악에서, 한 음으로부터 다른 음으로 옮겨 갈 때 매우 매끄럽게 연주하거나 부르는 일.

포르테(forte 이)[명] 악보에서, 셈여림을 나타내는 말. '강하게'의 뜻. 〔나타냄표는 *f*〕

포르테냐^음악(porteña音樂)[명] 아르헨티나의 수도 부에노스아이레스를 중심으로 발달한 음악을 통틀어 이르는 말. 〔탱고·밀롱가 따위.〕

포르테-피아노(forte piano 이)[명] 악보에서, 셈여림을 나타내는 말. '세게 곧 여리게'의 뜻. 〔나타냄표는 *fp*〕

포르티시모(fortissimo 이)[명] 악보에서, 셈여림을 나타내는 말. '아주 세게'의 뜻. 〔나타냄표는 *ff*〕

포르티시시모(fortississimo 이)[명] 악보에서, 셈여림을 나타내는 말. '가장 세게'의 뜻. 〔나타냄표는 *fff*〕

포름-산(← formic酸)[명] 개미나 벌 따위의 체내에 있는 지방산의 한 가지. 자극적인 냄새가 있는 무색의 액체로 피부에 닿으면 몹시 아프고 물집이 생김. 개미산. 의산(蟻酸).

포름알데히드(formaldehyde)[명] 메틸알코올을 산화하여 만드는, 자극적인 냄새가 강한 무색의 기체. 수용액은 포르말린이라 하여 방부제·소독제로 쓰임.

포:리(捕吏)[명] 조선 시대에, 포도청이나 지방 관아에 딸려 죄인을 잡던 이속(吏屬).

포:리(逋吏)[명] 관아의 물품을 사사로이 써 버린 이속(吏屬).

포립(布笠)[명] 베나 모시 따위로 싸개를 한 갓.

포마:드(pomade)[명] 머리털에 바르는 반고체의 기름. 주로 남자용임.

포마이카(Formica)[명] 내약품성(耐藥品性)과 내열성(耐熱性)이 있는 합성수지 도료(塗料). 가구나 벽의 널빤지 따위에 칠함. 〔상표명〕

포마토(pomato)[명] 감자와 토마토의 세포를 융합시켜 얻은 채소. [potato+tomato]

포막(鋪幕)[명] 조선 시대에, 병정이나 순검(巡檢)이 파수를 보던 막(幕).

포:만(飽滿)[명][하형] 일정한 용량에 넘치도록 가득 참.

포:만(暴慢)[명][하형] 사납고 거만함. 포횡.

포:만-감(飽滿感)[명] (음식을 충분히 먹어) 배가 부른 느낌.

포말(布襪)[명] 광중(壙中)을 다듬을 때, 사토장이가 신는 베 버선.

포말(泡沫)[명] 물거품. ¶ 파도의 포말.

포말^현:상(泡沫現象)[명] ☞버블 현상.

포망(布網)[명] 상제가 쓰는 베 망건.

포:망(捕亡)[명][하타] 도망한 사람을 잡음.

포:맷(format)[명] 〔'체재'·'형식'의 뜻으로〕 ①컴퓨터에서, 새 디스크를 자료 기록이 가능하도록 그 형식을 지정해 주는 일. ②컴퓨터로 문서를 작성할 때, 용도에 맞게 용지 크기·글자 모양·줄 간격 등을 지정하는 일.

포면(布面)[명] 피륙의 표면.

포:명(佈明)[명][하타] (어떤 사실을) 널리 펴서 밝힘.

포목(布木)[명] 베와 무명. 목포(木布).

포목-상(布木商)[-쌍][명] 베나 무명 따위를 파는 장사, 또는 그 장수.

포목-점(布木店)[-쩜][명] 베나 무명 따위를 파는 가게.

포문(胞門)[명] ☞산문(産門).

포문(砲門)[명] 대포의 탄알이 나가는 구멍. 포구.
포문을 열다[관용] ①대포를 쏘다. ②상대편을 공격하는 발언을 시작하다.

포:문(飽聞)[명][하타] 싫증이 나도록 많이 들음.

포:물면-경(拋物面鏡)[명] 오목 거울의 한 가지. 회전 포물선면의 내면을 반사면으로 하는 반사경. 탐조등·헤드라이트 따위에 쓰임.

포:물-선(拋物線)[-썬][명] 이차 곡선의 한 가지. 평면 위에 하나의 정점(定點)과 하나의 정직선(定直線)이 주어진 경우, 각각으로부터의 거리가 같은 점의 자취.

포:물선^운:동(拋物線運動)[-써눈-][명] 포물선의 궤도 위를 움직이는 운동.

포:물-체(拋物體)[명] 지상의 대기 중으로 던져진 물체.

포민(浦民)[명] 갯가에 사는 백성.

포:박(捕縛)[명][하타][되자] 잡아서 묶음, 또는 그런 줄. ¶ 포박을 풀다. /죄인을 포박하다.

포-배기[명][하자] 자꾸 거듭함.

포배-장(包背裝)[명] 책의 장정(裝幀)의 한 가지. 판면이 겉으로 되게 절반으로 접은 책장을 겹겹이 포개어 등 쪽을 꿰맨 다음, 한 장의 표지로 책의 앞면, 등, 뒷면을 싸는 방법.

포백(布帛)[명] 베와 비단.

포백(曝白)[명][하타] 베나 무명 따위를 볕에 바램. 마전.

포백-척(布帛尺)[명] ☞바느질자.

포범(布帆)[명] 베로 만든 돛.

포변(浦邊)[명] 갯가.

포:병(抱病)[명][하자] 몸에 병을 지님, 또는 그 병.

포병(砲兵)[명] 육군 병과의 한 가지. 대포 종류로 장비된 군대, 또는 그에 딸린 군인.

포:병-객(抱病客)[명] 몸에 늘 병을 지니고 있는 사람. 병객(病客).

포병-대(砲兵隊)[명] ①대한 제국 때, 산포(山砲)·야포(野砲)로 조직되었던 시위대의 군대. ②포병으로 조직된 부대.

포복(怖伏)[명][하자] 무서워서 엎드림.

포복(匍匐)[명][하자] 배를 땅에 대고 김.

포복-경(匍匐莖)[-꼉][명] ☞기는줄기.

포:복-절도(抱腹絶倒)[-쩔또][명][하자] 〔배를 안고 넘어진다는 뜻으로〕 '몹시 웃음'을 형용하는 말. 봉복절도(捧腹絶倒). [준]절도.

포:-볼:(four+balls)[명] 야구에서, 투수가 타자에게 스트라이크 아닌 볼을 네 번 던지는 일. 〔타자는 일루로 진루하게 됨.〕 볼넷. 사구(四球).

포:부(抱負)[명] 마음속에 지닌, 앞날에 대한 생각이나 계획 또는 희망. ¶ 원대한 포부. /포부가 크다.

포비(脬痺)[명] 방광(膀胱)에 생기는 급성 또는 만성의 염증.

포비슴(fauvisme 프)[명] ☞야수파(野獸派).

포사(布絲)[명] ☞베실.

포사(庖肆)[명] ☞푸주.

포삭-포삭[부][하형] 매우 포삭한 모양. [큰]푸석푸석.

포삭-하다[-사카-][형][여] 거칠고 부피만 커서 옹골차지 못하고 바스러지기 쉽다. [큰]푸석하다.

포살(砲殺)명하타되자 총포로 쏘아 죽임.
포-살미(包-)명하타 촛가지를 꾸밈.
포삼(包蔘)명 포장한 홍삼. 〔조선 시대에, 사신(使臣)·역관(譯官) 등에게 여비로 지급하였음.〕
포삼(圃蔘)명 삼포(蔘圃)에서 기른 인삼.
포상(褒賞)명하타되자 칭찬하고 권장하여 상을 줌. ¶ 포상 휴가.
포상-금(褒賞金)명 칭찬하고 장려하여 상으로 주는 돈.
포색(蒲色)명 부들 이삭과 같은, 붉은색에 누른 빛을 띤 빛깔.
포:석(布石)명하자 ①바둑에서, 처음에 돌을 벌여 놓는 일. ②일의 장래를 위하여 미리 손을 씀. ¶ 국회의원 출마를 위한 포석.
포석(蒲席)명 ☞부들자리.
포석(鋪石)명 도로 포장에 쓰이는 돌.
포선(布扇)명 지난날, 상제가 외출할 때 얼굴을 가리기 위해 지니고 다니던 물건. 네모난 베 조각에 두 개의 자루가 붙었음.
포설(鉋屑)명 대팻밥.
포설(鋪設)명하타 펴서 베풂.
포:섭(包攝)명하타되자 ①상대를 자기편으로 끌어넣음. ¶ 간첩에게 포섭을 당하다. /대중을 포섭하는 능력. ②어떤 개념이 보다 일반적인 개념에 포괄되는 종속 관계를 이름. ¶ 사람은 척추동물에 포섭된다.
포성(布城)명 포장(布帳)을 둘러친 곳.
포성(砲聲)명 대포를 쏠 때 나는 소리.
포:세(逋稅)명하자 세금을 내지 않고 불법적으로 면함.
포세이돈(Poseidon 그)명 그리스 신화에 나오는 해신(海神). 크로노스와 레아의 아들이며 제우스의 동생임. 로마 신화의 넵튠에 해당함.
포속(布屬)명 ☞베붙이.
포:손(抱孫)명하자 손자를 봄. 손자가 생김.
포:손-례(抱孫禮)[-네]명하자 손자를 보았을 때, 한턱내는 일.
포쇄(曝曬)명하타되자 (젖거나 축축한 것을) 바람을 쐬고 볕에 바램.
포수(泡水)명하타 종이나 헝겊에 어떤 액체를 바르는 일. ¶ 아교 포수.
포:수(捕手)명 야구에서, 본루(本壘)를 지키며 투수가 던지는 공을 받는 선수. 캐처. ↔투수.
포:수(砲手)명 ①총으로 짐승을 잡는 사냥꾼. ②군대에서, 직접 대포를 다루거나 쏘는 사병.
포:수-막(砲手幕)명 사냥하는 사람들이 휴식하기 위하여 지은 산막(山幕).
포:스^아웃(force out)명 야구에서, 후속 타자가 주자가 되었기 때문에 다음 베이스로 가야 할 주자가, 미처 베이스에 닿기 전에 수비 측이 그 베이스에 공을 던져 아웃되는 일. 태그할 필요가 없음. 봉살(封殺).
포스터(poster)명 광고나 선전 따위의 대중 전달을 위한 간략한 그림이나 도표.
포스터-컬러(poster color)명 포스터용의 그림물감.
포스트모더니즘(postmodernism)명 모더니즘에 대한 거부 및 반작용으로 생겨난 문학·예술상의 한 경향. 모더니즘이 비교적 단순한 요소로 이루어진 데 비하여 포스트모더니즘은 이질적인 요소를 결합시키거나 이전 작품을 새롭게 인용하는 등의 모습을 보임. 후기 모더니즘.
포스트잇(Postit)명 한쪽 끝에 특수 접착제가 칠해져 있어 물체에 쉽게 붙였다 뗐다 할 수 있는 쪽지. 간단한 메모를 남기거나 서류 등에 어떤 표시를 하거나 할 때 사용함. 〔상표명에서 온 말임.〕
포슬-포슬부하형 덩이진 가루 따위가 메말라 잘 엉기지 않고 쉽게 바스러지는 모양. ¶ 팥고물이 말라서 포슬포슬하다. 큰푸슬푸슬. 여보슬보슬.
포:승(捕繩)명 죄인을 묶는 노끈. 박승(縛繩). 포승줄. 참오라.
포:승-줄(捕繩-)[-쭐]명 ☞포승(捕繩).
포:시(布施)명하타 〈보시〉의 본딧말.
포:식(捕食)명하타 생물이 다른 생물을 잡아먹는 일.
포:식(飽食)명하타 배부르게 먹음. 포끽(飽喫).
포:식-난의(飽食暖衣)[-싱나늬/-싱나니]명하자 ☞난의포식. 준포난(飽暖).
포:식-자(捕食者)[-짜]명 먹이 연쇄에서, 잡아먹는 쪽의 동물을 이름.
포신(砲身)명 화포에서, 포탄을 재어 쏘는 원통 상의 부분.
포실-하다형여 살림이 넉넉하고 오붓하다. **포실-히**부.
포아-풀(poa-)명 볏과의 풀을 통틀어 이르는 말. 속이 빈 줄기는 마디가 있으며, 잎은 마디마다 하나씩 어긋맞게 남.
포:악(暴惡)명하형스형 사납고 악함. ¶ 포악한 행동. **포악스레**부.
포:악-무도(暴惡無道)[-앙-]명하형 말할 수 없이 사납고 악함.
포안(砲眼)명 성벽·함선·보루 따위에서, 포를 쏘기 위해 낸 구멍.
포-알(砲-)명 ☞대포알.
포양(褒揚)명하타 ☞포장(褒獎).
포에지(poésie 프)명 시(詩).
포연(砲煙)명 총포를 쏠 때 나는 연기. ¶ 포연이 자욱하다.
포연-탄우(砲煙彈雨)명 〔자욱한 총포의 연기와 빗발치는 탄환이라는 뜻으로〕 '격렬한 전투'를 이르는 말.
포열(砲列)명하타 포병 진지에서 화포를 사격 대형으로 정렬하는 일.
포엽(苞葉)명 봉오리를 싸서 보호하는, 변태된 작은 잎.
포영(泡影)명 〔물거품과 그림자란 뜻으로〕 '사물의 무상함'을 이르는 말.
포:옹(抱擁)명하자타 (사람을 또는 사람끼리) 품에 껴안음. ¶ 감격의 포옹.
포외(怖畏)[-외/-웨]명하형 무섭고 두려움.
포:용(包容)명하타 ①휩싸서 넣음. ②남을 아량 있고 너그럽게 감싸 받아들임.
포:용-력(包容力)[-녁]명 남을 아량 있고 너그럽게 감싸 받아들이는 힘.
포:워드(forward)명 농구·축구 등에서의 전위(前衛).
포:원(抱冤)명하자 원한을 품음.
포월(蒲月)명 '음력 오월'을 달리 이르는 말. 미음(微陰).
포:위(包圍)명하타되자 둘레를 에워쌈. ¶ 경찰은 강도를 겹겹으로 포위하였다.
포:위-망(包圍網)명 '치밀하고 조직적인 포위'를 비유하여 이르는 말. ¶ 적의 포위망을 뚫고 탈출하다.
포:유(包有)명하타 싸서 가지고 있음.
포:유(布諭)명하타 (나라에서 할 일을 백성에게) 널리 펴서 알림.
포:유(哺乳)명하타 어미가 제 젖으로 새끼를 먹여 기름.

포ː유-기(哺乳期)명 젖을 주식(主食)으로 하는 유아기(乳兒期).
포ː유-동물(哺乳動物)명 포유류에 속하는 동물.
포ː유-류(哺乳類)명 척추동물의 한 강(綱). 가장 고등한 동물군으로 새끼를 낳아서 젖을 먹여 기름.
포ː육(哺育)명하타되자 동물이 자기 새끼를 먹여 기름.
포육(脯肉)명 얇게 저며 양념해 말린 고기 조각. 준포.
포의(布衣)[-의/-이]명 ①베로 지은 옷. ②벼슬이 없는 선비를 이르는 말. ②백의(白衣).
포의(胞衣)[-의/-이]명 태아를 싸고 있는 막과 태반. 혼돈피(混沌皮).
포의-불하증(胞衣不下症)[-의-쯩/-이-쯩]명 한방에서, 해산 뒤에 태가 나오지 않는 상태를 이르는 말.
포의-수(胞衣水)[-의-/-이-]명 ☞양수(羊水).
포의지교(布衣之交)[-의-/-이-]명 〔베옷을 입을 때의 사귐이라는 뜻으로〕 벼슬을 하기 전 구차하고 보잘것없는 선비였을 때의 사귐, 또는 그 벗을 이르는 말.
포의-한사(布衣寒士)[-의-/-이-]명 〔베옷을 입는 선비라는 뜻으로〕 벼슬이 없는 가난한 선비를 이르는 말.
포인세티아(poinsettia)명 대극과의 상록 관목. 멕시코 원산의 관엽 식물. 가지와 원줄기 끝의 잎은 돌려난 것처럼 보이고 짙은 주홍색이며 크리스마스 장식에 쓰임. 12월경에 황록색 꽃이 핌.
포인터(pointer)명 개의 한 품종. 털이 짧고, 흰 바탕에 검거나 누른 반점이 있음. 온순·용감·활발하고 후각이 뛰어나 사냥개로 쓰임.
포인트(point) Ⅰ명 ①운동 경기 따위에서, 득점. ②중요한 사항이나 핵심. ③철도의 전철기(轉轍機).
Ⅱ의 포인트 활자의 크기의 단위. 〔1포인트는 약 72분의 1인치.〕
포인트^활자(point活字)[-짜]명 1포인트를 단위로 하여 그 정수배(整數倍)의 길이를 한 변으로 하는 활자의 계열. 참호수 활자(號數活字).
포자(胞子)명 ①포자식물의 무성적인 생식 세포. 대개 하나의 세포로 되어 있으며 단독으로 발아하여 새 개체가 됨. 홀씨. ②포자충류에서 모체를 떠나 포자충을 형성하는 개개의 세포.
포자(炮煮)명하타 굽고 끓임.
포자-낭(胞子囊)명 내부에 포자를 형성하는 주머니 모양의 기관. 자낭. 홀씨주머니.
포자^생식(胞子生殖)명 포자로 이루어지는 무성 생식의 한 가지. 균류·선태류·양치류·원생동물의 포자충 따위에서 볼 수 있음.
포자-식물(胞子植物)[-싱-]명 꽃이 피지 않고 포자로 번식하는 식물. 〔균류(菌類)·조류(藻類)·양치식물 등이 이에 딸림.〕 민꽃식물. 은화식물. ↔종자식물.
포자-엽(胞子葉)명 양치식물의 포자가 생기는 잎. 실엽(實葉). ↔영양엽·나엽(裸葉).
포자우네(Posaune 독)명 ☞트롬본.
포자-체(胞子體)명 포자를 만들어 내는 무성(無性) 세대의 식물체.
포자-충(胞子蟲)명 포자충류의 원생동물을 통틀어 이르는 말. 유성 생식과 무성 생식을 되풀이하며 포자를 형성하는 것이 많고, 다른 동물에 기생하여 삶.
포장(布帳)명 베를 여러 폭으로 이어, 무엇을 둘러치는 막.
포장(包裝)명하타되자 ①물건을 싸서 꾸림. ¶ 상품을 포장하다. ②겉으로만 그럴듯하게 꾸밈.
포장(包藏)명하타되자 물건을 겉으로 드러나지 않게 싸서 간직함.
포ː장(捕將)명 〈포도대장(捕盜大將)〉의 준말.
포장(褒章)명 국가·사회에 공이 있는 사람에게 주는 휘장(徽章). 상훈법상 훈장의 다음가는 훈위로, 법적 효력 면에서는 훈장과 차이가 없음.
포장(鋪裝)명하타되자 길바닥에 돌·콘크리트·아스팔트 따위를 깔아 단단히 다져 꾸미는 일.
포장(褒奬)명하타되자 칭찬하여 장려함. 포양(褒揚).
포장-도로(鋪裝道路)명 길바닥에 돌·콘크리트·아스팔트 따위를 깔아 단단히 다져 사람이나 자동차 따위가 다닐 수 있도록 꾸민 비교적 넓은 길. 준포도. ↔비포장도로.
포장-마차(布帳馬車)명 ①햇빛을 가리거나 비바람 등을 막을 수 있게 베로 된 덮개를 씌운 마차. ②손수레 따위에 포장을 씌워 만든 이동식 간이주점. 주로, 밤에 길거리에 설치하여 간단한 음식이나 술을 팖.
포장^수력(包藏水力)명 하천이 지닌 잠재적 발전(發電) 능력. 곧, 발전 용수로 이용 가능한 강물이나 냇물의 양.
포장-지(包裝紙)명 포장용으로 쓰는 종이. 준포지(包紙).
포장-화심(包藏禍心)명하자 남을 해칠 마음을 품음.
포ː재(抱才)명 드러내지 않고 품고 있는 재주.
포저(苞苴)명 〔물건을 싸는 것과 물건 밑에 까는 것이란 뜻으로〕 '뇌물로 보내는 물건'을 이르던 말.
포전(布廛)명 조선 시대, 육주비전(六注比廛)의 하나. 베를 팔던 시전으로, 후에 저포전(苧布廛)과 합침. 베전.
포전(圃田)명 남새밭. 채마밭.
포전(浦田)명 갯가에 있는 밭.
포정(庖丁)명 ☞백장.
포ː정-사(布政司)명 조선 시대에, 감사(監司)가 집무를 보던 관아.
포족(飽足) '포족하다'의 어근.
포ː족-하다(飽足-)[-조카-]형여 ①배부르고 만족하다. ②풍족하다.
포ː졸(捕卒)명 조선 시대, 포도청의 군사. 포도군사.
포좌(砲座)명 대포를 올려놓는 대좌(臺座).
포주(包主)명 조선 시대의, 동학(東學)의 교구(敎區) 및 집회소의 책임자.
포ː주(抱主)명 창녀를 두고 영업을 하는 사람.
포주(庖廚)명 〈푸주〉의 본딧말.
포ː즈(pose)명 ①회화나 조각 따위에 표현된 인물의 자태, 또는 배우·모델 등이 표현하는 자세나 몸짓. ¶ 포즈를 잡다. ②의식적으로 그럴듯하게 가지는 태도나 몸의 자세. ¶ 우호적인 포즈를 취하다.
포지(包紙)명 〈포장지〉의 준말.
포지션(position)명 ①위치. 지위. 부서. ②화음(和音)의 위치. ③현악기의 운지법(運指法)에서, 손가락의 위치.
포지트론(positron)명 양전자(陽電子).
포지티브(positive)명 ①사진의 양화(陽畫), 또는 양화용 필름. ②긍정적인 것. 적극적인 것. ③전기의 양극(陽極). ↔네거티브.

포ː진(布陣)명하자 (전쟁이나 경기를 하기 위하여) 진을 침. ¶ 국경 지대에 아군의 포진 병력을 늘리다.

포ː진(布陳)명하타 (품평회에서나 상점 따위의 진열대 안에) 물건을 늘어놓음.

포ː진(暴殄)명 물건을 거칠게 다루어 없앰.

포진(鋪陳)명 ①깔는 자리. 곧, 방석·요·돗자리 따위를 통틀어 이르는 말. ②하타예식이나 잔치 때에 앉을 자리를 마련하여 깖.

포진-장병(鋪陳障屛)명 (방석·요·병풍 따위) 깔고 치는 물건을 통틀어 이르는 말.

포-진지(砲陣地)명 대포를 설치한 진지.

포ː진-천물(暴殄天物)명 물건을 아까운 줄 모르고 마구 써 버리거나 아껴 쓰지 않고 함부로 버리는 일.

포-집다[-따]타 ①거듭 집다. ②그릇을 포개어 놓다.

포ː차(抛車)명 지난날, 성(城)을 공격할 때 투석용(投石用)으로 쓰던 차.

포차(砲車)명 ①화포(火砲)를 쉽게 옮길 수 있도록 바퀴를 단 포가(砲架). ②화포를 끄는 견인자동차.

포ː착(捕捉)명하타되자 ①꼭 붙잡음. ②일의 요점이나 요령을 깨침. 파착(把捉). ③어떤 기회나 정세를 알아차림. ¶ 기회를 포착하다. /증거가 포착되다.

포채(匏菜)명 박나물.

포척(布尺)명 측량에 쓰는, 베로 만든 띠 모양의 자.

포ː척(抛擲)명하타 ①(물건을) 내던짐. ②내버려 둠.

포척(鮑尺)명 전복 따는 일을 업으로 하는 사람.

포ː철(抛撒)명하타 (물건을) 내던져 여러 군데로 헤뜨러지게 함.

포ː청(捕廳)명 〈포도청〉의 준말.

포촉(脯燭)명 ①제사에 쓰는 포육과 초. ②지난날, 지방 관리가 세말(歲末)에 중앙의 관리나 친지에게 세찬으로 보내던 포육과 초.

포촌(浦村)명 갯마을.

포총(砲銃)명 포와 총. 총포.

포ː충-망(捕蟲網)명 곤충을 잡는 데 쓰는, 긴 막대 끝에 그물 주머니를 단 것. 벌레그물. 참잠자리채.

포ː충^식물(捕蟲植物)[-싱-]명 벌레를 잡아먹고 자라는 식물. 〔끈끈이주걱·파리지옥풀 따위.〕

포ː충-엽(捕蟲葉)명 날아 붙는 벌레를 잡아먹는 식충(食蟲) 식물의 잎.

포ː치(布置·鋪置)명하타되자 ☞배치(排置).

포ː치(抛置)명하타되자 던져 내버려 둠.

포ː치(捕治)명하타 죄인을 잡아다 다스림.

포ː치(porch)명 차 대는 곳. 건물의 입구에 지붕을 갖추어 만든 구조물.

포ː커(poker)명 트럼프 놀이의 한 가지. 각자 나누어 받은 다섯 장의 패를 가지고 득점이 되는 일정한 패를 짝 맞추어 승부를 겨룸.

포켓(pocket)명 '호주머니'로 순화.

포켓볼ː(pocketball)명 당구 경기의 한 가지. 흰 공을 큐로 쳐서 번호가 붙은 15개(또는 9개)의 공을 당구대에 설치된 여섯 개의 구멍에 넣어 승부를 가림.

포켓-북(pocket+book)명 ①수첩. ②호주머니에 들어갈 만한 크기의 책.

포켓-형(pocket型)명 가지고 다니기 쉽고 호주머니에 들어갈 만한 크기나 모양의 것. ¶ 포켓형 사전.

포코(poco 이)명 악보에서 다른 나타냄말에 덧붙여 쓰는 말. '조금'의 뜻. 〔poco presto(좀 빠르게) 따위.〕

포ː크(fork)명 양식(洋食)에서, 고기·생선·과일 등을 찍어 먹는 식탁 용구.

포ː크^댄스(folk dance)명 ①전통적인 민속 무용. 향토 무용. ②레크리에이션으로서 즐기는 경쾌한 춤.

포ː크리프트(forklift)명 ☞지게차.

포ː크^볼ː(fork ball)명 야구에서, 집게손가락과 가운뎃손가락 사이에 끼어 던지는 투구로서, 타자 가까이에서 갑자기 떨어지는 공.

포ː크^송(folk song)명 미국에서 발생한 민요풍의 대중가요.

포ː크-커틀릿(pork cutlet)명 빵가루를 묻힌 돼지고기를 기름에 튀긴 서양 요리. 돈가스.

포클레인(Poclain)명 ☞삽차. ¶ 포클레인을 조작하다. /포클레인으로 흙을 파헤치다.

포타슘(potassium)명 ☞칼륨.

포탄(砲彈)명 대포알. ¶ 포탄이 터지다. /포탄을 발사하다.

포ː탈(逋脫)명되자 ①하자 도망하여 면함. ②하타바쳐야 할 세금을 모면하여 내지 않음. ¶ 세금을 포탈하다.

포탑(砲塔)명 (군함이나 요새·전차 등에서) 적의 화기나 공중 폭격으로부터 포와 사수(射手)·포실(砲室) 등을 지키기 위하여 강철로 만든 장갑 구조물.

포탕(匏湯)명 박국.

포태(胞胎)명하타 아이를 뱀.

포ː터(porter)명 호텔이나 역 등에서 손님의 짐을 날라 주는 사람.

포ː털^사이트(portal site)명 인터넷에서, 분야별·주제별 사이트 목록이나 정보를 구분하여 나열해 놓거나 검색 기능을 두거나 하여 사용자가 원하는 정보나 사이트를 쉽게 찾을 수 있도록 도와주는 사이트.

포테이토-칩(potato chip)명 얇게 썬 감자를 바삭바삭하게 튀긴 음식.

포트란(FORTRAN)명 컴퓨터의 프로그래밍용 언어의 한 가지. 수학적 수식을 명령문으로 표현하여 사무용·과학용으로 쓰이는 고급 언어임. [formula translator]

포ː트와인(port wine)명 포도주의 일종. 특히, 포르투갈 원산의 암홍색·암자색의 포도주를 이름.

포ː트폴ː리오(portfolio)명 ①개개의 금융 기관이나 개인이 보유하는 각종 금융 자산의 명세표. ②다양한 투자 대상에 분산하여 자금을 투입하여 운용하는 일.

포판(砲板)명 사격 후 충격을 흡수하기 위하여 포신(砲身) 밑에 받치는 넓적한 판.

포폄(褒貶)명하타 칭찬함과 나무람. 시비선악을 평정(評定)함.

포ː풍착영(捕風捉影)명하자 〔바람을 잡고 그림자를 붙든다는 뜻으로〕 '허망한 언행'을 이르는 말.

포퓔리슴(populisme 프)명 1930년대에 프랑스에서 일어난 문학 운동. 정치성·경향성을 배제하고, 민중의 생활 감정을 묘사하여 민중이 즐겨 읽을 수 있도록 하는 것을 목적으로 함.

포플러(poplar)명 ①버드나뭇과의 낙엽 교목. 분류학상으로는 사시나무속(屬)에 딸린 식물을 통틀어 이르는 말. 〔양버들·미루나무·캐나다포플러·이태리포플러 따위.〕 ②'미루나무'를 흔히 이르는 말.

포플린(poplin)명 직물의 한 가지. 가는 날실과 굵은 씨실을 평직으로 짜서 가로로 이랑이 지게 한 직물. 옷감으로 널리 쓰임.
포피(包皮)명 ①표면을 싼 가죽. ②자지의 귀두부를 싼 살가죽.
포피-염(包皮炎)명 포피에 생기는 염증.
포ː학(暴虐)명하형 횡포하고 잔인함. ¶ 포학한 군주.
포ː학-무도(暴虐無道)[-항-]명하형 성질이 포학하고 도리에 어긋남.
포한(庖漢)명 ☞백장.
포ː한(抱恨)명하자 원한을 품음.
포함명하자 무당이 귀신의 말을 받아서 한다는 신의 명령.
포함(包含)명하타되자 속에 들어 있거나 함께 넣음. ¶ 회원은 나를 포함하여 모두 다섯 명이다. /세금까지 포함된 금액.
포함(砲艦)명 해안이나 강안(江岸)을 경비하는, 경포(輕砲)를 갖춘 소형 군함.
포ː합(抱合)명하타되자 ①서로 끌어안음. ②해독(解毒) 작용의 한 가지. 체내에 들어간 약물이나 이물질 등이 아미노산·황산 따위와 결합하는 일.
포ː합-어(抱合語)명 형태상으로 나눈 세계 언어의 한 가지. 동사를 중심으로 그 앞뒤에 인칭이나 목적을 나타내는 말이 결합 또는 삽입되어, 한 단어로서 한 문장과 같은 형태를 가지는 말. 〔아메리카 인디언의 말이나 아이누어·에스키모 어·바스크 어가 이에 딸림.〕 참고립어·교착어·굴절어.
포항(浦港)명 포구와 항구.
포핸드(forehand)명 테니스나 탁구 등에서, 날아온 공을 라켓을 쥔 쪽에서 밀어 치는 일. 참백핸드.
포향(砲響)명 대포를 쏠 때 울리는 소리.
포ː향(飽享)명하타 흡족하게 누림.
포혈(砲穴)명 대포를 쏠 수 있게 만든 참호, 또는 성벽에 뚫어 놓은 구멍.
포혜(脯醯)[-혜/-헤]명 포육과 식혜.
포호함포(咆虎陷浦)명 〔으르렁대기만 하는 범이 개펄에 빠진다는 뜻으로〕 '큰소리만 치고 일은 이루지 못함'을 이르는 말.
포화(布靴)명 헝겊신.
포화(泡花)명 물거품.
포화(砲火)명 ①총포를 쏠 때 일어나는 불. ②총포를 쏨. ¶ 포화가 멎다.
포ː화(飽和)명하자 ①(일정한 조건 아래에서) 작용이나 변화가 더 이상 진행되지 못하는, 극도에 이른 상태. ②무엇에 의해 최대한도까지 가득 차 있는 상태. ¶ 도로마다 차량의 포화로 교통 체증이 심하다.
포ː화^용액(飽和溶液)명 일정한 온도에서 일정량의 용매에 녹을 수 있는 용질의 양이 최고 한도에 이르렀을 때의 용액.
포ː화^인구(飽和人口)명 어느 지역에서 수용력(收容力)의 극한에 이른 인구.
포ː화^증기(飽和蒸氣)명 일정한 온도의 공간에서 액체와 평형 상태에 있는 증기. 곧, 증발을 계속하던 액체가 어느 한도에 이르러 그치게 된 때의 증기. ↔불포화 증기.
포ː화^증기압(飽和蒸氣壓)명 포화 증기 상태에서의 압력. 최대 압력.
포ː화^지방산(飽和脂肪酸)명 이중 결합이 없는 지방산. 버터나 돼지기름 등의 동물성 지방에 들어 있으며 상온에서는 고체임.
포ː화^화ː합물(飽和化合物)[-함-]명 각 원자의 원자가가 모두 채워져 포화 상태의 구조식을 갖는 유기 화합물을 통틀어 이르는 말. 〔포화 탄화수소 따위.〕
포환(砲丸)명 ①대포의 탄알. ②포환던지기에 쓰이는, 쇠로 만든 공.
포환-던지기(砲丸-)명 던지기 운동의 한 가지. 지름이 2.135 m인 원 안에서 일정한 무게의 포환을 한 손으로 던지어 그 거리를 겨루는 경기. 투포환(投砲丸). 참필드 경기.
포황(蒲黃)명 한방에서, '부들의 꽃가루'를 약재로 이르는 말. 지혈제(止血劑)로 씀.
포ː획(捕獲)[-획/-훽]명하타되자 ①적병을 사로잡음. ②짐승이나 물고기를 잡음. ③국제법상, 전시에 적의 선박이나 범법한 중립국의 선박을 정지·임검·수색하고 나포하는 일. ¶ 어업 전관 수역을 침범한 일본 어선을 포획하다.
포ː횡(暴橫)[-횡/-휑]명하형 ☞포만.
포효(咆哮)명하자 ①(사나운 짐승이) 크게 울부짖음. ②(사람이) 크게 외침.
포ː흠(逋欠)명하타 관청의 물품을 사사로이 써 버림. 흠포(欠逋).
포ː흠-질(逋欠-)명하타 관청의 물건을 사사로이 다 써 버리는 짓.
폭[1]의 ①《어미 '-은'·'-는' 뒤에 쓰이어》 가정(假定)이나 형편을 나타내는 '셈'의 뜻으로 쓰이는 말. ¶ 안 먹어도 먹은 폭으로 치자. /소득 없이 창피만 당한 폭이 되었다. ②《일부 명사 뒤에 쓰이어》 분량이나 비교를 나타내는 '정도'의 뜻으로 쓰이는 말. ¶ 이번 것은 저번 것의 절반 폭도 안 된다.
폭[2]부 ①드러나지 않도록 잘 싸거나 덮는 모양. ¶ 아기를 포대기에 폭 싸다. ②아주 깊고 포근한 상태. ¶ 단잠이 폭 들었다. ③함씬 익을 정도로 끓이거나 삶는 모양. ¶ 닭을 폭 고다. ④속속들이 삭거나 썩은 모양. ¶ 새우젓이 폭 삭았다. ⑤작은 물건으로 힘 있게 깊이 찌르는 모양. ¶ 송곳으로 폭 찌르다. ⑥수렁 따위에 갑자기 빠지는 모양. ¶ 진흙탕에 폭 빠지다. ⑦얕고 또렷하게 팬 모양. ¶ 보조개가 폭 패다. ⑧힘없이 단번에 주저앉거나 쓰러지는 모양. ¶ 폭 꼬꾸라지다. ⑨소복하게 떠 담거나 한꺼번에 쏟아지는 모양. ¶ 밥을 한 숟갈 폭 뜨다. ⑩남김없이 몽땅 주는 모양. ¶ 애정을 폭 쏟아 붓다. ⑪고개를 깊이 숙이는 모양. 큰푹. 폭-폭부.
폭(幅)명 ①가로의 길이. 가로나비. 너비. ¶ 강의 폭. ②하나로 이어 붙이기 위해 같은 길이로 잘라 놓은 천·종이 따위의 조각. ¶ 치마의 폭을 마르다. ③도량이나 포용성·지식 등의 많고 적음. ¶ 폭이 넓은 사람. ④사회적 세력이나 영향력·인망 등의 정도. ¶ 교제의 폭이 넓다. ⑤〖의존 명사적 용법〗 천·종이 따위의 접혀진 조각이나, 하나로 이어 붙이기 위해 같은 길이로 잘라 놓은 조각, 또는 그림·족자를 셀 때 쓰는 말. ¶ 열두 폭 치마. /한 폭의 그림.
폭객(暴客)[-깩]명 ☞폭한(暴漢).
폭거(暴擧)[-꺼]명 난폭한 행동거지. ¶ 폭거를 자행하다.
폭격(爆擊)[-껵]명하타 군용 비행기가 폭탄·소이탄 따위를 떨어뜨려 적의 군대나 시설 또는 국토를 파괴하는 일.
폭격-기(爆擊機)[-껵끼]명 적의 진지나 시설을 폭격하는 것을 임무로 하는 군용 비행기.
폭광(幅廣)[-꽝]명 한 폭의 너비.
폭군(暴君)[-꾼]명 포악한 임금. 비난군(亂君).

폭-넓다(幅-) [퐁널따] 형 ①일의 범위나 영역이 크고 넓다. ¶ 폭넓은 활동. ②문제를 고찰하는 것이 다각적이고 다면적이다. ¶ 폭넓은 지식. ③아량을 베푸는 마음이 크다.

폭도(暴徒) [-또] 명 폭동을 일으키는 무리. 흉도.

폭동(暴動) [-똥] 명 어떤 집단이 폭력으로 소동을 일으켜서 사회의 안녕을 어지럽히는 일. ¶ 폭동을 진압하다.

폭등(暴騰) [-뜽] 명하자 (물건의 값이나 주가 따위가) 갑자기 크게 오름. ¶ 유가 폭등. /배추 값이 폭등하다. ↔폭락.

폭락(暴落) [퐁낙] 명하자 (물건의 값이나 주가 따위가) 갑자기 크게 떨어짐. 붕락(崩落). ¶ 부동산 시세가 폭락하다. 비참락(慘落). ↔폭등.

폭려(暴戾) '폭려하다'의 어근.

폭려-하다(暴戾-) [퐁녀-] 형여 사람의 도리에 어긋나게 모질고 사납다.

폭력(暴力) [퐁녁] 명 ①난폭한 힘. ②육체적 손상을 가져오고, 정신적·심리적 압박을 주는 물리적 강제력. ¶ 폭력을 휘두르다.

폭력-단(暴力團) [퐁녁딴] 명 폭력을 써서 어떤 목적을 이루려는 무리, 또는 불법 단체.

폭력-배(暴力輩) [퐁녁빼] 명 걸핏하면 폭력을 휘두르는 불량배.

폭력-주의(暴力主義) [퐁녁쭈의/퐁녁쭈이] 명 ☞테러리즘.

폭력^혁명(暴力革命) [퐁녀켱-] 명 무력을 수단으로 하여 기존의 지배 계급과 국가 권력을 넘어뜨리려는 혁명.

폭렬(爆裂) [퐁녈] 명하자 폭발하여 파열함.

폭로(暴露) [퐁노] 명하타되자 ①물건이 드러나 비바람에 바램. ②부정이나 음모·비밀 따위를 들추어냄. ¶ 고위 공직자의 비리를 언론에 폭로하다.

폭로^문학(暴露文學) [퐁노-] 명 사실의 진상(眞相)을 폭로하는 데에 중점을 두는 문학.

폭로^소:설(暴露小說) [퐁노-] 명 사회 현실의 어두운 면을 폭로하는 데에 중점을 두는 사회 소설.

폭로^전:술(暴露戰術) [퐁노-] 명 반대파나 반대자가 숨기고 있는 부정이나 결함 따위를 폭로하여 상대를 궁지에 빠뜨리려는 전술.

폭론(暴論) [퐁논] 명 거칠고 사나운 언론.

폭뢰(爆雷) [퐁뇌/퐁눼] 명 잠수함 공격을 위한 수중 폭탄의 한 가지. 일정한 깊이에 이르면 기계적 발화 장치에 의해 자동 폭발함.

폭리(暴吏) [퐁니] 명 ①백성에게 포악한 짓을 하는 관리. ②도리에 어긋나는 짓을 하는 관리.

폭리(暴利) [퐁니] 명 ①부당한 방법으로 얻는 이익. ¶ 매점매석으로 폭리를 얻다. ②(어떤 한도를 넘는) 많은 이익. ②↔박리(薄利).

폭리^행위(暴利行爲) [퐁니-] 명 상대편의 궁박(窮迫)·경솔·무경험 등의 약점을 노려 부당한 이익을 꾀하는 행위.

폭명(爆鳴) [퐁-] 명하자 폭발할 때 소리가 남, 또는 그 소리.

폭명^가스(爆鳴gas) [퐁-] 명 한 개의 산소 원자와 두 개의 수소 원자가 결합한 혼합 기체. 불을 붙이면 요란한 소리를 내면서 폭발하며 물이 생김. 폭명기(爆鳴氣).

폭명-기(爆鳴氣) [퐁-] 명 ☞폭명 가스.

폭민(暴民) [퐁-] 명 폭동을 일으킨 민중.

폭발(暴發) [-빨] 명하자되자 ①(쌓였던 감정 따위가) 갑자기 터짐. ¶ 감정이 폭발하다. ②(어떤 일이) 별안간 벌어지거나 일어남. ¶ 인기 폭발.

폭발(爆發) [-빨] 명하자되자 ①불이 일어나며 갑작스럽게 터짐. ¶ 여객기 폭발 사고. ②(급속히 일어나는 화학 반응으로) 많은 가스와 열량이 생기고 급격히 부피가 커지며 폭명·화염 및 파열 작용을 일으키는 현상. ¶ 수류탄이 폭발하다.

폭발^가스(爆發gas) [-빨-] 명 광산의 갱내에서 발생하는 가스가 공기와 섞이어 어느 일정한 비율에 이르면 폭발하게 되는 가연성 가스. 〔메탄가스 따위.〕

폭발-물(爆發物) [-빨-] 명 폭발하는 성질이 있는 물질을 통틀어 이르는 말.

폭발-약(爆發藥) [-빨략] 명 폭발을 일으키는 화약류를 통틀어 이르는 말. 준폭약.

폭발-적(爆發的) [-빨쩍] 관명 무엇이 갑자기 굉장한 기세로 일어나거나 퍼지는 (것). ¶ 폭발적 반응. /청소년들의 폭발적인 인기를 얻다.

폭발-탄(爆發彈) [-빨-] 명 금속 용기에 폭약을 채워 던지거나 쏘거나 투하하여 인명을 살상하거나 구조물을 파괴하는 병기(兵器). 준폭탄.

폭배(暴杯·暴盃) [-빼] 명하타 (술잔을 돌리지 않고) 한 사람에게만 거듭 따라 줌, 또는 그렇게 따르는 술잔. ¶ 독한 술을 폭배로 들이켜다.

폭백(暴白) [-빽] 명하자 ①화를 내며 분개하여 변명함. ②☞발명(發明)2.

폭부(暴富) [-뿌] 명 ☞벼락부자.

폭사(暴死) [-싸] 명하자 갑자기 참혹하게 죽음. 폭졸.

폭사(爆死) [-싸] 명하자 폭발로 말미암아 죽음. ¶ 적의 공습으로 폭사하다.

폭삭 [-싹] 부 ①온통 곯아서 썩은 모양. ¶ 호박이 폭삭 썩었다. ②하자몸피가 작은 것이 맥없이 주저앉는 모양. ¶ 땅바닥에 폭삭 주저앉다. ③하자부피가 앙상하고 단단하지 못한 물건이 쉽게 바스라지거나 가라앉는 모양, 또는 그 소리. ¶ 썩은 초가 지붕이 폭삭 내려앉다. ④기력이 쇠하고 몹시 늙어 버린 모양. ¶ 얼굴이 폭삭 늙다. ①~③큰푹석. **폭삭-폭삭**부하자.

폭살(爆殺) [-쌀] 명하타 폭발물을 터뜨려 죽임.

폭서(暴暑) [-써] 명 매우 심한 더위. 폭염(暴炎). 비혹서(酷暑).

폭서(曝書) [-써] 명하자 (좀먹는 것을 막기 위해) 책을 햇볕에 쬐고 바람을 쐼, 또는 그 일. 쇄서(曬書).

폭설(暴泄) [-썰] 명하자 한방에서, 갑자기 나는 심한 설사를 이르는 말. 폭주(暴注).

폭설(暴雪) [-썰] 명 갑자기 많이 내리는 눈. ¶ 간밤의 폭설로 교통이 두절되었다.

폭설(暴說) [-썰] 명 난폭한 언설(言說).

폭소(爆笑) [-쏘] 명하자 갑자기 터져 나오는 웃음. ¶ 폭소 연발. /폭소를 터뜨리다.

폭쇠(暴衰) [-쐬/-쒜] 명하자 (정력이나 세력이) 갑작스럽게 줄어듦.

폭스-테리어(fox terrier) 명 테리어종(terrier種)의 개. 영국 원산으로, 본디는 여우 사냥개였으나 현재는 애완용으로 많이 기름.

폭스트롯(foxtrot) 명 〔여우 걸음과 같은 춤이란 뜻으로〕 미국에서 생겨난 사교 댄스의 한 가지, 또는 그런 스텝이나 리듬. 2분의2 또는 4분의4 박자의 음악에 맞추어 춤. 준트롯.

폭식(暴食) [-씩] 명하타 ①음식을 한꺼번에 많이 먹음. ¶ 폭식은 건강을 해친다. ②가리지 않고 아무것이나 마구 먹음.

폭신-폭신 [-씬-씬] 부하형 매우 폭신한 모양. ¶ 폭신폭신한 이불. 큰푹신푹신.

폭신-하다[-씬-]형여 매우 보드랍고 탄력성이 있어 두꺼운 솜 위에 앉을 때와 같은 편안한 느낌이 있다. ¶ 폭신한 솜이불. 큰푹신하다. **폭신-히**부.

폭심(爆心)[-씸]명 폭발의 중심점.

폭암(暴暗)명 한방에서, 혈기 부족으로 갑자기 정신이 아뜩하여지거나 눈이 잘 보이지 않게 되는 병을 두루 이르는 말.

폭압(暴壓)명하타 폭력으로 억압함, 또는 그 억압. ¶ 폭압 정치.

폭약(爆藥)명 〈폭발약〉의 준말.

폭양(曝陽)명 ①뜨겁게 내리쬐는 햇볕. 뙤약볕. ②하타뜨거운 햇볕에 쬠.

폭언(暴言)명하자 거칠고 사납게 하는 말. ¶ 폭언을 퍼붓다.

폭염(暴炎)명 ☞폭서(暴暑). ¶ 폭염이 기승을 부리다.

폭우(暴雨)명 갑자기 많이 쏟아지는 비.

폭원(幅員·幅圓)명 도로 따위의 너비. ¶ 고속도로의 폭원.

폭위(暴威)명 거칠고 사나운 위세. ¶ 폭위를 부리다.

폭음(暴淫)명하자 방사(房事)를 지나치게 함.

폭음(暴飮)명하타 ①술을 한꺼번에 지나치게 많이 마심. ②가리지 않고 아무것이나 함부로 많이 마심.

폭음(暴瘖)명 한방에서, 갑자기 혀가 굳어 말을 하지 못하는 병을 이르는 말.

폭음(爆音)명 폭발물이 터지는 소리.

폭정(暴政)[-쩡]명 포악한 정치.

폭졸(暴卒)[-쫄]명하자 ☞폭사(暴死).

폭주(暴走)[-쭈]명하자 (규칙을 무시하고) 함부로 난폭하게 달림. ¶ 오토바이가 폭주하다.

폭주(暴注)[-쭈]명하자 ①비가 갑자기 몹시 쏟아짐. ②어떤 일이 처리하기 힘들 정도로 한꺼번에 몰림. ¶ 업무량의 폭주. /주문이 폭주하다. ③☞폭설(暴泄).

폭주(暴酒)[-쭈]명 한꺼번에 많이 마시는 술.

폭주(輻輳·輻湊)[-쭈]명하자 ①〈폭주병진〉의 준말. ②두 눈의 주시선(注視線)이 눈앞의 한 점으로 집중하는 일.

폭주-병진(輻輳幷臻)[-쭈-]명하자 〔수레바퀴의 살이 바퀴통에 모이듯 한다는 뜻으로〕 '한 곳으로 많이 몰려듦'을 이르는 말. 본복주병진. 준폭주.

폭죽(爆竹)[-쭉]명 가느다란 대통이나 종이통 속에 화약을 다져 넣고 불을 붙여 터뜨려 소리나 불꽃이 나게 하는 물건.

폭증(暴增)[-쯩]명하자 갑자기 큰 폭으로 증가함. ¶ 매출액이 폭증하다.

폭질(暴疾)[-찔]명 갑작스럽게 앓는 급한 병.

폭취(暴醉)명하자 술에 갑작스레 몹시 취함.

폭침(爆沈)명하타되자 (배 따위를) 폭발시켜 가라앉힘.

폭탄(爆彈)명 〈폭발탄〉의 준말.

폭탄-선언(爆彈宣言)명 (어떤 상황이나 국면에서) 큰 반향(反響)이나 작용을 불러일으키는, 예상하지 않았던 중대 선언.

폭투(暴投)명하자타 〔야구에서〕 ①포수가 받을 수 없을 정도로 나쁘게 던진, 투수의 투구(投球). ②자기 편의 야수(野手)가 받을 수 없을 정도의 나쁜 송구(送球). ②악송구.

폭파(爆破)명하타되자 폭발시켜 부수어 버림. ¶ 다리를 폭파하다.

폭포(瀑布)명 〈폭포수〉의 준말.

폭포-선(瀑布線)명 산지의 사면(斜面)을 따라 나란히 흘러내리는 하천들이 형성하는 폭포 각각의 위치를 연결한 가상의 선.

폭포선^도시(瀑布線都市)명 폭포선을 따라 발달된 도시. 수력 발전 공사 및 그 전력을 이용하여 발달된 공업 도시.

폭포-수(瀑布水)명 낭떠러지에서 곧장 쏟아져 내리는 물. 비류(飛流). 비천(飛泉). 준폭포. 참현천(懸泉).

폭풍(暴風)명 ①몹시 세차게 부는 바람. ②☞왕바람.

폭풍 전의 고요관용 '무슨 변고(變故)가 일어나기 전의 잠깐 동안의 불안스러운 정적'을 비유하여 이르는 말.

폭풍(爆風)명 폭발물이 터질 때 일어나는 강한 바람.

폭풍^경ː보(暴風警報)명 기상 경보의 한 가지. 폭풍·폭풍우·폭풍설 등의 우려가 있음을 미리 알리는 경보로서, 평균 풍속 초당 20 m(해상에서는 25 m) 이상일 때에 냄.

폭풍-설(暴風雪)명 폭풍과 폭설. 사나운 눈보라.

폭풍설^경ː보(暴風雪警報)명 기상 경보의 한 가지. 평균 풍속 초당 20 m 이상인 강풍이 강설(降雪)을 동반할 때 내는 예보.

폭풍-우(暴風雨)명 폭풍과 폭우. 사나운 비바람.

폭풍우^경ː보(暴風雨警報)명 기상 경보의 한 가지. 평균 풍속 초당 20 m 이상인 강풍이 강우(降雨)를 동반할 때 내는 예보.

폭풍우^주ː의보(暴風雨注意報)[-의-/-이-]명 기상 주의보의 한 가지. 폭풍 주의보를 낼 만한 폭풍에다, 시간당 강우량이 20 mm 이상일 때 내는 예보.

폭풍^주ː의보(暴風注意報)[-의-/-이-]명 기상 주의보의 한 가지. 평균 최대 풍속 초당 14∼20 m의 바람이 세 시간 이상 불 것이 예상될 때 풍향과 함께 발표하는 예보.

폭-하다(曝-)[포카-]타여 ①햇볕에 쬐다. ②한곳에 두어 비바람을 맞게 하다. ③포목을 희게 하려고 햇볕에 바래다.

폭한(暴寒)[포칸]명 갑자기 닥치는 심한 추위.

폭한(暴漢)[포칸]명 함부로 난폭한 짓을 하는 사람. 폭객.

폭행(暴行)[포캥]명하타 ①난폭한 행동. ②남에게 불법으로 폭력을 행사하는 일. 형법에서는 심리적으로 영향을 미치는 협박도 이에 포함함. ¶ 폭행을 저지르다. /폭행을 휘두르다. ③'강간(強姦)'을 에둘러서 이르는 말.

폭행-죄(暴行罪)[포캥쬐/포캥쮀]명 남의 신체에 폭행을 가함으로써 성립되는 죄.

폰ː(phon)의 소리의 크기를 나타내는 단위. 소음의 표시에 흔히 쓰임.

폰ː-뱅킹(phone banking)명 전화를 이용하여 각종 조회, 예금 및 대출 상담, 자금 이체 등의 금융 거래를 할 수 있는 시스템. 텔레뱅킹.

폰트(font)명 구문 활자(歐文活字)에서 크기와 서체가 같은 한 벌. 대문자·소문자·구두점·숫자 따위가 있음.

폴ː(fall)명 레슬링에서, 상대편의 양 어깨를 동시에 매트에 1초 동안 닿게 하는 일.

폴ː(pole)명 장대높이뛰기에 쓰이는 장대.

폴ː더(folder)명 윈도에서, 서로 관련 있는 소프트웨어를 묶어서 하나의 아이콘으로 나타낸 것.

폴ː더(polder 네)명 네덜란드의 연안 지방에 발달한, 해면보다 낮은 간척지.

폴딱부하자 작은 것이 힘을 모아 가볍고 탄력 있게 뛰는 모양. 큰풀떡. **폴딱-폴딱**부하자.

폴딱-거리다[-꺼-]자 자꾸 폴딱폴딱하다. 폴딱대다. 큰풀떡거리다.

폴딱-대다[-때-]자 폴딱거리다.

폴라로그래피(polarography)명 전해 분석(電解分析)의 한 가지. 수은 적하(滴下) 전극을 써서 전해 반응을 분석 측정하는 전기 화학적 장치.

폴라로이드(Polaroid)명 인조 편광판(偏光板)의 하나. 〔미국 폴라로이드(Polaroid)사의 상표명에서 유래함.〕

폴라로이드^랜드^카메라(Polaroid Land camera)명 카메라 안에서 현상과 정착이 이루어져 촬영 후 1분 이내에 사진이 나오게 된 카메라. 준폴라로이드 카메라.

폴라로이드^카메라(Polaroid camera)명 〈폴라로이드 랜드 카메라〉의 준말.

폴라리스-성(Polaris星)명 작은곰자리의 알파성, 곧 북극성(北極星).

폴락부하자타 작고 얇은 것이 바람에 날리어 가볍게 나부끼는 모양. ¶ 커튼이 폴락이다. 큰풀럭. **폴락-폴락**부하자타.

폴락-거리다[-꺼-]자타 자꾸 폴락폴락하다. 폴락대다. 큰풀럭거리다.

폴락-대다[-때-]자타 폴락거리다.

폴랑부하자타 작고 얇은 것이 바람에 날리어 부드럽게 나부끼는 모양. ¶ 바람에 깃발이 폴랑 움직인다. 큰풀렁. **폴랑-폴랑**부하자타.

폴랑-거리다자타 자꾸 폴랑폴랑하다. 폴랑대다. ¶ 깃발이 가을바람에 이리저리 폴랑거린다. 큰풀렁거리다.

폴랑-대다자타 폴랑거리다.

폴:로(polo)명 마상(馬上) 경기의 한 가지. 각각 네 사람으로 된 두 편이 말을 타고 막대로 공을 쳐서 상대편의 골에 넣어 승부를 겨루는 경기.

폴로네:즈(polonaise 프)명 폴란드의 대표적인 민속 무용 및 기악곡. 4분의3 박자로, 2부 또는 3부 형식이며 느린 템포임.

폴로늄(polonium)명 방사성 원소의 한 가지. 우라늄 광석에 포함된 은백색의 금속으로, 물리 측정의 재료로 쓰임. 〔Po/84/210〕

폴로:^신:(follow scene)명 영화에서, 이동 촬영으로 제작된 장면.

폴리돌(Folidol)명 (살충 농약으로 쓰이는) 파라티온계 유기 인산제의 상품명.

폴리머(polymer)명 중합체(重合體).

폴리스(polis)명 고대 그리스의 도시 국가.

폴리스티렌(polystyrene)명 스티렌의 중합체, 곧 스티렌 수지(樹脂)를 달리 이르는 말. 폴리스티롤.

폴리스티롤(Polystyrol 독)명 ☞폴리스티렌.

폴리에스테르(polyester)명 다가(多價) 알코올과 다염기산의 축합으로 이루어지는 고분자 화합물을 통틀어 이르는 말. 내약품성·내열성이 뛰어나 가구·건재·합성 섬유 따위에 이용됨.

폴리에틸렌(polyethylene)명 에틸렌에서 만들어지는 합성수지. 내수성과 내약품성이 뛰어나 그릇·포장 재료·전기 절연체·공업용 부품 따위에 널리 쓰임.

폴리엔(polyene)명 이중 결합을 여러 개 가지고 있는 유기 화합물을 통틀어 이르는 말. 탄성 고무 따위에 널리 쓰임.

폴리포니(polyphony)명 다성부 음악(多聲部音樂).

폴립(polyp)명 ①자포동물의 생활사(生活史)의 한 시기에 나타나는 체형. 몸은 원통형이며 입 주위에 많은 촉수가 있고 아래쪽에는 족반(足盤)이 있어 다른 물건에 부착함. ②피부 또는 점막 등의 겉면에 줄기를 가지고 돋아 나온 원형·타원형·계란형의 종류(腫瘤)를 통틀어 이르는 말.

폴싹부하자 ①먼지나 연기 따위가 갑자기 뭉키어 일어나는 모양. ②작은 것이 맥없이 주저앉거나 내려앉는 모양. 큰풀썩. **폴싹-폴싹**부하자.

폴싹-거리다[-꺼-]자 자꾸 폴싹폴싹하다. 폴싹대다, 큰풀썩거리다.

폴싹-대다[-때-]자 폴싹거리다.

폴짝부 ①하자몸피가 작은 것이 가볍고 힘 있게 뛰는 모양. ②하타여닫이 따위를 갑작스레 열거나 닫는 모양. 큰풀쩍. **폴짝-폴짝**부하자타.

폴짝-거리다[-꺼-]자타 자꾸 폴짝폴짝하다. 폴짝대다. 큰풀쩍거리다.

폴짝-대다[-때-]자타 폴짝거리다.

폴카(polka)명 19세기 초에 보헤미아에서 일어난, 4분의2 박자의 경쾌한 무곡.

폴:트(fault)명 테니스·탁구·배구 등에서, '서브의 실패'를 이르는 말.

폴폴부 ①적은 물이 자꾸 끓어오르는 모양. ②힘차고 재빠르게 날거나 뛰는 모양. ③눈이나 먼지 따위가 흩날리는 모양. ¶ 흙먼지가 폴폴 날리다. ④냄새 따위가 자꾸 나는 모양. 큰풀풀.

폼:(form)명 ①사람이 취하는 몸의 형태나 자세. ¶ 투구 폼이 좋은 투수. ②겉으로 드러내는 멋이나 모양이나 형태. ¶ 옷을 폼 나게 차려 입다. /선글라스를 폼으로 쓰고 다니다. ③형식. 양식.

폼(을) 잡다관용 ①무엇을 시작하려는 자세를 취하다. ②으쓱거리고 뽐내는 티를 짐짓 겉으로 드러내다. 폼(을) 재다.

폼(을) 재다관용 ☞폼(을) 잡다. ¶ 요즘 돈푼이나 생겼는지 폼 재고 다닌다.

폼포소(pomposo 이)명 악보의 나타냄말. '장려하게·호탕하게'의 뜻.

폿-집(包-)[포찝/폳찝]명 (전각이나 궁궐과 같이) 포살미하여 지은 집.

퐁부 ①갇혀 있던 공기 따위가 좁은 통로로 빠져나오면서 나는 소리. ②작은 구멍이 갑자기 뚫리는 소리, 또는 뚫린 모양. ¶ 퐁 뚫린 문구멍으로 방 안을 들여다보다. ③깊은 물에 무겁고 동그란 덩이가 떨어지는 소리. ¶ 연못에 작은 돌멩이가 퐁 떨어졌다. 큰풍. **퐁-퐁**부하자타.

퐁당부 작고 단단한 물건이 물에 떨어질 때 나는 소리. 큰풍덩. **퐁당-퐁당**부하자타.

퐁당-거리다자타 자꾸 퐁당퐁당하다. 퐁당대다. 큰풍덩거리다.

퐁당-대다자타 퐁당거리다.

퐁-퐁부하자 (액체 따위가) 좁은 구멍으로 쏟아지거나 솟아나는 소리. 큰풍풍.

퐁퐁-거리다자 자꾸 퐁퐁 소리가 나다. 퐁퐁대다. 큰풍풍거리다.

퐁퐁-대다자 퐁퐁거리다.

푄(Föhn 독)명 산을 넘어서 불어 내리는, 돌풍적이고 건조한 열풍. 풍염(風炎).

표(表)명 ①위. 겉. 겉쪽. 바깥쪽. ②〈표적(表迹)〉의 준말. ¶ 일한 표가 나다. ③소회(所懷)를 적어 임금에게 올리는 글. ¶ 출사표. ④왕조 때, 과문 육체(科文六體)의 하나. ⑤요긴한 사항을 일정한 순서에 좇아 죽 벌여 적은 것. ⑥전체를 한눈에 쉽게 볼 수 있도록 일정한 형식에 따라 나타낸 것. ¶ 표를 그리다.

표(票)명 ①증거가 될 만한 쪽지, 또는 그것을 이용함을 허락하는 쪽지임을 나타냄. ¶ 표를 끊다./표를 예매하다. ②(선거 또는 의결에서) 자기 의사를 표시한 쪽지. ¶ 표를 모으다. ③〖의존 명사적 용법〗 투표한 쪽지를 세는 단위. ¶ 오백 표 차이로 국회의원에 당선되다.

표(標)명 ①증거가 될 만한 필적이나 형적(形迹). ¶ 읽던 곳에 표를 해 두다./짜깁기한 표가 전혀 없다. ②두드러지게 나타나 보이는 특징. ¶ 그가 쓴 작품은 표가 난다. ③특징이 되게 하는 어떠한 지점(指點). ④〈표지(標紙)〉의 준말. ⑤〈표지(標識)〉의 준말.

표가(表價)[-까]명 화폐의 표면에 기록되어 있는 가격.

표가라(驃-)명 몸은 검고 갈기가 흰 말.

표견^대리(表見代理)명 ☞표현 대리.

표결(表決)명하타되자 합의체(合意體)의 구성원이 의안에 대하여 가부의 의사를 표시하여 결정하는 일. 〔표결의 결과가 의결임.〕 ¶ 충분한 토의를 거쳐 표결에 들어가다.

표결(票決)명하타 투표로써 결정함. ¶ 안건을 표결에 부치다.

표결-권(表決權)[-꿘]명 회의에 참석하여 표결할 수 있는 권리.

표고명 느타리버섯과의 버섯. 삿갓의 길이는 6~10 cm로, 육질이며 표면은 다갈색, 속은 흰 살임. 봄부터 가을까지 밤나무·떡갈나무 따위의 고목에 나는데, 우리나라·중국·일본에 분포함. 영양이 풍부하여 요리에 널리 쓰이며 인공 재배도 함. 표고버섯.

표고(標高)명 바다의 수준면(水準面)에서 지표의 어느 지점에 이르는 수직 거리. 해발 고도.

표고-버섯[-섣]명 ☞표고. ＊표고버섯이[-서시]·표고버섯만[-선-]

표고-점(標高點)[-쩜]명 지도에서, 표고(標高)를 숫자로 나타낸 지점.

표구(表具)명하타 족자(簇子)나 병풍 따위를 꾸며 만드는 일. ¶ 그림을 표구하다.

표구-사(表具師)명 표구를 업으로 하는 사람.

표기(表記)명되자 ①하자타책·문서·봉투 등의 거죽에 기록함, 또는 그 기록. ②하타문자나 부호를 써서 말을 기록하는 일. 생각(말)을 문자로써 나타내는 형식. ¶ 한글 표기.

표기(標記)명하타 어떤 표로 기록함, 또는 그 기록이나 부호.

표기(標旗)명 ①목표물로 세운 기. ②조선 시대에, 병조의 푯대가 되던 깃발.

표기-법(表記法)[-뻡]명 언어를, 문자나 부호를 사용하여 나타내는 규칙을 통틀어 이르는 말. ¶ 외래어 표기법.

표녀(漂女)명 빨래하는 여자. 참표모.

표대(表對)[-때]명 시문(詩文)을 짓는 데 썩 잘 맞게 된 대구(對句).

표독(慓毒)명하형스형 성질이 사납고 독살스러움. ¶ 표독한 눈초리./표독을 부리다. **표독-히**부. **표독스레**부.

표등(標燈)명 신호를 보내거나 목표로 삼기 위해 켜 놓은 등불.

표랑(漂浪)명하자타 ①물 위에 떠돌아다님. ②정처 없이 떠돌아다님.

표략(剽掠)명하타 (남을) 을러메거나 협박하여 빼앗음. 표탈(剽奪).

표령(飄零)명 ①하자 나뭇잎이 바람에 흩날려 떨어짐. ②하자타신세가 기박하여 이리저리 떠돌아다님.

표로(表露)명하자타되자 표면에 나타남, 또는 표면에 나타냄.

표류(漂流)명 ①하자타물에 떠서 흘러감. ¶ 난파선이 표류하다. ②하자타정처 없이 떠돌아다님. ③하자어떤 방향이나 목적을 잃고 헤맴. 또는, 일정한 원칙이나 주관이 없이 이리저리 흔들림. ¶ 정책의 표류.

표리(表裏)명 ①겉과 속. 안과 밖. ②왕조 때, 임금이 신하에게 내리거나 신하가 임금에게 바치던, 옷의 겉감과 안감.

표리부동(表裏不同)명하형 마음이 음충맞아서 겉과 속이 다름. 속 다르고 겉 다름.

표리-상응(表裏相應)명하자 안팎에서 서로 손이 맞음.

표리-일체(表裏一體)명하자 〔안팎이 한 덩어리가 된다는 뜻으로〕 두 사물의 관계가 밀접하게 됨을 이르는 말.

표마(驃馬)명 ☞표절따.

표막(表膜)명 표면을 싸고 있는 막. 겉막.

표면(表面)명 ①사물의 겉으로 드러난 면. 곧, 사물의 가장 바깥쪽 또는 윗부분. 겉. 겉면. ¶ 표면이 매끄럽다. ②어떤 일이나 현상의 겉으로 나타나거나 눈에 띄는 부분. ↔이면(裏面).

표면^장력(表面張力)[-녁]명 액체가 스스로 수축하여 표면적을 가장 작게 가지려고 하는 힘. 계면 장력(界面張力).

표-면적(表面積)명 겉넓이.

표면-적(表面的)관명 겉으로 나타나거나 눈에 띄는 (것). ¶ 표면적 구호. /그것은 표면적인 이유에 불과하다.

표면-파(表面波)명 ①해면에 있어서의 물결의 파장과 수심의 비가 2분의 1 이하인 중력파(重力波). 〔풍랑·파도·너울 따위.〕 ②지표면에 따라 전달되는 지진파. ②↔실체파(實體波).

표면-화(表面化)명하자타되자 표면에 드러나거나 정체가 드러남, 또는 그렇게 함. ¶ 쌓였던 불만이 표면화되다.

표명(表明)명하타되자 (의사나 생각 따위를) 드러내어 명백히 함. ¶ 출마 의사를 표명하다.

표모(漂母)명 빨래하는 늙은 여자. 참표녀.

표목(標木)명 ☞푯말.

표몰(漂沒)명하자되자 물에 떠돌다 가라앉음.

표묘(縹緲·縹渺) '표묘하다'의 어근.

표묘-하다(縹緲-·縹渺-)형여 ①멀리 있어 보이는 것이 희미하다. ②아득히 멀다. **표묘-히**부.

표문(表文)명 임금에게 표(表)로 올리던 글.

표문(豹紋)명 표범의 털가죽에 있는 얼룩무늬, 또는 그와 같이 생긴 얼룩얼룩한 무늬.

표박(漂泊)명하자타 ①흘러 떠돎. ②정처 없이 떠돌아다니며 지냄. ②표우(漂寓).

표방(標榜)명하타 ①〔주의나 주장·견지(見地) 따위를〕 어떠한 명목을 붙여 내세움. ¶ 만민 평등을 표방하다. ②남의 선행을 내세워 여러 사람에게 보이고 칭찬함.

표-밭(票-)[-받]명 선거 투표에서, 어떤 입후보자에 대한 지지도가 특히 높아 집중적으로 득표할 수 있는 구역을 흔히 이르는 말. ＊표밭이[-바치]·표밭을[-바틀]·표밭만[-반-]

표백(表白)명하타 (태도나 생각 따위를) 드러내어 밝히거나 말함.

표백(漂白)명하타되자 바래지게 하거나 표백제를 쓰거나 하여 희게 하는 일. 마전.

표백-분(漂白粉)[-뿐]명 소석회에 염소를 흡수시켜 만든 흰 가루. 무명 따위를 표백하며 소독제로도 쓰임. 클로르칼크.

표백-제(漂白劑)[-쩨]명 섬유·식품 또는 염색 재료 속의 색소를 표백하는 약제. 〔표백분·과산화수소 따위.〕

표-범(豹-)명 고양잇과의 동물. 몸길이 1.4~1.6m. 몸빛은 엷은 황갈색 바탕에 검은 얼룩점이 온몸에 빽빽함. 네 다리는 짧고 몸통과 꼬리가 긺. 날쌔고 사나우며 나무에 잘 오름. 삼림이나 바위가 많은 곳에 살며 사슴·영양 등을 잡아먹음.

표변(豹變)명하자타되자 ①〔'주역'의 '혁괘(革卦)'에 나오는 말로, 표범의 털이 철에 따라 빛깔이 아름다워지듯이〕'언행이나 태도·의견 등이 이전과 뚜렷이 달라짐'을 이르는 말. ②'마음이나 행동이 갑자기 변함'을 이르는 말.

표본(標本)명 ①본보기가 되거나 표준으로 삼을 만한 물건. 표품(標品). ②(생물학·의학·광물학 등에서) 연구·교재용으로 보존할 수 있게 처리한 실물 견본. 〔박제 표본·곤충 표본 따위.〕 ③〔통계학에서, 전체 모집단의 축도나 단면이 되게 하려고〕 모집단에서 선택한 모집단 구성 단위의 일부.

표본-실(標本室)명 표본을 간수하거나 진열하여 놓은 방.

표본^조사(標本調査)명 통계에서, 대상이 되는 집단에서 몇몇 표본을 추출 조사하여 그 결과로써 모집단(母集團)의 성질을 헤아리는 방법. ↔전수 조사(全數調査).

표본-지(標本紙)명 식물의 표본을 붙이는 종이.

표본^추출(標本抽出)명 통계상의 목적으로, 모집단(母集團)에서 표본을 골라내는 일.

표사유피(豹死留皮)명 〔'신오대사(新五代史)'의 '사절전(死節傳)'에 나오는 말로, 표범은 죽어서 모피를 남긴다는 뜻으로〕 '사람은 죽어서 명예를 남겨야 함'을 이르는 말. 호사유피.

표상(表象)명 ①대표적인 상징. ¶ 국기는 그 나라의 얼굴이요, 표상이다. ②철학에서의 이데아(idea). ③심리학에서, 감각을 요소로 하는 심적 복합체를 이르는 말. 의식 중 과거의 인상이 재현된 것, 또는 어떤 대상을 지향하는 의식 내용을 가리킴. ③심상(心象).

표상-주의(表象主義)[-의/-이]명 ☞상징주의.

표상-형(表象型)명 심리학에서, 표상의 성질에 따라 나눈 인간의 유형. 시각형·청각형·운동형·혼합형의 네 가지로 나눔.

표서(表書)명하자 겉면에 글씨를 씀, 또는 그 글씨.

표석(表石)명 ☞묘표(墓表).

표석(漂石)명 빙하를 따라 이동하다가 빙하가 녹은 뒤에 그대로 남아 있는 바윗돌.

표석(標石)명 ☞푯돌.

표선(漂船)명 바람 부는 대로 정처 없이 떠돌아다니는 배.

표설(漂說)명 ☞부설(浮說). 부언(浮言).

표송(標松)명 나뭇갓에 베지 않고 몇 그루만 표나게 남겨 둔 소나무.

표숙(表叔)명 ☞외숙(外叔).

표시(表示)명하타되자 ①겉으로 드러내어 보임. ¶ 우정의 표시. ②남에게 알리려고 드러내어 발표함. ¶ 반대 의사를 표시하다.

표시(標示)명하타되자 표를 하여 나타내 보임. ¶ 원산지 표시. /상품에 가격을 표시하다.

표시-기(標示器)명 (도로 안내나 교통정리 따위를 위하여) 글자나 그림·색깔 따위로 어떻게 하라는 뜻을 가리켜 보이는 푯대.

표시-등(表示燈)명 ①(수동식 전화 교환기나 기계 설비의 점검을 위한 콘솔 따위에서) 기계의 상태·위치·방향 따위를 점멸로써 표시해 주는 작은 등. ②수로(水路)를 안내하는 선박에 다는 등.

표시-주의(表示主義)[-의/-이]명 의사 표시의 효력에 있어서 외부에 나타난 행위의 표시에 중요성을 두는 주의. 참의사주의.

표식(標識)명 '표지(標識)'의 잘못.

표신(標信)명 조선 시대에, 궁중에 급변(急變)을 전하거나 궁궐 문을 드나들 때 지니고 다니던 문표(門標).

표실(漂失)명하타되자 물에 떠내려 보내어 잃어버림.

표어(標語)명 (사회나 집단에 대하여) 어떤 의견이나 주장을 호소하거나 알리기 위하여 주요 내용을 간결하게 표현한 짧은 말귀. 슬로건.

표연(飄然) '표연하다'의 어근.

표연-하다(飄然-)형여 ①바람에 나부껴 팔랑거리는 모양이 가볍다. ②(훌쩍 떠나는 모습이) 홀가분하고 거침없다. **표연-히**부 ¶ 표연히 사라져 종적을 찾을 수 없다.

표요(飄颻·飄搖) '표요하다'의 어근.

표요-하다(飄颻-·飄搖-)형여 ☞표표하다.

표우(漂寓)명하자 ☞표박(漂泊).

표웜명 〈옛〉표범. ¶ 표웜 표:豹(訓蒙上*18*).

표음(表音)명하자 말의 소리를 그대로 표시함. 사음(寫音).

표음^기호(表音記號)명 ☞발음 기호.

표음^문자(表音文字)[-짜]명 사람의 말소리를 기호로 나타내는 문자. 〔한글이나 로마 문자와 같은 단음 문자(單音文字)와 가나와 같은 음절 문자(音節文字)로 나뉨.〕 소리글자. 기음 문자(記音文字). 사음 문자(寫音文字). 성음 문자(聲音文字). 음표 문자. 준음자(音字). 참표의 문자.

표음-주의(表音主義)[-의/-이]명 (맞춤법의 원칙을) 소리 나는 대로 적기로 하자는 주장.

표의(表衣)[-의/-이]명 겉옷.

표의(表意)[-의/-이]명하자 말의 뜻을 글자로 나타냄.

표의^문자(表意文字)[-의-짜/-이-짜]명 그림에 의하거나 사물의 형상을 그대로 베끼거나 하여서, 시각(視覺)에 의하여 의미를 전달하는 문자. 〔한자, 이집트 문자 따위.〕 뜻글자. 단어 문자. 참표음 문자(表音文字).

표일(飄逸) '표일하다'의 어근.

표일-하다(飄逸-)형여 마음이 내키는 대로 하여 세속에 얽매이지 않다.

표자(瓢子)명 ☞표주박.

표장(標-)명 '서표(書標)'의 잘못.

표장(表裝)명하타 ☞장황(裝潢).

표장(標章)명 어떤 표지(標識)로 나타내 보이는 부호나 그림. 〔휘장(徽章)이나 문장(紋章) 따위.〕

표재(俵災)명하타 흉년이 든 때에 조세를 감함.

표재-사(表才士)명 ①한시(漢詩)의 사륙문(四六文)을 재빨리 잘 짓는 사람. ②한시의 대구(對句)를 잘 지어 맞추는 재주가 있는 사람.

표저(表著) '표저하다'의 어근.

표저-하다(表著-)형여 ☞현저(顯著)하다.

표적(表迹)명 겉으로 나타난 형적. ¶ 열심히 일한 표적이 없다. 준표.

표적(標的)명 목표로 삼는 물건. 표점(標點). ¶ 표적에 명중하다.

표전(表箋)명 표문(表文)과 전문(箋文).

표전(飄轉)명하자 정처 없이 떠돌아다님.

표절(剽竊)명하타 (남의 작품이나 학설 따위의 일부를) 허락 없이 몰래 따다 씀. 초습(剿襲). ¶ 표절 시비가 일다. 비도록(盜錄)·도작(盜作).
표-절따(驃—)명 갈기와 꼬리는 희고 몸은 누른 바탕에 흰 털이 섞인 말. 표마(驃馬).
표점(標點)명 ☞표적(標的).
표정(表情)명하자 마음속의 감정이나 정서 따위의 심리 상태가 얼굴에 나타남, 또는 그 모습. ¶ 반가운 표정. /표정이 부드럽다.
표정(表旌)명하타 왕조 때, 충신·효자·열녀를 표창하여 정문(旌門)을 세우던 일.
표정-근(表情筋)명 표정을 나타내는 작용을 하는 얼굴의 근육.
표정-술(表情術)명 마음속의 감정을 겉으로 표현하는 기술. 연기의 중요한 요소가 됨.
표정^예ː술(表情藝術)[—녜—]명 사람의 표정을 통하여 표현(表現)하는 예술. 〔연극·영화·무용 따위.〕
표제(表題)[—쩨]명 신하가 임금에게 올리는 글의 제목.
표제(標題·表題)명 ①책자의 겉에 쓰는 그 책의 이름. ¶ 표제를 붙이다. ②연설·강연 따위의 제목. ③(음악·미술 따위) 예술 작품의 제목. ④신문·잡지의 기사의 제목. ⑤서적·장부 중의 항목을 찾기 쉽도록 설정한 제목.
표제-어(標題語)명 ①제목(題目)이나 제명(題名)의 말. ②사전 등에서, 하나하나 따로 내세워 그 말뜻이나 어법상의 구실을 밝히는 표제가 되는 말. ②올림말.
표제^음악(標題音樂)명 일정한 관념이나 사물을 묘사·서술하기 위하여 곡명(曲名)으로 표제를 붙이는 음악. ↔절대 음악(絕對音樂).
표조(漂鳥)명 ☞철새.
표종(表從)명 ☞외사촌.
표주(標主)명 남에게서 빚을 쓰고 수표(手標)를 써 낸 사람, 곧 채무자(債務者).
표주(標柱)명 ☞푯대.
표주(標註·標注)명하자 서책의 난외(欄外)에 기록하는 주해(註解).
표주-박(瓢—)명 조롱박이나 둥근 박을 반으로 쪼개어 만든 작은 바가지. 표자(瓢子).
표주박면-대패(瓢—面—)[—방—]명 표주박과 같이 오목하게 팬 면을 미는 대패.
표준(標準)명 ①사물의 정도를 정하는 기준이나 목표. ¶ 표준 치수. ②다른 것의 규범이 되는 준칙이나 규격.
표준^기압(標準氣壓)명 기압의 표준값으로 취하는 수치. 기온 0°C, 표준 중력에서 760 mm의 수은주가 밑면에 미치는 압력을 1기압으로 함. 곧, 1013.250 mb.
표준-말(標準—)명 ☞표준어.
표준^상태(標準狀態)명 (어떤 물질의) 온도(溫度) 0°C, 1기압의 조건을 가진 상태.
표준-시(標準時)명 한 나라나 한 지방의 일정한 범위에서 공통으로 사용하는 표준 시각.
표준-액(標準液)명 ☞규정액(規定液).
표준-어(標準語)명 교육적·문화적인 편의를 위하여 한 나라의 표준이 되게 정한 말. 우리나라에서는, 교양 있는 사람들이 두루 쓰는 현대 서울말로 정함을 원칙으로 하고 있음. 대중말. 표준말. ↔사투리.
표준^임ː금(標準賃金)명 현실적으로 지급되고 있는 임금을 통계적으로 조사하여 산출한 평균 임금. 〔산업별·학력별·남녀별·연령별 따위로 나뉨.〕
표준^체온(標準體溫)명 소화 기관이나 근육 따위의 활동이 정지되고 동물이 가만히 휴식하고 있을 때의 체온.
표준^편차(標準偏差)명 많은 수치를 산술 평균했을 경우, 낱낱의 수치는 당연히 평균값에서 벗어나 있는데, 평균값에서 이 정도로 벗어나도 된다는 한계를 보이는 것. 편차(통계 값과 평균값의 차이)를 제곱하여 이것을 산술 평균한 후에 제곱근풀이를 하면 표준 편차를 얻을 수 있음. 〔기상(氣象)·평가(評價), 그 밖의 변동이 많은 현상의 변동률을 알아보는 데 씀.〕
표준^항성(標準恒星)명 천체를 관측하는 데 표준이 되는 항성.
표준-화(標準化)명하타되자 ①표준에 맞도록 함. ②관리의 능률 증진을 꾀하기 위하여 자재 따위의 종류나 규격을 제한·통일하는 일. ¶ 공산품의 표준화.
표준^화ː석(標準化石)명 지질 시대의 어느 일정한 시기에만 생존했고, 어떤 일정한 지층에서만 발견되어 그 지층의 형성 시대를 나타내는 화석. 시준 화석(示準化石).
표증(表症)명 한방에서, 겉으로 드러나는 병의 증세를 이름.
표증(表證)명 ①드러난 표적. ②☞증명.
표지(表紙)명 ①책의 겉장. 책의(冊衣). ②☞서표(書標).
표지(標紙)명 증거의 표로 글을 적은 종이. 준표(標).
표지(標識)명하타 다른 것과 구별하여 알게 하는 데 필요한 표시나 특징. 표치(標幟). ¶ 통행금지 표지. 준표(標).
표지-등(標識燈)명 ①밤에 항행하거나 머물러 있는 선박, 또는 비행 중인 항공기 등이 그 위치를 나타내기 위해 켜 놓는 등불. ②등대에서, 밤에 항행하는 선박에게 뱃길을 알리는 표지로 켜 놓는 등불.
표지-판(標識板)명 어떤 사실이나 정보를 알리기 위하여 일정한 표시를 해 놓은 판. ¶ 안내 표지판. /도로 표지판.
표직(豹直)명 지난날, 여러 날 계속하여 서던 숙직.
표징(表徵)명 ①겉으로 드러나는 특징. ②☞상징.
표징(標徵)명 어떤 것과 다른 것을 드러내 보이는 두드러진 점. 징표(徵表).
표차-롭다(表—)[—따][~로우니·~로워]형ㅂ 드러내 놓기에 겉보기(허울)가 번듯하다. **표차로이**부.
표착(漂着)명하자되자 물에 떠서 흘러다니다가 어떤 곳에 닿음. ¶ 무인도에 표착하다.
표찰(標札)명 (이름이나 번호와 같은 짤막한 글을 쓴) 종이나 얇은 나뭇조각 따위로 만든 표(標). ¶ 표찰을 달다.
표창(表彰)명하타되자 (남의 공적이나 선행 등을) 세상에 드러내어 밝힘. ¶ 표창을 받다. /선행을 표창하다.
표창(鏢槍)명 조선 말기에 무기로 쓰던 창의 한 가지. 쇠로 만든 창끝의 가운데가 호리병 모양으로 잘록하며 앞이 무거워 던져 맞히기에 편함.
표창-장(表彰狀)[—짱]명 표창하는 내용을 적은 종이. ¶ 표창장을 받다. /표창장을 수여하다.
표출(表出)명하타되자 ①겉으로 나타냄. ¶ 세대 간의 갈등이 표출되다. ②☞표현.
표층(表層)명 여러 층으로 된 것의, 겉을 이루는 층. 겉켜.
표치(標致)[1]명하자 취지를 드러내 보임.
표치(標致)[2] '표치하다'의 어근.

표치(標幟)명하타 ☞표지(標識).
표치-하다(標致-)형여 얼굴이 매우 아름답다.
표탈(剽奪)명하타되자 ☞표략(剽掠).
표탑(標塔)명 표지(標識)로 삼으려고 세운 탑.
표탕(飄蕩)명하자 ①정처 없이 떠돌아다님. ②흔들려 움직임.
표토(表土)명 땅의 맨 위층의 흙. 겉흙.
표폭(表幅)명하자 ☞변폭(邊幅).
표표(表表) '표표(表表)하다'의 어근.
표표(飄飄) '표표(飄飄)하다'의 어근.
표표-하다(表表-)형여 ①두드러지게 눈에 띄다. ②훨씬 뛰어나다. **표표-히**부.
표표-하다(飄飄-)형여 ①날아오르거나 나부낌이 가볍다. 표요(飄颻)하다. ②떠돌아다니는 것이 정처 없다. **표표-히**부.
표품(標品)명 ☞표본(標本).
표풍(漂風)명하자 바람결에 떠서 흘러감.
표풍(飆風)명 ☞회오리바람.
표피(表皮)명 ①식물체 각부의 표면을 덮은 세포층. 겉껍질. ②상피 조직의 한 가지. 동물체의 피부 표면을 이루는 조직. 참진피.
표피(豹皮)명 표범의 가죽.
표-하다(表-)타여 (감정이나 의견 따위를) 나타내다. 드러내다. ¶ 감사의 뜻을 표하다.
표-하다(標-)타여 표지(標識)로 삼다. 안표(眼標)하다. ¶ 읽던 곳을 표해 두다.
표한(剽悍·慓悍) '표한하다'의 어근.
표한-하다(剽悍-·慓悍-)형여 날쌔고 사납다.
표현(表現)명 ①하타되자(의견이나 감정 따위를) 드러내어 나타냄. ②정신적·주체적인 대상을 예술로써 형상화함, 또는 그 형상화된 것. 표출.
표현-대리(表見代理)명 무권 대리(無權代理)의 한 가지. 특히, 본인과의 특별한 관계에 의하여 대리권이 있는 것처럼 보이는 행위에 대하여 본인의 책임을 인정하고 거래의 안전을 꾀하는 제도. 표견대리.
표현-주의(表現主義)[-의/-이]명 20세기 초, 독일을 중심으로 전개된 문예 사조의 한 갈래. 강력한 주관을 통해 작가 개인의 내적 생명의 표현을 추구하는 것이 특징임.
표현-파(表現派)명 예술에 있어서, 표현주의를 주장하는 파.
표현-형(表現型)명 유전학상 외형으로 나타나는 형질(形質). 현형(顯型). 참유전자형.
표홀(飄忽) '표홀하다'의 어근.
표홀-하다(飄忽-)형여 홀연히 나타났다 사라지는 모양이 매우 빠르다. **표홀-히**부 ¶ 느닷없이 나타났다가 표홀히 사라지다.
표훈-원(表勳院)명 대한 제국 때, 훈장·기장(紀章)·상여(賞與) 따위의 상전(賞典)에 관한 일을 맡아보던 관아.
푯-대(標-)[표때/푣때]명 목표나 표지로 세우는 대. 표주(標柱).
푯-돌(標-)[표똘/푣똘]명 목표나 표지로 세우는 돌. 표석(標石).
푯-말(標-)[푠-]명 목표나 표지로 박아 세우는 말뚝. 표목(標木).
푸:부 다물었던 입술을 조금 벌려 내밀며 입김을 내뿜을 때 나는 것과 같은 소리. ¶ 담배 연기를 푸 내뿜다. **푸-푸**부.
푸가(fuga 이)명 악곡 형식의 한 가지. 하나의 성부(聲部)가 주제를 나타내면 다른 성부들이 차례로 이 주제를 모방하며 전개되는 대위법적(對位法的) 악곡. 둔주곡(遁走曲).
푸근-하다형여 ①(겨울 날씨가) 꽤 따뜻하다. ¶ 눈이 내릴 듯한 푸근한 겨울 날씨. ②분위기 따위가 부드럽고 편안하다. 마음이 느긋하고 편안하다. ¶ 푸근한 마음. /푸근한 분위기 속에서 흐뭇하게 즐기다. ③(살림살이 따위가) 실속 있고 넉넉하다. ¶ 추수 뒤의 푸근한 농촌 살림. 참포근하다. **푸근-히**부.
푸-나무명 ①풀과 나무. ②'풋나무'의 잘못.
푸내기명 '푸네기'의 잘못.
푸네기명 '가까운 제살붙이'를 홀하게 이르는 말. ¶ 자기 푸네기만 안다.
푸념명 ①하자 무속(巫俗)에서, 무당이 귀신의 뜻을 받아, 정성을 들이는 사람을 꾸짖는 일. ②하자타 마음속에 품은 불만을 드러내어 말하는 일. 넋두리. ¶ 푸념을 늘어놓다.
푸다[푸니·퍼]타우 ①물 따위의 액체를 자아올리거나 떠내다. ¶ 우물에서 물을 푸다. ②그릇 속에 든 곡식이나 밥 따위를 떠내다. ¶ 밥을 푸다.
푸닥-거리[-꺼-]명하자 무당이 간단하게 음식을 차려 놓고 잡귀를 풀어 먹이는 굿.
푸닥-지다[-찌-]형 푸지다. 〔흔히, 적은 것을 비꼬아 반어적으로 이르는 말.〕
푸-대접(-待接)명하타 아무렇게나 하는 대접. 냉대(冷待). 냉우(冷遇). 박대(薄待). 소대(疏待). ¶ 푸대접을 받다.
푸덕부 ①하타 큰 새가 날개를 치는 소리. ②하타 큰 물고기가 꼬리로 물을 치는 소리. ③하자 얇고 큰 천 따위가 세찬 바람에 날리어 나는 소리. 작파닥. 센푸떡. 참퍼덕. **푸덕-푸덕**부하자타.
푸덕-거리다[-꺼-]자타 자꾸 푸덕푸덕하다. 푸덕대다. ¶ 두루미가 푸덕거리며 날아올랐다. 작파닥거리다. 센푸떡거리다. 참퍼덕거리다.
푸덕-대다[-때-]자타 푸덕거리다.
푸덕-이다 Ⅰ자 얇고 큰 천 따위가 세찬 바람에 날리다. 작파닥이다. 센푸떡이다. 참퍼덕이다. Ⅱ타 ①큰 새가 세차게 날개를 치다. ②큰 물고기가 세차게 꼬리를 치다. 작파닥이다. 센푸떡이다. 참퍼덕이다.
푸두둥부하자 큰 날짐승이 별안간 날 때에 나는 소리. 작포도동. **푸두둥-푸두둥**부하자.
푸두둥-거리다자 자꾸 푸두둥푸두둥하다. 푸두둥대다. 작포도동대다.
푸두둥-대다자 푸두둥거리다.
푸둥-푸둥부하형 살이 통통하게 찌고 매우 부드러운 모양. 작포동포동. 여부둥부둥.
푸드덕부하타 ①큰 날짐승이 날개를 힘차게 치는 소리. ②큰 물고기가 꼬리를 힘차고 어지럽게 치는 소리. 작포드닥. **푸드덕-푸드덕**부하타.
푸드덕-거리다[-꺼-]타 자꾸 푸드덕푸드덕하다. 푸드덕대다. 작포드닥거리다.
푸드덕-대다[-때-]타 푸드덕거리다.
푸드득부하자타 묽은 유동물(流動物)이 갇힌 상태로 있다가 갑자기 터져 나올 때 거세고 야단스럽게 나는 소리. ¶ 쥐고 있던 비닐봉지에서 고추장이 푸드득 쏟아졌다. **푸드득-푸드득**부하자타.
푸드득-거리다[-꺼-]자타 자꾸 푸드득푸드득하다. 푸드득대다.
푸드득-대다[-때-]자타 푸드득거리다.
푸:들(poodle)명 개의 한 품종. 털이 길고 양털 모양이며, 애완용으로 기름.
푸들-거리다자타 자꾸 푸들푸들하다. 푸들대다. 작파들거리다. 여부들거리다.
푸들-대다자타 푸들거리다.

푸들-푸들뷔하자타 탄력 있게 부들부들 떠는 모양. ¶ 분노로 온몸이 푸들푸들 떨린다. 작파들파들. 여부들부들¹.
푸딩(pudding)명 후식으로 쓰이는 서양식 생과자. 곡분(穀粉)에 달걀·우유·크림·설탕 따위를 넣고 과실·채소를 더해 구운 것.
푸떡부하자타 〈푸덕〉의 센말. 작파딱. 참퍼떡.
푸떡-거리다[-꺼-]자타 〈푸덕거리다〉의 센말. 푸떡대다. 작파딱거리다. 참퍼떡거리다.
푸떡-대다[-때-]자타 푸떡거리다.
푸떡-이다 Ⅰ자 〈푸덕이다〉의 센말. 작파딱이다. 참퍼떡이다.
Ⅱ타 〈푸덕이다〉의 센말. 작파딱이다. 참퍼떡이다.
푸렁명 푸른 빛깔. 푸른 물감.
푸렁-이명 푸른 빛깔의 물건.
푸르께-하다형여 짙지도 옅지도 않게 조금 푸른 빛이 나다. 작파르께하다.
푸르다[푸르니·푸르러]형러 ①맑은 하늘이나 깊은 바다의 빛깔과 같다. ¶ 푸른 가을 하늘. ②풀의 빛깔과 같다. ¶ 나무가 푸르다. ③(서슬이) 엄하고 당당하다. ¶ 서슬이 푸르다.
푸르대-콩명 콩의 한 가지. 열매의 껍질과 속이 다 푸름. 청태(青太).
푸르데데-하다형여 천해 보이게 푸르스름하다. 작파르대대하다.
푸르뎅뎅-하다형여 산뜻하지 못하고 칙칙하게 푸르스름하다. 작파르댕댕하다.
푸르디-푸르다[~푸르니·~푸르러]형러 더할 수 없이 푸르다. ¶ 푸르디푸른 가을 하늘.
푸르락-누르락[-랑-]부하자 몹시 화가 나거나 흥분하여 얼굴빛이 푸르러졌다 누레졌다 하는 모양.
푸르락-붉으락부하자 '붉으락푸르락'의 잘못.
푸르르부하자 ①춥거나 무섭거나 충격을 받거나 하여 몸 또는 몸의 일부를 크고 가볍게 떠는 모양. ¶ 입술이 푸르르 떨린다. ②많은 물이 좁은 그릇에서 갑자기 끓어오르는 모양, 또는 그 소리. ③한데 모은 나뭇개비 따위에 불이 붙어 거침없이 타오르는 모양. ¶ 장작더미에 불이 푸르르 붙었다. ④새 따위가 갑자기 날아오르는 소리. ¶ 참새가 총소리에 놀라 푸르르 날아갔다. 작포르르. ①~③여부르르.
푸르르다[푸르르니·푸르러]형러 '푸르다'를 강조할 때 이르는 말.
푸르무레-하다형여 엷게 푸르스름하다. 푸르스름한 기운이 있다. 작파르무레하다.
푸르스레-하다형여 푸르스름하다. 작파르스레하다.
푸르스름-하다형여 약간 푸르다. 푸르스레하다. ¶ 푸르스름한 불빛. 작파르스름하다.
푸르죽죽-하다[-쭈카-]형여 빛깔이 고르지 못하고 칙칙하게 푸르다. ¶ 추워서 얼굴이 푸르죽죽하다. 작파르족족하다.
푸르퉁퉁-하다형여 칙칙하게 푸르다.
푸른-거북명 ☞바다거북.
푸른-곰팡이명 자낭균류 진정자낭균목 페니실륨속 곰팡이를 통틀어 이르는 말. 녹색·청록색·황록색을 띠며 빵이나 떡 같은 유기물이 많은 곳에 잘 생김. 부패 작용 또는 독에 의한 유해균이 많으나, 페니실린 같은 항생 물질을 생성해 유익한 것도 있음.
푸른-똥명 녹변(綠便).
푸른-콩명 '청대콩'의 잘못.
푸를-청(-青)명 한자 부수의 한 가지. '靖'·'靜' 등에서의 '青'의 이름.
푸릇-푸릇[-른-른]부하형 군데군데 푸른빛이 나는 모양. ¶ 푸릇푸릇 싹이 돋아난 보리밭. 작파릇파릇. **푸릇푸릇-이**부.
푸만 '푸만하다'의 어근.
푸만-하다형여 배 속이 정도 이상으로 그들먹하여 거북스러운 느낌이 있다. ¶ 물을 많이 마셨더니 속이 푸만하다.
푸새¹명 산과 들에 저절로 나서 자라는 풀을 통틀어 이르는 말.
푸새²명하타 옷 따위에 풀을 먹이는 일.
푸서명 피륙의 벤 자리에서 풀어지는 올.
푸서기명 '푸석이'의 잘못.
푸서리명 잡초가 무성한 거친 땅.
푸석-돌[-똘]명 화강암 따위가 오랜 풍화 작용으로 푸석푸석하게 된 돌. 준석돌.
푸석-이명 ①푸석푸석하고 부스러지기 쉬운 물건. ②'옹골차지 못하고 무르게 생긴 사람'을 조롱조로 이르는 말.
푸석-푸석부하형 매우 푸석한 모양. 작포삭포삭.
푸석-하다[-서카-]형여 ①살이 핏기가 없이 거칠고 조금 부은 듯하다. ¶ 병중(病中)이라서 그런지 얼굴이 푸석해 보인다. ②거칠고 부피만 커서 옹골차지 못하고 부스러지기 쉽다. ②작포삭하다.
푸성귀명 가꾸어 기르거나 저절로 나는 온갖 채소나 나물을 통틀어 이르는 말.
푸성귀는 떡잎부터 알고 사람은 어렸을 때부터 안다속담 크게 될 사람은 어려서부터 남다른 데가 있어 알아볼 수 있다는 말.
푸-솜명 타지 않은 날솜.
푸슬-푸슬부하형 덩이진 가루 따위가 메말라 잘 엉기지 않고 쉽게 부스러지는 모양. 작포슬포슬. 여부슬부슬.
푸시시부 ①불기가 있는 재 따위에 물을 부을 때 나는 소리. ②☞부스스.
푸싱(pushing)명 축구나 농구 따위의 경기에서, 상대편을 미는 반칙 행동.
푸쟁명하타 모시나 베 따위로 지은 옷을, 풀을 먹여 발로 밟고 다듬이질한 뒤에 다리미로 다리는 일.
푸접명 (('있다'·'없다'·'좋다' 따위와 함께 쓰이어)) 인정이나 붙임성, 또는 엉너리 따위를 가지고 대하는 일. ¶ 푸접이 좋다. /푸접 없는 이 한마디 들으려고 불원천리하고 달려왔던가….
푸접-스럽다[-쓰-따][~스러우니·~스러워]형ㅂ 보기에 붙임성이 없이 쌀쌀한 데가 있다. **푸접스레**부.
푸-조기명 조기의 한 가지. 보통 조기보다 머리가 작고 빛이 희며 살이 단단함.
푸주(←庖廚)명 소나 돼지 따위 짐승을 잡아서 그 고기를 파는 가게. 고깃간. 정육점. 찬포(饌庖). 포사(庖肆). 푸줏간. 본포주.
푸주에 들어가는 소 걸음속담 '하는 수 없이 가야 할 때의 내키지 않는 걸음'을 비유하여 이르는 말.
푸주-한(←庖廚漢)명 소나 돼지 따위를 잡아서 파는 것을 업으로 하는 사람.
푸줏-간(←庖廚間)[-주깐/-줃깐]명 ☞푸주. 고깃간.
푸지다형 매우 많고 넉넉하다. 푸닥지다. ¶ 쌀 한 되로 떡을 했는데도 참말 푸지구나.
푸-지위(-知委)명 지난날, 명령했던 일을 뒤에 취소하고 중지시키던 일.
푸짐-하다형여 푸지고 소담하다. **푸짐-히**부.

푸집개[-깨]명 병장기를 덮는 물건.
푸짓-잇[-진닏]명 '이불잇'의 궁중말. *푸짓잇이[-진니시]·푸짓잇만[-진닌-]
푸ᄌᆞ명 〈옛〉점포. 가게. ¶이제 푸ᄌᆞ에 사라 가쟈(朴解下43).
푸코^전ː류(Foucault電流)[-절-]명 ☞맴돌이 전류.
푸코^진ː자(Foucault振子)명 지구의 자전 관측에 쓰이는 단진자(單振子). 오래 진동시키는 동안 지구 자전의 영향으로 진동면이 회전함.
푸푸부 ①입김을 연달아 내뿜는 소리. ②입 안에 품었던 물 따위를 연달아 내뿜는 소리.
푸ː-하다형여 속이 옹골차지 못하고 들떠 있어 불룩하다. ¶푸하게 부피만 크니 꼭꼭 쟁여 넣어라.
푹부 ①드러나지 않도록 잘 싸거나 덮는 모양. ¶이불을 푹 뒤집어쓰다. ②아주 깊고 푸근한 상태. ¶잠을 푹 자다. ③흠씬 익을 정도로 끓이거나 삶는 모양. ¶푹 고아 낸 곰국. ④속속들이 삭거나 썩은 모양. ¶두엄이 푹 썩었다. ⑤힘 있게 깊이 찌르는 모양. ¶젓가락으로 찐 고구마를 푹 찌르다. ⑥수렁 따위에 갑자기 빠지는 모양. ¶개펄에 발이 푹 빠지다. ⑦깊고 뚜렷하게 팬 모양. ¶마당이 푹 패다. ⑧힘없이 단번에 주저앉거나 쓰러지는 모양. ¶땅바닥에 푹 주저앉다. ⑨수북하게 떠 담거나 한꺼번에 쏟아지는 모양. ¶모래를 한 삽 푹 뜨다. ⑩고개를 아주 깊이 숙이는 모양. 작폭². **푹-푹**부 ¶빨래를 푹푹 삶다./날씨가 푹푹 찌다./여기저기 푹푹 쑤시다.
푹석[-썩]부하자 ①온통 곪아서 썩은 모양. ¶쌓아 놓은 배추가 푹석 썩었다. ②몸피가 큰 것이 맥없이 주저앉는 모양. ¶그 자리에 푹석 주저앉다. ③부피가 엉성하고 단단하지 못한 물건이 쉽게 부스러지거나 꺼지거나 하는 모양, 또는 그 소리. ¶오래된 헛간이 푹석 내려앉다. 작폭삭. **푹석-푹석**부하자.
푹신-푹신[-씬-씬]부하형 매우 푹신한 모양. ¶푹신푹신한 침대. 작폭신폭신.
푹신-하다[-씬-]형여 매우 부드럽고 탄력성이 있어 두꺼운 솜 위에 앉을 때와 같은 편안한 느낌이 있다. ¶푹신한 이불. 작폭신하다. **푹신-히**부.
푹푹-하다[-푸카-]형여 종이나 피륙 따위가 두툼하고 헤식어서 단단하지 못하다.
푹-하다[푸카-]형여 (겨울 날씨가) 춥지 아니하고 따뜻하다.
푼ː(←分)의 ①옛날 엽전의 단위. 한 돈의 10분의 1. ¶한 냥 서 푼. ②적은 액수의 금액. ¶몇 푼 안 되는 돈. ③무게의 단위. 한 돈의 10분의 1. ¶두 돈 닷 푼. ④길이의 단위. 한 치의 10분의 1. ¶세 치 두 푼. ⑤백분율의 단위. 1할의 10분의 1. ¶이 할 삼 푼.
푼ː-거리명 땔나무 또는 다른 물건을 몇 푼어치씩 팔고 사는 일. 푼내기.
푼ː거리-나무명 푼거리로 팔고 사는 땔나무. 준푼나무.
푼ː거리-질명하자 푼거리로 땔나무나 물건을 감질나게 사 쓰는 일. 대푼거리질.
푼ː-끌명 날의 너비가 한 푼 또는 두 푼쯤 되는 작은 끌.
푼ː-나무명 〈푼거리나무〉의 준말.
푼ː-내기명 ①(노름에) 몇 푼의 돈으로 하는 조그만 내기. ②☞푼거리.
푼ː내기-흥정명하자 푼돈을 가지고 하는 잔흥정.
푼더분-하다형여 ①얼굴이 투실투실하여 복성스럽다. ②여유가 있고 넉넉하다. ¶살림이 푼더분한 집안. **푼더분-히**부.
푼ː-돈[-똔]명 많지 않은 몇 푼의 돈. ↔모갯돈.
푼ː리(-厘)[풀-]명 '분리(分厘)'의 변한말.
푼ː-물명 지난날, (물장수에게 대어 놓고 사지 않고) 이따금 사던 한두 지게의 물.
푼ː-빵명 한 짐에 얼마씩으로 정하여, 흙 파는 일 따위를 맡기는 날품.
푼사(-絲)명 수(繡)를 놓는 데 쓰는, 꼬지 않은 명주실. 퓨사실.
푼ː사(←分-)의 돈을 몇 돈이라고 셀 때, 한 돈이 못 되는 나머지 몇 푼. ¶서 돈 푼사.
푼사-실(-絲-)명 ☞푼사.
푼ː수(←分數)명 ①얼마에 상당한 정도 또는 능력. ¶혼자서 두 사람 푼수는 해낸다./자신의 푼수를 알아야지. ②됨됨이. 자격. ¶그 일을 해낼 만한 푼수가 못 된다. ③상태나 형편. ¶세간 푼수가 초라하다. ④생각이 모자라거나 어리석은 사람을 조롱조로 이르는 말.
푼-전(-錢)명 '푼돈'의 잘못.
푼ː전-입미(←分錢粒米)[-저님-]명 〈분전입미(分錢粒米)〉의 변한말.
푼ː주명 아가리가 넓고 밑이 좁은 사기그릇.
푼ː-치명 〔길이의 '푼'과 '치' 사이를 이르는 말로〕 '얼마 되지 않는 차이'를 이르는 말. ¶푼치를 다투다.
푼침(-針)명 '분침(分針)'의 잘못.
푼칭(-秤)명 '분칭(分秤)'의 잘못.
푼ː푼-이부 한 푼씩 한 푼씩. ¶푼푼이 모은 돈.
푼푼-하다형여 ①여유가 있고 넉넉하다. ¶여비가 푼푼하다. ②옹졸하지 않고 너그러우며 시원스럽다. ¶푼푼한 성격. ①**푼푼-히**부.
풀-소[-쏘]명 여름에 생풀만 먹고 사는 소. 힘도 잘 쓰지 못하고 고기도 맛이 없음.
풀¹명 주로, 전분질로 만드는 접착제의 한 가지. 물건을 붙이거나 피륙에 먹여 빳빳하게 하는 데 쓰임.
풀 방구리에 쥐 드나들듯속담 '자주 들락날락하는 모양'을 비유하여 이르는 말.
풀(을) 먹이다관용 옷이나 천 따위를 묽게 갠 풀물에 넣고 주물러 풀이 배어들게 하다.
풀(이) 서다관용 풀을 먹이어 피륙이 빳빳해지다. ¶빳빳하게 풀이 선 와이셔츠 칼라.
풀²명 〈풀기〉의 준말. ¶풀이 꺾이다.
풀이 죽다관용 활기나 기세가 꺾이어 맥이 없다.
풀³명 ①줄기가 연하고 물기가 많아 목질(木質)을 이루지 않는 식물을 통틀어 이르는 말. 〔일년초·이년초·다년초로 나뉨.〕 ¶풀을 베다. ②〈갈풀〉의 준말.
풀 끝에 앉은 새 몸이라속담 '안심이 안 되고 불안한 처지에 있음'을 비유하여 이르는 말.
풀 베기 싫어하는 놈이 단 수만 센다속담 '하던 일이 싫증 나서 해 놓은 성과만 헤아리고 있음'을 비꼬아 이르는 말.
풀ː(pool)명 ①수영장. ②둘 이상의 기업체가 과당 경쟁을 막고 이해를 조정하는 공동 계산.
풀-가동(full稼動)명하타 (인력이나 기계·설비 등을) 있는 대로 다 가동함, 또는 하루 종일 가동함. ¶공장을 풀가동하다.
풀-가사리[-까-]명 풀가사릿과의 한 가지. 주로, 겨울철에 밀물과 썰물이 드나드는 바윗돌에 붙어 번식하는 끈끈하고 누르스름한 바닷말. 길이 6 cm가량. 삶은 물은 명주나 비단 따위의 좋은 풀로 쓰임. 풀가시. 준가사리.

풀-가시[-까-]명 ☞풀가사리.

풀-갓[-깓]명 풀이나 갈풀 따위를 가꾸는 땅이나 산. *풀갓이[-까시]·풀갓만[-깐-]

풀-기(-氣)[-끼]명 ①풀을 먹여 빳빳해진 기운. ②사람의 씩씩하고 활발한 기운. ¶ 풀기 없는 목소리. ②준풀2.

풀-꺾다[-꺽따]자 (모낼 논에 거름할) 갈풀을 베다.

풀-꺾이명하자 (모낼 논에 거름할) 갈풀을 베는 일.

풀-꽃[-꼳]명 ①초본(草本) 식물의 꽃. ②산이나 들에 저절로 나는 풀의 꽃. *풀꽃이[-꼬치]·풀꽃만[-꼰-]

풀다[푸니·풀어]타 ①(매이거나 얽히거나 묶인 것을) 끄르거나 흐트러뜨리다. ¶ 매듭을 풀다. /보따리를 풀다. ↔맺다. ②(무엇을 찾게 하려고) 모여 있는 것을 헤쳐 흩어지게 하다. ¶ 사람을 풀어 찾게 하다. /개를 풀어 도둑을 쫓다. ③제한하거나 금지했던 것을 본디대로 자유롭게 하다. ¶ 통금을 풀다. ④(가루 따위를) 액체에 타서 고루 섞다. ¶ 물에 가루비누를 풀다. ⑤마음에 맺히거나 품은 것을 삭이거나 이루어지게 하다. ¶ 분을 풀다. /소원을 풀다. ⑥(피로나 술기운 따위를) 가시게 하다. 사라지게 하다. ¶ 피로를 풀다. /해장국으로 술기운을 풀다. ⑦어떤 이치나 문제를 밝혀 내거나 답을 얻다. ¶ 수수께끼를 풀다. /수학 문제를 풀다. ⑧생땅을 일구거나, 밭을 논으로 만들다. ¶ 물을 끌어 논을 풀다. ⑨코 안에 고인 진액을 세게 밖으로 밀어내다. ¶ 코를 풀다. ⑩점이나 꿈의 길흉을 밝혀 말하다. ¶ 점괘를 풀다. ⑪(돈이나 자금을) 방출하다. ¶ 자금을 풀다.

풀-대님[-때-]명하자 한복 바지를 입고 대님을 매지 않은 채 그대로 터놓는 일.

풀-독(-毒)[-똑]명 풀의 독기. ¶ 발목에 풀독이 오르다.

풀-등명 강물 속에 모래가 쌓이고 그 위에 풀이 우북하게 난 곳.

풀떡부하자 힘을 모아 크고 탄력 있게 뛰는 모양. ¶ 개구리가 풀떡 뛰어 달아나다. 작폴딱. **풀떡-풀떡**부하자.

풀떡-거리다[-꺼-]자 자꾸 풀떡풀떡하다. 풀떡대다. 작폴딱거리다.

풀떡-대다[-때-]자 풀떡거리다.

풀-떨기명 풀이 우거져 이룬 떨기.

풀떼기명 잡곡의 가루로 풀처럼 쑨 죽.

풀럭부하자타 크고 두꺼운 천 따위가 바람에 날리어 세게 나부끼는 모양. ¶ 바람에 깃발이 풀럭 움직인다. 작폴락. **풀럭-풀럭**부하자타.

풀럭-거리다[-꺼-]자타 자꾸 풀럭풀럭하다. 풀럭대다. 작폴락거리다.

풀럭-대다[-때-]자타 풀럭거리다.

풀렁부하자타 크고 두꺼운 천 같은 것이 바람에 날리어 좀 천천히 나부끼는 모양. 작폴랑. **풀렁-풀렁**부하자타.

풀렁-거리다자타 자꾸 풀렁풀렁하다. 풀렁대다. 작폴랑거리다.

풀렁-대다자타 풀렁거리다.

풀려-나다자 (갇히거나 구속받던 상태에서 벗어나) 자유로운 상태가 되다. 풀려나오다. ¶ 인질이 무사히 풀려나다.

풀려-나오다자 풀려나다.

풀-리다자 ①『'풀다'의 피동』 ㉠(얽혔거나 매였거나 묶인 것이) 풀어지다. ¶ 헝클어진 실타래가 잘 풀리다. /어지럽게 얽혔던 사건이 잘 풀리다. ㉡기운이나 기강이 느슨해지다. ¶ 맥이 탁 풀리다. ㉢(건강 상태의) 맺힌 것이 삭아서 원상태로 되다. ¶ 멍이 풀리다. /피로가 다 풀렸다. ㉣한이 해소되다. 의심이 사라지다. ¶ 원한이 풀리다. ㉤어려운 이치나 문제가 밝혀지다. ¶ 수수께끼가 풀리다. ㉥액체에 넣은 가루 따위가 잘 섞이어지다. ¶ 가루가 물에 잘 풀리다. ㉦금지 사항이 없어져 원상대로 되다. ¶ 통금이 풀리다. ㉧(갇히거나 구속받던 상태에서 벗어나) 자유의 몸이 되다. ¶ 갇혔던 몸이 풀리다. ㉨(돈이나 자금이) 방출되다. ¶ 시중에 돈이 풀리다. ②얼었던 것이 녹다. 추위가 누그러지다. ¶ 우수가 지나야 한강 물이 풀린다. /추위가 한결 풀리다. ③(눈동자 따위가) 또렷하지 못하고 흐려지다. ¶ 눈이 풀리다.

풀-막(-幕)명 물가나 산기슭에 뜸집처럼 임시로 지은 막.

풀매명 풀쌀을 가는 데에 쓰이는 작은 맷돌.

풀-매기명하자 잡초를 뽑아 없애는 일.

풀-매듭명 풀기 쉽거나 저절로 풀릴 수 있게 매어진 매듭. ↔옭매듭.

풀-머리명하자 머리털을 땋거나 걷어 올리지 않고 풂, 또는 그런 머리털.

풀-멸구명 멸굿과의 곤충. 작은 매미 비슷한데 몸길이 6 mm가량. 몸빛은 누른빛을 띤 녹색이며, 몸은 가늘고 긺. 벼에 황위병(黃萎病)이나 위축병을 옮기는 해충임.

풀-모명 모풀로 거름한 못자리.

풀무명 불을 피울 때 바람을 일으키는 기구. 야로(冶爐). 풍구. 풍상(風箱).

풀무-질명하자 풀무로 바람을 일으키는 일. 풍구질.

풀-무치명 메뚜깃과의 곤충. 몸길이 6 cm가량. 몸빛은 황갈색 또는 녹색이며 앞날개에 불규칙한 흑갈색 무늬가 있음. 전 세계에 분포함.

풀-밭[-받]명 잡풀이 많이 난 땅. *풀밭이[-바치]·풀밭을[-바틀]·풀밭만[-반-]

풀백(fullback)명 축구에서, 골키퍼 앞에서 수비를 담당하는 선수, 또는 그 수비 위치.

풀-벌명 풀이 많이 난 벌판. 비초원(草原).

풀-벌레명 풀숲에서 사는 벌레.

풀^베이스(full+base)명 야구의 '만루(滿壘)'.

풀-보기명하자 혼인한 며칠 뒤에 새색시가 간단한 예장(禮裝)으로 시부모를 뵙는 예식, 또는 그 일.

풀-비[-삐]명 볏짚의 이삭으로 맨 작은 비. 귀얄 대신 씀.

풀-빛[-삗]명 녹색에 노란빛이 연하게 섞인 빛깔. 풀색. *풀빛이[-삐치]·풀빛만[-삔-]

풀-뿌리명 풀의 뿌리. 초근(草根). ¶ 풀뿌리를 캐다. /하루하루 풀뿌리로 연명하다.

풀-색(-色)[-쌕]명 풀빛.

풀^세트(full set)명 테니스·탁구·배구·배드민턴 등에서, 승부가 마지막 세트까지 가는 일.

풀-솜[-쏨]명 허드레 고치를 삶아 늘여 만든 솜. 설면자(雪綿子).

풀솜-할머니[-쏨-]명 '외할머니'의 곁말.

풀-숲[-숩]명 풀이 우거진 수풀. *풀숲이[-수피]·풀숲만[-숨-]

풀-스위치(pull switch)명 스위치의 한 가지. 전등 따위에서 늘어뜨린 끈을 당겨서 끄고 켜는 장치.

풀^스윙(full swing)명 야구·골프 등에서, 공을 멀리 보내기 위하여 배트나 골프채를 길게 잡고 있는 힘을 다하여 힘껏 휘두르는 일.

풀-싸움명하자 ①풀을 많이 뜯는 것으로 내기를 하는 아이들 놀이의 한 가지. 투초(鬪草). ②거름감으로 풀을 베다가 다른 동리의 영역을 침범한 까닭으로 일어나는 싸움.
풀-쌀명 ①무리풀을 갈기 위해 물에 불린 쌀. ②풀을 쑤기 위한 쌀.
풀썩부하자 ①먼지나 연기 따위가 갑자기 뭉키어 일어나는 모양. ②맥없이 주저앉거나 내려앉는 모양. 작폴싹. **풀썩-풀썩**부하자.
풀썩-거리다[-꺼-]자 자꾸 풀썩풀썩하다. 풀썩대다. 작폴싹거리다.
풀썩-대다[-때-]자 풀썩거리다.
풀-쐐기명 불나방의 유충. 누에와 비슷한데, 온몸에 거친 털이 빽빽함. 몸빛은 검푸름. 쐐기[2].
풀쑥부 〈불쑥〉의 거센말.
풀-씨명 풀의 씨.
풀어-내다타 ①얽힌 것들을 끌러 내다. ¶ 매듭을 풀어내다. ②어떤 이치나 문제를 깊이 연구하여 밝혀내다. ¶ 암호문을 풀어내다. ③☞풀어먹이다.
풀어-놓다[-노타]타 여러 곳에 비밀히 사람을 배치하여 두다. ¶ 온 시내에 형사를 풀어놓다.
풀어-먹다[-따]타 써먹다.
풀어-먹이다타 무속에서, 귀책(鬼責)이 있는 병에 죽을 쑤어 버리거나 무당이나 판수를 시켜 푸닥거리를 하여 풀다. 풀어내다.
풀어쓰-기명 한글의 자형(字形)을 풀어헤쳐 첫소리·가운뎃소리·끝소리를 그 차례대로 쓰는 방식. 〔'한글'을 'ㅎㅏㄴㄱㅡㄹ'로 쓰는 따위.〕
풀어-쓰다[~쓰니·~써]타 한글의 자형을 풀어헤쳐 첫소리·가운뎃소리·끝소리를 그 차례대로 쓰다.
풀어-지다자 ①(매였거나 묶였거나 얽힌 것이) 풀리게 되다. 풀리다. ¶ 옷고름이 풀어지다./매듭이 풀어지다. ②질기거나 단단한 것이 흐늘흐늘해지다. ¶ 국수를 오래 두었더니 다 풀어져 버렸다. ③원한이나 의심 따위가 해소되다. 마음이 가라앉은 상태가 되다. ¶ 서로의 감정이 풀어지다. ④복잡하거나 어려운 일이 밝혀지거나 해결되다. ¶ 오해가 풀어지다. ⑤액체에 다른 것을 넣었을 때 잘 섞이어지다. ¶ 물에 물감이 잘 풀어지다. /설탕물에 탄 미숫가루가 잘 풀어지다. ⑥추위가 누그러지다. ¶ 날씨가 풀어지다. ⑦(눈동자가) 초점이 없이 거슴츠레해지다.
풀어-헤치다타 속마음 따위를 거침없이 털어놓거나 드러내어 밝히다. ¶ 가슴을 풀어헤치고 이야기해 보자.
풀오ː버(pullover)명 머리로부터 입는, 소매가 달린 스웨터.
풀이명하타되자 ①알기 쉽게 쉬운 말로 밝혀 말함. ¶ 낱말 풀이. ②어떤 문제가 요구하는 답을 얻어 냄, 또는 그 답. ¶ 다음 문제를 풀이하라.
풀이-마디명 ☞서술절(敍述節).
풀이-말명 ☞서술어(敍述語).
풀이-씨명 ☞용언(用言).
풀-잎[-립]명 풀의 잎. 초엽(草葉). * 풀잎이[-리피]·풀잎만[-림-]
풀잎-피리[-립-]명 입술 사이에 대거나 물고 불어서 피리처럼 소리가 나게 하는 풀잎. 풀피리. 호가(胡笳).
풀잠자리-목(-目)명 곤충강의 한 목(目). 연하고 약한 몸을 가진 원시적인 곤충으로, 앞뒤 날개가 투명하고 얇으며, 그물 모양의 시맥(翅脈)이 많음. 〔뿔잠자릿과·명주잠자릿과·풀잠자릿과 등.〕
풀-장(pool場)명 수영장.
풀-젓개[-전깨]명 풀을 쑬 때에 휘젓는 막대.
풀-질명하자 무엇을 붙이거나 바를 때, 풀을 바르는 일.
풀-집[-찝]명 지난날, 쌀풀을 쑤어 덩이로 팔던 집.
풀쩍부 ①하자몸피가 큰 것이 가볍고 힘 있게 뛰는 모양. ¶ 축대 위에서 풀쩍 뛰어내리다. ②하타여닫이 따위를 갑작스레 열거나 닫는 모양. 작폴짝. **풀쩍-풀쩍**부하자타.
풀쩍-거리다[-꺼-]자타 자꾸 풀쩍풀쩍하다. 풀쩍대다. 작폴짝거리다.
풀쩍-대다[-때-]자타 풀쩍거리다.
풀-초(-草)명 한자 부수의 한 가지. '芻'·'艸' 등에서의 '艸'의 이름. '花'·'茶' 등에서 쓰일 때는 자형이 '艹'로, 명칭은 '초두머리'로 바뀜.
풀치명 갈치의 새끼.
풀-치다타 맺혔던 마음을 돌려 너그럽게 용서하다.
풀-치마명 좌우로 선단이 있어 둘러 입게 된 치마. ↔통치마.
풀-칠(-漆)명하자 ①종이 따위를 붙이기 위해 풀을 바르는 일. ¶ 우표에 풀칠을 하다. ②'근근이 먹고삶'을 이르는 말. ¶ 입에 풀칠하기도 힘들다.
풀-칼명 된 풀질을 할 때 쓰는, 칼 모양의 물건. 대오리나 얇은 나무오리로 만듦.
풀-코ː스(full course)명 ①주로 서양 요리에서, 일정한 순서로 짜인 식단. ②마라톤에서, 전체의 구간. 곧, 42.195 km의 거리.
풀-판(-板)명 풀을 개어 놓는 널조각.
풀-포수(-泡水)명하자 갈모·쌈지·유삼(油衫) 따위를 만들 때, 기름으로 결기 전에 묽은 풀을 먼저 바르는 일.
풀풀부 ①많은 물이 자꾸 끓어오르는 모양. ¶ 찻물이 풀풀 끓어오르다. ②기운차게 날거나 뛰는 모양. ¶ 힘찬 동작으로 풀풀 날고 뛰다. ③눈이나 먼지 따위가 흩날리는 모양. ¶ 이른 봄에 눈이 풀풀 날린다. ④냄새 따위가 자꾸 나는 모양. 작폴폴.
풀풀-하다형여 참을성이 적고 괄괄하다.
풀-피리명 ☞풀잎피리.
풀-하다자여 ①옷이나 피륙에 풀 먹이는 일을 하다. ②〈갈풀하다〉의 준말.
풀-해마(-海馬)명 실고깃과의 바닷물고기. 몸길이 130 cm가량. 몸은 가늘고 긴데, 가느다란 촉수가 있고, 몸빛은 어두운 녹갈색임. 만(灣) 안의 해조(海藻) 사이에 삶. 우리나라와 일본에 분포함.
풀-협죽도(-夾竹桃)[-쭉또]명 꽃고빗과의 다년초. 북아메리카 원산의 관상용 식물. 줄기 높이는 1 m가량이며, 잎은 마주나거나 세 잎씩 돌려남. 여름에 홍자색이나 백색 꽃이 핌.
품[1]명 어떤 일을 하는 데 드는 노력이나 수고. ¶ 품이 많이 드는 일.
품(을) 갚다관용 자기가 받은 품의 갚음으로 상대편에게 품을 제공하다.
품(을) 앗다관용 자기가 제공한 품에 대한 갚음으로 상대편의 품을 받다.
품(을) 팔다관용 품삯을 받고 일을 해 주다.
품[2]명 ①윗옷의 왼쪽 겨드랑이 밑에서 오른쪽 겨드랑이 밑까지의 넓이. ¶ 품이 맞다./품을 줄이다. ②윗옷을 입었을 때, 가슴과 옷과의 틈. ¶ 품에 감추다. ③두 팔을 벌려 안아 주는 가슴. ¶ 엄마 품에 안기다. ④'따뜻이 감싸 주거나 위안을 받을 수 있는 환경'을 비유하여 이르는 말. ¶ 조국의 품에 안기다. /고향의 품으로 돌아가다.

품[3]의 《용언의 관형사형 어미 '-ㄴ(은)·-는' 뒤에 쓰이어》 동작이나 됨됨이·꼴 따위의 뜻을 나타내는 말. 품새. ¶ 말하는 품이 신사답다. /새침하게 흐린 품이 눈이 올 듯했다.

품:(品) Ⅰ명 ①〈품질(品質)〉의 준말. ②〈품격〉·〈품위[1]〉의 준말. ③〈직품(職品)〉의 준말.
Ⅱ의 품계(品階)의 순위를 나타내던 말.

-품(品)접미 《일부 명사 뒤에 붙어》 '물품(物品)'의 뜻을 나타냄. ¶ 생산품. /생활필수품. /토산품. /특산품.

품-값[-깝]명 품에 대한 대가(代價). ¶ 품값이 비싸다. * 품값이[-깝씨]·품값만[-깜-]

품-갚음명하자 남에게 도움 받은 것을 그대로 갚음.

품:건(品件)[-껀]명 품질이 좋은 물건.

품:격(品格)[-껵]명 사람이나 물건에서 느껴지는 품위. ¶ 품격이 높은 산수화. 준품(品).

품:결(稟決)명하타 품고(稟告)하여 처결함.

품:계(品階)[-계/-게]명 왕조 때의 벼슬의 등급. 고려·조선 시대에는 문·무관 다 같이 일품(一品)에서 구품(九品)까지 아홉 등급으로 가르고, 각 등급을 정(正)·종(從)의 두 가지로 갈라서, 모두 열여덟 등급으로 구분하였음.

품:고(稟告)명하타 웃어른이나 상사(上司)에게 여쭘. 품달(稟達).

품:관(品官)명 품계(品階)를 가진 관리를 통틀어 이르는 말.

품:관(品冠)명 왕조 때, 벼슬의 품계에 따라 쓰던 관(冠).

품:귀(品貴)명하형 물건이 귀함. ¶ 수요 과잉으로 에어컨이 품귀 현상을 빚다.

품:급(品級)명 벼슬의 등급.

품-꾼명 〈품팔이꾼〉의 준말.

품:다[1][-따]타 ①(무엇을) 품속에 넣거나 가슴에 안다. ¶ 암탉이 알을 품다. ②함유하다. 포함하다. ¶ 물기를 많이 품고 있다. ③(어떤 생각이나 감정을) 마음속에 가지다. ¶ 큰 뜻을 품다. /원한을 품다.

품다[2][-따]타 모시풀의 껍질을 품칼로 벗기다.

품다[3][-따]타 괴어 있는 물을 계속해서 많이 푸다. ¶ 양수기로 물을 품어 내다.

품:달(稟達)명하타 ☞품고(稟告).

품:대(品帶)명 왕조 때, 벼슬아치의 품계 및 옷에 따라 갖추어 두르던 띠.

품-돈[-똔]명 품삯으로 받는 돈.

품:등(品等)명 품질과 등급.

품:등(品燈)[-뜽]명 왕조 때, 벼슬아치가 그 품계에 따라 들고 다니던 사롱(紗籠).

품렬(品劣) '품렬하다'의 어근.

품:렬-하다(品劣-)[-녈-]형여 품성이나 품질이 낮다.

품:령(稟令)[-녕]명 왕세자가 섭정(攝政)할 때에 내리던 영지(令旨).

품:류(品類)[-뉴]명 물품의 여러 가지 종류. ¶ 다양한 품류.

품:명(品名)명 물품의 이름.

품:목(品目)명 품종의 명목(항목). ¶ 다양한 품목.

품:목(稟目)명 상관에게 여쭙는 글.

품:반(品班)명 대궐 안 정전(正殿)의 앞뜰에 백관(百官)이 정렬하던 차례.

품:별(品別)명하타되자 품질이나 품종에 따라 구별함, 또는 그러한 구별.

품:부(稟賦)명하타 선천적으로 타고남. 품수(稟受).

품:사(品詞)명 단어를 문법상의 의미·기능·형태에 따라 분류한 갈래. 곧, 성질이 공통된 단어끼리 모아 놓은 단어의 갈래. 씨[3].

품:사-론(品詞論)명 문장에 쓰인 단어의 성질에 따라 그 의미·기능·형태 따위를 연구하는 문법의 한 분야. 씨갈.

품:사^전:성(品詞轉成)명 한 단어가 본디와는 다른 문법상의 성질을 가져 딴 품사로 되는 일. 〔'밤과 낮'이라는 뜻의 명사 '밤낮'이 '늘·항상'이란 뜻의 부사로 쓰이는 경우나, '높다'라는 형용사가 '높이다'라는 동사로 되는 따위.〕 준전성.

품-삯[-싹]명 품팔이에 대한 대가. 삯. 고가(雇價). 노비(勞費). 노임(勞賃). ¶ 품삯이 후하다. /밀린 품삯을 받다. * 품삯이[-싹씨]·품삯만[-쌍-]

품새[1]명 ☞품세.

품-새[2]의 ☞품[3]. ¶ 옷 입은 품새가 단정하다.

품:석(品石)명 조선 시대에, 대궐의 정전(正殿) 앞뜰에 품계를 새겨서 세웠던, 돌로 만든 표(標).

품:석(品席)명 왕조 때, 벼슬아치가 품계에 따라 깔던 방석.

품:성(品性)명 사람된 바탕과 성질. 성격. ¶ 도덕적 품성을 도야하다. 비인격(人格)·인품(人品).

품:성(稟性)명 타고난 성품(性品). 부성(賦性). ¶ 품성이 온화하고 겸손한 청년.

품세명 태권도에서, 겨루는 상대가 없이 공격과 방어 기술을 익힐 수 있도록 구성해 놓은 연속 동작 형식. 품새[1].

품-셈명 어떤 물체를 인력이나 기계로 만드는 데 드는, 단위당 노력과 능률 및 재료를 수량으로 나타낸 것.

품-속[-쏙]명 품의 속, 또는 품고 있는 속내. ¶ 품속의 깊은 뜻. /밀서를 품속에 감추다.

품:수(品數)[-쑤]명 품계의 차례.

품:수(稟受)명하타 ☞품부(稟賦).

품:신(稟申)명하타 (윗사람에게) 여쭘. 아룀.

품:안(品案)명 왕조 때, 벼슬아치의 성명을 그 직품의 차례대로 기록한 문서.

품-앗이명하자 힘드는 일을 서로 거들어 주면서 품을 지고 갚고 하는 일. ¶ 품앗이로 이웃집의 논일을 하다.

품:위(品位)[1]명 ①사람이 갖추어야 할 기품이나 위엄. ¶ 품위를 지키다. /품위를 잃지 않는 행동. ②사람이나 사물이 지닌 격이 높고 고상한 인상. ¶ 세련되고 품위 있는 장롱. ③직품(職品)과 직위(職位). 준품(品).

품:위(品位)[2]명 ①금은화(金銀貨)에 포함되어 있는 금 또는 은의 비율. ¶ 품위 증명. ②광석에 함유된 유용 광물의 정도에 따라 매겨지는 광석의 등급. 〔특히, 다이아몬드의 품질을 나타냄.〕

품:의(稟議)[푸믜/푸미]명하타 웃어른이나 상사(上司)에게 여쭈어 의논함. 비상신(上申).

품:의-서(稟議書)[푸믜-/푸미-]명 품의 사항을 적은 문서. 비상신서(上申書).

품:재(品才)명 성품과 재질.

품:재(稟才)명 타고난 재주.

품:절(品切)명하자되자 ☞절품(切品).

품:정(品定)명하타 물건의 품질(品質)의 좋고 나쁨을 정함.

품:정(稟定)명하타 웃어른이나 상사(上司)에게 여쭈어 의논하여 결정함.

품:제(品題)명 ☞제품(題品).

품ː종(品種)명 ①물품의 종류. ②분류학상 같은 종(種)의 생물을 그 특성으로 다시 세분한 최소의 단위를 이르는 말. ¶ 품종 개량. ③유전적 개량에 의한 식물의 새로운 개체군(個體群)을 이르는 말.

품ː지(稟旨)명 상주(上奏)하여 그 답으로 받는 임금의 말씀.

품ː질(品質)명 물품의 성질과 바탕. ¶ 품질 개선. 준품(品).

품ː질^관리(品質管理)[-괄-]명 기업에서, 수요자의 요구에 맞는 제품을 경제적으로 생산하기 위하여 통계적인 수단을 활용하여 제품의 품질 분석·기술 검토 등을 하는 과학적인 관리 체계, 또는 그러한 활동.

품ː질^표시(品質表示)명 (소비자에게 상품의 품질을 알리기 위하여) 상품의 내용과 특징을 상품에 표시하여 보인 것.

품ː처(稟處)명하타 웃어른께 아뢰고 처리함.

품-칼명 모시풀의 껍질을 벗기는 데 쓰이는 조그만 칼.

품-팔이명하자 품삯을 받고 남의 일을 해 주는 일. 고공(雇工). 삯팔이.

품팔이-꾼명 품팔이를 하여 살아가는 사람. 삯팔이꾼. 준품꾼.

품ː평(品評)명하타 품질에 대해 평가하는 일. ¶ 신제품에 대한 소비자들의 품평이 좋다.

품ː평-회(品評會)[-회/-훼]명 일정한 종류의 산물(産物)이나 제품을 모아 그 품질을 평가하는 모임. ¶ 품평회를 열다.

품ː-하다(稟-)타여 웃어른이나 상사에게 그 의견을 듣기 위해 말씀을 여쭈다.

품ː행(品行)명 성품과 행실. 행장(行狀)[1]. ¶ 품행이 단정하다.

풋-[푿]접두 《일부 명사 앞에 붙어》 '덜 익은 것', '미숙한 것' 등의 뜻을 나타냄. ¶ 풋사과. /풋장기.

풋-감[푿깜]명 푸르고 덜 익은 감.

풋-거름[푿꺼-]명 ①☞녹비(綠肥). ②충분히 썩지 않은 거름.

풋-것[푿껃]명 ①그해 들어 처음으로 익은 곡식·과실·나물 따위를 통틀어 이르는 말. ②아직 덜 익은 곡식·과실·나물 따위를 이르는 말. ＊풋것이[푿꺼시]·풋것만[푿껀-]

풋-게[푿께]명 아직 장이 들지 않은 게.

풋-고추[푿꼬-]명 빛이 푸르고 아직 익지 않은 고추. 청고초(青苦椒).

풋고추 절이김치속담 〔절이김치에는 풋고추가 가장 적당하다는 데서〕 '사이가 매우 좋아 언제나 어울려 다니는 사람'을 이르는 말.

풋-곡(-穀)[푿꼭]명 〈풋곡식〉의 준말.

풋-곡식(-穀食)[푿꼭씩]명 덜 익은 곡식. 준풋곡.

풋-과실(-果實)[푿꽈-]명 풋과일.

풋-과일[푿꽈-]명 익지 않은 과일. 풋과실.

풋-굿명 '호미씻이'의 잘못.

풋-김치[푿낌-]명 새로 나온 어린 배추나 무로 담근 김치.

풋-나기명 '풋내기'의 잘못.

풋-나무[푼-]명 새나무·갈잎나무·풋장 따위를 통틀어 이르는 말.

풋-나물[푼-]명 봄철에 새로 나온 나물, 또는 그것을 무친 반찬. 청채(青菜).

풋-내[푼-]명 ①풋나물이나 푸성귀 따위에서 나는 풀 냄새. ¶ 향긋한 풋내. ②'미숙하거나 어린 느낌'을 비유하여 이르는 말. ¶ 아직 풋내 나는 애송이.

풋-내기[푼-]명 경험이 없어서 일에 서투른 사람을 얕잡아 이르는 말. ¶ 풋내기 선생. 비하룻강아지. 참햇병아리.

풋-담배[푿땀-]명 ①퍼런 잎을 썰어 당장에 말린 담배. 청초(青草). ②아직 맛도 제대로 모르고 담배를 피우는 것.

풋-대추[푿때-]명 ①붉게 익지 않은 대추. ②말리지 않은 대추.

풋-되다[푿뙤-/푿뛔-]형 어리고 경험이나 분별이 적다. ¶ 나이만 먹었을 뿐 아직도 풋되기만 하다.

풋-마늘[푼-]명 아직 덜 여문 마늘.

풋-머리[푼-]명 곡식·과실 따위의 제철이 되기 이전의, 맏물 정도가 나돌 무렵. ¶ 풋머리 수박. /풋머리 감자라 맛이 아직 아리다.

풋-머슴명 '선머슴'의 잘못.

풋-바둑[푿빠-]명 (배운 지 얼마 안 되어) 서투른 바둑 솜씨.

풋-바심[푿빠-]명하타 익기 전의 곡식을 지레 베어 떨거나 훑는 일. 바심[2].

풋-밤[푿빰]명 덜 익은 밤.

풋-밭[푿빧]명 윷판의 도밭에서 윷밭까지의 밭. ＊풋밭이[푿빠치]·풋밭을[푿빠틀]·풋밭만[푿빤-]

풋-벼[푿뼈]명 아직 여물지 않은 벼.

풋벼-바심[푿뼈-]명하자 채 익지 않은 벼를 조금 베어서 타작하는 일.

풋-보리[푿뽀-]명 아직 여물지 않은 보리.

풋볼(football)명 ①☞미식축구. ②☞럭비풋볼.

풋-사과(-沙果)[푿싸-]명 덜 익은 사과.

풋-사랑[푿싸-]명 ①철없는 나이에 느끼는 이성(異性)에 대한 사랑(애정). ②남녀 간에 정이 덜 든 들뜬 사랑.

풋-사위[푿싸-]명 윷놀이에서, 풋윷으로 나오는 큰사위. ¶ 풋사위가 판세를 뒤엎다.

풋-솜씨[푿쏨-]명 서투른 솜씨.

풋-술[푿쑬]명 아직 술맛을 제대로 모르면서 마시는 술.

풋워ː크(footwork)명 축구·권투 등에서, 발을 놀리는 재간.

풋-윷[푼늍]명 서투른 윷 솜씨. ＊풋윷이[푼뉴치]·풋윷만[푼뉸-]

풋-잠[푿짬]명 잠이 든 지 얼마 안 된 옅은 잠. ¶ 풋잠이 들다.

풋-장[푿짱]명 가을에 잡풀이나 잡목의 가지를 베어 말린 땔나무.

풋-장기(-將棋)[푿짱-]명 (배운 지 얼마 안 되어) 서투른 장기 솜씨.

풋-촉(foot燭)명 1촉광의 광원에서 1피트 떨어진 곳의 밝기.

풋-콩[푿-]명 덜 여문 콩.

풋풋-하다[푿푸타-]형여 ①풋내와 같이 싱그럽다. 싱싱하고 상큼하다. ¶ 풋풋한 국화 향기. ②생기가 있다. ¶ 풋풋한 사랑.

풍부 ①갇혀 있던 공기가 좁은 통로로 빠져나오면서 나는 소리. ②구멍이 갑자기 뚫리는 소리, 또는 그 모양. ③깊은 물에 무거운 돌이나 흙덩이 따위가 떨어지는 소리. 작퐁. **풍-풍**부하자타.

풍(風)[1]명 〈허풍(虛風)〉의 준말. ¶ 풍을 치다.

풍(風)[2]명 〔한방에서〕 ①중풍·경풍 따위와 같이, 정신이나 근육·감각에 탈이 생기는 병. ②두풍(頭風)·피풍(皮風) 따위와 같이, 원인이 분명하지 않은 살갗의 질환. ③〈풍병(風病)〉의 준말.

풍(豊)명 〈풍괘(豊卦)〉의 준말.

-풍(風)접미 일부 명사 뒤에 붙어, 그러한 풍속이나 양식·풍채 등의 뜻을 나타냄. ¶ 서구풍. /학자풍.

풍각(風角)명 팔방(八方)의 바람을 궁(宮)·상(商)·각(角)·치(徵)·우(羽)의 오음(五音)으로 구별하여 길흉을 점치는 방법과 기술.

풍각-쟁이(風角-)[-쟁-]명 장거리나 집집으로 돌아다니면서 해금을 켜거나 노래를 부르며 돈을 구걸하는 사람.

풍간(諷諫)명하타 넌지시 둘러서 말하여 잘못을 고치도록 깨우침.

풍감(風鑑)명하타 용모와 풍채로써 그 사람의 성질을 감정함.

풍객(風客)명 ①바람둥이. ②☞풍류객.

풍건(風乾)명하타 바람에 쐬어 말림.

풍걸(豐乞)명 ☞풍년거지.

풍격(風格)[-껵]명 풍채와 품격.

풍겸(豐歉)명 ☞풍흉(豐凶).

풍경(風景)명 ①☞경치(景致). ¶ 호숫가의 풍경. /풍경이 아름답다. ②어떤 정경이나 상황의 모습. ¶ 시골의 장날 풍경. ③〈풍경화(風景畫)〉의 준말.

풍경(風磬)명 처마 끝에 달아 바람에 흔들려 소리가 나게 하는 경쇠. ¶ 그윽한 풍경 소리.

풍경-치다(風磬-)자 (풍경이 울리듯이) 자꾸 들락날락하다.

풍경-화(風景畫)명 자연의 경치를 그린 그림. 준풍경.

풍계(風系)[-계/-게]명 어떤 넓은 지역에 걸쳐서 거의 규칙적으로 부는 일단(一團)의 바람. 〔무역풍·편서풍 따위.〕

풍계-묻이[-계무지/-게무지]명하자 어떤 물건을 감추어 두고 서로 찾아내는 내기를 하는 아이들의 놀이.

풍고풍하(風高風下)명 〔봄·여름은 바람이 낮고, 가을·겨울은 바람이 높다고 하여〕 한 해 동안의 기후를 이르는 말.

풍골(風骨)명 풍채와 골격. ¶ 신선의 풍골.

풍공(豐功)명 매우 큰 공.

풍광(風光)명 ☞경치(景致).

풍광-명미(風光明媚)명하형 자연의 경치가 매우 맑고 아름다움.

풍괘(豐卦)명 육십사괘의 하나. 진괘(震卦)와 이괘(離卦)를 위아래로 놓은 괘. 우레와 번개가 다 이름〔至〕을 상징함. 준풍(豐).

풍교(風敎)명 ☞풍화(風化)2.

풍구(風-)명 ①바람을 일으켜 곡물에 섞인 겨·먼지·쭉정이 따위를 날려 보내는 농구. ②☞풀무.

풍구-질(風-)명하자 ①풍구로 곡물에 섞인 겨·먼지·쭉정이 따위를 날려 보내는 일. ②☞풀무질.

풍금(風琴)명 ☞오르간.

풍기(風紀)명 풍속이나 사회도덕에 대한 기강. ¶ 풍기가 문란하다.

풍기(風氣)명 ①☞풍속(風俗). ②풍도(風度)와 기상(氣像). ③☞풍병(風病).

풍기다자타 ①냄새나 기미 따위가 퍼지다, 또는 퍼지게 하다. ¶ 멋을 풍기다. /꽃 향기가 풍기다. ②날짐승 따위가 놀라 사방으로 흩어지다, 또는 흩어지게 하다. ¶ 새 떼를 풍기다. ③곡식에 섞인 겨·먼지·검불 따위를 날리다.

풍년(豐年)명 농사가 잘된 해. 유년(有年). ¶ 풍년을 기원하다. /풍년이 들다. ↔흉년(凶年).

풍년-거지(豐年-)명 '뭇사람이 모두 이익을 보는데 자기 혼자만 빠진 것'을 비유하여 이르는 말. 풍걸(豐乞).

풍년거지 더 섧다속담 남은 다 잘사는데 자기만 어렵게 지냄이 더 서럽다는 뜻으로, 남들이 다 잘되는 것을 보고는 한층 제 처지가 서럽다는 말.

풍년-기근(豐年飢饉)명 풍년이 들었으나 곡가가 폭락하여 농민에게 타격이 심한 현상.

풍년-제(豐年祭)명 농촌에서 베푸는 제천 의식의 한 가지. 그해의 농사가 순조롭고 풍년이 들기를 기원하는 뜻에서 음력 정월 초순이나 대보름에 지냄.

풍단(風丹)명 ☞단독(丹毒).

풍담(風痰)명 한방에서, 풍증(風症)을 일으키는 담(痰), 또는 풍증으로 생기는 담을 이르는 말.

풍담(風談)명 풍류에 관한 이야기.

풍덩부 크고 무거운 물건이 깊은 물에 떨어질 때 나는 소리. 작퐁당. **풍덩-풍덩**부하자타.

풍덩-거리다자타 자꾸 풍덩풍덩하다. 풍덩대다. 작퐁당거리다.

풍덩-대다자타 풍덩거리다.

풍뎅이1명 머리에 쓰는 방한구의 한 가지. 모양이 남바위와 비슷하나 가에 모피를 좁게 댐.

풍뎅이2명 풍뎅잇과의 곤충. 몸길이 2 cm가량. 몸빛은 녹색인데 금속광택이 강함. 6~7월에 나타나며 각종 활엽수의 잎을 해침. 우리나라와 중국·일본·시베리아 등지에 분포함.

풍도(風度)명 풍채와 태도.

풍도(酆都)명 도가에서, '지옥'을 이르는 말.

풍독(風毒)명 ☞중풍(中風).

풍독(諷讀)명하타 글을 외어 읽음.

풍동(風洞)명 빠르고 센 기류를 일으키는 장치. 항공기 따위의 공기 역학적인 성질을 실험하는 데 쓰임.

풍동(風動)명하자 (바람에 불려 움직이듯) 이끌려 붙좇음. 감화됨.

풍등(豐登)명하자 농사지은 것이 썩 잘됨.

풍락-목(風落木)[-낭-]명 바람에 꺾이거나 저절로 죽은 나무. 풍절목(風折木).

풍란(風蘭)[-난]명 난초과의 상록 다년초. 바위나 고목에 붙어사는데, 관상용으로 심기도 함. 뿌리는 끈 모양이고, 잎은 넓은 선형(線形)이며 뿌리에서 두 줄로 남. 여름에 향기가 있는 흰 꽃이 핌.

풍랑(風浪)[-낭]명 ①바람과 물결. ②바람결에 따라 일어나는 물결. ¶ 풍랑이 일다.

풍랭-통(風冷痛)[-냉-]명 한방에서 이르는 잇병의 한 가지. 벌레가 먹거나 잇몸이 붓거나 하지도 않고, 이가 흔들리면서 아픈 병.

풍려(風厲)[-녀]명 ①하자바람이 세참. ②하타 부지런히 힘쓰고 게을리 하지 않음.

풍력(風力)[-녁]명 ①바람의 세기, 곧 바람의 강약의 도수(度數). 풍세(風勢). ②(동력으로서의) 바람의 힘. ¶ 풍력 발전(發電). ③사람을 감화시키는 힘.

풍력-계(風力計)[-녁꼐/-녁께]명 풍속을 측정하는 기계. 풍속계(風速計).

풍력^계급(風力階級)[-녁꼐-/-녁께-]명 바람의 세기를 눈어림으로 알 수 있도록 구별하여 정한 등급. 〔0~12의 13계급으로 나눔.〕

풍로(風爐)[-노]명 ①바람이 통하도록 아래에 구멍을 낸, 작은 화로의 한 가지. ②(등유·가스 등의 연료를 사용하는) 조리를 하기 위한 주방용 가열 기구를 두루 이르는 말.

풍뢰(風籟)[-뇌/-눼]명 바람이 숲을 지날 때 나는 소리.

풍루(風淚)[-누]명 ①바람을 눈에 받을 때 나는 눈물. ②춧농.

풍류(風流)[-뉴]명 ①㉠속되지 않고 운치가 있는 일. ¶ 풍류를 찾아 몸을 선계(仙界)에 두다. ㉡풍치를 찾아 즐기며 멋스럽게 노니는 일. 화조풍월. ¶ 풍류를 즐기다. ②'음악'을 예스럽게 이르는 말.
풍류-객(風流客)[-뉴-]명 풍류를 즐기는 사람. 풍객(風客).
풍류-랑(風流郞)[-뉴-]명 풍류를 즐기는 멋스러운 젊은 남자.
풍류바지명 〈옛〉 악공(樂工). ¶ 내 풍류바지 드리고(釋譜*24:28*).
풍류-장(風流場)[-뉴-]명 남녀가 모여 풍류를 즐기는 판(곳).
풍륜(風輪)[1][-뉸]명 ①바람의 신(神). ②불교에서 이르는, 삼륜(三輪)의 하나. 수륜(水輪)의 아래에서 이 세상을 떠받치는 원륜(圓輪).
풍륜(風輪)[2][-뉸]명 눈알의 각막과 수정체 사이에 있는 검은 고리 모양의 빈 곳. 시력을 조절함.
풍릉(風稜)[-능]명 바람의 위력.
풍림(風林)[-님]명 ①바람받이 숲. ②풍치 있는 숲.
풍림(風霖)[-님]명 바람과 비. 풍우(風雨).
풍림(楓林)[-님]명 단풍이 든 숲.
풍마(風磨)명하자 바람에 닳고 갈림.
풍마-우세(風磨雨洗)명하자 바람에 갈리고 비에 씻김.
풍만(豐滿) '풍만하다'의 어근.
풍만-하다(豐滿-)형여 ①넉넉하고 그득하다. ②몸이 투실투실하게 살지다. ¶ 풍만한 가슴.
풍매-화(風媒花)명 바람에 의하여 수분(受粉)이 되는 꽃. 〔벼·은행나무 따위의 꽃.〕 참수매화·충매화.
풍모(風貌)명 풍채와 용모. 풍재(風裁).
풍문(風聞)명 바람처럼 떠도는 소문. ¶ 풍문이 나돌다. 비풍설(風說).
풍물(風物)[1]명 ①☞경치(景致). ②한 지방의 독특한 구경거리나 산물. ¶ 풍물 기행.
풍물(風物)[2]명 ①농악(農樂)에 쓰는 꽹과리·소고·태평소·북·징·장구 따위의 악기를 통틀어 이르는 말. ②남사당패의 여섯 가지 놀음의 하나. 첫째 놀음으로 꽹과리·징·장구·태평소 따위를 치거나 불며 노는 일.
　풍물(을) 치다관용 농악을 연주하다.
풍물-놀이(風物-)[-로리]명 ☞농악(農樂).
풍물-장이(風物-)명 풍물을 만드는 공인(工人).
풍물-재비(風物-)명 풍물을 연주하는 사람.
풍물-패(風物-)명 농악에서, 풍물을 치거나 불거나 하는 사람들의 무리.
풍미(風味)명 ①음식의 좋은 맛. ¶ 고유의 풍미를 살린 음식. ②사람 됨됨이의 고상한 멋.
풍미(風靡)명하타 초목이 바람에 쓸리듯, 어떤 위세가 널리 사회를 휩쓸거나, 또는 휩쓸게 함. ¶ 일세(一世)를 풍미하다.
풍미(豐味)명 푸지고 좋은 맛.
풍미(豐美) '풍미하다'의 어근.
풍미-하다(豐美-)형여 풍만하고 아름답다.
풍박(豐薄)명 ☞후박(厚薄).
풍배(風杯)명 회전 풍속계에서, 높이 세운 축(軸)의 가지에 달린 세 개 또는 네 개의 반구형(半球形)으로 된 물체.
풍백(風伯)명 바람을 맡아 다스리는 신(神). 비렴(飛廉). 풍사(風師). 풍신(風神).
풍범-선(風帆船)명 돛을 달고 바람을 받아서 가는 큰 배.
풍병(風病)[-뼝]명 한방에서, 신경의 탈로 생기는 병을 통틀어 이르는 말. 풍기(風氣). 풍증(風症). 풍질(風疾). 준풍(風)[2].
풍부(豐富) '풍부하다'의 어근.
풍부-하다(豐富-)형여 넉넉하고 많다. ¶ 풍부한 경험. /자원이 풍부하다. /소질이 풍부하다.
　풍부-히부 ¶ 양분을 풍부히 섭취하다.
풍비(風痱)명 한방에서, 몸의 반쪽을 잘 쓰지 못하는 병을 이르는 말.
풍비(風痹)명 한방에서, 뇌척수(腦脊髓)의 탈로 몸과 팔다리가 마비되고 감각과 동작에 장애를 일으키는 병을 이르는 말.
풍비(豐備)명하타 풍부하게 갖춤. 충비(充備).
풍비-박산(風飛雹散)[-싼]명하자 사방으로 날아 흩어짐. 준풍산(風散).
풍사(風邪)명 한방에서, 바람이 병의 원인으로 작용한 것을 이르는 말.
풍사(風師)명 ☞풍백(風伯).
풍산(風散)명하자 〈풍비박산(風飛雹散)〉의 준말.
풍산(豐産)명하자 풍부하게 남, 또는 그 산물.
풍산-개(豐山-)명 개의 품종의 하나. 함경남도 풍산의 특산. 몸빛은 백색이지만 잿빛 털이 고루 섞인 것도 있음. 귀는 삼각형으로 곧추서 있고, 목은 짧고 굵으며, 꼬리는 엉덩이 위쪽으로 둥글게 말려 있음. 영리하고 용맹하여 사냥용으로 기름.
풍상(風尙)명 ①거룩한 모습. ②여러 사람의 존경을 받는 일.
풍상(風箱)명 ☞풀무.
풍상(風霜)명 ①바람과 서리. ②'세상의 모진 고난이나 고통'을 비유하여 이르는 말. ¶ 온갖 풍상을 다 겪다.
풍상우로(風霜雨露)명 바람과 서리와 비와 이슬을 아울러 이르는 말.
풍상지임(風霜之任)명 사정을 두지 않고 냉엄하게 일을 처리해야 하는 임무. 〔어사나 사법관의 임무 따위.〕
풍생-암(風生岩)명 바람에 불려 쌓인 흙과 모래가 굳어서 된 바위. 풍성암(風成岩).
풍생-층(風生層)명 ☞풍성층(風成層).
풍-서란(風-欄)명 문지방의 아래위나 문의 좌우 선단에 바람을 막기 위하여 대는 좁은 나무오리.
풍석(風席)명 ①돛을 만드는 돗자리. ②☞부뚜. ③무엇을 펴 놓고 말리는 데 쓰는 거적·멍석·맷방석 따위를 통틀어 이르는 말.
풍석-질(風席-)[-찔]명하타 ☞부뚜질.
풍선(風扇)명 ①부치거나 날개를 돌려 바람을 일으키는 제구. 〔선풍기 따위.〕 ②농구(農具)의 한 가지. 곡식을 드릴 때 바람을 내어 검불이나 티끌을 날리는 기구.
풍선(風船)명 ①종이·고무·비닐 따위로 만든 얇은 주머니 속에 가벼운 기체를 넣어 부풀려 공중으로 떠오르게 만든 물건이나 장난감. ¶ 풍선을 불다. ②☞기구(氣球).
풍선(風癬)명 ☞마른버짐.
풍설(風泄)명 한방에서, 감기로 말미암아 급하게 나는 설사병을 이르는 말.
풍설(風屑)명 ☞비듬.
풍설(風雪)명 ①바람과 눈. ②눈보라.
풍설(風說)명 항간에 떠돌아다니는 말. 비풍문.
풍성(風聲)명 ①바람 소리. ②풍격(風格)과 성망(聲望).
풍성(豐盛) '풍성하다'의 어근.
풍성-암(風成岩)명 ☞풍생암(風生岩).
풍성-층(風成層)명 바람에 밀려서 모인 모래나 흙이 쌓여서 이룬 지층. 주로, 사막 주변과 그 부근 지방에 생김. 풍생층(風生層).

풍성-토(風成土)명 바위의 부스러기가 바람에 불려 가 쌓여서 된 땅. 풍적토(風積土).
풍성-풍성(豊盛豊盛)부하형 매우 풍족하고 홍성한 모양. ¶ 풍년이 들어 온갖 곡식이 풍성풍성하다. **풍성풍성-히**부.
풍성-하다(豊盛-)형여 넉넉하고 많다. 성풍하다. ¶ 오곡이 풍성하다. **풍성-히**부.
풍성-학려(風聲鶴唳)[-항녀]명 〔바람 소리와 학의 울음소리란 뜻으로〕'겁에 질린 사람이 하찮은 소리에도 놀람'을 비유하여 이르는 말.
풍세(風勢)명 바람의 기세. 곧, 바람의 강약. 풍력.
풍세대작(風勢大作)명하자 바람이 세차게 붊. ¶ 풍수대작하더니 바람결에 풍겨 온가.
풍속(風俗)명 예로부터 지켜 내려오는, 생활에 관한 사회적 습관. 풍기(風氣). ¶ 결혼 풍속.
풍속(風速)명 바람의 속도.
풍속-계(風速計)[-계/-께]명 ☞풍력계.
풍속-도(風俗圖)[-또]명 일정한 시대의 세정(世情)과 풍속을 그린 그림. 풍속화(風俗畫).
풍속-범(風俗犯)[-뻠]명 미풍양속이나 성도덕에 위배되는 일을 저지른 범죄, 또는 그 범인. 풍속 사범.
풍속^사:범(風俗事犯)[-싸-]명 ☞풍속범.
풍속^소:설(風俗小說)[-쏘-]명 세태·풍속·인정의 묘사를 주로 하는 소설.
풍속-화(風俗畫)[-소콰]명 ☞풍속도(風俗圖).
풍손(風損)명 풍재(風災)로 입은 손해.
풍송(諷誦)명하타 글을 읽고 시를 읊음.
풍수(風水)명 ①음양오행설에 기초하여 민속으로 지켜 내려오는 지술(地術). ②☞지관(地官).
풍수-기(豊水期)명 (비가 내리어) 하천의 물 따위가 풍부한 시기. ↔갈수기(渴水期).
풍수-설(風水說)명 풍수에 관한 학설.
풍수-쟁이(風水-)명 〈지관(地官)〉의 속된 말.
풍수-증(風水症)[-쯩]명 한방에서, 심장병·신장병 따위로 팔다리에 부증(浮症)이 생기는 병을 이르는 말.
풍수-지리(風水地理)명 땅의 형세나 방위를 인간의 길흉화복에 관련시켜 설명하는 학설. 준지리.
풍수지탄(風樹之歎)명 '어버이가 돌아가시어 효도하고 싶어도 할 수 없는 슬픔'을 이르는 말. 〔'수욕정이풍부지(樹欲靜而風不止), 자욕양이친부대(子欲養而親不待)'라는 옛 글귀에서 유래함.〕
풍수-학(風水學)명 풍수에 관한 학문.
풍수-해(風水害)명 강풍과 홍수 때문에 입은 피해.
풍습(風習)명 풍속과 습관.
풍습(風濕)명 한방에서, 습한 땅의 기운으로 뼈마디가 저리고 아픈 병을 이르는 말.
풍식(風蝕)명 바람에 의하여 암석이나 지대가 침식되는 일.
풍신(風神)명 ①☞풍백(風伯). ②☞풍채(風采).
풍신-기(風信旗)명 바람의 방향과 세기를 나타내 보이는 여러 빛깔의 기상 신호기.
풍아(風雅)[1]명 ①시전(詩傳)의 풍(風)과 아(雅), 곧 시(詩). ②풍류와 문아(文雅).
풍아(風雅)[2] '풍아하다'의 어근
풍아-롭다(風雅-)[-따][~로우니·~로워]형ㅂ 풍치가 있고 조촐한 멋이 있다. **풍아로이**부.
풍아-스럽다(風雅-)[-따][~스러우니·~스러워]형ㅂ 풍치가 있고 조촐한 데가 있다. **풍아스레**부.
풍아-하다(風雅-)형여 풍치가 있고 조촐하다.
풍악(風樂)명 우리나라 고유의 옛 음악.
풍악(을) 잡히다관용 풍악을 아뢰거나 연주하게 하다.
풍악(楓嶽)명 ☞풍악산(楓嶽山).
풍악-산(楓嶽山)[-싼]명 〔단풍이 든 산이란 뜻으로〕가을철의 '금강산'을 이르는 이름. 풍악(楓嶽). 참봉래산·개골산.
풍안(風眼)명 ①바람이나 티끌을 막기 위해 쓰는 안경. ②☞농루안(膿漏眼).
풍압(風壓)명 바람이 물체에 미치는 압력.
풍압-계(風壓計)[-계/-께]명 풍압을 재는 기계.
풍약(楓約)명 화투 놀이에서, 단풍 넉 장을 갖추어 이룬 약.
풍양(風陽)명 〔바람과 볕이라는 뜻으로〕'날씨'를 이르는 말. 풍일(風日).
풍어(豊漁)명 물고기가 많이 잡힘. 대어(大漁). ↔흉어(凶漁).
풍어-제(豊漁祭)명 어촌에서, 그해의 어업의 무사함과 풍어를 기원하며 사해용왕을 위안하는 뜻으로 베푸는 의식(儀式). 〔음력 정월 초하루에서 보름 사이에 지냄.〕
풍연(風煙)명 멀리 보이는 공중(空中)에 서린 흐릿한 기운.
풍연(風鳶)명 ☞연(鳶).
풍열(風熱)명 한방에서, 잇몸이 붓고 고름이 나며 몹시 아픈 증세를 이르는 말.
풍염(風炎)명 ☞푄(Föhn).
풍염(豊艶) '풍염하다'의 어근.
풍염-하다(豊艶-)형여 탐스럽게 살져 아름답다. ¶ 풍염한 육체.
풍영(諷詠)명하타 시가(詩歌) 따위를 읊조림.
풍요(風謠)명 사구체(四句體)로 된 신라 향가. 선덕 여왕 때, 영묘사(靈廟寺)에 장륙존상(丈六尊像)이라는 불상을 주조할 때, 성중(城中) 사람들이 그 역사(役事)에 쓰는 진흙을 나르면서 불렀다는, 일종의 노동요(勞動謠). 〔'삼국유사'에 실려 전함.〕
풍요(豊饒)명하형 매우 넉넉함. 풍유(豊裕). ¶ 풍요한 생활을 누리다. **풍요-히**부.
풍요-롭다(豊饒-)[-따][~로우니·~로워]형ㅂ 매우 넉넉함이 있다. ¶ 풍요로운 생활.
풍우(風雨)명 ①바람과 비. 풍림(風霖). ②비바람. ¶ 풍우가 몰아치다.
풍우-계(風雨計)[-계/-게]명 ☞청우계.
풍우-대작(風雨大作)명하자 바람이 몹시 불고 비가 많이 내림.
풍우-장중(風雨場中)명 ①한창 바쁜 판. ②지난날, 풍우 중에 치르던 과장(科場)의 안.
풍운(風雲)명 ①바람과 구름. ②영웅호걸들이 세상에 두각을 나타내는 좋은 기운(機運). ¶ 풍운을 타고나다. ③세상에 큰 변이 일어날 듯한 어지러운 형세나 기운. ¶ 풍운이 감돌다.
풍운(風韻)명 풍류와 운치.
풍운-아(風雲兒)명 좋은 기운(機運)을 타서 세상에 두각을 나타내는 사람. ¶ 시대의 풍운아.
풍운-조화(風雲造化)명 바람이나 구름의 예측하기 어려운 변화.
풍운지회(風雲之會)[-회/-훼]명 ①명군(明君)과 현신(賢臣)이 서로 만나는 일. ②영웅호걸이 때를 만나 뜻을 이룰 좋은 기회.
풍월(風月)명 ①청풍(淸風)과 명월(明月), 곧 '자연의 아름다움'을 이르는 말. ②하자 〈음풍농월(吟風弄月)〉의 준말.
풍월-객(風月客)명 음풍농월을 일삼는 사람.
풍월-주인(風月主人)명 〔풍월의 주인이란 뜻으로〕자연을 즐기는 풍치 있는 사람을 이름.

¶ 송죽(松竹) 울울리(鬱鬱裏)에 풍월주인 되여 셔라(丁克仁.賞春曲).
풍위(風位)명 바람이 불어오는 방위.
풍유(豊裕)명하형 ☞풍요(豊饒).
풍유(諷喩·諷諭)명하타 슬며시 돌려서 나무라거나 깨우쳐 타이름, 또는 그러한 비유.
풍유-법(諷喩法)[-뻡]명 수사법상 비유법의 한 가지. 본뜻은 뒤에 숨기고 비유하는 말만 드러내어 그 숨은 뜻을 넌지시 나타내는 표현 방법. 속담 등은 대개 이에 딸림. 〔'빈 수레가 더 요란하다.' 따위.〕 우화법(寓話法).
풍의(風儀)[-의/-이]명 ☞풍채(風采).
풍의(風懿)[-의/-이]명 한방에서, 뇌의 탈로 혀와 목구멍이 마비되고 말을 잘하지 못하는 병증을 이르는 말.
풍이(風異)명 나무가 꺾이고 집이 무너질 정도의 바람의 상태.
풍인(風人)명 ①문둥이. ②시부(詩賦)에 능한 사람.
풍일(風日)명 ☞풍양(風陽).
풍자(風姿)명 ☞풍채(風采).
풍자(諷刺)명하타 (사회나 인간의 부정적인 면 따위를) 다른 것에 빗대어 비웃으면서 폭로하고 비판함. ¶ 세태를 풍자한 만화.
풍자-극(諷刺劇)명 사회나 인간의 비리, 또는 결점을 풍자하는 내용의 연극, 또는 그런 희곡.
풍자^문학(諷刺文學)명 사회나 인물, 시대의 결함, 과오, 모순 따위를 풍자하는 내용의 문학.
풍자^소ː설(諷刺小說)명 시대·사회·인물의 결함이나 과오 등을 풍자하는 소설.
풍자-시(諷刺詩)명 사회의 죄악상이나 불미스러운 점을 풍자하는 내용의 시.
풍자-적(諷刺的)관명 풍자의 성질이나 특성을 띤 (것). ¶ 풍자적 묘사. /풍자적인 작품.
풍작(豊作)명 풍년이 들어 잘된 농사. ¶ 풍작을 이룬 가을 들판. ↔흉작(凶作).
풍잠(風簪)명 갓모자가 뒤쪽으로 넘어가지 않도록 망건당 앞쪽에 꾸미는 반달 모양의 물건. 원산(遠山).
풍장명 '풍물놀이'를 달리 이르는 말.
풍장(風葬)명 시체를 한데 내버려 두어 비바람에 자연히 소멸되게 하는 원시적인 장사법(葬事法). 참토장(土葬).
풍재(風災)명 심한 바람으로 생기는 재해. 풍해(風害).
풍재(風裁)명 ①☞풍모(風貌). ②☞풍치(風致).
풍쟁(風箏)명 ☞연(鳶).
풍적-토(風積土)명 ☞풍성토.
풍전(風前)명 바람이 불어오는 앞. 바람받이.
풍전(瘋癲)명 한방에서, 후천적 병증으로 미친 사람을 이르는 말.
풍전-등촉(風前燈燭)명 ☞풍전등화. 준풍촉.
풍전-등화(風前燈火)명 〔바람 앞의 등불이라는 뜻으로〕 '존망이 달린 매우 위급한 처지'를 비유하여 이르는 말. 풍전등촉(風前燈燭). ¶ 나라의 운명이 풍전등화의 지경에 놓이다.
풍전-세류(風前細柳)명 〔바람 앞에 나부끼는 세버들이라는 뜻으로〕 '부드럽고 영리한 성격'을 평하여 이르는 말.
풍전지진(風前之塵)명 〔바람 앞의 먼지라는 뜻으로〕 '사물의 무상함'을 비유하여 이르는 말.
풍절-목(風折木)명 ☞풍락목(風落木).
풍정(風情)명 풍치(風致) 있는 정회(情懷)나 취향. 풍회(風懷). ¶ 이국(異國) 풍정.
풍정낭식(風定浪息)명하자 〔바람이 자고 파도가 잔잔해진다는 뜻으로〕 '들떠서 어수선하거나 어지럽던 것이 가라앉음'을 비유하여 이르는 말.
풍조(風鳥)명 ☞극락조(極樂鳥).
풍조(風潮)명 ①바람과 조수. ②바람 따라 흐르는 조수. ③세상이 되어 가는 추세. ¶ 사치 풍조.
풍족(豊足) '풍족하다'의 어근.
풍족-하다(豊足-)[-조카-]형여 매우 넉넉하여 모자람이 없다. ¶ 풍족한 물자. /자금이 풍족하다. **풍족-히**부.
풍증(風症)[-쯩]명 ☞풍병(風病).
풍지(風紙)명 〈문풍지〉의 준말.
풍지-박산(風-雹散)명 '풍비박산'의 잘못.
풍진(風疹)명 어린이에게 많은 급성 전염병의 한 가지. 좁쌀만 한 뾰루지가 얼굴과 사지에 났다가 3~4일 만에 나음.
풍진(風塵)명 ①바람과 티끌. ②세상의 속된 일, 또는 속세(俗世). ③☞전진(戰塵).
풍진-세계(風塵世界)[-계/-게]명 편안하지 못하고 어지러운 세상.
풍질(風疾)명 ☞풍병(風病).
풍차(風車)명 ①바람의 힘을 이용하여 동력을 얻는 기계 장치. 여러 개의 날개를 장치한 바퀴를 높은 곳에 달아서 바람의 힘으로 회전하도록 함. ②☞팔랑개비. ③'풍구'의 잘못.
풍차(風遮)명 ①머리에 쓰는 방한구의 한 가지. 주로 모피로 짓고 볼끼가 달려 있음. ②뒤를 트는 어린아이의 바지나 여자 속곳에서, 마루폭의 뒤쪽에 좌우로 길게 대는 헝겊 조각.
풍차-바지(風遮-)명 마루폭의 뒤쪽에 풍차를 단, 뒤가 트인 어린아이의 바지.
풍찬-노숙(風餐露宿)명 〔바람과 이슬을 맞으며 한데에서 먹고 잔다는 뜻으로〕 '모진 고생'을 이르는 말.
풍창(風窓)명 ①통풍을 위하여 뚫어 놓은 창. ②뚫어진 창.
풍창-파벽(風窓破壁)명 〔뚫어진 창과 헐어진 담벼락이란 뜻으로〕 '거두지 않은 집의 허술한 상태'를 이르는 말.
풍채(風采)명 사람의, 드러나 보이는 의젓한 겉모양. 풍신(風神). 풍의(風儀). 풍자(風姿). 풍표(風標). ¶ 풍채가 좋다.
풍촉(風燭)명 〈풍전등촉〉의 준말.
풍취(風趣)명 ①풍경의 아취. ②☞풍치(風致).
풍치(風致)명 ①훌륭하고 멋스러운 경치. ②격에 어울리는 멋. 운치. 풍재(風裁). 풍취(風趣).
풍치(風齒)명 한방에서, 풍증으로 일어나는 치통을 이르는 말.
풍치-림(風致林)명 산수의 정취를 더하기 위해 기르는 나무숲.
풍치^지구(風致地區)명 특히 도시 계획 구역 내에서, 도시 안팎의 풍치 유지를 목적으로 지정한 구역.
풍침(風枕)명 공기를 불어 넣어서 베는 베개.
풍타낭타(風打浪打)명 〔바람이 치고 물결이 친다는 뜻으로〕 '일정한 주의(主義)나 주장이 없이 그저 대세에 따라 행동함'을 이르는 말.
풍토(風土)명 ①기후와 토지의 상태. ②사회생활의 상태. ¶ 의식 생활의 건전한 풍토를 조성하다.
풍토-기(風土記)명 그 지역의 풍토의 특색을 적은 기록.
풍토-병(風土病)[-뼝]명 어떤 지역의 독특한 자연환경으로 인하여 생기는 특이한 병. 지방병. 토질(土疾).
풍토-색(風土色)명 풍토의 차이에 따라 생기는 각각의 특색. ¶ 풍토색이 짙다.

풍파(風波)명 ①바람과 물결. ¶풍파가 일다. ②어지럽고 험한 분란. ¶갖은 풍파를 다 겪다. /집안에 풍파를 일으키다.

풍판(風板)명 (풍우를 막기 위하여) 박공 아래에 길이로 연이어 대는 널빤지.

풍편(風便)명 (소문 따위가 전해지는) 바람결. ¶풍편에 듣자 하니….

풍표(風標)명 ☞풍채(風采).

풍-풍부하자 구멍으로 물이 힘차게 쏟아지거나 솟아나는 소리. 작퐁퐁.

풍풍-거리다자 자꾸 풍풍 소리가 나다. 풍풍대다. 작퐁퐁거리다.

풍풍-대다자 풍풍거리다.

풍한서습(風寒暑濕)명 바람과 추위와 더위와 습기.

풍한-천(風寒喘)명 한방에서, 감기로 숨이 차고 호흡이 곤란한 증세를 이르는 말.

풍해(風害)명 ☞풍재(風災).

풍해(風解)명 ☞풍화(風化)1.

풍향(風向)명 바람이 불어오는 방향.

풍향-계(風向計)[-계/-게]명 바람의 방향을 관측하는 기계. 바람개비.

풍헌(風憲)명 ①〔풍교(風敎)와 헌장(憲章)이라는 뜻으로〕 풍습과 도덕에 대한 규범을 이르는 말. ②조선 시대에, 면(面)이나 이(里)의 일을 맡아보던 향소(鄕所)의 한 소임(所任).

풍혈(風穴)명 ①높은 산등성이나 산기슭에 있어늘 시원한 바람이 불어 나오는 구멍이나 바위틈. ②나무 그릇 같은 데 가로 돌아가며 잘게 새긴 꾸밈새.

풍협(豊頰)명 살이 두둑한 탐스러운 뺨.

풍화(風化)[1]명 ①하자되자지표의 암석이 공기·물·온도 따위의 작용으로 차츰 부서지는 현상. ②결정수(結晶水)가 있는 결정 따위가 공기 중에서 차츰 수분을 잃고 부서져 가루로 변하는 현상. 풍해(風解).

풍화(風化)[2]명 (교육이나 정치의 힘으로) 풍습을 잘 교화시킴. 풍교(風敎).

풍화(風火)명 한방에서, 병의 원인이 되는 풍기(風氣)와 화기(火氣)를 이르는 말.

풍화-석회(風化石灰)[-서쾨/-서퀘]명 공기 중에 오랫동안 노출된 생석회가 수분을 흡수하여 부스러진 흰 가루, 곧 소석회.

풍화^작용(風化作用)명 풍화를 일으키는 공기·물·온도 따위의 작용.

풍회(風懷)[-회/-훼]명 ☞풍정(風情).

풍후(豊厚) '풍후하다'의 어근.

풍후-하다(豊厚-)형여 ①(얼굴이) 살져 덕성스럽다. ②매우 넉넉하게 많다.

풍흉(豊凶)명 풍년과 흉년. 또는, 풍작과 흉작. 풍겸(豊歉).

퓌다자 〈옛〉 피다. ¶그 고지 三同이 퓌거시아(樂詞.鄭石歌). 참프다.

퓌레(purée 프)명 서양 요리에서, 육류나 채소 등을 삶거나 데쳐서 으깨어 체로 거른 것. 요리에 맛을 내는 재료로 쓰임.

퓌우다타 〈옛〉 피우다〔燃〕. ¶香 퓌우고 겨르ᄅᆡ 이셔(楞解7:6).

퓨리터니즘(Puritanism)명 16세기 후반, 영국 교회에 반항하여 일어난 신교도 일파의 운동, 또는 그 사상. 참청교도.

퓨:마(puma)명 고양잇과의 동물. 표범과 비슷하나 몸빛이 갈색이고 얼룩무늬가 없음. 나무에 잘 오르고, 평원이나 사막·열대 우림 등에 살면서 사슴·토끼 따위 작은 짐승을 잡아먹음. 캐나다 서부로부터 남아메리카의 파타고니아에 이르기까지 분포함.

퓨:전(fusion)명 여러 이질적인 것을 혼합하거나 복합하거나 하는 일. ¶퓨전 요리. /퓨전 문화.

퓨:젤-유(fusel油)명 알코올이 발효할 때에 생기는 아밀알코올을 주성분으로 하는, 비점이 높은 여러 가지 고급 알코올의 혼합물. 술 마신 뒤의 두통이나 현기증의 원인이 됨. 용매·향료·의약 따위로 쓰임.

퓨:즈(fuse)명 안전기 속에서 전로(電路)를 잇는 납과 주석의 합금선. 과다 전류가 흐르면 녹아 떨어져 위험을 미리 막음.

프다자 〈옛〉 피다. ¶하ᄂᆞᆳ 樹王이 고지 픈 ᄃᆞᆺᄒᆞ니(釋譜13:25). 참퓌다.

프라세오디뮴(praseodymium)명 희토류 원소의 한 가지. 은백색의 금속으로 전성(展性)·연성(延性)이 있고 아연보다 단단하며, 무기산에 잘 녹음. 〔Pr/59/140.9077〕

프라운호:퍼-선(Fraunhofer線)명 태양 광선의 연속 스펙트럼 속에 나타나는 수많은 암선(暗線). 〔독일의 물리학자 프라운호퍼가 발견함.〕

프라이(fry)명하타 고기·생선·야채 따위에 밀가루를 묻혀 기름에 튀기거나 지지는 일, 또는 그러한 음식.

프라이드(pride)명 자랑. 긍지. 자존심. ¶프라이드가 강하다.

프라이드-치킨(fried chicken)명 기름에 튀긴 닭고기. 닭튀김. 준치킨.

프라이버시(privacy)명 개인의 사생활이나 집안의 사적인 일, 또는 그것이 공개되지 않고 남에게 간섭받지 않을 권리. ¶프라이버시를 존중하다.

프라이팬(frypan)명 프라이하는 데 쓰는, 자루가 달리고 운두가 낮은 냄비.

프락치(←fraktsiya 러)명 특수한 임무를 띠고 어떤 단체나 분야에 들어가서 몰래 활동하는 사람.

프랑(franc 프)의 프랑스·벨기에·스위스의 화폐 단위. 〔기호는 Fr〕

프랑슘(francium)명 알칼리 금속의 한 가지. 수명이 짧은 방사성 원소. 〔Fr/87/223〕

프랑스^대:혁명(France大革命)[-형-]명 1789년에 일어난 프랑스의 대혁명. 왕정(王政)이 폐지되고 공화제(共和制)가 성립되었으며, 그 뒤의 신운동·신사상의 원천이 됨.

프래그머티즘(pragmatism)명 실용주의.

프랜차이즈(franchise)명 체인 본부가, 일정한 지역에서 자기 상품을 독점 판매할 수 있는 권리를 가맹점에 주고, 각종 경영 지도 등을 통하여 판매 시장을 개척해 나가는 방식.

프러포:즈(propose)명하자타 ①'제안'으로 순화. ②'청혼(請婚)'으로 순화. ¶프러포즈를 받다.

프런트(front)명 호텔 현관의 계산대. ¶프런트에 방 열쇠를 맡기다.

프런트^코:트(front court)명 농구에서, 경기장 중앙선을 중심으로 하여 '상대편 코트'를 이르는 말.

프레스(press)명 재료에 힘을 가하여 소성(塑性) 변형시켜 가공하는 기계, 또는 그러한 가공.

프레스^센터(press center)명 ①신문사가 많이 모여 있는 지역. ②어떤 기획이나 사건의 취재·보도에 편리하도록 각종 시설이나 기기가 설치된 기자 전용의 건물이나 방.

프레스코(fresco 이)명 벽화를 그릴 때 쓰는 화법의 하나. 새로 석회를 바른 벽에, 그것이 채 마르기 전에 수채로 그림.

프레스토(presto 이)명 악보에서, 빠르기를 지시하는 말. '아주 빠르게'의 뜻.

프레스티시모(prestissimo 이)명 악보에서, 빠르기를 지시하는 말. '가능한 한 가장 빠른 속도로'의 뜻.

프레싱(pressing)명하자 옷이나 피륙 위에 젖은 헝겊을 대고 다림질하여 주름살을 펴는 일.

프레온(Freon)명 뒤퐁사가 만든 플루오르화 탄화수소의 상품명. 무색의 기체 또는 끓는점이 낮은 액체로, 냉장고나 에어컨의 냉매(冷媒), 에어로졸 분무제, 소화제(消火劑) 따위에 쓰임. 오존층을 파괴하는 원인이 되는 물질임.

프레온^가스(Freon gas)명 기체 상태의 프레온을 이르는 말.

프레-올림픽(Pre-Olympic)명 올림픽 개최 전해에 그 개최 예정지에서 열리는 국제 경기 대회를 흔히 이르는 말.

프레임(frame) Ⅰ명 (차량이나 건조물 따위의) 중심이 되는 얼개. 뼈대.
Ⅱ의 볼링에서, 경기를 십 회로 나누었을 때의 한 구분을 세는 단위.

프레젠테이션(presentation)명 광고 대리업자가 예상 광고주를 대상으로 광고 계획서 따위를 제출하는 활동.

프레파라:트(Präparat 독)명 현미경용의 생물 및 광물의 표본.

프렌치-드레싱(French dressing)명 샐러드유·식초·후추·소금 등을 섞어 만든 샐러드용 소스.

프렌치-토:스트(French toast)명 얇은 식빵 조각을 달걀과 우유를 섞은 것에 담갔다가 살짝 구워 낸 서양 음식.

프렐류:드(prelude)명 전주곡(前奏曲).

프로(←procent 네)명 ☞퍼센트. ¶ 임금이 3.8 프로 올랐다.

프로(←professional)명 〈프로페셔널〉의 준말. ¶ 프로 권투. /프로 야구. ↔아마.

프로(←program)명 〈프로그램〉의 준말.

프로(←prolétariat 프)명 〈프롤레타리아〉의 준말. ¶ 프로 문학.

프로그래머(programmer)명 ①프로그램을 만드는 사람. 기획하는 사람. ②컴퓨터의 프로그래밍을 하는 사람.

프로그래밍(programming)명하자타 컴퓨터에 주어진 과제를 분석하여 그 처리 절차를 자세히 지시하는 명령을 체계적으로 구성하는 작업.

프로그램(program)명 ①진행 계획이나 순서, 또는 그 목록(표). ¶ 프로그램을 짜다. ②(방송이나 연예의) 종목. ¶ 보도 프로그램. /연극 프로그램. 준프로. ③컴퓨터에 자료 처리 작업을 지시하기 위하여, 작업의 차례로 기계어, 또는 그것과 대응하는 언어로 정밀하게 짠 것.

프로그램^매매(program賣買)명 증권 시장에서, 시세의 변동에 따라 자동적으로 주문을 하도록 되어 있는 주식 매매 방법. 컴퓨터 프로그램을 통하여 이루어짐.

프로덕션(production)명 ①영화나 방송 프로그램 등의 제작, 또는 제작소. ②예능인 또는 그 밖의 인재를 모아 흥행이나 사업을 하는 조직.

프로듀:서(producer)명 ①연극·영화·방송 관계의 기획·제작자. ②무대 감독. 연출자.

프로메튬(promethium)명 희토류 원소의 한 가지. 우라늄의 핵분열이나 기타의 핵반응에 의해 인공적으로 발견됨. 〔Pm/61/145〕

프로모:터(promoter)명 ①지지자. 후원자. 장려자. ②흥행주(興行主).

프로^문학(←prolétariat文學)명 〈프롤레타리아 문학〉의 준말.

프로미넌스(prominence)명 태양의 가장자리에 소용돌이쳐서 일어나는 붉은 불꽃 모양의 가스. 홍염(紅焰).

프로세서(processor)명 〔컴퓨터에서〕 ①시스템 안에서 데이터를 산술적·논리적으로 연산하는 중추적 처리 장치를 통틀어 이르는 말. ②소프트웨어의 번역 루틴을 이르는 말. 〔컴파일러·어셈블러 따위.〕

프로세스(process)명 일의 공정이나 과정.

프로세스^평판(process平版)명 사진 제판에 의한 다색 평판(多色平版). 오프셋 인쇄기로 인쇄하며, 잡지의 표지나 책머리에 넣는 그림 따위의 인쇄에 이용됨.

프로슈:머(prosumer)명 생산하는 소비자라는 뜻으로, 제품 개발 및 유통 과정에 직접 또는 간접적으로 참여하는 소비자를 이르는 말. 〔생산자와 소비자의 합성어로 미래학자 앨빈 토플러가 그의 저서 '제3의 물결'에서 쓴 용어임.〕

프로젝트(project)명 ①(연구나 사업 따위의) 계획 또는 설계. ②연구 과제.

프로테스탄트(Protestant)명 ①16세기 종교 개혁의 결과로 성립된 기독교의 여러 파와 그 후의 분파를 통틀어 이르는 말. 신교(新教). 개신교. ②☞신교도(新教徒).

프로테스탄티즘(Protestantism)명 16세기의 종교 개혁자 루터나 칼뱅 등의 설교에 기초를 두는 종교상의 주의.

프로텍터(protector)명 야구의 포수나 심판, 또는 아이스하키 선수 등이 어깨·가슴·머리 등을 보호하기 위해 갖추어 입는 용구.

프로:토콜:(protocol)명 컴퓨터끼리 또는 중앙 컴퓨터와 단말기 사이에 데이터를 원활히 주고받기 위하여 약속한 여러 가지 통신 규약, 또는 통신 절차.

프로톤(proton)명 양자(陽子).

프로트악티늄(protactinium)명 악티늄 원소의 한 가지. 천연 방사성 원소로 우라늄광 속에 극소량이 존재함. 〔Pa/91/231.0359〕

프로파간다(propaganda)명 ①선전. 선전 운동. ②전도(傳道).

프로판(propane)명 메탄계 탄화수소의 한 가지. 약한 자극성 냄새가 있는 무색의 기체로 천연가스 속에 들어 있음. 프로판 가스.

프로판^가스(propane gas)명 ①☞프로판. ②'엘피지(LPG)'를 흔히 이르는 말.

프로페셔널(professional)명 ①숙련된 사람. 직업적 전문가. ②직업 선수. 준프로. ↔아마추어.

프로펠러(propeller)명 항공기나 선박에서, 발동기에 의한 날개의 회전력을 추진력으로 바꾸는 장치. 추진기.

프로포즈(propose)명하자타 '프러포즈'의 잘못.

프로필(profile)명 ①측면에서 본 얼굴 모습이나 윤곽. ②인물 약평(略評). ¶ 신임 각료의 프로필.

프록-코:트(frock coat)명 서양식 신사용 예복의 한 가지. 무릎까지 오는 긴 윗옷과 줄무늬가 있는 바지가 한 벌임.

프롤레타리아(prolétariat 프)명 자본주의 사회에서, 생산 수단을 가지지 못하고 자신의 노동력을 자본가에게 팔아서 생활하는 노동자. 임금 노동자. 무산자. 준프로. ↔부르주아.

프롤레타리아^문학(prolétariat文學)명 프롤레타리아트의 계급적 의식을 바탕으로 하여 사회주의 리얼리즘의 처지에서 그의 감정·이데올로기 및 생활을 내용으로 하는 문학. 사회주의 문학. 준프로 문학.

프롤레타리아^예ː술 (prolétariat藝術)명 프롤레타리아트의 사상을 표방하는 예술.

프롤레타리아트 (Proletariat 독)명 계급으로서의 프롤레타리아를 이르는 말. 노동자 계급. 무산(無產) 계급. ↔부르주아지.

프롤로그 (prologue)명 ①서시(序詩). 서언(序言). 서곡(序曲). ②연극에서의 서막(序幕). 개막 전의 해설. ↔에필로그.

프롬프터 (prompter)명 연극에서, 무대 밖에서 무대 위의 배우에게 대사를 읽어 주거나 동작을 지시해 알려 주는 사람.

프루ː트-펀치 (fruit punch)명 여러 가지 과일을 잘게 썰어 과즙·빙수를 섞은 음료.

프르다형 〈옛〉 푸르다. ¶ 프른 ᄀᆞᄅᆞ미 힌 말와 몰 씌챗ᄂᆞ니(杜初*21:3*).

프리깃 (frigate)명 ①19세기 전반까지 유럽에서 활약한, 상하의 갑판에 28~60문의 대포를 갖춘 목조 쾌속 범선. ②주로, 공격용 항공모함의 호위를 맡는 경순양함(輕巡洋艦).

프리ː랜서 (freelancer)명 ①전속이 아닌 자유 계약 근로자. ②전속되지 않은 자유 기고가(寄稿家), 또는 전속되지 않은 가수나 배우.

프리리코딩 (prerecording)명 영화나 텔레비전에서, 화면 촬영 전에 음악이나 대사를 먼저 녹음하는 일. 프리스코어링. ↔애프터 리코딩.

프리마^돈나 (prima donna 이)명 오페라에서, 주역을 맡은 여가수.

프리마^발레리나 (prima ballerina 이)명 발레에서, 주역을 맡은 여자 무용수.

프리미엄 (premium)명 ①주식·채권 따위의 실제 매매 가격이 액면 가격을 초과했을 때의 그 초과액. ②외국환에서, 현물환에 대한 선물환의 초과액. ③구하기 힘든 물건이나 권리의 취득에 붙는 할증금·웃돈·권리금. ④수수료. 보수.

프리ː^배팅 (free+batting)명 야구에서, 자유롭게 타격을 연습하는 일.

프리뷰ː (preview)명 영화를 개봉하기 전에 관계자만이 시사(試寫)하는 일.

프리ː-섹스 (free sex)명 자유 성애(性愛).

프리ː^스로ː (free throw)명 자유투(自由投).

프리스코어링 (prescoring)명 ☞프리리코딩.

프리즘 (prism)명 빛의 분산이나 굴절 따위를 일으키는 데 쓰는, 유리 또는 수정으로 된 다면체의 광학 부품. 삼릉경(三稜鏡).

프리즘^스펙트럼 (prism spectrum)명 프리즘을 쓴 분광기로 관측한 스펙트럼.

프리즘^쌍안경 (prism雙眼鏡)명 대물렌즈와 접안렌즈 사이에 두 개의 직각 프리즘을 끼워 넣어 네 번 전반사시킨 쌍안경.

프리ː지어 (freesia)명 붓꽃과의 다년초. 남아프리카 원산의 관상용 식물. 줄기는 달걀꼴이나 원추형이고, 알뿌리는 길둥긂. 잎이 돋을 때 30~45 cm의 꽃줄기 끝에 하양·노랑 등의 꽃이 깔때기 모양으로 핌.

프리ː^킥 (free kick)명 축구나 럭비에서 상대편이 반칙을 범했을 때 그 지점에서 자유롭게 공을 차는 일.

프린터 (printer)명 ①인쇄 기계. ②컴퓨터의 인자기(印字機), 또는 인자 장치.

프린트 (print)명하타되자 ①인쇄, 특히 등사판 인쇄, 또는 그런 인쇄물. ②사진에서, 인화 또는 인화한 것. ③판화에서, 종이나 헝겊에 찍어 완성한 그림.

프릴 (frill)명 물결 모양으로 주름을 잡은 가장자리 장식. 아동복·여성복의 소매나 깃에 붙임.

프서리명 〈옛〉 푸서리. ¶ 거츤 프서리예 녀름지ᅀᅥ 또 秋成호미 잇도다(杜初*23:15*).

프시케 (Psyche)명 그리스 신화에 나오는 사랑의 신 에로스(Eros)의 연인. 〔생명의 원리로 보는 마음·영혼을 신격화한 것임.〕

프ᅀᅥ리명 〈옛〉 푸서리. ¶ 나리 져므러 히 디거늘 세 분이 프ᅀᅥ리예셔 자시고(月釋*8:93*).

프ᅀᅥᆼ귀명 〈옛〉 푸성귀. ¶ 뫼콰 프ᅀᅥᆼ귀와 사롬과 즁싱괘(楞解*2:34*).

프탈-산 (←phthalic酸)명 나프탈렌을 산화하여 얻는, 기둥 모양의 무색 결정. 가열하면 녹아 무수(無水) 프탈산이 됨. 약품·염료의 합성 원료로 쓰임.

프토마인 (Ptomain 독)명 동물성 단백질의 부패로 생기는 유독성 분해물.

프티^부르주아 (petit bourgeois 프)명 소시민(小市民). 중산 계급.

프티알린 (ptyalin)명 고등 동물의 침 속에 들어 있는 아밀라아제의 한 가지. 녹말을 분해하여 덱스트린·맥아당을 만듦.

플¹명 〈옛〉 풀〔糊〕. ¶ 발플 강:糨. 밀플 호:糊(訓蒙中*12*).

플²명 〈옛〉 풀〔草〕. ¶ 잣 앉 보미 플와 나모뿐 기픈도다(杜初*10:6*).

플다타 〈옛〉 풀다. ¶ 種種 즁싱 주겨 神靈씌 플며(釋譜*9:36*).

플라나리아 (planaria)명 플라나리아과의 하나. 몸은 평평하고 길쭉하며 몸 표면은 섬모로 덮여 있고, 머리는 삼각형이며, 대개 잿빛을 띤 백색임. 항문이 없고 암수한몸으로 무성 생식 또는 유성 생식을 하는데 재생력이 강하여 여러 가지 실험에 쓰임. 강이나 호수 바닥, 돌 또는 나무 밑에서 삶.

플라네타륨 (planetarium)명 천구(天球)에서의 천체의 위치와 운행을 설명하기 위한 장치.

플라멩코 (flamenco 스)명 스페인 남부 안달루시아 지방에서 발달한 집시의 노래와 춤. 격렬한 리듬과 동작이 특징임.

플라밍고 (flamingo)명 홍학(紅鶴).

플라스마 (plasma)명 ①혈장(血漿). 원형질. ②건강한 사람에게서 뽑아 건조시킨 의료용 혈장. ③고도로 전리(電離)되어 있는 기체 상태로서 전기적 중성을 띤 입자 집단. 태양 코로나나 방전 중인 방전관 따위에서 볼 수 있음.

플라스크 (flask)명 이화학 실험용 기구의 한 가지. 가는 대롱 모양의 목 부분과 여러 가지 모양의 몸통 부분으로 된 용기(用器).

플라스틱 (plastic)명 ①외력 또는 열에 의하여 변형된 채 원형으로 돌아가지 않는 성질의 물질. ②천연 또는 인공으로 된 고분자 물질. 보통 합성수지를 이름.

플라이 (fly)명 ☞플라이 볼.

플라이-급 (fly級)명 권투·태권도 따위에서, 중량별 체급의 한 가지. 아마추어 권투는 48 kg 이상 51 kg 미만, 태권도 남자 일반부는 50 kg 초과 54 kg 이하임. 참핀급·라이트 플라이급·밴텀급.

플라이^볼ː (fly ball)명 야구나 소프트볼 경기에서, 타자(打者)가 공중으로 높이 쳐 올린 볼. 뜬공. 비구(飛球). 플라이.

플라이오-세 (←Pliocene世)명 신생대 제3기를 다섯으로 나눈 때의 맨 나중의 지질 시대. 선신세.

플라이트 (flight)명하자 ①비행(飛行). ②스키에서 비약대에서 뛰어내리는 일. ③육상 경기의 장애물 경주에서, 장애물을 뛰어넘는 일.

플라이휠ː(flywheel)명 크랭크축의 회전 속도를 고르게 하기 위해 장치한 바퀴.

플라잉^스타ː트(flying+start)명 경주나 경영(競泳)에서, 출발 신호가 나기 전에 출발하는 일. 〔반칙이 됨.〕

플라잉^폴ː(flying fall)명 레슬링의 폴의 한 가지. 메어쳐서 동시에 양어깨를 바닥에 닿게 하는 일.

플라지올레토(flagioletto 이)명 관악기의 한 가지. 여섯 개의 구멍과 부리 모양의 주둥이가 있는, 고음을 내는 유피리.

플라크(plaque 프)명 ☞치태(齒苔).

플라타너스(platanus 라)명 버즘나뭇과의 낙엽 활엽 교목을 통틀어 이르는 말. 유럽 원산으로 높이 20~30 m. 잎은 손바닥 모양이며 나무의 껍질이 큰 조각으로 터서 떨어짐. 봄에 옮은 연두색의 꽃이 피고 가을에 동그란 열매가 3~4개씩 긴 꼭지에 달려 익음. 세계 각지에서 가로수나 관상용으로 널리 심음.

플라토닉^러브(platonic love)명 〔플라톤적인 사랑이라는 뜻으로〕 순수한 정신적인 사랑.

플란넬(flannel)명 평직으로 짠, 털이 보풀보풀한 모직물.

플랑크톤(plankton)명 물속이나 물 위에 떠돌며 사는 미생물을 통틀어 이르는 말. 〔물고기의 먹이로서 수산업상 중요함.〕 부유 생물.

플래빈(flavin)명 동식물체에 존재하는 황색의 결정성 색소. 물에 잘 녹으며 빛이나 알칼리에 불안정함. 비타민 B_2의 작용을 함.

플래시(flash)명 ①손전등. ¶ 플래시를 비추다. ②사진용 섬광 전구. ¶ 플래시를 터뜨리다. ③'주목'·'주시'로 순화. ¶ 플래시를 받다.

플래시백(flashback)명 영화·텔레비전에서, 장면의 순간적인 전환을 반복하는 기법.

플래카ː드(placard)명 길다란 천에 슬로건 따위를 써서 양쪽 끝을 축이나 장대에 맨 광고 도구. ¶ 플래카드를 들고 시위 행진을 벌이다.

플랜(plan)명 '계획'으로 순화. ¶ 플랜을 짜다.

플랜테이션(plantation)명 열대나 아열대 지방에서 이루어지는 재식 농업(栽植農業). 〔외국인의 자본·기술과 현지의 노동력으로 경영하는 전근대적인 대규모 농업.〕

플랜트(plant)명 공장 설비나 기계 장치 및 전기·통신 따위의 종합체로서의 생산 시설이나 공장. 제조 공장. 생산 설비.

플랜트^수출(plant輸出)명 공장 시설이나 기술 따위의 생산 공정을 이루는 생산재 일체를 수출하는 방식.

플랫(flat)명 음악에서 반음 내리라는 기호 '♭'의 이름. 내림표. ↔샤프.

플랫폼ː(platform)명 정거장의 승강장.

플러그(plug)명 ①전기 회로를 잇거나 끊을 수 있게 도선의 끝에 다는 전기 기구. 콘센트에 꽂게 되어 있음. ¶ 라디오 코드의 끝에 달린 플러그를 벽의 콘센트에 꽂다. ②☞점화 플러그.

플러스(plus)명 ①하타 더하기. ¶ 3 플러스 2. /3에 2를 플러스하다. ②양수 또는 덧셈의 기호 '+'의 이름. 덧셈 부호. 덧셈표. ③양성(陽性)이나 양전극 따위를 나타내는 기호 '+'의 이름. ¶ 전기는 플러스에서 마이너스로 흐른다. ④되자 '이익이나 잉여·부가(附加)' 따위를 이르는 말. ¶ 회사에 플러스가 되다. ↔마이너스.

플러스-알파(plus+alpha)명 얼마를 더하는 일, 또는 그 더한 것. ¶ 월급 외에 플러스알파가 있다.

플런저(plunger)명 유체(流體)를 압축시키거나 뽑아내기 위하여 왕복 운동을 하는 기계 부분을 통틀어 이르는 말. 〔피스톤은 이것의 한 가지임.〕

플레어(flare)명 태양 채층(彩層)의 물질이 급격히 분출하면서 수 초에서 수 시간에 걸쳐 섬광을 발하다가 소멸하는 현상. 태양 대기의 전자기가 급격히 변화하여 일어나며, 강한 태양풍을 일으켜 지구 대기의 상층(上層)이나 지구자기에 영향을 미치기도 함.

플레어-스커트(←flared skirt)명 밑이 확 퍼져 자연적으로 주름이 잡히게 된 스커트.

플레이(play)명 ①운동 경기에서, 선수들이 펼치는 내용이나 기량. ②〈플레이 볼〉의 준말.

플레이보이(playboy)명 놀기 좋아하고 바람기가 있는 남자.

플레이^볼ː(play ball)명 야구·테니스 따위의 구기(球技)에서, 심판이 경기의 시작을 알리는 말. 준플레이.

플레이스킥(placekick)명하자 축구나 럭비에서, 공을 땅에 놓고 차는 일.

플레이어(player)명 ①경기자. 선수. ②연주자. 연기자. ③〈레코드플레이어〉의 준말.

플레이오프(play-off)명 ①동점 또는 무승부일 때의 결승 경기, 또는 연장전. ②야구·농구 따위에서, 정규 리그를 끝낸 다음 우승 팀을 가리기 위하여 별도로 가지는 경기.

플레이트(plate)명 ①금속판. ②진공관의 양극(陽極). ③사진의 감광판(感光板). ④야구에서, 본루나 투수판. ¶ 홈 플레이트. /피처 플레이트.

플로ː^시ː트(flow sheet)명 ☞플로 차트.

플로어(floor)명 클럽·무도장 등에서, 쇼를 하거나 춤을 추거나 할 수 있도록 되어 있는 마루.

플로어링(flooring)명 마루를 까는 널빤지.

플로ː^차ː트(flow chart)명 제조 과정이나 작업 진도 등을 도식화한 생산 공정 일람표. 플로 시트.

플로피^디스크(floppy disk)명 컴퓨터의 외부 기억 장치의 한 가지. 자성(磁性) 물질을 칠한 플라스틱제 원반으로, 규모가 작아 마이크로컴퓨터나 퍼스널 컴퓨터에 널리 쓰임. 디스켓. 참디스크.

플롯(plot)명 소설·희곡·설화 따위의 이야기를 형성하는 줄거리, 또는 줄거리에 나오는 여러 가지 사건을 얽어 짜는 일과 그 수법. 결구(結構). 구성(構成).

플뢰레(fleuret 프)명 펜싱에서 사용하는 검(劍)의 한 가지, 또는 그 검으로 하는 경기 종목. 몸통을 찌르는 것만이 유효하며, 남녀 종목이 있음.

플루오르(Fluor 독)명 할로겐 원소의 한 가지. 상온(常溫)에서는 특유한 냄새를 가진 황록색의 기체이며, 화합력이 강함. 충치의 예방을 위하여 수돗물이나 치약에 넣음. 불소(弗素). 〔F/9/18.99〕

플루오르-화(Fluor化)명 플루오르 원자를 화합물 중에 포함하고 있음을 나타내는 말. 〔플루오르화석회·플루오르화수은·플루오르화칼슘 따위.〕 불화(弗化).

플루오르화-물(Fluor化物)명 플루오르와 화합한 물질. 불화물(弗化物).

플루오르화-수소(Fluor化水素)명 플루오르의 수소 화합물. 발연성(發煙性)의 무색 액체로 독이 있음. 수용액은 유리를 부식하므로 무늬나 눈금 따위를 넣는 데 이용됨. 불화수소.

플루오르화-칼슘(Fluor化calcium)명 칼슘의 화합물. 천연으로는 형석(螢石)으로 산출되며, 순수한 것은 무색투명의 결정임. 자외선·적외선이 잘 통하기 때문에 광학 렌즈에 합성 형석이 이용됨. 불화칼슘(弗化calcium).

플루토(Pluto)명 ①로마 신화에 나오는, 저승의 왕. ②명왕성(冥王星).

플루토늄(plutonium)명 인공 방사성 원소의 한 가지. 백색의 금속으로, 중성자에 의해서 핵분열을 일으키므로 원자 폭탄이나 수소 폭탄에 이용됨. 〔Pu/94/244〕

플루ː트(flute)명 목관 악기의 한 가지. 피리를 닮아 가로로 쥐고서 불며 맑고 깨끗한 음색을 지녔음. 독주·관현악에 많이 쓰임. 최근에는 주로 금속으로 만듦.

플리머스-록(Plymouth Rock)명 닭의 한 품종. 미국 원산으로 몸이 뚱뚱하고 체질이 강함. 회백색 바탕에 검은 가로줄 무늬가 있는 것이 특징임. 난육 겸용종(卵肉兼用種)임.

플린트^유리(flint琉璃)명 납유리.

플티다타 〈옛〉 풀치다. ¶ 실マ티 플텨 이셔(鄭澈.關東別曲).

픗줌명 〈옛〉 풋잠. 갓 든 얕은 잠. ¶ 松根을 베여 누어 픗줌을 얼픗 드니(鄭澈.關東別曲).

피[1]명 ①동물체의 몸 안을 돌며 영양분과 산소를 공급하는 역할을 하는 붉은빛의 액체. 혈액. ¶ 코에서 피가 나다. /머리에 피가 몰리다. /찔러도 피 한 방울 안 날 사람. ②'혈연·혈통'의 뜻을 비유하여 이르는 말. ③'혈기'의 뜻을 비유하여 이르는 말. ¶ 청춘의 피가 끓어오르다. ④'희생'의 뜻을 비유하여 이르는 말. ¶ 피의 대가. /영령들의 고귀한 피로 지킨 조국 강산.

피가 거꾸로 솟다관용 〔피가 머리로 모인다는 뜻으로〕 몹시 화가 나거나 흥분한 상태를 비유하여 이르는 말.

피(가) 끓다관용 혈기나 감정 따위가 북받치다. ¶ 청춘의 피가 끓다.

피가 마르다관용 (애타는 정도가) 매우 심하다. ¶ 애가 타서 피가 마를 지경이다.

피가 켕기다관용 혈연의 사이에는 남다르게 당기는 힘이 있다.

피가 통하다관용 ①살아 있다. ②특별한 인간적인 감정이나 인정 따위로 연결되다.

피도 눈물도 없다관용 매우 비정하고 냉혹하다. ¶ 피도 눈물도 없는 사나이.

피로 피를 씻다관용 ①혈족끼리 서로 죽이고 다투다. ②악을 없애기 위해 악으로 대처하다. ¶ 피로 피를 씻는 복수극을 벌이다.

피를 나누다관용 혈연관계가 있다. ¶ 피를 나눈 형제끼리 이 무슨 짓이냐?

피를 말리다관용 몹시 애를 태우다.

피를 보다관용 ①크게 다치거나 죽게 되는 지경까지 이르도록 싸우다. ②큰 손해를 보다. ¶ 이러쿵저러쿵해도 피를 보는 쪽은 내 쪽이다.

피에 주리다관용 남을 죽이거나 크게 다치게 하려는 악한 마음이 가득하다.

피[2]명 볏과의 일년초. 논밭이나 습한 곳에 자라는 잡초로, 높이는 1m가량. 잎은 좁고 길며, 꽃은 여름에 이삭 모양으로 핌. 열매는 애완용 새의 먹이로 쓰임.

피ː[3]부 ①비웃는 태도로 입술을 비죽 내밀며 내는 소리. ¶ 피, 그런 말이 어딨어? ②속에 차 있던 공기가 힘없이 새어 나오는 소리.

피(皮)명 ☞껍데기.

피-(被)접두 《서술성을 가지는 일부 명사 앞에 붙어》 '동작을 받거나 입음'의 뜻을 나타냄. ¶ 피압박. /피지배.

피ː-가수(被加數)[-쑤]명 덧셈의 식에서, 더하여지는 수. 〔3+7=10에서 '3' 따위.〕 ↔가수.

피각(皮角)명 피부에 생기는 각질(角質)이 늘어나 뿔 모양의 돌기물로 된 것.

피ː-감수(被減數)[-쑤]명 뺄셈의 식에서, 덜리는 수. 〔10-7=3에서 '10' 따위.〕 ↔감수.

피갑(皮甲)명 돼지의 가죽으로 미늘을 만들어 사슴 가죽으로 얽어맨 갑옷.

피ː검(被檢)명하자되자 ①검거됨. ¶ 마약범이 검찰에 피검되다. ②검사를 받음. ¶ 피검 대상자.

피겨(figure)명 〈피겨 스케이팅〉의 준말.

피겨^스케이팅(figure skating)명 빙상 경기의 한 가지. 스케이트를 타고 얼음판 위에서 여러 가지 동작을 하여 기술의 정확성, 율동의 예술성, 안정된 자세 따위로 승부를 겨룸. 준피겨.

피ː격(被擊)명하자되자 습격 또는 사격을 받음. ¶ 식장에서 복면 괴한의 피격을 받다.

피견(披見)명하타 (책 따위를) 헤쳐 봄. 열어 봄. 피람(披覽).

피ː고(被告)명 ①민사 소송에서, 소송을 당한 쪽의 당사자. ↔원고. ②〈피고인〉의 준말.

피-고름명 피가 섞인 고름. 농혈(膿血). 혈농(血膿). ¶ 상처가 덧나서 피고름이 흐른다.

피ː고-인(被告人)명 형사 소송에서, 검사로부터 공소 제기를 당한 사람. 준피고.

피곡(皮穀)명 ☞겉곡식.

피곤(疲困)명하형 (몸이나 마음이) 지쳐서 고단함. ¶ 그는 피곤에 지쳐 이내 곯아떨어졌다. /피곤이 몰려오다.

피골(皮骨)명 살갗과 뼈. ¶ 피골이 상접하다.

피골-상련(皮骨相連)[-년]명하자 ☞피골상접.

피골-상접(皮骨相接)명하자 살갗과 뼈가 맞붙을 정도로 몹시 마름. 피골상련.

피공(皮工)명 ☞피색장(皮色匠).

피공(皮孔)명 ☞피목(皮目).

피ː-교육자(被教育者)[-짜]명 교육을 받는 사람.

피ː구(避球)명 여러 사람이 두 편으로 나뉘어, 각각 일정한 구획 안에 들어가 한 개의 공을 서로 던지고 받고 하면서 상대편을 많이 맞히기를 겨루는 놀이.

피그(pig)명 방사성 물질을 운반하거나 저장하는 데 쓰이는, 납으로 만든 용기.

피그미(Pygmy)명 주로 아프리카나 아시아에 사는, 평균 신장 150cm 이하의 종족을 이르는 말. 피부는 황갈색이며 원시림에서 원시적인 수렵 및 채집 생활을 함.

피근-피근부하형 밉살스럽게 고집을 부리고 남의 말을 잘 듣지 않는 모양.

피기명 〈옛〉 딸꾹질. ¶ 피기 얼:噦(訓蒙上29).

피-나다자 '피가 날 정도로 몹시 고생하거나 힘들임'을 비유하여 이르는 말. 《주로, '피나게'·'피나는'의 꼴로 쓰임.》 ¶ 피나게 번 돈. /피나는 노력.

피-나무명 피나뭇과의 낙엽 활엽 교목. 산지(山地)에서 자라는데 높이는 20m가량. 잎은 넓은 달걀 모양이며 어긋맞게 남. 6월경에 담황색 꽃이 피고, 9~10월에 둥근 열매가 익음. 나무는 가구재로, 나무껍질은 섬유 자원으로 쓰임. 단목(椴木).

피ː난(避難)명하자 재난을 피함. 재난을 피하여 있는 곳을 옮김. 피재(避災). ¶ 피난을 떠나다. 참피란(避亂).

피ː난-길(避難-)[-낄]명 재난을 피하여 딴 곳으로 가는 길, 또는 그런 도중. 참피란길.

피ː난-민(避難民)명 재난을 피하여 딴 곳으로 가는 사람. 난민(難民). 참피란민(避亂民).

피ː난-살이(避難-)명하자 피난하여 사는 살림살이. 참피란살이.

피ː난-지(避難地)명 ☞피난처.

피ː난-처(避難處)명 ①재난을 피해 옮긴 거처. ②재해가 있을 때 피난할 수 있는 곳. 피난지. 참피란처(避亂處).

피날레(finale 이)명 ①교향곡·소나타 따위의 종결 악장. 종곡(終曲). ②연극에서, 최후의 막. 대단원(大團圓).

피내^주ː사(皮內注射)명 아주 얕게 찔러서 피부 안에 약을 주사하는 일. [백신·혈청의 반응 주사 따위.]

피네(fine 이)명 악곡의 끝을 나타내는 말. 도돌이표나 달 세뇨 기호 때문에 반복하여 연주하다가 곡을 끝내는 위치를 표시할 때 씀.

피넨(Pinene 독)명 테르펜류 탄화수소의 한 가지. 테레빈유(油)의 주성분을 이루는 방향(芳香)이 있는 무색의 액체. 합성 장뇌나 인공 향료 따위에 쓰임.

피-눈물명 '몹시 슬프거나 원통할 때 흘리는 눈물'을 이르는 말. 혈루. 홍루. ¶ 피눈물을 흘리다.

피다[1]자 ①(꽃봉오리나 잎 따위가) 벌어지다. ¶ 무궁화꽃이 피다. ②불이 일어 붙다. ¶ 화로에 불이 피다. ③(사람이) 살이 오르고 화색이 돌다. ¶ 한창 필 나이. ④(반드럽던 직물이나 종이 따위의 겉에) 잔털이 일어나다. ⑤곰팡이나 버짐·검버섯 따위가 생기다. ¶ 곰팡이가 핀 식빵. ⑥웃음이나 미소가 겉으로 드러나다. ¶ 웃음꽃이 피다. ⑦사정이나 형편이 나아지다. ¶ 살림이 피다.

피다[2]타 '피우다'의 잘못.

피대(皮帒)명 짐승의 가죽으로 만든 손가방.

피대(皮帶)명 두 개의 기계 바퀴에 걸어 동력을 전달하는 띠 모양의 물건. 조대(調帶). 피댓줄.

피댓-줄(皮帶-)[-대쭐/-댇쭐]명 ☞피대(皮帶).

피ː동(被動)명 ①자립성이 없이 남의 힘으로 움직임. ②주체가 다른 것의 움직임에 의해 동작을 하게 되는 동사의 성질. ②↔능동(能動).

피ː동-문(被動文)명 문장의 서술어가 피동사로 된 문장. ['도둑이 순경에게 잡히었다.', '새로운 사실이 김 박사의 연구진에 의해 밝혀졌다.' 따위.] ↔능동문(能動文).

피ː동-사(被動詞)명 문장의 주체가 남으로부터 움직임의 작용을 받는 동사. 동사 어근에 접사 '-이-·-히-·-리-·-기-' 등이 붙거나, 동사에 '-아(어)지다'가 붙어서 이루어짐. ['보이다·놓이다·써지다' 따위.] 수동사(受動詞). ↔능동사(能動詞).

피ː동-적(被動的)관명 남의 힘에 의하여 움직이는 (것). ¶ 피동적인 태도.

피둥-피둥부하형 ①볼썽사납도록 통통하게 살진 모양이나 그 살갗이 탄력 있는 모양. ¶ 환갑이 넘은 노인이지만 피둥피둥 살이 쪘다. ②남의 말을 듣지 않고 밉살스럽게 엇나가는 모양. ¶ 일은 하지 않고 피둥피둥 놀기만 한다.

피ː드백(feedback)명 ①제어기나 증폭기에 있어 출력을 입력 쪽으로 되돌리는 일. ②어떠한 행위를 마친 뒤, 그 결과의 반응을 보아 행동을 변화시키는 일.

피ː디ː(PD)명 ①방송에서 프로듀서. ②방송 프로그램의 연출 담당자. [program director]

피ː디ː에이(PDA)명 휴대 정보 단말기(携帶情報端末機). [personal digital assistant]

피-딱지[-찌]명 상처 따위에 피가 말라붙어 된 딱지. ¶ 피딱지가 앉다.

피-딱지(皮-)[-찌]명 닥나무 껍질의 찌끼로 뜬, 품질이 낮은 종이. 피지(皮紙).

피-땀명 ①피와 땀. ②'온갖 힘을 다 들이는 노력과 수고'를 비유하여 이르는 말. ¶ 피땀 흘려 가꾼 땅.

피-똥명 피가 섞인 똥. 혈변(血便).

피뜩부 어떤 생각이나 물체가 얼른 떠오르거나, 나타났다가 곧 사라지는 모양. ¶ 그녀의 모습이 피뜩 떠올랐다. **피뜩-피뜩**부하자.

피라미명 ①잉엇과의 민물고기. 몸길이 10~14 cm로 몸은 옆으로 납작함. 몸빛은 등이 청색을 띤 갈색이고, 배와 옆구리는 은백색임. 산란기가 되면 수컷은 혼인색(婚姻色)을 띰. 우리나라·중국·일본 등지에 분포함. ②'하찮은 존재'를 비유하여 이르는 말.

피라미드(pyramid)명 고대 이집트에서 국왕·왕족들의 무덤으로 만들어진, 큰 돌을 사각뿔 모양으로 쌓아 올린 거대한 건조물.

피라칸타(pyracantha)명 장미과의 상록 관목. 중국 서남부 원산으로 높이는 1~2 m. 봄에 흰 꽃이 피고 둥근 열매는 가을에 등황색으로 익음.

피ː란(避亂)명하자 난리를 피함. 난리를 피하여 다른 데로 옮김. 참피난(避難).

피ː란-길(避亂-)[-낄]명 난리를 피하여 딴 곳으로 가는 길, 또는 그런 도중. 참피난길.

피ː란-민(避亂民)명 난리를 피하여 딴 곳으로 가는 사람. 참피난민(避難民).

피ː란-살이(避亂-)명하자 피란하여 살아가는 살림살이. 참피난살이.

피ː란-지(避亂地)명 ☞피란처.

피ː란-처(避亂處)명 ①난리를 피해 거처를 옮긴 곳. ②난리를 피할 수 있는 곳. 피란지. 참피난처(避難處).

피람(披覽)명하타 (책이나 편지 따위를) 펴서 봄. 피견(披見).

피ː랍(被拉)명되자 납치를 당함. ¶ 피랍 어선.

피력(披瀝)명하타되자 마음속의 생각을 숨김없이 말함(털어놓음). ¶ 자신의 견해를 피력하다.

피로(披露)명하타 ①문서 따위를 펴 보임. ②일반에게 널리 알림.

피로(疲勞)명하형 몸이나 정신이 지쳐 고단함, 또는 그런 상태. ¶ 피로가 쌓이다.

피로-곤비(疲勞困憊)명하형 몹시 지쳐 괴롭고 나른함.

피로-연(披露宴)명 결혼이나 출생 따위를 널리 알리는 뜻으로 베푸는 잔치. ¶ 결혼 피로연.

피로-회(披露會)[-회/-훼]명 결혼이나 출생 따위를 널리 알리는 뜻의 모임.

피롱(皮籠)명 짐승의 가죽으로 만든 큰 함.

피ː뢰(避雷)[-뢰/-뤠]명하자 낙뢰(落雷)를 피함.

피ː뢰-기(避雷器)[-뢰-/-뤠-]명 선로나 전기기기에서, 회로의 이상 고전압을 안전하게 저하시켜 기계를 보호하는 장치.

피ː뢰-주(避雷柱)[-뢰-/-뤠-]명 ☞피뢰침.

피ː뢰-침(避雷針)[-뢰-/-뤠-]명 낙뢰(落雷)의 피해를 막기 위하여 가옥이나 굴뚝 따위의 건조물에 세우는, 끝이 뾰족한 금속제의 막대기. 피뢰주.

피륙명 ①실로 짠 새 베. ②아직 끊지 아니한 필로 된 천을 통틀어 이르는 말.

피륭(疲癃)명 한방에서, 기력이 쇠하여 생기는 노인의 병을 이르는 말.
피리명 ①국악의 목관 악기의 한 가지. 음조를 이루는 8개의 구멍이 있으며 서를 꽂아서 붊. 필률. ②속이 빈 대롱에 구멍을 뚫고 불어서 소리를 내는 것을 통틀어 이르는 말.
피리독신(pyridoxine)명 비타민 B_6의 기능을 가진 물질. 쌀겨·효모 등에 함유되어 있음.
피리딘(pyridine)명 콜타르에서 채취하는 자극성의 냄새가 있는 무색의 휘발성 액체. 고무·도료의 용해제나 염료의 합성 원료 따위로 쓰임.
피리-약(-龠)명 한자 부수의 한 가지. '龡'·'龢' 등에서의 '龠'의 이름.
피리어드(period) Ⅰ명 문장이 끝남을 나타내는 부호 '.'의 이름. 온점. Ⅱ의 아이스하키 따위에서, 경기 시간을 가르는 한 구분.
피리춘추(皮裏春秋)명 〔'皮裏'는 살갗 속, 곧 심중(心中), '春秋'는 역사, 곧 옳고 그름에 대한 분별력으로〕 모든 사람이 말은 하지 않아도 '저마다 마음속에 셈속과 분별력이 있음'을 이르는 말.
피린계 약제(pyrene系藥劑)[-계-쩨/-게-쩨] 해열제·진통제로 쓰이는 여러 가지 의약품. 〔아미노피린·설피린 따위.〕
피ː립(跛立)명하자 한 다리는 들고 한 다리로만 섬.
피마(-馬)명 다 자란 암말. ↔상마·복마.
피마자(蓖麻子)명 ①☞아주까리. ②아주까리씨. 비마자.
피마자-유(蓖麻子油)명 아주까리기름.
피막(皮膜)명 ①피부와 점막(粘膜). ②껍질과 같은 막(膜).
피ː막(被膜)명 (거죽을) 덮어 싸고 있는 막.
피ː막(避幕)명 지난날, 사람이 죽기 직전에 잠시 두던, 마을에서 떨어진 외딴집.
피막이-풀명 산형과의 다년초. 들이나 길가에 나는데, 줄기는 땅 위를 기며 마디에서 수염뿌리가 남. 둥근 잎은 5~9갈래로 갈라지고, 여름에 연두색 꽃이 둥글게 모여 핌. 잎은 한방에서 피를 멈추게 하는 데 쓰임. 아불식초.
피말(皮襪)명 ☞다로기.
피망(piment 프)명 가짓과의 일년초. 높이 60 cm가량. 열매가 크고 매운맛이 별로 없으며 뭉툭한 모양에 세로로 골이 져 있음. 푸른 것은 조리하여 먹고, 완전히 익어 붉은 것은 향신료로 사용함.
피맥(皮麥)명 ☞겉보리.
피-맺히다[-매치-]자 〔가슴에 피가 맺힐 정도로〕 슬픔이나 원한이 깊다. 《주로, '피맺힌'의 꼴로 쓰임.》 ¶ 피맺힌 원한.
피-멍명 ①(무엇에 부딪치거나 맞아서) 피부에 붉게 맺힌 피. ②'마음의 깊은 상처'를 비유하여 이르는 말. ¶ 억울한 옥살이로 가슴에 피멍이 들었다.
피ː명(被命)명하자되자 명령을 받음.
피ː모(被毛)명 몸을 덮은 털.
피목(皮目)명 나무껍질에 있는 작은 구멍. 줄기의 내부와 외계 사이의 가스 교환의 출입구가 됨. 껍질눈. 피공(皮孔).
피물(皮物)명 짐승의 가죽.
피미(披靡)명하자 ①무성한 나무나 풀이 바람에 쓰러지거나 쏠림. ②남의 권세나 위력에 눌려 여러 사람이 굴복함.
피-바다명 '피가 사방에 흘러 낭자하게 되어 있는 곳'을 과장하여 이르는 말.
피-바람명 '많은 사람을 죽이는 참극'을 비유하여 이르는 말.
피ː발(被髮·披髮)명하자 ①머리를 풀어 헤침. ②부모상을 당하여 머리를 풀어 헤침.
피ː발-도선(被髮徒跣)명 지난날, 부모가 운명했을 때, 딸이나 며느리가 머리를 풀고 버선을 벗던 일.
피ː발-좌임(被髮左衽)명 〔머리를 풀어 헤치고 옷깃을 왼쪽으로 여민다는 뜻으로〕 '미개한 종족(種族)의 풍속'을 이르는 말.
피-밥명 피로 지은 밥. 참피².
피-범벅명 여러 군데에 피가 묻어 뒤범벅이 됨.
피벗(pivot)명 농구나 핸드볼 따위에서, 공을 가진 선수가 한 발을 마루에 붙이고 다른 발을 움직여서 몸을 돌리는 동작.
피ː변(彼邊)명 저편. 저쪽.
피ː병(避病)명하자 전염병을 피하여 거처를 옮김.
피ː-병원(避病院)명 법정 전염병(法定傳染病) 환자를 격리하여 수용하는 병원.
피ː보험-물(被保險物)명 손해 보험 계약의 대상물.
피ː보험-자(被保險者)명 보험 사고가 발생했을 경우에 보험금의 지급을 받을 권리를 가진 사람. ↔보험자.
피복(被服)명 (공장 생산품·지급품·상품 등으로서의) 옷. 의복. ¶ 피복 공장. /피복 지급.
피ː복(被覆)명하타되자 거죽을 덮어 쌈, 또는 덮어 싼 물건.
피ː복-선(被覆線)[-썬]명 절연물로 거죽을 덮어 싼 도선. 절연선(絶緣線).
피복-창(被服廠)명 공공 기관이나 단체의 제복을 만드는 공장. ¶ 군수(軍需) 피복창.
피봉(皮封)명 ☞겉봉.
피부(皮膚)명 동물의 몸 표면을 싸고 있는 외피(外皮). 살가죽. 살갗.
피부^감ː각(皮膚感覺)명 피부 또는 그 아래의 층에 수용기(受容器)를 가진 감각을 통틀어 이르는 말. 〔촉각·온각·냉각·통각 따위.〕
피부-과(皮膚科)[-꽈]명 의학의 한 분과. 피부에 관한 모든 질병을 다스림.
피부-병(皮膚病)[-뼝]명 피부에 생기는 모든 병을 통틀어 이르는 말.
피부-암(皮膚癌)명 피부에 생기는 암을 통틀어 이르는 말. 햇볕을 많이 받는 부위에 생기기 쉬움.
피부-염(皮膚炎)명 피부에 생기는 염증을 통틀어 이르는 말.
피부^호흡(皮膚呼吸)명 피부를 통하여 하는 호흡.
피-붙이[-부치]명 ①겨레붙이. 혈족. ②자신이 직접 낳은 자식이나 직계 자손.
피브로인(fibroin)명 누에고치의 섬유를 구성하는 경단백질(硬蛋白質)의 한 가지.
피브리노겐(fibrinogen)명 척추동물의 혈장 및 림프액 속에 있는 글로불린의 한 가지. 섬유소원(原)으로 혈액 응고의 중심 구실을 함.
피브린(fibrin)명 혈액 속의 피브리노겐이 출혈 때에 변하여서 되는 불용성 단백질. 섬유상을 이루어 혈구를 싸서 피를 응고시킴.
피ː브이시ː(PVC)명 폴리염화 비닐. 비닐론의 중합체(重合體)로, 용기(容器)나 파이프 따위를 만듦. [poly vinyl chloride]
피비(皮痹)명 피부의 감각이 마비되는 증세.

피비린-내명 ①선지피에서 풍기는 비린 냄새. ②살상으로 생기는 잔혹하고 살벌한 기운. ¶ 피비린내 나는 싸움.
피-사리명하자 벼에 섞여 자란 피를 뽑아냄, 또는 그 일.
피ː사-체(被寫體)명 사진을 찍는 대상(對象)이 되는 물체.
피ː살(被殺)명되자 살해(殺害)를 당함. 죽임을 당함. ¶ 자객에게 피살되다.
피ː살-자(被殺者)[-짜]명 살해당한 사람.
피상(皮相)명 (사물이나 현상 따위의) 겉으로 드러나 보이는 형상.
피상(皮箱)명 (짐승의) 가죽으로 만든 상자.
피ː-상속인(被相續人)명 상속되는 재산이나 권리의 전(前) 소유자. 곧, 재산이나 권리를 물려준 사람. ↔상속인.
피상-적(皮相的)관명 겉으로 드러나 보이는 현상에만 관계하는 (것). 실상을 파악하지 못하거나 드러내지 못한 (것). ¶ 피상적 판단. /피상적인 견해.
피새명 조급하고 날카로워 걸핏하면 화를 내는 성질. ¶ 낙선한 뒤부터 피새가 부쩍 늘었다.
피새(가) 여물다관용 피새를 잘 내는 성질이 있다.
피새-나다자 은밀한 일이 발각되다.
피새-놓다[-노타]자 중요하고 긴한 체하면서 훼방을 놓다.
피색-장(皮色匠)[-짱]명 짐승의 가죽을 다루어 물건을 만드는 사람. 피공(皮工). 준피장(皮匠).
피ː서(避暑)명하자 시원한 곳으로 옮겨 더위를 피함. ¶ 피서 인파. /동해안으로 피서를 가다. ↔피한(避寒).
피ː서-객(避暑客)명 피서를 즐기는 사람.
피ː서-지(避暑地)명 피서하는 곳. 더위를 피하기에 알맞은 곳.
피ː석(避席)명하자 ①자리를 피하여 물러남. ②(웃어른에 대한 공경의 뜻으로) 앉았던 자리에서 일어나 비켜섬. ②피좌(避座).
피ː선(被選)명되자 선거에서 뽑힘. ¶ 위원장에 피선되다.
피ː선거-권(被選擧權)[-꿘]명 선거에 입후보하여 당선인이 될 수 있는 권리. 참선거권.
피ː소(被訴)명하자되자 제소(提訴)를 당함.
피ː수(被囚)명하자되자 옥에 갇힘, 또는 그 죄수(罪囚).
피ː-수식어(被修飾語)명 수식어의 수식을 받는 말. 〔'조그마한 학교'에서 '학교' 따위.〕
피스톤(piston)명 ①원동기나 압축기 따위에서, 유체의 압력을 받아 실린더 속을 왕복 운동하는 원판형이나 원통형의 부품. 활색(活塞). ②☞밸브(valve).
피ː습(被襲)명하타되자 습격을 당함.
피ː승-수(被乘數)[-쑤]명 곱셈에서, 곱함을 당하는 수. 〔5×2=10에서의 '5'.〕 ↔승수(乘數).
피ː시(被弑)명하자되자 임금이 신하에게 죽임을 당함.
피ː시ː(PC)명 (사무실이나 가정 등에서 개인이 이용하기에 편리하게 만든) 개인용 컴퓨터. ¶ 피시 통신. [personal computer]
피ː시ː에스(PCS)명 ☞개인 휴대 통신 서비스. [Personal Communications Service]
피식부하자 입술을 힘없이 얼른 터트리며 싱겁게 한 번 웃는 모양, 또는 그때에 나는 소리. ¶ 하도 어이없어 피식 웃고 말았다.
피식-거리다[-꺼-]자 자꾸 피식피식하다. 피식대다.
피식-대다[-때-]자 피식거리다.
피ː신(避身)명하자 (위험 따위로부터) 몸을 숨겨 피함. ¶ 안전한 곳으로 피신하다. 비은신(隱身).
피ː신-처(避身處)명 (위험 따위로부터) 몸을 숨겨 피하는 곳. ¶ 피신처를 마련하다.
피싱(phishing)명 주로 금융 기관이나 전자 상거래 업체를 사칭하여, 개인의 금융 정보를 빼내는 일.
피ː아(彼我)명 그와 나. 저편과 이편.
피ː아-간(彼我間)명 그와 나의 사이. 저편과 이편의 사이. ¶ 피아간에 부상자가 속출하다.
피아노(piano)[1]명 건반 악기의 한 가지. 큰 공명(共鳴) 상자 안에 85줄 이상의 강철선을 치고 타현(打弦) 장치를 하여 건반을 누르면 소리가 남. 참양금(洋琴).
피아노(piano 이)[2]명 악보에서, 셈여림을 나타내는 말. '약하게·여리게'의 뜻. 〔나타냄표는 *p*〕
피아놀라(Pianola 이)명 자동 피아노. 〔상표명〕
피아니스트(pianist)명 피아노 연주자.
피아니시모(pianissimo 이)명 악보에서, 셈여림을 나타내는 말. '아주 여리게'의 뜻. 〔나타냄표는 *pp*〕
피아니시시모(pianississimo 이)명 악보에서, 셈여림을 나타내는 말. '가장 여리게'의 뜻. 〔나타냄표는 *ppp*〕
피ː아ː르(PR)명하타 관청·단체·기업 따위가, 시책이나 사업 내용·주의 주장·제품 따위에 대해 일반의 이해와 협조를 얻기 위하여 널리 알림, 또는 그와 같은 선전 활동. [public relations]
피ː안(彼岸)명 〔불교에서〕 ①이승의 번뇌를 해탈하여 열반의 세계에 도달하는 일, 또는 그 경지. ②사바세계 저쪽에 있는 깨달음의 세계. ↔차안(此岸). 참바라밀다(波羅蜜多).
피안다미-조개명 돌조갯과에 딸린 조개. 모양은 길둥근데 조가비 길이는 12 cm, 나비 7 cm 가량. 조가비 겉면에는 부챗살처럼 줄이 있으며, 살은 붉은 빛깔임. 우리나라의 동남해에 분포함. 준피조개.
피앙세(fiancé 프)명 약혼자. 남성 약혼자. 〔여성 약혼자는 'fiancée'로 적음.〕
피어-나다[-어-/-여-]자 ①꽃이나 구름 따위가 피거나 부풀어 오르다. ¶ 장미꽃이 피어나다. /뭉게구름이 피어나다. ②꺼져 가던 불이 다시 일어나다. ¶ 숯불이 피어나다. ③파리하던 얼굴에 화색이 돌다. ¶ 얼굴이 활짝 피어나다. ④곤란하던 형편이 좋아지다. ¶ 옹색하던 살림이 피어나다.
피-어리다형 피를 흘리거나 피가 맺힌 자취가 깃들어 있다. 《주로, '피어린'의 꼴로 쓰임.》 ¶ 피어린 투쟁.
피어싱(piercing)명 코·입술·혀·배꼽 등에 장신구를 끼거나 달기 위하여 구멍을 뚫는 일.
피어-오르다[-어-/-여-][~오르니·~올라]자르 ①꽃봉오리 따위가 맺혀 막 벌어지려고 하다. ②불길 따위가 밑에서부터 솟아오르다. ¶ 장작불이 피어오르다. ③김이나 연기·구름 따위가 계속 위로 올라가다. ¶ 아지랑이가 피어오르다. ④마음속에서 감정이나 염원·욕망 따위가 일어나다.
피에로(pierrot 프)명 〔무언극·서커스·희극(喜劇) 등에 나오는〕 어릿광대.
피ː에스(PS)명 추신(追伸). 추서(追書). [postscript]
피ː에이치(pH)명 '수소 지수(水素指數)'의 기호. 페하.

피에타 (Pietà 이) 명 기독교 미술에서, 십자가에서 내린 그리스도의 시체를 무릎 위에 놓고 애도하는 마리아를 표현한 주제. 중세 말부터 르네상스 시대의 조각·회화에서 많이 볼 수 있으며, 바티칸 베드로 대성당의 미켈란젤로의 조각이 유명함.

피ː엑스 (PX) 명 군대 내의 매점. [Post Exchange]

피ː엘오ː (PLO) 명 팔레스타인 해방 기구. [Palestine Liberation Organization]

피ː엠 (PM·pm) 명 하오(下午). [post meridiem] ↔에이엠(AM).

피연 (疲軟) '피연하다'의 어근.

피연-하다 (疲軟-) 형여 기운이 없고 느른하다.

피ː오ː더블유 (POW) 명 전쟁 포로. [Prisoner of War]

피오르 (fjord 노) 명 빙식곡(氷蝕谷)에 바닷물이 들어가서 생긴, 폭이 좁고 깊은 후미. 협만.

피우 (più 이) 명 악보에서, 다른 말과 함께 쓰이어 '좀 더'·'더욱'의 뜻을 나타내는 말. ¶ 피우 알레그로.

피-우다 타 ①〖'피다1'의 사동〗 피게 하다. ¶ 꽃을 피우다. /불을 피우다. /웃음꽃을 피우다. ②담배를 물고 연기를 빨아들였다가 코나 입으로 내보내다. ③재주·게으름·난봉·소란 따위를 행동으로 나타내다. ¶ 재롱을 피우다. /난봉을 피우다. ④먼지나 냄새 따위를 일으키거나 퍼뜨리다. ¶ 먼지를 피우지 마라.

피육 (皮肉) 명 가죽과 살.

피율 (皮栗) 명 ☞겉밤.

피읖 [-읍] 명 한글 자모(子母)의 자음 'ㅍ'의 이름. * 피읖이[-으비]·피읖만[-음-]

피ː의 (被疑) [-의/-이] 명 의심이나 혐의를 받는 일.

피ː의 (跛倚) [-의/-이] 명하자 한쪽 다리로만 서서 몸을 다른 것에 기댐.

피ː의-자 (被疑者) [-의-/-이-] 명 범죄의 혐의는 받고 있으나 아직 기소되지 않은 사람. 용의자.

피ː인 (彼人) 명 저 사람.

피ː일시차일시 (彼一時此一時) [-씨-씨] 명 그때는 그때, 이때는 이때. 그때마다 임기응변함을 이르는 말.

피ː임 (被任) 명하자되자 어떠한 자리에 임명됨. ¶ 회장에 피임되다.

피ː임 (避妊) 명하자 인위적으로 임신을 피함.

피ː임-법 (避妊法) [-뻡] 명 인위적으로 수태 조절을 하는 방법. 참불임법(不妊法).

피ː임-약 (避妊藥) [-냑] 명 피임하기 위하여 사용되는 약제. 〔살정제(殺精劑) 따위.〕

피자 (pizza 이) 명 서양 음식의 한 가지. 둥글넓적한 밀가루 반죽 위에 치즈·고기·토마토 따위를 얹어 구운 파이.

피ː자-식물 (被子植物) [-싱-] 명 ☞속씨식물.

피장 (皮匠) 명 〈피색장(皮色匠)〉의 준말.

피ː장부-아장부 (彼丈夫我丈夫) 명 〔저 사람이 장부라면 나도 장부라는 뜻으로〕 '별 차이 없이 서로 맞설 수 있음'을 이르는 말.

피장-파장 명 '상대편과 같은 처지라, 서로 낫고 못함이 없음'을 이르는 말. ¶ 무식하기야 서로 피장파장이지.

피ː재 (避災) 명하자 ☞피난(避難).

피ː접 (避接) 명하자 〈비접〉의 본딧말.

피ː-제수 (被除數) [-쑤] 명 나누기에서, 어떤 수를 다른 수로 나눌 때, 그 나뉘는 수. 〔8÷2=4에서의 '8'.〕 나뉨수. ↔제수.

피-조개 명 〈피안다미조개〉의 준말.

피ː-조물 (被造物) 명 〔조물주에 의하여 만들어진 존재라는 관점에서〕 '우주의 삼라만상'을 이르는 말.

피좃다 타ㅅ 〈옛〉 자자(刺字)하다. ¶ 安樂國의 ᄂᆞᄎᆞᆯ 피좃고 ᄡᅮᆨ 듧 므를 브ᄅᆞ니라(月釋*8:98*). /피조술 경:黥(訓蒙下*29*).

피ː좌 (避座) 명하자 ☞피석(避席).

피ː죄 (被罪) [-죄/-줴] 명하자되자 죄를 입음.

피-죽 명 '죽데기'의 잘못.

피-죽 (-粥) 명 피로 쑨 죽. ¶ 사흘에 피죽 한 그릇도 못 얻어 먹었는가, 왜 이래, 이 사람?

피죽 (皮竹) 명 대나무의 겉껍질.

피죽-바람 (-粥-) [-빠-] 명 〔피죽도 먹기 어렵게 흉년이 들 바람이라는 뜻으로〕 '모낼 무렵에 오랫동안 부는 아침 동풍과 저녁 북서풍'을 이르는 말.

피지 (皮脂) 명 피지선(皮脂線)에서 나오는, 지방 따위의 액상(液狀) 분비물.

피지 (皮紙) 명 ☞피딱지.

피지-루 (皮脂漏) 명 피지선의 분비 과다 증상. 지루.

피ː-지배 (被支配) 명 지배를 당함. ¶ 피지배 계층. ↔지배(支配).

피지-선 (皮脂腺) 명 진피(眞皮) 속에 있는 작은 분비샘. 피지를 분비하며, 손바닥과 발바닥 이외의 전신에 분포되어 있음. 지방선(脂肪腺).

피질 (皮質) 명 생체의 기관에서, 그 겉층과 안쪽층의 구조나 기능이 서로 다를 경우에 일컫는 겉층. 〔대뇌·부신(副腎)·신장(腎臟) 따위가 해당함.〕 ↔수질(髓質).

피ː집불굴 (被執不屈) [-뿔-] 명하자 자기의 주장을 고집하고 굽히지 아니함.

피ː차 (彼此) 명 ①이것과 저것. ②이편과 저편의 양편. ¶ 피차의 의견을 말하다.

피ː차-간 (彼此間) 명 양편 서로의 사이. 또는, 양편 모두. ¶ 피차간에 반목이 깊어지다. /피차간에 잘된 일이다.

피ː차-없다 (彼此-) [-업따] 형 서로 낫고 못함을 따질 형편이 못 되다. **피차없-이** 부 ¶ 피차없이 바쁘다 보니 도리를 다하지 못하네.

피ː차-일반 (彼此一般) 명 서로가 마찬가지임. ¶ 힘들기는 자네나 나나 피차일반이다.

피ː착 (被捉) 명하자되자 ☞피체(被逮).

피ː처 (彼處) 명 저기. 저곳.

피처 (pitcher) 명 야구의 투수. ↔캐처.

피ː척 (彼隻) 명 소송(訴訟) 당사자가 서로 상대편을 이르는 말.

피천 명 아주 적은 돈. 노린동전.

피천 샐 닢 없다 속담 ☞피천 한 닢 없다.

피천 한 닢 없다 속담 수중에 돈이 한 푼도 없다. 피천 샐 닢 없다. ¶ 피천 한 닢 없이 길을 나서다니.

피ː천 (被薦) 명하자되자 추천을 받음.

피ː체 (被逮) 명하자되자 남에게 잡힘. 피착.

피층 (皮層) 명 식물의 조직계의 한 가지. 표피와 중심주(中心柱) 사이의 세포층.

피치 (pitch) Ⅰ 명 ①조정 경기에서, 1분간에 젓는 노의 횟수. ②작업 능률. ¶ 피치를 올리다. ③음의 높이. 음률. ④아스팔트. 역청. ⑤톱니바퀴의 톱니와 톱니 사이의 길이. ⑥나사가 1회전 하여 나아가는 거리.

Ⅱ 의 인쇄된 행에서 문자의 밀도를 나타내는 단위.

피치^게이지 (pitch gauge) 명 나사의 피치를 재는 계기.

피치블렌드(pitchblende)명 섬(閃)우라늄석의 한 가지. 결정도가 낮고 덩어리 모양임. 라듐과 우라늄의 중요 광석. 역청 우라늄석.
피치카토(pizzicato 이)명 활을 사용하는 현악기의 현(絃)을 손끝으로 뚱겨 연주하는 주법.
피치-코ː크스(pitch cokes)명 콜타르 피치를 고온 건류(乾溜)하여 얻는 코크스. 흑색의 다공질 물질로서 탄소 제품의 원료로 쓰임.
피침(鈹鍼·披針)명 ☞바소.
피ː침(被侵)명하자되자 침범을 당함.
피칭(pitching)명하자 ①야구에서, 투수가 공을 던지는 일. ②선박 따위의 앞뒤가 위아래로 흔들리는 일. ②↔롤링.
피카레스크^소ː설(picaresque小說)명 ①16~17세기에 스페인에서 성행한, 악한들의 모험을 내용으로 한 소설, 또는 그러한 경향의 소설. ②독립된 몇 개의 이야기를 모아 어떤 계통을 세운 소설.
피컬(picul)의 중국과 동남아시아의 해운계(海運界)에서 쓰이는 중량의 단위. 〔보통 1피컬은 60 kg〕
피케팅(picketing)명하자 쟁의 행위의 한 가지. 노동 쟁의 때, 근로자들이 공장 근처나 입구에서 동맹 파업의 방해자를 막고, 동료 중에서 변절자가 나오지 못하도록 감시하는 행위.
피켈(pickel)명 등산 용구의 한 가지. 나무 자루에 곡괭이 모양의 금속제 날이 달려 있음. 빙설(氷雪)로 된 경사를 오를 때 발판 등을 만드는 데에 쓰임.
피켓(picket)명 어떤 주장을 알리기 위하여 그 내용을 적은, 자루가 달린 널빤지. 보통, 시위할 때 들고 다님.
피코(pico)명 《미터법의 단위 앞에 쓰여》 '10^{-12}배', 곧 1조분의 1을 나타내는 말. 〔기호는 P〕 ¶ 피코 그램.
피콜로(piccolo)명 목관 악기의 한 가지. 플루트의 작은 것으로서, 음정이 플루트보다 한 옥타브 높고 음색은 맑으며 날카로움. 금속으로도 만듦.
피ː크(peak)명 절정. 절정기. ¶ 단풍이 피크를 이루다.
피크르-산(←picric酸)명 유기산의 한 가지. 황색의 결정. 가열이나 충격에 의해 폭발하며 독이 있음. 폭약·분석 시약·의약품 따위에 쓰임.
피클(pickle)명 오이·양배추 따위의 채소나 과일 따위를 식초·설탕·소금·향신료를 섞어 만든 액체에 담아 절여서 만든 음식.
피ː타(被打)명하자되자 매를 맞음.
피ː탈(被奪)명하자되자 빼앗김.
피ː탈(避脫)명하자 피해 벗어남.
피-투성이명 피가 온 군데에 묻은 모양. ¶ 얼굴이 피투성이가 되다.
피튜니아(petunia)명 가짓과의 일년초. 관상용 화초의 한 가지. 줄기와 잎에 잔털이 있고, 잎은 달걀 모양이며 마주남. 꽃은 크기와 빛깔이 다양하며 나팔 모양으로 핌.
피ː트(feet)의 길이의 단위. 1피트는 12인치, 30.48 cm임.
피ː파(FIFA)명 국제 축구 연맹. [Fédération Internationale de Football Association]
피펫(pipette)명 화학 실험 기구의 한 가지. 일정한 용적의 액체를 재는 데 쓰는 가는 유리관.
피편명 〈옛〉적(敵)의 편. 상대편. ¶ 能히 피편을 制御ᄒᆞ리오(杜初25:39). 참비편.
피폐(疲弊)[-폐/-페]명하자 지치고 쇠약해짐. ¶ 전쟁으로 국력이 피폐하다.
피폐(疲斃)[-폐/-페]명하자 기운이 지쳐 죽음.
피ː폭(被爆)명하자되자 폭격을 받음.
피ː폭(被曝·被暴)명하자 (핵폭발이나 방사선 물질의 이용 등으로) 인체가 방사능에 노출됨. 방사능을 쐼.
피풍(皮風)명 한방에서, 피부에 일어나는 풍병을 이르는 말. 피부에 볼록한 것이 돋으며 몹시 가려움.
피ː피ː^가공(PP加工)명 〈퍼머넌트 프레스 가공〉의 준말.
피ː피ː엠(PPM·ppm)의 성분비나 농도 등에서, 백만분(百萬分)의 비율을 나타내는 단위. 1 ppm=10^{-6}. [parts per million]
피하(皮下)명 살가죽 밑.
피하^기종(皮下氣腫)명 피하에 기체가 들어가서 종기같이 된 상태.
피ː-하다(避-)타여 ①(다른 시간·장소·방법 따위를 택하여) 어떤 사물이나 상태를 만나거나 일어나지 않도록 하다. ¶ 몸을 피하다. /충돌을 피하다. /바쁜 시간을 피하다. /피할 수 없는 문제. ②(비나 눈 따위를 맞지 않도록) 어떤 곳에 들다. ¶ 처마 밑에서 소나기를 피하다.
피하^일혈(皮下溢血)명 심한 타박 따위로 혈관이 터져 살가죽 밑에서 피가 나오는 일.
피하^조직(皮下組織)명 피부의 진피 아래에 있는, 주로 지방으로 된 조직.
피하^주ː사(皮下注射)명 약물을 피하의 결체(結體) 조직 안에 놓는 주사. 참근육 주사·혈관 주사.
피하^지방(皮下脂肪)명 포유류의 피하 조직에 발달한 지방층. 영양을 축적하고 체온을 유지하는 작용을 함.
피하^출혈(皮下出血)명 ☞내출혈(內出血).
피ː학대^성ː욕^도ː착증(被虐待性慾倒錯症)[-때-또-쯩]명 ☞마조히즘(masochism).
피ː한(避寒)명하자 따뜻한 곳으로 옮겨 추위를 피함. ↔피서(避暑).
피ː해(被害)명하자되자 신체·재물·정신상의 손해를 입는 일, 또는 그 손해. ¶ 재산 피해. /이번 홍수로 농작물 피해가 컸다. ↔가해(加害).
피ː해(避害)명하자 재해(災害)를 피함.
피ː해-망상(被害妄想)명 남이 자기에게 해를 입힌다고 생각하는 병적인 망상. 정신 분열증이나 편집병 같은 정신병에서 흔히 나타남. ¶ 피해망상에 사로잡히다.
피ː해-자(被害者)명 ①피해를 당한 사람. ②남의 불법 행위나 범죄에 의하여, 침해를 당하거나 손해를 보는 사람. ↔가해자.
피ː핵(被劾)명하자되자 탄핵을 받음.
피혁(皮革)명 제품의 원료가 되는 가죽을 통틀어 이르는 말. 가죽. ¶ 피혁 공예.
피-혈(-血)명 한자 부수의 한 가지. '衄'·'衆' 등에서의 '血'의 이름.
피ː혐(避嫌)명하자 혐의를 피함.
피ː화(被禍)명하자 재화(災禍)를 당함.
피ː화(避禍)명하자 재화(災禍)를 피함.
피황희(皮黃戲)[-히]명 ☞경극(京劇).
피ː회(避廻)[-회/-훼]명하타 피하여 돌아다님.
피ː흉추길(避凶趨吉)명하자 흉한 일을 피하고 길한 일에 나아감.
픽부 ①힘없이 쓰러지는 모양. ¶ 몇 걸음 떼어 놓지도 못하고 픽 쓰러지다. ②삭은 새끼나 끈 따위가 힘없이 끊어지는 모양. ¶ 힘을 주어 당기자 새끼줄이 픽 끊어졌다. ③막혔던 기체 따위가 새어 나오는 소리. ¶ 타이어에서 공기가 픽 새어 나왔다. ④다물었던 입술을 움직이며 싱겁게 한 번 웃는 모양, 또는 그 소리. ¶ 어이가 없어 픽 웃고 말았다. ①②㉠팩¹. 픽-픽㊀㊉.

픽(pick)명 기타나 만돌린 따위를 연주할 때 쓰는 물건. 손가락 대신에 이것으로 줄을 타는데, 셀룰로이드 따위로 만듦.

픽션(fiction)명 ①허구(虛構). ②실제의 이야기가 아닌, 작자가 상상력으로써 창조한 가공적인 이야기. 〔소설 따위.〕↔논픽션.

픽업(pick up)¹명하타되자 (어떤 일에 필요한 사람을) 가려서 뽑음. 가려냄. ¶ 그녀는 춘향 역으로 픽업될 가능성이 높다.

픽업(pick up)²명 ①전축에서, 바늘의 진동을 전류의 진동으로 변화시키는 장치. ②짐을 싣는 부분이 트인 작은 트럭.

핀(pin)명 ①쇠붙이 따위로 가늘고 짧게 못이나 바늘처럼 만든 물건을 통틀어 이르는 말. 〔바늘·옷핀·머리핀 따위.〕 ②볼링에서, 공으로 쓰러뜨리는 병 모양의 표적물. ③골프에서, 홀에 세우는 표지 막대.

핀-급(fin級)명 태권도에서, 중량별 체급의 한 가지. 가장 가벼운 체급으로 남자 일반부는 체중 50 kg 이하임. 참플라이급.

핀둥-거리다자 자꾸 핀둥핀둥하다. 핀둥대다. ㉠팬둥거리다. 여빈둥거리다. 참삔둥거리다.

핀둥-대다자 핀둥거리다.

핀둥-핀둥부하자 보기에 얄밉도록 게으르게 마냥 놀기만 하는 모양. ㉠팬둥팬둥. 여빈둥빈둥. 참삔둥삔둥.

핀들-거리다자 자꾸 핀들핀들하다. 핀들대다. ㉠팬들거리다. 여빈들거리다. 참삔들거리다.

핀들-대다자 핀들거리다.

핀들-핀들부하자 보기에 얄밉도록 뻔뻔하게 게으름만 부리는 모양. ㉠팬들팬들. 여빈들빈들. 참삔들삔들.

핀셋(pincette)명 손으로 집기 어려운 물건을 집는, 족집게와 비슷한 모양의 쇠붙이 기구.

핀잔명하타 맞대 놓고 언짢게 꾸짖거나 비웃으며 꾸짖음, 또는 그 말. ¶ 괜한 말을 해서 핀잔만 들었다.

핀잔-맞다[-맏따]자 핀잔먹다.

핀잔-먹다[-따]자 핀잔을 당하다. 핀잔맞다.

핀잔-주다타 핀잔을 하다.

핀치(pinch)명 절박한 상태. 궁지(窮地). 위기. ¶ 핀치에 몰리다.

핀트(←ピント.일)명 ①사진기 따위의 렌즈의 초점. ¶ 카메라의 핀트를 맞추다. ②어떤 말이나 행동의, 초점 또는 노리거나 겨누는 요점. ¶ 핀트가 어긋난 답변.

필(畢)명 〈필성(畢星)〉의 준말.

필(匹)의 마소를 세는 단위. 두(頭). ¶ 소 한 필. /말 두 필.

필(疋)의 일정한 길이로 짠 피륙을 세는 단위. 끝. ¶ 비단 열 필. 참통³.

필(筆)의 논·밭·대지·임야 따위의 구획된 전부를 하나치로 셀 때 쓰는 단위. 필지(筆地). ¶ 논 두 필.

-필(畢)접미 일부 명사 뒤에 붙어, 그 일을 '이미 끝냄'을 뜻함. ¶ 납세필. /병역필.

필가(筆架)명 붓을 걸어 놓는 기구.

필가(筆家)명 ①글씨를 잘 쓰는 사람. ②글씨 쓰는 일을 업으로 하는 사람.

필간(筆諫)명하타 글로써 간함.

필갑(筆匣)명 붓이나 연필 따위를 넣어 가지고 다니는 기구. 필통.

필경(筆耕)명하자 ①직업으로 글씨를 쓰는 일. ②원지(原紙)에 철필로 글씨를 쓰는 일.

필경(畢竟)부 마침내. 결국에는. ¶ 필경 그리 되고 말았다. /필경 잡히고 말 것이다.

필공(筆工)명 붓을 만드는 사람. 붓을 만드는 일을 업으로 삼는 사람.

필관(筆管)명 붓대.

필광(弼匡)명하타되자 도와서 바로잡음.

필기(筆記)명하타 ①글씨를 씀. ②강의나 연설 따위의 내용을 받아 씀.

필기-구(筆記具)명 〈필기도구〉의 준말.

필기-도구(筆記道具)명 필기하는 데 쓰는 여러 물건. 〔종이·먹·붓·연필 따위.〕 준필기구.

필기-시험(筆記試驗)명 답안을 글로 써서 치르는 시험. 필답시험. ↔구술시험.

필기-장(筆記帳)[-짱]명 필기하는 데 쓰는 공책(空冊).

필기-체(筆記體)명 ①(활자가 아닌) 손으로 쓴 글씨체. ↔인쇄체. ②서양 문자에서, 필기할 때 흘려서 잇달아 쓸 수 있도록 된 글자의 체.

필납(必納)[-랍]명하타 반드시 납부함, 또는 반드시 납부해야 함.

필납(畢納)[-랍]명하타되자 납세나 납품 따위를 끝냄.

필낭(筆囊)[-랑]명 붓을 넣어서 차는 주머니.

필단(疋緞)[-딴]명 필(疋)로 된 비단.

필단(筆端)[-딴]명 붓끝.

필담(筆談)[-땀]명하자 (말이 서로 통하지 않는 경우에) 글로 써서 의사를 통함. ¶ 필담을 나누다.

필답(筆答)[-땁]명하자 글로 써서 대답함. ¶ 필답 고사.

필답-시험(筆答試驗)[-땁씨-]명 ☞필기시험(筆記試驗).

필대(匹對)[-때]명하자 ☞필적(匹敵).

필도(弼導)[-또]명하타 도와서 인도함.

필독(必讀)[-똑]명하타 반드시 읽음, 또는 읽어야 함. ¶ 필독 도서.

필독-서(必讀書)[-똑써]명 반드시 읽어야 할 책. ¶ 청소년 필독서.

필두(筆頭)[-뚜]명 ①붓끝. ②《주로 '-을 필두로'의 꼴로 쓰이어》 ㉠여럿을 들어 말할 때나 이름을 순서대로 적을 때, 맨 처음 차례. ㉡(단체나 동아리의) 주장되는 사람. ¶ 부장을 필두로 하여 부서원 전체가 한마음으로 열심히 일하고 있다.

필ː드(field)명 ①육상 경기장의 트랙 안쪽의 넓은 구역. ②야구에서, 내야와 외야를 통틀어 이르는 말. ③전기장이나 자기장을 이르는 말. ④컴퓨터에서, 레코드 안에서 특정 종류의 데이터를 위하여 사용되는 지정된 영역.

필ː드⌒경ː기(field競技)명 육상 경기장의 필드에서 하는 경기. 멀리뛰기·높이뛰기 따위 도약 경기와, 창던지기·해머던지기 따위 투척 경기가 있음.

필ː드-하키(field hockey)명 구기의 한 가지. 11명으로 이루어진 양편이, 일정한 크기의 직사각형 경기장에서 스틱으로 공을 쳐서, 상대편 골에 넣어 그 득점으로 승부를 겨루는 경기. 하키.

필득(必得)[-뜩]명하타 꼭 얻음. 반드시 자기의 것으로 함. ¶ 이 행동 지침은 각자 필득 명심 사항으로 삼기 바람.

필라멘트(filament)명 백열전구나 진공관 속에서 전류를 통하게 하고 열전자를 방출하는 가는 선. 텅스텐이나 니켈로 만듦. 선조(線條). 섬조(纖條).
필력(筆力)명 ①글씨의 획에 드러난 힘. 필세(筆勢). ②문장의 힘.
필로(筆路)명 ①붓의 놀림새. ②문장의 조리.
필로(蹕路)명 임금이 거둥할 때, 일반인의 통행을 막고 왕가(王駕)가 지나가던 길.
필로폰(Philopon)명 ☞히로뽕.
필률(觱篥·篳篥)명 ☞피리.
필름(film)명 ①사진 감광판의 한 가지. 셀룰로이드 따위의 투명한 판에 감광 재료를 칠한 것, 또는 그것을 현상한 음화. ②영화, 또는 영화용의 음화(陰畫)나 양화(陽畫)를 두루 이르는 말. ③농사용 비닐하우스 제작이나 식품 저장에 쓰이는, 합성수지로 만든 투명하고 얇은 막. 〔비닐 필름·플라스틱 필름 따위가 있음.〕
필마(匹馬)명 한 필의 말.
필마-단기(匹馬單騎)명 홀로 한 필의 말을 탄 차림, 또는 그 사람.
필마-단창(匹馬單槍)명 홀로 한 필의 말을 타고 창 하나를 비껴든 차림.
필멸(必滅)명하자 반드시 멸망함. ¶ 생자(生者) 필멸의 이치.
필명(筆名)명 ①글이나 글씨로 떨친 명성. ②작가가 작품을 발표할 때 쓰는, 본명 이외의 이름.
필목(疋木)명 필로 된 무명·당목·광목 따위.
필묵(筆墨)명 붓과 먹. 묵필.
필묵지연(筆墨紙硯)[-찌-]명 붓·먹·종이 그리고 벼루. 참문방사우.
필문(畢文)명하자 지난날, 서당이나 향교 등에서 교재로 삼아 배우던 책이나 글을 다 익혀 떼던 일. 참책씻이.
필-반자(匹-)명 〈필반자지〉의 준말.
필-반자지(匹-紙)명 필로 된 반자지. 준필반자.
필발-머리(-發-)명 한자 부수의 한 가지. '登'·'發' 등에서의 '癶'의 이름. 필발밑.
필발-밑(-發-)[-믿]명 ☞필발머리. ＊필발밑이[-미치]·필발밑을[-미틀]·필발밑만[-민-]
필방(筆房)명 붓을 만들어 파는 가게.
필배(畢杯)명 ☞종배(終杯).
필백(疋帛)명 비단 피륙.
필법(筆法)[-뻡]명 글씨나 문장을 쓰는 법. ¶ 초서(草書)의 필법.
필봉(筆鋒)명 ①붓끝. ②붓의 위세. 문장 따위의 힘. ¶ 필봉을 휘두르다.
필부(匹夫)명 ①한 사람의 남자. ②대수롭지 않은, 그저 평범한 남자.
필부(匹婦)명 ①한 사람의 여자. ②대수롭지 않은, 그저 평범한 여자.
필부지용(匹夫之勇)명 혈기만 믿고 함부로 덤비는 소인(小人)의 용기.
필부-필부(匹夫匹婦)명 대수롭지 않은 그저 평범한 남녀. 비갑남을녀·장삼이사.
필사(必死)[-싸]명하자 ①반드시 죽음. ②죽을 힘을 다 씀. 죽음을 각오함. ¶ 필사의 노력.
필사(筆寫)[-싸]명하타되자 (붓으로) 베껴 씀.
필사-본(筆寫本)[-싸-]명 베껴 쓴 책. 수사본. ↔간본(刊本).
필사-적(必死的)[-싸-]관명 죽을 힘을 다하는 (것). 죽음을 각오하는 (것). ¶ 필사적 탈출. /필사적으로 저항하다.
필삭(筆削)[-싹]명하타 더 쓸 것은 쓰고 지울 것은 지워 버림. ¶ 원고를 필삭하다.
필산(筆算)[-싼]명하타 숫자를 적어서 계산함, 또는 그렇게 하는 계산. 붓셈.
필살(必殺)[-쌀]명하타 반드시 죽임.
필상(筆商)[-쌍]명 붓 장수.
필생(畢生)[-쌩]명 일생을 마칠 때까지의 기간. 한평생 동안. 《주로, '필생의'의 꼴로 쓰임.》 ¶ 필생의 사업.
필설(筆舌)[-썰]명 〔붓과 혀라는 뜻으로〕 글과 말을 이르는 말. ¶ 필설로는 다할 수 없는 고초.
필성(畢星)[-썽]명 이십팔수의 하나. 서쪽의 다섯째 별자리. 준필(畢).
필성(弼成)[-썽]명하타 도와서 이루게 함.
필세(筆洗)[-쎄]명 붓을 씻는 그릇.
필세(筆勢)[-쎄]명 글씨의 획에 드러난 기세. 필력(筆力).
필수(必修)[-쑤]명 반드시 배우거나 이수하여야 하는 일. ¶ 필수 학점.
필수(必須)[-쑤]명 반드시 있어야 하는 것. 꼭 필요한 것. ¶ 필수 조건.
필수(必需)[-쑤]명 (그 물건이) 꼭 필요함. 없어서는 아니 됨. ¶ 생활 필수 용품.
필수^과목(必須科目)[-쑤-]명 반드시 이수하여야 하는 과목. ↔선택 과목.
필수^아미노산(必須amino酸)[-쑤-]명 동물의 체내에서 합성되지 않거나 합성하기 곤란하여, 음식물로 섭취해야 하는 불가결의 아미노산. 〔사람에게는 10종류가 있음.〕
필수-품(必需品)[-쑤-]명 꼭 소용되는 물품. 없어서는 안 될 물품. ¶ 생활 필수품.
필순(筆順)[-쑨]명 글씨를 쓸 때 붓을 놀리는 차례.
필승(必勝)[-씅]명하자 반드시 이김. ¶ 필승의 신념. /필승을 다짐하다.
필시(必是)[-씨]부 (짐작하기에) 틀림없이. ¶ 필시 그가 올 것이다. /저 아이는 필시 큰 인물이 될 것이다.
필야(必也)부 ☞필연(必然).
필업(畢業)명하타 사업이나 학업 따위를 마침.
필역(畢役)명하타 역사(役事)를 끝마침. 요역(了役).
필연(必然) Ⅰ명하형 반드시 그렇게 됨. 반드시 그렇게 되는 수밖에 다른 도리가 없음. ¶ 필연의 결과. ↔우연.
Ⅱ부 틀림없이 꼭. 반드시. 필야(必也). ¶ 남달리 노력하는 그는 필연 성공할 것이다.
필연(筆硯)명 붓과 벼루.
필연-론(必然論)[-논]명 ☞결정론.
필연-성(必然性)[-썽]명 어떤 사물의 그렇게 될 수밖에 없는 성질. ↔우연성.
필연-적(必然的)관명 반드시 그렇게 되는 (것). 반드시 그렇게 되는 수밖에 없는 (것). ¶ 필연적 결과. /필연적인 귀납(歸納).
필연적 판단(必然的判斷) 논리학에서, 판단의 주어(主語)와 술어(述語)와의 관계가 필연적인 것임을 나타내는 판단. 〔'A는 반드시 B이어야 한다.'는 형식을 취함.〕 참개연적 판단·실연적 판단.
필연-코(必然-)부 '필연(必然)'의 힘줌말. ¶ 이번에는 필연코 합격해야지.
필요(必要)명하형 꼭 소용이 있음. ¶ 필요 물품. /적극적인 노력이 필요하다.
필요-비(必要費)명 물건 또는 권리를 보존하거나 관리하는 데 필요한 비용. 〔가옥 수선비·가축 사료비·조세 따위.〕

필요-악(必要惡) 명 없는 것이 바람직하나 조직 따위의 운영이나 사회생활상 부득이 필요한 것으로 여겨지는 일.

필요적 변ː호(必要的辯護) [-뻔-] ☞강제 변호.

필요-조건(必要條件) [-껀] 명 'p이면 q이다.'라는 가언(假言) 명제에서, p와 q가 모두 참일 때, p에 대한 q를 이르는 말. 〔'김 군이 사람이라면, 김 군은 동물이다.'에서, '김 군은 동물이다'가 '김 군은 사람이다'의 필요조건임.〕 참충분조건(充分條件)·필요충분조건.

필요충분-조건(必要充分條件) [-껀] 명 'p이면 q이다.'라는 가언(假言) 명제에서, p와 q가 모두 참이고, p와 q가 서로 동치(同値) 관계일 때 서로를 이르는 말. 곧, 서로 필요조건과 충분조건을 동시에 만족할 때임. 〔'김 군이 사람이라면, 김 군은 인간이다.'에서 사람과 인간이 동치(同値)이므로 서로 필요충분조건임.〕 참충분조건·필요조건.

필욕감심(必欲甘心) [-깜-] 명하자 품은 원한(怨恨)을 반드시 풀고자 함.

필용(必用) '필용하다'의 어근.

필용-하다(必用-) 형여 반드시 소용되는 바가 있다.

필원(筆苑) 명 ①문필가(文筆家)들의 사회. ②옛날 명필들의 이름을 모아 적은 책.

필유곡절(必有曲折) [-쩔] 명 반드시 무슨 곡절이 있음. ¶ 야반(夜半)에 폐가에서 울음소리 들리니 필유곡절일시 분명하다.

필자(筆者) [-짜] 명 글이나 글씨를 쓴 사람. ¶ 필자 소개.

필재(筆才) [-째] 명 글이나 글씨 쓰는 재주. ¶ 필재가 뛰어나다.

필적(匹敵) [-쩍] 명하자 재주나 힘 따위가 엇비슷하여 서로 견줄 만함. 필대(匹對). ¶ 그에 필적할 만한 사람이 없다.

필적(筆跡) [-쩍] 명 손수 쓴 글씨나 그림의 형적. 수적(手迹). ¶ 필적 감정(鑑定).

필전(筆戰) [-쩐] 명하자 글로써 서로 다투는 일. 글에 의한 논쟁. 참설전(舌戰).

필점(筆占) [-쩜] 명하타 필력이나 필세로 운수의 길흉을 점침, 또는 그 점.

필정(必定) [-쩡] 명 (상황으로 미루어) 꼭 그리 될 수밖에 없는 일.

필주(筆誅) [-쭈] 명하타 (죄악·과실 따위를) 글로 써서 책망함.

필지(必至) [-찌] 명하자 앞으로 반드시 그에 이름. 일이 필연적으로 그렇게 됨.

필지(必知) [-찌] 명하타 반드시 알아야 함. ¶ 필지 사항.

필지(筆紙) [-찌] 명 붓과 종이.

필지(筆地) [-찌] 의 ☞필(筆).

필지어서(筆之於書) [-찌-] 명하타 다짐을 하거나 잊지 않기 위하여 글로 써 두는 일.

필진(筆陣) [-찐] 명 ①필전(筆戰)에 대응하는 진용. 글로써 논전(論戰)할 채비. ¶ 필진을 치다. ②정기 간행물 따위에 기고하는 집필자의 진용. ¶ 막강한 필진을 자랑하는 잡지.

필집(筆執) [-찝] 명 증인으로서 증서를 쓴 사람.

필착(必着) 명하자 (우편물 따위가) 정해진 기일까지 반드시 도착함.

필채 명 지난날, 긴 종이로 만든 노를 네 오리 이상 꼬아서, 한끝에 매듭을 지어 돈을 꿰던 꿰미.

필채(筆債) 명 지난날, 이속(吏屬)이 백성들로부터 필사(筆寫)한 삯으로 받던 돈.

필첩(筆帖) 명 ①옛 사람의 필적을 모아서 엮은 서첩. ②☞수첩(手帖).

필체(筆體) 명 글씨의 모양. 글씨체.

필치(筆致) 명 ①글이나 글씨 쓰는 솜씨. ¶ 간결한 필치. ②글의 운치.

필터(filter) 명 ①액체나 기체 속의 이물(異物)을 걸러 내는 엷은 막. ¶ 정수기 필터. ②카메라 렌즈 앞에 붙여 빛을 선별하여 투과시키거나 색채 효과를 더하는 유리막. 여광판(濾光板). ③특정 주파수의 진동 전류를 통과시키는 전기 통신 장치. ④담배 끝에 달린, 담배의 진을 거르는 부분.

필통(筆筒) 명 ①붓이나 연필 따위 필기도구를 넣어 가지고 다니는 기구. 필갑. ②붓 등을 꽂아 두는 통.

필필-이(疋疋-) 부 ①필마다. ¶ 필필이 표시를 해 두다. ②여러 필로 연이어서. ¶ 필필이 짜 놓은 비단.

필-하다(畢-) 타여 끝내다. 일을 마치다. ¶ 병역을 필하다. /검사를 필하다.

필하ː모니(Philharmonie 독) 명 〔음악 애호가라는 뜻으로〕 교향악단의 명칭에 쓰는 말.

필혼(畢婚) 명하자 아들딸을 모두 혼인시킴, 또는 맨 마지막으로 시키는 혼인. ↔개혼(開婚).

필화(筆花) 명 〔붓끝에 피는 꽃이라는 뜻으로〕 아주 잘 지은 글을 이르는 말.

필화(筆華) 명 시가나 문장의 문채(文彩).

필화(筆禍) 명 발표한 글이 말썽이 되어 받는 화. ¶ 필화를 입다.

필획(筆畫) [-획/-훽] 명 ☞자획(字畫).

필휴(必携) 명하타 꼭 지녀야 함. 반드시 지녀야 하는 것. ¶ 학생 필휴의 사서(辭書).

필흔(筆痕) 명 글씨의 흔적.

필흥(筆興) 명 글씨를 쓰거나 그림을 그릴 때에 일어나는 흥취.

필-히(必-) 부 꼭. 반드시. ¶ 이번 모임에는 필히 참석하겠다.

핍근(逼近) [-끈] 명하자 썩 가까이 닥침.

핍박(逼迫) [-빡] 명 ①하타바싹 죄어서 괴롭게 함. ¶ 핍박을 당하다. /어떠한 핍박에도 굴하지 않는다. ②하형사태가 매우 절박함. ¶ 매우 핍박한 재정 상태.

핍색(逼塞) [-쌕] 명하자 (형세가) 꽉 막힘. 꽉 막혀 몹시 군색함.

핍-쌀 명 찧어서 겉겨를 벗겨 낸 쌀.

핍월(乏月) 명 〔양식이 떨어져 궁핍한 달이라는 뜻으로〕 '음력 사월'을 달리 이르는 말. 참보릿고개·칠궁(七窮).

핍인(乏人) 명하자 ☞핍재(乏材).

핍재(乏材) [-째] 명하자 인재가 모자라고 달림. 핍인.

핍재(乏財) [-째] 명하자 재산이 모자라고 달림.

핍전(乏錢) [-쩐] 명하자 돈이 모자라고 달림.

핍절(乏絕) [-쩔] 명하자 ☞절핍(絕乏).

핍진(乏盡) [-찐] 명하자 죄다 없어짐.

핍축(逼逐) 명하타 ①핍박하여 쫓음. ②바짝 가까이 쫓음.

핍-하다(乏-) [피파-] 형여 ①(수량 따위가) 모자라다. ②없다.

핏골-집 [피꼴찝/핃꼴찝] 명 돼지의 창자 속에 피를 섞어서 삶아 만든 음식. 혈장탕(血臟湯).

핏-기(-氣) [피끼/핃끼] 명 사람의 피부에 드러난 불그레한 피의 빛깔. 혈색. ¶ 핏기가 가시다. /얼굴에 핏기가 돌다.

핏-대[1] [피때/핃때] 명 피의 줄기. 참피[2].

핏-대2[피때/핃때]명 큰 혈관.

핏대(가) 서다관용 몹시 성을 내거나 흥분하여 목의 핏대에 피가 몰리고 얼굴이 붉어지다.

핏대(를) 세우다〔올리다〕관용 목의 핏대에 피가 몰려 얼굴이 붉어지도록 몹시 성을 내거나 흥분하다. ¶ 그는 하찮은 일에도 곧잘 핏대를 세우곤 한다.

핏-덩어리[피떵-/핃떵-]명 ①피의 덩어리. ②'갓난아이'를 비유하여 이르는 말. ¶ 저 핏덩어리가 언제 커서 인간 구실을 할꼬? 준핏덩이.

핏-덩이[피떵-/핃떵-]명 〈핏덩어리〉의 준말.

핏-물[핀-]명 '피1'를 액체로 강조하여 이르는 말.

핏-발[피빨/핃빨]명 몸의 어느 부분에 피가 몰려 병적으로 붉게 된 곁. ¶ 눈에 핏발이 서다.

핏-방울[피빵-/핃빵-]명 물방울처럼 피가 방울져 나온 것. ¶ 칼에 벤 손가락에서 핏방울이 뚝뚝 떨어졌다.

핏-빛[피삗/핃삗]명 ①피의 빛깔. ②피처럼 붉은 빛. ¶ 핏빛으로 물들다. ＊핏빛이[피삐치/핃삐치]·핏빛만[피삔-/핃삔-]

핏-자국[피짜-/핃짜-]명 피가 묻어서 생긴 흔적.

핏-줄[피쭐/핃쭐]명 ①혈관(血管). ②한 조상의 피를 이은 겨레붙이의 계통. 핏줄기. 혈통. ¶ 왕가의 핏줄.

핏줄(이) 쓰이다관용 혈연적인 친밀감을 느끼다. ¶ 생모인 줄도 모르고 만난 사이임에도 그 아이에게는 역시 핏줄이 쓰이는 모양이었다.

핏-줄기[피쭐-/핃쭐-]명 ①피가 흐르거나 내뻗치면서 이루는 줄기. ¶ 입에서 가느다란 핏줄기가 흘러내렸다. ②☞혈통(血統).

핑부 ①매우 빠르게 한 바퀴 도는 모양. ¶ 한 바퀴 핑 돌다. ②갑자기 정신이 어찔해지는 모양. ¶ 머리가 핑 돌며 어지럽다. ③갑자기 눈에 눈물이 어리는 모양. ¶ 콧등이 시큰하며 눈물이 핑 돌다. 작팽2. 여빙. 참삥. ①②**핑-핑**부하자.

핑계[-계/-게]명하자타 ①어떤 일을 정당화하기 위해 내세우는 방패막이. ¶ 친구는 아프다는 핑계로 학교에 나오지 않는다. /물가를 핑계로 갑자기 하숙비를 올렸다. ②잘못된 일에 대해 다른 것의 탓으로 둘러대는 변명. ¶ 잦은 지각에 늘 버스 핑계만 댄다. /핑계를 늘어놓다.

핑계가 좋아서 사돈네 집에 간다속담 '속으로는 어떤 일을 좋아하면서 겉으로는 다른 일이 좋은 듯이 둘러댐'을 비유하여 이르는 말.

핑계 없는 무덤이 없다속담 무슨 일이나 핑곗거리를 찾으면 다 있다는 말.

핑구명 위에 꼭지가 달린 팽이.

핑그르르부하자 ①빠르고 미끄럽게 한 바퀴 도는 모양. 여빙그르르. 참삥그르르. ②갑자기 정신이 어찔해지는 모양. ③갑자기 눈에 눈물이 어리는 모양. 작팽그르르.

핑글-핑글부 빠르고 미끄럽게 잇달아 도는 모양. ¶ 눈이 핑글핑글 돈다. 작팽글팽글.

핑크(pink)명 ①☞패랭이꽃. ②분홍빛. 석죽색. ③'색정적(色情的)'의 뜻으로 쓰이는 말. ¶ 핑크 영화. /핑크 무드.

핑크-빛(pink-)[-삗]명 분홍빛. ＊핑크빛이[-삐치]·핑크빛만[-삔-]

핑크-색(pink色)명 분홍색.

핑킹(pinking)명 지그재그 모양으로 자르는 일.

핑킹-가위(pinking-)명 지그재그 모양으로 자를 수 있는 날을 가진 가위. 피륙 따위의 올이 풀리지 않게 자를 수 있음.

핑퐁(ping-pong)명 탁구(卓球).

핑-핑부 총알 따위가 빠르게 지나가는 소리, 또는 그 모양. ¶ 총알이 핑핑 머리 위로 날아가다. 작팽팽.

핑핑-하다형여 ①잔뜩 켕기어 퉁기는 힘이 있다. ②양쪽의 힘이 어슷비슷하다. ③몸이 살져 피둥피둥하다. ¶ 핑핑하게 살이 오른 얼굴. ①②작팽팽하다. **핑핑-히**부.

ᄑᆞ개명 〈옛〉파개. ¶ ᄑᆞ개 호:戽(訓蒙中25).

ᄑᆞ다1타 〈옛〉파다. ¶ 굳 ᄑᆞ고 블 퓌우니(月印60章).

ᄑᆞ다2자 〈옛〉거듭하다. ¶ 그리 나간 디 날이 ᄑᆞ니(仁宣王后.諺簡).

ᄑᆞ람명 〈옛〉휘파람. ¶ ᄒᆞ믈며 무덤 우희 잔나비 ᄑᆞ람 불제 뉘우ᄎᆞᆫ돌 엇디리(鄭澈.將進酒辭).

ᄑᆞ리명 〈옛〉파리. ¶ ᄑᆞ리 승:蠅(訓蒙上21).

ᄑᆞᆯ1명 〈옛〉팔〔臂〕. ¶ ᄑᆞᆯ 굉:肱(訓蒙上26).

ᄑᆞᆯ2명 〈옛〉파리. ¶ ᄑᆞᆯ爲蠅(訓解). 참ᄑᆞ리.

ᄑᆞᆯ다타 〈옛〉팔다. ¶ 이 東山ᄋᆞᆯ ᄑᆞ로리라(釋譜6:24). /됴ᄒᆞᆫ 고ᄌᆞᄅᆞᆫ ᄑᆞ디 몯오(月釋1:9).

ᄑᆞᆯ독명 〈옛〉팔뚝. ¶ 왼녁 ᄑᆞᆯ독에 살마자 샹ᄒᆞ엿고(老解上27). 참볼톡.

ᄑᆞᆯ왇명 〈옛〉화전(火田). ¶ ᄑᆞᆯ왇 버후메 당당이 나ᄅᆞᆯ 虛費ᄒᆞ리로소니(杜初7:17).

ᄑᆞᆯ지명 〈옛〉팔찌. ¶ ᄑᆞᆯ지 한:鞁. ᄑᆞᆯ지 구:韝(訓蒙中30).

ᄑᆞᆺ명 〈옛〉팥. ¶ ᄑᆞᆺ:小豆(訓解). 참ᄑᆞᆾ·ᄑᆞᇧ.

ᄑᆞᆺ비리부 〈옛〉흔히. 많이. ¶ 鮮有는 ᄑᆞᆺ비리 잇디 아니타 ᄒᆞ논 ᄠᅳ디라(月釋序2).

ᄑᆞᇧ명 〈옛〉팥. ¶ ᄑᆞᆺᄀᆞᆯ ᄂᆞ로니 시버(救解下21). 참ᄑᆞᆾ·ᄑᆞᆺ.

ᄑᆞᆾ명 〈옛〉팥. ¶ 블근 ᄑᆞᆾ츨 초애 ᄆᆞ라(救簡6:22). 참ᄑᆞᇧ·ᄑᆞᆺ.

ᅗ자모 〈옛〉순경음 피읖. 옛 자음의 하나. 'ㅍ'의 순경음(脣輕音). 두 입술을 닿을락 말락 하게 대어 그 사이로 숨길을 세게 불어 낼 때 나는 소리.

ㅎ[히읃]자모 히읗. ①한글 자모의 열넷째. ②자음의 하나. 목청을 좁히어 숨을 내쉴 때, 그 가장자리를 마찰하면서 나오는 마찰음. 받침의 경우에는 입천장을 막고 떼지 아니하므로 'ㅅ' 받침의 경우와 같게 되며, 'ㄱ·ㄷ·ㅂ·ㅈ'과 만나면 'ㅋ·ㅌ·ㅍ·ㅊ'의 소리로 바뀜.

ㅎ^변:칙^활용(-變則活用)[히읃뻔치콰룡]명 ☞ㅎ 불규칙 활용.

ㅎ^불규칙^용:언(-不規則用言)[히읃뿔-칭농-]명 ㅎ 불규칙 활용을 하는 용언. 〔까맣다·노랗다 따위.〕

ㅎ^불규칙^활용(-不規則活用)[히읃뿔-치콰룡]명 형용사 어간의 끝 음절 받침 'ㅎ'이 'ㄴ'이나 'ㅁ'으로 시작되는 어미 앞에서 탈락하거나 어간과 어미의 모양이 함께 바뀌는 불규칙 활용. 〔'파랗다'→'파란'·'파래서', '하얗다'→'하야니'·'하얘'로 활용하는 따위.〕 ㅎ 변칙 활용.

하[1]부 많이. 크게. 매우. 대단히. ¶ 하 반가워서 맨발로 달려 나갔다. 참하도.

하[2]부 무엇을 녹이거나 축일 때 또는 매울 때, 입김을 내어 부는 소리. ¶ 하 하고 입김을 불어 언 손을 녹여 주었다. 큰허[1]. 참호.

하[3]감 기쁨·놀라움·노여움·안타까움·염려스러움 따위의 느낌을 나타내는 말. ¶ 하, 마침내 우승을 했구나. /하, 이럴 수가…. 큰허[2].

하[1]의 〈옛〉해. 것. ¶ 내 하ᄂᆞᆫ 다 細絲 官銀이라(老解下13). /세 돈애 ᄒᆞ나식 네 하를 사리라(翻朴上32).

하[2]부 〈옛〉많이. 크게. ¶ ᄆᆞᅀᆞᆯ히 멀면 乞食ᄒᆞ디 어렵고 하 갓가ᄫᆞ면 조티 몯ᄒᆞ리니(釋譜6:23).

하[3]조 〈옛〉이여. 이시여. ¶ 님금하 아ᄅᆞ쇼셔(龍歌125章). /世尊하 날 爲ᄒᆞ야 니ᄅᆞ쇼셔(月釋1:17).

하:(下)명 ①아래 또는 아래쪽이나 밑. ②차례나 등급을 '상·하'나 '상·중·하'로 구별했을 때의 맨 아래 또는 맨 끝. ¶ 하에서 맴돌던 성적이 상으로 뛰어오르다.

하:(夏)명 고대 중국 왕조의 하나. 시조는 우왕(禹王). 걸왕(桀王)에 이르러 은(殷)나라 탕왕(湯王)에게 멸망당하였음.

하:(夏)의 중이 된 뒤부터의 나이를 세는 말. ¶ 법랍 40하에 입적하다.

-하(下)접미 《한자어로 된 일부 명사 뒤에 붙어》 '어떤 처리나 상태 아래', '어떤 영향을 받는 범위' 또는 '무엇에 딸림' 등의 뜻을 나타냄. 《주로, '하에'·'하에서'·'하의'의 꼴로 쓰임.》 ¶ 선생님의 지도하에 합창 연습을 하다. /침략군의 지배하에 놓이다.

하:가(下嫁)명하자 지난날, 공주나 옹주가 신하의 집안으로 시집감을 이르던 말. 하강(下降).

하가(何暇)명 어느 겨를. 해가(奚暇). 《주로, '하가에'의 꼴로 쓰임.》 ¶ 이 많은 일을 어느 하가에 다 한담.

하간(何間)명 어느 때. 어느 겨를. 어느 틈. 《주로, '하간에'·'하간을'의 꼴로 쓰임.》 ¶ 하간에 천자문을 다 떼겠느냐? /하간을 막론하고 마음을 놓지 못하다.

하:간(夏間)명 여름 동안.

하:갈동구(夏葛冬裘)명 〔여름의 베옷과 겨울의 가죽 옷이라는 뜻으로〕 '격이나 철에 맞음'을 이르는 말.

하:감(下疳)명 ☞음식창(陰蝕瘡).

하:감(下瞰)명하타 (높은 곳에서) 아래를 내려다봄. 굽어봄. 부감(俯瞰). 조감(鳥瞰).

하:감(下鑑)명하타 〔문어 투의 편지 글에 쓰이어〕 '자기가 올린 글을 윗사람이 읽어 봄'을 높이어 이르는 말.

하:강(下降)명하자 ①높은 데서 낮은 데로 내려옴. 강하. ¶ 비행기가 하강하다. /기온이 하강하다. ↔상승. ②☞하가(下嫁). ③신선이 속계에 내려옴.

하:강^기류(下降氣流)명 상공에서 지표면으로 내리 흐르는 공기의 흐름. ↔상승 기류.

하:강-선(下降線)명 (아래로) 내려가거나 내려오는 선. ↔상승선.

하:객(賀客)명 축하하는 손님. 축객(祝客). ¶ 예식장이 하객으로 붐비다.

하:거(下去)명하자 ①(위에서 아래로) 내려감. ②(중앙에서) 시골로 감.

하:거(下車)명하자 지난날, '고을 원이 부임함'을 이르던 말.

하거(河渠)명 강과 수로(水路).

하:게(下揭)명하타 아래(다음)에 싣거나 들어 보임, 또는 그 내용. ¶ 하게 주(註)를 참조하시기 바람. ↔상게(上揭).

하게-체(-體)명 상대편을 예사 낮추는 뜻을 나타내는 높임법의 한 체. 〔하네·먹게·가는가 따위.〕 예사 낮춤.

하게-하다자여 〔서로 대등한 관계이거나, 또는 손윗사람과 장성한 손아랫사람 사이에서〕 '하게체'의 말씨를 쓰다. ¶ 우리는 서로가 하게하는 사이라네.

하:견(夏繭)명 여름누에의 고치.

하:경(下京)명하자 (서울에서) 시골로 내려감. ↔상경(上京).

하:경(夏耕)명하자 여름에 논밭을 갊.

하:경(夏景)명 여름의 경치. ¶ 설악의 하경을 화폭에 담다.

하:계(下計)[-계/-게]명 ☞하책(下策).

하:계(下界)[-계/-게]명 ①(천상계에서 본) 인간이 살고 있는 이 세상. 인간계. ↔상계(上界)·천상계. ②높은 곳에서 '땅 위'를 이르는 말. 하토(下土). ¶ 고공(高空)에서 하계를 내려다보다.

하계(河系)[-계/-게]명 하천의 계통(系統). 〔하천의 본류와 지류를 아울러 이르는 말.〕 참수계(水系).

하:계(夏季)[-계/-게]명 ☞하기(夏期).

하고조 〔'와'·'과'의 뜻으로〕 ①둘 이상의 체언을 대등하게 이어 주는 접속 조사. ¶ 복남이하고 수남이는 오랜 단짝이다. ②비교하거나 기준으로 삼는 대상임을 나타내는 격 조사. ¶ 동생은 나하고 닮았다. ③함께 함을 나타내는 격 조사. ¶ 너는 누구하고 같이 갈 테냐?

하고(何故)명 무슨 까닭(이유). ¶ 하고로 회신이 없는지. /묵묵부답으로 있음은 하고인지 알 길이 없다.

하고(河鼓)명 '견우성'의 딴 이름.

하고-많다[-만타]형 일일이 헤아리기 어려울 만큼 많고 많다. 《주로, '하고많은'의 꼴로 쓰임.》 ¶ 하고많은 날을 책과 더불어 지내다. /하고많은 사람 중에 하필 그와 짝이 되다니.

하고-성(河鼓星)명 '견우성'의 딴 이름.

하:고-초(夏枯草)명 한방에서, '제비꿀의 꽃대와 줄기·잎'을 약재로 이르는 말. 피부병·부인병·황달 따위에 쓰임.

하:곡(夏穀)명 여름에 거두는 곡식. 〔보리나 밀 따위〕 맥곡(麥穀). 참추곡(秋穀).

하공(河工)명 하천에 딸린 공사.

하공-학(河工學)명 수리학(水理學)의 한 분야. 하천에 딸린 구조물을 연구하는 학문.

하:관(下官)명 ①직위가 낮은 관리. ↔상관(上官). ②직위가 낮은 관리가 상관에 대하여 자기를 낮추어 일컫는 말.

하:관(下棺)명하자 (시체를 묻을 때) 관을 무덤의 구덩이 안에 내려놓음.

하:관(下顴)명 얼굴의 아래쪽. ¶ 하관이 빨다.

하관(何關)명 무슨 관계.

하관-대사(何關大事)명 깊은 관계가 없음.

하:관-포(下棺布)명 관을 들어 무덤의 구덩이 안에 내려놓을 때, 관에 거는 베.

하:괘(下卦)명 ①주역의 육효 가운데서 아래의 세 괘. ②길하지 아니한 점괘. 흉괘. ↔상괘.

하괴-성(河魁星)[-괴-/-궤-]명 음양가(陰陽家)들이 북두칠성의 둘째 별을 이르는 말. 천선(天璇). 장성(將星)[2].

하:교(下校)명하자 (아동이나 학생이) 학교에서 공부를 마치고 돌아옴. ↔등교(登校).

하:교(下敎)명하타 ①☞전교(傳敎)[1]. ②(윗사람이 아랫사람에게) 가르침을 줌.

하:굣-길(下校-)[-교낄/-굗낄]명 학교에서 공부를 마치고 돌아오는 길. ↔등굣길.

하구(河口)명 강물이 바다나 호수, 또는 다른 강으로 흘러 들어가는 어귀. 강구(江口). ↔하원(河源).

하구-언(河口堰)명 바닷물이 거슬러 옴을 막기 위하여 강어귀에 쌓은 둑. 용수(用水) 공급과 홍수 조절 등의 구실을 함. 하굿둑.

하:국(夏菊)명 국화과의 다년초. 각지의 들과 밭에 나는데, 여름에 줄기 끝에 누런 꽃이 핌. 어린순은 나물로 먹을 수 있고, 꽃은 민간에서 이뇨 및 구토 진정제로 쓰임. 금불초(金佛草).

하굿-둑(河口-)[-구뚝/-굳뚝]명 ☞하구언.

하:권(下卷)명 '상·하' 두 권, 또는 '상·중·하' 세 권이 한 벌로 된 책의 아래의 권. 참상권·중권.

하:극상(下剋上)[-쌍]명하자 (조직체에서) 계급이나 신분이 아래인 사람이 예의나 규율을 무시하고 윗사람을 누르거나, 윗사람보다 높은 자리에 있게 되는 것.

하:근(下根)명 불교에서, 불도를 수행할 자질과 능력이 미약한 사람을 이르는 말. ↔상근(上根).

하근(瑕瑾)명 흠. 결점. 단점.

하:급(下級)명 등급이나 계급 따위를 '상·하' 또는 '상·중·하'로 나눌 때의 아래의 급. 하층. ¶ 하급 관청. /하급 학년. ↔상급.

하:급-반(下級班)[-빤]명 ☞아랫반.

하:급^법원(下級法院)[-뻐붠]명 상하 관계에 있는 법원 사이에서, 등급이 아래인 법원. 하급심을 하는 법원. ↔상급 법원.

하:급-생(下級生)[-쌩]명 학년이 낮은 학생. ↔상급생.

하:급-심(下級審)[-씸]명 하급 법원의 심리(審理). ↔상급심.

하:기(下技)명 서투른 기술.

하:기(下記)명하타 어떠한 글의 아래나 다음에 적음, 또는 적은 그 기록. ¶ 하기 사항을 준수할 것. ↔상기(上記).

하:기(下氣)명하자 〔한방에서〕 ①기운을 내리게 함. ②흥분을 가라앉힘.

하:기(下旗)명하타되자 기를 내림.

하:기(夏期)명 여름의 시기. 여름철. 하계(夏季). ¶ 하기 강습회. ↔동기(冬期).

하기-는부 사실을 말하자면. 〔이미 말이 있었던 사실을 긍정하기 위한 접속의 말.〕 ¶ 하기는 그의 말에도 일리는 있어. 준하긴.

하:기^대:학(夏期大學)명 여름철의 휴가 시기를 이용하여 임시로 특수한 학술 강의를 베푸는 모임.

하:기^방학(夏期放學)명 ☞여름 방학.

하:기^시간(夏期時間)명 ☞서머 타임.

하:기-식(下旗式)명 (공공 기관이나 단체에서) 국기를 내릴 때에 하는 의식.

하기-야부 사실을 말하자면야. 〔이미 말이 있었던 사실을 긍정하면서, 다음에 무슨 조건을 붙이기 위한 접속의 말.〕 ¶ 하기야 이론대로라면 안 될 리가 없지.

하:기^학교(夏期學校)[-꾜]명 여름 방학을 이용하여, 특별한 교육 계획 아래 임시로 여는 학교.

하:기-휴가(夏期休暇)명 여름철의 정기 휴가.

하:기-휴업(夏期休業)명 여름철에 학업이나 영업을 쉬는 일.

하긴부 〈하기는〉의 준말.

하나[1] Ⅰ수 (사물의 수를 세는) 수의 처음. 일(一). ¶ 배 하나 사과 두 개.
Ⅱ명 ①한가지. 일체(一體). ¶ 모두가 마음을 하나로 하여 어려움을 헤쳐 나가다. ②오직 그것뿐. 《주로, '하나만'의 꼴로 쓰임.》 ¶ 한평생 자식 하나만 믿고 살아가다. ③도무지. 조금도. 《주로, '하나도'의 꼴로 쓰임.》 ¶ 아쉬울 것 하나도 없이 살다. ④일종의. 《주로, '하나의'의 꼴로 쓰임.》 ¶ 담배는 하나의 마약이다. ⑤여럿으로 구분한 것 가운데 어떤 것. ¶ 인간도 동물의 하나다.
하나를 보고 열을 안다속담 한 부분만 보아도 전체를 미루어 헤아릴 수 있음을 뜻하는 말.
하나만 알고 둘은 모른다속담 사물을 두루 보지 못하고 융통성 없이 어느 한 면만 봄을 이르는 말.
하나 가득관용 (분량이나 수량이) 한도에 가득히 차도록. ¶ 가방에 하나 가득 책을 넣다.
하나부터 열까지관용 '온통·전부'를 강조하여 이르는 말. 어느 것이나 다. ¶ 하나부터 열까지 돈 드는 일뿐이다.

하나[2]부 '그러하나'의 뜻으로 쓰이는 접속의 말. ¶ 하나, 꼭 그렇게 생각할 수만은 없다.

하나-같다[-갇따]형 (서로 다름이 없이) 다 똑같다. **하나같-이**부 ¶ 그 집 딸들은 하나같이 예쁘다.

하나-님명 개신교에서, '하느님'을 이르는 말.

하나비명 〈옛〉할아비. ¶ 셴 하나비를 하놀히 브리시니(龍歌19章). 참한아비.

하나-하나 Ⅰ명 어떠한 것을 이루는 낱낱의 대상.
Ⅱ부 ①(차례대로) 하나씩. ¶ 정답을 하나하나 맞춰 나가다. ②빠짐없이 모두. 일일이. ¶ 하나하나 보기를 들어 가며 설명하다.

하나하다 형 〈옛〉 많고 많다. ¶ 군문에 하나한 천만 가짓 이를(翻小10:8).
하ː납(下納) 명 하타 조선 시대에, 나라에 바치지 않고, 지방 관아에 바치던 일.
하냥-다짐 명 하자 일이 잘 안 될 경우에는 목을 베는 형벌이라도 받겠다는 다짐.
하ː녀(下女) 명 여자 하인. 계집종. 하비(下婢).
하년(何年) 명 어느 해.
하ː념(下念) 명 하타 〔편지 글에 쓰이는 한문 투의 말로〕 '윗사람이 아랫사람에 대하여 염려함, 또는 그 염려'를 높이어 이르는 말. 하려(下慮).
하눌-타리 명 박과의 다년생 만초. 산이나 들에 절로 나는데, 뿌리는 고구마처럼 굵고, 잎은 손바닥처럼 갈라진 모양임. 여름에 노란 꽃이 피고 둥근 열매가 주황색으로 익음. 한방에서 씨와 뿌리를 약재로 씀. 과루(瓜蔞).
하느-님 명 ①종교적인 숭배 대상, 또는 신앙의 대상. 인간을 초월한 능력을 지니어 인류에게 화나 복을 내린다고 믿음. 상제(上帝). 상천(上天). 천공(天公). 천제(天帝). 하늘. ②가톨릭에서 신봉하는 유일신. 성부(聖父). 참 천주(天主).
하느작-거리다[-꺼-] 자 자꾸 하느작하느작하다. 하느작대다. ¶ 산들바람에 나뭇가지가 하느작거리다. 큰 흐느적거리다.
하느작-대다[-때-] 자 하느작거리다.
하느작-하느작[-자카-] 부 하자 (가늘고 긴 나뭇가지나 얇고 가벼운 물건이) 자꾸 가볍게 흔들리거나 나부끼는 모양. ¶ 스카프가 바람에 하느작하느작 날린다. 큰 흐느적흐느적.
하늑-거리다[-꺼-] 자 자꾸 하늑하늑하다. 하늑대다. 큰 흐늑거리다.
하늑-대다[-때-] 자 하늑거리다.
하늑-하늑[-느카-] 부 하자 ①부드럽게 하늘하늘 흔들리는 모양. ②물건이 나슨하게 느즈러지는 모양. 큰 흐늑흐늑.
하늘 명 ①땅 위에 높이 펼쳐져 있는 공간. 대공(大空). 중천(中天). 천(天). 천공(天空). 태허(太虛). 허공. ②만물을 지배하는 절대자. 하느님. ¶ 하늘은 스스로 돕는 자를 돕는다. /하늘처럼 받들다. ③만물을 지배하는 절대자나 영혼 등이 살고 있다고 믿는 곳. 천국. 천당. 하늘나라. ④날씨. ¶ 가을 하늘의 변덕.
하늘 보고 손가락질한다〔**주먹질한다**〕 속담 당치도 않은 행동을 함을 이르는 말.
하늘을 도리질 치다 속담 기세가 등등하여 두려운 것이 없다는 듯이 행세함을 이르는 말.
하늘을 보아야 별을 따지 속담 무슨 일이 이루어질 기회나 조건이 전혀 없음을 이르는 말.
하늘의 별 따기 속담 이루기가 매우 어려운 일을 이르는 말.
하늘이 무너져도 솟아날 구멍이 있다 속담 아무리 어려운 경우를 당하더라도 해결할 수 있는 방법은 있다는 말.
하늘과 땅 관용 두 사물의 정도에 큰 차이가 있음을 이르는 말.
하늘 높은 줄 모르다 관용 기세가 등등하여 세상에 무서운 것이 없는 듯이 굴다.
하늘을 지붕 삼다 관용 ①한데서 자다. 노숙하다. ②정처 없이 떠도는 몸이 되다.
하늘을 찌르다 관용 ①하늘에 닿을 듯이 높다. ②기세가 매우 드높다.
하늘이 노랗다 관용 지나치게 피로하여 기진맥진하다, 또는 사태가 절망적이다.
하늘이 두 쪽(**이**) **나도** 관용 아무리 큰 어려움이 있더라도.
하늘 천 따 지 관용 천자문의 처음 두 글자 '天·地'의 훈과 음, 곧 '천자문'을 이르는 말.
하늘 천 따 지 하다 관용 '다리를 저는 것'을 빗대어서 이르는 말.
하늘-가[-까] 명 하늘의 끝.
하늘-가재 명 ☞사슴벌레.
하늘-거리다 자 자꾸 하늘하늘하다. 하늘대다. 큰 흐늘거리다.
하늘^궁전(-宮殿) 명 불교에서, 하늘에 있다는 궁전.
하늘-나라[-라-] 명 천당(天堂). 천국(天國).
하늘-나리[-라-] 명 백합과의 다년초. 산지에 흔히 나는데 줄기는 30~80 cm. 흰 비늘줄기가 있음. 잎은 어긋맞게 나고, 초여름에 적색 또는 황적색 꽃이 핌. 비늘줄기는 먹을 수 있고 한방에서 약재로 쓰임.
하늘-눈[-룬] 명 육안으로 볼 수 없는 것을 환히 볼 수 있는, 도통한 마음의 눈.
하늘-다람쥐 명 다람쥣과의 짐승. 몸길이 16 cm, 꼬리 길이 13 cm가량으로 다람쥐와 비슷하나 더 큼. 몸빛은 보통 엷은 황갈색이며, 앞발과 뒷발 사이에 피부가 늘어져서 생긴 막이 있음. 깊은 산의 숲 속에서 열매·싹·새알 등을 먹고 삶.
하늘-대다 자 하늘거리다.
하늘-땅 명 하늘과 땅. 천지.
하늘-마음 명 불교에서, '하늘처럼 맑고 밝고 넓고 고요한 마음'을 이르는 말.
하늘-밥도둑 명 '땅강아지'의 잘못.
하늘-빛[-삗] 명 하늘의 빛깔. 엷은 남색. 하늘색. ＊하늘빛이[-삐치]·하늘빛만[-삔-]
하늘-색(-色)[-쌕] 명 하늘빛.
하늘-소[-쏘] 명 하늘솟과의 갑충을 통틀어 이르는 말. 몸이 가늘고 촉각이 길며 날개가 딱딱함. 꽃이나 나무진, 썩은 나무 따위를 먹고 삶. 천우.
하늘-지기 명 사초과의 일년초. 들에 절로 나는데 줄기 높이는 30 cm가량. 잎은 좁고 길며 밑동에 털이 있음. 세모진 줄기 끝에 꽃이 이삭 모양으로 핌.
하늘-하늘 부 하자 ①어디에 매인 데 없이 편하게 놀고 지내는 모양. ②힘없이 늘어져 자꾸 가볍게 흔들리는 모양. ¶ 옷고름이 하늘하늘 나부끼다. ③몸놀림이 재빠르지 못하고 느릿한 모양. ④단단하지 못하여 건드리면 이리저리 흔들거리는 모양. 큰 흐늘흐늘.
하늘하늘-하다 형여 지나치게 무르거나 보드라워 뭉크러질 듯하다. 큰 흐늘흐늘하다.
하늬[-니] 명 〈하늬바람〉의 준말.
하늬-바람[-니-] 명 '서풍(西風)'의 뱃사람 말. 준 하늬.
하늬-쪽[-니-] 명 '서쪽'의 뱃사람 말.
하니-바람 명 '하늬바람'의 잘못.
하님 명 〔왕조 때〕 ①여자 종을 대접하여 이르던 말. ②여자 종끼리 서로 존대하여 부르던 말. 하전(下典).
하님-여령(-女伶)[-녀-] 명 조선 시대에, 정재(呈才)에 의장(儀仗)을 들던 여자 종.
하ᄂᆞᆶ 명 〈옛〉 하늘. ¶ 太子ᄅᆞᆯ ᄒᆞᄂᆞᆯ히 ᄀᆞᆯᄒᆡ샤(龍歌8章). /天은 하ᄂᆞᆯ히라(釋譜序1).
하ᄂᆞᆺᄃᆞ래 명 〈옛〉 하눌타리. ¶ 하ᄂᆞᆺᄃᆞ래 괄:菰(訓蒙上9).
하다[1] 자여 ①생각하거나 추측하다. ¶ 아직도 거기에 있나 해서 물어보았다. ②일을 다스리다. ¶ 앞으로는 어떻게 할 작정인가? ③가리어 말하다. ¶ 너나 나나 할 것 없이 모두 잘못한 거야. ④《값을 나타내는 말 뒤에 쓰이어》 '그 액수에 다다름'을 뜻함. ¶ 한 개에 천 원 하는 사과. ⑤《'해서'·'하여'의 꼴로, 때를 나타내는 말과 함께 쓰이어》 '어느 때쯤에 다다름'을 뜻함. ¶ 여름 휴가 때쯤 해서 만나자. ⑥《인용하는 조사 '고'·'라고'·'하고' 뒤에 쓰이어》 '그리 말함'을 뜻함. ¶ 자기가 책임을 지겠다고 했다. ⑦말하려는 대상을 특히 드러내어 지적함을 뜻함. 《'하면', '-라 하면'의 꼴로 쓰임.》 ¶ 화문석 하면 강화산이 으뜸이지. ⑧《흔히 의성·의태어 뒤에 쓰이어》 그러한 상태나 동작이 일어남을 뜻함. ¶ '풍덩' 하고 빠지다. /'기우뚱' 하고 넘어지다. ⑨까닭을 나타냄. 《'-고 하여', '-고 해서'의 꼴로 쓰임.》 ¶ 일이 재미도 있고 해서 고된 줄 모르겠다. ⑩《'로'·'으로' 뒤에서 '하여'의 꼴로 쓰이어》 이유나 원인의 뜻을 나타냄. ¶ 벅찬 감격으로 하여 말을 잇지 못하다.

하다[2] 타여 ①(어떠한 상태나 결과가 나타나도록) 몸을 움직이다. ¶ 힘든 일을 했더니 온몸이 아프다. ②일부 명사에 으레 딸려 쓰이는 용언들을 대신하여 쓰임. ¶ 사람들 앞에서 노래를 하다(부르다). /담배는 안 하네(피우네). /점심을 해야지(먹어야지). /밥을 하다(짓다). ③(어떠한 일에) 주로 마음을 쓰다. ¶ 여러모로 생각을 하다. ④(표정이나 태도를) 나타내다. 짓다. ¶ 밝은 얼굴을 하고 돌아오다. ⑤(무엇으로) 만들다. 삼다. ¶ 강인한 체력을 밑천으로 하다. ⑥다루다. 처리하다. ¶ 쓰고 남은 재료를 어떻게 할까. ⑦일컫다. ¶ 이런 경우를 두고 살신성인이라 한다. ⑧가지다. ¶ 그런 것은 해서 무얼 하나.

하던 지랄도 멍석 펴 놓으면 안 한다 속담 평소에는 시키지 않아도 곧잘 하던 일을 정작 남이 하라고 권하면 아니 한다는 말.

하다[3] Ⅰ 조동 여 ①《동사 어미 '-려'·'-려고'·'-고자' 뒤에 쓰이어》 앞으로 하고자 하는 뜻을 나타냄. ¶ 많은 일을 하려 하다. /그리려고 하는 풍경. ②《용언 어미 '-면'·'-으면' 뒤에 쓰이어》 그리되기를 바라는 마음을 나타냄. ¶ 한 번만이라도 보았으면 한다. ③《동사 어미 '-도록'·'-게' 뒤에 쓰이어》 무엇을 시키는 뜻을 나타냄. ¶ 책임을 지게 하다. ④《용언 어미 '-아야(-어야)'·'-여야' 뒤에 쓰이어》 마땅히 그리해야(그러해야) 함을 나타냄. ¶ 예정 시간 안에 도착해야 한다. /마음이 고와야 한다. ⑤《용언 어미 '-기'에 조사 '까지·도·조차' 등이 어울린 말 뒤에 쓰이어》 말뜻을 강조하는 구실을 함. ¶ 많이 먹기도 한다.
Ⅱ 조형 여 《형용사 어미 '-기'에 조사 '까지·도·만' 등이 어울린 말 뒤에 쓰이어》 말뜻을 강조하는 구실을 함. ¶ 밉기까지 하다. /곱기도 하다. /예쁘기만 하다.

하다 형 〈옛〉 ①많다. ¶ 곶 됴코 여름 하느니(龍歌 2章). ②크다. ¶ 한 브레 소라(救簡1:112).

-하다 접미 ①일부 명사 뒤에 붙어, 그 말을 동사로 만듦. ¶ 사랑하다. /고백하다. /노래하다. ②일부 의존 형태소에 붙어 형용사를 만듦. ¶ 착하다. /훌륭하다. ③부사에 붙어 동사나 형용사를 만듦. ¶ 산들산들하다. /달랑달랑하다. ④형용사의 보조적 연결 어미 '-아'·'-어' 따위에 붙어 동사를 만듦. ¶ 슬퍼하다. /기뻐하다. /아파하다. ⑤의존 명사 '체'·'듯'·'양' 따위에 붙어 보조 형용사나 보조 동사를 만듦. ¶ 모른 체하다. /아는 양하다.

하다-못해[-모태] 부 《조사 '도'·'라도'·'이라도'를 뒤따르게 하여》 '비록 가장 좋지 않은 상태에 놓였다 하더라도' 또는 '비록 어찌할 길이 없는 처지에 놓였다 하더라도'의 뜻을 나타냄. ¶ 잉어는 고사하고 하다못해 피라미라도 낚아 와야지.

하:단(下段) 명 (여러 단으로 이루어져 있는 것의) 맨 아래 단, 또는 아래쪽 단. ¶ 진열대의 하단. /신문 지면의 하단. 참상단·중단.

하:단(下端) 명 아래쪽의 끝. ¶ 비가 내려서 바지 하단이 다 젖었다. ↔상단(上端).

하:단(下壇) 명하자 단에서 내림. 강단(降壇). ↔등단(登壇).

하:-단전(下丹田) 명 도가(道家)에서 이르는 삼단전(三丹田)의 하나. 배꼽 아래 약 3 cm 되는 자리. 심신의 정기가 모이는 곳이라 함. 기해(氣海). 단전(丹田). 참상단전·중단전.

하:달(下達) 명하타되자 윗사람의 뜻이나 명령 따위가 아랫사람에게 미침, 또는 미치도록 알림. ¶ 명령을 하달하다. ↔상달(上達).

하:달-지리(下達地理) 명하자 풍수지리에 밝음. 《흔히, '상통천문(上通天文)'의 대구로 쓰임.》

하담(荷擔) 명하자 어깨에 짐을 짐.

하:답(下畓) 명 토질 따위가 좋지 않아, 벼가 잘 되지 않는 질이 낮은 논. ↔상답(上畓).

하:답(下答) 명하자 '윗사람이 아랫사람에게 대답이나 회답을 함, 또는 그 대답이나 회답'을 아랫사람이 높여 이르는 말. 하회(下回). ↔상답.

하:당-영지(下堂迎之)[-녕-] 명하타 (반갑거나 공경하는 뜻에서) 마당으로 내려와서 맞음.

하:당지우(下堂之憂) 명 낙상(落傷)하여 앓음.

하:대(下待) 명 ①하타(업신여기어) 소홀히 대우함. ¶ 못 배웠다고 사람을 하대하면 안 된다. ②하자(상대편에게) 낮춤말을 씀. ¶ 초면(初面)에 하대하면 쓰나. ↔공대·존대.

하:대(下隊) 명 ☞하띠.

하대-명년(何待明年) 명 기다리기가 매우 지루함을 이르는 말.

하:-대석(下臺石) 명 (탑이나 석등 따위의) 아래쪽 받침돌.

하도 부 '하[1]'의 힘줌말. ¶ 시설 규모가 하도 어마어마해서 기가 질린다.

하:도(下道) 명 지난날, '충청·경상·전라'의 세 도를 아울러 이르던 말.

하도(河道) 명 하천이 흐르는 길.

하도(河圖) 명 옛날 중국 복희씨(伏羲氏) 때 황허에서 나온 용마(龍馬)의 등에 나타나 있었다는 55개의 점. 〔주역(周易)의 팔괘(八卦)의 근본이 되었다 함.〕 참낙서(洛書).

하:도(夏道) 명 눈 쌓이는 시기가 아닐 때의 등산길.

하:-도급(下都給) 명 어떤 사람이 도급 맡은 일의 전부나 일부를 다시 다른 사람이 도급 맡는 일. 하청부.

하:도급-자(下都給者)[-짜] 명 하도급을 맡아 하는 사람.

하도롱-지(←hatoron紙) 명 화학 펄프로 만든 다갈색의 질긴 종이. 포장지나 봉투 등에 쓰임.

하도할샤 형 〈옛〉 많기도 많구나. ¶ 白髮도 하도 할샤(鄭澈.關東別曲).

하돈(河豚) 명 ☞복[1].

하:동(夏冬) 명 여름과 겨울. 참춘추(春秋)[1].

하동-거리다 자 자꾸 하동하동하다. 하동대다. 큰허둥거리다.

하동-대다 자 하동거리다.

하동-지동부하자 미처 정신을 차릴 겨를도 없이 다급하게 서두르는 모양. 큰허둥지둥.

하동-하동부하자 갈팡질팡하며 몹시 서두르는 모양. 큰허둥허둥.

하ː드^디스크(hard disk)명 자성체로 코팅된 알루미늄 등의 딱딱한 원판을 기록 매체로 사용하는 자기(磁氣) 디스크 장치.

하ː드보ː드(hardboard)명 인공 목재의 한 가지. 펄프에 접착제를 섞어 높은 온도로 압축하여 만듦.

하ː드보일드(hard-boiled)명 문학이나 영화 따위의 창작에서, 감상(感傷)에 빠지지 않고 객관적인 태도나 문체로 사실을 묘사하는 수법.

하ː드웨어(hardware)명 컴퓨터를 구성하는 유형의 장치나 기기(機器). 크게 본체와 주변 장치로 나눔. ↔소프트웨어.

하ː드커버(hard-cover)명 표지의 심에 두껍고 딱딱한 판지를 사용한 책.

하ː드^트레이닝(hard training)명 맹연습. 맹훈련. ¶ 시합을 앞두고 하드 트레이닝을 하다.

하ː등(下等)명 ①낮은 등급. 아래의 등급. 참상등·중등. ②같은 무리 가운데서 정도나 등급이 낮은 것. ↔고등(高等).

하ː등(夏等)명 〔지난날〕 ①사물의 등급을 '춘(春)'·'하(夏)'·'추(秋)'·'동(冬)'의 넷으로 나눈 것의 '둘째 등급'. ②봄·여름·가을·겨울의 네 번에 나누어 내게 된 세금에서 '여름에 내는 세금'을 이르던 말.

하등(何等)명 《흔히 '하등의'의 꼴로 부정하는 용언과 함께 쓰이어》 '아무'·'아무런'·'얼마만큼'의 뜻을 나타내는 말. ¶ 하등의 관심도 없는 일.

하ː등^감ː각(下等感覺)명 고도화되지 못한 감각. 〔후각·미각·촉각 따위.〕 ↔고등 감각.

하ː등^동ː물(下等動物)명 진화(進化) 정도가 낮아 몸의 구조나 기능이 간단한 동물. 척추동물의 경우 파충류·양서류·어류 따위가 이에 딸림. ↔고등 동물.

하ː등-맞다(下等-)[-맏따]자 조선 시대에, 벼슬아치가 도목정사(都目政事)에 하등의 성적을 맞다.

하ː등^식물(下等植物)[-싱-]명 진화 정도가 낮아 구조가 간단한 식물. 〔균류(菌類)나 조류(藻類) 따위.〕 ↔고등 식물.

하ː-띠(下-)명 ①연전(揀箭)띠내기에서, 화살을 가장 적게 맞히거나 나중 던지어 짠 띠. 하대(下隊). ↔상띠. ②화투 놀이에서, 가장 끗수가 적은 띠.

하띠 맞다관용 연전띠내기에서, 활을 쏘아 화살을 가장 적게 맞히다.

하ː락(下落)명하자 ①아래로 떨어짐. ②물건 값이 떨어짐. ¶ 주가가 하락하다. ↔등귀(騰貴)·상등(上騰). ③등급이나 가치가 떨어짐. ↔상승(上昇).

하ː락-세(下落勢)[-쎄]명 물가나 시세 따위가 떨어지는 기세. ¶ 증권 시세가 하락세를 보이다. ↔상승세.

하ː란(下欄)명 아래의 난. ↔상란(上欄).

하ː란(夏卵)명 (물벼룩 따위가) 여름철 전후에 낳는 알.

하란(蝦卵)명 새우의 알.

하ː래(下來)명하자 ①(높은 곳에서 낮은 곳으로) 내려옴. ②(서울에서) 시골로 옴.

하ː략(下略)명하타되자 (아래에) 이어지는 글이나 말을 줄임. 후략(後略). ↔상략.

하ː량(下諒)명하타 〔편지 글에 쓰이는 한문 투의 말로〕 '윗사람이 아랫사람의 마음을 헤아려 알아줌'을 높이어 이르는 말.

하량(河梁)명 하천에 놓인 다리.

하량(荷量)명 짐의 분량.

하렘(harem)명 〔'출입을 금하는 처소'라는 뜻의 아랍 어로〕 ①이슬람 사회에서 부인이 거처하는 방. ②메카 등 이슬람교의 성지.

하ː려(下慮)명하타 ☞하념(下念).

하ː련(下輦)명하자 (임금이) 연에서 내림.

하ː렴(下簾)명하자 발을 내림.

하ː령(下令)명하타 ①명령을 내림. 하명(下命). ②왕조 때, 왕세자가 영지(令旨)를 내리던 일.

하령(遐齡)명하자 ☞하수(遐壽).

하ː례(下隷)명 ☞하인(下人).

하ː례(賀禮)명하자타 축하의 예식. 하의(賀儀).

하ː로-교(下路橋)명 다리의 들보 아래에 통로를 만들어 놓은 다리. 참상로교.

하ː로-동선(夏爐冬扇)명 〔여름의 화로와 겨울의 부채라는 뜻으로〕 '철에 맞지 않는 물건, 또는 격에 어울리지 않는 물건'을 비유하여 이르는 말.

하롱-거리다자 자꾸 하롱하롱하다. 하롱대다. 큰허룽거리다.

하롱-대다자 하롱거리다.

하롱-하롱부하자 (말이나 하는 짓이) 차분하지 않고 달떠서 가볍게 행동하는 모양. 큰허룽허룽.

하ː료(下僚)명 ①아래 직위에 있는 동료. ②지위가 낮은 관리.

하루명 ①상오 0시로부터 하오 12시까지의 24시간 동안. ②아침에 날이 새어서부터 저녁에 어두워질 때까지의 동안. 종일(終日). ¶ 아침 운동으로 하루를 시작하다. ③〈하룻날〉·〈초하루〉·〈초하룻날〉의 준말. ④'어느 날', '어느 한 날'의 뜻을 나타냄. 《주로, '하루는'의 꼴로 쓰임.》 ¶ 하루는 바닷가에 나갔더니….

하루 물림이 열흘 간다속담 무슨 일이나 미루게 되면 계속 미루게 마련이라는 뜻으로, 그날 일은 그날 해야 함을 이르는 말.

하루가 멀다고〔멀다 하고〕관용 때를 가리지 않고 거의 날마다. ¶ 하루가 멀다고 돈을 꾸어 가다.

하루-갈이명 일소가 하루 낮 동안에 갈 수 있는 논밭의 넓이.

하루-거리명 한방에서, '하루 걸러 앓는 말라리아'를 이르는 말. 간일학(間日瘧). 참학질(瘧疾).

하루-건너부 하루걸러.

하루-걸러부 하루씩 건너서. 하루건너. ¶ 아내는 하루걸러 장을 보러 다닌다.

하루-바삐부 하루라도 바삐.

하루-빨리부 하루라도 빨리. 하루속히. ¶ 하루빨리 통일이 되어야 할 텐데.

하루-살이명 ①하루살잇과의 곤충. 생김새는 잠자리와 비슷하나 날개와 몸이 매우 작음. 유충은 물속에서 여러 해를 지내다가 성충으로 탈바꿈해서는 여름철 저녁에 떼 지어 날아다님. 알을 낳은 지 몇 시간 만에 죽음. 부유(蜉蝣). ②앞일을 헤아리지 않고 '그날그날 닥치는 대로 살아가는 사람'을 비유하여 이르는 말. ¶ 하루살이 인생. ③'생명의 짧음', '덧없음' 등을 비유하여 이르는 말. ¶ 하루살이 같은 삶을 살다.

하루-속히(-速-)[-소키]부 하루빨리.

하루-아침명 매우 짧은 동안. 《주로, '하루아침에'의 꼴로 쓰임.》 ¶ 바빌론의 영화(榮華)도 하루아침에 사라지고 말았다.

하루-치명 하루의 몫. 하루의 분량. ¶ 하루치 약./하루치 식량.

하루-하루 Ⅰ명 그날그날. ¶ 하루하루를 수도하듯이 보내다.

Ⅱ부 ①하루가 지날 때마다. ¶ 하루하루 몰라보게 자라나다. ②매일마다. ¶ 하루하루 입에 풀칠하기도 힘들다.

하루-해명 하루 중 해가 떠서 질 때까지의 동안. ¶ 한 일도 없이 하루해가 다 갔다.

하룻-강아지[-루깡-/-룯깡-]명 ①〔하릅이라는 뜻으로〕 태어난 지 오래지 않은 강아지. ②떠어 돌아다니는 강아지. ③'경험이 적어 일에 서투른 사람'을 얕잡아 이르는 말. ③비풋내기.

하룻강아지 범 무서운 줄 모른다속담 '멋모르고 겁 없이 덤빔'을 비유하여 이르는 말.

하룻-길[-루낄/-룯낄]명 하루 동안 걸어서 갈 수 있는 길의 거리. ¶ 실히 하룻길은 된다.

하룻-날[-룬-]명 〈초하룻날〉의 준말. 준하루.

하룻-망아지[-룬-]명 ①태어난 지 얼마 안 되는 망아지. ②세상 물정을 모르는 신출내기.

하룻망아지 서울 다녀오듯속담 '보기는 보았으나 무엇을 보았는지 어떻게 된 내용인지 모름'을 이르는 말.

하룻-밤[-루빰/-룯빰]명 ①한 밤. ¶ 하룻밤을 함께 보내다. ②어느 날 밤. ¶ 하룻밤에는 그가 예고도 없이 찾아왔었지. ③'잠깐', '아주 짧은 동안'을 이르는 말. ¶ 하룻밤 풋사랑.

하룻밤을 자도 만리장성을 쌓는다속담 짧은 동안의 사귐일지라도 그 인연이 매우 소중함을 이르는 말.

하:류(下流)명 ①강물 따위가 흘러내리는 아래쪽, 또는 그 지역. ¶ 금강 하류. ②사회적 지위나 생활 수준·교양 등이 낮은 계층. ↔상류.

하류(河流)명 강의 흐름. 강류(江流).

하:류^사회(下流社會)[-회/-훼]명 사회에서 신분·직위·생활 정도가 낮은 사람들의 사회. 하층 사회. ↔상류 사회.

하:류지배(下流之輩)명 '하류 사회의 사람'을 낮추어 일컫는 말.

하:륙(下陸)명 ①하자(배에서) 육지에 내림. ②하타(배나 비행기 등에서) 짐을 땅에 내려놓음.

하르르부하형 (종이나 옷감 따위가) 얇고 매우 보드라운 모양. ¶ 잠자리 날개같이 하르르한 실크 치마. 큰흐르르. **하르르-하르르**부.

하릅명 (개·말·소 따위 가축의) 한 살 됨을 이르는 말. ¶ 하릅 송아지.

하리명 (윗사람에게) 남을 헐뜯어 일러바침.

하:리(下吏)명 ☞아전(衙前).

하:리(下里)명 (위아래로 나뉘어 있는 마을의) 아랫마을. ↔상리(上里).

하:리(下痢)명 ☞이질(痢疾).

하리-놀다[~노니·~놀아]타 (윗사람에게) 남을 헐뜯어 일러바치다.

하리다¹자 마음껏 사치를 하다.

하리다²형 ①(기억력이나 사리 판단, 또는 하는 일 등이) 분명하지 않다. 큰흐리다. ②(일의 되어 가는 형편이나 마무리 따위가) 뚜렷하지 아니하다.

하리-들다[~드니·~들어]자 (일이 되어 가는 도중에) 방해가 들다. ¶ 다 된 일이 하리들어 틀어지고 말았다.

하리망당-하다형여 ①기억이 또렷하지 않다. ②일의 되어 가는 형편이나 결과가 분명하지 않다. 큰흐리멍덩하다. **하리망당-히**부.

하리아드랫-날[-랜-]명 지난날, 농가에서 '음력 이월 초하룻날'을 이르던 말. 〔이날 한 해 농사를 처음 준비하기 위해 머슴들을 위로하며 먹고 즐기게 했음.〕

하리-쟁이명 (윗사람에게) 남을 헐뜯어 일러바치기를 일삼는 사람.

하리타분-하다형여 ①(하는 짓이) 분명하지 아니하고 답답하다. ②(성미가) 깔끔하지 아니하고 흐릿하다. 큰흐리터분하다. **하리타분-히**부.

하:릴-없다[-리럽따]형 ①어떻게 할 도리가 없다. 어찌할 수가 없다. ¶ 도자기를 깨뜨렸으니 꾸중을 들어도 하릴없는 일이다. ②조금도 틀림이 없다. ¶ 비를 쫄딱 맞은 그의 모습은 하릴없는 거지였다. **하릴없-이**부 ¶ 하릴없이 먼 산만 바라보고 있다.

하:림(下臨)명하자 ①〔한문 투의 편지 글에 쓰이어〕 '윗사람이 아랫사람에게 옴'을 이르는 말. ②☞강림(降臨).

하:마(下馬)명하자 말에서 내림. ↔상마(上馬).

하마(河馬)명 하마과의 포유동물. 육지에 사는 짐승 가운데서 코끼리 다음으로 큼. 몸길이 4~5 m, 키는 1.5 m가량. 넓죽한 입이 매우 크고 몸통이 둥글며 다리가 짧음. 아프리카 원산의 초식 동물로, 호수나 늪 같은 곳에 무리 지어 삶.

하:마-비(下馬碑)명 왕조 때, 말을 탄 사람이 그 앞을 지나갈 때에는 누구나 말에서 내리라는 글을 새겨 세운 비석. 〔대궐이나 종묘 앞 같은 데 세웠는데, 한자로 '대소인원 개하마(大小人員皆下馬)'라 새겼음.〕

하:마-석(下馬石)명 ☞노둣돌.

하마터면부 자칫 잘못하였더라면. 〔어떤 위험 따위를 가까스로 모면하였을 때 쓰이는 말.〕 ¶ 하마터면 큰일 날 뻔하였다.

하:마-평(下馬評)명 관리의 이동·임명 등에 관한 세간의 풍설이나 물망. 〔지난날, 상전들이 하마비 앞에서 내려 관아에 들어가 일을 보는 동안 마부들이 상전을 서로 평하였다는 데서 유래함.〕

하마-하마부 ①어떤 기회가 계속 닥쳐오는 모양. ②어떤 기회를 마음 조이며 기다리는 모양. ¶ 시험의 결과를 하마하마 기다리다. 참이제나저제나.

하:면(下面)명 아래쪽의 면. ↔상면(上面).

하:면(夏眠)명하자 생물이 심한 더위나 건조한 시기에 활동을 멈추고 잠을 자며 지내는 일. 여름잠. ↔동면(冬眠).

하-면목(何面目)명 〔'무슨 면목'의 뜻으로〕 '볼 낯이 없음'을 뜻하는 말. 《주로, '하면목으로'의 꼴로 쓰임.》 ¶ 하면목으로 또 자네를 대하겠는가.

하:명(下命)명 ①하자타명령을 내림. 하령(下令). ②윗사람이 내리는 '명령'을 높이어 이르는 말. ¶ 하명을 기다리다. /하명을 내리다. /하명을 받다.

하:모(夏毛)명 (짐승의) 여름털. ↔동모(冬毛).

하모(何某)대 ☞아무.

하:모늄(harmonium)명 오르간과 같은 형식의 건반 악기. 오르간과는 반대로 공기를 내뿜으면서 경쾌한 음색의 소리를 냄.

하:모니(harmony)명 ①화성(和聲). ②(여러 사람이나 사물 사이의) 조화나 일치.

하:모니카(harmonica)명 작은 취주 악기의 한 가지. 입에 물고 숨을 내쉬거나 들이쉬면서 소리를 냄.

하ː모닉스(harmonics)명 ①물리학에서의 배음(倍音). ②현악기의 현에 특수한 기교를 써서 내는, 피리와 같은 음색의 배음.
하ː묘(下錨)명하자 (배가) 닻을 내림, 또는 닻을 내리고 머무름. 비정박.
하무명 지난날, 군졸이 떠들지 못하도록 입에 물리던 나무 막대기. 참함매(銜枚).
하무뭇-하다[-무타-]형여 매우 하뭇하다. 큰흐무뭇하다.
하ː문(下文)명 (어떠한 글을 쓰고 나서) 다음에 쓰는 글. 아래의 문장.
하ː문(下門)명 보지. 음문(陰門). 음호(陰戶).
하ː문(下問)명하자타 ①윗사람이 아랫사람에게 물음. ②윗사람이 묻는 '물음'을 높이어 이르는 말.
하물(何物)명 무슨 물건. 어떤 물건. 어떤 것. ¶ 하물도 그의 굳은 의지를 꺾지 못한다.
하ː물(荷物)명 ☞짐1.
하물며부 '더군다나'의 뜻으로 쓰이는 접속 부사. 《주로, '-거든(또는, -ㄴ·-은·-는데) 하물며 …랴'의 꼴로 호응하여 쓰임.》 하황(何況). 황차(況且). ¶ 짐승도 은혜를 알거든 하물며 사람에 있어서랴.
하물-하물부하형 폭 익어서 무른 모양. 큰흐물흐물.
하뭇-하다[-무타-]형여 마음에 넉넉하여 푸근하다. 큰흐뭇하다. 하뭇-이부.
하ː미(下米)명 품질이 나쁜 쌀. 참상미·중미.
하ː민(下民)명 ☞서민(庶民).
하바네라(habanera 스)명 쿠바의 아바나를 중심으로 시작되어 유럽에 전해진 민속 무곡의 한 가지, 또는 그 무용.
하ː박(下膊)명 팔꿈치에서 손목에 이르는 부분. 팔뚝. 전박(前膊). 전완(前腕). 참상박(上膊).
하ː박(下薄)명하형 아랫사람에게 박함. ¶ 상후(上厚)하박.
하ː박-골(下膊骨)[-꼴]명 팔뚝을 이루는 긴뼈. 팔뚝뼈. 전박골. 전완골. 참상박골.
하박국-서(←Habakkuk書)명 구약 성서 중의 한 편. 예언자 하박국의 저작으로, 하나님의 정의가 구원을 가져다준다는 내용을 기록함.
하ː박-근(下膊筋)[-끈]명 하박골을 싸고 있는 근육. 전완근(前腕筋). 참상박근.
하ː-박석(下薄石)[-썩]명 비(碑)나 탑 따위의 맨 아래에 까는 돌.
하박하박-하다[-바카바카-]형여 (과일 따위가) 너무 익었거나 딴 지 오래되어 물기가 적고 파삭파삭하다. 큰허벅허벅하다.
하ː반(下半)명 하나를 위아래 절반으로 나눈 것의 아래쪽. ↔상반.
하ː반(下盤)명 광맥이나 광층(鑛層)의 아래쪽에 있는 바위. ↔상반(上盤).
하반(河畔)명 강가. 강변(江邊).
하ː반(夏半)명 '음력 칠월'을 달리 이르는 말.
하ː-반기(下半期)명 1년을 절반으로 나눈 때의 나중의 기간. ¶ 하반기 매출 목표. ↔상반기(上半期).
하ː-반부(下半部)명 절반으로 나눈 것의 아래쪽 부분. ↔상반부.
하ː-반신(下半身)명 몸의 허리부터 아래의 부분. 하체(下體). 아랫도리. 아랫몸. ↔상반신.
하ː방(下方)명 아래쪽. 아래의 방향. ↔상방.
하ː방(下枋)명 〈하인방(下引枋)〉의 준말.
하방(遐方)명 서울에서 멀리 떨어진 곳. 하토(遐土). 하향(遐鄕).
하ː방^침ː식(下方浸蝕)명 (절벽이나 급류의 밑바닥에서) 하천이 강바닥을 내리 침식하는 현상.
하ː배(下輩)명 〈하인배〉의 준말.
하백(河伯)명 강(江)의 신. 비수신(水神).
하ː번(下番)명 ①아래의 순번, 또는 그 사람. ②☞난번. ③왕조 때, 군졸이 돌림 차례를 마치고 나오던 번. ↔상번(上番).
하변(河邊)명 하천 가.
하ː복(下腹)명 아랫배.
하ː복(夏服)명 여름철의 옷. 여름옷. 하의(夏衣). ↔동복(冬服).
하ː복-부(下腹部)[-뿌]명 사람이나 척추동물의 아랫배 부분. 불두덩과 샅으로 이루어짐.
하ː부(下付)명하타 ①지난날, 관아에서 면허·인가·증명·허가 따위를 백성에게 내려 주던 일. ②☞하송(下送).
하ː부(下府)명 ☞하사(下司).
하ː부(下部)명 ①아래쪽 부분. ¶ 하부 조직. ②하급의 기관, 또는 그 사람. ¶ 지시를 하부에 전달하다. ↔상부.
하ː부^구조(下部構造)명 ①하부의 조직. ②(상부 구조로서의 이데올로기 따위에 대하여) '경제적 구조'를 이르는 말.
하분-하분부하형 물기가 조금 있고 헤무른 모양. 큰허분허분.
하ː불실(下不失)[-씰]명 아무리 적어도 적은 대로의 희망은 있음.
하ː불하(下不下)부 적어도. 소불하(少不下).
하ː비(下婢)명 ☞하녀(下女).
하비다타 ①(손톱이나 날카로운 물건으로) 긁어 파다. ②(남의 결점을) 들추어내거나 들어서 헐뜯다. 큰허비다.
하비작-거리다[-꺼-]타 자꾸 하비작하비작하다. 하비작대다. 큰허비적거리다.
하비작-대다[-때-]타 하비작거리다.
하비작-하비작[-자카-]부하타 손톱이나 날카로운 물건으로 자꾸 긁어 파는 모양. 큰허비적허비적.
하뿔싸감 (깜빡 잊고 있었거나 실수로 일이 잘못되었을 때) 놀라서 내는 소리. 큰허뿔싸. 여아뿔싸.
하ː사(下士)명 ①국군의 부사관 계급의 하나. 병장의 위, 중사의 아래. ②대한 제국 때, 특무정교(特務正校)·정교·부교(副校)·참교(參校)를 두루 이르던 말.
하ː사(下司)명 하급 관청. 하부(下府). ↔상사(上司).
하ː사(下賜)명하타 왕이나 윗사람이 아랫사람에게 금품을 줌. ¶ 왕이 중신들에게 부채를 하사하다.
하사(何事)명 무슨 일. 어떠한 일.
하ː사(賀詞)명하자 축하의 말. 축사(祝辭).
하ː사-관(下士官)명 '부사관(副士官)'의 구용어.
하ː사-금(下賜金)명 왕이나 윗사람이 아랫사람에게 주는 돈.
하ː사-품(下賜品)명 왕이나 윗사람이 아랫사람에게 주는 물품.
하ː산(下山)명 ①하자산에서 내려옴. ↔등산·입산. ②하타(나무나 물건 따위를) 산에서 내림. ¶ 벌목한 목재를 하산하다.
하ː-삼삭(夏三朔)명 여름의 석 달, 곧 음력 사·오·유월의 석 달 동안.
하ː상(下殤)명하자 삼상(三殤)의 하나. 8~11세의 어린 나이로 죽는 일, 또는 그 사람. 참상상·중상.

하ː상(下霜)명하자 첫서리가 내림.
하상(河床)명 하천의 바닥. 강바닥.
하상(何嘗)부 《의문문이나 부정하는 말의 앞에 쓰이어》 따지고 보면. 도대체. ¶ 그대가 하상 무엇이기에 남의 일에 왈가왈부하는가.
하ː-상갑(夏上甲)명 입하(立夏) 뒤에 처음으로 드는 갑자일(甲子日). 이날에 비가 오면 그해에 큰 장마가 진다고 함.
하ː생(下生)대 ①지난날, 정일품 벼슬아치끼리 서로 자기를 일컫던 말. ②어른 앞에서 자기를 낮추어 일컫는 말.
하ː서(下書)명 웃어른이 주신 편지. ↔상서.
하ː석상대(下石上臺)[-쌍-]명 〔아랫돌을 빼서 윗돌을 괸다는 뜻으로〕 '임시변통으로 이리저리 둘러맞춤'을 이르는 말.
하ː선(下船)명하자 (선원이나 타고 있던 승객들이) 배에서 내림. ↔상선·승선.
하ː선(荷船)명 짐 싣는 배. 짐배.
하ː선동력(夏扇冬曆)[-녁]명 〔여름의 부채와 겨울의 책력이라는 뜻으로〕 '철에 맞는 선물'을 이르는 말.
하ː성(下誠)명 〔편지 글에 흔히 쓰는 문어 투의 말로〕 웃어른에 대하여 '자기의 정성'을 겸손하게 이르는 말.
하ː세(下世)명하자 (윗사람이) 죽음. 별세(別世). 기세(棄世).
하소명하타 〈하소연〉의 준말.
하소(煆燒)명하타 어떤 물질을 고온으로 가열하여 그 물질 속에 들어 있는 수분이나 황·비소 따위의 휘발 성분을 없앰.
하소서-체(-體)명 ☞합쇼체.
하소연명하타 억울하고 딱한 사정을 털어놓고 말하거나 간곡히 호소함. ¶ 오죽하면 그런 하소연을 할까. 준하소.
하ː속(下屬)명 ☞하인배(下人輩).
하ː속-음(下屬音)명 ☞버금딸림음.
하ː솔(下率)명 ☞하인배(下人輩).
하솟그리다타 〈옛〉 참소하다. ¶ 하솟그릴 참:讒. 하솟그릴 춤:譖(訓蒙下29). 참하숫그리다.
하ː송(下送)명하타 (편지나 물품 따위를) '윗사람이 아랫사람에게 보냄'을, 아랫사람이 높이어 이르는 말. 하부(下付).
하송-인(荷送人)명 짐을 부치는 사람.
하ː수(下水)명 (가정이나 공장 같은 데서) 쓰고 버리는 더러운 물. ↔상수(上水).
하ː수(下手·下數)[1]명 ①(바둑이나 장기 따위에서) 수가 아래임, 또는 그 사람. ¶ 하수를 상대로 바둑을 두다. ↔상수(上手). ②(민속 무용의 기본 팔 동작에서) 손을 어깨 아래로 드는 동작.
하ː수(下手)[2]명하자타 ①☞착수(着手). ②손을 대어 직접 사람을 죽임.
하ː수(下壽)명 장수한 것을 상·중·하로 나눌 때 가장 적은 나이. 곧, 60세 또는 80세를 이름. 참상수(上壽)·중수(中壽).
하수(河水)명 하천의 물. 강물.
하ː수(賀壽)명하자 장수(長壽)를 축하함.
하수(遐壽)명하자 나이가 많도록 오래 삶. 하령(遐齡). 장수(長壽).
하ː수-관(下水管)명 하수를 흘려 보내기 위하여 설치한 관. 수채통. 하수통.
하ː수-구(下水溝)명 하수가 흘러 내려가도록 만든 도랑. ¶ 하수구가 막히다.
하ː수-도(下水道)명 하수가 흘러 내려가도록 만든 도랑이나 시설. ↔상수도.
하수오(何首烏)명 ☞새박뿌리.
하ː수-인(下手人)명 ①손을 대어 직접 사람을 죽인 사람. 하수자. ②남의 밑에서 졸개 노릇하는 사람.
하ː수-자(下手者)명 ☞하수인.
하ː수^처ː리장(下水處理場)명 하수를 모아 인공적으로 정화(淨化)하는 곳.
하ː수-통(下水筩)명 ☞하수관. 수채통.
하ː숙(下宿)명 ①하자일정한 돈을 내고 비교적 오랜 기간 남의 집에 머물면서 먹고 잠, 또는 그 집. ¶ 하숙을 치다. /학교 근처에서 하숙을 하다. ②주로 도시에 있는 '값싼 여인숙'을 속되게 이르는 말.
하ː숙-방(下宿房)[-빵]명 하숙하는 방.
하ː숙-비(下宿費)[-삐]명 하숙하는 대가로 내는 돈.
하ː숙-생(下宿生)[-쌩]명 하숙하는 학생.
하ː숙-인(下宿人)명 하숙하는 사람.
하ː숙-집(下宿-)[-찝]명 ①하숙하는 집. ②하숙업을 하는 집.
하ː순(下旬)명 한 달 중에서 스무하룻날부터 그믐날까지의 동안. 하완(下浣). 하한(下澣). ¶ 지난달 하순께 있었던 일. 참상순·중순.
하ː순(下脣)명 아랫입술. ↔상순(上脣).
하ː순(下詢)명하타 임금이 신하나 백성에게 물음. 순문(詢問). 자순(諮詢).
하숫그리다타 〈옛〉 참소하다. 하소연하다. ¶ 님금 겨틔 하숫그릴 사ᄅᆞ미 잇ᄂᆞ니라(杜初17:18). 참하솟그리다.
하스-돔(has-)명 하스돔과의 바닷물고기. 몸길이 45 cm가량. 입이 아래를 향하고, 몸에 검은 무늬가 있음. 우리나라 중남부와 일본 남부, 서남 태평양 연안 및 아프리카 동해안, 홍해 등지에 분포함.
하ː습(下習)명 하인들이나 신분이 낮은 사람들의 풍습.
하습(下濕) '하습하다'의 어근.
하ː습-하다(下濕-)[-스파-]형여 땅이 낮고 습하다.
하ː시(下視)명하타 ①아래를 내려다봄. ②남을 얕잡아 봄. 업신여기는 눈으로 봄. ¶ 가진 것이 없다고 사람을 하시하다.
하시(何時)명 언제. 어느 때. ¶ 하시라도 찾아오너라. /하시라도 너의 도전에 응할 용의가 있다.
하시-경(何時頃)명 언제쯤. 어느 때쯤.
하식(河蝕)명 강물이 땅을 침식하는 현상.
하식-애(河蝕崖)명 하식 작용으로 된 언덕.
하신(河身)명 강의 본줄기가 흐르는 중심 부분.
하심(河心)명 ☞강심(江心).
하ᅀᆞᄫᅡ타 〈옛〉〔'할다'의 활용형〕 참소하와. ¶ 天倫을 姦臣이 하ᅀᆞᄫᅡ(龍歌74章).
하ː아(夏芽)명 ☞여름눈.
하ː악(下顎)명 아래턱. ↔상악(上顎).
하ː악-골(下顎骨)[-꼴]명 아래턱을 이루는 말굽 모양의 뼈. 아래턱뼈. ↔상악골.
하안(河岸)명 강 양쪽의 강물과 잇닿아 있는 땅. 강기슭. 강안(江岸).
하ː-안거(夏安居)명하자 중이 장마철인 음력 4월 15일부터 석 달 동안, 한곳에 모여 수행하는 일. 참안거·동안거.
하안^단구(河岸段丘)명 물줄기를 따라 강기슭에 생긴 계단 모양의 언덕. 물의 침식 작용이나 지반 운동 따위로 이루어짐.
하ː야(下野)명하자 〔시골로 내려간다는 뜻으로〕 관직에서 물러나 야인이 됨. ¶ 하야 성명을 내고 대통령직에서 물러나다.

하야로비명 〈옛〉 해오라기. ¶ 하야로비 로:鷺. 하야로비 ᄉᆞ:鷥(訓蒙上*17*).
하야-말갛다[-가타][~말가니·~말개]형ㅎ ①(살갗 따위가) 매우 희고 맑다. ¶ 하야말간 얼굴에 홍조를 띠다. ②하얀 빛을 띠며 말갛다. ¶ 하야말간 죽. 큰허여멀겋다.
하야-말쑥하다[-쑤카-]형여 (살갗 따위가) 매우 희고 깨끗하다. 큰허여멀쑥하다. **하야말쑥-히**부.
하야ᄒᆞ다형 〈옛〉 하얗다. ¶ *梅花ㅅ 가지 져기 하야호매*(金三*3:11*).
하얀-빛[-빋]명 하얀 빛깔. 비하얀색. * 하얀빛이[-비치]·하얀빛만[-빈-]
하얀-색(-色)명 하얀 색깔. 비하얀빛.
하양명 하얀 빛, 또는 하얀 물감. ↔검정.
하ː얗다[-야타][하야니·하얘]형ㅎ ①매우 희다. ¶ 머리가 하얗다. /눈이 하얗게 내리다. 큰허옇다. ②뜬눈으로 지내다. 《주로, '하얗게'의 꼴로 쓰임.》 ¶ 밤을 하얗게 새우다. ③춥거나 놀라거나 하여 얼굴이 핏기가 없이 희다. ¶ 겁에 질려 얼굴이 하얗게 변했다.
하ː얘-지다자 하얗게 되다. 큰허예지다.
하여-가(何如歌)명 고려 말기에, 이방원(李芳遠)이 정몽주(鄭夢周)를 떠보기 위해 지었다는 시조. 참단심가(丹心歌).
하여-간(何如間)부 어쨌든. 좌우간(左右間). 하여튼. ¶ 만날지 못 만날지 모르나 하여간 가 보기나 하세. /하여간 이 말은 꼭 전해 주게.
하여-금부 〔체언에 조사 '로·으로'가 붙은 말에 이어 쓰이어〕 '시키어', '하게 하여'의 뜻을 나타내는 말. ¶ 그로 하여금 숙직 근무를 대신하게 하다.
하여-튼(何如-)부 어쨌든. 여하튼. 좌우간. 하여간. 하여튼지. ¶ 하여튼 가 보기나 하자.
하여튼지(何如-)부 하여튼. 여하튼지.
하역(荷役)명하타 배의 짐을 싣고 부리는 일. ¶ 하역 작업.
하역-부(荷役夫)[-뿌]명 하역에 종사하는 인부.
하ː연(下椽)명 ☞들연.
하ː연(賀宴)명 축하하는 잔치. 하연(賀筵).
하ː연(賀筵)명 축하하는 잔치, 또는 그 자리. 하연(賀宴).
하열(下劣) '하열하다'의 어근.
하ː열-하다(下劣-)형여 (인품이나 행동이) 천하고 비열하다.
하염-없다[-여멉따]형 ①이렇다 할 만한 아무 생각도 없이 그저 멍하다. ¶ 하염없는 시선으로 먼 산만 바라보다. ②공허하여 끝맺을 데가 없이 아득하다. ¶ 하염없는 시름에 잠기다. **하염없-이**부 ¶ 하염없이 흐르는 눈물.
하염직-하다[-지카-]형여 할 만하다. 할 가치가 있다. ¶ 그런 이웃 돕기 운동이라면 마땅히 범국민적 사업으로 하염직하다.
하엽(荷葉)명 ☞연잎.
하ː오(下午)명 낮 열두 시부터 밤 열두 시까지의 사이. 오후(午後). ↔상오(上午).
하오-체(-體)명 상대편에 대하여 예사 높이는 뜻을 나타내는 높임법의 한 체. 〔가오·하오·읽소 따위.〕 예사 높임.
하오-하다자여 '하오'의 말씨를 쓰다. ¶ 서로 하오하는 사이.
하ː옥(下獄)명하타되자 (죄인을) 옥에 가둠. 투옥(投獄).
하와(Hawwāh)명 구약 성서에 나오는 인류 최초의 여자. 아담의 아내. 이브(Eve).
하와이안^기타ː(Hawaiian guitar)명 스틸 기타의 한 가지. 하와이 음악의 중심 악기로 경음악에 많이 쓰임.
하ː완(下浣)명 ☞하순(下旬).
하외욤명하자 〈옛〉 하품. ¶ 하외욤ᄒᆞ며 기지게ᄒᆞ며 기춤호믈(金三*2:11*).
하ː우(下愚)명 매우 어리석고 못난 사람.
하ː우(夏雨)명 여름철의 비.
하ː운(夏雲)명 여름철의 구름.
하ː원(下元)명 삼원(三元)의 하나. 음력 시월 보름날. 참상원·중원.
하ː원(下院)명 양원제(兩院制) 의회의 하나. 민선 의원만으로 구성되며, 상원에 앞서 법률안·예산안 등을 심의하는 권한을 가짐.
하원(河源)명 하천의 수원(水源). ↔하구.
하위명하자 '화해(和解)'를 속되게 이르는 말.
하ː위(下位)명 낮은 지위. 낮은 순위. ¶ 하위 타선. /팀 성적이 하위에 머물다. ↔상위(上位)·고위(高位).
하ː위^개ː념(下位槪念)명 다른 개념에 대하여 적고 좁은 외연(外延)을 가진 개념. 〔생물이라는 개념에 대한, 동물이나 식물의 개념 따위.〕 저급 개념. ↔상위 개념.
하ː위-권(下位圈)[-꿘]명 낮은 지위나 순위에 속하는 범위. ¶ 성적이 하위권에 머물다. ↔상위권.
하윗-술[-위쑬/-윋쑬]명 화해하는 뜻으로 나누어 마시는 술.
하ː유(下諭)명 지난날, 지방의 벼슬아치에게 상경(上京)하라던 왕명(王命).
하ː육-처자(下育妻子)명하자 아래로 처자를 먹여 살림. ¶ 남은 곡식 장만하여 앙사부모(仰事父母) 아니 하며 하육처자 아니 할까(烈女春香守節歌).
하ː의(下衣)[-의/-이]명 몸의 아랫도리에 입는 옷. 〔바지나 치마 따위.〕 ↔상의(上衣).
하ː의(下意)[-의/-이]명 ①아랫사람의 뜻. ¶ 하의를 반영하다. ②국민의 의사. ↔상의(上意).
하ː의(夏衣)[-의/-이]명 ☞하복(夏服).
하ː의(賀意)[-의/-이]명 축하하는 뜻. 축의.
하ː의(賀儀)[-의/-이]명하자 축하하는 의례(儀禮). 하례(賀禮).
하ː의-상달(下意上達)[-의-/-이-]명 아랫사람의 뜻이 윗사람에게 전달되는 일. ↔상의하달.
하이넥(←high necked collar)명 목까지 높이 올라온 옷깃, 또는 그런 옷.
하이^다이빙(high diving)명 다이빙 경기의 한 가지. 높이 5 m 또는 10 m의 다이빙 보드에서 수면으로 떨어질 때의 자세와 입수 모양 따위로 우열을 겨룸.
하이델베르크-인(Heidelberg人)명 1907년 독일 하이델베르크 근처에서 발견된, 원인(原人) 단계의 화석 인류. 유럽에서 가장 오래된 화석 인류로, 학명은 '호모 하이델베르겐시스'.
하이드로미ː터(hydrometer)명 비중계(比重計).
하이라이스(←hashed rice)명 서양 요리의 한 가지. 양파와 쇠고기 따위를 기름에 볶은 다음, 밀가루를 물에 풀어 함께 끓여서 밥에 끼얹은 요리.
하이라이트(highlight)명 ①(그림이나 사진 따위에서 광선을 가장 많이 받아) 희게 보이는 부분. ②(방송이나 연극·스포츠 따위에서 중심이 되는) 가장 흥미 있는 부분이나 장면. ¶ 스포츠 하이라이트. /개막식의 하이라이트는 고공 낙하 시범이었다.

하이볼ː(highball)명 위스키 따위를 소다수나 물로 묽게 하여 얼음을 띄워 마시는 음료.
하이얗다형ㅎ '하얗다'의 잘못.
하이에나(hyena)명 하이에나과의 포유동물을 통틀어 이르는 말. 몸통은 개와 비슷하나 전체적으로는 사향고양이에 가까움. 몸길이 70 cm 가량. 앞다리가 뒷다리보다 길고, 어깨에 갈기털이 있음. 아프리카산(産)은 반점이 있고, 인도산은 줄무늬가 있음. 성질이 강포(強暴)하고, 썩은 고기를 즐겨 먹음.
하이-칼라(high+collar)명 〔보통보다 운두가 높은 칼라라는 뜻에서〕 ①취향이 새롭거나 서양식 유행을 따르는 일, 또는 그 사람. ②(전통적 머리 모양에 대하여) 머리털의 밑만 깎고, 윗부분은 남겨서 기르는 서양식 남자의 머리 모양.
하이킹(hiking)명하자 (심신의 단련이나 수양을 목적으로) 산이나 들, 바닷가 같은 곳을 걸어서 여행함.
하이테크(hightech)명 고도의 과학 기술.
하이-틴ː(high+teen)명 십대의 후반(後半), 곧 17~19세의 나이, 또는 그 세대의 사람. ¶ 하이틴이 좋아하는 가수.
하이파이(hi-fi)명 (방송이나 레코드 따위의) 재생한 음이 원음(原音)과 매우 가까운 일, 또는 그 장치. [high fidelity]
하이-패션(high fashion)명 (의복의) 최첨단 유행.
하이포(hypo)명 '티오황산나트륨(Thio黃酸 Natrium)'을 흔히 이르는 말. 사진의 정착제(定着劑)나 표백제 따위에 쓰임.
하이픈(hyphen)명 붙임표.
하이^허ː들(←high hurdles)명 고장애물 경주.
하이-힐ː(←highheeled shoes)명 굽이 높은 여자 구두. 뾰족구두. 준힐. ↔로힐.
하ː인(下人)명 ①사내종. 참하녀(下女). ②'사내종'과 '계집종'을 통틀어 이르는 말. 여대(輿儓). 하례(下隷).
하인(何人)명 누구. 어떠한 사람. ¶ 하인을 막론하고 출입을 금한다.
하ː-인방(下引枋)명 벽의 아래쪽 기둥 사이에 가로지른 인방. 아랫중방. 지방(地枋). 준하방(下枋). 참상인방·중인방.
하ː인-배(下人輩)명 하인의 무리. 하속(下屬). 하솔(下率). 준하배(下輩).
하ː인-청(下人廳)명 지난날, 양반의 집에서 사내종들이 거처하던 행랑방.
하일(何日)명 어느 날. 무슨 날.
하ː일(夏日)명 여름날.
하임-움직씨명 ☞사동사(使動詞).
하자(何者)명 어떤 사람. 어느 것.
하자(瑕疵)명 ①흠. 결점. ¶ 아무런 하자도 없는 물건. ②법률 또는 당사자가 예상한 상태나 조건 따위가 결여되어 있는 상태. ¶ 하자 있는 의사 표시.
하자^담보(瑕疵擔保)명 매매(賣買) 계약에서, 파는 것에 숨은 흠이 있을 때 파는 사람이 지는 담보 책임.
하작-거리다[-꺼-]타 자꾸 하작하작하다. 하작대다. 큰허적거리다.
하작-대다[-때-]타 하작거리다.
하작-이다타 마구 들추어 헤치다. 큰허적이다.
하작-하작[-자카-]부하타 ①(쌓아 놓은 물건의) 속을 들추어 헤치는 모양. 큰허적허적. ②(일을 하기 싫어서) 자꾸 헤치기만 하는 모양.
하잘것-없다[-꺼덥따]형 〔하자고 할 것이 없다는 뜻에서〕 상대할 거리가 못 되다. 시시하다. 대수롭지 않다. ¶ 하잘것없는 일에 신경을 쓰다. 참보잘것없다. 하잘것없-이부.
하ː잠(夏蠶)명 여름에 치는 누에. 참추잠·춘잠.
하ː장(下粧)명 가마나 상여 따위의 아랫부분.
하ː장(賀狀)명 경사를 축하하는 편지.
하ː장(賀章)명 경사를 축하하는 시문(詩文).
하ː저(下箸)명하자 〔젓가락을 댄다는 뜻에서〕 음식을 먹음.
하저(河底)명 하천의 밑바닥. 강바닥.
하적-호(河跡湖)[-저코]명 구부러져 흐르던 강의 일부가 본디의 물줄기에서 떨어져 생긴 호수. 대개 길쭉하고 구부러져 있음.
하ː전(下田)명 토질이 좋지 않은 전답(田畓). ↔상전(上田).
하ː전(下典)명 ①☞하님. ②☞아전(衙前).
하ː전(荷電)명 ①☞대전(帶電). ②☞전하(電荷).
하ː전(廈氈)명 지난날, 임금이 거처하던 곳.
하전-하다형여 ①(주위에 아무것도 없거나, 무엇을 잃은 듯하여) 서운한 느낌이 있다. ②느즈러져 좀 안정감이 없다. 큰허전하다.
하전하전-하다형여 ①자꾸 하전한 느낌이 들다. ②다리에 힘이 없어 쓰러질 것만 같다. 큰허전허전하다.
하ː절(夏節)명 여름철.
하ː정(下丁)명 음력의 매달 하순에 드는 정일(丁日). 흔히, 이날에 연제(練祭)나 담제(禫祭) 따위의 제사를 지냄. 참상정·중정.
하ː정(下情)명 ①윗사람 앞에서 '자기의 심정'을 낮추어 이르는 말. 하회(下懷). ②아랫사람의 사정.
하ː정(賀正)명 〔흔히 연하장에서 쓰는 말로〕 새해를 축하함.
하ː정-배(下庭拜)명하자 지난날, 신분이 낮은 사람이 양반(兩班)을 뵐 때 뜰 아래에서 절하던 일, 또는 그 절.
하ː정-사(賀正使)명 ☞정조사.
하ː제(下第)명하자 과거(科擧)에 떨어짐. ↔급제(及第).
하ː제(下劑)명 설사를 하게 하는 약. 사제(瀉劑). ¶ 용해성(溶解性) 하제.
하제(河堤)명 하천에 쌓은 둑.
하ː종(下從)명하자 아내가 죽은 남편의 뒤를 따라 자결함.
하ː-종가(下終價)[-까]명 증권 시장에서, 하루에 내릴 수 있는 최저 한도까지 내려간 주가. 하한가. ↔상종가.
하ː좌(下座)명 낮은 자리. 아랫자리. 말석(末席). ↔상좌(上座).
하ː주(荷主)명 ☞화주(貨主).
하ː중(荷重)명 ①짐의 무게. ②구조물 따위에 작용하는 외력(外力), 또는 구조물 따위가 받고 견딜 수 있는 무게. ¶ 교량의 하중. /하중을 견디다. /하중을 받다.
하ː지(下肢)명 사람의 다리, 또는 네발 가진 동물의 뒷다리. ↔상지(上肢).
하ː지(夏至)명 이십사절기의 하나. 망종(芒種)과 소서(小暑) 사이로, 6월 21일경. 북반구에서는 낮이 가장 긴 날. ↔동지(冬至).
하ː지-근(下肢筋)명 하지를 이루는 근육을 통틀어 이르는 말. 관부근·대퇴근·하퇴근·족근으로 구분됨.
하ː지-대(下肢帶)명 넓적다리뼈와 몸통뼈를 잇는 뼈. 좌우 한 쌍의 치골(恥骨)과 좌골(坐骨)·장골(腸骨)로 되어 있음.

하지만부 그러나. 그렇지만. 〔일단 시인한 뒤에, 부정·반대의 뜻으로 이어 주는 접속어.〕 ¶ 초대해 주어서 고맙네. 하지만 갈 형편이 못 되어 미안하네.

하ː지-목(下地木)명 품질이 가장 낮은 무명.

하ː지-상(下之上)명 '상·중·하'의 세 층 중에서 하의 상. 참하지중·하지하.

하ː지-선(夏至線)명 〔하지에 태양이 거기에 이른다고 하여〕 '북회귀선'을 이르는 말.

하ː지-점(夏至點)[-쩜]명 황도(黃道) 위의 춘분점에서 90° 떨어져 있는, 가장 북쪽의 점. 태양이 이 점에 이를 때가 하지임. 참동지점(冬至點).

하ː지-중(下之中)명 '상·중·하'의 세 층 중에서 하의 중. 참하지상·하지하.

하ː지-하(下之下)명 '상·중·하'의 세 층 중에서 하의 하. 참하지상·하지중.

하ː직(下直)명 ①하자(먼 길을 떠날 때) 웃어른에게 작별을 고함. ¶ 아버님께 하직을 고하고 떠나다. ②하자왕조 때, 서울을 떠나는 관원이 임금에게 작별 인사를 올리던 일. 숙배(肅拜). ③하타'어떤 일이 마지막이 됨'을 이르는 말. ¶ 고향을 하직하다. /세상을 하직하다.

하ː질(下秩)명 (여럿 중에서) 가장 질이 낮음, 또는 그것. 핫길. ↔상질(上秩).

하ː질(下質)명 질이 썩 나쁨. ↔상질(上質).

하ː짓-날(夏至-)[-진-]명 하지가 되는 날.

하ː차(下車)명 ①하자(승객이) 기차나 자동차 따위에서 내림. ¶ 도중에서 하차하다. ↔승차(乘車). ②하타짐을 차에서 부림. ②↔상차(上車).

하차묵지-않다[-찌안타]형 ①품질이 다소 좋다. ②성질이 좀 착하다.

하찮다[-찬타]형 ①그다지 훌륭하지 않다. ¶ 하찮은 것을 가지고 뽐내다. ②대수롭지 않다. ¶ 하찮은 일로 고민하다. 본하치않다. * 하찮아[-차나]·하찮소[-찬쏘]

하ː책(下策)명 가장 못한 계책. 아주 서툰 책략. 하계(下計). ↔상책(上策).

하처(下處)명 '사처'의 잘못.

하처(何處)대 어디. 어느 곳.

하ː천(下賤)명 ①〈하천인〉의 준말. ②하형신분이 낮고 천함. ¶ 하천한 계집.

하천(河川)명 시내. 강.

하천^부지(河川敷地)명 하천이 차지하는 땅.

하ː천-인(下賤人)명 신분이 낮은 사람. 천한 사람. 준하천.

하ː첨(下籤)명 신묘(神廟) 등에서 산가지로 길흉을 점칠 때 뽑혀 나온 가장 낮은 점대.

하ː첩(下帖)명하자 ☞하체(下帖).

하ː청(下請)명하타 수급인이 맡은 일의 전부나 일부를 다시 제삼자가 하수급으로서 맡는 일. ¶ 하청을 내다. /하청을 맡다.

하청(河淸)명 〔항상 흐려 있는 황허 강의 물이 맑아진다는 뜻으로〕 '기대할 수 없는 일'을 비유하여 이르는 말. ¶ 백년(百年)하청.

하ː-청부(下請負)명하타 ☞하도급.

하ː청-인(下請人)명 ☞하도급자.

하청-치다자 절에서, 재(齋)가 끝난 뒤에 여흥(餘興)을 벌이다.

하ː체(下帖)명하자 조선 시대에, 고을 수령이 향교의 유생에게 체문(帖文)을 내리던 일. 하첩(下帖).

하ː체(下體)명 ①몸의 아랫도리. 하반신. ↔상체(上體). ②남녀의 음부(陰部).

하ː초(下焦)명 한방에서 이르는 삼초(三焦)의 하나. 배꼽 아래, 방광의 위. 노폐물의 배설을 맡은 부위로 대장·방광·소장·신장 따위가 딸림. 참상초·중초.

하ː측(下側)명 아래쪽. ↔상측(上側).

하ː층(下層)명 ①(겹치거나 쌓인 것들 중에서) 아랫부분. 아래층. ¶ 아파트의 하층에 살다. ②등급이 아래인 계층. 하급. ¶ 하층 신분. /생활수준이 하층인 가정. ↔상층.

하ː층^계급(下層階級)[-계-/-게-]명 사회적 신분과 생활 수준이 낮아 하류에 속하는 계층, 또는 그런 계층의 사람들. ↔상층 계급.

하ː층^사회(下層社會)[-회/-훼]명 ☞하류 사회(下流社會).

하ː층-운(下層雲)명 높이에 따른 구름 분류의 한 가지. 중위도 지방의 경우 2 km 이하의 높이에 나타나는 구름으로, 층적운·층운의 두 가지를 이름. 참상층운·중층운.

하ː-치(下-)명 (같은 종류의 물품 중에서) 품질이 낮은 것. 하품(下品). 참상치.

하치-않다[-안타]형 〈하찮다〉의 본딧말.

하ː-치은(下齒齦)명 아래쪽 잇몸. ↔상치은.

하ː치-장(荷置場)명 ①쓰레기 따위를 거두어 두는 곳. ¶ 쓰레기 하치장. ②짐을 부리는 곳. 짐을 보관하여 두는 곳.

하ː침(下沈)명하자 밑으로 가라앉음.

하ː침(下鍼)명하자 침을 놓음.

하ː켄(Haken 독)명 등산할 때, 바위틈 같은 곳에 박아 카라비너(Karabiner)를 거는 쇠못. 마우어하켄.

하키(hockey)명 ①☞필드하키. ②☞아이스하키.

하ː탁(下託)명하타 되자 '윗사람이 아랫사람에게 하는 부탁'을 아랫사람이 높여 이르는 말. 〔편지 글 따위에서 흔히 씀.〕 ¶ 하탁하신 물품은 구하는 대로 곧 보내 드리겠습니다.

하ː탑(下榻)명하타 손을 맞아 극진하게 대접함.

하ː탕(下湯)명 (온천 같은 데서) 가장 온도가 낮은 탕. 참상탕·중탕.

하ː토(下土)명 ①토질(土質)이 박하여 소출이 적은 땅. ↔상토. ②(상천에 대하여) 땅. ②하계(下界). ②↔상천(上天).

하토(遐土)명 ☞하방(遐方).

하ː퇴(下腿)[-퇴/-퉤]명 무릎에서 발목까지의 부분. 정강이와 종아리. ↔상퇴(上腿).

하ː퇴-골(下腿骨)[-퇴-/-퉤-]명 정강이뼈와 종아리뼈를 통틀어 이르는 말.

하ː트(heart)명 〔'심장'의 뜻으로〕 트럼프 패의 한 가지. 붉은 빛깔로 심장 모양이 그려져 있음.

하특(何特)부 〔반어적 의문형이 뒤따르는 문어투의 말로〕 어찌 특히. 해특(奚特). ¶ 하특 그 문제뿐이랴.

하ː판(下-)[1]명 마지막 판. 끝판. ↔상판[1].

하ː판(下-)[2]명 절의 큰방의 아랫목. ↔상판[2].

하ː판(下版)명하자 (편집·인쇄 과정에서) 교료(校了)된 조판을, 인쇄 또는 지형을 뜨기 위하여 다음 공정으로 넘기는 일.

하ː편(下篇)명 (책이나 글에서) 상·하나, 상·중·하로 나눈 맨 끝의 편. 참상편·중편.

하ː평(下平)명 〈하평성〉의 준말.

하ː-평성(下平聲)명 한자 사성(四聲) 중에서, 평성 서른 운(韻)을 상하로 나눈 아래의 열다섯 운. 처음이 낮다가 약간 높아져서 지속되며, 음의 길이가 상평성보다 긺. 준하평. ↔상평성.

하폭(河幅)명 하천의 너비.

하:표(賀表)명 지난날, 나라나 조정(朝廷)에 경사가 있을 때, 신하가 임금에게 바치던 축하의 글.
하품명하자 졸리거나 싫증이 나거나 또는 따분하거나 할 때에, 저절로 입이 크게 벌어지면서 쉬게 되는 깊은 호흡. ¶ 하품이 나오다.
하:품(下品)명 ①품격이 낮음. ②☞하치. ③불교에서, 극락정토의 아홉 계층 중 밑자리의 세 품을 이르는 말. 참상품·중품.
하품-흠(-欠)명 한자 부수의 한 가지. '次'·'欣' 등에서의 '欠'의 이름.
하:풍(下風)명 (사람이나 사물의 지위 또는 격이 떨어져) 아래 축에 딸리는 것.
하:프(half)명 〈하프백〉의 준말.
하:프(harp)명 현악기의 한 가지. 위쪽이 굽은 삼각형 틀에 마흔일곱 개의 현을 세로로 걸었는데, 그것을 두 손으로 퉁기어 연주함. 수금(竪琴).
하프늄(hafnium)명 금속 원소의 한 가지. 지르코늄과 비슷한데, 원자로의 제어용으로 쓰임. 〔Hf/72/178.49〕
하:프^라인(half line)명 구기(球技)에서, 경기장의 중앙에 그어 놓은 선. 중앙선.
하:프백(halfback)명 축구 따위에서, 포워드와 풀백 사이의 자리, 또는 그 자리를 지키는 선수. 준하프.
하:프^센터(half center)명 축구나 배구 따위에서, 중위(中衛)의 가운데 자리, 또는 그 자리를 지키는 선수. 센터 하프.
하:프^타임(half time)명 ①축구나 핸드볼 따위에서, 경기 시간의 전반과 후반 사이의 쉬는 시간. ②제한된 시간의 절반의 시간.
하:필(下筆)명하자 〔붓을 대어 쓴다는 뜻으로〕 시문(詩文)을 지음.
하필(何必)부 어찌하여 반드시. 어째서 꼭. 다른 방도도 있는데 왜. 하고많은 중에 어찌하여. 해필(奚必). ¶ 왜 하필 나를 지목했을까?/하필 장가가는 날 비가 오다니.
하하[1]부하자 기뻐서 입을 벌리고 웃는 소리, 또는 그 모양. ¶ 하하 웃다. 큰허허[1].
하하[2]감 ①기가 막혀 탄식하여 하는 말. ¶ 하하, 일이 참 고약하게 되었구나. ②무엇을 비로소 깨달았을 때 하는 말. ¶ 하하, 역시 그랬었군. 큰허허[2].
하하-거리다자 자꾸 하하 소리를 내며 웃다. 하하대다. 큰허허거리다.
하하-대다자 하하거리다.
하:학(下學)명하자 학교에서 그날의 공부를 마침. ↔상학(上學).
하:학상달(下學上達)[-쌍-]명하자 〔아래의 것부터 배워서 위에 이른다는 뜻으로〕 '쉬운 것부터 배워 깊은 이치를 깨달음' 또는 '인사(人事)를 깨달아 천리(天理)에 통함'을 이르는 말.
하:학-종(下學鐘)[-쫑]명 하학 시간이 되었음을 알리는 종. ¶ 하학종이 울리다. ↔상학종.
하:한(下限)명 (일정한 범위가 있을 때의) 아래쪽의 한계. ↔상한(上限).
하:한(下澣)명 ☞하순(下旬).
하한(河漢)명 ☞은하수.
하:한-가(下限價)[-까]명 ☞하종가. ↔상한가.
하:한-선(下限線)명 하한이 되는 선. ¶ 시세가 하한선까지 내려가다. ↔상한선.
하:합(下合)명 ☞내합(內合).
하항(河港)명 하구(河口)나 하안(河岸)에 있는 항구. 참해항(海港).
하해(河海)명 큰 강과 바다. 강해(江海). ¶ 어버이의 은덕이 하해와 같다.
하해지택(河海之澤)명 큰 강과 바다와 같이 넓고 큰 은혜.
하:행(下行)명하자 ①아래쪽으로 내려감. ②중앙에서 지방으로 내려감. ↔상행.
하:행-선(下行線)명 ①서울에서 지방으로 내려가는 도로나 선로. ②서울에서 지방으로 내려가는 교통수단. ↔상행선.
하:향(下向)명하자 ①(위에서) 아래쪽으로 향함. ¶ 하향 지원(志願). ②(기세 따위가) 쇠퇴하여 감. ¶ 생산성의 하향 추세. ③물가가 떨어짐. ¶ 정부미 출고가의 하향 조정. ↔상향.
하:향(下鄕)명하자 ①(도시에서) 시골로 내려감. ②고향으로 내려감.
하향(遐鄕)명 ☞하방(遐方).
하허인(何許人)명 어떠한 사람. 그 누구.
하:현(下弦)명 음력 22, 23일경에 나타나는 달의 상태. 보름달과 그믐달의 중간쯤 되며 활시위 모양이 아래로 향하고 있음. 하현달. ↔상현(上弦).
하:현-달(下弦-)[-딸]명 ☞하현. ↔상현달.
하:혈(下血)명하자 항문이나 하문(下門)에서 피가 나옴, 또는 그 피.
하협(河峽)명 강의 양쪽이 높은 벼랑을 이루고 폭이 좁은 곳.
하:호(下戶)명 가난한 백성.
하:화-중생(下化衆生)명 불교에서, 보살이 중생을 교화(敎化)하여 제도(濟度)하는 일. ↔상구보리.
하:-활(下-)명 돛의 맨 밑에 대는 활죽.
하황(何況)부 하물며. 황차.
하:회(下回)[-회/-훼]명 ①다음 차례. 차회(次回). ②윗사람이 아랫사람에게 주는 회답. 하답(下答). ¶ 선생님의 하회를 기다리다. ③어떤 일의 결과로서 빚어진 상황이나 결정. ¶ 임금 인상에 관한 노사 협의의 하회가 궁금하다.
하:회(下廻)[-회/-훼]명하타 (어떤 수량이나 기준보다) 밑돎. ¶ 작황이 평년작을 하회하다. ↔상회.
하:회(下懷)[-회/-훼]명 ☞하정(下情).
하회^별신굿^탈:놀이(河回別神-)[-회-씬꾿-로리/-훼-씬꾿-로리]명 경북 안동시 풍천면 하회동에 전해 내려오는 가면극. 10년에 한 번씩 열리는 특별 부락제인 별신굿의 일부로 공연됨. 무형 문화재 제69호.
하회옴명 〈옛〉하품. ¶ 난장의 하회옴은 긔운이 기디 아니타 ᄒᆞᄂᆞ니라(朴解中51).
하회-탈(河回-)[-회-/-훼-]명 하회 별신굿 탈놀이에서 쓰는, 나무로 만든 탈. 한국 최고(最古)의 탈놀이 가면임. 국보 제121호.
하:후상박(下厚上薄)명하형 아랫사람에게 후하고 윗사람에게 박함. ¶ 하후상박의 원칙에 따라 봉급을 조정하다. ↔상후하박.
하후하박(何厚何薄)명하자 〔어느 쪽은 후하게 하고 어느 쪽은 박하게 한다는 뜻으로〕 '사람에 따라 차별하여 대우함'을 이르는 말.
하:휼(下恤)명하자 아랫사람을 가엾게 여기어 도와줌. ¶ 상(上)께서 만백성을 위한 하휼의 정이 남다르시어….
학부하자 토하는 소리.
학(學)명 〈학문〉의 준말. ¶ 실사구시(實事求是)의 학에 나아가….
학(鶴)명 ☞두루미[2].
-학(學)접미 《일부 명사 뒤에 붙어》 학문의 한 갈래임을 나타냄. ¶ 생물학. /역사학. /언어학.

학가(鶴駕)[-까]명 왕세자가 대궐 밖에 나가던 일, 또는 그때 타던 수레.
학감(學監)[-깜]명 지난날, 학교에서 학무(學務) 및 학생을 감독하던 직원.
학개-서(←Haggai書)명 구약 성서 중의 한 편. 예언자 학개의 신전(神殿) 건축을 통해 이스라엘의 승리를 예언한 내용이 기록되어 있음.
학계(學界)[-꼐/-께]명 학문의 세계. 학자들의 사회. ¶ 학계의 비상한 관심을 끌다.
학계(學契)[-꼐/-께]명 교육을 목적으로 하여 모은 계.
학계(學階)[-꼐/-께]명 불교에서, 그 학식 정도에 따라 중에게 주어지는 칭호. 〔강사(講師)·학사(學師)·법사(法師) 따위.〕
학과(學科)[-꽈]명 ①학문을, 전문 분야별로 나누었을 때의 과목. ②학교 교육에서, 교과의 과목.
학과(學課)[-꽈]명 (학습 과정에 따라 학습해야 할) 학업의 과정. 교육상의 수학(修學) 과정. ¶ 일정한 학과를 이수하다.
학과^과정(學科課程)[-꽈-]명 ☞교육 과정.
학과-목(學科目)[-꽈-]명 학교에서 학습하는 개개의 학문의 과목.
학과^배ː당표(學科配當表)[-꽈-]명 학과목과 시간 수를 배정하여 짠 표. 과정표.
학관(學館)[-꽌]명 '학교'의 명칭을 붙일 수 있는 조건을 갖추지 못한 사사로운 교육 기관. 학원(學院). ¶ 영수(英數) 학관.
학교(學校)[-꾜]명 교육·학습에 필요한 설비를 갖추고 학생을 모아 일정한 교육 목적 아래 교사가 지속적으로 교육을 하는 기관. 〔초등학교, 중학교, 고등학교 따위.〕 ¶ 상급 학교에 진학하다.
학교^관ː리(學校管理)[-꾜괄-]명 학교의 교육 활동을 효과적으로 하기 위하여, 시설을 베풀고 운영하는 일.
학교^교ː육(學校敎育)[-꾜-]명 (가정교육·사회 교육 등에 대하여) 학교에서 받는 교육.
학교군^제ː도(學校群制度)[-꾜-]명 중등학교의 통학 구역을 지정, 그 통학 구역 내의 학생은 그 구역 안의 학교에 진학하도록 정한 제도.
학교^급식(學校給食)[-꾜-씩]명 학교에서, 학생에게 식사의 전부 또는 일부를 집단적으로 제공하는 일, 또는 그 식사.
학교-림(學校林)[-꾜-]명 학교에서, 시험이나 실습·연구용으로 관리하고 있는 임야, 또는 학교 법인의 이름으로 등기되어 있는 임야.
학교^문법(學校文法)[-꾜-뻡]명 ☞규범 문법(規範文法).
학교^법인(學校法人)[-꾜-]명 비영리 법인의 한 가지. 사립학교의 설치와 경영을 목적으로 설립한 법인.
학교-병(學校病)[-꾜뼝]명 학생들 사이에 많이 발생하거나 전염되는 병. 〔근시안·유행성 감기·트라코마·폐결핵 따위.〕
학교-생활(學校生活)[-꾜-]명 학생이 학교에 적을 두고 지내는 생활.
학-교수(學敎授)[-꾜-]명 조선 시대에, 사학(四學)에 딸려 있던 교수.
학교^신문(學校新聞)[-꾜-]명 학생들이 교내에서 교사의 지도 아래 편집·발행·배포하는 신문.
학교-원(學校園)[-꾜-]명 학교 안에 만들어 놓은 정원이나 논밭. 환경 미화나 정서 교육·근로 체험 따위를 목적으로 만듦.
학교-의(學校醫)[-꾜의/-꾜이]명 위탁을 받고 학생의 신체검사나 교내의 위생 업무 따위를 맡아보는 의사. ㊟교의(校醫).
학교-장(學校長)[-꾜-]명 학교의 교육 및 사무를 관리 감독하고, 대외적으로는 학교를 대표하는 사람. ㊟교장(校長).
학구(學究)[-꾸]명 ①학문을 깊이 연구하는 일. 오로지 학문에만 몰두하는 일. ¶ 학구에 여념이 없다. ②'학문에만 몰두한 나머지 세상 물정에 어두운 고리타분한 사람'을 빗대어 이르는 말. 학궁(學窮). ③지난날, '글방의 훈장'을 달리 이르던 말.
학구(學區)[-꾸]명 교육 행정상의 필요로, 아동이 취학할 학교를 지정하여 갈라 놓은 구역.
학구-열(學究熱)[-꾸-]명 학문을 닦는 데 골똘하는 열의. ¶ 환갑이 지났는데도 학구열이 대단하다.
학구-적(學究的)[-꾸-]관명 학문 연구에 몰두하는 (것). ¶ 학구적인 분위기.
학구-제(學區制)[-꾸-]명 학구를 정하여 그 학구 안의 아동을 정해진 학교에 취학시키는 제도.
학군(學群)[-꾼]명 지역별로 나누어 놓은 중학교나 고등학교의 무리.
학군-단(學軍團)[-꾼-]명 〈학생 군사 교육단〉의 준말.
학궁(學宮)[-꿍]명 '성균관'의 딴 이름.
학궁(學窮)[-꿍]명 ①쓸모없는 학자. ②☞학구(學究). ③가난한 학자, 또는 학자의 곤궁(困窮). ④학자가 스스로를 겸손하게 일컫는 말.
학규(學規)[-뀨]명 ①☞교규(校規). 교칙. ②학과(學課)의 규칙.
학금(鶴禁)[-끔]명 왕세자가 거처하던 궁전.
학급(學級)[-끕]명 한 교실에서 교육을 받도록 편성된 학생의 집단. 학반(學班). ¶ 학급을 편성하다.
학급^담임(學級擔任)[-끕따밈]명 학급의 관리와 그 학급에 딸린 학생의 생활 지도를 맡는 직책, 또는 그 교사.
학급^문고(學級文庫)[-끔-]명 학급에 갖추어 둔 도서, 또는 그 도서를 넣어 두는 곳.
학기(學期)[-끼]명 한 학년의 수업 기간을 나눈 구분. 보통, 두 학기로 나눔.
학-꽁치(鶴-)명 학꽁칫과의 바닷물고기. 몸길이 40 cm가량으로 가늘고 긺. 눈이 크고, 긴 아래턱이 바늘처럼 뾰족하게 나왔음. 등은 청록색이며, 배는 은백색임. 떼를 지어 수면을 헤엄쳐 다니며, 이따금 수면 위로 뛰어오르기도 함. 우리나라 남부 해안과 사할린·일본 열도·대만 등지의 해안이나 하구(河口)에 서식함. 공미리.
학내(學內)[항-]명 학교의 내부. ¶ 학내 문제는 학내에서 해결하는 것이 바람직하다.
학년(學年)[항-]명 ①한 해를 단위로 한 학습 기간의 구분. ②한 해의 학습을 단위로 하여 진급하는 학교 교육의 단계. ¶ 일 학년. /댁의 아이는 초등학교 몇 학년입니까?
학년-도(學年度)[항-]명 한 학년의 과정을 배우는 기간. 우리나라의 경우, 보통 3월 초부터 이듬해 2월 말까지를 한 학년도로 함.
학당(學堂)[-땅]명 ①글방. ②지난날, 지금의 '학교'와 같은 교육 기관을 이르던 말. ¶ 배재 학당. /이화 학당. ㉥학사(學舍).
학대(虐待)[-때]명하타 심하게 괴롭힘. 혹독하게 대우함. ¶ 동물을 학대하다. ㉥구박.

학대(鶴帶) [-때][명] 조선 시대에, 문관이 관복 위에 띠던, 학을 수놓은 품대. ¶ 몸에는 앵삼(鶯衫)이요, 허리에는 학대로다(烈女春香守節歌).
학덕(學德) [-떡][명] 학문과 덕행. ¶ 학덕이 출중하다.
학도(學徒) [-또][명] ①학생. ②'학자'나 '연구가'가 스스로를 겸손하게 일컫는 말.
학도-대(學徒隊) [-또-][명] ①학도로 조직한 대(隊). ②대한 제국 때, 무관 학교와 연성 학교(研成學校)의 학도로 조직하였던 군대.
학도-병(學徒兵) [-또-][명] 학생 신분으로 군대에 들어간 병사, 또는 그 군대. [준]학병.
학-도요(鶴-) [-또-][명] 도욧과의 나그네새. 날개 길이 16 cm가량. 털갈이를 하며, 스칸디나비아와 시베리아의 툰드라 지대에서 알을 낳음. 겨울에는 아프리카나 동남아시아로 이동하는데, 우리나라와 일본에서도 월동을 함.
학도-의용병(學徒義勇兵) [-또의-/-또이-][명] 학도의 신분으로 지원하여 군대에 복무하는 병사.
학도^호ː국단(學徒護國團) [-또-딴][명] 고등학교와 대학교에 설치되어 있던 학생 단체. 사상 통일과 단체 훈련을 통하여 학생들의 애국심을 함양하고 국가에 헌신·봉사하게 할 목적으로 조직하였음.
학동(學童) [-똥][명] ①글방에서 글을 배우는 아이. 서동(書童). ②초등학교의 아동.
학려(學侶) [항녀][명] ①학문에만 전념하는 중. ②☞학우(學友).
학력(學力) [항녁][명] ①학문상의 실력. ②학습으로 쌓은 능력의 정도. ¶ 학력이 향상되다.
학력(學歷) [항녁][명] 수학(修學)한 이력. ¶ 최종 학력.
학력-고사(學力考査) [항녁꼬-][명] ①(초·중등 학교에서) 일정한 범위의 학습으로 익힌 지적(知的) 능력을 측정하여 평가해 보기 위한 시험. ②대학 입학에 필요한 학력의 정도를 측정하기 위하여, 고등학교 졸업자나 그에 준하는 사람을 대상으로, 교육부에서 해마다 실시하던 국가 시험. 〔'대학 입학 학력고사'의 준말임.〕
학령(學齡) [항녕][명] ①초등학교에 들어갈 의무가 발생하는 나이. 곧, 만 6세. 취학 연령. ②초등학교에서 의무 교육을 받아야 할 나이의 시기. 곧, 만 6세부터 만 12세까지를 이름. ②학령기.
학령-기(學齡期) [항녕-][명] ☞학령(學齡).
학령-부(學齡簿) [항녕-][명] 학령 아동에 관한 장부. 〔시·읍·면장이 작성함.〕
학령^아동(學齡兒童) [항녕-][명] 학령에 해당하는 아이.
학록(學錄) [항녹][명] ①조선 시대에, 성균관의 정구품 벼슬. ②고려 시대에, 국자감(國子監)의 정구품 벼슬.
학료(學寮) [항뇨][명] 학교의 기숙사.
학류(學流) [항뉴][명] ☞학파(學派).
학리(學理) [항니][명] 학문상의 원리 또는 이론.
학림(鶴林) [항님][명] '사라쌍수(沙羅雙樹)의 숲'을 달리 이르는 말. 〔석가가 입멸(入滅)할 때에 사라쌍수의 잎이 학과 같이 희게 되었다고 함.〕
학망(鶴望) [항-][명][하타][되자] ①〔학처럼 목을 빼고 바라본다는 뜻으로〕 목을 빼고 발돋움하여 바라봄. ②'간절히 바람'을 비유하여 이르는 말.
학맥(學脈) [항-][명] ①학문상의 관계로 얽힌 인간관계. ②☞학연(學緣).
학명(學名) [항-][명] ①학술상의 편의를 위하여 동식물에 붙이는, 세계 공통의 라틴 어 이름. ②학자로서의 명성. ¶ 일세에 학명을 떨치다.
학모(瘧母) [항-][명] 한방에서, '학질에 걸린 아이의 비장(脾臟)이 커지고 배 속에 덩어리가 생기는 병'을 이르는 말.
학모(學帽) [항-][명] 학교의 제모(制帽). 교모(校帽). 학생모.
학무(學務) [항-][명] 학사(學事)와 교육에 관한 사무.
학무(鶴舞) [항-][명] ☞학춤.
학무-아문(學務衙門) [항-][명] 조선 말기에, 교육에 관한 사무를 맡아보던 관청. '학부(學部)'의 이전 이름.
학문(學問) [항-][명] ①[하자]지식을 배워서 익힘, 또는 그 일. 학예(學藝)를 수업함. ¶ 학문에 정진하다. /학문을 닦다. ②일정한 이론에 따라 체계화된 지식. 〔인문 과학·사회 과학·자연 과학을 통틀어 이르는 말.〕 [준]학(學). ③☞학식(學識). ¶ 학문이 높은 분.
학문-적(學問的) [항-][관][명] 학문으로서의 방법이나 체계가 서 있는 (것). ¶ 학문적 업적. /학문적으로 검증된 연구.
학민(虐民) [항-][명][하자] 백성을 가혹하게 다룸.
학반(學班) [-빤][명] ☞학급(學級).
학반(鶴班) [-빤][명] 조선 시대에, '동반(東班)'을 달리 이르던 말. ↔호반(虎班).
학발(鶴髮) [-빨][명] 〔두루미의 깃털처럼 희다는 뜻으로〕 '하얗게 센 머리, 또는 그런 사람'을 비유하여 이르는 말. ¶ 학발의 노인. [비]백발.
학방(學房) [-빵][명] 글방.
학배기 [-빼-][명] 잠자리의 유충.
학-버섯 [-뻐섣][명] ☞삿갓버섯. *학버섯이[-뻐서시]·학버섯만[-뻐선-]
학번(學番) [-뻔][명] ①대학교나 대학원에서, 입학 연도와 학과에 따라 학생들에게 부여하는 고유 번호. ②같은 해에 입학한 학생들에게 입학 연도를 고유 번호 삼아서 붙인 번호. ¶ 87 학번.
학벌(學閥) [-뻘][명] ①학문을 닦아서 얻게 된 사회적 지위나 신분, 또는 출신 학교의 사회적 지위나 등급. ¶ 학벌이 좋다. /학벌을 따지다. ②같은 학교의 출신자나 같은 학파의 학자로 이루어진 파벌. ②[비]학파.
학병(學兵) [-뼝][명] 〈학도병〉의 준말.
학보(學報) [-뽀][명] 학술 연구 또는 대학의 운영에 관한 보고나 홍보, 또는 그것을 싣는 신문이나 잡지. ¶ 대학 학보.
학부(學府) [-뿌][명] ①〔학문의 중심이 되는 곳이라는 뜻으로〕 흔히 '대학'을 가리키는 말. ¶ 최고 학부. ②'학문에 통달해 있음'을 비유하여 이르는 말.
학부(學部) [-뿌][명] ①대학에서, 전공 영역에 따라 한 개 또는 몇 개의 학과를 묶어 나눈 부(部). ¶ 인문 학부. ②대학원에 대하여, '대학'을 이르는 말. ¶ 학부 과정을 이수하다. ③지난날의 대학 제도에서, 예과(豫科)에 대하여 '본과(本科)'를 달리 이르던 말. ④대한 제국 때, '학무아문(學務衙門)'을 고쳐 이르던 말.
학부간-본(學部刊本) [-뿌-][명] 갑오개혁 이후 내각 관제의 개혁과 함께 새로운 지식의 보급을 위한 국민 교육용 교과서가 필요하여 학부에서 간행한 책.
학부-대신(學部大臣) [-뿌-][명] 대한 제국 때, 학부의 으뜸 벼슬, 또는 그 사람.

학부득(學不得)[-뿌-]명하타 배워도 따라 미치지 못함. ¶ 소생 같은 둔재에게 철학은 학부득이라.

학-부모(學父母)[-뿌-]명 취학 중의 아동이나 학생의 부모.

학부모-회(學父母會)[-뿌-회/-뿌-훼]명 지난날, 학교와 가정의 교육적인 관계를 강화하기 위하여 학부형들로 조직하였던 회, 또는 그 회의.

학-부형(學父兄)[-뿌-]명 취학 중의 아동이나 학생의 부형.

학부형-회(學父兄會)[-뿌-회/-뿌-훼]명 '학부모회'의 구용어.

학비(學費)[-삐]명 학업을 닦는 데에 드는 비용. 학자(學資). ¶ 아르바이트로 학비를 벌다.

학비-금(學費金)[-삐-]명 학비로 드는 돈. 학자금.

학사(學士)[1][-싸]명 ①4년제 대학의 학부와 사관학교의 졸업자에게 주는 학위. ¶ 자격 부여는 학사 학위 소지자에 한함. ②학술 연구에 전념하는 사람.

학사(學士)[2][-싸]명 ①고려 시대에, 문신 가운데 뽑힌 뛰어난 학자로서 한림원·수문전 등의 종삼품·정사품 벼슬. ②조선 초기, 중추원의 종이품 벼슬. ③갑오개혁 이후, 경연청·규장각·홍문관의 칙임 벼슬.

학사(學舍)[-싸]명 학문을 닦는 곳, 또는 그 건물. 비학당.

학사(學事)[-싸]명 ①학교의 교육과 경영에 관한 모든 일. ②학문에 관계되는 일.

학사^보:고(學事報告)[-싸-]명 학교의 교육과 경영에 관한 모든 일을 보고하는 일.

학사-승지(學士承旨)[-싸-]명 고려 시대에, 한림원·사림원 등에 딸린 종이품·정삼품 벼슬.

학사^시:찰(學事視察)[-싸-]명 감독 기관에서 각급 학교의 교육과 경영의 상황을 살펴보는 일.

학살(虐殺)[-쌀]명하타 되자 참혹하게 죽임. ¶ 양민 학살.

학생(學生)[-쌩]명 ①학교에 다니면서 공부하는 사람. 학도(學徒). ②학예(學藝)를 배우는 사람. ③생전에 벼슬하지 못하고 죽은 사람을 높여 일컫는 말. 명정(銘旌)·지방(紙榜)·신주(神主) 등에 쓰임. ¶ 학생 부군(府君) 신위(神位).

학생^군사^교:육단(學生軍事教育團)[-쌩-딴]명 ☞아르오티시(ROTC). 준학군단.

학생-모(學生帽)[-쌩-]명 학생이 쓰는 모자. 교모(校帽). 학모(學帽).

학생-복(學生服)[-쌩-]명 학생이 입는 옷. 비교복(校服).

학생-부(學生簿)[-쌩-]명 '학생 생활 기록부'를 줄여 이르는 말.

학생^신문(學生新聞)[-쌩-]명 학생의 손으로 편집되고 발행되는 특수 신문의 한 가지. 〔대학 신문·학급 신문 따위.〕

학생^운:동(學生運動)[-쌩-]명 학생이 교내 문제 또는 정치·사회·문화·민족 문제 따위에 관하여 조직적으로 일으키는 운동.

학생-증(學生證)[-쌩쯩]명 학생의 신분임을 밝히는 증명서.

학설(學說)[-썰]명 학문상으로 주장하는 이론. ¶ 학자마다 학설이 구구하다.

학세(學稅)[-쎄]명 ☞강미(講米).

학수(鶴壽)[-쑤]명 〔학이 오래 사는 데서〕 '장수(長壽)'를 기리어 이르는 말.

학수-고대(鶴首苦待)[-쑤-]명하타 〔학처럼 목을 빼고 기다린다는 뜻으로〕 '몹시 기다림'을 뜻하는 말. ¶ 학수고대하던 편지는 아니 오고.

학술(學術)[-쑬]명 ①(응용 방면까지 포함한) 학문의 방법. ②학문과 기술 또는 예술. ¶ 학술 강연회.

학술-어(學術語)[-쑤러]명 학술 연구상 특히 한정된 뜻으로 쓰이는 전문적인 용어. 갈말. 준술어(術語). 참전문어.

학술^영화(學術映畫)[-쑬령-]명 학술적인 지식을 소개하는 따위 학술적 가치가 큰 영화.

학술-원(學術院)[-쑤뤈]명 ①학문의 연구와 발전을 촉진하고, 과학자를 우대하기 위하여 권위 있는 학자로 구성된 우리나라 최고의 학술 기관. 참예술원. ②☞아카데미.

학술-적(學術的)[-쑬쩍]관명 학술에 관한 (것).

학술^조사(學術調查)[-쑬-]명 학술상의 연구나 확인 따위를 위하여 실지로 하는 조사.

학술-지(學術誌)[-쑬-]명 학문·예술·기술 등에 관한 전문적인 글을 싣는 잡지.

학술-회의(學術會議)[-쑬회의/-쑬훼이]명 학술에 관한 일을 토의하는 모임.

학슬(鶴膝)[-쓸]명 ①한시(漢詩)의 평측법(平仄法)의 한 가지. 오언에서는 셋째 글자, 칠언에서는 다섯째 글자에 측성(仄聲)을 씀. ②한시를 지을 때의 팔병(八病)의 하나. 오언에서 제1구와 제3구의 다섯째 글자를 같은 성음의 평성(平聲) 글자로 씀. ③가운데를 꺾어 접을 수 있는 안경다리.

학슬-안경(鶴膝眼鏡)[-쓰란-]명 안경다리 가운데를 접었다 폈다 할 수 있는 안경.

학습(學習)[-씁]명하타되자 배워서 익힘. ¶ 자율 학습. /학습 능력.

학습^곡선(學習曲線)[-씁꼭-]명 학습의 진행 과정과 행동의 발달 상황을 나타낸 곡선 그래프.

학습^단원(學習單元)[-씁따눤]명 ☞단원(單元).

학습-란(學習欄)[-씀난]명 신문·잡지·교지(校誌) 따위에서 학습에 도움을 주려고 특별히 마련한 난(欄).

학습^발표회(學習發表會)[-씁빨-회/-씁빨-훼]명 학생들의 특별 교육 활동의 한 가지. 주로, 예능 발표와 학예품 전시를 함. 참학예회.

학습-서(學習書)[-씁써]명 학습 활동에 참고(參考)가 되도록 만든 책.

학습-장(學習帳)[-씁짱]명 ①학습에 도움이 되도록 만들어, 교과서와 함께 또는 그 대신으로 쓸 수 있게 한 책. 〔방학 책이나 수련장 따위.〕 ②학습에 필요한 것을 적는 공책.

학습-지(學習紙)[-씁찌]명 가정에 정기적으로 배달되는 학습 문제지.

학습^지도(學習指導)[-씁찌-]명 (생활 지도에 대하여) 교과의 학습을 지도하는 일. 준지도.

학습^지도안(學習指導案)[-씁찌-]명 ☞교안(教案).

학습^지도^요령(學習指導要領)[-씁찌-]명 교육 과정과 교과 내용 및 그 다루는 기준 또는 학습 활동 전개의 기준 따위에 관하여 자세히 지시한 것. 교과안.

학승(學僧)[-쏭]명 ①학식이 높은 중. ②공부를 하는 과정에 있는 중.

학식(學識)[-씩]명 ①학문으로 얻은 식견. 학문상의 식견. 학문. ¶ 학식이 경험만 못할 때도 많다. ②학문과 식견. ¶ 학식이 풍부하다.

학업(學業)명 (학교의) 공부. 학문을 닦는 일. ¶ 학업 성적. /학업에 열중하다.

학연(學緣)명 같은 학교를 나온 관계로 하여 생기는 인간관계. 학맥(學脈). 참지연·혈연.

학예(學藝)명 학문과 예술 또는 기예(技藝).

학예-란(學藝欄)명 신문이나 잡지 따위에서, 학예에 관한 기사나 작품을 싣는 난.

학예-품(學藝品)명 아동이나 학생의 문예·미술·실습 공작 따위의 작품을 통틀어 이르는 말.

학예-회(學藝會) [-회/-훼]명 학생들의 학예에 대한 재능이나 작품을 공개하여 보이는 모임. 참학습 발표회.

학용-품(學用品)명 학습에 필요한 물품. 〔연필이나 필기장 따위.〕

학우(學友)명 ①학교에서 같이 공부하는 벗. 글동무. ②학문상의 벗, 또는 같은 학생 신분의 벗. 학려(學侶).

학우-회(學友會) [-회/-훼]명 같은 학교나 같은 고장의 학우들로 조직한 단체, 또는 그 모임.

학원(學院)명 '학교'의 명칭을 붙일 수 있는 조건을 갖추지 못한 사립 교육 기관. 학관(學館). ¶ 자동차 기술 학원.

학원(學園)명 학교와 기타의 교육 기관을 통틀어 이르는 말. 배움터.

학위(學位)명 일정한 학업 과정을 마치거나 어떤 부문의 학술을 전문적으로 연구하여 일정한 자격 기준에 이른 사람에게 주는 칭호. 〔박사·석사·학사 따위.〕

학위^논문(學位論文)명 학위를 얻기 위하여 내는 학술 논문.

학이지지(學而知之)명 ☞학지(學知).

학익-진(鶴翼陣) [-찐]명 학이 양 날개를 펴듯이 치는 진형(陣形). 참어린진(魚鱗陣).

학인(學人)명 ①〔배우는 사람이라는 뜻으로〕 문필가의 아호(雅號)에 흔히 쓰이는 말. ②불가에서, '학습 중인 중'을 이르는 말.

학자(學者) [-짜]명 학문을 연구하는 사람. 학문이 뛰어난 사람.

학자(學資) [-짜]명 ☞학비(學費).

학자-금(學資金) [-짜-]명 ☞학비금(學費金).

학장(學長) [-짱]명 단과 대학의 책임자.

학재(學才) [-째]명 학문에 대한 재능.

학적(學籍) [-쩍]명 ①교육 관리상 필요한, 학생에 관한 기록. 〔성명·생년월일·주소·보호자·성적 따위.〕 ②학생으로서의 적(籍).

학-적(學的) [-쩍]관명 학문으로서의 요건을 갖춘 (것). 학문에 관한 (것). ¶ 학적 근거. /학적인 양심.

학적-부(學籍簿) [-쩍뿌]명 학적을 기록한 장부. 생활 기록부.

학점(學點) [-쩜]명 〔대학이나 대학원에서〕 ①학생이 학과 과정을 규정대로 마침을 계산하는 단위. ¶ 학점을 취득하다. ②학과의 성적을 평가한 등급의 단위. ¶ 전 과목이 에이(A) 학점이다.

학점-제(學點制) [-쩜-]명 학점을 단위로 계산하여 졸업하게 되는 제도.

학정(虐政) [-쩡]명 (국민을) 괴롭히는 정치. 포악한 정치. 가정(苛政). ¶ 학정에 시달리던 백성들이 마침내 봉기하기에 이르렀다.

학정(學正) [-쩡]명 ①고려 시대에, 국자감에 두었던 정구품 벼슬. ②조선 시대에, 성균관에 두었던 정팔품 벼슬.

학정(鶴頂) [-쩡]명 탕건(宕巾)의 이마 윗부분.

학제(學制) [-쩨]명 학교 또는 교육에 관한 제도. ¶ 학제를 개편하다.

학제(學製) [-쩨]명 조선 시대에, 서울의 사학(四學)에서 유생에게 시부(詩賦)로 보이던 시험.

학지(學知) [-찌]명 삼지(三知)의 하나. 도(道)를 배워서 앎. 학이지지(學而知之).

학질(瘧疾) [-찔]명 ☞말라리아.

학질(을) 떼다관용 '괴로운 일이나 처지를 간신히 모면하거나 몹시 혼남'을 비유하는 말. ¶ 어찌나 졸라 대는지 아주 학질을 뗐다.

학질-모기(瘧疾-) [-찔-]명 모깃과의 곤충. 학질의 병원충으로 암컷의 몸길이 5.8 mm가량. 날개에 흑백의 얼룩무늬가 있으며, 앉을 때 몸의 뒤를 쳐드는 습성이 있음. 동양 각지에 분포함. 말라리아모기. 아노펠레스.

학창(學窓)명 〔'학교의 창문'이라는 뜻으로〕 '학교'를 달리 이르는 말. ¶ 그리운 학창 시절.

학-창의(鶴氅衣) [-의/-이]명 지난날, 지체 높은 사람이 입던 웃옷의 한 가지. 흰 창의의 가를 돌아가며 검은 헝겊으로 넓게 꾸몄음.

학채(學債)명 ☞강미(講米).

학철-부어(涸轍鮒魚)명 〔마른땅의 수레바퀴 자국에 괸 물에 있는 붕어라는 뜻으로〕 '몹시 어려운 처지에 있는 사람'을 비유하여 이르는 말. 확철부어.

학-춤(鶴-)명 ①조선 시대에, 정재(呈才) 때나 구나(驅儺)한 뒤에 추던 궁중 무용의 한 가지. 청학과 백학의 탈을 쓴 두 무동(舞童)이 향악에 맞추어 춤. ②학의 가면을 쓰고 학의 동작으로 추는 춤. 학무(鶴舞).

학치명 ①〈정강이〉의 속된 말. ②〈학치뼈〉의 준말.

학치-뼈명 〈정강이뼈〉의 속된 말. 준학치.

학칙(學則)명 학교의 기구와 교육 과정 및 그 운영과 관리 따위를 정한 규칙. ¶ 학칙을 개정하다. /학칙을 위반하다.

학통(學統)명 학문의 계통이나 계보. ¶ 김종직(金宗直)은 야은(冶隱)의 학통을 이은 거유(巨儒)였다.

학파(學派)명 학문상의 유파. 학류(學流). ¶ 새로운 학파를 형성하다. 비학벌.

학풍(學風)명 ①학문상의 경향. ¶ 다산(茶山)의 학풍을 이어받다. ②학교의 기풍.

학항-초(鶴項草) [하캉-]명 ☞명아주.

학해(學海) [하캐]명 ①〔냇물이 쉬지 않고 흘러 바다로 들어간다는 뜻으로〕 '학문에 꾸준히 힘써 성취함'을 비유하는 말. ②'학문의 길이나 세계가 바다와 같이 넓고 끝이 없음'을 비유하는 말.

학행(學行) [하캥]명 ①학문과 덕행 또는 실행(實行). ¶ 학행이 뛰어난 사람. ②학문과 불도의 수행. ¶ 학행이 높은 스님.

학형(學兄) [하켱]명 학우(學友)나 학문상의 선후배끼리 서로 높여 일컫는 말.

학회(學會) [하쾨/하퀘]명 ①같은 학문을 연구하는 사람들로 조직된 단체. ¶ 역사 학회. /한글 학회. ②불학(佛學)을 공부하는 이들이 모인 곳.

학-흉배(鶴胸背) [하큥-]명 조선 시대에, 문관 관복에 띠던 흉배의 한 가지. 당상관은 한 쌍의 학을, 당하관은 한 마리의 학을 수놓았음. ↔호흉배(虎胸背).

한관 ①《일부 단위를 나타내는 명사 앞에 쓰이어》 '하나'의 뜻으로 쓰이는 말. ¶ 한 사람. /한 자루. /한 덩이. ②《수량을 나타내는 말 앞에서》 '대략'의 뜻으로 쓰이는 말. ¶ 글쎄, 한 열흘 걸릴까? /한 백만 원이면 살 거야. ③〔누군지 모르거나 초들어 말할 필요가 없을 경우에〕 '어떤'·'어느'의 뜻으로 쓰는 말. ¶ 옛날에 한 가난한 선비가 살았다.

한 가랑이에 두 다리 넣는다[속담] '몹시 서둘러 댐'을 비유하는 말.
한 귀로 듣고 한 귀로 흘린다[속담] 듣고도 별로 관심을 두지 않다.
한 다리가 천 리[속담] 조금이라도 핏줄이 가까운 사람에게 정이 더 간다는 뜻.
한 다리 걸치다[관용] 관계를 가지다. 또는, 한몫 끼다.
한 다리 끼다[관용] 관여하다.
한 손 놓다[관용] 일이 일단 끝나다. 일단락되다.
한 손 접다[관용] (나은 편이) 실력을 낮추어 평등하게 하다.
한 치 앞을 못 보다[관용] '시력이 몹시 나쁘거나 식견이 얕음'을 비유하는 말.

한[1][명] 〈옛〉 ☞환[1]. ¶ 한:木鋌(同文下*16*).
한[2][형] 〈옛〉〔'하다'의 관형사형〕 ①많은. ¶ 한 사람 中에 미샹 흔 번 보매(杜初*8:19*). ②큰. ¶ 한비 사ᄋ리로ᄃᆡ(龍歌*67*章). [참]하다.
한ː(汗·翰·韓)[명] 고조선 때의 군장의 칭호.
한ː(汗)[명] 지난날, 돌궐·몽고·회흘(回紇) 따위의 민족에서 족장·군주를 이르던 말. [참]칸(Khan).
한ː(限)[명] ①범위, 수량, 정도의 끝. 한도(限度). 《주로, '한이 없다(있다)'의 꼴로 쓰임.》 ¶ 사람 욕심은 한이 없다더니…. ②[하자]범위·수량·정도·기간 따위를 정함. ¶ 보름 한을 하고 여행길에 오르다. /입장객은 성인에 한한다. ③《관형사형 어미 '-ㄴ'·'-는'·'-은' 뒤에 쓰이어》 ㉠'~ 한(에는)'의 꼴로 쓰이어, 앞말이 나타내는 동작이나 상태가 죽 이어짐을 조건으로 하는 뜻을 나타냄. ¶ 힘이 닿는 한 도와야지. /목숨이 붙어 있는 한 당신의 은혜는 꼭 갚겠소. ㉡《'~ 한이 있더라도(있어도)'의 꼴로 쓰이어》 앞말이 뜻하는 것과 같은 막다른 상황임을 나타냄. ¶ 죽는 한이 있어도 여기서 주저앉을 수는 없다. ④《주로 '-기(가) 한이 없다'의 꼴로 쓰이어》 앞에 쓰인 형용사의 정도가 매우 심함을 나타내는 말. ¶ 적막하기가 한이 없는 마을.
한ː(恨)[명] ①(지난 일이) 못내 분하고 억울하게 여겨져 마음에 맺힌 것, 또는 맺힌 그 마음. 원한. ¶ 한 많은 이 세상, 야속한 님아. /이젠 죽어도 한이 없다. /그리 서러워 마라, 한 없는 삶이 어디 있느냐. ②[하타](어떤 일이) 몹시 뉘우쳐지거나 원망스러워 속절없이 한숨을 쉼. 한탄. ¶ 가는 세월 탓하지 말고, 오는 백발(白髮)을 한하지 마라.
한ː(漢)[1][명] 장기에서, '漢' 자로 나타낸 장(將)의 한 짝. 〔주로, 붉은 빛깔로 나타냄.〕 ↔초(楚).
한ː(漢)[2][명] 중국의 옛 왕조. 모두 여섯 한(漢), 곧 전한(前漢)·후한·북한(北漢)·남한·촉한(蜀漢)·성한(成漢)이 있었으나, 보통 전한과 후한을 이름.
한ː(韓)[명] ①〈대한민국〉의 준말. ②〈한국〉의 준말. ③〈대한 제국〉의 준말.
한-[접두] 《일부 명사 앞에 붙어》 ①'큰'의 뜻을 나타냄. ¶ 한길. /한사리. ②공간적으로는 '바로', 시간적으로는 '한창'의 뜻을 나타냄. ¶ 한밤중. /한복판. ③'바깥'의 뜻을 나타냄. ¶ 한데. ④'같음'의 뜻을 나타냄. ¶ 한패. /한마을. ⑤'끼니때 밖'의 뜻을 나타냄. ¶ 한음식. /한점심.
한ː가(恨-)[명][하타] 원통히 생각함, 또는 그런 생각. ¶ 이제 와서 한가한들 무슨 소용이랴.
한가(閑暇·閒暇) '한가하다'의 어근.
한-가득[부][하형] 꽉 차도록 가득. ¶ 주전자에 술이 한가득 담겼다. **한가득-히**[부].
한-가락[명] ①(노래나 소리 따위의) 한 곡조. ②(어떤 방면의) 녹녹하지 않은 솜씨나 재주.
한가락 뽑다[관용] (노래나 소리 따위를) 한바탕 멋지게 해 보이다.
한가락 하다[관용] '어떤 방면에서 뛰어난 활동을 하거나 이름을 날리는 것'을 속되게 이르는 말. ¶ 왕년에는 한가락 하던 위인이다.
한가-롭다(閑暇-·閒暇-)[-따][~로우니·~로워][형][ㅂ] 한가하게 보이다. 한가한 느낌이 있다. ¶ 한가로운 오후 한때. **한가로이**[부] ¶ 한가로이 떠 있는 돛단배.
한가-스럽다(閑暇-·閒暇-)[-따][~스러우니·~스러워][형][ㅂ] 보기에 한가한 데가 있다. **한가스레**[부].
한-가운데[명] 가장 중심인 가운데. 중간. 한중간. 한복판. [준]가운데.
한-가위[명] 음력 팔월 보름날. 〔'가위'를 큰 명절로 이르는 말임.〕 가배절. 가위[3]. 중추(仲秋)[1]. 중추절. 추석. 한가윗날.
한-가윗날[-윈-][명] 한가위.
한-가을[명] ①가을이 한창인 때. ②가을일이 한창 바쁜 때.
한-가지[명] (사물의 모양이나 성질·동작 따위가) 서로 같음. ¶ 마음에서 비롯된다는 점에서 병(病)은 다 한가지다.
한가-하다(閑暇-·閒暇-)[형][여] 하는 일이 적거나 바쁘지 않아 겨를이 많다. ¶ 모처럼 한가한 틈이 생겨 여행을 떠나다. **한가-히**[부] ¶ 강 가운데에 한가히 떠 있는 낚싯배.
한각(閑却)[명][하타][되자] 무심히 내버려 둠.
한감(寒感)[명] 추위를 무릅써서 든 감기.
한갓[-갇][부] 다른 것 없이 오로지. 다만. 단지. ¶ 이번 일은 한갓 금전만을 위한 것은 아니었다.
한갓-되다[-갇뙤-/-갇뛔-][형] 겨우 하찮은 것밖에 안 되다. **한갓되-이**[부].
한갓-지다[-갇찌-][형] 한가하고 조용하다. ¶ 한갓진 구석방을 얻어 들다.
한ː강(漢江)[명] ①우리나라의 중부에 있는 강. [참]한수(漢水). ②'어떤 곳에 물이 많이 괸 것'을 과장하여 이르는 말. ¶ 수도관이 터져 한강이 되다.
한강에 돌 던지기[속담] '아무리 애를 쓰거나 투자를 하여도 미미하여 효과가 없음'을 이르는 말.
한ː강-투석(漢江投石)[명] 〔한강에 돌을 던진다는 뜻으로〕 '아무리 해도 헛될 일을 하는 어리석은 행동'을 이르는 말.
한객(閑客·閒客)[명] (할 일이 없거나 심심해서 놀러 오는) 한가한 손.
한거(閑居·閒居)[명][하자] 한가히 지냄. 연거(燕居).
한거-십팔곡(閑居十八曲)[명] 조선 선조 때의 학자 권호문(權好文)이 지은 18수의 연시조. 자연 속에 한가히 사는 즐거움과 결백한 심성 등을 읊은 내용.
한-걱정[-쩡][명][하타] 큰 걱정. ¶ 편지가 안 온다고 한걱정하고 있더라.
한건(旱乾·暵乾) '한건하다'의 어근.
한ː건-하다(旱乾-·暵乾-)[형][여] ①논밭이 가뭄을 잘 타는 성질이 있다. ②땅이 물기가 없이 바싹 마르다. [준]건(乾)하다. **한건-히**[부].
한-걸음[명] 한숨에 내처 걷는 걸음. 《주로, '한걸음에'의 꼴로 쓰임.》 ¶ 소식을 듣고 한걸음에 달려왔다.
한것기[-걷끼][명] (조수의 간만의 차를 볼 때) 음력 닷새와 스무날을 이르는 말.

한-겨레명 〔큰 겨레라는 뜻으로〕 '우리 겨레'를 이르는 말.

한-겨울명 추위가 한창인 겨울. 성동(盛冬). ¶ 한겨울에 웬 냉수 타령이냐. ↔한여름.

한:격(限隔)명하자 경계가 막힘.

한결부 전에 비하여 한층 더. ¶ 해가 지자 한결 선선해졌다.

한결-같다[-간따]형 처음부터 끝까지 똑같다. ¶ 그의 나라 사랑하는 마음은 한결같다. **한결같-이**부.

한-것[-걷]명 하루 낮의 4분의 1쯤 되는 동안. 반나절. ¶ 걸어서 한것이면 간다. ＊한것이[-거시]·한것만[-건-]

한:계(限界)[-계/-게]명 ①땅의 경계. ②사물의 정하여진 범위. 계한(界限). ¶ 책임 한계를 분명히 하다. /인간의 능력엔 한계가 있다.

한:계-각(限界角)[-계-/-게-]명 ☞임계각(臨界角).

한:계-량(限界量)[-계-/-게-]명 한계가 되는 분량.

한:계^비:용(限界費用)[-계-/-게-]명 ☞한계 생산비.

한:계^상황(限界狀況)[-계-/-게-]명 (죽음 따위와 같이 사람의 힘으로는 어찌할 수 없는) 절대적 상황. 막다른 상황. 극한 상황.

한:계^생산비(限界生產費)[-계-/-게-]명 생산량을 한 단위 늘리는 데에 드는 생산비의 늘어나는 몫. 한계 비용.

한:계-선(限界線)[-계-/-게-]명 한계가 되는 선. ¶ 북방 한계선.

한:계^소비^성:향(限界消費性向)[-계-/-게-]명 새로 늘어난 소득에 대한 늘어난 소비의 비율.

한:계^속도(限界速度)[-계-또/-게-또]명 (어떤 구조물을 회전시킬 때, 그 회전 속도를 넘으면 재료가 파괴되는 것과 같은) 극한의 속도.

한:계^저:축^성:향(限界貯蓄性向)[-계-썽-/-게-썽-]명 새로 늘어난 소득에 대한 늘어난 저축의 비율.

한:계^효:용(限界效用)[-계-/-게-]명 경제학에서, 재화를 한 단위 더 소비함으로써 얻게 되는 효용의 증가분을 이르는 말. 최종 효용(最終效用).

한고(罕古) '한고하다'의 어근.

한고(寒苦)명 추위로 말미암아 겪는 괴로움. ↔서고(暑苦).

한-고비명 (어떤 사물·현상의 진행 과정에서) 가장 중요하거나 한창인 때, 또는 가장 어려울 때. ¶ 올여름 더위도 이제 한고비 지났다. /중환자가 한고비를 넘겼다.

한고-조(寒苦鳥)명 〔인도의 설산(雪山)에 산다는 상상의 새로, 몹시 게을러 집을 짓지 않는 데서〕 불경에서 '중생이 게을러 성도(成道)를 구하지 않음'을 비유하여 이르는 말.

한:고-하다(罕古-)형여 예부터 드물다.

한-골(-骨)명 지난날, '썩 좋은 문벌'을 이르던 말. 〔신라 때 임금과 같은 성의 귀족을 이르던 유속(遺俗)에서 나옴.〕

한골 나가다관용 썩 좋은 지체로 드러나다.

한-곳[-곧]명 한군데. 일정한 장소. 같은 장소. ¶ 흩어지지 말고 한곳에 모여 있어라. ＊한곳이[-고시]·한곳만[-곤-]

한공(寒空)명 겨울 하늘. 겨울의 추운 하늘.

한-공중(-空中)명 하늘의 한가운데.

한:과(漢菓·漢果)명 유밀과의 한 가지. 꿀이나 설탕에 반죽한 밀가루를 네모지고 납작하게 만들어 기름에 튀긴 다음에 물을 들임.

한관(閑官·閒官)명 한가한 벼슬, 또는 그 자리에 있는 사람. 비한직(閑職).

한:교(韓僑)명 해외에 살고 있는 한국 교포.

한-구석명 한쪽에 치우친 곳. 한쪽의 구석. ¶ 한구석에 처박아 둘 바에야 왜 사들이는지 모르겠다.

한구-자(韓構字)명 지난날의 활자체의 한 가지. 한구(韓構)의 필체를 본보기로 주조한 구리 활자.

한:국(汗國)명 가한(可汗)이나 한(汗)이 통치한 나라. ¶ 오고타이한국.

한국(寒國)명 추운 나라.

한국(寒菊)명 국화과의 다년초. 감국(甘菊)에서 개발된 것으로, 서리와 추위에 강하여 정원에 심는 재배 식물임.

한:국(韓國)명 ①〈대한민국〉의 준말. ②〈대한제국〉의 준말. 준한(韓).

한:국-말(韓國-)[-궁-]명 ☞한국어.

한:국^산:업^규격(韓國產業規格)[-싸넙뀨-]명 우리나라의 산업 제품의 품질 개선이나 판매·사용 등에 관한 기술적인 사항을 통일하고 단순화하기 위해 정해진 규격. 〔공업 표준 심의회에서 심사하며 합격된 제품에는 KS 표시를 함.〕

한:국-어(韓國語)명 한국의 국어로, 예부터 한족(韓族)이 써 온 언어. 형태학상 교착어이며, 계통상 알타이 어족에 딸림. 한국말. 준한어(韓語).

한:국-적(韓國的)[-쩍]관명 한국 고유의 특징이나 색채가 있는 (것). ¶ 한국적 정서. /한국적인 음식.

한:국-화(韓國畫)[-구콰]명 우리나라 고유의 독특한 화풍과 화법의 그림. 참동양화.

한-군데명 일정한 곳. 같은 곳. 한곳. 한데[1]. ¶ 진득하니 한군데에 붙어 있지 못하는 성미다.

한:귀(旱鬼)명 ☞한발(旱魃).

한-그루명 한 해에 한 번 경작하는 일. 일모작.

한극(寒極)명 지구 상에서 가장 추운 곳.

한-근심명하타 큰 근심. 큰 걱정. ¶ 막내딸까지 치우고 나서야 한근심을 덜었다.

한:글명 우리나라의 고유 문자의 이름. 자음 글자 14자, 모음 글자 10자로써 음절 단위로 모아 쓰게 된 표음 문자. ¶ 한글 소설. /한글을 깨치다. 참훈민정음.

한:글-날[-랄]명 세종 대왕이 훈민정음(訓民正音)을 지어 반포한 날을 기리기 위하여 정한 날. 〔10월 9일임.〕

한:글^문학(-文學)명 (한문에 대하여) 한글로 씌어진 문학.

한금(寒禽)명 ☞겨울새.

한:-금정(限金井)명 무덤 구덩이에 관(棺)을 내리고 금정틀까지 흙을 덮는 일.

한금-줍다(-金-)[-따][~주우니·~주워]자ㅂ 큰 금덩이를 캐내다.

한:기(旱氣)명 가물.

한기(寒氣)명 ①추운 기운. 추위. ↔서기(暑氣). ②병적으로 몸에 느껴지는 으스스한 기운. 오한(惡寒). ¶ 한기가 들다.

한-길[1]명 사람이 많이 다니는 넓은 길. 행로(行路).

한-길[2]명 목표로 삼은 하나의 길. 같은 길. ¶ 평생을 오직 한길로 매진하다.

한꺼번-에[부] 몰아서 한 번에. 죄다. 동시에. 단숨에. ¶ 찔끔찔끔 주지 말고 한꺼번에 주시오. [준]한껍에.
한껍-에[부] 〈한꺼번에〉의 준말.
한ː-껏(限-)[-껃][부] 한도에 이르는 데까지. 힘이 자라는 데까지. ¶ 멋을 한껏 부리다.
한-꽃[-꼳][명] 불교에서, '한 송이의 꽃'을 이르는 말. ＊한꽃이[-꼬치]·한꽃만[-꼰-]
한-끝[-끋][명] 한쪽의 끝. 맨 끝. ＊한끝이[-끄치]·한끝을[-끄틀]·한끝만[-끈-]
한-나라[명] 〔큰 나라라는 뜻으로〕 '우리나라'를 달리 이르는 말.
한-나절[명] 하루 낮의 반(半). 반날. 반일(半日).
한난(寒暖)[명] 〈한란〉의 본딧말.
한-날[명] 같은 날. ¶ 그 친구와 나는 생일이 한날이다.
한날-한시(-時)[명] 같은 날 같은 시. ¶ 한날한시에 난 손가락도 길고 짧은 것이 있다.
한ː남(漢南)[명] 한강 남쪽 유역의 땅. ↔한북.
한-낮[-낟][명] 낮의 한가운데. 낮 열두 시를 전후한 때. 오천(午天). 정양(正陽). [준]낮. ＊한낮이[-나지]·한낮만[-난-]
한낱[-낟][부] ①오직. 단지 하나의. ②하잘것없는. ¶ 한낱 구실에 지나지 않는 변명.
한ː내(限內)[명] 기한 안. 한정한 범위의 안.
한-눈1[명] 《주로, '한눈에'의 꼴로 쓰임.》 ①한 번 봄. 잠깐 봄. ¶ 한눈에 알아볼 수 있는 낯익은 모습. ②한 번에 바라보이는 범위. 시계(視界). ¶ 정상에 올라서자마자 한눈에 가득히 바다가 펼쳐졌다.
한눈2[명] 잠을 자려고 잠깐 붙일 때의 눈.
한ː눈3[명] 정작 보아야 할 데는 보지 않고 엉뚱한 데를 보는 눈.
한ː눈-팔다[~파니·~팔아][자] 보아야 할 데는 보지 않고 엉뚱한 데를 보다. 먼눈팔다. ¶ 운전할 때 한눈팔다가 큰 사고가 날지도 모른다.
한-뉘[명] 한생전. 한평생.
한다-는[관] 〈한다하는〉의 준말.
한다-하는[관] 〔'한다고 하는'이 줄어서 된 말로〕 훌륭하여 남이 우러러볼 만한. 지체 범절이 의젓한. 남이 알아줄 만한. ¶ 국내의 한다하는 선수들이 다 모였다. [준]한다는.
한닥-거리다[-꺼-][자타] 자꾸 한닥한닥하다. 한닥대다. [큰]흔덕거리다.
한닥-대다[-때-][자타] 한닥거리다.
한닥-이다[자타] 박혀 있거나 끼인 물건이 이리저리 가볍게 흔들리다, 또는 그렇게 되게 하다. ¶ 음식을 씹을 때마다 어금니가 한닥인다. [큰]흔덕이다.
한닥-한닥[-다칸-][부][하자타] (박혀 있거나 끼인 물건이) 이리저리 자꾸 가볍게 흔들리거나 흔들리게 하는 모양. [큰]흔덕흔덕.
한ː단(漢緞)[명] ☞대단(大緞).
한단몽(邯鄲夢)[명] '인생의 부귀영화가 덧없음'을 비유하는 말. 〔중국 당나라 때의 문인인 심기제의 소설 '침중기'에 나오는 말로, 노생(盧生)이 한단에서 여옹(呂翁)의 베개를 베고 자다 꿈을 꾼 고사에서 유래함.〕 일취지몽(一炊之夢). 한단지몽. 황량몽(黃粱夢).
한단지몽(邯鄲之夢)[명] ☞한단몽.
한단지보(邯鄲之步)[명] '자기 본분을 잊고 함부로 남의 흉내를 내면 두 가지를 다 잃음'을 비유하는 말. 〔'장자'의 '추수(秋水)'에 나오는 말로, 연(燕)나라의 청년이 한단에 가서 그곳의 걸음걸이를 배우려다 배우지 못하고, 본래의 걸음걸이도 잊어버려 기어서 돌아왔다는 고사에서 유래함.〕
한-달음[명] 중도에 쉬지 아니하고 달음질함. 《주로, '한달음에'·'한달음으로'의 꼴로 쓰임.》 ¶ 얼마나 급했던지 한달음에 달려왔더라.
한담(閑談·閒談)[명][하자] ①심심풀이로 이야기를 주고받음, 또는 그 이야기. ¶ 한담을 나누다. ②그다지 긴요하지 않은 이야기. 한화(閑話).
한담-설화(閑談屑話)[명] 심심풀이로 하는 실없는 말.
한당(汗黨)[명] 〈불한당〉의 준말.
한대[명] 팔작집 네 귀퉁이의 춧가지에 모로 나온 나무토막.
한대(寒帶)[명] 위도상 남북으로 각각 66.33°에서 양 극점까지의 지대. 기온이 가장 높은 달의 평균 기온이 10℃ 이하임. [참]열대·온대·냉대.
한대^기후(寒帶氣候)[명] 기후형(氣候型)의 한 가지. 한대에서 볼 수 있는 기후로, 일년의 평균 기온이 빙점 이하이며, 추운 계절이 김. [참]냉대 기후.
한대-림(寒帶林)[명] 한대의 삼림. 침엽수 위주로, 아한대와 아고산대 이상에 형성됨. [참]냉대림.
한대^식물(寒帶植物)[-싱-][명] 한대 지방에 자라는 식물. 지의(地衣) 식물이 위주인데, 선태 식물과 초본 및 관목도 있음.
한-대중[명] 전과 다름이 없는 같은 정도.
한댕-거리다[자타] 자꾸 한댕한댕하다. 한댕대다. [큰]흔뎅거리다.
한댕-대다[자타] 한댕거리다.
한댕-이다[자타] (매달린 물건이) 이리저리 자꾸 가볍게 흔들리다, 또는 그렇게 되게 하다. [큰]흔뎅이다.
한댕-한댕[부][하자타] (매달린 물건이) 이리저리 자꾸 가볍게 흔들리거나 흔들리게 하는 모양. [큰]흔뎅흔뎅.
한-더위[명] 한창 심한 더위. 성서(盛暑). 성열(盛熱). 성염(盛炎). ↔한추위.
한-데1[명] 한곳. 한군데. ¶ 한데에 모여 살다.
한ː-데2[명] 사방과 하늘을 가리지 않은 곳. 집채의 바깥. 노천(露天). ¶ 한데서 잠을 자다.
한데3[부] '그러한데'의 뜻으로 쓰이는 접속 부사. ¶ 한데, 어디로 갈까?
한ː데-아궁이[명] 한뎃솥의 아궁이.
한ː데-우물[명] 집의 울 밖에 있는 우물.
한ː뎃-금점(-金店)[-데끔-/-덷끔-][명] 지표의 모래흙에 섞인 사금(沙金)을 캐는 금광.
한ː뎃-뒷간(-間)[-데뒤깐/-덷뒫깐][명] 집의 울 밖에 있는 뒷간.
한ː뎃-부엌[-데뿌억/-덷뿌억][명] 방고래와 상관없이 한데에 솥을 걸고 쓰는 부엌. ＊한ː뎃부엌이[-데뿌어키/-덷뿌어키]·한ː뎃부엌만[-데뿌엉-/-덷뿌엉-]
한ː뎃-솥[-데쏟/-덷쏟][명] 한뎃부엌에 걸어 놓은 솥. ＊한ː뎃솥이[-데쏘치/-덷쏘치]·한ː뎃솥을[-데쏘틀/-덷쏘틀]·한ː뎃솥만[-데쏜-/-덷쏜-]
한ː뎃-잠[-데짬/-덷짬][명] 한데에서 자는 잠. 노숙(露宿). ¶ 젊어 떠돌 때는 무던히도 한뎃잠을 잤지.
한ː도(旱稻)[명] 밭벼.
한ː도(限度)[명] 일정하게 정한 정도. 한(限). ¶ 만 원 한도 내에서 써라. /참는 것도 한도가 있다.
한ː독(旱毒)[명] 가물로 생기는 병독.
한ː독(悍毒·狠毒)[명][하형] (성질이) 매우 사납고 독살스러움.

한-돌림명 ①(차례로 돌아가는) 한 바퀴. ¶ 술잔이 한돌림 돌고 나자 그는 입을 열었다. ②(둥근 물건의) 한 바퀴.
한-동갑(-同甲)명 '동갑'을 강조하여 이르는 말.
한-동기(-同氣)명 같은 부모에게서 태어난 형제자매.
한동기-간(-同氣間)명 한동기의 사이.
한동-넘기다자 끊어진 광맥을 파 들어가서 다시 광맥을 찾아내다.
한-동네(-洞-)명 같은 동네. ¶ 한동네 살다.
한독-먹다[-따]자 광맥이 끊어져 광물을 캘 수가 없다.
한-동아리명 같은 동아리. 한패거리.
한-동안명 꽤 오랫동안. ¶ 그들은 한동안 서로 말없이 바라보기만 했다.
한:-동자명 식사가 끝난 뒤에 다시 밥을 짓는 일.
한-두관 일부 단위를 나타내는 명사 앞에 쓰이어, 그 수량이 하나나 둘임을 나타내는 말. ¶ 한두 사람. /한두 마리.
한두-째수관 첫째나 둘째(의).
한-둑중개[-쭝-]명 둑중갯과의 민물고기. 몸길이 15 cm가량으로, 가슴지느러미의 연조(軟條)가 갈라져 있지 않은 것이 큰 특징임. 비늘이 없고, 옆구리에 다섯 줄의 넓고 검은 가로띠가 있음. 우리나라 두만강과 일본의 홋카이도 등지에 분포함.
한:둔명하자 한데서 밤을 지냄. 노숙(露宿). 야숙(野宿).
한-둘수 하나나 둘쯤 되는 수. ¶ 그까짓 한둘쯤 없어도 괜찮다.
한드랑-거리다자타 자꾸 한드랑한드랑하다. 한드랑대다. 큰흔드렁거리다.
한드랑-대다자타 한드랑거리다.
한드랑-한드랑부하자타 (힘없이 매달린 물건이) 좁은 폭으로 자꾸 가볍게 흔들리거나 흔들리게 하는 모양. 큰흔드렁흔드렁.
한드작-거리다[-꺼-]자타 자꾸 한드작한드작하다. 한드작대다. 큰흔드적거리다.
한드작-대다[-때-]자타 한드작거리다.
한드작-한드작[-자칸-]부하자타 (매달린 물건이) 천천히 자꾸 흔들리거나 흔들리게 하는 모양. 큰흔드적흔드적.
한들-거리다자타 자꾸 한들한들하다. 한들대다. 큰흔들거리다.
한들-대다자타 한들거리다.
한들-한들부하자타 가볍게 자꾸 흔들리거나 흔들리게 하는 모양. ¶ 가을바람에 나뭇가지가 한들한들 흔들리다. 큰흔들흔들.
한등(寒燈)명 ①겨울밤의 등불. ②쓸쓸하게 비치는 등불.
한등-누르다[~누르니·~눌러]자르 지난날, 벼슬의 임기가 끝난 뒤에도 갈리지 않고 그 자리에 다시 눌러 있게 되다.
한-때명 ①한동안. 얼마 동안의 시기. ¶ 가족끼리 즐거운 휴일 한때를 보내다. ②과거의 어느 한 시기. ¶ 나도 한때는 천재란 소리를 들었다. ③같은 때. ¶ 형과 누나가 한때 집에 들어왔다.
한때-심기[-끼]명하타 ☞가식(假植).
한-뜻[-뜯]명 같은 뜻. * 한뜻이[-뜨시]·한뜻만[-뜬-]
한란(ᵛ寒暖)[할-]명 추움과 따뜻함. 본한난.
한란(寒蘭)[할-]명 난초과의 상록 다년초. 높이 30~70 cm로, 초겨울에 잎 사이로 긴 꽃줄기가 자라 지름 5~6 cm의 녹색이나 홍자색의 꽃이 핌. 우리나라 제주도 남부의 상록수림과 일본의 남부 지방에 분포하는데, 관상용으로 재배하기도 함.
한란-계(ᵛ寒暖計)[할-계/할-게]명 기온의 높고 낮음을 재는 온도계. 수은 온도계와 알코올 온도계가 많이 쓰이고, 단위는 섭씨와 화씨가 많이 쓰임. 온도계.
한랭(寒冷)[할-]명하형 (기온이 낮고) 매우 추움. ¶ 한랭 기후. **한랭-히**부.
한랭^고기압(寒冷高氣壓)[할-]명 중심부의 공기가 주위보다 찬 고기압. ↔온난 고기압.
한랭-대(寒冷帶)[할-]명 ①한랭한 지대, 또는 그 언저리. ②한랭 전선의 언저리.
한랭^전선(寒冷前線)[할-]명 따뜻한 기단(氣團)을 밀어 올리듯 하면서 나아가는 찬 기단의 전선. ↔온난 전선.
한랭지^농업(寒冷地農業)[할-]명 한랭 지대에서 하는 농업. 참고랭지 농업.
한:량(限量)[할-]명 한도를 정한 분량.
한량(寒涼)[할-]명하형 기운이 없고 얼굴이 파리함. ¶ 한랭 기후. **한량-히**부.
한량(閑良·閒良)[할-]명 ①'돈 잘 쓰고 잘 노는 사람'을 흔히 이르는 말. ②지난날, 일정한 근무처가 없이 놀고먹던 양반 계급의 사람. ③조선 시대에, 아직 무과에 급제하지 못한 호반(虎班)의 사람. ③궁척(弓尺). 변활량.
한:량-없다(限量-)[할-업따]형 그지없다. ¶ 정말 기쁘기 한량없다. **한량없-이**부.
한량-음식(閑良飮食)[할-]명 '매우 시장하여 음식을 마구 먹어 대는 짓'을 비유하여 이르는 말.
한:련(旱蓮)[할-]명 한련과의 일년생 만초. 관상용 화초의 한 가지. 길이는 1.5 m가량. 잎은 자루가 길고 둥근 방패 모양임. 6월경에 노랑이나 빨강 꽃이 핌. 어린잎과 씨는 향미료로 쓰임.
한:련-초(旱蓮草)[할-]명 국화과의 일년초. 줄기의 높이 10~60 cm로, 가지가 갈라지고 털이 거칠며, 잎이 고춧잎과 비슷함. 8~9월에 줄기와 가지 끝에 흰 꽃이 핌. 우리나라 남부와 전세계의 따뜻한 곳에 분포하는데, 밭둑이나 습지에 남. 민간에서 지혈제나 이질의 약재로 쓰임.
한:례(罕例)[할-]명 드문 전례(前例).
한:로(旱路)[할-]명 ☞육로(陸路).
한로(寒露)[할-]명 이십사절기의 하나. 추분(秋分)과 상강(霜降) 사이로, 10월 9일경. 이 무렵부터 찬 이슬이 내리기 시작한다고 함.
한:뢰(旱雷)[할뢰/할뤠]명 갠 날에 치는 천둥. 마른천둥.
한뢰(寒雷)[할뢰/할뤠]명 겨울에 한랭 전선이 지나갈 때에 발생하는 우레.
한료(閑寥·閒寥) '한료하다'의 어근.
한료-하다(閑寥-·閒寥-)[할-]형여 한가하고 고요하다. **한료-히**부.
한류(寒流)[할-]명 해류(海流)의 한 가지. 대개, 양극(兩極)의 바다에서 나와 대륙을 따라 적도 쪽으로 흐르는 찬 해류. 찬무대. ↔난류.
한류(韓流)[할-]명 한국 문화의 분위기를 이르는 말.
한림(寒林)[할-]명 잎이 떨어져 앙상한, 겨울의 숲.
한:림(翰林)[할-]명 조선 시대에, 예문관의 '검열(檢閱)'을 달리 이르던 말.
한:림-뚜에(翰林-)[할-]명 가마뚜껑의 한 가지. 모양이 지붕과 비슷한데, 가운데는 기와를 엎어 놓은 듯함.

한:림-별곡(翰林別曲)[할-] 명 경기체가(景幾體歌)의 한 가지. 고려 고종(高宗) 때 한림의 선비들이 지은 노래. 현실 도피적이고 향락적인 풍류 생활을 읊은 내용.

한:림-원(翰林院)[할-] 명 ①고려 시대에, 임금의 명령을 받아 문서 꾸미는 일을 맡아보던 관아. ②☞아카데미.

한:림-탕건(翰林宕巾)[할-] 명 탕건의 한 가지. 위는 그물 모양이고 아래는 빗살 모양임.

한:마(悍馬) 명 사나운 말.

한-마디 명 간단한 말. 짧은 이야기나 의견. ¶ 옆에서 한마디 거들다.

한-마루 명 쟁기의 성에와 술을 꿰뚫어 곧게 선 긴 나무.

한마루-공사(-公事) 명 일의 처리를 전과 같이 해 나가는 일.

한-마을 명 같은 마을. ¶ 한마을에 살다.

한-마음 명 ①하나로 합친 마음. ¶ 한마음으로 뭉치다. ㊟한맘. ②변함없는 마음. ③불교에서, '모든 사물은 마음이 모인 덩어리'라는 뜻으로 쓰이는 말.

한마음 한뜻 관용 '모든 사람의 생각이 꼭 같음', 또는 '마음을 하나로 합침'의 뜻으로 쓰이는 말.

한:마지로(汗馬之勞) 명 〔싸움터에서 말을 달려 싸운 공로라는 뜻으로〕 싸움에 이긴 공로를 이르는 말.

한만(汗漫) '한만(汗漫)하다'의 어근.

한:만(限滿) 명 하자 기한이 참. 기한이 다 됨.

한만(閑漫·閒漫) '한만(閑漫)하다'의 어근.

한만-스럽다(閑漫-·閒漫-)[-따][~스러우니·~스러워] 형ㅂ 매우 한가하고 여유 있는 데가 있다. **한만스레** 부.

한:만-하다(汗漫-) 형여 ☞등한(等閑)하다.

한만-하다(閑漫-·閒漫-) 형여 매우 한가하고 여유 있다. **한만-히** 부.

한-맘 명 〈한마음〉의 준말.

한-맛[-맏] 명 부처의 설법은 가르침을 받는 이의 자질에 따라 다르지만, 그 근본의 뜻은 같다는 말. * 한맛이[-마시]·한맛만[-만-]

한맛-비[-맏삐] 명 '부처의 설법이 모든 중생에게 고루 끼침'을, 만물을 고루 적시는 비에 비유하여 이르는 말.

한망(閑忙·閒忙) 명 한가함과 바쁨.

한:명(限命) 명 (하늘이 정한) 한정된 목숨.

한:모(翰毛) 명 붓의 털.

한-목 부 한 번에 다. 한꺼번에 다. 한목에. ¶ 외상값을 한목에 갚다.

한-목소리[-쏘-] 명 ①여럿이 함께 내는 하나의 목소리. ¶ 둘은 한목소리로 노래를 한다. ②'같은 견해나 사상의 표현'을 비유하여 이르는 말. ¶ 신문은 한목소리로 정부를 몰아세웠다.

한-목숨[-쑴] 명 〔하나밖에 없는 목숨이라는 뜻으로〕 '귀중한 생명'을 이르는 말. ¶ 한목숨 다해 나라에 충성하다.

한-몫[-목] 명 한 사람 앞에 돌아가는 분량이나 역할. ¶ 한몫 떼어 주다. /한몫 거들다. * 한몫이[-목씨]·한몫만[-몽-]

한몫 끼다 관용 마땅한 자격을 가지고 함께 참가하다.

한몫 보다 관용 큰 이득을 보다. 횡재하다. 재미보다. 한몫 잡다.

한몫 잡다 관용 ☞한몫 보다.

한몫-하다[-모카-] 자여 한 사람으로서 맡은 역할을 충분히 하다. ¶ 안 선수도 우리 팀이 승리하는 데에 한몫했다.

한-무날 명 조수의 간만의 차가 같은, 음력 열흘과 스무닷새를 아울러 이르는 말. ㊀무날·무수기.

한무릎-공부(-工夫)[-릅꽁-] 명 한동안 착실히 하는 공부.

한:묵(翰墨) 명 〔문한(文翰)과 필묵(筆墨)이라는 뜻으로〕 '문필(文筆)'을 이르는 말.

한:묵-장(翰墨場)[-짱] 명 〔한묵으로 노는 자리라는 뜻으로〕 지난날, '문단(文壇)'을 이르던 말.

한문(寒門) 명 가난하고 지체가 낮은 집안. 한족(寒族).

한:문(漢文) 명 ①(중국 고래(古來)의 어법에 따라) 한자로 씌어진 글. ②한자로만 씌어진 글.

한-문자(閑文字·閒文字)[-짜] 명 필요 없는 문자.

한:문-체(漢文體) 명 한문의 문체.

한:문-학(漢文學) 명 ①중국 고래(古來)의 문학. 〔경서·사서·시문 따위.〕 ②한문을 연구하는 학문. ㊟한학. ③중국 고전의 형식에 따른 한문 문학.

한물¹ 명 ①(과일이나 채소·어물 따위가) 한창 수확이 많이 되는 때. ¶ 수박도 한물 지났다. ②사람이나 사물의 '한창인 때'를 속되게 이르는 말.

한-물² 명 큰물. ¶ 한물 피해. /한물이 나다.

한물(이) 지다 관용 비가 많이 와서 강이나 개울에 갑자기 물이 많이 불다.

한물-가다 자 ①(채소·과일·어물 따위의) 한창 나오는 때가 지나다. ②한창인 때가 지나다, 또는 한창인 때가 지나 기세가 꺾이다. ¶ 한물간 씨름 선수. /무더위도 이제 한물갔다.

한물-지다 자 (채소·과일·어물 따위의) 한창 나오는 때가 되다.

한믈 명 〈옛〉큰물. 홍수. ¶ 半旬올 한믈 어더 이쇼믈 아도다(杜重*1:58*).

한미(寒微) 명 하형 가난하고 문벌이 변변하지 못함. **한미-히** 부.

한:-민족(漢民族) 명 ☞한족(漢族).

한:-민족(韓民族) 명 한반도를 중심으로 남만주 등지에 걸쳐 사는 종족. 퉁구스 계통의 몽골 종족으로, 중국 북부를 거쳐 이동해 온 것으로 추정됨. 배달민족. 한족(韓族).

한-밑천[-믿-] 명 (일을 하는 데 큰 힘이 될 만한) 많은 돈이나 물건. ¶ 이번 일로 한밑천 잡았다.

한-바다 명 ①매우 깊고 넓은 바다. ②'매우 넓고 방대한 것'을 비유하여 이르는 말.

한-바닥 명 번화한 곳의 중심이 되는 땅.

한-바탕 Ⅰ 명 한 번 일이 크게 벌어진 판.
Ⅱ 부 크게 한 판. ¶ 입씨름을 한바탕 벌이다.

한바탕-하다 Ⅰ 자여 크게 한 번 싸우다. ¶ 친구와 한바탕하다.
Ⅱ 타여 어떤 일을 크게 한 번 벌이다. ¶ 굿을 한바탕하다.

한:-반도(韓半島) 명 한국 국토의 전체를 포괄하고 있는 반도.

한-발 부 〔한 번 내디디는 발걸음이라는 데서〕 '조금'의 뜻을 나타내는 말. ¶ 남보다 한발 앞서다. /기차역으로 달려갔지만 한발 늦고 말았다.

한:발(旱魃) 명 ①가뭄. ②가뭄을 맡은 귀신. 한귀(旱鬼).

한-밤 명 깊은 밤. 한밤중.

한-밤중(-中)[-쭝] 명 밤 열두 시를 전후한 때. 깊은 밤중. 야밤중. 오밤중. 중야(中夜). 한밤.

한-밥¹ 명 ①누에의 마지막 잡힌 밥. ②한껏 배부르게 먹는 밥이나 음식.

한ː-밥²명 끼니때가 지나서 차리는 밥. ¶ 한밥 차리지 않게 일찍 좀 다녀라.
한-방(-房)명 ①같은 방. ¶ 한방을 쓰다. ②온방. ¶ 한방 가득한 담배 연기.
한ː방(韓方)명 ①중국에서 전해져 우리나라에서 발달한 의술. ②한의(韓醫)의 처방.
한ː방-약(韓方藥)[-냑]명 한방(韓方)에서 쓰는 약. 한약.
한ː방-의(韓方醫)[-의/-이]명 ①☞한의사. ②한방(韓方)의 의술. 준한의.
한-배¹명 ①한 태(胎)에서 태어나거나 동시에 여러 알에서 깬 새끼. ②〈동복(同腹)〉의 속된 말. ¶ 한배에서 난 형제. ↔각배.
한ː-배²명 ①국악의 곡조의 장단. ②쏜 화살이 미치어 가는 한도.
한배-검명 대종교에서, '단군(檀君)'을 높이어 이르는 말. 대황신(大皇神).
한-번(-番) Ⅰ명 ①〔'한 차례'의 뜻으로〕《주로 '-어 보다'와 함께 쓰이어》 어떤 일을 시험삼아 시도함을 나타내는 말. ¶ 일단 가격이나 한번 물어보자. /한번 해 보겠나? ②과거의 어느 때. 《주로, '한번은'의 꼴로 쓰임.》 ¶ 한번은 길에서 큰돈을 주운 적이 있었다. ③기회 있는 어떤 때. ¶ 낚시나 한번 갑시다.
Ⅱ부 《일부 명사 뒤에 쓰이어》 '아주 참'·'대단히'의 뜻으로 쓰이는 말. ¶ 인심 한번 박하네.
한번 쥐면 펼 줄 모른다속담 무엇이든 수중에 들어오면 놓지 아니한다는 말.
한벽-처(閑僻處·閒僻處)명 조용하고 외진 곳.
한보(閑步·閒步)명하자 한가로이 거니는 일, 또는 그렇게 걷는 걸음.
한-보름명 '정월 대보름'을 명절로 이르는 말.
한ː복(韓服)명 우리나라 고유의 의복.
한-복판명 복판의 바로 중심. 한가운데. 한중간. ¶ 서울의 한복판.
한-봄명 봄이 한창인 때.
한ː부(悍婦)명 거칠고 사나운 여자.
한ː북(漢北)명 한강 북쪽 유역의 땅. ↔한남.
한붓-그리기[-붇끄-]명 주어진 도형을 그릴 때, 선을 한 번도 떼지 아니하면서 같은 선 위를 두 번 반복해서 지나지 않도록 그리는 일. 〔18세기 스위스의 수학자 오일러가 '오일러의 정리'로 체계화하였음.〕
한비명 〈옛〉큰비. 장마. ¶ 한비 사ᄋᆞ리로ᄃᆡ(龍歌*67*章). /光音天이 한비를 ᄂᆞ리와(月釋*1:39*).
한비(寒肥)명 겨울에 주는 거름.
한빈(寒貧) '한빈하다'의 어근.
한빈-하다(寒貧-)형여 매우 가난하다. ¶ 살림이 한빈하다.
한ː사(限死)명하자 목숨을 걸고 일함. 죽음을 각오함.
한ː사(恨死)명하자 원통하게 죽음. 억울하게 죽음. 한 많은 죽음.
한ː사(恨事)명 원통한 일. 한스러운 일.
한사(寒士)명 가난한 선비. 세력 없는 선비.
한ː사-결단(限死決斷)[-딴]명하자 목숨을 걸고 결단함.
한ː-사군(漢四郡)명 한무제(漢武帝)가 기원전 108년에 위만 조선(衛滿朝鮮)을 없애고 설치한 낙랑군(樂浪郡)·진번군(眞蕃郡)·임둔군(臨屯郡)·현도군(玄菟郡)의 네 군.
한-사람명 같은 사람.
한-사리명 음력 매달 보름날과 그믐날에 조수가 가장 높이 들어오는 때. 여섯무날. 대기(大起). 대조(大潮). 준사리¹. ↔조금.
한사-만직(閑司漫職)명 일이 많지 아니한 한가한 벼슬자리.
한ː사-코(限死-)부 기어코. 몹시 고집을 세워. ¶ 한사코 말리다. /한사코 거절하다.
한산(寒疝)명 산증(疝症)의 한 가지. 불알이 차고 부어 몹시 아픔.
한산(寒酸)명하형 몹시 가난하여 고통스러움.
한산(閑散·閒散) '한산하다'의 어근.
한산^모시(韓山-)명 충청남도 서천군(舒川郡)의 한산에서 나는 모시. 품질이 썩 좋음. 한산저.
한산^세ː모시(韓山細-)명 올이 가늘고 바닥이 고운 한산 모시. 한산 세저.
한산^세ː저(韓山細苧)명 ☞한산 세모시.
한산-저(韓山苧)명 ☞한산 모시.
한ː산-정(漢山停)명 신라의 육정(六停) 가운데 세 번째 군영(軍營).
한산-하다(閑散-·閒散-)형여 ①한가하고 쓸쓸하다. ¶ 휴가철이라 거리가 한산하다. ②일이 없어 한가하다. ¶ 장마가 들어 농사일도 한산하다. **한산-히**부.
한ː살(恨殺)명하타되자 원한을 품고 죽임.
한살-되다[-되-/-뒈-]자 ①(두 물건이) 한데 붙어 한 물건처럼 되다. ②남녀가 결합하여 부부가 되다.
한-살이명 ①일생. ②(곤충 따위가) 알에서 유충·번데기·성충으로 바뀌면서 자라는 변태 과정의 한 차례.
한ː삼(汗衫)명 〔지난날〕 ①손을 감추기 위하여 두루마기나 여자의 저고리 소맷부리에 덧대던 소매. ②'속적삼'을 궁중에서 이르던 말.
한-삼매(-三昧)명 불교에서, '한마음으로 한 가지 일을 수행하거나 어떤 일에 열중함'을 이르는 말.
한새명 〈옛〉황새. ¶ 한새 관ː鸛(訓蒙上*15*).
한색(寒色)명 찬 느낌을 주는 색. 파랑과 감청, 또는 그에 가까운 색. ↔난색(暖色).
한ː-생전(限生前)부 ☞한평생.
한서(寒暑)명 ①추위와 더위. ②겨울과 여름. 서한.
한ː서(漢書)명 ①한문으로 씌어진 책. 한적(漢籍). ②이십사사(二十四史)의 하나. 전한(前漢)의 역사를 기전체(紀傳體)로 쓴 책.
한ː선(汗腺)명 ☞땀샘.
한선(寒蟬)명 ①☞쓰르라미. ②울지 않는 매미.
한설(寒雪)명 차가운 눈. ¶ 북풍한설.
한ː성(漢城)명 ①'서울'의 옛 이름. ②〈한성부〉의 준말.
한ː성-부(漢城府)명 조선 시대에, 서울의 행정 일반을 맡아보던 관아. 준한성.
한ː성부^판윤(漢城府判尹)명 조선 시대에, 서울을 지키며 다스리던 한성부의 으뜸가는 정이품 벼슬. 참경조윤(京兆尹).
한성^유전(限性遺傳)명 어떤 형질이 암수의 어느 한쪽 성에 한하여 나타내는 유전.
한-세상(-世上)명 ①한평생 사는 세상. ¶ 학문과 더불어 한세상을 보내다. ②한창 잘사는 한때. ¶ 언제든 한세상 보고 죽어야지.
한-세월(閑歲月·閒歲月)명 한가하게 보내는 세월. 한가한 세월. 한일월(閑日月).
한센-병(Hansen病)명 ☞문둥병.
한소(寒素) '한소하다'의 어근.
한-소끔부 한 번 끓어오르는 모양.
한-소리명 ☞동음(同音).
한소-하다(寒素-)형여 생활이 가난하고 검소하다. **한소-히**부.

한-속명 ①같은 뜻이나 마음. ②같은 셈속.
한속(寒粟)명 추울 때 몸에 돋는 소름.
한손-잡이명 외손잡이.
한솥-밥[-솓빱]명 같은 솥에서 푼 밥. 《주로, '먹다'와 함께 쓰임.》 한솥엣밥. ¶ 한솥밥을 먹고 자라다.
한솥밥 먹고 송사한다속담 '가까운 사람끼리 다투는 것'을 비유하여 이르는 말.
한솥엣-밥[-소테빱/-소텓빱]명 한솥밥.
한쇼명 〈옛〉큰 소. 황소. ¶ 싸호는 한쇼롤(龍歌 *87章*). /한쇼:犉牛(訓蒙上*19*).
한수(寒羞)명 ①찬밥. ②'간소하게 차린 음식' 또는 '자기 집 음식'을 겸손하게 이르는 말.
한ː수(漢水)명 ①큰 강. ②'한강'을 달리 이르는 말. ¶ 한수 이북.
한수-석(寒水石)명 ①대리석의 한 가지. 단단한 결정질 석회암으로 빛깔은 흰색 또는 검푸른색인데, 건재·장식 따위에 쓰임. ②한방에서, '소금의 간수를 굳힌 것'을 약재로 이르는 말. 갈증과 눈병 따위에 쓰임.
한-순간(-瞬間)명 아주 짧은 동안. 삽시간. ¶ 십 년 적공(積功)이 한순간에 물거품이 되었다.
한-술명 〔한 숟가락이라는 뜻으로〕 적은 음식을 이르는 말.
한술 더 뜨다관용 ①말리니까 더 심한 짓을 하여 비뚜로 나간다는 뜻. ②누구보다 또는 전보다 더 심하다는 뜻.
한-숨명 ①한 번의 호흡, 또는 그 동안. ②잠깐 동안의 휴식이나 잠. ¶ 한숨 자고 나니 머리가 개운하다. ③(근심이나 설움이 있을 때) 길게 몰아서 내쉬는 숨. 태식(太息). ¶ 땅이 꺼져라 한숨을 쉬다. ④(걱정이나 근심을 벗고 나서) 마음을 놓아 쉬는 숨. ¶ 안도의 한숨을 내쉬다.
한숨-에부 〔숨 한 번 쉴 동안처럼〕 짧은 시간에 내쳐서. 한번에. 단숨에. ¶ 한숨에 달려가다.
한숨-짓다[-짇따][~지으니·~지어]자ㅅ 한숨을 내뿜다.
한ː-스럽다(恨-)[-따][~스러우니·~스러워]형ㅂ 한이 되는 느낌이 있다.
한-습명 마소의 한 살.
한습(寒濕)명 ☞습랭(濕冷).
한-시(-時)명 ①같은 시각. ②짧은 시간. 잠깐 동안. ¶ 그 일은 한시도 잊을 수가 없다.
한ː시(漢詩)명 ①한문으로 지은 시. ②중국의 한대(漢代)의 시.
한-시름명 큰 시름. 큰 걱정. ¶ 한시름 놓다.
한시-바삐(-時-)부 조금이라도 빨리. ¶ 한시바삐 만나 보아야지.
한ː시-적(限時的)관명 일정한 기간에 한정되어 있는 (것). ¶ 한시적으로 운행되는 노선.
한식(寒食)명 동지로부터 105일째 되는 날. 이 날 종묘(宗廟)와 능원(陵園)에는 제향을 올리고, 민간에서는 성묘를 함. 참냉절(冷節).
한식에 죽으나 청명(清明)**에 죽으나**속담 〔한식과 청명은 하루 사이이므로〕 하루 먼저 죽으나 늦게 죽으나 같다는 말.
한ː식(韓式)명 한국식. 한국 고유의 양식이나 격식. ¶ 한식 가옥.
한ː식(韓食)명 한국식의 음식이나 식사.
한식-사리(寒食-)[-싸-]명 한식 무렵에 잡는 조기.
한심(寒心) '한심하다'의 어근.
한심-스럽다(寒心-)[-따][~스러우니·~스러워]형ㅂ 한심하게 보이거나 여겨지다. ¶ 너무 한심스러워 말이 안 나온다. **한심스레**부.
한심-하다(寒心-)형여 (어떤 기준에 너무 지나치거나 모자라서) 가엾고 딱하다. 안타깝고 기막히다. ¶ 사는 꼴이 보기에도 한심하다.
한숨명 〈옛〉한숨. 탄식(歎息) ¶ 愁歎은 시름ᄒᆞ야 한숨 디흘 씨라(法華*6:33*).
한아(寒鴉)명 겨울의 까마귀.
한아(閑雅·閒雅) '한아하다'의 어근.
한아비명 〈옛〉할아비. 할아버지. ¶ 한아비 조:祖(類合上*20*). 참하나비.
한아-스럽다(閑雅-·閒雅-)[-따][~스러우니·~스러워]형ㅂ 보기에 한아하다. 한아한 데가 있다. **한아스레**부.
한아-하다(閑雅-·閒雅-)형여 ①한가롭고 아취가 있다. ②고요하고 멋이 있다. **한아-히**부.
한악(悍惡) '한악하다'의 어근.
한ː악-스럽다(悍惡-)[-쓰-따][~스러우니·~스러워]형ㅂ 한악한 데가 있다. **한악스레**부.
한ː악-하다(悍惡-)[하나카-]형여 (성질이) 사납고 악하다. **한악-히**부.
한야(寒夜)명 추운 밤. 추운 겨울 밤.
한ː약(韓藥)명 동물·식물 또는 광물에서 채취한 것으로, 말리거나 썰거나 정제한 생약. 한방약. ↔양약(洋藥).
한ː약-국(韓藥局)[-꾹]명 ☞한약방.
한ː약-방(韓藥房)[-빵]명 한약업사가 경영하는 가게를 흔히 이르는 말. 한약국.
한ː약업-사(韓藥業士)[-싸]명 환자의 요구에 따라 한의사의 처방전이나 한의서의 처방대로 한약을 지어 파는 사람.
한ː-약재(韓藥材)[-째]명 한약의 재료.
한ː약종-상(韓藥種商)[-쫑-]명 '한약업사'의 이전 일컬음.
한양(閑養·閒養)명하자 한가로이 몸을 다스림.
한ː양(漢陽)명 조선 시대, '서울'의 이름.
한ː양-가(漢陽歌)명 조선 시대의 장편 가사의 한 가지. 한양의 지세·대궐·관아·관직 따위를 칭송(稱頌)한 내용.
한ː어(漢語)명 ①한자(漢字)로 된 말. 한자어. ②한족(漢族)의 언어. 중국어.
한ː어(韓語)명 〈한국어〉의 준말.
한언(罕言) '한언하다'의 어근.
한ː언-하다(罕言-)형여 말이 드물다.
한-얼명 대종교에서, '우주'를 이르는 말.
한얼-님[-림]명 대종교에서, '단군(檀君)'을 높이어 이르는 말.
한ː-없다(限-)[하넙따]형 끝이 없다. 《주로, '한없는'의 꼴로 쓰임.》 ¶ 한없는 그리움. /한없는 어머니 사랑. **한없-이**부 ¶ 추모 행렬이 한없이 이어지고 있다. 참한(限).
한-여름[-녀-]명 ①더위가 한창인 여름. 성하(盛夏). ↔한겨울. ②여름 한철.
한ː역(漢譯)명하타되자 한문(漢文)으로 번역함.
한ː역(韓譯)명하타되자 외국어의 문장이나 어구를 한국말로 고침.
한ː열(旱熱)명 가물 때의 심한 더위. 비한염.
한열(寒熱)명 한방에서, '오한과 신열'을 이르는 말.
한열-상박(寒熱相撲)명 〔한기와 열기가 마주친다는 뜻으로〕 한방에서, '오한과 신열이 함께 일어나는 증세'를 이르는 말.
한ː염(旱炎)명 가물 때의 불꽃 같은 더위. 비한열(旱熱).
한-옆[-녑]명 한쪽 구석. 한갓진 곳. ＊한옆이[-녀피]·한옆만[-념-]
한-오금명 활의 먼오금과 밭은오금 사이. 준오금.

한ː옥(韓屋) 명 (서양식 건물에 대하여) 우리나라 고유의 건축 양식으로 지은 집. 조선집. ↔양옥.

한온(寒溫) 명 〔날씨의 차고 따뜻함이라는 뜻에서〕 주인과 손이 날씨를 말하는 안부 인사. 한훤(寒暄).

한ː외(限外) [하뇌/하눼] 명 한계의 밖. 한도의 이상.

한ː외^마약(限外痲藥) [하뇌-/하눼-] 명 마약이 섞여 있으나 그 약에서 추출하여 마약을 다시 만들 수 없고, 습관성도 없는 약.

한용(悍勇) '한용하다'의 어근.

한ː용-스럽다(悍勇-) [-따] [~스러우니·~스러워] 형ㅂ 한용한 데가 있다. **한용스레** 부.

한ː용-하다(悍勇-) 형여 사납고 용맹스럽다.

한우(寒雨) 명 ①찬비. ②겨울에 내리는 비.

한ː우(韓牛) 명 한국 소. 한국 재래종의 소.

한ː우충동(汗牛充棟) 명 〔짐으로 실으면 소가 땀을 흘리고, 쌓으면 들보까지 가득 찬다는 뜻으로〕 '장서(藏書)가 매우 많음'을 이르는 말.

한운(閑雲·閒雲) 명 한가히 떠다니는 구름.

한운-야학(閑雲野鶴) [-냐-] 명 〔한가한 구름과 들의 학이라는 뜻으로〕 '속박을 받지 않고 유유자적(悠悠自適)하는 처지'를 비유하여 이르는 말.

한-울 명 천도교에서, '우주의 본체(本體)'를 가리키는 말.

한울-님 [-림] 명 천도교의 신앙의 대상. '우주의 대정신을 인격화한 신'으로, 우주를 주재하고 섭리한다고 함.

한월(寒月) 명 겨울의 달. 차가워 보이는 달.

한위(寒威) 명 대단한 추위. ↔서위(暑威).

한유(閑遊) 명하자 한가하게 노닒.

한유(閑裕·閒裕) '한유하다'의 어근.

한유-하다(閑裕-·閒裕-) 형여 한가하고 여유가 있다. ¶ 한유한 전원 생활. **한유-히** 부.

한음(閑吟·閒吟) 명하타 (시가를) 한가로이 읊음.

한ː음(漢音) 명 한자의 중국 음. 화음(華音).

한ː-음식(-飮食) 명 끼니때 외에 차린 음식.

한ː의(汗衣) [하늬/하니] 명 ①땀이 밴 옷. ②☞ 땀받이.

한ː의(韓醫) [하늬/하니] 명 ①〈한방의〉의 준말. ②〈한의사〉의 준말. ↔양의(洋醫).

한ː-의사(韓醫師) [하늬-/하니-] 명 한방의 의술을 전문으로 하는 사람. 한방의(韓方醫). 준한의.

한ː-의서(韓醫書) [하늬-/하니-] 명 한방(韓方)의 의서.

한ː-의술(韓醫術) [하늬-/하니-] 명 한방(韓方)의 의술.

한ː-의약(韓醫藥) [하늬-/하니-] 명 한방(韓方)에서 쓰는 한약.

한ː-의원(韓醫院) [하늬-/하니-] 명 한의사가 병자를 치료하는 곳.

한ː-의학(韓醫學) [하늬-/하니-] 명 중국에서 전래되어 우리나라에서 독자적으로 발달한 전통 의학.

한ː의학-과(韓醫學科) [하늬-꽈/하니-꽈] 명 대학에서, 한의학을 연구하는 학과.

한-이레 명 '첫이레'를 달리 이르는 말.

한인(閑人·閒人) 명 ①한가한 사람. ②할 일이 없는 사람. ③고려·조선 시대에 있던, 토호 출신의 무인.

한ː인(漢人) 명 중국 한족(漢族)에 속한 사람.

한ː인(韓人) 명 한국 사람. 한국인.

한인-물입(閑人勿入) 명 (어떤 곳에 써 붙여) '볼일이 없는 사람은 들어오지 말라'는 뜻을 알리는 말.

한-일(一一) 명 한자 부수의 한 가지. '不'·'世' 등에서의 '一'의 이름.

한ː일(限日) 명 기한이 되는 날. 기일(期日).

한일(閑日·閒日) 명 한가한 날.

한ː-일모(限日暮) Ⅰ 명하자 ☞한종일(限終日). Ⅱ 부 ☞한종일(限終日).

한ː일^병ː합(韓日併合) 명 ☞국권 피탈.

한ː일^신협약(韓日新協約) 명 1907년 순종(純宗)이 즉위할 때에 통감(統監) 이토 히로부미(伊藤博文)의 사실(私室)에서 일본과 맺은 조약. 전문 7조로 되어 있는데, 법령의 제정 및 중요한 행정상의 처분을 비롯하여 모든 사법·행정 사무를 통감의 감독·승인 아래 행할 것을 규정한 것임. 칠조약(七條約).

한-일월(閑日月·閒日月) 명 한가한 세월. 한세월.

한일-자(一一字) [-짜] 명 '한 일(一)' 자와 같이 가로로 뻗은 모양. ¶ 입을 한일자로 굳게 다물고 말을 안 한다.

한ː일^합방(韓日合邦) [-빵] 명 '한일 병합'의 구용어.

한-입 [-닙] 명 한 번 벌린 입. 입에 한 번 찰 만한 분량. ¶ 자, 한입만 먹어. /상추쌈을 한입 가득 넣고 우물거리다. /뱀이 개구리를 한입에 삼켜 버렸다.

한ː입-골수(恨入骨髓) [-꼴쑤] 명하자 원한이 뼈에 사무침.

한ː자(漢字) [-짜] 명 중국어를 표기하는 중국 고유의 문자. 표의적(表意的) 음절 문자로 우리나라, 일본 등지에서도 널리 쓰이고 있음.

한-자리 명 ①같은 자리. ¶ 모처럼 온 가족이 한자리에 모였다. ②한몫. 한 벼슬.

한자리-하다 자여 중요하거나 책임 있는 직위에 오르다. 벼슬길에 나아가다. ¶ 관상을 보니 한자리할 상(相)이다.

한자릿-수(-數) [-리쑤/-릳쑤] 명 자릿수가 하나인 수. 〔1에서 9까지.〕 ¶ 올해의 물가 상승률은 한자릿수에 그쳤다.

한ː자-어(漢字語) [-짜-] 명 '한자에서 비롯된 말'을 고유어에 상대하여 이르는 말. 한어(漢語).

한-잔(-盞) 명하자타 〔하나의 잔에 따른 분량이라는 데서〕 '얼마 되지 않는 술', 또는 '간단히 한 차례 술을 마심'을 이르는 말. ¶ 딱 한잔만 하자.

한잔 걸치다 관용 간단하게 술을 마시다.

한-잠 명 ①깊이 든 잠. ¶ 한잠이 들었는지 세상 모르고 잔다. ②잠시 자는 잠. ¶ 밤새 한잠도 못 잤다.

한장-치 명 누에알을 받아 붙인 종이 한 장분. 〔여기서 고치가 10~13말 나옴.〕

한ː재(旱災) 명 가물 때문에 생기는 재앙. ¶ 한재로 농사를 망치다. 비한해.

한ː-저녁 명 끼니때가 지난 다음에 간단히 차리는 저녁.

한적(閑寂·閒寂) '한적(閑寂·閒寂)하다'의 어근.

한적(閑適) '한적(閑適)하다'의 어근.

한ː적(漢籍) 명 ☞한서(漢書).

한적-하다(閑寂-·閒寂-) [-저카-] 형여 한가하고 고요하다. ¶ 한적한 시골길. **한적-히** 부.

한적-하다(閑適-) [-저카-] 형여 한가하여 마음에 맞다. **한적-히** 부.

한ː전(旱田) 명 '밭'을 수전(水田)에 상대하여 이르는 말.

한ː전(限前)명 기한(期限)이 되기 이전.
한전(寒戰·寒顫)명하자 한방에서, 오한이 심하여 몸이 떨림, 또는 그런 증상. ¶ 한전이 생기다.
한절(寒節)명 추운 겨울철. 한천(寒天)1.
한ː-점심(-點心)명 끼니때가 지난 뒤의 점심.
한ː정(限定)명하타되자 ①제한하여 정함. ¶ 한정 판매. ②논리학에서, 개념에 속성을 부가하여 내포(內包)를 넓히고 외연(外延)을 좁히는 일. ↔개괄.
한정(閑靜·閒靜) '한정하다'의 어근.
한ː정^능력(限定能力)[-녁]명 일정한 법률 행위를 할 수 없도록 법률에 의하여 제한된 사람의 행위 능력. 〔미성년자의 행위 능력 따위.〕
한ː정^승인(限定承認)명 상속인이 상속에 의해 취득한 재산의 한도 안에서만 피상속인의 채무·증여를 변제할 책임을 지는 경우의 상속 승인. ↔단순 승인.
한ː정^전ː쟁(限定戰爭)명 전쟁의 목적이나 수단·목표를 일정한 범위로 한정한 전쟁. 제한 전쟁.
한ː정^치산(限定治産)명 (심신 박약 따위로 재산을 관리할 능력이 없는 사람을 보호하기 위하여) 재산 관리 행위의 능력을 제한하는 일. 참금치산.
한ː정-판(限定版)명 발행 부수를 제한하여 박아 내는 출판물.
한정-하다(閑靜-·閒靜-)형여 한가하고 조용하다. **한정-히**부
한제(寒劑)명 차게 하는 데 쓰이는 혼합물. 〔얼음과 소금을 섞은 혼합물 따위.〕 기한제(起寒劑).
한조(寒鳥)명 겨울철의 새.
한족(寒族)명 ☞한문(寒門).
한ː족(漢族)명 중국 본토 재래(在來)의 종족. 중국인의 약 90%를 차지하는 황색 인종으로, 약 5000년 전부터 황허 문명을 꽃피우고, 독자적인 문화를 이룩함. 한민족(漢民族).
한ː족(韓族)명 ☞한민족(韓民族).
한ː-종신(限終身) Ⅰ명하자 죽을 때까지로 한정함. ¶ 자네 빚은 한종신하고 갚겠네.
Ⅱ부 죽을 때까지. ¶ 한용운은 한종신 임을 기다린 시인이었다.
한ː-종일(限終日) Ⅰ명하자 날이 저물기를 한정함. 한일모(限日暮). ¶ 어머니의 편지를 한종일하고 기다렸다.
Ⅱ부 해가 질 때까지. ¶ 한종일 내리는 비에 발이 묶이다. 한일모(限日暮).
한ː주국종-체(漢主國從體)[-쫑-]명 국한문 혼용체의 한 가지. 한문(漢文)이 주(主)가 되고 국문(國文)이 보조적으로 쓰여진 문체. 참국주한종체.
한-주먹명 한 번 때리는 주먹. ¶ 한주먹이면 나가떨어질 녀석이 까불고 있어.
한죽(寒竹)명 ☞자죽(紫竹).
한준(寒俊·寒畯)명 가난하나 문벌은 좋은 선비.
한-줄기명 ①같은 계통. ¶ 한줄기로 이어져 내려온 우리 겨레. ②한 가닥. ¶ 한줄기 희망의 빛이 보이다. ③한 차례 세차게 쏟아지는 소나기의 빗줄기. ¶ 소나기라도 한줄기 오려나.
한중(閑中·閒中)명 한가한 동안. 한가한 사이.
한중(寒中)명 ①소한(小寒)부터 대한(大寒)까지의 사이. ②가장 추운 계절. ③한방에서, '속에 한기가 서리어 설사를 하는 병'을 이르는 말.
한-중간(-中間)명 한가운데. 한복판.
한중-록(閑中錄)[-녹]명 혜경궁 홍 씨(惠慶宮洪氏)가 지은 책. 영조가 사도 세자를 죽게 한 참사를 중심으로, 홍 씨가 만년에 자기 일생을 회고한 내간체 회고록.
한중-망(閑中忙)명 한가한 가운데 바쁨. ↔망중한(忙中閑).
한즉부 그렇게 하니까.
한ː증(汗蒸·汗烝)명하자 물리 요법의 한 가지. 높은 온도로 몸을 덥게 하여 땀을 내어서 병을 다스리는 일.
한ː증-막(汗蒸幕)명 한증하기 위하여 만든 시설. 흔히, 담을 둘러치고 움처럼 만들어 밑에서 불을 땜.
한ː증-탕(汗蒸湯)명 밀폐된 방에 더운 김을 보내어 그 속에서 땀을 흘리게 만든 목욕탕.
한ː지(限地)명하자 지역을 한정함, 또는 그 지역.
한지(寒地)명 추운 고장. ↔난지(暖地).
한ː지(韓紙)명 닥나무 껍질 따위의 섬유를 써서 한국 고래(古來)의 제조법으로 뜬 종이. 〔창호지 따위.〕 조선종이.
한ː지^의사(限地醫師)명 일정한 지역 안에서만 개업이 허가된 의사.
한직(閑職·閒職)명 늘 한가한 벼슬자리. 중요하지 않은 관직. ¶ 한직으로 밀려나다. 비한관(閑官).
한ː진(汗疹)명 땀띠.
한-집명 한집안.
한-집안명 ①같은 집에서 함께 사는 가족. ②일가 친척. 한집.
한집안에 김 별감(金別監) 성을 모른다속담 '자세히 살펴보지 아니하고 대강 보아 넘김'을 비유하여 이르는 말.
한ː징(旱徵)명 가물의 조짐.
한-쪽명 여럿으로 나뉘었을 때의 어느 하나의 편이나 쪽. ¶ 한쪽으로 치우친 생각.
한-차(-車)명 같은 차. ¶ 한차로 이동하다.
한-차례명 '어떤 일이 한바탕 일어남'을 나타내는 말. ¶ 폭소가 한차례 터지다.
한-참명 ①지난날, '두 역참(驛站) 사이의 거리'를 이르던 말. ②시간이 꽤 지나는 동안의 한차례. ¶ 한참 만에 그는 입을 열었다.
한창명 Ⅰ명 가장 성한 때. ¶ 공사가 한창인 아파트.
Ⅱ부 어떤 일이 가장 왕성하게 일어나는 모양. 또는 어떤 상태가 가장 무르익은 상태. ¶ 초여름은 농촌에서 한창 바쁜 철이다.
한창(寒窓)명 ☞객지(客地).
한창(寒脹)명 한방에서, '배가 붓고 토사가 나며 팔다리가 식는 병'을 이르는 말.
한창-나이명 (기운이 한창 성할 때의) 젊은 나이. ¶ 한창나이에 그까짓 일을 겁내다니.
한창-때명 (기운이나 의욕이) 가장 왕성한 시기. ¶ 나도 한창때는 역도를 했었지.
한ː천(旱天)명 가문 날씨. 가문 여름의 하늘. ¶ 한천의 감우(甘雨).
한천(寒天)1명 추운 겨울의 하늘. 겨울철. 한절(寒節).
한천(寒天)2명 ☞우무.
한천(寒泉)명 찬물이 솟는 샘.
한ː-천명(限天明) Ⅰ명하자 날이 밝기를 한정함.
Ⅱ부 날이 밝을 때까지.
한-철명 한창 성한 때. ¶ 메뚜기도 유월이 한철이다. 참성수기.
한ː초(旱草)명 가물을 잘 견디는 풀.
한촌(寒村)명 가난한 마을. 외진 마을.
한-추위명 한창 심한 추위. ↔한더위.
한-축명 한차례.

한축(寒縮)명하자 추워서 기운을 펴지 못하고 오그라듦.

한ː출첨배(汗出沾背)명하자 (부끄럽거나 무서워서) 땀이 흘러 등을 적심.

한ː충-향(漢沖香)명 지난날, 여자들이 차던 노리개의 한 가지. 온갖 향과 약가루를 반죽하여 만들었으며, 구급약으로도 썼음.

한-층(-層)부 일정한 정도에서 한 단계 더. 한결. 더욱. ¶ 한층 윤택해진 생활.

한칩(寒蟄)명하자 추위를 타서 집 안에만 머물러 있음.

한-카래명 〈한카래꾼〉의 준말.

한카래-꾼명 가래질을 할 때, 한 가래에 붙는 세 사람의 한 패. 준한카래.

한-칼명 ①한 번 휘둘러 베는 칼질. ¶ 한칼에 베어 버리다. ②(쇠고기 따위를) 한 번에 벤 덩이. ¶ 고기나 한칼 사다가 대접해야지.

한ː탄(恨歎·恨嘆)명하타 (뉘우쳐지거나 원통하여) 한숨을 지음, 또는 그 한숨. ¶ 신세 한탄.

한ː탄-스럽다(恨歎-)[-따][~스러우니·~스러워]형ㅂ 한탄할 만하다. **한탄스레**부.

한-탕명 〔'한바탕'이라는 뜻으로〕 한 번의 일거리를 속되게 이르는 말. ¶ 한탕을 잡다.

한탕-주의(-主義)[-의/-이]명 '한 번의 시도로 큰 재물을 얻거나 크게 성공하려는 태도'를 속되게 이르는 말.

한ː태명 쟁기 따위의 봇줄을 잡아매는 줄.

한-턱명하자 한바탕 음식을 대접하는 일. ¶ 승진을 해서 친구들에게 한턱을 썼다.

한턱-내다[-텅-]자 한바탕 음식 대접을 하다.

한턱-먹다[-텅-따]자 한바탕 음식 대접을 받다.

한테조 《사람이나 동물 따위를 나타내는 체언에 붙어》 ①주는 자리를 나타냄. ¶ 이 책을 너한테 줄게. ②받는 자리를 나타냄. ¶ 친구한테 돈을 꾸어 쓰다. ③있는 처소를 나타냄. ¶ 모든 책임은 나한테 있다. ④동작을 걸거나 당하는 쪽의 상대를 나타냄. ¶ 개한테 물리다. ⑤행동의 방향을 나타냄. ¶ 엄마한테 갈래.

한테-로조 《사람이나 동물 따위를 나타내는 체언에 붙어》 〔'에게로'의 뜻으로〕 용언의 동작이 작용하는 방향을 나타냄. ¶ 우승의 영광은 철수한테로 돌아갔다.

한테-서조 《사람이나 동물 따위를 나타내는 체언에 붙어》 〔'에게서'의 뜻으로〕 용언의 동작이 그 체언에서 비롯됨을 나타냄. ¶ 책을 친구한테서 빌렸다.

한토(寒土)명 추운 곳. 쓸쓸하고 외진 곳.

한ː토하(汗吐下)명하자되자 한방에서, 병을 고치기 위하여 땀이 나게 하고, 토하게 하고, 설사를 하게 하는 일.

한통[1]명 활의 한가운데 부분.

한-통[2]명 〈한통속〉의 준말.

한-통속명 (서로 마음이 맞아) 같이 모이는 한 동아리. ¶ 모두 다 한통속이다. 준한통[2].

한통-치다타 나누지 않고 한곳에 합치다. ¶ 한통쳐서 계산하다.

한퇴(寒退)[-퇴/-퉤]명하자 오한이 멈춤. 한기가 물러감.

한파(寒波)명 겨울철에 한랭 전선이 몰아닥쳐 기온이 급격하게 떨어지는 현상. ¶ 한파가 몰아닥치다. ↔난파·열파.

한-판명 ①한 번 벌이는 판. ¶ 한판 승부를 겨루다. ②유도에서, 상대를 메쳐서 등이 완전히 바닥에 닿게 하거나 30초 이상 누르기를 성공하였을 때 심판이 선언하는 판정 용어.

한팔-접이명 〔씨름에서 한 팔은 쓰지 않아도 이길 수 있다는 뜻으로〕 '힘과 기술이 모자라는 사람'을 이르는 말.

한-패(-牌)명 같은 동아리. 같은 패. ¶ 한패가 되다.

한-편(-便) Ⅰ명 ①한쪽. ¶ 거실 한편에 앉다. ②같은 편. 같은 동아리. ③어떤 일의 한 측면. 《주로, '한편으로'의 꼴로 쓰임.》 ¶ 한편으로는 고맙지만 한편으로는 부담스럽다.

Ⅱ부 한쪽으로는. ¶ 한편 반갑고 한편 슬프기도 했다.

한-평생(-平生)명 살아 있는 동안. 일생(一生). 일평생. 한뉘. ¶ 그는 한평생을 나라 사랑에 바쳤다.

한ː-평생(限平生)부 살아 있는 동안까지. 한생전(限生前). ¶ 선생님 은혜는 한평생 잊지 않겠습니다.

한포(-布)명 파초(芭蕉)의 섬유로 짠 굵은 베.

한ː포국-하다[-구카-]타여 흐뭇하리만큼 가지다. 넉넉히 가지다.

한-풀명 '어느 정도의 끈기나 기세 또는 패기'를 뜻하는 말.

한풀 꺾이다〔죽다〕관용 (한창 드세던) 기세가 수그러지다. ¶ 무더위도 이제 한풀 꺾였다.

한ː-풀이(恨-)명하자 원한을 푸는 일.

한ː품(限品)명하타 지난날, 신분이 낮은 사람의 벼슬을 일정한 기준 이상으로 올라가지 못하게 제한하던 일.

한풍(寒風)명 ①팔풍(八風)의 하나. 북풍(北風). ②찬 바람.

한-풍류(-風流)[-뉴]명 대종교에서, 단군의 공덕을 기리는 노래의 이름. 천악(天樂).

한필(閑筆·閒筆)명 한가한 마음으로 여유 있게 쓴 글이나 글씨.

한ː-하다(限-) Ⅰ자여 사물을 어떤 범위로 제한하다. ¶ 성인에 한하여 입장할 수 있음.

Ⅱ타여 어떤 일을 작정하다. ¶ 죽기를 한하고 싸우다.

한ː-하다(恨-)타여 ①원통히 여기다. ¶ 사람 구실 못함을 한하다. ②불평을 품다.

한ː학(漢學)명 ①한(漢)·당(唐)의 훈고학을 이르는 말. ②〈한문학〉의 준말. ¶ 한학의 대가.

한ː해(旱害)명 가물로 말미암아 입은 재해. 비한재(旱災).

한해(寒害)명 추위로 말미암아 입은 농작물의 피해.

한해-살이명 ☞일년생. 참여러해살이.

한해살이-풀명 ☞일년생 초본. 일년생 식물. 참여러해살이풀.

한행(寒行)명 불교에서, 대한(大寒)의 초입부터 30일간 추위 속에서 수도하고 고행하는 일.

한-허리명 길이의 한중간. ¶ 冬至ㅅ달 기나긴 밤을 한허리를 버혀내여(古時調).

한ː혈(汗血)명 ①피와 땀. ②〔피와 같은 땀이란 뜻으로〕 '크게 노력함'을 이르는 말.

한호-충(寒號蟲)명 ☞산박쥐.

한화(寒花)명 ①늦가을이나 겨울에 피는 꽃. ②'나뭇가지에 쌓인 눈'을 꽃에 비유하여 이르는 말.

한화(閑話·閒話)명하자 ☞한담(閑談).

한ː화(韓貨)명 한국의 돈. 한국의 화폐.

한화휴제(閑話休題)명하자 〔쓸데없는 이야기는 그만둔다는 뜻으로〕 글을 쓸 때, 한동안 본론에서 벗어난 이야기를 써 내려가다가 다시 본론으로 돌아갈 때 쓰는 말.

한훤(寒暄)명 ①날씨의 춥고 더움에 대하여 말하는 인사. 한온(寒溫). ②편지 글의 허두에 쓰는 '절후의 인사'를 이르는 말. ②한훤문.
한훤-문(寒暄問)명 ☞한훤.
할(喝)명 ①선승(禪僧)들이 말로는 나타낼 수 없는 도리를 나타내 보일 때 내는 소리. ②수행자의 망상이나 사견(邪見)을 꾸짖어 반성하게 할 때 내는 소리.
할(割)의 (사물이나 수량을) 10으로 등분한 것의 비율을 나타내는 단위. 푼의 10배. ¶ 3할. /5할.
할갑다[-따][할가우니·할가워]형ㅂ 끼울 자리가 끼울 물건보다 좀 너르다. 큰헐겁다. **할가이**부.
할거(割去)명하타 베어 버림. 찢어 없앰.
할거(割據)명하자 국토를 나누어 차지하여 세력권을 이룩함. ¶ 군웅이 할거하던 춘추 전국 시대.
할경명 ①하타 말로 업신여기는 뜻을 나타냄. ②남의 떳떳하지 못한 근본을 폭로하는 말.
할경(割耕)명하타 (이웃한 남의 논밭을) 침범하여 경작함.
할구(割球)명 수정란의 세포 분열로 생기는 미분화 상태의 세포.
할근-거리다자 자꾸 할근할근하다. 할근대다. 큰헐근거리다.
할근-대다자 할근거리다.
할근-할근부하자 (숨이 차서) 할딱이며 갈그랑거리는 모양. 큰헐근헐근.
할금부하타 남의 눈을 피해 한 번 곁눈질을 하는 모양. ¶ 할금 쳐다보고는 고개를 숙였다. 큰흘금. 센할끔. **할금-할금**부하타.
할금-거리다타 자꾸 할금할금하다. 할금대다. 큰흘금거리다.
할금-대다타 할금거리다.
할긋[-귿]부 ①하자 눈에 얼씬 보이는 모양. ¶ 그림자가 할긋 보이는가 싶더니 이내 자취를 감추었다. ②하타 눈동자를 살그머니 옆으로 돌려 한 번 보는 모양. ¶ 동생이 내 얼굴을 할긋 쳐다보았다. 큰흘긋. 센할끗. **할긋-할긋**부하자타.
할긋-거리다[-귿꺼-]타 자꾸 할긋할긋하다. 할긋대다. 큰흘긋거리다.
할긋-대다[-귿때-]타 할긋거리다.
할기다타 눈동자를 옆으로 굴려 노려보다. ¶ 눈을 할기다. 큰흘기다.
할기시부 눈을 바로 뜨고 노려보는 모양.
할기-족족[-쪽]부하형 할겨 보는 눈에 못마땅하거나 성난 빛이 드러나는 모양. 큰흘기죽죽.
할깃[-긷]부하타 눈을 한 번 할기는 모양. 큰흘깃. 센할낏. **할깃-할깃**부하타.
할깃-거리다[-긷꺼-]타 자꾸 할깃할깃하다. 할깃대다. 큰흘깃거리다. 센할낏거리다.
할깃-대다[-긷때-]타 할깃거리다.
할끔부하타 〈할금〉의 센말. 큰흘끔.
할끔-하다형여 (몸이 고단하거나 불편하여) 눈이 깔딱하다. 할딱하다. 큰흘끔하다.
할끗[-끋]부하타 〈할긋〉의 센말. 큰흘끗.
할낏[-낃]부하타 〈할깃〉의 센말. 큰흘낏.
할낏-거리다[-낃꺼-]타 〈할깃거리다〉의 센말. 할낏대다. 큰흘낏거리다.
할낏-대다[-낃때-]타 할낏거리다.
할-날[-랄]명 하루의 날.
할다타 〈옛〉①참소하다. 헐뜯다. ¶ 開國臣을 할어늘(龍歌*104*章). /左右ㅣ 하ᅀᆞᄫᅡ 아바님 怒ᄒᆞ시니(龍歌*91*章). ②하소하다. ¶ 우흐로 하ᄂᆞᆯᄭᅴ 할오져 ᄒᆞᄂᆞ돗도다(杜初*17:6*).
할단(割斷)[-딴]명하타 베어서 끊음.
할당(割當)[-땅]명하타되자 몫을 갈라 나눔, 또는 그 나눈 몫. 부별(賦別). ¶ 이익을 고루 할당하다.
할당-량(割當量)[-땅냥]명 몫을 갈라 나눈 양. ¶ 할당량을 정하다.
할당-제(割當制)[-땅-]명 몫을 갈라 나누어 주거나 책임을 지우는 제도. ¶ 지역 할당제를 도입하다.
할딱-거리다[-꺼-]자타 자꾸 할딱할딱하다. 할딱대다. 큰헐떡거리다.
할딱-대다[-때-]자타 할딱거리다.
할딱-이다 Ⅰ자 (신 따위가) 할가워서 벗겨지다. 큰헐떡이다.
Ⅱ타 숨을 가쁘게 몰아쉬는 소리를 내다.
할딱-하다[-따카-]형여 ①(심한 고생이나 병으로) 얼굴이 야위고 핏기가 없다. ②(몹시 지쳐서) 눈이 깔딱하다. 할끔하다. 큰헐떡하다.
할딱-할딱[-따칼-]부 ①하타 숨을 가쁘게 쉬는 모양. ②하자 (신 따위가) 할가워서 벗어졌다 신기었다 하는 모양. 큰헐떡헐떡.
할랑-거리다자 자꾸 할랑할랑하다. 할랑대다. 큰헐렁거리다.
할랑-대다자 할랑거리다.
할랑-하다형여 ①(들어간 물건보다 자리가 널러) 조금 할갑다. ②(하는 짓이) 실답지 아니하다. 큰헐렁하다. **할랑-히**부.
할랑-할랑부하자 ①매우 할랑한 모양. ②(하는 짓이) 실답지 않은 모양. 큰헐렁헐렁.
할랑할랑-하다형여 ①(들어간 물건보다 자리가 널러) 매우 할갑다. ②행동이 조심스럽지 아니하고 매우 경박하다. 큰헐렁헐렁하다.
할래-발딱부하타 숨이 차고 가슴이 발딱거리는 모양. ¶ 지각하지 않으려고 할래발딱 뛰어왔다. 큰헐레벌떡. **할래발딱-할래발딱**부하타.
할래발딱-거리다[-꺼-]타 자꾸 할래발딱할래발딱하다. 할래발딱대다. 큰헐레벌떡거리다.
할래발딱-대다[-때-]타 할래발딱거리다.
할렐루야(Hallelujah 히)명 기독교에서 '신을 찬양하라'의 뜻으로, 기쁨이나 감사를 나타내는 말. 알렐루야.
할려-금(割戾金)명 (받은 돈 중에서) 얼마를 낸 사람에게 돌려주는 돈.
할례(割禮)명 아이의 성기 끝 포피나 음핵·소음순을 조금 베어 내는 풍습. 고래(古來)로 여러 종족 사이에 널리 행해졌으며, 지금도 유대교에서는 종교적 의식으로 엄격히 지켜짐.
할로겐(Halogen 독)명 ☞할로겐족 원소.
할로겐족^원소(Halogen族元素)명 불소·염소·브롬·요오드·아스타틴을 통틀어 이르는 말. 〔모두 주기율표 제17족에 딸림.〕 염소족 원소. 할로겐.
할로겐화-물(Halogen化物)명 할로겐족 원소와 다른 원소와의 화합물. 〔불화물·염화물·브롬화물·요오드화물·아스타틴화물 따위.〕
할률-석(割栗石)[-썩]명 밤톨만 하게 쪼갠 돌. 콘크리트의 재료로 쓰임. 밤자갈.
할망구명 '늙은 여자'를 조롱하거나 얕잡아 이르는 말.
할맥(割麥)명 보리를 세로로 2등분하여 쓿은 보리쌀.
할머니명 ①아버지의 어머니. 조모(祖母). ②'부모의 어머니와 같은 항렬의 여자'를 두루 일컫는 말. ③'늙은 여자'를 친근하게 일컫는 말. 높할머님.
할머-님명 〈할머니〉의 높임말.

할멈명 ①지난날, '신분이 낮은 늙은 여자나 신분이 낮은 사람의 할머니'를 일컫던 말. ②'늙은 아내'를 친근하게 부르거나 일컫는 말.

할명(割名)명하타되자 명부에서 이름을 뺌. 제명(除名). ¶ 문중에서는 그를 족보에서 할명했다.

할미명 ①늙은 여자가 손자·손녀에게 자기 자신을 이르는 말. ¶ 얘야, 할미 안경 좀 찾아봐라. ②'할머니'를 낮추어 일컫는 말. 노고(老姑). 참할아비.

할미-꽃[-꼳]명 미나리아재빗과의 다년초. 온몸에 짧은 털이 나고, 높이는 30~40 cm. 4월에 자줏빛 꽃 하나가 꽃줄기 끝에서 밑을 향하여 핌. 각지의 들이나 산에 나는데, 뿌리는 이질이나 학질·신경통의 민간약으로 쓰임. 노고초(老姑草). 백두옹(白頭翁). ＊할미꽃이[-꼬치]·할미꽃만[-꼰-]

할미-새명 할미샛과의 새를 통틀어 이르는 말. 대개가 긴 꼬리를 아래위로 쉴 새 없이 흔드는 습성이 있음. 물가에 삶.

할박(割剝)명하타 ①가죽을 벗기고 살을 벰. ②(탐관오리가) 백성의 재물을 강제로 빼앗는 짓. 박할(剝割).

할반(割半)명하타 반을 베어 냄. 절반으로 나누어 벰.

할반지통(割半之痛)명 〔몸의 절반을 베어 내는 아픔이란 뜻으로〕 '형제자매가 죽은 슬픔'을 이르는 말.

할보(割譜)명하타되자 족보에서 이름을 지워 친족 관계를 끊음.

할복(割腹)명하자 (죽으려고 칼로) 배를 가름. ¶ 할복하여 자결하다.

할복-자살(割腹自殺)[-짜-]명하자 칼로 자기 배를 갈라 스스로 목숨을 끊음.

할부(割賦)명하타 여러 번으로 나누어 냄. 〔연부(年賦)나 월부 따위.〕

할부-금(割賦金)명 할부로 내는 돈.

할부^상환(割賦償還)명 빚의 원금과 이자를 할부로 갚는 상환.

할부^판매(割賦販賣)명 물건 값을 여러 번에 나누어 내도록 하는 판매 방식.

할선(割線)[-썬]명 원이나 곡선과 두 점에서 만나는 직선. 참접선(接線).

할손-례(割損禮)[-쏜녜]명 (유대 민족 사이에서) 남자가 태어나면 신체의 일부를 도려 내는 예식. 참할례.

할쑥-하다[-쑤카-]형여 (얼굴이) 핏기가 없고 야위다. 큰헐쑥하다. 참할쭉하다.

할아다타 〈옛〉헐뜯다. ¶ 할아디 아니ᄒᆞ며 辱ᄒᆞ디 아니ᄒᆞ며(金剛36).

할아버-님명 〈할아버지〉의 높임말.

할아버지명 ①아버지의 아버지. 조부(祖父). 참왕부(王父). ②'부모의 아버지와 같은 항렬의 남자'를 두루 일컫는 말. ③'늙은 남자'를 친근하게 일컫는 말. 높할아버님.

할아범명 지난날, '신분이 낮은 늙은 남자나 신분이 낮은 사람의 할아버지'를 일컫던 말.

할아비명 ①늙은 남자가 손자·손녀에게 자기 자신을 이르는 말. ②'할아버지'를 낮추어 일컫는 말. 참할미.

할암명 〈옛〉헐뜯음. ¶ 붓그러옴과 할아몰 브틂가 저호미니(內訓1:2).

할애(割愛)명하타되자 (아깝게 여기는 것을) 선뜻 내어 놓거나 버림. ¶ 바쁜 중에도 시간을 할애해 주셔서 감사합니다.

할양(割讓)명 ①하타(물건의 한 부분을) 떼어 남에게 줌. ②하자(국토의 한 부분을) 떼어 다른 나라에 줌. ¶ 영토 할양의 치욕을 당하다.

할여(割與)명하타되자 베어 줌. 떼어 줌.

할육-충복(割肉充腹)명하자 〔제 살을 베어 배를 채운다는 뜻으로〕 '친족의 재물을 빼앗음'을 이르는 말.

할은-단정(割恩斷情)명하자 애틋한 사랑과 정을 끊음.

할인(割引)명하타되자 ①(일정한 값에서) 얼마를 싸게 함. ¶ 할인 대매출. ↔할증. ②〈어음 할인〉의 준말.

할인(割印)명하자 두 쪽의 서류 따위가 서로 관련된 것임을 증명하기 위하여 양쪽에 걸치도록 하나의 도장을 찍음, 또는 그 도장. 비계인(契印).

할인-권(割引券)[-꿘]명 할인을 나타내는 표.

할인-료(割引料)[-뇨]명 ①어음의 액면과 할인하는 값의 차이. ②어음을 할인한 날부터 만기까지의 날수에 따라 떼어 내는 이자.

할인^모집법(割引募集法)[-뻡]명 (공채나 주식 따위의 모집에서) 액면 금액보다 싼 할인 가격으로 모집하는 방법.

할인^발행(割引發行)명 (공채나 주식 따위 증권을) 액면보다 싼값으로 발행하는 일. ↔할증 발행.

할인^시ː장(割引市場)명 어음의 할인으로 단기 융자가 실시되는 금융 시장.

할인^어음(割引-)명 할인하여 사들인 어음.

할인-율(割引率)[-뉼]명 할인하는 비율.

할인-은행(割引銀行)명 어음 할인 업무를 취급하는 은행. 〔보통의 은행은 모두 이 성격을 지니고 있음.〕

할인-점(割引店)명 할인된 상품만을 전문적으로 판매하는 점포.

할일-없다형 '하릴없다'의 잘못.

할접(割椄)[-쩝]명 ☞쪼개접.

할주(割註)[-쭈]명 (본문 사이에) 두 줄로 잘게 단 주석.

할증(割增)[-쯩]명하타되자 일정한 금액에 얼마를 더 얹음. ¶ 심야 할증 요금. ↔할인.

할증-금(割增金)[-쯩-]명 ①일정한 금액에 얼마를 더 얹어 주는 돈. ②(채권 따위의 상환에서 추첨 등의 방법에 의하여) 여분으로 얹어 주는 돈.

할증-료(割增料)[-쯩뇨]명 일정한 요금에 얼마를 더 받는 웃돈.

할증^발행(割增發行)[-쯩-]명 (공채나 주식 따위 증권을) 액면보다 높은 값으로 발행하는 일. ↔할인 발행.

할짝-거리다[-꺼-]타 자꾸 할짝할짝하다. 할짝대다. 큰할쭉거리다.

할짝-대다[-때-]타 할짝거리다.

할짝-할짝[-짜칼-]부하타 혀끝으로 자꾸 가볍게 핥는 모양. 큰할쭉할쭉.

할쭉-거리다[-꺼-]타 자꾸 할쭉할쭉하다. 할쭉대다. 작할짝거리다.

할쭉-대다[-때-]타 할쭉거리다.

할쭉-하다[-쭈카-]형여 살이 빠져서 좀 야위다. 큰헐쭉하다. 참할쑥하다.

할쭉-할쭉[-쭈칼-]부하타 혀끝으로 자꾸 부드럽고 가볍게 핥는 모양. 작할짝할짝.

할창(割創)명 법의학에서, '도끼 따위 둔기로 내리쳐서 생긴 창상(創傷)'을 이르는 말.

할취(割取)명하타 (남의 것에서) 일부를 빼앗아 가짐.

할퀴다타 ①(손톱 따위로) 긁어서 생채기를 내다. ¶ 고양이가 손등을 할퀴었다. ②휩쓸거나 스쳐 지나다. ¶ 수마(水魔)가 할퀴고 간 들판. ③'훔치다'의 변말.

할팽(割烹)명하타 〔고기를 썰어서 삶는다는 뜻으로〕 음식을 요리함, 또는 그 음식.

할할부하자 숨이 차서 숨을 고르게 쉬지 못하는 모양. 큰헐헐.

핥다[할따]타 ①혀를 물건에 대고 빨아 맛보거나 물건 겉을 쓸어 들이다. ¶ 강아지가 빈 그릇을 핥고 있다. ②(물이나 불 따위가) 물체의 바닥이나 겉을 스치어 지나다. ¶ 불길이 지붕을 핥으며 높이 치솟다. *핥아·핥고[할꼬]·핥는[할른]

핥아-먹다[-따]타 옳지 못한 수단으로 남의 것을 야금야금 빼앗다.

핥아-세다타 옳지 못한 수단으로 남의 물건을 단번에 빼앗아 가지다.

핥-이다[할치-] Ⅰ자 〖'핥다'의 피동〗 핥음을 당하다.

Ⅱ타 〖'핥다'의 사동〗 핥게 하다. ¶ 강아지에게 죽사발을 핥이다.

핧다타 〈옛〉핥다. ¶ 똥 무딧 우희 겨를 구버 할커늘(月釋9:35). /할흘 톄:舐. 할홀 텸:舔(訓蒙下14).

함(咸)명 〈함괘(咸卦)〉의 준말.

함ː(函)명 ①혼인 때, 혼서지와 채단 따위를 넣어 신랑 집에서 신부 집으로 보내는 상자. ②옷이나 물건을 넣어 두는 상자.

함(銜)명 자기의 이름자를 변형시켜서 만든 수결. **함을 두다**관용 (글발의 이름 뒤에) 수결(手決)을 쓰다.

함(緘)명 '봉함한다'는 뜻으로, 겉의 봉한 자리에 쓰거나 찍는 글자.

함ː(艦)명 〈군함(軍艦)〉의 준말.

함-(含)접두 화학에서, 어떠한 물질을 '함유하고 있음'을 나타내는 말. ¶ 함수 탄소.

함감(含憾)명하자 원망의 뜻을 품음. 협감(挾憾). ¶ 함감의 글발.

함ː거(轞車·檻車)명 지난날, 죄인을 호송할 때 쓰던 수레.

함고(咸告)명하타 죄다 일러바침.

함괘(咸卦)명 육십사괘의 하나. 태괘(兌卦)와 간괘(艮卦)를 위아래로 놓은 괘. 산 위에 못이 있음을 상징함. 준함(咸).

함ː교(艦橋)명 군함의 양쪽 뱃전에 걸쳐 높게 설치한 갑판. 〔전투나 항해의 지휘대임.〕

함구(含垢)명하자 욕됨을 참고 견딤.

함구(緘口)명하자 입을 다물고 말을 하지 않음. 겸구(箝口). 함묵(緘默). ↔개구(開口).

함구-령(緘口令)명 (어떤 일에 관하여) 말하는 것을 금지하는 명령. ¶ 그 일에 대해서는 함구령이 내렸다.

함구-무언(緘口無言)명하자 입을 다물고 말이 없음. ¶ 끝내 함구무언이니, 내막을 알 수가 있나.

함구-물설(緘口勿說)[-썰]명하타 ☞겸구물설.

함구불언(緘口不言)명하자 입을 다물고 말을 하지 아니함. ¶ 협상의 결과에 대해 함구불언으로 일관하다.

함께부 같이. 더불어. 동시에. 《주로, '…과 함께'의 꼴로 쓰임.》 ¶ 평생 함께 살자꾸나. /친구와 함께 밤새 공부했다.

함께-하다타여 같이하다. ¶ 고락(苦樂)을 함께 하다. /생사를 함께한 동지(同志).

함ː닉(陷溺)명하자 ①(물속에) 빠져 들어감. ②(주색 따위) 못된 일에 빠짐.

함ː담(菡萏)명 〔연꽃이나 연꽃 봉오리란 뜻으로〕 '미인의 아름다운 얼굴'을 비유하여 이르는 말.

함당-률(含糖率)[-뉼]명 함유된 당분의 비율.

함ː대(艦隊)명 군함 두 척 이상으로 편성한 해군 부대.

함ː대-공(艦對空)명 〔주로, 유도탄의 기능을 나타내는 말로서〕 군함에 설치하여 공중에 있는 것을 상대함. ¶ 함대공 미사일.

함도(鹹度)명 바닷물에 들어 있는 소금의 양(量). 〔1000 g에 대한 몇 g으로 나타냄.〕

함독(含毒)명하자 독기나 독한 마음을 품음.

함ː락(陷落)[-낙]명되자 ①하자(땅이) 꺼져서 내려앉음. ②하타성(城)이나 요소(要所) 따위를 무너뜨림. ¶ 적의 요새를 함락하다.

함ː락^지진(陷落地震)[-낙찌-]명 ☞함몰 지진.

함ː락-호(陷落湖)[-나코]명 ☞함몰호.

함량(含量)[-냥]명 어떤 물질 속에 성분으로 포함되어 있는 분량. 함유량. ¶ 함량 부족.

함련(頷聯)[-년]명 한시의 율시(律詩)에서, 제3, 4구. 곧, 제2연. 전련(前聯). 참수련·경련.

함ː령(艦齡)[-녕]명 군함을 만든 후의 햇수. 군함의 나이. 참선령(船齡).

함ː롱(函籠)[-농]명 ①함(函)과 농(籠). ②(옷을 넣는) 함처럼 생긴 농.

함루(含淚)[-누]명하자 눈물을 머금음.

함ː루(陷壘)[-누]명하타 되자 ①진루(陣壘)가 함락됨. ②진루를 함락함.

함매(銜枚)명하자 지난날, 군졸들이 떠들지 못하도록 입에 하무를 물리던 일.

함ː몰(陷沒)명하자되자 ①(땅속이나 물속으로) 한번에 쑥 빠짐. ②(재난을 당하여) 멸망함. ③(두개골이나 유두 따위 신체 부위가) 푹 꺼짐. ¶ 유두가 함몰되어 수유를 못하다.

함ː몰-만(陷沒灣)명 지층의 함몰로 생긴 만. ↔계단만.

함ː몰^지진(陷沒地震)명 지층이 함몰할 때에 일어나는 지반의 진동. 함락 지진.

함ː몰-호(陷沒湖)명 지층이 함몰하거나 침하한 자리에 이루어진 호수. 함락호.

함묵(含默)명하자 입을 다물고 가만히 있음.

함묵(緘默)명하자 입을 다물고 말을 하지 아니함. 함구(緘口). ¶ 억년 비정의 함묵.

함미(鹹味)명 짠맛.

함ː미(艦尾)명 군함의 고물. ↔함수(艦首).

함ː미-포(艦尾砲)명 군함의 뒤쪽 끝에 장치한 포. ↔함수포.

함바기명 새모래덩굴과의 활엽 만목(蔓木). 넓은 달걀 모양의 잎이 어긋나며 잎자루가 긺. 7~8월에 연한 녹색의 꽃이 피며, 둥근 핵과가 주홍색으로 익음. 제주도를 비롯하여 일본·중국·필리핀·인도 등지의 바닷가 산기슭에 남. 뿌리는 한방에서 복통·감기·설사에 약재로 쓰고, 줄기로는 광주리 따위를 만듦.

함-박명 〈함지박〉의 준말.

함박-꽃[-꼳]명 ①함박꽃나무의 꽃. ②작약(芍藥) 또는 작약의 꽃. *함박꽃이[-꼬치]·함박꽃만[-꼰-]

함박꽃-나무[-꼰-]명 목련과의 낙엽 소교목. 깊은 산골짜기에 나는데, 관상용으로 심기도 함. 높이는 7 m가량. 잎은 길둥글며 뒷면에 털이 있음. 5~6월에 향기 있는 흰 꽃이 아래 또는 옆을 향해 핌.

함박-눈[-방-]명 함박꽃 송이처럼 굵고 탐스럽게 내리는 눈.
함박-삭모(-槊毛)[-쌍-]명 말 머리를 꾸미는 붉은 털. 〔함박꽃처럼 탐스럽게 만듦.〕 참삭모·상모(象毛).
함박-송이[-쏭-]명 ①함박꽃의 송이. ②더부룩하게 만든 삭모(槊毛).
함박-웃음명 크고 환하게 웃는 웃음.
함박-조개[-쪼-]명 개량조갯과의 바닷조개. 길이 9.5 cm, 너비 5.3 cm가량으로 함지박 모양임. 갓어귀의 수심 10 m 정도의 모래땅에 삶. 우리나라 동해안과 남해안 및 일본의 홋카이도 등지에 분포함.
함:보(函褓)[-뽀]명 함을 싸는 보자기.
함봉(緘封)명하타되자 겉봉을 봉함. ↔개봉.
함부로부 ①마음대로 마구. 생각 없이 마구. ¶ 길거리에 담배꽁초를 함부로 버리다. ②버릇없이. ¶ 좀 친해졌다고 함부로 굴다.
함부로-덤부로부 '함부로'의 힘줌말. ¶ 작은 일도 함부로덤부로 처리하지 마라.
함분(含憤)명하자 분한 마음을 품음.
함분-축원(含憤蓄怨)명하자 분함을 품고, 원한을 쌓음.
함빡부 ①(분량 따위가) 모자람이 없이 넉넉한 모양. ¶ 맑은 공기를 함빡 들이마시다. ②(물 따위가) 내배도록 젖은 모양. ¶ 땀에 함빡 젖다. 비함씬. 큰흠뻑.
함:상(艦上)명 군함의 위.
함:상-기(艦上機)명 ☞함재기.
함석명 아연을 입힌 얇은 철판. 백철. 아연철. 함석철. 참양철.
함석-꽃[-꼳]명 (놋쇠 따위를 녹일 때에) 도가니에서 연기 같은 기운이 나가서 굴뚝 따위에 서려 붙은 물건. 긁어모은 가루를 약으로 씀. 연화분(鉛華粉). ＊함석꽃이[-꼬치]·함석꽃만[-꼰-]
함석-지붕[-찌-]명 함석으로 이은 지붕.
함석-집[-찝]명 함석으로 지붕을 이은 집.
함석-철(-鐵)명 함석으로 된 철판. 함석.
함석-판(-板)명 함석으로 된 평판(平板).
함:선(艦船)명 '군함과 선박'을 아울러 이르는 말.
함:성(陷城)명하타되자 성이 함락됨. 성을 쳐서 함락시킴.
함:성(喊聲)명 여럿이 함께 지르는 고함 소리. ¶ 승리의 함성이 천지를 뒤덮다.
함셈^어:족(Ham-Sem語族)명 세계 언어 분류의 한 가지. 함 어족과 셈 어족을 아울러 이르는 말.
함소(含笑)명하자 ①웃음을 머금음. ②꽃이 피기 시작함.
함수(含水)명 (화합물 따위가) 수분을 포함하고 있음. 《주로, 관형어적으로 쓰임.》 ¶ 함수 규산.
함수(含羞)명하자 수줍은 빛을 띰.
함수(含漱)명하자 양치질을 함.
함:수(函數)[-쑤]명 두 변수 x와 y 사이에, x의 값이 정해짐에 따라 y의 값이 정해지는 관계에서 x에 대하여 y를 이르는 말. 따름수.
함수(鹹水)명 짠물. ↔담수(淡水).
함:수(艦首)명 군함의 이물. ↔함미(艦尾).
함수^결정(含水結晶)[-쩡]명 수분을 함유하고 있는 결정.
함:수-론(函數論)[-쑤-]명 수학의 한 분야. 변수(變數)나 함숫값이 복소수인 함수에 대하여 연구하는 학문.
함:수^방정식(函數方程式)[-쑤-]명 미지 함수를 포함하는 방정식. 〔미분 방정식 따위.〕
함수-어(鹹水魚)명 ☞짠물고기.
함수-제(含漱劑)명 (입 안이나 목구멍에 병이 났을 때) 입에 머금어서 씻어 내는 물약.
함수-초(含羞草)명 ☞미모사.
함수^탄:소(含水炭素)명 ☞탄수화물.
함:수-포(艦首砲)명 군함의 뱃머리에 장치한 포. ↔함미포.
함:수-표(函數表)[-쑤-]명 한 가지 또는 몇 가지의 함수에 관하여 그 독립 변수의 여러 값에 대한 함수의 값을 적어 보여, 실지의 계산에 쓰도록 한 표. 〔대수표(對數表)나 삼각표 따위.〕
함수-호(鹹水湖)명 짠물이 괴어 있는 호수. 염호(塩湖). 준함호. ↔담수호.
함수^화:합물(含水化合物)[-함-]명 ☞수화물(水化物).
함:숫-값(函數-)[-쑤깝/-숟깝]명 독립 변수의 값에 대응하는 종속 변수의 값. ＊함:숫값이[-쑤깝씨/-숟깝씨]·함:숫값만[-쑤깜-/-숟깜-]
함:실명 부넘기가 없이 불길이 그냥 고래로 들어가도록 된 아궁이의 구조.
함:실-구들명 함실로 된 구들.
함:실-방(-房)[-빵]명 함실구들을 놓은 방.
함:실-아궁이명 함실구들의 아궁이.
함:실-코명 푹 빠져서 입천장과 맞뚫린 코, 또는 그러한 코를 가진 사람.
함실-함실부하형 (지나치게 삶기어) 물크러질 정도가 된 모양. 큰흠실흠실.
함씨(咸氏)명 남을 높이어 그의 '조카'를 이르는 말.
함씬부 ①(정도가 차고도 남을 만큼) 넉넉하게. ②물에 폭 젖은 모양. ¶ 갑자기 비가 내려 함씬 젖었다. 비함빡. 큰흠씬.
함양(涵養)명하타되자 ①(자연스럽게 터득하도록) 차차 길러 냄. ②(학식을 넓혀서) 심성(心性)을 닦음. 함육(涵育). ¶ 도덕심의 함양.
함양-훈도(涵養薰陶)명하타 (사람을) 가르치고 이끌어 재덕(才德)을 이루도록 감화함.
함^어:족(Ham語族)명 북아프리카에서 쓰이는 이집트 어, 리비아·베르베르 어, 쿠시 어, 콥트 어 등을 통틀어 이르는 어족.
함영(涵泳)명하자 ☞무자맥질.
함:영(艦影)명 군함의 모습.
함원(含怨)명하자 원한을 품음.
함유(含有)명하타되자 (어떤 물질이 어떤 성분을) 포함하고 있음. ¶ 비타민이 함유된 음료수.
함유(含油)명하자 석유가 들어 있음.
함유-량(含有量)명 함유하고 있는 분량. 함량. ¶ 철분 함유량.
함유-층(含油層)명 석유를 함유하고 있는 지층.
함유^혈암(含油頁岩)명 ☞석유 혈암.
함육(涵育)명하타되자 ☞함양(涵養).
함의(含意)[하믜/하미]명하타되자 말이나 글 속에 어떠한 뜻이 포함되어 있음, 또는 그 뜻. ¶ 함의를 파악하다. /함의된 의미를 찾아내다.
함인(含忍)명하타 참고 견딤.
함:입(陷入)명하자되자 빠짐. 빠져 들어감.
함자(銜字)[-짜]명 남을 높이어 그의 '이름'을 이르는 말. ¶ 부친의 함자가 어떻게 되십니까? 비성함.
함:장(函丈)명 ①스승. ②편지 글에서, 받는 사람의 이름 아래 써서 경의를 나타내는 말. 〔스승과의 관계에서 존경을 표하거나 가까이 모신다는 뜻으로 한 장(丈)의 여지를 둔 데서 유래함.〕

함ː장(艦長)명 군함 및 승무원을 지휘·통솔하는 직위, 또는 그 직위에 있는 사람.
함ː재(艦載)명하타되자 군함에 실음.
함ː재-기(艦載機)명 항공모함 등 군함에 실린 항공기. 함상기.
함ː적(艦籍)명 군함이 소속하는 적(籍).
함ː정(陷穽·檻穽)명 ①(짐승을 잡으려고) 파 놓은 구덩이. 허방다리. ¶ 멧돼지가 함정에 걸려들다. ②벗어날 수 없는 곤경이나 계략. ¶ 적의 함정에 빠지다.
함ː정(艦艇)명 크고 작은 군함을 통틀어 이르는 말.
함ː정^수사(陷穽搜査)명 수사 기관이 미리 함정을 만들어 놓고 범죄를 유도하여 범인을 체포하는 수사 방법. 마약 단속법에서는 이를 허용함.
함종-률(咸從栗)[-뉼]명 평안남도 함종 지방에서 나는 밤. 맛이 달고 껍데기와 보늬가 얇음.
함ː중(陷中)명 신주(神主) 뒤쪽에 네모꼴로 파낸 부분. 〔여기에 죽은 이의 관직(官職)·별호(別號)·성명 따위를 적음.〕
함지명 ①나무로 네모지게 짜서 만든 그릇. 운두가 좀 깊고 밑은 좁으며 위가 넓음. ②〈함지박〉의 준말. ③광산에서, 복대기나 감흙을 물에 일어서 금을 잡는 그릇.
함지(咸池)명 옛날, 해가 지는 곳이라고 믿었던 서쪽의 큰 못. ↔양곡(暘谷).
함ː지(陷地)명 움푹 꺼진 땅.
함지-박명 통나무를 파서 큰 바가지같이 만든 전이 없는 그릇. 준함박·함지.
함지-방(-房)명 한번 들어가면 나올 수 없게 되어 있는 방.
함ː지사지(陷之死地)명하자 목숨이 위태로운 지경에 빠짐.
함지-질명하자 광산에서, 복대기나 감흙을 함지로 일어서 금을 잡는 일.
함지-탕명 함지질을 하고 난 복대기.
함ː진-아비(函-)명 혼인 때, 신부 집으로 함을 지고 가는 사람.
함채(鹹菜)명 소금에 절인 채소.
함ː척(函尺)명 높낮이를 잴 때, 시준선(視準線)을 재는 자.
함철(含鐵)명하자 쇠가 들어 있음.
함초롬-하다형여 (어떤 기운이 서리어 있거나 물기를 머금고 있어) 차분하고 곱다. **함초롬-히**부 ¶ 꽃은 함초롬히 아침 이슬을 머금고….
함축(含蓄)명하타되자 ①속에 간직하여 드러나지 아니함. ②풍부한 내용이나 깊은 뜻이 들어 있음. ¶ 인생의 참뜻을 함축한 시편.
함축-미(含蓄美)[-충-]명 (겉으로 드러내지 않고) 속에 간직하고 있는 아름다움.
함축-성(含蓄性)[-썽]명 (말이나 글 중에) 어떤 뜻이 함축되어 있는 성질.
함축-적(含蓄的)[-쩍]관명 (겉으로 드러내지 않고) 속에 간직하고 있는 (것). ¶ 함축적 의미. /함축적인 표현.
함치르르부하형 깨끗하고 윤이 반들반들 나는 모양. ¶ 함치르르한 검은 머리. 큰흠치르르.
함탄(含炭)명하자 석탄이 들어 있음.
함ː포(艦砲)명 군함에 장치한 포. ¶ 함포 사격.
함포-고복(含哺鼓腹)명하자 〔실컷 먹고 배를 두드린다는 뜻에서〕 '배불리 먹고 삶을 즐기는 평화로운 모습'을 이르는 말.
함ː-하다(陷-)형여 ①(바닥이) 우묵하다. ②(기운이) 까라져 있다.
함하-물(頷下物)명 남이 먹다 남은 찌꺼기. 턱찌끼.
함함(顑頷) '함함(顑頷)하다'의 어근.
함함-하다형여 (털 따위가) 보드랍고 윤기가 있다. ¶ 털이 함함한 고양이. **함함-히**부.
함함-하다(顑頷-)형여 몹시 굶주려 부황이 나서 누르퉁퉁하다. **함함-히**부.
함ː해(陷害)명하타 (남을) 재해에 빠지게 함.
함혐(含嫌)명하타 ①언짢은 마음을 품음. ②혐의를 품음.
함ː형(艦型)명 군함의 형태, 또는 종류.
함호(含糊)명하자 ①(말을) 우물거리며 모호하게 함. ②뚜렷한 태도가 없이 우물쭈물하며 결단을 못 내림.
함호(鹹湖)명 〈함수호〉의 준말.
함흥-차사(咸興差使)명 〔한번 가기만 하면 깜깜소식이라는 뜻으로〕 심부름을 가서 아주 소식이 없거나 더디 올 때에 쓰는 말. 〔조선의 태조 이성계가 함흥에 가 있으면서 아들 태종이 보낸 차사들을 모두 돌려보내지 않았던 고사에서 유래함.〕
합(合) Ⅰ명 ①여럿을 한데 모은 수. ¶ 합이 얼마냐?/1과 2의 합은 3이다. ②헤겔의 변증법에서, 논리 전개의 세 단계의 하나. 종합의 뜻. 참정반합(正反合). ③천문학에서, 행성과 태양이 황경(黃經)을 같이할 때를 이르는 말.
Ⅱ의 칼이나 창으로 싸울 때, 칼이나 창이 서로 마주치는 횟수를 세는 단위.
합(盒)명 음식을 담는 그릇의 한 가지. 운두가 그리 높지 않고 둥글넓적한데, 뚜껑이 있음.
합가(闔家)[-까]명 온 집안 식구. 한가족.
합각(合刻)[-깍]명하타 둘 이상의 책을 한데 합쳐서 한 책으로 간행함, 또는 그 책.
합각(合閣)[-깍]명 지붕의 위쪽 양옆에 박공(牔栱)으로 '人' 자 모양을 이룬 구조.
합각(蛤殼)[-깍]명 조가비. 조개껍데기.
합각-마루(合閣-)[-깡-]명 박공(牔栱)의 위에 있는 마루.
합각-머리(合閣-)[-깡-]명 합각이 있는 측면.
합격(合格)[-껵]명하자되자 ①(정하여진) 격식이나 조건에 맞음. ¶ 그만한 성품이라면 며느릿감으로는 합격이다. ②(채용이나 자격 시험 따위에) 붙음. ¶ 사법 고시에 합격하다. ②↔낙방·불합격.
합경(合慶)[-경]명하자 경사스러운 일이 겹침.
합계(合計)[-꼐/-께]명하타되자 (수나 양을) 합하여 셈함, 또는 그 수나 양. 합산. ¶ 합계를 내다. 준계. 비총계.
합계(合啓)[-꼐/-께]명하타 조선 시대에, 사간원이나 사헌부·홍문관 중의 두세 군데서 연명(連名)으로 올리던 계사(啓辭).
합곡(合谷)[-꼭]명 한방에서, 침을 놓는 자리의 하나. 엄지손가락과 집게손가락과의 사이.
합국(合局)[-꾹]명 풍수지리에서, 혈(穴)과 사(砂)가 합하여 이루어진 '썩 좋은 묏자리나 집터'를 이르는 말.
합군(合郡)[-꾼]명하타 군(郡)을 합침.
합궁(合宮)[-꿍]명하자 부부간의 성교.
합근(合巹)[-끈]명하자 ①전통 혼례식에서, 신랑 신부가 잔을 주고받음, 또는 그런 절차. ②'혼례식을 거행함'을 이르는 말.
합금(合金)[-끔]명하자타 하나의 금속에 성질이 다른 금속이나 비금속을 첨가하여 새로운 성질의 금속을 만듦, 또는 그렇게 만든 금속. 〔강철·놋쇠 따위.〕 합성금(合成金).

합금(合衾)[-끔]명하자 (남녀가) 한 이불 속에서 잠. 〔흔히, 남녀의 정사를 이름.〕

합금-강(合金鋼)[-끔-]명 강철이나 탄소 이외의 합금 원소를 섞어 만든 강(鋼). 특수강.

합기-도(合氣道)[-끼-]명 무술의 한 가지. 관절 지르기와 급소 지르기가 특기인 호신술로, 맨손으로도 하고 검이나 단검·몽둥이·창 따위를 쓰기도 함.

합내(閤內)[함-]명 편지 글에서, 상대편을 높이어 그의 '가족'을 이르는 말.

합다리-나무[-따-]명 나도밤나뭇과의 낙엽 교목. 높이 10 m가량으로 자라고 가지가 굵으며 어릴 때는 황갈색의 털이 있음. 9~15개의 달걀꼴이나 타원형의 작은 잎이 어긋맞게 나며, 6월에 흰 꽃이 원추 화서로 핌. 산기슭의 양지에 나는데, 우리나라의 중부 이남과 일본 남부, 대만 등지에 분포함.

합당(合當) '합당하다'의 어근.

합당(合黨)[-땅]명하자되자 당(黨)을 합침.

합당-하다(合當-)[-땅-]형여 꼭 알맞다. ¶ 부모님의 뜻에 합당한 결혼을 하다. **합당-히**부.

합독(合櫝)[-똑]명하타 부부의 신주(神主)를 한 주독(主櫝) 안에 모심, 또는 그 주독. 참외독.

합동(合同)[-똥]명 ①하자되자(둘 이상이) 모여 하나가 되거나, 모아서 하나로 함. ¶ 합동 연설회. ②수학에서, 어떤 두 도형의 모양이나 크기를 바꾸지 않고 그 위치만을 변화시켰을 때 겹치게 할 수 있는 두 도형의 관계를 이르는 말. 〔기호는 ≡〕

합동(合洞)[-똥]명하타되자 동네를 합침.

합동-결혼식(合同結婚式)[-똥-]명 한 사람의 주례로, 한자리에서 여러 쌍의 신랑·신부가 함께 치르는 결혼식.

합동^법률^사ː무소(合同法律事務所)[-똥범뉼-]명 (대개 3~5인, 또는 그 이상의 변호사가) 합동하여 설립한 법률 사무소.

합동^작전(合同作戰)[-똥-쩐]명 육·해·공군 부대 중 둘 이상의 군부대가 참가하는 작전.

합동^참모^본부(合同參謀本部)[-똥-]명 군령(軍令)에 관한 일에 대하여 국방부 장관을 보좌하는 국방부의 한 기관.

합동^참모^회ː의^의장(合同參謀會議議長)[-똥-회의-/-똥-훼이-]명 합동 참모 회의의 장. 국방부 장관을 보좌하며 합동 참모 본부의 사무를 통할함. 준합참 의장.

합-뜨리다(合-)타 아주 합치다. 합트리다.

합력(合力)[함녁]명 ①하자(흩어진) 힘을 한데 모음, 또는 그 힘. ②물리에서, 동시에 작용하는 둘 이상의 힘이 하나로 모아져 나타나는 힘. 합성력. ②↔분력(分力).

합례(合禮)[함녜]명하자 ①신랑 신부가 한 이불 속에 자며 첫날밤을 치름. 정례(正禮). ②예절에 맞음.

합로(合路)[함노]명하자되자 (둘 이상의) 길이 한데 합함, 또는 그렇게 합한 길.

합류(合流)[함뉴]명하자되자 ①(둘 이상의 흐름이) 한데 합하여 흐름. 회류(會流). ¶ 작은 물줄기가 큰 강과 합류하는 지점. ②(나뉘어 있다가, 또는 일정한 목적을 위하여) 합하여서 행동을 같이함. ¶ 선발대와 합류하다.

합류식 하ː수도(合流式下水道)[함뉴시카-] 빗물이나 하수를 함께 흘려 보내는 하수도.

합류-점(合流點)[함뉴쩜]명 ①합류하는 지점. ②합류하는 계기.

합리(合理)[함니]명하형 이치에 맞음.

합리-론(合理論)[함니-]명 ☞합리주의(合理主義).

합리-성(合理性)[함니썽]명 ①도리에 맞는 성질. ②논리의 법칙이나 과학적 인식에 들어맞는 성질. ③행위가 능률적으로 행하여지거나 사태가 목적에 적합한 성질. ↔비합리성.

합리-적(合理的)[함니-]관명 ①도리에 맞아 정당한 (것). ②논리적으로 필연성에 들어맞는 (것). ¶ 합리적인 사고방식. ↔비합리적.

합리적 자애(合理的自愛)[함니-짜-] 이성을 세계관이나 인생관의 중추로 하여, 현세로서의 자아를 영속적인 만족의 추구 속에 두는 일.

합리-주의(合理主義)[함니-의/함니-이]명 (도리나 이성·논리가 일체를 지배한다는 관점에서) 사물을 합리적으로 분별하려는 주의나 태도. 합리론. 유리론(唯理論).

합리-화(合理化)[함니-]명하타되자 ①불합리를 없애고 능률적인 것이 되게 함. ¶ 경영 합리화. ②(변명이나 정당화를 위하여) 그럴듯한 이유를 붙여 둘러맞춤. ¶ 자기 합리화에만 급급하다.

합명(合名)[함-]명하타 ①이름을 모아서 죽 씀. ②(공동으로 책임을 지기 위하여) 이름을 같이 씀.

합명^회ː사(合名會社)[함-회-/함-훼-]명 모든 사원이 업무를 집행하고 대표하며 무한 책임을 지는 회사.

합목(合木)[함-]명하자 (나무로 물건을 만들 때) 나뭇조각을 마주 붙이는 일.

합-목적(合目的)[함-쩍]명 목적에 맞음.

합목적-성(合目的性)[함-쩍썽]명 어떤 사물이 일정한 목적에 알맞은 방법으로 존재하는 것.

합문(閤門)[함-]명 ①편전(便殿)의 앞문. ②밖으로 드러나지 않는 출입문. 각문(閣門).

합문(闔門)[함-]명 ①〔문을 닫는다는 뜻으로〕 온 집안(의 식구). 거가(擧家). ②하자제사 때 유식(侑食) 차례에서, 병풍으로 가리거나 문을 닫는 일.

합반(合班)[-빤]명하자되자 둘 이상의 학급을 합침, 또는 그 합친 반. ¶ 합반 수업.

합방(合邦)[-빵]명하자타되자 둘 이상의 나라를 한 나라로 합침, 또는 그 합친 나라.

합방(合房)[-빵]명하자 성인 남녀가 함께 잠을 자거나 방사(房事)를 하기 위하여 한방에 듦, 또는 그 일.

합-배뚜리(盒-)[-빼-]명 덮개가 딸린 바탱이.

합번(合番)[-뻔]명하자 지난날, 큰일이 있을 때 관원 여럿이 모여 숙직하던 일. 합직(合直).

합법(合法)[-뻡]하형 법령이나 규칙에 맞음. 적법. ↔불법·비합법·위법.

합법-성(合法性)[-뻡썽]명 ①(행위 따위가) 법의 규범에 어긋나지 않은 성질. ②(어떤 현상이) 일정한 법칙에 따라 일어나는 성질.

합법^운ː동(合法運動)[-뻐분-]명 합법적으로 하는 사회 운동.

합법-적(合法的)[-뻡쩍]관명 법률·법규 따위에 맞는 (것). ¶ 합법적 단체. /문제를 합법적으로 해결하다. ↔비합법적.

합법-화(合法化)[-뻐퐈]명하타되자 법령이나 법규 따위에 맞도록 함.

합병(合兵)[-뼝]명하타 둘 이상의 부대를 한 부대로 합침, 또는 그 합친 부대.

합병(合倂)[-뼝]명하자타되자 (둘 이상의 사물이나 조직을) 하나로 합침, 또는 합함. 병합. ¶ 두 은행을 합병하다.

합병-증(合倂症) [-뻥쯩]명 어떠한 병에 곁들여 일어나는 다른 병. 객증(客症). 여병(餘病). ¶ 당뇨병에 합병증이 생기다.

합보(合褓) [-뽀]명 밥상을 덮는 겹보자기의 한 가지. 한쪽 면에 기름종이를 대고 다른 쪽 면에 천을 대어 박아 만듦.

합-보시기(盒-) [-뽀-]명 뚜껑이 있는 보시기.

합본(合本) [-뽄]명 ①하타(여러 권의 책을) 합쳐서 한 권으로 맴, 또는 그 책. ②하자☞합자(合資).

합부(合祔) [-뿌]명하타되자 ☞합장(合葬).

합-부인(閤夫人) [-뿌-]명 상대편을 높이어 그의 '아내'를 이르는 말. 참현합(賢閤).

합빙(合氷) [-삥]명하자되자 강물이 양쪽 끝까지 얼어붙음, 또는 그 얼음.

합사(合沙) [-싸]명하자 (어린 인삼을 기르는) 흙을 황토와 섞는 일.

합사(合祀) [-싸]명하타되자 (둘 이상의 죽은 사람의 넋을) 한곳에 모아 제사함.

합사(合絲) [-싸]명하타 실을 여러 가닥 겹쳐서 드림, 또는 그 드린 실.

합사-묘(合祀廟) [-싸-]명 ①합사하는 묘당(廟堂). ②'문묘(文廟)'를 달리 이르는 말.

합-사발(盒沙鉢) [-싸-]명 뚜껑이 있는 사발.

합-사주(合四柱) [-싸-]명하자 (혼인하기 전에) 신랑 신부가 될 사람의 사주를 맞추어 봄.

합삭(合朔) [-싹]명 달이 지구와 해 사이에 들어가 일직선이 되는 때. 준삭(朔).

합산(合算) [-싼]명하타되자 합하여 셈함. 합계(合計). ¶ 한 달 교통비를 합산하다.

합-산적(合散炙) [-싼-]명 닭·꿩·쇠고기 등을 잘게 다져서 반대기를 지어 구운 산적.

합살-머리 [-쌀-]명 소의 양(䏰)의 벌집위에 붙은 고기. 횟감으로 쓰임.

합생-웅예(合生雄蘂) [-쌩-]명 (여럿이 한데 엉기어) 한 덩이가 된 수꽃술.

합석(合席) [-썩]명하자 한자리에 같이 앉음.

합선(合線) [-썬]명하자되자 음·양의 두 전기의 선이 한데 붙음. ¶ 전기 합선으로 불이 나다.

합설(合設) [-썰]명하타되자 ①한곳에 합치어 설치함. ②제례에서, 배위(配位)를 함께 모심. ②참단설(單設).

합섬(合纖) [-썸]명 <합성 섬유>의 준말.

합성(合成) [-썽]명하타되자 ①둘 이상이 합하여 하나가 되거나 하나를 만듦. ¶ 사진 합성. ②화학 원소로 화합물을 만들거나, 간단한 화합물에서 복잡한 화합물을 만드는 일. ③벡터나 힘 따위와 같이 방향성(方向性)이 있는 양(量)을 둘 이상 합치는 일. ④(생물이) 탄산가스에서 유기 화합물을 만드는 일. ②↔분석(分析)·분해.

합성^고무(合成-) [-썽-]명 (여러 가지 화학 물질을) 합성하여 만든 고무. 〔실리콘·우레탄·폴리클로로프렌 고무 따위.〕 인조 고무.

합성^국가(合成國家) [-썽-까]명 둘 이상의 국가 또는 자치 정부를 가진 주(州) 따위가 합쳐서 성립된 국가. 〔연방이나 합중국 따위.〕

합성-금(合成金) [-썽-]명 ☞합금(合金).

합성^담ː배(合成-) [-썽-]명 셀룰로오스 유도체와 칼슘·마그네슘염·진흙 따위를 담배 잎에 섞어서 만든 대용 담배.

합성-력(合成力) [-썽녁]명 ①둘 이상의 힘이 합하여진 힘. ②☞합력(合力).

합성-물감(合成-) [-썽-깜]명 인공적으로 합성하여 만든 물감. 합성염료.

합성-법(合成法) [-썽뻡]명 실질 형태소끼리 결합시켜 합성어를 만드는 단어 형성법. 〔작은형·날짐승·굶주림·손쉽다 따위.〕 참파생법.

합성^사진(合成寫眞) [-썽-]명 ☞몽타주 사진.

합성^석유(合成石油) [-썽-]명 석유 원유 이외의 원료를 가공하여 얻는 액체 연료. 천연가스나 석탄·혈암 따위에서 얻어짐.

합성^섬유(合成纖維) [-썽-]명 (석탄이나 석유·카바이드 따위를 원료로 하여) 화학적으로 합성하여 만든 섬유. 〔나일론·비닐론·폴리에스테르 따위.〕 준합섬. 참화학 섬유.

합성^세ː제(合成洗劑) [-썽-]명 (석유계 탄화수소 따위를) 화학적으로 합성하여 만든 세제.

합성-수(合成數) [-썽-]명 1 이외의 소수(素數)가 아닌 정수. 〔소수의 곱으로 분해할 수 있는 4·6·8·9·30 따위.〕 복합수. 비소수(非素數).

합성-수지(合成樹脂) [-썽-]명 화학적으로 합성하여 만든 수지 모양의 고분자 화합물을 통틀어 이르는 말. 〔염화비닐 수지·요소 수지·폴리에틸렌 따위.〕 ↔천연수지.

합성-어(合成語) [-썽-]명 복합어의 한 갈래. 둘 이상의 실질 형태소가 어울려 이루어진 단어. 〔집안·높푸르다 따위.〕 참단일어·복합어·파생어.

합성-염료(合成染料) [-썽념뇨]명 ☞합성물감.

합성-음(合成音) [-썽-]명 ①두 낱자가 어울려 된 소리. ②여러 가지 진동수의 음파를 전기적으로 합성하여 음향으로 바꾼 음. 〔전자 음악의 바탕이 됨.〕

합성-주(合成酒) [-썽-]명 (양조 과정을 거치지 않고) 알코올에 여러 가지 성분을 섞어 만든 술.

합성-지(合成紙) [-썽-]명 합성수지를 필름 상태로 가공하여 표면을 종이처럼 인쇄할 수 있게 처리한 것.

합성^진ː자(合成振子) [-썽-]명 ☞복진자.

합성^품ː종(合成品種) [-썽-]명 ☞복성종.

합성^향료(合成香料) [-썽-뇨]명 (석유나 콜타르 제품 따위를) 화학적으로 합성하여 만든 향료. ↔천연 향료.

합세(合勢) [-쎄]명하자 흩어져 있는 세력을 한데 모음. ¶ 육군과 공군이 합세하여 적진을 공격했다.

합솔(合率) [-쏠]명하자 (따로 살던 집안 식구나 친족이) 한집에서 같이 삶.

합쇼-체(-體) [-쑈-]명 상대 높임법 중 격식체의 한 가지. 상대편을 아주 높이는 뜻을 나타냄. 〔가나이다·오소서·합니다·큽니까 따위.〕 아주높임. 하소서체.

합쇼-하다 [-쑈-]자여 합쇼체의 말씨를 써서 말하다. 본합시오하다.

합수(合水) [-쑤]명하자되자 (두 갈래 이상의) 물이 한데 모여 흐름, 또는 그 물.

합수-머리(合水-) [-쑤-]명 합수가 되는 지점.

합수-치다(合水-) [-쑤-]자 몇 갈래의 물이 한데로 합치다.

합숙(合宿) [-쑥]명하자 (여러 사람이) 한곳에서 묵음. ¶ 합숙 훈련.

합숙-소(合宿所) [-쑥쏘]명 (여러 사람이) 한데 묵을 수 있는 곳. ¶ 국가 대표 선수 합숙소.

합승(合乘) [-씅]명하자타 ①(차를) 여러 사람이 함께 탐, 또는 그 차. 승합. ②다른 승객이 있는 택시를 함께 탐.

합시오-하다 [-씨-]자여 <합쇼하다>의 본딧말.

합심(合心) [-씸]명하자 (두 사람 이상이) 마음을 한데 합함. ¶ 합심 노력. 비협심.

합안(闔眼)명하타 (남의 잘못을 보고) 눈감아 모른 체함.

합연(合演)명하타 합동하여 연출하거나 연주함. ¶ 창작곡을 합연하다.

합연(合緣)명하자 인연이 잘 맞음, 또는 그 인연.

합용^병ː서(合用竝書)명 서로 다른 자음을 둘이나 셋씩 나란히 쓰는 병서의 한 가지. 〔'ㅺ·ㅵ·ㄺ'이나 'ㅴ·ㅵ' 따위.〕 ↔각자 병서(各自竝書).

합위(合圍)명하타 삥 둘러 에워쌈.

합유(合有)명 공동 소유의 한 형태. 공동 소유자는 각각 소유의 권리는 가지나 공동 목적을 위한 통제를 받아야 하며, 단독으로 자유로이 처분할 수 없음.

합의(合意)[하븨/하비]명하자되자 서로의 의지나 의견이 일치하는 일, 또는 일치된 의견. ¶ 합의에 의한 이혼. /이견이 합의에 이르다.

합의(合議)[하븨/하비]명하타되자 ①(두 사람 이상이) 모여서 협의함. ¶ 합의하여 결정하다. ②(합의 기관이나 합의제 법원에서) 어떤 일을 토의하여 의견을 종합하는 일. 비협의(協議).

합의^관ː할(合意管轄)[하븨-/하비-]명 민사 소송법에서, 당사자 간의 합의로 설정된 법원의 관할.

합의^기관(合議機關)[하븨-/하비-]명 (둘 이상의) 구성원의 합의에 따라 기관의 의사가 결정되는 기관. 〔국회나 국회 안의 위원회 따위.〕 ↔단독 기관.

합의^재판(合議裁判)[하븨-/하비-]명 (세 사람 이상의 법관의) 합의에 따라 판결하는 재판. 합의제의 재판. ↔단독 재판.

합의-제(合議制)[하븨-/하비-]명 ①합의에 따라 결정하는 제도. ②합의 기관에서, 합의에 따라 의사를 결정하는 제도. ③법원에서, 합의 재판을 하는 제도. ↔단독제.

합의제^관청(合議制官廳)[하븨-/하비-]명 합의체를 구성하여 따르는 관청. 〔감사원이나 각종 행정 위원회 따위.〕

합의제^법원(合議制法院)[하븨-/하비-]명 합의체를 구성하여 재판을 하는 법원. ↔단독 법원.

합의-체(合議體)[하븨-/하비-]명 복수(複數)의 법관으로 구성되는 재판 기관.

합일(合一)명하자타되자 합하여 하나가 됨. 하나로 합침.

합일^문자(合一文字)[-짜]명 ☞모노그램.

합자(合字)[-짜]명하타 (둘 이상의) 글자를 합하여 한 글자를 만듦, 또는 그 글자.

합자(合資)[-짜]명하자 (두 사람 이상이) 자본을 같이 내어 합침. 합본(合本). ¶ 외국 회사와 합자한 기업. /형제가 합자하여 식당을 운영할 계획이다.

합자(蛤子)[-짜]명 섭조개나 홍합을 말린 어물.

합자-산(合資算)[-짜-]명 합자하여 경영한 사업에서 생기는 이익의 배당과 손실의 분담 액수를 계산하는 일.

합자-해(合字解)[-짜-]명 훈민정음에서, 첫소리·가운뎃소리·끝소리가 합치어 음절 단위의 글자가 되게 하는 것에 관한 규정. 〔'ㆍㅡㅗㅜㅛㅠ'는 첫소리의 아래에 쓰고, 'ㅣㅏㅓㅑㅕ'는 첫소리의 오른편에 쓴다는 규정이나 자음을 병서(竝書)할 때의 규정 따위.〕

합자^회ː사(合資會社)[-짜회-/-짜훼-]명 무한 책임 사원이 사업을 경영하고 유한 책임 사원이 자본을 제공하는 형식으로 조직된 회사.

합작(合作)[-짝]명하자되자 ①(두 사람 이상이) 힘을 합하여 만듦, 또는 만든 그것. ②(공동 목표를 위하여) 서로 손잡고 힘을 합함. ¶ 남북 합작으로 금강산을 개발하다.

합작^영화(合作映畫)[-짱녕-]명 (둘 이상의 제작자나 제작 회사가) 힘을 합쳐 만든 영화.

합작-품(合作品)[-짝-]명 ①(두 사람 이상이) 힘을 합하여 만든 작품. ¶ 이 벽화는 우리 반 학생들의 합작품이다. ②'공동으로 협력하여 이룬 일'을 비유하여 이르는 말. ¶ 월드컵 4강 진출은 감독, 선수, 국민의 합작품이다.

합장(合掌)[-짱]명하타 ①두 손바닥을 마주 합침. ②부처에게 절할 때, 공경하는 마음으로 두 손바닥을 합침. ¶ 합장을 올리다.

합장(合葬)[-짱]명하타되자 둘 이상의 시체를 한 무덤에 묻음. 〔흔히, 부부의 경우를 이름.〕 합부(合祔). ↔각장(各葬).

합장-매듭(合掌-)[-짱-]명 매듭의 기본형의 한 가지. 두 개의 가닥이 아래위로 엇물림.

합장^배ː례(合掌拜禮)[-짱-]명 불교에서, 두 손바닥을 마주 대고 절하는 일.

합장-심(合掌心)[-짱-]명 불교에서, '공경하는 마음이나 자비로운 마음'을 이르는 말.

합-재떨이(盒-)[-째-]명 합처럼 만든 재떨이. 뚜껑이 합 속으로 들어가게 되어 있음.

합저(合著)[-쩌]명하타 (두 사람 이상이) 힘을 합하여 책을 지음, 또는 그 책. 공저(共著).

합점(合點)[-쩜]명 ①점수를 합침, 또는 합친 점수. ②씨방의 밑씨가 배병(胚柄)에 붙는 자리.

합제(合劑)[-쩨]명 두 가지 이상의 약을 조합한 약제.

합조(合調)[-쪼]명하자 라디오 수신기를 조정하여 방송국의 파장과 맞춤.

합졸(合卒)[-쫄]명하자 장기에서, 둘 이상의 졸(卒)을 가로로 쓸어 한데 모음. ↔산졸(散卒).

합종(合從·合縱)[-쫑]명 ①하자굳게 맹세하여 응함. ②☞합종설.

합종-설(合從說)[-쫑-]명 중국 전국 시대에 소진(蘇秦)이 주장한, 남북의 여섯 나라가 동맹하여 서쪽의 진(秦)나라에 대항해야 한다는 일종의 공수 동맹. 합종. 참연횡설.

합종-연횡(合從連衡)[-쫑년횡/-쫑년휑]명 합종설과 연횡설을 아울러 이르는 말.

합주(合奏)[-쭈]명하타되자 두 가지 이상의 악기로 동시에 연주함, 또는 그 연주. ¶ 관현악 합주. 참독주·연주(連奏)·중주·협주.

합주(合酒)[-쭈]명 막걸리의 한 가지. 찹쌀로 빚어서 여름철에 먹음.

합주-곡(合奏曲)[-쭈-]명 합주를 할 수 있도록 작곡한 곡.

합주-단(合奏團)[-쭈-]명 (두 사람 이상으로 조직된) 합주의 단체.

합죽(合竹)[-쭉]명하자 (얇은) 댓조각을 맞붙임.

합죽-거리다[-쭉꺼-]타 자꾸 합죽합죽하다. 합죽대다.

합죽-대다[-쭉때-]타 합죽거리다.

합죽-선(合竹扇)[-쭉썬]명 얇게 깎은 겉대를 맞붙여서 살을 만든 쥘부채.

합죽-이[-쭈기]명 (이가 빠져서) 입과 볼이 우므러진 사람.

합죽-하다[-쭈카-]형여 (이가 빠져서) 볼과 입이 우므러져 있다. ¶ 입이 늙은이처럼 합죽하다.

합죽-할미[-쭈칼-]명 (이가 빠져서) 입과 볼이 우므러진 할미.

합죽-합죽[-쭈캅쭉]부하타 (이가 빠져서) 합죽한 입을 자꾸 움직이는 모양.
합준(合蹲)[-쭌]명 (두 개 이상의) 준시(蹲柹)를 모아서 붙인 마른 감.
합중-국(合衆國)[-쭝-]명 ①합성 국가의 한 가지. 둘 이상의 국가나 자치 정부를 가진 주(州)가 결합하여 대내적으로 독자성을 유지하면서 단일 국가를 이룩한 나라. ②'아메리카 합중국'을 달리 이르는 말.
합중-력(合衆力)[-쭝녁]명하자 여러 사람의 힘을 한데 합침, 또는 그 힘.
합-중방(合中枋)[-쭝-]명 ☞통머름.
합중^왕국(合衆王國)[-쭝-]명 합성 국가의 한 가지. 영국과 같이 여러 나라가 합중국의 형태를 가지되, 명목상의 통치권이 왕에게 있는 나라.
합지-증(合指症)[-찌쯩]명 손가락이나 발가락의 일부나 전부가 붙어 있는 기형.
합직(合直)[-찍]명하자 ☞합번(合番).
합집(合集)[-찝]명하자타 합쳐서 모임, 또는 모음.
합-집합(合集合)[-찌팝]명 집합 A와 B가 있을 때, 집합 A의 원소와 집합 B의 원소를 모두 갖는 집합. 〔'A∪B'로 나타냄.〕
합착(合着)명하자타 한데 합하여 붙음.
합참(合參)명 '합동 참모 본부'를 줄여 이르는 말.
합참^의장(合參議長)명 〈합동 참모 회의 의장〉의 준말.
합창(合唱)명하타되자 ①여러 사람이 이부·삼부·사부 따위로 나뉘어 서로 화성을 이루면서 각각 다른 선율로 노래함, 또는 그 노래. ②여러 사람이 소리를 맞추어 노래함. ¶ 애국가 합창. 참독창(獨唱).
합창(合瘡)명하자 종기나 상처가 아묾.
합창-곡(合唱曲)명 합창을 할 수 있도록 작곡한 곡.
합창-단(合唱團)명 합창을 하기 위하여 만들어진 단체.
합창-대(合唱隊)명 (학교나 종교 단체 따위에서) 합창을 하기 위하여 조직된 모임이나 부서.
합체(合體)명되자 ①하자타(둘 이상이) 합쳐서 하나가 됨, 또는 그렇게 만듦. ②하자(두 사람 이상이) 마음을 합쳐서 한 덩어리가 됨.
합취(合聚)명하타 합쳐서 모음. 합침.
합치(合致)명하자되자 (의견이나 경향 따위가) 꼭 들어맞음. 일치함. ¶ 새 경향에 합치하는 의견이다. /서로의 의견이 합치되다.
합-치다(合-)자타 '합하다'의 힘줌말. ¶ 힘을 합치다.
합치-점(合致點)[-쩜]명 (둘 이상의 것이) 서로 합치하는 점이나 계기. 일치점. ¶ 합치점을 찾다.
합-트리다(合-)타 합뜨리다.
합판(合板)명 (얇은 나무 판을) 여러 장 붙여서 만든 널빤지. 베니어합판.
합판(合版)명하타 (두 사람 이상이) 합동하여 책을 출판함.
합판(合辦)명하타 ①(두 사람 이상이) 힘을 모아 사업을 경영함. ②'합작'의 구용어.
합판^유리(合板琉璃)[-뉴-]명 두 장의 판유리를 맞붙여서 만든 유리.
합판-화(合瓣花)명 ☞통꽃. ↔이판화(離瓣花).
합판화-관(合瓣花冠)명 ☞통꽃부리. ↔이판화관(離瓣花冠).
합판화-악(合瓣花萼)명 ☞통꽃받침. ↔이판화악(離瓣花萼).
합편(合編)명하타 두 편 이상의 글이나 책을 합쳐서 엮음, 또는 그 책.
합평(合評)명하타 (어떤 문제나 작품에 대하여) 여럿이 모여 비평함, 또는 그 평.
합평-회(合評會)[-회/-훼]명 어떤 작품을 대상으로 여럿이 함께 의견을 나누고 평가하는 모임.
합필(合筆)명하타 두 필 이상의 땅을 합쳐서 한 필로 함. ↔분필(分筆).
합하(閤下)[하파]명 지난날, '정일품 벼슬아치'를 높이어 일컫던 말.
합-하다(合-)[하파-] Ⅰ자여 (둘 이상이) 하나가 되다. ¶ 여러 물줄기가 합하여 강을 이루다. Ⅱ타여 ①(둘 이상을) 모아 하나로 만들다. 한데 모으다. ¶ 마음과 힘을 합하다. ↔나누다. ②뒤섞다. ¶ 여러 가지를 합하여 만든 약.
합헌(合憲)[하펀]명 헌법에 위반되지 않는 일. ↔위헌.
합헌-성(合憲性)[하펀썽]명 (어떤 법률 행위가) 헌법의 조문이나 정신에 일치함. ↔위헌성.
합혈(合血)[하펼]명하자타 피가 서로 합함. 〔지난날, 아버지와 아들의 피는 물에 떨어뜨리면 반드시 서로 합한다고 하여, 재판에서 부자간임을 확인하는 방법으로 썼음.〕
합화(合和)[하퐈]명하자 합하여 잘 어울림.
합환(合歡)[하퐌]명하자 ①기쁨을 함께함. ②남녀가 잠자리를 같이하여 즐김.
합환(閤患)[하퐌]명 상대편을 높이어 그의 '아내의 병'을 이르는 말.
합환-목(合歡木)[하퐌-]명 ☞자귀나무.
합환-주(合歡酒)[하퐌-]명 전통 혼례식에서, 신랑 신부가 서로 잔을 바꾸어 마시는 술.
핫-[핟]접두《일부 명사 앞에 붙어》①옷 따위에 '솜을 두었음'을 뜻함. ¶ 핫옷. /핫퉁이. ②'배우자를 갖춘 상태'임을 뜻함. ¶ 핫아비. /핫어미.
핫-것[핟껃]명 '솜을 두어 지은 이불이나 옷' 따위를 통틀어 이르는 말. ＊핫것이[핟꺼시]·핫것만[핟껀-]
핫:-길(下-)[하낄/핟낄]명 아랫길. 하질(下秩). ↔상길.
핫-뉴:스(hot news)명 (사건 현장 등에서 지금 막 보내온) 새로운 소식. 특히, 물의를 일으킬 만한 소식을 이름.
핫도그(hot dog)명 ①길쭉한 빵에 겨자 소스와 버터를 바르고 그 속에 뜨거운 소시지를 끼운 음식. ②기다란 소시지에 막대기를 꽂고 밀가루 반죽을 둘러서 기름에 튀긴 음식.
핫-두루마기[핟뚜-]명 솜을 두껍게 두어 지은 두루마기.
핫라인(hot line)명 ①불의의 충돌을 막기 위한 국가 간의 비상용 직통 통신선. 〔워싱턴 백악관과 모스크바 크렘린 간의 직통 텔레타이프 회선 따위.〕 ②'긴급 비상용 직통 전화'를 흔히 이르는 말.
핫^머니(hot money)명 (국제 금융 시장에 나도는) 투기적인 단기 자금.
핫-바지[핟빠-]명 ①솜을 두어 지은 바지. 참겹바지. ②'시골 사람이나 무식하고 어리석은 사람'을 얕잡아 이르는 말. ¶ 담배 심부름을 시키다니, 누굴 핫바지로 아나.
핫-반[핟빤]명 두 겹으로 된 솜반.
핫-아비[하다-]명 아내가 있는 남자. ↔홀아비.

핫-어머니[하더-]명 '핫어미'를 높이어 이르는 말.
핫-어미[하더-]명 남편이 있는 여자. ↔홀어미.
핫-옷[하돋]명 솜을 두어 지은 옷. 솜옷. 참겹옷. * 핫옷이[하도시]·핫옷만[하돈-]
핫-이불[한니-]명 솜을 두껍게 두어 지은 이불. 솜이불.
핫-저고리[핟쩌-]명 솜을 두어 지은 저고리.
핫-처네[핟-]명 '안팎이 모두 명주나 비단으로 된 두꺼운 이불'의 궁중말.
핫-케이크(hotcake)명 밀가루에 달걀·버터·설탕 따위를 반죽하여 구운 둥근 서양 과자.
핫-퉁이[핟-]명 ①솜을 많이 두어 퉁퉁한 옷, 또는 그런 옷을 입은 사람. ②철이 지난 후에 입은 솜옷.
핫-팬츠(hot pants)명 가랑이가 아주 짧은 반바지.
항:(亢)명 〈항성(亢星)〉의 준말.
항(恒)명 〈항괘(恒卦)〉의 준말.
항:(項)명 ①(문서나 문장 따위에서) 내용을 구분하는 단위의 한 가지. ¶ 내용을 장(章)·절(節)·항으로 나누다. /법률 제3항. ②예산 편성상의 구분의 하나. 관(款)의 아래, 목(目)의 위임. ③다항식에서, 각개의 단항식. ④분수에서, 분모나 분자. ⑤두 양(量)의 비에서, 각개의 양. ⑥급수(級數)를 이루는 각개의 수.
항-(抗)접두 《일부 명사 앞에 붙어》 '저항'의 뜻을 나타냄. ¶ 항독소. /항효소. /항히스타민제.
-항(港)접미 《일부 명사 뒤에 붙어》 '항구'의 뜻을 나타냄. ¶ 무역항. /수출 자유항.
항:가(巷歌)명 거리에서 노래함, 또는 그 노래.
항:간(巷間)명 일반 민중들 사이. 방간(坊間). 여항간. ¶ 항간에 구구한 억측이 나돌고 있다.
항:강(項強)명〈항강증〉의 준말.
항:강-증(項強症)[-쯩]명 한방에서, 목 뒤의 힘줄이 뻣뻣해지고 아파서 목을 움직일 수 없는 병증을 이르는 말. 흔히, 경련성이나 뇌막염 따위로 일어남. 준항강.
항:거(抗拒)명하자 순종하지 않고 맞서 버팀. 대항함. ¶ 불법적인 탄압에 항거하다.
항:계(港界)[-계/-게]명 항만의 경계.
항고(行高)명 항렬의 높이.
항:고(抗告)명하타 상소의 한 가지. 하급 법원의 결정·명령에 불복하여 당사자나 제삼자가 상급 법원에 상소하는 일. 참상고·항소.
항:고-심(抗告審)명 항고에 대하여 상급 법원이 행하는 심리(審理).
항:공(航空)명하자 (항공기 따위로) 공중을 날아서 다님. ¶ 항공 산업.
항:공^계:기(航空計器)[-계-/-게-]명 항공기의 조종이나 기타에 쓰이는 여러 가지 계기.
항:공-관제(航空管制)명 〈항공 교통관제〉의 준말.
항:공관제-탑(航空管制塔)명 ☞관제탑.
항:공^교통관제(航空交通管制)명 (항공기의 운항을 안전하고 능률적으로 하기 위하여) 항공 교통을 관리·규제하는 일. 준항공관제.
항:공-권(航空券)[-꿘]명 항공기에 탑승할 수 있는 증표.
항:공-기(航空機)명 '공중을 비행하는 기계'를 통틀어 이르는 말. 〔기구(氣球)·글라이더·비행기·비행선·헬리콥터 따위.〕
항:공^기상학(航空氣象學)명 항공기의 안전한 비행과 경제적인 운항에 관계되는 기상 상태를 관측하고 연구하는 학문.
항:공-대(航空隊)명 ①(공군 이외의 군에 속하는) 항공기 부대. ¶ 육군 항공대. /해군 항공대. ②항공기를 주력으로 조직된 부대.
항:공-도(航空圖)명 ☞항공 지도.
항:공^등대(航空燈臺)명 (항공기의 안전 비행을 돕기 위하여) 비행장이나 항공로의 중요 지점에 설치하는 등대.
항:공-력(航空力)[-녁]명 ①항공의 능력이나 역량. ②공군의 능력.
항:공-로(航空路)[-노]명 (공중에 지정되어 있는) 항공기가 정기적으로 운행하는 길. 항로. 준공로.
항:공-모함(航空母艦)명 군함의 한 가지. 비행기를 싣고 발착시키며, 해상에서 이동 비행 기지 역할을 함. 준항모·모함.
항:공^무선(航空無線)명 항공기의 운항과 관련된 무선 통신과 설비를 통틀어 이르는 말.
항:공-법(航空法)[-뻡]명 국제 민간 항공 조약에 따라 제정된 법률. 항공기의 등록, 항공 종사자의 자격, 항공로, 비행장, 항공 운송 사업, 항공 보안 시설 등에 대하여 규정한 내용. 공법(空法).
항:공-병(航空兵)명 항공대에 속하는 병사.
항:공-병(航空病)[-뼝]명 항공기에 탑승함으로써 일어나는 여러 가지 병적 증상. 〔시력 감퇴, 호흡 곤란, 정신 기능 저하 따위.〕 참고공병·산악병.
항:공^보:험(航空保險)명 항공 사고로 생기는 손해를 보충하기 위한 손해 보험의 한 가지.
항:공-사(航空士)명 '조종사'와 '항법사'를 두루 이르는 말.
항:공-사진(航空寫眞)명 공중에서 고성능 카메라로 지상을 찍은 사진. 공중사진.
항:공-선(航空船)명 ☞비행선.
항:공^세:관(航空稅關)명 공항에 설치된 세관.
항:공^수송(航空輸送)명 항공기로 여객이나 우편물·화물 따위를 수송하는 일. 준공수.
항:공-술(航空術)명 항공에 관한 기술.
항:공^역학(航空力學)[-녀칵]명 유체 역학(流體力學)의 한 분야. 항공 중의항공기가 공기로부터 받는 힘, 기체 각부의 기류 상황 따위를 연구함.
항:공^연료(航空燃料)[-녈-]명 항공기에 쓰는 연료.
항:공^우편(航空郵便)명 항공기로 수송되는 특수 취급 우편, 또는 그 우편물. 준항공편(航空便).
항:공^장애등(航空障礙燈)명 항공기의 야간 항행에 장애가 될 염려가 있는 높은 건조물 꼭대기에 설치하여, 그 높이와 위치 따위를 알려 주는 등화 시설.
항:공-전(航空戰)명 ☞공중전.
항:공^정찰(航空偵察)명 ☞공중 정찰.
항:공^지도(航空地圖)명 항공기나 비행하는 데 쓰이는 지도. 항공도.
항:공-편(航空便)명 ①항공기가 다니는 그 편. ¶ 항공편을 이용하여 입국하다. ②〈항공 우편〉의 준말.
항:공^표지(航空標識)명 ①항공기의 운항과 이착륙의 안전을 위하여 설치한 표지. 〔이착륙 표지, 항공 등대 따위.〕 ②항공기의 날개와 동체에 표시하는 국적 기호와 등록 기호.
항:공-학(航空學)명 항공에 관한 모든 사항을 연구하는 학문.
항:공-항(航空港)명 ☞공항(空港).

항괘(恒卦)[명] 육십사괘의 하나. 진괘(震卦)와 손괘(巽卦)를 위아래로 놓은 괘. 우레와 바람을 상징함. (준)항(恒).

항구[명] 염전에 댈 바닷물을 받는 웅덩이.

항구(恒久) '항구하다'의 어근.

항ː구(港口)[명] 바닷가에 배를 댈 수 있도록 시설해 놓은 곳.

항ː구^도시(港口都市)[명] 항구로서 발달한 도시. (준)항도·항시.

항구여일(恒久如一)[명] 오래도록 변함이 없음.

항구-적(恒久的)[관][명] 변함없이 오래가는 (것). ¶ 항구적 평화. /항구적인 대책.

항구-하다(恒久-)[형][여] 변함없이 오래가다. 항구-히[부].

항ː균(抗菌)[명] 균에 저항함. ¶ 항균 작용.

항ː균^물질(抗菌物質)[-찔][명] ☞항생 물질.

항ː균-성(抗菌性)[-썽][명] (항생 물질 따위가) 세균의 발육을 저지하는 성질.

항기(降旗)[명] 항복의 뜻을 나타내는 흰 기. 항복기. 백기(白旗).

항ː내(港內)[명] 항구의 안.

항-다반(恒茶飯)[명] 〔항상 있는 차와 밥이라는 뜻으로〕 늘 있어 이상할 것이 없는 예사로운 일. (준)다반.

항다반-사(恒茶飯事)[명] 늘 있는 일. 예사로운 일. 항사(恒事). (준)다반사.

항ː담(巷談)[명] ☞항설(巷說).

항덕(恒德)[명] 변함없고 한결같은 덕.

항도(恒道)[명] 영구히 변치 않는 올바른 도의.

항ː도(港都)[명] 〈항구 도시〉의 준말. ¶ 항도 부산.

항ː도(港圖)[명] (배가 드나들거나 정박하는 데에 쓰도록 만든) 항구 안팎의 해도(海圖).

항-독(缸-)[명] 항아리와 독.

항ː독-소(抗毒素)[-쏘][명] (몸에 들어온) 독소를 중화하여 독을 없애는 작용을 하는 항체.

항ː등(港燈)[명] (배의 출입을 돕기 위하여) 항구에 설치하는 등.

항등-식(恒等式)[명] 식 가운데의 문자에 어떤 수치를 넣어도 성립하는 등식. ↔방정식.

항ː라(亢羅)[-나][명] 명주실·모시실·무명실 따위로 짜는 피륙의 한 가지. 씨를 세 올이나 다섯 올씩 걸러서 한 올씩 비우고 짜는데, 구멍이 뚫려서 여름 옷감으로 알맞음.

항ː려(伉儷)[-녀][명] 남편과 아내로 이루어진 '짝'. (비)배필(配匹).

항ː력(抗力)[-녁][명] ①저항하는 힘. ②물체가 유체(流體) 안에서 운동할 때 받는 저항력과, 두 물체가 접촉하면서 움직일 때 접촉면에 작용하는 힘.

항렬(行列)[-녈][명] 혈족의 방계에 대한 '대수(代數) 관계'를 나타내는 말. 돌림. ¶ 사촌 형제는 같은 항렬이다.

항렬-자(行列字)[-녈짜][명] 항렬을 나타내기 위하여 이름자 속에 넣는 글자. 돌림자. ¶ 항렬자를 넣어 아기의 이름을 짓다.

항ː례(抗禮)[-녜][명] ①[하자](기울지 않고) 대등한 예로 대함, 또는 그 예. ②동등한 교제.

항례(恒例)[-녜][명] ☞상례(常例).

항ː로(航路)[-노][명] '해로(海路)'와 '항공로'를 두루 이르는 말. ¶ 북극 항로의 개척.

항ː로^신ː호(航路信號)[-노-][명] (항해 중인 배가 다른 배와의 충돌을 피하기 위하여) 침로(針路)를 바꾸는 방향을 알리는 음향 신호.

항ː로^표지(航路標識)[-노-][명] 연안을 항행하는 배의 지표가 되는 시설. 〔등대나 부표·음향 표지·무선 표지 따위.〕

항ː론(抗論)[-논][명][하타] (어떤 이론에) 대항하여 논함, 또는 그 논의.

항ː룡(亢龍)[-뇽][명] 〔하늘에 오른 용이라는 뜻으로〕 '썩 높은 지위'를 이르는 말.

항마(降魔)[명][하자] 〔석가모니가 악마를 항복시킨 일에서〕 도를 깨치는 데에 방해가 되는 것을 물리침을 뜻하는 말.

항마-검(降魔劍)[명] 부동명왕(不動明王)의 손에 쥐어져 있는, 악마를 물리쳐 항복시킨다는 칼.

항ː만(港灣)[명] 배가 정박하고, 승객이나 화물 따위를 싣거나 부릴 수 있도록 시설을 한 수역.

항ː명(抗命)[명][하자] 명령이나 제지에 따르지 아니하고 항거함. 명령을 어김.

항ː명-죄(抗命罪)[-쬐/-쮀][명] 군법에서, 상관의 정당한 명령에 반항하거나 복종하지 아니함으로써 성립하는 죄.

항ː모(航母)[명] 〈항공모함〉의 준말.

항ː목(項目)[명] (어떤 기준에 따라 나눈) 일의 가닥. 조목(條目).

항ː무(港務)[명] 항구에 딸린 여러 가지 사무. 〔검역·관세 감시·선박 사무·해상 보안 따위.〕

항문(行文)[명] 글을 적어 나가는 방법. 글을 짓는 방식.

항문(肛門)[명] 고등 포유동물의 직장(直腸)의 끝에 있는 배설용의 구멍. 똥구멍. 분문(糞門).

항문^괄약근(肛門括約筋)[-끈][명] 항문을 폈다 오므렸다 하는 항문 주위의 근육.

항ː배-상망(項背相望)[명][하자] ①〔목과 등이 마주 바라본다는 뜻으로〕 왕래가 빈번함을 이르는 말. ②'뒤를 이을 인재가 많음'을 비유하여 이르는 말.

항ː법(航法)[-뻡][명] (배나 항공기의) 운항하는 데에 필요한 기술.

항ː법-사(航法士)[-뻡싸][명] (항공기에 탑승하여) 위치와 침로(針路)를 측정하고 항공상의 자료를 산출하는 사람.

항ː변(抗卞)[명][하자타] ☞항의(抗議).

항ː변(抗辯)[명][하자] ①(상대편의 주장에 대하여) 항거하여 변론함. ②민사 소송에서, 상대편의 신청 또는 주장의 배척을 구하기 위하여, 딴 사항을 주장하는 일.

항병(降兵)[명] 항복한 병사. 항졸.

항복(降伏·降服)[명] ①[하자](전쟁 등에서) 자신이 진 것을 인정하고 상대편에게 굴복(屈伏)함. ¶ 적의 항복을 받다. ②[하타]☞조복(調伏).

항복-기(降伏旗)[-끼][명] ☞항기.

항ː비(亢鼻)[명] 높은 코.

항사(恒沙·恒砂)[명] 〈만항하사〉의 준말.

항사(恒事)[명] 항상 있는 일. 흔한 일. 항다반사(恒茶飯事).

항산(恒産)[명] (살아갈 수 있는) 일정한 재산, 또는 생업. ¶ 항산 없이는 항심(恒心)도 없다.

항ː산성-균(抗酸性菌)[명] 산성 색소로 염색되는 산에 강한 균. 〔결핵균·나병균 따위.〕

항-삼세(降三世)[명] 불교에서, 오대 명왕(五大明王)의 하나. 동쪽을 지키며, 과거·현재·미래의 삼세의 삼독(三毒)을 항복시킨다는 명왕.

항상(恒常)[부] 늘. 매상(每常). 항용. ¶ 항상 있는 일. /그는 항상 바쁘다.

항ː생^물질(抗生物質)[-찔][명] 세균 따위의 미생물로 만들어져, 다른 미생물이나 생물 세포의 기능을 저해하는 물질. 〔스트렙토마이신이나 페니실린 따위.〕 항균 물질.

항ː생-제(抗生劑)[명] 항생 물질로 된 약제.

항서(降書)[명] 항복의 뜻을 적은 글.

항ː설(巷說)명 항간에서 뭇사람 사이에 떠도는 말. 가담(街談). 가설. 항담. 항어.
항설-선(恒雪線)명 ☞설선.
항ː성(亢星)명 이십팔수의 하나. 동쪽의 둘째 별자리. 준항(亢).
항성(恒性)명 ①언제나 변하지 않는 성질. ②(누구에게나 있는) 공통의 성품.
항성(恒星)명 천구 상에서 서로의 위치를 거의 바꾸지 않고, 자체의 에너지로 빛을 내는 별. 성좌를 이루는 별이나 태양·북극성 따위. 붙박이별. 정성(定星). ↔행성.
항성^광도(恒星光度)명 지구의 표면에 수직으로 비치는 항성의 빛의 강도.
항성-년(恒星年)명 태양이 어느 항성을 통과하고부터 다시 그 위치로 되돌아올 때까지 걸리는 시간. 지구의 공전 주기와 같은 365일 6시간 9분 9.5초로, 태양년보다 20분이 긺.
항성-도(恒星圖)명 천구 상의 항성의 위치를 표시하고, 광도(光度)의 강약에 따라서 그린 그림. 성도(星圖).
항성-시(恒星時)명 한 항성일을 24로 나눈 시간. 1항성시는 태양시의 0.99726957시, 곧 59분 50초 17임.
항성-월(恒星月)명 달이 어떤 항성에 대하여, 지구 주위를 한 바퀴 도는 데에 소요되는 시간. 1항성월은 태양시의 27.32166일, 곧 27일 7시간 43분 11.5초임.
항성-일(恒星日)명 지구가 어떤 항성에 대하여, 한 번 자전하는 데에 소요되는 시간. 23시간 56분 4.091초임.
항성^주기(恒星週期)명 위성이나 행성이 중심되는 천체를 한 바퀴 도는 주기.
항성-표(恒星表)명 ☞성표.
항ː소(抗訴)명하자 상소의 한 가지. 하급 법원에서 받은 제일심의 판결에 불복할 때, 그 파기 또는 변경을 직접 상급 법원인 고등 법원·지방 법원 합의부에 신청하는 일. ¶ 항소를 기각하다. 참상고·항고.
항ː소-권(抗訴權)[-꿘]명 상소권의 한 가지. 항소를 할 수 있는 권리.
항ː소-극론(抗疏極論)[-긍논]명하타 (임금에게) 상소문을 올리고 극력(極力)으로 논함.
항ː소^기각(抗訴棄却)명 (제일심 판결이 정당하다고 인정하여) 법원이 부당한 항소를 물리칠 때에 하는 재판.
항ː소^법원(抗訴法院)명 항소 사건을 심리하는 상급 법원.
항ː소-심(抗訴審)명 항소 사건에 대한 항소 법원의 심리.
항ː소-인(抗訴人)명 항소한 사람.
항ː소-장(抗訴狀)[-짱]명 항소를 할 때에 원심 법원에 내는 서류.
항속(恒速)명 일정한 속도.
항ː속(航速)명 배나 항공기의 속도.
항ː속(航續)명하자 항공이나 항해를 계속함. ¶ 항속 거리. /항속 시간.
항ː속-력(航續力)[-송녁]명 배나 항공기가 한 번 실은 연료만으로 계속 운항할 수 있는 힘.
항ː송(航送)명하타되자 배나 항공기로 수송함.
항ː쇄(項鎖)명 지난날, 죄인의 목에 씌우던 형틀인 '칼'을 이르는 말.
항수(恒數)[-쑤]명 ☞상수(常數). ↔변수.
항습(恒習)명 늘 하는 버릇.
항시(恒時) Ⅰ명 ☞상시(常時).
Ⅱ부 늘. ¶ 그는 항시 즐거운 표정을 짓고 있다.
항ː시(港市)명 〈항구 도시〉의 준말.
항시-권(恒視圈)[-꿘]명 ☞항현권.
항신-풍(恒信風)명 ☞무역풍.
항ː심(抗心)명 반항하는 마음.
항심(恒心)명 늘 지니고 있어 변함이 없는 올바른 마음. 흔들리지 아니하는 마음.
항아(姮娥)명 ①달에서 산다고 하는 선녀. 상아(嫦娥). ②'나인(內人)'의 궁중말.
항아-님(姮娥-)명 지난날, 아랫사람이 '나인(內人)'을 높여 일컫던 말.
항아리(缸-)명 아래위가 좁고 배가 약간 부른 질그릇.
항아리-손님(缸-)명 민간에서, '유행성 이하선염(耳下腺炎)'을 이르는 말.
항ː암(抗癌)명 암세포의 증식을 억제하거나 암세포를 죽임. ¶ 항암 물질. /항암 치료.
항ː암-제(抗癌劑)명 '암을 치료하기 위한 화학 요법에 쓰이는 약제'를 통틀어 이르는 말.
항ː양(航洋)명하자 해양을 항해함.
항ː어(巷語)명 ☞항설(巷說).
항ː언(抗言)명하타 대항하여 말함, 또는 맞서 버티는 말.
항언(恒言)명하타 늘 말함, 또는 늘 하는 말.
항업(恒業)명 (늘 하고 있는) 일정한 생업.
항ː역(抗逆)명하자타 맞서서 거역함.
항ː연(項軟)명 한방에서, 어린아이가 오랜 병에 시달려 '목을 가누지 못하는 증세'를 이르는 말.
항오(行伍)명 군대를 편성한 행렬.
항오-발천(行伍發薦)명하자되자 ①병졸로부터 장관의 자리로 올라감. ②낮은 자리에서 높은 자리로 오름.
항오-출신(行伍出身)[-씬]명하자 병졸로부터 출세하여 벼슬자리에 오름.
항온(恒溫)명 ☞상온(常溫).
항온-기(恒溫器)명 ☞정온기(定溫器).
항온-대(恒溫帶)명 ☞상온층(常溫層).
항온^동ː물(恒溫動物)명 ☞정온 동물(定溫動物).
항온^장치(恒溫裝置)명 (생산 공정이나 실험 장치, 주거 따위의 특정한 곳에 설치하여) 온도를 될 수 있는 대로 일정하게 유지하도록 하는 장치.
항온-조(恒溫槽)명 바깥 온도의 영향을 받지 아니하고 항상 일정한 온도를 유지하도록 만든 용기. 〔생체의 여러 가지 반응을 연구하는 데 이용됨.〕
항온-층(恒溫層)명 ☞상온층(常溫層).
항ː요(巷謠)명 항간에서 부르는 세속적인 노래.
항용(恒用)부 늘. 항상. ¶ 그런 일은 항용 있을 수 있다.
항ː우-장사(項羽壯士)명 〔항우와 같이 힘이 센 사람이라는 뜻으로〕 '힘이 몹시 센 사람' 또는 '의지가 매우 꿋꿋한 사람'을 비유하여 이르는 말. 항장사(項壯士).
항ː운(航運)명하타 배로 짐을 실어 나름.
항ː원(抗原·抗元)명 생체의 조직 속에 들어가 항체를 형성하게 하는 단백성(蛋白性) 물질. 많은 세균과 독소가 이에 해당됨. 면역원(免疫原).
항은-권(恒隱圈)[-꿘]명 (지구 상의 일정한 지점에서) 눈으로 볼 수 없는 하늘의 부분. ↔항현권.
항ː의(抗議)[-의/-이]명하자타 ①어떤 일을 부당하다고 여겨 따지거나 반대하는 뜻을 주장함, 또는 그 주장. 항변. ¶ 심판의 판정에 항의하다. ②(어떤 나라가 다른 나라의 처사에 대하여) 반대하는 뜻을 정식으로 통지함. ¶ 항의 각서.

항ː의(巷議) [-의/-이] 명 항간에 떠도는 평판이나 소문.
항의(恒儀) [-의/-이] 명 상례로 행하는 의식.
항의(恒醫) [-의/-이] 명 보통의 의원.
항의(降意) [-의/-이] 명 항복할 뜻.
항ː일(抗日) 명하자 일본 제국주의에 항거함. ¶ 항일 투사. /항일 투쟁.
항자(降者) 명 항복한 사람.
항자불살(降者不殺) [-쌀] 명하자 항복하는 사람은 죽이지 아니함.
항장(降將) 명 항복한 장수(將帥).
항ː장-력(抗張力) [-녁] 명 (물체가) 잡아당기는 힘에 대하여 견디어 낼 수 있는 최대한의 장력.
항ː-장사(項壯士) 명 ☞항우장사.
항ː장^응ː력(抗張應力) [-녁] 명 재료가 외력에 의하여 신장될 때, 이에 대항하여 재료 내에 생기는 응력.
항ː쟁(抗爭) 명하자 맞서 다투는 일, 또는 그 다툼. ¶ 항쟁을 벌이다.
항ː적(抗敵) 명하자 적에게 대항함.
항ː적(航跡) 명 배나 항공기가 지나간 뒤에 남은 자취.
항ː적-운(航跡雲) 명 ☞비행기운.
항ː적-필사(抗敵必死) [-싸] 명 목숨을 걸고 적에게 대항하는 일.
항ː전(抗戰) 명하자 (적에) 대항하여 싸움. ¶ 죽기를 각오하고 항전하다.
항ː정 명 ①개나 돼지의 목덜미. ②양지머리 위에 붙은 쇠고기. 편육으로 많이 쓰임.
항ː정(航程) 명 배나 항공기로 가는 이정(里程).
항ː정-선(航程線) 명 ①(항공이나 항해에서) 항로가 각 자오선과 동일한 각도로 교차하는 선. ②지구 표면을 구면(球面)으로 나타내었을 때, 각각의 자오선과 일정한 각으로 교차하는 곡선.
항조(亢燥) '항조하다'의 어근.
항ː조-하다(亢燥-) 형여 지대가 높아서 땅이 메마르다.
항졸(降卒) 명 ☞항병(降兵).
항ː종(項腫) 명 한방에서, '목에 나는 큰 종기'를 이르는 말.
항ː주-력(航走力) 명 항행(航行)하여 달리는 힘.
항직(伉直) '항직하다'의 어근.
항ː직-하다(伉直-) [-지카-] 형여 (성품 따위가) 곧고 굳세다. 강직하다.
항ː진(亢進) 명하자 되자 ①위세 좋게 나아감. ②(기세나 병세 따위가) 높아지거나 심하여짐.
항ː진(航進) 명하자 배나 항공기를 타고 앞으로 나아감. ¶ 태평양으로 항진하다.
항ː차(←況且) 부 '황차'의 변한말.
항ː차(航差) 명 ①(풍랑의 영향 따위로) 예정된 침로(針路)와 배의 방향에 생기는 차. ②배 고유의 속력과 실지 항속과의 차.
항ː철-목(項鐵木) 명 물방아의 굴대를 떠받치는 나무.
항ː체(抗體) 명 항원의 침입으로 혈청 안에 형성되는 물질. 그 항원에 대한 면역성을 생체에 줌. 면역체. 저항체.
항ː타-기(杭打機) 명 무거운 쇠달구로 말뚝을 땅속에 때려 박는 기계.
항ː타-기초(杭打基礎) 명 땅에 박은 말뚝 위에 다른 물건을 올릴 수 있도록 하는 기초.
항태(缸胎) 명 ①오지그릇의 한 가지. ②잿물을 올리기 전의 도자기의 덩치. ②몸.
항ː통(缿筒·缿筩) 명 ①지난날, 관아에 비치하여 두고 백성의 투서를 받던 통. ②벙어리저금통.
항풍(恒風) 명 항상 일정한 방향으로 부는 바람. 〔무역풍 따위.〕 탁월풍(卓越風).
항하(恒河) 명 '갠지스 강'의 한자 이름.
항하-사(恒河沙·恒河砂) Ⅰ명 〔갠지스 강의 모래라는 뜻으로〕 '헤아릴 수 없을 만큼 많은 수량'을 비유하여 이르는 말. 만항하사(萬恒河沙). Ⅱ수관 극(極)의 1만 배, 아승기(阿僧祇)의 1만분의 1이 되는 수(의). 곧, 10^{52}.
항ː한(亢旱) 명 극심한 가뭄.
항ː해(航海) 명하타 배를 타고 바다를 다님. ¶ 항해를 떠나다.
항ː해-도(航海圖) 명 ①항해용의 해도. ②주로, 연안 항해에 사용하는 해도.
항ː해-등(航海燈) 명 (밤에 진행 방향 따위를 나타내기 위하여) 항해 중의 배가 켜는 등불. 〔현등(舷燈)·선미등(船尾燈) 따위.〕
항ː해-력(航海曆) 명 항해에 필요한 천문 사항을 기재한 책력. 해·달·별 따위의 날마다의 위치를 적어 놓았음.
항ː해^보ː험(航海保險) 명 일정한 항해 기간을 보험 기간으로 하는 해상 보험.
항ː해-사(航海士) 명 해기사(海技士) 면허장을 가지고 배의 방위 측정, 승무원의 지휘, 하역의 감독 따위를 맡아 하는 선박의 직원.
항ː해-술(航海術) 명 항해 중에 배의 위치를 확인하고, 침로(針路)나 항정(航程)을 헤아리는 따위 항해에 필요한 기술.
항ː해^일지(航海日誌) [-찌] 명 선장이 배의 운항(運航) 상황과 항해 중에 일어난 일 따위를 적는 일지. 〔법규에 따라 배에 비치해야 하는 중요 서류임.〕
항ː해-장(航海長) 명 함장의 명령에 따라, 항로나 기상에 관한 일과 물품의 간수 따위를 담당·감독하는 사람.
항ː해^조례(航海條例) 명 영국이 1651년에 자국의 해운업을 돕고, 네덜란드의 중개 무역을 견제하기 위하여 제정했던 조례. 〔영국과 그 속령(屬領)에 드나드는 화물은 반드시 영국이나 그 속령의 선박에 적재할 것을 규정한 것임. 1849년에 폐지됨.〕
항ː해^증ː서(航海證書) 명 배의 항해를 허가하는 증명서.
항ː해^천문학(航海天文學) 명 천문학의 한 분야. 바다에서 배의 위치를 알기 위하여 별의 위치를 측정하는 따위의 연구를 함.
항ː해-표(航海表) 명 천체의 관측, 선박의 위치, 나침반의 오차 측정 따위를 하기 위하여 쓰이는 표.
항ː행(航行) 명하타 (배나 항공기가) 항로를 따라 나아감.
항ː행^구역(航行區域) 명 배의 크기나 구조·설비 따위 등급에 따라 항행할 수 있도록 정하여진 수역(水域).
항ː행-도(航行圖) 명 배나 항공기를 조종할 때 쓰는 지도.
항ː행^서ː열(航行序列) 명 (몇 개의 함대로 된) 대함대가 항행할 때 각 함대가 나아가는 차례.
항ː행^차ː단(航行遮斷) 명 해군력으로 적대국의 항만이나 연안의 선박 항행을 막는 일.
항현-권(恒顯圈) [-꿘] 명 (지구 상의 일정한 지점에서) 항상 보이는 하늘의 부분. 항시권. ↔항은권.
항ː-혈청(抗血清) 명 항원을 동물에 주입하여 얻은, 항체를 함유한 혈청.
항ː형(抗衡) 명하자 서로 버티어 지지 아니함.

항ː-효소 (抗酵素) 명 효소 작용을 선택적으로 저해하는 물질.
항ː히스타민-제 (抗histamine劑) 명 (기관지 천식·두드러기 따위 알레르기성 질환에서) 히스타민의 작용을 없애는 약제.
항것 명 〈옛〉상전(上典). ¶ 네 엇데 항것 背叛ᄒᆞ야 가ᄂᆞᆫ다 ᄒᆞ고(月釋*8:98*).
항괴 명 〈옛〉자귀. ¶항괴 분:錛(訓蒙中*16*).
해[1] 명 ①☞태양. ②햇빛. ③햇볕.
해가 서쪽에서 뜨다 관용 '절대로 있을 수 없는 일' 또는 '일의 결과가 뒤바뀜'을 비유하여 이르는 말. ¶ 네가 이렇게 일찍 일어나다니 내일은 해가 서쪽에서 뜨겠다.
해[2] Ⅰ 명 ①지구가 태양을 한 바퀴 도는 동안. 연(年). ¶ 달이 가고 해가 바뀌다. ②낮 동안. Ⅱ 의 《주로 고유어 수 뒤에 쓰이어》 열두 달을 한 단위로 세는 말. ¶ 두 해.
해가 길다 관용 하루의 낮 시간이 길다. ¶ 요즘은 제법 해가 길어졌다.
해가 짧다 관용 하루의 낮 시간이 짧다. ¶ 동지 섣달은 해가 가장 짧다.
해[3] 의 《주로 '내'·'네'·'뉘(누구)'·'우리' 다음에 쓰이어》 소유물임을 나타냄. 것. ¶ 저것은 뉘 해냐?/큰 것이 내 해다.
해ː[4] 타 '하다'의 해체 명령형. ¶ 남에게 기댈 생각 말고 네 힘으로 해.
해[5] 부 ①입을 힘없이 조금 벌린 모양. ②입을 조금 벌리면서 경망하게 웃는 모양, 또는 그 소리. 큰헤.
해ː[6] 준 '하여'가 줄어든 말. ¶ 그렇게 해도 되요?
해[1] 부 〈옛〉많이. ¶ ᄒᆞ마 이스리 해 왯도다(杜初*9:14*)./方國이 해 모ᄃᆞ나(龍歌*11*章).
해[2] 조 〈옛〉명사의 말음 'ㅎ'과 조사 '애'의 결합. ¶ 白帝ᄒᆞᆫ 갈해 주그니(龍歌*22*章).
해ː (亥) 명 ①십이지(十二支)의 끝. ②〈해방(亥方)〉의 준말. ③〈해시(亥時)〉의 준말.
해ː (害) 명하타되자 사람이나 사물에 끼치는 나쁜 영향. ¶ 해를 끼치다./해를 입히다./해될 것이 없는 일 ↔이(利).
해ː (解)[1] 명 방정식이나 부등식에서의 미지수의 값.
해ː (解)[2] 명 〈해괘(解卦)〉의 준말.
해 (垓) 수관 경(京)의 1만 배, 자(秭)의 1만분의 1이 되는 수(의). 곧, 10^{20}.
해- 접두 일부 명사 앞에 붙어, '그해에 새로 나온 것'임을 나타냄. 햇-. ¶ 해콩./해쑥.
-해 (海) 접미 《일부 명사 뒤에 붙어》 '바다'를 나타냄. ¶ 다도해./지중해./발트 해.
해ː가 (海歌) 명 작자·연대 미상의 신라 시대 노래. 내용과 주제가 '구지가(龜旨歌)'와 비슷함. 신라 성덕왕 때, 순정공(純貞公)의 아내 수로(水路) 부인이 해룡(海龍)에게 납치되어 가자 군중들이 이 노래를 불러 부인을 구했다 함. 〔'삼국유사'에 실려 전함.〕 해가사.
해가 (奚暇) 명 어느 겨를. 《주로, '해가에'의 꼴로 쓰임.》 하가(何暇).
해ː가-사 (海歌詞) 명 ☞해가.
해ː각 (海角) 명 ①육지가 바다 쪽으로 뿔처럼 돌출한 부분. ②썩 멀리 떨어져 있는 곳.
해ː각 (解角) 명하자되자 (노루나 사슴 따위의 새 뿔이 나려고) 묵은 뿔이 빠지는 일.
해ː갈 (解渴) 명하자되자 ①목마름을 풂. ②(비가 내리거나 하여) 가뭄을 면함. ③(기업체 따위에서) '어려웠던 자금 사정이 좋아짐'을 비유하여 이르는 말.
해ː감 (海-) 명 (흙과 유기 물질이 섞여) 물속에 생기는 냄새나는 찌끼. ¶ 조개의 해감을 빼다.
해ː감-내 (海-) 명 해감의 냄새.
해ː갑 (蟹甲) 명 게의 껍데기.
해거 (駭擧) 명 해괴한 짓.
해-거름 명 해가 질 무렵. 준해름.
해-거리 명 ①한 해를 거름. 격년(隔年). ②(과실나무의) 열매가 한 해를 걸러서 많이 열리는 일. 격년결과(隔年結果).
해ː결 (解決) 명하타되자 (사건이나 문제 따위를) 잘 처리함. ¶ 해결을 보다./해결이 나다.
해ː결-사 (解決士) [-싸] 명 ①해결하기 어려운 일을 전문적으로 맡아 해결해 주고 돈을 받는 폭력배를 이르는 말. ¶ 빚쟁이에게 해결사를 보내다. ②사건이나 문제 따위를 능숙하게 처리하는 사람을 이르는 말. ¶ 법률 해결사./민원 해결사.
해ː결-책 (解決策) 명 (사건이나 문제 따위를) 해결하기 위한 방책. ¶ 환경오염의 근본적인 해결책을 모색하다.
해ː경 (海警) 명 ①바다의 경비. ②〈해양 경찰대〉의 준말.
해ː고 (解雇) 명하타되자 고용주가 고용된 사람을 내보냄. ¶ 해고를 당하다.
해ː고^수당 (解雇手當) 명 고용주가 피고용자를 해고할 때 주는 위로금.
해골 (骸骨) 명 ①몸을 이루고 있는 뼈. ②살이 썩고 남은 뼈, 또는 그 머리뼈. 촉루(髑髏).
해골-바가지 (骸骨-) [-빠-] 명 〈해골〉의 속된 말. 준해골박.
해골-박 (骸骨-) [-빡] 명 〈해골바가지〉의 준말.
해골-산 (骸骨山) [-싼] 명 골고다의 언덕. 예수가 죽은 곳으로, 바위로 된 산인 데서 붙여진 이름.
해골-지킴 (骸骨-) 명 〈묘지기〉의 속된 말.
해ː공 (害工) 명하자 공부를 방해함. 힘써서 일을 하는 데 방해함.
해ː공 (海工) 명 '항만이나 해안에서 베푸는 공사'를 통틀어 이르는 말.
해ː공 (海空) 명 ①바다와 하늘. ②해군과 공군.
해ː관 (海關) 명 ①항구에 설치한 관문. ②지난날, '개항장에 설치한 세관'을 달리 이르던 말.
해ː관 (解官) 명하타되자 벼슬자리에서 물러남, 또는 물러나게 함.
해ː괘 (解卦) 명 육십사괘의 하나. 진괘(震卦)와 감괘(坎卦)를 위아래로 놓은 괘. 우레와 비를 상징함. 준해(解)[2].
해괴 (駭怪) '해괴하다'의 어근.
해괴-망측 (駭怪罔測) [-괴-/-궤-] 명하형 말할 수 없이 괴상하고 야릇함. ¶ 해괴망측한 사건. **해괴망측-히** 부.
해괴-하다 (駭怪-) [-괴-/-궤-] 형여 매우 괴상하다. ¶ 별 해괴한 소리를 다 듣겠구나. **해괴-히** 부.
해ː교 (解膠) 명하자되자 응결한 콜로이드 침전, 또는 고체에 약품을 섞어 콜로이드 용액으로 되돌아가게 하는 일.
해ː구 (海口) 명 바다의 후미진 곳, 또는 항만으로 들어가는 어귀.
해ː구 (海丘) 명 바다 밑에 독립적으로 솟아 있는 높이 1000 m 이하의 언덕. 참해산(海山).
해ː구 (海狗) 명 ☞물개. 바닷개.
해ː구 (海區) 명 바다에 설정한 구역.
해ː구 (海寇) 명 바다로 쳐들어오는 외적. 비해적(海賊).

해ː구(海溝)명 바다의 밑바닥에 도랑처럼 좁고 길게 팬 곳. 보통, 깊이 6000 m 이상임.
해ː구(海鷗)명 바다의 갈매기.
해ː구-신(海狗腎)명 한방에서, '물개 수컷의 생식기'를 이르는 말. 강정제로 쓰임.
해ː국(海國)명 섬나라. 해양국.
해ː국(海菊)명 국화과의 다년초. 줄기는 목질(木質)로 높이 30~60 cm임. 주걱 모양의 두꺼운 잎이 어긋맞게 나는데, 털이 촘촘하여 희게 보임. 7~9월에 연한 자줏빛의 꽃이 두상 화서로 핌. 중부 이남의 바닷가에 자라며 일본 등지에도 분포함.
해ː군(海軍)명 해상의 국방을 위한 군대. 주로, 함정과 함재기 및 해병대 등으로 구성됨. 참공군·육군.
해ː군(解軍)명하자 군대를 해산함.
해ː군^공창(海軍工廠)명 해군의 함선이나 병기 따위의 제조와 수리를 관장하는 기관.
해ː군-기(海軍機)명 해군에 딸린 항공기.
해ː군^기장(海軍旗章)명 해군 함정의 돛대 끝이나 깃대에 다는 표장(表章)의 기.
해ː군^기지(海軍基地)명 ①'군항(軍港)과 그 작전 지역'을 아울러 이르는 말. ②해군의 출동·귀항과 함선의 수리 및 보급 따위의 중심이 되는 곳.
해ː군^대학(海軍大學)명 해군의 고급 장교에게 고등 군사학을 교수하고 전술을 연구하도록 하는 해군의 최고 교육 기관.
해ː군-력(海軍力)[-녁]명 해군의 군사력.
해ː군^본부(海軍本部)명 국방부에 딸린 해군의 최고 통수 기관. 준해본.
해ː군^사ː관학교(海軍士官學校)[-꾜]명 해군의 초급 장교가 될 사람에게 필요한 정규 교육을 베푸는 군사 학교. 준해사.
해ː군^신ː호(海軍信號)명 해군에서 쓰는 여러 가지 신호. 〔기적(汽笛)·무선 전신·수기 신호·신호등·호포(號砲) 따위.〕
해ː군^함ː선(海軍艦船)명 '해군에 딸린 군함과 선박'을 통틀어 이르는 말.
해굽-성(-性)[-썽]명 ☞굴광성.
해ː권(海權)[-꿘]명 〈해상권〉의 준말.
해ː권-국(海權國)[-꿘-]명 제해권(制海權)을 쥐고 있는 나라.
해ː귀-당신명 '얼굴이 어울리지 않게 넓으며 복스럽지 않게 생긴 사람'을 얕잡아 이르는 말.
해ː근(解斤)명하타되자 ☞근풀이.
해금(奚琴)명 민속 악기의 한 가지. 둥근 나무통에 긴 나무를 박고 두 가닥의 명주실을 매어 활로 비벼서 켬. 깡깡이.
해ː금(海禁)명하자되자 해안에 외국의 배가 들어오거나 외국인이 들어와서 고기잡이하는 것 따위를 금하는 일.
해ː금(解禁)명하타되자 금하였던 것을 풂. ¶ 해금된 가요.
해ː-금사(海金沙)명 ①☞실고사리. ②한방에서, 임질·습열의 약재로 쓰이는 '실고사리의 포자'를 이르는 말.
해금-수(奚琴手)명 지난날, 해금을 켜던 세악수(細樂手).
해기(咳氣)명 기침 기운.
해ː기(海技)명 해원(海員)이 지녀야 할 기술.
해ː기(海氣)명 바다 위에 어린 기운.
해ː기-사(海技士)명 국가에서 시행하는 해기사 면허 시험에 합격한 사람. 〔선장·항해사·기관사 등이 이에 해당함.〕 해기원.
해ː기-욕(海氣浴)명 바닷가에서 맑은 공기를 마시고 해기를 쐬는 요양법.
해ː기-원(海技員)명 ☞해기사.
해-껏[-껃]부 해가 넘어갈 때까지. ¶ 해껏 기다렸으나 친구는 끝내 나오지 않았다.
해꼬지명하자타 '해코지'의 잘못.
해끄무레-하다형여 빛깔이 조금 흰 듯하다. ¶ 무엇인가 해끄무레한 것이 어둠 속에 떠올랐다. 큰희끄무레하다.
해끔-하다형여 빛깔이 조금 희고 깨끗하다. 큰희끔하다. **해끔-히**부.
해끔-해끔부하형 여기저기가 조금 희고 깨끗한 모양. 큰희끔희끔.
해끗-해끗[-끄태끋]부하형 흰 빛깔이 여러 군데에 나타나 있는 모양. 큰희끗희끗2. **해끗해끗-이**부.
해낙낙-하다[-낭나카-]형여 마음이 흐뭇하여 기쁜 기색이 있다.
해ː난(海難)명 항해 중에 만나는 재난. 〔배가 제힘으로 벗어날 수 없을 정도의 위험을 이름.〕 ¶ 해난 사고.
해ː난^구ː조(海難救助)명 항해 도중에 사고를 당한 배나 사람·짐 따위를 구조하는 일.
해ː난^심ː판원(海難審判院)명 해난 사고의 원인을 규명하는 등 행정적인 재결을 하는 기관.
해ː난^증명서(海難證明書)명 해난 사실을 증명하는 문서.
해납작-하다[-짜카-]형여 (얼굴이) 하얗고 납작하다. 큰희넓적하다.
해낭(奚囊)명 지난날, 여행할 때 가지고 다니면서 시초(詩草)를 써넣던 주머니.
해ː내(海內)명 ①바다의 안, 곧 국내. ↔해외. ②〔사해(四海)의 안이라는 뜻으로〕 '천하'를 뜻하는 말.
해ː-내다타 ①(어려운 일 따위를) 능히 처리하다. ¶ 혼자 해낼 수 있겠니? ②(상대편을) 거뜬히 이기다.
해-넘이명 해가 짐, 또는 해가 질 때. 일몰(日沒). ↔해돋이.
해ː녀(海女)명 바다 속의 해산물 채취를 업으로 하는 여자. 잠녀(潛女). 해인(海人). 참보자기.
해ː년(亥年)명 태세(太歲)의 지지(地支)가 해(亥)로 된 해. 〔정해년·기해년 따위.〕 돼지해.
해-님명 '해'를 의인화하여 이르는 말. 참달님.
해ː단(解團)명하타되자 '단(團)'의 이름이 붙은 단체를 해산함. ¶ 대표 선수단을 해단하다. ↔결단(結團).
해ː달(海獺)명 족제빗과의 바다짐승. 수달과 비슷한데 몸길이 1 m가량. 꼬리가 아래위로 납작하고 뒷다리가 길며 발가락이 물갈퀴로 이어져 있음. 다른 바다짐승과는 달리 두꺼운 지방층이 없어 촘촘한 털로 보온을 함. 전복·게·성게 따위를 잡아먹으며, 알래스카에 분포함.
해담(咳痰)명 기침할 때 나오는 가래.
해ː답(解答)명하자타 (어려운 일이나 문제를) 풀어서 밝히거나 답함, 또는 그 답. ¶ 해답을 구하다. 준답.
해ː답-란(解答欄)[-담난]명 해답을 보인 난, 또는 해답을 써넣을 수 있도록 비워 둔 난.
해ː답-지(解答紙)[-찌]명 해답을 적은 종이. 준답지.
해ː답-집(解答集)[-찝]명 해답을 모아서 엮은 책. ¶ 시험 문제의 답을 해답집과 맞추어 보다.
해ː당(害黨)명하자 당을 해롭게 함. ¶ 해당 행위자.

해당(該當)명 ①하자되자어떤 범위나 조건 따위에 바로 들어맞음. ¶ 해당 사항 없음. ②어떤 일에 관계되는 바로 그것. ¶ 해당 부서.
해:당(解黨)명하자 당을 해산함, 또는 당이 해산함.
해:당-분자(害黨分子)명 (당원이면서) 당을 해롭게 하는 사람.
해:당^작용(解糖作用)명 동물의 조직 속에서 탄수화물이 효소에 의하여 분해되어 젖산과 탄산가스가 되는 작용.
해:당-화(海棠花)명 장미과의 낙엽 활엽 관목. 높이 1~1.5 m로 갈색의 가시가 밀생(密生)함. 가장자리에 톱니가 난 달걀꼴의 두꺼운 잎이 어긋맞게 남. 5~8월에 크고 향기 있는 붉은 꽃이 피고, 둥근 열매가 8월에 익음. 바닷가의 모래땅이나 산기슭에 나는데, 우리나라 각지와 중국 둥베이 지방, 사할린·일본·캄차카 반도 등지에 분포함. 열매는 약용과 식용으로, 꽃은 향수 원료로, 뿌리는 물감 원료로 쓰임. 때찔레. 매괴(玫瑰).
해:대(海臺)명 위가 평평하고 측면이 급경사인 바다 밑의 대지(臺地). 참해팽(海膨).
해:대(解隊)명하자 '대(隊)'의 이름이 붙은 단체를 해산함.
해:도(海島)명 바다 가운데 떨어져 있는 섬.
해:도(海圖)명 항해용의 지도.
해:도(海濤)명 바다의 큰 물결.
해:독(害毒)명 나쁜 영향을 끼치는 요소. 해와 독. ¶ 해독을 끼치다. 준독(毒).
해:독(解毒)명하자되자 독기를 풀어서 없앰. 파독(破毒). ¶ 해독 작용.
해:독(解讀)명하타되자 ①(알기 쉽도록) 풀어서 읽음. ¶ 고전을 해독하여 들려주다. ②(암호 따위 예사로 읽어서는 알 수 없는 것을) 읽어서 알아냄. ¶ 암호를 해독하다.
해:독-제(解毒劑)[-쩨]명 독기를 풀어 없애는 데 쓰는 약제.
해-돋이[-도지]명 해가 돋음, 또는 해가 돋는 때. 일출. 해뜨기. ↔해넘이.
해동(孩童)명 어린아이.
해:동(海東)명 〔중국에서, 발해(渤海)의 동쪽에 있는 나라라는 뜻으로〕 '우리나라'를 달리 이르던 말.
해:동(海桐)명 ☞엄나무.
해:동(解凍)명하자되자 얼었던 것이 녹아서 풀림. ¶ 강물이 해동하여 뱃길이 열렸다.
해:동-가요(海東歌謠)명 조선 영조 39(1763)년에 김수장(金壽長)이 엮은 시조집. 883수(首)의 시조를 작가별로 실었음.
해-동갑(-同甲)명하자 어떤 일을 '해가 질 때까지 계속함'을 이르는 말. ¶ 두 사람이 해동갑을 해도 벅찬 일이다.
해:동-고승전(海東高僧傳)명 고려 고종 때 각훈(覺訓)이 왕명으로 지은, 고승의 전기를 모아 엮은 책. 2권 1책.
해:동-공자(海東孔子)명 고려 성종(成宗) 때의 학자 '최충(崔沖)'을 높여 일컫는 이름.
해:동-연(海東硯)명 '우리나라의 돌이나 흙으로 만든 벼루'를 중국 벼루에 대하여 이르는 말.
해:동-종(海東宗)명 ☞법성종(法性宗).
해:동-중보(海東重寶)명 고려 성종(成宗) 이후에 통용되었던 주화의 이름.
해:동-청(海東青)명 ☞매[6].
해:동-통보(海東通寶)명 고려 숙종(肅宗) 때 통용되었던 주화의 이름.
해:동-피(海桐皮)명 한방에서, '엄나무 껍질'을 약재로 이르는 말. 맛은 쓰며, 허리나 다리가 저리고 바람이 이는 데 씀.
해:득(解得)명하타되자 깨우쳐 앎. ¶ 국문 해득.
해-뜨기명 해돋이.
해:-뜨리다타 〈해어뜨리다〉의 준말.
해뜩-발긋[-빨귿]부하형 (빛깔이) 조금 하얗고 발가스름한 모양.
해뜩-해뜩[-뜨캐-]부하형 흰 빛깔이 군데군데 뒤섞여 보이는 모양. 큰희뜩희뜩[2]. **해뜩해뜩-이**부
해:라-체(-體)명 상대 높임법의 한 갈래. 말을 듣는 손아랫사람에게 아주 낮추어 말하는 종결어미의 한 유형. 〔'읽어라·가거라·자느냐' 따위.〕 아주낮춤.
해락(偕樂)명하자 여럿이 함께 즐김.
해:란(蟹卵)명 게의 알.
해:람(解纜)명하자·타 〔뱃줄을 푼다는 뜻으로〕 '출범(出帆)'을 뜻하는 말.
해래(偕來)명하자 여러 사람이 함께 옴.
해:량(海量)명하자 〔바다처럼 넓은 도량이라는 뜻으로〕 상대편에게 용서를 빌 때에 쓰는 말.
해:량(海諒)명하타 〔바다처럼 넓은 마음으로 양해하라는 뜻으로〕 편지 글에서 윗사람의 용서를 빌 때에 쓰는 말. 참해서(海恕).
해:려(海驢)명 ☞강치.
해:령(海嶺)명 ☞해저 산맥.
해:례(解例)명하타 보기를 보이어 풂.
해:로(海路)명 (배가 다니는) 바닷길. 뱃길.
해로(偕老)명하자 (부부가) 한평생 같이 지내고 함께 늙음. ¶ 백년해로.
해:로(解顱)명 한방에서, 어린아이의 머리뼈가 합친 곳이 벌어지는 병을 이르는 말.
해로:(harrow)명 흙덩이를 쳐서 잘게 깨는 서양 농구(農具)의 한 가지.
해로-가(薤露歌)명 〔사람의 목숨이 부추 위의 이슬처럼 덧없다는 뜻의 노래로〕 '상엿소리'를 달리 이르는 말. 만가(輓歌).
해로-동혈(偕老同穴)명 ①하자〔살아서는 함께 늙으며 죽어서는 한무덤에 묻힌다는 뜻으로〕 '생사를 같이하는 부부의 사랑의 맹세'를 이르는 말. '시경'에 나오는 말임. ②바다수세밋과의 해면동물인 '오웨니바다수세미'를 아름답게 이르는 말. 〔자포 안에 새우 한 쌍이 들어 있는 데서 유래된 이름임.〕
해:록(海鹿)명 바다의 섬에 사는 사슴.
해:록-석(海綠石)[-썩]명 철·칼륨 따위의 함수 규산염으로, 운모와 비슷한 구조를 가진 광물의 한 가지.
해:-롭다(害-)[-따][~로우니·~로워]형ㅂ 해가 있다. 해가 있을 만하다. ¶ 담배는 몸에 해롭다. **해로이**부
해롱-거리다자 자꾸 해롱해롱하다. 해롱대다. ¶ 술에 취해 해롱거리다. 큰희롱거리다.
해롱-대다자 해롱거리다.
해롱-해롱부하자 ①자꾸 실없이 까부는 모양. ¶ 어른들 앞에서 해롱해롱 웃다. 큰희롱희롱. ②(술·약 따위에) 취하여 정신이 몽롱한 상태에서 자꾸 실없는 행동을 하는 모양.
해:룡(海龍)명 ☞강치.
해:룡-피(海龍皮)명 강치의 가죽.
해:류(海柳)명 버들조름과의 자포동물. 몸길이는 보통 30~40 cm인데, 큰 것은 70 cm가 넘는 것도 있음. 석회화한 각질의 몸줄기 부분은 황갈색이며, 그 위로 좌우에 자갈색의 개충(個

蟲)이 200여 개 줄지어 있음. 깊이 10 m가량의 바다 밑에 삶.

해ː류(海流)명 (항상 일정한 방향으로 움직이는) 바닷물의 흐름. 무대.

해ː류-도(海流圖)명 해류의 종류나 방향·속도 따위를 나타낸 그림.

해ː류-병(海流甁)명 해류의 방향과 속도를 알기 위하여, 날짜와 장소 따위를 적어 넣어서 바다에 띄우는 병.

해ː륙(海陸)명 바다와 육지.

해ː륙-군(海陸軍)[-꾼]명 해군과 육군.

해ː륙-풍(海陸風)명 해안 지방에서, 낮과 밤의 기온 차로 낮에는 바다에서 육지로, 밤에는 육지에서 바다로 방향이 바뀌어 부는 바람.

해ː름명 〈해거름〉의 준말.

해ː리(海狸)명 ☞비버(beaver).

해리(該吏)명 그 벼슬아치.

해ː리(解離)명되자 ①하자·타 풀려서 떨어짐, 또는 떨어지게 함. ②하자 분자나 결정이 보다 작은 분자나 원자단(原子團)·이온 따위로 분해되고, 상황에 따라서는 반대로 진행하기도 하는 현상. 〔열해리·전기 해리 따위.〕

해ː리(海里)의 해상의 거리를 나타내는 단위. 위도 1°의 60분의 1로 약 1852 m임. ¶ 200해리 전관 수역.

해ː리-도(解離度)명 해리된 분자의 수와 해리 이전의 분자 총수와의 비(比).

해ː리-열(解離熱)명 해리를 일으키는 데에 필요한 열량.

해ː마(海馬)명 ①실고깃과의 바닷물고기. 몸길이는 8 cm가량으로 온몸이 골판(骨板)으로 뒤덮이고 머리가 말 머리와 비슷함. 등지느러미로 헤엄치는데 부드럽고 긴 꼬리로 해초를 감음. 수컷의 아랫배에 육아낭이 있어 알을 부화시킴. 우리나라 연해와 일본 각지에 분포하는데, 한방에서 소화제의 원료로 씀. ②☞바다코끼리.

해-마다부 그해 그해. 매년. 세세(歲歲). ¶ 해마다 이맘때면 찾아오는 철새들.

해ː마-아(海馬牙)명 바다코끼리의 엄니. 상아 대용으로 쓰임.

해ː만(海灣)명 ①바다가 육지 깊숙이 들어간 곳. 만. ②바다와 만.

해ː만(解娩)명하타 ☞해산(解產).

해만(懈慢) '해만하다'의 어근.

해ː만-하다(懈慢-)형여 게으르고 거만하다.

해ː말(亥末)명 십이시의 해시(亥時)의 끝. 하오 11시에 가까운 무렵.

해-말갛다[-가타][~말가니·~말개]형ㅎ (살갗 따위가) 매우 희고 말갛다. ¶ 해말간 미소. /얼굴이 해말갛다. 큰희멀겋다.

해말끔-하다형여 (살갗 따위가) 매우 희고 말끔하다. 큰희멀끔하다. **해말끔-히**부.

해말쑥-하다[-쑤카-]형여 (살갗 따위가) 매우 희고 말쑥하다. ¶ 정장 차림의 해말쑥한 청년. 큰희멀쑥하다. **해말쑥-이**부.

해-맑다[-막따]형 ①(살갗 따위가) 매우 희고 맑다. ¶ 해맑은 얼굴. 큰희맑다. ②밝고 환하다. ¶ 해맑은 미소. /해맑은 아침 햇살.

해망(駭妄)명하형 행동이 해괴하고 요망스러움. **해망-히**부.

해ː망-구실(蟹網俱失)명 〔게도 그물도 다 잃었다는 뜻으로〕 '이익을 보려다가 밑천까지 잃음'을 비유하여 이르는 말.

해망-쩍다[-따]형 영리하지 못하고 아둔하다.

해-맞이명하자 ①(산꼭대기나 바닷가에서) 돋아오르는 해의 아름다움을 관상(觀賞)하는 일. ②☞영년(迎年).

해매명 요사스럽고 간악한 기운.

해ː매(海霾)명 ☞해미.

해머(hammer)명 ①망치. ②피아노 따위의 현(弦)이나 기타 악기의 발성(發聲) 부분을 쳐서 음을 내는 작은 망치. ③해머던지기에 쓰이는 둥근 기구.

해머-던지기(hammer-)명 투척 경기의 한 가지. 지름이 2.13 m인 원 안에서 해머를 던져 그 거리를 겨루는 경기. 투중추(投重錘). 투철퇴. 투해머. 참필드 경기.

해먹(hammock)명 기둥이나 나무 사이에 매달아 침상(寢床)으로 쓰는 그물 모양의 물건.

해먼드^오르간(Hammond organ)명 전기 진동으로 파이프 오르간과 비슷한 음을 내는 전기 오르간. 〔상표명임.〕 참전자 오르간.

해ː면(海面)명 바다의 표면. 해수면.

해ː면(海綿)명 ①정제한 해면동물의 뼈. 스펀지. 갯솜. ②〈해면동물〉의 준말.

해ː면(解免)명하타되자 ①(관직이나 직책 따위에서) 물러나게 함. ②책임을 벗어서 면함. 해제(解除).

해ː면-동물(海綿動物)명 후생동물 중 하등 동물 문(門)의 한 가지. 가장 원시적인 다세포 동물로, 기본형은 항아리 모양인데 바다의 돌이나 해초에 붙어 있음. 준해면.

해ː면-상(海綿狀)명 잔구멍이 숭숭 배게 뚫리어 해면처럼 된 모양.

해ː면^조직(海綿組織)명 잎살을 이루는 조직의 한 가지. 세포의 성긴 조직으로 가스 교환 따위를 함. 갯솜 조직.

해ː면-질(海綿質)명 해면과 같은 섬유 모양의 골격을 이루는 유기 물질.

해ː면-체(海綿體)명 (포유동물의 음경이나 음핵에서처럼) 혈액의 충만으로 부피가 커지는 조직.

해ː면-치레(海綿-)명 해면치렛과의 게. 갑각의 길이 53 mm, 나비 61 mm가량임. 갑각의 등은 불룩하고 털이 촘촘히 나 있음. 원시적인 게로, 제주도와 일본의 근해, 서태평양·인도양 등지에 분포함.

해ː명(海鳴)명 (폭풍우의 전조로) 바다에서 들려오는 우레와 같은 소리.

해ː명(解明)명하자·타되자 (까닭이나 내용 따위를) 풀어서 밝힘. ¶ 사고의 원인을 해명하다.

해ː명-서(解明書)명 해명하는 글.

해ː명^신화(解明神話)명 자연이나 문화적 사상(事象)의 기원과 유래 또는 성립 과정 따위를 설명하는 신화.

해ː몽(解蒙)명하타 사리에 어둡고 어리석음을 깨우침. 몽매함을 일깨워 줌.

해ː몽(解夢)명하타 꿈의 내용을 풀어서 길흉(吉凶)을 판단함. ¶ 꿈보다 해몽이 좋다.

해ː무(海霧)명 바다에 끼는 안개.

해-무늬[-니]명 해가 비치어 얼룩얼룩하게 된 무늬.

해ː묵(海墨)명 황해도 해주(海州)에서 나는 질이 썩 좋은 먹.

해-묵다[-따]자 ①(물건 따위가 만들어진 뒤) 한 해가 지나다. ¶ 해묵은 감자. ②(하던 일이나 하려던 일이 제대로 되지 않은 상태에서) 여러 해를 넘기거나 많은 시간이 지나다. ¶ 해묵은 과제. /해묵은 감정.

해묵-히다[-무키-]타 《'해묵다'의 사동》 해묵게 하다.
해:물(海物)명 〈해산물〉의 준말.
해:미명 바다 위에 낀 매우 짙은 안개. 해매.
해:미(海味)명 해산물로 만든 맛이 좋은 반찬.
해-바라기[1]명하자 추울 때 양지바른 곳에서 햇볕을 쬐는 일.
해-바라기[2]명 국화과의 일년초. 중앙아메리카 원산으로 줄기 높이는 2m가량. 잎은 자루가 길고 넓은 달걀 모양이며, 여름에 노란빛의 큰 꽃이 핌. 씨는 먹을 수 있고, 식용유를 짜기도 함. 규화(葵花).
해-바라지다 Ⅰ자 모양새 없이 넓게 바라지다. 큰헤벌어지다.
Ⅱ형 모양새 없게 조금 넓다. ¶ 주둥이가 해바라진 물병. 큰헤벌어지다.
해-바르다형 '양지바르다'의 잘못.
해박(該博) '해박하다'의 어근.
해박-하다(該博-)[-바카-]형여 학식이 넓다. 사물에 대하여 아는 것이 많다. ¶ 해박한 지식. /상식에 해박하다. 해박-히부.
해:-반구(海半球)명 ☞수반구(水半球).
해반닥-거리다[-꺼-]자타 자꾸 해반닥해반닥하다. 해반닥대다. 큰희번덕거리다.
해반닥-대다[-때-]자타 해반닥거리다.
해반닥-해반닥[-다캐-]부 ①하자타 눈을 크게 뜨고 흰자위를 자꾸 굴려 반득이는 모양. ②하자 (물고기 따위가) 몸을 젖히며 반득이는 모양. 큰희번덕희번덕.
해반드르르-하다형여 ①(모양이) 해말쑥하고 반드르르하다. ②이치에 맞게 잘 꾸며 대어 그럴싸하다. ¶ 말은 해반드르르하게 잘한다. 준해반들하다. 큰희번드르르하다.
해반들-하다형여 〈해반드르르하다〉의 준말. 큰희번들하다.
해반주그레-하다형여 (얼굴이) 해말갛고 반주그레하다. 큰희번주그레하다.
해반지르르-하다형여 (얼굴이) 해말갛고 반지르르하다. 큰희번지르르하다.
해:발(海拔)명 바다의 평균 수면을 기준으로 하여 잰 어느 지점의 높이. ¶ 백두산은 해발 2744미터이다.
해발쪽부하형 (구멍이나 아가리 따위가) 넓게 바라진 모양. ¶ 입을 해발쪽 벌리고 잠을 잔다. 큰헤벌쭉. 해발쪽-이부. 해발쪽-해발쪽부하형.
해발쪽-거리다[-꺼-]타 자꾸 해발쪽해발쪽하다. 해발쪽대다. 큰헤벌쭉거리다.
해발쪽-대다[-때-]타 해발쪽거리다.
해:방(亥方)명 이십사방위의 하나. 북북서에서 서쪽으로 15도까지의 방위. 건방(乾方)과 임방(壬方)의 사이. 준해(亥). ↔사방(巳方).
해:방(海防)명하자 바다를 방비함.
해:방(解放)명하타되자 ①(몸과 마음의 속박이나 제한 따위를) 풀어서 자유롭게 함. ¶ 노예 해방. ②1945년 8월 15일, 우리나라가 일제의 강점에서 벗어난 일. ¶ 일본의 항복으로 우리는 해방을 맞았다.
해:방-감(解放感)명 몸과 마음이 속박이나 제한 따위에서 벗어난 느낌.
해:방-구(解放區)명 혁명 세력이 중앙 권력의 지배를 물리치고 혁명의 근거지로 삼은 한 나라 안의 일정 지역.
해:방-둥이(解放-)명 우리나라가 일본으로부터 해방된 '1945년에 태어난 사람'을 흔히 이르는 말.
해:방^문학(解放文學)명 압박을 받는 계급이나 민족이 해방과 자유를 얻기 위한 수단으로 창작한 문학.
해:방-사(海防使)명 해방영(海防營)을 맡아 지휘하던 장수.
해:방^신학(解放神學)명 가난하고 억압받는 자들의 해방을 위하여 교회는 혁명 운동에 적극 참여해야 한다는 가톨릭 신학. 중남미의 가톨릭교계에서 비롯됨.
해:방-영(海防營)명 조선 고종 때, 경기·충청·황해 3도의 수군(水軍)을 통할하기 위하여 설치하였던 군영(軍營).
해:방^운:동(解放運動)명 압박 또는 속박 상태에서 벗어나려는 운동.
해:배(解配)명하타 귀양을 풀어 줌.
해백(楷白) '해백하다'의 어근.
해백-하다(楷白-)[-배카-]형여 정확하고 명백하다.
해:벌(解罰)명하타되자 형벌을 풀어 줌.
해:법(海法)[-뻡]명 〈해상법(海上法)〉의 준말.
해:법(解法)[-뻡]명 ①수학에서, 문제를 푸는 방법. ②해내기 어렵거나 곤란한 일을 푸는 방법. ¶ 해법을 찾다. /해법을 제시하다.
해:변(海邊)명 바닷가. 해빈(海濱).
해:변^식물(海邊植物)[-싱-]명 해변의 모래밭에 나는 식물. 대개, 잎이 두껍고 햇볕과 바람에 잘 견딤.
해:변^학교(海邊學校)[-꾜]명 바닷가에 세워진 하기 학교(夏期學校)의 한 가지.
해:병(海兵)명 해병대의 병사.
해:병-대(海兵隊)명 해륙 양면에서 전투할 수 있도록 특별히 편성되고 훈련된 해군의 육상 전투 부대.
해:보(海堡)명 바닷가에 설치한 보루나 포대.
해:-보다타 대들어 맞겨루다. ¶ 자, 해볼 테면 해보자.
해:복(解腹)명하타 ☞해산(解産).
해:본(海本)명 〈해군 본부〉의 준말.
해:부(解剖)명하타되자 ①생물체의 일부 또는 전부를 절개하여 내부를 조사하는 일. ¶ 개구리를 해부하다. 해체(解體). ②사물의 조리(條理)를 자세히 분석하여 연구함. ¶ 오늘 이 시간에는 과소비 심리를 해부해 보겠습니다.
해:부-도(解剖刀)명 수술이나 해부할 때 쓰는 작고 날카로운 칼. 메스(mes).
해:부-도(解剖圖)명 생물체의 내부 구조를 나타낸 그림. ¶ 인체 해부도.
해:부-제(解剖祭)명 해부에 쓰는 시체의 영혼을 위로하기 위하여 지내는 제사.
해:부^표본(解剖標本)명 생물체의 내부 및 그 상호 관계를 보기 쉽게 만든 표본.
해:부-학(解剖學)명 생물체를 해부하여 그 구조를 연구하는 학문.
해:분(海盆)명 해심(海深) 3000~6000m의 바닥에 분포되어 있는 분지 모양의 지형.
해:분(海粉)명 〈해합분(海蛤粉)〉의 준말.
해:분(解紛)명하자 다투던 일을 해결함.
해비(賅備·該備) '해비하다'의 어근.
해비-하다(賅備-·該備-)형여 갖추어진 것이 넉넉하다. 해비-히부.
해:빈(海濱)명 ☞해변(海邊).
해:빙(海氷)명 바닷물이 얼어서 된 얼음.
해:빙(解氷)명하자되자 ①얼음이 풀림. ↔결빙(結氷). ②'국제간의 긴장이 완화됨'을 비유하여 이르는 말. ¶ 동서 양대 진영의 해빙 무드.

해ː빙-기(解氷期)명 얼음이 녹아 풀리는 때.
해ː사(海士)명 〈해군 사관학교〉의 준말.
해ː사(海沙)명 바닷모래.
해ː사(海事)명 해상(海上)에 관한 일.
해ː사(解事)명하자 사리(事理)를 자세히 앎.
해ː사^공법(海事公法)[-뻡]명 '해사에 관한 공법'을 통틀어 이르는 말.
해ː사^금융(海事金融)[-금늉/-그뮹]명 배를 저당으로 하는 장기 금융.
해사-하다형여 얼굴이 희고 말쑥하다.
해ː산(海山)명 깊은 해저로부터 1000 m 이상의 높이로 우뚝 솟아 있는 지형. 참해구(海丘).
해ː산(海産)명 〈해산물〉의 준말.
해ː산(解産)명하타 아이를 낳음. 분만(分娩). 해만(解娩). 해복(解腹).
해ː산(解散)명하자타 ①(모인 사람이) 흩어짐, 또는 흩어지게 함. ②(단체·조직 따위가) 해체하여 없어짐, 또는 없어지게 함.
해ː산-구완(←解産救援)명하자 해산하는 데에 시중을 듦. 해산바라지. 본해산구원(解産救援).
해ː산-구원(解産救援)명 〈해산구완〉의 본딧말.
해ː산-달(解産-)[-딸]명 아이를 낳을 달. 산달. 산월(産月). 산삭(産朔).
해ː산-등(解散燈)명 문이 없이 밑으로 초를 넣고 빼도록 만든 작은 등.
해ː산^명ː령(解散命令)[-녕]명 ①(모인 군중에게) 흩어져 돌아가라고 내리는 명령. ②법인(法人)이 명령을 어기거나 하여 그 존속(存續)을 허용할 수 없다고 인정할 때, 국가가 해산하라고 내리는 명령.
해ː산-물(海産物)명 바다에서 나는 산물. 〔어패류나 해초 따위.〕 준해물·해산.
해ː산-미역(解産-)명 ①해산어미가 먹을 미역. ②'허리가 굽은 사람'을 조롱조로 이르는 말.
해ː산-바라지(解産-)[-빠-]명하자 해산을 돕는 일. 해산구완.
해ː산^비ː료(海産肥料)명 해산물을 원료로 한 비료. 〔어비(魚肥)나 해초 따위.〕
해ː산-쌀(解産-)명 해산어미가 먹을 밥을 짓는 쌀. 산미(産米).
해ː산-어미(解産-)명 해산한 지 얼마 되지 않은 여자. 산모(産母).
해ː삼(海蔘)명 해삼강의 극피동물을 통틀어 이르는 말. 몸길이 40 cm가량으로 온몸에 밤색과 갈색의 반문이 있음. 입 둘레에 많은 촉수가 있고 배에 세로로 세 줄의 관족(管足)이 있음. 바다 깊이 10～30 m인 곳에 사는데, 수온이 16 ℃ 이상 되면 하면(夏眠)을 함. 전 세계의 바다에 널리 분포함. 사손(沙噀).
해ː삼-초(海蔘炒)명 마른 해삼을 물에 불려서 갖은 양념을 넣고 볶은 음식.
해ː삼-탕(海蔘湯)명 ①물에 불린 마른 해삼과 쇠고기를 넣어서 끓인 음식. ②중화요리의 한 가지. 물에 불린 마른 해삼을 삶아 죽순·송이버섯·풋고추 따위를 썰어 넣고 볶은 다음에 물에 푼 녹말을 끼얹어서 만듦.
해ː삼-회(海蔘膾)[-회/-훼]명 날해삼의 내장을 빼고 썰어서 초고추장이나 초간장에 찍어 먹는 회.
해ː상(海上)명 바다 위. ¶ 해상 공격.
해ː상(海床)명 바다의 깊은 바닥.
해ː상(海商)명 배에 물건을 싣고 다니면서 하는 장사, 또는 그런 장수.
해ː상(海象)명 ☞바다코끼리.
해ː상(解喪)명하자 어버이의 삼년상을 마침. 종상(終喪). 종제(終制). 탈상.
해ː상^경ː찰(海上警察)명 ☞수상 경찰(水上警察).
해ː상-권(海上權)[-꿘]명 ☞제해권. 준해권.
해ː상^급유(海上給油)명 항해 중인 선박에 해상에서 급유선(給油船)으로 연료를 보급하는 일. 양상 급유(洋上給油).
해ː상-도(解像度)명 텔레비전 화면이나 컴퓨터의 디스플레이 따위에 나타나는 물체의 선명도. 보통, 주사선의 밀도로 표시함.
해ː상-력(解像力)[-녁]명 ①사진 촬영에서, 감광막에 피사체의 선명하고 미세한 상(像)을 재현시킬 수 있는 렌즈의 능력. ②현미경의 렌즈 따위가, 상의 미세한 부분을 식별할 수 있는 능력.
해ː상^무ː역(海上貿易)명 거래 물품을 선박으로 운송하는 무역.
해ː상-법(海上法)[-뻡]명 '항해에 관한 법률'을 통틀어 이르는 말. 준해법(海法).
해ː상-법(海商法)[-뻡]명 상법 가운데 '해상 기업에 관한 법규'를 통틀어 이르는 말.
해ː상^보ː험(海上保險)명 손해 보험의 한 가지. 항해의 사고로 입는 선박이나 화물 따위의 손해를 메우기 위한 보험.
해ː상^봉쇄(海上封鎖)명 해군력으로 딴 나라의 항만을 막아 기능을 잃게 하거나, 연안에 배가 드나드는 것을 막는 일.
해ː상^예식(海上禮式)[-녜-]명 해군 함정이 해상에서 다른 나라의 군함을 만나거나, 연안의 포대에 이르렀을 때에 예포(禮砲)를 쏘거나 기장(旗章)을 올려서 하는 예식.
해ː상-용왕(海上龍王)[-뇽-]명 관세음보살의 오른쪽에 있는 보처(補處) 보살.
해ː상^운ː송(海上運送)명 해상에서 배로 하는 운송. 해운(海運).
해ː상^트럭(海上truck)명 선원 한 사람이 몰고 다니는 소형 화물선.
해ː상^포ː획(海上捕獲)[-획/-휙]명 공해(公海)나 영해(領海)에서, 적국의 함선이나 화물, 또는 중립을 위반한 혐의가 있는 제삼국의 함선이나 화물을 잡는 일. 참나포.
해ː색(海色)명 바다의 경치.
해ː생(亥生)명 해년(亥年)에 태어난 사람. 〔을해생·정해생 따위.〕 돼지띠.
해ː-생물(海生物)명 바다에 사는 동식물.
해ː서(海西)명 '황해도'의 딴 이름.
해ː서(海恕)명하타 넓은 마음으로 용서함, 또는 그 용서. 〔흔히, 편지 글에 쓰이는 말.〕 해용(海容). 참해량(海諒).
해ː서(海棲)명하자 바다 속에서 삶.
해서(楷書)명 한자 서체(書體)의 한 가지. 예서(隸書)에서 발달하였는데 글자 모양이 가장 반듯함. 정서(正書).
해ː서산맹(海誓山盟)명 〔산과 바다처럼 변치 않을 맹세를 한다는 뜻으로〕 '굳은 맹세'를 이르는 말.
해ː석(海石)명 ☞속돌.
해ː석(解析)명 ①하타사물을 자세히 풀어서 이론적으로 연구함. ②〈해석학(解析學)〉의 준말.
해ː석(解釋)명하타되자 (사물의 뜻이나 내용 따위를 자신의 논리에 따라) 풀어서 이해함, 또는 그것을 설명함. ¶ 영어 원문을 해석하다./비문을 해석하다.
해ː석^기하학(解析幾何學)[-끼-]명 기하학적 도형을 좌표에 따라 보이고, 그 도형의 관계를 대수 방정식으로 밝히는 수학의 한 부문. 좌표 기하학.

해ː석^법규(解釋法規) [-뻡뀨] 명 당사자의 의사 표시가 있는 경우에, 불분명한 부분을 해석하여 적용하는 임의 법규.

해ː석^법학(解釋法學) [-뻐팍] 명 민법이나 형법 따위 실정법의 의미와 내용을 체계적·합리적으로 해석하는 법학의 한 분야.

해ː석-학(解析學) [-서칵] 명 ①(대수학이나 기하학에 대하여) 극한의 개념을 기초로 하여 연구하는 수학의 여러 부문. 〔미분학·적분학 따위.〕 ②'기하학 이외의 수학'을 통틀어 이르는 말. ㊥해석(解析).

해ː석-학(解釋學) [-서칵] 명 (문헌이나 예술 따위 인간 정신의 소산을 이해하기 위하여) 해석의 방법과 규칙·이론을 다루는 학문적 방법.

해ː선(海扇) 명 ☞가리비.

해ː설(解雪) 명하자 눈이 녹음.

해ː설(解說) 명하자타되자 알기 쉽게 풀어서 설명함, 또는 그 설명. ¶ 시사 해설. /축구 해설. /정답 해설. ㊥설명.

해ː성(海星) 명 ☞불가사리2.

해성(諧聲) 명 ☞형성(形聲).

해ː성-층(海成層) 명 바다 밑의 퇴적(堆積)으로 이루어진 지층.

해ː성-토(海成土) 명 풍화(風化)한 암석이 바닷물에 운반되어 도태(淘汰)되고 퇴적(堆積)하여 이루어진 바다흙.

해소(←咳嗽) 명 〈해수(咳嗽)〉의 변한말.

해ː소(海嘯) 명 ①(얕은 해안이나 좁은 강 어귀 같은 곳에서) 밀물 때 일어나는 거센 파도. ②썰물 때 빠지는 조류(潮流)가 해면과 충돌할 때 일어나는 파도 소리.

해ː소(解消) 명하타되자 ①(관계 또는 사물을) 지워 없앰. ②(어려운 일이나 문제 따위를) 해결하여 없애 버림. ¶ 고민을 해소하다. /갈등이 해소되다.

해ː소(解訴) 명하타되자 (원고가) 소송을 취소함. 해송(解訟).

해-소수 명 한 해가 좀 지나는 동안.

해-소일(-消日) 명하자 쓸데없는 일로 날만 보냄. 날소일.

해속(駭俗) 명하형 (세상이 놀랄 만큼) 풍속에 어그러지고 해괴함.

해ː손(海損) 명 해난(海難)으로 입는 손해.

해ː손^계ː약서(海損契約書) [-계-써/-게-써] 명 하주(荷主)가 공동 해손이 생겼을 때, 분담액을 지급하기로 승낙한 계약서.

해ː송(海松) 명 ①바닷가에 나는 소나무를 통틀어 이르는 말. ②☞곰솔. ③☞잣나무.

해ː송(解訟) 명하타되자 ☞해소(解訴).

해ː송-자(海松子) 명 ①☞잣. ②한방에서, '잣'을 약재로 이르는 말. 영양을 돕고 변을 부드럽게 함.

해ː송자-유(海松子油) 명 잣기름.

해ː송-판(海松板) 명 잣나무를 켜서 만든 널빤지.

해수(咳嗽) 명 기침. 수해(嗽咳). 변해소.

해ː수(海水) 명 바닷물.

해ː수(海獸) 명 바다에 사는 포유동물을 통틀어 이르는 말. 〔고래·물개 따위.〕

해ː수-면(海水面) 명 ☞해면(海面).

해수-병(咳嗽病) [-뼝] 명 한방에서, '연거푸 기침을 하는 증세'를 이르는 말.

해ː수-욕(海水浴) 명하자 바다에서 헤엄치거나 노는 일. 조욕(潮浴). ¶ 해수욕을 즐기다.

해ː수욕-장(海水浴場) [-짱] 명 해수욕을 할 수 있도록 환경과 시설이 되어 있는 곳.

해ː시(亥時) 명 ①십이시의 열두째 시. 하오 9시부터 11시까지의 동안. ②이십사시의 스물셋째 시. 하오 9시 30분부터 10시 30분까지의 동안. ㊥해(亥).

해시(駭視) 명하타 놀라서 봄.

해-시계(-時計) [-계/-게] 명 눈금을 표시한 문자반 위에 세운 막대나 평판이, 태양의 일주(日周) 운동으로 그림자를 지울 때, 그 그림자의 위치로 시각을 어림하여 알도록 한 장치. 〔앙부일영 따위.〕

해ː식(海蝕) 명 파도나 조류(潮流) 따위로 인한 침식 작용.

해ː식(解式) 명 운산(運算)의 순서를 일정한 기호와 방법으로 기록하는 식.

해ː식^단구(海蝕段丘) [-딴-] 명 해식으로 이루어진 해안 단구의 한 가지.

해ː식-대(海蝕臺) [-때] 명 해안의 바위가 해식으로 밀려나고, 그 앞면의 수면 아래에 이루어진 평탄한 지형. 썰물 때는 드러나고 밀물 때는 물 밑으로 들어감.

해ː식-동(海蝕洞) [-똥] 명 해식으로 생긴 동굴.

해ː식-애(海蝕崖) 명 해식 작용으로 이루어진 해안의 절벽.

해ː신(海神) 명 바다를 다스리는 신.

해ː신(解信) 명하타 불교에서, 경전이나 불보살의 가르침을 그대로 믿지 아니하고 논리로 이해한 다음에 믿음.

해심(垓心) 명 ①경계(境界)의 한가운데. ②벗어나기 어려운 처지.

해ː심(害心) 명 해치려는 마음. 해의(害意).

해ː심(海心) 명 바다의 한복판.

해ː심(海深) 명 바다의 깊이.

해쓱-하다 [-쓰카-] 형여 얼굴에 핏기가 없고 파리하다. 창백하다. ¶ 해쓱한 얼굴.

해씨(該氏) 명 그분. 그 사람.

해아(孩兒) 명 어린아이.

해ː아(海牙) 명 '헤이그(Hague)'의 한자음 표기.

해ː악(害惡) 명 해가 되는 나쁜 영향. 해(害). ¶ 남에게 해악을 끼치다.

해ː악(海岳·海嶽) 명 바다와 산.

해악(駭愕) 명하자 몹시 놀람.

해ː안(海岸) 명 육지와 바다가 닿은 곳. 바다의 기슭. 바닷가. 연해안.

해ː안(解顔) 명하자 부드러운 표정을 지음.

해ː안-가(海岸-) [-까] 명 바닷가.

해ː안^기후(海岸氣候) 명 바닷가나 호숫가의 온화하고 습기 찬 기후.

해ː안^단구(海岸段丘) 명 해안선을 따라서 계단 모양으로 되어 있는 좁고 긴 지형.

해ː안-도(海岸島) 명 육지의 한 부분이 떨어져 나가서 된 섬.

해ː안^도서족(海岸島嶼族) 명 태평양이나 인도양 등지의 섬들에 사는 종족.

해ː안^방풍림(海岸防風林) [-님] 명 (바닷바람과 염분의 피해를 막기 위하여) 해안에 조성해 놓은 숲.

해ː안^사구(海岸沙丘) 명 해안에 발달한 모래 둔덕.

해ː안-선(海岸線) 명 ①바다와 육지의 경계를 길게 연결한 선. ¶ 해안선이 단조롭다. ②해안을 따라 부설한 철도의 선로.

해ː안^요새(海岸要塞) 명 해안의 중요한 곳에 설치한 요새.

해ː안^지형(海岸地形) 명 (직접 또는 간접적인) 바다의 작용 때문에 이루어진 지형.

해ː안-태(海岸太)명 (동해안 등지의) 연안에서 잡히는 명태.
해ː안^평야(海岸平野)명 ①바다 밑의 퇴적층이 융기하여 해안에 이룩된 평야. ②삼각주나 간석지와 같이 해안에 발달한 평야.
해ː애(海艾)명 섬에 나는 쑥.
해ː약(解約)명하타 되자 ①☞해지(解止). ②약속을 취소함. ②파약(破約).
해ː양(海洋)명 넓은 바다.
해ː양^개발(海洋開發)명 해양과 해저(海底)에 있는 생물·광물·에너지 따위 자원을 개발하는 일.
해ː양^경ː찰대(海洋警察隊)[-때]명 해상에서 경찰 임무를 수행하는 기관. 준해경(海警).
해ː양^경ː찰청(海洋警察廳)명 국토 해양부에 딸린 중앙 행정 기관의 하나. 해양에서의 경찰 및 오염 방제에 관한 사무를 맡아봄.
해ː양-국(海洋國)명 사면이 바다로 에워싸인 나라. 섬나라.
해ː양^기단(海洋氣團)명 해양에서 생긴 다습한 기단.
해ː양^기상대(海洋氣象臺)명 해양 기상의 관측과 예보 따위의 일을 맡아 하는 기상대.
해ː양^봉쇄(海洋封鎖)명 국가가 일정한 해양을 영유하고, 필요에 따라 이를 봉쇄하는 일. ↔해양 자유.
해ː양-성(海洋性)[-썽]명 해양에 넓게 접한 지역이나 섬에서 볼 수 있는 기후·풍토·산물 따위의 특성. ↔대륙성.
해ː양성^기후(海洋性氣候)[-썽-]명 해양의 영향을 크게 받는 기후형의 한 가지. 연중 또는 하루의 기온차가 적은 해양이나 도서(島嶼)의 기후로, 날씨가 흐리고 비가 잦음. ↔대륙성 기후.
해ː양^자유(海洋自由)명 전시와 평화시를 막론하고 특정 국가의 해양 영유(領有)를 인정하지 않고 개방하는 일. ↔해양 봉쇄.
해ː양-학(海洋學)명 해양에 관한 여러 가지 현상을 연구하는 학문. 〔해양 물리학·해양 생물학·해양 지질학 따위.〕
해ː양^회유성(海洋回游性)[-회-썽/-훼-썽]명 어류가 바닷물의 흐름을 따라 이동하는 성질.
해ː어(海魚)명 바닷물고기. 짠물고기.
해ː어(解語)명하자 말의 뜻을 이해함.
해어-뜨리다[-어-/-여-]타 해어지게 하다. 해어트리다. 준해뜨리다.
해어-지다[-어-/-여-]자 (옷이나 신 따위가) 닳아서 구멍이 나거나 찢어지다. 떨어지다. ¶ 신발이 해어지다. 준해지다.
해어-트리다[-어-/-여-]타 해어뜨리다. 준해트리다.
해ː어-화(解語花)명 〔말을 알아듣는 꽃이란 뜻으로〕 '미인(美人)'을 달리 이르는 말.
해ː엄(解嚴)명하자 경계나 단속을 풂.
해역(咳逆)명 한방에서, 횡격막이 갑자기 줄어들면서 목구멍이 막히어 숨을 들이쉴 때 소리가 나는 병. 위병이나 히스테리 따위로 일어남.
해ː역(海域)명 바다 위의 일정한 구역.
해ː연(海淵)명 해구(海溝) 가운데 특히 깊게 움푹 파인 곳.
해ː연(海燕)명 ①왜형류(歪形類)의 동물. 몸은 지름 11 cm가량의 둥그스름하고 긴 오각형으로 생겼으며, 입이 오목함. 우리나라와 일본의 얕은 바다에 삶. ②☞바다제비.
해연(駭然) '해연하다'의 어근.
해ː-연풍(海軟風)명 ☞해풍(海風).
해연-하다(駭然-)형여 매우 이상스럽고 놀랍다. 해연-히부.
해ː열(解熱)명하자 되자 몸의 열이(을) 내림.
해ː열-제(解熱劑)[-쩨]명 (비정상적으로 높아진) 몸의 열을 내리게 하는 약제.
해ː오(解悟)명하타 진리를 깨달음. 개오(開悟). 참오입(悟入).
해오라기명 왜가릿과의 새. 몸길이 56~61 cm. 몸은 뚱뚱하고 다리는 짧음. 몸빛은 등 쪽이 흑색, 날개는 회색이고, 다리는 겨울에는 황색, 여름에는 적색임. 주로 야행성으로, 삼나무와 소나무 숲에서 물고기·새우·개구리·뱀·곤충·쥐 등을 잡아먹음. 우리나라에는 경기도 이남에 도래하는 여름새임. 벽로(碧鷺). 준해오리.
해오리명 〈해오라기〉의 준말.
해ː옥(解玉)명하자 증권 거래에서, 거래 당사자끼리의 합의로 매매 약정을 없던 일로 돌리는 일.
해왕(偕往)명하자 함께 감.
해ː왕-성(海王星)명 태양계의 안쪽으로부터 여덟 번째의 행성. 공전 주기 164.8년인데, 태양에서 평균 거리는 약 45억km임. 광도(光度)는 7.7등(等), 부피는 지구의 약 42배로 두 개의 위성이 있음. 넵튠.
해ː외(海外)[-외/-웨]명 바다의 밖, 곧 외국. ¶ 해외 유학. /해외 동포. ↔해내(海內).
해ː외^기지(海外基地)[-외-/-웨-]명 (방위와 공격을 목적으로) 해외에 설치한 군사 기지.
해ː외^무ː역(海外貿易)[-외-/-웨-]명 ☞외국 무역.
해ː외^문학(海外文學)[-외-/-웨-]명 '해외 문학 연구회'의 기관지로, 우리나라 최초의 본격적인 해외 문학 소개지. 1927년 1월에 창간되어 2호까지 나옴. 김진섭, 정인섭, 이하윤 등을 중심으로, 외국 문학 사조와 작품의 번역·소개 및 해외 문학 연구를 표방하였음.
해ː외^방ː송(海外放送)[-외-/-웨-]명 해외에 대하여 자국(自國)을 홍보하거나, 해외 동포에게 고국의 소식을 전하기 위하여 하는 방송.
해ː외^시ː황(海外市況)[-외-/-웨-]명 주식이나 공채(公債)·환(換) 따위에 관한 외국의 주요 시장의 상황.
해ː외-여행(海外旅行)[-외-/-웨-]명 다른 나라로 여행하는 일.
해ː외^저ː금(海外貯金)[-외-/-웨-]명 외국에 사는 사람의 금전 출납의 편의를 베푼 우편 저금.
해ː외^전ː환^사채(海外轉換社債)[-외-/-웨-]명 해외 증권 시장을 통하여 초기에 사채(社債)로 발행되나 일정 기간 뒤에 일정한 조건에 따라 발행 회사의 주식으로 바꿀 수 있는 사채.
해ː외^투자(海外投資)[-외-/-웨-]명 자기 나라의 자본을 외국에 투자하는 일. 국제 투자.
해ː요-체(-體)명 상대 높임법에서의 종결 어미의 한 체. 하오체와 합쇼체에 두루 쓰이는데, 해체에 존대 표시의 보조사 '요'를 붙인 부드러운 말씨임. 〔하셔요·계셔요·드셔요 따위.〕 참해체.
해ː용(海容)명하타 ☞해서(海恕).
해ː우(海牛)명 해우류(海牛類)의 바다 짐승. 몸길이 3~6 m에 몸무게가 300~400 kg에 이름. 살이 많고 모양이 고래 비슷한데, 살갗에 붉은 털이 드물게 나 있음. 몸빛은 황색 또는 청회색인데, 인도양·남태평양 등지에서 해초 같은 것을 먹고 삶.

해:우(海隅)명 바다의 한쪽 구석.
해:우(解憂)명하자 근심을 풂. 근심이 풀림.
해:우-소(解憂所)명 〔근심을 푸는 곳이라는 뜻으로〕 절에서, '변소'를 완곡하게 이르는 말.
해우-차명 '해웃값'의 잘못.
해-운(-運)명 그해의 운수. 연운(年運).
해:운(海運)명 해상에서 배로 하는 운송. 해상 운송. 참육운·공운.
해:운^동맹(海運同盟)명 해운업자끼리 경쟁을 피하기 위하여, 영업상의 여러 사항을 협정하는 동맹.
해:운-업(海運業)명 배로 여객이나 짐을 운송하는 영업.
해:운^협정(海運協定)[-쩡]명 해운에 관한 국가 간의 협정.
해웃-값[-우깝/-욷깝]명 기생이나 창녀 등과 상관하고 주는 돈. 해웃돈. 화대(花代). 화채(花債). ＊해웃값이[-우깝씨/-욷깝씨]·해웃값만[-우깜-/-욷깜-]
해웃-돈[-우똔/-욷똔]명 해웃값.
해:원(海員)명 (선장 이외의) 배에서 일하는 사람. 참선원·수부(水夫).
해:원(解冤)명하자 분풀이.
해:월(亥月)명 〔월건에 십이지의 해(亥)가 드는 달로〕 '음력 시월'의 딴 이름. 참맹동(孟冬).
해:위(解圍)명하자 에워싼 것을 풂.
해:유(解由)명하자 왕조 때, 벼슬아치가 갈리면서 후임자에게 사무를 인계하고 호조(戶曹)에 보고하여 책임을 벗던 일.
해:읍(海邑)명 바닷가에 있는 고을.
해읍스레-하다[-쓰-]형여 해읍스름하다. 큰희읍스레하다.
해읍스름-하다[-쓰-]형여 썩 깨끗하지는 않고 조금 희다. 해읍스레하다. 큰희읍스름하다. 해읍스름-히부.
해:의(海衣)[-의/-이]명 ☞김[3].
해:의(害意)[-의/-이]명 해하려는 뜻. 해심(害心). ¶ 해의를 품다.
해:의(解義)[-의/-이]명하타 (글이나 글자의) 뜻을 풀어서 밝힘.
해:이(解弛)명하형 (마음이나 규율이) 풀리어 느즈러짐. ¶ 기강이 해이하다.
해:이(解頤)명하자 〔턱이 풀린다는 뜻으로〕 '입을 크게 벌리고 웃음'을 이르는 말.
해:인(海人)명 ①☞해녀(海女). ②남자 보자기.
해:인(海印)명 〔바다가 만상(萬象)을 비춘다는 뜻으로〕 일체를 깨달아서 아는 '부처의 지혜'를 이르는 말.
해:인^삼매(海印三昧)명 석가모니가 '화엄경'을 설하기 위하여 들어간 삼매.
해인-이목(駭人耳目)명하자 해괴한 짓을 하여 남을 놀라게 함.
해:일(亥日)명 일진(日辰)의 지지(地支)가 해(亥)로 된 날. 〔을해일·정해일 따위.〕 돼지날.
해:일(海日)명 바다 위에 돋은 해.
해:일(海溢)명하자 (지진이나 화산의 폭발, 폭풍우 따위로 인하여) 갑자기 큰 물결이 일어 해안을 덮치는 일.
해:임(解任)명하타되자 공무원의 징계 처분의 한 가지. 공무원의 신분은 박탈하되 연금(年金)은 지급하는 일. ¶ 그는 이번 뇌물 수수 사건으로 해임을 당하였다.
해:임-장(解任狀)[-짱]명 ①해임하는 내용을 적은 서면(書面). ②외교관을 해임하여 소환할 때 상대국에 제출하는 해임의 서장(書狀).

해:자(←解座)명하자 ①공으로 한턱 잘 먹는 일. ②지난날, 서울의 각 관아의 이서(吏胥)나 하례(下隷)가 새로 임명되면 전부터 있던 사람들에게 한턱내던 일.
해자(垓字)명 ①능원이나 묘의 경계. ②성(城) 밖으로 둘러서 판 못. ②성호(城壕)·외호(外濠).
해자(楷字)명 해서(楷書)로 쓴 글자.
해:자(解字)명하자 ☞파자(破字).
해자명 〈옛〉비용. ¶ 이ᄆᆞ티 施ᄒᆞ린 分文ㅅ 해자도 업수ᄃᆡ(永嘉上38).
해:자-쟁이(解字-)명 해자(解字)로 점을 치는 점쟁이. 파자쟁이.
해작-거리다[-꺼-]타 자꾸 해작해작하다. 해작대다. ¶ 해작거리지만 말고 푹푹 퍼서 먹어라. 큰헤적거리다[2].
해작-대다[-때-]타 해작거리다.
해작-이다타 깨지락거리며 자꾸 들추거나 헤치다. ¶ 반찬을 해작이다. 큰헤적이다.
해작-질[-찔]명하자 해작이는 짓. 큰헤적질.
해작-해작[-자캐-]부하타 깨지락거리며 자꾸 들추거나 헤치는 모양. 큰헤적헤적[2].
해:장(海葬)명하타되자 시체를 바다에 던져 장사함. 참수장(水葬).
해:장(海瘴)명 바다의 열기와 습기 때문에 생기는 독기. 참장기(瘴氣).
해:장(←解酲)명하자 술기운을 풂, 또는 그렇게 하기 위하여 해장국 따위와 함께 술을 조금 마시는 일. ¶ 해장에는 콩나물국이 최고지. 본해정(解酲).
해:장-국(←解酲-)[-꾹]명 ①쇠뼈를 곤 국물에 된장을 풀어 넣고, 콩나물·무·파 등을 넣어 끓인 토장국. ②몸에 남은 술기운을 풀기 위해 먹는 국. 해장탕.
해:장-술(←解酲-)[-쑬]명 해장으로 마시는 술.
해:장-탕(←解酲湯)명 ☞해장국.
해장-품(醢醬品)명 고기나 조개 따위의 살이나 알·내장 따위를 소금에 절여 발효시킨 식품.
해:저(海底)명 바다의 밑바닥. ¶ 해저 탐사.
해:저-곡(海底谷)명 바다 밑에 생긴 골짜기.
해:저^목장(海底牧場)[-짱]명 성게나 전복 따위의 해저 생물을 양식하는 곳.
해:저^산맥(海底山脈)명 바다 밑에 산맥 모양으로 솟은 지형. 해령(海嶺).
해:저^유전(海底油田)명 대륙붕에 개발된 유전.
해:저^전:선(海底電線)명 바다 밑에 까는 통신용 전선. 해저 케이블.
해:저^침:식(海底浸蝕)명 파도나 해일, 바다 밑의 흐름 따위로 해저가 침식되는 현상.
해:저^케이블(海底cable)명 ☞해저 전선.
해:저^풍화(海底風化)명 바다 밑에서 일어나는 풍화 작용.
해:저^화:산(海底火山)명 바다 밑에 생긴 화산. 해중 화산.
해:적(海賊)명 (배를 타고 다니면서) 항해하는 배나 해안 지방을 습격하여 약탈하는 도둑. 비해구(海寇).
해:적(害敵)명하자 적을 해침.
해:적-선(海賊船)[-썬]명 해적이 타고 다니는 배. 적선.
해:적-판(海賊版)명 저작권자의 승낙 없이 불법으로 복제한 서적·음반·소프트웨어 따위의 저작물을 이르는 말.
해:적-호(海跡湖)[-저코]명 (퇴적 작용이나 지반의 융기로) 바다의 일부가 외해(外海)에서 분리되어 생긴 호수. 〔아랄 해·카스피 해 따위.〕

해-전(-前)명 해가 넘어가기 전. ¶ 해전에 일을 끝내야지.
해ː전(海戰)명하자 해상에서 하는 전투. 비수전(水戰). 참공중전·육전(陸戰).
해절(該切) '해절하다'의 어근.
해절-하다(該切-)형여 가장 적절하다.
해ː정(亥正)명 십이시의 해시(亥時)의 한가운데. [하오 10시.]
해ː정(海程)명 바다의 뱃길.
해ː정(解停)명하타 (신문이나 잡지 따위의) 발행 정지를 해제함.
해ː정(解酲)명 〈해장〉의 본딧말.
해정(楷正) '해정하다'의 어근.
해정-하다(楷正-)형여 글씨가 바르고 똑똑하다.
해ː제(解制)명하타 불교에서, '안거(安居)를 끝내는 일'을 이르는 말. ↔결제(結制).
해ː제(解除)명하타되자 ①설치하였거나 장비한 것 따위를 풀어 없앰. ¶ 무장을 해제하다. ②(특정의 상태나 제약을) 없애거나 취소함. ¶ 경보 해제. ③☞해면(解免). ¶ 직위 해제. ④어떤 법률관계를 없앰. ¶ 계약 해제. 참해지(解止).
해ː제(解題)명하타 책이나 작품의 저자·내용·체재 따위에 관하여 풀이함, 또는 그 글. ¶ 영인본에 해제를 붙이다.
해ː제-권(解除權)[-꿘]명 당사자 한쪽이 계약을 해제할 수 있는 권리.
해ː제^조건(解除條件)[-껀]명 법률 행위의 효력을 소멸시키는 조건.
해ː조(害鳥)명 사람의 생활에 해를 끼치는 새. ↔익조(益鳥).
해ː조(海鳥)명 바다에서 사는 새.
해ː조(海潮)명 ☞조수(潮水).
해ː조(海藻)명 '바다에서 나는 조류(藻類)'를 통틀어 이르는 말. 마풀. 바닷말. 참해초(海草).
해조(諧調)명 ①잘 조화됨. ②즐거운 가락.
해ː조-문(蟹爪紋)명 잿물을 입힌 도자기의 겉면에 게의 발처럼 잘게 갈라진 금.
해ː조-분(海鳥糞)명 ☞구아노(guano).
해ː조-음(海潮音)명 조수가 흐르는 소리. 파도 소리. 조음(潮音).
해ː좌(亥坐)명 (집터나 묏자리 따위가) 해방(亥方)을 등진 좌향, 또는 그런 자리.
해ː좌-사향(亥坐巳向)명 (집터나 묏자리 따위가) 해방(亥方)을 등지고 사방(巳方)을 향한 좌향.
해ː죄(解罪)[-죄/-줴]명하자 〔가톨릭에서〕 '사죄(赦罪)'의 구용어.
해죽부하자 흡족한 듯이 귀엽게 웃는 모양. 큰히죽. 센해쭉. **해죽-이**부. **해죽-해죽**부하자 ¶ 엄마가 젖을 주었더니 금세 아기가 해죽해죽 웃었다.
해죽-거리다[1][-꺼-]자 귀엽게 계속 웃다. 해죽대다[1]. 큰히죽거리다.
해죽-거리다[2][-꺼-]자 가볍게 팔을 내저으며 걷다. 해죽대다[2]. 큰헤죽거리다.
해죽-대다[1][-때-]자 ☞해죽거리다[1].
해죽-대다[2][-때-]자 ☞해죽거리다[2].
해죽-해죽[-주캐-]부하자 가볍게 팔을 내저으며 걷는 모양. 큰헤죽헤죽.
해ː중(海中)명 바다의 속. 바다 가운데.
해ː중-고혼(海中孤魂)명 바다에서 죽은 외로운 넋.
해ː중-금(海中金)명 육십갑자의 갑자(甲子)와 을축(乙丑)에 붙이는 납음(納音). 참노중화(爐中火).
해ː중-대원(海中臺原)명 해안에서 바다 속으로 비스듬히 내려가다가 급경사를 이루어 계단이 하나 생긴 곳.
해ː중-전(海中戰)명 양쪽 잠수함끼리 벌이는 바다 속의 전투.
해ː-중합(解重合)명 중합체가 분해하여 단량체(單量體)로 나누어지는 중합의 역반응.
해ː중^화ː산(海中火山)명 ☞해저 화산.
해지(該地)명 그 땅.
해ː지(解止)명하타 계약 당사자 중 한쪽의 의사 표시에 의하여 계약상의 법률관계를 소멸시키는 일. 해약(解約). 참해제(解除).
해ː-지다자 〈해어지다〉의 준말. ¶ 해진 양말.
해ː직(解職)명하타되자 ①(공무원에게) 직무의 담당을 면제하는 일. ②☞면직(免職).
해ː진(海進)명 (육지의 침강 따위로) 바다가 육지를 덮어 바다가 넓어지는 일. 해침(海浸). ↔해퇴.
해ː진(海震)명 바다 밑에서 일어나는 지진.
해쭉부하자 〈해죽〉의 센말. 큰히쭉.
해ː착(海錯)명 여러 가지 풍부한 해산물.
해ː찰명하자 ①물건을 부질없이 집적이어 해치는 짓. ②일에는 정신을 두지 않고 쓸데없는 짓만 함. ¶ 아이들은 한눈팔고 해찰하기 일쑤라서 가끔 주의를 줄 필요가 있다.
해ː찰-궂다[-굳따]형 해찰을 부리는 버릇이 있다.
해ː찰-스럽다[-따][~스러우니·~스러워]형ㅂ 해찰궂게 보이다. **해찰스레**부.
해ː채(海菜)명 ☞미역[2].
해ː척(海尺)명 바닷가에서 고기잡이를 업으로 하는 사람.
해ː척(解尺)명하타 자풀이.
해천(咳喘)명 기침과 천식.
해천-증(咳喘症)[-쯩]명 한방에서, '기침과 천식의 병증'을 이르는 말.
해청(駭聽)명 매우 이상하고 놀랍게 들림.
해ː-체(-體)명 상대 높임법에서의 종결 어미의 한 체. 비격식체의 반말로, 해라체와 하게체에 두루 쓰이는 부드러운 말씨임. 〔가자·앉아·먹어 따위.〕 참해요체.
해체(楷體)명 수묵화의 삼체(三體)의 하나. 대상을 가장 충실하게 묘사함. 참초체(草體)·행체(行體).
해ː체(解體)명하타되자 ①흩어지거나 없어짐, 또는 헤치거나 없앰. ¶ 창당 준비 위원회를 해체하다. ②☞해부(解剖). ③기계 따위의 부속을 헤치어 뜯어 내는 일. ¶ 자동차를 해체하다.
해ː초(亥初)명 십이시의 해시(亥時)의 처음. 〔하오 9시가 막 지난 무렵.〕
해ː초(海草)명 ①바다에서 자라는 현화식물을 통틀어 이르는 말. 참해조(海藻). ②충청남도 바닷가에서 나는 담배.
해ː-초월(海初月)명 '섣달'을 달리 이르는 말. 가평(嘉平).
해ː춘(解春)명하자 눈이나 얼음이 풀리는 봄, 또는 봄이 되어 눈과 얼음이 녹고 풀림.
해ː충(害蟲)명 사람이나 농작물에 해가 되는 벌레를 통틀어 이르는 말. 악충(惡蟲). ¶ 해충을 박멸하다. ↔익충(益蟲).
해치(hatch)명 배의 갑판의 승강구, 또는 그 뚜껑. 창구(艙口).
해ː-치다(害-)타 ①해롭게 하다. ¶ 도시 미관을 해치다. /그렇게 무리하다가는 건강을 해치기 쉽다. ②(남을) 다치게 하거나 죽이다. ¶ 강도가 사람을 해치다.

해ː-치우다타 ①(어떤 일을) 시원스럽게 끝내다. ¶ 이 일만 금방 해치우고 나갈게. ②(방해가 되는 대상을) 없애 버리다. ¶ 적의 보초를 해치우고 침투하다.
해ː침(海浸)명 ☞해진(海進).
해커(hacker)명 남의 컴퓨터에 무단 침입하여 정보를 빼내거나 프로그램을 파괴하는 일을 하는 사람.
해ː-코지(害-)명하자타 남을 해롭게 하는 짓.
해킹(hacking)명 남의 컴퓨터에 무단 침입하여 정보를 빼내거나 프로그램을 파괴하는 일.
해ː타(懈惰)명하형 ☞해태(懈怠).
해탄(骸炭)명 ☞코크스(cokes).
해탄(駭歎)명하타 놀라서 탄식함.
해탄-로(骸炭爐)[-노]명 석탄을 넣어서 가열하여 코크스를 만드는 가마.
해ː탈(解脫)명하자 ①굴레에서 벗어남. ②불교에서, 속세의 번뇌와 속박을 벗어나 편안한 경지에 이르는 일. ¶ 해탈의 경지에 이르다.
해ː탈-덕(解脫德)명 열반을 얻은 이의 삼덕(三德)의 하나. 지혜에 의하여 참다운 자유를 얻은 것을 이름.
해ː탈-문(解脫門)명 ☞산문(產門).
해ː탈-영산(解脫靈散)[-령-]명 '아이를 낳은 빌미로 죽은 여자의 귀신'이라는 뜻으로, 무당이 쓰는 말.
해ː태(←獬豸)명 옳고 그름을 판단하여 안다고 하는 상상의 동물. 사자와 비슷하나 머리 가운데에 뿔이 하나 있음. 화재나 재앙을 물리친다 하여 궁전 좌우에 석상(石像)으로 새겨서 세웠음.
해ː태(海苔)명 '김³'으로 순화.
해ː태(懈怠)명 ①하형몹시 게으름. 태타(怠惰). 해타(懈惰). 비나태. ②기한 이내에 법률 행위를 하지 않음.
해ː토(解土)명하자되자 얼었던 땅이 풀림.
해ː토-머리(解土-)명 얼었던 땅이 풀릴 무렵. 따지기.
해ː퇴(海退)[-퇴/-퉤]명 (육지의 융기 따위로) 바다가 후퇴해 육지가 넓어지는 일. ↔해진.
해ː-트리다타 〈해어트리다〉의 준말.
해트^트릭(hat trick)명 축구나 아이스하키에서, 한 선수가 한 게임에서 3득점 이상을 올리는 일.
해특(奚特)부 ☞하특(何特).
해ː파(海波)명 바다의 물결.
해ː파리명 히드로충류와 해파리류의 자포동물을 통틀어 이르는 말. 몸은 우산 또는 종 모양으로 온몸이 흐물흐물함. 물 위에 떠서 살며 몸의 아랫면에 여러 개의 촉수가 있음. 대부분이 바다에서 삶.
해ː판(解版)명하타 (조판한) 활판을 풀어서 헤침. ¶ 지형을 뜨고 나서 해판한다.
해패(駭悖) '해패하다'의 어근.
해패-하다(駭悖-)형여 몹시 막되고 흉악하다.
해ː팽(海膨)명 바다 밑의 도도록하게 융기한 넓은 지형. 측면의 경사는 밋밋함.
해-포명 한 해가 넘는 동안. ¶ 해포가 지났는데도 일은 제자리걸음이다. 참달포.
해ː포-석(海泡石)명 진흙 모양의 구멍이 많은 회백색의 돌. 가볍고 불투명한데 마르면 물에 뜸.
해ː표(海表)명 바다의 밖. 바다의 저쪽.
해ː표(海豹)명 ☞바다표범.
해ː-표초(海螵蛸)명 한방에서, '오징어의 뼈'를 약재로 이르는 말. 부인병과 외과의 지혈제 및 눈병의 약으로 쓰임.
해ː풍(海風)명 ①해상에서 부는 바람. ②(낮 동안) 바다에서 뭍으로 부는 바람. 바닷바람. 해연풍(海軟風). ②↔육풍.
해프닝(happening)명 ①예상하지 않았던 갑작스러운 일. ¶ 해프닝을 벌이다./해프닝이 일어나다. ②(전위적이고 실험적인) 예술 행동이나 행사, 또는 그 모임.
해피^엔드(happy end)명 (소설·연극 따위에서) 결말이 행복하게 되는 일.
해필(奚必)부 ☞하필(何必). ¶ 해필 그와 짝이 될 게 뭐람.
해ː하(解夏)명 불교에서, 음력 7월 15일에 하안거(夏安居)를 마치는 일.
해ː-하다자여 해라체의 말씨를 쓰다.
해ː학(海壑)명 〔바다와 골짜기라는 뜻으로〕 '넓고 깊은 은혜'를 비유하여 이르는 말.
해학(痎瘧)명 이틀거리.
해학(諧謔)명 익살스러우면서 풍자적인 말이나 짓. 유머. 참익살.
해학-가(諧謔家)[-까]명 해학을 잘하는 사람.
해학-곡(諧謔曲)[-꼭]명 경쾌하고 빠른 3박자의 악곡. 흔히, 소나타나 심포니 따위의 한 악장을 이룬 스케르초.
해학-극(諧謔劇)[-끅]명 해학적인 내용의 연극.
해학^문학(諧謔文學)[-항-]명 해학적인 제재로 쓴 문학.
해학^소ː설(諧謔小說)[-쏘-]명 해학적인 제재로 쓴 소설. 유머 소설.
해학-적(諧謔的)[-쩍]관명 (말이나 행동에) 익살스러우면서도 풍자가 섞인 (것). ¶ 해학적인 표현.
해ː합(解合)명하타 (증권 거래에서, 불시에 일어나는 시세의 급변으로 인한 혼란을 막기 위하여) 매매의 쌍방이 일정한 값을 정하고 매매 계약을 해제하는 일.
해ː합-분(海蛤粉)[-뿐]명 한방에서, '바닷조개의 가루'를 약재로 이르는 말. 담과 대하증의 약으로 쓰임. 준해분(海粉).
해ː항(海港)명 바다로 항해하는 배가 드나드는 항구. 참하항(河港).
해-해부하자 입을 조금 벌리고 경망스럽게 웃는 소리, 또는 그 모양. 큰헤헤·히히.
해해-거리다자 입을 조금 벌리고 경망스럽게 자꾸 웃다. 해해대다. ¶ 뒤끝이 없어서 실쭉했다가도 금방 해해거리며 웃는다. 큰헤헤거리다·히히거리다.
해해-대다자 해해거리다.
해행(偕行)명하자 ①같이 감. ②(여럿이) 잇따라 서서 감.
해ː행(蟹行)명하자 게걸음.
해혈(咳血)명 가래에 피가 섞여 나오는 병증. 흔히, 폐결핵 따위에 생김.
해ː협(海峽)명 (육지와 육지 사이에 있는) 좁고 긴 바다. ¶ 대한 해협.
해ː혹(解惑)명하자 ☞파혹(破惑).
해화(諧和)명하형 ①☞조화(調和). ②음악의 곡조가 잘 어울려 아름다움.
해ː화-석(海花石)명 ☞아관석(鵝管石).
해ː황(海況)명 바다의 형편. 〔바닷물의 흐름과 물결·온도·비중·염분 따위.〕
해ː황(蟹黃)명 게의 알로 젓을 담근 간장.
해ː후(邂逅)명하자 〈해후상봉〉의 준말. ¶ 극적인 해후.
해ː후-상봉(邂逅相逢)명하자 오랫동안 헤어졌다가 우연히 다시 만남. 준해후.

핵(核)명 ①(사물이나 활동의) 중심이 되는 것. 참핵심. ②생물 세포의 중심에 있는 둥근 물체. 보통, 세포 하나에 하나씩 있어 세포의 증식과 유전에 큰 구실을 함. 세포핵. ③핵과(核果)의 씨를 보호하고 있는 딱딱한 껍데기. ④☞핵무기. ¶ 핵 개발. /핵 공격. /핵 확산 금지 조약. ⑤☞원자핵. ⑥지구의 중심핵. 지표(地表)에서부터 깊이가 약 2900 km 이상인 부분. 〔외핵과 내핵으로 나뉨.〕

핵-가족(核家族) [-까-]명 한 쌍의 부부와 그 들의 미혼 자녀로 이루어진 소가족. ¶ 핵가족 시대.

핵강(核腔) [-깡]명 핵막으로 둘러싸여 있는, 핵이 가득 차 있는 부분.

핵-겨울(核-) [-껴-]명 핵전쟁이 일어날 경우 지구에 몰아닥친다는 한파(寒波) 현상.

핵과(核果) [-꽈]명 액과(液果)의 한 가지. 다육질의 중과피와 핵인 내과피 속에 하나의 씨가 든 과실.

핵-단백질(核蛋白質) [-딴-찔]명 핵산과 단백질이 결합한 물질. 염색체와 바이러스 따위의 구성 물질임.

핵득(覈得) [-뜩]명하타 실상을 조사하여 사실을 알아냄.

핵력(核力) [행녁]명 원자핵 안에서, 근접된 양자와 중성자를 결합시켜 원자핵을 이루고 있는 힘.

핵론(劾論) [행논]명하타 허물을 들어 논박함.

핵막(核膜) [행-]명 세포의 핵을 싸고 있는 막.

핵-무기(核武器) [행-]명 원자핵의 분열 반응이나 융합 반응으로 말미암아 일어나는 핵에너지를 응용한 무기를 통틀어 이르는 말. 〔원자 폭탄·수소 폭탄·원자포 따위.〕 원자 무기. 핵. 핵병기.

핵^무장(核武裝) [행-]명 핵무기를 장비하거나 배치하는 일.

핵물리-학(核物理學) [행-]명 원자핵과 그에 관련하는 입자의 구조와 성질을 연구하는 물리학의 한 분야.

핵-반응(核反應) [-빠능]명 원자핵이 다른 입자와 충돌하여 다른 원자핵으로 바뀌는 현상. 이때, 화학 반응의 100만 배 정도의 에너지를 냄. 〔핵분열·핵융합 따위.〕 원자핵 반응.

핵변(覈辨) [-뻔]명하타 실상을 조사하여 밝힘.

핵-변환(核變換) [-뻔-]명 가속된 고(高)에너지 입자로 표적을 조사(照射)함으로써 일어난 원자핵 반응.

핵-병기(核兵器) [-뼝-]명 ☞핵무기.

핵-분열(核分裂) [-뿌녈]명 ①생물의 세포 분열에서, 세포질의 분열에 앞서 핵이 둘로 쪼개지는 일. ②원자핵이 많은 에너지를 방출하면서 거의 같은 크기의 두 개 이상의 핵으로 분열하는 일. ②원자핵 분열. ②↔핵융합.

핵-붕괴(核崩壞) [-뿡괴/-뿡궤]명 원자핵이 자연적으로 입자나 전자기파를 방출하여 다른 원자핵으로 변하는 일. 원자핵 붕괴.

핵사(核絲) [-싸]명 생물의 핵 속에 들어 있는 실 모양의 물질. 핵분열에 따라 염색체가 됨.

핵산(核酸) [-싼]명 유기산의 한 무리. 단순 단백질과 결합하여 핵단백질의 형성에 관여하는데, 인산(燐酸)·염기·당(糖)으로 이루어지며 생명 현상에 중요한 구실을 함. 〔DNA·RNA 따위.〕

핵-산란(核散亂) [-쌀-]명 입자(粒子)가 핵과 충돌하여 방향을 바꾸는 일.

핵상^교번(核相交番) [-쌍-]명 유성 생식을 하는 생물에서, 단상 세포(單相細胞)와 복상 세포(複相細胞)가 규칙적으로 교체하여 나타나는 일.

핵실(覈實) [-씰]명하타 실상을 조사함.

핵^실험(核實驗) [-씰-]명 핵분열이나 핵융합 따위에 관한 폭발 실험. ¶ 핵 실험 금지 협정.

핵심(核心) [-씸]명 (사물의) 중심이 되는 가장 요긴한 부분. 알맹이. 알속. ¶ 핵심 인물. /핵심을 찌르다. 비고갱이.

핵심-적(核心的) [-씸-]관명 핵심이 되는 (것). ¶ 핵심적 내용. /핵심적인 인물.

핵심-체(核心體) [-씸-]명 ①핵심이 되는 부분. ②(원자핵 따위가 분열하여 에너지를 방출하는) 원자로의 중심부.

핵-에너지(核energy)명 핵분열이나 핵융합 따위로 방출되는 에너지.

핵-연료(核燃料) [행녈-]명 핵반응(核反應)을 연쇄적으로 일으켜서 높은 에너지를 얻을 수 있는 물질. 〔우라늄 235, 우라늄 233, 플루토늄 239 따위.〕 원자핵 연료.

핵외^전ː자(核外電子) [해괴-/해궤-]명 원자 속에서, 원자핵 주위를 돌고 있는 전자.

핵-우산(核雨傘)명 핵무기를 가진 대국(大國)이 가상 적국의 핵 공격 따위로부터 동맹국을 보호할 수 있다고 가정하는 범위, 또는 그 전력.

핵-융합(核融合) [행늉-]명 수소나 중수소 따위 가벼운 원자핵끼리 하나로 합쳐져 무거운 원자핵을 만드는 핵반응의 한 가지. 이때, 엄청난 에너지가 방출됨. 열핵 반응. 원자핵 융합. ↔핵분열.

핵-이성체(核異性體)명 질량수와 원자 번호가 같고 그 밖의 성질이 다른 원자핵.

핵자(核子) [-짜]명 ①알맹이. ②원자핵을 구성하는 '양자와 중성자'를 통틀어 이르는 말.

핵장(劾狀) [-짱]명 탄핵하는 글.

핵-전쟁(核戰爭) [-쩐-]명 교전(交戰) 중인 양쪽, 또는 어느 한쪽이 핵무기를 사용하는 전쟁.

핵정(劾情) [-쩡]명하타 정상(情狀)을 조사하여 따짐.

핵주(劾奏) [-쭈]명하타 지난날, 관원의 죄과를 임금에게 탄핵하여 아뢰던 일.

핵질(核質) [-찔]명 세포의 핵을 구성하는 원형질. 핵단백질이 주성분임.

핵-탄두(核彈頭)명 미사일 따위에 결합시켜 놓은, 핵이 장치된 탄두. 원자 탄두.

핵-폐기물(核廢棄物) [-폐-/-페-]명 원자력을 생성하고 난 후에 버리는 찌꺼기 물질.

핵-폭발(核爆發) [-빨]명 핵반응으로 일어나는 폭발.

핵-폭탄(核爆彈)명 핵반응이 일어날 때 생기는 엄청난 에너지를 이용하여 만든 폭탄. 〔원자 폭탄·수소 폭탄 따위.〕

핵학(核學) [해칵]명 세포의 핵분열과 염색체 따위를 주로 연구하는 학문.

핸드백(handbag)명 여성용의 손가방.

핸드볼ː(handball)명 구기의 한 가지. 7명(또는 11명)으로 이루어진 두 팀이 일정한 코트 안에서 공을 손으로 패스하거나 드리블하여 상대편의 골에 던져 넣어 그 득점으로 승부를 겨루는 경기. 송구(送球).

핸드북(handbook)명 간단한 안내나 참고 사항 따위를 수록한 작은 책. 편람(便覽).

핸드^브레이크(hand brake)명 손으로 조작하는 자동차의 제동 장치.

핸드^오르간(hand organ)명 ☞아코디언.
핸드-폰ː(hand+phone)명 ☞휴대 전화.
핸들(handle)명 (기계 따위를) 움직이거나 방향을 잡는 손잡이. ¶ 핸들을 꺾다. /핸들을 돌리다.
핸들링(handling)명 ①핸드볼 따위에서, 공을 다루는 솜씨. ②축구에서, 골키퍼 이외의 선수가 공에 고의로 손을 대는 반칙. 상대편은 프리킥 또는 페널티 킥을 얻게 됨.
핸디(←handicap)명 〈핸디캡〉의 준말.
핸디캡(handicap)명 ①경기 따위에서, 우열(優劣)을 고르게 하기 위하여 실력이 나은 사람에게 지우는 부담. ②불리한 조건. ¶ 핸디캡을 극복하다. 준핸디.
핸섬-하다(handsome-)형여 풍채가 좋거나 잘생기다. 〔남자의 용모를 이를 때 씀.〕
핸즈프리(hands free)명 전화기를 손으로 잡지 않고서도 통화가 가능하도록 한 장치. 〔이어폰처럼 전화기에 꽂아 쓰는 것, 차량 내부에 부착하는 것 따위가 있음.〕
핼금부하타 경망스럽게 살짝 곁눈질하여 쳐다보는 모양. 큰힐금. 센핼끔. 핼금-핼금부하타.
핼금-거리다타 자꾸 핼금핼금하다. 핼금대다. 큰힐금거리다.
핼금-대다타 핼금거리다.
핼긋[-귿]부하타 살짝 한 번 흘겨보거나 훔쳐보는 모양. 큰힐긋. 센핼끗. 핼긋-핼긋부하타.
핼긋-거리다[-귿꺼-]타 자꾸 핼긋핼긋하다. 핼긋대다. 큰힐긋거리다.
핼긋-대다[-귿때-]타 핼긋거리다.
핼끔부하타 〈핼금〉의 센말. 큰힐끔.
핼끗[-끋]부하타 〈핼긋〉의 센말. 큰힐끗.
핼리^혜ː성(Halley彗星)[-혜-/-헤-]명 태양의 주위를 76.2년의 주기로 도는 해왕성속(海王星屬)의 혜성.
핼쑥-하다[-쑤카-]형여 얼굴에 핏기가 없고 몹시 파리하다. ¶ 며칠 밤을 새웠더니 얼굴이 핼쑥해졌다. 참할쑥하다.
햄(ham)[1]명 소금에 절인 돼지고기를 훈제(燻製)한 가공 식품. 훈퇴(燻腿).
햄(ham)[2]명 아마추어 무선사(無線士).
햄릿-형(Hamlet型)명 사색적이며 회의적인 경향이 강하고 결단과 실행력이 약한 성격의 인물형. ↔돈키호테형.
햄버거(hamburger)명 ①☞햄버그스테이크. ②둥근 빵에 햄버그스테이크를 끼운 음식.
햄버그-스테이크(hamburg steak)명 서양 요리의 한 가지. 잘게 다진 쇠고기나 돼지고기에 빵가루와 양파 따위를 섞어 둥글넓적하게 뭉쳐 기름에 구운 음식. 햄버거.
햄-샐러드(ham+salad)명 햄을 넣어 만든 샐러드.
햄스터(hamster)명 비단털쥣과의 한 종. 땅딸막한 몸매에 꼬리는 짧고 볼에는 저장용의 큰 주머니가 있음. 몸의 위쪽은 구릿빛이고 아래쪽과 볼은 흰색임. 애완용·실험용으로 기름.
햄-에그(←ham and egg)명 얇게 썬 햄에 달걀을 씌워서 구운 음식.
햄프셔-종(Hampshire種)명 돼지의 한 품종. 미국 원산. 귀가 선 검은 돼지로 어깨와 앞다리 부분에 걸쳐 흰 띠가 둘려 있음. 고기의 질이 좋아 두루 기르며 주로 베이컨을 만듦.
햅쌀명 그해에 새로 난 쌀. 신미(新米). ¶ 추석에는 햅쌀로 송편을 빚어 먹는다. ↔묵은쌀.
햇-[핻]접두 일부 명사 앞에 붙어, 그해에 처음 난 산물임을 뜻함. ¶ 햇감자. /햇담배. /햇배추.
햇-것[핻껃]명 (해마다 새로 나는 것으로서) 그해에 처음 난 것. ∗햇것이[핻꺼시]·햇것만[핻껀-]
햇-곡(-穀)[핻꼭]명 〈햇곡식〉의 준말.
햇-곡식(-穀食)[핻꼭씩]명 그해에 새로 난 곡식. 신곡(新穀). 준햇곡.
햇-과일[핻꽈-]명 그해에 처음 난 과일. 햇실과.
햇-귀[해뀌/핻뀌]명 ①해가 처음 솟을 때의 빛. ②햇발.
햇-김치[핻낌-]명 봄철에 햇배추로 담근 김치.
햇-나물[핸-]명 그해에 새로 난 나물.
햇-누룩[핸-]명 그해에 새로 거둔 밀로 만든 누룩. 신국(新麴).
햇-님명 '해님'의 잘못.
햇-닭[핻딱]명 그해에 까서 키운 닭. ↔묵은닭. ∗햇닭이[핻딸기]·햇닭만[핻땅-]
햇-무리[핸-]명 해의 둘레에 나타나는 흰빛의 테. 권층운의 얼음 조각에 빛이 반사하여 생김. 일운(日暈). 일훈(日暈). 준햇물. 참달무리.
햇-물[핸-]명 ①〈햇무리〉의 준말. ②장마 뒤에 한동안 괴다가 없어지는 샘물.
햇-발[해빨/핻빨]명 사방으로 뻗친 햇살. 햇귀.
햇-밥[핻빱]명 ①그해에 새로 난 쌀로 지은 밥. ②새로 지은 밥.
햇-병아리[핻뼝-]명 ①그해에 깐 병아리. ②'풋내기'를 비유하는 말. ¶ 그는 아직 햇병아리 사원이다.
햇-볕[해뼏/핻뼏]명 해에서 내쏘는 뜨거운 기운. 해. ¶ 햇빛은 밝고, 햇볕은 따뜻하다. 준볕. ∗햇볕이[해뼈치/핻뼈치]·햇볕을[해뼈틀/핻뼈틀]·햇볕만[해뼌-/핻뼌-]
햇-보리[핻뽀-]명 그해에 처음 난 보리.
햇-빛[해삗/핻삗]명 해의 빛. 일광(日光). 해[1]. ¶ 햇빛은 생명의 근원이다. ∗햇빛이[해삐치/핻삐치]·햇빛만[해삔-/핻삔-]
햇-살[해쌀/핻쌀]명 (부챗살처럼 퍼져서 내쏘는) 햇빛. ¶ 찬란한 아침 햇살.
햇-수(-數)[해쑤/핻쑤]명 해의 수. 연수(年數). ¶ 근무 햇수. /그가 떠난 지도 햇수로는 벌써 10년이다.
햇-순(-筍)[핻쑨]명 그해에 나서 자란 여린 순.
햇-실과(-實果)[핻씰-]명 햇과일.
햇-잎[핸닙]명 그해에 새로 돋아 나온 잎. ∗햇잎이[핸니피]·햇잎만[핸님-]
행(行)[1]명 ①(가로나 세로의) 글의 줄. ¶ 행을 바꾸어 쓰다. ②한시(漢詩)의 체(體)의 한 가지. 악부(樂府)에서 나온 형식으로 거침없는 표현이 특징임.
행(行)[2]명 ①스스로 수행하여 부처의 가르침을 실천하는 것. ②부처가 되는 수행.
행ː(幸)명 〈다행(多幸)〉의 준말.
행(行)관 조선 시대에, 관직보다 관계(官階)가 높은 사람의 벼슬 이름 앞에 붙여 이르던 말.
-행(行)접미 《처소를 나타내는 일부 명사 뒤에 붙어》 '그리로 간다'는 뜻을 나타냄. ¶ 피서지행. /목포행. /서울행.
행각(行脚)명하자 ①불교에서, 여기저기 돌아다니며 도를 닦는 일. ¶ 운수(雲水)행각. ②《주로 부정적인 의미로 쓰이어》 어떤 목적으로 여기저기 돌아다님. ¶ 애정 행각. /도피 행각을 벌이다.
행각(行閣)명 ☞회랑(回廊).
행각-승(行脚僧)[-쑹]명 여기저기 돌아다니며 도를 닦는 중.
행간(行姦)명하자 간통을 함. 행음(行淫).

행간(行間)명 ①글줄과 글줄의 사이. 행과 행의 사이. ¶ 행간을 넓히다. ②'글을 통하여 나타내려고 하는 숨은 뜻'을 비유하여 이르는 말. ¶ 행간을 읽다.
행객(行客)명 길 가는 사람. 나그네.
행거(hanger)명 '행어'의 잘못.
행건(行巾)명 복인(服人)이나 상제가 쓰는 건.
행고(行苦)명 불교에서, 삼고(三苦)의 하나. 무상한 유전(流轉) 때문에 받는 고통.
행고(行賈)명 도붓장수.
행고(行鼓)명 행군할 때 치는 북.
행공(行公)명하자 공무를 집행함.
행괴(行怪)[-괴/-궤]명하자 괴상한 짓을 함.
행구(行具)명 ☞행장(行裝).
행군(行軍)명하자 (군대 또는 많은 인원이) 줄을 지어 걸어감.
행군-악(行軍樂)명 조선 시대의 12가사 중의 하나. 작자·연대 미상. 〔'청구영언'에 실려 전함.〕 길군악.
행궁(行宮)명 임금이 거둥할 때에 묵던 별궁(別宮). 이궁(離宮).
행근(行殣)명 길에서 굶어 죽은 송장.
행글라이더(hang-glider)명 알루미늄 등의 금속제의 틀에 천을 발라서 만든 활공기의 한 가지. 비탈을 이용하여 사람이 매달린 채 공중으로 떠올라서 날게 됨.
행기(行氣)명하자 ①몸을 움직임. ②호기(豪氣)를 부림.
행ː기(幸冀)명하타 요행을 바람. 행여 바람.
행낭(行囊)명 우편물이나 외교 문서 따위를 넣어 보내는 주머니. ¶ 우편 행낭. /외교 행낭.
행-내기명 '보통내기'의 잘못.
행년(行年)명 (그해까지) 먹은 나이.
행년-신수(行年身數)명 그해의 좋고 나쁜 신수.
행년-점(行年占)[-쩜]명 그해 신수의 좋고 나쁨을 알기 위하여 치는 점.
행ː단(杏壇)명 학문을 닦는 곳. 〔공자(孔子)가 학문을 가르쳤다는 은행나무 단에서 유래함.〕
행담(行擔)명 길을 갈 때에 가지고 다니는 작은 상자. 흔히, 싸리나 버들로 결어 만듦.
행덕(行德)명 불법(佛法)을 닦은 공덕.
행도(行道)명하자 ①돌아다님. ②도(道)를 행함. 경행(經行). ③중이 경문을 외면서 걸음.
행동(行動)명 ①하자몸을 움직임, 또는 그 동작. 행작(行作). ¶ 민첩한 행동. /행동을 개시하다. ②☞행위(行爲).
행동-거지(行動擧止)명 몸을 움직여서 하는 모든 짓. 거조(擧措). 거동. 동지. ¶ 행동거지가 수상하다. 준거지·행지.
행동^과학(行動科學)명 컴퓨터에 의한 과학적 수법을 구사하여 인간의 심리·행동 및 사회 현상을 분석·해명하고, 그 예측·제어를 하고자 하는 사회 과학과 인문 과학의 새로운 연구 방법.
행동-대(行動隊)명 (목적을 이루기 위하여) 직접 행동을 하는 무리.
행동-반경(行動半徑)명 ①(군함이나 군용기 따위가) 기지를 떠나 연료의 보급 없이 기지로 돌아올 수 있는 최대의 거리. ②(사람이나 동물이) 행동 또는 활동할 수 있는 범위. ¶ 호랑이의 행동반경은 수백 리에 이른다.
행동-주의(行動主義)[-의/-이]명 객관적으로 관찰할 수 있는 행동을 대상으로 하여 연구하거나, 행동을 중시하는 학문 또는 예술상의 방법.
행동-파(行動派)명 말이나 이론보다 실지 행동을 앞세우는 사람.
행동^환경(行動環境)명 물리적 환경에 대하여, 행동을 규정하고 있는 심리적 환경. 〔심리학자 코프카가 제창한 개념.〕 심리 환경.
행락(行樂)[-낙]명하자 잘 놀고 즐겁게 지냄.
행락-객(行樂客)[-낙깩]명 놀거나 즐기러 온 사람. ¶ 행락객으로 붐비는 유원지.
행랑(行廊)[-낭]명 ①대문 양쪽으로 있는 방. 낭하(廊下). ②지난날, 서울 장거리에 줄 대어 있던 이 층의 전방(廛房).
행랑 빌리면 안방까지 든다속담 ①'남의 권리를 차츰차츰 침범함'을 비유하여 이르는 말. ②'처음에는 조심스럽게 하던 일도 재미를 붙이면 정도와 분수에 넘는 짓도 하게 됨'을 비유하여 이르는 말.
행랑-것(行廊-)[-낭껃]명 지난날, '행랑살이를 하는 하인'을 낮추어 이르던 말. *행랑것이[-낭꺼시]·행랑것만[-낭껀-]
행랑-뒷골(行廊-)[-낭뒤꼴/-낭뒫꼴]명 지난날, 서울 종로의 전방들 뒤에 있던 좁은 골목.
행랑-방(行廊房)[-낭빵]명 대문의 양쪽 또는 문간에 있는 방. 행랑것들이 거처하는 방.
행랑-살이(行廊-)[-낭-]명하자 남의 행랑을 빌려 들고 그 대가(代價)로 그 집 일을 도와주며 사는 생활.
행랑-아범(行廊-)[-낭-]명 행랑살이하는 남자.
행랑-어멈(行廊-)[-낭-]명 행랑살이하는 여자.
행랑-채(行廊-)[-낭-]명 행랑으로 된 집채. 문간채.
행려(行旅)[-녀]명하자 나그네가 되어 다님, 또는 그 나그네.
행려-병사(行旅病死)[-녀-]명하자 나그네로 떠돌아다니다가 병이 들어 죽음.
행려-병자(行旅病者)[-녀-]명 나그네로 떠돌아다니다가 병이 든 사람.
행려-시(行旅屍)[-녀-]명 행려병사한 사람의 송장.
행력(行力)[-녁]명 불도(佛道)를 닦는 힘.
행력(行歷)[-녁]명 ①지내 온 경력. ¶ 행력을 기술하다. ②하타되자(어떤 곳을) 지나감, 또는 그 여정(旅程).
행렬(行列)[-녈]명 ①하자 여럿이 줄을 지어 감, 또는 그 줄. ¶ 시위 행렬. ②수학에서, 숫자나 문자를 정해진 몇 개의 행과 열로 배열한 표를 이르는 말.
행령(行令)[-녕]명하자 명령을 시행함.
행례(行禮)[-녜]명하자 예식을 올림, 또는 그 일.
행로(行路)[-노]명 ①다니는 길. 한길. ②하자 길을 감, 또는 그 길. ¶ 답사 행로. ③살아가는 과정. 세로(世路). ¶ 인생 행로.
행로-난(行路難)[-노-]명 세상살이의 어려움.
행로-병자(行路病者)[-노-]명 한길가에 쓰러져서 앓는 병자.
행로지인(行路之人)[-노-]명 〔길에서 만난 사람이라는 뜻으로〕 '아무 상관이 없는 사람'을 이르는 말.
행록(行錄)[-녹]명 사람의 언행을 적은 글.
행뢰(行賂)[-뇌/-눼]명하자 뇌물을 보냄.
행리(行李)[-니]명 ☞행장(行裝).
행ː림(杏林)[-님]명 ①살구나무 수풀. ②(한방의) '의원(醫員)'을 달리 이르는 말. 〔오(吳)나라의 동봉(董奉)이라는 의원이 치료비 대신 살구나무를 심게 했다는 고사에서 유래.〕
행마(行馬)명하자 (쌍륙이나 장기·바둑 따위에서) 말을 씀.
행ː망(倖望)명하자 요행을 바람.

행ː망-쩍다[-따]형 정신 차려서 제대로 해야 할 일을 그르칠 정도로 아둔하다.
행매(行媒)명하타 중매를 함.
행매(行賣)명하타 ①팔기 시작함. ②(물건을) 들고 다니면서 팖.
행ː면(倖免)명하타 〈행이득면〉의 준말.
행모(行暮)명하자 길을 가다가 날이 저묾.
행문(行文)명하자 ①글을 지음. 비작문(作文). ②(관공서의) 문서가 오고 감.
행문-이첩(行文移牒)[-니-]명 공문서로 조회(照會)함. 준행이.
행방(行方)명 간 곳. 간 방향. 종적(蹤迹). ¶ 그의 행방이 묘연하다. 비거처.
행방(行房)명하자 남녀가 잠자리함. 방사.
행방-불명(行方不明)명되자 간 곳이 분명하지 않음. 간 곳을 모름. 준행불(行不).
행배(行杯)명하자 ☞행주(行酒).
행법(行法)명 ①행자(行者)가 수행해야 하는 교법(敎法). ②불도를 닦는 방법.
행보(行步)명하자 ①걸음을 걸음, 또는 그 걸음. ¶ 행보가 느리다(빠르다). ②(어떤 곳으로) 장사하러 다님. ③어떤 목표를 향하여 나아감. ¶ 정치적 행보를 달리하다.
행보-석(行步席)명 마당에 까는 긴 돗자리. 흔히, 큰일이 있거나 신랑 신부를 맞을 때에 씀. 장보석(長步席).
행ː복(幸福)명 ①복된 운수. ¶ 당신의 행복을 빕니다. ②하형스형마음에 차지 않거나 모자라는 것이 없어 기쁘고 넉넉하고 푸근함, 또는 그런 상태. ¶ 행복한 나날을 보내다. ↔불행. ②행복스레부.
행ː복-감(幸福感)[-깜]명 행복한 느낌.
행ː복-설(幸福說)[-썰]명 행복의 획득과 증진을 인생의 궁극 목적으로 하는 도덕설.
행ː복^추구권(幸福追求權)[-꿘]명 생존권적 기본권의 한 가지. 국민이 인간으로서의 행복을 추구할 수 있는 권리.
행불(行不)명되자 〈행방불명〉의 준말.
행-불성(行佛性)[-썽]명 수행(修行)으로 얻은 불성(佛性).
행ː-불행(幸不幸)명 행복과 불행.
행비(行比)명하자 불교에서, 수행의 공력(功力)을 견주어 보는 일.
행비(行費)명 ☞노자(路資).
행사(行使)명하타되자 부려서 씀. 사용함. 〔특히, 권리나 권력·힘 따위를 실지로 사용하는 일.〕¶ 실력 행사. /국민의 권리를 행사하다.
행사(行事)명하자 일을 거행함, 또는 그 일. ¶ 기념 행사. /행사 계획.
행사(行祀)명하자 제사를 지냄.
행사(行詐)명하자 거짓을 행함.
행상(行商)명 ①하자돌아다니며 물건을 팖. 도부(到付)2. 여상(旅商). ②〈행상인(行商人)〉의 준말.
행상(行喪)명 ①☞상여(喪輿). ②하자상여가 나감, 또는 그 행렬.
행상(行賞)명하자 상을 줌.
행상-인(行商人)명 도붓장수. 준행상.
행색(行色)명 겉으로 드러난 사람의 차림새 또는 모습. ¶ 행색이 남루한 나그네. /행색이 장사꾼으로 보인다.
행서(行書)명 한자의 여섯 서체(書體)의 하나. 해서(楷書)를 약간 흘려 써서, 해서와 초서(草書)의 중간쯤 되는 서체.
행선(行先)명 ☞행선지.
행선(行船)명하자 배가 감, 또는 그 배.
행선(行禪)명하자 불교에서, 여러 곳을 돌아다니면서 선(禪)을 닦는 일.
행선-지(行先地)명 가는 곳. 행선(行先).
행선^축원(行禪祝願)명 나라와 백성을 위하여 아침저녁으로 부처에게 비는 일.
행성(行星)명 '태양의 둘레를 공전하는 별'을 통틀어 이르는 말. 태양에 가까운 것부터 수성·금성·지구·화성·목성·토성·천왕성·해왕성의 여덟 별. 떠돌이별. 유성. 혹성. ↔항성(恒星).
행세(行世)명하자 ①처세하여 행동함, 또는 그 태도. ¶ 행세가 사람답지 못하다. ②거짓 처신하여 행동함, 또는 그 태도. ¶ 짐짓 도덕군자 행세를 한다.
행세(行勢)명하자 권세를 부림, 또는 그 태도. ¶ 행세깨나 하는 집안이지.
행세-꾼(行世-)명 행세를 하느라고 주의를 많이 하는 사람.
행세-본(行世本)[-뽄]명 행세하는 본새.
행셋-경(行世-)[-세꼉/-섿꼉]명 행세를 잘못하여 남에게 맞는 매.
행소(行訴)명 〈행정 소송〉의 준말.
행수(行首)명 ①한 무리의 우두머리. ②지난날, '한량의 우두머리'를 이르던 말.
행수(行數)[-쑤]명 글줄의 수, 또는 그 차례.
행수^기ː생(行首妓生)명 조선 시대에, 관아의 '기생 우두머리'를 이르던 말. 도기(都妓). 참코머리.
행수-목(行需木)명 지난날, 사신(使臣)의 행차(行次)에 소용되던 무명.
행순(行巡)명하자 살피며 돌아다님.
행술(行術)명하자 의술이나 복술(卜術)·지술(地術) 따위를 씀.
행습(行習)명하타 버릇이 되도록 행동함, 또는 그 버릇.
행시(行時)명하자 때를 맞추어 옴.
행시주육(行尸走肉)명 〔걸어다니는 송장이요, 달리는 고깃덩어리라는 뜻으로〕'배운 것이 없어서 쓸모가 없는 사람'을 이르는 말.
행신(行身)명하자 ☞처신(處身).
행신(行神)명 ①길을 지키는 신령. ②길에서 죽은 사람의 귀신.
행ː신(幸臣)명 ☞총신(寵臣).
행ː실(行實)명 일상의 행동. ¶ 행실이 바르다. /행실이 나빠 쫓겨나다. 참품행.
행실을 배우라 하니까 포도청 문고리를 뺀다 속담 품행을 단정히 하라고 훈계했더니 도리어 위험하고 못된 짓을 한다는 말.
행심(幸甚) '행심하다'의 어근.
행ː심-하다(幸甚-)형여 매우 다행하다.
행악(行惡)명하자 못된 짓을 함.
행어(行魚)명 ☞멸치.
행어(hanger)명 옷 따위를 걸어 둘 수 있게 만든 물건.
행업(行業)명하자 불도(佛道)를 닦음.
행ː여(幸-)부 어쩌다가라도. 운 좋게. 혹시. ¶ 행여 임이 오시려나, 기다리는 마음.
행ː여-나(幸-)부 '행여'의 힘줌말. ¶ 행여나 하고 주위를 샅샅이 살펴보았으나 허사였다.
행역(行役)명 여행의 괴로움.
행용(行用)명하타되자 널리 씀. 두루 씀.
행운(行雲)명 떠가는 구름. 열구름.
행ː운(幸運)명 좋은 운수. 행복한 운수.
행ː운-아(幸運兒)명 좋은 운수를 만나 일이 뜻대로 잘되어 가는 사람.

행운-유수(行雲流水)[-뉴-]명〔떠가는 구름과 흐르는 물이란 뜻으로〕'일의 처리에 막힘이 없거나 마음씨가 시원시원함'을 비유하여 이르는 말.

행원(行員)명 〈은행원〉의 준말.

행위(行爲)명 (사람이) 행하는 짓.〔특히, 자유 의사에 따라서 하는 행동.〕행동. ¶ 호객 행위./범죄 행위./그런 나쁜 행위는 처벌 대상이다.

행유여력(行有餘力)명 일을 다 하고도 오히려 힘이 남음.

행음(行吟)명하타 ①거닐면서 글을 읊음. ②지난날, 귀양살이에서 글을 읊던 일.

행음(行淫)명하자 ☞행간(行姦).

행의(行衣)[-의/-이]명 조선 시대에, 유생(儒生)들이 입던 두루마기. 소매가 넓고, 깃·도련·소매 끝에 검은 천으로 가선을 둘렀음.

행의(行義)[-의/-이]명하자 의로운 일을 함.

행의(行誼)[-의/-이]명 ①하형행실이 올바름, 또는 그 행실. ②하자바른길을 취하여 행함.

행의(行醫)[-의/-이]명하자 의술로 세상을 살아감.

행이(行移)명 〈행문이첩〉의 준말.

행ː이득면(倖而得免)[-등-]명하타 요행히 벗어남. 준행면(倖免).

행인(行人)명 ①길을 가는 사람. ②불도(佛道)를 닦는 사람.

행ː인(杏仁)명 한방에서, '살구 씨의 속'을 약재로 이르는 말.〔변비나 기침 따위에 쓰임.〕

행자(行者)명 ①속인(俗人)으로서 절에 들어가 불도를 닦는 사람. 상좌(上佐). ②장례 때, 상제의 시중을 드는 사내 하인.

행자(行資)명 ☞노자(路資).

행ː자(杏子)명 〈행자목〉의 준말.

행ː자-목(杏子木)명 은행나무의 목재. 준행자.

행ː자-반(杏子盤)명 은행나무로 만든 소반.

행작(行作)명하자 ☞행동(行動).

행장(行狀)[1]명 ①☞품행(品行). ②☞행장기. ③교도소에서 수감자의 언행으로 매긴 성적.

행장(行狀)[2]명 조선 초기에, 우리나라에 드나들던 왜인(倭人)에게 대마도주(對馬島主)가 발행하던 여행 증명서. 참호조(護照).

행장(行長)명 〈은행장〉의 준말.

행장(行裝)명 여행할 때에 쓰이는 물건. 행구(行具). 행리(行李). ¶ 행장을 꾸리다./행장을 차리다.

행장(行障)명 왕비의 장례 때 여럿이 장대에 매어 들고 가던 휘장.

행장-기(行狀記)명 사람이 죽은 다음에, 그의 일생의 행적을 적은 글. 행장(行狀)[1].

행재-소(行在所)명 임금이 거둥할 때 일시 머물던 곳.

행적(行跡·行績·行蹟)명 ①평생에 한 일이나 업적. ¶ 행적을 남기다. ②행위의 실적이나 자취. ¶ 행적을 감추다.

행전(行錢)명하자 (노름판에서) 진 사람이 돈을 냄. 돈질을 함.

행전(行纏)명 한복 바지를 입었을 때, 발목에서 장딴지 위까지 바짓가랑이를 가든하게 둘러싸는 물건. 위에 달린 끈으로 무릎 아래를 졸라맴. ¶ 행전을 치다. 참각반(脚絆).

행정(行政)명 ①국가 기관에서 법에 따라 행하는 정무(政務). ¶ 행정 사무. ②전술·전략을 포함하지 않는 모든 군사 사항을 관리·운용하는 일.〔주로, 군수(軍需) 및 인사 분야를 이름.〕

행정(行程)명 ①멀리 가는 길, 또는 그 길의 거리. ②실린더 속에서 피스톤이 왕복 운동을 하는 거리.

행정-관(行政官)명 국가의 행정에 관한 사무를 맡아보는 관리.

행정^관청(行政官廳)명 행정에 관한 국가의 의사를 결정하고 그 의사를 표시·집행하는 권한을 가진 행정 기관.

행정^구역(行政區域)명 행정 기관의 권한이 미치는 일정한 범위로 정해진 구역.〔특별시·광역시·도·시·군·읍·면·동(리) 따위.〕

행정-권(行政權)[-꿘]명 삼권(三權)의 하나로, 국가가 통치권을 바탕으로 하여 일반 행정을 펴는 권능(權能). 대통령과 그에 딸린 정부에 속함.

행정^기관(行政機關)명 행정 사무를 담당하는 국가 기관을 통틀어 이르는 말.

행정^명ː령(行政命令)[-녕]명 행정 기관이 행정 목적을 위하여 직권으로 내리는, 법규를 내용으로 하지 않는 명령.

행정-벌(行政罰)명 행정법상의 의무를 위반한 사람에 대하여, 그 제재(制裁)로 가해지는 벌. 질서벌.

행정-범(行政犯)명 ☞법정범(法定犯). ↔자연범·형사범.

행정-부(行政府)명 삼권 분립에 따라 행정을 맡아보는 '정부'를 이르는 말. 참입법부(立法府)·사법부(司法府).

행정-사(行政士)명 행정 관청에 내는 서류 또는 주민의 권리·의무나 사실 증명에 관한 서류 따위를 작성해 주는 것을 업으로 하는 사람.

행정^사ː무(行政事務)명 행정에 관한 사무.

행정^서사(行政書士)명 '행정사(行政士)'의 이전 일컬음.

행정^소송(行政訴訟)명 행정 관청의 위법 처분에 따라 권리를 침해당한 사람이 그 처분의 취소나 변경을 요구하는 소송. 준행소(行訴).

행정^안전부(行政安全部)명 중앙 행정 기관의 하나. 법령의 공포, 행정 기관의 조직 및 정원 관리, 다른 중앙 행정 기관의 소관에 속하지 않는 행정 사무 등을 맡아봄.

행정^지도(行政指導)명 행정 기관이 그 직무 범위 안에서 행정의 대상이 되는 개인·법인·단체 등에 대하여 의도하는 행정 목적이 이루어지도록 비권력적인 수단으로 지도하는 일.

행정-직(行政職)명 일반직 공무원의 직군에 의한 분류의 한 가지. 행정·세무·관세·운수·교육행정·노동·문화 등이 이에 포함됨.

행정^처ː분(行政處分)명 행정 기관이 법규에 따라서, 특정 사건에 관하여 권리를 설정하기도 하고 의무를 명하기도 하는 행정 행위.

행정-학(行政學)명 행정을 연구 대상으로 하는 사회 과학의 한 분야.

행정^협정(行政協定)[-쩡]명 행정부에 의하여 체결되는 국가 간의 협정.

행주명 그릇 따위를 깨끗하게 씻거나 훔치는 데 쓰는 헝겊.

행주(行酒)명하자 술을 잔에 부어 돌림. 행배(行杯).

행주(行廚)명 ①하자음식을 다른 곳으로 옮김. ②임금이 거둥할 때에 음식을 마련하던 임시 부엌.

행주좌와(行住坐臥)명 불교에서 이르는, 일상의 기거 동작인 네 가지 동작. 즉, 가고, 머무르고, 앉고, 자는 일.

행주-질명하타 행주로 그릇이나 상 따위의 더러운 것을 훔치는 일.
행주-치마명 (부엌일을 할 때 치마를 더럽히지 않기 위해 그 위에 덧입는) 앞쪽만 가리는 짧은 치마. 앞치마. 참에이프런.
행중(行中)명 길을 함께 가는 모든 사람.
행지(行止)명 〈행동거지〉의 준말.
행지(行持)명 불도(佛道)를 닦아 언제까지나 게을리 하지 않는 일.
행지-증(行遲症)[－쯩]명 ☞각연증(脚軟症).
행직(行直) '행직하다'의 어근.
행직-하다(行直－)[－지카－]형여 (성질이) 강하고 곧다.
행진(行進)명하자 (여럿이 줄을 지어) 앞으로 나아감. ¶ 가두 행진. /행진을 벌이다.
행진-곡(行進曲)명 행진할 때 연주하는 악곡.
행ː짜명 심술을 부려 남을 해치는 짓. ¶ 행짜를 부리다.
행차(行次)명하자 '웃어른이 길을 감'을 높이어 이르는 말. ¶ 어디로 행차하시는 길이온지.
행차 뒤에 나팔속담 '일이 끝난 다음의 소용없는 짓'을 비유하여 이르는 말.
행차-명정(行次銘旌)명 행상(行喪) 때, 상여 앞에 들고 가는 명정.
행차-소(行次所)명 '웃어른이 여행할 때에 머무르는 곳'을 높이어 이르는 말.
행차-칼(行次－)명 지난날, 죄인을 다른 곳으로 옮길 때 씌우던 형구(刑具). 참도리칼.
행찬(行饌)명 여행할 때 가지고 가는 반찬.
행창(行娼)명하자 공공연하게 창기(娼妓) 노릇을 함.
행체(行體)명 수묵화의 삼체(三體)의 하나. 대상을 초체(草體)와 해체(楷體)의 중간 정도로 묘사함. 참초체·해체.
행초(行草)[1]명 길을 떠날 때 가지고 가는 담배.
행초(行草)[2]명 ☞행초서.
행초-서(行草書)명 행서와 초서. 행초(行草)[2].
행탁(行橐)명 지난날, 길을 떠날 때 노자를 넣던 주머니, 또는 여행용 주머니.
행탕이명 광산의 구덩이 속 물 밑에 가라앉은 철분과 흙·모래 따위의 앙금.
행태(行態)명 하는 짓과 몸가짐. 행동하는 모양. 주로 부정적인 의미로 씀. ¶ 사기 행태. /음주 행태.
행ː티명 행짜를 부리는 버릇.
행패(行悖)명하자 체면에 벗어나는 거친 짓을 함, 또는 그러한 언행. ¶ 행패를 부리다.
행포(行暴)명하자 난폭한 짓을 함.
행하(行下)명 〔지난날〕 ①품삯 이외에 더 주거나, 경사가 있을 때 주인이 하인에게 주던 돈이나 물품. ②놀이가 끝난 뒤에 기생이나 광대에게 주던 보수.
행하-건(行下件)[－껀]명 등급이 낮은 물건.
행-하다(行－)타여 (작정한 대로) 하여 나가다. ¶ 인술(仁術)을 행하다.
행하-조(行下調)[－쪼]명 말막음으로 하는 일.
행행(行幸)명하자 임금이 궁궐 밖으로 거둥하던 일. ¶ 임금이 선왕의 능에 행행하다.
행행연(悻悻然) '행행연하다'의 어근.
행ː행연-하다(悻悻然－)형여 성이 발끈 나서 자리를 박차고 떠나는 태도가 쌀쌀하다. **행행연-히**부.
행혈(行血)명하자 한방에서, 약을 써서 피를 잘 돌게 하는 일.
행형(行刑)명하자 형벌을 집행함.
행-호령(行號令)명하자 호령을 내림. 행호시령.
행호-시령(行號施令)명하자 ☞행호령.
행ː화(杏花)명 살구나무의 꽃.
행흉(行凶·行兇)명하자 사람을 죽임.
행ː희(幸姬)[－히]명 편애를 받는 여자.
햐암명 〈옛〉 향암(鄕闇). 시골 백성. ¶ 어리고 햐암의 ᄠᅳ의ᄂᆞᆫ 내 분인가 ᄒᆞ노라(古時調).
햐쳐명 〈옛〉 사처. 숙소(宿所). ¶ 우리 몰 모라가 햐쳐의 가셔(老解上52).
햑다형 〈옛〉 작다. ¶ 햐ᄀᆞᆫ 조ᄡᆞᆯ ᄀᆞᆫᄒᆞ니(救解下77). 참혀다.
향ː(向)명 묏자리나 집터 따위가 자리 잡은 위치에서 바라보게 되는 앞면. ↔좌(坐).
향(香)명 ①향기. ¶ 커피의 향이 은은하다. ②제전(祭奠) 따위에 피우는 향냄새 나는 물건.
향가(鄕歌)명 신라 중엽에서 고려 초엽에 걸쳐 민간에 널리 퍼졌던 우리 고유의 시가. 〔'삼국유사'에 14수, '균여전(均如傳)'에 11수, 모두 25수가 향찰(鄕札)로 적혀 전해 옴.〕
향갑(香匣)명 향을 담는 작은 상자.
향객(鄕客)명 시골에서 온 손.
향경(香境)명 육경(六境)의 하나. '코로 냄새를 맡을 수 있는 대상'을 이르는 말.
향ː고(饗告)명하자 조상의 영전(靈前)에 공양물을 바쳐 제사함.
향-고양(←香供養)명하자 '향공양'의 방언.
향곡(鄕曲)명 시골 구석.
향ː곡(餉穀)명 지난날, 군량으로 쓰던 곡식.
향-공양(香供養)명하자 부처 앞에 향을 피우는 일.
향ː관(享官)명 ☞제관(祭官).
향관(鄕貫)명 ☞관향(貫鄕).
향관(鄕關)명 고향의 관문, 곧 고향.
향ː광-성(向光性)[－썽]명 식물의 줄기·가지·잎 등이 빛이 비치는 쪽으로 굽는 성질. ↔배광성. 참굴광성·향일성.
향교(鄕校)명 고려·조선 시대에, 시골에 두었던 문묘(文廟)와 그에 딸린 관립(官立) 학교.
향국(鄕國)명 ☞고국(故國). 고향.
향군(鄕軍)명 ①〈재향 군인〉의 준말. ②〈향토 예비군〉의 준말.
향궤(香櫃)[－궤]명 향을 넣어 두는 궤.
향ː궤(餉饋)명 군사가 먹을 음식.
향금(鄕禁)명 그 지방에서 금하는 일.
향긋-하다[－그타－]형여 향기로운 느낌이 조금 있다. ¶ 향긋한 꽃 냄새. **향긋-이**부.
향기(香氣)명 (꽃이나 향 따위에서 나는) 기분 좋은 냄새. 향(香). 향냄새. ¶ 은은한 커피 향기.
향기-롭다(香氣－)[－따][∼로우니·∼로워]형ㅂ 향기가 있다. ¶ 솔잎 향이 향기롭다. /향기로운 냄새. **향기로이**부.
향기-향(香氣香)명 한자 부수의 한 가지. '馥'·'馝' 등에서의 '香'의 이름.
향-꽂이(香－)명 향을 피워 꽂는 기구.
향-나무(香－)명 측백나뭇과의 상록 침엽 교목. 산기슭이나 평지에 나는데, 정원수로 심기도 함. 높이는 20 m가량. 껍질은 적갈색이며, 늙은 가지의 잎은 비늘 모양이고 어린 가지의 잎은 바늘 모양임. 나무는 향내가 나는데, 태우면 더욱 짙게 남. 조각재·가구재·연필·향료 등으로 쓰임. 향목.
향ː남(向南)명하자 남쪽을 향함. 남쪽을 봄.
향낭(香囊)명 ①〈사향낭〉의 준말. ②향을 넣어서 차고 다니는 주머니.
향-내(香－)명 〈향냄새〉의 준말.

향-냄새(香-)[명] ①향기. 향취(香臭). ②향을 피울 때 나는 냄새. [준]향내.
향ː년(享年)[명] '죽은 이의 한평생 살아서 누린 나이'를 이르는 말. ¶ 향년 90세로 돌아가시다.
향ː념(向念)[명][하자] ☞향의(向意).
향다(香茶)[명] 향기가 좋은 차.
향ː당(享堂)[명] 불교에서, 조사(祖師)의 화상(畫像)이나 위패를 모시고 제사 지내는 당집.
향당(鄕黨)[명] 자기가 태어났거나 살고 있는 시골 마을, 또는 그곳의 사람들.
향당에 막여치(莫如齒)[속담] 향당에서는 나이 차례를 중히 여긴다는 뜻.
향도(香徒)[명] ①'화랑도(花郞徒)'의 딴 이름. ②☞상여꾼.
향ː도(嚮導)[명][하타] 길을 인도함, 또는 그 사람.
향도-가(香徒歌)[명] 행상(行喪)할 때, 선소리꾼이 상여 앞에서 엮는 사설조의 노래. [참]상엿소리.
향ː도-관(嚮導官)[명] 왕조 때, 군사들이 나아가는 길을 인도하던 벼슬, 또는 그 벼슬아치.
향도-꾼(香徒-)[명] '상두꾼'의 잘못.
향ː동(響胴)[명] (기타 또는 바이올린 따위의) 공기를 진동시켜 소리를 크게 하는 부분.
향ː락(享樂)[-낙][명][하타] 즐거움을 누림. ¶ 향락 산업./향락에 빠지다.
향ː락-주의(享樂主義)[-낙쭈의/-낙쭈이][명] 인생의 궁극적인 목적이 향락을 추구하는 데 있다고 하는 주의. 관능주의.
향랑-각시(香娘-)[-낭-씨][명] ☞노래기.
향랑각시 속거천리(速去千里)[속담] 〔노래기는 빨리 먼 데로 사라지라는 뜻으로〕 음력 2월 1일에 백지에 먹으로 써서, 기둥·벽·서까래 같은 곳에 거꾸로 붙이는 부적의 말.
향랑-자(香娘子)[-낭-][명] ☞바퀴[2].
향ː래(向來)[-내][명] 접때. 지난번.
향ː례(饗禮)[-녜][명] 손을 초대하여 향응을 베푸는 의식 또는 예의.
향ː로(向路)[-노][명] 향하여 가는 길. 갈 길.
향로(香爐)[-노][명] 향을 피우는 자그마한 화로.
향로-석(香爐石)[-노-][명] 무덤 앞에 있는, 향로를 올려놓는 돌. 향안석.
향론(鄕論)[-논][명] 시골의 여론.
향료(香料)[-뇨][명] ①향기를 내는 물질. 향을 만드는 감. 〔사향·육계(肉桂)·재스민 따위.〕 ②☞부의.
향ː류(向流)[-뉴][명] 유체(流體)가 서로 반대 방향으로 흐르는 일. ↔병류(竝流).
향리(鄕吏)[-니][명] 고려·조선 시대에, 한 고을에서 대를 이어 내려오던 아전(衙前).
향리(鄕里)[-니][명] 고향. 고향 마을. 전리(田里).
향망(鄕望)[명] 고향에서의 덕망.
향맹(鄕氓)[명] ☞촌맹(村氓).
향ː모(向慕)[명][하타] 마음으로 그리워함.
향목(香木)[명] ☞향나무.
향몽(香夢)[명] 〔향기로운 꿈이라는 뜻으로〕 '봄철에 꽃이 필 때에 꾸는 꿈'을 이르는 말.
향몽(鄕夢)[명] (타향에서 꾸는) 고향의 꿈.
향미(香味)[명] (음식물의) 향기로운 맛.
향미-료(香味料)[명] (약품이나 음식물 따위에 넣어) 향기로운 맛을 내게 하는 물질.
향민(鄕民)[명] ☞촌맹(村氓).
향반(鄕班)[명] 지난날, 시골에 살면서 여러 대에 걸쳐 벼슬길에 오르지 못한 양반.
향ː발(向發)[명][하자] (목적지를) 향해 출발함.
향ː방(向方)[명] 향하는 곳. 가는 곳. ¶ 향방이 불투명하다.
향ː방부지(向方不知)[명][하자] 어디가 어디인지 방향을 분간하지 못함.
향ː배(向背)[명] 좇음과 등짐. 복종과 배반. ¶ 이해에 얽혀 향배를 달리하다.
향ː배(向拜)[명][하자] 향하여 절함.
향배(香陪)[명] 제향(祭享) 때, 헌관(獻官)이 향축을 가지고 나갈 적에 향궤를 받들고 앞서 가는 사람.
향병(鄕兵)[명] 그 지방 사람을 모집하여 조직한 병정.
향ː복(享福)[명][하자] 복을 누림.
향ː복-무강(享福無疆)[-봉-][명][하자] 끝없이 많은 복을 누림.
향부-악(鄕部樂)[명] 예부터 발달해 온 우리나라 고유의 음악. 〔중국의 음률로 만든 '당악(唐樂)'에 상대하여 이르던 말.〕 향악.
향-부자(香附子)[명] 사초과의 다년초. 바닷가나 냇가의 따뜻한 곳에 나는데, 높이는 70 cm가량. 뿌리 끝에 둥근 덩이줄기가 있음. 여름에 다갈색 꽃이 핌. 덩이줄기는 한방에서 부인병의 통경(通經)이나 진경(鎭痙) 따위에, 민간에서는 진해제로 쓰임. 사초(莎草)[1]. 작두향.
향-불(香-)[-뿔][명] 향을 태우는 불. 향화.
향불(을) 피우다[관용] '절간에서 담배를 피우다'의 뜻으로 쓰이는 변말.
향-비파(鄕琵琶)[명] 향악기의 한 가지. 신라 때 창제한 비파의 한 종류로, 다섯 줄과 열 개의 기둥으로 되어 있음.
향ː사(向斜)[명] 습곡(褶曲)의 지층이 골짜기 모양으로 되어 있는 부분. ↔배사(背斜).
향ː사(享祀)[명][하자] ☞제사(祭祀).
향사(鄕士)[명] 시골 선비. 향유(鄕儒).
향사(鄕思)[명] 고향 생각.
향사(鄕射)[명][하자] 지난날, 시골 한량들이 편을 갈라 활쏘기를 겨루고 술자리를 벌이던 일.
향사(鄕絲)[명] 지난날, '우리나라에서 나는 명주실'을 이르던 말.
향ː사-곡(向斜谷)[명] 습곡(褶曲)의 향사 부분을 따라서 발달한 골짜기.
향ː상(向上)[명][하자타][되자] (기능이나 정도 따위가) 위로 향하여 나아감. 높아짐. 좋아짐. ¶ 기술 향상./생활 향상./실력을 향상하다. [비]진보. ↔저하.
향상(香床)[-쌍][명] 향로나 향합 따위를 올려놓는 상. 향안(香案).
향서(鄕書)[명] 고향에서 온 편지.
향-선생(鄕先生)[명] ①그 지방에서 명망이 높은 선비. ②'시골 선비'를 농조로 이르는 말.
향설(香雪)[명] 〔향기 있는 눈이라는 뜻으로〕 '흰 꽃'을 눈에 비유하여 이르는 말.
향ː설(饗設)[명][하자] 잔치를 베풂.
향설-고(香雪膏)[명] 별미로 먹는 음식의 한 가지. 껍질을 벗겨 후추를 드문드문 박은 배와 얇게 저민 생강을 꿀물에 넣고 끓여서 계핏가루와 실백을 넣어 만듦.
향ː성(向性)[-썽][명] ①☞굴성(屈性). 〔특히, 양(陽)의 굴성을 이름.〕 ②(사람의) 성격의 경향. 〔내향성·외향성 따위.〕
향ː성^검ː사(向性檢査)[-썽-][명] 사람의 성격의 경향이 내향성인가 외향성인가를 측정하는 검사. 〔흔히, 질문지를 써서 향성의 지수를 측정함.〕
향소(香蔬)[명] ☞참취.

향소(鄕所)명 ☞유향소(留鄕所).
향속(鄕俗)명 시골의 풍속. 향풍(鄕風).
향:수(享受)명하타되자 ①(복이나 혜택 따위를) 받아서 누림. ¶ 자유를 향수하다. ②(예술상의 아름다움 따위를) 음미(吟味)하고 즐김.
향:수(享壽)명하자 오래 사는 복을 누림.
향수(香水)명 ①향료를 알코올 따위에 풀어서 만든 액체 화장품의 한 가지. ②불교에서, 향 또는 꽃을 넣어 부처에게 공양하는 향기 있는 물.
향수(鄕愁)명 고향을 그리워하는 마음이나 시름.
향수-병(鄕愁病)[-뼝]명 '고향 생각에 젖어 시름겨워 하는 것'을 병에 빗대어 이르는 말.
향:수-성(向水性)[-썽]명 식물의 뿌리 등이 수분이 있는 쪽으로 뻗어 가는 성질. 향습성. 참굴수성.
향숙(鄕塾)명 시골의 서당.
향:습-성(向濕性)[-썽]명 ☞향수성.
향:시(向時)명 접때. 지난번.
향시(鄕試)명 조선 시대에, 각 도에서 관내의 선비들에게 보이던 초시(初試).
향:식(饗食)명하자 태뢰(太牢)를 마치고 음식을 나누어 먹는 일.
향신(鄕信)명 고향 소식.
향신-료(香辛料)[-뇨]명 음식물에 매운맛이나 향기를 더하는 조미료. 〔겨자·깨·고추·마늘·파·후추 따위.〕
향:심-력(向心力)[-녁]명 ☞구심력(求心力).
향악(鄕樂)명 ☞향부악.
향악-기(鄕樂器)[-끼]명 향악을 연주하는 악기. 〔가야금·거문고·대금 따위.〕
향악-보(鄕樂譜)[-뽀]명 옛 향악의 정간보(井間譜). 16정간(井間)으로 갈라 각각 그 음계 이름을 적었음. 참정간보.
향안(香案)명 ☞향상(香床).
향안-석(香案石)명 ☞향로석.
향암(鄕闇)명하형 시골구석에서 살아 온갖 사리에 어둡고 어리석음, 또는 그런 사람.
향암-되다(鄕闇-)형 〈옛〉 촌스럽다. ¶ 향암된 사룸:村俗人(譯語*19*).
향약(香藥)명 향기로운 약. 좋은 약.
향약(鄕約)명 조선 시대에, 권선징악과 상부상조를 목적으로 마련하였던 시골 마을의 자치 규약.
향약(鄕藥)명 지난날, 중국에서 나던 약재에 대하여 '우리나라에서 나던 약이나 약재'를 이르던 말.
향약-본초(鄕藥本草)[-뽄-]명 지난날, 우리나라에서 나던 약용(藥用)의 식물이나 동물·광물을 통틀어 이르던 말.
향:양(向陽)명하자 햇볕을 마주 받음.
향:양지지(向陽之地)명 남향(南向)을 하고 있어 볕이 잘 드는 땅.
향:양-화목(向陽花木)명 〔볕을 받은 꽃나무라는 뜻으로〕 '출세하기에 좋은 여건을 갖춘 사람'을 비유하여 이르는 말.
향어(鄕語)명 제 고장의 말.
향연(香煙)명 ①향을 피우는 연기. ②향기로운 냄새가 나는 담배.
향:연(饗宴)명 융숭하게 대접하는 잔치.
향:왕(嚮往·向往)명하자 마음이 늘 어느 사람이나 지역으로 향하여 감.
향우(鄕友)명 고향 친구. 고향 사람.
향:우지탄(向隅之歎·向隅之嘆)명 좋은 기회를 만나지 못한 한탄.

향운(香雲)명 ①〔향기로운 구름이라는 뜻으로〕 '흰 꽃이 한창 피어 있음'을 비유하여 이르는 말. ②(가득 피어오르는) 향불의 연기.
향원(鄕員)명 향소(鄕所)의 직원. 〔좌수(座首)나 별감(別監) 따위.〕 향임(鄕任).
향원(鄕園)명 고향의 전원(田園).
향:유(享有)명하타되자 누려서 가짐. ¶ 만인이 자유와 풍요를 향유하는 사회.
향유(香油)명 ①향기가 나는 화장용 물기름. 〔몸에 바르는 것과 머리에 바르는 것이 있음.〕 ②참기름.
향유(香薷)명 꿀풀과의 일년초. 산이나 들에 흔히 나는데, 줄기 높이는 30~60 cm. 줄기는 네모지고 잔털이 있음. 8~9월에 이삭 모양의 연한 자줏빛 꽃이 핌. 한방에서, 온 포기를 말리어 약재로 씀. 노야기.
향유(鄕儒)명 시골 선비. 시골 유생. 향사(鄕士).
향유-고래(香油-)명 ☞말향고래.
향-유사(鄕有司)명 지난날, 서울과 시골의 서로 관계가 있는 관아나 단체에서, 시골에 있던 유사.
향음주-례(鄕飮酒禮)명 왕조 때, 온 고을의 유생들이 해마다 모여, 예의와 절차를 지키며 술을 마시던 잔치.
향:응(響應)명하자 ①소리 나는 데 따라 그 소리와 마주쳐 같이 울림. ②남의 주창(主唱)에 따라 그와 같은 행동을 마주 취함.
향:응(饗應)명하타 특별히 융숭하게 대접함, 또는 그 대접. ¶ 향응을 제공하다.
향:의(向意)[-의/-이]명 마음을 기울이거나 생각을 둠, 또는 그 마음이나 생각. 향념(向念).
향이(香餌)명 〔향기로운 미끼라는 뜻으로〕 '사람의 마음을 유혹하는 재물 따위'를 비유하여 이르는 말.
향:일(向日)명 ①접때. 지난번. 저번 날. 향자(向者). ②하자햇볕을 마주 향함.
향:일-성(向日性)[-썽]명 식물의 줄기·가지·잎 등이 햇빛이 비치는 쪽으로 굽는 성질. ↔배일성. 참향광성.
향임(鄕任)명 ☞향원(鄕員).
향:자(向者)명 ☞향일(向日).
향:전(向前)명 지난번.
향전(香奠)명 ☞부의(賻儀).
향:점(向點)[-쩜]명 천체의 운동 방향이 천구(天球)와 교차되는 점. ↔배점(背點).
향:정신성^의약품(向精神性醫藥品)[-썽-]명 중추 신경에 작용하여 정신 상태에 영향을 주는 의약품을 통틀어 이르는 말. 〔각성제·수면제·안정제·진정제 따위.〕
향제(鄕第)명 고향에 있는 집.
향족(鄕族)명 지난날, 향원(鄕員)이 될 자격이 있던 집안.
향중(鄕中)명 향원(鄕員)의 동아리. 향원 일동.
향지(香脂)명 향기가 있는 고형(固形)의 화장용 기름. 흔히, 머릿기름으로 쓰임.
향:지-성(向地性)[-썽]명 식물의 뿌리 등이 중력(重力)이 작용하는 방향, 곧 땅속으로 뻗어 가는 성질. ↔배지성. 참굴지성.
향:진(向進)명하자 향하여 나아감.
향찰(鄕札)명 신라 때, 한자의 음과 훈(訓)을 빌려 우리말을 표음식(表音式)으로 적던 표기법. 특히, 향가의 표기에 쓴 것을 이름. 참이두.
향천(鄕薦)명하타 지난날, 고을 안의 인재를 추천하던 일.
향:첩(享帖)명 지난날, 제관(祭官)을 임명하던 글발.

향청(鄕廳)명 ☞유향소(留鄕所).
향초(香草)명 향기로운 풀, 또는 담배.
향촉(香燭)명 (제사에 쓰는) 향과 초.
향ː촉-성(向觸性)[-썽]명 ☞굴촉성.
향촌(鄕村)명 시골. ¶ 향촌 주민.
향축(香祝)명 향과 축문.
향ː춘-객(享春客)명 봄을 즐기는 사람. 참상춘객(賞春客).
향취(香臭)명 향냄새. ¶ 향취를 풍기다.
향탁(香卓)명 향로를 올려놓는 탁자.
향탕(香湯)명 향을 넣어서 달인 물. 주로, 염습(殮襲)을 하기 전에 송장을 씻는 데 쓰임.
향토(鄕土)명 시골. 고향. ¶ 향토 문화. /향토 음식.
향토-색(鄕土色)명 그 지방 특유의 정취나 풍속. 지방색. ¶ 향토색 짙은 서정시.
향토^예ː비군(鄕土豫備軍)명 향토방위를 위해 예비역으로 편성한 비정규군. 준향군.
향토-지(鄕土誌)명 그 지방의 지리·역사·풍토·산업·민속·문화 등을 기술한 책.
향폐(鄕弊)[-폐/-페]명 시골의 나쁜 풍습.
향포(香蒲)명 ☞부들[2].
향풍(鄕風)명 ☞향속(鄕俗).
향-피리(鄕-)명 국악 관악기의 한 가지. 당피리보다 가늘며 여덟 구멍 중 하나가 아래로 나 있음.
향ː-하다(向-)자타여 ①바라보다. ¶ 동쪽을 향하여 서다. ②마주 서다. ¶ 서로를 향하다. ③마음을 기울이다. ¶ 조국을 향한 일념. /임 향한 일편단심이야 가실 줄이 있으랴. ④지향(指向)하여 가다. ¶ 고향으로 향하다.
향ː학(向學)명하자 배움에 뜻을 두고 그 길로 나아감.
향학(鄕學)명 고려 시대에, 유학을 가르치던 지방 교육 기관. 참국자감.
향ː학-열(向學熱)[-항녈]명 학문을 하려는 열의. ¶ 향학열이 높은 학생.
향함(香函)명 ☞향합(香盒).
향합(香盒)명 제사 때 피우는 향을 담는 합. 향함(香函).
향혼(香魂)명 ①꽃의 향기, 또는 정기. ②〔향기로운 넋이라는 뜻으로〕 '여자의 넋'을 이르는 말.
향ː화(向化)명하자 귀화(歸化)함.
향화(香火)명 ①향불. ②〔향을 피운다는 뜻으로〕 '제사(祭祀)'를 이르는 말. ¶ 슬하에 혈육 하나 없으니 향화 영영 끊어질까 걱정이다.
향화(香花)명 ①☞향화(香華). ②향기로운 꽃.
향화(香華)명 부처 앞에 바치는 향과 꽃. 향화(香花).
향ː화-성(向化性)[-썽]명 식물체의 일부가 자극을 미치는 화학 물질의 농도가 높은 쪽으로 굽는 성질. 참굴화성.
향회(鄕會)[-회/-훼]명 고을의 일을 의논하는 모임.
향ː후(向後)명 이다음. 이 뒤. 차후. ¶ 향후 10년이 가장 어려운 시기이다.
향훈(香薰)명 향기로운 냄새.
허ː[1]부 (무엇을 누이거나 축일 때 또는 몹시 매울 때) 혀를 그대로 두고 입을 벌린 채 입김을 많이 내부는 소리. 작하[2].
허[2]감 기쁨·놀라움·노여움·안타까움·염려스러움 따위의 느낌을 나타내는 말. ¶ 허, 참 놀라운 성과를 거두었구나! /허, 이것 정말 야단났군. 작하[3].

허(虛)[1]명 (대비가 되어 있지 않은) 약점.
허를 찌르다관용 약하거나 허술한 곳을 치다. ¶ 기습으로 상대편의 허를 찌르다.
허(虛)[2]명 〈허성(虛星)〉의 준말.
-허(許)접미 거리나 시간을 나타내는 명사 뒤에 붙어, '그쯤 되는 곳'임을 뜻함. ¶ 십 리허. /백 리허.
허가(許可)명하타되자 ①(청원 따위를) 들어줌. 허락. ②법령으로 금지 또는 제한되어 있는 일을 특정의 경우 특정의 사람에게게 할 수 있도록 처리하는 일. ¶ 영업 허가. /건축 허가. ↔불허.
허가-제(許可制)명 법령으로 제한·금지되어 있는 일(행위)에 대해서, 특정한 경우에 법에 따라 그 일(행위)을 할 수 있도록, 행정상으로 허락해 주는 제도.
허가-증(許可證)[-쯩]명 허가하는 사실을 기재하거나 표시한 증서.
허갈(虛喝)명하타 거짓으로 꾸미어 공갈함.
허겁(虛怯)명하형 마음이 실하지 못하여 겁이 아주 많음. ¶ 허겁을 떨다.
허겁-증(虛怯症)[-쯩]명 한방에서, 몸이 허약해져 까닭 없이 무서움을 타는 증세를 이르는 말.
허겁-지겁[-찌-]부하자 조급한 마음으로 몹시 허둥거리는 모양. ¶ 놀라서 허겁지겁 달아나다.
허경(虛驚)명하자 괜히 놀람. 헛것을 보고 놀람.
허공(虛空) Ⅰ명 텅 빈 공중. 거지중천(居之中天). ¶ 멍하니 허공만 바라보다.
Ⅱ수관 육덕(六德)의 10분의 1, 청정(淸淨)의 10배가 되는 수(의). 곧, 10^{-20}.
허과(虛誇)명하타 허풍치며 자랑함.
허교(許交)명하자 ①서로 벗하기를 허락하고 사귐. ②허물없이 서로 '해라'의 말씨를 씀. ¶ 허교하고 지내는 사이.
허구(許久) '허구하다'의 어근.
허구(虛構)명하타 ①사실이 아닌 것을 사실처럼 얽어 만듦. 비가공(架空). ②소설이나 희곡 따위에서, 실제로는 없는 이야기를 상상력으로 창작해 냄, 또는 그 이야기. 픽션.
허-구렁(虛-)명 텅 빈 구렁.
허구리명 허리의 갈비뼈 아래 좌우 양쪽의 잘쏙한 부분.
허구-성(虛構性)[-썽]명 사실과 다르게 꾸며 만든 성질이나 요소. ¶ 허구성이 짙은 보고서.
허구-하다(許久-)형여 날이나 세월 따위가 매우 오래이다. 《주로, '허구한'의 꼴로 쓰임.》 ¶ 허구한 날 놀고만 있다.
허국(許國)명하자 나라를 위하여 몸을 돌보지 아니하고 힘을 다함.
허근(虛根)명 방정식의 근 중에서 허수(虛數)인 것. ↔실근(實根).
허급(許給)명하타되자 허락하여서 줌. 허시.
허기(虛氣)명 ①기운을 가라앉힘, 또는 그 기운. ②속이 비어 허전한 기운.
허기(虛飢)명 (굶어서) 배가 몹시 고픔. ¶ 허기를 채우다. /죽 한 사발로 허기를 면하다.
허기(虛器)명 〔쓸모없는 그릇이라는 뜻으로〕 '유명무실한 것' 또는 '실권이 없는 벼슬자리'를 이르는 말.
허기-증(虛飢症)[-쯩]명 몹시 주려서 배가 고파 기운이 빠진 증세.
허기-지다(虛飢-)자 ①배가 몹시 고파 기운이 빠지다. ¶ 허기진 배를 채우다. ②몹시 바라거나 탐내는 마음이 크게 일어나다. ¶ 지식에 목마르고 배움에 허기져 있다.

허기-평심(虛氣平心)명 기(氣)를 가라앉히고 마음의 평정(平靜)을 가지는 일.

허깨비명 ①마음이 허(虛)하여 착각이 일어나, 어떤 물건이 다른 물건으로 보이거나 없는 것이 있는 것처럼 보이는 따위의 현상. 헛것. ¶ 허깨비가 보이다. ②생각한 것보다 무게가 아주 가벼운 물건.

허니문ː(honeymoon)명 ①밀월(蜜月). ②신혼여행.

허다(許多) '허다하다'의 어근.

허다-하다(許多-)형여 매우 많다. 수두룩하다. ¶ 그런 일은 허다하게 볼 수 있다. **허다-히**부.

허ː닥-하다[-다카-]타여 (모아 둔 물건이나 돈 같은 것을) 덜어서 쓰기 시작하다.

허덕-거리다[-꺼-]자 자꾸 허덕허덕하다. 허덕대다. ¶ 자금난에 허덕거리다.

허덕-대다[-때-]자 허덕거리다.

허덕-이다자 ①힘에 벅차 괴로워하거나 숨이 차도록 애쓰다. ¶ 숨이 차서 허덕이다. /가난에 허덕이다. ②어린아이가 손발을 놀리다.

허덕-지덕[-찌-]부하자 몹시 허덕거리는 모양.

허덕-허덕[-더커-]부하자 ①힘에 벅차 괴로워하거나 숨이 차도록 애쓰는 모양. ②어린아이가 손발을 자꾸 놀리는 모양. ③(여유가 없어서) 쩔쩔매는 모양. ¶ 생활 수단이 없어 허덕허덕 살아간다.

허도(虛度)명하타 ☞허송(虛送).

허두(虛頭)명 (글이나 말의) 첫머리. ¶ 허두에서 막히다.

허두를 떼다관용 글이나 말의 첫머리를 시작하다.

허두-가(虛頭歌)명 ☞단가(短歌).

허둥-거리다자 자꾸 허둥허둥하다. 허둥대다. ¶ 어찌 할 바를 몰라 허둥거리고만 있다. 작하동거리다.

허둥-대다자 허둥거리다.

허둥-지둥부하자 미처 정신을 차릴 겨를도 없이 몹시 다급하게 서두르는 모양. ¶ 허둥지둥 달아나다. 작하동지동.

허둥-허둥부하자 갈팡질팡하며 정신없이 서두르는 모양. 작하동하동.

허드래명 '허드레'의 잘못.

허드레명 (그다지 중요하지 않아) 함부로 쓸 수 있는 허름한 것.

허드레-꾼명 아무 일이나 닥치는 대로 하는 사람. 잡역부.

허드렛-물[-렌-]명 (무엇을 헹구고 난, 비교적 맑은 물 따위를) 허드레로 쓰려고 모아 둔 물, 또는 그렇게 쓰이는 물.

허드렛-일[-렌닐]명 중요하지 않은 일. 잡역.

허드재비명 허드레로 쓰이는 사물.

허든-거리다자 자꾸 허든허든하다. 허든대다.

허든-대다자 허든거리다.

허든-허든부하자 (다리에 힘이 없어) 중심을 잃고 자꾸 발을 헛디디는 모양.

허ː들(hurdle)명 ①허들 레이스의 장애물. ②〈허들 레이스〉의 준말.

허ː들^레이스(hurdle race)명 트랙 경기의 한 가지. 허들을 뛰어넘으며 달리기를 겨룸. 장애물 달리기. 준허들.

허락(ˇ許諾)명하자타되자 청하고 바라는 바를 들어줌. 승낙. 허가. ¶ 허락을 구하다. /허락을 맡다. /부모님의 허락을 받고 여행을 떠났다. ↔불허.

허랑(虛浪) '허랑하다'의 어근.

허랑방탕(虛浪放蕩) '허랑방탕하다'의 어근.

허랑방탕-스럽다(虛浪放蕩-)[-따][~스러우니·~스러워]형ㅂ 보기에 허랑하고 방탕한 데가 있다. **허랑방탕스레**부.

허랑방탕-하다(虛浪放蕩-)형여 허랑하고 방탕하다. ¶ 허랑방탕한 생활. **허랑방탕-히**부.

허랑-하다(虛浪-)형여 말이나 행동에 거짓이 많고 착실하지 못하다. ¶ 허랑한 말. **허랑-히**부.

허랭(虛冷)명하형 양기가 부족하고 몸이 참, 또는 그런 증상.

허령(虛靈) '허령하다'의 어근

허령불매(虛靈不昧)명하형 〔마음에 잡념이 없고 영묘(靈妙)하여 어둡지 않다는 뜻으로〕 '천성(天性)의 덕(德)이 밝음'을 이르는 말.

허령-하다(虛靈-)형여 잡념(雜念)이 없이 마음이 영묘(靈妙)하다.

허례(虛禮)명하자 정성이 없이 겉으로만 꾸밈, 또는 그런 예절.

허례-허식(虛禮虛飾)명하자 (예절이나 법식 따위를) 겉으로만 꾸며 실속이나 정성이 없음.

허로(虛老)명하자 (이루어 놓은 일 없이) 헛되이 늙음.

허로(虛勞)명 ①심신이 피로하고 쇠약함. ②☞노점(癆漸).

허록(虛錄)명하타되자 거짓으로 꾸며 기록함, 또는 그 기록.

허론(虛論)명하자 헛된 논의. ¶ 실속도 진전도 없는 허론을 거듭하고 있다. 참공론(空論).

허룩-하다[-루카-]형여 없어지거나 줄다. 줄어들어서 적다. ¶ 용돈이 허룩하다.

허룸자타 〈옛〉헐음. 해짐. ¶ 거믄 갓오손 엇디 허루믈 免ᄒᆞ리오(杜重2:41).

허룽-거리다자 자꾸 허룽허룽하다. 허룽대다. 작하롱거리다.

허룽-대다자 허룽거리다.

허룽-허룽부하자 (말이나 하는 짓이) 차분하지 않고 들떠서 가볍게 행동하는 모양. 작하롱하롱.

허름-하다형여 ①값이 좀 싸다. ¶ 허름한 값으로 사다. ②좀 모자라거나 헌 듯하다. ¶ 허름한 옷차림. **허름-히**부.

허릅-숭이[-쑹-]명 실답지 못한 사람.

허리명 ①동물의 갈빗대 아래에서 골반까지의 잘록한 부분. ②위아래가 있는 물건의 가운데 부분. ¶ 국토의 허리를 가로지르는 대역사(大役事).

허리가 끊어지다관용 ☞허리를 잡다.

허리가 부러지다관용 ①어떤 일에 대한 부담이 감당하기 어려운 상태가 되다. 허리가 휘다. ¶ 일이 많아 허리가 부러질 지경이다. ②당당한 기세가 꺾이다. ③매우 우습다. ¶ 얼마나 우스운지 허리가 부러질 지경이다.

허리가 휘다관용 ☞허리가 부러지다.

허리를 굽히다관용 ①남에게 겸손한 태도를 취하다. ②정중히 인사하다. ③남에게 굴복하다.

허리를 못 펴다관용 남에게 굽죄어 지내다.

허리를 잡다관용 웃음을 참을 수 없어 자지러지게 웃다. 허리가 끊어지다. ¶ 그가 한 말에 모두 허리를 잡고 웃어 댔다.

허리를 펴다관용 어려운 고비를 넘겨 형편이 좋아지다. ¶ 이제 허리를 펴고 살 만하게 되었다.

허리(虛痢)명 한방에서, '허설(虛泄)이 아주 심한 증세'를 이르는 말.

허리^기술(-技術)명 유도(柔道)의 메치기 기술의 한 가지.

허리^꺾기[-꺽끼]명 씨름 재간의 한 가지. 상대편의 허리를 껴안고 일시에 힘을 모아 넘어뜨림.
허리-끈명 허리띠로 쓰는 끈.
허리-나무명 골풀무 드릴 널의 아래쪽에 놓은 나무.
허리다타 〈옛〉헐게 하다. 상하게 하다. ¶ 제 모몰 허리ᄂᆞ니(釋譜*11:35*). 참헐이다.
허리-동이명 허리의 좌우쪽에 너비 한 치 서 푼 정도의 검은 띠를 띤 연(鳶).
허리-돛[-돋]명 (돛이 둘 있는 돛배에서) 배의 허리 부분에 있는 돛. ＊허리돛이[-도치]·허리돛만[-돈-]
허리-등뼈명 척추 가운데 가슴등뼈와 엉치등뼈 사이의 부분. 요추(腰椎).
허리-띠명 허리에 둘러매는 띠. 요대(腰帶). 벨트. 준띠[1].
허리띠를 늦추다관용 ①생활에 여유가 생기다. ②긴장을풀고 편한 마음을 가지다.
허리띠를 졸라매다관용 ①검소한 생활을 하다. ¶ 허리띠를 졸라매고 고생을 해서 모은 돈. ②단단한 각오로 일을 시작하다. ③배고픔을 참다.
허리띠-쇠[-쇠/-쉐]명 허리띠의 끝에 붙어, 맬 때 걸도록 된 쇠붙이 조각.
허리-맥(虛里脈)명 한방에서, '왼쪽 젖가슴 밑에서 뛰는 맥'을 이르는 말.
허리-뼈명 허리 부분에 있는 뼈. 요골(腰骨).
허리-샅바[-삳빠]명 씨름에서, 허리에 걸어서 손잡이로 쓰는 샅바.
허리-세장명 지게의 밑 세장 위에 가로 댄 나무.
허리-씨름명하자 허리에 맨 띠를 잡고 하는 씨름.
허리-앓이[-아리]명 허리가 아픈 병증. 요통.
허리^죄:기[-죄-/-쥐-]명 씨름 재간의 한 가지. 상대편의 허리를 껴안고 죄어서 넘어뜨림.
허리-질러부 '반쯤 되는 곳에'·'절반을 타서'의 뜻으로 쓰이는 말. ¶ 외갓집 가는 길에는 큰 느티나무가 허리질러 서 있다.
허리-춤명 (바지나 치마 따위 허리가 있는 옷에서) 허리의 안쪽 부분. 요하(腰下). ¶ 허리춤에 질러넣은 권총을 빼 들었다. 준춤[3].
허리춤에서 뱀 집어 던지듯속담 '다시는 돌아보지 않을 듯이 내버림'을 비유하는 말.
허리케인(hurricane)명 북대서양 서부에서 발생하는 강한 열대성 저기압. 태풍과 비슷한 위력으로 북아메리카 방면을 휩쓺. 참사이클론·윌리윌리.
허리-통명 허리의 둘레. 요위(腰圍).
허릿-달[-리딸/-릳딸]명 연(鳶)의 허리에 붙이는 대.
허릿-매[-린-]명 허리의 맵시. 〔흔히, 여자의 잘쏙하고 날씬한 허리를 말함.〕
허릿-심[-리씸/-릳씸]명 ①허리의 힘. ②'화살의 중간이 단단함'을 이르는 말.
허망(虛妄)명하형스형 ①거짓이 많아 미덥지 않음. 거짓되고 망령됨. 허탄하다. ¶ 쓸데없이 허망한 소리를 하고 다닌다. ②어이없고 허무함. ¶ 한창 일할 나이에 허망하게 죽고 말았다. 참허탄하다. **허망스레**부.
허맥(虛脈)명 한방에서, 혈액 부족 등의 원인으로 맥이 느리게 뛰는 일을 이름.
허명(虛名)명 실속이 없거나 사실 이상으로 알려진 명성. 공명(空名). 부명(浮名). 허문(虛聞). 허성(虛聲).
허명-무실(虛名無實)명하형 헛된 이름뿐 실상이 없음. 유명무실.
허무(虛無)명하형 ①아무것도 없이 텅 빔. ②마음속이 비어 아무 생각이 없음. ③덧없음. 무상함. ¶ 허무한 인생. ④어이없음. ¶ 허무하게 패배하고 말았다. **허무-히**부.
허무-감(虛無感)명 허무한 느낌. 덧없는 느낌. ¶ 허무감이 들다. 참공허감.
허무맹랑(虛無孟浪) '허무맹랑하다'의 어근.
허무맹랑-하다(虛無孟浪-)[-낭-]형여 거짓되어 터무니없다. ¶ 허무맹랑한 이야기.
허무-주의(虛無主義)[-의/-이]명 실재(實在)나 진리 따위 기존의 모든 제도나 가치를 부정하는 주장이나 경향. 니힐리즘.
허무주의-자(虛無主義者)[-의-/-이-]명 허무주의를 신봉하거나 그 사상을 가진 사람. 니힐리스트.
허문(許文)명 허락하는 글발.
허문(虛文)명 겉만 꾸민 글이나 법제(法制).
허문(虛聞)명 ①헛소문. ②☞허명(虛名).
허물[1]명 ①살갗의 꺼풀. ②(매미나 뱀 따위가 벗는) 껍질.
허물이 커야 고름이 많다속담 물건이 커야 속에 든 것이 많다는 뜻.
허물(을) 벗다관용 ①살갗의 꺼풀이 벗어지다. ②매미나 뱀 따위가 껍질을 벗다.
허물[2]명 ①☞잘못. 건과(愆過). 과실(過失). 소실(所失). ¶ 그에게는 허물이 없다. ②☞흉.
허물(을) 벗다관용 죄명이나 누명 등을 벗다.
허물다[1][허무니·허물어]자 헌데가 생기다. ¶ 살갗이 허물다.
허물다[2][허무니·허물어]타 (짜이거나 쌓인 물건을) 헐어서 무너지게 하다. ¶ 헌 집을 허물다.
허물어-뜨리다타 힘주어 허물어지게 하다. 허물어트리다. ¶ 담장을 허물어뜨리다.
허물어-지다자 (짜이거나 쌓인 물건이) 흩어져 무너지다. ¶ 벽이 허물어지다.
허물어-트리다타 허물어뜨리다.
허물-없다[-무럽따]형 서로 친하여 체면 따위를 돌보지 아니하다. **허물없-이**부 ¶ 그들은 허물없이 지내는 사이다.
허물-하다타여 허물을 들어 나무라다. ¶ 이미 그릇된 일을 허물한들 무슨 소용이랴.
허믈[1]명 〈옛〉흠(欠). 헌데. ¶ 허믈 반:瘢. 허믈 흔:痕. 허믈 파:疤. 허믈 ᄌᆞ:疵(訓蒙中*35*).
허믈[2]명 〈옛〉허물〔過〕. 잘못. ¶ 허믈 죄:罪(訓蒙下*29*)./허믈 말고(老解上*37*).
허믈ᄒᆞ다타 〈옛〉허물하다. 꾸짖다. ¶ 허믈홀 견:譴(訓蒙下*29*).
허밍(humming)명 입을 다물고 코로 노래하는 창법. ¶ 허밍 코러스.
허박(虛薄) '허박하다'의 어근.
허박-하다(虛薄-)[-바카-]형여 몸이나 세력 따위가 약하다. 참허약.
허발명하타 몹시 주리거나 궁하여 함부로 먹거나 덤비는 일.
허발(虛發)명하자 ①총이나 활을 쏘아서 맞히지 못함. ②목적을 이루지 못하는 공연한 짓을 함. ¶ 허발을 치다.
허방명 움푹 팬 땅.
허방(을) 짚다관용 그릇 알거나 잘못 예산하여 실패하다. 잘못 짚다.
허방(을) 치다관용 바라던 일이 실패로 돌아가다.
허방-다리명 ☞함정(陷穽).
허배(虛拜)명하자 신위(神位)에 절을 함, 또는 그 절.
허벅-다리[-따-]명 넓적다리의 위쪽 부분.
허벅-살[-쌀]명 허벅지의 살.
허벅지[-찌]명 허벅다리의 안쪽.

허벅허벅-하다[-버커버카-]형여 (과일 따위가) 너무 익었거나 딴 지 오래되어 물기가 적고 퍼석퍼석하다. 작하박하박하다.
허번(虛煩)명 한방에서, 기력이 쇠약해져 양기가 줄고 신경이 날카로우며 가슴이 뛰는 병증을 이르는 말.
허법(虛法)[-뻡]명 실속 없이 이름뿐인 법.
허병(虛屛)명 넓게 터진 길목 어귀의 길가.
허병(虛病)명 꾀병.
허보(虛報)명하타 허위의 보도. 잘못 알림.
허복(許卜)명하타되자 왕조 때, 추천된 후보자 가운데서 정승을 임명하던 일.
허복(虛卜)명 지난날, 땅도 없는 사람이 공연히 물던 세금.
허부(許否)명 허락함과 허락하지 아니함.
허분-허분부하형 물기가 조금 있는 것이 연하고 무른 모양. 작하분하분.
허브(herb)명 예로부터 약이나 향료로 써 온 식물. 〔라벤더·박하·로즈마리 따위.〕
허브(hub)명 〔바퀴살이 모인 부분을 뜻하는 데서〕 활동의 '중심'·'중추'·'중핵(中核)'의 뜻을 나타냄. ¶ 동북아시아의 허브 공항.
허비(虛費)명하타되자 ①헛되이 씀, 또는 그 비용. ¶ 돈을 허비하다. ②헛되이 보냄. ¶ 시간을 허비하다. 비낭비.
허비(虛憊) '허비하다'의 어근.
허비다타 (손톱이나 날카로운 물건으로) 긁어 파다. 작하비다.
허비적-거리다[-꺼-]타 자꾸 허비적허비적하다. 허비적대다. 작하비작거리다.
허비적-대다[-때-]타 허비적거리다.
허비적-허비적[-저커-]부하타 손톱이나 날카로운 물건으로 자꾸 긁어 파는 모양. 작하비작하비작.
허비-하다(虛憊-)형여 기운이 허하여 고달프다. 비곤비(困憊)하다.
허뿔싸감 (깜빡 잊고 있었거나 실수로 일이 잘못되었을 때) 몹시 놀라서 하는 말. 작하뿔싸. 여어뿔싸.
허사(虛事)명 헛일. ¶ 그동안의 노력이 모두 허사로 돌아갔다.
허사(虛辭)명 ①하자☞허언(虛言). ②홀로는 뜻을 나타내지 못하는 말. 〔어미나 조사 따위.〕 ②↔실사(實辭).
허사비명 '허수아비'의 방언.
허상(許上)명 (지위가 높은 사람에게) 무엇을 바치는 일.
허상(虛想)명 쓸데없는 생각. 헛된 생각.
허상(虛像)명 ①렌즈나 반사경 따위로 발산된 광선을 반대 방향으로 연장하였을 때 이루어지는 상(像). ②실제 없는 것이 있는 것처럼 나타나 보이거나 실제와는 다르게 보이는 모습. ↔실상(實像).
허생-전(許生傳)명 조선 정조 때 박지원(朴趾源)이 지은 한문 소설. 허생이라는 선비가 가난에 못 이겨 하던 공부를 그만두고 장사를 하여 거금을 벌었다는 이야기로, 박지원의 실학사상이 드러난 내용. 〔'열하일기'의 '옥갑야화(玉匣夜話)'에 실려 전함.〕
허설(虛泄)명 한방에서, 기력이 쇠약하여 음식을 먹으면 복통(腹痛)도 없이 설사를 하는 병증을 이르는 말.
허설(虛說)명 거짓말. 헛된 소리.
허섭스레기[-쓰-]명 좋은 것을 고르고 난 뒤에 남은 허름한 물건.
허성(虛星)명 이십팔수의 하나. 북쪽의 넷째 별자리. 준허(虛)[2].
허성(虛聲)명 ①헛소리. ②☞허명(虛名).
허세(虛勢)명 실상이 없는 기세. 허위(虛威). ¶ 허세를 부리다.
허소(虛疎) '허소하다'의 어근.
허소-하다(虛疎-)형여 비어서 허술하다. 허전하다. **허소-히**부.
허손(虛損)[1]명하자 주기를 기다리지 못하고 가지려고 덤빔.
허손(虛損)[2]명 ☞폐병(肺病).
허송(虛送)명하타 (세월 따위를) 헛되이 보냄. 허도(虛度).
허송-세월(虛送歲月)명하자 (하는 일 없이) 세월을 헛되이 보냄.
허수(虛數)명 실수(實數)가 아닌 복소수. 〔모든 음수의 제곱근은 허수로 나타낼 수 있음.〕
허수-아비명 ①(참새 따위를 오지 못하게 하기 위하여) 막대기와 짚 따위로 사람 모양을 만들어 논밭에 세운 것. ②'쓸모가 없거나 실권(實權)이 없는 사람'을 비유하여 이르는 말. ②괴뢰(傀儡). 준허아비.
허수-하다형여 (모르는 사이에 빈자리가 난 것을 깨닫고) 허전하고 서운하다. **허수-히**부.
허술-하다형여 ①헐어서 짜임새가 없어 보이다. ¶ 허술한 초가집. ②낡아서 너절하거나 허름하다. ¶ 옷차림이 허술하여 눈여겨보지도 않다. ③(매거나 꾸린 것이) 느슨하다. ¶ 이삿짐을 허술하게 꾸려서야 되겠나. ④(어떤 일이) 엉성하여 빈틈이 있다. ¶ 경비가 허술한 틈을 타다. **허술-히**부.
허스키(husky)명하형 목소리가 쉬고 탁함, 또는 그런 목소리나 그런 목소리의 사람. ¶ 허스키한 그의 목소리에 반했다.
허시(許施)명하타 달라는 대로 줌. 요구하는 대로 베풀어 줌. 허급(許給).
허식(虛飾)명하자 실속 없이 겉만 꾸밈. 겉치레. 헛치레. ¶ 허식 없이 사람들을 대하다.
허신(許身)명하자 (여자가 남자에게) 몸을 허락함. 몸을 내맡김.
허실(虛實)명 ①거짓과 참. ¶ 허실을 가리다. ②허(虛)함과 실(實)함. ¶ 경기에 이기려면 먼저 상대의 허실을 읽어야 한다.
허실-상몽(虛實相蒙)명하형 허(虛)와 실(實)이 분명하지 않음.
허심(許心)명하자 마음을 허락함.
허심(虛心)명 ①하형 마음속에 다른 생각이나 거리낌이 없음. ¶ 과거를 허심하게 이야기하다. ②하자 남의 말을 잘 받아들임. ¶ 남의 말을 허심하게 들어주다.
허심-탄회(虛心坦懷)[-회/-훼]명하형 마음에 거리낌이 없이 솔직함. ¶ 허심탄회하게 이야기를 주고받다.
허아비명 〈허수아비〉의 준말.
허약(許約)명하타 허락하여 약속함.
허약(虛弱)명하형 몸이나 세력 따위가 약함. ¶ 몸이 허약하다. 참허박하다.
허언(虛言)명하자 실속이 없는 빈말, 또는 빈말을 함. 거짓말. 허사(虛辭).
허여(許與)명하타 ①(권한 따위를) 허락함. ¶ 특정인에게 이권을 허여하여 말썽이 일고 있다. ②마음속으로 허락함.
허여-멀겋다[-거타][~멀거니·~멀게]형ㅎ ①(살갗 따위가) 매우 희고 맑다. 작하야말갛다. ②흰빛을 띠며 멀겋다. ¶ 허여멀건 설렁탕.

허여-멀쑥하다[-쑤카-]형여 (살갗 따위가) 매우 희고 깨끗하다. 작하야말쑥하다. **허여멀쑥-히**부.

허여ᄒᆞ다형 〈옛〉 허옇다. ¶ 서르 본 던 머리 허여ᄒᆞ니(杜初22:47).

허열(虛熱)명 한방에서, 열과 땀이 나고 입맛이 떨어지면서 쇠약해지는 병증을 이르는 말. 허화(虛火).

허영(虛榮)명 ①분수에 넘치는 외관상의 영화(榮華). ¶ 허영에 들뜨다. ②(필요 이상의) 겉치레.

허영-거리다자 자꾸 허영허영하다. 허영대다. ¶ 눈앞이 아물거리고 온몸이 허영거리다.

허영-대다자 허영거리다.

허영-심(虛榮心)명 허영에 들뜬 마음.

허영-주머니(虛榮-)[-쭈-]명 '허영심이 많은 사람'을 빗대어 이르는 말.

허영-청(虛影廳)명 '실재의 소재(所在)가 흐리멍덩함'을 이르는 말. 준허청(虛廳).

허영청에 단자 걸기속담 '뚜렷한 계획이나 목적이 없이 덮어놓고 일을 하는 따위의 어리석음'을 이르는 말.

허영-허영부하자 (앓고 난 다음의 걸음걸이가) 기운이 없어 쓰러질 듯이 비슬거리는 모양. ¶ 수척한 몸으로 허영허영 걸어가다.

허ː옇다[-여타][허여니·허예]형ㅎ 상당히 희다. ¶ 어느새 내 머리도 허옇게 셌구나. 작하얗다.

허예(虛譽)명 실속이 없는 명예.

허ː예-지다자 허옇게 되다. 작하얘지다.

허욕(虛慾)명 헛된 욕심. ¶ 허욕으로 패가(敗家)를 자초하다.

허용(許容)명하타 ①되자허락하고 용납함. 용허. ¶ 소음의 허용 한도를 넘다. ②(막았어야 할 것을) 막지 못하고 받아들임. ¶ 막판에 가서 한 골을 허용하고 말았다.

허용-량(許容量)[-냥]명 (방사선이나 그 밖의 유해 물질이 인체에 미치는 영향에 대하여) 이 정도까지는 허용된다고 규정한 양(量).

허용^법규(許容法規)[-뀨]명 명령이나 확정을 내용으로 하지 않고, '…할 수 있다.' 따위의 허용을 내용으로 하는 법규.

허용-치(許容値)명 허용하는 분량을 나타내는 수치. ¶ 허용치를 초과하다.

허우대명 겉모양이 보기 좋은 큰 체격. ¶ 허우대는 멀쩡한 녀석이 제 밥벌이도 못한다.

허우룩-하다[-루카-]형여 (매우 가까이 지내던 사람과 이별하여) 서운하고 허전하다.

허우적-거리다[-꺼-]타 자꾸 허우적허우적하다. 허우적대다. ¶ 물에 빠져 허우적거리다.

허우적-대다[-때-]타 허우적거리다.

허우적-허우적[-저커-]부하타 (위험한 지경에서 빠져나오려고) 손과 발을 내두르는 모양.

허울명 겉모양. ¶ 허울은 멀쩡한데 머릿속은 텅 비었다.

허울 좋은 하눌타리(수박)속담 '겉모양만 번드르르하고 속은 보잘것없는 사람이나 물건'을 비유하여 이르는 말.

허울 좋다관용 실속이 없이 겉으로 보기에만 번지르르하다.

허위(虛位)명 ①실권이 없는 지위. ②빈자리. 공위(空位).

허위(虛威)명 ☞허세(虛勢).

허위(虛僞)명 거짓. ¶ 허위 보도. /허위 신고.

허위-넘다[-따]타 허위단심으로 넘어가다.

허위-단심명하자 허우적거리며 무척 애를 씀. 《주로, '허위단심하고'의 꼴로 쓰임.》 ¶ 허위단심하고 먼 길을 찾아오다.

허위대명 '허우대'의 잘못.

허위-배설(虛位排設)명하자 신위(神位) 없이 제례(祭禮)를 베푸는 일.

허위적-허위적부하타 '허우적허우적'의 잘못.

허위-허위부하자 ①손과 발을 내두르는 모양. ¶ 잠꼬대를 하며 두 팔을 허위허위 내젓는다. ②힘에 겨워 힘들어하는 모양. ¶ 허위허위 산에 오르다.

허유(許由)명하타 말미를 허락함, 또는 그 말미.

허일(虛日)명 일이 없는 날.

허입(許入)명하타 들어옴을 허락함.

허장(虛葬)명하타 ①(앓는 사람의 병을 낫게 한다 하여) 민간에서, 앓는 사람을 죽은 사람과 같이 꾸미어 거짓 장사 지내는 일. ②(죽은 이의 시체를 찾지 못한 경우) 유물을 거두어 대신 장사함, 또는 그렇게 지내는 장사. ③(땅 임자의 거동을 살피기 위하여) 남의 땅에 거짓으로 장사함, 또는 그렇게 지내는 장사.

허장-성세(虛張聲勢)명하자 실속은 없으면서 허세(虛勢)로 떠벌림. ¶ 허장성세를 부리다.

허적-거리다[-꺼-]타 자꾸 허적허적하다. 허적대다. 작하작거리다.

허적-대다[-때-]타 허적거리다.

허적-이다타 마구 들추어 헤치다. ¶ 쓰레기 더미를 허적이다. 작하작이다.

허적-허적[-저커-]부하타 (쌓아 놓은 물건의) 속을 들추어 헤치는 모양. 작하작하작.

허전(虛傳)명하타 거짓말로 전함, 또는 그러한 말.

허전-거리다자 다리에 힘이 빠져 곧 쓰러질 듯이 걷다. 허전대다.

허전-관령(虛傳官令)[-괄-]명하자 ①관청의 명령을 거짓으로 꾸며서 전함. ②상사의 명령을 거짓으로 전함.

허전-대다자 ☞허전거리다.

허전-하다형여 ①(주위에 아무것도 없거나, 무엇을 잃은 듯하여) 서운하고 텅 빈 듯한 느낌이 있다. ¶ 곱게 기른 딸을 시집보내고 나니 마음 한구석이 허전하다. ②느즈러져 안정감이 없다. 작하전하다. ①**허전-히**부.

허전허전-하다형여 ①자꾸 허전하다. ②다리에 힘이 빠져 곧 쓰러질 것만 같다. 작하전하전하다.

허점(虛點)[-쩜]명 허술한 구석. 완전하지 아니한 점. ¶ 허점을 드러내다. 비약점.

허접-쓰레기명 ☞허섭스레기.

허정명하형 겉으로는 알뜰하게 보이지만 실상은 충실하지 못함.

허정-거리다자타 자꾸 허정허정하다. 허정대다. 거허청거리다.

허정-대다자타 허정거리다.

허정-허정부하자타 힘이 없어 걸음을 제대로 걷지 못하고 비틀거리는 모양. ¶ 홀쭉하게 여윈 몸으로 허정허정 걸어가다. 거허청허청.

허족(虛足)명 ☞위족(僞足).

허주(虛舟)명 빈 배. 짐을 싣지 않은 배.

허줄-하다형여 배가 조금 고프다. 조금 출출하다. 거허출하다.

허줏-굿[-주꾿/-줃꾿]명하자 민속에서, 무당이 되려고 할 때 처음으로 신을 맞아들이기 위한 굿. *허줏굿이[-주꾸시/-줃꾸시]·허줏굿만[-주꾼-/-줃꾼-]

허즉실(虛則實)[-씰]명 보기에 허하나 속은 충실함.

허증(虛症)[-쯩]명 한방에서, 몸이 쇠약하여 병에 대한 저항력이 약한 상태를 이르는 말.

허참-례(許參禮)[-녜]명하자 왕조 때, 새로 부임하는 관원이 전부터 있는 관원에게 음식을 대접하던 일. 참면신례(免新禮).

허채(許採)명하타 광주(鑛主)가 덕대에게 채광을 허락함.

허청(虛廳)명 ①헛청. ②〈허영청〉의 준말.

허청-거리다자타 자꾸 허청허청하다. 허청대다. 여허정거리다.

허청-대다자타 허청거리다.

허청-허청부하자.타 힘이 없어 걸음을 제대로 걷지 못하고 몹시 비틀거리는 모양. 여허정허정.

허-초점(虛焦點)[-쩜]명 평행 광선이 볼록 거울이나 오목 렌즈 따위에 의하여 발산되었을 때, 그 광선의 연장선이 거울이나 렌즈의 뒷면에서 모이는 가상적인 초점.

허출-하다형여 허기가 져서 출출하다. 여허줄하다.

허탄(虛誕) '허탄하다'의 어근.

허탄-하다(虛誕-)형여 거짓되고 미덥지 않다. 참허망(虛妄).

허탈(虛脫)명하형 (예상 밖의 결과로) 멍하여 힘이 빠지고 일이 손에 안 잡히는 상태. ¶ 허탈한 기분.

허탈-감(虛脫感)명 몸에 힘이 빠지고 정신이 멍하여 몽롱한 느낌. ¶ 허탈감에 사로잡히다.

허탕명하자 아무 소득이 없이 일을 끝냄, 또는 그렇게 끝낸 일.

허탕(을) 짚다관용 아무런 소득이 없는 일을 잘못 알고 하게 되다.

허탕(을) 치다관용 아무런 소득이 없게 되다.

허투(虛套)명 (남을 농락하기 위하여 꾸미는) 겉치레.

허투루부 ①대수롭지 않게. ¶ 허투루 볼 사람이 아니다. ②아무렇게나. 헐후하게. ¶ 허투루 다룰 물건이 아니다.

허튀명 〈옛〉다리. 장딴지. 종아리. ¶ 허튀 비:腓. 허튀 긔:踦(訓蒙上26).

허튼관 쓸데없는. 되지 못한. ¶ 허튼 생각 하지 말고 하던 일을 마무리해라.

허튼-계집[-계-/-게-]명 여러 남자와 난잡하게 놀아나는 여자.

허튼-고래명 불길이 이리저리 통하여 들어가도록 굄돌만으로 놓은 방고래.

허튼-구들명 골을 켜지 않고 잔돌로 괴어 놓은 구들. ↔연좌구들.

허튼-모명 못줄을 대지 않고 손짐작으로 심는 모. 벌모. 산식(散植). ↔줄모.

허튼-뱅이명 '허랑하고 실속이 없는 사람'을 낮잡아 이르는 말.

허튼-사람명 허랑하고 실속이 없는 사람. 낭객.

허튼-소리명 헤프게 함부로 하는 말.

허튼-수작(-酬酌)명하자 쓸데없이 함부로 하는 말이나 행동. ¶ 허튼수작으로 환심을 사려고 하다.

허튼-짓[-짇]명하자 쓸데없이 아무렇게나 되는대로 하는 짓. ¶ 허튼짓을 할 생각은 꿈에도 하지 마라. *허튼짓이[-지시]·허튼짓만[-진-]

허튼-톱명 톱니가 동가리톱과 내릴톱의 중간이어서 나무를 켜기도 하고 자르기도 하는 톱.

허파명 ☞폐장(肺臟).

허파에 바람 들다관용 '실없이 웃어 대거나 마음이 달떠 있어 실답지 못한 사람'을 두고 비유하여 이르는 말.

허파^꽈리명 ☞폐포(肺胞).

허풍(虛風)명 지나치게 과장하는, 믿음성이 적은 말이나 행동. ¶ 허풍을 떨다. 준풍(風)1.

허풍(을) 치다관용 지나치게 과장하여 말하다. ¶ 허풍 치지 말고 사실대로 말해.

허풍이 세다관용 허풍이 심하다.

허풍-선(虛風扇)명 ①숯불을 피우는 손풀무의 한 가지. ②허풍선이.

허풍선-이(虛風扇-)명 허풍을 마구 치는 사람. 허풍선.

허핍(虛乏) '허핍하다'의 어근.

허핍-하다(虛乏-)[-피파-]형여 굶주려서 기운이 없다.

허-하다(許-)타여 ①허가하다. ②허락하다.

허-하다(虛-)형여 ①옹골차지 못하다. ¶ 몸이 허하여 잘 달리지 못하다. ②속이 비다. ¶ 배속이 허하다. ③한방에서, 원기가 없음을 이르는 말. ¶ 기가 허한 데 효험이 있는 약재.

허한(虛汗)명 한방에서, 원기가 부실하여 흘리는 땀을 이르는 말.

허행(虛行)명하자 헛걸음.

허허1부하자 입을 둥글게 벌리고 크게 웃는 소리, 또는 그 모양. 작하하1.

허허2감 ①너무 기가 막혀 탄식하여 하는 말. ¶ 허허, 이런 변이 있나. ②일이 틀어졌을 때 하는 말. ¶ 허허, 이거 안 되겠는걸. 작하하2.

허허-거리다자 자꾸 허허하며 웃다. 허허대다. 작하하거리다.

허허-대다자 허허거리다.

허허-바다명 끝없이 넓은 바다.

허허-벌판명 끝없이 넓은 벌판. ¶ 허허벌판에 나무 한 그루가 덩그러니 서 있다.

허허실실(虛虛實實)명 적의 허(虛)를 찌르고 실(實)을 꾀하는 계책.

허허실실-로(虛虛實實-)부 그때그때의 상황에 알맞게 대처하여. 되어 가는 대로.

허호(虛戶)명 실제로는 없는 호수(戶數).

허혼(許婚)명하자 혼인을 허락함.

허화(虛火)명 ☞허열(虛熱).

허화(虛華) '허화하다'의 어근.

허화-하다(虛華-)형여 실속 없이 겉으로만 화려하다.

허황(虛荒) '허황하다'의 어근.

허황-되다(虛荒-)[-되-/-뒈-]형 허황하다.

허황-하다(虛荒-)형여 거짓되고 근거가 없다. 들떠서 황당하다. 허황되다. ¶ 허황한 사람. / 그렇게 허황한 일은 생각도 마라. **허황-히**부.

허훈(虛暈)명 한방에서, 원기가 몹시 부실하여 일어나는 어지러운 증세를 이르는 말.

허희-탄식(歔欷歎息)[-히-]명하자 한숨 지으며 한탄함.

헉부하자.타 몹시 지치거나 겁에 질려 호흡을 멈추는 소리, 또는 그 모양. ¶ 놀라서 헉 소리를 지르다. **헉-헉**부하자.타.

헉헉-거리다[허커꺼-]자타 자꾸 헉헉하다. 헉헉대다.

헉헉-대다[-때-]자타 헉헉거리다.

헌:관 오래된. 낡은. ¶ 헌 모자. /헌 옷. ↔새6.

헌 갓 쓰고 똥 누기속담 이미 체면은 잃었으니 염치없는 짓을 해도 상관없다는 뜻.

헌 체로 술 거르듯관용 '막힘없이 말을 술술 하는 모양'을 비유하여 이르는 말.

헌가(軒架)명하타 ①(북이나 종 따위를) 틀에 거는 일, 또는 그 틀. ②(시렁과 같은) 높은 곳에 걺.

헌거(軒擧) '헌거하다'의 어근.

헌거-롭다(軒擧-)[-따][~로우니·~로워]형ㅂ 풍채가 좋고 아주 의젓해 보이다. ¶ 헌거로운 풍채. **헌거로이**부.
헌거-하다(軒擧-)형여 풍채가 좋고 의기가 당당하다. 헌앙(軒昂)하다.
헌걸-스럽다[-따][~스러우니·~스러워]형ㅂ 보기에 헌거롭다. ¶ 헌걸스러운 체격에 기백도 당당하다. **헌걸스레**부.
헌걸-차다형 ①매우 헌거하다. ②기운이 매우 장하다. ③키가 썩 크다.
헌ː-것[-걷]명 ①낡은 물건. ②오래되어서 허술한 물건. ↔새것. *헌ː것이[-거시]·헌ː것만[-건-]
헌ː-계집[-계-/-게-]명 ①'한번 시집갔다가 홀로 된 여자'를 속되게 이르는 말. ②'이성과의 관계가 부정한 여자'를 속되게 이르는 말.
헌ː관(獻官)명 왕조 때, 나라에서 지내는 제사에 임시로 임명하던 제관(祭官).
헌ː근(獻芹)명하자 〔변변치 못한 미나리를 바친다는 뜻으로〕 '윗사람에게 물건을 보내거나 자기의 의견을 적어 보냄'을 겸손히 이르는 말.
헌ː근지성(獻芹之誠)명 〔옛날에 햇미나리를 먼저 임금에게 바쳤다는 데서〕 '정성을 다하여 올리는 마음'을 이르는 말.
헌ː금(獻金)명하타 돈을 바침, 또는 그 돈.
헌ː납(獻納)[1]명하타되자 금품을 바침. ¶ 전 재산을 국가에 헌납하다.
헌ː납(獻納)[2]명 ①고려 시대, 문하부(門下府)의 정오품 벼슬. ②조선 시대, 사간원(司諫院)의 정오품 벼슬.
헌ː다(獻茶)명하자 (신불에게) 차를 올림.
헌ː답(獻畓)명하자 절에 제사를 맡기고 그 비용조로 논을 절에 바침, 또는 그 논.
헌ː당(獻堂)명하자 기독교에서, 교회당을 새로 지어 하나님에게 바침.
헌ː-데명 부스럼. 부스럼이 난 곳.
헌ː동-일세(掀動一世)[-쎄]명 〈흔동일세〉의 본딧말.
헌등(軒燈)명 처마에 다는 등.
헌ː등(獻燈)명 (신불에게) 바치는 등.
헌ː미(獻米)명 ①(신불에게) 바치는 쌀. ②기독교에서, 신자들이 매일 쌀을 모아 두었다가 주일(主日)에 교회에 바치는 일.
헌ː민수(獻民數)[-쑤]명 조선 시대에, 한성부(漢城府)에서 3년마다 전국의 호구(戶口)를 조사하여 임금에게 알리던 일.
헌ː배(獻杯·獻盃)명하자 술잔을 올림.
헌ː법(憲法)[-뻡]명 국가의 통치 체제에 관한 근본 원칙을 정한 기본법.
헌ː법^기관(憲法機關)[-뻡끼-]명 헌법의 규정에 따라 설치된 국가의 기관. 〔대통령·국무 위원·국회·법원 따위를 통틀어 이르는 말.〕
헌ː법^소원(憲法訴願)[-뻡쏘-]명 법을 어긴 공권력의 발동으로 헌법에 보장된 기본권을 침해당한 국민이 그 권리를 구제받기 위하여 헌법 재판소에 내는 소원(訴願).
헌ː법^위원회(憲法委員會)[-뻐뷔-회/-뻐뷔-훼]명 '헌법 재판소'의 이전 일컬음.
헌ː법^재판(憲法裁判)[-뻡째-]명 헌법 재판소에서, 위헌 법률 심판 및 탄핵 소송·정당 해산 소송·헌법 소원 등 헌법에 관한 쟁의를 사법적 절차에 따라 해결하는 법률 행위.
헌ː법^재판소(憲法裁判所)[-뻡째-]명 사법적 절차에 따라 법률의 위헌 여부 심판 및 정치적 사건을 해결하고 헌법 소원에 관한 심판을 통하여 국민의 기본권을 구제하는 헌법 재판 기관. 법관의 자격을 가진 아홉 명의 재판관으로 구성됨.
헌ː병(憲兵)명 군의 병과(兵科)의 한 가지. 군의 경찰 업무를 맡아봄. 엠피(MP).
헌ː부(憲府)명 〈사헌부〉의 준말.
헌ː사(獻辭·獻詞)명 무엇을 누구에게 바치는 내용을 적은 글. 〔흔히, 저자나 발행자가 책을 바칠 때 씀.〕
헌ː상(獻上)명하타되자 (임금이나 웃어른에게) 바쳐 올림.
헌ː생(獻牲)명하타 (신에게) 희생을 바침.
헌ː선도-무(獻仙桃舞)명 정재(呈才) 때에 추는 춤의 한 가지. 선도를 올리면서 춤을 추는데, 장면이 바뀔 때마다 부르는 사(詞)가 있음.
헌ː-솜명 핫옷이나 핫이불 따위에 두었던 묵은 솜. 파면자(破綿子).
헌ː-쇠[-쇠/-쉐]명 못 쓰게 된 쇠붙이. 고철. 설철(屑鐵).
헌ː수(獻壽)명하자 (환갑 잔치 따위에서) 장수를 비는 뜻으로 술잔을 올림. 상수(上壽). 칭상.
헌ː시(獻詩)명하자 (축하의 뜻이나 업적 등을 기리는) 시를 바침, 또는 그 시.
헌ː식(獻食)명하자 불교에서, 시식돌에 음식을 차려 잡귀(雜鬼)에게 베푸는 일.
헌ː식-돌(獻食-)[-똘]명 ☞시식돌.
헌ː신(獻身)명하자 어떤 일이나 남을 위해서 자기의 이해관계를 돌보지 아니하고 몸과 마음을 다하여 힘씀. ¶ 일생을 결핵 퇴치에 헌신하다.
헌ː신-적(獻身的)관명 어떤 일이나 남을 위해 몸과 마음을 바쳐 있는 힘을 다하는 (것). ¶ 헌신적 봉사. /헌신적인 사랑.
헌ː-신짝명 낡은 신짝. 못 신게 된 신짝.
헌신짝 버리듯관용 요긴하게 쓰고 나서는 조금도 거리낌 없이 버린다는 말.
헌ᄉᆞ롭다형ㅂ 〈옛〉수다스럽다. 야단스럽다. ¶ 物物마다 헌ᄉᆞ롭다(丁克仁.賞春曲).
헌ᄉᆞᄒᆞ다자 〈옛〉소문을 내려고 수다를 부리다. 시끄럽게 떠들다. ¶ 헌ᄉᆞ토 헌ᄉᆞ홀샤(鄭澈.關東別曲). /헌ᄉᆞᄒᆞᆫ 사ᄅᆞᆷ(譯語上28).
헌앙(軒昂) '헌앙하다'의 어근.
헌앙-하다(軒昂-)형여 ☞헌거(軒擧)하다.
헌연(軒然) '헌연하다'의 어근.
헌연-하다(軒然-)형여 의기(意氣)가 당당하다. **헌연-히**부.
헌ː의(獻議)[허늬/허니]명하타 (윗사람이나 상급 기관에) 의견을 드림.
헌ː작(獻爵·獻酌)명하자 제사 때, 술잔을 올림. 진작(進爵).
헌ː장(憲章)명 ①헌법의 전장(典章). ②이상(理想)으로서 규정한 원칙적인 규범. ¶ 어린이 헌장.
헌ː정(憲政)명 〈입헌 정치〉의 준말.
헌ː정(獻呈)명하타 (물품을) 바침.
헌ː-책(-冊)명 이미 사용한 책.
헌ː책(獻策)명하자 계책을 올림.
헌ː춘(獻春)명 첫봄. 맹춘(孟春).
헌칠민틋-하다[-트타-]형여 키와 몸집이 보기 좋게 크고 반듯하다.
헌칠-하다형여 키와 몸집이 크고 미끈하다. ¶ 헌칠한 키에 잘생긴 청년. **헌칠-히**부.
헌ː털-뱅이명 〈헌것〉의 속된 말.
헌함(軒檻)명 건넌방이나 누각 따위의 대청 기둥 밖으로 돌아가며 놓은 좁은 마루.
헌헌-장부(軒軒丈夫)명 이목구비가 반듯하고 헌거로운 남자.
헌ː혈(獻血)명하자 (수혈하는 데 쓰도록) 자기의 피를 바치는 일. 공혈(供血).

헌호(軒號)명 불교에서, 남의 당호(幢號)를 높이어 이르는 말.
헌ː화(獻花)명하자 (신불이나 죽은 이의 영전에) 꽃을 바침, 또는 그 꽃.
헌ː화-가(獻花歌)명 신라 성덕왕(聖德王) 때의 4구체 향가. 소를 몰고 가던 노옹(老翁)이 수로 부인(水路夫人)을 위해 철쭉꽃을 꺾어 바치며 불렀다는 노래. 〔'삼국유사'에 실려 전함.〕
헌활(軒豁) '헌활하다'의 어근.
헌활-하다(軒豁-)형여 드넓다. 썩 넓다.
헐가(歇價)[-까]명 헐값. ¶ 헐가에 팔렸다.
헐가-방매(歇價放賣)[-까-]명하타 싼값으로 팔아 버림. ¶ 소 값이 폭락하여 소를 헐가방매하다.
헐간(歇看)명하타 탐탁하지 않게 보아 넘김.
헐-값(歇-)[-깝]명 사물이 지닌 제 값보다 적은 값. 싼값. 헐가(歇價). ¶ 집을 헐값에 팔다. ＊헐값이[-깝씨]·헐값만[-깜-]
헐객(歇客)명 '허랑방탕한 사람'을 놓으로 이르는 말.
헐겁다[-따][헐거우니·헐거워]형ㅂ 끼울 자리가 끼울 물건보다 꽤 너르다. ¶ 신발이 헐거워서 자꾸 벗겨진다. 작할갑다. 헐거이부.
헐겁지명 〈옛〉(활을 쏠 때 손가락에 끼는) 깍지. ¶ 헐겁지 결:玦. 헐겁지 섭:韘(訓蒙中28). 참헐거피.
헐근-거리다자 자꾸 헐근헐근하다. 헐근대다. 작할근거리다.
헐근-대다자 헐근거리다.
헐근-헐근부하자 (숨이 차서) 헐떡이며 글그렁거리는 모양. 작할근할근.
헐ː다[1][허니·헐어]자 ①(부스럼이나 상처 따위가) 덧나서 짓무르다. ¶ 상처가 헐다. ②(물건 따위가) 오래되어 낡아지다. ¶ 집이 많이 헐었다.
헐ː다[2][허니·헐어]타 ①(집 따위 구조물이나 쌓아 놓은 것을) 무너뜨리다. ②(모아 놓은 것을) 축나게 하다. ¶ 예금까지 헐어 쓰다. ③일정한 액수의 돈을 쓰게 되어 그 액수의 상태를 유지하지 못하게 되다. ¶ 100만 원짜리 수표를 헐다.
헐ː다[3][허니·헐어]타 남의 나쁜 점을 들추어 말하다. 험담하다.
헐떡-거리다[-꺼-]자타 자꾸 헐떡헐떡하다. 헐떡대다. 작할딱거리다.
헐떡-대다[-때-]자타 헐떡거리다.
헐떡-이다 Ⅰ자 (신 따위가) 헐거워서 벗겨지다. 작할딱이다.
Ⅱ타 숨을 가쁘고 거칠게 쉬는 소리를 내다. 작할딱이다.
헐떡-하다[-떠카-]형여 ①(심한 고생이나 병으로) 얼굴이 매우 여위고 핏기가 없다. ②(몹시 지쳐서) 눈이 껄떡하다. 홀끔하다. 작할딱하다.
헐떡-헐떡[-떠컬-]부 ①하타 숨을 매우 가쁘게 쉬는 모양. ②하자(신 따위가) 매우 헐거워서 벗어졌다 신기었다 하는 모양. 작할딱할딱.
헐ː-뜯다[-따]타 남의 흉을 잡아내어 말하다. ¶ 자리에 없는 사람을 헐뜯어 봐야 자기 욕하는 것과 진배없다.
헐렁-거리다자 자꾸 헐렁헐렁하다. 헐렁대다. 작할랑거리다.
헐렁-대다자 헐렁거리다.
헐렁-이명 '실답지 않게 행동하는 사람'을 빗대어 이르는 말.
헐렁-하다형여 ①(들어간 물건보다 자리가 널러) 너무 헐겁다. ¶ 바지가 헐렁하다. ②(하는 짓이) 실답지 아니하다. 작할랑하다.
헐렁-헐렁부하자 ①매우 헐렁한 모양. ②(하는 짓이) 실답지 않은 모양. 작할랑할랑.
헐렁헐렁-하다형여 ①(들어간 물건보다 자리가 널러) 지나치게 헐겁다. ②행동이 조심스럽지 아니하고 매우 경박하다. 작할랑할랑하다.
헐레-벌떡부하타 숨이 차고 가슴이 크게 벌떡거리는 모양. ¶ 전화를 받자마자 헐레벌떡 달려왔다. 작할래발딱. 헐레벌떡-헐레벌떡부하타.
헐레벌떡-거리다[-꺼-]타 자꾸 헐레벌떡헐레벌떡하다. 헐레벌떡대다. 작할래발딱거리다.
헐레벌떡-대다[-때-]타 헐레벌떡거리다
헐-리다타 〖'헐다[2]'의 피동〗 헒을 당하다. ¶ 낡은 건물이 헐리다.
헐믓다자ㅅ 〈옛〉헐다(瘡). ¶ 헐믓디 아니ᄒᆞ며(法華6:13). /헐므슬 창:瘡(訓蒙中34).
헐박(歇泊)명하자 쉬고 묵음. 지숙(止宿). 헐숙.
헐ː-벗다[-벋따]자 ①(몹시 가난하여) 옷이 해져 벗다시피 하다. ¶ 헐벗고 굶주린 아이들을 돕기 위해 성금을 모았다. ②(산에 나무가 없어) 맨바닥이 드러나다. ¶ 헐벗은 산에 푸른 옷을 입히다.
헐변(歇邊)명 싼 이자. 저리(低利). 저변(低邊).
헐복(歇福) '헐복하다'의 어근.
헐복-하다(歇福-)[-보카-]형여 몹시 복이 없다.
헐수할수-없다[-쑤-쑤업따]형 ①어떻게 해 볼 도리가 없다. ②(너무 가난하여) 살길이 막막하다. 헐수할수없-이부.
헐숙(歇宿)[-쑥]명하자 ☞헐박(歇泊).
헐쓰리다타 〈옛〉훌뿌리다. 헐뜯다. ¶ 헐쓰릴 산:訕. 헐쓰릴 방:謗(訓蒙下28).
헐쑥-하다[-쑤카-]형여 (얼굴이) 핏기가 없고 몹시 여위다. 작할쑥하다. 참헐쭉하다.
헐우다타 〈옛〉헐게 하다. ¶ 敢히 헐워 샹ᄒᆡ오디 아니홈이(小解2:28).
헐이다타 〈옛〉헐게 하다. 상하게 하다. ¶ 곧 이 瘡 업스닐 헐일 ᄯᆞᄅᆞ미니라(圓覺下二之46). 참허리다.
헐장(歇杖)[-짱]명하타 지난날, 장형(杖刑)에서 때리는 시늉만 하던 매질.
헐쭉-하다[-쭈카-]형여 살이 빠져서 매우 여위다. 작할쭉하다. 참헐쑥하다.
헐치(歇治)명하타 ①(병을 대단하지 않게 보고) 치료를 소홀히 함. ②가볍게 벌함.
헐치(歇齒)명 닳아서 잘 맞지 않는 톱니바퀴의 이.
헐-치다타 ①가볍게 하다. ②허름하게 만들다.
헐-하다(歇-)형여 ①(값이 시세보다) 싸다. ②엄하지 않다. ③(힘이 덜 들어 일하기가) 쉽다. ¶ 일하기가 한결 헐하다.
헐헐부하자 숨이 몹시 차서 고르게 쉬지 못하는 모양. 작할할.
헐후(歇后) '헐후하다'의 어근.
헐후-하다(歇后-)형여 대수롭지 않다. 예사롭다. 헐후-히부 ¶ 헐후히 여길 일이 아니다.
험ː명 '흠(欠)'의 변한말.
험ː객(險客)명 ①성질이 험악한 사람. ②험구(險口)로 남을 잘 헐뜯는 사람.
험ː구(險口)명하타 남의 흠을 들추어 헐뜯음, 또는 그러한 말. 악구(惡口).
험난(險難) '험난하다'의 어근.
험ː난-하다(險難-)형여 ①위험하고 어렵다. ¶ 험난한 산길. ②위태롭고 고생스럽다. ¶ 세상살이가 험난하다.
험ː담(險談)명하타 남을 헐뜯어서 말함, 또는 그 말. 험언(險言). 흠구덕. ¶ 험담을 늘어놓다.

험ː랑(險浪)[-낭]명 사납고 험한 파도.
험ː로(險路)[-노]명 험한 길.
험ː산(險山)명 험악한 산.
험ː산(驗算)명하타 (계산의 맞고 틀림을 알기 위하여) 다시 해 보는 계산. 검산(檢算).
험ː상(險狀)명하형스형 험악한 모양, 또는 그 상태. **험상스레**부.
험ː상(險相)명 험악한 인상(人相).
험ː상-궂다(險狀-)[-굳따]형 (생김새가) 매우 험악하다. ¶ 험상궂은 얼굴의 사내.
험악(險惡) '험악하다'의 어근.
험ː악-스럽다(險惡-)[-쓰-따][~스러우니·~스러워]형ㅂ 험악한 데가 있다. **험악스레**부.
험ː악-하다(險惡-)[허마카-]형여 ①(길이나 산·날씨 따위가) 험하고 사납다. ¶ 날씨가 험악하다. ②(형세 따위가) 무시무시하다. ¶ 험악한 분위기. ③(생김새나 태도, 성질이나 인심 따위가) 흉악하다. ¶ 험악한 표정. /민심이 험악하다.
험애(險隘) '험애하다'의 어근.
험ː애-하다(險隘-)형여 (지세가) 험하고 좁다. 험액하다. 비험조하다.
험액(險阨) '험액하다'의 어근.
험ː액-하다(險阨-)[-매카-]형여 ☞험애하다.
험ː어(險語)명 어려워서 알아듣기 힘든 말.
험ː언(險言)명하타 ☞험담(險談).
험ː요(險要)명하형 지세가 험하여 방어하기에 좋음, 또는 그러한 요충지.
험원(險遠) '험원하다'의 어근.
험ː원-하다(險遠-)형여 (길이나 일의 앞날 따위가) 험하고 멀다.
험ː이(險夷·險易)명 험난함과 평탄함.
험ː전-기(驗電器)명 ☞검전기(檢電器).
험조(險阻) '험조하다'의 어근.
험ː조-하다(險阻-)형여 (산길이나 지세가) 가파르고 험하다. 비험애하다.
험준(險峻) '험준하다'의 어근.
험ː준-하다(險峻-)형여 (산세가) 험하고 높고 가파르다. ¶ 험준한 산맥.
험ː지(險地)명 험난한 땅.
험집명 '흠집'의 잘못.
험ː탄(險灘)명 험한 여울.
험피(險詖) '험피하다'의 어근.
험ː피-하다(險詖-)형여 사람됨이 음험하고 바르지 못하다.
험ː-하다(險-)형여 ①지세가 평탄하지 않아 발붙이기 어렵다. ¶ 산길이 험하다. ②(생김새나 태도가) 험상궂고 거칠다. ¶ 말씨가 험하다. /눈빛이 험하다. ③(상태나 형세 따위가) 사납고 위태롭다. ¶ 분위기가 험하다. ④(먹는 것이나 입는 것 따위가) 거칠거나 너절하다. ¶ 먹는 것도 험하고 옷차림도 험하다. ⑤(일이나 생활이) 거칠고 힘에 겹다. ¶ 평생 험한 일만 했다. ⑥매우 비참하다. ¶ 험한 꼴을 당하다. **험-히**부.
협수룩-하다[-쑤루카-]형여 ①(머리털이나 수염 따위가) 텁수룩하다. ②(옷차림이) 허름하다. **협수룩-히**부.
협신-협신[-씬-씬]부하형 물기가 조금 있으면서 물렁물렁하여 만지는 대로 쭈그러지는 모양.
협협-하다[허퍼파-]형여 ①대범하고 활발하다. ②가진 것을 함부로 써 버리는 버릇이 있다. ¶ 돈을 너무 협협하게 쓰다. **협협-히**부.
헛-[헏]접두 《일부 명사나 용언 앞에 붙어》 '속이 빈'·'소용이 없는'·'보람이 없이' 등의 뜻을 나타냄. ¶ 헛수고. /헛돌다.
헛-가게[헏까-]명 때에 따라 벌였다 걷었다 하는 가게.
헛-가지[헏까-]명 오랫동안 자던 눈이 갑자기 터서 쓸모없이 뻗는 가지.
헛-간(-間)[헏깐]명 문짝이 없는 광. 공청(空廳). ¶ 볏짚을 헛간에 쌓아 두다.
헛-갈리다[헏깔-]자 마구 뒤섞여 분간할 수가 없다. ¶ 전화번호가 비슷해서 자꾸 헛갈린다. 참헷갈리다.
헛-걱정[헏꺽쩡]명하자되자 쓸데없이 걱정함, 또는 그 걱정.
헛-걸음[헏꺼름]명하자 헛수고만 하고 돌아가거나 돌아옴. 공행(空行). 허행(虛行).
헛걸음-질[헏꺼름-]명하자 ①아무 보람 없이 오거나 가는 일. ②발을 잘못 디디는 일.
헛걸음-치다[헏꺼름-]자 헛수고만 하고 가거나 오다.
헛-것[헏껃]명 ①헛일. ¶ 말짱 헛것이다. ②☞허깨비. ＊헛것이[헏꺼시]·헛것만[헏껀-]
헛-고생(-苦生)[헏꼬-]명하자 아무 보람도 없는 고생.
헛-공론(-公論)[헏꽁논]명하자 쓸데없는 공론.
헛-구역(-嘔逆)[헏꾸-]명 게우는 것도 없이 나는 욕지기. 건구역(乾嘔逆).
헛구역-질(-嘔逆-)[헏꾸-찔]명하자 게우는 것도 없이 욕지기를 하는 일.
헛-구호(-口號)[헏꾸-]명 말로만 외치고 행동이 따르지 아니하는 다짐.
헛-글[헏끌]명 배워도 뜻있게 쓰지 못하는 지식.
헛-기르다[헏끼-][~기르니·~길러]타르 아무 보람도 없이 기르다. ¶ 좀 컸다고 대드는 것을 보니 자식을 헛길렀다는 생각이 든다.
헛-기운[헏끼-]명 ①쓸데없이 내는 기운. ¶ 헛기운을 쓰다. ②없는 것이 있는 것처럼 보이는 것. 환상(幻像). 환영(幻影). ¶ 보는 사람의 안력이 황홀하여 도무지 헛기운인 듯싶은지라(意幽堂.東溟日記).
헛-기침[헏끼-]명하자 (인기척을 내기 위하여) 일부러 하는 기침. ¶ 헛기침 소리.
헛-길[헏낄]명 목적하는 바를 이루지 못하고 걷는 길. ¶ 헛길을 걷다.
헛-김[헏낌]명 딴 데로 새는 김.
헛김-나다[헏낌-]자 ①기운이 딴 데로 새어 나오다. ②일에 실패하거나 하여 기운이 꺾이다.
헛-꿈[헏-]명 실현할 수 없는 것을 이루어 보려고 꾀하거나 희망을 거는 생각. ¶ 헛꿈을 꾸다.
헛-끌[헏-]명 맞뚫는 구멍의 끌밥을 밀어내는 연장.
헛-나가다[헏-]자 아무렇게나 되는대로 나가다. ¶ 발이 헛나가다. /말이 헛나가다.
헛-나이[헏-]명 나잇값을 못하고 나이만 든 것, 또는 그런 나이.
헛나이를 먹다관용 ①나이에 비하여 유치하다. ②해 놓은 일은 별로 없이 나이만 먹다.
헛-노릇[헏-른]명하자 아무 보람이 없는 헛된 일. 헛일. ＊헛노릇이[헏-르시]·헛노릇만[헏-른-]
헛-다리[헏따-]명 《주로 '짚다'와 함께 쓰이어》 ①간 목적을 이루지 못하고 헛걸음을 치는 일. ②잘못되어 기대에 어긋나는 일. ③대상을 잘못 파악하여 일을 그르치는 일. ¶ 헛다리를 짚다.
헛-돈[헏똔]명 보람 없이 헛되게 쓰는 돈.
헛-돌다[헏똘-][~도니·~돌아]자 보람 없이 그저 돌다. ¶ 바퀴가 헛돌다.

헛-동자(-童子)[헏똥-]명 (장롱이나 찬장 따위 가구에서) 서랍과 서랍 사이에 앞만 동자목처럼 세운 얇은 나무.

헛-되다[헏뙤-/헏뛔-]형 ①보람이나 실속이 없다. ¶ 세월만 헛되게 보내다. ②허황하다. ¶ 헛된 이야기. 헛되-이부.

헛-듣다[헏뜯따][~들으니·~들어]타ㄷ ①잘못 듣다. ②예사로 들어 넘기다.

헛들리다[헏뜰-]자 〖'헛듣다'의 피동〗 (청각에 이상이 생겨) 실제와 다르게 들리다.

헛-디디다[헏띠-]타 (발을) 잘못 디디다. ¶ 발을 헛디뎌 발목을 삐었다.

헛-맞다[헌맏따]자 겨눈 곳에 맞지 아니하고 딴 곳에 맞다.

헛-먹다[헌-따]타 나이 따위를 보람 없이 먹다. ¶ 나이를 헛먹다.

헛-물[헌-]명 ①(목이 말라서) 물을 아무리 마셔도 목마름이 가시지 않는 경우의 그 물. ②애쓴 보람이 없이 헛일로 돌아간 것.

헛-물관(-管)[헌-]명 겉씨식물이나 양치식물 또는 쌍떡잎식물의 관다발 속의 목질부에서 뿌리로 빨아올린 즙액을 잎이나 줄기로 보내는 관. 가도관(假導管).

헛물-켜다[헌-]자 이루어지지 않을 일을 두고, 꼭 되려니 하고 헛되이 애를 쓰다.

헛-바람[헏빠-]명 ①쓸데없이 부는 바람. ②'허황된 일에 들뜬 마음'을 비유하여 이르는 말. ¶ 헛바람이 들어 밖으로만 나돈다.

헛-바퀴[헏빠-]명 《주로 '돌다'와 함께 쓰이어》 헛도는 바퀴.

헛-발[헏빨]명 ①잘못 디디거나 내찬 발. ②☞위족(僞足).

헛발-질[헏빨-]명하자 겨냥이 맞지 않아 빗나간 발길질.

헛-방(-房)[헏빵]명 허드레 세간을 넣어 두는 방.

헛-방(-放)[헏빵]명 ①쏘아서 맞히지 못한 총질. 비헛불. ②실탄을 재지 않고 쏘는 총질. 헛총. ③목적을 이루지 못한 일, 또는 미덥지 않은 말.

헛-방귀[헏빵-]명 소리도 냄새도 거의 없이 나오는 방귀.

헛방-놓다(-放-)[헏빵노타]자 ①☞헛불놓다. ②공포(空砲)를 쏘다. ③쓸데없거나 미덥지 아니한 말이나 행동을 하다.

헛-배[헏빼]명 (소화 불량 따위로) 음식을 먹지 않았는데도 부른 배. ¶ 헛배가 부르다.

헛-배우다[헏빼-]타 실속 있게 배우지 아니하여 써먹지 못하다.

헛-보다[헏뽀-]타 무엇을 잘못 보다. 실상과 어긋나게 보다.

헛보-이다[헏뽀-]자 〖'헛보다'의 피동〗 (시각에 이상이 생겨) 실제와 다르게 보이다.

헛-부엌[헏뿌억]명 (설비는 제대로 되어 있으나) 평소에는 쓰지 않는 부엌. *헛부엌이[헏뿌어키]·헛부엌만[헏뿌엉-]

헛-불[헏뿔]명 사냥할 때 짐승을 맞히지 못한 총질. 비헛방.

헛불-놓다[헏뿔노타]자 맞히지 못하는 총을 쏘다. 헛방놓다.

헛-뿌리[헏-]명 뿌리는 아니지만, 가는 뿌리처럼 생겨 수분을 섭취하고 식물을 고착시키는 구실을 하는 기관. 이끼류 따위에서 볼 수 있음. 가근(假根).

헛-살다[헏쌀-][~사니·~살아]자 ①사람으로서 해야 할 도리를 다하지 못하고 지내다. ¶ 나이 40에 아직도 백수건달인 걸 보면 인생 헛살았다. ②누릴 수 있는 것을 누리지 못하거나, 누리면서도 그것을 느끼지 못하고 살다.

헛-삶이[헏쌀미]명하타 당장 모내기를 할 목적이 아니고 그저 논을 갈아 써레질하여 두는 일.

헛-생각[헏쌩-]명하자타 헛되이 생각함, 또는 그런 생각. ¶ 하라는 공부는 안 하고 헛생각뿐이다.

헛-소리[헏쏘-]명하자 ①앓는 사람이 정신을 잃고 중얼거리는 소리. 섬어(譫語). 허성(虛聲). ②미덥지 않은 말. ¶ 헛소리하지 말게.

헛-소문(-所聞)[헏쏘-]명 근거 없이 떠도는 소문. 허문(虛聞). ¶ 헛소문이 돌다. /헛소문을 퍼뜨리다.

헛-손질[헏쏜-]명 ①하자정신없이 손을 휘젓는 짓. ②하타(겨냥이 빗나가) 잘못 잡거나 때리는 짓. ③하자쓸데없이 손을 대어 매만짐.

헛-수(-手)[헏쑤]명 바둑이나 장기에서, 헛되이 두는 수.

헛-수고[헏쑤-]명하자 아무 보람이 없는 수고. ¶ 괜히 헛수고하실 필요 없습니다.

헛-수술[헏쑤-]명 ☞가웅예(假雄蕊).

헛-숨[헏쑴]명 공연히 내쉬는 숨. ¶ 헉헉 헛숨을 쉬다.

헛-심[헏씸]명 보람 없이 쓰는 힘. 공력(空力). ¶ 괜한 헛심을 쓰다. 본헛힘.

헛-애[허대]명 보람 없이 쓴 애.

헛-열매[헌녈-]명 꽃턱·꽃줄기·꽃받침 등이 씨방과 함께 붙어서 자란 과일. 〔배·사과·무화과 따위.〕 부과(副果). 위과(僞果). 가과(假果).

헛-웃음[허두슴]명 마음에 없는 거짓 웃음.

헛-일[헌닐]명하자 쓸모없는 일. 실상이 없는 일. 공사(空事). 헛것. 헛노릇. 허사(虛事). ¶ 공연히 헛일하지 말게.

헛-잎[헌닙]명 ☞가엽(假葉). *헛잎이[헌니피]·헛잎만[헌님-]

헛-잠[헏짬]명 ①거짓으로 자는 체하는 잠. ②잔둥 만 둥 한 잠. ②선잠.

헛-잡다[헏짭따]타 잘못 잡다.

헛잡-히다[헏짜피-]자 〖'헛잡다'의 피동〗 헛잡음을 당하다.

헛-장[헏짱]명 풍을 치며 떠벌리는 소리. 실상이 없는 큰소리. ¶ 허구한 날 헛장만 치고 다니다.

헛-장사[헏짱-]명하자 장사에서 이익을 남기지 못하는 일.

헛-짓[헏찓]명하자 헛되거나 쓸모없는 짓. ¶ 성과도 없이 헛짓만 했다. *헛짓이[-찌시]·헛짓만[-찐-]

헛-짚다[헏찝따]타 ①팔이나 다리를 바닥에 바로 짚지 못하다. ¶ 발을 헛짚다. ②일이나 대상을 잘못 짐작하다. ¶ 나는 그가 범인이라고 헛짚었다.

헛-청(-廳)[헏-]명 헛간으로 된 집채. 허청(虛廳).

헛-총(-銃)[헏-]명 탄알을 재지 않고 놓는 총. 공포(空砲). 헛방.

헛총을 놓다관용 탄알을 재지 않고 소리만 나게 총을 놓다.

헛총-질(-銃-)[헏-]명하자 헛총을 놓는 짓.

헛-치레[헏-]명하자 허식.

헛-코[헏-]명 자는 체하느라고 일부러 고는 코.

헛코-골다[헏-][~고니·~골아]자 자는 체하느라고 일부러 코를 골다.

헛헛-증(-症)[허털쯩]명 배고픈 느낌. 헛헛한 느낌. 복공증(腹空症).
헛헛-하다[허터타-]형여 배고픈 느낌이 있다. 출출하여 무엇을 먹고 싶다. ¶ 점심을 부실하게 먹었더니 속이 헛헛하다.
헛-힘[허팀]명 〈헛심〉의 본딧말.
헝겁-지겁[-찌-]부하자 좋아서 정신을 못 차리고 허둥거리는 모양.
헝:겊[-겁]명 피륙의 조각. * 헝:겊이[-거피]·헝:겊만[-검-]
헝:겊-신[-겁씬]명 헝겊으로 울을 돌린 신. 포화(布靴).
헝클다[헝크니·헝클어]타 ①실이나 줄 따위의 가늘고 긴 물건을 몹시 얽히게 하다. ②물건을 한데 마구 뒤섞어 어지럽게 하다. ¶ 장난감을 헝클어 놓다. ③어떤 일을 마구 뒤얽어 갈피를 잡을 수 없게 하다. 여엉클다.
헝클-리다자 〖'헝클다'의 피동〗 헝클음을 당하다. 여엉클리다.
헝클어-뜨리다타 헝클어지게 하다. 헝클어트리다. 여엉클어뜨리다.
헝클어-지다자 실이나 물건, 또는 무슨 일이 서로 마구 얽혀서 풀기 어렵게 되다. ¶ 바람에 머리카락이 헝클어지다. 여엉클어지다.
헝클어-트리다타 헝클어뜨리다. 여엉클어트리다.
헝것명 〈옛〉헝겊. ¶ 헝것 완:帵(訓蒙中*17*).
헝울명 〈옛〉허물. ¶ 蛻는 헝울 바솔 씨라(楞解*4:28*). /헝울 예:蛻(訓蒙下*9*).
헤부 ①입을 힘없이 조금 벌린 모양. ②입을 조금 벌리면서 경망하게 웃는 모양, 또는 그 소리. 작해[5].
헤조 〈옛〉체언의 말음 'ㅎ'과 조사 '에'의 결합. ¶ 아바닚 뒤헤 셔샤(龍歌*28*章).
헤-가르다[~가르니·~갈라]타르 헤쳐 가르다. ¶ 구름을 헤가르고 태양이 나타났다.
헤게모니(Hegemonie 독)명 어떠한 일을 주도하거나 주동하는 지위 또는 권리. 주도권. 패권(覇權). ¶ 헤게모니 쟁탈전이 벌어지다. /헤게모니를 장악하다.
헤근-거리다자 자꾸 헤근헤근하다. 헤근대다.
헤근-대다자 헤근거리다.
헤근-헤근부하자 꼭 끼이지 않은 물건이 사이가 벌어져 흔들거리는 모양.
헤:-나다자타 〈헤어나다〉의 준말.
헤:다[1]자 ①팔다리를 놀려 물을 헤치어 나아가다. 헤엄치다. ②《주로 '나가다·나오다' 따위와 어울려 쓰이어》 어려운 고비를 벗어나려고 애쓰다. ¶ 암흑가를 헤어 나오다.
헤:다[2]자 (여럿 가운데에서) 가장 잘난 체하고 휩쓸다.
헤:다[3]타 〈헹구다〉의 준말.
헤다타 〈옛〉헤치다. ¶ 옷 가ᄉᆞ몰 헤여셔(杜初*20:45*). 참헤혀다.
헤-대다자 공연히 바쁘게 왔다 갔다 하다.
헤-덤비다자 ①헤매며 덤비다. ②공연히 바쁘게 서둘다. ¶ 헤덤비지 말고 차분히 해라.
헤드(head)명 (녹음기의 테이프나 컴퓨터 드라이버의 디스켓에 닿아서) 전류(電流)를 자기(磁氣)로, 자기를 전류로 바꾸어 녹음·기록·재생이 가능하게 하는 장치를 두루 이르는 말.
헤드기어(headgear)명 권투나 레슬링 따위에서, 머리를 보호하기 위하여 쓰는 보호대나 헬멧.
헤드라이트(headlight)명 ①기차나 자동차 따위의 앞에 단 등. 전등(前燈). 전조등. ¶ 헤드라이트를 켜고 차를 몰다. ②☞장등(檣燈).
헤드라인(headline)명 신문 기사나 광고의 표제(標題).
헤드^슬라이딩(head sliding)명 야구에서, 주자(走者)가 베이스에 손부터 먼저 미끄러져 들어가는 슬라이딩.
헤드^코:치(head coach)명 수석(首席) 코치.
헤드폰:(headphone)명 ①두 귀에 고정시키는 전화 수신기. ②라디오 따위를 들을 때, 또는 녹음이나 방송을 할 때 모니터로 쓰는, 두 귀를 덮는 작은 스피커.
헤딩(heading)명 축구에서, 공중으로 날아오는 공을 머리로 받는 일.
헤딩-슛(heading shoot)명 축구에서, 공을 머리로 받아 상대편의 골에 넣는 일.
헤돋다자ㄷ 〈옛〉헤매어 다니다. ¶ 귓거시 헤ᄃᆞ라(杜初*16:55*).
헤뜨다[헤뜨니·헤떠]자 자다가 놀라다.
헤뜨러-지다자 (모이거나 쌓인 물건이) 제자리에서 흩어지다.
헤-뜨리다타 ①헤뜨러지게 하다. ②어수선하게 늘어놓다. 헤트리다.
헤라(Hera 그)명 그리스 신화에 나오는 여신. 제우스의 아내. 〔아내와 어머니의 전형(典型)이며, 정조의 감시자임. 여성의 가정생활을 보호함.〕
헤라클레스(Heracles 그)명 그리스 신화에 나오는 최대의 영웅. 제우스와 알크메네와의 사이에서 태어난 아들.
헤로인(heroin)명 모르핀을 아세틸화하여 만든 흰색의 결정성 가루. 진통·마취 작용은 모르핀보다 몇 배 강하나 습관성·중독성이 크기 때문에 사용이 금지된 마약임.
헤르니아(hernia)명 ☞탈장(脫腸).
헤르츠(Hertz)의 (사이클의 실용적 용어로서, 특히 음파나 전자파 따위의) 주파수의 단위. 1초 동안의 *n*회의 파동을 *n*헤르츠로 나타냄. 〔기호는 Hz〕 참주파수.
헤매다 Ⅰ자타 (갈 바를 몰라) 이리저리 돌아다니다. ¶ 숲 속에서 길을 잃고 헤매다.
Ⅱ자 마음이 가라앉지 않아 갈피를 잡지 못하다. ¶ 제 갈 길을 찾지 못하고 헤매는 청소년들.
헤-먹다[-따]형 들어 있는 것보다 구멍이 헐거워서 어울리지 않다.
헤모글로빈(hemoglobin)명 철분이 들어 있는 색소와 단백질의 화합물. 적혈구 따위에 들어 있는데, 산소와 쉽게 결합하며 산소를 조직으로 나르는 구실을 함. 혈구소. 혈색소. 혈홍소.
헤-무르다[~무르니·~물러]형르 맺고 끊음이 분명하지 못하고 무르다. ¶ 워낙 헤물러서 늘 당하기만 한다.
헤-묽다[-묵따]형 맺고 끊음이 분명하지 못하여 싱겁고 묽다.
헤-벌리다타 어울리지 아니하게 넓게 벌리다. ¶ 입을 헤벌리다.
헤-벌어지다 Ⅰ자 모양새 없이 넓게 벌어지다. ¶ 입이 헤벌어지다. 작해바라지다.
Ⅱ형 모양새 없이 넓다. 작해바라지다.
헤벌쭉부하형 (구멍이나 아가리 따위가) 넓게 벌어진 모양. 작해발쭉. **헤벌쭉-이**부. **헤벌쭉-헤벌쭉**부하형.
헤벌쭉-거리다[-꺼-]타 자꾸 헤벌쭉헤벌쭉하다. 헤벌쭉대다. 작해발쭉거리다.
헤벌쭉-대다[-때-]타 헤벌쭉거리다.

헤브라이즘(Hebraism)명 고대의 유대 인에서 비롯되어 기독교가 계승하여 순화시킨 문화·사상·종교 따위를 문화사적 관점에서 이르는 말. 〔헬레니즘과 함께 유럽 문화의 2대 근간을 이룸.〕

헤비-급(heavy級)명 권투나 태권도 따위에서, 중량별 체급의 한 가지. 권투에서는 아마추어가 82 kg 이상 91 kg 미만, 프로는 86.1 kg 이상이며, 태권도에서는 남자 일반부가 83 kg 이상임. 참라이트 헤비급·슈퍼 헤비급.

헤비-메탈(heavy metal)명 1960년대 말에 일어난 대중음악의 한 가지. 묵직한 비트와 전자 장치에 의한 금속음이 특징임.

헤ᄠᅳ다자 〈옛〉 허둥거리다. 허둥거리며 날뛰다. ¶ 皇皇(헤ᄠᅳᄂᆞᆫ 양이라)히 求홈이 이쇼ᄃᆡ(小解 *4:23*). 참헤ᄡᅳ다.

헤:살명하타 짓궂게 훼방함, 또는 그 짓. ¶ 마구 헤살을 놓다. /헤살을 부리다.

헤:살-꾼명 헤살을 놓는 사람.

헤:살-질명하타 헤살을 놓거나 부리는 짓.

헤:-식다[-따]형 ①단단하지 못하여 헤지기 쉽다. ¶ 헤식은 꽁보리밥. ②탐탁하지 못하고 싱겁다. ¶ 사람됨이 헤식어서 미덥지 않다.

헤실-바실부 ①모르는 사이에 없어지거나 사라지는 모양. ¶ 제대로 간수를 못해 헤실바실 다 없어지고 말았다. ②시원찮게 일하는 모양.

헤싱헤싱-하다형여 짜임새가 없어 허전한 느낌이 있다.

헤ᄡᅳ다자 〈옛〉 허둥거리다. 허둥거리며 날뛰다. ¶ 오ᄅᆞ며 ᄂᆞ리며 헤ᄡᅳ며 바자니니(鄭澈.續美人曲). 참헤ᄠᅳ다.

헤:아리다타 ①(수량을) 세다. 셈하다. ¶ 초대할 사람 수를 헤아리다. ②짐작으로 가늠하여 살피다. 미루어 짐작하다. ¶ 그의 심정은 헤아리고도 남는다.

헤어-나다자타 헤쳐 벗어나다. ¶ 극심한 식량난에서 헤어나다. 준헤나다.

헤어네트(hairnet)명 여성이, 머리카락이 흐트러지지 않게 머리에 쓰는 그물.

헤어-드라이어(hair drier)명 머리털에 묻은 물기를 말리거나 머리 모양을 다듬을 때 쓰이는 전열 기구.

헤어스타일(hairstyle)명 머리를 매만져서 꾸민 형. 머리의 꾸밈새. ¶ 헤어스타일을 바꾸다.

헤어-지다자 ①(사람이나 사물이) 흩어지다. ¶ 흙덩이가 푸슬푸슬 헤어지다. /뿔뿔이 헤어지다. ②이별하다. ¶ 동생과 헤어지다. ③(살갗이) 갈라지다. ¶ 입술이 트고 헤어지다. 준헤지다.

헤어^토닉(hair tonic)명 머리에 바르는 양모제(養毛劑).

헤어-핀(hairpin)명 머리핀.

헤엄명하자 물에서 팔다리를 놀려 떠다니는 짓. 물에서 헤는 짓. 수영(水泳).

헤엄 잘 치는 놈 물에 빠져 죽고, 나무에 잘 오르는 놈 나무에서 떨어져 죽는다속담 아무리 기술이나 재주가 좋아도 한 번 실수는 있다는 뜻.

헤엄-다리명 (물개나 거북과 같은 바다짐승의 앞다리와 같이) 헤엄쳐 다닐 수 있게 생긴 다리.

헤엄-치다자 사람이나 물고기 따위가 물속에서 나아가기 위하여 팔다리나 지느러미를 움직이다. 헤다[1].

헤여디다자 〈옛〉 헤어지다. ¶ 피와 솔쾌 헤여디여(永嘉上*34*).

헤욤명 〈옛〉 헤엄〔泳〕. ¶ 헤욤 츄:泅. 헤욤 유:游(訓蒙中*2*).

헤적-거리다[1][-꺼-]자 자꾸 헤적헤적 걷다. 헤적대다[1]. 참헤죽거리다.

헤적-거리다[2][-꺼-]타 자꾸 헤적헤적 헤치다. 헤적대다[2]. ¶ 밥을 그렇게 헤적거려 놓으면 누가 먹겠니? 작해작거리다.

헤적-대다[1][-때-]자 ☞헤적거리다[1].

헤적-대다[2][-때-]타 ☞헤적거리다[2].

헤적-이다타 께지락거리며 자꾸 들추거나 헤치다. 작해작이다.

헤적-질[-찔]명하자 헤적이는 짓. 작해작질.

헤적-헤적[1][-저케-]부하자 활개를 벌려 가볍게 저으면서 걷는 모양. 참헤죽헤죽.

헤적-헤적[2][-저케-]부하타 께지락거리며 자꾸 들추거나 헤치는 모양. 작해작해작.

헤-젓다[-젇따][~저으니·~저어]타스 헤치며 젓다. ¶ 물살을 헤저으며 배가 출항한다.

헤죽-거리다[-꺼-]자 자꾸 헤죽헤죽하다. 헤죽대다. 작해죽거리다[2]. 참헤적거리다[1].

헤죽-대다[-때-]자 헤죽거리다.

헤죽-헤죽[-주케-]부하자 팔을 내저으며 이리저리 걷는 모양. 작해죽해죽. 참헤적헤적[1].

헤:-지다자 〈헤어지다〉의 준말.

헤지^펀드(hedge fund)명 국제 증권 및 외환 시장에 투자해 단기 이익을 올리는 민간 투자 기금.

헤집다[-따]타 긁어 파서 뒤집어 흩다. ¶ 닭이 땅을 헤집어 놓다.

헤치다타 ①(속의 것이 드러나도록) 거죽을 파거나 잡아 젖히다. ¶ 무덤을 파서 헤치다. /앞가슴을 헤치다. ②흩어져 가게 하다. ¶ 모인 사람들을 헤쳐서 보내다. ③앞의 것을 좌우로 물리치다. ¶ 눈길을 헤치고 나아가다. ④어려움이나 방해를 물리치고 극복하다. ¶ 온갖 고난을 헤치고 꿋꿋이 살아가다.

헤-트리다타 헤뜨리다.

헤티다타 〈옛〉 헤치다. 깨뜨리다. ¶ 딥플 다가다 헤텨 ᄇᆞ리ᄂᆞ니라(老解上*22*).

헤퍼디다자 〈옛〉 헤퍼지다. ¶ 蕩ᄋᆞᆫ 헤퍼딜 씨라(楞解*1:62*).

헤:프다[헤프니·헤퍼]형 ①물건이 닳거나 없어지는 동안이 짧다. ¶ 식구가 많아 쌀이 헤프다. ↔마디다. ②몸이나 물건을 함부로 써 버리는 버릇이 있다. ¶ 쉽게 번 돈은 헤프게 쓰게 된다. ③말이나 행동을 함부로 하는 데가 있다. ¶ 말이 헤프다. /웃음이 헤프다.

헤:피부 헤프게. ¶ 입을 헤피 놀리다.

헤-헤부하자 입을 조금 벌리고 경망스레 웃는 소리. 작해해.

헤헤-거리다자 입을 조금 벌리고 경망스레 자꾸 웃다. 헤헤대다. 작해해거리다.

헤헤-대다자 헤헤거리다.

헤혀다타 〈옛〉 헤치다. ¶ 너른바회 우희 松竹을 헤혀고(宋純.俛仰亭歌). 참헤ᅘᅧ다.

헤ᅘᅧ다타 〈옛〉 헤치다. ¶ 生滅 根元이 이롤브터 헤ᅘᅧ 나타(楞解*10:2*).

헥타:르(hectare)의 땅 면적의 단위로 100아르. 1만 m². 〔기호는 ha〕

헥토-그램(hectogram)의 100 g. 〔기호는 hg〕

헥토-리터(hectoliter)의 100 *l*. 〔기호는 hl〕

헥토-미:터(hectometer)의 100 m. 〔기호는 hm〕

헥토파스칼(hectopascal)명 기압을 나타내는 국제 단위. 세계 기상 기구(WMO)와 기상청에서 '밀리바'를 고쳐 이르는 일컬음. 〔기호는 hPa〕

헬-기 (←helicopter機) 명 ☞헬리콥터.

헬드^볼ː (held ball) 명 농구에서, 양편의 두 선수가 동시에 공을 잡고 놓지 않는 일. 점프 볼을 하여 경기를 계속함.

헬레네 (Helenē 그) 명 그리스 신화에 나오는 미인. 제우스와 레다의 딸이며, 스파르타의 왕 메넬라오스의 비(妃). 트로이의 왕자 파리스가 그 미모에 홀려 유괴한 것이 트로이 전쟁의 원인이 됨.

헬레니즘 (Hellenism) 명 고대 그리스 고유의 문화와 오리엔트 문화가 융합하여 이루어진 세계성을 띤 그리스 문화·사상·정신 따위를 문화사적 관점에서 이르는 말. 〔헤브라이즘과 함께 유럽 문화의 2대 근간을 이룸.〕

헬렐레 부 하자 (술이 몹시 취하거나 매우 지쳐서) 몸을 가누지 못하는 모양.

헬륨 (helium) 명 희가스 원소의 한 가지. 화학적으로 안정되어 다른 원소와 화합하지 않고 불에도 타지 않음. 수소 다음으로 가볍고 끓는점이 낮아 기구용(氣球用) 가스나 극저온 냉각제 따위로 쓰임. 〔He/2/4.00260〕

헬리오스 (Helios 그) 명 그리스 신화의 태양신. 아침마다 사두 마차를 타고 동쪽 하늘에서 서쪽 하늘로 달렸다 함. 참 아폴론.

헬리오스탯 (heliostat) 명 태양 광선을 일정한 방향으로 반사시키는 장치. 광학 실험에 사용됨. 일광 반사경.

헬리콥터 (helicopter) 명 항공기의 한 가지. 주익(主翼) 대신 위쪽에 회전 날개를 달아 곧게 뜨고 내리며 뒤와 옆으로도 나아갈 수 있고, 뜬 채로 멈출 수도 있는 것이 큰 특징임. 헬기. 참 잠자리비행기.

헬멧 (helmet) 명 쇠나 플라스틱으로 만들어 충격으로부터 머리를 보호하기 위하여 쓰는 투구 모양의 모자. 오토바이를 탈 때 쓰거나 공사장의 노동자들이 씀. 안전모.

헬스 (health) 명 건강이나 미용을 증진하기 위한 각종 운동.

헬스-클럽 (health club) 명 건강이나 미용을 증진하기 위한 각종 운동·휴식 시설을 갖춘 체육관.

헴 감 점잔을 빼거나 습관적으로 내는 작은 기침 소리.

헷-갈리다 [헨깔-] 자 ①정신을 차리지 못하다. ¶ 정신이 헷갈리다. ②(여러 가지가 뒤섞여) 갈피를 못 잡다. ¶ 내용이 복잡하여 헷갈리기 쉽다. /눈이 와서 길이 헷갈리다. 참 헛갈리다.

헹-가래 명 (좋은 일을 당한 사람을 치하하거나 잘못을 저지른 사람을 벌주는 뜻으로) 여럿이 그 사람의 네 활개를 번쩍 들어 내밀었다 당겼다 하거나 위로 던져 올렸다 받았다 하는 짓. ¶ 헹가래를 치다.

헹구다 타 (애벌 씻은 빨래나 머리, 채소 따위를) 다시 깨끗한 물에 빨거나 씻다. ¶ 그릇을 헹구다. 준 헤다[3].

헹글-헹글 부 하형 (옷 따위가 커서) 몸에 맞지 않는 모양.

혀 명 ①동물의 입 안 아래쪽에 붙어 있는 육질(肉質)의 기관. 사람의 것은 긴 타원형으로 운동이 자유롭고, 맛을 느끼는 세포가 분포되어 있음. 음식을 씹고 넘기는 일 외에 소리를 고르는 따위의 일을 함. ②'서[2]'의 잘못.

혀 아래 도끼 들었다 속담 제가 한 말 때문에 죽을 수도 있으니, 말을 항상 조심하라는 뜻.

혀(가) 꼬부라지다 관용 (병이 나거나 술에 취하여) 혀가 굳어 발음이 분명하지 않다. ¶ 혀 꼬부라진 소리로 주정을 부리다.

혀가 짧다 관용 ①혀가 잘 돌지 않아 말하는 것을 알아듣기 어렵다. ②말을 더듬다.

혀를 굴리다 관용 ①☞혀를 놀리다. ②'ㄹ' 소리를 내다.

혀를 내두르다〔두르다〕 관용 '매우 놀라거나 감탄하여 미처 말을 하지 못하는 모양'을 이르는 말.

혀를 내밀다 관용 ①'남을 비웃거나 비방하는 짓'을 이르는 말. ②'자기의 잘못을 부끄럽게 여기는 동작'을 이르는 말.

혀를 놀리다 관용 무심코 말을 하다. 혀를 굴리다. ¶ 함부로 혀를 놀리지 마라.

혀를 차다 관용 무슨 일이 못마땅하거나 유감스러울 때, 혀끝을 입천장에 대었다 떼면서 소리를 내다.

혀[1] 명 〈옛〉 서캐. ¶ 혀 긔:蟣(訓蒙上23).

혀[2] 부 〈옛〉 서까래. ¶ 혀 연:椽(類合上23).

혀-꼬부랑이 명 '서양 사람이나 반벙어리처럼 말하는 사람'을 놀림조로 이르는 말.

혀-끝 [-끋] 명 혀의 끝. 설단(舌端). 설두(舌頭). ¶ 혀끝으로 맛을 보다. * 혀끝이[-끄치]·혀끝을[-끄틀]·혀끝만[-끈-]

혀끝에 오르내리다 관용 남들의 이야깃거리가 되다.

혀끝-소리 [-끋쏘-] 명 자음의 한 갈래. 혀끝과 윗잇몸 사이에서 나는 소리. 'ㄷ·ㄸ·ㅌ·ㅅ·ㅆ·ㄴ·ㄹ'이 이에 딸림. 설단음. 치조음.

혀다[1] 타 〈옛〉 끌다〔引〕. 당기다. ¶ 蛟龍은 삿기를 혀 디나가고(杜初7:8). 참 혀다[1].

혀다[2] 타 〈옛〉 켜다〔點火〕. ¶ 燃은 블 혈 씨라(月釋1:8). /房 안희 혓는 쵸불(古時調). 참 혀다[2].

혀다[3] 타 〈옛〉 켜다〔鋸〕. ¶ 톱으로 혀 죽이니(五倫2:35). 참 혀다[3].

혀다[4] 타 〈옛〉 켜다〔紡〕. ¶ 겨지븐 실 혀고 돈녀셔 또 놀애 브르려뇨(杜重4:29). 참 혀다[4].

혀다[5] 타 〈옛〉 켜다. 타다〔彈〕. ¶ 사소미 짒대예 올아셔 奚琴을 혀거를 드로라(樂詞.青山別曲).

혀다기 명 〈옛〉 지라. 비장(脾臟). ¶ 혀다기 비:脾(訓蒙上27).

혀덜다 자 〈옛〉 말을 더듬다. ¶ 혀더틀 걸:吃(訓蒙下28).

혀밑-샘 [-믿쌤] 명 혀 아래에 있는, 침을 분비하는 기관.

혀-뿌리 명 혀의 뿌리. 설근(舌根).

혀-설 (-舌) 명 한자 부수의 한 가지. '舐'·'舒' 등에서의 '舌'의 이름.

혀옆-소리 [-엽쏘-] 명 ☞설측음.

혀-짜래기 명 〈혀짤배기〉의 변한말.

혀짜래기-소리 명 〈혀짤배기소리〉의 변한말.

혀-짤배기 명 혀가 짧아 'ㄹ' 받침 소리를 잘 내지 못하여 말이 똑똑하지 못한 사람을 놀림조로 이르는 말. 변 혀짜래기.

혀짤배기-소리 명 하자 혀가 짧아 'ㄹ' 받침 소리를 잘 내지 못하는 말소리. 변 혀짜래기소리.

혁 명 〈옛〉 고삐. ¶ 치워 몰 혁을 노하 브린디(五倫1:2).

혁(革)[1] 명 ①〈말혁〉의 준말. ②〈혁괘(革卦)〉의 준말.

혁(革)[2] 명 하자 ☞변혁(變革).

혁갑 (革甲) [-깝] 명 갑옷.

혁고 (革故) [-꼬] 명 하타 되자 (법령이나 제도 따위에서) 낡은 것을 고침.

혁공 (奕功) [-꽁] 명 큰 공(功). 대공(大功)[1].

혁-괘(革卦)[-꽤]명 육십사괘의 하나. 태괘(兌卦)와 이괘(離卦)를 위아래로 놓은 괘. 못 가운데 불이 붙어 있음을 상징함. 준혁.

혁기(奕棋·奕碁)[-끼]명 ☞바둑.

혁낭(革囊)[형-]명 가죽으로 만든 주머니.

혁노(赫怒)[형-]명하자 버럭 성을 냄.

혁다형 〈옛〉적다. 작다. ¶ 혀근 선비를 보시고(龍歌*82*章)./굴그면 六塵엣 業이오 혀그면 二乘法이라(釋譜*13*:*38*). 참약다.

혁대(革代)[-때]명하자되자 ☞혁세(革世).

혁대(革帶)[-때]명 가죽 띠.

혁대(奕代)[-때]명 여러 대. 누대(累代).

혁명(革命)[형-]명 ①하자이전의 왕조를 뒤집고 다른 왕조가 들어서는 일. ②하자비합법적 수단으로 정치 권력을 잡는 일. 또는, 국가나 사회의 조직·형태 따위를 폭력으로 급격하게 바꾸는 일. ¶ 혁명을 일으키다. ③하타(사물의 상태나 사회 활동 따위에) 급격한 변혁이 일어나는 일. ¶ 기술적 혁명./산업 혁명.

혁명-가(革命家)[형-]명 사회 혁명의 실현을 뜻하거나, 혁명 운동에 종사하는 사람.

혁명-적(革命的)[형-]관명 혁명을 실현하거나 지향하는 (것). ¶ 혁명적 개혁./혁명적인 변화.

혁세(革世)[-쎄]명하자되자 나라의 왕조가 바뀜. 역성(易姓). 혁대(革代).

혁-세공(革細工)[-쎄-]명 가죽으로 섬세한 물건을 만드는 세공.

혁세-공경(赫世公卿)[-쎄-]명 대대로 지내 내려오는 높은 벼슬아치.

혁신(革新)[-씬]명하타되자 제도나 방법, 조직이나 풍습 따위를 완전히 바꾸어서 새롭게 함. ¶ 혁신 세력. ↔보수(保守).

혁신-적(革新的)[-씬-]관명 혁신하는 성질이나 경향을 띤 (것). ¶ 혁신적 사상./혁신적인 정책을 수립하다. ↔보수적.

혁신-주의(革新主義)[-씬-의/-씬-이]명 지금까지의 조직이나 관습·방법 따위를 바꾸어 새로운 방향으로 나아가려고 하는 주의. ↔보수주의.

혁연(赫然)명하형 ①벌컥 화를 내는 모양. ②빛나서 왕성한 모양. ¶ 위세가 혁연하다. ③사람으로 하여금 놀라서 움직이게 하는 모양. 혁연-히부.

혁엽(奕葉)명하자 여러 대에 걸쳐 영화를 누림.

혁작(赫灼) '혁작하다'의 어근.

혁작-하다(赫灼-)[-짜카-]형여 빛나고 반짝이다.

혁장(鬩牆)[-짱]명 〔한 담장 안의 사람끼리 다툰다는 뜻으로〕 '형제끼리의 다툼질'을 이르는 말.

혁정(革正)[-쩡]명하타되자 바르게 고침.

혁지(革砥)[-찌]명 ☞가죽숫돌.

혁진(革進)[-찐]명하자 (묵은 습관이나 제도 따위를) 고치어 새로운 방향으로 나아감.

혁질(革質)[-찔]명 가죽의 본바탕. 가죽처럼 질긴 성질.

혁파(革罷)명하타되자 (기구나 법령·제도 따위에서) 낡아서 못 쓰게 된 것을 없앰. ¶ 낡은 관습을 혁파하다.

혁편(革鞭)명 가죽으로 만든 채찍. 〔지난날, 형구(刑具)로도 썼음.〕

혁폐(革弊)[-폐/-페]명하타되자 폐단을 고쳐 없앰.

혁-하다(革-)자여 '극(革)하다'의 잘못.

혁혁(奕奕) '혁혁(奕奕)하다'의 어근.

혁혁(赫赫) '혁혁(赫赫)하다'의 어근.

혁혁-하다(奕奕-)[혀켜카-]형여 썩 아름답고 성(盛)하다. 혁혁-히부.

혁혁-하다(赫赫-)[혀켜카-]형여 밝고 뚜렷하다. ¶ 혁혁한 업적./혁혁한 공을 세우다. 혁혁-히부.

현관 〈옛〉몇. ¶ 현번 뛰운돌 ᄂᆞ미 오ᄅᆞ리잇가(龍歌*48*章).

현(弦)명 ①활시위. ②수학에서, 원이나 곡선의 호(弧)의 두 끝을 잇는 선분. ③직삼각형의 빗변. 참고(股)·구(勾). ④음력 7, 8일께와 22, 23일께의 반달. 상현(上弦)과 하현(下弦)의 달. ⑤한 되들이 됫박 위에 쇠로 돌린 테두리.

현(絃)명 ①현악기에 매어 소리를 내는 줄. ②〈현악기〉의 준말.

현(舷)명 ☞뱃전.

현ː(縣)명 신라 때부터 조선 말기까지 지방에 두었던 행정 구역의 한 가지.

현ː(現)관 지금의. 현재의. ¶ 현 시세./현 주소./현 단계.

현가(絃歌)명 거문고 따위와 맞추어서 부르는 노래.

현ː가(現價)[-까]명 지금의 값. 현재의 가격.

현ː감(縣監)명 고려와 조선 시대에 둔, 작은 현(縣)의 원(員). 종육품 외직(外職). 참현령.

현ː거(現居)명하자 현재 거주함, 또는 그곳.

현ː격(懸隔)명하형 동떨어지게 거리가 멀거나 차이가 큼. ¶ 두 사람의 견해에 현격한 차이가 있다. 현격-히부.

현ː경(懸磬)명 〔그릇 속이 비어 있는 모양이란 뜻으로〕 '집이 가난하여 아무것도 없음'을 비유하여 이르는 말.

현ː계(顯界)[-계/-게]명 ☞현세(現世). ↔유계(幽界).

현ː고(顯考)명 신주나 축문에서 '돌아가신 아버지'를 이르는 말. 참선고(先考).

현ː-고조고(顯高祖考)명 신주나 축문에서 '돌아가신 고조할아버지'를 이르는 말.

현ː곡(懸谷)명 하천의 합류점에서, 지류(支流)의 흐름이 급하거나 폭포를 이루고 있는 골짜기.

현ː과(現果)명 불교에서, 과거의 업인(業因)에 따라 현세에서 받는 과보(果報).

현관(玄關)명 ①양식 건물의 주된 출입구에 나 있는 문간. ②〔불교에서, 현묘(玄妙)한 도(道)로 들어가는 어귀라는 뜻으로〕 '선학(禪學)의 관문(關門)'을 이르는 말.

현ː관(現官)명 현직에 있는 관리.

현ː관(顯官)명 ①높은 관직, 또는 관리. ②지난날, 문무(文武) 양반만이 하던 벼슬.

현교(祆教)명 조로아스터교를 중국에서 이르던 말. 참배화교(拜火教).

현ː교(顯教)명 불교에서, 분명하고 알기 쉽도록 설법한 가르침을 따르는 종파. 〔밀교(密教)에 대비하여 밀교 이외의 모든 불교를 이름.〕

현-구고(見舅姑)명하자 신부가 폐백을 가지고 처음으로 시부모를 뵈는 일.

현군(賢君)명 어진 임금.

현ː군(懸軍)명하자 본대(本隊)를 떠나 적지(敵地) 깊숙이 들어감, 또는 그 군대.

현ː군-고투(懸軍孤鬪)명하자 적지(敵地) 깊숙이 들어가 후방의 우군(友軍)과의 연락도 끊긴 채 외로이 싸움.

현궁(玄宮)명 왕의 관을 묻은 광중(壙中).

현ː귀(顯貴)명하형 (지위가) 드러나게 높고 귀함.

현금(玄琴)명 '거문고'의 잘못.
현:금(現今)명 지금. 오늘날. 목하(目下). 당금(當今).
현:금(現金)명 ①현재 가지고 있는 돈. ②☞맞돈. ③(어음·증서·채권 따위에 대하여) 통용되는 화폐와 은행이 발행한 수표 및 우편환 증서 따위를 통틀어 이르는 말. ④(어음·증서·채권 따위에 대하여) 실지로 통용되는 화폐. ①②④현찰(現札).
현:금(懸金)명하자 지난날, 종이품 이상의 품계를 표시하기 위하여 망건에 금관자(金貫子)를 붙이던 일.
현:금-가(現金價)[-까]명 현금으로 거래할 때의 값.
현:금-주의(現金主義)[-의/-이]명 ①현금으로만 장사하는 주의. ②눈앞의 이익만 생각하고 일을 처리하는 일, 또는 그러한 사고방식.
현:금^통화(現金通貨)명 은행권 및 보조 화폐를 통틀어 이르는 말. ↔예금 통화.
현기(玄機)명 현묘한 이치.
현:기(眩氣)명 어지러운 기운. 어지럼. 비현훈(眩暈).
현:기-증(眩氣症)[-쯩]명 어지러운 증세. 어지럼증. 어질증. ¶ 철수는 고층 빌딩만 보아도 현기증을 일으키는 시골뜨기다.
현녀(賢女)명 어진 여자.
현:념(懸念)명하타 늘 마음에 두고 생각함.
현:능(衒能)명하자 자기의 재주를 드러내어 자랑함.
현능(賢能)명하형 현명하고 재간이 있음, 또는 그러한 사람. **현능-히**부.
현달(賢達)명하형 현명하고 사물의 이치에 통함, 또는 그런 사람.
현:달(顯達)명하자 벼슬이나 덕망이 높아서 이름을 세상에 들날림. 입신출세함.
현담(玄談)명 ①아득하고 깊은 이치를 말하는 이야기. ②불교에서, 불전(佛典)을 강(講)하기에 앞서 그 유래와 대의(大意) 따위를 설명하는 말.
현답(賢答)명 현명한 대답.
현:대(現代)명 ①오늘날의 시대. 현시대. ②역사의 시대 구분의 한 가지. 근대(近代) 이후의 시대. 국사(國史)에서는 1945년 광복 이후 현재까지가 이에 해당함.
현:대^무:용(現代舞踊)명 새로운 예술 무용. 전통 발레에 대항하여 독자성과 개성적 표현을 추구함. 모던 댄스.
현:대-문(現代文)명 현대어로써 현대식 문체로 쓴 문장. ↔고문(古文).
현:대^문학(現代文學)명 근대 문학의 계승으로서 현대에 형성된 문학.
현:대^시조(現代時調)명 현대의 시조. 대개 갑오개혁 이전의 시조를 고시조라 하는 데 대하여, 그 이후의 시조를 이르는 말. 〔형식적 구속(자수율 따위)의 완화, 현대적 정서의 도입, 국어의 새로운 발견 등을 그 특징으로 들 수 있음.〕
현:대-식(現代式)명 현대에 새롭게 만들어 낸 형식. 현대의 유행이나 풍조를 띤 형식. 지금의 시대에 걸맞은 형식. ¶ 현대식 건물.
현:대-어(現代語)명 현대에 쓰이고 있는 말. ↔고어(古語).
현:대-인(現代人)명 ①현대에 살고 있는 사람. ②현대적인 교양을 쌓아 현대식 생활을 하는 사람.
현:대-적(現代的)관명 현대에 어울리거나 걸맞는 (것). 현대의 유행이나 풍조와 관계가 있는 (것). ¶ 현대적 감각. /현대적인 생활양식.
현:대-전(現代戰)명 최첨단 무기와 과학 기술을 이용하는 현대의 전쟁.
현:대-판(現代版)명 옛이야기나 고전 따위에서 익히 알려진 인물이나 사건이 그대로 현대에 재현(再現)되었다고 해도 될 만한 것. ¶ 그 소녀 가장의 이야기는 현대판 심청전이다.
현:대-화(現代化)명하타 되자 현대에 알맞게 됨, 또는 되게 함. ¶ 장비(裝備)의 현대화를 꾀하다.
현덕(賢德)명 어진 덕행.
현뎌ᄒᆞ다형 〈옛〉 현저하다. ¶ 父母ᄅᆞᆯ 현뎌케 홈이(小解*2:29*).
현등(舷燈)명 (밤에 항해 중인 배가 그 진로를 딴 배에 알리기 위하여) 양쪽 뱃전에 다는 등.
현:등(懸燈)명하자 ①등불을 높이 매닮. ②지난날, 밤에 행군할 때 깃대에 등을 매달던 일, 또는 그 등.
현:란(眩亂)[혈-]명하형 정신이 어수선함.
현:란(絢爛)[혈-]명하형 눈부시게 빛나고 아름다움. ¶ 현란한 문장. /현란한 장식. **현란-히**부.
현:란(懸欄)[혈-]명 ☞소란 반자.
현량(賢良)[혈-]명하형 어질고 착함, 또는 어진 사람과 착한 사람. ¶ 장안의 현량이 다 모였다. **현량-히**부.
현량-과(賢良科)[혈-꽈]명 조선 중종 때, 경학(經學)에 밝고 덕행이 높은 사람을 뽑아 쓰기 위해 보이던 과거.
현려(賢慮)[혈-]명 ①현명한 생각. ②상대편을 높이어 그의 '생각'을 이르는 말.
현:령(縣令)[혈-]명 ①왕조 때, 큰 현의 원(員). 종육품 외직(外職) 문관이었음. 참현감(縣監). ②신라 때, 현의 으뜸 벼슬을 이르던 말.
현:령(懸鈴)[혈-]명 ①방울을 닮, 또는 그 방울. ②〈설렁〉의 본딧말. ③지난날, 지급 통신(至急通信)의 한 가지.
현:령(顯靈)[혈-]명하자 신령이 형상을 나타냄.
현로(賢勞)[혈-]명하자 여럿 가운데서 특별히 홀로 수고를 많이 함, 또는 그 사람.
현:로(顯露)[혈-]명하자 ☞노현(露見).
현:록(懸錄)[혈-]명하타 치부책에 적음. 장부에 올림.
현:리(現利)[혈-]명 현재의 이익. 눈앞의 이익. ¶ 현리에 급급하다.
현마[1]명 〈옛〉 얼마. ¶ 如來ㅅ긔 현맛 衆生이 머리 좃ᄉᆞᄫᆞ뇨(月釋*2:48*).
현마[2]부 〈옛〉 설마. ¶ 엇던 님이 현마 그 덧에 니젓시랴(古時調).
현마[3]부 〈옛〉 아무리. 차마. ¶ 金剛은 쇠에셔 난 못 구든 거시니 현마 ᄉᆞ라도 슬이디 아니ᄒᆞ고(月釋*2:28*).
현명(賢命)명 윗사람을 높이어 그의 '명령'을 이르는 말. ¶ 저희들은 장군님의 현명만을 따르겠습니다.
현:명(懸命)명하자 (어떤 일을 위해) 목숨을 내걺. 죽기를 결단함.
현명(賢明)명하형 어질고 사리에 밝음. ¶ 슬기롭고 현명한 사람. **현명-히**부.
현:명(顯名)명하자 이름이 세상에 드러남.
현모(賢母)명 어진 어머니. 현명한 어머니.
현모-양처(賢母良妻)명 자식에게는 어진 어머니이고, 남편에게는 착한 아내. 양처현모.

현목(玄木)명 바래지 아니하여 누르고 거무스름한 무명.
현ː목(眩目)명 눈이 부심. 눈이 빙빙 돎.
현ː몽(現夢)명하자 (죽은 사람이나 신령 따위가) 꿈에 나타남.
현묘(玄妙)명하형 (기예나 도리 따위가) 깊고 미묘함. ¶ 현묘한 이치. **현묘-히**부.
현무(玄武)명 ①이십팔수 중에서 북쪽에 있는, 두(斗)·우(牛)·여(女)·허(虛)·위(危)·실(室)·벽(壁)의 일곱 별을 통틀어 이르는 말. ②사신(四神)의 하나. 북쪽 방위의 수(水) 기운을 맡은 태음신(太陰神)을 상징한 짐승. 거북과 뱀이 뭉친 형상임.
현무-암(玄武岩)명 화산암의 한 가지. 염기성 사장석과 휘석·감람석이 주성분인데, 빛깔은 흑색이나 짙은 회색이며 질이 매우 단단함.
현문(玄門)명 ①〔현묘(玄妙)한 법문(法門)이라는 뜻으로〕 '불법'을 이르는 말. ②☞도교(道敎).
현문(舷門)명 뱃전에 나 있는 문.
현문(賢問)명 현명한 물음. ↔우문(愚問).
현ː물(現物)명 ①현재 있는 물품. ②(현금에 대하여) '물품'을 이르는 말. ¶ 현물 급여. ③주식이나 채권 따위 현물 거래의 대상이 되는 물품. 실물(實物). ④〈현물 거래〉의 준말.
현ː물^거ː래(現物去來)명 현재 있는 물품을 사고팔기 위해 하는 거래. 준현물. 참선물 거래.
현ː물^매매(現物賣買)명 상품의 실물을 그 자리에서 사고파는 일.
현ː물^시ː장(現物市場)[-씨-]명 거래가 성립되는 시점과 대금 결제 시점이 동일한 시장.
현ː물-환(現物換)명 외국과의 무역에서, 상품의 매매 계약과 동시에 자국(自國)의 화폐와 외국 화폐를 교환하여 환결제(換決濟)를 하는 일.
현미(玄米)명 왕겨만 벗기고 쓿지 않은 쌀. 매조미쌀.
현ː미-경(顯微鏡)명 매우 작은 물체를 확대하여 보는 장치. 렌즈를 쓰는 광학(光學) 현미경과 전자선을 쓰는 전자 현미경이 있음.
현ː밀(顯密)명 ①뚜렷함과 은밀함. ②불교에서, 현교와 밀교를 아울러 이르는 말.
현ː반(懸盤)명 〈선반〉의 본딧말.
현ː벌(懸罰)명 대궐 안에서 허물이 있는 사람을 징계하기 위하여, 두 손을 묶어 나무에 달던 형벌.
현보(賢輔)명하타 현명하게 보좌함, 또는 그 사람.
현ː보(顯保)명하타 보증을 함.
현부(賢婦)명 ①현명한 부인. ②어진 며느리.
현-부인(賢夫人)명 ①어진 부인. ②'남의 부인'을 높이어 이르는 말.
현ː-부인(縣夫人)명 조선 시대에, 외명부의 한 품계. 정·종일품인 종친(宗親)의 아내에게 주던 봉작.
현-부형(賢父兄)명 어진 아버지와 형.
현ː비(顯妣)명 신주나 축문에서 '돌아가신 어머니'를 이르는 말.
현사(賢士)명 어진 선비.
현ː-사당(見祠堂)명하자 신부가 처음으로 시댁의 사당에 절하고 뵙는 일.
현삼(玄蔘)명 ①현삼과의 다년초. 산지에 절로 나는데, 줄기는 네모지고 키는 80~150 cm. 잎은 끝이 뾰족한 달걀 모양이며 톱니가 있음. 늦여름에 황록색 꽃이 핌. 원삼(元蔘). ②한방에서, '현삼의 뿌리'를 약재로 이르는 말. 해열제·소염제 따위로 쓰임.
현ː상(現狀)명 현재의 상태. 지금의 형편. 현태(現態). 현황. ¶ 현상 유지. /현상 타파.
현ː상(現象)명 ①지각(知覺)할 수 있는 사물의 모양이나 상태. ②(본질과의 상관 개념으로서) 시간과 공간 속에 나타나는 대상.
현ː상(現像)명하타되자 ①형상(形象)을 나타냄, 또는 그 형상. ②사진술에서, 촬영한 필름이나 인화지 따위를 약품으로 처리하여 영상(映像)이 드러나게 하는 일.
현상(賢相)명 현명한 재상. 양상(良相).
현ː상(懸賞)명하타되자 (어떤 목적으로 조건을 붙여) 상금이나 상품을 내거는 일. ¶ 현상 퀴즈. /현상 공모.
현ː상-계(現象界)[-계/-게]명 감각으로 느낄 수 있거나 경험할 수 있는 세계. 형이하(形而下)의 세계. 객체계(客體界). ↔본체계.
현ː상-금(懸賞金)명 현상으로 내건 돈, 또는 그 금액. ¶ 현상금을 걸다.
현ː상-론(現象論)[-논]명 사람이 인식할 수 있는 것은 현상뿐이므로 본체는 인식할 수 없고 현상만이 실재(實在)라고 하는 철학적 관점.
현ː상-액(現像液)명 사진을 현상할 때에 쓰는 약물.
현상-양좌(賢相良佐)[-냥-]명 어질고 유능하여 보필(輔弼)을 잘하는 신하.
현ː상-학(現象學)명 철학에서, 현상을 중시하는 학설. 의식의 본질을 지향적 작용으로 파악하여, 그 본질적 구조를 분석·기술함.
현ː생(現生)명 불교에서 이르는, 삼생(三生)의 하나. 이 세상의 생애. 참내생·전생.
현ː생^인류(現生人類)[-일-]명 약 200만 년 전의 홍적세(洪積世)로부터 현대에 이르기까지 지구 상에 살고 있는 인류.
현선(絃線)명 ☞장선(腸線).
현성(玄聖)명 가장 뛰어난 성인. 〔흔히, 공자(孔子)나 노자(老子)를 이름.〕
현ː성(現成)명하자 불교에서, 인위적 조작이 아니고, 자연 그대로 이루어짐을 이르는 말. 견성(見成).
현성(賢聖)명 ①현인과 성인. 지덕(知德)을 갖춘 사람. ②불교에서, '현인과 성자'를 아울러 이르는 말.
현ː성(顯聖)명하자 거룩한 사람의 신령이 형상을 나타냄.
현성지군(賢聖之君)명 어질고 거룩한 임금.
현ː세(現世)명 ①이 세상. 현계(顯界). 현재(現在). ②불교에서 이르는, 삼세(三世)의 하나. 지금 살고 있는 세상. 참내세·전세.
현ː세(現勢)명 현재의 세력이나 정세.
현ː세-주의(現世主義)[-의/-이]명 ①현세만을 긍정하고 내세나 전세의 존재를 부정하는 사고방식. ②현세의 명예나 이익만을 추구하는 생활 태도.
현손(玄孫)명 손자의 손자. 고손.
현-손녀(玄孫女)명 손자의 손녀.
현-손부(玄孫婦)명 현손의 아내.
현-손서(玄孫壻)명 현손녀의 남편.
현송(絃誦)명하타 ①거문고를 타며 시를 읊음. ②'교양이나 학문을 쌓음'을 이르는 말.
현ː송(現送)명하타 ①거래 대상인 물품을 보냄. ②현금이나 정화(正貨)를 보냄.
현수(絃首)명 ☞코머리.
현ː수(懸垂)명 아래로 곧게 드리워짐.
현ː수(懸殊)명하형 판이하게 다름. **현수-히**부.
현ː수-교(懸垂橋)명 ☞조교(弔橋).

현ː수-막(懸垂幕)명 ①방이나 극장의 내부 따위에 드리운 막. ②선전문이나 광고문 따위를 적어 드리운 막.
현ː수-선(懸垂線)명 ☞수곡선(垂曲線).
현숙(賢淑) '현숙하다'의 어근.
현숙-하다(賢淑-)[-수카-]형여 (여자의 마음이나 몸가짐이) 어질고 정숙하다.
현ː순(懸鶉)명〔너덜너덜한 것이 메추라기의 모지라진 꽁지깃과 같다는 뜻으로〕'해진 옷'을 이르는 말.
현ː순-백결(懸鶉百結)[-결]명〔해진 옷을 백 매듭으로 얽어 매어 걸쳤다는 뜻으로〕'남루한 옷차림'을 이르는 말.
현ː시(現時)명 지금. 이때. 현재의 때.
현ː시(顯示)명하타 나타내어 보임.
현ː-시점(現時點)[-쩜]명 지금의 시점.
현ː신(現身)명 ①현세(現世)에 살아 있는 몸. ②하자되자지난날, 지체 낮은 이가 지체 높은 이를 '처음 뵘'을 이르던 말. ③하자되자☞응신(應身).
현신(賢臣)명 어진 신하. 현명한 신하.
현ː신-불(現身佛)명 중생을 제도하기 위하여 육신(肉身)을 가지고 이 세상에 나타난 부처.〔석가모니는 그 하나의 보기임.〕응신불(應身佛).
현실(玄室)명 ①왕세자의 관(棺)을 묻은 광중(壙中). ②☞널방.
현ː실(現實)명 ①바로 눈앞에 사실로서 나타나 있는 사물이나 상태. ¶ 현실을 똑바로 인식하다. ②가능적 존재에 대한 현재적(顯在的) 존재, 또는 생각의 대상이 되는 객관적이고도 구체적 존재. ¶ 현실에 적응하다.
현ː실^도피(現實逃避)명 ①현실과 맞서기를 기피하는 일. ②소극적이고 퇴폐적으로 처세하는 태도.
현ː실-성(現實性)[-썽]명 실제로 일어날 수 있거나 현실에 있을 수 있는 가능성.
현ː실-적(現實的)[-쩍]관명 ①현실에 있는 (것). 현실성을 띤 (것). ¶ 현실적 문제. /현실적인 해결 방안을 제시하라. ↔관념적. ②실제의 이해에 밝은 (것). ¶ 현실적인 사람.
현ː실-주의(現實主義)[-의/-이]명 현실을 가장 중요시하는 태도. 이상에 구애되지 않고 현실에 적응하여 일을 처리하는 태도. 리얼리즘. ↔이상주의.
현ː실-화(現實化)명하자타되자 ①실제의 사실이나 상태가 됨, 또는 되게 함. ②비현실적인 제도나 규칙을 현실에 맞게 조정함.
현악(絃樂)명 현악기로 타는 음악.
현악-기(絃樂器)[-끼]명 현을 타거나 켜서 소리를 내는 악기.〔가야금이나 거문고·바이올린 따위.〕탄주 악기(彈奏樂器). 준현(絃).
현악^사ː중주(絃樂四重奏)[-싸-]명 바이올린 둘과 비올라 하나, 첼로 하나로 연주하는 실내악 사중주.
현악^삼중주(絃樂三重奏)[-쌈-]명 주로, 바이올린과 비올라, 첼로로 연주하는 실내악 삼중주. 현악 트리오.
현악^오ː중주(絃樂五重奏)명 주로, 바이올린 둘, 비올라 둘, 첼로 하나 또는 바이올린 둘, 비올라 하나, 첼로 둘로 연주하는 실내악 오중주.
현악^트리오(絃樂trio)명 ☞현악 삼중주.
현ː안(懸案)명 이전부터 논의되어 왔으나 결론이 나 있지 않은 문제나 의안. ¶ 국정 현안.
현ː애(懸崖)명 낭떠러지.
현ː양(顯揚)명하타되자 (이름이나 지위 따위를) 드러내어 들날림. ¶ 국위 현양.
현어(玄魚)명 ☞올챙이.
현ː업(現業)명 현재 하고 있는 업무.
현ː역(現役)명 ①상비 병역의 한 가지. 부대에 편입되어 실지의 군무(軍務)에 종사하는 병역, 또는 그 군인. ↔예비역. ②실지로 어떤 직위에 있거나 직무를 수행하고 있는 일, 또는 그 사람. ¶ 현역 화가.
현연(泫然)명하형 (울어서 눈물이) 줄줄 흐르는 모양. ¶ 현연한 눈물로 얼룩진 얼굴. 현연-히부.
현연(眩然) '현연(眩然)하다'의 어근.
현연(現然) '현연(現然)하다'의 어근.
현연(顯然) '현연(顯然)하다'의 어근.
현ː연-하다(眩然-)형여 ①(현기증 따위로) 눈앞이 캄캄하다. ②눈이 부시다. ¶ 너무 현연하여 앞이 안 보인다. 현연-히부.
현ː연-하다(現然-)형여 눈앞에 드러나 훤하다. 드러나서 뚜렷하다. ¶ 증거가 현연하여 변명의 여지가 없다. 현연-히부.
현ː연-하다(顯然-)형여 두드러지게 뚜렷하다. 분명하다. ¶ 돌아가신 아버님께서 꿈에 현연한 모습으로 나타나셨다. 현연-히부.
현ː영(現影)명하자 ☞현형(現形).
현영(顯榮) '현영하다'의 어근.
현ː영-하다(顯榮-)형여 이름이 높고 영화롭다.
현ː예(顯裔)명 ☞화주(華胄).
현오(玄奧) '현오하다'의 어근.
현오-하다(玄奧-)형여 (학문이나 기예 등이) 헤아릴 수 없이 깊다.
현ː옹(懸癰)명 목젖.
현ː옹(懸癰)명 한방에서, 항문과 음부 사이에 나는 종기를 이르는 말.
현ː옹-수(懸癰垂)명 ☞목젖.
현ː완-직필(懸腕直筆)명 팔을 바닥에 대지 않고 붓을 곧게 세워 운필(運筆)하는 자세.
현왕(賢王)명 어진 임금. 현명한 임금.
현요(眩耀) '현요하다'의 어근.
현ː요(顯要)명 ①현관(顯官)과 요직, 또는 그 자리에 있는 사람. ②하형지위가 귀하고 중요함.
현ː요-하다(眩耀-)형여 눈부시게 빛나고 찬란하다. 현요-히부.
현우(賢友)명 어진 벗.
현우(賢愚)명 현명함과 어리석음. 현명한 사람과 어리석은 사람.
현ː운(眩暈)명 ☞현훈(眩暈).
현ː원(現員)명 ☞현재원.
현월(玄月)명 '음력 구월'을 달리 이르는 말. 모추(暮秋).
현월(弦月)명 ☞초승달.
현ː위(顯位)명 높은 지위. 현달한 지위.
현이(賢異) '현이하다'의 어근.
현이-하다(賢異-)형여 어질고 뛰어나다.
현인(賢人)명 ①어진 사람. 덕행의 뛰어남이 성인(聖人) 다음가는 사람. 현자(賢者). ②불교에서, 견도에 이르지는 않았으나 악에서 벗어난 사람을 일컫는 말.
현인-군자(賢人君子)명 ①현인과 군자. ②어진 사람을 두루 이르는 말.
현ː인안목(眩人眼目)명하자 남의 눈을 어지럽히고 정신을 아뜩하게 함.
현ː임(現任)명 현재의 직임. 시임(時任).
현자(賢者)명 ☞현인(賢人).
현ː자(顯者)명 세상에 이름을 들날리는 사람.

현ː장(現場)명 ①사물이 현재 있는 곳. ¶ 물품을 현장에서 내주다. ②사건이 일어난 곳, 또는 그 장면. ¶ 사건 현장./사고 현장 목격자. ③☞공사장. 현지. ¶ 건설 현장./배운 이론을 현장에 적용하다.

현장(舷墻)명 파도가 덮쳐 오는 것을 막기 위해 뱃전에 설치한 장벽.

현ː장(懸章)명 한쪽 어깨에서 반대쪽 겨드랑이에 걸쳐서 매는 띠. 〔흔히, 군의 주번 사관 등이 매어 임무 수행 중임을 나타냄.〕

현ː장-감(現場感)명 마치 현장에 있는 것 같은 느낌. ¶ 현장감 있는 보도./현장감 넘치는 중계방송.

현ː장^감독(現場監督)명 토목이나 건축 공사의 현장에서 감독하는 일, 또는 그 사람.

현ː장^검ː증(現場檢證)명 사건의 현장이나 법원 밖의 일정한 곳에서 직접 실시하는 검증. 참검증.

현ː장-도(現場渡)명 매매 계약이 성립한 장소, 혹은 거래 상품의 소재지에서 상품을 인도하는 일.

현ː장^부재^증명(現場不在證明)명 ☞알리바이.

현ː재(現在) Ⅰ명 ①이제. 지금. ¶ 현재와 미래. ②불교에서, '이 세상'을 이르는 말. 이승. 현세(現世). ③과거와 미래를 잇는 시간의 한 경계. ④용언의 시제(時制)의 한 가지. 눈앞의 동작이나 상태를 나타내고, 보편적인 진리나 되풀이되는 습관 따위도 나타냄. ④이적. 참과거·미래.

Ⅱ부 ①지금 이 시점에. ¶ 그는 현재 군의관으로 복무 중이다. ②《때를 나타내는 말 다음에 쓰이어》 기준으로 삼은 그 시점. ¶ 회원 수는 4월 현재 1500명이다.

현재(賢才)명 뛰어난 재능, 또는 그 사람.

현ː재(顯在)명하자 나타나 있음. ↔잠재.

현ː재-법(現在法)[-뻡]명 수사법상 변화법의 한 가지. 과거나 미래의 사실, 또는 눈앞에 없는 것을 마치 현재 눈앞에 있는 것처럼 서술하는 표현 방법. 〔'공주는 고즈넉이 아미(蛾眉)를 숙인다. 그리고 긴 한숨을 내쉰다.' 하는 따위.〕

현ː재-불(現在佛)명 현세에 나타나 있는 부처.

현-재상(賢宰相)명 어진 재상. 현명한 재상.

현ː재^시제(現在時制)명 활용어의 시제의 한 갈래. 사건이나 동작이 일어난 시간이 말하는 이가 말한 시간과 일치하는 시제. 동사의 종결형 선어말 어미와 활용어의 관형사형 어미로 나타냄. 〔'학생들이 지금 운동장에서 체조를 한다.','예쁜 꽃으로 장식한다.' 따위. 형용사와 서술격 조사에는 현재 시제를 나타내는 종결형 선어말 어미가 없음.〕

현ː재^완료(現在完了)[-왈-]명 완료상(完了相) 시제의 한 가지. 현재까지 동작이 완료되었음을 나타내는 시제. 〔'-아(어) 있다'·'-았(었)다' 등으로 표현됨.〕

현ː재-원(現在員)명 현재의 인원. 현원(現員).

현ː재^진ː행(現在進行)명 진행상(進行相) 시제의 한 가지. 현재 동작이 진행 중임을 나타내는 시제. 〔'-고 있다'·'-고 있는 중이다' 등으로 표현됨.〕

현ː재^진ː행^완료(現在進行完了)[-왈-]명 시제에서의 완료상(完了相)의 한 가지. 진행되던 동작이 현재의 어느 때에 이미 끝나 있음을 보이는 시제. 〔'-고 있었다'의 꼴로 나타냄.〕

현저(顯著) '현저하다'의 어근.

현ː저-하다(顯著-)형여 뚜렷하다. 드러나게 분명하다. 표저하다. ¶ 영아(嬰兒) 사망률이 현저하게 줄어들었다. **현저-히**부

현ː전(現前)명 눈앞. 지금.

현절(懸絕) '현절하다'의 어근.

현ː절-하다(懸絕-)형여 두드러지게 다르다.

현정-석(玄精石)명 간수(澗水)가 땅속에 스며들어 이루어진 돌. 흰빛에 푸른 기가 도는데, 한방에서 풍(風)이나 냉(冷)을 다스리는 약재로 쓰임.

현제(賢弟)명 아우뻘 되는 사람이나 남의 아우를 높이어 이르는 말.

현ː제(懸蹄)명 ☞밤눈[1].

현ː제(懸題)명하자 왕조 때, 과거 보는 곳에 글제를 내걸던 일.

현ː조(顯祖)명 이름이 높이 드러난 조상.

현ː-조고(顯祖考)명 신주나 축문에서 '돌아가신 할아버지'를 이르는 말.

현ː-조비(顯祖妣)명 신주나 축문에서 '돌아가신 할머니'를 이르는 말.

현ː존(現存)명하자 현재에 있음. 지금 살아 있음. ¶ 현존 인물.

현주(玄酒)명 ☞무술.

현ː주(現住)명 ①하자현재 머물러 삶. ②〈현주소〉의 준말.

현주(賢主)명 현명한 군주.

현ː주(縣主)명 조선 시대, 외명부의 한 품계. 정삼품인, 왕세자의 부실(副室)에게서 태어난 딸의 칭호. 참공주·옹주.

현ː주(懸肘)명 팔꿈치를 책상에 대지 않고 운필(運筆)하는 일.

현ː주(懸註·懸注)명하타 주석(註釋)을 닮.

현ː-주소(現住所)명 ①현재 살고 있는 곳의 주소. 준현주. ②'현재의 상황이나 실태 따위'를 비유하여 이르는 말. ¶ 남북 관계의 현주소.

현준(賢俊)명하형 어질고 뛰어남, 또는 그러한 사람.

현ː증(現症)명 드러나 보이는 병의 증세.

현ː-증조고(顯曾祖考)명 신주나 축문에서 '돌아가신 증조할아버지'를 이르는 말.

현ː-증조비(顯曾祖妣)명 신주나 축문에서 '돌아가신 증조할머니'를 이르는 말.

현ː지(現地)명 ☞현장(現場).

현지(賢智) '현지하다'의 어근.

현ː지^금융(現地金融)[-금늉/-그뮹]명 해외에 진출한 기업이, 그곳의 금융 기관에서 융자를 받아 자금을 조달하는 일.

현ː지-답사(現地踏查)[-싸]명하타 현지에 직접 가서 하는 조사.

현ː지^로케(←現地location)명 〈현지 로케이션〉의 준말.

현ː지^로케이션(現地location)명 현지에 가서 하는 야외 촬영. 준현지 로케.

현ː지^법인(現地法人)명 자국의 자본만으로 외국법에 따라 외국에 세운 외국 국적의 영리 법인.

현ː지^입대(現地入隊)[-때]명 (군무원이나 민간인 등이) 근무하고 있는 곳에서 바로 현역(現役)으로 편입되는 일.

현ː지-처(現地妻)명 외지(外地)에 가 있는 남자가 그곳에서 지내는 동안만 아내처럼 데리고 사는 여자.

현지-하다(賢智-)형여 어질고 지혜롭다.

현ː직(現職)명 현재 종사하는 직업이나 직임. ¶ 현직 공무원. ↔전직(前職).

현ː직(顯職)명 높고 중요한 벼슬. ¶ 현직에 오랫동안 재직하다.
현ː질(顯秩)명 높은 벼슬.
현ː찰(現札)명 ☞현금(現金).
현찰(賢察)명하타되자 상대편을 높이어 그가 '미루어 살핌'을 이르는 말. ¶ 부디 시생(侍生)의 처지를 현찰하여 주시옵소서.
현창(舷窓)명 뱃전에 낸 창문.
현ː창(顯彰)명하자.타되자 (공적 따위를) 뚜렷이 나타냄, 또는 그렇게 드러남.
현처(賢妻)명 어진 아내. 현명한 아내. 비양처(良妻).
현ː척(現尺)명 있는 그대로의 치수. ↔축척.
현천(玄天)명 구천(九天)의 하나. 북쪽 하늘.
현ː천(懸泉)명 '폭포수'를 달리 이르는 말.
현철(賢哲)명하형 어질고 사리에 밝음, 또는 그런 사람. **현철-히**부.
현ː출(現出)명하자 (밖으로) 나타나 드러남.
현ː출(顯出)명하자.타 두드러지게 드러남, 또는 그렇게 드러냄.
현ː충(顯忠)명하자 충렬을 드러내어 기림, 또는 기리는 그 충렬.
현ː충-사(顯忠祠)명 충절을 추모·기념하기 위하여 세운 사당.
현ː충-일(顯忠日)명 목숨을 바쳐 나라를 지킨 이의 충성을 기념하는 날. 6월 6일.
현ː충-탑(顯忠塔)명 목숨을 바쳐 나라를 지킨 이의 충성을 기리기 위하여 세운 탑.
현측(舷側)명 ☞뱃전.
현ː치(見齒)명〔웃으면 이가 드러나게 되는 데서〕'웃음'을 이르는 말.
현ː탁-액(懸濁液)명 고체의 미립자가 고루 퍼져 섞인 흐린 액체.〔도료(塗料)나 먹물 따위.〕
현ː탈(現頉)명하자 (일에) 탈이 남.
현ː탈(懸頉)명하타되자 사고 때문에 불참하였을 때 그 사유를 기록함.
현ː태(現態)명 현재의 상태 또는 형편. 현상(現狀).
현ː토(懸-)명하자 한문에 단 토, 또는 토를 다는 일.〔'토'를 취음자 '吐'로 표기하여 흔히 '懸吐'라고도 씀.〕
현ː판(現版)명 (활판 인쇄에서, 연판을 뜨지 않고) 활판을 직접 기계에 올려 박아 내는 인쇄판. ¶ 현판 인쇄.
현ː판(懸板)명 글씨나 그림을 새기거나 써서 문 위의 벽 같은 곳에 다는 널조각.
현ː판-식(懸板式)명 (관청·회사·단체·모임 등의) 간판을 처음으로 거는 것을 기념하는 식.
현ː폭(懸瀑)명 아주 높은 데서 떨어지는 폭포.
현ː품(現品)명 현재 있는 물품. 실제의 물품.
현ː하(現下)명 지금. 현재의 형편(形便) 아래. ¶ 현하 정세의 추이가 아주 미묘하다.
현ː하(懸河)명 ①경사가 급하여 물의 흐름이 빠른 하천. ②'구변(口辯)이 거침없음'을 비유하여 이르는 말. ¶ 현하의 변(辯).
현ː하-구변(懸河口辯)명 물이 세차게 흐르듯 거침없이 쏟아 놓는 구변. 현하지변.
현ː하지변(懸河之辯)명 ☞현하구변.
현학(玄學)명 ①현묘(玄妙)한 학문. ②노장(老莊)의 학문.
현학(玄鶴)명〔학이 오래 살면 검어진다는 데서〕늙은 학. 검은 학.
현ː학(衒學)명하자 학식이 있음을 자랑하여 뽐냄.
현학-금(玄鶴琴)[-끔]명 ☞거문고.
현ː학-적(衒學的)[-쩍]관명 학문이나 지식을 뽐내는 (것). ¶ 현학적 태도. /현학적인 취미.
현합(賢閤)명 상대편을 높이어 그의 '아내'를 일컫는 말. 참합부인.
현ː행(現行)명하자되자 현재 행함, 또는 행하여 짐. ¶ 현행 법규.
현ː행-범(現行犯)명 범행하는 현장에서 발각된 범죄, 또는 그 사람. ¶ 현행범을 체포하다.
현ː행-법(現行法)[-뻡]명 현재 시행되고 있는 효력이 있는 법률. ¶ 현행법에 저촉되다.
현혁(顯赫) '현혁하다'의 어근.
현ː혁-하다(顯赫-)[-혀카-]형여 (이름이) 드러나고 빛나다. **현혁-히**부.
현ː현(顯現)명하자.타되자 명백하게 드러남, 또는 드러냄.
현ː형(現形)명 ①하자형체를 드러냄, 또는 그 형체. 현영(現影). ②현재의 모양.
현형(賢兄)명〔어진 형이란 뜻으로, 편지 글 등에서〕'벗'을 높이어 일컫는 말.
현ː형(顯型)명 ☞표현형(表現型).
현호(弦壺)명 활등 모양으로 굽은 손잡이가 달린 항아리.
현ː호(懸弧)명 사내아이의 출생.〔지난날, 사내아이가 태어나면 활을 문 왼편에 걸어서 축하하던 관습에서 유래함.〕
현ː혹(眩惑)명하타되자 제정신을 못 차리고 홀림, 또는 홀리게 함. ¶ 사람의 눈을 현혹하다.
현ː화(現化)명하자 ①현실에 나타남. ②(부처나 신령이) 형상을 바꾸어 세상에 나타남.
현ː화-식물(顯花植物)[-싱-]명 ☞종자식물. ↔은화식물(隱花植物).
현ː황(現況)명 현재의 상황. 지금의 형편. 현상(現狀). ¶ 공사 진척 현황.
현ː황(眩慌·炫煌)명하형 (정신이) 어지럽고 황홀함.
현ː효(現效)명하자 효험이 나타남.
현ː효(顯效)명 두드러진 효험.
현훈(玄纁)명 장사 지낼 때, 산신(山神)에게 드리는 폐백(幣帛). 검은 헝겊과 붉은 헝겊으로, 광중(壙中)에 묻음.
현ː훈(眩暈)명하형 (정신이) 어찔어찔 어지러움. 현운(眩暈). 비현기(眩氣).
현ː훈-증(眩暈症)[-쯩]명 ☞어질증.
혈(穴)명 ①풍수지리에서, 땅의 정기가 모여 뭉친 자리로서 좋은 자리를 이르는 말. ②〈경혈(經穴)〉의 준말.
혈가(血瘕)명 한방에서, 아랫배에 피가 몰려 덩어리가 생긴 병. 혈괴.
혈거(穴居)명하자 굴에서 삶. 혈처(穴處).
혈거-야처(穴居野處)명하자 굴에서 살거나 한데서 삶.
혈거피명〈옛〉(활을 쏠 때의) 깍지. ¶ 쎌로 밍근 혈거피 ᄀᆞᄐᆞᆫ 것(朴解上49). 참혈겁지.
혈고(血枯)명 ☞혈폐(血閉).
혈관(血管)명 혈액이 통하여 흐르는 관. 동맥·정맥·모세 혈관으로 나뉨. 맥관. 핏줄. 혈맥.
혈관-계(血管系)[-계/-게]명 혈액의 통로가 되는 기관의 계통.
혈관^주ː사(血管注射)명 혈관에 놓는 주사. 참근육 주사·피하 주사.
혈괴(血塊)[-괴/-궤]명 ①☞혈가. ②몸 안에서 피가 혈관 밖으로 나와서 응고한 덩어리.
혈구(血球)명 혈액의 고체 성분으로 혈장 속에 부유(浮遊)하는 세포. 적혈구와 백혈구 및 혈소판이 있음.

혈구-소(血球素)명 ☞헤모글로빈.
혈기(血氣)명 ①(목숨을 유지하는) 피와 기운. ②격동하기 쉽거나 왕성한 의기(意氣).
혈기지용(血氣之勇)명 혈기 때문에 일어나는 한때의 용맹.
혈농(穴農)[-롱]명 ☞구메농사.
혈농(血膿)[-롱]명 피고름.
혈뇨(血尿)[-료]명 ①☞요혈(尿血). ②피가 섞인 오줌.
혈담(血痰)[-땀]명 피가 섞인 가래.
혈당(血糖)[-땅]명 혈액 속에 포함되어 있는 포도당.
혈당(血黨)[-땅]명 생사를 같이 하는 무리.
혈로(血路)명 ①적의 포위망을 뚫어 헤치고 벗어나는 길. ②어려운 경지를 극복하는 방도. ¶ 혈로를 뚫다.
혈루(血淚)명 피눈물.
혈루(血漏)명 한방에서, 여자의 음부에서 때때로 피가 나오는 병을 이르는 말.
혈류(血流)명 피의 흐름.
혈류(血瘤)명 ☞혈혹.
혈륜(血輪)명 양쪽 눈시울의 끝.
혈림(血淋·血痳)명 오줌에 피가 섞여 나오는 임질(淋疾).
혈맥(血脈)명 ①혈액이 통하는 맥관(脈管). 혈관. ㊟맥(脈). ②☞혈통(血統). ③불교에서, '종지(宗旨)가 스승에서 제자로 계속 이어짐'을 비유하여 이르는 말. ¶ 조사(祖師)의 혈맥을 잇다.
혈맥-상통(血脈相通)[-쌍-]명 〔혈맥이 서로 통한다는 뜻으로〕 ①'혈육의 관계가 있음'을 이르는 말. ②'혈통이 서로 같은 겨레붙이'임을 이르는 말.
혈맹(血盟)명하자 혈판(血判)을 찍어서 굳게 맹세함, 또는 그런 관계. ¶ 혈맹을 맺다.
혈반(血斑)명 피하(皮下)의 출혈로 피부나 점막에 생기는 검붉은 반점.
혈반-병(血斑病)[-뼝]명 말〔馬〕의 전염병의 한 가지. 피부 점막에 혈반이 생겨 열이 나고 붓게 됨.
혈변(血便)명 피똥.
혈병(血餠)명 응고된 피. 피가 엉길 때 섬유소가 혈구를 싸고 가라앉아 검붉은 덩이가 됨.
혈분(血分)명 (영양적 관점에서) 피의 분량.
혈분(血粉)명 가축의 피를 말려서 굳힌 가루. 비료나 사료(飼料) 따위로 쓰임.
혈붕(血崩)명 한방에서, 월경이 아닌데도 출혈이 심하여 멎지 않는 병을 이르는 말.
혈사(血師)[-싸]명 ☞대자석(代赭石).
혈사(血嗣)[-싸]명 ☞혈손(血孫).
혈산(血疝)[-싼]명 ☞변옹(便癰).
혈상(血相)[-쌍]명 관상에서, 얼굴에 나타나는 혈색의 상격(相格).
혈색(血色)[-쌕]명 살갗에 나타난 핏기. ¶ 중년답지 않게 혈색이 좋다.
혈색-소(血色素)[-쌕쏘]명 ☞헤모글로빈.
혈서(血書)[-써]명 제 손가락의 피로 글씨를 쓰는 일, 또는 그 글자나 글.
혈성(血性)[-썽]명 혈기와 의협심이 있는 성질.
혈성(血誠)[-썽]명 진심에서 우러나오는 정성. 혈심(血心).
혈성-남자(血性男子)[-썽-]명 용감하고 의협심이 강하여 죽음을 두려워하지 않는 사나이.
혈세(血稅)[-쎄]명 ①가혹한 조세. ②소중한 세금. ¶ 혈세를 낭비하다.
혈소판(血小板)[-쏘-]명 혈액을 이루는 혈구의 한 가지. 부정형(不定形)으로 핵이 없고 지름이 2~3μ이며, 출혈 때 지혈 작용에 중요한 구실을 함.
혈속(血速)[-쏙]명 혈액이 순환하는 속도.
혈속(血屬)[-쏙]명 혈통을 잇는 살붙이.
혈손(血孫)[-쏜]명 혈통을 이어 가는 자손. 혈사(血嗣).
혈수(血讐)[-쑤]명 죽기를 각오하고 갚으려는 원수.
혈수(血髓)[-쑤]명 혈액과 골수. 〔몸의 중요한 부분이라는 뜻으로 쓰임.〕
혈식(血食)[-씩]명하자 ①(희생을 바쳐) 종묘에 제사를 지냄. ②나라를 보존함.
혈심(穴深)[-씸]명 무덤 구덩이의 깊이.
혈심(血心)[-씸]명 ☞혈성(血誠).
혈심-고독(血心苦篤)[-씸-]명하자 정성을 다하여 일을 함.
혈안(血眼)명 ①기를 쓰고 덤벼서 핏발이 선 눈. ②열중하여 바쁘게 몰아치는 일. ¶ 기업 확장에 혈안이 되다.
혈암(頁岩)명 ☞이판암(泥板岩). 셰일.
혈압(血壓)명 혈액이 혈관 속을 흐를 때 생기는 압력. 심장의 수축력과 혈관 벽의 탄성 따위로 정하여짐.
혈액(血液)명 동물의 혈관 속을 순환하는 체액. 갖가지 혈구와 혈장으로 되어 있는데, 생체 조직에 산소와 영양분을 공급하고 노폐물을 날라다 제거함. 피1.
혈액^검:사(血液檢査)[-껌-]명 피를 뽑아서 하는 검사법을 통틀어 이르는 말.
혈액^순환(血液循環)[-쑨-]명 심장의 활동에 따라, 혈액이 동물의 몸속을 일정한 방향으로 흘러서 도는 일.
혈액-원(血液院)명 갖가지 혈액형의 혈액을 모아 저장해 두었다가 필요에 따라 혈액을 공급하는 기관. 혈액은행.
혈액-은행(血液銀行)명 ☞혈액원(血液院).
혈액-형(血液型)[혀래켱]명 혈구와 혈청의 응집 반응으로 혈액을 분류한 형. 일반적으로 O·A·B·AB형 및 Rh 인자(因子)의 유무에 따른 Rh(-)·Rh(+)형으로 분류되고 있음.
혈연(血緣)명 같은 핏줄로 이어진 인연. 같은 핏줄의 관계. ㊟지연·학연.
혈연-관계(血緣關係)[-계/-게]명 부모와 자식·형제를 기본으로 하는 관계 및 양자 따위를 포함한 관계. ¶ 끈끈한 혈연관계.
혈연^단체(血緣團體)명 혈연관계를 바탕으로 이루어진 단체. 혈연 집단.
혈연^사회(血緣社會)[-회/-훼]명 같은 혈연이라는 의식을 바탕으로 하여 자연적으로 성립된 공동 사회. 가족이나 씨족, 나아가서는 민족까지도 포함됨.
혈연^집단(血緣集團)[-딴]명 ☞혈연 단체(血緣團體).
혈영(血癭)명 ☞혈혹.
혈온(血溫)명 혈액의 온도.
혈우(血雨)명 '살상(殺傷)으로 말미암은 심한 유혈'을 이르는 말.
혈우-병(血友病)[-뼝]명 출혈하기 쉬운데다 지혈(止血)이 잘 안 되는 병적인 체질. 여자에 의하여 그 유전자가 자녀에게 전해지는데 남자에게만 나타남.
혈원-골수(血怨骨髓)[-쑤]명 뼈에 사무치는 깊은 원수.

혈유(孑遺)명 ①외톨이로 남아 있는 것, 또는 그런 신세. ②약간의 나머지.
혈육(血肉)명 ①피와 살. ②(자기가 낳은) 자식. 비소생. ③☞골육(骨肉). ¶ 이 세상에 내 혈육이라고는 자네 하나뿐이지 않은가.
혈육-애(血肉愛)명 혈육에 대한 사랑.
혈의 누(血-淚)[-릐-/-레-] 1906년 이인직(李人稙)이 지은 신소설. '만세보(萬歲報)'에 연재되었음.
혈장(血漿)[-짱]명 혈액에서 혈구를 제외한 액상(液狀) 성분. 수분과 단백질 외에 지방·염류·당류 따위로 이루어짐.
혈장-탕(血臟湯)[-짱-]명 핏골집.
혈쟁(血爭)[-쟁]명하자 (생사를 가리지 않고) 격렬히 다툼, 또는 그 싸움. 비혈전·혈투.
혈적(血積)[-쩍]명 한방에서, 피가 엉기고 뭉쳐서 생기는 적병(積病)을 이르는 말. 얼굴이 누렇게 되고 검은 똥을 눔.
혈전(血栓)[-쩐]명 혈관 안에서 피가 엉기어 굳은 덩어리.
혈전(血戰)[-전]명하자 (생사를 가리지 않고) 매우 격렬하게 싸움, 또는 그 전투. ¶ 3일간의 혈전 끝에 적의 요새를 점령했다. 비혈쟁·혈투.
혈족(血族)[-쪽]명 ①혈통이 이어져 있는 겨레붙이. ②자연 혈족과 법정 혈족을 통틀어 이르는 말.
혈족^결혼(血族結婚)[-쪽껼-]명 같은 혈족 사이의 결혼.
혈족-친(血族親)[-쪽-]명 육촌 이내의 혈족.
혈종(血腫)[-쫑]명 출혈(出血)로 피가 한곳에 모여 혹처럼 된 것.
혈증(血症)[-쯩]명 ①피로 말미암은 병을 통틀어 이르는 말. ②☞실혈증(失血症).
혈징(血癥)[-찡]명 한방에서, '배 속의 피가 한곳에 모인 병'을 이르는 말.
혈처(穴處)명하자 ☞혈거(穴居).
혈청(血淸)명 혈액이 엉겨 굳을 때 혈병(血餠)에서 분리되는 담황색의 투명 액체. 혈청 요법 따위에 쓰임.
혈청^검ː사(血淸檢査)명 사람의 건강 상태를 검사하기 위하여 혈청을 검사하는 일.
혈청-병(血淸病)[-뼝]명 사람의 몸에 이종(異種)의 혈청을 주사하였을 때 일어나는 알레르기성 질환.
혈청^요법(血淸療法)[-뇨뻡]명 전염병 환자의 몸에 면역체를 포함하는 동물의 혈청을 주사하여 병독을 중화시키는 일. 참면역 혈청.
혈청^진ː단(血淸診斷)명 환자의 혈청을 검사하여 그 병의 상태를 진단하는 일.
혈충(血忠)명 정성을 다하는 충성.
혈치(血痔)명 ☞우치(疣痔).
혈침(血沈)명 '적혈구 침강 반응(속도)'을 줄여 이르는 말. 〔질병의 감별이나 예후의 판정을 위한 혈액 검사임.〕
혈통(血統)명 같은 핏줄을 타고난 겨레붙이의 계통. 조상과의 혈연관계. 가계(家系). 핏줄. 핏줄기. 혈맥.
혈통-주의(血統主義)[-의/-이]명 ☞속인주의.
혈투(血鬪)명하자 죽음을 무릅쓰고 싸움. ¶ 혈투를 벌이다. 비혈쟁(血爭)·혈전.
혈-판(穴-)명 묏자리에 혈(穴)이 잡혀 광중(壙中)을 파기에 적당한 곳.
혈판(血判)명하자 손가락을 베어 그 피로 손도장을 찍음, 또는 그 손도장.
혈판-장(血判狀)[-짱]명 혈판을 찍은 종이.
혈폐(血閉)[-폐/-페]명 한방에서, 월경이 있을 나이의 여자가 월경이 멎는 병을 이름. 혈고.
혈풍-혈우(血風血雨)명 〔피의 바람과 피의 비라는 뜻으로〕 '격렬한 전투'를 비유하여 이르는 말.
혈한(血汗)명 피와 땀.
혈한-하(血汗下)명 한방에서, 열병 중에 열이 풀리려고 코피가 나거나 땀을 흘리거나 똥을 싸거나 하는 일을 이르는 말.
혈행(血行)명 피가 도는 일. 혈액의 순환.
혈허(血虛)명하형 한방에서, '빈혈증'을 혈분(血分)이 허한 증세라고 하여 이르는 말.
혈혈(孑孑) '혈혈하다'의 어근.
혈혈-고종(孑孑孤蹤)명 외로운 나그네가 낯선 객지를 헤매는 자취.
혈혈-단신(孑孑單身)명 의지할 곳 없는 홀몸.
혈혈-무의(孑孑無依)[-의/-이]명하형 홀몸으로 의지할 곳이 없음.
혈혈-하다(孑孑-)형여 (의지할 데 하나 없이) 외롭다. ¶ 혈혈한 단신. **혈혈-히**부.
혈-혹(血-)명 한방에서, 피가 엉겨 뭉쳐서 된 혹. 혈류(血瘤). 혈영(血癭).
혈홍-색(血紅色)명 피같이 붉은색.
혈홍-소(血紅素)명 ☞헤모글로빈.
혈훈(血暈)명 한방에서, 해산 또는 다른 일로 피를 많이 흘려 정신이 흐리고 어지러운 병증을 이르는 말.
혈흔(血痕)명 피를 묻히거나 흘린 흔적.
혐가(嫌家)명 서로 원한을 품은 집안.
혐극(嫌隙)명 서로 꺼려 벌어진 틈.
혐기(嫌忌)명하타 싫어하여 꺼림.
혐기(嫌棄)명하타 싫어하여 버림.
혐기-성(嫌氣性)[-썽]명 산소를 싫어하여 공기 속에서 잘 자라지 못하는 성질. ↔호기성.
혐노(嫌怒)명하자 싫어서 화를 냄.
혐문(嫌文)명 〔존비(尊卑) 또는 남녀 사이에 통용할 수 없는 글이기 때문에〕 꺼리고 피해야 할 글.
혐시(嫌猜)명하타 꺼리고 샘을 냄.
혐연-권(嫌煙權)[-꿘]명 공공장소에서 담배 연기를 거부할 수 있는 권리.
혐염(嫌厭)명하타 미워하여 꺼림. 혐질(嫌嫉).
혐오(嫌惡)명하타 싫어하고 미워함. 염오. ¶ 혐오를 느끼다.
혐오-감(嫌惡感)명 싫어하고 미워하는 감정. 혐오증. ¶ 혐오감을 주다.
혐오-스럽다(嫌惡-)[-따][~스러우니·~스러워]형ㅂ 싫어하고 미워할 만한 데가 있다. **혐오스레**부.
혐오-증(嫌惡症)[-쯩]명 ☞혐오감.
혐원(嫌怨)명하타 싫어하고 원망함.
혐의(嫌疑)[혀믜/혀미]명 ①하타 꺼리고 싫어함. ②범죄를 저질렀으리라는 의심. ¶ 절도 혐의를 받고 있다.
혐의-스럽다(嫌疑-)[혀믜-따/혀미-따][~스러우니·~스러워]형ㅂ ☞혐의쩍다. **혐의스레**부.
혐의-자(嫌疑者)[혀믜-/혀미-]명 혐의를 받는 사람.
혐의-쩍다(嫌疑-)[혀믜-따/혀미-따]형 ①의심을 살 만한 점이 있다. ②꺼림하고 싫어할 만한 데가 있다. 혐의스럽다.
혐점(嫌點)[-쩜]명 혐의를 받을 만한 점.
혐질(嫌嫉)명하타 ☞혐염(嫌厭).
혐피(嫌避)명하타 꺼리고 싫어하여 서로 피함.
혐핍(嫌逼)명하타 매우 혐의가 짙음.

협각(夾角) [-깍] 명 '끼인각'의 구용어.
협감(挾感) [-깜] 명하자 감기에 걸림.
협감(挾憾) [-깜] 명하자 ☞함감(含憾).
협객(俠客) [-깩] 명 협기(俠氣)가 있는 사람. 유협(遊俠). 협사(俠士).
협격(挾擊) [-껵] 명하타 ☞협공(挾攻).
협견-첨소(脅肩諂笑) [-껸-] 명하자 어깨를 옹송그리고 아첨하며 웃음.
협곡(峽谷) [-꼭] 명 좁고 험한 골짜기.
협골(俠骨) [-꼴] 명 호협(豪俠)한 기골(氣骨).
협골(頰骨) [-꼴] 명 광대뼈.
협공(挾攻) [-꽁] 명하타 (사이에 끼워 놓고) 양쪽에서 들이침. 협격(挾擊).
협과(莢果) [-꽈] 명 꼬투리로 맺히는 열매.
협괴(俠魁) [-꾀/-꿰] 명 협객(俠客)의 두목.
협궤(狹軌) [-꿰] 명 철도의 레일 사이의 너비가 표준인 1.435 m보다 좁은 철도의 선로. ↔광궤(廣軌).
협궤^철도(狹軌鐵道) [-꿰-또] 명 협궤로 된 철도. ↔광궤 철도.
협근(頰筋) [-끈] 명 아래위 두 턱뼈의 뒤쪽에서 두 입술에 이르는 볼을 형성하는 근육.
협기(俠氣) [-끼] 명 (대장부다운) 호탕한 기상. 호협한 기상. 기협(氣俠).
협기(頰鰭) [-끼] 명 ☞가슴지느러미.
협낭(夾囊) 명 '염낭'의 잘못.
협낭(頰囊) [혐-] 명 일부의 다람쥐나 원숭이 따위의 볼 안에 있는 주머니. 먹이를 한동안 저장해 두는 구실을 함.
협녀(俠女) [혐-] 명 협기(俠氣)가 있는 여자.
협농(峽農) [혐-] 명 산골에서 짓는 농사.
협대(夾袋) [-때] 명 귀중한 물품을 간직하여 두는 조그마한 전대.
협도(夾刀·挾刀) [-또] 명 ①무기의 한 가지. 눈썹 모양이고, 칼등에 상모를 달았으며 둥근 콧등이 있음. ②십팔기(十八技) 또는 무예 이십사반의 하나. 보졸(步卒)이 하는 검술의 한 가지.
협도(俠盜) [-또] 명 협기(俠氣)가 있는 도둑.
협도(鋏刀) [-또] 명 ①한약재를 써는 작두와 비슷한 연장. ②☞가위[1].
협동(協同) [-똥] 명하자 (어떠한 일을 함에) 마음과 힘을 합함. ¶ 관민(官民)이 협동하다.
협동^작전(協同作戰) [-똥-쩐] 명 보병·포병·기갑 따위의 전투 병과에서 둘 이상의 군부대가 협동하여 펼치는 작전.
협동-조합(協同組合) [-똥-] 명 (농어민이나 소비자, 또는 중소기업자 등이) 경제적 편의와 상호 협력을 위하여 조직하는 단체. 〔농업 협동조합이나 중소기업 협동조합 따위.〕
협량(狹量) [혐냥] 명하형 도량이 좁음.
협력(協力) [혐녁] 명하자 서로 돕는 마음으로 힘을 모음. ¶ 협력 관계. /협력을 요청하다.
협로(夾路) [혐노] 명 큰길에서 갈라진 좁은 길.
협로(峽路) [혐노] 명 산속의 길.
협로(狹路) [혐노] 명 ☞소로(小路).
협록(夾錄) [혐녹] 명 협지(夾紙)에 적은 글.
협륵(脅勒) [혐늑] 명하타 협박하여 우겨 댐.
협만(峽灣) [혐-] 명 내륙(內陸)으로 깊이 쑥 들어간 좁고 긴 만. 피오르.
협맹(峽氓) [혐-] 명 산골에서 농사짓는 어리석은 백성.
협무(挾舞) [혐-] 명하자 춤을 출 때, 주연자(主演者) 옆에서 함께 춤을 추는 일, 또는 그런 사람.
협문(夾門) [혐-] 명 ①정문(正門) 옆에 있는 작은 문. ②삼문(三門) 좌우의 작은 문.
협박(狹薄) '협박하다'의 어근.
협박(脅迫) [-빡] 명하타 ①남에게 어떤 일을 하도록 위협함. ¶ 협박을 당하다. /협박을 받다. ②형법에서, 해악(害惡)을 끼치겠다는 말을 하거나 태도를 지어 남에게 겁을 주는 일. ¶ 돈을 가져오지 않으면 아들을 해치겠다고 협박하였다.
협박-장(脅迫狀) [-빡짱] 명 협박하는 뜻을 적은 글.
협박-하다(狹薄-) [-빠카-] 형여 (땅이) 좁고 메마르다.
협방(夾房) [-빵] 명 ☞곁방.
협보(挾輔) [-뽀] 명하타 ①(좌우에서) 붙들어 도와줌. ②(신하가 임금을) 보필(輔弼)함.
협부(挾扶) [-뿌] 명하타 곁에서 부축하여 도와줌.
협사(夾士·脇士) [-싸] 명 불상에서, 본존의 좌우에서 본존을 모시고 있는 보살. 〔아미타불의 협사는 관세음보살과 대세지보살, 석가모니불의 협사는 문수보살과 보현보살임.〕 협시(夾侍)[1].
협사(俠士) [-싸] 명 ☞협객(俠客).
협사(挾私) [-싸] 명하자 사정(私情)을 둠.
협사(挾詐) [-싸] 명하자 간사한 마음을 품음.
협살(挾殺) [-쌀] 명하타되자 야구에서, 주자(走者)를 협공하여 아웃시키는 일.
협상(協商) [-쌍] 명하타되자 ①어떤 목적에 부합되는 결정을 하기 위하여 이해 당사자가 서로 의논함. ¶ 임금 협상. /협상을 벌이다. ②두 나라 이상이 어떤 일을 조정하고 우호 관계를 수립하기 위한 외교적 방법이나 회담(會談). ¶ 한미 양국 간의 협상.
협상^가격차(鋏狀價格差) [-쌍-] 명 독점 가격과 비독점 가격과의 차가 가위를 벌린 것처럼 증대되는 현상. 특히, 농산물 가격과 공산품 가격 간의 격차를 이름.
협서(夾書·脇書) [-써] 명하타 글줄과 글줄 사이에 글을 적음, 또는 그 글.
협서(挾書) [-써] 명하자 조선 시대에, 과장(科場) 안으로 몰래 책을 가지고 가던 일.
협성(協成) [-썽] 명하자 힘을 모아서 일을 이룸.
협세(挾勢) [-쎄] 명하타 남의 힘을 믿고 의지함.
협소(狹小) '협소하다'의 어근.
협소-하다(狹小-) [-쏘-] 형여 좁고 작다. 착소하다. ¶ 교실이 몹시 협소해서 모두 들어갈 수 없다.
협수(夾袖) [-쑤] 명 ☞동달이.
협순(挾旬·浹旬) [-쑨] 명 열흘 동안.
협시(夾侍·脇侍)[1] [-씨] 명 ①하타가까이에서 모심, 또는 그런 사람. ②☞협사(脇士).
협시(夾侍)[2] [-씨] 명 임금을 가까이서 모시던 내시(內侍).
협식(挾食) [-씩] 명하자 ☞협체(挾滯).
협실(夾室) [-씰] 명 ☞곁방.
협심(協心) [-씸] 명하자 여러 사람의 마음을 한군데로 모음. ¶ 우리 모두 협심하여 경제 위기를 극복합시다. 비합심(合心).
협심-증(狹心症) [-씸쯩] 명 심장부에 갑자기 심한 아픔과 발작이 일어나는 증상. 관상(冠狀) 동맥의 경화나 경련 따위로 일어나는데, 급성 심장 마비의 원인이 되기도 함.
협애(狹隘) '협애하다'의 어근.
협애-하다(狹隘-) 형여 ①(지세나 처소가) 매우 비좁다. ②(마음이) 좁다. 너그럽지 못하다.

협약(協約)명하타 협의하여 약속함, 또는 그 약속. 〔특히, 국가와 국가, 국가와 단체, 국가와 개인, 단체와 개인 사이의 일에 대하여 이름.〕

협약(脅約)명 위협으로써 이루어진 약속이나 조약.

협약^헌ː법(協約憲法)[혀뱌컨뻡]명 ☞협정 헌법(協定憲法).

협업(協業)명하자 많은 사람이 일정한 계획 아래 노동을 분담하여 협동적·조직적으로 일함, 또는 그 일.

협연(協演)명하자 ①협력하여 출연함. ②음악에서, 동일한 곡을 한 독주자(獨奏者)가 다른 독주자나 악단과 함께 연주함, 또는 그러한 연주. ¶ 관현악단과의 협연.

협위(脅威)명하타 ☞위협(威脅).

협의(協議)[혀븨/혀비]명하타되자 여럿이 모여 의논함. 서로 논의함. ¶ 대책을 협의하다. /협의 사항을 알리다. 비합의(合議).

협의(狹義)[혀븨/혀비]명 어떤 말의 뜻을 좁은 범위로 한정해서 해석했을 때의 뜻. 좁은 뜻. ¶ 협의의 민주주의. ↔광의(廣義).

협잡(挾雜)[-짭]명하자 옳지 않은 짓으로 남을 속임, 또는 그 짓.

협잡-꾼(挾雜-)[-짭-]명 협잡질을 잘하는 사람.

협잡-물(挾雜物)[-짬-]명 ①협잡으로 얻은 물건. ②어떠한 물질에 섞여 그 물질을 불순하게 만드는 물질.

협잡-배(挾雜輩)[-짭빼]명 협잡을 일삼는 무리.

협잡-질(挾雜-)[-짭찔]명하타 협잡을 하는 짓.

협장(脇杖)[-짱]명 다리 불구자가 겨드랑이에 대고 짚는 지팡이. 목다리. 목발.

협장(狹長) '협장하다'의 어근.

협장-하다(狹長-)[-짱-]형여 좁고 길다.

협접(蛺蝶)[-쩝]명 ☞나비[1].

협정(協定)[-쩡]명하타되자 협의하여 결정함, 또는 그 내용. 〔특히, 국가와 국가, 업자와 업자 사이의 일을 이름.〕 ¶ 양국 간에 협정을 맺다.

협정^가격(協定價格)[-쩡까-]명 ①동업자끼리 협정한 상품의 가격. ②국제간의 협정으로 정해진 무역품의 가격.

협정^세ː율(協定稅率)[-쩡-]명 조약에 따라 특별히 협정된 관세율. 〔이 세율이 적용되는 화물에는 별도의 국정 세율이 적용되지 않음.〕 참국정 세율.

협정^헌ː법(協定憲法)[-쩡-뻡]명 군주와 국민 또는 국민의 대표자 사이에 협의에 따라 제정된 헌법. 의정 헌법. 협약 헌법. ↔흠정 헌법(欽定憲法).

협제(脅制)[-쩨]명하타 으르대고 억누름.

협조(協助)[-쪼]명하자타 남이 하는 일을 거들어 줌. 도와줌. ¶ 환경 정화 사업에 협조하다.

협조(協調)[-쪼]명하자되자 견해나 이해관계 등이 다른 처지에서 서로 양보하고 조화하는 일. ¶ 노사 간의 협조로 난국을 극복하다.

협조^융자(協調融資)[-쪼-]명 둘 이상의 금융 기관이 협의 분담하여 한 기업체에 융자하는 일.

협조-적(協調的)[-쪼-]관명 힘을 합하여 서로 양보하고 조화를 이루는 (것). ¶ 협조적 자세. / 협조적인 태도.

협종(脅從)[-쫑]명하자 위협에 눌려 복종함.

협주(協奏)[-쭈]명하자 독주 악기와 오케스트라가 함께 연주함, 또는 그 연주. 참합주(合奏).

협주-곡(協奏曲)[-쭈-]명 피아노나 바이올린 따위 독주 악기가 중심이 되어 관현악과 합주하는 형식의 악곡. 콘체르토. ¶ 피아노 협주곡.

협죽-도(夾竹桃)[-쭉또]명 협죽도과의 상록 관목. 인도 원산의 관상용 식물인데, 높이는 2~5 m. 잎은 두껍고 세 개씩 돌려남. 여름에 빨강·노랑·하양 등의 꽃이 핌. 나무껍질과 뿌리는 한방에서 강심제 따위로 쓰임.

협지(夾紙)[-찌]명 편지 속에 따로 적어 끼우는 쪽지. 태지(胎紙).

협착(狹窄) '협착하다'의 어근.

협착-증(狹窄症)[-쯩]명 심장 또는 혈관의 판막(瓣膜)이나 관이 좁아지는 증상.

협착-하다(狹窄-)[-차카-]형여 (자리 따위가) 몹시 좁다.

협찬(協贊)명하타되자 어떤 일에 재정적인 도움을 줌. ¶ 여러 업체의 협찬으로 행사를 성대히 치렀다.

협창(挾娼)명하자 창녀를 데리고 놂.

협채(夾彩)명하타 ①채색 바탕에 채화(彩畫)를 그림. ②경채(硬彩)와 연채(軟彩)를 아울러 씀.

협체(挾滯)명하자 한방에서, 체증이 생긴 다음에 딴 병이 겹침. 협식(挾食).

협촌(峽村)명 산골 마을.

협탈(脅奪)명하타되자 협박하여 빼앗음.

협통(脇痛)명 한방에서, 갈빗대 부위가 결리고 아픈 병을 이르는 말.

협판(協辦)명 ①대한 제국 때, 각 부(部)와 궁내부(宮內府)의 둘째 벼슬. ②조선 말기에, 외교 관계를 맡아보던 관아의 한 벼슬.

협포(狹布)명 나비가 좁은 베.

협포(脅鉋)명 ☞변탕(邊鐋).

협-하다(狹-)[혀파-]형여 ①(지역이) 좁다. ②마음이 너그럽지 못하고 좁다.

협호(夾戶)[혀포]명 (딴살림을 할 수 있도록) 원채와 떨어져 있는 집채.

협호-살림(夾戶-)[혀포-]명하자 남의 집 협호에서 하는 살림.

협화(協和)[혀퐈]명하자 ①협력하여 화합함. ②음악에서, 동시에 여러 소리가 잘 조화되는 일.

협화-음(協和音)[혀퐈-]명 ☞어울림음. ↔불협화음.

협화^음정(協和音程)[혀퐈-]명 ☞어울림 음정. ↔불협화 음정.

협회(協會)[혀퐈/혀풰]명 어떤 목적을 위하여 회원들이 협력하여 설립하고 유지하는 회. ¶ 체육 협회. /출판 문화 협회.

혓-밑[현믿]명 〈섯밑〉의 본딧말. *혓밑이[현미치]·혓밑을[현미틀]·혓밑만[현민-]

혓-바늘[혀빠-/헏빠-]명 혓바닥에 좁쌀 모양으로 붉은 것이 돋는 증상, 또는 그 돋은 것. ¶ 혓바늘이 돋다. /혓바늘이 서다.

혓-바닥[혀빠-/헏빠-]명 ①혀의 윗면. ②〈혀〉의 속된 말.

혓-소리[혀쏘-/헏쏘-]명 ☞설음(舌音).

혓-줄기[혀쭐-/헏쭐-]명 혀의 밑동.

혓-줄때기[혀쭐-/헏쭐-]명 〈혓줄기〉의 속된 말.

형(兄)명 ①동기간 또는 한 항렬 사이에서 나이가 위인 사람을 일컫는 말. 높형님. ↔아우. ②성이나 이름 아래에 써서, 친구나 나이가 비슷한 남자끼리 상대를 높여 이르는 말. 〔김 형·일남 형 따위.〕 ③㉠나이가 비슷한 친구 사이에 서로 높여 이르는 말. ㉡서먹서먹한 사이나 나이가 아래인 사람을 대접하여 이르는 말.

형만 한 아우 없다㊗ 경험을 많이 쌓은 형이 아무래도 아우보다는 낫다는 말.
형(刑)명하타 〈형벌〉의 준말.
형(形)명 ①〈형상(形狀)〉의 준말. ②〈활용형〉의 준말.
형(型)명 ①어떠한 특징을 나타내고 있는 형태. ¶ 새로운 형의 자동차. ②〈모형(模型)〉의 준말.
형(桁)명 (건축이나 토목 공사 따위에서) 기둥 위에 가로질러 위의 것을 받치는 나무.
-형(形)접미 일부 명사 뒤에 붙어, '그런 모양'의 뜻을 나타냄. ¶ 달걀형. /피라미드형.
-형(型)접미 일부 명사 뒤에 붙어, '그러한 유형', '그러한 형식' 등의 뜻을 나타냄. ¶ 유선형. /천재형.
형각(形殼)명 드러나 보이는 모양과 형체.
형강(形鋼·型鋼)명 끊은 자리가 일정한 모양의 압연 강재. 〔아이 빔이나 티형 강(T形鋼) 따위.〕
형개(荊芥)명 ①☞정가[2]. ②한방에서, '정가의 잎과 줄기'를 약재로 이르는 말. 열을 다스리고 피를 맑게 함. 산후(產後) 조리에 쓰임.
형개-수(荊芥穗)명 한방에서, '정가의 꽃이 달린 이삭'을 약재로 이르는 말. 풍병이나 산후(產後) 조리에 쓰임.
형관(荊冠)명 ☞가시 면류관.
형광(螢光)명 ①반딧불. ②어떤 물질이 빛이나 방사선 따위를 받았을 때 그 빛과는 다른 고유의 빛을 내는 현상.
형광^도료(螢光塗料)명 형광 물질이 들어 있는 도료.
형광-등(螢光燈)명 진공 유리관 안쪽에 형광 물질을 칠하여 수은의 방전으로 생긴 자외선을 눈으로 볼 수 있는 광선으로 바꾼 조명 장치.
형광^물질(螢光物質)[-찔]명 형광을 발하는 물질을 통틀어 이르는 말. 〔아연이나 카드뮴의 산화물과 아닐린 따위.〕 형광체.
형광-체(螢光體)명 ☞형광 물질.
형광-판(螢光板)명 형광 물질을 칠한 판. 자외선이나 방사선이 닿으면 눈에 보이게 빛을 냄. 의료용 따위로 많이 쓰임.
형교(桁橋)명 다리의 몸체가 형(桁)으로 되어 있는 다리.
형구(刑具)명 죄인의 처형이나 고문 등에 쓰이는 도구.
형국(形局)명 ①(어떤 일이 벌어진 때의) 형편이나 판국. ¶ 형국이 불리하다. ②관상이나 풍수지리에서, 얼굴 생김이나 묏자리·집터 따위의 겉모양과 그 생김새. ②참체국(體局).
형극(荊棘)명 ①나무의 가시. ②'고난'이나 '장애' 따위를 비유하여 이르는 말. ¶ 형극을 헤쳐 나가다.
형기(刑期)명 형벌의 집행 기간. ¶ 형기를 마치다. /형기를 채우다.
형기(形氣)명 형상과 기운.
형기(衡器)명 무게를 다는 기구.
형노(刑奴)명 지난날, 궁가(宮家) 같은 곳에서 하속(下屬)들에게 형벌을 주는 일을 맡아 하던 하인.
형-님(兄-)명 ①〈형(兄)〉의 높임말. ②'손위 시누이나 손위 동서'를 이르는 말.
형단영척(形單影隻)명 〔형체가 하나이므로 그림자도 외짝이라는 뜻으로〕 '의지할 곳 없는 외로운 처지'를 이르는 말.
형도(刑徒)명 형(刑)을 받은 자, 또는 그런 무리.
형랍(型蠟)[-납]명 조각 따위에서, 형상의 본을 뜰 때에 쓰는 송진이나 밀랍 따위의 재료.
형량(刑量)[-냥]명 형벌의 양. ¶ 재판부는 범인에게 6년의 형량을 선고했다.
형례(刑例)[-녜]명 형벌에 관한 규정이나 전례.
형륙(刑戮)[-뉵]명하타되자 (죄인에게) 형벌을 가하여 죽임.
형률(刑律)[-뉼]명 ☞형법(刑法).
형리(刑吏)[-니]명 왕조 때, 지방 관아의 형방(刑房)에 딸렸던 아전.
형림(形臨)[-님]명 글씨본으로 삼은 글씨의 운필(運筆)이나 구성법 등을 보고 그 기법을 익히는 일.
형망제급(兄亡弟及)명 형이 아들 없이 세상을 떠났을 때 아우가 혈통을 잇는 일.
형명(刑名)명 (법이 규정하는) 형벌의 이름. 〔사형·징역·금고(禁錮)·구류(拘留)·과료(科料)·벌금 따위.〕
형명(形名)명 지난날, 기(旗)와 북으로 군대를 지휘하던 신호법.
형모(形貌)명 ①생긴 모양. ②☞용모(容貌).
형무(刑務)명 행형(行刑)에 관한 사무나 업무.
형무-소(刑務所)명 '교도소'의 구용어.
형문(刑問)명 〔지난날〕 ①죄인을 형장(刑杖)으로 때리던 일. 형추(刑推). ②하타죄인을 고문하여 자백시키던 일. ②형신(刑訊).
형방(刑房)명 〔조선 시대〕 ①승정원(承政院)과 지방 관아의 육방(六房)의 하나. 형전(刑典)에 관한 일을 맡아보았음. ②지방 관아의 형방의 아전.
형배(刑配)명하타되자 지난날, 죄인을 벌하여 귀양 보내던 일.
형벌(刑罰)명하타 국가가 죄를 범한 자에게 제재를 가함, 또는 그 제재. 형옥(刑獄). ¶ 형벌을 과(科)하다. 준형(刑).
형법(刑法)[-뻡]명 범죄와 형벌의 내용을 규정한 법률. 형률(刑律).
형부(兄夫)명 언니의 남편. ↔제부(弟夫).
형부(刑部)명 고려 시대의 육부(六部)의 하나. 법률·소송·재판에 관한 일을 맡아보았음.
형사(刑死)명하자 형을 받아 죽음. 주로, 사형에 처해져 죽는 것을 이름.
형사(刑事)명 ①형법의 적용을 받는 일. ↔민사(民事). ②(주로 사복 차림으로) 범죄를 수사하고 범인을 체포하는 따위의 일을 맡은 경찰관. ¶ 형사 기동대.
형사(形寫)명하타 모양을 본떠서 베낌.
형사^미:성년자(刑事未成年者)명 아직 14세가 되지 아니하여 형법상 책임 능력이 없는 것으로 간주되는 사람.
형사-범(刑事犯)명 (법률에 규정이 없더라도) 그 행위 자체가 이미 반도덕적이고 반사회적인 행위로 인정되는 범죄. 〔살인·방화(放火) 따위.〕 자연범. ↔법정범·행정범.
형사-법(刑事法)[-뻡]명 '형사에 관한 법률'을 통틀어 이르는 말. 〔형법·형사 소송법·행형법(行刑法) 따위.〕
형사^보:상(刑事補償)명 무고한 사람이 범죄 수사나 형사 재판 따위로 피해를 입었음이 판명되었을 때 이를 국가가 보상하는 일.
형사^사:건(刑事事件)[-껀]명 형법의 적용을 받게 되는 사건.
형사^소송(刑事訴訟)명 형법의 법규를 위반한 사람에게 형벌을 과(科)하기 위하여 행하는 소송 절차. 준형소.
형사^소추(刑事訴追)명 검사가 피고인을 기소하여 그 형사 책임을 추궁하는 일.

형사^시효(刑事時效)명 형사에 관한 시효. 일정 기간의 경과에 따라 공소권이 소멸되는 '공소 시효'와 형의 집행권이 소멸되는 '형(刑)의 시효'로 나누어짐.
형사^재판(刑事裁判)명 형사 사건에 관한 재판. ↔민사 재판.
형사지(兄事之)명하타 나이가 자기보다 조금 많은 사람을 형의 예로써 섬김.
형사^책임(刑事責任)명 불법 행위로 말미암아 형벌을 받아야 할 법률상의 책임. ↔민사 책임.
형사^처:분(刑事處分)명 범죄를 이유로 형벌을 가하는 처분.
형사^피:고인(刑事被告人)명 형사 사건의 피의자. 범죄의 혐의를 받아, 검사로부터 기소되었으나 아직 형(刑)의 확정을 받지 않은 사람.
형살(刑殺)명하타 사형을 집행함.
형상(形狀)명 (물건이나 사람의) 생긴 모양. 형상(形相). 형상(形象). 준형(形).
형상(形相)명 ①☞형상(形狀). ②실체의 본질. ②참에이도스.
형상(形象·形像)명 ①☞형상(形狀). ②하타되자 마음속에 떠오른 관념 따위를 어떤 표현 수단으로 구상화함, 또는 그 구상화한 모습.
형상^예:술(形象藝術)[-네-]명 시각적인 형태를 갖춘 예술. 〔조각·회화 따위.〕
형상-화(形象化)명하타되자 (추상적인 본질 따위를 구상화하여) 뚜렷한 형상으로 나타냄. ¶ 작가의 내면 세계를 그림으로 형상화하다.
형색(形色)명 ①생긴 모양과 빛깔. ¶ 형색이 초라하다. ②얼굴 모양과 표정. ¶ 불안한 형색.
형석(螢石)명 플루오르화칼슘으로 이루어진 광물. 유리 광택이 나는 약한 결정(結晶)으로, 가열하면 형광을 발함. 광학 기계나 플루오르화수소 따위의 제조에 쓰임.
형석-채(螢石彩)명 도자기에 입히는, 홍채(紅彩)가 나는 잿물.
형설(螢雪)명 '고생하면서도 꾸준히 학문을 닦음'을 이르는 말. 〔반딧불과 눈이 반사하는 빛으로 공부했다는 차윤(車胤)과 손강(孫康)의 고사에서 유래함.〕 ¶ 형설의 공을 쌓다.
형설지공(螢雪之功)[-찌-]명 고생하면서도 꾸준히 학문을 닦은 보람. 참설안형창(雪案螢窓).
형성(形成)명하타되자 어떤 모양을 이룸. ¶ 고대 국가의 형성. /공감대가 형성되다.
형성(形聲)명 한자의 육서(六書)의 하나. 뜻을 나타내는 글자와 음을 나타내는 글자를 합하여 새 한자를 만드는 방법. 〔'물'을 뜻하는 '氵'와 음을 나타내는 '木'을 합한 '沐' 따위.〕 해성(諧聲).
형성^가격(形成價格)[-까-]명 가격을 구성하는 요소에 이윤을 더하여 국가가 인위적으로 정한 가격.
형성-권(形成權)[-꿘]명 권리자의 일방적 의사 표시에 따라 일정한 법률 효과를 발생시키거나 소멸시키거나 하는 권리. 〔인지권·추인권·취소권·해제권 따위.〕
형성-층(形成層)명 식물의 줄기나 뿌리에서, 겉껍질과 목질부 사이에 있는 조직. 세포 분열로 줄기와 뿌리가 굵어짐. 부름켜.
형세(形勢)명 ①살림살이의 형편. ¶ 형세가 말이 아니다. ②(어떠한 일의) 형편이나 상태. 형편. 세(勢). ¶ 형세가 위급하다. ③풍수지리에서, 산형(山形)과 지세(地勢)를 이르는 말.
형소(刑訴)명 〈형사 소송〉의 준말.
형수(兄嫂)명 형의 아내.
형승(形勝)명하형 지세나 경치가 뛰어남.
형승지지(形勝之地)명 경치가 매우 뛰어나게 아름다운 곳(땅).
형식(形式)명 ①겉모양. 외형. ¶ 새로운 형식. ②격식이나 절차. ¶ 형식을 갖추다. ③고정된 관념이나 상태. ¶ 형식에 얽매이다.
형식^논리학(形式論理學)[-싱놀-]명 개념이나 판단·추론 따위 사유의 형식적인 면을 연구하는 논리학.
형식-론(形式論)[-싱논]명 형식에 관한 이론.
형식^명사(形式名詞)[-싱-]명 ☞의존 명사.
형식-미(形式美)[-싱-]명 예술 작품 따위에서, 조화나 균형·율동 따위와 같이 형식이 감각에 호소하는 아름다움. ↔내용미.
형식-범(形式犯)[-뻠]명 ☞거동범(擧動犯).
형식-법(形式法)[-뻡]명 ☞절차법.
형식-적(形式的)[-쩍]관명 형식을 주로 하는 (것). 〔내용이나 실질이 따르지 않음을 강조하는 경우에 많이 씀.〕 ¶ 형식적 절차. /형식적인 인사. ↔실질적.
형식-주의(形式主義)[-쭈의/-쭈이]명 ①사물의 형식을 특히 중요시하여 내용을 경시하거나 무시하는 태도나 생각. ↔실질주의. ②미학에서, 예술 작품의 내용을 관념적으로 파악하기보다는 감각적인 측면을 중시하는 일.
형식^형태소(形式形態素)[-시켱-]명 실질 형태소에 붙어서 말과 말 사이의 관계를 형식적으로 나타내는 가장 작은 단위의 말. 조사·어미·접사 등이 이에 딸림. 〔'철수가 이야기책을 읽었다.'에서의 '가·을·었·다' 따위.〕 참실질 형태소.
형식-화(形式化)[-시콰]명하타되자 형식이 되거나 형식이 되게 함. 일정한 형식에 맞게 함.
형신(刑訊)명하타 ☞형문(刑問).
형씨(兄氏)대 잘 알지 못하는 사이에서, 상대를 조금 높여 이르는 이인칭 대명사.
형안(炯眼)명 ①날카로운 눈매. ②사물의 본질을 꿰뚫어 보는 뛰어난 관찰력.
형안(螢案)명 ①〔반딧불로 밝힌 책상이라는 뜻으로〕 '공부하는 책상'을 이르는 말. ②'어려운 형편에서 힘들게 한 공부'를 비유하여 이르는 말.
형언(形言)명하타 (('어렵다'·'없다'·'못하다' 따위의 부정어와 함께 쓰이어)) 형용하여 말함. ¶ 이 기쁜 마음을 형언할 길이 없다. /형언하기 어려운 고통을 당하다.
형역(形役)명 〔육체가 마음을 부린다는 뜻으로〕 '정신이 물질의 지배를 받음'을 이르는 말.
형영(形影)명 〔형체와 그림자라는 뜻으로〕 '항상 서로 떨어지지 않음'을 이르는 말.
형영-상동(形影相同)명 〔형체의 곧고 굽음에 따라 그림자도 곧고 굽는다는 뜻으로〕 '마음의 선악이 그대로 행동으로 드러남'을 이르는 말.
형영-상조(形影相弔)명하자 〔자신의 형체와 그림자가 서로 불쌍히 여긴다는 뜻으로〕 '의지할 곳이 없어 매우 외로워함'을 이르는 말.
형옥(刑獄)명 ①☞형벌. ②☞감옥.
형용(形容)명 ①생긴 모양. ②하타사물의 어떠함을 어떠한 표현 수단을 써서 나타냄. ¶ 무어라고 형용할 길이 없다.
형용-사(形容詞)명 사람이나 사물의 성질이나 상태, 또는 존재를 나타내는 말. 용언의 한 가지로서, 문장의 주체가 되는 말의 서술어가 됨. 〔기능에 따라 본형용사·보조 형용사, 형태에 따라 규칙 형용사·불규칙 형용사로 나뉨.〕 그림씨. 참용언.

형용사-구(形容詞句)명 문장에서, 형용사처럼 서술어 구실을 하는 구. 〔'그 꽃이 매우 아름답다.'에서의 '매우 아름답다' 따위.〕
형우제공(兄友弟恭)명하자 〔형은 아우를 사랑하고, 아우는 형을 공경한다는 뜻으로〕 형제간에 우애가 깊게 지냄을 이르는 말.
형이상(形而上)명 형체가 없어, 감각으로는 그 존재를 파악할 수 없는 것. 시간이나 공간을 초월한 관념적인 것. ↔형이하.
형이상-학(形而上學)명 사물의 본질이나 존재의 근본 원리 따위를 사유(思惟)나 직관에 의해 연구하는 학문. ↔형이하학.
형이하(形而下)명 형체를 갖추어, 감각으로 알 수 있는 것. 시간이나 공간 속에 형체를 가지고 나타나는 자연현상이나 사회 현상 따위. ↔형이상.
형이하-학(形而下學)명 형체가 있는 사물에 관한 학문. 물리학·식물학 따위의 자연 과학. ↔형이상학.
형장(刑杖)명 ☞곤장(棍杖).
형장(刑場)명 사형을 집행하는 곳. 사형장. ¶ 형장의 이슬로 사라지다.
형장(兄丈)대 나이가 엇비슷한 친구 사이에서 '상대편'을 높이어 부르는 말.
형적(形迹·形跡)명 사물의 뒤에 남은 흔적. ¶ 형적도 없이 사라지다.
형전(刑典)명 왕조 때, 육전(六典)의 하나. 형조(刑曹)의 소관 사항을 규정한 법전.
형정(刑政)명 형사(刑事)에 관한 행정.
형제(兄弟)명 ①형과 아우. 곤제(昆弟). ②☞동기(同氣).
형제-자매(兄弟姊妹)명 형제와 자매. 동기(同氣).
형제지국(兄弟之國)명 국교가 매우 두터운 나라, 또는 혼인 관계가 있는 나라.
형제지의(兄弟之誼)[-의/-이]명 (형제간처럼 지내는) 벗 사이의 매우 깊은 우의.
형조(刑曹)명 고려·조선 시대의 육조(六曹)의 하나. 법률·소송·노예 등에 관한 일을 맡았음.
형조^판서(刑曹判書)명 조선 시대, 형조의 정이품 으뜸 벼슬. 준형판(刑判).
형죄(刑罪)[-죄/-줴]명 형벌과 죄.
형지(形止)명 ①사실의 전말. ②일이 되어 가는 형편.
형지(型紙)명 ☞본(本)[1].
형질(形質)명 ①생긴 모양과 성질. ②생물을 분류할 때 지표가 되는 형태나 성질 따위의 특징, 또는 밖으로 드러난 유전적 성질.
형질^세ː포(形質細胞)명 장벽(腸壁)의 점막이나 림프샘·소혈관(小血管) 따위의 주변에 밀집되어 있는 림프구의 한 가지.
형징(刑懲)명하타 형벌을 과하여 징계함.
형ː찰(詗察)명하타 남모르게 살핌, 또는 넌지시 엿보며 살핌.
형창(螢窓)명 ①〔반딧불이 비치는 창가라는 뜻으로〕 공부하는 방의 창. ②학문을 닦는 곳.
형처(荊妻)명 편지 글 등에서, 남에게 대하여 자기 '아내'를 낮추어 이르는 말. 〔중국 후한 때에 양홍(梁鴻)의 아내 맹광(孟光)이 가시나무 비녀를 꽂고 무명으로 만든 치마를 입었다는 데서 유래함.〕 우처(愚妻).
형체(形體)명 사물의 모양과 바탕. 물건의 외형. ¶ 형체가 없다. /형체를 알아보다.
형추(刑推)명하타 ☞형문(刑問).
형ː탐(詗探)명하타 엿보아서 샅샅이 찾음. 염탐하여 수색함.
형태(形態)명 ①사물의 생긴 모양. 생김새. ¶ 동물의 형태. ②어떠한 구조나 전체를 이루고 있는 구성체가 일정하게 갖추고 있는 모양. ¶ 가족의 형태. /시조의 형태. ③심리학에서, 부분의 집합체로서가 아닌, 그 전체를 하나의 통합된 유기체로 본 것.
형태-론(形態論)명 형태소에서 단어까지를 다루는 문법의 한 분야. 어형론.
형태-소(形態素)명 일정한 음성과 뜻이나 기능을 지닌 가장 작은 말의 단위. 〔'철수가 이야기책을 읽었다.'에서의 '철수·이야기·책·읽·가·을·었·다' 따위.〕 참의존 형태소·자립 형태소·실질 형태소·형식 형태소.
형태-학(形態學)명 생물학의 한 부문. 생물의 구조나 형태 따위를 연구하는 학문. 〔대상이나 목적에 따라 조직학·세포학·발생학 따위로 나뉨.〕
형통(亨通)명하자 모든 일이 뜻대로 잘되어 감. ¶ 만사가 형통하시기를 기원합니다.
형-틀(刑-)명 지난날, 죄인을 신문할 때 앉히던 형구(刑具).
형-틀(型-)명 물건을 만들 때 그 형태의 바탕으로 삼는 것. 골[3]. 틀.
형판(刑判)명 〈형조 판서〉의 준말.
형편(形便)명 ①일이 되어 가는 모양이나 결과. ¶ 되어 가는 형편을 지켜보다. /형편에 따르다. ②살림살이의 정도. 형세. ¶ 형편이 어렵다.
형편-없다(形便-)[-펴넙따]형 ①일의 경과·결과 따위가 매우 좋지 못하다. ¶ 시험 성적이 형편없다. ②모양이나 내용이 전혀 취할 바가 없다. ¶ 사람 됨됨이가 형편없다. **형편없-이**부 ¶ 자재가 형편없이 부족하다.
형평(衡平)명 균형이 잡혀 있는 일. 수평(水平). ¶ 형평에 어긋나는 처사.
형평-사(衡平社)명 천민 계급, 특히 백장들의 사회적 지위를 향상시키기 위하여, 1923년 경상남도 진주에서 결성되었던 정치적 결사(結社).
형평-성(衡平性)[-썽]명 형평을 이루는 성질. ¶ 형평성에 어긋나다.
형평^운ː동(衡平運動)명 일제 강점기에, 형평사를 중심으로 평등한 인권을 쟁취하려고 천민들이 일으킨 혁신적 사회 운동.
형해(形骸)명 ①(사람이나 동물의) 몸과 뼈. 육체. ②(어떤 구조물 따위의) 뼈대. ③(질병이나 재화로 인하여 사람의 몸이나 건축물 따위가) '앙상한 모습'을 비유한 말. ¶ 불타고 형해만 남은 건물.
형향(馨香)명 ①향내. 꽃다운 향기. ②제상에 피우는 향. ¶ 우리 선열께 바칠 형향이 광복의 완성, 즉 독립의 고공(告功)에 있을 뿐이어늘….
형형(炯炯) '형형(炯炯)하다'의 어근.
형형(熒熒) '형형(熒熒)하다'의 어근.
형형색색(形形色色)[-쌕]명 모양과 종류가 다른 가지가지. 가지각색. ¶ 형형색색의 깃발.
형형-하다(炯炯-)형여 (눈빛 따위가) 반짝반짝 빛나다. ¶ 사람을 압도하는 형형한 눈빛. **형형-히**부.
형형-하다(熒熒-)형여 (빛이) 자꾸 반짝반짝 빛나면서 밝다. ¶ 불빛이 형형하다. **형형-히**부.
형화(螢火)명 반딧불.
혜ː(慧)[혜/헤]명 불교에서, 사리를 밝게 분별하는 '지혜'를 이르는 말.
혜ː감(惠鑑)[혜-/헤-]명 자기의 저서나 작품을 남에게 드릴 때, '보아 주십시오'라는 뜻으로 받는 이의 이름 끝이나 옆에 쓰는 말. 참혜존.

혜ː검(慧劍)[혜-/헤-] 명 불교에서, ‘일체의 번뇌를 끊어 버리는 지혜’를 날카로운 칼에 비유하여 이르는 말.

혜ː고(惠顧)[혜-/헤-] 명 ①하자 상대편을 높이어 그가 ‘자기를 찾아 줌’을 이르는 말. 왕림. 혜래. 혜림. ②하타 잘 보살펴 줌.

혜ː교(慧巧)[혜-/헤-] 명 밝은 지혜와 교묘한 재주.

혜ː근(慧根)[혜-/헤-] 명 불교에서 이르는 오근(五根)의 하나. 선정(禪定)으로 사리를 헤아리는 지혜를 닦아 사제(四諦)의 이치를 깨닫게 되는 일을 이름.

혜ː념(惠念)[혜-/헤-] 명 하자 〔주로 편지 글에서〕 상대편이 자기를 돌보아 주는 생각이라는 뜻으로 쓰는 말.

혜다 타 〈옛〉 ①세다. ¶ 三世옴 혜온 數ㅣ라(釋譜*19:11*)./혤 계:計(類合下*20*). ②헤아리다. 생각하다. ¶ 社稷功ᄋᆞᆯ 혜샤(龍歌*104*章).

혜ː당(惠堂)[혜-/헤-] 명 〈선혜당상〉의 준말.

혜ː란(蕙蘭)[혜-/헤-] 명 난초의 하나. 잎이 길고 뻣뻣하며, 늦은 봄에 빛깔이 부연 꽃이 한 줄기에 여러 개가 핌.

혜ː래(惠來)[혜-/헤-] 명 하자 ☞혜고(惠顧).

혜ː량(惠諒)[혜-/헤-] 명 하타 편지 글 따위에서, ‘널리 살펴서 헤아림’의 뜻으로 쓰는 말.

혜ː력(慧力)[혜-/헤-] 명 불교에서 이르는 오력(五力)의 하나. 선정(禪定)으로 사리를 헤아리는 지혜를 닦아 사제(四諦)의 이치를 깨닫게 되는 일.

혜ː림(惠臨)[혜-/헤-] 명 하자 ☞혜고(惠顧).

혜ː명(慧命)[혜-/헤-] 명 ①‘지혜’를 생명에 비유하여 이르는 말. ②〔불법의 명맥이라는 뜻으로〕 ‘비구(比丘)’를 높여 이르는 말.

혜ː무(惠撫)[혜-/헤-] 명 하타 은혜를 베풀어 달램.

혜민(慧敏) ‘혜민하다’의 어근.

혜ː민-국(惠民局)[혜-/헤-] 명 고려·조선 시대에, 가난한 백성의 병을 고쳐 주던 관아.

혜ː민-서(惠民署)[혜-/헤-] 명 조선 시대에, 혜민국의 후신으로, 가난한 백성의 질병을 치료해 주던 관아.

혜ː민-원(惠民院)[혜-/헤-] 명 조선 말기에, 가난한 백성을 구호하고 의술을 베풀어 주던 관아.

혜ː민-하다(慧敏-)[혜-/헤-] 형여 슬기롭고 민첩하다. 혜오(慧悟)하다.

혜ː분난비(蕙焚蘭悲)[혜-/헤-] 명 〔혜란(蕙蘭)이 불에 타니 난초가 슬퍼한다는 뜻으로〕 ‘벗의 불행을 슬퍼함’을 비유하여 이르는 말. 참송무백열(松茂柏悅).

혜ː사(惠賜)[혜-/헤-] 명 하타 은혜로 무엇을 줌. 혜여(惠與).

혜ː서(惠書)[혜-/헤-] 명 상대편을 높이어 그의 ‘편지’를 이르는 말. 혜음. 혜찰. 혜한. 혜함.

혜ː성(彗星)[혜-/헤-] 명 ①태양을 초점으로, 긴 꼬리를 끌고 타원이나 포물선 또는 쌍곡선의 궤도를 그리며 운동하는 천체. 꼬리별. 살별. 미성(尾星). ②‘어떤 분야에서 갑자기 나타나 뛰어나게 뚜렷함’을 비유하는 말. ¶ 혜성같이 나타난 신예 작가.

혜ː성(慧性)[혜-/헤-] 명 민첩하고 총명한 성품.

혜ː성-가(彗星歌)[혜-/헤-] 명 신라 진평왕 때 융천사(融天師)가 지은 10구체 향가. 심대성(心大星)을 범한 혜성을 물리치고자 부른 노래. ‘삼국유사’에 실려 전함.

혜ː송(惠送)[혜-/헤-] 명 하타 보내어 주심.

혜ː시(惠示)[혜-/헤-] 명 하타 〔은혜롭게 알리거나 보인다는 뜻으로〕 주로 편지에서, 상대편에게 무엇을 알려 달라는 뜻으로 쓰는 말.

혜ː시(惠施)[혜-/헤-] 명 하타 은혜를 베풀어 줌.

혜ː심(慧心)[혜-/헤-] 명 슬기로운 마음.

혜아룜 타 〈옛〉〔‘혜아리다’의 명사형〕 헤아림. 생각. 근심. ¶ ᄆᆞᅀᆞ매 온 혜아룜과 ᄯᅩ 즈믄 혜아료ᄆᆞᆯ 머겟도다(杜初*11:4*).

혜아리다 타 〈옛〉 헤아리다. 세다. ¶ 아니 왯ᄂᆞᆫ 이ᄅᆞᆯ 혜아리디 말며(內訓*1:9*).

혜ː안(慧眼)[혜-/헤-] 명 ①날카로운 눈. 사물의 본질이나 이면을 꿰뚫어 보는 눈. ¶ 앞을 내다보는 혜안을 지니다. ②불교에서 이르는 오안(五眼)의 하나. 차별이나 망집(妄執)을 버리고 진리를 통찰하는 눈.

혜ː애(惠愛)[혜-/헤-] 명 하타 은혜롭게 사랑함.

혜어ᄒᆞ다 타 〈옛〉 생각하다. 헤아리다. ¶ 누어 ᄉᆡᆼ각ᄒᆞ고 니러 안자 혜어ᄒᆞ니(鄭澈.續美人曲).

혜ː여(惠與)[혜-/헤-] 명 하타 ☞혜사(惠賜).

혜여ᄒᆞ다 타 〈옛〉 세다. 헤아리다. ¶ 萬二千峯을 歷歷히 혜여ᄒᆞ니(鄭澈.關東別曲).

혜오(慧悟) ‘혜오하다’의 어근.

혜ː오-하다(慧悟-)[혜-/헤-] 형여 ☞혜민하다.

혜욤 타 〈옛〉〔‘혜다’의 명사형〕 생각. ¶ 緣ᄒᆞ야 혜요ᄆᆞᆫ 닐오ᄃᆡ 八識이 다 能히 제 分ㅅ境을 緣ᄒᆞ야 혜ᄂᆞᆫ 젼ᄎᆡ오(圓覺上二之一*27*). 참혜윰.

혜ː육(惠育)[혜-/헤-] 명 하타 은혜로써 기름.

혜윰 타 〈옛〉〔‘혜다’의 명사형〕 생각. 셈. 계산. ¶ 네 게을어 도라올 혜유미 업고(杜初*8:36*). 참혜욤.

혜ː음(惠音)[혜-/헤-] 명 ☞혜서(惠書).

혜ː인(惠人)[혜-/헤-] 명 조선 시대, 외명부의 한 품계. 정·종사품인 종친의 아내의 칭호.

혜ː전(惠展)[혜-/헤-] 명 (주로 편지 겉봉 따위에 써서) ‘삼가 펴 보십시오.’의 뜻으로 쓰는 말.

혜ː존(惠存)[혜-/헤-] 명 (자기의 저서나 작품을 증정할 때) ‘받아 간직하여 주십시오.’의 뜻으로 쓰는 말. 참혜감.

혜ː지(慧智)[혜-/헤-] 명 총명한 슬기.

혜ː찰(惠札)[혜-/헤-] 명 ☞혜서(惠書).

혜ː택(惠澤)[혜-/헤-] 명 은혜와 덕택. ¶ 선생님의 크나큰 혜택을 입다.

혜ː투(惠投)[혜-/헤-] 명 하타 상대편을 높이어, 그가 ‘보내어 줌’을 이르는 말.

혜ː풍(惠風)[혜-/헤-] 명 ①팔풍의 하나. 동남풍. ②화창한 봄바람. ③‘음력 삼월’을 달리 이르는 말. ③희월(喜月).

혜ː한(惠翰)[혜-/헤-] 명 ☞혜서(惠書).

혜ː함(惠函)[혜-/헤-] 명 ☞혜서(惠書).

혜ː화(惠化)[혜-/헤-] 명 하타 은혜를 베풀어 교화함.

혜ː휼(惠恤)[혜-/헤-] 명 하타 자비심을 가지고 어루만져 돌보아 줌.

혬 명 〈옛〉 셈. ¶ 말ᄊᆞᆷᄒᆞ며 혬 혜ᄂᆞᆫ 안해 겨샤ᄃᆡ(月釋*9:13*).

혬가림 명 〈옛〉 헤아림. 분별. 사려(思慮). ¶ 日暮脩竹에 혬가림도 하도할샤(鄭澈.思美人曲).

호 부 입을 오므리고 입김을 많이 불어 내는 소리. 큰후[1]. **호-호** 부 하타.

호ː(戶) Ⅰ 명 호적상의 가족으로 구성된 ‘집’을 이르는 말.

Ⅱ 의 ①집의 수효를 나타내는 말. ¶ 몇 호나 될까?/약 50호 되는 마을. ②바둑의 ‘집’. ¶ 오(五) 호 반 공제.

호(弧)명 원주(圓周), 또는 곡선 상의 두 점 사이의 부분.
호(胡)명 지난날, 중국에서 북방의 이민족을 이르던 말.
호(毫)명 붓의 털끝.
호(湖)명 《주로 호수 이름 뒤에 쓰이어》 '호수(湖水)'를 이르는 말. ¶ 영랑호. /경포호. /바이칼 호.
호ː(號)명 ①〈아호(雅號)〉의 준말. 별호(別號). ②세상에 널리 드러난 이름. 《주로, '호가 나다'의 꼴로 쓰임.》 ¶ 애처가로 호가 나다.
호(壕)명 〈참호〉의 준말.
호(濠)명 성벽 바깥에 도랑을 파서 물을 괴게 한 곳.
호(毫)의 무게나 길이의 단위의 한 가지. 이(釐)의 10분의 1, 곧 자〔尺〕의 만분의 1.
호ː(號)의 ①어떠한 사물의 차례를 나타내는 말. ¶ 일 호. /삼월 호. ②같은 번지 안의 집이나 구역을 나눌 때 붙여 쓰는 말. ¶ 산 5번지의 9호. ③그림 화포(畫布)의 크기를 나타낼 때 숫자 뒤에 붙여 쓰는 말. 1호가 우편엽서 크기임. ¶ 100호나 되는 그림.
호-(好)접두 《일부 명사 앞에 붙어》 '좋다'는 뜻을 나타냄. ¶ 호경기. /호남자. /호시절.
-호(號)접미 기차나 배·비행기 따위의 이름 뒤에 붙어, 그러한 이름임을 나타냄. ¶ 남해호. /통일호.
호ː가(好價)[-까]명 좋은 값.
호가(呼價)[-까]명하타 (정가가 매겨지지 않은 물건을 파는 이나 사는 이가) 값을 부름. ¶ 100만 원을 호가하는 물건.
호가(胡笳)명 ☞풀잎피리.
호가(胡歌)명 호인(胡人)의 노래.
호ː가(扈駕)명하자 왕조 때, 임금이 탄 수레를 모시고 따라가던 일.
호가호위(狐假虎威)명 〔여우가 범의 위세를 빌려 호기를 부린다는 뜻으로〕 '남의 권세에 의지하여 위세를 부림'을 이르는 말. '전국책'의 초책(楚策)에 나오는 말임.
호ː각(互角)명 양쪽의 역량이 엇비슷한 일. 서로 우열을 가릴 수 없는 일. 〔쇠뿔의 양쪽이 서로 길이나 크기가 같다는 데서 유래함.〕 ¶ 세력이 호각을 이루다.
호ː각(號角)명 불어서 소리를 내어 신호용 따위로 쓰는 작은 물건. ¶ 호각 소리. /호각을 불다. 참호루라기.
호ː각지세(互角之勢)[-찌-]명 서로 엇비슷한 세력. ¶ 호각지세를 이루다.
호ː감(好感)명 〈호감정〉의 준말. ¶ 호감이 가는 사람. ↔악감.
호ː-감정(好感情)명 좋게 여기는 감정. 준호감. ↔악감정.
호강명하자 호화롭고 편안한 삶을 누림. ¶ 딸 덕에 호강하며 산다.
호강(豪強) '호강하다'의 어근.
호강-스럽다[-따][~스러우니·~스러워]형ㅂ 호화롭고 편안한 삶을 누리는 듯하다. ¶ 호강스럽게 지내다. 호강스레부.
호강-작첩(-作妾)명하자 호강으로 첩을 얻음, 또는 그 첩.
호강-첩(-妾)명 부잣집에 들어가 호강스럽게 지내는 첩.
호강-하다(豪強-)형여 뛰어나게 강하다.
호객(呼客)명하자 (사창가나 음식점 따위에서) 말이나 짓 등으로 손님을 끎. ¶ 호객 행위.
호객(豪客)명 ①호기(豪氣)가 있는 사람. ②힘을 뽐내는 사람.
호ː건(好件)[-껀]명 좋은 물건이나 좋은 일.
호건(豪健) '호건하다'의 어근.
호건-하다(豪健-)형여 (기상이나 기력 따위가) 뛰어나고 굳세다.
호걸(豪傑)명 지용(智勇)이 뛰어나고 도량과 기개를 갖춘 사람. ¶ 영웅과 호걸.
호걸-스럽다(豪傑-)[-따][~스러우니·~스러워]형ㅂ 호걸다운 데가 있어 보이다. ¶ 호걸스럽게 굴다. 호걸스레부.
호걸-풍(豪傑風)명 호걸의 기풍이나 풍모.
호격(呼格)[-껵]명 문장에서, 체언이 부름의 자리에 놓이게 하여 독립어가 되게 하는 격.
호격^조ː사(呼格助詞)[-껵쪼-]명 문장에서 사람이나 사물의 이름 뒤에 붙어, 그 말이 부르는 말이 되게 하는 조사. 〔'야·여·아·이여·이시여' 따위.〕 부름자리토씨.
호ː경(好景)명 좋은 경치. 비가경(佳景).
호ː-경기(好景氣)명 좋은 경기. ¶ 호경기를 구가(謳歌)하다. ↔불경기.
호ː고(好古)명하자 옛것을 좋아함.
호ː고-가(好古家)명 옛 풍류와 아치(雅致)를 좋아하는 사람.
호-고추(胡-)명 중국 베이징 지방 원산의 고추.
호ː곡(號哭)명하자 소리 내어 슬피 욺, 또는 그 울음. ¶ 구천(九天)에 호곡하다.
호ː곡-성(號哭聲)[-썽]명 목놓아 슬피 우는 울음소리.
호ː골(虎骨)명 호랑이의 뼈. 한방에서 근골(筋骨)을 튼튼하게 하는 약재로 쓰임.
호ː공(虎公)명 '범'을 의인화하여 이르는 말.
호ː과(好果)명 좋은 결과.
호과(胡瓜)명 '오이'로 순화.
호과(瓠果)명 박과에 딸린 식물의 열매. 장과(漿果) 비슷하나 껍질이 단단함. 〔오이나 참외 따위.〕
호광(弧光)명 두 전극(電極)을 일단 접촉시켰다가 뗄 때, 두 전극 사이에 일어나는 호상(弧狀)의 빛. 참전호(電弧).
호광-등(弧光燈)명 ☞아크등(arc燈).
호광-로(弧光爐)[-노]명 호광이 발생할 때의 열을 이용한 전기로의 한 가지.
호구명 '괴통'의 잘못.
호ː구(戶口)명 호수(戶數)와 식구.
호ː구(虎口)명 ①〔범의 아가리라는 뜻으로〕 '매우 위태한 경우나 지경'을 이르는 말. ¶ 호구를 벗어나다. ②바둑에서, '석 점의 같은 색 돌로 둘러싸이고 한쪽만 트인 한 눈의 자리'를 이르는 말. ¶ 호구를 치다. ③'어수룩하여 이용하기 좋은 사람'을 얕잡아 이르는 말.
호구(糊口·餬口)명하자 〔입에 풀칠을 한다는 뜻으로〕 '간신히 끼니만 이으며 사는 일'을 비유하여 이르는 말. ¶ 호구를 마련하다.
호ː구(護具)명 태권도·검도 따위에서, 충격으로부터 몸을 보호하기 위하여 머리에 쓰거나 몸의 일부를 가리는 용구.
호ː구-만명(戶口萬明)명 민속에서, 천연두로 죽은 이의 귀신을 이름.
호ː구-별성(戶口別星)[-썽]명 민속에서, 천연두를 집집마다 가져다 주어 앓게 한다는 여신. 두신(痘神). 역신(疫神). 준별성. 높별성마마.
호ː구^조사(戶口調査)명 호수(戶數)와 각 호(戶)의 인구를 알아보기 위한 조사. 또는, 가족 동태 따위에 관한 조사.

호구지계(糊口之計) [-계/-게] 명 ☞호구지책.
호구지책(糊口之策) 명 겨우 먹고 살아가는 방책. 호구지계. 호구책. ¶ 호구지책을 마련하다. 참 호구(糊口).
호구-책(糊口策) 명 ☞호구지책.
호국(胡國) 명 ①미개한 야만인의 나라. ②(지난날, 중국의 북방 민족이 세웠던) 오랑캐 나라.
호:국(護國) 명 하자 (외적으로부터) 나라를 지킴. ¶ 호국 영령. /호국 정신.
호군(犒軍) 명 하타 ☞호궤(犒饋).
호:군(護軍) 명 ①조선 시대, 오위(五衛)의 정사품 무관 벼슬. ②고려 말기에, 장군(將軍)을 고쳐 이르던 이름.
호:굴(虎窟) 명 ①호랑이의 굴. ②'매우 위험한 곳'을 비유하여 이르는 말. 범굴. 호혈(虎穴).
호궁(胡弓) 명 동양에서 널리 보급되어 있는 현악기의 한 가지. 바이올린 비슷한데, 둘 또는 네 개의 줄을 얹어 활로 비벼 연주함. 중국의 호금(胡琴)이나 우리나라의 해금(奚琴) 따위가 이에 딸림.
호궤(犒饋) 명 하타 군사들을 위로하여 음식물을 베풂. 호군(犒軍).
호:기(好奇) 명 하자 신기한 것에 흥미를 가짐. 신기한 것을 좋아함.
호:기(好期) 명 꼭 좋은 시기. 알맞은 시기.
호:기(好機) 명 (무슨 일을 하는 데) 좋은 기회. 호기회. ¶ 호기 도래(到來). /호기를 놓치다.
호기(呼氣) 명 ①내쉬는 숨. 날숨. ②하자 기운을 내뿜음. ↔흡기(吸氣).
호:기(浩氣) 명 호연(浩然)한 기운. 정대(正大)한 기운. 참 호연지기.
호:기(號旗) 명 신호를 하는 데 쓰는 기.
호기(豪氣) 명 ①씩씩한 기상. 호방한 기상. ②거드럭거리는 기운. ¶ 호기를 부리다.
호기-롭다(豪氣-) [-따] [~로우니·~로워] 형ㅂ ①의기가 양양하다. ¶ 호기로운 청년의 기상. ②거드럭거리며 뽐내는 티가 있다. ¶ 호기롭게 마구 돈을 뿌리다. **호기로이** 부.
호기-만발(豪氣滿發) 명 하자 거드럭거리며 뽐내는 기운이 온몸에 가득 차서 겉으로 드러남.
호기-상(呼氣像) 명 찬 유리 따위에 입김을 쐴 때, 입김이 어리어 나타나는 상.
호:기-성(好氣性) [-썽] 명 (미생물이) 산소를 좋아하여 공기 속에서 잘 자라는 성질. ¶ 호기성 세균. ↔혐기성.
호기-스럽다(豪氣-) [-따] [~스러우니·~스러워] 형ㅂ 호기로워 보이다. **호기스레** 부.
호:기-심(好奇心) 명 새롭거나 신기한 것에 끌리는 마음. ¶ 호기심이 많은 아이. /호기심이 가득 찬 눈빛.
호:-기회(好機會) [-회/-훼] 명 좋은 기회. 호기(好機).
호-나복(胡蘿蔔) 명 ☞당근.
호:남(好男) 명 ☞호남아.
호남(湖南) 명 '전라남도와 전라북도'를 두루 이르는 말. ¶ 호남의 곡창 지대.
호:-남아(好男兒) 명 ①쾌활하고 씩씩한 남자. 호남. ②☞미남자(美男子).
호녀(胡女) 명 ①만주족의 여자. ②지난날, '중국 여자'를 낮추어 이르던 말.
호-년(呼-) 명 하자 '이년·저년' 하고, 여자에게 '년' 자를 붙여 부름.
호:념(護念) 명 부처나 보살이 선행을 닦는 중생을 늘 잊지 않고 보살펴 주는 일.
호노-자식(胡奴子息) 명 ☞호래아들.
호노한복(豪奴悍僕) 명 (고분고분하지 않고) 몹시 드센 하인.
호농(豪農) 명 지방에서 세력이 있고 많은 땅과 재산을 가지고 있는 농가.
호:다 타 바느질할 때, 헝겊을 여러 겹 겹쳐서 바늘땀을 성기게 꿰매다. ¶ 구멍 난 바지를 호다.
호단(毫端) 명 붓끝.
호:담(虎膽) 명 범의 쓸개. 한방에서, 식욕 부진이나 이뇨, 또는 어린이의 경풍 따위에 약재로 씀.
호담(豪膽) '호담하다'의 어근.
호:-담자(虎毯子) 명 범의 가죽 무늬를 그려 넣은 담요.
호담-하다(豪膽-) 형여 매우 담대하다.
호:당(戶當) 명 집마다 배당된 몫. 한 집 몫.
호당(湖堂) 명 ☞독서당(讀書堂).
호:대(戶大) 명 술을 많이 마시는 사람. 술고래.
호대(浩大) '호대하다'의 어근.
호:대-하다(浩大-) 형여 《주로 '기세'·'세력'·'은혜' 따위의 뜻을 가진 명사와 함께 쓰이어》 매우 넓고 크다. ¶ 호대한 은덕을 입다.
호도(胡桃) 명 '호두'의 잘못.
호도(弧度) 명 ☞라디안.
호도(糊塗) 명 하타 〔풀을 바른다는 뜻으로〕 근본적인 조처를 하지 않고 일시적으로 얼버무려 넘김. 어물쩍하게 넘겨 버림. ¶ 사건의 진상을 호도하다.
호도깝-스럽다 [-쓰-따] [~스러우니·~스러워] 형ㅂ (말이나 행동이) 경망하고 조급하다. ¶ 대수롭지 않은 일을 호도깝스럽게 떠벌리다. **호도깝스레** 부.
호도-법(弧度法) [-뻡] 명 라디안을 단위로 하여 중심각을 재는 법.
호되다 [-되-/-뒈-] 형 매우 심하다. ¶ 호되게 몰아세우다.
호두(←胡桃) 명 호두나무의 열매. 당추자(唐楸子).
호:두-각(虎頭閣) 명 지난날, 의금부에서 죄인을 심문하던 곳.
호:두각-집(虎頭閣-) [-찝] 명 (의금부의 호두각 모양을 본떠) 대문 지붕이 가로로 되지 않고 용마루 머리빼기 밑에 문을 낸 집.
호두-나무(←胡桃-) 명 가래나뭇과의 낙엽 활엽 교목. 중국 원산으로 우리나라 중부 이남에 심는데, 높이는 20 m가량. 껍질은 회백색이고 가지를 많이 침. 가을에 열매인 호두가 익으며, 그 속의 씨는 연한 갈색임. 씨는 먹고, 나무는 가구재 따위로 쓰임.
호두-잠(←胡桃簪) 명 옥비녀의 한 가지. 대가리를 호두 모양으로 깎아 만듦.
호둣-속(←胡桃-) [-두쏙/-둗쏙] 명 ①호두 껍데기의 안쪽 부분. ②'사물이 복잡하게 뒤섞여 있음'을 비유하여 이르는 말. ¶ 호둣속 같은 미로.
호드기 명 물오른 버들가지의 통껍질이나 밀짚 토막 따위로 만든 피리.
호드득 부 하자 ①깨나 콩 따위를 볶을 때 튀는 소리. ②총이나 딱총 따위가 잇달아 터지는 소리. ③잔 나뭇가지나 검불 따위가 불똥을 튀기며 타 들어가는 소리. ④작은 빗방울이 지나치며 한차례 뿌리는 소리. ¶ 호드득 빗방울이 떨어지다. 큰 후드득. **호드득-호드득** 부 하자.
호드득-거리다[1] [-꺼-] 자 자꾸 호드득호드득하다. 호드득대다[1]. 큰 후드득거리다[1].

호드득-거리다²[-꺼-][자] 경망스럽게 자꾸 방정을 떨다. 호드득대다². [큰]후드득거리다².
호드득-대다¹[-때-][자] ☞호드득거리다¹.
호드득-대다²[-때-][자] ☞호드득거리다².
호들갑[명] 경망스럽게 야단을 피우는 말이나 몸짓. ¶ 호들갑을 떨다. /많은 사람 앞에서 호들갑을 부리다. [큰]호들갑.
호들갑-스럽다[-쓰-따][~스러우니·~스러워][형][ㅂ] 경망스럽고 야단스러운 데가 있다. ¶ 호들갑스럽게 떠들어 대다. [큰]호들갑스럽다. **호들갑스레**[부]
호등(弧燈)[명] ☞아크등(arc燈).
-호ᄃᆡ[어미] 〈옛〉-하되. ¶ 對答호ᄃᆡ ᄒᆞᄅᆞ 二十里롤 녀시ᄂᆞ니(釋譜*6:23*).
호-떡(胡-)[명] 밀가루 반죽에 설탕으로 소를 넣고 둥글넓적하게 만들어 구운 중국식 떡의 한 가지.
호떡-집(胡-)[-찝][명] 호떡을 구워 파는 가게나 집.
호떡집에 불난 것 같다[관용] '질서 없이 마구 떠들어 대는 모양'을 이르는 말.
-호라[어미] 〈옛〉-하노라. -노라. ¶ 믈어뎌 지여셔 조오라 ᄢᅵ디 몯호라(杜重*1:50*).
호:락(虎落)[명] ①쪼갠 대나무로 만든 울짱. 또는 범을 막는 울짱. ②옛 중국 외번(外蕃)의 한 종족.
호락-질[-찔][명][하자] 남의 힘을 빌리지 않고 가족끼리 농사를 짓는 일.
호락-호락[-라코-][부] ①쉽사리. ¶ 내가 그렇게 호락호락 넘어갈 것 같으냐? ②[하형]성격이 만만하고 다루기 쉬움. ¶ 호락호락하지 않은 상대를 만나다.
호란(胡亂)¹[명] ①호인(胡人)들로 말미암아 일어난 병란(兵亂). ②〈병자호란〉의 준말.
호란(胡亂)² '호란하다'의 어근.
호란-하다(胡亂-)[형][여] ①뒤섞여 어수선하다. 혼잡하다. ②불확실하다.
호:랑(虎狼)[명] ①범과 이리. ②'욕심 많고 잔인한 사람'을 비유하여 이르는 말.
호:랑-가시나무(虎狼-)[명] 감탕나뭇과의 상록 활엽 교목. 산기슭이나 개울가에 나는데 높이는 2~3 m. 길둥근 잎은 두껍고 윤기가 있으며, 가장자리에 가시 모양의 톱니가 다섯 개씩 있음. 크리스마스 때 장식용으로 쓰임. 묘아자나무라고도 함.
호:랑-나비(虎狼-)[명] 호랑나빗과의 곤충. 편 날개 길이 8~12 cm. 날개는 검거나 암갈색 빛의 점이 있음. 범나비. 봉접(鳳蝶).
호:랑나비-벌레(虎狼-)[명] 호랑나비의 유충. 귤나무·좀피나무·산초나무·황경피나무 따위에 해를 끼침.
호:랑-연(虎狼鳶)[-년][명] '虎' 자 모양으로 만든 종이 연.
호:랑-이(虎狼-)[명] ①고양잇과의 포유동물. 몸길이 1.8~2.5 m, 몸무게 200~300 kg. 몸빛은 갈색 또는 황갈색 바탕에 검은 줄무늬가 있고, 꼬리에는 보통 여덟 개의 검은 고리 무늬가 둘림. 깊은 산속에 살며 인도·시베리아 등지에 분포함. 범. ②'성질이 사납고 무서운 사람'을 비유하여 이르는 말. ¶ 호랑이 선생님.
호랑이 담배 먹을〔피울〕 적[속담] 지금과는 형편이 다른 까마득한 옛날이라는 말.
호랑이도 제 말 하면 온다[속담] 다른 사람에 관한 이야기를 하는데 공교롭게 그 사람이 나타났을 때에 이르는 말.
호랑이 보고 창구멍 막기[속담] 막상 위험한 일을 당하고서야 거기에 대한 미봉책을 씀을 이르는 말.
호:랑지심(虎狼之心)[명] 〔범과 이리와 같이〕 사납고 무자비하고 잔인한 마음.
호래-아들[명] '본데없이 막되게 자라서 버릇이 없는 사람'을 욕으로 이르는 말. 호노자식. 호래자식. [본]홀의아들. [큰]후레아들.
호래-자식(-子息)[명] ☞호래아들. [큰]후레자식.
호래-척거(呼來斥去)[-꺼][명][하타] 사람을 오라고 불러 놓고 다시 내쫓음.
호:렴(戶斂)[명] 왕조 때, 집집마다 물리던 온갖 세금.
호렴(←胡塩)[명] ①중국에서 나는, 굵고 거친 소금. 청염(淸塩). ②'알이 굵은 천일염'을 이르는 말. [본]호염.
호:령(號令)[명][하타] ①(지배자 등이 사람을 움직이기 위하여) 명령함, 또는 그 명령. ②큰 소리로 꾸짖음. ¶ 추상 같은 호령. ③'구령(口令)'의 구용어.
호:령-바람(號令-)[-빠-][명] 큰 소리로 꾸짖는 서슬. ¶ 호령바람에 놀라 변명 한마디 못했다.
호:령-질(號令-)[명][하자] 큰 소리로 꾸짖는 짓.
호:령-호령(號令號令)[명][하자타] (정신을 차릴 틈도 주지 않고) 큰 소리로 잇달아 꾸짖음, 또는 그 호령.
호:례(好例)[명] 좋은 예. 알맞은 예.
호로[명] 분합문 아래에 박는 쇠 장식.
호로(胡虜)[명] 〔지난날〕 ①중국 북방의 이민족을 이르던 말. ②'외국인'을 얕잡아 이르던 말.
호로로[부][하자] 호루라기나 호각 따위를 불 때 나는 소리. [큰]후루루.
호로록[부] ①[하자]작은 날짐승이 갑자기 날개를 치며 가볍게 날아가는 소리. ②[하타]물이나 죽 따위를 빨아 들이마시는 소리. ¶ 호로록 미음을 들이마시다. [큰]후루룩. **호로록-호로록**[부][하자타].
호로록-거리다[-꺼-][자타] 자꾸 호로록호로록 하다. 호로록대다. [큰]후루룩거리다.
호로록-대다[-때-][자타] 호로록거리다.
호로-병(葫蘆甁)[명] 〈호리병〉의 본딧말.
호록[부] ①[하자]작은 날짐승이 날개를 재게 치며 가볍게 날아오르는 소리. ②[하타]묽은 액체를 가볍게 빨아 들이마시는 소리. [큰]후룩. **호록-호록**[부][하자타] ¶ 우동 국물을 호록호록 마시다.
호록-거리다[-꺼-][자타] 자꾸 호록호록하다. 호록대다. [큰]후룩거리다.
호록-대다[-때-][자타] 호록거리다.
호롱[명] 석유등의 석유를 담는 그릇.
호롱-불[-뿔][명] 호롱에 켠 불.
호료(糊料)[명] 가공 식품에 점성(粘性)을 주기 위하여 사용하는 식품 첨가물의 한 가지. 〔카세인·알긴산나트륨 따위.〕
호루라기[명] ①살구 씨나 복숭아씨 양쪽에 구멍을 뚫어 속을 파내고 호각처럼 부는 것. ②호각이나 우레 따위를 통틀어 이르는 말. 휘슬. [참]우레².
호루루[부][하자] '호로로'의 잘못.
호루루기[명] '호루라기'의 잘못.
호:류(互流)[명][하타] 서로 어긋맞게 흐름. 서로 교류(交流)함.
호르르[부][하자] ①작은 새가 날개를 치며 가볍게 나는 소리. ¶ 종달새가 호르르 날아가다. ②얇은 종이 따위가 가볍게 타오르는 모양. ¶ 종이는 호르르하고 삽시간에 타 버렸다. [큰]후르르.
호르몬(hormone)[명] ☞내분비물.

호르몬-샘(hormone-)명 ☞내분비샘.
호른(Horn 독)명 금관 악기의 한 가지. 주둥이는 나팔꽃 같고 관이 말려 있으며, 풍부한 음량과 부드러운 음색이 특징임. 관현악과 취주악에 쓰임.
호리명 한 마리의 소가 끄는 작은 쟁기. 참겨리.
호ː리(戶裏)명 집 뒤. 뒤란.
호리(狐狸)명 ①여우와 살쾡이. ②'몰래 숨어서 나쁜 짓을 하는 사람'을 비유하여 이르는 말.
호리(毫釐)명 ①자와 저울의 단위인 호와 이(釐). ②'매우 적은 분량'을 비유하여 이르는 말.
호리건곤(壺裏乾坤)명 〔술 항아리 속의 세상이라는 뜻으로〕 '늘 술에 취하여 있음'을 이르는 말.
호리다타 ①매력으로 남의 정신을 어지럽게 하여 꾀다. ¶ 남자를 호리다. 큰후리다. ②그럴듯한 말로 속이다. ¶ 친구를 호려서 돈을 내놓게 하다.
호리-병(←葫蘆甁)명 호리병박같이 생긴 병. 술이나 약 따위를 휴대하는 데 쓰임. 본호로병.
호리병-박(←葫蘆甁-)명 박과의 일년생 만초. 재배 식물로, 7월경에 흰 다섯잎꽃이 핌. 열매는 길둥글고 가운데가 잘록함. 껍질은 말려서 그릇으로 씀. 조롱박.
호리불차(毫釐不差)명 털끝만큼도 틀림이 없음.
호리지차(毫釐之差)명 아주 근소한 차이.
호리-질명하타 호리로 논밭을 가는 일.
호리-천리(毫釐千里)[-철-]명 〔티끌 하나의 차이가 천 리의 차이라는 뜻으로〕 '처음의 근소한 차이가 나중에 큰 차이가 됨'을 이르는 말.
호리촌트(Horizont 독)명 (극장에서 하늘이나 원경 따위를 조명 효과로 나타내기 위하여) 무대 안쪽에 활처럼 휜 모양으로 설치한 벽이나 막 같은 장치.
호리-호리부하형 몸이 가늘고 키가 커서 날씬한 모양. ¶ 호리호리한 몸매. 큰후리후리.
호림명 남을 호리는 일. 호리는 솜씨. 큰후림.
호마(胡麻)명 참깨와 검은깨를 통틀어 이르는 말. 지마(芝麻).
호마-유(胡麻油)명 참깨로 짠 참기름.
호마-인(胡麻仁)명 한방에서, '참깨나 검은깨'를 약재로 이르는 말. 종창을 다스리는 데나, 폐병의 보재(補材)로 쓰임.
호마테(Homate 독)명 ☞구상 화산.
호말(毫末)명 '털끝, 또는 털끝만큼 작은 것'이나 '극히 적은 것'을 비유하여 이르는 말.
호ː망(虎網)명 범의 침입을 막기 위하여 집 근처에 치던 굵은 올의 그물.
호망(狐網)명 여우 잡는 그물.
호매(豪邁) '호매하다'의 어근.
호매-하다(豪邁-)형여 성질이 호탕하고 인품이 뛰어나다.
호맥(胡麥)명 '호밀'로 순화.
호면(胡綿)명 품질이 썩 좋은 풀솜.
호면(胡麵)명 ☞당면(唐麵).
호면(湖面)명 호수의 수면(水面).
호ː명(好名)명하자 이름 내기를 좋아함.
호명(呼名)명하타되자 이름을 부름. ¶ 호명을 하면 손을 들어 주세요.
호명(糊名)명하자 왕조 때, 과거 응시자의 이름을 풀칠하여 봉하던 일.
호모(呼母)명하타 어머니라고 부름.
호모(毫毛)명 ①가는 털. ②'아주 작은 것'을 비유하여 이르는 말. 비호발(毫髮).
호모(homo)명 '게이'를 경멸하여 이르는 말.
호모^로퀜스(Homo loquens 라)명 〔'언어적(言語的) 인간'이라는 뜻으로〕 언어를 사용하는 인간의 특질을 이르는 말.
호모^사피엔스(Homo sapiens 라)명 〔'지혜 있는 사람'이라는 뜻으로〕 동물 분류학상 '현생 인류'를 가리키는 말. 지성인.
호모^에렉투스(Homo erectus 라)명 〔'직립인(直立人)'이라는 뜻으로〕 화석 인류 가운데서 '원인(原人)'을 이르는 말.
호모^에코노미쿠스(Homo economicus 라)명 〔'경제적 인간'이라는 뜻으로〕 '타산적이고 공리적인 인간'을 이르는 말.
호모^파ː베르(Homo faber 라)명 〔'공작인(工作人)'이라는 뜻으로〕 도구를 만들어 사용하는 인간의 특질을 이르는 말.
호모포니(homophony)명 어떤 한 성부(聲部)가 주선율을 맡고, 다른 성부는 그것을 화성적으로 반주하는 음악 형식.
호모^폴리티쿠스(Homo politicus 라)명 〔'정치적 인간'이라는 뜻으로〕 정치를 통하여 사회생활을 이루어 가는 인간의 특질을 이르는 말.
호무(毫無) '호무하다'의 어근.
호무-하다(毫無-)형여 조금도 없다. 전혀 없다.
호ː물(好物)명 ①좋은 물건. ②즐기는 물건.
호미명 김을 매는 데 쓰는 농구(農具)의 한 가지. 쇠 날이 세모꼴이고 꼬부라진 슴베에 나무 자루를 끼었음.
호미로 막을 것을 가래로 막는다속담 적은 힘으로 될 일을 기회를 놓쳐 큰 힘을 들이게 된다는 뜻.
호미(狐媚)명 〔여우의 눈썹이라는 뜻으로〕 여우가 사람을 호리듯이 아양을 떨어 사람을 매혹시키는 일.
호ː미-난방(虎尾難放)명 〔범의 꼬리를 놓기도 어렵고 안 놓으려니 난감하다는 뜻으로〕 위험한 경지에서 '이러지도 저러지도 못할 처지에 놓임'을 이르는 말.
호미-모명 (물기가 적은 논 같은 데서) 호미로 파서 심는 모. 참강모.
호미-씻이명하자 농가에서, 김매기를 끝낸 음력 칠월경에 날을 받아 하루를 쉬며 즐겁게 노는 일.
호미-자락명 호미의 끝 부분, 또는 그 길이. 〔빗물이 땅속에 스며든 깊이가 호미의 날 정도일 때 쓰는 말.〕
호민(豪民)명 부자로 세력이 있는 백성.
호ː민-관(護民官)명 고대 로마에서, 평민의 권익을 지키기 위하여 기원전 493년경에 두었던 관직. 원로원의 의결에 대하여 거부권을 가지며 평민회를 소집하는 등 권한이 막강하였음.
호-밀(胡-)명 볏과의 일년초 또는 이년초. 유럽 남부와 아시아 서남부 원산으로 높이는 2m가량. 보리와 비슷하나 잎이 더 가늘고 길며 끝이 뾰족함. 내한성이 강하고 토박한 모래땅에서도 잘 자람. 열매는 먹기도 하고 사료로도 쓰임.
호ᄆᆡ명 〈옛〉 호미. ¶ 호ᄆᆡ도 ᄂᆞᆯ히언마ᄅᆞᄂᆞᆫ 낟ᄀᆞ티 들리도 업스니이다(樂詞.思母曲). /호ᄆᆡ 서:鋤(訓蒙中*16*. 類合上*28*).
호ː박명 박과의 일년생 만초. 열대 아메리카 원산의 재배 식물. 잎은 넓은 심장 모양을 하고 어긋맞게 나며 여름에 누런 꽃이 핌. 열매와 잎·순은 먹을 수 있음. 남과(南瓜).

호박에 말뚝 박기㊀속담 ①심술궂고 못된 짓을 함을 이르는 말. ②아무리 말해도 도무지 반응이 없음을 이르는 말.

호박에 침 주기㊀속담 ①아무 반응이 없음을 이르는 말. ②일이 아주 하기 쉬움을 이르는 말.

호박이 굴렀다〔떨어졌다〕속담 ☞호박이 넝쿨째로 굴러 떨어졌다.

호박이 넝쿨째로 굴러 떨어졌다속담 뜻밖에 좋은 물건을 얻거나 행운을 만났을 때 하는 말. 호박이 굴렀다〔떨어졌다〕.

호ː박(琥珀)명 지질 시대의 수지(樹脂) 따위가 땅속에 파묻혀서 수소·산소·탄소 등과 화합하여 돌처럼 굳어진 광물. 황색으로 광택이 나고 투명하여 장식용 따위로 쓰임.

호ː박-고지[-꼬-]명 애호박을 얄팍하게 썰어서 말린 것.

호ː박-김치[-낌-]명 애호박과 호박순을 썰어서 양념을 넣고 버무려 담근 김치.

호ː박-꽃[-꼳]명 ①호박의 꽃. ②여자의 '예쁘지 않은 얼굴'을 비유하여 이르는 말. ＊호ː박꽃이[-꼬치]·호ː박꽃만[-꼰-]

호ː박-단(琥珀緞)[-딴]명 평직(平織)으로 짠 비단의 한 가지.

호ː박-떡명 오가리나 청둥호박을 얇게 썰어 넣고서 찐 시루떡.

호ː박-무름[-방-]명 애호박을 길이로 째서 고기소를 넣고 갖은 양념을 하여 찐 음식.

호ː박-벌[-뻘]명 꿀벌과의 곤충. 몸길이 1.8cm 가량으로, 몸은 검은 털로 덮여 있고 가슴과 배 부분은 누런 털로 덮여 있음. 벌집과 애벌레는 약용함. 북미·아시아·유럽 등지에 분포함. ㊀준박벌.

호ː박-범벅[-뻠-]명 청둥호박·팥·콩 등을 섞어 쑨 범벅. 익은 호박을 삶아 으깨고, 삶은 팥과 콩을 함께 넣어 끓이다가 찹쌀가루를 넣어 쑴.

호ː박-산(琥珀酸)[-싼]명 호박을 건류하거나 또는 주석산(酒石酸)을 발효시켜서 만든 유기산. 조미료 따위에 쓰임.

호ː박-색(琥珀色)[-쌕]명 호박의 빛깔. 호박과 같은 짙은 황색.

호ː박-씨명 호박의 씨.

호박씨 까서 한입에 털어 넣는다속담 애써 모은 것을 한꺼번에 털어 없앤다는 뜻.

호ː박-엿[-방녇]명 청둥호박을 고아서 만든 엿. ＊호ː박엿이[-방녀시]·호ː박엿만[-방년-]

호ː박-유(琥珀油)[-방뉴]명 호박을 건류하여 만든 기름. 셸락 제조에 쓰임.

호ː박-전(-煎)[-쩐]명 애호박을 얇게 썰어서 밀가루와 달걀을 씌워 부친 전.

호ː박^주추(-柱-)[-쭈-]명 (두리기둥을 받치기 위하여) 원기둥 모양으로 다듬어 만든 주춧돌.

호ː박-죽(-粥)[-쭉]명 ①된장국에 쌀과 쇠고기 따위를 넣고 끓이다가 애호박을 썰어 넣고 쑨 죽. ②삶은 호박을 짓이겨 팥을 넣고 쌀가루를 풀어 쑨 죽.

호ː박-지짐이[-찌-]명 얇게 저민 애호박과 파를 썰어 넣고 된장이나 고추장을 풀어서 만든 지짐이.

호ː박-풍잠(琥珀風簪)명 호박으로 만든 풍잠.

호ː반(虎班)명 왕조 때, '서반(西班)'을 달리 이르던 말. ↔학반(鶴班).

호반(湖畔)명 호숫가. ¶ 호반에 지은 별장. /호반의 도시 춘천.

호반-새(湖畔-)명 호반샛과의 새. 몸길이 23cm가량. 등은 적색에 자줏빛을 띠고, 부리는 붉고 굵으며 다리도 붉음. 산간 계곡·호숫가·숲 속 등의 나무 구멍 속에 살면서 물고기나 가재 따위를 잡아먹음. 적비취(赤翡翠).

호ː반-석(虎斑石)명 검은 바탕에 흰 점이 아롱진 돌. 벼루를 만드는 데 쓰임.

호ː반-유(虎斑釉)명 도자기에 호피(虎皮) 무늬를 내는 데 쓰이는 잿물.

호발(毫髮)명 ①아주 잔 털. ②'아주 잔 물건'을 이르는 말. ¶ 텬듕의 텁쓰니 호발을 혜리로다(鄭澈.關東別曲). ㊀비호모(毫毛).

호발부동(毫髮不動)명하자 조금도 움직이지 아니함.

호ː방(戶房)명 〔조선 시대〕 ①승정원과 지방 관아의 육방(六房)의 하나. 호전(戶典)에 관한 일을 맡아보았음. ②지방 관아의 호방의 아전.

호방(豪放) '호방하다'의 어근.

호방-하다(豪放-)형여 도량이 크며 작은 일에 거리낌이 없다. 호종(豪縱)하다. ¶ 호방한 성품. **호방-히**부.

호-배추(胡-)명 중국 종(種)의 배추.

호백구(狐白裘)[-꾸]명 여우 겨드랑이의 흰 털가죽으로 만든 갖옷.

호버크라프트(Hovercraft)명 지면(地面)이나 수면에 압축 공기를 뿜어내어 표면과 선체 사이에 에어쿠션을 만들어 달리는 선박. 〔상표명임.〕

호ː법(護法)명하자 ①불법(佛法)을 지킴. ②염불이나 기도로 요괴나 질병을 물리침, 또는 그 법력(法力). ③법을 수호함.

호ː변(好辯)명 ①말솜씨가 좋음. 좋은 말솜씨. ②변설(辯說)을 좋아함. 변설로써 남에게 이기기를 좋아함.

호ː별(戶別)명 집집마다. ¶ 호별 방문하다.

호ː별-세(戶別稅)[-쎄]명 지난날, 살림살이를 하는 집을 표준으로 하여 집집마다 징수하던 지방세의 하나.

호ː병(虎兵)명 매우 용맹스러운 병사.

호복(胡服)명 호인(胡人)의 옷. 야만인의 복제.

호ː봉(號俸)명 ①직계나 연공 따위를 기초로 하여 정해진 급여 체계에서의 등급. ¶ 호봉 책정. /호봉이 높다. ②〚의존 명사적 용법〛 급여의 등급을 나타내는 단위. ¶ 2급 3호봉.

호ː부(戶部)명 고려 시대의 육부(六部)의 하나. 호구(戶口)·공부(貢賦)·전량(錢糧)에 관한 일을 맡아보았음.

호ː부(好否)명 좋은 것과 좋지 않은 것. 호불호(好不好).

호부(呼父)명하자 아버지라고 부름. 곧, 아버지로 모심.

호부(豪富)명 세력이 있는 부자.

호ː부(護符)명 재액(災厄)에서 지켜 준다고 하여 몸에 지니는 부적.

호ː부견자(虎父犬子)명 〔호랑이 아비에 개 새끼라는 뜻으로〕 '훌륭한 아버지에 못난 자식'을 이르는 말.

호부-호모(呼父呼母)명하자 아버지라고 부르고 어머니라고 부름. 부모라고 부르며 모심.

호부-호형(呼父呼兄)명하자 아버지라고 부르고 형이라고 부름.

호분(胡粉)명 조가비를 태워서 만든 흰 가루. 안료·도료 따위로 쓰임. 백분(白粉).

호ː불호(好不好)명 ☞호부(好否).

호비다타 ①구멍이나 틈 따위의 속을 넓고 깊게 갉아 도려내다. ¶ 박 속을 호비다. ②속에 붙은 것을 구멍을 통해 기구로 끄집어내다. ¶ 귀이개로 귀지를 호비다. ③일의 비밀이나 내막을 자세히 캐다. ㊀큰후비다. ①②㊀여오비다.

호비작-거리다[-꺼-][타] 자꾸 호비작호비작하다. 호비작대다. ¶ 나뭇가지로 흙벽을 호비작거리다. [큰]후비적거리다. [여]오비작거리다.
호비작-대다[-때-][타] 호비작거리다.
호비작-호비작[-자코-][부][하타] 자꾸 호비어 파내는 모양. [큰]후비적후비적. [여]오비작오비작.
호비-칼[명] 나막신의 코 속 따위를 호벼서 깎아 내는 칼.
호ː사(好事)[명] ①좋은 일. 기쁜 일. ↔악사(惡事). ②[하자]일을 벌이기를 좋아함.
호사(豪士)[명] 호방한 사람.
호사(豪奢)[명][하자] 매우 호화롭고 사치스럽게 지냄, 또는 그런 상태. ¶ 호사를 부리다. /호사를 누리다. /호사하며 자라다. [참]호강.
호ː사-가(好事家)[명] ①일을 벌이기를 좋아하는 사람. ②남의 일에 특별히 흥미를 가지고 말하기 좋아하는 사람.
호사-난상(胡思亂想)[명][하자] 이것저것 쓸데없는 생각을 함. 복잡하게 엉클려 어수선하게 생각함, 또는 그 생각.
호ː사-다마(好事多魔)[명][하형] 좋은 일에는 흔히 탈이 끼어들기 쉬움, 또는 그런 일이 많이 생김.
호사-바치(豪奢-)[명] 몸치장을 호사스레 하는 사람을 이르는 말.
호사-수구(狐死首丘)[명] 〔여우는 죽을 때 제가 살던 언덕으로 고개를 돌리고 죽는다는 뜻으로〕 '근본을 잊지 않음' 또는 '고향을 그리워함'을 비유하여 이르는 말. [참]수구초심(首丘初心).
호사-스럽다(豪奢-)[-따][~스러우니·~스러워][형][ㅂ] 호화롭고 사치스러운 데가 있다. ¶ 호사스러운 생활. **호사스레**[부].
호ː사유피(虎死留皮)[명] ☞표사유피.
호사토읍(狐死兔泣)[명] 〔여우의 죽음에 토끼가 운다는 뜻으로〕 '동료의 불행을 슬퍼함'을 이르는 말. 토사호비.
호산(胡算)[명] 수효를 기록할 때 쓰는 중국 특유의 부호. 〔'〡·〢·〣·〤·〥·〸' 따위.〕
호산(葫蒜)[명] ☞마늘.
호산나(hosanna)[명] 〔'구(救)하여 주옵소서'라는 뜻으로〕 신약 성서에서, 예수가 예루살렘에 입성(入城)했을 때 민중이 외친 말. 신(神)을 찬양하는 말로도 쓰임.
호ː상(好喪)[명] 오래 살고 복록을 많이 누리다가 죽은 사람의 상사(喪事). ¶ 여든까지 사시고도 잠결에 편히 돌아가셨으니 호상이고 말고. ↔참상(慘喪).
호상(弧狀)[명] 활의 등처럼 굽은 모양.
호상(胡床)[명] 중국식 걸상의 한 가지.
호상(湖上)[명] 호수 위.
호상(壺狀)[명] (항아리처럼) 배가 불룩하고 아가리가 벌어진 모양.
호상(豪商)[명] 자본이 많고 큰 규모로 장사하는 상인.
호상(豪爽) '호상하다'의 어근.
호ː상(護喪)[명][하자] ①초상에 관한 모든 일을 맡아 보살핌. ②〈호상차지〉의 준말.
호ː상-감응(互相感應)[명] ☞상호유도.
호ː상-소(護喪所)[명] 초상 치르는 데 관한 모든 일을 맡아보는 곳.
호ː상-차지(護喪次知)[명] 초상에 관한 모든 일을 주관하는 사람. [준]호상.
호상-하다(豪爽-)[형][여] (성격이나 행동 따위가) 호방하고 시원시원하다.
호상^화관(壺狀花冠)[명] 꽃부리가 호상으로 생긴 통꽃부리의 한 가지.
호ː색(好色)[명][하자] 여색을 좋아함. 탐색(貪色). [비]탐음(貪淫).
호ː색-가(好色家)[-까][명] 여색을 좋아하는 사람.
호ː색-꾼(好色-)[명] ☞색골. 호색한.
호ː색-한(好色漢)[-새칸][명] '여색을 특히 좋아하는 사람'을 경멸하여 이르는 말. 색한. 호색꾼.
호ː생(互生)[명][하자] '어긋나기'로 순화.
호ː생-오사(好生惡死)[명][하자] (생물이) 살기를 좋아하고 죽기를 싫어함.
호ː생지물(好生之物)[명] 아무렇게나 다루어도 죽지 않고 잘 사는 식물.
호서(湖西)[명] 충청남도와 충청북도를 두루 이르는 말. 호중(湖中).
호서(瓠犀)[명] ①박의 속과 씨. ②여자의 '희고 고운 이〔齒〕'를 비유하여 이르는 말.
호서-배(狐鼠輩)[명] 〔여우와 쥐의 무리라는 뜻으로〕 간사하고 못된 무리를 이르는 말.
호ː석(虎石)[명] ☞석호(石虎).
호ː석(護石)[명] 능묘의 봉토 주위를 둘러서 쌓은 돌. 둘레돌.
호ː선(互先)[명] ☞맞바둑. ↔정선(定先).
호ː선(互選)[명][하타] 특정한 사람들이 자기네 가운데서 서로 선출함, 또는 그 선거. ¶ 위원회의 호선으로 위원장을 뽑다.
호선(弧線)[명] 호상(弧狀)의 선. 반원의 선.
호선(胡船)[명] 중국 배. 중국 사람의 배.
호설(胡說)[명] 이치에 맞지 않는 말. 함부로 지껄이는 말.
호성(豪姓)[명] (어느 지방에서) 세력을 잡고 있는 성씨(姓氏).
호성-토(湖成土)[명] 없어진 호수의 퇴적물로 이루어진 토양.
호세(豪勢)[명] 큰 세력. 매우 강대한 세력.
호세아-서(Hosea書)[명] 구약 성서 중의 한 편. 예언자 호세아의 예언서로, 그의 가정적 비극과 회개한 사람에 대한 속죄의 약속 등을 기록함.
호소(呼訴)[명][하자타] (억울하거나 원통한 사정을) 남에게 하소연함. ¶ 관계 기관에 호소하다. /통증을 호소하다.
호ː소(虎嘯)[명] ①범의 으르렁거림. ②'영웅의 활약'을 비유하여 이르는 말.
호소(湖沼)[명] 호수와 늪. 소호.
호소-력(呼訴力)[명] 깊고 강한 느낌을 주어 마음을 사로잡는 힘. ¶ 호소력 있는 목소리.
호소-문(呼訴文)[명] (억울하거나 원통한 사정을) 하소연하는 글.
호ː송(互送)[명][하타][되자] 서로 보냄.
호ː송(護送)[명][하타][되자] ①보호하여 보냄. ¶ 금괴를 호송하다. ②죄인 따위를 감시하면서 데려감. 압송. ¶ 범인을 차량으로 호송하다.
호ː송-원(護送員)[명] 호송의 임무를 맡은 사람.
호ː수(戶首)[명] 왕조 때, 땅 여덟 결을 한 단위로 하여 공부(貢賦)의 책임을 지게 하던 사람.
호ː수(戶數)[-쑤][명] 집의 수효. 세대의 수효.
호ː수(好手)[명] ①(기예 등에서) 뛰어난 기술, 또는 기술이 뛰어난 사람. ②바둑이나 장기 따위에서, 잘 둔 수.
호ː수(好守)[명][하자] 야구나 축구 따위에서, 수비를 잘함, 또는 훌륭한 수비.
호ː수(虎鬚)[명] ①범의 수염. ②거칠고 꼿꼿한 수염. ③지난날, 주립(朱笠)의 네 귀에 장식으로 꽂던 흰 깃.

호수(湖水)명 육지의 내부에 위치하여, 못이나 늪보다도 넓고 깊게 물이 괴어 있는 곳. 호해(湖海).
호ː수(號數)[-쑤]명 ①(신문·잡지 따위의) 간행의 차례를 나타내는 번호 수. ¶ 월간지의 발행 호수. ②(활자·그림·옷 따위의) 크기를 나타내는 수.〔5호 활자, 100호짜리 그림 따위.〕
호ː수^활자(號數活字)[-쑤-짜]명 크기를 호수에 따라 정한 활자.〔초호 및 1호에서 8호까지 아홉 가지임.〕참포인트 활자.
호숫-가(湖水-)[-수까/-숟까]명 호수의 언저리.
호ː스(hose)명 (기체나 액체 따위를 보내기 위하여) 고무·비닐 따위로 만든 관(管). 사관(蛇管).
호스텔(hostel)명 ①간이 숙박소. ②☞유스 호스텔.
호스트-바ː(host+bar)명 남자 접대부를 두고 영업을 하는 술집.
호스티스(hostess)명 카페나 바 따위의 술집에서 술 시중을 드는 여자.
호스피스(hospice)명 죽음을 앞둔 환자에게 평안한 임종을 맞도록 위안과 안락을 베푸는 봉사 활동, 또는 그 일을 하는 사람.
호승(好勝)'호승하다'의 어근.
호승(胡僧)명 ①인도나 서역의 중. ②외국의 중.
호ː승지벽(好勝之癖)명 겨루어 이기기를 좋아하는 성벽(性癖). 준승벽.
호ː승-하다(好勝-)형여 겨루어 이기고자 하는 마음이 강하다. 승벽이 매우 강하다.
호ː시(互市)명 국가 간의 교역. 참무역.
호시(弧矢)명 나무로 만든 활과 화살.
호ː시(怙恃)명〔믿고 의지한다는 뜻으로〕'부모'를 이르는 말.
호ː시(虎視)명하타〔범처럼 날카로운 눈으로 노려본다는 뜻으로〕'기회를 노림'을 비유하여 이르는 말.
호시-성(弧矢星)명 남극 노인성의 북쪽 성좌의 아홉 별. 시위에 화살을 먹인 꼴로 벌려 있음.
호ː-시절(好時節)명 좋은 시절.
호ː시-탐탐(虎視眈眈)명하타〔범이 날카로운 눈초리로 먹이를 노린다는 뜻으로〕틈만 있으면 덮치려고 '기회를 노리며 형세를 살핌'을 비유하여 이르는 말. ¶ 호시탐탐 왕위를 노리다.
호ː식(好食)명하자 ①좋은 음식을 먹음, 또는 좋은 음식. ↔악식(惡食). ②음식을 좋아함. 잘 먹음.
호ː신(虎臣)명 용맹한 신하.
호ː신(護身)명하타 외부의 위험으로부터 자기의 몸을 지키는 일.
호ː신-법(護身法)[-뻡]명 ①위험으로부터 자기의 몸을 보호하는 방법. ②불교에서, 진언종(眞言宗)의 행자가 수법(修法)을 할 때, 모든 장애가 되는 것을 없애고 자신의 심신을 지키기 위하여 결인(結印)을 하고 다라니를 외는 일.
호ː신-부(護身符)명 재액으로부터 자기의 몸을 보호하기 위해 지니고 다니는 부적.
호ː신-불(護身佛)명 재액으로부터 몸을 보호하기 위하여 모시는 부처.
호ː신-술(護身術)명 위험으로부터 자기의 몸을 보호하기 위하여 익히는 무술. 보신술(保身術).
호ː신-용(護身用)[-뇽]명 몸을 보호하는 데 씀, 또는 쓰이는 것.
호심(湖心)명 호수의 한가운데.
호ː심-경(護心鏡)명 지난날, 갑옷의 가슴 부분에 몸을 보호하기 위해 붙이던 구리 조각.

호아-곡(呼兒曲)명 조선 선조 때의 문신 조존성(趙存性)이 지은 네 수의 시조.〔초장 첫 구가 모두 '아희야'로 시작되어 붙여진 이름.〕
호ː안(好顔)명 기쁜 빛을 띤 얼굴. 기뻐하는 안색(顔色).
호안(護岸)명 강이나 바다·호수 따위의 기슭이나 제방을 보호하는 일. ¶ 호안 공사.
호ː안-석(虎眼石)명 푸른 석면이 풍화 변질하여 된 돌. 장식용으로 쓰임.
호ː양(互讓)명하타 서로 양보함. 피차 사양함. ¶ 호양이 미덕
호ː언(好言)명 친절하고 좋은 말.
호언(豪言)명하자 의기양양하게 하는 말. 호기로운 말. 큰소리.
호언-장담(豪言壯談)명하자 호기롭고 자신 있게 말함, 또는 그 말. 대언장담.
호ː역(戶役)명 지난날, 집집이 다 나와서 하던 부역(賦役).
호ː역(戶疫)명 ☞천연두.
호ː역(虎疫)명 ☞콜레라.
호ː연(好演)명 매우 훌륭한 연기나 연주.
호연(弧宴)명 생일잔치.
호연(浩然)'호연(浩然)하다'의 어근.
호연(皓然)'호연(皓然)하다'의 어근.
호ː연-장귀(浩然長歸)명 아무 거리낌 없이 떳떳한 마음으로 아주 돌아감. ¶ 성은(聖恩)을 다 갑흔 후는 호연장귀ᄒᆞ리라(古時調).
호ː연지기(浩然之氣)명 ①하늘과 땅 사이에 가득 찬 넓고 큰 정기.〔'맹자'의 '공손추 상편'에 나오는 말임.〕②공명정대하여 조금도 부끄러울 바 없는 도덕적 용기. ③(잡다한 일에서 벗어난) 자유롭고 느긋한 마음. 참호기(浩氣).
호ː연-하다(浩然-)형여 ①마음이 넓고 태연하다. ¶ 호연한 기상. ②물의 흐름이 그침 없다. **호연-히**부.
호연-하다(皓然-)형여 ①하얗다. 하얗게 빛나다. ②아주 명백하다. **호연-히**부.
호ː열자(虎列剌)[-짜]명 '콜레라'의 한자음 표기.
호ː염(虎髥)명〔범의 수염이란 뜻으로〕'무인(武人)들의 무섭게 생긴 수염'을 비유하여 이르는 말.
호염(胡塩)명 〈호렴(胡塩)〉의 본딧말.
호ː오(好惡)명 좋아하는 일과 싫어하는 일.
호온자부〈옛〉혼자. ¶ 호온자 岐路애 셔셔 갈 더 몰라 ᄒᆞ노라(古時調). 참ᄒᆞᄫᆞ사.
호올로부〈옛〉홀로. ¶ 菊花ㅣ 호올로 가지예 ᄀᆞ득ᄒᆞ얏도다(杜重*11:28*). 참ᄒᆞ올로.
호왁명〈옛〉확〔臼〕. ¶ 호왁 구:臼(訓蒙中*11*).
호ː왈-백만(號曰百萬)[-뺑-]명 (실상은 얼마 되지 않는데) '과장하여 많다고 떠들어 말함'을 이르는 말.
호왕(胡王)명 ①야만인 나라의 왕. ②북방 오랑캐 나라의 왕. ¶ 네 호왕의 공주 기룡대(奇龍大)가 아닌가?(朴氏夫人傳).
호ː외(戶外)[-외/-웨]명 집의 바깥.
호ː외(號外)[-외/-웨]명 ①(돌발적인 사건 따위를 급히 알리기 위하여) 정기적으로 발간하는 것 외에 임시로 발간하는 신문 따위의 인쇄물. ②정하여진 수 이외의 것.
호ː용(互用)명하타되자 서로 넘나들며 씀. 이쪽 저쪽을 교대로 씀.
호ː우(好友)명 좋은 벗.
호ː우(好雨)명 때맞추어 알맞게 내리는 비. 영우(靈雨). 비감우(甘雨).

호우(豪雨)명 (짧은 시간에) 줄기차게 내리 쏟아지는 비. 비대우(大雨). ↔소우(小雨).
호우^경:보(豪雨警報)명 기상 특보(氣象特報)의 하나. 12시간 강우량이 150 mm 이상 예상될 때 발표함.
호우^주:의보(豪雨注意報)[-의-/-이-]명 기상 특보의 하나. 12시간 강우량이 80 mm 이상 예상될 때 발표함.
호:운(好運)명 좋은 운수. ↔악운(惡運).
호웅(豪雄)명 매우 뛰어나고 강한 사람, 또는 호걸과 영웅.
호원(呼冤)명하자 억울하고 원통함을 하소연함. 비칭원(稱冤).
호:원(虎願)명 고려 시대에, 박인량(朴寅亮)이 지은 한문 설화집인 '수이전(殊異傳)'에 있었다는 범에 관한 이야기.
호:원(護援)명하타 일이 잘 이루어지도록 보호하고 도움을 줌. ¶ 인류 통성(人類通性)과 시대 양심이 정의(正義)의 군(軍)과 인도(人道)의 간과(干戈)로써 호원하는 금일.
호월(胡越)명〔옛 중국 북쪽의 호(胡)와 남쪽의 월(越)이라는 뜻으로〕'서로 멀리 떨어져 있거나 소원(疎遠)함'을 비유하여 이르는 말.
호월(皓月)명 아주 맑고 밝게 비치는 달.
호월-일가(胡越一家)명〔옛 중국 북쪽의 호(胡)나라와 남쪽의 월(越)나라가 한집안이라는 뜻으로〕'천하가 한집안 같음'을 이르는 말.
호:위(虎威)명〔'범의 위세'란 뜻으로〕'권세 있는 자의 위세'를 비유하여 이르는 말.
호:위(扈衛)명하타 지난날, 궁궐을 경호하던 일. ¶ 호위 대장(大將).
호:위(護衛)명하타되자 따라다니면서 신변을 경호함, 또는 그 사람. ¶ 호위 병사.
호:위-청(扈衛廳)명 조선 인조 원년(1623)에, 궁중을 경호하기 위하여 두었던 군영(軍營).
호:유(互有)명하타 서로 가짐. 공동으로 소유함.
호유(豪遊)명하자 (주로 화류계 같은 데서) 호화롭게 놂, 또는 그 짓.
호을아비명 〈옛〉홀아비. ¶ 호을아비 환:鰥(訓蒙上33).
호을어미명 〈옛〉홀어미. 과부. ¶ 호을어미 과:寡(訓蒙上33). 참ㅎ올어미.
호:음(好音)명 ①좋은 소식. ②좋은 소리.
호음(豪飮)명하자 술을 많이 마심.
호:읍(號泣)명하자 소리 높이 욺.
호응(呼應)명하자 ①〔부르고 답한다는 뜻에서〕어떤 요구나 호소 같은 것에 응하여 따름. ¶ 호응을 받다. /호응을 얻다. ②한 문장에서, 어떤 특정한 말 뒤에는 반드시 다른 특정한 말만이 오게 되는 제약적 쓰임을 이름. 〔'모름지기 ~ -ㄹ 지어다, 여간 ~ -지 않다, 결코 ~ -ㄹ(을·를) 수 없다, -거늘 ~ -랴, -로 하여금 ~ -게 하다, 바야흐로 ~ -려 한다' 따위.〕
호:의(好衣)[-의/-이]명 좋은 옷. ↔악의(惡衣).
호:의(好意)[-의/-이]명 (남에게 보이는) 친절한 마음씨. 선의. ¶ 호의를 베풀다. ↔악의(惡意).
호:의(好誼)[-의/-이]명 좋은 정의(情誼). 가까운 정분.
호의(狐疑)[-의/-이]명하자 〔여우는 의심이 많다는 데서〕남을 깊이 의심하는 일.
호:의(號衣)[-의/-이]명 ☞더그레.
호:의-적(好意的)[-의-/-이-]관명 호의를 나타내 보이는 (것). ¶ 호의적 태도. /호의적으로 대하다.
호의-현상(縞衣玄裳)[-의-/-이-]명 ①흰 저고리와 검은 치마. ②〔소동파의 '적벽부'에 나오는 말로, 학의 외모가 흰 저고리와 검은 치마를 입은 것 같다 하여〕'학'을 비유하여 이르는 말.
호:의-호:식(好衣好食)[-의-/-이-]명하자 잘 입고 잘 먹음, 또는 그런 생활. ¶ 부족한 것 없이 호의호식하며 지낸다. ↔악의악식.
호읫옷명 〈옛〉홑옷. ¶ 호읫옷 단:襌(訓蒙中24).
호:이(好餌)명 ①좋은 먹이. ②손쉽게 희생이 되는 것. ③남을 유혹하는 수단.
호이스트(hoist)명 기중기의 하나. 비교적 가벼운 물건을 옮기는 데 쓰임.
호:인(好人)명 성품이 좋은 사람.
호인(胡人)명 ①만주 사람. ②☞야만인.
호:일(好日)명 좋은 날.
호자부 〈옛〉혼자. ¶ 시냇ㄱ의 호자 안자(丁克仁.賞春曲). 참ㅎ볼사.
호:자(虎子)명 범의 새끼.
호:장(戶長)명 왕조 때, 고을의 아전의 맨 윗자리, 또는 그 사람.
호:장(虎杖)명 여뀟과의 다년초. 산지에 나는데, 줄기 높이는 1 m가량. 잎은 넓은 달걀 모양이며 어긋맞게 남. 6~8월에 흰 꽃이 핌. 감제풀. 고장(苦杖).
호:장(虎將)명 (범같이) 용맹스러운 장수.
호장(豪壯) '호장하다'의 어근.
호:장(護葬)명하자 행상(行喪)을 호위함.
호장-하다(豪壯-)형여 ①세력이 강하고 왕성하다. ②호화롭고 웅장하다.
호:재(好材)명 〈호재료〉의 준말. ↔악재(惡材).
호:-재료(好材料)명 ①좋은 재료. ②증권 거래 따위에서, 시세 상승의 원인이 되는 조건. ②준호재. ↔악재료(惡材料).
호:저(好著)명 좋은 저서(著書).
호:적(戶籍)명 한 집안의 호주를 중심으로 그 가족들의 본적지·성명·생년월일 등 신분에 관한 것을 적은 공문서. 2008년 호적법 폐지에 따라 폐지되고, '가족 관계 등록부'가 이를 대체함. 장적(帳籍). ¶ 호적에 올리다. /호적을 옮기다.
호적(好適) '호적하다'의 어근.
호적(胡笛)명 '태평소'를 달리 이르는 말.
호:적(號笛)명 ①☞나발. ②신호로 부는 피리.
호:적^등본(戶籍謄本)[-뜽-]명 호적의 원본 전부를 복사한 공인 문서.
호:적-색(戶籍色)[-쌕]명 지난날, 고을의 군아(郡衙)에서 호적 일을 맡았던 부서.
호:-적수(好敵手)[-쑤]명 알맞은 상대. ¶ 호적수를 만나다. 참맞적수.
호:적^초본(戶籍抄本)명 호적의 원본 중에서 청구하는 사람이 원하는 부분만 복사한 공인 문서.
호:적-하다(好適-)[-저카-]형여 꼭 알맞다.
호:전(好戰)명하자 싸우기를 좋아함.
호:전(好轉)명하자되자 (일이나 병 따위가) 잘되거나 낫기 시작함. ¶ 사태가 호전되다. /병세가 호전되어 곧 퇴원할 것 같다. ↔악화.
호:전(護全)명하타되자 온전하게 보호함.
호:전-적(好戰的)관명 싸우기를 즐기는 (것). ¶ 호전적 태도. /호전적인 민족.
호접(胡蝶·蝴蝶)명 ☞나비[1].
호접-장(蝴蝶裝)[-짱]명 책의 장정의 한 형식. 책장의 면이 안쪽으로 오도록 복판에서 반대로 접어 중첩하고, 그 접은 판심(版心)의 바깥쪽에 풀칠하여, 한 장의 표지를 복판에서 둘로 접은 책등 안쪽에 붙인 장정. 〔한 장씩 펼치면 마치 나비가 나는 모양 같다고 하여 붙인 이름.〕

호접지몽(胡蝶之夢)[-찌-]명 ☞장주지몽.
호젓-하다[-저타-]형여 ①무서운 느낌이 들 만큼 고요하고 쓸쓸하다. ¶ 호젓한 산길. ②(남과 떨어져 있어) 방해되는 것이 없이 조용하다, 또는 여유롭거나 홀가분하다. ¶ 둘만의 호젓한 시간을 가지다. ③쓸쓸하고 외롭다. **호젓-이**부.
호ː정(戶庭)명 집 안의 뜰.
호정(糊精)명 ☞덱스트린(dextrin).
호ː정-출입(戶庭出入)명하자 (앓는 이나 늙은 이가) 겨우 마당까지만 드나듦.
호제(呼弟)명하타 아우라고 부름.
호ː조(互助)명하자 서로 도움.
호ː조(戶曹)명 고려와 조선 시대에, 호구(戶口)·공부(貢賦)·전량(錢糧)·식화(食貨) 등의 일을 맡았던 육조(六曹)의 하나.
호ː조(好調)명 상태가 좋음, 또는 좋은 상태. ¶ 경기(景氣)가 호조를 보이고 있다. 참쾌조.
호ː조(護照)명 조선 말기에, 우리나라의 내지(內地)를 다니던 외국인에게 발행하여 주던 여행 증명서. 참행장(行狀)2.
호ː-조건(好條件)[-껀]명 조건이 좋음, 또는 좋은 조건. ↔악조건.
호ː조^판서(戶曹判書)명 조선 시대에, 호조의 정이품 으뜸 벼슬. 준호판.
호족(豪族)명 (어떤 지방에서) 재산이 많고 세력이 큰 일족. 토호(土豪).
호ː족-반(虎足盤)[-빤]명 다리 모양이 범의 다리처럼 휘우듬하게 굽은 소반. 〔지난날, 왕의 수라상이나 궁중·상류 가정의 제례에 쓰였으며 전라도 나주에서 생산되었음.〕
호졸근-하다형여 ①종이나 피륙 따위가 약간 젖어서 빳빳한 느낌이 없다. ②몸이 고단하여 힘이 없다. 큰후줄근하다. **호졸근-히**부.
호종(胡種)명 만주 인종, 또는 만주에서 나는 여러 가지 물종(物種).
호ː종(扈從)명하타 지난날, 왕가(王駕)를 모시고 따르던 일, 또는 모시고 따르던 사람.
호종(豪縱) '호종하다'의 어근.
호종-하다(豪縱-)형여 ☞호방하다.
호ː주(戶主)명 ①한 집안의 주장이 되는 사람. 가장(家長). 집주인. ②한 집안의 호주권을 가지고 가족을 거느리는 사람.
호ː주(好酒)명하자 술을 좋아함.
호주(豪酒)명하자 술을 많이 마심, 또는 그런 사람. 대주(大酒).
호주(濠洲)명 '오스트레일리아'의 한자음 표기.
호ː주-권(戶主權)[-꿘]명 가족을 통솔함에 있어서 호주에게 주어진 권리.
호-주머니(胡-)명 옷에 단 주머니. 의낭(衣囊).
호죽(胡竹)명 담배통이 투박하고 너부죽한 담뱃대의 한 가지.
호중(湖中)명 ☞호서(湖西).
호중-천지(壺中天地)명 '별천지' 또는 '선경(仙境)'을 뜻하는 말. 〔옛날 호공(壺公)이라는 사람이 항아리 안에서 살았는데, 비장방(費長房)이 그 속에 들어가 보니, 옥당(玉堂)이 화려하고 술과 안주가 가득하였다는 데에서 유래함.〕
호증계취단(虎憎鷄嘴短)[-계-/-게-]명 원진살의 한 가지. 범띠는 닭띠를 꺼린다는 말.
호지(胡地)명 오랑캐의 땅.
호ː지(護持)명하타되자 보호하여 부지(扶持)함.
호ː질(虎叱)명 조선 정조 때, 박지원(朴趾源)이 지은 한문 소설. 호랑이를 통해 유생(儒生)의 부패와 위선을 비웃고 폭로한 내용. 〔'열하일기'에 실려 전함.〕
호ː차(戶車)명 (여닫음을 미끄럽게 하기 위하여) 미닫이 밑에 대는 작은 쇠바퀴. 문바퀴.
호창(呼唱)명하타되자 높은 목소리로 부름.
호척(呼戚)명하타 척분(戚分)을 대서 항렬을 찾아 부름.
호ː천(互薦)명하자 서로 천거함.
호ː천(昊天)명 ①넓은 하늘. ②구천(九天)의 하나. 서쪽 하늘. ③사천(四天)의 하나. 여름 하늘.
호천-고지(呼天叩地)명하자 (너무나 애통하여) 하늘을 부르며 땅을 침.
호ː천-망극(昊天罔極)명하형 〔하늘이 넓고 끝이 없다는 뜻으로〕 '부모의 은혜가 크고 끝이 없음'을 이르는 말.
호천-통곡(呼天痛哭)명하자 (너무나 애통하여) 하늘을 부르며 소리쳐 욺.
호ː-천후(好天候)명 좋은 날씨. ↔악천후.
호청명 '홑청'의 잘못.
호ː청(好晴)명 날씨가 활짝 갬. 참쾌청하다.
호초(胡椒)명 ①☞후추. ②한방에서, '후추나무 열매의 껍질'을 약재로 이르는 말.
호ː총(戶總)명 민가(民家)의 총 수효.
호출(呼出)명하타되자 ①불러냄. ②☞소환.
호출-기(呼出機)명 〈무선 호출기(無線呼出機)〉의 준말.
호출^부ː호(呼出符號)명 ☞콜 사인(call sign).
호출-장(呼出狀)[-짱]명 '소환장'의 구용어.
호치(皓齒)명 희고 깨끗한 이. 백치(白齒).
호치(豪侈)명하형 ☞호화(豪華).
호치-단순(皓齒丹脣)명 ☞단순호치.
호치키스(Hotchkiss)명 손잡이를 누르면 'ㄷ' 자 모양의 쇠바늘이 튀어나와 종이를 철하는 기구. 〔상표명임.〕
호ː칭(互稱)명하자 서로 부름, 또는 그 이름.
호칭(呼稱)명하타되자 이름지어 부름, 또는 그 이름. 명칭(名稱).
호칭-어(呼稱語)명 사람이나 사물을 부를 때 쓰는 말. 〔아버지·어머니·여보 따위.〕
호-콩(胡-)명 ☞땅콩.
호쾌(豪快) '호쾌하다'의 어근.
호쾌-하다(豪快-)형여 매우 시원시원하다. 호탕하고 쾌활하다. ¶ 큰 소리로 호쾌하게 웃다. /호쾌한 장타(長打).
호크(←haak 네)명 단추처럼 옷의 벌어진 곳을 걸어 잠그게 되어 있는, 갈고리 모양의 물건.
호ː탄(浩歎·浩嘆)명하타 크게 탄식함.
호-탄자(虎-)명 호피 무늬의 담요.
호탕(浩蕩) '호탕(浩蕩)하다'의 어근.
호탕(豪宕) '호탕(豪宕)하다'의 어근.
호탕불기(豪宕不羈)명하형 기개가 당당하고 호걸스러워 사소한 일에 얽매임이 없음.
호ː탕-하다(浩蕩-)형여 〈호호탕탕하다〉의 준말.
호탕-하다(豪宕-)형여 호기롭고 걸걸하다. ¶ 호탕하게 웃다.
호텔(hotel)명 (규모가 큰) 서양식 고급 여관.
호통명하자타 (화가 몹시 나서) 큰 소리를 지르거나 꾸짖음, 또는 그 소리.
호통(을) 치다관용 큰 소리로 꾸짖거나 몹시 나무라다.
호통-바람[-빠-]명 호통을 치는 서슬. 《주로, '호통바람에'의 꼴로 쓰임.》 ¶ 호통바람에 할 말도 못하고 나왔다.
호ː투(好投)명하자 야구에서, 투수가 좋은 투구(投球)를 함.
호ː판(戶判)명 〈호조 판서〉의 준말.
호ː-팔자(好八字)[-짜]명 좋은 팔자.

호패(胡牌)명하자 골패로 하는 노름의 한 가지. 톡[1].

호:패(號牌)명 조선 시대에, 열여섯 살 이상의 남자가 차던 길쭉한 패. 한 면에 성명과 난 해의 간지를 쓰고 그 뒷면에 관아의 낙인을 찍었음.

호:평(好評)명하타 좋게 평판함, 또는 그 평판. ↔악평.

호:포(戶布)명 고려·조선 시대에, 봄과 가을에 집집마다 물리던 세(稅). 〔무명이나 모시 따위로 냄.〕

호:포(號砲)명 지난날, 군호(軍號)로 쏘던 대포.

호:품(好品)명 좋은 품질, 또는 그 물건.

호풍(胡風)명 ①호인(胡人)의 풍속. ②☞북풍(北風).

호풍-환우(呼風喚雨)명하자 (술법을 써서) 바람과 비를 불러일으킴.

호프(Hof 독)명 한 잔씩 잔에 담아 파는 생맥주, 또는 그 생맥주를 파는 맥줏집.

호:피(虎皮)명 범의 털가죽.

호:학(好學)명하자 학문을 좋아함.

호:학-불권(好學不倦)[-뿔-]명 학문을 좋아하여 책 읽기에 게으름이 없음.

호:한(好漢)명 (의협심 강한) 훌륭한 사나이.

호한(冱寒)명 (만물이 얼어붙을 정도의) 심한 추위. 혹한(酷寒).

호한(浩瀚) '호한(浩瀚)하다'의 어근.

호한(豪悍) '호한(豪悍)하다'의 어근.

호:한-하다(浩瀚-)형여 ①넓고 커서 질펀하다. ②책 따위가 매우 많다. **호한-히**부.

호한-하다(豪悍-)형여 매우 사납다. **호한-히**부.

호:합(好合)명하자 서로 좋게 만남.

호항(湖港)명 큰 호숫가에 발달한 항구.

호해(湖海)명 ①호수와 바다. ②☞호수. ③☞강호(江湖).

호:행(護行)명하타 보호하여 따라감.

호행-난주(胡行亂走)명하자 함부로 날뛰며 돌아다님. 어지러이 행동함.

호:헌(護憲)명하자 헌법을 옹호함.

호:혈(虎穴)명 ☞호굴.

호협(豪俠) '호협하다'의 어근.

호협-하다(豪俠-)[-혀파-]형여 호방하고 의협심이 강하다.

호형(呼兄)명하타 형이라고 부름.

호형(弧形)명 ①활의 모양. ②'부채꼴'의 구용어.

호형-호제(呼兄呼弟)명하자 〔형이라고 부르고 아우라고 부른다는 뜻으로〕 '친형제처럼 가깝게 지냄'을 이르는 말. 왈형왈제.

호:혜(互惠)[-혜/-헤]명 서로 특별한 편익을 주고받는 일. ¶ 호혜 무역. /호혜 평등의 원칙.

호:혜^조약(互惠條約)[-혜-/-헤-]명 두 나라가 서로 제삼국보다 유리한 통상상의 혜택을 주기로 하는 조약. 상호 조약.

호-호[1]부하자 (주로 여자가) 입을 작게 벌리고 예쁘게 웃는 소리, 또는 그 모양. ¶ 그녀는 수줍은 듯이 호호 웃었다.

호-호[2]부하타 입을 오므려 내밀고 입김을 내뿜는 소리, 또는 그 모양. ¶ 입김을 호호 불어 언 손을 녹이다 . 큰후후.

호:호(戶戶) Ⅰ명 집집.
Ⅱ부 모든 집집마다.

호호(呼號)명하자 ①큰 소리로 부르짖음. ②큰 소리로 주장하거나 선전함.

호호(浩浩) '호호(浩浩)하다'의 어근.

호호(皓皓) '호호(皓皓)하다'의 어근.

호호-거리다[1]자 자꾸 호호 소리를 내다. 호호대다[1].

호호-거리다[2]타 자꾸 호호하며 입김을 불다. 호호대다[2]. 큰후후거리다.

호호-대다[1]자 ☞호호거리다[1].

호호-대다[2]타 ☞호호거리다[2].

호호막막(浩浩漠漠) '호호막막하다'의 어근.

호:호막막-하다(浩浩漠漠-)[-망마카-]형여 끝없이 넓고 아득하다.

호호-백발(皓皓白髮·皜皜白髮)[-빨]명 하얗게 센 머리, 또는 그러한 늙은이.

호:호-야(好好爺)명 인품이 좋은 늙은이.

호:호-인(好好人)명 인품이 좋은 사람.

호호탕탕(浩浩蕩蕩) '호호탕탕하다'의 어근.

호:호탕탕-하다(浩浩蕩蕩-)형여 아주 넓어서 끝이 없다. 준호탕하다. **호호탕탕-히**부.

호:호-하다(浩浩-)형여 한없이 넓고 크다.

호호-하다(皓皓-)형여 ①빛나고 밝다. ②깨끗하고 희다. **호호-히**부.

호홀지간(毫忽之間)[-찌-]명 ①아주 짧은 동안. ②지극히 작은 차이.

호화(豪華)명하형스형 사치스럽고 화려함. 호치(豪侈). ¶ 호화 생활. /호화 별장. **호화스레**부.

호화-롭다(豪華-)[-따][~로우니·~로워]형ㅂ 사치스럽고 화려한 데가 있다. ¶ 집을 아주 호화롭게 꾸몄더군. **호화로이**부.

호화찬란(豪華燦爛) '호화찬란하다'의 어근.

호화찬란-하다(豪華燦爛-)[-찰-]형여 눈이 부시도록 빛나고 호화롭다. ¶ 호화찬란한 샹들리에.

호화-판(豪華-)명 썩 화려하고 사치스러운 판국. ¶ 호화판 별장. /결혼식을 호화판으로 치르다.

호화-판(豪華版)명 호화롭게 꾸민 출판물.

호:환(互換)명하타되자 서로 교환함. ¶ 호환 기능이 있는 제품. /프로그램을 호환하다.

호:환(虎患)명 범이 사람이나 가축에 끼치는 해(害). ¶ 호환을 당하다.

호:환-성(互換性)[-썽]명 ①장치나 부품 따위를 다른 기계의 것과 서로 바꾸어 쓸 수 있는 성질. ②하드웨어나 소프트웨어를 다른 종류의 컴퓨터나 장치에서도 바꾸지 않고 그대로 쓸 수 있는 성질.

호:황(好況)명 경기가 좋음, 또는 좋은 경기. ¶ 부동산 경기가 호황을 누리다. ↔불황(不況).

호:-흉배(虎胸背)명 조선 시대에, 무관 관복에 띠던 흉배의 한 가지. 당상관은 쌍호(雙虎), 당하관은 단호(單虎)였음. ↔학흉배.

호흡(呼吸)명 ①하타숨을 내쉬고 들이마심, 또는 그 숨. ¶ 호흡을 가다듬다. ②하타생물이 몸 밖에서 산소를 들이마시고 신진대사로 생긴 이산화탄소를 밖으로 내보내는 작용. ③하자(두 사람 이상이 함께 일할 때) 서로 조화를 이룸, 또는 그 조화. ¶ 둘은 호흡이 잘 맞는다.

호흡-근(呼吸根)[-끈]명 산소가 부족한 진흙이나 물에서 자라는 식물에 흔히 발달하는 뿌리의 한 가지. 통기성(通氣性)을 갖추고 공중으로 곧게 뻗어 나와 신선한 공기를 각 부분으로 공급함. 〔홍수(紅樹)의 뿌리 따위.〕

호흡-기(呼吸器)[-끼]명 생물의 호흡 작용을 하는 기관. 〔고등 동물의 폐, 어류의 아가미, 곤충류의 기관 따위.〕

호흡^운:동(呼吸運動)명 ①폐장이 호흡을 하기 위해 쉬지 않고 신축하는 일. ②산소를 섭취하고 이산화탄소를 배출하기 위해 숨을 깊이 들이쉬고 내쉬는 운동.

혹¹ 명 ①살가죽에 내민 기형의 군더더기 살덩이. 영류(瘿瘤). ②타박상 따위로 근육이 부어오른 것. ¶ 넘어져서 이마에 혹이 생겼다. ③식물의 조직에 비정상적으로 생기는 덩어리. ④물건의 거죽에 볼록하게 도드라진 부분. ⑤'방해물이나 짐스러운 사물'을 비유하여 이르는 말.
혹 떼러 갔다 혹 붙여 온다 속담 좋은 일을 바라고 갔다가 불리한 일을 당한다는 말.
혹² 부 ①적은 양의 액체를 단숨에 들이마실 때 나는 소리. ②입을 오므리고 입김을 한 번 세게 내부는 소리. 큰훅. **혹-혹** 부 하타.
혹(或) 부 ①〈혹시(或時)〉의 준말. ②〈혹시(或是)〉의 준말. ¶ 혹 그를 만나더라도 크게 꾸짖지는 마시오. ③〈간혹〉의 준말. ¶ 작년까지만 해도 그는 혹 장터에 나타나기도 했다.
혹간(或間) [-깐] 부 ☞간혹.
혹닉(惑溺) [홍-] 명 하자 홀딱 반하여 빠짐.
혹-대패 [-때-] 명 ☞뒤대패.
혹독(酷毒) '혹독하다'의 어근.
혹독-하다(酷毒-) [-또카-] 형여 ①(정도가) 지나치게 심하다. ¶ 혹독한 추위로 고생했다. ②(마음씨나 하는 짓 따위가) 모질고 독하다. ¶ 혹독한 고문을 당하다. **혹독-히** 부.
혹란(惑亂) [홍난] 명 하형 미혹되어 어지러움.
혹렬(酷烈) '혹렬하다'의 어근.
혹렬-하다(酷烈-) [홍녈-] 형여 퍽 심하고 지독하다. **혹렬-히** 부.
혹령(酷令) [홍녕] 명 가혹한 명령.
혹리(酷吏) [홍니] 명 가혹한 관리. 가리(苛吏).
혹박(酷薄) '혹박하다'의 어근.
혹박-하다(酷薄-) [-빠카-] 형여 잔혹하고 박정하다.
혹법(酷法) [-뻡] 명 하형 법의 시행이 너무 가혹함, 또는 그런 법.
혹-부리 [-뿌-] 명 '얼굴에 혹이 달린 사람'의 별명. ¶ 혹부리 영감.
혹사(酷似) '혹사하다'의 어근.
혹사(酷使) [-싸] 명 하타 되자 혹독하게 부림.
혹사-하다(酷似-) [-싸-] 형여 (서로 같다고 할 만큼) 아주 많이 닮다. 비혹초하다. **혹사-히** 부.
혹-살 [-쌀] 명 소의 볼기 한복판에 붙은 기름기가 많은 살. 국거리로 많이 씀.
혹서(酷暑) [-써] 명 몹시 심한 더위. 혹열. 혹염. 비폭서(暴暑). ↔혹한(酷寒).
혹설(或說) [-썰] 명 어떤 사람의 주장이나 학설. 《주로, '혹설에·혹설에는'의 꼴로 쓰임.》 ¶ 혹설에 따르면, 인류는 미생물에서부터 진화되었다고 한다.
혹설(惑說) [-썰] 명 (여러 사람을) 미혹시키는 말.
혹성(惑星) [-썽] 명 ☞행성.
혹세(惑世) [-쎄] 명 하자 세상을 어지럽게 함, 또는 어지러운 세상.
혹세(酷稅) [-쎄] 명 가혹한 세금.
혹세-무민(惑世誣民) [-쎄-] 명 하자 세상 사람을 속여 미혹하게 하고 세상을 어지럽힘.
혹속혹지(或速或遲) [-쏘콕찌] 명 하형 혹 빠르기도 하고 혹 더디기도 함.
혹술(惑術) [-쑬] 명 사람을 미혹시키는 술책.
혹시(或是) [-씨] 부 ①만일에. 혹야. 혹여. 혹자. ¶ 혹시 실패하더라도 낙심하지 마라. ②☞혹시(或時). 준혹(或).
혹시(或時) [-씨] 부 어떠한 때에. 어쩌다가. 혹시(或是). 준혹(或).
혹시-나(或是-) [-씨-] 부 〈혹시(或是)〉의 힘줌말. ¶ 혹시나 하고 들여다보았다.
혹시혹비(或是或非) [-씨-삐] 명 혹은 옳기도 하고 혹은 그르기도 하여, 시비를 가릴 수 없음.
혹신(惑信) [-씬] 명 하타 미혹되어 믿음.
혹심(酷甚) '혹심하다'의 어근.
혹심-하다(酷甚-) [-씸-] 형여 매우 지나치다. 가혹하고 심하다. ¶ 혹심한 가뭄. **혹심-히** 부.
혹애(惑愛) 명 하타 몹시 사랑함. 비익애(溺愛).
혹야(或也) 부 ☞혹시(或是).
혹여(或如) 부 ☞혹시(或是).
혹열(酷熱) [홍녈] 명 ☞혹서(酷暑).
혹염(酷炎) 명 ☞혹서(酷暑).
혹왈(或曰) 명 어떤 사람이 말하는 바.
혹-은(或-) 부 '그렇지 않으면', '또는'의 뜻으로 쓰이는 접속 부사.
혹자(或者) [-짜] Ⅰ 명 어떤 사람. ¶ 혹자는 말하기를.
Ⅱ 부 혹시(或是). ¶ 혹자 그런 일이 있더라도 눈감아 줘야지.
혹장(酷杖) [-짱] 명 혹독한 장형(杖刑).
혹정(酷政) [-쩡] 명 가혹한 정치.
혹초(酷肖) '혹초하다'의 어근.
혹초-하다(酷肖-) 형여 (거의 같을 정도로) 몹시 닮다. 비혹사(酷似)하다.
혹취(酷臭) 명 몹시 나쁜 냄새.
혹평(酷評) 명 하타 가혹하게 비평함, 또는 그 비평. 가평(苛評). ¶ 혹평을 받다.
혹-하다(惑-) [호카-] 자여 (제정신을 못 차릴 정도로) 반하거나 빠지다. ¶ 감언이설에 혹하다. /노름에 혹해서 전 재산을 날리다.
혹한(酷寒) [호칸] 명 몹시 심한 추위. 극한(極寒). 호한(冱寒). ↔혹서(酷暑).
혹해(酷害) [호캐] 명 몹시 심한 재해(災害).
혹형(酷刑) [호켱] 명 하타 가혹한 형벌, 또는 형벌을 가혹하게 함.
혹화(酷禍) [호콰] 명 혹심한 재화(災禍).
혼 명 〈혼동〉의 준말.
혼(魂) 명 넋. 얼. ¶ 혼이 나가다.
혼(이) 뜨다 관용 (몹시 놀라거나 무서워서) 혼이 떠서 나갈 지경이 되다.
혼가(婚家) 명 ☞혼인집.
혼ː가(渾家) 명 한집안의 온 식구. 혼권(渾眷).
혼간(婚簡) 명 혼인 때, 사주나 택일 단자를 쓰는 간지(簡紙).
혼ː거(混居) 명 하자 ☞잡거(雜居). ↔독거(獨居).
혼겁(魂怯) 명 하자 (몹시 놀라거나 무서워서) 혼이 빠지도록 겁을 냄.
혼계(昏季) '혼계하다'의 어근.
혼ː-계영(混繼泳) [-계-/-게-] 명 경영(競泳) 종목의 한 가지. 200 m 또는 400 m를 네 명의 선수가 배영·평영·접영·자유형의 차례로 50m 또는 100 m씩 헤엄침. 메들리 릴레이.
혼계-하다(昏季-) [-계-/-게-] 형여 젊고 물정에 어둡다.
혼고(昏鼓) 명 절에서, 저녁 예불 때에 치는 북.
혼곤(昏困) '혼곤하다'의 어근.
혼곤-하다(昏困-) 형여 정신이 흐릿하고 맥이 빠진 듯이 고달프다. **혼곤-히** 부 ¶ 아이들은 혼곤히 잠들어 있고 사방은 고요하다.
혼ː공(渾恐) 명 하타 모두 두려워함. 모두 꺼림.
혼교(魂轎) 명 장사(葬事) 때, 고인이 생전에 입던 옷가지를 담고 가는 가마.
혼구(婚具) 명 혼인 때 쓰는 제구(諸具).
혼군(昏君) 명 사리에 어둡고 어리석은 임금. 암군(暗君). 암주(暗主).
혼ː권(渾眷) 명 ☞혼가(渾家).

혼금(閽禁)명하타 지난날, 관아에서 잡인(雜人)의 출입을 금하던 일.

혼기(婚期)명 혼인하기에 적당한 나이, 또는 그 시기. 혼령. ¶ 혼기가 차다. /혼기를 놓치다. 비가기(嫁期).

혼기(魂氣)명 영혼의 기운. 정신.

혼-나다(魂-)자 ①(몹시 놀라거나 무서워서) 정신이 빠지다. ②시련을 겪다. 매우 힘이 들다. ¶ 기침을 참느라 혼났다. ③호된 꾸지람을 듣다. ¶ 떠들었다고 선생님께 혼났다.

혼-내다(魂-)타 혼나게 하다. ¶ 엄마가 떼쓰는 아이를 혼내다.

혼담(婚談)명 혼인을 하기 위한 의논. 혼인에 대하여 오가는 말. 연담(緣談). ¶ 혼담이 들어오다. /혼담이 깨어지다.

혼담(魂膽)명 혼백과 간담, 곧 넋.

혼도(昏倒)명하자되자 정신이 아뜩하여 넘어짐.

혼ː돈(混沌·渾沌)명 ①(태초의) 하늘과 땅이 아직 나뉘지 않은 상태. ②되자사물의 구별이 확연하지 않게 됨. ¶ 가치관의 혼돈. ③하형사물의 구별이 확연하지 않음, 또는 그 상태.

혼ː돈-피(混沌皮)명 ☞포의(胞衣).

혼-동명 윷놀이에서, '말이 하나만 감'을 이르는 말. 준혼. 비단동.

혼동명하타 〈옛〉①큰 소리로 꾸짖음. ¶ 사군(使君)이 소래하여 혼동 왈…(意幽堂.東溟日記). ②소란스럽게 재촉함. ¶ 기생과 비복(婢僕)을 혼동하여 어서 일어나라 하니…(意幽堂.東溟日記).

혼ː동(混同)명하타되자 ①뒤섞음. ②뒤섞어 보거나 잘못 판단함. ¶ 공과 사를 혼동하다.

혼란(昏亂) '혼란하다'의 어근.

혼ː란(混亂)[홀-]명하형되자스형 뒤죽박죽이 되어 어지럽고 질서가 없음. 혼잡. 혼효(混淆). 효란(淆亂). ¶ 사회 혼란. /가치관의 혼란을 겪다. **혼란스레**부.

혼ː란-상(混亂相)[홀-]명 어지럽고 질서가 없는 모양. ¶ 혼란상을 드러내다.

혼란-하다(昏亂-)[홀-]형여 정신이 흐리고 어지럽다. ¶ 정신이 혼란하여 아무 일도 할 수가 없다.

혼령(婚齡)[홀-]명 혼인할 나이. 혼기.

혼령(魂靈)[홀-]명 죽은 사람의 넋. 영혼.

혼례(婚禮)[홀-]명 ①혼인의 의례. 빙례(聘禮). 가취지례(嫁娶之禮). ②〈혼례식〉의 준말. ¶ 혼례를 치르다.

혼례-식(婚禮式)[홀-]명 ☞결혼식. 화촉지전(華燭之典). 준혼례.

혼마(魂馬)명 장례 때 쓰는 제구의 한 가지. 상여 앞에서 안장을 갖추고 가는 말로, 반혼(返魂) 의식 가운데의 한 차림임.

혼망(昏忘)명 ①하자정신이 흐려서 잊기를 잘함. ②하형정신이 흐릿함.

혼매(昏昧) '혼매하다'의 어근.

혼매-하다(昏昧-)형여 어리석어서 사리에 어둡다.

혼명(昏明)명 어두움과 밝음.

혼모(昏耗) '혼모하다'의 어근.

혼모-하다(昏耗-)형여 (늙어서) 정신이 흐리고 기력이 쇠약하다.

혼몽(昏懜)명하형 정신이 흐리고 가물가물함.

혼ː문(混文)명 ☞혼성문(混成文).

혼미(昏迷)명하형 정신이 헷갈리고 흐리멍덩함. ¶ 환자는 정신이 혼미해지는 듯 하더니 곧 의식을 잃었다.

혼반(婚班)명 지난날, 서로 '혼인할 만한 양반의 지체'를 이르던 말.

혼ː방(混紡)명하타되자 성질이 다른 섬유를 섞어서 짬.

혼ː방-사(混紡絲)명 성질이 다른 섬유를 혼합하여 짠 실.

혼배^성ː사(婚配聖事)명 '혼인 성사(婚姻聖事)'의 구용어.

혼백(魂帛)명 신주(神主)를 만들기 전에, 초상 때에만 쓰기 위하여 생명주(生明紬)를 접어서 만드는 임시의 신위.

혼백(魂魄)명 넋. ¶ 혼백을 위로하기 위해 굿을 벌이다.

혼백-상자(魂帛箱子)[-쌍-]명 혼백을 담는 상자.

혼비(婚費)명 혼인에 드는 비용.

혼비백산(魂飛魄散)[-싼]명하자 〔혼백이 날아 흩어진다는 뜻으로〕 '몹시 놀라 어찌할 바를 모름'을 이르는 말. ¶ 혼비백산하여 도망치다.

혼사(婚事)명하자 혼인에 관한 일. ¶ 혼사가 깨지다. /혼사가 성사되다.

혼사 말하는 데 장사(葬事)〔**상사**〕 **말한다**속담 화제와는 관련이 없는 엉뚱한 말을 한다는 말.

혼삿-길(婚事-)[-사낄/-삳낄]명 혼인할 기회나 자리. ¶ 혼삿길이 막히다.

혼상(婚喪)명 혼사(婚事)와 상사(喪事).

혼ː색(混色)명하타 색을 뒤섞음, 또는 그 색.

혼서(婚書)명 혼인 때, 신랑 집에서 예단에 붙여 신부 집으로 보내는 편지. 예서(禮書). 예장(禮狀).

혼서-지(婚書紙)명 혼서를 쓰는 종이.

혼서지-보(婚書紙褓)[-뽀]명 혼서를 싸는 보자기.

혼ː선(混線)명되자 ①(전신이나 전화 따위에서) 신호나 통화가 뒤섞이어 엉클어짐. ¶ 전화가 혼선되다. ②'여러 말이 뒤섞여 실마리를 잡지 못하게 됨'을 비유하여 이르는 말. ¶ 혼선을 빚다. /혼선이 일어나다.

혼ː성(混成)명하타되자 섞여서 이루어짐, 또는 섞어서 만듦. ¶ 남녀 혼성 경기.

혼ː성(混聲)명 ①뒤섞인 소리. ②남녀의 목소리를 혼합하여 노래하는 일. ¶ 혼성 4부 합창.

혼ː성-림(混成林)[-님]명 ☞혼효림(混淆林). ↔단순림.

혼ː성-문(混成文)명 중문(重文)과 복문(複文)이 이어진 복잡한 구성의 문장. 혼문.

혼ː성^복자음(混成複子音)[-짜-]명 서로 다른 두 단자음(單子音)이 섞이어서 어느 것이 먼저이든지 아무 다름이 없이 한 가지로 소리 나는 복자음. 〔'ㅊ·ㅋ·ㅌ·ㅍ' 따위.〕 섞인겹닿소리. 참차성중자음.

혼ː성^부대(混成部隊)명 ①보병을 주축으로 하고, 필요한 다른 병과(兵科)를 더하여 편성한 독립 부대. ②두 나라 이상의 병사로 구성한 단일 부대.

혼ː성-암(混成岩)명 기존의 암석과 새 마그마가 뒤섞여 이루어진 암석.

혼ː성-주(混成酒)명 ①여러 가지의 술에 향료나 조미료 따위를 섞어서 만든 술. ②두 가지 이상의 술을 섞어서 만든 술. 혼합주. 참칵테일.

혼ː성-팀ː(混成team)명 남자와 여자, 또는 두 개 이상의 팀에서 뽑힌 선수로 이루어진 팀.

혼ː성^합창(混聲合唱)명 남녀의 각 성부를 혼합한 합창.

혼소(魂銷)명하자 〔넋이 스러진다는 뜻으로〕 ①혼이 나감. 얼이 빠짐. ②몹시 놀람.

혼ː-솔명 홈질한 옷의 솔기.
혼수(昏睡)명 ①정신없이 혼혼히 잠듦. ②의식이 없어짐.
혼수(婚需)명 혼인에 드는 물품, 또는 비용. ¶ 혼수를 장만하다.
혼수-상태(昏睡狀態)명 의식이 없이 깊은 잠에 빠져 있는 상태. ¶ 혼수상태에 빠지다.
혼ː숙(混宿)명하자 남녀가 여럿이 한데 뒤섞여 잠.
혼ː순환^소ː수(混循環小數)명 소수점 아래에 하나 또는 몇 개의 숫자가 있고, 그 다음 숫자부터는 같은 숫자가 순환하는 소수. 〔3.52141414… 따위.〕 참순순환 소수.
혼숫-감(婚需-)[-수깜/-숟깜]명 혼수로 쓸 물품. ¶ 혼숫감을 마련하다.
혼승백강(魂昇魄降)[-깡]명하자 (죽은 이의) 영혼은 하늘로 올라가고 몸은 땅속으로 들어간다는 말.
혼ː식(混食)명 ①하자(여러 가지 음식을) 섞어서 먹음. ②하타쌀에 잡곡을 섞어서 밥을 지어 먹음, 또는 그 식사.
혼ː신(渾身)명 온몸. 전신. ¶ 혼신의 힘을 쏟다.
혼ː아(混芽)명 ☞혼합눈.
혼암(昏闇) '혼암하다'의 어근.
혼암-하다(昏闇-)형여 (어리석어) 사리에 어둡다.
혼야(昏夜)명 어두운 밤.
혼야(婚夜)명 혼인한 날의 밤. 첫날밤.
혼야-애걸(昏夜哀乞)명하자 어두운 밤에 사람 없는 틈을 타서 권세 있는 사람에게 애걸하는 일.
혼약(婚約)명하자되자 ☞약혼. 가약(佳約).
혼ː연(渾然)부하형 ①조금도 딴 것이 섞이지 않고 고른 모양. ②(별개의 것들이) 구별이나 차별이 없는 모양. ③(성질이) 원만한 모양. **혼연-히**부.
혼ː연-일체(渾然一體)명 (사상이나 의지·행동 따위가) 조금의 어긋남도 없이 한덩어리가 되는 일. ¶ 관민(官民)이 혼연일체가 되어 수해 복구를 하다.
혼ː연-일치(渾然一致)명하자 의견이나 주장 따위가 완전히 하나로 일치함.
혼ː연-천성(渾然天成)명하자 아주 쉽게 저절로 이루어짐.
혼ː영(混泳)명 경영(競泳)의 한 가지. 200 m 또는 400 m 개인 혼영이 있는데, 접영·배영·평영·자유형의 차례로 각각 50 m 또는 100 m씩 헤엄침.
혼ː욕(混浴)명하자 같은 목욕탕에서 남녀가 함께 목욕함.
혼ː용(混用)명하타되자 ①섞어서 씀. ¶ 국한문 혼용. ②잘못 혼동하여 씀.
혼우(昏愚) '혼우하다'의 어근.
혼우-하다(昏愚-)형여 매우 어리석다.
혼ː원(混元)명 '우주' 또는 '천지'를 이르는 말.
혼유-석(魂遊石)명 ①상석(床石)과 봉분 사이에 놓는 직사각형의 돌. ②능원(陵園)의 봉분 앞에 놓여 있는 직사각형의 돌. 석상. 석안.
혼ː융(渾融)명하자되자 섞여 융합함.
혼ː음(混淫)명하자 (몇 쌍의 남녀가) 뒤섞여서 간음(姦淫)함.
혼ː음(混飮)명하타 (종류가 다른 여러 가지 술을) 섞어서 마심.
혼의(魂衣)[호늬/호니]명 혼교(魂轎)에 담는, 고인이 생전에 입던 옷.
혼인(婚姻)명하자 장가들고 시집가는 일, 곧 남녀가 부부가 되는 일. 결혼. 혼취(婚娶). ¶ 혼인 서약.
혼인-계(婚姻屆)명 '혼인 신고'의 잘못.
혼인^비행(婚姻飛行)명 (교미를 하기 위하여) 암수의 곤충이 한데 어울려 하늘을 나는 일.
혼인-색(婚姻色)명 (양서류·조류·어류 따위) 동물의 번식기에 나타나는 피부나 털의 빛깔. 주로, 수컷에 나타남.
혼인^성ː사(婚姻聖事)명 가톨릭에서 이르는 칠성사(七聖事)의 하나. 교회법이 허용하는 일남일녀가 혼인을 하는 행사를 이르는 말.
혼인^신고(婚姻申告)명 결혼한 사실 등을 관할 관청에 신고하는 일.
혼인-집(婚姻-)[-찝]명 혼례를 지내는 집. 혼인 잔치를 치르는 집. 혼가(婚家).
혼ː일(混一)명하타 섞어서 하나로 함.
혼일(婚日)명 혼인을 하는 날.
혼ː입(混入)명하타되자 한데 섞여 들어감, 또는 한데 섞어 넣음.
혼자명 ①자기 한 몸. ¶ 혼자의 힘으로. ②〖부사적 용법〗 단독으로. ¶ 혼자 남다.
혼자-되다[-되-/-뒈-]자 ☞홀로되다.
혼ː작(混作)명하타 같은 땅에 두 가지 이상의 작물을 동시에 재배하는 일.
혼ː잡(混雜)명하형스형 ①뒤섞여서 분잡함. 붐빔. ¶ 교통 혼잡. /혼잡한 도로. ②☞혼란(混亂). **혼잡스레**부.
혼잣-말[-잔-]명하자 혼자서 중얼거리는 소리. 혼잣소리. 독어(獨語)[1]. 독언(獨言). ¶ 혼잣말로 중얼거리다.
혼잣-소리[-자쏘-/-잗쏘-]명하자 혼잣말.
혼잣-손[-자쏜/-잗쏜]명 혼자 일을 하는 처지. 단손.
혼재(婚材)명 혼인하기 알맞은 남자와 여자.
혼ː재(混在)명하자되자 (서로 다른 것이) 함께 존재함.
혼전(婚前)명 결혼하기 전.
혼ː전(混戰)명하자 ①두 편이 뒤섞여서 싸움. ②승패나 순위를 가름할 수 없는 치열한 싸움. 난전(亂戰). ¶ 혼전을 벌이다.
혼절(昏絕)명하자 정신이 아찔하여 까무러침. ¶ 갑자기 친구가 혼절하는 바람에 몹시 놀랐다. 참기절.
혼정-신성(昏定晨省)명하자 〔저녁에 이부자리를 보고 아침에 자리를 돌아본다는 뜻으로〕 자식이 아침저녁으로 부모의 안부를 물어서 살핌을 이름. 준정성(定省).
혼질(昏窒)명하자되자 정신이 혼미해질 정도로 숨이 막힘.
혼쭐(魂-)명 '혼'을 강조하여 이르는 말.
혼쭐-나다(魂-)[-라-]자 ①몹시 혼나다. ¶ 혼쭐나고 싶지 않으면 얌전히 있어. ②(몹시 황홀하여) 정신이 흐릴 지경이 되다.
혼쭐-내다(魂-)[-래-]타 몹시 꾸짖거나 벌을 주다. ¶ 나쁜 놈을 혼쭐내다.
혼처(婚處)명 혼인하기에 알맞은 자리. ¶ 마땅한 혼처를 알아보다.
혼척(婚戚)명 ☞인척(姻戚).
혼ː천-의(渾天儀)[-처늬/-처니]명 지난날, 천체의 운행과 위치를 관측하던 기계.
혼취(昏醉)명하자되자 정신을 못 차릴 정도로 술에 취함. ¶ 혼취 상태에서 어떻게 집에 왔는지 모르겠다.
혼취(婚娶)명하자 ☞혼인(婚姻).

혼침(昏沈) '혼침하다'의 어근.

혼침-하다(昏沈-) 형여 정신이 혼미하다.

혼ː탁(混濁·渾濁·溷濁) 명 하형 ①(불순한 것들이 섞여) 깨끗하지 않고 흐림. ¶ 혼탁한 공기. /강물이 혼탁하다. ②(정치나 사회 현상 따위가) 어지럽고 흐림. ¶ 혼탁한 정치 풍토.

혼ː탕(混湯) 명 남녀 구별 없이 들어가 함께 목욕하는 목욕탕.

혼택(婚擇) 명 하자 혼인할 날을 가림.

혼ː합(混合) 명 하타 되자 뒤섞어서 한데 합함. ¶ 혼합 물질. /밀가루 반죽에 쑥 가루를 혼합하다.

혼ː합^농업(混合農業) [-함-] 명 가축의 사육과 농작물의 재배를 아울러 하는 농업.

혼ː합-눈(混合-) [-함-] 명 (꽃눈이나 잎눈에 대하여) 꽃이 될 눈과 잎이 될 눈을 함께 지닌 싹눈. 혼아(混芽). 혼합아.

혼ː합-물(混合物) [-함-] 명 ①여러 가지가 뒤섞여서 된 물건. ②둘 이상의 물질이 화학적으로 결합하지 않고 각각의 성질을 지니면서 뒤섞이어 있는 것.

혼ː합-비(混合比) [-삐] 명 ①이질(異質)의 물질을 혼합하는 비율. ②내연 기관에서, 연료와 공기가 혼합하여 혼합 기체를 이루는 비율.

혼ː합-아(混合芽) 명 ☞혼합눈.

혼ː합-주(混合酒) [-쭈] 명 ☞혼성주.

혼행(婚行) 명 하자 혼인 때, 신랑이 신부 집으로 가거나 신부가 신랑 집으로 가는 일. 신행(新行).

혼ː혈(混血) 명 ①하자(서로 다른 종족이 결혼하여) 두 계통의 특징이 섞임, 또는 그 혈통. ↔순혈. ②〈혼혈아〉의 준말.

혼ː혈-아(混血兒) 명 서로 다른 종족 사이에서 태어난 아이. 준혼혈.

혼혐(婚嫌) 명 파혼이 되거나 혼인이 성립될 수 없을 만한 혐의.

혼혼(昏昏) 부 하형 ①어두운 모양. ②정신이 흐리고 가물가물한 모양. **혼혼-히** 부.

혼ː화(混化) 명 하자 되자 뒤섞여서 딴 물건이 됨.

혼ː화(混和) 명 하자.타 되자 한데 섞어서 합함, 또는 한데 섞이어 융화됨.

혼ː화(渾和) 명 하자 혼연하게 화합함.

혼ː화-제(混和劑) 명 두 가지 이상의 재료를 혼화시켜 만든 약제.

혼ː효(混淆) 명 ①하자.타 되자 서로 뒤섞임, 또는 뒤섞음. ②하형 ☞혼란(混亂).

혼ː효-림(混淆林) 명 두 가지 이상의 나무가 뒤섞여 있는 숲. 혼성림. ↔단순림.

혼후(渾厚) '혼후하다'의 어근.

혼ː후-하다(渾厚-) 형여 화기(和氣)가 있고 인정이 두텁다. **혼후-히** 부.

혼흑(昏黑) '혼흑하다'의 어근.

혼흑-하다(昏黑-) [-흐카-] 형여 어둡고 몹시 캄캄하다.

홀(笏) 명 ①조선 시대에, 벼슬아치가 조현(朝見)할 때 조복(朝服)에 갖추어 손에 쥐던 패. ②〈홀기(笏記)〉의 준말.

홀(忽) 수관 사(絲)의 10분의 1, 미(微)의 10배가 되는 수(의). 곧, 10^{-5}.

홀ː(hall) 명 ①(건물 안의 여럿이 모일 수 있는) 넓은 방. ②회관이나 강당. ③〈댄스홀〉의 준말.

홀ː(hole) 명 골프공을 쳐 넣는 구멍. 지름 4.25 인치(약 10.8 cm)로, 보통 금속제의 원통이 박혀 있어 컵(cup)이라고도 함.

홀- 접두 《일부 명사 앞에 붙어》 '짝이 없음'·'하나뿐'임을 나타냄. ¶ 홀몸. /홀아비. /홀어미. /홀시어머니.

홀가분-하다 형여 ①가뿐하고 산뜻하다. ¶ 마음이 홀가분하다. ②너더분하지 않다. ③(짐스러운 것이 없어) 가뜬하다. ¶ 손가방 하나뿐인 홀가분한 차림. ④대수로운 상대자가 아니다. **홀가분-히** 부.

홀기(笏記) 명 혼례나 제례 때, 의식의 순서를 적은 글. 준홀.

홀대(忽待) [-때] 명 하타 소홀히 대접함. 탐탁하지 않은 대접. ¶ 홀대를 받다. 비괄대.

홀ː더(holder) 명 서류 따위의 보관철.

홀ː딩(holding) 명 ①축구나 농구 따위에서, 손이나 몸으로 상대편의 행동을 방해하는 반칙. ②배구에서, 손이나 몸에 잠깐이라도 공이 머물러 있게 하거나 손바닥으로 공을 치는 반칙. ③권투에서, 상대편의 몸을 껴안는 일.

홀딱 부 ①벗겨져 환하게 드러나는 모양. ¶ 이마가 홀딱 벗어졌다. ②(옷 따위 가린 것을) 죄다 벗거나 벗은 모양. ¶ 아이들이 옷을 홀딱 벗고 물속으로 뛰어들었다. ③몽땅. 죄다. ¶ 돈을 홀딱 다 써 버리다. ④뒤집거나 뒤집히는 모양. ¶ 손바닥을 홀딱 뒤집다. ⑤하타 작은 동작으로 뛰어넘는 모양. ⑥하자 몹시 반하거나 속는 모양. ①②④⑤큰홀떡. **홀딱-홀딱** 부 하타.

홀딱-거리다[1] [-꺼-] 자 신이 헐거워서 자꾸 벗어지다. 홀딱대다[1]. ¶ 고무신이 커서 홀딱거린다. 큰홀떡거리다[1].

홀딱-거리다[2] [-꺼-] 타 ①자꾸 조금 힘차게 뛰거나 뛰어넘다. ②자꾸 적은 양을 남김없이 날쌔게 먹어 치우다. 홀딱대다[2]. 큰홀떡거리다[2].

홀딱-대다[1] [-때-] 자 ☞홀딱거리다[1].

홀딱-대다[2] [-때-] 타 ☞홀딱거리다[2].

홀딱-홀딱 [-따콜-] 부 하자 ①신이 할가워서 자꾸 벗어지려고 하는 모양. ②할가워서 가만히 붙어 있지 않고 자꾸 움직이는 모양. 큰홀떡홀떡.

홀라당 부 〈홀랑〉의 본딧말.

홀라-들이다 타 함부로 자꾸 쑤시거나 훑다. 큰훌라들이다.

홀랑 부 ①(가린 것을 벗어) 속의 것을 모두 드러내는 모양. ¶ 홀랑 벗은 알몸. ②벗어지거나 벗겨진 모양. ¶ 머리털이 홀랑 벗어진 이마. ③하자 들어가는 물건이 구멍보다 작아서, 할갑게 들어가거나 빠지는 모양. ④미끄럽게 뒤집히는 모양. ⑤조금 가지고 있던 것을 다 날려 버리는 모양. ¶ 도박으로 전 재산을 홀랑 날리다. 본홀라당. 큰훌렁. **홀랑-홀랑** 부 하자.

홀랑-거리다 자 자꾸 홀랑홀랑하다. 홀랑대다. 큰훌렁거리다.

홀랑-대다 자 홀랑거리다.

홀랑이-질 명 하자 자꾸 함부로 쑤시거나 훑는 짓. 큰훌렁이질.

홀랑이-치다 타 홀랑이질을 잇달아 하다. 큰훌렁이치다.

홀랑-하다 형여 들어가는 물체가 구멍보다 작아서, 할가운 느낌이 있다. 큰훌렁하다.

홀랑-홀랑 부 ①하형 매우 홀랑한 모양. ②하자 들어간 물건이 구멍보다 작아서 할갑게 자꾸 드나드는 모양. 큰훌렁훌렁.

홀략(忽略) '홀략하다'의 어근.

홀략-하다(忽略-) [-랴카-] 형여 소홀하고 간략하다. **홀략-히** 부.

홀로 부 외롭게. 혼자서만. ¶ 홀로 걷다.

홀로그래피(holography) 명 위상(位相)이 갖추어진 레이저 광선을 이용하여 렌즈 없이 한 장의 사진으로 입체상(立體像)을 촬영 재생하는 방법, 또는 그것을 응용한 광학 기술.

홀로그램(hologram)명 홀로그래피에서, 입체상(立體像)을 재생하는 간섭 줄무늬를 기록한 매체.

홀로-되다[-되-/-뒈-]자 ①배우자가 없이 홀로 지내는 몸이 되다. ②(함께 있던 이들이 떠나고) 혼자만 남게 되다. 혼자되다.

홀리다 I자 유혹에 빠져 정신을 못 차리다. ¶ 여자한테 홀리다.
II타 유혹하여 정신을 차리지 못하게 하다. ¶ 여자를 홀리다.

홀-맺다[-맫따]타 (풀리지 않게) 옭아 단단히 맺다.

홀-몸명 (배우자나 형제 따위가 없는) 혼자의 몸. 독신. 척신(隻身). ¶ 교통사고로 남편을 잃고 홀몸이 되었다. 참홑몸.

홀뮴(holmium)명 희토류 원소의 한 가지. 상자성(常磁性) 금속으로, 아주 적게 존재하기 때문에 순수한 것을 얻기는 어려움. 〔Ho/67/164.9304〕

홀보드르르-하다형여 피륙 따위가 매우 가볍고 보들보들하다. 준홀보들하다. 큰훌부드르르하다.

홀보들-하다형여 〈홀보드르르하다〉의 준말. 큰훌부들하다.

홀-소리[-쏘-]명 ☞모음(母音). ↔닿소리.

홀소리-어울림[-쏘-]명 ☞모음조화.

홀-수(-數)[-쑤]명 2로 완전히 나누어지지 않는 정수(整數). 〔1·3·5·7·9 따위.〕 ↔짝수.

홀스타인(Holstein)명 네덜란드 원산의 젖소의 한 품종. 몸은 크고 털빛은 흑백의 얼룩이며 성질은 온순함.

홀시(忽視)[-씨]명하타되자 ①눈여겨보지 않고 건성으로 보아 넘김. ②깔봄.

홀-씨명 ☞포자(胞子).

홀씨-주머니명 ☞포자낭.

홀-아버니명 〈홀아비〉의 높임말.

홀-아버지명 혼자된 아버지.

홀-아비명 (여의거나 헤어져서) 아내 없이 혼자 사는 남자. 광부(曠夫). 환부(鰥夫). 높홀아버니. ↔핫아비.
홀아비 굿 날 물려 가듯속담 훗날로 자꾸 미룸을 이르는 말.
홀아비는 이가 서 말이고 홀어미는 은(銀)**이 서 말이라**속담 여자는 혼자 살아나갈 수 있어도 남자는 혼자 살기 어렵다는 뜻.

홀아비-김치명 무나 배추 한 가지로만 담근 김치.

홀아비-좆[-졷]명 쟁기의 한마루 위의 멍에 줄 닿는 곳에 가로 꿴 작은 나무. 아래 덧방을 누름. ＊홀아비좆이[-조지]·홀아비좆만[-존-]

홀-알명 ☞무정란(無精卵).

홀-앗이명 (거들어 줄 사람이 없어) 살림살이를 혼자 꾸리는 처지.

홀앗이-살림명 식구가 많지 않아 단출한 살림.

홀-어머니명 ①〈홀어미〉의 높임말. ②혼자된 어머니. ②편모(偏母).

홀-어미명 남편을 잃고 혼자 사는 여자. 높홀어머니. ↔핫어미.

홀-어버이명 아버지나 어머니 중 어느 한쪽이 없는 어버이. 편친(偏親).

홀연(忽然)부 뜻밖에. 갑자기. ¶ 온다 간다 말없이 홀연 자취를 감추다.

홀연-하다(忽然-)형여 뜻밖에 불쑥 나타나거나 갑자기 사라지다. **홀연-히**부.

홀왕홀래(忽往忽來)명하자 홀연히 가고 홀연히 나타남.

홀의-아들[호릐-/호레-]명 〈호래아들〉의 본딧말.

홀ː인(hole in)명 골프에서, 그린 위에 얹어 놓은 공을 퍼터로 구멍 안에 넣는 일.

홀ː인원(hole in one)명 골프에서, 파가 3인 홀에서 티 샷한 공이 그대로 홀에 들어간 경우.

홀지(忽地)[-찌]명 갑자기 변하는 판. 《주로, '홀지에'의 꼴로 쓰임.》 ¶ 홀지에 풍설이 몰아치다.

홀지-풍파(忽地風波)[-찌-]명 갑작스레 일어나는 풍파.

홀짝부 ①하타 분량이 적은 액체를 단숨에 들이마시는 모양. ¶ 잔에 남은 술을 홀짝 비우다. ②단번에 가볍게 뛰거나 날아오르는 모양. ¶ 도랑을 홀짝 뛰어 건너다. ③하자타 콧물을 조금씩 들이마시며 우는 모양, 또는 그 소리. 큰훌쩍[1]. **홀짝-홀짝**부하자타.

홀짝-거리다[-꺼-]자타 자꾸 홀짝홀짝하다. 홀짝대다. 큰훌쩍거리다.

홀짝-대다[-때-]자타 홀짝거리다.

홀짝-이다 I자 콧물을 조금씩 들이마시며 흐느껴 울다. 큰훌쩍이다.
II타 적은 양의 액체를 단숨에 들이마시다. ¶ 소주를 홀짝이다. 큰훌쩍이다.

홀쭉-이명 몸이 가냘픈 사람. 볼에 살이 빠져 여윈 사람. 참뚱뚱이.

홀쭉-하다[-쭈카-]형여 ①몸이 가늘고 길다. ②끝이 뾰족하고 길다. ③(앓거나 지쳐서) 살이 빠지고 몸이 야위다. ④(속이 비어) 안으로 오므라져 있다. ¶ 배가 홀쭉하다. 큰훌쭉하다. **홀쭉-히**부.

홀쳐-매다[-처-]타 풀리지 않도록 단단히 잡아매다.

홀치다타 풀리지 않도록 동이거나 벗어나지 못하도록 조처하다. 큰훌치다[2].

홀태명 ①배 속에 알이나 이리가 들지 않고 홀쭉한 생선. ②'좁게 된 물건'을 이르는 말.

홀태-바지명 통이 좁은 바지.

홀태-버선명 볼이 좁은 버선.

홀태-부리명 홀쭉하게 생긴 물건의 앞부리.

홀-하다(忽-)형여 조심성이 적어 거칠고 가볍다.

홀현홀몰(忽顯忽沒)명하자 홀연히 나타났다가 홀연히 사라짐.

홀ː홀부 ①작은 날짐승 따위가 가볍게 나는 모양. ②불이 조금씩 타오르는 모양. ③더운물이나 묽은 죽 따위를 조금씩 들이마시는 모양. 큰훌훌.

홀홀-하다형여 (미음이나 죽 따위가 알맞게 퍼져서) 부드럽고 묽다. 큰훌훌하다.

홅다[홀따]타 ①붙어 있는 알갱이 따위를 떼어 내기 위하여 다른 것 틈에 끼워 잡아당기다. ¶ 벼 이삭을 홅다. ②속에 붙은 것을 부시어 내다. ¶ 솥 속의 찌꺼기를 홅다. ③일정한 범위를 샅샅이 더듬거나 살펴보다. 큰훑다. ＊홅아·홅고[홀꼬]·홅는[홀른]

홅-이다[1][홀치-]자 ①좀 부풋하고 많던 것이 다 빠져서 적어지다. ②옭음을 당하여 헝클어지다. 큰훑이다[1].

홅-이다[2][홀치-]자 〖'홅다'의 피동〗 홅음을 당하다. 큰훑이다[2].

홈명 (고랑처럼) 오목하고 길게 팬 자리.

홈ː(home)명 〈홈 베이스〉의 준말.

홈ː게임(home game)명 프로 야구 등에서, 자기편의 본거지 구장에서 하는 경기. 홈경기. ↔로드 게임.

홈ː-경기(home競技)명 ☞홈 게임.

홈ː-구장(home球場)명 ☞홈그라운드.

홈ː-그라운드(home grounds)명 운동 경기에서, 선수나 팀의 본거지나 본국의 경기장. 홈구장.

홈-끌명 속에 홈이 패어진 조각용 끌.

홈ː-드라마(home+drama)명 가정의 일상생활을 제재로 한 극이나 영화. 가정극(家庭劇).

홈ː-드레스(home+dress)명 (주로 주부가) 가정에서 평소에 입는 실용적인 양장(洋裝).

홈ː런(home run)명 야구에서, 타자가 본루까지 살아서 돌아올 수 있도록 친 안타. 본루타.

홈ː런^더ː비(home run+Derby)명 야구에서, 한 시즌 중의 홈런 수를 경쟁하는 일.

홈ː룸ː(homeroom)명 초·중·고등학교에서, 학생의 생활 지도상 베풀어지는 특별한 교육 계획. 교사의 지도 아래 가정적 분위기를 살려 자치 활동을 함.

홈ː-뱅킹(home banking)명 가정의 개인용 컴퓨터와 은행의 컴퓨터를 전화 회선으로 연결하여, 은행에 나가지 않고도 금융 거래를 할 수 있는 시스템.

홈ː^베이스(home base)명 본루(本壘). 준홈.

홈ː^쇼핑(home shopping)명 통신 판매의 한 가지로, 가정에서 방송 또는 안내 책자 등의 상품 정보를 보고 물건을 사는 일.

홈ː스트레치(homestretch)명 육상이나 경마 따위에서, 결승점이 있는 직선 주로(走路).

홈ː^스틸ː(home+steal)명 야구에서, 본루로의 도루(盜壘)를 이르는 말.

홈ː스펀(homespun)명 손으로 자은 굵은 털실로 짠 거친 양복감, 또는 이를 본뜬 옷감.

홈ː인(home+in)명하자 야구에서, 주자가 본루(本壘)에 살아서 들어오는 일.

홈-자귀명 머리 부분에 홈이 있는 자귀 모양의 돌연장. 이 홈에 직각으로 된 나무 자루를 대어 묶어서 썼음.

홈ː-질명하타 손바느질에서 가장 기본적인 바느질법. 바늘땀을 위아래로 고르게 드문드문 호는 바느질.

홈착-거리다[-꺼-]타 자꾸 홈착홈착하다. 홈착대다. 큰홈척거리다.

홈착-대다[-때-]타 홈착거리다.

홈착-홈착[-차콤-]부하타 ①보이지 않는 데 있는 것을 찾으려고 자꾸 더듬는 모양. ②눈물을 이리저리 씻는 모양. 큰홈척홈척.

홈쳐-때리다[-처-]타 덤벼들어 단단히 때리다. 홈치다. 큰훔쳐때리다.

홈치다타 ①물기 따위를 말끔하게 닦아 내다. ¶ 걸레로 방을 홈치다./행주로 식탁을 홈치다. ②남의 것을 살그머니 휘몰아서 가지다. ③보이지 않는 데 있는 것을 찾으려고 더듬어 만지다. ④☞홈쳐때리다. 큰훔치다.

홈치작-거리다[-꺼-]타 자꾸 홈치작홈치작하다. 홈치작대다. 큰훔치적거리다.

홈치작-대다[-때-]타 홈치작거리다.

홈치작-홈치작[-자콤-]부하타 느릿느릿하게 홈착거리는 모양. 큰훔치적훔치적.

홈켜-잡다[-따]타 세게 옴켜잡다. 큰훔켜잡다. 여옴켜잡다.

홈켜-쥐다타 세게 옴켜쥐다. 큰훔켜쥐다. 여옴켜쥐다.

홈-타기명 물건이 갈라진 샅.

홈ː^터ː미널(home terminal)명 (여러 가지 정보를 얻기 위하여) 가정에 설치한 컴퓨터의 단말기.

홈-통(-桶)명 (물을 이끄는 데 쓰기 위하여) 나무나 쇠붙이 따위에 골을 짓거나 구멍을 낸 물건.

홈ː^팀ː(home team)명 운동 경기에서, 자기 팀의 근거지에서 다른 팀을 맞아들여 대전(對戰)하는 팀.

홈-파다타 속을 오목하게 호비어 파다. 큰훔파다. 여옴파다.

홈-패다자 〖'홈파다'의 피동〗 홈팜을 당하다. 큰훔패다. 여옴패다.

홈ː^페이지(home page)명 인터넷의 월드 와이드 웹 서비스에 접속했을 때에 처음으로 나타나는 화면. 흔히, 책의 표지 또는 차례에 해당하는 내용으로 꾸며져 있음.

홈홈-하다형여 얼굴에 흐뭇한 표정이 나타나 있다. 큰훔훔하다.

홉(hop)명 뽕나뭇과의 다년생 만초. 유럽과 아시아의 온대 지방 원산. 줄기 길이는 6~12 m. 줄기와 잎자루에 가시가 있으며, 여름에 황록색의 꽃이 암수 따로 핌. 열매는 향과 쓴맛이 있어 맥주의 원료로 쓰임.

홉의 용량의 단위의 한 가지. 한 되의 10분의 1. 약 180ml임. ¶ 두 홉들이 소주.

-홉다어미 〈옛〉-스럽다. -스럽구나. ¶ 수랑홉다: 可愛(漢淸*6:20*).

홉-되[-뙤/-뛔]명 홉의 양을 되는 그릇.

홉-뜨다[~뜨니·~떠]타 눈알을 굴려 눈시울을 위로 치뜨다.

홉사[-싸]명 ①한 홉과 한 사〔勺〕. ②되나 저울로 단위를 삼아 셀 때의 남는 분량.

홋홋-하다[호토타-]형여 (딸린 사람이 적어서) 아주 홀가분하다. **홋홋-이**부.

홍(紅)명 〈홍색〉의 준말.

홍-가시나무(紅-)명 장미과의 상록 소교목(小喬木). 일본 원산의 관상용 식물. 잎은 길둥글며 잔 톱니가 있고 어긋맞게 남. 5~6월에 흰 꽃이 핌. 잎은 돋아날 때와 단풍이 들 때 붉은빛이 돎.

홍각(紅殼)명 붉은 채색의 한 가지. 건축 재료의 물감으로 쓰임.

홍건-적(紅巾賊)명 중국 원나라 말기에 강회(江淮)의 한산동(韓山童)을 우두머리로 하여 일어났던 도둑의 무리. 붉은 두건을 둘렀음.

홍경(弘經)명하자 불경(佛經)을 널리 퍼뜨림.

홍경-대사(弘經大師)명 홍경(弘經)하는 일에 종사하는 법사(法師).

홍곡(紅穀)명 중국에서 나는, 붉은빛으로 법제한 쌀. 백소주에 담가 우려서 홍소주를 만드는 데 쓰임.

홍곡(鴻鵠)명 ①큰 기러기와 고니. 큰 새. ②'큰 인물'을 비유하여 이르는 말.

홍곡지지(鴻鵠之志)[-찌-]명 원대한 포부. 〔'사기'의 '진섭세가(陳涉世家)'에 나오는 말임.〕

홍국(紅麴)명 누룩의 한 가지. 약술을 담그는 데에 쓰임.

홍군(紅軍)명 운동 경기 등에서, 여러 편으로 갈라 겨룰 때 붉은빛의 상징물을 사용하는 편.

홍군(紅裙)명 〔'붉은 치마'라는 뜻으로〕 '미인'이나 '예기(藝妓)'를 이르는 말.

홍규(紅閨)명 여인이 거처하는 방.

홍귤-나무(紅橘-)[-라-]명 ☞감자나무.

홍기(弘基·鴻基)명 큰 사업의 기초.

홍길동-전(洪吉童傳)[-똥-]명 조선 광해군 때 허균이 지은 국문 소설. 계급 타파를 부르짖은 사회 소설로서, 국문 소설의 선구임.

홍-꼭지(紅-)[-찌]명 붉은 종이로 둥글게 꼭지를 만들어 붙인 연(鳶).

홍단(紅短)명 화투 놀이에서, 솔·매화·벚꽃의 붉은 띠 석 장을 갖추어 이룬 단. 참청단(靑短)·초단(草短).
홍당-무(紅唐-)명 ①☞당근. ②무의 한 가지. 꽃과 겉껍질이 붉음. ③(수줍거나 술에 취해) '몹시 붉어진 얼굴'을 비유하여 이르는 말.
홍대(弘大) '홍대하다'의 어근.
홍대(洪大·鴻大)명 ①하형(규모 따위가) 매우 큼. ②한방에서, 맥박의 뛰는 정도가 매우 큼.
홍대-하다(弘大-)형여 (범위가) 넓고 크다.
홍덕(鴻德)명 큰 덕.
홍도(紅桃)명 ①〈홍도화〉의 준말. ②〈홍도나무〉의 준말.
홍도(鴻圖)명 ①넓고 큰 계획. ②지난날, '임금의 계획'을 이르던 말. ③매우 넓은 판도(版圖).
홍도-나무(紅桃-)명 관상용 복숭아나무의 한 가지. 열매는 없고 진홍색 꽃이 핌. 준홍도.
홍도-화(紅桃花)명 홍도나무의 꽃. 준홍도.
홍동(哄動)명하자 여럿이 지껄이며 떠듦.
홍동백서(紅東白西)[-써]명 제사 지낼 때 제물(祭物)을 차리는 격식. '붉은 과실은 동쪽, 흰 과실은 서쪽에 차림'을 이르는 말. 참어동육서(魚東肉西).
홍두깨명 ①옷감을 감아 다듬이질하는 굵고 둥근 몽둥이. ②소의 볼기에 붙은 고기의 한 가지. 장조림이나 국거리로 쓰임. 홍두깨살. ③(쟁기질이 서툴러) 갈리지 않고 남은 고랑 사이의 생땅.
홍두깨-다듬이명 홍두깨에 감아서 하는 다듬이. 참넓다듬이.
홍두깨-떡명 홍두깨같이 굵은 가래떡.
홍두깨-살명 홍두깨.
홍두깨-생갈이명하타 (쟁기질이 서투른 사람이) 갈리지 않고 남은 거웃 사이를 억지로 가는 일. 준생갈이.
홍두깨-틀명 다듬이할 때 홍두깨를 버텨 놓는 기구.
홍두깨-흙[-흑]명 기와를 이을 때, 수키와가 붙어 있도록 밑에 괴는 진흙. *홍두깨흙이[-흘기]·홍두깨흙만[-흥-]
홍등(紅燈)명 붉은 등불.
홍등-가(紅燈街)명 술집이나 유곽 따위가 늘어선 거리. 참환락가.
홍-등롱(紅燈籠)[-농]명 〈홍사등롱(紅紗燈籠)〉의 준말.
홍로-점설(紅爐點雪)[-노-]명 〔'벌겋게 단 화로에 떨어지는 한 점 눈'이라는 뜻에서〕 ①'풀리지 않던 이치가 눈 녹듯이 문득 깨쳐짐'을 이르는 말. ②'큰 힘 앞에 맥을 못 추는 매우 작은 힘'을 이르는 말.
홍료(紅蓼)[-뇨]명 단풍이 들어 빨갛게 된 여뀌.
홍루(紅淚)[-누]명 ①여자의 눈물. 미녀의 눈물. ②피눈물.
홍루(紅樓)[-누]명 ①(부유한 집의) 여자가 거처하는 방. ↔녹창(綠窓). ②지난날, '기생의 집'을 달리 이르던 말.
홍마(紅馬)명 장기나 쌍륙에서 쓰는, 붉은색을 칠한 말. ↔청마(靑馬).
홍머리-동이(紅-)명 머리에 붉은 종이를 오려 붙인 지연(紙鳶).
홍모(鴻毛)명 〔큰 기러기의 털이라는 뜻으로〕 '매우 가벼운 사물'을 비유하여 이르는 말.
홍목-당혜(紅目唐鞋)[-땅혜/-땅헤]명 지난날, 아이들이나 여자가 신던, 푸른 바탕에 붉은 눈을 수놓은 가죽신.
홍몽(鴻濛·澒濛)명 ①하늘과 땅이 아직 갈리지 아니한 모양, 또는 그러한 혼란의 세계. ②천지 자연의 원기.
홍문(肛門)명 '항문(肛門)'의 잘못.
홍문(紅門)명 ①〈홍살문〉의 준말. ②☞정문(旌門).
홍문-관(弘文館)명 조선 시대의 삼사(三司)의 하나. 경서(經書)와 사적(史籍)의 관리, 문한(文翰)의 처리 및 왕의 자문에 응하는 일을 맡아보던 관아. 참옥당(玉堂).
홍-반달(紅半-)명 머리에 붉은 종이를 반달처럼 오려 붙인 지연(紙鳶).
홍범(弘範)명 대종교(大倧敎)에서 시행하고 있는 규범의 총칙.
홍범-구주(洪範九疇)명 '서경(書經)'의 홍범에 기록되어 있는 것으로, 우(禹)가 요순(堯舜) 이래의 정치 대법을 집대성한 아홉 가지의 법칙. 준구주.
홍법(弘法)명하자 불도(佛道)를 널리 폄.
홍-벽도(紅碧桃)[-또]명 홍도와 벽도를 접붙인 복숭아나무의 변종. 관상용으로, 열매는 없으나 분홍빛 꽃이 소담하게 핌.
홍보(弘報)명하타 (일반에게) 널리 알림, 또는 그 보도나 소식. ¶ 신제품 홍보. /홍보 활동을 하다.
홍보(紅褓)명 붉은 보자기.
홍-보석(紅寶石)명 ☞루비(ruby).
홍복(洪福)명 큰 행복. 매우 큰 복력.
홍분(汞粉)명 ☞경분(輕粉).
홍사(紅絲)명 ①홍실. ②☞오라. ③붉은발.
홍사-등롱(紅紗燈籠)[-농]명 ①붉은 운문사(雲紋紗)로 둘러치고 위아래에 푸른 운문사로 동을 단 등. ②조선 시대에, 정일품이나 종일품 벼슬아치가 밤나들이에 들리고 다니던 품등(品燈)의 한 가지. 준홍등롱.
홍살-문(紅-門)명 지난날, 궁전이나 관아 또는 능원(陵園) 따위의 앞에 세우던 붉은 칠을 한 문. 준홍문.
홍삼(紅衫)명 지난날의 조복(朝服)의 웃옷. 붉은 바탕에 검은 선을 둘렀음.
홍삼(紅蔘)명 수삼을 쪄서 말린 불그레한 빛깔의 인삼. 참백삼(白蔘).
홍상(紅裳)명 ①지난날의 조복(朝服)의 아래옷. 붉은 바탕에 검은 선을 둘렀음. ②붉은 치마. ②다홍치마.
홍색(紅色)명 붉은 빛깔. 준홍.
홍색^인종(紅色人種)명 ☞홍인종.
홍색-짜리(紅色-)명 '큰 낭자를 하고 다홍치마를 입은 갓 결혼한 색시'를 이르는 말. 참남색짜리.
홍서(弘誓)명 중생을 제도하여 불과(佛果)를 얻게 하려는 부처나 보살의 서원(誓願).
홍-석영(紅石英)명 ☞붉은차돌.
홍소(哄笑)명하자 입을 크게 벌리고 떠들썩하게 웃음.
홍-소주(紅燒酒)명 홍곡(紅穀)을 우려서 붉은빛을 낸 소주. ↔백소주.
홍송(紅松)명 소나무의 한 가지. 재질이 무르고 결이 고와 재목으로 쓰임.
홍수(洪水)명 ①큰물. 시위. 대수(大水). ¶ 홍수로 큰 피해를 본 남부 지방. 비창수(漲水). ②'사람이나 물건이 엄청나게 쏟아져 나옴'을 비유하여 이르는 말. ¶ 외제 상품의 홍수.
홍수(紅袖)명 〔지난날〕 ①(군인이 입던 군복의) 붉은 소매. ②'나인(內人)'을 달리 이르던 말.

홍수(紅樹)명 홍수과의 상록 교목. 줄기 높이 4 m가량. 꽃은 희고 열매는 붉으며, 나무에 달린 채 씨에서 싹과 뿌리가 나서 떨어짐. 열대 지방의 해변에 나서 숲을 이루는데, 호안(護岸)을 위해 심기도 함.
홍수^경ː보(洪水警報)명 장마나 폭우로 어느 지역에 홍수가 남을 경계시키는 기상 경보.
홍수-막이(洪水-)명하자 홍수를 막기 위하여 여러 가지 시설을 하는 일.
홍수-피(紅樹皮)명 홍수의 껍질. 붉은 물감의 재료나 가죽 정제용, 설사약 등에 쓰임. 단각(丹殼).
홍순(紅脣)명 ①(여자의) 붉은 입술. ②'반쯤 핀 꽃송이'를 비유하여 이르는 말.
홍시(紅柿)명 붉고 말랑말랑하게 무르익은 감. 연감. 연시.
홍-실(紅-)명 붉은 실. 홍사(紅絲). 참청실.
홍-싸리(紅-)명 화투짝의 한 가지. 붉은 싸리를 그린, 7월을 상징하는 딱지.
홍아리(洪牙利)명 '헝가리'의 한자음 표기.
홍안(紅顔)명 (젊어서) 혈색이 좋은 얼굴. ¶ 홍안의 소년.
홍안(鴻雁)명 큰 기러기와 작은 기러기.
홍안-박명(紅顔薄命)[-방-]명 ☞미인박명.
홍어(洪魚)명 가오릿과의 바닷물고기. 몸길이 1.5 m가량. 몸은 마름모꼴로 넓적하며 몸빛은 등이 갈색, 배는 흰색임. 우리나라와 일본·동중국해 등지에 분포함.
홍업(洪業·鴻業)명 나라를 세우는 대업.
홍-여새(紅-)명 여샛과의 새. 몸길이 18 cm가량. 몸빛은 등이 포도색을 띤 갈색, 꼬리깃의 끝은 홍색임. 도가머리는 다소 짧고 부드러움. 우리나라에서는 드문 겨울새임.
홍역(紅疫)명 여과성 병원체에 의하여 발병하는 급성의 발진 전염병. 봄철에 유아에 전염되며 평생 면역이 됨. 마진(痲疹).
홍역(을) 치르다관용 몹시 애를 먹거나 어려운 일을 겪다.
홍연(紅鉛)명 첫 월경(月經).
홍연(紅鳶)명 붉은 방패연.
홍연-대소(哄然大笑)명하자 껄껄 크게 웃음.
홍염(紅焰)명 ①붉은 불꽃. ②☞프로미넌스.
홍염(紅艶) '홍염하다'의 어근.
홍염-하다(紅艶-)형여 화색이 돌고 탐스럽다. **홍염-히**부.
홍엽(紅葉)명 ①(단풍나무의) 붉은 잎. ②단풍이 든 나뭇잎.
홍예(虹霓·虹蜺)명 ①☞무지개. ②〈홍예문〉의 준말.
홍예(를) 틀다관용 문 따위를 무지개 모양으로 만들다.
홍예-다리(虹霓-)명 두 끝이 처지고 가운데가 무지개처럼 굽은 다리.
홍예-문(虹霓門)명 문의 윗부분이 무지개처럼 굽은 문. 준홍예.
홍예-석(虹霓石)명 홍예다리나 홍예문을 만드는 데 쓰이는 돌.
홍옥(紅玉)명 ①☞루비(ruby). ②사과 품종의 한 가지. 신맛이 나며, 겉껍질은 짙은 붉은빛임.
홍우(紅雨)명 많이 떨어지는 '붉은 꽃잎'을 비에 비유하여 이르는 말.
홍원(弘願)명 불교에서, 아미타의 본원(本願) 가운데 근본이 되는 서원(誓願).
홍유(鴻儒)명 ☞거유(巨儒).
홍윤(紅潤) '홍윤하다'의 어근.
홍윤-하다(紅潤-)형여 (얼굴에) 화색이 돌고 윤기가 있다. **홍윤-히**부.
홍은(鴻恩)명 넓고 큰 은덕. 고은(高恩). 대은.
홍의(弘毅) '홍의하다'의 어근.
홍의(紅衣)[-의/-이]명 ①붉은 옷. ②지난날, 각 궁전의 별감 및 묘사(廟社)와 능원(陵園)의 수복(守僕)이 입던 붉은 웃옷.
홍의^주교(紅衣主敎)[-의-/-이-]명 가톨릭에서, '추기경'을 달리 이르는 말.
홍의-하다(弘毅-)[-의-/-이-]형여 뜻이 넓고 굳세다.
홍익(弘益)명 ①큰 이익. ②하타널리 이롭게 함. ¶ 홍익 이념. 비광익(廣益).
홍익-인간(弘益人間)명 널리 인간 세계를 이롭게 함. 〔'삼국유사'에 나오는 말로, 단군의 건국이념.〕
홍-인종(紅人種)명 아메리칸 인디언. 홍색 인종.
홍일(紅日)명 붉은 해.
홍-일점(紅一點)[-쩜]명 〔한 송이의 붉은 꽃이라는 뜻으로〕 ①많은 남자 속에 '하나뿐인 여자'를 이르는 말. ↔청일점. ②여럿 중에서 '오직 하나의 이채로운 것'을 이르는 말. 〔왕안석의 '영석류시(詠石榴詩)'에 나오는 말임.〕 일점홍.
홍장(紅帳)명 ①붉은 휘장. ②지난날, 과거를 보일 때 어제(御題)를 붙인 판을 매달던 뒤쪽의 장막.
홍장(紅粧)명 ①연지 따위로 붉게 하는 화장. ②'미인의 화장'을 이르는 말. ¶ 홍장 미인. ③'꽃이 붉게 피어 있음'을 이르는 말.
홍장(紅欌)명 주칠(朱漆)을 한 붉은 장(欌).
홍쟁(訌爭)명 ☞내분(內紛).
홍적-기(洪積期)[-끼]명 ☞홍적세.
홍적-세(洪積世)[-쎄]명 지질 시대의 시대 구분의 한 가지. 신생대 제4기의 전반으로, 약 200만 년 전에서 1만 년 전까지를 이름. 빙하가 지구를 뒤덮고 매머드 따위 포유류가 번성하였으며, 인류가 처음으로 나타남. 홍적기.
홍적-층(洪積層)명 홍적세에 퇴적하여 이루어진 지층.
홍전(紅箭)명 투호(投壺)에 쓰던 붉은 화살.
홍전(紅氈)명 붉은 빛깔의 전.
홍조(紅潮)명 ①(아침 햇살에) 붉게 보이는 바다 물결. ②되자(부끄럽거나 취하여) 얼굴이 붉어짐, 또는 그런 빛. ¶ 얼굴에 홍조를 띠다. ③'월경'을 점잖게 이르는 말.
홍조(紅藻)명 ☞붉은말.
홍조(鴻爪)명 ①(눈이나 진흙 위에 남긴) 기러기의 발자국. ②'행적이 묘연하거나 자취를 찾기 어려움'을 비유하여 이르는 말.
홍조-류(紅藻類)명 ☞홍조식물.
홍조-소(紅藻素)명 홍조식물의 색소체 안에 엽록소와 같이 들어 있는 붉은 색소.
홍조-식물(紅藻植物)[-싱-]명 조류 식물의 한 문(門). 엽록소 외에 홍조소를 포함하여 붉거나 자줏빛을 띰. 〔김·우뭇가사리 따위.〕 홍조류.
홍-주석(紅柱石)명 알루미늄의 규산염 광물. 기름한 사각형 결정으로 단단하고 광택이 있음. 내화물로 쓰임.
홍지(鴻志)명 ☞대지(大志).
홍진(紅塵)명 ①붉게 일어나는 먼지. ②'번거로운 세상'을 비유하여 이르는 말.
홍진-만장(紅塵萬丈)명 먼지가 하늘 높이 솟아오름.

홍차(紅茶)명 차나무의 어린잎을 발효시켜서 만든 차. 달인 물이 붉음. 참녹차(綠茶).
홍채(虹彩)명 눈알의 각막과 수정체 사이에서 동공(瞳孔)을 둘러싸고 있는 둥근 막. 눈의 조리개 역할을 함.
홍-초(紅-)[1]명 붉은 물감을 들인 밀초. 홍촉.
홍초(紅-)[2]명 연머리 외에는 모두 붉은 연.
홍초(紅草)명 ☞불경이.
홍촉(紅燭)명 ☞홍초[1].
홍-치마(紅-)명 〈다홍치마〉의 준말.
홍칠(紅漆)명 붉은 칠.
홍탕(*紅糖)명 붉은 사탕.
홍토(紅土)명 철이나 알루미늄을 많이 함유하고 있는 붉은 흙. 열대나 아열대 지방에 널리 분포함.
홍패(紅牌)명 왕조 때, 문과의 회시(會試)에 급제한 사람에게, 성적과 등급·이름 따위를 붉은 종이에 적어 내어 주던 증서.
홍포(紅袍)명 ①☞강사포. ②조선 시대에, 정삼품 이상의 당상관이 공복으로 입던 홍색의 겉옷.
홍피(紅皮)명 ☞귤홍(橘紅).
홍하(紅霞)명 태양 주위에 보이는 붉은 노을.
홍학(紅鶴)명 홍학과의 새를 통틀어 이르는 말. 키 1.2 m가량. 다리와 목이 매우 길고 날개는 크지만 꽁지는 짧음. 부리는 갈고리처럼 굽었으며, 깃털은 백색에서 진한 분홍색까지 변화가 있는데 날개 끝은 검음. 얕은 물의 진흙밭이나 호소(湖沼)의 섬에 무리를 지어 삶. 큰플라밍고·쇠플라밍고·안데스플라밍고·제임스플라밍고 등 네 종류가 있음. 플라밍고.
홍함-지(洪涵地)명 ☞범람원.
홍합(紅蛤)명 홍합과의 바닷조개. 껍데기는 삼각형에 가까우나 길둥글고 두꺼움. 겉은 광택이 나는 흑색, 안은 진줏빛, 살은 갈색을 띤 붉은빛이며 식용함. 암초에 붙어서 삶. 담채(淡菜).
홍합-죽(紅蛤粥)[-쭉]명 마른 홍합 가루와 쇠고기를 다져 양념하여 끓인 장국에, 불린 쌀을 넣어 쑨 죽.
홍합-초(紅蛤炒)명 볶음 요리의 한 가지. 마른 홍합에 간장을 붓고 바싹 조린 음식.
홍협(紅頰)명 ①붉은 뺨. ②연지를 바른 뺨.
홍홍부 코찡찡이가 말을 할 때 헛김이 섞여 나오는 소리.
홍화(洪化)명 크나큰 덕화.
홍화(紅花)명 ①붉은 꽃. ②☞잇꽃. ③한방에서, 잇꽃의 꽃과 씨를 어혈(瘀血)과 통경(通經)의 약재로 이르는 말.
홑[혿]명 짝을 못 이루거나 겹이 아닌 것. ↔겹. *홑이[호치]·홑을[호틀]·홑만[혼-]
홑-[혿]접두 《일부 명사 앞에 붙어》'한 겹'이나 '외톨'을 뜻함. ¶ 홑이불. /홑치마. /홑바지. /홑몸.
홑-겹[혿겹]명 한 겹.
홑겹-실명 '외올실'의 잘못.
홑-그루[혿끄-]명 홑으로 한 가지 작물만 심는 일.
홑-껍데기[혿-떼-]명 ①한 겹으로 된 껍데기. ②(겹으로 만들 옷감의) 안감을 안 갖춘 겉감.
홑-꽃[혿꼳]명 외겹으로 된 꽃. 단판화(單瓣花). ↔겹꽃. *홑꽃이[혿꼬치]·홑꽃만[혿꼰-]
홑-꽃잎[혿꼰닙]명 한 겹으로 된 꽃잎. 단엽(單葉). *홑꽃잎이[혿꼰니피]·홑꽃잎만[혿꼰님-]

홑-눈[혼-]명 ①혼합눈에 대하여, 꽃눈이나 잎눈 따위를 이르는 말. 단아(單芽). ②갑각류나 곤충류 따위의, 겹눈 앞쪽에 있는 홍색이나 감색의 작은 점. 빛을 감지하는 구실을 함. ②단안(單眼). ②↔겹눈.
홑-단치마[혿딴-]명 옷단을 한 겹으로 지은 치마.
홑-담[혿땀]명 한 겹으로 쌓은 담. ↔맞담.
홑-닿소리[혿따쏘-]명 ☞단자음(單子音).
홑-대패[혿때-]명 덧날을 끼우지 않은 대패. ↔겹대패.
홑-몸[혼-]명 ①혼자의 몸. 단신(單身). ②아이를 배지 않은 몸. ¶ 홑몸도 아닌데 살림에 밭일까지 한다.
홑-문장(-文章)[혼-]명 주어와 서술어가 각각 하나씩으로 이루어진 문장. 단문. ↔겹문장.
홑-바지[혿빠-]명 한 겹으로 된 바지. ↔겹바지.
홑-반[혿빤]명 한 겹으로 넓게 지은 솜반.
홑반-뿌리[혿빤-]명 홑반을 두어 지은 옷.
홑-버선[혿뻐-]명 한 겹으로 된 버선. ↔겹버선.
홑-벌[혿뻘]명 ①한 겹으로 된 물건. ②'단벌'의 잘못.
홑벌-사:람[혿뻘-]명 속이 얕은 사람. 준홑사람.
홑-벽(-壁)[혿뼉]명 한쪽만 흙을 바른 벽.
홑-사람[혿싸-]명 〈홑벌사람〉의 준말.
홑-셈[혿쎔]명 ☞단수(單數).
홑-소리[혿쏘-]명 ☞단음(單音).
홑-수(-數)[혿쑤]명 ☞단수(單數).
홑-실[혿씰]명 ☞외올실.
홑-씨방(-房)[혿-]명 씨방에 칸막이가 없이 하나로 된 씨방. 콩 따위의 씨방. 단자방. 단실자방. ↔겹씨방.
홑-옷[호돋]명 한 겹으로 지은 옷. 단의(單衣). ↔겹옷. *홑옷이[호도시]·홑옷만[호돈-]
홑원소^물질(-元素物質)[호둰-찔]명 ①한 종류의 원자만으로 된 순물질. 〔금강석·수소·산소·금·은 따위.〕 단체(單體). ↔화합물. ②☞원소(元素).
홑-으로부 헤아리기 쉬운 적은 수효로.
홑으로 보다관용 대수롭지 않게 보다. 《주로, 부정하는 말과 함께 쓰임.》 ¶ 홑으로 볼 사람이 아니다.
홑-이불[혼니-]명 ①한 겹의 이불. ↔겹이불. ②☞이불잇.
홑-잎[혼닙]명 한 장의 잎사귀로 된 잎. 〔배나무·벚나무의 잎 따위.〕 단엽(單葉). ↔겹잎. *홑잎이[혼니피]·홑잎만[혼님-]
홑-자락[혿짜-]명 양복의 섶을 조금만 겹치게 하여 단추를 외줄로 단 상의, 또는 외투. 싱글 브레스트. ↔겹자락.
홑-지다[혿찌-]형 복잡하지 않고 단순하다.
홑-집[혿찝]명 한 채만으로 된, 구조가 간단한 집. ↔겹집.
홑-창(-窓)[혿-]명 갑창(甲窓)이 없는 미닫이. ↔겹창.
홑-처마[혿-]명 처마 끝의 서까래가 한 단(段)만인 처마. ↔겹처마.
홑-청[혿-]명 이불·베개·요 따위의 겉에 씌우는, 홑겹으로 된 피륙.
홑-체[혿-]명 한 올씩으로 짠 쳇불로 메운 체. ↔겹체.
홑-치마[혿-]명 ①한 겹으로 된 치마. ②속치마를 안 입고 입은 치마. ↔겹치마.
홑-홀소리[호톨쏘-]명 ☞단모음(單母音). ↔겹홀소리.

화ː(火) 명 ①〈화기(火氣)〉의 준말. ②〈화요일〉의 준말. ③오행의 하나. 방위로는 남쪽, 계절로는 여름, 빛깔은 붉은빛에 해당됨. ④몹시 언짢거나 못마땅하여 나는 성. ¶ 화를 내다.
화가 머리끝까지 나다〔치밀다〕 관용 화가 몹시 나다.
화(和)[1] 명하타 '합(合)'의 구용어.
화(和)[2] 명 국악에 쓰이는 관악기의 한 가지. 모양이 생(笙)과 같이 생기고 열세 개의 관(管)으로 되어 있음.
화ː(禍) 명 재앙이나 위해(危害). ¶ 화를 당하다. /화를 면하다.
-화(化) 접미 일부 명사 뒤에 붙어, 그 명사가 뜻하는 대로 됨을 나타냄. ¶ 대중화. /생활화. /의식화.
-화(畫) 접미 일부 명사 뒤에 붙어, 그러한 그림임을 나타냄. ¶ 한국화. /수채화.
화ː가(畫架) 명 그림을 그릴 때 화판을 받치는 삼각의 틀. 이젤.
화ː가(畫家) 명 그림 그리는 일을 업으로 하는 사람.
화ː가-여생(禍家餘生) 명 죄화(罪禍)를 입은 집안의 자손.
화ː각(火角) 명 (세공을 하기 위하여) 불에 구워서 무르게 만든 짐승의 뿔.
화ː각(火脚) 명 위에서 내리 덮치는 불길.
화ː각(畫角) 명 ①뿔에 그림을 그려 넣은 악기의 한 가지. ②목기(木器) 세공의 한 가지. 채화(彩畫)를 그리고 위에다가 쇠뿔을 얇게 오려 붙임. ¶ 화각 경대.
화ː각(畫閣) 명 단청(丹靑)을 한 누각. 화루.
화간(和姦) 명하자 부부가 아닌 남녀가 서로 눈이 맞아 간음함.
화간(花間) 명 꽃과 꽃의 사이.
화간(華簡) 명 ☞화한(華翰).
화-감청(花紺青) 명 인공으로 만든 감청색의 물감. ↔석감청.
화갑(華甲) 명 〔'華' 자를 풀어 쓰면 '十' 자 여섯과 '一' 자 하나가 되는 데서〕 '환갑(還甲)'을 이르는 말.
화-갑자(花甲子) [-짜] 명 '육십갑자'를 달리 이르는 말.
화강-석(花崗石) 명 ☞화강암(花崗岩).
화강-암(花崗岩) 명 석영과 운모·장석 따위를 주성분으로 하는 화성암의 한 가지. 단단하고 결이 고와 석재로 많이 쓰임. 화강석(花崗石).
화개(花蓋) 명 ☞꽃뚜껑.
화ː객(化客) 명 시주를 구하러 다니는 객승(客僧).
화객(華客) 명 ☞고객(顧客).
화ː거(化去) 명하자 〔다른 것으로 변하여 간다는 뜻으로〕 '죽음'을 달리 이르는 말.
화ː격(畫格) 명 ①☞화법(畫法). ②☞화품(畫品).
화ː경(火耕) 명 화전(火田)을 경작하는 일.
화ː경(火鏡) 명 〔불을 일으키는 거울이라는 뜻으로〕 '볼록 렌즈'를 이르는 말.
화경(花莖) 명 ☞꽃줄기.
화경(花梗) 명 ☞꽃자루.
화경(華景) 명 '음력 이월'을 달리 이르는 말. 참화월(花月).
화ː경(畫境) 명 그림처럼 경치가 좋은 곳.
화계(花階) [-계/-게] 명 ☞화단(花壇).
화ː고(畫稿) 명 그림을 그릴 때, 초벌로 그려 보는 그림.
화곡(禾穀) 명 벼에 딸린 곡식을 통틀어 이르는 말.
화ː곤(火棍) 명 ☞부지깽이.
화ː골(化骨) 명하자타되자 뼈 또는 그와 비슷한 물질로 변함, 또는 그렇게 되게 함. 골화.
화ː공(化工) 명 ①☞천공(天工). ②〈화학 공업〉의 준말. ¶ 화공 약품. ③〈화학 공학〉의 준말.
화ː공(火攻) 명하타 불을 질러 공격함.
화ː공(畫工) 명 지난날, 직업적으로 그림을 그리던 사람. 화사(畫師).
화공(靴工) 명 구두를 만드는 직공.
화관(花冠) 명 ①☞꽃부리. ②지난날, 예장의 한 가지로 여자들이 썼던 칠보로 꾸민 관. 화관족두리. ③지난날, 정재(呈才) 때 기녀(妓女)나 여령(女伶) 따위가 썼던 관.
화관-족두리(花冠-) [-뚜-] 명 ☞화관.
화ː광(火光) 명 불빛.
화광-동진(和光同塵) 명 ①〔빛을 감추고 티끌 속에 섞여 있다는 뜻으로〕 자기의 재능을 감추고 세속을 좇는 일. 노자(老子)의 '도덕경(道德經)'에 나오는 말임. ②부처나 보살이 중생을 제도하기 위하여 본색을 감추고 속계에 나타나는 일.
화ː광-충천(火光衝天) 명하자 불길이 맹렬하여 하늘 높이 솟음.
화교(華僑) 명 해외에 정주(定住)하는 중국인.
화ː구(火口) 명 ①불을 때는 아궁이의 아가리. ②불을 내뿜는 아가리. ③화산이 터진 구멍. ③분화구.
화ː구(火具) 명 ①불을 켜는 도구. ②폭발에 사용하는 제구. 〔뇌관이나 도화선 따위.〕
화ː구(畫具) 명 그림을 그리는 데 쓰는 제구.
화ː구-구(火口丘) 명 분화구 안에 다시 터져 나온 화산.
화ː구-벽(-壁) 명 화산 분화구의 안쪽 면. 절벽을 이루는 일이 많고, 화산 분출물이 층을 이루어 퇴적한 흔적을 보이기도 함.
화ː구-상(畫具商) 명 화구를 파는 장사, 또는 그런 장수.
화ː구-원(火口原) 명 화구구와 외륜산(外輪山) 사이의 평원.
화ː구-호(火口湖) 명 화산의 분화구에 물이 괴어 생성된 호수.
화극(話劇) 명 중국의, 대화를 중심으로 하는 신극(新劇).
화ː-극금(火克金) [-끔] 명 음양오행설에서 이르는 상극(相剋)의 하나. 불〔火〕은 쇠〔金〕를 이긴다는 뜻.
화ː근(禍根) 명 재화의 근원. 화원(禍源). 화태(禍胎). ¶ 화근을 없애다.
화ː금(火金) 명 광석을 빻아 수은(水銀)으로 금을 잡은 다음, 수은을 분리·증발시키기 위하여 불에 달군 금.
화금(靴金) 명 대문짝 아래의 돌쩌귀에 덧씌우는 쇠.
화ː급(火急) 명하형 매우 급함. ¶ 화급을 다투는 일. **화급-히** 부 ¶ 신고를 받은 소방관들이 화급히 화재 현장으로 달려갔다.
화ː기(火氣) 명 ①불기운. 준화(火). ②가슴이 답답하여지는 기운. ③몹시 노한 기운.
화ː기(火器) 명 ①'화약의 힘으로 탄알을 쏘는 병기'를 통틀어 이르는 말. 〔소총이나 대포 따위.〕 ②화로 따위의 불을 담는 그릇.
화기(和氣) 명 ①화창한 날씨. ②온화한 기색, 또는 화목한 분위기.
화기(花期) 명 꽃 피는 시기.
화기(花器) 명 꽃꽂이로 쓰는 그릇. 〔꽃병·수반·꽃바구니 따위.〕

화:기(禍機)명 화변(禍變)이 숨어 있는 기틀. 화난(禍難)의 낌새.
화기애애(和氣靄靄) '화기애애하다'의 어근.
화기애애-하다(和氣靄靄—)형여 (여럿이 모인 자리에) 온화하고 화목한 분위기가 가득하다. ¶ 시종 화기애애한 분위기 속에서 면담이 이루어졌다.
화길(和吉) '화길하다'의 어근.
화길-하다(和吉—)형여 화목하고 길(吉)하다.
화끈부하자 ①갑자기 뜨거운 느낌이 일어나는 모양. ②얼굴이나 몸이 갑자기 달아오르는 모양. ③흥분이나 긴장 따위가 갑자기 고조되는 모양. 큰후끈. ①②**화끈-화끈**부하자.
화끈-거리다자 자꾸 화끈화끈하다. 화끈대다. ¶ 고추를 먹었더니 입 안이 화끈거린다. 큰후끈거리다.
화끈-대다자 화끈거리다.
화끈-하다형여 ①뜨거운 느낌이 있다. ¶ 방 안이 너무 화끈해서 앉아 있을 수가 없다. 큰후끈하다. ②(행동이나 성격이) 적극적이고 시원시원하다. ¶ 쩨쩨하지 않고 화끈해서 좋다.
화:-나다(火—)자 성이 나서 화기(火氣)가 생기다. ¶ 화난 얼굴.
화:난(火難)명 ☞화재(火災).
화난(和暖) '화난하다'의 어근.
화:난(禍難)명 재앙과 환난. 화환(禍患).
화난-하다(和暖—)형여 날씨가 화창하고 따뜻하다.
화:-내다(火—)자 성이 나서 화증(火症)을 내다. ¶ 화내지 말고 내 말 좀 들어 보시오.
화냥명 서방질을 하는 여자.
화냥-기(—氣)[—끼]명 제 남편 이외의 남자와 정을 통하는 바람기.
화냥-년명 '서방질을 하는 여자'를 욕하여 이르는 말.
화냥년 시집 다니듯관용 '절개 없이 이리저리 붙음'을 비유하여 이르는 말.
화냥-질명하자 ☞서방질.
화년(華年)명 ①'예순한 살'을 달리 이르는 말. 참화갑. ②(젊은 시절의) 꽃다운 나이. 참방년.
화:농(化膿)명하자되자 외상을 입은 피부나 종기가 곪아 고름이 생김.
화:농-균(化膿菌)명 화농을 일으키는 세균. 〔연쇄상 구균이나 포도상 구균 따위.〕
화닥닥[—딱]부하자 ①급하게 서두르는 모양. ¶ 일을 화닥닥 해치우다. ②갑자기 움직이거나 뛰어나가는 모양. 큰후닥닥. **화닥닥-화닥닥**부하자.
화닥닥-거리다[—딱꺼—]자 자꾸 화닥닥화닥닥하다. 화닥닥대다. 큰후닥닥거리다.
화닥닥-대다[—딱때—]자 화닥닥거리다.
화단(花壇)명 화초를 심기 위하여 뜰 한쪽에 흙을 한층 높게 쌓은 곳. 꽃밭. 화계(花階). ¶ 화단을 가꾸다.
화:단(畫壇)명 화가(畫家)의 사회.
화:단(禍端)명 화(禍)를 불러일으키는 실마리.
화담(和談)명하자 ①화해하는 말. ②정답게 주고받는 말.
화담-집(花潭集)명 조선 초기의 학자 서경덕(徐敬德)의 문집. 1권 1책.
화답(和答)명하자타 ①(시나 노래로) 맞받아 답함. ②(상대편의 환영이나 호의적인 태도 등에 대하여) 답례하는 행동을 보임. ¶ 손을 흔들어 관중들의 환호에 화답했다.
화대(花代)명 ①☞놀음차. ②☞해웃값.
화대(花臺)명 화분을 올려놓는 받침.
화:덕(火—)명 ①(솥을 걸 수 있도록) 쇠나 흙으로 아궁이처럼 만든 물건. ②숯불을 피워서 쓰도록 만든 큰 화로.
화:덕-진군(火德眞君)[—찐—]명 민간 신앙에서, 불을 맡고 있다는 신령.
화:도(火刀)명 ☞부시.
화:도(化導)명하타 덕으로 교화하여 이끄는 일.
화:도(畫圖)명 여러 종류의 '그림'을 통틀어 이르는 말.
화도-끝(華—)[—끋]명 상표를 넣어서 짠 피륙의 양쪽 끝 부분. 화두(華頭). 토끝. ＊화도끝이[—끄치]·화도끝을[—끄틀]·화도끝만[—끈—]
화:독(火毒)명 불의 독한 기운. ¶ 화독을 입다.
화:독-내(火毒—)[—동—]명 음식이 타게 되었을 때에 나는 냄새.
화동(和同)명하자되자 (서로 사이가 벌어졌다가) 다시 화합함.
화:두(火斗)명 ☞다리미.
화:두(火頭)명 절에서 불을 때어 밥을 짓는 일, 또는 그 일을 맡은 사람.
화두(華頭)명 ☞화도끝.
화:두(話頭)명 ①(이야기의) 말머리. ¶ 화두를 꺼내다. ②불교에서, 참선하는 이에게 도를 깨치게 하기 위하여 내는 문제. ②공안(公案).
화드득부하자 ①갑자기 물똥이 세게 나오는 소리. ②나뭇가지나 숯불 따위가 불똥을 튀기며 타거나, 총포 따위가 터지며 나는 소리. ③경망하게 방정을 떠는 모양. **화드득-화드득**부하자.
화드득-거리다[—꺼—]자 자꾸 화드득화드득하다. 화드득대다. ¶ 까치가 화드득거리며 똥을 눈다.
화드득-대다[—때—]자 화드득거리다.
화들짝부하자 별안간 호들갑스럽게 펄쩍 뛸 듯이 놀라는 모양.
화:-등잔(火燈盞)명 ①☞등잔. ②몹시 놀라거나 앓아서 '퀭한 눈'을 형용하여 이르는 말. ¶ 눈이 화등잔만 해지다.
화:-딱지(火—)[—찌]명 〈화(火)〉의 속된 말. ¶ 화딱지가 나서 못 견디겠다.
화라지명 '옆으로 길게 뻗은 나뭇가지'를 땔나무로 이르는 말.
화락(和樂) '화락하다'의 어근.
화:락-천(化樂天)명 불교에서, 욕계 육천(欲界六天) 가운데 다섯째 하늘. 도솔천의 위에 있는데, 자기가 원하는 바가 이루어져 즐거움으로 변하며, 인간 세계의 8백 년을 하루로 삼아 8천 년을 산다고 함.
화락-하다(和樂—)[—라카—] Ⅰ자여 화평하게 즐기다. ¶ 평생 화락하자고 언약하다.
Ⅱ형여 화평하고 즐겁다. ¶ 화락한 분위기.
화란(和蘭)명 '네덜란드'의 한자음 표기.
화:란(禍亂)명 재화와 세상의 어지러움.
화랑(花郞)명 신라 때, 민간 수양 단체로 조직되었던 청소년의 집단, 또는 그 중심 인물. 심신의 단련과 유사 봉공(有事奉公)의 정신을 함양하여, 나라의 기둥을 양성하는 데 이바지하였음. 참국선(國仙).
화:랑(畫廊)명 ①그림 등 미술품을 전시하는 시설. ②화상(畫商)이 경영하는 전시장.
화랑-도(花郞徒)명 화랑의 무리. 낭도. 국선도(國仙徒). 참향도.
화랑-도(花郞道)명 화랑이 신조로 삼았던 도덕. 유·불·선의 정신을 받들고 세속 오계(世俗五戒)와 삼덕(三德)을 실천하였음. 낭도.

화랑-이(花郞-)명 조선 시대에, 옷을 잘 차려입고 가무(歌舞)를 전문으로 하던 놀이꾼을 이르던 말.

화랑이명 〈옛〉 사내 무당. 박수. ¶ 화랑이 혁:覡(訓蒙中3).

화려(華麗) '화려하다'의 어근.

화려-체(華麗體)명 문장의 수식 정도에 따라 나눈 문체의 한 가지. 글을 아름답게 표현하기 위하여 여러 가지 수사법을 동원하는 감정적인 문체. ↔건조체.

화려-하다(華麗-)형여 빛나고 아름답다. 화미(華美)하다. ¶ 화려한 옷차림. **화려-히**부.

화:력(火力)명 ①불의 힘. ②총포의 위력. ¶ 막강한 화력으로 적을 물리치다.

화:력^발전(火力發電)[-빨쩐]명 석탄이나 석유 따위를 때어서 만든 증기의 힘으로 발전기를 돌려 전력을 얻는 발전. 참수력 발전.

화:렴(火廉)명 매장(埋葬)한 시체가 까맣게 변하는 일.

 화렴(이) 들다관용 매장한 시체의 빛깔이 검어지다.

화:로(火爐)명 숯불을 담아 놓는 그릇.

화로-수(花露水)명 꽃의 액을 짜서 만든 향수.

화:롯-가(火爐-)[-로까/-롣까]명 ①화로의 옆. ¶ 화롯가에 둘러앉다. ②화로의 변두리. ¶ 화롯가에 밤을 올려놓다. 노변(爐邊).

화:롯-불(火爐-)[-로뿔/-롣뿔]명 화로에 담아 놓은 불.

화뢰(花蕾)[-뢰/-뤠]명 ☞꽃봉오리.

화:룡(畫龍)명 용을 그림, 또는 그린 용.

화:룡-점정(畫龍點睛)명 〔용을 그릴 때 마지막에 눈을 그려 완성시킨다는 뜻으로〕 '가장 요긴한 부분을 마치어 일을 끝냄'을 이르는 말. 준점정.

화:룡-초(畫龍-)명 용틀임을 그린 초.

화:루(畫樓)명 ☞화각(畫閣).

화류(花柳)명 ①꽃과 버들. ②'유곽(遊廓)'을 비유하여 이르는 말.

화류(樺榴)명 자단(紫檀)의 목재. 붉고 결이 고운데다 단단함.

화류-계(花柳界)[-계/-게]명 기생 따위의 노는계집의 사회. ¶ 화류계를 전전하다. 참청등홍가(靑燈紅街).

화류-병(花柳病)[-뼝]명 ☞성병(性病).

화류-장(樺榴欌)명 화류로 만든 장롱.

화류-항(花柳巷)명 갈보나 기생이 모여 사는 거리.

화륜(花輪)명 ☞화환(花環).

화:륜-거(火輪車)명 ☞화륜차.

화:륜-선(火輪船)명 '기선(汽船)'을 이전에 이르던 말. 준윤선.

화:륜-차(←火輪車)명 지난날, '기차(汽車)'를 이르던 말. 화륜거.

화릉(花綾)명 꽃무늬를 놓아서 짠 능직의 천.

화리(禾利·花利)명 ①(조선 말기에, 전라북도의 일부 지방에서) '논의 경작권'을 매매의 대상으로 이르던 말. ②'수확이 예상되는 벼'를 매매의 대상으로 이르는 말.

 화리(를) 끼다관용 (토지, 특히 논을 매매할 때) 화리까지 포함시키다.

화림(花林)명 꽃나무로 이루어진 숲.

화:립(畫笠)명 지난날, 구나(驅儺)할 때에 판관 등이 쓰던 갓.

화:마(火魔)명 '화재'를 마귀에 비유하여 이르는 말. ¶ 화마가 휩쓸고 간 거리.

화마(花馬)명 ☞얼룩말.

화만(華鬘)명 불전(佛前)을 장엄하게 꾸미기 위하여 생화나 조화로 꾸미는 장식.

화:망(火網)명 화기(火器)로 그물처럼 짜 놓은 사격의 범위.

화매(和賣)명하타 팔 사람과 살 사람이 아무런 이의(異意) 없이 팔고 삼.

화:면(火綿)명 ☞솜화약.

화:면(畫面)명 ①그림의 표면. ②영사막·브라운관 따위에 비치는 사진의 겉면. ¶ 텔레비전의 화면이 밝다. ③필름이나 인화지에 찍힌 영상이나 사상(寫像).

화명(花名)명 꽃의 이름.

화:명(畫名)명 ①그림이나 영화의 이름. ②화가로서의 명성. ¶ 화명을 드날리다.

화:목(火木)명 땔나무.

화목(花木)명 꽃나무.

화목(和睦)명하형 뜻이 맞고 정다움. ¶ 화목한 가정.

화목-제(和睦祭)[-쩨]명 구약 시대에, 하나님에게 동물을 희생으로 바침으로써 진노(震怒)를 벗어나, 하나님과 사람 사이에 화목을 얻으려고 행하던 제사.

화무십일홍(花無十日紅)명 〔열흘 붉은 꽃이 없다는 뜻으로〕 '한 번 성하면 반드시 쇠퇴할 날이 있음'을 이르는 말.

화:문(火門)명 총포 따위 화기(火器)의 아가리.

화문(花紋)명 꽃무늬.

화문-석(花紋席)명 ☞꽃돗자리.

화:물(貨物)명 (기차나 배·자동차 따위) 수송수단으로 운송할 때의 '짐'을 이르는 말.

화:물^상환증(貨物相換證)[-쯩]명 운송 계약에 있어서 운송인이 운송품을 맡음을 증명하고, 또 이것을 권리자에게 인도함을 약속한 유가 증권. 화물 환증.

화:물-선(貨物船)[-썬]명 화물을 운반하는 선박. 짐배. 준화선(貨船).

화:물^열차(貨物列車)[-렬-]명 화물을 운반하도록 화차(貨車)만으로 편성된 열차. ↔여객열차.

화:물^자동차(貨物自動車)명 화물을 실어 나르는 자동차. 트럭. 준화물차.

화:물-차(貨物車)명 〈화물 자동차〉의 준말.

화:물^환:증(貨物換證)[-쯩]명 ☞화물 상환증.

화미(華美) '화미하다'의 어근.

화:미(畫眉)명하자 눈썹을 그림, 또는 그 눈썹.

화미-하다(華美-)형여 ☞화려하다.

화:민(化民) Ⅰ명하자 백성을 교화함.

 Ⅱ대 왕조 때, 백성이 조상의 산소가 있는 고장의 수령(守令)에 대하여 '자신'을 낮추어 일컫던 말.

화:민-성속(化民成俗)명하자 백성을 교화하여 아름다운 풍속을 이룸.

화:밀(火蜜)명 ☞화청(火淸).

화밀(花蜜)명 꽃의 꿀샘에서 분비하는 꿀.

화밀-화(花蜜花)명 충매화(蟲媒花)의 한 가지. 꽃 속의 꿀을 먹으러 오는 나비나 벌을 통해 수분(受粉)을 함.

화반(花盤)명 ①자기로 만든 화병의 한 가지. ②건축에서, 초방 위에 장여를 받치기 위하여 끼우는 널조각. 사자나 연꽃·화분 따위를 새김.

화반-석(花斑石)명 붉고 흰 무늬가 있는 돌. 바탕이 물러 도장 따위를 파는 데 쓰임.

화발허통(-虛通) '화발허통하다'의 어근.

화발허통-하다(-虛通-)형여 막힌 것 없이 사방이 탁 트여 있다.

화ː방(火防)명 흙에 돌을 섞어 중방 밑까지 쌓아 올린 벽.
화방(花房)명 꽃집.
화ː방(畫房)명 ☞화실(畫室).
화ː방(畫舫)명 그림을 그려 꾸민 놀잇배. 그림배.
화방-수(-水)명 소용돌이치며 흐르는 물.
화ː배-공(畫坏工)명 도자기의 몸에 그림을 그리는 장인(匠人).
화백(和白)명 신라 때의 회의 제도. 처음에는 육촌(六村)의 사람들이 모여 나랏일을 의논했으나, 뒤에는 귀족이나 벼슬아치들의 군신(君臣) 회의로 바뀜.
화ː백(畫伯)명 '화가'를 높이어 일컫는 말.
화벌(華閥)명 세상에 드러난 높은 문벌.
화ː법(畫法)[-뻡]명 그림 그리는 방법. 화격(畫格).
화법(話法)[-뻡]명 ①말하는 방법. ②문장이나 담화에서, 남의 말을 인용하여 표현하는 방법.
화ː변(火變)명 ☞화재(火災).
화변(花邊)명 인쇄물의 가장자리 따위를 꾸미는 무늬나 괘선, 또는 그 활자.
화ː변(禍變)명 재화(災禍)와 변고.
화ː병(火兵)명 지난날, 군중(軍中)에서 밥 짓는 일을 맡았던 군사.
화ː병(火病)[-뼝]명 〈울화병〉·〈심화병〉의 준말. ¶ 화병이 들다.
화병(花柄)명 ☞꽃자루.
화병(花甁)명 꽃을 꽂는 병. 꽃병.
화ː병(畫屛)명 그림을 그려 놓은 병풍.
화ː병(畫甁)명 그림을 그려 놓은 병.
화ː병(畫餠)명 〈화중지병(畫中之餠)〉의 준말.
화보명 '얼굴이 넓고 살이 두툼한 여자'를 이르는 말.
화보(花譜)명 꽃의 이름과 특징 및 피는 시기 따위를 적어 놓은 책.
화ː보(畫報)명 그림이나 사진을 위주로 하여 편집한 지면(紙面)이나 인쇄물, 또는 그 그림이나 사진.
화ː보(畫譜)명 ①화가의 계통이나 전통 따위를 적은 책. ②그림을 종류별로 분류 정리하여 놓은 책, 또는 화법(畫法)을 논한 책.
화복(華服)명 ①☞무색옷. ②하자 무색옷을 입음.
화ː복(禍福)명 재화(災禍)와 복록.
화ː복-무문(禍福無門)[-봉-]명 〔화복이 오는 문은 정하여져 있지 않다는 뜻으로〕 각자가 행한 선악(善惡)에 따라 화와 복을 받는다는 말.
화ː본(畫本)명 그림을 그리는 데 바탕이 되는 종이나 감.
화본(話本)명 중국의 송·원대(宋元代)에 성행하던 설화의 대본. 〔명(明)나라 이후에 문인들이 재래의 이야기에 창작성을 가미하여 손질한 것은 의화본(擬話本)이라 하여 구분함.〕
화봉(花峯)명 ☞꽃봉오리.
화봉-초(花峯草)명 꽃봉오리처럼 한쪽 끝을 뾰족하게 말아서 만든 잎담배.
화ː부(火夫)명 ①기관(汽罐) 따위에 불을 때는 사람. ②절에서, 불 때는 일을 맡은 사람.
화분(花盆)명 화초를 심어 가꾸는 그릇. 꽃분. ¶ 화분에 물을 주다.
화분(花粉)명 꽃가루.
화분-화(花粉花)명 꽃에 꽃가루가 많이 생겨 벌레나 바람의 매개로 수분을 하는 꽃.
화ː불단행(禍不單行)명 '재앙은 항상 겹쳐서 오게 됨'을 이르는 말.

화사(花史)명 조선 선조 때, 임제(林悌)가 지은 한문 소설. 꽃의 성쇠를 통해서 국가의 흥망을 풍자한 내용임.
화사(花蛇)명 한방에서, '산무애뱀'을 이르는 말.
화사(花詞)명 ☞꽃말.
화사(花絲)명 ☞꽃실.
화사(華奢) '화사하다'의 어근.
화ː사(畫師)명 ☞화공(畫工).
화ː사-석(火舍石)명 석등(石燈)의 중대석 위에 있는, 불을 켜는 돌.
화사-주(花蛇酒)명 산무애뱀을 넣어 담근 지 삼칠일 반에 뜨는 술. 붕승이나 악창(惡瘡) 따위에 약으로 쓰임.
화ː사첨족(畫蛇添足)명 〔뱀을 그리는 데 발까지 그려 넣는다는 뜻으로〕 '안 해도 될 쓸데없는 일을 덧붙여 하다가 도리어 일을 그르침'을 이르는 말. 준사족.
화사-하다(華奢-)형여 화려하게 곱다. ¶ 화사한 옷차림. /얼굴이 화사하다.
화ː산(火山)명 땅속의 마그마가 밖으로 터져 나와 퇴적하여 이루어진 산. 활동의 유무에 따라 사화산·활화산·휴화산으로 나뉨.
화ː산-대(火山帶)명 화산이 집중적으로 분포되어 있는 띠 모양의 긴 지대.
화ː산-도(火山島)명 ☞화산섬.
화ː산-력(火山礫)[-녁]명 화산 분출물의 한 가지. 폭발 때문에 파괴된 바위의 파편으로, 화산탄(火山彈)보다는 작음.
화산-별곡(華山別曲)명 조선 세종 때, 변계량이 지은 경기체가. 조선의 창업을 칭송한 내용임.
화ː산-섬(火山-)명 바다 밑의 화산의 분출로 생긴 섬. 화산도.
화ː산-암(火山岩)명 화성암의 한 가지. 마그마가 지표 또는 지표 가까이에서 급히 식어서 된 바위. 〔안산암이나 현무암 따위.〕 분출암.
화ː산^작용(火山作用)명 ☞화산 활동.
화ː산-재(火山-)명 ☞화산회.
화ː산-진(火山塵)명 화산재 가운데서, 특히 미세한 부스러기.
화ː산-탄(火山彈)명 화산 분출물의 한 가지. 공중으로 솟아오른 용암이 공중에서 흩어져 주먹만한 크기로 굳어진 것.
화ː산-호(火山湖)명 화산 작용으로 이루어진 호수. 〔화구호·칼데라 호 따위.〕
화ː산^활동(火山活動)[-똥]명 지구 내부에서부터 용암이나 가스 따위가 분출하는 활동. 화산 작용.
화ː산-회(火山灰)[-회/-훼]명 화산 분출물의 한 가지. 용암의 부스러기가 재처럼 된 것. 화산재.
화살명 활시위에 오늬를 메워 당겼다가 놓으면 멀리 날아가는 물건. 막대 한쪽 끝에는 촉을 꽂고 다른 쪽 끝에는 세 줄로 새의 깃을 달았음. 준살².
　화살을 돌리다관용 공격이나 나무람의 방향을 (다른 쪽으로) 바꾸다.
화살-나무[-라-]명 노박덩굴과의 낙엽 활엽 관목. 산이나 들에 나는데, 높이는 3m가량. 잔가지에 코르크질로 된 날개 모양의 껍질이 있음. 5월경에 연두색 꽃이 피고, 열매는 10월경에 붉게 익음. 줄기는 지팡이나 화살 재료로 쓰이며, 어린잎은 나물로 먹음.
화살-대[-때]명 화살의 몸체가 되는 대. 전죽(箭竹). 준살대.

화살-시(-矢)명 한자 부수의 한 가지. '知'·'短' 등에서의 '矢'의 이름.
화살-촉(-鏃)명 화살 끝에 박은 쇠. 살밑. 살촉. 전촉(箭鏃). 준활촉.
화살-표(-標)명 화살 모양의 표지나 부호인 '→'나 '⇒'의 이름.
화:삽(火-)명 ☞부삽.
화:상(火床)명 보일러의 불을 때는 곳.
화:상(火傷)명 (뜨거운 열에) 데어서 상함, 또는 그렇게 입은 상처. ¶ 그는 이번 화재로 온몸에 3도 화상을 입었다.
화상(花床)명 꽃받침.
화상(和尙)명 ①수행(修行)을 많이 한 중. ②〈중〉의 높임말.
화상(華商)명 (외국에 살고 있는) 중국인 장수.
화:상(畫商)명 그림을 사고파는 장사, 또는 그 장수.
화:상(畫像)명 ①그림으로 그린 초상. ②〈얼굴〉의 속된 말. ③어떠한 '사람'을 못마땅하게 이르는 말. ¶ 이 화상을 어디에다 써먹을꼬. ④텔레비전 수상기의 화면에 나타나는 상(像). ¶ 화상이 선명하다.
화:상-찬(畫像讚·畫像贊)명 화상에 쓴 찬사.
화:상^회:의(畫像會議)[-회의/-훼이]명 서로 다른 곳에 있는 사람들이 한곳에 모이지 않고 모니터의 영상이나 음성을 통해 여는 회의. 영상 회의.
화색(和色)명 ①온화한 얼굴빛. ②얼굴에 드러나는 환한 빛. ¶ 얼굴에 화색이 돌다.
화:색(貨色)명 ☞재색(財色).
화:색(禍色)명 재앙이 벌어질 조짐.
화:생(化生)명하자 ①생물의 조직이나 기관이 질적으로 다른 분화를 하는 일. 〔곤충의 변태 따위.〕 ②불교에서, '자취도 없고 의탁할 곳도 없이 홀연히 생겨남' 또는 그렇게 생겨난 '귀신이나 요괴'를 이르는 말.
화:생방-전(化生放戰)명 화학전·생물학전·방사능전을 아울러 이르는 말. 에이비시 전쟁.
화:생토(火生土)명 음양오행설에서 이르는 상생(相生)의 하나. 불〔火〕에서 흙〔土〕이 생긴다는 뜻.
화서(禾黍)명 벼와 기장.
화서(花序)명 꽃대에 꽃이 달리는 모양, 또는 그 배열. 꽃차례.
화서지몽(華胥之夢)명 '낮잠' 또는 '좋은 꿈'을 이르는 말. 〔'열자'의 '황제편'에 나오는 말로, 중국의 황제(黃帝)가 낮잠을 자다가 꿈에 화서라는 나라의 선정(善政)을 보았다는 고사에서 유래함.〕
화:석(火石)명 ☞부싯돌.
화:석(化石)명 지질 시대에 살던 동식물의 유해 및 유물이 퇴적암 따위 암석 속에 남아 있는 것.
화:석^연료(化石燃料)[-성녈-]명 지질 시대에 살던 동식물의 유해가 땅속에 파묻혀 생성된 것으로, 연료로 사용할 수 있는 물질. 〔석유·석탄·천연가스 따위.〕
화:석^인류(化石人類)[-서길-]명 지질 시대의 제4기 홍적세에 살았다가 현재 화석으로 발견되는 인류.
화:선(火扇)명 ①☞불부채. ②초꽂이 옆에 꽂아 이리저리 돌려서 촛불의 밝기를 조절하는 쇳조각.
화:선(火船)명 ①지난날의 수전(水戰)에서, 적선을 화공(火攻)할 때 쓰던 배. ②고기잡이에서, 주로 지휘자가 타고 불을 밝히는 배.
화:선(火線)명 ①전투의 최전선에서, 적군과 직접 포화를 주고받는 계선. ②볼록 렌즈로 햇빛을 모아 비칠 때, 초점에 모이는 빛줄기.
화선(花仙)명 〈화중신선(花中神仙)〉의 준말.
화:선(貨船)명 〈화물선〉의 준말.
화:선(畫仙)명 '뛰어난 화가'를 신선의 경지에 이르렀다는 뜻으로 이르는 말.
화:선(畫船)명 ☞채선(彩船).
화:-선지(畫宣紙)명 선지(宣紙)의 한 가지. 옥판선지(玉板宣紙)보다 질이 좀 낮은 선지.
화설(話說)명 (옛 소설에서) 이야기의 첫머리, 또는 말머리를 돌릴 때 쓰던 말. 각설(却說).
화:섬(化纖)명 〈화학 섬유〉의 준말.
화섬(華贍) '화섬하다'의 어근.
화:섬-사(化纖絲)명 화학 섬유로 만든 실.
화섬-하다(華贍-)형여 (문장이) 화려하고 내용이 아주 풍부하다.
화:성(化成)명하타 되자 ①길러서 자라게 함. ②덕화(德化)되어 선하여짐. ③화학에서, 다른 물질이나 원소가 화합하여 새 물질이 됨을 이르는 말.
화:성(火姓)명 오행의 화(火)에 딸린 성.
화:성(火星)명 태양계에서, 지구의 바로 바깥쪽에서 타원형의 궤도로 태양의 주위를 돌고 있는 넷째 행성. 공전 주기는 1.9년으로 두 개의 위성을 거느리고 있음.
화성(和聲)명 둘 이상의 음이 동시에 울려 협화(協和)의 느낌을 주는 음, 곧 화음이 연결되는 현상. 하모니.
화:성(畫聖)명 '뛰어난 화가'를 성인의 경지에 이르렀다는 뜻으로 이르는 말.
화성-법(和聲法)[-뻡]명 화음을 기초로 하여 악곡을 짜는 방법. 참대위법(對位法).
화:성^비:료(化成肥料)명 무기질 비료를 화학적으로 처리하여, 질소·인산·칼륨 중 두 성분 이상을 함유하도록 제조한 화학 비료.
화:성-암(火成岩)명 땅속의 마그마가 분출하여 식어서 굳은 바위.
화:세(火洗)명 가톨릭에서, 영세 입교(領洗入教)하지 아니한 사람이라도, 하느님에 대한 깊은 믿음과 소망을 가지고 세례 받기를 열망함으로써, 세례 받은 것과 같은 은총을 받게 해주는 성신(聖神)의 세례. 열세(熱洗). 불세례.
화:세(火勢)명 불이 타는 기세.
화세(花洗)명 화초에 물을 주는 기구.
화:소(火巢)명 (능원이나 묘 따위의 산불을 막기 위하여) 해자(垓字) 밖의 초목을 불살라 버린 곳.
화:소(畫素)명 텔레비전이나 사진 전송에서, 화면을 전기적으로 분해한 명암의 최소 단위.
화소(話素)명 (소설이나 설화에서) 사건의 가장 작은 단위.
화:소-청(畫燒青)명 중국에서 나는 도자기용의 푸른 물감. 무명자(無名子).
화:속(火贖)명 지난날, 대장에 오르지 않은 토지에 부과하던 세.
화속(火速) '화속하다'의 어근.
화:속-하다(火速-)[-소카-]형여 (타는 불처럼) 썩 빠르다, 또는 몹시 급하다. **화속-히**부.
화-솥[-솓]명 솥의 한 가지. 갓 모양으로 배에 돌아가며 전이 달려 있음. ＊화솥이[-소치]·화솥을[-소틀]·화솥만[-손-]
화:수(火嗽)명 한방에서, 가래는 심하지 않으나 기침이 나고 얼굴이 붉어지며 갈증이 나는 병을 이르는 말.

화수(和酬)명하자 남이 보낸 시나 노래에 화답하여 시나 노래로 갚음.
화수(花樹)명 꽃나무.
화수(花穗)명 이삭으로 된 꽃.
화수(花鬚)명 ☞꽃술.
화ː수(禍祟)명 재앙의 빌미.
화수분명 〔안에다 온갖 물건을 넣어 두면 새끼를 쳐서 끝이 없이 나오는 보물단지라는 뜻으로〕 '재물이 자꾸 생겨서, 아무리 써도 줄지 않음'을 이르는 말.
화수-회(花樹會)[-회/-훼]명 (친목 따위를 위하여) 일가끼리 모이는 모임이나 잔치.
화-숙명 '화전(火田)'의 방언.
화순(花脣)명 ①☞꽃잎. ②미인의 입술.
화순(和順) '화순하다'의 어근.
화순-하다(和順-)형여 ①온화하고 양순하다. ②시키는 대로 잘 따르고 고분고분하다.
화-술명 휘우듬하게 생긴 쟁기의 술.
화술(話術)명 말재주. ¶ 화술이 뛰어나다. /화술에 넘어가다.
화ː승(火繩)명 (지난날, 화약을 터뜨리기 위하여) 불을 붙이는 데 쓰이던 노끈. 화약심지. 참도화선.
화ː승-작(火繩作)명하자 지난날, 일정한 길이의 화승에 불을 붙여 놓고 다 타기 전에 글을 짓던 일.
화ː승-총(火繩銃)명 화승의 불로 화약을 터뜨려 쏘던 구식의 총. 참조총.
화시(花時)명 꽃이 피는 시절.
화ː식(火食)명하타 불에 익힌 음식을 먹음, 또는 그 음식. ↔생식.
화식(花式)명 꽃의 꽃받침이나 꽃잎·수술 따위의 수나 배열 상태를 기호(K·C·A·P)와 숫자로 나타내는 식.
화식(和食)명 일본식 요리. 일식(日食).
화ː식(貨殖)명하자 재산을 늘림.
화식-도(花式圖)[-또]명 꽃의 가로 단면을 바탕으로 하여 화식(花式)을 동심원상에 그린 모형적인 그림.
화ː신(化身)명하자 ①(부처가 중생을 구하기 위하여) 사람이나 악귀의 모습을 하고 나타나는 일. 변화신(變化身). ②추상적인 특질이 구체적인 것으로 바뀌는 일. ¶ 미(美)의 화신. /분노의 화신.
화ː신(火神)명 불을 맡은 신.
화신(花信)명 꽃이 피었다는 소식.
화신(花神)명 ①꽃을 관장하는 신. ②꽃의 정기.
화신(花晨)명 꽃이 핀 아침.
화신-풍(花信風)명 ①〔꽃 소식을 전하는 바람이라는 뜻으로〕 '꽃이 필 무렵에 부는 바람'을 이르는 말. ②〈이십사번화신풍(二十四番花信風)〉의 준말.
화ː실(火室)명 땔감을 때어 증기를 발생시키는 곳.
화ː실(畫室)명 화가 또는 조각가가 작품을 만드는 방. 화방(畫房). 아틀리에.
화심(花心)명 ①꽃의 중심. 꽃술이 있는 부분. ②'미인의 마음'을 형용하여 이르는 말.
화ː심(禍心)명 남을 해치려는 마음.
화씨(華氏)명 화씨온도계의 눈금의 이름. 〔기호는 F.〕 참섭씨.
화씨-온도계(華氏溫度計)[-계/-게]명 물의 어는점을 32°F, 끓는점을 212°F로 하고 그 사이를 180등분한 온도계의 한 가지. 참섭씨온도계.
화아(花芽)명 ☞꽃눈.
화안(花顔)명 꽃같이 아름다운 여자의 얼굴.
화안(和顔)명 화기를 띤 얼굴.
화압(花押)명 수결(手決)과 함자(銜字). 준압(押).
화ː압(畫押)명하자 수결(手決)을 씀.
화ː액(禍厄)명 재앙과 액운(厄運).
화ː약(火藥)명 충격이나 열 따위를 가하면 격렬한 화학 반응을 일으켜, 가스와 열을 발생시키면서 폭발하는 물질. 〔다이너마이트·면화약·흑색 화약 따위.〕 준약.
화약을 지고 불로 들어간다속담 스스로 위험한 곳에 들어가거나 화를 자초한다는 뜻.
화약(和約)명 ①하타화해(和解)의 약속. ②〈평화 조약〉의 준말.
화ː약-고(火藥庫)[-꼬]명 ①화약을 저장하는 창고. ②분쟁이나 전쟁 따위가 일어날 '위험성이 있는 지역'을 비유하여 이르는 말.
화약-심지(火藥心-)[-씸-]명 ☞화승(火繩).
화양-누르미(華陽-)명 삶은 도라지를 짤막하게 썰어, 버섯·쇠고기와 함께 양념하여 볶아 꼬챙이에 꿴 산적 비슷한 음식. 〔삶은 도라지와 백숙한 소의 양·허파·볶은 꿩고기·닭고기, 생전복 따위를 쓰기도 함.〕 화향적. 준누르미.
화ː언(禍言)명 불길한 말.
화엄(華嚴)명 불교에서, 여러 가지 수행을 하고 만덕을 쌓아 덕과(德果)를 장엄하게 하는 일.
화엄-경(華嚴經)명 석가가 도를 이룬 후 그 깨달음의 내용을 설법한 가르침을 담은 경전. 대승 불교의 경전 가운데 가장 중요한 것 중의 하나임. '대방광불화엄경'을 줄이어 이르는 말. 참대교(大敎).
화엄-신장(華嚴神將)명 불교에서, 화엄경을 보호하는 신장, 곧 불법을 보호하는 신장을 이르는 말. 준신장.
화엄-종(華嚴宗)명 불교 교종(敎宗)의 한 파. 화엄경을 근본 경전으로 하여 세운 종파인데, 우리나라에서는 신라 신문왕 때 의상 대사(義湘大師)가 개종(開宗)하였음. 참부석종.
화엄-회(華嚴會)[-회/-훼]명 불교에서, 화엄경을 설(說)하는 법회.
화연(花宴)명 환갑잔치.
화연(譁然) '화연하다'의 어근.
화연-하다(譁然-)형여 (여럿이 지껄이는 소리가) 떠들썩하다. **화연-히**부.
화열(和悅) '화열하다'의 어근.
화열-하다(和悅-)형여 (마음이) 화평하여 기쁘다.
화ː염(火焰)명 ☞불꽃. ¶ 화염에 휩싸이다.
화ː염-검(火焰劍)명 하나님이 아담과 하와를 에덴에서 내쫓고 생명나무를 지키도록 한 불 칼.
화ː염^방ː사기(火焰放射器)명 압축 공기로 분사(噴射)시키는 액체 연료의 불꽃으로 적을 죽이거나 구조물을 태워 버리는 병기.
화ː염-병(火焰甁)[-뼝]명 휘발유나 시너를 채운 유리병. 불을 붙여 던지면 깨지면서 불이 붙음.
화엽(花葉)명 ①☞꽃잎. ②꽃과 잎.
화영(花影)명 꽃의 그림자. 꽃의 그늘.
화예(花瞖)명 한방에서, 눈동자 위에 흰 점이 생기는 눈병을 이르는 말.
화예(花蕊)명 ☞꽃술.
화예-석(花蕊石)명 ①☞화유석(花乳石). ②한방에서, '화유석'을 약재로 이르는 말. 지혈제로 쓰임.
화옥(華屋)명 화려하게 지은 집.
화왕(花王)명 〈화중왕(花中王)〉의 준말.

화왕-계(花王戒) [-계/-게] 명 신라 신문왕 때, 설총(薛聰)이 왕을 깨우치기 위해 지은 우언적(寓言的) 이야기. '삼국사기'에 전함.
화ː왕지절(火旺之節) 명 〔오행에서 화기(火氣)가 왕성한 절기라는 뜻으로〕 '여름'을 이르는 말.
화ː외(化外) [-외/-웨] 명 부처의 교화(敎化)가 미치지 못하는 곳.
화ː외지맹(化外之氓) [-외-/-웨-] 명 교화가 미치지 못하는 지방의 백성.
화요(火曜) 명 〈화요일〉의 준말.
화-요일(火曜日) 명 7요일의 하나. 일요일로부터 셋째 날. ㊟화·화요.
화용(花容) 명 〔꽃같이 아름다운 얼굴이라는 뜻으로〕 '아름다운 여자의 얼굴'을 형용하여 이르는 말.
화용-월태(花容月態) 명 〔꽃다운 얼굴과 달 같은 자태라는 뜻으로〕 '미인의 모습'을 형용하여 이르는 말.
화ː운(火雲) 명 여름철의 구름.
화운(和韻) 명하타 남이 지은 한시의 운자(韻字)를 써서 화답하는 시를 지음.
화ː원(火源) 명 불이 난 근원.
화원(花園) 명 꽃을 심은 동산. 꽃밭.
화ː원(畫員) 명 조선 시대에, 도화서에 딸리어 그림 그리는 일을 하던 사람을 이르는 말.
화ː원(禍源) 명 ☞화근(禍根).
화월(花月) 명 ①꽃과 달, 또는 꽃 위에 비치는 달. ②꽃 피고 달 밝은 그윽한 정취. ③'음력 이월'을 달리 이르는 말. ③㊟여월(如月).
화유(花遊) 명하자 꽃놀이.
화유(和誘) 명하타 온화한 기색으로 꾐.
화유-석(花乳石) 명 노란 바탕에 흰 점이 아롱져 있는 돌. 도장의 재료로 쓰임. 화예석(花蕊石).
화ː육(化育) 명하타 천지자연의 이치로 만물을 생성하여 기름.
화ː-육법(畫六法) [-뻡] 명 동양화에서, '그림을 그리는 여섯 가지 기법'을 이르는 말.
화ː융(火絨) 명 ☞부싯깃.
화음(和音) 명 높낮이가 다른 둘 이상의 음이 동시에 울렸을 때의 합성된 음. 코드(chord).
화음(花陰) 명 꽃 핀 나무의 그늘. 꽃의 그늘.
화음(華音) 명 한자의 중국음. 한음(漢音).
화응(和應) 명하자 화답하여 응함, 또는 화합하여 같이 느낌.
화의(和議) [-의/-이] 명 ①화해하는 의논. ¶ 화의를 청하다. ②하자(채무자의 파산을 예방하기 위하여) 채권자와 채무자 사이에 체결하는 강제 계약.
화ː의(畫意) [-의/-이] 명 ①그림을 그리려는 마음. ②그림의 의장(意匠). ③그림에 나타나 있는 뜻.
화의 혈(花-血) [-의-/-에-] 1911년에 이해조(李海朝)가 지은 신소설. 기생 선초의 효도와 정절을 주로 하여, 동학 농민 운동을 전후한 관료들의 부패상을 폭로한 내용임. 〔'매일신보(每日申報)'에 연재되었음.〕
화이(華夷) 명 중화(中華)와 이적(夷狄).
화이부동(和而不同) 명 남과 사이좋게 지내기는 하나 무턱대고 어울리지는 않음.
화이-사상(華夷思想) 명 지난날 중국에서, 자기 나라를 '중화(中華)'라 하여 중시하고, 딴 종족을 '이적(夷狄)'이라 하여 멸시하던 사상.
화이-역어(華夷譯語) 명 중국 명(明)나라에서 만든 어학 서적. 중국어와 우리나라·일본·여진·페르시아 등의 13개 나라 말과의 대역(對譯) 어휘집.
화이트^골ː드(white gold) 명 금 75%, 니켈 15%, 아연 10%의 합금. 백금 대용으로 씀.
화이트-보ː드(white board) 명 펠트펜 따위로 글자나 그림을 그리게 되어 있는 널빤지. 흑판에 상대하여 이르는 말임.
화이트칼라(white-collar) 명 〔흰 옷깃이라는 뜻으로〕 육체 노동자에 대하여 '사무직 근로자'를 이르는 말. ㊟그레이칼라·블루칼라.
화ː인(火印) 명 ①☞낙인(烙印). ②지난날, '장되'를 이르던 말.
화ː인(火因) 명 화재의 원인.
화ː인(禍因) 명 재화(災禍)의 원인.
화ː자(火者) 명 ☞고자(鼓子).
화자(花瓷) 명 무늬가 있는 자기.
화자(話者) 명 말하는 사람. 이야기하는 사람. ↔청자(聽者).
화자(靴子) 명 ☞목화(木靴).
화잠(花簪) 명 새색시의 머리를 꾸미는 금·은·주옥으로 장식한 꽂이.
화장(-長) 명 (한복 저고리의) 등솔에서 소매 끝까지의 길이.
화장(化粧) 명하자 화장품을 얼굴 따위에 바르고 매만져 곱게 꾸밈. ¶ 눈 화장. /화장을 고치다.
화ː장(火匠) 명 ①배에서 밥 짓는 일을 맡은 사람. ②도자기 가마에 불을 때는 사람.
화ː장(火杖) 명 ☞부지깽이.
화ː장(火葬) 명하타되자 시체를 불에 살라 장사하는 일. ㊟다비(茶毘)·토장(土葬).
화장-걸음(-長-) 명 팔을 벌리고 뚜벅뚜벅 걷는 걸음.
화장-기(化粧氣) [-끼] 명 화장을 한 흔적. ¶ 화장기 없는 얼굴.
화장-대(化粧臺) 명 화장하는 데 쓰는 가구의 한 가지. 거울이 달리고 서랍이 있어 화장품을 올려놓거나 넣어 두게 되어 있음.
화장-독(化粧毒) [-똑] 명 화장품이 피부에 맞지 않아 생기는 부작용. ¶ 화장독이 오르다.
화장-비누(化粧-) 명 세숫비누.
화장-수(化粧水) 명 피부를 부드럽게 하기 위하여 색조 화장에 앞서 바르는 '액체 화장품'을 통틀어 이르는 말.
화장-술(化粧術) 명 화장하는 기술.
화장-실(化粧室) 명 ①화장에 필요한 시설과 도구를 갖춘 방. ②'변소'를 달리 이르는 말. ②뒷간.
화장-지(化粧紙) 명 ①화장할 때 쓰는 종이. ②☞휴지(休紙).
화ː장-터(火葬-) 명 (일정한 시설을 갖추고) 시체를 화장하는 곳.
화장-품(化粧品) 명 분이나 크림 따위 화장에 쓰이는 물품.
화ː재(火災) 명 불이 나는 재앙. 불[1]. 화난(火難). 화변(火變).
화ː재(畫才) 명 그림 그리는 재능.
화ː재(畫材) 명 그림으로 그릴 소재.
화ː재-경보기(火災警報器) 명 불이 났을 때, 자동적으로 경보를 울리는 장치.
화ː재^보ː험(火災保險) 명 화재로 말미암은 손해를 보충함을 목적으로 하는 보험.
화ː저(火箸) 명 ☞부젓가락.
화ː적(火賊) 명 ☞불한당(不汗黨).
화ː적(畫籍) 명 ☞화주역(畫周易).
화ː적-질(火賊-) [-찔] 명하자 떼를 지어 다니며 재물을 강탈하는 짓.
화ː전(火田) 명 산이나 들에 불을 지른 다음 파서 일구어 농사를 짓는 밭. ¶ 화전을 일구다.

화ː전(火箭)명 지난날의 싸움에서, 불을 붙여 쏘던 화살.
화전(花煎)명 ①☞꽃전. ②진달래나 국화 따위 꽃잎을 붙이어 지진 부꾸미. ③차전병의 한 가지.
화전(花戰)명하자 꽃싸움.
화전(花甎)명 꽃무늬를 놓은 벽돌.
화전(和戰)명하자 ①화친과 전쟁. ②전쟁을 끝내고 화친함.
화전-놀이(花煎-)명 화전을 부쳐 먹으며 노는 부녀자들의 봄놀이.
화ː전-민(火田民)명 화전을 일구어 농사를 짓는 사람.
화전-벽(花甎甓)명 대궐의 전각 등에 까는, 꽃을 새긴 푸른색의 장식 벽돌.
화전-별곡(花田別曲)명 조선 중종 때, 김구(金絿)가 지은 경기체가. 귀양지인 화전에서의 풍경과 생활을 노래한 내용. 모두 6장.
화전-지(花箋紙)명 ☞시전지(詩箋紙).
화전-충화(花田衝火)명 〔꽃밭에 불을 지른다는 뜻으로〕'젊은이의 앞을 막거나 그르침'을 이르는 말.
화ː점(火點)[-쩜]명 ①〈발화점(發火點)〉의 준말. ②하타 쇠붙이를 불에 달구어 시험해 보는 일. ③하타 물금을 화금(火金)으로 만들기 위하여 가열함.
화점(花點)[-쩜]명 바둑판에 표시된 아홉 군데의 점. ¶ 화점 정석. 참삼삼(三三).
화ː접(畫楪)명 ①도자기에 그림을 그릴 때 물감을 푸는 접시. ②그림을 그린 접시.
화ː정(火定)명하자 불도를 닦은 이가 열반할 때 스스로 불 속에 들어가는 일.
화ː제(火帝)명 화덕(火德)의 왕. 신농씨(神農氏). 염제(炎帝).
화제(花製)명 ☞삼일제(三日製).
화제(和劑)명 〈약화제(藥和劑)〉의 준말.
화제(를) 내다관용 약방문을 쓰다.
화ː제(畫題)명 ①그림의 제명(題名). ②그림 위에 쓰는 시문.
화제(話題)명 이야깃거리. 이야기 제목. ¶ 화제를 바꾸다.
화젯-거리(話題-)[-제꺼-/-젣꺼-]명 이야깃거리가 될 만한 소재.
화조(花鳥)명 ①꽃과 새. ②꽃을 찾아다니는 새. ③꽃과 새를 그린 그림이나 조각.
화조(花朝)명 ①꽃이 핀 아침. ②'음력 이월 보름'을 달리 이르는 말.
화조-사(花鳥使)명 남녀 사이의 사랑의 심부름을 하는 사람.
화조-월석(花朝月夕)[-썩]명 〔꽃이 핀 아침과 달 뜨는 저녁이란 뜻으로〕'경치가 좋은 시절'을 이르는 말.
화조-풍월(花鳥風月)명 ①〔꽃과 새와 바람과 달로〕'자연의 아름다운 경치'를 이르는 말. ②☞풍류(風流).
화조-화(花鳥畫)명 화조를 그리는 동양화의 한 가지. 〔흔히, 개나 고양이를 같이 그리기도 함.〕
화ː종(火鐘)명 ☞불종.
화좌(華座)명 부처나 보살이 앉는 꽃방석.
화ː주(火主)명 화재를 일으킨 집.
화ː주(火酒)명 소주나 위스키 따위 주정분(酒精分)이 강한 술.
화ː주(化主)명 ①중생을 교화하는 교주(敎主)로서 '부처'를 이르는 말. ②☞화주승. ③☞시주(施主).
화ː주(貨主)명 화물의 주인. 하주.
화주(華胄)명 왕족이나 귀족의 자손. 현예(顯裔).
화ː주-걸립(貨主乞粒)명 무당이 위하는 걸립. 〔대개, 자기 집 뒷문에 모시고 위함.〕
화주-계(華胄界)[-계/-게]명 귀족들의 사회.
화ː주-승(化主僧)명 인가에 다니면서 시주를 받아 절의 양식을 대는 중. 화주.
화ː-주역(畫周易)명 주역의 괘사(卦辭)를 풀이하여 그림으로 나타낸 책. 화적(畫籍).
화ː주역-쟁이(畫周易-)[-쨍-]명 화주역으로 길흉을 점치는 일을 업으로 하는 사람.
화ː중(火中)명 불속.
화중(話中)명 말하고 있는 중간.
화중-군자(花中君子)명 〔꽃 중의 군자란 뜻으로〕'연꽃'을 이르는 말.
화중-신선(花中神仙)명 〔꽃 중의 신선이란 뜻으로〕'해당화'를 이르는 말. 준화선(花仙).
화중-왕(花中王)명 〔꽃 중의 왕이란 뜻으로〕'모란꽃'을 이르는 말. 준화왕.
화ː중지병(畫中之餠)명 그림의 떡. 준화병(畫餠). 참그림.
화중-화(花中花)명 〔꽃 중의 꽃이란 뜻으로〕①가장 아름다운 꽃. ②'뛰어나게 어여쁜 여자'를 비유하여 이르는 말.
화ː증(火症)[-쯩]명 화를 벌컥 내는 증(症). ¶ 화증이 나다. /화증을 내다.
화ː지(火紙)명 얇은 종이를 길게 말아 담뱃불 따위를 붙이는 데 쓰는 종이 노끈.
화직(華職)명 높고 화려한 벼슬자리.
화ː질(畫質)명 텔레비전 따위에서, 색조·밝기 등의 화상(畫像)의 질. ¶ 화질이 뛰어나다. /화질이 좋다.
화ː집(畫集)명 ☞화첩(畫帖).
화ː차(火車)명 ①지난날 전쟁에서, 화공(火攻)에 쓰던 병거(兵車). ②임진왜란 때, 우리나라에서 만들어 썼던 전차(戰車)의 한 가지. ③☞기차(汽車).
화ː차(貨車)명 화물을 싣는 철도 차량. ↔객차.
화ː찬(畫讚)명 그림의 여백에 써 넣는 찬사(讚辭)의 글.
화ː창(火窓)명 석등의 화사석(火舍石)에 나 있는 창.
화창(和暢) '화창하다'의 어근.
화창(話唱)명 가극 따위에서, 담화하는 것처럼 노래하는 부분.
화창-하다(和暢-)형여 (날씨 따위가) 온화하고 맑다. ¶ 화창한 봄날.
화채(花菜)명 얇게 저민 과일을 설탕이나 꿀에 재였다가 오미자 즙에 넣고 잣을 띄운 음료.
화채(花債)명 ☞해웃값.
화척(禾尺)명 지난날, 고리 세공(細工)이나 도살을 업으로 하던 천민. 무자리.
화ː천(禍泉)명 '술'의 딴 이름.
화천월지(花天月地)[-찌]명 '꽃 피고 달 밝은 봄밤의 경치'를 이르는 말.
화ː첩(畫帖)명 ①그림을 모아서 엮은 책. 화집(畫集). ②그림을 그리기 위하여 여러 장의 종이를 엮은 책.
화ː청(火淸)명 생청(生淸)을 떠내고 난 찌끼 꿀. 화밀(火蜜).
화-청소(花靑素)명 식물의 꽃이나 잎·열매 따위의 세포액 속에 있는 색소. 안토시안.
화ː체(火體)명 사람의 상격(相格)을 오행(五行)으로 나눌 때, 화(火)에 딸린 상격.
화-초(華-)명 그림을 그릴 때 쓰는 밀초.

화초(花草)명 ①꽃이 피는 풀과 나무, 또는 관상용의 식물. 초화. 화훼. ②일부 명사 앞에서 접두사처럼 쓰이어 그것이 '노리개나 장식품'이라는 뜻을 나타냄. ¶ 화초말. /화초첩.

화초-담(花草-)명 여러 가지 무늬나 그림을 놓아 쌓은 담. 조장(彫墻).

화초-말(花草-)명 부귀한 집에서 호사로 기르는 살진 말.

화초-방(花草房)명 화초를 관상하기 위하여 차려 놓은 방.

화초-밭(花草-)[-받]명 화초를 심어 놓은 밭. *화초밭이[-바치]·화초밭을[-바틀]·화초밭만[-반-]

화초밭의 괴석관용 변변치 못한 것이라도 놓인 자리에 따라 진중하게 보인다는 말.

화초-분(花草盆)명 화초를 심는 화분.

화초-장(花草欌)명 (문짝 따위를) 화초 무늬로 장식한 옷장.

화초-집(花草-)명 화초를 가꾸거나 파는 집.

화초-첩(花草妾)명 노리개첩.

화촉(華燭)명 ①물을 들인 밀초. ②〔혼례 의식 때 촛불을 밝히는 데서〕 '혼례(婚禮)'를 달리 이르는 말.

화촉을 밝히다관용 혼례식을 올리다.

화촉-동방(華燭洞房)[-똥-]명 신랑 신부가 첫날밤을 지내는 방.

화촉지전(華燭之典)[-찌-]명 ☞결혼식. 혼례식.

화축(花軸)명 ☞꽃대.

화충(和沖·和衷)명하형 마음 깊이 화목함.

화충-협의(和沖協議)[-혀븨/-혀비]명하타 (일을) 화목한 마음으로 협의함.

화치(華侈) '화치하다'의 어근.

화치다자 (물결에) 배가 좌우로 흔들리다.

화치-하다(華侈-)형여 화려하고 사치스럽다.

화친(和親)명하자 ①나라와 나라가 우호적으로 지냄, 또는 그러한 관계. ¶ 화친 조약. /화친을 맺다. ②서로 의좋게 지냄, 또는 그 정분.

화:침(火鍼·火針)명 (종기를 따는) 뜨겁게 달군 침.

화:침-질(火鍼-)명하자 화침으로 종기를 따는 짓.

화:타(化他)명하자 불교에서, '남을 교화함'을 이르는 말.

화탁(花托)명 ☞꽃받침.

화:태(禍胎)명 재앙의 근원. 화근(禍根).

화:택(火宅)명 불교에서, 사바 세계인 '속세'를 이르는 말. 삼계화택(三界火宅).

화:택-승(火宅僧)[-씅]명 ☞대처승(帶妻僧).

화톳-불[-토뿔/-톧뿔]명 장작 따위를 한군데에 수북하게 모아 질러 놓은 불.

화통명 (목조 건축에서, 도리나 장여를 맞물리도록 박아 맞추기 위하여) 기둥머리를 '十' 자 모양으로 파낸 자리. 사개통.

화:통(火-)명 ☞울화통. ¶ 화통이 터지다.

화:통(火筒)명 ①기차나 기선 따위의 굴뚝. ②〈화통간〉의 준말.

화:통-간(火筒間)[-깐]명 〈증기 기관차〉의 속된 말. ㊟화통.

화:퇴(火腿)[-퇴/-퉤]명 돼지고기를 훈제한 식품.

화투(花鬪)명하자 놀이 딱지의 한 가지. 열두 가지의 그림으로 각각 4장씩 모두 48장이 한 벌을 이룸. 그림에 따라 스무 끗, 열 끗, 다섯 끗, 껍데기로 나뉨. ¶ 화투를 치다.

화투-판(花鬪-)명 화투를 치는 자리.

화:파(畫派)명 회화 예술의 유파.

화판(花瓣)명 ☞꽃잎.

화:판(畫板)명 ①그림을 그릴 때 받치는 판. ②유화(油畫)를 그리는 널빤지.

화:패(禍敗)명 ①재화(災禍)와 실패. ②재화로 말미암은 실패.

화편(花片)명 (하나하나의) 꽃잎.

화평(和平)명하형 ①(마음이) 평안함. ¶ 화평을 누리다. ②나라 사이가 화목함. ¶ 화평 교섭. **화평-히**부.

화:폐(貨幣)[-폐/-페]명 상품 교환의 매개체로서, 지불의 수단이나 가치의 척도 또는 축적의 목적물로서 사회에 유통되는 금화·은화·동화·지폐 따위. 돈.

화:폐^가치(貨幣價値)[-폐-/-페-]명 한 단위의 화폐가 경제재(經濟財) 따위를 얻을 수 있는 능력. 〔물가 지수의 역수로 표시됨.〕

화:폐^개:혁(貨幣改革)[-폐-/-페-]명 주로 인플레이션을 수습하기 위하여 단행하는, 화폐에 대한 조처. 평가 절하·예치(預置) 따위를 골자로 함. 통화 개혁.

화:폐^경제(貨幣經濟)[-폐-/-페-]명 생산물의 교환이 화폐를 매개로 하여 이루어지는 경제. ↔자연 경제.

화:폐^공:황(貨幣恐慌)[-폐-/-페-]명 화폐, 특히 지급 수단으로서의 현금을 구하기 어려운 데서 비롯되는 공황.

화:폐^단위(貨幣單位)[-폐-/-페-]명 화폐로 셈을 할 때에 기초가 되는 단위. 보통, 금·은 등의 일정량을 가지고 정함.

화:폐^본위(貨幣本位)[-폐-/-페-]명 화폐 제도의 기초, 곧 그 나라의 화폐 단위를 규정하는 근거.

화:폐^소:득(貨幣所得)[-폐-/-페-]명 ☞명목 소득.

화:폐^시:장(貨幣市場)[-폐-/-페-]명 (장기 자금 거래의 '자본 시장'에 대하여) '단기 자금의 거래 시장'을 이르는 말.

화:폐^임:금(貨幣賃金)[-폐-/-페-]명 ①화폐로 지급되는 임금. ②☞명목 임금.

화:폐^제:도(貨幣制度)[-폐-/-페-]명 국가가 화폐의 발행·종류·품위 등에 관하여 베푸는 제도.

화:포(火砲)명 ①〔화약으로 쏘는 포라는 뜻으로〕 총포 따위 '화기'를 이르는 말. ②지난날, '대포'를 이르던 말.

화포(花布)명 반물 빛깔의 바탕에 흰 꽃무늬를 박은 무명.

화포(花苞)명 ☞꽃턱잎. 포(苞).

화포(花砲)명 화약이 터지면서 온갖 모양의 불꽃이 흩어지는 중국식 딱총. 연화(煙花).

화포(花圃)명 꽃을 재배하는 밭.

화:포(畫布)명 ☞캔버스.

화:폭(畫幅)명 그림을 그리는 천이나 종이 따위를 두루 이르는 말. ¶ 가을산을 화폭에 담다.

화표-주(華表柱)명 ☞망주석(望柱石).

화:-풀이(火-)명하자 심화(心火)를 푸는 일. 〔특히, 엉뚱한 사람이나 딴 일에 화를 냄.〕 ¶ 애꿎은 개에게 화풀이하다.

화품(花品)명 꽃의 품격.

화:품(畫品)명 그림의 품격. 화격(畫格).

화풍(和風)명 ①부드럽고 산뜻한 바람. 화창한 바람. ②☞건들바람.

화:풍(畫風)명 그림의 경향, 또는 특징. ¶ 초현실주의 화풍.

화풍-감우(和風甘雨)명 솔솔 부는 화창한 바람과 알맞은 비.

화풍-난양(和風暖陽)명 〔화창한 바람과 따스한 햇볕이라는 뜻으로〕 '따뜻한 봄 날씨'를 이르는 말. ¶ 화풍난양에 기맥(氣脈)을 진서(振舒)하다.

화풍-병(花風病)[-뼝]명 ☞상사병(相思病).

화피(花被)명 ☞꽃덮이.

화피(樺皮)명 ①벚나무의 껍질. 활 만드는 데 쓰임. ②한방에서, '벚나무 껍질'을 약재로 이르는 말. 유종(乳腫)이나 두진(痘疹) 따위에 쓰임.

화피-단장(樺皮丹粧)명 활의 몸을 벚나무 껍질로 꾸민 것.

화피-전(樺皮廛)명 지난날, 채색과 물감을 팔던 가게.

화:필(畫筆)명 그림을 그리는 붓.

화:-하다형여 (입 안의 느낌이) 얼얼하면서도 시원하다. ¶ 박하사탕을 입에 넣었더니 화하다.

화:-하다(化-)자여 ①(어떤 물질이) 다른 물질로 바뀌다. ¶ 액체가 기체로 화하다. ②다른 상태가 되다. ¶ 슬픔이 기쁨으로 화하다.

화-하다(和-)[1]타여 (무엇을) 타거나 섞다.

화-하다(和-)[2]형여 (날씨나 바람·마음 따위가) 온화하다. ¶ 미소를 띤 화한 얼굴.

화:학(化學)명 물질의 조성과 구조, 성질과 작용 및 변화, 제법(製法)과 응용 따위를 연구하는 자연 과학의 한 부문.

화:학(畫學)명 회화(繪畫)에 관한 학문.

화:학^공업(化學工業)[-꽁-]명 화학적인 반응을 응용하는 생산 공업. ¶ 석유 화학 공업. /합성 화학 공업. 준화공.

화:학^공학(化學工學)[-꽁-]명 화학 공업에 있어서의 여러 가지 공정이나 기계·기구·설비의 설계와 운용 따위를 연구하는 공학의 한 분과. 준화공.

화:학^기호(化學記號)[-끼-]명 ☞원자 기호.

화:학^당량(化學當量)[-땅냥]명 화학 반응에 대한 성질에 따라서 정해진 원소 또는 화합물의 일정한 양(量). 당량.

화:학^무:기(化學武器)[-항-]명 화학전에 쓰이는 무기를 통틀어 이르는 말. 화학 병기.

화:학^반:응(化學反應)[-빠능]명 ☞화학적 반응(化學的反應).

화:학^방정식(化學方程式)[-빵-]명 분자식으로써 화학 변화를 표시하는 식.

화:학^변:화(化學變化)[-뼌-]명 물질이 그 자체 또는 다른 물질과의 상호 작용으로 원자의 결합에 변화를 일으켜 새로운 물질을 만드는 변화.

화:학^병기(化學兵器)[-뼝-]명 화학을 응용하여 제조되고 화학 작용의 해독 따위를 이용하는 병기. 〔독가스나 소이탄 따위.〕 화학 무기.

화:학^분석(化學分析)[-뿐-]명 화학 반응을 이용하여 물질을 감식하고 성분을 검출하며 화학적 조성을 조사하는 일. 정량 분석과 정성 분석으로 크게 나눔.

화:학^비:료(化學肥料)[-삐-]명 화학적 처리 공정을 거쳐 공업적으로 생산되는 비료. 〔질소 비료나 인산 비료 따위.〕 참금비(金肥).

화:학^섬유(化學纖維)[-써뮤]명 화학적 처리 공정을 거쳐 공업적으로 생산되는 섬유를 통틀어 이르는 말. 인조 섬유. 준화섬(化纖). 참합성 섬유.

화:학-식(化學式)[-씩]명 원자 기호를 결합하여 물질의 조성(組成)이나 성질 따위를 나타낸 식. 분자식·구조식·실험식 따위가 있음.

화:학^요법(化學療法)[-항뇨뻡]명 미생물로 말미암아 생기는 병이나 종양을 술파제(sulfa劑)나 항생제 따위 화학 약품으로 치료하는 일.

화:학-자(化學者)[-짜]명 화학을 전문으로 연구하는 사람.

화:학적 반:응(化學的反應)[-쩍빠능] 두 가지 또는 그 이상의 물질 사이에 화학 변화가 일어나는 일. 화학 반응.

화:학적 변:화(化學的變化)[-쩍뼌-] 물질이 그 분자나 원자 또는 이온의 구조를 바꾸어서 다른 물질로 되는 변화. ↔물리적 변화(物理的變化).

화:학적 산:소^요구량(化學的酸素要求量)[-쩍싼-] 물의 오염도를 나타내는 지표의 한 가지. 물속의 유기 물질이 산화될 때 필요한 산소의 양. 〔단위는 ppm〕 시오디(COD). 참생물학적 산소 요구량.

화:학적 풍화(化學的風化)[-쩍-] 암석이나 광물이 이산화탄소·산소 등으로 말미암아 산화·환원·가수 분해 등의 화학적 작용을 받아 차츰 부서지는 현상.

화:학-전(化學戰)[-쩐]명 살상·연막·자극 등의 효과를 내는 화학 물질을 무기로 사용하는 전쟁.

화:학-조미료(化學調味料)[-쪼-]명 화학적으로 합성하여 만든 조미료.

화:학^합성(化學合成)[-하캅썽]명 ①화학 반응에 의한 합성. ②(질산균 따위 일부의 세균이) 무기(無機) 물질을 산화시킬 때 얻는 에너지로 탄산 동화를 하는 현상.

화한(華翰)명 편지 글에서, 상대편을 높이어 그의 '편지'를 이르는 말. 화간(華簡).

화:합(化合)명하자되자 둘 이상의 물질 또는 원소가 화학적으로 결합하여 다른 물질을 생성하는 일.

화합(和合)명하자되자 화목하게 어울림. ¶ 인류 화합의 대제전.

화:합-물(化合物)[-함-]명 순물질의 하나. 두 가지 이상의 원자가 일정한 비율로 독특한 화학적 결합을 하여 생성된 순물질. 〔물·소금 따위.〕 ↔홑원소 물질. 참혼합물.

화:합-열(化合熱)[-함녈]명 둘 이상의 물질이 화합할 때 발생하거나 흡수되는 열.

화:해(火海)명 불바다.

화해(和解)명 ①하자되자 다툼을 그치고 안 좋은 감정을 풀어 없앰. ¶ 화해를 이루다. /화해를 청하다. ②소송의 당사자들이 분쟁을 그치기로 약속하는 계약. ③한방에서, 위장을 편히 하고 땀이 나게 하여 외기(外氣)를 푸는 일.

화:해(禍害)명 ☞재난(災難).

화:해^전:술(火海戰術)명 압도적으로 우세한 화력으로 적을 무찌르는 전술. 참인해 전술(人海戰術).

화:행(化行)명하자 중이 집집마다 찾아다니면서 화주(化主) 노릇을 함.

화향(花香)명 ①꽃의 향기. ②부처 앞에 올리는 꽃과 향.

화향-적(花香炙)명 ☞화양누르미.

화혈(和血)명하자 한방에서, 혈분(血分)을 고르게 하는 일.

화협(和協)명하자 서로 툭 터놓고 협의함.

화:형(火刑)명 지난날, 사람을 불태워 죽이던 형벌. 분형(焚刑).

화형-관(花形冠)명 꽃 모양처럼 생긴 닭의 볏. 참단관(單冠).

화ː형-식(火刑式)명 ①화형을 집행하는 의식. ②(성토 대회·타도 대회·궐기 대회 따위에서) 타도 대상이 되는 인물을 성토하며 모형을 불사르는 행사.

화호(和好)명하형 서로 사이가 좋고 친함.

화ː호불성(畫虎不成)[-썽]명 〔범을 그리려다가 강아지를 그린다는 뜻으로〕 '남을 흉내 내거나 힘에 겨운 일을 하려다가 도리어 잘못됨'을 이르는 말. 화호유구.

화ː호유구(畫虎類狗)명 ☞화호불성.

화혼(華婚)명 남의 '결혼'을 아름답게 이르는 말. ¶ 화혼을 축하하다.

화환(花環)명 조화나 생화를 모아 고리 모양으로 만든 것. 〔주로, 경조(慶弔)나 축하·환영의 뜻으로 보냄.〕 화륜(花輪).

화ː환(禍患)명 ☞화난(禍難).

화ː-환어음(貨換-)명 먼 곳에 있는 사람과 매매 거래를 하였을 때, 판 사람이 운송 증권 따위를 첨부하여 발행하는 환어음.

화훼(花卉)명 ①꽃이 피는 풀, 또는 관상용으로 재배하는 식물. 화초. ②화초를 주제로 하여 그린 그림.

화훼^원예(花卉園藝)명 감상 가치가 있는 초목을 재배하는 일.

화ː희(火戲)[-히]명하자 불놀이.

확ː[1]명 ①☞방아확. ②절구의 아가리로부터 밑바닥까지 팬 곳.

확[2]부 ①갑자기 세게 불거나 내뿜는 모양. ¶ 바람이 확 불어오다. ②불길이 갑자기 일어나는 모양. ¶ 불길이 확 타오르다. ③날래고 힘차게 행하는 모양. ¶ 확 떠밀다. /물을 확 뿌리다. ④(묶였던 것이나 긴장 따위가) 갑자기 풀리는 모양. ¶ 밧줄이 확 풀리다. /굳었던 마음이 확 풀리다. ⑤갑자기 뜨거운 기운이 이는 모양. ¶ 얼굴이 확 달아오르다.

확견(確見)[-껸]명 명확한 의견.

확고(確固) '확고하다'의 어근.

확고-부동(確固不動)[-꼬-]명하형 확고하여 흔들리지 않음. 확고불발.

확고-불발(確固不拔)[-꼬-]명하형 ☞확고부동.

확고-하다(確固-)[-꼬-]형여 태도나 상황 따위가 확실하고 굳다. ¶ 확고한 결심. /의지가 확고하다. **확고-히**부.

확단(確斷)[-딴]명하타되자 확실하게 결단함.

확답(確答)[-땁]명하자타 확실히 대답함, 또는 그런 대답. ¶ 확답을 받을 때까지 여기서 기다리겠다.

확대(廓大)[-때]명하타되자 넓혀서 크게 함. ¶ 영토를 확대하다.

확대(擴大)[-때]명하타되자 늘여서 크게 함. ¶ 확대 사진. /생산 설비를 확대하다. 비확장. ↔축소.

확대^가족(擴大家族)[-때-]명 부부의 공동 생활체에 양친과 형제자매가 같이 사는 대가족.

확대-경(擴大鏡)[-때-]명 물체를 확대하여 보는 장치. 〔보통은 한 개의 볼록 렌즈를 씀.〕 돋보기.

확대-비(擴大比)[-때-]명 닮은꼴의 두 도형에서, 큰 쪽의 작은 쪽에 대한 닮음비. ↔축소비.

확대-율(擴大率)[-때-]명 확대한 비율.

확대^재ː생산(擴大再生産)[-때-]명 이윤의 일부를 자본에 추가하여 먼젓번보다 확대된 규모로 재생산을 하는 일. 참축소 재생산·단순 재생산.

확대^해ː석(擴大解釋)[-때-]명 법규의 문자를 통상의 의미보다도 넓게 해석하는 논리 해석의 한 가지. 확장 해석(擴張解釋). ↔축소 해석.

확락(廓落) '확락하다'의 어근.

확락-하다(廓落-)[황나카-]형여 ①마음이 너그럽고 넓다. ②실의(失意)에 차 있다.

확론(確論)[황논]명 확실한 이론.

확률(確率)[황뉼]명 어떤 사상(事象)이 일어날 확실성의 정도, 또는 그것을 나타내는 수치. 개연량. 개연율. 공산(公算).

확률-론(確率論)[황뉼-]명 확률의 이론과 응용을 연구하는 수학의 한 부문.

확립(確立)[황닙]명하타되자 (체계·견해·조직 따위가) 확고하게 섬, 또는 확고하게 세움. ¶ 기강 확립. /교통질서를 확립하다. /민주주의의 기틀이 확립되다.

확문(確聞)[황-]명하타 확실하게 들음.

확보(確保)[-뽀]명하타되자 ①확실하게 보유함. ¶ 인원을 확보하다. ②확실하게 보증함.

확보(確報)[-뽀]명하타 확실하게 알림, 또는 그러한 보도나 소식.

확삭(矍鑠)[-싹]명하형 (늙어도) 기력이 정정함.

확산(擴散)[-싼]명하자되자 ①흩어져 번짐. ¶ 환경 보호 운동이 전국적으로 확산되고 있다. ②농도가 다른 물질이 혼합될 때, 시간이 흐름에 따라 서로 같은 농도가 되는 현상.

확설(確說)[-썰]명 확실한 근거가 있는 설.

확성-기(擴聲器)[-썽-]명 소리를 크게 하여 멀리 들리도록 한 전자 장치. 고성기. 스피커.

확ː-쇠[-쐬/-쒜]명 대문 아래쪽 지도리가 들어가는 데 끼는 확처럼 생긴 쇠.

확수(確守)[-쑤]명하타 굳게 지킴.

확신(確信)[-씬]명하타 굳게 믿음. 확실히 믿음. ¶ 확신에 찬 목소리. /확신이 서다.

확신-범(確信犯)[-씬-]명 도덕적·종교적 또는 정치적 확신이 결정적인 동기가 되어 행하여지는 범죄. 〔사상범·정치범 따위.〕

확실(確實) '확실하다'의 어근.

확실-성(確實性)[-씰썽]명 틀림이 없어 의심의 여지가 없는 성질.

확실-시(確實視)[-씰씨]명하타되자 확실한 것으로 봄. ¶ 김 박사의 당선이 확실시되고 있다.

확실-하다(確實-)[-씰-]형여 틀림이 없다. ¶ 확실한 증거. **확실-히**부.

확약(確約)명하자타 확실하게 약속함, 또는 굳은 약속. ¶ 임금 인상을 확약하다.

확언(確言)명하자타 확실하게 말함, 또는 확실한 말. ¶ 약속 이행을 확언하다.

확연(廓然) '확연(廓然)하다'의 어근.

확연(確然) '확연(確然)하다'의 어근.

확연-하다(廓然-)형여 넓고 텅 비어 있다. **확연-히**부.

확연-하다(確然-)형여 아주 확실하다. **확연-히**부 ¶ 죄상이 확연히 드러나다.

확이충지(擴而充之)명하타 넓혀 충실하게 함.

확인(確因)명 확실한 원인.

확인(確認)명하타되자 ①확실히 알아봄. 확실히 인정함. ¶ 사실 여부를 확인하다. ②특정의 사실 또는 법률관계의 존부(存否)를 인정함.

확인^소송(確認訴訟)명 법률관계의 존부(存否)를 확인하는 소송.

확장(擴張)[-짱]명하타되자 (범위나 세력 따위를) 늘려서 넓힘. ¶ 도로 확장 공사. /군비 확장. /사업을 확장하다. 비확대. ↔축소.

확장-자(擴張字)[-짱-]명 컴퓨터에서, 파일의 종류를 구분하기 위하여 파일명의 마침표 뒤에 붙이는 문자. 〔'don.hwp'에서 'hwp' 따위.〕

확장^해:석(擴張解釋)[-짱-]명 ☞확대 해석.
확적(確的) '확적하다'의 어근.
확적-하다(確的-)[-쩌카-]형여 확실하여 틀림이 없다.
확정(廓正)[-쩡]명하타 바로잡아 고침. 비광정(匡正).
확정(確定)[-쩡]명하타되자 (변동이 없도록) 확실하게 정함. ¶ 법률안을 확정하다.
확정^공채(確定公債)[-쩡-]명 발행액이나 이자·상환 기한 따위가 법률로 정하여져 있는 장기 공채. ↔유동 공채.
확정^재판(確定裁判)[-쩡-]명 확정 기간이 경과됨에 따라 보통의 방법으로는 불복 신청(不服申請)을 할 수 없는 재판.
확정-적(確定的)[-쩡-]관명 확정할 만한 (것). ¶ 확정적 사실. /합격은 거의 확정적이다.
확정^판결(確定判決)[-쩡-]명 확정의 효력을 가진 판결. 〔상소 기간이 지난 판결, 또는 대법원의 판결 따위.〕
확증(確證)[-쯩]명하자타되자 확실히 증명함, 또는 확실한 증거. ¶ 부정행위에 대한 확증을 잡다.
확지(確知)[-찌]명하타 확실히 앎.
확집(確執)[-찝]명하타 제 주장을 굳게 고집함.
확철-부어(涸轍鮒魚)명 ☞학철부어.
확청(廓淸)명하타되자 (더러운 것을 없애 버리고) 깨끗하게 함.
확충(擴充)명하타되자 넓혀서 충실하게 함. ¶ 시설 확충 공사. /인력을 확충하다.
확취(攫取)명하타 핵 갈기고 빼앗아 가짐.
확탈(攫奪)명하타 갈기고 빼앗음.
확호(確乎) '확호하다'의 어근.
확호불발(確乎不拔)[화코-]명하형 든든하고 굳세어 흔들리지 아니함.
확호-하다(確乎-)[화코-]형여 아주 든든하고 굳세다. 확호-히부.
확-확[화콱]부 ①자꾸 세차게 불거나 내뿜는 모양. ¶ 더운 김을 확확 내뿜다. ②불길이 세차게 자꾸 일어나는 모양. ¶ 확확 타오르는 불길. ③뜨거운 기운이 몹시 또는 잇따라 이는 모양. ¶ 얼굴이 확확 달아오르다. ④(막히거나 묶였던 것이) 자꾸 힘차게 풀리는 모양. ¶ 일이 계획대로 확확 풀리다. /밧줄이 확확 풀려 나갔다.
환[1]명 쇳조각 양쪽에 잘게 이를 새기거나 나뭇조각에 상어 껍질을 붙인 줄의 한 가지. 금속이 아닌 물건을 쓸어서 깎는 데 쓰임. 안기려.
환:[2]명 아무렇게나 마구 그리는 그림. ¶ 환을 그리다. /환을 치다.
환(丸)명 ①〈환약(丸藥)〉의 준말. ②〖의존 명사적 용법〗 환약의 개수를 세는 말.
환:(換)명 ①멀리 떨어진 곳에 현금을 보내는 경비나 불편·위험 따위를 덜기 위하여 어음이나 증서로 송금하는 방법. ②〈환전(換錢)〉의 준말. ③하타 환어음을 매매하거나 할인함.
환:(渙)명 〈환괘(渙卦)〉의 준말.
환(環)명 고리 모양으로 된 화합물의 분자.
환(圜)의 ①1953년부터 1962년까지 통용되었던 우리나라 화폐 단위. ②대한 제국 때 통용되었던 화폐 단위.
환:가(患家)명 ☞병가(病家).
환:가(換家)명하자 집을 서로 바꿔 삶.
환:가(換價)[-까]명 ①집이나 땅을 바꿀 때 치르는 값. ②하타 값으로 환산함, 또는 그 값.
환:각(幻覺)명하자타되자 실제로는 자극이나 대상이 없는데도 그것이 실재(實在)하는 듯이 감각적으로 느끼거나, 느꼈다고 생각하는 감각. ¶ 환각 작용. 참환시(幻視).
환각(還却)명하타되자 (주는 물건을) 도로 보냄.
환:각-범(幻覺犯)[-뻠]명 법률상 죄가 되지 않는 행위를 죄가 된다고 믿고 한 행위. 착각범(錯覺犯).
환:각-제(幻覺劑)[-쩨]명 먹으면 환각을 일으키는 약제. 〔엘에스디(LSD)나 대마초 따위.〕
환:갑(還甲)명 〔육십갑자의 '갑(甲)'으로 돌아온다는 뜻으로〕 '예순한 살'을 이르는 말. 회갑. 참화갑.
환갑 진갑 다 지내다관용 어지간히 오래 살다. 장수한 셈이다.
환:갑-날(還甲-)[-감-]명 환갑이 되는 해의 생일. 갑일(甲日).
환:갑-노인(還甲老人)[-감-]명 예순한 살 된 노인.
환:갑-잔치(還甲-)[-짠-]명 환갑날에 베푸는 잔치. 화연(花宴). 회갑연.
환:갑-주(還甲主)[-쭈]명 환갑을 맞는 사람.
환거(還去)명하자 돌아감.
환거(鰥居)명하자 홀아비로 삶.
환:^거래(換去來)명 환어음을 팔고 삼.
환경(環境)명 ①생활체를 둘러싸고 직접 간접으로 영향을 주는 자연, 또는 사회의 조건이나 형편. 외계. 외위(外圍). ¶ 환경 보호. /교육 환경. ②주위의 사물이나 사정. ¶ 환경 미화.
환경-권(環境權)[-꿘]명 사회적(생존권적) 기본권의 한 가지. 쾌적한 환경 속에서 건강하고 인간답게 살 수 있는 권리.
환경-미화원(環境美化員)명 (건물이나 도로 등을) 청소하는 일에 종사하는 사람. 준미화원.
환경^변:이(環境變異)명 생물의 개체가 환경의 차이에 따라 형질을 바꾸는 일. 참개체 변이.
환경-부(環境部)명 중앙 행정 기관의 하나. 자연환경 및 생활환경의 보전과 환경오염 방지 등에 관한 사무를 맡아봄.
환경-오염(環境汚染)명 대기·토양·물 등 인간이나 동식물이 살아가는 환경에 해로운 물질이 섞여 더러워진 상태.
환경^호르몬(環境hormone)명 인체의 내분비계통에 이상을 일으켜, 생식 기능 및 면역 기능의 저하, 성장 장애 등을 가져오는 화학 물질을 통틀어 이르는 말.
환:고(患苦)명 ①근심으로 말미암은 고통. ②질병으로 말미암은 고통. ②병고(病苦).
환고일세(環顧一世)[-쎄]명 〔온 세상을 빙 둘러본다는 뜻으로〕 '세상에 쓸 만한 인물이 없어 탄식함'을 이르는 말.
환-고향(還故鄕)명하자 고향으로 돌아가거나 돌아옴. ¶ 전원생활을 위해 환고향하다.
환:곡(換穀)명하자 곡식을 서로 바꿈.
환곡(還穀)명 조선 시대에, 사창(社倉)에 저장하였다가, 백성에게 봄에 꾸어 주고 가을에 이자를 붙여 받아들이던 곡식. 참진대·의창.
환:골-탈태(換骨奪胎)명하자 〔뼈를 바꾸고 태(胎)를 빼앗는다는 뜻에서〕 ①선인의 시(詩)나 문장을 살리되, 자기 나름의 새로움을 보태어 자기 작품으로 삼는 일. 〔중국 남송의 중 혜홍의 '냉재야화(冷齋夜話)'에 나오는 말임.〕 ②'얼굴이나 모습이 이전에 비하여 몰라보게 좋아졌음'을 비유하여 이르는 말. 준탈태.
환공(環攻)명하타 포위하여 침.

환과고독(鰥寡孤獨)명 ①'홀아비, 과부, 어리고 부모 없는 사람, 늙어서 자식 없는 사람'을 이르는 말. ②'외롭고 의지할 곳 없는 사람'을 이르는 말.

환ː관(宦官)명 ☞내시(內侍).

환관(還官)명하자 지난날, '지방관이 임소(任所)로 돌아가거나 돌아옴'을 이르던 말.

환ː^관리(換管理)[-괄-]명 국제 수지의 균형을 유지하고 외국환의 시세를 안정시키기 위하여 정부가 외국환의 거래를 직접 관리·규제하는 일.

환ː괘(渙卦)명 육십사괘의 하나. 손괘(巽卦)와 감괘(坎卦)를 위아래로 놓은 괘. 바람이 물 위로 감을 상징함. 준환(渙).

환ː국(換局)명하자 시국이나 판국이 바뀜.

환국(還國)명하자 ☞귀국(歸國).

환군(還軍)명하자타 ☞회군(回軍).

환궁(還宮)명하자 (임금이) 대궐로 돌아옴, 또는 돌아감. 환어(還御). 환행(還幸).

환ː권(換券)명하자 지난날, 묵은 문권(文券)을 관아에 바치고 새 문권을 받던 일.

환귀-본종(還歸本宗)명하자 ①양자로 갔던 사람이 생가(生家)에 손(孫)이 끊어져 도로 돌아오는 일. ②양자로 갔던 사람이 그 자손을 다시 생가로 입후(入後)시키는 일.

환귀-본주(還歸本主)명하자 (물건을) 임자에게 도로 돌려보냄.

환ː규(喚叫)명하자 소리쳐 부르짖음.

환ː금(換金)명하타 ①(물건을 팔아서) 돈으로 바꿈. ↔환물(換物). ②☞환전(換錢).

환금(環金)명 ☞도리금.

환ː금-성(換金性)[-썽]명 (물건을 팔아서) 돈으로 바꿀 수 있는 성질. ¶ 환금성이 높은 증권.

환ː금^작물(換金作物)[-장-]명 팔아서 돈을 벌기 위하여 재배하는 농작물.

환급(還給)명하타되자 (돈이나 물건 따위를) 도로 돌려줌. 환부(還付).

환급-금(還給金)[-끔]명 도로 돌려주는 돈. 환부금.

환ː기(喚起)명하타되자 (관심이나 기억 따위를) 불러일으킴. ¶ 여론을 환기하다.

환ː기(換氣)명하타되자 탁한 공기를 빼고 새 공기로 바꿈. ¶ 환기가 잘되는 방.

환ː기^장치(換氣裝置)명 실내의 탁한 공기를 빼고 맑은 공기로 바꾸는 장치.

환ː기-창(換氣窓)명 환기를 위하여 벽이나 천장에 만들어 놓은 창.

환ː기-탑(換氣塔)명 환기를 위하여 지붕 위에 만들어 놓은 탑 모양의 장치.

환낙(歡諾)명하타 기꺼이 승낙함.

환ː난(患難)명 근심과 재난.

환ː난-상구(患難相救)명하자 근심거리와 재난이 생겼을 때 서로 구함.

환ː난-상휼(患難相恤)명하자 향약(鄕約)의 네 덕목 중의 하나. 걱정거리나 어려운 일이 생겼을 때 서로 도와줌.

환납(還納)명하타되자 도로 바침. 되돌려 줌.

환내(寰內)명 ①천자가 다스리는 땅 전체. ②온 세계. ②천하.

환ː녀(宦女)명 〔왕조 때〕 ①궁중에서 일을 보던 여자. ②관가(官家)에 딸렸던 여자 종.

환담(歡談)명하자 정답고 즐겁게 이야기함, 또는 그 이야기. ¶ 환담을 나누다.

환대(歡待)명하타 기쁘게 맞아 정성껏 대접함. 간대(懇待). ¶ 환대를 받다. 비관대(款待).

환ː덕(宦德)명 벼슬자리에서 생기는 소득.

환ː도(宦途)명 벼슬길.

환도(環刀)명 지난날, 군복을 갖추어 입고서 차던 군도(軍刀).

환도(還都)명하자 (국난 때문에 딴 데로 옮겼던 정부가) 다시 수도(首都)로 돌아옴.

환도-뼈(環刀-)명 허리의 뼈.

환도-상어(環刀-)명 환도상엇과의 바닷물고기. 몸길이 6 m가량. 몸은 가늘고 긴 물렛가락 모양인데 꼬리가 몸보다 길. 몸빛은 등이 청색을 띤 흑색이며 배는 흼. 우리나라 남부·일본 남부·대만·인도양·대서양 등지에 분포함.

환ː득-환ː실(患得患失)[-드콴-]명하자 무엇을 얻기 전에는 얻기 위해 근심하고, 얻은 후에는 잃을까 하여 근심함.

환ː등(幻燈)명 〈환등기〉의 준말.

환ː등-기(幻燈機)명 강한 불빛을 사진이나 그림 따위에 비추어 그 반사광을 렌즈로 확대 영사하는 장치. 준환등.

환락(歡樂)[활-]명하자 기뻐하고 즐거워함.

환락-가(歡樂街)[활-까]명 유흥장이나 술집 따위가 많이 늘어선 거리. 참홍등가.

환ː란(患亂)[활-]명 근심과 재앙을 아울러 이르는 말. ¶ 환란이 닥쳐오다.

환래(還來)[활-]명하자 돌아옴. 회환(回還).

환ː로(宦路)[활-]명 벼슬길.

환ː롱(幻弄)[활-]명하타되자 교묘한 꾀로 농락함.

환ː롱-질(幻弄-)[활-]명하타 교묘한 꾀로 속여 물건을 바꿔치는 짓.

환ː롱-치다(幻弄-)[활-]타 교묘한 꾀로 속여 물건을 바꿔치다.

환류(還流)[활-]명 ①물이나 공기의 흐름이 방향을 바꾸어 되돌아 흐르는 일. ②일련의 해류로 이루어지는 해양의 대순환계. 〔멕시코 만류나 흑조(黑潮) 따위.〕

환ː매(換買)명하타 물건과 물건을 서로 바꿈.

환매(還買)명하타 (이미 팔았던 물건을) 다시 사들이는 일.

환매(還賣)명하타 (샀던 물건을) 도로 파는 일.

환매-채(還買債)명 증권 회사가 일정한 기간이 지난 후에 일정한 가격으로 되사는 조건으로 판매하는 채권.

환면(逭免)명하타 전날의 허물을 숨김.

환ː멸(幻滅)명 이상이나 희망의 환상이 사라지고 현실을 접하는 허무함. ¶ 환멸을 느끼다.

환멸(還滅)명 불교에서, 수행을 쌓아 번뇌를 그치고 열반으로 돌아감을 이르는 말. ↔유전(流轉).

환ː멸-감(幻滅感)명 환멸의 느낌.

환ː명(換名)명하자 남의 이름을 자기 이름인 체하여 거짓 행세를 함.

환모(還耗)명 왕조 때, 축난 곡식을 채우기 위하여 환곡을 타 간 사람으로부터 그 이자로 곡식을 더 거두어들이던 일.

환ː몽(幻夢)명 터무니없는 꿈. 허황한 꿈. ¶ 환몽에 사로잡히다.

환ː문(宦門)명 벼슬아치의 집안.

환ː문(喚問)명하타 소환하여 신문(訊問)함.

환ː물(換物)명하타되자 돈을 물건으로 바꿈. ¶ 물가 앙등은 환물 심리를 자극한다. ↔환금(換金).

환미(還米)명 왕조 때의 환곡의 쌀.

환ː발(渙發)명하타되자 임금의 명령을 세상에 널리 알림.

환:방(換房)명하타 ①물건을 바꿈질함. ②☞파방(派房).
환:방-치다(換房-)타 물건을 바꿈질하다. ¶ 콩을 쌀로 환방치다.
환:복(宦福)명 벼슬길이 순조로운 복.
환본(還本)명하자 근본으로 돌아감.
환봉(還奉)명하타 ☞환안(還安).
환봉(還封)명하타 옮기려고 파헤쳤던 무덤을 도로 흙을 쌓아 올려서 제대로 만듦.
환:부(患部)명 병이나 상처가 난 곳. 병소(病所). 병처(病處). ¶ 환부를 도려내다.
환부(還付)명하타되자 ☞환급(還給).
환부(鰥夫)명 홀아비.
환부-금(還付金)명 ☞환급금.
환:부역조(換父易祖)[-쪼]명하자 (지난날, 지체가 낮은 사람이 지체를 높이기 위하여) 부정한 방법으로 자손 없는 양반 가문을 이어 자기의 조상을 바꾸던 일.
환:부작신(換腐作新)[-씬]명하타 썩은 것을 바꾸어 새것으로 만듦.
환:불(換拂)명하타 환산하여 치름.
환불(還拂)명하타 (요금 따위를) 되돌려 줌.
환:^브로커(換broker)명 ☞환 중매인.
환:비(換費)명 지난날, 환전(換錢)을 부칠 때, 환표(換標)를 받아 가는 사람에게서 받던 요금.
환:비봉(換祕封)명하자 과거를 볼 때, 남의 답안을 훔쳐 봉해 둔 성명을 도려내고 제 성명을 써넣던 일.
환삭(還削)명 되깎이.
환:산(渙散)명하자 ①(백성 또는 단체 따위가) 흩어지거나 해산함. ②병열(病熱)이 내림.
환:산(換算)명하타되자 단위가 다른 수량으로 고쳐 계산함, 또는 그 계산. ¶ 달러로 환산하다.
환산-별곡(還山別曲)명 작자·연대 미상의 조선 시대 가사(歌辭). 고요한 산림 속에서의 생활을 동경한 노래.
환:산-표(換算表)명 단위가 다른 수량을 환산하기에 편리하도록 계산하여 놓은 표.
환:상(幻相)명 불교에서, '실체가 없는 무상한 형상'을 이르는 말.
환:상(幻想)명 ①현실로는 있을 수 없는 일을 있는 것처럼 상상하는 일. ¶ 환상이 깨지다. ②종잡을 수 없는 생각. 참공상·망상.
환:상(幻像)명 현실로는 존재하지 않는 것이 존재하는 것처럼 보이는 형상. 환영(幻影). 헛기운. 참곡두.
환:상(喚想)명하타 ☞상기(想起).
환상(還上)명 왕조 때, 봄에 받은 환곡을 가을에 바치던 일. 환자(還子).
환상(環狀)명 고리처럼 둥근 모양. 환형(環形).
환:상-곡(幻想曲)명 ①자유분방한 형식과 악상으로 작곡한 악곡. ②가극(歌劇)의 주요 부분만 발췌하여 편곡한 악곡. 판타지.
환상-문(環狀紋)명 고리 모양의 무늬.
환상^연:골(環狀軟骨)[-년-]명 후두(喉頭) 밑에서 위의 갑상 연골과 접하고 있는 고리 모양의 연골.
환:상-적(幻想的)관명 환상에 가까운 (것). ¶ 환상적 이야기. /환상적인 무대 조명.
환:색(換色)명하타 ☞환품(換品).
환:생(幻生)명하자 (사람이 죽었다가) 형상을 바꾸어 다시 태어남. 환퇴(幻退). 비환생(還生).
환생(還生)명하자 ①(죽었다가) 되살아남. ②다시 태어남. ②비환생(幻生).
환선(紈扇)명 얇은 깁으로 만든 부채.
환:성(喚醒)명하타 ①(잠자는 사람을) 깨움. ②(어리석은 사람을) 깨우쳐 줌.
환:성(喚聲)명 고함치는 소리.
환성(歡聲)명 기뻐서 크게 지르는 소리. ¶ 환성을 올리다.
환:세(幻世)명 환영(幻影)처럼 무상한 세상.
환:세(換歲)명하자 해가 바뀜. 설을 쇰. 개력(改曆). 개세(改歲).
환소(還巢)명하자 '자기 집에 돌아옴'을 겸손하게 이르는 말.
환속(還俗)명하자 (중으로 있다가) 다시 속인(俗人)으로 돌아옴. 퇴속(退俗). 참중속환이.
환속(還屬)명하타되자 이전의 소속으로 다시 돌려보냄.
환송(還送)명하타되자 도로 돌려보냄. 반송(返送). 회송(回送).
환송(歡送)명하타 (떠나는 사람을) 축복하고 기쁜 마음으로 보냄. ¶ 환송 행사. /환송을 받다. ↔환영(歡迎).
환송-연(歡送宴)명 환송하는 뜻으로 베푸는 연회. ↔환영연.
환송-회(歡送會)[-회/-훼]명 환송하는 뜻으로 베푸는 모임. ↔환영회.
환:수(宦數)명 벼슬길의 운수.
환:수(換手)명하타 손바꿈.
환수(還收)명하타되자 도로 거두어들임. ¶ 대출금을 환수하다.
환:술(幻術)명 남의 눈을 속이는 술법. 요술.
환:승(換乘)명하자 다른 노선이나 교통수단으로 갈아탐. ¶ 지하철 환승 주차장.
환:승-역(換乘驛)[-녁]명 다른 노선으로 갈아탈 수 있도록 마련된 역.
환:시(幻視)명 현실로는 없는 것이 있는 것처럼 보이는 현상. 참환각(幻覺).
환시(環視)명 ①하타많은 사람이 둘러서서 봄. ②하자사방을 둘러봄.
환:-시세(換時勢)명 한 나라의 화폐와 딴 나라의 화폐와의 교환 비율, 또는 외국 환어음의 값. 외환율. 환율.
환:-시장(換市場)명 외국환의 거래가 이루어지는 시장.
환식^화:합물(環式化合物)[-시콰함-]명 분자 안의 원자가 고리 모양으로 결합되어 있는 화합물.
환심(歡心)명 기뻐하고 즐거워하는 마음. 환정.
환심(을) 사다관용 남의 비위를 맞추어 자기에게 호감을 가지게 하다.
환:-심장(換心腸)명하자 (전에 비하여) 마음이 막되게 달라짐. 준환장.
환안(還安)명하타 (옮겨 놓았던 신주를) 도로 제자리에 모심. 환봉(還奉).
환안(環眼)명 고리눈.
환:액(宦厄)명 벼슬길의 액운.
환약(丸藥)명 약재를 빻아 반죽하여 작고 둥글게 만든 약. 알약. 환제(丸劑). 준환(丸). 참탕약.
환어(還御)명하자 ☞환궁(還宮).
환:-어음(換-)명 어음의 발행인이 어음상의 금액을 정해진 기일에 권리자인 수취인 또는 그의 지시인에게 지급할 것을 지급인에게 무조건으로 위탁하는 증서.
환:언(換言)명하타되자 (먼저 한 말을 더 적절한 다른 말로) 바꾸어 말함.
환:언-표(換言標)명 ☞줄표.
환연(渙然) '환연하다'의 어근.

환:연-빙석(渙然氷釋)명하자 얼음 녹듯이 의혹이 풀려 없어짐.
환:연-하다(渙然-)형여 (의심 따위가) 풀려 가뭇없다. **환연-히**부.
환열(歡悅)명하자 ☞환희(歡喜).
환:영(幻影)명 ①☞환상(幻像). ②감각 따위의 착오로, 사실이 아닌 것을 사실로 보는 일. 곡두. 헛기운.
환영(歡迎)명하타 기쁘게 맞음. ↔환송.
환영-연(歡迎宴)명 환영하는 뜻으로 베푸는 연회. ↔환송연.
환영-회(歡迎會)[-회/-훼]명 환영하는 뜻으로 베푸는 모임. ¶ 신입생 환영회. ↔환송회(歡送會).
환옥(丸玉)명 (수정·마노·유리 따위로 만들어, 장신구로 쓰는) 꼬부라진 모양의 옥.
환옥(環玉)명 ☞도리옥.
환요(環繞)명하타 (주위를) 에워쌈. 환위(環圍).
환:욕(宦慾)명 벼슬에 대한 욕심. 환정(宦情).
환:용(換用)명하타되자 바꾸어 씀.
환:우-기(換羽期)명 날짐승이 깃을 가는 시기.
환웅(桓雄)명 단군 신화에 나오는 천제자(天帝子). 단군의 아버지. 아버지인 천제(天帝) 환인(桓因)으로부터 천부인(天符印) 세 개를 받아 인세(人世)에 내려와 이를 다스렸으며, 곰이 변해서 된 웅녀(熊女)를 맞아 단군을 낳았다 함. 천왕(天王).
환원(還元)명 ①하자.타되자본디의 상태로 되돌아감, 또는 되돌림. ¶ 이익을 사회에 환원하다. ②하타되자어떤 물질이 산소의 일부, 또는 전부를 잃거나 수소와 화합함, 또는 그런 변화. ↔산화(酸化). ③천도교에서, 사람의 '죽음'을 이르는 말.
환원-염(還元焰)[-념]명 ☞내염(內焰).
환원-제(還元劑)명 딴 물질을 환원시키는 힘을 가진 물질. 〔수소나 탄소 따위.〕 ↔산화제.
환원-지(還元地)명 (개간되었던 땅이) 황무지로 되돌아간 땅.
환원-철(還元鐵)명 산화제이철을 철관(鐵管) 속에서 새빨갛게 달구어, 수소 가스를 통하여 환원시킨 회흑색의 쇳가루. 빈혈 치료제의 원료로 쓰임.
환위(環圍)명하타되자 ☞환요(環繞).
환위(環衛)명하타되자 왕조 때, '대궐의 주위를 호위함'을 이르던 말.
환:위-법(換位法)[-뻡]명 어떤 판단의 주어와 술어의 위치를 바꾸어, 같은 의미와 내용의 새 판단을 끌어내는 직접 추리. 〔'부산은 한국 최대의 항구이다.'에서 '한국 최대의 항구는 부산이다.'로 끌어내는 따위.〕 참환질 환위법.
환유(歡遊)명하자 즐겁게 놂.
환:유-법(換喩法)[-뻡]명 수사법상 비유법의 한 가지. 표현하려는 대상과 관련되는 다른 사물이나 속성을 대신 들어 그 대상을 나타내는 표현 방법. '별〔星〕'이 '장군'을 나타내는 따위. 참제유법(提喩法).
환:율(換率)명 ☞환시세.
환:은(換銀)명하타 물건을 팔아서 돈을 마련함.
환:의(換衣)[화늬/화니]명하자 옷을 갈아입음.
환:의(換意)[화늬/화니]명하자 생각을 바꿈.
환인(桓因)명 단군 신화에 나오는 천제(天帝). 환웅의 아버지이며, 단군의 할아버지. 인세(人世)로 내려가기를 원하는 아들 환웅에게 천부인 세 개를 주어 세상에 내려보냈다 함.
환:입(換入)명하타 바꾸어 넣음.
환입(還入)명하타 왕조 때, 임금의 교지(敎旨)를 다시 거두어들이던 일.
환:자(宦者)명 ☞내시(內侍).
환:자(患者)명 병을 앓는 사람. 병자. ¶ 환자를 보살피다.
환자(還子)명 ☞환상(還上).
환:장(換腸)명하자되자 〈환심장〉의 준말. ¶ 그런 일을 당했으니 환장하게도 됐지.
환:-쟁이명 화가(畫家)를 홀하게 이르는 말.
환:전(換錢)명 ①환표(換標)로 보내는 돈. 준환(換). ②하타서로 종류가 다른 화폐와 화폐를 교환하는 일. ②환금(換金).
환:절(患節)명 편지 글에서, 상대편을 높이어 그의 '병의 상태'를 이르는 말.
환:절(換節)명하자 ①계절이 바뀜. ②절조(節操)를 바꿈. 변절(變節).
환절(環節)명 환형동물이나 절지동물 따위의, 많은 고리 모양으로 된 몸의 마디. 고리마디.
환:절-기(換節期)명 계절이 바뀌는 시기. 변절기. ¶ 환절기에 감기 조심하세요.
환절-기(環節器)명 환형동물의 배설 기관. 환절마다 한 쌍씩 있음. 신관(腎管).
환:절-머리(換節-)명 계절이 바뀌는 무렵.
환:정(宦情)명 벼슬에 대한 욕심. 환욕(宦慾).
환정(歡情)명 ☞환심(歡心).
환제(丸劑)명 ☞환약(丸藥).
환제(還第)명하자 웃어른을 높이어 그의 '귀가(歸家)'를 이르는 말.
환조(丸彫)명 물체의 형상을 완전히 입체적으로 새기는 조각법의 한 가지.
환:족(宦族)명 대대로 벼슬을 하는 집안.
환좌(環坐)명하자 여럿이 둥글게 빙 둘러앉음.
환주(還住)명하자 다시 돌아와 삶.
환:^중매인(換仲買人)명 외국환의 매매를 주선하는 업자. 환 브로커.
환:-증서(換證書)명 우편환의 증서.
환:지(換地)명하타 토지를 서로 바꿈, 또는 그 바꾼 땅. 대토(代土). 환토(換土).
환지(還紙)명 폐지(廢紙)로 재생한 종이. 갈모지.
환:지^처:분(換地處分)명 농지 개량이나 토지 구획 정리 따위의 결과, 종전의 토지에 상당하는 다른 토지나 금전으로 청산을 하는 행정 처분.
환질(環絰)명 상제가 소렴(小殮) 때 사각건에 덧씌워 쓰는, 삼으로 꼰 테두리.
환:질^환:위법(換質換位法)[-뻡]명 모순 개념의 술어를 주어로 바꾸어 놓는 직접 추리의 한 가지. '모든 S는 P이다.'에서 '모든 S는 비(非)P는 아니다.'를 유도해 내고, 다시 '모든 비(非)P는 S는 아니다.'를 유도해 내는 따위. 참환위법.
환차(還次)명하자 어른을 높이어 그가 '행차(行次)에서 돌아옴'을 이르는 말.
환:-차손(換差損)명 환율의 변동으로 발생하는 손해. 환율이 오르면 수입 회사가 손해를 보고, 환율이 내리면 수출 회사가 손해를 봄. ↔환차익.
환:-차익(換差益)명 환율의 변동으로 발생하는 이익. 환율이 오르면 수출 회사가 이익을 보고, 환율이 내리면 수입 회사가 이익을 봄. ↔환차손.
환-차하(還差下)명하타 사직 또는 면직되었던 관리를 특지(特旨)로써 다시 벼슬을 시키던 일.
환천희지(歡天喜地)[-히-]명하자 〔하늘이 즐거워하고 땅이 기뻐한다는 뜻으로〕 매우 기뻐하고 즐거워함을 이르는 말.

환ː청(幻聽)명 현실로는 아무 소리도 안 나는데도 소리가 들리는 것같이 느껴지는 현상.
환초(環礁)명 고리 모양으로 형성된 산호초.
환촌(環村)명 고리 모양으로 이루어진 마을.
환충(還充)명하타되자 이전처럼 도로 채움.
환ː치(換置)명하타되자 바꾸어 놓음.
환ː-치기(換-)명하자 외국에서 빌려 쓴 외화를 국내에서 한화로 갚음, 또는 그러한 일.
환ː-치다자타 아무렇게나 마구 그림을 그리다.
환택(還宅)명하자 어른을 높이어 그의 '귀가(歸家)'를 이르는 말.
환ː토(換土)명하타 ☞환지(換地).
환ː퇴(幻退)[-퇴/-퉤]명하자 ☞환생(幻生).
환퇴(還退)[-퇴/-퉤]명하타 산 땅이나 집 따위를 도로 무름.
환ː^평가(換評價)[-까]명 국제 통화 기금 협정의 가맹국이 금이나 미국 달러를 기준으로 나타낸 자국 통화 가치의 기준.
환포(環抱)명하타되자 사방으로 둘러쌈.
환ː표(換票)명하자 ①표를 바꿈. ②특정 후보자를 당선시키기 위하여 표를 바꿔치는 선거 부정의 한 가지.
환ː표(換標)명 지난날, 멀리 떨어진 사람들끼리 누구에게 돈을 주라고 증표로 쓰던 편지.
환ː품(換品)명하타 (어떤 물품을) 딴 물품과 바꿈. 환색(換色).
환ː풍-기(換風機)명 건물 내부의 공기를 맑게 하는 데 쓰이는 환기 장치의 한 가지.
환피(貛皮)명 오소리의 털가죽.
환ː-하다형여 ①매우 밝다. ¶ 거리가 환하다. ②앞이 탁 티어서 막힌 데가 없다. ¶ 길이 환하게 뚫리다. ③일의 조리나 속내가 분명하다. ¶ 일의 내막이 환하게 들여다보인다. ④얼굴이 잘생겨 보기에 시원스럽다. ¶ 환하게 생긴 얼굴. /이목구비가 환하다. ⑤성격이나 표정이 구김살이 없이 맑고 밝다. ¶ 환한 미소. ⑥맛이 약간 매운 듯하면서 상쾌하다. ¶ 박하사탕의 환한 맛으로 입 안이 개운해졌다. ⑦무엇에 대하여 잘 알고 있다. ¶ 서울 지리에 환하다. ①~④⑦큰훤하다. ①~⑤환-히부.
환-하송(還下送)명하타되자 (서울에 온 것을) 지방으로 도로 내려보냄.
환ː해(宦海)명 '관리들의 사회'를 바다에 비유하여 이르는 말. 관해(官海).
환해(桓解)명〔'환(桓)'은 환인(桓因)·환웅(桓雄), '해(解)'는 해모수(解慕漱)·해부루(解夫婁)를 가리키는 말로〕 건국 시조(始祖)들을 일컫는 말.
환ː해(患害)명 환난(患難)으로 말미암은 피해.
환해(環海)명 사방을 둘러싼 바다.
환ː해-풍파(宦海風波)명 벼슬살이에서 겪는 온갖 풍파.
환행(還幸)명하자 ☞환궁(還宮).
환향(還鄕)명하자 고향으로 돌아감, 또는 돌아옴.
환ː형(幻形)명하자되자 (병이 들거나 늙어서) 얼굴 모양이 달라짐.
환ː형(換刑)명하타 벌금이나 과태료 따위를 물지 못하는 사람을 노역장에 유치시키는 일.
환ː형(換形)명하자되자 모양이 전과 달라짐.
환형(環形)명 ☞환상(環狀).
환형(轘刑)명 두 발을 각각 다른 수레에 매고 수레를 끌어서 죄인을 찢어 죽이던 형벌.
환형-동물(環形動物)명 동물 분류상의 한 문(門). 대체로 몸이 길쭉한데 원통형이거나 편평하며 여러 개의 마디로 되어 있음. 〔지렁이·거머리·갯지네·갯지렁이 따위.〕

환ː호(喚呼)명하타 소리 높이 부름.
환호(歡呼)명하자 기뻐서 부르짖음. ¶ 선수들의 묘기에 환호하는 관중.
환호-성(歡呼聲)명 기뻐서 부르짖는 소리. ¶ 환호성을 지르다.
환호-작약(歡呼雀躍)명하자 기뻐서 소리치며 날뜀.
환ː혹(幻惑)명하타되자 사람의 눈을 어리게 하여 마음을 어지럽힘.
환ː후(患候)명 웃어른을 높이어 그의 '병(病)'을 이르는 말. 병환. ¶ 고르지 못한 날씨에 환후가 어떠하신지요?
환흡(歡洽) '환흡하다'의 어근.
환흡-하다(歡洽-)[-흐파-]형여 즐겁고 흡족하다.
환희(歡喜)[-히]명하자 ①즐거워 기뻐함, 또는 큰 기쁨. 환열(歡悅). 흔희(欣喜). ¶ 환희의 함성. /환희에 차다. ②불교에서, 불법(佛法)을 듣고 신심(信心)을 얻음으로써 얻는 마음의 기쁨.
환희-천(歡喜天)[-히-]명 불교를 수호하는 신(神). 코끼리 머리에 사람 몸을 한 단신(單身) 또는 쌍신(雙身)의 신인데, 병고와 환난을 없게 하며, 특히 부부 화합과 오곡의 풍요를 관장한다 함.
활명 ①화살을 메워서 쏘는 무기. ②목화송이를 타서 솜을 만드는 기구. 무명활. ③찰현(擦絃) 악기의 현(絃)을 켜는 기구.
활(을) 메우다관용 활의 시위를 얹다.
활(을) 부리다관용 활의 시위를 끄르다.
활강(滑降)명하타 비탈진 곳을 미끄러져 내려오거나 내려감.
활강^경ː주(滑降競走)명 스키에서, 비탈진 곳을 활강하여 속도를 겨루는 알파인 경기의 한 가지.
활개명 ①(벌렸을 때의) 두 팔이나 다리. ¶ 네 활개를 벌리고 자다. ②(새의) 두 날개.
활개(를) 젓다관용 두 팔을 서로 어긋나게 번갈아 앞뒤로 흔들며 걷다.
활개(를) 치다관용 ①힘차게 활개를 젓다. ②의기양양하게 굴다. ¶ 폭력배가 활개 치는 세상. ③부정적인 것이 크게 성행하다. ¶ 폭력 영화가 활개 치다.
활개(를) 펴다관용 ①두 팔을 옆으로 넓게 펴다. ②당당한 태도를 취하다.
활개-똥명 세차게 누는 물똥.
활개장-마루명 ☞추녀마루.
활갯-짓[-개찓/-갣찓]명하자 ①걸을 때 활개를 젓는 짓. ②새가 날개를 치는 짓. ＊활갯짓이[-개찌시/-갣찌시]·활갯짓만[-개찐-/-갣찐-]
활계(活計)[-계/-게]명 ☞생계(生計).
활-고자명 시위를 메는 활의 두 끝. 준고자.
활고자(活絝子)명 ☞올가미.
활고재명 〈옛〉활고자. 활의 두 끝. ¶ 활고재:弓弰(譯解上*21*).
활공(滑空)명하자 ①항공기가 발동기를 끄고 타력(惰力)으로 비행하는 일. ②(기류 따위를 이용하여) 날짐승이 날갯짓을 하지 않고 나는 일.
활공-기(滑空機)명 ☞글라이더.
활구(活句)명 〔살아 있는 글귀라는 뜻으로〕 시문(詩文)에서 잘 쓰인 글귀. ↔사구(死句).
활구(濶口)명 고려 시대에, 화폐의 한 가지로 쓰인 '은병'을 달리 이르던 말.
활-궁(-弓)명 한자 부수의 한 가지. '引'·'弟' 등에서의 '弓'의 이름.

활극(活劇)명 ①영화나 연극 등에서의 난투 장면, 또는 난투 장면이 많은 영화나 연극. ¶ 서부 활극. ②(영화의 난투 장면과 같은) '격렬한 싸움'을 비유하여 이르는 말. ¶ 경기장에서 관중의 활극이 벌어졌다.

활기(活氣)명 활발한 기운이나 기개. ¶ 활기 넘치게 걷다. /경기가 활기를 띠다.

활기-차다(活氣-)형 힘이 넘치고 생기가 가득하다.

활-꼭지[-찌]명 무명활로 목화를 탈 때, 시위를 튀기는 나무 가락.

활-꼴명 ①활의 모양. 궁형(弓形). ②수학에서, 원의 호(弧)와 그 두 끝을 잇는 현(弦)으로 이루어지는 도형을 이름. ②결원(缺圓).

활달(豁達) '활달하다'의 어근.

활달-대도(豁達大度)[-딸-]명 너그럽고 커서 작은 일에 구애되지 않는 도량.

활달-하다(豁達)[-딸-]형여 도량이 넓고 크다. ¶ 성품이 활달하다. **활달-히**부.

활-대[-때]명 ①돛 위에 가로 댄 나무. ②가로 퍼진 긴 나뭇가지.

활도고리명 〈옛〉 도지개. 활을 바로잡는 틀. ¶ 활도고리:弓撬子(譯解上*21*).

활동(活動)[-똥]명하자 ①몸을 움직임. ¶ 활동하기 불편한 몸. ②어떤 일의 성과를 거두기 위하여 애씀, 또는 어떤 일을 이루려고 돌아다님. ¶ 정치 활동. ③(동물이나 식물이) 생명 현상을 유지하기 위하여 행동이나 작용을 활발히 함, 또는 그런 일. ¶ 내분비 활동. ④화산이 마그마 따위를 분출함, 또는 그런 작용. ¶ 휴화산이 활동을 시작하다.

활동-가(活動家)[-똥-]명 목적을 달성하기 위하여 적극적으로 행동하는 사람. 특히, 정치 활동에 적극적인 사람을 이름.

활동-력(活動力)[-똥녁]명 활동하는 힘.

활동-사진(活動寫眞)[-똥-]명 '영화(映畫)'의 이전 일컬음.

활동-적(活動的)[-똥-]관명 활동력이 있는 (것), 또는 활발하게 움직이는 (것). ¶ 활동적 인물. /활동적인 복장.

활동-주의(活動主義)[-똥-의/-똥-이]명 ①아동의 자발적인 작업, 또는 직관적이고 창조적인 사고를 낳게 하는 신체적·정신적 활동을 강조하는 교육 사상의 한 가지. ②의지(意志) 활동의 중요성을 강조하는 윤리 사상의 한 가지.

활-등[-뜽]명 활짱의 등.

활등-코[-뜽-]명 콧등이 활등처럼 휘우듬하게 굽은 코.

활딱부하자 ①죄다 벗거나 벗어진 모양. ¶ 웃통을 아주 활딱 벗다. ②세게 뒤집거나 뒤집힌 모양. ¶ 바람에 모자가 활딱 뒤집혔다. ③물이 갑자기 끓어 한꺼번에 넘치는 모양. 큰훨떡.

활량명 ①〈한량(閑良)〉의 변한말. ②활 쏘는 일을 즐기거나 활을 잘 쏘는 사람.

활력(活力)명 살아 움직이는 힘. 생명 또는 생활의 힘. ¶ 활력을 불어넣다.

활력-소(活力素)[-쏘]명 살아 움직이는 힘의 원천. 활력의 본바탕.

활로(活路)명 ①(목숨을 구하기 위하여) 빠져나갈 길. ②(어려움을 이기고) 살아 나갈 방도(방법). ¶ 활로를 모색하다.

활리(猾吏)명 교활한 아전(衙前).

활-머리명 조선 시대에, 여자가 어여머리를 할 때 맨 위에 얹던 치장(治粧) 제구.

활-무대(活舞臺)명 실제로 활동할 수 있는 곳.

활물(活物)명 살아 있는 동식물. ↔사물(死物).

활물^기생(活物寄生)명 (이나 빈대 따위의 경우처럼) 살아 있는 동식물에 기생하여 영양분을 섭취하고 사는 일. 참사물 기생.

활발(活潑) '활발하다'의 어근.

활발-하다(活潑-)형여 생기가 있고 힘차다. ¶ 낙천적이고 활발한 성격. **활발-히**부.

활배-근(闊背筋)명 상박골(上膊骨)에서 허리에 걸쳐 편평하게 삼각형으로 퍼져 있는 근육. 팔을 뒤의 안쪽으로 당기는 일을 함.

활-벌이줄명 연의 머리에 활시위 모양과 같이 벌여 매는 줄.

활법(活法)[-뻡]명 활용하는 방법. 효과 있게 운용하는 수단.

활변(滑便)명 한방에서, '물찌똥'을 이르는 말.

활보(闊步)명 ①하타 큰 걸음으로 당당히 걷는 일, 또는 그 걸음. ¶ 대로(大路)를 활보하다. ②하자타(남을 얕보고) 멋대로 행동함, 또는 그 행동.

활불(活佛)명 ①☞생불(生佛). ②'자비심이 많은 사람'을 일컫는 말. ③라마교(敎)의 수장(首長). 〔달라이 라마나 판첸 라마 등.〕

활브리우다자 〈옛〉 활시위를 벗기다. ¶ 활브리울 툐:弨. 활브리울 이:弛(訓蒙下*10*).

활비븨명 〈옛〉 활비비. ¶ 활비븨:牽鑽(訓蒙中*14*).

활-비비명 시위로 자루를 돌려 구멍을 뚫는 송곳의 한 가지. 무추(舞錐).

활빈-당(活貧黨)명 지난날, 부자나 오리(汚吏)의 재물을 빼앗아 가난한 사람을 도와주던 의적(義賊)의 무리.

활빙(滑氷)명하자 얼음지치기.

활빙-장(滑氷場)명 ☞스케이트장.

활살(活殺)[-쌀]명하타 ☞생살(生殺).

활살-자재(活殺自在)[-쌀-]명하타 살리고 죽이는 일을 마음대로 할 수 있음.

활새-머리명 아래를 돌려 깎은 더벅머리.

활색(活塞)[-쌕]명 ☞피스톤.

활석(滑石)[-썩]명 함수(含水) 규산마그네슘을 주성분으로 하는 단사 정계(單斜晶系)의 무르고 결이 반질반질한 광물. 윤활제·의약품 또는 화장품 따위의 원료로 쓰임. 탤컴. 탤크(talc).

활석^편암(滑石片岩)[-썩-]명 비늘 모양의 활석 조각으로 된 변성암의 한 가지.

활-선어(活鮮魚)[-써너]명 (갓 잡은) 살아 있는 물고기. 활어.

활성(活性)[-썽]명 ①(빛이나 기타 에너지의 작용에 따라) 물질의 반응 속도가 활발하고 빨라지는 일. ②화학 반응에서, 촉매가 반응을 촉진하는 능력을 이르는 말.

활성-탄(活性炭)[-썽-]명 기체나 액체를 포함하고 있는 물질을 흡착하는 능력이 큰, 탄소로 된 물질을 통틀어 이르는 말. 탈색이나 탈취, 공기 정화 따위에 쓰임.

활성-화(活性化)[-썽-]명하타 되자 ①분자나 원자 따위가 빛이나 기타 에너지를 흡수하여 화학 반응을 일으키기 쉬운 상태가 되는 일. ②(사회나 조직 등의 기능을) 활발하게 함. ¶ 국어 순화 운동을 활성화하다.

활수(活水)[-쑤]명 흐르거나 솟아오르거나 움직이는 물. ↔사수(死水).

활수(滑水)[-쑤]명하자 수상 비행기나 비행정이 물 위를 미끄러져 달리는 일.

활수(滑手)[-쑤]명 ①금품을 아끼지 않고 시원스럽게 쓰는 솜씨. ②하형 금품을 쓰는 솜씨가 시원스러움.

활수(闊袖)[-쑤]명 ☞광수(廣袖).
활-시위[-씨-]명 활에 걸어서 켕기게 하는 줄. 활줄. 현(弦). 준시위2.
활시위(를) 얹다관용 활시위를 메우다.
활-신덕(活信德)[-씬-]명 가톨릭에서, '실행과 믿음이 갖추어진 덕(德)'을 이르는 말.
활싹부 (생각한 것보다 더) 크고 넓게 벌어지거나 열린 모양. 큰휠썩.
활-쏘기명 활을 쏘는 일, 또는 그 기술.
활씬부 (정도 이상으로) 차이가 심한 모양. ¶ 활씬 낫다. /활씬 작다. 큰휠씬.
활안(活眼)명 사리를 꿰뚫어 보는 안목.
활액(滑液)명 관절의 운동을 부드럽게 해 주는 미끄럽고 끈끈한 액체.
활액-막(滑液膜)[화랭-]명 관절을 싸고 활액을 분비하는 막(膜).
활약(活躍)명하자 ①힘차게 뛰어다님. ②눈부시게 활동함. ¶ 국가 대표 선수로 활약하다.
활어(活魚)명 ☞활선어.
활어(活語)명 ①현재 쓰이는 말. ↔사어(死語). ②☞용언(用言).
활어-조(活魚槽)명 살아 있는 물고기나 조개 따위를 넣어 기르는 물통.
활여(豁如) '활여하다'의 어근.
활여-하다(豁如-)형여 도량이 넓고 시원스럽다.
활연(豁然)부하형 ①(앞이) 환하게 트여 시원스러운 모양. ②(의심 따위가) 갑자기 풀리거나 사리를 밝게 깨달아 환한 모양. **활연-히**부 ¶ 활연히 펼쳐지는 끝없는 평원.
활연-관통(豁然貫通)명하자 환하게 통하여 도(道)나 이치를 깨달음.
활엽(闊葉)명 넓고 큰 잎사귀.
활엽-수(闊葉樹)[-쑤]명 잎이 넓은 나무. 〔떡갈나무나 오동나무 따위.〕 ↔침엽수.
활오닉명 〈옛〉 오늬. ¶ 활오닉:弓彄子(譯解上21).
활-옷[화롣]명 공주나 옹주가 입던 대례복. 원삼(圓衫) 비슷한데, 훗날에는 민간의 신부 혼례복으로도 착용되었음. ＊활옷이[화로시]·활옷만[화론-]
활용(活用)명하타되자 ①그것이 지닌 능력이나 기능을 잘 살려 씀. 잘 변통하여 씀. ¶ 여가 활용. ②용언의 어미나 서술격 조사가 쓰임에 따라 여러 가지로 바뀌어 각각 다른 문법적 관계를 나타내는 일.
활용-어(活用語)명 문장에서의 쓰임에 따라 그 어미를 여러 가지로 바꾸어 문법적 관계를 나타내는 말. 〔용언(동사·형용사)과 서술격 조사가 이에 딸림.〕
활용^어:미(活用語尾)명 활용이 어미의 교체로 행하여질 때 그 교체되는 부분. 〔'먹다·먹고·먹으니'에서 '-다·-고·-으니' 따위.〕
활용-형(活用形)명 용언이 활용에 따라 여러 가지로 변한 어형. 〔활용될 때 어간과 어미의 모양이 일정하게 변하는 것과 불규칙하게 변하는 것이 있음.〕 준형(形). ↔기본형.
활유-법(活喩法)[-뻡]명 수사법상 비유법의 한 가지. 생명이 없는 사물을 마치 살아 있는 것처럼 나타내는 표현 방법. 〔'활짝 웃는 진달래', '울부짖는 바람' 하는 따위.〕 참의인법.
활-음조(滑音調)명 한 단어 안이나 또는 두 단어가 이어질 때 인접한 음소(音素)들 사이에서 일어나는 특수한 음의 변화를 설명하기 위한 것으로, 발음하기가 어렵고 듣기 거슬리는 소리에 어떤 소리를 더하거나 하여, 발음하기가 쉽고 듣기 부드러운 소리로 되게 하는 음운 현상. 〔국어에서, 넓은 뜻으로는 모음 조화·자음 동화·두음 법칙·유음화(流音化)·모음 충돌 회피 등이 이에 딸리나, 흔히 '곤난→곤란, 허낙→허락, 희노→희로, 한 안음→한아름' 따위를 가리킴.〕 유포니.
활인(活人)명하타 사람의 목숨을 살림.
활인-검(活人劍)명 사람을 살상하기 위한 칼도 잘 쓰면 오히려 사람을 살리는 도구가 된다는 뜻.
활인-서(活人署)명 조선 시대에, 서울의 의료(醫療)에 관한 일을 맡아보던 관아.
활인-적덕(活人積德)[-떡]명하자 사람의 목숨을 살려 음덕(陰德)을 쌓음.
활인지방(活人之方)명 ①사람의 목숨을 살려 주는 방도(방법). ②(위험을 피하여) 살 수 있는 곳.
활인-화(活人畫)명 배경을 꾸미고 분장을 한 사람이 그림 속의 인물처럼 정지(靜止)해 있는 상태를 구경거리로 보여 주는 것.
활자(活字)[-짜]명 활판 인쇄에 쓰이는 일정한 규격의 글자. 기둥 모양의 납 따위 금속 끝에 글자나 기호가 볼록하게 새겨져 있음.
활자-금(活字金)[-짜-]명 활자를 주조하는 데 쓰이는 합금. 주자쇠.
활자-본(活字本)[-짜-]명 활판으로 인쇄한 책. 활판본.
활자-체(活字體)[-짜-]명 활자의 글자 모양. 〔명조체·청조체·고딕체 따위 여러 가지가 있음.〕
활자-판(活字版)[-짜-]명 ☞활판(活版).
활자-화(活字化)[-짜-]명하자타되자 원고가 인쇄되어 나옴, 또는 원고를 인쇄하여 냄.
활-잡이명 ①활을 잘 쏘는 사람. ②☞궁사(弓師).
활좀명 〈옛〉 줌통. ¶ 활좀:弓弝(譯解上21).
활주(-柱)[-쭈]명 (무엇을 받치거나 버티는) 굽은 기둥.
활주(滑走)[-쭈]명하타 ①미끄러져 내달음. ②(항공기 따위가) 뜨거나 앉을 때 땅이나 물 위를 미끄러져 달리는 일.
활주(滑奏)[-쭈]명 ☞글리산도.
활주-로(滑走路)[-쭈-]명 비행기가 뜨거나 앉을 때 활주하는 도로 모양의 부분.
활-죽[-쭉]명 돛을 버티는 살.
활-줄[-쭐]명 ☞활시위.
활-줌통[-쭘-]명 ☞줌통.
활지(猾智)[-찌]명 교활한 지혜.
활-집[-찝]명 활을 넣어 두는 자루. 궁대(弓袋). 궁의(弓衣).
활짝부 ①문 따위를 한껏 시원스럽게 열거나 그렇게 열려 있는 모양. ¶ 문을 활짝 열어 환기를 시키다. ②넓고 시원스럽게 멀리 트인 모양. ¶ 활짝 트인 들판. ③날씨가 매우 맑게 갠 모양. ¶ 활짝 갠 가을 하늘. /안개가 활짝 걷히다. ④꽃 따위가 흐드러지게 피어 있는 모양. ¶ 꽃밭에 장미꽃이 활짝 피었다. ⑤환한 얼굴로 크게 웃는 모양. ¶ 활짝 웃고 있는 사진 속의 저 소녀는 누구지? ⑥날이 아주 샌 모양. ¶ 동네 어귀에 이르자 날이 활짝 밝았다. ⑦날개 따위를 시원스럽게 펼치는 모양. ¶ 날개를 활짝 펼치다. /어깨를 활짝 펴고 다녀라. ①②큰훨쩍.
활-짱명 활의 몸.
활짱-묶음명 ☞중괄호.
활찐부 들판 따위가 시원스럽게 펼쳐진 모양. 큰훨찐.
활차(滑車)명 ☞도르래2.

활착(活着)명하자 접을 붙였거나 옮겨 심은 식물이 서로 붙거나 뿌리를 내려 삶. 참사름.
활착(滑着)명하자 활주하여 착륙함.
활-촉(-鏃)명 〈화살촉〉의 준말.
활탈(滑脫)명하자 자유자재로 변화함.
활택(滑澤)명하형 반드럽고 윤이 있음.
활-터명 활을 쏘는 곳. 사장(射場).
활판(活版)명 활자로 짜 맞춘 인쇄판, 또는 그것으로 찍은 인쇄물. 식자판. 활자판.
활판(滑瓣)명 증기 기관의 기통(汽筒) 속에 장치하여 앞뒤로 움직이는 판(밸브).
활판-본(活版本)명 ☞활자본.
활판^인쇄(活版印刷)명 활판으로 짜서 인쇄함, 또는 그 인쇄물.
활피(滑皮)명 소·말·돼지 등의 가죽을 식물 타닌으로 무두질한 것. 가방·벨트·가죽 수예품 따위를 만드는 데에 쓰임.
활-하다(滑-)형여 ①반들반들하고 미끄럽다. ②(빡빡하지 않고) 헐겁다. ③(똥이 묽어서) 누기가 수월하다.
활협(闊俠)명하형 ①남을 도와주는 데 인색하지 않고 시원스러움. ②일을 주선하는 능력과 활동력이 강함.
활화(活畫)명 〔생동하는 그림이란 뜻으로〕 '그림같이 아름다운 경치'를 이르는 말.
활-화산(活火山)명 현재 분화(噴火)가 진행되고 있는 화산. ↔사화산·휴화산.
활활부 ①부채 따위로 바람을 시원스럽게 일으키는 모양. ¶ 활활 부채질을 하다. ②불길이 세게 타오르는 모양. ¶ 활활 타오르는 모닥불. ③날짐승이 높이 떠서 시원스럽게 날아가는 모양. ④옷을 거침없이 벗어젖히는 모양. 큰훨훨.
활황(活況)명 활기를 띤 상황. 〔특히, 장사나 주식 시장 따위의 경우를 이름.〕
활훈(活訓)명 산 교훈.
홧ː김(火-)[화낌/홛낌]명 ①가슴속에 타오르는 열의 운김. ②화가 나는 기회나 계기. 《주로, '홧김에'의 꼴로 쓰임.》 골김. ¶ 홧김에 한 말이다.
홧김에 서방질한다〔**화냥질한다**〕속담 화가 나면 차마 못할 짓도 한다는 말.
홧홧[화홛]부하형 불에 달듯이 화끈한 기운이 도는 모양. ¶ 얼굴이 홧홧 달아오른다.
황명 ①짝이 맞지 않는 골패짝. ¶ 황을 잡다. ②(어떤 일을 이루는 데) 부합되지 않는 사물.
황을 그리다관용 욕되리만큼 뜻밖의 큰 낭패를 당하다.
황(黃)명 ①〈황색(黃色)〉의 준말. ②비금속 원소의 한 가지. 냄새가 없고 파삭파삭한 수지(樹脂) 광택이 있는 황색의 결정. 화약이나 성냥 따위의 원료로 쓰임. 석유황(石硫黃). 유황(硫黃). 〔S/16/32.06〕 ③한방에서, 우황(牛黃)이나 구보(狗寶) 따위가 들어 있는 한약을 이르는 말.
황각(黃角)명 ☞황각채.
황각-나물(黃角-)[-강-]명 살짝 데친 황각채를 잘게 썰어 기름과 소금에 무친 나물. 황각채.
황각-채(黃角菜)명 ①빛깔이 누런 청각(靑角)의 한 가지. 황각. ②☞황각나물.
황-갈색(黃褐色)[-쌕]명 검은빛을 띤 누른빛.
황-감(黃-)명 황화물(黃化物)이 산화하여 붉은 빛을 띤 감돌.
황감(黃柑)명 잘 익어 빛이 누른 감자(柑子).
황감(惶感)명하형 황송하고 감격스러움. ¶ 고마운 분부에 황감하여 어찌할 바를 모르겠습니다. **황감-히**부.
황-강홍(黃降汞)명 '황색 산화 제이수은'을 흔히 이르는 말.
황객(荒客)명 〈황당객〉의 준말.
황건-적(黃巾賊)명 중국 후한(後漢) 때, 장각(張角)을 우두머리로 하여 일어났던, 머리에 누른 수건을 두른 유적(流賊).
황겁(惶怯)명하형 겁이 나고 두려움. ¶ 황겁한 기색을 보이다. **황겁-히**부.
황견(黃繭)명 병적으로 누렇게 된 고치.
황경(皇京)명 ☞황성(皇城).
황경(黃經)명 황도(黃道)의 극으로부터 어떤 천체를 지나는 대원(大圓)이 황도와 교차하는 점과 춘분점 사이의 각거리. 참황위(黃緯).
황계-사(黃鷄詞)[-계-/-게-]명 조선 시대의 12가사 중의 하나. 작자·연대 미상. '청구영언'에 실려 전함.
황고(皇考)명 〈선고(先考)〉의 높임말.
황-고랑(黃-)명 털빛이 누른 말.
황-고집(黃固執)명 몹시 센 고집, 또는 고집이 몹시 센 사람. ¶ 황고집을 부리다.
황곡(黃麯)명 종곡(種麯)의 한 가지. 주로, 간장이나 약주·청주 따위의 양조에 쓰임.
황곡(黃鵠)명 ☞고니.
황공(惶恐) '황공하다'의 어근.
황공-무지(惶恐無地)명하형 황공하여 몸둘 데가 없음. ¶ 황공무지로소이다.
황공-재배(惶恐再拜)명 ①하자 황공하여 다시 절함. ②편지의 끝에 써서 상대편에게 경의를 나타내는 말.
황공-하다(惶恐-)형여 위엄이나 지위 따위에 눌리어 두렵다. 황송하다. **황공-히**부.
황관(黃冠)명 ①누른빛의 관. ②〔풀로 만든 평민의 관으로〕 '벼슬하지 못한 사람, 곧 야인'을 이르는 말. ③도사(道士)의 관, 또는 도사.
황괴(惶愧) '황괴하다'의 어근.
황괴-하다(惶愧-)[-괴-/-궤-]형여 황공하고 부끄럽다.
황구(黃口)명 〔부리가 누른 새 새끼라는 뜻으로〕 '어린아이' 또는 '미숙한 사람'을 이르는 말.
황구(黃狗)명 털빛이 누런 개. 누렁개.
황구(黃耈)명 나이가 써 많은 늙은이.
황-구렁이(黃-)명 빛이 누런 구렁이.
황-구새(黃-)명 구새의 한 가지. 광석 속에 포함된 황화물(黃化物)이 산화하여 붉은빛을 띤 누런빛의 구새.
황구-신(黃狗腎)명 한방에서, '누런 수캐의 생식기'를 양기를 돕는 약재로 이르는 말.
황구-유취(黃口乳臭)명 〔어려서 아직 젖비린내가 난다는 뜻으로〕 남을 '어리고 하잘것없다'고 욕하는 말. 참구상유취(口尙乳臭).
황구-피(黃狗皮)명 누렁개의 털가죽.
황국(皇國)명 황제가 다스리는 나라.
황국(黃菊)명 꽃 빛이 누른 국화. 황화(黃花).
황국화-가(黃菊花歌)[-구콰-]명 조선 명종 때 송순(宋純)이, 왕이 내린 황국을 보고 지은 시조. 원제(原題)는, '자상특사황국옥당가(自上特賜黃菊玉堂歌)'.
황궁(皇宮)명 황제의 궁궐. 제궐(帝闕).
황권(黃卷)명 〔옛날, 책에 좀먹는 것을 막으려고 황벽나무 잎으로 누르게 물들인 종이로 책의(冊衣)를 입힌 데서〕 '책'을 이르는 말.

황권-적축(黃卷赤軸)[명] 〔누른 종이와 붉은 책갑이란 뜻으로〕 '불경(佛經)'을 이르는 말.

황그리다[자] (욕될 정도로) 매우 큰 낭패를 당하다.

황금(黃金)[명] ①'금(金)'의 빛깔이 누른 데서 이르는 말. (참)백은(白銀). ②'돈' 또는 '재물'의 뜻으로 쓰이는 말. ¶ 황금을 긁어모으다. ③'귀중하고 가치가 있는 것'을 비유하여 이르는 말. ¶ 황금 어장. /황금 같은 세월.

황금-률(黃金律)[-뉼][명] ①'뜻이 심오하여 인생에 유익한 잠언(箴言)'을 이르는 말. ②(예수가 '산상 수훈' 중에 보인 기독교의 기본적 윤리관으로) '남에게 대접을 받고자 하는 대로 남을 대접하라'는 가르침을 이르는 말.

황금-만능(黃金萬能)[명] '돈만 있으면 만사를 뜻대로 할 수 있음'을 이르는 말.

황금만능-주의(黃金萬能主義)[-의/-이][명] 돈만 있으면 만사를 뜻대로 할 수 있다는 사고방식이나 태도.

황금^보:관(黃金寶冠)[명] 삼국 시대에, 왕공(王公)들이 쓰던, 금과 옥으로 장식한 관. (준)금관.

황금^분할(黃金分割)[명] 선분을 외중비(外中比)로 나누어, 그 한쪽의 제곱을 나머지와 전체와의 곱과 같아지게 하는 일.

황금-불(黃金佛)[명] ☞금불(金佛).

황금-비(黃金比)[명] 한 선분을 큰 것과 작은 것의 둘로 나눌 때, 그 작은 것과 큰 것과의 비가 큰 것과 전체와의 비와 같을 경우의 큰 것과 작은 것과의 비. 대략 1.618:1임. 외중비. 중외비.

황금-빛(黃金-)[-삗][명] ①황금의 빛깔. ②'사물의 빛깔이 황금의 빛깔과 같음'을 비유하여 이르는 말. ¶ 벼가 누렇게 익은 황금빛 들판. *황금빛이[-삐치]·황금빛만[-삔-]

황금-새(黃金-)[명] 딱샛과의 새. 몸길이 11 cm 가량. 몸빛은 등이 흑색, 허리와 멱 및 윗가슴은 황색임. 우리나라에는 봄과 가을에 지나가는 나그네새임.

황금-색(黃金色)[명] 금빛.

황금-시대(黃金時代)[명] ①사회의 진보가 절정에 다다른 영화로운 시대. ②(개인의 일생에서) 가장 한창인 시절. ¶ 황금시대를 구가하다.

황금-연휴(黃金連休)[-년-][명] '명절이나 공휴일이 이어져 있는 연휴'를 비유하여 이르는 말.

황급(遑急) '황급하다'의 어근.

황급-하다(遑急-)[-그파-][형](여) 황황하고 급박하다. **황급-히**[부] ¶ 황급히 달아나다.

황기(皇基)[명] 황국(皇國)의 기초.

황기(荒饑)[명](하자) 흉년이 들어 배를 주림.

황기(惶氣)[명] 겁을 내어 두려워하는 기색이나 마음.

황기(黃芪·黃耆)[명] ①콩과의 다년초. 산지에 나기도 하고 재배하기도 함. 뿌리는 길고 줄기는 1 m가량. 잎은 깃 모양의 겹잎이며 여름에 담황색 꽃이 핌. 단너삼. ②한방에서, '황기의 뿌리'를 약재로 이르는 말. 강장·지사제 따위로 쓰임.

황기(黃旗)[명] 누른 빛깔의 기.

황기-끼다(惶氣-)[자] 겁을 내어 두려워하는 마음이 생기다.

황-끼다(黃-)[자] (인삼에) 황이 생기다.

황나(黃糯)[명] ☞차좁쌀.

황낭(黃囊)[명] 민속에서, 혼인 때 신랑이 차는 누른 빛깔의 주머니.

황-내리다(黃-)[자] ①(보리나 밀의 줄기에) 황이 생기다. ②소의 목덜미와 다리에 속으로 누런 물이 생기며 붓다.

황녀(皇女)[명] 황제의 딸. ↔황자(皇子).

황년(荒年)[명] ☞흉년(凶年).

황단(荒壇)[명] 거칠어진 뜰.

황달(黃疸)[명] 담즙의 색소가 혈액 속으로 이행하여 살갗과 오줌이 누렇게 되는 병. 주로, 간장에 탈이 나서 생기는 부차적 병증임. 달병. 달증. (참)흑달.

황답(荒畓)[명] 거칠어서 못 쓰게 된 논.

황당(荒唐) '황당하다'의 어근.

황당-객(荒唐客)[명] (언행이) 터무니없고 허황한 사람. (준)황객.

황당무계(荒唐無稽) '황당무계하다'의 어근.

황당무계-하다(荒唐無稽-)[-계-/-게-][형](여) 터무니없고 허황하다. 황탄무계하다. ¶ 황당무계한 이야기.

황당-선(荒唐船)[명] 조선 중기 이후에, 우리나라 연해에 출몰하던 '소속 불명의 외국 배'를 이르던 말. (참)이양선.

황당지설(荒唐之說)[명] ☞황설(荒說).

황당-하다(荒唐-)[형](여) (말이나 행동 따위가) 터무니없고 허황하다. 황탄하다. ¶ 소문이 너무 황당하여 어이가 없다. **황당-히**[부].

황-대구(黃大口)[명] 배를 갈라서 말린 대구.

황도(皇都)[명] ☞황성(皇城).

황도(黃桃)[명] 과육(果肉)이 노랗고 치밀한 복숭아의 한 품종.

황도(黃道)[명] 지구에서 보아, 태양이 지구를 중심으로 운행하는 것처럼 보이는 천구(天球) 상의 대원(大圓) 궤도. 적도에 대하여 23° 27′ 쯤 기울어져 있으며, 태양이 남에서 북으로 적도를 가로지르는 점이 춘분점임.

황도-광(黃道光)[명] 먼동이 트기 전의 동쪽 하늘이나 해가 진 뒤의 놀이 끝난 서쪽 하늘에, 지평선으로부터 하늘의 황도를 따라 원뿔 모양으로 퍼지는 희미한 빛의 띠.

황도-대(黃道帶)[명] 황도의 남북으로 각각 약 8°씩의 너비를 가진 띠 모양의 구역. 태양이나 달, 행성은 이 띠 안을 운행함. 수대(獸帶).

황도^십이궁(黃道十二宮)[명] 황도대에 있는 별자리들. 춘분점을 기점으로 황도(黃道)의 둘레를 12등분하여 그 구분 안에 있는 별자리에 붙인 이름. 〔양자리·황소자리·쌍둥이자리·게자리·사자자리·처녀자리·천칭자리·전갈자리·궁수자리·염소자리·물병자리·물고기자리를 이름.〕 십이궁.

황동(黃銅)[명] ①'구리와 아연과의 합금'을 통틀어 이르는 말. ②놋쇠.

황동-광(黃銅鑛)[명] '황동석'의 구용어.

황동-석(黃銅石)[명] 구리와 철의 황화 광물. 정방 정계에 속하며 금속광택이 남.

황두(黃豆)[명] 누른빛이 나는 콩의 한 가지.

황-들다(黃-)[~드니·~들어][자] (소나 개 따위의 쓸개에) 황이 생기다.

황-등롱(黃燈籠)[-농][명] 〈황사등롱〉의 준말.

황락(荒落) '황락하다'의 어근.

황락-하다(荒落-)[-나카-][형](여) 덩거칠어 쓸쓸하다.

황랍(黃蠟)[-납][명] ☞밀[2].

황량(荒涼) '황량하다'의 어근.

황량(黃粱)[-냥][명] ☞메조.

황량-몽(黃粱夢)[-냥-][명] ☞한단몽(邯鄲夢).

황량-하다(荒涼-)[-냥-][형](여) 황폐하여 쓸쓸하다. ¶ 황량한 풍경. /폐허처럼 황량하고 적막하다.

황련(黃連)[-년][명] 한방에서, '깽깽이풀의 뿌리'를 약재로 이르는 말.

황로(荒路)[-노][명] 몹시 거친 길.

황로(黃老)[-노][명] 황제(黃帝)와 노자(老子).

황로-학(黃老學) [-노-] 명 〔황제(黃帝)와 노자(老子)의 학문이라는 뜻으로〕 '도교(道敎)'를 달리 이르는 말.
황록-색(黃綠色) [-녹쌕] 명 황색을 띤 녹색.
황료(荒寥) '황료하다'의 어근.
황료-하다(荒寥-) [-뇨-] 형여 거칠어서 쓸쓸하다. 황폐하여 적적하다. **황료-히** 부.
황룡(黃龍) [-뇽] 명 누른 빛깔의 용.
황루(荒樓) [-누] 명 황폐한 누각.
황률(黃栗) [-뉼] 명 ☞황밤.
황릉(皇陵) [-능] 명 황제의 능.
황리(黃梨) [-니] 명 ☞황술레.
황린(黃燐) [-닌] 명 인(燐)의 동소체(同素體)의 한 가지. 무색의 등축 정계(等軸晶系)의 결정인데, 습한 공기에 닿으면 산화하고 어두운 데서는 인광을 발함. 맹독성임. 백린(白燐).
황림(荒林) [-님] 명 황폐한 수풀.
황마(黃麻) 명 피나뭇과의 다년초. 인도 원산의 재배 식물로 키는 1 m가량. 잎은 끝이 뾰족하고 톱니가 있는 길둥근 모양. 여름부터 가을에 걸쳐 노란 꽃이 5, 6개씩 모여서 핌. 섬유는 황저포(黃紵布)의 원료가 됨.
황막(荒漠) '황막하다'의 어근.
황막-하다(荒漠-) [-마카-] 형여 거칠고 썩 넓다. ¶ 황막한 벌판.
황망(惶忙) 명하형 마음이 급하여 당황하고 허둥지둥하는 면이 있음. **황망-히** 부 ¶ 황망히 길을 비키다.
황매(黃梅) 명 ①누렇게 익은 매화나무 열매. ②☞황매화. ③한방에서, '새앙나무의 열매'를 배앓이나 산후 한열에 쓰는 약재로 이르는 말.
황매화(黃梅花) 명 장미과의 낙엽 관목. 관상용 식물로 높이는 2 m가량. 가지는 녹색이고, 잎은 끝이 뾰족한 달걀 모양이며 톱니가 있음. 봄에 가지 끝에 노란 꽃이 한 송이씩 핌. 우리나라 중부 이남과 일본·중국 등지에 분포함. 황매(黃梅).
황면(黃面) 명 석가모니의 얼굴.
황명(皇命) 명 황제의 명령.
황모(黃毛) 명 족제비의 꼬리털. 빳빳한 세필(細筆)의 붓을 매는 데 씀.
황모(黃麰) 명 황증(黃蒸)이 든 보리나 밀.
　황모(가) 들다 관용 보리나 밀이 누렇게 되는 병에 걸려 썩게 되다.
황모-필(黃毛筆) 명 족제비 꼬리털로 맨 붓.
황무(荒蕪) '황무하다'의 어근.
황무-지(荒蕪地) 명 손을 대지 않고 버려 두어 거칠어진 땅. ¶ 황무지를 개간하다. 참황지(荒地).
황무-하다(荒蕪-) 형여 (땅 같은 것을 거두지 아니하여) 매우 거칠다.
황문(荒文) 명 거칠고 너절한 글.
황문(黃門) 명 ☞내시(內侍).
황민(荒民) 명 흉년을 만난 백성.
황-밤(黃-) 명 말려서 껍질과 보늬를 벗긴 빛이 누른 밤. 황률(黃栗).
황백(黃白) 명 〔황금과 백은(白銀)이라는 뜻으로〕 '돈'을 이르는 말.
황백(黃柏) 명 ①☞황벽나무. ②〈황백피(黃柏皮)〉의 준말.
황백-피(黃柏皮) 명 한방에서, '황벽나무의 껍질'을 약재로 이르는 말. 준황백.
황벽-나무(黃蘗-) [-병-] 명 운향과의 낙엽 활엽 교목. 높이 20 m에 이르며 껍질에 코르크가 발달하여 깊은 홈이 짐. 잎은 깃 모양의 겹잎으로 마주 달리고, 원추 꽃차례의 암수딴꽃이 5~6월에 핌. 9~10월에 핵과가 빨갛게 익음. 우리나라를 비롯하여 일본과 중국 북부 등지의 산속 기름진 땅에 남. 껍질은 한약재로 쓰임. 황백(黃柏).
황벽-색(黃蘗色) [-쌕] 명 황벽나무의 껍질로 물을 들인 누른빛.
황변(黃變) 명하자타 ①(건조실에 불을 때어) 담뱃잎을 노랗게 변색시킴, 또는 노랗게 변색함. ②(쌀 따위가 곰팡이나 박테리아 때문에) 누렇게 변색되는 일.
황-부루(黃-) 명 흰빛이 섞인 누른 말.
황비(皇妃) 명 황제의 아내. 황후(皇后).
황비(荒肥) 명 마소의 똥과 짚을 섞은 거름.
황비철-광(黃砒鐵鑛) 명 '황비철석'의 구용어.
황비철-석(黃砒鐵石) [-썩] 명 단사 정계(單斜晶系)의 황백색 금속광택이 나는 기둥 모양의 결정. 아비산의 주요 원료임. 독사(毒砂).
황사(皇嗣) 명 황위(皇位)를 이을 황자. 황태자.
황사(黃沙) 명 ①노란 빛깔의 모래. ②중국 북부나 몽골 등지의 황토가 바람에 날려 온 하늘에 누렇게 끼는 현상.
황사(黃絲) 명 누런 빛깔의 실.
황사(黃紗) 명 누런 빛깔의 사(紗).
황사-등롱(黃紗燈籠) [-농] 명 〔조선 시대〕 ①누른 운문사(雲紋紗) 바탕에 붉은 운문사로 동을 단 등롱. ②당하관이 밤나들이에 들리고 다녔던, 누른 운문사를 씌운 품등(品燈)의 한 가지. 준황등롱.
황산(黃酸) 명 무기산의 한 가지. 무색무취의 끈끈한 액체로, 질산 다음으로 산성이 강함. 금과 백금을 제외한 거의 모든 금속을 녹이며, 공업용으로 용도가 넓음.
황산-구리(黃酸-) 명 구리의 황산염. 청색의 안료와 구충제, 방부제 따위의 제조에 쓰임. 황산동.
황산-나트륨(黃酸Natrium) 명 나트륨의 황산염. 유리나 군청(群青) 따위의 제조에 쓰임. 망초(芒硝). 황산소다.
황산-니코틴(黃酸nicotine) 명 니코틴의 황산염. 진딧물을 없애는 농약으로 쓰임.
황산-동(黃酸銅) 명 ☞황산구리.
황산-마그네슘(黃酸magnesium) 명 마그네슘의 황산염. 하제(下劑)나 염료 제조, 공업용으로 쓰임. 사리염(瀉利塩).
황산-바륨(黃酸barium) 명 바륨의 황산염. 백색의 안료나, 내장의 엑스선 사진 촬영의 조영제(造影劑) 등에 쓰임. 중정석(重晶石).
황산-소ː다(黃酸soda) 명 ☞황산나트륨.
황산-아연(黃酸亞鉛) 명 아연의 황산염. 무색 결정체로 공기 속에서 풍화함. 극약(劇藥)으로 농약이나 방부제, 의약품 따위의 제조에 쓰임.
황산-알루미늄(黃酸aluminium) 명 알루미늄의 황산염. 매염제(媒染劑)나 정수제(淨水劑), 의약품 따위의 제조에 쓰임.
황산-암모늄(黃酸ammonium) 명 황산에 암모니아를 흡수시켜서 만든 화합물. 질소 비료로서 많이 쓰임. 유안(硫安).
황산-염(黃酸塩) [-념] 명 황산 속에 포함된 수소 원자 한 개 또는 모두를 금속 원자로 바꾸어 놓은 화합물을 통틀어 이르는 말. 〔황산바륨이나 황산칼슘 따위.〕
황산^제ː이철(黃酸第二鐵) 명 철의 황산염의 한 가지. 매염제(媒染劑)나 안료(顔料), 의약품 제조 따위에 쓰임.

황산^제ː일철(黃酸第一鐵)명 철의 황산염의 한 가지. 잉크나 안료(顔料), 의약품 따위의 제조에 쓰임. 참녹반(綠礬).

황산-지(黃酸紙)명 황산으로 처리한 반투명의 내수(耐水) 및 내지성(耐脂性)의 종이. 버터나 치즈 따위의 포장 및 약품 따위의 포장에 쓰임. 유산지.

황산-칼륨(黃酸Kalium)명 칼리질 비료의 한 가지. 무색무취의 사방 정계(斜方晶系) 결정. 유리 제조나 의약에도 쓰임.

황산-칼슘(黃酸calcium)명 칼슘의 황산염. 천연적으로는 석고(石膏)로서 많이 산출됨. 모형이나 소상(塑像)의 제작, 또는 고착제로 널리 쓰임.

황상(皇上)명 현재 살아서 나라를 다스리고 있는 '황제'를 일컫는 말.

황ː-새명 황샛과의 새. 백로와 비슷하나 더 크고 몸길이 1 m, 날개 길이 66 cm가량. 온몸이 백색이고 날개 끝의 깃털과 부리는 검은색임. 다리가 길고 물갈퀴가 있어 물속을 잘 걸음. 천연기념물 제199호이며 국제 보호조임. 관조(鸛鳥).

황ː새-걸음명 긴 다리로 성큼성큼 걷는 걸음.

황ː새-목명 등롱대 끝의, 황새 모가지처럼 생긴 등롱을 거는 쇠.

황색(黃色)명 누른빛. 준황(黃).

황색^산화^제ː이수은(黃色酸化第二水銀) [-싼-]명 독이 있는 등황색의 산화 제이수은의 한 가지. 도포제(塗布劑)나 연고 따위 의약품 제조에 쓰임. 참황강홍.

황색^신문(黃色新聞) [-씬-]명 ☞옐로 페이퍼.

황색^인종(黃色人種)명 살빛이 누르고, 머리털이 검고 곧은 인종. 〔주로, 아시아 대륙에 사는 한국인·중국인·일본인 따위.〕 준황인종.

황색^조합(黃色組合) [-쪼-]명 '노동자의 입장을 대변하지 못하고 자본가에게 협조적인 노동조합'을 속되게 이르는 말.

황석(黃石)명 빛이 누른 방해석(方解石).

황-석어(黃石魚)명 ☞참조기.

황석어-젓(黃石魚-) [-젇]명 참조기로 담근 젓. ＊황석어젓이[-저시]·황석어젓만[-전-]

황설(荒說)명 허황한 말. 황당지설.

황성(皇城)명 황제 나라의 도성. 제도(帝都). 제성(帝城). 제향(帝鄕). 황경(皇京). 황도(皇都).

황성(荒城)명 황폐한 성.

황세(荒歲)명 ☞흉년(凶年).

황-소명 ①큰 수소. 황우(黃牛). ②'기운이 세거나, 많이 먹거나, 미련한 사람'을 비유하여 이르는 말.

황소 불알 떨어지면 구워 먹으려고 다리미 불 담아 다닌다속담 가당치도 않은 횡재를 기다린다는 뜻.

황소 제 이불 뜯어 먹기속담 우선 둘러대서 일을 해냈지만, 알고 보면 자기 손해였다는 말.

황소-개구리명 개구릿과의 동물. 몸길이 20 cm 가량. 암컷의 등은 갈색에 검은 얼룩무늬가 있고, 수컷의 등은 암컷보다 더 검고 녹색을 띰. 5월에 나와 소와 비슷한 소리로 욺. 식용하기도 하는데, 넓적다리 고기의 맛이 닭고기와 비슷함. 물이 많은 웅덩이나 물가에서 삶.

황소-걸음명 ①황소처럼 느린 걸음. ②'느리지만 실수 없이 해 나가는 행동'을 비유하여 이르는 말.

황소-고집(-固執)명 몹시 센 고집. 쇠고집.

황소-바람명 (좁은 틈이나 구멍으로 들어오는) 몹시 세고 찬 바람.

황소-자리명 황도 십이궁의 하나. 오리온자리와 양자리 사이에 있는 별자리. 겨울에 남쪽 하늘에 보이며, 1월 하순 초저녁에 자오선을 통과함. 금우궁.

황손(皇孫)명 황제의 손자 또는 후손.

황솔(荒率) '황솔하다'의 어근.

황솔-하다(荒率-)형여 거칠고 경솔하다. **황솔-히**부.

황송(黃松)명 나무를 벤 뒤 5, 6년이 지나 땅속의 뿌리에 복령(茯苓)이 생기는 소나무의 한 가지.

황송(惶悚) '황송하다'의 어근.

황송-하다(惶悚-)형여 ☞황공하다.

황수-증(黃水症) [-쯩]명 한방에서 이르는 수종(水腫)의 한 가지. 비장(脾臟)에 탈이 나서 허리와 배가 퉁퉁 붓는 병.

황숙(黃熟)명하자 (곡식이나 과실 따위가) 누렇게 익음.

황-술레(黃-)명 누르고 크며 맛이 좋은 배의 한 가지. 황리(黃梨).

황실(皇室)명 황제의 집안. 제실(帝室).

황아(荒-)명 지난날, '잡화(雜貨)'를 이르던 말.

황아-장수(荒-)명 지난날, 온갖 잡화를 등에 지고 팔러 다니던 장수.

황아-전(荒-廛)명 지난날, 온갖 잡화를 차려 놓고 팔던 가게.

황앵(黃鶯)명 ☞꾀꼬리.

황야(荒野)명 풀이 멋대로 자란 거친 들판. 황원(荒原). ¶ 광막한 황야.

황양-목(黃楊木)명 ☞회양목.

황어(黃魚)명 잉엇과의 물고기. 몸길이 45 cm 가량으로, 등은 흑색을 띤 청색이며 배는 흼. 몸은 길고 옆으로 납작함. 하천과 그 연해에 많음.

황-여새(黃-)명 여샛과의 새. 몸길이 18 cm가량. 몸빛은 분홍색을 띤 갈색이며 꽁지 끝은 황색임. 우리나라에서는 전국적으로 월동하는 겨울새임.

황연(晃然)부하형 ①환하게 밝은 모습. ②환히 깨닫는 모양. **황연-히**부.

황연(荒宴)명하자 주연(酒宴)에 빠짐.

황연(黃鉛)명 크롬산납을 주성분으로 하는 누른빛의 안료(顔料). 도료(塗料)나 인쇄 잉크 및 유화 물감 따위의 제조에 쓰임. 크롬산납.

황ː연-대각(晃然大覺)명하자 환하게 모두 깨달음.

황열(黃熱)명 바이러스에 의하여 발생하는 열대성 전염병의 한 가지. 갑자기 열이 많이 오르고 황달과 토혈 따위가 일어나며 사망률이 높음.

황엽(黃葉)명 (엽록소가 분해되어) 누렇게 된 잎.

황엽(簧葉)명 피리 따위의 부는 서.

황예(荒穢) '황예하다'의 어근.

황예-하다(荒穢-)형여 거칠고 더럽다.

황-오리(黃-)명 오릿과의 새. 기러기와 비슷한데 몸길이 60 cm, 날개 길이 36 cm가량. 몸빛은 밤색 또는 담색으로 흰 날개깃을 가짐. 우리나라에서는 겨울에 중부 이남의 해안에 가까운 농경지에서 흔히 볼 수 있음.

황옥(黃玉)명 사방 정계(斜方晶系)의 광물로, 보석의 한 가지. 유리 모양의 광택이 있고 투명함. 토파즈(topaz).

황우(黃牛)명 ①누런빛을 띤 소. ②☞황소.

황운(皇運)명 황실 또는 황제의 운.

황운(黃雲)명 ①누른빛의 구름. ②'벼가 누렇게 익은 넓은 벌판'을 비유하여 이르는 말.

황원(荒原)명 ☞황야(荒野).
황원(荒遠)명 변경(邊境)의 아주 먼 곳.
황위(皇位)명 황제의 지위. ¶ 황위를 계승하다.
황위(皇威)명 황제의 위엄.
황위(黃緯)명 황도(黃道)에서 남북의 양극으로 향하여 측정한 천체의 각거리. 참황경(黃經).
황유(皇猷)명 (나라를 다스리는) 황제의 계책.
황유(荒遊)명하자 주색에 빠져 함부로 놂.
황육(黃肉)명 쇠고기.
황은(皇恩)명 황제의 은혜.
황음(荒淫)명하자 음탕한 짓을 함부로 함.
황음-무도(荒淫無道)명하형 주색(酒色)에 빠져 사람의 도리를 돌아보지 않음.
황의(黃衣)[-의/-이]명 ①빛깔이 누른 옷. ②보리를 띄워서 만든 누룩.
황-인종(黃人種)명 〈황색 인종〉의 준말.
황자(皇子)명 황제의 아들. ↔황녀.
황작(黃雀)명 ①☞꾀꼬리. ②☞참새.
황잡(荒雜) '황잡하다'의 어근.
황-잡다[-따]자 ①(골패 따위에서) 황을 잡다. ②(일이) 엇나가다, 또는 뜻밖의 낭패를 당하다.
황잡-하다(荒雜-)[-자파-]형여 거칠고 잡되다. ¶ 황잡한 언행을 삼가다. **황잡-히**부.
황장(荒莊)명 황폐한 농가.
황장(黃腸)명 나무의 심에 가까운, 누르고 단단한 부분. ↔백변(白邊).
황장-갓(黃腸-)[-깓]명 ①왕조 때, 황장목을 금양(禁養)하던 산림. ②'국유림(國有林)'을 이전에 이르던 말. *황장갓이[-까시]·황장갓만[-깐-]
황장-목(黃腸木)명 (관을 만드는 데 쓰이는) 질이 썩 좋은 소나무.
황장-판(黃腸板)명 황장목으로 켠 널빤지.
황재(蝗災)명 (농작물이) 누리나 메뚜기 때문에 입는 피해.
황-저포(黃紵布)명 ☞계추리.
황적(黃炙)명 ☞누름적.
황-적색(黃赤色)[-쌕]명 누른빛을 띤 붉은색.
황전(荒田)명 황폐한 논밭.
황제(皇帝)명 제국(帝國)의 군주. 〔중국에서는 진시황(秦始皇) 이후 청나라까지, 우리나라에서는 대한 제국 때 처음으로 이 칭호를 썼음.〕 높대제(大帝). 참천자(天子).
황제(黃帝)명 중국의 전설상의 제왕. 복희씨·신농씨와 더불어 삼황(三皇)이라 일컬어짐.
황조(皇祚)명 황제의 지위.
황조(皇祖)명 ①황제의 조상. ②'세상을 떠난 자기 할아버지'를 높이어 이르는 말.
황조(皇朝)명 황제의 조정(朝廷).
황조(黃鳥)명 ☞꾀꼬리.
황조-가(黃鳥歌)명 고구려 유리왕이 지었다는 고대 가요. 후실인 치희(雉姬)를 잃고 슬퍼하여 불렀다는 노래. 〔'삼국사기'에 한역(漢譯)되어 전함.〕
황-조롱이(黃-)명 맷과의 새. 몸길이 35 cm가량. 수컷의 등은 밤색으로 갈색 반점이 있으며 머리는 회색이고, 암컷의 등은 진한 회갈색에 암갈색 세로 반문이 있음. 먹이를 찾으면서 공중을 돌며 때때로 가만히 머무르기도 함.
황족(皇族)명 황제의 친족.
황종(黃鐘)명 십이율(十二律)의 하나인 양률(陽律).
황종-척(黃鐘尺)명 조선 시대에, 율관(律管)의 길이를 재는 데 쓰던 자.
황증(黃蒸·黃烝)명 보리나 밀에 황이 내려 누렇게 되는 병. 참맥황(麥黃).
황지(荒地)명 황폐한 땅. 개간하지 않았거나 묵혀서 거칠어진 땅. 참황무지.
황지(黃紙)명 ①빛이 누른 종이. 참갱지(更紙). ②☞고정지(藁精紙).
황지(潢池)명 사수(死水)가 괴어 있는 못.
황진(黃塵)명 ①누른빛의 흙먼지. ¶ 황진이 일다. ②☞속진(俗塵).
황진-만장(黃塵萬丈)명 ①누른빛의 흙먼지가 하늘 높이 치솟는 모양. ②'속세의 허접스러운 현상'을 비유하여 이르는 말.
황ː차(況且)부 '하물며'의 뜻으로 쓰이는 접속의 말. 하황(何況). ¶ 하찮은 미물도 그럴 수가 없거늘 황차 사람이 어찌 그런 행동을 하랴.
황척(荒瘠) '황척하다'의 어근.
황척-하다(荒瘠-)[-처카-]형여 (땅이) 거칠고 메마르다.
황천(皇天)명 ①'큰 하늘'의 뜻으로 쓰이는 말. ②하느님.
황천(荒天)명 비바람이 심한 날씨.
황천(黃泉)명 저승. 명부(冥府).
황천-객(黃泉客)명 〔황천으로 가는 길손이라는 뜻으로〕'죽은 사람'을 이르는 말.
황천-길(黃泉-)[-낄]명 황천으로 가는 길. 죽음의 길. ¶ 황천길에 오르다.
황천-후토(皇天后土)명 하늘의 신령과 땅의 신령.
황철-광(黃鐵鑛)명 '황철석'의 구용어.
황철-나무[-라-]명 ☞백양(白楊).
황철-석(黃鐵石)[-썩]명 철과 유황을 주성분으로 하는 엷은 황색의 광물. 황산이나 유황 따위의 제조에 쓰임.
황청(黃淸)명 빛깔이 누르스름하고 품질이 좋은 꿀의 한 가지.
황체(黃體)명 척추동물의 난소(卵巢)에서 배란(排卵)이 된 뒤에 난소의 여포(濾胞)가 변한 것. 황체 호르몬을 분비함.
황체^호르몬(黃體hormone)명 황체에서 분비되는 호르몬. 발정(發情)을 억제하고 자궁(子宮)의 벽을 수태(受胎)가 가능하도록 조절하는 작용을 함.
황-초(黃-)명 ①꼭지만 빼고 전체가 누른 연(鳶). ②☞밀초.
황초(荒草)명 ①함부로 자라 무성한 풀. ②거칠게 갈겨쓴 초서(草書).
황초-절(黃草節)명 목장에서, 마른풀로 마소를 먹이는 시기를 이르는 말. 음력 시월에서 이듬해 사월까지의 일곱 달 동안을 이름. ↔청초절(青草節).
황촉(黃燭)명 ☞밀초.
황-촉규(黃蜀葵)[-뀨]명 ①☞닥풀. ②한방에서, '닥풀의 뿌리'를 내장 염증 치료의 약재로 이르는 말.
황촌(荒村)명 황폐한 마을.
황추(荒麤) '황추하다'의 어근.
황추-하다(荒麤-)형여 궁색하고 거칠다.
황축(惶蹙)명하자 황공하여 몸을 움츠림. 비공축(恐縮).
황취(荒醉)명하자되자 술이 몹시 취함.
황-치마(黃-)명 위쪽 절반은 희고 아래쪽은 누른 연(鳶).
황칙(皇勅)명 황제의 조칙(詔勅).
황칠(黃漆)명 황칠나무의 껍질에 상처를 내서 얻는 노란 액체. 가구의 칠감으로 쓰임.

황칠-나무(黃漆-)[-라-]명 두릅나뭇과의 상록 교목. 산기슭의 숲 속에 나는데, 높이는 15m에 이름. 잎은 어긋맞게 나고, 꽃은 6월에 피며, 열매는 10월에 까맣게 익음. 남쪽 섬에서 자라는 우리나라 특산 식물임.
황탄(荒誕) '황탄하다'의 어근.
황탄무계(荒誕無稽) '황탄무계하다'의 어근.
황탄무계-하다(荒誕無稽-)[-계-/-게-]형여 ☞황당무계하다.
황탄-하다(荒誕-)형여 ☞황당하다.
황태(黃太)명 ☞더덕북어.
황태(黃苔)명 한방에서, 위(胃)의 열로 인하여 혓바닥에 이끼 같은 것이 누렇게 끼는 병증을 이름.
황-태손(皇太孫)명 황위를 이을 황손. 준태손.
황-태자(皇太子)명 황위를 이을 황자. 동궁. 저군. 황사. 준태자. 높태자궁. 참춘궁(春宮).
황태자-비(皇太子妃)명 황태자의 비(妃).
황-태제(皇太弟)명 황위를 이을, 황제의 동생.
황-태후(皇太后)명 ①황제의 살아 있는 모후(母后). ②선제(先帝)의 살아 있는 황후. 준태후.
황토(黃土)명 누르고 거무스름한 흙.
황토-수(黃土水)명 ①황토가 풀려 누르고 흐린 물. ②☞지장(地漿).
황토-층(黃土層)명 황토가 퇴적한 지층.
황톳-길(黃土-)[-토낄/-톧낄]명 누르고 거무스름한 흙으로 이루어진 길.
황톳-물(黃土-)[-톤-]명 황토가 섞여 누렇고 흐린 물.
황통(皇統)명 황제의 계통. 대통(大統).
황파(荒波)명 거친 물결.
황평-양서(黃平兩西)[-냥-]명 '황해도'와 '평안도'를 아울러 이르는 말. 양서(兩西).
황폐(荒廢)[-폐/-페]명하자되자 ①(집이나 땅 따위를) 거두지 않고 그냥 버려 두어 거칠고 못 쓰게 됨. ¶ 황폐한 논밭. ②(정신이나 생활 따위가) 거칠어지고 메마름. ¶ 언어의 황폐.
황폐-화(荒廢化)[-폐-/-페-]명하자타되자 황폐하게 됨. 황폐하게 만듦. ¶ 정서의 황폐화. / 무분별한 개발로 국토가 황폐화되다.
황포(黃布)명 누른빛의 포목.
황포(黃袍)명 임금이 입던 예복으로, 누른빛의 곤룡포를 이르는 말.
황-하다(荒-)형여 (성질이) 차근차근하지 못하고 거칠다.
황한(惶汗)명 두렵고 황공하여 흘리는 땀.
황혼(黃昏)명 ①해가 지고 어둑어둑할 때, 또는 그때의 어스름한 빛. ¶ 황혼이 깃들다. ②한창때를 지나 쇠퇴하여 '종말에 가까운 상태나 때'를 비유하는 말.
황혼-기(黃昏期)명 ①해가 지고 어둑어둑해지는 무렵. ②한창때를 지나 쇠퇴하여 '종말에 가까운 때'를 비유하여 이르는 말. ¶ 인생의 황혼기에 접어들다.
황홀(恍惚·慌惚)명하형 ①빛이 어른어른하여 눈이 부심. ②(사물에 마음이 팔려) 멍한 모양. ¶ 황홀한 마음으로 바라보다. ③미묘하여 헤아려 알기 어려움. **황홀-히**부.
황홀-경(恍惚境)명 황홀한 경지나 지경. ¶ 황홀경에 빠지다.
황홀-난측(恍惚難測)[-란-]명하형 황홀하여 분별하기 어려움.
황화(皇化)명 황제의 덕화(德化).
황화(荒貨)명 '황아'의 잘못.
황화(黃化)명하자타 ①일부 물질 명사 앞에 쓰이어, 그 물질이 '황(黃)과 화합하고 있음'을 나타내는 말. 유화(硫化). ②(식물이) 햇빛을 보지 못하여 엽록소를 형성하지 못하고 누렇게 되는 일.
황화(黃花)명 ①누른빛의 꽃. ②☞황국(黃菊).
황화(黃禍)명 황색 인종이 번창하여 백인종에게 화를 입히는 일. 참백화(白禍).
황화-동(黃化銅)명 황과 동의 화합물. 황화 제일동은 천연적으로는 휘동석으로서 산출되고, 황화 제이동은 육방 정계의 검은 가루 또는 짙푸른 결정임. 둘 다 전기의 양도체(良導體)임.
황화-론(黃禍論)명 독일 황제 빌헬름 2세가 주창하였던 황색 인종에 대한 인종주의적 감정론. 황색 인종이 발흥(發興)하여 백색 인종에 화해(禍害)를 입힌다고 하였음.
황화-물(黃化物)명 황과 양성(陽性)의 원자와의 화합물.
황화-수소(黃化水素)명 황과 수소와의 화합물. 악취가 나는 무색의 유독성 기체로 정성(定性) 분석 따위에 쓰임.
황화^식물(黃化植物)[-싱-]명 황화 현상으로 자라 생장은 빠르나 몸이 무르고 누런 식물. 〔콩나물이나 숙주나물 따위.〕
황화-아연(黃化亞鉛)명 황과 아연과의 화합물. 흰빛의 결정 또는 가루로 흰빛의 안료(顔料) 따위의 제조에 쓰임.
황화-은(黃化銀)명 황과 은의 화합물. 질산은의 용액에 암모늄을 가하면 가라앉는 흑갈색의 가루로, 도자기의 안료(顔料) 따위에 쓰임.
황화^제이수은(黃化第二水銀)명 황과 수은의 화합물. 검은빛과 붉은빛 두 가지가 있는데, 천연적으로는 붉은 결정인 진사(辰砂)로서 산출됨. 의약이나 안료(顔料) 따위에 쓰임.
황화-주석(黃化朱錫)명 황과 주석의 화합물. 황화 제일주석과 황화 제이주석이 있는데, 주로 금색(金色)을 착색하는 가루로 쓰임.
황화-철(黃化鐵)명 황과 철의 화합물. 황화 제일철과 황화 제이철이 있는데, 불에 녹지 않으나 산(酸)에 녹아 황화수소의 발생에 쓰임.
황화-카드뮴(黃化cadmium)명 황과 카드뮴의 화합물. 그림물감과 종이 및 유리·고무 따위의 착색에 쓰임.
황황(皇皇) '황황(皇皇)하다'의 어근.
황황(遑遑) '황황(遑遑)하다'의 어근.
황황(煌煌·晃晃) '황황(煌煌·晃晃)하다'의 어근.
황황-망조(遑遑罔措)명하자 (마음이 급하여) 어찌할 바를 모르며 허둥지둥함.
황황-하다(皇皇-)형여 ①아름답고 성하다. ②☞황황(遑遑)하다. **황황-히**부.
황황-하다(遑遑-)형여 (마음이 급하여) 허둥거리며 정신이 없다. 황황(皇皇)하다. **황황-히**부 ¶ 급한 일이 있다면서 황황히 안으로 들어가 버렸다.
황황-하다(煌煌-·晃晃-)형여 번쩍번쩍하고 환하다. **황황-히**부 ¶ 황황히 빛나는 네온사인.
황후(皇后)명 황제의 정실(正室). 황비.
홰[1] Ⅰ명 (닭이나 새가 앉도록) 닭장이나 새장 속에 가로지른 나무 막대.
Ⅱ의 새벽에 닭이 홰를 치면서 우는 번수를 세는 말. ¶ 닭이 세 홰 우니 날이 밝아 옵디다.
홰[2]명 갈대나 싸리 따위를 묶어, 밤길을 밝히거나 제사 때 화톳불을 놓는 데 쓰는 물건.
홰[3]명 〈횃대〉의 준말.
홰-꾼명 ①횃불을 든 사람. ②지난날, 벼슬아치가 밤길을 갈 때 횃불을 들고 길을 밝혀 인도하던 사람.
홰ː-나무명 〈회화나무〉의 준말.

홰-뿔명 두 뿔이 다 밖으로 벋어 일자(一字) 모양으로 자란 짐승의 뿔.

홰-치다자 닭이나 새가 날개를 펴서 홰를 치다.

홰홰부 ①무엇을 자꾸 내두르는 모양. ¶ 싫다면서 고개를 홰홰 내젓는다. ②잇따라 감기는 모양. ¶ 바람결에 치마가 다리에 홰홰 감긴다.

홱부 ①망설이지 않고 날쌔게 해내는 모양. ¶ 몸을 홱 돌리다. /형이 신문을 홱 뺏어 갔다. ②(문 따위를) 갑자기 여닫는 모양. ¶ 문을 홱 열고 달려 나오다. ③물건을 힘차게 던지거나 뿌리는 모양. ¶ 보따리를 홱 집어 던지다. ④힘을 주어 날쌔게 뿌리치는 모양. ¶ 팔을 홱 뿌리치다. ⑤(바람 따위가) 갑자기 세게 부는 모양. ¶ 강풍이 홱 몰아치다. ⑥재빠르게 지나가는 모양. ¶ 자동차가 경적을 울리며 홱 지나가다. 홱-홱부.

횃-대[홰때/휀때]명 옷을 걸도록 방 안 따위에 매달아 둔 막대. 의항(衣桁). 준홰[3].

횃댓-보(-褓)[홰때뽀/휀땓뽀]명 횃대에 건 옷을 덮는 보자기.

횃-불[홰뿔/휀뿔]명 ①홰에 켠 불. ②선구적이거나 선도적인 '이념' 또는 '행동'을 비유하여 이르는 말. ¶ 독립 운동의 횃불을 높이 쳐들다.

횃불-잡이[홰뿔-/휀뿔-]명 ①횃불을 잡는 사람. ②'선구자' 또는 '선도자(先導者)'를 비유하여 이르는 말.

횃-줄[홰쭐/휀쭐]명 옷을 걸치기 위하여 건너질러 맨 줄.

횅댕그렁-하다형여 ①속이 비고 넓기만 하여 허전하다. ②넓은 곳에 물건이 얼마 없어 빈 것 같다. 준횅하다. 큰휑뎅그렁하다.

횅-하다형여 ①(사물의 이치나 학문 따위에) 막힘이 없이 통하여 알다. ¶ 사서삼경에 횅하다. ②구멍 따위가 밝고 시원스럽게 뚫려 있다. ③〈횅댕그렁하다〉의 준말. 큰휑하다.

회ː[1][회/훼]명 〈회두리〉의 준말.

회ː[2][회/훼]명 머리초 끝에 한 모양으로 칠한 오색(五色)의 무늬.

회ː[3][회/훼]부 ①센 바람이 가느다란 물건에 부딪쳐 나는 소리. ②한꺼번에 세게 내쉬는 숨소리. 큰휘[3]. 회-회부.

회(灰)[회/훼]명 ①〈석회(石灰)〉의 준말. ②〈산화칼슘〉의 속된 말.

회(蛔)[회/훼]명 〈회충(蛔蟲)〉의 준말.

회가 동(動)하다관용 〔회충이 꿈틀거린다는 뜻으로〕 구미가 당기거나 욕심이 나다.

회ː(會)[회/훼]명하자 (공동의 목적을 위하여) 여럿이 모이는 일, 또는 그 모임.

회ː(膾)[회/훼]명 고기나 물고기 또는 푸성귀를 날로 잘게 썬 음식. ¶ 회를 치다.

-회(會)[회/훼]접미 일부 명사 뒤에 붙어, 그러한 모임임을 나타냄. ¶ 기념회. /동창회.

회간(回看)[회-/훼-]명하타 되자 ①☞회람(回覽). ②돌이켜 봄.

회ː간(晦間)[회-/훼-]명 그믐께.

회-갈색(灰褐色)[회-쌕/훼-쌕]명 회색을 띤 갈색.

회감(蛔疳)[회-/훼-]명 한방에서, 아이들이 단것을 많이 먹고 회(蛔)가 성하여 일어나는 배앓이를 이르는 말.

회ː감(會減)[회-/훼-]명하타 주고받을 것을 맞비기고 남은 것을 셈함.

회갑(回甲)[회-/훼-]명 ☞환갑(還甲).

회갑-연(回甲宴)[회-/훼-]명 환갑잔치. ¶ 성대하게 회갑연을 치르다. 준갑연.

회ː강(會講)[회-/훼-]명하자 지난날, 한 달에 두 차례씩 사부(師傅) 이하 관원들 앞에서, 왕세자가 경사(經史)와 기타 진강(進講)에 대하여 복습하던 일.

회ː개(悔改)[회-/훼-]명하타 (이전의 잘못을) 뉘우치고 고침. 개회(改悔). ¶ 회개의 눈물. 비참회.

회격(灰隔)[회-/훼-]명하타 관(棺)과 광중(壙中) 사이에 석회를 채워 다짐, 또는 그 일. 회다짐.

회ː견(會見)[회-/훼-]명하자타 일정한 절차를 거쳐 서로 만나 의견이나 견해를 밝힘, 또는 그런 모임. ¶ 긴급 회견.

회계(回啓)[회계/훼게]명하타 임금의 하문(下問)에 대하여 심의하여 상주(上奏)함.

회ː계(會計)[회계/훼게]명 ①하타(나가고 들어온 돈을) 따져서 셈함, 또는 그 사무, 또는 사무를 보는 사람. 비장재. ②하타한데 몰아서 셈함. ③하타물건 값이나 월급 따위를 치러 줌. ④재산과 수입 및 지출의 관리와 운용에 관한 계산 제도.

회ː계^감사(會計監査)[회계-/훼게-]명 회계의 기록이 절차나 원칙에 어긋남이 있는가의 여부를 작성자 이외의 사람이 검토 조사하는 일.

회ː계-기(會計機)[회계-/훼게-]명 회계 장부와 통계표 따위 회계에 관한 기록을 자동적으로 기장(記帳)하는 기계 장치.

회ː계^연도(會計年度)[회계-/훼게-]명 회계의 편의에 따라 정해 놓은 한 해의 기간. 우리나라는 1월 1일부터 12월 31일까지임.

회ː계지치(會稽之恥)[회계-/훼게-]명 '전쟁에 패한 치욕' 또는 '뼈에 사무치는 치욕'을 이르는 말. 〔중국 춘추 시대에, 월나라의 왕 구천(句踐)이 후이지 산(會稽山)에서 오나라의 왕 부차(夫差)에게 패하여 갖은 치욕을 받은 고사에서 유래함.〕

회ː계-학(會計學)[회계-/훼게-]명 기업 따위의 회계에 관한 이론과 법칙, 방법과 기술 등을 연구하는 학문.

회고(回顧)[회-/훼-]명하타 되자 ①돌아다봄. ②지난 일을 돌이켜 생각함. ¶ 청년 시절을 회고하다.

회고(懷古)[회-/훼-]명하자 되자 옛일을 돌이켜 생각함. 회구(懷舊). ¶ 회고의 정(情).

회고-담(懷古談)[회-/훼-]명 회고하여 하는 이야기.

회고-록(回顧錄)[회-/훼-]명 지난 일을 돌이켜 생각하여 적은 기록.

회곡(回曲) '회곡하다'의 어근.

회곡-하다(回曲-)[회고카-/훼고카-]형여 휘어지고 굽다.

회공[회-/훼-]명하자 되자 (물건의 속이) 두려빠져서 빔.

회공(恢公)[회-/훼-]명하타 되자 ①(일의 결정을) 중의(衆議)에 붙임. ②왕조 때, 과거(科擧)나 도목정사에서 매우 공정하게 함.

회ː과(悔過)[회-/훼-]명하자 허물을 뉘우침.

회ː과-자책(悔過自責)[회-/훼-]명하자 허물을 뉘우쳐 스스로 책망함.

회ː관(會館)[회-/훼-]명 집회 또는 회의를 위해 지은 건물. 회당(會堂).

회교(回教)[회-/훼-]명 ☞이슬람교(Islam教).

회교-도(回教徒)[회-/훼-]명 회교를 믿는 사람.

회교-력(回教曆)[회-/훼-]명 ☞이슬람력.

회구(懷舊)[회-/훼-]명하자 ☞회고(懷古).

회군(回軍)[회-/훼-] 명 하자타 군사를 거두어 돌아옴, 또는 돌아감. 환군(還軍).
회귀(回歸)[회-/훼-] 명 하자 되자 (한 바퀴 돌아) 다시 본디의 자리로 돌아옴.
회귀-년(回歸年)[회-/훼-] 명 ☞태양년.
회귀^무풍대(回歸無風帶)[회-/훼-] 명 무역풍이 반대 무역풍을 만나 무풍(無風)이 되는 지방. 남북으로 위도 30° 근처임. 준무풍대.
회귀-선(回歸線)[회-/훼-] 명 적도의 남북 위도 23° 27′을 지나는 위선. ¶ 남회귀선./북회귀선.
회귀-성(回歸性)[회-썽/훼-썽] 명 물고기가 태어난 하천에서 바다로 이동하여 자란 뒤 산란하기 위해 태어난 하천으로 다시 돌아오는 성질.
회귀-열(回歸熱)[회-/훼-] 명 ☞재귀열.
회ː규(會規)[회-/훼-] 명 회의 규칙. 회칙.
회기(回忌)[회-/훼-] 명 해마다 돌아오는 기일.
회기(回期)[회-/훼-] 명 돌아올 시기.
회ː기(會期)[회-/훼-] 명 ①집회나 회의 따위가 열리는 시기. ②(국회나 지방 의회 따위의) 개회부터 폐회까지의 기간.
회ː-깟(膾-)[회깐/훼깐] 명 소의 간이나 양·처녑·콩팥 따위 회를 만들 감, 또는 그 감을 잘게 썰고 갖은 양념을 하여 버무린 회. *회ː깟이[회까시/훼까시]·회ː깟만[회깐-/훼깐-]
회-나무[회-/훼-] 명 노박덩굴과의 낙엽 활엽 교목. 잎은 길둥글고 6~7월에 흑자색 꽃이 피며 열매는 10월에 익음. 산 중턱 이상에 나는데 정원수로 심으며, 나무껍질은 새끼 대용으로 쓰이기도 함.
회납(回納)[회-/훼-] 명 ①하타 되돌려 드림. ②답장의 편지 겉봉 수신인 이름 밑에 쓰는 말.
회-다짐(灰-)[회-/훼-] 명 하타 ①☞회격(灰隔). ②콘크리트나 회삼물(灰三物) 따위로 밑을 다짐.
회ː담(會談)[회-/훼-] 명 하자 만나거나 모여서 의논함, 또는 그 의논. ¶ 적십자 회담.
회답(回答)[회-/훼-] 명 하자타 (물음에 대하여) 대답함, 또는 그 대답. 준답.
회ː당(會堂)[회-/훼-] 명 ①☞회관(會館). ②기독교에서, '예배당'을 달리 이르는 말.
회ː당(會黨)[회-/훼-] 명 하자 당류(黨類)가 한데 모임.
회도(回棹)[회-/훼-] 명 하자 〔배가 돛대를 돌린다는 뜻으로〕 '병이 차차 나음'을 이르는 말.
회-도배(灰塗褙)[회또-/훼또-] 명 하타 (벽 따위를) 석회로 도배함.
회독(回讀)[회-/훼-] 명 하타 (책 따위를 여럿이) 차례로 돌려 가며 읽음.
회ː동(會同)[회-/훼-] 명 하자 (같은 목적으로) 여럿이 모임. ¶ 여야 대표가 회동을 가지다./각국 정상들이 회동하다.
회동그라-지다[회-/훼-] 자 갑자기 휘둘리어 동그라지다. 큰휘둥그러지다.
회-동그랗다[회-라타/훼-라타][~동그라니·~동그래] 형ㅎ ①(놀라거나 두려워서) 눈이 크게 동글다. 큰휘둥그렇다. ②일이 다 끝나고 남은 일이 없다. ③몸에 거리낄 것이 없다.
회동그스름-하다[회-/훼-] 형여 휘어져 동그스름하다. 큰휘둥그스름하다. **회동그스름-히** 부.
회ː동-좌기(會同坐起)[회-/훼-] 명 조선 시대에, 해마다 섣달 스무닷새부터 이듬해 정월 보름 사이에, 형조와 한성부의 벼슬아치가 모여, 금령(禁令)을 풀어 죄가 가벼운 죄수를 놓아주고 난전을 눈감아 주던 일.
회두(回頭)[회-/훼-] 명 하자 ①〔뒤쪽으로 머리를 돌린다는 뜻으로〕 뱃머리를 돌려 진로를 바꿈. ②가톨릭에서, 배교(背敎)하였다가 다시 돌아옴.
회ː두리[회-/훼-] 명 (여럿 중에서) 맨 끝. 맨 나중에 돌아오는 차례. 준회[1].
회ː두리-판[회-/훼-] 명 맨 나중의 판. 준회판.
회ː득(會得)[회-/훼-] 명 하타 되자 ☞요해(了解).
회똑-거리다[회-꺼-/훼-꺼-] 자 자꾸 회똑회똑하다. 회똑대다. 큰휘뚝거리다.
회똑-대다[회-때-/훼-때-] 자 회똑거리다.
회똑-회똑[회또쾨-/훼또퀘-] 부 하자 ①넘어질 듯이 자꾸 흔들리는 모양. ②일이 위태위태한 고비에 서 있는 모양. 큰휘뚝휘뚝.
회똘-회똘[회-회-/훼-훼-] 부 하형 길 따위가 고불고불하게 고부라진 모양. 큰휘뚤휘뚤.
회람(回覽)[회-/훼-] 명 하타 되자 차례로 돌려 가며 봄, 또는 돌려 가며 보는 그 글. 전조(轉照). 회간(回看). ¶ 공지 사항을 회람하다.
회람-판(回覽板)[회-/훼-] 명 ☞돌림판.
회랑(回廊)[회-/훼-] 명 ①정당(正堂)의 양옆에 있는 긴 집채. 행각(行閣). ②양옥의 어떤 방을 둘러싸고 나 있는 마루.
회랑-퇴(回廊退)[회-퇴/훼-퉤] 명 건물 주위에 빙 둘러 나 있는 툇마루.
회래(回來)[회-/훼-] 명 하자 ☞회환(回還).
회량(回糧)[회-/훼-] 명 돌아올 때 드는 노자.
회ː렵(會獵)[회-/훼-] 명 하자 여럿이 모여 사냥함.
회례(回禮)[회-/훼-] 명 하자 사례로 하는 예. 반례(返禮).
회례(廻禮)[회-/훼-] 명 하자 차례로 돌아다니며 인사함.
회ː례(會禮)[회-/훼-] 명 ①회합이나 회의의 예식. ②하자 서로 만나서 나누는 인사.
회로(回路)[회-/훼-] 명 ①돌아오는 길. 귀로. 반로(返路). ②〈전기 회로〉의 준말.
회로(懷爐)[회-/훼-] 명 (물리 요법이나 방한을 위하여) 회로회에 불을 붙여 품고 다니는 작은 기구.
회로-회(懷爐灰)[회-회/훼-훼] 명 불을 붙여 회로에 담는 특수하게 만든 숯.
회ː록(會錄)[회-/훼-] 명 ①조선 시대에, 국가 소유의 곡물 따위를 본창고에 두지 못할 경우, 딴 창고에 보관하던 일. ②어떤 '회(會)'의 기록. ③〈회의록〉의 준말.
회ː뢰(賄賂)[회뢰/훼뤠] 명 하자 뇌물을 주거나 받음, 또는 주거나 받는 그 뇌물.
회ː루(悔淚)[회-/훼-] 명 잘못을 뉘우치는 눈물.
회류(回流)[회-/훼-] 명 하자타 (어떤 곳을) 돌아서 흐름.
회ː류(會流)[회-/훼-] 명 하자 (물줄기가) 한데 모여서 흐름. 합류(合流).
회리(懷裏)[회-/훼-] 명 ①주머니 속. 품속. ②마음속.
회ː리-바람[회-/훼-] 명 〈회오리바람〉의 준말.
회ː리-밤[회-/훼-] 명 〈회오리밤〉의 준말.
회ː리-봉(-峯)[회-/훼-] 명 〈회오리봉〉의 준말.
회마(回馬)[회-/훼-] 명 하자 말을 돌려보냄, 또는 돌아가는 편의 말.
회-마수(回馬首)[회-/훼-] 명 하자 〔왕조 때〕 ①말을 탄 사람이 마주쳤을 때 벼슬이 낮은 사람이 길을 비켜 주던 일. ②고을의 원이 부임한 지 얼마 안 되거나, 부임 도중에 면직되어 돌아가는 일을 이르던 말.

회마-편(回馬便) [회-/훼-]명 돌아가는 말의 편. ¶ 필요 없는 물건을 회마편에 집으로 돌려 보내다.
회매-하다 [회-/훼-]형여 (옷의 매무새나 무엇을 싸서 묶은 꼴 따위가) 경쾌하고 가든하다. **회매-히**부.
회:맹(會盟) [회-/훼-]명하자 ①모여서 맹세함. ②왕조 때, 공훈이 있는 사람을 책에 올릴 때에 군신(君臣)이 모여 맹세하던 일.
회멸(灰滅) [회-/훼-]명하자 타서 없어짐.
회:명(晦明) [회-/훼-]명 어둠과 밝음.
회:명(晦冥) [회-/훼-]명하형 어두컴컴함.
회모(懷慕) [회-/훼-]명하타 (마음속) 깊이 사모함.
회목 [회-/훼-]명 ①손목이나 발목의 잘록한 부분. ¶ 회목을 잡다. ②강이나 길 따위가 꺾이어 방향이 바뀌는 곳. ¶ 강의 회목.
회:목(檜木) [회-/훼-]명 ☞노송나무.
회:무(會務) [회-/훼-]명 회(會)의 사무.
회무(懷撫) [회-/훼-]명하타 달래어 안심시킴.
회문(回文) [회-/훼-]명 ①여럿이 차례로 돌려 보도록 쓴 글. 회장(回章). ②☞회문시(回文詩).
회문-례(回門禮) [회-녜/훼-녜]명 조선 시대에, 새로 과거에 급제한 사람이 선배를 찾아다니며 지도를 청하던 행례(行禮).
회문-시(回文詩) [회-/훼-]명 내리읽으나 치읽으나 뜻이 통하고 격이 맞도록 지어진 한시체(漢詩體)의 한 가지. 회문.
회반(回斑) [회-/훼-]명하자 한방에서, 홍역 따위로 '몸에 돋았던 것이 없어짐'을 이르는 말.
회방(回榜) [회-/훼-]명 지난날, 과거에 '급제한 지 예순 돌이 되는 해'를 이르던 말.
회-백색(灰白色) [회-쌕/훼-쌕]명 잿빛을 띤 흰 빛깔.
회백-질(灰白質) [회-찔/훼-찔]명 뇌나 척수를 이루는 회백색의 물질. 신경 세포가 모여 있음.
회벽(灰壁) [회-/훼-]명하자 석회를 반죽하여 바름, 또는 그런 벽.
회보(回步) [회-/훼-]명하자 돌아옴, 또는 돌아오는 걸음. ¶ 회보에 꼭 들러 주십시오.
회보(回報) [회-/훼-]명하자타 ①어떤 요구에 대하여 대답하여 보고함, 또는 그런 보고. 답보(答報). ②돌아와 여쭘.
회:보(會報) [회-/훼-]명 회(會)의 일을 회원에게 알리는 간행물.
회복(回復·恢復) [회-/훼-]명하타되자 ①이전의 상태로 돌아옴, 또는 이전의 상태로 돌이킴. ¶ 신뢰를 회복하다. ②〔쇠퇴한 국세나 경기(景氣)·병세 따위가〕 이전의 상태로 되돌아옴, 또는 이전 상태로 되돌림. ¶ 경기 회복. /건강을 회복하다.
회복-기(回復期) [회-끼/훼-끼]명 ①병이 회복되는 시기. ¶ 회복기에 접어든 환자. ②경기 따위가 다시 좋아지는 시기.
회복^등기(回復登記) [회-뜽-/훼-뜽-]명 일단 소멸한 등기를 회복시키기 위하여 하는 등기.
회복-세(回復勢) [회-쎄/훼-쎄]명 〔병세나 경기(景氣) 따위가〕 점차 나아지거나 좋아지는 상태. ¶ 감기가 회복세를 보이다. /경제가 회복세로 돌아서다.
회부(回附) [회-/훼-]명하타되자 (문제나 사건, 또는 그 서류 따위를 관계 기관이나 부서에) 돌려보내거나 넘김. ¶ 징계 위원회에 회부하다. /해당 부서에 회부하다.
회분(灰分) [회-/훼-]명 석회(石灰)의 성분.
회:불-사(繪佛師) [회-싸/훼-싸]명 불화(佛畫)를 그리는 사람.
회:비(悔非) [회-/훼-]명하자 그릇된 것을 뉘우침.
회:비(會費) [회-/훼-]명 회(會)의 유지에 드는 비용. ¶ 회비를 걷다. /회비를 내다.
회빈작주(回賓作主) [회-쭈/훼-쭈]명하타 (남의 의견 또는 주장하는 사람을 제쳐 놓고) '제 마음대로 처리하거나 방자하게 행동하는 일'을 이르는 말.
회사(回謝) [회-/훼-]명하자 사례의 뜻을 나타냄.
회:사(悔謝) [회-/훼-]명하타 잘못을 뉘우치고 사과함.
회:사(會社) [회-/훼-]명 상행위 또는 영리 행위를 목적으로 상법에 따라 설립된 사단 법인. 준사(社).
회사(壞死) [회-/훼-]명하자 ☞괴사(壞死).
회사-벽(灰沙壁) [회-/훼-]명하자 석회와 백토·세사(細沙) 따위를 반죽하여 벽에 바름, 또는 그 벽.
회:사-원(會社員) [회-/훼-]명 회사에 근무하는 사람. 사원.
회:사-채(會社債) [회-/훼-]명 ☞사채.
회:삭(晦朔) [회-/훼-]명 그믐과 초하루.
회-삼물(灰三物) [회-/훼-]명 석회와 세사(細沙)·황토를 반죽한 것. 준삼물.
회삽(晦澁) '회삽하다'의 어근.
회:삽-하다(晦澁-) [회사파-/훼사파-]형여 말이나 문장 따위가 어려워 뜻을 잘 알 수가 없다. 비난삽하다.
회상(回翔) [회-/훼-]명하자 (새가) 빙빙 돌면서 날아다님, 또는 날아서 돌아옴.
회상(回想) [회-/훼-]명하타되자 지난 일을 돌이켜 생각함. 추상(追想).
회:상(會上) [회-/훼-]명 대중이 모인 불교의 법회.
회상-록(回想錄) [회-녹/훼-녹]명 지난 일을 회상하여 적은 기록.
회색(灰色) [회-/훼-]명 잿빛.
회:색(悔色) [회-/훼-]명 뉘우치는 기색.
회:색(晦塞) [회-/훼-]명하자 깜깜하게 꽉 막힘.
회색-분자(灰色分子) [회-뿐-/훼-뿐-]명 소속이나 주의·노선 따위가 뚜렷하지 못한 사람.
회생(回生) [회-/훼-]명하자되자 ☞소생(蘇生).
회생-탕(回生湯) [회-/훼-]명 쇠꼬리와 양지머리, 사태와 콩팥을 고아서 기름기를 걷어 낸 국물. 흔히, 소복(蘇復)의 음식으로 먹음.
회서(回書) [회-/훼-]명하자 ☞답장(答狀).
회:석(會席) [회-/훼-]명하자 여럿이 모임, 또는 그 자리. ¶ 회석을 마련하다.
회:석(會釋) [회-/훼-]명하타 불경(佛經)의 어려운 뜻이 잘 통하도록 쉽게 풀이함.
회선(回船) [회-/훼-]명하자 되자 배를 돌림. 배를 돌려 돌아오거나 돌아감, 또는 그 배.
회선(回旋·廻旋) [회-/훼-]명하자 ①빙빙 돌거나 돌림. ②(나팔꽃·강낭콩 따위의 식물의 줄기가) 지주(支柱)를 감으며 뻗음.
회선(回線) [회-/훼-]명 전화가 통하도록 시설한 선.
회선-곡(回旋曲) [회-/훼-]명 ☞론도(rondo).
회선-교(回旋橋) [회-/훼-]명 ☞선개교.
회선^운:동(回旋運動) [회-/훼-]명 식물이 다른 물건을 감고 올라가는 생장 운동의 한 가지. 나팔꽃의 줄기나 오이의 덩굴손 따위에서 볼 수 있음.

회-성석(灰成石) [회-/훼-] 명 반죽한 석회가 돌처럼 단단하게 굳은 것.
회소(回蘇) [회-/훼-] 명하자되자 다시 살아남. 소생(蘇生).
회:소(會所) [회-/훼-] 명 여럿이 모이는 곳.
회:소-곡(會蘇曲) [회-/훼-] 명 신라 유리왕 때의 가요. 팔월 보름의 가배(嘉俳) 때, 길쌈 내기에서 진 편의 한 여자가, '회소, 회소'라고 하였는데, 그 소리가 매우 구슬프고 아름다웠으므로 뒷사람들이 그 소리로 말미암아 노래를 지어 불렀으며, 그 노래를 '회소곡'이라 하였다고 함. 〔가사는 전하지 않고, 그 유래만 '삼국사기'에 전함.〕
회송(回送) [회-/훼-] 명하타되자 ☞환송(還送).
회수(回收) [회-/훼-] 명하타되자 도로 거두어들임. ¶ 대금 회수.
회수(回數) 명 '횟수(回數)'의 잘못.
회수-권(回數券) [회-꿘/훼-꿘] 명 한 번에 한 장씩 쓰는, 여러 장을 묶음으로 하여 파는 표. ¶ 버스 회수권.
회:순(會順) [회-/훼-] 명 회의를 진행하는 순서.
회-술레(回-) [회-/훼-] 명하타 ①예전에, 죄인을 처형하기 전에 얼굴에 회칠을 한 후 사람들 앞에 내돌리던 일. ¶ 회술레를 돌다. ②남의 비밀을 들추어내어 널리 퍼뜨리는 일.
회시(回示) [회-/훼-] 명하타 ①회답하여 보이거나 지시함, 또는 그 회답. ¶ 상부의 회시를 기다리다. ②남을 높여 그의 '회답'을 이르는 말. ③지난날, 죄인을 끌고 다니며 여러 사람에게 보이던 일.
회:시(會試) [회-/훼-] 명 ☞복시(覆試).
회:식(會食) [회-/훼-] 명하자 여럿이 모여 함께 음식을 먹음, 또는 그 모임.
회신(回信) [회-/훼-] 명하자타 편지나 전신 따위의 회답. 반신(返信).
회신(灰身) [회-/훼-] 명하자 ①〔몸이 재가 된다는 뜻으로〕 '죽음'을 이르는 말. ②'몸을 바쳐 이바지함'을 비유하여 이르는 말.
회신(灰燼) [회-/훼-] 명 ①재와 불탄 끄트러기. ②하자 흔적 없이 아주 타 없어짐.
회신-료(回信料) [회-뇨/훼-뇨] 명 편지나 전보 따위 회답하는 통신에 드는 우편 요금이나 전신 요금. ¶ 회신료를 보내다.
회심(回心) [회-/훼-] 명하자 ①마음을 돌려먹음. ②종교 생활에서, 사악한 마음을 뉘우치고 올바른 신앙의 마음으로 돌이킴.
회심(灰心) [회-/훼-] 명 ①(욕심도 없고 유혹도 받지 않는) 재처럼 사그라진 고요한 마음. 참무심(無心)1. ②실의에 차서 의기가 저상(沮喪)한 마음.
회:심(悔心) [회-/훼-] 명 잘못을 뉘우치는 마음.
회:심(會心) [회-/훼-] 명 마음에 흐뭇하게 들어맞음, 또는 그러한 마음. 《주로, '회심의'의 꼴로 쓰임.》 회의(會意). ¶ 회심의 미소를 짓다.
회:심(會審) [회-/훼-] 명하타 법관이 모여서 사건을 심리(審理)함.
회심-곡(回心曲) [회-/훼-] 명 조선 시대에, 서산 대사(西山大師)가 착한 행실을 권하려고 지은 노래.
회:심-작(會心作) [회-/훼-] 명 (자기 작품 중에서) 마음에 드는 잘된 작품. 쾌심작.
회:심-처(會心處) [회-/훼-] 명 마음에 들어맞는 곳.
회심-향도(回心向道) [회-/훼-] 명 불교에서, '마음을 돌려 바른길로 들어섬'을 이르는 말.
회안(回雁) [회-/훼-] 명 답장의 편지.
회:안(悔顔) [회-/훼-] 명 잘못을 뉘우치는 기색을 띤 얼굴.
회약(蛔藥) [회-/훼-] 명 〈회충약〉의 준말.
회양(回陽) [회-/훼-] 명하타 양기를 회복시킴.
회양-목(-楊木) [회-/훼-] 명 회양목과의 상록 관목 또는 작은 교목. 석회암 지대에 절로 자람. 잎은 두껍고 길둥글며 마주남. 봄에 엷은 황색 꽃이 핌. 나무는 단단하여 조각·도장 등의 재료로 쓰임. 관상용으로 심기도 함. 황양목.
회:언(悔言) [회-/훼-] 명 잘못을 뉘우치는 말.
회:언(誨言) [회-/훼-] 명 훈계하여 가르치는 말.
회:연(會宴) [회-/훼-] 명하자 여럿이 모여 잔치를 엶, 또는 그 잔치.
회:염^연:골(會厭軟骨) [회-년-/훼-년-] 명 ☞후두개 연골.
회:오(悔悟) [회-/훼-] 명하타 잘못을 뉘우치고 깨달음. ¶ 회오하는 마음으로 사직하다. 참회개(悔改).
회:오(會悟) [회-/훼-] 명하타 무엇을 알아서 깨달음.
회오리 [회-/훼-] 명 바람 따위가 나선형으로 소용돌이치는 현상.
회오리-바람 [회-/훼-] 명 나선 모양으로 도는 바람. 지면 가까이의 대기가 불안정하여 일어나는데, 먼지나 모래알 따위가 딸려 올라가 기둥 모양으로 선회함. 돌개바람. 선풍. 양각(羊角). 양각풍. 용숫바람. 표풍. 회풍. 준회리바람.
회오리-밤 [회-/훼-] 명 ①밤송이 속에 외톨로 들어 있는 둥근 밤. ②아이들 장난감의 한 가지. 둥근 밤을 삶아 구멍을 내고 속을 파낸 다음 실에 매달아 휘두르면 휙휙 소리가 남. 준회리밤.
회오리-봉(-峯) [회-/훼-] 명 작고 뾰족하며 둥글게 생긴 산봉우리. 준회리봉.
회오리-치다 [회-/훼-] 자 ①(바람 같은 것이) 나사 모양으로 세차게 움직이다. ②(감정이나 기세 따위가) 세차게 일어 설레다. ¶ 가슴속에서 격정이 회오리치다.
회:우(會友) [회-/훼-] 명 같은 회의 '회원'을 서로 친근하게 이르는 말.
회:우(會遇) [회-/훼-] 명 ①하자 한데 모여서 만남. ②하자타 (어떤 일이나 어떤 사람과) 우연히 마주침.
회:원(會員) [회-/훼-] 명 어떤 회를 구성하는 사람. ¶ 신입 회원. /회원 모집.
회:원-국(會員國) [회-/훼-] 명 국제적인 조직체에 가입되어 있는 국가. ¶ 유엔(UN) 회원국.
회위(懷危) [회-/훼-] 명하타 위태하게 여김.
회유(回游·洄游) [회-/훼-] 명하자 물고기가 알을 낳기 위하여, 또는 계절에 따라 정기적으로 떼를 지어 옮아 다니는 일.
회유(回遊) [회-/훼-] 명하자 두루 돌아다니며 유람함.
회유(灰釉) [회-/훼-] 명 나무의 재 또는 석회를 재료로 하여 만든 잿물. 질그릇을 만들 때 겉에 덧씌우고 다시 구워 냄.
회:유(誨諭) [회-/훼-] 명하타되자 가르쳐 깨우침.
회유(懷柔) [회-/훼-] 명하타되자 어루만져 달램. 잘 구슬려 따르게 함. ¶ 회유 정책.
회:음(會陰) [회-/훼-] 명 사람의 음부와 항문과의 사이.
회:음(會飮) [회-/훼-] 명하자 (여럿이) 모여서 술을 마심.

회의(回議)[회의/훼이]명 주관자가 기안한 의안을 차례로 관계자들에게 돌려 의견을 묻거나 동의를 구하는 일.

회ː의(會意)[회의/훼이]명 ①하자 뜻을 깨달음. ②하자 마음에 맞음. ③한자 육서(六書)의 하나. 둘 이상의 한자를 뜻으로 결합시켜 새 글자를 만든 방법. 〔'日'과 '月'을 합하여 '明', '人'과 '木'을 합하여 '休'를 만든 따위.〕

회ː의(會議)[회의/훼이]명 ①하자 (여럿이) 모여 의논함, 또는 그 모임. ②어떤 사항을 평의하는 기관. ¶ 법관 회의.

회의(懷疑)[회의/훼이]명하타 ①의심을 품음, 또는 그 의심. ¶ 회의를 품다. ②인식이나 지식에 결정적인 근거가 없어 그 확실성을 의심하는 정신 상태.

회ː의-록(會議錄)[회의-/훼이-]명 회의의 진행 과정이나 내용 따위를 적은 기록. 준회록.

회의-론(懷疑論)[회의-/훼이-]명 객관적 진리의 인식 가능성을 믿지 않고 단정적인 판단을 원리적으로 제약하여, 인식의 주관성과 상대성을 중시하는 태도나 사상. ↔독단론.

회ː의-소(會議所)[회의-/훼이-]명 ①회의를 하는 곳. ②(어떤 사항에 관하여) 회의를 하는 단체나 기관. ¶ 청년 회의소.

회의-적(懷疑的)[회의-/훼이-]관명 의심을✓품는 (것). ¶ 회의적 시각. /회의적으로 생각하다.

회인(懷人)[회-/훼-]명하자 마음에 있는 사람을 생각함.

회ː일(晦日)[회-/훼-]명 그믐날.

회임(懷妊)[회-/훼-]명하자.타 ☞임신(妊娠).

회잉(懷孕)[회-/훼-]명하자.타 ☞임신(妊娠).

회ː자(膾炙)[회-/훼-]명하자되자 〔회와 구운 고기라는 뜻으로〕 '널리 사람의 입에 오르내림'을 이르는 말. ¶ 인구(人口)에 회자되다.

회자-수(劊子手)[회-/훼-]명 지난날, 군문(軍門)에서 사형을 집행하던 천역(賤役).

회ː자정리(會者定離)[회-니/훼-니]명 〔불교에서, 만난 사람은 반드시 헤어진다는 뜻으로〕 '인생의 무상(無常)함'을 이르는 말.

회장(回章)[회-/훼-]명 ☞회문(回文).

회장(回裝)[회-/훼-]명하타되자 ①병풍이나 족자 따위의 가장자리에 다른 색깔로 덧대어 꾸밈. ②여자 저고리의 깃과 끝동, 겨드랑이와 고름 따위를 무색 헝겊으로 꾸미는 일, 또는 그 꾸밈새. 반회장과 삼회장이 있음.

회장(回腸)[회-/훼-]명 공장(空腸)에 이어지는 소장(小腸)의 마지막 부분. 맹장과 연결됨.

회ː장(會長)[회-/훼-]명 ①회의 일을 통괄하고 회를 대표하는 사람. ¶ 동창회 회장. ②(주식회사 따위에서) 이사회의 장을 맡고 있는 사람.

회ː장(會場)[회-/훼-]명 모임 또는 회의가 열리는 곳.

회ː장(會葬)[회-/훼-]명하자 장사 지내는 데 참례함.

회장-저고리(回裝-)[회-/훼-]명 회장을 댄 저고리. 반회장저고리와 삼회장저고리가 있음. 참민저고리.

회ː적(晦跡·晦迹)[회-/훼-]명하자 (피하거나 도망을 가서) 종적을 감춤. 비잠적.

회적(蛔積)[회-/훼-]명 한방에서, 회충이 배 속에서 뭉쳐 때때로 움직이는 병을 이르는 말.

회전(回傳)[회-/훼-]명하타되자 빌려 온 물건을 되돌려 보냄.

회전(回電)[회-/훼-]명하자 ☞답전(答電).

회전(回轉·廻轉)[회-/훼-]명 ①하자되자 빙빙 돎. ¶ 바퀴가 회전하다. ②하타되자 한 물체가 어떤 점이나 다른 물체의 둘레를 일정하게 움직임. 전회(轉回). ¶ 회전 운동을 하다. ③하자 방향을 바꾸어 반대로 됨. ④'두뇌의 기능'을 비유하여 이르는 말. ¶ 머리의 회전이 빠르다. ⑤하자되자 투자에서, 자금 회수 또는 구입에서 판매까지의 한돌림. ¶ 자금 회전이 빠르다.

회ː전(悔悛)[회-/훼-]명하자 잘못을 뉘우침. ¶ 회전의 정(情). 비개전(改悛).

회ː전(會戰)[회-/훼-]명하자 (쌍방의 군대가) 어울려서 싸움. 〔흔히, 대규모의 전투를 이름.〕 ¶ 워털루의 회전에서 패한 나폴레옹.

회전(回戰)[회-/훼-]의 운동 경기에서, 대전 횟수나 순서를 세는 단위. ¶ 1회전 경기가 시작되다. /3회전에서 탈락하다.

회전^날개(回轉-)[회-/훼-]명 (헬리콥터 따위에서) 회전에 의하여 양력(揚力) 또는 추진력을 얻는 프로펠러 모양의 날개. 회전익(回轉翼).

회전-로(回轉爐)[회-노/훼-노]명 큰 원통을 축으로 돌리도록 장치한 가마.

회전-마찰(回轉摩擦)[회-/훼-]명 ☞구름마찰. 준전마찰.

회전-면(回轉面)[회-/훼-]명 어떤 평면 위의 곡선이 그 평면 위의 직선 둘레를 한 번 회전하여 생기는 곡면. 〔원기둥의 측면 따위.〕

회전-목마(回轉木馬)[회-몽-/훼-몽-]명 수직의 축(軸) 둘레에 목마를 연결하여 회전하면서 아래위로 움직이게 만든 놀이 기구.

회전^무ː대(回轉舞臺)[회-/훼-]명 수평으로 회전할 수 있도록 만든 무대.

회전-문(回轉門)[회-/훼-]명 큰 건물의 출입이 잦은 출입구에 설치하는 회전식으로 된 문.

회전^속도(回轉速度)[회-또/훼-또]명 ①돌아가는 속도. ②필름이나 테이프 따위를 돌리는 속도.

회전^속도계(回轉速度計)[회-또계/훼-또게]명 회전 운동의 속도를 나타내는 계기. 흔히, 1분간의 회전수(rpm)를 단위로 하여 나타냄. 태코미터.

회전^운ː동(回轉運動)[회-/훼-]명 ①몸의 근육과 골격을 발달시키기 위하여 빙빙 돌면서 하는 운동. ②물체가 회전축의 주위를 일정한 거리를 두고 도는 운동. ③덩굴손이 다른 물건에 감기는 작용.

회전-의(回轉儀)[회저늬/훼저니]명 ☞자이로스코프.

회전-의자(回轉椅子)[회저늬-/훼저니-]명 수평으로 회전할 수 있도록 만든 의자.

회전-익(回轉翼)[회-/훼-]명 ☞회전 날개.

회전^자금(回轉資金)[회-/훼-]명 ☞운전 자금(運轉資金).

회전-창(回轉窓)[회-/훼-]명 문틀 중앙에 가로나 세로로 굴대 따위를 장치하여 아래위나 좌우로 회전시켜서 여닫게 된 창.

회전-체(回轉體)[회-/훼-]명 ①회전하는 물체. ②평면 도형이 같은 평면 안에 있는 직선을 축으로 한 번 회전하여 생기는 입체. ②맴돌이.

회전-축(回轉軸)[회-/훼-]명 ①회전하는 기계의 축(軸). 돌대. ②도형이나 물체의 회전 운동의 중심이 되는 일정 불변의 직선.

회절(回折)[회-/훼-]명 음파나 전파 또는 빛 따위의 파동이 장애물 뒤쪽으로까지 돌아 그늘진 부분에까지 전달되는 현상.

회절-격자(回折格子)[회-짜/훼-짜]명 빛의 회절을 이용하여 스펙트럼을 얻는 장치. 격자.
회정(回程)[회-/훼-]명하자 돌아가거나 돌아오는 길에 오름, 또는 그 노정(路程). 귀로.
회정(懷情)[회-/훼-]명 마음속에 품은 정.
회조(回漕)[회-/훼-]명하타 배로 실어 나름.
회조(詼嘲)[회-/훼-]명하타 희롱하여 비웃음.
회:좌(會座)[회-/훼-]명하자 ①여러 사람이 한자리에 모임, 또는 그 자리. ②왕조 때, 벼슬아치가 공적인 일을 의논하기 위하여 한자리에 모임, 또는 그 자리. ③불교에서, 설법(說法)·법회(法會) 따위의 모임, 또는 그 자리.
회:죄(悔罪)[회죄/훼줴]명하자 죄를 뉘우침.
회:주(會主)[회-/훼-]명 ①회를 주장하는 사람. ②〔불교에서, 법회(法會)를 주장하는 사람이라는 뜻으로〕'법사(法師)'를 이르는 말.
회:중(會中)[회-/훼-]명 ①회(會)를 하는 도중. ②불교에서, 설법(說法)을 하는 동안.
회:중(會衆)[회-/훼-]명 많이 모인 군중.
회중(懷中)[회-/훼-]명 ①품속. ②마음속.
회중-시계(懷中時計)[회-계/훼-게]명 ☞몸시계.
회중-전등(懷中電燈)[회-/훼-]명 ☞손전등.
회중-품(懷中品)[회-/훼-]명 몸에 지니는 물건.
회증(蛔症)[회쯩/훼쯩]명 〈회충증(蛔蟲症)〉의 준말.
회:지(會誌)[회-/훼-]명 회에서 발행하는 잡지 형태의 기관지.
회-지석(灰誌石)[회-/훼-]명 석회와 고운 모래, 백토 따위를 반죽하여 반듯한 조각을 만들어 조각마다 글자 하나씩을 새긴 지석.
회진(回診)[회-/훼-]명하타 (의사가 병실 또는 환자 있는 곳을) 돌아다니며 진찰하는 일. ¶ 회진을 돌다.
회진(灰塵)[회-/훼-]명 ①재와 먼지. ②'하잘것없는 물건' 또는 '여지없이 멸망하거나 소멸함'을 비유하여 이르는 말.
회:집(會集)[회-/훼-]명하자타 여럿이 한곳에 많이 모임, 또는 여럿을 한곳에 많이 모음.
회창-거리다[회-/훼-]자타 자꾸 회창회창하다. 회창대다. 큰휘청거리다.
회창-대다[회-/훼-]자타 회창거리다.
회창-회창[회-회-/훼-훼-]부 ①하자 가늘고 긴 물건이 휘어지며 가볍게 자꾸 흔들리는 모양. ②하자타 (걸음을 걸을 때) 다리에 힘이 없어 몸을 똑바로 가누지 못하고 좌우로 자꾸 빗나가는 모양. 큰휘청휘청.
회천(回天)[회-/훼-]명하자 ①임금의 뜻을 돌이키게 함. ②형세를 일변시킴. 쇠퇴한 세력을 회복함. ¶ 회천의 대사업.
회:첨(會檐)[회-/훼-]명 처마가 'ㄱ' 자 모양으로 꺾이어 굽은 곳. 변회침.
회첩(回帖·回貼)[회-/훼-]명 회답의 글.
회-청색(灰靑色)[회-/훼-]명 잿빛을 띤 푸른 빛깔.
회:초-간(晦初間)[회-/훼-]명 그믐초승.
회초리[회-/훼-]명 (어린아이를 때리거나 마소를 부릴 때 쓰는) 가는 나뭇가지. 채[1].
회총(懷寵)[회-/훼-]명하자 임금의 총애를 잃을까 두려워서 애태움. 지위를 잃을까 애태움.
회춘(回春)[회-/훼-]명하자 ①봄이 다시 돌아옴. ②(대단하던 병이 나아서) 건강이 회복됨. ③노인이 도로 젊어짐.
회춘(懷春)[회-/훼-]명하자 춘정(春情)을 느낌. 〔특히, 나이 찬 여자가 색정(色情)을 느낌을 이름.〕
회춤(會-)명 ①'골목'의 방언. ②'회첨'의 잘못.
회충(蛔蟲)[회-/훼-]명 회충과의 기생충. 암컷은 20~30 cm, 수컷은 15~25 cm로 지렁이와 비슷함. 채소나 먼지에 섞여 사람의 몸에 들어와 기생함. 거위[2]. 준회·충.
회충-약(蛔蟲藥)[회-냑/훼-냑]명 회충을 없애는 약. 〔산토닌·해인초 따위.〕 준회약.
회충-증(蛔蟲症)[회-쯩/훼-쯩]명 ①'회충의 기생으로 말미암아 생기는 병'을 통틀어 이르는 말. ②☞거위배. 준회증.
회:치(悔恥)[회-/훼-]명하타 뉘우쳐서 부끄럽게 여김.
회칙(回勅)[회-/훼-]명 가톨릭에서, 로마 교황이 온 세계의 주교(主敎)에게 보내는 같은 내용의 회장(回章)을 이르는 말.
회:칙(會則)[회-/훼-]명 ☞회규(會規).
회침[회-/훼-]명 〈회첨(會檐)〉의 변한말.
회:-칼(膾-)[회-/훼-]명 고기나 생선 따위를 얇게 썰어 내는 데 쓰는 칼.
회태(懷胎)[회-/훼-]명하자타되자 ☞잉태.
회토(懷土)[회-/훼-]명하자 ①살고 있는 고장에 정이 들어 안주(安住)하는 일. ②고향을 그림.
회통(回通)[회-/훼-]명하자 통문(通文)에 대한 회답.
회통(蛔痛)[회-/훼-]명 ☞거위배.
회:-판[회-/훼-]명 〈회두리판〉의 준말.
회포(懷抱)[회-/훼-]명 마음속에 품은 생각. ¶ 회포를 풀다.
회풍(回風·廻風)[회-/훼-]명 ☞회오리바람.
회피(回避)[회-/훼-]명하타 ①몸을 피하여 만나지 아니함. ②책임을 지지 않고 꾀를 부림. ③일하기를 꺼리어 선뜻 나서지 아니함.
회:하(會下)[회-/훼-]명 불교에서, 사승(師僧) 아래에서 참선과 수도를 하는 학인(學人), 또는 그들이 수도하는 곳.
회:-하다(晦-)[회-/훼-]형여 (밝지 아니하고) 어둡다.
회한(回翰)[회-/훼-]명 회답의 편지. 반한(返翰).
회:한(悔恨)[회-/훼-]명하타 뉘우치고 한탄함. 오한(懊恨). ¶ 이제 와서 회한의 눈물을 흘린들 무엇하리.
회:합(會合)[회-/훼-]명 ①하자 모임. 집회(集會). ②같은 종류의 분자가 화학 결합을 하지 않고 둘 이상이 모여 분자 사이의 힘에 의하여 한 개의 분자처럼 행동하는 현상.
회항(回航)[회-/훼-]명 ①하타 (목적하는 곳으로) 여러 곳에 들르면서 배를 항행함. ②하자 곳곳으로 돌아다니며 항해함. ③하자 처음 떠났던 곳으로 돌아가기 위해 항해함, 또는 그러한 항해. ④하자 (비행기나 배가) 기상 악화나 기체(機體) 결함 따위로 목적하는 곳으로 가지 못하고 되돌아가거나 되돌아옴.
회향(回向·廻向)[회-/훼-]명 ①하자 얼굴을 돌려 딴 데로 향함. ②불교에서, 스스로가 쌓은 공덕이나 수행을 사람들이나 살아 있는 생명에게 되돌리는 일.
회향(茴香)[회-/훼-]명 ①☞회향풀. ②한방에서, '회향풀의 열매'를 속병 따위의 약재로 이르는 말.
회향(懷鄕)[회-/훼-]명하자 고향을 그리워함.
회향^발원심(回向發願心)[회-/훼-]명 불교에서, 자신이 닦은 선근(善根)과 공덕을 돌려 정토(淨土)에 왕생하고자 하는 발원.

회향-병(懷鄕病) [회-뼝/훼-뼝]명 '고향을 몹시 그리워하는 마음'을 병에 견주어 이르는 말.

회향-유(茴香油) [회-뉴/훼-뉴]명 회향풀의 열매에서 채취한 무색의 기름. 건위(健胃)·거담(祛痰)·구풍(驅風)으로 씀.

회향-풀(茴香-) [회-/훼-]명 산형과의 다년초. 남유럽 원산으로 키는 2 m가량. 독특한 향기가 있으며 여름에 노란 꽃이 핌. 열매는 길둥글고 향기가 짙은데, 기름을 짜기도 하고, 한방에서 약재로도 씀. 회향.

회혼(回婚) [회-/훼-]명 '혼인한 지 예순 돌 되는 날, 또는 그해'를 이르는 말.

회혼-례(回婚禮) [회-녜/훼-녜]명 회혼을 축하하는 잔치. 참다이아몬드혼식.

회홍(恢弘) '회홍하다'의 어근.

회홍-하다(恢弘-) [회-/훼-]형여 넓고 크다. 썩 너그럽다.

회ː화(會話) [회-/훼-]명하자 ①서로 만나서 이야기함, 또는 그 이야기. ②외국어로 이야기함, 또는 그 이야기. ¶ 영어 회화.

회ː화(繪畫) [회-/훼-]명 그림.

회ː화-과(繪畫科) [회-꽈/훼-꽈]명 대학에서, 회화를 전문적으로 연구하는 학과.

회화-나무 [회-/훼-]명 콩과의 낙엽 교목. 목재는 건축이나 가구에, 꼬투리는 약재로 쓰임. 괴목(槐木). 준홰나무.

회ː화^문자(繪畫文字) [회-짜/훼-짜]명 ☞그림문자.

회ː화-체(會話體) [회-/훼-]명 묻고 대답하는 형식으로 쓰여진 문체. 참대화체.

회확(恢廓) '회확하다'의 어근.

회확-대도(恢廓大度) [회-때-/훼-때-]명하형 도량이 넓고 큼.

회확-하다(恢廓-) [회화카-/훼화카-] Ⅰ타여 하던 사업의 범위나 규모를 넓히다. Ⅱ형여 도량이 넓다.

회환(回還) [회-/훼-]명하자 (떠났다가) 도로 돌아옴. 회래(回來). 환래(還來).

회회 [회회/훼훼]부 ①여러 번 작게 감거나 감기는 모양. ¶ 붕대로 상처 난 손가락을 회회 감다. ②이리저리 작게 휘두르는 모양. 큰휘휘.

회회(恢恢) '회회하다'의 어근.

회회-교(回回敎) [회회-/훼훼-]명 ☞이슬람교.

회회-찬찬 [회회-/훼훼-]부 여러 번 단단히 감거나 감기는 모양. 큰휘휘친친.

회회-청(回回靑) [회회-/훼훼-]명 도자기에 쓰는 푸른 물감. 〔아라비아에서 수입한 데서 붙은 이름.〕

회회-하다(恢恢-) [회회-/훼훼-]형여 넓고 크다. ¶ 강당이 회회하다.

회훈(回訓) [회-/훼-]명하자 해외 공관의 청훈(請訓)에 대한 본국 정부의 회답 훈령(訓令).

회흑-색(灰黑色) [회-쌕/훼-쌕]명 잿빛을 띤 검은 빛깔. ¶ 곧 비라도 뿌릴 듯한 회흑색 하늘.

획 [획/훽]부 ①갑자기 돌거나 돌리는 모양. ¶ 얼굴을 획 돌리다. ②동작이 날쌔거나 갑작스러운 모양. ¶ 잡는 손을 획 뿌리치다. ③바람이 갑자기 부는 모양. 큰휙. **획-획**부.

획(畫) [획/훽]명 ①글씨나 그림에서, 붓으로 그은 줄이나 점 같은 것을 통틀어 이르는 말. ②☞자획(字畫). ③〖의존 명사적 용법〗 글씨나 그림에서, 붓 따위를 한 번 그은 줄이나 점을 세는 단위. ¶ 한 획 두 획 차근차근 썼다.

획을 긋다관용 (한 시대나 시기를) 마감하거나 시작하다. ¶ 한 시대에 획을 그은 사건.

획급(劃給) [획끕/휙끕]명하타 (주어야 할 것을) 갈라 줌. 나누어서 줌. 획하(劃下).

획기-적(劃期的) [획끼-/훽끼-]관명 (어떤 일에서) 새로운 시대가 열릴 만큼 뚜렷한 (것). ¶ 획기적 성과. /획기적인 사건.

획단(劃斷) [획딴/훽딴]명하타 둘로 절단함.

획득(獲得) [획뜩/훽뜩]명하타되자 얻어 내거나 얻어 가짐. 손에 넣음. ¶ 금메달을 획득하다.

획득^형질(獲得形質) [획뜨켱-/훽뜨켱-]명 생물이 일생 동안에 환경의 영향 또는 훈련에 의하여 얻는 변화된 형질. 습득 형질.

획력(畫力) [횡녁/휑녁]명 (글씨나 그림의) 획에 나타난 힘. ¶ 필력과 획력.

획리(獲利) [횡니/휑니]명하자 ☞득리(得利).

획법(畫法) [획뻡/훽뻡]명 (글씨나 그림의) 획을 긋는 법.

획수(畫數) [획쑤/훽쑤]명 (글자의) 획의 수.

획순(畫順) [획쑨/훽쑨]명 (글자의) 획을 긋는 순서.

획-시대적(劃時代的) [획씨-/훽씨-]관명 시대와 시대를 구획 지을 만한 (것).

획연(劃然) '획연하다'의 어근.

획연-하다(劃然-) [회견-/훼견-]형여 구별이 매우 분명하다. **획연-히**부.

획인(畫引) [회긴/훼긴]명 획수에 따라 글자를 찾는 한자 색인(索引)의 한 가지.

획일(劃一) '획일하다'의 어근.

획일^교ː육(劃一敎育) [회길-/훼길-]명 (개개인의 개성 따위는 무시하고) 획일적으로 하는 교육. ↔개성 교육.

획일-적(劃一的) [회길쩍/훼길쩍]관명 ①(저마다의 사정이나 개성을 고려함이 없이) 모두를 똑같이 통일한 (것). ¶ 획일적 사고. /획일적인 모양의 간판. ②한결같이 변함이 없는 (것).

획일-주의(劃一主義) [회길-의/훼길-이]명 개성을 무시하고 인위적으로 통일하여 규격화하는 경향.

획일-하다(劃一-) [회길-/훼길-]형여 ①모두가 한결같아서 변함이 없다. ②줄을 친 듯이 가지런하다.

획정(劃定) [획쩡/훽쩡]명하타되자 명확히 구별하여 정함.

획지(劃地) [획찌/훽찌]명 건축용으로 구획 정리를 하는 데 단위가 되는 땅.

획창(獲唱·劃唱) [획-/훽-]명 국궁(國弓)에서, 정순(正巡) 때 과녁을 맞혔을 경우 '맞혔소' 하고 외치는 사람.

획책(劃策) [획-/훽-]명하타 일을 꾸밈. 계책을 세움.

획출(劃出) [획-/훽-]명하타 꾀를 생각해 냄.

획하(劃下) [회카/훼카]명하타 ☞획급(劃給).

획화(劃花) [회콰/훼콰]명 도자기에 칼로 음각(陰刻)한 그림.

횟-가루(灰-) [회까-/휀까-]명 석회 가루. 〔생석회·소석회 따위를 두루 이르는 말.〕

횟ː-감(膾-) [회깜/휀깜]명 회를 만드는 거리가 되는 고기나 생선.

횟-돌(灰-) [회똘/휀똘]명 ☞석회암.

횟돌다자 〈옛〉 휘돌다. 빙빙 돌다. ¶ 灣은 믈 횟도는 짜히오 環은 횟돌 씨라(楞解10:7).

횟-물(灰-) [휜-/휀-]명 ☞석회수.

횟-반(灰-) [회빤/휀빤]명 뭉치어 굳어진 석회의 조각.

횟-방아(灰-) [회빵-/휀빵-]명 석회에 고운 모래를 섞어 물을 치고 짓찧는 일.

횟-배 (蛔-) [회빼/휍빼] 명 ☞거위배.
횟수(回數) [회쑤/휍쑤] 명 차례의 수효. ¶ 횟수가 잦다. /횟수를 거듭하다.
횟ː-집 (膾-) [회찝/휍찝] 명 생선회를 파는 음식점.
휑 [휑/휑] 부 ①바람이 갑자기 빠르게 부는 소리. ②(작은 것이) 바람을 일으키며 빠르게 날아가거나 떠나가 버리는 소리, 또는 그 모양. ¶ 머리 위로 돌멩이가 휑 날아갔다. 큰휭.
횡 (橫) [횡/휑] 명 가로. ↔종(縱).
횡가 (橫柯) [횡-/휑-] 명 가로 벋은 나뭇가지.
횡각 (橫閣) [횡-/휑-] 명 불교에서, 절의 큰 방에 잇대어 만들어 놓은 '누각'을 이르는 말.
횡간 (橫看) [횡-/휑-] 명 ①하타 (글을) 가로 읽음. ②가로 그은 줄 안에 벌여 적은 표. ③조선 시대에, 각 궁이나 관아 또는 관리에게 1년 동안 지급한 현물을 벌여 적었던 기록.
횡강-목 (橫杠木) [횡-/휑-] 명 입관(入棺) 때 관 위에 가로 걸쳐 놓는 세 개의 가는 막대기.
횡갱 (橫坑) [횡-/휑-] 명 땅속으로 가로로 파 들어간 갱도. ↔수갱(垂坑).
횡격 (橫擊) [횡-/휑-] 명하타 (적을) 측면에서 공격함.
횡격-막 (橫膈膜·橫隔膜) [횡경-/휑경-] 명 흉강(胸腔)과 복강(腹腔)을 나누는 근육성의 막. 포유류에만 있음. 가로막. 준격막.
횡견 (橫見) [횡-/휑-] 명하타 빗겨 봄. 곁눈질함.
횡경 (橫經) [횡-/휑-] 명하자 〔경서를 끼고 다닌다는 말로〕 '열심히 학문을 함'을 이르는 말.
횡경-문난 (橫經問難) [횡-/휑-] 명 경서(經書)를 끼고 다니면서 어려운 것을 물음.
횡관 (橫貫) [횡-/휑-] 명하타 가로 꿰뚫음. 동서로 꿰뚫거나 지나감. ↔종관(縱貫).
횡구 (橫句) [횡꾸/휑꾸] 명 거짓된 문구(文句).
횡단 (橫斷) [횡-/휑-] 명하타 ①가로 끊음. ②가로 지나감. 동서로 지나감. ③(도로를) 가로질러 감. ↔종단.
횡단-로 (橫斷路) [횡-노/휑-노] 명 ①(도로를) 가로질러 다닐 수 있게 된 길. ②(대륙이나 바다 따위를) 횡단하는 항로.
횡단-면 (橫斷面) [횡-/휑-] 명 (물체를) 길이에 직각으로 자른 면. ↔종단면.
횡단-보도 (橫斷步道) [횡-/휑-] 명 안전표지나 도로표지에 따라 사람이 횡단하도록 해 놓은 차도의 한 부분.
횡단^비행 (橫斷飛行) [횡-/휑-] 명 (대륙이나 해양 따위를) 가로지르는 장거리 비행.
횡단-주의 (橫斷主義) [횡-의/휑-이] 명 자본 계급들과 노동 계급들이 저마다 조합을 만들어서 대립하려는 주의. ↔종단주의.
횡담 (橫談) [횡-/휑-] 명하자 함부로 지껄임.
횡대 (橫帶) [횡-/휑-] 명 ①가로 맨 띠. 가로띠. ②☞가름대. ③관(棺)을 묻은 뒤 광중(壙中) 위를 덮는 널.
횡대 (橫隊) [횡-/휑-] 명 가로줄을 지은 대오(隊伍). ¶ 4열 횡대로 행군하다. ↔종대.
횡도 (橫道) [횡-/휑-] 명 ①가로 난 길. 횡로(橫路). ②옳지 못한 길. 정도에서 벗어난 길.
횡득 (橫得) [횡-/휑-] 명하타 뜻밖에 이득을 봄.
횡-듣다 (橫-) [횡-따/휑-따] [~들으니·~들어] 타ㄷ (무슨 말을) 잘못 듣다.
횡래지액 (橫來之厄) [횡내-/휑내-] 명 뜻밖에 닥쳐오는 재액(災厄). 준횡액.
횡렬 (橫列) [횡녈/휑녈] 명하자 가로로 줄을 지음, 또는 그 줄. ↔종렬.
횡렬 (橫裂) [횡녈/휑녈] 명 ①가로 찢어지거나 벌어짐. ②꽃밥이 가로 벌어져 꽃가루가 날리는 열개법(裂開法)의 한 가지. 〔무궁화 따위.〕
횡렴 (橫斂) [횡념/휑념] 명하타 무법하게 조세를 거둠.
횡령 (橫領) [횡녕/휑녕] 명하타되자 남의 재물을 불법으로 가로챔. ¶ 공금 횡령. 비착복.
횡로 (橫路) [횡노/휑노] 명 ☞횡도(橫道).
횡류 (橫流) [횡뉴/휑뉴] 명 ①하자 물이 제 곬으로 흐르지 아니하고 엉뚱한 데로 흐름. ②하타 물품을 부정하게 팔거나 빼돌림.
횡리 (橫罹) [횡니/휑니] 명하자 뜻밖의 재앙을 당함.
횡면 (橫面) [횡-/휑-] 명 옆면. 측면.
횡목 (橫木) [횡-/휑-] 명 가로질러 놓은 나무.
횡문 (橫文) [횡-/휑-] 명 가로쓰기로 쓴 글.
횡문 (橫紋) [횡-/휑-] 명 가로무늬.
횡문 (橫聞) [횡-/휑-] 명하타 잘못 들음.
횡문-근 (橫紋筋) [횡-/휑-] 명 ☞가로무늬근.
횡보 (橫步) [횡-/휑-] 명하자 모로 걸음, 또는 그런 걸음. 참게걸음.
횡-보다 (橫-) [횡-/휑-] 타 잘못 보다.
횡부-가 (橫負歌) [횡-/휑-] 명 ☞가루지기타령.
횡사 (橫死) [횡-/휑-] 명하자 뜻밖의 재앙을 당해 죽음. 변사(變死). ¶ 비명에 횡사하다.
횡사 (橫斜) [횡-/휑-] 명하자 가로 비낌.
횡사 (橫肆) '횡사하다'의 어근.
횡사-하다 (橫肆-) [횡-/휑-] 형여 ☞횡자하다.
횡산 (橫產) [횡-/휑-] 명하타 (아이를) 가로 낳음, 곧 아이의 팔부터 나옴.
횡서 (橫書) [횡-/휑-] 명하타 가로쓰기. ↔종서(縱書).
횡선 (橫線) [횡-/휑-] 명 가로 그은 줄. 가로금. 가로줄. ↔종선(縱線).
횡선^수표 (橫線手票) [횡-/휑-] 명 표면의 위쪽에 두 줄의 평행선을 그은 수표. 〔소지인이 자기 거래 은행에 일단 예입(預入)한 후에야 현금 결제를 받을 수 있음.〕
횡설수설 (橫說竪說) [횡-/휑-] 명하자 조리가 없는 말을 함부로 지껄임, 또는 그 말. ¶ 술에 취하여 횡설수설하다. 비선소리2.
횡수 (橫手) [횡-/휑-] 명 장기·바둑 따위에서, 잘못 보고 둔 수.
횡수 (橫竪) [횡-/휑-] 명 ①가로와 세로. ②공간과 시간. ③불교에서, 수행(修行)에 필요한 자력(自力)과 타력(他力)을 이르는 말. ③가로 길이.
횡수 (橫數) [횡-/휑-] 명 뜻밖의 운수.
횡수-막이 (橫數-) [횡-/휑-] 명하자 민속에서, 그해의 액운을 막으려고 정월에 하는 무당굿.
횡-십자 (橫十字) [횡-짜/휑-짜] 명 ☞가위표.
횡-압력 (橫壓力) [횡암녁/휑암녁] 명 지각(地殼)에 가로 방향으로 미는 압력.
횡액 (橫厄) [횡-/휑-] 명 〈횡래지액〉의 준말.
횡역 (橫逆) '횡역하다'의 어근.
횡역-하다 (橫逆-) [횡여카-/휑여카-] 형여 떳떳한 이치에 어그러져 있다.
횡영 (橫泳) 명 ☞모잽이헤엄.
횡와 (橫臥) [횡-/휑-] 명하자 가로 누움. 모로 누움.
횡의 (橫議) [횡의/휑이] 명 (도리에) 어긋나는 의논.
횡일 (橫逸) [횡-/휑-] 명하자 제멋대로 놂.
횡일 (橫溢) [횡-/휑-] 명하자 (물이) 가로 흘러 넘침.

횡일-성(橫日性)[횡-썽/홰-썽]명 식물체의 일부 기관이 빛의 자극 방향에 대하여 직각으로 굴곡하는 성질.
횡자(橫恣) '횡자하다'의 어근.
횡자-하다(橫恣-)[횡-/홰-]형여 막되고 방자하다. 횡사(橫肆)하다.
횡-장자(橫障子)[횡-/홰-]명 (방 안의 외풍을 막기 위하여) 사방의 벽에 나무오리를 덧대어 종이로 싸서 바른 장지. 횡장지.
횡-장지(橫障-)[횡-/홰-]명 ☞횡장자.
횡재(橫災)[횡-/홰-]명하자 뜻하지 않은 재난을 당함, 또는 그 재난.
횡재(橫財)[횡-/홰-]명하자 뜻밖에 재물을 얻음, 또는 그렇게 얻은 재물.
횡-적(橫的)[횡쩍/홰쩍]관명 어떤 사물에 횡(橫)으로 관계하는 (것). ¶ 횡적 구조. /횡적인 관계. ↔종적(縱的).
횡적(橫笛)[횡-/홰-]명 ☞저[1].
횡적 사회(橫的社會)[횡쩍싸회/홰쩍싸훼] (근대 자유 민주주의 사회와 같이) 사회 구성원 간의 자유로운 의사에 따른 계약으로 맺어진 평등 관계의 사회.
횡절(橫截)[횡-/홰-]명하타 가로 자름.
횡정(橫政)[횡-/홰-]명 아주 못된 정치.
횡제(橫堤)[횡-/홰-]명 (강 바닥을 일부 좁히기 위하여) 강의 흐름에 대하여 직각으로 쌓은 제방.
횡조(橫組)[횡-/홰-]명 가로짜기.
횡-좌표(橫座標)[횡-/홰-]명 '가로좌표'의 구용어.
횡주(橫走)[횡-/홰-]명하자 ①가로 달림. ②함부로 날뛰며 다님. ③옳지 못한 짓을 함. 횡치(橫馳).
횡죽(橫竹)[횡-/홰-]명하자 담뱃대를 삐치어 묾, 또는 그 담뱃대.
횡지-성(橫地性)[횡-썽/홰-썽]명 굴지성의 한 가지. 식물의 지하경(地下莖)이 중력의 방향에 대하여 거의 직각으로 굴곡하는 성질.
횡징(橫徵)[횡-/홰-]명하타 (세금이나 빚 따위를) 부당하게 물리어 받음.
횡창(橫窓)[횡-/홰-]명 ☞교창(交窓).
횡철(橫綴)[횡-/홰-]명 ①하타가로 꿰맴. ②자모(字母)를 가로 풀어서 쓰는 철자.
횡초지공(橫草之功)[횡-/홰-]명 〔싸움터에서 풀을 눕힌 공이란 뜻으로〕 전장에 나가 산과 들을 누비며 싸운 공.
횡축(橫軸)[횡-/홰-]명 ①가로로 꾸민 족자. ②'가로축'의 구용어.
횡출(橫出)[횡-/홰-]명하자 올바르지 못한 행동을 함.
횡치(橫馳)[횡-/홰-]명하자 ☞횡주(橫走).
횡침(橫侵)[횡-/홰-]명하타 무법(無法)하게 침범함.
횡탈(橫奪)[횡-/홰-]명하타 무법하게 빼앗음.
횡파(橫波)[횡-/홰-]명 ①(배 따위의 진행 방향에서 보아) 옆으로 밀려드는 물결. ②파동을 전파하는 매질(媒質)이 파동의 진행 방향에 수직으로 진동하는 파동. 고저파(高低波). ↔종파(縱波).
횡판(橫板)[횡-/홰-]명 가로 놓은 널빤지.
횡포(橫暴)[횡-/홰-]명하형 제멋대로 굴며 난폭함. ¶ 횡포가 심하다. /횡포를 부리다.
횡폭(橫幅)[횡-/홰-]명 가로나비.
횡-해안(橫海岸)[횡-/홰-]명 산맥의 축(軸)과 직각을 이루는 해안. ↔종해안(縱海岸).
횡행(橫行)[횡-/홰-]명하자 ①모로 감. ②거리낌 없이 멋대로 행동함. ¶ 도둑들이 횡행하는 거리.
횡향(橫向)[횡-/홰-]명하타 얼굴을 모로 돌려 향함.
횡혈-식(橫穴式)[횡-/홰-]명 ☞굴식(窟式).
횡화(橫禍)[횡-/홰-]명 뜻하지 않은 화난(禍難). ¶ 횡화를 입다. /횡화를 당하다.
효(爻)명 주역(周易)의 괘(卦)를 나타내는 하나하나의 가로 그은 획. 〔'⚊'을 양(陽), '⚋'을 음(陰)으로 하여 밑에서부터 초효(初爻), 이효(二爻)… 상효(上爻)라 함.〕
효ː(孝)명 어버이를 잘 섬기는 일. ↔불효.
효ː감(孝感)명하자 효성이 지극한 행동에 신인(神人)이 감동함.
효ː건(孝巾)명 ☞두건(頭巾).
효ː경(孝經)명 유교 경전의 한 가지. 공자와 그의 제자 증자가 효도에 대하여 논한 것을 제자들이 기록한 책. 연대 미상.
효ː경-언해(孝經諺解)명 조선 선조 때, 최세진(崔世珍)이 '효경'을 번역한 책. 1권 1책.
효ː계(曉鷄)[-계/-게]명 새벽을 알리는 닭.
효ː과(效果)명 ①보람 있는 결과. ¶ 복습한 효과가 나타나다. ②영화나 연극에서, 시각이나 청각을 통하여 장면의 실감을 자아내려고 곁들이는 의음(擬音)·음악·조명 따위. ¶ 이 연극은 음향 효과로 주제를 부각시켰다. ③유도에서, 메치기나 누르기가 '유효(有效)'에 미치지 못한 경우에 심판이 선언하는 판정 용어.
효ː과-음(效果音)명 연극이나 영화 또는 방송극 등에서, 진행과 배경의 극적 효과를 위해 내는 음향. 의음(擬音).
효ː과-적(效果的)관명 효과가 있는 (것). ¶ 효과적 사용. /효과적인 방법. /빈방을 효과적으로 활용하다.
효근형 〈옛〉작은. ¶ 노픈 뫼 밧근 다 효근 뫼히로다(杜初25:11). 참횩다.
효ː기(曉起)명하자 새벽에 일찍 일어남.
효기(驍騎·梟騎)명 용맹하고 날쌘 기병(騎兵).
효ᄃᆞ형 〈옛〉☞횩다.
효ː녀(孝女)명 효성스러운 딸.
효ː능(效能)명 효험을 나타내는 성능.
효ː달(曉達)명하타 (사물의 이치 따위를) 환히 깨달아서 앎. 통효(通曉). 참통달.
효대(絞帶)명 상복(喪服)에 띠는 삼띠.
효ː덕(孝德)명 어버이를 잘 섬기는 마음.
효ː도(孝道)명하자 어버이를 잘 섬김, 또는 그 도리.
  효도(를) 보다관용 아들딸이나 며느리로부터 효도로 섬김을 받다.
효ː두(曉頭)명 이른 새벽. 먼동이 틀 무렵.
효ː두-발인(曉頭發靷)명하자 새벽에 발인함, 또는 그 발인.
효ː득(曉得)명하타 깨달아서 앎. 효해(曉解).
효란(淆亂)명하형 ☞혼란(混亂).
효ː려(孝廬)명 상제(喪制)가 거처하는 곳.
효ː력(效力)명 ①(어떤 사물에 대하여) 효과나 효험을 나타내는 힘. 보람. 효험. ¶ 약의 효력. ②법률이나 규칙 따위의 작용. ¶ 효력 정지 가처분 신청.
효ː렴(孝廉)명 효도하는 사람과 청렴한 사람.
효ː로(效勞)명 힘들인 보람.
효맹(梟猛) '효맹하다'의 어근.
효맹-하다(梟猛-)형여 건장하고 날래다.
효ː모(酵母)명 ☞효모균.

효ː모-균(酵母菌)명 자낭균(子囊菌)의 한 무리. 엽록소가 없고 원형 또는 타원형이며 대개는 출아(出芽)로 번식함. 당분을 알코올과 탄산가스로 분해하는 발효 작용을 하므로 술 따위의 양조와 빵 제조에 널리 쓰임. 효모. 뜸팡이. 발효균. 이스트.

효목(梟木)명 왕조 때, 죄인을 처형하여 목을 매달던 나무. 옥문대(獄門臺).

효ː무(曉霧)명 새벽의 안개.

효박(淆薄) '효박하다'의 어근.

효박-하다(淆薄-)[-바카-]형여 (인정이나 풍속이) 어지럽고 경박하다. ¶ 효박한 인정. /풍속이 효박하다.

효ː복(孝服)명 '상복(喪服)'의 딴 이름.

효ː부(孝婦)명 효성스러운 며느리.

효ː빈(效顰)명 ①옳게 배우지 않고, 거죽만 배우는 일. ②덩달아 남의 흉내를 내거나 남의 결점을 장점인 줄 잘못 알고 본뜨는 일. 〔고대 중국 월나라의 미인 서시(西施)는 속병이 있어 항상 얼굴을 찡그리고 있었는데, 어느 못생긴 여자가 얼굴만 찡그리면 예뻐지는 줄 알고 자기도 얼굴을 찡그리고 있었다는 고사에서 유래함.〕

효사(爻辭)명 주역(周易)에서, 한 괘(卦)를 이루는 각 효(爻)의 뜻을 설명한 글.

효상(爻象)명 ①좋지 못한 몰골이나 광경. 경광(景光). ②☞괘상(卦象).

효ː상(曉霜)명 새벽에 내리는 서리.

효ː색(曉色)명 새벽의 빛. 새벽 경치.

효ː성(孝誠)명 마음을 다하여 어버이를 섬기는 정성. ¶ 효성이 지극하다.

효ː성(曉星)명 ①샛별. ②(드문드문 남아 있는) 새벽 하늘의 별.

효ː성-스럽다(孝誠-)[-따][~스러우니·~스러워]형ㅂ 어버이를 섬기는 태도가 정성스럽다. 효성스레부.

효ː소(酵素)명 생체 안에서 만들어지는 단백질을 중심으로 한 고분자 화합물. 생체의 거의 모든 화학 반응에 관여하므로 생명 활동과 밀접한 관계가 있음. 술이나 된장 따위의 양조에 쓰이고, 소화제 따위 의약품에도 쓰임. 뜸씨. 뜸팡이.

효수(梟首)명하타되자 지난날, 죄인의 목을 베어 높이 매달던 일.

효순(孝順) '효순하다'의 어근.

효ː순-하다(孝順-)형여 효성스럽고 유순하다.

효ː습(曉習)명하타 깨달아 익숙하게 됨.

효시(梟示)명하타되자 (뭇사람을 경계하기 위하여) 죄인의 목을 베어 매달아 대중에게 보임.

효시(嚆矢)명 ①소리 나는 화살. 우는살. ②〔지난날, 중국에서 개전(開戰)의 신호로 우는살을 먼저 쏘았다는 데서〕 사물이 비롯된 '맨 처음'을 비유하여 이르는 말. ¶ '상춘곡(賞春曲)'은 가사 문학의 효시이다.

효ː심(孝心)명 효성스러운 마음. ¶ 엄하게 키운 자식일수록 부모에 대한 효심이 지극한 법이다.

효ː양(孝養)명하타 효도하며 봉양함.

효연(曉然) '효연하다'의 어근.

효ː연-하다(曉然-)형여 ☞요연(瞭然)하다. 효연-히부.

효ː열(孝烈)명 ①효행과 열행. ②효자와 열녀.

효ː오(曉悟)명하타 깨달음, 또는 깨닫는 것.

효ː용(效用)명 ①☞효험(效驗). ②(어떤 물건의) 쓸모. 용도. ¶ 여러 효용을 가진 쇠붙이. ③경제학에서, 소비자가 느끼는 재화나 용역을 소비함으로써 느끼는 만족의 크기를 이르는 말.

효용(驍勇·梟勇)명하형 사납고 날쌤.

효ː우(孝友)명 어버이에 대한 효도와 동기에 대한 우애. 효제(孝悌).

효웅(梟雄)명 사납고 용맹스러운 영웅.

효ː유(曉諭·曉喩)명하타 알아듣도록 타이름.

효ː율(效率)명 ①기계가 한 일의 양과 소요된 에너지와의 비율. ¶ 효율이 떨어지다. ②들인 노력에 대하여 얻어진 결과의 정도. ¶ 효율을 고려한 작업 체제. ↔비효율.

효ː율-적(效率的)[-쩍]관명 효율이 큰 (것). 노력에 대하여 얻은 결과가 큰 (것). ¶ 효율적 생산. /보다 효율적인 방법을 찾아보자. ↔비효율적.

효ː자(孝子) Ⅰ명 효성스러운 아들.
Ⅱ대 제사를 지낼 때, 제주(祭主)가 부모의 혼백에게 자기를 이르는 일인칭 대명사.

효ː자(孝慈)명 어버이에 대한 효도와 자식에 대한 자애.

효ː자-문(孝子門)명 효자를 표창하고 널리 본을 보이기 위하여 세운 정문(旌門).

효장(驍將·梟將)명 사납고 날쌘 장수.

효ː정(效情)명하자 정성을 다함. 정성을 나타냄.

효ː제(孝悌)명 ☞효우(孝友).

효ː제충신(孝悌忠信)명 효도·우애·충성·신의를 아울러 이르는 말.

효ː조(孝鳥)명 〔어미에게 먹이를 물어다 주어 보은한다는 데서〕 '까마귀'를 달리 이르는 말.

효ː종(曉鐘)명 새벽에 치는 종.

효ː죽(孝竹)명 ☞솟대.

효ː중(孝中)명 남을 높이어 그의 '상중(喪中)'을 이르는 말.

효증(哮症)[-쯩]명 ☞백일해(百日咳).

효ː천(曉天)명 새벽 하늘. 새벽녘.

효ː충(效忠)명하자 충성을 다함.

효ː칙(效則)명하타 본받아 법으로 삼음.

효ː칙(曉飭)명하타 타일러 경계하여 줌.

효ː친(孝親)명하자 어버이에게 효도함.

효한(驍悍·梟悍) '효한하다'의 어근.

효한-하다(驍悍-·梟悍-)형여 날쌔고 사납다.

효ː해(曉解)명하타 ☞효득(曉得).

효ː행(孝行)명 어버이를 잘 섬기는 행실.

효ː험(效驗)명 일의 좋은 보람. 효력. 효용. ¶ 효험을 보다. /효험이 있다.

횩다형 〈옛〉작다. 잘다. ¶ 簫는 효ᄀᆞᆫ 대롤 엿거 부는 거시라(釋譜13:53). 참혁다.

횩뎌다형 〈옛〉자잘하다. ¶ 횩뎌근 거슬 킈야 中堂애 올오라(杜初18:1).

후[1]부 입을 우므리고 입김을 많이 불어 내는 소리. 작호. 후-후부하타.

후ː[2]감 〈후유〉의 준말.

후(后)명 〈후비(后妃)〉의 준말.

후ː(後)명 ①뒤. 다음. ¶ 떠난 후. ↔전(前). ②〈추후(追後)〉의 준말.

후(侯)명 〈후작(侯爵)〉의 준말.

후ː가(後家)명 뒷집.

후ː가(後嫁)명하자 ☞개가(改嫁). 후살이.

후ː가(厚價)[-까]명 후한 값.

후ː각(後脚)명 뒷다리. ↔전각(前脚).

후ː각(後覺)명하타 (남보다) 뒤늦게 깨달음. ↔선각.

후각(嗅覺)명 오감(五感)의 하나. 냄새에 대한 감각. 〔척추동물은 코, 곤충은 더듬이에 있음.〕 후감(嗅感). ¶ 후각이 발달하다.

후각-기(嗅覺器)[-끼]명 냄새를 느끼는 감각 기관. 척추동물은 코, 곤충류는 더듬이임. 후관.

후ː감(後勘)〖명〗 ①후일의 감당. ②〖하자〗뒷일을 미루어 헤아림.

후ː감(後鑑)〖명〗 훗날의 귀감.

후감(嗅感)〖명〗 ☞후각(嗅覺).

후ː강(後腔)〖명〗 국악 형식에서 세 마디로 나눌 때, 맨 나중 가락의 마디. 〖참〗전강(前腔)·중강(中腔).

후-거리(後-)〖명〗 '후걸이'의 잘못.

후ː-걸이(後-)〖명〗 안장에 걸어 말의 궁둥이를 꾸미는 제구.

후ː견(後見)〖명〗〖하타〗 친권자가 없는 미성년자, 또는 금치산자를 보호하며 그들의 법률 행위를 대리하는 일.

후ː견-인(後見人)〖명〗 후견의 직무를 맡은 사람.

후ː경(後頸)〖명〗 목의 뒤쪽. 목 뒤.

후ː계(後繼)[-계/-게]〖명〗〖하자〗 뒤를 이음.

후ː계-자(後繼者)[-계-/-게-]〖명〗 뒤를 받아 잇는 사람. ¶ 후계자로 삼다. /후계자를 양성하다.

후ː고(後考)〖명〗 ①〖하타〗나중에 상고(詳考)함. ②훗날의 증거.

후ː고(後顧)〖명〗 ①〖하자〗지난 일을 돌아보아 살핌. ②뒷날의 근심.

후골(喉骨)〖명〗 ☞결후(結喉).

후관(嗅官)〖명〗 ☞후각기(嗅覺器).

후ː광(後光)〖명〗 ①불교에서, 부처의 몸에서 비치는 광명의 빛, 또는 그것을 형상화한 불상 뒤의 둥근 금빛의 테. 광배(光背). 배광(背光). 원광(圓光). ②기독교에서, 성화(聖畫) 중의 인물을 감싸는 금빛. ③어떤 인물 또는 사물을 더욱 빛나게 하는 배경. ¶ 아버지의 후광을 업고 정계에 진출하다.

후ː군(後軍)〖명〗 ①뒤에 있는 군대. ↔전군(前軍). ②지난날, 임금이 거둥할 때 뒤를 호위하던 군대.

후ː굴(後屈)〖명〗 뒤쪽으로 굽어 있음.

후ː궁(後宮)〖명〗 비빈(妃嬪)이 사는 궁전에서, 제왕의 '첩'을 이르던 말. ↔정비(正妃).

후궁(帿弓)〖명〗 삼사미로부터 도고지까지 뽕나무를 댄 활.

후금(喉衿)〖명〗 〔목구멍과 옷깃이라는 뜻으로〕 '중요한 곳'을 비유하여 이르는 말.

후ː급(後給)〖명〗 (값이나 삯을) 나중에 치러 줌. ↔선급(先給).

후ː기(後記)〖명〗 ①뒷날의 기록. ②〖하타〗〖되자〗(본문 뒤에) 덧붙여 기록함, 또는 그 글. ②발문. ②↔전기(前記).

후ː기(後氣)〖명〗 버티어 나가는 힘.

후ː기(後期)〖명〗 ①뒤의 기간, 또는 시기. ②〈후반기〉의 준말. ③뒤의 기약(期約). ①②↔전기(前期).

후기(候騎)〖명〗 척후(斥候)하는 기병.

후ː기^인상파(後期印象派)〖명〗 19세기 말 프랑스에서, 인상주의에 대한 반동으로 인상파의 화풍(畫風)을 한층 더 개성적으로 발전시킨 세잔·고흐·고갱 따위의 회화상의 유파.

후끈〖부〗〖하자〗 ①갑자기 몹시 뜨거운 느낌이 일어나는 모양. ②얼굴이나 몸이 갑자기 몹시 달아오르는 모양. ¶ 얼굴이 후끈 달아오르다. ③흥분이나 긴장 따위가 갑자기 몹시 고조되는 모양. ¶ 부동산 경기가 후끈 달아오르다. 〖작〗화끈. ①②**후끈-후끈**〖부〗〖하자〗.

후끈-거리다〖자〗 자꾸 후끈후끈하다. 후끈대다. 〖작〗화끈거리다.

후끈-대다〖자〗 후끈거리다.

후끈-하다〖형여〗 몹시 뜨거운 느낌이 있다. ¶ 방 안 공기가 후끈하다. 〖작〗화끈하다.

후ː난(後難)〖명〗 ①뒷날의 재난. ②뒷날 또는 후인(後人)의 비난.

후ː년(後年)〖명〗 ①내년의 다음 해. 내명년(來明年). ¶ 후년까지는 꼭 장가를 가겠다. ②몇 해가 지난 뒤. ¶ 그 청년은 후년 성악가로 대성했다.

후ː념(後念)〖명〗 ①☞후렴(後斂). ②훗날의 근심.

후ː뇌(後腦)[-뇌/-눼]〖명〗 대뇌 아래에 있는 뇌의 한 부분.

후늘다〖타〗 〈옛〉 흔들다. ¶ 錫杖올 후느더시니(月釋 *8:77*). /두 그틀 구디 자바 후느러(救簡*6:67*). 〖참〗흐늘다.

후다닥〖부〗〖하자〗 ①재빠르게 몸을 움직이는 모양. ¶ 떠나려는 버스에 후다닥 올라타다. ②일을 재빠르게 해치우는 모양. ¶ 설거지를 후다닥 해치우다. **후다닥-후다닥**〖부〗〖하자〗.

후닥닥[-딱]〖부〗〖하자〗 ①몹시 급하게 서두르는 모양. ¶ 숙제를 후닥닥 끝내다. ②갑자기 날쌔게 움직이거나 뛰어나가는 모양. ¶ 전화를 받고는 정신없이 후닥닥 달려 나가다. 〖작〗화닥닥. **후닥닥-후닥닥**〖부〗〖하자〗.

후닥닥-거리다[-딱꺼-]〖자〗 자꾸 후닥닥후닥닥하다. 후닥닥대다. 〖작〗화닥닥거리다.

후닥닥-대다[-딱때-]〖자〗 후닥닥거리다.

후ː단(後段)〖명〗 뒤의 단.

후ː담(後談)〖명〗 그 뒤의 이야기.

후ː당(後堂)〖명〗 정당(正堂) 뒤에 있는 별당.

후ː대(後代)〖명〗 뒤의 세대. ↔선대·전대.

후ː대(後隊)〖명〗 ①뒤에 있는 대오(隊伍). ②후방의 부대.

후ː대(厚待)〖명〗〖하타〗 후하게 대접함, 또는 그러한 대접. ¶ 후대를 받다. ↔박대(薄待).

후더분-하다〖형여〗 열기가 차서 조금 더운 느낌이 있다. ¶ 비가 오려는지 날이 후더분하다. **후더분-히**〖부〗.

후ː-더침(後-)〖명〗 아이를 낳은 뒤에 일어나는 잡병. 〖참〗후탈(後頉).

후ː덕(厚德)〖명〗〖하형〗 (언행이) 어질고 두터움, 또는 그러한 덕행. ¶ 후덕한 성품. ↔박덕(薄德).

후ː덕-군자(厚德君子)[-꾼-]〖명〗 (언행이) 어질고 덕이 두터운 사람.

후덥지근-하다[-찌-]〖형여〗 열기가 차서 답답할 정도로 더운 기운이 있다. ¶ 바람 한 점 없는 후덥지근한 날씨. 〖비〗후텁지근하다.

후ː독(後毒)〖명〗 ☞여독(餘毒).

후ː두(後頭)〖명〗 ☞뒤통수. ↔전두(前頭).

후두(喉頭)〖명〗 인두(咽頭)에 이어져 기관(氣管)을 잇는 호흡기의 한 부분. 공기가 통하고 소리를 내는 기관임.

후두개^연ː골(喉頭蓋軟骨)〖명〗 후두의 입구에 있는, 탄력성이 풍부한 뚜껑 모양의 연골. 음식물을 넘길 때 자동적으로 후두를 막아 식도(食道)로 유도함. 회염 연골.

후두^결절(喉頭結節)[-쩔]〖명〗 ☞갑상 연골.

후ː-두골(後頭骨)〖명〗 머리 뒤쪽의 두개골을 이루는 큰 뼈.

후두두〖부〗 빗방울 따위가 갑자기 떨어지는 소리. ¶ 우박이 후두두 떨어지다.

후두-암(喉頭癌)〖명〗 후두에 생기는 암종(癌腫).

후두-염(喉頭炎)〖명〗 후두에 생기는 염증. 목이 아프고 가래가 성함. 후두 카타르.

후두-음(喉頭音)〖명〗 ☞후음(喉音).

후두^카타르(喉頭catarrh)〖명〗 ☞후두염.

후:-둥이(後-)명 쌍둥이 중에서 나중에 태어난 아이. ↔선둥이.
후드(hood)명 ①두건 모양의 머리쓰개. ②환기를 위하여 가스대 위나 화장실 등에 설치하는 공기 배출기.
후드득부하자 ①깨나 콩 따위를 볶을 때 크게 튀는 소리. ②총이나 딱총 따위가 한 차례 크게 터지는 소리. ③큰 나뭇가지나 검불 따위가 한 차례 세게 타오르는 소리. ④굵은 빗방울이 한 차례 뿌리는 소리. ¶ 파초 잎에 후드득 떨어지는 빗방울. 작호드득. **후드득-후드득**부하자
후드득-거리다[1][-꺼-]자 자꾸 후드득후드득하다. 후드득대다[1]. 작호드득거리다[1].
후드득-거리다[2][-꺼-]자 경망스럽게 자꾸 방정을 떨다. 후드득대다[2]. 작호드득거리다[2].
후드득-대다[1][-때-]자 ☞후드득거리다[1].
후드득-대다[2][-때-]자 ☞후드득거리다[2].
후들-거리다자타 자꾸 후들후들하다. 후들대다. ¶ 다리가 후들거려서 더는 못 걷겠다.
후들-대다자타 후들거리다.
후들-후들부하자타 ①(물기나 먼지를 뒤집어쓴 짐승이) 묻은 것을 자꾸 떠는 모양. ②(지치거나 분함을 참지 못하여) 다리나 몸을 자꾸 떠는 모양.
후딱부 빨리 날쌔게 움직이는 모양. ¶ 후딱 해치우다. **후딱-후딱**부.
후락(朽落)명하자 ①낡고 썩어 못 쓰게 됨. ②오래되어 빛깔이 변함.
후:래(後來)명하자 뒤에 옴. 늦게 옴.
후:래-삼배(後來三杯)명 술자리에서, 늦게 온 사람에게 권하는 석 잔의 술.
후:래-선배(後來先杯)명 술자리에서, 늦게 온 사람에게 먼저 술을 권함.
후:략(後略)명하타 (말이나 문장 따위의) 뒷부분을 줄임. 하략(下略). 참전략·중략.
후량(餱糧)명 먼 길을 떠나는 사람이 가지고 가는 양식.
후레-아들명 '본데없이 막되게 자라서 버릇이 없는 사람'을 욕으로 이르는 말. 후레자식. 작호래아들.
후레-자식(-子息)명 후레아들. 작호래자식.
후:려(後慮)명 뒷날의 염려. 뒷일에 대한 근심 걱정.
후려-갈기다타 손이나 채찍 따위로 힘껏 후려치다. ¶ 손바닥으로 뺨을 후려갈기다.
후려-내다타 매력으로 남의 정신을 어지럽게 하여 꾀어내다.
후려-잡다[-따]타 ①후리어서 자기 손아귀에 넣다. ¶ 머리채를 후려잡다. ②'사람이나 사물에 대하여 강력한 지배력을 가지는 것'을 비유하여 이르는 말.
후려-치다타 손이나 채찍 따위로 힘껏 때리다. ¶ 채찍으로 말 잔등을 후려치다.
후련-하다형여 ①가슴에 더부룩하던 것이 내려 시원하다. ②마음에 맺혔던 일이 풀리어서 시원스럽다. ¶ 가슴이 후련하다. **후련-히**부.
후:렴(←後染)명하타 빛깔이 바랬거나 물이 잘 들지 못한 옷감 따위에 다시 물을 들임. 본후염(後染).
후:렴(後斂)명 둘 이상의 절(節)로 이루어진 시나 가사에서, 반복되어 나타나는 각 절의 마지막 부분. 후념(後念).
후:렴(厚斂)명 조세를 몹시 무겁게 거둠.
후로(朽老)명 나이가 많아 기력이 쇠약해짐, 또는 그러한 사람.
후:록(後錄)명 글이 끝난 뒤 그 끝에 덧붙여 쓰는 기록.
후:록(厚祿)명 (벼슬아치에게 주는) 후한 봉급.
후:료(厚料)명 후한 급료.
후:료-아문(厚料衙門)명 조선 시대에, 호조·선혜청 등과 같이 돈과 곡식에 관한 일을 맡아보던 관아.
후:룡(後龍)명 풍수설에서, 집터·도읍터·묏자리 등의 뒤쪽으로 내려뻗은 주산(主山)을 이르는 말.
후르르부 ①하자타호루라기나 호리 따위를 세게 불 때 나는 소리. 작호로로. ②'후르르'의 잘못.
후루룩부 ①하자날짐승이 갑자기 날개를 치며 날아가는 소리. ¶ 비둘기 떼가 후루룩 날아오르다. ②하타물이나 죽 따위를 세게 빨아 들이마시는 소리. ¶ 미음을 단숨에 후루룩 들이마시다. 작호로록. **후루룩-후루룩**부하자타.
후루룩-거리다[-꺼-]자타 자꾸 후루룩후루룩하다. 후루룩대다. 작호로록거리다.
후루룩-대다[-때-]자타 후루룩거리다.
후룩부 ①하자날짐승이 날개를 재게 치며 가볍게 날아오르는 소리. ¶ 새가 바위 위로 후룩 날아오르다. ②하타묽은 액체를 세게 빨아 들이마시는 소리. ¶ 국물을 후룩 마시다. 작호록. **후룩-후룩**부하자타.
후룩-거리다[-꺼-]자타 자꾸 후룩후룩하다. 후룩대다. 작호록거리다.
후룩-대다[-때-]자타 후룩거리다.
후:륜(後輪)명 자동차·자전거 따위의 뒷바퀴. ¶ 후륜 구동 자동차. ↔전륜(前輪).
후르르부하자 ①새가 날개를 치며 가볍게 나는 소리. ¶ 까치가 후르르 날다. ②종이 따위가 삽시간에 타오르는 모양. 작호르르.
후리명 〈후릿그물〉의 준말.
후:리(厚利)명 ①큰 이익. ②비싼 이자.
후리다타 ①휘둘러 몰다. ②모난 곳을 깎거나 베어 버리다. ¶ 모서리를 후려 내다. ③갑자기 잡아채서 빼앗다. ④그럴싸한 방법으로 남의 정신을 어지럽게 하여 꾀어내다. ¶ 사내를 후리다. ⑤휘둘러서 때리거나 치다. ¶ 따귀를 후리다. ④작호리다.
후리쁠다타 〈옛〉 휩쓸다. ¶ 후리쁠 루:摟(訓蒙下*23*).
후리-질명하자 ①후릿그물로 물고기를 잡는 일. ②모조리 후리어 들이는 짓.
후리-채명 날벌레 따위를 후려 사로잡는 데 쓰는 물건. 코가 듬성듬성한 그물에 자루가 달려 있음.
후리-후리부하형 몸이 가늘고 키가 커서 늘씬한 모양. ¶ 후리후리한 키. 작호리호리.
후림명 남을 후리는 일. 후리는 솜씨. 작호림.
후림대-수작(-酬酌)[-때-]명 남을 꾀어 후리느라고 늘어놓는 말, 또는 그 짓.
후림-불[-뿔]명 ①갑작스레 정신없이 휩쓸리는 서슬. ②남의 일에 아무 까닭 없이 걸려드는 일.
후림-비둘기[-삐-]명 다른 비둘기를 꾀어 후리어 들이는 비둘기.
후릿-가래질[-리까-/-릳까-]명하자 논둑이나 밭둑을 후리어 깎는 가래질.
후릿-고삐[-리꼬-/-릳꼬-]명 말이나 소를 후리어 몰기 위해 길게 단 고삐.
후릿-그물[-리끄-/-릳끄-]명 자루의 양 끝에 긴 줄이 달린 그물을 강이나 바다에 둘러쳐 두었다가 두 끝을 당기어 고기를 잡는 그물. 준후리.

후ː망(後望)명 후보름. ↔선망(先望).

후망(堠望)명하타 높직한 곳에 올라서서 멀리 내려다보며 경계함.

후매(詬罵)명하타 ☞후욕(詬辱).

후ː-머리(後-)명 ①순서 있게 계속하여 가는 일의 끝. ②행렬의 뒷부분. ↔선머리.

후ː면(後面)명 ①뒤쪽의 면. 뒷면. ↔전면. ②절의 큰방의 뒤쪽. 어린 사미(沙彌)들이 앉는 곳임.

후ː명(後命)명 지난날, 귀양살이를 하는 죄인에게 사약(賜藥)을 내리던 일.

후ː모(後母)명 ☞계모(繼母). ↔전모(前母).

후목-분장(朽木糞墻)[-뿐-]명 〔조각할 수 없는 썩은 나무와 고쳐 칠할 수 없는 썩은 담이란 뜻으로〕'정신이 썩어 쓸모없는 사람'을 비유하여 이르는 말.

후무리다타 남의 물건을 슬그머니 휘몰아서 제 것으로 가지다.

후ː문(後門)명 뒷문. ↔정문(正門).

후ː문(後聞)명 뒷소문.

후ː문(厚問)명하타 남의 슬픈 일이나 기쁜 일에 정중한 인사의 뜻으로 부조를 두터이 함.

후문(喉門)명 목구멍.

후물-거리다타 자꾸 후물후물하다. 후물대다.

후물-대다타 후물거리다.

후ː-물림(後-)명 남이 쓰다가 남은 물건을 물려받는 일, 또는 그 물건.

후물-후물부하타 ①이가 빠진 입으로 음식을 우물거리며 자꾸 씹는 모양. ②(입 안에 든 음식을) 잘 씹지 않고 대강대강 씹는 모양.

후미명 산길이나 물길 따위가 굽어 들어간 곳.

후ː미(後尾)명 ①뒤쪽의 끝. ②대열의 맨 끝.

후ː미(後味)명 뒷맛.

후ː미(厚味)명하형 ①음식의 맛이 진함, 또는 그 맛. ②음식이 맛이 썩 좋고 먹음직스러움, 또는 그 음식.

후미-지다형 ①산길이나 물길 따위가 매우 깊이 굽어 들어가 있다. ¶ 후미진 강기슭. ②자리가 매우 구석지고 으슥하다. ¶ 인적 없는 후미진 골목.

후ː박(厚朴)[1]명 한방에서, '후박나무의 껍질'을 약재로 이르는 말. 구토·곽란·복통·설사 등에 쓰임.

후박(厚朴)[2] '후박하다'의 어근.

후ː박(厚薄)명 ①두꺼움과 얇음. ②두텁게 대하는 일과 박하게 대하는 일. 풍박(豐薄).

후ː박-나무(厚朴-)[-방-]명 녹나뭇과의 상록 교목. 바닷가나 산기슭에 나는데 높이 20 m, 지름 1 m가량. 잎은 두껍고 긴 달걀 모양임. 늦봄에 황록색 꽃이 핌. 나무껍질은 한방에서 약재로, 목재는 가구재 따위로 쓰임.

후ː박-하다(厚朴-)[-바카-]형여 인정(人情)이 두텁고 거짓이 없다. ¶ 후박한 농촌 인심.

후ː반(後半)명 둘로 나눈 것의 뒷부분이 되는 절반. ¶ 경기는 후반에서 역전되었다. ↔전반.

후반(候班)명 임금을 뵐 때의 품계의 차례.

후ː반-기(後半期)명 한 기간을 둘로 나눈 것의 뒤의 기간. 준후기. ↔전반기.

후ː반-부(後半部)명 둘로 나눈 것의 뒤의 절반 부분. ↔전반부.

후ː-반생(後半生)명 사람의 한평생을 둘로 나누었을 경우 후반에 해당하는 인생. ↔전반생.

후ː반-전(後半戰)명 (전반과 후반으로 나누어 하는 경기에서) 후반에 하는 경기. ¶ 후반전에서 더욱 기세를 올리다. ↔전반전.

후ː발(後發)명하자 (남보다) 나중에 나서거나 떠남. ¶ 후발 업체. ↔선발(先發).

후ː발-대(後發隊)[-때]명 다른 부대보다 나중에 떠나는 부대. ↔선발대.

후ː발적 불능(後發的不能)[-쩍뿔릉] 계약이 성립될 때에는 이행할 수 있었던 일이 나중에 이행할 수 없게 된 상태.

후ː방(後方)명 ①뒤쪽. 뒤쪽에 있는 곳. ②적과 직접 마주해 있는 지역의 뒤에 있는 모든 지역. ③'전쟁이 벌어지고 있지 않은 지역이나 국내'를 전쟁터에 상대하여 이르는 말. ¶ 부상자를 후방으로 이송하다. ↔전방.

후ː방(後房)명 뒷방.

후ː배(後配)명 죽은 후실. ↔전배.

후ː배(後陪)명 ①☞위요(圍繞)[1]. ②지난날, 벼슬아치가 출입할 때에 거느리고 다니던 하인.

후ː배(後輩)명 ①(전문으로 하는 일이 같으면서) 나이나 지위·경력 따위가 아래인 사람. ②같은 학교나 직장 등에 나중에 들어온 사람. 후진. ¶ 대학교 후배. 비후생. ↔선배·전배.

후ː-백제(後百濟)[-쩨]명 후삼국(後三國)의 하나. 신라 효공왕(孝恭王) 때 상주(尙州) 사람 견훤(甄萱)이 완산주(完山州)에 세운 나라로, 건국 45년 만에 고려에 패망함. 〔892～936〕

후ː번(後番)[-뻔]명 다음 차례. 나중 번. ¶ 후번에 만나기로 약속하다.

후벼-내기명 끌밥을 후비어 내는 연장.

후ː보(後報)명 뒤의 소식. 뒤에 전해진 보도.

후ː보(厚報)명 두터운 보수.

후보(候補)명 ①앞으로 어떤 신분이나 지위에 오를 자격을 가지며 뽑힐 수 있는 범위에 들어 있는 처지, 또는 그러한 사람. ¶ 새 위원장의 후보로 부위원장이 물망에 오르다. ②선거에서, 선출되기를 바라서 스스로 나선 사람. ¶ 국회의원 후보. ③정원이 미달일 때 그 자리를 채울 자격을 가진 처지, 또는 그러한 사람. ¶ 국가 대표 후보 선수.

후ː-보름(後-)명 한 달을 둘로 나눈 뒤쪽의 보름 동안, 곧 열엿새부터 그믐날까지의 동안. 후망(後望). ↔선보름.

후보-생(候補生)명 일정한 과정을 마침으로써 어떤 직위에 오를 수 있는 자격을 갖춘 생도.

후보-자(候補者)명 후보가 되는 사람.

후ː부(後夫)명 후살이하는 여자의 남편. 계부(繼夫). 후서방.

후ː부(後部)명 ①뒤의 부분. ↔전부(前部). ②대오나 행렬의 뒤의 부분.

후ː분(後分)명 사람의 한평생을 초분·중분·후분의 셋으로 나눈 것의 마지막 부분. 늘그막의 운수.

후ː불(後佛)명 ①미래에 나타난다는 '미륵불(彌勒佛)'을 달리 이르는 말. ②불상 뒤의, 천이나 종이에 그려 붙인 부처의 그림.

후ː불(後拂)명하타되자 물건을 먼저 받거나 일을 모두 마친 뒤에 돈을 치름. ↔선불(先拂).

후ː비(后妃)명 임금의 아내. 준후(后).

후비다타 ①구멍이나 틈 따위의 속을 넓고 깊게 긁어 도려내다. ②속에 붙은 것을 구멍을 통하여 어떤 기구로 끄집어내다. ¶ 귀를 후비다. ③일의 비밀이나 내막을 자세히 캐다. 작호비다. 여우비다.

후비적-거리다[-꺼-]타 자꾸 후비적후비적하다. 후비적대다. 작호비작거리다. 여우비적거리다.

후비적-대다[-때-]타 후비적거리다.

후비적-후비적[-저쿠-] 부 하타 자꾸 후비어 파내는 모양. 작호비작호비작. 여우비적우비적.
후ː사(後事) 명 ①뒷일. ②죽은 뒤의 일.
후ː사(後嗣) 명 대를 잇는 아들. 후승(後承). ¶ 후사를 보다.
후ː사(厚賜) 명 하타 (윗사람이 아랫사람에게 물품 따위를) 후하게 내려 줌.
후ː사(厚謝) 명 하자 후하게 사례함, 또는 그 사례. ¶ 지갑을 주워서 돌려준 사람에게 후사하다.
후ː산(後山) 명 풍수설에서, 도읍터·집터·묏자리 따위의 뒤쪽에 있는 산을 이르는 말.
후ː산(後産) 명 하자 산모가 아이를 낳은 뒤에 내반이나 난막 따위가 나오는 일.
후ː-살이(後-) 명 하자 여자가 개가하여 사는 일. 개가(改嫁). 후가(後嫁).
후ː-삼국(後三國) 명 신라 말의 '신라·후백제·태봉의 삼국'을 아울러 이르는 말.
후ː상(厚賞) 명 하타 후하게 상을 줌, 또는 그런 상.
후ː생(後生) 명 ①자기보다 뒤에 태어난(태어날) 사람. 후대의 사람. ②자기보다 뒤에 배우는 사람. 비후배·후진. ③☞내생(來生).
후ː생(厚生) 명 생활이 넉넉해지도록 돕는 일. ¶ 후생 복지.
후ː생^광ː상(後生鑛床) 명 광물을 지닌 바위가 생겨난 뒤에 생긴 광상.
후ː생-동물(後生動物) 명 단세포인 원생동물을 뺀, 다른 모든 동물을 통틀어 이르는 말.
후ː생-비(厚生費) 명 후생을 위해 쓰이는 돈.
후ː생^시ː설(厚生施設) 명 후생을 위해 베풀어 놓은 시설.
후ː생^주ː택(厚生住宅) 명 주택난을 덜기 위하여 입주자(入住者)가 큰 부담이 되지 아니하는 지불 방법으로 살 수 있도록 지은 주택.
후ː-서방(後書房)[-써-] 명 ☞후부(後夫).
후설(喉舌) 명 ①목구멍과 혀. ②〈후설지신〉의 준말.
후ː설^모ː음(後舌母音) 명 혀의 뒤쪽 바닥을 높이어 연구개에 가까이 하고 입술을 동글게 하여 소리 내는 단모음. 〔'ㅗ'·'ㅜ'가 이에 딸림.〕 참전설 모음·중설 모음.
후ː설-음(後舌音) 명 ☞연구개음.
후설지신(喉舌之臣)[-찌-] 명 후설지임을 맡은 신하. 준후설.
후설지임(喉舌之任)[-찌-] 명 〔왕조 때, 임금의 명령과 조정의 언론을 맡았다는 뜻으로〕 '승지의 직임(職任)'을 이르던 말.
후ː성(後聖) 명 뒷세대에 나타난 성인.
후성(喉聲) 명 목소리.
후ː세(後世) 명 ①뒤의 세상. 뒷세상. ¶ 후세에 남기다. ②다음에 오는 세대의 사람들. ③☞내세(來世). 미래세. ↔전세(前世).
후ː속(後續) 명 하자 되자 뒤를 이음. ¶ 후속 드라마. /후속 조처를 취하다.
후ː속(後屬) 명 ☞후손(後孫).
후손(朽損) 명 하자 되자 나무 따위가 썩어서 헒.
후ː손(後孫) 명 여러 대가 지난 뒤의 자손. 성손(姓孫). 세사(世嗣). 여예(餘裔). 자손. 후속(後屬). 후예. 준손(孫).
후ː송(後送) 명 하타 되자 ①후방으로 보냄. ¶ 후송 열차. ②나중에 보냄.
후ː쇄-본(後刷本) 명 ☞후인본(後印本).
후ː수(後手) 명 바둑이나 장기 따위에서, 뒤에 두는 일. 또는, 상대편에게 선수를 빼앗기어 이끌려 따라 두는 일. ↔선수(先手).
후ː수(後綬) 명 지난날, 예복이나 제복을 입을 때 뒤에서 띠 아래로 늘어뜨리던 수놓은 천.
후ː수(厚酬) 명 두둑한 보수.
후ː순위-채(後順位債) 명 ☞후순위 채권.
후ː순위^채ː권(後順位債券)[-꿘] 명 채권을 발행한 기업이 도산했을 경우, 채권자들에게 진 빚을 모두 갚은 후에야 지급을 요구할 수 있는 채권. 채권 이자가 시중 금리보다 월등히 높음. 후순위채.
후ː술(後述) 명 하자·타 뒤에 기술함. ↔전술(前述).
후ː승(後承) 명 ☞후사(後嗣).
후ː식(後食) 명 ①하타 (무엇을) 나중에 먹음. ②☞디저트.
후ː신(後身) 명 ①다시 태어난 몸. ②(어떤 물체나 단체 따위가 변하였을 때) 변하기 전의 것에 대하여 '변한 후의 것'을 이르는 말. ¶ 미술 전문 학교의 후신인 예술 대학. ↔전신(前身).
후-신경(嗅神經) 명 콧구멍 속의 점막에 분포되어 냄새를 맡는 감각 신경.
후ː실(後室) 명 〈후처〉의 높임말. 계배(繼配). 계실(繼室). 후실댁.
후ː실-댁(後室宅)[-땍] 명 ☞후실.
후ː안(厚顔) 명 하형 〔낯가죽이 두껍다는 뜻으로〕 '뻔뻔스러움'을 이르는 말. 철면피.
후안(候雁) 명 철에 따라 깃들이는 곳을 달리하는 기러기.
후ː안-무치(厚顔無恥) 명 하형 뻔뻔스러워 부끄러움을 모름. ¶ 후안무치한 인물.
후ː약(後約) 명 뒷날의 약속. 뒤에 하기로 하는 기약.
후여 감 ☞쉬.
후약(嗅藥) 명 냄새를 맡아서 그 자극으로 진정시키거나 정신을 차리게 하는 약.
후ː열(後列) 명 뒤로 늘어선 줄. ↔전열(前列).
후ː염(後染) 명 〈후렴(後染)〉의 본딧말.
후ː예(後裔) 명 ☞후손(後孫).
후욕(詬辱) 명 하타 꾸짖고 욕함. 후매(詬罵).
후ː원(後苑) 명 왕비가 거처하는 곳에 풍치로 만들어 놓은 동산.
후ː원(後援) 명 하타 뒤에서 도와줌. ¶ 후원 단체. /후원을 받다.
후ː원(後園) 명 집 뒤에 있는 작은 동산이나 정원.
후ː원-군(後援軍) 명 후원의 사명을 띤 군대.
후ː원-금(後援金) 명 개인이나 단체의 활동·사업 등을 돕기 위한 기부금. ¶ 독지가의 후원금으로 운영되는 고아원.
후ː원-자(後援者) 명 후원하여 주는 사람.
후ː원-회(後援會)[-회/-훼] 명 어떤 개인이나 단체를 도와주기 위하여 조직된 모임.
후ː위(後衛) 명 ①(진지 따위의) 뒤쪽을 지키는 사람. ②〈후위대〉의 준말. ③(테니스·배구 따위에서) 자기편의 뒤쪽을 지키는 선수. ¶ 후위 공격. ↔전위(前衛).
후ː위-대(後衛隊) 명 본대(本隊)의 뒤쪽을 호위하는 부대. 준후위.
후유 감 ①일이 몹시 고되고 힘에 부칠 때 내는 소리. ②잔뜩 긴장하였다가 겨우 마음을 놓게 될 때 숨을 크게 내쉬는 소리. 준후2.
후ː유-증(後遺症)[-쯩] 명 ①병을 앓다가 회복한 뒤에도 남아 있는 병적 증세. ②어떤 일을 치르고 난 뒤에 생긴 여러 가지 부작용.
후ː은(厚恩) 명 두터운 은혜.
후음(喉音) 명 내쉬는 숨으로 목젖을 마찰하여 내는 소리. 〔옛 자모인 'ㆁ'·'ㆆ'·'ㅎ' 따위.〕 목소리. 목구멍소리. 후두음.

후ː의(厚意)[-의/-이]명 남을 위해 베푸는 두터운 마음씨. 후정(厚情). ¶ 후의에 감사하다.
후ː의(厚誼)[-의/-이]명 서로 사귀어 두터워진 정의(情誼). ¶ 후의를 다지다.
후ː인(後人)명 뒷시대의 사람. 후세의 사람. 훗사람. ↔선인(先人)·전인(前人).
후ː인-본(後印本)명 (목판본에 있어서) 같은 판에서 뒤에 박아 낸 책. 후쇄본. ↔초인본.
후ː일(後日)명 뒷날. 훗날. ↔전일(前日).
후ː일-담(後日談·後日譚)[-땀]명 (어떤 일이 다 끝난 후에) 그 일 또는 그 일 이후에 벌어진 경과에 대하여 덧붙이는 세세하고 자질구레한 이야기.
후ː임(後任)명 (어떤 지위나 직책 따위를) 앞사람에 대신하여 그 임무를 맡는 일, 또는 그 사람. ¶ 후임 장관. ↔선임(先任)·전임(前任).
후ː임-자(後任者)명 후임으로 들어선 사람. ↔선임자·전임자.
후ː자(後者)명 둘을 들어 말한 가운데서 뒤의 것이나 사람. ¶ 후자의 견해가 옳다. ↔전자(前者).
후작(侯爵)명 오등작(五等爵)의 둘째 작위. 공작의 아래, 백작의 위. 준후(侯).
후ː작(後作)명 ①(지금의 작품이 아닌) 뒤의 작품. ②뒷그루. ↔전작(前作).
후ː장(後場)[1]명 거래소에서, 오후에 여는 거래. ↔전장(前場).
후ː장(後場)[2]명 다음 번에 서는 장.
후장 떡이 클지 작을지 누가 아나속담 미래의 일은 짐작하기가 어렵다는 말.
후ː장(後裝)명하타 총신이나 포신의 뒷부분에 있는 폐쇄기를 여닫아 탄약을 장전함, 또는 그러한 장치. 참전장(前裝).
후ː장(厚葬)명하타 후하게 장례를 치름, 또는 그 장례.
후ː정(後庭)명 뒤꼍. 뒤뜰.
후ː정(厚情)명 ☞후의(厚意).
후ː-제(後-)명 뒷날의 어느 때.
후조(候鳥)명 철새.
후ː주(後主)명 뒤를 이은 임금. 특히, 사가(史家)가 말엽의 임금을 이르는 말. 촉나라의 유선(劉禪) 등. ↔선주(先主).
후ː주(後酒)명 술의 웃국을 떠내고 재강에 물을 부어 다시 거른 술.
후줄근-하다형여 ①옷이나 피륙 따위가 젖어서 풀기가 없어져 추레하다. ②몸이 지쳐 기운이 없다. 작호졸근하다. **후줄근-히**부.
후ː중명 품질이 좋은 소나무로 짠 널.
후ː중(後重)명하형 대변을 눌 때에 뒤가 무지근한 느낌이 있음.
후ː중-기(後重氣)[-끼]명 뒤가 무지근한 기운이나 느낌.
후ː증(後證)명 뒷날의 증거.
후증(喉症)[-쯩]명 ☞인후병(咽喉病).
후ː지(後肢)명 뒷다리.
후ː지(厚志)명 두터운 정. 친절한 마음.
후ː지(厚紙)명 두껍고 무게가 있는 종이.
후직(后稷)명 ①고대 중국의 순(舜)임금 때, 농사일을 관장하던 관직 이름. ②중국 주나라의 선조. 농사일을 잘 다스렸다 함.
후ː진(後陣)명 뒤쪽에 친 진. ↔전진(前陣).
후ː진(後進)명 ①하자사회나 관계(官界) 따위에 뒤늦게 나아감, 또는 그런 사람. ②☞후배. ¶ 후진을 위해 물러나다. 비후생(後生). ③하자문물의 발달이 뒤떨어짐. ↔선진. ④하자차 따위가 뒤쪽으로 나아감. 후퇴. ↔전진(前進).
후ː진-국(後進國)명 산업·경제·문화 따위가 다른 나라보다 뒤떨어진 나라. ↔선진국.
후ː진-성(後進性)[-썽]명 (어떤 생각이나 상태 따위가) 일정한 수준에서 뒤지거나 뒤떨어진 모양, 또는 그러한 성질.
후ː집(後集)명 시집이나 문집 따위를 낸 뒤에 그것에 잇대어서 내거나, 또는 다시 추리어서 만든 책. ↔전집(前集).
후ː처(後妻)명 ①재취하여 맞은 아내. ②〈재취〉·〈후취〉·〈후실〉의 낮춤말. 높계실. ↔전처(前妻).
후ː천(後天)명 ①천운(天運)에 뒤짐. ②성질·체질·질병 따위를 태어난 뒤의 여러 가지 경험이나 지식을 통해 지니게 되는 일. ↔선천(先天). ③천도교에서, 천도교가 창건된 이후의 세상을 이르는 말. ¶ 후천 개벽.
후ː천-론(後天論)[-논]명 ①온갖 사상이나 사실은 모두 경험에 따라 이루어진 것이라는 학설. ②모든 도덕적 의식은 경험에서 나온다는 학설.
후ː천-병(後天病)[-뼝]명 유전 없이 후천적으로 생기는 병.
후ː천-사(後天事)명 현실과는 상관없는 먼 뒷날의 일.
후ː천성^면ː역^결핍증(後天性免疫缺乏症)[-썽-결-쯩]명 인간 면역 결핍 바이러스가 생체의 면역 기구를 파괴하는, 사망률이 높은 병. 에이즈.
후ː천-적(後天的)관명 ①태어난 뒤에 얻게 된 성질의 (것). ¶ 후천적 노력. /교통사고로 인한 후천적인 장애. ②☞아 포스테리오리. ↔선천적(先天的).
후추명 후추나무의 열매. 호초(胡椒).
후추-나무명 후춧과의 상록 만목. 인도 남부 원산의 재배 식물. 줄기는 지름 2 cm가량으로 원기둥 모양이며, 잎은 두껍고 넓은 달걀 모양임. 열매는 둥글고 붉게 익는데, 맵고 향기로워 조미료로 쓰임.
후출-하다형여 배 속이 비어 먹고 싶은 느낌이 있다.
후춧-가루[-추까-/-춛까-]명 후추를 갈아서 만든 가루. 양념으로 쓰임.
후충(候蟲)명 철을 따라 나오는 벌레. 〔봄의 나비, 가을의 귀뚜라미 따위.〕
후ː취(後娶)명하타 ☞재취(再娶). 낮후처(後妻). ↔전취(前娶).
후ː치-사(後置詞)명 체언의 뒤에 놓여, 그 체언과 다른 단어와의 문법적 관계를 나타내는 말. 참전치사.
후킹(hooking)명 럭비에서, 스크럼에 들어간 공을 발로 자기편으로 끌어내는 일.
후ː탈(後頉)명 ①병이 나은 뒤나 해산한 뒤에 생기는 몸의 병증. ②일을 치르고 난 뒤에 생기는 탈. ②뒤탈. 참후더침.
후터분-하다형여 불쾌할 정도로 무더운 기운이 있다. ¶ 후터분한 공기. **후터분-히**부.
후텁지근-하다[-찌-]형여 매우 후터분하다. ¶ 장마철의 후텁지근한 날씨. 비후덥지근하다. **후텁지근-히**부.
후토(后土)명 토지의 신.
후ː퇴(後退)[-퇴/-퉤]명하자 ①뒤로 물러감. 후진(後進). ¶ 작전상의 후퇴. ↔전진(前進). ②(발전하지 못하고) 기운이 약해짐. ¶ 주택 경기의 후퇴. /개혁 의지가 후퇴하다. ③집채의 뒤쪽으로 이어 놓은 물림.

후투티 명 후투팃과의 새. 몸길이 28 cm가량. 날개와 꽁지는 흑색과 백색의 줄무늬가 있고, 등은 분홍색을 띤 갈색, 배는 흼. 부리는 길고 갈고리처럼 굽었으며 파도 모양으로 천천히 낢. 농촌 또는 농경지 부근이나 야산에서 암수가 함께 삶. 우리나라에서는 중부 이북에서 볼 수 있는 드문 여름새임. 오디새.

후파문-하다 형여 〔많고 푸지다는 뜻으로〕 '생각한 것보다 너무 적음'을 비꼬는 말.

후패(朽敗) 명하자 썩어서 쓸모가 없게 됨.

후:편(後便) 명 ①뒤쪽. ②나중에 가는 인편이나 사편. ③나중에 보내는 편지.

후:편(後篇) 명 두 편으로 나누어진 책이나 영화 따위의 뒤편. ↔전편(前篇).

후:폐(後弊) [-폐/-페] 명 뒷날의 폐단.

후:폐(厚幣) [-폐/-페] 명 두터운 예물.

후:폭(後幅) 명 뒤폭.

후:풍(厚風) 명 순박하고 인정이 두터운 풍속.

후풍(候風) 명하자 배가 떠날 무렵에 순풍을 기다림.

후:필(後筆) 명 문필가의 후진(後進)을 이르는 말.

후:-하다(厚-) 형여 ①인심이 두텁다. ②얇지 않고 두껍다. ③(마음씀이나 태도 따위가) 인색하지 않다. ¶ 후한 보수. ↔박하다. **후-히** 부.

후:학(後學) 명 ①후진의 학자. 말학(末學). ¶ 후학을 양성하다. ↔선학. ②뒷날에 도움이 될 학문. ③학자가 '자기'를 겸손하게 이르는 말.

후:항(後項) 명 ①뒤에 적힌 조항. ②둘 이상의 항 가운데서 뒤의 항. ↔전항(前項).

후:행(後行) 명 ①혼인 때 신부나 신랑을 데리고 가는 사람. 위요(圍繞)[1]. ②하자 뒤에 처져 감. ③하자 어떤 현상보다 뒤에 일어나거나 진행됨.

후:-형질(後形質) 명 원형질의 생활 작용의 결과로 생긴 배설물이나 저장물.

후:환(後患) 명 (어떤 일로 말미암아) 뒷날에 생기는 걱정이나 근심. ¶ 후환이 두렵다.

후:황(厚況) 명 넉넉하게 받는 봉록(俸祿).

후:회(後悔) [-회/-훼] 명하자타되자 이전의 잘못을 뉘우침. ¶ 그때의 일이 두고두고 후회된다.

후:회-막급(後悔莫及) [-회-끕/-훼-끕] 명 일이 잘못된 뒤라 아무리 뉘우쳐도 어찌할 수 없음. 서제막급(噬臍莫及). 추회막급(追悔莫及).

후:회-막심(後悔莫甚) [-회-씸/-훼-씸] 명 매우 후회스러움. ¶ 내가 왜 그때 그 사람을 잡지 않았는지 후회막심이다.

후-후 부하타 입을 둥글게 오므려 내밀고 입김을 자꾸 세게 내뿜는 소리, 또는 그 모양. ¶ 뜨거운 물을 후후 불며 마시다. 작 호호[2].

후후-거리다 타 자꾸 후후하며 입김을 불다. 후후대다. 작 호호거리다[2].

후:-후년(後後年) 명 ☞내후년(來後年).

후후-대다 타 후후거리다.

훅 부 ①액체를 단숨에 세게 들이마실 때 나는 소리. ¶ 소주 한 잔을 훅 들이켜다. ②입을 오므리고 입김을 한 번 세게 내부는 소리. ¶ 담배 연기를 훅 내뿜다. ③높은 데를 가볍게 뛰어넘는 모양. ¶ 장애물을 훅 뛰어넘다. ①②작 혹[2]. **훅-훅** 부하자타.

훅(hook) 명 권투에서, 팔꿈치를 꾸부리고 옆으로 치는 일.

훅-하다 [후카-] 자여 날쌔게 덤비다.

훅-훅 [후쿡] 부하자 더운 기운이 세차게 끼치는 모양.

훈:(訓) 명 한자의 새김.

훈(暈) 명 ①어떤 물체의 중심을 향해 색다른 빛으로 고리처럼 둘린 테. 〔햇무리·달무리 따위.〕 ②부스럼의 가로 돌리어 있는 독기. ③그림이나 글씨의 획에서 번지는 먹이나 물감의 흔적.

훈(勳) 명 ①〈훈공(勳功)〉의 준말. ②〈훈위(勳位)〉의 준말.

훈(壎·塤) 명 질로 구워 만든 고대 중국 악기의 한 가지.

훈(薰) 명하자 약재를 태우거나 강한 열을 가하여 거기에서 발산되는 기운을 쐬어 병을 다스리는 일.

훈감-하다 형여 ①맛이 진하고 냄새가 좋다. ②푸짐하고 호화스럽다.

훈:계(訓戒) [-계/-게] 명하자타 타일러 경계함. ¶ 훈계를 늘어놓다.

훈:계^방:면(訓戒放免) [-계-/-게-] 명 경범자(輕犯者)를 훈계하여 놓아줌. 준 훈방.

훈:고(訓告) 명하타 알아듣도록 깨우치고 타이름.

훈:고(訓詁) 명 경서(經書)의 고증·해명·주석 등을 통틀어 이르는 말.

훈:고-학(訓詁學) 명 경서의 어려운 낱말이나 어구를 연구하는 학문.

훈공(勳功) 명 나라를 위하여 세운 공로. 공훈. 훈로(勳勞). 준 훈(勳).

훈관(勳官) 명 작호(爵號)만 있고, 직분(職分)은 없는 벼슬.

훈구-파(勳舊派) 명 조선 초기의 각종 정변(政變)에서 공을 세워 높은 관직을 지내던 관료층을 이르는 말. 관학파(官學派).

훈기(勳記) 명 훈장과 더불어 내리는 증서.

훈기(薰氣) 명 ①훈훈한 기운. ¶ 방 안에 훈기가 돌다. ②인정으로 생기는 '훈훈한 분위기'를 비유하여 이르는 말. 훈김.

훈-김(薰-) 명 ①김 따위로 말미암아 생기는 훈훈한 기운. ②'권세 있는 사람의 세력'을 비유하여 이르는 말. ③☞훈기(薰氣).

훈도(薰陶) 명하타되자 학문이나 덕으로써 사람을 감화(感化)함.

훈:독(訓讀) 명하타 한자의 뜻을 새기어 읽음. ↔음독(音讀).

훈등(勳等) 명 훈공의 등급.

훈:련(訓鍊·訓練) [훌-] 명하자되자 무예나 기술 등을 실지로 활용할 수 있도록 배워 익힘. ¶ 예비군 훈련.

훈:련-대장(訓鍊大將) [훌-] 명 조선 시대, 훈련도감의 종이품의 주장(主將).

훈:련-도감(訓鍊都監) [훌-] 명 조선 시대, 임진왜란 뒤에 오위(五衛)의 군제가 무너지고 생긴 오군영(五軍營)의 하나. 수도를 경비하고 삼수(三手)의 무예를 훈련하였음.

훈:련도감-본(訓鍊都監本) [훌-] 명 조선 시대에, 훈련도감에서 간행한 책. 〔주로, 목활자본(木活字本)인 점이 특징임.〕

훈:련-병(訓鍊兵) [훌-] 명 훈련 기관에서 훈련을 받고 있는 병사. 준 훈병.

훈:련-소(訓鍊所) [훌-] 명 훈련을 하기 위하여 마련한 처소, 또는 그 기관. ¶ 신병 훈련소. / 훈련소에 입소하다.

훈:련-원(訓鍊院) [훌-] 명 조선 시대에, 병사의 시재(試才), 무예의 연습, 병서의 강서(講書) 등에 관한 일을 맡아보던 관아.

훈:령(訓令) [훌-] 명하자타 상급 관청이 하급 관청에 내리는 훈시나 명령.

훈로(勳勞) [훌-] 명 ☞훈공(勳功).

훈륜(暈輪) [훌-] 명 ☞훈위(暈圍).

훈명(勳名) 명 ☞훈호(勳號).

훈:몽(訓蒙) 명하자 어린아이나 초학자(初學者)에게 글을 가르침.

훈ː몽-자회(訓蒙字會)[-회/-훼]명 조선 중종 때, 최세진(崔世珍)이 지은 한자 학습서. 3360자의 한자를 사물에 따라 갈라 한글로 음과 뜻을 달았음. 고어 연구에 귀중한 자료임.

훈문(薰門)명 권세 있는 집안.

훈ː민(訓民)명하자 국민을 가르침.

훈ː민-가(訓民歌)명 조선 선조 때, 정철(鄭澈)이 지은 연시조. 강원도 관찰사로 가 있을 때 백성들을 가르치기 위해 지은 16수의 노래.

훈ː민-정음(訓民正音)명 ①조선 세종 25(1443)년에 세종 대왕이 집현전 학자들의 도움을 얻어 처음 만든 우리나라 글자. 모음 11자, 자음 17자로 되어 있음. 준정음(正音)2. ②조선 세종 28(1446)년에 훈민정음 28자를 세상에 반포하기 위해 펴낸 책. 참한글.

훈ː방(訓放)명하타되자 〈훈계 방면〉의 준말.

훈벌(勳閥)명 훈공이 있는 문벌.

훈ː병(訓兵)명 〈훈련병〉의 준말.

훈봉(勳封)명 지난날, 봉작(封爵)과 증직(贈職)을 아울러 이르던 말.

훈ː사(訓辭)명 가르치어 타이르는 말.

훈상(勳賞)명 나라를 위하여 세운 공로에 대한 상.

훈색(暈色)명 무지개 따위처럼 선이 분명하지 않고 희미하게 보이는 빛깔. 운색(暈色).

훈ː수(訓手)명하자타 바둑이나 장기 따위를 둘 때에 구경하던 사람이 끼어들어 수를 가르쳐 줌, 또는 그 일. ¶ 훈수를 두다.

훈습(薰習)명하타 〔향이 그 냄새를 옷에 배게 한다는 뜻으로〕 불교에서, 우리가 행하는 선악이 없어지지 아니하고 반드시 어떤 인상이나 힘을 마음속에 남김을 이르는 말.

훈ː시(訓示)명하자타 ①가르쳐 보임. ②상관이 집무상의 주의 사항을 부하 관리에게 일러 보임. ¶ 일장 훈시를 늘어놓다.

훈신(勳臣)명 나라를 위하여 세운 공로가 있는 신하.

훈약(薰藥)명 한방에서, 불에 태워서 그 기운을 쐬어 병을 다스리는 약.

훈업(勳業)명 ☞공업(功業). 공렬(功烈).

훈연(燻煙)명하타 연기를 피워서 그슬림, 또는 그 연기.

훈연(薰煙)명 좋은 냄새가 나는 연기.

훈열(薰熱) '훈열하다'의 어근.

훈열-하다(薰熱-)형여 ☞훈증하다.

훈영(暈影)명 반사 광선에 따라 생기는 사진 면의 테두리.

훈위(暈圍)명 달무리나 햇무리 따위의 둥근 테두리. 훈륜(暈輪).

훈위(勳位)명 ①공훈과 위계(位階). ②공훈에 따라 주어진 위계. 준훈(勳).

훈ː유(訓諭·訓喩)명하타 가르쳐 타이름.

훈유(薰蕕)명 〔향내 나는 풀과 나쁜 냄새 나는 풀이라는 뜻으로〕 '착한 사람과 못된 사람'을 비유하여 이르는 말.

훈ː육(訓育)명 ①하타되자가르쳐 기름. ¶ 할아버지께서는 손자를 엄하게 훈육하신다. ②의지나 감정을 함양하여 바람직한 인격의 형성을 목적으로 하는 교육.

훈육(燻肉)명 훈제한 짐승의 고기나 물고기.

훈작(勳爵)명 훈등과 작위.

훈ː장(訓長)명 글방의 선생. 참학구(學究).

훈장 똥은 개도 안 먹는다속담 〔애탄 사람의 똥은 매우 쓰다는 뜻으로〕 '선생 노릇이 매우 힘듦'을 비유하여 이르는 말.

훈장(勳章)명 훈공이 있는 사람에게 국가에서 표창하기 위하여 내리는 휘장(徽章). 훈패(勳牌).

훈ː장-질(訓長-)명하자 ①글방의 선생 노릇. ②'학생을 가르치는 일'을 속되게 이르는 말.

훈적(勳籍)명 공훈(功勳)이 있는 신하의 업적을 적은 기록.

훈ː전(訓電)명 전보로 보내는 훈령.

훈제(燻製)명하타 소금에 절인 고기 따위를 연기에 그슬려 말림, 또는 그런 것. ¶ 훈제 연어.

훈제-품(燻製品)명 육류나 어패류를 훈제하여 만든 음식.

훈^족(Hun族)명 4세기 말에 후한에게 쫓겨 서쪽으로 달아나, 유럽에 침입함으로써 게르만 민족의 대이동이 일어나게 한 동양 민족. 참흉노.

훈증(燻蒸)명하타 더운 연기에 쐬어서 찜.

훈증(薰蒸) '훈증하다'의 어근.

훈증-제(燻蒸劑)명 독이 있는 가스를 발생하여 병균이나 해충을 죽이는 약제.

훈증-하다(薰蒸-)형여 찌는 듯이 무덥다. 훈열하다.

훈채(葷菜)명 마늘이나 파처럼 특이한 냄새가 나는 채소.

훈척(勳戚)명 나라에 훈공이 있는 임금의 친척.

훈ː칙(訓飭)명하타 훈령을 내려서 경계하여 단속함.

훈퇴(燻腿)[-퇴/-퉤]명 ☞햄(ham)1.

훈패(勳牌)명 ☞훈장(勳章).

훈풍(薰風)명 초여름에 부는 훈훈한 바람.

훈ː학(訓學)명하타 글방에서 아이들에게 글을 가르치는 일.

훈호(勳號)명 훈공이 있는 사람에게 주는 칭호. 훈명(勳名).

훈ː화(訓話)명하자 교훈의 말. 훈시하는 말.

훈화(薰化)명하타 훈도(薰陶)하여 좋은 길로 인도함.

훈ː회(訓誨)[-회/-훼]명하타 가르치고 일깨움.

훈훈(薰薰) '훈훈(薰薰)하다'의 어근.

훈훈(醺醺) '훈훈(醺醺)하다'의 어근.

훈훈-하다(薰薰-)형여 ①(날씨나 온도가) 견디기에 알맞을 정도로 덥다. ¶ 방 안이 훈훈하다. ②마음을 포근히 감싸 주는 따뜻함이 있다. ¶ 훈훈한 인정. **훈훈-히**부 ¶ 훈훈히 불어오는 봄바람.

훈훈-하다(醺醺-)형여 술이 얼근하게 취하다. **훈훈-히**부.

훈흑(曛黑) '훈흑하다'의 어근.

훈흑-하다(曛黑-)[-흐카-]형여 해가 지고 어둑어둑하다.

훌-닦다[-닥따]타 남의 잘못이나 약점을 들어 몹시 나무라다. 준닦다.

훌닦-이다자 〖'훌닦다'의 피동〗 훌닦음을 당하다. 준닦이다.

훌떡부 ①속의 것이 드러나게 홀랑 벗어진 모양. ¶ 젊은 나이에 머리가 훌떡 벗어졌다. ②(옷 따위) 가린 것을 죄다 벗거나 벗은 모양. ¶ 웃통을 훌떡 벗어 던지고 대들다. ③죄다 뒤집거나 뒤집히는 모양. ¶ 보트가 훌떡 뒤집히다. ④하타큰 동작으로 힘들이지 않고 뛰어넘는 모양. ¶ 장애물을 훌떡 뛰어넘다. 작홀딱. **훌떡-훌떡**부하타.

훌떡-거리다1[-꺼-]자 신이 아주 헐거워서 자꾸 벗어지다. 훌떡대다1. 작홀딱거리다1.

훌떡-거리다2[-꺼-]타 ①자꾸 힘차게 뛰거나 뛰어놀다. ②자꾸 남김없이 날쌔게 먹어 치우다. 훌떡대다2. 작홀딱거리다2.

훌떡-대다1[-때-]자 ☞훌떡거리다1.

훌떡-대다2[-때-][타] ☞훌떡거리다2.
훌떡-훌떡[-떠쿨-][부][하자] ①신이 헐거워서 자꾸 벗어지려고 하는 모양. ②헐거워서 가만히 붙어 있지 않고 자꾸 움직이는 모양. [작]홀딱홀딱.
훌:라[감] 마작(麻雀)할 때에 장원(壯元)이 났다는 뜻으로 외치는 말.
훌라^댄스(hula dance)[명] 하와이의 민속 무용. 잔걸음질을 하면서 손과 팔을 유연하게 움직이며 추는 춤. 허리 부분을 떠는 것이 특징임. 훌라춤.
훌라-들이다[타] 함부로 힘차게 쑤시거나 훑다. [작]홀라들이다.
훌라-춤(hula-)[명] ☞훌라 댄스.
훌라후:프(Hula-Hoop)[명] 허리를 흔들어 둥근 테를 빙빙 돌리는 놀이, 또는 그 테. 〔상표명에서 유래함.〕
훌러덩[부] '훌렁'의 본딧말.
훌렁[부] ①(가린 것을 벗어) 속의 것을 모두 드러내는 모양. ¶ 모델이 스스럼없이 알몸을 훌렁 드러내다. ②벗어지거나 벗은 모양. ¶ 훌렁 벗겨진 이마. ③[하자]들어갈 물건이 구멍보다 작아서 헐겁게 들어가는 모양. ¶ 마개가 헐겁게 훌렁 들어가다. ④미끄럽게 뒤집히는 모양. ⑤가지고 있던 것을 다 날려 버리는 모양. ¶ 노름으로 집 한 채를 훌렁 날리다. [본]훌러덩. [작]홀랑. **훌렁-훌렁**[부][하자].
훌렁-거리다[자] 자꾸 훌렁훌렁하다. 훌렁대다. [작]홀랑거리다.
훌렁-대다[자] 훌렁거리다.
훌렁이-질[명][하자] 자꾸 훌라들이는 짓. [작]홀랑이질.
훌렁이-치다[타] 훌렁이질을 계속하다. [작]홀랑이치다.
훌렁-하다[형][여] 들어가는 물체가 구멍보다 작아서 헐거운 느낌이 있다. [작]홀랑하다.
훌렁-훌렁[부] ①[하형]매우 훌렁한 모양. ②[하자]들어갈 물건이 구멍보다 작아서 헐겁게 자꾸 드나드는 모양. [작]홀랑홀랑.
훌륭-하다[형][여] 매우 좋아서 나무랄 데가 없다. ¶ 훌륭한 사람./훌륭한 작품. **훌륭-히**[부].
훌:리건(hooligan)[명] 경기장에서 난동을 일으키는 광적인 축구 팬.
훌부드르르-하다[형][여] 피륙 따위가 가볍고 부들부들하다. [준]훌부들하다. [작]홀보드르르하다.
훌부들-하다[형][여] 〈훌부드르르하다〉의 준말. [작]홀보들하다.
훌-부시다[타] ①그릇 따위를 한꺼번에 몰아서 씻다. ②음식을 남기지 아니하고 죄다 먹다.
훌-뿌리다[타] ①눈·비 따위가 마구 날리면서 내리다. ②업신여겨 냉정하게 뿌리치다.
훌쩍1[부] ①[하타]액체를 단숨에 들이마시는 모양, 또는 그런 소리. ¶ 술을 훌쩍 마시다. ②단번에 가볍게 뛰거나 날아오르는 모양. ¶ 훌쩍 담장을 뛰어넘다. ③[하자타]콧물을 들이마시며 우는 모양, 또는 그 소리. [작]홀짝. **훌쩍-훌쩍**[부][하자타].
훌쩍2[부] 망설이지 않고 갑자기 떠나가는 모양. ¶ 배낭 하나 달랑 메고 훌쩍 여행을 떠나다.
훌쩍-거리다[-꺼-][자타] 자꾸 훌쩍훌쩍하다. 훌쩍대다. [작]홀짝거리다.
훌쩍-대다[-때-][자타] 훌쩍거리다.
훌쩍-이다 [I][자] 콧물을 들이마시며 울다. ¶ 슬픈 영화를 보며 훌쩍이다. [작]홀짝이다.
[II][타] 액체를 단숨에 들이마시다. [작]홀짝이다.
훌쭉-하다[-쭈카-][형][여] ①몸이 가늘고 길다. ②끝이 뾰족하고 길다. ③(앓거나 지쳐서) 몸이 야위어 보이다. ④(속이 비어) 안으로 우므러져 있다. ¶ 허기져 배가 훌쭉하다. [작]홀쭉하다. **훌쭉-히**[부].
훌치다1[자] 등잔불이나 촛불 따위의 불꽃이 바람에 쏠리다.
훌치다2[타] 풀리지 않도록 단단히 동이거나 벗어나지 못하도록 조처하다. [작]홀치다.
훌훌(←倏忽·儵忽) '훌훌하다'의 어근.
훌:훌-하다(←倏忽-·儵忽-)[형][여] 재빨라서 붙잡을 수가 없다, 또는 걷잡을 수 없이 갑작스럽다. **훌훌-히**[부].
훌훌[부] ①날짐승 따위가 가볍게 나는 모양. ②가볍게 뛰어넘는 모양. ③물건을 가볍게 던지거나 뿌리는 모양. ¶ 씨앗을 훌훌 뿌리다. ④먼지 따위를 가볍게 떨어 버리는 모양. ⑤불이 세게 타오르는 모양. ⑥몸에 걸친 것을 거침없이 벗어 버리는 모양. ¶ 웃통을 훌훌 벗다. ⑦물이나 묽은 죽 따위를 시원스럽게 들이마시는 모양. ⑧(무엇을) 입김으로 자꾸 부는 모양. ¶ 뜨거운 물을 훌훌 불어 가면서 마시다. ①⑤⑦[작]홀홀.
훌훌-하다[형][여] (미음이나 죽 따위가 잘 퍼져서) 멀겋게 묽다. [작]홀홀하다.
훑다[훌따][타] ①(붙어 있는 알갱이 따위를 떼어 내기 위하여) 다른 것 틈에 끼워 잡아당기다. ¶ 벼 이삭을 훑다. ②속에 붙은 것을 다 끄집어 내다. ¶ 오징어 속을 훑다. ③일정한 범위를 샅샅이 더듬거나 살펴보다. ¶ 신문의 내용을 샅샅이 훑다. [작]홅다. ＊훑어·훑고[훌꼬]·훑는[훌른]
훑어-가다[타] ①차례로 살피어 가다. ¶ 맨 앞줄부터 훑어가다. ②닥치는 대로 빼어 가다. ¶ 세간을 죄다 훑어가다.
훑어-보다[타] 위아래 또는 처음부터 끝까지 자세히 눈여겨보다. ¶ 책을 훑어보다.
훑-이[훌치][명] 새끼 따위를 훌라들여 겉의 험한 것을 훑어 내는 집게 같은 제구.
훑-이다1[훌치-][자] ①부풋하고 많던 것이 다 빠져서 적어지다. ②옭힘을 당하여 헝클어지다. [작]홅이다1.
훑-이다2[훌치-][자] 〖'훑다'의 피동〗 훑음을 당하다. [작]홅이다2.
훔척-거리다[-꺼-][타] 자꾸 훔척훔척하다. 훔척대다. [작]홈착거리다.
훔척-대다[-때-][타] 훔척거리다.
훔척-훔척[-처쿰-][부][하타] ①보이지 않는 데 있는 것을 찾으려고 자꾸 더듬는 모양. ②눈물을 마구 이리저리 씻는 모양. [작]홈착홈착.
훔쳐-때리다[-처-][타] 덤벼들어 힘껏 때리다. 훔치다. [작]홈쳐때리다.
훔쳐-보다[-처-][타] ①엿보다. ¶ 형의 일기를 훔쳐보다. ②남모르게 흘깃흘깃 보다.
훔치개-질[명][하타] ①남의 물건을 몰래 후무리어 가지는 짓. ②물기나 때가 묻은 것을 닦아 지우는 짓.
훔치다[타] ①물기 따위를 말끔하게 닦아 내다. ¶ 행주로 상을 훔치다. ②남의 것을 슬그머니 후무리어 가지다. ¶ 남의 돈을 훔치다. ③보이지 않는 데 있는 것을 찾으려고 더듬어 만지다. ④☞훔쳐때리다. ⑤논이나 밭을 맨 뒤 얼마 있다가 풀을 뜯어내다. ①~④[작]홈치다.
훔치적-거리다[-꺼-][타] 자꾸 훔치적훔치적하다. 훔치적대다. [작]홈치작거리다.
훔치적-대다[-때-][타] 훔치적거리다.
훔치적-훔치적[-저쿰-][부][하타] 느릿느릿하게 훔척거리는 모양. [작]홈치작홈치작.
훔켜-잡다[-따][타] 세게 움켜잡다. ¶ 미꾸라지를 훔켜잡다. [작]홈켜잡다. [여]움켜잡다.

훔켜-쥐다타 세게 움켜쥐다. ¶ 멱살을 훔켜쥐다. 작홈켜쥐다. 여움켜쥐다.
훔-파다타 속을 우묵하게 후비어 파다. 작홈파다. 여움파다.
훔패다자 〖'훔파다'의 피동〗 훔팜을 당하다. 작홈패다. 여움패다.
훔훔-하다형여 얼굴에 매우 흐뭇한 표정이 나타나 있다. 작홈홈하다.
훗:-국(後-) [후꾹/훋꾹] 명 (진국을 우려낸 다음) 건더기로 다시 우려낸 국.
훗:-날(後-) [훈-] 명 이 뒤에 올 날. 다음날. 후일(後日). 뒷날. ¶ 훗날을 기약하다.
훗:-달(後-) [후딸/훋딸] 명 이 뒤에 돌아오는 달. 다음 달.
훗:배-앓이(後-) [후빼아리/훋빼아리] 명 해산한 뒤에 생기는 배앓이.
훗:-사람(後-) [후싸-/훋싸-] 명 ☞후인(後人).
훗:-일(後-) [훈닐] 명 뒷일. ¶ 훗일을 걱정하다.
훗훗-하다 [후투타-] 형여 좀 갑갑할 정도로 무더운 기운이 있다. **훗훗-이**부.
훙거(薨去) 명하자 ☞훙서(薨逝).
훙서(薨逝) 명하자 '임금이나 귀인(貴人)의 죽음'을 높이어 이르는 말. 훙거. 훙어.
훙어(薨御) 명하자 ☞훙서(薨逝).
훠 명 〈옛〉 목화(木靴). ¶ 훠 화:靴(訓蒙中*22*).
훠이 감 ☞쉬.
훤뇨(喧鬧) 명하자 여러 사람이 왁자지껄하게 마구 떠듦.
훤당(萱堂) 명 편지 글에서 '남의 어머니'를 높이어 일컫는 말. 자당(慈堂).
훤소(喧騷) 명하형 왁자하게 떠들어 소란스러움.
훤요(喧擾) 명하자 시끄럽게 떠듦.
훤일(暄日) 명 따뜻한 날씨.
훤자(喧藉) 명하자 뭇사람의 입에 오르내려 왁자하게 됨. 훤전(喧傳).
훤쟁(喧爭) 명하자되자 왁자하게 떠들면서 다툼.
훤전(喧傳) 명하자 ☞훤자(喧藉).
훤조(喧噪) 명하자 ☞훤화(諠譁).
훤천(暄天) 명 따뜻한 천기(天氣).
훤츨히 부 〈옛〉 훤칠히. 넓고 시원하게. ¶ 훤츨히 바ᄅ래 비타 가려뇨(杜初*6:20*).
훤츨ᄒ다 형 〈옛〉 훤칠하다. 넓고 시원하다. ¶ 天地四方이 훤츨도 ᄒ져이고(古時調).
훤칠-하다 형여 ①길이가 길고 미끈하다. ¶ 키도 훤칠하고 얼굴도 아주 잘생겼다. ②탁 트이어 깨끗하고도 시원하다. **훤칠-히**부.
훤풍(暄風) 명 따뜻하게 부는 바람.
훤:-하다 형여 ①좀 흐릿하게 밝다. ¶ 동이 훤하게 틀 무렵. ②앞이 탁 트이어서 막힌 데가 없다. ¶ 훤하게 트인 벌판. ③일의 조리나 속내가 매우 분명하다. ¶ 결과가 어떻게 나올지는 보지 않아도 훤하다. ④얼굴이 잘생겨 보기에 시원스럽다. ¶ 얼굴이 훤하게 생겼다. ⑤무엇에 대하여 잘 알고 있다. ¶ 컴퓨터에 훤하다. 작환하다. **훤-히**부.
훤호(喧呼) 명하타 떠들며 부름.
훤화(喧譁) 명하자 시끄럽게 지껄이어서 떠듦. 훤조(喧噪).
훨떡 부하자 ①죄다 벗거나 벗어진 모양. ②죄다 뒤집거나 뒤집힌 모양. ③물이 갑자기 끓어 한꺼번에 넘치는 모양. 작활딱.
훨썩 부 (생각한 것보다 더) 매우 크고 넓게 벌어지거나 열린 모양. 작활싹.
훨씬 부 정도 이상으로 차이가 심한 모양. 한결. ¶ 이것이 훨씬 좋다. 작활씬.
훨쩍 부 ①문 따위를 한껏 시원스럽게 열어젖뜨리거나 그렇게 열려 있는 모양. ②넓고 멀리 시원스럽게 트인 모양. 작활짝.
훨찐 부 들판 따위가 매우 시원스럽게 펼쳐진 모양. 작활찐.
훨훨 부 ①부채 따위로 바람을 매우 시원스럽게 일으키는 모양. ②불길이 세차게 타오르는 모양. ③날짐승이 높이 떠서 시원스럽게 날아가는 모양. ¶ 독수리가 훨훨 날아가다. ④옷을 거침없이 벗어젖히는 모양. 작활활.
훼:가-출송(毁家黜送) [-쏭] 명 지난날, 한 고을이나 한 동네에서 풍속을 어지럽힌 사람의 집을 헐어 없애고 동네 밖으로 내쫓던 일을 이르던 말.
훼:괴(毁壞) [-괴/-궤] 명하타 ☞훼파(毁破).
훼:기(毁棄) 명하타 헐거나 깨뜨려 버림.
훼:단(毁短) 명하타 남의 단점을 헐뜯어 말함.
훼:멸(毁滅) 명하타 ①상(喪)을 당하여 몹시 상심하여, 몸이 쇠약해지고 마음이 약해짐. ②몹시 슬퍼함. ③헐고 깨뜨려 없앰. ¶ 숲을 훼멸하다.
훼:모(毁慕) 명하타 몸이 상하도록 간곡하게 죽은 어버이를 사모함.
훼:방(毁謗) 명하타 ①남을 헐뜯어 비방함. ②남의 일을 방해함.
훼방(을) 놓다 관용 남의 일을 헐뜯어 방해가 되게 하다. 훼방(을) 치다.
훼방(을) 치다 관용 ☞훼방(을) 놓다.
훼:방-꾼(毁謗-) 명 훼방을 놓는 사람.
훼:사(毁事) 명하타 남의 일을 훼방하는 일. ¶ 훼사를 놓다.
훼살 명하타 '훼사(毁事)'의 잘못.
훼:상(毁傷) 명하타되자 몸에 상처를 냄.
훼:손(毁損) 명하타되자 ①체면이나 명예를 손상함. ¶ 명예를 훼손하다. ②헐거나 깨뜨려 못 쓰게 함. ¶ 문화재를 훼손하다. 괴손(壞損).
훼:쇄(毁碎) 명하타 깨뜨려 부숨.
훼:언(毁言) 명하자 남을 비방함, 또는 그 말.
훼:예(毁譽) 명하타 훼방함과 칭찬함.
훼:와획만(毁瓦畫墁) [-횡-/-휑-] 명하자 〔기와를 헐고 흙손질한 벽에 금을 긋는다는 뜻으로〕 '남의 집에 해를 끼침'을 이르는 말.
훼:욕(毁辱) 명하타 헐뜯고 욕함.
훼:자(毁訾) 명하타 꾸짖는 말로 남을 헐뜯음.
훼장삼척(喙長三尺) 명 〔주둥이가 석 자라도 변명할 수가 없다는 뜻으로〕 '허물이 드러나서 숨길 수가 없음'을 이르는 말.
훼:절(毁折) 명하자 부딪쳐서 꺾임.
훼:절(毁節) 명하자 절조(節操)를 깨뜨림.
훼:척(毁瘠) 명하자 너무 슬퍼하여 몸이 쇠하고 마름.
훼:척-골립(毁瘠骨立) [-꼴-] 명하자 (너무 슬퍼하여) 몸이 바짝 말라 뼈가 앙상하게 드러남. 준척골.
훼:철(毁撤) 명하타 헐어 부수어서 걷어 버림.
훼:치(毁齒) 명하자 어린아이가 젖니를 갊.
훼:파(毁破) 명하타되자 헐어 깨뜨림. 훼괴(毁壞).
휑뎅그렁-하다 형여 ①속이 비고 넓기만 하여 매우 허전하다. 준휑하다. ②넓은 곳에 물건이 얼마 없어 거의 빈 것 같다. 작횅댕그렁하다.
휑-하다 형여 ①(사물의 이치나 학문 따위에) 막힘이 없이 두루 통하여 알고 있다. ¶ 한국 문학에 휑하다. ②속이 넓고 텅 비어 있다. ¶ 동굴 속이 휑하고 어둑하다. ③구멍 따위가 시원스럽게 뚫려 있다. ④〈휑뎅그렁하다〉의 준말. ①③④작횅하다.

휘¹명 곡식을 되는 그릇의 한 가지. 스무 말이나 열닷 말이 듦. 곡(斛).

휘²명 건물의 단청에서 비늘이나 물결, 또는 그 물의 모양으로 그리는 부분.

휘³부 ①센 바람이 길고 가느다란 물건에 부딪혀 나는 소리. ②한꺼번에 세게 내쉬는 숨소리. ③한번 대충 살피거나 둘러보는 모양. ①②작회³. 휘-휘부.

휘(麾)명 ①아악을 연주할 때, 지휘봉처럼 쓰던 기(旗). ②지난날, 병졸을 지휘할 때 쓰던 기를 통틀어 이르던 말. 대장기나 교룡기 따위.

휘(諱)명 죽은 어른의 '생전의 이름'을 이르는 말.

휘(徽)명 금(琴)의 줄을 고르는 자리를 보이기 위하여, 거문고의 앞판에 박은 크고 작은 열세 개의 자개 조각.

휘-접두 《일부 용언 앞에 붙어》 ①정도나 규모 따위가 매우 큼을 나타냄. ¶ 휘둥그렇다. ②두르거나 감거나 휘거나 함을 나타냄. ¶ 휘감다./휘돌다. ③'급히' 또는 '세게'의 뜻을 나타냄. ¶ 휘몰다. ④'마구'의 뜻을 나타냄. ¶ 휘날리다.

휘각(揮却)명하타 물리쳐 버리고 돌아보지 않음.

휘갈(揮喝)명하타 큰 소리로 지휘함.

휘-갈기다타 휘둘러 갈기다. ¶ 글씨를 휘갈겨 쓰다.

휘감-기다자 ①〖'휘감다'의 피동〗 휘둘러 감기다. ¶ 실이 휘감기다. ②정신이 휘둘리다.

휘-감다[-따]타 휘둘러 감다. 친친 둘러 감다.

휘갑명하타 너더분한 일을 알맞게 마무름.

휘갑-쇠[-쐬/-쒜]명 물건의 가장자리나 끝 부분을 보강하기 위하여 휘갑쳐 싼 쇠.

휘갑-치다타 ①너더분한 일을 잘 마무르다. ②피륙·멍석·돗자리 따위의 가장자리가 풀리지 않게 얽어서 꾸미다. ③뒷일이 없도록 마감하다. ④다시는 더 말 못하도록 말막음하다. ⑤어려운 일을 임시변통으로 꾸며 피하다.

휘건(揮巾)명 새색시가 음식을 먹을 때나 세수할 때에 앞에 두르는 행주치마.

휘검(揮劍)명하자 칼을 휘두름.

휘금(徽琴)명 '금(琴)'의 딴 이름. 앞판의 한쪽에 자개로 된 휘(徽)를 박은 데서 일컫는 이름.

휘기(諱忌)명하타 숨겨 두고 드러내기를 꺼림.

휘-날리다 Ⅰ자타 ①(깃발 따위가) 바람에 나부끼다, 또는 그렇게 나부끼게 하다. ¶ 깃발이 바람에 휘날리다. ②마구 흩어져 펄펄 날거나 날게 하다. ¶ 눈보라가 휘날리는 겨울밤.
Ⅱ타 이름 따위를 매우 널리 떨치다. ¶ 세계에 명성을 휘날리다.

휘-늘어지다자 풀기가 없이 아래로 축 처지다. ¶ 냇가에 휘늘어진 버들가지.

휘다 Ⅰ자타 꼿꼿하던 물체가 구부러지다, 또는 물체를 구부리다. ¶ 상다리가 휘도록 푸짐하게 차린 음식.
Ⅱ타 남의 의지를 꺾어 뜻을 굽히게 하다.

휘-달리다자 ①시달리다. ②급한 걸음으로 빨리 달아나다.

휘담(諱談)명 꺼리어 세상에 드러내 놓기 어려운 말. 휘언(諱言).

휘-덮다[-덥따]타 휘몰아 덮다.

휘-돌다[~도니·~돌아]자타 ①마구 돌다. ②강이나 내 등이 후미진 곳을 휘감고 흐르다. ③굽이를 따라 돌아서 가다. ④여러 곳을 순서대로 한 차례 돌다. ⑤어떤 공기가 휘몰아치다.

휘돌-리다자 〖'휘돌다'의 사동〗 휘돌게 하다.

휘-돌아보다타 일정한 범위를 돌아다니며 보다.

휘동(麾動)명하타 거느려 움직임.

휘-동광(輝銅鑛)명 '휘동석'의 구용어.

휘-동석(輝銅石)명 구리가 들어 있는 광석의 한 가지. 황화 제일동으로 이루어져 있음.

휘-두들기다타 휘둘러서 마구 때리다.

휘-두르다[~두르니·~둘러]타르 ①무엇을 잡고 둥글게 휘휘 돌리다. ¶ 창검을 휘두르다. ②정신을 차릴 수 없도록 얼을 빼놓다. ③남의 의사를 무시하고 제 뜻대로만 하다. ¶ 권세를 휘두르다.

휘둘리다자 〖'휘두르다'의 피동〗 휘두름을 당하다.

휘둥그러-지다자 갑자기 휘둘리어 둥그러지다. 작회동그라지다.

휘-둥그렇다[-러타][~둥그러니·~둥그레]형ㅎ 매우 놀라거나 몹시 두려워서 크게 뜬 눈이 둥글다. 작회동그랗다.

휘둥그레-지다자 눈이 휘둥그렇게 되다.

휘둥그스름-하다형여 휘어져 둥그스름하다. 작회동그스름하다. 휘둥그스름-히부.

휘뚜루부 닥치는 대로 맞게 쓰일 만하게.

휘뚜루-마뚜루부 이것저것 가리지 않고 닥치는 대로 마구 해치우는 모양.

휘뚝-거리다[-꺼-]자 자꾸 휘뚝휘뚝하다. 휘뚝대다. 작회뚝거리다.

휘뚝-대다[-때-]자 휘뚝거리다.

휘뚝-휘뚝[-뚜퀴-]부하자 ①넘어질 듯이 자꾸 흔들리는 모양. ②일이 위태하여 마음을 놓을 수 없는 모양. 작회똑회똑.

휘뚤-휘뚤부하형 길 따위가 구불구불하게 구부러진 모양. 작회똘회똘.

휘루(揮淚)명하자 눈물을 뿌림.

휘류(彙類)명 같은 내용이나 갈래에 따라 모은 종류.

휘-말다[~마니·~말아]타 ①마구 휘휘 감아 말다. ②옷 따위를 적시어 더럽히다.

휘말-리다자 ①〖'휘말다'의 피동〗 마구 휘휘 감아 말리다. ¶ 달력이 마구 휘말리다. ②(물살 따위에) 휩쓸리다. ¶ 급류에 휘말리다. ③(어떤 사건이나 감정에) 휩쓸려 들다. ¶ 정치적인 사건에 휘말리다.

휘모리-장단명 판소리 및 산조(散調) 장단의 한 가지. 가장 빠른 속도로 처음부터 급히 휘몰아 가는 장단.

휘-몰다[~모니·~몰아]타 ①절차나 격식에 따르지 아니하고 급히 서둘러 하다. ②급히 내몰다. ③휩쓸어서 한 방향으로 내몰다.

휘몰아-치다자 (비바람 따위가) 한 곳으로 세차게 몰아쳐 불다. ¶ 눈보라가 휘몰아치다.

휘몰이-판명 휘모는 판국, 또는 그 형세.

휘묵(徽纆)명 죄인을 묶는 데 쓰이던, 세 가닥으로 꼰 노와 두 가닥으로 꼰 노.

휘-묻이[-무지]명 나무의 가지를 휘어서 가운데 부분을 땅속에 묻은 다음, 그 부분에서 뿌리가 내리면 본디의 가지 쪽을 잘라 새 그루를 만드는 인공 번식법. 취목(取木).

휘발(揮發)명하자되자 보통 온도에서 액체가 기체로 변하여 날아 흩어짐, 또는 그 작용.

휘발-성(揮發性)[-썽]명 보통 온도에서 액체가 기체로 변하여 날아 흩어지는 성질. ¶ 휘발성 물질.

휘발-유(揮發油)[-류]명 자동차·항공기 등의 내연 기관의 연료로 쓰이는, 석유의 휘발 성분인 무색 액체. 가솔린.

휘병(諱病)명하자 ☞휘질(諱疾).

휘보(彙報)명 ①여러 가지를 종류에 따라 모아서 알리는 기록. ②잡지.

휘비(諱秘)명하타 〈휘지비지〉의 준말.

휘석(輝石)명 조암(造岩) 광물의 한 가지. 철·칼슘·마그네슘 등의 규산 염류로 이루어진 사방 정계 또는 단사 정계의 광물로, 안산암이나 현무암의 주성분을 이룸.

휘석^안산암(輝石安山岩)명 휘석이나 사장석(斜長石)을 주성분으로 하는 안산암.

휘선(輝線)명 휘선 스펙트럼에서 밝게 빛나는 선. 물질에 따라 일정한 파장을 가지며 원소를 감정하는 데 쓰임.

휘선^스펙트럼(輝線spectrum)명 ☞원자 스펙트럼.

휘쇄(揮灑)명하타 ①물에 흔들어 깨끗이 빰. ②☞휘호(揮毫).

휘수(揮手)명하자 ①손짓하여 거절하는 뜻을 보임. ②손짓하여 어떤 낌새를 채게 함.

휘슬(whistle)명 호루라기.

휘안-광(輝安鑛)명 '휘안석'의 구용어.

휘안-석(輝安石)명 안티몬이 들어 있는 광물의 한 가지. 황화안티몬으로 이루어져 있음.

휘암(輝岩)명 화강암의 한 가지. 주성분은 휘석이며, 장석과 석영이 조금 들어 있는 암녹색의 암석.

휘양(←揮項)명 추울 때 머리에 쓰는 방한구의 한 가지. 모양은 남바위와 비슷하나, 뒤가 훨씬 길고 목덜미와 뺨까지 쌈. 본휘항(揮項).

휘어-가다[-어-/-여-]자 굽이쳐 흘러가다.

휘어-넘어가다[-어-/-여-]자 남이 꾀는 속임수에 속다.

휘어-대다[-어-/-여-]타 범위 안으로 우겨 넣다.

휘어-들다[-어-/-여-][~드니·~들어]자 범위 안으로 끌려 들어오다.

휘어-박다[-어-따/-여-따]타 ①높은 곳에서 마구 넘어지게 하다. ②함부로 다루어 굴복하게 하다.

휘어박-히다[-어바키-/-여바키-]자 〖'휘어박다'의 피동〗 휘어박음을 당하다.

휘어-잡다[-어-따/-여-따]타 ①어떤 물건을 꾸부리어 거머잡다. ¶ 머리채를 휘어잡다. ②손아귀에 넣고 마음대로 부리다. ¶ 청중을 휘어잡는 연설.

휘어-지다[-어-/-여-]자 곧은 물건이 어떤 힘을 받아 구부러지다. ¶ 철근이 휘어지다.

휘언(諱言)명 ☞휘담(諱談).

휘여감 ☞쉬.

휘영청부 ①확 틔어서 시원스러운 모양. ②(달빛 따위가) 매우 밝은 모양. ¶ 휘영청 달 밝은 밤.

휘우듬-하다형여 조금 휘어서 뒤로 자빠질 듯하다. **휘우듬-히**부.

휘우뚱부하자타 사람이나 물체가 중심을 잃고 한쪽으로 크게 기울거나 쓰러질 듯한 모양. ¶ 배가 휘우뚱한다. **휘우뚱-휘우뚱**부하자타.

휘우뚱-거리다자타 자꾸 휘우뚱휘우뚱하다. 휘우뚱대다.

휘우뚱-대다자타 휘우뚱거리다.

휘움-하다형여 조금 휘어져 있다. **휘움-히**부.

휘-은광(輝銀鑛)명 '휘은석'의 구용어.

휘-은석(輝銀石)명 은이 들어 있는 광석의 한 가지. 황화은으로 이루어졌으며, 강한 광택이 있는 검은 회색임.

휘음(諱音)명 ☞부음(訃音).

휘음(徽音)명 왕비의 아름다운 언어와 덕행.

휘일(諱日)명 조상의 제삿날.

휘자(諱字)[-짜]명 돌아가신 높은 어른의 생전의 이름 글자.

휘장(揮帳)명 여러 폭의 피륙을 이어서 만든, 둘러치는 막. 준장(帳)1.

휘장(揮場)명 지난날, 과거에 합격하였다고 금방(金榜)을 들고 과장(科場) 가운데를 돌아다니며 외치던 일.

휘장(徽章)명 직무나 신분·명예를 나타내기 위하여 옷이나 모자 따위에 붙이는 표. 배지(badge).

휘장-걸음(揮帳-)명 ①말을 곧게 몰지 않고 둥그렇게 돌아서 달리게 하는 걸음. ②두 사람이 양쪽에서 한 사람의 허리와 팔죽지를 움켜잡고 함부로 몰아 걸리는 걸음.

휘적-거리다[-꺼-]타 자꾸 휘적휘적하다. 휘적대다.

휘적-대다[-때-]타 휘적거리다.

휘-적시다[-씨-]타 마구 적시다.

휘적-휘적[-저퀴-]부하타 걸음을 걸을 때 팔을 몹시 휘젓는 모양.

휘-젓다[-젇따][~저으니·~저어]타ㅅ ①골고루 섞이도록 마구 젓다. ¶ 밀가루에 계란을 넣고 휘저었다. ②팔을 이리저리 마구 휘둘러 젓다. ③뒤흔들어서 어지럽게 만들다. ④사람이 어느 곳을 마구 다니며 질서나 분위기를 어지럽게 하다. ¶ 불량배들이 온 동네를 휘젓고 다닌다.

휘정-거리다타 자꾸 휘정휘정하다. 휘정대다.

휘정-대다타 휘정거리다.

휘정-휘정부하타 물 따위를 자꾸 휘저어서 흐리게 하는 모양.

휘주근-하다형여 ①옷 따위가 풀기가 빠져서 축 늘어지다. ②몹시 지쳐서 도무지 힘이 없다. **휘주근-히**부.

휘-주무르다[~주무르니·~주물러]타르 아무데나 마구 주무르다.

휘지(徽旨)명 〔지난날〕 ①'왕세자가 내리는 문표(門標)'를 이르던 말. ②'왕세자가 임금을 대신하여 내린 명령'을 이르던 말.

휘지다자 무엇에 시달리어 기운이 빠지다.

휘-지르다[~지르니·~질러]타르 옷을 몹시 구기거나 더럽히다. ¶ 장난이 어찌나 심한지 하루에도 몇 벌을 휘질러 놓는다.

휘지비지(諱之祕之)명하타 말하기를 삼가 비밀로 함. 준휘비.

휘질(諱疾)명하자 병을 숨기고 드러내지 않음. 휘병(諱病).

휘집(彙集)명하타되자 ☞유취(類聚).

휘철-광(輝鐵鑛)명 '휘철석'의 구용어.

휘철-석(輝鐵石)[-썩]명 적철석의 한 가지. 연한 회색의 결정으로 금속 광택이 강함. 경철석.

휘청-거리다자타 자꾸 휘청휘청하다. 휘청대다. 작회창거리다.

휘청-대다자타 휘청거리다.

휘청-휘청부 ①하자 가늘고 긴 물건이 휘어지며 느리게 자꾸 흔들리는 모양. ¶ 가지 끝에 감이 휘청휘청 매달려 있다. ②하자타(걸음을 걸을 때) 다리에 힘이 없어 몸을 똑바로 가누지 못하고 좌우로 자꾸 빗나가는 모양. ¶ 술에 취해 휘청휘청 걷다. 작회창회창.

휘추리명 곧게 벋은 가늘고 긴 나뭇가지.

휘테(Hütte 독)명 스키나 등산하는 사람을 위해 지은, 산에 있는 작은 막사.

휘파람명 입술을 동그랗게 오므리고 그 사이로 입김을 불어서 소리를 내는 일.

휘파람-새명 휘파람샛과의 새. 몸길이 13 cm가량. 등은 갈색, 배는 회색을 띤 백색임. 우거진 숲 속에 사는 여름새임.

휘필(揮筆)명하타 ☞휘호(揮毫).

휘하(麾下)명 주장(主將)의 지휘 아래, 또는 그 아래 딸린 사졸. ¶ 휘하에 많은 장병을 거느리다.

휘-하다형여 〈휘휘하다〉의 준말.

휘-하다(諱-)타여 어떤 말을 입 밖에 내기를 꺼리나.

휘한(揮汗)명하자 흐르는 땀을 쥐어 뿌림.

휘항(揮項)명 〈휘양〉의 본딧말.

휘호(揮毫)명하타 붓을 휘둘러 글씨를 쓰거나 그림을 그림. 휘필. 휘쇄(揮灑). ¶ 신춘(新春) 휘호.

휘호(徽號)명 지난날, 왕비가 죽은 뒤에 시호(諡號)와 함께 내리던 존호를 이르던 말.

휘황(輝煌) '휘황하다'의 어근.

휘황-찬란(輝煌燦爛) '휘황찬란하다'의 어근.

휘황찬란-하다(輝煌燦爛-)[-찰-]형여 ①광채가 눈부시게 빛나다. ¶ 휘황찬란한 조명. ②행동이 야단스럽고 못된 꾀가 많아 믿을 수 없다. 준휘황하다.

휘황-하다(輝煌-)형여 〈휘황찬란하다〉의 준말. ¶ 휘황한 불빛. **휘황-히**부.

휘-휘부 ①여러 번 감거나 감기는 모양. ¶ 목도리를 휘휘 두르다. ②이리저리 휘두르는 모양. ¶ 술 권하는 것을 사양하며 두 팔을 휘휘 내저었다. 작회회.

휘휘-친친부 여러 번 단단히 둘러 감거나 감기는 모양. 작회회찬찬.

휘휘-하다형여 무서우리만큼 쓸쓸하고 적막하다. 준휘하다.

휙부 ①갑자기 세게 돌거나 돌리는 모양. ¶ 손잡이를 휙 돌리다. ②동작이 매우 날쌔거나 갑작스러운 모양. ¶ 공을 휙 던지다. ③바람이 갑자기 세게 부는 모양. ④별안간 빠르게 지나가거나 떠오르는 모양. ¶ 족제비란 놈이 휙 지나가다. ⑤일을 재빠르게 해치우는 모양. ¶ 청소를 휙 해치우다. ①~③작획. **휙-휙**부.

휠ː체어(wheelchair)명 다리가 자유롭지 못한 사람이 앉은 채로 이동할 수 있도록 바퀴를 단 의자.

휩싸다타 ①휘휘 둘러 감아서 싸다. ¶ 치맛자락을 휩싸 쥐다. /찬 바람이 온몸을 휩싸다. ②어떤 감정이 가득하여 마음을 뒤덮다. ¶ 불안한 생각이 마음을 휩싸다. ③어떤 것이 다른 것을 온통 뒤덮다. ¶ 어둠이 온 도시를 휩싸다.

휩싸-이다자 〖'휩싸다'의 피동〗 휩쌈을 당하다. ¶ 오두막이 불길에 휩싸이다. 준휩쌔다.

휩쌔다자 〈휩싸이다〉의 준말.

휩쓸다[휩쓰니·휩쓸어]타 ①(물·불·바람 따위가) 모조리 휘몰아 쓸다. ¶ 바람이 낙엽을 휩쓸고 지나간다. ②행동을 제멋대로 하다. ¶ 부랑배가 거리를 휩쓸고 다니다. ③운동 경기나 경연 대회 같은 데서, 상이나 메달 따위를 거의 다 차지하다. ¶ 유도에서 금메달을 휩쓸다. ④(질병·풍조 따위가) 전체에 퍼지다. ¶ 전염병이 마을을 휩쓸다.

휩쓸-리다자 〖'휩쓸다'의 피동〗 휩쓺을 당하다. ¶ 급류에 휩쓸리다. /인파에 휩쓸리다.

휫-손[휟쏜]명 ①남을 휘어잡아 잘 부리는 솜씨. ②일을 잘 처리하는 솜씨.

휭부 ①바람이 갑자기 빠르고 세게 부는 소리. ¶ 찬 바람이 휭 불다. ②(사물이나 사람이) 바람을 일으키며 빠르게 날아가거나 떠나가 버리는 소리, 또는 그 모양. ¶ 돌이 휭 날아가다. 작횡.

휭-하니부 중도에서 지체하지 아니하고 곧장 빠르게 가는 모양. ¶ 휭하니 밖으로 나가다.

휴가(休暇)명 ①(학교나 직장 따위에서) 일정한 기간 동안 쉬는 일, 또는 그 겨를. 방가. ②말미.

휴가-철(休暇-)명 많은 사람이 휴가를 즐기는 기간.

휴간(休刊)명하타되자 (신문이나 잡지 따위) 정기 간행물에 있어서, 그 간행을 한동안 쉼.

휴강(休講)명하자 계속되는 강의를 한때 쉼.

휴거(携擧)명 개신교에서, 그리스도가 세상을 심판하기 위하여 재림할 때 구원받을 사람들을 공중으로 들어 올리는 것.

휴게(休憩)명하자 (일을 하거나 길을 가다가) 잠깐 쉬는 일. 휴식. 게휴.

휴게-소(休憩所)명 길을 가는 사람이 잠깐 머물러 쉴 수 있게 마련한 곳.

휴게-실(休憩室)명 잠깐 쉬게 마련한 방.

휴경(休耕)명하타 농사짓던 땅을 갈지 않고 얼마 동안 묵힘.

휴경-지(休耕地)명 (농사를 짓다가) 갈지 않고 묵힌 땅. 묵정밭.

휴관(休館)명하자타 (도서관이나 영화관 따위) '관(館)' 자가 붙은 기관이나 시설에서, 하던 일을 하루나 한동안 쉼.

휴교(休校)명하자타 학교에서 수업과 업무를 한동안 쉼, 또는 그 일.

휴대(携帶)명하타 어떤 물건을 몸에 지님. 휴지(携持). ¶ 휴대 물품.

휴대^전ː류(携帶電流)[-절-]명 ☞대류 전류.

휴대^전ː화(携帶電話)명 몸에 지니고 다니면서 사용할 수 있는 소형 무선 전화기. 휴대폰.

휴대^정보^단말기(携帶情報端末機)명 정보 처리 기능과 무선 통신 기능이 결합된, 휴대용 통신 정보 기기. 휴대 전화와 같이 한 손으로 들고 다닐 수 있는 크기임. 피디에이(PDA).

휴대-증(携帶證)[-쯩]명 무기 등을 휴대하도록 허가한 증명서.

휴대-폰ː(携帶phone)명 ☞휴대 전화.

휴대-품(携帶品)명 손에 들거나 몸에 지니고 다니는 물건.

휴등(休燈)명하타되자 전등을 한동안 켜지 아니함.

휴ː머니스트(humanist)명 인도주의자. 인문주의자. ¶ 그는 이 시대를 대표하는 휴머니스트이다.

휴ː머니즘(humanism)명 ①인도주의. ②인문주의. ③인본주의.

휴면(休眠)명하자 ①쉬고 활동을 하지 않음. ②환경이나 조건이 생활에 부적당할 때 생물이 그 발육이나 활동을 일시적으로 거의 정지하는 상태로 되는 일.

휴면^계ː좌(休眠計座)[-계-/-게-]명 일정 기간 동안 입출금 따위 거래가 없는 은행 계좌.

휴무(休務)명하자 늘 하던 일을 하루나 한동안 쉼.

휴무-일(休務日)명 늘 하던 일을 하지 않고 쉬는 날. ¶ 정기 휴무일.

휴문(休門)명 술가(術家)의 팔문(八門) 가운데 길한 문의 하나.

휴반(畦畔)명 밭두둑 또는 논두렁.

휴병(休兵)명하자 군인에게 적당한 휴식이나 휴가를 주어 기운을 돋움.

휴서(休書)명 〈수세〉의 본딧말.

휴수(携手)명하자 함께 감. 데리고 감.
휴식(休息)명하자 ☞휴게(休憩). ¶ 휴식 시간.
휴식-부(休息符)[-뿌]명 ☞쉼표.
휴식^자본(休息資本)[-짜-]명 현재 직접적으로 생산 과정에 쓰이지 않으나 앞으로 쓰려고 모아 두는 자본.
휴양(休養)명하자 ①편히 쉬면서 마음과 몸을 건강하게 함. ㉥보양. ②조세를 가볍게 하여 민력(民力)을 기름.
휴양-지(休養地)명 휴양하기에 알맞은 곳, 또는 휴양 시설이 마련되어 있는 곳. 휴양처(休養處).
휴양^지대(休養地帶)명 온천이나 해수욕장 따위의 피한지나 피서지로서 여러 사람이 휴양하기에 알맞은 지대.
휴양-처(休養處)명 ☞휴양지.
휴업(休業)명하자 학업이나 영업을 얼마 동안 쉼. ¶ 금일 휴업.
휴영(虧盈)명 이지러짐과 꽉참. 모자람과 가득함.
휴월(虧月)명 이지러진 달. ↔만월(滿月).
휴이(携貳)명하자 딴마음을 가짐.
휴일(休日)명 일을 하지 않고 쉬는 날.
휴재(休載)명하타 되자 연재하던 글을 한동안 싣지 않음.
휴전(休電)명하자 전류를 한때 보내지 않음.
휴전(休戰)명하자되자 하던 전쟁을 얼마 동안 쉼. ㉥정전(停戰).
휴전-기(休戰旗)명 휴전할 때에 제일선에 세우는 흰빛의 기.
휴전-선(休戰線)명 휴전 협정으로 말미암아 결정되는 쌍방의 군사 경계선.
휴정(休廷)명하자 법정(法廷)에서, 재판 도중에 쉬는 일. 참개정(開廷).
휴조(休兆)명 좋은 징조. 휴징(休徵). ㉥길조.
휴주(携酒)명하자 술병을 몸에 지님.
휴지(休止)명하자 하던 것을 그침.
휴지(休紙)명 ①못 쓰게 된 종이. 폐지(廢紙). ②허드레로 쓰는 종이. 화장지.
휴지(携持)명하타 ☞휴대(携帶).
휴지-부(休止符)명 ☞쉼표.
휴지-시행(休紙施行)명 이미 결정된 안건을 폐지함.
휴지-통(休紙桶)명 못 쓰게 된 종이나 쓰레기 따위를 담는 그릇.
휴지-화(休紙化)명하타되자 〔휴지가 된다는 뜻으로〕 어떤 계획이나 법령·약속 따위가 이행되지 않아서 쓸모없이 되어 버림, 또는 그렇게 되게 함. ¶ 계획을 휴지화하다.
휴직(休職)명하자 공무원이나 일반 회사원이 그 신분을 유지하면서 일정한 기간 직무를 쉬는 일.
휴직-급(休職給)[-끕]명 휴직 중인 직원에게 주는 봉급.
휴진(休診)명하자 병원에서 진료를 쉼.
휴징(休徵)명 ☞휴조(休兆).
휴처(休妻)명하자 아내와 갈라섬. 이혼함.
휴척(休戚)명 평안과 근심 걱정.
휴퇴(休退)[-퇴/-퉤]명하자 벼슬에서 물러나 쉼.
휴학(休學)명하자 학생이 병이나 사고 따위로 말미암아 일정한 기간 학업을 쉼.
휴한(休閑)명하자 땅심을 높이려고 한동안 경작을 않고 묵히는 일.
휴한-지(休閑地)명 한동안 경작을 않고 묵히는 땅. 참검은그루.
휴항(休航)명하자 배나 비행기 따위가 그 운항을 쉼.
휴행(携行)명하타 무엇을 늘 가지고 다님.
휴-화산(休火山)명 한때 분화한 일이 있으나 지금은 활동하지 않는 화산. ↔활화산. 참사화산.
휴회(休會)[-회/-훼]명하자되자 ①회나 회의를 쉼. ②국회나 지방 의회가 일정 기간 동안 쉼. ③거래소에서의 입회(立會)를 쉼.
휴흠(虧欠)명하자 ☞흠축(欠縮).
휼계(譎計)[-계/-게]명 간사하고 능청스러운 꾀. ¶ 휼계를 쓰다.
휼궤(譎詭)명 ①속임. ②괴이한 물체.
휼금(恤金)명 정부에서 이재민에게 주는 돈.
휼미(恤米)명 정부에서 이재민에게 주는 쌀.
휼민(恤民)명하자 이재민을 구제함.
휼병(恤兵)명하자 물품이나 돈을 보내어 싸움터의 병사를 위로함.
휼병-금(恤兵金)명 휼병하는 데 쓰이는 돈.
휼사(譎詐)[-싸]명하자 남을 속이려고 간사한 꾀를 부림.
휼양-전(恤養田)명 고려 말기에, 과전법(科田法)에서 어버이가 모두 죽었을 때 어린 자녀가 어버이의 과전(科田)을 물려받게 하던 땅.
휼전(恤典)[-쩐]명 정부에서 이재민을 구제하는 은전(恩典).
흄ː-관(Hume管)명 철근을 넣어 만든 콘크리트관. 배수관 따위로 쓰임.
흉명 ①헌데나 다친 곳의 아문 자리. ¶ 얼굴에 흉이 지다. ②비난을 받을 만한 점. 허물2. 흠. ¶ 흉을 보다.
흉 각각 정 각각속담 〔잘못한 점은 나무라고 좋은 점은 칭찬한다는 뜻으로〕 '상벌이 분명함'을 이르는 말.
흉 없는 사람 없다속담 결함이 없는 사람은 없으니 어떤 결함을 너무 과장하지 말라는 말.
흉가(凶家)명 들어 사는 사람마다 궂은 일을 당하는 불길한 집.
흉간(胸間)명 가슴의 사이.
흉강(胸腔)명 흉곽의 내부. 폐장이나 심장 따위가 있음. 가슴 속.
흉격(胸膈)명 심장과 비장 사이의 가슴 부분.
흉계(凶計·兇計)[-계/-게]명 흉악한 꾀. ㉥흉모. ¶ 흉계를 꾸미다.
흉곡(胸曲)명 ☞흉중(胸中).
흉골(胸骨)명 앞가슴의 한가운데에 있어 좌우 늑골을 연결하는 뼈.
흉곽(胸廓)명 가슴을 둘러싸고 있는 골격. 흉추·흉골·늑골·늑연골로 이루어짐.
흉곽^성형술(胸廓成形術)[-썽-]명 (폐결핵의 치료를 위하여) 늑골의 일부를 끊어 내고 흉곽을 축소하여 폐를 압축하는 수술.
흉괘(凶卦)명 언짢은 점괘. 하괘(下卦). ↔길괘.
흉구(凶具)명 ☞흉기(凶器).
흉근(胸筋)명 가슴 부분에 있는 근육.
흉금(胸襟)명 가슴속에 품은 생각. 흉차(胸次).
흉금을 털어놓다관용 마음에 품은 생각이나 감정을 스스럼없이 다 이야기하다.
흉기(凶器·兇器)명 ①사람을 살상하는 데 쓰는 기구. 흉구(凶具). ¶ 흉기를 휘두르다. ②상사(喪事)에 쓰는 제구.
흉내명 남이 하는 말이나 행동을 그대로 옮겨 하는 짓. ¶ 흉내를 내다.
흉내-말명 어떠한 소리나 모양·동작 등을 흉내내어 하는 말. 〔의성어와 의태어가 있음.〕 시늉말.
흉내-쟁이명 남의 흉내를 잘 내는 사람.
흉년(凶年)명 농작물이 잘되지 않은 해. 겸년. 기년. 기세. 재년. 황년. 황세. 흉세. ¶ 흉년이 들다. ↔풍년(豊年).

흉년에 밥 빌어먹겠다속담 일을 하는 데 몹시 굼뜨고 수완이 없는 사람이나 그런 처사를 비난조로 이르는 말.
흉년-거지(凶年-)명 '얻어먹기조차 어렵게 된 환경에 처함'을 이르는 말.
흉녕(凶獰·兇獰) '흉녕하다'의 어근.
흉녕-하다(凶獰-·兇獰-)형여 성질이 흉악하고 모질다.
흉노(匈奴)명 기원전 3~1세기경에 몽골 지방에서 활약하던 유목 민족. 참훈 족(Hun族).
흉당(凶黨·兇黨)명 흉악한 역적의 무리.
흉낭(胸膛)명 ☞복장.
흉덕(凶德·兇德)명 흉악한 성질.
흉도(凶徒·兇徒)명 ①흉악하고 사나운 무리. 악당. ②☞폭도(暴徒).
흉례(凶禮)[-네]명 ☞상례(喪禮).
흉리(胸裏)[-니]명 ☞흉중(胸中).
흉막(胸膜)명 ☞늑막(肋膜).
흉막-염(胸膜炎)[-망념]명 ☞늑막염.
흉모(凶謀·兇謀)명 음흉한 꾀. 흉악한 모략. 비역모·흉계.
흉몽(凶夢)명 불길한 꿈. ↔길몽(吉夢).
흉문(凶聞)명 ①사람이 죽었다는 소식. ②좋지 못한 소식.
흉물(凶物·兇物)명 ①성질이 음흉한 사람. ②모양이 흉하게 생긴 사람이나 동물.
흉물(을) 떨다관용 음흉한 속셈으로 짐짓 의뭉스러운 짓을 하다.
흉물-스럽다(凶物-)[-따][~스러우니·~스러워]형ㅂ ①성질이 음흉한 데가 있다. ②모양이 흉하고 괴상한 데가 있다. **흉물스레**부.
흉배(胸背)명 ①가슴과 등. ②지난날, 관복의 가슴과 등에 붙이던 수놓은 헝겊 조각.
흉범(凶犯·兇犯)명 흉악한 범인. [살인범 따위.]
흉벽(胸壁)명 ①☞흉장(胸墻). ②흉곽의 외벽.
흉변(凶變)명 사람이 죽는 일 따위의 좋지 못한 사고. ¶ 흉변을 당하다.
흉보(凶報)명 ①불길한 기별. ¶ 흉보를 알리다. 비악보(惡報). ↔길보(吉報). ②사람이 죽었다는 통보. ②비흉음.
흉-보다타 남의 결점을 들어 말하다.
흉복(凶服)명 ☞상복(喪服).
흉복(胸腹)명 가슴과 배.
흉부(胸部)명 가슴 부분.
흉비(胸痞)명 한방에서, 가슴이 갑갑한 병을 이르는 말.
흉사(凶邪·兇邪)명하형 악하고 간사함.
흉사(凶事·兇事)명 ①불길한 일. ↔길사(吉事). ②사람이 죽은 일.
흉산(胸算)명 속셈.
흉살(凶煞)명 불길한 운수나 흉한 귀신.
흉상(凶狀·兇狀)명 ①음흉한 태도. ②모양이 흉한 상태.
흉상(凶相·兇相)명 ①좋지 못한 상격(相格). ↔길상(吉相). ②보기 흉한 외모.
흉상(胸像)명 인체의 머리에서 가슴 부분까지를 나타낸 조각상이나 초상화.
흉선(胸腺)명 ☞가슴샘.
흉설(凶說·兇說)명 음흉하고 괴악한 말.
흉성(凶星)명 불길한 조짐이 있는 별. ↔길성.
흉세(凶歲)명 ☞흉년(凶年).
흉쇄-관절(胸鎖關節)명 흉골과 쇄골을 연결하는 관절.
흉수(凶手·兇手)명 악인이 한 짓, 또는 악인.
흉수(胸水)명 흉막강 속에 괴는 액체.
흉식^호흡(胸式呼吸)[-시코-]명 주로 늑골의 운동에 의하여 행하여지는 호흡. 흉호흡. 참복식 호흡.
흉신(凶神·兇神)명 좋지 못한 귀신.
흉악(凶惡·兇惡)명하형 ①성질이 몹시 악함, 또는 그러한 사람. ¶ 흉악한 범인. ②겉모양이 험상궂고 무섭게 생김. ¶ 흉악한 몰골. **흉악-히**부.
흉악-망측(凶惡罔測)[-앙-]명하형스형 몹시 흉악함. 준흉측. **흉악망측스레**부.
흉악-무도(凶惡無道)[-앙-]명하형 성질이 사납고 악하며 도리에 어그러짐.
흉악-범(凶惡犯)[-뻠]명 흉악한 범죄를 저지른 사람.
흉액(胸液)명 흉막강 속에 생기는 장액(漿液).
흉어(凶漁)명 물고기가 여느 때보다 아주 적게 잡히는 일. ↔풍어(豊漁).
흉억(胸臆)명 가슴속, 또는 속생각.
흉-업다(凶-)[-따][~어우니·~어워]형ㅂ (언행이) 불쾌할 정도로 흉하다.
흉역(凶逆·兇逆)명하형 임금이나 부모를 해치려는 흉악한 짓, 또는 그러한 신하나 자식.
흉역(胸疫)명 말의 폐장과 늑막에 생기는 일종의 전염병.
흉오(胸奧)명 ☞흉중(胸中).
흉완(凶頑·兇頑) '흉완하다'의 어근.
흉완-하다(凶頑-·兇頑-)형여 흉악하고 고집이 세다.
흉용(洶湧)명하자 물결이 크고 세차게 일어남.
흉위(胸圍)명 젖가슴 자리에서 잰 가슴둘레의 길이. 가슴둘레.
흉음(凶音)명 ①사람의 죽음을 알리는 소식. 비흉보(凶報). ②좋지 않은 일을 알리는 말.
흉일(凶日)명 불길한 날. 악일(惡日). ↔길일.
흉작(凶作)명 농작물이 잘되지 않음. ↔풍작.
흉잡(凶雜·兇雜) '흉잡하다'의 어근.
흉-잡다[-따]타 남의 결점을 꼬집어서 들추어 내다. ¶ 시어머니를 흉잡는 며느리.
흉잡-하다(凶雜-·兇雜-)[-자파-]형여 흉악하고 난잡하다.
흉잡-히다[-자피-]자 〖'흉잡다'의 피동〗 흉잡음을 당하다. ¶ 남에게 흉잡힐 짓은 삼가라.
흉장(胸章)명 가슴에 다는 표장(標章).
흉장(胸墻)명 성곽이나 포대 따위에 사람의 가슴 높이만 하게 쌓은 담. 흉벽(胸壁).
흉적(凶賊·兇賊)명 흉악한 도둑.
흉조(凶兆)명 불길한 조짐. 흉증(凶證). ↔가조(佳兆)·길조(吉兆).
흉조(凶鳥·兇鳥)명 흉한 조짐을 보이는 새. ¶ 사람들은 까마귀를 흉조라 한다. ↔길조(吉鳥).
흉종(凶終)명하자 수화재(水火災)·도둑·형륙(刑戮) 따위로 비참하게 죽음.
흉중(胸中)명 마음에 두고 있는 생각. 흉곡(胸曲). 흉리(胸裏). 흉오(胸奧). ¶ 흉중을 살피다. /흉중을 헤아리다.
흉즉대길(凶則大吉)[-때-]명 점괘나 토정비결 따위에서, 신수가 나쁠 때 오히려 정반대로 매우 길하다는 말.
흉증(凶證·兇證)명 ①☞흉조(凶兆). ②음흉한 성벽(性癖). ¶ 흉증을 부리다.
흉증-스럽다(凶證-)[-따][~스러우니·~스러워]형ㅂ 음흉한 태도가 있다. **흉증스레**부.
흉차(胸次)명 ☞흉금(胸襟).
흉참(凶慘·兇慘) '흉참하다'의 어근.
흉참-하다(凶慘-·兇慘-)형여 흉악하고 참혹하다. **흉참-히**부.

흉추(胸椎)명 척추의 한 부분. 경추와 요추의 사이에 있어 몸의 기둥을 이루고 있음. 가슴등뼈.
흉측(凶測·兇測)명하형스형 〈흉악망측〉의 준말. ¶ 흉측한 꿈. /흉측한 짓. **흉측-히**부. **흉측스레**부.
흉칙(凶測·兇測)명 '흉측'의 잘못.
흉탄(凶彈·兇彈)명 흉한(凶漢)이 쏜 총탄. ¶ 흉탄에 쓰러지다.
흉-터명 상처가 아문 자리. 부스럼 자리. 흠자국. 자흔(疵痕). ¶ 흉터가 남다.
흉통(胸痛)명 한방에서, 여러 가지 병으로 가슴이 아픈 증세를 이르는 말.
흉특(凶慝·兇慝) '흉특하다'의 어근.
흉특-하다(凶慝-·兇慝-)[-트카-]형여 성질이 간사하고 음흉하다.
흉패(凶悖·兇悖) '흉패하다'의 어근.
흉패(胸牌)명 가톨릭에서, 대제사장의 가슴에 차는 수놓은 헝겊 표장을 이르는 말.
흉패-하다(凶悖-·兇悖-)형여 성질이 흉악하고 도리에 어그러지다.
흉포(凶暴·兇暴) '흉포하다'의 어근.
흉포-하다(凶暴-·兇暴-)형여 매우 흉악하고 난폭하다.
흉풍(凶風)명 ①몹시 사나운 바람. ②음흉스러운 기풍이나 풍조.
흉풍(凶豊)명 흉년과 풍년.
흉-하다(凶-)형여 ①어떤 일의 결과가 좋지 않다. ②어떤 일의 예감이 불길하다. ③얼굴이나 태도 따위가 보기에 나쁘다. ¶ 겉모양이 흉하다. ④마음씨가 나쁘고 거칠다. **흉-히**부.
흉하적명하타 남의 결점을 들어 말하는 짓.
흉학(凶虐·兇虐) '흉학하다'의 어근.
흉학-하다(凶虐-·兇虐-)[-하카-]형여 몹시 모질고 사납다. ¶ 성질이 흉학하다. **흉학-히**부.
흉한(凶漢·兇漢)명 ①사람을 해치는 흉악한 짓을 하는 사람. ②☞악한(惡漢).
흉해(凶害·兇害)명하타 모질고 끔찍한 짓으로 사람을 죽임.
흉행(凶行·兇行)명하자 사람을 해치는 흉악한 행동을 함, 또는 그런 행동.
흉-허물명 흉이나 허물이 될 만한 일.
흉허물(이) 없다관용 서로 흉허물을 가리지 않을 만큼 스스럼없이 친하다. ¶ 흉허물 없이 지내는 사이.
흉험(凶險·兇險) '흉험하다'의 어근.
흉험-하다(凶險-·兇險-)형여 마음이 흉악하고 음흉하다.
흉-헙다(凶-)형ㅂ '흉업다'의 잘못.
흉-호흡(胸呼吸)명 ☞흉식 호흡.
흉화(凶禍·兇禍)명 흉악한 재화(災禍).
흉황(凶荒)명 농사가 재앙으로 말미암아 결딴남.
흉흉(洶洶) '흉흉하다'의 어근.
흉흉-하다(洶洶-)형여 ①물결이 몹시 세차게 일어나다. ②인심이 몹시 어수선하다. ¶ 기근으로 민심이 흉흉하다. **흉흉-히**부.
흐너-뜨리다타 흐너지게 하다. 흐너트리다.
흐너-지다자 포개져 있던 작은 물건들이 헐리다. ¶ 벽돌 더미가 흐너지다.
흐너-트리다타 흐너뜨리다.
흐놀다[흐노니·흐놀아]타 무엇을 몹시 그리어 동경하다.
흐-느끼다자 몹시 서러워 흑흑 소리를 내며 울다.
흐느낌명 몹시 서러워 흑흑 느끼며 욺.
흐느적-거리다[-꺼-]자 자꾸 흐느적흐느적하다. 흐느적대다. ¶ 수양버들이 봄바람에 흐느적거리다. 작하느작거리다.
흐느적-대다[-때-]자 흐느적거리다.
흐느적-흐느적[-저크-]부하자 ①(가늘고 긴 나뭇가지나 얇고 가벼운 물건이) 자꾸 가볍게 흔들리거나 너붓거리는 모양. ②팔다리 따위가 힘없이 느리게 자꾸 움직이는 모양. 작하느작하느작.
흐늑-거리다[-꺼-]자 자꾸 흐늑흐늑하다. 흐늑대다. 작하늑거리다.
흐늑-대다[-때-]자 흐늑거리다.
흐늑-흐늑[-느크-]부하자 ①부드럽게 흐늘흐늘 흔들리는 모양. ②물건이 느슨하게 느즈러지는 모양. 작하늑하늑.
흐늘-거리다자 자꾸 흐늘흐늘하다. 흐늘대다. 작하늘거리다.
흐늘다타 〈옛〉흔들다. ¶ 막댈 흐느르시며(永嘉下 *131*). 참후늘다.
흐늘-대다자 흐늘거리다.
흐늘-흐늘부하자 ①어디에 매인 데 없이 편하게 놀고 지내는 모양. ②힘없이 늘어져 자꾸 흔들리는 모양. ¶ 능수버들이 하늬바람에 흐늘흐늘 춤을 춘다. ③몸놀림이 재빠르지 못하고 느릿한 모양. ④단단하지 못하여 건드리면 이리저리 흔들거리는 모양. 작하늘하늘.
흐늘흐늘-하다형여 지나치게 무르거나 부드러워 뭉크러질 듯하다. ¶ 묵이 너무 흐늘흐늘하다. 작하늘하늘하다.
흐드러-지다형 ①썩 탐스럽다. ¶ 모란꽃이 흐드러지게 피었다. ②매우 흐뭇하거나 푸지다. ¶ 흐드러지게 먹고 마시다.
흐들갑명 경망스럽게 떠벌이는 말이나 몸짓. 작호들갑.
흐들갑-스럽다[-쓰-따][~스러우니·~스러워]형ㅂ 경망스럽게 떠벌이는 태도가 있다. 작호들갑스럽다. **흐들갑스레**부.
흐들히부 〈옛〉흐드러지게. ¶ 놀애 브르며 조오로몰 흐들히 ᄒᆞ리오(杜初*6:36*).
흐들ᄒᆞ다형 〈옛〉흐드러지다. ¶ 氣運이 흐들ᄒᆞ야 ᄒᆞᄂᆞᆫ 이롤 通達히 ᄒᆞ리로다(杜初*22:43*).
흐락명 농조로 하는 짓.
흐르다[1][흐르니·흘러] Ⅰ자르 ①물 따위가 낮은 곳으로 내려가다. ¶ 시냇물이 강으로 흐르다. ②눈물이 눈에서 나오다. ¶ 눈물이 흐르다. ③(공중이나 물 위에) 떠서 미끄러지듯 움직여 가다. ¶ 하늘에 흐르는 흰구름. /여울 따라 흐르는 종이배. ④시간이나 세월이 지나가다. ¶ 그와 헤어진 지 십 년이 흐르다. ⑤어느 방향으로 쏠리다. ¶ 인정에만 흐르다. ⑥새어서 빠지거나 떨어지다. ¶ 꽃병 아래로 물이 흐르다. ⑦가득 차서 넘쳐 쏟아지다. ¶ 욕탕에 물이 넘쳐서 흐르다. ⑧미끄러져 처지다. ⑨어떤 범위 안에 번져서 점점 퍼지다. ¶ 방 안 가득히 흐르는 노랫소리. ⑩어떤 상태나 현상·기운 따위가 겉으로 드러나다. ¶ 촌티가 흐르다. /얼굴에 열정이 흐르다. ⑪전기나 가스 따위가 선이나 관을 통하여 지나가다. ¶ 고압 전류가 흐르다.
Ⅱ자타르 물 따위 액체가 어떤 곳을 통과하여 지나가다. ¶ 계곡에 흐르는 물. /이 지역을 흐르는 물은 심하게 오염되었다.
흐르다[2][흐르니·흘러]자르 짐승이 흘레를 하다.
흐르르부하형 종이나 옷감 따위가 얇고 매우 부드러운 모양. 작하르르. **흐르르-흐르르**부.
흐름명 ①흐르는 것. ¶ 물의 흐름. ②'한 줄기로 잇따라 진행되는 현상'을 비유하여 이르는 말. ¶ 시대적 흐름.
흐름-소리명 ☞유음(流音).

흐리다 Ⅰ타 ①무슨 흔적을 잘 알지 못하게 지워 버리다. ¶ 말끝을 흐리다. ②맑은 물 따위에 잡것을 섞어서 혼탁하게 하다. ¶ 냇물을 흐리다. ③집안이나 단체의 명예를 더럽히다. ¶ 가문의 이름을 흐리게 한 자식.
Ⅱ형 ①기억력이나 사리 판단, 또는 하는 일이 분명하지 않다. ¶ 판단이 흐리다. /기억이 흐리다. 작하리다². ②다른 것이 섞이어 맑지 못하다. ¶ 물이 흐리다. ③구름이나 안개가 끼어 날씨가 맑지 않다. ④시력이나 청력이 약하여 똑똑히 보이거나 들리지 않다. ⑤등불이나 빛 따위가 희미하다.
흐리디-흐리다형 매우 흐리다.
흐리-마리부하형 생각이나 기억이 분명하지 아니한 모양.
흐리멍덩-하다형여 ①기억이 뚜렷하지 않다. ②일의 되어 가는 형편이나 결과가 분명하지 않다. ¶ 일 처리가 흐리멍덩하다. ③귀에 들리는 것이 희미하다. ④정신이 몽롱하다. ¶ 약 기운으로 말미암아 의식이 흐리멍덩하다. ①②작하리망당하다. **흐리멍덩-히**부.
흐리멍텅-하다형여 '흐리멍덩하다'의 잘못.
흐리터분-하다형여 ①(하는 짓이) 분명하지 아니하고 매우 답답하다. ②성미가 분명하거나 깔끔하지 못하다. ¶ 흐리터분한 성격. 작하리타분하다. **흐리터분-히**부.
흐린-소리명 ☞울림소리.
흐릿-하다[-리타-]형여 조금 흐리다. ¶ 칠판에 써 놓은 글씨가 흐릿하다.
흐ᄅ다자 〈옛〉흐르다. ¶ 流는 흐를 시오(金三 *3:17*).
흐무러-지다자 ①아주 잘 익어서 무르녹다. ¶ 오곡백과가 흐무러지다. ②물에 불어서 아주 무르다. ③엉길 힘이 없어 뭉그러지다. ¶ 순두부가 흐무러지다. 준흐무지다.
흐무뭇-하다[-무타-]형여 매우 흐뭇하다. 작하무뭇하다. **흐무뭇-이**부.
흐무-지다자 〈흐무러지다〉의 준말.
흐물-흐물부하형 푹 익어서 아주 무르게 된 모양. ¶ 고기를 흐물흐물해지도록 푹 삶다. 작하물하물.
흐뭇-하다[-무타-]형여 마음에 넉넉하여 푸근하다. ¶ 흐뭇한 미소. /흐뭇한 표정을 짓다. 작하뭇하다. **흐뭇-이**부.
흐벅-지다[-찌-]형 탐스럽게 두껍고 부드럽다. ¶ 손이 희고 흐벅지다.
흐슬-부슬부하형 차진 기가 없어 헤질 듯한 모양. ¶ 밥이 흐슬부슬하다.
흐슴ᄎ러ᄒ다형 〈옛〉희미하다. ¶ 河漢 ᄃ리 흐슴ᄎ러ᄒ도다(杜初*24:57*).
흐워기부 〈옛〉흡족하게. 무르녹게. ¶ 工夫ㅣ ᄒ다가 흐워기 ᄒ디위ᄒ고 서의히 ᄒ디위ᄒ야(蒙法*38*).
흐웍흐웍ᄒ다형 〈옛〉무르녹다. 윤택하다. ¶ 潤澤은 흐웍흐웍홀 씨라(楞解*2:5*).
흐웍ᄒ다형 〈옛〉흡족하다. 윤택하다. 무르녹다. ¶ 大川이 너비 흐웍호믄(法華*3:10*).
흐지-부지부하타되자 끝을 분명히 맺지 못하고 흐리멍덩하게 넘겨 버리는 모양. ¶ 말을 흐지부지 얼버무리다.
흐트러-뜨리다타 흐트러지게 하다. 흐트러트리다. ¶ 머리를 흐트러뜨리다.
흐트러-지다자 여러 가닥으로 흩어져 이리저리 엉키다. ¶ 흐트러진 머리칼. /정신이 흐트러지다.
흐트러-트리다타 흐트러뜨리다.

흐흐부하자 ①털털하고 걸걸하게 웃는 소리나 모양. ②흐뭇함을 참지 못하여 입을 조금 벌리고 은근히 웃는 소리나 모양.
흑부 ①한 번 흐느끼는 소리. ②갑자기 몹시 찬 기운을 받아 내는 소리.
흑(黑)명 ①〈흑색(黑色)〉의 준말. ②〈흑지〉의 준말. ↔백(白).
흑각(黑角)[-깍]명 물소의 검은 뿔.
흑-각띠(黑角-)[-깍-]명 조선 시대에, 벼슬아치의 예복에 두르던 검은빛의 각띠.
흑-갈색(黑褐色)[-깔쌕]명 검은빛이 도는 짙은 갈색. 칙칙한 갈색.
흑건(黑鍵)[-껀]명 피아노·풍금 등의 검은 건반. 참백건.
흑-고래(黑-)[-꼬-]명 긴수염고랫과의 고래. 몸길이 12～17 m. 몸빛은 검은데 흰 얼룩점이 있고 등에 낙타처럼 혹이 있음. 가슴지느러미와 꼬리가 매우 발달하여 물을 치며 물 밖으로 뛰어오르기도 함.
흑곡(黑麯)[-꼭]명 종곡(種麯)의 한 가지. 주로, 소주 따위를 만드는 데 쓰임.
흑-귀자(黑鬼子)[-뀌-]명 '살빛이 검은 사람'을 조롱하여 이르는 말.
흑기(黑氣)[-끼]명 ①검은 기운. ②불길하고 음산한 기운.
흑기(黑旗)[-끼]명 검은 기폭을 단 기.
흑-기러기(黑-)[-끼-]명 오릿과의 새. 몸길이 60 cm가량의 작은 기러기. 머리와 목·가슴은 흑색이고 나머지는 회색 또는 백색임. 습한 이끼로 덮인 툰드라 지대의 호수나 갯벌에서 삶. 우리나라에서는 남해안 연안에서 월동하는 겨울새임.
흑-내장(黑內障)[흥-]명 망막이나 시신경 따위의 장애로 말미암아 일어나는 눈병을 통틀어 이르는 말.
흑노(黑奴)[흥-]명 흑인 노예, 또는 흑색 인종을 낮잡아 이르는 말.
흑단(黑檀)[-딴]명 감나뭇과의 상록 교목. 잎은 두껍고 길둥근 모양임. 담황색 꽃이 피고, 동글동글한 열매는 적황색으로 익음. 심재는 '오목(烏木)'이라 하여 가구·지팡이·악기 따위를 만드는 데 쓰임.
흑-단령(黑團領)[-딴-]명 지난날, 벼슬아치가 입던 검은 빛깔의 단령.
흑달(黑疸)[-딸]명 ☞여로달(女勞疸).
흑당(黑糖)[-땅]명 〈흑설탕〉의 준말.
흑-대두(黑大豆)[-때-]명 ☞검은콩.
흑도(黑道)[-또]명 태음(太陰)의 궤도.
흑도(黑陶)[-또]명 ☞검은간토기.
흑두(黑豆)[-뚜]명 ☞검은팥.
흑두-병(黑痘病)[-뚜뼝]명 한방에서, 피부에 검은 반점이 생기고 목이 잠기는 전염병을 이르는 말.
흑두-재상(黑頭宰相)[-뚜-]명 〔머리가 검은 재상이란 뜻으로〕 '젊은 재상'을 이르는 말.
흑룡(黑龍)[홍뇽]명 몸빛이 검은 용. 이룡(驪龍). ¶ 북해 흑룡이 여의주를 물고 넘노는 듯….
흑린(黑燐)[홍닌]명 황린을 1만 2000기압에 200 ℃로 가열해서 만드는 물질. 열이나 전기의 도체로 쓰임.
흑마(黑馬)[홍-]명 몸빛이 검은 말. 검정말¹.
흑막(黑幕)[홍-]명 ①검은 장막. ②겉으로 드러나지 않은 음흉한 내막.
흑-맥주(黑麥酒)[홍-쭈]명 까맣게 볶은 맥아를 섞어 만든 짙은 갈색의 맥주.
흑반(黑斑)[-빤]명 검은 반점.

흑반-병(黑斑病) [-빤뼝] 명 과수(果樹)나 오이·고구마·목화 따위의 잎이나 열매 등에 검은 반점이 생기는 병.
흑발(黑髮) [-빨] 명 검은 머리털.
흑백(黑白) [-빽] 명 ①검은빛과 흰빛. ②잘잘못. 옳고 그름. ¶ 흑백을 가리다. ③바둑의 흑지와 백지.
흑백^논리(黑白論理) [-뺑놀-] 명 어떤 사상(事象)을 극단적으로 양분하여, 어느 한쪽만을 판단의 절대적인 기준으로 삼아 전개하는 논리. ¶ 협상할 때 가장 경계해야 할 요소는 흑백 논리다.
흑백불분(黑白不分) [-빽뿔-] 명 ①검은 것과 흰 것을 구별하지 못함. ②잘잘못이 분명하지 아니함.
흑백^사진(黑白寫眞) [-빽싸-] 명 사진의 화면(畫面)이 흰색과 검은색으로 나타난 사진. ↔천연색 사진.
흑백^영화(黑白映畫) [-뺑녕-] 명 영사막에 흰색과 검은색으로 영상(映像)이 나타나는 영화. ↔천연색 영화.
흑-보기 [-뽀-] 명 '눈동자가 한쪽으로 몰려서 늘 흘겨보는 사람'을 조롱조로 이르는 말.
흑-빵(黑-) 명 호밀 가루로 만든 빵.
흑사(黑沙) [-싸] 명 자철석·석석·휘석·각섬석 따위의 검은빛 광물이 많이 들어 있는 모래.
흑사-병(黑死病) [-싸뼝] 명 ☞페스트(pest).
흑-사탕(*黑沙糖) [-싸-] 명 ☞흑설탕.
흑삼(黑衫) [-쌈] 명 지난날, 제향 때 제관이 입던 소매가 검은 예복.
흑-삼릉(黑三稜) [-쌈능] 명 흑삼릉과의 다년초. 연못가나 도랑에 나는데 줄기 높이는 1 m가량. 잎은 뿌리에서 무더기로 나며 가늘고 길. 여름에 꽃줄기의 밑 부분에는 암꽃, 윗부분에 수꽃이 핌.
흑색(黑色) [-쌕] 명 ①검은빛. ②무정부주의를 상징하는 빛깔. 준흑(黑).
흑색^산화동(黑色酸化銅) [-쌕싼-] 명 ☞산화제이구리.
흑색-선전(黑色宣傳) [-쌕썬-] 명 근거 없는 사실을 조작하여, 상대편을 중상모략하거나 그 내부를 교란시키기 위하여 하는 선전.
흑색^인종(黑色人種) [-쌔긴-] 명 살빛이 검은 인종을 통틀어 이르는 말. 준흑인종.
흑색^조합(黑色組合) [-쌕쪼-] 명 무정부주의 계통의 노동조합.
흑색^화:약(黑色火藥) [-쌔콰-] 명 초석·유황·숯가루를 일정한 비율로 섞어서 만든 화약. 불꽃놀이나 엽총 따위에 쓰임.
흑석(黑石) [-썩] 명 ①검은 빛깔의 돌. ②☞흑요암. ③검은 바둑돌.
흑-석영(黑石英) [-써경] 명 검은 빛깔의 석영.
흑선(黑線) [-썬] 명 ①검은 빛깔의 선. ②빛의 흡수 스펙트럼에 나타나는 암흑선. 빛이 물질에 흡수됨에 따라 생김. 암선(暗線).
흑-설탕(*黑雪糖) [-썰-] 명 정제하지 아니한 흑갈색의 원당(原糖). 흑사탕. 준흑당.
흑손(黑損) [-쏜] 명 인쇄가 너무 검게 되어 쓰지 못하게 된 신문 용지. ↔백손(白損).
흑송(黑松) [-쏭] 명 곰솔. 해송(海松).
흑수(黑手) [-쑤] 명 ①검은 손. ②나쁜 짓을 하는 수단.
흑수(黑穗) [-쑤] 명 ☞깜부기.
흑수-병(黑穗病) [-쑤뼝] 명 ☞깜부깃병.
흑-수정(黑水晶) [-쑤-] 명 빛깔이 검은 수정.
흑수-증(黑水症) [-쑤쯩] 명 한방에서, 신장염 따위로 외음부가 붓는 증상을 이르는 말.
흑승-지옥(黑繩地獄) [-씅-] 명 불교에서 이르는, 팔열(八熱) 지옥의 하나. 살생이나 절도의 죄를 지은 자가 가게 된다는 지옥으로, 온몸을 벌겋게 달군 쇠사슬로 묶어 놓고 톱이나 도끼 따위로 베거나 자르는 고통을 받는다고 함.
흑시(黑柿) [-씨] 명 ☞먹감나무.
흑심(黑心) [-씸] 명 음흉하고 부정한 마음. ¶ 흑심을 품다.
흑-싸리(黑-) 명 ①화투짝의 한 가지. 검은 싸리를 그린, 4월을 상징하는 딱지. ②남의 일에 훼방을 놓는 사람을 얕잡아 이르는 말.
흑암(黑岩) 명 검은 빛깔의 바위.
흑암(黑暗) 명하형 몹시 어두움.
흑야(黑夜) 명 ☞칠야(漆夜).
흑양-피(黑羊皮) 명 털빛이 검은 양의 가죽.
흑연(黑煙) 명 ①시꺼먼 연기. ②화공이 쓰는 먹줄. 먹물 대신 숯가루를 봉지에 넣어 줄을 침.
흑연(黑鉛) 명 순수한 탄소로만 이루어진 광물의 한 가지. 금속광택이 있고 검은빛임. 연필심·도가니·전극·윤활제 따위로 쓰임. 석묵(石墨).
흑연-광(黑鉛鑛) 명 흑연을 파내는 광산, 또는 흑연이 들어 있는 광물.
흑연-색(黑鳶色) 명 검은 다갈색.
흑영(黑影) 명 검은 그림자.
흑예(黑瞖) 명 각막이 팥알만 하게 도드라지는 눈병의 한 가지.
흑요-석(黑曜石) 명 ☞흑요암.
흑요-암(黑曜岩) 명 규산이 많이 들어 있는 유리질의 화산암. 흑·회·적·갈색을 띠며, 유리 광택이 있음. 장식품이나 공업용 원료로 쓰임. 오석(烏石). 흑석(黑石). 흑요석.
흑우(黑牛) 명 털빛이 검은 소.
흑운(黑雲) 명 검은 구름. ↔백운(白雲).
흑-운모(黑雲母) 명 운모의 한 가지. 철·칼리·반토·수분 따위가 결합한 규산염으로, 흑색·청회색·갈색 등의 빛깔을 띰. 검은돌비늘.
흑월(黑月) 명 불교에서, 계명(戒命)을 설교하는 기간인 '후보름'을 이르는 말. ↔백월(白月)2.
흑유(黑釉) 명 검은빛의 도자기 잿물.
흑의(黑衣) [흐긔/흐기] 명 ①검은 빛깔의 옷. ②'승복(僧服)'을 달리 이르는 말. ③지난날, 관아에서 부리던 인부들이 입던 검은 웃옷. 두루마기와 비슷하나 겨드랑이에 무가 없음.
흑의-재상(黑衣宰相) [흐긔-/흐기-] 명 지난날, 정치에 참여하여 대권(大權)을 좌우하던 중을 이르던 말.
흑인(黑人) 명 흑색 인종의 사람.
흑인^영가(黑人靈歌) [-녕-] 명 노예로 끌려온 미국의 흑인들이 구약 성서에서 제재를 얻어 노래한 종교적인 민요. 영가.
흑-인종(黑人種) 명 <흑색 인종>의 준말.
흑-임자(黑荏子) 명 ☞검은깨.
흑임자-죽(黑荏子粥) 명 검은깨와 쌀무리로 쑨 죽.
흑자(黑子) [-짜] 명 ①☞흑지. ②검정 사마귀. 참사마귀1.
흑자(黑字) [-짜] 명 ①먹 따위로 쓴 검은 글자. ②수입이 지출보다 많아서 생기는 잉여나 이익. ¶ 무역 수지가 흑자로 돌아섰다. ↔적자.
흑-자색(黑紫色) [-짜-] 명 검은빛이 도는, 짙은 자주. 자흑색.
흑자-석(黑赭石) [-짜-] 명 푸른 물감의 한 가지. 화소청(畫燒青)과 비슷한 것으로 도자기에 쓰임. 무명자(無名子).

흑자^예:산(黑字豫算)[-짜-]명 수입이 지출보다 많은 예산.
흑자체 활자(黑字體活字)[-짜-짜] ☞고딕.
흑-적색(黑赤色)[-쩍쌕]명 검붉은 색.
흑점(黑點)[-쩜]명 ①검은 점. ②〈태양 흑점〉의 준말.
흑정(黑睛)[-쩡]명 ☞검은자위.
흑제(黑帝)[-쩨]명 오행설에서, 겨울을 맡은 북쪽의 신.
흑죽-학죽[-쭈카쭉]부하타 일을 정성껏 맺지 않고 어름어름 넘기는 모양.
흑-쥐(黑-)[-쮜]명 쥣과의 동물. 우리나라 특산으로 귀와 꼬리가 짧고 털도 매우 짧으며 등은 검고 배는 흼. 논밭이나 야산에 살면서 전염병을 옮김.
흑지(←黑子)[-찌]명 바둑돌의 검은 알. 흑자(黑子). 준흑(黑). ↔백지.
흑-채문(黑彩紋)명 흑선으로 된 채문. ↔백채문(白彩紋).
흑책-질[-찔]명하타 남의 일을 교활한 꾀로 방해하는 짓.
흑청(黑淸)명 빛깔이 검은 꿀.
흑체(黑體)명 모든 복사(輻射) 광선을 완전히 흡수하는 물체.
흑축(黑丑)명 한방에서, '푸르거나 붉은 나팔꽃의 씨'를 약재로 이르는 말. 약효가 백축(白丑)보다 빠름.
흑칠(黑漆)명 검은 빛깔의 옻.
흑탄(黑炭)명 ☞역청탄.
흑태(黑太)명 '검은콩'으로 순화.
흑태(黑苔)명 한방에서, 열이 심한 병자의 혓바닥에 생기는 검은 버캐를 이르는 말.
흑토(黑土)명 다량의 부식질이 들어 있는 검고 기름진 흙.
흑토-대(黑土帶)명 흑토의 분포 지대. 농업 지대로 적합함.
흑판(黑板)명 ☞칠판(漆板).
흑-포도(黑葡萄)명 알의 빛깔이 검은 포도.
흑풍(黑風)[1]명 모래나 먼지 따위를 일으켜 햇빛을 가리며 맹렬히 부는 회오리바람.
흑풍(黑風)[2]명 한방에서 이르는 눈병의 한 가지. 시력이 흐리고 눈동자나 콧마루가 아프며, 두통이 나고 때때로 섬화(閃火)가 보이는 병.
흑풍-백우(黑風白雨)명 흑풍이 몰아치는 속에 내리는 소나기.
흑피(黑皮)명 검은 가죽. 검게 염색한 가죽.
흑피-화(黑皮靴)명 지난날, 악생이나 악공들이 음악을 연주할 때 신던 목이 긴 신. 검은 가죽으로 목화와 비슷하게 만들었음.
흑핵(黑核)[흐캑]명 중뇌(中腦)에 있는 흑갈색의 큰 회백질. 골격근의 운동을 맡아보는 중심의 한 가지.
흑-호마(黑胡麻)[흐코-]명 ☞검은깨.
흑-화사(黑花蛇)[흐콰-]명 ☞먹구렁이.
흑-화예(黑花瞖)[흐콰-]명 한방에서 이르는 눈병의 한 가지. 몹시 아프고 푸른 예막이 생김.
흑훈(黑暈)[흐쿤]명 검은빛의 햇무리.
흑-흑[흐콕]부하자 설움이 북받쳐 흐느껴 우는 소리. ¶흑흑 소리 내어 울다.
흔조 〈옛〉체언의 말음 'ㅎ'과 조사 '은'의 결합. ¶四禪天으롯 우흔 세 災 업수디(月釋*1:50*). 참흐[2].
흔감(欣感)명하타 기쁘게 느껴 감동함.
흔구(欣求)명하타 불교에서, 흔쾌히 원하여 구하는 일을 이르는 말.
흔구^정토(欣求淨土)명 불교에서, 극락정토에 왕생하기를 원하는 일.
흔나므라다타 〈옛〉헐뜯어 나무라다. 타박하다. ¶흔나므라는 이아 살 님재라(老解下*28*).
흔단(釁端)명 ①틈이 생기는 실마리. ¶흔단을 내다. /흔단이 생기다. ②서로 달라지는 시초.
흔덕-거리다[-꺼-]자타 자꾸 흔덕흔덕하다. 흔덕대다. 작한닥거리다.
흔덕-대다[-때-]자타 흔덕거리다.
흔덕-이다자타 (박혀 있거나 끼인 물건이) 이리저리 흔들리거나 흔들리게 하다. 작한닥이다.
흔덕-흔덕[-더큰-]부하자타 (박혀 있거나 끼인 물건이) 이리저리 자꾸 흔들리거나 흔들리게 하는 모양. 작한닥한닥.
흔뎅-거리다자타 자꾸 흔뎅흔뎅하다. 흔뎅대다. ¶절간 처마의 풍경(風磬)이 흔뎅거리다. 작한댕거리다.
흔뎅-대다자타 흔뎅거리다.
흔뎅-이다자타 (매달린 물건이) 이리저리 자꾸 흔들리다, 또는 그렇게 되게 하다. 작한댕이다.
흔뎅-흔뎅부하자타 (매달린 물건이) 이리저리 자꾸 흔들리거나 흔들리게 하는 모양. 작한댕한댕.
흔동-일세(掀動一世)[-쎄]명하자 위세가 세상을 뒤흔듦. 본헌동일세.
흔드렁-거리다자타 자꾸 흔드렁흔드렁하다. 흔드렁대다. 작한드랑거리다.
흔드렁-대다자타 흔드렁거리다.
흔드렁-흔드렁부하자타 (힘없이 매달린 물건이) 좁은 폭으로 천천히 자꾸 흔들리거나 흔들리게 하는 모양. 작한드랑한드랑.
흔드적-거리다[-꺼-]자타 자꾸 흔드적흔드적하다. 흔드적대다. 작한드작거리다.
흔드적-대다[-때-]자타 흔드적거리다.
흔드적-흔드적[-저큰-]부하자타 (매달린 물건이) 천천히 이리저리 자꾸 흔들리거나 흔들리게 하는 모양. 작한드작한드작.
흔들-거리다자타 자꾸 흔들흔들하다. 흔들대다. 작한들거리다.
흔들다[흔드니·흔들어]타 ①좌우나 앞뒤로 잇따라 움직이게 하다. ¶손을 흔들다. /몸을 흔들다. /깃발을 흔들다. ②어떤 안정된 상태를 동요시키다. ¶민심을 흔들다.
흔들-대다자타 흔들거리다.
흔들-리다자 〚'흔들다'의 피동〛 흔듦을 당하다. ¶폭풍우에 배가 심하게 흔들리다. /결심이 흔들리다.
흔들-바람명 풍력 계급의 5등급에 해당하는 바람. 초속 8.0~10.7 m. 잎이 있는 작은 나무가 흔들리기 시작하며, 작은 물결이 호수에 생김. 질풍.
흔들-비쭉이명 변덕이 심하고 걸핏하면 성을 잘 내는 사람.
흔들-의자(-椅子)[-드릐-/-드리-]명 앉아서 앞뒤로 흔들면서 쉴 수 있도록 만든 의자.
흔들-이명 ☞진자(振子).
흔들-흔들부하자타 이리저리 자꾸 흔들리거나 흔들리게 하는 모양. 작한들한들.
흔모(欣慕)명하타 ☞흠모(欽慕).
흔연(欣然) '흔연하다'의 어근.
흔연-대접(欣然待接)명하타 기쁜 마음으로 대접함.
흔연-스럽다(欣然-)[-따][~스러우니·~스러워]형ㅂ 흔연한 태도가 있다. **흔연스레**부.
흔연-하다(欣然-)형여 기쁘거나 반가워 기분이 좋다. **흔연-히**부 ¶선물을 흔연히 받다.

흔적(痕跡·痕迹)명 (어떤 사물이나 현상이 없어지거나 지나간 뒤에) 남은 자취나 자국. 형적(形跡).
흔적^기관(痕跡器官)[-끼-]명 생물의 진화 과정으로 보아 본디는 쓸모가 있는 것이었으나 현재는 퇴화하여 쓰이지 않는 기관. 퇴화 기관.
흔전-거리다자 자꾸 흔전흔전하다. 흔전대다.
흔전-대다자 흔전거리다.
흔전-만전부하형 ①아주 흔하고 넉넉한 모양. ¶ 큰 잔치라서 먹을 것이 흔전만전이다. ②돈이나 물건 따위를 아끼지 아니하고 마구 쓰는 모양. ¶ 물을 흔전만전 낭비하다.
흔전-하다형여 아주 넉넉하다.
흔전-흔전부하자 모자람이 없이 매우 넉넉하게 쓰며 지내는 모양.
흔천-동지(掀天動地)명하자 〔소리가 커서 천지를 뒤흔들 만하다는 뜻으로〕 '세력을 크게 떨침'을 이르는 말.
흔충(焮衝)명 피부나 근육이 화끈거리며 아픈 증상.
흔쾌(欣快) '흔쾌하다'의 어근.
흔쾌-하다(欣快-)형여 기쁘고도 상쾌하다. **흔쾌-히**부 ¶ 충고를 흔쾌히 받아들이다.
흔-하다형여 ①귀하지 않고 매우 많이 있다. ¶ 도시에는 자동차가 흔하다. ②얻기 쉽다. ¶ 아주 흔한 약이다. 준흖다. ↔귀하다·드물다. **흔-히**부.
흔흔(欣欣) '흔흔하다'의 어근.
흔흔-하다(欣欣-)형여 매우 기쁘고 흡족하다. **흔흔-히**부 ¶ 흔흔히 결혼을 승낙하다.
흔희(欣喜)[-히]명하자 ☞환희(歡喜).
흔희-작약(欣喜雀躍)[-히-]명하자 너무 좋아서 뛰며 기뻐함.
흖다[흔타]형 〈흔하다〉의 준말. ＊흖소[흔쏘]
흗다[흐러]자타ㄷ 〈옛〉흩어지다. 흩다. ¶ 조조시름 흐루믈 許ᄒᆞ노라(杜初7:20).
흘조 〈옛〉체언의 말음 'ㅎ'과 조사 '을'의 결합. ¶ 化佛ㅅ 뒤흘 미좃ᄌᆞ바(月釋8:71). 참흘.
흘가휴의(迄可休矣)[-의/-이]명 〔알맞은 정도에서 그만두라는 뜻으로〕 정도에 지나침을 경계하는 말. ¶ 흘가휴의라지 않는가, 그쯤 해 두시게.
흘게명 매듭·사개·고동·사북 따위의 죈 정도나, 무엇을 맞추어서 짠 자리.
흘게(가) 늦다관용 ①흘게가 느슨하다. ②하는 짓이 야무지지 못하다.
흘겨-보다타 흘기는 눈으로 보다.
흘근-거리다자 자꾸 흘근흘근하다. 흘근대다.
흘근-대다타 흘근거리다.
흘근번쩍-거리다[-꺼-]타 눈을 자꾸 흘근번쩍흘근번쩍하다. 흘근번쩍대다.
흘근번쩍-대다[-때-]타 흘근번쩍거리다.
흘근번쩍-흘근번쩍[-쩌클-]부하타 여럿이 자꾸 눈을 흘기며 번쩍이는 모양.
흘근-흘근부하자 느릿느릿하게 천천히 행동하는 모양.
흘금부하타 남의 눈을 피해 한 번 곁눈질을 하는 모양. ¶ 흘금 눈치를 살피다. 작할금. 센흘끔. **흘금-흘금**부하타.
흘금-거리다타 자꾸 흘금흘금하다. 흘금대다. 작할금거리다.
흘금-대다타 흘금거리다.
흘긋[-귿]부 ①하자눈에 얼씬 보이는 모양. ¶ 뒷모습이 흘긋 보이다. ②하타눈동자를 옆으로 돌려 한 번 보는 모양. ¶ 흘긋 눈을 흘기다. /흘긋 쳐다보고는 미소를 지었다. 작할긋. 센흘끗. **흘긋-흘긋**부하자타.
흘긋-거리다[-귿꺼-]타 자꾸 흘긋흘긋하다. 흘긋대다. 작할긋거리다.
흘긋-대다[-귿때-]타 흘긋거리다.
흘기다타 눈동자를 옆으로 굴려 노려보다. 작할기다.
흘기-죽죽[-쭉]부하형 흘겨보는 눈에 불만스러운 마음이 드러나는 모양. 작할기족족.
흘깃[-긷]부하타 눈을 한 번 흘기는 모양. 작할깃. 센흘낏. **흘깃-흘깃**부하타.
흘깃-거리다[-긷꺼-]타 자꾸 흘깃흘깃하다. 흘깃대다. 작할깃거리다. 센흘낏거리다.
흘깃-대다[-긷때-]타 흘깃거리다.
흘끔부하타 〈흘금〉의 센말. 작할끔.
흘끔-하다형여 몸이 고단하거나 불편하여 눈이 쑥 들어가 있다. 헐떡하다. ¶ 중간고사를 치르더니 눈이 흘끔해졌군. 작할끔하다.
흘끗[-끋]부하자타 〈흘긋〉의 센말. 작할끗.
흘낏[-낃]부하타 〈흘깃〉의 센말. 작할낏.
흘낏-거리다[-낃꺼-]타 〈흘깃거리다〉의 센말. 흘낏대다. 작할낏거리다.
흘낏-대다[-낃때-]타 흘낏거리다.
흘떼기명 심줄이나 근육 사이에 있는 얇은 껍질이 많이 섞인 질긴 고기.
흘떼기-장기(-將棋)명 으레 질 것을 알면서도 안 지려고 떼를 써 가며 끈질기게 두는 장기.
흘러-가다자 ①흘러서 앞으로 나아가다. ¶ 냇물이 흘러가다. ②시간이나 세월이 지나가다. ¶ 시간이 흘러가다.
흘러-나오다자 ①물·빛 따위가 새거나 빠져서 밖으로 나오다. ¶ 방 안에서 희미한 불빛이 흘러나오다. ②말소리나 음악 소리 따위가 밖으로 퍼져 나오다. ¶ 탄식이 흘러나오다. ③소문이나 예측 따위가 전하여 들리다. ¶ 낙관적이라는 전망이 흘러나오다.
흘러-내리다 Ⅰ자 (매었거나 걸어 놓은 것이) 느슨해져서 밑으로 처지다. ¶ 허리끈이 흘러내리다.
Ⅱ자타 위에서 아래로 흐르면서 내려오다. ¶ 땀이 흘러내리다. /흘러내리는 눈물.
흘러-넘치다 Ⅰ자타 넘쳐흐르다.
Ⅱ자 넘쳐흐르다.
흘러-들다[~드니·~들어]자 ①액체 따위가 흘러서 들어가거나 들어오다. ¶ 이 시냇물은 한강으로 흘러든다. ②어떤 사물이나 사람이 슬그머니 들어오다. ¶ 정체 모를 사람이 마을로 흘러들었다.
흘러-보다타 남의 속을 슬그머니 떠보다.
흘러-오다타 ①물 따위가 흐르면서 내려오다. ②말소리나 음악·냄새 따위가 퍼져 오다. ¶ 종소리가 은은하게 흘러오다. ③정처 없이 떠돌아다니다가 들어오다. ¶ 타향에서 흘러온 장사꾼.
흘레명하자 (짐승의 암컷과 수컷이) 교접(交接)함, 또는 그 짓. 교미(交尾).
흘레-붙다[-붇따]자 〈흘레하다〉의 속된 말.
흘레붙-이다[-부치-]타 〖'흘레붙다'의 사동〗 흘레하게 하다. ¶ 돼지를 흘레붙이다.
흘려-듣다[-따][~들으니·~들어]타ㄷ ①주의 깊게 듣지 아니하다. ¶ 내 말 흘려듣지 말고 명심해. ②다른 사람들이 주고받는 소리가 우연히 귀에 들려 어떤 소식을 얻어듣다. ¶ 흘려들은 소문.
흘려-버리다타 주의 깊게 듣지 아니하고 넘겨버리다. ¶ 내 짝은 웬만한 이야기는 예사로이 흘려버린다.

흘려-보내다타 ①흘러가는 것을 그냥 내버려 두다. ¶ 세월을 흘려보내다. ②주의 깊게 듣지 아니하고 지나쳐 버리다.

흘려-주다타 여러 번에 조금씩 나누어 주다.

흘리놓다자 〈옛〉흐르게 놓다. 흘러가는 대로 버려 두다. ¶ 張蹇의 八月槎를 銀河에 흘리노하(古時調).

흘리다타 ①(물 따위를) 쏟아지거나 흐르게 하다. ¶ 눈물을 흘리다. ②(작은 알갱이 따위를) 밖으로 새게 하거나 떨어지게 하다. ¶ 밥알을 흘리다. ③(물건을) 빠뜨리거나 떨어뜨려 잃다. ¶ 동전을 흘리다. ④(물 위에 띄워) 흐르게 하다. ⑤(갚아야 할 돈 따위를) 여러 번에 걸쳐 나누어서 주다. ¶ 외상값을 흘리어 갚다. ⑥글씨를 흘림으로 쓰다. ⑦(말을) 귀담아듣지 아니하다. ¶ 한쪽 귀로 듣고 한쪽 귀로 흘리다. ⑧그림에서 붓 자국이 잘 보이지 않도록, 붓질을 희미하게 하다. ⑨(비밀이나 정보 따위를) 넌지시 남이 알도록 하다. ¶ 기자에게 정보를 흘리다.

흘리마시다타 〈옛〉흘려 가며 마시다. ¶ 밥을 크게 뜨디 말며 흘리마시디 말며(小解3:23).

흘림[1]명 글자의 획을 또박또박 박아 쓰지 않고 흘리어 쓴 글씨. 초서(草書).

흘림[2]명 건축에서, 기둥머리를 아래쪽보다 조금 가늘게 하는 일.

흘림-걸그물명 어망의 한 가지. 배와 함께 바람이나 물 흐름에 따라 이리저리 떠다니면서 물고기가 그물코에 걸리거나 감싸이게 하는 그물.

흘림-기둥[-끼-]명 기둥의 몸이 기둥머리나 기둥뿌리보다 배가 조금 부른 기둥.

흘림-낚시[-낙씨]명 (흐르는 물에서 낚시질을 할 때) 견지나 릴을 이용하여 낚싯줄이 흘러 내려가게 하여 하는 낚시.

흘림-체(-體)명 흘림으로 쓴 글씨의 체.

흘림-흘림부 돈이나 물건을 조금씩 여러 번에 나누어 주거나 받는 모양.

흘립(屹立) '흘립하다'의 어근.

흘립-하다(屹立-)[-리파-]형여 (산이) 깎아지른 듯이 높이 솟아 있다.

흘미죽죽[-쭉]부하형 일을 여무지게 끝내지 못하고 흐리멍덩하게 끄는 모양. **흘미죽죽-이**부.

흘수(吃水)[-쑤]명 (물에 뜬 배의) 선체(船體)가 물에 잠기는 깊이.

흘수-선(吃水線)[-쑤-]명 (잔잔한 물에 떠 있는 배의) 선체가 물에 잠기는 한계선.

흘연(屹然)부하형 우뚝 솟은 모양. **흘연-히**부.

흘연-독립(屹然獨立)[-동닙]명하자 홀로 우뚝하게 따로 섬.

흘쩍-거리다[-꺼-]타 자꾸 흘쩍흘쩍하다. 흘쩍대다.

흘쩍-대다[-때-]타 흘쩍거리다.

흘쩍-흘쩍[-쩌클-]부하타 일을 빨리 진행시키지 않고 일부러 질질 끌어 나가는 모양.

흘쭉-거리다[-꺼-]타 자꾸 흘쭉흘쭉하다. 흘쭉대다.

흘쭉-대다[-때-]타 흘쭉거리다.

흘쭉-흘쭉[-쭈클-]부하타 매우 검질기게 끌어 나가는 모양.

흘출(屹出)명하자 (산이) 우뚝 솟아 있음.

흙[흑]명 바위가 분해되어 지구의 외각(外殼)을 이루는 가루. 토양. ¶ 한 줌의 흙. ＊흙이[흘기]·흙만[흥-]

흙-감태기[흑깜-]명 흙을 온몸에 뒤집어쓴 모양, 또는 그러한 사람이나 물건.

흙-격지[흑격찌]명 지층과 지층의 사이.

흙-구덩이[흑꾸-]명 흙을 파낸 우묵한 자리.

흙-내[흥-]명 흙냄새.

흙내(를) 맡다관용 옮겨 심은 식물이 새 땅에 뿌리를 내리고 생기가 나다.

흙-냄새[흥-]명 흙에서 나는 냄새. 땅내. 흙내.

흙-다리[흑따-]명 긴 나무를 걸친 다음 그 위에 흙을 덮어 만든 다리. 토교(土橋).

흙-담[흑땀]명 ☞토담.

흙-더미[흑떠-]명 흙을 한데 모아 쌓은 더미.

흙-더버기[흑떠-]명 긴흙이 튀어 올라 붙은 각은 덩이.

흙-덩어리[흑떵-]명 크게 뭉쳐진 흙덩이.

흙-덩이[흑떵-]명 흙이 엉기어서 된 덩이. 토괴(土塊).

흙-도배(-塗褙)[흑또-]명 (벽 같은 곳에) 흙으로 하는 도배.

흙-뒤[흑뛰]명 발뒤축의 위쪽의 근육.

흙-들이다[흑뜨리-]자 (땅을 걸게 하기 위하여) 딴 곳의 좋은 흙을 섞어 넣다. 참객토(客土).

흙-먼지[흥-]명 가는 흙가루가 날려 먼지처럼 일어나는 것. ¶ 흙먼지가 일다.

흙-메[흥-]명 ☞토산(土山).

흙-물[흥-]명 흙이 풀려 흐려진 물.

흙-바람[흑빠-]명 누런 흙먼지가 섞여 부는 바람.

흙-바탕[흑빠-]명 ①흙으로 된 밑바탕. 토대(土臺). ②흙의 질. ②토질(土質).

흙-받기[흑빧끼]명 ①흙손질할 때, 이긴 흙을 받쳐 드는 제구. ②(자전거나 자동차 따위의 바퀴에서 튀는 흙을 막기 위하여) 바퀴 위나 뒤에 대는 장치.

흙-밥[흑빱]명 괭이나 쟁기 따위로 한 번 떠서 올린 흙. ¶ 땅이 차져서 흙밥이 크다.

흙-방(-房)[흑빵]명 방바닥과 벽에 장판이나 도배를 하지 않아 흙이 그대로 드러나 있는 방.

흙-벽(-壁)[흑뼉]명 종이를 바르지 않아 흙이 드러나 있는 벽. 토벽(土壁).

흙-부처[흑뿌-]명 흙으로 빚어 만든 불상. 토불(土佛).

흙-비[흑삐]명 바람에 높이 날렸다가 비처럼 내리는 모래흙. 토우(土雨).

흙-빛[흑삗]명 ①흙의 빛깔. 흙색. 토색(土色). ¶ 논의 흙빛이 검다. ②(어둡고 경직된 얼굴의) 검푸른 빛. ¶ 얼굴이 흙빛으로 변하다. 토색(土色). ＊흙빛이[흑삐치]·흙빛만[흑삔-]

흙-빨래[흑-]명하타 흙탕물에 빨래한 것처럼 '옷에 온통 흙물이 묻음'을 비유하여 이르는 말.

흙-색(-色)[흑쌕]명 흙빛.

흙-손[흑쏜]명 방바닥이나 벽 따위에 흙 같은 것을 바르고 반반하게 하는 연장.

흙손-끌[흑쏜-]명 홈통의 바닥 따위를 바르고 다듬는 데 쓰는 흙손 모양의 끌.

흙손-질[흑쏜-]명하타 흙손으로 흙 따위를 바르고 반반하게 하는 짓.

흙-일[흥닐]명하자 흙을 다루어 이기거나 바르는 일. 토역일. 토역(土役).

흙-장난[흑짱-]명하자 흙을 가지고 노는 짓, 또는 그 장난. ¶ 흙장난을 치다.

흙-주접[흑쭈-]명 한 가지 농작물만 연이어 지어서 땅이 메마르는 일. ¶ 흙주접이 들다.

흙-질[흑찔]명하자 흙을 이기거나 바르는 일.

흙-창(-窓)[흑-]명 창살의 안팎으로 종이를 발라 컴컴하게 만든 창.

흙-체[흑-]명 흙을 곱게 치는 데 쓰는 체.

흙-칠(-漆)[흑-]명하자 흙을 묻힘, 또는 그렇게 하는 일. ¶ 온몸에 흙칠을 하다.
흙-탕(-湯)[흑-]명 〈흙탕물〉의 준말.
흙탕-길(-湯-)[흑-낄]명 흙탕물이 질편하게 깔려 몹시 질척한 길.
흙탕-물(-湯-)[흑-]명 흙이 풀려 흐린 물. 준흙탕.
흙-토(-土)[흑-]명 한자 부수의 한 가지. '地'·'基' 등에서의 '土'의 이름.
흙-투성이[흑-]명 진흙이 잔뜩 묻은 모양.
흙-풍로(-風爐)[흑-노]명 흙으로 빚어 구워서 만든 풍로.
흙-화덕(-火-)[흐콰-]명 흙으로 만든 화덕.
흠감 ①마음에 흡족하거나, 동의하면서 남의 말을 들을 때 내는 소리. ②아니꼽거나 언짢을 때 입을 다물고 콧숨을 내쉬며 내는 소리.
흠:(欠)명 ①흉. ¶ 남의 흠을 들추다. ②물건의 이지러진 곳, 또는 성하지 않거나 불충분한 부분. 하자. ¶ 흠이 있는 그릇. 변험.
흠:-가다(欠-)자 흠지다.
흠격(歆格)명하자 신명(神明)이 감응(感應)함.
흠:결(欠缺)명하자 ☞흠축(欠縮).
흠:-구덕(欠-)명하타 남의 허물을 험상궂게 퍼뜨림, 또는 그러한 말. 험담(險談).
흠:-나다(欠-)자 흠지다.
흠:내다(欠-)자타 〖'흠나다'의 사동〗 흠이 생기게 하다.
흠:-되다(欠-)[-되-/-뒈-]타 흠이 생기게 하다. ¶ 그 정도는 흠될 일도 아니니다.
흠:-뜯다(欠-)[-따]타 남의 흠을 들추어 말하다.
흠명(欽命)명 황제의 명령.
흠모(欽慕)명하타 기쁜 마음으로 사모함. 흔모.
흠복(欽服)명하타 진심으로 존경하고 따름.
흠-빨다[~빠니·~빨아]타 깊이 물고 빨다.
흠빨며 감빨다관용 입으로 검쳐 물고 탐스럽게 빨다.
흠뻑부 ①(분량 따위가) 매우 넉넉한 모양. ¶ 행복감에 흠뻑 젖어 있다. ②(물 따위가) 푹 내배도록 젖은 모양. ¶ 소나기에 온몸이 흠뻑 젖다. 비흠씬. 작함빡.
흠:사(欠事)명 흠이 되는 일.
흠선(欽羨)명하타 공경하고 부러워함.
흠:손(欠損)명 ☞결손(缺損).
흠숭(欽崇)명하타 흠모하고 공경함.
흠숭지례(欽崇之禮)명 가톨릭에서, 천주에게만 드리는 흠모와 공경의 예.
흠:신(欠伸)명하자 하품과 기지개.
흠:신(欠身)명하자 (존경의 뜻을 나타내기 위하여) 몸을 굽힘.
흠:신-답례(欠身答禮)[-담녜]명하자 몸을 굽혀 답례함.
흠실-흠실부하형 (너무 지나치게 삶아져서) 물크러질 정도가 된 모양. 작함실함실.
흠씬부 ①(정도가 꽉 차고도 남을 만큼) 아주 넉넉하게. ②물에 푹 젖은 모양. ¶ 옷이 흠씬 젖다. ③매우 심하게 맞는 모양. ¶ 불량배한테 흠씬 두들겨 맞다. ②비흠뻑. ①②작함씬.
흠앙(欽仰)명하타 공경하여 우러러 사모함.
흠:-잡다(欠-)[-따]타 흠이 되는 점을 들추어 내다. ¶ 흠잡을 데가 없다.
흠:절(欠節)명 잘못된 점. 모자라는 점. 흠점(欠點). 흠처(欠處).
흠:점(欠點)[-쩜]명 ☞흠절(欠節).
흠정(欽定)명하타 황제가 친히 제정함, 또는 그의 명령으로 제정된 것.
흠정^헌:법(欽定憲法)[-뻡]명 군주 단독의 의사로 제정한 헌법. ↔협정 헌법. 참민정 헌법.
흠준(欽遵)명하타 황제의 명령을 받들어 지킴.
흠:-지다(欠-)자 흠이 생기다.
흠지러기명 살코기에 달린 잡살뱅이 주저리 고기.
흠:-집(欠-)[-찝]명 흠이 있는 곳, 또는 그 흔적. ¶ 가구의 흠집. /흠집이 생기다.
흠차(欽差)명 황제의 명령으로 사신으로 감, 또는 그 사람.
흠:처(欠處)명 ☞흠절(欠節).
흠:축(欠縮)명하자 (일정한 수효에서) 부족이 생김. 휴흠(虧欠). 흠결(欠缺). ¶ 흠축을 내다. 준축(縮).
흠축-나다(欠縮-)[-충-]자 흠축이 생기다.
흠치-교(吽哆敎)명 조선 고종 때, 증산(甑山) 강일순(姜一淳)이 창도(唱導)한 교.
흠치르르부하형 깨끗하고 윤이 번들번들 나는 모양. 작함치르르.
흠칫[-칟]부하자타 놀라거나 겁이 나서 목이나 몸을 움츠리는 모양. ¶ 흠칫 놀라 뒤돌아보다.
흠쾌(欽快) '흠쾌하다'의 어근.
흠쾌-하다(欽快-)형여 기쁘고 상쾌하다.
흠탄(欽歎)명하타 아름다움을 탄상(歎賞)함.
흠:포(欠逋)명하타 ☞포흠(逋欠).
흠핍(欠乏) '흠핍하다'의 어근.
흠:핍-하다(欠乏-)[-피파-]형여 이지러져서 모자라다.
흠향(歆饗)명하타 신명(神明)이 제물을 받음.
흠휼지전(欽恤之典)[-찌-]명 죄수를 신중히 심의하라는 은전(恩典).
흡기(吸氣)[-끼]명하자 ①숨을 들이마심, 또는 그 숨. ②기운을 빨아들임, 또는 그 기운. ↔호기(呼氣).
흡기(吸器)[-끼]명 기생 식물이 숙주(宿主)로부터 영양분을 빨아들이는 기관.
흡-뜨다타 '홉뜨다'의 잘못.
흡람(洽覽)[흡남]명하타 널리 견문하여 경험함.
흡력(吸力)[흡녁]명 빨아들이는 힘.
흡묵-지(吸墨紙)[흡-찌]명 ☞압지(押紙).
흡반(吸盤)[-빤]명 ☞빨판.
흡사(恰似)[-싸]부하형 《주로 '처럼'·'같다'·'듯이' 따위와 함께 쓰이어》 거의 같을 정도로 비슷한 모양. ¶ 쌍둥이처럼 모습이 흡사하다. /메밀꽃이 만발하여 흡사 눈이 내린 것 같다. **흡사-히**부.
흡상(吸上)[-쌍]명하타 빨아올림.
흡수(吸收)[-쑤]명하타되자 ①빨아들임. ¶ 스펀지가 물기를 흡수하다. ②(자신의 것으로) 받아들임. ¶ 지식을 흡수하다. ③(흩어진 사물을) 모아 들임. ¶ 군소 정당을 흡수하다. ④소화관의 벽을 통하여 영양소 및 물이 혈관이나 림프관으로 들어가는 일. ⑤복사선(輻射線)이 물체나 공기 속을 지날 때, 에너지의 일부가 다른 에너지로 바뀌는 일.
흡수-구(吸收口)[-쑤-]명 곤충 따위가 먹이를 빨아들이는 입.
흡수-선(吸收線)[-쑤-]명 발광체에서 나온 빛이 어떤 부분만 도중의 물질에 의해서 흡수되었을 경우에 스펙트럼 속에 나타나는 그 부분의 어두운 선.
흡수^스펙트럼(吸收spectrum)[-쑤-]명 연속 스펙트럼에 나타나는 어두운 부분. 물질 속을 지나는 빛이나 엑스선 따위가 물질 특유의 흡수를 받아 생김.
흡수-제(吸收劑)[-쑤-]명 기체나 액체를 빨아들이는 데 쓰이는 약제.

흡수^합병(吸收合倂) [-쑤-뼝] 명 회사(會社) 합병 방식의 한 가지. 한 회사는 존속하고 한 회사는 소멸하는데, 소멸 회사의 권리와 의무가 존속 회사에 포괄 승계됨. 병탄 합병.

흡습-성(吸濕性) [-씁썽] 명 물질이 공기 속의 습기를 흡수하는 성질.

흡습-제(吸濕劑) [-씁쩨] 명 섬유가 너무 건조하여 경화(硬化)함을 막으려고 사용하는 약제. 보통, 글리세린·포도당 등을 씀.

흡연(吸煙) 명 하자 담배를 피움. 끽연(喫煙). ¶ 흡연 구역.

흡연(洽然) '흡연(洽然)하다'의 어근.

흡연(翕然) '흡연(翕然)하다'의 어근.

흡연-실(吸煙室) 명 ☞끽연실.

흡연-하다(洽然-) 형 여 흡족하고 넉넉한 듯하다. 흡연-히 부.

흡연-하다(翕然-) 형 여 인심이 한곳으로 쏠리는 정도가 대단하다. 흡연-히 부.

흡열^반ː응(吸熱反應) 명 주위에서 열을 흡수하여 진행하는 화학 반응. 질소가 산소와 화합하여 산화 질소를 생성하는 따위의 반응. ↔발열 반응.

흡유-기(吸乳期) 명 가축 따위가 새끼에게 젖을 빨리는 기간.

흡음(吸音) 명 하자 (실내에서 생기는) 소리를 빨아들임.

흡음-재(吸音材) 명 소리를 빨아들이는 성질을 가진 건축 재료. 〔유리 섬유·섬유판·펠트 따위.〕

흡의(洽意) '흡의하다'의 어근.

흡의-하다(洽意-) [흐븨-/흐비-] 형 여 뜻에 흡족하다.

흡인(吸引) 명 하타 되자 ①(기체나 액체 따위를) 빨아들임. ②(사람을) 끌어들임.

흡인-력(吸引力) [-녁] 명 ①(기체나 액체 따위를) 빨아들이는 힘. ¶ 흡인력이 좋은 진공청소기. ②(사람을) 끌어들이는 힘. ¶ 청중을 끌어 모으는 흡인력.

흡인^요법(吸引療法) [-뇨뻡] 명 몸속의 이상 액체를 주사기 따위로 빼내는 치료법.

흡입(吸入) 명 하타 되자 (기체나 액체 따위를) 빨아들임.

흡입-기(吸入器) [-끼] 명 가스나 수증기 또는 약품의 흡입에 쓰이는 기구. 〔산소 흡입기 따위.〕

흡입^요법(吸入療法) [흐빔뇨뻡] 명 입이나 코로 약품을 흡입시키는 치료법.

흡장(吸藏) [-짱] 명 하자 되자 기체 또는 액체가 고체에 흡수되어 고체의 내부에 스며드는 현상.

흡족(洽足) [-쪽] 명 하형 모자람이 없이 아주 넉넉함. ¶ 마음이 흡족하다. /비가 흡족하게 내려 논에 물이 가득 찼다. 흡족-히 부.

흡착(吸着) 명 하자 되자 ①달라붙음. ②기체 또는 액체가 딴 액체나 고체의 표면에 달라붙는 현상. 〔암모니아가 숯에 달라붙는 일 따위.〕

흡착-수(吸着水) [-쑤] 명 지표(地表) 근처의 흙의 알갱이 표면에 엷게 달라붙어 있는 수분(水分). 참 모관수·중력수.

흡착-제(吸着劑) [-쩨] 명 딴 물질을 흡착하는 힘이 센 물질. 규조토·산성 백토·활성탄 따위로, 탈색이나 탈습, 탈취나 촉매 따위로 쓰임.

흡착-질(吸着質) [-찔] 명 흡착제에 흡착하여 농도 변화를 일으키는 물질.

흡출(吸出) 명 하타 되자 빨아냄.

흡혈(吸血) [흐펼] 명 하자 피를 빪.

흡혈-귀(吸血鬼) [흐펼-] 명 ①사람의 피를 빨아 먹는다는 귀신. ②'남의 재물을 악독하게 빼앗는 사람'을 비유하여 이르는 말. 〔고리대금업자나 착취자 따위.〕

흡혈^동ː물(吸血動物) [흐펼-] 명 딴 동물의 피를 빨아 먹고 사는 동물. 모기·빈대·거머리 따위.

흣대 [흗때] 명 질그릇의 모양을 이루는 데 쓰이는 나무쪽.

흣더디다 타 〈옛〉되는대로 옮겨 놓다. 흩어 던지다. ¶ 芒鞋롤 뵈야신고 竹杖을 흣더디니(鄭澈. 星山別曲) 참 더디다

흣미다 타 〈옛〉이곳저곳 김을 매다. ¶ 山田을 흣미다가 綠陰에 누어시니(古時調).

흣부치다 타 〈옛〉흩어 부치다. 되는대로 부치다. ¶ 羽扇을 흣부치며(古時調).

흣붓치다 타 〈옛〉흩어 부치다. 흣부치다. ¶ 三角鬚를 흣붓치며(古時調).

흥[1] 부 코를 울려 내부는 소리.

흥[2] 감 ①(아니꼽거나 업신여겨서) 코로 비웃는 소리. ②신이 남을 나타내는 소리.

흥ː(興) 명 즐겁고 좋아서 일어나는 정서. 홍취(興趣). ¶ 흥이 나다. /흥에 겨워 춤을 추다.

흥에 띄다 관용 흥에 겨워 마음이 들뜨다.

흥감 명 하자 실지보다 지나치게 늘려 떠벌리는 짓.

흥감-스럽다 [-따] [~스러우니·~스러워] 형 ㅂ 흥감 부리는 태도가 있다. 흥감스레 부.

흥건-하다 형 여 (물 따위가) 많이 괴어 있다. ¶ 때 아닌 비로 밭고랑에 물이 흥건하다. 준 건하다. 흥건-히 부 ¶ 옷이 땀으로 흥건히 젖다.

흥ː-겹다(興-) [-따] [~겨우니·~겨워] 형 ㅂ 크게 흥이 나서 마음이 들뜨고 재미가 있다. ¶ 흥겨운 마당놀이. 흥겨이 부.

흥국(興國) 명 하자 나라를 흥하게 함.

흥글방망이-놀다 [~노니·~놀아] 타 남의 일을 잘되지 못하게 훼방하다.

흥기(興起) 명 하자 ①떨치고 일어남. ②의기(義氣)가 분발하여 일어남. ③세력이 왕성하여짐.

흥ː-김(興-) [-낌] 명 홍이 일어나는 바람에. 《주로, '흥김에'의 꼴로 쓰임.》 ¶ 흥김에 한바탕 춤을 추다.

흥덩-흥덩 부 하형 ①(물 따위가) 넘칠 만큼 매우 많은 모양. ②국물이 많고 건더기가 적은 모양.

흥ː도(興到) 명 하자 흥이 남. 홍취가 생김.

흥뚱-항뚱 부 하형 일에 정신을 온전히 쏟지 않고 꾀를 부리며 들떠 있는 모양.

흥륭(興隆) [-늉] 명 하자 되자 매우 융성하여짐.

흥망(興亡) 명 (국가나 민족 따위가) 흥하는 일과 망하는 일. 흥폐(興廢). 비 흥패(興敗).

흥망성쇠(興亡盛衰) [-쇠/-쉐] 명 흥하고 망하고 성하고 쇠하는 일.

흥ː미(興味) 명 ①(흥을 느끼는) 재미. ¶ 낚시에 흥미를 붙이다. ②(대상에 이끌려) 관심을 가지는 감정.

흥ː미-롭다(興味-) [-따] [~로우니·~로워] 형 ㅂ 흥미를 느낄 만하다. 마음이 이끌리는 데가 있다. ¶ 흥미로운 이야기.

흥미진진(興味津津) '흥미진진하다'의 어근.

흥ː미진진-하다(興味津津-) 형 여 흥취가 넘칠 만큼 많다. ¶ 그의 이야기는 들을수록 흥미진진하다.

흥ː밋-거리(興味-) [-미꺼-/-믿꺼-] 명 흥미를 일으킬 만한 것.

흥복(興復) 명 하자 타 ☞부흥(復興).

흥부-가(興夫歌) 명 판소리 열두 마당의 하나. '흥부전'을 판소리로 엮은 것.

흥부-전(興夫傳)명 작자·연대 미상의 조선 말기 고대 소설. 형제간의 우애를 통해 권선징악을 강조한 내용. 일명 '놀부전'.
흥분(興奮)명 ①하자되자(자극을 받아) 감정이 북받치거나 분기(奮起)함, 또는 그 감정. ¶ 흥분의 도가니. /흥분을 가라앉히다. ②(자극 때문에) 생물체의 활동 상태가 고조되는 변화.
흥분-제(興奮劑)명 뇌나 심장을 자극하여 흥분시키는 약.
흥사(興師)명하자 ☞기병(起兵).
흥산(興產)명하자되자 산업을 일으킴.
흥성(興盛)명하자되자 매우 왕성하게 일어남.
흥성-흥성(興盛興盛)부하형 매우 번성한 모양.
흥신-소(興信所)명 인사(人事)나 상사(商事)의 재산 및 신용 따위를 비밀히 조사하여 회원이나 의뢰한 이에게 알려 주는 것을 업으로 하는 사설 기관.
흥쏭이다자 〈옛〉흥청거리다. ¶ 노룻ᄒᆞ며 흥쏭여 놀며 보피로온 男女로 ᄒᆞ여(老解下44).
흥야-항야부하자 〈흥이야항이야〉의 준말.
흥얼-거리다자타 자꾸 흥얼흥얼하다. 흥얼대다.
흥얼-대다자타 흥얼거리다.
흥얼-흥얼부 ①하타흥에 겨워 입속으로 노래를 부르는 모양. ②하자입속말로 자꾸 지껄이는 모양.
흥업(興業)명하자 새로이 사업을 일으킴.
흥와주산(興訛做訕)명하타 있는 말 없는 말을 지어내어 남을 비방함.
흥왕(興旺) '흥왕하다'의 어근.
흥왕-하다(興旺-)형여 (세력이) 매우 왕성하다. 흥하고 번창하다. 왕흥하다.
흥융(興戎)명하자 전쟁을 일으킴.
흥이야-항이야부하자 상관없는 일에 쓸데없이 참견하는 모양. 준흥야항야.
흥인-문(興仁門)명 〈흥인지문〉의 준말.
흥인지문(興仁之門)명 서울의 동대문(東大門)의 본이름. 준흥인문.
흥정명하타되자 ①물건을 사고파는 일. 매매(賣買). ②물건을 사고팔기 위하여 값 따위를 따지고 의논하는 일. ¶ 흥정을 붙이다. ③(교섭 따위에서) 자기에게 유리하도록 상대편과 수작을 하는 일. ¶ 외교상의 흥정이 붙다.
 흥정은 붙이고 싸움은 말리랬다속담 ☞싸움은 말리고 흥정은 붙이랬다. 참싸움.
흥정-거리[-꺼-]명 흥정을 하는 물건이나 대상. ¶ 민주주의는 흥정거리가 될 수 없다.
흥정-꾼명 흥정을 붙이는 사람.
흥정바지명 〈옛〉장사치. 상인(商人). ¶ 네 百姓은 그위실ᄒᆞ리와 녀름지스리와 셩냥바지와 흥졍바지왜라(楞解3:88).
흥정ᄒᆞ다타 〈옛〉장사하다. 흥정하다. ¶ 흥졍홀 샹:商. 흥졍홀 고:賈(訓蒙中3).
흥:진비래(興盡悲來)명 〔즐거운 일이 다하면 슬픈 일이 온다는 뜻으로〕 '세상일이 돌고 돎'을 이르는 말. 참고진감래.
흥청-거리다자 자꾸 흥청흥청하다. 흥청대다.
흥청-대다자 흥청거리다.
흥청-망청부하자 (돈이나 물건 따위를) 함부로 마구 써 버리는 모양. ¶ 흥청망청 마음껏 놀고 마셔 재산을 날려 버렸다.
흥청-흥청부하자 ①흥에 겨워 마음껏 거드럭거리는 모양. ②(돈이나 물건 따위를) 아끼지 않고 함부로 쓰는 모양. ③(막대기나 줄 따위가) 탄력성 있게 흔들리는 모양.
흥체(興替)명 ☞성쇠(盛衰).
흥:취(興趣)명 즐거운 멋과 취미. 흥(興).
흥:치(興致)명 흥과 운치.
흥-타령명 속요의 한 가지. 사설(辭說)의 구절 끝마다 '흥' 소리를 흥겹게 부름.
흥패(興敗)명 흥함과 패망함. 비흥망.
흥폐(興廢)[-폐/-페]명 ☞흥망(興亡).
흥-하다(興-)자여 잘되어 일어나다. 번성하게 되다. ¶ 나라가 흥하다. /집안이 흥하다. ↔망하다.
흥행(興行)명하타되자 돈을 받고 연극·영화 따위를 구경시키는 일. ¶ 흥행에 실패하다.
흥행-권(興行權)[-꿘]명 흥행물을 흥행할 수 있는 권리.
흥행-물(興行物)명 구경꾼에게 돈을 받고 흥행을 하는 연극이나 영화 따위.
흥행-사(興行師)명 연극·영화·서커스 등 흥행물의 상연을 직업으로 하는 사람.
흥황(興況)명 흥취 있는 상황.
흥흥부하타 ①코를 잇따라 세게 풀거나 콧김을 부는 소리. ②시들하게 웃거나 코웃음을 치는 소리.
흥흥-거리다 Ⅰ자 어린아이가 못마땅하거나 무엇을 달라고 어리광부리며 울다.
 Ⅱ타 ①코를 잇따라 세게 풀거나 콧김을 불다. ②흥겨워서 잇따라 콧소리를 치다.
흥흥-대다자타 흥흥거리다.
흩-날리다[흔-]자타 흩어져 날리다, 또는 그렇게 하다. ¶ 낙엽이 흩날리다. /비눗방울을 흩날리다.
흩다[흗따]타 (모였던 것을) 헤쳐 떨어지게 하다. ¶ 곡식을 흩다. *흩어·흩는[흔-]
흩-뜨리다[흗-]타 ①흩어지게 하다. ¶ 어린아이가 책을 흩뜨려 놓았다. ②(태도나 마음·옷차림 따위를) 바르게 하지 못하다. ¶ 자세를 흩뜨리다. 흩트리다.
흩-뿌리다[흗-]자타 ①(비나 눈 따위가) 흩어져 뿌려지다. ¶ 하늘이 흐려지더니 눈발이 흩뿌렸다. ②여기저기 흩어지도록 뿌리다. ¶ 씨앗을 흩뿌리다.
흩어-뿌리기명 여기저기 흩어지도록 씨를 뿌리는 일. 노가리². 산파(散播).
흩어-지다자 ①(모였던 것이) 여기저기 떨어져 헤어지게 되다. ¶ 전쟁 중에 가족이 뿔뿔이 흩어졌다. ②(사물이나 소문 따위가) 퍼지다. ¶ 온 세계에 흩어져 있는 거래처.
흩-이다¹[흐치-]자 〚'흩다'의 피동〛 흩음을 당하다. ¶ 검부러기들이 바람에 날려 흩이다.
흩-이다²[흐치-]자 흩어지게 되다. ¶ 마당에 널어 놓은 곡식을 닭들이 흩이다.
흩-트리다[흗-]타 흩뜨리다.
희-가극(喜歌劇)[히-]명 가곡과 가볍고 익살스러운 대사에 경쾌한 음악을 곁들인 가극. 뮤지컬 코미디. 코믹 오페라.
희-가스(稀gas)[히-]명 아르곤·라돈·헬륨·네온·크립톤·크세논의 여섯 기체 원소를 통틀어 이르는 말. 〔공기 중에 썩 적은 양이 있으며, 어떤 원소와도 화합하지 않음.〕 비활성 기체.
희견-천(喜見天)[히-]명 불교에서, 제석천이 사는 궁전의 하늘. 삼십삼천을 이르는 말.
희경(喜慶)[히-]명 기쁜 경사(慶事).
희곡(戲曲)[히-]명 ①문학 형식의 한 가지. 등장 인물의 대화와 행동으로 표현되는 예술 작품. ②상연을 목적으로 쓰여진 연극의 대본. 드라마.
희괴(稀怪) '희괴하다'의 어근.

희괴-하다(稀怪-)[히괴-/히궤-][형][여] 썩 드물고 괴이하다.
희구(希求)[히-][명][하타] 바라며 구함. 기구(冀求). ¶ 자유를 희구하다.
희구(戱具)[히-][명] 유희에 쓰는 기구. 장난감.
희귀(稀貴) '희귀하다'의 어근.
희귀-하다(稀貴-)[히-][형][여] 드물어서 매우 진귀하다. ¶ 희귀한 고서적. /희귀한 동물. **희귀-히**[부].
희극(喜劇)[히-][명] ①익살과 풍자로 관객을 웃기면서 인생의 진실을 명랑하고 경쾌한 측면에서 표현하는 연극. 코미디. ¶ 희극 배우. /희극 작가. ②사람을 웃길 만한 사건이나 일. ↔비극(悲劇).
희극(戱劇)[히-][명] ①익살로 웃기는 장면이 많은 연극. ②실없이 하는 익살스러운 행동.
희-금속(稀金屬)[히-][명] 산출량은 적으나 매우 유용한 금속을 통틀어 이르는 말. 〔베릴륨이나 티탄 따위.〕 희유금속.
희기(希冀)[히-][명][하자타] 희망하고 바람.
희끄무레-하다[히-][형][여] 빛깔이 상당히 흰 듯하다. [작]해끄무레하다.
희끈-거리다[히-][자] 어지럼증이 심하게 나서 자꾸 희끈희끈하다. 희끈대다.
희끈-대다[히-][자] 희끈거리다.
희끈-희끈[히-히-][부][하자] 어지럼증이 나서 어뜩어뜩하여지는 모양.
희끔-하다[히-][형][여] 빛깔이 썩 희고 깨끗하다. [작]해끔하다. **희끔-히**[부].
희끔-희끔[히-히-][부][하형] 여기저기가 썩 희고 깨끗한 모양. [작]해끔해끔.
희끗-거리다[히끋꺼-][자] 어지럼증이 심하게 나서 자꾸 어뜩어뜩하여지다. 희끗대다.
희끗-대다[히끋때-][자] 희끗거리다.
희끗-희끗¹[히끄티끋][부][하자] 어지럼증이 심하게 나서 어뜩어뜩하여지는 모양.
희끗-희끗²[히끄티끋][부][하형] 흰 빛깔이 여러 군데에 많이 나타나 있는 모양. ¶ 머리가 희끗희끗하다. [작]해끗해끗. **희끗희끗-이**[부].
희나리[히-][명] 덜 마른 장작.
희넓적-하다[히넙쩌카-][형][여] (얼굴이) 허옇고 넓적하다. [작]해납작하다.
희년(稀年)[히-][명] 〔드문 나이라는 뜻으로〕 일흔 살. 희수(稀壽).
희년(禧年)[히-][명] 구약 시대의 유태 풍습에서, 50년마다 돌아왔던 '해방의 해'. 〔종을 풀어 주고 빚도 탕감하였는데, 후에 가톨릭의 성년(聖年)의 기원이 되었다 함.〕
희노애락(喜怒哀樂)[명] '희로애락'의 잘못.
희누르스레-하다[히-][형][여] 희누르스름하다.
희누르스름-하다[히-][형][여] 흰빛을 조금 띠면서 누르스름하다. 희누르스레하다.
희다[히-][형] ①눈〔雪〕의 빛과 같다. ¶ 흰 봉투. ↔검다². ②스펙트럼의 모든 빛이 혼합되어 눈에 반사된 빛과 같다. ③〈희떱다〉의 준말.
희기가 까치 배 바닥 같다[속담] 흰소리를 잘하다.
희고 곰팡 슨 소리[관용] '희떱고 고리타분한 소리'를 이르는 말.
희고도 곰팡 슨 놈[관용] '겉모양은 의젓하나 실속은 없는 사람'을 이르는 말.
희담(戱談)[히-][명] ①실없이 웃기는 말. ②익살로 하는 말. 희언(戱言).
희대(稀代)[히-][명] ☞희세(稀世).
희대(戱臺)[히-][명] 연극을 하는 곳.
희대-미문(稀代未聞)[히-][명] 매우 드물어 좀처럼 듣지 못하는 일. ¶ 희대미문의 기록을 세우다. [참]전대미문(前代未聞).
희동-안색(喜動顔色)[히-][명][하자] 얼굴에 기쁜 빛이 나타남.
희디-희다[히-히-][형] 매우 희다.
희떱다[히-따][희떠우니·희떠워][형][ㅂ] ①속은 비었어도 겉으로는 호화롭다. ②한푼 없어도 손이 크고 마음이 넓다. ③실지보다 과장이 많다. ¶ 저 사람은 만날 희떠운 소리만 해서 믿음이 안 간다. ③[준]희다.
희뜩-거리다[히-꺼-][자] 어지럼증이 심하게 나서 매우 희뜩희뜩하다. 희뜩대다.
희뜩-대다[히-때-][자] 희뜩거리다.
희뜩머룩-이[히뜽-][명] 실없이 희떠운 짓을 하며 돈이나 물건을 주책없이 써 버리는 사람.
희뜩머룩-하다[히뜽-루카-][형][여] 싱겁고 희떠워서 탐탁하지 못하다.
희뜩-희뜩¹[히뜨키-][부][하자] 어지럼증이 심하게 나서 몹시 어뜩어뜩한 모양.
희뜩-희뜩²[히뜨키-][부][하형] 흰 빛깔이 여기저기 뒤섞여 보이는 모양. ¶ 털빛이 희뜩희뜩한 얼룩말. /아버지의 머리카락이 어느새 희뜩희뜩했다. [작]해뜩해뜩. **희뜩희뜩-이**[부].
희-라(噫-)[히-][감] 〔문어 투의 말로〕 '아아 슬프다'의 뜻으로 쓰이는 말.
희락(喜樂)[히-][명][하자] 기쁨과 즐거움. 희열(喜悅).
희랍(希臘)[히-][명] '그리스'의 한자음 표기.
희랍-어(希臘語)[히-][명] ☞그리스 어.
희랍^정ː교(希臘正敎)[히-정-][명] ☞그리스 정교.
희랍^철학(希臘哲學)[히-][명] 고대 그리스의 철학. 소크라테스 이전의 자연 철학, 소크라테스 중심의 실천 철학, 플라톤 및 아리스토텔레스의 조직적 철학의 시대로 나눔.
희로(喜怒)[히-][명] 기쁨과 노여움.
희로애락(ˇ喜怒哀樂)[히-][명] 기쁨과 노여움과 슬픔과 즐거움. 사람의 온갖 감정을 이름.
희ː롱(戱弄)[히-][명] ①[하자]장난하며 놂. ¶ 암수가 어울려 희롱하다. ②[하타]장난삼아 놀림. 기롱(譏弄). ¶ 사람을 희롱하다.
희룽-거리다[히-][자] 자꾸 희룽희룽하다. 희룽대다. [작]해롱거리다.
희룽-대다[히-][자] 희룽거리다.
희룽-해롱[히-][명][하자] 실없이 희룽거리고 해롱거리는 모양.
희룽-희룽[히-히-][부][하자] 자꾸 실없이 까부는 모양. [작]해롱해롱.
희-맑다[히막따][형] (살갗 따위가) 희고 맑다. [작]해맑다.
희망(希望)[히-][명] ①[하자타](어떤 일을) 이루거나 얻고자 기대하고 바람. 기망(冀望). 소망. 희원(希願). ¶ 희망을 걸다. /희망을 품다. ②좋은 결과를 기대하는 마음, 또는 밝은 전망. ¶ 아직도 희망은 있다. ↔절망(絶望).
희망^매매(希望賣買)[히-][명] 장래에 이익을 얻을 수 있는 물건을 매매하는 일.
희망^이ː익(希望利益)[히-][명] 장래에 취득할 가망이 확실한 이익.
희망-적(希望的)[히-][관][명] 기대가 충족될 상태인 (것). 전망이 밝은 (것). ¶ 희망적 관측. /희망적인 기사. ↔절망적.
희망-차다(希望-)[히-][형] 희망으로 가득하다. 《주로, '희망찬'의 꼴로 쓰임.》 ¶ 우리에게는 희망찬 내일이 있다.

희-멀겋다[히-거타][~멀거니·~멀게]형ㅎ 희고 멀겋다. ¶ 국물이 희멀겋다. /얼굴이 희멀겋다. 작해말갛다.

희멀끔-하다[히-]형여 (살갗 따위가) 희고 멀끔하다. 작해말끔하다. **희멀끔-히**부.

희멀쑥-하다[히-쑤카-]형여 (살갗 따위가) 희고 멀쑥하다. 작해말쑥하다.

희모(稀毛)[히-]명 성기게 난 털.

희묵(戲墨)[히-]명 자기의 '그림이나 글씨'를 겸손하게 이르는 말. 희필(戲筆).

희문(戲文)[히-]명 ①실없이 쓴 글. 장난삼아 쓴 글. ②중국 원(元)나라 때, 남방에서 일어난 가극 형식의 희곡의 한 체(體).

희-묽다[히묵따]형 (살갗 따위가) 희고 보기에 단단하지 못하다.

희미(稀微) '희미하다'의 어근.

희미-하다(稀微-)[히-]형여 또렷하지 못하고 어렴풋하다. 똑똑하지 못하고 아리송하다. ¶ 기억이 희미하다.

희박(稀薄) '희박하다'의 어근.

희박-하다(稀薄-)[히바카-]형여 ①(기체나 액체 따위의 밀도가) 묽거나 엷다. ②(일의) 가망이 적다. ¶ 가능성이 희박하다. ③(정신 따위가) 약하다. ¶ 애국심이 희박하다.

희번덕-거리다[히-꺼-]자타 자꾸 희번덕희번덕하다. 희번덕대다. 작해반닥거리다.

희번덕-대다[히-때-]자타 희번덕거리다.

희번덕-희번덕[히-더키-]부 ①하자타 눈을 크게 뜨고 흰자위를 자꾸 굴려 번득이는 모양. ②하자 (물고기 따위가) 몸을 크게 젖히며 번득이는 모양. 작해반닥해반닥.

희번드르르-하다[히-]형여 ①(모양이) 희멀쑥하고 번드르르하다. ②이치에 맞게 잘 꾸며대어 그럴싸하다. 준희번들하다. 작해반드르르하다.

희번들-하다[히-]형여 〈희번드르르하다〉의 준말. 작해반들하다.

희번주그레-하다[히-]형여 (얼굴이) 희멀겋고 번주그레하다. 작해반주그레하다.

희번지르르-하다[히-]형여 (얼굴이) 희멀겋고 번지르르하다. 작해반지르르하다.

희번-하다[히-]형여 동이 트면서 허연 기운이 비쳐 희미하게 밝다.

희보(喜報)[히-]명 기쁜 소식. ↔비보(悲報).

희-부옇다[히-여타][~부여니·~부예]형ㅎ 희고 부옇다. ¶ 희부연 얼굴.

희불그레-하다[히-]형여 (빛이) 희고 불그레하다.

희불자승(喜不自勝)[히-]명하형 어찌할 바를 모를 만큼 기쁨.

희붐-하다[히-]형여 (날이 새려고) 흰빛이 비쳐 조금 밝다. ¶ 날이 밝으려는지 창밖이 희붐하다. 준붐하다. **희붐-히**부.

희비(喜悲)[히-]명 기쁨과 슬픔. 애환(哀歡).

희-비극(喜悲劇)[히-]명 희극과 비극.

희비-쌍곡선(喜悲雙曲線)[히-썬]명 '기쁨과 슬픔이 한꺼번에 일어나 얽히는 일'을 이르는 말.

희-뿌옇다[히-여타][~뿌여니·~뿌예]형ㅎ 희끄무레하게 뿌옇다. ¶ 희뿌옇게 안개가 끼다.

희사(喜事)[히-]명 기쁜 일.

희사(喜捨)[히-]명하타 ①(남을 위하여) 기꺼이 재물을 내놓음. ¶ 큰돈을 희사하다. ②신불(神佛)의 일로 기부를 함.

희사-함(喜捨函)[히-]명 ①희사하는 돈을 받는 궤. ②부처 앞에 놓아 두고 예불(禮佛)하는 이의 보시를 받는 궤짝.

희살(戲殺)[히-]명하타 장난을 하다가 잘못하여 사람을 죽임.

희색(喜色)[히-]명 기뻐하는 얼굴빛. ¶ 희색이 돌다.

희색-만면(喜色滿面)[히생-]명하형 기쁜 빛이 얼굴에 가득함.

희생(犧牲)[히-]명 ①신명(神明)에게 바치는 산 짐승. ②하타되자 뜻밖의 재난이나 전쟁 따위로 헛되이 목숨을 잃음. ¶ 폭력에 희생되다. ③하타되자 (남이나 어떤 일을 위하여) 제 몸이나 재물 따위 귀중한 것을 바침. ¶ 친구를 위하여 자신을 희생하다.

희생-물(犧牲物)[히-]명 희생이 된 물건, 또는 희생이 된 사람.

희생^번트(犧牲bunt)[히-]명 ☞보내기 번트.

희생-양(犧牲羊)[히-냥]명 (남이나 어떤 일을 위하여) 자신의 몸이나 재물·이익 등을 억울하게 희생당하는 처지를 비유하여 이르는 말. ¶ 김 의원은 정치 보복의 희생양이 되었다.

희생-자(犧牲者)[히-]명 ①목숨을 빼앗긴 사람. ②(어떤 일로) 피해를 당한 사람.

희생-적(犧牲的)[히-]관명 (남이나 어떤 일을 위하여) 제 몸이나 재물 따위 귀중한 것을 바치는 (것). ¶ 희생적 사랑. /희생적인 노력.

희생-정신(犧牲精神)[히-]명 (남이나 어떤 일을 위하여) 자신을 희생하는 정신.

희생-타(犧牲打)[히-]명 야구에서, 타자는 아웃 되지만 주자는 다음 베이스로 진루하거나 득점할 수 있게 되는 타격.

희생^플라이(犧牲fly)[히-]명 야구에서, 타자가 주자를 홈인시키기 위하여 자신은 아웃되면서 치는 플라이.

희서(稀書)[히-]명 아주 희귀한 책.

희석(稀釋)[히-]명하타되자 용액에 물이나 용매 따위를 가하여 묽게 하는 일.

희석-열(稀釋熱)[히성녈]명 용액에 새로 용매를 가하여 희석할 때 생기는 열량.

희석-제(稀釋劑)[히-쩨]명 부피를 늘리거나 농도를 묽게 하기 위하여 물질이나 용액에 첨가시키는 불활성 물질.

희성(稀姓)[히-]명 아주 드문 성(姓).

희세(稀世)[히-]명 세상에 드문 일. 《주로, '희세의'의 꼴로 쓰임.》 희대(稀代). ¶ 희세의 미녀.

희세지재(稀世之才)[히-]명 세상에 드문 재지(才智).

희소(稀少)[히-]명하형 《일부 명사 앞에 쓰이어》 드물고 적음.

희소(稀疎) '희소하다'의 어근.

희소(喜笑)[히-]명하자 기뻐서 웃음, 또는 기쁜 웃음.

희소(嬉笑)[히-]명하자 ①실없이 웃음, 또는 실없는 웃음. ②예쁘게 웃음, 또는 예쁜 웃음.

희소-가격(稀少價格)[히-까-]명 (고미술품이나 골동품처럼) 공급 수량이 자연적으로 제한되거나 고정되었기 때문에 완전 경쟁이 이루어지지 못하고 형성되는 가격.

희소-가치(稀少價値)[히-]명 드물고 적기 때문에 인정되는 가치. ¶ 희소가치가 있다.

희소-성(稀少性)[히-썽]명 인간의 물질적 욕구에 비하여 그것을 충족시키는 물적 수단의 공급이 상대적으로 부족한 상태를 이르는 말.

희-소식(喜消息)[히-]명 기쁜 소식.

희소-하다(稀疎-)[히-]형여 ①(동안이나 사이·틈 따위가) 멀거나 뜨다. ②(소식이) 잦지 않다. 희활(稀闊)하다.

희수(稀壽)[히-]명 일흔 살. 희년(稀年).
희수(喜壽)[히-]명 일흔일곱 살. 〔'喜' 자의 초서체 '㐂'가 '七十七'과 비슷한 데서 이르는 말.〕
희아리[히-]명 조금 상하여 희끗희끗 얼룩이 진 마른 고추.
희언(戲言)[히-]명 ☞희담(戲談).
희열(喜悅)[히-]명하자 기쁨과 즐거움. 희락. ¶ 희열을 느끼다. /희열을 만끽하다.
희-염산(稀塩酸)[히-]명 물을 타서 묽게 한 염산. 약품 제조와 화학 공업에 많이 쓰임.
희영-수(戲-)[히-]명하자 남과 더불어 실없는 말이나 짓을 함.
희우(喜雨)[히-]명 (가뭄 끝에 오는) 반가운 비. 비감우(甘雨).
희원(希願)[히-]명하타 ☞희망(希望).
희-원소(稀元素)[히-]명 산출량이 적은 원소를 통틀어 이르는 말. 〔희가스나 희토류 원소 따위.〕 희유원소.
희월(喜月)[히-]명 '음력 삼월'을 달리 이르는 말. 가월(嘉月). 혜풍(惠風).
희유(稀有) '희유하다'의 어근.
희유(嬉遊)[히-]명하자 즐겁게 놂.
희유(戲遊)[히-]명하자 실없는 짓을 하고 놂.
희유-곡(嬉遊曲)[히-]명 모음곡과 같이 많은 악장(樂章)으로 이루어진 기악곡.
희유-금속(稀有金屬)[히-]명 ☞희금속.
희유-원소(稀有元素)[히-]명 ☞희원소.
희유-하다(稀有-)[히-]형여 흔하지 아니하고 드물다.
희읍스레-하다[히-쓰-]형여 희읍스름하다. 작해읍스레하다.
희읍스름-하다[히-쓰-]형여 깨끗하지는 않고 조금 희다. 희읍스레하다. ¶ 희읍스름하게 날이 밝아 오다. 작해읍스름하다. **희읍스름-히**부.
희작(喜鵲)[히-]명 ☞까치.
희작(戲作)[히-]명하타 장난삼아 지음, 또는 그 글이나 작품.
희종(稀種)[히-]명 드문 종류. 드문 물건.
희준(犧罇·犧樽·犧尊)[히-]명 제례(祭禮) 때 쓰는 짐승 모양의 술 항아리.
희-질산(稀窒酸)[히-싼]명 물을 타서 묽게 한 질산. 화학 약품의 시약(試藥) 등으로 쓰임.
희-짓다[히짇따][~지으니·~지어]타ㅅ (남의 일에) 방해가 되게 하다.
희짜-뽑다[히-따]자 가진 것이 없으면서 분수에 넘치게 굴다.
희출-망외(喜出望外)[히-외/히-웨]명하자 바라지도 않았던 기쁜 일이 뜻밖에 생김.
희치-희치[히-히-]부하형 ①(피륙이나 종이 따위가) 군데군데 치이거나 미어진 모양. ②(물건의 거죽이) 드문드문 벗어진 모양.
희칭(戲稱)[히-]명 희롱으로 일컫는 이름.
희토류^원소(稀土類元素)[히-]명 원자 번호 57부터 71까지의 15원소와 스칸듐·이트륨을 더한 17원소를 통틀어 이르는 말.
희토류^자:석(稀土類磁石)[히-]명 희토류 원소로 만든 여러 가지 자석. 보통의 자석보다 10배의 보자력(保磁力)을 가지며, 계산기나 통신 장치 등에 쓰임.
희필(戲筆)[히-]명 ☞희묵(戲墨).
희학(戲謔)[히-]명하자 실없이 지껄이는 농지거리.
희학-질(戲謔-)[히-찔]명하자 희학으로 하는 짓.
희한(稀罕) '희한하다'의 어근.
희한-하다(稀罕-)[히-]형여 썩 드물다, 또는 썩 신기하거나 귀하다. ¶ 희한한 물건. /희한한 재주. **희한-히**부.
희행(喜幸) '희행하다'의 어근.
희행-하다(喜幸-)[히-]형여 기쁘고 다행하다. **희행-히**부.
희호(熙皞) '희호하다'의 어근.
희호-세:계(熙皞世界)[히-계/히-게]명 백성이 화락하고 나라가 태평한 세상.
희호-하다(熙皞-)[히-]형여 백성이 화락(和樂)하다.
희화(戲畫)[히-]명 장난삼아 그린 그림, 또는 과장하여 그린 익살스러운 그림. 참캐리커처.
희화-화(戲畫化)[히-]명하타되자 (어떤 인물의 외모나 성격 따위를) 익살스럽게 묘사함. ¶ 양반의 위선을 희화화한 작품.
희활(稀闊) '희활하다'의 어근.
희활-하다(稀闊-)[히-]형여 ☞희소(稀疎)하다.
희-황산(稀黃酸)[히-]명 물을 타서 묽게 한 황산. 약품·도료·시약(試藥) 따위로 쓰임.
희황-상인(羲皇上人)[히-]명 〔복희씨(伏羲氏) 이전의 사람이라는 뜻으로〕 '세상을 잊고 숨어 사는 사람'을 이르는 말.
희희[히히]부 어리석게 웃는 소리, 또는 그 모양.
희희-낙락(喜喜樂樂)[히히낭낙]명하자 매우 기뻐하고 즐거워함. ¶ 희희낙락 놀고 있을 때가 아니다.
흰-개미[힌-]명 흰개밋과의 곤충. 보통 개미와 비슷한데 머리는 흑갈색이고 날개는 암갈색임. 집은 땅속이나 나무속에 만들며 지상에 큰 탑을 쌓기도 함. 열대 지역에 많으며 우리나라와 중국·일본 등지에도 분포함.
흰곤무명 〈옛〉 흰떡. 골무떡. ¶ 흰곤무 콩인절미 (古時調).
흰-골무떡[힌-]명 고물을 묻히지 아니한 골무떡.
흰골-박[힌-]명 주토(朱土) 따위의 칠을 하지 않은 함지박.
흰-곰[힌-]명 곰과의 동물. 온몸에 흰 털이 빽빽함. 다른 곰보다 머리가 작고 목이 길며 귀는 작고 둥긂. 겨울잠을 자지 않고 헤엄을 잘 침. 북극 지방에 분포함. 북극곰.
흰-그루[힌-]명 지난겨울에 곡식을 심었던 땅.
흰-나비[힌-]명 흰나빗과의 곤충을 통틀어 이르는 말. 백호접. 참백접.
흰-누룩[힌-]명 밀가루와 찹쌀가루를 섞어서 만든 누룩.
흰-담비[힌-]명 족제빗과의 산짐승. 검은담비와 비슷하나 몸빛은 회갈색이며, 가슴이 희고 꼬리가 매우 짧. 백초서(白貂鼠).
흰-돌비늘[힌-]명 ☞백운모(白雲母).
흰-둥이[힌-]명 ①털빛이 흰 짐승. 센둥이. ②살빛이 흰 사람. ③〈백인〉의 속된 말. 참검둥이.
흰-떡[힌-]명 고수레떡을 떡메로 치거나 기계로 뽑아낸 떡. 백병(白餠).
흰-말[힌-]명 ☞백마(白馬).
흰-매[힌-]명 (두세 살이 되어) 털이 희어진 매, 또는 다 자란 매.
흰-머리[힌-]명 하얗게 센 머리. 백발(白髮).
흰-무리[힌-]명 멥쌀가루만을 켜가 없게 시루에 안쳐서 찐 시루떡. 참백설기.
흰-물떼새[힌-]명 물떼샛과의 새. 몸길이 17 cm가량. 등은 연한 갈색인데 꽁지는 가운데의 두 깃털만 흑갈색이고 나머지는 흼. 강가에서 떼 지어 사는데, 우리나라에서는 흔한 나그네새임.

흰-밥[힌-]명 흰쌀로만 지은 밥. 백반. 쌀밥. 이밥.

흰-백(-白)[힌-]명 한자 부수의 한 가지 '百'·'皓' 등에서의 '白'의 이름.

흰-불나방[힌-라-]명 ☞미국흰불나방.

흰-빛[힌빋]명 눈(雪)과 같은 빛깔. 백색. ↔검은빛. *흰빛이[힌비치]·흰빛만[힌빈-]

흰-소리[힌-]명하자 터무니없이 자랑하거나 희떱게 지껄임, 또는 그 말. ¶ 흰소리를 치다.

흰-수라(←-水刺)[힌-]명 지난날, 수라상에 차리던 흰밥을 이르던 말.

흰-수작(-酬酌)[힌-]명하자 실속은 없이 자랑으로 떠벌림, 또는 그러한 말이나 짓. 참빈말.

흰-쌀[힌-]명 ☞백미(白米).

흰-여뀌[힌녀-]명 여뀟과의 일년초. 줄기 높이 30~60 cm, 5~9월에 흰색이나 연분홍색 꽃이 가지 끝에 핌. 밭이나 밭 근처에서 자라는데, 우리나라 각지에 분포함.

흰-엿[힌녇]명 검은엿을 켜서 희게 한 엿. *흰엿이[힌녀시]·흰엿만[힌년-]

흰-옷[히녿]명 (물감을 들이지 않은) 흰 빛깔의 옷. 백의. 소복. *흰옷이[히노시]·흰옷만[히논-]

흰-원미(-元味)[히뉜-]명 ☞원미(元味).

흰-자[힌-]명 〈흰자위〉의 준말. ↔검은자. 참노른자.

흰-자위[힌-]명 ①달걀이나 새알 따위의 노른자위를 싸고 있는 단백질 부분. 난백(卵白). 단백(蛋白). 참노른자위. ②눈알의 흰 부분. 준흰자. ②↔검은자위. ②참백목(白目).

흰-자질(-質)[힌-]명 ☞단백질(蛋白質).

흰-죽(-粥)[힌-]명 흰쌀로만 쑨 죽.

흰죽 먹다 사발 깬다속담 한 가지 일에 재미를 붙이다가 다른 일에 손해를 보는 경우에 이르는 말.

흰죽에 고춧가루속담 격에 안 맞는다는 말.

흰죽에 코속담 '옳고 그름을 분간하기 어려움'을 이르는 말.

흰-쥐[힌-]명 쥣과의 동물. 유럽 시궁쥐를 축양(畜養)한 것으로, 집쥐와 비슷하나 온몸이 백색이고 눈은 진홍색임. 의학·생물학·심리학의 실험 동물로 쓰임. 백서(白鼠).

흰-참꽃나무[힌-꼰-]명 철쭉과의 낙엽 관목. 산봉우리의 바위틈에 나는데 높이는 1 m가량. 잎은 길둥글고 양면에 털이 있으며 가지 끝에 모여서 어긋맞게 남. 여름에 흰 꽃이 피는데, 관상용으로 가꿈.

흰-콩[힌-]명 ①빛깔이 희읍스름한 콩. ②검은콩에 대하여 '누른 콩'을 이르는 말.

흰-팥[힌팓]명 빛깔이 희읍스름한 팥. *흰팥이[힌파치]·흰팥을[힌파틀]·흰팥만[힌판-]

흰-피톨[힌-]명 ☞백혈구(白血球).

힁ː-하다[힝-]형여 (고단하거나 놀라서, 또는 머리가 아파서) 정신을 못 차리도록 띵하다.

힁-허케[힝-]부 지체하지 않고 서둘러 빨리 가는 모양. ¶ 힁허케 가 버리다.

히[1]부 만족감을 느끼고 싱겁게 한 번 웃는 소리 또는 모양. ¶ 빵을 주었더니 꼬마가 히 웃으며 좋아한다.

히[2]부 비웃을 때 내는 소리.

히조 〈옛〉 체언의 말음 'ㅎ'과 조사 '이'의 결합. ¶ 나라히 오라건마른(龍歌*84*章).

-히접미 형용사의 어근 또는 '-하다'가 붙는 형용사의 어간에 붙어, 그 말을 부사로 만듦. ¶ 가만히. /마땅히.

-히-접미 'ㄱ·ㄷ·ㅂ·ㄺ·ㄵ' 따위의 받침을 가진 용언의 어간에 붙어, 그 말을 사동사나 피동사로 만듦. ¶ 먹히다. /받히다. /잡히다.

히드라(hydra)명 히드라과의 자포동물. 몸길이 1 cm가량. 몸빛은 몸의 상태나 먹이에 따라 바뀜. 몸은 원통형인데 몸의 끝 쪽에 있는 입 주위에 몸보다 긴 5~7개의 촉수가 있음. 민물의 풀잎이나 물속의 나뭇가지 따위에 붙어살면서 미생물을 잡아먹음. 온 세계에 널리 분포하는데, 동물 실험의 재료로 많이 쓰임.

히드로퀴논(hydroquinone)명 페놀류의 하나. 무색의 침상 결정(針狀結晶)으로 환원력이 강하며, 사진 현상액 따위로 쓰임.

히든-카ː드(hidden card)명 〔숨겨진 카드라는 뜻으로〕 감추어 놓은 비장의 수.

히뜩부 ①언뜻 돌아보는 모양. ¶ 히뜩 돌아보기만 하다. ②맥없이 넘어지거나 나동그라지는 모양. ¶ 히뜩 나가떨어지다. **히뜩-히뜩**부하자.

히뜩-거리다[-꺼-]자타 자꾸 히뜩히뜩하다. 히뜩대다.

히뜩-대다[-때-]자타 히뜩거리다.

히로뽕(←ヒロポン.일 Philopon)명 메탄 페타민 계열의 각성제의 일본 상품명. 무색 또는 백색의 결정성 가루로, 상용(常用)하면 환각·정신 분열 따위의 만성 중독을 일으키는 마약임. 필로폰.

히말라야-삼나무(Himalayan杉-)명 소나뭇과의 상록 침엽 교목. 히말라야 산지 원산의 관상용 식물로 높이는 20~30 m. 껍질은 회갈색임. 잎은 바늘 모양이며, 늦가을에 이삭 모양의 꽃이 핌.

히브리-서(←Hebrew書)명 신약 성서 중의 한 편. 무명의 신도가 신앙을 권한 글로, 신앙 생활에 지친 신도들을 격려하는 내용임.

히비스커스(hibiscus)명 원예용의 불상화(佛桑花)를 통틀어 이르는 말. 하와이를 위시한 남태평양 여러 섬의 대표적인 꽃으로, 흔히 '하와이 무궁화'라고도 함.

히스타민(histamine)명 동식물 조직에 있는 아민(amine)의 한 가지. 알레르기 반응과 관계가 있으며, 혈압 강하·위액 분비 항진 따위의 작용을 함.

히스테리(Hysterie 독)명 ①정신적·심리적 갈등 때문에 일어나는 정신병의 한 가지. 신체적 이상이 없는데도 감각 장애나 두통 따위가 생기며 경련과 경직·규환 따위를 수반함. ¶ 히스테리 증세를 보이다. ②'병적으로 흥분하며 감정을 억제하지 못하는 상태'를 비유하여 이르는 말. ¶ 히스테리를 부리다.

히스테릭-하다(hysteric-)형여 히스테리의 성질을 띠고 있다.

히스토그램(histogram)명 통계에서, 도수 분포를 나타내는 기둥 모양의 그래프.

히스티딘(histidine)명 헤모글로빈 속에 대량으로 존재하는 결정성 염기성(塩基性) 아미노산. 대부분의 단백질을 가수 분해 하면 생성됨.

히아신스(Hyacinth)명 백합과의 다년초. 비늘줄기에서 가늘고 긴 잎이 무더기로 나며, 초봄에 잎 사이에서 꽃줄기가 자라 여러 가지 빛깔의 꽃이 핌. 지중해 연안이 원산인데, 관상용으로 재배함.

히읗[-읃]명 한글 자모의 자음 'ㅎ'의 이름. *히읗이[-으시]·히읗만[-은-]

히죽부하자 흡족한 듯이 잠깐 웃는 모양. 작해죽. 센히쭉. **히죽-이**부. **히죽-히죽**부하자.

히죽-거리다[-꺼-]자 자꾸 히죽히죽하다. 히죽대다. 작해죽거리다¹.
히죽-대다[-때-]자 히죽거리다.
히즈리다자타 〈옛〉 시지르다. 눕다. ¶ 프른 픐マ싀 가 히즈려셔 쉬요리라(杜初*15:4*).
히쭉부하자 〈히죽〉의 센말. 작해쭉.
히치하이크(hitchhike)명하자 지나가는 자동차를 얻어 타는 일, 또는 그렇게 하면서 목적지까지 가는 무전여행.
히:터(heater)명 ①난방 장치. ¶ 히터를 틀다. ②가열기. 발열기.
히트(hit)명 ①안타(安打). ②하자 '명중'이나 '대성공'을 이르는 말. ¶ 히트 상품. /히트를 치다.
히트-송(hit song)명 크게 인기를 끈 노래. 〔흔히, 대중가요에서 이르는 말.〕
히트^앤드^런(hit and run)명 야구에서, 투수가 투구 동작을 하자마자 주자는 다음 누(壘)로 달리고 타자는 공을 치는 공격법.
히포콘드리아시스(hypochondriasis 독)명 심기증(心氣症).
히프(hip)명 ①엉덩이. ②엉덩이 둘레의 치수.
히피-족(hippie族)명 기성의 제도나 가치관 따위를 부정하고 직접 인간과 자연과의 접촉을 추구하는 사람들. 1967년경에 미국의 젊은이들 사이에서 생겨났는데, 장발과 특이한 옷차림, 기발한 행동 따위가 특징임.
히히부하자 남을 놀리듯이 짓궂게 까불며 웃는 소리. 작해해.
히히-거리다자 남을 놀리듯이 짓궂게 까불며 자꾸 웃다. 히히대다. 작해해거리다.
히히-대다자 히히거리다.
힌두-교(Hindu教)명 바라문교의 철학을 배경으로 하는, 전통적이고 민족적인 제도와 관습을 망라한 인도의 민족 종교. 인도인의 종교적·윤리적·사회적인 모든 행위의 규범이 됨. 인도교.
힌두^족(Hindu族)명 인도인의 한 종족.
힌디^어:(Hindi語)명 인구 어족(印歐語族)의 인도·이란 어파에 딸린 언어를 통틀어 이르는 말. 문자는 범자(梵字)를 사용함.
힌트(hint)명 암시. ¶ 힌트를 주다.
힐:(heel)명 〈하이힐〉의 준말.
힐거(詰拒)명하자 힐난하며 서로 버팀.
힐금부하타 경망스럽게 슬쩍 곁눈질하여 쳐다보는 모양. 작핼금. 센힐끔. **힐금-힐금**부하타.
힐금-거리다타 자꾸 힐금힐금하다. 힐금대다. 작핼금거리다.
힐금-대다타 힐금거리다.
힐긋[-귿]부하타 ①슬쩍 한 번 흘겨보거나 훔쳐보는 모양. ¶ 옆 사람의 답안지를 힐긋 쳐다보다. 작핼긋. ②눈에 언뜻 띄는 모양. ¶ 창밖으로 지나가는 그의 모습이 힐긋 보였다. 센힐끗. **힐긋-힐긋**부하타.
힐긋-거리다[-귿꺼-]타 자꾸 힐긋힐긋하다. 힐긋대다. 작핼긋거리다.
힐긋-대다[-귿때-]타 힐긋거리다.
힐끔부하타 〈힐금〉의 센말. 작핼끔.
힐끗[-끋]부하타 〈힐긋〉의 센말. 작핼끗.
힐난(詰難)[-란]명하타 캐고 따져서 비난함.
힐문(詰問)명하자타 (잘못을) 책망하며 따져서 물음. 책문(責問).
힐조(詰朝)[-쪼]명 ①이른 아침. ②이튿날의 이른 아침.
힐주(詰誅)[-쭈]명하타 죄를 따져 응징함.
힐책(詰責)명하자타 (잘못을) 따져서 꾸짖음. ¶ 힐책을 받다.
힐척(詰斥)명하타 꾸짖어 물리침.
힐항(詰抗)명하자 힐난하며 반항함.
힐후다자타 〈옛〉 힐난하다. 말썽부리다. ¶ 難은 힐훌 씨라(法華*1:32*). /숟이여 힐후디 말라(老解上*47*).
힐힐ᄒᆞ다형 〈옛〉 후리후리하다. ¶ ᄏᆡ 힐힐ᄒᆞ고 젹이 ᄂᆞᆺ치 두렷ᄒᆞᆫ 漢ㅅ사ᄅᆞᆷ(朴解中*52*).
힘명 ①사람이나 동물이 스스로 움직이고 또 다른 것을 움직일 수 있는 근육의 작용. ¶ 힘이 센 사람. ②서 있는 물체를 움직이게 하거나 움직이고 있는 물체의 속도를 바꾸거나 정지하게 하는 원인이 되는 작용. ¶ 엔진의 힘. ③어떤 일을 할 수 있는 능력이나 역량. ¶ 힘을 기르다. /힘을 합치다. ④도움이나 은덕. ¶ 힘이 되어 주다. /부모의 힘. ⑤효력이나 효능. ¶ 보약의 힘. ⑥개인이나 단체를 통제하고 강제적으로 따르게 할 수 있는 세력이나 권력. ¶ 힘으로 국회를 장악하다. ⑦(물건 따위가) 튼튼하거나 단단한 정도. ¶ 폭격을 맞은 건물은 철근의 힘으로 겨우 버티고 있었다.
 힘 많은 소가 왕 노릇 하나속담 큰일을 하기 위해서는 힘만으로는 안 되고 지략(智略)도 있어야 한다는 말.
 힘을 기르다관용 어떤 일에 대처하여 감당할 수 있는 힘을 기르다.
 힘을 빌리다관용 다른 사람의 도움을 얻다.
 힘을 얻다관용 도움을 받아 자신감이나 용기·기운 따위를 얻다.
힘명 〈옛〉 힘줄. 근육. ¶ 힘 근:筋(訓蒙下*19*).
힘-겨룸명하자 힘의 세고 여림을 겨루는 일.
힘-겹다[-따][~겨우니·~겨워]형ㅂ 이겨 내기에는 힘에 부치다. ¶ 내게는 힘겨운 일이오.
힘-껏[-껃]부 있는 힘을 다하여. ¶ 힘껏 잡아당기다.
힘-꼴명 '힘'을 얕잡아 이르는 말. ¶ 힘꼴이나 쓰다.
힘-내다자 꾸준히 힘을 써서 일을 하다.
힘-닿다[-다타]자 힘이나 권세·위력 등이 미치다. ¶ 나도 힘닿는 데까지 도와줄게.
힘-들다[~드니·~들어]형 ①힘이 쓰이다. ¶ 운동을 오래 했더니 힘들다. ②마음이 쓰이거나 수고가 되다. ③하기에 어렵다. ¶ 제시간에 도착하기는 힘들겠다.
힘들-이다자 〖'힘들다'의 사동〗 힘이나 마음을 기울여 쓰다.
힘-력(-力)[-녁]명 한자 부수의 한 가지. '加'·'努'·'助' 등에서의 '力'의 이름.
힘-빼물다[~빼무니·~빼물어]자 힘이 센 체하다.
힘쓰다타 〈옛〉 힘쓰다. ¶ 힘쁠 무:務(訓蒙下*31*). /제여곰 힘쁘디니(杜初*23:46*).
힘-살[-쌀]명 ☞근육.
힘-세다형 힘이 많다. ¶ 힘센 장사.
힘-쓰다[~쓰니·~써]타 ①힘을 다하다. 노력하다. 애쓰다. ¶ 학업에 힘쓰다. ②어떤 일에 공헌하다. ¶ 클래식 음악의 대중화에 힘쓰다. ③남의 어려운 형편을 도와주다. ¶ 선생님께서 힘써 주시면 일이 순조롭겠습니다.
힘-없다[히멉따]형 ①기력이 없다. ¶ 힘없는 목소리. ②(어떤 일을 처리할) 능력이 모자라다. ¶ 힘없고 가난한 사람. **힘없-이**부.
힘-입다[-닙따]자 (남의) 도움을 받다. 혜택을 입다. ¶ 교포들의 성원에 힘입어 순회공연을 성공적으로 끝마쳤다.

힘-자라다[자] 힘이 미치다. ¶ 힘자라는 데까지 돕겠다.

힘-주다[자] 《주로 '힘주어'의 꼴로 쓰이어》 ①힘을 한곳에 몰아서 기울이다. ②어떠한 일이나 말을 강조하다. ¶ 힘주어 말하다.

힘-줄[-쭐][명] ①근육을 뼈에 들러붙어 있게 하는, 끈 모양의 흰 섬유질 조직. 건(腱). ②'혈관이나 혈맥'을 두루 이르는 말. ③(모든 물질의) 섬유로 된 가느다란 줄. 힘줄기. [변]심줄.

힘-줄기[-쭐-][명] ①☞힘줄. ②힘이 뻗친 줄기.

힘줌-말[명] 뜻을 강조하는 말. 〔'깨다'에 대한 '깨뜨리다', '뻗다'에 대한 '뻗치다' 따위.〕 강세어.

힘-지다[형] ①힘이 있다. ②힘이 들 만하다. ¶ 어린이에게 힘진 일을 시키다.

힘-차다[형] ①힘이 세차다. ¶ 힘찬 박수 소리. ②힘에 겹다. ¶ 힘찬 일에 시달리다.

힘힘이[부] 〈옛〉한가히. 심심히. ¶ 우리 모든 권당을 청ᄒᆞ야 힘힘이 안젓쟈(老解下30).

힘힘히[부] 〈옛〉한가히. 심심히. ¶ ᄀᆞ애셔셔 힘힘히 보ᄂᆞᆫ 사ᄅᆞᆷ이 닐오되(老解下12).

힘힘ᄒᆞ다[형] 〈옛〉한가하다. 심심하다. ¶ 힘힘ᄒᆞᆫ 사ᄅᆞᆷ들(朴解上32).

힙(hip)[명] '히프'의 잘못.

힙합(hiphop)[명] 1980년대, 미국의 흑인 음악에서 비롯된 동적이고 힘이 있는 음악이나 춤. 같은 곡조를 반복하여 연주하는 것이 특징임.

힝¹[부] 코를 푸는 소리. **힝-힝**[부].

힝²[감] 아니꼬워서 코로 비웃는 소리.

힝그럭[명] 유엽전(柳葉箭)의 촉(鏃).

ᄒᆞ낳[명] 〈옛〉하나. ¶ ᄒᆞ나ᄒᆞ로 세흘 니ᄅᆞ고(永嘉下14). /ᄒᆞ나토 잇븐 ᄠᅳᆮ 내리 업더라(釋譜13:34).

ᄒᆞ녁[명] 〈옛〉한편. 한쪽. ¶ ᄒᆞ녀고론 두리여 ᄒᆞ더시다(月釋2:43).

ᄒᆞ놀이다[타] 〈옛〉희롱하다. 괴롭히다. ¶ 구믿터리의 셰유믈 ᄒᆞ놀이ᄂᆞᆫ둣도다(杜初14:13).

-ᄒᆞ니[어미] 〈옛〉ᄒᆞ(爲)와 니(行)의 합성어로, 어떠한 행동의 계속을 뜻함. ¶ 世尊ㅅ 말 듣ᄌᆞᆸ고 도라 보아ᄒᆞ니(月釋2:48).

ᄒᆞ니다[자] 〈옛〉다니다. 움직이다. 행동하다. ¶ 生ᄋᆞᆫ 世界예 나아 사라 ᄒᆞ니ᄂᆞᆫ 것돌히라(釋譜序1).

-ᄒᆞᄂᆞ로[접미] 〈옛〉-하므로. ¶ 虞芮質成ᄒᆞᄂᆞ로 方國이 해 모ᄃᆞ나(龍歌11章).

ᄒᆞ다[자타] 〈옛〉①하다. ¶ 付囑ᄋᆞᆫ 말ᄊᆞᆷ 브텨 아ᄆᆞ례 ᄒᆞ고라 請ᄒᆞᆯ 씨라(釋譜6:46). ②말하다. ¶ 이제 부톄 나아 겨시니라 ᄒᆞ야ᄂᆞᆯ(釋譜6:12).

-ᄒᆞ다[접미] 〈옛〉-하다. ¶ 古聖이 同符ᄒᆞ시니(龍歌1章). /ᄒᆞ고쟈 욕:欲(類合下4).

ᄒᆞ다가[부] 〈옛〉만일. 만약. ¶ ᄒᆞ다가 믈러가디 아니커든(蒙法3).

-ᄒᆞ두다[접미] 〈옛〉-하도다. ¶ 애와텨 앗겸직ᄒᆞ두다(楞解3:116).

ᄒᆞ리다[자] 〈옛〉(병이) 낫다. 덜하다. ¶ 굴머 브은 사ᄅᆞᆷ을 구완ᄒᆞ야 긔운이 ᄒᆞ리되(救荒3).

ᄒᆞᄅᆞ[홀리·홀ᄅᆡ][명] 〈옛〉하루. ¶ 世尊이 ᄒᆞᄅᆞ 몃 里ᄅᆞᆯ 녀시ᄂᆞ니잇고(釋譜6:23). /스믈 홀리어나 셜흔 다ᄊᆡ어나(釋譜9:31).

ᄒᆞᄅᆞ사리[명] 〈옛〉하루살이. ¶ ᄒᆞᄅᆞ사리 부:蜉. ᄒᆞᄅᆞ사리 유:蝣(訓蒙上23).

ᄒᆞ마¹[부] 〈옛〉이미. 벌써. ¶ 西幸이 ᄒᆞ마 오라샤(龍歌42章).

ᄒᆞ마²[부] 〈옛〉장차. ¶ 城을 ᄒᆞ마 앗읾 저긔(三綱忠23).

ᄒᆞ마면[부] 〈옛〉하마터면. 거의. 까딱하면. ¶ 三角山 第一峯이 ᄒᆞ마면 뵈리로다(鄭澈.關東別曲).

ᄒᆞ물며[부] 〈옛〉하물며. ¶ ᄒᆞ물며 袞職 돕ᄉᆞᄫᅩ려(龍歌121章).

ᄒᆞᄫᆞᅀᅡ[부] 〈옛〉혼자. 홀로. ¶ ᄒᆞᄫᆞᅀᅡ 나ᅀᅡ가샤(龍歌35章). [참]ᄒᆞ오ᅀᅡ·ᄒᆞ오아·호온자.

-ᄒᆞ시ᄂᆞ로[조동] 〈옛〉-하시므로. ¶ 威化振旅ᄒᆞ시ᄂᆞ로 輿望이 다 몯ᄌᆞᄫᆞ나(龍歌11章).

ᄒᆞ야곰[부] 〈옛〉하여금. ¶ ᄒᆞ야곰 ᄉᆞ:使(類合上17). [참]히여곰.

ᄒᆞ야디다[자] 〈옛〉해어지다. ¶ 깃과 터리왜 ᄒᆞ야디놋다(杜初7:15).

ᄒᆞ야ᄇᆞ리다[타] 〈옛〉헐어 버리다. ¶ 지블 ᄒᆞ야ᄇᆞ리고(內訓2:14).

ᄒᆞ여[부] 〈옛〉하여금. ¶ 뎌 벗으로 ᄒᆞ여 오게 ᄒᆞ라(老解上52). [참]히여.

ᄒᆞ오ᅀᅡ[부] 〈옛〉혼자. ¶ ᄒᆞ오ᅀᅡ 안잣ᄂᆞᆫ 榮華ㅣ로다 (杜初23:4). [참]ᄒᆞᄫᆞᅀᅡ.

ᄒᆞ오아[부] 〈옛〉혼자. ¶ 오직 ᄒᆞ오아 보ᄂᆞ니라 (杜重12:4). [참]ᄒᆞᄫᆞᅀᅡ.

ᄒᆞ오와[부] 〈옛〉혼자. ¶ ᄒᆞ오와 셔셔 ᄀᆞᄅᆞ맷 비를 보노라(杜重7:4). [참]ᄒᆞᄫᆞᅀᅡ.

ᄒᆞ올로[부] 〈옛〉홀로. ¶ 菊花ㅣ ᄒᆞ올로 가지예 ᄀᆞ독ᄒᆞ얏도다(杜初11:28).

ᄒᆞ올어미[명] 〈옛〉홀어미. ¶ 나ᄂᆞᆫ ᄒᆞ올어미라(內訓序8).

ᄒᆞ옷[명] 〈옛〉홑〔單〕. 단신. ¶ 獨ᄋᆞᆫ 늘구듸 子息업서 ᄒᆞ옷 모ᄆᆡ 사ᄅᆞ미라(釋譜6:13). [참]ᄒᆞ옺.

ᄒᆞ옺[명] 〈옛〉홑〔單〕. ¶ 單ᄋᆞᆫ ᄒᆞ오지오 複ᄋᆞᆫ 겨비라(楞解8:15).

ᄒᆞ이다[타] 〈옛〉①시키다. ¶ 효힝을 쳔거ᄒᆞ여 벼슬ᄒᆞ이니라(五倫1:35). ②당하다. 입다. ¶ 그 傷ᄒᆞ인 사ᄅᆞᆷ이(無寃3:19). [참]히다¹.

ᄒᆞᆫ¹[관] 〈옛〉하나의. 한. ¶ 雙鵰ㅣ ᄒᆞᆫ 사래 ᄢᅦ니(龍歌23章). /왼녀긔 ᄒᆞᆫ 點을 더으면(訓解).

ᄒᆞᆫ²[조] 〈옛〉체언의 말음 'ㅎ'과 조사 'ᄋᆞᆫ'의 결합. ¶ ᄒᆞ나ᄒᆞᆫ 바ᄅᆞ래 누ᄫᅳ며(月釋1:17). [참]혼.

ᄒᆞᆫ갓[부] 〈옛〉한갓. 공연히. ¶ ᄒᆞᆫ갓 반되 뫼화셔 우룸곳 나맛도다(杜初21:9).

ᄒᆞᆫᄀᆞᆯᄀᆞ티[부] 〈옛〉한결같이. ¶ ᄒᆞᆫᄀᆞᆯᄀᆞ티 ᄌᆞ모 어리여(杜重2:32). [참]ᄒᆞᆫᄀᆞᆯᄋᆞ티.

ᄒᆞᆫᄀᆞᆯᄀᆞᆮ다[형] 〈옛〉한결같다. ¶ 이 ᄒᆞᆫᄀᆞᆯᄀᆞᄐᆞᆫ 셰샹 마새(小解5:97).

ᄒᆞᆫᄀᆞᆯᄋᆞ티[부] 〈옛〉한결같이. ¶ 머리 돌아 ᄇᆞ라오니 ᄒᆞᆫᄀᆞᆯᄋᆞ티 茫茫ᄒᆞ도다(杜初7:10).

-ᄒᆞᆫ뎌이고[접미] 〈옛〉-하구나. ¶ 뎨 가ᄂᆞᆫ 뎌 각시 본 듯도 ᄒᆞᆫ뎌이고(鄭澈.續美人曲).

ᄒᆞᆫ디위[부] 〈옛〉한 번. 한참. ¶ ᄒᆞᆫ디위 기ᄃᆞ려 져기 여믈을 주어 먹이고(朴解上21).

-ᄒᆞᆫᄃᆞᆫ[접미] 〈옛〉-하건대. -컨대. ¶ 願ᄒᆞᆫᄃᆞᆫ 내 그 딧가시 ᄃᆞ외아지라(月釋1:11).

ᄒᆞᆫᄃᆡ[부] 〈옛〉함께. 한데. ¶ 平生애 願ᄒᆞ요ᄃᆡ ᄒᆞᆫᄃᆡ 녀쟈 ᄒᆞ얏더니(鄭澈.思美人曲).

ᄒᆞᆫᄢᅴ[부] 〈옛〉함께. ¶ 宮殿과 諸天괘 ᄒᆞᆫᄢᅴ 냇다가 절로 ᄒᆞᆫᄢᅴ 업ᄂᆞ니라(月釋1:50).

ᄒᆞᆫᄢᅵ¹[명] 〈옛〉한 끼니. ¶ 우리를 ᄒᆞᆫᄢᅵ 밥 ᄡᆞᆯ과(老解上47).

ᄒᆞᆫᄢᅵ²[부] 〈옛〉함께. ¶ 浚儀ㅅ 陸雲과 ᄒᆞᆫᄢᅵ로다(杜初11:27).

ᄒᆞᆯ[조] 〈옛〉체언의 말음 'ㅎ'과 조사 'ᄋᆞᆯ'의 결합. ¶ 나라ᄒᆞᆯ 맛ᄃᆞ시릴씨(龍歌6章). /또ᄒᆞᆫ 뫼ᄒᆞᆯ 지ᅀᅳ니(釋譜6:31).

ᄒᆞᆯ다[타] 〈옛〉할 것인가. 할 것이로구나. 할 것이다. ¶ 比屋可封이 이제도 잇다 ᄒᆞᆯ다(鄭澈.關東別曲).

홁명 〈옛〉 흙. ¶ 홁 토:土(訓蒙上4).
홁무디명 〈옛〉 흙무더기. ¶ 홁무디 돈:墩(訓蒙中9).
홁무적명 〈옛〉 흙무더기. 흙덩이. ¶ 홁무적에 걸앉다 니르시고(法華2:119).
홁벽명 〈옛〉 흙벽. 굽지 아니한 흙벽돌. ¶ 홁벽 격:墼(訓蒙中18).
홁비명 〈옛〉 흙비. ¶ 홁비 믜:霾(訓蒙下2).
홁빋다자 〈옛〉 흙 빚다. ¶ 홁비즐 소:塑(訓蒙下20).
홁손명 〈옛〉 흙손. ¶ 홁손 오:杇(訓蒙中16).
홈쁴부 〈옛〉 함께. ¶ 보미 그려기와 홈쁴 가면(杜初17:12). 참호쁴.
홈쯰부 〈옛〉 함께. ¶ 우리 홈쯰 가쟈(老解上7). 참호쁴.
히¹명 〈옛〉 해(日). ¶ 댜룬 히 수이디여(鄭澈.思美人曲).
히²명 〈옛〉 해(年). ¶힛 세:歲. 히 년:年(訓蒙上2).
히³조 〈옛〉 체언의 말음 'ㅎ'과 조사 '이'의 결합. ¶ 나조히 鬼神 爲ᄒᆞ야(月釋2:26).
히다¹타 〈옛〉 하게 하다. 시키다. ¶ 出家히여 聖人ㅅ 道理 비화사 ᄒᆞ리니(釋譜6:3).
히다²형 〈옛〉 희다. ¶ 힌 므지게 히예 뻬니이다(龍歌50章). /힌 빅:白. 흴 소:素(訓蒙中29).
히야디다자 〈옛〉 해어지다. 닳아서 떨어지다. ¶ 히야딜 패:敗(訓蒙下22).
히여부 〈옛〉 하여금. ¶ 사ᄅᆞᄆᆞ로 히여 며 버놀 슬허케 ᄒᆞ거뇨(杜初3:59). 참히뼈.
히여곰부 〈옛〉 하여금. ¶ 能히 히여곰 녀름 나롤 서늘케 ᄒᆞ놋다(杜初6:45).
히오다타 〈옛〉 아우르다. 합하다. ¶ 히오니 셜흔 낫 돈이오(老解上20).
히오라비명 〈옛〉 해오라기. ¶ 냇ᄀᆞ에 히오라비 므스 일 셔 잇ᄂᆞ다(古時調). 참하야로비.
히뼈부 〈옛〉 하여금. ¶ 使ᄂᆞᆫ 히뼈 ᄒᆞ논 마리라. /사ᄅᆞᆷ마다 히뼈 수빙 니겨(訓諺).
히ᄌᆞ명 〈옛〉 해자(垓字). 성 밑의 못. ¶ 히ᄌᆞ 호:壕. 히ᄌᆞ 황:隍(訓蒙中8).
힌홁명 〈옛〉 흰 흙. ¶ 힌홁 악:堊(訓蒙中29).
힛귀명 〈옛〉 해 그림자. 햇귀. ¶ 힛귀 구:晷(訓蒙上2).
힝ᄌᆞ쵸마명 〈옛〉 행주치마. ¶ 힝ᄌᆞ쵸마:帍巾(四解上41).
ㆅ자모 쌍히읗. 〈옛〉 'ㅎ'의 각자 병서(各自竝書). 'ㅎ'의 된소리.
ᅘᅧ다¹타 〈옛〉 끌다(引). 당기다. ¶ 引導ᄂᆞᆫ ᅘᅧ아 길 알욀 씨라(釋譜9:8). 참혀다¹·켜다.
ᅘᅧ다²타 〈옛〉 켜다(點火). ¶ 燈 ᅘᅧ 불고몰 닛ᅀᆞ오며(法華3:58). 참혀다².
ᅘᅧ다³타 〈옛〉 켜다(鋸). ¶ 토ᄇᆞ로 ᅘᅧ 주기니(三綱). 참혀다³.
ᅘᅧ다⁴타 〈옛〉 켜다(紡). ¶ 經綸ᄋᆞᆫ 실 ᅘᅧᆯ 씨라(釋譜17:18). 참혀다⁴.
ㆆ¹자모 여린히읗. 〈옛〉 옛 한글 자음의 하나. 'ㅎ'과 'ㅇ'의 중간음. 성문 폐쇄음. 15세기 중엽에 소멸. ¶ 挹ᅙᅳᆸ/快ㆆ字ᄒᆞ제 /節졇.
ㆆ²조 〈옛〉 중세 국어의 관형격 조사. 'ㄹ'·'ㅇ' 받침 뒤에 쓰임. ¶ 快쾡ㆆ字쭝(訓諺). /하ᄂᆞᇙ 뜨디시니(龍歌4章). 참ㅅ.

모음

ㅏ

ㅏ[아]자모 아. ①한글 자모의 열다섯째 글자. ②모음의 하나. 혀를 낮추고 입을 크게 벌려 숨을 내쉬면서 내는 단모음. 양성 모음에 딸림.

ㅐ[애]자모 애. ①한글 자모 'ㅏ'와 'ㅣ'를 합친 글자. ②모음의 하나. 혀를 'ㅏ' 소리를 내는 위치보다 조금 높은 자리에서 약간 내밀고, 입을 반만 벌려 숨을 내쉬면서 내는 단모음. 양성 모음에 딸림.

ㅑ

ㅑ[야]자모 야. ①한글 자모의 열여섯째 글자. ②모음의 하나. 혀를 'ㅣ' 소리를 낼 때같이 하고 있다가 잇달아 'ㅏ'로 옮겨 숨을 내쉬면서 내는 이중 모음. 양성 모음에 딸림.

ㅒ[얘]자모 얘. ①한글 자모 'ㅑ'와 'ㅣ'를 합친 글자. ②모음의 하나. 혀를 'ㅣ' 소리를 낼 때같이 하고 있다가 잇달아 'ㅐ'로 옮겨 숨을 내쉬면서 내는 이중 모음. 양성 모음에 딸림.

ㅓ

ㅓ[어]자모 어. ①한글 자모의 열일곱째 글자. ②모음의 하나. 혀를 조금 올리고 입술을 보통으로 하고 입을 약간 크게 벌려 입 안의 안쪽을 넓게 하여 숨을 내쉬면서 내는 단모음. 음성 모음에 딸림.

ㅔ[에]자모 에. ①한글 자모 'ㅓ'와 'ㅣ'를 합친 글자. ②모음의 하나. 혀를 'ㅓ' 소리를 내는 위치보다 조금 높은 자리에서 앞으로 약간 내밀고 보통으로 입을 열어 입귀가 붙지 않을 정도로 하여 숨을 내쉬면서 내는 단모음. 음성 모음에 딸림.

ㅕ

ㅕ[여]자모 여. ①한글 자모의 열여덟째 글자. ②모음의 하나. 혀를 'ㅣ' 소리를 낼 때같이 하고 있다가 잇달아 'ㅓ'로 옮겨 숨을 내쉬면서 내는 이중 모음. 음성 모음에 딸림.

ㅖ[예]자모 예. ①한글 자모 'ㅕ'와 'ㅣ'를 합친 글자. ②모음의 하나. 혀를 'ㅣ' 소리를 낼 때같이 하고 있다가 잇달아 'ㅔ'로 옮겨 숨을 내쉬면서 내는 이중 모음. 음성 모음에 딸림.

ㅗ

ㅗ[오]자모 오. ①한글 자모의 열아홉째 글자. ②모음의 하나. 혀를 보통 위치에서 조금 뒤로 다가들이고 두 입술을 둥글게 하여 숨을 내쉬면서 내는 단모음. 양성 모음에 딸림.

ㅘ[와]자모 와. ①한글 자모 'ㅗ'와 'ㅏ'를 합친 글자. ②모음의 하나. 입술을 'ㅗ' 소리를 낼 때같이 하고 있다가 잇달아 'ㅏ'로 옮겨 숨을 내쉬면서 내는 이중 모음. 양성 모음에 딸림.

ㅙ[왜]자모 왜. ①한글 자모 'ㅗ'와 'ㅏ'와 'ㅣ'를 합친 글자. ②모음의 하나. 입술을 'ㅗ' 소리를 낼 때같이 하고 있다가 잇달아 'ㅐ'로 옮겨 숨을 내쉬면서 내는 이중 모음. 양성 모음에 딸림.

ㅚ[외]자모 외. ①한글 자모 'ㅗ'와 'ㅣ'를 합친 글자. ②모음의 하나. 혀를 'ㅔ' 소리를 내는 위치에 두고, 두 입술을 좁혀 둥글리는 듯이 하여 앞으로 내민 상태에서 숨을 내쉬면서 내는 단모음. 이중 모음인 [ㅞ]로도 발음할 수 있음. 양성 모음에 딸림.

ㅛ

ㅛ[요] 자모 요. ①한글 자모의 스무째 글자. ②모음의 하나. 혀를 'ㅣ' 소리를 낼 때같이 하고 있다가 잇달아 'ㅗ'로 옮겨 숨을 내쉬면서 내는 이중 모음. 양성 모음에 딸림.

ㅜ

ㅜ[우] 자모 우. ①한글 자모의 스물한째 글자. ②모음의 하나. 혀를 안으로 다가들이면서 혀뿌리를 가장 높여 연구개(軟口蓋)에 가깝게 하고 두 입술을 둥글게 하여 숨을 내쉬면서 내는 단모음. 음성 모음에 딸림.

ㅝ[워] 자모 워. ①한글 자모 'ㅜ'와 'ㅓ'를 합친 글자. ②모음의 하나. 입술을 'ㅜ' 소리를 낼 때같이 하고 있다가 잇달아 'ㅓ'로 옮겨 숨을 내쉬면서 내는 이중 모음. 음성 모음에 딸림.

ㅞ[웨] 자모 웨. ①한글 자모 'ㅜ'와 'ㅓ'와 'ㅣ'를 합친 글자. ②모음의 하나. 입술을 'ㅜ' 소리를 낼 때같이 하고 있다가 잇달아 'ㅔ'로 옮겨 숨을 내쉬면서 내는 이중 모음. 음성 모음에 딸림.

ㅟ[위] 자모 위. ①한글 자모 'ㅜ'와 'ㅣ'를 합친 글자. ②모음의 하나. 혀를 'ㅣ' 소리를 내는 위치에 두고, 두 입술을 좁혀 둥글리는 듯이 하여 앞으로 내민 상태에서 숨을 내쉬면서 내는 단모음. 입술을 'ㅜ' 소리를 낼 때같이 하고 있다가 잇달아 'ㅣ'로 옮겨 숨을 내쉬면서 내는 이중 모음으로도 발음할 수 있음. 음성 모음에 딸림.

ㅠ

ㅠ[유] 자모 유. ①한글 자모의 스물두째 글자. ②모음의 하나. 혀를 'ㅣ' 소리를 낼 때같이 하고 있다가 잇달아 'ㅜ'로 옮겨 숨을 내쉬면서 내는 이중 모음. 음성 모음에 딸림.

ㅡ

ㅡ[으] 자모 으. ①한글 자모의 스물셋째 글자. ②모음의 하나. 천(天)·지(地)·인(人) 삼재(三才) 중 땅을 본떠서 만든 글자. 혀를 예사로 편 채 가장 높이는 동시에 약간 뒤로 다가들이는 듯하면서 입술은 평평한 대로 얕게 열어 숨을 내쉬면서 내는 단모음. 음성 모음에 딸림.

ㅢ[의] 자모 의. ①한글 자모 'ㅡ'와 'ㅣ'를 합친 글자. ②모음의 하나. 혀를 'ㅡ' 소리를 낼 때같이 하고 있다가 잇달아 'ㅣ'로 옮겨 숨을 내쉬면서 내는 이중 모음. 음성 모음에 딸림.

ㅣ

ㅣ[이] 자모 이. ①한글 자모의 마지막 자인 스물넷째 글자. ②모음의 하나. 천(天)·지(地)·인(人)의 삼재(三才) 중 사람을 본떠서 만든 글자. 혀의 앞 바닥과 중앙 부분의 양편 가장 자리를 아주 높여 경구개(硬口蓋)에 가장 가까이 접근시키고 입술을 평평한 대로 얕게 열고 입귀를 양편으로 당기는 듯이 하여 숨을 내쉬면서 내는 단모음. 중성 모음.

ㆍ

ㆍ 자모 〈옛〉 아래아. ①한글 옛 자모의 중성(中聲)의 첫째 글자. ②모음의 하나. 천(天)·지(地)·인(人)의 삼재(三才) 중 하늘을 본떠서 만든 글자. 혀를 보통 위치보다 낮추어 뒤쪽으로 약간 다가들이고 입술을 보통 정도로 벌려서 숨을 내쉬면서 내는 단모음.

ㆎ 자모 〈옛〉 아래애. ①한글 옛 자모의 'ㆍ'와 'ㅣ'를 합친 글자. ②옛 모음의 하나. 혀를 'ㆍ' 소리를 낼 때같이 하고 있다가 잇달아 'ㅣ'로 옮겨 숨을 내쉬면서 내는 이중 모음.

부록

부록

한글 맞춤법

〈1988. 1. 19. 문교부 고시〉

일러두기

1. 이 한글 맞춤법은 개정된 규정에 따라 표기하였다.
2. 이 한글 맞춤법은 본문 6장과 '부록'으로 되어 있다.
   제 1 장　　총칙
   제 2 장　　자모
   제 3 장　　소리에 관한 것
   제 4 장　　형태에 관한 것
   제 5 장　　띄어쓰기
   제 6 장　　그 밖의 것
3. 각 장은 절로 나누고, 각 절은 다시 항으로 나누어, 각기 원칙에 따르는 예시어들을 제시하였다.
4. 문법 체계와 용어는 '학교 문법 용어'(문교부 제정)에 따랐다.
5. 의미의 혼동을 줄 우려가 있는 경우에 한하여 한자를 병기하였다.
6. '다만'과 〔붙임〕은 다음과 같은 경우에 썼다.
   다만 : 규정의 본문에 해당되지 않는 예외 사항을 제시하는 경우
   〔붙임〕 : 규정의 본문에 포함하여 설명하기 어려운 사항을 보충할 경우

제1장 총　칙

제1항 한글 맞춤법은 표준어를 소리대로 적되, 어법에 맞도록 함을 원칙으로 한다.

제2항 문장의 각 단어는 띄어 씀을 원칙으로 한다.

제3항 외래어는 '외래어 표기법'에 따라 적는다.

제2장 자　모

제4항 한글 자모의 수는 스물넉 자로 하고, 그 순서와 이름은 다음과 같이 정한다.

ㄱ(기역)　ㄴ(니은)　ㄷ(디귿)　ㄹ(리을)　ㅁ(미음)
ㅂ(비읍)　ㅅ(시옷)　ㅇ(이응)　ㅈ(지읒)　ㅊ(치읓)
ㅋ(키읔)　ㅌ(티읕)　ㅍ(피읖)　ㅎ(히읗)
ㅏ(아)　ㅑ(야)　ㅓ(어)　ㅕ(여)　ㅗ(오)
ㅛ(요)　ㅜ(우)　ㅠ(유)　ㅡ(으)　ㅣ(이)

〔붙임1〕 위의 자모로써 적을 수 없는 소리는 두 개 이상의 자모를 어울러서 적되, 그 순서와 이름은 다음과 같이 정한다.

ㄲ(쌍기역)　ㄸ(쌍디귿)　ㅃ(쌍비읍)　ㅆ(쌍시옷)　ㅉ(쌍지읒)
ㅐ(애)　ㅒ(얘)　ㅔ(에)　ㅖ(예)　ㅘ(와)
ㅙ(왜)　ㅚ(외)　ㅝ(워)　ㅞ(웨)　ㅟ(위)
ㅢ(의)

〔붙임2〕 사전에 올릴 적의 자모 순서는 다음과 같이 정한다.

자음 ㄱ ㄲ ㄴ ㄷ ㄸ ㄹ ㅁ ㅂ ㅃ ㅅ ㅆ ㅇ ㅈ ㅉ ㅊ ㅋ ㅌ ㅍ ㅎ

모음 ㅏ ㅐ ㅑ ㅒ ㅓ ㅔ ㅕ ㅖ ㅗ ㅘ ㅙ ㅚ ㅛ ㅜ ㅝ ㅞ ㅟ ㅠ ㅡ ㅢ ㅣ

제3장 소리에 관한 것

제1절 된소리

제5항 한 단어 안에서 뚜렷한 까닭 없이 나는 된소리는 다음 음절의 첫소리를 된소리로 적는다.

1. 두 모음 사이에서 나는 된소리

소쩍새 어깨 오빠 으뜸 아끼다 기쁘다 깨끗하다 어떠하다 해쓱하다 가끔 거꾸로 부썩 어찌 이따금

2. 'ㄴ, ㄹ, ㅁ, ㅇ' 받침 뒤에서 나는 된소리

산뜻하다 잔뜩 살짝 훨씬 담뿍 움찔 몽땅 엉뚱하다

다만, 'ㄱ, ㅂ' 받침 뒤에서 나는 된소리는, 같은 음절이나 비슷한 음절이 겹쳐 나는 경우가 아니면 된소리로 적지 아니한다.

국수 깍두기 딱지 색시 싹둑(~싹둑) 법석 갑자기 몹시

제2절 구개음화

제6항 'ㄷ, ㅌ' 받침 뒤에 종속적 관계를 가진 '-이(-)'나 '-히-'가 올 적에는 그 'ㄷ, ㅌ'이 'ㅈ, ㅊ'으로 소리 나더라도 'ㄷ, ㅌ'으로 적는다. (ㄱ을 취하고, ㄴ을 버림.)

ㄱ	ㄴ	ㄱ	ㄴ
맏이	마지	핥이다	할치다
해돋이	해도지	걷히다	거치다
굳이	구지	닫히다	다치다
같이	가치	묻히다	무치다
끝이	끄치		

제3절 'ㄷ' 소리 받침

제7항 'ㄷ' 소리로 나는 받침 중에서 'ㄷ'으로 적을 근거가 없는 것은 'ㅅ'으로 적는다.

덧저고리 돗자리 엇셈 웃어른 핫옷 무릇 사뭇 얼핏 자칫하면 뭇〔衆〕 옛 첫 헛

제4절 모 음

제8항 '계, 례, 몌, 폐, 혜'의 'ㅖ'는 'ㅔ'로 소리 나는 경우가 있더라도 'ㅖ'로 적는다. (ㄱ을 취하고, ㄴ을 버림.)

ㄱ	ㄴ	ㄱ	ㄴ
계수(桂樹)	게수	연메(連袂)	연메
사례(謝禮)	사레	폐품(廢品)	페품
혜택(惠澤)	헤택	핑계	핑게
계집	게집	계시다	게시다

다만, 다음 말은 본음대로 적는다.

게송(偈頌)　　게시판(揭示板)　　휴게실(休憩室)

제9항 '의'나, 자음을 첫소리로 가지고 있는 음절의 'ㅢ'는 'ㅣ'로 소리 나는 경우가 있더라도 'ㅢ'로 적는다. (ㄱ을 취하고, ㄴ을 버림.)

ㄱ	ㄴ	ㄱ	ㄴ
의의(意義)	의이	닁큼	닝큼
본의(本義)	본이	띄어쓰기	띠어쓰기
무늬〔紋〕	무니	씌어	씨어
보늬	보니	틔어	티어
오늬	오니	희망(希望)	히망
하늬바람	하니바람	희다	히다
늴리리	닐리리	유희(遊戲)	유히

제5절 두음 법칙

제10항 한자음 '녀, 뇨, 뉴, 니'가 단어 첫머리에 올 적에는 두음 법칙에 따라 '여, 요, 유, 이'로 적는다. (ㄱ을 취하고, ㄴ을 버림.)

ㄱ	ㄴ	ㄱ	ㄴ
여자(女子)	녀자	유대(紐帶)	뉴대
연세(年歲)	년세	이토(泥土)	니토
요소(尿素)	뇨소	익명(匿名)	닉명

다만, 다음과 같은 의존 명사에서는 '냐, 녀' 음을 인정한다.

냥(兩)　　냥쭝(兩-)　　년(年)(몇 년)

〔붙임1〕 단어의 첫머리 이외의 경우에는 본음대로 적는다.

남녀(男女)　　당뇨(糖尿)　　결뉴(結紐)　　은닉(隱匿)

〔붙임2〕 접두사처럼 쓰이는 한자가 붙어서 된 말이나 합성어에서, 뒷말의 첫소리가 'ㄴ' 소리로 나더라도 두음 법칙에 따라 적는다.

신여성(新女性)　　공염불(空念佛)　　남존여비(男尊女卑)

〔붙임3〕 둘 이상의 단어로 이루어진 고유 명사를 붙여 쓰는 경우에도 붙임 2에 준하여 적는다.

한국여자대학　　대한요소비료회사

제11항 한자음 '랴, 려, 례, 료, 류, 리'가 단어의 첫머리에 올 적에는 두음 법칙에 따라

'야, 여, 예, 요, 유, 이'로 적는다. (ㄱ을 취하고, ㄴ을 버림.)

ㄱ	ㄴ	ㄱ	ㄴ
양심(良心)	량심	용궁(龍宮)	룡궁
역사(歷史)	력사	유행(流行)	류행
예의(禮儀)	례의	이발(理髮)	리발

다만, 다음과 같은 의존 명사는 본음대로 적는다.

리(里) : 몇 리냐?

리(理) : 그럴 리가 없다.

〔붙임1〕 단어의 첫머리 이외의 경우에는 본음대로 적는다.

개량(改良) 선량(善良) 수력(水力) 협력(協力)
사례(謝禮) 혼례(婚禮) 와룡(臥龍) 쌍룡(雙龍)
하류(下流) 급류(急流) 도리(道理) 진리(眞理)

다만, 모음이나 'ㄴ' 받침 뒤에 이어지는 '렬, 률'은 '열, 율'로 적는다. (ㄱ을 취하고, ㄴ을 버림.)

ㄱ	ㄴ	ㄱ	ㄴ
나열(羅列)	나렬	진열(陳列)	진렬
치열(齒列)	치렬	선율(旋律)	선률
비열(卑劣)	비렬	비율(比率)	비률
규율(規律)	규률	실패율(失敗率)	실패률
분열(分裂)	분렬	전율(戰慄)	전률
선열(先烈)	선렬	백분율(百分率)	백분률

〔붙임2〕 외자로 된 이름을 성에 붙여 쓸 경우에도 본음대로 적을 수 있다.

신립(申砬) 최린(崔麟) 채륜(蔡倫) 하륜(河崙)

〔붙임3〕 준말에서 본음으로 소리 나는 것은 본음대로 적는다.

국련(국제연합) 대한교련(대한교육연합회)

〔붙임4〕 접두사처럼 쓰이는 한자가 붙어서 된 말이나 합성어에서 뒷말의 첫소리가 'ㄴ' 또는 'ㄹ' 소리로 나더라도 두음 법칙에 따라 적는다.

역이용(逆利用) 연이율(年利率) 열역학(熱力學) 해외여행(海外旅行)

〔붙임5〕 둘 이상의 단어로 이루어진 고유 명사를 붙여 쓰는 경우나 십진법에 따라 쓰는 수(數)도 붙임 4에 준하여 적는다.

서울여관 신흥이발관 육천육백육십육(六千六百六十六)

제12항 한자음 '라, 래, 로, 뢰, 루, 르'가 단어의 첫머리에 올 적에는 두음 법칙에 따라 '나, 내, 노, 뇌, 누, 느'로 적는다. (ㄱ을 취하고, ㄴ을 버림.)

ㄱ	ㄴ	ㄱ	ㄴ
낙원(樂園)	락원	뇌성(雷聲)	뢰성
내일(來日)	래일	누각(樓閣)	루각
노인(老人)	로인	능묘(陵墓)	릉묘

〔붙임1〕 단어의 첫머리 이외의 경우에는 본음대로 적는다.

쾌락(快樂)	극락(極樂)	거래(去來)	왕래(往來)
부로(父老)	연로(年老)	지뢰(地雷)	낙뢰(落雷)
고루(高樓)	광한루(廣寒樓)	가정란(家庭欄)	동구릉(東九陵)

〔붙임2〕 접두사처럼 쓰이는 한자가 붙어서 된 단어는 뒷말을 두음 법칙에 따라 적는다.

내내월(來來月)	상노인(上老人)	중노동(重勞動)	비논리적(非論理的)

제6절 겹쳐 나는 소리

제13항 한 단어 안에서 같은 음절이나 비슷한 음절이 겹쳐 나는 부분은 같은 글자로 적는다. (ㄱ을 취하고, ㄴ을 버림.)

ㄱ	ㄴ	ㄱ	ㄴ
딱딱	딱닥	꼿꼿하다	꼿곳하다
쌕쌕	쌕색	놀놀하다	놀롤하다
씩씩	씩식	눅눅하다	눙눅하다
똑딱똑딱	똑닥똑닥	밋밋하다	민밋하다
쓱싹쓱싹	쓱삭쓱삭	싹싹하다	싹삭하다
연연불망(戀戀不忘)	연련불망	쌉쌀하다	쌉살하다
유유상종(類類相從)	유류상종	씁쓸하다	씁슬하다
누누이	누루이	짭짤하다	짭잘하다

제4장 형태에 관한 것

제1절 체언과 조사

제14항 체언은 조사와 구별하여 적는다.

떡이	떡을	떡에	떡도	떡만
손이	손을	손에	손도	손만
팔이	팔을	팔에	팔도	팔만
밤이	밤을	밤에	밤도	밤만
집이	집을	집에	집도	집만
옷이	옷을	옷에	옷도	옷만
콩이	콩을	콩에	콩도	콩만
낮이	낮을	낮에	낮도	낮만
꽃이	꽃을	꽃에	꽃도	꽃만
밭이	밭을	밭에	밭도	밭만
앞이	앞을	앞에	앞도	앞만
밖이	밖을	밖에	밖도	밖만
넋이	넋을	넋에	넋도	넋만
흙이	흙을	흙에	흙도	흙만
삶이	삶을	삶에	삶도	삶만
여덟이	여덟을	여덟에	여덟도	여덟만

곬이	곬을	곬에	곬도	곬만
값이	값을	값에	값도	값만

제2절 어간과 어미

제15항 용언의 어간과 어미는 구별하여 적는다.

먹다	먹고	먹어	먹으니
신다	신고	신어	신으니
믿다	믿고	믿어	믿으니
울다	울고	울어	(우니)
넘다	넘고	넘어	넘으니
입다	입고	입어	입으니
웃다	웃고	웃어	웃으니
찾다	찾고	찾아	찾으니
좇다	좇고	좇아	좇으니
같다	같고	같아	같으니
높다	높고	높아	높으니
좋다	좋고	좋아	좋으니
깎다	깎고	깎아	깎으니
앉다	앉고	앉아	앉으니
많다	많고	많아	많으니
늙다	늙고	늙어	늙으니
젊다	젊고	젊어	젊으니
넓다	넓고	넓어	넓으니
훑다	훑고	훑어	훑으니
읊다	읊고	읊어	읊으니
옳다	옳고	옳아	옳으니
없다	없고	없어	없으니
있다	있고	있어	있으니

〔붙임1〕 두 개의 용언이 어울려 한 개의 용언이 될 적에, 앞말의 본뜻이 유지되고 있는 것은 그 원형을 밝히어 적고, 그 본뜻에서 멀어진 것은 밝히어 적지 아니한다.

(1) 앞말의 본뜻이 유지되고 있는 것

넘어지다	늘어나다	늘어지다	돌아가다	되짚어가다
들어가다	떨어지다	벌어지다	엎어지다	접어들다
틀어지다	흩어지다			

(2) 본뜻에서 멀어진 것

드러나다	사라지다	쓰러지다

〔붙임2〕 종결형에서 사용되는 어미 '-오'는 '요'로 소리 나는 경우가 있더라도 그 원형을 밝혀 '오'로 적는다. (ㄱ을 취하고, ㄴ을 버림.)

ㄱ	ㄴ
이것은 책이오.	이것은 책이요.
이리로 오시오.	이리로 오시요.

이것은 책이 아니오. 이것은 책이 아니요.

〔붙임3〕 연결형에서 사용되는 '이요'는 '이요'로 적는다. (ㄱ을 취하고, ㄴ을 버림.)

ㄱ	ㄴ
이것은 책이요, 저것은 붓이요, 또 저것은 먹이다.	이것은 책이오, 저것은 붓이오, 또 저것은 먹이다.

제16항 어간의 끝 음절 모음이 'ㅏ, ㅗ'일 때에는 어미를 '-아'로 적고, 그 밖의 모음일 때에는 '-어'로 적는다.

1. '-아'로 적는 경우

나아	나아도	나아서
막아	막아도	막아서
얇아	얇아도	얇아서
돌아	돌아도	돌아서
보아	보아도	보아서

2. '-어'로 적는 경우

개어	개어도	개어서
겪어	겪어도	겪어서
되어	되어도	되어서
베어	베어도	베어서
쉬어	쉬어도	쉬어서
저어	저어도	저어서
주어	주어도	주어서
피어	피어도	피어서
희어	희어도	희어서

제17항 어미 뒤에 덧붙는 조사 '-요'는 '-요'로 적는다.

읽어	읽어요
참으리	참으리요
좋지	좋지요

제18항 다음과 같은 용언들은 어미가 바뀔 경우, 그 어간이나 어미가 원칙에 벗어나면 벗어나는 대로 적는다.

1. 어간의 끝 'ㄹ'이 줄어질 적

갈다 :	가니	간	갑니다	가시다	가오
놀다 :	노니	논	놉니다	노시다	노오
불다 :	부니	분	붑니다	부시다	부오
둥글다 :	둥그니	둥근	둥급니다	둥그시다	둥그오
어질다 :	어지니	어진	어집니다	어지시다	어지오

〔붙임〕 다음과 같은 말에도 'ㄹ'이 준 대로 적는다.

마지못하다	마지않다
(하)다마다	(하)자마자
(하)지 마라	(하)지 마(아)

2. 어간의 끝 'ㅅ'이 줄어질 적

긋다:	그어	그으니	그었다
낫다:	나아	나으니	나았다
잇다:	이어	이으니	이었다
짓다:	지어	지으니	지었다

3. 어간의 끝 'ㅎ'이 줄어질 적

그렇다 :	그러니	그럴	그러면	그러오
까맣다 :	까마니	까말	까마면	까마오
동그랗다 :	동그라니	동그랄	동그라면	동그라오
퍼렇다 :	퍼러니	퍼럴	퍼러면	퍼러오
하얗다 :	하야니	하얄	하야면	하야오

4. 어간의 끝 'ㅜ, ㅡ'가 줄어질 적

푸다 :	퍼	펐다	뜨다 :	떠	떴다
끄다 :	꺼	껐다	크다 :	커	컸다
담그다 :	담가	담갔다	고프다 :	고파	고팠다
따르다 :	따라	따랐다	바쁘다 :	바빠	바빴다

5. 어간의 끝 'ㄷ'이 'ㄹ'로 바뀔 적

걷다〔步〕 :	걸어	걸으니	걸었다
듣다〔聽〕 :	들어	들으니	들었다
묻다〔問〕 :	물어	물으니	물었다
싣다〔載〕 :	실어	실으니	실었다

6. 어간의 끝 'ㅂ'이 'ㅜ'로 바뀔 적

깁다 :	기워	기우니	기웠다
굽다〔炙〕 :	구워	구우니	구웠다
가깝다 :	가까워	가까우니	가까웠다
괴롭다 :	괴로워	괴로우니	괴로웠다
맵다 :	매워	매우니	매웠다
무겁다 :	무거워	무거우니	무거웠다
밉다 :	미워	미우니	미웠다
쉽다 :	쉬워	쉬우니	쉬웠다

다만, '돕-, 곱-'과 같은 단음절 어간에 어미 '-아'가 결합되어 '와'로 소리 나는 것은 '-와'로 적는다.

돕다〔助〕 :	도와	도와서	도와도	도왔다
곱다〔麗〕 :	고와	고와서	고와도	고왔다

7. '하다'의 활용에서 어미 '-아'가 '-여'로 바뀔 적

하다 :	하여	하여서	하여도	하여라	하였다

8. 어간의 끝 음절 '르' 뒤에 오는 어미 '-어'가 '-러'로 바뀔 적

이르다〔至〕 :	이르러	이르렀다	누르다 :	누르러	누르렀다
노르다 :	노르러	노르렀다	푸르다 :	푸르러	푸르렀다

9. 어간의 끝 음절 '르'의 'ㅡ'가 줄고, 그 뒤에 오는 어미 '-아/-어'가 '-라/-러'로 바뀔 적

가르다 :	갈라	갈랐다	부르다 :	불러	불렀다
거르다 :	걸러	걸렀다	오르다 :	올라	올랐다

구르다 :	굴러	굴렀다	이르다 :	일러	일렀다
벼르다 :	별러	별렀다	지르다 :	질러	질렀다

제3절 접미사가 붙어서 된 말

제19항 어간에 '-이'나 '-음/-ㅁ'이 붙어서 명사로 된 것과 '-이'나 '-히'가 붙어서 부사로 된 것은 그 어간의 원형을 밝히어 적는다.

1. '-이'가 붙어서 명사로 된 것

길이 깊이 높이 다듬이 땀받이 달맞이
먹이 미닫이 벌이 벼훑이 살림살이 쇠붙이

2. '-음/-ㅁ'이 붙어서 명사로 된 것

걸음 묶음 믿음 얼음 엮음 울음
웃음 졸음 죽음 앎 만듦

3. '-이'가 붙어서 부사로 된 것

같이 굳이 길이 높이 많이 실없이
좋이 짓궂이

4. '-히'가 붙어서 부사로 된 것

밝히 익히 작히

다만, 어간에 '-이'나 '-음'이 붙어서 명사로 바뀐 것이라도 그 어간의 뜻과 멀어진 것은 원형을 밝히어 적지 아니한다.

굽도리 다리〔髢〕 목거리(목병) 무녀리
코끼리 거름(비료) 고름〔膿〕 노름(도박)

〔붙임〕 어간에 '-이'나 '-음' 이외의 모음으로 시작된 접미사가 붙어서 다른 품사로 바뀐 것은 그 어간의 원형을 밝히어 적지 아니한다.

(1) 명사로 바뀐 것

귀머거리 까마귀 너머 뜨더귀 마감 마개
마중 무덤 비렁뱅이 쓰레기 올가미 주검

(2) 부사로 바뀐 것

거뭇거뭇 너무 도로 뜨덤뜨덤 바투
불긋불긋 비로소 오긋오긋 자주 차마

(3) 조사로 바뀌어 뜻이 달라진 것

나마 부터 조차

제20항 명사 뒤에 '-이'가 붙어서 된 말은 그 명사의 원형을 밝히어 적는다.

1. 부사로 된 것

곳곳이 낱낱이 몫몫이 샅샅이 앞앞이 집집이

2. 명사로 된 것

곰배팔이 바둑이 삼발이 애꾸눈이 육손이 절뚝발이/절름발이

〔붙임〕 '-이' 이외의 모음으로 시작된 접미사가 붙어서 된 말은 그 명사의 원형을 밝히어 적지 아니한다.

꼬락서니 끄트머리 모가치 바가지 바깥 사타구니
싸라기 이파리 지붕 지푸라기 짜개

제21항 명사나 혹은 용언의 어간 뒤에 자음으로 시작된 접미사가 붙어서 된 말은 그 명사나 어간의 원형을 밝히어 적는다.

1. 명사 뒤에 자음으로 시작된 접미사가 붙어서 된 것

값지다 홑지다 넋두리 빛깔 옆댕이 잎사귀

2. 어간 뒤에 자음으로 시작된 접미사가 붙어서 된 것

낚시 늙정이 덮개 뜯게질 갉작갉작하다
갉작거리다 뜯적거리다 뜯적뜯적하다 굵다랗다 굵직하다
깊숙하다 넓적하다 높다랗다 늙수그레하다 얽죽얽죽하다

다만, 다음과 같은 말은 소리대로 적는다.

(1) 겹받침의 끝소리가 드러나지 아니하는 것

할짝거리다 널따랗다 널찍하다 말끔하다 말쑥하다 말짱하다
실쭉하다 실큼하다 얄따랗다 얄팍하다 짤따랗다 짤막하다 실컷

(2) 어원이 분명하지 아니하거나 본뜻에서 멀어진 것

넙치 올무 골막하다 납작하다

제22항 용언의 어간에 다음과 같은 접미사들이 붙어서 이루어진 말들은 그 어간을 밝히어 적는다.

1. '-기-, -리-, -이-, -히-, ~~-구-~~, ~~-우-~~, ~~-추-~~, -으키-, -이키-, -애-'가 붙는 것

맡기다 옮기다 웃기다 쫓기다 뚫리다 울리다
낚이다 쌓이다 핥이다 굳히다 굽히다 넓히다
앉히다 얽히다 잡히다 돋구다 솟구다 돋우다
갖추다 곧추다 맞추다 일으키다 돌이키다 없애다

다만, '-이-, -히-, -우-'가 붙어서 된 말이라도 본뜻에서 멀어진 것은 소리대로 적는다.

도리다(칼로 ~) 드리다(용돈을 ~) 고치다 바치다(세금을 ~)
부치다(편지를 ~) 거두다 미루다 이루다

2. '-치-, -뜨리-/-트리-'가 붙는 것

놓치다 덮치다 떠받치다 받치다
밭치다 부딪치다 뻗치다 엎치다
부딪뜨리다/부딪트리다 쏟뜨리다/쏟트리다 젖뜨리다/젖트리다
찢뜨리다/찢트리다 흩뜨리다/흩트리다

〔붙임〕 '-업-, -읍-, -브-'가 붙어서 된 말은 소리대로 적는다.

미덥다 우습다 미쁘다

제23항 '-하다'나 '-거리다'가 붙는 어근에 '-이'가 붙어서 명사가 된 것은 그 원형을 밝히어 적는다. (ㄱ을 취하고, ㄴ을 버림.)

ㄱ	ㄴ	ㄱ	ㄴ
깔쭉이	깔쭈기	살살이	살사리
꿀꿀이	꿀꾸리	쌕쌕이	쌕쌔기
눈깜짝이	눈깜짜기	오뚝이	오뚜기
더펄이	더퍼리	코납작이	코납자기
배불뚝이	배불뚜기	푸석이	푸서기
삐죽이	삐주기	홀쭉이	홀쭈기

〔붙임〕 '-하다'나 '-거리다'가 붙을 수 없는 어근에 '-이'나 또는 다른 모음으로 시작되는 접미사가 붙어서 명사가 된 것은 그 원형을 밝히어 적지 아니한다.

개구리 귀뚜라미 기러기 깍두기 꽹과리 날라리
누더기 동그라미 두드러기 딱따구리 매미 부스러기
뻐꾸기 얼루기 칼싹두기

제24항 '-거리다'가 붙을 수 있는 시늉말 어근에 '-이다'가 붙어서 된 용언은 그 어근을 밝히어 적는다. (ㄱ을 취하고, ㄴ을 버림.)

ㄱ	ㄴ	ㄱ	ㄴ
깜짝이다	깜짜기다	속삭이다	속사기다
꾸벅이다	꾸버기다	숙덕이다	숙더기다
끄덕이다	끄더기다	울먹이다	울머기다
뒤척이다	뒤처기다	움직이다	움지기다
들먹이다	들머기다	지껄이다	지꺼리다
망설이다	망서리다	퍼덕이다	퍼더기다
번득이다	번드기다	허덕이다	허더기다
번쩍이다	번쩌기다	헐떡이다	헐떠기다

제25항 '-하다'가 붙는 어근에 '-히'나 '-이'가 붙어서 부사가 되거나, 부사에 '-이'가 붙어서 뜻을 더하는 경우에는, 그 어근이나 부사의 원형을 밝히어 적는다.

1. '-하다'가 붙는 어근에 '-히'나 '-이'가 붙는 경우

급히 꾸준히 도저히 딱히 어렴풋이 깨끗이

〔붙임〕 '-하다'가 붙지 않는 경우에는 소리대로 적는다.

갑자기 반드시(꼭) 슬며시

2. 부사에 '-이'가 붙어서 역시 부사가 되는 경우

곰곰이 더욱이 생긋이 오뚝이 일찍이 해죽이

제26항 '-하다'나 '-없다'가 붙어서 된 용언은 그 '-하다'나 '-없다'를 밝히어 적는다.

1. '-하다'가 붙어서 용언이 된 것

딱하다 숱하다 착하다 텁텁하다 푹하다

2. '-없다'가 붙어서 용언이 된 것

부질없다 상없다 시름없다 열없다 하염없다

제4절 합성어 및 접두사가 붙는 말

제27항 둘 이상의 단어가 어울리거나 접두사가 붙어서 이루어진 말은 각각 그 원형을 밝히어 적는다.

국말이 꺾꽂이 꽃잎 끝장 물난리
밑천 부엌일 싫증 옷안 웃옷
젖몸살 첫아들 칼날 팥알 헛웃음
홀아비 홑몸 흙내
값없다 겉늙다 굶주리다 낮잡다 맞먹다
받내다 벋놓다 빗나가다 빛나다 새파랗다
샛노랗다 시꺼멓다 싯누렇다 엇나가다 엎누르다

엿듣다 옻오르다 짓이기다 헛되다

〔붙임1〕 어원은 분명하나 소리만 특이하게 변한 것은 변한 대로 적는다.

할아버지 할아범

〔붙임2〕 어원이 분명하지 아니한 것은 원형을 밝히어 적지 아니한다.

골병 골탕 끌탕 며칠 아재비 오라비
업신여기다 부리나케

〔붙임3〕 '이〔齒, 虱〕'가 합성어나 이에 준하는 말에서 '니' 또는 '리'로 소리 날 때에는 '니'로 적는다.

간니 덧니 사랑니 송곳니 앞니 어금니
윗니 젖니 톱니 틀니 가랑니 머릿니

제28항 끝소리가 'ㄹ'인 말과 딴 말이 어울릴 적에 'ㄹ' 소리가 나지 아니하는 것은 아니 나는 대로 적는다.

다달이(달-달-이) 따님(딸-님) 마되(말-되)
마소(말-소) 무자위(물-자위) 바느질(바늘-질)
부나비(불-나비) 부삽(불-삽) 부손(불-손)
소나무(솔-나무) 싸전(쌀-전) 여닫이(열-닫이)
우짖다(울-짖다) 화살(활-살)

제29항 끝소리가 'ㄹ'인 말과 딴 말이 어울릴 적에 'ㄹ' 소리가 'ㄷ' 소리로 나는 것은 'ㄷ'으로 적는다.

반짇고리(바느질~) 사흗날(사흘~) 삼짇날(삼질~)
섣달(설~) 숟가락(술~) 이튿날(이틀~)
잗주름(잘~) 푿소(풀~)
섣부르다(설~) 잗다듬다(잘~) 잗다랗다(잘~)

제30항 사이시옷은 다음과 같은 경우에 받치어 적는다.

1. 순 우리말로 된 합성어로서 앞말이 모음으로 끝난 경우

(1) 뒷말의 첫소리가 된소리로 나는 것

고랫재 귓밥 나룻배 나뭇가지 냇가 댓가지
뒷갈망 맷돌 머릿기름 모깃불 못자리 바닷가
뱃길 볏가리 부싯돌 선짓국 쇳조각 아랫집
우렁잇속 잇자국 잿더미 조갯살 찻집 쳇바퀴
킷값 핏대 햇볕 혓바늘

(2) 뒷말의 첫소리 'ㄴ, ㅁ' 앞에서 'ㄴ' 소리가 덧나는 것

멧나물 아랫니 텃마당 아랫마을 뒷머리
잇몸 깻묵 냇물 빗물

(3) 뒷말의 첫소리 모음 앞에서 'ㄴㄴ' 소리가 덧나는 것

도리깻열 뒷윷 두렛일 뒷일 뒷입맛
베갯잇 욧잇 깻잎 나뭇잎 댓잎

2. 순 우리말과 한자어로 된 합성어로서 앞말이 모음으로 끝난 경우

(1) 뒷말의 첫소리가 된소리로 나는 것

귓병 머릿방 뱃병 봇둑 사잣밥

샛강	아랫방	자릿세	전셋집	찻잔
찻종	촛국	콧병	탯줄	텃세
핏기	햇수	횟가루	횟배	

(2) 뒷말의 첫소리 'ㄴ, ㅁ' 앞에서 'ㄴ' 소리가 덧나는 것

곗날	제삿날	훗날	툇마루	양칫물

(3) 뒷말의 첫소리 모음 앞에서 'ㄴㄴ' 소리가 덧나는 것

가욋일	사삿일	예삿일	훗일

3. 두 음절로 된 다음 한자어

곳간(庫間)	셋방(貰房)	숫자(數字)
찻간(車間)	툇간(退間)	횟수(回數)

제31항 두 말이 어울릴 적에 'ㅂ' 소리나 'ㅎ' 소리가 덧나는 것은 소리대로 적는다.

1. 'ㅂ' 소리가 덧나는 것

댑싸리(대ㅂ싸리)	멥쌀(메ㅂ쌀)	볍씨(벼ㅂ씨)
입때(이ㅂ때)	입쌀(이ㅂ쌀)	접때(저ㅂ때)
좁쌀(조ㅂ쌀)	햅쌀(해ㅂ쌀)	

2. 'ㅎ' 소리가 덧나는 것

머리카락(머리ㅎ가락)	살코기(살ㅎ고기)	수캐(수ㅎ개)
수컷(수ㅎ것)	수탉(수ㅎ닭)	안팎(안ㅎ밖)
암캐(암ㅎ개)	암컷(암ㅎ것)	암탉(암ㅎ닭)

제5절 준 말

제32항 단어의 끝 모음이 줄어지고 자음만 남은 것은 그 앞의 음절에 받침으로 적는다.

본 말	준 말	본 말	준 말
기러기야	기럭아	온가지	온갖
어제그저께	엊그저께	가지고, 가지지	갖고, 갖지
어제저녁	엊저녁	디디고, 디디지	딛고, 딛지

제33항 체언과 조사가 어울려 줄어지는 경우에는 준 대로 적는다.

본 말	준 말	본 말	준 말
그것은	그건	너는	넌
그것이	그게	너를	널
그것으로	그걸로	무엇을	뭣을/무얼 /뭘
나는	난	무엇이	뭣이/무에
나를	날		

제34항 모음 'ㅏ, ㅓ'로 끝난 어간에 '-아/-어, -았-/-었-'이 어울릴 적에는 준 대로 적는다.

본 말	준 말	본 말	준 말
가아	가	가았다	갔다

나아	나	나았다	났다
타아	타	타았다	탔다
서어	서	서었다	섰다
켜어	켜	켜었다	켰다
펴어	펴	펴었다	폈다

〔붙임1〕 'ㅐ, ㅔ' 뒤에 '-어, -었-'이 어울려 줄 적에는 준 대로 적는다.

본 말	준 말	본 말	준 말
개어	개	개었다	갰다
내어	내	내었다	냈다
베어	베	베었다	벴다
세어	세	세었다	셌다

〔붙임2〕 '하여'가 한 음절로 줄어서 '해'로 될 적에는 준 대로 적는다.

본 말	준 말	본 말	준 말
하여	해	하였다	했다
더하여	더해	더하였다	더했다
흔하여	흔해	흔하였다	흔했다

제35항 모음 'ㅗ, ㅜ'로 끝난 어간에 '-아/-어, -았-/-었-'이 어울려 'ㅘ/ㅝ, 놨/넜'으로 될 적에는 준 대로 적는다.

본 말	준 말	본 말	준 말
꼬아	꽈	꼬았다	꽜다
보아	봐	보았다	봤다
쏘아	쏴	쏘았다	쐈다
두어	둬	두었다	뒀다
쑤어	쒀	쑤었다	쒔다
주어	줘	주었다	줬다

〔붙임1〕 '놓아'가 '놔'로 줄 적에는 준 대로 적는다.

〔붙임2〕 'ㅚ' 뒤에 '-어, -었-'이 어울려 'ㅙ, 놼'으로 될 적에도 준 대로 적는다.

본 말	준 말	본 말	준 말
괴어	괘	괴었다	괬다
되어	돼	되었다	됐다
뵈어	봬	뵈었다	뵀다
쇠어	쇄	쇠었다	쇘다
쐬어	쐐	쐬었다	쐤다

제36항 'ㅣ' 뒤에 '-어'가 와서 'ㅕ'로 줄 적에는 준대로 적는다.

본 말	준 말	본 말	준 말
가지어	가져	가지었다	가졌다

견디어	견뎌	견디었다	견뎠다
다니어	다녀	다니었다	다녔다
막히어	막혀	막히었다	막혔다
버티어	버텨	버티었다	버텼다
치이어	치여	치이었다	치였다

제37항 ‘ㅏ, ㅕ, ㅗ, ㅜ, ㅡ’로 끝난 어간에 ‘-이-’가 와서 각각 ‘ㅐ, ㅖ, ㅚ, ㅟ, ㅢ’로 줄 적에는 준 대로 적는다.

본 말	준 말	본 말	준 말
싸이다	쌔다	누이다	뉘다
펴이다	폐다	뜨이다	띄다
보이다	뵈다	쓰이다	씌다

제38항 ‘ㅏ, ㅗ, ㅜ, ㅡ’ 뒤에 ‘-이어’가 어울려 줄어질 적에는 준 대로 적는다.

본 말	준 말	본 말	준 말
싸이어	쌔어 싸여	뜨이어	띄어
보이어	뵈어 보여	쓰이어	씌어 쓰여
쏘이어	쐬어 쏘여	트이어	틔어 트여
누이어	뉘어 누여		

제39항 어미 ‘-지’ 뒤에 ‘않-’이 어울려 ‘-잖-’이 될 적과 ‘-하지’ 뒤에 어울려 ‘-찮-’이 될 적에는 준 대로 적는다.

본 말	준 말	본 말	준 말
그렇지 않은	그렇잖은	만만하지 않다	만만찮다
적지 않은	적잖은	변변하지 않다	변변찮다

제40항 어간의 끝 음절 ‘하’의 ‘ㅏ’가 줄고 ‘ㅎ’이 다음 음절의 첫소리와 어울려 거센소리로 될 적에는 거센소리로 적는다.

본 말	준 말	본 말	준 말
간편하게	간편케	다정하다	다정타
연구하도록	연구토록	정결하다	정결타
가하다	가타	흔하다	흔타

〔**붙임1**〕 ‘ㅎ’이 어간의 끝소리로 굳어진 것은 받침으로 적는다.

않다	않고	않지	않든지
그렇다	그렇고	그렇지	그렇든지
아무렇다	아무렇고	아무렇지	아무렇든지
어떻다	어떻고	어떻지	어떻든지
이렇다	이렇고	이렇지	이렇든지
저렇다	저렇고	저렇지	저렇든지

〔**붙임2**〕 어간의 끝 음절 ‘하’가 아주 줄 적에는 준 대로 적는다.

본 말	준 말	본 말	준 말
거북하지	거북지	생각하다 못하여	생각다 못해
생각하건대	생각건대	깨끗하지 않다	깨끗지 않다
넉넉하지 않다	넉넉지 않다	섭섭하지 않다	섭섭지 않다
못하지 않다	못지않다	익숙하지 않다	익숙지 않다

〔붙임3〕 다음과 같은 부사는 소리대로 적는다.

결단코 결코 기필코 무심코 아무튼 요컨대
정녕코 필연코 하마터면 하여튼 한사코

제5장 띄어쓰기

제1절 조 사

제41항 조사는 그 앞말에 붙여 쓴다

꽃이 꽃마저 꽃밖에 꽃에서부터 꽃으로만
꽃이나마 꽃이다 꽃입니다 꽃처럼 어디까지나
거기도 멀리는 웃고만

제2절 의존 명사, 단위를 나타내는 명사 및 열거하는 말 등

제42항 의존 명사는 띄어 쓴다.

아는 것이 힘이다. 나도 할 수 있다.
먹을 만큼 먹어라. 아는 이를 만났다.
네가 뜻한 바를 알겠다. 그가 떠난 지가 오래다.

제43항 단위를 나타내는 명사는 띄어 쓴다.

한 개 차 한 대 금 서 돈
소 한 마리 옷 한 벌 열 살
조기 한 손 연필 한 자루 버선 한 죽
집 한 채 신 두 켤레 북어 한 쾌

다만, 순서를 나타내는 경우나 숫자와 어울리어 쓰이는 경우에는 붙여 쓸 수 있다.

두시 삼십분 오초 제일과 삼학년 육층
1446년 10월 9일 2대대 16동 502호 제 1 어학실습실
80원 10개 7미터

제44항 수를 적을 적에는 '만(萬)' 단위로 띄어 쓴다.

십이억 삼천사백오십육만 칠천팔백구십팔
12억 3456만 7898

제45항 두 말을 이어 주거나 열거할 적에 쓰이는 말들은 띄어 쓴다.

국장 겸 과장 열 내지 스물
청군 대 백군 책상, 걸상 등이 있다.
이사장 및 이사들 사과, 배, 귤 등등

사과, 배 등속 부산, 광주 등지

제46항 단음절로 된 단어가 연이어 나타날 적에는 붙여 쓸 수 있다.

그때 그곳 좀더 큰것 이말 저말 한잎 두잎

제3절 보조 용언

제47항 보조 용언은 띄어 씀을 원칙으로 하되, 경우에 따라 붙여 씀도 허용한다. (ㄱ을 원칙으로 하고, ㄴ을 허용함.)

ㄱ	ㄴ
불이 꺼져 간다.	불이 꺼져간다.
내 힘으로 막아 낸다.	내 힘으로 막아낸다.
어머니를 도와 드린다.	어머니를 도와드린다.
그릇을 깨뜨려 버렸다.	그릇을 깨뜨려버렸다.
비가 올 듯하다.	비가 올듯하다.
그 일은 할 만하다.	그 일은 할만하다.
일이 될 법하다.	일이 될법하다.
비가 올 성싶다.	비가 올성싶다.
잘 아는 척한다.	잘 아는척한다.

다만, 앞말에 조사가 붙거나 앞말이 합성 동사인 경우, 그리고 중간에 조사가 들어갈 적에는 그 뒤에 오는 보조 용언은 띄어 쓴다.

잘도 놀아만 나는구나! 책을 읽어도 보고……

네가 덤벼들어 보아라. 강물에 떠내려가 버렸다.

그가 올 듯도 하다. 잘난 체를 한다.

제4절 고유 명사 및 전문 용어

제48항 성과 이름, 성과 호 등은 붙여 쓰고, 이에 덧붙는 호칭어, 관직명 등은 띄어 쓴다.

김양수(金良洙) 서화담(徐花潭) 채영신 씨

최치원 선생 박동식 박사 충무공 이순신 장군

다만, 성과 이름, 성과 호를 분명히 구분할 필요가 있을 경우에는 띄어 쓸 수 있다.

남궁억/남궁 억 독고준/독고 준 황보지봉(皇甫芝峰)/황보 지봉

제49항 성명 이외의 고유 명사는 단어별로 띄어 씀을 원칙으로 하되, 단위별로 띄어 쓸 수 있다. (ㄱ을 원칙으로 하고, ㄴ을 허용함.)

ㄱ	ㄴ
대한 중학교	대한중학교
한국 대학교 사범 대학	한국대학교 사범대학

제50항 전문 용어는 단어별로 띄어 씀을 원칙으로 하되, 붙여 쓸 수 있다. (ㄱ을 원칙으로 하고, ㄴ을 허용함.)

ㄱ	ㄴ
만성 골수성 백혈병	만성골수성백혈병
중거리 탄도 유도탄	중거리탄도유도탄

제6장 그 밖의 것

제51항 부사의 끝 음절이 분명히 '이'로만 나는 것은 '-이'로 적고, '히'로만 나거나 '이'나 '히'로 나는 것은 '-히'로 적는다.

1. '이'로만 나는 것

가붓이	깨끗이	나붓이	느긋이	둥긋이
따뜻이	반듯이	버젓이	산뜻이	의젓이
가까이	고이	날카로이	대수로이	번거로이
많이	적이	헛되이		
겹겹이	번번이	일일이	집집이	틈틈이

2. '히'로만 나는 것

극히	급히	딱히	속히	작히	족히
특히	엄격히	정확히			

3. '이, 히'로만 나는 것

솔직히	가만히	간편히	나른히	무단히	각별히
소홀히	쓸쓸히	정결히	과감히	꼼꼼히	심히
열심히	급급히	답답히	섭섭히	공평히	능히
당당히	분명히	상당히	조용히	간소히	고요히
도저히					

제52항 한자어에서 본음으로도 나고 속음으로도 나는 것은 각각 그 소리에 따라 적는다.

본음으로 나는 것	속음으로 나는 것
승낙(承諾)	수락(受諾), 쾌락(快諾), 허락(許諾)
만난(萬難)	곤란(困難), 논란(論難)
안녕(安寧)	의령(宜寧), 회령(會寧)
분노(忿怒)	대로(大怒), 희로애락(喜怒哀樂)
토론(討論)	의논(議論)
오륙십(五六十)	오뉴월, 유월(六月)
목재(木材)	모과(木瓜)
십일(十日)	시방정토(十方淨土), 시왕(十王), 시월(十月)
팔일(八日)	초파일(初八日)

제53항 다음과 같은 어미는 예사소리로 적는다. (ㄱ을 취하고, ㄴ을 버림.)

ㄱ	ㄴ	ㄱ	ㄴ
-(으)ㄹ거나	-(으)ㄹ꺼나	-(으)ㄹ지니라	-(으)ㄹ찌니라
-(으)ㄹ걸	-(으)ㄹ껄	-(으)ㄹ지라도	-(으)ㄹ찌라도
-(으)ㄹ게	-(으)ㄹ께	-(으)ㄹ지어다	-(으)ㄹ찌어다
-(으)ㄹ세	-(으)ㄹ쎄	-(으)ㄹ지언정	-(으)ㄹ찌언정
-(으)ㄹ세라	-(으)ㄹ쎄라	-(으)ㄹ진대	-(으)ㄹ찐대
-(으)ㄹ수록	-(으)ㄹ쑤록	-(으)ㄹ진저	-(으)ㄹ찐저
-(으)ㄹ시	-(으)ㄹ씨	-올시다	-올씨다
-(으)ㄹ지	-(으)ㄹ찌		

다만, 의문을 나타내는 다음 어미들은 된소리로 적는다.

-(으)ㄹ까? -(으)ㄹ꼬? -(스)ㅂ니까? -(으)리까? -(으)ㄹ쏘냐?

제54항 다음과 같은 접미사는 된소리로 적는다. (ㄱ을 취하고, ㄴ을 버림.)

ㄱ	ㄴ	ㄱ	ㄴ
심부름꾼	심부름군	지게꾼	지겟군
익살꾼	익살군	때깔	땟갈
일꾼	일군	빛깔	빛갈
장꾼	장군	성깔	성갈
장난꾼	장난군	귀때기	귓대기
볼때기	볼대기	이마빼기	이맛배기
판자때기	판잣대기	코빼기	콧배기
뒤꿈치	뒤굼치	객쩍다	객적다
팔꿈치	팔굼치	겸연쩍다	겸연적다

제55항 두 가지로 구별하여 적던 다음 말들은 한 가지로 적는다. (ㄱ을 취하고, ㄴ을 버림.)

ㄱ	ㄴ
맞추다(입을 맞춘다. 양복을 맞춘다.)	마추다
뻗치다(다리를 뻗친다. 멀리 뻗친다.)	뻐치다

제56항 '-더라, -던'과 '-든지'는 다음과 같이 적는다.

1. 지난 일을 나타내는 어미는 '-더라, -던'으로 적는다. (ㄱ을 취하고, ㄴ을 버림.)

ㄱ	ㄴ
지난 겨울은 몹시 춥더라	지난 겨울은 몹시 춥드라.
깊던 물이 얕아졌다.	깊든 물이 얕아졌다.
그렇게 좋던가?	그렇게 좋든가?
그 사람 말 잘하던데!	그 사람 말 잘하든데!
얼마나 놀랐던지 몰라.	얼마나 놀랐든지 몰라.

2. 물건이나 일의 내용을 가리지 아니하는 뜻을 나타내는 조사와 어미는 '(-)든지'로 적는다. (ㄱ을 취하고, ㄴ을 버림.)

ㄱ	ㄴ
배든지 사과든지 마음대로 먹어라.	배던지 사과던지 마음대로 먹어라.
가든지 오든지 마음대로 해라.	가던지 오던지 마음대로 해라.

제57항 다음 말들은 각각 구별하여 적는다.

가름	둘로 가름
갈음	새 책상으로 갈음하였다.
거름	풀을 썩인 거름
걸음	빠른 걸음
거치다	영월을 거쳐 왔다.
걷히다	외상값이 잘 걷힌다.

걷잡다	걷잡을 수 없는 상태
겉잡다	겉잡아서 이틀 걸릴 일
그러므로(그러니까)	그는 부지런하다. 그러므로 잘 산다.
그럼으로(써)(그렇게 하는 것으로)	그는 열심히 공부한다. 그럼으로(써) 은혜에 보답한다.
노름	노름판이 벌어졌다.
놀음(놀이)	즐거운 놀음
느리다	진도가 너무 느리다.
늘이다	고무줄을 늘인다.
늘리다	수출량을 더 늘린다.
다리다	옷을 다린다.
달이다	약을 달인다.
다치다	부주의로 손을 다쳤다.
닫히다	문이 저절로 닫혔다.
닫치다	문을 힘껏 닫쳤다.
마치다	벌써 일을 마쳤다.
맞히다	여러 문제를 더 맞혔다.
목거리	목거리가 덧났다.
목걸이	금 목걸이, 은 목걸이
바치다	나라를 위해 목숨을 바쳤다.
받치다	우산을 받치고 간다.
	책받침을 받친다.
받히다	쇠뿔에 받혔다.
밭치다	술을 체에 밭친다.
반드시	약속은 반드시 지켜라.
반듯이	고개를 반듯이 들어라.
부딪치다	차와 차가 마주 부딪쳤다.
부딪히다	마차가 화물차에 부딪혔다.
부치다	힘이 부치는 일이다.
	편지를 부친다.

	논밭을 부친다.
	빈대떡을 부친다.
	식목일에 부치는 글
	회의에 부치는 안건
	인쇄에 부치는 원고
	삼촌 집에 숙식을 부친다.
붙이다	우표를 붙인다.
	책상을 벽에 붙였다.
	흥정을 붙인다.
	불을 붙인다.
	감시원을 붙인다.
	조건을 붙인다.
	취미를 붙인다
	별명을 붙인다.
시키다	일을 시킨다.
식히다	끓인 물을 식힌다.
아름	세 아름 되는 둘레
알음	전부터 알음이 있는 사이
앎	앎이 힘이다.
안치다	밥을 안친다.
앉히다	윗자리에 앉힌다.
어름	경계선 어름에서 일어난 현상
얼음	얼음이 얼었다.
이따가	이따가 오너라.
있다가	돈은 있다가도 없다.
저리다	다친 다리가 저린다.
절이다	김장 배추를 절인다.
조리다	생선을 조린다. 통조림, 병조림
졸이다	마음을 졸인다.
주리다	여러 날을 주렸다.
줄이다	비용을 줄인다.
하노라고	하노라고 한 것이 이 모양이다.

하느라고	공부하느라고 밤을 새웠다.
-**느니보다**(어미)	나를 찾아 오느니보다 집에 있거라.
-**는 이보다**(의존 명사)	오는 이가 가는 이보다 많다.
-(으)**리만큼**(어미)	그가 나를 미워하리만큼 내가 그에게 잘못한 일이 없다.
-(으)**ㄹ 이만큼**(의존 명사)	찬성할 이도 반대할 이만큼이나 많을 것이다.
-(으)**러** (목적)	공부하러 간다.
-(으)**려** (의도)	서울 가려 한다.
-(으)**로서** (자격)	사람으로서 그럴 수는 없다.
-(으)**로써** (수단)	닭으로써 꿩을 대신했다.
-(으)**므로**(어미)	그가 나를 믿으므로 나도 그를 믿는다.
-(ㅁ, -음)**으로**(써)(조사)	그는 믿음으로(써) 산 보람을 느꼈다.

표준어 규정

〈1988. 1. 19. 문교부 고시〉

제1장 총 칙

제1항 표준어는 교양 있는 사람들이 두루 쓰는 현대 서울말로 정함을 원칙으로 한다.

제2항 외래어는 따로 사정한다.

제2장 발음 변화에 따른 표준어 규정

제1절 자 음

제3항 다음 단어들은 거센소리를 가진 형태를 표준어로 삼는다. (ㄱ을 표준어로 삼고, ㄴ을 버림.)

ㄱ	ㄴ	비 고
끄나풀	끄나불	
나팔-꽃	나발-꽃	
녘	녁	동~, 들~, 새벽~, 동틀~
부엌	부억	
살-쾡이	삵-괭이	
칸	간	1. ~막이, 빈 ~, 방 한 ~ 2. '초가삼간, 윗간'의 경우에는 '간'임.
털어-먹다	떨어-먹다	재물을 다 없애다.

제4항 다음 단어들은 거센소리로 나지 않는 형태를 표준어로 삼는다. (ㄱ을 표준어로 삼고, ㄴ을 버림.)

ㄱ	ㄴ	비 고
가을-갈이	가을-카리	
거시기	거시키	
분침	푼침	

제5항 어원에서 멀어진 형태로 굳어져서 널리 쓰이는 것은, 그것을 표준어로 삼는다. (ㄱ을 표준어로 삼고, ㄴ을 버림.)

ㄱ	ㄴ	비 고
강낭-콩	강남-콩	
고삿	고샅	겉~, 속~
사글-세	삭월-세	'월세'는 표준어임.
울력-성당	위력-성당	떼를 지어서 으르고 협박하는 일

다만, 어원적으로 원형에 더 가까운 형태가 아직 쓰이고 있는 경우에는, 그것을 표준어로 삼는다. (ㄱ을 표준어로 삼고, ㄴ을 버림.)

ㄱ	ㄴ	비 고
갈비	가리	~구이, ~찜, 갈빗-대
갓모	갈모	1. 사기 만드는 물레 밑고리 2. '갈모'는 갓 위에 쓰는, 유지로 만든 우비
굴-젓	구-젓	
말-곁	말-겻	
물-수란	물-수랄	
밀-뜨리다	미-뜨리다	
적-이	저으기	적이-나, 적이나-하면
휴지	수지	

제6항 다음 단어들은 의미를 구별함이 없이, 한 가지 형태만을 표준어로 삼는다. (ㄱ을 표준어로 삼고, ㄴ을 버림.)

ㄱ	ㄴ	비 고
돌	돐	생일, 주기
둘-째	두-째	'제2, 두 개째'의 뜻
셋-째	세-째	'제3, 세 개째'의 뜻
넷-째	네-째	'제4, 네 개째'의 뜻
빌리다	빌다	1. 빌려 주다, 빌려 오다 2. '용서를 빌다'는 '빌다'임.

다만, '둘째'는 십 단위 이상의 서수사에 쓰일 때에 '두째'로 한다.

ㄱ	ㄴ	비 고
열두-째		열두 개째의 뜻은 '열둘째'로
스물두-째		스물두 개째의 뜻은 '스물둘째'로

제7항 수컷을 이르는 접두사는 '수-'로 통일한다. (ㄱ을 표준어로 삼고, ㄴ을 버림.)

ㄱ	ㄴ	비고
수-퀑	수-퀑, 숫-퀑	'장끼'도 표준어임.
수-나사	숫-나사	
수-놈	숫-놈	
수-사돈	숫-사돈	
수-소	숫-소	'황소'도 표준어임.
수-은행나무	숫-은행나무	

다만 1. 다음 단어에서는 접두사 다음에서 나는 거센소리를 인정한다. 접두사 '암-'이 결합되는 경우에도 이에 준한다. (ㄱ을 표준어로 삼고, ㄴ을 버림.)

ㄱ	ㄴ	비고
수-캉아지	숫-강아지	
수-캐	숫-개	
수-컷	숫-것	
수-키와	숫-기와	
수-탉	숫-닭	
수-탕나귀	숫-당나귀	
수-톨쩌귀	숫-돌쩌귀	
수-퇘지	숫-돼지	
수-평아리	숫-병아리	

다만 2. 다음 단어의 접두사는 '숫-'으로 한다. (ㄱ을 표준어로 삼고, ㄴ을 버림.)

ㄱ	ㄴ	비고
숫-양	수-양	
숫-염소	수-염소	
숫-쥐	수-쥐	

제2절 모 음

제8항 양성 모음이 음성 모음으로 바뀌어 굳어진 다음 단어는 음성 모음 형태를 표준어로 삼는다. (ㄱ을 표준어로 삼고, ㄴ을 버림.)

ㄱ	ㄴ	비고
깡충-깡충	깡총-깡총	큰말은 '껑충껑충'임.
-둥이	-동이	←童-이. 귀-, 막-, 선-, 쌍-, 검-, 바람-, 흰-

발가-숭이	발가-송이	센말은 '빨가숭이', 큰말은 '벌거숭이, 뻘거숭이'임.
보퉁이	보통이	
봉죽	봉족	←奉足. ~꾼, ~들다
뻗정-다리	뻗장-다리	
아서, 아서라	앗아, 앗아라	하지 말라고 금지하는 말
오뚝-이	오똑-이	부사도 '오뚝-이'임.
주추	주초	←柱礎. 주춧-돌

다만, 어원 의식이 강하게 작용하는 다음 단어에서는 양성 모음 형태를 그대로 표준어로 삼는다. (ㄱ을 표준어로 삼고, ㄴ을 버림.)

ㄱ	ㄴ	비 고
부조(扶助)	부주	~금, 부좃-술
사돈(査頓)	사둔	밭~, 안~
삼촌(三寸)	삼춘	시~, 외~, 처~

제9항 'ㅣ' 역행 동화 현상에 의한 발음은 원칙적으로 표준 발음으로 인정하지 아니하되, 다만 다음 단어들은 그러한 동화가 적용된 형태를 표준어로 삼는다. (ㄱ을 표준어로 삼고, ㄴ을 버림.)

ㄱ	ㄴ	비 고
-내기	-나기	서울-, 시골-, 신출-, 풋-
냄비	남비	
동댕이-치다	동당이-치다	

〔**붙임1**〕 다음 단어는 'ㅣ' 역행 동화가 일어나지 아니한 형태를 표준어로 삼는다. (ㄱ을 표준어로 삼고, ㄴ을 버림.)

ㄱ	ㄴ	비 고
아지랑이	아지랭이	

〔**붙임2**〕 기술자에게는 '-장이', 그 외에는 '-쟁이'가 붙는 형태를 표준어로 삼는다. (ㄱ을 표준어로 삼고, ㄴ을 버림.)

ㄱ	ㄴ	비 고
미장이	미쟁이	
유기장이	유기쟁이	
멋쟁이	멋장이	

소금쟁이	소금장이	
담쟁이-덩굴	담장이-덩굴	
골목쟁이	골목장이	
발목쟁이	발목장이	

제10항 다음 단어는 모음이 단순화한 형태를 표준어로 삼는다. (ㄱ을 표준어로 삼고, ㄴ을 버림.)

ㄱ	ㄴ	비 고
괴팍-하다	괴퍅-하다/괴팩-하다	
-구먼	-구면	
미루-나무	미류-나무	←美柳~
미륵	미력	←彌勒. ~보살, ~불, 돌~
여느	여늬	
온-달	왼-달	만 한 달
으레	으례	
케케-묵다	켸켸-묵다	
허우대	허위대	
허우적-허우적	허위적-허위적	허우적-거리다

제11항 다음 단어에서는 모음의 발음 변화를 인정하여, 발음이 바뀌어 굳어진 형태를 표준어로 삼는다. (ㄱ을 표준어로 삼고, ㄴ을 버림.)

ㄱ	ㄴ	비 고
-구려	-구료	
깍쟁이	깍정이	1. 서울~, 알~, 찰~ 2. 도토리, 상수리 등의 받침은 '깍정이'임.
나무라다	나무래다	
미수	미시	미숫-가루
바라다	바래다	'바램〔所望〕'은 비표준어임.
상추	상치	~쌈
시러베-아들	실업의-아들	
주책	주착	←主着. ~망나니, ~없다
지루-하다	지리-하다	←支離
튀기	트기	
허드레	허드래	허드렛-물, 허드렛-일
호루라기	호루루기	

제12항 '웃-' 및 '윗'은 명사 '위'에 맞추어 '윗-'으로 통일한다. (ㄱ을 표준어로 삼고, ㄴ을 버림.)

ㄱ	ㄴ	비 고
윗-넓이	웃-넓이	
윗-눈썹	웃-눈썹	
윗-니	웃-니	
윗-당줄	웃-당줄	
윗-덧줄	웃-덧줄	
윗-도리	웃-도리	
윗-동아리	웃-동아리	준말은 '윗동'임.
윗-막이	웃-막이	
윗-머리	웃-머리	
윗-목	웃-목	
윗-몸	웃-몸	~운동
윗-바람	웃-바람	
윗-배	웃-배	
윗-벌	웃-벌	
윗-변	웃-변	수학 용어
윗-사랑	웃-사랑	
윗-세장	웃-세장	
윗-수염	웃-수염	
윗-입술	웃-입술	
윗-잇몸	웃-잇몸	
윗-자리	웃-자리	
윗-중방	웃-중방	

다만 1. 된소리나 거센소리 앞에서는 '위-'로 한다. (ㄱ을 표준어로 삼고, ㄴ을 버림.)

ㄱ	ㄴ	비 고
위-짝	웃-짝	
위-쪽	웃-쪽	
위-채	웃-채	
위-층	웃-층	
위-치마	웃-치마	
위-턱	웃-턱	~구름〔上層雲〕
위-팔	웃-팔	

다만 2. '아래, 위'의 대립이 없는 단어는 '웃-'으로 발음되는 형태를 표준어로 삼는다. (ㄱ

을 표준어로 삼고, ㄴ을 버림.)

ㄱ	ㄴ	비 고
웃-국	윗-국	
웃-기	윗-기	
웃-돈	윗-돈	
웃-비	윗-비	~걷다
웃-어른	윗-어른	
웃-옷	윗-옷	

제13항 한자 '구(句)'가 붙어서 이루어진 단어는 '귀'로 읽는 것을 인정하지 아니하고, '구'로 통일한다. (ㄱ을 표준어로 삼고, ㄴ을 버림.)

ㄱ	ㄴ	비 고
구법(句法)	귀법	
구절(句節)	귀절	
구점(句點)	귀점	
결구(結句)	결귀	
경구(警句)	경귀	
경인구(驚人句)	경인귀	
난구(難句)	난귀	
단구(短句)	단귀	
단명구(短命句)	단명귀	
대구(對句)	대귀	~법(對句法)
문구(文句)	문귀	
성구(成句)	성귀	~어(成句語)
시구(詩句)	시귀	
어구(語句)	어귀	
연구(聯句)	연귀	
인용구(引用句)	인용귀	
절구(絕句)	절귀	

다만, 다음 단어는 '귀'로 발음되는 형태를 표준어로 삼는다. (ㄱ을 표준어로 삼고, ㄴ을 버림.)

ㄱ	ㄴ	비 고
귀-글	구-글	
글-귀	글-구	

제3절 준 말

제14항 준말이 널리 쓰이고 본말이 잘 쓰이지 않는 경우에는, 준말만을 표준어로 삼는다. (ㄱ을 표준어로 삼고, ㄴ을 버림.)

ㄱ	ㄴ	비 고
귀찮다	귀치 않다	
김	기음	~매다
똬리	또아리	
무	무우	~강즙, ~말랭이, ~생채, 가랑~, 갓~, 왜~, 총각~
미다	무이다	1. 털이 빠져 살이 드러나다. 2. 찢어지다
뱀	배암	
뱀-장어	배암-장어	
빔	비음	설~, 생일~
샘	새암	~바르다, ~바리
생-쥐	새앙-쥐	
솔개	소리개	
온-갖	온-가지	
장사-치	장사-아치	

제15항 준말이 쓰이고 있더라도, 본말이 널리 쓰이고 있으면 본말을 표준어로 삼는다. (ㄱ을 표준어로 삼고, ㄴ을 버림.)

ㄱ	ㄴ	비 고
경황-없다	경-없다	
궁상-떨다	궁-떨다	
귀이-개	귀-개	
낌새	낌	
낙인-찍다	낙-하다/ 낙-치다	
내왕-꾼	냉-꾼	
돗-자리	돗	
뒤웅-박	뒝-박	
뒷물-대야	뒷-대야	
마구-잡이	막-잡이	
맵자-하다	맵자다	모양이 제격에 어울리다.
모이	모	
벽-돌	벽	
부스럼	부럼	정월 보름에 쓰는 '부럼'은 표준어임.

살얼음-판	살-판	
수두룩-하다	수둑-하다	
암-죽	암	
어음	엄	
일구다	일다	
죽-살이	죽-살	
퇴박-맞다	퇴-맞다	
한통-치다	통-치다	

다만, 다음과 같이 명사에 조사가 붙은 경우에도 이 원칙을 적용한다. (ㄱ을 표준어로 삼고, ㄴ을 버림.)

ㄱ	ㄴ	비 고
아래-로	알-로	

제16항 준말과 본말이 다 같이 널리 쓰이면서 준말의 효용이 뚜렷이 인정되는 것은, 두 가지를 다 표준어로 삼는다. (ㄱ은 본말이며, ㄴ은 준말임.)

ㄱ	ㄴ	비 고
거짓-부리	거짓-불	작은말은 '가짓부리, 가짓불'임.
노을	놀	저녁~
막대기	막대	
망태기	망태	
머무르다	머물다	모음 어미가 연결될 때에는 준말의 활용형을 인정하지 않음.
서두르다	서둘다	
서투르다	서툴다	
석새-삼베	석새-베	
시-누이	시-뉘/시-누	
오-누이	오-뉘/오-누	
외우다	외다	외우며, 외워:외며, 외어
이기죽-거리다	이죽-거리다	
찌꺼기	찌끼	'찌꺽지'는 비표준어임.

제4절 단수 표준어

제17항 비슷한 발음의 몇 형태가 쓰일 경우, 그 의미에 아무런 차이가 없고, 그 중 하나가 더 널리 쓰이면, 그 한 형태만을 표준어로 삼는다. (ㄱ을 표준어로 삼고, ㄴ을 버림.)

ㄱ	ㄴ	비 고
거든-그리다	거둥-그리다	1. 거든하게 거두어 싸다. 2. 작은말은 '가든-그리다'임.
구어-박다	구워-박다	사람이 한 군데에서만 지내다.
귀-고리	귀엣-고리	
귀-띔	귀-틤	
귀-지	귀에-지	
까딱-하면	까땍-하면	
꼭두-각시	꼭둑-각시	
내색	나색	감정이 나타나는 얼굴빛
내숭-스럽다	내흉-스럽다	
냠냠-거리다	얌냠-거리다	냠냠-하다
냠냠-이	얌냠-이	
너〔四〕	네	~ 돈, ~ 말, ~ 발, ~ 푼
넉〔四〕	너/네	~ 냥, ~ 되, ~ 섬, ~ 자
다다르다	다닫다	
댑-싸리	대-싸리	
더부룩-하다	더뿌룩-하다/듬뿌룩-하다	
-던	-든	선택, 무관의 뜻을 나타내는 어미는 '-든'임. 가-든(지) 말-든(지), 보-든(가) 말-든(가)
-던가	-든가	
-던걸	-든걸	
-던고	-든고	
-던데	-든데	
-던지	-든지	
-(으)려고	-(으)ㄹ려고/-(으)ㄹ라고	
-(으)려야	-(으)ㄹ려야/-(으)ㄹ래야	
망가-뜨리다	망그-뜨리다	
멸치	며루치/메리치	
반빗-아치	반비-아치	'반빗' 노릇을 하는 사람. 찬비(饌婢). '반비'는 밥 짓는 일을 맡은 계집종

보습	보십/보섭	
본새	뽄새	
봉숭아	봉숭화	'봉선화'도 표준어임.
뺨-따귀	뺌-따귀/뺨-따구니	'뺨'의 비속어임.
뻐개다〔斫〕	뻐기다	두 조각으로 가르다.
뻐기다〔誇〕	뻐개다	뽐내다
사자-탈	사지-탈	
상-판때기	쌍-판대기	
서〔三〕	세/석	~ 돈, ~ 말, ~ 발, ~ 푼
석〔三〕	세	~ 냥, ~ 되, ~ 섬, ~ 자
설령(設令)	서령	
-습니다	-읍니다	먹습니다, 갔습니다, 없습니다, 있습니다, 좋습니다 모음 뒤에는 '-ㅂ니다'임.
시름-시름	시늠-시늠	
씀벅-씀벅	썸벅-썸벅	
아궁이	아궁지	
아내	안해	
어-중간	어지-중간	
오금-팽이	오금-탱이	
오래-오래	도래-도래	돼지 부르는 소리
-올시다	-올습니다	
옹골-차다	공골-차다	
우두커니	우두머니	작은말은 '오도카니'임.
잠-투정	잠-투세/잠-주정	
재봉-틀	자봉-틀	발~, 손~
짓-무르다	짓-물다	
짚-북데기	짚-북세기	'짚북더기'도 비표준어임.
쪽	짝	편(便). 이~, 그~, 저~ 다만, '아무-쪽'은 '짝'임.
천장(天障)	천정	'천정부지(天井不知)'는 '천정'임.
코-맹맹이	코-맹녕이	
흉-업다	흉-헙다	

제5절 복수 표준어

제18항 다음 단어는 ㄱ을 원칙으로 하고, ㄴ도 허용한다.

ㄱ	ㄴ	비 고
네	예	
쇠-	소-	-가죽, -고기, -기름, -머리, -뼈
괴다	고이다	물이 ~, 밑을 ~.
꾀다	꼬이다	어린애를 ~, 벌레가 ~.
쐬다	쏘이다	바람을 ~.
죄다	조이다	나사를 ~.
쬐다	쪼이다	볕을 ~.

제19항 어감의 차이를 나타내는 단어 또는 발음이 비슷한 단어들이 다 같이 널리 쓰이는 경우에는, 그 모두를 표준어로 삼는다. (ㄱ, ㄴ을 모두 표준어로 삼음.)

ㄱ	ㄴ	비 고
거슴츠레-하다	게슴츠레-하다	
고까	꼬까	~신, ~옷
고린-내	코린-내	
교기(驕氣)	갸기	교만한 태도
구린-내	쿠린-내	
꺼림-하다	께름-하다	
나부랭이	너부렁이	

제3장 어휘 선택의 변화에 따른 표준어 규정

제1절 고 어

제20항 사어(死語)가 되어 쓰이지 않게 된 단어는 고어로 처리하고, 현재 널리 사용되는 단어를 표준어로 삼는다. (ㄱ을 표준어로 삼고, ㄴ을 버림.)

ㄱ	ㄴ	비 고
난봉	봉	
낭떠러지	낭	
설거지-하다	설겆다	
애달프다	애닯다	
오동-나무	머귀-나무	
자두	오얏	

제2절 한 자 어

제21항 고유어 계열의 단어가 널리 쓰이고 그에 대응되는 한자어 계열의 단어가 용도를 잃

게 된 것은, 고유어 계열의 단어만을 표준어로 삼는다. (ㄱ을 표준어로 삼고, ㄴ을 버림.)

ㄱ	ㄴ	비 고
가루-약	말-약	
구들-장	방-돌	
길품-삯	보행-삯	
까막-눈	맹-눈	
꼭지-미역	총각-미역	
나뭇-갓	시장-갓	
늙-다리	노닥다리	
두껍-닫이	두껍-창	
떡-암죽	병-암죽	
마른-갈이	건-갈이	
마른-빨래	건-빨래	
메-찰떡	반-찰떡	
박달-나무	배달-나무	
밥-소라	식-소라	큰 놋그릇
사래-논	사래-답	묘지기나 마름이 부쳐 먹는 땅
사래-밭	사래-전	
삯-말	삯-마	
성냥	화곽	
솟을-무늬	솟을-문	
외-지다	벽-지다	
움-파	동-파	
잎-담배	잎-초	
잔-돈	잔-전	
조-당수	조-당죽	
죽데기	피-죽	'죽더기'도 비표준어임.
지겟-다리	목-발	지게 동발의 양쪽 다리
짐-꾼	부지-군(負持-)	
푼-돈	분전/푼전	
흰-말	백-말/부루-말	'백마'는 표준어임.
흰-죽	백-죽	

제22항 고유어 계열의 단어가 생명력을 잃고 그에 대응되는 한자어 계열의 단어가 널리 쓰이면, 한자어 계열의 단어를 표준어로 삼는다. (ㄱ을 표준어로 삼고, ㄴ을 버림.)

ㄱ	ㄴ	비 고
개다리-소반	개다리-밥상	
겸-상	맞-상	
고봉-밥	높은-밥	
단-벌	홑-벌	
마방-집	마바리-집	馬房-
민망-스럽다/면구-스럽다	민주-스럽다	
방-고래	구들-고래	
부항-단지	뜸-단지	
산-누에	멧-누에	
산-줄기	멧-줄기/멧-발	
수-삼	무-삼	
심-돋우개	불-돋우개	
양-파	둥근-파	
어질-병	어질-머리	
윤-달	군-달	
장력-세다	장성-세다	
제석	젯-돗	
총각-무	알-무/알타리-무	
칫-솔	잇-솔	
포수	총-댕이	

제3절 방 언

제23항 방언이던 단어가 표준어보다 더 널리 쓰이게 된 것은, 그것을 표준어로 삼는다. 이 경우, 원래의 표준어는 그대로 표준어로 남겨 두는 것을 원칙으로 한다. (ㄱ을 표준어로 삼고, ㄴ도 표준어로 남겨 둠.)

ㄱ	ㄴ	비 고
멍게	우렁쉥이	
물-방개	선두리	
애-순	어린-순	

제24항 방언이던 단어가 널리 쓰이게 됨에 따라 표준어이던 단어가 안 쓰이게 된 것은, 방언이던 단어를 표준어로 삼는다. (ㄱ을 표준어로 삼고, ㄴ을 버림.)

ㄱ	ㄴ	비 고
귀밑-머리	귓-머리	

까-뭉개다	까-무느다	
막상	마기	
빈대-떡	빈자-떡	
생인-손	생안-손	준말은 '생-손'임.
역-겹다	역-스럽다	
코-주부	코-보	

제4절 단수 표준어

제25항 의미가 똑같은 형태가 몇 가지 있을 경우, 그 중 어느 하나가 압도적으로 널리 쓰이면, 그 단어만을 표준어로 삼는다. (ㄱ을 표준어로 삼고, ㄴ을 버림.)

ㄱ	ㄴ	비 고
-게끔	-게시리	
겸사-겸사	겸지-겸지/겸두-겸두	
고구마	참-감자	
고치다	낫우다	병을 ~.
골목-쟁이	골목-자기	
광주리	광우리	
괴통	호구	자루를 박는 부분
국-물	멀-국/말-국	
군-표	군용-어음	
길-잡이	길-앞잡이	'길라잡이'도 표준어임.
까다롭다	까닭-스럽다/까탈-스럽다	
까치-발	까치-다리	선반 따위를 받치는 물건
꼬창-모	말뚝-모	꼬챙이로 구멍을 뚫으면서 심는 모
나룻-배	나루	'나루[津]'는 표준어임.
납-도리	민-도리	
농-지거리	기롱-지거리	다른 의미의 '기롱지거리'는 표준어임.
다사-스럽다	다사-하다	간섭을 잘하다.
다오	다구	이리 ~.
담배-꽁초	담배-꼬투리/담배-꽁치/담배-꽁추	
담배-설대	대-설대	
대장-일	성냥-일	
뒤져-내다	뒤어-내다	
뒤통수-치다	뒤꼭지-치다	
등-나무	등-칡	

등-때기	등-떠리	'등'의 낮은 말
등잔-걸이	등경-걸이	
떡-보	떡-충이	
똑딱-단추	딸꼭-단추	
매-만지다	우미다	
먼-발치	먼-발치기	
며느리-발톱	뒷-발톱	
명주-붙이	주-사니	
목-메다	목-맺히다	
밀짚-모자	보릿짚-모자	
바가지	열-바가지/열-박	
바람-꼭지	바람-고다리	튜브의 바람을 넣는 구멍에 붙은, 쇠로 만든 꼭지
반-나절	나절-가웃	
반두	독대	그물의 한 가지
버젓-이	뉘연-히	
본-받다	법-받다	
부각	다시마-자반	
부끄러워-하다	부끄리다	
부스러기	부스럭지	
부지깽이	부지팽이	
부항-단지	부항-항아리	부스럼에서 피고름을 빨아내기 위하여 부항을 붙이는 데 쓰는 자그마한 단지
붉으락-푸르락	푸르락-붉으락	
비켜-덩이	옆-사리미	김맬 때에 흙덩이를 옆으로 빼내는 일, 또는 그 흙덩이
빙충-이	빙충-맞이	작은말은 '뱅충이'
빠-뜨리다	빠-치다	'빠트리다'도 표준어임.
뻣뻣-하다	왜긋다	
뽐-내다	느물다	
사로-잠그다	사로-채우다	자물쇠나 빗장 따위를 반 정도만 걸어 놓다.
살-풀이	살-막이	
상투-쟁이	상투-꼬부랑이	상투 튼 이를 놀리는 말
새앙-손이	생강-손이	
샛-별	새벽-별	
선-머슴	풋-머슴	
섭섭-하다	애운-하다	
속-말	속-소리	국악 용어 '속소리'는 표준어임.

손목-시계	팔목-시계/팔뚝-시계	
손-수레	손-구루마	'구루마'는 일본어임.
쇠-고랑	고랑-쇠	
수도-꼭지	수도-고동	
숙성-하다	숙-지다	
순대	골집	
술-고래	술-꾸러기/술-부대/ 술-보/술-푸대	
식은-땀	찬-땀	
신기-롭다	신기-스럽다	'신기하다'도 표준어임.
쌍동-밤	쪽-밤	
쏜살-같이	쏜살-로	
아주	영판	
안-걸이	안-낚시	씨름 용어
안다미-씌우다	안다미-시키다	제가 담당할 책임을 남에게 넘기다.
안쓰럽다	안-슬프다	
안절부절-못하다	안절부절-하다	
앉은뱅이-저울	앉은-저울	
알-사탕	구슬-사탕	
암-내	곁땀-내	
앞-지르다	따라-먹다	
애-벌레	어린-벌레	
얕은-꾀	물탄-꾀	
언뜻	펀뜻	
언제나	노다지	
얼룩-말	워라-말	
-에는	-엘랑	
열심-히	열심-으로	
열어-제치다	열어-젖뜨리다	
입-담	말-담	
자배기	너벅지	
전봇-대	전선-대	
주책-없다	주책-이다	'주착→주책'은 제 11 항 참조
쥐락-펴락	펴락-쥐락	
-지만	-지만서도	← -지마는
짓고-땡	지어-땡/짓고-땡이	
짧은-작	짜른-작	
찹-쌀	이-찹쌀	
청대-콩	푸른-콩	
칡-범	갈-범	

제5절 복수 표준어

제25항 한 가지 의미를 나타내는 형태 몇 가지가 널리 쓰이며 표준어 규정에 맞으면, 그 모두를 표준어로 삼는다.

복 수 표 준 어	비 고
가는-허리/잔-허리	
가락-엿/가래-엿	
가뭄/가물	
가엾다/가엽다	가엾어/가여워, 가엾은/가여운
감감-무소식/감감-소식	
개수-통/설거지-통	'설겆다'는 '설거지-하다'로
개숫-물/설거지-물	
갱-엿/검은-엿	
-거리다/-대다	가물-, 출렁-
거위-배/횟-배	
것/해	내 ~, 네 ~, 뉘 ~
게을러-빠지다/게을러-터지다	
고깃-간/푸줏-간	'고깃-관, 푸줏-관, 다림-방'은 비표준어임.
곰곰/곰곰-이	
관계-없다/상관-없다	
교정-보다/준-보다	
구들-재/구재	
귀퉁-머리/귀퉁-배기	'귀퉁이'의 비어임.
극성-떨다/극성-부리다	
기세-부리다/기세-피우다	
기승-떨다/기승-부리다	
깃-저고리/배내-옷/배냇-저고리	
까까-중/중-대가리	'까까중이'는 비표준어임.
꼬까/때때 /고까	~신, ~옷
꼬리-별/살-별	
꽃-도미/붉-돔	
나귀/당-나귀	
날-걸/세-뿔	윷판의 쨀밭 다음의 셋째 밭
내리-글씨/세로-글씨	
넝쿨/덩굴	'덩쿨'은 비표준어임.
녘/쪽	동~, 서~
눈-대중/눈-어림/눈-짐작	
느리-광이/느림-보/늘-보	

늦-모/마냥-모	←만이앙-모
다기-지다/다기-차다	
다달-이/매-달	
-다마다/-고말고	
다박-나룻/다박-수염	
닭의-장/닭-장	
댓-돌/툇-돌	
덧-창/겉-창	
독장-치다/독판-치다	
동자-기둥/쪼구미	
돼지-감자/뚱딴지	
되우/된통/되게	
두동-무니/두동-사니	윷놀이에서, 두 동이 한데 어울려 가는 말
뒷-갈망/뒷-감당	
뒷-말/뒷-소리	
들락-거리다/들랑-거리다	
들락-날락/들랑-날랑	
딴-전/딴-청	
땅-콩/호-콩	
땔-감/땔-거리	
-뜨리다/-트리다	깨-, 떨어-, 쏟-
뜬-것/뜬-귀신	
마룻-줄/용총-줄	돛대에 매어 놓은 줄. '이어줄'은 비표준어임.
마-파람/앞-바람	
만장-판/만장-중(滿場中)	
만큼/만치	
말-동무/말-벗	
매-갈이/매-조미	
매-통/목-매	
먹-새/먹음-새	'먹음-먹이'는 비표준어임.
멀찌감치/멀찌가니/멀찍이	
멱통/산-멱/산-멱통	
면-치레/외면-치레	
모-내다/모-심다	모-내기/모-심기
모쪼록/아무쪼록	
목판-되/모-되	
목화-씨/면화-씨	
무심-결/무심-중	

물-봉숭아/물-봉선화	
물-부리/빨-부리	
물-심부름/물-시중	
물추리-나무/물추리-막대	
물-타작/진-타작	
민둥-산/벌거숭이-산	
밑-층/아래-층	
바깥-벽/밭-벽	
바른/오른〔右〕	~손, ~쪽, ~편
발-모가지/발-목쟁이	'발목'의 비속어임.
버들-강아지/버들-개지	
벌레/버러지	'벌거지, 벌러지'는 비표준어임.
변덕-스럽다/변덕-맞다	
보-조개/볼-우물	
보통-내기/여간-내기/예사-내기	'행-내기'는 비표준어임.
볼-따구니/볼-퉁이/볼-때기	'볼'의 비속어임.
부침개-질/부침-질/지짐-질	'부치개-질'은 비표준어임.
불똥-앉다/등화-지다/등화-앉다	
불-사르다/사르다	
비발/비용(費用)	
뾰두라지/뾰루지	
살-쾡이/삵	삵-피
삽살-개/삽사리	
상두-꾼/상여-꾼	'상도-꾼, 향도-꾼'은 비표준어임.
상-씨름/소-걸이	
생/새앙/생강	
생-뿔/새앙-뿔/생강-뿔	'쇠뿔'의 형용
생-철/양-철	1. '서양-철'은 비표준어임. 2. '生鐵'은 '무쇠'임.
서럽다/섧다	'설다'는 비표준어임.
서방-질/화냥-질	
성글다/성기다	
-(으)세요/-(으)셔요	
송이/송이-버섯	
수수-깡/수숫-대	
술-안주/안주	
-스레하다/-스름하다	거무-, 발그-
시늉-말/흉내-말	
시새/세사(細沙)	
신/신발	

신주-보/독보(櫝褓)	
심술-꾸러기/심술-쟁이	
씁쓰레-하다/씁쓰름-하다	
아귀-세다/아귀-차다	
아래-위/위-아래	
아무튼/어떻든/어쨌든/하여튼/여하튼	
앉음-새/앉음-앉음	
알은-척/알은-체	
애-갈이/애벌-갈이	
애꾸눈-이/외눈-박이	'외대-박이, 외눈-퉁이'는 비표준어임.
양념-감/양념-거리	
어금버금-하다/어금지금-하다	
어기여차/어여차	
어림-잡다/어림-치다	
어이-없다/어처구니-없다	
어저께/어제	
언덕-바지/언덕-배기	
얼렁-뚱땅/엄벙-뗑	
여왕-벌/장수-벌	
여쭈다/여쭙다	
여태/입때	'여직'은 비표준어임.
여태-껏/이제-껏/입때-껏	'여직-껏'은 비표준어임.
역성-들다/역성-하다	'편역-들다'는 비표준어임.
연-달다/잇-달다	
엿-가락/엿-가래	
엿-기름/엿-길금	
엿-반대기/엿-자박	
오사리-잡놈/오색-잡놈	'오합-잡놈'은 비표준어임.
옥수수/강냉이	~떡, ~묵, ~밥, ~튀김
왕골-기직/왕골-자리	
외겹-실/외올-실/홑-실	'홑겹-실, 올-실'은 비표준어임.
외손-잡이/한손-잡이	
욕심-꾸러기/욕심-쟁이	
우레/천둥	우렛-소리/천둥-소리
우지/울-보	
을러-대다/을러-메다	
의심-스럽다/의심-쩍다	
-이에요/-이어요	
이틀-거리/당-고금	학질의 일종임.
일일-이/하나-하나	

일찌감치/일찌거니	
입찬-말/입찬-소리	
자리-옷/잠-옷	
자물-쇠/자물-통	
장가-가다/장가-들다	'서방-가다'는 비표준어임.
재롱-떨다/재롱-부리다	
제-가끔/제-각기	
좀-처럼/좀-체	'좀-체로, 좀-해선, 좀-해'는 비표준어임.
줄-꾼/줄-잡이	
중신/중매	
짚-단/짚-뭇	
쪽/편	오른~, 왼~
차차/차츰	
책-씻이/책-거리	
척/체	모르는 ~, 잘난 ~
천연덕-스럽다/천연-스럽다	
철-따구니/철-딱서니/철-딱지	'철-때기'는 비표준어임.
추어-올리다/추어-주다	'추켜-올리다'는 비표준어임.
축-가다/축-나다	
침-놓다/침-주다	
통-꼭지/통-젖	통에 붙은 손잡이
파자-쟁이/해자-쟁이	점치는 이
편지-투/편지-틀	
한턱-내다/한턱-하다	
해웃-값/해웃-돈	'해우-차'는 비표준어임.
혼자-되다/홀로-되다	
흠-가다/흠-나다/흠-지다	

표 준 발 음 법

〈1988. 1. 19. 문교부 고시〉

제1장 총 칙

제1항 표준 발음법은 표준어의 실제 발음을 따르되, 국어의 전통성과 합리성을 고려하여 정함을 원칙으로 한다.

제2장 자음과 모음

제2항 표준어의 자음은 다음 19개로 한다.

ㄱ ㄲ ㄴ ㄷ ㄸ ㄹ ㅁ ㅂ ㅃ ㅅ ㅆ ㅇ ㅈ ㅉ ㅊ ㅋ ㅌ ㅍ ㅎ

제3항 표준어의 모음은 다음 21개로 한다.

ㅏ ㅐ ㅑ ㅒ ㅓ ㅔ ㅕ ㅖ ㅗ ㅘ ㅙ ㅚ ㅛ ㅜ ㅝ ㅞ ㅟ ㅠ ㅡ ㅢ ㅣ

제4항 'ㅏ ㅐ ㅓ ㅔ ㅗ ㅚ ㅜ ㅟ ㅡ ㅣ'는 단모음(單母音)으로 발음한다.

〔붙임〕 'ㅚ, ㅟ'는 이중 모음으로 발음할 수 있다.

제5항 'ㅑ ㅒ ㅕ ㅖ ㅘ ㅙ ㅛ ㅝ ㅞ ㅠ ㅢ'는 이중 모음으로 발음한다.

다만 1. 용언의 활용형에 나타나는 '져, 쪄, 쳐'는 [저, 쩌, 처]로 발음한다.
가지어→가져[가저] 찌어→쪄[쩌] 다치어→다쳐[다처]

다만 2. '예, 례' 이외의 'ㅖ'는 [ㅔ]로도 발음한다.
계집[계:집/게:집] 계시다[계:시다/게:시다]
시계[시계/시게](時計) 연계[연계/연게](連繫)
메별[메별/메별](袂別) 개폐[개폐/개페](開閉)
혜택[혜:택/헤:택](惠澤) 지혜[지혜/지헤](智慧)

다만 3. 자음을 첫소리로 가지고 있는 음절의 'ㅢ'는 [ㅣ]로 발음한다.
늴리리 닁큼 무늬 띄어쓰기 씌어 틔어 희어 희떱다
희망 유희

다만 4. 단어의 첫음절 이외의 '의'는 [ㅣ]로, 조사 '의'는 [ㅔ]로 발음함도 허용한다.
주의[주의/주이] 협의[혀븨/혀비] 우리의[우리의/우리에]
강의의[강:의의/강:이에]

제3장 소리의 길이

제6항 모음의 장단을 구별하여 발음하되, 단어의 첫 음절에서만 긴소리가 나타나는 것을 원칙으로 한다.

(1) 눈보라[눈ː보라] 말씨[말ː씨] 밤나무[밤ː나무]
많다[만ː타] 멀리[멀ː리] 벌리다[벌ː리다]

(2) 첫눈[천눈] 참말[참말] 쌍동밤[쌍동밤]
수많이[수ː마니] 눈멀다[눈멀다] 떠벌리다[떠벌리다]

다만, 합성어의 경우에는 둘째 음절 이하에서도 분명한 긴소리를 인정한다.

반신반의[반ː신 바ː늬/반ː신 바ː니] 재삼재사[재ː삼 재ː사]

〔**붙임**〕 용언의 단음절 어간에 어미 '-아/-어'가 결합되어 한 음절로 축약되는 경우에도 긴소리로 발음한다.

보아 → 봐[봐ː] 기어 → 겨[겨ː] 되어 → 돼[돼ː]
두어 → 둬[둬ː] 하여 → 해[해ː]

다만, '오아→와, 지어→져, 찌어→쪄, 치어→쳐' 등은 긴소리로 발음하지 않는다.

제7항 긴소리를 가진 음절이라도, 다음과 같은 경우에는 짧게 발음한다.

1. 단음절인 용언 어간에 모음으로 시작된 어미가 결합되는 경우

감다[감ː따]—감으니[가므니] 밟다[밥ː따]—밟으면[발브면]
신다[신ː따]—신어[시너] 알다[알ː다]—알아[아라]

다만, 다음과 같은 경우에는 예외적이다.

끌다[끌ː다]—끌어[끄ː러] 떫다[떨ː따]—떫은[떨ː븐]
벌다[벌ː다]—벌어[버ː러] 썰다[썰ː다]—썰어[써ː러]
없다[업ː따]—없으니[업ː쓰니]

2. 용언 어간에 피동, 사동의 접미사가 결합되는 경우

감다[감ː따]—감기다[감기다] 꼬다[꼬ː다]—꼬이다[꼬이다]
밟다[밥ː따]—밟히다[발피다]

다만, 다음과 같은 경우에는 예외적이다.

끌리다[끌ː리다] 벌리다[벌ː리다] 없애다[업ː쌔다]

〔**붙임**〕 다음과 같은 합성어에서는 본디의 길이에 관계 없이 짧게 발음한다.

밀-물 썰-물 쏜-살-같이 작은-아버지

제4장 받침의 발음

제8항 받침소리로는 'ㄱ, ㄴ, ㄷ, ㄹ, ㅁ, ㅂ, ㅇ'의 7개 자음만 발음한다.

제9항 받침 'ㄲ, ㅋ', 'ㅅ, ㅆ, ㅈ, ㅊ, ㅌ', 'ㅍ'은 어말 또는 자음 앞에서 각각 대표음

[ㄱ, ㄷ, ㅂ]으로 발음한다.

닦다[닥따] 키읔[키윽] 키읔과[키윽꽈] 옷[옫]
웃다[욷ː따] 있다[읻따] 젖[젇] 빚다[빋따]
꽃[꼳] 쫓다[쫀따] 솥[솓] 뱉다[밷ː따]
앞[압] 덮다[덥따]

제 10 항 겹받침 'ㄳ', 'ㄵ', 'ㄼ, ㄽ, ㄾ', 'ㅄ'은 어말 또는 자음 앞에서 각각 [ㄱ, ㄴ, ㄹ, ㅂ]으로 발음한다.

넋[넉] 넋과[넉꽈] 앉다[안따] 여덟[여덜]
넓다[널따] 외곬[외골] 핥다[할따] 값[갑]
없다[업ː따]

다만, '밟-'은 자음 앞에서 [밥]으로 발음하고, '넓-'은 다음과 같은 경우에 [넙]으로 발음한다.

(1) 밟다[밥ː따] 밟소[밥ː쏘] 밟지[밥ː찌] 밟는[밥ː는→밤ː는]
밟게[밥ː께] 밟고[밥ː꼬]

(2) 넓-죽하다[넙쭈카다] 넓-둥글다[넙뚱글다]

제 11 항 겹받침 'ㄺ, ㄻ, ㄿ'은 어말 또는 자음 앞에서 각각 [ㄱ, ㅁ, ㅂ]으로 발음한다.

닭[닥] 흙과[흑꽈] 맑다[막따] 늙지[늑찌]
삶[삼ː] 젊다[점ː따] 읊고[읍꼬] 읊다[읍따]

다만, 용언의 어간 말음 'ㄺ'은 'ㄱ' 앞에서 [ㄹ]로 발음한다.

맑게[말께] 묽고[물꼬] 얽거나[얼꺼나]

제 12 항 받침 'ㅎ'의 발음은 다음과 같다.

1. 'ㅎ(ㄶ, ㅀ)' 뒤에 'ㄱ, ㄷ, ㅈ'이 결합되는 경우에는, 뒤 음절 첫소리와 합쳐서 [ㅋ, ㅌ, ㅊ]으로 발음한다.

놓고[노코] 좋던[조ː턴] 쌓지[싸치] 많고[만ː코]
않던[안턴] 닳지[달치]

〔붙임 1〕 받침 'ㄱ(ㄺ), ㄷ, ㅂ(ㄼ), ㅈ(ㄵ)'이 뒤 음절 첫소리 'ㅎ'과 결합되는 경우에도, 역시 두 소리를 합쳐서 [ㅋ, ㅌ, ㅍ, ㅊ]으로 발음한다.

각하[가카] 먹히다[머키다] 밝히다[발키다]
맏형[마텽] 좁히다[조피다] 넓히다[널피다]
꽂히다[꼬치다] 앉히다[안치다]

〔붙임 2〕 규정에 따라 'ㄷ'으로 발음되는 'ㅅ, ㅈ, ㅊ, ㅌ'의 경우에는 이에 준한다.

옷 한 벌[오탄벌] 낮 한때[나탄때] 꽃 한 송이[꼬탄송이]
숱하다[수타다]

2. 'ㅎ(ㄶ, ㅀ)' 뒤에 'ㅅ'이 결합되는 경우에는, 'ㅅ'을 [ㅆ]으로 발음한다.

닿소[다쏘] 많소[만ː쏘] 싫소[실쏘]

3. 'ㅎ' 뒤에 'ㄴ'이 결합되는 경우에는, [ㄴ]으로 발음한다.

놓는[논는]　　쌓네[싼네]

〔붙임〕 'ㄶ, ㅀ' 뒤에 'ㄴ'이 결합되는 경우에는, 'ㅎ'을 발음하지 않는다.

않네[안네]　　않는[안는]　　뚫네[뚤네→뚤레]

뚫는[뚤는→뚤른]

* '뚫네[뚤네→뚤레], 뚫는[뚤는→뚤른]'에 대해서는 제20항 참조.

4. 'ㅎ(ㄶ, ㅀ)' 뒤에 모음으로 시작된 어미나 접미사가 결합되는 경우에는, 'ㅎ'을 발음하지 않는다.

낳은[나은]　　놓아[노아]　　쌓이다[싸이다]　　많아[마ː나]

않은[아는]　　닳아[다라]　　싫어도[시러도]

제13항 홑받침이나 쌍받침이 모음으로 시작된 조사나 어미, 접미사와 결합되는 경우에는, 제 음가대로 뒤 음절 첫소리로 옮겨 발음한다.

깎아[까까]　　옷이[오시]　　있어[이써]　　낮이[나지]

꽂아[꼬자]　　꽃을[꼬츨]　　쫓아[쪼차]　　밭에[바테]

앞으로[아프로]　　덮이다[더피다]

제14항 겹받침이 모음으로 시작된 조사나 어미, 접미사와 결합되는 경우에는, 뒤엣것만을 뒤 음절 첫소리로 옮겨 발음한다. (이 경우, 'ㅅ'은 된소리로 발음함.)

넋이[넉씨]　　앉아[안자]　　닭을[달글]　　젊어[절머]

곬이[골씨]　　핥아[할타]　　읊어[을퍼]　　값을[갑쓸]

없어[업ː써]

제15항 받침 뒤에 모음 'ㅏ, ㅓ, ㅗ, ㅜ, ㅟ'들로 시작되는 실질 형태소가 연결되는 경우에는, 대표음으로 바꾸어서 뒤 음절 첫소리로 옮겨 발음한다.

밭 아래[바다래]　　늪 앞[느밥]　　젖어미[저더미]　　맛없다[마덥따]

겉옷[거돋]　　헛웃음[허두슴]　　꽃 위[꼬뒤]

다만, '맛있다, 멋있다'는 [마신따], [머신따]로도 발음할 수 있다.

〔붙임〕 겹받침의 경우에는 그 중 하나만을 옮겨 발음한다.

넋 없다[너겁따]　　닭 앞에[다가페]　　값어치[가버치]　　값있는[가빈는]

제16항 한글 자모의 이름은 그 받침소리를 연음하되, 'ㄷ, ㅈ, ㅊ, ㅋ, ㅌ, ㅍ, ㅎ'의 경우에는 특별히 다음과 같이 발음한다.

디귿이[디그시]　　디귿을[디그슬]　　디귿에[디그세]

지읒이[지으시]　　지읒을[지으슬]　　지읒에[지으세]

치읓이[치으시]　　치읓을[치으슬]　　치읓에[치으세]

키읔이[키으기]　　키읔을[키으글]　　키읔에[키으게]

티읕이[티으시]　　티읕을[티으슬]　　티읕에[티으세]

피읖이[피으비]　　피읖을[피으블]　　피읖에[피으베]

히읗이[히으시]　　히읗을[히으슬]　　히읗에[히으세]

제5장 소리의 동화

제17항 받침 'ㄷ, ㅌ(ㄾ)'이 조사나 접미사의 모음 'ㅣ'와 결합되는 경우에는, [ㅈ, ㅊ]으로 바꾸어서 뒤 음절 첫소리로 옮겨 발음한다.

곧이듣다[고지듣따] 굳이[구지] 미닫이[미다지]
땀받이[땀바지] 밭이[바치] 벼훑이[벼훌치]

〔붙임〕 'ㄷ' 뒤에 접미사 '히'가 결합되어 '티'를 이루는 것은 [치]로 발음한다.

굳히다[구치다] 닫히다[다치다] 묻히다[무치다]

제18항 받침 'ㄱ(ㄲ, ㅋ, ㄳ, ㄺ), ㄷ(ㅅ, ㅆ, ㅈ, ㅊ, ㅌ, ㅎ), ㅂ(ㅍ, ㄼ, ㄿ, ㅄ)'은 'ㄴ, ㅁ' 앞에서 [ㅇ, ㄴ, ㅁ]으로 발음한다.

먹는[멍는] 국물[궁물] 깎는[깡는] 키읔만[키응만]
몫몫이[몽목씨] 긁는[긍는] 흙만[흥만] 닫는[단는]
짓는[진ː는] 옷맵시[온맵씨] 있는[인는] 맞는[만는]
젖멍울[전멍울] 쫓는[쫀는] 꽃망울[꼰망울] 붙는[분는]
놓는[논는] 잡는[잠는] 밥물[밤물] 앞마당[암마당]
밟는[밤ː는] 읊는[음는] 없는[엄ː는] 값매다[감매다]

〔붙임〕 두 단어를 이어서 한 마디로 발음하는 경우에도 이와 같다.

책 넣는다[챙넌는다] 흙 말리다[흥말리다] 옷 맞추다[온마추다]
밥 먹는다[밤멍는다] 값 매기다[감매기다]

제19항 받침 'ㅁ, ㅇ' 뒤에 연결되는 'ㄹ'은 [ㄴ]으로 발음한다.

담력[담ː녁] 침략[침ː냑] 강릉[강능] 항로[항ː노]
대통령[대ː통녕]

〔붙임〕 받침 'ㄱ, ㅂ' 뒤에 연결되는 'ㄹ'도 [ㄴ]으로 발음한다.

막론[막논→망논] 백리[백니→뱅니] 협력[협녁→혐녁]
십리[십니→심니]

제20항 'ㄴ'은 'ㄹ'의 앞이나 뒤에서 [ㄹ]로 발음한다.

(1) 난로[날ː로] 신라[실라] 천리[철리] 광한루[광ː할루]
대관령[대ː괄령]
(2) 칼날[칼랄] 물난리[물랄리] 줄넘기[줄럼끼] 할는지[할른지]

〔붙임〕 첫소리 'ㄴ'이 'ㅀ', 'ㄾ' 뒤에 연결되는 경우에도 이에 준한다.

닳는[달른] 뚫는[뚤른] 핥네[할레]

다만, 다음과 같은 단어들은 'ㄹ'을 [ㄴ]으로 발음한다.

의견란[의ː견난] 임진란[임ː진난] 생산량[생산냥]
결단력[결딴녁] 공권력[공꿘녁] 동원령[동ː원녕]
상견례[상견녜] 횡단로[횡단노] 이원론[이ː원논]

입원료[이붠뇨]　구근류[구근뉴]

제21항 위에서 지적한 이외의 자음 동화는 인정하지 않는다.

감기[감ː기](×[강ː기])　옷감[옫깜](×[옥깜])
있고[읻꼬](×[익꼬])　꽃길[꼳낄](×[꼭낄])
젖먹이[전머기](×[점머기])　문법[문뻡](×[뭄뻡])
꽃밭[꼳빧](×[꼽빧])

제22항 다음과 같은 용언의 어미는 [어]로 발음함을 원칙으로 하되, [여]로 발음함도 허용한다.

피어[피어/피여]　되어[되어/되여]

〔**붙임**〕 '이오, 아니오'도 이에 준하여 [이요, 아니요]로 발음함을 허용한다.

제6장 된소리되기

제23항 받침 'ㄱ(ㄲ, ㅋ, ㄳ, ㄺ), ㄷ(ㅅ, ㅆ, ㅈ, ㅊ, ㅌ), ㅂ(ㅍ, ㄼ, ㄿ, ㅄ)' 뒤에 연결되는 'ㄱ, ㄷ, ㅂ, ㅅ, ㅈ'은 된소리로 발음한다.

국밥[국빱]　깎다[깍따]　넋받이[넉빠지]　삯돈[삭똔]
닭장[닥짱]　칡범[칙뻠]　뻗대다[뻗때다]　옷고름[옫꼬름]
있던[읻떤]　꽂고[꼳꼬]　꽃다발[꼳따발]　낯설다[낟썰다]
밭갈이[받까리]　솥전[솓쩐]　곱돌[곱똘]　덮개[덥깨]
옆집[엽찝]　넓죽하다[넙쭈카다]　읊조리다[읍쪼리다]　값지다[갑찌다]

제24항 어간 받침 'ㄴ(ㄵ), ㅁ(ㄻ)' 뒤에 결합되는 어미의 첫소리 'ㄱ, ㄷ, ㅅ, ㅈ'은 된소리로 발음한다.

신고[신ː꼬]　껴안다[껴안따]　앉고[안꼬]　얹다[언따]
삼고[삼ː꼬]　더듬지[더듬찌]　닮고[담ː꼬]　젊지[점ː찌]

다만, 피동, 사동의 접미사 '-기-'는 된소리로 발음하지 않는다.

안기다　감기다　굶기다　옮기다

제25항 어간 받침 'ㄼ, ㄾ' 뒤에 결합되는 어미의 첫소리 'ㄱ, ㄷ, ㅅ, ㅈ'은 된소리로 발음한다.

넓게[널께]　핥다[할따]　훑소[훌쏘]　떫지[떨ː찌]

제26항 한자어에서, 'ㄹ' 받침 뒤에 연결되는 'ㄷ, ㅅ, ㅈ'은 된소리로 발음한다.

갈등[갈뜽]　발동[발똥]　절도[절또]　말살[말쌀]
불소[불쏘](弗素)　일시[일씨]　갈증[갈쯩]　물질[물찔]
발전[발쩐]　몰상식[몰쌍식]　불세출[불쎄출]

다만, 같은 한자가 겹쳐진 단어의 경우에는 된소리로 발음하지 않는다.

허허실실[허허실실](虛虛實實)　절절-하다[절절하다](切切-)

제27항 관형사형 '-(으)ㄹ' 뒤에 연결되는 'ㄱ, ㄷ, ㅂ, ㅅ, ㅈ'은 된소리로 발음한다.

할 것을[할꺼슬]　갈 데가[갈떼가]　할 바를[할빠를]
할 수는[할쑤는]　할 적에[할쩌게]　갈 곳[갈꼳]
할 도리[할또리]　만날 사람[만날싸람]

다만, 끊어서 말할 적에는 예사소리로 발음한다.

〔붙임〕 '-(으)ㄹ'로 시작되는 어미의 경우에도 이에 준한다.

할걸[할껄]　할밖에[할빠께]　할세라[할쎄라]
할수록[할쑤록]　할지라도[할찌라도]　할지언정[할찌언정]
할진대[할찐대]

제28항 표기상으로는 사이시옷이 없더라도, 관형격 기능을 지니는 사이시옷이 있어야 할(휴지가 성립되는) 합성어의 경우에는, 뒤 단어의 첫소리 'ㄱ, ㄷ, ㅂ, ㅅ, ㅈ'을 된소리로 발음한다.

문-고리[문꼬리]　눈-동자[눈똥자]　신-바람[신빠람]
산-새[산쌔]　손-재주[손째주]　길-가[길까]
물-동이[물똥이]　발-바닥[발빠닥]　굴-속[굴ː쏙]
술-잔[술짠]　바람-결[바람껼]　그믐-달[그믐딸]
아침-밥[아침빱]　잠-자리[잠짜리]　강-가[강까]
초승-달[초승딸]　등-불[등뿔]　창-살[창쌀]
강-줄기[강쭐기]

제7장 소리의 첨가

제29항 합성어 및 파생어에서, 앞 단어나 접두사의 끝이 자음이고 뒤 단어나 접미사의 첫 음절이 '이, 야, 여, 요, 유'인 경우에는, 'ㄴ' 소리를 첨가하여 [니, 냐, 녀, 뇨, 뉴]로 발음한다.

솜-이불[솜ː니불]　홑-이불[혼니불]　막-일[망닐]
삯-일[상닐]　맨-입[맨닙]　꽃-잎[꼰닙]
내복-약[내ː봉냑]　한-여름[한녀름]　남존-여비[남존녀비]
신-여성[신녀성]　색-연필[생년필]　직행-열차[지캥녈차]
늑막-염[능망념]　콩-엿[콩녇]　담-요[담ː뇨]
눈-요기[눈뇨기]　영업-용[영엄뇽]　식용-유[시굥뉴]
국민-윤리[궁민뉼리]　밤-윷[밤ː뉻]

다만, 다음과 같은 말들은 'ㄴ' 소리를 첨가하여 발음하되, 표기대로 발음할 수 있다.

이죽-이죽[이중니죽/이주기죽]　야금-야금[야금냐금/야그먀금]
검열[검ː녈/거ː멸]　욜랑-욜랑[욜랑뇰랑/욜랑욜랑]
금융[금늉/그뮹]

〔붙임 1〕 'ㄹ' 받침 뒤에 첨가되는 'ㄴ' 소리는 [ㄹ]로 발음한다.

들-일[들:릴]	솔-잎[솔립]	설-익다[설릭따]
물-약[물략]	불-여우[불려우]	서울-역[서울력]
물-엿[물렫]	휘발-유[휘발류]	유들-유들[유들류들]

〔붙임 2〕 두 단어를 이어서 한 마디로 발음하는 경우에도 이에 준한다.

한 일[한닐]	옷 입다[온닙따]	서른 여섯[서른녀섣]
3연대[삼년대]	먹은 엿[머근녇]	
할 일[할릴]	잘 입다[잘립따]	스물 여섯[스물려섣]
1연대[일련대]	먹을 엿[머글렫]	

다만, 다음과 같은 단어에서는 'ㄴ(ㄹ)' 소리를 첨가하여 발음하지 않는다.

6·25[유기오]	3·1절[사밀쩔]	송별-연[송:벼련]
등용-문[등용문]		

제 30 항 사이시옷이 붙은 단어는 다음과 같이 발음한다.

1. 'ㄱ, ㄷ, ㅂ, ㅅ, ㅈ'으로 시작하는 단어 앞에 사이시옷이 올 때에는 이들 자음만을 된소리로 발음하는 것을 원칙으로 하되, 사이시옷을 [ㄷ]으로 발음하는 것도 허용한다.

냇가[내:까/낻:까]	샛길[새:낄/샏:낄]	빨랫돌[빨래똘/빨랟똘]
콧등[코뜽/콛뜽]	깃발[기빨/긷빨]	대팻밥[대:패빱/대:팯빱]
햇살[해쌀/핻쌀]	뱃속[배쏙/밷쏙]	뱃전[배쩐/밷쩐]
고갯짓[고개찓/고갣찓]		

2. 사이시옷 뒤에 'ㄴ, ㅁ'이 결합되는 경우에는 [ㄴ]으로 발음한다.

콧날[콛날→콘날]	아랫니[아랟니→아랜니]
툇마루[퇻:마루→퇸:마루]	뱃머리[밷머리→밴머리]

3. 사이시옷 뒤에 '이' 소리가 결합되는 경우에는 [ㄴㄴ]으로 발음한다.

베갯잇[베갣닏→베갠닏]	깻잎[깯닙→깬닙]
나뭇잎[나묻닙→나문닙]	도리깻열[도리깯녈→도리깬녈]
뒷윷[뒫:뉻→뒨:뉻]	

표 준 어 모 음

〈1990. 9. 문화부 고시〉

일 러 두 기

1. '표준어 모음'의 표준어에 대한 심의 기준은 원칙적으로 '표준어 규정'(문교부 고시 제88-2호)에 따랐다.

2. '어휘 선택' 부분에서 '표제어'란, '관련 단어'란, '비고'란, '관련 규정'란을 제시하고, 표제어는 '한글 맞춤법'(문교부 고시 제88-1호)의 한글 자모의 순서에 따라 배열하였다. 각 난(欄)의 성격은 다음과 같다.

* 표제어 선정의 기준으로 삼은 사전은, '새한글 사전'(한글 학회 간행, 1965/1986년)과 '국어 대사전'(민중 서림 간행, 1982년)이다.

어휘 선택

1) **표제어** : 두 사전에서 상충되는 단어, 즉 두 사전에서 서로 다른 형태를 표준어로 인정한 단어나 한 사전에서는 표준어로 인정하고 다른 한 사전에서는 비표준어로 처리한 단어들이다. 심의 결과, 비표준어로 인정된 단어는 그 앞에 ×표를 하였다.

표제어	관련 단어	비 고	관련 규정
발짓	발질	'발짓'은 '발을 움직이는 짓'의 뜻으로, '발질'은 '발길질'의 뜻으로 인정함.	26
소낙비	소나기		26
×으시대다	으스대다	으쓱거리며 뽐내다.	17, 11

2) **관련 단어**

ㄱ) 두 사전에서 서로 다른 형태를 표준어로 인정한 경우에 표제어에 한 형태를 제시하고 다른 한 형태를 관련 단어에 싣되, 표제어와 관련 단어를 바꾸어서도 실었다. 그리고 심의 결과, 사전상의 두 형태가 모두 비표준어로 처리되고 새로운 형태가 표준어로 인정된 경우에는, 바로 아래 칸의 '관련 단어'란에 표준어로 인정된 형태를 실었다.

표제어	관련 단어	비 고	관련 규정
×겉껍더기	겉껍데기		9
겉껍데기	×겉껍더기		9
×가리마꼬창이	×가리마꼬챙이		9
	가르마꼬챙이		9
×가리마꼬챙이	×가리마꼬창이		9
	가르마꼬챙이		9

ㄴ) 비표준어로 처리된 표제어의 경우에는 그 단어의 표준어의 형태를 제시하였다. 따라서, 여기에는 한자어도 일부 포함되어 있다.

표제어	관련 단어	비 고	관련 규정
×맛대강이	맛		25
×배챗괘기	배추속대		25
×잎전	엽전(葉錢)		22, 25

ㄷ) 표제어와 같은 단어로서 이번 심의에서 비표준어로 처리된 단어를 실었다. 이 경우에도 비표준어로 처리된 단어 앞에 ×표를 하였다.

표제어	관련 단어	비 고	관련 규정
빨갱이	×빨강이	1.공산주의자 2.'빨간빛의 물건'의 뜻으로는 '빨강이'를 인정함.	9, 17
턱받이	×턱받기	어린아이의 턱 아래에 대어 주는 헝겊	25

3) **비고** : 표제어의 의미, 관련 단어와의 관계, 예문, 고시된 표준어 등 표제어에 관계되는 정보를 제시하였다. 따라서, '비고'란에 제시하는 정보가 표제어에 대한 것인지 관련 단어에 대한 것인지를 언급하지 않는 경우에는 표제어에 대한 것이다.

4) **관련 규정** : 심의 과정에서 적용한 '표준어 규정 제1부 표준어 사정 원칙'의 항을 제시하였다.

어휘 선택

표 제 어	관련 단어	비 고	관련 규정
×가귀뜨기	가귀대기	열다섯 끗 뽑기로 내기하는 투전 노름	17, 25
가동질		가동거리는 짓	8
가래질꾼	가래꾼		16
가려잡다	골라잡다		26
가력되다	개력하다		26
×가리마꼬창이	×가리마꼬챙이		9
	가르마꼬챙이		9
×가리마꼬챙이	×가리마꼬창이		9
	가르마꼬챙이		9
×가리워지다	가리어지다		25
×가스라기	가시랭이		25

×가스랑이	가시랭이		25
가시줄	가시철사(-鐵絲)		26
각시	새색시	'작게 만든 여자 인형'의 뜻으로도 인정함.	26
간단없다(間斷-)	끊임없다		26
간단없이(間斷-)	끊임없이		26
간밤	지난밤		26
×간장족박(-醬-)	간장쪽박(-醬-)		17
간장쪽박(-醬-)	×간장족박(-醬-)		17
×간해	지난해		25
×갈비	솔가리	불쏘시개로 쓰는 솔잎	25
갈잎나무	떡갈나무	'떡갈나무'는 갈잎나무의 일종임.	26
×갑화(-火)	도깨비불		21
값나다	금나다	1. 물건값이 정해져서 팔고 사고 할 수 있게 되다. 2. '값나가다'의 준말로는 인정하지 않음.	26
×값높다	값비싸다	'값비싸다'의 뜻으로 '금높다'도 인정함.	25
×강밥	눌은밥	'강다짐으로 먹는 밥'의 뜻으로는 인정함.	25
개소리괴소리	×개소리괴소문		17
×개소리괴소문	개소리괴소리		17
×개지	강아지	'버들치'(물고기 이름)로도 인정하지 않음.	25
갯버들	땅버들	전문 용어로는 '갯버들'을 인정함.	26
×갱조개	가막조개	재첩	25
갱충맞다	갱충쩍다		26
거령맞다	거령스럽다		26
거름발	거름기(-氣)		26
×거상	큰톱		25
거푼거푼		놓인 물체의 한 부분이 바람에 불리어 떠들리었다가 가라앉았다가 하는 모양	25
×거풀	꺼풀		17
건건이	반찬(飯饌)		26
걷어쥐다	걷어잡다		26

×검은깨	주근깨	'빛깔이 검은 참깨'의 뜻으로는 인정함.	25
검정콩	검은콩		26
×겉껍더기	겉껍데기		9
겉껍데기	×겉껍더기		9
겉잠	수잠		26
×게걸스럽다	게검스럽다	1. 욕심껏 마구 먹어대는 태도가 있다. 2. '게걸들린 태도가 있다'의 뜻으로는 인정함.	25
×게꼬리	게꽁지	지식이나 재주 등이 극히 적거나 짧음.	25
게꽁지	×게꼬리	지식이나 재주 등이 극히 적거나 짧음.	25
×계오다	지다	못 이기다.	20, 25
×고두밥	지에밥	1. 찹쌀 혹은 멥쌀을 시루에 쪄서 만든 밥 2. '되게 지은 밥'의 뜻으로는 인정함.	25
고로(故-)	그러므로		26
×고물	고미	1. 반자의 한 종류 2. '우물마루를 놓는 데 귀틀 두 개 사이의 구역'의 뜻으로는 인정함.	25
×고부탕이	고비	1. 중요한 기회 2. '피륙을 필을 지을 때에 꺾여 겹쳐 넘어간 곳'의 뜻으로는 인정함.	25
고운대	곤대	토란 줄거리	16
골짝	골짜기		16
×곰살곱다	곰살갑다		17
×곰탕	곰팡이		25
×곱수머리	곱슬머리		25
공히(共-)	모두		26
과경에(過頃-)	아까		26
과목밭(果木-)	과수원(果樹園)		26
괘꽝스럽다	망령스럽다		26
×괴임	굄	(고시) 괴다/고이다	18
	고임		18

×괴임새	굄새	1. 괴어 놓은 모양 2. (고시) 괴다/고이다	18
	고임새		18
×괸돌	고인돌		17
구기자나무(枸杞子-)	×괴좆나무		22, 25
×구럭	망태기	'새끼로 그물 뜨듯 눈을 드물게 떠서 만든 물건'의 뜻으로는 인정함.	25
구역나다(嘔逆-)	욕지기나다		26
군기침	헛기침		26
굿복(-服)	굿옷		26
귓속말	귀엣말		26
그물눈	그물코		26
×근두박질	곤두박질		5
글동무	글동접(-同接)		26
글동접(-同接)	글동무		26
금몸(金-)	금색신(金色身)		26
금줄(禁-)	인줄(人-)		26
기겁하다	×기급하다(氣急-)		5, 17
기꼭지(旗-)	×기대강이(旗-)		25
기미채다(幾微-, 機微-)	낌새채다		26
기수채다(幾數-)			26
기어코(期於-)	기어이(期於-)		26
기장	길이	'옷 따위의 긴 정도'의 뜻으로 인정함.	26
×기지랑물	지지랑물		17
까까중			25
×까스라기	가시랭이		25
×깐보다	깔보다	'어떤 형편이나 기회에 대하여 마음속으로 가늠을 보다'의 뜻으로는 인정함.	25
×깔딱	딸꾹	1. 딸꾹질하는 소리 2. '액체를 조금씩 삼키는 소리' 또는 '얇은 물체가 뒤집히는 소리'의 뜻으로는 인정함.	25
×깔딱거리다	딸꾹거리다		25
×깔딱깔딱	딸꾹딸꾹		25

깡총하다	×깡충하다	다리가 길다. 큰말은 '껑충하다'임.	8
×깡충하다	깡총하다	다리가 길다. 큰말은 '껑충하다'임.	8
×깨보숭이	깨소금	'들깨의 꽃송이와 찹쌀가루를 버무려 기름에 튀긴 반찬'의 뜻으로는 인정함.	25
×깨보숭이	깨고물		25
×깨이다	깨다	1. '(알을) 까다'의 피동 2. '(잠을) 깨다'의 피동의 뜻으로는 인정함.	25
×깨이다	깨다	'(알을) 까다'의 사동	25
꺽꺽푸드덕	×꺽꺽푸드득	장끼가 울며 홰치는 소리	17
×꺽꺽푸드득	꺽꺽푸드덕	장끼가 울며 홰치는 소리	17
껌벅거리다	끔벅거리다		19, 26
×꼬끼댁	꼬꼬댁		17
×꼬창이	꼬챙이		9
꼬챙이	×꼬창이		9
×꼬치	고추		17
×꼬치	고치		17
×꼭두머리	꼭대기	'시간적으로 일의 가장 처음'의 뜻으로는 인정함.	25
꼼짝달싹	×옴쭉달싹		17, 25
꼽추	곱사등이		26
꽃자루	꽃꼭지	전문 용어로는 '꽃자루'를 인정함.	26
×꽃턱	×꽃받기	꽃받침	25
×꾀장이	꾀보		26, 9
	꾀쟁이		26, 9
×꾸다	뀌다	1. 방귀를 -. 2. '빌려 오다'의 뜻으로는 인정함.	25
끝전(-錢)	끝돈	(고시) ×잔전→잔돈	26
×낄룩	끼룩	(내다보거나 삼키려 할 때) 목을 길게 빼어 내미는 모양	14, 25
나방이	나방		16
×나부라기	나부랭이	(고시) 나부랭이/너부렁이	25
난목(-木)	외올베		26
×난봉장이	난봉꾼		9

	난봉쟁이		9
×날물	썰물	'나가는 물'의 뜻으로는 인정함.	25
×날빛	햇빛	'햇빛을 받아서 나는 온 세상의 빛'의 뜻으로는 인정함.	25
남자답다(男子-)	사내답다		26
×내나	일껏	'결국은'의 뜻으로는 인정함.	25
내숭	×내흉(內凶)		5, 17
내숭스레	×내흉스레(內凶-)	(고시) ×내흉스럽다 → 내숭스럽다	5, 17
냉국(冷-)	찬국		26
너울지다	놀지다		16, 26
널판때기	×널판대기		26, 17
널판자(-板子)			26
×녜	네	(고시) 네/예	17, 18
×노란묵	노랑묵	치자 물을 타서 쑨 녹말묵	17
노랑묵	×노란묵	치자 물을 타서 쑨 녹말묵	17
녹슬다(綠-)	×녹쓸다(綠-)		17
×녹쓸다(綠-)	녹슬다(綠-)		17
×누룽지	눌은밥	1. 솥바닥에 눌어붙은 눌은밥에 물을 부어 긁어 푼 것 2. '솥바닥에 눌어붙은 밥'의 뜻으로는 인정함.	25
눈꼴시다	눈꼴틀리다		26
눈쌈	눈싸움	눈겨룸	16
×느루	늘	'대번에 몰아치지 않고 길게 늘여서'의 뜻으로는 인정함.	25
늦장	늑장	'느직하게 보러 가는 장'의 뜻으로도 인정함.	26
×-(으)니까니	-(으)니까		25
다각도로(多角度-)	여러모로		26
다릿골독	×대릿골독		9, 25
다슬기	대사리	전문 용어로는 '다슬기'를 인정함.	26
다홍(-紅)	진홍(眞紅)		26
단걸음에(單-)	단숨에(單-)		26
단김에	단결에		26
단연코(斷然-)	단연히(斷然-)		26
담쏙	×담쑥	손으로 탐스럽게 쥐거나 팔로	8

		탐스럽게 안는 모양	
×담쑥	담쏙	손으로 탐스럽게 쥐거나 팔로 탐스럽게 안는 모양	8
당달봉사(-奉事)	청맹과니(青盲-)		26
대감굿(大監-)	대감놀이(大監-)		26
대변보다(大便-)	뒤보다		26
×대접문(-紋)	대접무늬		21
×댓가지	댓개비	1. 대를 쪼개 잘게 깎은 꽂이 2. '대의 가지'의 뜻으로는 인정함.	25
댓돌(臺-)	섬돌	'집채의 낙숫고랑 안쪽에 돌려 가며 놓은 돌'의 뜻으로도 인정함.	26
×더껑이	더께	1. 덖어서 몹시 찌든 물건에 앉은 때 2. '걸쭉한 액체의 거죽에 엉겨 굳은 꺼풀'의 뜻으로는 인정함.	25
더미씌우다	다미씌우다	(고시) 안다미씌우다	19
×덧구두	덧신		25
덮개	뚜껑	'이불, 처네 등의 총칭' 또는 '착한 마음을 덮어서 가리는 탐욕이나 성내는 마음'의 뜻으로도 인정함.	26
도리깻장부	도리깨채		26
도토리나무	떡갈나무	'도토리나무'는 '상수리나무'의 별칭으로, '떡갈나무'와 별개임.	26
돈지갑(-紙匣)	지갑(紙匣)		16, 26
돈표(-票)	환(換)		26
돋보기안경(-眼鏡)	돋보기		16, 26
돌개바람	구풍(颶風)	'회오리바람'의 뜻으로도 인정함.	26
돌기와	너새		26
돌림자(-字)	항렬자(行列字)		26
동강이	동강		16
동동걸음	종종걸음		26
동자부처(瞳子-)	눈부처		26
동자부처(童子-)	동자보살(童子菩薩)	사람의 두 어깨에 있다는 신(神)	26
두견새(杜鵑-)	소쩍새		26

두견이(杜鵑-)			26
×두텁단자(-團子)	두텁떡		21
둘러쓰다	뒤집어쓰다		26
둬둬	드레드레	수봉기(受蜂器)를 대고 벌비로 몰아넣을 때에 벌을 부르는 소리	26
×뒷개	설거지	윷놀이 용어로는 인정함.	25
뒷결박(-結縛)	뒷짐결박(-結縛)		26
뒷골	뒤통수		26
뒷마당	뒤뜰		26
뒷전보다	뒷전놀다		26
듣그럽다	시끄럽다		26
×들망(-網)	후릿그물		21
들쑥날쑥	들쭉날쭉		19, 26
들오리	물오리	'들오리'는 '집오리'에 대하여 야생의 오리를, '물오리'는 '청둥오리'를 말함.	26
×들치다	들추다	'물건의 한쪽 머리를 쳐들다'의 뜻으로는 인정하고, '들치이다'의 준말로는 인정하지 않음.	25
등헤엄	송장헤엄		26
×딸각발이	딸깍발이		17
땅강아지	×하늘밥도둑		25
×땅꾼	딴꾼	1. 포도청에 매이어 포교의 심부름으로 도둑잡는 데 거드는 사람 2. '뱀을 잡아 파는 사람'의 뜻으로는 인정하고, '몹시 인색하고 이기적인 사람'의 뜻으로는 인정하지 않음.	25
땅덩어리	땅덩이		26
×때까중	중대가리		25
×때깨중이	중대가리		25
떨기나무	×좀나무		25
×똑하다	꼭하다	정직하고 안상(安詳)하다.	25
뚱뚱이	뚱뚱보		26
뜨문뜨문	드문드문		19
×뜸질	찜질	1. 더운 날의 모래밭이나 온천, 또는 뜨거운 물 속에 몸을 묻어	25

		서 땀을 흘리어 병을 고치는 법 2. '뜸을 뜨는 일'의 뜻으로는 인정함.	
-(이)랑		-하고, -과, -와	26
×마련통이	매련통이	미련통이	8, 17
마상	마상이		16
×마술장이(魔術-)	×요술장이(妖術-)		9
마술쟁이(魔術-)	요술쟁이(妖術-)		9, 26
마짓밥(摩旨-)	마지(摩旨)		16 26
×마치	망치	'(망치보다 작은 것으로서) 못 박는 연장'의 뜻으로는 인정함.	25
막걸다	맞걸다	'막걸다'는 '노름판에서 가진 돈을 모두 걸고 단판하다'의 뜻으로, '맞걸다'는 '노름판에서 돈을 따려고 서로 돈을 걸다'의 뜻으로 인정함.	26
막걸리다	맞걸리다		26
×만양	늦모내기	1. 만이앙(晩移秧)	26
	마냥	2. (고시) ×만양모→ 마냥모	26
말개미	왕개미	'큰 개미'라는 뜻으로 모두 인정함. 전문 용어로는 '왕개미'임.	26
말거미	왕거미	'큰 거미'라는 뜻으로 모두 인정함. 전문 용어로는 '왕거미'임.	26
말그스름하다	맑스그레하다		26
×맛대강이	맛		25
망가지다	망그러지다		26
×매기	튀기	'수퇘지와 암소 사이에서 낳는다는 짐승'의 뜻으로는 인정함.	25
매양(每-)	번번이(番番-)		26
×매줏집(賣酒-)	술집		21
매해(每-)	매년(每年)		26
×맵쌀	멥쌀	'찐 메밀을 약간 말려 찧어 껍질을 벗긴 쌀'의 뜻으로는 인정함.	17
×먀련	매련		17
×먀옥하다	매욱하다	어리석고 둔하다.	17
×머드레콩	그루콩	1. 그루갈이로 심은 콩 2. '밭가로 둘러 심은 콩'의 뜻으로는 인정함.	25
×멍구럭	구럭	1. 새끼로 눈을 드물게 떠서	14, 25

		그물같이 만든 물건 2. '썩 성기게 떠서 만든 구럭'의 뜻으로는 인정함.	
멎다	멈추다		26
×메토끼	산토끼(山-)		22
멧돼지	산돼지(山-)		26
멸구	며루	'멸구'는 멸굿과에 속하는 곤충의 일종이고, '며루'는 모기의 유충임.	26
×면	목화(木花)	'무명'의 뜻으로는 인정함.	25
명자나무(榠樝-)	모과나무	'모과나무'는 명자나무의 별칭임.	26
모군꾼(募軍-)	모군(募軍)		16, 26
모래사장(-沙場)	모래톱		26
×모어리수에	무에리수에	거리로 다니며 점을 치라고 외치는 소리	17
×모지다	모질다	'성질, 일, 물건이나 모양이 모가 난 데가 있다'의 뜻으로는 인정함.	25
×목실(木-)	무명실		25
몰매	뭇매		26
몸서리나다	몸서리치다		26
×몽깃돌	낚싯봉	'밀물과 썰물에 뱃머리를 곧게 하기 위하여 고물에 다는 돌'의 뜻으로는 인정함.	25
무겁한량	×무겁활량		5, 17
×무겁활량	무겁한량		5, 17
무식꾼(無識-)	×무식장이(無識-)		26, 9
	무식쟁이(無識-)		26, 9
×물앵도(-櫻桃)	물앵두		5
물앵두	×물앵도(-櫻桃)		5
뭉그대다	뭉개다	1. 일을 어떻게 할 줄 모르고 짓이기다. 2. '제자리에서 몸을 그냥 비비다'의 뜻으로도 인정함.	26
×뭘하다	뭣하다	거북하다, 난처하다	17
미친놈	미치광이		26
밀뻬세장	×밀뻬쇠장	지게의 윗세장 아래에 가로 박은 나무	17

×밀삐쇠장	밀삐세장	지게의 윗세장 아래에 가로 박은 나무	17
×밉둥스럽다	밉살스럽다		17
바깥양반(-兩班)	사랑양반(舍廊兩班)		26
바늘방석(-方席)	바늘겨레		26
×바람꾼	바람둥이		25
바심	타작(打作)		26
박새	×깨새		25
박첨지놀음(朴僉知-)	×꼭둑각시놀음	(고시) ×꼭둑각시 → 꼭두각시	26
	꼭두각시놀음		26
×반대기	반	1. 얇게 펴서 다듬어 만든 조각 2. '무슨 가루를 반죽한 것이나 삶은 푸성귀를 편편하고 둥글넓적하게 만든 조각'의 뜻으로는 인정함.	14, 25
×반대기	소래기	굽 없는 접시와 같은 넓은 질그릇	25
×반미콩(飯米-)	밥밑콩		21
×발구	걸채	1. 소의 길마 위에 덧얹고 곡식 단을 싣는 제구 2. '산에서 쓰는 썰매'의 뜻으로는 인정함.	25
발뒤꾸머리	발뒤꿈치		26
발새	발샅		26
발짓	발질	'발짓'은 '발을 움직이는 짓'의 뜻으로, '발질'은 '발길질'의 뜻으로 인정함.	26
배냇니	젖니		26
×배챗괘기	배추속대		25
백곰(白-)	흰곰	전문 용어로는 '흰곰'만 인정함.	26
×백하젓(白蝦-)	새우젓		25
밴덕	밴덕		19
번연히	번히		16
벌모	허튼모	'모판 구역 밖에 볍씨가 떨어져 자라난 모'나 '일을 말막음으로 했을 때 쓰는 말'의 뜻으로도 인정함.	26

×벙태기	벙테기		17
벙테기	×벙태기		17
별간장(別-醬)	손님장(-醬)	작은 그릇에 따로 담그는 간장	26
별맛(別-)	별미(別味)		26
×별미적다(別味-)	별미쩍다(別味-)		17
별미쩍다(別味-)	×별미적다(別味-)		17
×보리풀꺾다	보리풀하다	보리 갈 땅에 거름하기 위하여 풀이나 나뭇잎을 베어 오다.	25
×보사리감투	보살감투(菩薩-)		17
×보쟁기	겨리	'보습을 낀 쟁기'의 뜻으로는 인정함.	25
복부르다(復-)	초혼하다(招魂-)		26
×복생선(-生鮮)	복		14
복어(-魚)	복		16, 26
×부레끓다	부레끓다		25
부레끓다	×부레끓다		25
×부시다	부수다	'그릇 같은 것을 깨끗이 씻다'의 뜻으로는 인정함.	25
×부얼부얼	북슬북슬	1. 짐승이 살이 찌고 털이 탐스럽게 많이 난 모양 2. '살찌고 탐스럽게 생긴 모양'의 뜻으로는 인정함.	25
부엌칼	식칼(食-)		26
×부절다말	부절따말		17
부절따말	×부절다말		17
×북두	부뚜	1. 타작마당에서 쓰는 돗자리 2. '마소에 짐을 싣고 그 짐과 배를 얼러서 매는 줄'의 뜻으로는 인정함.	25
분결(憤-)	분김(忿-, 憤-)		26
분지르다	부러뜨리다		26
불공드리다 (佛供-)	공양드리다 (供養-)		26
불공밥(佛供-)	퇴식밥(退食-)		26
불룩이	×불룩히		17
불친소	악대소		26
불호령(-號令)	볼호령(-號令)		26
×붙여잡다	붙잡다		14, 25
비단개구리	무당개구리	전문 용어로는 '무당개구리'를	26

(緋緞-)		인정함.	
×비사차기	비사치기		25
비사치기	×비사차기		25
×빚거간(-居間)	빚지시	1. 빚을 주고 쓰는 데에 중간에서 소개하는 일 2. '빚을 내고 주는 데에 중간에서 소개하는 것을 업으로 삼는 일'의 뜻으로는 인정함.	25
빨갱이	×빨강이	1. 공산주의자 2. '빨간빛의 물건'의 뜻으로는 '빨강이'를 인정함.	9, 17
×빼주	배갈		25
×사갓집(査家-)	사돈집(査頓-)		25
사거리(四-)	네거리		26
사마귀	버마재비	전문용어로는 '사마귀'를 인정함.	26
사향노루(麝香-)	궁노루		26
삯전(-錢)	삯돈	(고시) ×잔전 → 잔돈	26
산울림(山-)	메아리		26
×산코골다	헛코골다		25
살긋하다	샐긋하다	바르게 된 물건이 한쪽으로 일그러지다.	19
×상량대(上樑-)	마룻대		21, 25
×상량도리(上樑-)	마룻대		21, 25
×상재(上-)	상좌(上佐)		5
×상청(上-)	상창(上唱)	뛰어난 창(唱)	5
샅바채우다	샅바지르다		26
×새소리	놀소리		25
×새치롬하다	새치름하다	시치미를 떼고 태연하거나 얌전한 기색을 꾸미다.	17
새치름하다	×새치롬하다	시치미를 떼고 태연하거나 얌전한 기색을 꾸미다.	17
색깔(色-)	빛깔		26
×샛까맣다	새까맣다		17
×샛빨갛다	새빨갛다		17
×샛파랗다	새파랗다		17
×생갈이(生-)	애벌갈이	1. 논이나 밭을 첫 번 가는 일 2. '홍두깨생갈이'의 준말로는 '생갈이'를 인정함.	21

×생급스럽다	새삼스럽다	'하는 짓이나 말이 갑작스럽고 뜻밖이다' 또는 '끄집어내는 말이 엉뚱하고 터무니없다'의 뜻으로는 인정함.	25
생김치(生-)	날김치		26
생목(-木)	당목(唐木)		26
생색나다(生色-)	낯나다		26
×생재기	생무지	1. 어떤 일에 익숙지 못한 사람 2. '종이나 피륙 따위의 성한 곳'의 뜻으로는 인정함.	25
×서분하다	서운하다	'좀 서부렁하다'의 뜻으로는 인정함.	25
석이버섯(石耳-/石栮-)	석이(石耳/石栮)		16
×설라믄	설랑은		5
섬마섬마	따로따로따따로	어린아이가 따로 서도록 잡은 손을 놓으며 하는 소리	26
세로쓰기	내리쓰기	(고시) 세로글씨/내리글씨	26
세탁비누(洗濯-)	빨랫비누		26
소갈딱지	소갈머리		26
×소금적	소금쩍		17
소금쩍	×소금적		17
소낙비	소나기		26
소변보다(小便-)	소마보다		26
소용없다(所用-)	쓸데없다		26
소피보다(所避-)	소피하다(所避-)		26
×속껍더기	속껍데기		9
속껍데기	×속껍더기		9
손때	손끝	1. 손을 대어 건드리거나 만짐으로써 생긴 독한 결과 2. '오랜 세월 만져서 묻은 때'의 뜻으로도 인정함.	26
손짐작	손어림	(고시) 눈짐작/눈어림/눈대중	26
×솔개미	솔개	(고시) ×소리개 → 솔개	25
×솔갱이	솔개	(고시) ×소리개 → 솔개	25
×쇠꼬창이	쇠꼬챙이		9
쇠꼬챙이	×쇠꼬창이		9
×쇠버즘	쇠버짐		17
쇠버짐	×쇠버즘		17

쇠족(-足)	쇠다리		26
쇠죽솥	쇠죽가마		26
×수무(手-)	수모(手母)	신부(新婦)의 보조인	5
×수이	쉬이		20
×수이보다	쉬이보다		20
×수이여기다	쉬이여기다		20
×숭이	송이		8
시골말	사투리		26
×시초잡다(始初-)	시작하다(始作-)		25
신바람	어깻바람		26
신접살림(新接-)	신접살이(新接-)		26
신찐나무	신대		26
실로(實-)	참으로		26
심보(心-)	마음보		26
심술퉁이(心術-)	×심술통이(心術-)		8
심심파적(-破寂)	심심풀이		26
×싱경싱경하다	싱둥싱둥하다	'방이 서늘하고 차다'의 뜻으로는 인정함.	25
×싱둥싱둥하다	×싱경싱경하다	'기운이 줄어질 만한 일을 겪은 뒤에도 본래의 기운이 있다'의 뜻으로는 인정함.	25
싸느랗다	×싸느렇다		17
×싸느렇다	싸느랗다		17
×싸리문	사립문	'싸리로 만든 문'의 뜻으로는 인정함.	25
쌀긋하다	샐긋하다		19
쌍망이	×쌍맹이		9
×쌍맹이	쌍망이		9
쌍소리	상소리		19
쌍심지서다	쌍심지나다		26
쌍심지오르다			26
×써내다	켜내다	'글씨를 써서 내놓다'의 뜻으로는 인정함.	25
×써다	켜다	'조숫물이 줄거나, 괸 물이 새어서 줄다'의 뜻으로는 인정함.	25
×썩정이	삭정이	1. 산 나무에 붙은 채 말라 죽은 나뭇가지 2. '썩은 물건'의 뜻으로는 인정함.	25

썰다	써리다	1. 논밭을 고르게 하다. 2. '물건을 토막토막 동강치다'의 뜻으로도 인정함.	15
쓰레장판	쓰레받기	유지 장판으로 만든 쓰레받기	26
씨돼지	종돈(種豚)		26
아래알	×아랫알	수판의 가름대 아래의 알	17
아랫녘	앞대	1. 어떤 지방에서 그 남쪽의 지방을 일컫는 말 2. '전라도, 경상도를 일컫는 말'로도 인정함.	26
×아랫동강이	종아리		25
×아랫알	아래알	수판의 가름대 아래의 알	17
아랫중방(-中枋)	하인방(下引枋)		26
아련하다	오련하다		19
×아웃	가웃	'말아웃'은 인정함.	17, 20
아유	아이고		19
아지직	오지직		19
	아지작		19
안개비	가랑비		26
안집	안채	안쪽의 집채	26
	주인집(主人-)		26
안해		바로 전 해	25
알금삼삼	알금솜솜		19, 26
×알박이	알배기	알 밴 생선	9
알반대기	지단(鷄蛋 chitan)		26
×알심	고갱이	1. 초목의 줄기 가운데의 연한 심 2. '은근한 동정심' 또는 '속에 있는 힘'의 뜻으로는 인정함.	25
알약(-藥)	환약(丸藥)		26
암만해도	아무리해도		26
앙구다	곁들이다	1. 한 그릇에 두 가지 이상의 음식을 어울리게 담다. 2. '음식 따위를 식지 않게 불에 놓거나 따뜻한 데에 묻어 두다' 또는 '사람을 안동하여 보내다'의 뜻으로는 인정하고, '앙구다'(교미를 붙이다)의 뜻으로는 인정하지 않음.	26

앞뒤갈이	두벌갈이		26
앞마당	앞뜰		26
×애기	아기		9
애끓다	애타다		26
×애비	아비		9
야	얘	1. 놀라거나 반가울 때 내는 소리 2. '예'(존대할 자리에 대답하거나 재쳐 묻는 말)의 뜻으로는 인정하지 않음.	26
야발단지	×야발장이		26, 9
	야발쟁이		26, 9
야밤중(夜-)	한밤중(-中)	'오밤중'도 인정함.	26
약수터(藥水-)	약물터(藥-)		26
약저울(藥-)	분칭(分秤)		26
×양골뻐(陽骨-)	양지머리뼈		21
양그루(兩-)	이모작(二毛作)		26
양편쪽(兩便-)	양편짝(兩便-)	(고시) ×짝→쪽	26
어글어글하다	서글서글하다	1. 마음이 너그럽고 성질이 부드럽다. 2. '얼굴의 각 구멍새가 널찍널찍하다'의 뜻으로도 인정함.	26
어깨동갑(-同甲)	자치동갑(-同甲)	한 살 정도 차이 나서 동갑이나 다름없음.	26
×어리장사	얼렁장사	1. 여러 사람이 밑천을 어울러서 하는 장사 2. '어리장수의 영업'의 뜻으로는 인정함.	25
×어버리크다	대담하다(大膽-)		22
어스러기		옷 따위의 솔이 어스러진 곳	25
×어스러기	어스럭송아지	큰 송아지	25
어유	어이구		19
어화둥둥	어허둥둥		19
어흥이	범		26
×언나	어린아이		25
얼간이	얼간망둥이		26
×얼러방망이	을러방망이		17
얼룩말	얼럭말		26
엄매	음매	소의 울음소리	26

×엄파	움파	(고시) ×동파 → 움파	5
엉키다	엉기다	'엉클어지다'의 뜻으로 인정함.	26
여린뼈	물렁뼈	전문 용어로는 '물렁뼈'를 인정함.	26
여종(女-)	계집종		26
염문꾼(廉問-)	염알이꾼(廉-)		26
×옘집	여염집(閭閻-)		5
오가피나무(五加皮-)	땅두릅나무	'오가피나무'와 '땅두릅나무'는 별개임.	26
오갈피나무			26
오감하다	과감하다(過感-)		26
×오그랑족박	오그랑쪽박		17
×오돌오돌	오들오들	1. 춥거나 무서워서 몸을 떠는 모양 2. '삶긴 물건이 무르지 아니하여 이리저리 따로 밀리는 모양'의 뜻으로는 인정함.	8
오들오들	×오돌오돌	1. 춥거나 무서워서 몸을 떠는 모양 2. '삶긴 물건이 무르지 아니하여 이리저리 따로 밀리는 모양'의 뜻으로는 '오돌오돌'을 인정함.	8
오라범댁(-宅)	올케		26
오목면경(-面鏡)	오목거울		26
오삭오삭	오슬오슬	'와삭와삭'(뻣뻣하게 마른 엶고 가벼운 물건이 서로 스치거나 부서질 때 나는 소리)의 뜻으로는 인정하지 않음.	19
×옴살	엄살	'한 몸같이 친밀한 터'의 뜻으로는 인정함.	17
옴짝달싹	×옴쭉달싹		17, 25
왕매미	말매미	'큰 매미'의 뜻으로는 모두 인정함. 전문 용어로는 '말매미'임.	26
왕벌	호박벌	'큰 벌'의 뜻으로 '왕벌, 말벌' 모두 인정함. 전문 용어로는 '호박벌'임.	26
	말벌		26
왕새우	대하(大蝦)	전문 용어로는 '대하'를 인정함.	26
왕파리	쉬파리	'큰 파리'의 뜻으로 모두 인정	26

		함. 전문 용어로는 '쉬파리'를 인정함.	
왜난목	내공목(內供木)	옷의 안감으로 쓰는, 품질이 낮은 무명	26
왜먹(倭-)		(재래의 6모형에 대해) 네모난 먹	25
×외발제기	외알제기	1. 굽 하나를 질질 끌어서 디디어 걷는 걸음, 또는 그러한 말이나 소 2. '한 발만 가지고 차는 제기'의 뜻으로는 인정함.	17
외상관례(-冠禮)	외자관례(-冠禮)		26
×외통목	외길목	'장기 둘 때에 외통장군이 되는 길목'의 뜻으로는 인정함.	25
×왼	온	'왼쪽'의 뜻으로는 인정함.	10
요뒤	요의(褥衣)		26
용숫바람	회오리바람		26
×우그렁족박	우그렁쪽박		17
×우둘우둘	우들우들	1. 춥거나 무서워서 몸을 떠는 모양 2. '삶긴 물건이 무르지 아니하여 이리저리 따로 밀리는 모양'의 뜻으로는 인정함.	8
×우멍하다	의뭉하다	'물체의 면이 쑥 들어가다'의 뜻으로는 인정함.	17
×우집다	우접다	1. 뛰어나게 되다, 선배를 이기다. 2. '남을 업신여기다'의 뜻으로는 인정함.	17
우표딱지(郵票-)	우표(郵票)		16
움막집(-幕-)	움막(-幕)		16, 26
×움파리	움막	'우묵하게 들어가서 물이 괸 곳'의 뜻으로는 인정함.	25
×웃녘	윗녘		12
×웃알	×위알	수판 가름대 위의 알	12
	윗알		12
×위알	×웃알	수판 가름대 위의 알	12
	윗알		12
윗집	×웃집	위쪽으로 이웃해 있는 집, 또	12

		는 높은 지대에 있는 집	
으끄러지다	뭉그러지다	'굳은 물건이 눌려서 부스러지다'의 뜻으로도 인정함.	26
	으츠러지다		26
으밀아밀	×으밀으밀	남 모르게 이야기하는 모양	17
×으밀으밀	으밀아밀	남 모르게 이야기하는 모양	17
×으시대다	으스대다		17
×-을런고	-을런가		17
-을진댄	-을진대		26
음지쪽(陰地-)	×음지짝(陰地-)	1. (고시) ×짝 → 쪽 2. '응달쪽'도 인정함.	25
이맛전	이마		16, 26
이면치레	면치레		16, 26
×이몽가몽(-夢-夢)	비몽사몽(非夢似夢)		25
×이엉꼬창이	이엉꼬챙이		09
이엉꼬챙이	×이엉꼬창이		09
×이주걱부리다	×이기죽부리다	(고시) 이기죽거리다/이죽거리다	25
×잇살	잇몸	'잇몸의 틈'의 뜻으로는 인정함.	25
×잎전	엽전(葉錢)		22, 25
×자	쟤	저 아이	17
×자깝스럽다	잡상스럽다	1. 난잡하여 상되다. 2. '젊은 사람이 지나치게 늙은이의 흉내를 내어 깜찍하다'의 뜻으로는 인정함.	25
자두나무	×오얏나무	(고시) ×오얏 → 자두	20
자욱하다	자옥하다		19
작은집	×적은집	1. 첩 또는 첩의 집 2. '따로 사는 아들 또는 아우의 집'의 뜻으로도 인정함.	25
×잔생이	지지리	1. 아주 몹시, 지긋지긋하리만큼 2. '지긋지긋하게 말을 듣지 않거나 애결복결하는 모양'의 뜻으로는 인정함.	25
×잔털머리	잔판머리	일의 끝판	25
×잘량하다	알량하다		17, 25
×장족박	장쪽박		17
×재리	손짭손	1. 좀스럽고 얄망궂은 손장난 2. '나이 어린 땅꾼' 또는 '몹시 인색한 사람을 욕하는 말'	25

		의 뜻으로는 인정함.	
재미중(齋米-)	동냥중	동냥 다니는 중	26
×저	쉬	1. 닭, 참새 따위를 쫓을 때 내는 소리 2. '미처 생각이 잘 나지 않을 때 내는 소리'의 뜻으로는 인정함.	25
×저지난달	지지난달	'이삼 개월 전의 달'의 뜻으로는 인정함.	17
×저지난밤	지지난밤	'이삼일 전의 밤, 엊그제 밤'의 뜻으로는 인정함.	17
×저지난번(-番)	지지난번(-番)	'지난번의 전번'의 뜻으로는 인정함.	17
×저지난해	지지난해	'이삼 년 전의 해'의 뜻으로는 인정함.	17
저편(-便)	저쪽	(고시) 편/쪽	26
전나귀		다리를 저는 나귀	
×전마춤(廛-)	×전마침(廛-)		17
	전맞춤		17
×전마침(廛-)	×전마춤(廛-)		17
	전맞춤(廛-)		17
전전달(前前-)	지지난달		26
제비꽃	오랑캐꽃	전문 용어로는 '제비꽃'을 인정함.	26
×제비추리	제비초리	1. 뒤통수나 앞이마에 뾰족이 내민 머리털 2. '소의 안심에 붙은 고기의 한 가지'의 뜻으로는 인정함.	17
×조개볼	보조개	1. (고시) 볼우물/보조개 2. '조가비 형상 비슷이 가운데가 도도록하게 생긴 두 볼'의 뜻으로는 인정함.	25
조롱조롱	조랑조랑		19
×조르개	조리개	1. 사진기의 - 2. '물건을 졸라매는 데 쓰는 가는 줄'의 뜻으로는 '조르개'를 인정함.	17
조리개	×조르개	1. 사진기의 - 2. '물건을 졸라매는 데 쓰는	17

		가는 줄'의 뜻으로는 '조르개'를 인정함.	
종부돋움	발돋움	'물건을 차곡차곡 쌓아올리는 일'의 뜻으로도 인정함.	26
종중논(宗中-)	종답(宗畓)		26
종중밭(宗中-)	종전(宗田)		26
주꾸미	꼴뚜기	'주꾸미'는 낙짓과에 속하는 연체동물의 일종으로, '꼴뚜기'와는 별개임.	26
×주두라지	주둥아리	'말씨'의 낮은말로는 인정함.	25
×주럽	주접	1. 여러 가지 탓으로 생물체가 쇠하여지는 상태 2. '피로하여 고단한 증세'의 뜻으로는 인정함.	25
주살나다	뻔찔나다		26
죽젓개(粥-)	죽젓광이(粥-)	죽 쑬 때 젓는 방망이	26
죽지뼈	어깨뼈		26
중바랑	바랑		16, 26
쥐좆같다	쥐뿔같다	아주 보잘것없다	26
×지딱총(紙-銃)	딱총(-銃)		14, 25
지렛대	지레		16, 26
×지어땡이	짓고땡	(고시) ×지어땡 → 짓고땡	25
지정다지다(地釘-)	터다지다	건축물 등의 지반을 단단하게 하려고 지정을 박아 다지다.	26
×지지콜콜이	시시콜콜히		17
×지천	지청구	1. 까닭 없이 남을 원망하는 것 2. '꾸지람'의 뜻으로는 인정함.	25
×진대	뱀	'남에게 기대어 떼를 쓰다시피 하여 괴로움을 끼치는 짓'의 뜻으로는 인정함.	25
×진신발	진발	1. 진창에서 더러워진 발 2. '진창에 젖은 신'의 뜻으로는 인정함.	14, 25
진탁(眞-)	친탁(親-)		26
질근질근	질겅질겅	1. 질긴 것을 씹는 모양 2. '새끼, 노 따위를 느릿느릿 꼬는 모양'의 뜻으로도 인정함.	19
×짐대	돛대	'당(幢)을 달아 세우는 대'의 뜻으로는 인정함.	25

짓옷	깃옷		26
짤끔거리다	짜뜰름거리다	1. 한목에 주지 않고 조금씩 주다 말다 하다. 2. '연하여 짤끔하다'의 뜻으로도 인정함.	26
쪽빛	남빛(藍-)		26
찌그럭거리다	지그럭거리다		19
찔레	찔레나무		16, 26
차인꾼(差人-)	차인(差人)		16, 26
×창칼	찬칼	1. 반찬 만드는 칼 2. '여러 작은 칼의 총칭'의 뜻으로는 인정함.	17
×채변	주변	1. 일을 주선하거나 변통하는 재간 2. '남이 무엇을 줄 때 사양하는 일'의 뜻으로는 인정함.	25
채삼꾼(採蔘-)	심마니		26
채소밭(菜蔬-)	남새밭		26
×채숭아	채송화(菜松花)		5
×책술(冊-)	책실	1. 책을 매는 데 쓰는 실 2. '책의 두꺼운 정도'의 뜻으로는 인정함.	17
천덕구니(賤-)	천더기(賤-)		26
천덕꾸러기(賤-)			26
×첨대(籤-)	점대	1. 점을 치는 데 쓰는 대오리 2. '포개 놓은 틈에 끼워서 무엇을 표하는 데 쓰는 얇은 댓조각'의 뜻으로는 인정함.	17
×첩더기(妾-)	×첩데기(妾-)	첩(妾)	25
×첩데기(妾-)	×첩더기(妾-)	첩(妾)	25
×첩어미	서모(庶母)	'첩장모(妾丈母)'의 뜻으로는 인정함.	25
×첫물	만물	1. 맨 처음 난 푸성귀 2. '옷을 새로 지어 입고 빨 때까지의 동안'의 뜻으로는 인정함.	25
초벌	애벌		26
촉촉이	×촉촉히		17
×촉촉히	촉촉이		17

촌맹이(村氓-)	촌맹(村氓)	시골에 사는 백성	16, 26
총걸다(銃-)	×총견다(銃-)		25
×총견다(銃-)	총걸다(銃-)		25
×추다	추리다	1. 가려 내다 2. '숨은 물건을 찾아 내려고 뒤지다'의 뜻으로는 인정함.	25
치리	은어(銀漁)	'치리'와 '은어'는 별개임.	26
	쏘가리	'치리'와 '쏘가리'는 별개임.	26
×콩기름	콩나물	'콩에서 짜낸 기름'의 뜻으로는 인정함.	25
쿵더쿵	×쿵덕쿵		17
×쿵덕쿵	쿵더쿵		17
크낙새	골락새	전문 용어로는 '크낙새'를 인정함.	26
×큰어미	큰계집	'윗사람이 아랫사람의 큰어머니를 부르는 말'로는 인정함.	25
×키장다리	키다리		25
탁방나다(坼榜-)	방나다(榜-)	시험에 급제한 사람의 성명이 발표되다.	16
턱받이	×턱받기	어린아이의 턱 아래에 대어 주는 헝겊	25
톱칼	거도(鋸刀)		26
판수	소경	'점치는 것을 업으로 삼는 소경'의 뜻으로도 인정함.	26
팔모(八-)	여덟모	팔각(八角)	26
×팩성(-性)	퍅성(愎性)	(고시) ×괴팩하다, 괴퍅하다 →괴팍하다	5, 10
평화스럽다(平和-)	평화롭다(平和-)		26
폐꾼(弊-)	폐객(弊客)		26
×푸나무	풋나무	1. '새나무, 갈잎나무, 풋장'의 총칭 2. '풀과 나무'의 뜻으로는 인정함.	17, 25
푸시시	부스스		26
푼내기	푼거리	1. 땔나무를 작게 묶어서 몇 푼의 돈으로 매매하는 일 2. '몇 푼의 돈으로 하는 조그만 내기(노름)'의 뜻으로도 인정함.	26
푿소	×풀소		17, 25

푼소가죽	×풀소가죽		17, 25
푼소고기	×풀소고기		17, 25
×풀소	푼소		17, 25
×풀소가죽	푼소가죽		17, 25
×풀소고기	푼소고기		17, 25
풍구(風-)	풀무	1. 불을 피우는 데 바람을 일으키는 제구 2. '바람을 일으켜서 곡물로부터 쭉정이 따위를 제거하는 기구'의 뜻으로도 인정함.	26
풍석질(風席-)	부뚜질	돗자리로 바람을 일으켜 곡식에 섞인 티끌 따위를 날리는 일	26
×핀둥이쏘이다	핀잔먹다		25
×핀둥이주다	핀잔주다		25
×하마하마	하마터면	'무슨 기회가 자꾸 닥쳐오는 모양'의 뜻으로는 인정함.	25
×해망적다	해망쩍다	총명하지 못하고 아둔하다.	17
해망쩍다	×해망적다	총명하지 못하고 아둔하다.	17
해발쭉하다	×해발쭉하다		8
×해발쭉하다	해발쭉하다		8
헌식돌(獻食-)	시식돌(施食-)	잡귀에게 밥을 주며 경문을 읽는 곳	26
×험집	흠집(欠-)	(고시) 흠가다 / 흠나다 / 흠지다	5, 17
헛불놓다	헛방놓다		26
혐의스럽다(嫌疑-)	혐의쩍다(嫌疑-)		26
×형제주인어멈(兄弟主人-)	쌍동중매(雙童仲媒)		25
호랑나비	범나비	전문 용어로는 '호랑나비'를 인정함.	26
×호래비좆	홀아비좆	쟁기의 한 마루에 가로 꿰어 아래 덧방을 누르는 작은 나무	9
호래자식(-子息)	호래아들		26
×호로로	호르르	1. 날짐승이 나는 소리, 종이가 타는 모양 2. '호루라기나 호각 따위를 부는 소리'의 뜻으로는 인정함.	8
×호루루	호로로	호루라기를 부는 소리	8
호색꾼(好色-)	색골(色骨)		26
혹대패	뒤대패		26

×홀치다	홅이다	'벗어나거나 풀리지 못하게 조처하거나 동이다'의 뜻으로는 '홀치다'를 인정함.	25
×홑껍더기	홑껍데기		9
홑껍데기	×홑껍더기		9
×화라지	활대	1. 돛 위에 가로 댄 나무 2. '옆으로 길게 뻗어나간 나뭇가지를 땔나무로 이르는 말'로는 인정함.	25
×화숙(火-)	화전(火田)		25
화약심지(火藥心-)	화승(火繩)	'도화선(導火線)'도 인정함.	26
활줌통	줌통	활의 한가운데로, 손으로 잡는 부분.	26
활찐	활짝	1. 다만 '활짝'의 뜻 가운데 '밥 따위가 무르녹게 퍼진 모양'의 뜻으로는 인정하지 않음. 2. '너른 들 등이 매우 시원하게 벌어진 모양'의 뜻으로도 인정함.	26
황철나무	백양(白楊)	전문 용어로는 '황철나무'를 인정함.	26
×회춤	골목	'회첨'(처마가 ㄱ 자형으로 꺾여 굽어진 곳)의 뜻으로도 인정하지 않음.	25
후레자식(-子息)	후레아들		26
훗날(後-)	뒷날		26
훗일(後-)	뒷일		26
휠찐	훨쩍	1. 다만 '훨쩍'의 뜻 가운데 '밥 따위가 무르녹도록 퍼진 모양'의 뜻으로는 인정하지 않음. 2. '들 따위가 아주 시원스럽게 벌어진 모양'의 뜻으로도 인정함.	26
흙메	토산(土山)		26
×희나리	희아리	1. 조금 상해 말라서 희끗희끗하게 얼룩이 진 고추 2. '덜 마른 장작'의 뜻으로는 인정함.	17

문 장 부 호

문장 부호의 이름과 그 사용법은 다음과 같이 정한다.

Ⅰ. 마침표〔終止符〕

1. 온점(.), 고리점(。)

가로쓰기에는 온점, 세로쓰기에는 고리점을 쓴다.

(1) 서술, 명령, 청유 등을 나타내는 문장의 끝에 쓴다.

젊은이는 나라의 기둥이다.

황금 보기를 돌같이 하라.

집으로 돌아가자.

다만, 표제어나 표어에는 쓰지 않는다.

압록강은 흐른다(표제어)

꺼진 불도 다시 보자(표어)

(2) 아라비아 숫자만으로 연월일을 표시할 적에 쓴다.

1919. 3. 1.(1919년 3월 1일)

(3) 표시 문자 다음에 쓴다.

1. 마침표　　　ㄱ. 물음표　　　가. 인명

(4) 준말을 나타내는 데 쓴다.

서. 1987. 3. 5.(서기)

2. 물음표(?)

의심이나 물음을 나타낸다.

(1) 직접 질문할 때에 쓴다.

이제 가면 언제 돌아오니?

이름이 뭐지?

(2) 반어나 수사 의문(修辭疑問)을 나타낼 때에 쓴다.

제가 감히 거역할 리가 있습니까?

이게 은혜에 대한 보답이냐?

남북 통일이 되면 얼마나 좋을까?

(3) 특정한 어구 또는 그 내용에 대하여 의심이나 빈정거림, 비웃음 등을 표시할 때, 또는 적절한 말을 쓰기 어려운 경우에 소괄호 안에 쓴다.

그것 참 훌륭한(?) 태도야.

우리 집 고양이가 가출(?)을 했어요.

〔붙임1〕 한 문장에서 몇 개의 선택적인 물음이 겹쳤을 때에는 맨 끝의 물음에만 쓰지만, 각각 독립된 물음인 경우에는 물음마다 쓴다.

너는 한국인이냐, 중국인이냐?

너는 언제 왔니? 어디서 왔니? 무엇하러?

〔붙임2〕 의문형 어미로 끝나는 문장이라도 의문의 정도가 약할 때에는 물음표 대신 온점(또는 고리점)을 쓸 수도 있다.

이 일을 도대체 어쩌란 말이냐.

아무도 그 일에 찬성하지 않을 거야. 혹 미친 사람이면 모를까.

3. 느낌표(!)

감탄이나 놀람, 부르짖음, 명령 등 강한 느낌을 나타낸다.

(1) 느낌을 힘차게 나타내기 위해 감탄사나 감탄형 종결 어미 다음에 쓴다.

앗!

아, 달이 밝구나!

(2) 강한 명령문 또는 청유문에 쓴다.

지금 즉시 대답해!

부디 몸조심하도록!

(3) 감정을 넣어 다른 사람을 부르거나 대답할 적에 쓴다.

춘향아!

예, 도련님!

(4) 물음의 말로써 놀람이나 항의의 뜻을 나타내는 경우에 쓴다.

이게 누구야!

내가 왜 나빠!

〔붙임〕 감탄형 어미로 끝나는 문장이라도 감탄의 정도가 약할 때에는 느낌표 대신 온점(또는 고리점)을 쓸 수도 있다.

개구리가 나온 것을 보니, 봄이 오긴 왔구나.

Ⅱ. 쉼표〔休止符〕

1. 반점(,), 모점(、)

가로쓰기에는 반점, 세로쓰기에는 모점을 쓴다.

문장 안에서 짧은 휴지를 나타낸다.

(1) 같은 자격의 어구가 열거될 때에 쓴다.

근면, 검소, 협동은 우리 겨레의 미덕이다.

충청도의 계룡산, 전라도의 내장산, 강원도의 설악산은 모두 국립공원이다.

다만, 조사로 연결될 적에는 쓰지 않는다.

매화와 난초와 국화와 대나무를 사군자라고 한다.

(2) 짝을 지어 구별할 필요가 있을 때에 쓴다.

닭과 지네, 개와 고양이는 상극이다.

(3) 바로 다음의 말을 꾸미지 않을 때에 쓴다.

슬픈 사연을 간직한, 경주 불국사의 무영탑

성질 급한, 철수의 누이동생이 화를 내었다.

(4) 대등하거나 종속적인 절이 이어질 때에 절 사이에 쓴다.

콩 심으면 콩 나고, 팥 심으면 팥 난다.

흰 눈이 내리니, 경치가 더욱 아름답다.

(5) 부르는 말이나 대답하는 말 뒤에 쓴다.

얘야, 이리 오너라.

예, 지금 가겠습니다.

(6) 제시어 다음에 쓴다.

빵, 빵이 인생의 전부이더냐?

용기, 이것이야말로 무엇과도 바꿀 수 없는 젊은이의 자산이다.

(7) 도치된 문장에 쓴다.

이리 오세요, 어머님.

다시 보자, 한강수야.

(8) 가벼운 감탄을 나타내는 말 뒤에 쓴다.

아, 깜빡 잊었구나.

(9) 문장 첫머리의 접속이나 연결을 나타내는 말 다음에 쓴다.

첫째, 몸이 튼튼해야 된다.

아무튼, 나는 집에 돌아가겠다.

다만, 일반적으로 쓰이는 접속어(그러나, 그러므로, 그리고, 그런데 등) 뒤에는 쓰지 않음을 원칙으로 한다.

그러나 너는 실망할 필요가 없다.

(10) 문장 중간에 끼여든 구절 앞뒤에 쓴다.

나는, 솔직히 말하면, 그 말이 별로 탐탁하지 않소.

철수는 미소를 띠고, 속으로는 화가 치밀었지만, 그들을 맞았다.

(11) 되풀이를 피하기 위하여 한 부분을 줄일 때에 쓴다.

여름에는 바다에서, 겨울에는 산에서 휴가를 즐겼다.

(12) 문맥상 끊어 읽어야 할 곳에 쓴다.

갑돌이가 울면서, 떠나는 갑순이를 배웅했다.

갑돌이가, 울면서 떠나는 갑순이를 배웅했다.

철수가, 내가 제일 좋아하는 친구이다.

남을 괴롭히는 사람들은, 만약 그들이 다른 사람에게 괴롭힘을 당해 본다면, 남을 괴롭히는 일이 얼마나 나쁜 일인지 깨달을 것이다.

(13) 숫자를 나열할 때에 쓴다.

1, 2, 3, 4

(14) 수의 폭이나 개략의 수를 나타낼 때에 쓴다.

5, 6세기 6, 7개

(15) 수의 자릿점을 나열할 때에 쓴다.

14,314

2. 가운뎃점(·)

열거된 여러 단위가 대등하거나 밀접한 관계임을 나타낸다.

(1) 쉼표로 열거된 어구가 다시 여러 단위로 나누어질 때에 쓴다.

철수·영이, 영수·순이가 서로 짝이 되어 윷놀이를 하였다.

공주·논산, 천안·아산·천원 등 각 지역구에서 2명씩 국회 의원을 뽑는다.

시장에 가서 사과·배·복숭아, 고추·마늘·파, 조기·명태·고등어를 샀다.

(2) 특정한 의미를 가지는 날을 나타내는 숫자에 쓴다.

3·1 운동 8·15 광복

(3) 같은 계열의 단어 사이에 쓴다.

경북 방언의 조사·연구

충북·충남 두 도를 합하여 충청도라고 한다.

동사·형용사를 합하여 용언이라고 한다.

3. 쌍점(:)

(1) 내포되는 종류를 들 적에 쓴다.

문장 부호 : 마침표, 쉼표, 따옴표, 묶음표 등

문방사우 : 붓, 먹, 벼루, 종이

(2) 소표제 뒤에 간단한 설명이 붙을 때에 쓴다.

일시 : 1984년 10월 15일 10시

마침표 : 문장이 끝남을 나타낸다.

(3) 저자명 다음에 저서명을 적을 때에 쓴다.

정약용 : 목민심서, 경세유표

주시경 : 국어 문법, 서울 박문 서관, 1910.

(4) 시(時)와 분(分), 장(章)과 절(節) 따위를 구별할 때나, 둘 이상을 대비할 때에 쓴다.

오전 10:20(오전 10시 20분)

요한 3:16(요한복음 3장 16절)

대비 65:60(65대60)

4. 빗금(/)

(1) 대응, 대립되거나 대등한 것을 함께 보이는 단어와 구, 절 사이에 쓴다.

남궁만/남궁 만　　백이십오 원/125원

착한 사람/악한 사람　　맞닥뜨리다/맞닥트리다

(2) 분수를 나타낼 때에 쓰기도 한다.

3/4 분기　　3/20

Ⅲ. 따옴표〔引用符〕

1. 큰따옴표(“ ”), 겹낫표(『 』)

가로쓰기에는 큰따옴표, 세로쓰기에는 겹낫표를 쓴다.

대화, 인용, 특별 어구 따위를 나타낸다.

(1) 글 가운데서 직접 대화를 표시할 때에 쓴다.

“전기가 없었을 때는 어떻게 책을 보았을까?”

“그야 등잔불을 켜고 보았겠지.”

(2) 남의 말을 인용할 경우에 쓴다.

예로부터 “민심은 천심이다.”라고 하였다.

“사람은 사회적 동물이다.”라고 말한 학자가 있다.

2. 작은따옴표(‘ ’), 낫표(「 」)

가로쓰기에는 작은따옴표, 세로쓰기에는 낫표를 쓴다.

(1) 따온 말 가운데 다시 따온 말이 들어 있을 때에 쓴다.

“여러분! 침착해야 합니다. ‘하늘이 무너져도 솟아날 구멍이 있다.’고 합니다.”

(2) 마음속으로 한 말을 적을 때에 쓴다.

‘만약 내가 이런 모습으로 돌아간다면, 모두들 깜짝 놀라겠지.’

〔붙임〕 문장에서 중요한 부분을 두드러지게 하기 위해 드러냄표 대신에 쓰기도 한다.

지금 필요한 것은 ‘지식’이 아니라 ‘실천’입니다.

‘배부른 돼지’보다는 ‘배고픈 소크라테스’가 되겠다.

Ⅳ. 묶음표〔括弧符〕

1. 소괄호(( ))

(1) 원어, 연대, 주석, 설명 등을 넣을 적에 쓴다.

커피(coffee)는 기호 식품이다.

3·1 운동(1919) 당시 나는 중학생이었다.

'무정(無情)'은 춘원(6·25 때 납북)의 작품이다.

니체(독일의 철학자)는 이렇게 말했다.

(2) 특히, 기호 또는 기호적인 구실을 하는 문자, 단어, 구에 쓴다.

(1) 주어 (ㄱ) 명사 (라) 소리에 관한 것

(3) 빈 자리임을 나타낼 적에 쓴다.

우리 나라의 수도는 ( )이다.

2. 중괄호({ })

여러 단위를 동등하게 묶어서 보일 때에 쓴다.

주격 조사 {가, 이}   국가의 삼 요소 {국토, 국민, 주권}

3. 대괄호 ([ ])

(1) 묶음표 안의 말이 바깥 말과 음이 다를 때에 쓴다.

나이[年歲]   낱말[單語]   손발[手足]

(2) 묶음표 안에 또 묶음표가 있을 때에 쓴다.

명령에 있어서의 불확실[단호(斷乎)하지 못함.]은 복종에 있어서의 불확실[모호(模糊)함.]을 낳는다.

Ⅴ. 이음표[連結符]

1. 줄표(——)

이미 말한 내용을 다른 말로 부연하거나 보충함을 나타낸다.

(1) 문장 중간에 앞의 내용에 대해 부연하는 말이 끼여들 때에 쓴다.

그 신동은 네 살에——보통 아이 같으면 천자문도 모를 나이에——벌써 시를 지었다.

(2) 앞의 말을 정정 또는 변명하는 말이 이어질 때에 쓴다.

어머님께 말했다가——아니, 말씀드렸다가——꾸중만 들었다.

이건 내 것이니까——아니, 내가 처음 발견한 것이니까——절대로 양보할 수가 없다.

2. 붙임표(-)

(1) 사전, 논문 등에서 합성어를 나타낼 적에, 또는 접사나 어미임을 나타낼 적에 쓴다.

겨울-나그네   불-구경   손-발

휘-날리다   슬기-롭다   -(으)ㄹ걸

(2) 외래어와 고유어 또는 한자어가 결합되는 경우에 쓴다.

나일론-실   다-장조   빛-에너지   염화-칼륨

3. 물결표(~)

(1) '내지'라는 뜻에 쓴다.

9월 15일~9월 25일

(2) 어떤 말의 앞이나 뒤에 들어갈 말 대신 쓴다.

새마을 : ~ 운동   ~ 노래

-가(家) : 음악~   미술~

Ⅵ. 드러냄표〔顯在符〕

1. 드러냄표(˚ , ˙)

·이나 ˚을 가로쓰기에는 글자 위에, 세로쓰기에는 글자 오른쪽에 쓴다.

문장 내용 중에서 주의가 미쳐야 할 곳이나 중요한 부분을 특별히 드러내 보일 때에 쓴다.

한글의 본 이름은 훈민정음이다.

중요한 것은 왜 사느냐가 아니라 어떻게 사느냐 하는 문제이다.

〔붙임〕 가로쓰기에서는 밑줄(___ , ﹏﹏)을 치기도 한다.

다음 보기에서 명사가 아닌 것은?

Ⅶ. 안드러냄표〔潛在符〕

1. 숨김표(××, ○○)

알면서도 고의로 드러내지 않음을 나타낸다.

(1) 금기어나 공공연히 쓰기 어려운 비속어의 경우, 그 글자의 수효만큼 쓴다.

배운 사람 입에서 어찌 ○○○란 말이 나올 수 있느냐?

그 말을 듣는 순간 ×××란 말이 목구멍까지 치밀었다.

(2) 비밀을 유지할 사항일 경우, 그 글자의 수효만큼 쓴다.

육군 ○○ 부대 ○○○명이 작전에 참가하였다.

그 모임의 참석자는 김×× 씨, 정×× 씨 등 5명이었다.

2. 빠짐표(□)

글자의 자리를 비워 둠을 나타낸다.

(1) 옛 비문이나 서적 등에서 글자가 분명하지 않을 때에 그 글자의 수효만큼 쓴다.

大師爲法主□□賴之大□薦 (옛 비문)

(2) 글자가 들어가야 할 자리를 나타낼 때에 쓴다.

훈민정음의 초성 중에서 아음(牙音)은 □□□의 석 자다.

3. 줄임표(……)

(1) 할 말을 줄였을 때에 쓴다.

"어디 나하고 한 번……."

하고 철수가 나섰다.

(2) 말이 없음을 나타낼 때에 쓴다.

"빨리 말해!"

"……."

로마자 표기법

제 1 장 표기의 기본 원칙

제 1 항 국어의 로마자 표기는 국어의 표준 발음법에 따라 적는 것을 원칙으로 한다.

제 2 항 로마자 이외의 부호는 되도록 사용하지 않는다.

제 2 장 표기 일람

제 1 항 모음은 다음 각 호와 같이 적는다.

1. 단모음

ㅏ	ㅓ	ㅗ	ㅜ	ㅡ	ㅣ	ㅐ	ㅔ	ㅚ	ㅟ
a	eo	o	u	eu	i	ae	e	oe	wi

2. 이중 모음

ㅑ	ㅕ	ㅛ	ㅠ	ㅒ	ㅖ	ㅘ	ㅙ	ㅝ	ㅞ	ㅢ
ya	yeo	yo	yu	yae	ye	wa	wae	wo	we	ui

〔**붙임1**〕 'ㅢ'는 'ㅣ'로 소리 나더라도 'ui'로 적는다.

광희문 Gwanghuimun

〔**붙임2**〕 장모음의 표기는 따로 하지 않는다.

제 2 항 자음은 다음 각 호와 같이 적는다.

1. 파열음

ㄱ	ㄲ	ㅋ	ㄷ	ㄸ	ㅌ	ㅂ	ㅃ	ㅍ
g,k	kk	k	d,t	tt	t	b,p	pp	p

2. 파찰음

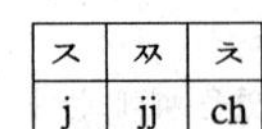

ㅈ	ㅉ	ㅊ
j	jj	ch

3. 마찰음

ㅅ	ㅆ	ㅎ
s	ss	h

4. 비음

ㄴ	ㅁ	ㅇ
n	m	ng

5. 유음

ㄹ
r,l

〔**붙임1**〕 'ㄱ, ㄷ, ㅂ'은 모음 앞에서는 'g, d, b'로, 자음 앞이나 어말에서는 'k, t, p'로 적는다. (〔 〕 안의 발음에 따라 표기함.)

〔**붙임2**〕 'ㄹ'은 모음 앞에서는 'r'로, 자음 앞이나 어말에서는 'l'로 적는다. 단, 'ㄹㄹ'은 'll'로 적는다.

구 리 Guri　　설 악 Seorak　　칠 곡 Chilgok

임 실 Imsil　　울 릉 Ulleung　　대관령〔대괄령〕 Daegwallyeong

제 3 장 표기상의 유의점

제 1 항 음운 변화가 일어날 때에는 변화의 결과에 따라 다음 각 호와 같이 적는다.

1. 자음 사이에서 동화 작용이 일어나는 경우

백마〔뱅마〕 Baengma	신문로〔신문노〕 Sinmunno
종로〔종노〕 Jongno	왕십리〔왕심니〕 Wangsimni
별내〔별래〕 Byeollae	신라〔실라〕 Silla

2. ‘ㄴ, ㄹ’이 덧나는 경우

학여울〔항녀울〕 Hangnyeoul	알약〔알략〕 allyak

3. 구개음화가 되는 경우

해돋이〔해도지〕 haedoji	같이〔가치〕 gachi
맞히다〔마치다〕 machida	

4. ‘ㄱ, ㄷ, ㅂ, ㅈ’이 ‘ㅎ’과 합하여 거센소리로 소리 나는 경우

좋고〔조코〕 joko	놓다〔노타〕 nota
잡혀〔자펴〕 japyeo	낳지〔나치〕 nachi

다만, 체언에서 ‘ㄱ, ㄷ, ㅂ’ 뒤에 ‘ㅎ’이 따를 때에는 ‘ㅎ’을 밝혀 적는다.

묵호 Mukho	집현전 Jiphyeonjeon

〔**붙임**〕 된소리되기는 표기에 반영하지 않는다.

압구정 Apgujeong	낙동강 Nakdonggang
죽 변 Jukbyeon	낙성대 Nakseongdae
합 정 Hapjeong	팔 당 Paldang
샛 별 saetbyeol	울 산 Ulsan

제 2 항 발음상 혼동의 우려가 있을 때에는 음절 사이에 붙임표(-)를 쓸 수 있다.

중 앙 Jung-ang	반구대 Ban-gudae
세 운 Se-un	해운대 Hae-undae

제 3 항 고유 명사는 첫 글자를 대문자로 적는다.

부 산 Busan	세 종 Sejong

제 4 항 인명은 성과 이름의 순서로 띄어 쓴다. 이름은 붙여 쓰는 것을 원칙으로 하되 음절 사이에 붙임표(-)를 쓰는 것을 허용한다. ((　)안의 표기를 허용함.)

민용하 Min Yongha (Min Yong-ha)

송나리 Song Nari (Song Na-ri)

1. 이름에서 일어나는 음운 변화는 표기에 반영하지 않는다.

한복남 Han Boknam (Han Bok-nam)

홍빛나 Hong Bitna (Hong Bit-na)

2. 성의 표기는 따로 정한다.

제5항 '도, 시, 군, 구, 읍, 면, 리, 동'의 행정 구역 단위와 '가'는 각각 'do, si, gun, gu, eup, myeon, ri, dong, ga'로 적고, 그 앞에는 붙임표(-)를 넣는다. 붙임표(-) 앞뒤에서 일어나는 음운 변화는 표기에 반영하지 않는다.

충청북도 Chungcheongbuk-do　　제주도 Jeju-do
의정부시 Uijeongbu-si　　양주군 Yangju-gun
도봉구 Dobong-gu　　신창읍 Sinchang-eup
삼죽면 Samjuk-myeon　　인왕리 Inwang-ri
당산동 Dangsan-dong　　봉천1동 Bongcheon 1(il)-dong
종로 2가 Jongno 2(i)-ga　　퇴계로 3가 Toegyero 3(sam)-ga

〔**붙임**〕 '시, 군, 읍'의 행정 구역 단위는 생략할 수 있다.

청주시 Cheongju　　함평군 Hampyeong　　순창읍 Sunchang

제6항 자연 지물명, 문화재명, 인공 축조물명은 붙임표(-) 없이 붙여 쓴다.

남 산 Namsan　　속리산 Songnisan
금 강 Geumgang　　독 도 Dokdo
경복궁 Gyeongbokgung　　무량수전 Muryangsujeon
연화교 Yeonhwagyo　　극락전 Geungnakjeon
안압지 Anapji　　남한산성 Namhansanseong
화랑대 Hwarangdae　　불국사 Bulguksa
현충사 Hyeonchungsa　　독립문 Dongnimmun
오죽헌 Ojukheon　　촉석루 Chokseongnu
종 묘 Jongmyo　　다보탑 Dabotap

제7항 인명, 회사명, 단체명 등은 그동안 써 온 표기를 쓸 수 있다.

제8항 학술 연구 논문 등 특수 분야에서 한글 복원을 전제로 표기할 경우 에는 한글 표기를 대상으로 적는다. 이때 글자 대응은 제2장을 따르되 'ㄱ, ㄷ, ㅂ, ㄹ'은 'g, d, b, l'로만 적는다. 음가 없는 'ㅇ'은 붙임표(-)로 표기하되 어두에서는 생략하는 것을 원칙으로 한다. 기타 분절의 필요가 있을 때에도 붙임표(-)를 쓴다.

집 jib　　짚 jip　　밖 bakk
값 gabs　　붓꽃 buskkoch　　먹는 meogneun
독립 doglib　　문리 munli　　물엿 mul-yeos
굳이 gud-i　　좋다 johda　　가곡 gagog
조랑말 jolangmal　　없었습니다 eobs-eoss-seubnida

외래어(영어) 표기법

〈1986. 1. 7. 문교부 고시〉

국제 음성 기호와 한글 대조표

자음			반모음		모음	
국제 음성 기호	한글 (모음 앞)	한글 (자음 앞 또는 어말)	국제 음성 기호	한글	국제 음성 기호	한글
p	ㅍ	ㅂ, 프	j	이	i	이
b	ㅂ	브	ɥ	위	y	위
t	ㅌ	ㅅ, 트	w	오, 우	e	에
d	ㄷ	드			ø	외
k	ㅋ	ㄱ, 크			ɛ	에
g	ㄱ	그			ɛ̃	앵
f	ㅍ	프			œ	외
v	ㅂ	브			œ̃	욍
θ	ㅅ	스			æ	애
ð	ㄷ	드			a	아
s	ㅅ	스			ɑ	아
z	ㅈ	즈			ɑ̃	앙
ʃ	시	슈, 시			ʌ	어
ʒ	ㅈ	지			ɔ	오
ts	ㅊ	츠			ɔ̃	옹
dz	ㅈ	즈			o	오
tʃ	ㅊ	치			u	우
dʒ	ㅈ	지			ə	어
m	ㅁ	ㅁ			ɚ	어
n	ㄴ	ㄴ				
ɲ	니	뉴				
ŋ	ㅇ	ㅇ				
l	ㄹ, ㄹㄹ	ㄹ				
r	ㄹ	르				
h	ㅎ	흐				
ç	ㅎ	히				
x	ㅎ	흐				

'국제 음성 기호와 한글 대조표'에 따라 적되, 다음 사항에 유의하여 적는다.

제 1 항 무성 파열음([p], [t], [k])

1) 짧은 모음 다음의 어말 무성 파열음([p], [t], [k])은 받침으로 적는다.

보기 gap[gæp] 갭 cat[kæt] 캣
book[buk] 북

2) 짧은 모음과 유음·비음([l], [r], [m], [n]) 이외의 자음 사이에 오는 무성 파열음([p], [t], [k])은 받침으로 적는다.

보기 apt[æpt] 앱트 setback[setbæk] 셋백
act[ækt] 액트

3) 위 경우 이외의 어말과 자음 앞의 [p], [t], [k]는 '으'를 붙여 적는다.

보기 stamp[stæmp] 스탬프 cape[keip] 케이프
nest[nest] 네스트 part[pɑːt] 파트
desk[desk] 데스크 make[meik] 메이크
apple[æpl] 애플 mattress[mætris] 매트리스
chipmunk[tʃipmʌŋk] 치프멍크 sickness[siknis] 시크니스

제 2 항 유성 파열음([b], [d], [g])

어말과 모든 자음 앞에 오는 유성 파열음은 '으'를 붙여 적는다.

보기 bulb[bʌlb] 벌브 land[lænd] 랜드
zigzag[zigzæg] 지그재그 lobster[lɔbstə] 로브스터
kidnap[kidnæp] 키드냅 signal[signəl] 시그널

제 3 항 마찰음([s], [z], [f], [v], [θ], [ð], [ʃ], [ʒ])

1) 어말 또는 자음 앞의 [s], [z], [f], [v], [θ], [ð]는 '으'를 붙여 적는다.

보기 mask[mɑːsk] 마스크 jazz[dʒæz] 재즈
graph[græf] 그래프 olive[ɔliv] 올리브
thrill[θril] 스릴 bathe[beið] 베이드

2) 어말의 [ʃ]는 '시'로 적고, 자음 앞의 [ʃ]는 '슈'로, 모음 앞의 [ʃ]는 뒤따르는 모음에 따라 '샤', '섀', '셔', '셰', '쇼', '슈', '시'로 적는다.

보기 flash[flæʃ] 플래시 shrub[ʃrʌb] 슈러브
shark[ʃɑːk] 샤크 shank[ʃæŋk] 섕크
fashion[fæʃən] 패션 sheriff[ʃerif] 셰리프
shopping[ʃɔpiŋ] 쇼핑 shoe[ʃuː] 슈
shim[ʃim] 심

3) 어말 또는 자음 앞의 [ʒ]는 '지'로 적고, 모음 앞의 [ʒ]는 'ㅈ'으로 적는다.

보기 mirage[mirɑːʒ] 미라지 vision[viʒən] 비전

제 4 항 파찰음([ts], [dz], [tʃ], [dʒ])

1) 어말 또는 자음 앞의 [ts], [dz]는 '츠', '즈'로 적고, [tʃ], [dʒ]는 '치', '지'로 적는다.

보기 Keats[kiːts] 키츠 odds[ɔdz] 오즈

switch[switʃ] 스위치	bridge[bridʒ] 브리지
Pittsburgh[pitsbəːg] 피츠버그	hitchhike[hitʃhaik] 히치하이크

2) 모음 앞의 [tʃ], [dʒ]는 'ㅊ', 'ㅈ'으로 적는다.

보기 chart[tʃɑːt] 차트	virgin[vəːdʒin] 버진

제5항 비음([m], [n], [ŋ])

1) 어말 또는 자음 앞의 비음은 모두 받침으로 적는다.

보기 steam[stiːm] 스팀	corn[kɔːn] 콘
ring[riŋ] 링	lamp[læmp] 램프
hint[hint] 힌트	ink[iŋk] 잉크

2) 모음과 모음 사이의 [ŋ]은 앞 음절의 받침 'ㅇ'으로 적는다.

보기 hanging[hæŋiŋ] 행잉	longing[lɔŋiŋ] 롱잉

제6항 유음([l])

1) 어말 또는 자음 앞의 [l]은 받침으로 적는다.

보기 hotel[houtel] 호텔	pulp[pʌlp] 펄프

2) 어중의 [l]이 모음 앞에 오거나, 모음이 따르지 않는 비음([m], [n]) 앞에 올 때에는 'ㄹㄹ'로 적는다. 다만, 비음([m], [n]) 뒤의 [l]은 모음 앞에 오더라도 'ㄹ'로 적는다.

보기 slide[slaid] 슬라이드	film[film] 필름
helm[helm] 헬름	swoln[swouln] 스월른
Hamlet[hæmlit] 햄릿	Henley[henli] 헨리

제7항 장모음

장모음의 장음은 따로 표기하지 않는다.

보기 team[tiːm] 팀	route[ruːt] 루트

제8항 중모음([ai], [au], [ei], [ɔi], [ou], [auə])

중모음은 각 단모음의 음가를 살려서 적되, [ou]는 '오'로, [auə]는 '아워'로 적는다.

보기 time[taim] 타임	house[haus] 하우스
skate[skeit] 스케이트	oil[ɔil] 오일
boat[bout] 보트	tower[tauə] 타워

제9항 반모음([w], [j])

1) [w]는 뒤따르는 모음에 따라 [wə], [wɔ], [wou]는 '워', [wɑ]는 '와', [wæ]는 '왜', [we]는 '웨', [wi]는 '위', [wu]는 '우'로 적는다.

보기 word[wəːd] 워드	want[wɔnt] 원트
woe[wou] 워	wander[wɑndə] 완더
wag[wæg] 왜그	west[west] 웨스트
witch[witʃ] 위치	wool[wul] 울

2) 자음 뒤에 [w]가 올 때에는 두 음절로 갈라 적되, [gw], [hw], [kw]는 한 음절로 붙여 적는다.

보기 swing[swiŋ] 스윙	twist[twist] 트위스트

penguin[peŋgwin] 펭귄 whistle[hwisl] 휘슬
quarter[kwɔːtə] 쿼터

3) 반모음 [j]는 뒤따르는 모음과 합쳐 '야', '얘', '여', '예', '요', '유', '이'로 적는다. 다만, [d], [l], [n] 다음에 [jə]가 올 때에는 각각 '디어', '리어', '니어'로 적는다.

보기 yard[jɑːd] 야드 yank[jæŋk] 얭크
yearn[jəːn] 연 yellow[jelou] 옐로
yawn[jɔːn] 욘 you[juː] 유
year[jiə] 이어
Indian[indjən] 인디언 battalion[bətæljən] 버탤리언
union[juːnjən] 유니언

제10항 복합어

1) 따로 설 수 있는 말의 합성으로 이루어진 복합어는 그것을 구성하고 있는 말이 단독으로 쓰일 때의 표기대로 적는다.

보기 cuplike[kʌplaik] 컵라이크
bookend[bukend] 북엔드
headlight[hedlait] 헤드라이트
touchwood[tʌtʃwud] 터치우드
sit-in[sitin] 싯인
bookmaker[bukmeikə] 북메이커
flashgun[flæʃgʌn] 플래시건
topknot[tɔpnɔt] 톱놋

2) 원어에서 띄어 쓴 말은 띄어 쓴 대로 한글 표기를 하되, 붙여 쓸 수도 있다.

보기 Los Alamos[lɔs æləmous] 로스 앨러모스/로스앨러모스
top class[tɔpklæs] 톱 클래스/톱클래스

외래어 표기 용례

일 러 두 기

❖ 수록 범위

- 교육부에서 펴낸 '편수 자료 Ⅱ-1 외래어 표기 용례(일반 외래어)'(1994년 1월 10일 발행)에서 선정한 3,000여 어를 수록하였다.
- 주로 일반 용어를 수록하되, 고유 명사(종족이나 언어의 이름 따위)도 실었다.
- 편수 자료에는 수록되어 있지 않으나 일상 언어생활에서 널리 쓰이는 '인터넷(internet)'이나 '엘니뇨(el Niño)' 따위 용어도 선별하여 수록하였다.

❖ 원어

- 원어는 모두 로마자로 제시하고 이에 따라 알파벳순으로 배열하였다.
- 가능한 한 원어가 한글 표기에 일치하도록 하여 제시하였다.

  ㊕ 볼펜 ⇨ **ball pen**(←**ball-point pen**)
- 원어의 일부에 대해서만 한글 표기를 했더라도 그 부분만 끊어 낼 수 없을 때는 전체를 제시하였다.

  ㊕ 포름(산) ⇨ **formic acid**

❖ 한글 표기

- 1986년 문교부에서 고시한 '외래어 표기법'에 따라, 자음의 표기에 된소리를 쓰지 않고(단, '삐라'·'껌' 따위와 같은 관용음은 된소리를 인정함), 장모음의 장음을 따로 표기하지 않았다.
- 편수 자료에서 띄어 쓴 말은 한글 표기에서도 띄어 썼으나 적절하지 않은 경우에는 붙였다.

  ㊕ **home run** ⇨ 홈런.

a

acacia 아카시아
academic 아카데믹
academy 아카데미
acanthus 아칸서스
accelerator 액셀러레이터
accent 악센트
acceptor 억셉터
access 액세스
accessory 액세서리
accordion 아코디언
ace 에이스
acetate 아세테이트
acetaldehyde 아세트알데히드
acetic acid 아세트(산)
acetone 아세톤
acetyl 아세틸
acetylene 아세틸렌
Achilles tendon 아킬레스(건)
acre 에이커
acrylic acid 아크릴(산)
action 액션
active 액티브
acyl 아실
AD 에이디
adagio 아다지오
adapter 어댑터
ad+balloon 애드벌룬
address 어드레스
adenine 아데닌
adrenaline 아드레날린
advantage 어드밴티지
aerobic dance 에어로빅 댄스
aerofoil 에어로포일
aerosol 에어로졸
afghan 아프간 〔편물〕
after+service 애프터서비스
agapē 아가페
agrément 아그레망
Ainu 아이누
air conditioner 에어컨(디셔너)
airspray 에어스프레이
album 앨범
albumin 알부민

alcohol 알코올
aldehyde 알데히드
ALGOL 알골
algorism 알고리즘
alibi 알리바이
alkali 알칼리
alkaloid 알칼로이드
Allah 알라
allegory 알레고리
allegretto 알레그레토
allegro 알레그로
alleluia 알렐루야
Allergie 알레르기
alligator 앨리게이터
all-in-one 올인원
almond 아몬드
aloha 'oe 알로하 오에
alpaca 알파카
Alpenhorn 알펜호른
alpha 알파
alphabet 알파벳
alpine 알파인
Altai 알타이
alto 알토
aluminium 알루미늄
Alzheimer 알츠하이머
amalgam 아말감
amateur 아마추어
amateurism 아마추어리즘
amber 앰버
ambulance 앰뷸런스
amide 아미드
amine 아민
amino acid 아미노(산)
ammonia 암모니아
ammonite 암모나이트
ammonium 암모늄
amoeba 아메바
ampère 암페어 〔단위〕
amplifier 앰프(앰플리파이어)
ampoule 앰풀
Amylase 아밀라아제
analogue 아날로그
anchor 앵커
anchovy 안초비
ancien régime 앙시앵 레짐
andante 안단테
andantino 안단티노
androgen 안드로겐
Andromeda 안드로메다
anemone 아네모네
aneroid 아네로이드
angel 에인절
angle 앵글
Anglo-Saxon 앵글로·색슨
Angora 앙고라
aniline 아닐린
animation 애니메이션
animism 애니미즘
announcer 아나운서
anomie 아노미
antenna 안테나
antique 앤티크
Antithese 안티테제
Apache 아파치
APEC 에이펙
Apollo 아폴로
apparel 어패럴
appassionato 아파시오나토
appeal 어필
appetizer 애피타이저
application 애플리케이션
applicator 애플리케이터
appliqué 아플리케
approach 어프로치
apron 에이프런
Arab 아랍
arabesque 아라베스크
Arabian Nights 아라비안 나이트
Arbeit 아르바이트
arc 아크
arcade 아케이드
arch 아치
archaic 아케익
are 아르
area 에어리어
argon 아르곤
armature 아마추어
aria 아리아
arpeggio 아르페지오
Arrow 애로(호) 〔배 이름〕
art nouveau 아르 누보
art paper 아트지
Aryan 아리안(족)
ASEAN 아세안
asparagine 아스파라긴
asparagus 아스파라거스
asphalt 아스팔트
Aspirin 아스피린
assemblage 어셈블리지
assembler 어셈블러
atelier 아틀리에
a tempo 아 템포
Atonie 아토니
audio 오디오
Aureomycin 오레오마이신
aurora 오로라
Australopithecus 오스트랄로피테쿠스
auto 오토
autobicycle 오토바이
automatic 오토매틱
automation 오토메이션
auxin 옥신
avant-garde 아방가르드
average 애버리지
Aztec 아스텍

Babel 바벨(탑)
baby boom 베이비 붐
background 백그라운드
backhand 백핸드
back mirror 백미러
back pass 백 패스
backup 백업
bacon 베이컨
bacteria 박테리아
badge 배지
badminton 배드민턴
bag 백
bag pipe 백파이프
baking powder 베이킹 파우더
balance 밸런스
balcony 발코니
ball 볼
ballad 발라드
ballade 발라드
ballerina 발레리나
ballet 발레
balloon 벌룬
ball pen 볼펜
balsam 발삼
Balt 발트(해)
banana 바나나
band 밴드
banjo 밴조
bank 뱅크
banking 뱅킹
bantam 밴텀
bar 바
barbecue 바비큐
barbell 바벨
bargain-sale 바겐세일
barge 바지
baritone 바리톤
barium 바륨
barometer 바로미터
baroque 바로크
barrel 배럴
barricade 바리케이드
bartender 바텐더
base 베이스

baseball 베이스볼
BASIC 베이식
basilica 바실리카
basket 바스켓
Basque 바스크(족)
bass 배스 〔물고기, 섬유〕
bass 베이스 〔음악〕
bassoon 바순
bat 배트
baton 배턴 〔체육〕
battery 배터리
batting 배팅
bauxite 보크사이트
bazar 바자
bazooka 바주카
BC 비시
beach parasol 비치파라솔
beacon 비컨
beaker 비커
beam 빔
bearing 베어링
beauty 뷰티
beaver 비버
bed 베드
Bedouin 베두인(족)
beef-steak 비프스테이크
beer 비어
begonia 베고니아
beige 베이지
bell 벨
belt conveyor 벨트 컨베이어
belt line 벨트 라인
bench 벤치
bench-marking 벤치마킹
benzene 벤젠
béret 베레
beryllium 베릴륨
best 베스트
best seller 베스트셀러
beta 베타
bias 바이어스
bidet 비데
Big-Bang 빅뱅
bikini 비키니
bill 삐라
billboard 빌보드
bi-metal 바이메탈
bind 바인드
binder 바인더
biosensor 바이오센서
birdie 버디
biscuit 비스킷
bishop 비숍
bit 비트
bite 바이트
black box 블랙박스
black hole 블랙홀
blacklist 블랙리스트
blank 블랭크
blast 블라스트
blind 블라인드
bloc 블록
block 블록
blockbuster 블록버스터
blocking 블로킹
blouse 블라우스
blowing 블로잉
blue-collar 블루칼라
bluegill 블루길
blue jeans 블루진
blues 블루스
board 보드
boarding 보딩
boat 보트
bobsleigh 봅슬레이
body-building 보디빌딩
Body-line 보디라인
Bohemian 보헤미안
boiler 보일러
bolero 볼레로
Bol'sheviki 볼셰비키
Bolshevism 볼셰비즘
bolt 볼트
bond 본드
bonnet 보닛
bonus 보너스
boom 붐
boomerang 부메랑
booster 부스터
boots 부츠
Bordeaux 보르도
boring 보링
boss 보스
bound 바운드
bourgeois 부르주아
bourgeoisie 부르주아지
bowl 볼
bowling 볼링
box 박스
boxer 복서
boxing 복싱
boycott 보이콧
Boy Scout 보이 스카우트
Brahman 브라만
brain 브레인
brake 브레이크
brake lining 브레이크 라이닝
branch 브랜치
brand 브랜드
brandy 브랜디
brass band 브라스 밴드
brassiere 브래지어
bravo 브라보
break 브레이크
breakfast 브렉퍼스트
breastband 브레스트밴드
bridge 브리지
briefing 브리핑
briefs 브리프
brochure 브로슈어
broker 브로커
Brom 브롬
bromide 브로마이드
bromine 브롬
bronze 브론즈
brooch 브로치
brown 브라운
brush 브러시
bucket 버킷
buckle 버클
buff 버프
buffer 버퍼
buffet 뷔페
bug 버그
building 빌딩
bulldozer 불도저
bumper 범퍼
bungalow 방갈로
bunker 벙커
bunt 번트
Burberry 바바리
burette 뷰렛
burner 버너
bus 버스
Bushman 부시먼(족)
business 비즈니스
butane 부탄
butanol 부탄올
butter 버터
butterfly 버터플라이
button 버튼
buyer 바이어
buzz 버즈
buzzer 버저
Byzantine 비잔틴

Cabaret 카바레
cabbage 캐비지
cabinet 캐비닛
cable 케이블
cable car 케이블카
cacao 카카오

cadenza 카덴차
Cadillac 캐딜락
cadmium 카드뮴
café 카페
café au lait 카페 오레
cafeteria 카페테리아
caffeine 카페인
caisson 케이슨
cake 케이크
calcium 칼슘
caldera 칼데라
calendar 캘린더
calipers 캘리퍼스
caliph 칼리프
call taxi 콜택시
called game 콜드 게임
calorie 칼로리
Calypso 칼립소
cam 캠
camber 캠버
Cambrian Period 캄브리아(기)
camera 카메라
camisole 캐미솔
camp 캠프
campaign 캠페인
campfire 캠프파이어
camping 캠핑
campus 캠퍼스
can 캔
canapé 카나페
canaria 카나리아
cancan 캉캉
candela 칸델라
candy 캔디
canna 칸나
cannon 캐넌
canoe 카누
canon 카논
cantabile 칸타빌레
cantata 칸타타
canvas 캔버스
canzone 칸초네
cap 캡
capsule 캡슐
caramel 캐러멜
carat 캐럿
carbide 카바이드
carbine 카빈
carburetor 카뷰레터
card 카드
cardigan 카디건
card section 카드 섹션
career 커리어
car ferry 카페리
cargo 카고
caricature 캐리커처
carnation 카네이션
carnival 카니발
carol 캐럴
carotin 카로틴
carpet 카펫
carrier 캐리어
carrot 캐럿
cartel 카르텔
cartoon 카툰
cartridge 카트리지
case 케이스
casein 카세인
cashew 캐슈
cashmere 캐시미어
cashmilon 캐시밀론
casino 카지노
cassette 카세트
Cassiopeia 카시오페이아
castanets 캐스터네츠
caste 카스트
castella 카스텔라
casting vote 캐스팅 보트
casual 캐주얼
caster 캐스터
cat 캣
catacomb 카타콤
catarrh 카타르
catcher 캐처
catchphrase 캐치프레이즈
caterpillar 캐터필러
catharsis 카타르시스
Catholic 가톨릭
catsup 케첩
ceiling 실링
celery 셀러리
cell 셀
cello 첼로
cellophane 셀로판
celluloid 셀룰로이드
cellulose 셀룰로오스
Celt 켈트(족)
cembalo 쳄발로
cement 시멘트
census 센서스
cent 센트
center 센터
center forward 센터 포워드
centering 센터링
centimeter 센티미터
ceramics 세라믹
cereal 시리얼
cesium 세슘
chador 차도르
chain 체인
chain store 체인 스토어
chalk 초크
challenger 챌린저
chamber 체임버
chameleon 카멜레온
champagne 샴페인
champion 챔피언
chance 찬스
chandelier 샹들리에
chandler 챈들러
change 체인지
channel 채널
chanson 샹송
chaos 카오스
character 캐릭터
charging 차징
charisma 카리스마
chart 차트
Chartist 차티스트
chase 체이스
chassis 섀시
chauvinism 쇼비니즘
check 체크
check list 체크 리스트
cheese 치즈
cheetah 치타
chemical shoes 케미컬 슈즈
chemise 슈미즈
cherry 체리
chewing gum 추잉 검
chicken 치킨
chicle 치클
Chihuahua 치와와
chime 차임
chimera 키메라
chimpanzee 침팬지
china 차이나
Chinchilla 친칠라
Chinook 치누크
chip 칩
chitin 키틴
chlorella 클로렐라
chloroform 클로로포름
chocolate 초콜릿
choke 초크
cholera 콜레라
cholesterol 콜레스테롤
choline 콜린
chord 코드
chorus 코러스
chou creme 슈크림
christian 크리스천

Christmas 크리스마스
chroma 크로마
chromic acid 크롬(산)
cider 사이다
cigar 시가
Cinema Scope 시네마스코프
circle 서클
circuit 서킷
circus 서커스
claim 클레임
clarinet 클라리넷
class 클래스
classic 클래식
cleaner 클리너
cleaning 클리닝
clear 클리어
click 클릭
climax 클라이맥스
clinch 클린치
clip 클립
close-up 클로즈업
clover 클로버
club 클럽
clutch pedal 클러치 페달
coach 코치
coak 코크
coal-tar 콜타르
coast 코스트
coat 코트
coating 코팅
cobalt 코발트
COBOL 코볼
cobra 코브라
cocaine 코카인
cock 콕
cocking 코킹
cocktail 칵테일
cocoa 코코아
coconut 코코넛
code 코드
coding 코딩
coffee 커피
coffeepot 커피포트
coffee set 커피세트
coffee shop 커피숍
cognac 코냑
coil 코일
cola 콜라
colchicine 콜히친
cold cream 콜드크림
collage 콜라주
collagen 콜라겐
collar 칼라
collector 컬렉터
college 칼리지
collie 콜리
collins 콜린스
colloid 콜로이드
colon 콜론
colony 콜로니
color 컬러
color television 컬러텔레비전
Colosseum 콜로세움
column 칼럼
columnist 칼럼니스트
coma 코마
combination 콤비(네이션)
combine 콤바인
COMECON 코메콘
comedian 코미디언
comedy 코미디
comic 코믹
Cominform 코민포름
Comintern 코민테른
comma 콤마
comment 코멘트
commission 커미션
common 코먼
commune 코뮌
communication 커뮤니케이션
compact 콤팩트
compass 컴퍼스
compiler 컴파일러
complex 콤플렉스
component 컴포넌트
compressor 컴프레서
computer 컴퓨터
con brio 콘 브리오
concert 콘서트
concerto 콘체르토
concise 콘사이스
Concord 콩코드
concours 콩쿠르
concrete 콘크리트
condenser 콘덴서
condition 컨디션
conditioner 컨디셔너
condom 콘돔
condominium 콘도미니엄
conductor 컨덕터
cone 콘
conference 콘퍼런스
con moto 콘 모토
connecting rod 커넥팅 로드
consent 콘센트
console 콘솔
consommé 콩소메
contact lens 콘택트렌즈
container 컨테이너
conte 콩트
contest 콘테스트
contrabass 콘트라베이스
contrast 콘트라스트
control 컨트롤
converter 컨버터
conveyor 컨베이어
cookie 쿠키
cooking foil 쿠킹 포일
coordinator 코디네이터
copal 코펄
copra 코프라
copy 카피
copywriter 카피라이터
cord 코드
corded velveteen 코르덴
corduroy 코듀로이
cork 코르크
corn 콘
corn chip 콘 칩
corner 코너
corner work 코너워크
cornflake 콘플레이크
corona 코로나
correction 커렉션
corset 코르셋
cosine 코사인
cosmos 코스모스
cost 코스트
cotangent 코탄젠트
cottage 코티지
coulomb 쿨롬 〔단위〕
counseling 카운슬링
counselor 카운슬러
count 카운트
counter 카운터
coup d'état 쿠데타
couple 커플
coupon 쿠폰
course 코스
court 코트
cover glass 커버 글라스
covering 커버링
cowboy 카우보이
cracker 크래커
cracking 크래킹
crane 크레인
crank 크랭크
crawl 크롤
crayon 크레용
crayon+pastel 크레파스
cream 크림
credit card 크레디트 카드

creel 크릴
crescendo 크레셴도
cresol 크레졸
cricket 크리켓
Cro-Magnon 크로마뇽
croquette 크로켓
croquis 크로키
crossbar 크로스바
cross-country 크로스컨트리
crouching start 크라우칭 스타트
crown 크라운
cruise 크루즈
crutch 크러치
crystal 크리스털
cubicle 큐비클
cubism 큐비즘
cue 큐
cuffs 커프스
culottes 퀼로트
cup 컵
curator 큐레이터
curb 커브
curried rice 카레라이스
curry 카레
cursor 커서
curtain 커튼
curve 커브
cushion 쿠션
custard 커스터드
cut 컷
cut 커트 〔탁구〕
cuticle 큐티클
cutin 큐틴
cutoff 컷오프
cutout 컷아웃
cyan 시안
cyberculture 사이버컬처
cyborg 사이보그
cycle 사이클
cycling 사이클링
cyclone 사이클론
cylinder 실린더
cymbals 심벌즈
cynical 시니컬
cytosine 시토신
czar 차르

d

da capo 다 카포
dadaism 다다이즘
dadaist 다다이스트
dahlia 달리아
daisy 데이지
dal segno 달 세뇨
dam 댐
dancer 댄서
dart 다트
dash 대시
data 데이터
database 데이터베이스
date 데이트
dead+ball 데드 볼
death mask 데스마스크
début 데뷔
décadence 데카당스
décadent 데카당
décalcomanie 데칼코마니
Decameron 데카메론
deciare 데시아르
decibel 데시벨
decoder 디코더
decoration 데커레이션
decrescendo 데크레셴도
delay 딜레이
delta 델타
democracy 데모크라시
denier 데니어
denim 데님
design 디자인
designer 디자이너
desk 데스크
dessert 디저트
dessin 데생
detail 디테일
detector 디텍터
détente 데탕트
deuce 듀스
device 디바이스
dextrin 덱스트린
diagram 다이어그램
dial 다이얼
dial gauge 다이얼 게이지
dialogue 다이얼로그
diamine 디아민
diamond 다이아몬드
diastase 디아스타아제
dice 다이스
diesel 디젤
diet 다이어트
digital 디지털
dilemma 딜레마
dilettante 딜레탕트
dime 다임
diminuendo 디미누엔도
dinner 디너
diode 다이오드
diopter 디옵터
dioxane 디옥산
dioxyacetone 디옥시아세톤
diphtheria 디프테리아
directory 디렉터리
disco 디스코
discotheque 디스코텍
discussion 디스커션
dish 디시
disk 디스크
disk jockey 디스크자키
Disneyland 디즈니랜드
display 디스플레이
distoma 디스토마
diver 다이버
divider 디바이더
diving 다이빙
dock 독
docking 도킹
doctor 닥터
document 도큐먼트
documentary 다큐멘터리
dodge ball 도지 볼
doffing 도핑
dogma 도그마
Dolby 돌비
dolce 돌체
doline 돌리네
dollar 달러
doloroso 돌로로소
dolphin 돌핀
dome 돔
domino 도미노
doping 도핑
dot print 도트 프린트
double base 더블 베이스
double play 더블 플레이
doughnut 도넛
down 다운
dozen 다스
dozer 도저
draft 드래프트
drag 드래그
dragon 드래건
drama 드라마
drawing 드로잉
dress 드레스
dribble 드리블
drill 드릴
drive 드라이브
driver 드라이버
driving 드라이빙
drop 드롭
dropkick 드롭킥
drops 드롭스
drop shot 드롭 샷
drum 드럼
dry cleaning 드라이클리닝

dry ice 드라이아이스
dryer 드라이어
dubbing 더빙
duet 듀엣
dugout 더그아웃
dumping 덤핑
dump truck 덤프트럭
Duralumin 두랄루민
dynamic 다이내믹
dynamite 다이너마이트
dyne 다인

e

earphone 이어폰
earth 어스
easel 이젤
echo 에코
ecstasy 엑스터시
Edelweiss 에델바이스
Eden 에덴
edge 에지
EEZ 이이지
effect 이펙트
ego 에고
egoist 에고이스트
eight 에이트
ejector 이젝터
elbow 엘보
Electra complex 엘렉트라 콤플렉스
electron 일렉트론
element 엘리먼트
elevator 엘리베이터
élite 엘리트
el Niño 엘니뇨
embossing 엠보싱
emerald 에메랄드
empire 엠파이어
emulatidn 에뮬레이션
emulsion 에멀션
enamel 에나멜
enclosure 인클로저
encoder 인코더
encore 앙코르
end 엔드
endless 엔드리스
end line 엔드 라인
endorphin 엔도르핀
energy 에너지
engagement 앙가주망
engine 엔진
engineer 엔지니어
English 잉글리시
ENIAC 에니악
enquête 앙케트
ensemble 앙상블
ensilage 엔실리지
entropy 엔트로피
epilogue 에필로그
epinephrine 에피네프린
episode 에피소드
epoxy 에폭시
epsilon 엡실론
equalizer 이퀄라이저
erotic 에로틱
eroticism 에로티시즘
error 에러
escalator 에스컬레이터
escort 에스코트
Eskimo 에스키모
Esperanto 에스페란토
essay 에세이
essence 에센스
ester 에스테르
estrogen 에스트로겐
etching 에칭
ethanol 에탄올
ethene 에텐
ether 에테르
ethyl alcohol 에틸알코올
ethylene 에틸렌
étiquette 에티켓
étude 에튀드
Euglena 유글레나
euphony 유포니
Eustachian tube 유스타키오(관)
evening dress 이브닝드레스
excavator 엑스커베이터
expander 익스팬더
extra 엑스트라
eye shadow 아이섀도

f

fabric 패브릭
face 페이스
facsimile 팩시밀리
factorial 팩토리얼
factoring 팩터링
fade-in 페이드인
fade-out 페이드아웃
fagott 파곳
fair play 페어플레이
family 패밀리
fan 팬
fancy 팬시
fandango 판당고
fanfare 팡파르
fantasy 판타지
farad 패럿 〔단위〕
fascio 파쇼
fascism 파시즘
fascist 파시스트
fashion 패션
fastener 파스너
fat 패트
fault 폴트
feedback 피드백
feet 피트
feint 페인트
fellowship 펠로십
felt 펠트
feminism 페미니즘
fencing 펜싱
festival 페스티벌
fiber 파이버
fibrin 피브린
fibrinogen 피브리노겐
fibroin 피브로인
ficin 피신
fiction 픽션
field 필드
field hockey 필드하키
figure skating 피겨 스케이팅
filament 필라멘트
file 파일
filler 필러
filling 필링
film 필름
filter 필터
fin 핀
finale 피날레
finder 파인더
fine 파인
fine 피네
finger painting 핑거 페인팅
finish 피니시
Finlandia 핀란디아
first base 퍼스트 베이스
fjord 피오르드
flag 플래그
flake 플레이크
flamenco 플라멩코
flame spray 플레임 스프레이
flamingo 플라밍고
flannel 플란넬
flap 플랩
flared skirt 플레어스커트
flash 플래시
flask 플라스크
flat 플랫

flexible disk 플렉시블 디스크
float valve 플로트 밸브
flood 플러드
floor stand 플로어 스탠드
floppy disk 플로피 디스크
flow chart 플로 차트
flower 플라워
flush 플러시
flute 플루트
flux 플럭스
fly ball 플라이 볼
flywheel 플라이휠
focus 포커스
fog lamp 포그 램프
Föhn 푄
folder 폴더
folding 폴딩
folk dance 포크댄스
folk song 포크 송
follow throw 폴로 스로
font 폰트
football 풋볼
footwork 풋워크
force 포스
Fordism 포디즘
forehand 포어핸드
fork 포크
forklift 포크리프트
form 폼
formal 포멀
formal 포르말 〔화학〕
formaldehyde 포름알데히드
formalin 포르말린
format 포맷
formica 포마이카
formic acid 포름(산)
forte 포르테
FORTRAN 포트란
Fortune 포천
forum 포럼
forward 포워드
foul 파울
foul ball 파울 볼
foundation 파운데이션
foxtrot 폭스 트롯
fraktsiya 프락치
frame 프레임
franc 프랑
freehand 프리핸드
free kick 프리 킥
free-lancer 프리랜서
free throw 프리 스로
french fry 프렌치프라이
Freon 프레온
fresh 프레시
frill 프릴
frog 프로그
front 프런트
frontier 프런티어
fruit cocktail 프루트칵테일
frypan 프라이팬
fuga 푸가
fullback 풀백
full course 풀코스
funky 펑키
furniture 퍼니처
fuse 퓨즈
fusel oil 퓨젤(유)

g

gaberdine 개버딘
gag 개그
gagman 개그맨
gain 게인
galactose 갈락토오스
gallery 갤러리
gallon 갤런
game 게임
gamma 감마
gang 갱
gap 갭
garden 가든
garter 가터
gas 가스
gas burner 가스버너
gasoline 가솔린
gas range 가스레인지
gate 게이트
gathered skirt 개더스커트
GATT 가트
gauge 게이지
gauss 가우스 〔단위〕
gauze 거즈
gavotte 가보트
Gaze 가제
gear 기어
Gel 겔
gelatin 젤라틴
Gemeinschaft 게마인샤프트
Gemini 제미니
gender 젠더
General Motors 제너럴 모터스
generator 제너레이터
Genom 게놈
genre 장르
gentleman 젠틀맨
geoid 지오이드
geranium 제라늄
germanium 게르마늄
Gesellschaft 게젤샤프트
Gestalt 게슈탈트
ghetto 게토
ghost 고스트
giant 자이언트
giga 기가
gin 진
ginger ale 진저 에일
Gips 깁스
Gipsy 집시
girdle 거들
Girl Scout 걸 스카우트
giro 지로
gladiolus 글라디올러스
glamour 글래머
glass 글라스
glaze 글레이즈
glider 글라이더
global 글로벌
globulin 글로불린
glove 글러브
gloxinia 글록시니아
glucagon 글루카곤
glucose 글루코오스
gluten 글루텐
glutenin 글루테닌
glycerin 글리세린
glycogen 글리코겐
goal 골
goal area 골 에어리어
goal in 골인
goal keeper 골키퍼
golf 골프
gondola 곤돌라
gorilla 고릴라
gossip 가십
Gothic 고딕
gouging 가우징
governor 거버너
gown 가운
grade 그레이드
grain 그레인
gram 그램
grand piano 그랜드 피아노
grand prix 그랑프리
grape juice 그레이프 주스
graph 그래프
graphic design 그래픽 디자인
grass 그래스
grate 그레이트
grazioso 그라치오소

grease 그리스
great wheel 그레이트 휠
Greco-Roman 그레코로만
greenbelt 그린벨트
grid 그리드
grill 그릴
grinder 그라인더
groggy 그로기
grotesque 그로테스크
ground 그라운드
group 그룹
guanine 구아닌
guano 구아노
guarantee 개런티
guard 가드
guardrail 가드레일
guerilla 게릴라
Guernica 게르니카
guest 게스트
guide 가이드
guidepost 가이드포스트
guild 길드
guillotine 기요틴
Guinea Pig 기니피그
Guinness Book 기네스북
guitar 기타
gulf 걸프
Gulliver 걸리버
gum 껌
gun 건
Gymnasium 김나지움
gymnastic 짐내스틱
Gypsy 집시
gyroscope 자이로스코프

hacker 해커
hacking 해킹
hair dryer 헤어드라이어
hair style 헤어스타일
Haken 하켄
half 하프
half line 하프라인
hall 홀
Hallelujah 할렐루야
Halogen 할로겐
ham 햄
hamburger 햄버거
hammer 해머
handbag 핸드백
handball 핸드볼
handicap 핸디캡
handle 핸들
handling 핸들링
handsome 핸섬
hanger 행어
hang-glider 행글라이더
Hansa 한자
happy end 해피 엔드
hardboard 하드보드
hardware 하드웨어
harem 하렘
harmonica 하모니카
harmony 하모니
harp 하프
harpsichord 하프시코드
Harvard 하버드
hatch 해치
hat trick 해트 트릭
hawser 호저
heading 헤딩
headlight 헤드라이트
headphone 헤드폰
heat 히트
heater 히터
heavy 헤비
Hebraism 헤브라이즘
hectare 헥타르
hecto 헥토
hectopascal 헥토파스칼
hegira 헤지라
helicopter 헬리콥터
helium 헬륨
Hellenes 헬레네스
Hellenism 헬레니즘
helmet 헬멧
hemocyanin 헤모시아닌
hemoglobin 헤모글로빈
hercules 허큘리스
heroin 헤로인
Hertz 헤르츠
hetero 헤테로
hexose 헥소오스
hexyl 헥실
hi-fi 하이파이
high heeled shoes 하이힐
highlight 하이라이트
hightech 하이테크
hiking 하이킹
Hindu 힌두
hint 힌트
hip 히프
hippie 히피
histogram 히스토그램
hit 히트
hock 혹
hockey 하키
holder 홀더
holding 홀딩
hole 홀
hole in one 홀인원
holography 홀로그래피
Holstein 홀스타인 〔젖소〕
homeroom 홈룸
home run 홈런
homespun 홈스펀
homo 호모
Homo sapiens 호모 사피엔스
hood 후드
hook 훅
hoop 후프
hop 홉
hope 호프
hormone 호르몬
Horn 호른 〔악기〕
hors-d' œuvre 오르되브르
hot cake 핫케이크
Hotchkiss 호치키스
hot dog 핫도그
hotel 호텔
hot line 핫라인
Huguenot 위그노
Hula-Hoop 훌라후프
humanism 휴머니즘
humming 허밍
humorous 유머러스
hurdle 허들
hurricane 허리케인
hyacinth 히아신스
hydra 히드라
hyperrealism 하이퍼리얼리즘
hyphen 하이픈
Hysterie 히스테리

Iberian 이베리안
ice 아이스
icebox 아이스박스
ice cream 아이스크림
ice dancing 아이스 댄싱
ice hockey 아이스하키
idea 아이디어
Idea 이데아
identification 아이덴티피케이션
Ideologie 이데올로기
idiom 이디엄
igloo 이글루
Iliad 일리아드
illustration 일러스트레이션
illustrator 일러스트레이터
image 이미지
imitation 이미테이션

impact 임팩트
imperial 임피리얼
impulse 임펄스
incentive 인센티브
inch 인치
incourse 인코스
incubator 인큐베이터
index 인덱스
Indian 인디언
indicator 인디케이터
indigo 인디고
inductance 인덕턴스
inertia 이너셔
inflation 인플레(이션)
influenza 인플루엔자
information 인포메이션
initial 이니셜
initiative 이니셔티브
injector 인젝터
ink 잉크
inosine 이노신
inosinic acid 이노신(산)
input 인풋
insert 인서트
instant 인스턴트
insulin 인슐린
integral 인티그럴
intelligentsia 인텔리겐치아
intentional foul 인텐셔널 파울
intercept 인터셉트
interchange 인터체인지
intercontinental 인터콘티넨털
interface 인터페이스
interferon 인터페론
interior 인테리어
intern 인턴
international 인터내셔널
internet 인터넷
interphone 인터폰
Interpol 인터폴
interrupt 인터럽트
interval 인터벌
interview 인터뷰
intonation 인토네이션
invention 인벤션
inverter 인버터
iodine 요오드
ion 이온
iridium 이리듐
iris 아이리스
iron 아이언
ironical 아이로니컬
irony 아이러니
Islam 이슬람
isotype 아이소타이프
issue 이슈
italic 이탤릭
ivory 아이보리
ivy 아이비

jab 잽
jackal 자칼
jacket 재킷
jackknife 잭나이프
jacquard 자카르
jam 잼
jamboree 잼버리
Janus 야누스
jasmine 재스민
jazz 재즈
jean 진
jeep 지프
Jehovah 여호와
jelly 젤리
jersey 저지
jet engine 제트 엔진
Jingle Bells 징글 벨
jinx 징크스
jitterbug 지터버그/지르박
Jod 요오드
jogging 조깅
joint 조인트
Joule 줄 〔단위〕
journal 저널
journalist 저널리스트
juice 주스
Julliard 줄리아드
jumbo 점보
jump 점프
jumper 점퍼/잠바
junction 정크션
jungle 정글
jungle gym 정글 짐
junior 주니어
Jura 쥐라

Kaiser 카이저
kalium 칼륨
kangaroo 캥거루
kapok 케이폭
Kappa 카파
Kar 카르
Karabiner 카라비너
Karst 카르스트
Kartell 카르텔
Kategorie 카테고리
kayak 카약
keeper 키퍼
keratin 케라틴
ketchup 케첩
key 키
keyboard 키보드
key word 키 워드
khaki 카키
Khmer Rouge 크메르 루주
Kibbutz 키부츠
kick 킥
kickoff 킥오프
kid 키드
kilo 킬로
kilogram 킬로그램
kilometer 킬로미터
kimono 기모노
king-size 킹사이즈
kiss 키스
kit 키트
kitchen 키친
kiwi 키위
klaxon 클랙슨
knickerbockers 니커보커스
knife 나이프
knit 니트
knob 노브
knock 노크
knockdown 녹다운
knockout 녹아웃
Knop's solution 크놉(액)
knot 노트
know-how 노하우
knuckle 너클
koala 코알라
Kocher 코헬
kolkhoz 콜호스
kombinat 콤비나트
Konzern 콘체른
Koran 코란
Kremlin 크렘린
Ksatriya 크샤트리아
Kurd 쿠르드

lab 랩
label 라벨/레이블
La Bohême 라 보엠
lace 레이스
lacquer 래커
lactase 락타아제
lactose 락토오스
La Cucaracha 라 쿠카라차
lager 라거
lama 라마

lamination 래미네이션
lamp 램프
landing 랜딩
lane 레인
langue 랑그
lanolin 라놀린
lantern 랜턴
lanthanium 란타늄
lap 랩
lapel 라펠
Lapp 라프(족)
lap time 랩 타임
lard 라드
large 라지
larghetto 라르게토
largo 라르고
laser 레이저
laser writer 레이저 라이터
last 라스트
last spurt 라스트 스퍼트
latifundium 라티푼디움
Latin 라틴
La Traviata 라 트라비아타
lauan 나왕
launch 론치
lavender 라벤더
lawn 론
lawrencium 로렌슘
layout 레이아웃
leader 리더
leadership 리더십
leaflet 리플릿
league 리그
leather 레더
lecithin 레시틴
left 레프트
leg 레그
leggiero 레지에로
leghorn 레그혼(종)
leisure 레저
Leitmotiv 라이트모티프
lemon 레몬
lemonade 레모네이드
lens 렌즈
lesbian 레즈비언
Lesedrama 레제드라마
Les Misérables 레미제라블
lesson 레슨
let 레트
lettering 레터링
leucine 류신
level 레벨
lever 레버
Leviathan, The 리바이어던
libido 리비도
libitum 리비툼
library 라이브러리
license 라이선스
Lied 리트
lift 리프트
light 라이트
lighter 라이터
lilac 라일락
limousine 리무진
line 라인
linen 리넨
lingerie 란제리
link 링크
linoleum 리놀륨
linotype 라이노타이프
Lions Club 라이온스 클럽
Lipase 리파아제
lipstick 립스틱
lip sync 립싱크
liqueur 리큐어
list 리스트
liter 리터
lithium 리튬
litmus 리트머스
llama 야마
load 로드
loader 로더
loan 론
lobby 로비
lobbyist 로비스트
lobster 로브스터
location 로케이션
lock 로크
locker room 라커 룸
log 로그
logarithm 로가리듬
logic 로직
logos 로고스
long pass 롱 패스
long shoot 롱 슛
loop 루프
Lorelei 로렐라이
loss 로스
lotion 로션
lounge 라운지
love 러브
luciferase 루시페라아제
luciferin 루시페린
luge 루지
Lumpen 룸펜
lunch 런치
luncheon meat 런천 미트
lux 럭스
lymph 림프
lynch 린치

M

Maar 마르
macaroni 마카로니
Mach 마하
Machiavellism 마키아벨리즘
machine 머신
macro 매크로
madonna 마돈나
madrigal 마드리갈
Mafia 마피아
magazine 매거진
magenta 마젠타
magic 매직
magma 마그마
Magna Carta 마그나 카르타
magnesite 마그네사이트
magnesium 마그네슘
magnet 마그넷
Magyar 마자르
mahogany 마호가니
mail 메일
main 메인
major 메이저
maker 메이커
Malagasy 말라가시
malaria 말라리아
Malay 말레이
Maltase 말타아제
mambo 맘보
mammoth 매머드
manager 매니저
mandolin 만돌린
manganese 망간
mango 망고
manhole 맨홀
mania 마니아
manipulation 머니퓰레이션
manna 만나
mannequin 마네킹
manner 매너
mannerism 매너리즘
Manon Lescaut 마농 레스코
mansion 맨션
manteau 망토
mantle 맨틀
manufacture 매뉴팩처
Maori 마오리
map 맵
marathon 마라톤
marbling 마블링

margarine 마가린
margin 마진
marguerite 마거리트
marihuana 마리화나
mark 마크
Mark 마르크
marketing 마케팅
marking 마킹
marmalade 마멀레이드
marronnier 마로니에
marshmallow 마시멜로
mascara 마스카라
mascot 마스코트
mashed potato 매시트포테이토
mask 마스크
masochism 마조히즘
massage 마사지
mass communication 매스컴(매스커뮤니케이션)
massé 마세
mass game 매스 게임
mass media 매스 미디어
mast 마스트
master 마스터
master plan 마스터플랜
mat 매트
match 매치
matching 매칭
matière 마티에르
matrix 매트릭스
matte 매트
mattress 매트리스
Maya 마야
May Day 메이데이
Mayflower 메이플라워
mayonnaise 마요네즈
mazurka 마주르카
McCarthyism 매카시즘
measuring cylinder 메스실린더
meat 미트
meatball 미트볼
mechanism 메커니즘
medal 메달
media 미디어
medias 메리야스
medium 미디엄
medley 메들리
Medusa 메두사
meeting 미팅
mega 메가
megabar 메가바
megahertz 메가헤르츠
megalopolis 메갈로폴리스
Meganthropus 메간트로푸스
megaphone 메가폰
megaton 메가톤
meias 메리야스
melamine 멜라민
melatonin 멜라토닌
melodion 멜로디언
melodrama 멜로드라마
melody 멜로디
melon 멜론
member 멤버
membership 멤버십
memorandum 메모
memory 메모리
Menhir 멘히르
Mensheviki 멘셰비키
Menshevism 멘셰비즘
Menthol 멘톨
menu 메뉴
mercurochrome 머큐로크롬
merino 메리노
merit 메리트
mes 메스
message 메시지
messenger 메신저
Messiah 메시아
mestizo 메스티소
meta 메타
metal 메탈
metaphor 메타포
meter 미터
meter gauge 미터 게이지
metering 미터링
methane 메탄
methane gas 메탄가스
methanol 메탄올
methyl 메틸
methyl alcohol 메틸 알코올
methylene 메틸렌
metronome 메트로놈
mezzo 메조
mezzo-soprano 메조소프라노
microcomputer 마이크로컴퓨터
microfilm 마이크로필름
micron 미크론
microphone 마이크로폰
Midas 미다스
middle 미들
midfield 미드필드
midfielder 미드필더
MIG 미그
mile 마일
military look 밀리터리 룩
milk shake 밀크셰이크
millibar 밀리바
milligram 밀리그램
millimeter 밀리미터/밀리
milling 밀링
milling machine 밀링 머신
mime 마임
mineral 미네랄
miniature 미니어처
mini-skirt 미니스커트
mink 밍크
minuet 미뉴에트
minus 마이너스
Miocene Epoch 마이오(세)
mirra 미라
miss 미스
missa 미사
missile 미사일
mission 미션
MIT 엠아이티
mitochondria 미토콘드리아
mix 믹스
mixer 믹서
mobile 모빌
mode 모드
model 모델
moderato 모데라토
modern 모던
modernism 모더니즘
modernist 모더니스트
module 모듈
mol 몰
mold 몰드
moment 모멘트
Mongolian 몽골리안
monitor 모니터
monitoring 모니터링
monkey spanner 멍키 스패너
monodrama 모노드라마
monogram 모노그램
monograph 모노그래프
monologue 모놀로그
monorail 모노레일
monotype 모노타이프
monsoon 몬순
montage 몽타주
monument 모뉴먼트
mook 무크
Mormon 모르몬
morphine 모르핀
mortar 모르타르
mosaic 모자이크
moshav 모샤브

Moslem 모슬렘
mosque 모스크
mote knife 모트 나이프
motetto 모테토
Motif 모티프
motion 모션
motive 모티브
motor 모터
motor-boat 모터보트
motorcycle 모터사이클
motto 모토
moulding 몰딩
mousse 무스
mouthpiece 마우스피스
movement 무브먼트
muffin 머핀
muffler 머플러
mug cup 머그 컵
mulato 물라토
multi 멀티
multiscreen 멀티스크린
Muse 뮤즈
mushroom 머시룸
musical 뮤지컬
mustard 머스터드
mystery 미스터리

nano- 나노
nanometer 나노미터
napalm 네이팜
naphtha 나프타
naphthalene 나프탈렌
napkin 냅킨
narcissism 나르시시즘
narration 내레이션
NASA 나사
nationalism 내셔널리즘
NATO 나토
Natrium 나트륨
navel 네이블
Nazi 나치
Nazis 나치스
Nazism 나치즘
Neanderthal 네안데르탈
neck 넥
neckline 네크라인
necktie 넥타이
nectar 넥타
negative 네거티브
négligé 네글리제
Negro 니그로
neon sign 네온사인
net 네트
network 네트워크
neuron 뉴런
Neurose 노이로제
neutral 뉴트럴
new ceramics 뉴 세라믹스
New Criticism 뉴 크리티시즘
New Deal 뉴딜
new media 뉴 미디어
news 뉴스
NG 엔지
Niagara 나이아가라
Nibelungen 니벨룽겐
nichrome 니크롬
nickel 니켈
nicotine 니코틴
nightclub 나이트클럽
nightingale 나이팅게일
nihilism 니힐리즘
nipper 니퍼
Nirvāṇa 니르바나
nitroglycerin 니트로글리세린
Nixon Doctrine 닉슨 독트린
no count 노 카운트
noctovision 녹토비전
nocturne 녹턴
node 노드
nonfiction 논픽션
nonsense 난센스
noodle 누들
no out 노 아웃
Noraism 노라이즘
nordic 노르딕
Normal 노르말 〔화학〕
normal 노멀
northwest 노스웨스트
nose 노즈
nostalgia 노스탤지어
note 노트
nougat 누가
nouveau roman 누보로망
nozzle 노즐
nuance 뉘앙스
nuclease 뉴클레아제
nude 누드
number 넘버
nut 너트
nylon 나일론
nymph 님프

Oak 오크
oasis 오아시스
oatmeal 오트밀
obelisk 오벨리스크
objet 오브제
oboe 오보에
observer 옵서버
octa 옥타
octane 옥탄
octave 옥타브
Odyssey 오디세이
Oedipus 오이디푸스
offer 오퍼
off-line 오프라인
offset 오프셋
Ohm 옴
oil 오일
Ökumene 외쿠메네
oleic acid 올레(산)
Oligocene Epoch 올리고(세)
olive 올리브
Olympia 올림피아
Olympic 올림픽
ombudsman 옴부즈맨
omega 오메가
omelet 오믈렛
omnibus 옴니버스
one 원
one-piece 원피스
one-room 원룸
on-line 온라인
opal 오팔
open 오픈
opener 오프너
opera 오페라
operating system 오퍼레이팅 시스템
operation 오퍼레이션
operator 오퍼레이터
operetta 오페레타
opinion leader 어피니언 리더
option 옵션
orange 오렌지
orangutan 오랑우탄
oratorio 오라토리오
orbital 오비탈
orchestra 오케스트라
order 오더
Ordovice 오르도비스
organ 오르간
Orient 오리엔트
oriental 오리엔탈
orientation 오리엔테이션
original 오리지널
Orion 오리온
orthodox 오서독스

Othello 오셀로
ounce 온스
out 아웃
outline 아우트라인
outline stitch 아우트라인 스티치
output 아웃풋
outside 아웃사이드
outsider 아웃사이더
oval 오벌
oven 오븐
over 오버
overall 오버올
overcoat 오버코트
overlap 오버랩
over loan 오버론
overtime 오버타임
owner 오너
Oxford 옥스퍼드
oxidant 옥시던트
Oxytocin 옥시토신
ozone 오존

p

pace 페이스
Pacific 퍼시픽
pack 팩
package 패키지
packing 패킹
pad 패드
padding 패딩
page 페이지
pagoda 파고다
paint 페인트
pair skating 페어 스케이팅
pajamas 파자마
Paleocene Epoch 팔레오(세)
palette 팔레트
palm 팜
Pampas 팜파스
pamphlet 팸플릿
pan 팬
pancake 팬케이크
pancho 판초
panchromatic film 팬크로매틱 필름
panda 판다
Pandora 판도라
panel 패널
panorama 파노라마
pansy 팬지
pantaloon 판탈롱
Pantheon 판테온
panties 팬티
pantograph 팬터그래프
pantomime 팬터마임
pants 팬츠
pão 빵
papaya 파파야
paper 페이퍼
papyrus 파피루스
parabola antenna 파라볼라 안테나
parade 퍼레이드
paradigm 패러다임
paradise 파라다이스
paradox 패러독스
paraffin 파라핀
paraformaldehyde 파라포름알데히드
paragliding 패러글라이딩
parasol 파라솔
Parathion 파라티온
parfait 파르페
Paris Commune 파리 코뮌
parity 패리티
parka 파카
parkerizing 파커라이징
parking 파킹
parody 패러디
parole 파롤
parsec 파섹
parsley 파슬리
part 파트
Parthenon 파르테논
partizan 빨치산
partner 파트너
party 파티
PASCAL 파스칼
pass 패스
passport 패스포트
pasta 파스타
paste 페이스트
pastel 파스텔
pastry 페이스트리
patchwork 패치워크
path 패스
pathos 파토스
pattern 패턴
pavement 페이브먼트
peacock 피콕
peak 피크
peak time 피크 타임
peanut butter 피넛 버터
pearl 펄
pechka 페치카
pectin 펙틴
pectose 펙토오스
pedal 페달
Peer Gynt 페르 귄트
Pegasus 페가수스
pelican 펠리컨
pellet 펠릿
pen 펜
penalty kick 패널티 킥
pence 펜스
PEN Club 펜클럽
pendant 펜던트
penguin 펭귄
penholder grip 펜홀더 그립
penicillin 페니실린
penicillin shock 페니실린 쇼크
pennant 페넌트
penny 페니
pen pal 펜팔
Pentagon 펜타곤
pepsin 펩신
Peptidase 펩티다아제
peptide 펩티드
peptone 펩톤
percent 퍼센트
percentage 퍼센티지
perfect game 퍼펙트게임
performance 퍼포먼스
period 피리어드
Permalloy 퍼멀로이
permanent waves 파마
Permian period 페름(기)
permill 퍼밀
personal 퍼스널
personal computer 퍼스널 컴퓨터
pest 페스트
petticoat 페티코트
petunia 피튜니아
Pharaoh 파라오
phenol 페놀
phenolphthalein 페놀프탈레인
pheromone 페로몬
phi 피
philharmonic 필하모닉
Philopon 필로폰/히로뽕
phoenix 피닉스
photo 포토
phrase 프레이즈
phytoncide 파이톤사이드
pi 파이
pianississimo 피아니시시모
pianist 피아니스트
piano 피아노
picaresque 피카레스크
piccolo 피콜로
pick 픽

pickel 피켈
picket 피켓
pickle 피클
pickup 픽업
picnic 피크닉
pie 파이
piece 피스
pierrot 피에로
Pietà 피에타
pilaf 필래프
pile 파일
pilgrim 필그림
pilot 파일럿
piment 피망
pin 핀
pinball 핀볼
pincette 핀셋
pincers 펜치
pineapple 파인애플
ping-pong 핑퐁
pink 핑크
pinking 핑킹
pint 파인트
pioneer 파이어니어
pipe 파이프
pipeline 파이프라인
pipe organ 파이프 오르간
pipette 피펫
pistol 피스톨
piston 피스톤
pitch 피치
pitcher 피처
pitching 피칭
Pithecanthropus 피테칸트로푸스
pivot 피벗
pizza 피자
pizzicato 피치카토
placard 플래카드
place 플레이스
plain 플레인
plan 플랜
planaria 플라나리아
plane 플레인
plankton 플랑크톤
plant 플랜트
plantation 플랜테이션
plask 플라스크
plasma 플라스마
plastic 플라스틱
platanus 플라타너스
plate 플레이트
platform 플랫폼
play 플레이
player 플레이어
plaza 플라자
Pliocene Epoch 플라이오(세)
plot 플롯
plug 플러그
plus 플러스
plush 플러시
plutonium 플루토늄
Plymouth Rock 플리머스록
pocker 포커
pocket 포켓
poco a poco 포코아포코
Poinsettia 포인세티아
point 포인트
pointer 포인터
Polaroid 폴라로이드
pole 폴
policeman 폴리스맨
polio 폴리오
polis 폴리스
polka 폴카
polka mazurka 폴카 마주르카
polonaise 폴로네즈
polyester 폴리에스테르
polyethylene 폴리에틸렌
polymer 폴리머
polyp 폴립
pomade 포마드
pony 포니
pool 풀
pop art 팝 아트
popcorn 팝콘
poplar 포플러
poplin 포플린
poppy 포피
pop song 팝송
porch 포치
pork cutlet 포크커틀릿
pornography 포르노그라피
port 포트
portable 포터블
porter 포터
pose 포즈
position 포지션
positive 포지티브
post 포스트
poster 포스터
poster color 포스터컬러
postman 포스트맨
pot 포트
potato chip 포테이토칩
potential 퍼텐셜
pound 파운드
powder 파우더
power 파워
PR 피아르
pragmatism 프래그머티즘
Prairie 프레리
Präparat 프레파라트
premium 프리미엄
Pre-Olympic 프레올림픽
press 프레스
pressure 프레셔
presto 프레스토
pride 프라이드
prima donna 프리마 돈나
princess 프린세스
prism 프리즘
privacy 프라이버시
process 프로세스
processing 프로세싱
processor 프로세서
producer 프로듀서
product 프로덕트
production 프로덕션
professional 프로(페셔널)
profile 프로필
program 프로그램
programmer 프로그래머
programming 프로그래밍
project 프로젝트
prolétariat 프롤레타리아
prologue 프롤로그
prominence 프로미넌스
promoter 프로모터
prompter 프롬프터
propane 프로판
propeller 프로펠러
propose 프러포즈
protector 프로텍터
protein 프로테인
protestant 프로테스탄트
Proteus 프로테우스
Psyche 사이키
ptyalin 프티알린
puck 퍽
pudding 푸딩
puff 퍼프
pug 퍼그
pull 풀
pulp 펄프
pulse 펄스
puma 퓨마
pump 펌프
punch 펀치
punch bowl 펀치 볼
puncture 펑크
punt 펀트
pure 퓨어

purée 퓌레
Puritan 퓨리턴
push 푸시
pushing 푸싱
PVC 피브이시
Pygmy 피그미
pyramid 피라미드
pyridoxine 피리독신

quark 쿼크
quart 쿼트
quarter 쿼터
queen 퀸
quick 퀵
quilting 퀼팅
quinine 퀴닌
quinoline 퀴놀린
quiz 퀴즈
Quo Vadis 쿠오바디스

rabbi 라비
race 레이스
racer 레이서
racing 레이싱
racket 라켓
radar 레이더
radial 레이디얼
radian 라디안
radiator 라디에이터
radical 라디칼
radio 라디오
radio beacon 라디오 비컨
Radiosonde 라디오존데
radium 라듐
radon 라돈
raglan 래글런
rail 레일
raincoat 레인코트
rallentando 랄렌탄도
rally 랠리
random sampling 랜덤 샘플링
range 레인지
ranking 랭킹
rap 랩
rate 레이트
rayon 레이온
reactor 리액터
reader 리더
ready-made 레디메이드
real 리얼
realism 리얼리즘
reality 리얼리티

rear+car 리어카
rebate 리베이트
rebound 리바운드
receive 리시브
receiver 리시버
reception 리셉션
recess 리세스
recital 리사이틀
recitative 레시터티브
record 레코드
recorder 리코더
recording 리코딩
record player 레코드플레이어
recreation 레크리에이션
recruit 리크루트
red 레드
reed 리드
reel 릴
referee 레퍼리
reflation 리플레이션
régal 레갈
regency 리전시
register 레지스터
regular 레귤러
regulator 레귤레이터
rehearsal 리허설
reject 리젝트
relax 릴랙스
relay 릴레이
release 릴리스
relief 릴리프
remicon 레미콘
remote control 리모트 컨트롤
remover 리무버
Renaissance 르네상스
rendez-vous 랑데부
rent-a-car 렌터카
repertory 레퍼토리
report 리포트
reportage 르포(르타주)
reporter 리포터
requiem 레퀴엠
rescue 레스큐
research 리서치
reserve 리저브
resident 레지던트
résistance 레지스탕스
rest 레스트
restaurant 레스토랑
retinol 레티놀
retort 레토르트
return 리턴
Reuter 로이터

reverse 리버스
rhapsody 랩소디
rhetoric 레토릭
rheumatism 류머티즘
Rhodium 로듐
rhythm 리듬
rhythmical 리드미컬
rias 리아스(식)
rib 리브
ribbon 리본
riboflavin 리보플래빈
ribose 리보오스
ribosome 리보솜
rice 라이스
ricin 리신
Rickettsia 리케차
rifle 라이플
right 라이트
rigida 리기다
rigoletto 리골레토
Rig-Veda 리그베다
rim 림
ring 링
ringer 링어
Ringer 링거
rink 링크
rinse 린스
ritardando 리타르단도
rival 라이벌
rivet 리벳
road show 로드 쇼
roast 로스트/로스
robe 로브
robot 로봇
rock 록
rock-climbing 록클라이밍
rocket 로켓
rock'n'roll 로큰롤
rococo 로코코
Rolex 롤렉스
roll 롤
roller 롤러
roller-skate 롤러 스케이트
ROM 롬
roman 로망
romance 로맨스
Romanesque 로마네스크
romantic 로맨틱
rondo 론도
Röntgen 뢴트겐
roof 루프
root 루트
rope 로프
rosette 로제트
rotary 로터리

rotation 로테이션
rouge 루즈
rough 러프
roulette 룰렛
round 라운드
route 루트
routine 루틴
royal 로열
royal box 로열박스
royal jelly 로열 젤리
royalty 로열티
rubidium 루비듐
ruby 루비
rucksack 륙색
rug 러그
Rugby 럭비
rule 룰
rum 럼
rumba 룸바
runner 러너
running 러닝
running mate 러닝메이트
running shirt 러닝셔츠
rush hour 러시아워
ruthenium 루테늄
rutin 루틴

Sabotage 사보타주
sabre 사브르
saccharin 사카린
sack 색
saddle 새들
sadism 사디즘
sadist 사디스트
safari 사파리
safe 세이프
sailor 세일러
salad 샐러드
sale 세일
salesman 세일즈맨
salmonella 살모넬라
salon 살롱
salt 솔트
salvage 샐비지
salvia 샐비어
samba 삼바
samoyed 사모예드
sample 샘플
sampler 샘플러
sampling 샘플링
sandal 샌들
sandbag 샌드백
sandpaper 샌드페이퍼
sandwich 샌드위치
Sanskrit 산스크리트
Santa Claus 산타클로스
santonin 산토닌
saponin 사포닌
sapphire 사파이어
Saracen 사라센
sari 사리
sash 새시
Satan 사탄
satin 새틴
sauce 소스
sauna 사우나
sausage 소시지
savage 세비지
savanna 사바나
save 세이브
Saxon 색슨
saxophone 색소폰
scalar 스칼라
scale 스케일
scaling 스케일링
scandal 스캔들
scandium 스칸듐
scanner 스캐너
scanning 스캐닝
scaramouche 스카라무슈
scarf 스카프
scenario 시나리오
scene 신
Schale 샬레
schedule 스케줄
schema 스키마
scherzo 스케르초
schola 스콜라
scholarship 스칼러십
scoop 스쿠프
scooper 스쿠퍼
scooter 스쿠터
scope 스코프
score 스코어
Scotch 스코치
Scotch tape 스카치테이프
Scotch whisky 스카치위스키
scout 스카우트
scrambled eggs 스크램블드에그
scrap 스크랩
scrapbook 스크랩북
scraper 스크레이퍼
scratch 스크래치
screen 스크린
screw 스크루
screwdriver 스크루드라이버
script 스크립트
scroll 스크롤
scrum 스크럼
scuba 스쿠버
seal 실
search 서치
search-light 서치라이트
season 시즌
seat 시트
secant 시컨트
second 세컨드
section 섹션
sector 섹터
sedan 세단
seesaw 시소
segment 세그먼트
Seil 자일
select 실렉트
self-service 셀프서비스
Seljuk 셀주크
semantics 시맨틱스
semicolon 세미콜론
seminar 세미나
senior 시니어
sensation 센세이션
sense 센스
sensor 센서
seperator 세퍼레이터
sepia 세피아
Sepoy 세포이
sequence 시퀀스
sequoia 세쿼이아
serenade 세레나데
serenata 세레나타
serial 시리얼
series 시리즈
serif 세리프
serve 서브
server 서버
service 서비스
service area 서비스 에어리어
service center 서비스 센터
service line 서비스 라인
serving 서빙
set 세트
setback 세트백
set play 세트 플레이
setscrew 세트스크루
setter 세터
setting 세팅
setup 세트업
sex 섹스
sforzando 스포르찬도
shading 셰이딩
shadow 섀도

shadow mask 섀도 마스크
shaft 샤프트
shale 셰일
shamanism 샤머니즘
shampoo 샴푸
sharing 셰어링
sharp 샤프
sharp pencil 샤프펜슬
shawl 숄
sheet 시트
shell 셸
shepherd 셰퍼드
sherbet 셔벗
Shiah 시아
shield 실드
shift 시프트
ship 십
shirt 셔츠/샤쓰
shock 쇼크
shoe 슈
shoes 슈즈
shoot 슈트 〔야구〕
shoot 숏
shooter 슈터
shooting 슈팅
shopping 쇼핑
shopping center 쇼핑센터
short 쇼트
short cut 쇼트커트 〔탁구〕
shortening 쇼트닝
shoulder 숄더
show 쇼
showcase 쇼케이스
shower 샤워
showmanship 쇼맨십
show window 쇼윈도
shutter 셔터
shuttle 셔틀
shuttlecock 셔틀콕
side 사이드
sidecar 사이드카
side out 사이드 아웃
sigma 시그마
sign 사인
signal 시그널
Sikh 시크
silage 사일리지
silhouette 실루엣
silica 실리카
silica gel 실리카 겔
silicon 실리콘
Silicon Valley 실리콘 밸리
silk 실크
silk hat 실크해트
Silk Road 실크 로드
silk screen 실크 스크린
silo 사일로
Silurian Period 실루리아(기)
simulation 시뮬레이션
sine 사인
single 싱글
sink 싱크
siphon 사이펀
siren 사이렌
Sirius 시리우스
situation 시추에이션
Śiva 시바
size 사이즈
sizing 사이징
skate 스케이트
skateboard 스케이트보드
skating 스케이팅
sketch 스케치
sketchbook 스케치북
ski 스키
skill 스킬
skin 스킨
skip 스킵
skirt 스커트
skunk 스컹크
sky 스카이
skyway 스카이웨이
slacks 슬랙스
slash 슬래시
slat 슬랫
slate 슬레이트
Slav 슬라브
sleeping bag 슬리핑 백
slice 슬라이스
slide 슬라이드
sliding 슬라이딩
slip 슬립
slipper 슬리퍼
slogan 슬로건
slum 슬럼
slump 슬럼프
smart 스마트
smash 스매시
smashing 스매싱
smog 스모그
smoke 스모크
smoking 스모킹
snack 스낵
snail 스네일
snap 스냅
snap ring 스냅 링
snapshot 스냅숏
snow tire 스노타이어
soccer 사커
socket 소켓
soda 소다
sofa 소파
soft 소프트
softball 소프트볼
soft drink 소프트드링크
software 소프트웨어
Sol 졸
solanine 솔라닌
sole 솔
solid 솔리드
solo 솔로
solution 설루션
solvent 솔벤트
Somali 소말리
SONAR 소나
sonata 소나타
sonnet 소네트
Sony 소니
sophist 소피스트
soprano 소프라노
sort 소트
soufflé 수플레
sound 사운드
soup 수프
source 소스
sousaphone 수자폰
Soviet 소비에트
space 스페이스
spaghetti 스파게티
spandex 스판덱스
spangle 스팽글
Spanish 스패니시
spanner 스패너
spark 스파크
sparring 스파링
speaker 스피커
special 스페셜
spectacle 스펙터클
spectrum 스펙트럼
speed 스피드
speedy 스피디
spelling 스펠링
Sphinx 스핑크스
spider 스파이더
spike 스파이크
spin 스핀
spitz 스피츠
spoke 스포크
sponge 스펀지
sponsor 스폰서
spoon 스푼
sports 스포츠
sportsman 스포츠맨
sporty 스포티

spot 스폿
spotlight 스포트라이트
spray 스프레이
spread 스프레드
spring 스프링
springboard 스프링보드
sprinkler 스프링클러
sprint 스프린트
Spur 슈푸르
Sputnik 스푸트니크
spy 스파이
squall 스콜
square 스퀘어
squash 스쿼시
squeeze 스퀴즈
staccato 스타카토
stack 스택
stadium 스타디움
staff 스태프
stage 스테이지
stagflation 스태그플레이션
stained glass 스테인드글라스
stainless 스테인리스
stake 스테이크
stamina 스테미나
stamp 스탬프
stance 스탠스
stand 스탠드
standard 스탠더드
staple 스테이플
star 스타
stardom 스타덤
start 스타트
starting 스타팅
state 스테이트
statement 스테이트먼트
station 스테이션
stay 스테이
steady 스테디
steak 스테이크
steal 스틸
steam 스팀
steel 스틸
stem 스템
stencil 스텐실
step 스텝
steppe 스텝
stereo 스테레오
stew 스튜
stewardess 스튜어디스
stick 스틱
sticker 스티커
stipple 스티플
stitch 스티치
stoa 스토아
stock 스톡
stocking 스타킹
stone 스톤
Stonehenge 스톤헨지
stopwatch 스톱워치
store 스토어
story 스토리
stove 스토브
straight 스트레이트
straw 스트로
stream 스트림
stress 스트레스
stretch 스트레치
strike 스트라이크
striker 스크라이커
strike zone 스트라이크 존
strip 스트립
stripper 스트리퍼
strontium 스트론튬
studio 스튜디오
stunt 스턴트
style 스타일
styrene 스티렌
styrofoam 스티로폼
subtitle 서브타이틀
succession 석세션
sucrose 수크로오스
sudra 수드라
suede 스웨이드
suit 슈트
sulfa drug 설파/술파(제)
sultan 술탄
sundae 선디
sunglass 선글라스
sunlight 선라이트
Sunni 수니
superman 슈퍼맨
supermarket 슈퍼마켓
supervisor 슈퍼바이저
supply 서플라이
support 서포트
surface 서피스
surfing 서핑
surge 서지
surréalism 쉬르레알리슴
suspender 서스펜더
suspense 서스펜스
Swaraj 스와라지
sweater 스웨터
sweeper 스위퍼
swimming 스위밍
swing 스윙
switch 스위치
symbol 심벌
symmetry 시머트리
symphony 심포니
symposium 심포지엄
synchronized swimming 싱크로나이즈드 스위밍
syndicate 신디케이트
syndrome 신드롬
synthesizer 신시사이저
syphon 사이펀
syrup 시럽
system 시스템

t

tab 태브
table 테이블
tablet 태블릿
tabloid 타블로이드
taboo 터부
tackle 태클
tag out 태그 아웃
taiga 타이가
Tāj Mahal 타지 마할
talc 탤크
talent 탤런트
talkie 토키
Talmud 탈무드
tambourine 탬버린
tangent 탄젠트
tango 탱고
tank 탱크
tannin 타닌
tap 탭
tape 테이프
tapestry 태피스트리
tar 타르
target 타깃
tartar sauce 타르타르 소스
task 태스크
taurine 타우린
tax 택스
taxi 택시
team 팀
teamwork 팀워크
teaspoon 티스푼
technical foul 테크니컬 파울
technique 테크닉
technocrat 테크노크라트
tee shot 티 샷
telecommunication 텔레커뮤니케이션
telegraph 텔레그래프
telepathy 텔레파시
teletype 텔레타이프

television 텔레비전
telex 텔렉스
tempera 템페라
template 템플릿
temple 템플
tempo 템포
temporary 템퍼러리
tennis 테니스
tenor 테너
tont 텐트
tenuto 테누토
terminal 터미널
terrace 테라스
terra cotta 테라 코타
Terramycin 테라마이신
terror 테러
terrorist 테러리스트
test 테스트
tex 텍스
text 텍스트
texture 텍스
thema 테마
theme 테마
These 테제
theta 세타
The Times 더 타임스
Tholoide 톨로이데
thrill 스릴
throat 스로트
thrombin 트롬빈
through 스루
throw-in 스로인
throwing 스로잉
thrust 스러스트
thymine 티민
ticket 티켓
tie 타이
tight 타이트
tights 타이츠
tigon 타이곤
tile 타일
time-out 타임아웃
timer 타이머
timing 타이밍
timpani 팀파니
tip 팁
tire 타이어
Titan 타이탄 〔별 이름〕
Titan 티탄 〔원소 이름〕
Titanic 타이태닉
titanium 티타늄
title 타이틀
TNT 티엔티
TO 티오
toast 토스트
toaster 토스터
toccata 토카타
tocopherol 토코페롤
toga 토가
token 토큰
tollgate 톨게이트
toluene 톨루엔
tomato 토마토
ton 톤
tone 톤
toner 토너
tongue 텅
top 톱
topping 토핑
torch 토치
tornado 토네이도
torso 토르소
toss 토스
total 토털
totem 토템
totemism 토테미즘
touch 터치
touchline 터치라인
tournament 토너먼트
towel 타월
tower 타워
trace 트레이스
trachoma 트라코마
tracing paper 트레이싱 페이퍼
track 트랙
tracking 트래킹
tractor 트랙터
traffic 트래픽
trailer 트레일러
trainer 트레이너
training 트레이닝
transfer 트랜스퍼
transistor 트랜지스터
transit 트랜싯
translator 트랜슬레이터
transmission 트랜스미션
trap 트랩
trapping 트래핑
trawl 트롤
tree 트리
trench 트렌치
trend 트렌드
triangle 트라이앵글
trick 트릭
trill 트릴
trimming 트리밍
trio 트리오
trip 트립
triumph 트라이엄프
troika 트로이카
trolley 트롤리
trombone 트롬본
trophy 트로피
tropical 트로피컬
trot 트로트
truck 트럭
trump 트럼프
trumpet 트럼펫
trunk 트렁크
truss 트러스
trust 트러스트
try 트라이
trypsin 트립신
T-shirts 티셔츠/티샤쓰
tuba 튜바
tube 튜브
tuberculin 투베르쿨린
tulip 튤립
tumbling 텀블링
tundra 툰드라
tuner 튜너
tungsten 텅스텐
Tungus 퉁구스
tunic 튜닉
tunnel 터널
turban 터번
turbine 터빈
turbojet 터보제트
turn 턴
turnaround 턴어라운드
turning 터닝
turntable 턴테이블
turtle 터틀
tuxedo 턱시도
twist 트위스트
two-piece 투피스
type 타이프
type 타입
typewriter 타이프라이터
typhoon 타이푼
typhus 티푸스
typist 타이피스트
tzar 차르

U

Uighur 위구르
Umlaut 움라우트
UN 유엔
unbalance 언밸런스
underwear 언더웨어
UNESCO 유네스코
uniform 유니폼
union 유니언
unit 유닛

universal 유니버설
Universiade 유니버시아드
university 유니버시티
Upanishad 우파니샤드
uppercut 어퍼컷
upset 업셋
upsilon 입실론
Ural 우랄
uranium 우라늄
urethane 우레탄
utility 유틸리티
Utopia 유토피아

Vacance 바캉스
vaccine 백신
Vaishya 바이샤
vakzin 왁친
Valentine Day 밸런타인 데이
value 밸류
valve 밸브
vanadium 바나듐
vanilla 바닐라
vantage 밴티지
varnish 니스/바니시
vaseline 바셀린
vector 벡터
Vedda 베다
veil 베일
velodrome 벨로드롬
veludo 비로드
velvet 벨벳
velveteen 벨베틴
veneer 베니어
Venetian blind 베니션블라인드
Venn diagram 벤 다이어그램
Venus 비너스
veranda 베란다
vernier 버니어
vétéran 베테랑
vibrato 비브라토
vibrio 비브리오
vice 바이스
video 비디오
Vienna sausage 비엔나 소시지
Vietcong 베트콩
Viking 바이킹
vinyl 비닐
viola 비올라
violation 바이얼레이션
violet 바이올렛
violin 바이올린
violinist 바이올리니스트
virus 바이러스
visa 비자
viscose 비스코스
vision 비전
Vista Vision 비스타 비전
visual 비주얼
vitamin 비타민
vivace 비바체
Vnarod 브나로드
vodka 보드카
voice 보이스
volley 발리
volt 볼트
volume 볼륨

Wadi 와디
wafer 웨이퍼
waffle 와플
wagon 왜건
waist 웨이스트
waiter 웨이터
waitress 웨이트리스
walkie-talkie 워키토키
walking 워킹
waltz 왈츠
warming-up 워밍업
washer 와셔
waste 웨이스트
watch 워치
watt 와트 〔단위〕
wave 웨이브
wax 왁스
web 웹
wedding dress 웨딩드레스
weight 웨이트
well-done 웰던
welter 웰터
western 웨스턴
wheelchair 휠체어
Whig 휘그
whiskey 위스키
whistle 휘슬
white-collar 화이트칼라
white shirt 와이셔츠/와이샤쓰
Windows 윈도
windup 와인드업
wing 윙
wink 윙크
wiper 와이퍼
wire 와이어
Wismut 비스무트
wit 위트
wood 우드
wool 울
word 워드
workshop 워크숍
World Cup 월드컵
worm 웜
wrap 랩
wrench 렌치
wrestling 레슬링
writer 라이터

Xenon 크세논
Xerox 제록스
X-ray 엑스레이
xylophone 실로폰

Yacht 요트
yak 야크
Yankee 양키
yard 야드
yeast 이스트
yellow card 옐로카드
YMCA 와이엠시에이
yodel 요들
yoga 요가
yoghurt 요구르트
Yorkshire 요크셔
youth hostel 유스 호스텔

Zero 제로
Zeus 제우스
zigzag 지그재그
Zionism 시오니즘
zipper 지퍼
zircon 지르콘
zirconium 지르코늄
zone 존
zoom lens 줌 렌즈
Zoroaster 조로아스터(교)
Zulu 줄루(족)

용언 활용표

용언 \ 어미	-고	-네	-ㅂ니다/-습니다	-아/어
가-다	가고	가네	갑니다	가
가냘프-다	가냘프고	가냘프네	가냘픕니다	가냘파
가누-다	가누고	가누네	가눕니다	가누어 (가눠)
가늘-다	가늘고	가느네	가늡니다	가늘어
가두-다	가두고	가두네	가둡니다	가두어 (가둬)
가르-다	가르고	가르네	가릅니다	갈라
가리-다	가리고	가리네	가립니다	가리어 (가려)
가물-다	가물고	가무네	가뭅니다	가물어
가지-다	가지고	가지네	가집니다	가지어 (가져)
가파르-다	가파르고	가파르네	가파릅니다	가팔라
갇히-다	갇히고	갇히네	갇힙니다	갇히어 (갇혀)
갈-다	갈고	가네	갑니다	갈아
감-다	감고	감네	감습니다	감아
감추-다	감추고	감추네	감춥니다	감추어 (감춰)
갖-다	갖고	갖네	갖습니다	갖아 *
갖추-다	갖추고	갖추네	갖춥니다	갖추어 (갖춰)
같-다	같고	같네	같습니다	같아
갚-다	갚고	갚네	갚습니다	갚아
개-다	개고	개네	갭니다	개어 (개)
거닐-다	거닐고	거니네	거닙니다	거닐어
거두-다	거두고	거두네	거둡니다	거두어 (거둬)
거들-다	거들고	거드네	거듭니다	거들어
거르-다	거르고	거르네	거릅니다	걸러
거세-다	거세고	거세네	거셉니다	거세어 (거세)
거스르-다	거스르고	거스르네	거스릅니다	거슬러
거칠-다	거칠고	거치네	거칩니다	거칠어
건너-다	건너고	건너네	건넙니다	건너
건네-다	건네고	건네네	건넵니다	건네어 (건네)
건들-다	건들고	건드네	건듭니다	건들어 *
걷-다[1]	걷고	걷네	걷습니다	걷어
걷-다[2]	걷고	걷네	걷습니다	걸어
걸-다	걸고	거네	겁니다	걸어
검-다	검고	검네	검습니다	검어
게으르-다	게으르고	게으르네	게으릅니다	게을러
겨누-다	겨누고	겨누네	겨눕니다	겨누어 (겨눠)
겨루-다	겨루고	겨루네	겨룹니다	겨루어 (겨뤄)
겪-다	겪고	겪네	겪습니다	겪어
견디-다	견디고	견디네	견딥니다	견디어 (견뎌)
결리-다	결리고	결리네	결립니다	결리어 (결려)
고-다	고고	고네	곱니다	고아 (과)
고달프-다	고달프고	고달프네	고달픕니다	고달파
고르-다	고르고	고르네	고릅니다	골라
고맙-다	고맙고	고맙네	고맙습니다	고마워
고이-다	고이고	고이네	고입니다	고이어 (고여)
고프-다	고프고	고프네	고픕니다	고파
곧-다	곧고	곧네	곧습니다	곧아
골-다	골고	고네	곱니다	골아
곪-다	곪고	곪네	곪습니다	곪아
곱-다[4]	곱고	곱네	곱습니다	고와
괜찮-다	괜찮고	괜찮네	괜찮습니다	괜찮아
괴-다	괴고	괴네	굅니다	괴어 (괘)
괴롭히-다	괴롭히고	괴롭히네	괴롭힙니다	괴롭히어 (괴롭혀)

❖ 줄어든 형태가 함께 쓰일 때는 '( )'에 제시한다. 예) 가리어(가려)
❖ 어문 규정에서 인정하지 않는 활용형은 '*'로 제시한다. 예) 건드오*
❖ 두 형태가 모두 인정될 때는 '·'으로 구분하여 제시한다. 예) 같니 · 같으니
❖ 참고 사항이 있으면 비고에 '☞'를 이용하여 제시한다. 예) ☞게르-다
❖ 표기가 동일하지만 활용이 다른 단어는 본문의 어깨번호를 제시하여 구분한다. 예) 건-다[1], 건-다[2]

-면/-으면	-ㅁ/-음	-ㄴ/-은	-니[1]/-으니[1]	비 고
가면	감	간	가니	• '-니[1]/-으니[1]'는 의문형 종결 어미임. 예)어디 가니? 얼마나 높으니? • 연결 어미 '-니[2]/-으니[2]'는 '-ㄴ/-은' 에 딸림.
가냘프면	가냘픔	가냘픈	가냘프니	
가누면	가눔	가눈	가누니	
가늘면	가늚	가는	가느니	
가두면	가둠	가둔	가두니	
가르면	가름	가른	가르니	
가리면	가림	가린	가리니	
가물면	가묾	가문	가무니	
가지면	가짐	가진	가지니	☞ 갖-다
가파르면	가파름	가파른	가파르니	
갇히면	갇힘	갇힌	갇히니	
갈면	갊	간	가니	
감으면	감음	감은	감니	
감추면	감춤	감춘	감추니	
갖으면*	갖음*	갖은*	갖니	☞ 가지-다
갖추면	갖춤	갖춘	갖추니	
같으면	같음	같은	같니 · 같으니	
갚으면	갚음	갚은	갚니	
개면	갬	갠	개니	
거닐면	거닒	거닌	거니니	
거두면	거둠	거둔	거두니	
거들면	거듦	거든	거드니	
거르면	거름	거른	거르니	
거세면	거셈	거센	거세니	
거스르면	거스름	거스른	거스르니	
거칠면	거칢	거친	거치니	
건너면	건넘	건넌	건너니	
건네면	건넴	건넨	건네니	
건들면	건듦	건든/건드오*	건드니	☞ 건드리-다
걷으면	걷음	걷은	걷니	
걸으면	걸음	걸은	걷니	
걸면	걺	건	거니	
검으면	검음	검은	검니 · 검으니	
게으르면	게으름	게으른	게으르니	☞ 게르-다
겨누면	겨눔	겨눈	겨누니	
겨루면	겨룸	겨룬	겨루니	
겪으면	겪음	겪은	겪니	
견디면	견딤	견딘	견디니	
결리면	결림	결린	결리니	
고면	곰	곤	고니	
고달프면	고달픔	고달픈	고달프니	
고르면	고름	고른	고르니	
고마우면	고마움	고마운	고맙니 · 고마우니	
고이면	고임	고인	고이니	☞ 괴다
고프면	고픔	고픈	고프니	
곧으면	곧음	곧은	곧니 · 곧으니	
골면	곪	곤	고니	
곪으면	곪음	곪은	곪니	
고우면	고움	고운	곱니 · 고우니	
괜찮으면	괜찮음	괜찮은	괜찮니 · 괜찮으니	
괴면	굄	괸	괴니	☞ 고이다
괴롭히면	괴롭힘	괴롭힌	괴롭히니	

어미 / 용언	-고	-네	-ㅂ니다/-습니다	-아/어
구르-다	구르고	구르네	구릅니다	굴러
구슬리-다	구슬리고	구슬리네	구슬립니다	구슬리어(구슬려)
굳-다Ⅰ	굳고	굳네	굳습니다	굳어
굳-다Ⅱ	굳고	굳네	굳습니다	굳어
굴-다[2]	굴고	구네	굽니다	굴어
굵-다	굵고	굵네	굵습니다	굵어
굶-다	굶고	굶네	굶습니다	굶어
굽-다[1]	굽고	굽네	굽습니다	구워
굽-다[3]	굽고	굽네	굽습니다	굽어
귀엽-다	귀엽고	귀엽네	귀엽습니다	귀여워
그러-다	그러고	그러네	그럽니다	그래
그러하-다	그러하고	그러하네	그러합니다	그러하여(그러해/그래)
그렇-다	그렇고	그러네	그렇습니다	그래
그르-다	그르고	그르네	그릅니다	글러
그르치-다	그르치고	그르치네	그르칩니다	그르치어(그르쳐)
그리-다	그리고	그리네	그립니다	그리어(그려)
그리하-다	그리하고	그리하네	그리합니다	그리하여(그리해/그래)
그립-다	그립고	그립네	그립습니다	그리워
그치-다	그치고	그치네	그칩니다	그치어(그쳐)
긁-다	긁고	긁네	긁습니다	긁어
긁히-다	긁히고	긁히네	긁힙니다	긁히어(긁혀)
긋-다	긋고	긋네	긋습니다	그어
기다랗-다	기다랗고	기다라네	기다랗습니다	기다래
기르-다	기르고	기르네	기릅니다	길러
기리-다	기리고	기리네	기립니다	기리어(기려)
기쁘-다	기쁘고	기쁘네	기쁩니다	기뻐
기울-다	기울고	기우네	기웁니다	기울어
긷-다	긷고	긷네	긷습니다	길어
길-다	길고	기네	깁니다	길어
깁-다	깁고	깁네	깁습니다	기워
깊-다	깊고	깊네	깊습니다	깊어
까-다	까고	까네	깝니다	까
까부르-다	까부르고	까부르네	까부릅니다	까불러
까불-다[1]	까불고	까부네	까붑니다	까불어
까불-다[2]	까불고	까부네	까붑니다	까불어 *
깎-다	깎고	깎네	깎습니다	깎아
깔-다	깔고	까네	깝니다	깔아
깨끗하-다	깨끗하고	깨끗하네	깨끗합니다	깨끗하여(깨끗해)
깨-다	깨고	깨네	깹니다	깨어(깨)
깨닫-다	깨닫고	깨닫네	깨닫습니다	깨달아
깨뜨리-다	깨뜨리고	깨뜨리네	깨뜨립니다	깨뜨리어(깨뜨려)
깨우-다	깨우고	깨우네	깨웁니다	깨우어(깨워)
꺾-다	꺾고	꺾네	꺾습니다	꺾어
꼬-다	꼬고	꼬네	꼽니다	꼬아(꽈)
꼬이-다	꼬이고	꼬이네	꼬입니다	꼬이어(꼬여)
꼽-다	꼽고	꼽네	꼽습니다	꼽아
꽂-다	꽂고	꽂네	꽂습니다	꽂아
꾀-다	꾀고	꾀네	꾑니다	꾀어(꽤)
꾸-다	꾸고	꾸네	꿉니다	꾸어(꿔)
꾸짖-다	꾸짖고	꾸짖네	꾸짖습니다	꾸짖어
꿇-다	꿇고	꿇네	꿇습니다	꿇어
뀌-다	뀌고	뀌네	뀝니다	뀌어
끄-다	끄고	끄네	끕니다	꺼
끄르-다	끄르고	끄르네	끄릅니다	끌러
끊-다	끊고	끊네	끊습니다	끊어
끌-다	끌고	끄네	끕니다	끌어
끓-다	끓고	끓네	끓습니다	끓어
끓이-다	끓이고	끓이네	끓입니다	끓이어(끓여)
끼-다	끼고	끼네	낍니다	끼어(껴)

-면/-으면	-ㅁ/-음	-ㄴ/-은	-니[1]/-으니[1]	비 고
구르면	구름	구른	구르니	
구슬리면	구슬림	구슬린	구슬리니	
굳으면	굳음	굳은	굳니	☞ 자
굳으면	굳음	굳은	굳니 · 굳으니	☞ 형
굴면	굶	군	구니	
굵으면	굵음	굵은	굵니 · 굵으니	
굶으면	굶음	굶은	굶니	
구우면	구움	구운	굽니	
굽으면	굽음	굽은	굽니	
귀여우면	귀여움	귀여운	귀엽니 · 귀여우니	
그러면	그럼	그런	그러니	☞ 그리하-다
그러하면	그러함	그러한	그러하니	☞ 그렇-다
그러면	그럼	그런	그러니	☞ 그러하-다
그르면	그름	그른	그르니	
그르치면	그르침	그르친	그르치니	
그리면	그림	그린	그리니	
그리하면	그리함	그리한	그리하니	☞ 그러-다
그리우면	그리움	그리운	그립니 · 그리우니	
그치면	그침	그친	그치니	
긁으면	긁음	긁은	긁니	
긁히면	긁힘	긁힌	긁히니	
그으면	그음	그은	긋니	
기다라면	기다람	기다란	기다라니	
기르면	기름	기른	기르니	
기리면	기림	기린	기리니	
기쁘면	기쁨	기쁜	기쁘니	
기울면	기욺	기운	기우니	
길으면	길음	길은	긷니	
길면	긺	긴	기니	
기우면	기움	기운	깁니	
깊으면	깊음	깊은	깊니 · 깊으니	
까면	깜	깐	까니	
까부르면	까부름	까부른	까부르니	☞ 까불-다[2]
까불면	까붊	까분	까부니	
까불면	까붊	까분/까부오 *	까부니	☞ 까부르-다
깎으면	깎음	깎은	깎니	
깔면	깖	깐	까니	
깨끗하면	깨끗함	깨끗한	깨끗하니	
깨면	깸	깬	깨니	
깨달으면	깨달음	깨달은	깨닫니	
깨뜨리면	깨뜨림	깨뜨린	깨뜨리니	
깨우면	깨움	깨운	깨우니	
꺾으면	꺾음	꺾은	꺾니	
꼬면	꼼	꼰	꼬니	
꼬이면	꼬임	꼬인	꼬이니	
꼽으면	꼽음	꼽은	꼽니	
꽂으면	꽂음	꽂은	꽂니	
꾀면	꾐	꾄	꾀니	
꾸면	꿈	꾼	꾸니	
꾸짖으면	꾸짖음	꾸짖은	꾸짖니	
꿇으면	꿇음	꿇은	꿇니	
뀌면	뀜	뀐	뀌니	
끄면	끔	끈	끄니	
끄르면	끄름	끄른	끄르니	
끊으면	끊음	끊은	끊니	
끌면	끎	끈	끄니	
끓으면	끓음	끓은	끓니	
끓이면	끓임	끓인	끓이니	
끼면	낌	낀	끼니	

용언 \ 어미	-고	-네	-ㅂ니다/-습니다	-아/어
끼우-다	끼우고	끼우네	끼웁니다	끼우어(끼워)
끼이-다	끼이고	끼이네	끼입니다	끼이어(끼여)
나누-다	나누고	나누네	나눕니다	나누어(나눠)
나뉘-다	나뉘고	나뉘네	나뉩니다	나뉘어
나-다	나고	나네	납니다	나
나르-다	나르고	나르네	나릅니다	날라
나쁘-다	나쁘고	나쁘네	나쁩니다	나빠
낚-다	낚고	낚네	낚습니다	낚아
날-다	날고	나네	납니다	날아
날래-다	날래고	날래네	날랩니다	날래어(날래)
날리-다	날리고	날리네	날립니다	날리어(날려)
날카롭-다	날카롭고	날카롭네	날카롭습니다	날카로워
낫-다[1]	낫고	낫네	낫습니다	나아
낫-다[2]	낫고	낫네	낫습니다	나아
낮-다	낮고	낮네	낮습니다	낮아
낮추-다	낮추고	낮추네	낮춥니다	낮추어(낮춰)
낳-다	낳고	낳네	낳습니다	낳아
내닫-다	내닫고	내닫네	내닫습니다	내달아
내리-다	내리고	내리네	내립니다	내리어(내려)
내키-다	내키고	내키네	내킵니다	내키어(내켜)
너그럽-다	너그럽고	너그럽네	너그럽습니다	너그러워
너르-다	너르고	너르네	너릅니다	널러
널-다	널고	너네	넙니다	널어
널따랗-다	널따랗고	널따라네	널따랗습니다	널따래
넓-다	넓고	넓네	넓습니다	넓어
넓히-다	넓히고	넓히네	넓힙니다	넓히어(넓혀)
넘-다	넘고	넘네	넘습니다	넘어
넣-다	넣고	넣네	넣습니다	넣어
노랗-다	노랗고	노라네	노랗습니다	노래
노리-다	노리고	노리네	노립니다	노리어(노려)
녹슬-다	녹슬고	녹스네	녹습니다	녹슬어
놀-다	놀고	노네	놉니다	놀아
높-다	높고	높네	높습니다	높아
놓-다	놓고	놓네	놓습니다	놓아(놔)
누-다	누고	누네	눕니다	누어(눠)
누렇-다	누렇고	누러네	누렇습니다	누레
누르-다[1]	누르고	누르네	누릅니다	눌러
누르-다[2]	누르고	누르네	누릅니다	누르러
누리-다	누리고	누리네	누립니다	누리어(누려)
누이-다	누이고	누이네	누입니다	누이어(누여)
눅-다Ⅰ	눅고	눅네	눅습니다	눅어
눅-다Ⅱ	눅고	눅네	눅습니다	눅어
눋-다	눋고	눋네	눋습니다	눌어
눕-다	눕고	눕네	눕습니다	누워
뉘-다	뉘고	뉘네	뉩니다	뉘어
느끼-다	느끼고	느끼네	느낍니다	느끼어(느껴)
느리-다	느리고	느리네	느립니다	느리어(느려)
늘-다	늘고	느네	늡니다	늘어
늘리-다	늘리고	늘리네	늘립니다	늘리어(늘려)
늘이-다	늘이고	늘이네	늘입니다	늘이어(늘여)
늙-다	늙고	늙네	늙습니다	늙어
늦-다Ⅰ	늦고	늦네	늦습니다	늦어
늦-다Ⅱ	늦고	늦네	늦습니다	늦어
다다르-다	다다르고	다다르네	다다릅니다	다다라
다루-다	다루고	다루네	다룹니다	다루어(다뤄)
다르-다	다르고	다르네	다릅니다	달라
다리-다	다리고	다리네	다립니다	다리어(다려)
다물-다	다물고	다무네	다뭅니다	다물어
다스리-다	다스리고	다스리네	다스립니다	다스리어(다스려)

-면/-으면	-ㅁ/-음	-ㄴ/-은	-니[1]/-으니[1]	비 고
끼우면	끼움	끼운	끼우니	
끼이면	끼임	끼인	끼이니	
나누면	나눔	나눈	나누니	
나뉘면	나뉨	나뉜	나뉘니	
나면	남	난	나니	
나르면	나름	나른	나르니	
나쁘면	나쁨	나쁜	나쁘니	
낚으면	낚음	낚은	낚니	
날면	낢	난	나니	
날래면	날램	날랜	날래니	
날리면	날림	날린	날리니	
날카로우면	날카로움	날카로운	날카롭니 · 날카로우니	
나으면	나음	나은	낫니	
나으면	나음	나은	낫니 · 나으니	
낮으면	낮음	낮은	낮니 · 낮으니	
낮추면	낮춤	낮춘	낮추니	
낳으면	낳음	낳은	낳니	
내달으면	내달음	내달은	내닫니	
내리면	내림	내린	내리니	
내키면	내킴	내킨	내키니	
너그러우면	너그러움	너그러운	너그럽니 · 너그러우니	
너르면	너름	너른	너르니	
널면	넒	넌	너니	
널따라면	널따람	널따란	널따라니	
넓으면	넓음	넓은	넓니 · 넓으니	
넓히면	넓힘	넓힌	넓히니	
넘으면	넘음	넘은	넘니	
넣으면	넣음	넣은	넣니	
노라면	노람	노란	노라니	
노리면	노림	노린	노리니	
녹슬면	녹슮	녹슨	녹스니	
놀면	놂	논	노니	
높으면	높음	높은	높니 · 높으니	
놓으면	놓음	놓은	놓니	
누면	눔	눈	누니	
누러면	누럼	누런	누러니	
누르면	누름	누른	누르니	
누르면	누름	누른	누르니	
누리면	누림	누린	누리니	
누이면	누임	누인	누이니	☞ 뉘-다
눅으면	눅음	눅은	눅니	☞ 자
눅으면	눅음	눅은	눅니 · 눅으니	☞ 형
눌으면	눌음	눌은	눋니	
누우면	누움	누운	눕니	
뉘면	뉨	뉜	뉘니	☞ 누이-다
느끼면	느낌	느낀	느끼니	
느리면	느림	느린	느리니	
늘면	늚	는	느니	
늘리면	늘림	늘린	늘리니	
늘이면	늘임	늘인	늘이니	
늙으면	늙음	늙은	늙니	
늦으면	늦음	늦은	늦니	☞ 자
늦으면	늦음	늦은	늦니 · 늦으니	☞ 형
다다르면	다다름	다다른	다다르니	
다루면	다룸	다룬	다루니	
다르면	다름	다른	다르니	
다리면	다림	다린	다리니	
다물면	다묾	다문	다무니	
다스리면	다스림	다스린	다스리니	

어미 / 용언	-고	-네	-ㅂ니다/-습니다	-아/어
다시-다	다시고	다시네	다십니다	다시어 (다셔)
다지-다	다지고	다지네	다집니다	다지어 (다져)
다투-다	다투고	다투네	다툽니다	다투어 (다퉈)
닦-다	닦고	닦네	닦습니다	닦아
닫-다	닫고	닫네	닫습니다	닫아
달-다	달고	다네	답니다	달아
닮-다	닮고	닮네	닮습니다	닮아
닳-다	닳고	닳네	닳습니다	닳아
담그-다	담그고	담그네	담급니다	담가
담-다	담고	담네	담습니다	담아
당기-다	당기고	당기네	당깁니다	당기어 (당겨)
닿-다	닿고	닿네	닿습니다	닿아
대-다	대고	대네	댑니다	대어 (대)
대들-다	대들고	대드네	대듭니다	대들어
더듬-다	더듬고	더듬네	더듬습니다	더듬어
더럽-다	더럽고	더럽네	더럽습니다	더러워
덜-다	덜고	더네	덥니다	덜어
덥-다	덥고	덥네	덥습니다	더워
덮-다	덮고	덮네	덮습니다	덮어
데-다	데고	데네	뎁니다	데어 (데)
데치-다	데치고	데치네	데칩니다	데치어 (데쳐)
도지-다	도지고	도지네	도집니다	도지어 (도져)
돋-다	돋고	돋네	돋습니다	돋아
돌-다	돌고	도네	돕니다	돌아
돕-다	돕고	돕네	돕습니다	도와
동그랗-다	동그랗고	동그라네	동그랗습니다	동그래
되-다	되고	되네	됩니다	되어 (돼)
두-다	두고	두네	둡니다	두어 (둬)
두르-다	두르고	두르네	두릅니다	둘러
둥그렇-다	둥그렇고	둥그러네	둥그렇습니다	둥그레
둥글-다	둥글고	둥그네	둥급니다	둥글어
뒤지-다	뒤지고	뒤지네	뒤집니다	뒤지어 (뒤져)
뒹굴-다	뒹굴고	뒹구네	뒹굽니다	뒹굴어
드물-다	드물고	드무네	드뭅니다	드물어
듣-다	듣고	듣네	듣습니다	들어
들-다	들고	드네	듭니다	들어
들뜨-다	들뜨고	들뜨네	들뜹니다	들떠
들르-다	들르고	들르네	들릅니다	들러
디디-다	디디고	디디네	디딥니다	디디어 (디뎌)
딛-다	딛고	딛네	딛습니다	딛어 *
따-다	따고	따네	땁니다	따
따르-다	따르고	따르네	따릅니다	따라
따지-다	따지고	따지네	따집니다	따지어 (따져)
딸리-다	딸리고	딸리네	딸립니다	딸리어 (딸려)
땋-다	땋고	땋네	땋습니다	땋아
때-다	때고	때네	땝니다	때어 (때)
떠나-다	떠나고	떠나네	떠납니다	떠나
떠들-다	떠들고	떠드네	떠듭니다	떠들어
떠올리-다	떠올리고	떠올리네	떠올립니다	떠올리어 (떠올려)
떨-다	떨고	떠네	떱니다	떨어
떨리-다	떨리고	떨리네	떨립니다	떨리어 (떨려)
뗴-다	뗴고	뗴네	뗍니다	뗴어 (뗴)
뗴이-다	뗴이고	뗴이네	뗴입니다	뗴이어 (뗴여)
뚫-다	뚫고	뚫네	뚫습니다	뚫어
뛰-다	뛰고	뛰네	뜁니다	뛰어
뛰어나-다	뛰어나고	뛰어나네	뛰어납니다	뛰어나
뜨-다	뜨고	뜨네	뜹니다	떠
뜨겁-다	뜨겁고	뜨겁네	뜨겁습니다	뜨거워
뜨이-다	뜨이고	뜨이네	뜨입니다	뜨이어 (뜨여)

-면/-으면	-ㅁ/-음	-ㄴ/-은	-니[1]/-으니[1]	비 고
다시면	다심	다신	다시니	
다지면	다짐	다진	다지니	
다투면	다툼	다툰	다투니	
닦으면	닦음	닦은	닦니	
닫으면	닫음	닫은	닫니	
달면	닮	단	다니	
닮으면	닮음	닮은	닮니	
닳으면	닳음	닳은	닳니	
담그면	담금	담근	담그니	
담으면	담음	담은	담니	
당기면	당김	당긴	당기니	
닿으면	닿음	닿은	닿니	
대면	댐	댄	대니	
대들면	대듦	대든	대드니	
더듬으면	더듬음	더듬은	더듬니	
더러우면	더러움	더러운	더럽니 · 더러우니	
덜면	덞	던	더니	
더우면	더움	더운	덥니 · 더우니	
덮으면	덮음	덮은	덮니	
데면	뎀	덴	데니	
데치면	데침	데친	데치니	
도지면	도짐	도진	도지니	
돋으면	돋음	돋은	돋니	
돌면	돎	돈	도니	
도우면	도움	도운	돕니	
동그라면	동그람	동그란	동그라니	
되면	됨	된	되니	
두면	둠	둔	두니	
두르면	두름	두른	두르니	
둥그러면	둥그럼	둥그런	둥그러니	
둥글면	둥긂	둥근	둥그니	
뒤지면	뒤짐	뒤진	뒤지니	
뒹굴면	뒹굶	뒹군	뒹구니	
드물면	드묾	드문	드무니	
들으면	들음	들은	듣니	
들면	듦	든	드니	
들뜨면	들뜸	들뜬	들뜨니	
들르면	들름	들른	들르니	
디디면	디딤	디딘	디디니	☞ 딛-다
딛으면 *	딛음 *	딛은 *	딛니	☞ 디디-다
따면	땀	딴	따니	
따르면	따름	따른	따르니	
따지면	따짐	따진	따지니	
딸리면	딸림	딸린	딸리니	
땋으면	땋음	땋은	땋니	
때면	땜	땐	때니	
떠나면	떠남	떠난	떠나니	
떠들면	떠듦	떠든	떠드니	
떠올리면	떠올림	떠올린	떠올리니	
떨면	떪	떤	떠니	
떨리면	떨림	떨린	떨리니	
떼면	뗌	뗀	떼니	
떼이면	떼임	떼인	떼이니	
뚫으면	뚫음	뚫은	뚫니	
뛰면	뜀	뛴	뛰니	
뛰어나면	뛰어남	뛰어난	뛰어나니	
뜨면	뜸	뜬	뜨니	
뜨거우면	뜨거움	뜨거운	뜨겁니 · 뜨거우니	
뜨이면	뜨임	뜨인	뜨이니	☞ 띄-다

용언 \ 어미	-고	-네	-ㅂ니다/-습니다	-아/어
뜯-다	뜯고	뜯네	뜯습니다	뜯어
띄-다	띄고	띄네	띕니다	띄어
띄우-다[2]	띄우고	띄우네	띄웁니다	띄우어 (띄워)
띠-다	띠고	띠네	띱니다	띠어 (뗘)
마르-다	마르고	마르네	마릅니다	말라
마시-다	마시고	마시네	마십니다	마시어 (마셔)
마치-다	마치고	마치네	마칩니다	마치어 (마쳐)
막-다	막고	막네	막습니다	막아
만들-다	만들고	만드네	만듭니다	만들어
많-다	많고	많네	많습니다	많아
말-다	말고	마네	맙니다	말아
말리-다	말리고	말리네	말립니다	말리어 (말려)
맞-다	맞고	맞네	맞습니다	맞아
맡-다	맡고	맡네	맡습니다	맡아
매-다	매고	매네	맵니다	매어 (매)
맴돌-다	맴돌고	맴도네	맴돕니다	맴돌아
맵-다	맵고	맵네	맵습니다	매워
맺-다	맺고	맺네	맺습니다	맺어
머금-다	머금고	머금네	머금습니다	머금어
머무르-다	머무르고	머무르네	머무릅니다	머물러
머물-다	머물고	머무네	머뭅니다	머물어 *
먹-다	먹고	먹네	먹습니다	먹어
멀-다	멀고	머네	멉니다	멀어
멋지-다	멋지고	멋지네	멋집니다	멋지어 (멋져)
멎-다	멎고	멎네	멎습니다	멎어
메-다	메고	메네	멥니다	메어 (메)
메마르-다	메마르고	메마르네	메마릅니다	메말라
메스껍-다	메스껍고	메스껍네	메스껍습니다	메스꺼워
모-다	모고	모네	몹니다	모아 (뫄)
모르-다	모르고	모르네	모릅니다	몰라
모으-다	모으고	모으네	모읍니다	모아 (뫄)
몰-다	몰고	모네	몹니다	몰아
무겁-다	무겁고	무겁네	무겁습니다	무거워
무디-다	무디고	무디네	무딥니다	무디어 (무뎌)
무르-다	무르고	무르네	무릅니다	물러
무릅쓰-다	무릅쓰고	무릅쓰네	무릅씁니다	무릅써
무섭-다	무섭고	무섭네	무섭습니다	무서워
무찌르-다	무찌르고	무찌르네	무찌릅니다	무찔러
무치-다	무치고	무치네	무칩니다	무치어 (무쳐)
묵-다	묵고	묵네	묵습니다	묵어
묶-다	묶고	묶네	묶습니다	묶어
문지르-다	문지르고	문지르네	문지릅니다	문질러
묻-다[1 2]	묻고	묻네	묻습니다	묻어
묻-다[3]	묻고	묻네	묻습니다	물어
물-다	물고	무네	뭅니다	물어
미루-다	미루고	미루네	미룹니다	미루어 (미뤄)
믿-다	믿고	믿네	믿습니다	믿어
밀-다	밀고	미네	밉니다	밀어
밉-다	밉고	밉네	밉습니다	미워
바꾸-다	바꾸고	바꾸네	바꿉니다	바꾸어 (바꿔)
바라-다	바라고	바라네	바랍니다	바라
바래-다	바래고	바래네	바랩니다	바래어 (바래)
바르-다	바르고	바르네	바릅니다	발라
박-다	박고	박네	박습니다	박아
반갑-다	반갑고	반갑네	반갑습니다	반가워
받-다	받고	받네	받습니다	받아
밝-다Ⅰ	밝고	밝네	밝습니다	밝아
밝-다Ⅱ	밝고	밝네	밝습니다	밝아
밟-다	밟고	밟네	밟습니다	밟아

-면/-으면	-ㅁ/-음	-ㄴ/-은	-니[1]/-으니[1]	비 고
뜯으면	뜯음	뜯은	뜯니	
띄면	띔	띈	띄니	☞ 뜨이-다, 띄우-다[2]
띄우면	띄움	띄운	띄우니	☞ 띄-다
띠면	띰	띤	띠니	
마르면	마름	마른	마르니	
마시면	마심	마신	마시니	
마치면	마침	마친	마치니	
막으면	막음	막은	막니	
만들면	만듦	만든	만드니	
많으면	많음	많은	많니 · 많으니	
말면	맒	만	마니	
말리면	말림	말린	말리니	
맞으면	맞음	맞은	맞니	
맡으면	맡음	맡은	맡니	
매면	맴	맨	매니	
맴돌면	맴돎	맴돈	맴도니	
매우면	매움	매운	맵니 · 매우니	
맺으면	맺음	맺은	맺니	
머금으면	머금음	머금은	머금니	
머무르면	머무름	머무른	머무르니	☞ 머물-다
머물면	머묾	머문/머무오 *	머무니	☞ 머무르-다
먹으면	먹음	먹은	먹니	
멀면	멂	먼	머니	
멋지면	멋짐	멋진	멋지니	
멎으면	멎음	멎은	멎니	
메면	멤	멘	메니	
메마르면	메마름	메마른	메마르니	
메스꺼우면	메스꺼움	메스꺼운	메스껍니 · 메스꺼우니	
모면	모음	모은	모니	☞ 모으-다
모르면	모름	모른	모르니	
모으면	모음	모은	모으니	☞ 모-다
몰면	몲	몬	모니	
무거우면	무거움	무거운	무겁니 · 무거우니	
무디면	무딤	무딘	무디니	
무르면	무름	무른	무르니	
무릅쓰면	무릅씀	무릅쓴	무릅쓰니	
무서우면	무서움	무서운	무섭니 · 무서우니	
무찌르면	무찌름	무찌른	무찌르니	
무치면	무침	무친	무치니	
묵으면	묵음	묵은	묵니	
묶으면	묶음	묶은	묶니	
문지르면	문지름	문지른	문지르니	
묻으면	묻음	묻은	묻니	
물으면	물음	물은	묻니	
물면	묾	문	무니	
미루면	미룸	미룬	미루니	
믿으면	믿음	믿은	믿니	
밀면	밂	민	미니	
미우면	미움	미운	밉니 · 미우니	
바꾸면	바꿈	바꾼	바꾸니	
바라면	바람	바란	바라니	
바래면	바램	바랜	바래니	
바르면	바름	바른	바르니	
박으면	박음	박은	박니	
반가우면	반가움	반가운	반갑니 · 반가우니	
받으면	받음	받은	받니	
밝으면	밝음	밝은	밝니	☞ 자
밝으면	밝음	밝은	밝니 · 밝으니	☞ 형
밟으면	밟음	밟은	밟니	

용언 \ 어미	-고	-네	-ㅂ니다/-습니다	-아/어
배-다	배고	배네	뱁니다	배어 (배)
밸-다	밸고	밸네	밸습니다	밸어
벌-다	벌고	버네	법니다	벌어
벌리-다	벌리고	벌리네	벌립니다	벌리어 (벌려)
벌이-다	벌이고	벌이네	벌입니다	벌이어 (벌여)
벗-다	벗고	벗네	벗습니다	벗어
베-다	베고	베네	벱니다	베어 (베)
베풀-다	베풀고	베푸네	베풉니다	베풀어
벼르-다	벼르고	벼르네	벼릅니다	별러
보-다	보고	보네	봅니다	보아 (봐)
보드랍-다	보드랍고	보드랍네	보드랍습니다	보드라워
보이-다	보이고	보이네	보입니다	보이어 (보여)
볶-다	볶고	볶네	볶습니다	볶아
뵈-다	뵈고	뵈네	뵙니다	뵈어 (봬)
부드럽-다	부드럽고	부드럽네	부드럽습니다	부드러워
부르-다	부르고	부르네	부릅니다	불러
부리-다	부리고	부리네	부립니다	부리어 (부려)
부수-다	부수고	부수네	부숩니다	부수어 (부숴)
부시-다	부시고	부시네	부십니다	부시어 (부셔)
부치-다	부치고	부치네	부칩니다	부치어 (부쳐)
부풀-다	부풀고	부푸네	부풉니다	부풀어
북돋-다	북돋고	북돋네	북돋습니다	북돋아
북돋우-다	북돋우고	북돋우네	북돋웁니다	북돋우어 (북돋워)
붇-다	붇고	붇네	붇습니다	불어
불-다	불고	부네	붑니다	불어
불사르-다	불사르고	불사르네	불사릅니다	불살라
붉-다	붉고	붉네	붉습니다	붉어
붓-다[1 3]	붓고	붓네	붓습니다	부어
붙-다	붙고	붙네	붙습니다	붙어
붙이-다	붙이고	붙이네	붙입니다	붙이어 (붙여)
비꼬-다	비꼬고	비꼬네	비꼽니다	비꼬아 (비꽈)
비-다	비고	비네	빕니다	비어 (벼)
비웃-다	비웃고	비웃네	비웃습니다	비웃어
비추-다	비추고	비추네	비춥니다	비추어 (비춰)
비치-다	비치고	비치네	비칩니다	비치어 (비쳐)
빌-다	빌고	비네	빕니다	빌어
빌리-다	빌리고	빌리네	빌립니다	빌리어 (빌려)
빌붙-다	빌붙고	빌붙네	빌붙습니다	빌붙어
빗-다	빗고	빗네	빗습니다	빗어
빚-다	빚고	빚네	빚습니다	빚어
빠르-다	빠르고	빠르네	빠릅니다	빨라
빨-다	빨고	빠네	빱니다	빨아
빨갛-다	빨갛고	빨가네	빨갛습니다	빨개
빻-다	빻고	빻네	빻습니다	빻아
빼-다	빼고	빼네	뺍니다	빼어 (빼)
빼앗-다	빼앗고	빼앗네	빼앗습니다	빼앗아
뺏-다	뺏고	뺏네	뺏습니다	뺏어
뻗-다	뻗고	뻗네	뻗습니다	뻗어
뻘겋-다	뻘겋고	뻘거네	뻘겋습니다	뻘게
뽀얗-다	뽀얗고	뽀야네	뽀얗습니다	뽀얘
뽐내-다	뽐내고	뽐내네	뽐냅니다	뽐내어 (뽐내)
뽑-다	뽑고	뽑네	뽑습니다	뽑아
뿌옇-다	뿌옇고	뿌여네	뿌옇습니다	뿌예
뿜-다	뿜고	뿜네	뿜습니다	뿜어
사-다	사고	사네	삽니다	사
사귀-다	사귀고	사귀네	사귑니다	사귀어
삭-다	삭고	삭네	삭습니다	삭아
살-다	살고	사네	삽니다	살아
살찌-다	살찌고	살찌네	살찝니다	살찌어 (살쪄)

-면/-으면	-ㅁ/-음	-ㄴ/-은	-니[1]/-으니[1]	비 고
배면	뱀	밴	배니	
뱉으면	뱉음	뱉은	뱉니	
벌면	벎	번	버니	
벌리면	벌림	벌린	벌리니	
벌이면	벌임	벌인	벌이니	
벗으면	벗음	벗은	벗니	
베면	벰	벤	베니	
베풀면	베풂	베푼	베푸니	
벼르면	벼름	벼른	벼르니	
보면	봄	본	보니	
보드라우면	보드라움	보드라운	보드랍니 · 보드라우니	
보이면	보임	보인	보이니	☞ 뵈다
볶으면	볶음	볶은	볶니	
뵈면	뵘	뵌	뵈니	☞ 보이다
부드러우면	부드러움	부드러운	부드럽니 · 부드러우니	
부르면	부름	부른	부르니	
부리면	부림	부린	부리니	
부수면	부숨	부순	부수니	
부시면	부심	부신	부시니	
부치면	부침	부친	부치니	
부풀면	부풂	부푼	부푸니	
북돋으면	북돋음	북돋은	북돋니	☞ 북돋우-다
북돋우면	북돋움	북돋운	북돋우니	☞ 북돋-다
붇으면	붇음	붇은	붇니	
불면	붊	분	부니	
불사르면	불사름	불사른	불사르니	
붉으면	붉음	붉은	붉니 · 붉으니	
부으면	부음	부은	붓니	
붙으면	붙음	붙은	붙니	
붙이면	붙임	붙인	붙이니	
비꼬면	비꼼	비꼰	비꼬니	
비면	빔	빈	비니	
비웃으면	비웃음	비웃은	비웃니	
비추면	비춤	비춘	비추니	
비치면	비침	비친	비치니	
빌면	빎	빈	비니	
빌리면	빌림	빌린	빌리니	
빌붙으면	빌붙음	빌붙은	빌붙니	
빗으면	빗음	빗은	빗니	
빚으면	빚음	빚은	빚니	
빠르면	빠름	빠른	빠르니	
빨면	빪	빤	빠니	
빨가면	빨감	빨간	빨가니	
빻으면	빻음	빻은	빻니	
빼면	뺌	뺀	빼니	
빼앗으면	빼앗음	빼앗은	빼앗니	☞ 뺏-다
뺏으면	뺏음	뺏은	뺏니	☞ 빼앗-다
뻗으면	뻗음	뻗은	뻗니	
뻘거면	뻘검	뻘건	뻘거니	
뽀야면	뽀얌	뽀얀	뽀야니	
뽐내면	뽐냄	뽐낸	뽐내니	
뽑으면	뽑음	뽑은	뽑니	
뿌여면	뿌염	뿌연	뿌여니	
뿜으면	뿜음	뿜은	뿜니	
사면	삼	산	사니	
사귀면	사귐	사귄	사귀니	
삭으면	삭음	삭은	삭니	
살면	삶	산	사니	
살찌면	살찜	살찐	살찌니	

용언 \ 어미	-고	-네	-ㅂ니다/-습니다	-아/어
삶-다	삶고	삶네	삶습니다	삶아
삼가-다	삼가고	삼가네	삼갑니다	삼가
삼-다	삼고	삼네	삼습니다	삼아
새-다	새고	새네	샙니다	새어 (새)
새롭-다	새롭고	새롭네	새롭습니다	새로워
생기-다	생기고	생기네	생깁니다	생기어 (생겨)
서-다	서고	서네	섭니다	서
서두르-다	서두르고	서두르네	서두릅니다	서둘러
서둘-다	서둘고	서두네	서둡니다	서둘어 *
서투르-다	서투르고	서투르네	서투릅니다	서툴러
서툴-다	서툴고	서투네	서툽니다	서툴어 *
섞-다	섞고	섞네	섞습니다	섞어
섣부르-다	섣부르고	섣부르네	섣부릅니다	섣불러
설-다	설고	서네	섭니다	설어
설레-다	설레고	설레네	설렙니다	설레어 (설레)
섧-다	섧고	섧네	섧습니다	설워
세-다	세고	세네	셉니다	세어 (세)
속-다	속고	속네	속습니다	속아
솎-다	솎고	솎네	솎습니다	솎아
손꼽-다	손꼽고	손꼽네	손꼽습니다	손꼽아
솟-다	솟고	솟네	솟습니다	솟아
쇠-다	쇠고	쇠네	쇱니다	쇠어 (쇄)
수다스럽-다	수다스럽고	수다스럽네	수다스럽습니다	수다스러워
숨-다	숨고	숨네	숨습니다	숨어
쉬-다	쉬고	쉬네	쉽니다	쉬어
쉽-다	쉽고	쉽네	쉽습니다	쉬워
슬프-다	슬프고	슬프네	슬픕니다	슬퍼
시-다	시고	시네	십니다	시어 (셔)
시들-다	시들고	시드네	시듭니다	시들어
식-다	식고	식네	식습니다	식어
신-다	신고	신네	신습니다	신어
싣-다	싣고	싣네	싣습니다	실어
싫-다	싫고	싫네	싫습니다	싫어
심-다	심고	심네	심습니다	심어
싶-다	싶고	싶네	싶습니다	싶어
싸-다	싸고	싸네	쌉니다	싸
싸우-다	싸우고	싸우네	싸웁니다	싸우어 (싸워)
쌓-다	쌓고	쌓네	쌓습니다	쌓아
썰-다	썰고	써네	썹니다	썰어
쏘-다	쏘고	쏘네	쏩니다	쏘아 (쏴)
쏘이-다	쏘이고	쏘이네	쏘입니다	쏘이어 (쏘여)
쏟-다	쏟고	쏟네	쏟습니다	쏟아
쐬-다	쐬고	쐬네	쐽니다	쐬어 (쐐)
쑤-다	쑤고	쑤네	쑵니다	쑤어 (쒀)
쓰-다	쓰고	쓰네	씁니다	써
쓰이-다	쓰이고	쓰이네	쓰입니다	쓰이어 (쓰여)
쓸-다	쓸고	쓰네	씁니다	쓸어
씌-다	씌고	씌네	씝니다	씌어
씌우-다	씌우고	씌우네	씌웁니다	씌우어 (씌워)
아끼-다	아끼고	아끼네	아낍니다	아끼어 (아껴)
아니꼽-다	아니꼽고	아니꼽네	아니꼽습니다	아니꼬워
아뢰-다	아뢰고	아뢰네	아룁니다	아뢰어 (아뢔)
아름답-다	아름답고	아름답네	아름답습니다	아름다워
아물-다	아물고	아무네	아뭅니다	아물어
아쉽-다	아쉽고	아쉽네	아쉽습니다	아쉬워
아프-다	아프고	아프네	아픕니다	아파
안쓰럽-다	안쓰럽고	안쓰럽네	안쓰럽습니다	안쓰러워
안치-다	안치고	안치네	안칩니다	안치어 (안쳐)
안타깝-다	안타깝고	안타깝네	안타깝습니다	안타까워

-면/-으면	-ㅁ/-음	-ㄴ/-은	-니[1]/-으니[1]	비 고
삶으면	삶음	삶은	삶니	
삼가면	삼감	삼간	삼가니	
삼으면	삼음	삼은	삼니	
새면	샘	샌	새니	
새로우면	새로움	새로운	새롭니 · 새로우니	
생기면	생김	생긴	생기니	
서면	섬	선	서니	
서두르면	서두름	서두른	서두르니	☞ 서둘-다
서둘면	서둚	서둔/서두오 *	서두니	☞ 서두르-다
서투르면	서투름	서투른	서투르니	☞ 서툴-다
서툴면	서툶	서툰/서투오 *	서투니	☞ 서투르-다
섞으면	섞음	섞은	섞니	
섣부르면	섣부름	섣부른	섣부르니	
설면	섦	선	서니	
설레면	설렘	설렌	설레니	
설우면	설움	설운	섧니 · 설우니	
세면	셈	센	세니	
속으면	속음	속은	속니	
솎으면	솎음	솎은	솎니	
손꼽으면	손꼽음	손꼽은	손꼽니	
솟으면	솟음	솟은	솟니	
쇠면	쇰	쇤	쇠니	
수다스러우면	수다스러움	수다스러운	수다스럽니 · 수다스러우니	
숨으면	숨음	숨은	숨니	
쉬면	쉼	쉰	쉬니	
쉬우면	쉬움	쉬운	쉽니 · 쉬우니	
슬프면	슬픔	슬픈	슬프니	
시면	심	신	시니	
시들면	시듦	시든	시드니	
식으면	식음	식은	식니	
신으면	신음	신은	신니	
싣으면	싣음	싣은	싣니	
싫으면	싫음	싫은	싫니 · 싫으니	
심으면	심음	심은	심니	
싶으면	싶음	싶은	싶니 · 싶으니	
싸면	쌈	싼	싸니	
싸우면	싸움	싸운	싸우니	
쌓으면	쌓음	쌓은	쌓니	
썰면	썲	썬	써니	
쏘면	쏨	쏜	쏘니	
쏘이면	쏘임	쏘인	쏘이니	☞ 쐬-다
쏟으면	쏟음	쏟은	쏟니	
쐬면	쐼	쐰	쐬니	☞ 쏘이-다
쑤면	쑴	쑨	쑤니	
쓰면	씀	쓴	쓰니	
쓰이면	쓰임	쓰인	쓰이니	☞ 씌-다
쓸면	쓺	쓴	쓰니	
씌면	씜	씐	씌니	☞ 쓰이-다, 씌우다
씌우면	씌움	씌운	씌우니	☞ 씌-다
아끼면	아낌	아낀	아끼니	
아니꼬우면	아니꼬움	아니꼬운	아니꼽니 · 아니꼬우니	
아뢰면	아룀	아뢴	아뢰니	
아름다우면	아름다움	아름다운	아름답니 · 아름다우니	
아물면	아묾	아문	아무니	
아쉬우면	아쉬움	아쉬운	아쉽니 · 아쉬우니	
아프면	아픔	아픈	아프니	
안쓰러우면	안쓰러움	안쓰러운	안쓰럽니 · 안쓰러우니	
안치면	안침	안친	안치니	
안타까우면	안타까움	안타까운	안타깝니	

어미 / 용언	-고	-네	-ㅂ니다/-습니다	-아/어
앉-다	앉고	앉네	앉습니다	앉아
앉히-다	앉히고	앉히네	앉힙니다	앉히어(앉혀)
알-다	알고	아네	압니다	알아
알맞-다	알맞고	알맞네	알맞습니다	알맞아
앓-다	앓고	앓네	앓습니다	앓아
약-다	약고	약네	약습니다	약아
얇-다	얇고	얇네	얇습니다	얇아
얕-다	얕고	얕네	얕습니다	얕아
얕보-다	얕보고	얕보네	얕봅니다	얕보아(얕봐)
어기-다	어기고	어기네	어깁니다	어기어(어겨)
어둡-다	어둡고	어둡네	어둡습니다	어두워
어렵-다	어렵고	어렵네	어렵습니다	어려워
어우르-다	어우르고	어우르네	어우릅니다	어울러
언짢-다	언짢고	언짢네	언짢습니다	언짢아
얹-다	얹고	얹네	얹습니다	얹어
얹히-다	얹히고	얹히네	얹힙니다	얹히어(얹혀)
얻-다	얻고	얻네	얻습니다	얻어
얼-다	얼고	어네	업니다	얼어
업-다	업고	업네	업습니다	업어
없-다	없고	없네	없습니다	없어
없애-다	없애고	없애네	없앱니다	없애어(없애)
엎-다	엎고	엎네	엎습니다	엎어
여물-다	여물고	여무네	여뭅니다	여물어
여의-다	여의고	여의네	여읩니다	여의어
여쭈-다	여쭈고	여쭈네	여쭙니다	여쭈어(여쭤)
여쭙-다	여쭙고	여쭙네	여쭙습니다	여쭈워
엮-다	엮고	엮네	엮습니다	엮어
열-다	열고	여네	엽니다	열어
예쁘-다	예쁘고	예쁘네	예쁩니다	예뻐
오-다	오고	오네	옵니다	와
오르-다	오르고	오르네	오릅니다	올라
오리-다	오리고	오리네	오립니다	오리어(오려)
올바르-다	올바르고	올바르네	올바릅니다	올발라
옮-다	옮고	옮네	옮습니다	옮아
옳-다	옳고	옳네	옳습니다	옳아
외-다	외고	외네	욉니다	외어(왜)
외롭-다	외롭고	외롭네	외롭습니다	외로워
외우-다	외우고	외우네	외웁니다	외우어(외워)
우러르-다	우러르고	우러르네	우러릅니다	우러러
우습-다	우습고	우습네	우습습니다	우스워
울-다	울고	우네	웁니다	울어
웃-다	웃고	웃네	웃습니다	웃어
읊-다	읊고	읊네	읊습니다	읊어
이-다	이고	이네	입니다	이어(여)
이루-다	이루고	이루네	이룹니다	이루어(이뤄)
이르-다[1]	이르고	이르네	이릅니다	이르러
이르-다[2 3]	이르고	이르네	이릅니다	일러
익-다	익고	익네	익습니다	익어
일-다	일고	이네	입니다	일어
일컫-다	일컫고	일컫네	일컫습니다	일컬어
읽-다	읽고	읽네	읽습니다	읽어
잃-다	잃고	잃네	잃습니다	잃어
잇-다	잇고	잇네	잇습니다	이어
잇달-다	잇달고	잇다네	잇답니다	잇달아
있-다	있고	있네	있습니다	있어
잊-다	잊고	잊네	잊습니다	잊어
자-다	자고	자네	잡니다	자
자르-다	자르고	자르네	자릅니다	잘라
작-다	작고	작네	작습니다	작아

-면/-으면	-ㅁ/-음	-ㄴ/-은	-니[1]/-으니[1]	비 고
앉으면	앉음	앉은	앉니	
앉히면	앉힘	앉힌	앉히니	
알면	앎	안	아니	
알맞으면	알맞음	알맞은	알맞니 · 알맞으니	
앓으면	앓음	앓은	앓니	
약으면	약음	약은	약니 · 약으니	
얇으면	얇음	얇은	얇니 · 얇으니	
얕으면	얕음	얕은	얕니 · 얕으니	
얕보면	얕봄	얕본	얕보니	
어기면	어김	어긴	어기니	
어두우면	어두움	어두운	어둡니 · 어두우니	
어려우면	어려움	어려운	어렵니 · 어려우니	
어우르면	어우름	어우른	어우르니	
언짢으면	언짢음	언짢은	언짢니 · 언짢으니	
얹으면	얹음	얹은	얹니	
얹히면	얹힘	얹힌	얹히니	
얻으면	얻음	얻은	얻니	
얼면	얾	언	어니	
업으면	업음	업은	업니	
없으면	없음	없은	없니	
없애면	없앰	없앤	없애니	
엎으면	엎음	엎은	엎니	
여물면	여묾	여문	여무니	
여의면	여읨	여읜	여의니	
여쭈면	여쭘	여쭌	여쭈니	
여쭈우면	여쭈움	여쭈운	여쭙니	
엮으면	엮음	엮은	엮니	
열면	엶	연	여니	
예쁘면	예쁨	예쁜	예쁘니	
오면	옴	온	오니	
오르면	오름	오른	오르니	
오리면	오림	오린	오리니	
올바르면	올바름	올바른	올바르니	
옮으면	옮음	옮은	옮니	
옳으면	옳음	옳은	옳니 · 옳으니	
외면	욈	왼	외니	☞ 외우-다
외로우면	외로움	외로운	외롭니 · 외로우니	
외우면	외움	외운	외우니	☞ 외-다
우러르면	우러름	우러른	우러르니	
우스우면	우스움	우스운	우습니 · 우스우니	
울면	욺	운	우니	
웃으면	웃음	웃은	웃니	
읊으면	읊음	읊은	읊니	
이면	임	인	이니	
이루면	이룸	이룬	이루니	
이르면	이름	이른	이르니	
이르면	이름	이른	이르니	
익으면	익음	익은	익니	
일면	읾	인	이니	
일컬으면	일컬음	일컬은	일컫니	
읽으면	읽음	읽은	읽니	
잃으면	잃음	잃은	잃니	
이으면	이음	이은	잇니	
잇달면	잇닮	잇단	잇다니	
있으면	있음	있은	있니	
잊으면	잊음	잊은	잊니	
자면	잠	잔	자니	
자르면	자름	자른	자르니	
작으면	작음	작은	작니 · 작으니	

용언 \ 어미	-고	-네	-ㅂ니다/-습니다	-아/어
잠그-다	잠그고	잠그네	잠급니다	잠가
잠기-다	잠기고	잠기네	잠깁니다	잠기어 (잠겨)
잡-다	잡고	잡네	잡습니다	잡아
잡숫-다	잡숫고	잡숫네	잡숫습니다	잡수어 (잡숴)
재-다	재고	재네	잽니다	재어 (재)
저리-다	저리고	저리네	저립니다	저리어 (저려)
저물-다	저물고	저무네	저뭅니다	저물어
적-다[1]	적고	적네	적습니다	적어
적-다[2]	적고	적네	적습니다	적어
절-다	절고	저네	접니다	절어
절이-다	절이고	절이네	절입니다	절이어 (절여)
젊-다	젊고	젊네	젊습니다	젊어
점잖-다	점잖고	점잖네	점잖습니다	점잖아
접-다	접고	접네	접습니다	접어
젓-다	젓고	젓네	젓습니다	저어
정들-다	정들고	정드네	정듭니다	정들어
젖-다	젖고	젖네	젖습니다	젖어
조르-다	조르고	조르네	조릅니다	졸라
조리-다	조리고	조리네	조립니다	조리어 (조려)
조이-다	조이고	조이네	조입니다	조이어 (조여)
졸-다	졸고	조네	좁니다	졸아
졸리-다	졸리고	졸리네	졸립니다	졸리어 (졸려)
좁-다	좁고	좁네	좁습니다	좁아
좋-다	좋고	좋네	좋습니다	좋아
죄-다	죄고	죄네	죕니다	죄어 (좨)
죄이-다	죄이고	죄이네	죄입니다	죄이어 (죄여)
주무르-다	주무르고	주무르네	주무릅니다	주물러
죽-다	죽고	죽네	죽습니다	죽어
줄-다	줄고	주네	줍니다	줄어
줍-다	줍고	줍네	줍습니다	주워
쥐-다	쥐고	쥐네	쥡니다	쥐어
즐겁-다	즐겁고	즐겁네	즐겁습니다	즐거워
즐기-다	즐기고	즐기네	즐깁니다	즐기어 (즐겨)
지나-다	지나고	지나네	지납니다	지나
지-다	지고	지네	집니다	지어 (져)
지르-다	지르고	지르네	지릅니다	질러
지치-다	지치고	지치네	지칩니다	지치어 (지쳐)
지키-다	지키고	지키네	지킵니다	지키어 (지켜)
질-다	질고	지네	집니다	질어
질리-다	질리고	질리네	질립니다	질리어 (질려)
집-다	집고	집네	집습니다	집어
짓궂-다	짓궂고	짓궂네	짓궂습니다	짓궂어
짓-다	짓고	짓네	짓습니다	지어
짓무르-다	짓무르고	짓무르네	짓무릅니다	짓물러
짖-다	짖고	짖네	짖습니다	짖어
짙-다	짙고	짙네	짙습니다	짙어
짚-다	짚고	짚네	짚습니다	짚어
짜-다	짜고	짜네	짭니다	짜
짧-다	짧고	짧네	짧습니다	짧아
째-다	째고	째네	쨉니다	째어 (째)
쪼이-다	쪼이고	쪼이네	쪼입니다	쪼이어 (쪼여)
쫓-다	쫓고	쫓네	쫓습니다	쫓아
쬐-다	쬐고	쬐네	쬡니다	쬐어 (쫴)
찌-다	찌고	찌네	찝니다	찌어 (쪄)
찌들-다	찌들고	찌드네	찌듭니다	찌들어
찌르-다	찌르고	찌르네	찌릅니다	찔러
찍-다	찍고	찍네	찍습니다	찍어
찢-다	찢고	찢네	찢습니다	찢어
찧-다	찧고	찧네	찧습니다	찧어

-면/-으면	-ㅁ/-음	-ㄴ/-은	-니[1]/-으니[1]	비 고
잠그면	잠금	잠근	잠그니	
잠기면	잠김	잠긴	잠기니	
잡으면	잡음	잡은	잡니	
잡수면	잡숨	잡순	잡숫니	☞ 잡수시-다
재면	잼	잰	재니	
저리면	저림	저린	저리니	
저물면	저묾	저문	저무니	
적으면	적음	적은	적니	☞ 타
적으면	적음	적은	적니 · 적으니	☞ 형
절면	젊	전	저니	
절이면	절임	절인	절이니	
젊으면	젊음	젊은	젊니 · 젊으니	
점잖으면	점잖음	점잖은	점잖니 · 점잖으니	
접으면	접음	접은	접니	
저으면	저음	저은	젓니	
정들면	정듦	정든	정드니	
젖으면	젖음	젖은	젖니	
조르면	조름	조른	조르니	
조리면	조림	조린	조리니	
조이면	조임	조인	조이니	
졸면	졺	존	조니	
졸리면	졸림	졸린	졸리니	
좁으면	좁음	좁은	좁니 · 좁으니	
좋으면	좋음	좋은	좋니 · 좋으니	
죄면	죔	죈	죄니	
죄이면	죄임	죄인	죄이니	
주무르면	주무름	주무른	주무르니	
죽으면	죽음	죽은	죽니	
줄면	줆	준	주니	
주우면	주움	주운	줍니	
쥐면	쥠	쥔	쥐니	
즐거우면	즐거움	즐거운	즐겁니 · 즐거우니	
즐기면	즐김	즐긴	즐기니	
지나면	지남	지난	지나니	
지면	짐	진	지니	
지르면	지름	지른	지르니	
지치면	지침	지친	지치니	
지키면	지킴	지킨	지키니	
질면	짊	진	지니	
질리면	질림	질린	질리니	
집으면	집음	집은	집니	
짓궂으면	짓궂음	짓궂은	짓궂니 · 짓궂으니	
지으면	지음	지은	짓니	
짓무르면	짓무름	짓무른	짓무르니	
짖으면	짖음	짖은	짖니	
짙으면	짙음	짙은	짙니 · 짙으니	
짚으면	짚음	짚은	짚니	
짜면	짬	짠	짜니	
짧으면	짧음	짧은	짧니 · 짧으니	
째면	쨈	짼	째니	
쪼이면	쪼임	쪼인	쪼이니	
쫓으면	쫓음	쫓은	쫓니	
쬐면	쬠	쬔	쬐니	
찌면	찜	찐	찌니	
찌들면	찌듦	찌든	찌드니	
찌르면	찌름	찌른	찌르니	
찍으면	찍음	찍은	찍니	
찢으면	찢음	찢은	찢니	
찧으면	찧음	찧은	찧니	

용언 \ 어미	-고	-네	-ㅂ니다/-습니다	-아/어
차-다	차고	차네	찹니다	차
참-다	참고	참네	참습니다	참아
찾-다	찾고	찾네	찾습니다	찾아
채-다	채고	채네	챕니다	채어(채)
추-다	추고	추네	춥니다	추어(춰)
춥-다	춥고	춥네	춥습니다	추워
치-다	치고	치네	칩니다	치어(쳐)
치닫-다	치닫고	치닫네	치닫습니다	치달아
치르-다	치르고	치르네	치릅니다	치러
캐-다	캐고	캐네	캡니다	캐어(캐)
커다랗-다	커다랗고	커다라네	커다랗습니다	커다래
켜-다	켜고	켜네	켭니다	켜
크-다	크고	크네	큽니다	커
타-다	타고	타네	탑니다	타
탐스럽-다	탐스럽고	탐스럽네	탐스럽습니다	탐스러워
터지-다	터지고	터지네	터집니다	터지어(터져)
털-다	털고	터네	텁니다	털어
튀-다	튀고	튀네	튑니다	튀어
트이-다	트이고	트이네	트입니다	트이어(트여)
틀-다	틀고	트네	틉니다	틀어
틀리-다	틀리고	틀리네	틀립니다	틀리어(틀려)
틔-다	틔고	틔네	틥니다	틔어
파-다	파고	파네	팝니다	파
파랗-다	파랗고	파라네	파랗습니다	파래
팔-다	팔고	파네	팝니다	팔아
패-다	패고	패네	팹니다	패어(패)
펴-다	펴고	펴네	폅니다	펴
편들-다	편들고	편드네	편듭니다	편들어
포개-다	포개고	포개네	포갭니다	포개어(포개)
푸-다	푸고	푸네	풉니다	퍼
푸르-다	푸르고	푸르네	푸릅니다	푸르러
풀-다	풀고	푸네	풉니다	풀어
피-다	피고	피네	핍니다	피어(펴)
하얗-다	하얗고	하야네	하얗습니다	하얘
할퀴-다	할퀴고	할퀴네	할큅니다	할퀴어
핥-다	핥고	핥네	핥습니다	핥아
허물-다	허물고	허무네	허뭅니다	허물어
헐-다	헐고	허네	헙니다	헐어
헐뜯-다	헐뜯고	헐뜯네	헐뜯습니다	헐뜯어
헤집-다	헤집고	헤집네	헤집습니다	헤집어
헹구-다	헹구고	헹구네	헹굽니다	헹구어(헹궈)
후리-다	후리고	후리네	후립니다	후리어(후려)
후비-다	후비고	후비네	후빕니다	후비어(후벼)
훑-다	훑고	훑네	훑습니다	훑어
휘-다	휘고	휘네	휩니다	휘어
휩쓸-다	휩쓸고	휩쓰네	휩씁니다	휩쓸어
흐르-다	흐르고	흐르네	흐릅니다	흘러
흐리-다	흐리고	흐리네	흐립니다	흐리어(흐려)
흔들-다	흔들고	흔드네	흔듭니다	흔들어
훑-다	훑고	훑네	훑습니다	훑어
희-다	희고	희네	흽니다	희어
힘겹-다	힘겹고	힘겹네	힘겹습니다	힘겨워
힘들-다	힘들고	힘드네	힘듭니다	힘들어
힘차-다	힘차고	힘차네	힘찹니다	힘차

-면/-으면	-ㅁ/-음	-ㄴ/-은	-니[1]/-으니[1]	비 고
차면	참	찬	차니	
참으면	참음	참은	참니	
찾으면	찾음	찾은	찾니	
채면	챔	챈	채니	
추면	춤	춘	추니	
추우면	추움	추운	춥니 · 추우니	
치면	침	친	치니	
치달으면	치달음	치달은	치닫니	
치르면	치름	치른	치르니	
캐면	캠	캔	캐니	
커다라면	커다람	커다란	커다라니	
켜면	켬	켠	켜니	
크면	큼	큰	크니	
타면	탐	탄	타니	
탐스러우면	탐스러움	탐스러운	탐스럽니 · 탐스러우니	
터지면	터짐	터진	터지니	
털면	텲	턴	터니	
튀면	튐	튄	튀니	
트이면	트임	트인	트이니	☞ 틔-다
틀면	틂	튼	트니	
틀리면	틀림	틀린	틀리니	
틔면	틤	틘	틔니	☞ 트이-다
파면	팜	판	파니	
파라면	파람	파란	파라니	
팔면	팖	판	파니	
패면	팸	팬	패니	
펴면	폄	편	펴니	
편들면	편듦	편든	편드니	
포개면	포갬	포갠	포개니	
푸면	품	푼	푸니	
푸르면	푸름	푸른	푸르니	
풀면	풂	푼	푸니	
피면	핌	핀	피니	
하야면	하얌	하얀	하야니	
할퀴면	할퀌	할퀸	할퀴니	
핥으면	핥음	핥은	핥니	
허물면	허묾	허문	허무니	
헐면	헒	헌	허니	
헐뜯으면	헐뜯음	헐뜯은	헐뜯니	
헤집으면	헤집음	헤집은	헤집니	
헹구면	헹굼	헹군	헹구니	
후리면	후림	후린	후리니	
후비면	후빔	후빈	후비니	
훑으면	훑음	훑은	훑니	
휘면	휨	휜	휘니	
휩쓸면	휩쓺	휩쓴	휩쓰니	
흐르면	흐름	흐른	흐르니	
흐리면	흐림	흐린	흐리니	
흔들면	흔듦	흔든	흔드니	
흩으면	흩음	흩은	흩니	
희면	흼	흰	희니	
힘겨우면	힘겨움	힘겨운	힘겹니 · 힘겨우니	
힘들면	힘듦	힘든	힘드니	
힘차면	힘참	힘찬	힘차니	

대법원 선정 인명용(人名用) 한자

㉠ ▶표 다음은 교육용 한자 1800자 이외에 추가 선정한 한자.
㉡〈 〉안의 한자는 인명용으로 허용한 동자·속자·약자.

ㄱ	
가	家 佳 街 可 歌 加
	價 假 架 暇 ▶ 嘉
	嫁 稼 賈 駕 伽 迦
	柯 呵 哥 枷 珂 痂
	苛 茄 袈 訶 跏 軻
각	各 角 脚 閣 却 覺
	刻 ▶ 珏 恪 殼 慤
간	干 間 看 刊 肝 幹
	簡 姦 懇 ▶ 艮 杆
	諫 玕 侃 竿 揀 墾
	栞 奸 柬 桿 澗 癎
	磵 稈 艱
갈	渴 ▶ 葛 乫 喝 曷
	碣 竭 褐 蝎 鞨
감	甘 減 感 鑑〈鑒〉敢
	監 ▶ 勘 堪 瞰 坎
	嵌 憾 戡 柑 橄 疳
	紺 邯 龕
갑	甲 ▶ 鉀 匣 岬 胛
	閘
강	江 降 講 强〈強〉康
	剛 鋼 綱 ▶ 堈 岡
	崗 姜 橿 杠 彊 慷
	畺 疆 糠 絳 羌 腔
	舡 薑 襁 鱇 嫝 跭
개	改 皆 個〈箇〉開 介
	慨 槪 蓋〈盖〉▶ 价
	凱 愷 漑 塏 愾 疥
	芥 豈 鎧 玠
객	客 ▶ 喀
갱	更 ▶ 坑 粳 羹
갹	▶ 醵
거	去 巨 居 車 擧 距
	拒 據 ▶ 渠 遽 鉅
	炬 倨 据 祛 踞 鋸
건	建 乾 件 健 ▶ 巾
	虔 楗 鍵 愆 腱 蹇
	騫
걸	傑 乞 ▶ 杰 桀
검	儉 劍〈劒〉檢 ▶ 瞼
	鈐 黔
겁	▶ 劫 怯 迲
게	▶ 憩 揭 偈
격	格 擊 激 隔〈隔〉▶
	檄 膈 覡
견	犬 見 堅 肩 絹 遣
	牽 ▶ 鵑 甄 繭 譴
결	決 結 潔 缺 ▶ 訣
	抉
겸	兼 謙 ▶ 鎌 慊 箝
	鉗
경	京 景 輕 經 庚 耕
	敬 慶 競 竟 境 鏡
	頃 傾 硬 警 徑 卿
	驚 ▶ 俓 倞 儆 勁
	坰 擎 憬 暻 更 涇
	炅 璟 瓊 耿 莖 鯨
	梗 檠 逕 熲 冏 勍
	烱 璥 痙 磬 絅 脛
	頸 鶊 囧 綮
계	癸 季 界 計 溪 鷄
	系 係 戒 械 繼 契
	桂 啓 階 繫 ▶ 誡
	烓 堺 屆 悸 棨 磎
	稽 谿
고	古 故 固 苦 考〈攷〉
	高 告 枯 姑 庫 孤
	鼓 稿 顧 ▶ 敲 叩
	皐 暠 呱 尻 拷 槁
	沽 痼 睾 羔 股 膏
	苽 菰 藁 蠱 袴 誥
	賈 辜 錮 雇 杲
곡	谷 曲 穀 哭 ▶ 斛
	梏 鵠
곤	困 坤 ▶ 昆 崑 琨
	錕 梱 棍 滾 袞 鯤
골	骨 ▶ 汨 滑
공	工 功 空 共 公 孔
	供 恭 攻 恐 貢 ▶
	珙 控 拱 蚣 鞏
곶	▶ 串
과	果 課 科 過 誇 寡
	▶ 戈 瓜 菓 跨 鍋
	顆
곽	郭 ▶ 廓 槨 藿
관	官 觀 關 館〈舘〉管
	貫 慣 冠 寬 ▶ 款
	琯 灌 瓘 錧 梡 串
	棺 罐 菅
괄	▶ 括 刮 恝 适
광	光 廣〈広〉鑛 狂 ▶
	侊 匡 曠 洸 珖 桄
	眖 壙 筐 胱
괘	掛 ▶ 卦 罫
괴	塊 愧 怪 壞 ▶ 乖
	傀 拐 槐 魁
굉	▶ 宏 紘 肱 轟
교	交 校 橋 教〈敎〉郊
	較 巧 矯 ▶ 僑 喬
	嬌 膠 咬 嶠 攪 狡
	皎 絞 翹 蕎 蛟 轎
	餃 驕 鮫 姣
구	九 口 求 救 究 久
	句 舊 具 俱 區 驅

苟 拘 狗 丘 懼 龜
構 球 ▶ 坵 玖 矩
邱 銶 鳩 溝 購 軀
耉 枸 仇 勾 咎 嘔
垢 寇 嶇 廐 柩 歐
毆 毬 灸 瞿 絿 臼
舅 衢 謳 逑 鉤 駒
鷗
국 國〈国〉菊 局 ▶ 鞠
鞫 麴
군 君 郡 軍 群 ▶ 窘
裙
굴 屈 ▶ 窟 堀 掘
궁 弓 宮 窮 ▶ 躬 穹
芎
권 權 勸 卷 券 拳 ▶
圈 眷 倦 捲 淃
궐 厥 ▶ 闕 獗 蕨 蹶
궤 軌 ▶ 机 櫃 潰 詭
饋
귀 貴 歸 鬼 ▶ 龜 句
晷 鮠
규 叫 規 糾 ▶ 圭 奎
揆 珪 逵 窺 葵 槻
硅 竅 赳 閨 糺
균 均 菌 ▶ 畇 鈞 勻
筠 龜
귤 ▶ 橘
극 極 克 劇 ▶ 剋 隙
戟 棘
근 斤 近 勤 根 僅 謹
▶ 槿 瑾 嫤 墐 漌
筋 劤 懃 芹 菫 覲
饉
글 ▶ 契
금 金 錦 今 禁 琴 禽
▶ 衾 襟 昑 妗 擒
檎 芩 衿
급 及 級 給 急 ▶ 汲
伋 扱
긍 肯 ▶ 亘〈亙〉兢 矜
기 其 基 期 旗 己 紀
記 起 奇 寄 騎 器
既 技 企 氣 祈 幾
機 畿 豈 忌 飢 棄
欺 ▶ 淇 琪 璂 棋
祺 錤 騏 麒 玘 杞
崎 琦 綺 錡 箕 岐
汽 沂 圻 耆 璣 磯
冀 驥 嗜 暣 埼 譏
伎 夔 妓 朞 畸 碁
祁 祇 羈 穖 肌 饑
稘
긴 緊
길 吉 ▶ 佶 桔 姞 拮
김 ▶ 金
끽 ▶ 喫

ㄴ

나 那 ▶ 娜 奈 柰 拏
儺 懦 拿 [illegible] 胗 挐
낙 諾
난 暖 難 ▶ 煖
날 ▶ 捺 捏
남 南 男 ▶ 楠 湳 枏
납 納 ▶ 衲
낭 娘 ▶ 囊
내 乃 內 奈 耐 ▶ 柰
녀 女
년 年〈秊〉▶ 撚
념 念 ▶ 恬 拈 捻
녕 寧 ▶ 寗 獰
노 怒 奴 努 ▶ 弩 瑙
駑
농 農 ▶ 濃 膿
뇌 腦 惱
뇨 ▶ 尿 鬧 撓
눈 ▶ 嫩
눌 ▶ 訥
뉴 ▶ 紐 鈕 杻
능 能
니 泥 ▶ 尼 柅

ㄷ

다 多 茶 爹
단 旦 但 丹 單 短 團
端 段 斷 壇 檀 ▶
鍛 緞 亶 彖 湍 簞
蛋 袒 鄲
달 達 ▶ 撻 澾 獺 疸
담 談 淡 擔 ▶ 譚 膽
澹 覃 啖 坍 憺 曇
湛 痰 聃 蕁 錟 潭
답 答 畓 踏 ▶ 沓 遝
당 堂 當 唐 糖 黨 ▶
塘 鐺 撞 幢 戇 棠
螳
대 大 代 待 隊 帶 對
貸 臺 ▶ 垈 玳 戴
袋 擡 旲 抬 岱 黛
댁 ▶ 宅
덕 德〈悳〉
도 道 導 度 渡 島 都
桃 圖 途 到 徒 稻
跳 陶 刀 倒 盜 逃
挑 塗 ▶ 堵 棹 濤
燾 禱 鍍 蹈 屠 嶋
悼 掉 搗 櫂 淘 滔
睹 萄 覩 賭 韜
독 讀 獨 毒 督 篤 ▶
瀆 牘 犢 禿 纛
돈 豚 敦 ▶ 墩 惇 暾
燉 頓 旽 沌 焞
돌 突 ▶ 乭
동 東 凍 同 洞 銅 動
童 冬 ▶ 桐 棟 董
潼 垌 瞳 蝀 仝 憧
疼 胴 膧 曈 彤 烔
두 斗 豆 頭 ▶ 杜 枓
兜 痘 竇 荳 讀 逗
阧
둔 鈍 屯 ▶ 遁 臀 芚
遯
득 得
등 登 燈 等 騰 ▶ 藤
謄 鄧 嶝 橙

ㄹ

라 羅 ▶ 螺 喇 懶 癩

	蘿 裸 邏 剆
락	樂 落 絡 ▶ 洛 珞
	酪 烙 駱
란	卵 亂 蘭 欄 ▶ 爛
	瀾 瓓 丹 欒 鸞
랄	▶ 剌 辣
람	覽 濫 ▶ 藍 嵐 擥
	攬 欖 籃 纜 襤 婪
랍	▶ 拉 臘 蠟
랑	郞 浪 廊 ▶ 朗 琅
	瑯 狼 螂
래	來〈来〉▶ 崍 萊 徠
랭	冷
략	略 掠
량	良 凉〈涼〉兩 梁 量
	糧 諒 ▶ 亮 倆 樑
	粮 粱 輛
려	旅 麗 慮 勵 ▶ 呂
	侶 黎 閭 儷 廬 戾
	櫚 濾 礪 藜 蠣 驢
	驪
력	力 歷 曆 ▶ 瀝 礫
	轢 靂
련	連 蓮 聯 練 鍊 戀
	憐 ▶ 煉 璉 攣 漣
	輦 孌
렬	列 烈 裂 劣 ▶ 洌
	冽
렴	廉 ▶ 濂 簾 斂 殮
렵	獵
령	令 領 嶺 零 靈 ▶
	伶 玲 鈴 齡 姈 昤
	怜 囹 岺 笭 羚 翎
	聆 逞 泠
례	禮 例〈礼〉隸 ▶ 澧
	醴
로	老 勞 路 露 爐 ▶
	魯 盧 鷺 撈 擄 櫓
	潞 瀘 蘆 虜 輅 鹵
	嚧
록	祿 綠 錄 鹿 ▶ 彔
	碌 菉 麓
론	論

롱	弄 ▶ 瀧 瓏 籠 壟
	朧 聾
뢰	雷 賴 ▶ 瀨 儡 牢
	磊 賂 賚
료	料 了 僚 ▶ 遼 寮
	廖 燎 療 瞭 聊 蓼
룡	龍〈竜〉
루	累 樓 屢 淚 漏 ▶
	壘 婁 瘻 縷 蔞 褸
	鏤 陋
류	柳 流 留 類 ▶ 琉
	劉 瑠 硫 瘤 旒 榴
	溜 瀏 謬
륙	六 陸 ▶ 戮
륜	倫 輪 ▶ 侖 崙 綸
	淪 錀
률	律 栗 率 ▶ 慄
륭	隆
륵	▶ 勒 肋
름	▶ 凜 廩
릉	陵 ▶ 綾 菱 稜 凌
	楞
리	利 梨 里 理 裏〈裡〉
	離 吏 履 李 ▶ 璃
	莉 离 俚 悧 俐 厘
	唎 浬 犁 狸 痢 籬
	罹 羸 釐 鯉 涖 魑
린	隣 ▶ 潾 璘 麟 吝
	燐 藺 躪 鱗 撛 驎
	鄰
림	林 臨 ▶ 琳 霖 淋
립	立 ▶ 笠 粒 砬

ㅁ

마	馬 麻 磨 ▶ 瑪 摩
	痲 碼 魔
막	莫 幕 漠 ▶ 寞 膜
	邈
만	萬 滿 晩 慢 漫 ▶
	蠻 曼 蔓 鏋 万 卍
	娩 巒 彎 挽 灣 瞞
	輓 饅 鰻
말	末 ▶ 茉 唜 抹 沫

	襪 靺
망	亡 妄 忘 忙 望 罔
	茫 ▶ 網 芒 莽 輞
	邙
매	每 梅 妹 埋 賣 買
	媒 ▶ 枚 寐 昧 煤
	罵 邁 魅
맥	麥 脈 ▶ 貊 陌 驀
맹	孟 猛 盟 盲 ▶ 萌
	氓
멱	冪 覓
면	面 免 勉 綿 眠 ▶
	冕 棉 沔 眄 緬 麵
멸	滅 ▶ 蔑
명	明 名 銘 命 鳴 冥
	▶ 溟 暝 椧 皿 瞑
	茗 蓂 螟 酩 慏 洺
몌	▶ 袂
모	模 謀 某 募 慕 母
	毛 貌 暮 侮 冒 ▶
	矛 牟 謨 摸 姆 帽
	摹 牡 瑁 眸 耗 芼
	茅
목	木 牧 目 睦 ▶ 沐
	穆 鶩
몰	沒 ▶ 歿
몽	夢 蒙 ▶ 朦
묘	卯 妙 苗 墓 廟 ▶
	描 錨 畝 昴 杳 渺
	猫 竗
무	戊 茂 武 務 無〈无〉
	霧 舞 貿 ▶ 拇 畝
	撫 珷 懋 巫 憮 楙
	毋 繆 蕪 誣 鵡
묵	墨 默
문	文 門 問 聞 ▶ 汶
	紋 炆 們 刎 吻 紊
	蚊 雯
물	勿 物 ▶ 沕
미	美 未 味 米 尾 眉
	微 迷 ▶ 渼 彌〈弥〉
	薇 嵄 媄 媚 嵋 梶
	楣 湄 謎 靡 黴 躾

	媺
민	民 敏 憫 ▶ 玟 旻
	旼 閔 珉 岷 忞 慜
	敃 泯 愍 潣 暋 砇
	頣 悶 緡 [illegible] 碈
밀	密 蜜 ▶ 謐
ㅂ	
박	朴 博 泊 拍 迫 薄
	▶ 珀 撲 璞 鉑 舶
	剝 樸 箔 粕 縛 膊
	雹 駁
반	半 班 般 盤 反 返
	叛 飯 伴 ▶ 潘 畔
	磐 頒 拌 搬 攀 斑
	槃 泮 瘢 盼 磻 礬
	絆 蟠
발	發 拔 髮 ▶ 鉢 渤
	潑 勃 撥 跋 醱 魃
방	方 傍 芳 放 倣 訪
	防 妨 房 邦 ▶ 坊
	彷 昉 龐 榜 尨 幇
	旁 枋 滂 磅 紡 肪
	膀 舫 蒡 蚌 謗
배	倍 培 拜 配 杯〈盃〉
	背 排 輩 ▶ 湃 陪
	裵〈裴〉俳 徘 焙 胚
	褙 賠 北
백	白 伯 百 ▶ 栢〈柏〉
	佰 帛 魄
번	番 飜〈翻〉繁 煩 ▶
	蕃 幡 樊 燔 磻 藩
벌	伐 罰 ▶ 閥 筏
범	凡 犯 範 ▶ 汎 帆
	氾 范 杋 梵 泛
법	法 ▶ 琺
벽	壁 碧 ▶ 璧 闢 僻
	劈 擘 檗 癖 蘗 霹
변	變 辨 辯 邊 ▶ 卞
	弁 便
별	別 ▶ 瞥 鼈 鱉 襒
	舲
병	丙 兵 竝〈並〉屛 病
	▶ 幷〈并〉炳 柄 秉
	昞〈昺〉棅 倂 軿 鉼
	甁 餠 騈
보	保 報 步 普 補 譜
	寶〈宝〉▶ 堡 甫 輔
	菩 潽 洑 湺 珤 褓
복	福 復 腹 複 卜 伏
	服 覆 ▶ 馥 鍑 僕
	匐 宓 茯 蔔 輹 輻
	鰒
본	本
볼	▶ 乶
봉	鳳 封 奉 逢 峯〈峰〉
	蜂 ▶ 俸 捧 琫 棒
	烽 蓬 鋒 熢 縫
부	富 副 付 府 符 部
	附 夫 扶 浮 簿 婦
	赴 賦 父 負 否 腐
	▶ 膚 孚 芙 溥 敷
	傅 復 不 俯 剖 咐
	埠 孵 斧 缶 腑 艀
	莩 訃 賻 趺 釜 阜
	駙 鳧
북	北
분	分 紛 粉 憤 墳 奔
	奮 ▶ 汾 芬 盆 賁
	吩 噴 忿 扮 昐 焚
	糞 雰
불	不 拂 佛 ▶ 弗 彿
붕	朋 崩 ▶ 鵬 棚 硼
	繃
비	比 批 非 悲 妃 備
	肥 祕 飛 費 鼻 卑
	婢 碑 ▶ 枇 琵 扉
	庇 譬 丕 匕 匪 憊
	斐 榧 毖 毗 毘 沸
	泌 痺 砒 秕 粃 緋
	翡 脾 臂 菲 蜚 裨
	誹 鄙 棐
빈	貧 賓 頻 ▶ 彬 斌
	嬪 濱 穦 儐 璸 玭
	嚬 檳 殯 浜 瀕 牝
	邠 繽
빙	氷〈冰〉聘 ▶ 憑 騁
ㅅ	
사	四 士 仕 寺 社 思
	事 史 使 私 司 詞
	巳 祀 師 絲 沙 舍
	査 射 謝 寫 辭 似
	斯 斜 賜 詐 捨 死
	蛇 邪 ▶ 泗 娑 糸
	砂 紗 徙 奢 嗣 赦
	乍 些 伺 俟 僿 唆
	柶 梭 渣 瀉 獅 祠
	篩 肆 莎 蓑 裟 飼
	駟 麝
삭	朔 削 ▶ 數 索
산	山 產 算 散 ▶ 珊
	傘 酸 刪 汕 疝 蒜
	霰
살	殺 ▶ 薩 乷 撒 煞
삼	三 ▶ 森 參 杉 蔘
	衫 滲 芟
삽	▶ 揷〈插〉澁 鈒 颯
상	上 相 想 霜 祥 詳
	床 尙 常 裳 賞 償
	象 像 狀 嘗 桑 商
	傷 喪 ▶ 庠 湘 箱
	翔 爽 塽 牀 孀 峠
	廂 橡 觴 樣
새	塞 ▶ 璽 賽
색	色 索 ▶ 嗇 穡 塞
생	生 ▶ 牲 甥 省 笙
서	西 書 緖 序 敍〈敘〉
	徐 庶 暑 署 恕 逝
	誓 ▶ 抒 瑞 棲〈栖〉
	㥠 曙 婿〈壻〉舒 諝
	墅 嶼 捿 犀 筮 絮
	胥 薯 鋤 黍 鼠 與
	藇
석	石 夕 昔 惜 席 析
	釋 ▶ 碩 奭 汐 淅
	晳 錫 鉐 祏 潟 蓆
선	仙 善 先 宣 鮮 選
	船 線 旋 禪 ▶ 扇

	渲 瑄 琁 璿 璇 羨
	嬋 銑 愃 墡 膳 繕
	琁 嫙 僊 敾 煽 癬
	腺 蘚 蟬 詵 跣 鐥
	饍
설	雪 說 設 舌 ▶ 卨
	薛 楔 屑 泄 洩 渫
	褻 齧 离 禼 契
섬	▶ 暹 蟾 纖 剡 殲
	贍 閃 陝
섭	涉 攝 ▶ 燮 葉
성	成 城 誠 盛 省 聖
	聲 星 性 姓 ▶ 惺
	晟〈晠〉珹 醒 娍 珵
	宬 猩 筬 腥 聖 貹
세	世 洗 稅 細 勢 歲
	▶ 貰 笹 說 忕
소	小 少 召 昭 所 素
	笑 訴 掃 疎 蘇 蔬
	消 燒 騷 ▶ 沼 紹
	邵 韶 巢 疏 炤 遡
	柖 玿 嘯 塑 宵 搔
	梳 溯 瀟 甦 瘙 篠
	簫 蕭 逍 銷 愫 穌
	卲 魈
속	束 速 俗 續 屬 粟
	▶ 涑 謖 贖
손	孫 損 ▶ 遜 巽 蓀
	飡
솔	▶ 率 帥
송	松 送 訟 頌 誦 ▶
	宋 淞 悚
쇄	刷 鎖〈鎻〉▶ 殺 灑
	碎
쇠	衰 ▶ 釗
수	水 殊 守 秀 壽 數
	樹 修〈脩〉須 首 受
	授 收 帥 手 隨 遂
	需 輸 誰 愁 睡 雖
	囚 獸 垂 搜 ▶ 洙
	琇 銖 粹 繡 穗〈穂〉
	隋 髓 袖 嗽 嫂 岫
	峀 戍 漱 燧 狩 璲
	瘦 竪 綏 綬 羞 茱
	蒐 蓚 藪 讐 邃 酬
	銹 隧 鬚 濉 鵐 睟
숙	叔 淑 肅 宿 孰 熟
	▶ 塾 琡 璹 橚 夙
	潚 菽
순	順 純 旬 瞬 巡 循
	脣 殉 ▶ 盾 洵 珣
	荀 筍 舜 淳 諄 錞
	醇 焞 徇 恂 栒 楯
	橓 蓴 蕣 詢 馴
술	戌 述 術 ▶ 鉥
숭	崇 ▶ 嵩 崧
슬	▶ 瑟 膝 璱 蝨
습	習 拾 襲 濕 ▶ 褶
승	勝 承 昇 乘 僧 ▶
	升 丞 陞 繩 蠅 縢
	丞 塍
시	時 始 是 市 侍 詩
	試 示 視 矢 施 ▶
	柴 恃 匙 嘶 媤 尸
	屎 屍 弑 柿 猜 翅
	蒔 蓍 諡 豕 豺 偲
식	式 植 識 息 食 飾
	▶ 埴 殖 湜 軾 寔
	栻 拭 熄 篒 蝕
신	信 新 臣 申 伸 神
	辛 身 晨 愼 ▶ 紳
	莘 薪 迅 訊 侁 呻
	娠 宸 燼 腎 藎 蜃
	辰 璶
실	實〈実〉室 失 ▶ 悉
심	心 深 審 尋 甚 ▶
	沁 沈 瀋 芯 諶
십	十 ▶ 什 拾
쌍	雙
씨	氏

ㅇ

아	亞〈亜〉兒〈児〉牙 芽
	雅 我 餓 ▶ 阿 娥
	峨 衙 妸 俄 啞 莪
	蛾 訝 鴉 鵝 婀
악	岳 惡 ▶ 樂 堊 嶽
	幄 愕 握 渥 鄂 鍔
	顎 鰐 齷
안	安 案 眼 岸 鴈〈雁〉
	顔 ▶ 晏 按 鞍 鮟
알	謁 ▶ 斡 軋 閼
암	巖〈岩〉暗 ▶ 庵 菴
	唵 癌 闇
압	壓 押 ▶ 鴨 狎
앙	央 仰 殃 ▶ 昂 鴦
	怏 秧
애	愛 涯 哀 ▶ 厓 崖
	艾 埃 曖 碍 隘 靄
액	額 厄 ▶ 液 扼 掖
	縊 腋
앵	▶ 鶯 櫻 罌 鸚
야	野 夜 也 耶 ▶ 冶
	倻 惹 揶 椰 爺 若
약	約 藥 若 弱 躍 ▶
	葯 蒻
양	陽 楊 揚 羊 洋 養
	樣 讓 壤 ▶ 襄 孃
	漾 佯 恙 攘 敭 暘
	瀁 煬 痒 瘍 禳 穰
	釀 昜
어	魚 漁 語 御 於 ▶
	圄 瘀 禦 馭 齬 唹
억	億 憶 抑 ▶ 檍 臆
언	言 焉 ▶ 諺 彦 偃
	堰 嫣
얼	▶ 孼 蘖
엄	嚴 ▶ 奄 俺 掩 儼
	淹
업	業 ▶ 嶪
엔	▶ 円
여	予 余 餘 與 輿 如
	汝 ▶ 歟 璵 礖 艅
	茹 轝 妤
역	亦 易 役 域 譯 驛
	疫 逆 ▶ 晹 繹
연	延 研 沿 鉛 演 然
	燃 煙〈烟〉宴 燕 緣
	軟 ▶ 硯 衍 淵 姸

娟 涓 筵 沇 琠 娫
嚥 堧 捐 挻 椽 涎
縯 鳶 曣 嬿 醼 兗
열 悅 熱 閱 ▶ 說 咽
염 染 炎 鹽 ▶ 艶〈艷〉
琰 厭 焰 苒 閻 髥
엽 葉 ▶ 燁 曄 熀
영 永 泳 詠 英 營 榮
〈栄〉映 迎 影 ▶ 暎
楹 渶 瀯 煐 瑛 瑩
盈 鍈 嬰 穎 瓔 咏
塋 嶸 潁 瀠 瀛 纓
霙
예 豫 藝 譽 銳 ▶ 乂
睿〈叡〉預 芮 倪 刈
曳 汭 濊 猊 穢 蘂
裔 詣 霓 堄 埶 橤
玴
오 五 吾 誤 悟 娛 午
烏 鳴 傲 汚 ▶ 梧
伍 吳 旿 晤 奧 珸
俉 塢 墺 寤 惡 懊
敖 澳 熬 獒 筽 蜈
鰲 鼇 浯
옥 玉 屋 獄 ▶ 鈺 沃
온 溫 ▶ 瑥 穩 媼 瘟
縕 蘊
옹 翁 擁 ▶ 雍 壅 瓮
甕 癰 邕 饔
와 瓦 臥 ▶ 渦 窩 窪
蛙 蝸 訛
완 完 緩 ▶ 浣 婉 玩
琓 琬 莞 垸 婠 宛
梡 椀 碗 翫 脘 腕
豌 阮 頑 妧 岏
왈 曰
왕 王 往 ▶ 旺 汪 枉
왜 ▶ 倭 娃 歪 矮
외 外 畏 ▶ 嵬 巍 猥
요 要 搖 謠 遙 腰 ▶
堯 曜 耀 瑤 夭 樂
饒 姚 僥 凹 妖 嶢
拗 擾 橈 燿 窈 窯

繇 繞 蟯 邀 暚
욕 欲 浴 慾 辱 ▶ 縟
褥
용 用 容 勇 庸 ▶ 溶
鎔 瑢 榕 蓉 湧 涌
踊 埇 墉 鏞 茸 甬
俑 傭 冗 慂 熔 聳
傛
우 于 宇 雨 羽 遇 愚
偶 憂 優 郵 右 友
牛 又 尤 ▶ 祐 佑
寓 禹 瑀 玗 迂 堣
隅 釪 霱 盱 盂 禑
紆 芋 藕 虞 雩 扜
욱 ▶ 旭 昱 煜 郁 頊
彧 勖 栯 稶
운 云 雲 運 韻 ▶ 沄
澐 耘 妘 賱 暈 橒
殞 熉 芸 蕓 隕
울 ▶ 蔚 鬱 乯
웅 雄 ▶ 熊
원 元 院 原 源 願 員
圓 援 遠 園 怨 ▶
袁 垣 瑗 媛 沅 洹
苑 轅 愿 嫄 婉 寃
湲 爰 猿 阮 鴛 褑
월 月 越 ▶ 鉞
위 位 偉 緯 圍 衛〈衞〉
爲 委 謂 慰 威 胃
危 僞 違 ▶ 尉 暐
渭 瑋 韋 魏 萎 葦
蔿 蝟 褘
유 乳 有 由 油 儒 遺
愈 維 惟 唯 酉 幼
幽 悠 柔 誘 猶 遊
裕 ▶ 侑 宥 庾 兪
楡 洧 喩 瑜 猷 柚
濡 愉 攸 釉 琟 鈾
孺 揄 楢 游 癒 臾
萸 諛 諭 踰 蹂 逾
鍮 嚅 婑
육 肉 育 ▶ 堉 毓
윤 潤 閏 ▶ 尹 允 玧

鈗 胤 阭 奫 贇 閠
昀
율 ▶ 聿 燏 汨
융 ▶ 融 戎 瀜 絨
은 恩 銀 隱 ▶ 垠 殷
誾 溵 珢 慇 濦 [illegible]
听 [illegible] 圻 蘟 檼 檃
訢
을 乙
음 音 陰 吟 飮 淫 ▶
蔭
읍 邑 泣 ▶ 揖
응 應 凝 ▶ 膺 鷹 譍
의 義 議 儀 衣 依 宜
矣 意 醫 疑 ▶ 倚
誼 毅 擬 懿 椅 艤
薏 螘
이 二 以 夷 已 耳 異
移 而 ▶ 貳 易 伊
彝〈彛〉怡 爾 珥 弛
頤 姨 痍 肄 苡 荑
貽 邇 飴 媐 杝
익 益 翼 ▶ 翊 瀷 謚
翌 熤
인 人 仁 印 因 姻 寅
引 忍 認 ▶ 刃 咽
湮 絪 茵 蚓 靭 靷
鞇 芢
일 一 日 逸 ▶ 壹 溢
鎰 馹 佾 佚
임 壬 任 賃 ▶ 妊 姙
稔 恁 荏 託
입 入 ▶ 廿
잉 ▶ 剩 仍 孕 芿

ㅈ

자 子 字 者 資 姿 姉
玆 慈 紫 自 恣 刺
▶ 雌 仔 磁 滋 藉
瓷 咨 孜 炙 煮 疵
茨 蔗 諮
작 作 昨 爵 酌 ▶ 灼
芍 雀 鵲 勺 嚼 斫

	炸 綽
잔	殘 ▶ 孱 棧 潺 盞
잠	暫 潛〈潜〉▶ 蠶 箴
	岑 簪
잡	雜
장	丈 場 長 張 章 障
	壯 裝 莊〈庄〉墻〈牆〉
	將 奬 帳 掌 粧 藏
	臟 腸 葬 ▶ 匠 暲
	杖 薔 璋 奘 漳 樟
	蔣 仗 檣 欌 漿 狀
	獐 臧 贓 醬
재	才 材 財 再 在 載
	裁 栽 哉 災 宰 ▶
	梓 縡 齋 渽 滓 齎
쟁	爭 ▶ 錚 箏 諍
저	著 低 貯 底 抵 ▶
	苧 邸 楮 沮 佇 儲
	咀 姐 杵 樗 渚 狙
	猪 疽 箸 紵 菹 藷
	詛 躇 這 雎 齟
적	的 寂 適 摘 滴 積
	績 跡 赤 籍 敵 賊
	▶ 蹟 笛 迪 勣 吊
	嫡 狄 炙 翟 荻 謫
	迹 鏑
전	全 錢 電 展 田 前
	專 傳 轉 典 戰 殿
	▶ 佺 栓 詮 銓 琠
	甸 塡 荃 奠 雋 顚
	佃 剪 塼 廛 悛 氈
	澱 煎 畑 癲 筌 箋
	箭 篆 纏 輾 鈿 鐫
	顫 餞
절	切 絶 節 折 竊 ▶
	晢 截 浙 癤
점	占 店 漸 點 ▶ 点
	岾 粘 霑 鮎
접	接 蝶 ▶ 摺
정	丁 停 亭 訂 頂 井
	程 定 貞 廷 庭 正
	政 淨 整 征 情 靜
	〈静〉精 ▶ 汀 玎 町
	呈 延 偵 湞 幀 楨
	禎 珽 挺 綎 鼎 晶
	晸 柾 鉦 淀 錠 鋌
	鄭 靖 桯 珵 靚 鋥
	炡 渟 釘 涏 頲 婷
	旌 檉 瀞 睛 碇 穽
	艇 諪 酊 霆 彭 埩
	怔 姘
제	制 提 題 堤 帝 弟
	齊 濟 第 製 際 諸
	除 祭 ▶ 悌 梯 瑅
	劑 啼 臍 薺 蹄 醍
	霽
조	兆 助 祖 組 租 調
	造 操 早 條 朝 潮
	照 燥 鳥 弔 ▶ 彫
	措 晁 窕 曹 祚 肇
	詔 釣 趙 遭 眺 俎
	凋 嘲 曺 棗 槽 漕
	爪 璪 稠 粗 糟 繰
	藻 蚤 躁 阻 雕
족	族 足 ▶ 簇 鏃
존	存 尊
졸	卒 拙 ▶ 猝
종	宗 種 鐘 從 縱 終
	▶ 倧 琮 淙 鍾 悰
	棕 綜 瑽 慫 腫 踪
	踵 椶 柊
좌	左 佐 坐 座 ▶ 挫
죄	罪
주	主 住 柱 注 周 宙
	州 洲 走 晝 朱 株
	舟 酒 奏 珠 鑄 ▶
	胄 湊 炷 註 疇 週
	駐 遒〈遒〉妵 澍 姝
	侏 做 呪 嗾 廚 籌
	紂 紬 綢 蛛 誅 躊
	輳 酎 燽 鉒 拄 皗
죽	竹 ▶ 粥
준	俊 準 遵 ▶ 峻 浚
	晙 埈 焌 竣 駿 准
	濬 雋 儁 畯 埻 隼
	寯 樽 蠢 逡 純 葰
	竴
줄	▶ 茁
중	中 仲 重 衆
즉	即 ▶ 卽
즐	▶ 櫛
즙	▶ 汁 楫 葺
증	曾 增 贈 證 蒸 憎
	症 ▶ 甑 烝 拯 繒
지	地 池 之 只 止 志
	誌 持 指 知 智 至
	紙 支 枝 遲 ▶ 旨
	沚 址 祉 趾 祗 芝
	摯 鋕 脂 咫 枳 漬
	砥 肢 芷 蜘 識 贄
	泜 厎
직	直 織 職 ▶ 稙 稷
진	眞〈真〉鎭 辰 振 進
	珍 盡 陳 陣 震 ▶
	晉〈晋〉津 璡 秦 軫
	塵 瑱 瑨〈瑨〉禛 縝
	診 賑 塡 溱 抮 唇
	嗔 搢 桭 榛 殄 畛
	疹 瞋 縉 臻 蔯 袗
	鉁 跡 蓁 昣
질	質 秩 姪 疾 ▶ 瓆
	侄 叱 嫉 帙 桎 窒
	膣 蛭 跌 迭
짐	▶ 斟 朕
집	集 執 ▶ 潗〈潗〉楫
	輯 什 鏶 緝
징	徵 懲 ▶ 澄

ㅊ

차	次 借 且 此 差 ▶
	車 叉 瑳 侘 嗟 嵯
	磋 箚 茶 蹉 遮 硨
	奲 姹
착	着 錯 捉 ▶ 搾 窄
	鑿 齪
찬	贊〈賛〉讚〈讃〉▶ 撰
	燦 璨 粲 瓚 澯 纂
	纘 鑽 竄 篡 餐 饌
	攢 巑

찰	察 ▶ 札 刹 擦 紮
참	參 慘 慚〈慙〉▶ 僭
	塹 懺 斬 站 讒 讖
창	昌 唱 倉 創 蒼 暢
	窓 ▶ 滄 廠 敞 彰
	昶 菖 倡 娼 愴 槍
	漲 猖 瘡 脹 艙
채	採 彩 菜 債 ▶ 埰
	蔡 采 寀 綵 寨 砦
	釵 琗 責 棌 婇
책	策 責 冊〈册〉▶ 柵
처	處 妻 ▶ 悽 凄
척	尺 拓 戚 斥 ▶ 陟
	坧 倜 刺 剔 慽 擲
	滌 瘠 脊 蹠 隻
천	川 天 千 踐 淺 泉
	薦 遷 賤 ▶ 仟 阡
	喘 擅 玔 穿 舛 釧
	闡 韆 茜
철	哲 鐵 徹 ▶ 喆 澈
	撤 轍 綴 凸 輟
첨	添 尖 ▶ 僉 瞻 沾
	甛 簽 籤 詹 諂
첩	妾 ▶ 帖 捷 堞 牒
	疊 睫 諜 貼 輒
청	靑〈青〉淸〈清〉請〈請〉
	晴〈晴〉廳 聽 ▶ 菁
	鯖
체	體 替 遞 滯 逮 ▶
	締 諦 切 剃 涕
초	草〈艸〉初 抄 招 超
	礎 肖 秒 ▶ 樵 焦
	蕉 楚 剿 哨 憔 梢
	椒 炒 硝 礁 稍 苕
	貂 酢 醋 醮 岧 鈔
촉	促 燭 觸 ▶ 囑 矗
	蜀
촌	寸 村 ▶ 忖 邨
총	總 聰〈聡〉銃 ▶ 寵
	叢 塚 悤 憁 摠 蔥
	緫
촬	▶ 撮
최	最 催 ▶ 崔

추	追 抽 推 秋 醜 ▶
	楸 樞 鄒 錐 錘 墜
	椎 湫 皺 芻 萩 諏
	趨 酋 鎚 雛 騶 鰍
축	丑 畜 祝 縮 築 蓄
	逐 ▶ 軸 竺 筑 蹙
	蹴
춘	春 ▶ 椿 瑃 賰
출	出 ▶ 朮 黜
충	忠 充 衝 蟲〈虫〉▶
	沖〈冲〉衷 珫
췌	▶ 萃 悴 膵 贅
취	取 趣 就 吹 臭 醉
	▶ 翠 聚 嘴 娶 炊
	脆 驟 鷲
측	側 測 ▶ 仄 厠 惻
층	層
치	治 置 値 致 齒 恥
	▶ 稚 熾 峙 雉 馳
	侈 嗤 幟 梔 淄 痔
	痴 癡 穉 緇 緻 蚩
	輜
칙	則 ▶ 勅
친	親
칠	七 漆 ▶ 柒
침	針 侵 浸 沈 枕 寢
	▶ 琛 砧 鍼
칩	▶ 蟄
칭	稱 ▶ 秤

ㅋ

쾌	快 ▶ 夬

ㅌ

타	他 打 妥 墮 ▶ 咤
	唾 惰 拖 朶 楕 舵
	陀 馱 駝
탁	濯 卓 托 濁 ▶ 琢
	倬 琸 託 鐸 晫 度
	擢 拓 啄 坼 柝
탄	炭 彈 歎 誕 ▶ 呑
	坦 灘 嘆 憚 綻
탈	脫 奪
탐	探 貪 ▶ 耽 眈
탑	塔 ▶ 搭 榻
탕	湯 ▶ 宕 帑 糖 蕩
태	太 泰 態 怠 殆 ▶
	兌 汰 台 胎 邰 笞
	苔 跆 颱
택	宅 澤 擇 ▶ 垞
탱	▶ 撑
터	▶ 攄
토	土 討 吐 ▶ 兎
통	通 統 痛 ▶ 桶 慟
	洞 筒
퇴	退 ▶ 堆 槌 腿 褪
	頹
투	投 透 鬪 ▶ 偸 套
	妬
특	特 ▶ 慝
틈	▶ 闖

ㅍ

파	波 派 頗 罷 播 破
	把 ▶ 巴 琶 芭 坡
	杷 婆 擺 爬 跛
판	判 板 版 販 ▶ 阪
	坂 瓣 辦 鈑
팔	八 ▶ 叭 捌
패	貝 敗 ▶ 覇 浿 佩
	牌 唄 悖 沛 狽 稗
팽	▶ 彭 澎 烹 膨
퍅	▶ 愎
편	便 編 篇 遍 片 偏
	▶ 扁 翩 鞭 騙
폄	▶ 貶
평	平 評 ▶ 坪 枰 泙
	萍
폐	幣 廢 閉 肺 弊 蔽
	▶ 陛 吠 嬖 斃
포	布 包 抱 胞 飽 浦
	捕 ▶ 葡 褒 砲 鋪
	佈 匍 匏 咆 哺 圃
	怖 抛 暴 泡 疱 脯
	苞 蒲 袍 逋 鮑
폭	暴 爆 幅 ▶ 曝 瀑

輻
표 票 標 漂 表 ▶ 杓
彪 豹 驃 俵 剽 慓
瓢 飇 飄
품 品 ▶ 稟
풍 風 豐〈豊〉▶ 楓 諷
馮
피 皮 被 彼 避 疲 ▶
披 陂
필 匹 必 筆 畢 ▶ 泌
弼 珌 苾 馝 佖 鉍
疋
핍 ▶ 乏 逼

ㅎ

하 下 河 荷 何 夏 賀
▶ 厦〈廈〉昰 霞 瑕
蝦 遐 鰕 呀 罅 碬
학 學〈学〉鶴 ▶ 壑 虐
謔 嗃
한 寒 汗 漢 韓 限 閑
旱 恨 ▶ 澣 瀚 翰
閒 悍 罕 澖 [illegible]
할 割 ▶ 轄
함 咸 含 陷 ▶ 函 涵
艦 啣 喊 檻 緘 銜
鹹
합 合 ▶ 哈 盒 蛤 閤
闔 陜
항 抗 航 港 巷 恒〈恆〉
項 ▶ 亢 沆 姮 伉
嫦 杭 桁 缸 肛 行
降
해 亥 該 奚 海 解 害
▶ 偕 楷 諧 咳 垓
孩 懈 瀣 蟹 邂 駭
骸 咍
핵 核 ▶ 劾
행 行 幸 ▶ 杏 倖 荇
향 向 享 響 鄕 香 ▶
珦 嚮 餉 饗
허 許 虛 ▶ 墟 噓
헌 憲 獻 軒 ▶ 櫶 韗

헐 ▶ 歇
험 驗 險
혁 革 ▶ 赫 爀 奕 焱
侐 焃
현 玄 絃 現 顯〈顕〉縣
懸 賢 ▶ 弦 峴 晛
泫 炫 玹 鉉 見 眩
呟 絢 昡 俔 睍 舷
衒 儇 譞 怰
혈 血 穴 ▶ 孑 頁
혐 嫌
협 協 脅 ▶ 俠 峽 浹
挾 夾 狹 脇 莢 鋏
頰
형 亨 兄 形 螢 刑〈刑〉
衡 ▶ 型 邢 珩 泂
炯 瀅 熒 馨 滎 瀯
荊 逈 鎣 瑩
혜 惠〈恵〉慧 兮 ▶ 蕙
彗 譓 憓 寭 嘒 蹊
醯 鞋
호 乎 呼 互 好 戶 毫
豪 浩 湖 胡 虎 號
護 ▶ 晧 皓 澔 昊
淏 濠 灝 扈 鎬 壺
祜 琥 頀 顥 壕 濩
瑚 滸 岵 弧 狐 瓠
糊 縞 芦 葫 蒿 蝴
皞
혹 或 惑 ▶ 酷
혼 昏 婚 混 魂 ▶ 渾
琿
홀 忽 ▶ 惚 笏
홍 弘 洪 紅 鴻 ▶ 泓
烘 虹 鉷 哄 汞 訌
화 化 花 貨 和 禾 華
火 畫〈畵〉話 禍 ▶
嬅 樺 譁 靴
확 確〈碻〉穫 擴 ▶ 廓
攫
환 換 環 還 丸 患 歡
▶ 喚 奐 渙 煥 晥
幻 桓 鐶 驩 宦 紈

鰥
활 活 ▶ 闊〈濶〉滑 猾
豁
황 黃 皇 況 荒 ▶ 凰
晃 滉 榥 煌 璜 媓
堭 熀 幌 徨 恍 惶
愰 慌 晄 湟 潢 篁
簧 蝗 遑 隍
회 會 回 悔 懷 ▶ 灰
廻 恢 晦 檜 澮 繪
〈絵〉誨 匯 徊 淮 獪
膾 茴 蛔 賄
획 劃 獲
횡 橫 ▶ 鐄 竑
효 孝 效〈効〉曉 ▶ 涍
爻 驍 斅 哮 嚆 梟
淆 肴 酵 皛 歊
후 候 侯 厚 後 ▶ 喉
后 逅 垕 吼 嗅 帿
朽 煦 珝
훈 訓 ▶ 勳〈勲·勛〉焄
熏 薰 壎 塤 燻 鑂
暈
훙 ▶ 薨
훤 ▶ 喧 暄 萱 煊
훼 毁 ▶ 卉 喙 毀
휘 揮 輝 ▶ 彙 徽 暉
煇 諱 麾
휴 休 携 ▶ 烋 畦 虧
휼 ▶ 恤 譎 鷸
흉 胸 凶 ▶ 兇 匈 洶
흑 黑
흔 ▶ 欣 炘 昕 痕 忻
흘 ▶ 屹 吃 紇 訖
흠 ▶ 欽 欠 歆
흡 吸 ▶ 洽 恰 翕
흥 興
희 喜 希 稀 戱 ▶ 熙
噫 姬 僖 嬉 禧 憙
熹 熈 羲 曦 晞 熺
爔 俙 囍 憘 犧 凞
橲 烯
힐 ▶ 詰

동아 새국어사전(가죽 반달 색인)

1989년 1월 10일 초 판 발 행
2024년 1월 10일 제5판 22쇄 발 행

엮은이/펴낸데 **동 아 출 판 (주)**
펴낸이 **이 욱 상**

서울시 영등포구 은행로 30 (우 07242)
등록 : 제18-6호(1951.9.19.)

ISBN 978-89-00-43078-3 11710

정가 46,000원

http://www.bookdonga.com
내용 문의 : 1644 - 0600 FAX : 2229 - 7419
구입 문의 : 1644 - 0600 FAX : 2229 - 7378
교환 문의 : 1644 - 0600